D1726314

Berliner Kommentar

Gesetz für den Ausbau erneuerbarer Energien

(Erneuerbare-Energien-Gesetz – EEG 2014)

Herausgegeben von

Prof. Dr. Dr. Dres. h.c. Franz Jürgen Säcker,
Institut für Energie- und Regulierungsrecht Berlin e.V.

Bearbeitet von:

Sascha Ahnsehl; Christian Berberich, Mag. rer. publ.; Tobias Berger; Holger-Peter Bühler; Gerhard Denk; Tobias Egeler; Lajana von zur Gathen; Dr. Ansgar Geiger; Christian Glenz; Dr. Tobias Greb; Hanno Grimm; Tomas Haug, Dipl.-Kfm., M.Sc.; Gunnar Hendrich, LL.M. oec.; Dr. Guido Hermeier; Michael Hock; Sara Hoffman; Dominik Hübler, B.A., M.Phil.; Dipl.-Ing. Rita Keuneke; Stephan Kirchenbaur; Dr. Carsten König; Asja Krauser; Michael H. Küper, M.Sc.; Inga Kurz; Dr. Norman Lieber; Kim Sophie Mengering; Professor Dr. Jochen Mohr; Dominik Müller, LL.M.; Peter Mussaeus; Dr. Rainer Pflaum; Dr. Renate Rabensdorf; Dr. Thomas Reif; Professor Dr. Dr. Dres. h.c. Franz Jürgen Säcker; Tobias Scheidel; Professor Dr. Lydia Scholz; Uwe Schroeder-Selbach; Thomas Schulz; Hanna Schumacher; Christine Schwarz; Juliane Steffens; Dr. Jan Thorbecke; Winfried Vaudlet

3., völlig neu bearbeitete und wesentlich erweiterte Auflage 2015

Sonderband zu Band 2

Fachmedien Recht und Wirtschaft | dfv Mediengruppe | Frankfurt am Main

Zitierweise: BerlKommEnR/*Bearbeiter*

Bibliografische Information der Deutschen Nationalbibliothek

Die Deutsche Nationalbibliothek verzeichnet diese Publikation in der Deutschen
Nationalbibliografie; detaillierte bibliografische Daten sind im Internet über
http://dnb.de abrufbar.

ISBN 978-3-8005-1567-7

dfv Mediengruppe

© 2015 Deutscher Fachverlag GmbH, Fachmedien Recht und Wirtschaft, Frankfurt am Main

Satzkonvertierung: Lichtsatz Michael Glaese GmbH, 69502 Hemsbach

Druck und Verarbeitung: Kösel GmbH & Co. KG, 87452 Altusried-Krugzell

Printed in Germany

Vorwort

Im Vorwort zu Band 2 des Kommentars, der u.a. das EEG 2012 behandelt, wurde bereits angekündigt, dass nach Verabschiedung des EEG 2014 dieses unverzüglich in einem Sonderband zu Band 2 erläutert würde, noch bevor Band 3 mit der Kommentierung im Entstehen begriffener Rechtsverordnungen im Jahr 2016 erscheint. Eine eingehende Kommentierung des EEG 2014 musste allerdings die erst im Februar 2015 in Kraft getretenen Rechtsverordnungen zum EEG (Ausgleichsmechanismusverordnung, Ausgleichsmechanismusausführungsverordnung und die Freiflächenausschreibungsverordnung) einbeziehen, ohne die zentralen Abschnitte des Gesetzes nicht praktizierbar gewesen wären. Das schloss einen „Schnellschuss" vor Erlass dieser Rechtsverordnungen aus. Dass zusätzlich bereits zwei Änderungsgesetze zum EEG 2014 im Jahr nach dessen Inkrafttreten einzuarbeiten waren, hätten wir nicht erwartet. Besonderer Dank gilt deshalb allen Autoren, die diese Änderungen noch während der Drucklegung berücksichtigt haben. Ein Schwerpunkt der Kommentierung liegt auf den neuen Bestimmungen zur wettbewerbsorientierten Vermarktung der erneuerbaren Energien, zur besseren marktwirtschaftlichen Steuerung des Ausbaus der erneuerbaren Energien, zu den vom EU-Recht erzwungenen Änderungen der Besonderen Ausgleichsregelung für Unternehmen in stromintensiven Branchen, dem Eigenverbrauch von Strom sowie in den eingehenden Erläuterungen der Ausnahme- und der Übergangsvorschriften. In einer ausführlichen Einleitung wird zukunftsorientiert die verfassungs- und europarechtliche Problematik des EEG dargelegt, nachdem sich die Bundesregierung mit ihrer Rechtsauffassung, das EEG stelle in der europäischen Energieunion im Verhältnis zu den Unternehmen keine Beihilfe dar, nicht durchgesetzt hat. Das von der Bundesregierung eingeleitete Verfahren vor dem Europäischen Gerichtshof mit dem Ziel, den unter der Aufsicht der BNetzA stattfindenden Ausgleichsmechanismus als beihilfefernes Umlageverfahren aus dem Regiment der Art. 107 ff. AEUV zu eliminieren, wird nicht von Erfolg gekrönt sein. Das EEG 2014 ist trotz seiner marktwirtschaftskonformen Ansätze weiterhin ein planungsrechtliches Instrument, das über staatliche Förderungsmaßnahmen die Entscheidungen der Unternehmen und Verbraucher steuert. Im Vorwort zu Band 2 heißt es – und das gilt unverändert weiterhin – „Die Erhöhung des Anteils erneuerbarer Energien am Gesamtstromverbrauch ist kein Selbstzweck. Wenn in den letzten Jahren die Volatilität der erneuerbaren Energien durch den vermehrten Einsatz älterer Braunkohle- und Steinkohlekraftwerke kompensiert wurde und infolgedessen ein höherer CO_2-Ausstoß als vor der Energiewende die Folge war, so verfehlt damit die Energiepolitik ihr Ziel. Die Energiepolitik darf auch nicht das ihr vom EU-Primärrecht vorgegebene Ziel verfehlen, die Bezahlbarkeit des Stroms für die Stromkunden sicherzustellen, da es sich um eine Dienstleistung von allgemeinem Interesse handelt. Art. 14 AEUV enthält i.V. mit dem Protokoll Nr. 26 zum Vertrag von Lissabon die ausdrückliche Verpflichtung, ein hohes Niveau nicht nur in Bezug auf Qualität und Sicherheit, sondern auch im Hinblick auf die Bezahlbarkeit für die Nutzer sicherzustellen."

Bei seinen weiteren Reformschritten zur Sicherung der Energieversorgung darf der Gesetzgeber daher den Klimaschutz und die Bezahlbarkeit der Energieversorgung nicht aus dem Auge verlieren. Allerdings müssen auch diese Ziele wie die geplante Klimaschutzabgabe für ältere Kohlekraftwerke grundrechts- und europarechtskonform erreicht werden. Die weitere Entwicklung der Gesetzgebung wird in der Neuauflage des Gesamtwerks zeitnah verfolgt werden.

Allen Autoren, die ihre Fachkenntnisse in den Kommentar eingebracht haben, danke ich an dieser Stelle herzlich für ihr überobligatorisches Engagement bei der Fertigstellung ihrer Erläuterungen und dem regen intensiven Diskurs während des Fertigungsprozesses. Der Kommentar ist ein „Kraftpaket" vereinter Anstrengungen mit dem Ziel, den vom EEG betroffenen Unternehmen ein Erläuterungswerk von großem praktischen Nutzen so schnell wie möglich und so gründlich wie nötig zu liefern. Auch hier sei betont, dass alle Autoren ausschließlich ihre persönliche Auffassung wiedergeben. Mein ganz persönlicher Dank, aber auch der Dank aller übrigen Autoren gilt meiner wissenschaftlichen Mitarbeiterin Juliane Steffens, die mit hoher fachlicher Kompetenz in unermüdlicher Kleinarbeit alle Manuskripte bearbeitet und druckfertig gemacht hat.

Berlin, im Mai 2015

Franz Jürgen Säcker

Bearbeiterverzeichnis

Sascha Ahnsehl	RA, Amprion GmbH, Dortmund
Christian Berberich, Mag. rer. publ.	RA, EnBW Energie Baden-Württemberg AG, Karlsruhe
Tobias Berger	TransnetBW GmbH, Stuttgart
Holger-Peter Bühler	TransnetBW GmbH, Stuttgart
Gerhard Denk	WP, PricewaterhouseCoopers AG Wirtschaftsprüfungsgesellschaft, Frankfurt am Main
Tobias Egeler	TransnetBW GmbH, Stuttgart
Lajana von zur Gathen	Enreg Institut für Energie- und Regulierungsrecht Berlin e.V.
Dr. Ansgar Geiger	TransnetBW GmbH, Stuttgart
Christian Glenz	Bundesministerium für Wirtschaft und Energie, Berlin
Dr. Tobias Greb	RA, Noerr LLP, Berlin
Hanno Grimm	RA, Steuerberater, Leiter Recht, TransnetBW GmbH, Stuttgart
Tomas Haug, Dipl.-Kfm., M.Sc.	NERA Economic Consulting, Berlin
Gunnar Hendrich, LL.M. oec.	RA, GETEC heat & power AG, Magdeburg
Dr. Guido Hermeier	RA, White & Case LLP, Düsseldorf
Michael Hock	RA, Deutsche Bahn AG, Frankfurt a. M.
Sara Hoffman	Freie Universität Berlin
Dominik Hübler, B.A., M.Phil.	NERA Economic Consulting, Berlin
Dipl.-Ing. Rita Keuneke	Ingenieurbüro Floecksmühle GmbH, Aachen
Stephan Kirchenbaur	TransnetBW GmbH, Stuttgart
Dr. Carsten König	Enreg Institut für Energie- und Regulierungsrecht Berlin e.V.
Asja Krauser	Enreg Institut für Energie- und Regulierungsrecht Berlin e.V.
Michael H. Küper, M.Sc.	RA, PricewaterhouseCoopers Legal AG Rechtsanwaltsgesellschaft, Düsseldorf
Inga Kurz	TransnetBW GmbH, Stuttgart
Dr. Norman Lieber	Staatsanwalt, Staatsanwaltschaft Leipzig
Kim Sophie Mengering	Enreg Institut für Energie- und Regulierungsrecht Berlin e.V.
Prof. Dr. Jochen Mohr	Institut für Kartell-, Energie- und Telekommunikationsrecht, TU Dresden

Dominik Müller, LL.M.	Ministerium für Klimaschutz, Umwelt, Landwirtschaft, Natur- und Verbraucherschutz des Landes Nordrhein-Westfalen, Düsseldorf
Peter Mussaeus	RA, PricewaterhouseCoopers Legal AG Rechtsanwaltsgesellschaft, Düsseldorf
Dr. Rainer Pflaum	TransnetBW GmbH, Stuttgart
Dr. Renate Rabensdorf	50Hertz Transmission GmbH, Berlin
Dr. Thomas Reif	RA, Gaßner Groth Siederer & Coll., Augsburg
Prof. Dr. Dr. Dres. h.c. Franz Jürgen Säcker	Enreg Institut für Energie- und Regulierungsrecht Berlin e.V.
Tobias Scheidel	TransnetBW GmbH, Stuttgart
Prof. Dr. Lydia Scholz	Hochschule Bremen
Uwe Schroeder-Selbach	Assessor iur., MPA, Ständige Vertretung der Bundesrepublik Deutschland bei der Europäischen Union, Brüssel
Thomas Schulz	RA, Linklaters LLP, Berlin
Hanna Schumacher	Bundesministerium für Wirtschaft und Energie, Berlin
Christine Schwarz	Enreg Institut für Energie- und Regulierungsrecht Berlin e.V.
Juliane Steffens	Enreg Institut für Energie- und Regulierungsrecht Berlin e.V.
Dr. Jan Thorbecke	Referendar, Kammergericht Berlin
Winfried Vaudlet	EnBW Energie Baden-Württemberg AG, Karlsruhe

Inhaltsverzeichnis

Erneuerbare-Energie-Gesetz (EEG)

Teil 1
Allgemeine Bestimmungen

Teil 2
Anschluss, Abnahme, Übertragung und Verteilung

Abschnitt 1
Allgemeine Bestimmungen

Abschnitt 2
Kapazitätserweiterung und Einspeisemanagement

Abschnitt 4
Besondere Förderbestimmungen (Sparten)

Abschnitt 5
Besondere Förderbestimmungen (Flexibilität)

Abschnitt 6
Besondere Förderbestimmungen (Ausschreibungen)

Teil 4
Ausgleichsmechanismus

Abschnitt 1
Bundesweiter Ausgleich

Teil 5
Transparenz

Abschnitt 1
Mitteilungs- und Veröffentlichungspflichten

Abschnitt 2
Stromkennzeichnung und Doppelvermarktungsverbot

Teil 6
Rechtsschutz und behördliches Verfahren

Teil 7
Verordnungsermächtigungen, Berichte, Übergangsbestimmungen

Abschnitt 1
Verordnungsermächtigungen

Abschnitt 2
Berichte

Abschnitt 3
Übergangsbestimmungen

Anlagen

Anhang

Abkürzungsverzeichnis

a. a. O.	am angegebenen Ort
a. A.	anderer Ansicht
a. E.	am Ende
a. F.	alte(r) Fassung
AG	Die Aktiengesellschaft (Zeitschrift)
AB	Anlagenbetreiber
abl.	ablehnend
ABl.	Amtsblatt der Europäischen Union
AbLaV	Verordnung über Vereinbarungen zu abschaltbaren Lasten (Verordnung zu abschaltbaren Lasten) vom 28. Dezember 2012 (BGBl. I S. 2998)
Abs.	Absatz
ACER	Agency for the Cooperation of Energy Regulators (Agentur für die Zusammenarbeit der Energieregulierungsbehörden)
AcP	Archiv für die civilistische Praxis (Zeitschrift; zitiert nach Band und Seite, in Klammern Erscheinungsjahr des jeweiligen Bandes)
AEUV	Vertrag über die Arbeitsweise der Europäischen Union
AFDI	Annuaire français de droit international
AGB	Allgemeine Geschäftsbedingungen
AGFW	AGFW, Der Energieeffizienzverband für Wärme, Kälte und KWK e. V.
AktG	Aktiengesetz vom 6. September 1965 (BGBl. I S. 1089), zuletzt geändert durch Artikel 26 des Gesetzes vom 23. Juli 2013 (BGBl. I S. 2586)
Altrock/Oschmann/ Theobald/*Bearbeiter*	Altrock/Oschmann/Theobald (Hrsg.), EEG, Kommentar, 4. Aufl. 2013
Amtl. Begr.	Amtliche Begründung
Anm.	Anmerkung
AO	Abgabenordnung in der Fassung der Bekanntmachung vom 1. Oktober 2002 (BGBl. I S. 3866; 2003 I S. 61), zuletzt geändert durch Artikel 13 des Gesetzes vom 18. Dezember 2013 (BGBl. I S. 4318)
AöR	Archiv des öffentlichen Rechts (Zeitschrift; zitiert nach Band und Seite, in Klammern Erscheinungsjahr des jeweiligen Bandes)
ARegV	Anreizregulierungsverordnung vom 29. Oktober 2007 (BGBl. I S. 2529), zuletzt geändert durch Artikel 4 der Verordnung vom 14. August 2013 (BGBl. I S. 3250)
Art.	Artikel
AtG	Atomgesetz in der Fassung der Bekanntmachung vom 15. Juli 1985 (BGBl. I S. 1565), zuletzt geändert durch Artikel 5 des Gesetzes vom 28. August 2013 (BGBl. I S. 3313)
Aufl.	Auflage

AusglMechV	Verordnung zur Weiterentwicklung des bundesweiten Ausgleichsmechanismus vom 17.2. 2015 (BGBl. I, S. 146)
AusglMechAV	Verordnung zur Ausführung der Verordnung zur Weiterentwicklung des bundesweiten Ausgleichsmechanismus vom 22. Februar 2010 (BGBl. I S. 134), zuletzt geändert durch Artikel 2 der Verordnung vom 17. Februar 2015 (BGBl. I S. 146)
BAFA	Bundesamt für Wirtschaft und Ausfuhrkontrolle
BAG	Bundesarbeitsgericht
BAnz.	Bundesanzeiger
Bartsch/Röhling/Salje/ Scholz/*Bearbeiter*	Bartsch/Röhling/Salje/Scholz (Hrsg.), Stromwirtschaft, Ein Praxishandbuch, 2. Aufl. 2008
BauGB	Baugesetzbuch in der Fassung der Bekanntmachung vom 23. September 2004 (BGBl. I S. 2414), zuletzt geändert durch Artikel 1 des Gesetzes vom 11. Juni 2013 (BGBl. I S. 1548)
Baumbach/*Bearbeiter*	Baumbach/Lauterbach/Albers/Hartmann (Hrsg.), Zivilprozessordnung, 72. Aufl. 2014
BauNVO	Baunutzungsverordnung in der Fassung der Bekanntmachung vom 23. Januar 1990 (BGBl. I S. 132), geändert durch Artikel 2 des Gesetzes vom 11. Juni 2013 (BGBl. I S. 1548)
BauR	Baurecht (Zeitschrift)
Baur/Salje/Schmidt-Preuß	Baur/Salje/Schmidt-Preuß (Hrsg.), Regulierung in der Energiewirtschaft, 2011
BayGZ	Bayerische Gemeindezeitung
BB	Betriebs-Berater (Zeitschrift)
BBergG	Bundesberggesetz vom 13. August 1980 (BGBl. I, S. 1310), zuletzt geändert durch Art. 4 Absatz 71 des Gesetzes vom 7. August 2013 (BGBl. I, S. 3154)
bbr	Leitungsbau, Brunnenbau, Geothermie (Zeitschrift)
Bd., Bde.	Band, Bände
BDEW	Bundesverband der Energie- und Wasserwirtschaft e. V. (Zusammenschluss der Verbände VDEW, VDN und VRE)
BDI	Bundesverband der deutschen Industrie
Bearb., bearb.	Bearbeiter; bearbeitet
BeckOK/*Bearbeiter*	Beck'scher Online-Kommentar
Bek.	Bekanntmachung
BEnSpG	Gesetz zur Förderung der sparsamen sowie umwelt- und sozialverträglichen Energieversorgung und Energienutzung im Land Berlin (Berliner Energiespargesetz) i.d.F. vom 2. Oktober 1990 (GVBl., S. 2144), zuletzt geändert durch Art. LVII Berliner Euro-AnpassungsG vom 16. Juli 2001 (GVBl. S. 260)
BerlKommEnR/ *Bearbeiter*	Säcker (Hrsg.), Berliner Kommentar zum Energierecht, 1. Aufl. 2004, 2. Aufl. 2010, 3. Aufl. 2014
Beschl.	Beschluss
bestr.	bestritten
betr.	betreffend
BFH	Bundesfinanzhof

BGB	Bürgerliches Gesetzbuch in der Fassung der Bekanntmachung vom 2. Januar 2002 (BGBl. I S. 42, 2909; 2003 I S. 738), zuletzt geändert durch Artikel 1 des Gesetzes vom 22. Juli 2014 (BGBl. I, S. 1218)
BGBl.	Bundesgesetzblatt
BGH	Bundesgerichtshof
BGHZ	Entscheidungen des Bundesgerichtshofs in Zivilsachen
BHKW	Blockheizkraftwerk
BImSchG	Bundes-Immissionsschutzgesetz in der Fassung der Bekanntmachung vom 17. Mai 2013 (BGBl. I S. 1274), zuletzt geändert durch Artikel 1 des Gesetzes vom 2. Juli 2013 (BGBl. I S. 1943)
BImSchV	Verordnungen zur Durchführung des Bundesimmissionsschutzgesetzes
Birnstiel/Bungenberg/ Heinrich/*Bearbeiter*	Birnstiel/Bungenberg/Heinrich (Hrsg.), Europäisches Beihilfenrecht, Kommentar 2013
BKartA	Bundeskartellamt
BKGG/*Bearbeiter*	Kahl/Waldhoff/Walter (Hrsg.), Bonner Kommentar zum Grundgesetz, Loseblattsammlung, 170. EL, Stand: Dezember 2014
BMU	Bundesministerium für Umwelt, Naturschutz, Bau und Reaktorsicherheit
BMVEL	Bundesministerium für Verbraucherschutz, Ernährung und Landwirtschaft
BMWi	Bundesministerium für Wirtschaft und Energie
BNatSchG	Bundesnaturschutzgesetz vom 29. Juli 2009 (BGBl. I S. 2542), zuletzt geändert durch Artikel 4 Absatz 100 des Gesetzes vom 7. August 2013 (BGBl. I S. 3154)
BNE	Bundesverband Neuer Energieanbieter e. V.
BNetzA	Bundesnetzagentur für Elektrizität, Gas, Telekommunikation, Post und Eisenbahnen
Böhmer/Weißenborn/ *Bearbeiter*	Böhmer/Weißenborn (Hrsg.), Erneuerbare Energien, Perspektiven für die Stromerzeugung, 2. Aufl. 2008
Böwing/*Bearbeiter*	Energiewirtschaftsgesetz 1998, erläutert v. Böwing u. a., 1999
BR	Deutscher Bundesrat
BR-Drs.	Drucksache des Deutschen Bundesrates
Britz/Hellermann/ Hermes/*Bearbeiter*	Britz/Hellermann/Hermes (Hrsg.), EnWG – Energiewirtschaftsgesetz, Kommentar, 2. Aufl. 2010
BR-Prot.	Protokolle des Deutschen Bundesrates
bspw.	beispielsweise
BStBl.	Bundessteuerblatt
BT	Bundestag
BT-Drs.	Drucksache des Deutschen Bundestages
BTOElt	Verordnung über allgemeine Tarife für die Versorgung mit Elektrizität, Bundestarifordnung vom 18. Dezember 1989 (BGBl. I S. 2255), i. d. F. vom 19. Oktober 2001 (BGBl. I S. 2785), aufgehoben durch das Zweite Gesetz zur Neuregelung des Energiewirtschaftsrechts vom 7. Juli 2005 (BGBl. I 2005, S. 1970)
BT-Prot.	Protokolle des Deutschen Bundestages

Büdenbender, EnWG	Büdenbender, Kommentar zum Energiewirtschaftsgesetz, 2003
BVerfG	Bundesverfassungsgericht
BVerfGE	Entscheidungen des Bundesverfassungsgerichts
BVerwG	Bundesverwaltungsgericht
BVerwGE	Entscheidungen des Bundesverwaltungsgerichts
bzw.	beziehungsweise
Calliess/Ruffert/	Calliess/Ruffert, EUV, AEUV, Kommentar, 4. Aufl. 2011
Bearbeiter	
CEDEC	Confédération Européenne des Distributeurs; Energie Publics Communaux (Europäischer Dachverband der öffentlichen kommunalen Energieversorgungsunternehmen)
CEER	Council of European Energy Regulators (Rat der Europäischen Energieregulierungsbehörden)
CMLR	Common Market Law Review (Zeitschrift)
CuR	Contracting und Recht (Zeitschrift)
Danner/Theobald/	Danner/Theobald (Hrsg.), Energierecht, Bd. I und II, Loseblatt-
Bearbeiter	sammlung, 83. EL, Stand: Januar 2015 (bis zur 39. EL, Stand: Juli 2001 Obernolte/Danner/*Bearbeiter*)
Dauses/*Bearbeiter*	Dauses, Handbuch des EG-Wirtschaftsrechts, 36. EL, Stand: Oktober 2014
DB	Der Betrieb (Zeitschrift)
DBFZ	Deutsches Biomasseforschungszentrum
DCSI	Diritto comunitario e degli scambi internazionali
dena	Deutsche Energie-Agentur
ders.	derselbe
De Witt/Scheuten	De Witt/Scheuten (Hrsg.), Netzausbaubeschleunigungsnetz Übertragungsnetz (NABEG) mit Energieleitungsausbaugesetz (EnLAG), Kommentar, 2013
dies.	dieselbe(n)
DIN	Deutsche Industrienorm
Diss.	Dissertation (Universitätsort)
DÖV	Die öffentliche Verwaltung (Zeitschrift)
DVBl.	Deutsches Verwaltungsblatt (Zeitschrift)
DVO	Durchführungsverordnung
E	Entwurf
ebd.	ebenda
ECLR	European Competition Law Review (Zeitschrift)
EEG 2004	Erneuerbare-Energien-Gesetz vom 21. Juli 2004 (BGBl. I S. 1918)
EEG 2009	Erneuerbare-Energien-Gesetz vom 25. Oktober 2008 (BGBl. I S. 2074)
EEG 2012	Erneuerbare-Energien-Gesetz i. d. F. vom 28. Juli 2011 (BGBl. I S. 1634), zuletzt geändert durch Artikel 5 des Gesetzes vom 20. Dezember 2012 (BGBl. I S. 2730)
EEG	Erneuerbare-Energie-Gesetz vom 21.7.2014 (BGBl. I, S. 1066)
EEX	European Energy Exchange

EFTA	Europäische Freihandelsassoziation (European Free Trade Association)
EG	Europäische Gemeinschaft
EG	Vertrag zur Gründung der Europäischen Gemeinschaften i.d.F. des Vertrages von Amsterdam vom 2.10.1997 (ABl. EG C 340 vom 10.11.1997), zuletzt geändert durch den Vertrag über den Beitritt der Republik Bulgarien und Rumäniens zur Europäischen Union vom 25.4.2005 (ABl. EG Nr. L 157/11) m. W. v. 1.1.2007
Einl.	Einleitung
ELRev	European Law Review
EltRL 1996	RL 92/96/EG des Europäischen Parlaments und des Rates vom 19.12.1996 betreffend gemeinsame Vorschriften für den Elektrizitätsbinnenmarkt – „Elektrizitätsrichtlinie" (ABl. 1997 L 27/20)
EltRL 2003	Richtlinie 2003/54/EG des Europäischen Parlaments und des Rates vom 16.6.2003 über gemeinsame Vorschriften für den Elektrizitätsbinnenmarkt und zur Aufhebung der Richtlinie 96/92/EG (ABl. 2003 L 176/37)
EltRL	Richtlinie 2009/72/EG des Europäischen Parlametns und des Rates vom 13. Juli 2009 über gemeinsame Vorschriften für den Elektrizitätsbinnenmarkt (ABl. 2009 L 211/55)
EltSV	Elektrizitätssicherungsverordnung vom 26. April 1982 (BGBl. I S. 514), zuletzt geändert durch Artikel 4 Absatz 47 des Gesetzes vom 7. Juli 2005 (BGBl. I S. 1970)
Emmerich, UWG	Emmerich, Unlauterer Wettbewerb, 9. Aufl. 2012
emw	Zeitschrift für Energie, Markt, Wettbewerb
EnCV	Energiecharta-Vertrag vom 17.12.1994
Energieeffizienzrichtlinie	Richtlinie 2012/27/EU des europäischen Parlaments und des Rates vom 25. Oktober 2012 zur Energieeffizienz
Energie-ID	Energie Informationsdienst (Zeitschrift)
EnLAG	Energieleitungsausbaugesetz vom 21. August 2009 (BGBl. I S. 2870), geändert durch Artikel 3 des Gesetzes vom 23. Juli 2013 (BGBl. I S. 2543)
EnNeuRG	Gesetz zur Neuregelung des Energiewirtschaftsrechts vom 24. April 1998 (BGBl. I 730)
EnSiG	Energiesicherungsgesetz 1975 vom 20. Dezember 1974 (BGBl. I S. 3681), zuletzt geändert durch Artikel 164 der Verordnung vom 31. Oktober 2006 (BGBl. I S. 2407)
EnVO	Energieverordnung vom 1. Juni 1988 (GBl. DDR 1988 I, S. 89)
EnWG 1935	Energiewirtschaftsgesetz v. 13. Dezember 1935 (BGBl. III Nr. 752-1)
EnWG 1998	Energiewirtschaftsgesetz vom 24. April 1998 (BGBl. I S. 730)
EnWG 2005	Energiewirtschaftsgesetz vom 7. Juli 2005 (BGBl. I S. 1970, 3621)
EnWG	Energiewirtschaftsgesetz vom 7.7.2005, zuletzt geändert durch Artikel 6 des Gesetzes vom 21. Juli 2014 (BGBl. I, S. 1066)

EnWZ	Zeitschrift für das gesamte Energierecht
ER	EnergieRecht (Zeitschrift)
Erg.-Lfg./EL.	Ergänzungslieferung
ERGEG	European Regulators Group for Electricity and Gas (Gruppe der Europäischen Regulierungsbehörden für Strom und Gas)
Erman/*Bearbeiter*	Schmidt (Hrsg.), Handkommentar zum Bürgerlichen Gesetzbuch, Bde. 1 und 2, 13. Aufl. 2011
Erw.	Erwägungsgrund
EStAL	European State Aid Law Quarterly (Zeitschrift)
EStG	Einkommensteuergesetz in der Fassung der Bekanntmachung vom 8. Oktober 2009 (BGBl. I S. 3366, 3862), zuletzt geändert durch Artikel 3 des Gesetzes vom 8. Mai 2012 (BGBl. I S. 1030)
ET	Energiewirtschaftliche Tagesfragen (Zeitschrift)
ETS	Emissionshandelssystem (Emissions Trading System)
EU	Europäische Union
EuG	Europäisches Gericht Erster Instanz
EuGH	Gerichtshof der Europäischen Gemeinschaften
EuGHE	Entscheidungen des Gerichtshofes der Europäischen Gemeinschaften
EuR	Europarecht (Zeitschrift)
EurUP	Europäisches Umwelt- und Planungsrecht (Zeitschrift)
EUV	Vertrag der Europäischen Union
EuZW	Europäische Zeitschrift für Wirtschaftsrecht
EVU	Energieversorgungsunternehmen
EW	Elektrizitätswirtschaft (Zeitschrift)
EWiR	Entscheidungen zum Wirtschaftsrecht (Zeitschrift)
EW-RB	Elektrizitätswirtschaft (Zeitschrift) Rechtsbeilage
EWS	Europäisches Wirtschafts- und Steuerrecht
EYIEL	European Yearbook of International Economic Law
f., ff.	folgend, folgende
Fehling/Ruffert/ *Bearbeiter*	Fehling/Ruffert (Hrsg.), Regulierungsrecht, München 2010
Fezer/*Bearbeiter*	Fezer (Hrsg.), Lauterkeitsrecht, Kommentar zum Gesetz gegen den unlauteren Wettbewerb (UWG), 2 Bde., 2. Aufl. 2010
Fn.	Fußnote
Frenz/Müggenborg/ *Bearbeiter*	Frenz/Müggenborg (Hrsg.), EEG, Kommentar, 3. Aufl. 2013
FS	Festschrift
Gabler/Metzenthin/ *Bearbeiter*	Gabler/Metzenthin (Hrsg.), EEG, Praxiskommentar (Loseblatt), September 2011
GasNEV	Gasnetzentgeltverordnung vom 25. Juli 2005 (BGBl. I S. 2197), zuletzt geändert durch Artikel 3 der Verordnung vom 14. August 2013 (BGBl. I S. 3250)
GasNZV	Gasnetzzugangsverordnung vom 3. September 2010 (BGBl. I S. 1261), zuletzt geändert durch Artikel 4 des Gesetzes vom 21. Juli 2014 (BGBl. I S. 1066)

GasSV	Gassicherungsverordnung vom 26. April 1982 (BGBl. I S. 517), zuletzt geändert durch Artikel 3 Absatz 48 des Gesetzes vom 7. Juli 2005 (BGBl. I S. 1970)
GBBerG	Grundbuchbereinigungsgesetz vom 20. Dezember 1993 (BGBl. I S. 2182, 2192), zuletzt geändert durch Artikel 41 des Gesetzes vom 17. Dezember 2008 (BGBl. I S. 2586)
GBl.	Gesetzblatt
Germer/Loibl/*Bearbeiter*	Germer/Loibl (Hrsg.), Energierecht, 2. Aufl. 2006
Gerstner/*Bearbeiter*	Gerstner (Hrsg.), Grundzüge des Rechts der Erneuerbaren Energien, 2013
GewArch	Gewerbearchiv (Zeitschrift)
GG	Grundgesetz für die Bundesrepublik Deutschland in der im Bundesgesetzblatt Teil III, Gliederungsnummer 100-1, veröffentlichten bereinigten Fassung, zuletzt geändert durch Artikel 1 des Gesetzes vom 23. Dezember 2014 (BGBl. I, S. 2438)
ggf.	gegebenenfalls
GmbHG	Gesetz betreffend die Gesellschaften mit beschränkter Haftung in der im Bundesgesetzblatt Teil III, Gliederungsnummer 4123-1, veröffentlichten bereinigten Fassung, zuletzt geändert durch Artikel 27 des Gesetzes vom 23. Juli 2013 (BGBl. I S. 2586)
Grabitz/Hilf/Nettesheim/ *Bearbeiter*	Grabitz/Hilf/Nettesheim (Hrsg.), Das Recht der Europäischen Union, Loseblattsammlung, 54. EL, Stand: September 2014
Groeben/Schwarze/ *Bearbeiter*	v. d. Groeben/Schwarze (Hrsg.), Kommentar zum Vertrag über die Europäische Union und zur Gründung der Europäischen Gemeinschaft (EU-/EG-Vertrag), 6. Aufl. 2003/2004
GRCh	Charta der Grundrechte der Europäischen Union vom 1.12.2009 (ABl. 2012 C 326/391)
greenfacts	Das Magazin für die Energiewende
GRUR	Gewerblicher Rechtsschutz und Urheberrecht (Zeitschrift)
GuD	Gas und Dampf(turbine)
GVBl.	Gesetz- und Verordnungsblatt
GVO	Gruppenfreistellungsverordnung
GWB	Gesetz gegen Wettbewerbsbeschränkungen in der Fassung der Bekanntmachung vom 26. Juni 2013 (BGBl. I S. 1750), zuletzt geändert durch Artikel 5 des Gesetzes vom 21. Juli 2014 (BGBl. I, S. 1066)
GWh	Gigawattstunde
GYIL	German Yearbook of International Law
h.M.	herrschende Meinung
HG	Hauptgutachten
HGB	Handelsgesetzbuch in der im Bundesgesetzblatt Teil III, Gliederungsnummer 4100-1, veröffentlichten bereinigten Fassung, zuletzt geändert durch Artikel 1 des Gesetzes vom 22. Dezember 2014 (BGBl. I S. 2409)
Hrsg.; hrsg.	Herausgeber; herausgegeben
Hs.	Halbsatz

HuK	Haushalts- und Kleingewerbe
i. d. F.	in der Fassung
i. d. R.	in der Regel
i. R.	im Rahmen
i. S.	im Sinne
i.V.m.	in Verbindung mit
IDW	Institut der Wirtschaftsprüfer e. V.
IEM	Internal Energy Market
IFRS	International Financial Reporting Standards
Immenga/Mestmäcker/ *Bearbeiter*, EuWettbR	Immenga/Mestmäcker (Hrsg.), Wettbewerbsrecht, Bd. 1 – Kommentar zum Europäischen Kartellrecht, 5. Aufl. 2012
Immenga/Mestmäcker/ *Bearbeiter*, GWB	Immenga/Mestmäcker (Hrsg.), Wettbewerbsrecht, Bd. 2 – GWB, 5. Aufl. 2014
IR	Infrastruktur und Recht (Zeitschrift)
ISO	Independent System Operator (Unabhängiger Systembetreiber)
ITO	Independent Transmission Operator (Unabhängiger Transport-netzbetreiber)
Jarass	Jarass, Bundesimmissionsschutzgesetz, Kommentar, 10. Aufl. 2013
JbUTR	Jahrbuch des Umwelt- und Technikrechts
JEEPL	Journal for European Environmental & Planning Law
JENRL	Journal of Energy and Natural Resource Law (Zeitschrift)
JZ	Juristenzeitung (Zeitschrift)
Kap.	Kapitel
KAV	Konzessionsabgabenverordnung vom 9. Januar 1992 (BGBl. I S. 12, 407), zuletzt geändert durch Artikel 3 Absatz 4 der Ver-ordnung vom 1. November 2006 (BGBl. I S. 2477)
Kcal	Kilokalorie
KG	Kammergericht (Berlin)
KG	Kommanditgesellschaft
kg/cm^2	Druck in Kilogramm pro Quadratzentimeter
Koch/Pache/Scheuing/ *Bearbeiter*	Koch/Pache/Scheuing (Hrsg.), Gemeinschaftskommentar zum BImSchG, Loseblattsammlung, 32. EL, Stand: Dezember 2012
Koenig/Kühling/Rasbach	Koenig/Kühling/Rasbach, Energierecht, 3. Aufl. 2013
KOM	Europäische Kommission
Kopp/Ramsauer/ *Bearbeiter*	Kopp/Ramsauer (Hrsg.), Verwaltungsverfahrensgesetz, 14. Aufl. 2013
kp/cm^2	Druck in Kilopond pro Quadratzentimeter
KrWG	Gesetz zur Förderung der Kreislaufwirtschaft und Sicherung der umweltverträglichen Bewirtschaftung von Abfällen vom 24. Fe-bruar 2012 (BGBl. I S. 212), zuletzt geändert durch Paragraph 44 Absatz 4 des Gesetzes vom 22. Mai 2013 (BGBl. I S. 1324)
KSt	Körperschaftsteuer
KStG	Körperschaftsteuergesetz in der Fassung der Bekanntmachung vom 15. Oktober 2002 (BGBl. I S. 4144), zuletzt geändert durch Artikel 2 Absatz 10 des Gesetzes vom 1. April 2015
kV	Kilovolt

kW	Kilowatt
kWh	Kilowattstunde
KWK	Kraft-Wärme-Kopplung
KWKG	Kraft-Wärme-Kopplungsgesetz vom 19. März 2002 (BGBl. I S. 1092), zuletzt geändert durch Artikel 13 des Gesetzes vom 21. Juli 2014 (BGBl. I S. 1066)
KWKK	Kraft-Wärme-Kälte-Kopplung
KWK-Richtlinie	Richtlinie 2004/8/EG des Europäischen Parlaments und des Rates vom 11.2.2004 über die Förderung einer am Nutzwärmebedarf orientierten Kraft-Wärme-Kopplung im Energiebinnenmarkt und zur Änderung der Richtlinie 93/42/EWG (ABl. 2004 L 52/50)
Kyoto-Protokoll	Protokoll von Kyoto zum Rahmenübereinkommen der Vereinten Nationen über Klimaänderungen vom 11.12.1997 (BGBl. II 2002, S. 966)
Lenz/Borchardt/ *Bearbeiter*	Lenz/Borchardt (Hrsg.), EU-Verträge, Kommentar, 6. Aufl. 2012
LKartB	Landeskartellbehörde/n
LKV	Landes- und Kommunalrecht (Zeitschrift)
LNG	Flüssiggas
LRB	Landesregulierungsbehörden
v. Mangoldt/Klein/Starck/ *Bearbeiter*	v. Mangoldt/Klein/Starck (Hrsg.), GG, Kommentar, 6. Aufl. 2010
m. w. N.	mit weiteren Nachweisen
Maunz/Dürig/*Bearbeiter*	Herzog/Scholz (Hrsg.), Grundgesetz-Kommentar, begründet v. Maunz/Dürig, Loseblattsammlung, 69. EL, Stand: Mai 2013
Mestmäcker/Schweitzer	Mestmäcker/Schweitzer, Europäisches Wettbewerbsrecht, 3. Aufl. 2014
MessEG	Mess- und Eichgesetz v. 25.7.2013 (BGBl. I, S. 2722, 2723)
v. Münch/Kunig/ *Bearbeiter*	v. Münch/Kunig (Hrsg.), Bonner Kommentar zum Grundgesetz, Loseblattsammlung, 167. EL, Stand: April 2014
MünchKommBGB/ *Bearbeiter*	Säcker/Rixecker (Hrsg.), Münchener Kommentar zum Bürgerlichen Gesetzbuch, 11 Bde., 6. Aufl. 2012
MünchKommEuWettbR/ *Bearbeiter*	Hirsch/Montag/ Säcker (Hrsg.), Münchener Kommentar zum Wettbewerbsrecht, Bd. 1: Europäisches Wettbewerbsrecht, 2007
MünchKommGWB/ *Bearbeiter*	Hirsch/Montag/Säcker (Hrsg.), Münchener Kommentar zum Wettbewerbsrecht, Bd. 2: Deutsches Wettbewerbsrecht, 2008
MünchKommZPO/ *Bearbeiter*	Krüger (Hrsg.), Münchener Kommentar zur Zivilprozessordnung, 4. Aufl. 2013
MW	Megawatt
N&R	Netzwirtschaften und Recht (Zeitschrift)
NaWalo	nachwachsende Rohstoffe
NJW	Neue Juristische Wochenschrift (Zeitschrift)
NJW-RR	NJW-Rechtsprechungs-Report, Zivilrecht (Zeitschrift)
NJW-WettbR	NJW-Entscheidungsdienst Wettbewerbsrecht (Zeitschrift)
Nm^3	Normalkubikmeter
NuR	Natur und Recht (Zeitschrift)

NVwZ	Neue Zeitschrift für Verwaltungsrecht (Zeitschrift)
NVwZ-RR	NVwZ-Rechtsprechungs-Report (Zeitschrift)
NZKart	Neue Zeitschrift für Kartellrecht
o.g.	oben genannt, oben genannte
OGH	Oberster Gerichtshof (Österreich)
ÖkoStG	Gesetz zum Einstieg in die ökologische Steuerreform v. 24. März 1999 (BGBl. I S. 378)
OLG	Oberlandesgericht
OLGR	OLG-Report (Zeitschrift)
ORDO	ORDO, Jahrbuch für die Ordnung von Wirtschaft und Gesellschaft
OTC	over the counter
OVG	Oberverwaltungsgericht
Palandt/*Bearbeiter*	Palandt, Bürgerliches Gesetzbuch, 74. Aufl. 2015
PreisG	Preisgesetz in der im Bundesgesetzblatt Teil III, Gliederungsnummer 720-1, veröffentlichten bereinigten Fassung, zuletzt geändert durch Artikel 22 des Gesetzes vom 18. Februar 1986 (BGBl. I, S. 265)
ProdHaftG	Produkthaftungsgesetz vom 15. Dezember 1989 (BGBl. I S. 2198), zuletzt geändert durch Artikel 2 des Gesetzes vom 21. Juli 2014 (BGBl. I S. 1066)
ProMechG	Projekt-Mechanismen-Gesetz vom 22. September 2005 (BGBl. I S. 2826), zuletzt geändert durch Artikel 2 des Gesetzes vom 21. Juli 2014 (BGBl. I S. 1066)
RdE	Recht der Energiewirtschaft (Zeitschrift)
ree	Recht der Erneuerbaren Energien (Zeitschrift)
RefE	Referentenentwurf
ReferenzwerteE	Entscheidung der Kommission vom 21.12.2006 zur Festlegung harmonisierter Wirkungsgrad-Referenzwerte für die getrennte Erzeugung von Strom und Wärme in Anwendung der Richtlinie 2004/8/EG des Europäischen Parlaments und des Rates (ABl. EU Nr. L 32/183 vom 6.2.2007)
RegE	Regierungsentwurf
Reshöft/*Bearbeiter*	Reshöft (Hrsg.), EEG, Kommentar, 3. Aufl. 2009
ResKV	Verordnung zur Regelung des Verfahrens der Beschaffung einer Netzreserve sowie zur Regelung des Umgangs mit geplanten Stilllegungen von Energieerzeugungsanlagen zur Gewährleistung der Sicherheit und Zuverlässigkeit des Elektrizitätsversorgungssystems (Reservekraftwerksverordnung – ResKV) vom 27. Juni 2013 (BGBl. I S. 1947)
Richtlinie 2003/87/EG	Richtlinie 2003/87/EG des Europäischen Parlaments und des Rates vom 13.10.2003 über ein System für den Handel mit Treibhausgasemissionszertifikaten in der Gemeinschaft und zur Änderung der Richtlinie 96/61/EG des Rates (ABl. 2003 L 275/32), zuletzt geändert durch die Richtlinie 2009/29/EG des Europäischen Parlaments und des Rates vom 23.4.2009 (ABl. 2009 L 140/63)

RIW	Recht der internationalen Wirtschaft (Zeitschrift)
RL	Richtlinie
Rosenberg/Schwab/ Gottwald	Rosenberg/Schwab/Gottwald, Zivilprozessrecht, 17. Aufl. 2010
Rspr.	Rechtsprechung
RTW	Recht-Technik-Wirtschaft, Jahrbuch (zitiert nach Bd., Jahreszahl, Seite)
RuW	Recht und Wirtschaft (Zeitschrift)
S.	siehe, Seite
Säcker/*Bearbeiter*	Säcker (Hrsg.), Neues Energierecht. Gesetzestexte, Materialien und Beiträge zum neuen deutschen und europäischen Energierecht, 2. Aufl. 2003
Sachs/*Bearbeiter*	Sachs (Hrsg.), GG, Kommentar, 7. Aufl. 2014
Salje, EEG	Salje, Erneuerbare-Energien-Gesetz 2014: Gesetz für den Vorrang erneuerbarer Energien (EEG); Kommentar, 7. Aufl. 2014
Salje, EnWG	Salje, Energiewirtschaftsgesetz, Kommentar, 2006
Schneider/Theobald	Schneider/Theobald (Hrsg.), Handbuch zum Recht der Energiewirtschaft, 4. Aufl. 2013
Schmidt-Bleibtreu/Hofmann/Hopfauf/*Bearbeiter*	Schmidt-Bleibtreu/Hofmann/Hopfauf (Hrsg.), GG, Kommentar, 12. Aufl. 2011
Schwarze/*Bearbeier*	Schwarze (Hrsg.), EU-Kommentar, 3. Aufl. 2012
SG	Sondergutachten
Slg.	Amtliche Sammlung der Entscheidungen des Europäischen Gerichtshofes
SRU	Sachverständigenrat für Umweltfragen
st. Rspr.	ständige Rechtsprechung
StE	Steuern der Energiewirtschaft (Zeitschrift)
Stelkens/Bonk/Sachs/ *Bearbeiter*	Stelkens/Bonk/Sachs (Hrsg.), Verwaltungsverfahrensgesetz, Kommentar, 8. Aufl. 2014
StrEG	Stromeinspeisungsgesetz vom 7. Dezember 1990 (BGBl. I S. 2633), außer Kraft seit 1.4.2000, ersetzt durch EEG
Streinz/*Bearbeiter*	Streinz (Hrsg.), EUV, AEUV, Kommentar, 2. Aufl. 2012
StromHVO	Verordnung (EG) Nr. 714/2009 des Europäischen Parlaments und des Rates vom 13.7.2009 über die Netzzugangsbedingungen für den grenzüberschreitenden Stromhandel und zur Aufhebung der Verordnung (EG) Nr. 1228/2003 (ABl. 2009 L 211/15)
StromNEV	Stromnetzentgeltverordnung vom 25. Juli 2005 (BGBl. I S. 2225), zuletzt geändert durch Artikel 2 der Verordnung vom 14. August 2013 (BGBl. I S. 3250)
StromNZV	Stromnetzzugangsverordnung vom 25. Juli 2005 (BGBl. I S. 2243), zuletzt geändert durch Artikel 5 der Verordnung vom 14. August 2013 (BGBl. I S. 3250)
StromStG	Stromsteuergesetz vom 24. März 1999 (BGBl. I S. 378), zuletzt geändert durch Artikel 2 des Gesetzes vom 5. Dezember 2012 (BGBl. I S. 2436, 2725)
StuW	Steuer und Wirtschaft (Zeitschrift)
SW & W	Sonne, Wind & Wärme (Zeitschrift)

TB Bundeskartellamt	Tätigkeitsbericht des Bundeskartellamtes
TEHG	Treibhausgas-Emissionshandelsgesetz vom 21. Juli 2011 (BGBl. I S. 1475), zuletzt geändert durch Artikel 4 Absatz 28 des Gesetzes vom 7. August 2013 (BGBl. I S. 3044)
Theobald/Zenke	Theobald/Zenke, Grundlagen der Strom- und Gasdurchleitung – Die aktuellen Rechtsprobleme, 2001
TWh	Terrawattstunde
UCTE	Union for the Co-ordination of Transmission of Electricity (Union für die Koordinierung der Übertragung von Elektrizität)
Ule/Laubinger/ *Bearbeiter*	Ule/Laubinger (Hrsg.), Bundesimmissionsschutzgesetz, Kommentar, Loseblattsammlung, 195. EL, Stand: Februar 2014
ÜNB	Übertragungsnetzbetreiber
UPR	Umwelt- und Planungsrecht (Zeitschrift)
UVP	Umweltverträglichkeitsprüfung
UVPG	Gesetz über die Umweltverträglichkeitsprüfung in der Fassung der Bekanntmachung vom 24. Februar 2010 (BGBl. I S. 94), zuletzt geändert durch Artikel 10 des Gesetzes vom 25. Juli 2013 (BGBl. I S. 2749)
VA	Verwaltungsakt
VDEW	Vereinigung Deutscher Elektrizitätswerke e.V., nunmehr BDEW
VDI	Verein Deutscher Ingenieure
VDN	Verband der Netzbetreiber e.V.
VersorgW	Versorgungswirtschaft (Zeitschrift)
VerwArch	Verwaltungsarchiv (Zeitschrift)
VGH	Verwaltungsgerichtshof
vgl.	vergleiche
VIK	Verband der Industriellen Energie- und Kraftwirtschaft e.V.
VKU	Verband kommunaler Unternehmen e.V.
VNB	Verteilnetzbetreiber
VO	Verordnung
VOBl.	Verordnungsblatt
VRE	Verband der Verbundunternehmen und Regionalen Energieversorger, nunmehr BDEW
VwGO	Verwaltungsgerichtsordnung in der Fassung der Bekanntmachung vom 19. März 1991 (BGBl. I S. 686), zuletzt geändert durch Artikel 13 des Gesetzes vom 8. Juli 2014 (BGBl. I S. 890)
VwVfG	Verwaltungsverfahrensgesetz in der Fassung der Bekanntmachung vom 23. Januar 2003 (BGBl. I S. 102), zuletzt geändert durch Artikel 3 des Gesetzes vom 25. Juli 2013 (BGBl. I S. 2749)
WHG	Wasserhaushaltsgesetz vom 31. Juli 2009 (BGBl. I, S. 2585), zuletzt geändert durch Artikel 2 des Gesetzes vom 15. November 2014 (BGBl. I, S. 1724)
WiVerw	Wirtschaft und Verwaltung (Zeitschrift)
WPg	Die Wirtschaftsprüfung (Zeitschrift)
WRP	Wettbewerb in Recht und Praxis (Zeitschrift)
WTO	World Trade Organisation (Welthandelsorganisation)

WuW	Wirtschaft und Wettbewerb (Zeitschrift)
WuW/E	Wirtschaft und Wettbewerb – Entscheidungssammlung
WuW/E EWG/MUV	Wirtschaft und Wettbewerb – Entscheidungssammlung – Europäische Wirtschaftsgemeinschaft/Montan Union Vertrag
WuW/E OLG	Wirtschaft und Wettbewerb – Entscheidungen der Oberlandesgerichte
YEL	Yearbook of European Law (Zeitschrift)
z.T.	zum Teil
ZaöRV	Zeitschrift für ausländisches öffentliches Recht und Völkerrecht
ZEuP	Zeitschrift für Europäisches Privatrecht
ZEuS	Zeitschrift für Europarechtliche Studien
ZfBR	Zeitschrift für Baurecht
ZfE	Zeitschrift für Energiewirtschaft
ZfK	Zeitung für Kommunale Wirtschaft
ZfW	Zeitschrift für Wasserrecht
ZG	Zeitschrift für Gesetzgebung
ZGR	Zeitschrift für Unternehmens- und Gesellschaftsrecht
ZHR	Zeitschrift für das gesamte Handelsrecht und Wirtschaftsrecht (zitiert nach Band und Seite, in Klammern Erscheinungsjahr des jeweiligen Bandes)
ZIP	Zeitschrift für Wirtschaftsrecht
ZMR	Zeitschrift für Miet- und Raumrecht
ZNER	Zeitschrift für neues Energierecht
ZPO	Zivilprozessordnung in der Fassung der Bekanntmachung vom 5. Dezember 2005 (BGBl. I S. 3202; 2006 I S. 431; 2007 I S. 1781), zuletzt geändert durch Artikel 1 des Gesetzes vom 8. Juli 2014 (BGBl. I, S. 890)
ZRP	Zeitschrift für Rechtspolitik
ZUR	Zeitschrift für Umweltrecht
ZWeR	Zeitschrift für Wettbewerbsrecht

Einleitung zum EEG

Schrifttum: *Ahnsehl/Dietrich*, Energiespeicherung im Portfolio der Förderung erneuerbarer Energien – Förderungsoptionen und -perspektiven (Teil 1), ET 4/2010, 14; *dies.*, Energiespeicherung im Portfolio der Förderung erneuerbarer Energien – Förderungsoptionen und -perspektiven (Teil 2), ET 4/2010, 61; *Altrock*, „Subventionierende" Preisregelungen. Die Förderung erneuerbarer Energieträger durch das EEG, 2002; *ders./Eder*, Verordnung zur Weiterentwicklung des EEG-Ausgleichsmechanismus (AusglMechV): Eine erste kritische Betrachtung, ZNER 2009, 128; *ders./Herrmann*, Ausbau der Windenergie und Laufzeitverlängerung – energiewirtschaftliche und rechtliche Herausforderungen für das zukünftige Marktdesign, ZNER 2010, 350; *ders./Vollprecht*, Zur Entwicklung des Einspeisemanagements zwischen dem Vorrang Erneuerbarer Energien und dem Ausbau fluktuierender Stromerzeugungskapazitäten, ZNER 2011, 231; *Anderheiden*, Gemeinwohlförderung durch die Bereitstellung kollektiver Güter, in: Brugger/Kiste/Anderheiden (Hrsg.), Gemeinwohl in Deutschland, Europa und der Welt, 2002, S. 391; *Apfelstedt*, Ökoenergie-Pflichtbenutzung und Warenverkehrsrecht: Zur warenverkehrsrechtlichen Bewertung des StrEG, des EEG und anderer Pflichtkaufmodelle für Öko(ener gie)dienstleistungen (ÖDL), ZNER 2001, 2; *Arndt*, Zur finanzverfassungsrechtlichen Zulässigkeit subventionierender Vergütungen nach dem Stromeinspeisungsgesetz vom 7. Dezember 1990, RdE 1995, 41; *Baer*, Abnahme- und Vergütungspflichten in der Energiewirtschaft – gemeinschaftsrechtliche und verfassungsrechtliche Problemstellungen, 2005; *Bartosch*, EU-Beihilfenrecht, Kommentar, 2009; *Bataille/Hösel*, Energiemarkteffizienz und das Quotenmodell der Monopolkommission, ZNER 2014, 40; *Beckers/Hoffrichter*, Eine (institutionen-)ökonomische Analyse des institutionellen Stromsektordesigns im Bereich der Erzeugung, EnWZ 2014, 57; *Bertram*, EEG oder Quote? Die Zukunft der Marktintegration erneuerbarer Energien, ET 5/2013, 14; *Bieberbach/Lerchl/Eidt*, Ein koordiniertes europäisches Marktdesign für erneuerbare Energien in der Stromversorgung, ET 3/2012, 8; *Blanke/Peilert*, Zur Verfassungsmäßigkeit energiewirtschaftlicher Subventionsregime, RdE 1999, 96; *Bloch*, Die EEG-Umlage – Verstoß gegen das Zollverbot, RdE 2013, 113; *dies.*, Die Befreiung von der EEG-Umlage als staatliche Beihilfe – Vereinbarkeit mit dem Gemeinsamen Markt, RdE 2014, 14; *Bouzarovski/Petrova/Sarlamanov*, Energy poverty policies in the EU: A critical perspective, Energy Policy 49 (2012), 76; *Brahms/Maslaton*, Der Regierungsentwurf des Erneuerbaren-Energien-Gesetzes 2014, NVwZ 2014, 760; *Brancucci Martínez-Anido/Vandenbergh/de Vries/Alecu/Purvins/Fulli/Huld*, Medium-term demand for European cross-border electricity transmission capacity, Energy Policy 61 (2013), 207; *Brandstätt/Brunekreeft/Jahnke*, Systemintegration von erneuerbarem Strom: flexibler Einsatz freiwilliger Abregelungsvereinbarungen, ET 3/2011, 8; *Braun*, Die entschädigungslose Indienstnahme Privater am Beispiel der sog. Vorratsdatenspeicherung, K&R 2009, 386; *Breitschopf/Diekmann*, Gesamtwirtschaftliche Auswirkungen des Ausbaus Erneuerbarer Energien, in: Gerhard/Rüschen/Sandhövel, Finanzierung Erneuerbarer Energien, 2011, S. 97; *Breuer, Daniel*, Zur Einpreisung von Opportunitätskosten unentgeltlich zugeteilter CO$_2$-Emissionszertifikate in die Strompreise. Eine Bewertung emissionshandels-, bilanz- und kartellrechtlicher Vorgaben, 2012; *Breuer*, Umweltrechtliche und wirtschaftslenkende Abgaben im europäischen Binnenmarkt, DVBl. 1992, 485; *Britz/F. Müller*, Die Kostenabwälzung auf Letztverbraucher im Rahmen der „subventionierenden Preisregelungen" nach KWKG und EEG, RdE 2003, 163; *Brodowski*, Der Belastungsausgleich im Erneuerbare-Energien-Gesetz und im Kraft-Wärme-Kopplungsgesetz im Rechtsvergleich, 2007; *Brunekreeft/Meyer*, Kapitalkosten und Kraftwerksinvestitionen bei zunehmender Einspeisung aus erneuerbaren Energien – Die Diskussion um Kapazitätsmärkte, ZfW 2011, 62; *dies.*, Preisspitzen und Investitionsanreize im deutschen Strommarkt, ET 7/2013, 24; *Buchanan/Russo/Anderson*, Feeding back about eco-feedback: How do consumers use and respond to energy monitors?, Energy Policy 2014, 138; *C. Calliess*, Gemeinwohl in der Europäischen Union – Über den Staaten- und Verfassungsverbund zum Gemeinwohlverbund, in: Brugger/Kiste/Anderheiden (Hrsg.), Gemeinwohl in Deutschland, Europa und der Welt, 2002, S. 173; *C. Calliess/Hey*, Multilevel Energy Policy in the EU: Paving the Way for Renewables?, JEEPL 2013, 87; *dies.*, Erneuerbare Energien in der Europäischen Union und das EEG: Eine Europäisierung „von unten"?, in: Müller (Hrsg.), 20 Jahre Recht der Erneuerbaren Energien, S. 223; *Cremer*, Das Verhältnis der Beihilferegeln gemäß Art. 92 f. EGV zur Warenverkehrsfreiheit, EuR 2006, 225; *ders.*, Staatlich geförderter Klimaschutz und Gemeinschaftsrecht – Sind das Erneuerbare-Energien-Gesetz (EEG) und das Kraft-Wärme-Kopplungsgesetz (KWKG) seit dem 1.7.2007 gemeinschaftsrechtswidrig?, EuZW 2007, 591; *Curtius*, Kraftwerkseinsatz und Erzeugungsvermarktung, in: Bartsch (Hrsg.), Stromwirtschaft – Ein Praxishandbuch, 2. Auflage 2008, S. 423; *Däuper/ Voß*, Rechtliche Überlegungen zur Einführung von Kapazitätsmechanismen in Deutschland, in: EWeRK (Hrsg.), Festgabe für Hans-Peter Schwintowski, 2012, S. 173; *dies.*, Rechtliche Ausgestaltungsmöglichkeiten von Kapazitätsmechanismen auf dem Stromerzeugungsmarkt, ZNER 2012, 119; *Dederer/Schneller*, Garantierte Stromeinspeisungs-Vergütung versus Zertifikats-Handelsmodell, RdE 2000, 214; *de Doncker*, Towards a Sustainable Energy Supply – The New Landscape of Energy Technologies, Panasonic Technical Journal 2012 (Vol. 57 No. 4), 236; *de Jong/van Dijken/Enev*, Wie erneuerbare Energien die (Preis-)Zukunft gestalten, ET 5/2013, 18; *Diekmann/Kemfert/Neuhoff/Schill/Traber*, Erneuerbare Energien: Quotenmodell keine Alternative zum EEG, DIW Wochenbericht Nr. 45 2012, 15; *Dietrich/Bode*, Der Import von Strom: Ein Beitrag zur Versorgungssicherheit?, ET 3/2011, 30; *Di Fabio*, Die Verfassungskontrolle indirekter Umweltpolitik am Beispiel der Verpackungsverordnung, NVwZ 1995, 1; *Ekardt*, Theorie der Nachhaltigkeit: rechtliche, ethische und politische Zugänge – am Beispiel von Klimawandel, Ressourcenknappheit und Welthandel, 2011; *ders.*, Verfassungs- und unionsrechtliche Probleme des EEG 2014, ZNER 2014, 317; *ders.*, Energiewende und EU-Beihilfenrecht: EEG-Förderung, EEG-Ausnahmen, Atomrecht, Energiesteuern, EurUP 2013, 197; *ders./ Schmeichel*, Erneuerbare Energien, Warenverkehrsfreiheit und Beihilfenrecht. Nationale Klimaschutzmaßnahmen im EG-Recht, ZEuS 2009, 171; *ders./Steffenhagen*, EEG-Ausgleichsmechanismus, stromintensive Unternehmen und das Europarecht, JbUTR 2011, 319; *Elsner/Kaltenborn*, Sonderabgaben im Steuerstaat, JA 2005, 823; *Ferreira/L'Abbate/Fulli/Häger*, Flexible Alternating Current Transmission Systems (FACTS) Devices, in: Migliavacca (Hrsg.), Advanced Technologies for Future Transmission Grids, 2013, S. 119; *Fischerauer*, Bringing together European Energy Markets: The new Regulation on Guidelines for Trans-European Energy Infrastructure (TEN-E), European Energy and Environmental Law Review (EELR) 2013, 70; *ders.*, Die Verordnung zu Leitlinien für die transeuropäische Energieinfrastruktur, EnWZ 2013, 56; *Frenz*, Reduzierte Solarförderung – keine Abkehr von der Energiewende, IR 2012, 76; *ders.*, Beihilferückforderung beim EEG?, ZNER 2014, 25; *ders.*, Erneuerbare Energien in den neuen EU-Umwelt- und Energiebeihilfeleitlinien, ZNER 2014, 345; *ders./Wimmers*, Erneuerbare Energien-Förderungsmodelle und Beihilfenproblematik, WiVerw 2014, 30; *Friauf*, Öffentliche Sonderlasten und Gleichheit der Steuerbürger, in: Institut für Völkerrecht und ausländisches öffentliches Recht der Universität zu Köln (Hrsg.), Festschrift für Hermann Jahrreiß, 1974, S. 45; *ders.*, Das Stromeinspeisungsgesetz als Mittel einer unzulässigen Zwangssubventionierung zu Lasten privater Unternehmen, ET 1995, 597; *Fuchs/Peters*, Die Europäische Kommission und die Förderung erneuerbarer Energien in Deutschland. Eine Bewertung des EEG-Beihilfeverfahrens und der neuen Umwelt- und Energiebeihilfeleitlinien mit einem kritischen Blick auf die Leitlinienpolitik der Kommission, RdE 2014, 409; *Galant/Vaféas/Pagano/Peirano/Migliavacca/L'Abbate*, A Midterm Road Map for Advanced Technologies Integration in Transmission Networks, in: Migliavacca (Hrsg.), Advanced Technologies for Future Transmission Grids, 2013, S. 1; *Gawel*, Das Steuerstaatsgebot des Grundgesetzes. Ein finanzwissenschaftlicher Beitrag zu seiner Inhaltsbestimmung, Der Staat 39 (2000), 209; *ders./Klassert*, Probleme der besonderen Ausgleichsregelung im EEG, ZUR 2013, 467; *ders./Purkus*, Markt- und Systemintegration erneuerbarer Energien: Probleme der Marktprämie nach EEG 2012, ZUR 2012, 587; *ders./Lehmann/Korte u. a.*, Die Zukunft der Energiewende in Deutschland, ZUR 2014, 219; *Geelen/Reinders/Keyson*, Empowering the end-user in smart grids: Recommendations for the design of products and services, Energy Policy 61 (2013), 151; *Gent*, Mindestpreise und Abnahmezwang als Beitrag zum europäischen Umweltschutz, 1999; *Gerstner* (Hrsg.), Grundzüge des Rechts der Erneuerbaren Energien, 2013; *Glaser*, Das Netzausbauziel als Herausforderung für das Regulierungsrecht, DVBl. 2012, 1283; *Goerlich*, „Formenmißbrauch" und Kompetenzverständnis, 1987; *González*, The Interaction Between Emissons Trading and Renewable Electricity Support Schemes. An Overview of the Literature, Mitigation and Adaptation Strategies for Global Change 2007, 1363; *Götz*, Parafiskalische Abgaben im europäischen Gemeinschaftsrecht, in: Wendt (Hrsg.), Staat, Wirtschaft, Steuern, FS Friauf, 1996, S. 37; *Gundel*, Die Vorgaben der Warenverkehrsfreiheit für die Förderung erneuerbarer Energien – Neue Lösungen für ein altes Problem?, EnWZ 2014, 99; *ders./Germelmann*, Kein Schlussstein für die Liberalisierung der Energiemärkte: Das Dritte Binnenmarktpaket, EuZW 2009, 763; *Haellmigk/Wippich/Grimm/Geiger*, Der Letztverbraucher als unmittelbarer Schuldner der EEG-Umlage, RdE 2013, 408; *Haltern*, Europarecht. Dogmatik im Kontext, 2. Aufl. 2007; *Hancher/Salerno*, State Aid, in: Jones (Hrsg.), EU Energy Law, Bd. II, 2011,

S. 599; *Häder*, Klimaschutzpolitik in Deutschland: eine ökonomische Konsistenzanalyse der Rahmenbedingungen für den Strommarkt, ZfE 2010, 11; *Hartung*, Die Einsatzflexibilität entscheidet über die Marktfähigkeit von Kraftwerken, ET 6/2010, 22; *Haucap/Klein/Kühling*, Die Marktintegration der Stromerzeugung aus erneuerbaren Energien. Eine ökonomische und juristische Analyse, 2013; *Haucap/Kühling*, Zeit für eine grundlegende Reform der EEG-Förderung, ET 3/2013, 41; *Heidenhain* (Hrsg.), Handbuch des Europäischen Beihilfenrechts, 2003; *ders.*, European State Aid Law, 1. Aufl. 2010; *ders.*, Verwendung des Aufkommens parafiskalischer Abgaben, EuZW 2005, 6; *Held/Seidel*, Die Systemstabilitätsverordnung (SysStabV) – Mit Systembruch zu mehr Stromversorgungssicherheit?, RdE 2013, 8; *Heselhaus*, Europäisches Energie- und Umweltrecht als Rahmen der Energiewende in Deutschland, EurUP 2013, 137; *Hodson* (Hrsg.), EU Energy Law, Bd. III/1, Renewable Energy Law and Policy in the European Union, 2010; *Höfling/Salzer/Schmidt*, Die strategische Stromreserve mit Erneuerbaren-Quote als Instrument der nationalen Versorgungssicherheit?, ET 07/2011, 24; *Hofmann*, Aktuelle Entwicklungen auf dem Stromerzeugungsmarkt im Jahr 2013, EnWZ 2014, 51; *Honore*, Selectivity and Taxation – Reflections in the Light of Case C-487/06 P, British Aggregates Association, EStAL 2009, 527; *Hucko*, Zum Stromeinspeisungsgesetz, zum Verfassungsrecht als Nothelfer und zur Rechtskultur der alten Griechen, RdE 1995, 141; *Hummel*, Das Merkmal der Finanzierungsverantwortung in der Sonderabgaben-Rechtsprechung des Bundesverfassungsgerichts, DVBl. 2009, 874; *Jaeger*, Beihilfen durch Steuern und parafiskalische Abgaben, 2006; *ders.*, Grenzen der staatlichen Zurechenbarkeit parafiskalischer Abgabenerhebung durch öffentliche Einrichtungen – Zugleich Anmerkung zum EuGH-Urteil Pearle, EuZW 2004, 558; *Jarass*, Die Widerspruchsfreiheit der Rechtsordnung als verfassungsrechtliche Vorgabe, AöR 126 (2001), 588; *Johnston*, The Future Shape of EU Energy Law and Policy, in: Arnull/Barnard/Dougan/Spaventa (Hrsg.), A Constitutional Order of States? Essays in EU Law in Honour of Alan Dashwood, 2011, S. 397; *ders.*, The impact of the new EU Commission guidelines on State aid for environmental protection and energy on the promotion of renewable energies, in: Solvang (Hrsg.), EU Renewable Energy Law. Legal challenges and new perspectives, 2014, S. 13; *ders./Block*, EU Energy Law, 2012; *Jones, Alison/Sufrin, Brenda*, EU Competition Law, 4. Aufl. 2010; *Jones, Christopher* (Hrsg.), Energy Law, Band I, The Internal Energy Market, The Third Liberalisation Package, 3. Aufl. 2010; *ders./Fouquet* (Hrsg.), EU Energy Law, Bd. III/2, Renewable Energy in the Member States of the European Union, 2013; *Karl*, Wettbewerbsfähigkeit erneuerbarer Energien in der Stromversorgung, ET 5/2013, 30; *Kemfert/Diekmann*, Das Zusammenwirken verschiedener Klimaschutzinstrumente: Förderung Erneuerbarer Energien und Emissionshandel, in: Müller, 20 Jahre Erneuerbare Energien, 2012, S. 432; *Klessmann*, The evolution of flexibility mechanisms for achieving European renewable energy targets 2020 – ex-ante evaluation of the principle mechanisms, Energy Policy 37 (2009), 4966; *Klessmann/Held/Rathmann/Ragwitz*, Status and perspectives of renewable energy policy and deployment in the European Union – What is needed to reach the 2020 targets?, Energy Policy 39 (2011), 7637; *Klessmann/Nabe/Burges*, Pros and cons of exposing renewables to electricity market risks – A comparison of the market integration approaches in Germany, Spain, and the UK, Energy Policy 36 (2008) 3646; *Klinski*, Zur Vereinbarkeit des EEG mit dem Elektrizitätsbinnenmarkt – Neubewertung unter Berücksichtigung der Richtlinien 2003/54/EG und 2001/77/EG, ZNER 2005, 207; *Knauff*, Der Regelungsverbund. Recht und Soft law im Mehrebenensystem, 2010; *Koenig/Kühling*, Das PreussenElektra-Urteil des EuGH: Freibrief für Abnahme- und Vergütungspflichten in der Energiewirtschaft, NVwZ 2001, 768; *Köck*, Die Sonderabgabe als Instrument des Umweltschutzes, 1991; *König*, Engpassmanagement in der deutschen und europäischen Elektrizitätsversorgung, 2013; *ders.*, Die Vergütung abschaltbarer Lasten, EnWZ 2013, 201; *ders.*, Die Haftung der Übertragungsnetzbetreiber für den verzögerten Netzanschluss von Offshore-Windenergieanlagen, ZNER 2013, 113; *ders.*, Die Pflicht zur Umsetzung eines Market Splittings in Deutschland, EnWZ 2013, 451; *E. Korte/Gawel*, Anreizregulierung und Energiewende – eine Mesalliance?, IR 2013, 250; *ders.*, Finanzgewalt in der Kompetenzordnung, 2004; *Kröger*, Nationally Exclusive Support Schemes for RES Electricity Production and the Free Movement of Goods, JEEPL 2013, 378; *Kruse*, Das Merkmal der „Staatlichkeit" der Beihilfe nach Art. 87 Abs. 1 EG, ZHR 165 (2001), 576; *Kube*, Öffentliche Aufgaben in privater Hand – Sachverantwortung und Finanzierungslast, Die Verwaltung 41 (2008), 1; *ders./Palm/Seiler*, Finanzierungsverantwortung für Gemeinwohlbelang – Zu den finanzverfassungsrechtlichen Maßstäben quersubventionierender Preisinterventionen, NJW 2003, 927; *Kühling*, Von den Vergütungspflichten des Energieeinspeisegesetzes bis zur Deckungsvorsorge des Atomgesetzes: Die deutsche Energierechtsordnung im Koordinatensystem des Europäischen Beihilfenrechts, RdE 2001, 93; *Lambertz/Schiffer/Serdarusic/Voß*, Flexibilität von Kohle- und Gaskraftwerken zum Ausgleich von Nachfrage- und Einspeiseschwankungen, ET Jahresspecial 2012, 11; *Lauber*, Regelung von Preisen und Beihilfen für Elektrizität aus erneuerbaren Energieträgern durch die Europäische Union, ZNER 2001, 35; *Lee*, Umweltrechtlicher Instrumentenmix und kumulative Grundrechtseinwirkungen, 2013; *Lehmann/Gawel*, Why should support schemes for renewable electricity complement the EU emissions trading scheme?, Energy Policy 52 (2013), 597; *Lehnert*, Markt- und Systemintegration der Erneuerbaren-Energien: Eine rechtliche Analyse der Regeln zur Direktvermarktung im EEG 2012, ZUR 2012, 4, *Lehnert/Templin/Theobald*, Die Erneuerbaren Energien im System des Energierechts, VerwArch 102 (2011), 83; *Lehnert/Vollprecht*, Die Systemstabilitätsverordnung (SysStabV), IR 2012, 200; *Lenz/Borchardt* (Hrsg.), EU-Verträge, Kommentar, 6. Aufl. 2012; *Leprich*, Transformation des bundesdeutschen Stromsystems im Spannungsfeld von Wettbewerb und regulatorischem Design, ZNER 2013, 101; *Lüdemann/Ortmann*, Hält die Marktprämie, was sie verspricht? Eine Analyse anhand aktueller Zahlen, ZNER 2012, 325; *Ludwigs*, Die Energierechtsgesetzgebung der EU zwischen Binnenmarkt und Klimaschutz, ZG 2010, 222; *ders.*, Die Förderung erneuerbarer Energien im doppelten Zangengriff des Unionsrechts, EuZW 2014, 201; *ders.*, EEG-Umlage und EU-Beihilfenrecht. Die Besondere Ausgleichsregelung auf dem Prüfstand der EU-Kommission, REE 2014, 65; *Manssen*, Die Verfassungsmäßigkeit von EEG-Umlage und besonderer Ausgleichsregelung im Erneuerbare Energien Gesetz, WiVerw 2012, 170; *ders.*, Die EEG-Umlage als verfassungswidrige Sonderabgabe, DÖV 2012, 499; *ders.*, Die Zukunft der EEG-Umlage – weiter auf verfassungswidrigen Wegen?, ET 11/2012, 49; *Mestmäcker/Schweitzer*, Europäisches Wettbewerbsrecht, 2. Aufl. 2004; *von Meier*, Electric Power Systems, A Conceptual Introduction, 2006; *Meyer*, Die Bewertung parafiskalischer Abgaben aus der Sicht des europäischen Beihilfenrechts, 2007; *Migliavacca* (Hrsg.), Advanced Technologies for Future Transmission Grids, 2013; *Möhrlen/Pahlow/Jørgensen*, Untersuchung verschiedener Handelsstrategien für Wind- und Solarenergie unter Berücksichtigung der EEG 2012 Novellierung, ZfE 2012, 9; *Moench/Corino*, Noch einmal: Preiserhöhungen auf Grund des EEG und des KWKG, RdE 2002, 124; *Möst/Fichtner*, Renewable energy sources in European energy supply and interactions with emission trading, Energy Policy 38 (2010), 2898; *Müller, Thorsten*, Der Rechtsrahmen zur Förderung und Nutzung Erneuerbarer Energien, insbesondere Erneuerbare-Energien-Gesetz und Erneuerbare-Energien-Wärmegesetz, in: Köck/Faßbender (Hrsg.), Klimaschutz durch regenerative Energien, 2010, S. 15; *ders.*, Neujustierung des europäischen Umweltenergierechts im Bereich erneuerbarer Energien?, in: Cremer/Pielow (Hrsg.), Probleme und Perspektiven im Energieumweltrecht, 2010, S. 142, *ders./Bitsch*, Zur Vereinbarkeit einer europaweiten Einspeiseregelung mit dem europäischen Primärrecht – Ergebnisse der Begutachtung des BEE-Modells „EU-FIT", ZNER 2007, 383; *Müsgens/Peichert/Perner/Riechmann/Wissen*, Emissionshandel oder Förderung Erneuerbarer in Europa: Wer sollte langfristig das Steuer übernehmen?, ET 9/2013, 8; *Nagel*, Sind Stromeinspeisung nach dem EEG und Emissionshandel kompatibel?, ZNER 2004, 162; *ders.*, EU-Gemeinschaftsrecht und nationales Gestaltungsrecht – Entspricht das EEG den Vorgaben des Gemeinschaftsrechts?, ZNER 2000, 1; *Nestle*, Gleitende Marktprämie im EEG: Chancen oder Risiko für die Erneuerbaren?, ET 3/2011, 14; *Neun/Weber*, Die Entschädigungsumlage gemäß § 17f Abs. 1 Sätze 2 und 3; Abs. 5 EnWG zur Anbindung von Offshore-Anlagen. Zur Abwälzung bestimmter Belastungen anbindungsverpflichteter Übertragungsnetzbetreiber auf Verbraucher aus finanzverfassungsrechtlicher Sicht, in: Franzius u.a. (Hrsg.), Beharren. Bewegen. Festschrift für Michael Kloepfer, 2013, S. 619; 336; *Nicolaides/Kleis*, A Critical Analysis of Environmental Tax Reductions and Generation Adequacy Provisions in the EEAG 2014–2020, EStAL 2014, 636; *ders./Rusu*, The Concept of Selectivity: An Ever Wider Scope, EStAL 2012, 791; *Oppen/Groß*, Nach dem EEG ist vor dem EEG – Die Förderung von Erneuerbare-Energien Anlagen nach der PV-Novelle 2012, ZNER 2012, 347; *Oschmann*, Strom aus erneuerbaren Energien im Europarecht, Die Richtlinie 2001/77/EG des Europäischen Parlaments und des Rates zur Förderung der Stromerzeugung aus erneuerbaren Energiequellen im Elektrizitätsbereich, 2002; *ders.*, Zehn Jahre Erneuerbare-Energien-Gesetz (EEG) – Bilanz und Ausblick, ZNER 2010, 117; *ders./Ragwitz/Resch*, Die Förderung von Strom aus Erneuerbaren Energien in der Europäischen Union – praktische Erfahrungen und rechtliche Perspektiven, ZNER 2006, 7; *Ossenbühl*, Zur Verfassungswidrigkeit der Vergütungsregelung des Stromeinspeisungsgesetzes, RdE 1997, 46; *ders.*, Verfassungsrechtliche Fragen des Stromeinspeisungsgesetzes, ET 1996, 94; *ders.*, Die Freiheiten des Unternehmers nach dem Grundgesetz, AöR 115 (1990), 1; *Papier*, Verfassungsfragen der Durchleitung, in: Büdenbender/Kühne (Hrsg.), Das neue Energierecht in der Bewährung, Festschrift für Jürgen Baur, 2002, S. 209; *Perner/Riechmann*, Das zukünftige EEG – Wie viel Reform ist erforderlich?, ET 5/2013, 8; *Pestalozza*, „Formenmißbrauch" des Staates, 1973; *Pohlmann*, Der Streit um das Stromeinspeisungsgesetz vor dem Grundgesetz, NJW 1997, 545; *Prall/Fouquet*, Renewable Energy Sources in the Internal Electricity Market: The German Feed-in Model and its Conformity with Community Law, JEEPL 2005, 309; *Prek/Lefèvre*, The Requirement of Selectivity in the Recent Case-Law of the Court of Justice, EStAL 2012, 335, *Rathmann*, Do support systems for RES-E reduce EU-ETS-driven electricity prices?, Energy Policy 35 (2007), 342; *Reshöft*, Verfassungs- und Europarechtskonformität des EEG, 2003; *Richter*, Die Unvereinbarkeit des StrEG mit europäischem Beihilfenrecht, RdE 1999, 23; *ders.*, Grenzen der wirtschaftlichen Förderung regenerativer Stromeinspeisungen in Deutschland, 2000; *Riedel/Weiss*, Ausgleichsmechanismus des Erneuerbare-Energien-Gesetzes: Finanzverfassungsrechtliche Grenzen einer Einbeziehung der Eigenversorgung, EnWZ 2013, 402; *Riewe*, Aktuelles Europäisches Energierecht – Schwerpunkte Elektrizitätsbinnenmarkt und Beihilfenrecht, EWeRK 2014, 15; *Ritgen*, StrEG und europäisches Beihilfenaufsichtsrecht, RdE 1999, 176; *Rodi*, Instrumentenvielfalt und Instrumentenverbund im Umweltrecht, ZG 2000, 231; *Rostankowski*, Die Ausgleichsmechanismus-Verordnung und der Ausbau Erneuerbarer Energien, ZNER 2010, 125; *dies./Oschmann*, Fit für die Zukunft? – Zur Neuordnung des EEG-Ausgleichsmechanismus und weiteren Reformansätzen, RdE 2009, 361; *Ruge*, Das Beihilfe-Merkmal der staatlichen Zurechenbarkeit in der Rechtsprechung des EuGH am Beispiel des Stromeinspeisungsgesetzes, WuW 2001, 560; *Säcker*, Marktabgrenzung, Marktbeherrschung, Markttransparenz und Machtmissbrauch auf den Großhandelsmärkten für Elektrizität, 2011; *ders.*, Das Regulierungsrecht im Spannungsfeld von öffentlichem und privatem Recht. Zur Reform des deutschen Energie- und Telekommunikationsrechts, AöR 130 (2005), 180; *ders./Schmitz* (nunmehr *Steffens*), Die Staatlichkeit der Mittel im Beihilfenrecht, NZKart 2014, 202; *Sailer*, Das Recht der Energiespeicherung am Beispiel von Elektrizität, in: T. Müller (Hrsg.), 20 Jahre Recht der Erneuerbaren Energien, 2012, S. 777 ff.; *ders.*, Das Recht der Energiespeicherung nach der Energiewende – die neuen Regelungen zur Stromspeicherung im EnWG und EEG, ZNER 2012, 153; *Salje*, Möglichkeiten und Grenzen zur Freistellung von eigenerzeugtem Strom von der EEG-Umlage, IR 2008, 102; *ders.*, Defizite bei der Abwicklung des Wälzungsmechanismus des Erneuerbare-Energien-Gesetzes – Folgewirkungen des Rechtsprechungswechsels zur EEG-Umlage, VersorgW 2010, 84; *ders.*, Die Vereinbarkeit des StrEG mit dem EG-Vertrag, RIW 1998, 186; *Sauer*, Das EEG und die Investitionssicherheit – Inwieweit dürfen Alt-Anlagenbetreiber noch auf die gegenwärtigen Vergütungen vertrauen?, EWeRK 2012, 211; *Schlacke/Kröger*, Eine verfassungsrechtliche Bewertung der Kennzeichnung von marktprämien-gefördertem Strom als Grünstrom, NVwZ 2012, 919; *dies.*, Zur Unionsrechtskonformität des EEG bei zunehmender Rekommunalisierung und Verstaatlichung der Elektrizitätswirtschaft, DVBl. 2013, 401; *dies.*, Die Privilegierung stromintensiver Unternehmen im EEG, NVwZ 2013, 313; *Schmidt-Preuß*, Substanzerhaltung und Eigentum. Verfassungsrechtliche Anforderungen an die Bestimmung von Netznutzungsentgelten im Stromsektor, 2003; *ders.*, Das Erneuerbare-Energien-Gesetz: Aktuelle rechtliche Fragen und Probleme, in: Klees/Gent (Hrsg.), Energie – Wirtschaft – Recht. Festschrift für Peter Salje, 2013, S. 397; *ders.*, Energie und Umwelt – Aktuelle Entwicklungstendenzen im Zeichen von Europäisierung und Energiewende, in: Brinktrine/Ludwigs/Seidel (Hrsg.), Energieumweltrecht in Zeiten von Europäisierung und Energiewende, 2014, S. 9; *Schneider*, Energieumweltrecht: Erneuerbare Energien, Kraft-Wärme-Kopplung, Energieeinsparung, in: Schneider/Theobald (Hrsg.), Recht der Energiewirtschaft, 4. Aufl. 2013, § 21, S. 1248; *ders.*, in: Schneider/Theobald (Hrsg.), Recht der Energiewirtschaft, 1. Aufl. 2003, § 18, S. 998; *Schneidewindt*, Verbraucher in der Energiewende: Prosumer oder nur Statist?, ER 2013, 226; *R. Scholz*, Die Vergütungsregelung des Stromeinspeisungsgesetzes als Mittel verfassungsmäßiger Wirtschaftslenkung und Umweltpolitik, ET 1995, 600; *ders./Moench/Herz*, Verfassungs- und europarechtliche Grundsatzfragen einer EEG-Reform, 2014; *Schroeder/Oei/Sander/Hankel/Laurisch*, The integration of renewable energies into the German transmission grid – A scenario comparison, Energy Policy 61 (2013), 140; *Schulte/Kloos*, Das Elektrizitätsnetz als Bezugspunkt im EEG – Anschluss, Zugang, Vorrang und Ausbau, in: Müller, 20 Jahre Recht der Erneuerbaren Energien, 2012, S. 727 ff.; *H. Schumacher*, Die Neufassung des Erneuerbare-Energien-Gesetzes im Rahmen des Integrierten Energie- und Klimapakets, ZUR 2008, 121; *dies.*, Die Neuregelungen zum Einspeise- und Engpassmanagement, ZUR 2012, 17; *P. Schumacher*, Überlegungen zum Energieinformationsnetz aus dem Blickwinkel der Innovationsregulierung, Die Verwaltung 2011, 213; *von Schweinitz*, Energiewende und Belastungskumulationen am Beispiel von EEG-Umlage, besonderer Ausgleichsregelung für stromintensive Unternehmen und der Eigenstromregelung, in: Franzius u. a. (Hrsg.), Beharren. Bewegen. Festschrift für Michael Kloepfer, 2013, S. 505; *Sensfuß/Ragwitz/Genoese*, The merit-order effect: A detailed analysis of the price effect of renewable electricity generation on spot market prices in Germany, Energy Policy 36 (2008), 3086; *Sliwiok-Born*, Vermarktungsgemeinschaften als potenzieller Fördergegenstand des EEG?, ET 5/2013, 82; *Slot*, Anm. zu Rs. C-72/91 und C-73/91 Sloman Neptun Schiffahrts AG/Seebetriebsrat Bodo Ziesemer der Sloman Neptun Schiffahrts AG, CMLR 1994, 142; *Slotboom*, State Aid in Community Law: a Broad or Narrow Definition?, ELRev 1995, 289; *Sohre*, Europäische Handlungsalternativen bei der Förderung Erneuerbarer Energien im Lichte des Subsidiaritätsprinzips, ZNER 2003, 300; *Soltézs*, Die „Belastung des Staatshaushaltes" als Tatbestandsmerkmal einer staatlichen Beihilfe i. S. des Art. 92 I EGV, EuZW 1998, 747; *ders.*, Von PreussenElektra zu France Télécom – Die „Belastung des Staatshaushaltes" als Beihilfekriterium, EuZW 2011, 254; *ders.*, Die Rechtsprechung der Unionsgerichte zum Beihilferecht im Jahre 2011, EuZW 2012, 174; *Sorrel/Sijm*, Carbon Trading in the Policy Mix, Oxford Review of Economic Policy 2003, 420; *Stäsche*, Entwicklungen des Klimaschutzrechts und der Klimaschutzpolitik 2013/14, EnWZ 2014, 291; *Steffens*, Das Argument der Systemrelevanz am Beispiel des Energiesektors, VerwArch 105 (2014), 313; *dies.*, Articles 30 and 110 TFEU as Limitations to Member States'Renewable Energy Promotion, in: Solvang (Hrsg.), EU Renewable Energy Law. Legal challenges and new perspectives, 2014, S. 59; *Studenroth*, Verfassungswidrigkeit des Stromeinspeisungsgesetzes?, DVBl. 1995, 1216; *Szyszczak, E.*, Time for Renewables to Join the Market: the New Guidelines on State Aid for Environmental Protection and Energy, Journal of European Competition Law & Practice 2014, 616; *Thiemann*, Die Dogmatik der Sonderabgabe im Umbruch. Zur Legitimationsstruktur kollektiv begründeter Abgabepflichten, AöR 138 (2013), 60; *Thole*, Der europäische Grid Code Gas – Regelungsrahmen und Auswirkungen auf das deutsche Gasnetzzugangssystem, IR 2011, 218; *Thomas*, Die Bindungswirkung von Mitteilungen, Bekanntmachungen und Leitlinien der EG-Kommission, EuR 2009, 423; *Treffer*, Zur Verfassungswidrigkeit des Stromeinspeisungsgesetzes, UPR 1996, 128; *Vergoßen*, Einspeisemanagement nach dem Erneuerbare-Energien-Gesetz. Im Spannungsverhältnis der Versorgungssicherheit und des Vorrangprinzips, 2012; *Vollprecht/Clausen*, Auf dem Weg zum EEG 2014 – ein Werkstattbericht, EnWZ 2014, 112; *Waechter*, Sonderabgaben sind normale Abgaben, ZG 2005, 97; *Waldhoff/Roßbach*, Das EEG zwischen Verfassungsrecht und Politik, WiVerw 2014, 1; *Weigt*, Marktintegration erneuerbarer Energien im Lichte europäischer Rahmensetzungen, ZNER 2009, 205; *Weise/Hartmann/Wöldeke*, Energiewende und Netzstabilität – die neuen rechtlichen Rahmenbedingungen für Übertragungs- und Verteilernetzbetreiber nach §§ 13,14 EnWG, RdE 2012, 181; *Wende*, Die einheitliche Auslegung von Beihilfe- und Vergaberecht, 2010; *Windoffer/Groß*, Rechtliche Herausforderungen des „Smart Grid", VerwArch 2012, 491; *Zaccone*, Innovative Cables, in: Migliavacca, 2013, S. 39; *Zenke/Fischer*, Transparenzpflichten nach REMIT und EMIR – Auswirkungen der europäischen Energie- und Finanzmarktregulierung auf Energieversorger, EnWZ 2013, 211; *dies./Schäfer*, Energiehandel in Europa. Öl, Gas, Strom, Derivate, Zertifikate, 3. Aufl. 2012; *Ziesing*, Weltweite CO_2-Emissionen 2012: schwächeres Wirtschaftswachstum dämpft Emissionszunahme, ET 9/2013, 96.

Studien:

– Agora Energiewende/Forschungsgesellschaft für Energiewirtschaft/Fraunhofer ISI, Lastmanagement als Beitrag zur Deckung des Spitzenlastbedarfs in Süddeutschland, 2013, abrufbar auf www.agora-energiewende.de

– BDEW, Auswirkungen des Moratoriums auf die Stromwirtschaft – Stromerzeugung, Auslastung der Kraftwerke, gesicherte Leistung, Netzsituation, Kraftwerksplanung, Stromaustausch mit dem Ausland, Einspeisungen und Großhandelspreise, 2011, abrufbar auf www.bdew.de

– BET, Kapazitätsmarkt. Rahmenbedingungen, Notwendigkeit und Eckpunkte einer Ausgestaltung, Studie im Auftrag des bne, 2011, abrufbar auf www.bet-aachen.de

– CONNECT, Endbericht Leitstudie Strommarkt, Arbeitspaket Optimierung des Strommarktdesigns, 2014, abrufbar auf www.bmwi.de/DE/Mediathek/publikationen.html

– Consentec, Versorgungssicherheit effizient gestalten – Erforderlichkeit, mögliche Ausgestaltung und Bewertung von Kapazitätsmechanismen in Deutschland, Studie im Auftrag von EnBW, 2012, abrufbar auf www.consentec.de
– dena, dena-Netzstudie I, 2005, abrufbar auf www.dena.de
– dena, dena-Netzstudie II. Integration erneuerbarer Energien in die deutsche Stromversorgung im Zeitraum 2015 – 2020 mit Ausblick 2025, abrufbar auf www.dena.de
– dena, Integration der erneuerbaren Energien in den deutsch-europäischen Strommarkt,
Endbericht, 2012, abrufbar auf www.dena.de
– dena, Systemdienstleistungen 2030. Sicherheit und Zuverlässigkeit einer Stromversorgung mit hohem Anteil erneuerbarer Energien, 2014, abrufbar auf www.dena.de
– dena, Verteilnetzstudie 2012, abrufbar auf www.dena.de
– DICE, Vor- und Nachteile alternativer Kapazitätsmechanismen in Deutschland, Eine
Untersuchung alternativer Strommarktsysteme im Kontext europäischer Marktkonvergenz und erneuerbarer Energien, Gutachten im Auftrag der RWE AG, abrufbar auf
www.dice.hhu.de
– DLR/Fraunhofer IWES/IfnE, Langfristszenarien und Strategien für den Ausbau der erneuerbaren Energien in Deutschland bei Berücksichtigung der Entwicklung in Europa
und global, „Leitstudie 2011“ im Auftrag des BMU, Schlussbericht, 2012, abrufbar auf
www.erneuerbare-energien.de
– E-Bridge/IAEW/OFFIS, Moderne Verteilernetze für Deutschland, Studie im Auftrag
des BMWi, 2014, abrufbar auf www.bmwi.de
– Ecofys, Impacts of restricted transmission grid expansion in a 2030 perspective in Germany, 2013, abrufbar auf www.ecofys.com
– Ecofys/Fraunhofer/BBH/EEG/WINROCK/Fischer, Renewable Energy Progress and
Biofuels Sustainability, 2013, abrufbar auf http://ec.europa.eu/energy/renewables/re
ports/reports_de.htm
– Energieforschungszentrum Niedersachsen (EFZN), Eignung von Speichertechnologien
zum Erhalt der Systemsicherheit, 2013, abrufbar auf www.efzn.de und www.bmwi.de
– Redpoint, Electricity Market Reform. Analysis of policy options, 2010, abrufbar auf
www.gov.uk/government/consultations/electricity-market-reform
– Energybrainpool, Vergleichende Untersuchung aktueller Vorschläge für das Strommarktdesign mit Kapazitätsmechanismen, Kurzstudie im Auftrag des BMU, 2013, abrufbar auf www.bmu.de
– ENTSO-E, Scenario Outlook and Adequacy Forecast (SO&AF) 2014–2030, 2014, abrufbar auf www.entsoe.eu
– Ernst&Young, Kosten-Nutzen-Analyse für einen flächendeckenden Einsatz intelligenter Zähler, Studie im Auftrag des BMWi, 2013, abrufbar auf www.bmwi.de
– ewi, European RES-E Policy Analysis. Eine modellbasierte Studie über die Entwicklung der Stromerzeugung aus erneuerbaren Energiequellen in Europa und die Auswirkungen auf den konventionellen Strommarkt, deutsche Zusammenfassung, abrufbar
auf www.ewi.uni-koeln.de
– ewi, Untersuchungen zu einem zukunftsfähigen Strommarktdesign, Studie im Auftrag
des BMWi, 2012, abrufbar auf www.ewi.uni-koeln.de
– FGH/Consentec/IAEW, Studie zur Ermittlung der technischen Mindesterzeugung des
konventionellen Kraftwerksparks zur Gewährleistung der Systemstabilität in den deutschen Übertragungsnetzen bei hoher Einspeisung aus erneuerbaren Energien, 2012, ab-

rufbar auf www.50hertz.com/Portals/3/Content/Dokumente/Presse/Publikationen/Stu
dien/Studie-Mindesterzeugung-4TSO-20120120.pdf

– Fraunhofer ISE, Aktuelle Fakten zur Photovoltaik in Deutschland, Fassung v. 9.6.2013,
abrufbar auf www.pv-fakten.de

– Fraunhofer ISI/TU Wien/Ecofys/BBH/IEFE/Enviros/ DTU, Design features of support
schemes for renewable electricity, 2014, abrufbar auf http://ec.europa.eu/energy/re ne-
wables/studies

– Fraunhofer/EEG/Ecofys, Recent developments of feed-in systems in the EU – A research paper for the International Feed-In Cooperation, 2012, abrufbar auf www.feed-
in-cooperation.org

– frontier/consentec, Folgenabschätzung Kapazitätsmechanismen (Impact Assessment).
Ein Bericht für das BMWi, 2014, abrufbar auf www.bmwi.de/DE/Mediathek/publika
tionen,did=647550.html

– frontier/formaet, Strommarkt in Deutschland – Gewährleistet das derzeitige Marktdesign Versorgungssicherheit?, 2014, abrufbar auf www.bmwi.de/DE/Mediathek/publi
kationen,did=647540.html

– Growitsch/Matthes/Ziesing, Clearingstudie Kapazitätsmärkte im Auftrag des BMWi,
2013, abrufbar auf www.bmwi.de

– Held/Ragwitz/Gephart/Visser/Klessmann, Design features of support schemes for renewable electricity, A report compiled within the European project „Cooperation between EU MS under the Renewable Energy Directive and interaction with support schemes", Januar 2014, abrufbar auf http://ec.europa.eu/energy/renewables/studies

– Hewicker/Redl/Spanka, Vergleich der derzeit für Deutschland vorgeschlagenen Kapazitätsmechanismen, 2012, abrufbar auf www.wwf.de

– IPCC, Fifth Assessment Report „Climate Change 2014", Oktober 2014, abrufbar auf
www.de-ipcc.de/de/200.php

– IZES/BET/PowerEngS, Ausbau elektrischer Netze mit Kabel oder Freileitung unter besonderer Berücksichtigung der Einspeisung Erneuerbarer Energien, Studie im Auftrag
des BMU, 2011, abrufbar auf www.izes.de

– Küchler/Meyer, Was Strom wirklich kostet. Vergleich der staatlichen Förderungen und
gesamtgesellschaftlichen Kosten von konventionellen und erneuerbaren Energien, August 2012, abrufbar auf www.foes.de

– Lehmann/Peter (ISuSI), Analyse der Vor- und Nachteile verschiedener Modelle zur
Förderung des Ausbaus von Offshore-Windenergie in Deutschland, 2005, abrufbar auf
www.erneuerbare-energien.de

– Leopoldina Nationale Akademie der Wissenschaften, Bioenergie, Möglichkeiten und
Grenzen, Empfehlungen, 2012, abrufbar auf www.leopoldina.org

– MVV/arrhenius/Ecofys/Takon, Wege in ein wettbewerbliches Strommarktdesign für erneuerbare Energien, 2013, abrufbar auf www.mvv-energie.de

– NERA, Electricity Market Reform: Assessment of a Capacity Payment Mechanism, A
Report for Scottish Power, 2011, abrufbar auf www.scottishpower.com/userfiles/file/
ermspresponseacpm.pdf

– Nitsche/Ockenfels/Röller/Wiethaus, The Electricity Wholesale Sector – Market Integration and Market Power, ESMT Competition Analysis im Auftrag von RWE, 2009,
abrufbar auf www.rwe.com

– Ockenfels/Grimm/Zoettl, Strommarktdesign. Preisbildungsmechanismus im Auktionsverfahren für Stromstundenkontrakte an der EEX, Gutachten im Auftrag der EEX,
2008
– Öko-Institut/LBD/Raue LLP, Fokussierte Kapazitätsmärkte. Ein neues Marktdesign für
den Übergang zu einem neuen Energiesystem, Studie im Auftrag des WWF, 2012, abrufbar auf www.wwf.de
– r2b energy consulting/consentec, Förderung der Direktvermarktung und der bedarfsgerechten Einspeisung von Strom aus Erneuerbaren Energien, 2010, abrufbar auf
www.bmwi.de
– r2b, Endbericht Leitstudie Strommarkt, Arbeitspaket Funktionsfähigkeit EOM & Impact-Analyse Kapazitätsmechanismen, Studie im Auftrag des BMWi, 2014, abrufbar
auf www.bmwi.de/DE/Mediathek/publikationen.html
– Redpoint, Electricity Market Reform. Analysis of policy options, 2010, abrufbar auf
https://www.gov.uk/government/uploads/system/uploads/attachment_data/file/42638/
1043-emr-analysis-policy-options.pdf
– RWI, Marktwirtschaftliche Energiewende: Ein Wettbewerbsrahmen für die Stromversorgung mit alternativen Technologien, 2012, abrufbar auf www.rwi-essen.de
– Schlacke/Kröger, Europarechtliche Fragen deutscher Förderinstrumente für Erneuerbare Energien, Oktober 2012, auf www.erneuerbare-energien.de
– Ockenfels/Grimm/Zoettl, Strommarktdesign. Preisbildungsmechanismus im Auktionsverfahren für Stromstundenkontrakte an der EEX, Gutachten im Auftrag der EEX,
2008, abrufbar auf http://documents.eex.com/document/38614/gutachten_eex_ocken
fels.pdf%29,%20M%C3%A4rz%202008
– THEMA Consulting Group, Loop Flows – Final Advice, Report 2013-36 für die Europäische Kommission, Oktober 2013, abrufbar auf http://ec.europa.eu/energy/gas_elec
tricity/studies/electricity_de.htm.
– THEMA Consulting Group/E3m-Lab/COWI, Capacity Mechanisms in individual Markets within the IEM, abrufbar auf http://ec.europa.eu/energy/gas_electricity/consulta
tions/20130207_generation_adequacy_en.htm
– Türk/Resch/Steininger u. a., Assessing the Role of Cooperation Mechanisms for Achieving the Austrian 2020 Renewable Energy Target (Project ReFlex), abrufbar auf
www.joanneum.at.
– VDE, Energiespeicher für die Energiewende, 2012, über den VDE beziehbar
– Wuppertal Institut für Klima, Umwelt, Energie, Kurzanalyse zur aktuellen Diskussion
um die mit dem Ausbau der erneuerbaren Energien in der Stromversorgung verbundenen Kosten und Nutzen, 2010, abrufbar auf www.wupperinst.org
– Küchler/Meyer, Was Strom wirklich kostet. Vergleich der staatlichen Förderungen und
gesamtgesellschaftlichen Kosten von konventionellen und erneuerbaren Energien, August 2012, abrufbar auf www.foes.de.

Übersicht

I. Zweck des EEG

Das EEG ist dem **Klima- und Umweltschutz** verpflichtet, indem es die zunehmende 1
Stromversorgung auf der Grundlage erneuerbarer Energien fördert. Es ist ein bedeutender
Teil im Umsetzungsprozess der Energiewende, die die Energieversorgung auch im Wärme-
und Verkehrssektor sparsamer, effizienter und umweltschonender machen sollen.[1] Mit
dem EEG kommt Deutschland seinem Auftrag zur Förderung von Strom aus erneuerbaren
Quellen gemäß dem Anhang I der EE-RL (RL 2009/28/EG) nach, welcher wiederum im
größeren Zusammenhang internationaler Verpflichtungen des Kyoto-Protokolls und dem
im Dezember 2015 erwarteten Post-Kyoto-Protokoll steht.[2] Zugleich hat sich Deutschland
– nicht als einziges europäisches Land[3] – eigene ambitionierte Klimaschutzziele gesetzt.[4]
§ 1 konkretisiert das Staatsziel des § 20a GG sowie das Ziel einer umweltverträglichen
Energieversorgung des § 1 Abs. 1 EnWG. Als quantitative Zielsetzung nennt § 1 Abs. 2
nunmehr keine prozentualen Anteile von Strom aus Erneuerbaren am Bruttostromver-

---

1 Über die Umsetzung der Energiewende berichtet die Bundesregierung jährlich in ihren Monito-
   ringberichten, s. zuletzt Bundesministerium für Wirtschaft und Energie, Zweiter Monitoring-Bericht „Energie der Zukunft", März 2014. Am 22.7.2014 hat die Kommission gegen 24 Mitgliedstaaten Vertragsverletzungsverfahren eingeleitet, darunter auch Deutschland, wegen nicht vollständiger Umsetzung der Effizienzrichtlinie (RL 2012/27/EU).
2 Dazu *Stäsche*, EnWZ 2014, 291 f.
3 Z. B. **Österreich**: „Mein Ziel ist klar: Ich will die hundertprozentige Selbstversorgung unseres
   Landes mit im Inland produzierter, erneuerbarer Energie bis 2050." Österr. Umweltminister *Bela-
   kovich*, in: Biermayr, Erneuerbare Energie in Zahlen. Die Entwicklung in erneuerbarer Energie in
   Österreich im Jahr 2011, S. 5. Siehe auch die vom Lebensministerium in Auftrag gegebene Studie
   von *Streicher/Schnitzer* u. a., Energieautarkie für Österreich 2050, 2010.
4 Energiekonzept der Bundesregierung, abrufbar auf www.bmu.de; für eine Hierarchisierung der
   Ziele des Energiekonzepts: Expertenkommission zum Monitoring-Prozess „Energie der Zukunft",
   Stellungnahme zum ersten Monitoring-Bericht der Bundesregierung für das Berichtsjahr 2011,
   Dezember 2012, Rn. 16 ff.; eine Übersicht der Klimaschutzziele der Bundesländer gibt Monopolkommission, Sondergutachten 65, Energie 2013: Wettbewerb in Zeiten der Energiewende,
   Rn. 185, Tab. 3.1.; einschränkend SRU, Stellungnahme Nr. 15, 100 % erneuerbare Stromversor-
   gung bis 2050: klimaverträglich, sicher, bezahlbar, S. 83: „Eine vollständig nationale Selbstversor-
   gung ist zwar darstellbar, aber keineswegs empfehlenswert." Zu weiteren „Energiewenden" in der
   Schweiz und Österreich *Heselhaus*, EurUP 2013, 137, 139.

brauch, sondern zu erreichende Zielkorridore von 40–45 % bis zum Jahr 2025, 55–60 % bis zum Jahr 2035 und 80 % bis zum Jahr 2050. Das EEG zielt in erster Linie auf eine Reduktion negativer externer Effekte der Energieversorgung auf Klima und Umwelt ab (§ 1 Abs. 1).[5] Durch die EEG-geförderte Strombereitstellung konnten 2012 mehr als eine Million Tonnen CO_2-Äquivalente eingespart werden.[6] Dadurch sollen gesamtwirtschaftliche Kosten reduziert werden, die z. B. aufgrund klimainduzierter Naturkatastrophen, Behandlungskosten für Atemwegserkrankungen und nur schwer quantifizierbaren Größen wie der Abnahme von Artenvielfalt und Biodiversität entstehen.[7] Das EEG trägt durch langfristige und nachhaltige Energievorsorge auch zur erzeugerseitigen **Versorgungssicherheit** sowie zur **Schonung erschöpflicher Ressourcen** bei.[8] Während Deutschland als rohstoffarmes Land 2011 noch 69 % seiner Primärenergieträger importiert hat,[9] werden solche Rohstoffimportquoten in Zukunft niedriger sein.[10] Die kurz- und mittelfristige energiewendebedingte Umwälzung der deutschen und europäischen Energiewirtschaft ist jedoch so tiefgreifend, dass die Versorgungssicherheitslage zunehmend angespannt ist.

II. Entwicklung des EEG

2   Eine erstmalige sondergesetzliche Förderung fand die Einspeisung von Strom aus erneuerbaren Quellen in Netze der allgemeinen Versorgung 1990 mit dem Stromeinspeisungsgesetz.[11] Zuvor hatten bereits einzelne Betreiber von Industrieanlagen Ansprüche auf Einspeisung überschüssigen Industriestroms auf den allgemeinen kartellrechtlichen Zugangsanspruch nach § 19 Abs. 2 Nr. 4 GWB (heute § 19 Abs. 2 Nr. 4 GWB) gestützt.[12] Anlagen-

---

5   Siehe dazu IPCC, Fifth Assessment Report „Climate Change 2014", 2014, S. 5 ff.

6   BMU, Zeitreihen zur Entwicklung der erneuerbaren Energien in Deutschland, Stand Juli 2013, Tabelle 8, abrufbar auf www.erneuerbare-energien.de; s. auch AGEE-Stat, Erneuerbare Energien 2012 – Daten der Arbeitsgruppe Erneuerbare Energien-Statistik (AGEE-Stat), S. 10.

7   BNetzA, Monitoring-Bericht „Energie der Zukunft", 2012, S. 103. Vermiedene Umweltschäden werden z. B. anhand vermiedener Emissionen erfasst. S. *Breitschopf/Diekmann*, in: Gerhard/Rüschen/Sandhövel, Finanzierung Erneuerbarer Energien, S. 97, 106 ff. Siehe aber auch die vom Bundesverband Windenergie und Greenpeace Energy in Auftrag gegebene Studie: *Küchler/Meyer*, Was Strom wirklich kostet. Vergleich der staatlichen Förderungen und gesamtgesellschaftlichen Kosten von konventionellen und erneuerbaren Energien, August 2012. Die Verfasserinnen beziehen auch die externen Kosten verschiedener Energieträger in ihre Kostenbildungen ein.

8   Vertiefend zum Begriff der Nachhaltigkeit *Ekardt*, Theorie der Nachhaltigkeit, 2011; ausführlich auch mit Blick auf das EEG Frenz/Müggenborg/*Müggenborg*, Einleitung Rn. 10 ff.

9   BNetzA, Monitoring-Bericht „Energie der Zukunft", 2012, S. 102: Mineralöl, Erdgas und Steinkohle wurden im Jahr 2011 zu 96, 86 und 79 % importiert. 2011 lagen die genannten Quoten bei 99, 81 und 72 %, s. Arbeitsgemeinschaft Energiebilanzen, Auswertetabellen zur Energiebilanz für die Bundesrepublik Deutschland 1990 bis 2010, 2011.

10 DLR/Fraunhofer IWES/IfnE, Langfristszenarien und Strategien für den Ausbau der erneuerbaren Energien in Deutschland bei Berücksichtigung der Entwicklung in Europa und global, „Leitstudie 2011" im Auftrag des BMU, Schlussbericht, 2012, S. 255: 2050 soll der fossile Energieimport nur noch 34 % der heutigen Menge betragen, was einer fossilen Importquote von 46 % entspräche. Dazu bereits *Baer*, Abnahmepflichten und Vergütungspflichten in der Energiewirtschaft, S. 22 f. m. w. N. aus der älteren Literatur.

11 Ausführlich zur Entwicklungsgeschichte *Salje*, EEG, Einführung Rn. 23 ff.

12 Damals § 26 Abs. 2 GWB, dazu BGH, Urt. v. 4.4.1995, KZR 5/94, wrp 1995, 628 – Stromeinspeisung I; Urt. v. 2.7.1996, KZR 31/95, NJW 1996, 3005 – Kraft-Wärme-Kopplung; OLG Stuttgart, Urt. v. 22.3.1991, 2 U 51/50, WuW/E OLG, 4794; OLG Karlsruhe, Urt. v. 24.7.1991, 6 U 76/90

betreiber zielten damit aber nicht auf eine besondere finanzielle Förderung von Strom aus erneuerbaren Quellen ab, sondern beanspruchten lediglich eine angemessene, d. h. marktgerechte Vergütung.[13] Das StrEG verpflichtete die Gebietsversorgungsunternehmen (die zumeist gleichzeitig auch Netzbetreiber waren) zur Abnahme des in ihr Netz eingespeisten EE-Stroms und seiner Vergütung auf der Grundlage von gesetzlich festgelegten Mindestpreisen. Diese orientierten sich an in der amtlichen Statistik des Bundes veröffentlichten Durchschnittserlösen für eine Kilowattstunde des an Letztverbraucher gelieferten Stroms (§ 3 Abs. 2 StrEG). Mit der Einführung des EEG im Jahr 2000 wurde das StrEG abgelöst und ein neues Vergütungssystem eingeführt. Erstmals wurden energieträgerspezifische gesetzliche Mindestvergütungen in Pfennig pro Kilowattstunde festgelegt (§§ 4–8 EEG 2000), die nicht mehr an den durchschnittlichen Strompreis gebunden waren. Mit der erwarteten Zunahme des Förderumfangs wurde die gleichmäßige Lastenverteilung auf alle Energieversorgungsunternehmen durch die Einführung eines bundesweiten Ausgleichsmechanismus sichergestellt (§ 11 EEG 2000). Nach Reformen in den Jahren 2004 und 2009 erfolgte eine einschneidende Umgestaltung des EEG im Jahr 2010 mit Inkrafttreten der Ausgleichsmechanismusverordnung, die den Wälzungs- und Ausgleichsmechanismus reformierte.[14] Bisher gaben die Netzbetreiber den eingespeisten Strom durch tatsächliche physische Wälzung an die Versorgungsunternehmen weiter. Die Ausgleichsmechanismusverordnung entlastete die Versorger von der physischen Abnahme und legte ihnen stattdessen eine Zahlungspflicht auf, die die Kosten der von den Netzbetreibern gezahlten erhöhten Einspeisevergütungen abdecken sollte (§ 3 AusglMechV, EEG-Umlage).[15] Die Übertragungsnetzbetreiber wurden erstmals zur transparenten Vermarktung des EE-Stroms verpflichtet (§ 2 AusglMechV). Mit der Reform des EEG im Jahr 2011 nahm der damalige § 37 die bereits nach der AusglMechV geltenden Bestimmungen auf.[16] Die Ausgleichsmechanismusverordnung wird selbst durch die Ausgleichsmechanismusausführungsverordnung (AusglMechAV)[17] konkretisiert. Auseinandersetzungen über die Höhe der Vergütungssätze führten schließlich zunächst in der sog. PV-Novelle zur Absenkung der Vergütungssätze insbesondere für Strom aus Photovoltaik-Modulen.[18]

Durch die **Novelle im Jahr 2014** hat das EEG weitere Änderungen erfahren, die die Stromproduktion aus erneuerbaren Energien stärker an wettbewerblichen und marktwirtschaftli-   **3**

(Kart), WuW/E OLG, 4808; LG Mannheim, Urt. v. 22.5.1992, 7 O 225/91 (Kart), RdE 1992, 245; OLG Frankfurt, Urt. v. 20.6.1995, 11 U (Kart) 5/95, ET 1995, 672; *Schneider*, in: Schneider/Theobald, Recht der Energiewirtschaft, 1. Aufl. 2003, § 18 Rn. 47 ff.

13 Diese wurde anhand der vermiedenen Kosten des den Strom aufnehmenden Netzbetreibers ermittelt, BGH, Urt. v. 4.4.1995, KZR 5/94, WRP 1995, 628, 629 – Stromeinspeisung I.

14 Verordnung zur Weiterentwicklung des bundesweiten Ausgleichsmechanismus (AusglMechV) v. 19.7.2009 (BGBl. I, S. 2101) mittlerweile ersetzt durch AusglMechV v. 17.2.2015 (BGBl. I, S. 146).

15 Dazu *Rostankowski*, ZNER 2010, 125; *Salje*, VersorgW 2010, 84; *Rostankowski/Oschmann*, RdE 2009, 361; *Altrock/Eder*, ZNER 2009, 128.

16 Die Ausgleichsmechanismusverordnung modifizierte die §§ 34–37 EEG 2009.

17 Vom 22.2.2010 (BGBl. I, S. 134), zuletzt geändert durch Art. 2 des Gesetzes v. 17.2.2015 (BGBl. I, S. 146).

18 Gesetz v. 17.8.2012 (BGBl. I, S. 1754). Die PV-Novelle führte darüber hinaus das „solare Grünstromprivileg" ein, demzufolge Betreibern von Anlagen zur Erzeugung von Strom aus solarer Strahlungsenergie eine Verringerung der EEG-Umlage um 2 Cent zugutekommt (§ 39 Abs. 3 EEG 2012), dazu *Oppen/Groß*, ZNER 2012, 347, 352. Mit dem EEG 2014 wurde das Grünstromprivileg abgeschafft.

chen Maßstäben ausrichten sollen, um auf lange Sicht die Marktintegration des Erneuerbaren-Stroms zu ermöglichen. Das „Gesetz zur grundlegenden Reform des Erneuerbaren-Energien-Gesetzes und zur Änderung weiterer Bestimmungen des Energiewirtschaftsrechts" vom 21. Juli 2014[19] hat das EEG 2012 zum 1. August durch das EEG 2014 abgelöst. Bereits vor dessen Inkrafttreten hat Artikel 4 des „Gesetzes zur Bekämpfung von Zahlungsverzug im Geschäftsverkehr und zur Änderung des Erneuerbare-Energien-Gesetzes" vom 22. Juli 2014[20] am EEG 2014 redaktionelle Berichtigungen vorgenommen. Inhaltliche Schwerpunkte der Reform sind neben weiteren Einschnitten bei der Förderhöhe eine Umgestaltung der Fördersystematik, der Einstieg in Ausschreibungsverfahren zur Bestimmung der Förderhöhe bei Freiflächenanlagen[21] zur Erzeugung von Strom aus solarer Strahlungsenergie (§ 1 Abs. 4 und 5[22]) und die Abschaffung des Grünstromprivilegs.

III. Das Verhältnis des EEG zum EnWG

4   Das Energiewirtschaftsgesetz erfasst die Energiewirtschaft als ganze; es trifft allgemeine Regelungen, die Anlagenbetreiber unabhängig vom eingesetzten Energieträger verpflichten – z.B. das Recht zum Netzzugang. Das EEG ist als Gesetz für energieträgerspezifische Anlagen dazu grundsätzlich **speziell**. Das EEG trifft zum Teil eigene Begriffsbestimmungen, so z.B. zu „Netz" (§ 5 Nr. 26 EEG – § 3 Nr. 16, 17 EnWG), „Netzbetreiber" (§ 5 Nr. 27 EEG – § 3 Nr. 2 EnWG), „Übertragungsnetzbetreiber" (§ 5 Nr. 31 EEG – § 3 Nr. 10 EnWG).[23] Wo es diese jedoch nicht autonom ausfüllt, ist auf das allgemeine Energierecht zurückzugreifen, so z.B. bei der Definition des Netzes der „allgemeinen Versorgung" auf § 3 Nr. 17 EnWG.[24] In anderen Bestimmungen nimmt das EEG ausdrücklich auf das EnWG Bezug (§ 10 Abs. 1 S. 2). Ebenso inkorporiert das EnWG vereinzelt Begriffe des EEG, so z.B. „Erneuerbare Energien" in § 3 Nr. 18b EnWG.

5   Wichtige Verzahnungen zwischen EEG und EnWG bestehen im Bereich des **Netzanschlusses**, des **Netzzugangs**, der **Netzengpassbewirtschaftung**, der **Netzentgeltermittlung** und dem **Messstellenbetrieb**.[25] Einen allgemeinen gesetzlichen Anspruch auf **Netzanschluss**, also die Herstellung einer physischen Verbindungzwischen Erzeugungsanlage und Netz, vermittelt § 17 EnWG. Das EEG privilegiert EEG-Anlagenbetreiber in § 16 durch besondere Regelungen zur Kostentragung. Einen allgemeinen Anspruch auf Nut-

---

19 BGBl. I, S. 1066. S. Gesetzesentwurf der Bundesregierung v. 5.5.2014: BT-Drs. 18/1304; Gesetzesentwurf zur Reform der besonderen Ausgleichsregelung v. 20.5.2014: BT-Drs. 18/1449; Beschlussempfehlung und Bericht des Ausschusses für Wirtschaft und Energie (der die beiden vorgenannten Drucksachen zusammenfasst) v. 26.6.2014: BT-Drs. 18/1891. Weitere Materialien sind auf https://www.clearingstelle-eeg.de/eeg2014/urfassung/material zusammengestellt.

20 BGBl. I, S. 1218. S. Regierungsentwurf v. 5.5.2014: BT-Drs. 18/1309; Beschlussempfehlung des Ausschusses für Recht und Verbraucherschutz v. 3.7.2014: BT-Drs. 18/2037; Beschluss des Bundesrates v. 11.7.2014: BR-Drs. 292/14.

21 § 5 Nr. 16.

22 S. weiterhin §§ 5 Nr. 3, 55, 88, 95, 102.

23 Näher zu den sich hieraus ergebenden Friktionen *Schulte/Kloos*, in: Müller, 20 Jahre Recht der Erneuerbaren Energien, S. 727 ff. Die genannten Begriffe des EEG sind von der jüngsten Novelle unberührt geblieben.

24 *Schulte/Kloos*, in: Müller, 20 Jahre Recht der Erneuerbaren Energien, S. 727, 728.

25 Für Auswirkungen der Erneuerbaren auf das Konzessionsrecht s. *Lehnert/Templin/Theobald*, VerwArch 201 (2011), 83, 94 ff.

zung eines Elektrizitätsversorgungsnetzes vermittelt § 20 Abs. 1 EnWG. Der Netzbetreiber kann nach allgemeinem Energierecht sowohl den Anschluss der Anlage an sein Netz als auch dessen Nutzung unter bestimmten Umständen verweigern (§ 17 Abs. 2 EnWG, § 20 Abs. 2 EnWG). Das EEG verpflichtet den Netzbetreiber jedoch zum unverzüglichen vorrangigen Netzanschluss von EEG-Anlagen (§ 8 Abs. 1 S. 1 und 2) und zur unverzüglichen vorrangigen physikalischen Abnahme – auch nach der Einführung der grundsätzlich vorrangigen Direktvermarktung – des aus erneuerbaren Quellen bereitgestellten Stroms (§ 11 Abs. 1 S. 1). Die vorrangige kaufmännische Abnahme (§ 11 Abs. 1 S. 2), also v.a. die Einstellung des EE-Stroms in einen Bilanzkreis,[26] hat der Netzbetreiber nur noch bei kleinen Anlagen und in Ausnahme- und Altfällen zu leisten. Um Zugang und Anschluss sicherzustellen, sind Netzbetreiber zur Optimierung, Verstärkung und zum Ausbau ihrer Netze verpflichtet (§ 12). Damit ist der Verweigerungsgrund des Kapazitätsmangels aus §§ 17 Abs. 2 und 20 Abs. 2 EnWG dem Netzbetreiber grundsätzlich verwehrt, stattdessen aber unter den Vorbehalt der wirtschaftlichen Zumutbarkeit der Optimierung, Verstärkung und des Ausbaus der Netze aus § 12 gestellt.

Sofern vorübergehende **Netzengpässe auftreten**, obliegt deren Beseitigung den Übertragungs- und Verteilernetzbetreibern; diese sind nach § 11 Abs. 1 S. 1 EnWG für einen sicheren und zuverlässigen Netzbetrieb verantwortlich und können dazu netz- und marktbezogene Maßnahmen nach § 13 (ggf. i.V.m.§ 14) EnWG ergreifen. Dabei haben sie das in § 11 Abs. 1 S. 1 verankerte Vorrangprinzip für EEG-Anlagen zu beachten (§ 13 Abs. 2a EnWG).[27] Nur ausnahmsweise können EEG-Anlagen im Rahmen des Einspeisemanagements nach § 14 Abs. 1 S. 1 Nr. 2 EEG und § 13 Abs. 2a S. 4 und 5 EnWG vor konventionellen Anlagen gedrosselt oder abgeschaltet werden (s. a. unten Rn. 65).[28] Im Rahmen der marktbezogenen Maßnahmen nach § 13 Abs. 1 Nr. 2 EnWG können Netzbetreiber vertragliche Abregelungsvereinbarungen mit EEG-Anlagenbetreibern nur schließen, soweit dies § 7 Abs. 2 und § 11 Abs. 3 erlauben. Nicht nur schreibt wie bisher § 9 für Anlagen ab einer bestimmten Größe die Ausstattung mit einer technischen Steuerungseinrichtung vor, die eine Teilnahme am Einspeisemanagement nach § 11 EEG i.V.m. § 13 EnWG ermöglicht (zu smart grids unten Rn. 23). Der Gesetzgeber hat in § 9 Abs. 1 S. 2 nunmehr ausdrücklich die Steuerung mehrerer kleiner Anlagen über eine gemeinsam genutzte technische Einrichtung zugelassen.[29] Aufgrund struktureller innerdeutscher Netzengpässe wird die Aufspaltung des deutschen Stromgroßhandelsmarktes in zwei Gebotszonen befürwortet (Market Splitting), um dauerhaft eine effiziente Netzengpassbewirtschaftung sicherzustellen.[30]

Entgelte für die **Netznutzung** werden nach der auf der Grundlage von §§ 24 und 29 EnWG ergangenen StromNEV erhoben. Strom aus erneuerbaren Energien wird vor allem auf der Mittel- und Niederspannungsebene eingespeist. Der von den Endkunden im Verteilernetz verbrauchte Strom wird also bereits auf dieser Netzebene eingespeist, sodass Versorger ge-

6

7

---

26 BT-Drs. 18/1304, S. 185.

27 Zuvor war die Geltung des Vorrangprinzips innerhalb des Engpassmanagements in § 13 Abs. 1 S. 2 EnWG a. F. nur undeutlich geregelt.

28 Ausführlich *König*, Engpassmanagement in der deutschen und europäischen Elektrizitätswirtschaft, S. 404 f.; *Vergoßen*, Einspeisemanagement nach dem Erneuerbare-Energien-Gesetz, S. 33 ff., 67 ff.; *H. Schumacher*, ZUR 2012, 17, 19 ff.

29 S. noch LG Berlin, Urt. v. 14.3.2012, 22 O 352/11; bestätigt durch KG Berlin Beschl. v. 9.7.2012, 23 U 71/12, ZNER 2012, 516; dazu *Vollprecht/Clausen*, EnWZ 2014, 112, 115.

30 *König*, EnWZ 2013, 451, 452 f.

ringere Strommengen aus der jeweils vorgelagerten Netzebene (Übertragungsnetze und Mittelspannungsnetze) unter Nutzung der Infrastruktur anderer Netzbetreiber beschaffen müssen. Verteilernetzbetreiber haben deshalb geringere Netznutzungsentgelte an ihren jeweiligen Übertragungsnetzbetreiber zu entrichten. Diese geringere Netznutzung haben die Übertragungsnetzbetreiber bei der Berechnung der Netzentgelte zu berücksichtigen. Sie sind verpflichtet, die soeben beschriebene **vermiedene Nutzung des jeweils vorgelagerten Netzes** entgeltmindernd zu veranschlagen (§ 35 Abs. 2 i.V.m.§ 18 Abs. 2 StromNEV). Die Verteilernetzbetreiber müssen dieses vermiedene Netzentgelt nach § 18 Abs. 1 S. 1 StromNEV den Anlagenbetreibern, die dezentral in ihr Netz eingespeist haben, zahlen.

8　Auch Betreibern von EEG-Anlagen steht es frei, nicht den Netzbetreiber, sondern einen Dritten mit Einrichtung und Betrieb von **Messstellen** und der Durchführung der Messung zu beauftragen. Die im EnWG 2011 erheblich erweiterten Regelungen zum Messbetrieb in § 21b–i EnWG sind auch auf EEG-Anlagen anwendbar. Insbesondere sind nach dem EEG vergütungsfähige Neuanlagen mit einer Leistung von mindestens 7 kW mit Messeinrichtungen zu versehen, die in ein Kommunikationsnetz eingebunden sind und den tatsächlichen Verbrauch widerspiegeln („intelligentes Messsystem"[31]) (§§ 21c Abs. 1 lit. c), 21d Abs. 1 S. 1 EnWG).

9　Die technischen Einrichtungen zur Fernsteuerbarkeit sind einerseits notwendig, damit der Netzbetreiber im Rahmen seines Einspeisemanagements nach § 14 auf die Leistung von Anlagen abrufen oder reduzieren kann. Andererseits müssen auch ein Direktvermarktungsunternehmer (§ 5 Nr. 10), eine andere Dritte Person und ggf. auch der Anlagenbetreiber selbst[32] zur Abrufung der Ist-Einspeisung zwecks Vermarktung befähigt sein. Ohne technische Steuerung kann der in der Anlage produzierte Strom nur durch den Anlagenbetreiber selbst vermarktet werden. Nunmehr besteht bei fehlender Fernsteuerbarkeit nach § 35 Nr. 2 kein Anspruch auf Zahlung der Marktprämie. Die Fernsteuerbarkeit war nach dem EEG 2012 nicht zwingende Voraussetzung für die Inanspruchnahme der Marktprämie, sondern bescherte lediglich eine um einen Fernsteuerbarkeitsbonus erhöhte Managementprämie (§ 2 Abs. 2 MaPrV und § 3 MaPrV). Die **Zugriffshierarchie** zwischen Vermarktern und dem Netzbetreiber regelt § 36 Abs. 3 zugunsten des Netzbetreibers, da Netzstabilitätserwägungen Vermarktungsinteressen verdrängen.

IV. Das EEG innerhalb der europäischen Förderlandschaft

10　**1. Wirksamkeit des EEG.** Das deutsche EEG ist das Hauptförderinstrument für Elektrizität aus erneuerbaren Quellen.[33] Es trägt wesentlich dazu bei, dass Deutschland sein verbindliches Ausbauziel[34] von 18% erneuerbarer Energie am **Bruttoendenergieverbrauch**[35]

31　§ 21c Abs. 1 EnWG sieht den Einbau von intelligenten Messsystemen vor (Zähler, Kommunikationseinheit (Smart Meter Gateway, SMGW) und Sicherheitsmodul), § 21c Abs. 5 EnWG sieht lediglich den Einbau intelligenter Zähler vor (Zähler, der keine Kommunikationseinheit enthält, aber jederzeit mit einer solchen versehen und in ein Kommunikationsnetz eingebunden werden kann).

32　BT-Drs. 18/1304, S. 209.

33　„Strom aus EE" oder „EE-Strom" meint im weiteren Verlauf stets nach dem EEG geförderten Strom.

34　Gem. RL 2009/28/EG Anhang I A.

35　2050 strebt die Bundesregierung einen Anteil von 60% Energie aus erneuerbaren Quellen am Bruttoendenergieverbrauch an.

im Jahr 2020 erreicht (s. § 1 Abs. 3).[36] Im Jahr 2010 hatte Deutschland die Zielvorgabe der Vorgängerrichtlinie 2001/77/EG, einen Anteil von 12,5% des **Bruttostromverbrauchs**[37] aus erneuerbaren Quellen bereitzustellen, mit dem erreichten Wert von 17% weit übertroffen.[38] Auch die prozentuale Interimsvorgabe der neuen EE-RL hat Deutschland erfüllt.[39] 2012 betrug der EE-Anteil am Bruttostromverbrauch 22,9%.[40] In gesamteuropäischer Perspektive gehört Deutschland allerdings zu einer „Erfolgsminderheit". Andere Mitgliedstaaten konnten ihre Vorgaben nicht erfüllen. Dieser Entwicklung wurde mit der Festlegung von nach Art. 3 Abs. 1 S. 1, Anhang I der neuen EE-Richtlinie (2009/28/EG) verbindlichen nationalen Ausbauzielen entgegengewirkt.[41] Die Vorgängerrichtlinie 2001/77/ EG gab den Mitgliedstaaten lediglich unverbindliche Richtziele vor.[42] Das EEG hat einen wesentlichen Anteil daran, dass Deutschland seine CO_2-Emissionen bis zum Jahr 2012 im Vergleich zu 1990 um ca. 22% senken konnte.[43]

Nach einem formidablen Ausbaubeginn sind die Investitionen in erneuerbare Energien jedoch nicht zuletzt aufgrund der Wirtschaftskrise zwischenzeitlich eingebrochen. Einzelne Mitgliedstaaten haben ihre Fördermaßnahmen infolge der Wirtschaftskrise sogar gedämpft.[44] Da die Zielpfade der EU jedoch so ausgestaltet sind, dass die größten Ausbauanstrengungen in den nächsten Jahren noch bevorstehen, hat die Kommission erst kürzlich erneute politische Maßnahmen zum EE-Ausbau von den Mitgliedstaaten gefordert. So bestehe vor allem Handlungsbedarf bei der Vereinfachung von Verwaltungsverfahren, dem Netzanschluss und dem Stromnetzausbau.[45]   **11**

2. Modelle zur Förderung der Stromerzeugung aus EE. In der europäischen Förderlandschaft werden unterschiedliche Fördermodelle für Strom aus erneuerbaren Energien eingesetzt.[46] Die Richtlinie 2009/28/EG belässt durch Aufzählung verschiedener Instru-   **12**

---

36 Näher *Oschmann*, ZNER 2010, 117, 118.
37 2050 strebt die Bundesregierung einen Anteil von 80% Erneuerbaren-Strom am Bruttostromverbrauch an.
38 S. Bericht der Bundesrepublik Deutschland gem. Art. 3 Abs. 3 der RL 2001/77/EG zur Erreichung des nationalen Richtziels für den Verbrauch von Strom aus erneuerbaren Energiequellen bis zum Jahr 2010, 2011, S. 3.
39 Anhang I, Teil B der EE-RL. Zum aktuellen Zielerreichungsgrad AGEE-Stat, Erneuerbare Energien 2012 – Daten der Arbeitsgruppe Erneuerbare Energien-Statistik (AGEE-Stat), S. 9, abrufbar unter www.erneuerbare-energien.de.
40 AGEE-Stat, Erneuerbare Energien 2012 – Daten der Arbeitsgruppe Erneuerbare Energien-Statistik (AGEE-Stat), S. 6, abrufbar unter www.erneuerbare-energien.de.
41 Kommission, Mitt. v. 31.3.2011, Erneuerbare Energien: Fortschritte auf dem Weg zum Ziel für 2020, KOM(2011) 31 endg., S. 4.
42 Hierzu *Oschmann*, Strom aus erneuerbaren Energien im Europarecht, S. 248.
43 BMU, Erneuerbare Energien in Zahlen, 2013, S. 26, abrufbar auf www.erneuerbare-energien.de; *Ziesing*, ET 9/2013, 96, 103; 2012 sind Deutschlands CO_2-Emmissionen jedoch um 0,9% gegenüber dem Vorjahr angestiegen, Eurostat, Pressemitteilung v. 29.5.2013, STAT/13/80.
44 Spanien, Portugal, Bulgarien und Lettland haben zwischenzeitlich keine Neuanlagen mehr an das Netz angeschlossen. Auch die Tschechische Regulierungsbehörde hat ein temporäres Aussetzen der EE-Förderung erwogen, um die Förderkosten einzudämmen. Siehe Ecofys/Fraunhofer/BBH/ EEG/WINROCK/Fischer, Renewable Energy Progress and Biofuels Sustainability, 2013, S. 100.
45 Arbeitsdokument der Kommissionsdienststellen zum Fortschrittsbericht Erneuerbare Energien, SWD(2013) 102 final, S. 9 f.; zu Barrieren der effektiven EE-Förderung in Europa auch *Klessmann/Held/Rathmann/Ragwitz*, Energy Policy 39 (2011), 7648 ff.
46 Beschreibungen der Systeme finden sich bei *Held/Ragwitz/Gephart/Visser/Klessmann*, Design features of support schemes for renewable electricity. A report compiled within the European pro-

mente in Art. 3 Abs. 3, Art. 2 S. 2 lit. k den Mitgliedstaaten Umsetzungsspielraum für die Erreichung der Ausbauziele des Anhangs 1. Die europäischen Fördersysteme sind nicht harmonisiert.[47] Dem **EEG 2014** liegt nunmehr ein **hybrides System** zugrunde, das zwar auf Prämien und Einspeisetarifen basiert, aber eine Mengensteuerung über eine Rückkoppelung auf die Förderhöhe zu erreichen sucht (s. § 3 und §§ 28, 29, 31, sog. atmende Deckel).

13 Die Mitgliedstaaten bedienen sich fester Einspeisevergütungen, Quotenmodellen, Ausschreibungsmodellen, steuerlichen Anreizen oder Mischformen. Wichtiger als die Ausgestaltung des Fördersystems sind jedoch folgende Parameter, mit denen zunächst die Grundfragen einer EE-Förderung beantwortet werden müssen: (1) preisbasierte vs. mengenbasierte Förderung und (2) technologiespezifische vs. technologieneutrale Förderung.[48]

14 **a) Preisbasierte vs. mengenbasierte Förderung. Festvergütungssysteme** fördern **preisbasiert**, d.h. sie setzen einen festen Preis pro Erzeugungseinheit. Das Marktergebnis liegt in der errichteten Menge an Erzeugungseinheiten. Sie bieten unbestritten ein sicheres Investitionsfundament.[49] Ihre fehlende Lenkungsschärfe kann jedoch leicht zu Überförderungen führen.[50] Direkte Preisstützungssysteme werden wegen ihrer Marktferne immer wieder kritisiert. Die Förderung erfolge auf Kosten einer freien Preisbildung, es finde ein ineffizienter Ausbau statt, dessen Kosten zudem nicht steuerbar seien.[51] So mahnt auch die Europäische Kommission in ihrem jüngsten Fortschrittsbericht „Erneuerbare Energien" die bessere Marktintegration der Erneuerbaren an.[52] Eine Weiterentwicklung der Einspeisevergütung liegt in der Zahlung von Prämien. Deren nähere wettbewerbliche Ausrichtung hängt von ihrer konkreten Ausgestaltung ab: Gleitende Prämien, die in jedem Fall die Differenz von Markterlösen und Erzeugungskosten ausgleichen, bieten den Anlagenbetreibern u.U. ebenso wenig wie Festvergütungen einen Anreiz zur bedarfsgerechteren Einspeisung.[53]

15 Quotensysteme fördern hingegen **mengenbasiert**, d.h. sie geben eine feste Ausbaumenge an EE-Anlagenkapazitäten vor und lassen den Preis pro Erzeugungseinheit durch Angebot und Nachfrage entstehen. Ihr Vorteil liegt in der präzisen Ansteuerbarkeit europäischer

---

ject „Cooperation between EU MS under the Renewable Energy Directive and interaction with support schemes", Januar 2014; *Johnston/Block*, Energy Law, Rn. 12.121 ff.; *Fouquet/Jones* (Hrsg.), EU Energy Law, Bd. III/2, Teile 1 u. 2; sowie auf www.res-legal.eu.

47 Zuletzt bestätigt durch EuGH, Urteil v. 1.7.2014, C-573/12, EuZW 2014, 115, Rn. 63 – Ålands Vindkraft/Energimyndigheten.

48 S. auch die etwas weitergehende Kategorisierung von *Schneider*, in: Schneider/Theobald, Recht der Energiewirtschaft, § 21 Rn. 21 Abb. 4.

49 *Himmer*, Energiezertifikate in den Mitgliedstaaten der europäischen Union, S. 92, konkretisiert dies mit dem Maßstab der „ökologischen Treffsicherheit"; *Lehmann/Peter (ISuSI)*, Analyse der Vor- und Nachteile verschiedener Modelle zur Förderung des Ausbaus von Offshore-Windenergie in Deutschland, 2005, S. 25.

50 *Sliwiok-Born*, ET 5/2013, 82, 83; *Himmer*, Energiezertifikate in den Mitgliedstaaten der europäischen Union, S. 92.

51 *Haucap/Kühling*, ET 3/2013, 41, 42; *Himmer*, Energiezertifikate in den Mitgliedstaaten der europäischen Union, S. 78 ff., 92; die Vorteile der Handelbarkeit quotengestützter Systeme betont auch *Johnston*, EU Energy Law, Rn. 12.124 ff.

52 Kommission, Fortschrittsbericht „Erneuerbare Energien" v. 27.3.2013, COM(2013) 175 final, S. 14 f.

53 *Sliwiok-Born*, ET 5/2013, 82, 84; *Haucap/Kühling*, ET 3/2013, 41; zum Vergleich von Mengen- und Preissteuerungssystemen auch *Pomana*, Förderung Erneuerbarer Energien in Deutschland und im Vereinigten Königreich im Lichte des Europäischen Wirtschaftsrechts, S. 264 ff.

und deutscher Ausbauziele. Zudem wird Quoten- oder Zertifikatmodellen immer wieder eine nähere Marktausrichtung bescheinigt, indem sie nicht bloß den Wettbewerb zwischen Anlagenherstellern förderten, sondern auch den Wettbewerb zwischen Erzeugern erneuerbaren Stroms.[54] Diese Feststellung kann jedoch nur dann Geltung beanspruchen, wenn die Quotensysteme technologieneutral ausgestaltet sind. Weiterhin führten Quotenmodelle zu einer effizienteren Allokation von EE-Produktionskapazitäten, weil sie wettbewerbliche Instrumente nutzten.[55] Die Gesamtkosten einer Quotenförderung können jedoch im Gegensatz zu Einspeisemodellen, deren Vergütungen nicht an den Strompreis gekoppelt sind, nicht so treffsicher berechnet werden. Quotensysteme können nicht dieselbe Investitionszuversicht vermitteln und bleiben daher, was die tatsächliche Erreichung des EE-Ausbauziels anbelangt, hinter Festvergütungssystemen zurück.[56]

Der Großteil der europäischen Länder setzt derzeit Festvergütungssysteme ein, entweder **16** in Form von Einspeisevergütungen oder Prämien.[57] Im Jahr 2000 förderten neun Mitgliedstaaten Strom aus erneuerbaren Quellen durch ein preisbasiertes reines oder gemischtes Einspeisesystem. 2005 waren es bereits 18, 2012 ist die Zahl auf über 20 Mitgliedstaaten angewachsen.[58] Lediglich Belgien, Polen, Schweden und Rumänien fördern durch reine Quotensysteme.[59] Großbritannien als traditionelles Land für einen quotenbasierten Förderansatz hat mittlerweile ebenfalls Festvergütungselemente eingeführt.[60] Seit 2010 erhalten dort Kleinanlagen bis zu einer Leistung von 5 MW eine Einspeisevergütung und Betreiber von Anlagen mit 50 kW bis 5 MW haben ein Wahlrecht zwischen einer Prämien- und einer Einspeisetarifzahlung.[61] Der intensive Ausbau von PV-Anlagen ist europaweit auf die

---

54 Fraunhofer ISI/EEG, Monitoring und Bewertung der Förderinstrumente für Erneuerbare Energien in EU-Mitgliedstaaten, Kurzfassung in deutscher Sprache, 2006, S. 2; *Himmer*, Energiezertifikate in den Mitgliedstaaten der europäischen Union, S. 124.

55 *Haucap/Kühling*, ET 2013, 41, 42; a. A. jedoch *Oschmann/Ragwitz/Resch*, ZNER 2006, 7, 12, die Einspeisemodellen eine höhere Effizienz bescheinigen.

56 *Himmer*, Energiezertifikate in den Mitgliedstaaten der europäischen Union, S. 92; *Lehmann/Peter (ISuSI)*, Analyse der Vor- und Nachteile verschiedener Modelle zur Förderung des Ausbaus von Offshore-Windenergie in Deutschland, 2005, S. 39 f.

57 KOM(2011) 31 endg., S. 11 f.; länderspezifische Informationen sind auf www.res-legal.eu abrufbar.

58 Fraunhofer/EEG/Ecofys, Recent developments of feed-in systems in the EU – A research paper for the International Feed-In Cooperation, 2012, S. 4 zählen 24; *Bertram*, ET 5/2013, 14, 15 kommt auf 21 reine Einspeisemodelle und zwei Mitgliedstaaten, die eine Kombination preis- und mengenbasierter Förderung anwenden. Vier Staaten nutzten reine Quotenmodelle; weitere Übersichten finden sich bei *Klessmann/Held/Rathmann/Ragwitz*, Energy Policy 39 (2011), 7637, 7642 ff.; *Johnston/Block*, EU Energy Law, Rn. 12.121. Letztere zählen 18 Einspeisetarifmodelle (Rn. 12.138 Fn. 101).

59 Fraunhofer/EEG/Ecofys, Recent developments of feed-in systems in the EU – A research paper for the International Feed-In Cooperation, 2012, S. 5 (Abbildung 1), die Belgien als Mischsystem einordnen; *Bertram*, ET 5/2013, 14, 15 zählt auch Belgien zu einem Land mit reiner Quotenverpflichtung.

60 Ursprünglich Feed-in Tariffs Order (FTO) 2010 (Statutory Instrument 2010 No. 678) auf Grundlage der sec. 41–43 Energy Act 2008, s. auch www.fitariffs.co.uk. Mittlerweile wurde die FTO hinsichtlich der Tarife mehrfach geändert. Zur vorhergehenden Analyse des britischen Energiemarktes Redpoint, Electricity Market Reform. Analysis of policy options, 2010.

61 Art. 17B, 17D Renewables Obligation Order (ROO) 2009 i. V. m. Art. 3 Feed-in Tariff Order (FTO) 2012.

Wirksamkeit von Einspeisevergütungssystemen zurückzuführen.[62] Zwar können administrative Hemmnisse auch in Ländern mit Einspeisemodellen zur Verfehlung der Ausbauziele führen, jedoch ist der Zielerreichungsgrad beim Einsatz preisbasierter Systeme deutlich höher.[63] Ein Nachteil der Einspeiseförderung liegt freilich in ihrer mangelhaften Steuerbarkeit. Da diese Systeme in der Regel keine Mengenobergrenze der zu fördernden Anlagen kennen, kann es leicht zu Über- oder Unterförderungen kommen. Der rasante PV-Ausbau hat dementsprechend den Gesetzgeber zu nachträglichen Korrekturen an der Höhe der Vergütungssätze veranlasst,[64] die die Investitionssicherheit wiederum gedämpft haben.[65] Der Anteil der Photovoltaik an der Bruttostromerzeugung im Jahr 2012 lag bei 5 %.[66] Der Anteil der Photovoltaik an der installierten Leistung aus erneuerbaren Energien beträgt jedoch ca. 42 %.[67] Die fehlende Steuerbarkeit hat den Gesetzgeber bei der Novellierung des EEG daher zu einem „Systemwechsel" veranlasst[68] – weg von der administrativen Festlegung der Förderhöhen hin zu einer solchen mittels eines wettbewerblichen Ausschreibungsverfahrens. Die meisten Mitgliedstaaten legen jedoch auch bei Ausschreibungsverfahren zumindest Höchstgrenzen des Förderniveaus fest (z. B. die Anfangspreise einer descending clock aution).[69]

17   Ein weiterer Fördermechanismus sind **Ausschreibungsmodelle**. Bei ihnen wird eine feste Produktionsmenge ausgeschrieben und die zu zahlenden Vergütungen in einem wettbewerblichen Verfahren ermittelt, weshalb sie grundsätzlich den mengenbasierten Förderansätzen zugeordnet werden können. Dänemark setzt Ausschreibungen zur Förderung von Windfarmprojekten ein; Italien und Frankreich nutzen ebenfalls Ausschreibungen.[70] Ausschreibungsmodelle werden oft wegen ihrer fehlenden Effektivität kritisiert; Ausbauraten in Ländern mit Ausschreibungsmodellen seien die niedrigsten.[71] Zudem werde der Zubau von Anlagen verzögert, weil der Vorhabenträger Kostensenkungen mitnehmen möchte, die infolge des technologischen Fortschritts zwischen Ausschreibung und Netzanschluss eingetreten sind.[72] Oft sei auch zu beobachten, dass Verträge nur zum Teil ausgenutzt würden, was auf einen zu geringen gebotenen Preis hindeute; vielmehr näherten sich die Vergütun-

---

62 Fraunhofer/EEG/Ecofys, Recent developments of feed-in systems in the EU – A research paper for the International Feed-In Cooperation, 2012, S. 8.

63 *Bertram*, ET 5/2013, 14, 16.

64 Dazu *Frenz*, IR 2012, 76.

65 Dazu Fortschrittsbericht „Erneuerbare Energien" v. 27.3.2013, COM(2013) 175 final, S. 8; European Renewable Energy Council (EREC), Mapping Renewable Energy Pathways towards 2020, 2011, S. 51; BMU, Erneuerbare Energien in Zahlen, S. 18.

66 Destatis, Statistisches Jahrbuch 2013, S. 547, abrufbar auf www.destatis.de.

67 AGEE-Stat, Erneuerbare Energien 2012 – Daten der Arbeitsgruppe Erneuerbare Energien-Statistik (AGEE-Stat), Stand März 2013, S. 20, abrufbar auf www.erneuerbare-energien.de. 32.643 MW von 77.121 MW der installierten Leistung stammen aus Photovoltaik.

68 BT-Drs. 18/1304, S. 165.

69 *Held/Ragwitz/Gephart/Visser/Klessmann*, Design features of support schemes for renewable electricity, A report compiled within the European project „Cooperation between EU MS under the Renewable Energy Directive and interaction with support schemes", Januar 2014, S. 3 ff.

70 *Johnston/Block*, Energy Law, Rn. 12.137 F. 100; Länderinformationen auf www.res-legal.eu.

71 *Lehmann/Peter (ISuSI)*, Analyse der Vor- und Nachteile verschiedener Modelle zur Förderung des Ausbaus von Offshore-Windenergie in Deutschland, 2005, S. 16.

72 *Lehmann/Peter (ISuSI)*, Analyse der Vor- und Nachteile verschiedener Modelle zur Förderung des Ausbaus von Offshore-Windenergie in Deutschland, 2005, S. 6.

gen denjenigen an, die in einem Einspeisemodell gezahlt würden.[73] Vereinzelt fördern Mitgliedstaaten auch durch Steuererleichterungen.[74]

b) Technologiespezifische vs. technologieoffene Förderung. Fördersysteme können **18** technologieoffen oder technologiespezifisch ausgestaltet sein. Beide Varianten sind grundsätzlich frei kombinierbar mit mengen- oder preisbasierten Ansätzen. Die Förderwirkungen können sich je nach Ausgestaltung stark annähern. Jedoch sind die meisten Quotensysteme technologieneutral und zahlreiche Einspeisesysteme technologiespezifisch ausgestaltet.[75] In technologiespezifischen Systemen werden verschiedene Technologien differenziert gefördert, so bestehen beispielsweise im EEG unterschiedliche Fördersätze für Wind-, Biomasse- oder Solarstrom. Technologiespezifische Ansätze sind pfadabhängig, d. h. technologische Fehlentwicklungen sind nur mühsam umkehrbar. In technologiespezifischen Quotensystemen bestünden beispielsweise verschiedene Teilquoten.[76] Technologieoffene Systeme fördern mit einem einheitlichen Einspeisevergütungssatz oder einer festen Anzahl an Zertifikaten in einer einheitlichen Quote. Empfänger dieser Zahlungen oder Zertifikate sind gehalten, sie möglichst effizient einzusetzen; sie werden sich daher für die kosteneffizienteste EE-Technologie entscheiden. Auf diese Weise wird der Wettbewerb zwischen verschiedenen EE-Technologien gefördert. Die Europäische Kommission favorisiert für die zukünftige Ausgestaltung der EE-Förderung in Europa grundsätzlich einen technologieneutralen Ansatz und berücksichtigt dies in den Anfang April veröffentlichten Leitlinien für Umwelt- und Energiebeihilfen.[77] Sie erkannte jedoch bereits in ihrem Leitlinienentwurf an, dass „weniger etablierte" Technologien nach wie vor einer technologiespezifischen Förderung bedürfen.[78]

c) Das neue EEG 2014 – ein „Systemwechsel"? Vor der Novelle des EEG bestand bereits **19** Einigkeit darüber, dass die Kostenentwicklung der EEG-Umlage stärker kontrolliert werden muss, um die Akzeptanz der Energiewende nicht zu gefährden.[79] Die Reformforderungen an das EEG wiesen deshalb eine erhebliche Bandbreite auf. Teilweise wurde die Ausweitung der Direktvermarktung gefordert, indem sie für Neuanlagen verpflichtend gemacht wird.[80] Zudem stand eine Absenkung der Ersatzpflicht bei Abregelung von EE-

---

73 Ebd.

74 *Johnston/Block*, Energy Law, Rn. 12.141.

75 ewi, European RES-E Policy Analysis. A model based analysis of RES-E deployment and its impact on the conventional power market, final report, 2010, S. 31; vor einer vorschnellen Zuordnung warnen MVV/arrhenius/Ecofys/Takon, Wege in ein wettbewerbliches Strommarktdesign für erneuerbare Energien, 2013, S. 1 f.

76 So z. B. in dem Modell von *Haucap/Klein/Kühling*, Die Marktintegration der Stromerzeugung aus erneuerbaren Energien, S. 96.

77 Kommission, Environmental and Energy Aid Guidelines 2014 – 2020, Consultation Paper, 11.3.2013, Rn. 179; s. aber Mitt. v. 9.4.2014, Guidelines on State aid for environmental protection and energy 2014–2020, C (2014) 2322, Rn. 110.

78 Kommission, Entwurf der Leitlinien für staatliche Umwelt- und Energiebeihilfen 2014–2020, Rn. 119.

79 S. oben Rn. 2.

80 BMU/BMWi, Energiewende sichern – Kosten begrenzen. Gemeinsamer Vorschlag zur Dämpfung der Kosten des Ausbaus der Erneuerbaren Energien v. 13.2.2013, Ziff. 1.3.; *Sliwiok-Born*, ET 5/2013, 82, 86, der neben einer Absenkung der Fördersätze z. B. die Streichung der Marktprämie für bisher bereits wettbewerbsfähige Onshore-Windanlagen fordert und stattdessen einen Bonus für die Bildung von Vermarktungsgesellschaften befürwortet; MVV/arrhenius/Ecofys/Takon, Wege

Anlagen in Rede.[81] Auch die bisherige Ausnahme von EE-Anlagen von der Bilanzkreisverantwortung wurde angezweifelt.[82] Am Ende stand die – schon seit Längerem erhobene[83] – Forderung nach einer grundlegenden Umgestaltung des ganzen Fördersystems hin zu einem mengenbasierten Modell.[84] Zudem wurde immer wieder das Kostensenkungspotenzial einer technologieneutralen Förderung – sei es in Form eines Quotenmodells oder durch einen einheitlichen Einspeisevergütungssatz – hervorgehoben.[85] Dies hätte zwar zu hohen Profiten (sog. Windfall-Profits oder Mitnahmeeffekte) für Technologien geführt, die bereits jetzt nahe der Marktreife stehen und relativ teure Technologien wie Offshore Wind und Photovoltaik aus der Förderung drängen.[86] Auf der anderen Seite wurde aufgrund des hohen potenziellen Beitrages der Offshore-Windanlagen zur deutschen Stromversorgung eine separate Förderung mittels Ausschreibungen in Betracht gezogen.[87] Um Windfall-Profits zu vermeiden, wurden auch Auktionen zur Bestimmung der benötigten finanziellen Unterstützung der EE vorgeschlagen.[88]

20 Der Gesetzgeber ist mit der Einführung von Elementen der Mengensteuerung, also des Ausbaukorridors in § 3 und einer zubauorientierten Degression der Vergütungssätze (sog. „atmende Deckel"[89]) in den §§ 27–29 den zahlreichen Forderungen[90] nach besserer Kos-

---

in ein wettbewerbliches Strommarktdesign für erneuerbare Energien, 2013, S. 4. So auch der neue Referentenentwurf eines EEG 2014.

81 Ebd.

82 *Perner/Riechmann*, ET 5/2013, 8, 11 f.

83 Aus der älteren Literatur *Dederer/Schneller*, RdE 2000, 214; *Karpenstein/Schneller*, RdE 2005, 6, 7 f.; zumindest *Karpenstein* hat mittlerweile anlässlich des zweiten Binnenmarktpakets geäußerten Zweifel an der Vereinbarkeit der EE-Förderung mit dem Sekundärrecht aufgegeben, s. *ders.*, in: Gerstner, Grundzüge des Rechts der Erneuerbaren Energien, Kap. 1 Rn. 51 (S. 22).

84 *Haucap/Kühling*, Wirtschafts- und rechtswissenschaftliches Gutachten zur Marktintegration der Stromerzeugung aus erneuerbaren Energien, 2013; *dies.*, ET 3/2013, 41; Sachverständigenrat zur Begutachtung der gesamtwirtschaftlichen Entwicklung, Energiepolitik: erfolgreiche Energiewende nur im europäischen Kontext, Arbeitspapier 3/2012, S. 19; RWI, Marktwirtschaftliche Energiewende: Ein Wettbewerbsrahmen für die Stromversorgung mit alternativen Technologien, 2012, S. 32; die Monopolkommission, Sondergutachten 65: Energie 2013: Wettbewerb in Zeiten der Energiewende, Rn. 257 ff., favorisiert ein Quotensystem nach schwedischem Vorbild. Zuvor bereits Sondergutachten 59: Energie 2011: Wettbewerbsentwicklung mit Licht und Schatten, Rn. 23* und 553.

85 RWI, Marktwirtschaftliche Energiewende: Ein Wettbewerbsrahmen für die Stromversorgung mit alternativen Technologien, 2012, S. 32 f.; *Perner/Riechmann*, ET 5/2013, 8, 10.

86 Ebd.

87 *Perner/Riechmann*, ET 5/2013, 8, 12 f.; bereits SRU, Wege zur 100 % erneuerbaren Stromversorgung, Sondergutachten, Januar 2011, S. 271, Rn. 468 ff.

88 MVV/arrhenius/Ecofys/Takon, Wege in ein wettbewerbliches Strommarktdesign für erneuerbare Energien, 2013, S. 4.

89 Zuvor war der atmende Deckel in den §§ 20a und b EEG 2012 geregelt.

90 *Haucap/Kühling*, Wirtschafts- und rechtswissenschaftliches Gutachten zur Marktintegration der Stromerzeugung aus erneuerbaren Energien, 2013; *dies.*, ET 2013, 41; *Haucap/Klein/Kühling*, Die Marktintegration der Stromerzeugung aus erneuerbaren Energien, S. 66 ff. u. 79 ff.; Monopolkommission, Sondergutachten 59, Energie 2011: Wettbewerbsentwicklung mit Licht und Schatten, Rn. 23* und 553; zuletzt Sondergutachten 65, Energie 2013: Wettbewerb in Zeiten der Energiewende, Rn. 257 ff.; Sachverständigenrat zur Begutachtung der gesamtwirtschaftlichen Entwicklung, Energiepolitik: erfolgreiche Energiewende nur im europäischen Kontext, Arbeitspapier 3/2012, S. 19; *Bataille/Hösel*, ZNER 2014, 40; *Richter*, Grenzen der wirtschaftlichen Förderung re-

tenkontrolle nachgekommen. Neuanlagen sind nunmehr zur Direktvermarktung verpflichtet; Einspeisevergütungen werden nur noch ausnahmsweise gewährt (§§ 37, 38).

Der Bundesverband der Erneuerbaren Energien (BEE) hat 2007 das **europaweite Einspei-** **21** **semodell „EU-FIT"** vorgestellt. Dessen Kern ist eine technologieneutrale Förderung unter Berücksichtigung der verschiedenen Standortbedingungen in Europa.[91] Auch die **europaweite Ausgestaltung eines Quotenmodells** ist bereits vorgebracht worden.[92] Bestehende Einspeisesysteme würden demnach auslaufen, ausschließlich für Neuanlagen gälte das neue europäische Quotenmodell. Um Wechselwirkungen zwischen nationalen und europäischen Quotenfestlegungen zu verhindern, könnten bestehende Quotensysteme in Einspeisemodelle überführt werden und neben einem europäischen Quotenmodell existieren.[93]

Langfristig betrachtet werden höhere **Harmonisierungschancen** auf europäischer Ebene **22** wohl einem europaweiten Quotensystem zukommen.[94] Denn anstatt sich in einem langwierigen und schwierigen Prozess auf europaweit einheitliche technologieoffene oder technologieneutrale Vergütungssätze zu einigen, müsste lediglich eine zu erreichende Ausbauquote festgelegt werden.[95] Die Auswahl der Mittel zur Erreichung dieser Quote obläge nach wie vor den Mitgliedstaaten. Allerdings wird nicht nur in der Literatur zu Recht darauf hingewiesen, dass eine Harmonisierung der Fördersysteme bei unzureichender Übertragungskapazität an den Grenzkuppelstellen wohl voreilig sein dürfte.[96] Auch die Kommission konzentriert sich in ihren jüngsten Mitteilungen auf die verstärkte Kooperation der Mitgliedstaaten.[97] Der größte Anschub für den europäischen Binnenmarkt geht daher im Moment von der Kommission und europäischen Agenturen aus. Denn der EuGH hat mit seinem jüngsten Urteil zur Förderung erneuerbarer Energien in Schweden die Fortführung zersplitterter, unabgestimmter und kooperationsmüder mitgliedsstaatlicher Systeme bis auf Weiteres gebilligt.[98] Einschränkungen hat der Gerichtshof lediglich für den Fall gemacht, dass zukünftig die Herkunft grünen Strom zuverlässig feststellbar sein wird.[99]

---

generativer Stromeinspeisungen in Deutschland, S. 342 ff.; *Himmer*, Energiezertifikate in den Mitgliedstaaten der europäischen Union, S. 92.

91 Dazu *Müller/Bitsch*, ZNER 2007, 383.

92 *Schwarz/Dees/Lang/Meier*, Quotenmodelle zur Förderung von Stromerzeugung aus Erneuerbaren Energien: Theorie und Implikationen, IWE Working Paper Nr. 01-2008, 2008, insb. S. 80, abrufbar auf www.economics.phil.uni-erlangen.de.

93 *Schwarz/Dees/Lang/Meier*, Quotenmodelle zur Förderung von Stromerzeugung aus Erneuerbaren Energien: Theorie und Implikationen, IWE Working Paper Nr. 01-2008, 2008, insbesondere S. 92 f., abrufbar auf www.economics.phil.uni-erlangen.de.

94 ewi, European RES-E Policy Analysis. A model based analysis of RES-E deployment and its impact on the conventional power market, 2010, S. 120 ff.

95 ewi, European RES-E Policy Analysis. A model based analysis of RES-E deployment and its impact on the conventional power market, 2010, S. 120 ff.

96 *C. Calliess/Hey*, in: Müller, 20 Jahre Recht der Erneuerbaren Energien, S. 223, 252 f.; *dies.*, JEEPL 2013, 87; dazu auch *Johnston*, EU Energy Law, Rn. 12.142 ff.

97 Zuletzt Kommission, Mitteilung v. 5.11.2013, Vollendung des Elektrizitätsbinnenmarktes und optimale Nutzung staatlicher Interventionen, C(2013) 7243 final, S. 18 ff.; dazugehöriges Arbeitsdokument der Kommissionsdienststellen, Leitlinien für die Nutzung von Kooperationsmechanismen für erneuerbare Energien, SWD(2013) 440 final.

98 Einschränkend lediglich die Ausführungen EuGH, Urteil v. 1.7.2014, C-573/12, EuZW 2014, 115, Rn. 119 – Ålands Vindkraft/Energimyndigheten.

99 EuGH, Urteil v. 1.7.2014, C-573/12, EuZW 2014, 115, Rn. 87–92 – Ålands Vindkraft/Energimyndigheten.

V. Transformation der Energiewirtschaft

23 Der stetig steigende Anteil von erneuerbaren Energien am Stromverbrauch hat erhebliche Auswirkungen auf die Energiewirtschaft. Die Förderung von Strom aus erneuerbaren Energien verändert die Zusammensetzung des Kraftwerksparks, erfordert einen rasanten Netzausbau, stellt den Netzbetrieb vor neue Herausforderungen und verlangt den Stromverbrauchern ein ökologisches Umdenken ab. Eine Ausrichtung der Stromversorgung auf im Wesentlichen volatile erneuerbare Energien[100] erfordert eine erhöhte Anpassungsfähigkeit und Flexibilisierung von Erzeugung, Last und Netzen.[101] Ein schwankendes Angebot und eine schwankende Nachfrage können in Übereinstimmung gebracht werden durch großräumigen Netzausbau, Erzeugungs- und Lastmanagement sowie Speicherbau. Der Einsatz konkreter Flexibilisierungsoptionen wie die Errichtung von Kapazitätsmärkten, ein verstärktes Erzeugungs- und Lastmanagement, der Umbau der Netze hin zu smart grids, der verstärkte Einbau intelligenter Messsysteme bei Endverbrauchern und der Speicherbau beeinflussen sich gegenseitig, sodass eine volkswirtschaftlich optimale Kombination zu finden ist. Speicher können z. B. sowohl zur Erzeugungsflexibilisierung als auch zur Netzstabilisierung eingesetzt werden. Demand-Side-Management kann dem Einsatz von Speichern funktional entsprechen.[102] Der Ausbau von intelligenter Netzsteuerung auf der Ebene der Versorgungsnetze und ein zunehmender Einbau intelligenter Messsysteme auf Endverbraucherseite müssen zur Vermeidung von Doppelinvestitionen abgestimmt werden. Lastreduktionen entsprechen in ihren Wirkungen dem Neubau eines Kraftwerks, denn im Gegensatz zu bloßen Lastverschiebungen wird die Stromnachfrage tatsächlich begrenzt und nicht nur zeitlich verlagert.[103] Die Aufnahme von Überschussstrom durch Speicher entspricht der Abregelung von Einspeisespitzen aus EE-Anlagen. Welche genauen Wechselwirkungen verschiedene Lastoptimierungsoptionen aufeinander ausüben, bedarf jedoch weiterer Forschung.[104]

24 **1. Einwirkungen der EE auf den deutschen Strommarkt.** Die erhöhte Einspeisung erneuerbarer Energien in das Stromnetz führt **kurzfristig** auf dem Stromgroßhandelsmarkt zu Preissenkungen,[105] auch wenn das Bundeskartellamt Strom aus EE nicht als Bestandteil des sachlich relevanten Marktes betrachtet.[106] „Reiner" Wind- und Solarstrom ist wegen

---

100 DLR/Fraunhofer IWES/IfnE, Langfristszenarien und Strategien für den Ausbau der erneuerbaren Energien in Deutschland bei Berücksichtigung der Entwicklung in Europa und global, „Leitstudie 2010" im Auftrag des BMU, S. 47: Das Basisszenario nimmt einen Anteil von volatilen Energiemengen im Jahr 2020 von 23 % und im Jahr 2050 von knapp 45 % an.

101 Energieforschungszentrum Niedersachsen (EFZN), Eignung von Speichertechnologien zum Erhalt der Systemsicherheit, 2013, insb. S. 77 ff.; VDE, Energiespeicher für die Energiewende, 2012, S. 13; *Leprich*, ZNER 2013, 101; dena, Integration der erneuerbaren Energien in den deutsch-europäischen Strommarkt, 2012, S. 139.

102 So z. B. in VDE, Energiespeicher für die Energiewende, 2012, S. 13.

103 dena-Netzstudie II, Endbericht, S. 409 f.

104 DLR/Fraunhofer IWES/ IfnE, Langfristszenarien und Strategien für den Ausbau der erneuerbaren Energien in Deutschland, Leitstudie 2011 im Auftrag des BMU, Schlussbericht, 2012, S. 184; so auch Energieforschungszentrum Niedersachsen (EFZN), Eignung von Speichertechnologien zum Erhalt der Systemsicherheit, 2013, S. 206.

105 S. Fn. 102.

106 Bundeskartellamt, Sektoruntersuchung Stromerzeugung und Stromgroßhandel, S. 28 u. 32: „Die Einspeisung Erneuerbarer Energien ist planwirtschaftlich organisiert.", für eine Berücksichtigung EE bei der Marktabgrenzung *Säcker*, Marktabgrenzung, S. 45 f.

seiner hohen Volatilität kein geeignetes Terminmarktprodukt. Strom aus erneuerbaren Energien darf nach § 2 AusglMechV nur am vortägigen oder untertägigen Spotmarkt (Inter-day- und Intra-day-Handel) angeboten werden. Mittlerweile können Angebote an der EPEX SPOT auch noch 30 Minuten vor Erfüllung platziert werden. Auch die Entwicklung neuer Flexibilitätsprodukte („Energiewendeprodukte") fördert die Integration von Strom aus erneuerbaren Energien. Am **Day-ahead-Markt** an der EEX oder EPEX stellen sich wegen der erhöhten vorrangigen EE-Einspeisung Preissenkungen ein,[107] allerdings wohl nur eingeschränkt am Terminmarkt und dem außerbörslichen OTC[108]-Handel,[109] wo langfristige Produkte gehandelt werden. Auch die Monopolkommission bezweifelt in ihrem jüngsten Sondergutachten die langfristig preissenkenden Effekte – nicht zuletzt mangels empirischer Untersuchungen und Rohdaten.[110] Auch die Endverbraucherpreise bleiben weitestgehend unberührt vom preissenkenden Effekt der EEG-Strom-Mengen an der Börse.[111] Der Preis am Energy-only-Markt wird anhand der sogenannten Merit Order gebildet.[112] Erzeugungsanlagen stellen Strom zu unterschiedlichen variablen Kosten bereit. Das letzte Kraftwerk, das zur Deckung der Stromnachfrage zu einem bestimmten Zeitpunkt

---

107 Das Ausmaß dieses sog. Merit-Order-Effekts wird unterschiedlich bewertet. Bereits früh: *Neubarth/Woll/Weber/Gerecht*, ET 7/2006, 42: Preissenkungen von 12–15%; kürzlich *Sensfuß*, Analysen zum Merit-Order Effekt erneuerbarer Energien, Update für das Jahr 2010, 2011, S. 15 m. w. N.; s. a. *Sensfuß/Ragwitz/Genoese*, Energy Policy 36 (2008), 3086; *Klessmann/Nabe/Burges*, Energy Policy 36 (2008) 3646, 3651; *Wissen/Nicolosi*, Anmerkungen zur aktuellen Diskussion zum Merit-Order Effekt der erneuerbaren Energien, EWI Working Paper Nr. 07/3, S. 2 ff.; *de Jong/van Dijken/Enev*, ET 5/2013, 18, 19: tagsüber bewirke eine 10%-ige Erhöhung der Wind- und Solarstromeinspeisung einen ca. 6,6%-igen Preisverfall; nachts führe eine solche Erhöhung (z. B. von 15% auf 25%) sogar zu einer Senkung von 16,6-% des Strompreises (von 30,00 € auf 25,40 €/MWh). *Breitschopf* u. a., Einzel- und gesamtwirtschaftliche Analyse von Kosten- und Nutzenwirkungen des Ausbaus Erneuerbarer Energien im deutschen Strom- und Wärmemarkt, 2010. Bezweifelt wird, dass der Merit-Order-Effekt tatsächlich – nach Gegenrechnung zahlreicher Kostensteigerungen – zu einer nachhaltigen Preissenkung führt, s. Monopolkommission, Sondergutachten 59: Energie 2011: Wettbewerbsentwicklung mit Licht und Schatten, Rn. 539 u. 541; kritisch auch *Frondel/Schmidt/aus dem Moore*, Eine unbequeme Wahrheit. Die frappierend hohen Kosten der Förderung von Solarstrom durch das Erneuerbare-Energien-Gesetz, RWI-Position Nr. 40, 2010, S. 13, abrufbar auf www.rwi-essen.de; zuvor *Lechtenböhmer/Samadi*, Wuppertal Institut für Klima, Umwelt, Energie, Kurzanalyse zur aktuellen Diskussion um die mit dem Ausbau der erneuerbaren Energien in der Stromversorgung verbundenen Kosten und Nutzen, 2010, abrufbar auf www.wupperinst.org.

108 Over The Counter.

109 Vorsichtig *Sensfuß*, Analysen zum Merit-Order Effekt erneuerbarer Energien, Update für das Jahr 2010, 2011, S. 10, abrufbar auf www.erneuerbare-energien.de: „kann die These, dass die Future-Preise nicht vom Merit-Order-Effekt beeinflusst werden, als relativ unwahrscheinlich gelten." *Gawel/Lehmann/Korte/Strunz* u. a., ZUR 2014, 219, 220 gehen hingegen davon aus, dass „sich mittelfristig wieder an den langfristigen Grenzkosten der an der Stromproduktion beteiligten konventionellen Kraftwerke ausrichten werden, also nach Beseitigung der Überkapazitäten wieder steigen". Sie übersehen jedoch, dass dieses Szenario nicht ohne Weiteres eintreten wird, solange das Vorrangprinzip gilt (§ 11 Abs. 1 S. 1; § 14 Abs. 1 Nr. 2). Auch bei der verpflichtenden Direktvermarktung gilt der Abnahmevorrang weiterhin (BT-Drs. 18/1304, S. 184 f.).

110 Monopolkommission, Sondergutachten 65, Energie 2013: Wettbewerb in Zeiten der Energiewende, Rn. 220 ff.

111 *Frondel/Schmidt/aus dem Moore*, Eine unbequeme Wahrheit. Die frappierend hohen Kosten der Förderung von Solarstrom durch das Erneuerbare-Energien-Gesetz, RWI-Position Nr. 40, 2010, S. 13, abrufbar auf www.rwi-essen.de.

112 S. Nachweise in Fn. 102.

notwendig ist, also dasjenige mit den höchsten variablen Kosten der zum Einsatz kommenden Kraftwerke, bestimmt den einheitlichen Marktpreis. Abhängig von Einsatz und Flexibilität werden Kraftwerke in Grundlast-, Mittellast- und Spitzenlastkraftwerke eingeteilt.[113] Zu den variablen Kosten zählen z.B. Brennstoffpreise und Preise für CO_2-Zertifikate. Die Preisbildung anhand der Merit-Order führt **langfristig** dazu, dass flexibel einsetzbare Kraftwerke, die hohe variable Kosten haben, nicht mehr genügend Betriebsstunden erreichen, um rentabel betrieben werden zu können.[114] Dies betrifft vor allem Gaskraftwerke (GuD-Kraftwerke und Gasturbinenkraftwerke) und Steinkohlekraftwerke. Die Erneuerbaren drängen damit diejenigen Erzeuger aus dem Markt, die zur Absicherung der Volatilität von Wind- und Photovoltaikstrom auch in Zukunft dringend benötigt werden.[115] Gleichzeitig sind ausreichend viele Grundlastkraftwerke vorhanden (sog. Must-Run-Kraftwerke), deren Betrieb aus netztechnischen Gründen erforderlich ist. Sie stellen Regel- und Blindleistungsenergie zur Verfügung. Es bestehen daher momentan sogar Überkapazitäten im Grundlastbereich;[116] die aufgrund der hohen EE-Anteile benötigten **flexiblen** Kraftwerke können jedoch als Folge der beschriebenen Preiseffekte nicht zum Zuge kommen. Diese Grundlastkapazitäten werden aufgrund fehlender Investitionsanreize für flexible Kraftwerke in den nächsten Jahren weiter abschmelzen.[117] Um Bau und Betrieb flexibel einsetzbarer Kraftwerke anzureizen, bestehen Überlegungen zur Einrichtung eines sog. **Kapazitätsmarktes**. In diesem wird nicht die elektrische Arbeit (in MWh, TWh), sondern die bereitgehaltene Leistung (GW, TW) vergütet (s. u. Rn. 43 ff.).

25   Kurzfristig hat der Gesetzgeber den Bedarf an flexiblen Gaskraftwerken mit den neuen Regelungen zur sog. **Winterreserve** zu decken versucht. Er hat mit den §§ 13a ff. EnWG u. a. eine Anzeigepflicht für geplante Stilllegungen von Erzeugungsanlagen und Untersagungsmöglichkeiten von Stilllegungen (sog. kleine und große Stilllegungsverbote)[118] eingeführt. Netzbetreiber haben jährlich eine Systemanalyse durchzuführen (§ 3 Abs. 2 ResKV), auf deren Grundlage die Bundesnetzagentur den jeweiligen Reservekraftwerksbedarf für den kommenden Winter festlegt (§ 3 Abs. 1 ResKV). In den letzten Wintern bestand in der

---

113 Dazu Monopolkommission, Sondergutachten 54, Strom und Gas 2009: Energiemärkte im Spannungsfeld von Politik und Wettbewerb, Rn. 46 f.

114 S. *Wissen/Nicolosi*, Anmerkungen zur aktuellen Diskussion zum Merit-Order Effekt der erneuerbaren Energien, EWI Working Paper Nr. 07/3, S. 5, Abb. 2 (Anpassung der Kostenstruktur konventioneller Kraftwerke bei der Nutzung von EE); EWI, Untersuchungen zu einem zukunftsfähigen Strommarktdesign, 2012, S. 29, beide abrufbar auf www.ewi.uni-koeln.de.

115 EWI, Untersuchungen zu einem zukunftsfähigen Strommarktdesign, 2012, S. 29; Öko-Institut/ LBD/Raue LLP, Fokussierte Kapazitätsmärkte. Ein neues Marktdesign für den Übergang zu einem neuen Energiesystem, 2012, S. 25, abrufbar auf www.ewi.uni-koeln.de; *Karl*, ET 5/2013, 30, 33; *Hartung*, ET 6/2010, 22, 23; *Lambertz/Schiffer/Serdarusic/Voß*, ET Jahresspecial 2012, 11, 13. Von der Residuallastdeckung durch GuD-Kraftwerke oder Gasturbinenkraftwerke geht auch Fraunhofer ISE, Aktuelle Fakten zur Photovoltaik in Deutschland, Fassung v. 9.6.2013, S. 56 aus, abrufbar auf www.pv-fakten.de. Diese sind schwarzstartfähig (d.h. selbstständig – ohne Strom aus dem allgemeinen Netz – anfahrbar) und innerhalb weniger Minuten einsatzbereit. Zudem besitzen sie die geringsten Investitionskosten im Vergleich zu anderen, ähnlich flexiblen Varianten, vgl. ewi, Untersuchungen zu einem zukunftsfähigen Strommarktdesign, 2012, S. 29.

116 DLR/Fraunhofer IWES/IfnE, Langfristszenarien und Strategien für den Ausbau der erneuerbaren Energien in Deutschland bei Berücksichtigung der Entwicklung in Europa und global, „Leitstudie 2011" im Auftrag des BMU, Schlussbericht, 2012, S. 253.

117 *Brunekreeft/Meyer*, ET 7/2013, 24, 25.

118 S. BerlKommEnR/*König*, Bd. 1, § 13a EnWG Rn. 11 u. 14.

Regel ein Bedarf von ca. 2.500 MW in Süddeutschland; für 2015/16 ist er nunmehr auf 3.091 MW festgesetzt worden.[119] In den nächsten Jahren wird der Bedarf jedoch steigen: Im Winter 2015/2016 werden 6000 MW und 2017/2018 sogar 7000 MW an Netzreserve benötigt.[120] Betreiber von Erzeugungsanlagen müssen ihre Anlage, sofern sie zum sicheren Betrieb des Netzes unabdingbar (d.h. „systemrelevant") ist, betriebsbereit halten und im Bedarfsfall Strom in das Netz einspeisen. Für diese Kapazitätsbereithaltung werden sie gesondert vergütet (sog. Betriebsbereitschaftsauslagen nach § 13 Abs. 1a i.V.m. der Reservekraftwerksverordnung). Systematisch eingegliedert sind die Regelungen in die Regulierung des Netzbetriebs. Der Abruf systemrelevanter Erzeugungsanlagen erfolgt durch die Übertragungsnetzbetreiber und ist netzorientiert. Adressaten dieses Regelungskomplexes sind vor allem süddeutsche Gaskraftwerke. Damit hat der Gesetzgeber vordergründig ein Mittel zur Vermeidung von Netzengpässen und zur Garantie der Netzsicherheit bereitgestellt. Bei näherem Hinsehen handelt es sich jedoch um Notfall-Regelungen zur Erzeugung, die auch die oben beschriebenen Veränderungen des Erzeugungsmarktes abfedern sollen.[121] Die Überlastungssituationen im Netz sind gerade durch die räumliche Trennung von Erzeugung und Last induziert. Zwar ist das Demand-Side-Management, das in die Fahrweise von Erzeugungsanlagen eingreift, auch auf das Ziel eines sicheren Netzbetriebs ausgerichtet.[122] Solche Markteingriffsmaßnahmen darf der Netzbetreiber jedoch nur nachrangig gegenüber netzbezogenen Maßnahmen (z.B. Netzschaltungen) vornehmen. Da Netzengpässe vor allem an Tagen mit hoher Windenergieeinspeisung zu beobachten sind,[123] kompensieren die gesetzgeberischen Maßnahmen den Bedarf nach verstärkter Planung von Erzeugungskapazitäten.[124] Sie sind zudem Vorboten eines neuen Marktdesigns, das nicht nur das Bereitstellen von Arbeit (GWh) nach dem Modell des bisherigen „Energy-only-Marktes", sondern auch das Vorhalten von Leistung (GW) (sog. Kapazitätsmarkt) vergütet. Als Folge der erhöhten Einspeisung von Strom aus erneuerbaren Energien wird mit den §§ 13a ff. EnWG und der Reservekraftwerksverordnung ein vorläufiger „kleiner Kapazitätsmechanismus" geschaffen. Auch die bisher schon bestehenden Regelungen zur

---

119 BNetzA, Bericht und Feststellung zum Bedarf an Reservekraftwerken für den Winter 2014/2015 sowie die Jahre 2015/2016 und 2017/2018, 2.5.2014, S. 2.

120 Ebda.

121 So wohl auch BerlKommEnR/*König*, Bd. 1, § 13a Rn. 1.

122 Ausführlich *König*, Engpassmanagement in der deutschen und europäischen Elektrizitätsversorgung, S. 423 ff.

123 BNetzA, Bericht zum Zustand der leitungsgebundenen Energieversorgung im Winter 2011/12, 3.5.2012, S. 21. Die kritischen Netzsituationen im Februar 2012 wurden allerdings nicht unmittelbar von der erhöhten Einspeisung von Erneuerbaren ausgelöst (S. 74). Letztere bilden jedoch einen wesentlichen Bestandteil der von der BNetzA als kritisch betrachteten Szenarien, in denen zusätzliche z.B. wetterbedingte Ausfälle zu u.U. nicht mehr kontrollierbaren Mehrfachfehlern im Netz führen (S. 12).

124 In diesem Zusammenhang wird die Einführung eines sog. g-Faktors („g" für „generation") beim Bau neuer Erzeugungsanlagen diskutiert. Auch bei der Ausgestaltung von Kapazitätsmechanismen ist die Berücksichtigung von regionalen Faktoren weitgehend vorgesehen: Consentec, Versorgungssicherheit effizient gestalten – Erforderlichkeit, mögliche Ausgestaltung und Bewertung von Kapazitätsmechanismen in Deutschland, Studie im Auftrag von EnBW, 2012, S. 24; ewi, Untersuchungen zu einem zukunftsfähigen Strommarktdesign, 2012, S. 54; s.a. im Überblick LBD/Öko-Institut, 20 Fragen zur Bewertung von Kapazitätsmechanismen, 2012, S. 7 ff.; *Hewicker/Redl/Spanka*, Vergleich der derzeit für Deutschland vorgeschlagenen Kapazitätsmechanismen, 2012, S. 25. Beide Maßnahmen sollen Kraftwerksstandorte im Süden Deutschlands attraktiver machen.

Netzreserve, die die Reservekraftwerksverordnung nun lediglich erweitert hat, erfüllen dieselbe Funktion wie eine strategische Reserve (dazu unten Rn. 43).[125]

26 **2. Auswirkungen von EE auf das Stromnetz.** Der ambitionierte Ausbau von EE-Anlagen wirkt sich zwar positiv auf die Versorgungssicherheit aus, indem die Abhängigkeit von Rohstoffimporten reduziert wird. Die technische, netzseitige Versorgungssicherheit, die durch den engpassfreien, n-1-sicheren Betrieb der Netze charakterisiert ist, wird durch die erhöhte EE-Einspeisung jedoch zunehmend auf die Probe gestellt. Die Aufnahme von Strom aus erneuerbaren Energien kann zudem nur unter erheblichen Netzausbauanstrengungen erfolgen. Solange der Netzausbau mit der EE-Einspeisung nicht Schritt halten kann, müssen Netzbetreiber Engpässe bewirtschaften. Mit der Novellierung des EnWG im Zuge des Energiewende-Gesetzespakets 2011 hat der Gesetzgeber zum einen das Verhältnis zwischen erneuerbarem und konventionell erzeugtem Strom bei Netznutzungskonflikten einer differenzierten Regelung unterworfen.[126] Zudem haben die Übertragungsnetzbetreiber nunmehr zusätzliche gesetzlich festgelegte Eingriffsrechte in die Fahrweise von Kraftwerken und Speicheranlagen mit einer Leistung von mehr als 50 MW erhalten (§ 13 Abs. 1a EnWG).[127] Diese üben sie zunehmend aus, wodurch erhebliche Kosten entstehen.[128]

27 **a) Übertragungsnetze.** Der EE-Ausbau führt zu erhöhtem Stromtransportbedarf über weite Entfernungen.[129] Die Standortwahl von EE-Anlagen bestimmt sich nämlich nicht nach der Lage von Verbrauchszentren, sondern an meteorologisch günstigen Bedingungen. Nicht nur Großverbraucher, sondern auch Kleinverbraucher siedeln sich oft nicht an diesen Standorten an.[130] Sowohl in Übertragungsnetzen als auch in nördlichen und nordöstlichen Verteilernetzen treten vermehrt **Netzengpässe**[131] auf.[132] Auch die „steilen Rampen", d.h.

---

125 *Richter/Paulun*, ET 9/2013, 13, 14.
126 Dazu *H. Schumacher*, ZUR 2012, 17; ausführlich *König*, Engpassmanagement in der deutschen und europäischen Elektrizitätswirtschaft, S. 372 ff. zur Entwicklung des Einspeisemanagements.
127 Dazu *König*, Engpassmanagement in der deutschen und europäischen Elektrizitätswirtschaft, S. 436 ff.; *Weise/Hartmann/Wöldecke*, RdE 2012, 181, 186.
128 Im Jahr 2012 sind TenneT und 50 Hertz Kosten von ca. 250 Mio. entstanden, *König*, EnWZ 2013, 451.
129 r2b energy consulting/consentec, Förderung der Direktvermarktung und der bedarfsgerechten Einspeisung von Strom aus Erneuerbaren Energien, 2010, S. 17.
130 Demografische Prognosen zeigen, dass sich auch die Siedlungs- und Ballungszentren im Süden und Westen Deutschlands konzentrieren werden; zudem steigt die Anzahl der Einpersonenhaushalte, s. Statistisches Bundesamt, Bevölkerung und Erwerbstätigkeit. Entwicklung der Privathaushalte bis 2030, S. 7. Zu den energiewirtschaftlichen Konsequenzen *Timpe*, Ansätze für Lastmodellierungen am Beispiel des Haushaltssektors, Impulsvortrag Wissenschaftsdialog „BNetzA meets Science" v. 24.6.2013, abrufbar auf www.netzausbau.de/SharedDocs/Termine/DE/Veranstaltungen/2013/130624_Wissenschaftsdialog.html.
131 Der Distribution Code 2007 beschreibt Netzengpässe im Verteilernetz in Ziff. 3.10 (S. 22) als Situationen, in denen „im ungestörten Betrieb die Betriebsmittel überlastet werden, das Netz nicht in der Lage ist, die einspeise- oder entnahmeseitig gewünschten Energieflüsse zu führen oder dies eine Gefährdung bzw. Störung der Sicherheit oder Zuverlässigkeit beinhaltet".
132 DLR/Fraunhofer IWES/IfnE, Langfristszenarien und Strategien für den Ausbau der erneuerbaren Energien in Deutschland bei Berücksichtigung der Entwicklung in Europa und global, „Leitstudie 2011" im Auftrag des BMU, Schlussbericht, 2012, S. 249; s.a. die vergleichende Untersuchung von *Schroeder/Oei/Sander/Hankel/Laurisch*, Energy Policy 61 (2013), 140; IZES/BET/PowerEngS, Ausbau elektrischer Netze mit Kabel oder Freileitung unter besonderer Berücksichtigung

der schnelle Anstieg und schnelle Abfall von eingespeisten EE-Strom-Mengen, stellen hohe Anforderungen an die Ausbalancierung von Erzeugung und Last durch den Netzbetreiber. Insgesamt hat das Netz flexibler zu reagieren, nicht wie bisher vornehmlich auf Nachfrageschwankungen, sondern mittlerweile auch auf Schwankungen in der Erzeugung selbst.

Weil die Nord-Süd-Transportkapazität der Übertragungsnetze nicht ausreichte, musste **28** Deutschland im Winter 2011/12 Reservekraftwerkskapazitäten aus Süddeutschland und erstmals auch Kraftwerke aus der Österreichischen Kaltreserve anfordern.[133] Es ist darüber hinaus nicht gesagt, dass in der Summe genügend Erzeugungskapazitäten in Deutschland selbst zur Verfügung gestanden hätten.[134] Der jeweilige Übertragungsnetzbetreiber kann und muss Netzengpässe durch Netzschaltungen (§ 13 Abs. 1 Nr. 1 EnWG), marktbezogene Maßnahmen (§ 13 Abs. 1 Nr. 2 EnWG) oder Notfallmaßnahmen (§ 13 Abs. 2 EnWG) auflösen. Zu den marktbezogenen Maßnahmen der Netzbetreiber gehören Handelsgeschäfte (Countertrading, vertraglicher Redispatch) und Eingriffe in die Fahrweise von Kraftwerken und Erzeugungsanlagen (Blindleistungsbereitstellung, Verschieben von Revisionszeiten, Bereitstellung von Kraftwerken aus der Kaltreserve, Einspeisemanagement der erneuerbaren Energien).[135] Die Anordnung des Reservebetriebs eines Kernkraftwerkes bis zum 31.3.2013 (sog. atomare Kaltreserve nach § 7 Abs. 1e AtG) hat die Bundesnetzagentur nicht empfohlen.[136]

Die **Netzausbaupflicht**, der nach § 11 Abs. 1 S. 1 EnWG alle Netzbetreiber unterliegen,[137] **29** ist mittlerweile neben der Versorgungssicherheit vor allem dem Ziel einer umweltverträglichen Versorgung mit Energie verpflichtet.[138] § 12 Abs. 1 S. 1 verpflichtet die Netzbetreiber auf Verlangen von Betreibern einer EEG-Anlage zur Optimierung und Verstärkung sowie zum Ausbau ihrer Netze. Die Hochspannungsnetze müssen vor allem aufgrund der Einspeisung aus dezentralen Erzeugungsanlagen um ca. 12 %[139] erweitert werden. Pläne zum Ausbau der Übertragungsnetze, insbesondere der Nord-Süd-Verbindungen, orientieren sich in erster Linie am Anteil von EE-Strom von Offshore- und Onshore-Windanlagen im

---

der Einspeisung Erneuerbarer Energien, Studie im Auftrag des BMU, 2011, S. 4; BNetzA, Bericht zur Auswertung der Netzzustands- und Ausbauberichte der deutschen Elektrizitätsübertragungsnetzbetreiber gem. § 63 Abs. 4a EnWG, 2011, S. 53 ff.

133 BNetzA, Bericht zum Zustand der leitungsgebundenen Energieversorgung im Winter 2011/12, 3.5.2012, S. 48 ff.

134 BNetzA, Bericht zum Zustand der leitungsgebundenen Energieversorgung im Winter 2011/12, 3.5.2012, S. 42.

135 Näher dazu *König*, Engpassmanagement in der deutschen und europäischen Elektrizitätsversorgung, S. 424 ff.

136 BNetzA, Bericht zu den Auswirkungen des Kernkraftausstiegs auf die Übertragungsnetze und die Versorgungssicherheit, 2011, S. 65.

137 Insoweit geht der deutsche Gesetzgeber über die Anforderungen der Elektrizitätsbinnenmarktrichtlinie hinaus, wo nur der Independent System Operator (ISO) nach Art. 13 Abs. 4 S. 1 RL 2009/72/EG einer Netzausbaupflicht unterliegt.

138 Dazu *Glaser*, DVBl. 2012, 1283, 1288, der zwar die hoheitliche Ausbauverpflichtung und -durchsetzbarkeit als Fremdkörper des Energieregulierungsrechts kritisiert, sie im Ergebnis aber als bessere Alternative zur (Teil)Netzverstaatlichung befürwortet.

139 Unter Zugrundelegung des Szenarios B des NEP 2012. In einem abweichenden Bundesländerszenario betrüge der Ausbaubedarf 20 %, s. dena, Factsheet Verteilnetzstudie 2012, S. 2.

zukünftigen Versorgungsmix.[140] So unterscheiden sich die drei nach § 12a Abs. 1 S. 2 EnWG zu erstellenden (Szenarien), die eine Vorstufe des Netzentwicklungsplanes darstellen, vor allem hinsichtlich ihres Anteils an erneuerbaren Energien in der deutschen Erzeugungslandschaft im Jahr 2023. Der Netzausbau soll zudem ungewollte Lastflüsse (sog. Ringflüsse, loop flows)[141] verringern, die in den Netzen Polens, Tschechiens und Österreichs durch den Transport von Windstrom nach Süddeutschland entstehen.[142] Solche unkontrollierten Flüsse stellen ein Marktintegrationshindernis dar und haben durch den massiven EE-Zubau und den lediglich schleppenden Netzausbau erheblich zugenommen.[143] Über § 65 Abs. 2a EnWG sind Netzausbaupflichten zwar hoheitlich durchsetzbar – gegebenenfalls durch die Durchführung von Ausschreibungsverfahren.[144] Spätestens mit der Ankündigung des Übertragungsnetzbetreibers TenneT, die erforderlichen Investitionen für die Anbindung der Offshore-Windparks auch unter Hinzuziehung externer Investoren nicht aufbringen zu können, wurde jedoch deutlich, dass die Netzbetreiber mit der finanziellen Stemmung von Netzausbau und -anbindung überfordert sein könnten. Die Kommission hat daher Infrastrukturbeihilfen[145] in ihren Leitlinien für Umwelt- und Energiebeihilfen stärker berücksichtigt.[146]

30 **b) Verteilernetze.** Der Zubau von EE stellt vor allem die Betreiber von **Verteilernetzen** vor neue Herausforderungen.[147] Die Netzausbaupflicht des § 12 Abs. 1 S. 1 EEG betrifft in erster Linie die Verteilernetzbetreiber, da die meisten Erzeugungsanlagen an die Nieder-

---

140 dena-Netzstudie II. Integration erneuerbarer Energien in die deutsche Stromversorgung im Zeitraum 2015–2020 mit Ausblick 2025, S. 121 ff.; NEP 2013, erster Entwurf, abrufbar auf www.nep.de.

141 Dazu *von Meier*, Electric Power Systems, S. 153 f. Die Differenz von geplantem grenzüberschreitendem Energieaustausch und tatsächlich stattfindendem Austausch ist ein Indikator für Ringflüsse, s. ACER/CEER, Annual Report on the Results of Monitoring the Internal Electricity and Natural Gas Markets in 2011 v. 29.11.2012, S. 71 ff., Rn. 127 ff.

142 NEP 2013, erster Entwurf, S. 29. Im Vergleich zum NEP 2012 identifiziert der NEP 2013 5 GW zusätzliche Übertragungskapazität, die vor allem auf dem Zubau von Onshore-Wind (1,8 GW) und Offshore-Wind (1,1 GW) beruht. 2 GW Übertragungskapazität soll zur Vermeidung von Ringflüssen in die Netze der Nachbarländer gebaut werden, s. die Broschüre „Neue Netze für Neue Energien", S. 49, abrufbar auf www.nep.de. Auch ein besseres Kapazitätsmanagement soll diese Ringflüsse vermeiden helfen, s. ACER/CEER, Annual Report on the Results of Monitoring the Internal Electricity and Natural Gas Markets in 2011 v. 29.11.2012, S. 71 ff., Rn. 124 ff. u. S. 81, Rn. 156; siehe zuletzt auch THEMA Consulting Group, Loop Flows – Final Advice, Report 2013-36 für die Europäische Kommission, Oktober 2013, S. 26 ff.

143 S. ACER/CEER, Annual Report on the Results of Monitoring the Internal Electricity and Natural Gas Markets in 2011 v. 29.11.2012, S. 73, Rn. 130.

144 Art. 22 Abs. 7 S. 1 lit. c) RL 2009/72/EG sieht darüber hinaus eine Verpflichtung vor, Übertragungsnetzbetreiber zu einer Kapitalerhöhung im Hinblick auf die Finanzierung der notwendigen Investitionen zu verpflichten und unabhängigen Investoren eine Kapitalbeteiligung zu ermöglichen. Darauf hat der deutsche Gesetzgeber bei der Umsetzung der Richtlinie in § 65 Abs. 2a EnWG verzichtet.

145 Auch bisher hat die Kommission mitgliedstaatliche Einzelfallbeihilfen für Übertragungsnetze und Interkonnektoren genehmigt: Kommission, Entsch. v. 6.1.2011, N542/2010 – Interkonnektor Polen-Litauen; Entsch. v. 13.7.2009, N56/2009 – Modernisierung polnischer Elektrizitätsverteilnetze.

146 Kommission, Environmental and Energy Aid Guidelines 2014–2020, Rn. 23, 30 ff.; s. nunmehr Mitt. d. Kommission v. 9.4.2014, C (2014) 2322, Rn. 202 ff.

147 r2b energy consulting/consentec, Förderung der Direktvermarktung und der bedarfsgerechten Einspeisung von Strom aus Erneuerbaren Energien, 2010, S. 18.

und Mittelspannungsebene angeschlossen werden. Die dena stellt in ihrer Verteilnetzstudie fest, der „erforderliche Netzverstärkungs- und Netzausbaubedarf [werde] in allen untersuchten Netzebenen nahezu ausschließlich durch den Zubau von DEA [dezentralen Erzeugungsanlagen, Verf.] hervorgerufen".[148] So müssen die Niederspannungsnetze um 5 %[149] erweitert werden, die Mittelspannungsnetze um 15 %[150].[151] Die Erweiterungen sind notwendig, damit die installierte Leistung an erneuerbaren Energien vollständig abgerufen werden kann. Da zahlreiche EE-Anlagen an der Mittel- und Niederspannungsebene angeschlossen sind, fließt die Last nicht mehr ausschließlich von der Hoch- über die Mittel- zur Niederspannungsebene. Durch die hohen Einspeiseraten dezentraler Erzeugungsanlagen in das Verteilernetz kommt es vielmehr zu **Rückspeisungen** des Verteilernetzes in das jeweils vorgelagerte Übertragungsnetz, d.h. das Übertragungsnetz muss Strom aus der Verteilerebene aufnehmen, um ihn über größere Entfernungen weiterzutransportieren. Diese **Lastflussumkehr** stellt besondere Herausforderungen an die Erhaltung der Netzspannung und ist einer der wesentlichen Gründe von Netzverstärkungsmaßnahmen.[152]

Auch den Verteilernetzbetreibern obliegt die Verantwortung für die Sicherheit und Zuverlässigkeit des Elektrizitätsverteilernetzes; sie sind zwar nicht zur Frequenzhaltung durch die Beschaffung von Regelenergie verpflichtet, müssen aber die Spannungshaltung ebenso wie die Übertragungsnetzbetreiber gewährleisten. Dazu können sie auf die in § 13 EnWG geregelten Maßnahmen zurückgreifen (§ 14 Abs. 1 S. 1 EnWG).[153] **31**

Die beschriebenen Ausbauerfordernisse aufgrund erhöhter Stromeinspeiseraten aus erneuerbaren Quellen müssen auch durch den regulatorischen Rahmen adäquat erfasst werden. Die Finanzierung der Netzinvestitionen sichert die **Anreizregulierungsverordnung** (ARegV) ab. Die dena-Verteilnetzstudie geht davon aus, dass der bisherige Regulierungsrahmen keine auskömmliche Rendite für Verteilnetzbetreiber gewährleistet. Es wurde deshalb vorgeschlagen, die ARegV strukturell oder in einzelnen Bestimmungen zur Höhe der Erlösobergrenze anzupassen.[154] Im Übrigen sind auch **mittelbare EE-Integrationskosten genehmigungsfähige** Kosten innerhalb des Investitionsbudgets des Verteilnetzbetreibers nach § 23 Abs. 6 ARegV.[155] Mittelbare Integrationskosten sind solche, die die nicht durch die Integration von EE-Anlagen unmittelbar in das betroffene Verteilernetz verursacht werden, sondern Folgekosten von Integrationsmaßnahmen in vor- oder nachgelagerten Netzen sind. **32**

c) Netzstabilisierende Speicher. Speicheranlagen können neben flexiblen Kraftwerken in Zeiten hoher EE-Einspeisung ebenfalls zur Netzstabilisierung eingesetzt werden. Die unlängst vom Gesetzgeber erlassenen Maßnahmen zur Winterreserve (§§ 13a ff. EnWG) erfassen auch systemrelevante Speicheranlagen, die für einen durchgehend sicheren Betrieb **33**

---

148 dena, Verteilnetzstudie 2012, S. 162.
149 Die Prozentangaben beziehen sich auf den bisherigen Netzbestand.
150 Unter Zugrundelegung des Szenarios B des NEP 2012. In einem abweichenden Bundesländerszenario betrüge der Ausbaubedarf 24 %.
151 dena, Factsheet Verteilnetzstudie 2012, S. 2.
152 dena, Verteilnetzstudie, 2012, S. 20.
153 Zur Abgrenzung der Verantwortungsbereiche von ÜNB und VNB *Weise/Hartmann/Wöldecke*, RdE 2012, 181, 182.
154 Z.B. durch Anpassung der Produktivitätsfaktoren (§ 9 ARegV), des Erweiterungsfaktors (§ 10 ARegV). dena, Verteilnetzstudie, 2012, S. 257 ff.; *E. Korte/Gawel*, IR 2013, 250, 253.
155 BGH, Beschl. v. 9.7.2013, EnVR 23/12, RdE 2013, 476.

des Elektrizitätsnetzes erforderlich sind. Die Speichernutzung wird in diesen Fällen nicht durch Preissignale des Strommarktes, sondern Erfordernisse der Netzsicherheit bestimmt. Die Ausspeisung der Energie erfolgt daher nicht marktorientiert, sondern netzorientiert. Speicher können in diesen Fällen Netz-Systemdienstleistungen erbringen, die zur Erhaltung von Spannung (Blindleistung), Frequenz (Regelenergie) oder zur Betriebsführung benötigt werden.[156]

34 **d) Reduzierung des Netzausbaubedarfs.** Neben innovativen technischen Netzkomponenten[157] könnte vor allem das **Abregeln von Einspeisespitzen**, die durch Solar- und Windstrom in den Mittagsstunden entstehen, die Belastung des Netzes und auch den Netzausbaubedarf erheblich reduzieren.[158] Denn Versorgungsnetze werden anhand von Leistungsspitzen dimensioniert.[159] Wenn die jährliche Einspeisemenge an EE-Strom lediglich um 2 % sinkt, können Netzausbaukosten auf allen Spannungsebenen enorm gesenkt werden.[160] Das gezielte Abfangen von Erzeugungsspitzen kann zudem eventuellen Speicherbedarf reduzieren. In begrenztem Umfang ist ein vertraglich vereinbartes Drosseln von EE-Anlagen bereits nach § 4 Abs. 2 S. 1 i.V.m. § 8 Abs. 3 möglich und soll bis zum Ausbau der Netze übergangsweise bestehende Netznutzungskonflikte auflösen.[161] Zudem wird der Bedarf an Regelenergie reduziert.[162]

35 Auch längerfristig aufzubauende **Speicherkapazitäten** können **netzorientiert** eingesetzt werden (s. zum Speicherbau unten Rn. 58 ff.); ein rein netzorientierter Betrieb solcher Speicher ist allerdings wirtschaftlich bisher nicht sinnvoll und für die Verringerung des Netzausbaubedarfs wohl auch nicht geeignet.[163] Im Vergleich dazu sind die Nachrüstungskosten für technische Vorrichtungen, die ein intelligentes Einspeisemanagement ermöglichen, gering.[164]

36 **e) Flexibilisierungspotenzial im Stromnetz.** Ein gut ausgebautes Stromnetz kann hohe Schwankungen auf Last- und Erzeugungsseite ausgleichen. Der Stromnetzausbau ermöglicht einen geografischen Ausgleich von Überschüssen und Knappheiten in der Erzeugung von volatilem Strom. Nach derzeitigem Kenntnisstand ist der Netzausbau die beste Option, um auf Dauer größere Mengen EE-Strom in den Energiemarkt zu integrieren.[165] Deshalb ist er prioritär voranzutreiben.[166] Netzausbau ist nach dem derzeitigen Ausbaustand erheblich kostengünstiger als der Bau von Speichern oder die Orientierung des Anlagen-Neu-

---

156 Energieforschungszentrum Niedersachsen (EFZN), Eignung von Speichertechnologien zum Erhalt der Systemsicherheit, 2013, insb. S. 12 ff. und 37 ff. und 92 ff.
157 Z.B. Hochtemperaturleiterseile, Spannungsregler, Blindleistungskompensationsanlagen, regelbare Ortsnetzstationen, s. dena, Verteilnetzstudie, 2012, S. 166 ff.
158 Bereits die dena-Netzstudie I, 2005, S. 319, stellte fest, dass fehlende Kapazitäten zur Bereitstellung negativer Regelenergie ein Hemmschuh der Integration von Offshore-Wind ins Netz sind.
159 dena, Verteilnetzstudie, 2012, S. 192.
160 dena, Verteilnetzstudie, 2012, S. 212 ff.
161 BT-Drs. 15/2864, S. 32.
162 BT-Drs. 15/2864, S. 32.
163 dena, Verteilnetzstudie, 2012, S. 215 f.
164 dena, Verteilnetzstudie, 2012, S. 215 f.
165 r2b energy consulting/consentec, Förderung der Direktvermarktung und der bedarfsgerechten Einspeisung von Strom aus Erneuerbaren Energien, 2010, S. 47.
166 DLR/Fraunhofer IWES/IfnE, Langfristszenarien und Strategien für den Ausbau der erneuerbaren Energien in Deutschland bei Berücksichtigung der Entwicklung in Europa und global, „Leitstudie 2010", S. 72 f.

Steffens

baus an vorhandener Netzinfrastruktur.[167] Letzteres würde durch einen sog. g-Faktor berücksichtigt, der Lastnähe und Netzebene bei der Bemessung des Netznutzungsentgeltes einbezieht.[168] Der Netzausbau ist auch vorrangig gegenüber der Flexibilisierung des Erzeugungsparks voranzutreiben.[169]

Innovationen im Bereich der **Netztechnik** ermöglichen eine Kapazitätserweiterung beste- **37** hender Infrastrukturen und einen flexibleren Netzbetrieb.[170] Hochtemperaturleiterseile können beispielsweise die Übertragungskapazitäten bestehender Freileitungen erhöhen.[171] Neue Steuerungstechniken (Flexible Alternating Current Transmission Systems (FACTS)) können durch eine differenzierte Regelung von Stromstärke, Spannung, Impedanz und Phasendifferenz erheblich dazu beitragen, bestehende Kapazitäten in Elektrizitätsversorgungsnetzen besser auszunutzen.[172] Sie können Spannungsabweichungen kontrollieren, Ringflüsse verhindern, die Stromqualität verbessern und somit einen wichtigen Beitrag zur Bewältigung der Herausforderungen leisten, die erneuerbare Energien an den Netzbetrieb stellen.[173]

Der technische Ausbau der Netze umfasst auch ihre Ausstattung mit Informations- und **38** Kommunikationstechnik, sodass das Versorgungsnetz mit einem dem TK-Netz ähnlichen Kommunikationsnetz zu einem „**smart grid**" verschmilzt.[174] Erzeuger, Verbraucher, Speicher und Netzbetriebsmittel werden dadurch miteinander vernetzt. Durch die netzseitige Steuerung von unterbrechbaren Verbrauchseinrichtungen beim Endkunden sollen Lastspitzen durch Abschalten verhindert und Lastflauten durch Zuschalten abgefangen werden. Ziele solcher Maßnahmen können vor allem Heizsysteme, Klimaanlagen und andere Kühlsysteme und die Warmwasseraufbereitung sein.[175] Perspektivisch besteht zudem in Elektromobilen großes DSM-Potenzial. In den Übertragungsnetzen ist eine solche Steuerung

---

167 Bericht der AG 3 „Interaktion" an den Steuerungskreis der Plattform Erneuerbare Energien, die Bundeskanzlerin und die Ministerpräsidentinnen und Ministerpräsidenten der Länder, 2012, S. 16.

168 *Bieberbach/Lerchl/Eidt*, ET 3/2012, 8; Monopolkommission, Sondergutachten 65, Energie 2013: Wettbewerb in Zeiten der Energiewende, Rn. 346 („G-Komponente").

169 Bericht der AG 3 „Interaktion" an den Steuerungskreis der Plattform Erneuerbare Energien, die Bundeskanzlerin und die Ministerpräsidentinnen und Ministerpräsidenten der Länder, 2012, S. 15, abrufbar auf www-erneuerbare-energien.de.

170 Für einen umfassenden Überblick der innovativen technischen Komponenten *Galant/Vaféas/Pagano/Peirano/Migliavacca/L'Abbate*, in: Migliavacca, Advanced Technologies, S. 1, 19.

171 *Zaccone*, in: Migliavacca, Advanced Technologies, S. 39, 78 f.

172 *Ferreira/L'Abbate/ Fulli/Häger*, in: Migliavacca, Advanced Technologies, S. 119 ff.

173 *Ferreira/L'Abbate/ Fulli/Häger*, in: Migliavacca, Advanced Technologies, S. 119, 152 f. Der Einsatz von moderner Leistungselektronik, die in EE-Anlagen verbaut wird, stellt jedoch wiederum neue Herausforderungen an die Systemstabilität: dazu DLR/Fraunhofer IWES/IfnE, Langfristszenarien und Strategien für den Ausbau der erneuerbaren Energien in Deutschland bei Berücksichtigung der Entwicklung in Europa und global, „Leitstudie 2011" im Auftrag des BMU, Schlussbericht, 2012, S. 249, zur sog. „transienten Systemstabilität".

174 Zu den Begrifflichkeiten „smart grid", „smart market", „smart meter" BNetzA, „Smart Grid" und „Smart Market", Eckpunktepapier zu den Aspekten des sich verändernden Energieversorgungssystems, 2011, S. 11 ff.; *Windoffer/Groß*, VerwArch 2012, 491, 494 ff. Für die Verknüpfung des Versorgungsnetzes mit Informations- und Kommunikationseinrichtungen wird vereinzelt auch der Begriff des Energieinformationsnetzes verwendet. S. zu den Begrifflichkeiten *P. Schumacher*, Die Verwaltung 2011, 213, 218 f.

175 dena-Netzstudie II, Endbericht, 2010, S. 410 ff.; s. insb. die Grafik auf S. 411.

bereits möglich, nach § 13 Abs. 4b EnWG i.V.m. der AbLaV sind Übertragungsnetzbetreiber sogar verpflichtet, Ausschreibungen i. S. d. § 13 Abs. 4a S. 1 EnWG zum Erwerb von Abschaltleistung durchzuführen. Demnach sollen vor allem Verteilernetze mit IT-Steuerungstechnik ausgestattet werden. Nach § 14a EnWG müssen Verteilernetzbetreiber Lieferanten und Letztverbrauchern im Niederspannungsnetz ein reduziertes Netzentgelt anbieten, wenn letztere ihre Verbrauchseinrichtungen steuern lassen. Letztverbraucher sind nicht verpflichtet, eine solche Steuerung technisch zu ermöglichen und zu vereinbaren, ihnen soll durch § 14a lediglich ein finanzieller Anreiz gesetzt werden, um den Umbau zu intelligenten Netzen zu fördern. **Stromversorgungsunternehmen** müssen ebenfalls gemäß § 40 Abs. 5 EnWG lastvariable und tageszeitabhängige Tarife anbieten. Eine Netzsteuerung setzt zudem den Einbau einer technischen Mess- und Steuerungseinrichtung („smart meter") beim Letztverbraucher voraus. Dies regeln die §§ 21b ff. EnWG.

39　**3. Auswirkungen von EE auf die Erzeugungsstruktur. a) Einfluss auf den Kraftwerkspark.** Die stetige Erhöhung des Anteils von EE-Strom am deutschen Strommix ist erklärtes Ziel der Bundesregierung und Herzstück der Energiewende. Die langfristige Umstrukturierung des Kraftwerksparks ist gewollt. Infolge des EE-Ausbaus wird die Umgestaltung der Erzeugungsstruktur auf eine Abfederung der Volatilität von Sonne und Wind ausgerichtet sein.[176] Bisher wurde die Grundlast durch Kraftwerke erbracht, die wenig flexiblen Betrieb, sondern eine zuverlässige dauerhafte Arbeit erforderten. Die Kapazitäten nicht oder schlecht regelbarer konventioneller Kraftwerke (s. u. Rn. 40 näher zu Must-Run-Kapazitäten) müssen mit der erklärten Steigerung der EE im Kraftwerkspark abgebaut werden.[177] Nun muss sowohl mit EE-Strom-Überschüssen (hohe Erzeugung bei geringer Last) als auch mit Knappheiten (geringe Erzeugung bei hoher Last) umgegangen werden. Der Erzeugungspark kann neben den klassischen Nachfrageschwankungen nur bedingt die zusätzlichen wetterbedingten Einspeiseschwankungen abfangen.[178] Der Anteil erneuerbarer Energien am Bruttostromverbrauch lag 2012 bei 23,5 %; davon sind ca. 54 % volatile Energie aus Wind und Sonne.[179] Um Versorgungssicherheit im Sinne einer dauerhaften Sicherstellung ausreichender Erzeugungskapazität zu gewährleisten, muss ein gewisser Anteil **flexibel einsetzbarer Kraftwerke** beibehalten werden, denn Wind- und Solarstrom können nicht als gesicherte Leistung angesehen werden.[180] Ab 2030 stellen konventionelle

---

176 Dazu jüngst *Hofmann*, EnWZ 2014, 51.

177 DLR/Fraunhofer IWES/IfnE, Langfristszenarien und Strategien für den Ausbau der erneuerbaren Energien in Deutschland bei Berücksichtigung der Entwicklung in Europa und global, „Leitstudie 2011" im Auftrag des BMU, Schlussbericht, 2012, S. 252: „Paradigmenwechsel".

178 Dies zeigen die negativen Börsenpreise, s.a. DLR/Fraunhofer IWES/IfnE, Langfristszenarien und Strategien für den Ausbau der erneuerbaren Energien in Deutschland bei Berücksichtigung der Entwicklung in Europa und global, „Leitstudie 2011" im Auftrag des BMU, Schlussbericht, 2012, S. 253: „Das heißt, dass schon heute bei noch relativ kleinen Anteilen erneuerbarer Energie ein Flexibilitätsproblem im deutschen Kraftwerkspark auftritt." Immerhin hat der Gesetzgeber mit § 24 den Förder-Wasserkopf von Strom aus erneuerbaren Energien bei negativen Börsenpreisen beseitigt. Dahin ging auch die Empfehlung von r2b, Endbericht Leitstudie Strommarkt, Arbeitspaket Funktionsfähigkeit EOM & Impact-Analyse Kapazitätsmechanismen, 2014, S. 78.

179 Die Zahlen sind BMU, Erneuerbare Energien in Zahlen, 2013, S. 18 entnommen.

180 dena, Integration der erneuerbaren Energien in den deutsch-europäischen Strommarkt, Endbericht, 2012, S. 86; DLR/Fraunhofer IWES/IfnE, Langfristszenarien und Strategien für den Ausbau der erneuerbaren Energien in Deutschland bei Berücksichtigung der Entwicklung in Europa und global, „Leitstudie 2011" im Auftrag des BMU, Schlussbericht, 2012, S. 250 f. Wichtig sind ein hoher Regelbereich und eine hohe Regelgeschwindigkeit. Gasturbinen besitzen beides, Wind-

Kraftwerke nach derzeitigen Planungen den größten Anteil der insgesamt in Deutschland verfügbaren gesicherten Leistung.[181] Die Anforderungen an den flexiblen Kraftwerkseinsatz haben sich verschärft, weil zunehmend auch plötzliche und umfangreiche Zu- und Abschaltungen erforderlich werden. Ob die Preisspitzen am Strommarkt ausreichen, um das Bereitstellen von flexibler Reservekapazität wirtschaftlich attraktiv zu machen, wird unterschiedlich bewertet.[182] Einigkeit besteht jedoch darüber, dass explizite und implizite Preisobergrenzen vermieden werden sollten, da sie flexiblen Kraftwerken eine Deckung ihrer Investitionskosten jedenfalls erschweren würden.[183] Preisspitzen vergüten indirekt die Bereitstellung von Kapazitäten.[184] Um das Vertrauen des Marktes in die „politische Akzeptanz" hoher Preisspitzen zu stärken,[185] schlagen jüngere Studien die Festlegung einer Ausfallpreises für Knappheitssituationen vor. Dieser würde den „value of loast load" widerspiegeln, also den erlittenen Schaden im Falle einer Trennung vom Netz.[186] Aufgrund der erhöhten EE-Einspeisung und des damit verbundenen Merit-order-Effekts (dazu Rn. 24) können diese flexiblen Gaskraftwerke nicht mehr rentabel betrieben werden. Ein wirtschaftlich denkender Betreiber legt diese Anlagen still und wird auch keine neuen Kraftwerke mit einer schlechten Refinanzierungsaussicht errichten. Die tiefgreifenden Auswirkungen des rasanten EE-Zubaus auf den Kraftwerkspark können momentan wohl nicht vom Markt selbst ausgeglichen werden,[187] sondern sind Gegenstand gesetzgeberischer Steuerungsüberlegungen zur Modernisierung des Kraftwerksparks. Mögliche Abhilfe des soeben beschriebenen „missing money problems" könnte ein **Market-Splitting** in Deutschland leisten. Theoretisch denkbar wäre auch die Änderung des Preisbildungsme-

---

und Solaranlagen können jedenfalls theoretisch schnell abgeregelt werden. Anschaulich Energieforschungszentrum Niedersachsen (EFZN), Eignung von Speichertechnologien zum Erhalt der Systemsicherheit, 2013, S. 88 Tab. 3–5.

181 dena, Integration der erneuerbaren Energien in den deutsch-europäischen Strommarkt, Endbericht, 2012, S. 87.

182 Nach *Brunekreeft/Meyer*, ET 7/2013, 24, 26 reichen die derzeitigen Preisspitzen nicht aus; es müssten solche von über 8000 €/MWh auftreten; derzeit liegen die Preise in Spitzenzeiten bei ca. 2500 € MWh. Der Gebotspreis an der EEX ist derzeit auf +/– 3000 €/MWh begrenzt. Anders hingegen r2b, Endbericht Leitstudie Strommarkt, Arbeitspaket Funktionsfähigkeit EOM & Impact-Analyse Kapazitätsmechanismen, 2014, S. 76.

183 CONNECT, Endbericht Leitstudie Strommarkt, Arbeitspaket Optimierung des Strommarktdesigns, 2014, S. 82; siehe aber r2b, Endbericht Leitstudie Strommarkt, Arbeitspaket Funktionsfähigkeit EOM & Impact-Analyse Kapazitätsmechanismen, Studie im Auftrag des BMWi, 2014, S. 80, die eine Investitionskostendeckung bereits bei regelmäßigen Spitzen von 400 €/MWh (2014) bis 1200 €/MWh (2030) für möglich halten; frontier/formaet, Strommarkt in Deutschland – Gewährleistet das derzeitige Marktdesign Versorgungssicherheit?, 2014, S. 84.

184 CONNECT, Endbericht Leitstudie Strommarkt, Arbeitspaket Optimierung des Strommarktdesigns, 2014, S. 34; aber r2b, Endbericht Leitstudie Strommarkt, Arbeitspaket Funktionsfähigkeit EOM & Impact-Analyse Kapazitätsmechanismen, Studie im Auftrag des BMWi, 2014, S. 79.

185 Der value of loast load wird auch als Kennzahl maximaler Zahlungsbereitschaft verschiedener Kundengruppen bei der Bestimmung von Lastreduktionspotenzialen verwendet, s. dazu r2b, Endbericht Leitstudie Strommarkt, Arbeitspaket Funktionsfähigkeit EOM & Impact-Analyse Kapazitätsmechanismen, Studie im Auftrag des BMWi, 2014, S. 55.

186 frontier/formaet, Strommarkt in Deutschland – Gewährleistet das derzeitige Marktdesign Versorgungssicherheit?, 2014, S. 84.

187 Anders aber zuletzt r2b, Endbericht Leitstudie Strommarkt, Arbeitspaket Funktionsfähigkeit EOM & Impact-Analyse Kapazitätsmechanismen, 2014, S. 82 f.

chanismus der Börse von einem Einheitspreis hin zu einer Pay-as-bid-Auktion.[188] Überlegungen, wie dieses Missing-money-Problem adressiert werden soll, konzentrieren sich jedoch derzeit auf die Einrichtung von Kapazitätsmechanismen (s. Rn. 43 ff.). Zuletzt ist allerdings sowohl das Vorliegen eines Marktversagens als auch die Existenz eines Missing-money-Problems bestritten worden, da es im deutschen Markt keine eine solche Finanzierungslücke verursachenden Preisobergrenzen gebe.[189] Vielmehr sei der Energy-only-Markt grundsätzlich funktionsfähig und bedürfe nur vereinzelter Korrekturen.[190] Der Behauptung, es gäbe abgesehen von der rein technischen Gebotsgrenze von 3000 €/MWh keine Preisobergrenzen, muss jedoch widersprochen werden. Das BKartA hat in seiner Sektoruntersuchung zur Stromerzeugung und zum Stromgroßhandel die führenden Erzeugungsunternehmen als für den deutschen Markt als einzelmarktbeherrschend angesehen.[191] §§ 19, 29 GWB und Artikel 102 AEUV verböten es diesen Unternehmen daher grundsätzlich, Angebote oberhalb ihrer Grenzkosten anzubieten. Aufschläge auf den Grenzkostenpreis (sog. **Mark-ups**) sind nur unter besonderer Rechtfertigung kartellrechtlich unbedenklich.[192]

40   **b) Systemdienstleistungen und Must-Run-Kapazitäten.** Mit steigenden Anteilen volatiler Erzeugung müssen neue Wege gefunden werden, auch in Zukunft innerhalb des europäischen Verbundnetzes ausreichend Regelleistung zur Haltung der Netzfrequenz und Blindleistung zur Haltung der Netzspannung (Systemdienstleistungen)[193] bereitzuhalten.[194] Der Bedarf an Regelleistung wird über die nächsten Jahre wohl ansteigen.[195] Während der

---

188 Zu den Einzelheiten verschiedener Modelle der Strompreisbildung *Ockenfels/Grimm/Zoettl*, Strommarktdesign. Preisbildungsmechanismus im Auktionsverfahren für Stromstundenkontrakte an der EEX, Gutachten im Auftrag der EEX, 2008, S. 15 ff., die allerdings nach wie vor das Einheitspreisverfahren befürworten.

189 r2b, Endbericht Leitstudie Strommarkt, Arbeitspaket Funktionsfähigkeit EOM & Impact-Analyse Kapazitätsmechanismen, 2014, S. 38 ff.

190 r2b, Endbericht Leitstudie Strommarkt, Arbeitspaket Funktionsfähigkeit EOM & Impact-Analyse Kapazitätsmechanismen, 2014, S. 79 ff.; zu den Empfehlungen eines weiterentwickelten Energy Only Marktes s. S. 44 ff. u. 77 ff.

191 BKartA, Sektoruntersuchung Stromerzeugung und -großhandel (B10-9/09), Abschlussbericht, Zusammenfassung, S. 9.

192 BKartA, Sektoruntersuchung Stromerzeugung und -großhandel (B10-9/09), Abschlussbericht, Zusammenfassung, S. 15 f.

193 Auch Leistungen, die für den Wiederaufbau der Versorgung nach einem großflächigen Netzausfall benötigt werden (Inselbetrieb, Herunterfahren einer Anlage auf den bloßen Eigenbedarf, Schwarzstartfähigkeit etc.), sind Systemdienstleistungen. S. Energieforschungszentrum Niedersachsen (EFZN), Eignung von Speichertechnologien zum Erhalt der Systemsicherheit, 2013, S. 9 ff., insb. S. 20.

194 Dazu dena, Systemdienstleistungen 2030. Sicherheit und Zuverlässigkeit einer Stromversorgung mit hohem Anteil erneuerbarer Energien, 2014, S. 9.

195 Dazu zuletzt dena, Systemdienstleistungen 2030. Sicherheit und Zuverlässigkeit einer Stromversorgung mit hohem Anteil erneuerbarer Energien, 2014, S. 9 ff. DLR/Fraunhofer IWES/IfnE, Langfristszenarien und Strategien für den Ausbau der erneuerbaren Energien in Deutschland bei Berücksichtigung der Entwicklung in Europa und global, „Leitstudie 2011" im Auftrag des BMU, Schlussbericht, 2012, S. 186 ff. Derzeit verlangen Lastprognosefehler, Lastrauschen, Fahrplansprünge und Kraftwerksausfälle den Einsatz von Regel- und Ausgleichsenergie, vgl. aber Energieforschungszentrum Niedersachsen (EFZN), Eignung von Speichertechnologien zum Erhalt der Systemsicherheit, 2013, S. 27, wo ein signifikant erhöhter Regelenergiebedarf erst ab einem EE-Anteil von 35 % festgestellt wird; zuvor hatten bereits consentec/r2b energy consulting, Voraussetzungen einer optimalen Integration erneuerbarer Energien in das Stromversorgungs-

Bedarf an Momentanreservekapazitäten gleich bleibt, steigt der Bedarf an Primär- und Sekundärregelleistung sowie an Minutenreserve mit steigendem EE-Anteil und zunehmenden Prognosefehlern (trotz steigender Prognosegüte) an.[196] Bisher stellen vor allem thermische Kraftwerke Regel- und Blindleistung bereit.[197] Kraftwerke, die diese Systemdienstleistungen erbringen, müssen dauerhaft in Betrieb gehalten werden, da im Bedarfsfall in Sekundenschnelle die Einspeiseleistung absenken oder erhöhen müssen (sog. Must-Run-Kraftwerke).[198] Ihre Aufrechterhaltung kann daher dazu führen, dass der Netzbetreiber bei Maßnahmen nach § 13 EnWG das Vorrangprinzip für EEG- und KWKG-Anlagen (§ 13 Abs. 2a EnWG) durchbrechen darf (§ 13 Abs. 2a S. 4 und 5 EnWG).[199] Bisher beträgt die Must-Run-Kapazität ca. 20 GW.[200]

Bei einer langfristigen Umstellung der Elektrizitätsversorgung auf **erneuerbare Energien** **41** müssen diese **selbst Systemdienstleistungen** wie Regel- und Ausgleichsenergie erbringen, um die konventionellen Must-Run-Einheiten abzulösen. Dies ist ein eminent wichtiger Baustein ihrer Marktintegration und wurde jüngst als eines der zentralen Hemmnisse der EE-Integration in den Energiemarkt identifiziert.[201] Dazu wird diskutiert, z.B. Windrad-Generatoren so auszurüsten, dass sie in der **Momentanreserve** eingesetzt werden können. Denn die Generatoren können als rotierende träge Masse ebenfalls darauf ausgerichtet werden, die Drehzahl kurzfristig anzupassen und so konventionelle Generatoren in der Momentanreserve ersetzen.[202] Technisch machbar und ebenso wirksam sind das einfache Abschalten von Wind- und Solaranlagen sowie der Einsatz von Speichern (dazu näher Rn. 35 und 58). In den **Regelenergiemarkt** könnten neue Marktakteure nur dann zunehmend eintreten, wenn die Zugangs- und Präqualifikationsbedingungen überprüft und ggf. angepasst, z.B. Ausschreibungszeiträume und Vorlaufzeiten verkürzt werden;[203] daneben ist ein Erbringen

system, Studie im Auftrag des BMWi, 2010, S. 57 f., darauf hingewiesen, dass zumindest bis zum Jahr 2020 der Bedarf an Sekundärregelreserve und Minutenregelreserve nahezu konstant bleibt. Letztere konnten allerdings den beschleunigten Atomausstieg noch nicht berücksichtigen. Dazu auch BNetzA/BKartA, Monitoringbericht 2013, S. 74, wonach die Kosten für Regelenergie 2012 im Gegensatz zum Vorjahr gesunken, diejenigen für Blindleistung und Verlustenergie jedoch angestiegen sind.

196 dena, Systemdienstleistungen 2030. Sicherheit und Zuverlässigkeit einer Stromversorgung mit hohem Anteil erneuerbarer Energien, 2014, S. 11: Bei gleich bleibender Prognosegenauigkeit steigen der Bedarf an negativer Minutenreserveleistung um ca. 70 Prozent und der Bedarf an positiver Minutenreserveleistung um ca. 90 Prozent an. Siehe auch Nachweise in Fn. 195.

197 dena, Systemdienstleistungen 2030. Sicherheit und Zuverlässigkeit einer Stromversorgung mit hohem Anteil erneuerbarer Energien, 2014, S. 4, 11.

198 Thermische Kraftwerke können nur mit einer bestimmten Mindestbetriebsleistung einspeisen. EE-Anlagen zählen auch zu den Must-Run-Anlagen, allerdings nicht aus technischen Gründen, sondern aus rechtlichen: Sie können im Falle von Netzengpässen nur nachrangig abgeregelt werden (s. § 14 Abs. 1 S. 1 Nr. 2 und § 14 Abs. 1 S. 2).

199 S. zum Einspeisemanagement nach § 11 EEG *Vergoßen*, Einspeisemanagement nach dem Erneuerbare-Energien-Gesetz, S. 51 ff.; *H. Schumacher*, ZUR 2012, 17.

200 DLR/Fraunhofer IWES/IfnE, Langfristszenarien und Strategien für den Ausbau der erneuerbaren Energien in Deutschland, „Leitstudie 2011" im Auftrag des BMU, Schlussbericht, 2012, S. 189.

201 r2b, Endbericht Leitstudie Strommarkt, Arbeitspaket Funktionsfähigkeit EOM & Impact-Analyse Kapazitätsmechanismen, Studie im Auftrag des BMWi, 2014, S. 13, 34.

202 dena, Systemdienstleistungen 2030. Sicherheit und Zuverlässigkeit einer Stromversorgung mit hohem Anteil erneuerbarer Energien, 2014, S. 9 f.

203 CONNECT, Endbericht Leitstudie Strommarkt, Arbeitspaket Optimierung des Strommarktdesigns, 2014, S. 105.

von Regelleistung durch dezentrale Erzeugungsanlagen unmittelbar im Verteilernetz möglicherweise sinnvoll.[204] Auch die **Blindleistung** könnte künftig sowohl aus dezentralen Erzeugungsanlagen stammen (unabhängig von deren Wirkleistungseinspeisung), jedoch ebenso aus stillgelegten Anlagen, die für den Phasenschieberbetrieb umgerüstet werden.[205] Zentrale technische Voraussetzung für die Erbringung von Systemdienstleistungen ist die Fernsteuerbarkeit dezentraler Erzeugungsanlagen. Mit § 9 ist ein wichtiger Schritt zur Markt- und Netzintegration von EE-Anlagen getan. Die Weiterentwicklung der **Ausschreibungs- und Präqualifikationsbedingungen an Regelleistungsmärkten** soll es Anbietern von Strom aus erneuerbaren Energien erleichtern, ihre Produkte auch kurzfristig – und damit weniger risikobehaftet – an den Markt zu bringen. Insbesondere kürzere Leistungsintervalle und geringere Vorlaufzeiten – nunmehr an der EPEX SPOT bereits auf 30 Minuten verkürzt – würden im Ergebnis den Wettbewerb auf dem Regelleistungsmarkt stärken und die Kosten der Bereitstellung von Regelenergie senken.[206] Der Netzkodex zu **grenzüberschreitenden Regelleistungsbereitstellung** („Balancing Code")[207] bringt eine wichtige Vereinheitlichung europäischer Regelleistungsbereitstellung mit sich.[208]

42 Bisher zählt nur ein geringer Teil des dargebotsabhängigen EE-Stroms (und zwar bei Wind zwischen 5 und 10 %) zur **gesicherten Leistung**.[209] Doch auch neuere Studien zur vermehrten Systemdienstleistungsbereitstellung durch Erneuerbare weisen darauf hin, dass zur Absicherung der Versorgung nach wie vor ausreichend gesicherte Leistung zur Verfügung stehen muss.[210] Witterungsunabhängige Einspeisungen (Biomasse, Wasser) weisen hingegen eine Abrufsicherheit von ca. 95 % auf.[211] 93 GW der in Deutschland installierten Gesamt-Leistung (160 GW) können derzeit als gesichert betrachtet werden.[212] Bei einer Spitzenlast von ca. 81 GW verbleiben ca. 12 GW Leistung als Reserve.[213] Stärker noch als

---

204 dena, Systemdienstleistungen 2030. Sicherheit und Zuverlässigkeit einer Stromversorgung mit hohem Anteil erneuerbarer Energien, 2014, S. 10 ff.

205 dena, Systemdienstleistungen 2030. Sicherheit und Zuverlässigkeit einer Stromversorgung mit hohem Anteil erneuerbarer Energien, 2014, S. 13 ff.

206 BMWi, Ein Strommarkt für die Energiewende. Diskussionspapier des Bundesministeriums für Wirtschaft und Energie (Grünbuch), Oktober 2014, S. 22.

207 Der jeweils aktuelle Stand kann abgerufen werden auf www.entsoe.eu.

208 ENTSO-E haben Pilotprojekte (Cross Border Electricity Balancing Pilot Projects) zur Umsetzung dieses Netzkodex gestartet: https://www.entsoe.eu/major-projects/network-code-implementa tion/cross-border-electricity-balancing-pilot-projects/Pages/default.aspx.

209 dena, Integration der erneuerbaren Energien in den deutsch-europäischen Strommarkt, Endbericht, 2012, S. 86; DLR/Fraunhofer IWES/IfnE, Langfristszenarien und Strategien für den Ausbau der erneuerbaren Energien in Deutschland, „Leitstudie 2011" im Auftrag des BMU, Schlussbericht, 2012, S. 249 f.

210 dena, Systemdienstleistungen 2030. Sicherheit und Zuverlässigkeit einer Stromversorgung mit hohem Anteil erneuerbarer Energien, 2014, S. 5.

211 dena, Integration der erneuerbaren Energien in den deutsch-europäischen Strommarkt, Endbericht, 2012, S. 86.

212 BDEW, Auswirkungen des Moratoriums auf die Stromwirtschaft – Stromerzeugung, Auslastung der Kraftwerke, gesicherte Leistung, Netzsituation, Kraftwerksplanung, Stromaustausch mit dem Ausland, Einspeisungen und Großhandelspreise, 2011, S. 12.

213 DLR/Fraunhofer IWES/IfnE, Langfristszenarien und Strategien für den Ausbau der erneuerbaren Energien in Deutschland, „Leitstudie 2011" im Auftrag des BMU, Schlussbericht, 2012, S. 250. Exakt diesen Umfang empfiehlt auch die dena in ihrer Studie zu Systemdienstleistungen im Jahr 2030: dena, Systemdienstleistungen 2030. Sicherheit und Zuverlässigkeit einer Stromversorgung mit hohem Anteil erneuerbarer Energien, 2014, S. 5 Fn. 2.

der rasche EE-Ausbau hat die Abschaltung der 7+1 Kernkraftwerke im Frühjahr 2011 zu empfindlichen Einbußen an gesicherter Leistung geführt, in dessen Folge nunmehr ca. 6.305 MW gesicherter Leistung nicht mehr zur Verfügung stehen.[214]

c) Kapazitätsmechanismen. Kapazitätsmechanismen sollen erzeugungsseitige mittel- und langfristige Versorgungssicherheit garantieren. Sie sollen die bisher fehlenden Anreize zur Investition in den Bau flexibler Kraftwerke setzen. Es wird weitgehend bezweifelt, dass der Energy-only-Markt diese ausreichend gewährleisten kann, da flexible Kraftwerke zunehmend stillgelegt werden (s. o.).[215] Zuletzt haben sich Studien zur Funktionsfähigkeit und Weiterentwicklung des Energiemarktes gegenüber der Einführung von Kapazitätsinstrumenten kritisch geäußert. Eine zusätzliche Absicherung der Versorgung sei nicht erforderlich; es müssten lediglich Fehlanreize im Energy-only-Markt abgebaut werden. Nicht zuletzt sei die Versorgung im Dialog mit europäischen Partnern zu sichern – so z.B. über einen Spitzenlastausgleich benachbarter Netze.[216] Auch die Europäische Union hat zahlreiche Bestimmungen zur Versorgungssicherheit erlassen,[217] die Kommission ist jedoch kürzlich der Einführung nicht abgestimmter nationaler Kapazitätsmechanismen entgegengetreten.[218] Die Gewährung von Kapazitätszahlungen könne Missbrauchsrisiken in konzentrierten Märkten erhöhen.[219] Andere Länder haben ganz ähnliche Probleme identifiziert und teilweise bereits Kapazitätsmechanismen eingeführt.[220] Neben dem bisherigen Energy-only-Markt, auf dem die Lieferung elektrischer Arbeit (MWh) vergütet wird, würde im Grundmodell eines Kapazitätsmechanismus ein Markt für die Bereithaltung von reiner Leistung (MW) geschaffen. Zwar werden auch bisher Reservekapazitäten nicht über den Energy-only-Markt bereitgestellt. Mit steigendem Bedarf an reinen Reservekapazitäten er-

43

---

214 S. dazu BNetzA, Bericht zum Zustand der leitungsgebundenen Energieversorgung im Winter 2011/12, 3.5.2012, S. 12. Die von der 7+1-Regelung betroffenen Kernkraftwerke Krümmel und Brunsbüttel (2.116 MW) waren bereits seit 2007 de facto außer Betrieb.

215 *Richter/Paulun*, ET 9/2013, 13; *Müsgens/Peek*, ZNER 2011, 576; *Brunekreeft/Meyer*, ZfW 2011, 62; DICE, Vor- und Nachteile alternativer Kapazitätsmechanismen in Deutschland, Eine Untersuchung alternativer Strommarktsysteme im Kontext europäischer Marktkonvergenz und erneuerbarer Energien, Gutachten im Auftrag der RWE AG, S. 10. Siehe aber zuletzt r2b, Endbericht Leitstudie Strommarkt, Arbeitspaket Funktionsfähigkeit EOM & Impact-Analyse Kapazitätsmechanismen, 2014, S. 141.

216 r2b, Endbericht Leitstudie Strommarkt, Arbeitspaket Funktionsfähigkeit EOM & Impact-Analyse Kapazitätsmechanismen, 2014, S. 46.

217 RL 2009/119/EG, Art. 3 RL 2009/72/EG und RL 2009/73/EG (Dienstleistungen von allgemeinem wirtschaftlichen Interesse); Art. 4 RL 2009/72/EG und Art. 5 RL 2009/73/EG (Überwachung der Versorgungssicherheit); Art. 42 RL 2009/72/EG und Art. 46 RL 2009/73/EG (Sicherheitsmaßnahmen bei Marktkrisen); Art. 8 RL 20009/72/EG (Ausschreibung neuer Kapazitäten); Art. 8 VO /714/2009/EG und VO 715/2009/EG (Network Codes zur Versorgungssicherheit, Netzentwicklungsplan).

218 Kommission, Mitt. v. 5.11.2013, Vollendung des Elektrizitätsbinnenmarktes und optimale Nutzung staatlicher Interventionen, C(2013) 7243, final, S. 3, 7 f.

219 Kommission, Mitt. v. 5.11.2013, Generation Adequacy in the internal electricity market – guidance on public interventions, SWD(2013) 438 final, S. 16.

220 Zur Strommarktanalyse in Großbritannien Redpoint, Electricity Market Reform. Analysis of policy options, 2010; zur Lage in Schottland NERA, Electricity Market Reform: Assessment of a Capacity Payment Mechanisms, A Report for Scottish Power, 2011; ewi, Untersuchungen zu einem zukunftsfähigen Strommarktdesign, 2012, S. 47 Abb. 6.1.; Öko-Institut/LBD/Raue LLP, Fokussierte Kapazitätsmärkte. Ein neues Marktdesign für den Übergang zu einem neuen Energiesystem, 2012, S. 78 Abb. 14; *Richter/Paulun*, ET 9/2013, 13 (Abb.).

scheint jedoch ihre transparente und diskriminierungsfreie Beschaffung umso dringlicher. Der Begriff Kapazitätsmarkt bezeichnet schon eine bestimmte Variante von Kapazitätsmechanismen, denn diese können ebenso wie die Instrumente zur EE-Förderung (s. o. Rn. 12 ff.) mengen- oder preisbasiert sein. Preisbasierte Mechanismen werden auch unter dem Begriff **Kapazitätszahlungen** erfasst; mengenbasierte Modelle unter dem Begriff der **Kapazitätsmärkte**.[221]

44 Kapazitätsmechanismen können eingeteilt werden[222] in nicht auf Dauer angelegte Übergangslösungen (z. B. die strategische Reserve) und längerfristig wirkende Modelle. Innerhalb der letztgenannten sind **zentrale Kapazitätsmechanismen** solche, bei denen der Kapazitätsbedarf von einer zentralen Stelle ausgeschrieben wird – bei **dezentralen Kapazitätsmechanismen** werden die Stromverbraucher selbst zur Absicherung ihrer Nachfrage mithilfe von Leistungszertifikaten verpflichtet. Das Energiewirtschaftliche Institut Köln (ewi) schlägt den Abschluss von Versorgungssicherheitsverträgen vor.[223] Consentec favorisiert das Modell einer strategischen Reserve, einer Übergangslösung, die ausschließlich von Stilllegungen bedrohte Bestandkraftwerke erfasst. Das Büro für Energiewirtschaft und technische Planung Aachen (BET) befürwortet ebenso wie consentec einen selektiven Kapazitätsmechanismus, der allerdings in zwei Stufen ausgestaltet ist.[224] LBD, das Öko-Institut und Raue LLP schlagen einen fokussierten Kapazitätsmarkt aus zwei Segmenten (Bestandskraftwerke und Neubauten) vor.[225] Die genannten Vorschläge gehen jedenfalls alle von einem **mengenbasierten Grundmodell** aus. Die Zielmenge an zu sichernden Kapazitäten wird meistens durch eine neutrale Instanz wie der Bundesnetzagentur festgelegt. Einbezogen werden können neben dem Produkt der positiven Kapazitäten auch negative Lasten, so z. B. abschaltbare Lasten von Groß- und Haushaltskunden. Auch eine Einbeziehung von erneuerbaren Energien steht in Rede.[226] Umfassende Kapazitätsmechanismen beziehen alle verfügbaren Produkte zur Bereitstellung von Kapazität (oder negativer Last) ein. Selektive Mechanismen haben hingegen nur einen ausgewählten Teilbestand des Kapazitätsmarktes (nur von Stilllegungen bedrohte Bestandskraftwerke, nur Neubauten, auch Lastabschaltungen) zum Gegenstand. Die strategische Reserve ist ein selektiver Mechanismus, da sie ausschließlich auf Bestandsanlagen abzielt. Als Nachteil zentraler Kapazitätsmechanismen wird deren Anfälligkeit für die Ausübung von Marktmacht angeführt, da die ohnehin wenigen Anbieter durch hohe Gebote oder Kapazitätszurückhaltungen die Preise für Kapazitäten in die Höhe treiben können.[227]

---

221 *Hewicker/Redl/Spanka*, Vergleich der derzeit für Deutschland vorgeschlagenen Kapazitätsmechanismen, 2012, S. 7.

222 Für eine Bewertung und Systematisierung der vorgeschlagenen Kapazitätsmechanismen siehe *Growitsch/Matthes/Ziesing*, Clearingstudie Kapazitätsmärkte im Auftrag des BMWi, 2013; Energybrainpool, Vergleichende Untersuchung aktueller Vorschläge für das Strommarktdesign mit Kapazitätsmechanismen, Kurzstudie im Auftrag des BMU, 2013.

223 ewi, Untersuchungen zu einem zukunftsfähigen Strommarktdesign, Studie im Auftrag des BMWi, 2012.

224 BET, Kapazitätsmarkt. Rahmenbedingungen, Notwendigkeit und Eckpunkte einer Ausgestaltung, Studie im Auftrag des bne, 2011.

225 Öko-Institut/LBD/Raue LLP, Fokussierte Kapazitätsmärkte. Ein neues Marktdesign für den Übergang zu einem neuen Energiesystem, Studie im Auftrag des WWF, 2012.

226 *Höfling/Salzer/Schmidt*, ET 07/2011, 24.

227 *Richter/Paulun*, ET 9/2013, 13, 14.

Die **Europäische Kommission** steht nationalen Initiativen zur Einführung von Kapazitäts-   **45**
mechanismen kritisch gegenüber.[228] Die Einrichtung eines europäischen Kapazitätsmechanismus wird in den deutschen Vorschlägen teilweise berücksichtigt und würde in jedem
Fall Kosteneinsparungspotenziale freisetzen.[229] In ihren neuen Beihilfeleitlinien knüpft die
Kommission die Erforderlichkeit von Kapazitätsbeihilfen an spezifische Voraussetzungen:
Auswirkungen auf benachbarte Elektrizitätssysteme und die Entwicklung des Interkon-
nektorenausbaus müssen beachtet, Nachfragemanagement-Maßnahmen analysiert und
eventuelle regulatorische Mängel zunächst analysiert und ggf. beseitigt werden.[230] Zudem
sollten die Darlegungen der Mitgliedsstaaten zur Lage der Versorgungssicherheit mit den
Vorhersagen der ENTSO-E vereinbar sein.[231]

Jüngste Untersuchungen haben die vorherrschende „Kapazitätsmarkteuphorie" jedoch   **46**
nicht zuletzt mit Blick auf die marktabschottenden Potenziale rein nationaler Instrumente
gebremst.[232] Ausländische Erzeuger konventioneller Energie, die von einer nationalen Kapazitätszahlung nicht profitieren, würden vermehrt Anlagen stilllegen und somit unter
Umständen einen Subventionswettlauf in denjenigen Staaten anstoßen, die über gut ausgebaute Grenzkuppelverbindungen zu Deutschland verfügen.[233] Die Abschottungswirkung
wäre damit dort am deutlichsten zu spüren, wo die Marktintegration am weitesten fortgeschritten ist. Es kommt zu Verteilungseffekten innerhalb der beteiligten Marktregionen.[234]
Teilweise wird jedoch eine europäische Koordination nicht für zwingend notwendig gehalten – mit dem Argument, Kapazitätsmärkte wirkten nicht handelsbeschränkend.[235] Dies
kann lediglich gelten, wenn Kapazitätsmärkte so gestaltet werden, dass sie erst in Anspruch
genommen werden, wenn eine Befriedigung der Nachfrage auch über einen Import von

---

228 S. bereits Folgenabschätzung, SWD(2012) 149 final, S. 14, Begleitdokument zu Kommission,
 Mitt. v. 6.6.2012, Erneuerbare Energien: ein wichtiger Faktor auf dem Energiemarkt, COM
 (2012) 271 final; darüber hinaus Mitteilungspaket v. 5.11.2013.
229 Consentec, Versorgungssicherheit effizient gestalten – Erforderlichkeit, mögliche Ausgestaltung
 und Bewertung von Kapazitätsmechanismen in Deutschland, Studie im Auftrag von EnBW, 2012,
 S. 6 f.; *Hewicker/Redl/Spanka*, Vergleich der derzeit für Deutschland vorgeschlagenen Kapazitätsmechanismen, 2012, S. 25.
230 Kommission, Leitlinien für staatliche Umweltschutz- und Energiebeihilfen 2014–2020. Mitt. v.
 28.6.2014, ABl. 2014 C 200/01, Rn. 224.
231 Kommission, Leitlinien für staatliche Umweltschutz- und Energiebeihilfen 2014–2020. Mitt. v.
 28.6.2014, ABl. 2014 C 200/01, Fn. 95; *Nicolaides/Kleis*, EStAL 2014, 636, 648.
232 r2b, Endbericht Leitstudie Strommarkt, Arbeitspaket Funktionsfähigkeit EOM & Impact-Analyse
 Kapazitätsmechanismen, 2014, S. 79 ff.; frontier/formaet, Strommarkt in Deutschland – Gewährleistet das derzeitige Marktdesign Versorgungssicherheit?, 2014, S. 245 ff.; CONNECT, Endbericht Leitstudie Strommarkt, Arbeitspaket Optimierung des Strommarktdesigns, 2014.
233 r2b, Endbericht Leitstudie Strommarkt, Arbeitspaket Funktionsfähigkeit EOM & Impact-Analyse
 Kapazitätsmechanismen, 2014, S. 128: Über das market coupling überträgt sich eine Absenkung
 von Preisspitzen im deutschen Marktgebiet auf die gekoppelten Marktgebiete. So auch frontier/
 formaet, Strommarkt in Deutschland – Gewährleistet das derzeitige Marktdesign Versorgungssicherheit?, 2014, S. 65, 79, die jedoch das Marktverzerrungspotenzial von Kapazitätsmechanismen deshalb als gering einschätzen, weil durch Importe auch das deutsche Marktsegment von zusätzlich bereitgestellter Kapazität im Ausland profitiert (S. 243 f.). Im Übrigen geben die Autoren
 aber keine eindeutige Bewertung der Auswirkungen von Kapazitätsmechanismen ab (S. 246).
234 Ebd.
235 ewi, Untersuchungen zu einem zukunftsfähigen Strommarktdesign, 2012, S. 68, die jedoch Einsparpotenziale anerkennen und eine Kooperation für sinnvoll erachten.

Strom aus den Nachbarländern nicht mehr gedeckt werden kann.[236] Aber auch in diesem Fall ist zumindest mittel- und langfristig eine Marktabschottung zu befürchten, weshalb ohnehin nur kurzfristige Maßnahmen zur Absicherung der Versorgung als mit dem Binnenmarkt vereinbar gelten können – und hier vor allem solche, die – wie eine strategische Reserve – neben dem Energy-only-Markt stünden.

47 Unionsrechtliche Anforderungen, die bei der Ausgestaltung eines Kapazitätsmechanismus beachtet werden müssen, finden sich in der Elektrizitätsbinnenmarktrichtlinie. Nach Art. 8 RL 2009/72/EG können Mitgliedstaaten Kapazitäten ausschreiben, die über die bereits genehmigten (s. Art. 7 RL 2009/72/EG) hinausgehen, sofern letztere nicht ausreichen. Art. 8 der RL 2009/72/EG schreibt die Berücksichtigung bereits vorhandener Kapazitäten vor.

48 Die Kommission hat in der Entscheidung aus dem Jahr 2003 („**Irish CADA**")[237] einen Kapazitätszahlungsmechanismus nicht als Beihilfe eingeordnet. Aufgrund starken Wachstums der Stromnachfrage in der Anfangsphase der Liberalisierung des irischen Strommarktes wurde ein Engpass an Erzeugungskapazitäten prognostiziert. Eine wettbewerbliche Bereitstellung von Kapazitäten im irischen Erzeugungsmarkt war nicht zu erwarten, da lediglich gelegentlich auftretende Lastspitzen abzudecken waren. Mit Betreibern, die dringend benötigte neue Erzeugungsanlagen errichteten und in einem diskriminierungsfreien Ausschreibungsprozess ermittelt wurden, schloss eine Gesellschaft sog. Capacity and Differences Agreements (CADA) ab. Diese garantierten den Anlagenbetreibern einen festen Preis (Ausübungspreis) – in diesem Fall orientiert an den kurzfristigen Grenzkosten eines GuD-Kraftwerks: Liegt der Marktpreis über dem Ausübungspreis, müssen Anlagenbetreiber die Differenz an den Vertragspartner auszahlen (Differenzzahlungen); unterschreitet der Marktpreis den Ausübungspreis, können sie von ihm die Zahlung eines zusätzlichen Kapazitätspreises in Höhe der Differenz verlangen (Kapazitätszahlung). Ein eventueller negativer Saldo zwischen Differenz- und Kapazitätszahlungen wurde über eine den Stromverbrauchern auferlegte parafiskalische Abgabe kompensiert. Die Kommission hat den begünstigenden Charakter der Zahlungen an die Betreiber und die Gesellschaft, die die CADA abschloss, unter Heranziehung der Altmark-Kriterien verneint[238] – jedoch unter der Maßgabe, dass zunächst ökonomisch sinnvoller Netzausbau getätigt und ein Demand-Side-Management (z.B. durch Abschaltvereinbarungen[239]) betrieben wurde.[240] Die Abgabe knüpfte nicht an die Menge verbrauchter Energie (Arbeit), sondern an die Anschlussstärke in kVA (Leistung)[241] an. Deshalb verstieß die Art der Erhebung der Abgabe nicht gegen Art. 30 und 110 AEUV.[242] Ein wesentliches Argument für die beihilferechtliche Zulässig-

---

236 So auch in Kommission, Entsch. v. 16.12.2003, N 475/2003, Rn. 37 – Irish CADA, wo vor allem die besondere geographische Lage Irlands und damit einhergehende geringere Importkapazitäten ausschlaggebend waren für eine positive Beurteilung der Kapazitätszahlungen.

237 Kommission, Entsch. v. 16.12.2003, N 475/2003, C(2003) 4488fin – Irish CADA.

238 EuGH, Urt. v. 24.7.2003, Rs. C-280/00, Slg. 2003, I-7747 Rn. 87 ff. – Altmark Trans Regierungspräsidium Magdeburg.

239 Dies sah schon RL 2003/54/EG vor, in deren Art. 2 Abschaltvereinbarungen als ein Mittel der Nachfragesteuerung genannt werden.

240 Kommission, Entsch. v. 16.12.2003, N 475/2003, Rn. 30 ff. – Irish CADA zur Verhältnismäßigkeit.

241 =kW (VA=W).

242 Die Abgabe war ausgestaltet wie diejenige zur Förderung erneuerbarer Energien, welche die Kommission bereits zuvor genehmigt hatte, Entsch. v. 15.1.2002, N 553/2001, C(2002) 3fin., Rn. 21 ff.

keit der Zahlungen war allerdings der aufgrund fehlender Interkonnektorenkapazitäten praktisch vernachlässigbare Stromimport.[243] Bestehen ausreichende Kapazitäten zum Handel zwischen den Mitgliedstaaten, sind **nationale Kapazitätsmechanismen nicht** mit den Erfordernissen eines freien **Binnenmarktes in Einklang zu bringen**. Im Gegenteil: Sämtliche Kapazitätsausgestaltungen (Kapazitätszahlungen, -märkte oder strategische Reserven) wären asymmetrisch ausgestaltet und führten zu einer Marktabschottung, indem sie Überkapazitäten generierten und Investitionsbedingungen verzerrten.[244] Erzeugungsinvestitionen würden zunehmend in Märkte mit Kapazitätszahlungen verlagert. Bei der Berechnung von Kapazitätsbedarf wird zudem der Beitrag des grenzüberschreitenden Handels regelmäßig unterschätzt.[245]

Die von der Kommission genehmigten langfristigen Vergütungen des Kernkraftwerks **Hin-** **49** **kley Point C** in England basieren auch auf dem Prinzip der „Contracts for Difference".[246] Sie garantieren de facto eine feste Vergütungshöhe und ähneln damit Marktprämiensystemen zur Förderung erneuerbarer Energien.

In einer Mitteilung aus dem Januar 2004 schlug die Kommission als Maßnahmen zur dis- **50** kriminierungsfreien Beschaffung von Erzeugungskapazitäten nach Art. 7 RL 2003/54/EG noch zentrale Kapazitätszahlungen, dezentrale Verpflichtungen der Versorger, einen bestimmten Anteil an Kapazitäten zu erwerben (auch in Form abschaltbarer Lasten) und Versorgungssicherheitsverträge der Netzbetreiber vor.[247] Auch Verbraucher könnten über verschieden dimensionierte Sicherungen die Leistung erwerben, zu deren Höhe sie bereit sind, Strom zu beziehen. Langfristigen Energielieferverträgen stand die Kommission eher kritisch gegenüber. Der damalige Art. 7 RL 2003/54/EG entspricht dem heutigen Art. 8 RL 2009/72/EG. Nach Veröffentlichung ihres Mitteilungspakets zur State-Intervention, in dem auch ein Kommissionsdienststellenpapier zur Sicherstellung ausreichender Erzeugungskapazitäten enthalten war, kann die alte Mitteilung keine Geltung mehr beanspruchen. Das Einführen jeglicher Kapazitätszahlungen knüpft die Kommission zunächst an eine gewissenhafte Analyse bestehender Kapazitätslücken unter besonderer Berücksichtigung des grenzüberschreitenden Stromhandels, z. B. korrekter Berücksichtigung von Interkonnektorenkapazitäten, Netzausbauentwicklungen und Demand-Side-Management.[248] Eine Abstimmung mit benachbarten Mitgliedstaaten sowie eine strikte Begrenzung auf das erforderliche Maß sind unabdingbar.[249]

d) Flexibilisierungspotenzial durch flexible Einspeisung von EE-Strom. Das Flexibili- **51** sierungspotenzial der erneuerbaren Energien selbst liegt zum einen in der vermehrten be-

---

243 Kommission, Entsch. v. 16.12.2003, N 475/2003, Rn. 37 – Irish CADA.
244 THEMA Consulting Group/E³m-Lab/COWI, Capacity Mechanisms in individual Marktes within the IEM, S. 2, 57.
245 THEMA Consulting Group/E³m-Lab/COWI, Capacity Mechanisms in individual Marktes within the IEM, S. 2.
246 Kommission, Entsch. v. 18.12.2013, SA. 34947 – Hinkley Point C.
247 Directorate General Energy and Transport, Note on Directives 2003/54/EG and 2003/55/EG on the Internal Market in Electricity and Natural Gas – Measures to Secure Electricity Supply, 16.1.2004, S. 6.
248 Kommission, Arbeitspapier der Kommissionsdienststellen v. 5.11.2013, Generation Adequacy in the internal electricity market – guidance on public interventions, SWD(2013) 438 final, S. 34; s. auch dazugehörige Mitt. v. 5.11.2013, Vollendung des Elektrizitätsbinnenmarktes und optimale Nutzung staatlicher Interventionen, C(2013) 7243, final, S. 35.
249 Ebd.

darfsgerechten Einspeisung von nicht volatilem EE-Strom (z. B. Biomasse, Wasser). Eine bedarfsgerechte Einspeisung von Strom aus Biogas (nach § 44 und § 45) versucht der Gesetzgeber bereits durch die Zahlung einer zusätzlichen Prämie anzureizen. Diese Prämie für flexible Einspeisung (**Flexibilitätsprämie**) wird zusätzlich zur Marktprämie gewährt (§ 53 Abs. 2). Auch wird eine Flexibilisierung durch moderate Abregelungen von EEG-Anlagen in Betracht gezogen, denn bereits in geringem Umfang könnten sie zu einer erheblichen Netzentlastung führen und den im Vergleich kostspieligen Netz- und Speicherbau reduzieren.[250] Davon sind jedoch nicht durch hinkenden Netzausbau erzwungene Abregelungen erfasst, die für das Jahr 2030 auf ca. 4 TWh (1 % der EE-Stromeinspeisung) geschätzt werden.[251]

52 **e) Flexibilisierungspotenzial unkonventioneller Erzeugungskapazitäten.** Jüngste Bestrebungen richten sich darauf, auch unkonventionelle Erzeugungskapazitäten zu nutzen, um Spitzenlasten leichter zu decken.[252] Dazu gehören z. B. Notstromaggregate und andere Netzersatzanlagen.

53 **4. Auswirkungen der EE auf die Last.** Erneuerbare Energien haben zwar keine unmittelbaren Auswirkungen auf den Umfang der abgefragten Last, sie erfordern jedoch ein Ausschöpfen aller Möglichkeiten, um fluktuierende Nachfrage mit fluktuierender Erzeugung besser zu synchronisieren. Einen erheblichen Beitrag dazu kann das gesteuerte Ab- und Zuschalten von Lasten, d. h. des Verbrauchs, leisten (sog. **Demand-Side-Management, Lastmanagement**). Die Umstellung auf erneuerbare Energien erfordert auf absehbare Zeit ein gesellschaftliches Umdenken hinsichtlich der Definition der Versorgungssicherheit, die bisher durch eine weitgehend unbedingte Abdeckung von Lastspitzen geprägt war.[253] Stromverbraucher haben ihr Konsumverhalten zu hinterfragen und ggf. anzupassen.[254] Lastmanagement umfasst Maßnahmen der Lastverschiebung, d. h. der bloßen zeitlichen Verlagerung des im Übrigen nicht reduzierten Stromverbrauchs, und der tatsächlichen Lastreduktion.[255] Zudem kann z. B. ein Brennstoffwechsel Energienachfrage temporär vom Strommarkt in den Gasmarkt verlagern (s. § 13c EnWG).[256]

54 Lastreduktions- und Lastverschiebungsmaßnahmen können die Investitionskosten in flexible Kraftwerke reduzieren und die Netzausbaukosten senken, indem sie die maximal zu befriedigende und vom Netz zu tragende Last (Jahreshöchstlast) verringern. Auf der Ebene der Netzführung können sie Ungleichgewichte im Bilanzkreis zum Ausgleich bringen und

---

250 VDE, Energiespeicher für die Energiewende, 2012, S. 15.

251 Ecofys, Impacts of restricted transmission grid expansion in a 2030 perspective in Germany, 2013, S. 38.

252 r2b, Endbericht Leitstudie Strommarkt, Arbeitspaket Funktionsfähigkeit EOM & Impact-Analyse Kapazitätsmechanismen, Studie im Auftrag des BMWi, 2014, S. 57 ff.

253 So wird Versorgungssicherheit häufig definiert als unterbrechungsfreie, nachhaltige, d. h. derzeitiger und künftige, Deckung des Bedarfs an elektrischer Energie (siehe nur frontier/formaet, Strommarkt in Deutschland – Gewährleistet das derzeitige Marktdesign Versorgungssicherheit?, 2014, S. 26 Fn. 7 m. w. N.).

254 Energiemonitoring kann hierbei eine wichtige Rolle spielen, um den eigenen Verbrauch bewusster und sparsamer zu machen: *Buchanan/Russo/Anderson*, Energy Policy 2014, 138.

255 S. anschaulich Energieforschungszentrum Niedersachsen (EFZN), Eignung von Speichertechnologien zum Erhalt der Systemsicherheit, 2013, S. 77 Abb. 3–6.

256 Energieforschungszentrum Niedersachsen (EFZN), Eignung von Speichertechnologien zum Erhalt der Systemsicherheit, 2013, S. 78.

somit den Einsatz von Regelenergie dämpfen. Lastmanagement kann zudem die Bereithaltungskosten für die derzeit diskutierten Kapazitätsmechanismen senken: Konsequenterweise können Maßnahmen zur Lastreduktion bereits auf der Stufe der Berechnung benötigter Kapazitäten und der Planung des Kraftwerkseinsatzes berücksichtigt werden[257] oder in die Definition der zu handelnden Produkte einfließen,[258] spätestens aber wegen ihrer schnellen Mobilisierbarkeit auf einer der ursprünglichen Kapazitätszuteilung nachgelagerten Marktstufe einbezogen werden (näher zu Kapazitätsmärkten s. o. Rn. 43 ff.).[259]

Das Management von Lasten erfordert die technische Ausstattung der Netze mit Informations- und Kommunikationstechnologie, welche die Steuerung von Endverbrauchern nach den Maßgaben der bereitstehenden Kapazität oder der Netzstabilität ermöglichen. Die **Potenziale** des Lastmanagements werden für den **Industriesektor auf 3.300 MW** und für **Haushaltskunden auf ca. 1.500 MW** geschätzt.[260] In dieser Höhe können Lastreduktionen und Lastverschiebungen vorgenommen und wirtschaftlich als positive und negative Regelleistung vermarktet werden.[261] Alternativ können sie als interne Ausgleichsmaßnahmen bei der Bilanzkreisbewirtschaftung dienen.[262] Nicht alle Stromverbrauchsprozesse sind jedoch DSM-fähig. Im Haushaltssektor entfallen ca. 60 % des verbrauchten Stroms auf DSM-Anwendungen; im Industriesektor sind ca. 24 % des verbrauchten Stroms regelbar.[263] **55**

Der Gesetzgeber hat mit der Verordnung zur **Vereinbarung abschaltbarer Lasten** (AbLaV) vom 28.12.2012 die Übertragungsnetzbetreiber verpflichtet, Abschaltvereinbarungen in Höhe von 3000 MW abzuschließen. Der Gesetzgeber möchte damit die Abschaltpotenziale der **energieintensiven Industrie, insbesondere** der Aluminium-, Stahl-, Papier- und Zementherstellung sowie der chemischen Industrie erschließen.[264] Die Höhe der zu **56**

---

257 BET, Kapazitätsmarkt. Rahmenbedingungen, Notwendigkeit und Eckpunkte einer Ausgestaltung, Studie im Auftrag des bne, 2011, S. 35; Consentec, Versorgungssicherheit effizient gestalten – Erforderlichkeit, mögliche Ausgestaltung und Bewertung von Kapazitätsmechanismen in Deutschland, Studie im Auftrag von EnBW, 2012, S. 23.

258 *Growitsch/Matthes/Ziesing*, Clearing-Studie Kapazitätsmärkte, 2013, S. 19.

259 BET, Kapazitätsmarkt. Rahmenbedingungen, Notwendigkeit und Eckpunkte einer Ausgestaltung, Studie im Auftrag des bne, 2011, S. 32 u. 40; Consentec, Versorgungssicherheit effizient gestalten – Erforderlichkeit, mögliche Ausgestaltung und Bewertung von Kapazitätsmechanismen in Deutschland, Studie im Auftrag von EnBW, 2012, S. 23; im Überblick *Hewicker/Redl/Spanka*, Vergleich der derzeit für Deutschland vorgeschlagenen Kapazitätsmechanismen, 2012, S. 25.

260 DLR/Fraunhofer IWES/IfnE, Langfristszenarien und Strategien für den Ausbau der erneuerbaren Energien in Deutschland bei Berücksichtigung der Entwicklung in Europa und global, „Leitstudie 2011" im Auftrag des BMU, Schlussbericht, 2012, S. 194. Alleine in Bayern wird das Abschaltpotenzial für einen Zeitraum von einer halben Stunde auf 1 GW geschätzt, Agora Energiewende/Forschungsgesellschaft für Energiewirtschaft/Fraunhofer ISI, Lastmanagement als Beitrag zur Deckung des Spitzenlastbedarfs in Süddeutschland, 2013, S. 15.

261 DLR/Fraunhofer IWES/IfnE, Langfristszenarien und Strategien für den Ausbau der erneuerbaren Energien in Deutschland bei Berücksichtigung der Entwicklung in Europa und global, „Leitstudie 2011" im Auftrag des BMU, Schlussbericht, 2012, S. 193; dena-Netzstudie II, Endbericht, S. 409 ff.

262 So zwar Energieforschungszentrum Niedersachsen (EFZN), Eignung von Speichertechnologien zum Erhalt der Systemsicherheit, 2013, S. 81; vgl. aber dena-Netzstudie II, Endbericht, S. 409, der zufolge dies wirtschaftlich nicht besonders attraktiv sei.

263 dena-Netzstudie II, Endbericht, S. 410 u. 419.

264 dena-Netzstudie II, Endbericht, S. 419 ff., s. insbes. die Abb. auf S. 420 u. 421.

zahlenden Vergütung für abschaltbare Leistung wird qua Ausschreibung ermittelt.[265] Gezahlte Vergütungen können gem. § 18 Abs. 1 AbLaV i.V.m. § 30 Abs. 2 Nr. 6 StromNEV, § 17 Abs. 8 StromNEV grundsätzlich in den Netzentgelten berücksichtigt werden.[266] § 4 Abs. 1 AbLaV vergütet neben der tatsächlichen Abschaltung (gewissermaßen als Preis für negative Arbeit) auch die Bereithaltung der Abschaltkapazität (Preis für negative Leistung) und greift damit bereits einer größeren Marktveränderung durch Kapazitätsmechanismen vor. Die **Zuschaltung** von Lasten hat neben § 13 Abs. 1a EnWG bisher noch keine besondere gesetzliche Regelung erfahren.

57 Im **Haushaltssektor** liegen die größten technischen Abschalt- und Lastverschiebungspotenziale in Einrichtungen, deren Steuerung keine spürbaren Auswirkungen für den Verbraucher haben. Da Häuser, Kühl- und Gefrierschränke,[267] Boiler etc. als **thermische Speicher** fungieren, sind keine Komforteinbußen beim Verbrauchsverhalten zu befürchten. Steuerbare Geräte sind v. a. Nachtspeicherheizungen, Umwälzpumpen von Warmwasserheizungen, Wärmepumpen, größere Warmwasseraufbereitungssysteme (ab ca. 30 Litern), Kühlschränke und Gefrierschränke.[268] **Benutzergetriebene Anwendungen**, die nicht vollautomatisch ablaufen (dazu zählen Beleuchtungs-, Unterhaltungs-, Computer- und Kochanwendungen[269]), besitzen bereits in technischer Hinsicht nur ein geringes Steuerungspotenzial. Sonstige Geräte wie Waschmaschinen, Spülmaschinen, Trockner und Akku-Ladegeräte verstärkt in den Nacht- und Abendstunden zu benutzen, sind **verhaltensorientierte Einsparmaßnahmen**, die bereits unabhängig vom Einbau intelligenter Zähler möglich sind.[270] Ein **flächendeckender Einbau** intelligenter Zähler wird in § 21c Abs. 1 lit. d) EnWG an das Kriterium der wirtschaftlichen Vertretbarkeit geknüpft. Wirtschaftlich vertretbar ist ein Einbau nach § 21c Abs. 2 S. 2 EnWG, wenn dem Anschlussnutzer für Einbau und Betrieb keine Mehrkosten entstehen oder wenn das Bundeswirtschaftsministerium ihn durch Rechtsverordnung (§ 21i Abs. 1 Nr. 8 EnWG) anordnet. Eine im Auftrag des BMWi durchgeführte Studie hält den flächendeckenden Einbau von smart metern in Haushalten, dessen Kosten die Verbraucher zu tragen hätten, nach derzeitigem Stand des EEG für wirtschaftlich unvertretbar, da er Letztverbrauchern mehr Kosten aufbürdet, als diese mit Abschaltungen einsparen können.[271]

---

265 Näher dazu *König*, EnWZ 2013, 201, 202.

266 Die Vergütung für die tatsächlich zur Systemstabilisierung erforderlichen und abgerufenen Abschaltungen ist nicht umlagefähig (§ 18 Abs. 1 S. 2 AbLaV).

267 Deren Speicherpotenzial hängt vor allem von der Befüllung der Geräte ab. Das Kühlgut ist der eigentliche Speicher, da es eine höhere Wärmekapazität besitzt als Luft (= leerer Kühlschrank), dena-Netzstudie II, Endbericht, S. 416.

268 Ausführlich zu den technischen DSM-Potenzialen dena-Netzstudie II, Endbericht, S. 410 ff.

269 dena-Netzstudie II, Endbericht, S. 411; Ernst & Young, Kosten-Nutzen-Analyse für einen flächendeckenden Einsatz intelligenter Zähler, Studie im Auftrag des BMWi, 2013, S. 128.

270 Vereinzelte Ansätze, die Akzeptanz last- und tageszeitvariabler Tarife festzustellen, die sich auf solche verhaltensorientierten Maßnahmen konzentrieren, deren Beitrag zu einem Lastmanagement ohnehin gering ist, sind dem Einwand der Kontraproduktivität ausgesetzt: So IBM Global Business Services/Zentrum für Evaluation und Methoden der Universität Bonn, Preis, Verbrauch und Umwelt versus Komfort – der mündige Energieverbraucher, 2007, S. 10; förderlich hingegen *Geelen/Reinders/Keyson*, Energy Policy 61 (2013), 151, 156 f.

271 Dazu Ernst & Young, Kosten-Nutzen-Analyse für einen flächendeckenden Einsatz intelligenter Zähler, Studie im Auftrag des BMWi, 2013, S. 167. Kritisch zu Ergebnissen und Reichweite der Studie *Schneidewindt*, ER 2013, 226, 230 f.

5. Speichereinsatz. Technologien zur Speicherung elektrischer Energie sollen in Zukunft **58** besonders zu einem dauerhaften Gelingen der Energiewende beitragen. Denn ihre technologische Diversifizierung erlaubt vielfältige Einsatzmöglichkeiten: Sie können zu sonnen- und windarmen Zeiten zusätzliche Kapazitäten in den Markt geben und bei Hochlastzeiten überschüssigen EE-Strom aufnehmen. Gleichzeitig können sie Netze entlasten, wenn sie gezielt zur örtlichen Engpassbeseitigung eingesetzt werden. Speicher können also marktorientiert (d.h. erzeugungsorientiert), netzorientiert oder eigenverbrauchsorientiert (auch erzeugungsorientiert) genutzt werden. Welche Speichertechnologie zum Einsatz kommt, bestimmt sich jedoch nach den benötigten Flexibilitätseigenschaften.[272] Nach derzeitigen Berechnungen werden erst ab dem Jahr 2020 in einem nennenswerten Umfang Speicher zur bedarfsorientierten Einspeisung und Aufnahme von Strom benötigt.[273] Sie stellen zumeist die volkswirtschaftlich teurere Variante der Flexibilisierung (z.B. im Vergleich zum Netzausbau) dar.[274]

Nach dem bisherigen Förderrahmen konnten Speicher von der Einspeisevergütung, der **59** Netzentgeltbefreiung oder dem Grünstromprivileg profitieren,[275] einer Ausweitung dieser Fördermöglichkeiten (z.B. durch weitere Befreiungen oder Umlagen) stand die Literatur neben für notwendig befundener Forschungsförderung allerdings kritisch gegenüber.[276] Nach dem Wegfall des Grünstromprivilegs können jedoch weiterhin für **zwischengespeicherten Strom** nach § 19 Abs. 4 Marktprämie (§ 19 Abs. 1 i.V.m. § 34) oder Einspeisevergütung (§ 19 Abs. 1 i.V.m. §§ 37, 38) verlangt werden.

Sofern **Speicher mit** vergleichsweise **geringen Kapazitäten** in Kopplung mit dezentralen **60** Erzeugungsanlagen eingesetzt werden, bilden sie mit der Erzeugungsanlage eine Erzeugungseinheit, also ein **virtuelles Kraftwerk**.[277] Sie ermöglichen bei hochvolatilen EE-Quellen eine marktorientierte, nachfragegesteuerte Einspeisung und können Erzeugungsspitzen durch Aufnahme von Überschussstrom abfedern. Eine ursprünglich angedachte[278] gesonderte Förderung eines solchen Speicherausbaus auf der Grundlage von § 64 Abs. 1 Nr. 6 EEG 2012 (Kombikraftwerksbonus) hat der Gesetzgeber allerdings nicht eingeführt.

---

272 Ausführlich hierzu Energieforschungszentrum Niedersachsen (EFZN), Eignung von Speichertechnologien zum Erhalt der Systemsicherheit, 2013, S. 91 ff.

273 *Doetsch*, Thermische Speicher im Energiesystem der Zukunft, Vortrag Berliner Energietage v. 16.5.2013, S. 5–8, abrufbar auf www.berliner-energietage.de.

274 Technikfolgenabschätzung Regenerative Energieträger zur Sicherung der Grundlast in der Stromversorgung, BT-Drs. 17/10579, S. 54.

275 Energieforschungszentrum Niedersachsen (EFZN), Eignung von Speichertechnologien zum Erhalt der Systemsicherheit, 2013, S. 218 ff.

276 Energieforschungszentrum Niedersachsen (EFZN), Eignung von Speichertechnologien zum Erhalt der Systemsicherheit, 2013, S. ff.

277 *Steck*, ET 9/2013, 52; s. auch die Vorträge zur Vermarktung virtueller Kraftwerke auf den Berliner Energietagen v. 5.5.2013, abrufbar auf www.berliner-energietage.de/programm/tagungsmaterial-2013/veranstaltungsdetails/veranstaltung/203-virtuelle-kraftwerke.html.; Energieforschungszentrum Niedersachsen (EFZN), Eignung von Speichertechnologien zum Erhalt der Systemsicherheit, 2013, S. 106.

278 Den sog. Kombikraftwerksbonus, dazu ISET, Wissenschaftliche Begleitung bei der fachlichen Ausarbeitung eines Kombikraftwerksbonus gemäß der Verordnungsermächtigung § 64 EEG 2009, 2009; r2b energy consulting/consentec, Förderung der Direktvermarktung und der bedarfsgerechten Einspeisung von Strom aus Erneuerbaren Energien, 2010, S. 52; weiterhin zum Speichereinsatz *Sailer*, in: Müller, 20 Jahre Recht der Erneuerbaren Energien, S. 777 ff.; *ders.*, ZNER 2012, 153; *Ahnsehl/Dietrich*, ET 4/2010, 14 ff.; *dies.*, ET 4/2010, 61 ff.

61 Der marktorientierte Einsatz von Speicher kann zum Zwecke der Bilanzierung (Herstellung der Ausgeglichenheit von Erzeugung und Last) erfolgen; er wird als marktorientiert bezeichnet, weil der Einsatz von bestehenden Preissignalen am Energiemarkt abhängt.

VI. Weiterentwicklung des EEG: Netzintegration und Marktintegration

62 Auch die Europäische Kommission mahnt die bessere Marktintegration von EE-Strom und eine Konvergenz der mitgliedsstaatlichen Fördersysteme an.[279] In ihrer letzten Mitteilung vom 5.11.2013 hat sie eine bessere Koordinierung staatlicher Interventionen gefordert.[280] Der Begriff „Marktintegration" meint zunächst eine verstärkt wettbewerbliche Vermarktung von Strom aus EE, die auf Preissignale des Marktes reagiert. Von einer tatsächlichen Marktintegration ist die Beseitigung rechtlicher Integrationshürden zu unterscheiden. Mit einer Beseitigung rechtlicher Hürden kommt es nicht auch zu einer tatsächlichen ökonomischen Marktintegration. EE-Strom muss sowohl in den deutschen Stromgroßhandelsmarkt als auch mittelfristig in einen europäischen Binnenmarkt für Elektrizität integriert werden (dazu unten Rn. 64 ff.). Ein wichtiger Schritt auf diesem Weg ist die Netzintegration, d. h. die technische Einpassung von EE-Anlagen in bestehende Netzstrukturen sowie eine bessere Koordination von EE-Anlagen-Ausbau und Netzausbau.

63 **1. Flexibilisierungsbeitrag der Erneuerbaren.** Nicht volatile erneuerbare Quellen wie Biogas, Wasserkraft und Geothermie werden zur vermehrten bedarfsgerechten Einspeisung eingesetzt werden. Mit der Flexibilitätsprämie (bereits § 33i EEG 2012, nunmehr §§ 52–54) hat der Gesetzgeber für Betreiber von Biogasanlagen einen Anreiz zur bedarfsgerechten Stromeinspeisung geschaffen. Die Förderung des EEG 2014 für Biomasse basiert auf ihrer Eigenschaft als „flexible Alleskönnerin"; der Ausbaupfad nach § 3 fußt bereits auf der Annahme von 4000 Vollaststunden.[281] Die Stromerzeugungskapazitäten aus Biomasse sind jedoch aufgrund ihrer geringen Flächeneffizienz, anderen Umweltbeeinträchtigungen und Wechselwirkungen mit der Nahrungsbereitstellung begrenzt.[282]

64 Auch in den **Netzbetrieb** müssen erneuerbare Strommengen **integriert** werden. Dazu zählt ihre technische Integration, wie beispielsweise die Beseitigung des sog. **50,2-Hertz-Problems**. Bisher haben sich zahlreiche Erneuerbare-Anlagen automatisch bei Erreichen einer Netzfrequenz von 50,2 Hertz abgeschaltet. Dies konnte wiederum erhebliche Frequenzschwankungen nach sich ziehen und die Netzstabilität gefährden. Mit Erlass der **Systemstabilitätsverordnung** (SysStabV) hat der Gesetzgeber den Verteilernetzbetreibern nun

---

279 Zuletzt Kommission, Mitt. v. 5.11.2013, Vollendung des Elektrizitätsbinnenmarktes und optimale Nutzung staatlicher Interventionen, C(2013) 7243, final; Kommission, Fortschrittsbericht „Erneuerbare Energien" v. 27.3.2013, COM(2013) 175 final, S. 14 f.; aber auch bereits Kommission, Mitt. v. 6.6.2012, Erneuerbare Energien: ein wichtiger Faktor auf dem europäischen Energiemarkt, COM(2012) 271 final, S. 3 f. und 7 f.

280 Kommission, Mitt. v. 5.11.2013, Vollendung des Elektrizitätsbinnenmarktes und optimale Nutzung staatlicher Interventionen, C(2013) 7243, final.

281 BT-Drs. 18/1304, S. 165.

282 Leopoldina Nationale Akademie der Wissenschaften, Bioenergie, Möglichkeiten und Grenzen, Empfehlungen, 2012, S. 3; DLR/Fraunhofer IWES/IfnE, Langfristszenarien und Strategien für den Ausbau der erneuerbaren Energien in Deutschland bei Berücksichtigung der Entwicklung in Europa und global, „Leitstudie 2010", S. 42 ff.

eine Nachrüstpflicht für Photovoltaikanlagen auferlegt (§ 4 Abs. 1, § 5 Abs. 1, § 7 Syst-StabV).[283] Eine besondere Regelung zur Kostentragung enthält § 57 Abs. 2.

Im Falle von **Netznutzungskonflikten** werden EEG-Anlagen bisher gem. § 13 Abs. 2a   **65**
EnWG und § 14 Abs. 1 S. 1 Nr. 2 **nachrangig abgeregelt**. Erst wenn das Abregeln von konventionellen Anlagen keine Behebung des Netzengpasses mehr verspricht (v. a. bei sog. Must-Run-Kapazitäten, dazu Rn. 40), darf der Übertragungsnetzbetreiber EEG-Anlagen abregeln. Jedoch erlaubt bereits § 7 Abs. 2 S. 1 i.V.m. § 11 Abs. 3 den Abschluss einer vertraglichen Abregelungsvereinbarung zwischen Netzbetreiber und Anlagenbetreiber. Auf diese Weise wird ein vorübergehender Ausgleich zwischen dem nötigen Netzausbau und bis dahin bestehenden Netzüberlastungen gefunden. Seltene **Erzeugungsspitzen**, die durch hohe Windeinspeisungen die Netze an den Rand ihrer Belastbarkeit bringen, können so durch **befristete Drosselungsverträge** mit Windanlagenbetreibern abgefangen werden.[284] Zahlreiche Autoren ziehen auch außerhalb von Netznutzungskonflikten aus volkswirtschaftlichen Gründen eine verstärkte Abregelung von EEG-Anlagen in Betracht.[285]

Erneuerbare Energien können bisher lediglich in Kombination mit Speichertechnologien   **66**
Systemdienstleistungen (d.h. zur Frequenz- und Spannungshaltung, Netzbetriebsführung und dem Versorgungswiederaufbau) erbringen.[286]

2. Integration der EEG-Förderung in einen europäischen Binnenmarkt für Elektrizi-   **67**
tät. a) Ein europäischer Binnenmarkt für Elektrizität. Mit ihrer Strategie „Energie 2020" hat die Kommission einen ambitionierten Fahrplan für den Ausbau erneuerbarer Energien vorgelegt.[287] Sowohl im Elektrizitäts- wie im Wärme- als auch im Verkehrssektor soll ein erheblicher Teil der verbrauchten Energie aus erneuerbaren Quellen stammen. Gleichzeitig verfolgt die EU die Schaffung eines europäischen Binnenmarktes für Elektrizität. Die im Jahr 2009 erlassenen Gesetzespakete – das Dritte Binnenmarktpaket und das Umweltpaket – sind kein einheitliches Vorhaben,[288] auch wenn inzwischen betont wird, dass die Verfolgung des Binnenmarkt- und des Umweltschutzziels innerhalb der Europäischen Institutionen besser aufeinander abgestimmt wird.[289] Durch die Integration benach-

---

283 Dazu *Lehnert/Vollprecht*, IR 2012, 200; *Held/Seidel*, RdE 2013, 8, 10, die zu Recht eine Verpflichtung der Übertragungsnetzbetreiber – im Gegensatz zu den Anlagenbetreibern – kritisieren.

284 BT-Drs. 15/2864, S. 32. Näher *Brandstätt/Brunekreeft/Jahnke*, ET 3/2011, 8, 10.

285 So z.B. Ernst&Young, Kosten-Nutzen-Analyse für einen flächendeckenden Einsatz intelligenter Zähler, Studie im Auftrag des BMWi, 2013, S. 176, die ein aktives Einspeisemanagement der EEG-Anlagen als notwendige Voraussetzung eines intelligenten Netzes und die sich daraus ergebenden Effizienzen verstehen; Energieforschungszentrum Niedersachsen (EFZN), Eignung von Speichertechnologien zum Erhalt der Systemsicherheit, 2013, S. 199 ff., weisen lediglich auf die hohen Kosten der Ausfallzahlungen an EEG-Anlagenbetreiber bei Abschaltungen hin.

286 Energieforschungszentrum Niedersachsen (EFZN), Eignung von Speichertechnologien zum Erhalt der Systemsicherheit, 2013, S. 171 ff.

287 Kommission, Mitt. v. 10.11.2010, Energie 2020. Eine Strategie für wettbewerbsfähige, nachhaltige und sichere Energie, KOM(2010) 639 endgültig.

288 Zu den überschneidenden Regelungsgehalten *L. Scholz*, Die Rechtfertigung von diskriminierenden umweltpolitischen Steuerungsinstrumenten, S. 67 ff. u. 74 ff.; weiterhin *Ludwigs*, ZG 2010, 222, 233 ff.; zum Dritten Binnenmarktpaket auch *Gundel/Germelmann*, EuZW 2009, 763.

289 *Johnston/Block*, EU Energy Law, Rn. 2.51.

barter Märkte lassen sich erhebliche Effizienzen heben und Wohlfahrtssteigerungen erzielen.[290]

68 **b) Stand der normativen Marktintegration.** Im Februar 2011 beschloss der Europäische Rat, dass **bis 2014 ein Binnenmarkt für Elektrizität** hergestellt sein soll.[291] Mit dieser politischen Absichtserklärung[292] können zwar die tatsächlichen Anstrengungen zur Umsetzung der normativen Harmonisierungsvorgaben erhöht werden. Allerdings kann sich dieses Zieldatum zunächst nur auf die Beseitigung rechtlicher Binnenmarkthindernisse beziehen.[293] Zentrale normative Vorgaben zur Binnenmarktintegration enthalten das Dritte Energiebinnenmarktpaket[294] und die REMIT-Verordnung (VO 1227/2011/EU zur Integrität und Transparenz des Energiegroßhandelsmarkts).[295] Kernstücke des Dritten Pakets sind die Elektrizitätsbinnenmarktrichtlinie und die Stromhandelsverordnung (VO 714/19/EG). Neben der Entflechtung von Stromversorgern und Stromnetzbetreibern fördern sie auch den Ausbau des europäischen Übertragungsnetzes (z. B. Art. 13 Abs. 4 S. 1 RL 2009/72/EG). Ein wichtiger Schritt zur besseren Integration von Strom aus EE liegt in der Erstellung von Netzkodizes durch die europäischen Übertragungsnetzbetreiber, die den reibungslosen technischen Betrieb eines einheitlichen europäischen Verbundnetzes sicherstellen.[296]

69 **c) Stand der wettbewerbsökonomischen Marktintegration.** Dem normativen Ziel der Binnenmarktverwirklichung steht allerdings eine bisher unzureichende tatsächliche Umsetzung gegenüber.[297] Der Grad der Marktintegration im Sinne einer tatsächlichen räumlichen Handelbarkeit von Waren über mitgliedsstaatliche Grenzen hinweg kann anhand empirischer Daten festgestellt werden, an die z. B. kartellrechtliche Marktabgrenzungen anknüpfen.[298] Zwar kann nach dem bisherigen Stand wohl **noch nicht von einer vollständi-**

---

290 ACER/CEER, Annual Report on the Results of Monitoring the Internal Electricity and Natural Gas Markets in 2011 v. 29.11.2012, S. 65 f., Rn. 110 ff.; *Sohre*, ZNER 2003, 300, 301.

291 Kommission, Ein funktionierender Energiebinnenmarkt, Mitt. v. 15.11.2012, COM(2012) 663 final; zuletzt Kommission, Vollendung des Elektrizitätsbinnenmarktes und optimale Nutzung staatlicher Interventionen, Mitt. v. 5.11.2013, C(2013) 7243 final.

292 S. auch *König*, Engpassmanagement in der deutschen und europäischen Elektrizitätsversorgung, S. 337.

293 So auch *König*, Engpassmanagement in der deutschen und europäischen Elektrizitätsversorgung, S. 338: „Verwirklichung ‚auf dem Papier‘", der an anderer Stelle die tatsächliche Umsetzung eines Binnenmarktes im kartellrechtlichen Sinne für „eher unwahrscheinlich" hält (S. 356).

294 Die unzureichende Umsetzung der Entflechtungsvorgaben im Vorgängerpaket, das bereits die Beschleunigungsrichtlinien Strom und Gas enthielt, hat zu einer Verschärfung der Entflechtungsvorgaben geführt, s. BerlKommEnR/*Säcker/Mohr*, Bd. 1, § 8 EnWG Rn. 3.

295 Der deutsche Gesetzgeber hat zusätzlich eine Markttransparenzstelle für den Großhandel mit Strom und Gas eingerichtet; Markttransparenzstellengesetz v. 5.12.2012, BGBl. I, S. 2403. Dazu *Zenke/Fischer*, EnWZ 2013, 211.

296 Dazu *Thole*, IR 2011, 218; *Jones* (Hrsg.), Energy Law, Vol. I, The Internal Energy Market, The Third Liberalisation Package, 3. Aufl. 2010, Rn. 12.1 ff.

297 Kommission, „Energie 2020 – Eine Strategie für wettbewerbsfähige, nachhaltige und sichere Energie", Mitt. v. 10.11.2010, KOM(2010) 639 endg., S. 3.

298 Siehe auch Art. 9 Abs. 7 S. 1 FKVO: „Der räumliche Referenzmarkt besteht aus einem Gebiet, auf dem die beteiligten Unternehmen als Anbieter oder Nachfrager von Waren oder Dienstleistungen auftreten, in dem die Wettbewerbsbedingungen hinreichend homogen sind und das sich von den benachbarten Gebieten unterscheidet; dies trifft insbesondere dann zu, wenn die in ihm herrschenden Wettbewerbsbedingungen sich von denen in den letztgenannten Gebieten deutlich unterscheiden." Weiter *Böckers/Heimeshoff*, The Extent of European Power Markets, DICE Discussion Paper 50, April 2012, S. 2 ff., abrufbar auf www.dice.hhu.de.

gen europäischen Marktintegration gesprochen werden.[299] Die Handelsbedingungen auf den europäischen Stromgroßhandelsmärkten sind weiterhin ungleich.[300] Jedoch lässt sich eine **fortschreitende Marktintegration** beobachten: So ist beispielsweise die Annäherung von Stromgroßhandelspreisen ein Indiz für die Integration des Elektrizitätsmarktes.[301] Die hohe Übereinstimmungsrate der Spotmarktpreise in Deutschland und Österreich untereinander und mit dem Europäischen Strompreisindex (European Electricity Index, ELIX) zeigt eine solche fortschreitende Marktintegration an.[302] Der ELIX ist ein hypothetischer Preis für die Länder Deutschland, Österreich, Schweiz und Frankreich, der unter der Bedingung gebildet wird, dass keine Engpässe an den jeweiligen Grenzkuppelstellen bestehen.[303] Wichtige Beiträge zur Marktintegration hat zudem das **Market Coupling** geleistet,[304] infolgedessen es zwischen Deutschland und Frankreich bereits zu einer Preiskonvergenz von 68% aller Jahresstunden im Jahr 2011 gekommen ist; zwischen den Niederlanden und Deutschland lag diese Quote bei 87%.[305] Teilweise wird in der Wettbewerbsökonomie auch eine einheitliche Preiszone zwischen Deutschland, Frankreich, Belgien und den Niederlanden ausgemacht.[306] Auch Netzengpässe oder die Erlöse aus dem Engpassmanagement können als Indiz für eine wettbewerbsökonomische Marktintegration herangezogen werden, denn sie spiegeln eine Übertragungsknappheit.[307] Netzengpässe stellen bisher ein wesentli-

---

299 Monopolkommission, Sondergutachten 65, Energie 2013: Wettbewerb in Zeiten der Energiewende, Rn. 68 f.; *Böckers/Heimeshoff*, The Extent of European Power Markets, DICE Discussion Paper 50, April 2012, S. 33, abrufbar auf www.dice.hhu.de.

300 Monopolkommission, Sondergutachten 65, Energie 2013: Wettbewerb in Zeiten der Energiewende, Rn. 45 ff.

301 Dazu *Nitsche/Ockenfels/Röller/Wiethaus*, The Electricity Wholesale Sector – Market Integration and Market Power, ESMT Competition Analysis im Auftrag von RWE, 2009, S. 5, die eine weitgehende Marktintegration in Europa feststellen, die allerdings kritische Bewertung durch Bundeskartellamt, Sektoruntersuchung Stromerzeugung und Stromgroßhandel, S. 83 ff. erfahren. Zur Preiskonvergenz in Zentralwesteuropa, die das dort stattfindende Market Coupling bewirkt, *König*, Engpassmanagement in der deutschen und europäischen Elektrizitätsversorgung, S. 348 f.; Monopolkommission, Sondergutachten 65, Energie 2013: Wettbewerb in Zeiten der Energiewende, Rn. 56 u. 67 ff.; ACER/CEER, Annual Report on the Results of Monitoring the Internal Electricity and Natural Gas Markets in 2011 v. 29.11.2012, S. 49, Rn. 83.

302 *Böckers/Heimeshoff*, The Extent of European Power Markets, DICE Discussion Paper 50, April 2012, S. 20 ff., abrufbar auf www.dice.hhu.de.

303 Abrufbar auf www.eex.com. Dazu *König*, Engpassmanagement in der deutschen und europäischen Elektrizitätsversorgung, S. 352 und die Abbildung auf S. 353. Aktuelle Zahlen zu den Übertragungskapazitäten zu Nachbarländern finden sich in BNetzA/BKartA, Monitoringbericht 2013, S. 74.

304 Näher dazu *König*, Engpassmanagement in der deutschen und europäischen Elektrizitätsversorgung, S. 348 ff.

305 ACER/CEER, Annual Report on the Results of Monitoring the Internal Electricity and Natural Gas Markets in 2011 v. 29.11.2012, S. 51 u. Tabelle 4 auf S. 52.

306 *Böckers/Heimeshoff*, The Extent of European Power Markets, DICE Discussion Paper 50, April 2012, S. 20 ff., abrufbar auf www.dice.hhu.de. Diese Länder (und Luxemburg) sind bereits in einer regionalen Initiative verbunden und koppeln seit 2010 ihre Märkte (Central-Western-Europe, CWE).

307 So *Nitsche/Ockenfels/Röller/Wiethaus*, The Electricity Wholesale Sector – Market Integration and Market Power, ESMT Competition Analysis, 2009, S. 36 f.; kritisch dazu Bundeskartellamt, Sektoruntersuchung Stromerzeugung und Stromgroßhandel, S. 85. ACER/CEER, Annual Report on the Results of Monitoring the Internal Electricity and Natural Gas Markets in 2011 v. 29.11.2012, S. 50, Rn. 84; weiterhin *König*, Engpassmanagement in der deutschen und europäischen Elektrizitätsversorgung, S. 353 ff.

ches Hindernis für die weitere Marktintegration dar.[308] Engpasserlöse an deutschen Grenz-kuppelstellen sinken jedoch beständig.[309]

70 Das Bundeskartellamt hat bereits 2011 angekündigt, den **Erstabsatzmarkt für Strom** geographisch nicht mehr auf Deutschland zu beschränken, sondern **auf Österreich auszudehnen** und damit der steigenden Preiskonvergenz der Stromgroßhandelsmärkte zwischen den beiden Ländern Rechnung getragen.[310] Anlage 1 Ziffer 2 zum EEG 2014 trägt dieser Entwicklung Rechnung, indem die maßgeblichen Monatsmarktwerte, aufgrund derer die gleitende Marktprämie ermittelt wird, diejenigen von Stundenkontrakten in der Preiszone Deutschland/Österreich sind. In sachlicher Hinsicht klammert das Bundeskartellamt Strom aus erneuerbaren Energien jedoch aus dem Markt für Großhandel/Erzeugung weiterhin aus. Solange die Vermarktung von EE-Strom nicht wettbewerblich organisiert und von Nachfrage- und Preissignalen abhängig sei, gehöre sie einem gesonderten sachlichen Markt an.[311] Allerdings erzeugt der EE-Zubau in Deutschland Überkapazitäten an Kraftwerken, die neben der Stilllegung auch in benachbarten Strombörsen vermarktet werden können.[312] Die Kommission grenzt auf europäischer Ebene in sachlicher Hinsicht verschiedene Marktstufen als getrennte Märkte voneinander ab: Stromerzeugung und Großhandel, Übertragung, Verteilung sowie Vertrieb und Einzelhandel.[313]

71 **d) Künftige Entwicklung des Elektrizitätsbinnenmarktes. aa) Netze: Europäische Netzerweiterung und Netzbewirtschaftung.** Die Stromhandelsverordnung (Art. 8 Abs. 3 lit. b VO 714/2009/EG) verpflichtet die europäischen Übertragungsnetzbetreiber in Form der ENTSO-E, alle zwei Jahre durch einen **Ten Year Network Development Plan (TYNDP)** den Ausbaubedarf des europäischen Übertragungsnetzes zu bestimmen. Der Netzausbau ist ein wesentlicher Pfeiler auf dem Weg zu einem europäischen Elektrizitätsbinnenmarkt. Durch einen hohen Verbundgrad der europäischen Netze kann über große Strecken ein geografischer Mengenausgleich vorgenommen werden, da Erzeugungs- und Lastzentren miteinander verbunden und so die Integration von Strom aus erneuerbaren Energien vorangetrieben werden kann. Auch die Volatilität der EE-Stromeinspeisung als solche reduziert sich in einem größer dimensionierten Netzverbund, weil z.B. Windstrom über größere Flächen konstanter eingespeist wird.[314] Momentan sind 80% der Engpässe im europäischen Verbundnetz auf den EE-Ausbau zurückzuführen – entweder weil sie an das Netz angeschlossen werden müssen oder weil der betroffene Netzteil ein Nadelöhr zwi-

---

308 ACER/CEER, Annual Report on the Results of Monitoring the Internal Electricity and Natural Gas Markets in 2011 v. 29.11.2012, S. 67, Rn. 118 ff.; Monopolkommission, Sondergutachten 65, Energie 2013: Wettbewerb in Zeiten der Energiewende, Rn. 50 ff.

309 *König*, Engpassmanagement in der deutschen und europäischen Elektrizitätsversorgung, S. 354.

310 Bundeskartellamt, Sektoruntersuchung Stromerzeugung und Stromgroßhandel, S. 17; kritisch allerdings Monopolkommission, Sondergutachten 65, Energie 2013: Wettbewerb in Zeiten der Energiewende, Rn. 68.

311 Bundeskartellamt, Sektoruntersuchung Stromerzeugung und Stromgroßhandel, S. 17; zweifelnd jedoch mittlerweile Monopolkommission, Sondergutachten 65, Energie 2013: Wettbewerb in Zeiten der Energiewende, Rn. 85.

312 *Böckers/Heimeshoff*, The Extent of European Power Markets, DICE Discussion Paper 50, April 2012, S. 33.

313 Ausführlich dazu BerlKommEnR/*Säcker*, Bd. 1, Einl. EnWettbR Rn. 47 ff.

314 Bericht der AG 3 „Interaktion" an den Steuerungskreis der Plattform Erneuerbare Energien, die Bundeskanzlerin und die Ministerpräsidentinnen und Ministerpräsidenten der Länder, 2012, S. 23.

schen EE-Erzeugungs- und Lastzentren darstellt.[315] Auch der derzeitige Ausbaupfad, wie er im TYNDP vorgesehen ist, wird eine engpasslose volle Integration von EE in das deutsche Übertragungsnetz wohl nicht ermöglichen.[316] Ein wichtiger Schritt zur **technischen Netzintegration** werden die von den europäischen Übertragungsnetzbetreibern nach Art. 8 Abs. 1 VO 714/2009/EG zu erstellenden **Netzkodizes** (network codes) und von ACER zu erstellenden technischen **Rahmenleitlinien** (framework guidelines) sein. Diese vereinheitlichen technische Vorgaben in den Bereichen Netzsicherheit und -zuverlässigkeit, Übertragungsreservekapazitäten, Netzanschluss und Netzzugang, Datenaustausch und Abrechnung, Interoperabilität der Netze, Verfahren bei Notfällen, Kapazitätsvergabe und Engpassmanagement, Bereitstellung der Netzzugangsdienste und Ausgleichsenergie (s. Art. 8 Abs. 6 VO 714/2009/EG).[317]

bb) Erzeugung: Deutsche oder europäische Versorgungssicherheit? Bisher ist die Si- **72** cherheit ausreichender Kraftwerkskapazitäten im Sinne einer „Leistungsautarkie"[318] rein national definiert. Doch auch auf dieser Ebene hat sich infolge von Strommarktliberalisierung, Kernkraftausstieg und Energiewende Handlungsbedarf gezeigt: In einem Energy-Only-Markt besteht keine grundsätzliche, d. h. losgelöst von bestimmten Vorhaben bestehende Gemeinwohlverantwortung der Erzeuger zur Absicherung der Versorgung.[319] Auch die Netzdimensionierung orientiert sich an der deutschen Jahreshöchstlast. Die aktuelle Leitstudie des BMU geht bei der Abschätzung des Kraftwerksbedarfs in einem Stromversorgungssystem mit hohem EE-Anteil konservativ davon aus, dass Stromimporte nicht zur gesicherten Leistung zu zählen sind.[320] In einem europäischen Versorgungssicherheitsverbund würde jedoch die insgesamt bereitzuhaltende Reservekraftwerkskapazität sinken, da die jeweilige Höchstlast in der Regel nicht zeitgleich in allen Mitgliedstaaten auftritt.[321] In der Literatur wird eine bisher unzureichende Gemeinwohlverwirklichung – gerade in Bezug auf europäische kollektive Güter, zu denen jedenfalls die transeuropäischen Netze gehören – kritisiert.[322]

In der Diskussion um Kapazitätsmechanismen wird deshalb ins Feld geführt, dass eine **73** Überdimensionierung nationaler Kapazitätsmechanismen durch eine europäische Kooperation verhindert werden könne, denn erst Überkapazitäten im Kraftwerkspark lösen über-

---

315 ENTSO-E, Ten Year Network Development Plan (TYNDP) 2012, Report, S. 56; s. a. Abb. 6.7 auf S. 57.

316 *Schroeder/Oei/Sander/Hankel/Laurisch*, Energy Policy 61 (2013), 140, 149; so auch *Brancucci Martínez-Anido/Vandenbergh* u. a., Energy Policy 61 (2013), 207, 220, die nicht Engpässe an Grenzkuppelstellen, sondern Engpässe in nationalen Übertragungsnetzen als langfristiges Integrationshemmnis für EE ausmachen.

317 Der Großteil der network codes und framework guidelines ging Anfang 2014 in das Komitologieverfahren. Der Bearbeitungsstand (3-year work plan) kann abgerufen werden auf: http://ec.euro pa.eu/energy/gas_electricity/codes/codes_en.htm.

318 *Leprich*, ZNER 2013, 101.

319 *Beckers/Hoffrichter*, EnWZ 2014, 57, 58.

320 DLR/Fraunhofer IWES/IfnE, Langfristszenarien und Strategien für den Ausbau der erneuerbaren Energien in Deutschland bei Berücksichtigung der Entwicklung in Europa und global, „Leitstudie 2011" im Auftrag des BMU, Schlussbericht, 2012, S. 184.

321 *Böckers/Heimeshoff*, The Extent of European Power Markets, DICE Discussion Paper 50, April 2012, S. 13 Abb. 2, abrufbar auf www.dice.hhu.de.

322 *Anderheiden*, in: Brugger/Kiste/Anderheiden, Gemeinwohl in Deutschland, Europa und der Welt, S. 391, 447; *C. Calliess*, in: a. a. O., S. 173, 182 ff.

haupt den Bedarf an Kapazitätsmechanismen aus.[323] Im Gegensatz zur heute bereits genutzten Grenzkuppelkapazität zwischen den einzelnen Übertragungsnetzen könnte eine weitere Vertiefung der Zusammenarbeit, wie sie beispielsweise im Pentalateralen Forum oder der European North Sea Energy Alliance (ENSEA) besteht, zu erheblichen Kosteneinsparungen führen.[324]

74   **e) Notwendige Kooperation: Mechanismen der RL 2009/28/EG.** Eine Harmonisierung der Fördersysteme ist in der Vergangenheit trotz verschiedener Bemühungen[325] nicht gelungen.[326] Die Richtlinie 2009/28/EG stellt keine abschließende Harmonisierungsmaßnahme dar.[327] Bisher verhindern die unterschiedlich ausgestalteten Fördersysteme der Mitgliedstaaten eine effiziente Nutzung europaweiter Standortvorteile. Aus diesem Grund äußert die Kommission schon seit Längerem das Bedürfnis, die mitgliedstaatlichen Fördersysteme anzugleichen.[328] **Harmonisierungsgewinne**, die durch eine europäische Ausrichtung der Fördersysteme erzielt werden könnten, beziffert die Kommission auf **8 Mrd. jährlich** im Fall eines Handels mit Herkunftszertifikaten.[329] Untersuchungen des EWI schätzen die Einsparpotenziale eines europäischen Quotenmodells – im Vergleich zu nationalen Quotenmodellen – auf **118 Mrd. € zwischen 2008 und 2020**.[330] Lege man die bisherigen disparaten Fördersysteme als Vergleichsszenario zugrunde, ließen sich sogar Einsparungen von **187 Mrd. €** in dem genannten Zeitraum erzielen.[331] Die Kooperationsgewinne nehmen jedoch ab mit weiterem Verzögern einer Zusammenarbeit. Im Vergleich zu einer bereits

---

323 *Richter/Paulun*, ET 9/2013, 13.

324 So auch *Leprich*, ZNER 2013, 101, 102.

325 *Lauber*, ZNER 2001, 35, 38 zu dem Verhandlungsprozess, der der ersten EE-RL von 2001 vorausging; *Müller/Bitsch*, ZNER 2007, 383 zum Vorschlag des BEE für ein europaweites Einspeisesystem.

326 Kommission, Mitt. zur Förderung von Strom aus erneuerbaren Energiequellen, KOM(2005) 627 endg. v. 7.12.2005, S. 4 f.; Mitt. v. 10.1.2007, Fahrplan für erneuerbare Energien – Erneuerbare Energien im 21. Jahrhundert: Größere Nachhaltigkeit, KOM(2006) 848 endg., S. 14; Mitt. v. 10.1.2007, Eine Energiepolitik für Europa, KOM(2007) 1 endg., S. 18 (Ziff. 3.5. am Ende); *Cremer*, EuZW 2007, 591; *Oschmann/Ragwitz/Resch*, ZNER 2006, 7; *Weigt*, ZNER 2009, 205.

327 So auch kürzlich GA Bot in seinen SA zu verb. Rs. C-204/12 bis C-208/12, Rn. 70, allerdings mit Bezug auf die Vorgängerrichtlinie 2001/77/EG.

328 Kommission, Mitt. v. 7.12.2005, KOM(2005) 627 endg., Förderung von Strom aus erneuerbaren Energiequellen; Mitt. v. 10.1.2007, Fahrplan für erneuerbare Energien im 21. Jahrhundert: Größere Nachhaltigkeit in der Zukunft, KOM(2006) 848 endg.; Mitt. v. 10.1.2007, Maßnahmen im Anschluss an das Grünbuch Bericht über den Stand der Maßnahmen für die Stromerzeugung aus erneuerbaren Energiequellen, KOM(2006)849 endg., S. 22. Eine Harmonisierung war nur langfristig angelegt, jedoch sah die ursprüngliche Fassung der RL 2009/28/EG die Einführung eines verbindlichen Zertifikatehandelssystems für EE vor. Dazu *Lehnert/Vollprecht*, ZUR 2009, 307, 315; *Ringel/Bitsch*, NVwZ 2009, 807; *Lauber/Schenner*, ZNER 2009, 325; Kommission, Mitt. v. 10.11.2010, Energie 2020: Eine Strategie für wettbewerbsfähige, nachhaltige und sichere Energie, KOM(2010) 639 endg., S. 10; Mitt. v. 31.1.2011, Erneuerbare Energien: Fortschritte auf dem Weg zum Ziel für 2020, KOM(2011) 31 endg., S. 13.

329 Arbeitsdokument der Kommissionsdienststellen, Folgenabschätzung, SEK(2008) 85/3, S. 14; zu Vorteilen einer Marktvergrößerung auch *Holzer*, Europäische und Deutsche Energiepolitik, S. 205 ff.

330 Im Vergleich zu nationalen Quotenmodellen. ewi, European RES-E Policy Analysis. Eine modellbasierte Studie über die Entwicklung der Stromerzeugung aus erneuerbaren Energiequellen in Europa und die Auswirkungen auf den konventionellen Strommarkt, deutsche Zusammenfassung, S. 7.

331 Ebd.

2013 beginnenden Kooperation mindern sich die finanziellen Gewinne bei einem Lücken-ausgleich „in letzter Minute" (also im Jahr 2020) ca. um den Faktor 10.[332]

Auch die bereits in der EE-RL vorgesehenen **Kooperationsmechanismen**[333] bergen finan- **75** zielle Einsparmöglichkeiten. Die nationalen Gesamtziele der RL 2009/28 können nicht nur durch eigene Förderregelungen, sondern auch durch Kooperationen erfüllt werden (Art. 3 Abs. 1 lit. b RL 2009/28/EG). Solche Kooperationen sollen mitgliedstaatliche För-dersysteme nicht ersetzen, sondern den Mitgliedstaaten ein kosteneffizientes Erreichen ih-rer Ziele ermöglichen.[334] So gelangte eine österreichische Studie erst kürzlich zu dem Er-gebnis, das Übererfüllen des Ausbauzieles für Österreich sei volkswirtschaftlich günstiger als eine teilweise Zielerfüllung durch Kooperationsmechanismen.[335] Die EE-RL eröffnet **drei Mechanismen zur innereuropäischen Zusammenarbeit**. In ihren Vorausschätzun-gen signalisierten elf Mitgliedstaaten Interesse an einer solchen Kooperation.[336]

Art. 6 RL 2009/28/EG erlaubt **statistische Transfers** bereits produzierter EE-Mengen **76** zwischen Mitgliedstaaten. Der abgebende Mitgliedstaat überträgt lediglich virtuelle Men-gen an auf seinem Staatsgebiet produzierten EE-Mengen an den Empfangsstaat. Dem Empfänger wird die virtuelle Strommenge (Vereinbarungen können über Wh oder W erfol-gen)[337] auf die Menge an produziertem EE-Strom angerechnet, die der Berechnung seiner Zielerreichung zugrunde gelegt wird. Art. 7 RL 2009/28/EG ermöglicht eine **grenzüber-schreitende Kofinanzierung** gemeinsamer Projekte. Während die rein statistischen Men-gentransfers zwischen Staaten stattfinden, kooperieren im Rahmen von Art. 7 RL 2009/28/EG hoheitliche und private Akteure (**„gemeinsame" Projekte**).[338] Beispielsweise kann Mitgliedstaat A einen privaten Vorhabenträger mit Fördergeldern ausstatten.[339] Der Vorha-benträger realisiert das EE-Projekt in Mitgliedstaat B. Mitgliedstaat B transferiert nun ganz oder teilweise nach Art. 6 RL 2009/28/EG virtuelle Mengen des durch die Anlage erzeug-ten EE-Stroms an Mitgliedstaat A. Die Art der Finanzierung gemeinsamer Projekte ist nicht vorgegeben; sie kann in direkten Zuschüssen oder der Teilhabe an nationalen Förder-systemen bestehen. Zudem können freiwillig **Fördersysteme zusammengelegt** oder parti-ell koordiniert werden auf der Grundlage von Art. 11 RL 2009/28/EG.

Diese Kooperationsmöglichkeiten werden bisher jedoch mangels ihres verpflichtenden **77** Charakters **kaum genutzt**.[340] Lediglich Schweden und Finnland besitzen z. B. ein koordi-niertes EE-Fördersystem. Art. 3 Abs. 1 S. 2 der EE-RL stellt die Begrenzung der Förder-

---

332 Arbeitsdokument der Kommissionsdienststellen v. 6.6.2012, SWD(2012) 164 final, S. 8 unten.
333 Zur Genese der Kooperationsvorschriften *Klessmann*, Energy Policy 37 (2009), 4966, 4967 f.
334 Erw. 25 und 36 der RL; nochmals betont in Arbeitsdokument der Kommissionsdienststellen v. 6.6.2012, SWD(2012) 164 final, S. 8.
335 *Türk/Resch/Steininger* u. a., Assessing the Role of Cooperation Mechanisms for Achieving the Austrian 2020 Renewable Energy Target (Project ReFlex), S. 4.
336 Siehe die Zusammenfassung der Vorausschätzungen durch die Kommission, S. 3, abrufbar auf http://ec.europa.eu/energy/renewables/action_plan_de.htm.
337 Arbeitsdokument der Kommissionsdienststellen v. 6.6.2012, SWD(2012) 164 final, S. 12.
338 Arbeitsdokument der Kommissionsdienststellen v. 6.6.2012, SWD(2012) 164 final, S. 13.
339 Nach Arbeitsdokument der Kommissionsdienststellen v. 6.6.2012, SWD(2012) 164 final, S. 13.
340 Kommission, Mitt. v. 6.6.2012, Erneuerbare Energien: ein wichtiger Faktor auf dem europäischen Energiemarkt, COM(2012) 271 final, S. 6: Danach hatten nur Litauen und Italien ursprünglich beabsichtigt, die Kooperationsmechanismen zu nutzen. Wahrscheinlich meint die Kommission damit nur Länder, die statistische Importeure wären. Denn Italien hatte frühzeitig Interesse an den Kooperationsmechanismen signalisiert, da sich bereits abzeichnete, dass das Land aus eigenen

mechanismen auf inländische Anlagen jedoch frei (sog. Local-content-Regelung).[341] Der EuGH hat in seinen beiden jüngsten Urteilen (*Ålands Vindkraft* und *Essent Belgium*) die Beschränkung der Förderung auf jeweils im Gebiet eines Mitgliedsstaates liegenden Anlagen für mit der Warenverkehrsfreiheit vereinbar erklärt. Die Kommission ging jedoch bis zuletzt davon aus, dass die Mitgliedstaaten auf Dauer ihre bisher isolierten Fördersysteme nicht aufrechterhalten können. Sie belohnt daher Prämien-, Quoten- und Ausschreibungssysteme innerhalb der Beihilfenprüfung mit Verfahrensverkürzungen und vereinfachten Prüfungen. Nichtkooperation mit anderen Mitgliedsstaaten und Fördersystembegrenzungen sieht sie nach wie vor kritisch; die Mitgliedstaaten tragen die Beweislast, eine fehlende Kooperation und Systemöffnung zu rechtfertigen.[342] Auch in den Erwägungen zur EE-RL wird allerdings deutlich, dass der europäische Gesetzgeber nicht die Einrichtung dauerhaft voneinander isolierter Fördermechanismen im Sinn hatte. Zwar musste er zum Erreichen der Ausbauziele den Mitgliedstaaten eine jeweilige Kooperation freistellen.[343] Er wollte damit die Etablierung stabiler Fördersysteme mit hohen Investitionsanreizen zum EE-Ausbau ermöglichen. Gleichzeitig ist der europäische Gesetzgeber jedoch davon ausgegangen, dass die Mitgliedstaaten kooperieren würden, sobald sich die nationalen Fördermechanismen stabilisierten.[344] Nur unter diesen Voraussetzungen hat die Kommission anfänglich einem Wettbewerb der Fördersysteme positiv gegenüber gestanden.[345] In den Vorausschätzungen zur Erfüllung ihrer nationalen Ausbauziele, die die Mitgliedstaaten im Januar 2010 bei der Kommission einzureichen hatten, haben zehn Mitgliedstaaten eine Übererfüllung ihrer Ziele in Aussicht gestellt.[346] In absoluten Zahlen weisen Spanien und Deutschland die größten Mengenüberschüsse auf. Fünf Mitgliedstaaten rechnen mit einem Förderdefizit,[347] von denen Italien das größte Minus aufweist.

78   Um ein weiteres Auseinanderdriften der EE-Förderung und die damit einhergehende Fragmentierung des Binnenmarktes zu verhindern, hat die Kommission **Leitlinien** für die Aus-

---

Kräften seine Klimaschutzziele nicht würde erreichen können. Hoffnungsvoll noch Kommission, Mitt. v. 31.1.2011, Erneuerbare Energien: Fortschritte auf dem Weg zum Ziel für 2020, KOM(2011) 31 endg., S. 13.

341 „Unbeschadet der Artikel 87 und 88 des Vertrags haben die Mitgliedstaaten das Recht, gemäß den Artikeln 5 bis 11 dieser Richtlinie zu entscheiden, in welchem Umfang sie die in einem anderen Mitgliedstaat erzeugte Energie aus erneuerbaren Quellen fördern wollen."

342 Kommission, Mitt. v. 9.4.2014, Leitlinien für staatliche Umwelt- und Energiebeihilfen 2014–2020, C (2014) 2322, Rn. 116, 122.

343 Erw. 36: „Aus diesem Grund sind Flexibilitätsmaßnahmen erforderlich, jedoch bleiben diese unter mitgliedstaatlicher Kontrolle, um nicht deren Fähigkeit zu beeinträchtigen, ihre nationalen Ziele zu erreichen."

344 Erw. 25: „Um die Wirksamkeit der beiden Maßnahmen zur Zielerfüllung, also der nationalen Förderregelungen und der Mechanismen der Zusammenarbeit, zu gewährleisten, ist es unbedingt notwendig, dass die Mitgliedstaaten die Möglichkeit haben, darüber zu entscheiden, ob und in welchem Umfang ihre nationalen Förderregelungen für in anderen Mitgliedstaaten erzeugte Energie aus erneuerbaren Quellen gelten, und sich durch die Anwendung der in der vorliegenden Richtlinie vorgesehenen Mechanismen der Zusammenarbeit darüber zu einigen." S. auch Arbeitsdokument der Kommissionsdienststellen v. 6.6.2012, SWD(2012) 164 final, S. 8.

345 Kommission, Mitt. v. 7.12.2005, Förderung von Strom aus erneuerbaren Energiequellen, KOM(2005), 627 endg., S. 18.

346 Bulgarien, Estland, Deutschland, Griechenland, Litauen, Polen, Portugal, Slovakische Republik, Spanien, Schweden, Kommission, Summary of the Member States Forecast Documents, abrufbar auf der Seite http://ec.europa.eu/energy/renewables/action_plan_de.htm.

347 Belgien, Dänemark, Italien, Luxemburg, Malta.

gestaltung der EE-Fördersysteme nach der RL 2009/28/EG veröffentlicht. Dort gibt sie Hinweise zu Kosten- und Kalkulationsmethoden, die Mitgliedstaaten bei der Berechnung ihrer Fördersätze beachten sollen und empfiehlt für verschiedene Fördersysteme (Einspeisevergütungen, Quotenverpflichtungen, Ausschreibungen) jeweils einheitliche Prinzipien. Daneben hat die Kommission **Leitlinien** zur Nutzung der in der EE-RL vorgesehenen Kooperationsmöglichkeiten erlassen, in denen sie **Hinweise zu deren Umsetzung** gibt und die **verstärkte Kooperation** zwischen den Mitgliedstaaten anregt.[348] Aber auch diese Hinweise können nicht die mitgliedstaatliche Hoheit über die Ausgestaltung ihrer nationalen Fördermaßnahmen antasten. Denn die Richtlinie selbst legt fest, dass auch Änderungsvorschläge, die die Kommission 2014 nach einer ersten umfassenden Evaluierung der Kooperationsmechanismen der RL unterbreitet, die **Kontrolle der Mitgliedstaaten** über nationale Förderregelungen und Maßnahmen der Zusammenarbeit nicht antasten dürfen (Art. 23 Abs. 8 UAbs. 2, letzter HS. RL 2009/28/EG).[349]

In seinem jüngsten Urteil *Ålands Vindkraft* hat der EuGH diese mitgliedstaatliche Autonomie ebenfalls unangetastet gelassen. Die Gelegenheit, die EE-Richtlinie auf ihre Vereinbarkeit mit der Warenverkehrsfreiheit zu untersuchen, hat der EuGH jedoch nicht genutzt.[350] Vielmehr hat er sogar die Beschränkung von Förderungen auf das Gebiet des Mitgliedstaates Schweden ohne nennenswerte Einschränkungen für zwingend erforderlich i.S.d. Art. 36 AEUV und auch verhältnismäßig gehalten, um die den einzelnen Mitgliedstaaten auferlegten Klimaschutzziele effektiv zu erreichen.[351] Während GA Bot Art. 3 Abs. 3 der Richtlinie 2009/28/EG für eine Verletzung der Warenverkehrsfreiheit hielt und deshalb vorschlug, sie zwei Jahre nach Urteilsverkündung unwirksam werden zu lassen,[352] stellte der EuGH die individuellen Fördersysteme allein unter den Vorbehalt einer künftigen lückenlosen Nachweisbarkeit der Herkunft und grünen Charakters von EE-Strom.[353] Auch das Urteil Essent Belgium[354] führt diese Linie fort. **79**

Ein gesamteuropäisch harmonisiertes Fördersystem für den Zeitraum nach 2020 würde nach derzeitigem Stand wohl mit einem einheitlichen Stromnetzmanagement kombiniert werden.[355] Auch ACER hat sich auf europäischer Ebene dafür ausgesprochen, dass Erneu- **80**

---

348 Kommission, Mitt. v. 5.11.2013, Leitlinien für die Ausgestaltung von Fördersystemen für erneuerbare Energien, SWD(2013) 439 final; Mitt. v. 5.11.2013, Leitlinien für die Nutzung von Kooperationsmechanismen für erneuerbare Energien, SWD(2013) 440 final.

349 Diese Neuerung sichert im Gegensatz zur Vorgängerrichtlinie den mitgliedsstaatlichen Handlungsspielraum ab, dazu *Lehnert/Vollprecht*, ZUR 2009, 307 und *Ringel/Bitsch*, NVwZ 2009, 807; *Schneider*, in: Schneider/Theobald, Recht der Energiewirtschaft, § 21 Rn. 35, S. 1204.

350 EuGH, Urteil v. 1.7.2014, C-573/12, EuZW 2014, 115, Rn. 34–36 – Ålands Vindkraft/Energimyndigheten.

351 EuGH, Urteil v. 1.7.2014, C-573/12, EuZW 2014, 115, Rn. 80, 104 u. 110 – Ålands Vindkraft/Energimyndigheten.

352 GA Bot, SA v. 28.1.2014, C-573/12, Rn. 128 – Ålands Vindkraft/Energimyndigheten.

353 EuGH, Urteil v. 1.7.2014, C-573/12, EuZW 2014, 115, Rn. 87–90 u. 92 – Ålands Vindkraft/Energimyndigheten.

354 EuGH, Urteil v. 11.9.2014, C-204/12 bis C-208/12, Essent Belgium.

355 Folgenabschätzung, SWD(2012) 149 final, S. 22, Begleitdokument zu Kommission, Mitt. v. 6.6.2012, Erneuerbare Energien: ein wichtiger Faktor auf dem Energiemarkt, COM(2012) 271 final.

erbare-Anlagen zunehmend Bilanzierungsrisiken zu übernehmen haben und ihnen flächendeckend eine Teilnahme am Intra-day-Handel ermöglicht wird.[356]

81 **f) Verhältnis der EE-Förderung zum europäischen Emissionshandel.** Der gleichzeitige Einsatz einer technologieorientierten CO_2-Vermeidung durch mitgliedsstaatliche Instrumente wie dem EEG, KWKG, EEWärmeG oder der EnEV und der technologieoffenen CO_2-Vermeidung durch das europäische Emissionszertifikatehandelssystem wird immer wieder kritisiert.[357] Denn die beiden Ansätze höben sich aufgrund ihrer unterschiedlichen Stoßrichtungen gegenseitig auf.[358] Der durch das EEG erhöhte Anteil an EE-Anlagen verdränge konventionelle Kraftwerke vom Markt, die in der Folge weniger CO_2-Zertifikate nachfragen. Im Ergebnis pendele sich der Zertifikatpreis durch Angebotsvermehrung auf einem niedrigeren Niveau als bei Zertifikatausgabe ein.[359] Auch wenn frei gewordene Zertifikate an weitere Betreiber konventioneller Anlagen verkauft werden, stiegen die CO_2-Emissionen in letzter Zeit wieder an.[360] In der Konsequenz wurde bereits mit Inkrafttreten des europäischen Emissionszertifikatehandels im Jahr 2005 eine Abschaffung des EEG gefordert.[361] Zahlreiche Autoren halten jedoch nach wie vor an einem **Instrumentenmix** fest und fordern eine bessere Koordination der Mechanismen.[362] So sei ein isoliertes Zertifikatehandelssystem nicht in der Lage, mittelfristig Investitionen in neue Technologien anzureizen, da der Ausbau konventioneller Erzeugungskapazitäten unter Einbeziehung der Zertifikatpreise oder der Import von konventionellem Strom Unternehmen günstiger zu stehen

---

356 ACER/CEER, Annual Report on the Results of Monitoring the Internal Electricity and Natural Gas Markets in 2011 v. 29.11.2012, S. 97, Rn. 196. In Deutschland ist dies bereits möglich: § 2 AusglMechV.

357 Monopolkommission, Sondergutachten 65, Energie 2013: Wettbewerb in Zeiten der Energiewende, zuvor bereits Sondergutachten 54, Strom und Gas 2009: Energiemärkte im Spannungsfeld von Politik und Wettbewerb, Rn. 63: „Vor dem Hintergrund des europäischen Emissionshandels sind sie [die Instrumente des EEG und KWKG, Anm. d. Verf.] nach Auffassung der Monopolkommission sogar redundant"; Wissenschaftlicher Beirat beim Bundesministerium für Wirtschaft und Arbeit, Gutachten zur Förderung erneuerbarer Energien, Dokumentation Nr. 534, 2004, S. 6 ff.; *Häder*, ZfE 2010, 11, 17; *Nagel*, ZNER 2004, 162.

358 Zur Interaktion der Instrumente *Diekmann/Horn*, Analyse und Bewertung des EEG im Zusammenhang mit anderen Instrumenten des Klima-, Umwelt- und Ressourcenschutzes, in: DIW, DLR, ZSW, IZES: Wirkungen des Erneuerbare-Energien-Gesetzes (EEG) aus gesamtwirtschaftlicher Sicht, 2008, S. 33 f.; *Holzer*, Europäische und Deutsche Energiepolitik, S. 156, auch Wechselwirkungen zu Besteuerungssystemen einbeziehend: *Holzer*, Europäische und deutsche Energiepolitik, S. 153 ff.; *Sorrel/Sijm*, Oxford Review of Economic Policy 2003, 420, 427 f.

359 *Möst/Fichtner*, Energy Policy 38 (2010), 2898, 2909; *Rathmann*, Energy Policy 35 (2007), 342.

360 *Häder*, ZfE 2010, 11, 13; Wissenschaftlicher Beirat beim Bundesministerium für Wirtschaft und Arbeit, Gutachten zur Förderung erneuerbarer Energien, Dokumentation Nr. 534, 2004, S. 6 ff.

361 Wissenschaftlicher Beirat beim Bundesministerium für Wirtschaft und Arbeit, Gutachten zur Förderung erneuerbarer Energien, Dokumentation Nr. 534, 2004, S. 17: „Hat es bisher, wenn auch mit sehr hohen volkswirtschaftlichen Kosten, zur Reduktion von CO_2-Emissionen beigetragen, so wird sein Gesamteffekt auf die Reduktion von CO_2-Emissionen nach der Implementierung dieses Lizenzmarktes gleich Null sein. Es wird dann zu einem ökologisch nutzlosen, aber volkswirtschaftlich teuren Instrument und müsste konsequenterweise abgeschafft werden."

362 *Lehmann/Gawel*, Energy Policy 52 (2013), 597; *Müller*, in: Köck/Faßbender, Klimaschutz durch regenerative Energien, S. 15, 36; *Rodi*, ZG 2000, 231; wohl auch *Lee*, Umweltrechtlicher Instrumentenmix und kumulative Grundrechtseinwirkungen, S. 60 ff., die aber in erster Linie um die Herstellung gesetzgeberischer Kohärenz hinsichtlich der einhergehenden Grundrechtseinwirkungen bemüht ist.

käme als die Investition in neue Erzeugungstechnologien.[363] Die Konfliktlage zwischen EEG und TEHG kann entschärft werden, indem geförderte EE-Mengen bei der Festlegung der gesamten Zuteilungsmenge an Emissionsberechtigungen mindernd berücksichtigt werden.[364] In der dritten Handelsperiode (2013–2020) hat die EU-Kommission die nunmehr europaweit einheitliche Zertifikatmenge[365] unter Berücksichtigung des EE-Ausbaus festgelegt.[366] Soeben haben Europäisches Parlament, Ministerrat und Climate Change Comittee den Weg für eine zeitlich befristete künstliche Zertifikatsverknappung geebnet (sog. **Backloading**).[367] Unabhängig davon wird jedoch weiterhin die Flankierung des Emissionshandels durch gezielte Innovationsanreize, Energieeinsparmaßnahmen und Ausgleichsmaßnahmen zur Vermeidung eines Carbon Leakage[368] bekräftigt.[369] Die Kommission hat soeben deutsche Ausgleichszahlungen an energieintensive Unternehmen für indirekte CO_2-Kosten nach Art. 10a RL 2009/29/EG, die einem Carbon Leakage vorbeugen sollen,[370] genehmigt.[371] Auch in den neuen Leitlinien für staatliche Umweltschutz- und Energiebeihilfen sieht die Kommission das europäische Emissionshandelssystem zwar als grundsätzlich vorrangig zur Beseitigung von Marktversagen in Form negativer externer Effekte an,[372] jedoch räumt sie weiterhin der ggf. auch technologiespezifischen Förderung

---

363 *Möst/Fichtner*, Energy Policy 38 (2010), 2898, 2909; a. A. *Müsgens/Peichert/Perner/Riechmann/Wissen*, ET 9/2013, 8, 10.

364 SRU, Wege zur 100% erneuerbaren Stromversorgung, Sondergutachten Januar 2011, S. 239 Rn. 415 ff.; *Matthes*, Der Instrumenten-Mix einer ambitionierten Klimapolitik im Spannungsfeld von Emissionshandel und anderen Instrumenten, Bericht für das BMU, S. 6 u. 27 ff.; *González*, Mitigation and Adaptation Strategies for Global Change 2007, 1363, 1388, der eine Auswertung bestehender Untersuchungen vornimmt; *Diekmann/Horn*, Analyse und Bewertung des EEG im Zusammenhang mit anderen Instrumenten des Klima-, Umwelt- und Ressourcenschutzes, in: DIW, DLR, ZSW, IZES: Wirkungen des Erneuerbare-Energien-Gesetzes (EEG) aus gesamtwirtschaftlicher Sicht, 2008, S. 34; *Kemfert/Diekmann*, in: Müller, 20 Jahre Erneuerbare Energien, S. 432, 449 ff.; *dies.*, Förderung erneuerbarer Energien und Emissionshandel – wir brauchen beides, DIW-Wochenbericht 11/2009, S. 169, 171; *Nagel*, ZNER 2004, 161, 162.

365 Art. 9 Abs. 2 RL 2009/29/EG.

366 Kommission, Anhang zur Folgenabschätzung. Document accompanying the Package of Implementation measures for the EU's objectives on climate change and renewable energy for 2020. Commission Staff Working Document, SEC(2008) 85, VOL. II, Brüssel, 27.2.2008; *Breuer*, Zur Einpreisung von Opportunitätskosten unentgeltlich zugeteilter CO_2-Emissionszertifikate in die Strompreise, S. 52 ff. *Kemfert/Diekmann*, in: Müller, 20 Jahre Erneuerbare Energien, S. 432, 454.

367 Dazu *Riewe*, EWeRK 2014, 15, 23; BerlKommEnR/*König*, Bd. 2, Einl. Emissionshandel Rn. 27.

368 Ein „CO_2-Auslauf" findet statt, wenn Unternehmen zertifikatbedingte Kostensteigerungen nicht weitergegeben können und deshalb z. B. ihre Produktionskapazitäten ins Ausland verlegen; dies sucht Art. 10a Nr. 6 der ETS-Richtlinie (RL 2009/29/EG) zu vermeiden.

369 *Matthes*, Der Instrumenten-Mix einer ambitionierten Klimapolitik im Spannungsfeld von Emissionshandel und anderen Instrumenten, Bericht für das BMU, S. 29 ff.; SRU, Wege zur 100% erneuerbaren Stromversorgung, Sondergutachten Januar 2011, S. 240 Rn. 419. Anders *Müsgens/Peichert/Perner/Riechmann/Wissen*, ET 9/2013, 8, 10, die einen EE-Zubau auch ohne separate Förderung erwarten.

370 S. auch Kommission, Mitt. v. 5.6.2012, Leitlinien für bestimmte Beihilfemaßnahmen im Zusammenhang mit dem System für den Handel mit Treibhausgasemissionszertifikaten nach 2012, SWD(2012) 130 final, S. 7; *Greb*, Der Emissionshandel ab 2013, S. 205.

371 Kommission, Entsch. v. 17.7.2013, SA.36103, C(2013) 4422 final.

372 Kommission, Entwurf der Leitlinien für staatliche Umweltschutz- und Energiebeihilfen 2014–2020. Arbeitspapier der Dienststellen der GD Wettbewerb v. 18.12.2013, ABl. 2014 C 200/01, abrufbar unter http://ec.europa.eu/competition/state_aid/modernisation/index_en.html, Rn. 34, 36 a. E., 37, 39, 42 und schließlich 115 zu Berechtigung von Prämiensystemen neben dem ETS.

von Strom aus erneuerbaren Quellen eine eigene Funktion zur Beseitigung dieses Marktversagens ein.

82 **3. Integration der EE in den deutschen Markt.** Marktintegration bedeutet, dass erneuerbare Strommengen an den Wettbewerbsmarkt herangeführt werden und langfristig auf diesem bestehen können. Angesichts der weitgehenden Umwälzungen in der gesamten Energiewirtschaft sollte nicht mehr von einer Integration der EE, sondern von einer **Transformation des Gesamtsystems** gesprochen werden.[373] Dieser Transformationsprozess verlangt den zunehmenden Einsatz wettbewerblicher Instrumente zur Erreichung der Ausbauziele.[374]

83 Eine rechtliche Marktintegration meint in erster Linie eine Einbeziehung in den Stromgroßhandelsmarkt. Das Bundeskartellamt nimmt mittlerweile in seinen Marktabgrenzungen einen deutsch-österreichischen Stromgroßhandelsmarkt an.[375] Die europäische Kommission ist bislang von nationalen Märkten für den Stromgroßhandel ausgegangen.[376] EEG-Strommengen bezieht das Bundeskartellamt bisher nicht in den Großhandelsmarkt ein. Denn deren Erzeugung und Einspeisung erfolge „völlig losgelöst von der Nachfragesituation und den Preisen im Stromgroßhandel".[377]

84 **a) Regelfall der geförderten Direktvermarktung (§ 19 Abs. 1 Nr. 1 i.V.m. §§ 34, 35).** Im EEG 2014 ist die Direktvermarktung von Strom aus neu errichteten EE-Anlagen ab einer installierten Leistung von 500 kW verpflichtend. Die Anlagenbetreiber können ihren Strom entweder selbst oder durch ein Direktvermarktungsunternehmen vermarkten lassen und entweder an der Börse vermarkten oder direkt einem Endverbraucher liefern. Vom Netzbetreiber können Sie im Gegenzug zur Abtretung des Rechts, eine bestimmte Menge an Strom als „Strom aus erneuerbaren Energien oder aus Grubengas" zu kennzeichnen (also der grünen Eigenschaft des produzierten Stroms), eine Marktprämie verlangen (§ 19 Abs. 1 Nr. 1).

---

373 So zu Recht *Burgi*, JZ 2013, 745, 748.

374 Natürlich muss der Staat weiterhin einen regulativen Rahmen zur Umsetzung der Energiewendepolitik schaffen (so zu Recht *Gawel/Lehmann/Korte/Strunz u. a.*, ZUR 2014, 219, 225). Auch wird der grundsätzliche Anlass zur Staatsintervention, nämlich das Marktversagen aufgrund von Externalitäten und im Falle von Gemeinschaftsgütern (dazu z. B. MünchKommEuWettbR/*Kerber/Schwalbe*, Einl. Rn. 963; *Geradin/Layne-Farrar/Petit*, EU competition law and economics, 2012, Rn. 1.24) nicht bezweifelt. Auch die Kommission führt die eine Beihilfe rechtfertigenden Ausgangssituationen am Markt aus: positive und negative externe Effekte, Informationsasymmetrie und Koordinierungsprobleme, s. Kommission, Entwurf der Leitlinien für staatliche Umweltschutz- und Energiebeihilfen 2014–2020. Arbeitspapier der Dienststellen der GD Wettbewerb v. 18.12.2013, ABl. 2014 C 200/01, abrufbar unter http://ec.europa.eu/competition/state_aid/modernisation/index_en.html, Rn. 34–37.

375 Bundeskartellamt, Sektoruntersuchung Stromgroßhandel/Erzeugung, S. 75 ff.; *Säcker*, Marktabgrenzung, Marktbeherrschung, Markttransparenz und Machtmissbrauch auf den Großhandelsmärkten für Elektrizität, S. 55; *König*, Engpassmanagement in der deutschen und europäischen Elektrizitätsversorgung, S. 355 f.

376 Europäische Kommission, Entsch. v. 26.11.2008, COMP/39.388 – Deutscher Stromgroßhandelsmarkt und COMP/39.389 – Deutscher Regelenergiemarkt – E.ON, Rn. 12; Entsch. v. 23.6.2009, COMP/M.4567 – RWE/Essent, Rn. 236; Entsch. v. 16.10.2009, COMP/M.5512 – Electrabel/E.ON, Rn. 15; s. auch Europäische Kommission, Sektoruntersuchung Strom, 2007, Rn. 402.

377 Bundeskartellamt, Sektoruntersuchung Stromerzeugung/Stromgroßhandel, 2011, S. 73; für eine Einbeziehung dagegen *Säcker* (Hrsg.) Marktabgrenzung, Marktbeherrschung, S. 45 ff.

Die Direktvermarktung ist eine Alternative zur umfassenden Abnahme des EE-Stroms   **85**
durch den vorgelagerten Netzbetreiber. Vermarktet der Anlagenbetreiber seinen EE-Strom
direkt, das heißt veräußert er ihn gem. § 20 Abs. 1 Nr. 1 an Dritte, macht er lediglich einen
Netzzugangsanspruch nach § 20 EnWG geltend, jedoch keinen „kaufmännischen" Abnah-
meanspruch nach § 11 Abs. 1 S. 2. Es entsteht lediglich ein gesetzliches Schuldverhältnis
in Bezug auf die zu zahlende Marktprämie und die Abtretung der Grünstromeigenschaft.
Der Unterschied zwischen Abnahmebegehren und Netzzugangsbegehren besteht darin,
dass der Netzbetreiber einmal den EEG-Strom erwerben und auf eigene Rechnung transportieren muss und im anderen Fall lediglich fremden Strom durch sein Leitungsnetz transportieren soll.[378]

Die Marktprämie besteht aus einer **gleitenden Prämie**, die die Differenz zwischen einem   **86**
Referenzmarktwert und der hypothetischen Einspeisevergütung („anzulegender Wert") abbildet, und einem monatlich errechneten Referenzmarktwert (s. Anlage 1 Ziffer 2). Die
nach dem EEG 2012 gewährte **Managementprämie**[379] **entfällt** für Neuanlagen. Stattdessen ist eine Pauschale von 0,2 Cent/kWh in den anzulegenden Wert **eingepreist**.[380]

Die **tatsächlichen marktintegrativen Wirkungen** der Marktprämie werden jedoch immer   **87**
wieder **bezweifelt**.[381] Zwar wird bereits ein hoher Anteil von EE-Strom, insbesondere
Wind-Strom, auf diesem Wege vermarktet.[382] Allerdings haben Anlagenbetreiber auch in
diesem Fördermodell keine wesentlichen wirtschaftlichen Risiken zu tragen;[383] eine
Marktintegration im engeren Sinn strebt die Direktvermarktung weder an noch kann sie
eine solche herbeiführen, solange Strom aus EE nicht zu Marktpreisen produziert werden
kann und weiterhin der Bezuschussung bedarf. Anlagenbetreiber werden lediglich an die
Vermarktung an der Börse als solche herangeführt und können durch finanzielle Förderungen praktische Erfahrungen der Stromvermarktung sammeln. Damit ist allerdings noch
kein unmittelbarer volkswirtschaftlicher Nutzen verbunden.[384] Im Vergleich zur Einspeisevergütung als Rückfalloption sind die Vergütungssätze der Direktvermarktung mittlerweile
attraktiver, sodass Mitnahmeeffekte bei der Inanspruchnahme der Ausfallvergütung nicht
entstehen.

Eine bedarfsgerechte Einspeisung von Strom aus EE kann solange nicht effektiv angereizt   **88**
werden, wie die Markt- und Flexibilitätsprämien dieselbe Funktion wie die Festvergütung
erfüllen. Dies gilt unabhängig davon, dass die Einspeisevergütung finanziell unattraktiver
als die Marktprämie ausgestaltet wurde im EEG 2014 (§ 38 Abs. 2). Sie funktionieren beide preisbasiert, d. h. der Gesetzgeber muss weiterhin die Vollkosten der EEG-Stromerzeu-

---

378 *König*, Engpassmanagement in der deutschen und europäischen Elektrizitätswirtschaft, S. 393.
379 *Kopp/Eßer-Frey/Engelhorn*, ZfE 2012, 243, 249.
380 BT-Drs. 18/1304, S. 214.
381 *Haucap/Kühling*, ET 3/2013, 41; bereits früh Monopolkommission, Sondergutachten 59: Energie
     2011: Wettbewerbsentwicklung mit Licht und Schatten: Sondergutachten der Monopolkommis-
     sion gemäß § 62 Abs. 1 EnWG, Rn. 550; *Gawel/Purkus*, Die Marktprämie im EEG 2012: Ein
     sinnvoller Beitrag zur Markt- und Systemintegration erneuerbarer Energien?, UFZ Diskussions-
     papier 12/2012, S. 21; *dies.*, ZUR 2012, 587, 591; *Sliwiok-Born*, ET 5/2013, 82, 84; *Lüdemann/
     Ortmann*, ZNER 2012, 2012, 325, 332; Altrock/Oschmann/Theobald/*Wustlich*, § 33g Rn. 83.
382 *Gawel/Purkus*, ZUR 2012, 587, 591; BNetzA/BKartA, Monitoringbericht 2013, S. 38 f. Aktuelle
     Werte sind auf www.netztransparenz.de abrufbar.
383 S. dazu Monopolkommission, Sondergutachten 59: Energie 2011: Wettbewerbsentwicklung mit
     Licht und Schatten, Rn. 543 ff.; *Nestle*, ET 3/2011, 14.
384 *Kopp/Eßer-Frey/Engelhorn*, ZfE 2012, 243, 249.

gung und deren zukünftige Entwicklung abschätzen, um den nötigen Förderbedarf festzustellen. Auch das Prämienmodell garantiert den Betreibern von EE-Anlagen eine Mindestvergütung.

89 **b) Nur noch ausnahmsweise: Vermarktung von EEG-Strom durch die ÜNB.** Erzeuger von Strom aus erneuerbaren Energien waren bisher nicht verpflichtet, diesen an der Börse zu vermarkten. Nunmehr sind Neuanlagen ab 500 kW (§ 37 Abs. 2 Nr. 1) und ab dem 1. Januar 2016 auch solche mit mehr als 100 kW Leistung (§ 37 Abs. 2 Nr. 2) stets zur Direktvermarktung ihres Stroms verpflichtet. Ihnen war zwar auch im EEG 2012 mit dem Marktprämien- und Flexibilitätsprämienmodell in den §§ 33g, 33i EEG 2012 eine marktnähere Alternative zur Einspeisevergütung bereitgestellt worden, jedoch konnten sie unter Beachtung der gesetzlichen Anzeige- und Wechselfristen (§ 33d EEG 2012) stets in das Einspeisemodell zurückkehren. Dieses Einspeisemodell hat der Gesetzgeber nunmehr zur Ausnahme gegenüber dem Marktprämienmodell gemacht (§ 2 Abs. 2). Damit die Einspeisevergütung eine bloße Rückfalloption bleibt, sind die Tarife schlechter ausgestaltet als diejenigen der Marktprämie (§ 38 Abs. 2, § 37 Abs. 3 rechnet lediglich die Managementprämienpauschale wieder heraus). Damit werden demnächst nicht mehr die Netzbetreiber unmittelbar, sondern Direktvermarktungsunternehmen den Großteil des EEG-Stroms an der Börse verkaufen. Netzbetreiber dürfen aufgrund der Unbundling-Vorschriften im EnWG (§§ 6a–10e) keine Direktvermarkter i. S. d. sein (§ 6 Abs. 1 S. 1 und 2 EnWG). Allerdings bleibt es auch bei der Direktvermarktung dabei, dass Netzbetreiber die Grünstromeigenschaft selbst erhalten und dafür die Marktprämie zahlen. Die Gesetzesbegründung betont zwar das Gegenleistungsverhältnis zwischen Grünstromeigenschaft und Marktprämie,[385] die Netzbetreiber dürfen jedoch die grüne Eigenschaft weder vermarkten noch auf andere Weise wirtschaftlich nutzen. Dies gebietet bereits das Doppelvermarktungsverbot aus § 80 (näher zur Entflechtung sogleich Rn. 91 ff.). § 95 Nr. 6 erlaubt allerdings die Einführung eines Systems zur direkten Vermarktung von grünem Strom an Letztverbraucher.[386]

90 Kann der Anlagenbetreiber ausnahmsweise noch die Einspeisevergütung nach §§ 37, 38 in Anspruch nehmen, so trifft den vorgelagerten Verteilernetzbetreiber nach § 11 Abs. 1, § 19 Abs. 1 wie bisher eine Pflicht zur Abnahme und Vergütung des EE-Strom(anteil)s. Die **Übertragungsnetzbetreiber** trifft dann nicht nur die Abnahme- und Vergütungspflicht, sondern auch eine **Vermarktungspflicht** (§ 59 i.V.m. § 2 Abs. 2 AusglMechV). Die Abnahme- und Vergütungspflichten ähneln den Pflichten eines Käufers in § 433 Abs. 2 BGB; jedoch kann die Übergabe des Stroms nicht als körperlicher Realakt erfolgen, sondern besteht in der Herstellung einer Leitungsverbindung.[387] Die Vermarktungspflicht beruht also auf einer Ankaufverpflichtung der Netzbetreiber (§ 8 Abs. 1 EEG 2012, nunmehr in § 11 Abs. 1 S. 2 ausdrücklich als kaufmännische Abnahme bezeichnet).[388] Der Abschluss eines

---

385 „Diese sogenannte Grünstromeigenschaft fällt an den Netzbetreiber, der sie bezahlt und im Rahmen der Wälzung an den Übertragungsnetzbetreiber weitergibt, der wiederum die Vergütung zahlt." (BT-Drs. 18/1304, S. 188).

386 Siehe BT-Drs. 18/1891, S. 208 f.

387 BNetzA, Evaluierungsbericht Ausgleichsmechanismusverordnung nach § 9 AusglMechV, 2012, S. 22; Reshöft/*Brönning*, § 8 Rn. 2.

388 Frenz/Müggenborg/*Cosack*, § 37 Rn. 15 Fn. 13; *Lehnert/Templin/Theobald*, VerwArch 102 (2011), 83, 87; andeutungsweise *Ahnsehl/Hendrich*, in: Gerstner, Kap. 6 Rn. 41 f., S. 599.

(Kauf)Vertrages ist jedoch entbehrlich; vielmehr kommt nach § 7 EEG ein gesetzliches Schuldverhältnis zustande.[389]

Die Abnahme- und Vergütungspflicht der Netzbetreiber, die sich bei der **Direktvermark-** **91** **tung** im EEG 2014 zu einer Art **Abnahmepflicht der Grünstromeigenschaft** (§ 19 Abs. 1 Nr. 1) gewandelt hat, ist immer noch ein „Regelungsfortsatz" aus dem StrEG und dem EEG 2000. Noch vor Einführung der Entflechtungspolitik[390] verpflichtete das StrEG den damaligen Gebietsversorger zur Abnahme und Vergütung von Strom aus erneuerbaren Quellen.[391] § 3 Abs. 1 S. 1 EEG 2000 adressierte bereits die Netzbetreiber: „Die Elektrizitätsversorgungsunternehmen sind verpflichtet, den in ihrem Versorgungsgebiet erzeugten Strom aus erneuerbaren Energien abzunehmen und den eingespeisten Strom nach § 3 zu vergüten", wobei § 2 Abs. 1 S. 1 Netzbetreiber als „Elektrizitätsversorgungsunternehmen, die Netze für die allgemeine Versorgung betreiben", definiert. Trotz der Entflechtungsvorgaben, die bereits 1996 absehbar und mit dem EnWG 1998 unmittelbar verpflichtend geworden waren, haben sowohl der Gesetzgeber als auch die Rechtsprechung in der Anfangsphase der Liberalisierung weiterhin die Netzbetreiber als richtige Adressaten der Abnahme- und Vergütungspflicht von EE-Strom angesehen.[392]

Dass Übertragungsnetzbetreibern qua Gesetz eine Versorgungsaufgabe obliegt, kann heute **92** nur schwer in Einklang gebracht werden mit den **Entflechtungsvorgaben** der §§ 6–10e EnWG.[393] In der Literatur wird dies zwar zur Kenntnis genommen,[394] blieb jedoch bisher ohne Folgen. Bei Erlass der AusglMechV war bereits vorgesehen, die Vermarktungsaufgaben nach dem ersten Evaluierungsbericht der Bundesnetzagentur[395] „unverzüglich" auf andere Akteure zu übertragen (sog. **Drittvermarktung**).[396] Die Bundesnetzagentur hat die Einführung einer Drittvermarktung allerdings aus ökonomischen Gründen nicht empfohlen.[397] Würde man die Entflechtungsvorgaben auch bei der EE-Stromvermarktung durchsetzen, wäre dies wohl mit Kostensteigerungen verbunden, die höchstwahrscheinlich abermals auf die Stromverbraucher umgelegt würden. Mit gleich gelagerten Argumenten hielt der Gesetzgeber bereits bei der Neufassung des EEG im Jahr 2000 die Netzbetreiber zum

---

389 Diesen hat die BNetzA im März 2012 vorgelegt.

390 Durch die erste Binnenmarktrichtlinie 96/92/EG und der darauf folgenden grundlegenden Reform des EnWG im Jahr 1998.

391 § 2 StrEG 1990: „Die Elektrizitätsversorgungsunternehmen sind verpflichtet, den in ihrem Versorgungsgebiet erzeugten Strom aus erneuerbaren Energien abzunehmen und den eingespeisten Strom nach § 3 zu vergüten."

392 BT-Drs. 14/2776, S. 22; BGH, Urt. v. 11.6.2003, VIII ZR 160/02 – Stromeinspeisung III, juris Rn. 21, NVwZ 2003, 1143, 1145.

393 BNetzA, Evaluierungsbericht Ausgleichsmechanismusverordnung nach § 9 AusglMechV, 2012, S. 22; Reshöft/*Brönning*, § 8 Rn. 2.

394 Frenz/Müggenborg/*Cosack*, § 37 Rn. 15 Fn. 13; *Lehnert/Templin/Theobald*, VerwArch 102 (2011), 83, 87; andeutungsweise *Ahnsehl/Hendrich*, in: Gerstner, Kap. 6 Rn. 41 f., S. 599.

395 Diesen hat die BNetzA im März 2012 vorgelegt.

396 BT-Drs. 16/13188, S. 8. Im Referentenentwurf (abrufbar auf der Webseite der Clearingstelle) war dies in § 1 Abs. 1 S. 2 sogar noch ausdrücklich vorgesehen.

397 BNetzA, Evaluierungsbericht Ausgleichsmechanismusverordnung nach § 9 AusglMechV, 2012, S. 8.

Ankauf von EE-Strommengen verpflichtet.[398] Die **Entflechtungsvorschriften** als zwingendes europäisches Recht müssen jedoch auch bei der Vermarktung des EE-Stroms eingehalten werden – insbesondere hinsichtlich der Personalausstattung, Nutzung von IT-Technologie, Informationsweitergabe und sog. Shared Services.[399] Unter Geltung des EEG 2012 waren die Übertragungsnetzbetreiber wohl der größte Stromanbieter an der Börse.[400] Diese Rolle wurde durch die Einführung der verpflichtenden Direktvermarktung zwar eingedämmt. Doch muss nach wie vor ein Teil des EE-Stroms nach der AusglMechV durch die Übertragungsnetzbetreiber vermarktet werden. Zwar kann vorgebracht werden, dass den ÜNB dabei keinerlei eigener wirtschaftlicher Entscheidungsspielraum zukomme, sie vielmehr die EE-Strommengen an die Börse „durchreichten"[401] und damit „treuhänderisch"[402] tätig seien. Ob damit eine teleologische Reduktion der im Einzelfall anwendbaren Entflechtungsvorgaben verbunden sein kann, ist zweifelhaft. Der Netzbetreiber kann das von ihm betriebene Netz als Hebel einsetzen, um Wettbewerber auf vor- oder nachgelagerten Märkten zu behindern.[403] Wettbewerbsverzerrendes Potenzial zwischen Netzbetrieb und EE-Stromvermarktung kann sich aus einem Informationsvorsprung der Netzbetreiber ergeben. Sie besitzen wertvolle Informationen über Netzengpässe und damit einhergehende Standortvor- und Nachteile für den Anlagenneubau. Auch haben Netzbetreiber scharfe Daten tatsächlich eingespeister Energie aus EE-Anlagen. Daran ändert auch die Inbetriebnahme des Anlagenregisters nichts, denn Einspeiseleistungen sind die Anlagenbetreiber nicht verpflichtet, mitzuteilen. Zudem besteht die Gefahr, selbst vermarktete Anlagen bei Netzzugang und -anschluss gegenüber drittvermarkteten Anlagen bevorzugt zu behandeln oder Gewinne aus dem Wettbewerbsbereich des Netzbetriebs dem Vertrieb von EE-Strom zuzuführen. Dies zu verhindern, ist Sinn und Zweck der Entflechtungsvorgaben.[404] Selbst wenn man die Abnahmepflicht als Dienstleistung von allgemeinem wirtschaftlichen Interesse i. S. d. Art. 106 Abs. 1 AEUV i. V. m. Art. 3 Abs. 2 S. 1 der RL 2009/72/EG ansähe, ginge damit nicht notwendigerweise eine Aufgabenerfüllung durch die Netzbetreiber einher. Denn auch Art. 3 Abs. 2 S. 1 der Binnenmarktrichtlinie beinhaltet keine Lockerung der an anderer Stelle (Art. 9) niedergelegten Entflechtungsvorgaben. Im Gegenteil: Gemeinwirtschaftliche Verpflichtungen müssen transparent und nichtdiskriminierend sein (Art. 3 Abs. 2 S. 2 RL 2009/72/EG). Die Entflechtungsvorgaben können in systematischer Auslegung als Konkretisierung dieser Maßstäbe angesehen werden. Auch die Aufgaben

---

398 BT-Drs. 14/2776, S. 22 zum EEG 2000; ähnlich BGH, Urt. v. 11.6.2003, VIII ZR 160/02, Rn. 21, NVwZ 2003, 1143, 1145: „Wegen ihrer unmittelbaren Vertragsbeziehungen zu den Stromverbrauchern ist es ihnen auch am einfachsten möglich, die finanziellen Belastungen, die durch die Abnahme und Vergütung des Stroms aus erneuerbaren Energien entstehen, auf die Stromverbraucher zu verlagern."

399 Zu den einzelnen Entflechtungsanforderungen an ITO, ISO und eigentumsrechtlich entflochtene Transportnetzbetreiber §§ 8–10e EnWG.

400 BNetzA, Evaluierungsbericht Ausgleichsmechanismusverordnung nach § 9 AusglMechV, 2012, S. 22.

401 So das Bundeskartellamt, Sektoruntersuchung Stromerzeugung/Stromgroßhandel, 2011, S. 73, das diese Tatsache zum Anlass nimmt, Strom aus Erneuerbaren nicht als Teil des sachlichen Großhandelsmarktes anzusehen.

402 BNetzA, Evaluierungsbericht Ausgleichsmechanismusverordnung nach § 9 AusglMechV, 2012, S. 22.

403 Sog. leveraging, dazu MünchKommWettbR/*Eilmansberger*, Art. 82 EG Rn. 189; § 19 Abs. 4 S. 1 Nr. 4 GWB a. F., nunmehr § 19 Abs. 2 Nr. 4.

404 Band I, § 6 EnWG Rn. 2; § 8 EnWG Rn. 1.

des Übertragungsnetzbetreibers nach Art. 12 der RL 2009/72/EG umfassen keine Vermarktungstätigkeit von EE-Strom. Danach erscheint es auf den ersten Blick rechtlich geboten, **andere Vermarktungswege** zu finden.[405] Vorgeschlagen wird z. B. die Errichtung von **Vermarktungsgemeinschaften**, welche es auch kleineren Anlagenbetreibern erlauben würden, am Börsenhandel teilzunehmen.[406] Diese können andernfalls die Kosten für Marktanbindung, Marktüberwachung, Prognoseerstellung, Ausgleichsenergiebeschaffung und Besicherung von OTC-Geschäften (ca. 125.000 € im Jahr) nicht tragen.

Weder Anlagenbetreiber als Erzeuger noch die zur Vermarktung verpflichteten Netzbetreiber mussten bisher ihr Angebotsverhalten an Preissignalen ausrichten.[407] Sie trugen damit bisher kein Risiko falscher wetterdatenbasierter Einspeiseprognosen.[408] Das Bilanzierungsrisiko trug bisher und trägt auch weiterhin der Übertragungsnetzbetreiber, der verpflichtet ist, einen EEG-Bilanzkreis zu führen und die Inanspruchnahme von Ausgleichsenergie in das EEG-Konto einstellen kann.[409] In den Leitlinien für staatliche Umweltschutz- und Energiebeihilfen 2014–2020 geht die Europäische Kommission davon aus, dass die „etablierten" erneuerbaren Energien im Netz wettbewerbsfähig werden und auch das Bilanzierungsrisiko selbst zu tragen haben.[410]   **93**

VII. Schwierige rechtliche Erfassung von Umlagesystemen

Der Gesetzgeber bedient sich im Energierecht zunehmend der Regelungstechnik von Umlageverfahren. Er verpflichtet damit Private zur Finanzierung öffentlicher Aufgaben. Es bestehen neben der EEG-Umlage aus § 37 EEG mittlerweile zahlreiche weitere Umlagen:[411]   **94**

– Umlage zur Förderung der Stromerzeugung auf Kraft-Wärme-Kopplung (§ 9 KWKG),
– Umlage zur Finanzierung der Netzentgeltbefreiung stromintensiver Unternehmen (§ 19 Abs. 2 StromNEV i. V. m. § 9 KWKG),[412]
– Umlage zur Finanzierung des Erwerbs abschaltbarer Lasten durch die Übertragungsnetzbetreiber (§ 18 Abs. 1 AbLaV i. V. m. § 9 KWKG),

---

405 *Altrock/Eder*, ZNER 2009, 128, 129 befürworteten bspw. die Gründung einer Vermarktungsgesellschaft als Übergangslösung. frontier economics/formaet, Entwicklung und Bewertung von Modellen der Drittvermarktung von Strom aus erneuerbaren Energien, 2011, S. 44 treten für ein wettbewerbsorientierteres Modell ein, in dem die ÜNB Tranchen zunächst begrenzter EE-Strommengen ausschreiben.

406 *Sliwiok-Born*, ET 5/2013, 82, 84 ff.

407 *Kühling/Haucap*, ET 2013, 41: „planwirtschaftlich".

408 Zu den einzelnen Prognosemodellen näher *Möhrlen/Pahlow/Jørgensen*, ZfE 2012, 9.

409 Zu den damit verbundenen Schwierigkeiten BNetzA, Evaluierungsbericht Ausgleichsmechanismusverordnung nach § 9 AusglMechV, 2012, S. 23 ff.

410 Kommission, Entwurf der Leitlinien für staatliche Umweltschutz- und Energiebeihilfen 2014–2020. Arbeitspapier der Dienststellen der GD Wettbewerb v. 18.12.2013, ABl. 2014 C 200/01, abrufbar unter http://ec.europa.eu/competition/state_aid/modernisation/index_en.html, Rn. 108.

411 Alle Umlagen und deren Berechnungen können auf dem Portal www.netztransparenz.de eingesehen werden.

412 Diese Netzentgeltbefreiung hat das OLG Düsseldorf allerdings kürzlich für nichtig erklärt, (Beschl. v. 6.3.2013, VI-3 Kart 14/12 [V]). Zudem hat die Europäische Kommission ein Beihilfeprüfverfahren gegen die Bundesrepublik Deutschland eingeleitet.

– Umlage zur Finanzierung der Entschädigungszahlungen für den verspäteten Netzanschluss von Offshore-Windanlagen (§ 17f Abs. 1 EnWG i.V.m. § 9 KWKG).[413]

Die Berechnung und Überwälzung der Umlagen obliegt den vier Übertragungsnetzbetreibern, die mit der „Projektgruppe Horizontaler Belastungsausgleich" (PG HoBA) eine gemeinsame Arbeitsgruppe zur effizienten Bewältigung dieser Aufgaben eingerichtet haben.

95   Die EEG-Umlage stellt in absoluten Zahlen mit 6,240 im Jahr 2014 Cent pro KWh die größte finanzielle Belastung unter den Umlagen dar. Die gesetzliche Anordnung von Umlageverfahren löst bei erstem Hinsehen lediglich einen Mittelfluss zwischen Privaten aus und stellt sich somit als hoheitliche Regelung privater Preise dar. Dies führt sowohl auf verfassungsrechtlicher als auch europarechtlicher Ebene zu erheblichen rechtlichen Einordnungsproblemen. Nach dem PreussenElektra-Urteil haben manche Stimmen in der Literatur verstärkte Hoffnungen auf das Finanzverfassungsrecht gesetzt – dieses müsse Umgehungen auch des Beihilfenrechts von vornherein Einhalt gebieten. Sowohl im deutschen als auch im europäischen Recht ist unklar und umstritten, ob die privaten Umlagemittel, die zur Finanzierung der Förderung erneuerbarer Energien verwendet werden, als „Staatsmittel" qualifiziert werden können. Im Finanzverfassungsrecht ist eine „Aufkommenswirkung"[414] zugunsten der öffentlichen Hand fraglich; im Beihilfenrecht wird die „Staatlichkeit" der Mittel bezweifelt. Der Staat bedient sich mit der Umlageförderung eines Mittels, das vom Finanzierungsumfang einer Verbrauchssteuer gleichkommt und auf europäischer Ebene die wettbewerbsverzerrenden Wirkungen einer Beihilfe aufweist. Diese wirtschaftlichen Auswirkungen der EEG-Umlage vermögen die rechtlichen Institute der Sonderabgabe und der Beihilfenaufsicht nach ihrem bisherigen Stand nur schwer zu erfassen. In beiden Fällen steht eine Umgehung von Art. 107 AEUV und Art. 105 GG im Raum. Der Gesetzgeber möchte zwar ein Höchstmaß an Steuerung sicherstellen, gleichzeitig jedoch Abwicklungs- und Zahlungsverhältnisse im Privatrecht belassen. Den Vergütungsnormen des EEG hat er durch § 7 Abs. 2 zwingenden Charakter verliehen. Höhere als die gesetzlich vorgesehenen Vergütungen dürfen nicht in den Belastungsausgleich eingestellt werden. Dies wird behördlich (§ 85) und privat (§ 82) kontrolliert. Den Kontrollumfang hatte der Gesetzgeber bereits mit dem EEG 2012 ausgeweitet und lehnt die Aufsicht innerhalb des EEG immer weiter derjenigen des EnWG an.[415] Mit dem EEG 2014 hat der Gesetzgeber die Kontrolldichte abermals erhöht: Die Bundesnetzagentur kann nach § 85 Abs. 2 (vormals § 61 Abs. 1a EEG 2012) nun auch Kontrollen bei Netzbetreibern durchführen. Vorher war ihr dies nur bei Anlagenbetreibern erlaubt. Zudem ist ihre Rolle abermals gestärkt durch die Schirmherrschaft über die durchzuführenden Ausschreibungsverfahren nach § 55. Sie kann von der Bundesregierung nach § 88 Abs. 4 Nr. 2 ermächtigt werden, Festlegungen nach § 29 EnWG zum Ausschreibungsverfahren zu erlassen. Der **Umgehungsvorwurf** konkretisiert sich darauf, dass der Staat Interessen des Gemeinwohls über die Verpflichtung Privater verfolgt wissen will und sich damit nicht den speziellen Rechtmäßigkeitsanforderungen des öffentlichen Rechts unterstellt.[416] Seinen besonderen Charakter erhält dieser öffentliche Eingriff in die Preisbildung durch seine umfassende Finanzierungsfunktion. *Kube, Palm* und *Seiler* stellen treffend fest: „Die durch gesetzliche Eingriffe

---

413 Dazu *König*, ZNER 2013, 113 ff.; *Neun/Weber*, in: FS Kloepfer, S. 691 ff.
414 BVerfG, Beschl. v. 9.1.1996, 2 BvL 12/95, NJW 1997, 573, 574; *Moench/Corino*, RdE 2002, 124, 127 f.
415 S. § 61 Rn. 5.
416 So auch *Kube/Palm/Seiler*, NJW 2003, 927, 931.

in die Privatautonomie bewirkten Quersubventionierungen des EEG […] dienen keinem durch das Privatrechtsverhältnis veranlassten Interessenausgleich, sondern außerhalb seiner Reichweite liegenden Gemeinwohlbelangen."[417] Zuweisungen von Sachaufgaben und Finanzierungslast werden gesetzgeberisch zunehmend verquickt.[418] Privaten wird insbesondere im Umweltrecht[419] mehr und mehr die Finanzierung öffentlicher Aufgaben durch Gebühren und Beiträge aufgebürdet.[420] Mit dem EEG verfolgt der Gesetzgeber eine öffentliche Aufgabe, denn Klima- und Umweltschutz stehen im öffentlichen Interesse und dienen dem Gemeinwohl (§ 1 EEG, § 1 EnWG).[421] Er erlegt über den bundesweiten Ausgleich und die EEG-Umlage Energieversorgungsunternehmen und ggf. Letztverbrauchern die Finanzierungsverantwortung eines Großteils der Energiewende auf.

Die von Teilen der Literatur vorgebrachte Einordnung der Abnahme-, Vergütungs-, Ver-   **96**
marktungs- und Umlagepflichten als **Indienstnahmen**,[422] **Preisregelungen**[423] oder **Ordnungsvorschriften**[424] bleibt jedenfalls grundrechtlich ohne Konsequenz.[425] Sie sind bisher Erklärungssurrogat für die eigentlich zu untersuchende Frage, ob und wann eine „rein privatrechtliche Umlagefinanzierung" eigenständigen verfassungsrechtlichen Anforderungen unterliegt. Mit der Bezeichnung der Umlage als Preisregel oder Indienstnahme ist keine Einschränkung des Prüfungsmaßstabes verbunden. Denn entschädigungslose Handlungs-

---

417 *Kube/Palm/Seiler*, NJW 2003, 927, 931.

418 Zur maßgeblich von *Kube* ausgearbeiteten Figur des Kompetenzübergriffs unten Rn. 97.

419 BKGG/*Vogel/Waldhoff*, vor Art. 104a Rn. 467 ff. m. z. w. N.; *Gawel*, NuR 2000, 669; *Berg*, GewArch 2006, 441 ff.; *Kloepfer/Wimmer*, UPR 1993, 409; *Heimlich*, DÖV 1997, 996; *Hösch*, WiVerw 2002, 14.

420 *Kube*, Die Verwaltung 41 (2008), 1, 11; *Elicker*, NVwZ 2003, 304; der Einsatz von Sonderabgaben als Umweltschutzinstrument erfährt Kritik: *Di Fabio*, NVwZ 1995, 1, 5 mit Blick auf die Verpackungsverordnung: „Implementative Instrumente und staatlicherseits erzwungene Kooperationsverhältnisse sind keine Schleichwege, um einer Rechts- und Verfassungskontrolle zu entgehen." Weiterhin *Kube/Palm/Seiler*, NJW 2003, 927; *Breuer*, Umweltrechtliche und wirtschaftslenkende Abgaben im europäischen Binnenmarkt, DVBl. 1992, 485; *Köck*, Die Sonderabgabe als Instrument des Umweltschutzes, 1991.

421 OLG Hamm, Urt. v. 14.5.2013, 19 U 180/12, ZUR 2013, 502, 503; *von Stockhausen*, Gesetzliche Preisintervention zur Finanzierung öffentlicher Aufgaben, S. 139.

422 Indienstnahme meint nichts anderes als die Auferlegung einer Handlungspflicht durch den Staat. Das BVerfG misst sie in erster Linie an Art. 12 Abs. 1 GG, BVerfGE 30, 292, jedoch auch an Art. 14 Abs. 1 GG; dazu *Greenawalt*, die Indienstnahme privater Netzbetreiber bei der Telekommunikationsüberwachung in Deutschland, S. 223 f. Die Terminologie ist indes uneinheitlich: Teilweise wird „Indienstnahme" als Bezeichnung einer entschädigungspflichtigen Inanspruchnahme (*Ipsen*, in: FS Kaufmann, S. 141, 156) verwendet, meistens wird die Entschädigungspflicht nicht begrifflich einbezogen (*Staudacher*, Verfassungsrechtliche Zulässigkeit von Sonderabgaben, S. 176 ff.).

423 So *Salje*, EEG, Einf. Rn. 71 ff.; *Theobald*, NJW 1997, 550, 554; anders *Ossenbühl*, RdE 1997, 46, 52, der mit „Rechtfertigung als Preisregelung" wohl das staatliche Korrigieren von Marktversagen meint, wie es z. B. die Zugangs- und Entgeltregulierung in den Netzwirtschaften bezweckt, dazu *Säcker*, AöR 130 (2005), 85 ff., diese Funktion den Mindestpreisregelungen des damaligen StrEG jedoch gerade zurecht versagt. Denn der Grund des regulierenden Eingriffs ist ein anderer. Dies vernachlässigen Altrock/Oschmann/Theobald/*Altrock/Oschmann*, Einf. Rn. 55.

424 *Brandt*, ER 2013, 91, 95.

425 *Ossenbühl*, RdE 1997, 46, 47, spricht in diesem Zusammenhang zutreffend von „Scheingefechten"; auch der BGH hat nichts Gegenteiliges behauptet in Urt. v. 22.10.1996, KZR 19/95, WRP 1997, 186, 191 – Stromeinspeisung II; weiterhin *Kube*, Die Verwaltung 2008, 1, 17 f.

pflichten sind ebenso wie auferlegte Geldleistungspflichten am Gebot der Lastengleichheit aus Art. 3 Abs. 1 GG zu messen, solange ausgewählte Gruppen gegenüber der Allgemeinheit besonders belastet werden (näher unten Rn. 106 ff.).

VIII. EEG-Umlage und Verfassungsrecht

97   Sollten die Vergütungs- und Umlageregeln des EEG – v. a. § 60 Abs. 1 S. 1 EEG – gegen Verfassungsrecht verstoßen, so kann das Bundesverfassungsgericht neben der Feststellung der Verfassungswidrigkeit im Rahmen einer Appellentscheidung die Neuregelung des Finanzierungsmechanismus anordnen.[426]

98   **1. Unvereinbarkeit mit der Finanzverfassung.** Ob und in welchem Ausmaß der Staat mit dem EEG Gemeinwohlbelange unmittelbar privat finanzieren lassen kann und wann er zu einer Steuerfinanzierung angehalten ist, muss anhand zweier grundgesetzlicher Schranken beurteilt werden: der Finanzverfassung und der grundrechtlich abgesicherten steuerlichen Belastungsgleichheit der Bürger. Der einzelne Belastete wie auch das Parlament als Institution geraten durch das Umlagesystem des EEG in eine Gefährdungslage. Es stellt sich abermals die im Kohlepfennig-Urteil formulierte Frage[427] nach der Notwendigkeit einer Steuerfinanzierung der EE-Förderung und den damit einhergehenden Grenzen der gesetzgeberischen Finanzierungszuweisung. Das Inkrafttreten der Ausgleichsmechanismusverordnung hat ein Wiederaufflammen dieser verfassungsrechtlichen Diskussion bewirkt.[428] In jüngster Zeit mehren sich daher die gerichtlichen Verfahren zur abermaligen Klärung der Verfassungsmäßigkeit des EEG. Die befassten Instanzgerichte haben bisher keine ernstlichen Zweifel an seiner Verfassungsmäßigkeit geäußert[429] und folgen damit zwei Grundsatzurteilen des BGH aus den Jahren 1996 und 2003.[430]

99   Abgaben, die unmittelbar aufgrund von Sachkompetenzen[431] und nicht der Steuerkompetenz des Art. 105 GG erlassen werden, unterliegen nicht der parlamentarischen Bewilligung, werden nicht in den Gesamthaushalt eingestellt und entziehen sich damit der regelmäßigen haushaltsrechtlichen Überprüfung (**Haushaltsflüchtigkeit**[432]). Zudem belasten sie einzelne Gruppen neben der allgemeinen – nach Leistungsfähigkeit bemessenen – Steuer. Aus diesen beiden Gesichtspunkten wird ein grundsätzliches Primat der Steuerfinanzierung

---

426 Maunz/Schmidt-Bleibtreu/Klein/Bethge/*Bethge*, § 31 BVerfGG, Rn. 180 ff. Davon geht z. B. das LG Bochum aus, Urt. v. 6.11.2012, I-12 O 138/12, ZNER 2013, 63, 64.

427 BVerfGE 91, 186, 205: „Das Interesse an einer Stromversorgung ist heute so allgemein wie das Interesse am täglichen Brot. Die Befriedigung eines solchen Interesses ist eine Gemeinwohlaufgabe des Parlaments, das Finanzierungsinstrument die Gemeinlast der Steuern."

428 *Manssen*, Gutachten zur Verfassungsmäßigkeit der EEG-Umlage und der besonderen Ausgleichsregelung des Erneuerbare-Energien-Gesetzes, dazugehörige Veröffentlichungen in WiVerw 2012, 170; DÖV 2012, 499; ET 11/2012, 49.

429 LG Bochum, Urt. v. 6.11.2012, I-12 O 138/12, ZNER 2013, 63; nachfolgend OLG Hamm, Urt. v. 14.5.2013, 19 U 180/12, ZUR 2013, 502, anhängig beim BGH unter dem Aktenzeichen VIII ZR 169/13; LG Stuttgart, Urt. v. 20.2.2013, 38 O 55/12 KfH, ZNER 2013, 417; LG Chemnitz, Urt. v. 22.3.2013, 1 HK O 1113/12, ZNER 2013, 185.

430 BGH, Urt. v. 22.10.1996, KZR 19/95, WRP 1997, 186, 191 – Stromeinspeisung II; Urt. v. 11.6.2003, VIII ZR 160/02, NVwZ 2006, 1143, 1144 – Stromeinspeisung III.

431 Maunz/Dürig/*Uhle*, Art. 70 Rn. 3, 73.

432 *Kirchhof*, in: Isensee/Kirchhof, HdbStR V 3, § 119 Rn. 105; *Kieser*, Sonderabgaben als Steuern, S. 54 ff.

öffentlicher Aufgaben und der Ausnahmecharakter der Sonderabgaben abgeleitet.[433] Selbst die Stimmen in der Literatur, die dem nicht folgen,[434] erkennen an, dass zur Wahrung der Lastengleichheit und Verteilungsgerechtigkeit Sonderbelastungen einer Rechtfertigung bedürfen und berufen sich vornehmlich auf das Verursacherprinzip.[435] Das Bundesverfassungsgericht fordert eine Gruppenhomogenität der Belasteten, deren besondere Finanzierungsverantwortung aufgrund von Sachnähe (Gruppenverantwortung) und die gruppennützige Verwendung der erhobenen Mittel, um dem Prinzip der steuerlichen Lastengleichheit zu genügen[436] sowie regelmäßige Überprüfungen und Dokumentationen, um die haushaltsrechtliche Ausgabenkontrolle zu ersetzen.[437] Wenn *Kirchhof* die Sonderabgabe im Allgemeinen einen „verfassungsrechtlichen Krisentatbestand"[438] nennt, verdient eine abgabenähnliche Preisintervention mit einem Finanzierungsvolumen von mittlerweile ca. 23,5 Mrd. Euro[439] diese Bezeichnung erst Recht.[440] Denn das gesamte Aufkommen aus Sonderabgaben des Bundes betrug 2013 laut Bundeshaushaltsplan lediglich ca. 4,14 Mrd. Euro.

Ob der EEG-Umlage **Sonderabgabencharakter** zukommt, wird nach wie vor[441] kontrovers beurteilt. Rechtsprechung[442] und große Teile der Literatur[443] verneinen den Abgaben-

100

---

433 *Friauf*, in: FS Jahreiß, S. 45 ff.; *Isensee*, Steuerstaat als Staatsform, in: FS Ipsen, 1977, S. 409, 420 ff., 428 ff.; *Kirchhof*, in: Isensee/Kirchhof, HdbStR V 3, § 119 Rn. 1. Sonderabgaben sollen auch nach dem Bundesverfassungsgericht Ausnahmen gegenüber der Steuer sein: BVerfGE 82, 159, 181; 91, 186, 201 f.
434 So z. B. *Gawel*, Der Staat 39 (2000), 209 ff.; *Waechter*, ZG 2005, 97, 119: „Das Steuerstaatsprinzip existiert als Begrenzungstopos nicht".
435 *Waechter*, ZG 2005, 97, 119.
436 Grundlegend BVerfGE 55, 274, 300 ff. – Berufsausbildungsabgabe, anknüpfend an *Friauf*, in: FS Jahreiß, 1974, S. 45 ff., der die Bundesregierung im Verfahren zur Berufsausbildungsabgabe vertrat. Zur Darstellung der Folgerechtsprechung s. *Staudacher*, Verfassungsrechtliche Zulässigkeit von Sonderabgaben, S. 30; *Kieser*, Sonderabgaben als Steuern, S. 16 ff.
437 *Jochum*, StuW 2006, 134, 140; *Elsner/Kaltenborn*, JA 2005, 823, 827 f.
438 *Kirchhof*, HdbStR V, § 119 Rn. 105; ihm folgend *Kieser*, Sonderabgaben als Steuern, S. 194.
439 Von den Übertragungsnetzbetreibern geschätzter Umlagebetrag für das Jahr 2014, s. www.eeg-kwk.net, nunmehr www.netztransparenz.de.
440 *Kube/Palm/Seiler*, NJW 2003, 927, 929 f.: „Die Haushaltsflüchtigkeit erreicht mit ihnen [den Mittelabschöpfungen in Form der EEG-Umlage, Anm. d. Verf.] eine neue Dimension." In den Augen des Sachverständigenrats zur Begutachtung der gesamtwirtschaftlichen Entwicklung, Jahresgutachten 2012/13, Rn. 491 hat sich das EEG „zu einem der größten Subventionstatbestände in der Geschichte der Bundesrepublik Deutschland ausgewachsen".
441 Aus der älteren Literatur hielten folgende Autoren das StrEG für verfassungskonform: *Theobald*, NJW 1997, 550, 554: „Das Stromeinspeisungsgesetz mit der Maßgabe, das Marktungleichgewicht zugunsten der Produzenten von Strom aus regenerativen Energien auszupendeln, ist in jedem Fall verfassungsgemäß, sei es (wie vom Verfasser befürwortet) in der Form der Preisregelung, sei es als Sonderabgabe." *R. Scholz*, ET 1995, 600; *Hucko*, RdE 1995, 141, 142; *Studenroth*, DVBl. 1995, 1216, 1221. Für eine unzulässige Sonderabgabe hingegen: *Friauf*, ET 1995, 597, 598 f.; wohl auch *Arndt*, RdE 1995, 41, 48; *Ossenbühl*, RdE 1997, 46.
442 OLG Hamm, Urt. v. 14.5.2013, 19 U 180/12, ZUR 2013, 502, 503: „Unmittelbaren Einfluss durch Steuerung und Lenkung der Geldmittel, wie es bei einer Verfügungsgewalt über die Gelder der Fall wäre, hat die öffentliche Hand nicht." LG Stuttgart, Urt. v. 20.2.2013, 38 O 55/12 KfH, ZNER 2013, 417, 418; LG Chemnitz, Urt. v. 22.3.2013, 1 HK O 1113/12, ZNER 2013, 185, 186. So bereits nach alter Rechtslage BGH, Urt. v. 22.10.1996, KZR 19/95, WRP 1997, 186, 195 – Stromeinspeisung II; BVerfG, Beschl. v. 9.1.1996, 2 BvL 12/95, NJW 1997, 573, das allerdings nur zur Unzulänglichkeit der Vorlageformulierung Stellung nahm; BGH, Urt. v. 22.12.2003, VIII ZR 90/02, NJW-RR 2004, 262 – „Neue Energien".

charakter mangels einer vom Bundesverfassungsgericht geforderten[444] Aufkommenswirkung zugunsten der öffentlichen Hand; letzterer fehle die notwendige Verfügungsgewalt über die EEG-Umlage. Andere Stimmen bejahen aufgrund einer Vergleichbarkeit des EEG mit dem Sachverhalt des Kohlepfennig-Urteils die Aufkommenswirkung.[445] Bereits der Wortlaut der „Aufkommens*wirkung*" stellt nicht auf formale Haushaltsbelastungen ab, sondern äquivalente – wirkungsgleiche – Sachverhalte.[446] Nach einer weiteren Ansicht kann die Aufkommenswirkung bereits kein geeignetes Indiz für die grundrechtliche oder kompetenzielle Gefährdung durch die Auferlegung von Sonderlasten sein.[447] Zum Teil wird der Abgabencharakter auch deshalb verneint, weil der Umlagezahlung mit der grünen Eigenschaft des Stroms (s. auch § 19 Abs. 1 S. 1; § 78) eine adäquate Gegenleistung gegenüberstehe.[448] Sodann halten zahlreiche Stimmen die Umlage, auch wenn sie eine Sonderabgabe sein sollte,[449] für zulässig.[450]

101 Selbst wenn man die EEG-Umlage nicht als Sonderabgabe einordnet, so bleibt doch ihr Charakter als Finanztransfersystem, gegen dessen Wirkungen Belastete und Parlament durch die Verfassung abgeschirmt werden. Denn der Verzicht auf einen lediglich technischen Zwischenschritt der Einrichtung eines eigenständigen Fonds kann den Gesetzgeber nicht von materiellen Vorgaben der Finanzverfassung entbinden;[451] vielmehr führt die Berührung anerkannter Schutzinteressen der mit dem EEG Belasteten zur Anwendung[452] einschlägiger öffentlich-rechtlicher Maßstäbe. *Von Stockhausen* ist uneingeschränkt zuzustimmen, wenn er fordert, dass auch Preisinterventionen, die keine Abgaben sind, und transferierte Entgeltvolumina, die keine Staatseinnahmen sind, und deswegen nicht als Ausgaben im haushaltsrechtlichen Sinne qualifiziert werden können, besonderen, eigenständigen Rechtmäßigkeitsanforderungen aus der Finanzverfassung und dem Gebot der

---

443 *Waldhoff/Roßbach*, WiVerw 2014, 1, 18; *Brandt*, ER 2013, 91; Altrock/Oschmann/Theobald/*Altrock/Oschmann*, Einf. Rn. 55, 61; *Gawel*, DVBl. 2013, 409 ff.; *Riedel/Weiss*, EnWZ 2013, 402, 407.

444 BVerfGE 55, 274, 305.

445 *Manssen*, WiVerw 2012, 170; DÖV 2012, 499; ET 11/2012, 49; kritisch auch *Pielow*, EurUP 2013, 150, 157.

446 *Moench/Corino*, RdE 2002, 124, 127 f.

447 *Waechter*, ZG 2005, 97, 100 f., spricht deshalb der Aufkommenswirkung zu Recht die Unterscheidungskraft zwischen Sonderabgaben und Steuern ab.

448 *Arndt*, RdE 1995, 41, 42.

449 Die Literatur hat dem Verfassungsgericht bereits früh die unzulässige Vermischung von Begriffs- und Zulässigkeitskriterien der Sonderabgabe vorgeworfen: dazu BKGG/*Vogel/Waldhoff*, vor Art. 104a Rn. 449; *Jochum*, StuW 2006, 137 m. w. N.; dazu überzeugend *Waechter*, ZG 2005, 97, 100, Fn. 5.

450 LG Stuttgart, Urt. v. 20.2.2013, 38 0 55/12 KfH, ZNER 2013, 417, 418; Nachweise aus der älteren Literatur finden sich bei *Erk*, Die künftige Vereinbarkeit des EEG mit Verfassungs- und Europarecht, S. 63 ff.

451 *Kube/Palm/Seiler*, NJW 2003, 927, 930; anders wohl *Brandt*, ER 2013, 91, 93.

452 Da *Pestalozza*, Der „Formenmißbrauch" des Staates, den Formenmissbrauch des Staates als Auslegungs- und Subsumtionsproblem betrachtet (S. 62 ff.), begründet er die Anwendbarkeit derjenigen Normen, die die berührten Interessen schützen, unter Anlehnung an die zivilrechtliche Missbrauchsdogmatik mit der Fiktion (S. 115 ff.).

Lastengleichheit unterliegen.[453] Er entwickelt diese Maßstäbe an der bisher weitgehend unberücksichtigt gebliebenen[454] dogmatischen Figur des **Kompetenzübergriffs**[455] und verleiht damit dem Instrument des Formenmissbrauchs[456] neue Schlagkraft.[457] Ein Kompetenzübergriff liegt vor, wenn der Sachgesetzgeber in Ausübung ihm zustehender Sachkompetenzen Regelungen erlässt, die sich nicht primär in seiner eigenen, sondern im Kernbereich einer benachbarten Zuständigkeit auswirken.[458] Eine **unzulässige Übergriffswirkung des Sachgesetzgebers in Kompetenzen des Steuergesetzgebers**[459] ist jedoch nur bei erheblicher Fremdauswirkung anzunehmen, da gewisse Überschneidungen zwischen den Kompetenzen aus Art. 74 ff. GG und Art. 105 GG in der Verfassung angelegt sind. Relevante **Kriterien zur Beurteilung der Übergriffsintensität** sind (1) das Verhältnis von Sach- und Finanzierungsfunktion einer Regelung, (2) die sichtbare Rückkopplung der Sonderbelastung an den Belastungsgrund der Sondergruppe durch den Gesetzgeber, (3) die historische Auslegung und Entwicklung der Sachgesetzgebungskompetenz und (4) die Planmäßigkeit der Einflussnahme des Gesetzgebers.[460] Im Fall des EEG wirkt die beeinträchtigte Kompetenz des Art. 105 GG als Ausübungsschranke der Sachkompetenzen aus Art. 74 Abs. 1 Nr. 11 und 24 GG. Sach- und Finanzierungsfunktion stehen in keinem angemessenen Verhältnis mehr zueinander. Die Finanzierungsfunktion des EEG ist in den Vordergrund getreten und hat mittlerweile ein erhebliches Ausmaß erreicht. Die Förderbestimmungen der §§ 19–54 und der Umlagemechanismus dienen in erster Linie der Finanzierung der Mehrkosten, die für die Produktion von Strom aus erneuerbaren Quellen zur Erreichung der Klimaschutzziele der Bundesregierung vonnöten sind. Eine Sachregelung enthält der Abnahmezwang, der sich jedoch auch nicht in seiner bloßen Netzzugangssicherung erschöpft, sondern eine Vorrangregel für Netznutzungskonflikte enthält. Auch hat der Gesetzgeber bei der Belastung der Energieversorgungsunternehmen in § 60 Abs. 1 S. 1 mit der EEG-Umlage Versorger nach Maßgabe externer Ziele der Bundesregierung (s. § 1 Abs. 2) belastet, ohne das Ausmaß ihrer besonderen Verantwortlichkeit zu berücksichtigen.[461] Der Gesetzgeber beruft sich zwar auch bei der Neufassung des EEG im Jahr 2014

---

453 *von Stockhausen*, Gesetzliche Preisintervention zur Finanzierung öffentlicher Aufgaben, S. 227; ähnlich im Ergebnis *Erk*, Die künftige Vereinbarkeit des EEG mit Verfassungs- und Europarecht, S. 70; bereits früh *Treffer*, UPR 1996, 128, 130; *Richter*, Grenzen der wirtschaftlichen Förderung regenerativer Stromeinspeisungen in Deutschland, S. 225; *Blanke/Peilert*, RdE 1999, 96, 99 f.; a. A. OLG Hamm, Urt. v. 14.5.2013, 19 U 180/12, ZUR 2013, 502, 503.

454 Zuletzt von *Manssen*, WiVerw 2012, 170; DÖV 2012, 499; ET 11/2012, 49; *Gawel*, DVBl. 2013, 409 ff.; *Brandt*, ER 2013, 91 ff.

455 Zum Kompetenzübergriff BVerfGE 98, 83; 98, 106, 118 f.; bereits anklingend in BVerfGE 55, 274, 305; nachfolgend *Jarass*, AöR 126 (2001), 588 ff.; *Kube*, Finanzgewalt in der Kompetenzordnung, S. 209 ff.; *Wernsmann*, Verhaltenslenkung in einem rationalen Steuersystem, S. 177 ff.; für das EEG *von Stockhausen*, Preisinterventionen zur Erfüllung öffentlicher Aufgaben, S. 245 f.

456 Für die Wurzeln des Kompetenzübergriffs als Formenmissbrauch s. die Darstellung bei *Pestalozza*, „Formenmißbrauch" des Staates, S. 28. Jüngst erneut *Goerlich*, „Formenmißbrauch" und Kompetenzverständnis, S. 100 ff.

457 Der auch schon in der älteren Literatur erhobene Vorwurf des Handlungsformenmissbrauchs konnte sich nicht durchsetzen, *Dederer/Schneller*, RdE 2000, 214, 216.

458 *von Stockhausen*, Preisinterventionen zur Erfüllung öffentlicher Aufgaben, S. 250.

459 Zum umgekehrten Fall der unzulässigen Gestaltungswirkung von Lenkungssteuern *Wernsmann*, Verhaltenslenkung in einem rationalen Steuersystem, S. 184 f.

460 Nach *von Stockhausen*, Preisinterventionen zur Erfüllung öffentlicher Aufgaben, S. 285 ff.

461 So auch *von Stockhausen*, Preisinterventionen zur Erfüllung öffentlicher Aufgaben, S. 304.

auf das Verursacherprinzip.[462] Er sieht auch nach wie vor die Versorgungsunternehmen als die „für die Elektrizitätsversorgung maßgeblichen Akteure" an,[463] steht aber angesichts der zunehmenden Eigenversorgung in der Vergangenheit vor dem Problem einer konsistenten Begründung einer möglichst lastengleichen Verteilung. Demnach heißt es in offenem Widerspruch zum zuvor bemühten Verursacherprinzip: *„Verantwortung für die Ziele des EEG liegen folglich anders als zu Beginn der Förderung der erneuerbaren Energien nicht mehr allein bei den Stromversorgungsunternehmen. Mit der Dezentralisierung des Energiesystems einher geht auch eine erhöhte Sach- und Verantwortungsnähe derer, die diese Dezentralisierung wirtschaftlich für sich nutzen."*[464] Mittlerweile hat er – auf Druck der EU-Kommission – immerhin auch die Eigenversorger grundsätzlich mit der Umlage belastet (§ 61 Abs. 1 S. 2).

102 Die Finanzierungsform der Umlage kann auch keine historische Kontinuität für sich beanspruchen.[465] Gesetzlich sind sowohl die Höhe der Vergütung als auch ihre Erhebung sowie ihre Verteilung detailliert vorgegeben. Beim Einstellen der Förderkosten in den Belastungsausgleich kommt den Netzbetreibern gerade kein Spielraum zu. Zwar steht ihnen die Zahlung einer höheren Vergütung nach § 7 Abs. 2 frei, jedoch können sie diese Extrakosten mitnichten in den Belastungsausgleich einstellen.[466] Der Handlungsspielraum schmilzt damit erheblich zusammen. Vielmehr lässt der Staat über die Netzbetreiber und Versorger die Mittel erheben, weist die Fördersummen all denjenigen Anlagenbetreibern zu, die die gesetzlichen Voraussetzungen erfüllen, und sorgt mit den §§ 60 ff. i.V.m. der Ausgleichsmechanismusverordnung für die verbindliche Verteilung der finanziellen Lasten. Diese **Einnahmen- und Ausgabenwirksamkeit** macht die EEG-Umlage zum **Steuersurrogat**. Der Gesetzgeber des EEG macht sich planmäßig[467] die Mehrung staatlichen Finanzierungspotenzials zu Nutze und beeinflusst damit die staatliche Einnahmenwirtschaft.[468] Die funktionale Konkurrenz der EEG-Umlagefinanzierung zur Steuer hat der Gesetzgeber spätestens mit der Reform des EEG im Jahr 2004 in Kauf genommen.[469] Sie hat nunmehr ein Ausmaß erreicht, das den Finanzierungsmechanismus der EEG-Umlage jedenfalls gegen die Steuergesetzgebungskompetenz des Bundes aus Art. 105 GG als Kompetenzausübungsschranke verstoßen lässt. *von Stockhausen* hat bereits 2007 einen unzulässigen Übergriff des EEG in Kernbereiche der Steuergesetzgebungskompetenzen festgestellt: Bei einem Fördervolumen von ca. 2,7 Mrd. Euro im Jahr 2005 müsse bereits

---

462 BT-Drs. 18/1304, S. 162.

463 BT-Drs. 18/1304, S. 162.

464 BT-Drs. 18/1304, S. 162 f.

465 *von Stockhausen*, Preisinterventionen zur Erfüllung öffentlicher Aufgaben, S. 305.

466 *Brodowski*, Der Belastungsausgleich im Erneuerbare-Energien-Gesetz und im Kraft-Wärme-Kopplungsgesetz im Rechtsvergleich, S. 65; Frenz/Müggenborg/*Cosack*, § 35 Rn. 10; Frenz/Müggenborg/*Ekardt/Hennig*, § 16 Rn. 6; *Salje*, EEG, § 35 Rn. 45; *Gahr*, Strikte Gesetzesbindung statt Vertragsautonomie, S. 201 f., 206.

467 Nach *Pestalozza*, „Formenmißbrauch" des Staates, S. 125 a.E. ist gar kein subjektives Missbrauchselement erforderlich, ein objektiver Verstoß genügt.

468 So auch *von Stockhausen*, Preisinterventionen zur Erfüllung öffentlicher Aufgaben, S. 307 ff. Er gibt als grobe Untergrenze für einnahmenwirtschaftliche Relevanz eine Größe von 1 % des Umsatzsteueraufkommens an (S. 293, Fn. 236); dies wären im Jahr 2012 ca. 1,42 Mrd. Euro gewesen (s. Statistisches Bundesamt, Statistik über das Steueraufkommen, abrufbar auf www.destatis. de).

469 *von Stockhausen*, Preisinterventionen zur Erfüllung öffentlicher Aufgaben, S. 309.

die Abnahme- und Vergütungspflicht des § 37 Abs. 1 EEG 2004 wegen ihrer intensiven Übergriffswirkung für **verfassungswidrig** erklärt werden.[470]

Über das Gebot der Lastengleichheit und das Finanzverfassungsrecht kann auch keine for- **103** male Ausgestaltung des Gesetzgebers disponieren: Ob dieser einen Fonds einrichtet oder nicht, ist kein ausschlaggebendes und ausschließendes Kriterium.[471] Zwar kann bei Vorlie- gen eines solchen Fonds auf die staatliche Verfügungsgewalt über die Mittel geschlossen werden – der Umkehrschluss ist jedoch nicht gleichermaßen gültig.

Von der begrifflichen Einordnung im Recht eines einzelnen Mitgliedstaats[472] unabhän- **104** gig ist selbstverständlich die europarechtliche Einordnung einer Belastung (s. auch Rn. 113 ff.).[473] Die mitgliedstaatliche Einordnung als Sonderabgabe hat keine präjudi- zierende Kraft für deren beihilfenrechtliche Bewertung.[474]

2. Interdependenz von Finanzverfassungsrecht und Grundrechtschutz. Rechtmäßig- **105** keitsanforderungen an Sonderabgaben werden aus verschiedenen grundgesetzlich ge- schützten Interessen des Parlaments und der Belasteten hergeleitet: Der Gesetzgeber muss einen spezifischen Sachzweck bei der Erhebung einer Abgabe verfolgen, um nicht unzu- lässig in Steuerkompetenzen überzugreifen.[475] Dem parlamentarischen Budgetbewilli- gungsrecht soll Rechnung getragen werden durch Dokumentationspflichten und regelmä- ßige Überprüfungen der Abgabenerhebung.[476] Die gruppennützige Verwendung soll als Surrogat für die Ausgabenbewilligung des Parlaments fungieren.[477] Die Steuerkompetenz- ordnung dient aber auch dem Schutz des Einzelnen vor übermäßiger Belastung.[478] Der Fi- nanzverfassung ist auch eine „grundrechtliche Garantiefunktion" inhärent.[479] Gruppenho- mogenität und gruppennützige Verwendung stellen sicher, dass der Einzelne neben der Entrichtung der Steuer nicht über Gebühr belastet wird.[480] Aber auch bei der Beurteilung

---

470 *von Stockhausen*, Preisinterventionen zur Erfüllung öffentlicher Aufgaben, S. 330 f.
471 So ebenfalls *Manssen*, DÖV, 2012, 499, 502; *Kube/Palm/Seiler*, NJW 2003, 927, 930; *Dederer/ Schneller*, RdE 2000, 214, 215. Anders aber die neuere Rechtsprechung: LG Chemnitz, Urt. v. 22.3.2013, 1 HK O 1113/12, ZNER 2013, 185, 186.
472 Zur Terminologie im deutschen Recht *Kieser*, Sonderabgaben als Steuern, S. 69 ff.
473 *Götz*, in: FS Friauf, S. 37, 42; *Kreibohm*, Der Begriff der Steuer im europäischen Gemeinschafts- recht, S. 44 ff.; *Meyer*, Die Bewertung parafiskalischer Abgaben aus der Sicht des europäischen Beihilferechts, S. 62; Dass nationales und europäisches Recht eng miteinander verknüpft sind, zeigt das Urteil zum Absatzfonds Ernährungswirtschaft – vor dem EuGH als Steinike & Weinlig. Die Selbstständigkeit beider Ebenen zeigt auch der sog. Kohlepfennig, der europarechtlich als Beihilfe eingeordnet und gebilligt wurde (Kommission, Entsch. v. 4.4.1995, ABl. L 267/42 v. 9.11.1995), jedoch nach dem Urteil des BVerfG, das ihn als unzulässige Sonderabgabe qualifi- zierte (BVerfGE 91, 186), sein Ende fand.
474 So ist der Kohlepfennig bzw. sind die Mittel des durch ihn gespeisten Ausgleichsfonds zwar euro- parechtlich als Beihilfe eingeordnet und gebilligt worden (Kommission, Entsch. v. 4.4.1995, ABl. L 267/42 v. 9.11.1995), er fand jedoch nach dem Urteil des BVerfG, das ihn als unzulässige Son- derabgabe qualifizierte (BVerfGE 91, 186), sein Ende.
475 BVerfGE 55, 274; 91, 186, 202; ausführlich *von Stockhausen*, Gesetzliche Preisintervention für öffentliche Aufgaben, S. 198 ff.
476 *von Stockhausen*, Gesetzliche Preisintervention für öffentliche Aufgaben, S. 198 ff.
477 *von Stockhausen*, Gesetzliche Preisintervention für öffentliche Aufgaben, S. 204 ff.
478 *von Stockhausen*, Gesetzliche Preisintervention für öffentliche Aufgaben, S. 213 ff.
479 BVerfGE 92, 91, 115 f. – Feuerwehrabgabe.
480 *Hummel*, DVBl. 2009, 874, 883; *Ossenbühl*, DVBl. 2005, 667, 671; *von Stockhausen*, Gesetzliche Preisintervention für öffentliche Aufgaben, S. 213 ff., 220.

der Vereinbarkeit von Geldleistungspflichten mit der Berufsfreiheit[481] und der Eigentumsfreiheit[482] wird der Grundsatz der Belastungsgleichheit als wichtiger zusätzlicher Prüfungsmaßstab bemüht.[483] Liegt der Schwerpunkt der grundrechtlichen Beeinträchtigung auf einer Ungleichbehandlung, so gewinnt der Maßstab der Lastengleichheit innerhalb der Berufs- und Eigentumsfreiheit besondere Bedeutung. Für die Bewertung der auferlegten *Geldleistungspflicht* aus § 60 Abs. 1 ist das Gebot der Lastengleichheit primärer Prüfungsmaßstab.

106   **3. Unvereinbarkeit der EEG-Umlage mit den Grundrechten. a) Unvereinbarkeit mit dem Gebot der Lastengleichheit aus Art. 3 Abs. 1 GG.** Zentraler Beurteilungsmaßstab für die Umlagefinanzierung des EEG ist das Gebot der Belastungsgleichheit aus Artikel 3 Abs. 1 GG.[484] Der **Schwerpunkt der grundrechtlichen Beeinträchtigung** der **Energieversorger** liegt auf der Ungleichbehandlung im Vergleich zur Allgemeinheit der Steuerzahler und der Energieerzeugungsunternehmen. Zu Zeiten des StREG wurde noch die besondere Belastung der stromintensiven Industrie im Gegensatz zu übrigen Belasteten und die damals noch geographisch ungleich verteilte Einspeiselast an Art. 3 Abs. 1 GG überprüft.[485] Mittlerweile muss die EEG-Umlage angesichts ihres Ausmaßes daraufhin befragt werden, ob eine Sonderbelastung der Energieversorger und Letztverbraucher im Vergleich zur Allgemeinheit noch gerechtfertigt ist. Eben jene Härtefallklauseln (nunmehr besondere Ausgleichsregelung, §§ 63 ff.) haben neue Fragen der gleichheitswidrigen Belastung her-

---

481 BVerfGE 30, 292; 22, 380; 77, 308, 337; s. auch BGH, Urt. v. 22.10.1996, KZR 19/95, WRP 1997, 186, 193 – Stromeinspeisung II. Dort rekurriert der BGH innerhalb der Prüfung von Art. 12 Abs. 1 GG nicht ohne Grund auf die Vorgaben, die aus dem Bereich der Sonderabgaben bekannt sind: „Der Grundsatz der Gleichheit der Bürger bei der Auferlegung öffentlicher Lasten ist als wesentliche Ausprägung rechtsstaatlicher Demokratie […] nicht nur bei der Auferlegung von Abgaben […], sondern auch bei der Indienstnahme Privater für öffentliche Aufgaben zu beachten […]. Diese erfordert daher einen Zurechnungsgrund, wie er in einer besonderen Verantwortungsbeziehung zwischen dem Belasteten und der zu erfüllenden Aufgabe liegen kann […]." *Ossenbühl*, RdE 1997, 46, 50 spricht von „Doppellegitimation kostenabwälzender Berufsausübungsregeln". Gegen einen Rückgriff auf die Sonderabgabendogmatik v. Mangoldt/Klein/Starck/*Manssen*, Art. 12 Rn. 202; v. Münch/Kunig/*Kämmerer*, Art. 12 Rn. 99; v. Mangoldt/Klein/Starck/ *Heun*, Art. 3 Rn. 87. *Braun*, K&R 2009, 386, 389 schlägt anstatt eines Rückgriffs auf Sonderabgabenmaßstäbe die Orientierung am Gebührenrecht vor – eine entschädigungslose Indienstnahme sieht er als De-facto-Gebühr an.
482 BVerfGE 49, 382, 395; 81, 12, 21; 77, 308, 337; Maunz/Dürig/*Papier*, Art. 14 Rn. 378j; v. Münch/Kunig/*Bryde*, Art. 14 Rn. 104.
483 Ausführlich und überzeugend dazu die Herleitung von *von Stockhausen*, Gesetzliche Preisintervention für öffentliche Aufgaben, S. 527 ff.; im Ergebnis ebenso *Erk*, Die künftige Vereinbarkeit des EEG mit Verfassungs- und Europarecht, S. 71; ebenso *Treffer*, UPR 1996, 128, 139; *Blanke/ Peilert*, RdE 1999, 96, 100; *Ossenbühl*, RdE 1997, 46, 47; *Friauf*, ET 1995, 597, 599. Dagegen *Theobald*, NJW 1997, 550 ff.; *Hucko*, RdE 1995, 141, 142; *Studenroth*, DVBl. 1995, 1216, 1221. Nicht überzeugend die Kritik von *Baer*, Abnahmepflichten und Vergütungspflichten in der Energiewirtschaft, S. 310 ff.
484 *von Stockhausen*, Gesetzliche Preisintervention für öffentliche Aufgaben, S. 544. *Lee*, Umweltrechtlicher Instrumentenmix und kumulative Grundrechtswirkungen, 2013, prüft lediglich kumulative Einwirkungen auf die allgemeine Handlungsfreiheit, nicht aber auf Art. 3 Abs. 1 GG; so auch *Greenawalt*, Die Indienstnahme privater Netzbetreiberpflichten bei der Telekommunikationsüberwachung in Deutschland, S. 219 f. Auch *von Schweinitz*, in: FS Kloepfer, S. 505, 514 zieht bei Betrachtung der EEG-Umlage und weiterer Instrumente ausschließlich eine Verletzung von Art. 12, 14 und 2 GG aufgrund kumulativer Grundrechtseinwirkungen in Betracht.
485 S. z. B. *Pohlmann*, NJW 1997, 545, 549 f.

Steffens

vorgerufen.[486] Mit der Entrichtung der Steuer hat der Einzelne grundsätzlich abschließend seinen Beitrag zur Gemeinlastfinanzierung erbracht.[487] Das Gebot der Lastengleichheit soll sicherstellen, dass Bürgern neben der Steuer Sonderbelastungen nur nach ihrer Leistungsfähigkeit auferlegt werden.[488] Nunmehr beklagte **Energiearmut** und **soziale Umverteilungswirkungen** der EEG-Umlage[489] sind im Kern Probleme der Lastengleichheit. Selbst wenn man die EEG-Umlage nicht als Sonderabgabe einordnet, so muss sie auch als abgabenähnliche Preisintervention den Anforderungen des Art. 3 Abs. 1 GG standhalten.[490]

§ 60 Abs. 1 S. 1 erlegt den Energieversorgungsunternehmen eine Geldleistungspflicht zur **107** Finanzierung des Ausbaus der Stromproduktion aus erneuerbaren Energien auf. Er behandelt damit diejenigen Unternehmen, die Energie an Letztverbraucher liefern, im Gegensatz zur Allgemeinheit der Steuerzahler **ungleich**, sodass der Schutzbereich des Art. 3 Abs. 1 GG eröffnet ist.[491] Anknüpfungspunkt der Ungleichbehandlung ist die Lieferung von Strom an Letztverbraucher in Kilowattstunden. Als sachliches Rechtfertigungskriterium i. S. d. neuen Formel[492] kann an die besondere Sachnähe und eine daraus erwachsende besondere Verantwortung zur Finanzierung der Aufgabe gelten. Die neuere Literatur kritisiert das von *Friauf* postulierte und sodann vom BVerfG übernommene Kriterium der besonderen Sachnähe zur Bestimmung der Finanzierungsverantwortung. Zweckmäßigkeits- und Praktikabilitätserwägungen zugunsten der Belastung der Stromversorger, die noch auf alten Marktstrukturen beruhten, sind keine zulässigen Sachgründe.[493] Eine besondere **Verantwortungsbeziehung** könnte über das umweltrechtliche **Verursacherprinzip** hergestellt werden, auf dessen Grundlage Verursacher von Umweltschäden zu deren Beseitigung verpflichtet sind.[494] Der Gesetzgeber selbst trifft jedoch widersprüchliche Aussagen dazu, wer nun eine besondere Verantwortung für den Umbau hin zu einer umweltfreundlichen Stromversorgung trägt.[495] Bei Erlass des EEG 2000 – in der Anfangsphase der Strommarkt-

---

486 Die Ungleichbehandlung von Belasteten gegenüber der Allgemeinheit der Steuerpflichtigen hat der BGH innerhalb des Art. 12 Abs. 1 GG geprüft, dazu oben Rn. 100, insb. Fn. 447.

487 *Kirchhof*, HdbStR V, § 119 Rn. 14.

488 BVerfGE 11, 105, 115; Grundlegend *Friauf*, in: FS Jahrreiß, S. 45 f.

489 *Manssen*, DÖV 2012, 499, 503. Für Europa *Bouzarovski/Petrova/Sarlamanov*, Energy Policy 49 (2012), 76, 81: „energy poverty is gradually entering the European political mainstream"; *Johnston*, in: Szyszczak, Research Handbook on European State Aid Law, S. 397, 404 f.

490 S. o. Fn. 453.

491 Es könnte auch mit Fug und Recht behauptet werden, dass das EEG die Abwälzung der EEG-Kosten auf die Letztverbraucher planmäßig vorsieht und ermöglicht (z. B. durch §§ 78, 79; §§ 63 ff.), weshalb die Letztverbraucher als gegenüber der Allgemeinheit ausgesonderte und verantwortliche Gruppe anzusehen wäre. Oft wird deshalb auch von der 5. Stufe des Wälzungsmechanismus gesprochen, *Manssen*, DÖV 2012 499, 501; Frenz/Müggenborg/*Cosack*, Einführung §§ 34–39 Rn. 14.

492 Maunz/Dürig/*Herzog*, Art. 3 Anh. Rn. 6 ff.

493 So wohl BT-Drs. 14/2341, S. 8.

494 *Thiemann*, AöR 138 (2013), 60, 93 ff.; ähnlich auch *Waechter*, ZG 2005, 97, 112 f. Zum Verursacherprinzip *Kloepfer*, Umweltrecht, § 4 Rn. 41 ff.; Landmann/Rohmer/*Epiney*, Art. 191 AEUV Rn. 38 ff.; Sonderabgaben werden auf dem Hintergrund dieses Gedankens im Umweltrecht zur Abschöpfung des Vorteils eingesetzt, den Einzelne durch den kostenfreien „Gebrauch" natürlicher Gemeinschaftsgüter (wie z. B. natürlicher Wasserressourcen) erlangen: BVerfG, Beschl. v. 7.11.1995, 2 BvR 413/88, 2 BvR 1300/93, NVwZ 1996, 469 – Wasserpfennig; dazu *Murswiek*, NVwZ 1996, 417. Des Weiteren *Jachmann*, StuW 1997, 299, 307; *Jochum*, StuW 2006, 134, 143.

495 *von Stockhausen*, Gesetzliche Preisintervention zur Finanzierung öffentlicher Aufgaben, S. 732.

liberalisierung – benannte er die Stromhändler als Verantwortliche.[496] So visierte er bei Erlass der Stromsteuer als besonderer Verbrauchssteuer jedoch die Stromverbraucher als Ziel gesetzgeberischer Lenkung an.[497] Zur Änderung des EEG im Jahr 2004 will der Gesetzgeber die Kosten des Gesetzes in Anknüpfung an das EEG 2000 weiterhin den Stromlieferanten als Verantwortlichen aufbürden.[498] An anderer Stelle derselben Gesetzesbegründung möchte er hingegen Kosten „möglichst verursachergerecht auf alle Stromabnehmer"[499] verteilen. Die Überwälzung der Kosten aus der KWK-Umlage sieht der Gesetzgeber ebenfalls durch die Verursacherverantwortlichkeit der Stromverbraucher gerechtfertigt.[500] Auch Teile der Literatur sehen die Letztverbraucher als die tatsächlich Belasteten an.[501] Im Widerspruch dazu steht die gesetzliche Ausgestaltung des § 60 Abs. 1 S. 1.[502] Die soeben aufgezeigten Inkonsistenzen werden deutlich, wenn der Gesetzgeber nunmehr im EEG 2014 vom Verursacherprinzip, so wie er es interpretiert hatte (Versorger als Verursacher), abrückt und die Verantwortlichkeit zur Zahlung der Umlage auch auf die wirtschaftliche Nutzung des dezentralen Energieversorgungssystems zurückführt.[503]

108 Im Ergebnis lässt sich eine besondere Verantwortung der Versorger nicht herleiten. Erst recht ist eine wirtschaftliche Nutzungsmöglichkeit dezentraler Energieversorgungsstrukturen kein konsistentes Belastungskriterium. Vielmehr trifft die Energieproduzenten und damit am Ende die **Energieverbraucher** die Verantwortung zur klimafreundlichen Energieerzeugung.[504] Zwar wird vereinzelt vorgebracht, dass die Versorgungsunternehmen aufgrund von § 1, 2 EnWG einer klimafreundlichen Versorgung besonders verpflichtet wären.[505] Sofern jedoch auf ihre Eigenschaft als wichtige Einzelemittenten Bezug genommen wird,[506] leitet sich die Verantwortung in erster Linie aus dem Eigenverbrauch von Elektrizität ab. Warum in diesem Fall ausschließlich Stromproduzenten, nicht aber andere produzierende Unternehmen, belastet werden, die als Verbraucher von Energie und als Produzent verursachungsverantwortlich sind, war bisher nicht konsistent erklärbar. Die offenen Brüche wurden spätestens bei der Abschaffung des Grünstromprivilegs sichtbar. Versorgungsunternehmen können zwar über ihre Nachfragetätigkeit einen gewissen Einfluss auf die Erzeugungsstruktur nehmen, jedoch ist diese mittelbare Lenkungsmöglichkeit vornehmlich

---

496 BT-Drs. 14/2776, S. 24: „Diese vierte Stufe führt zu einer dem Prinzip der Entflechtung von Elektrizitätsversorgungsunternehmen ideal entsprechenden Verpflichtung der Stromlieferanten als Verursacher einer klima- und umweltgefährdenden Energieerzeugung."

497 BT-Drs. 14/40, S. 10.

498 BT-Drs. 15/2864, S. 48.

499 BT-Drs. 15/2864, S. 49.

500 BT-Drs. 14/7024, S. 14.

501 Die Weitergabe an den Verbraucher wird deshalb regelmäßig auch als fünfte Stufe des Wälzungsmechanismus bezeichnet *Ahnsehl/Hendrich*, in: Gerstner, Kap. 6 Rn. 89 ff., S. 609 f.; Frenz/Müggenborg/*Cosack*, Einführung §§ 34–39 Rn. 14; *Brahms/Maslaton*, NVwZ 2014, 760, 761; *Manssen*, DÖV 2012, 499, 501.

502 Auf dem Hintergrund des Gesagten scheint *Lee*, Umweltrechtlicher Instrumentenmix und kumulative Grundrechtswirkungen, S. 182 in die falsche Richtung zu argumentieren: „Sie [die Weitergabe der Belastungen, JS] entspricht jedoch der umweltpolitischen Ratio beider Gesetze, denn die Abwälzung der Kosten auf den Kunden dient dazu, das Verursacherprinzip umzusetzen."

503 BT-Drs. 18/1304, S. 162 f.

504 *Arndt*, RdE 1995, 41, 46.

505 *Altrock*, „Subventionierende" Preisregelungen, S. 269.

506 *Altrock*, „Subventionierende" Preisregelungen, S. 269 a. E.

auf die Nachfrage der Verbraucher zurückzuführen.[507] Zudem ist sie begrenzt. In erster Linie beeinflussen Erzeugungsunternehmen die Elektrizitätsproduktion. Versorgungsunternehmen können zwar gleichzeitig Erzeuger sein; ein Großteil der Versorgungsunternehmen übt jedoch reine Händlertätigkeiten aus. Warum diese Unternehmen eine besondere Verantwortung zur Finanzierung einer anderen Gruppe – nämlich der Erzeuger – treffen soll, ist nicht ersichtlich.[508] Da die Umlage nicht zugunsten der Versorger, sondern fremdnützig verwendet wird, ist die Ungleichbehandlung auch keiner sachlichen Rechtfertigung nach dem Gedanken der Vorteilsabschöpfung bei Umweltbeeinträchtigungen zugänglich.[509] Die Belastung der Stromversorgungsunternehmen durch § 60 Abs. 1 S. 1 ist im Ergebnis mit Art. 3 Abs. 1 GG **unvereinbar**.[510] Den Betroffenen wird ohne hinreichende sachliche Gründe eine die Allgemeinheit treffende Last des Umbaus der deutschen Energieerzeugungsstruktur aufgebürdet. Ein Dilemma der Finanzierung aufgrund des Verursacherprinzips liegt zudem darin, dass immer mehr grüne Erzeuger immer weniger konventionellen Erzeugern gegenüberstehen. Im Kern legt dieses Dilemma abermals das Problem einer lastengerechten Finanzierung frei. Mit der Abschaffung des Grünstromprivilegs im EEG 2014 (s. nun § 61 Abs. 1 S. 1) wird dies deutlich.[511] Die notwendige Konsequenz ist die Verteilung der Lasten auf die Schultern der **Steuerzahler**.[512]

b) Folgewirkungen für Berufs- und Eigentumsfreiheit. Die Pflicht zur Zahlung der **109** EEG-Umlage nach § 60 Abs. 1 S. 1 richtet sich an Energieversorgungsunternehmen. Sie darf nicht unverhältnismäßig in deren Freiheit beruflicher Betätigung eingreifen, die nach Art. 12 GG geschützt ist. Die Pflicht zur physischen Abnahme von EEG-Strom ist am 1.1.2010 entfallen, sodass die berufliche Freiheit der Versorger durch einen Abnahmezwang nicht mehr beeinträchtigt ist. Art. 12 Abs. 1, Art. 19 Abs. 3 GG gewähren Unternehmen jedoch ebenso, ihre Geschäfte eigenständig zu führen, frei über Kapital zu disponieren und Preise zu setzen.[513] Auch gemischt-wirtschaftliche Unternehmen sind grund-

---

507 So auch *von Stockhausen*, Gesetzliche Preisintervention zur Finanzierung öffentlicher Aufgaben, S. 737.

508 *Erk*, Die künftige Vereinbarkeit des EEG mit Verfassungs- und Europarecht, S. 76 f.; *von Stockhausen*, Gesetzliche Preisintervention zur Finanzierung öffentlicher Aufgaben, S. 753 geht deshalb auch von einer sachwidrigen Abgrenzung der sonderbelasteten Gruppe aus.

509 *von Stockhausen*, Gesetzliche Preisintervention zur Finanzierung öffentlicher Aufgaben, S. 754; im Ergebnis ähnlich *Erk*, Die künftige Vereinbarkeit des EEG mit Verfassungs- und Europarecht, S. 76 f.; *Arndt*, RdE 1995, 41, 46; auch *Waechter*, ZG 2005, 97, 112 f., der anstelle der Sonderabgabenkriterien eine zivilrechtlich geprägte Systematik der Zurechnungsgründe für Sonderlasten vorschlägt, wirft Zurechnungsschwierigkeiten auf: „Ob in einem System freier Marktwirtschaft und Konkurrenz eine Gruppenverantwortung eines Standes für die Finanzierung und Existenzfähigkeit der Mitglieder angenommen werden dürfte, ist sehr fraglich." (S. 111). Im Übrigen stützt auch er sich auf das Verursacherprinzip (S. 113). *Thiemann*, AöR 138 (2013), 60, 93 ff. identifiziert das Verursacherprinzip als eine der beiden nunmehr in der neueren Rechtsprechung des BVerfG hervortretenden Sachgründe einer kollektiven Sonderbelastung.

510 Zweifel an der Vereinbarkeit der Umlage mit Art. 3 Abs. 1 GG äußern jüngst auch *Pielow*, EurUP 2013, 150, 157; *Burgi*, JZ 2013, 745, 749.

511 Dazu BT-Drs. 18/1304, S. 162.

512 So auch allgemein *Elicker*, NVwZ 2003, 304, 307: „Wird jemand mit einer Naturalleistungspflicht aus Gründen belastet, welche die damit einhergehende Lastenzuteilung nicht vor dem Grundsatz der Lastengleichheit rechtfertigen können, so muss die nicht gerechtfertigte Lastenzuteilung durch einen Ausgleich aus allgemeinen Steuermitteln kompensiert werden."

513 *Ossenbühl*, AöR 115 (1990), 1, 21 ff.

rechtsberechtigt.[514] Sofern die Versorgungsunternehmen die zusätzliche finanzielle Belastung aus der EE-Förderung nicht an ihre eigenen Abnehmer weitergeben können, sind sie endgültig mit der **Geldleistungspflicht** belastet. Damit greift auch die Zahlungspflicht nach § 60 Abs. 1 S. 1 als Berufsausübungsregel in die unternehmerische Freiheit aus Art. 12 Abs. 1 GG ein.[515] Auch wenn das BVerfG die Rechtmäßigkeitsmaßstäbe nicht mehr ausschließlich anhand formaler Eingriffsqualifikationen zuordnet und auch Ausübungsregeln mit hoher Eingriffsintensität den Rechtfertigungsanforderungen für Zulassungsschranken unterwirft,[516] so kommt § 60 Abs. 1 S. 1 nicht die Wirkung einer Berufswahlregelung zu.[517] Es genügen damit vernünftige Erwägungen des Allgemeinwohls zur Rechtfertigung der Freiheitseinschränkung.[518]

110   Selbst wenn die Auferlegung einer reinen Geldleistungspflicht, die nicht die Substanz des betrieblichen Eigentums angreift, vom **Schutzbereich des Art. 14 Abs. 1 GG** erfasst sein sollte,[519] gleichen sich die Rechtfertigungsmaßstäbe von Berufsausübungsregeln und Inhalts- und Schrankenbestimmungen i. R. v. Art. 14 GG immer weiter an.[520]

111   Entscheidend ist sowohl im Rahmen von Art. 12 Abs. 1 GG als auch Art. 14 Abs. 1 GG, dass trotz der Idealkonkurrenz von Art. 3 Abs. 1 und Art. 12 Abs. 1 und 14 Abs. 1 GG sowohl bei Zahlungs- als auch Dienstleistungspflichten der Schwerpunkt der grundrechtlichen Rechtfertigungsüberlegungen innerhalb der Verhältnismäßigkeitsprüfung der Art. 12 Abs. 1 und Art. 14 Abs. 1 GG auf Lastengleichheitserwägungen liegt.[521] Dementsprechend misst ein Großteil der Literatur eine berufsregelnde Ungleichbehandlung an Art. 12 Abs. 1

---

514 Ausführlich dazu *Storr*, Der Staat als Unternehmer, S. 187 ff., 237, 254; s. auch *Erk*, Die künftige Vereinbarkeit des EEG mit Verfassungs- und Europarecht, S. 82 ff. Zuletzt zur Grundrechts*bindung* gemischt-wirtschaftlicher Unternehmen in Privatrechtsform BVerfGE 128, 226 (Ls. 1).

515 So auch BGH, Urt. v. 22.10.1996, KZR 19/95, WRP 1997, 186, 191 – Stromeinspeisung II; Urt. v. 11.6.2003, VIII ZR 160/02, NVwZ 2006, 1143, 1144 – Stromeinspeisung III; auch bei anderen Vergütungsregeln hat das BVerfG regelmäßig einen Eingriff in Art. 12 Abs. 1 GG bejaht: BVerfGE 68, 193, 218; 88, 145, 159; 101, 331, 346 f.; 103, 172, 182 f.

516 Ursprünglich zur Drei-Stufen-Theorie BVerfGE 3, 377; später 11, 30, 41 f.; 30, 292, 313 f.; 77, 84, 105 f., zur „neuen Verhältnismäßigkeitsformel", die sich bereits in der Rechtsprechung ab 1995 andeutet v. Münch/Kunig/*Kämmerer*, Art. 12 Rn. 67; *Breuer*, in: HdbStR VIII, § 17 Rn. 50 f.

517 Zur alten Rechtslage der physischen Abnahmepflichten: BGH, Urt. v. 22.10.1996, KZR 19/95, WRP 1997, 186, 191 – Stromeinspeisung II; Urt. v. 11.6.2003, VIII ZR 160/02, NVwZ 2006, 1143, 1144 – Stromeinspeisung III; *Altrock*, Subventionierende Preisregelungen, S. 229 ff.; *Richter*, Grenzen der wirtschaftlichen Förderung regenerativer Stromeinspeisungen in Deutschland, S. 197 ff.; *von Stockhausen*, Gesetzliche Preisintervention zur Finanzierung öffentlicher Aufgaben, S. 452; *Erk*, Die zukünftige Vereinbarkeit des EEG mit Verfassungs- und Europarecht, S. 97.

518 Für eine ausführliche Prüfung der Abnahme- und Vergütungspflichten des EEG 2000 an dem Maßstab der Art. 12 Abs. 1 und Art. 14 Abs. 1 GG *Altrock*, „Subventionierende" Preisregelungen, S. 197 ff. und 228 ff.

519 Nach bisher herrschender Ansicht vermittelt Art. 14 Abs. 1 GG keinen reinen Vermögensschutz, sondern wird erst bei einem Eingriff in die betriebliche Substanz tangiert, dazu; *Schmidt-Preuß*, Substanzerhaltung und Eigentum, S. 24 ff., Sachs/*Wendt*, Art. 14 Rn. 38 f.; Maunz/Dürig/*Scholz*, Art. 14 Rn. 160 f.; v. Mangoldt/Klein/Starck/*Depenheuer*, Art. 14 Rn. 384; s. auch *Altrock*, „Subventionierende" Preisregelungen, S. 214; a. A. *von Stockhausen*, Gesetzliche Preisintervention zur Finanzierung öffentlicher Aufgaben, S. 566; v. Münch/Kunig/*Bryde*, Art. 14 Rn. 23.

520 *Papier*, in: FS Baur, S. 209, 223; eine zulässige Berufsausübungsregelung wird auch eine zulässige Eigentumsbeschränkung sein, BVerfGE 50, 290, 364; Schmidt-Bleibtreu/Hofmann/Hopfauf/*Hofmann*, Art. 12 Rn. 98: „Kohärenzverhältnis".

521 S. o. Fn. 447.

---

i.V.m. Art. 3 Abs. 1 GG.[522] Das Prinzip der steuerlichen Lastengleichheit enthält einen allgemeinen Grundsatz der Lastengleichheit, der auch auf die Verpflichtung zu Dienstleistungen anwendbar ist.[523] Die Verpflichtung der Verteilernetzbetreiber und ÜNB, die EEG-Umlage zu verwalten und den Strom aus erneuerbaren Energien vorrangig abzunehmen,[524] muss sich ebenfalls an Lastengleichheitserwägung messen lassen. Der **Schwerpunkt der Grundrechtsbeeinträchtigung** der *Versorger* liegt im EEG 2012 und auch im EEG 2014 jedoch auf der **Zahlungspflicht**, nicht auf der Handlungspflicht zur Zahlung, also **auf Art. 3 Abs. 1 (ggf. i.V.m. Art. 12 Abs. 1 GG)**. Die hiesigen Ausführungen konzentrieren sich auf den Gleichheitssatz, nicht auf die Beurteilung freiheitsrechtlicher Einschränkung.[525] Dennoch kann wohl die Sonderbelastung der Stromversorgungsunternehmen nicht gleichzeitig mit Art. 3 Abs. 1 GG unvereinbar, aber mit Art. 12 Abs. 1 und 14 Abs. 1 GG in Einklang zu bringen sein.[526] Eine sachwidrige Sonderbelastung in Form einer Berufsausübungsregel verstößt wohl gleichzeitig auch gegen Art. 12 Abs. 1 GG.[527]

Die Berücksichtigung von Lastengleichheitsaspekten und der Konkretisierungen ihrer Rechtmäßigkeitsanforderungen führt nicht zu einer bloßen analogen Anwendung der Sonderabgabenjudikatur, sondern begründet eigenständige Maßstäbe,[528] die aus spezifischen grundrechtlichen Gefährdungslagen erwachsen.[529] Zwar ist bei einer Indienstnahme zwischen dem freiheitlichen Eingriffsmoment und der Kostentragung zu unterscheiden, § 60 Abs. 1 S. 1 erlegt den *Versorgern* jedoch keine Handlungspflicht zur Erbringung von Dienstleistungen auf, die im öffentlichen Interesse stehen (wie z.B. § 110 Abs. 1 Nr. 1 TKG),[530] sondern erschöpft sich in der reinen Kostenbelastung. **112**

---

522 BVerfGE, 25, 236, 251; 30, 292, 237; Maunz/Dürig/*Scholz*, Art. 12 Rn. 153; Sachs/*Mann*, Art. 12 Rn. 199; Schmidt-Bleibtreu/Hofmann/Hopfauf/*Hofmann*, Art. 12 Rn. 97; *Breuer*, in: HdbStR VIII, 3. Aufl. 2010, § 170 Rn. 129.

523 *Elicker*, NVwZ 2003, 304, 306.

524 Dazu gehört die Erhebung der Umlage, aber auch die vorrangige Abnahme des EE-Stroms.

525 Eine freiheitsrechtliche Betrachtung findet sich bei *Lee*, Umweltrechtlicher Instrumentenmix und kumulative Grundrechtseinwirkungen, 2013.

526 In diese Richtung wohl auch v. Münch/Kunig/*Kämmerer*, Art. 12 Rn. 99, anders wohl BVerfGE 3, 377, 404, demzufolge Art. 12 Abs. 1 strengere Maßstäbe als Art. 3 Abs. 1 GG bereithalte. Im Apothekenurteil ging es allerdings auch nicht um eine bloße Zahlungspflicht. Eine andere als die hier vorgeschlagene grundrechtliche Bewertung würde sich u.U. für die Rechtslage vor dem 1.10.2010 ergeben.

527 A.A. für sowohl eine Verletzung von Art. 3 als auch Art. 12 GG *Waldhoff/Roßbach*, WiVerw 2014, 1, 24 ff.

528 *von Stockhausen*, Gesetzliche Preisintervention zur Finanzierung öffentlicher Aufgaben, S. 818.

529 Die Feststellung von *Baer*, Abnahmepflichten und Vergütungspflichten in der Energiewirtschaft, S. 311 verwundert: „Für eine analoge Anwendung fehlt es aber am Regelungsbedarf, da in Bezug auf jede Beeinträchtigung der Grundrechte aus Art. 3 Abs. 1 GG oder Art. 12 Abs. 1 GG keine ungeplante Lücke des Verfassungsrechts attestiert werden kann." Der Gesetzgeber muss die Schutzbereichseröffnung nicht regeln. Im Kern wendet sich *Baer* damit wohl gegen eine generelle Schutzbereichsverquickung oder eine Schrankenübertragung von Art. 3 und Art. 12 GG auf Art. 2 Abs. 1 GG.

530 BerlKommTKG/*Klesczewski*, § 110 Rn. 10; *Greenawalt*, Die Indienstnahme privater Netzbetreiber bei der Telekommunikationsüberwachung in Deutschland, 2009.

IX. EEG und Europarecht

113 Der sekundärrechtliche Rahmen für die Förderung erneuerbarer Energien besteht zuvorderst aus der Richtlinie 2009/28/EG (EE-Richtlinie). Die Richtlinie 2009/72/EG (Elektrizitätsbinnenmarktrichtlinie) und die VO 714/2009/EG (Stromhandelsverordnung), die als Teile des Dritten Binnenmarktpakets im selben Jahr ergangen ist, gehören ebenfalls zum Prüfungsmaßstab für nationale Maßnahmen der Erneuerbaren-Förderung.[531] Abnahme- und Vergütungspflichten für Strom aus erneuerbaren Energien sind durch das Sekundärrecht nicht abschließend geregelt.[532] Das Sekundärrecht kann aber innerhalb der Verhältnismäßigkeitsprüfung der Warenverkehrsfreiheit herangezogen werden.[533] Mitgliedstaaten besitzen einen Spielraum bei der Ausgestaltung der Erneuerbaren-Förderung nach der EE-Richtlinie und könnten damit theoretisch weiterhin potenziell grundfreiheitswidrige Regelungen erlassen. In einem harmonisierten Rechtsrahmen fehlte ihnen bereits die Kompetenz dazu.[534] Nationale Maßnahmen sind damit weiterhin am Primärrecht zu messen.[535]

114 **1. Beihilfenrecht.** Bereits vor Inkrafttreten der ursprünglichen Richtlinie zur Förderung erneuerbarer Energien hatte die Kommission verschiedene mitgliedsstaatliche Förderregelungen auf ihren Beihilfecharakter überprüft und für mit dem gemeinsamen Markt vereinbar erklärt.[536] Auch Deutschland notifizierte ursprünglich das StrEG von 1990, gegen das die Kommission keine Einwände erhob.[537] Nachdem das *PreussenElektra*-Urteil erging, hat die Kommission auch das EEG 2000 – unter ausdrücklicher Ausweitung der Preussen-Elektra-Grundsätze – nicht als Beihilfe eingestuft.[538] Zwei jüngst ergangene Entscheidungen der europäischen Kommission zum Österreichischen Ökostromgesetz (ÖSG)[539] und

---

531 Zum Verhältnis der beiden genannten Richtlinien: Danner/Theobald/*Oschmann*, Einf. Rn. 59 ff., der die EE-RL als lex specialis zur EltRL ansieht; *Erk*, Die zukünftige Vereinbarkeit des EEG mit Verfassungs- und Europarecht, S. 201 f. schlägt einen schonenden Ausgleich nach dem Prinzip des effet utile vor – bezieht sich allerdings noch auf die Vorgängerrichtlinien; zur These, dass Mitgliedstaaten spätestens seit dem 1.7.2007, mit dem Ablauf der Umsetzungsfrist der zweiten Binnenmarktrichtlinie, nationale Fördersysteme für Betreiber aus anderen Mitgliedstaaten öffnen müssten: *Karpenstein/Schneller*, RdE 2005, 6; *Weigt*, ET 2005, 656, 661; *Mombaur/Kohl*, ET 2003, 626 ff.; *Häder*, ET 2004, 366, 368; *Sohre*, ZNER 2003, 300, 301; dagegen verneinend *Cremer*, EuZW 2007, 591 ff.; *Klinski*, ZNER 2005, 207, 215; *Fricke*, Die Teilnahme des Strom-Contractings am Belastungsausgleich nach dem Erneuerbare-Energien-Gesetz, S. 76 f.

532 *L. Scholz*, Die Rechtfertigung von diskriminierenden umweltpolitischen Steuerungsinstrumenten, S. 93; *Ekardt/Schmeichel*, ZEuS 2009, 171, 183; *Erk*, Die zukünftige Vereinbarkeit des EEG mit Verfassungs- und Europarecht, S. 195 lässt die Frage offen, weil sie gleichermaßen zu einer sekundärrechtlichen Rechtfertigung der Maßnahmen gelangt.

533 *Ekardt/Schmeichel*, ZEuS 2009, 171, 183; *Erk*, Die zukünftige Vereinbarkeit des EEG mit Verfassungs- und Europarecht, S. 195 ff.

534 Dies betont zu Recht *Erk*, Die zukünftige Vereinbarkeit des EEG mit Verfassungs- und Europarecht, S. 191.

535 *L. Scholz*, Die Rechtfertigung von diskriminierenden umweltpolitischen Steuerungsinstrumenten, S. 93; *Ekardt/Schmeichel*, ZEuS 2009, 171, 183.

536 Entsch. v. 20.12.1995, N 760/95, ABl. C 70/6 v. 8.3.1996; v. 16.6.1998, N 752/97, ABl. C 244/8 v. 4.8.1998 (Niederlande) und Entsch. v. 3.12.1997, N 305/1996, ABl. C 58/7 v. 24.2.1998 (Dänemark).

537 BT-Drs. 11/7816, S. 4; Kommission, XX. Bericht über die Wettbewerbspolitik, 1990, Rn. 291.

538 Kommission, Entsch. v. 22.5.2002, NN 27/2000, C (2002)1887 fin., S. 3.

539 Kommission, Entsch. v. 22.7.2009, N 446/2008, C 24/2009, K(2009) 3548 endgültig, S. 11, Rn. 41 (Ökostromgesetz 2009); lediglich implizit hingegen Mitt. v. 8.2.2012, SA.33384C (2012) 565 final, S. 16, Rn. 67 f. (Ökostromgesetz 2012); Österreich hatte nach der Entscheidung des

die darauf folgende Entscheidung des EuG gaben bereits Anlass zu einer erneuten kritischen Prüfung der Beihilfenrechtskonformität des deutschen EEG.[540] Denn das EEG in seiner heutigen Form weicht in wesentlichen Teilen von seinen Vorgängern ab, die seinerzeit Gegenstand der primärrechtlichen Überprüfung waren.[541] Die Kommission hat demnach sowohl das Österreichische Fördersystem als Beihilfe eingestuft[542] als auch das deutsche EEG in seinem jüngsten Eröffnungsbeschluss unter Art. 107 Abs. 1 AEUV gefasst.[543] Auch die französische Windstromförderung stellt nach jüngster EuGH-Judikatur eine Beihilfe nach Art. 107 Abs. 1 AEUV dar.[544]

Die Richtlinie 2001/77/EG stellte noch in Art. 4 Abs. 1 und Erw. 12 deutlich heraus, dass **115** das **Beihilfenrecht** auf die Fördermechanismen, die Mitgliedstaaten in Umsetzung der Richtlinie erlassen, volle **Anwendung findet**.[545] Ein ganz ähnlicher Hinweis auf das Verhältnis von Richtlinienumsetzung und Beihilfenrecht findet sich nunmehr etwas versteckt in Anhang I Fn. 1: *„Mit Blick auf die Erreichung der in diesem Anhang festgelegten nationalen Ziele ist hervorzuheben, dass in den Leitlinien für staatliche Beihilfen für den Umweltschutz die weitere Notwendigkeit von nationalen Fördermaßnahmen für die Förderung von Energie aus erneuerbaren Quellen anerkannt wird."* Eine Art. 4 der alten Richtlinie ähnelnde Formulierung findet sich indes in der neuen Richtlinie nicht mehr. Die unbeschadete Anwendung der Beihilfenregelungen wird lediglich in Art. 3 Abs. 3 S. 2, allerdings im Kontext der Förderung von erneuerbaren Energien aus anderen Mitgliedstaaten, erwähnt.[546] Doch auch daraus kann keineswegs die Legitimierung einer Bereichsausnahme folgen.[547]

a) EEG-Umlage. aa) Beihilfecharakter der Umlage? Von Art. 107 Abs. 1 AEUV erfasst **116** sind staatliche oder aus staatlichen Mitteln gewährte Beihilfen gleich welcher Art, die durch die Begünstigung bestimmter Unternehmen oder Produktionszweige den Wettbe-

---

EuGH in der Rs. PreussenElektra das Fördermodell des ÖSG nicht als Beihilfe notifiziert, vgl. dazu die Ausführungen der Kommission in der Entsch. v. 4.7.2006, NN 162/A/2003, C /2006) 2955 endg. Rn. 61 f. Österreich griff die Kommissionsentscheidung über die Privilegierung stromintensiver Unternehmen vom 8.3.2011 vor dem EuG an: siehe nunmehr Urt. v. 11.12.2014, Rs. T-251/11.

540 A. A. *Schmidt-Preuß*, in: FS Salje, S. 397, 407. Auch das BMU hat eine rechtsgutachterliche Überprüfung der Europarechtskonformität des EEG in Auftrag gegeben, dazu der aus vier Rechtsgutachten bestehende Abschlussbericht von *Schlacke/Kröger*, Europarechtliche Fragen deutscher Förderinstrumente für Erneuerbare Energien, Oktober 2012. Die Autoren kommen zur Europarechtskonformität des EEG; *Karpenstein*, in: Gerstner, Kap. 1 Rn. 48 (S. 20). Dazu auch *dies.*, DVBl. 2013, 401.

541 Kommission, Entsch. v. 18.12.2013, SA.33995, C(2013) 4424 final, Rn. 150 f.; a. A. *Schmidt-Preuß*, in: FS Salje, S. 397, 407.

542 Kommission, Entsch. v. 22.7.2009, N 446/2008, C 24/2009, K(2009) 3548 endg., S. 11, Rn. 41 (Ökostromgesetz 2009); Mitt. v. 8.2.2012, SA.33384, C (2012) 565 final, S. 16, Rn. 67 f. (Ökostromgesetz 2012); EuG, Urt. v. 11.12.2014, Rs. T-251/11, Rn. 54 ff.

543 Kommission, Entsch. v. 18.12.2013, SA.33995, C(2013) 4424 final.

544 EuGH, Urt. v. 19.12.2013, Rs. C-262/12 – Vent De Colère u. a., Rn. 37, EuZW 2014, 115, 117.

545 „Die Bestimmungen des Vertrags und insbesondere die Artikel 87 und 88 gelten jedoch auch weiterhin für diese öffentliche Förderung."

546 „Unbeschadet der Artikel 87 und 88 des Vertrags haben die Mitgliedstaaten das Recht, gemäß den Artikeln 5 bis 11 dieser Richtlinie zu entscheiden, in welchem Umfang sie die in einem anderen Mitgliedstaat erzeugte Energie aus erneuerbaren Quellen fördern wollen."

547 Vom Ergebnis ähnelt dies einer Rechtfertigungswirkung der Richtlinie für diskriminierende Eingriffe in den freien Warenverkehr, dazu unten Rn. 165 ff.

werb und grenzüberschreitenden Handel verfälschen oder zu verfälschen drohen.[548] Neben Einzelbeihilfen sind auch Beihilfensysteme (Beihilfenregelungen) wie das EEG erfasst.[549] Die Kommission kann sich bei der Kontrolle von Beihilferegelungen darauf beschränken, lediglich ihre **allgemeinen Merkmale** zu überprüfen; sie muss nicht jede einzelne gewährte Auszahlung beurteilen.[550]

117 Maßnahmen sind mit dem Binnenmarkt unvereinbar, soweit sie den Wettbewerb zu verfälschen und den Handel zwischen Mitgliedstaaten zu beeinträchtigen drohen. Die Voraussetzungen des Art. 107 Abs. 1 AEUV müssen kumulativ vorliegen.[551] Das EEG gewährt in Ausnahme- und Härtefällen (§§ 37, 38) bestimmten Anlagenbetreiberinnen und Anlagenbetreibern im Gegensatz zu dort nicht genannten Betreibern von Anlagen zur Erzeugung elektrischer Energie eine feste Vergütung (§ 19 Abs. 1 Nr. 2, §§ 37, 38), die den am Markt zu erzielenden Preis übersteigt. In den meisten Fällen gewährt das EEG in § 19 Abs. 1 Nr. 1, § 34 eine gleitende Prämie für die Direktvermarktung des EE-Stroms, die die Differenz zwischen Vermarktungserlösen und Gestehungskosten ausgleicht. Damit verschafft das EEG den genannten Anlagenbetreiberinnen und -betreibern einen wirtschaftlichen **Vorteil**, den sie am Markt allein nicht erzielen könnten.[552] Die Netzbetreiber sind folgerichtig dazu verpflichtet, den Anlagenbetreibern die Marktprämie im Gegenzug für die grüne Eigenschaft des Stroms, also für das Recht zur Kennzeichnung als Grünstrom, zu überlassen. Diese Extra-Vergütung der Grünstromeigenschaft bzw. die volle Einspeisevergütung fließen auch nur **ausgewählten Unternehmen zu**, nämlich den Betreibern von Anlagen zur Erzeugung von Strom aus erneuerbaren Energien nach dem EEG, und wird damit selektiv gewährt.[553] Dem Versuch, Fördermaßnahmen deshalb den Beihilfecharakter zu versagen, da **lediglich die Förderung der „Ökostromproduktion"**, nicht aber die Begün-

---

548 EuGH, Urt. v. 30.3.2006, Rs. C-451/03, Slg. 2006, I-2941, Rn. 56 – Servizi Ausiliari Dottori Commercialisti; Urt. v. 1.7.2008, Rs. C-314/06 P, Slg. 2008, I-4777, Rn. 126 – Chronopost und La Poste/Ufex u. a. Es gibt insbesondere keine prozentuale Schwelle, bei deren Unterschreiten eine Handelsbeeinträchtigung von vornherein nicht in Frage kommt, s. EuGH, C-280/00, Slg. 2003, I-7747, Rn. 81 – Altmark Trans.

549 S. Art. 1 lit. d) und e) VO 659/1999/EG, geändert durch VO 734/2013 v. 22.7.2013, ABl. L 204/15 v. 31.7.2013.

550 EuGH, Urt. v. 14.10.1987, Rs. 248/84, Slg. 1987, 4013, Rn. 18 – Deutschland/Kommission zu einem deutschen Regionalförderprogramm; Urt. v. 17.6.1999, C-75/97, Slg. 1999 I-03671, Rn. 48 – Belgien/Kommission zu einem System der gestaffelten Verringerung der von Arbeitgebern zu zahlenden Sozialversicherungsbeiträgen („Maribel"); Urt. v. 19.10.2000, Rs. C-15/98, Slg. 2000, I-08855, Rn. 51 – Italien und Sardegna Lines/Kommission zu einem Förderungsfonds zugunsten des sardinischen Schifffahrtssektors.

551 EuGH, Urt. v. 15.7.2004, Rs. C-345/02, Slg. 2004, I-7139, Rn. 32 – Pearle; EuGH, C-280/00, Slg. 2003, I-7747, Rn. 74 – Altmark Trans; EuGH, C-428/99, Slg. 2002, I-4397, Rn. 68 – Frankreich/Kommission (Stardust Marine); EuGH C-142/87, Slg. 1990, I-959, Rn. 85 – Tubemeuse.

552 EuGH, Urt. v. 11.7.1996, Rs. C-39/94, Slg. 1996, I-3547, Rn. 60 – SFEI; Urt. v. 29.4.1999, Rs. C-342/96, Slg. 1999, I-2459, Rn. 41 – Spanien/Kommission.

553 EuGH, Urt. v. 17.6.1999, Rs. C-75/97, Slg. 1999, I-3671 Rn. 32 – Maribel; Urt. v. 8.11.2001, Rs. C-143/99, Slg. 2001, I-8365 Rn. 48 – Adria-Wien-Pipeline; Urt. v. 20.11.2003, Rs. C-126/01, Slg. 2003, I-13769, Rn. 31 ff. – GEMO; *Pomana*, Förderung erneuerbarer Energien in Deutschland und im Vereinigten Königreich im Lichte des europäischen Wirtschaftsrechts, S. 361; zur näheren Abgrenzung von selektiven und allgemeinen Maßnahmen *Bacon*, YEL 1997, 269, 290 ff.

Steffens

stigung einzelner Unternehmen bezweckt sei,[554] muss aus mehreren Gründen die Gefolg-
schaft versagt werden. Soweit diese Ansicht die Begünstigungen als **bloße reflexartige
Vorteile**[555] und damit nicht als von Art. 107 Abs. 1 AEUV erfasste mittelbare Vorteile einordnet, verstellt sie den Blick auf den eigentlichen Hauptzweck der Fördermaßnahmen des
EEG und des Österreichischen Ökostromgesetzes: Diese sollen gerade die einspeisenden
oder direkt vermarktenden Unternehmen fördern, die unter das jeweilige Gesetz fallen.[556]
Dass nicht nur vereinzelt Unternehmen begünstigt werden, sondern von einem **Beihilfen-
system** sogleich eine ganze **Branche profitiert**, die sich zwar aus **zahlreichen, jedoch
stets bestimmbaren Unternehmen** zusammensetzt, kann nicht dazu führen, dass die Begünstigungen nunmehr als bloße Nebeneffekte aufzufassen wären. Denn sonst wäre der
widersprüchliche Effekt zu beobachten, dass Begünstigungen großen Ausmaßes bei eigentlich steigendem beihilferechtlichen Kontrollbedürfnis mit zunehmender Wahrscheinlichkeit als bloße reflexartige Nebenfolge einzuordnen wären. Im Ergebnis kann damit lediglich feststehen, dass es sich bei den in Rede stehenden sektoralen Begünstigungen um
Beihilfenregelungen handelt, nicht aber um Einzelbeihilfen.[557] Die Förderung zugunsten
deutscher EE-Stromerzeuger ermöglicht Wettbewerbsverfälschungen zulasten anderer
Produzenten, sodass auch der innereuropäische Stromhandel beeinträchtigt werden
kann.[558] Die Ziele einer Maßnahme bleiben bei der Beurteilung der Beihilfeeigenschaft außer Betracht, sie spielen erst auf Ebene der Rechtfertigung eine Rolle.[559]

bb) Insbesondere: Staatlichkeit der Mittel. Seit Langem umstritten ist die Einordnung   **118**
der EEG-Umlage als staatliche Mittel.[560] Die Staatlichkeit der Mittel ist anhand zweier all-

---

554 *Jaeger*, Beihilfen durch Steuern und parafiskalische Abgaben, S. 301 f., der einen Subventions-
zweck in Bezug auf ein bestimmtes Unternehmen fordert: „PreussenElektra betraf im Kern eine
staatliche Preisregulierung, die ein allgemeines lenkungspolitisches Ziel verfolgte. Gefördert
werden sollte maW die Ökostromproduktion, nicht die Ökostromproduzenten, bei denen der Bei-
hilfevorteil erst als sekundär vom Staat verfolgter Zweck eintrat. Auch in van Calster verfolgte
die staatliche Autorisierung des Berufsverbandes zur Einhebung parafiskalischer Abgaben nicht
die Förderung bestimmter Unternehmen, sondern diente primär der allgemeinen Regulierung der
Wirtschaftsordnung. Der Vorteil trat hier nur im Nachhinein, im Einzelfall und inzidenter ein. Der
öffentlichen Hand ist es in diesen Fällen maW gleichgültig, ob bzw. welche Unternehmen aufgrund der Maßnahme gefördert werden, da ein anderer Regulierungszweck im Vordergrund steht.
Parafiskalische Maßnahmen dieser Art sind nicht beihilferelevant."
555 Das gleiche Argumentationsmuster bemühen *Apfelstedt*, ZNER 2001, 2, 9, und Altrock/
Oschmann/Theobald/*Altrock/Oschmann*, Einf. Rn. 107, um der Umlageverpflichtung die Qualifikation als Maßnahme gleicher Wirkung i. S. d. Art. 34 AEUV zu versagen.
556 Ebenso MünchKommEUWettbR/*Arhold*, Bd. III, Art. 107 Rn. 141 für die Abwrackprämie.
557 Mit gleichen Argumenten begegnet der EuGH dem Vorbringen, die große Anzahl der Beihilfeempfänger könne die Selektivität einer Maßnahme ausschließen, EuGH, Urt. v. 8.9.2011, Rs.
C-279/08 P, Slg. 2011, I-7671, Rn. 50 – Kommission/Niederlande (NOx-Emissionshandel).
558 SA des GA Jacobs v. 26.10.2000, Rs. C-379/98, Rn. 112 – PreussenElektra; *Witthohn*, Förderregelungen für erneuerbare Energien im Lichte des europäischen Wirtschaftsrechts, S. 161 ff.; *Richter*, Grenzen der Wirtschaftlichen Förderung regenerativer Stromeinspeisungen in Deutschland,
S. 127 ff.
559 Zuletzt deutlich in EuGH, C-409/00, Slg. 2003, I-1487 Rn. 46 – Spanien/Kommission; Urt. v.
22.12.2008, Rs. C-487/06 P, Slg. 2008, I-10505, Rn. 92 – British Aggregates/Kommission; Urt. v.
8.9.2011, Rs. C-279/08 P, Slg. 2011, I-7671, Rn. 75 – Kommission/Niederlande (NOx-Emissionshandel); EuGH, Urt. v. 20.11.2003, Rs. C-126/01, Slg. 2003 I-13769, Rn. 34 – GEMO.
560 Dazu *Säcker/Schmitz* (nunmehr *Steffens*), NZKart 2014, 202; *Steffens*, in: Solvang (Hrsg.): EU
Renewable Energy Law. Legal challenges and new perspectives, 2014, S. 59 ff.

---

gemeiner Kriterien zu prüfen.[561] Erstens muss die Gewährung aus Mitteln des Staates oder ihm zurechenbaren Mitteln erfolgen und zweitens muss der Übertragungsakt staatlich oder dem Staat zurechenbar sein.[562] Die herrschende Ansicht in der Literatur verneinte in der Vergangenheit die Zurechenbarkeit der Mittel aus der EEG-Umlage zum Staat und lehnte die Beihilfeeigenschaft der Abnahme- und Vergütungspflichten ab.[563] Angesichts der Weiterentwicklungen des EEG ist jedoch eine Neubewertung angezeigt, die – allerdings erst nach Eröffnung des Hauptprüfungsverfahrens durch die Kommission – in der Literatur neuerdings vorgenommen wird.[564]

119 **(1) Mittelherkunft.** Haushaltsmittel und Vermögen öffentlicher Unternehmen[565] sind Staatsmittel. Sie können sowohl durch staatliche als auch private Einrichtungen übertragen werden.[566] Nach ständiger Rechtsprechung können auch private Unternehmen, soweit sie über öffentliches Vermögen verfügen, beihilferelevante Vorteile verschaffen.[567] Auch private Mittel kann der Staat sich zu eigen machen und über eine staatliche Stelle verteilen.[568] Die bloße private Herkunft der Mittel schließt lässt die Beihilfeeigenschaft der daraus fol-

---

561 Dass die eindeutige Zuordnung von Maßnahmen zu den tatbestandlichen Alternativen „staatlich" und „aus staatlichen Mitteln" unterbleiben kann und lediglich von dogmatischem Interesse sei, (so Calliess/Ruffert/*Cremer*, Art. 107 Rn. 27), muss sich jedoch insofern als unzutreffend erweisen, als sie auch bei der Anwendung der einheitlichen Kriterien von Art. 107 eine differenzierte Behandlung erfahren; so zutreffend Streinz/*Koenig/Paul*, Art. 107 Rn. 58, die zu Recht eine nähere Prüfung der Zurechenbarkeit einer Maßnahme für entbehrlich halten, wenn diese durch unmittelbare Einrichtungen des Staates erfolgt.

562 *Schmid-Kühnhöfer*, Die Staatlichkeit von Beihilfen, S. 101 ff., der ebenfalls die Zurechnung der Mittel („Mittelzurechnung") trennt von der Zurechnung der Übertragungsmaßnahme („Transferzurechnung"); *Jaeger*, EStAL 2012, 535 „double control criterion". Nicht eindeutig zu trennen scheinen hingegen Streinz/*Koenig/Paul*, Art. 107 Rn. 56 u. 65; MünchKommWettbR/*Soltész*, Bd. III, Art. 107 Rn. 240, sieht den Doppeltest hingegen in der Zurechenbarkeit und der Belastung des Staatshaushalts.

563 *Erk*, Die künftige Vereinbarkeit des EEG mit Verfassungs- und Europarecht, S. 183; *Baer*, Abnahmepflichten und Vergütungspflichten in der Elektrizitätswirtschaft, S. 134 f.; *Pomana*, Förderung erneuerbarer Energien in Deutschland und im Vereinigten Königreich im Lichte des europäischen Wirtschaftsrechts, S. 383; *Pünder*, NVwZ 1999, a. A. noch vor dem PreussenElektra-Urteil *Richter*, Grenzen der wirtschaftlichen Förderung regenerativer Stromeinspeisungen in Deutschland, S. 119; *Witthohn*, Förderregelungen für erneuerbare Energien im Lichte des europäischen Wirtschaftsrechts, S. 165; *Ritgen*, RdE 1999, 176; *Richter*, RdE 1999, 23; *ders.*, Grenzen der wirtschaftlichen Förderung regenerativer Stromeinspeisungen in Deutschland, S. 93 ff.; *Salje*, RIW 1998, 186, 187; daran festhaltend auch nach PreussenElektra: *Ossenbühl*, Europarechtliche Beihilfenaufsicht und nationales Gesetzgebungsverfahren, DÖV 1998, 811, 812; *Gent*, Mindestpreise und Abnahmezwang als Beitrag zum europäischen Umweltschutz, S. 135; *Altrock*, Subventionierende Preisregelungen, S. 64; *Reshöft*, Verfassungs- und Europarechtskonformität des EEG, 2003, S. 166 ff.

564 S. z. B. *Ludwigs*, EuZW 2014, 201 und REE 2014, 65.

565 Art. 2 Abs. 1 lit. b der RL 2000/52/EG v. 26.7.2000, ABl. L 193/75: „jedes Unternehmen, auf das die öffentliche Hand aufgrund Eigentums, finanzieller Beteiligung, Satzung oder sonstiger Bestimmungen, die die Tätigkeit des Unternehmens regeln, unmittelbar oder mittelbar einen beherrschenden Einfluss ausüben kann."

566 Dazu jüngst *Frenz*, ZNER 2014, 25, 28 f.

567 EuGH, Urt. v. 13.3.2001, Rs. C-379/98, Slg. 2001, I 2099, Rn. 58 – PreussenElektra und die dort genannten Nachweise; jüngst Urt. v. 30.5.2013, Rs. C-677/11, EuZW 2013, 582, Rn. 26 – Doux Élevage und Coopérative agricole UKL-AREE; *Schmid-Kühnhöfer*, Die Staatlichkeit von Beihilfen, S. 59.

568 S. o. Rn. 110.

genden Begünstigungen damit nicht per se aus.[569] In den Fällen *Kommission/Frankreich* (CNCA),[570] *Air France/Kommission*[571] und *Ladbroke Racing*[572] konnten Beihilfen auch aus privaten Geldern gewährt werden.[573] Entscheidend war nicht die Herkunft der Mittel,[574] sondern der bestimmende staatliche Einfluss auf die Willensbildung des Unternehmens bei der Mittelübertragung und -verwendung im Einzelfall. Die Mittel müssen nicht auf Dauer zum Vermögen des Staates gehören, sondern es reicht aus, wenn sie ständig unter seiner Kontrolle stehen.[575] Dass es in erster Linie auf diesen Bestimmungs-, Verfügungs- und Kontrollakt ankommt, zeigt auch der spiegelbildliche Fall, in dem die Erhebung privater Mittel eben nicht auf einen solchen staatlichen Willensakt, sondern privatwirtschaftliche Initiative zurückgeht.[576] In der Rechtssache *Pearle* waren das „Ob" der Erhebung, die Höhe der Mittel und ihr Verwendungszweck durch einen privatwirtschaftlichen Berufsverband geregelt worden. Dieser verfolgte mit der Erhebung und Verwendung der streitigen Mittel kommerzielle Eigeninteressen. Weder Netzbetreiber noch die belasteten Energieversorger im EEG verfolgen jedoch Eigeninteressen, sondern werden für fremdnützige Politikziele in Anspruch genommen. Sie selbst würden weder unmittelbar noch in Form eines Vertrages zugunsten Dritter privatautonom eine über dem Marktpreis liegende Vergütung für Elektrizität aus erneuerbaren Quellen zahlen.[577]

---

569 So auch *Kruse*, ZHR 165 (2001), 576, 587.

570 EuGH, Urt. v. 30.1.1985, Rs. 290/83, Slg. 1985, 439, Rn. 5, 14 – Kommission/Frankreich (CNCA).

571 EuG, Urt. v. 12.12.1996, Rs. T-358/94, Slg. 1996, II-2109, Rn. 67 – Air France/Kommission.

572 EuGH, Urt. v. 16.5.2000, Rs. C-83/98 P, Slg. 2000, I-3271, Rn. 50 – Frankreich/Ladbroke Racing und Kommission.

573 Diese Rechtssachen befinden sich in einem Spannungsverhältnis zu EuGH, Urt. v. 24.1.1978, Rs. C-82/77, Slg. 1978, 25, Rn. 26 – Niederländische Staatsanwaltschaft/Van Tiggele, in der der EuGH noch feststellte, dass eine Mindestpreisregelung keine staatlichen Ressourcen anzapfe, jedoch eine Maßnahme gleicher Wirkung darstelle (Rn. 21).

574 Urteil v. 30.1.1985, Rs. 290/83, Slg. 1985, 439, Rn. 13 f.: „Der allgemein gehaltene Wortlaut dieser Vorschrift [Art. 92 EWG-Vertrag] erlaubt es, jede staatliche Maßnahme aufgrund von Artikel 92 auf ihre Vereinbarkeit mit dem Gemeinsamen Markt zu überprüfen, sofern sie die Gewährung einer Beihilfe gleich welcher Art bewirkt. Bereits aus dem Wortlaut des Artikels 92 Absatz 1 ergibt sich, dass staatliche Beihilfen nicht nur solche sind, die aus staatlichen Mitteln finanziert werden."

575 EuG, Urt. v. 12.6.1996, Rs. T-358/94, Slg. 1996, II-2109, Rn. 67 – Air France/Kommission; bestätigt in EuGH, Urt. v. 16.5.2000, Rs. C-83/98 P, Slg. 2000, I-3271, Rn. 50 – Ladbroke Racing.

576 So folgert der EuGH, Urt. v. 15.7.2004, Rs. C-345/02, Slg. 2004, I-7139, Rn. 37 f. – Pearle: „Außerdem geht aus den Akten hervor, dass die Initiative für die Organisation und Durchführung der betreffenden Werbekampagne von der NUVO, einer privaten Vereinigung von Optikern, und nicht von der HBA ausging. Wie der Generalanwalt in Nummer 76 seiner Schlussanträge hervorhebt, diente die HBA nur als Instrument für die Erhebung und Verwendung der eingenommenen Mittel zugunsten eines von den Angehörigen des betreffenden Berufszweigs im Voraus festgelegten kommerziellen Zieles, das in keiner Weise Teil einer von den niederländischen Behörden definierten Politik war. Der vorliegende Fall unterscheidet sich somit von dem, der dem Urteil Steinike & Weinlig zugrunde lag. Zum einen war nämlich der Fonds, um den es in jener Rechtssache ging, sowohl aus unmittelbaren Subventionen des Staates als auch aus Beiträgen angeschlossener Unternehmen finanziert, deren Satz und Erhebungsgrundlage durch das Gesetz über die Errichtung des Fonds festgelegt waren."

577 So im Ergebnis auch *Bloch*, RdE 2014, 14, 17 ff., die zu Recht die Unterscheidung zwischen Autonomie und Kontrolle der zahlenden/belasteten Unternehmen hervorhebt.

120 Dass die Erhebung und Verteilung durch eine staatliche Stelle erfolgt, ist damit nicht allein ausschlaggebend. Denn genauso wie sich der Staat einer Einrichtung als Mittel zum Zweck bedienen kann, ist dies Privaten möglich.[578]

121 Im Falle des EEG begünstigen sich Private auf Anweisung des Staates. In diesem Fall lassen sich daher weder eine eindeutige staatliche Mittelherkunft noch ein eindeutiger staatlicher Übertragungsakt ausmachen. Auch in der unten noch näher behandelten Rechtsprechung zu Abgabensystemen sind vornehmlich privatrechtlich ausgestaltete Begünstigungssysteme eine Ausnahmeerscheinung.[579] Auch dort müssen sowohl die Mittelherkunft als auch der Übertragungsakt dem Staat zugerechnet werden.[580]

122 Art. 107 Abs. 1 AEUV wird vom EuGH zwar funktional ausgelegt.[581] Eine wirkungsorientierte Auslegung bedarf jedoch eingrenzender Faktoren, die Rechtssicherheit schaffen. Eine solche Rechtssicherheit vermittelnde **Trennlinie** hat der EuGH im Urteil **Preussen-Elektra** gezeichnet, indem er grundsätzlich den staatlich angeordneten Mittelfluss ausschließlich und unmittelbar zwischen Privaten „unter Einsatz ihrer eigenen finanziellen Mittel" vom Beihilfebegriff ausgenommen und in diesem konkreten Fall die staatliche Kontrolle der Mittel verneint hat.[582] Diese Aussage behielt er auch in der Folgerechtsprechung bei.[583] Die Reichweite des Urteils ist jedoch aufgrund der freiwilligen Eingrenzung der Vorlagefrage durch den Gerichtshof selbst[584] begrenzt. Sobald auch öffentliche Unternehmen zur Zahlung verpflichtet werden, büßt das Urteil einen Teil seiner Präjudizwirkung ein. Der EuGH hat nämlich Sachverhalte, in denen eine Begünstigung allein aus dem Vermögen öffentlicher Einrichtungen gespeist wurde, regelmäßig unter Art. 107 Abs. 1 AEUV gefasst. Diese systematische Schwäche des *PreussenElektra*-Urteils hat die Kommission in ihren Folgeentscheidungen dadurch auszugleichen versucht, dass sie dessen Grundsätze auch auf solche Fälle ausgedehnt hat, in denen öffentliche und private Unternehmen gleichermaßen belastet waren.[585] So sollte eine gespaltene Beurteilung der gleichen Maßnahme – je nachdem, ob ein privates oder öffentliches Unternehmen belastet ist –

---

578 Eben dies bestätigte der EuGH jüngst in der Rechtssache Doux Élevages: EuGH, Urt. v. 30.5.2013, Rs. C-677/11, EuZW 2013, 582, 584, Rn. 40 – Doux Élevages und Coopérative agricole UKL-AREE: „Zudem gibt es in den dem Gerichtshof vorgelegten Akten keinen Anhaltspunkt, der die Annahme erlaubte, dass die Initiative der Auferlegung der CVO nicht von der Branchenorganisation selbst, sondern von den Behörden ausgegangen sei. Hervorzuheben ist, wie der Generalanwalt in Nr. 90 seiner Schlussanträge ausgeführt hat, dass die Behörden nur als „Instrument" handeln, um die Abgaben, die von den Branchenorganisationen zur Verfolgung von ihnen selbst festgelegter Zwecke eingeführt wurden, allgemeinverbindlich zu machen."

579 *Jaeger*, Beihilfen durch Steuern und parafiskalische Abgaben, S. 302, nennt die Rechtssachen PreussenElektra (C-379/98), Pearle (C-345/02) und Kuipers (C-283/03).

580 Davon geht auch die Kommission bei ihren letzten Bewertungen des Österreichischen Ökostromgesetzes aus, Kommission, Entsch. v. 22.7.2009, N 446/2008, C 24/2009, K(2009) 3548 endgültig, S. 11, Rn. 41 (Ökostromgesetz 2009); lediglich implizit hingegen Mitt. v. 8.2.2012, SA.33384C (2012) 565 final, S. 16, Rn. 67 f. (Ökostromgesetz 2012).

581 EuGH, Urt. v. 13.2.2003, Rs. C-409/00, Slg. 2003, I-1487, Rn. 46 – Spanien/Kommission; Urt. v. 22.12.2008, Rs. C-487/06 P, Slg. 2008, I-10505, Rn. 92 – British Aggregates/Kommission; Urt. v. 8.9.2011, Rs. C-279/08 P, Slg. 2011, I-7671, Rn. 75 – Kommission/Niederlande (NOx-Emissionshandel).

582 Urt. v. 17.7.2008, Rs. C-206/06, Slg. 2008, I-5497, Rn. 74 – Essent Netwerk Noord.

583 EuGH, Urt. v. 19.12.2013, C-262/12, Rn. 35, EuZW 2014, 115, 117 – Vent De Colère u. a.

584 EuGH, Urt. v. 13.3.2001, C-379/98, Slg. 2001, I-2099, Rn. 27 – PreussenElektra.

585 Dazu mit zahlreichen Nachweisen *Rusche*, ZNER 2007, 143, 145.

vermieden werden. Neben der Lösungsmöglichkeit der Kommission in ihren frühen Entscheidungen im Nachgang zu *PreussenElektra* wäre eine einheitliche Einordnung solch gemischt-finanzierter Systeme als Beihilfe ebenso gut denkbar gewesen.[586] Diese Frage hätte erhebliche Bedeutung auf dem Hintergrund der verstärkten Rekommunalisierung deutscher Energieversorgungs- und Netzbetreiber erlangen können.[587] Der EuGH ist jedoch einer einheitlichen Einordnung als Beihilfe ausdrücklich entgegengetreten und hat in der Rechtssache *UTECA* die **Reichweite von PreussenElektra ausgedehnt**.[588] In den Fällen zur Rundfunkfinanzierung hingegen hat der EuGH die Reichweite der *PreussenElektra*-Rechtsprechung **begrenzt**.[589] Mit dem Urteil *UTECA* sind Zahlungs- und Finanzierungspflichten, die als **allgemeine Regelung** Private und öffentliche Unternehmen gleichermaßen betreffen, keine Beihilfe. Eine Einzelschau verschiedener Auszahlungsvorgänge und deren unterschiedliche Beurteilung werden damit zu Recht vermieden. Der Rechtssache *UTECA* lag allerdings lediglich eine nicht **weiter gesetzlich ausdifferenzierte Pflicht** zur Förderung europäischer Filme zugrunde. Die belasteten Unternehmen konnten frei entscheiden, welche Produktionen sie wie stark finanziell unterstützten – eine staatliche Kontrolle und Verfügungsbefugnis über diese Mittel lagen damit nicht vor. Die Rechtssache *UTECA* ähnelt damit dem Sachverhalt des StrEG, jedoch nicht mehr demjenigen des EEG 2012 und 2014. Die Einordnung der EEG-Umlage als Abgabe bleibt davon unberührt (dazu unten Rn. 126 ff.).

(2) Zurechenbarkeit des Übertragungsaktes. Werden Vorteile nicht durch staatliche Einrichtungen (Behörden, juristische Personen des öffentlichen Rechts) gewährt, sondern durch private Organisationen, muss diesen die **Übertragung der Mittel** vom Staat auferlegt, also auf den Staat zurückzuführen und diesem zurechenbar sein. Die Zurechenbarkeit des Übertragungsaktes tritt neben die Mittelzurechnung zum Staat.[590]

123

---

586 Die Kommission hatte in der Rechtssache Doux Élevage geltend gemacht, eine Mischfinanzierung von öffentlichen und privaten Mitteln müsse eine Einordnung der gesamten Mittel als Beihilfe zur Folge haben. Der Gerichtshof ließ die Frage unter Hinweis auf den Umfang der Vorlagefrage jedoch offen, s. Urt. v. 30.5.2013, Rs. C-677/11, Rn. 42–44 – Doux Élevages und Coopérative agricole UKL-AREE.

587 Dazu jüngst *Schlacke/Kröger*, DVBl. 2013, 401 ff.

588 EuGH, Urt. v. 5.3.2009, Rs. C-222/07, Slg. 2009, I-1407, Rn. 45 – UTECA: „Er [der gewährte Vorteil, JS] resultiert nämlich aus einer allgemeinen Regelung, mit der den Fernsehveranstaltern, ob öffentlich-rechtlich oder privat, auferlegt wird, einen Teil ihrer Betriebseinnahmen auf die Vorfinanzierung von Spiel- oder Fernsehfilmen zu verwenden." Obiter dictum jüngst erneut bekräftigt in: Urt. v. 30.5.2013, Rs. C-677/11, Rn. 44 – Doux Élevages und Coopérative agricole UKL-AREE: Es „werden im Übrigen die von den Branchenorganisationen verwendeten privaten Mittel nicht einfach dadurch zu „öffentlichen Mitteln", dass sie gemeinsam mit Beträgen, die eventuell aus dem öffentlichen Haushalt stammen, verwendet werden".

589 EuG, verb. Rs. T-309/04, T-329/04 und T-336/04, Slg. 2008, II-2935 – TV2 u.a./Kommission. Ausführlich MünchKommWettbR/*Soltész*, Bd. III, Art. 106 Rn. 104 u. 155 f. Bereits früher kritisch *Grzeszick*, NVwZ 2008, 608, 612; *Kruse*, ZHR 165 (2001), 576, 590; Grabitz/Hilf/Nettesheim/*von Wallenberg*, EU, Art. 87 Rn. 93 f.

590 EuGH, Urt. v. 15.7.2004, Rs. C-345/02, Slg. 2004, I-7139, Rn. 35 – Pearle unter Berufung auf Urt. v. 21.3.1991, Rs. C-303/88, Slg. 1991, I-1433, Rn. 11 – Italien/Kommission; Urt. v. 16.5.2002, Rs. C-482/99, Slg. 2002, I-4397, Rn. 24 – Frankreich/Kommission (Stardust Marine); Urt. v. 20.11.2003, Rs. C-126/01, Slg. 2003, I-13769, Rn. 24 – GEMO; *Schmid-Kühnhöfer*, Die Staatlichkeit von Beihilfen, S. 101 ff., („Mittelzurechnung" und „Transferzurechnung").

124 Ausdrücklich eingeführt hat der EuGH dieses Zurechenbarkeitskriterium mit der Rechtssache *Stardust Marine*.[591] Eine Übertragung finanzieller Mittel durch ein *öffentliches Unternehmen* sei nicht per se dem Staat zurechenbar, wenn dieser einen beherrschenden Einfluss lediglich organisationsrechtlich ausüben kann. Vielmehr muss im Einzelfall anhand eines **Indizienbündels** nachgewiesen werden, dass der Staat die Übertragung der Mittel über ihm nahestehendes Personal konkret bewirkt hat.[592] Das öffentliche Unternehmen ist damit nicht bereits aufgrund seiner Eigentümerstruktur Teil der staatlichen Sphäre, genauso wie es seine private Rechtsform nicht vor einer staatlichen Einflussnahme im Einzelfall schützen kann. Entscheidend ist, ob das Unternehmen zum **Erfüllungsgehilfen** und lediglich **umsetzenden Instrument staatlicher Begünstigungspolitik** wird.[593] Das Kriterium der Zurechenbarkeit soll sicherstellen, dass nur gezielte Maßnahmen als Beihilfe erfasst werden, die Teil einer vom Staat definierten Politik sind.[594] Privatautonom veranlasste Branchenabgaben fallen nicht darunter.[595] Die Grundsätze der Zurechenbarkeit, wie der EuGH sie in *Stardust* entwickelt hat, bleiben wohl nicht auf den Fall beschränkt, dass öffentliche Unternehmen Vorteile gewähren. Auch auf andere Einrichtungen, die nicht unmittelbar zum Staatsapparat gehören, müssten die Grundsätze der Zurechenbarkeit übertragen werden.[596]

125 Die Techniken, derer sich die Mitgliedstaaten zur Durchführung ihrer Maßnahmen bedienen, lässt der EuGH bei ihrer rechtlichen Einordnung grundsätzlich außer Acht.[597] Insbesondere ist die Rechtsform eines Unternehmens, das über die Zuteilung der Begünstigungen entscheidet, unerheblich.[598] Mitgliedstaaten sollen die Beihilfevorschriften nicht durch das Schaffen von aus dem Staatsapparat ausgegliederten Einrichtungen, denen die Verteilung der Mittel übertragen wird, umgehen können.[599] Dieser Ausweichtätigkeit soll – so der EuGH in ständiger Rechtsprechung – die zweite Tatbestandsalternative „aus staatlichen Mitteln" einen Riegel vorschieben.[600] Es liegt nahe, diese Regel ebenso beim **Nichtschaffen einer bestimmten Einrichtung** anzuwenden. Denn die EEG-Umlageverwaltung und Umlageerhebung wird den Netzbetreibern staatlich vorgegeben.

---

591 EuGH, Urt. v. 16.5.2002, Rs. C-482/99, Slg. 2002, I-4397, Rn. 52 ff. – Frankreich/Kommission (Stardust Marine).

592 EuGH, Urt. v. 16.5.2002, Rs. C-482/99, Slg. 2002, I-4397, Rn. 52 – Frankreich/Kommission (Stardust Marine): „Es muss außerdem geprüft werden, ob davon auszugehen ist, dass die Behörden in irgendeiner Weise am Erlass dieser Maßnahmen beteiligt waren."

593 So EuGH, Urt. v. 30.5.2013, Rs. C-677/11, EuZW 2013, 582, 584, Rn. 40 („Instrument") – Doux Élevages; MünchKommEUWettbR/*Soltész*, Bd. III, Art. 107 Rn. 244 („Erfüllungsgehilfe").

594 EuGH, Urt. v. 15.7.2004, Rs. C-345/02, Slg. 2004, I-7139, Rn. 37 – Pearle.

595 EuGH, Urt. v. 15.7.2004, Rs. C-345/02, Slg. 2004, I-7139, Rn. 37 – Pearle.

596 *Meyer*, Die Bewertung parafiskalischer Abgaben aus der Sicht des europäischen Beihilferechts, S. 112, *Schmid-Kühnhöfer*, Die Staatlichkeit von Beihilfen, S. 163 ff.; *Jaeger*, Beihilfen durch Steuern und parafiskalische Abgaben, S. 312.

597 EuGH, Urt. v. 8.9.2011, Rs. C-279/08 P, Slg. 2011, I-7671, Rn. 51 ff. – Kommission/Niederlande (NOx-Emissionshandel); Urt. v. 22.12.2008, Rs. C-487/06 P, Slg. 2008, I-10505, Rn. 89 – British Aggregates/Kommission.

598 Zuletzt EuG, Urt. v. 20.9.2007, Rs. T-136/05, Slg. 2007, II-4063, Rn. 139 – Salvat père & fils u. a./Kommission; EuGH, Urt. v. 7.6.1988, Rs. 57/86, Slg. 1988, 2855, Rn. 12 – Griechenland/Kommission; Urt. v. 13.3.2001, Rs. C-379/98, Slg. 2001, I-2099, Rn. 58 – PreussenElektra; Urt. v. 20.11.2003, Rs. C-126/01, Slg. 2003, I-13769, Rn. 23 – GEMO.

599 EuG, Urt. v. 12.12.1996, Rs. T-358/94, Slg. 1996, II-2109, Rn. 62 – Air France/Kommission.

600 EuGH, Urt. v. 13.3.2001, Rs. C-379/98, Slg. 2001, I-2099, Rn. 58 – PreussenElektra.

cc) EEG-Umlage als beihilfefinanzierendes Abgabensystem? Da § 60 Abs. 1 S. 1 und   **126**
§ 61 Abs. 1 eine lediglich finanzielle Belastung vorsehen, ist danach zu fragen, ob die Umlage eine beihilfefinanzierende Abgabe darstellt und als solche an Art. 107 Abs. 1 AEUV
zu messen ist. Die Urteile *Kommission/Frankreich*,[601] *Iannelli & Volpi*,[602] *Steinike & Weinlig*[603] und *DEFI*[604] haben den bis heute gültigen Grundsatz aufgestellt, dass parafiskalische
Abgaben „prima facie in den Anwendungsbereich des Beihilfenrechts fallen".[605]

(1) Beihilfenrechtliche Kontrolle der Abgabenerhebung. Der AEUV kennt lediglich   **127**
den Begriff der Abgabe und denjenigen der Steuer. Der EuGH hat den Terminus der parafiskalischen Abgabe vereinzelt aufgegriffen,[606] daran aber keine speziellen Rechtsfolgen
geknüpft.[607] Auf europäischer Ebene findet sich demnach **kein gefestigter Begriff der parafiskalischen Abgabe**.[608] Zahlreiche Mitgliedstaaten kennen das Konzept der parafiskalischen Abgaben, auch wenn es unterschiedliche Voraussetzungen hat.[609] Ein Kernelement
der parafiskalischen Abgaben ist, soweit sie auf Unionsebene existieren, die bereits vor ihrer Erhebung **feststehende Zweckwidmung** der Mittel.[610]

Abgaben werden zwar **grundsätzlich nicht an den Beihilfevorschriften** gemessen. Sind   **128**
sie jedoch aufs Engste mit einer selektiven Bevorteilung verknüpft, indem sie die Beihilfe-
leistung selbst finanzieren, so misst der EuGH sie zusammen mit den Wirkungen der gewährten Beihilfen an den Art. 107 ff. AEUV.[611] Das Abgabensystem muss dann als Bestandteil der Beihilferegelung ebenfalls angemeldet werden und unterliegt dem Durchfüh-

---

601 EuGH, Urt. v. 25.6.1970, Rs. 47/69, Slg. 1970 , 487, Rn. 5/6–9 – Frankreich/Kommission.
602 EuGH, Urt. v. 22.3.1977, Rs. 74/76, Slg. 1977, 557, Rn. 14 – Iannelli & Volpi.
603 EuGH, Urt. v. 22.3.1977, Rs. 78/76, Slg. 1977, 595 – Steinike und Weinlig/Deutschland.
604 EuGH, Urteil v. 11.11.1987, 289/85, Slg. 1987, 4393, Rn. 23 – Frankreich/Kommission (DEFI).
605 So auch *Jaeger*, Beihilfen durch Steuern und parafiskalische Abgaben, S. 284; in diesem Lichte
    ist wohl auch *ders.*, EuZW 2004, 588, 589 zu lesen; a. A. insoweit *Heidenhain*, EuZW 2005, 6.
606 EuGH, Urt. v. 11.6.1992, Rs. C-149/91 und 150/91 – Sanders; Urt. v. 11.3.1992, Rs. C-78–83/90,
    Slg. 1992, I-1847 – Compagnie de l'Ouest; Urt. v. 18.6.1975, Rs. C-94/74, Slg 1975, 699 –
    ENCC.
607 *Heselhaus*, Abgabenhoheit der Europäischen Gemeinschaft in der Umweltpolitik, S. 70; *Meyer*,
    Die Bewertung parafiskalischer Abgaben aus der Sicht des europäischen Beihilferechts, S. 62.
608 *Jaeger*, Beihilfen durch Steuern und parafiskalische Abgaben, S. 271; *Meyer*, Die Bewertung pa-
    rafiskalischer Abgaben aus der Sicht des europäischen Beihilferechts, S. 61; *Götz*, in: FS Friauf,
    S. 37, 40 ff.; *Heselhaus*, Abgabenhoheit der Europäischen Gemeinschaft in der Umweltpolitik,
    S. 70 ff.
609 Auch in anderen Mitgliedstaaten dürfen staatliche Aufgaben nicht durch Sonderhaushalte finan-
    ziert werden, *Heselhaus*, Abgabenhoheit der Europäischen Gemeinschaft in der Umweltpolitik,
    S. 70.
610 *Jaeger*, Beihilfen durch Steuern und parafiskalische Abgaben, S. 273; *Meyer*, Die Bewertung pa-
    rafiskalischer Abgaben aus der Sicht des europäischen Beihilferechts, S. 63.
611 EuGH, Urt. v. 25.6.1970, Rs. 47/69, Slg. 1970, 487, Rn. 16 f. – Frankreich/Kommission (Textilab-
    gabe); Urt. v. 22.3.1977, Rs. 74/76, Slg. 1977, 557, Rn. 14 – Iannelli & Volpi; Urt. v. 13.1.2005,
    Rs. C-174/02, Slg. 2005, I-85, Rn. 25 – Streekgewest; Urt. v. 27.10.2005, verb. Rs. C-266/04 bis
    C-270/04, C-276/04 und C-321/04 bis C-325/04, Slg. 2005, I-9481, Rn. 34 – Distribution Casino
    France, EuGH, Urt. v. 17.7.2008, Rs. 206/06, Slg. 2008, I-5497, Rn. 59 – Essent Netwerk Noord.
    Ausgenommen sind Systeme, bei denen sich Erhebung und beihilferechtswidrige Verwendung
    der Abgaben voneinander trennen lassen.

rungsverbot.[612] Daraus erschließen sich die drei Voraussetzungen, anhand derer die Kommission Abgabenmechanismen in der beihilferechtlichen Vereinbarkeitsprüfung prüft:[613]

(1) Der Tarifaufschlag ist eine Abgabe, die Privatunternehmen durch einen öffentlichen Hoheitsakt auferlegt wurde.
(2) Eine Stelle wurde vom Staat mit der Erhebung der Abgabe betraut.
(3) Die Stelle ist nicht befugt, das Aufkommen aus der Abgabe für andere als die im Gesetz festgelegten Zwecke zu verwenden und wird bei ihrer Aufgabe streng kontrolliert.

129 Der erste Prüfungspunkt ermöglicht innerhalb der Beihilfenprüfung die Feststellung der Staatlichkeit der Mittel (über die Abgabeneigenschaft), die Punkte zwei und drei konkretisieren die staatliche Kontrolle über die Mittel.[614] Im Folgenden wird das EEG nicht strikt anhand der Kommissionskriterien überprüft, sondern in den allgemeinen Prüfungszusammenhang des Staatlichkeitsmerkmals eingebettet.

130 Konsequenterweise müsste die Kommission ebenfalls das Verhältnis von Abgabenerhebung und Begünstigung untersuchen. Denn damit eine Abgabenerhebung überhaupt der Beihilfenaufsicht und damit der Prüfungsbefugnis der Kommission unterfällt, muss ein **untrennbarer Zusammenhang** zwischen Mittelerhebung durch eine Abgabe und ihrer Verwendung als Beihilfe bestehen.[615] Dieser liegt immer dann vor, wenn die Abgabe speziell und ausschließlich der Finanzierung der Beihilfe dient.[616] Der Umfang der Begünstigung muss unmittelbar den Umfang der Abgabenmenge beeinflussen oder umgekehrt.[617] Bei der Bewertung des EEG schien die Kommission vom Vorliegen eines solchen Zusammenhanges richtigerweise auszugehen.

131 Die finanziellen Förderungen von EEG-Anlagen werden durch die Umlage nach § 60 Abs. 1 gedeckt; die Höhe der Umlage bestimmt sich unmittelbar nach der Höhe der benötigten bzw. ausgezahlten Fördersumme. EEG-Umlage und EEG-Begünstigungen sind damit **zwingend** und **untrennbar** miteinander **verbunden**. Damit ist die grundlegende Voraussetzung für die Überprüfung der Finanzierungsmodalitäten der Begünstigungsregelung des EEG gegeben.

---

612 EuGH, Urt. v. 21.10.2003, verb. Rs. C-261/01 und C-262/01, Slg. 2003, I-12249, Rn. 51 – van Calster; Urt. v. 13.1.2005, Rs. C-174/02, Slg. 2005, I-85, Rn. 26 – Streekgewest; EuGH, Urt. v. 17.7.2008, Rs. C-206/06, Slg. 2008, I-5497, Rn. 66 – Essent Netwerk Noord.
613 S. bereits Kommission, Entsch. v. 22.7.2009, Mitt. v. 22.7.2009, K(2009) 3548 endgültig, S. 11, Rn. 42; Entsch. v. 8.2.2012, SA.33384 (2011/N), C(2012) 565final, Rn. 68 ff. unter Berufung auf die Rechtssache *Essent*. Der Einschätzung in Rn. 67 („Das ÖSG 2012 umfasst Maßnahmen, die dem Staat zuzurechnen sind, da sie per Gesetz eingeführt werden.") ist zwar im Ergebnis, allerdings nicht pauschal zuzustimmen. Kommission, Entsch. v. 18.12.2013, SA.33995, C(2013) 4424 final, Rn. 82 ff., 136 f.
614 Im Einzelnen *Steffens*, in: Solvang (Hrsg.): EU Renewable Energy Law. Legal challenges and new perspectives, 2014, S. 59, 70 ff.
615 EuGH, Urt. v. 22.3.1977, Rs. 74/76 Rn. 14, Slg. 1977, 557 – Iannelli & Volpi, Urt. v. 13.1.2005, Rs. C-174/02, Slg. 2005, I-85, Rn. 26 – Streekgewest; Urt. v. 27.10.2005, verb. Rs. C-266/04 bis C-270/04, C-276/04 und C-321/04 bis C-325/04, Slg. 2005, I-9481, Rn. 40 – Distribution Casino France; Urt. v. 27.11.2003, verb. Rs. C-34/01 bis C-38/01, Slg. 2003, I-14243, Rn. 44 – Enirisorse.
616 EuGH, Urt. v. 21.10.2003, verb. Rs. C-261/01 und C-262/01, Slg. 2003, I-12249, Rn. 55 u. 68 – van Calster und Cleeren.
617 Urt. v. 13.1.2005, Rs. C-174/02, Slg. 2005, I-85, Rn. 32 – Streekgewest.

(2) Staatlichkeit bei beihilfefinanzierenden Abgabesystemen. Die Staatlichkeit der Mit- **132**
tel, die über ein beihilfefinanzierendes Abgabensystem gewonnen werden, wird in der Literatur als Graubereich der Beihilfenaufsicht identifiziert.[618]

In den Rechtssachen *Steinike, Essent* und zuletzt im Urteil *Vent De Colère* wurde die **Staat-** **133**
lichkeit der Mittel ohne nähere Begründung aufgrund des **Abgabencharakters** der Belastung angenommen.[619] Die Abgabeneigenschaft fungierte damit als **Scharnier der „Mittel-**
zurechnung": *„In diesem Zusammenhang ist daran zu erinnern, dass diese Beträge auf*
dem den Elektrizitätskunden gemäß Art. 9 OEPS vom Staat auferlegten Tarifaufschlag be-
ruhen, in Bezug auf den in Randnr. 47 des vorliegenden Urteils festgestellt worden ist, dass
es sich um eine Abgabe handelt. Diese Beträge gehen somit auf staatliche Mittel zurück."[620]
Im Urteil *Vent De Colère* lautet die Begründung ganz ähnlich.[621] Die Abgabeneigenschaft
und Staatlichkeit der Mittel sind insoweit miteinander verknüpft, als sie beide **auf hoheitli-**
cher Anordnung beruhen. Eine hoheitliche Anordnung schlägt sich in der Regel in einem
Gesetz oder einer Rechtsverordnung nieder. Aus diesem Grund hat auch die Kommission,
sobald die Abgabeneigenschaft bejaht wurde, das Staatlichkeitserfordernis als erfüllt angesehen: *„Abgabeaufkommen sind den öffentlichen Mitteln zuzurechnen, wenn die Abgabe*
auf gesetzlicher Grundlage erhoben wird."[622] Auch im jüngsten Urteil zur Staatlichkeit der
Mittel bei beihilfefinanzierenden Abgabensystemen hat der EuGH diese Begründungslinie
verfolgt: *„Insoweit ist festzustellen, dass der im Ausgangsverfahren fragliche Ausgleichs-*
mechanismus durch das Gesetz Nr. 2000-108 eingeführt wurde und daher dem Staat zure-
chenbar ist."[623]

Bisher hat sich der EuGH zur staatlichen **Zurechenbarkeit** von Mitteln, die aus Abgaben- **134**
systemen gespeist werden, damit eher spärlich geäußert.[624] Seine knappe Einordnung von
Abgaben als staatliche Mittel[625] und die Annahme der Zurechenbarkeit aufgrund gesetzlicher Anordnung legen zwei Folgerungen nahe: Zunächst könnte der Gerichtshof bei Abgaben, die von Privaten erhoben werden, eine Belastung des Staatshaushaltes für entbehrlich
halten.[626] Naheliegender ist es jedoch, die staatliche **Mittel- und Übertragungszurech-**

---

618 Streinz/*Koenig/Paul*, Art. 107 Rn. 60, 62; *Hancher/Salerno*, in: Jones, EU Energy Law, Vol. II,
Rn. 5.256.
619 EuGH, Urt. v. 22.3.1977, Rs. 78/76, Slg. 1977, 595, Rn. 22 – Steinike und Weinlig, bestätigt in
Urt. v. 15.7.2004, Rs. C-345/02, Slg. 2004, I-7139, Rn. 38 – Pearle. EuGH, Urt. v. 17.7.2008, Rs.
C-206/06, Slg. 2008, I-5497, Rn. 66 – Essent Netwerk Noord und EuGH, Urteil v. 19.12.2013,
C-262/12, EuZW 2014, 115, Rn. 17 – Vent De Colère u. a.
620 EuGH, Urt. v. 17.7.2008, Rs. C-206/06, Slg. 2008, I-5497, Rn. 66 – Essent Netwerk Noord.
621 EuGH, Urteil v. 19.12.2013, C-262/12, EuZW 2014, 115, Rn. 17 – Vent De Colère u. a. Näher
dazu *Säcker/Schmitz* (nunmehr *Steffens*), NZKart 2014, 202.
622 KOM-E 95/456/EG – griechische Arzneimittelumlage, ABl. 1995 L 265/30, 32. Dort war allerdings die erhebende Stelle (griechische Nationale Arzneimittelorganisation, NAO) eine öffentlich-rechtliche Körperschaft, die mit einem gesetzlichen Auftrag versehen war und das erhobene
Geld an Forschungsinstitute und dergleichen weiterleitete.
623 EuGH, Urt. v. 19.12.2013, Rs. C-262/12 – Vent De Colère u. a., Rn. 17, EuZW 2014, 115, 116.
624 Die Literatur betont nachhaltig die Einordnungsschwierigkeiten beihilfefinanzierender Abgabensysteme: „The case law in this area is notoriously opaque" (*Hancher/Salerno*, in: Jones, EU
Energy Law, Vol. II, Rn. 5.256); *Ekardt/Steffenhagen*, JbUTR 2011, 319, 346 sprechen von einem
„recht inkonsistenten Bild in der EuGH-Judikatur").
625 EuGH, Urt. v. 17.7.2008, Rs. C-206/06, Slg. 2008, I-5497, Rn. 66 – Essent Netwerk Noord.
626 In diese Richtung wohl Lenz/Borchardt/*Kreuschnitz/Wernicke*, Art. 107 AEUV Rn. 14.

nung in diesen Fällen **typischerweise zu bejahen.**[627] Bisher hat in den Fällen parafiskalischer Abgaben stets ein öffentlicher Fonds, eine Behörde oder sonstige Sonderverwaltungskörperschaft die Abgaben erhoben und kontrolliert, was analog zur Rechtsprechung bei Einzelbeihilfen[628] eine nähere Prüfung der Zurechenbarkeit der Maßnahme entbehrlich machte.[629] Auf diesem Hintergrund sind auch die Äußerungen zu verstehen, die Staatlichkeit der Mittel sei anzunehmen, weil Abgaben auf gesetzlicher Grundlage erhoben werden. Ihr kommt in Fällen von Einzelbeihilfen nur untergeordnete Bedeutung zu. Sobald die Abgaben aber nicht von einer staatlichen Einrichtung erhoben werden, der als einer vom Staat losgelösten Stelle eine autonome Willensbildung möglich ist, sind die gleichen Zurechnungskriterien nach *Stardust* anzulegen wie bei Einzelbeihilfen.[630] Auch das Aufkommen aus parafiskalischen Abgaben muss vor der Auszahlung unter staatliche Kontrolle gebracht werden.[631]

135 Das Kontrollerfordernis hält der EuGH also auch in Abgabenfällen aufrecht.[632] Der Gerichtshof verlangt auch hier wohl **keine formale Haushaltsbelastung,** sondern eine schlichte **Einnahmen- und Ausgabenwirksamkeit,** mit welcher der Staat aufgrund seiner hoheitlichen Befugnisse sein **finanzielles Handlungspotenzial** mehrt. Dies tut er nicht, wenn er bloße Rahmenregelungen erlässt, die lediglich entfernte, mittelbare Auswirkungen auf den Staatshaushalt haben.[633] In den Abgabenfällen wird besonders deutlich, dass es dem EuGH primär auf die Kontrolle über Mittel ankommt und weniger auf eine formale Haushaltsbelastung.[634] Im Urteil *Ferring* spricht er sogar davon, dass entweder der Staatshaushalt oder die abgabeneinziehende Stelle zusätzlich belastet sein müssen.[635] Denn wird einmal die Abgabeneigenschaft (also die hoheitliche Anordnung der Mittelerhebung und -verwen-

---

627 Nach der hier vertretenen Ansicht führt eine Kontrolle auch zu einer Haushaltsbelastung, verstanden als Einnahmen- und Ausgabenwirksamkeit (s. dazu Rn. 94 ff.). In diese Richtung auch *Jaeger,* Beihilfen durch Steuern und parafiskalische Abgaben, S. 311, der eine Ablehnung der Zurechnung (Kontrollausübung) bei parafiskalischen Maßnahmen im Einzelfall für möglich hält.

628 Streinz/*Koenig/Paul,* Art. 107 Rn. 58.

629 So durchweg in den in Fn. 613 genannten Fällen. S. auch *Jaeger,* Beihilfen durch Steuern und parafiskalische Abgaben, S. 267, 307, weiter S. 309: der „fein geschliffene Nachweis konkreter Einflussnahme" sei „wohl unnotwendig".

630 In diese Richtung geht auch EuGH, Urt. v. 16.5.2002, Rs. C-482/99, Rn. 52 a. E. – Frankreich/Kommission; *Jaeger,* EuZW 2004, 650; *ders.,* Beihilfen durch Steuern und parafiskalische Abgaben, S. 314; a. A. *Heidenhain,* EuZW 2005, 6.

631 SA GA Jacobs, Rs. C-482/99, Rs. C-482/99, Slg. 2002, I-4397, Rn. 41 – Frankreich/Kommission (Stardust Marine).

632 EuG, Urt. v. 20.9.2007, Rs. T-136/05, Slg. 2007, II-4063, Rn. 140 ff. – Salvat père & fils u. a./Kommission; EuGH, Urt. v. 17.7.2008, Rs. 206/06, Slg. 2008, I-5497, Rn. 70 – Essent Netwerk Noord.

633 EuGH, Urt. v. 30.11.1993, Rs. C-189/91, Slg. 1993, I-6185 – Kirsammer-Hack/Sidal; Urt. v. 7.5.1998, Rs. C-52/97, C-53/97 u. C-54/97, Slg. 1998, I-2629 – Viscido u. a./Ente Poste Italiane; Urt. v. 17.3.1993, Rs. C-72/91 u. C-73/91, Slg. 1993, I-887 – Sloman Neptun/Bodo Ziesemer; dazu *Schmid-Kühnhöfer,* Die Staatlichkeit von Beihilfen, S. 74 ff.; Birnstiel/Bungenberg/Heinrich/*Pache/Pieper,* Art. 107 Rn. 58, 59, 61.

634 So auch in der Literatur Immenga/Mestmäcker/*Ehricke,* EuWettbR, Art. 92 Rn. 63; Birnstiel/Bungenberg/Heinrich/*Pache/Pieper,* Art. 107 Rn. 53, 68; *Bartosch,* Art. 87 Abs. 1 Rn. 122; a. A. *Kruse,* ZHR 165 (2001), 576, 583; *Ekardt/Steffenhagen,* JbUTR 2011, 319, 338.

635 EuGH, Urt. v. 22.1.2001, Rs. C-53/00, Slg. 2001, I-9067, Rn. 16 – Ferring: „ [...] oder die eine zusätzliche Belastung für den Staat oder die für diesen Zweck benannten oder errichteten Einrichtungen".

dung) festgestellt, kommt es auf eine klassische Haushaltsbelastung nicht mehr an; es reicht der Abfluss von kontrollierten Mitteln. Der Staat kann die Mittel auch ohne Einschalten eines Sonderfonds kontrollieren, solange er Private derart detaillierten gesetzlichen Vorgaben unterwirft, dass diese keine Entscheidungsautonomie mehr besitzen und lediglich „Instrumente"[636] staatlicher Politik sind. In neueren Urteilen zum Emissionshandelssystem mit Stickstoffoxiden haben die europäischen Gerichte eine **Haushaltsbelastung** aufgrund der **Nichteinziehung „möglicher Einnahmen"**[637] angenommen und damit dieses Kriterium aufgeweicht.[638] Indem der Staat Marktbedingungen schafft, unter denen Emissionsrechte fungibel werden, weist er letzteren einen konkreten Markt- und Vermögenswert zu. Indem er diese Rechte nicht entgeltlich zuteilt, verzichtet er auf Einnahmen. Was für mögliche Einnahmen gilt, muss im Umkehrschluss auch für mögliche Ausgaben gelten.[639] Mit der Schaffung des EEG verzichtet der deutsche Gesetzgeber auf Ausgaben, indem er qua Hoheitsakt eine **Marktordnung aus faktischen Festvergütungen** etabliert, die ihm eine steuerfinanzierte Förderung erspart. In der Einbeziehung von potenziellen und möglichen Einnahmen und Ausgaben wird zu Recht die Gefahr einer erheblichen Ausweitung des Beihilfetatbestandes gesehen.[640] Für potenzielle Einnahmen (z. B. Garantieversprechen, öffentliche Erklärungen etc.) ist daher richtigerweise eine Konkretisierung zu fordern. Für mögliche Einnahmen und Ausgaben muss weiterhin das Kontrollkriterium erfüllt sein. Sowohl das EEG als auch das NOx-Handelssystem zeichnen sich zwar durch ihren erheblichen Umfang aus, jedoch kennt der Beihilfetatbestand gerade kein Spürbarkeitskriterium, sodass Systeme nicht erst ab einem bestimmten Bagatellvolumen erfasst wären. Die Urteile *Viscido*,[641] *Kirsammer-Hack*[642] und *Sloman-Neptun*[643] haben der Beihilfequalität im NOx-Fall ebenfalls nicht entgegenstanden.[644]

(3) Zwei Rechtsprechungslinien. Im Ergebnis lassen sich **zwei Rechtsprechungslinien** **136** **ausmachen**: Die erste Linie subsumiert die Fälle der Übertragung privater oder „gemischtfinanzierter" Mittel durch Private unter die beiden Kriterien „Staatlichkeit der Mittel" und

---

636 Umkehrschluss aus EuGH, Urt. v. 15.7.2004, Rs. C-345/02, Slg. 2004, I-7139, Rn. 37 – Pearle; Urt. v. 30.5.2013, Rs.C-677/11, Rn. 40 („Instrument") – Doux Élevage; MünchKommEUWettbR/ *Soltész*, Bd. III, Art. 107 Rn. 244 („Erfüllungsgehilfe"), wo entscheidend auf die Urheberschaft und Initiierung von Zusatzzahlungen abgestellt wird.

637 Es wird hier bewusst nicht der Begriff „potenzielle Einnahmen" verwendet, da dieser in der Literatur bereits für ungewisse Einnahmen und Belastungen (z. B. bei Garantieversprechen, Bürgschaften etc.) verwendet wird, dazu *Soltész*, EuZW 2011, 254, 255; MünchKommWettbR/*ders.*, Bd. III, Art. 107 Rn. 303.

638 EuG, Urt. v. 10.4.2008, Rs. T-233/04, Slg. 2008, II-591, Rn. 75 – Niederlande/Kommission (NOx-Emissionshandel); nachfolgend EuGH, Urt. v. 8.9.2011, Rs. C-279/08 P, Slg. 2011, I-7471, Rn. 107 – Kommission/Niederlande (NOx-Emissionshandel). Auch im *Essent*-Urteil hat der EuGH keine Haushaltsbelastung gefordert. So auch MünchKommWettbR/*Soltész*, Bd. III, Art. 107 Rn. 303.

639 A. A. MünchKommWettbR/*Soltész*, Bd. III, Art. 107 Rn. 303.

640 MünchKommWettbR/*Soltész*, Bd. III, Art. 107 Rn. 303 spricht von einem „absurden Ergebnis".

641 EuGH, Urt. v. 7.5.1998, Rs. C-52/97, C-53/97 u. C-54/97, Slg. 1998, I-2629 – Viscido u. a./Ente Poste Italiane.

642 EuGH, Urt. v. 30.11.1993, Rs. C-189/91, Slg. 1993, I-6185 – Kirsammer-Hack/Sidal.

643 EuGH, Urt. v. 17.3.1993, Rs. C-72/91 u. C-73/91, Slg. 1993, I-887 – Sloman Neptun/Bodo Ziesemer.

644 Zur Kausalitätsgrenze *Schmid-Kühnhöfer*, Die Staatlichkeit von Beihilfen, S. 74 ff.; *Baer*, Abnahmepflichten und Vergütungspflichten in der Energiewirtschaft, S. 80 ff.

„Staatlichkeit des Übertragungsakts", wie sie vor allem bei der Gewährung von Einzelbeihilfen angewendet wurden. Bedeutende Urteile dieser ersten Linie sind die Rechtssachen *PreussenElektra*,[645] *Pearle*,[646] *Stardust Marine*[647] und *UTECA*.[648] Die Verteidigung des EEG in der Literatur bezog sich bisher nahezu ausschließlich auf diese Rechtsprechung.[649] Den Autoren ist im Ergebnis zuzustimmen, dass die bloße Mitbelastung öffentlicher Unternehmen allein nicht automatisch zur Beihilfeeigenschaft des Gesamtsystems führt.

137 Eine **zweite Rechtsprechungslinie**[650] besteht jedoch zu **beihilfefinanzierenden parafiskalischen Abgabensystemen**, deren letzte Meilensteine die Rechtssachen *Essent*[651] und *Vent De Colére*[652] bilden. Diese Rechtsprechungslinie ist jüngst zunehmend in den Fokus der Literatur geraten.[653] Auch hier müssen die beiden Merkmale der Staatlichkeit der Beihilfe eigenständig erfüllt werden (Mittelherkunft und Übertragung). Es ist deshalb zu fragen, was für **Besonderheiten beihilfefinanzierende Abgabensysteme** gegebenenfalls aufweisen, und wie sie unter den Begriff der Staatlichkeit innerhalb des Art. 107 Abs. 1 AEUV subsumiert werden.

138 In der Rechtssache **PreussenElektra** hat der EuGH zur Qualifikation der Abnahme- und Vergütungspflichten als beihilferelevante parafiskalische Abgaben **keine ausdrückliche Stellung bezogen**, da die Vorlagefragen nicht unmittelbar darauf gerichtet waren.[654] Zwar hat sich Generalanwalt *Jacobs* in seinen Schlussanträgen ausführlich mit dieser Frage auseinandergesetzt,[655] jedoch kann dem Schweigen des EuGH keine Erklärung entnommen werden. Dies gilt umso mehr, als der Gerichtshof die Beantwortung der Vorlagefrage selbst „ohne Not" eingegrenzt hat auf ausschließlich private Rechtssubjekte, die zur Zahlung der Einspeisevergütung verpflichtet waren. Die Rechtsprechung, auf die sich die Kommission in jüngster Zeit beruft (v. a. Rs. *Steinike & Weinlig*) und die sich auf abgabenfinanzierte Bei-

---

645 EuGH, Urt. v. 13.3.2001, Rs. C-379/98, Slg. 2001, I-2099, Rn. 68 ff. – PreussenElektra.

646 EuGH, Urt. v. 15.7.2004, Rs. C-345/02, Slg. 2004, I-7139, Rn. 37 – Pearle.

647 EuGH, Urt. v. 16.5.2002, Rs. C-482/99, Slg. 2002, I-4397, Rn. 68 – Frankreich/Kommission (Stardust Marine).

648 EuGH, Urt. v. 5.3.2009, Rs. C-222/07, Slg. 2009, I 1407, Rn. 43 – UTECA.

649 Z. B. jüngst *Schlacke/Kröger*, DVBl. 2013, 401, 409. Siehe aber *Ekardt/Steffenhagen*, JbUTR 2011, 319, 340 ff.; *Ekardt*, EurUP 2013, 197 ff.

650 Urt. v. 25.6.1970, Rs. 47/69, Slg. 1970, 487 – Frankreich/Kommission (Textilabgabe); Urt. v. 22.3.1977, Rs. 78/76, Slg. 1977, 595, Steinike & Weinlig (Absatzförderung der deutschen Land-, Forst- und Ernährungswirtschaft); Urt. v. 27.10.1993, Rs. C-72/92, Slg. 1993, I-5509 – Scharbatke (Fleischinspektionsabgabe); Urt. v. 2.8.1993, Rs. C-266/91, Slg. 1993, I-4337 – Celulose Beira (Abgabe auf chem. Fasern, um Nutzung von Holz, Kork und Harz zu fördern); Urt. v. 11.6.1992, verb. Rs. C-149 u. 150/91, Slg. 1992, I-3899 – Sanders (Abgabe auf Weizen, um die Lagerung von einheimischem Weizen zu fördern); Urt. v. 14.4.2005, verb. Rs. C-128 u. 129/03, Slg. 2005, I-2861 – AEM (Abgabe auf Zugang zum Stromübertragungsnetz, die infolge der Strommarktliberalisierung entstandenen „stranded costs" finanzieren soll).

651 EuGH, Urt. v. 17.7.2008, Rs. C-206/06, Slg. 2008, I-5497 – Essent Netwerk Noord.

652 EuGH, Urt. v. 19.12.2013, Rs. C-262/12 – Vent De Colère u. a., EuZW 2014, 115, 116.

653 *Ekardt/Steffenhagen*, JbUTR 2011, 319, 340 ff.; *Ekardt*, EurUP 2013, 197 ff.; *Frenz*, ZNER 2014, 25, 33; *ders./Wimmers*, WiVerw 2014, 30; *Riewe*, EWeRK 2014, 15, 19 f.

654 Allerdings ist *Jaeger*, EuZW 2004, 558, 560, zuzustimmen, dass jedenfalls eine alleinige gesetzliche Anordnung ohne zusätzliche Kontrollmerkmale nicht zu einer Mittelzurechnung an den Staat führen kann.

655 SA GA Jacobs, Rs. C-379/98, Slg. 2001, I-2103, Rn. 162 ff. – PreussenElektra.

hilfen richtet, ist daher von *PreussenElektra* unberührt geblieben.[656] Die Trennlinie zwischen diesen beiden Rechtsprechungslinien zeigt sich an der Ausgestaltung der staatlichen Kontrolle. In einem Fall wird in erster Linie unter den Abgabenbegriff (hoheitliche Erhebung) subsumiert, im anderen Fall explizit unter das Merkmal der staatlichen Kontrolle. Die Abgrenzung, die der EuGH im *Essent*-Urteil zur Rechtssache *PreussenElektra* vornimmt, bleibt jedoch kryptisch: Denn in der Rs. *PreussenElektra* sollen die Unternehmen nicht vom Staat mit der Verwaltung staatlicher Mittel beauftragt, sondern zur Abnahme unter Einsatz ihrer eigenen finanziellen Mittel verpflichtet worden sein. Sowohl eine Abgabe als auch einen Preisaufschlag bestreiten die betroffenen Unternehmen jedoch aus ihren eigenen finanziellen Mitteln. Die Abgrenzungsphrase wird etwas verständlicher, wenn man beachtet, dass den Unternehmen in *PreussenElektra* qua Gesetz eine Weitergabe der Belastungen an ihre Kunden nicht möglich war. Nach wie vor mangelt es diesem Unterscheidungskriterium an Präzision. Der entscheidende Unterschied zwischen *Essent* und *PreussenElektra* lag jedoch im **konkreten Ausmaß der staatlichen Kontrolle**. Während in *PreussenElektra* keine stichhaltigen Indizien für eine umfangreiche staatliche Kontrolle über die privaten Mittel vorlagen,[657] war dies im Fall *Essent* anders. Außerdem stand die *Essent Netwerk* im vollständigen Eigentum von Provinzial- und örtlichen Körperschaften. (Hier zeigt sich die Überschneidung der beiden Rechtsprechungslinien.) Da der Gesetzgeber seit dem StrEG – und abermals mit dem EEG 2014 – das Kontroll- und Aufsichtskorsett des EEG enger geschnürt hat, dürfte die Annahme einer Kontrolle über die Mittel der Versorger und Letztverbraucher nicht mehr fernliegend und eine Anknüpfung an die *Essent*-Rechtsprechung wahrscheinlich sein. Im Ergebnis hat die Kommission genau dies getan.[658]

Es wird hingegen **innerhalb der ersten Rechtsprechungslinie** (dort wird wesentlich auf **139** das Urteil *PreussenElektra* rekurriert) oft behauptet, dass eine bloße gesetzliche Anordnung einer Zahlungsverpflichtung Mittel noch nicht zu solchen des Staates mache.[659] Dem ist zwar grundsätzlich zuzustimmen, jedoch können private Mittel dem Staat nach hier vertretener Ansicht nichtsdestotrotz zugerechnet werden, wenn das Gesetz nicht eine „bloße Anordnung", sondern eine **qualifizierte Anordnung** enthält. Enthält die gesetzliche Regelung **zusätzliche Indizien für eine staatliche Kontrolle**, so können auch die aufgrund eines Gesetzes zum Fluss gebrachten Mittel zwischen Privaten dem Staat zuzurechnen sein.[660] Es bestehen dann nämlich über die bloße gesetzliche Anordnung hinausgehende Anknüpfungspunkte zum Staat.[661] In diesen Fällen ist also eine hoheitliche Anordnung zu bejahen und der Abgabencharakter anzunehmen. Dies steht auch nicht in Widerspruch zu den Urteilen

---

656 So auch *Heidenhain*, EuZW 2005, 6; *Jaeger*, Beihilfen durch Steuern und parafiskalische Abgaben, S. 300; *Meyer*, Die Bewertung parafiskalischer Abgaben aus der Sicht des europäischen Beihilferechts, S. 141 f., der aber konstatiert, dass die Anforderungen an die staatliche Kontrolle durch PreussenElektra gestiegen seien; a. A. *Soltész*, EuZW 2011, 254, 256. Damit ist der vornehmlich von *Kühling*, RdE 2001, 93, 96 f., vertretenen Ansicht zur Entbehrlichkeit einer Haushaltsbelastung nicht per se der Boden entzogen.

657 Aus diesem Grund haben sowohl der GA als auch der EuGH eine Anwendung von Art. 10 EG (Art. 4 Abs. 3 AEUV) verneint.

658 Kommission, Entsch. v. 18.12.2013, SA.33995, C(2013) 4424 final, Rn. 110 ff.

659 EuGH, Urt. v. 13.3.2001, Rs. C-379/98, Slg. 2001, I-2099, Rn. 61 – PreussenElektra. So auch GA Darmon, Schlussanträge zur Rs. C-72/91 u. 73/91 – Sloman Neptun, Rn. 40–43. *Meyer*, Die Bewertung parafiskalischer Abgaben aus der Sicht des europäischen Beihilferechts, S. 81; *Jaeger*, Beihilfen durch Steuern und parafiskalische Abgaben, S. 294 ff.

660 So auch *Jaeger*, EuZW 2004, 558, 560.

661 *Jaeger*, Beihilfen durch Steuern und parafiskalische Abgaben, S. 300 f.

Pearle und *Ladbroke Racing*, die als Rechtsprechungswechsel gedeutet wurden hin zu einer strengeren Betrachtung der staatlichen Zurechenbarkeit. Kontrolle muss eben über die bloße gesetzliche Anordnung hinausgehen.[662] Vielmehr ist eine staatliche Verfügungsgewalt zu fordern. Die Annahme einer Rechtsprechungsänderung ist zum einen deshalb nicht zwingend, weil es sich in *Ladbroke Racing* nicht um ein Abgabensystem handelte.[663] Begünstigende Einzelmaßnahmen unterscheiden sich wesentlich von einem flächendeckenden Begünstigungssystem. Dass der EuGH in *Ladbroke Racing* also nicht auf die determinierende Wirkung des Ministerialdekrets eingeht, sondern eine zumindest potenzielle Verfügungsgewalt im Einzelfall fordert, fügt sich in die bestehende Rechtsprechung, schließt aber nicht aus, dass auch bei detaillierten gesetzlichen Anordnungen („qualifizierte Anordnung") eine staatliche Kontrolle und Verfügungsgewalt über die Mittel anzunehmen sein kann.[664] Der Begriff einer qualifizierten Anordnung soll keine neuen Bewertungsmaßstäbe zur Bestimmung der Kontrolle einführen, sondern vielmehr veranschaulichen, dass eine gesetzliche Determinierung bei hinreichender Regelungstiefe die staatliche Kontrolle begründen kann.

140   **(4) Anforderungen an eine „qualifizierte Anordnung".** Eine qualifizierte Anordnung kann also angenommen werden, wenn sich aus den Rechtsnormen, die Grundlage der Beihilfenregelung sind, eine Kontrolle über die Mittel ableiten lässt (bloß veranschaulichende Funktion des Begriffs der „qualifizierten Anordnung").[665] Die Zurechnungskriterien, die der EuGH in *Stardust* für die Einzelgewährung einer Beihilfe entwickelt hat, müssen nach dem Gesagten auf die flächendeckende Natur von Beihilfesystemen angewendet werden: Das Indizienbündel, das der EuGH im Urteil *Stardust* entwickelt hat, speist sich bei Abgabesystemen aus dem inhaltlichen **Bindungsumfang und der Regelungstiefe** des **verpflichtenden Gesetzes**. Dort muss, um eine staatliche Zurechenbarkeit der Mittel zu bejahen, – ebenso wie bei Einzelbeihilfen – die Erhebung und Verwendung der Mittel der vergebenden Stelle so **stark vorgeschrieben** sein, dass der vergebenden Stelle keine Entscheidungsautonomie mehr bei Erhebung und Verwendung der Mittel zukommt.[666] Die Einrichtung eines Fonds ist ein Indiz für die staatliche Kontrolle, ebenso das Ausmaß der staatlichen **Aufsicht**, die **Entscheidungsautonomie** der zuständigen Stellen und die **Initiierung/Freiwilligkeit** der Zahlungspflicht. **Kontroll- und Berichtspflichten**, die **Einbindung** in den staatlichen Verwaltungsapparat und die **Rechtsform** können ebenfalls Indizien sein. Bestärkt wird dieser Ansatz durch die jüngste EuGH-Judikatur in der Rechtssache *Vent De Colère*. Dort bezog sich das Gericht für die Zurechnung zum Staat nicht nur auf eine gesetzliche Determinierung des Förderprogramms, sondern legte in unmittelbarem

---

662 So *Jaeger*, Beihilfen durch Steuern und parafiskalische Abgaben, S. 294 f.

663 Diese wäre im Übrigen auch nur dann überzeugend, wenn es sich in der Rs. *Ladbroke* ebenfalls um ein System parafiskalischer Abgaben gehandelt hätte.

664 A. A. wohl *Jaeger*, Beihilfen durch Steuern und parafiskalische Abgaben, S. 292, der *Ladbroke* als Beginn einer „ständigen Anwendungspraxis [sieht], nach der die bloß normative Anordnung der Abgabenerhebung per Gesetz oder Verordnung alleine zur Annahme der Staatlichkeit nicht ausreicht".

665 *Meyer*, Die Bewertung parafiskalischer Abgaben aus der Sicht des europäischen Beihilfenrechts, S. 115.

666 Anklang findet diese Ansicht bei *Jaeger*, Beihilfen durch Steuern und parafiskalische Abgaben, S. 293: „Bei Vertragspflichten, Vergleichen u. a. gewillkürten besonderen Rechtspflichten ist für die staatliche Zurechnung demgegenüber wohl danach zu differenzieren, ob die öffentliche Hand auch auf die zugrunde liegende Verpflichtung Einfluss genommen hat."

Anschluss daran das *Stardust*-Urteil für die Bewertung der Zurechenbarkeit zugrunde.[667]

(5) Erforderlichkeit eines Fonds? Die Einrichtung eines separaten Fonds ist für die An- **141**
nahme der Mittelkontrolle nicht unbedingt erforderlich.[668] Der Grund, warum EuGH und
Kommission die Staatlichkeit bejahen, sobald ein vom Staatshaushalt separater Fonds eingerichtet ist, liegt darin, dass er **nach außen erkennbar** das Abgabenaufkommen einer
spezifischen, staatlich vorbestimmten Verwendung zuführt. Um diese Zweckbindung sicherzustellen, bedarf es allerdings nicht zwingend des Instrumentes eines Fonds. Dieser ist
nach außen **lediglich als ein (freilich starkes) Kontrollindiz** zu werten. Ob eine Maßnahme unter das Beihilferegime fällt oder nicht, darf nicht der Mitgliedstaat durch die formale
Ausgestaltung des Begünstigungsmechanismus bestimmen.[669] Maßgeblich muss eine materielle Beurteilung sein. Die Kommission hat im Fall Niederländischer Einspeisevergütungen aus dem Jahr 2003 bereits die Einrichtung eines **separaten Kontos**, auf dem die
jährlich von den Verbrauchern zu entrichtende Abgabe vom Netzbetreiber TenneT verwaltet wurde, **mit einem Fonds gleichgesetzt**.[670] Zu einer solchen separaten Kontoführung
sind nach § 5 AusglMechAV auch die Übertragungsnetzbetreiber verpflichtet. Die Bewertung des Österreichischen Ökostromgesetzes stützte die Kommission sowohl im Jahr 2009
als auch im Jahr 2012 wesentlich auf die Funktion des eingerichteten **Clearingmechanis-
mus**. Dieser Umverteilungs- und Abwicklungsmechanismus **gleiche einem Fonds**.[671] Zuzugeben ist, dass die Ökostromabwicklungsstelle als einzige zentrale Gesellschaft Gelder
verwaltete, d. h. Begünstigungen auszahlte und Abgaben erhob, und TenneT steht im Eigentum der öffentlichen Hand. Ein entscheidendes Hindernis für die Übertragung der
Kommissionsüberlegungen auf die deutschen Verteiler- und Übertragungsnetzbetreiber ist
dies jedoch nicht.

(6) Subsumtion: EEG-Umlage als beihilfefinanzierende Abgabe. Im Ergebnis stellt die **142**
EEG-Umlage eine **beihilfefinanzierende (parafiskalische) Abgabe** dar.[672] Bereits im
Eröffnungsbeschluss hat die Kommission eben diese Einordnung bestätigt.[673] Die Einspei-
severgütungsfördersätze werden über den Belastungsausgleich der §§ 56 ff. bis zu den Übertragungsnetzbetreibern nach § 56 Abs. 1 Nr. 1 hochgewälzt. Diese sind ggf. zur Vermarktung des EE-Stroms und der Errechnung der Differenz aus Vermarktungserlösen und ge-

---

667 EuGH, Urt. v. 19.12.2013, Rs. C-262/12 – Vent De Colère u. a., Rn. 17, EuZW 2014, 115, 116.
668 So aber *Gawel/Lehmann/Korte u. a.*, ZUR 2014, 219, 221; *Schmidt-Preuß*, in: Brinktrine/Lud-
wigs/Seidel (Hrsg.), Energieumweltrecht in Zeiten von Europäisierung und Energiewende, S. 9,
19, der eine „institutionell-administrative Einrichtung" fordert und diese beim EEG verneint. In
eine ähnliche Richtung auch *Rusche*, ZNER 2007, 143, 148.
669 So auch *Jaeger*, EStAL 2012, 535, 536: „What is more however, the control test is inherently inept
to deal with pure financing mechanisms: As the German and Austrian cases show, the question
whether funds in a compulsory financing mechanism do or do not enter the public sphere is en-
tirely at the State's discretion at the point of designing the measure."
670 Kommission, Entsch. v. 19.3.2003, N 707/2002 und 708/2002, C(2003) 642 fin, S. 12: „Deze re-
kening kan worden vergeleken met een fonds." S. auch ABl. 2003 C 148/12.
671 Kommission, Entsch. v. 4.7.2006, NN 162a/2003, C(2006) 2955 endg., S. 12, Rn. 52; in Bezug
genommen in Kommission, Entsch. v. 22.7.2009, K(2009) 3548 endg., S. 11, Rn. 42.
672 So auch Kommission, Entsch. v. 25.11.2014, SA.33995, Rn. 112 ff. – EEG 2012; Entsch. v.
Rn. 175 ff. u. 192 ff. Anders im Ergebnis *Ekardt/Steffenhagen*, JbUTR 2011, 319, 349, die jedoch
an anderer Stelle vorsichtiger sind (S. 343, 346). Zur Frage, ob die Erhebung der Abgabe oder
deren Verwendung als Beihilfemaßnahme eingestuft wird, GA Stix-Hackl, Schlussanträge zu
C-34/01, Rn. 166–174.
673 Kommission, Entsch. v. 18.12.2013, SA.33995, C(2013) 4424 final, Rn. 137 f.

zahlten Vergütungen verpflichtet, jedenfalls aber zur Zahlung der Marktprämie. Die Grünstromeigenschaft wird ebenfalls weitergegeben (§ 56 Abs. 1 Nr. 2). Es können die Kosten und Grünstrommengen, die den gesetzlichen Fördersätzen der §§ 19–54 entsprechen, in den Belastungsausgleich eingestellt werden.[674] Höhere, privatautonom zwischen Anlagen- und vorgelagertem Netzbetreiber vereinbarte, Kosten müssen die Abnehmer des Stroms selbst tragen. Sie bleiben also bei der Beurteilung der Umlage außer Betracht. Geringere als die gesetzlichen Vergütungen sind nach dem Abweichungsverbot des § 7 Abs. 2 i.V.m. § 134 BGB nichtig.[675] Der Umlageumfang ist demnach unmittelbar durch die gesetzlichen Fördersätze der §§ 19 ff. bestimmt. Das Zusammenwirken der Regelungen führt im Ergebnis zu einer faktischen Festvergütung, keiner Mindestvergütung, sei es in Form der Einspeisevergütung oder in Form der gleitenden Marktprämie. Damit muss der Fall des EEG von dem Sachverhalt im Urteil *van Tiggele*[676] unterschieden werden. Bei der Feststellung der Umlage sind die Übertragungsnetzbetreiber an die Vorgaben der §§ 60–61, der Ausgleichsmechanismusverordnung und Ausgleichsmechanismusausführungsverordnung gebunden. Der Gesetzgeber hat aufgrund des befürchteten Missbrauchspotenzials bei der Errechnung und Weitergabe der Gesamtvergütungskosten neben den üblichen privatrechtlichen Klagemöglichkeiten einen dreifachen Kontrollmechanismus eingerichtet. Nach § 82 bestehen besondere privatrechtliche Klagemöglichkeiten aus dem UWG und nach § 59 kann die Clearingstelle angerufen werden. Die Übertragungsnetzbetreiber und Anlagenbetreiber unterliegen zudem nach § 85 einer **umfassenden behördlichen Kontrolle**.[677] Zur wirksamen Ausübung der Kontrolle haben die ÜNB nach § 7 AusglMechV zahlreiche Berichtspflichten an die Bundesnetzagentur zu erfüllen. Diese erstellt nach § 9 AusglMechV einen Evaluierungsbericht und veröffentlich nach § 10 AusglMechV eine Wälzungsbilanz. Anlagenbetreiber, Versorgungsunternehmen und Letztverbraucher sind demnach nicht ausschließlich auf den Privatklageweg verwiesen, um die Belastung mit der Umlage anzugreifen. Einen Teil der staatlichen Einzelfall-Kontrolle macht das EEG durch seine Regelungsdichte zudem entbehrlich: Aufgrund der degressiven Vergütungssätze bedarf es keiner regelmäßigen staatlichen Festsetzung der Fördersätze mehr. Trotzdem werden diese Fördersätze mindestens im Zweijahresabstand korrigiert.

143   All diese **Indizien** zeigen, dass der Staat sich über die enge gesetzliche Bindung der Netzbetreiber die Mittel der **EEG-Umlage** zu eigen macht und **Kontrolle** über sie **ausübt**. Die gesetzliche Anordnung wäre damit keine *„bloße* gesetzliche Anordnung", sondern eine

---

674 § 35 Abs. 4 S. 1.

675 *Schiller*, Der Verbotsbegriff des § 134 BGB am Beispiel der Mindestvergütungsregelungen der §§ 5–12 EEG, S. 178 ff., 211 f., die (allerdings noch zu den §§ 5–12 EEG 2004) erst im Zusammenwirken der allgemeinen und besonderen Vergütungsvorschriften (§ 5 Abs. 1 i.V.m. §§ 6–12 EEG 2004) das Verbotsgesetz sieht; dem folgend MünchKommBGB/*Armbrüster*, § 134 Rn. 66 Fn. 17; wohl ebenso *Salje*, EEG, § 16 Rn. 18. Jedenfalls § 4 Abs. 2 wird einhellig als gesetzliches Verbot i.S.d. § 134 BGB qualifiziert, *Stecher*, Die Vertragsbeziehungen zwischen Anlagen- und Netzbetreiber unter besonderer Berücksichtigung des EEG 2009, S. 30 ff. u. 75; *Gahr*, strikte Gesetzesbindung statt Vertragsautonomie, S. 371: Eine Einzelfallprüfung der einzelnen Vergütungsregelungen auf ihren Verbotsgesetzcharakter sei hinfällig mit dem neuen § 4 Abs. 2. Es müsse lediglich eine „nachteilige Abweichung" geprüft werden; Frenz/Müggenborg/*Ekardt/Hennig*, § 16 Rn. 6; Frenz/Müggenborg/*Ehricke*, § 4 Rn. 47 ff.; Altrock/Oschmann/Theobald/*Lehnert/ Thomas*, § 16 Rn. 14.

676 EuGH, Urt. v. 24.1.1978, Rs. 82/77, Slg. 1978, 25 – Niederländische Staatsanwaltschaft/Van Tiggele.

677 Näher dazu § 61 Rn. 5.

„**qualifizierte Anordnung**", die die privaten Mittel der Versorgungsunternehmen und ggf. Endverbraucher und deren Übertragung und Verwendung dem Staat zurechenbar machen. Der EuGH könnte zwei verschiedenen Argumentationslinien folgen: zum einen aufgrund des allgemeinen Charakters der Zahlungspflicht die Staatlichkeit der Mittel verneinen und damit der ersten Rechtsprechungslinie folgen. Er könnte die staatliche Kontrolle aufgrund zu geringer gesetzlicher Determination verneinen, womit die EEG-Umlage weiterhin keine Beihilfe wäre. Würde allerdings die gesetzliche Ausformung der Finanzierung als so stark inhaltlich vorbestimmt angesehen, dass sich eine staatliche Kontrolle bejahen lässt, liegt es nahe, dass auch der EuGH die Umlage als Abgabe einstufen wird. Die Kommission hat im Österreichischen ÖSG auch die Pflicht zur Abnahme von Strom zu bestimmten gesetzlich festgelegten Verrechnungspreisen als Abgabe eingeordnet, freilich aufgrund einer etwas eindeutigeren Faktenlage als beim deutschen EEG.[678] Im Urteil *Vent De Colère* hat der EuGH nun nochmals betont, dass es unerheblich sei, wer die Abgabe erhebe, der Staat oder Private.[679] In wessen Eigentum die Stelle steht, war ebenfalls nicht maßgeblich.[680]

Dem Vorwurf der uferlosen Ausweitung der Beihilfenaufsicht kann entgegnet werden, dass die Kommission seit den 70er Jahren und nach ständiger Rechtsprechung des EuGH die Erhebungsmodalitäten einer beihilfefinanzierenden Abgabe prüft und eine befürchtete Ausweitung sich – wenn überhaupt – dogmatisch bereits vor langer Zeit vollzogen hat. **144**

Weder das Primärrecht noch das Sekundärrecht stellen spezielle **Anforderungen an die** **145** **Art der Finanzierung von EE-Fördermaßnahmen**. Art. 192 Abs. 4 AEUV stellt die Finanzierung europäischer Umweltschutzmaßnahmen ausdrücklich in die Verantwortung der Mitgliedstaaten.[681] Auch die EE-RL trifft keine ausdrücklichen Aussagen zur Finanzierung von Fördermaßnahmen. Die Ausgestaltung von Finanzierungsmodi muss sich daher am sonstigen Primärrecht, also insbesondere den Art. 30, 34, 110 AEUV, messen lassen.

dd) Verstoß gegen Art. 110 AEUV. Die Abgabenvorschriften des AEUV (Art. 30 und 110) **146** sind bei der Beurteilung nationaler EE-Fördersysteme lange Zeit unbemerkt geblieben.[682] Vor der Änderung des Ausgleichsmechanismus hin zu einer rein finanziellen Belastung der Versorgungsunternehmen war die Annahme einer Abgabenregelung zudem nicht offensichtlich.[683] Erst das Urteil in der Rechtssache *Essent*[684] hat die Aufmerksamkeit von Art. 34 EUV

---

678 Die OeMAG ist eine konzessionierte vom Staat eingerichtete Stelle, die Übertragungsnetzbetreiber sind lediglich beauftragt, aber nicht extra eingerichtet und betraut. Kommission, Entsch. v. 8.3.2011, C 24/2009 (ex N 446/2008), K(2011) 1363 endgültig, S. 16, Rn. 68.

679 EuGH, Urt. v. 19.12.2013, Rs. C-262/12, Rn. 19 ff., EuZW 2014, 115, 116 – Vent De Colère u. a.

680 EuGH, Urt. v. 19.12.2013, Rs. C-262/12, Rn. 20, EuZW 2014, 115, 116 – Vent De Colère u. a.; SA des GA Mengozzi zu EuGH, Urt. v. 17.7.2008, Rs. C-206/06, Rn. 103 ff., insb. 106 – Essent Netwerk Noord.

681 Zur streitigen Frage, ob EE-Fördermaßnahmen auf die Energie- oder Umweltkompetenz zu stützen sind, siehe Bd. 1, Einl. EnWG Rn. 110 ff.

682 *Johnston/Block*, EU Energy Law, Rn. 1.11: „[I]t is worth remembering that these other provisions may still apply." S. aber der Exkurs bei *Ekardt/Steffenhagen*, JbUTR 2011, 319, 361.

683 So werden Art. 25 und 90 EG entweder nicht behandelt (*Altrock*, Subventionierende Preisregelungen, 2002; *Erk*, Die künftige Vereinbarkeit des EEG mit Verfassungs- und Europarecht, 2008) oder ohne Weiteres verneint (*Baer*, Abnahmepflichten und Vergütungspflichten in der Energiewirtschaft, 2006, S. 60).

684 Urt. v. 17.7.2008, Rs. C-206/06, Slg. 2008, I-5497 – Essent Netwerk Noord.

auf diese Teile des Primärrechts gelenkt.[685] Als warenbezogene Vorschriften[686] sind die beiden Normen Spezialtatbestände zur Warenverkehrsfreiheit aus Art. 34 AEUV.[687]

147 Der Begriff der Abgabe, wie er in Art. 30 und 110 AEUV verwendet wird, ist ein europäischer, d.h. autonomer. Art. 30 und 110 AEUV wollen jede innerstaatliche Abgabenerhebung verhindern, die eine potenziell diskriminierende Wirkung zulasten von Erzeugnissen aus anderen Mitgliedstaaten entfaltet und damit deren freien Verkehr innerhalb der Union behindert.[688] Die systematische Stellung des Abgabenbegriffs innerhalb der Art. 30 und 110 AEUV legt bereits nahe, dass er eine weite (Art. 110 „Abgaben gleich welcher Art") bzw. teleologische (Art. 30 „Abgaben gleicher Wirkung") Auslegung erfahren soll, die grundsätzlich unabhängig von bestehenden mitgliedsstaatlichen Definitionen der Steuern, Sonderabgaben, Gebühren oder Beiträgen ist.[689] Auch die Person des **Abgabeschuldners** spielt für die Einordnung als Abgabe i.S.d. Art. 30 und 110 AEUV keine Rolle; es kann also dahingestellt bleiben, ob letztlich die Netzbetreiber materielle Abgabeschuldner oder die Endverbraucher De-facto-Abgabeschuldner sind.[690]

148 Art. 110 Abs. 1 AEUV erfasst neben der Erhebung von Steuern, Gebühren, Beiträgen und parafiskalischen Abgaben **jede vom Staat auferlegte Geldlast**, die **unterschiedslos** für inländische und importierte Waren gilt und in ihrer konkreten Ausgestaltung Waren aus anderen Mitgliedstaaten diskriminieren kann.[691] Für die Qualifikation als Abgabe muss eine **Gegenleistung** fehlen.[692] Den Zahlungen nach dem EEG, die die Belasteten zu leisten haben, steht derzeit kein am Markt festzustellender Gegenwert gegenüber. Denn die Übertragungs-

---

685 Siehe aber früh *Rusche*, ZNER 2007, 143.

686 Für Elektrizität Urt. v. 2.4.1998, Rs. C-213/96, Slg. 1998, I-1777, Rn. 20 ff. – Outokumpu; Urt. v. 17.7.2008, Rs. C-206/06, Slg. 2008, I-5497, Rn. 44 – Essent Netwerk Noord; Streinz/*Kamann*, Art. 110 Rn. 12.

687 EuGH, Urt. v. 11.3.1992, Rs. 78/90, Slg. 1992, I-1847, Rn. 20 – Compagnie commerciale de l'Ouest; Urt. v. 4.4.1968, Rs. 27/67, Slg. 1968, 327, 346 – Fink-Frucht; Urt. v. 17.6.2003, Rs. C-383/01, Slg. 2003, I-6065, Rn. 32 – De Danske Bilimpotorer; Urt. v. 18.1.2007, Rs. C-313/05, Slg. 2007, I- 513, Rn. 50 – Brzeziéski; Streinz/*Kamann*, Art. 110 Rn. 33.

688 EuGH, Urt. v. 17.7.2008, Rs. C-206/06, Slg. 2008, I-5497, Rn. 40 – Essent Netwerk Noord unter Bezug auf die bisherige Rechtsprechung in den Urteilen v. 15.6.2006, verb. Rs. C-393/04 und C-41/05, Slg. 2006, I-5293, Rn. 55 – Air Liquide Industries Belgium und v. 8.11.2007, Rs. C-221/06, Slg. 2007, I-9643, Rn. 30 – Stadtgemeinde Frohnleiten und Gemeindebetriebe Frohnleiten.

689 *Henke*, in: Birk, Hdb. europ. Steuer- und Abgabenrecht, § 21 Rn. 5; *Meyer*, Die Bewertung parafiskalischer Abgaben aus der Sicht des europäischen Beihilferechts, S. 62; *Kreibohm*, Der Begriff der Steuer im europäischen Gemeinschaftsrecht, S. 164, der allerdings „parafiskalische Abgaben", sofern sie in einzelnen Mitgliedstaaten existieren, im Rahmen des Art. 113 AEUV dem Steuerbegriff zurechnet. Zur begrifflichen Überschneidung von „steuerähnlichen Abgaben" und „parafiskalischen Abgaben" auch *Heselhaus*, Abgabenhoheit der Europäischen Gemeinschaft in der Umweltpolitik, S. 71.

690 EuGH, Urt. v. 17.7.2008, Rs. C-206/06, Slg. 2008, I-5497, Rn. 49 – Essent Netwerk Noord. Von letzterem gehen *Ekardt/Steffenhagen*, JbUTR 2011, 319, aus.

691 Streinz/*Kamann*, EUV/AEUV, Art. 110 Rn. 2, 11; Grabitz/Hilf/Nettesheim/*Seiler*, Art. 110 Rn. 20. Die Abgabenerhebung muss nicht zugunsten des Staates erfolgen: EuGH, Urt. v. 17.9.1997, Rs. C-347/95, Slg.1997, I-4911, Rn. 17 – UCAL; Urt. v. 9.11.2004, Rs. C-72/03, Slg. 2004, I-8027, Rn. 20 – Carbonati Apuani; Urt. v. 8.11.2005, Rs. C-293/02, Slg. 2005, I-9543, Rn. 55 – Jersey Produce Marketing Organisation; Urt. v. 8.6.2006, Rs. 517/04, Slg. 2006, I-05015, Rn. 15 – Koornstra.

692 *Meyer*, Die Bewertung parafiskalischer Abgaben aus der Sicht des europäischen Beihilferechts, S. 67.

netzbetreiber, die Inhaber der Grünstromeigenschaft werden und dafür die Prämie zahlen, können diese nicht gesondert vermarkten.[693] Grüner Strom wird vielmehr an der Börse zusammen mit grauem Strom zu einem einheitlichen Preis gehandelt. Indem die EEG-Umlage pro Kilowattstunde erhoben wird, knüpft die Mittelerhebung auch an die Ware Strom[694] an.[695] § 60 Abs. 1 S. 1, § 2 AusglMechV treffen bei der Berechnung der EEG-Umlage keine Unterscheidung zwischen inländischen und importierten Kilowattstunden und knüpfen damit anhand eines objektiven Kriteriums (kWh) unterschiedslos an inländischen und importierten Strom an.[696] Die EEG-Umlage wird nicht auf Waren oder Erzeugnisse aufgrund ihres Grenzübertritts erhoben, ihnen kommt deshalb zunächst **keine zollgleiche Wirkung** im Sinne des Art. 30 AEUV zu. Ausnahmsweise entfalten jedoch auch unterschiedslos auferlegte Geldleistungspflichten eine zollgleiche Wirkung, wenn die auferlegte Last zugunsten der einheimischen Produkte vollständig ausgeglichen wird.[697] Werden die Abgabenlasten nicht vollständig, sondern nur teilweise ausgeglichen, ist Art. 110 AEUV anwendbar und Art. 30 AEUV ausgeschlossen.[698] Belastete Waren i. S. d. EEG sind heimische und eingeführte Elektrizität aus erneuerbaren und konventionellen Quellen. Das Umlageaufkommen kommt allerdings nur einem Teil der belasteten Waren zugute, nämlich deutschem regenerativ erzeugtem Strom. Konventioneller inländischer Strom profitiert nicht. Die Belastung pro Kilowattstunde wird daher für heimische Waren **nur teilweise ausgeglichen**.[699] Etwas anderes würde nur dann gelten, wenn Referenzmaßstab für eine Ausgleichsberechnung nicht die insgesamt belastete Warengruppe wäre, sondern ein konkreter Kostenvergleich der Zusatzbelastung und der Begünstigung stattfände. In diesem Fall wäre zu vergleichen, ob die Umlagebelastungen die Zusatzkosten einheimischer erneuerbarer Energieproduktion vollständig ausgleichen oder ob Anlagenbetreiber einen Teil der Zusatzkosten selbst zu tragen hätten. In diesem Fall wäre Art. 30 anwendbar. Der EuGH selbst hat sich zur konkreten Berechnung nicht geäußert und stets die Art. 30 und 110 abstrakt voneinander abgegrenzt.

---

693 S. aber die Ermächtigung in § 95.

694 Bereits Urt. v. 15.7.1964, Rs. C-6/64, Slg. 1964, 1276 – COSTA/E.N.E.L.; Urt. v. 27.4.1994, Rs. C-393/92, Slg. 1994, I-1477, Rn. 28 – Almelo und 23.10.1997, Rs. C-158/94, Slg. 1997, I-5789, Rn. 17 – Kommission/Italien; EuGH, Urt. v. 17.7.2008, Rs. C-206/06, Slg. 2008, I-5497, Rn. 44 – Essent Netwerk Noord.

695 EuGH, Urt. v. 8.11.2006, Rs. C-221/06, Slg. 2007, I-9643, Rn. 43 – Stadtgemeinde Frohnleiten und Gemeindebetriebe Frohnleiten; EuGH, Urt. v. 17.7.2008, Rs. C-206/06, Slg. 2008, I-5497, Rn. 44 – Essent Netwerk Noord.

696 So auch *Bloch*, RdE 2013, 113, 117; *Haellmigk/Wippich/Grimm/Geiger*, RdE 2013, 408, 409 f.; wenig überzeugend *Ekardt/Steffenhagen*, JbUTR 2011, 319, 341: „Dies ist indes wohl kaum der Fall, da die Umlage ja auf Letztverbraucher als Vertragspartner deutscher Stromunternehmen Bezug nimmt." Erneut bekräftigt in *Ekardt*, EurUP 2013, 197, 198. Selbstverständlich bieten auch deutsche Energieversorgungsunternehmen in ihren Portfolios importierten Strom an.

697 EuGH, Urt. v. 22.3.1977, Rs. 78/76, Slg. 1977, 595, Rn. 19 – Steinike und Weinlig/Deutschland; Urt. v. 23.4.2002, Rs. C-234/99, Slg. 2002, I-3657, Rn. 22 – Nygård; Urt. v. 8.6.2006, Rs. C-517/04, Slg. 2006, I-5015, Rn. 18 – Koornstra.

698 Urt. v. 25.5.1977, Rs. 77/76, Slg. 1977, 987, Rn. 15 ff. – Cucchi; Urt. v. 23.4.2002, Rs. C-234/99, Slg. 2002, I-3657, Rn. 23 – Nygård; Urt. v. 17.9.1997, Rs. C-347/95, Slg.1997, I-4911, Rn. 17 – UCAL; Urt. v. 22.5.2003, Rs. C-355/00, Slg. 2003, I-5263, Rn. 39 – Freskot; Urt. v. 27.11.2003, verb. Rs. C-34/01 bis C-38/01, Slg. 2003, I-14243, Rn. 59 – Enirisorse; Urt. v. 8.6.2006, Rs. 517/04, Slg. 2006, I-05015, Rn. 19 – Koornstra.

699 A. A. *Bloch*, RdE 2013, 113, 117, die als Referenzmenge der „belasteten Waren" nicht alle unterschiedslos belasteten Kilowattstunden heranzuziehen, sondern lediglich den inländischen und ausländischen Erneuerbaren-Strom.

Überzeugender scheint eine Abgrenzung nach der gesamten belasteten Warengruppe, da ansonsten ein Zirkelschluss bei der Bildung der relevanten Vergleichsposten droht.[700] In der Folge kommt Art. 110 AEUV zur Anwendung, und zwar mit seinem Abs. 1,[701] da es sich bei Elektrizität aus dem In- und Ausland um gleichartige Waren handelt.[702]

149 Die Zahlungspflicht des § 60 Abs. 1 S. 1 muss jedoch **hoheitlich eingeführt und der Höhe nach festgelegt** sein.[703] Bei der Feststellung der Abgabeneigenschaft ergeben sich die gleichen Schwierigkeiten wie bei der Zurechenbarkeit der Mittel zur Feststellung der Staatlichkeit im Rahmen des Art. 107 Abs. 1 AEUV.[704] Dies belegt die Gleichsetzung der Abgabeneigenschaft mit der Staatlichkeit der Mittel in der Rechtssache *Essent*.[705] Die Festlegung gesetzlicher Preise durch das EEG,[706] die unmittelbar und ohne privatrechtlichen Spielraum das Umlagevolumen bestimmen und die in gesetzlichem Auftrag ohne Handlungsspielraum erhoben und ausgezahlt werden, ist eine hoheitliche Festsetzung. Dies gilt auch ohne die ausdrückliche Zwischenschaltung eines Fonds oder einer staatlichen Gesellschaft. Diskriminierenden Charakter hat die Belastung jeder an Letztverbraucher gelieferten Kilowattstunde mit der EEG-Umlage, wenn das Abgabeaufkommen ausschließlich zugunsten inländischer Produkte verwendet wird. Jedenfalls eingeführter erneuerbarer Strom wird also aufgrund seiner Herkunft durch die Erhebung der Umlage **versteckt diskriminiert**.[707] Denn außerdeutsche erneuerbare Energien werden ebenso mit der Umlagelast belegt, erfahren aber keine Förderung. Vielmehr sind sie im Regelfall bereits in ihrem Her-

---

700 So auch EuGH, Urt. v. 9.5.1985, Rs. C-112/84, Slg. 1985, 1367, Rn. 14 – Humblot/Directeur des services fiscaux; Urt. v. 17.9.1987, Rs. C-433/85, Slg. 1987, 3521, Rn. 14 – Feldain/Services fiscaux du département du Haut-Rhin.

701 Vereinzelt wird auch vertreten, Art. 110 AEUV sei als einheitlicher Tatbestand auszulegen, dazu *Balke*, Steuerliche Gestaltungsfreiheit der Mitgliedstaaten und freier Warenverkehr im europäischen Binnenmarkt, S. 137 ff.

702 A. A. *Bloch*, RdE 2013, 113, 119. Der EuGH greift bei der Bestimmung der Gleichartigkeit nicht auf kartellrechtliche Grundsätze zur Marktabgrenzung zurück, dazu *Haltern*, Europarecht, Rn. 1534.

703 EuGH, Urt. v. 25.11.1981, Rs. C-4/81, Slg. 1981, 2835, Rn. 17 – Hauptzollamt Flensburg/Andresen. Dazu *Balke*, Steuerliche Gestaltungsfreiheit der Mitgliedstaaten und freier Warenverkehr im europäischen Binnenmarkt, S. 20 ff.

704 EuGH, Urt. v. 22.3.1977, Rs. 74/76, Slg. 1977, 557, Rn. 19 – Iannelli & Volpi: Es ist „daher unerheblich, ob eine Abgabe oder ein Beitrag von einer nichtstaatlichen Körperschaft des öffentlichen Rechts oder zu deren Gunsten erhoben wird, ob es sich um eine besondere Abgabe handelt oder ob sie einem besonderen Zweck dient."; Urt. v. 18.6.1975, Rs. 94/74, Slg. 1975, 699, Rn. 10/13 – IGAV/ENCC: „Der Umstand, dass der Beitrag nicht durch den Staat selbst, sondern durch eine autonome Körperschaft öffentlichen Rechts erhoben und von dieser zu den vom Gesetz vorgesehenen Zwecken verwendet wird, ist unerheblich für die Feststellung, ob diese fiskalische Belastung als Abgabe mit gleicher Wirkung wie Ausfuhrzölle zu qualifizieren ist; denn das Verbot des Artikels 13 Absatz 2 knüpft nur an die Wirkungen solcher Belastungen und nicht an die Einzelheiten ihrer Erhebung an."

705 EuGH, Urt. v. 17.7.2008, Rs. C-206/06, Slg. 2008, I-4597, Rn. 66 – Essent Netwerk Noord.

706 Sie sind insofern keine für die europarechtliche Bewertung relevanten *Mindest*preise, als dass nur ein ganz bestimmtes Volumen in die Umlage einfließen darf. In Bezug auf den Umfang der Abgabe gibt das EEG also *Fest*preise vor.

707 Die §§ 19 ff. stellen isoliert betrachtet eine offene Diskriminierung dar, weil ausländische Anlagenbetreiber von der Förderung ausgeschlossen werden (s. auch § 4). § 60 Abs. 1 S. 1 alleine betrachtet diskriminiert ausländische Erneuerbaren-Strom-Produzenten mittelbar, indem die EEG-Umlage ausschließlich den vergütungsberechtigten Anlagenbetreibern zukommt. Zu der Frage, ob Art. 110 AEUV ein Diskriminierungsverbot oder ein Beschränkungsverbot darstellt, *Balke*,

kunftsland durch ein Förderprogramm nach der RL 2009/28/EG belastet worden. Folglich muss **importierter Erneuerbaren-Strom von der EEG-Umlagebelastung ausgenommen** werden, um die Diskriminierung nach Art. 110 AEUV zu vermeiden. Denn weder Art. 30 noch Art. 110 AEUV sehen im Falle des EEG Rechtfertigungsmöglichkeiten vor.[708] Indem die Umlagezahlungspflicht sich auf die Wettbewerbsfähigkeit zahlreicher Versorger und Händler von konventioneller Energie auswirkt, wird die Beihilfewirkung durch die Art ihrer Finanzierung noch verstärkt.[709]

ee) Vereinbarkeit der EEG-Umlage. Die Verwendung der als Beihilfe einzuordnenden 150 EEG-Umlage zugunsten der Produzenten von Strom aus erneuerbaren Quellen ist **vereinbar** mit dem Binnenmarkt. Die Vereinbarkeitsprüfung richtet sich nach Art. 107 Abs. 3 lit. c) AEUV (Förderung bestimmter Wirtschaftszweige) und wird sowohl für das EEG 2014 als auch für das EEG 2012[710] durch die neuen Leitlinien zu Umweltschutz- und Energiebeihilfen aus dem Juni 2014 konkretisiert.[711] Die **Fördersätze des EEG 2014** werden den Anforderungen des Abschnittes 3.3., insbesondere der Ziffer 3.3.2., der Leitlinien gerecht; sie sind verhältnismäßig, entfalten eine Anreizwirkung und enthalten keine Überkompensation.[712]

Bereits in ihrem Eröffnungsbeschluss des EEG 2012 hat die Kommission die **Vergütungs-** 151 **bestimmungen des EEG 2012** für mit dem Binnenmarkt vereinbar gehalten[713] und dies nunmehr endgültig bestätigt.[714] Betriebsbeihilfen, die an Anlagen mit einer Kapazität von mindestens 250 MW „pro Standort" gezahlt werden, sind **einzeln anmeldepflichtig**, auch wenn sie auf dem genehmigten EEG beruhen.[715] Unter den Voraussetzungen des Kapitels 1 und den in den **Art. 41–43** der **Allgemeinen Gruppenfreistellungsverordnung**[716] festgelegten Anforderungen sind Fördermaßnahmen für erneuerbare Energiequellen und daraus erzeugten Stroms ebenfalls mit dem Binnenmarkt vereinbar.

Der durch die VO 732/2013/EU in die Verfahrensverordnung VO 659/1999/EG eingeführ- 152 te Art. 20a ermöglicht der Kommission für die Zukunft, Untersuchungen über einzelne

---

Steuerliche Gestaltungsfreiheit der Mitgliedstaaten und freier Warenverkehr im europäischen Binnenmarkt, S. 52 ff., die in der Norm ein Diskriminierungsverbot sieht (S. 77 f., 85 f.); Schwarze/*Stumpf*, Art. 110 Rn. 20.

708 *Balke*, Steuerliche Gestaltungsfreiheit der Mitgliedstaaten und freier Warenverkehr im europäischen Binnenmarkt, S. 121.

709 Die genannten Punkte zog der GA Geelhoed in seinen SA v. 4.3.2004 zur Rs. C-174/02, Slg. 2004, I-88, Rn. 35 – Streekgewest heran.

710 Kommission, Entwurf der Leitlinien für staatliche Umweltschutz- und Energiebeihilfen 2014–2020. Arbeitspapier der Dienststellen der GD Wettbewerb v. 18.12.2013, ABl. 2014 C 200/01, abrufbar unter http://ec.europa.eu/competition/state_aid/modernisation/index_en.html, Rn. 248.

711 Kommission, Leitlinien für staatliche Umweltschutz- und Energiebeihilfen 2014–2020. Mitt. v. 28.6.2014, ABl. 2014 C 200/01.

712 Kommission, Leitlinien für staatliche Umweltschutz- und Energiebeihilfen 2014–2020. Mitt. v. 28.6.2014, ABl. 2014 C 200/01, Rn. 30 ff.

713 Kommission, Entsch. v. 18.12.2013, SA.33995, C(2013) 4424 final, Rn. 164, 187.

714 Kommission, Entsch. v. 25.11.2014, SA.33995 – EEG 2012.

715 Kommission, Leitlinien für staatliche Umweltschutz- und Energiebeihilfen 2014–2020. Mitt. v. 28.6.2014, ABl. 2014 C 200/01, Rn. 20.

716 Kommission, Verordnung (EU) Nr. 651/2014 zur Feststellung der Vereinbarkeit bestimmter Gruppen von Beihilfen mit dem Binnenmarkt in Anwendung der Artikel 107 und 108 des Vertrags über die Arbeitsweise der Europäischen Union, 17.6.2014, ABl. 2014 L 187/1.

Wirtschaftszweige und gewährte Beihilfen durchzuführen, um letztere eingehend auf ihre marktverzerrenden Wirkungen hin zu untersuchen.

153 **ff) Berücksichtigung der Abgabenerhebung in der Vereinbarkeitsentscheidung.** Allerdings darf die Kommission keine Positiventscheidung fällen, solange die mit der Beihilfegewährung untrennbar verbundene Abgaben**erhebung** gegen sonstiges primäres Unionsrecht (z. B. Art. 110 Abs. 1 AEUV, s. o. Rn. 143) verstößt.[717] Art. 110 Abs. 1 AEUV verbietet lediglich eine diskriminierende Ausgestaltung der Bemessung und Erhebung einer Abgabe, sodass die Kommission in ihrer endgültigen Beihilfenentscheidung die Auflage erteilen müsste, die Abgabenerhebung diskriminierungsfrei auszugestalten. Sofern die Kommission bei der Bewertung der Diskriminierung auch die Rechtfertigungswirkung der EE-RL zu prüfen hat, läuft dies auch nicht der Kompetenzverteilung zwischen EuGH, Kommission und nationalen Gerichten zuwider; denn die Untrennbarkeit von Abgabenerhebung und -verwendung führt nach ständiger Rechtsprechung des EuGH dazu, dass die Kommission im Beihilfeverfahren ausnahmsweise auch sonstiges Primärrecht prüft. Sie hat dies in Bezug auf Art. 110 AEUV bereits mehrfach getan und auch im EEG-Verfahren die Vereinbarkeit mit sonstigen Normen des Binnenmarktrechts geprüft.[718] Eine **unionskonforme EEG-Umlage** dürfte daher **nicht mehr an den Warencharakter,** d. h. an die Kilowattstunde, sondern müsste z. B. an die Anschlussstärke **anknüpfen**.[719] Erhebung und Verwendung der Abgabe unterliegen im Ergebnis zwar materiell unterschiedlichen Rechtmäßigkeitsanforderungen, werden aber beide von der Kommission überprüft.

154 **gg) Investitionszusage anstatt teilweiser Rückforderung diskriminierender Abgaben für das EEG 2012.** Ein lediglich formeller Verstoß gegen Art. 108 Abs. 2 AEUV kann allein noch keine umfassende Rückforderungsanordnung der Kommission rechtfertigen.[720] Hierzu ist ein materieller Verstoß erforderlich, den die Kommission mit einer Negativentscheidung nach Art. 7 Abs. 5 VO 659/1999[721] festzustellen hat. Im Falle einer Positiventscheidung, die mit Bedingungen oder Auflagen verbunden ist (Art. 7 Abs. 4 VO 659/1999), muss jedoch der durch die vorzeitige Auszahlung erlangte **Zinsvorteil** zurückgefordert werden. Jedenfalls ab dem 1.1.2012 ist die EEG-Umlage jedoch als gegen Art. 110 AEUV verstoßendes beihilfefinanzierendes Abgabensystem zu bewerten,[722] womit die Regelung als Ganze dem Durchführungsverbot des Art. 108 Abs. 3 AEUV unterfällt und gewährte diskriminierende Leistungen **grundsätzlich zurückzufordern sind**.[723] Dies gilt

---

717 *Meyer,* Die Bewertung parafiskalischer Abgaben aus der Sicht des europäischen Beihilferechts, S. 245, 293 f.; dies betonen auch Kommission, Leitlinien für staatliche Umweltschutz- und Energiebeihilfen 2014–2020. Mitt. v. 28.6.2014, ABl. 2014 C 200/01, Rn. 29.

718 Kommission, Entsch. v. 19.3.2003, N 707 und 708/2002, C 148/12 v. 25.6.2003 (Einspeiseregelung); Entsch. v. 24.4.2007, K(2007) 1181, C 7/2005, Rn. 56 (Slowenische EE-Förderung);

719 So z. B. in den Niederlanden, Kommission, Entsch. v. 19.3.2003, N 707 und 708/2002, C-148/12 v. 25.6.2003 (Einspeiseregelung).

720 EuGH, Urt. v. 14.2.1990, Rs. C-301/87, Slg. 1990, I-307, Rn. 9 ff. – Boussac; Birnstiel/Bungenberg/Heinrich/*Bungenberg,* Art. 108 Rn. 70.

721 v. 22.3.1999, ABl. 1999, L 83/1, geändert durch VO 1791/2006 v. 20.11.2006, ABl. 2006, L 363/1.

722 So auch Kommission, Entsch. v. 25.11.2014, SA.33995, Rn. 236 – EEG 2012.

723 So auch *Meyer,* Die Bewertung parafiskalischer Abgaben aus der Sicht des europäischen Beihilferechts, S. 294. Der EuGH ist streng bei der Rückforderung: Urt. v. 20.3.1997, Rs. C-24/95, Slg. 1997, I-1591 – Alcan; Urt. v. 20.10.2011 C-549/09, Slg. 2011, I-155, Rn. 33 ff.– Kommission/Frankreich; Urt. v. 14.4.2011, Rs. C-331/09, Slg. 2011, I-2933, Rn. 70 ff. – Kommission/Polen;

erst recht nach dem Lufthansa-Urteil, das die Pflicht der Mitgliedstaaten betont hat, keine dem Eröffnungsbeschluss der Kommission zuwiderlaufenden Schritte zu ergreifen.[724] Administrative Rückabwicklungsschwierigkeiten, die ein großer Begünstigtenkreis mit sich bringt, sind keine Gründe für die absolute Unmöglichkeit der Rückforderung.[725] Eine Beschränkung der beihilferechtlichen Unvereinbarkeitserklärung auf die Zukunft hat der EuGH im Urteil *Vent De Colère* gerade nicht vorgenommen.[726]

Die Kommission hat eine **Kompensationsleistung** für die „potentiellen Diskriminierun- **155** gen"[727] ausländischen Grünstroms verlangt, der unter Geltung des EEG 2012 (also 2012– Juli 2014) zwar mit der Umlage belastet wurde, aber nicht von ihr profitierte. Die Kommission akzeptierte anstelle der eigentlich zu fordernden Rückzahlung der diskriminierenden Umlageanteile Deutschlands **Verpflichtungszusage**, Investitionen in Höhe von 50 Millionen Euro (dem geschätzten potenziellen Förderumfang des ausländischen Grünstroms unter dem EEG 2012) in ein Infrastrukturprojekt zum Ausbau grenzüberschreitender Übertragungskapazitäten zu tätigen.[728]

hh) Umstellung auf Ausschreibungen als akzeptable Abhilfe diskriminierender För- **156** **derungen im EEG 2014.** Die potenziell im EEG 2014 andauernden, gegen Art. 110 Abs. 1 AEUV verstoßenden, Diskriminierungen muss Deutschland nicht umgehend beheben. Vielmehr hat die Kommission die Umstellung des EEG-Fördersystems auf Ausschreibung (siehe näher § 55, 88) und die damit einhergehende Marktöffnung[729] für ausländische Stromerzeuger als ausreichend betrachtet, um die Förderungen nach dem EEG 2014 als mit dem Binnenmarkt vereinbar ansehen zu können.[730] Diese Lösung steht in einem Spannungsverhältnis zu anderen Entscheidungen der Kommission, in denen sie eine systemverändernde Abhilfe gefordert hatte.[731]

b) Besondere Ausgleichsregelung. Für die Bewertung der besonderen Ausgleichsrege- **157** lung wird auf die Vorbemerkung zu den §§ 63 ff. verwiesen.

Urt. v. 5.5.2011, Rs. C-305/09, Slg. 2011, I-3225, Rn. 33 ff. – Kommission/Italien. Dazu *Soltész*, EuZW 2012, 174, 177: „Vertrauensschutz (gibt es nicht)", „Unmöglichkeit der Rückforderung (gibt es ebenfalls nicht)"; s. auch EuGH, Urt. v. 19.12.2013, Rs. C-262/12, Rn. 38 ff., EuZW 2014, 115, 118 – Vent De Colère.

724 EuGH, Urt. v. 21.11.2013, Rs. C-284/12, Rn. 41 f., EnWZ 2014, 19, 21 – Deutsche Lufthansa.

725 EuGH, Urt. v. 29.1.1998, Rs. C-280/95, Slg. 1998, I-0259 – Kommission/Italien.

726 EuGH, Urt. v. 19.12.2013, Rs. C-262/12, Rn. 40 ff., EuZW 2014, 115, 118 – Vent De Colère u. a.

727 Kommission, Entsch. v. 25.11.2014, SA.33995, Rn. 236 – EEG 2012.

728 Kommission, Entsch. v. 25.11.2014, SA.33995, Rn. 234–243 – EEG 2012.

729 Ausländische Grünstromerzeuger können an der Ausschreibung der geplanten Neukapazitäten in Höhe von insgesamt 5 % teilnehmen, Kommission, Leitlinien für staatliche Umweltschutz- und Energiebeihilfen 2014–2020. Mitt. v. 28.6.2014, ABl. 2014 C 200/01, Rn. 126. Die 5 % wurden mit Rücksicht auf die bestehenden Interkonnektorenkapazitäten bestimmt, s. Kommission, Entsch. v. 23.7.2014, SA.38632, Rn. 335 – EEG 2014.

730 Kommission, Entsch. v. 23.7.2014, SA.38632, Rn. 337 – EEG 2014.

731 Kommission, Entsch. v. 14.4.2010, N 94/2010, Rn. 46 – UK Feed In Tariffs: Begünstigte hatten importierten Strom aus ihrer Fördermenge herauszurechnen; Kommission, Entsch. v. 4.7.2006, NN 162/B/2003 und N 317/B/2006, Rn. 53 f. – Support tariff for CHP in Austria: Österreich sah eine Rückerstattung des Förderbeitrages vor und führte eine verbrauchunabhängige Zählpunktpauschale ein; Entsch. v. 28.1.2009, C 43/2002 ex NN 75/2001, Rn. 82 ff. – Luxemburgischer Ausgleichsfonds: wohl ebenfalls die Anordnung eines Erstattungsverfahrens.

158 **c) Verhältnis zur Warenverkehrsfreiheit.** Beihilfenrecht und Warenverkehrsfreiheit sind grundsätzlich komplementäre Kontrollmechanismen[732] – regelmäßig wird ein Vorrang in Form der Spezialität des Beihilfenrechts angenommen.[733] Insbesondere in Fällen, in denen die Beihilfeeigenschaft unklar oder umstritten ist, stützt sich der EuGH jedoch auch auf die Warenverkehrsfreiheit.[734] Ein Vorrang des Warenverkehrsrechts kann aufgrund der ausdifferenzierten Rechtfertigungstatbestände in Art. 107 Abs. 3 AEUV (inklusive zahlreicher Verordnungen und Leitlinien) jedoch nicht angenommen werden.[735] Beihilfen stellen deshalb auch nicht gleichzeitig eine mengenmäßige Beschränkung i. S. d. Art. 34 AEUV dar.[736] Das Beihilfenrecht ist jedenfalls dann speziell, wenn Beihilfen über ein Abgabensystem finanziert werden, das untrennbar mit der Erhebung und Verwendung der Beihilfe verknüpft ist.[737] Bei einer Verknüpfung von Beihilfe und Abgaben werden Abgabenverwendung (welche sich materiell nach Art. 107 AEUV richtet) und Abgabenerhebung (welche sich neben Art. 107 AEUV materiell nach Art. 30, 110 AEUV richtet)[738] einheitlich vom Durchführungsverbot des Art. 108 Abs. 2 AEUV erfasst.[739] **Trennbare Modalitäten der Beihilfengewährung** können hingegen alleine an den warenbezogenen Vorschriften überprüft werden. Die Vorschriften der Art. 30 und 110 AEUV sind leges speciales zur Warenverkehrsfreiheit.[740]

159 **2. Warenverkehrsfreiheit. a) Anwendbarkeit der Warenverkehrsfreiheit, Verdrängung und Konkurrenzen.** Die Warenverkehrsfreiheit ist für nicht-pekunäre Behinderungen des freien Handels einschlägig – Art. 30 und 110 AEUV hingegen für pekunäre Diskriminierungen.[741] Vorbehaltlich der Nichtanwendbarkeit von Art. 110 AEUV, die die Kommission im Beihilfeverfahren zu prüfen hätte, müssten die Vergütungsregeln den Maßgaben der Warenverkehrsfreiheit genügen. Die Maßstäbe der Warenverkehrsfreiheit sind jedoch **nur anwendbar, wenn** die **Abgabeeigenschaft** des EEG **verneint wird** und eine von der Beihilfe **getrennt** zu beurteilende **Erhebungsmodalität** angenommen

---

732 *Meyer*, Die Bewertung parafiskalischer Abgaben aus der Sicht des europäischen Beihilferechts, S. 216 f.

733 Calliess/Ruffert/*Cremer*, Art. 107 Rn. 82; *Mestmäcker/Schweitzer*, Europäisches Wettbewerbsrecht, § 42 Rn. 22; MünchKommWettbR/*Schwab*, Bd. III, Art. 107 Rn. 43.

734 So kommen auch *Biondi/Farley*, in: Szyszczak, Research Handbook on European State Aid Law, S. 277, 290 zum Ergebnis: „When faced with a situation where it is unclear, [...] approach the issues from both sides and leave it to the courts (sic!) to decide which approach it prefers."

735 *Mestmäcker/Schweitzer*, Europäisches Wettbewerbsrecht, § 42 Rn. 22.

736 MünchKommWettbR/*Schwab*, Art. 107 Rn. 42.

737 *Biondi/Farley*, in: Szyszczak, Research Handbook on European State Aid Law, S. 277, 280, 287 ff.

738 EuGH, Urt. v. 22.3.1977, Rs. 74/76, Slg. 1977, 557, Rn. 9 f. – Iannelli & Volpi; *Meyer*, Die Bewertung parafiskalischer Abgaben aus der Sicht des europäischen Beihilferechts, S. 223.

739 *Jaeger*, Beihilfen durch Steuern und parafiskalische Abgaben, S. 269 f. u. S. 366 ff.; *Meyer*, Die Bewertung parafiskalischer Abgaben aus der Sicht des europäischen Beihilferechts, S. 227 ff.

740 EuGH, Urt. v. 22.3.1977, Rs. 74/76, Slg. 1977, 557, Rn. 9 f. – Iannelli & Volpi; Urt. v. 11.3.1992, verb. Rs. C-78/90 bis C-83/90, Slg. 1992, I-1847, Rn. 21 – Compagnie Commerciale de l'Ouest; Urt. v. 16.12.1992, Rs. C-17/91, Slg. 1992, I-6523, Rn. 25 f. – Lornoy; Urt. v. 27.11.2003, verb. Rs. C-34/01 bis C-38/01, Slg. 2003, I-14243, Rn. 56 – Enirisorse; *Jaeger*, Beihilfen durch Steuern und parafiskalische Abgaben, S. 368.

741 EuGH, Urt. v. 22.3.1977, Rs. 74/76, Slg. 1977, 557, Rn. 9 f. – Iannelli & Volpi; *Jaeger*, Beihilfen durch Steuern und parafiskalische Abgaben, S. 367 f. Zur Frage, ob Art. 110 AEUV ein Diskriminierungs- oder Beschränkungsverbot enthält, *Balke*, Steuerliche Gestaltungsfreiheit der Mitgliedstaaten und freier Warenverkehr im europäischen Binnenmarkt, S. 52 ff.

wird.[742] Die Warenverkehrsfreiheit ist wiederum nur dann Maßstab für die Beurteilung der Abnahme- und Vergütungspflichten im EEG, wenn sie nicht bereits durch abschließendes Sekundärrecht verdrängt wird. Der sekundärrechtliche Rahmen für die Förderung erneuerbarer Energien ist die Richtlinie 2009/28/EG (EE-Richtlinie). Die Richtlinie 2009/72/EG (Elektrizitätsbinnenmarktrichtlinie) und die VO 714/2009/EG (Stromhandelsverordnung), die als Teile des Dritten Binnenmarktpakets im selben Jahr ergangen sind, gehören ebenfalls zum Prüfungsmaßstab für nationale Maßnahmen der Erneuerbaren-Förderung.[743] Abnahme- und Vergütungspflichten für Strom aus erneuerbaren Energien sind durch das Sekundärrecht **nicht abschließend geregelt**.[744] Das Sekundärrecht kann aber innerhalb der Verhältnismäßigkeitsprüfung der Warenverkehrsfreiheit herangezogen werden.[745] Mitgliedstaaten besitzen einen Spielraum bei der Ausgestaltung der Erneuerbaren-Förderung und könnten damit weiterhin grundfreiheitswidrige Regelungen treffen. In einem harmonisierten Rechtsrahmen fehlte ihnen bereits die Kompetenz dazu, weshalb sich nur in diesem Fall die primärrechtliche Prüfung erübrigt.[746] Die Richtlinie 2009/28/EG trifft daher keine abschließende Harmonisierung; nationale Maßnahmen sind weiterhin am Primärrecht zu messen.[747]

b) Abnahme- und Vergütungspflicht als Maßnahmen gleicher Wirkung. Strom ist als   **160** Ware zu qualifizieren.[748] Damit fallen sowohl die Abnahme- als auch die Vergütungspflicht, die unmittelbar an die Ware Strom anknüpfen, in den Anwendungsbereich der Warenverkehrsfreiheit. Art. 34 AEUV verbietet mengenmäßige Ein- und Ausfuhrbeschrän-

---

742 So auch Streinz/*Kühling*, Art. 107 Rn. 24.

743 Zum Verhältnis der beiden genannten Richtlinien: Danner/Theobald//*Oschmann*, Einf. Rn. 59 ff. der die EE-RL als lex specialis zur EltRL ansieht; *Erk*, Die zukünftige Vereinbarkeit des EEG mit Verfassungs- und Europarecht, S. 201 f. schlägt einen schonenden Ausgleich nach dem Prinzip des effet utile vor – bezieht sich allerdings noch auf die Vorgängerrichtlinien; zur These, dass Mitgliedstaaten spätestens seit dem 1.7.2007, mit dem Ablauf der Umsetzungsfrist der zweiten Binnenmarktrichtlinie, nationale Fördersysteme für Betreiber aus anderen Mitgliedstaaten öffnen müssten: *Karpenstein/Schneller*, RdE 2005, 6; *Weigt*, ET 2005, 656, 661; *Mombaur/Kohl*, ET 2003, 626 ff.; *Häder*, ET 2004, 366, 368; *Sohre*, ZNER 2003, 300, 301; dagegen verneinend *Cremer*, EuZW 2007, 591 ff.; *Klinski*, ZNER 2005, 207, 215; *Fricke*, Die Teilnahme des Strom-Contractings am Belastungsausgleich nach dem Erneuerbare-Energien-Gesetz, S. 76 f.

744 *L. Scholz*, Die Rechtfertigung von diskriminierenden umweltpolitischen Steuerungsinstrumenten, S. 93; *Ekardt/Schmeichel*, ZEuS 2009, 171, 183; *Erk*, Die zukünftige Vereinbarkeit des EEG mit Verfassungs- und Europarecht, S. 195 lässt die Frage offen, weil sie zu einer sekundärrechtlichen Rechtfertigung der Maßnahmen gelangt.

745 *Ekardt/Schmeichel*, ZEuS 2009, 171, 183; *Erk*, Die zukünftige Vereinbarkeit des EEG mit Verfassungs- und Europarecht, S. 195 ff.

746 Dies betont zu Recht *Erk*, Die zukünftige Vereinbarkeit des EEG mit Verfassungs- und Europarecht, S. 191.

747 *L. Scholz*, Die Rechtfertigung von diskriminierenden umweltpolitischen Steuerungsinstrumenten, S. 93, 110; *Ekardt/Schmeichel*, ZEuS 2009, 171, 183; *Weigt*, ZNER 2009, 205 f.

748 Bereits inzident Urt. v. 15.7.1964, Rs. 6/64, Slg. 1964, 1259, 1276 – COSTA/E.N.E.L., später ausdrücklich in EuGH, Urt. v. 27.4.1994 – C-393/92, Slg. 1994, I-1477, EuZW 1994, 241 m. Anm. Rapp-Jung, Rn. 28 – Almelo. Nunmehr stillschweigend in Urt. v. 2.4.1998, Rs. C-213/96, Slg. 1998, I-1777, Rn. 18 ff. – Outokumpu; Urt. v. 13.3.2001, Rs. C-379/98, Slg. 2001, I-2099, Rn. 68 ff. – PreussenElektra; nahezu einhellige Meinung in der Literatur, s. nur *Pomana*, Förderung erneuerbarer Energien in Deutschland und im Vereinigten Königreich im Lichte des europäischen Wirtschaftsrechts, S. 295 f. m.w. N. auch zu früheren Meinungen, die Stromversorgung noch als Dienstleistung eingeordnet haben (Fn. 1339).

kungen sowie Maßnahmen gleicher Wirkung zwischen den Mitgliedstaaten. Eine Maßnahme gleicher Wirkung ist „jede Handelsregel der Mitgliedstaaten, die geeignet ist, den innergemeinschaftlichen Wettbewerb unmittelbar oder mittelbar, tatsächlich oder potenziell zu behindern".[749]

161 Die **Vergütungspflicht** ausschließlich deutscher Anlagen stellt eine **offene Diskriminierung** von **EE-Strom aus anderen Mitgliedstaaten** und damit insgesamt eine grundsätzlich verbotene Maßnahme gleicher Wirkung i. S. d. Art. 34 AEUV dar.[750]

162 Tatsächliche Stromflüsse sind nicht auf das Elektrizitätsleitungsnetz eines einzelnen Mitgliedstaats zu begrenzen, sobald Netze verschiedener Mitgliedstaaten miteinander verbunden sind.[751] Lediglich technische Einrichtungen wie Phasenschieber können den Stromfluss, der grundsätzlich der Leitfähigkeit angrenzender Leitungen folgt, begrenzen. Das Errichten einer solchen künstlichen Barriere, wie sie nunmehr aufgrund „überschießender" deutscher EE-Strommengen vorübergehend zwischen Deutschland und Polen installiert ist, kann allerdings die Entwicklung eines europäischen Binnenmarktes auf mittlere Sicht kaum befördern.[752] Sie verdeutlicht, dass die **Abnahmepflicht** eine verdrängende Wirkung **gegenüber den Erzeugern konventioneller Energie** hat.[753] Nicht mehr abzustellen ist seit dem Inkrafttreten der AusglMechV auf die physische Abnahmepflicht der Elektrizitätsversorgungsunternehmen (§ 37 Abs. 1 EEG 2009) und der daraus möglicherweise folgenden Einschränkung ihrer Bedarfsdeckung mit sonstigem Strom.[754] Bereits zum 1.1.2010 ist diese physische Abnahmepflicht einem rein finanziellen Ausgleich (EEG-Umlage) gewichen.[755] Im Ergebnis ist jedoch nicht etwa die Verdrängungs- und Abschottungswirkung der Abnahmepflicht zu verneinen, sie zeigt sich mittlerweile durch die Senkung des Börsenpreises, sodass konventionelle Kraftwerke seltener zu rentablen Preisen einspeisen können.

163 Die potenziell handelsbeeinträchtigende Wirkung und Wettbewerbsverzerrungen treten umso deutlicher hervor, je stärker der Handel zwischen den Mitgliedstaaten ausgeprägt ist. Zwar kann eine alleinige Beschränkung des Handelsvolumens nicht für sich bereits eine Regel als Maßnahme gleicher Wirkung qualifizieren, jedoch ist dies nach wie vor eine notwendige Voraussetzung.[756] 2001 – also im Jahr der *PreussenElektra*-Entscheidung – betrug die Summe der **grenzüberschreitend gehandelten elektrischen Energie** (Exporte und

---

749 EuGH, Urt. v. 11.7.1974, Rs. 8/74, Slg. 1974, 837, Rn. 5 – Dassonville.

750 Siehe nur *Pomana*, Förderung erneuerbarer Energien in Deutschland und im Vereinigten Königreich im Lichte des europäischen Wirtschaftsrechts, S. 311 ff.; *Erk*, Die zukünftige Vereinbarkeit des EEG mit Verfassungs- und Europarecht, S. 189; *L. Scholz*, Die Rechtfertigung von diskriminierenden umweltpolitischen Steuerungsinstrumenten, S. 151.

751 Das deutsche Übertragungsnetz ist mit allen Übertragungsnetzen seiner Nachbarn verbunden; nur zu Belgien bestehen keine Übertragungskapazitäten.

752 THEMA Consulting Group, Loop Flows – Final Advice, Report 2013-36 für die Europäische Kommission, Oktober 2013.

753 So bereits EuGH, Urt. v. 13.3.2001, Rs. C-379/98, Slg. 2001, I-2099, Rn. 70 – PreussenElektra zu § 2 StrEG. Einhellige Meinung in der Literatur, s. nur *L. Scholz*, Die Rechtfertigung von diskriminierenden umweltpolitischen Steuerungsinstrumenten, S. 135 ff.

754 So aber noch *L. Scholz*, Die Rechtfertigung von diskriminierenden umweltpolitischen Steuerungsinstrumenten, S. 138.

755 Vgl. dazu Frenz/Müggenborg/*Cosack*, Einf. §§ 34–39 EEG, Rn. 22, 24, 27.

756 *Körber*, Grundfreiheiten und Privatrecht, S. 167.

Steffens

Importe) innerhalb des Gebiets der UCTE[757] ca. 187 TWh.[758] 1975 belief sich diese Zahl noch auf ca. 48,5 TWh.[759] Damit war bereits seit 1975 ein stetiger Anstieg der gehandelten Strommenge im Vergleich zum jeweiligen Vorjahr von 5–10% zu beobachten.[760] Dieser Aufwärtstrend hat sich fortgesetzt: 2011 wurden bereits ca. 370 TWh innerhalb der ENTSO-E-Länder[761] gehandelt.[762] Auch wenn man berücksichtigt, dass die Analysen der ENTSO-E im Vergleich zu denjenigen der UCTE eine höhere Anzahl europäischer Länder und damit mehr Austauschkapazitäten erfassen, belegen die Zahlen einen **steigenden physischen Stromhandel** innerhalb Europas. Mit diesen Zahlen ist freilich noch keine Aussage getroffen über die Auslastung und effiziente Nutzung bestehender Grenzkuppelkapazitäten; sie indizieren lediglich einen allerersten Schritt zu mehr Marktintegration.[763]

Kritiker[764] dieser Einordnung der Abnahme- und Vergütungspflichten als Maßnahmen gleicher Wirkung müssen auf die Rechtfertigungsebene verwiesen werden. **164**

Abnahme- und Vergütungspflichten gelten ausschließlich für im Inland belegene Anlagen, sodass die Förderung ausschließlich inländischen Betreibern zugutekommt. Nicht-deutsche Betreiber von Anlagen zur Erzeugung von EE-Strom werden damit **diskriminiert**.[765] Die **Keck**-Rechtsprechung[766] vermag die weite *Dassonville*-Formel weder in Hinblick auf die Abnahme- noch auf die Vergütungspflicht einzuschränken.[767] Nach der Rechtssache *Keck* sind solche Bestimmungen keine Maßnahmen gleicher Wirkung, die lediglich die Modalitäten des Verkaufs einer Ware regeln.[768] Abnahme- und Vergütungspflichten sind **165**

---

757 Union for the Co-ordination of Transmission of Electricity. Diese umfasste im Jahr 2001 35 Übertragungsnetzbetreiber aus 21 europäischen Ländern. Die Daten der UCTE bilden lediglich Zentraleuropa ab.

758 UCTE, Statistical Yearbook 2001, S. 100.

759 UCTE, Statistical Yearbook 2001, S. 100.

760 UCTE, Statistical Yearbook 2001, S. 100.

761 Ab dem 1.7.2009 übernahm die Vereinigung europäischer Übertragungsnetzbetreiber (ENTSO-E) die Aufgaben der bisherigen Vereinigungen von Übertragungsnetzbetreibern (ATSOI, BALTSO, Nordel, UKTSOA und UCTE); Letztere war in Zentraleuropa tätig.

762 ENTSO-E, Statistical Yearbook 2011, S. 15.

763 Vor dem Kernkraftwerksmoratorium im Frühjahr 2011 exportierte Deutschland täglich ca. 85,5 GWh. (Bundenetzagentur, Aktualisierung des Berichts zu den Auswirkungen des Kernkraftwerks-Moratoriums auf das Übertragungsnetz und die Versorgungssicherheit v. 26.5.2011, S. 7.) Nach dem Moratorium importiert Deutschland im Schnitt täglich ca. 40 GWh (ebd.). Dies entspricht einem Netto-Export von durchschnittlich 3.560 MW vor dem Moratorium und einem Netto-Import von durchschnittlich 1.665 MW nach der Kernkraftwerksabschaltung (ebd.). Auch ist Deutschland seit dem Moratorium nicht mehr im Durchschnitt Netto-Stromexporteur nach Frankreich, sondern Netto-Importeur von französischem Strom, s. Bundenetzagentur, Aktualisierung des Berichts zu den Auswirkungen des Kernkraftwerks-Moratoriums auf das Übertragungsnetz und die Versorgungssicherheit v. 26.5.2011, S. 9.

764 Altrock/Oschmann/Theobald/*Altrock/Oschmann*, Einf. Rn. 107, die an die Argumentation *Apfelstedts*, ZNER 2001, 2, 9 anknüpfen.

765 *Pomana*, Förderung erneuerbarer Energien in Deutschland und im Vereinigten Königreich im Lichte des europäischen Wirtschaftsrechts, S. 313.

766 EuGH, Urt. v. 24.11.1993, verb. Rs. 267 und 268/91, Slg. 1993, I-6097 – Keck und Mithouard.

767 *Pomana*, Förderung erneuerbarer Energien in Deutschland und im Vereinigten Königreich im Lichte des europäischen Wirtschaftsrechts, S. 312 f.; *Erk*, Die zukünftige Vereinbarkeit des EEG mit Verfassungs- und Europarecht, S. 189; *L. Scholz*, Die Rechtfertigung von diskriminierenden umweltpolitischen Steuerungsinstrumenten, S. 150.

768 A. A. ohne nähere Begründung *Nagel*, ZNER 2000, 1, 5.

jedoch produktionsbezogene Regelungen.[769] Doch ist selbst die *Keck*-Rechtsprechung nicht auf offen diskriminierende Regelungen anwendbar.

166 **c) „Rechtfertigende Wirkung" der EE-Richtlinie?** Bereits Art. 4 und Erwägungsgrund 14 der RL 2001/77/EG hat die Literatur eine – wenn auch vorläufige – „rechtfertigende Wirkung" von möglichen binnenmarktbeeinträchtigenden Fördermaßnahmen entnommen.[770] Auch Art. 3 Abs. 3 der Nachfolgerichtlinie (RL 2009/28/EG) wird fast durchweg[771] dahingehend ausgelegt, obwohl sein Wortlaut enger ist.[772] Danach stehe es den Mitgliedstaaten – unbeschadet der Art. 107, 108 AEUV – frei, zu entscheiden, in welchem Umfang sie die in einem anderen Mitgliedstaat erzeugte Energie aus erneuerbaren Quellen fördern, insbesondere aber gemäß den Artikeln 5 bis 11 der Richtlinie kooperieren wollen. Weder die Richtlinie 2001/77/EG noch die derzeitige EE-Richtlinie stellen jedoch eine abschließende Regelung und damit Harmonisierung der Förderinstrumente dar, weshalb eine rechtfertigende Wirkung bereits aus diesem Grunde scheitern muss.[773] Die EE-RL verpflichtet die Mitgliedstaaten zu keiner Diskriminierung ausländischen EE-Stroms. Im Gegenteil, sie eröffnet ihnen Gelegenheiten zur Kooperation und gegenseitigen Anrechnung auf ihre Zielerfüllungen (Art. 6–11 RL 2009/28/EG) und macht damit selbst eine Ausgestaltung nationaler Fördersysteme möglich, die wohl noch eine verhältnismäßige Einschränkung der Warenverkehrsfreiheit oder Abgabenregelungen darstellen würde.[774] Die Richtlinie kann mangels eindeutiger Verpflichtung die diskriminierende Förderpraxis bereits nicht

---

769 *Pomana*, Förderung erneuerbarer Energien in Deutschland und im Vereinigten Königreich im Lichte des europäischen Wirtschaftsrechts, S. 311, stuft „das Fördersystem des EEG" als Verkaufsmodalität ein.

770 *Haucap/Klein/Kühling*, Die Marktintegration der Stromerzeugung aus erneuerbaren Energien. Eine ökonomische und juristische Analyse, S. 25 u. 100; *Ludwigs*, ZG 2005, 222, 242 f.; *Weigt*, ZNER 2009, 205, 206; *Klinski*, ZNER 2005, 207, 211; Frenz/Müggenborg/*Ehricke*, Einl. Europarecht Rn. 47; *Fricke*, Die Teilnahme des Strom-Contractings am Belastungsausgleich nach dem Erneuerbare-Energien-Gesetz, S. 76: „Gestattungswirkung zugunsten des Abnahme- und Vergütungssystems des EEG"; zweifelnd allerdings *Cremer*, EuZW 2007, 591, 594.

771 Kritisch jüngst auf dem Hintergrund der Rs. *Ålands Vindkraft* (C-573/12) und *Essent Belgium* (C-204/12) *Gundel*, EnWZ 2014, 99, 102 f.

772 *Ludwigs*, ZG 2005, 222, 242 f., der auch Art. 3 Abs. 3 RL 2009/28/EG für primärrechtskonform hält (S. 243); *Müller*, in: Köck/Faßbender, Klimaschutz durch Erneuerbare Energien, S. 15, 31; *ders.*, in: Cremer/Pielow, Probleme und Perspektiven im Energieumweltrecht, S. 142; *Karpenstein*, in: Gerstner, Kap. 1 Rn. 75 (S. 30): „Allerdings akzeptiert die neue EE-RL bis zu einer weiteren Harmonisierung nunmehr explizit das Nebeneinander verschiedener Förderregime einschließlich der auf innerstaatliche EE-Anlagen beschränkten Einspeisungsmechanismen und damit zugleich auch eine Teilabschottung der nationalen Märkte."; bereits zur RL 2001/77/EG *Klinski*, ZNER 2005, 207, 211 f.

773 So auch *Gundel*, EnWZ 2014, 99, 102.

774 Auf diesem Hintergrund ist eine Argumentation wie diejenige *Apfelstedts*, ZNER 2001, 2, 9 mittlerweile nicht mehr haltbar: „Betrachtet man hingegen die zu erwartenden Effekte im Fall, wenn importierte Umweltdienstleistung befreiend auf die Abnahmepflicht angerechnet werden dürfte, so würde dies die bezweckte Umweltentlastungsdynamik außer Kraft setzen. Denn die befreiende Benutzung von Importumweltdienstleistung würde tendenziell Umweltenergie aus Herkunftsländern bei einer bilanzierenden Betrachtung ersatzlos abziehen und zugleich den Steigerungseffekt der Garantiepreise im Inland zunichte machen (sic!)." So auch jüngst GA Bot, Schlussanträge zu C-204/12, 8.5.2013 – Essent Belgium/Vlaamse Reguleringsinstantie Rn. 4, demzufolge eine nationale Regelung, die die Anerkennung fremder Herkunftsnachweise ausschließt, den Schutz der Umwelt weder zum Ziel hat noch haben kann, ferner Rn. 101, 103, 107.

endgültig rechtfertigen. Sie steht einer solchen Regelung lediglich nicht entgegen.[775] Legte man die Richtlinie dahingehend aus, dass eine diskriminierende Förderung erlaubte, wäre sie in diesem Punkt **primärrechtswidrig**. Diesen Befund teilte GA Bot in seinen Schlussanträgen zu den Rechtssachen *Essent Belgium* und *Ålands Vindkraft*.[776] Der **EuGH ist dieser Ansicht allerdings nicht gefolgt**.[777] Eine eindeutige Aussage zur Primärrechtskonformität hat der Gerichtshof hingegen auch nicht getroffen. Die Kommission geht in ihren Leitlinien für staatlichen Umwelt- und Energiebeihilfen davon aus, dass *„Betriebsbeihilferegelungen [...] im Prinzip auch anderen EWR-Staaten und den Vertragsparteien des Vertrags zur Gründung der Energiegemeinschaft offenstehen [sollten], um die Verfälschungen des Wettbewerbs insgesamt zu begrenzen".*[778]

Die Rechtfertigung der Förderregelungen des StrEG hat der EuGH im PreussenElektra-Urteil ausdrücklich unter den Vorbehalt des damaligen Standes des Gemeinschaftsrechts gestellt. Er hat damit zwar den Umweltschutz – wie sich bereits in vorangegangenen Entscheidungen abzeichnete[779] – als Rechtfertigungsgrund für **offen** diskriminierende Regelungen herangezogen.[780] Diese waren bisher lediglich einer Rechtfertigung anhand geschriebener Rechtfertigungsgründe des Art. 36 AEUV zugänglich. Der Umweltschutz ist jedoch kein geschriebener Rechtsfertigungsgrund, sondern lediglich ein ungeschriebener zwingender Grund des Allgemeinwohls i. S. d. *Cassis*-Rechtsprechung. Ungeachtet der dogmatischen Unklarheiten bei der Anwendung von Art. 36 AEUV (ex-Art. 30 EUV)[781] hat der EuGH die rechtfertigende Wirkung des Umweltschutzes für diskriminierende Fördersysteme in einem europäischen Binnenmarkt ausdrücklich zugelassen, aber befristet: „dass eine Regelung wie das geänderte Stromeinspeisungsgesetz beim gegenwärtigen Stand des Gemeinschaftsrechts auf dem Gebiet des Elektrizitätsmarkts nicht gegen Artikel 30 EG Vertrag verstößt".[782] Es mag zuzugeben sein, dass die Union noch kein umfassendes

167

---

775 Ähnlich auch GA Bot in seinen Schlussanträgen zur Rs. C-204/12 v. 8.5.2013, Rn. 58 ff. – Essent Belgium.

776 GA Bot, Schlussanträge zur Rs. C-204/12 v. 8.5.2013, Rn. 58 ff. – Essent Belgium; Schlussanträge v. 28.1.2014 zur Rs. C- 573/12, Rn. 128 Ziffer 3 – Ålands Vindkraft.

777 EuGH, Urteil v. 11.9.2014, C-204/12 bis 208/12 – Essent Belgium; EuGH, Urteil v. 1.7.2014, C-573/12, EuZW 2014, 115 – Ålands Vindkraft/Energimyndigheten.

778 Kommission, Entwurf der Leitlinien für staatliche Umweltschutz- und Energiebeihilfen 2014–2020. Arbeitspapier der Dienststellen der GD Wettbewerb v. 18.12.2013, ABl. 2014 C 200/01, abrufbar unter http://ec.europa.eu/competition/state_aid/modernisation/index_en.html, Rn. 122. Weiter heißt es: „Die Kommission wird Regelungen, die auch anderen EWR-Staaten und den Vertragsparteien des Vertrags zur Gründung der Energiegemeinschaft offenstehen, positiv bewerten."

779 EuGH, Urt. v. 9.7.1992, Rs. C-2/90, Slg. 1992, I-4431 – Wallonische Abfälle; Urt. v. 14.7.1998, Rs. C-389/96, Slg. 1998, I-4473, Rn. 34. – Aher Waggon; *L. Scholz*, Die Rechtfertigung von diskriminierenden umweltpolitischen Steuerungsinstrumenten, S. 178 ff.; Generalanwalt *Bot*, Schlussanträge zur Rs. C-204/12 v. 8.5.2013, Rn. 92 ff. – Essent Belgium/Vlaamse Reguleringsinstantie, spricht sich deshalb für die explizite Anerkennung dieser Rechtfertigung durch den Gerichtshof aus.

780 Urt. v. 13.3.2001, Rs. C-379/98, Slg. 2001, I-2099, Rn. 81 – PreussenElektra.

781 *Heselhaus*, EuZW 2001, 645, 646, wirft dem EuGH z. B. vor, bei der dogmatischen Begründung der Rechtfertigung einen „argumentativen Gemischtwarenhandel" anzubieten. In der Vergangenheit wurde eine Angleichung der Rechtfertigungsmaßstäbe für unterschiedslos anwendbare Maßnahmen und mittelbaren Diskriminierungen jedoch überwiegend positiv bewertet: *Nowak/ Schnitzler*, EuZW 2000, 627, 631; *Koenig/Kühling*, NVwZ 2001, 768, 770; für alle Grundfreiheiten *Weiß*, EuZW 1999, 493, 498.

782 EuGH, Urt. v. 13.3.2001, C-379/98, Slg. 2001, I-2099, Rn. 81 – PreussenElektra.

System von Herkunftsnachweisen aufgespannt hat; jedoch erfordert eine sachgemäße Verhältnismäßigkeitsprüfung (abgesehen vom Umfang, der in den beiden jüngsten Urteilen *Ålands Vindkraft* und *Essent Belgium* durchaus beachtlich ist) auch eine inhaltliche Austarierung der Binnenmarkt- und Umweltziele.

168 Der diskriminierende Eingriff der Mitgliedstaaten in den freien Warenverkehr ist nach hier vertretener Ansicht **mittlerweile unverhältnismäßig**.[783] Je näher die Produktion von Strom aus erneuerbaren Energien an die Marktfähigkeit gelangt, desto schwächer wird der Rechtfertigungsgrund für eine diskriminierende Förderung außerhalb wettbewerblicher Marktmechanismen. Während Generalanwalt Bot im Verfahren *Ålands Vindkraft* betont hat, dass das Nichtanerkennen ausländischer Herkunftsnachweise in einem Quotenfördermodell eine nicht zu rechtfertigende Beeinträchtigung des freien Warenverkehrs darstellt,[784] ist mindestens ebenso fraglich, ob eine geographische Diskriminierung von Anlagen, die in einem anderen Mitgliedstaat belegen sind, auf vorerst nicht absehbare Zeit zwingend erforderlich ist.[785] Denn der Umweltschutz innerhalb der Union kann ebenso gut erreicht werden, wenn im Ausland produzierter grüner Strom anerkannt und auf das nationale Ziel nach Anhang I der RL 2009/28/EG angerechnet wird. Damit zeichnet sich ein **grundlegendes Problem von Einspeisevergütungssystemen** ab: Während Quotenmodelle aufgrund der Handelbarkeit ihrer Zertifikate von vornherein eine größere Marktnähe besitzen, können im Fall von Einspeisevergütungen wohl nur einzelne Kooperationen, nicht aber eine flächendeckende Einbeziehung europäischer Anlagen in jeweilige Fördersysteme realisiert werden. Einspeisevergütungsmodelle sind bereits nach ihrer Konstruktion für einen zwischenstaatlichen Handel nur unzureichend geeignet, auch wenn sie national sehr effektiv wirken. Prämienmodelle weisen ein größeres Marktintegrationspotenzial auf als Vergütungssysteme.[786] Die EE-RL sieht daher bereits verschiedene Kooperationslösungen und Angleichungen von Fördersystemen vor, die auch Einspeisevergütungsmodelle einbeziehen. Der Gefahr einer Konzentration CO_2-lastiger Energieerzeugung auf einzelne Regionen kann durch die Ausgestaltung von Diensten des allgemeinen wirtschaftlichen Interesses nach Art. 106 AEUV begegnet werden.

169 Die nunmehr in ihrer endgültigen Fassung vorliegenden **Leitlinien für staatliche Umweltschutz- und Energiebeihilfen 2014–2020** haben die Neufassung des EEG in zahlreichen Punkten beeinflusst: Die einschneidendste Neuerung, nämlich die Pilot-Ausschreibungen in § 55, beruht auf der Verpflichtung, in der Übergangsphase in den Jahren 2015 und 2016 mindestens 5 % der geplanten neuen Kapazitäten für Strom auf erneuerbaren Quellen mit-

---

783 So bereits *Erk*, Die zukünftige Vereinbarkeit des EEG mit Verfassungs- und Europarecht, S. 211, 213; SA des GA Bot v. 28.1.2014 zur Rs. C-573/12, Rn. 128 – Ålands Vindkraft; a. A. zuletzt *Kröger*, JEEPL 2013, 378, 393; *Frenz*, ZNER 2014, 345, 355.

784 SA des GA Bot v. 28.1.2014 zur Rs. C-573/12, Rn. 128 – Ålands Vindkraft.

785 *Kröger*, JEEPL 2013, 378, 385 f. kann deshalb mit dem Bezug auf *Prall/Fouquet*, JEEPL 2005, 309, 317 nicht überzeugen. Kommission, Impact Assessment – Guidelines on State aid for environmental protection and energy for 2014–2020, SWD(2014) 139, S. 17 ff. zeigt vielmehr, dass zahlreiche Mitgliedstaaten mit Überförderungen und damit Kosteneffizienzen zu kämpfen haben. Diese können (eher als durch administrative Programme) durch vernünftige Heranführungen an wettbewerbliche Prozesse abgebaut werden.

786 Fraunhofer ISI/TU Wien/Ecofys/BBH/IEFE/Enviros/ DTU, Design features of support schemes for renewable electricity, 2014, S. 31.

tels Ausschreibungen zu fördern.[787] Auch die mandatorische Direktvermarktung für Neuanlagen findet ihr Pendant in den Leitlinien. Allerdings hätte der Gesetzgeber theoretisch sogar die von der Kommission eingeräumte „Frist" bis zum Ende des nächsten Jahres ausschöpfen können. Als genuine Marktinstrumente unterwirft die Kommission **Ausschreibungen und Auktionen** einer **erleichterten Vereinbarkeitsprüfung**. So nimmt sie unter bestimmten Umständen an, dass das Ergebnis von transparenten und diskriminierungsfreien Ausschreibungsverfahren eine angemessene (d.h. eine im Sinne des deutschen Verhältnismäßigkeitsprinzips erforderliche) Beihilfe darstellt.[788] Gleiches gilt für Quotensysteme.[789] Auch § 24, der eine Förderung bei länger anhaltenden negativen Börsenpreisen ausschließt, folgt aus dem in den Leitlinien geäußerten Anspruch, keinen Anreiz zu schaffen, bei negativen Preisen geförderten Strom einzuspeisen.[790] Sofern es liquide Intra-Day-Märkte gibt, sollen die Beihilfempfänger ab 2016 eine finanzielle Standardbilanzausgleichsverantwortung tragen.[791] Darunter versteht die Kommission an anderer Stelle[792] die „diskriminierungsfreie technologieübergreifende Bilanzausgleichsverantwortung, von der kein Erzeuger ausgenommen ist". Kleine Anlagen mit einer Leistung bis zu 500 kW sind von der Direktvermarktungspflicht ausgenommen.[793] Die grundsätzliche Ausrichtung der Leitlinien auf eine stärkere Marktintegration ist nicht nur äußerst begrüßenswert, sondern angesichts der Leitlinien sind als „**soft law**" weder für die Mitgliedstaaten selbst noch die mitgliedsstaatlichen Gerichte unmittelbar rechtsverbindlich. Sie können – auch nicht funktional – einer der in Art. 288 AEUV genannten Rechtsquellen des Unionsrechts zugeordnet werden, sondern bilden aufgrund ihrer besonderen Gestaltungswirkung[794] eine eigenständige Kategorie des Unionsrechts.[795] Sie binden nach herrschender Meinung lediglich die Kommission in der Ausübung ihres Ermessens, das ihr im Rahmen von Art. 107 Abs. 3

---

787 Kommission, Entwurf der Leitlinien für staatliche Umweltschutz- und Energiebeihilfen 2014–2020. Arbeitspapier der Dienststellen der GD Wettbewerb v. 18.12.2013, ABl. 2014 C 200/01, abrufbar unter http://ec.europa.eu/competition/state_aid/modernisation/index_en.html, Rn. 126.

788 Kommission, Entwurf der Leitlinien für staatliche Umweltschutz- und Energiebeihilfen 2014–2020. Arbeitspapier der Dienststellen der GD Wettbewerb v. 18.12.2013, ABl. 2014 C 200/01, abrufbar unter http://ec.europa.eu/competition/state_aid/modernisation/index_en.html, Rn. 109, 126 und allgemein zur Angemessenheit Rn. 69.

789 Kommission, Entwurf der Leitlinien für staatliche Umweltschutz- und Energiebeihilfen 2014–2020. Arbeitspapier der Dienststellen der GD Wettbewerb v. 18.12.2013, ABl. 2014 C 200/01, abrufbar unter http://ec.europa.eu/competition/state_aid/modernisation/index_en.html, Rn. 136.

790 Kommission, Entwurf der Leitlinien für staatliche Umweltschutz- und Energiebeihilfen 2014–2020. Arbeitspapier der Dienststellen der GD Wettbewerb v. 18.12.2013, ABl. 2014 C 200/01, abrufbar unter http://ec.europa.eu/competition/state_aid/modernisation/index_en.html, Rn. 124 lit. c.

791 Kommission, Entwurf der Leitlinien für staatliche Umweltschutz- und Energiebeihilfen 2014–2020. Arbeitspapier der Dienststellen der GD Wettbewerb v. 18.12.2013, ABl. 2014 C 200/01, abrufbar unter http://ec.europa.eu/competition/state_aid/modernisation/index_en.html, Rn. 124 lit. b.

792 Kommission, Verordnung (EU) Nr. 651/2014 zur Feststellung der Vereinbarkeit bestimmter Gruppen von Beihilfen mit dem Binnenmarkt in Anwendung der Artikel 107 und 108 des Vertrags über die Arbeitsweise der Europäischen Union, 17.6.2014, ABl. 2014 L 187/1, Rn. 116.

793 Kommission, Entwurf der Leitlinien für staatliche Umweltschutz- und Energiebeihilfen 2014–2020. Arbeitspapier der Dienststellen der GD Wettbewerb v. 18.12.2013, ABl. 2014 C 200/01, abrufbar unter http://ec.europa.eu/competition/state_aid/modernisation/index_en.html, Rn. 125.

794 *Knauff*, Der Regelungsverbund, 2010, S. 327: „faktische Maßstabswirkung".

795 *Thomas*, EuR 2009, 423, 424; *Knauff*, Der Regelungsverbund, 2010, S. 323 f.

AEUV zusteht, entfalten aber keine Außenwirkung.[796] Auch solche Leitlinien müssen jedoch im Einklang mit höherrangigem „hard law" stehen und insbesondere Art. 194 Abs. 2 AEUV und Art. 3 Abs. 3 RL 2009/28/EG genügen.[797] Bereits in ihrem Mitteilungspaket vom 5.11.2013 hat die Kommission empfohlen, territoriale Einschränkungen bei der Verwendung bestimmter Technologien, technischer Ausstattungen und Rohstoffe abzuschaffen,[798] Einspeisevergütungen auslaufen[799] zu lassen und stattdessen Ausschreibungsverfahren zu nutzen.[800] Die Kommission verspricht in den Umwelt- und Energiebeihilfeleitlinien durch Vermutungswirkungen prozedurale Beschleunigungen für diejenigen Mitgliedstaaten, die ihr Fördersystem nach dem Dafürhalten der Kommission wettbewerbsfreundlicher ausgestalten – z.B. Prämien- oder Quotensysteme nutzen. Sie übt damit das ihr im Rahmen von Art. 107 Abs. 3 AEUV zustehende Ermessen jedoch wohl noch verhältnismäßig aus. Denn Einspeisevergütungssysteme sind nicht von vornherein von einer Rechtfertigung ausgeschlossen – vielmehr hat die Kommission die Ausgestaltung im Einzelfall zu beachten.

170 Auch eine Rückwirkung, wie sie in Rn. 249 der Leitlinien angeordnet ist, ist wohl zulässig, da sie durch hinreichende Allgemeininteressen der Union gerechtfertigt ist.[801]

---

796 Eine über diese Selbstbindungsthese hinausgehenden Geltungsgrund – mit Außen- und Regelungswirkung – etabliert *Knauff*, Der Regelungsverbund, 2010, S. 491 f.

797 *Johnston*, in: Solvang (Hrsg.), EU Renewable Energy Law, 2014, S. 13 ff., 55 f.; *Ekardt*, ZNER 2014, 317, 321; *Ekardt*, ZNER 2014, 317; *Fuchs/Peters*, RdE 2014, 409, 415 äußern Zweifel an der Rechtmäßigkeit der Leitlinien. Die European Renewable Energies Foundation (EREF) hat am 22.9.2014 Nichtigkeitsklage in Bezug auf den Abschnitt 3.3.2. der Leitlinien erhoben (T-694/14). Andere wiederum begrüßen den marktintegrativen Vorstoß der Kommission: *Szyszczak*, Journal of European Competition Law & Practice 2014, 616, 621 ff.

798 Kommission, Arbeitspapier der Kommissionsdienststellen v. 5.11.2013, SWD(2013) 439 final, S. 7 – Guidance for the design of renewables support schemes.

799 A.a.O., S. 12.

800 A.a.O., S. 7.

801 EuG, Urt. v. 9.4.2014, Rs. T-150/12, ECLI: EU:T:2014:191, Rn. 155 – Griechenland/Kommission. So auch *Nicolaides/Kleis*, EStAL 2014, 636, 647.

Teil 1
Allgemeine Bestimmungen

§ 1 Zweck und Ziel des Gesetzes

(1) Zweck dieses Gesetzes ist es, insbesondere im Interesse des Klima- und Umweltschutzes eine nachhaltige Entwicklung der Energieversorgung zu ermöglichen, die volkswirtschaftlichen Kosten der Energieversorgung auch durch die Einbeziehung langfristiger externer Effekte zu verringern, fossile Energieressourcen zu schonen und die Weiterentwicklung von Technologien zur Erzeugung von Strom aus erneuerbaren Energien zu fördern.

(2) [1]Um den Zweck des Absatzes 1 zu erreichen, verfolgt dieses Gesetz das Ziel, den Anteil des aus erneuerbaren Energien erzeugten Stroms am Bruttostromverbrauch stetig und kosteneffizient auf mindestens 80 Prozent bis zum Jahr 2050 zu erhöhen. [2]Hierzu soll dieser Anteil betragen:

1. 40 bis 45 Prozent bis zum Jahr 2025 und
2. 55 bis 60 Prozent bis zum Jahr 2035.

(3) Das Ziel nach Absatz 2 Satz 2 Nummer 1 dient auch dazu, den Anteil erneuerbarer Energien am gesamten Bruttoendenergieverbrauch bis zum Jahr 2020 auf mindestens 18 Prozent zu erhöhen.

Schrifttum: *Agora Energiewende*, 12 Thesen zur Energiewende, 2012; *Altrock*, „Subventionierende Preisregelungen" – Die Förderung erneuerbarer Energieträger durch das EEG, 2002; *Becker*, Die Stromwende: Start, Status, Probleme, Lösungswege, ZNER 2013, 599; *Beckers/Hofrichter*, Das EEG-Recht aus institutionenökonomischer Sicht, in: Hebeler/Hendler/Proelß/Reiff, Energiewende in der Industriegesellschaft, 2014, S. 151; *Behlau*, Die Förderung der Stromerzeugung aus Erneuerbaren Energien auf dem Prüfstand des europäischen Beihilfenrechts, in: Müller (Hrsg.), 20 Jahre Recht der Erneuerbaren Energien, 1. Aufl. 2012, S. 336; *Berndt*, Die Anreizregulierung in den Netzwirtschaften, 2011; *BKartA*, Sektoruntersuchung Stromerzeugung und Stromgroßhandel, Abschlussbericht gemäß § 32e GWB, B10-9/09, Januar 2011; *Blasch/Soete/Schubert*, Der Budgetansatz des WBGU als Anreiz- und Finanzierungsmechanismus für die globale Diffusion Erneuerbarer Energien, in: Müller (Hrsg.), 20 Jahre Recht der Erneuerbaren Energien, 1. Aufl. 2012, S. 74; *Böhm*, Wettbewerb und Monopolkampf – Eine Untersuchung zur Frage des wirtschaftlichen Kampfrechts und zur Frage der rechtlichen Struktur der geltenden Wirtschaftsordnung, 1933, wieder abgedruckt 1964; *Bonn/Heitmann/Reichert/Voßwinkel*, „Brüsseler Spitzen": Europäische Impulse für eine EEG-Reform, ET 1 und 2/2014, 42; *Breuer*, EU-Kartellrecht im Kraftfeld der Unionsziele – Die finale Programmierung der Unionstätigkeit durch die Querschnittsklauseln am Beispiel des Art. 101 AEUV, 2013; *Britz*, Klimaschutzmaßnahmen der EU und der Mitgliedstaaten im Spannungsfeld von Klimaschutz und Binnenmarkt, in: Schulze-Fielitz/Müller (Hrsg.), Europäisches Klimaschutzrecht, 2009, S. 71; *Brückmann/Steinbach*, Die Förderung erneuerbarer Energien im Lichte der Warenverkehrsfreiheit, EnZW 2014, 346; *Büdenbender*, Wirtschaftliche Lastenverteilung für die Förderung erneuerbarer Energien in der Elektrizitätswirtschaft, ET Heft 6/2014, 82; *Buchmüller*, Die Vereinbarkeit einer „Local Content"-Regelung im EEG mit dem WTO-Recht, ZNER 2012, 253; *Buhr*, Die Richtlinie 2004/18/EG und das deutsche Vergaberecht – Ausgewählte Problembereiche unter Berücksichtigung der besonderen Bedürfnisse der Praxis, 2009; *Bundesministerium für Wirtschaft und Energie*, Eckpunkte für ein Ausschreibungsdesign für Photovoltaik-Freiflächenanlagen, 2014, abrufbar unter www.bmwi.de; *dass.*, Zentrale Vorhaben Energiewende für die 18. Legislaturperiode (10-Punkte-Energie-Agenda des BMWi) vom 26. Juni 2014, abrufbar unter www.bmwi.de; *dass.*, Ein Strommarkt für die Energiewende, Diskussionspapier des Bundesministeriums für Wirtschaft und Energie (Grünbuch), Oktober 2014, abrufbar unter www.bmwi.de; *Bundesregierung*, Eckpunkte für ein integriertes Energie- und Klimaprogramm vom 5.10.2007, abrufbar unter www.bmwi.de; *dies.*, Energiekonzept für eine umweltschonende, zuverlässige und bezahlbare Energieversorgung v. 28. September 2010, abrufbar unter www.bundesregierung. de; *dies.*, Der Weg zur Energie der Zukunft – sicher, bezahlbar und umweltfreundlich vom 6. Juni 2011, abrufbar unter www.bmwi.de; *dies.*, Perspektiven für Deutschland, Unsere Strategie für eine nachhaltige Entwicklung, abrufbar unter www.bundesregierung.de; *dies.*, Nachhaltigkeitsmanagement – Zusammenfassung bestehender Steuerungselemente und -verfahren der nationalen Nachhaltigkeitsstrategie v. 17.4.2012, abrufbar unter www.bundesregierung.de; *dies.*, Stellungnahme der Bundesregierung zum Sondergutachten der Monopolkommission gemäß § 62 Absatz 1 des Energiewirtschaftsgesetzes Energie 2013 – Wettbewerb in Zeiten der Energiewende – Drucksache 17/14742, BT-Drucks. 18/2939 v. 16.10.2014; *Burgi*, Die Vergabe von Dienstleistungskonzessionen: Verfahren, Vergabekriterien, Rechtsschutz, NZBau 2005, 610; *ders.*, Die Bedeutung der allgemeinen Vergabegrundsätze Wettbewerb, Transparenz und Gleichbehandlung, NZBau 2008, 29; *ders.*, Die Energiewende und das Recht, JZ 2013, 745; *Burgi/Wolff*, Der Beihilfebegriff als fortbestehende Grenze einer EU-Energieumweltpolitik durch Exekutivhandeln, EuZW 2014, 647; *Byok/Dierkes*, Rechtsschutz im Laufe und nach Beendigung des Konzessionsvergabeverfahrens in der Energie- und Wasserwirtschaft, RdE 2012, 221; *Cadman*, Margin squeeze: defining a reasonably efficient operator – Is this the biggest challenge in telecom margin squeeze?, Intermedia 39/2011, 24 ff.; *Calliess, Chr.*, Sinn, Inhalt und Reichweite einer europäischen Kompetenz zu einer kombinierten Umwelt-, Klima- und Energiepolitik, in: Berliner Online-Beiträge zum Europarecht, Nr. 52; abrufbar unter www.portal-europarecht.de; CDU/CSU/SPD, Deutschlands Zukunft gestalten, Koalitionsvertrag 18. Legislaturperiode, abrufbar unter www.bundes regierung.de; *Clausen/Hörnicke/Schäfer-Stradowsky*, Wer macht mit bei der Energiewende? – Förderinstrumente für Strom aus erneuerbaren Energien im internationalen Vergleich, ZNER 2013, 565; *Connect Energy Economics*, Leitstudie Strommarkt – Arbeitspaket Optimierung des Strommarktdesigns, Juli 2014, abrufbar unter: www.bmwi.de; *dena*, Netzstudie II (Endbericht) – Integration erneuerbarer Energien in die deutsche Stromversorgung im Zeitraum 2015–2020 mit Ausblick auf 2025, abrufbar unter www.dena.de; *Deter*, „Nationale Nachhaltigkeitsstrategie" und Grundgesetz, ZUR 2012, 157; *Drexl*, Die wirtschaftliche Selbstbestimmung des Verbrauchers, 1994; *Dörr*, Infrastrukturförderung (nur) nach Ausschreibung?, NZBau 2005, 617; *E-Bridge/IAEW/Offis*, „Moderne Verteilernetze für Deutschland" (Verteilernetzstudie), 2014, abrufbar unter www.bmwi.de; *Ecke/Herrmann/Hilmes*, Kosten- und Nutzeneffekte der Einführung eines Leistungsmarktes in Deutschland, ET 9/2014, 18; *Edenhofer/Knopf/Luderer*, Die Gretchenfrage des Klimaschutzes: „Nun sag, wie hast Du's mit dem Eigentum?", in: Müller (Hrsg.), 20 Jahre Recht der Erneuerbaren Energien, 1. Aufl. 2012, S. 34; *Ehricke/Hackländer*, Europäische Energiepolitik auf der Grundlage der neuen Bestimmungen des Vertrages von Lissabon, ZEuS 2008, 579; *Ehrmann*, Anm. BGH, Urt. v. 25.6.2014 – VIII ZR 169/13, NVwZ 2014, 1180; *Enervis/BET*, Ein zukunftsfähiges Energiemarktdesign für Deutschland, Gutachten für den VKU, 2013, abrufbar unter www.bmwi.de; *Erk*, Die künftige Vereinbarkeit des EEG mit Verfassungs- und Europarecht, 2008; *Eucken*, Grundsätze der Wirtschaftspolitik, 1. Aufl. 1952; *Fehling*, Neues Regulierungsrecht im Anschluss an die Energiewende, Die Verwaltung 47 (2014), 313; *Fischedick/Samadi/Venjakob*, Die Rolle Erneuerbarer Energien für den Klimaschutz am Beispiel Deutschlands, in: Müller (Hrsg.), 20 Jahre Recht der Erneuerbaren Energien, 1. Aufl. 2012, S. 51; *Fleischer/Zimmer* (Hrsg.), Effizienz als Regelungsziel im Handels- und Wirtschaftsrecht, 2008; *Frenz*, Kartellrecht und Umweltschutz im Zeichen der Energiewende, WRP 2013, 981; *ders.*, Beihilferückforderung beim EEG?, ZNER 2014, 25; *ders.*, Erneuerbare Energien in den neuen EU-Umwelt- und Energiebeihilfeleitlinien, ZNER 2014, 345; *ders.*, EU-geprägte solare Freiflächenausschreibungen – Einstieg in die regenerative Marktwirtschaft, ER 6/2014, 231; *ders./Wimmers*, Erneuerbare Energien-Förderungsmodelle und Beihilfenproblematik, GewArch Beilage WiVerw 2014, 30; *Fritsch*, Marktversagen und Wirtschaftspolitik, 8. Aufl. 2011; *Frontier Economics*, Die Zukunft des EEG – Handlungsoptionen und Reformansätze, Bericht für die EnBW Baden-Württemberg AG, November 2012, abrufbar unter www.frontier-economics.com; *Frontier Economics/FORMAET*, Strommarkt in Deutschland – Gewährleistet das derzeitige Marktdesign Versorgungssicherheit? Bericht für das Bundesministerium für Wirtschaft und Energie (BMWi), Juli 2014, abrufbar unter: www.bmwi.de; *Frontier Economics/Consentec*, Folgenabschätzung Kapazitätsmechanismen (Impact Assessment), Juli 2014, abrufbar unter: www.bmwi.de; *Fuchs*, Der „ebenso effiziente Wettbewerber" als Maßstab für die Missbrauchskontrolle über marktbeherrschende Unternehmen – eine kritische Würdigung, in: Bechtold/Jickeli/Rohe (Hrsg.), Recht, Ordnung und Wettbewerb, Festschrift zum 70. Geburtstag von Wernhard Möschel, 2011, S. 241 ff.; *Fuchs, M.-Ch./Peters*, Die Europäische Kommission und die Förderung erneuerbarer Energien in Deutschland – Eine Bewertung des EEG-Beihilfeverfahrens und der neuen Umwelt- und Energiebeihilfeleitlinien mit einem kritischen Blick auf die Leitlinienpolitik der Kommission, RdE 2014, 409; *Funke*, Notwendigkeit von Compliance durch REMIT, CCZ 2014, 43; *Gawel/Purkus*, Die Marktprämie im EEG 2012: Ein sinnvoller Beitrag zur Markt- und Systemintegration erneuerbarer Energien, ZfE 2013, 43; *Gawel/Lehmann/Korte/Strunz/Bovet/Köck/Massier/Löschel/Schober/Ohlhorst/Tews/Schreurs/Reeg/Wassermann*, Die Zukunft der Energiewende in Deutschland, ZUR 2014, 219; *Gawel/Strunz/Lehmann*, Wie viel Europa braucht die Energiewende, ZfE 2014, 163; *Grabmayr/Münchmeyer/Pause/Stehle/Müller*, Förderung erneuerbarer Energien und EU-Beihilferahmen, abrufbar unter www.stiftung-umweltenergierecht.de; *Grabmayr/Stehle/Pause/Müller*, Das Beihilfeverfahren der EU-Kommission zum Erneuerbare-Energien-Gesetz 2012 – Inhalte, Einordnungen und Konsequenzen aus rechtswissenschaftlicher Sicht, abrufbar unter www.stiftung-umweltenergierecht.de; *Granas*, Die primärrechtlichen Grundlagen für die Förderung von Erneuerbaren Energien im Europarecht, EuR 2013, 619; *Groß*, Die Bedeutung des Umweltstaatsprinzips für die Nutzung erneuerbarer Energien, in: Müller (Hrsg.), 20 Jahre Recht der Erneuerbaren Energien, 1. Aufl. 2012, S. 107, sowie in NVwZ 2011, 129; *Grüttner/Krock/Rottmann/Schwarz/Weinreich*, Wie entwickelt sich der Deutsche Energiemarkt in 10 Jahren? Ergebnisse einer Delphi-Befragung des Kompetenzzentrums Öffentliche Wirtschaft, Infrastruktur und Daseinsvorsorge e.V. und der SNPC GmbH, März 2013; *Gundel*, Die Vorgaben der Warenverkehrsfreiheit für die Förderung erneuerbarer Energien – Neue Lösungen für ein altes Problem?, EnWZ 2014, 99; *Gundel/Germelmann*: Kein Schlussstein für die Liberalisierung der Energiemärkte: Das Dritte Binnenmarktpaket, EuZW 2009, 763; *Häder*, Fördermodelle für die regenerative Stromerzeugung in der EU – ein Überblick, ET 5/2014, 8; *Hatje*, Wirtschaftsverfassung im Binnenmarkt, in: von Bogdandy/Bast (Hrsg.), Europäisches Verfassungsrecht, Theoretische und dogmatische Grundzüge, 2. Aufl. 2009, S. 801; *Haucap/Coenen/Schweinsberg*, Von heiligen Kühen und fliegenden Elefanten – Wettbewerbsökonomische Überlegungen zum EEG, Wirtschaftsdienst 2009, 751; *Haucap/Kühling*, Zeit für eine grundlegende Reform der EEG-Förderung – das Quotenmodell, ET 2013, 41; *Haucap/Klein/Kühling*, Die Marktintegration der Stromerzeugung aus erneuerbaren Energien, 2013; *Herdzina*, Wettbewerbspolitik, 5. Aufl. 1999; *Hermes*, Planungsrechtliche Sicherung einer Energiebedarfsplanung – ein Reformvorschlag, ZUR 2014, 259; *Herz/Valentin*, Direktvermarktung, Direktlieferung und Eigenversorgung nach dem EEG 2014 – Ein Überblick über den neuen Rechtsrahmen und die verschiedenen Optionen für die Vermarktung von Strom aus Erneuerbaren Energien, EnZW 2014, 358; *Hobohm/Klotz/Peter/Wünsch*, Bedeutung thermischer Kraftwerke für die Energiewende, 2012; *Hofmann*, Das Recht der Energiewende als Transformationsprozess: Beschleunigung um jeden Preis oder alles nur eine Frage der Zeit?, Die Verwaltung 47 (2014), 349; *Höfler*, Transparenz bei der Vergabe öffentlicher Aufträge, NZBau 2010, 73; *Höppner*, Die Regulierung der Netzstruktur – Elektrizität, Gas, Eisenbahn, Telekommunikation, 2009; *Ismer/Karch*, Das EEG im Konflikt mit dem Unionsrecht: Die Begünstigung der stromintensiven Industrie als unzulässige Beihilfe, ZUR 2013, 526; *IZES gGMBH Institut für ZukunftsEnergieSysteme*, Bewertung von Ausschreibungsverfahren als Finanzierungsmodell für Anlagen erneuerbarer Energienutzung, Gutachten für den Bundesverband Erneuerbare Energien e.V., Laufzeit des Vorhabens 26.2.2014 – 19.5.2014, abrufbar unter www.bee-ev.de; *Jaeger*, Goodbye Old Friend: Article 107's Double Control Criterion, EStAL 2012, 535; *Janssen/Niedrig/Peichert/Perner/Riechmann*, Strommarkt in Deutschland – Gewährleistet das derzeitige Marktdesign Versorgungssicherheit?, ET 9/2014, 8; *Kämmerer*, Gemeingüter unter dem Hammer? – Die Versteigerung von Lizenzen für die Nutzung knapper Ressourcen im Lichte des Verfassungs- und Gemeinschaftsrechts, NVwZ 2002, 161; *Kahle*, Ermittlung der Förderhöhe für PV-Freiflächenanlagen nach dem EEG 2014 – Ausschreibungsmodell, RdE 2014, 372; *Kahles*, Ausschreibungen als neues Instrument im EEG 2014, Würzburger Berichte zum Umweltenergierecht Nr. 6 vom 16.7.2014, abrufbar unter www.stiftung-umweltenergierecht.de; *Kerber*, Wettbewerbspolitik; in: Vahlens Kompendium der Wirtschaftstheorie und Wirtschaftspolitik, 9. Aufl. 2007, S. 369; *Knauff*, Anmerkung EuGH „Parking Brixen", EuZW 2005, 731; *Koenig/Schäfer*, Versteigerung von Telekommunikationslizenzen und Europäisches Gemeinschaftsrecht, K&R 1998, 243; *Koenig*, Die öffentlich-rechtliche Verteilungslenkung. Grund und Grenzen einer Deregulierung am Beispiel der Vergabe von Konzessionen, Kontingenten und Genehmigungen zur unternehmerischen Nutzung öffentlich verwalteter Güter, 1994; *Koenig/Kühling*, Das PreussenElektra-Urteil des EuGH: Freibrief für Abnahme- und Vergütungspflichten in der Energiewirtschaft, NVwZ 2001, 768; *Kopp et al*: Wege in ein wettbewerbliches Strommarktdesign für erneuerbare Energien, Gutachten für die MVV Energie AG, Juli 2013, abrufbar unter www.mvv-energie.de, 2013; *Kreße*, Die Auktion als Wettbewerbsverfahren, 2014; *Kreuter-Kirchhof*, Grundrechtliche Maßstäbe für eine Reform des EEG, NVwZ 2014, 770; *Kube/Palm/Seiler*, Finanzierungsverantwortung für Gemeinwohlbelange – Zu den finanzverfassungsrechtlichen Maßstäben quersubventionierender Preisinterventionen, NJW 2003, 927; *Kühling*, Sektorspezifische Regulierung in den Netzwirtschaften, Typologie, Wirtschaftsverwaltungsrecht, Wirtschaftsverfassungsrecht, 2004; *Kühling/Klein*, Rechtsfragen der Entschädigung und des Belastungsausgleichs bei der Anbindung von Offshore-Anlagen, in: Hebeler/Hendler/Proelß/ Reiff, Energiewende in der Industriegesellschaft, 2014, S. 29; *Lecheler*, Die Versorgung mit Strom und Gas als „service public" und die Bedeutung der „service public-Doktrin" für Art. 90 Abs. 2 EGV, RdE 1996, 212 ff.; *Lehnert/Vollprecht*, Neue Impulse von Europa: Die Erneuerbare-Energien-Richtlinie der EU, ZUR 2009, 307; *Lehnert*, Markt- und Systemintegration der Erneuerbaren-Energien: Eine rechtliche Analyse der Regeln zur Direktvermarktung im EEG 2012, ZUR 2014, 4; *Leprich*, Transformation des bundesdeutschen Stromsystems im Spannungsfeld von Wettbewerb und regulatorischem Design, ZNER 2013, 101; *Ludwigs*, Die Energierechtsgesetzgebung der EU zwischen Binnenmarktziel und Klimaschutz, ZG 2010, 222; *ders.*, Unternehmensbezogene Effizienzanforderungen im Öffentlichen Recht – Unternehmenseffizienz als neue Rechtskategorie, 2013; *ders.*, Die Förderung erneuerbarer Energien im doppelten Zangengriff des Unionsrechts, EuZW 2014, 201; *ders.*, Anm. zu EuGH, Rs. Ålands Vindkraft, EuZW 2014, 620; *Lüdemann/Ortmann*, Direktvermarktung im EEG. Das unvollendete Marktprämienmodell, EnWZ 2014, 387; *Luhmann*, Die Schelte der Monopolkommission zum Erneuerbare-Energien-Gesetz, Wirtschaftsdienst 2009, 748; *Manssen*, Das Erneuerbare-Energien-Gesetz aus rechtlicher Sicht, in: Hebeler/Hendler/Proelß/Reiff, Energiewende in der Industriegesellschaft, 2014, S. 13; *Masing*, Soll das Recht der Regulierungsverwaltung übergreifend geregelt werden?; Gutachten D für den 66. Deutschen Juristentag, Band I, 2006; *Meinzenbach*, Die Anreizregulierung als Instrument zur Regelung von Netznutzungsentgelten im neuen EnWG, 2008; *Meyer-Hetling/Templin*, Das Ausbleiben des Auswahlverfahrens und Rechtsschutzmöglichkeiten des unterlegenen Bieters, ZNER 2012, 18; *Mohr*, Privatrechtliche Nichtigkeit von Kartellen und öffentlich-rechtlicher Vertrauensschutz, ZWeR 2011, 383; *ders.*, Sicherung der Vertragsfreiheit durch Wettbewerbs- und Regulierungsrecht, i. E. 2015; *Monopolkommission*, Sondergutachten 59 Energie 2011: Wettbewerbsentwicklung mit Licht und Schatten, 2011; *dies.*, Sondergutachten 65 Energie 2013: Wettbewerb in Zeiten der Energiewende, 2013; *Müller/Vogelsang*, Staatliche Regulierung. Regulated Industries in den USA und Gemeinwohlbindung in wettbewerblichen Ausnahmebereichen in der Bundesrepublik Deutschland, 1979; *Müller*, Beihilfe & Grundfreiheiten: Europarechtliche Anforderungen an die EE-Förderung, ZNER 2014, 21; *Müller/Kahl/Sailer*, Das neue EEG 2014. Systemwechsel beim weiteren Ausbau der Erneuerbaren Energien, ER 4/14, 139; *Nettesheim*, EU-Beihilferecht und nichtfiskalische Finanzierungsmechanismen, NJW 2014, 1847; *Oschmann*, Die Novelle des Erneuerbare-Energien-Gesetzes, NVwZ 2004, 910; *ders.*, Neues Recht für Erneuerbare Energien, NJW 2009, 263 ff.; *Oschmann/Thorbecke*, Erneuerbare Energien und die Förderung stromintensiver Unternehmen – Das Erste Gesetz zur Änderung des Erneuerbare-Energien-Gesetzes, ZNER 2006, 304; *Palme*, EEG und EU-Beihilfeaufsicht, NVwZ 2014, 559; *Pautsch*, Die beihilferechtliche Relevanz der UMTS-Vergabe im Ausschreibungsverfahren, MMR 2001, 423; *Perner/Riechmann*, Das zukünftige EEG – wie viel Reform ist erforderlich?, ET 5/2013, 8; *Pielow*, Die Energiewende auf dem Prüfstand des Verfassungs- und Europarechts, EuRUP 2013, 150; *Pfaffenberger*, Energiewende und EEG-Reform, Vortrag auf der Jahrestagung des Instituts für Energie- und Regulierungsrecht Berlin am 1.12.2014, Folien abrufbar unter http://enreg.eu/materialien; *PricewaterhouseCoopers* (Hrsg.), Entflechtung und Regulierung in der deutschen Energiewirtschaft – Praxishandbuch zum Energiewirtschaftsgesetz, 3. Aufl. 2012; *Prieß/Marx/Hölzl*, Kodifizierung des europäischen Rechtes zur Vergabe von Dienstleistungskonzessionen nicht notwendig, NVwZ 2011, 65; *Rahmstorf*, Herausforderung Klimaschutz: Die naturwissenschaftliche Basis, in: Müller (Hrsg.), 20 Jahre Recht der Erneuerbaren Energien, 1. Aufl. 2012, S. 27; *Reiche/Bechberger*, Erneuerbare Energien in den EU-Staaten im Vergleich, ET 2005, 732; *Rensmann/ Frey*, Völkerrechtliche Grenzen der Energiewende, EnZW 2014, 243; *Reuter*, Die nachträgliche Kürzung der Förderung erneuerbarer Energien auf dem Prüfstand völkerrechtlicher Investitionsschutzabkommen, RIW 2014, 43; *Runge/Schomerus*, Klimaschutz in der Strategischen Umweltprüfung – am

Beispiel der Windenergienutzung in der Ausschließlichen Wirtschaftszone, ZUR 2007, 410; *r2 b energy consulting*, Endbericht Leitstudie Strommarkt Arbeitspaket Funktionsfähigkeit EOM & Impact-Analyse Kapazitätsmechanismen, Juli 2014, abrufbar unter: www.bmwi.de; *r2b energy consulting GmbH/Brandenburgische Technische Universität Cottbus*, Auktionsdesign für Photovoltaikanlagen auf Freiflächen, Gutachten im Auftrag des BDEW, Köln und Cottbus 17. September 2014, abrufbar unter www.bdew.de; *Säcker*, Das Regulierungsrecht im Spannungsfeld von öffentlichem und privatem Recht: Zur Reform des deutschen Energie- und Telekommunikationsrechts, AöR 130 (2005), 180; *ders.*, Die wettbewerbsorientierte Anreizregulierung von Netzwirtschaften, N&R 2009, 78; *ders.*, Verhältnis Ex post und ex ante-Regulierung am Beispiel aktueller Debatten zum Entflechtungsregime, WiVerw 2/2010, 103 ff.; *ders.*, Der Umbau der Übertragungsnetze unter dem Regime der Anreizregulierung, in: Müller (Hrsg.), 20 Jahre Recht der Erneuerbaren Energien, 1. Aufl. 2012, S. 744; *ders.*, Das EEG 2012 auf dem Prüfstand des EU-Beihilfenrechts, BB Nr. 5/2014, S. 1; *ders.*, Einführung in das Thema, in: Bitburger Gespräche Jahrbuch 2014, 2014, S. 5; *ders./Boesche*, Der Gesetzgebungsbeschluss des Deutschen Bundestages zum Energiewirtschaftsgesetz vom 28. Juni 2002 – ein Beitrag zur Verhexung des Denkens durch die Mittel unserer Sprache, ZNER 2002, 183; *ders./Böcker*, Die Entgeltkontrolle als Bestandteil einer sektorübergreifenden Regulierungsdogmatik für Netzwirtschaften, in: Picot (Hrsg.), 10 Jahre wettbewerbsorientierte Regulierung der Netzindustrien in Deutschland, 2008, 69; *ders./Meinzenbach*, Der Effizienzmaßstab des § 21 Abs. 2 EnWG im System der energierechtlichen Netzentgeltregulierung, RdE 2009, 1; *ders./Mohr/Wolf*, Konzessionsverträge im System des europäischen und deutschen Wettbewerbsrechts, 2010; *ders./Mohr*, Reintegration von Dienstleistungskonzessionen in das Vergaberecht – am Beispiel der Wasserversorgung, ZWeR 2012, 407; *ders./Schmitz (Steffens)*, Die Staatlichkeit der Mittel im Beihilfenrecht, NZKart 2014, 202; *ders./König/Scholz*, Der regulierungsrechtliche Rahmen für ein Offshore-Stromnetz in der Nordsee – Rechtliche Hemmnisse und Vorschläge zu deren Überwindung, 2014; *Sachverständigenrat zur Begutachtung der gesamtwirtschaftlichen Entwicklung* (SRW), Gegen eine rückwärtsgewandte Wirtschaftspolitik, Jahresgutachten 2013/2014; *Salje*, Wind, Wasser, Biomasse, Sonne, Geothermie – (aktuelle) Rechtsfragen der EEG-Vergütungsregeln, in: Müller (Hrsg.), 20 Jahre Recht der Erneuerbaren Energien, 1. Aufl. 2012, S. 539; *Schmidt, I.*, Wettbewerbspolitik und Kartellrecht, 9. Aufl. 2012; *Schmidt-Preuß*, Das Erneuerbare-Energien-Gesetz: Aktuelle rechtliche Fragen und Probleme, in: Festschrift für Peter Salje, 2013, S. 397 ff.; *ders.*, Energie und Umwelt – Aktuelle Entwicklungstendenzen im Zeichen von Europäisierung und Energiewende, in: Brinktrine/Ludwigs/Seidel (Hrsg.), Energieumweltrecht in Zeiten von Europäisierung und Energiewende, 2014, S. 9; *Schmidtchen*, Der „more economic approach" in der Wettbewerbspolitik, WuW 2006, 6 ff.; *Schneider*, Europäische Modelle zur Förderung erneuerbarer Energien, in: Hendler/Marburger/Reinhard/Schröder (Hrsg.), Energierecht zwischen Umweltschutz und Wettbewerb, 2002, S. 71; *ders.*, Technologieförderung durch eingerichtete Märkte: Erneuerbare Energien, in: Eifert/Hoffmann-Riem (Hrsg.), Innovation und Recht II – Innovationsfördernde Regulierung, 2009, S. 257; *Scholz, L.*, Die Rechtfertigung von diskriminierenden umweltpolitischen Steuerungsinstrumenten – Eine Untersuchung der Reichweite der Warenverkehrsfreiheit und ihrer Begrenzung durch den Umweltschutz als Vertragsziel am Beispiel der deutschen Energiefördergesetze EEG und KWKModG, 2012; *Schumacher*, Durchbrechung des Vorrangs für erneuerbare Energien? Das Einspeisemanagement im Erneuerbare-Energien-Gesetz und das Verhältnis zu den Regelungen des Energiewirtschaftsrechts, ZUR 2009, 522; *dies.*, Die Neuregelungen zum Einspeise- und Engpassmanagement, ZUR 2012, 17; *Schulte/Schröder* (Hrsg.), Handbuch des Technikrechts, 2. Aufl. 2011; *Schwarz*, Integration erneuerbarer Energien in den Strommarkt, ZNER 2014, 337; *Soltész*, Von PreussenElektra zu France Télécom – Die „Belastung des Staatshaushaltes" als Beihilfekriterium, EuZW 2011, 254; *ders.*, Die Entwicklung des europäischen Beihilferechts im Jahr 2013, EuZW 2014, 89; *Spannowsky*, Der Ausbau der erneuerbaren Energien in der Raumordnungs- und Bauleitplanung, in: Hebeler/Hendler/Proelß/Reiff, Energiewende in der Industriegesellschaft, 2014, S. 83; *Stäsche*, Entwicklungen des Klimaschutzrechts und der Klimaschutzpolitik 2013/14, EnWZ 2014, 291; *Storr*, Die Versteigerung von Telekommunikationslizenzen – sachgerechtes Verteilungsverfahren oder neue Einnahmequelle für den Staat?, K&R 2002, 67; *Streinz*, Anm. EuGH „Vent de Colére", JuS 2014, 852; *Streinz/Ohler/Herrmann*, Der Vertrag von Lissabon zur Reform der EU, 3. Aufl. München 2010; *Tenhagen*, Die Legitimation der Regulierung von Märkten durch die Theorie des Marktversagens, 1997; *Theobald/Gey-Kern*, Das dritte Energiebinnenmarktpaket der EU und die Reform des deutschen Energiewirtschaftsrechts 2011, EuZW 2011, 896; *Thomas*, Großbritannien:

Langer Abschied vom Quotensystem für erneuerbare Energien, ET 8/2012, 65; *ders.*, Das EEG 2014 –
Eine Darstellung nach Anspruchsgrundlagen, NVwZ-Extra 17/2014, 1; *Uhle*, Das Staatsziel „Umweltschutz" im System der grundgesetzlichen Ordnung – Zu dem von der Verfassungskommission
empfohlenen neuen Art. 20a GG, DÖV 1993, 947; *Vollprecht/Clausen*, Auf dem Weg zum EEG 2014
– ein Werkstattbericht, EnWZ 2014, 112; *Von Danwitz*, Dienste von allgemeinem wirtschaftlichem
Interesse in der europäischen Wettbewerbsordnung, in: Krautscheid (Hrsg.), Die Daseinsvorsorge im
Spannungsfeld von europäischem Wettbewerb und Gemeinwohl, Eine sektorspezifische Betrachtung,
2009, S. 103 ff.; *Wagner/Bsaisou*, Beschleunigung der Energiewende durch Haftung: Ökonomische
Anreize im Strudel des Regulierungsrechts, JZ 2014, 1031; *Wende*, Die einheitliche Auslegung von
Beihilfen- und Vergaberecht als Teilgebiete des europäischen Wettbewerbsrechts, 2011; *Wichert*, Ent-
eignung und Besitzeinweisung für energiewirtschaftliche Leitungsvorhaben, NVwZ 2009, 876; *Wolf*,
Effektiver Wettbewerbsschutz durch ein funktionales Vergaberecht, VergabeR 2011, 27; *Wollenschläger*, Verteilungsverfahren: die staatliche Verteilung knapper Güter: Verfassungs- und unionsrechtlicher Rahmen, Verfahren im Fachrecht, bereichsspezifische verwaltungsrechtliche Typen- und System-
bildung, 2010; *Weigt*, Marktintegration erneuerbarer Energien im Lichte europäischer Rahmensetzungen, ZNER 2009, 305; *Wustlich*, Das Erneuerbare-Energien-Gesetz 2014 – Grundlegend neu – aber
auch grundlegend anders?, NVwZ 2014, 1113.

Alle Internetquellen wurden zuletzt abgerufen am 8.2.2015.

Übersicht

I. Überblick

Das „Gesetz für den Ausbau erneuerbarer Energien (EEG 2014)",[1] früher „Erneuerbare   **1**
Energien Gesetz (EEG)",[2] regelt im Spannungsfeld zwischen Energiewirtschaftsrecht und
Umweltenergierecht das Recht der Erzeugung von elektrischer Leistung aus erneuerbaren
Energien[3] als der **zentralen Säule der künftigen Energieversorgung Deutschlands.**[4] Es
betrifft damit einen besonders komplexen Bereich der deutschen „**Energiewende**", deren
rechtlicher Rahmen schon aufgrund der in regelmäßigen Zeitabständen erfolgenden Nach-
justierungen und Reformen nur bedingt klar umschrieben ist.[5] Weitere, nachfolgend nur
punktuell zu thematisierende Aspekte der Energiewende sind das eng mit der Integration
der elektrischen Energie aus EE-(Kraftwerks-)Anlagen („EE-Strom") in wettbewerbliche
Märkte zusammenhängende Strommarktdesign in einem zunehmend von dargebotsabhängigen erneuerbaren Energien geprägten Marktumfeld, der Netzausbau sowie die Energieeffizienz.[6]

Angesichts des durch anspruchsvolle Energiesparziele[7] und dem deutschen Ausstieg aus   **2**
der Kernenergie entstandenen (politischen) Handlungsdruck wird man das Recht der Energiewende in einer ersten Annäherung als ein solches „des Umbruchs" bezeichnen können,
wobei dieser Umbruch unter großem Zeitdruck steht und die **Beschleunigung** der zu treffenden Maßnahmen das zentrale Leitmotiv ist.[8] Im EEG spiegelt sich dieser Zeitdruck etwa
in den sehr ambitionierten Ausbauzielen des § 1 Abs. 2 und den darauf aufbauenden Ausbaukorridoren des § 3 sowie der finanziellen Förderung auch relativ teurer erneuerbarer
Energien wie der Windenergie auf See wider.[9] Auf der Ebene der deutschen Bundesländer
werden zuweilen noch ambitioniertere Ausbauziele formuliert;[10] hierauf soll im Folgenden
jedoch nicht näher eingegangen werden. Vor diesem Hintergrund wird im Schrifttum die
„permanente Reform" sogar als „Strukturmerkmal" des EEG ausgerufen, mit Folgerungen

---

1 Gesetz zur grundlegenden Reform des Erneuerbare-Energien-Gesetzes und zur Änderung weiterer
   Bestimmungen des Energiewirtschaftsrechts v. 21.7.2014, BGBl. I, 1066 v. 24.7.2014.
2 Siehe zur Änderung des Lang- und des Kurztitels den Regierungsentwurf v. 5.5.2014, BT-Drs. 18/
   1304, S. 108.
3 A. A. *Fehling*, Die Verwaltung 47 (2014), 313, 315, der das EEG wegen des Einspeisevorrangs und
   der die Netzbetreiber treffenden (Vergütungs-)Pflichten als „netzbezogen" einstuft.
4 So der Entwurf eines Gesetzes zur Neuregelung des Rechts der Erneuerbaren Energien im Strombereich und zur Änderung damit zusammenhängender Vorschriften v. 18.2.2008, BT-Drs. 16/8148,
   S. 38.
5 *Pielow*, EuRUP 2013, 150, 152. Siehe zum Begriff der Energiewende und dem gewandelten Verständnis desselben auch die Monopolkommission, Sondergutachten 65, Rn. 176.
6 Vgl. statt anderer *Spannowsky*, in: Hebeler/Hendler/Proelß/Reiff, Energiewende in der Industriegesellschaft, 2014, S. 83, 91 f.
7 Diese sollen einerseits durch eine Senkung der Treibhausgasemissionen und andererseits durch
   verstärkte Maßnahmen zur Energieeffizienz erreicht werden.
8 So *Hofmann*, Die Verwaltung 47 (2014), 349, 350; ausführlich BMWi, Zentrale Vorhaben Energiewende für die 18. Legislaturperiode (10-Punkte-Energie-Agenda).
9 Kritisch zur Steuerungswirkung der Haftungsregelungen beim Netzanschluss von Windenergieanlagen auf See *Wagner/Bsaisou*, JZ 2014, 1031 ff.
10 Einen Überblick über die Ausbauziele der Bundesländer gibt der Sachverständigenrat zur Begutachtung der gesamtwirtschaftlichen Entwicklung (SRW), Jahresgutachten 2013/2014, Rn. 812;
   siehe auch *Spannowsky*, in: Hebeler/Hendler/Proelß/Reiff, Energiewende in der Industriegesellschaft, S. 83, 93 ff.; auf die fehlende Abstimmung zwischen den einzelnen Regelungsebenen speziell beim Netzausbau weist hin *Hofmann*, Die Verwaltung 47 (2014), 349, 361.

für die Zulässigkeit rückwirkender Änderungen etwa der Vergütungsregelungen wegen des (fehlenden) schutzwürdigen Vertrauens der Investoren.[11]

3   Als **erneuerbare Energien** definiert **§ 5 Nr. 14** die Wasserkraft einschließlich der Wellen-, Gezeiten-, Salzgradienten- und Strömungsenergie, die Windenergie, die solare Strahlungsenergie mit der praktisch wichtigsten Technik der Photovoltaik-Anlagen auf Gebäuden und Freiflächen, die Geothermie sowie die Energie aus Biomasse einschließlich Biogas, Biomethan, Deponiegas und Klärgas sowie aus dem biologisch abbaubaren Anteil von Abfällen aus Haushalten und Industrie.[12] Zusätzlich bezieht sich das EGG – wie bereits § 2 Abs. 1 S. 1 verdeutlicht – auf Grubengas, obwohl dieses eigentlich ein fossiler Energieträger ist.[13] Der Gesetzgeber begründet diese Gleichstellung mit dem Umstand, dass die energetische Verwertung von Grubengas die Kohlendioxid- und Methanbilanz gegenüber der unverwerteten Abgabe an die Atmosphäre verbessere.[14] Wie auch die vorstehende Auflistung verdeutlicht, bezieht sich das EEG nicht auf den Verkehrs- und den Wärmesektor, obwohl auch dort erhebliche Potenziale für eine umweltgerechte und klimafreundliche Energieerzeugung bestehen.

4   § 1 normiert die übergreifenden „Zwecke" und „Ziele" des EEG. Die Vorschrift ist ein Ausdruck des **„energiepolitischen Dreiecks"** mit seinen jedenfalls formal gleichrangigen Eckpfeilern einer zuverlässigen („versorgungssicheren"), wirtschaftlichen („bezahlbaren") und umweltverträglichen („klimaschonenden") Energieversorgung.[15] § 1 Abs. 1 EnWG bringt diesen **Zielpluralismus** auf die Formulierung, anzustreben sei eine „möglichst sichere, preisgünstige, verbraucherfreundliche, effiziente und umweltverträgliche leitungsgebundene Versorgung der Allgemeinheit mit Elektrizität und Gas, die zunehmend auf erneuerbaren Energien" beruhe.[16] Das EEG legte bislang den Fokus – als wertungsmäßig abweichendes lex specialis zum EnWG[17] – auf einen möglichst schnellen, mengenmäßig wenig gebremsten Ausbau erneuerbarer Energien.[18] Als Instrumente dienten hierfür insbesondere ein vorrangiger Anschluss von EE-Anlagen an die Stromnetze sowie ein Einspeisevorrang von EE-Strom, eine garantierte Einspeisevergütung sowie Ausnahmen von der Bilanzierungsverantwortung und von der Tragung von Netzkosten im vorgelagerten Netz.[19] „Bezahlt" wurde diese Beschleunigung letztlich mit einem übermäßig starken An-

---

11   *Hofmann*, Die Verwaltung 47 (2014), 349, 357 i. V. mit 351 ff.
12   Siehe auch die Definition in Art. 2 Nr. 116 der Beihilfe-Gruppenfreistellungs-VO Nr. 651/2014, ABlEU Nr. 187/1 v. 26.6.2014: „erneuerbare nichtfossile Energiequellen, d. h. Wind, Sonne, aerothermische, geothermische und hydrothermische Energie, Meeresenergie, Wasserkraft, Biomasse, Deponiegas, Klärgas und Biogas".
13   BeckOK EEG/*Greb*, § 3 Rn. 2; *Salje*, § 3 EEG 2012, Rn. 63.
14   Entwurf eines Gesetzes zur Förderung der Stromerzeugung aus erneuerbaren Energien (Erneuerbare-Energien-Gesetz – EEG) sowie zur Änderung des Mineralölsteuergesetzes, BT-Drs. 14/2776 v. 23.2.2000, S. 21.
15   Bundesregierung, Energiekonzept 2010, S. 3; siehe dazu Monopolkommission, Sondergutachten 65, Rn. 182. Allgemein auch Bundesregierung, Stellungnahme zum Sondergutachten der Monopolkommission Energie 2013, BT-Drs. 18/2939 v. 16.10.2014, S. 7; CDU/CSU/SPD, Koalitionsvertrag, S. 50; *Pielow*, EuRUP 2013, 150, 152.
16   Siehe auch Monopolkommission, Sondergutachten 65, Rn. 181.
17   BerlKommEnR/*Steffens*, 3. Aufl. 2014, Einl. EEG Rn. 3.
18   Viele Regelungen des Rechts der erneuerbaren Energien erklären sich aus dem starken Zeitdruck, unter den sich der deutsche Gesetzgeber gesetzt hat; *Hofmann*, Die Verwaltung 47 (2014), 349 ff.
19   *Perner/Riechmann*, ET 5/2013, 8; ausführlich Frontier Economics, Die Zukunft des EEG – Handlungsoptionen und Reformansätze, S. 14 ff.

stieg der de facto von den Verbrauchern zu zahlenden EEG-Umlage sowie mit erheblichen Gefahren für die Versorgungssicherheit.[20] Mit dem EEG 2014 nimmt der Gesetzgeber sowohl die **Bezahlbarkeit der Energieversorgung** als auch die **Versorgungssicherheit** wieder etwas stärker in den Blick, in Übernahme der Erkenntnis, dass auch die Ziele einer staatlich geplanten Energiewende in einer „sozialen Marktwirtschaft" soweit als möglich mit marktkonformen Mitteln verfolgt werden müssen.[21] Allerdings ist die rechtspolitische Diskussion angesichts der schon angekündigten EEG-Novelle 2016 noch nicht beendet (vgl. auch § 99 EEG).[22] Diese ist eingebettet in einen übergreifenden Dialog über das zutreffende Strommarktdesign, mit dem die auch von § 2 Abs. 1 geforderte Integration von elektrischer Leistung aus erneuerbaren Energien in wettbewerbliche Märkte bewerkstelligt werden soll.[23]

Während die in § 1 normierten „Zwecke" das generelle Telos des Gesetzes umschreiben **5** sollen, beziehen sich die „Ziele" – entgegen dem allgemeinen Wortsinn – auf die Gesetzesfolgen, also auf den konkret angestrebten Zustand.[24] Die Ziele des Abs. 2 und 3 haben somit keine eigenständige Bedeutung, sondern bedürfen einer Rechtfertigung aus den generellen Zwecken („den Oberzielen") des Abs. 1.[25] Nach dem Willen des Gesetzgebers ist § 1 kein bloßer Programmsatz, sondern beinhaltet eine **bindende Regelung.**[26] Die Vorschrift ist zwar nicht als Ermächtigungs- bzw. Anspruchsgrundlage ausgestaltet.[27] Sie gibt jedoch im Sinne einer „Auslegungshilfe"[28] den **zentralen Maßstab für die teleologische Interpretation** der sonstigen Regelungen des Gesetzes vor.[29] Aufgrund der verschiedenen, zum Teil in Widerspruch zueinander stehenden Gesetzeszwecke und Gesetzesziele wird die Vorschrift dieser Aufgabe freilich nur bedingt gerecht,[30] man denke nur an den Konflikt zwischen einem schnellen Ausbau erneuerbarer Energien und der Reduzierung der dadurch hervorgerufenen Kostenbelastungen,[31] wobei die Kosten noch zwischen einzelnen Verbrauchergruppen und zwischen Alt- und Neuanlagenbetreibern ungleich verteilt sind.[32] Der Aussagegehalt des § 1 konkretisiert sich deshalb maßgeblich durch einen Blick auf die

---

20 Statt anderer *Pielow*, EuRUP 2013, 150, 153; *Säcker*, in: Bitburger Gespräche Jahrbuch 2014, S. 5 ff.

21 Dies betont auch *Fehling*, Die Verwaltung 47 (2014), 313, 334.

22 Siehe BMWi, Zentrale Vorhaben Energiewende für die 18. Legislaturperiode (10-Punkte-Energie-Agenda).

23 Vgl. BMWi, Ein Strommarkt für die Energiewende, Grünbuch, S. 4 ff.; *Perner/Riechmann*, ET 5/2013, S. 8 ff.

24 Altrock/Oschmann/Theobald/*Müller/Oschmann*, § 1 EEG 2012 Rn. 1; Reshöft/Schäfermeier/*Reshöft*, § 1 EEG 2012 Rn. 1.

25 So generell Monopolkommission, Sondergutachten 65, Rn. 186.

26 BT-Drs. 16/8148 v. 18.2.2008, S. 35.

27 Frenz/Müggenborg/*Frenz*, § 1 EEG 2012 Rn. 1.

28 Siehe zum BImSchG das BVerfG, Beschl. vom 6.5.1987, 2 BvL 11/85, BVerfGE 75, 329, 344.

29 BT-Drs. 16/8148 v. 18.2.2008, S. 35; siehe zur Verfassungsmäßigkeit der EEG-Umlage gem. § 37 Abs. 2 EEG 2012 auch BGH, Urt. v. 25.6.2014, VIII ZR 169/13, NVwZ 2014, 1180 Rn. 18 ff.: umweltpolitischer Förderzweck, der durch die Ausnahmeregeln für stromintensive Unternehmen und für Schienenbahnen um wirtschaftspolitische Zwecke ergänzt werde. Diese Einschätzung kann unter Geltung des EEG 2014, das die Markt- und Systemintegration erneuerbarer Energien ins Zentrum stellt (§ 2 Abs. 1), nicht mehr aufrechterhalten werden.

30 A. A. Altrock/Oschmann/Theobald/*Müller/Oschmann*, § 1 EEG 2012 Rn. 25.

31 BT-Drs. 18/1304 v. 5.5.2014, S. 88.

32 Das betont *Büdenbender*, ET 6/2014, 82 ff.

konkreten Vorschriften des EEG,[33] zuvörderst mit Blick auf die Grundsätze des § 2.[34] Diese Grundsätze sind somit ebenso wie § 1 nicht bloß als „politische Programmsätze" zu bewerten, sondern beinhalten bindende Auslegungsvorgaben für die Interpretation des Gesetzes.[35]

6   Offenkundig nicht erreicht hat der Gesetzgeber mit der EEG-Novelle 2014 das selbstgesteckte Ziel einer **Reduzierung der Komplexität**.[36] Umso wichtiger ist es, im Rahmen der Norminterpretation die „Zwecke", „Ziele" und „Grundsätze" der §§ 1 und 2 im Blick zu behalten, um sich nicht im Geflecht der zuweilen hochkomplexen Vorschriften zu verirren.

II. Entstehungsgeschichte

7   Die Zweck- und Zielbestimmung des § 1 wurde über die Jahre hinweg stetig erweitert. **§ 1 EEG 2000** differenzierte noch nicht zwischen den „Gesetzeszwecken" und dem in Umsetzung derselben angestrebten Zustand, nach neuer Lesart also den „Zielen". Die Norm gab vielmehr das generelle „Ziel" aus, „im Interesse des Klima- und Umweltschutzes eine nachhaltige Entwicklung der Energieversorgung zu ermöglichen und den Beitrag erneuerbarer Energien an der Stromversorgung deutlich zu erhöhen, um entsprechend den Zielen der Europäischen Union und der Bundesrepublik Deutschland den Anteil erneuerbarer Energien am gesamten Energieverbrauch bis zum Jahr 2010 mindestens zu verdoppeln". Während also der Klima- und Umweltschutz sowie die nachhaltige Entwicklung der Energieversorgung die sachlichen Anlässe des Gesetzes bildeten, bezog sich die Verdoppelung des Anteils erneuerbarer Energien auf den dadurch zu erreichenden Zustand.[37]

8   **§ 1 EEG 2004** unterschied ebenfalls noch nicht zwischen den „Zwecken" und den „Zielen". Gem. § 1 Abs. 1 EEG 2004 war es vielmehr der „Zweck dieses Gesetzes, insbesondere im Interesse des Klima-, Natur- und Umweltschutzes eine nachhaltige Entwicklung der Energieversorgung zu ermöglichen, die volkswirtschaftlichen Kosten der Energieversorgung auch durch die Einbeziehung langfristiger externer Effekte zu verringern, Natur und Umwelt zu schützen, einen Beitrag zur Vermeidung von Konflikten um fossile Energieressourcen zu leisten und die Weiterentwicklung von Technologien zur Erzeugung von Strom aus Erneuerbaren Energien zu fördern" [heute § 1 Abs. 1]. Neu aufgenommen wurde somit das Ziel der Verringerung volkswirtschaftlicher Kosten „auch" durch Einbeziehung langfristiger externer Effekte. Als „Mittel der Wahl" zur Erreichung der Gesetzeszwecke bestimmte § 1 Abs. 2 EEG 2004 die erneuerbaren Energien.[38] Das EEG 2004 sollte insoweit „dazu beizutragen, den Anteil Erneuerbarer Energien an der Stromversorgung bis zum Jahr 2010 auf mindestens 12,5 Prozent und bis zum Jahr 2020 auf mindestens 20 Prozent zu erhöhen" [heute § 1 Abs. 2 und 3]. Während die 12,5-Prozent-Grenze aus europa-

---

33 So zu § 1 EnWG auch BerlKommEnR/*Säcker/Timmermann*, § 1 EnWG Rn. 3.

34 *Thomas*, NVwZ-Extra 17/2014, 1.

35 Anders – wohl auch im Hinblick auf die unionsrechtliche Fundierung der Regelungen in § 2 – *Wustlich*, NVwZ 2014, 1113, 1121 („politische Programmsätze"). Auch *Wustlich* begründet die von ihm vertretenen Ergebnisse jedoch verschiedentlich mit den Vorgaben des § 2; vgl. zur Direktvermarktung S. 1117, zur Rückführung der Biomasse-Förderung S. 1118. Demgemäß hat die Regelung des § 2 auch für ihn nicht nur programmatisch-unverbindlichen Charakter.

36 Ebenso *Thomas*, NVwZ-Extra 17/2014, 1, 2.

37 Ebenso Reshöft/Schäfermeier/*Reshöft*, § 1 EEG 2012 Rn. 9.

38 *Oschmann*, NVwZ 2004, 910, 911.

rechtlichen Vorgaben resultierte,[39] folgte die 20-Prozent-Grenze aus der „Nachhaltigkeitsstrategie" der damaligen Bundesregierung.[40]

Die Änderungen des **§ 1 EEG 2009** griffen die Beschlüsse des Europäischen Rates vom 8. **9** und 9. März 2007 und des G8-Gipfels in Heiligendamm vom 6. bis 8. Juni 2007 auf. Zugleich sollte die mit dem EEG 2004 „verbesserte" Planungs- und Investitionssicherheit für Investoren erhalten bleiben.[41] § 1 Abs. 1 EEG 2009 richtete das Gesetz darauf aus, „insbesondere im Interesse des Klima- und Umweltschutzes eine nachhaltige Entwicklung der Energieversorgung zu ermöglichen, die volkswirtschaftlichen Kosten der Energieversorgung auch durch die Einbeziehung langfristiger externer Effekte zu verringern, fossile Energieressourcen zu schonen und die Weiterentwicklung von Technologien zur Erzeugung von Strom aus Erneuerbaren Energien zu fördern." Nicht mehr erwähnt wurde somit der Schutz der Natur, obwohl der Ausbau der erneuerbaren Energien kurzfristig mit erheblichen Belastungen für die Natur und damit auch für die Bevölkerung einhergehen kann.[42] Mit der neuen Formulierung sollte jedoch keine Änderung der Rechtslage verbunden sein, schon weil der Naturschutz ein zentraler Bestandteil des Umweltschutzes ist.[43] De lege lata werden die Auswirkungen der erneuerbaren Energien auf Natur und Umwelt durch das entsprechende „Fachrecht", namentlich das „Agrar- und Umweltrecht" „geprüft und zugleich bei der Zulassung der Anlagen und bei der Raum- und Bauleitplanung berücksichtigt".[44] Weiterhin sollte das EEG 2009 – ebenfalls im Gegensatz zu § 1 Abs. 1 EEG 2004 – nicht mehr der Vermeidung von (internationalen) Konflikten um fossile Energieressourcen dienen, sondern vielmehr deren genereller „Schonung". Die neue Formulierung sollte jedoch wiederum nicht mit einem geänderten inhaltlichen Verständnis verbunden sein, sondern lediglich eine redaktionelle Anpassung beinhalten, da der Zweck der Ressourcenschonung nach dem Willen des Gesetzgebers als Oberbegriff fungieren sollte.[45] Um die „Stromversorgung in Deutschland nachhaltig zu verändern",[46] verpflichtete § 1 Abs. 2 EEG 2009 schließlich die Normadressaten im Sinne eines „konkreten, nicht einklagbaren Zwischenziels"[47] darauf „den Anteil Erneuerbarer Energien an der Stromversorgung bis zum Jahr 2020 auf mindestens 30 Prozent und danach kontinuierlich weiter zu erhöhen."[48]

---

39 Anhang zur Richtlinie 2001/77/EG des Europäischen Parlaments und des Rates vom 27. September 2001 zur Förderung der Stromerzeugung aus erneuerbaren Energiequellen im Elektrizitätsbinnenmarkt, ABlEG Nr. L 283/33.

40 Bundesregierung, Perspektiven für Deutschland, Nachhaltigkeitsstrategie, 2002, S. 97.

41 BT-Drs. 16/8148 v. 18.2.2008, S. 35.

42 Siehe zum Konflikt zwischen der Förderung erneuerbarer Energien und dem Natur- und Umweltschutz *Groß*, NVwZ 2011, 129.

43 BT-Drs. 16/8148, S. 35.

44 Entwurf eines Gesetzes zur grundlegenden Reform des Erneuerbare-Energien-Gesetzes und zur Änderung weiterer Bestimmungen des Energiewirtschaftsrechts, BT-Drs. 18/1304 v. 5.5.2014, S. 97.

45 BT-Drs. 16/8148 v. 18.2.2008, S. 37.

46 Siehe dazu *Oschmann*, NJW 2009, 263.

47 BT-Drs. 16/8148 v. 18.2.2008, S. 37.

48 Siehe auch BT-Drs. 16/8148, S. 26: „Die Realisierung einer nachhaltigen Energieversorgung ist besonders bedeutsam. Es gilt dabei, die Energieversorgung künftiger Generationen unter Berücksichtigung der Belange des Naturschutzes, ökologischer Ziele und gleichzeitigen wirtschaftlichen Wachstum sicherzustellen. Ein Kernelement dieser Strategie ist es, den Anteil Erneuerbarer Energien an der Energieversorgung im Interesse der Sicherung endlicher Energieressourcen und im Hinblick auf den Umwelt- und den Klimaschutz weiter deutlich zu steigern."

10   Durch das insbesondere der Systemintegration erneuerbarer Energien dienende **EEG 2012** erlangte § 1 seine noch heute gültige Normstruktur. Das Gesetz bezweckte hiernach, „insbesondere im Interesse des Klima- und Umweltschutzes eine nachhaltige Entwicklung der Energieversorgung zu ermöglichen, die volkswirtschaftlichen Kosten der Energieversorgung auch durch die Einbeziehung langfristiger externer Effekte zu verringern, fossile Energieressourcen zu schonen und die Weiterentwicklung von Technologien zur Erzeugung von Strom aus Erneuerbaren Energien zu fördern". Als Ausbauziele formulierte § 1 Abs. 2 S. 1 EEG 2012 35 Prozent bis spätestens zum Jahr 2020, 50 Prozent spätestens bis zum Jahr 2030, 65 Prozent bis spätestens zum Jahr 2040 und 80 Prozent bis spätestens zum Jahr 2050. Darüber hinaus sollten „diese Strommengen in das Elektrizitätsversorgungssystem" integriert werden, eine Verpflichtung, die heute als „Grundsatz" in § 1 Abs. 2 Nr. 1 EEG enthalten ist. Schließlich sollte „das Ziel nach Absatz 2 Nummer 1 [...] auch dazu" dienen, „den Anteil erneuerbarer Energien am gesamten Bruttoendenergieverbrauch bis zum Jahr 2020 auf mindestens 18 Prozent zu erhöhen", wie dies auch in § 1 Abs. 3 EEG 2014 vorgesehen ist. Trotz der weitgehend gleichlautenden Formulierung enthält die aktuelle Version des § 1 freilich insoweit einen anderen Zungenschlag, als sie die Zwecke des § 1 kosteneffizient und damit wettbewerblich erreichen will.[49] Hierzu enthält § 2 die zentralen Vorgaben.

11   In der **Neufassung des EEG im Jahr 2014** blieben die Regelungen in § 1 Abs. 1 und 3 unverändert, wohingegen § 1 Abs. 2 gewisse Modifizierungen erfuhr. Neben der Präzisierung der Ausbauziele in § 1 Abs. 2 S. 2 richtet § 1 Abs. 2 S. 1 den Ausbau der erneuerbaren Energien nunmehr explizit auf das Ziel der **Kosteneffizienz** aus.[50] Obwohl diese Regelung nicht in § 1 Abs. 1, sondern „nur" in Abs. 2 normiert ist, hat sie für das Verständnis des reformierten EEG eine ganz zentrale, durch § 2 weiter erläuterte Bedeutung, wie die Regierungsbegründung verdeutlicht. Hiernach habe das EEG „[i]n der Vergangenheit [...] insbesondere der Technologieförderung" gedient, „um die verschiedenen Formen der erneuerbaren Energien zu testen, zu entwickeln und zu einem bedeutsamen Baustein der Energieversorgung zu machen. Angesichts des mittlerweile signifikanten Anteils der erneuerbaren Energien an der Stromversorgung" sei es nunmehr jedoch notwendig, „neben dem weiteren Ausbau der erneuerbaren Energien die Bezahlbarkeit der Energiewende für die Bürger sowie die Wirtschaft sicherzustellen und die Belastungen für das Gesamtsystem zu begrenzen".[51]

III. Rechtliche Grundlagen

12   **1. Unionsrecht. a) Marktintegration zwischen europäischer Harmonisierung und Re-Nationalisierung.** Das EEG war in seinen Anfangsjahren primär ein **nationales Regelwerk**.[52] Mittlerweile wird es zunehmend durch **unionsrechtliche Vorgaben** überlagert,[53] wobei für das EEG 2014 nicht nur die Regelungen zum europäischen Umwelt- und Klimaschutzrecht, sondern auch die Grundfreiheiten sowie die wettbewerbsrechtlichen Beihilfe-

---

49   BT-Drs. 18/1304 v. 5.5.2014, S. 2. Ein wichtiger Schritt in diese Richtung war die Einführung einer optionalen Direktvermarktung durch die §§ 33a ff. EEG 2012, vgl. *Schmidt-Preuß*, in: FS Salje, 2013, S. 397, 401.

50   BT-Drs. 18/1304 v. 5.5.2014, S. 88.

51   Siehe zum Begriff der Energiewende und seinem gewandelten Verständnis Monopolkommission, Sondergutachten 65, Rn. 176.

52   Reshöft/Schäfermeier/*Sailer/Kantenwein*, Einl. EEG 2012 Rn. 229.

53   *Britz*, in: Schulze-Fielitz/Müller, Europäisches Klimaschutzrecht, S. 71 ff.

regelungen relevant sind.[54] Im Kern geht es um das Verhältnis von (unionsrechtlich initiiertem) **Wettbewerb auf offenen Energiemärkten** und **mitgliedstaatlichen Interessen an der Einhaltung spezifischer Gemeinwohlbelange,** also um das Verhältnis von „Markt" und „Staat", das in den liberalisierten Netzindustrien klassischer Weise mit dem Begriff „Gewährleistungsverantwortung" umschrieben wird.[55] Zwar kennt das an einen funktionalen Unternehmensbegriff anknüpfende europäische Wettbewerbsrecht keinen generellen Ausnahmebereich für die „öffentliche Daseinsvorsorge".[56] Art. 106 Abs. 2 S. 1 AEUV statuiert jedoch eine Legalausnahme, wonach die Wettbewerbsregeln für Unternehmen, die mit „Dienstleistungen von allgemeinem wirtschaftlichem Interesse" betraut sind, nur insoweit gelten, als ihre Anwendung nicht die Erfüllung der den Unternehmen übertragenen, für die Bürger besonders wichtigen Aufgaben rechtlich oder tatsächlich verhindert bzw. übermäßig beeinträchtigt. Mit dem Begriff der „Dienstleistungen von allgemeinem wirtschaftlichem Interesse" bezieht sich Art. 106 Abs. 2 S. 1 AEUV auf marktbezogene („wirtschaftliche") Tätigkeiten, die auch im Interesse der Allgemeinheit erbracht und aus diesem Grunde von den Mitgliedstaaten mit besonderen Gemeinwohlverpflichtungen verbunden werden.[57] Zu diesen Diensten gehört auch die Versorgung der Verbraucher mit Elektrizität aus konventionellen und erneuerbaren Quellen.[58]

Die **europäische Energiepolitik** wird insoweit von zwei gegenläufigen Trends geprägt:[59] **13** Auf der einen Seite zielt die Union – schon wegen des enormen finanziellen Volumens des Energiemarkts, im Jahr 2020 geschätzt 200 bis 400 Mrd. Euro[60] – auf die Verwirklichung eines **europäischen Binnenmarkts** auch für Energie ab.[61] Mit Blick auf die Elektrizität

---

54 *Wustlich,* NVwZ 2014, 1113, 1114; *Frenz,* ZNER 2014, 345.

55 *Pielow,* EuRUP 2013, 150, 151. Speziell zum Konzept der „Gewährleistungsverantwortung" bei daseinsvorsorge-relevanten Gütern *Kühling,* Sektorspezifische Regulierung der Netzwirtschaften, S. 465 f., 501 f.; *Koenig,* Die öffentlich-rechtliche Verteilungslenkung, S. 320 ff., 328 ff.; speziell zum Energiewirtschaftsrecht siehe auch *Masing,* Gutachten D zum 66. DJT 2006, S. 15. Maunz/ Dürig/*Möstl,* Art. 87 f. GG Rn. 73 ff.

56 Dauses/*Hoffmann,* Art. 101 und 102 AEUV im Überblick Rn. 57.

57 *Von Danwitz,* in: Krautscheid, Die Daseinsvorsorge im Spannungsfeld von europäischem Wettbewerb und Gemeinwohl, S. 103, 113; Immenga/Mestmäcker/*Mestmäcker/Schweitzer,* Art. 106 AEUV Rn. 78 f.

58 EuGH v. 27.4.1994, C-393/92, Slg 1994, I-1477 – Almelo.

59 *Brückmann/Steinbach,* EnWZ 2014, 346, 347.

60 *Pfaffenberger,* Vortrag auf der Jahrestagung des Instituts für Energie- und Regulierungsrecht e. V am 1.12.2014, Folien im Internet.

61 Vgl. zum Stand des Jahres 2012 *König,* Engpassmanagement in der deutschen und europäischen Elektrizitätsversorgung, S. 335 ff. Dagegen aus normativ-ökonomischer Sicht *Gawel/Strunz/Lehmann,* ZfE 2014, 163, 172 ff.: Zwar sei der Schutz vor schädlichen Klimagasen im Idealfall unionsoder sogar weltweit zu verwirklichen. Ein europäischer Strom-Binnenmarkt könne jedoch „lokale Externalitäten der Netz- und Erzeugungsstruktur bzw. interregionale Externalitäten der Stromerzeugung selbst (z. B. Atomrisiken) nicht angemessen adressieren". Außerdem sei unklar, ob ein Binnenmarkt „langfristige Kostentrends" angemessen berücksichtige und dementsprechend „Technologieentwicklung und -einsatz" organisiere. Mit Blick auf eine europäisch zu organisierende Versorgungssicherheit spielten „heterogene Präferenzen in Bezug auf die volkswirtschaftlichen Kosten von Versorgungsunterbrechungen (Probleme der Netzstabilität) normativ durchaus eine Rolle." Schließlich könne Deutschland durch eine zentralisierte Technologiepolitik „seinen Atomausstieg nicht mehr oder nur auf Kosten der französischen Präferenz für Kernenergie durchsetzen", was die Verfasser als nachteilig bewerten, auch weil „grenzüberschreitende Risiken nicht notwendig EU-weite Risiken" darstellten.

dienen diesem Ziel vor allem die Binnenmarktrichtlinie 2009/72/EG[62] und die Verordnung für den grenzüberschreitenden Stromhandel,[63] aber auch die sog. REMIT-Verordnung zur Integrität und Transparenz des Energiegroßhandelsmarkts[64] sowie die Verordnung für eine transeuropäische Infrastruktur (siehe auch die Definition in Art. 2 Nr. 131 VO Nr. 651/ 2014).[65]

14 Die EU-Kommission als der derzeit treibende Motor der **Marktintegration**[66] erhofft sich von der noch engeren Zusammenführung der nationalen Strommärkte[67] eine **Senkung der Kostenbelastung der Verbraucher durch wettbewerbsbestimmte bzw. -analoge Preise** und eine **Verbesserung der Versorgungssicherheit** durch einen angemessenen Verbund der mitgliedstaatlichen Energiemärkte und die effiziente Nutzung der Verbindungsleitungen zwischen ihnen.[68] Aus (wohlfahrts-)ökonomischer Sicht spricht für die Herstellung eines einheitlichen Binnenmarkts für Elektrizität das erhebliche Handelsvolumen der entsprechenden europäischen Großhandelsmärkte.[69] Ein einheitlicher wettbewerblicher Binnenmarkt für elektrische Energie ist außerdem eine unabdingbare Voraussetzung für die effektive Anwendung wirtschaftspolitischer Instrumente, etwa für das ordnungsgemäße Funktionieren des europäischen Emissionshandelsmechanismus.[70]

15 Die Bemühungen um eine normative Marktintegration kumulierten in einem Beschluss des Europäischen Rats aus dem Jahr 2011, wonach **bis zum Jahr 2014 ein Binnenmarkt für Elektrizität** verwirklicht werden sollte.[71] Auch wenn dieses Ziel derzeit de facto immer noch in weiter Ferne liegt, waren in den Jahren 2001 bis 2014 gewisse normative Fortschritte beim Abbau von Hemmnissen für den Elektrizitätshandel zwischen den Mitgliedstaaten zu verzeichnen.[72] So haben Netzbetreiber und Strombörsen aus 14 EU-Mitgliedstaaten einschließlich Deutschlands im Februar 2014 ein **Pilotprojekt für gemeinsamen Stromhandel** in Form einer Day-ahead-Marktkopplung gestartet, wonach die Kauf- und

---

62 RL 2009/72/EG über gemeinsame Vorschriften für den Elektrizitätsbinnenmarkt und zur Aufhebung der RL 2003/54/EG v. 13.7.2009, ABlEU Nr. L 211/55.

63 Stromhandels-VO (EG) Nr. 714/2009 über die Netzzugangsbedingungen für den grenzüberschreitenden Stromhandel und zur Aufhebung der Verordnung (EG) Nr. 1228/2003 v. 13.7.2009, ABlEU Nr. L 211/15.

64 REMIT ist das Akronym für die englische Bezeichnung „Regulation on Wholesale Energy Market Integrity and Transparency"; VO (EU) Nr. 1227/2011 v. 25.10.2011, ABlEU Nr. L 326/1.

65 Verordnung (EU) Nr. 347/2013 zu Leitlinien für die transeuropäische Energieinfrastruktur und zur Aufhebung der Entscheidung Nr. 1364/2006/EG und zur Änderung der Verordnungen (EG) Nr. 713/2009, (EG) Nr. 714/2009 und (EG) Nr. 715/2009 v. 17.4.2013, ABlEU Nr. L 211/15.

66 Siehe zum Einfluss der EU-Kommission auf die Energiepolitik *Gawel/Strunz/Lehmann*, ZfE 2014, 163,176.

67 Derzeit ist der deutsche Strommarkt bereits an die Strommärkte einer Reihe von Nachbarstaaten gekoppelt; vgl. BMWi, Ein Strommarkt für die Energiewende, Grünbuch, S. 10.

68 Vgl. nur die Mitteilung der Kommission, Energie 2020 – Eine Strategie für wettbewerbsfähige, nachhaltige und sichere Energie, KOM(2010) 639 endg. v. 10.11.2010, S. 10; Kommission, Bericht über die Fortschritte bei der Verwirklichung des Erdgas- und Elektrizitätsbinnenmarktes, KOM(2009) 115 endg v. 11.3.2009, S. 4.

69 *König*, Engpassmanagement in der deutschen und europäischen Elektrizitätsversorgung, S. 336.

70 Diesem Ziel dient auch die Netzanbindung erneuerbarer Energien; vgl. Kommission, Eine Energiepolitik für Europa, KOM(2007) 1 endg. v. 10.1.2007, S. 7.

71 Siehe die Mitteilung der Kommission, Vollendung des Elektrizitätsbinnenmarktes und optimale Nutzung staatlicher Interventionen v. 5.11.2013, C(2013) 7243 final, S. 2.

72 EuGH, Urt. v. 1.7.2014, Rs. C-573/12, EuZW 2014, 620 Rn. 84 ff. – Ålands Vindkraft.

Verkaufsangebote in dieser Region zusammengefasst werden.[73] Die EU-Kommission arbeitet an einer Rechtsverordnung, welche die Marktkopplung in der gesamten EU verbindlich vorschreiben und so zu beträchtlichen Kosteneinsparungen für europäische Verbraucher führen soll.[74]

Auf der anderen Seite bewirkt insbesondere der Ausbau von Anlagen zur Erzeugung von **16** Elektrizität aus erneuerbaren Energien aufgrund der immer noch verschiedenen **nationalen Fördersysteme**,[75] dass das normative Ziel eines gemeinsamen Binnenmarkts für Elektrizität faktisch weit hinter den ambitionierten Vorgaben zurückbleibt,[76] auch wenn ein gewisser Zuwachs an normativer Marktintegration zu beobachten ist.[77] Zugleich wird die Integration der steigenden Mengen an Elektrizität aus erneuerbaren Energien nicht nur auf nationaler Ebene zu einem Problem für das Energieversorgungssystem (vgl. § 2 Abs. 1 S. 1), sondern aufgrund der mangelnden Konvergenz der Fördersysteme auch auf europäischer Ebene.[78]

Primärrechtlich werden die unterschiedlichen nationalen Fördersysteme zuweilen auf den **17** **Souveränitätsvorbehalt des Art. 194 Abs. 2 AEUV** zurückgeführt; denn ein einheitlicher Energiebinnenmarkt beschränke letztlich die **mitgliedstaatliche Entscheidungshoheit über den jeweiligen Energiemix**.[79] Diese Argumentation ist jedenfalls insoweit zweifelhaft, als die Kompetenzen, die Art. 194 AEUV den Mitgliedstaaten unstreitig zuerkennt,[80] ihrerseits im Einklang mit den unionsrechtlichen Vorschriften zum Schutz des freien Wettbewerbs im Binnenmarkt ausgeübt werden müssen.[81] Unabhängig von dieser Frage streitet jedenfalls die „Local-content-Regelung" des **Art. 3 Abs. 3 S. 2 der EE-Richtlinie 2009/ 28/EG** für die Zulässigkeit der unterschiedlichen mitgliedstaatlichen Förderregelungen,[82]

---

73 BMWi, Ein Strommarkt für die Energiewende, Grünbuch, S. 10; siehe zu den entsprechenden Regelungen bereits *König*, Engpassmanagement in der deutschen und europäischen Elektrizitätsversorgung, S. 143 ff.

74 Kommission, Pressemitteilung v. 4.2.2014, abrufbar unter http://europa.eu/rapid/press-release_ MEX-14-0204_en.htm (letzter Zugriff 1.10.2014).

75 Vgl. dazu *Schneider*, in: Hendler/Marburger/Reinhard/Schröder, Energierecht zwischen Umweltschutz und Wettbewerb, S. 71 ff.; *Reiche/Bechberger*, ET 2005, 732 ff.; *Schneider*, in: Eifert/Hoffmann-Riem, Innovation und Recht II – Innovationsfördernde Regulierung, 2009, S. 257, 258 ff.; *Thomas*, ET 8/2012, 65 f.; *Clausen/Hornicke/Schäfer-Stradowsky*, ZNER 2013, 565 ff.; *Hädler*, ET 5/2014, 8 ff.

76 *Brückmann/Steinbach*, EnWZ 2014, 346, 347.

77 Ausführlich BerlKommEnR/*Steffens*, 3. Aufl. 2014, Einl. EEG Rn. 66 ff. und mit Blick auf die Warenverkehrsfreiheit des Art. 34 AEUV unter Rn. 167.

78 *Brückmann/Steinbach*, EnWZ 2014, 346, 347; siehe dazu auch BerlKommEnR/*Steffens*, 3. Aufl. 2014, Einl. EEG Rn. 9 ff. und 24 ff.

79 So *Gawel/Strunz/Lehmann*, ZfE 2014, 163, 175. Im Ergebnis verneinend *Schmidt-Preuß*, in: Brinktrine/Ludwigs/Seidel, Energieumweltrecht in Zeiten von Europäisierung und Energiewende, S. 9, 21 f.: Es sei die Frage, ob der Souveränitätsvorbehalt nicht auch das Beihilfeverbot einschränke.

80 Dies betont auch die Beihilfen-Entscheidung der Kommission zur Zulässigkeit einer Förderung von britischen AKW, Kommission, Entsch. v. 8.10.2014 – IP/14/1093, Hinkley Point, zusammengefasst in EuZW 2014, 844.

81 *Säcker*, in: Bitburger Gespräche Jahrbuch 2014, S. 5, 9.

82 *Schmidt-Preuß*, in: Brinktrine/Ludwigs/Seidel, Energieumweltrecht in Zeiten von Europäisierung und Energiewende, S. 9, 19. Siehe insbesondere EuGH, Urt. v. 1.7.2014, Rs. C-573/12, EuZW 2014, 620 Rn. 49 ff. – Ålands Vindkraft; a. A. der „Mittelweg" der Kommission, erläutert in den Schlussanträgen des GA *Bot* v. 28.1.2014, Rs. C-573/12, BeckRS 2014, 80243 Rn. 43 – Ålands

sofern man diese Regelung nicht ihrerseits als **primärrechtswidrig** ansieht.[83] Hinter dieser
eher binnenmarktskeptischen Vorschrift steht die rechtspolitische Erwägung, den Wählern
in den Mitgliedstaaten sei eine Beschränkung der Förderung auf die „heimischen Ressourcen" besser vermittelbar.[84] Auch sei die Vorteilhaftigkeit eines Binnenmarkts für Energie
nicht nur unter marktbewerteten Kostengesichtspunkten, sondern auch mit Blick auf lokale
Externalitäten der Netz- bzw. Erzeugungsinfrastruktur sowie regionaler Externalitäten der
Stromerzeugung zu bewerten.[85] Schließlich könnten nur bei Zulässigkeit unterschiedlicher
Fördersysteme die Vorteile „dezentraler Policy-Experimente" genutzt werden.[86]

18   Statt einer europäischen Rechtsvereinheitlichung eröffnen die Art. 5 bis 11 RL 2009/28/
EG **Kooperationsmöglichkeiten zwischen den Mitgliedstaaten**, um die nationalen Ausbauziele zu erreichen (Art. 3 Abs. 3 S. 1 lit. b RL 2009/28/EG).[87] Dies sind im Einzelnen –
mit Auswirkungen auf die Zielberechnung und Zielerfüllung – die statistischen Transfers
von Energie aus erneuerbaren Quellen zwischen den Mitgliedstaaten gem. Art. 6 RL 2009/
28/EG, die gemeinsamen Projekte zur Erzeugung von Elektrizität aus erneuerbaren Energien gem. Art. 7 bis 10 RL 2009/28/EG und die Koordinierung bzw. Zusammenlegung der
Förderregelungen von Mitgliedstaaten gem. Art. 11 RL 2009/28/EG.[88] Darüber hinaus
kann eine Zusammenarbeit nach dem Erwägungsgrund 35 der RL 2009/28/EG auch im
Austausch von Informationen über eine Transparenzplattform gem. Art. 24 RL 2009/28/
EG erfolgen. Die Möglichkeiten der Zusammenarbeit sollen die nationalen Fördersysteme
freilich auch langfristig nicht ersetzen, sondern dazu beitragen, die **Kosten des Erreichens
der nationalen Förderziele zu senken** (Erwägungsgrund 36 RL 2009/28/EG). Sie spielen
im EEG 2014 über § 2 Abs. 6 eine zentrale Rolle,[89] da hiernach die neu eingeführten wettbewerblichen Ausschreibungen zur Ermittlung von Förderberechtigungen und Förderhöhen i. S. des § 2 Abs. 5 „in einem Umfang von mindestens 5 Prozent der jährlich neu installierten Leistung europaweit geöffnet werden" sollen, soweit gem. Nr. 1 „eine völkerrechtliche Vereinbarung vorliegt, die die Kooperationsmaßnahmen im Sinne der Artikel 5 bis 8

Vindkraft: „[I]m Unterschied zur Richtlinie 2001/77 enthalte die Richtlinie 2009/28 keinen Hinweis, der sich auf die beschränkenden Wirkungen auf den Handel beziehe, so dass die Bestimmungen ihres Art. 3 Abs. 3 den Mitgliedstaaten das Recht einräumten, Förderregelungen einzuführen,
Kooperationsmaßnahmen zu ergreifen oder zu entscheiden, in welchem Umfang sie in einem anderen Mitgliedstaat erzeugte grüne Energie förderten. Die Richtlinie 2009/28 sei dahin auszulegen, dass es ihr nicht zuwiderlaufe, dass ein Mitgliedstaat eine nationale Förderregelung wähle, in
deren Genuss nur Erzeuger mit Sitz in seinem Hoheitsgebiet kämen." Die Richtlinienkonformität
sagt noch nichts aus über die Vereinbarkeit des Art. 3 Abs. 3 RL 2009/28/EG mit der Warenverkehrsfreiheit gem. Art. 34 AEUV, vgl. *Gundel*, EnWZ 2014, 99, 103; *Ludwigs*, EuZW 2014, 627;
nicht problematisiert von EuGH, Urt. v. 1.7.2014, Rs. C-573/12, EuZW 2014, 620 Rn. 65 ff. –
Ålands Vindkraft.
83 Siehe mit Blick auf die Warenverkehrsfreiheit *Ludwigs*, EuZW 2014, 627 f.
84 European Commission, Guidance on the use of renewable energy cooperation mechanism v.
5.11.2013, SWD(2013) 440 final, 2: „Domestic policy considerations – in particular communica-
ting to the national electorate the benefits of cooperation over reliance on domestic resources (with
their various perceived economic benefits)." Siehe auch *Gundel*, EnZW 2014, 99, 102 mit Fn. 59.
85 *Gawel/Strunz/Lehmann*, ZfE 2014, 163, 173.
86 *Gawel/Strunz/Lehmann*, ZfE 2014, 163, 174.
87 Siehe hierzu *Lehnert/Vollprecht*, ZUR 2009, 309, 312 f.
88 Zu Art. 11 RL 2009/28/EG siehe EuGH, Urt. v. 1.7.2014, Rs. C-573/12, EuZW 2014, 620
Rn. 100 f. – Ålands Vindkraft.
89 Der Gesetzgeber begründet diese Regelung explizit auch mit der Umsetzung der Kooperationsmöglichkeiten der RL 2009/28/EG, vgl. BT-Drs. 18/1891 v. 16.6.2014, S. 199 f.

oder des Artikels 11 der Richtlinie 2009/28/EG des Europäischen Parlaments und des Rates vom 23. April 2009 zur Förderung der Nutzung von Energie aus erneuerbaren Quellen und zur Änderung und anschließenden Aufhebung der Richtlinien 2001/77/EG und 2003/30/EG (ABl. L 140 vom 5.6.2009, S. 16) umsetzt".

Bislang wurden die fakultativen Kooperationsmöglichkeiten gem. Art. 5 bis 11 RL 2009/28/EG von den Mitgliedstaaten kaum genutzt.[90] Vor diesem Hintergrund hat die Kommission im Jahr 2013 „**Leitlinien für die Ausgestaltung von Fördersystemen für erneuerbare Energien**" erlassen,[91] die „Best practice-Principles" für die künftige Ausgestaltung nationaler Förderregeln formulieren.[92] Als grundlegend sieht die Kommission die Vereinbarkeit mit dem EU-Binnenmarkt und die Wahrung der Verhältnismäßigkeit an, indem die Förderung auf das gebotene Mindestmaß reduziert wird,[93] beides sollte eigentlich selbstverständlich sein.[94] Diese Ziele gebieten zwar nicht die Festlegung auf ein einziges Förderinstrument. Staatliche Einspeisevergütungen („Feed-in-Tariffs") sollen jedoch nur noch für die Einführungsphase von Technologien und für Kleinanlagen zulässig sein.[95] Ansonsten soll die Förderung durch Systeme ersetzt werden, bei denen die Erzeuger von Elektrizität aus erneuerbaren Energien zusätzlich zum Marktpreis eine gewisse Vergütung erhalten.[96] So können etwa Prämienmodelle auf der Grundlage von Auktionen bzw. Ausschreibungen dazu führen, dass zwischen den Angeboten ein funktionsfähiger Wettbewerb entsteht, der zu einer Ausrichtung der Förderung an den Kosten effizienter Leistungsbereitstellung führt.[97] Auf diesem Wege soll die Förderung erneuerbarer Energien langfristig in wettbewerbliche Märkte überführt und damit überflüssig werden.[98] Um die Kosten der Förderung zu senken („Keeping costs low"[99]), sollen die Mitgliedstaaten auch vermehrt die in den Art. 6 ff. RL 2009/28/EG vorgesehenen Möglichkeiten der Kooperation nutzen.[100] Hierzu

19

---

90 Mitteilung der Kommission, Erneuerbare Energien: ein wichtiger Faktor auf dem europäischen Energiemarkt v. 6.6.2012, COM(2012) 271 final, S. 6; European Commission, Guidance on the use of renewable energy cooperation mechanism v. 5.11.2013, SWD(2013) 440 final, 1; aus dem Schrifttum siehe *Gundel*, EnZW 2014, 99, 102; *Gawel/Strunz/Lehmann*, ZfE 2014, 163, 169.

91 European Commission, guidance for the design of renewables support schemes v. 5.11.2013, SWD(2013) 439 final.

92 European Commission, guidance for the design of renewables support schemes v. 5.11.2013, SWD(2013) 439 final, 2.

93 Vgl. *Bonn/Heitmann/Reichert/Voßwinkel*, ET 1 und 2/2014, 42, 43.

94 Kritisch, vordergründig aus kompetenzrechtlichen Gründen, gleichwohl *Grabmayr/Münchmeyer/Pause/Stehle/Müller*, Förderung erneuerbarer Energien und EU-Beihilferahmen, konkret zu den Umwelt- und Beihilfeleitlinien, S. 67.

95 European Commission, guidance for the design of renewables support schemes v. 5.11.2013, SWD(2013) 439 final, 3.1.7.

96 Siehe dazu auch *Bonn/Heitmann/Reichert/Voßwinkel*, ET 1 und 2/2014, 42, 43.

97 European Commission, guidance for the design of renewables support schemes v. 5.11.2013, SWD(2013) 439 final, 3.1.1.

98 Im Hinblick auf Ausschreibungsverfahren siehe European Commission, guidance for the design of renewables support schemes v. 5.11.2013, SWD(2013) 439 final, 3.1.1.

99 Siehe dazu im Einzelnen European Commission, guidance for the design of renewables support schemes v. 5.11.2013, SWD(2013) 439 final, 4.

100 European Commission, guidance for the design of renewables support schemes v. 5.11.2013, SWD(2013) 439 final, 5.

hat die Kommission eine eigene Leitlinie erlassen.[101] Zur Vermeidung von Überförderungen und zur Erreichung der gebotenen Diversifizierung der Erzeugung von Elektrizität aus erneuerbaren Energien sei jedoch auch weiterhin eine technologiespezifische Förderung sachgerecht.[102]

20   Die zentralen Aussagen der „Leitlinien für die Ausgestaltung von Fördersystemen für erneuerbare Energien" finden sich auch in den am 9.4.2014 beschlossenen **„Leitlinien für staatliche Umweltschutz- und Energiebeihilfen 2014 bis 2020".**[103] Diese regeln die Voraussetzungen, unter denen die Kommission notifizierungspflichtige Beihilfen i. S. des Art. 107 Abs. 1 AEUV (womit sich die Leitlinien nicht selbst beschäftigen) nach Art. 107 Abs. 3 lit c. AEUV als genehmigungsfähig ansieht. Da die Kommission sowohl das Fördersystem des EEG 2012 als auch die teilweise Befreiung energieintensiver Unternehmen und von Schienenbahnen von der EEG-Umlage als Beihilfe im Sinne des Art. 107 Abs. 1 AEUV eingestuft hat,[104] spiegelt die EEG-Novelle des Jahres 2014 zentrale Aussagen der Leitlinien zu Umweltschutz- und Energiebeihilfen wider.[105] Zugleich nimmt das neue EEG wesentliche Aussagen auf, die im Koalitionsvertrag vom November 2013 vereinbart wurden.[106]

21   **b) Verankerung des Umwelt- und Klimaschutzes im Primärrecht.** Die grundlegenden Ziele der Union sind in Art. 3 EUV definiert. Gem. Art. 3 Abs. 3 S. 1 EUV errichtet die Union einen **Binnenmarkt.** Sie wirkt nach Art. 3 Abs. 3 S. 2 EUV auf die nachhaltige Entwicklung Europas auf der Grundlage eines ausgewogenen Wirtschaftswachstums und von Preisstabilität hin, auf eine **in hohem Maße wettbewerbsfähige soziale Marktwirtschaft,** die auf Vollbeschäftigung und sozialen Fortschritt abzielt, sowie auf ein **hohes Maß an Umweltschutz und Verbesserung der Umweltqualität.**

22   Als Leitbild der Wirtschaftsverfassung gibt Art. 3 Abs. 3 S. 2 EUV seit Inkrafttreten des Vertrags von Lissabon somit eine „in hohen Maße wettbewerbsfähige soziale Marktwirtschaft" aus. Trotz der terminologischen Änderungen im Vergleich zur bis dato bestehenden Rechtslage will die EU auch künftig einen europäischen Binnenmarkt schaffen und sichern, in dem auf der Grundlage der wirtschaftlichen Grundfreiheiten des Waren-, Personen-, Dienstleistungs- und Kapitalverkehrs eine **freiheitliche und marktwirtschaftliche Ordnung** herrscht, die durch ein „**System unverfälschten Wettbewerbs**" gesichert

---

101 European Commission, Guidance on the use of renewable energy cooperation mechanism v. 5.11.2013, SWD(2013) 440 final. Weitere in diesem Zusammenhang erlassene Rechtsakte sind: European Commission, Generation Adequacy in the internal electricity market – guidance on public interventions, SWD(2013) 438; European Commission, Annexes to the Commission Staff Working Document Guidance on the use of renewable energy cooperation mechanisms, SWD(2013) 441; European Commission, Incorporing demand side flexibility, in particular demand response, in electricity markets, SWD(2013) 442.

102 European Commission, guidance for the design of renewables support schemes v. 5.11.2013, SWD(2013) 439 final, 3.1.4., in Zusammenhang mit Quotenmodellen („technology banding"); siehe auch *Bonn/Heitmann/Reichert/Voßwinkel,* ET 1 und 2/2014, 42, 44.

103 Kommission, Leitlinien für staatliche Umweltschutz- und Energiebeihilfen, ABlEU Nr. C 200/1 v. 28.6.2014, Rn. 18, 23 ff.; *Frenz,* ZNER 2014, 345.

104 Kommission, Entsch. v. 18.12.2013, SA.33995, C(2012) 565 final., ABlEU 2014 Nr. C 37/07.

105 Vgl *Fuchs/Peters,* RdE 2014, 409 ff.

106 CDU/CSU/SPD, Koalitionsvertrag, S. 11 ff.

wird.[107] Eingriffe in das System des unverfälschten Wettbewerbs bedürfen deshalb einer Rechtfertigung durch ausreichend gewichtige Gemeinwohlbelange und müssen zudem verhältnismäßig sein.[108] Als derartig wichtige Gemeinwohlbelange dienen gem. Art. 3 Abs. 3 S. 2 EUV gleichrangig – neben den ebenfalls benannten sozialen Gesichtspunkten – der **Umwelt- und der Klimaschutz**.[109] Aus diesem Zielpluralismus folgt die Notwendigkeit einer Herstellung praktischer Konkordanz, wie sie aus dem Wettbewerbsrecht in Zusammenhang mit der Frage bekannt ist, ob wettbewerbsbeschränkende Vereinbarungen i. S. des Art. 101 Abs. 1 AEUV, § 1 GWB über Art. 101 Abs. 3 AEUV, § 2 GWB durch Gesichtspunkte des Umweltschutzes gerechtfertigt werden können.[110] Auch wenn nach der normativen Grundstruktur des Art. 101 Abs. 3 AEUV außerwettbewerbliche Ziele nur mittelbar zu berücksichtigen sind, wenn nämlich effizienzsteigernde Koordinierungen gleichzeitig positive Wirkungen im Hinblick auf andere Vertragsziele haben,[111] besteht auf genereller Ebene die Notwendigkeit einer Versöhnung von ökonomischen, sozialen und ökologischen Belangen, wie sie durch die Vorgabe einer „nachhaltigen Entwicklung" in Art. 3 Abs. 3 S. 2 EUV adressiert werden.[112] Demgemäß müssen nach der Querschnittsklausel des Art. 11 AEUV die Erfordernisse des Umweltschutzes bei der Festlegung und Durchführung der Unionspolitiken und -maßnahmen insbesondere zur Förderung einer nachhaltigen Entwicklung mit einbezogen werden.[113]

Nach **Art. 191 Abs. 1 AEUV** trägt die Umweltpolitik der Union zu den Zielen bei, die Umwelt zu erhalten und zu schützen sowie ihre Qualität zu verbessern, die menschliche Gesundheit zu schützen, die natürlichen Ressourcen umsichtig und rationell zu verwenden sowie Maßnahmen auf internationaler Ebene zur Bewältigung regionaler oder globaler Umweltprobleme und insbesondere zur Bekämpfung des Klimawandels zu fördern.[114] **Art. 194 Abs. 1 lit. c AEUV** benennt als Ziele die Förderung der Energieeffizienz und von Energieeinsparungen sowie die Entwicklung neuer und erneuerbarer Energiequellen. Nach **Art. 194 Abs. 2 S. 1 AEUV** ist die Union zum Erlass der zur Verwirklichung der energiepolitischen Ziele des Abs. 1 notwendigen Maßnahmen befugt.[115] Der Energiemix bleibt jedoch nach **Art. 194 Abs. 3 S. 2 AEUV** in der Kompetenz der Mitgliedstaaten, auch wenn die Kommission diesen indirekt durch die Etablierung eines europäischen Emissionshandels beeinflusst.[116]

c) Insbesondere: die Erneuerbare-Energien-Richtlinie 2009/28/EG. Im sekundären Unionsrecht wird die Förderung der Energieerzeugung aus erneuerbaren Quellen in der

23

24

---

107 Siehe statt anderer *Fuchs*, in: FS Möschel, 2011, S. 241, 254; Calliess/Ruffert/*Weiß*, Art. 101 AEUV Rn. 2; BerlKommTKG/*Nettesheim*, TKG, 2. Aufl. 2009, Einl. III Rn. 21; *Streinz/Ohler/ Herrmann*, Vertrag von Lissabon, § 7 I.
108 *Hatje*, in: von Bogdandy/Bast, Europäisches Verfassungsrecht, S. 801, 849 ff.
109 *Ludwigs*, ZG 2010, 222, 223; *Frenz*, WRP 2013, 981.
110 *Fleischer/Zimmer*, in: Fleischer/Zimmer, Effizienz im Handels- und Wirtschaftsrecht, S. 9, 33 f.; *Breuer*, Das EU-Kartellrecht im Kraftfeld der Unionsziele, S. 569 ff.
111 Grabitz/Hilf/Nettesheim/*Schumacher*, Art. 101 AEUV Rn. 269.
112 *Frenz*, ZNER 2014, 345, 346.
113 *Groß*, in: Müller, 20 Jahre Recht der Erneuerbaren Energien, S. 107, 113.
114 Der Klimaschutz ist hiernach ein wesentlicher Bestandteil des Umweltschutzes, vgl. *Frenz*, ZNER 2014, 345.
115 Siehe *Ehricke/Hackländer*, ZEuS 2008, 579, 586.
116 Monopolkommission, Sondergutachten 65, Rn. 179.

RL 2009/28/EG geregelt.[117] Im Hinblick auf die Erzeugung von Elektrizität aus erneuerbaren Energien enthält diese freilich nur wenige Vorgaben. Vielmehr behalten die **Mitgliedstaaten einen Gestaltungsspielraum**.[118]

25 Nach Erwägungsgrund 1 der RL 2009/28/EG sind die „Kontrolle des Energieverbrauchs in Europa sowie die vermehrte Nutzung von Energie aus erneuerbaren Energiequellen [...] gemeinsam mit Energieeinsparungen und einer verbesserten Energieeffizienz wesentliche Elemente des Maßnahmenbündels, das zur Verringerung der Treibhausgasemissionen und zur Einhaltung des Protokolls von Kyoto zum Rahmenübereinkommen der Vereinten Nationen über Klimaänderungen und weiterer gemeinschaftlicher und internationaler Verpflichtungen zur Senkung der Treibhausgasemissionen über das Jahr 2012 hinaus benötigt wird".[119] Auch im Unionsrecht wird die Förderung von erneuerbaren Energien somit als **Instrument des Klima- und Umweltschutzes** angesehen.[120] Erneuerbare Energien spielten jedoch „auch eine wichtige Rolle bei der Stärkung der Energieversorgungssicherheit, der Förderung der technologischen Entwicklung und Innovation sowie der Schaffung von Beschäftigungsmöglichkeiten und von Möglichkeiten der regionalen Entwicklung, vor allem in ländlichen und entlegenen Gebieten". Schließlich habe ein unterschiedlich starker Ausbau erneuerbarer Energien in den Mitgliedstaaten spürbare Auswirkungen auf Unternehmen und Kraftwerksbetreiber in anderen Mitgliedstaaten.[121] In diesem Sinne stellt der nach Erlass der RL 2009/28/EG in Kraft getretene Energie-Artikel 194 AEUV klar, dass die Ziele des Umweltschutzes im Einklang mit den Belangen des Binnenmarktes zu verfolgen sind.[122]

26 Die zentrale Regelung der Richtlinie enthält **Art. 3 Abs. 1 S. 1 RL 2009/28/EG**, wonach jeder Mitgliedstaat sicherstellen muss, dass sein Anteil von Energie aus erneuerbaren Quellen am Bruttoendenergieverbrauch im Jahr 2020 mindestens seinem nationalen Gesamtziel für den Anteil von Energie aus erneuerbaren Quellen in diesem Jahr gemäß der dritten Spalte der Tabelle in Anhang I Teil A entsprechen muss. Die verbindlichen nationalen Gesamtziele müssen gem. § 3 Abs. 1 S. 2 RL 2009/28/EG in ihrer Gesamtheit mit dem Unionsziel in Einklang stehen, bis 2020 mindestens 20 % des Bruttoendenergieverbrauchs durch Energie aus erneuerbaren Quellen zu decken. Für Deutschland wurde das nationale Gesamtziel auf 18 % festgelegt.[123] Die EE-Richtlinie belässt es jedoch in der Kompetenz der Mitgliedstaaten zu entscheiden, in welchen Sektoren (Elektrizität, Wärme/Kälte, Verkehr) der Anteil erneuerbarer Energien gesteigert wird, solange das nationale Ausbauziel

---

117 Richtlinie 2009/28/EG des Europäischen Parlaments und des Rates vom 23. April 2009 zur Förderung der Nutzung von Energie aus erneuerbaren Quellen und zur Änderung und anschließenden Aufhebung der Richtlinien 2001/77/EG und 2003/30/EG, ABlEU Nr. L 140/16 v. 6.4.2009. Legaldefinition der „Energie aus erneuerbaren Quellen" in Art. 2 lit. a RL 2009/28/EG: „Energie aus erneuerbaren, nichtfossilen Energiequellen, das heißt Wind, Sonne, aerothermische, geothermische, hydrothermische Energie, Meeresenergie, Wasserkraft, Biomasse, Deponiegas, Klärgas und Biogas".

118 *Lehnert/Vollprecht*, ZUR 2009, 307, 308.

119 Siehe zum Kyoto-Protokoll als bislang einzigem völkerrechtlichem Abkommen mit verbindlichen Vorgaben für die Reduktion von Treibhausgasen die Monopolkommission, Sondergutachten 65, Rn. 78.

120 *Granas*, EuR 2013, 619.

121 Siehe in Zusammenhang mit dem vorrangigen Netzzugang etwa Erw. 60 RL 2009/28/EG; für den Handel mit Biokraftstoffen siehe Erw. 94 RL 2009/28/EG i.V. m. Art. 114 AEUV (Art. 95 EGV).

122 *Calliess*, Berliner Online-Beiträge zum Europarecht, Nr. 52, S. 33.

123 Siehe *Frenz*, ZNER 2014, 345, 346.

insgesamt erreicht wird.[124] Nach aktuellem Stand der Technik sind die Ausbauziele ohne Maßnahmen im Bereich der Stromerzeugung jedoch wohl nicht zu erreichen.[125]

Von den vorstehenden Zielvorgaben zu unterscheiden sind die **Wege**, auf denen die Mit-   **27** gliedstaaten diese erreichen können.[126] Nach Art. 3 Abs. 3 RL 2009/28/EG können die Mitgliedstaaten zur Erfüllung der Ziele gem. Art. 3 Abs. 1 RL 2009/28/EG **Förderregeln** und **Kooperationsmaßnahmen** anwenden. Damit legt sich die RL 2000/28/EG nicht auf bestimmte Förderregelungen fest,[127] seien diese preis- oder mengenbasiert oder auch Mischformen.[128] Was eine relevante Förderregelung ist, wird in Art. 2 lit. k S. 1 RL 2009/ 28/EG definiert als „ein Instrument, eine Regelung oder einen Mechanismus, das […] die Nutzung von Energie aus erneuerbaren Quellen dadurch fördert, dass die Kosten dieser Energie gesenkt werden, ihr Verkaufspreis erhöht wird oder ihre Absatzmenge durch eine Verpflichtung zur Nutzung erneuerbarer Energie oder auf andere Weise gesteigert wird". Als Beispiele benennt Art. 2 lit. k S. 2 RL 2009/28/EG „Investitionsbeihilfen, Steuerbe-freiungen oder -erleichterungen, Steuererstattungen, Förderregelungen, die zur Nutzung erneuerbarer Energiequellen verpflichten, einschließlich solcher, bei denen grüne Zertifi-kate verwendet werden, sowie direkte Preisstützungssysteme einschließlich Einspeisetarife und Prämienzahlungen". Hiervon werden sowohl feste Einspeisevergütungen als auch Re-gelungen zur Direktvermarktung mittels Marktprämien erfasst.[129]

Der Umsetzungsspielraum der Mitgliedstaaten findet seine Grenze insbesondere in den   **28** Vorgaben des europäischen Primärrechts zum Schutz der **Warenverkehrsfreiheit** (Art. 34 AEUV) und des **freien und unverfälschten Wettbewerbs** vor staatlichen Eingriffen (Art. 107 AEUV). In diesem Zusammenhang stellt Art. 3 Abs. 3 RL 2009/28/EG klar, dass die Mitgliedstaaten „[u]nbeschadet der Artikel 87 und 88 des Vertrags" [jetzt Art. 107 und 108 AEUV[130]] auch das Recht haben zu entscheiden, in welchem Umfang sie die in einem anderen Mitgliedstaat erzeugte Energie aus erneuerbaren Quellen fördern wollen.[131] Der

---

124 *Lehnert/Vollprecht*, ZUR 2009, 307, 308.

125 So *Säcker/König/Scholz*, Der regulierungsrechtliche Rahmen für ein Offshore-Stromnetz in der Nordsee, S. 104.

126 *Lehnert/Vollprecht*, ZUR 2009, 307, 308 und 310.

127 Vgl. *Schmidt-Preuß*, in: FS Salje, 2013, S. 397, 404.

128 Siehe dazu *Haucap/Klein/Kühling*, Die Marktintegration der Stromerzeugung aus erneuerbaren Energien, 2013, S. 79 ff.

129 Reshöft/Schäfermeier/*Sailer/Kantenwein*, Einl. EEG 2012 Rn. 233.

130 EuGH, Urt. v. 1.7.2014, Rs. C-573/12, EuZW 2014, 620 Rn. 51 – Ålands Vindkraft.

131 Ausführlich Erw. 25 RL 2009/28/EG: „ Die Mitgliedstaaten haben unterschiedliche Potenziale im Bereich der erneuerbaren Energie und wenden auf nationaler Ebene unterschiedliche Regelungen zur Förderung von Energie aus erneuerbaren Quellen an. […] Damit nationale Förderregelungen ungestört funktionieren können, müssen die Mitgliedstaaten deren Wirkung und Kosten entspre-chend ihrem jeweiligen Potenzial kontrollieren können […], damit das Vertrauen der Investoren erhalten bleibt und die Mitgliedstaaten wirksame nationale Maßnahmen im Hinblick auf die Er-füllung der Ziele konzipieren können. […] Um die Wirksamkeit der […] nationalen Förderrege-lungen und der Mechanismen der Zusammenarbeit […; zur Erreichung der Förderziele; der Verf.] zu gewährleisten, ist es unbedingt notwendig, dass die Mitgliedstaaten die Möglichkeit haben, da-rüber zu entscheiden, ob und in welchem Umfang ihre nationalen Förderregelungen für in anderen Mitgliedstaaten erzeugte Energie aus erneuerbaren Quellen gelten, und sich durch die Anwen-dung der in der vorliegenden Richtlinie vorgesehenen." Darauf stellt zentral ab EuGH, Urt. v. 1.7.2014, Rs. C-573/12, EuZW 2014, 620 Rn. 40 und 50 – Ålands Vindkraft; siehe auch *Brück-mann/Steinbach*, EnWZ 2014, 346, 347.

EuGH hat diese Regelung in seiner Entscheidung „**Ålands Vindkraft**" inzident als mit der Warenverkehrsfreiheit des Art. 34 AEUV vereinbar eingestuft;[132] im EEG 2014 spielt sie mit Blick auf § 2 Abs. 6 eine zentrale Rolle. Ob eine nationale Förderregelung als Beihilfe i. S. des Art. 107 Abs. 1 AEUV einzuordnen ist, wird von der RL 2009/28/EG somit nicht behandelt.[133]

29   Eine weitere wichtige Regelung enthält **Art. 16 Abs. 2 RL 2009/28/EG.** Hiernach sind die Mitgliedstaaten verpflichtet, den Betreibern von Übertragungs- und Verteilernetzen aufzugeben, Elektrizität aus erneuerbaren Energien auf der Grundlage eines vorrangigen oder garantierten Netzzugangs zu übertragen und zu verteilen (das ist das **EE-Vorrangprinzip**). Art. 16 Abs. 3 RL 2009/28/EG sieht freilich im Interesse der Versorgungssicherheit und der Sicherheit des Elektrizitätssystems gewisse Ausnahmen vom Vorrang beim Netzzugang und bei der Energieeinspeisung vor, relevant etwa für das Einspeisemanagement des § 14.[134] Auch mit Blick auf den Zielkonflikt zwischen Förderung, Wirtschaftlichkeit und Versorgungssicherheit ist der Aussagegehalt des Vorrangprinzips somit nicht wörtlich, sondern materiell-wertend zu ermitteln.[135] Der Gesetzgeber hat bereits angekündigt, dass er die Regelungen zum Einspeisemanagement im Rahmen einer kommenden EEG-Novelle modifizieren will.[136]

30   **d) Wettbewerbsbeschränkungen durch staatliche Beihilfen. aa) Grundlagen des Beihilfenrechts.** Die gesetzliche Förderung von Strom aus erneuerbaren Energien kann ebenso wie die Befreiung von Unternehmen von der EEG-Umlage als **Beihilfe** i. S. des Art. 107 Abs. 1 AEUV zu bewerten sein, mit der Folge einer notwendigen Rechtfertigung gem. Art. 107 Abs. 2 und 3 AEUV.[137] Die beihilferechtliche Beurteilung der EE-Förderung wird – unabhängig davon, ob dies nach den Grundsätzen der Normenhierarchie (Rangprinzip) überhaupt zulässig wäre[138] – nicht durch die RL 2009/28/EG ausgeschlossen, wie deren Art. 3 Abs. 3 S. 2 klarstellt.[139] Wie bereits geschildert, können die Mitgliedstaaten zur Erfüllung der europäischen Ausbauziele gem. Art. 3 Abs. 3 S. 1 RL 2009/28/EG Förderregelungen und Maßnahmen zur Kooperation zwischen verschiedenen Mitgliedstaaten und mit Drittländern treffen.[140] Nach Art. 3 Abs. 3 S. 2 RL 2009/28/EG haben sie insoweit auch das Recht, gem. den Art. 5 bis 11 der RL 2009/28/EG zu entscheiden, in welchem Umfang sie

---

132 EuGH, Urt. v. 1.7.2014, Rs. C-573/12, EuZW 2014, 620 Rn. 62 – Ålands Vindkraft. A. A. GA *Bot*, Schlussantrag v. 28.1.2014, C-573/12, BeckRS 2014, 80243 Rn. 128 – Ålands Vindkraft.

133 *Lehnert/Vollprecht*, ZUR 2009, 307, 311.

134 Reshöft/Schäfermeier/*Sailer/Kantenwein*, Einl. EEG 2012 Rn. 235.

135 Ebenso i. E. *Salje*, § 2 EEG 2012 Rn. 20.

136 BR-Drucks. 157/14 v. 11.4.2014, S. 180 f.

137 In den Kategorien des deutschen Verwaltungsrechts handelt es sich um ein präventives Verbot mit Erlaubnisvorbehalt, vgl. *Wende*, Die einheitliche Auslegung von Beihilfen- und Vergaberecht als Teilgebiete des europäischen Wettbewerbsrechts, S. 44.

138 Da die sekundären Vergaberichtlinien die primärrechtlichen Vergabegrundsätze konkretisieren, ist nach MünchKommBeihVgR/*Säcker*, Einl. Rn. 4 ein Rückgriff auf das Primärrecht ausgeschlossen. Dasselbe gelte für das Verhältnis der Gruppenfreistellungsverordnungen zu Art. 101 Abs. 3 AEUV (a. a. O.). Vgl. demgegenüber EuGH, Urt. v. 23.2.2006, C 471/04, Slg. I, 2107 Rn. 45 f. – Keller Holding.

139 Zur Primärrechtskonformität siehe EuGH, Urt. v. 1.7.2014, Rs. C-573/12, EuZW 2014, 620 Rn. 62 – Ålands Vindkraft. A. A. GA *Bot*, Schlussantrag v. 28.1.2014, C-573/12, BeckRS 2014, 80243 Rn. 128 – Ålands Vindkraft.

140 Siehe oben § 1 Rn. 18.

die in einem anderen Mitgliedstaat erzeugte Energie aus erneuerbaren Quellen fördern wollen, allerdings nur „[u]nbeschadet der Artikel 87 und 88 des Vertrags [Art. 107 und 108 AEUV]". Im deutschen Recht knüpft hieran die Regelung des § 2 Abs. 6 EEG 2014 an.

Gem. Art. 107 Abs. 1 AEUV sind staatliche oder aus staatlichen Mitteln gewährte Beihil-   **31** fen, die durch die Begünstigung bestimmter Unternehmen oder Produktionszweige den Wettbewerb verfälschen oder zu verfälschen drohen, grundsätzlich mit dem Binnenmarkt unvereinbar, soweit sie den Handel zwischen den Mitgliedstaaten beeinträchtigen. Gem. Art. 107 Abs. 2 und 3 AEUV können derartige Beihilfen ausnahmsweise zulässig sein. Für die beihilfenrechtliche Beurteilung und damit für das Verständnis des EEG 2014[141] beson- ders bedeutsam ist die Regelung des **Art. 107 Abs. 3 lit. c AEUV**, wonach als vereinbar mit dem Binnenmarkt angesehen werden können „**Beihilfen zur Förderung der Entwick- lung gewisser Wirtschaftszweige oder Wirtschaftsgebiete, soweit sie die Handelsbe- dingungen nicht in einer Weise verändern, die dem gemeinsamen Interesse zuwider- läuft**".[142] Die Kommission fasst hierunter in ihren „Leitlinien für staatliche Umwelt- und Energiebeihilfen 2014 bis 2020" auch solche Beihilfen, die „einen wesentlichen Beitrag zu den Umwelt- und Energiezielen der Union leisten, ohne dass sie die Handelsbedingungen in einer dem gemeinsamen Interesse zuwiderlaufenden Weise verändern".[143] Hierin kommt auf Unionsebene der bereits oben geschilderte Zielkonflikt zwischen Marktintegration und Umweltschutz zum Ausdruck.[144]

Die Beihilferegeln haben ihre teleologische Grundlage ebenso wie die Vorschriften des   **32** Vergaberechts in der **Sicherstellung und dauerhaften Gewährleistung eines europäi- schen Binnenmarkts durch die staatsgerichteten Grundfreiheiten und die unterneh- mensbezogenen Wettbewerbsregeln**.[145] Nach dem wettbewerbsrechtlichen „Selbststän- digkeitspostulat"[146] ist es Unternehmen – das sind alle Einheiten, die eine wirtschaftliche Tätigkeit ausüben, unabhängig von ihrer Rechtsform und der Art ihrer Finanzierung[147] – verwehrt, eine „praktische Zusammenarbeit" an die Stelle des „mit Risiken verbundenen Wettbewerbs" treten zu lassen. Jedes Unternehmen hat hiernach selbstständig zu bestim- men, welche unternehmerische Politik es verfolgt.[148] Diese Rechtspflicht darf grundsätz- lich nicht durch staatliche Maßnahmen verfälscht werden. Auch das Verbot der Gewährung staatlicher Beihilfen, die die Voraussetzungen des Art. 107 Abs. 1 AEUV erfüllen, beruht

---

141 Die Rechtfertigung des EEG 2012 bestimmt sich nach den Umweltschutzbeihilfe-Leitlinien 2008, vgl. Kommission, Leitlinien der Gemeinschaft für staatliche Umweltschutzbeihilfen, ABl-EU Nr. C 82/1 v. 1.4.2008; dazu BerlKommEnR/*Steffens*, 3. Aufl. 2014, Einl. EEG Rn. 147.

142 Vgl. Kommission, Leitlinien für staatliche Umweltschutz- und Energiebeihilfen, ABlEU Nr. C 200/1 v. 28.6.2014, Rn. 2, 10 und öfter; BerlKommEnR/*Steffens*, 3. Aufl. 2014, Einl. EEG Rn. 147.

143 Kommission, Leitlinien für staatliche Umweltschutz- und Energiebeihilfen, ABlEU Nr. C 200/1 v. 28.6.2014, Rn. 23.

144 Siehe § 1 Rn. 12.

145 Von der Groeben/Schwarze/*Mederer*, Vorbem. Art. 87 bis 89 EG Rn. 1 ff.; *Säcker/Mohr*, ZWeR 2012, 417, 428 ff.

146 EuGH, Urt. v. 4.6.2009, Rs. C-8/08, EuZW 2009, 505 Rn. 32 – T-Mobile-Netherlands.

147 Speziell zum Beihilfenrecht vgl. EuGH, Urt. v. 23.3.2006, C-237/04, Slg. 2006, I-2843 Rn. 27 – Enirisorse SpA; grundlegend EuGH, Urt. v. 23.4.1991, C-41/90, Slg. 1991, I-1979, Rn. 21 – Höf- ner und Elser. Es handelt sich um einen funktionalen Unternehmensbegriff, da er an die Tätigkeit der jeweiligen Einheit anknüpft, und nicht an ihre Struktur und Rechtsform.

148 EuGH, Urt. v. 31.3.1993, Rs. C-89/85, Slg. 1994, I-1307 Rn. 63 – Ahlström/Kommission.

somit auf dem Gedanken, dass sich die Unternehmen am Markt eigenständig behaupten müssen.[149] Sollten sie den Erfordernissen des wirtschaftlichen Wettbewerbs nicht gewachsen sein und aus dem jeweiligen Markt ausscheiden, so ist dies als normaler Vorgang zu bewerten, der nicht durch ungerechtfertigte Wettbewerbsvorteile seitens des Staates verfälscht werden darf.[150] Nach dem darin zum Ausdruck kommenden Ziel eines wirksamen Wettbewerbsschutzes sind als Beihilfen alle staatlichen Maßnahmen anzusehen, die bestimmten Unternehmen, Unternehmensgruppen oder Wirtschaftszweigen selektiv, also nicht nur auf der Grundlage allgemeiner steuerrechtlicher, konjunkturpolitischer oder infrastrukturpolitischer Entscheidungen, wirtschaftliche Vorteile gewähren, und damit den unternehmerischen „Leistungswettbewerb"[151] und die Handelsströme im Binnenmarkt verfälschen.[152]

33   Vor diesem teleologischen Hintergrund setzt eine **Beihilfe** i. S. des Art. 107 Abs. 1 AEUV kumulativ mehrere Merkmale voraus:[153] Bestimmten Unternehmen oder Produktionszweigen („**Selektivität**") muss durch einen dem Staat zurechenbaren Transfer finanzieller Mittel („**unmittelbar oder mittelbar aus staatlichen Mitteln**") ein wirtschaftlicher Vorteil („**Begünstigung**") gewährt werden, durch den eine Wettbewerbsverfälschung zumindest droht („**Wettbewerbsverfälschung**") und durch den der Handel zwischen den Mitgliedstaaten beeinträchtigt wird („**Zwischenstaatlichkeit**"). Im vorliegenden Zusammenhang problematisch ist einerseits die „Staatlichkeit der Mittel", da sich das Umlageverfahren des § 57 (§ 37 EEG 2012) auf den ersten Blick lediglich als „hoheitliche Regelung privater Preise" darstellt, die in ihren wirtschaftlichen Wirkungen freilich einer Verbrauchssteuer und einer wettbewerbsverzerrenden Beihilfe nahe kommt.[154] Zu klären ist andererseits, ob die EE-Förderzahlungen eine nach Art. 107 Abs. 1 AEUV relevante „Begünstigung" oder eine (den wirtschaftlichen Vorteil ausschließende) angemessene Gegenleistung für die Leistungen der Anlagenbetreiber im „allgemeinem wirtschaftlichen Interesse" gem. Art. 106 Abs. 2 AEUV darstellen.[155]

34   In **prozessualer Hinsicht** liegt ein wesentlicher Unterschied zwischen der Verneinung einer Beihilfe gem. Art. 107 Abs. 1 AEUV und ihrer Rechtfertigung gem. Art. 107 Abs. 3 AEUV darin, dass eine tatbestandliche Beihilfe gem. Art. 108 Abs. 3 S. 1 AEUV i.V. mit § 2 der Beihilfeverfahrens-VO Nr. 659/1999 ex ante zu notifizieren ist und nach Art. 108 Abs. 3 S. 3 AEUV i.V. mit § 3 der VO Nr. 659/1999 einem Durchführungsverbot unterliegt,[156] wohingegen Zahlungen für Dienstleistungen von allgemeinem wirtschaftlichem

---

149 Grabitz/Hilf/Nettesheim/*von Wallenberg/Schütte*, Art. 107 AEUV Rn. 138.

150 MünchKommBeihVgR/*Säcker*, Einl. Rn. 1; Grabitz/Hilf/Nettesheim/*von Wallenberg/Schütte*, Art. 107 AEUV Rn. 138.

151 Zum rechtlichen (nicht ökonomischen) Begriff des Leistungswettbewerbs siehe *Kerber*, in: Vahlens Kompendium, S. 369, 372; grundlegend *Böhm*, Wettbewerb und Monopolkampf, S. 73; *Eucken*, Grundsätze der Wirtschaftspolitik, S. 254 f.

152 *Mestmäcker/Schweitzer*, Europäisches Wettbewerbsrecht, § 43 Rn. 1 f.

153 EuGH, Urt. v. 24.7.2003, Rs. C-280/00, Slg. 2003, I-7747 Rn. 74 – Altmark Trans GmbH; MünchKommBeihVgR/*Arhold*, Art. 107 AEUV Rn. 101; *Wende*, Die einheitliche Auslegung von Beihilfen- und Vergaberecht als Teilgebiete des europäischen Wettbewerbsrechts, S. 76.

154 Vgl. BerlKommEnR/*Steffens*, 3. Aufl. 2014, Einl. EEG Rn. 91; *Kube/Palm/Seiler*, NJW 2003, 927, 930: Finanztransfer mit öffentlicher Aufkommenswirkung.

155 Mit Blick auf das WTO-Subventionsübereinkommen liegt sogar der Schwerpunkt der Diskussion auf der Beurteilung einer Vorteilsübertragung, vgl. *Rensmann/Frey*, EnZW 2014, 243, 245.

156 Siehe dazu Calliess/Ruffert/*Cremer*, Art. 108 AEUV Rn. 8.

Interesse i. S. des Art. 106 Abs. 2 AEUV lediglich einer Ex-post-Kontrolle unterliegen.[157] Auf der Grundlage der primär individualschützenden Ausrichtung der Vorschriften gegen Wettbewerbsbeschränkungen ist das Durchführungsverbot des Art. 108 Abs. 3 S. 3 AEUV außerdem als Schutzgesetz i. S. des § 823 Abs. 2 BGB zugunsten der Wettbewerber des Beihilfeempfängers einzustufen.[158]

bb) Zentrale Problemfelder. (1) „Dem Staat zurechenbarer Mittelfluss" und „staatli- **35** **ches Finanzopfer".** Die Diskussion über die Einstufung der EE-Förderzahlungen im Allgemeinen und die Befreiung von energieintensiven Unternehmen und von Schienenbahnen von der EEG-Umlage im Besonderen als Beihilfe i. S. des Art. 107 Abs. 1 AEUV dreht sich vor allem um die Frage, ob die EEG-Förderzahlungen **staatlich** sind oder jedenfalls aus **staatlichen Mitteln** stammen.[159] Das ist im Ausgangspunkt der Fall, wenn sowohl die **Mittelvergabe** (der „Finanzfluss") als auch **die Mittel selbst** (i. S. eines „Finanzopfers") **dem Staat zuzurechnen** sind.[160] Geboten ist mit anderen Worten ein doppelter Zurechenbarkeitstest.[161] Erst wenn eine Begünstigung tatbestandlich als Beihilfe einzustufen ist, kommt es auf ihre **Rechtfertigung** nach den Art. 107 Abs. 2 und 3 AEUV und – im Rahmen des Abs. 3 – den ermessenslenkenden Leitlinien der Kommission an.[162] Der Stand der Diskussion wird in der Einleitung dieses Kommentars ausführlich geschildert.[163] Die Darstellung beschränkt sich deshalb an dieser Stelle auf wesentliche Fragen für die dogmatische Bewertung der Neuregelungen des EEG 2014, da diese maßgeblich durch das europäische Beihilfenrecht geprägt sind.[164] Wesentliche Stichworte sind insoweit „**Marktintegration**"[165] durch Direktvermarktung, **Kostensenkung** auf ein wettbewerbliches bzw. wettbewerbsanaloges Niveau, Ermittlung der Förderhöhe durch **Ausschreibungen**, Öffnung der Ausschreibungen für Unternehmen aus anderen Mitgliedstaaten, aber auch die **gerechte Verteilung der Lasten**,

Die Befürworter einer beihilferechtlichen Zulässigkeit des EEG 2012 verweisen vor allem **36** auf das Urteil des EuGH in Sachen „PreussenElektra" aus dem Jahr 2001,[166] in dem der Gerichtshof eine preisbezogene Förderung von erneuerbaren Energien nach deutschem

---

157 *Mestmäcker/Schweitzer*, Europäisches Wettbewerbsrecht, § 43 Rn. 20.
158 BGH, Urt. v. 10.2.2011, I ZR 136/09, BGHZ 188, 326; dazu *Mohr*, ZWeR 2011, 383, 386, 401 f.
159 Dazu allgemein Grabitz/Hilf/Nettesheim/*von Wallenberg/Schütte*, Art. 107 AEUV Rn. 31; im vorliegenden Zusammenhang auch *Manssen*, in: Hebeler/Hendler/Proelß/Reiff, Energiewende in der Industriegesellschaft, S. 13, 22 ff.; *Kühling/Klein*, in: Hebeler/Hendler/Proelß/Reiff, Energiewende in der Industriegesellschaft, S. 29, 44 ff. (konkret zum deutschen Finanzverfassungsrecht); *Schmidt-Preuß*, in: Brinktrine/Ludwigs/Seidel, Energieumweltrecht in Zeiten von Europäisierung und Energiewende, S. 9, 13 ff.
160 *Jaeger*, EStAL 2012, 535; *Nettesheim*, NJW 2014, 1847, 1850; *Burgi/Wolff*, EuZW 2014, 647, 650.
161 Instruktiv *Säcker/Schmitz*, NZKart 2014, 202 f.
162 *Burgi/Wolff*, EuZW 2014, 647, 648; siehe mit Bezug zum WTO-Subventionsrecht auch *Rensmann/Frey*, EnZW 2014, 243, 246.
163 Sehr detailliert BerlKommEnR/*Steffens*, 3. Aufl., Einl. EEG, Rn. 109 ff.
164 Siehe *Schmidt-Preuß*, in: Brinktrine/Ludwigs/Seidel, Energieumweltrecht in Zeiten von Europäisierung und Energiewende, S. 9, 13.
165 Der Begriff bezieht sich primär auf die zunehmend wettbewerbliche Vermarktung von Elektrizität aus erneuerbaren Energien, kann jedoch – als Vorfrage – auch die Beseitigung rechtlicher Hemmnisse hierfür umfassen, vgl. BerlKommEnR/*Steffens*, 3. Aufl. 2014, Einl. EEG Rn. 59 und 78.
166 EuGH, Urt. v. 13.3.2001, Rs. C-379/98, Slg. 2001, I-2099 – PreussenElektra.

Muster – konkret ging es um das StrEG – als zulässig angesehen hat.[167] Zentrales Argument hierfür war, dass eine gesetzliche Abnahme- und Vergütungspflicht, die bestimmten Unternehmen Vorteile verschaffe, die entsprechenden Mittel noch nicht zu solchen mache, die dem Staat zuzurechnen seien (kein „Finanzopfer").[168] So führe die gesetzlich statuierte „Verpflichtung privater Elektrizitätsversorgungsunternehmen zur Abnahme von Strom aus erneuerbaren Energiequellen zu festgelegten Mindestpreisen nicht zu einer unmittelbaren oder mittelbaren Übertragung staatlicher Mittel auf die Unternehmen, die diesen Strom erzeugen".[169] Im Schrifttum wird hieraus gefolgert, eine rechtfertigungsbedürftige Beihilfe setze nicht nur eine Beteiligung öffentlicher Stellen am Mittelfluss voraus,[170] sondern auch eine Belastung der öffentlichen Haushalte.[171] Im Ergebnis bildete das „*PreussenElektra*-Urteil" in der Vergangenheit die Grundlage zur wirtschaftspolitischen Förderung erneuerbarer Energien in Deutschland und anderen EU-Mitgliedstaaten.[172] Seit Erlass des StrEG hat sich die EE-Förderung freilich von einer Nischentechnologie zur Leittechnologie fortentwickelt, verbunden mit einer gigantischen Umverteilung in parlamentarisch nicht über das Haushaltsrecht kontrollierter Weise.[173] Gleichwohl hat der BGH die Staatlichkeit der Mittel auch noch in einer Entscheidung zur finanzverfassungsrechtlichen Zulässigkeit des EE-Fördermechanismus des Jahres 2012 verneint, da es weiterhin an einer Aufkommenswirkung für die öffentliche Hand fehle.[174] Die Entscheidung wird als Fingerzeig auch für die unionale Zulässigkeit des EEG bewertet,[175] auch wenn der BGH für die Auslegung des Unionsrechts nicht letztzuständig ist.

37   Die Gegenansicht stellt darauf ab, dass die mit dem Ausgleichsmechanismus betrauten Übertragungsnetzbetreiber kein wirtschaftliches Eigeninteresse haben, sondern die entsprechenden Aufgaben ohne eigenen Spielraum unter Aufsicht der BNetzA vollziehen.[176] Es liegt deshalb nahe, die EEG-Umlage als **beihilfefinanziertes Abgabensystem** zu bewerten,[177] mit der Folge einer Prüfzuständigkeit der Kommission.[178] So können nach der Rechtsprechung des EuGH auch Abgaben dem Beihilferecht unterfallen, wenn sie eng mit einer dem Staat zurechenbaren Vorteilsgewährung an bestimmte Personen verknüpft sind, indem sie die Beihilfen finanzieren. In einem solchen Fall unterliegt bereits die Erhebung der Abgaben dem Beihilferecht.[179] Zusätzlich sind die Abgabenmittel als „staatlich" einzu-

---

167 BT-Drs. 18/1304 v. 5.5.2014, S. 104; Danner/Theobald/*Oschmann*, Einf. EEG 2012 Rn. 79.

168 EuGH, Urt. v. 13.3.2001, Rs. C-379/98, Slg. 2001, I-2099 Rn. 61 – PreussenElektra.

169 EuGH, Urt. v. 13.3.2001, Rs. C-379/98, Slg. 2001, I-2099 Rn. 59 – PreussenElektra.

170 Sehr weit EuGH, Urt. v. 19.12.2013, Rs. C-262/12, EuZW 2014, 115 Rn. 18 – Vent de Colére: „Insoweit ist festzustellen, dass der im Ausgangsverfahren fragliche Ausgleichsmechanismus durch das Gesetz Nr. 2000-108 eingeführt wurde und daher dem Staat zurechenbar ist." Das gilt erst recht für das EEG, dessen Fördermechanismus mit Abnahme- und Vergütungspflichten sowie den Besonderen Ausgleichsregelungen gesetzlich festgeschrieben ist.

171 Siehe etwa *Koenig/Kühling*, NVwZ 2001, 768, 770; *Soltész*, EuZW 2011, 254.

172 *Burgi/Wolff*, EuZW 2014, 647, 650.

173 So *Manssen*, in: Hebeler/Hendler/Proelß/Reiff, Energiewende in der Industriegesellschaft, S. 13, 16.

174 BGH, Urt. v. 25.6.2014, VIII ZR 169/13, NVwZ 2014, 1180 Rn. 12 ff.

175 *Ehrmann*, NVwZ 2014, 1183, 1184.

176 *Kube/Palm/Seiler*, NJW 2003, 927, 931; *Manssen*, in: Hebeler/Hendler/Proelß/Reiff, Energiewende in der Industriegesellschaft, S. 13, 18; *Säcker/Schmitz*, NZKart 2014, 202, 206.

177 BerlKommEnR/*Steffens*, 3. Aufl., Einl. EEG, Rn. 123 ff.

178 Das betont *Soltész*, EuZW 2014, 89, 91 f.

179 EuGH, Urt. v. 17.7.2008, Rs. C-206/06, Slg. 2008, I-5497 Rn. 58 ff. – Essent Netwerk Noord.

stufen und ihre Verwendung ist dem Staat zuzurechnen.[180] Insbesondere die EuGH-Entscheidungen „Essent"[181] und „Vent de Colére"[182] können als Beleg dafür gelten, dass es sich bei EEG-Abnahme- und Vergütungspflichten um parafiskalische und damit um beihilferelevante staatliche Abgaben handelt.[183]

In *„Vent de Colére"* ging es um eine französische Regelung zum Ausgleich von Mehr-   **38** kosten, die Stromversorgern durch eine Pflicht zur Abnahme von Elektrizität aus Windkraftanlagen entstehen. Diese Kosten werden letztlich durch Abgaben der Endverbraucher finanziert. Der EuGH hat den gesetzlich geschaffenen Mechanismus als dem Staat zurechenbare „Maßnahme unter Inanspruchnahme staatlicher Mittel" und damit als zu rechtfertigende Beihilfe i.S. des Art. 107 Abs. 1 AEUV qualifiziert.[184] Art. 107 Abs. 1 AEUV erfasse „sämtliche Geldmittel [...], die die öffentlichen Stellen tatsächlich zur Unterstützung der Unternehmen verwenden können, ohne dass es darauf ankommt, dass diese Mittel dauerhaft zum Vermögen des Staates gehören".[185] Hierfür genüge „der Umstand, dass sie ständig unter staatlicher Kontrolle und somit den zuständigen nationalen Behörden zur Verfügung stehen".[186] Nach dem Sachverhalt wurde freilich – anders als in Deutschland – ein öffentlicher Fonds mit der Verwaltung der Gelder betraut, der sie auf einem Sonderkonto zentral zusammenfasste. Der Fonds wurde wiederum von der „Caisse des dépôts et consignations" verwaltet, die nach ihrer Organisation unter Kontrolle des französischen Staates steht. Hierin sieht der EuGH einen zentralen Unterschied zum Sachverhalt der Entscheidung „*PreußenElektra*":[187] „Auf Grund aller dieser Aspekte kann die vorliegende Rechtssache von der unterschieden werden, in der das Urteil *PreussenElektra* ergangen ist, mit dem festgestellt wurde, dass es nicht als aus staatlichen Mitteln finanzierte Maßnahme angesehen werden kann, wenn private Stromversorgungsunternehmen zur Abnahme von Strom aus erneuerbaren Energiequellen zu festgelegten Mindestpreisen verpflichtet werden, da dies nicht zu einer unmittelbaren oder mittelbaren Übertragung staatlicher Mittel auf die Unternehmen führt, die diesen Strom erzeugen". Es ist deshalb nicht unwahrscheinlich, dass der EuGH den Fördermechanismus des EEG 2012 – und dann erst recht den marktnäheren Mechanismus des EEG 2014 – als unionsrechtskonform ansehen wird,[188] da es an einer „**institutionell-administrativen Einrichtung**" fehlt.[189] Stattdessen werde – so die Befürworter – „durch eine staatliche Preisregelung ein Vertragsverhältnis unter Privaten in der Vergütung umgestaltet".[190] Eine solch formale Sichtweise wird dem Umstand

---

180 *Säcker/Schmitz*, NZKart 2014, 202, 204.

181 EuGH, Urt. v. 17.7.2008, Rs. C-206/06, Slg. 2008, I-5497 – Essent Netwerk Noord.

182 EuGH, Urt. v. 19.12.2013, Rs. C-262/12, EuZW 2014, 115 – Vent de Colére.

183 Siehe dazu *Säcker/Schmitz*, NZKart 2014, 202 ff.; *Säcker*, in: Bitburger Gespräche Jahrbuch 2014, S. 5, 7.

184 EuGH, Urt. v. 19.12.2013, Rs. C-262/12, EuZW 2014, 115 Rn. 14 ff. – Vent de Colére.

185 EuGH, Urt. v. 19.12.2013, Rs. C-262/12, EuZW 2014, 115 Rn. 21 – Vent de Colére.

186 EuGH, Urt. v. 19.12.2013, Rs. C-262/12, EuZW 2014, 115 Rn. 21 – Vent de Colére.

187 EuGH, Urt. v. 19.12.2013, Rs. C-262/12, EuZW 2014, 115 Rn. 34 – Vent de Colére [Hervorheb. durch Verf.].

188 Dagegen *Soltész*, EuZW 2014, 89, 92.

189 *Schmidt-Preuß*, in: Brinktrine/Ludwigs/Seidel, Energieumweltrecht in Zeiten von Europäisierung und Energiewende, S. 9, 16, der das Kriterium aber auf S. 19 selbst kritisiert.

190 So *Schmidt-Preuß*, in: Brinktrine/Ludwigs/Seidel, Energieumweltrecht in Zeiten von Europäisierung und Energiewende, S. 9, 16.

nicht gerecht, dass der deutschen Staat – wählte er nicht die „Abkürzung" über den EE-Fördermechanismus – die notwendigen Fördergelder selbst aus Steuermitteln gewähren müsste.[191] Schon vor diesem Hintergrund ist mit Blick auf den EE-Fördermechanismus von einer „**materiellen Aufkommenswirkung für die öffentliche Hand**" auszugehen.[192] Dasselbe gilt umso mehr für die teilweise Herausnahme stromintensiver Unternehmen und von Schienenbahnen von der Pflicht zur Zahlung der EE-Umlage durch die Besondere Ausgleichsregelung.[193]

39 Im Ergebnis erscheint es somit zwar zweifelhaft, ob der EuGH das EEG, Stand 2012 bzw. 2014, als Beihilfe ansehen wird. De facto haben die neuen Umwelt- und Energiebeihilfeleitlinien der Kommission für die Jahre 2014 bis 2020 aber einen nicht unerheblichen Einfluss auf die Ausgestaltung des EEG 2014 gehabt. Schon dies macht vorliegend eine vertiefte Behandlung derselben notwendig, auch wenn sich künftig herausstellen mag, dass das EEG-Fördersystem nicht als Beihilfe i.S. des Art. 107 Abs. 1 AEUV anzusehen sein mag.

40 (2) „**Begünstigung**". Neben der Staatlichkeit der Mittel setzt eine Beihilfe gem. Art. 107 Abs. 1 AEUV u. a. die selektive „**Begünstigung**" eines Unternehmens voraus. Das Vorliegen einer Begünstigung ist im vorliegenden Zusammenhang besonders mit Blick auf Zuwendungen von Mitgliedstaaten an Unternehmen problematisch, die mit Dienstleistungen von allgemeinem wirtschaftlichem Interesse i.S. des Art. 106 Abs. 2 AEUV betraut sind.[194]

41 Das an einen funktionalen Unternehmensbegriff anknüpfende europäische Wettbewerbsrecht kennt keinen generellen Ausnahmebereich für die „öffentliche Daseinsvorsorge".[195] Allerdings sieht Art. 106 Abs. 2 Satz 1 AEUV vor, dass die EU-Wettbewerbsregeln für **Unternehmen, die mit „Dienstleistungen von allgemeinem wirtschaftlichem Interesse" betraut sind**, lediglich insoweit gelten, als ihre Anwendung nicht die Erfüllung der den Unternehmen übertragenen, für die Bürger besonders wichtigen Aufgaben rechtlich oder tatsächlich verhindert bzw. übermäßig beeinträchtigt. Mit dem Begriff der „Dienstleistungen von allgemeinem wirtschaftlichem Interesse" bezieht sich Art. 106 Abs. 2 AEUV auf marktbezogene („wirtschaftliche") Tätigkeiten, die auch im Interesse der Allgemeinheit erbracht und aus diesem Grunde von den Mitgliedstaaten mit besonderen Gemeinwohlverpflichtungen verbunden werden.[196] Zu diesen „qualifizierten" Allgemeinwohl-Dienstleis-

---

191 *Manssen*, Hebeler/Hendler/Proelß/Reiff, Energiewende in der Industriegesellschaft, S. 13, 21.

192 *Manssen*, in: Hebeler/Hendler/Proelß/Reiff, Energiewende in der Industriegesellschaft, S. 13, 21; siehe auch *Säcker*, in: Bitburger Gespräche Jahrbuch 2014, S. 5, 7: Formelle Fragen der Konstruktion des Fördermechanismus können langfristig keine Rolle spielen.

193 Siehe dazu *Streinz*, JuS 2014, 852, 854.

194 *Mestmäcker/Schweitzer*, Europäisches Wettbewerbsrecht, § 43 Rn. 20. Art. 106 Abs. 2 AEUV ist Ausdruck des Zielkonflikts zwischen individueller Selbstbestimmung und Schutz überindividueller Gemeinwohlinteressen; siehe – auch zum Folgenden – *Mohr*, Sicherung der Vertragsfreiheit durch Wettbewerbs- und Regulierungsrecht, i. E. 2015.

195 Dauses/*Hoffmann*, Art. 101 und 102 AEUV im Überblick Rn. 57.

196 *Von Danwitz*, in: Krautscheid, Die Daseinsvorsorge im Spannungsfeld von europäischem Wettbewerb und Gemeinwohl, S. 103, 113; Immenga/Mestmäcker/*Mestmäcker/Schweitzer*, Art. 106 AEUV Rn. 78 f.

tungen gehören auch die netzwirtschaftliche Versorgung der Verbraucher mit Energie,[197] mit Telekommunikations-[198] und mit (Eisenbahn-) Transportleistungen.[199]

Im Ausgangspunkt besteht Einigkeit darüber, dass die Mitgliedstaaten diejenigen Mehrbe- **42** lastungen, die den Unternehmen aus den ihnen obliegenden Gemeinwohlaufgaben erwachsen, durch Zuwendungen entsprechenden Umfangs ausgleichen dürfen.[200] Umstritten ist demgegenüber, unter welchen Voraussetzungen dieser Gesichtspunkt bereits eine Begünstigung und damit das Vorliegen einer Beihilfe i.S. des Art. 107 Abs. 1 AEUV ausschließt.[201] Nach den *„Altmark-Trans*-Kriterien" des EuGH sind Ausgleichszahlungen für „gemeinwirtschaftliche Verpflichtungen" (der „Daseinsvorsorge") schon tatbestandlich nicht als Beihilfen zu qualifizieren, sofern der Empfänger in Wirklichkeit gar keinen finanziellen Vorteil erhalten hat (keine „Überkompensation"[202]) und zudem im Interesse der Transparenz bestimmte verfahrensrechtliche Vorgaben eingehalten werden.[203] Im Einzelnen muss das Unternehmen durch Rechtsakt mit klar definierten „gemeinwirtschaftlichen" Pflichten betraut sein, die Berechnungsparameter für den Ausgleich müssen im Vorhinein nach objektiven und transparenten Kriterien festgelegt sein und der Ausgleich darf nur die Kosten umfassen, die tatsächlich zur Erfüllung der gemeinwirtschaftlichen Verpflichtungen unter Berücksichtigung der dabei erzielten Einnahmen und eines angemessenen Gewinns notwendig sind. Das letztgenannte „Verbot der Überkompensation" wird konkretisiert durch die Vorgabe, dass die betrauten Unternehmen entweder in einem **transparenten, nicht-diskriminierenden Vergabeverfahren ausgewählt werden müssen, das sich an dem für die Allgemeinheit günstigsten Angebot orientiert,**[204] oder **die Höhe des erforderlichen Ausgleichs auf der Grundlage einer Analyse der Kosten bestimmt wird, die ein durchschnittlich gut geführtes Unternehmen bei der Erfüllung der entsprechenden Pflichten hätte.**[205] In dem letztgenannten Merkmal – der Ermittlung der Zahlungen über wettbewerbliche Ausschreibungen – zeigt sich paradigmatisch der enge dogmatische Zusammenhang zwischen Beihilfen- und Vergaberecht, die beide dem Ziel der Sicherung eines wirksamen Wettbewerbs im Binnenmarkt u.a. gegen staatliche oder staatlich-veranlasste Wettbewerbsbeschränkungen verpflichtet sind.

---

197 EuGH v. 27.4.1994 – C-393/92, Slg 1994, I-1477 – Almelo; siehe zur Versorgung mit Strom und Gas als „service public" *Lecheler*, RdE 1996, 212 ff.

198 EuGH, Urt. v. 13.12.1991, Rs C-18/88, EuZW 1992, 250 Rn. 16 – RTT/GB-Inno.

199 Siehe zum Flugverkehr EuGH, Urt. v. 11.4.1989, C-66/86, Slg. 1989, 803 Rn. 54 ff. – Ahmed Saeed Flugreisen.

200 Ausführlich *Wende*, Die einheitliche Auslegung von Beihilfen- und Vergaberecht als Teilgebiete des europäischen Wettbewerbsrechts, S. 76 ff.; aus ökonomischer Sicht IZES, Bewertung von Ausschreibungsverfahren als Finanzierungsmodell für Anlagen erneuerbarer Energienutzung, S. 37.

201 *Mestmäcker/Schweitzer*, Europäisches Wettbewerbsrecht, § 43 Rn. 20.

202 *Wende*, Die einheitliche Auslegung von Beihilfen- und Vergaberecht als Teilgebiete des europäischen Wettbewerbsrechts, S. 77.

203 EuGH, Urt. v. 24.7.2003, Rs. C-280/00, Slg. 2003, I-7747 Rn. 83 ff. – Altmark Trans GmbH; dazu ausführlich *Wende*, Die einheitliche Auslegung von Beihilfen- und Vergaberecht als Teilgebiete des europäischen Wettbewerbsrechts, S. 101 ff.

204 Siehe zur preisbezogenen Zuschlagsregelung im Rahmen der EE-Auktionen gem. § 2 Abs. 5 die Kommentierung zu § 2 Rn. 132 ff.

205 *Wende*, Die einheitliche Auslegung von Beihilfen- und Vergaberecht als Teilgebiete des europäischen Wettbewerbsrechts, S. 104.

43   Sofern die Personen der Zahlungsempfänger und die Höhe der staatlichen Ausgleichszahlungen nicht durch **wettbewerbliche Ausschreibungen** ermittelt werden, muss wie gesehen jedenfalls die Höhe der Zahlungen auf der Grundlage einer Analyse der Kosten festgesetzt werden, die ein für die Erfüllung der gemeinwirtschaftlichen Aufgaben angemessen ausgestattetes, „durchschnittliches, gut geführtes Unternehmen" bei der Aufgabenerfüllung hätte".[206] In Übernahme der Erkenntnisse aus dem Wettbewerbs- und Regulierungsrecht ist somit nur ein **Ausgleich effizienter Kosten** zulässig. Wären die entsprechenden Unternehmen nämlich nicht mit Aufgaben der „Daseinsvorsorge" betraut, sondern stünden in wirksamem Wettbewerb mit anderen Unternehmen, könnten sie keine beliebigen Kosten produzieren und auf ihre Kunden abwälzen (Ist-Kosten), sondern nur solche Kosten, die auch ein („durchschnittlich" bzw. „vernünftig"[207]) effizient produzierender Wettbewerber haben würde (Soll-Kosten).[208] Andernfalls würden rational handelnde und gut informierte Kunden die Preise nicht akzeptieren und zu Konkurrenten abwandern.[209] § 29 Satz 2 GWB stellt deshalb verallgemeinerungsfähig klar, dass im Rahmen einer wettbewerblichen Kontrolle von Marktmachtmissbräuchen nur solche Kosten berücksichtigt werden können, die sich auch bei wirksamem Wettbewerb einstellten.[210] Bei Anwendung der „*Altmark-Trans*-Kriterien"[211] auf EE-Ausschreibungen i. S. des § 2 Abs. 5 muss somit das Ausschreibungsdesign sicherstellen, dass den bezuschlagten Unternehmen nur effiziente Kosten inklusive einer angemessen-marktüblichen Kapitalrendite gewährt werden.

44   Wendet man die vorstehenden Kriterien auf das im EEG 2012 normierte Fördersystem an,[212] liegt eine **staatliche „Begünstigung"** vor.[213] Zwar ist der Betrieb von Anlagen zur Erzeugung von Strom aus erneuerbaren Energien derzeit noch nicht marktfähig, weshalb eine staatliche Förderung geboten ist, um die unionsrechtlich zulässigen Ausbauziele des § 1 zu erreichen. In Ermangelung von Marktpreisen zur Bestimmung der Angemessenheit der Gegenleistung muss diese jedoch durch ein wettbewerbliches Verfahren ermittelt werden.[214] Die Förderzahlungen wurden jedoch unter Geltung des EEG 2012 nicht nach wett-

---

206 EuGH, Urt. v. 24.7.2003, Rs. C-280/00, Slg. 2003, I-7747 Rn. 89 ff. – Altmark Trans GmbH; *Mestmäcker/Schweitzer*, Europäisches Wettbewerbsrecht, § 43 Rn. 23; detailliert MünchKommBeihVgR/*Wolf*, Art. 107 AEUV Rn. 772. Im vorliegenden Zusammenhang *Kahle*, RdE 2014, 372, 373.

207 Siehe zu den Konzepten des „REO" bzw. des „EEO" *Cadman*, Intermedia 39/2011, 24 ff.; zum „As-efficient-competitor-Test" siehe auch BerlKommEnR/*Mohr*, 3. Aufl. 2014, § 29 GWB Rn. 184.

208 Ausführlich *Mohr*, Sicherung der Vertragsfreiheit durch Wettbewerbs- und Regulierungsrecht, i. E. 2015.

209 *Säcker/Boesche*, ZNER 2002, 183, 186.

210 Vgl. BerlKommEnR/*Mohr*, 3. Aufl. 2014, § 29 GWB Rn. 183.

211 Dies ist streitig; dafür *Kahle*, RdE 2014, 372, 373 f.

212 Siehe zur Anwendung der „Altmark-Trans-Kriterien" im „Kontext des Umweltschutzes" das EuG, Urt. v. 12.9.2013, Rs. T-347/09, ZUR 2013, 602 Rn. 74 ff. Hiernach unterfällt ein Bieterverfahren nicht den „*Altmark*-Kriterien", wenn es „nicht auf den geringsten Preis für die Erbringung der Dienstleistungen oder das wirtschaftlich günstigste Angebot ausgerichtet" ist, „sondern auf das Eignungsprofil der Organisationen und – im Falle der Naturschutzprojekte – den Umweltnutzen der Projekte" (a. a. O., Rn. 78).

213 Indirekt auch *Kahle*, RdE 2014, 372, 373, wonach die Umstellung des Fördersystems auf Ausschreibungen dazu führe, dass der Beihilfentatbestand nicht erfüllt sei; denn dies impliziert, dass es bislang anders war. A. A. *Ismer/Karch*, ZUR 2013, 526, 530 ff.; *Grabmayr/Stehle/Pause/Müller*, Das Beihilfeverfahren der EU-Kommission zum Erneuerbare-Energien-Gesetz 2012, S. 17 ff.

214 Überzeugend *Mestmäcker/Schweitzer*, Europäisches Wettbewerbsrecht, § 43 Rn. 25.

bewerblichen und damit „systemkonformen" Gesichtspunkten festgelegt. So wurde die Erzeugung von Strom aus erneuerbaren Energien über ex ante festgelegte Vergütungssätze gefördert. Im Rahmen einer solchen Preisförderung waren und sind dem Gesetzgeber die tatsächlichen Kosten der geförderten Projekte jedoch nicht bekannt (Problem der „Informationsasymmetrie"[215]), weshalb die Systempreise in der Vergangenheit zuweilen stärker sanken als die Fördersätze, mit der Folge von sog. „Mitnahmeeffekten".[216] Folglich wurden über die Einspeisevergütung bzw. über die Direktvermarktungs-Marktprämie nicht nur effiziente Kosten gefördert, sondern auch Renditen ermöglicht, die das allgemeine Marktniveau weit überstiegen. Vor diesem Hintergrund verfolgt der Gesetzgeber mit dem EEG 2014 insbesondere das Ziel, derartige „Überförderungen" abzubauen und die Fördergelder an ein Niveau wie bei wirksamem Wettbewerb heranzuführen.[217] Er gesteht damit inzident zu, dass unter Geltung der früheren, für „Altanlagen" fortgeltenden Rechtslage von einer „Begünstigung" i. S. des Beihilfenverbots auszugehen war.

Weiterhin wurde den EE-Anlagenbetreibern nicht durch einen „**Betrauungsakt**" eine besondere Verpflichtung auferlegt, die der Befriedigung eines besonderen Bedürfnisses des Staates dient und deshalb „Beschaffungscharakter" hat. Das EEG 2012 reizte die Unternehmen über garantierte Renditen dazu an, EE-Anlagen zu errichten und zu betreiben. Die Anlagenbetreiber wurden durch den Fördermechanismus also berechtigt und nicht verpflichtet.[218]   **45**

Dem Kriterium der Auswahl des Betreibers durch ein **wettbewerbliches Vergabeverfahren** wird im EEG 2014 durch die §§ 2 Abs. 5, 55, 88 Rechnung getragen,[219] jedenfalls sofern im Rahmen des Ausschreibungsdesigns auf den „geringsten" (noch „wettbewerbskonformen", d. h. nicht mit einem „Fluch des Gewinners" belasteten[220]) Preis als Zuschlagskriterium abgestellt wird.   **46**

cc) Gesetzgebungsverfahren. Hinsichtlich der im **EEG 2012** normierten Förderung der Stromerzeugung aus erneuerbaren Energien und der Begrenzung der EEG-Umlage für energieintensive Unternehmen und für Schienenbahnen hat die Kommission am   **47**

---

215 Siehe dazu im Rahmen des Ausschreibungsdesigns noch § 2 Rn. 108.
216 r2b energy consulting GmbH/Brandenburgische Technische Universität Cottbus, Auktionsdesign für Photovoltaikanlagen auf Freiflächen, S. 1, 6 und öfter.
217 BT-Drs. 18/1304 v. 5.5.2014, S. 1 ff. *Ismer/Karch*, ZUR 2013, 526, 532, halten die schrittweise Heranführung der Förderung an marktliche Bedingungen bereits für ausreichend, um die Altmark-Kriterien zu erfüllen. Diese Ansicht kann nicht überzeugen, schon weil sie impliziert, dass derzeit Entgelte gezahlt werden, die auf dem Niveau wie bei wirksamem Wettbewerb liegen.
218 Wie vorliegend *Behlau*, in: Müller, 20 Jahre Recht der Erneuerbaren Energien, S. 336, 347.
219 Vgl. *Kahle*, RdE 2014, 372, 373. Entscheidend ist freilich nicht nur die Umstellung des Fördersystems auf Ausschreibungen an sich, sondern auch deren wettbewerbliche Ausgestaltung. Problematisch ist insoweit etwa der Grundsatz der „Akteursvielfalt" i. S. des § 2 Abs. 5 S. 3 EE 2014, sondern dieser nicht wettbewerblich, sondern „politisch" interpretiert wird; vgl. r2b energy consulting GmbH/Brandenburgische Technische Universität Cottbus, Auktionsdesign für Photovoltaikanlagen auf Freiflächen, S. 2: möglichst hohe Anzahl von Bietern anstatt Verfolgung von Partikularinteressen.
220 Siehe zum „Winners Curse" *Kreße*, Die Auktion als Wettbewerbsverfahren, S. 195 ff.; im vorliegenden Zusammenhang IZES, Bewertung von Ausschreibungsverfahren als Finanzierungsmodell für Anlagen erneuerbarer Energienutzung, S. 26.

18.12.2013 ein **förmliches Prüfverfahren** nach Art. 108 Abs. 2 AEUV eingeleitet.[221] Gem. Art. 108 Abs. 2 S. 1 AEUV kann die Kommission eine (rechtswidrige) Beihilfe als unvereinbar mit dem Binnenmarkt erklären, wenn sie dem Mitgliedstaat zuvor Gelegenheit zur Stellungnahme gegeben hat.[222] Nach vorläufiger Ansicht der Kommission handelte es sich bei dem deutschen EEG-Fördersystem um eine nicht notifizierte Beihilfe i.S. des Art. 107 Abs. 1 AEUV.[223] Sie erachtete das Fördersystem jedoch als grundsätzlich mit dem Binnenmarkt vereinbar, anders als die besondere Ausgleichsregelung in ihrer Ausgestaltung durch die §§ 40 ff. EEG 2012. Im Anschluss an ihre Stellungnahme vom 20.1.2014 hat die Bundesregierung nach Art. 263 AEUV eine Nichtigkeitsklage beim EuG anhängig gemacht.[224] Um infolge des Eröffnungsbeschlusses eine Aussetzung der besonderen Ausgleichsregelung oder sogar eine Rückforderung der ersparten Zahlungen zu vermeiden, haben auch mehrere deutsche Unternehmen eine Nichtigkeitsklage gegen den Beschluss erhoben.[225] Die Kommission hat unter dem 25.11.2014 die besonderen Ausgleichsregelungen für stromintensive Unternehmen des EEG 2012 als weitestgehend beihilferechtskonform angesehen; diejenigen des EEG 2014 für Schienenbahnen wurden sogar vollständig bestätigt.[226]

48 Im Verlauf des Beihilfeverfahrens gegen das EEG 2012 erließ die Kommission ihre **Leitlinien für staatliche Umweltschutz- und Energiebeihilfen bezüglich der Jahre 2014 bis 2020.**[227] Auch wenn im Schrifttum Zweifel über die Vereinbarkeit der Leitlinien mit der Energiekompetenz des Art. 194 Abs. 2 AEUV geäußert werden,[228] sind diese für die Rechtspraxis von herausragender Relevanz.[229] Die Leitlinien befassen sich allerdings nicht mit dem Tatbestand des Art. 107 Abs. 1 AEUV,[230] sondern allein mit der Genehmigungsfähigkeit notifizierungsbedürftiger Begünstigungen.[231]

---

221 Kommission, Entsch. v. 18.12.2013, C(2013) 4424 final, Beihilfe SA.33995, ABlEU 2014 Nr. C 37/07. Zu den Rechtsfolgen siehe *Palme*, NVwZ 2014, 559, 560.

222 MünchKommBeihVgR/*Werner*, Art. 108 AEUV Rn. 74.

223 Siehe dazu auch Draft Commission Notice on the notion of State aid pursuant to Article 107(1) TFEU v. 17.1.2014, Rn. 63 ff., abrufbar unter http://ec.europa.eu (letzter Zugriff 1.10.2014).

224 EuG, Klage unter Rs. T-134/14 v. 28.2.2014, ABlEU Nr. C 142/40 v. 12.5.2014 – Kommission/ Deutschland; Klagegründe sind: „Unvollständige Aufklärung und falsche Bewertung des Sachverhalts, Rechtsfehler bei der Anwendung des Art. 107 Abs. 1 AEUV (Keine Begünstigung der energieintensiven Unternehmen durch die besondere Ausgleichsregelung), keine Begünstigung durch staatliche Mitteln und Verstoß gegen den Grundsatz eines ordnungsgemäßen Verwaltungsverfahrens und des Vertrauensschutzes dadurch, dass die Kommission das EEG nach Art. 30 und 110 AEUV überprüft habe, obwohl ihr die Funktionsweise dieses Gesetzes seit über zehn Jahren bekannt gewesen sei."

225 Einstweilige Anordnungen wurden nicht erlassen, vgl. EuG (Präsident), Beschl. v. 10.6.2014, Rs. T-172 bis 174 R, 176/14 R, 178/14 R, 179/14 R, 183/14 R, Juris; siehe auch *Burgi/Wolff*, EuZW 2014, 647 mit Fn. 6; *Frenz*, ZNER 2014, 345.

226 Siehe Kommission, Pressemitteilungen vom 25.11.2014, IP/14/2122 (EEG 2012) und IP/14/2123 (EEG 2014), abrufbar unter http://europa.eu (letzter Zugriff 3.12.2014).

227 Leitlinien für staatliche Umweltschutz- und Energiebeihilfen, ABlEU Nr. C 200/1 v. 28.6.2014.

228 *Burgi/Wolff*, EuZW 2014, 647, 650; *Nettesheim*, NJW 2014, 1847, 1852; siehe auch *Fuchs/Peters*, RdE 2014, 409, 413 f.

229 *Frenz*, ZNER 2014, 345.

230 Siehe Draft Commission Notice on the notion of State aid pursuant to Article 107(1) TFEU v. 17.1.2014, abrufbar unter http://ec.europa.eu (letzter Zugriff 1.10.2014).

231 Leitlinien für staatliche Umweltschutz- und Energiebeihilfen, ABlEU Nr. C 200/1 v. 28.6.2014, Rn. 18, 23 ff.; *Frenz*, ZNER 2014, 345.

Um für die Zukunft weitgehend rechtssichere Verhältnisse zu schaffen,[232] hat die Bundes-   **49**
regierung **die Vorgaben der Umwelt- und Energiebeihilfeleitlinien bei der Ausgestaltung des EEG 2014 berücksichtigt**.[233] Dessen zentrale Neuerungen – überblickshaft formuliert in den Grundsätzen des § 2 – lassen sich somit nur dann voll verstehen, wenn man
ihre beihilferechtliche Dimension im Blick behält. Dies gilt unabhängig von der Frage, ob
der EuGH das EEG-Fördersystem letztlich als Beihilfe einstufen wird oder nicht; denn der
deutsche Gesetzgeber begründet die Notwendigkeit einer Marktintegration von Strom aus
erneuerbaren Energien vor allem mit sachlichen Gesichtspunkten wie der Reduzierung der
Kostenbelastung der Verbraucher, der Herstellung von Verteilungsgerechtigkeit und –
wenn auch nur halbherzig[234] – mit der schrittweisen Verwirklichung eines einheitlichen
Binnenmarktes für Energie.[235]

Vor dem Hintergrund der Einstufung des EEG 2012 als Beihilfe durch die Kommission   **50**
notifizierte die Bundesregierung das EEG 2014 vorsorglich gem. Art. 108 Abs. 3 S. 1
AEUV, wenn auch unter Wahrung der Rechtsansicht als „Nicht-Beihilfe".[236] Die Kommission kam mit Beschluss vom 23.7.2014 zum Ergebnis, dass das **EEG 2014** grundsätzlich –
bis auf die später genehmigten Regelungen für Schienenbahnen – mit dem europäischen
Beihilfenrecht vereinbar sei;[237] de facto stand dahinter der Umstand, dass der deutsche Gesetzgeber die Vorgaben in den Umwelt- und Energiebeihilfeleitlinien weitgehend berücksichtigt hatte.[238] Die Kommission begründete ihre Schlussfolgerung vor allem mit der zunehmenden Marktintegration des aus erneuerbaren Energien produzierten Stroms,[239] da
hierdurch die Kosten für die Verbraucher jedenfalls dann an ein wettbewerblicheres Niveau
herangeführt werden, wenn die Anlagenbetreiber auch die Risiken des Marktes tragen
müssen.[240] Der Marktintegration dienen vor allem die Regelungen zur „verpflichtenden"
Direktvermarktung (§ 2 Abs. 2)[241] und zur schrittweisen Umstellung der Förderung auf
ein **Ausschreibungsmodell**.[242] Für den Binnenmarkt förderlich ist auch die Öffnung der

---

232 *Burgi/Wolff*, EuZW 2014, 647; *Fuchs/Peters*, RdE 2014, 409, 413.
233 *Wustlich*, NVwZ 2014, 1113, 1114.
234 Paradigmatisch *Wustlich*, NVwZ 2014, 1113, 1121.
235 BT-Drs. 18/1304 v. 5.5.2014, S. 1 ff.
236 Siehe dazu *Wustlich*, NVwZ 2014, 1113, 1114.
237 Kommission, Pressemitteilung IP/14/867 v. 23.7.2014, zusammengefasst in EuZW 2014, 603.
238 *Wustlich*, NVwZ 2014, 1113, 1114: Möglichkeit der Kommission aufgrund der neuen Leitlinien,
     die Inhalte des EEG mit zu bestimmen; *Frenz*, ZNER 2014, 345, 355, wonach die Regelungen im
     EEG 2014 mit den Vorgaben der Umwelt- und Energiebeihilfeleitlinien „korrespondieren".
239 Siehe auch Kommission, Leitlinien für staatliche Umweltschutz- und Energiebeihilfen, ABlEU
     Nr. C 200/1 v. 28.6.2014, Rn. 123.
240 Dies mahnen an *Kühling/Haucap*, ET 2013, 41.
241 Siehe auch Kommission, Leitlinien für staatliche Umweltschutz- und Energiebeihilfen, ABlEU
     Nr. C 200/1 v. 28.6.2014, Rn. 124.
242 Kommission, Leitlinien für staatliche Umweltschutz- und Energiebeihilfen, ABlEU Nr. C 200/1
     v. 28.6.2014, Rn. 109 f.: „Marktinstrumente wie Auktionen oder Ausschreibungen, an denen alle
     Erzeuger, die Strom aus erneuerbaren Energiequellen erzeugen, unter denselben Bedingungen
     auf EWR-Ebene teilnehmen können, dürften in der Regel gewährleisten, dass Subventionen mit
     Blick auf ihr vollständiges Auslaufen auf ein Minimum begrenzt werden. Angesichts des unter-
     schiedlichen Entwicklungsstands der Technologien für erneuerbare Energien ermöglichen es die-
     se Leitlinien den Mitgliedstaaten jedoch, technologiespezifische Ausschreibungen durchzufüh-
     ren, um das längerfristige Potenzial einer bestimmten neuen, innovativen Technologie, die Not-
     wendigkeit einer Diversifizierung, Netzeinschränkungen und Fragen der Netzstabilität sowie
     System(integrations)kosten zu berücksichtigen." Ausführlich a.a.O., Rn. 126 bis 130.

Ausschreibungen für Betreiber aus anderen Mitgliedstaaten (§ 2 Abs. 6).[243] Da es im Zeitpunkt der Entscheidung nur eine gesetzliche Grundlage für Pilotausschreibungen für Photovoltaik-Freiflächenanlagen gab (§ 55 i.V.m. §§ 5 Nr. 16, 88), hat die Kommission die (Beihilfen-)Genehmigung insoweit bis zum 31.12.2016 befristet. Schließlich hat die Kommission auch die besondere Ausgleichsregelung gem. § 63 ff. zur Ermäßigung der EEG-Umlage für stromintensive Unternehmen als zulässig erachtet,[244] da eine solche zum Erhalt der internationalen Wettbewerbsfähigkeit in sehr energieintensiven Sektoren geboten sei.[245] Begünstigten Unternehmen ist es somit auch weiterhin möglich, für das Jahr 2015 eine Ermäßigung ihrer EEG-Umlage zu beantragen, da das beihilferechtliche Durchführungsverbot nicht eingreift.[246] Schließlich sieht die Kommission die (reduzierten) Ermäßigungen für Eigenerzeuger als beihilferechtlich zulässig an.[247]

51 Im Anschluss an die Einigung über das EEG 2014 haben die Bundesregierung und die Kommission auch eine teilweise Einigung hinsichtlich des Beihilfeverfahrens zum **EEG 2012** erzielt.[248] Hiernach beurteilt die Kommission die besondere Ausgleichsregelung auf der Grundlage der Regelungen im neuen EEG 2014, was den Kreis der potenziell rückzahlungsverpflichteten Unternehmen minimiert. Es müssen nur diejenigen Unternehmen die in den Jahren 2013 und 2014 erhaltenen „Beihilfen" zurückzahlen, die die neuen Kriterien nicht erfüllen, d.h. insbesondere nicht unter Anlage 4 zum EEG 2014 fallen.[249] Unter dem 25.11.2014 hat die Kommission ihre Entscheidung erlassen.[250]

52 **dd) Insbesondere: Leitlinien der Kommission für Umweltschutz- und Energiebeihilfen 2014 bis 2020. (1) Grundlagen.** Die Kommission hat zur Konkretisierung des ihr nach Art. 107 Abs. 3 AEUV zustehenden „Ermessens"[251] im Rahmen eines allgemeinen Pro-

---

243 Eine Öffnung der nationalen Märkte für erneuerbare Energien wird nach dieser Sichtweise nicht durch die RL 2009/28/EG bewirkt, die es den Mitgliedstaaten überlässt, auf welchem Wege die Förderung erfolgen soll und wer Normadressat ist (vgl. *Salje*, in: Müller, 20 Jahre Recht der Erneuerbaren Energien, 2012, S. 539, 541: „Abschottungswirkung"), sondern durch das europäische Beihilfenrecht als sektorspezifisches Wettbewerbsrecht.

244 Erachtet man schon die EEG-Förderung als Beihilfe, so kann man erst recht deren Reduktion gegenüber bestimmten Unternehmen als Beihilfe ansehen; siehe zu diesem Zusammenhang *Salje*, in: Müller, 20 Jahre Recht der Erneuerbaren Energien, 2012, S. 539, 552.

245 Kommission, Leitlinien für staatliche Umweltschutz- und Energiebeihilfen, ABlEU Nr. C 200/1 v. 28.6.2014, Rn. 182: „[...] Ohne einen solchen Ausgleich könnte sich die Förderung der erneuerbaren Energien als nicht tragfähig erweisen und die öffentliche Akzeptanz für ehrgeizige Fördermaßnahmen zugunsten erneuerbarer Energien begrenzt sein. Wird ein solcher Ausgleich allerdings zu hoch angesetzt oder einer zu großen Zahl von Stromverbrauchern gewährt, so könnte dies wiederum die Finanzierung der Förderung erneuerbarer Energien insgesamt gefährden, so dass die öffentliche Akzeptanz ebenfalls sinken würde und erhebliche Verzerrungen des Wettbewerbs und Handels zu befürchten wären."

246 *Ehrmann*, NVwZ 2014, 1183, 1184; *Palme*, NVwZ 2014, 559, 560.

247 Kommission, Pressemitteilung IP/14/867 v. 23.7.2014.

248 Dies schildern *Burgi/Wolff*, EuZW 2014, 647.

249 *Burgi/Wolff*, EuZW 2014, 647.

250 Siehe Kommission, Pressemitteilung vom 25.11.2014, IP/14/2122 (EEG 2012), abrufbar unter http://europa.eu (letzter Zugriff 3.12.2014).

251 Vgl. EuGH, Urt. v. 17.9.1980, Rs 730/79, Slg. 1980, 2671 Rn. 17 – Phillip Morris/Kommission; der Begriff des Ermessens umfasst anders als nach deutschem Verständnis nicht nur einen Entscheidungsfreiraum auf Rechtsfolgenseite, sondern auch einen Auslegungsspielraum auf der Tatbestandsebene („unbestimmter Rechtsbegriff"); vgl. Grabitz/Hilf/Nettesheim/*von Wallenberg/ Schütte*, Art. 107 AEUV Rn. 140 mit Fn. 366.

gramms zur Überarbeitung des unionsrechtlichen Beihilfe-Sekundärrechts am 28.6.2014 für die Jahre 2014 bis 2020 neue **Leitlinien für Umweltschutz- und Energiebeihilfen** veröffentlicht,[252] auch um konkret anstehende Fallgestaltungen einer Lösung zuführen zu können. Daneben strebt die Kommission in den kommenden Jahren eine Änderung der EE-Richtlinie 2009/28/EG an, auch um dem Vorwurf zu entgehen, sie wolle über das Beihilfenrecht die Vorgaben des europäischen Energieumweltrechts aufweichen.[253] Der deutsche Gesetzgeber hat die Umweltschutz- und Energiebeihilfeleitlinien im EEG 2014 trotz seiner divergierenden Auffassung im Hinblick auf das Vorliegen einer Beihilfe berücksichtigt, insbesondere um den (stromintensiven) Unternehmen ein adäquates Maß an Rechtssicherheit zu verschaffen.[254] Zum Verständnis des EEG 2014 und zu seiner sachgerechten Interpretation ist deshalb eine vertiefte Auseinandersetzung mit den Umweltschutz- und Energiebeihilfeleitlinien unabdingbar.[255]

Die Umweltschutz- und Energiebeihilfeleitlinien formen wesentliche Grundsätze aus, die **53** bereits in der am 17.6.2014 ergangenen **Verordnung Nr. 651/2014** „zur Feststellung der Vereinbarkeit bestimmter Gruppen von Beihilfen mit dem Binnenmarkt in Anwendung der Artikel 107 und 108 des Vertrags über die Arbeitsweise der Europäischen Union"[256] enthalten sind.[257] Unterfällt eine Beihilfe den abstrakt-generellen Kriterien dieser Gruppenfreistellungsverordnung, ist sie von der Anmeldepflicht des Art. 108 Abs. 3 AEUV freigestellt (siehe auch Art. 42 Nr. 1 VO Nr. 651/2014). Demgegenüber enthalten die Leitlinien Erwägungen, die für eine administrative Freistellung im Einzelfall relevant sind. So legt die Kommission nach Erwägungsgrund 10 der Umweltschutz- und Energiebeihilfeleitlinien die Voraussetzungen dar, die Energie- und Umweltbeihilfen erfüllen müssen, damit sie nach Art. 107 Abs. 3 lit. c AEUV als mit dem Binnenmarkt vereinbar erachtet werden.

Die Umweltschutz- und Energiebeihilfeleitlinien folgen einem „allgemeinen Ansatz", der **54** „auf die **Stärkung des Binnenmarkts, eine höhere Effizienz der öffentlichen Ausgaben durch Gewährung staatlicher Beihilfen, die einen wirksameren Beitrag zu Zielen von gemeinsamem Interesse leisten,** eine **stärkere Prüfung des Anreizeffekts,** die **Begrenzung der Beihilfen auf das erforderliche Minimum** und die **Vermeidung etwaiger negativer Auswirkungen der Beihilfen auf Wettbewerb und Handel**" abzielt.[258] Die Kommission sieht deshalb staatliche Umwelt- und Energiebeihilfen nur dann als vereinbar mit dem Binnenmarkt an, wenn sie unter Berücksichtigung der spezifischen Nachteile des jeweiligen Fördergebiets einen wesentlichen Beitrag zu den Umwelt- oder Energiezielen der Union leisten, ohne dass sie die Handelsbedingungen in einer dem gemeinsamen Interesse

---

252 Hierdurch entsteht nach allgemeinen Rechtsgrundsätzen (Vertrauensschutz, Gleichbehandlungspflicht) eine Selbstbindung der Kommission, vgl. EuG, Urt. v. 10.7.2012, T-304/08, EuZW 2012, 666 – Smurfit Kappa Group plc mit Sitz in Dublin/Kommission. Siehe zur Ermessenskonkretisierung in Zusammenhang mit der Verhängung von Geldbußen bei Kartellverstößen Loewenheim/Meessen/Riesenkampff/*Nowak*, Art. 23 VO 1/2003 Rn. 29 ff.

253 Siehe zu diesem oben § 1 Rn. 16 ff.

254 Vgl. dazu *Säcker*, BB Nr. 5/2014, S. 1; *Wustlich*, NVwZ 2014, 1113, 1114. Für Schienenbahnen gelten abweichende Vorschriften; vgl. § 2 Rn. 72.

255 Ebenso *Frenz*, ZNER 2014, 345, 355.

256 ABlEU Nr. L 187/1 v. 26.6.2014.

257 Siehe auch Erw. 61 VO Nr. 651/2014, ABlEU Nr. L 187/1 v. 26.6.2014.

258 Kommission, Leitlinien für staatliche Umweltschutz- und Energiebeihilfen, ABlEU Nr. C 200/1 v. 28.6.2014, Rn. 12.

zuwiderlaufenden Weise verändern.[259] Das ist im Ausgangspunkt dann der Fall, wenn die positiven Auswirkungen der jeweiligen Beihilfe im Hinblick auf ein Ziel von gemeinsamem Interesse die möglichen negativen Auswirkungen auf den Handel zwischen Mitgliedstaaten und den Wettbewerb überwiegen.[260]

55   **(2) Ziel von gemeinsamem Interesse.** Die Rechtfertigung von Energiebeihilfen setzt als Erstes voraus, dass diese einem **unionsrechtlich anerkannten, genau definierten Ziel** dienen. Als wesentliches Ziel der Union sieht die Kommission ein „nachhaltiges, intelligentes und integratives Wachstum" an.[261] Diesem Ziel dient nicht nur die Errichtung eines Binnenmarkts.[262] Es soll künftig vielmehr sowohl im Elektrizitäts-, als auch im Wärme-, als auch im Verkehrssektor ein wesentlicher Anteil der benötigten Energie aus erneuerbaren Ressourcen stammen. Zu diesem Zweck will die Kommission im Einklang mit dem Europäischen Rat die Treibhausgasemissionen in der Union um 20 % gegenüber dem Stand von 1990 verringern, den Anteil erneuerbarer Energien am Energieverbrauch der Union auf 20 % erhöhen, sowie die Energieeffizienz der Union um 20 % gegenüber dem Stand von 1990 steigern.[263] Die beiden erstgenannten Ziele sollen u.a. mit dem Emissionshandelssystem und mit der RL 2009/28/EG erreicht werden.[264] Da die Umsetzung dieser Gesetzgebungsakte jedoch nicht immer „zu dem effizientesten Marktergebnis" führe, könnten sich staatliche Beihilfen „unter bestimmten Umständen" als geeignetes Instrument für einen Beitrag zur Verwirklichung der Ziele der Union und der damit verbundenen nationalen Ziele erweisen.[265] Die zentrale Funktion auch nationaler Energiebeihilfen bestehe somit darin, „ein wettbewerbsfähiges, nachhaltiges und sicheres Energiesystem in einem gut

---

259 Kommission, Leitlinien für staatliche Umweltschutz- und Energiebeihilfen, ABlEU Nr. C 200/1 v. 28.6.2014, Rn. 23.

260 Kommission, Leitlinien für staatliche Umweltschutz- und Energiebeihilfen, ABlEU Nr. C 200/1 v. 28.6.2014, Rn. 26.

261 Kommission, Mitteilung Europa 2020 – Eine Strategie für ein intelligentes, nachhaltiges und integratives Wachstum, KOM(2010) 2020 endg. v. 3.3.2010, abrufbar unter www.europa.eu (letzter Zugriff 1.10.2014); siehe auch Kommission, Leitlinien für staatliche Umweltschutz- und Energiebeihilfen, ABlEU Nr. C 200/1 v. 28.6.2014, Rn. 3.

262 Diesem Ziel dient vornehmlich das dritte Energiebinnenmarktpaket: Verordnung (EG) Nr. 713/2009 zur Gründung einer Agentur für die Zusammenarbeit der Energieregulierungsbehörden; Verordnung (EG) Nr. 714/2009 über die Netzzugangsbedingungen für den grenzüberschreitenden Stromhandel; Verordnung (EG) Nr. 715/2009 über die Bedingungen für den Zugang zu den Erdgasfernleitungsnetzen; Richtlinie 2009/72/EG über gemeinsame Vorschriften für den Elektrizitätsbinnenmarkt; Richtlinie 2009/73/EG über gemeinsame Vorschriften für den Erdgasbinnenmarkt; siehe dazu *Gundel/Germelmann*, EuZW 2009, 793; *Theobald/Gey-Kern*, EuZW 2011, 896 ff. Wesentliche Vorgaben zur Schaffung eines Binnenmarkts für Elektrizität enthält darüber hinaus die sog. REMIT-Verordnung 1227/2011 zur Integration und Transparenz des Energiegroßhandelsmarktes durch das Verbot missbräuchlicher Praktiken wie Insiderhandel und Marktmanipulation durch Unternehmen, die mit Energiegroßhandelsprodukten handeln; siehe dazu *Dauses/Lecheler/Recknagel*, M. Energierecht Rn. 169a; *Funke*, CCZ 2014, 43.

263 Kommission, Mitteilung Energie 2020 – Eine Strategie für wettbewerbsfähige, nachhaltige und sichere Energie, KOM(2010) 639 endg. v. 10.11.2010, S. 3.

264 Kommission, Leitlinien für staatliche Umweltschutz- und Energiebeihilfen, ABlEU Nr. C 200/1 v. 28.6.2014, Rn. 107.

265 Kommission, Leitlinien für staatliche Umweltschutz- und Energiebeihilfen, ABlEU Nr. C 200/1 v. 28.6.2014, Rn. 107.

funktionierenden Energiemarkt der Union zu gewährleisten."[266] In Anwendung dieser Prämissen setze eine „CO$_2$-arme Wirtschaft mit einem erheblichen Anteil an variabler Energie aus erneuerbaren Quellen" eine Anpassung des Energiesystems sowie umfangreiche Investitionen in die Energienetze voraus.[267] Sofern die Mitgliedstaaten hierzu Umwelt- und Energiebeihilfen gewähren wollten, müssten sie diese in das Koordinatenkreuz einer wettbewerblichen und ökologischen Marktwirtschaft einpassen und den erwarteten Beitrag der Maßnahme zur Zielerreichung begründen.[268] Im deutschen EEG sind die entsprechenden Ziele in § 1 formuliert.[269] Diese werden durch die in § 2 enthaltenen Grundsätze verbindlich konkretisiert.

(3) Erforderlichkeit zur Behebung eines Marktversagens. Sofern eine tatbestandliche **56** Begünstigung i. S. des Art. 107 Abs. 1 AEUV einem legitimen Ziel „von gemeinsamem Interesse" dient, muss sie zudem „**erforderlich**" sein, um der Rechtfertigungsnorm des Art. 107 Abs. 3 lit. c AEUV zu unterfallen.[270] Das sei der Fall, wenn wettbewerbliche Märkte, die „in der Regel die effizientesten Ergebnisse im Hinblick auf Preise, Produktion und Ressourcennutzung hervorbringen",[271] diese Ergebnisse „allein", d. h. auch in Anwendung des Wettbewerbsrechts und der wettbewerbsfördernden Regulierung der Energienetze, nicht erreichten.[272] Die Gewährung von Beihilfen ist hiernach **unzulässig**, wenn ein Ziel **auch über wettbewerbliche Märkte** erreicht werden kann.[273]

---

266 Kommission, Leitlinien für staatliche Umweltschutz- und Energiebeihilfen, ABlEU Nr. C 200/1 v. 28.6.2014, Rn. 30, unter Bezugnahme auf die Mitteilung Energie 2020, Eine Strategie für wettbewerbsfähige, nachhaltige und sichere Energie, KOM(2010) 639 endg., abrufbar unter http://eur-lex.europa.eu (letzter Zugriff 1.10.2014). Siehe ebenda, S. 1: „Die gemeinsame EU-Politik entstand aus dem Bestreben, Energieprodukte und Energiedienstleistungen zu einem für alle Verbraucher (Privathaushalte und Industrie) erschwinglichen Preis fortwährend auf dem Markt zur Verfügung zu stellen und gleichzeitig einen Beitrag zu den umfassenderen sozialen und klimapolitischen Zielen der EU zu leisten. Die zentralen energiepolitischen Ziele (Versorgungssicherheit, Wettbewerbsfähigkeit und Nachhaltigkeit) sind jetzt im Vertrag von Lissabon verankert. Darin wird klar zum Ausdruck gebracht, was von Europa im Energiebereich erwartet wird." Und S. 6: „Die neue Energiestrategie stützt sich auf fünf Schwerpunkte: 1. Europa energieeffizient machen 2. Einen wahrhaft europaweit integrierten Energiemarkt schaffen 3. Verbraucherautonomie stärken und das höchste Niveau an Sicherheit und Gefahrenabwehr erreichen 4. Die Führungsrolle Europas im Bereich der Energietechnologien und Innovation ausbauen 5. Die externe Dimension des EU-Energiemarkts stärken."

267 Kommission, Leitlinien für staatliche Umweltschutz- und Energiebeihilfen, ABlEU Nr. C 200/1 v. 28.6.2014, Rn. 30.

268 Siehe dazu näher Kommission, Leitlinien für staatliche Umweltschutz- und Energiebeihilfen, ABlEU Nr. C 200/1 v. 28.6.2014, Rn. 31 ff.

269 Nach *Frenz* (ZNER 2014, 345, 348) sind zulässige Ziele insoweit die Einschränkung der Verstromung von Kohle und der Kernenergie sowie die Verhinderung negativer externer Effekte derselben.

270 Kommission, Leitlinien für staatliche Umweltschutz- und Energiebeihilfen, ABlEU Nr. C 200/1 v. 28.6.2014, Rn. 34.

271 Entsprechend dem Konzept der „Daseinsvorsorge durch wettbewerbliche Märkte", vgl. *Mohr*, Sicherung der Vertragsfreiheit durch Wettbewerbs- und Regulierungsrecht, i. E. 2015. Siehe aus der ökonomischen Literatur statt anderer *Herdzina*, Wettbewerbspolitik, S. 18 ff.; *Kerber*, in: Vahlens Kompendium, S. 369.

272 Kommission, Leitlinien für staatliche Umweltschutz- und Energiebeihilfen, ABlEU Nr. C 200/1 v. 28.6.2014, Rn. 34 mit Fn. 38.

273 *Frenz*, ZNER 2014, 345, 347.

57 Nach Ansicht der Kommission kann ein relevantes **Marktversagen** insbesondere durch negative und positive externe Effekte,[274] Informationsasymmetrien und Koordinierungsprobleme hervorgerufen werden.[275] Die auch von § 1 Abs. 1 benannten „negativen externen Effekte" können aus dem Umstand resultieren, dass eine Umweltbelastung regelmäßig „keinen angemessenen Preis" hat.[276] Damit ist allerdings noch keine Aussage darüber getroffen, mit welchen Mitteln der Ausgleich der externen Effekte zu erfolgen hat. Insoweit stehen sich **marktnahe Instrumente** wie ein funktionierender CO_2-Zertifikatehandel und **marktferne Instrumente** wie die Subventionierung bestimmter emissionsneutraler Technologien gegenüber.[277] Vor diesem Hintergrund betont die Kommission zurecht, dass „[d]as Vorliegen eines Marktversagens allein [...] noch keine ausreichende Begründung für eine staatliche Maßnahme" ist. „So könnte es schon andere Strategien oder Maßnahmen geben, mit denen einige Aspekte des ermittelten Marktversagens behoben werden sollen, beispielsweise Vorschriften für bestimmte Branchen, verbindliche Schadstoffnormen, Preismechanismen wie das Emissionshandelssystem der Union (‚ETS') oder CO_2-Abgaben. Zusätzliche Maßnahmen und staatliche Beihilfen dürfen deshalb nur auf die Behebung des verbleibenden Marktversagens ausgerichtet sein, d. h. auf das Marktversagen, das durch die anderen Strategien und Maßnahmen nicht behoben wurde. Ferner muss aufgezeigt werden, wie die staatlichen Beihilfen andere Strategien und Maßnahmen ergänzen, die bereits auf die Behebung des betreffenden Marktversagens ausgerichtet sind. Die Erforderlichkeit einer Beihilfe ist schwerer nachzuweisen, wenn sie die Wirksamkeit anderer Strategien mindert, die auf dasselbe Marktversagen ausgerichtet sind."[278] Dies nimmt eine auch in Deutschland geführt Diskussion über die Frage auf, ob der Fördermechanismus des EEG das System des Emmissionshandels ergänzt oder eher behindert.[279] Diese primär rechtspolitische Frage ist hier nicht zu vertiefen.

58 **(4) Geeignetheit im Vergleich zu anderen Beihilfeinstrumenten.** Drittens muss die Beihilfe zur Verwirklichung der zulässigen Förderziele „geeignet" sein.[280] Nach dem Telos der Beihilfevorschriften, die Gewährung ungerechtfertigter selektiver Wettbewerbsvorteile an einzelne Unternehmen zu verhindern, ist eine Beihilfe dann mit dem Binnenmarkt unvereinbar, „**wenn derselbe positive Beitrag zu dem gemeinsamen Ziel durch andere Politikinstrumente oder Arten von Beihilfeinstrumenten, die den Wettbewerb weniger**

---

274 Siehe dazu noch unten in Zusammenhang mit der Verringerung volkswirtschaftlicher Kosten § 1 Rn. 107 ff.

275 Kommission, Leitlinien für staatliche Umweltschutz- und Energiebeihilfen, ABlEU Nr. C 200/1 v. 28.6.2014, Rn. 35.

276 Kommission, Leitlinien für staatliche Umweltschutz- und Energiebeihilfen, ABlEU Nr. C 200/1 v. 28.6.2014, Rn. 35 lit. a. Die Marktpreise bildeten nicht „die relevanten volkswirtschaftlichen Kosten ab, anhand derer ein verzerrungsfreier, fairer Technologiewettbewerb um die günstigste Erzeugungsform rein marktlich möglich wäre", vgl. *Gawel/Lehmann/Korte/Strunz/Bovet/Köck/Massier/Löschel/Schober/Ohlhorst/Tews/Schreurs/Reeg/Wassermann*, ZUR 2014, 219, 220.

277 Dies verkennen *Müller/Kahl/Sailer*, ER 4/14, 139, 142.

278 Zum Vorstehenden siehe Kommission, Leitlinien für staatliche Umweltschutz- und Energiebeihilfen, ABlEU Nr. C 200/1 v. 28.6.2014, Rn. 36.

279 Für eine Ergänzung Bundesregierung, Stellungnahme zum Sondergutachten der Monopolkommission Energie 2013, BT-Drs. 18/2939 v. 16.10.2014, S. 3; *Luhmann*, Wirtschaftsdienst 2009, 748 ff.; dagegen *Haucap/Coenen/Schweinsberg*, Wirtschaftsdienst 2009, 751, 752.

280 Nach der deutschen Grundrechtsprüfung handelt es sich um das Merkmal der „Erforderlichkeit"; vgl. *Frenz*, ZNER 2014, 345, 348.

verfälschen, erreicht werden kann".[281] Derart anderweitige Instrumente sind Regulierungsmaßnahmen und marktbasierte Instrumente, aber auch „weiche Instrumente" wie freiwillige Umweltzeichen und die Verbreitung umweltfreundlicher Technologien.[282] Die Mitgliedstaaten müssen deshalb erläutern, weshalb andere mit geringeren Verfälschungen verbundene Beihilfeformen wie etwa rückzahlbare Vorschüsse weniger geeignet als staatliche Zuschüsse sind.[283]

Nach Ansicht der Kommission internalisierten das **Emissionshandelssystem** der Union und die nationalen CO_2-Abgaben zwar die Kosten von Treibhausgasemissionen, „möglicherweise aber noch nicht vollständig". Aus diesem Grunde könnten „staatliche Beihilfen […] zur Verwirklichung der damit zusammenhängenden, aber davon zu unterscheidenden Ziele der Union für erneuerbare Energien beitragen. Wenn der Kommission keine gegenteiligen Beweise vorliegen, geht sie deshalb davon aus, dass ein gewisses Marktversagen verbleibt, das mithilfe von Beihilfen zur Förderung erneuerbarer Energien behoben werden kann".[284]   **59**

Entscheidet sich ein Mitgliedstaat für die Gewährung von Beihilfen, ist eine **wettbewerbliche Förderform** zu wählen. Dies betrifft insbesondere die Regelungen zur Ermittlung der Fördergelder. Ersatzfähig sind deshalb nur „hypothetische Wettbewerbspreise".[285] Bei wirksamem Wettbewerb kann ein Unternehmen am Markt keine beliebigen Kosten überwälzen (Ist-Kosten), sondern nur solche Kosten, die auch ein effizienter Wettbewerber haben würde (Soll-Kosten); denn andernfalls würden die Kunden seine Preise nicht akzeptieren und zu Konkurrenten abwandern.[286] Auch die Rendite kann im mehrjährigen Durchschnitt bei wirksamem Wettbewerb die branchenübliche Rendite nicht bzw. jedenfalls nicht erheblich übersteigen.   **60**

(5) Anreizeffekt. Umwelt- und Energiebeihilfen müssen viertens einen sog. **Anreizeffekt** entfalten. Die Beihilfe muss den Empfänger veranlassen, sein Verhalten so zu ändern, dass der Umweltschutz oder das Funktionieren eines Energiemarkts mit sicheren, erschwinglichen und nachhaltigen Energien verbessert wird. Zugleich darf die Verhaltensänderung ohne die Gewährung einer Beihilfe nicht zu erwarten gewesen sein. Aus diesem Grunde darf sie „weder die Kosten einer Tätigkeit subventionieren, die ein Unternehmen ohnehin zu tragen hätte, noch das übliche Geschäftsrisiko einer Wirtschaftstätigkeit ausgleichen".[287] Durch diese Vorgaben sollen „**Mitnahmeeffekte**" ausgeschlossen werden,[288] wie sie bis   **61**

---

281 Kommission, Leitlinien für staatliche Umweltschutz- und Energiebeihilfen, ABlEU Nr. C 200/1 v. 28.6.2014, Rn. 40.
282 Kommission, Leitlinien für staatliche Umweltschutz- und Energiebeihilfen, ABlEU Nr. C 200/1 v. 28.6.2014, Rn. 41.
283 Kommission, Leitlinien für staatliche Umweltschutz- und Energiebeihilfen, ABlEU Nr. C 200/1 v. 28.6.2014, Rn. 45.
284 Kommission, Leitlinien für staatliche Umweltschutz- und Energiebeihilfen, ABlEU Nr. C 200/1 v. 28.6.2014, Rn. 115 [Hervorhebung durch Verf.].
285 Siehe zu den Netzentgelten *Masing*, Gutachten D zum 66. DJT 2006, S. 120; *Säcker*, WiVerw 2/2010, 101, 102 f.
286 *Säcker/Boesche*, ZNER 2002, 183, 186.
287 Kommission, Leitlinien für staatliche Umweltschutz- und Energiebeihilfen, ABlEU Nr. C 200/1 v. 28.6.2014, Rn. 49.
288 So pointiert *Frenz*, ZNER 2014, 345, 349.

dato bei der Förderung erneuerbarer Energien nach dem EEG beobachtet wurden.[289] Auch wegen dieser Mitnahmeeffekte soll das EEG 2014 „die Kostendynamik der vergangenen Jahre beim Ausbau der erneuerbaren Energien durchbrechen und so den Anstieg der Stromkosten für Stromverbraucher begrenzen".[290] Der weitere Ausbau der erneuerbaren Energien soll sich außerdem „stärker auf die kostengünstigen Technologien konzentrieren [§ 2 Abs. 3]. Gleichzeitig soll die Kosteneffizienz durch den Abbau von Überförderungen, die Streichung von Boni[291] und eine ambitionierte, stärker an dem tatsächlichen Zubau ausgerichtete Degression der Fördersätze verbessert werden".[292]

62   Der Gesetzgeber hat damit inzident zugestanden, dass die positiven Effekte einer preisbezogenen Förderung auch mit Blick auf ambitionierte Ausbauziele[293] durch negative Effekte wie eine überhöhte Belastung der Verbraucher mit den Kosten der Förderung übertroffen werden können. Derartig negative Effekte auf die „Verbraucherwohlfahrt" können durch kompetitive, am Grundsatz des „Als-ob-Wettbewerbs" ausgerichtete **Ausschreibungen** vermieden werden, sofern die Transaktionskosten begrenzt bleiben[294] und das Ausschreibungsverfahren den allgemeinen Rechtsgrundsätzen einer staatlichen Auftragsvergabe entspricht, als da wären:[295] Wettbewerb, Gleichbehandlung, Nichtdiskriminierung und Neutralität, Transparenz, angemessene Geheimhaltung, vollständige und erschöpfende Leistungsbeschreibung, Nachverhandlungsverbot, angemessene Preisbildung und Wirtschaftlichkeit.

63   **(6) Angemessene Förderung durch wettbewerbliche Ausschreibungen.** Fünftens muss eine Umwelt- und Energiebeihilfe angemessen sein. Dieses Merkmal schlägt eine Brücke zwischen Beihilfen- und Vergaberecht. Die Höhe der ausgezahlten Beihilfe ist auf das zur Verwirklichung des angestrebten Umwelt- oder Energieziels **erforderliche Minimum** zu beschränken.[296] Anhaltspunkte für die Berechnung der beihilfefähigen Kosten geben nach Anlage 2 der Leitlinien die „Investitionsmehrkosten im Vergleich zu den Kosten eines konventionellen Kraftwerks in Bezug auf die tatsächliche Energieerzeugung". Für die Bestimmung der „Beihilfeintensitäten für Investitionsbeihilfen, ausgedrückt als Anteil an den beihilfefähigen Kosten", enthält Anlage 1 der Leitlinien nähere Vorgaben. Für Beihilfen zur Förderung von erneuerbaren Energien beträgt hiernach die maximal zulässige Höhe der Beihilfe grundsätzlich 65 % bei kleinen Unternehmen, 55 % bei mittleren Unternehmen und 45 % bei großen Unternehmen.[297] Der mögliche **Förderbetrag** erhöht sich jedoch auf **100 %**, wenn die Förderhöhe im Wege einer **eindeutigen, transparenten und diskrimi-**

---

289 So etwa zur Ausgestaltung der Direktvermarktung im EEG 2012 *Gawel/Purkus*, ZfE 2013, 43, 52 und öfter.

290 BT-Drs. 18/1304 v. 5.5.2014, S. 1.

291 Boni sind Zusatzvergütungen für eine besondere Anlagentechnik oder den Einsatz besonderer Stoffe; siehe *Salje*, § 20a EEG 2012 Rn. 4.

292 BT-Drs. 18/1304 v. 5.5.2014, S. 2.

293 *Schneider*, in: Hendler/Marburger/Reinhard/Schröder/, Energierecht zwischen Umweltschutz und Wettbewerb, 2002, S. 71, 84 f.

294 *Schneider*, in: Hendler/Marburger/Reinhard/Schröder, Energierecht zwischen Umweltschutz und Wettbewerb, 2002, S. 71, 81.

295 Dazu *Buhr*, Die Richtlinie 2004/18/EG und das deutsche Vergaberecht, S. 52 ff.

296 Kommission, Leitlinien für staatliche Umweltschutz- und Energiebeihilfen, ABlEU Nr. C 200/1 v. 28.6.2014, Rn. 69 f.

297 Definition der Unternehmen in Kommission, Leitlinien für staatliche Umweltschutz- und Energiebeihilfen, ABlEU Nr. C 200/1 v. 28.6.2014, Rn. 19 Ziff. 17 und 18.

nierungsfreien Ausschreibung ermittelt wird, wie dies im EEG 2014 für Photovoltaik-Freiflächenanlagen vorgesehen ist (§§ 2 Abs. 5, 55, 88);[298] denn eine nach den allgemeinen Vergabegrundsätzen durchgeführte Ausschreibung gewährleistet, dass alle interessierten Unternehmen mitbieten können,[299] weshalb insoweit eine „Wettbewerbsneutralität" gegeben ist.[300] Als **Ausschreibung** definieren die Leitlinien ein „diskriminierungsfreies Bieterverfahren, das die Beteiligung einer ausreichend großen Zahl von Unternehmen gewährleistet[301] und bei dem die Beihilfe entweder auf der Grundlage des ursprünglichen Angebots des Bieters oder eines „Clearingpreises" gewährt wird. Hierin liegt die auch für die Ausgestaltung der EE-Ausschreibungen relevante Unterscheidung zwischen „**Pay-as-bid-Preisregeln**" und „**Uniform-pricing-Regeln**" begründet. Zudem muss die Mittelausstattung oder das Volumen in Verbindung mit der Ausschreibung ein verbindlicher Höchstwert sein, so dass nicht allen Beteiligten eine Zahlung gewährt werden kann;[302] denn ansonsten würde doch praktisch jedem Bieterunternehmen eine Beihilfe gewährt.[303] Auch an diesen Vorgaben zeigt sich der teleologische Wertungsgleichklang zwischen Beihilfen- und Vergaberecht, wie er auch der Rechtsprechung des EuGH zugrunde liegt.[304]

Die Erfordernisse eines objektiven, transparenten und diskriminierungsfreien Ausschreibungsverfahrens ergeben sich dem Grunde nach bereits aus dem **Unionsprimärrecht**.[305] Hiernach müssen „öffentliche Auftraggeber"[306] im Fall einer möglichen Beeinflussung des

64

---

298 Photovoltaik ist eine der möglichen Technologien zur Umwandlung von solarer Strahlungsenergie in elektrische Leistung; vgl. Altrock/Oschmann/Theobald/*Oschmann*, § 3 EEG 2012 Rn. 74 ff. und § 32 EEG 2012 Rn. 37 ff.; Frenz/Müggenborg/*Quicker*, Vor §§ 32–33 EEG 2012 (technische Erläuterungen) Rn. 1 ff.

299 Kommission, Leitlinien für staatliche Umweltschutz- und Energiebeihilfen, ABlEU Nr. C 200/1 v. 28.6.2014, Rn. 32 und Rn. 80 mit Fn. 53; *Frenz*, ZNER 2014, 345, 349.

300 *Frenz*, ER 6/2014, 231.

301 Dies ist das zutreffende Verständnis der Akteursvielfalt gem. § 2 Abs. 5 S. 3; vgl. unter § 2 Rn. 87 und 113.

302 Kommission, Leitlinien für staatliche Umweltschutz- und Energiebeihilfen, ABlEU Nr. C 200/1 v. 28.6.2014, Rn. 19 Nr. 43.

303 *Frenz*, ER 6/2014, 231.

304 Siehe zum sog. Private-Investor-Test nur EuGH, Urt. v. 16.5.2002, Rs. C-482/99, Slg. 2002, I-4397 Rn. 70 – Stardust Marine; ausführlich *Wende*, Die einheitliche Auslegung von Beihilfen- und Vergaberecht als Teilgebiete des europäischen Wettbewerbsrechts, S. 10 ff., 76 ff.

305 Vgl. – auch zum Folgenden – *Säcker/Mohr*, ZWeR 2012, 417, 428 f.

306 Ausschreibungen nach § 55 sind durch ein Dreiecksverhältnis gekennzeichnet. Anders als bei „regulären Ausschreibungen" ist die Stelle, die die Leistung ausschreibt und den Zuschlag erteilt (die BNetzA), nicht auch diejenige Stelle, die von der Leistung direkt profitiert und diese vor allem bezahlen muss (der Netzbetreiber). Bieter sind die Anlagenbetreiber; vgl. *Kahle*, RdE 2014, 372, 376. Eine direkte Anwendung des Kartellvergaberechts setzt voraus, dass der öffentliche Auftraggeber eine „Leistung" erhält; diese muss wiederum „nach ihrer Natur sowie nach dem System und den Zielen der Richtlinie 2004/18 ein unmittelbares wirtschaftliches Interesse für den öffentlichen Auftraggeber bedeuten". Hierfür genügt eine im allgemeinen öffentlichen Interesse liegende Aufgabenerfüllung nicht, vgl. EuGH, Urt. v. 25.3.2010, Rs. C-451/08, Slg. 2010, I-2727 Rn. 49 ff. – Helmut Müller-GmbH. Wegen der Gewährleistungsverarbeitung des Staats liegt auch in der Vergabe von EE-Förderberechtigungen durch den Staat ein relevanter Beschaffungsvorgang; vgl. § 1 Rn. 91.

zwischenstaatlichen Handels die Grundregeln der EU-Verträge beachten.[307] Zu diesen gehören der freie Warenverkehr (Art. 34 AEUV), die Niederlassungs- und die Dienstleistungsfreiheit (Art. 49 und 56 AEUV), aber auch die Grundsätze der Nichtdiskriminierung und Gleichbehandlung, der Transparenz, der Verhältnismäßigkeit und der gegenseitigen Anerkennung.[308] Auch das ebenfalls anwendbare Verbot der Diskriminierung aus Gründen der Staatsangehörigkeit des Art. 18 AEUV ist eine Ausprägung des allgemeinen Gleichbehandlungsgrundsatzes.[309] Der **Gleichbehandlungsgrundsatz** verlangt, dass alle Bieter bei Aufstellung ihrer Angebote unabhängig von ihrer Staatsangehörigkeit materiell-faktisch über die gleichen Chancen verfügen. Hierzu ist ein **transparentes und objektives Vergabeverfahren** durchzuführen, damit die öffentliche Stelle feststellen kann, ob im Verfahren Rechtsverstöße begangen wurden und diese adäquat ahnden kann.[310] Zu gewährleisten ist ein „angemessener Grad an Öffentlichkeit" zugunsten der potenziellen Bieter, der die auszuschreibende Leistung dem Wettbewerb öffnet und die Nachprüfung ermöglicht, ob die Vergabeverfahren unparteiisch durchgeführt worden sind.[311] Es steht insoweit zwar im Ermessen der Mitgliedstaaten, die Grundsätze der Gleichbehandlung und der Transparenz näher auszuformen.[312] Bestimmungen, die die Grundsätze der Gleichbehandlung und Transparenz einschränken, dürfen aber nicht über dasjenige hinausgehen, was zur Erreichung eines objektiven und angemessenen Ziels des öffentlichen Auftraggebers erforderlich ist.[313]

65 Die Kommission konkretisiert diese allgemeinen Vorgaben in ihren Leitlinien dahingehend, dass eine Ausschreibung **nicht diskriminierend** sein darf und die Beteiligung einer ausreichend großen Zahl von Unternehmen gewährleisten muss.[314] Weiterhin muss die „Mittelausstattung der Ausschreibung" ein **verbindlicher Höchstwert** sein, weshalb nicht allen Teilnehmern eine Beihilfe gewährt werden kann. Schließlich ist die Beihilfe auf der Grundlage des ursprünglichen Angebots des Bieters und nicht auf der Grundlage von **Nachverhandlungen** zu gewähren.[315]

66 **(7) Keine Beeinträchtigung des Wettbewerbs und des Handels zwischen den Mitgliedstaaten.** Vergleichbar mit Art. 101 Abs. 3 Hs. 2 lit. b AEUV darf die Gewährung einer Bei-

---

307 EuGH, Urt. v. 10.3.2011, Rs. C-274/09, EuZW 2011, 352 Rn. 49; EuGH, Urt. v. 10.9.2009, Rs. C-206/08, Slg. 2009, I-8377 Rn. 44 – WAZV Gotha (Eurawasser); EuGH, Urt. v. 13.4.2010, Rs. C-91/08, NZBau 2010, 328 Rn. 33 – Wall; vgl. in diesem Sinne bereits EuGH, Urt. v. 7.12.2000, Rs. C-324/98, EuZW 2001, 90 Rn. 60 – Telaustria. EuGH, Urt. v. 21.7.2005, Rs. C-231/03, EuZW 2005, 592 Rn. 16 f. – Coname.

308 Kommission, Unterschwellenmitteilung v. 23.6.2006, ZfBR 2007, 28, Ziff. 1.1.

309 EuGH, Urt. v. 8.10.1980, Rs. 810/79, Slg. 1980, 2747, Rn. 16 – Überschär.

310 EuGH, Urt. v. 13.10.2005, Rs. C-458/03, Slg. 2005, I-8585, Rn. 46 ff. – Parking Brixen.

311 EuGH, Urt. v. 7.12.2000, Rs. C-324/98, EuZW 2001, 90 Rn. 61 f. – Telaustria; EuGH, Urt. v. 13.11.2008, Rs. C-324/07, EuZW 2009, 55, Rn. 25 – Coditel Brabant.

312 EuGH, Urt. v. 23.12.2009, Rs. C-376/08, NZBau 2010, 261 Rn. 31 f. – Serrantoni.

313 EuGH, Urt. v. 23.12.2009, Rs. C-376/08, NZBau 2010, 261 Rn. 33 – Serrantoni; EuGH, Urt. v. 16.12.2008 – C-213/07, EuZW 2009, 87 Rn. 48 und 61 – Michaniki AE; EuGH, Urt. v. 19.5.2009, Rs. C-538/07, EuZW 2009, 550 Rn. 21 und 23 – Assitur Srl.

314 Siehe auch schon Kommission, Unterschwellenmitteilung v. 23.6.2006, ZfBR 2007, 28, Ziff. 2.2.1: „Alle Teilnehmer müssen in der Lage sein, sich im Voraus über die geltenden Verfahrensregeln zu informieren, und müssen die Gewissheit haben, dass diese Regeln für jeden gleichermaßen gelten."

315 Siehe Kommission, Leitlinien für staatliche Umweltschutz- und Energiebeihilfen, ABlEU Nr. C 200/1 v. 28.6.2014, Rn. 80.

hilfe **keine übermäßigen negativen Auswirkungen auf den Wettbewerb und den Handel zwischen den Mitgliedstaaten** haben. Die „Gesamtbilanz der Maßnahme" muss vielmehr positiv sein.[316] Die Kommission unterscheidet zwischen negativen Auswirkungen auf den Produktmarkt und solche auf den Standort.[317] Im erstgenannten Zusammenhang sieht sie es als zulässig an, dass umweltfreundliche Technologien bevorzugt werden. Allerdings können auch die Erzeuger von Energie mittels konventioneller Techniken Maßnahmen zum Umweltschutz ergreifen, etwa mit Hilfe eines CO_2-Emissionshandelssystems. Je geringer der voraussichtliche umweltentlastende Effekt der betreffenden Maßnahme sei, desto wichtiger sei die Prüfung ihrer Auswirkungen auf die Marktanteile und Gewinne der Wettbewerber.[318] Da der umweltentlastende Effekt der Förderung einer Erzeugung von Elektrizität aus erneuerbaren Energien als hoch eingeschätzt wird, könne die konkrete Prüfung der Auswirkungen aber grundsätzlich „zurücktreten".[319]

Umwelt- und Energiebeihilfen können jedoch auch dadurch nachteilige Auswirkungen auf **67** den Wettbewerb und den Handel zwischen den Mitgliedstaaten haben, wenn sie die Marktmechanismen daran hindern, selbst effiziente Ergebnisse hervorzubringen, indem sie die effizientesten und innovativsten Hersteller belohnen oder Druck auf die am wenigsten effizienten Produzenten ausüben und sie dadurch zu Verbesserungen, Umstrukturierungen oder zum Ausscheiden aus dem Markt bewegen.[320] Die Förderung erneuerbarer Energien ist deshalb möglichst **marktnah** auszugestalten. Von besonderer Bedeutung ist ein wettbewerbliches Auswahlverfahren,[321] etwa über **wettbewerbliche Ausschreibungen** (§§ 2 Abs. 5, 55, 88). Die Auswahl „muss diskriminierungsfrei, transparent und offen getroffen werden und darf nicht unnötigerweise Unternehmen ausschließen, die mit auf dasselbe Umwelt- oder Energieziel ausgerichteten Vorhaben konkurrieren könnten. Das Auswahlverfahren sollte so gestaltet sein, dass diejenigen Beihilfeempfänger ausgewählt werden, die die Umwelt- oder Energieziele mit dem geringsten Beihilfebetrag bzw. am kosteneffizientesten verwirklichen können".[322] Der deutsche Gesetzgeber hat das Erfordernis der Kosteneffizienz explizit in § 1 Abs. 2 normiert. Dieses ist auch bei der Ausgestaltung der Ausschreibungsverfahren gem. §§ 55, 88 EEG zu beachten.

(8) Transparenz. Siebtens müssen die Mitgliedstaaten die Förderung **transparent** ausge- **68** stalten,[323] in Anlehnung an einen allgemeinen (Vergaberechts-)Grundsatz zur Kontrolle und Nachvollziehbarkeit von Entscheidungen.[324] Hierzu gehört die **Offenlegung der Per-**

---

316 Kommission, Leitlinien für staatliche Umweltschutz- und Energiebeihilfen, ABlEU Nr. C 200/1 v. 28.6.2014, Rn. 27 lit. f.

317 Kommission, Leitlinien für staatliche Umweltschutz- und Energiebeihilfen, ABlEU Nr. C 200/1 v. 28.6.2014, Rn. 89.

318 Kommission, Leitlinien für staatliche Umweltschutz- und Energiebeihilfen, ABlEU Nr. C 200/1 v. 28.6.2014, Rn. 90.

319 So *Frenz*, ZNER 2014, 345, 349 f.

320 So Kommission, Leitlinien für staatliche Umweltschutz- und Energiebeihilfen, ABlEU Nr. C 200/1 v. 28.6.2014, Rn. 91.

321 Kommission, Leitlinien für staatliche Umweltschutz- und Energiebeihilfen, ABlEU Nr. C 200/1 v. 28.6.2014, Rn. 99.

322 Kommission, Leitlinien für staatliche Umweltschutz- und Energiebeihilfen, ABlEU Nr. C 200/1 v. 28.6.2014, Rn. 99.

323 Kommission, Leitlinien für staatliche Umweltschutz- und Energiebeihilfen, ABlEU Nr. C 200/1 v. 28.6.2014, Rn. 104 ff.

324 *Buhr*, Die Richtlinie 2004/18/EG und das deutsche Vergaberecht, S. 54 f.

son des Leistungsempfängers, sofern keine datenschutzrechtlichen Vorgaben entgegenstehen.[325] Der Gesetzgeber trägt diesem Erfordernis u. a. durch § 55 Abs. 4 S. 1 Rechnung. Hiernach veröffentlicht die BNetzA nach Maßgabe der Rechtsverordnung nach § 88 das Ergebnis der Ausschreibungen einschließlich der Höhe der finanziellen Förderung, für die jeweils der Zuschlag erteilt wurde.

69   **ee) Auswirkungen auf das EEG.** Die Kommission erachtet Beihilfen i. S. des Art. 107 Abs. 1 AEUV dann als gerechtfertigt i. S. des Art. 107 Abs. 3 lit. c AEUV, wenn die Förderzahlungen dazu beitragen, die Klimaschutzziele der EU zu erreichen, und der Behebung eines fortbestehenden Marktversagens mit verhältnismäßigen und transparenten Mitteln dienen.[326] Hiervon sei trotz des bestehenden **Emissionshandelssystems** bis auf Weiteres auszugehen.[327] In diesem Sinne wollen die Leitlinien „den Übergang zu einer kosteneffizienten Energieversorgung durch Marktmechanismen" gewährleisten.[328] **Marktinstrumente** wie **Auktionen** oder **Ausschreibungen**, an denen alle Erzeuger, die Strom aus erneuerbaren Energiequellen erzeugen, unter denselben Bedingungen „auf EWR-Ebene" teilnehmen könnten,[329] „dürften in der Regel gewährleisten, dass Subventionen mit Blick auf ihr vollständiges Auslaufen auf ein Minimum begrenzt werden."[330] Aufgrund des unterschiedlichen Entwicklungsstands der Technologien für erneuerbare Energien sieht die Kommission auch **technologiespezifische Ausschreibungen** als zulässig an (siehe auch § 3),[331] um das längerfristige Potenzial neuer innovativer Technologien, die Notwendigkeit einer Diversifizierung, Netzeinschränkungen und Fragen der Netzstabilität sowie System (integrations)kosten zu berücksichtigen.[332] Die Einbeziehung von Anlagen, die sich wegen ihrer Größe nicht für Ausschreibungen eignen, oder die sich in der Demonstrationsphase befinden, wird demgegenüber als fakultativ angesehen.[333] In Übereinstimmung mit diesen Vorgaben hat der deutsche Gesetzgeber die EE-Ausschreibungen zunächst auf Photovoltaik-Freiflächenanlagen begrenzt, weil dieses Technologiesegment im Vergleich zu anderen erneuerbaren Energien relativ kurze Planungs- und Genehmigungszeiträume mit vergleichsweise geringen spezifischen Investitionen im Planungsprozess aufweist.[334]

70   Diese allgemeinen Vorgaben präzisiert die Kommission dahingehend, dass ab dem 1.1.2016 alle Beihilfeempfänger die von ihnen erzeugte Elektrizität **direkt am Markt ver-**

---

325 Für Privatpersonen bejaht dies *Frenz*, ZNER 2014, 345, 350.

326 Kommission, Leitlinien für staatliche Umweltschutz- und Energiebeihilfen, ABlEU Nr. C 200/1 v. 28.6.2014, Rn. 107 f.

327 Kommission, Leitlinien für staatliche Umweltschutz- und Energiebeihilfen, ABlEU Nr. C 200/1 v. 28.6.2014, Rn. 115.

328 Kommission, Leitlinien für staatliche Umweltschutz- und Energiebeihilfen, ABlEU Nr. C 200/1 v. 28.6.2014, Rn. 107 f.

329 Dies ist beim EEG nur insoweit der Fall, als die Elektrizität im deutschen Hoheitsgebiet erzeugt wird, siehe § 4 i. V. mit § 2 Abs. 6 für Ausschreibungen.

330 Kommission, Leitlinien für staatliche Umweltschutz- und Energiebeihilfen, ABlEU Nr. C 200/1 v. 28.6.2014, Rn. 109.

331 Siehe zu den Vor- und Nachteilen einer technologiespezifischen und einer technologieneutralen Förderung BerlKommEnR/*Steffens*, 3. Aufl. 2014, Einl. EEG Rn. 17.

332 Kommission, Leitlinien für staatliche Umweltschutz- und Energiebeihilfen, ABlEU Nr. C 200/1 v. 28.6.2014, Rn. 110.

333 Kommission, Leitlinien für staatliche Umweltschutz- und Energiebeihilfen, ABlEU Nr. C 200/1 v. 28.6.2014, Rn. 111.

334 BT-Drs. 18/1304 v. 5.5.2014, S. 92.

kaufen und somit den Marktverpflichtungen unterliegen müssen (§ 2 Abs. 2 EEG 2014).[335] Ausgenommen sind kleine Anlagen (vgl. § 35 Abs. 2 EEG 2014).[336] Die Beihilfe muss als **Prämie zusätzlich zum Marktpreis** gewährt werden, zu dem die Stromerzeuger ihren Strom direkt auf dem Markt verkaufen (§ 19 Abs. 1 Nr. 1 EEG 2014). Die Beihilfeempfänger unterliegen weiterhin einer **Standardbilanzausgleichsverantwortung**, es sei denn, es gibt anders als in Deutschland keine liquiden Intraday-Märkte (vgl. § 33 Abs. 3 EEG 2014). Schließlich müssen Maßnahmen getroffen werden, um sicherzustellen, dass die Stromerzeuger keinen Anreiz haben, **Strom zu negativen Preisen** zu erzeugen (§ 24 EEG 2014).[337]

Als Reaktion auf die Kritik von Seiten der Mitgliedstaaten an den vorstehenden Regelungen sollen die Beihilfen im **Zeitraum von 2015 bis 2016** lediglich für mindestens 5 % der geplanten neuen Kapazitäten für die Erzeugung von Strom aus erneuerbaren Energiequellen im Rahmen einer Ausschreibung anhand eindeutiger, transparenter und diskriminierungsfreier Kriterien gewährt werden.[338] Auch mit Blick auf diese Vorgaben sieht § 2 Abs. 6 EEG 2014 vor, dass die Ausschreibungen nach § 2 Abs. 5 EEG 2014 „in einem Umfang von mindestens 5 Prozent der jährlich neu installierten Leistung"[339] europaweit geöffnet werden sollen, soweit die dort näher bezeichneten Voraussetzungen erfüllt sind.[340] Die Regelung des § 2 Abs. 6 EEG 2014 wird erst dann voll verständlich, wenn man sich die zur Warenverkehrsfreiheit des Art. 34 AEUV ergangene Entscheidung „*Ålands Vindkraft*" des EuGH vom 1.7.2014[341] vor Augen führt.[342] Diese erging inmitten der Verhandlungen zwischen der Bundesregierung und der Kommission über die unionsrechtliche Zulässigkeit des EEG 2014.[343] Vor diesem Hintergrund einigte man sich mit § 2 Abs. 6 EEG 2014 am 9.7.2014 auf einen „politischen Kompromiss zu Europa",[344] damit das EEG rechtzeitig zum 1.8.2014 in Kraft treten konnte.[345]

71

e) Freier Warenverkehr im Binnenmarkt. Das Fördersystem des EEG kann nicht nur gegen die Beihilferegelungen des AEU-Vertrags verstoßen, sondern auch gegen die ebenfalls den unverfälschten Wettbewerb im Binnenmarkt schützende **Warenverkehrsfreiheit** gem.

72

---

335 So, auch zum Folgenden, Kommission, Leitlinien für staatliche Umweltschutz- und Energiebeihilfen, ABlEU Nr. C 200/1 v. 28.6.2014, Rn. 124.

336 Kommission, Leitlinien für staatliche Umweltschutz- und Energiebeihilfen, ABlEU Nr. C 200/1 v. 28.6.2014, Rn. 125.

337 Krit. *Wustlich*, NVwZ 2014, 1113, 1117: Für die nach § 2 Abs. 1 gebotene Transformation des Elektrizitätsversorgungssystems sei es wichtiger, dieses zu flexibilisieren und nicht Anreize zur Flexibilisierung dadurch zu minimieren, dass „in diesen ökonomisch durchaus sinnvollen Zeiten negativer Preise die Erneuerbaren abgeschaltet werden". Diese Einschätzung ist nicht überzeugend: wenn die Erzeugung von Elektrizität aus erneuerbaren Energien marktnah ausgestaltet werden soll, bedeutet dies auch, dass nur dann eine Förderung gezahlt wird, wenn jedenfalls die Chance einer Kostendeckung besteht.

338 Kommission, Leitlinien für staatliche Umweltschutz- und Energiebeihilfen, ABlEU Nr. C 200/1 v. 28.6.2014, Rn. 127.

339 Gemeint ist damit die insgesamt installierte Leistung i. S. des § 3, nicht die ausgeschriebene Leistung nach § 2 Abs. 5.

340 *Frenz*, ZNER 2014, 345, 351; *Wustlich*, NVwZ 2014, 1113, 1121.

341 EuGH, Urt. v. 1.7.2014, Rs. C-573/12, EuZW 2014, 620 – Ålands Vindkraft.

342 Vgl. *Wustlich*, NVwZ 2014, 1113, 1121.

343 *Ehrmann*, NVwZ 2014, 1080.

344 So *Wustlich*, NVwZ 2014, 1113, 1121.

345 *Ehrmann*, NVwZ 2014, 1080.

den Art. 34 ff. AEUV,[346] sofern nicht die Beihilfevorschriften als leges speciales vorgehen.[347] Die Diskussion ist hier nur insoweit nachzuzeichnen, als sie für das Verständnis des § 1 im Allgemeinen und der Neuausrichtung des EEG durch die Novelle des Jahres 2014 im Besonderen relevant ist.[348]

73 § 4 beschränkt den Anwendungsbereich des EEG – im Ergebnis wie die Gesetzesfassungen zuvor – auf **Anlagen, wenn und soweit die Erzeugung des Stroms im Bundesgebiet einschließlich der deutschen ausschließlichen Wirtschaftszone erfolgt.** Da eine derartige Förderbeschränkung den freien Warenverkehr im Binnenmarkt tangiert, kann sie als unzulässige „Maßnahme gleicher Wirkung" wie eine mengenmäßige Einfuhrbeschränkung i.S. des Art. 34 AEUV zu bewerten sein.[349] Elektrizität ist als geldwertes, handelsfähiges und zum Verbrauch bestimmtes Gut eine Ware im Sinne des Art. 34 AEUV.[350] Durch die Einschränkung der Förderung auf Elektrizität aus Anlagen zur Stromerzeugung im Bundesgebiet und der deutschen ausschließlichen Wirtschaftszone liegt ein diskriminierender Eingriff in die Warenverkehrsfreiheit vor, da den geförderten Anbietern ein Wettbewerbsvorteil gegenüber nicht geförderten ausländischen Anbietern entsteht.[351] Entscheidend ist somit die Rechtfertigung.

74 Nach Art. 36 AEUV steht Art. 34 AEUV Einfuhrverboten nicht entgegen, die u.a. zum Schutze der Gesundheit und des Lebens von Menschen, Tieren oder Pflanzen gerechtfertigt sind, sofern sie weder ein Mittel zur willkürlichen Diskriminierung noch eine verschleierte Beschränkung des Handels zwischen den Mitgliedstaaten darstellen. In seinem „*PreussenElektra*-Urteil" hielt der EuGH die deutsche Regelung zum StrEG unter Berufung auf einen **ungeschriebenen Rechtfertigungsgrund des Umweltschutzes** für zulässig:[352] Die Nutzung erneuerbarer Energiequellen zur Stromerzeugung trage zur Verringerung der Emission von Treibhausgasen bei, die zu den Hauptursachen der Klimaänderungen zählten, zu deren Bekämpfung sich die (frühere) Europäische Gemeinschaft und ihre Mitgliedstaaten verpflichtet haben. Untermauert wurde dieses Ergebnis vom EuGH durch einen Verweis auf den Schutz der Gesundheit und des Lebens von Menschen, Tieren und Pflanzen gem. Art. 36 AEUV. In der Folgezeit entspann sich im Schrifttum – ebenso wie

---

346 *Altrock*, „Subventionierende Preisregelungen", S. 87.
347 Bei einer parallelen Anwendung der Warenverkehrsfreiheit auf Beihilfen würden die Zuständigkeitsregelungen und die spezifischen Ausnahmeregelungen des Art. 107 Abs. 3 AEUV umgangen; streitig, vgl. von der Groeben/Schwarze/*Mederer*, Vorbemerkung zu den Artikeln 87 bis 89 EG Rn. 10; Calliess/Ruffert/*Cremer*, Art. 107 AEUV Rn. 81 f. Die Warenverkehrsfreiheit greift dabei lediglich bei nicht-monetären Behinderungen des Handels, wohingegen die Art. 30, 110 AEUV bei monetären Beeinträchtigungen einschlägig sind; vgl. BerlKommEnR/*Steffens*, 3. Aufl. 2014, Einl. EEG Rn. 158.
348 Siehe ansonsten ausführlich BerlKommEnR/*Steffens*, 3. Aufl. 2014, Einl. EEG Rn. 158 ff.
349 Dasselbe gilt nach Art. 35 AEUV für mengenmäßige Ausfuhrbeschränkungen.
350 *Altrock*, „Subventionierende Preisregelungen", S. 90. Im Gegensatz zur Bereithaltung des Stromnetzes für die Energieversorgung als Dienstleistung, vgl. Dauses/*Dauses*/*Brigola*, C. I. Grundregeln Rn. 10.
351 *Scholz*, Die Rechtfertigung von diskriminierenden umweltpolitischen Steuerungsinstrumenten, S. 151; *Schmidt-Preuß*, in: FS Salje, 2013, S. 397, 404. Anders noch die Argumentation in *PreussenElektra*, wo der EuGH den Eingriff mit der fehlenden Möglichkeit der Verbraucher begründete, ihren Bedarf an Elektrizität bei Lieferanten aus anderen Mitgliedstaaten zu decken; vgl. EuGH, Urt. v. 13.3.2001, Rs. C-379/98, Slg. 2001, I-2099 Rn. 70 – PreussenElektra. Einen „Perspektivwechsel" erkennen hierin *Brückmann*/*Steinbach*, EnZW 2014, 346, 348.
352 EuGH, Urt. v. 13.3.2001, Rs. C-379/98, Slg. 2001, I-2099 Rn. 73 ff. – PreussenElektra.

für Art. 101 Abs. 3 AEUV[353] – eine lebhafte Diskussion über die Frage, ob eine unmittelbare Diskriminierung auch durch ungeschriebene Rechtfertigungsgründe legitimiert werden kann; diese Diskussion ist hier jedoch nicht nachzuvollziehen.[354] Jedenfalls hat der EuGH die rechtfertigende Wirkung des Umweltschutzes in „*PreussenElektra*" befristet.[355] Es stellt sich deshalb die Frage, ob die Änderungen in den rechtlichen und tatsächlichen Rahmenbedingungen der europäischen Energiemärkte im Allgemeinen und der Förderung von Strom aus erneuerbaren Energien im Besonderen mittlerweile eine geänderte Sichtweise indizieren.

Seit Inkrafttreten des StrEG hat sich der Anteil von erneuerbaren Energien am gesamten Bruttoenergieverbrauch in Deutschland stark erhöht[356] und wird dies künftig weiter tun.[357] Darüber hinaus wird die Elektrizität aus erneuerbaren Energien – wie das EEG 2014 nahelegt – wohl schrittweise in wettbewerbliche Märkte integriert werden.[358] Es stellt sich deshalb die Frage, ob die Grundsätze aus „*PreussenElektra*" weiterhin Bestand haben oder (jedenfalls perspektivisch) an die geänderten Rahmenbedingungen eines Binnenmarktes für Elektrizität anzupassen sind.[359]

75

In seiner Vorabentscheidung „**Ålands Vindkraft**" vom 1.7.2014 hat der EuGH das schwedische Quotenmodell zur Förderung erneuerbarer Energien gebilligt[360] und damit zugleich die desintegrierenden Tendenzen bei der Förderung erneuerbarer Energien bekräftigt.[361] Nach dem schwedischen Fördermodell sind Stromversorger verpflichtet, eine bestimmte Ökostrom-Quote zu erfüllen, was sie durch Zertifikate nachweisen müssen. Im vorliegenden Zusammenhang war insoweit bedeutsam, dass die Zuteilung der Zertifikate auf Grünstromanlagen im schwedischen Hoheitsgebiet beschränkt wurde. GA *Bot* erkannte hierin in seinen Schlussanträgen einen Verstoß gegen Art. 34 AEUV.[362] Demgegenüber sah der EuGH den diskriminierenden Eingriff durch das im Allgemeininteresse liegende Ziel **gerechtfertigt**, die Nutzung erneuerbarer Energiequellen für die Stromerzeugung zu fördern.[363] Der EuGH bejahte auch die Verhältnismäßigkeit des Eingriffs. Da die **Förderrege-**

76

---

353 Siehe dazu *Frenz*, WRP 2013, 981 ff.

354 Es stehen sich mit *Gundel* (EnWZ 2014, 99, 101) eine umweltrechtliche, die Entscheidung begrüßende und eine europarechtliche, die Begründung kritisierende Fraktion gegenüber. Zur erstgenannten Sichtweise gehören etwa *Müller*, ZNER 2014, 21 f., und *Frenz*, ZNER 2014, 24, 25, zur letztgenannten ist *Gundel* zu zählen (a. a. O.). Zusammenfassend etwa *Altrock*, „Subventionierende Preisregelungen", S. 91 ff.; BerlKommEnR/*Steffens*, 3. Aufl. 2014, Einl. EEG Rn. 166.

355 EuGH, Urt. v. 13.3.2001, Rs. C-379/98, Slg. 2001, I-2099 Rn. 81 – PreussenElektra.

356 *Salje*, Einf. EEG 2012 Rn. 76; *Gundel*, EnWZ 2014, 99, 105 f.

357 Siehe statt anderer *Grüttner/Krock/Rottmann/Schwarz/Weinreich*, Wie entwickelt sich der Deutsche Energiemarkt in 10 Jahren?, S. 9 ff.

358 So GA *Bot*, Schlussanträge v. 28.1.2014, Rs. C-573/12, BeckRS 2014, 80243 – Ålands Vindkraft; *Erk*, Die künftige Vereinbarkeit des EEG mit Verfassungs- und Europarecht, S. 211 ff.; BerlKommEnR/*Steffens*, 3. Aufl. 2014, Einl. EEG Rn. 167.

359 Siehe auch EuGH, Urt. v. 13.3.2001, Rs. C-379/98, Slg. 2001, I-2099 Rn. 81 – PreussenElektra: kein Verstoß „beim gegenwärtigen Stand des Gemeinschaftsrechts".

360 EuGH, Urt. v. 1.7.2014, Rs. C-573/12, EuZW 2014, 620 LS. 2 – Ålands Vindkraft mit Anm. *Ludwigs*.

361 *Brückmann/Steinbach*, EnZW 2014, 346, 347; siehe zur europäischen Marktintegration zwischen Harmonisierung und Re-Nationalisierung bereits oben § 1 Rn . 12 ff.

362 GA *Bot*, Schlussanträge v. 28.1.2014, Rs. C-573/12, BeckRS 2014, 80243 Rn. 54 ff. – Ålands Vindkraft; siehe dazu Ludwigs, EuZW 2014, 201.

363 EuGH, Urt. v. 1.7.2014, Rs. C-573/12, EuZW 2014, 620 Rn. 76 ff. – Ålands Vindkraft.

lungen nach der RL 2009/28/EG nicht harmonisiert seien, müssten die Mitgliedstaaten die Wirkung und Kosten der Förderung und das Vertrauen der Investoren erhalten können, indem sie nur Anlagen zur Erzeugung förderten, die in ihrem Hoheitsgebiet belegen seien.[364] So könnten die Mitgliedstaaten die Erzeugung von Strom aus erneuerbaren Energien nicht gezielt fördern, wenn sich die Förderung auch auf importierten Strom erstrecken müsse, da die genaue Herkunft des Stroms als homogenem Gut nach Einspeisung in die Netze nicht nachvollziehbar sei.[365] Die Entscheidung sei somit letztlich Ausdruck eines allgemeinen Grundsatzes, wonach die Warenverkehrsfreiheit eingeschränkt werden könne aus Gründen der „Systemkonformität" und damit der „Funktionsfähigkeit des Systems".[366]

77   Auf der Grundlage dieser – nicht überzeugenden[367] – Ausführungen des EuGH könnte es naheliegen, die geographische Diskriminierung von Elektrizität aus Erzeugungsanlagen in anderen Mitgliedstaaten der Union gem. § 4 als zulässig anzusehen.[368] Bei näherem Hinsehen ergeben sich jedoch insbesondere hinsichtlich des „systemischen Arguments" Zweifel, **da der deutsche Gesetzgeber mit den §§ 2 Abs. 5, 3, 55, 88 zu einer Mengensteuerung in Verbindung mit einer Ermittlung von Förderberechtigungen und Förderhöhen über wettbewerbliche Ausschreibungen übergeht.** Es droht somit künftig weder eine Überlastung des Systems mit (nicht gefördertem) Strom aus erneuerbaren Energien, noch führt die Zulassung ausländischer Anbieter zu einer Erhöhung der Förderkosten. Dem begrenzten Einfluss des deutschen Gesetzgebers auf die Realisierung von Anlagen im europäischen Ausland – man denke nur an das Erfordernis eines beschlossenen Bebauungsplans in § 55 Abs. 1 Nr. 2 – kann durch ein entsprechendes Ausschreibungsdesign Rechnung getragen werden[369] (vgl. § 88 Abs. 2). In diesem Sinne ist es nicht nur als „politisches Bekenntnis zu Europa"[370] zu bewerten, wenn sich die Bundesregierung im Nach-

---

364 EuGH, Urt. v. 1.7.2014, Rs. C-573/12, EuZW 2014, 620 Rn. 94 ff., insb. Rn. 99 – Ålands Vindkraft: „Zudem ist es, wie auch der Unionsgesetzgeber im 25. Erwägungsgrund der Richtlinie [2009/28/EG; der Verf.] ausgeführt hat, für die Gewährleistung des ungestörten Funktionierens der nationalen Förderregelungen von wesentlicher Bedeutung, dass die Mitgliedstaaten die Wirkung und die Kosten der nationalen Förderregelungen entsprechend ihrem jeweiligen Potenzial kontrollieren können und zugleich das Vertrauen der Investoren erhalten bleibt." Das Argument der „Investitionssicherheit" ist im Rahmen des § 1 Abs. 1 u. a. bei der „Nachhaltigkeit" bedeutsam, konkret bei der „Planungssicherheit" und den „Investitionsbedingungen".
365 EuGH, Urt. v. 1.7.2014, Rs. C-573/12, EuZW 2014, 620 Rn. 95 f. – Ålands Vindkraft: „Erstens lässt sich der Umstand, dass eine nationale Förderregelung so ausgestaltet ist, dass sie unmittelbar die Erzeugung von grünem Strom und nicht dessen bloßen Verbrauch begünstigt, u. a. dadurch erklären, dass Strom nur aufgrund der Art seiner Herstellung als grün bezeichnet werden kann und dass somit die mit der Verringerung der Treibhausgasemissionen verbundenen Umweltziele in erster Linie im Stadium der Erzeugung wirksam verfolgt werden können. Dagegen ist es […] schwierig, die genaue Herkunft grünen Stroms zu bestimmen, sobald er in das Übertragungs- oder Verteilernetz eingespeist wurde, so dass seine systematische Separation als grüner Strom im Stadium des Verbrauchs kaum durchführbar erscheint." Die Notwendigkeit der „Systemkonformität" betont besonders *Frenz*, ZNER 2014, 345, 351; *ders.*, ER 6/2014, 231, 232; ohne Verweis auf die Systemrelevanz müsste man nach dieser Argumentation die Erforderlichkeit des Eingriffs verneinen; vgl. *Brückmann/Steinbach*, EnZW 2014, 346, 351.
366 *Frenz*, ZNER 2014, 345, 351.
367 *Ludwigs*, EuZW 2014, 627 f.
368 Vgl. *Brückmann/Steinbach*, EnZW 2014, 346, 351 f.
369 European Commission, guidance for the design of renewables support schemes v. 5.11.2013, SWD(2013) 439 final, 3.1.1: „well-designed auction".
370 *Wustlich*, NVwZ 2014, 1113, 1121.

gang der EuGH-Entscheidung mit der Kommission darauf geeinigt hat, die Ausschreibungen in gewissem Umfang für Elektrizität zu öffnen, die in anderen Mitgliedstaaten erzeugt wird (§ 2 Abs. 6).[371] Der deutsche Gesetzgeber hat hierdurch vielmehr zugestanden, dass die Integration von Elektrizität aus erneuerbaren Energien, die in ausländischen Anlagen produziert wird, nicht notwendig zu Systemverwerfungen führt.

2. Zentrale verfassungsrechtliche Rahmenbedingungen. Das BGH erachtet die EEG- **78** Umlage gem. § 37 Abs. 2 S. 2 EEG 2012 als **finanzverfassungsrechtlich** zulässig, da es an einer „Aufkommenswirkung für die öffentliche Hand" fehle.[372] Auch wenn diese Entscheidung dogmatisch nur bedingt überzeugen kann,[373] wird sich die Diskussion um die Zulässigkeit des Fördermechanismus künftig wohl auf die nationalen Grundrechte, vor allem auf die Berufsfreiheit gem. § 12 Abs. 1 GG[374] und den allgemeinen Gleichheitssatz des Art. 3 Abs. 1 GG[375] konzentrieren.[376]

Die in § 1 Abs. 1 normierten Gesetzesmotive konkretisieren die Staatszielbestimmung **79** „Umweltschutz"[377] des **Art. 20a GG** im Bereich der Elektrizitätsversorgung.[378] Die Norm enthält aus Sicht des Gesetzgebers „die wichtigsten Rechtfertigungsgründe für die teilweise mit dem EEG einhergehenden Grundrechtseingriffe",[379] im vorliegenden Zusammenhang vor allem für die Abnahme- und Vergütungspflichten der Netzbetreiber, aber auch für Enteignungen und Besitzeinweisungen für energiewirtschaftliche Leitungsvorhaben und für baurechtliche Verpflichtungen zur Nutzung erneuerbarer Energien.[380] Nach Art. 20a GG schützt der Staat auch in Verantwortung für die künftigen Generationen die natürlichen Lebensgrundlagen und die Tiere im Rahmen der verfassungsmäßigen Ordnung durch die Gesetzgebung und nach Maßgabe von Gesetz und Recht durch die vollziehende Gewalt und die Rechtsprechung. Die Regelung zielt insgesamt auf den Erhalt einer stabilen Basis des menschlichen Lebens ab.[381]

---

371 Kommission, Pressemitteilung IP/14/867 v. 23.7.2014.

372 BGH, Urt. v. 25.6.2014, VIII ZR 169/13, NVwZ 2014, 1180.

373 Näher BerlKommEnR/*Steffens*, 3. Aufl. 2014, Einl. EEG Rn. 94 ff., insb. 97: Der Verzicht auf einen lediglich technischen Zwischenschritt der Einrichtung eines eigenständigen, mit der Verwaltung der EEG-Umlage betrauten Fonds könne den Gesetzgeber nicht von den materiellen Anforderungen für die Finanzverfassung entbinden; ebenso *Kube/Palm/Seiler*, NJW 2003, 927, 930.

374 *Burgi*, JZ 2013, 745, 749, mit Abgrenzung zu Art. 2 Abs. 1 GG und Art. 14 Abs. 1 GG.

375 BerlKommEnR/*Steffens*, 3. Aufl. 2014, Einl. EEG Rn. 106, die betont, dass die Unzulässigkeit gem. Art. 3 Abs. 1 GG auch eine solche gem. Art. 12 Abs. 1 GG und Art. 14 Abs. 1 GG indiziere.

376 Da der EEG-Fördermechanismus mit seinem Anschluss- und Abnahmevorrang sowie den über 20 Jahre garantierten Vergütungen insoweit nicht unionsrechtlich determiniert ist, spielen die Unionsgrundrechte keine tragende Rolle.

377 Die Norm spricht von „natürlichen Lebensgrundlagen", weil der Terminus Umweltschutz als vieldeutig und zu unbestimmt angesehen wurde, vgl. *Uhle*, DÖV 1993, 947, 953. Demgegenüber nimmt § 1 Abs. 1 explizit auf den Umweltschutz Bezug, konkretisiert diesen Terminus jedoch durch den Verweis auf den Klimaschutz sowie die im EEG normierten Regelungen und Maßnahmen.

378 BT-Drs. 18/1304 v. 5.5.2014, S. 106.

379 BT-Drs. 16/8148, S. 35.

380 *Groß*, in: Müller, 20 Jahre Recht der Erneuerbaren Energien, S. 107, 115; siehe auch *Wichert*, NVwZ 2009, 876, 881.

381 Landmann/Rohmer/*Gärditz*, Umweltrecht, Art. 20a GG Rn. 52; siehe auch *Uhle*, DÖV 1993, 947, 953 f.: Schutz der künftigen menschlichen Generationen; Maunz/Dürig/*Scholz*, Art. 20a GG Rn. 38: anthropozentrischer Bezug des Staatsziels.

80 Im Schrifttum wird zurecht bezweifelt, ob die weitreichenden Privilegien von EE-Anlagenbetreibern beim heute verwirklichten Ausbaustand noch eine umfassende „**Indienstnahme**"[382] Privater rechtfertigen, sei es die Indienstnahme der mit der EE-Umlage letztlich belasteten Verbraucher, sei es diejenige der die Systemverantwortung tragenden Übertragungsnetzbetreiber, die zudem mit dem Offshore-Anbindungs- und Haftungsregime betraut sind, oder diejenigen der Betreiber auch hocheffizienter und flexibler konventioneller Kraftwerke.[383] Als dogmatischer Anknüpfungspunkt für eine Begrenzung der entsprechenden Belastungen dient vor allem das Grundrecht der **Berufsfreiheit** gem. Art. 12 Abs. 1 GG.[384]

81 Um der Gefahr vorzubeugen, dass sich der Grundrechtsschutz durch die Verteilung der Pflichten auf verschiedene Adressaten – die EE-Umlage gem. § 60 Abs. 1 S. 1 zahlen letztlich die Verbraucher – verflüchtigt, sind die entsprechenden Lasten innerhalb der Prüfung der Erforderlichkeit mittels des Prüfungspunktes „**Lastengleichheit**" angemessen zu berücksichtigen.[385] Zwar sind die in § 1 Abs. 1 aufgeführten Gesetzeszwecke grundsätzlich als hinreichende Gründe des Allgemeinwohls anzusehen. Bereits die Eignung des Fördersystems zur Erreichung des Gesetzesziels ist jedoch fraglich. Insoweit ist insbesondere von Bedeutung, dass das EEG – entgegen dem systematischen Aufbau des Gesetzes – nicht mehr nur dem **Klima- und Umweltschutz**, sondern **gleichrangig** auch **den Zielen der Versorgungssicherheit und der Preisgünstigkeit** dient, wie sie in § 1 Abs. 1 (Verringerung der volkswirtschaftlichen Kosten) selbst, vor allem aber in § 1 Abs. 2 (Kostengünstigkeit) und § 2 Abs. 1 (Markt-, Netz- und Systemintegration, Transformation des Energieversorgungssystems) zum Ausdruck kommen. Vor diesem Hintergrund wird verständlich, weshalb einige Stimmen den Grundsätzen des § 2 die Rechtsverbindlichkeit absprechen wollen.[386] Selbst wenn dies zuträfe, wäre der Aussagegehalt des § 1 Abs. 1 durch einen Blick auf die konkreten Regelungen des EEG und anderer mit dem EEG in Zusammenhang stehender Normen zu konkretisieren, im Sinne einer umweltenergierechtlichen „Einheit der Rechtsordnung".

---

382 Mit der Bezeichnung der EEG-Umlage als Preisregelung (so BGH, Urt. v. 25.6.2014, VIII ZR 169/13, NVwZ 2014, 1180 Rn. 12) oder der entsprechenden Zahlungspflicht als „Indienstnahme Privater für öffentliche Aufgaben" (BGH, a. a. O., Rn. 24) ist keine Einschränkung des Prüfungsmaßstabs verbunden; überzeugend BerlKommEnR/*Steffens*, 3. Aufl. 2014, Einl. EEG Rn. 92.

383 *Burgi*, JZ 2013, 745, 748 ff.

384 *Burgi*, JZ 2013, 745, 749.

385 Grundlegend zur dogmatischen Behandlung – freilich aufgrund nicht mehr zutreffender tatsächlicher Gegebenheiten – BGH, Urt. v. 22.10.1996, KZR 19/95, BGHZ 134, 1 ff. (Stromeinspeisung II), wonach unter Geltung des StrEG der Grundsatz der Lastengleichheit wegen der früher bestehenden staatlich gesicherten Monopolstellung der Energieversorgungsunternehmen gewahrt gewesen sei; siehe zum EEG 2000, unter dessen Geltung die erneuerbaren Energien noch eine Nischentechnologie darstellten, BGH, Urt. v. 11.6.2003, VIII ZR 160/02, BGHZ 155, 141 (Stromeinspeisung III), wonach der Eingriff in Art. 12 Abs. 1 GG durch Abnahme und Vergütungspflichten durch hinreichende, in Art. 20a GG zum Ausdruck kommende Gründe des Allgemeinwohls gerechtfertigt sei. Siehe hierzu auch BerlKommEnR/*Steffens*, 3. Aufl. 2014, Einl. EEG Rn. 94.

386 So *Kahles*, Würzburger Berichte zum Umweltenergierecht Nr. 6, S. 1; *Wustlich*, NVwZ 2014, 1113, 1121; allerdings argumentiert *Wustlich* verschiedentlich mit dem Aussagegehalt des § 2, etwa mit Blick auf die verpflichtende Direktvermarktung (S. 1117). Er entkräftet seine Argumentation von der fehlenden Rechtsverbindlichkeit des § 2 somit selbst.

Vor dem Hintergrund des grundlegenden Wandels der Energiewirtschaft, hin zur Er- **82**
zeugung von Elektrizität aus erneuerbaren Energien als Leittechnologie (siehe die Ausbauziele des § 1 Abs. 2),[387] ist eine umfassende „Indienstnahme Privater für öffentliche
Aufgaben", konkret der Netzbetreiber, Verbraucher und der Betreiber konventioneller
Kraftwerke, nicht erforderlich.[388] Denn die „besondere Verantwortlichkeit" der Energieversorgungsunternehmen[389] und der Verbraucher für die sichere, preisgünstige und umweltschonende Versorgung mit Energie hat sich unter Geltung des von § 1 beförderten „allge-
meinpolitischen Umbau-Ziels" immer mehr zu einer **Verantwortlichkeit der ganzen
Volkswirtschaft** verflüchtigt.[390] Jedenfalls ist die Indienstnahme des vorbenannten Personenkreises angesichts der hohen finanziellen Belastungen, die mit der Förderung von Elektrizität aus erneuerbaren Energien einhergehen, nicht mehr zumutbar.[391] Aus diesen Gründen ist die Umstellung des Fördersystems von garantierten Einspeisetarifen und Marktprämien hin zu einem wettbewerblichen, Anreize zur effizienten Produktion und Vermarktung
von Elektrizität aus erneuerbaren Energien setzenden **Ausschreibungssystem** nicht nur
unionsrechtlich, sondern auch grundgesetzlich notwendig.[392] Im Rahmen der konkreten
Ausgestaltung der Ausschreibungen sind ausreichende Anreize für ein systemverantwortli-
ches, marktkonformes Verhalten der EE-Anlagenbetreiber zu setzen, freilich ohne die
grundsätzliche Entscheidung des § 1 Abs. 1 für eine umwelt- und klimagerechte Energieversorgung in Frage zu stellen. Dies kann – neben einer engen Verzahnung mit dem europäischen Emissionshandelssystem – etwa durch eine mengenmäßig begrenzte Förderung
erreicht werden, wonach insgesamt oder pro Jahr nur eine bestimmte Menge an EE-Strom
vergütet wird; denn hierdurch hätten auch die Betreiber von Wind- und Solarkraftwerken
einen Anreiz, den produzierten Strom eher zu Hochpreiszeiten und damit zu Zeiten hoher
Nachfrage einzuspeisen.[393]

Soweit das EEG in seinen §§ 2 Abs. 5 und 6, 55, 88 die Ermittlung der Förderberechtigten **83**
und der Höhe der Förderung durch Ausschreibungen ermittelt, kommen außerdem die
grundrechtlichen Gewährleistungen bei der Vergabe knapper Güter und Rechte zur Anwendung.[394] Hierzu zählt zuvörderst der allgemeine Gleichheitssatz des Art. 3 Abs. 1
GG.[395] Auf der Grundlage eines materialen Freiheitsverständnisses wird im Schrifttum darüber hinaus die verteilungsleitende Funktion der grundrechtlichen Freiheitsgewährleis-
tungen betont.[396]

---

387 Dies betont auch BR-Drs. 157/14 v. 11.4.2014, S. 156 f.; BT-Drs. 18/1304 v. 5.5.2014, S. 109 f.
388 Wortwahl gem. BGH, Urt. v. 25.6.2014, VIII ZR 169/13, NVwZ 2014, 1180 Rn. 24.
389 Unter materiellen Gesichtspunkten zeigen sich Parallelen zur „besonderen Verantwortung markt-
beherrschender Unternehmen für die Struktur des Marktes", vgl. BGH v. 4.3.2008, KVR 21/07,
NJW 2008, 996, 1000 Rn. 37 – Soda Club; EuGH v. 9.11.1983, C-J032/81, WuW/E EWG/MUV
642 Rn. 57 – Michelin; Kommission, Mitteilung zu den Prioritäten bei der Anwendung von Artikel 82 des EG-Vertrags auf Fälle von Behinderungsmissbrauch durch marktbeherrschende Unternehmen, AblEU v. 24.2.2009, Nr. C 45/7, Rn. 1.
390 So prägnant *Burgi*, JZ 2013, 745, 750.
391 *Burgi*, JZ 2013, 745, 750.
392 Dies erwägt für Quotenmodelle auch *Burgi*, JZ 2013, 745, 750.
393 Vgl. *Lüdemann/Ortmann*, EnWZ 2014, 387, 391; anders für die Pilotausschreibungen aber
BMWI, Eckpunkte für ein Ausschreibungsdesign für Photovoltaik-Freiflächenanlagen, S. 2.
394 Siehe dazu sowie zum Streitstand *Wollenschläger*, Verteilungsverfahren, S. 31 ff.
395 BVerfG, Beschl. v. 13.6.2006, 1 BvR 1160/03, BVerfGE 116, 135.
396 Ausführlich *Wollenschläger*, Verteilungsverfahren, S. 46 ff.

84   **3. Zentrale völkerrechtliche Rahmenbedingungen.** Neben der unions- und verfassungsrechtlichen Diskussion über das „Ob" und das „Wie" einer Förderung von Strom aus erneuerbaren Energiequellen wird zunehmend auch deren **völkerrechtliche Zulässigkeit**
problematisiert.[397] Konkret betrifft dies vor allem Regelungen, die eine Einspeisevergütung
mit der Notwendigkeit einer lokalen Wertschöpfung verknüpfen (Local-Content-Vor-
schriften), indem inländische Erzeugnisse zum Einsatz kommen.[398] Ob § 4 eine derartige
Local-Content-Regelung beinhaltet, erscheint auf den ersten Blick zweifelhaft. Hiernach
gilt das EEG nur für Anlagen, wenn und soweit die Erzeugung des Stroms im Bundesgebiet
einschließlich der deutschen ausschließlichen Wirtschaftszone erfolgt. Die Vorschrift
knüpft die Förderung von Elektrizität aus erneuerbaren Energien somit nicht an die Wertschöpfung aus Fertigungsanlagen aus Deutschland, sondern an den Standort der Anlage.
Es müssen weder die Bestandteile der Anlage noch die Primärenergieträger aus dem Inland
kommen.[399] Andererseits werden nur solche EE-Anlagenbetreiber gefördert, deren Anlage
im Bundesgebiet einschließlich der deutschen ausschließlichen Wirtschaftszone belegen
ist. Aufgrund dieser Belegenheitsregelung hat die Erzeugung des EE-Stroms einen engen
lokalen Bezug.[400]

85   **Investitionsschutzrechtlich** problematisch ist außerdem die Rückführung bzw. Abschaffung von Einspeisevergütungen oder anderen staatlichen Förderungen.[401] In materieller
Hinsicht geht es dabei regelmäßig um Erwägungen des Vertrauensschutzes,[402] wie sie auch
bei der Umstellung des Fördermechanismus' von einem Einspeise- in ein Ausschreibungssystem in Rede stehen. Vertrauensbegrenzend wirken insoweit jedoch nicht nur „Evaluie-
rungsregelungen",[403] wie sie für das neue Ausschreibungssystem in §§ 2 Abs. 5, 99 normiert sind,[404] sondern auch rechtliche Fördergrenzen, wie sie aus den europäischen Grundfreiheiten und Wettbewerbsregeln folgen.[405]

86   **4. Folgerungen für die Marktintegration durch Ausschreibungen. a) Beihilferecht.**
Die unions-, verfassungs- und völkerrechtlichen Implikationen der Förderung von Elektrizität aus erneuerbaren Energien wurden bislang vor allem im Hinblick auf das Fördersystem des **EEG 2012** diskutiert. Es stellt sich deshalb die Frage, ob sich an der bisherigen
Beurteilung durch die normativ gesteuerte Heranführung der erneuerbaren Energien an
wettbewerbliche Märkte durch Ausschreibungen i. S. des § 5 Nr. 3 etwas geändert hat. Außerdem ist zu klären, welche übergreifenden Vorgaben für das neue Ausschreibungssystem
des EEG 2014 gelten.

---

397 *Reuter*, RIW 2014, 43 ff.; *Rensmann/Frey*, EnWZ 2014, 243.
398 Ausführlich *Buchmüller*, ZNER 2012, 253, 254 ff.
399 Ebenso Frenz/Müggenborg/*Ekardt/Hennig*, § 2 EEG 2012 Rn. 7.
400 Darüber hinaus kann in der Beschränkung der finanziellen Förderung auf im Inland erzeugte
    Elektrizität ein Verstoß gegen die Freiheit des Warenverkehrs im europäischen Binnenmarkt des
    Art. 34 AEUV liegen; siehe § 1 Rn. 72 ff.
401 *Rensmann/Frey*, EnWZ 2014, 243, 248.
402 *Rensmann/Frey*, EnWZ 2014, 243, 248.
403 *Rensmann/Frey*, EnWZ 2014, 243, 248.
404 Nach § 99 Nr. 1 wird nicht nur das „Wie", sondern auch das „Ob" der Förderung evaluiert.
405 Siehe zu den primärrechtlichen Grenzen des Vertrauensschutzes – konkret mit Blick auf das Kar-
    tellverbot des Art. 101 AEUV – *Mohr*, ZWeR 2011, 383 ff.

Wie oben gesehen, kann eine (eigentlich vergaberechtliche) **Ausschreibungspflicht** 87
unionsrechtlich mittelbar auch auf der **Grundlage des Beihilferechts** begründet sein:[406]
Handelt es sich bei dem EEG-Fördersystem um eine Beihilfe i.S. des Art. 107 Abs. 1
AEUV, da die Zahlungen als „staatliche Begünstigungen" anzusehen sind, muss die Förderhöhe nach den – als rechtmäßig unterstellten – Umwelt- und Energiebeihilfeleitlinien
durch wettbewerbliche Ausschreibungen ermittelt werden.[407] Das Unionsprimärrecht enthält hierzu detaillierte Vorgaben, wie die Rechtsprechung des EuGH zu sog. **Dienstleistungskonzessionen** zeigt.[408] Hiernach verlangt der allgemeine Gleichbehandlungsgrundsatz, dass alle Bieter bei der Aufstellung ihrer Angebote unabhängig von ihrer Staatsangehörigkeit über die gleichen Chancen verfügen müssen.[409] Hierzu ist ein transparentes
und objektives Vergabeverfahren durchzuführen, damit die öffentliche Stelle feststellen
kann, ob im Verfahren Rechtsverstöße begangen wurden, und diese adäquat ahnden
kann.[410] Zu gewährleisten ist ein „angemessener Grad an Öffentlichkeit" zugunsten der potenziellen Bieter, der die zu vergebende Leistung dem Wettbewerb öffnet und eine Nachprüfung ermöglicht, ob die Vergabeverfahren unparteiisch durchgeführt worden sind.[411]
Die primärrechtlichen Vergabepflichten greifen schon dann ein, wenn ein Unternehmen,
das in einem anderen Mitgliedstaat ansässig ist, an der Leistungserbringung theoretisch interessiert sein kann;[412] denn eine Verletzung dieser Pflichten begründet regelmäßig die Gefahr einer potenziellen Diskriminierung von Unternehmen aus anderen EU-Mitgliedstaaten.[413] Das potenzielle Interesse von Unternehmen aus anderen Mitgliedstaaten ergibt sich
bereits aus den im internationalen Vergleich hohen deutschen Fördersätzen.[414]

Scheitert das Vorliegen einer Beihilfe zwar nicht an der „Staatlichkeit" der Mittel, wohl 88
aber infolge der *Altmark-Trans*-Rechtsprechung des EuGH an einer „**Begünstigung**", stellen also die Förderzahlungen nur ein Ausgleich für besondere „gemeinwirtschaftliche Verpflichtungen" der EE-Anlagenbetreiber dar, ändert dies nichts an der grundlegenden Verpflichtung auf „Kosteneffizienz", sei es in Form einer Ausschreibungspflicht oder ausnahmsweise einer „internen Kosten- und Gewinnkontrolle".[415] Auch insoweit sind deshalb
die unionsprimärrechtlichen Vorgaben an ein objektives, transparentes, diskriminierungsfreies wettbewerbliches Auswahlverfahren zu berücksichtigen.[416] Die Vergabeentschei-

---

406 Vgl. allgemein *Dörr*, NZBau 2005, 617 ff.
407 Kommission, Leitlinien für staatliche Umweltschutz- und Energiebeihilfen, ABlEU Nr. C 200/1
v. 28.6.2014, Rn. 80 und 109.
408 Vgl. *Säcker/Mohr*, ZWeR 2012, 412 ff.
409 EuGH, Urt. v. 8.10.1980, Rs. 810/79, Slg. 1980, 2747, Rn. 16 – Überschär.
410 EuGH, Urt. v. 13.10.2005, Rs. C-458/03, Slg. 2005, I-8585, Rn. 46 ff. – Parking Brixen.
411 EuGH, Urt. v. 7.12.2000, Rs. C-324/98, EuZW 2001, 90 Rn. 61 f. – Telaustria; EuGH, Urt. v.
13.11.2008, Rs. C-324/07, EuZW 2009, 55, Rn. 25 – Coditel Brabant.
412 EuGH, Urt. v. 21.7.2005, Rs. C-231/03, Slg. 2005, I-7287 Rn. 17 – Coname; EuGH, Urt. v.
13.11.2007, Rs. C-507/03, Slg. 2007, I-9777 Rn. 29 – Kommission/Irland; EuGH, Urt. v.
21.2.2008, Rs. C-412/04, Slg. 2008, I-619 Rn. 66 – Kommission/Italien.
413 EuGH, Urt. v. 13.4.2010, Rs. C-91/08, NZBau 2010, 328 Rn. 35 – Wall.
414 Siehe zur Diskussion zwischen Kommission und Bundesregierung über die Öffnung des Fördersystems für Strom aus Anlagen in anderen EU-Mitgliedstaaten *Müller*, ZNER 2014, 21 und 22;
Frenz, ZNER 2014, 345, 351.
415 EuGH, Urt. v. 24.7.2003, Rs. C-280/00, Slg. 2003, I-7747 Rn. 83 ff. – Altmark Trans GmbH.
416 *Dörr*, NZBau 2005, 617, 621.

dung ist damit grundsätzlich auf die geringste öffentliche Förderung bei gleich-wahrscheinlicher Zielerreichung auszurichten.[417]

89 Weiter kann erwogen werden, ob die Ermittlung der Förderberechtigten im Wege der Ausschreibung gem. den §§ 2 Abs. 5, 55, 88 – von der Kommission in ihren Leitlinien für Umwelt- und Energiebeihilfen eigentlich als „rechtfertigender Umstand" angesehen – die dadurch eingeräumte besondere Rechtsstellung zu einer „Begünstigung" i. S. des Art. 107 Abs. 1 AEUV macht.[418] Es ist mit anderen Worten zu klären, ob die eigentlich als Mittel der Rechtfertigung gedachte **Ausschreibungslösung** den genau entgegengesetzten Effekt hat, indem sie die **Zuschlagsentscheidung dem Tatbestand des Beihilfeverbots unterstellt.** Der durch Ausschreibung ermittelte „Förderanspruch für Strom" (§ 19) bzw. für Leistung (§ 52) begründet eine Berechtigung auf eine staatliche Förderung. Je nach Ausgestaltung des Ausschreibungsverfahrens mit Schwerpunkt auf den „Qualifikationsanforderungen" oder auf der „Preisregel" könnte das Verfahren bzw. die nachfolgende Zuschlagsentscheidung deshalb als „Beihilfe" anzusehen sein, zumal wenn der Zuschlagsempfänger einen im europäischen Vergleich überdurchschnittlich hohen Fördersatz erhielte.[419] Hiergegen kann nicht angeführt werden, dass sowohl die Warenverkehrsfreiheit des Art. 34 AEUV als auch Art. 3 Abs. 3 S. 1 RL 2009/28/EG i. V. mit Erw. 25 RL 2009/28/EG eine Abschottung der nationalen Fördersysteme erlaubten, da diese Abschottung nach Art. 3 Abs. 3 S. 2 RL 2009/28/EG nur vorbehaltlich der Regelungen des Beihilfenrechts zulässig ist.[420] Die Festschreibung eines bestimmten Verfahrens zur Ermittlung der Förderberechtigten beinhaltet für die Unternehmen, die den Zuschlag erhalten, regelmäßig auch einen wirtschaftlichen Vorteil in Form der Förderung. Es **fehlt jedoch an einer selektiven Begünstigung**, sofern sich alle interessierten Unternehmen auf der Grundlage eines „objektiven, transparenten, diskriminierungsfreien und wettbewerblichen Verfahrens" um das knappe Gut „Förderung" bewerben können. Das gilt – unbeschadet der sonstigen unionsrechtlichen Zulässigkeit – auch für ausländische Unternehmen, sofern die EE-Anlage im sachlichen Geltungsbereich des § 4 betrieben wird bzw. die 5 %-Schwelle des § 2 Abs. 6 greift. Weiterhin – und dies ist entscheidend – liegt in der Durchführung eines wettbewerblichen Vergabeverfahrens **keine Wettbewerbsverfälschung** i. S. des Art. 107 Abs. 1 AEUV.[421] Insbesondere kann nicht beanstandet werden, wenn der Gesetzgeber nicht allein auf den „niedrigsten Preis" in Form der geringsten Förderzahlungen als dem jeweils geltenden Marktpreis[422] abstellt, sondern ergänzend materielle (Prä-)Qualifikationsanforderungen aufstellt, um auf diesem Wege die Ernsthaftigkeit der Interessenten zu ermitteln und den Erfolg der Projekte zu sichern.[423]

90 **b) Vergaberecht.** Lehnt man das Vorliegen einer Beihilfe i. S. des Art. 107 Abs. 1 AEUV ab, kann sich eine Ausschreibungspflicht aus dem europäischen und dem deutschen Verga-

---

417 Dazu *Dörr*, NZBau 2005, 617, 622.
418 Dies erörtert für die UMTS-Lizenzvergabe *Pautsch*, MMR 2001, 423 ff.
419 Bei der Vergabe von UMTS-Lizenzen spiegelbildlich: einen relativ niedrigen Preis zahlen müssten; vgl. *Pautsch*, MMR 2001, 423, 426 ff.
420 Schon aus Gründen der Normhierarchie kann das Sekundärrecht das Primärrecht nicht inhaltlich umgestalten, sondern nur konkretisieren.
421 Dazu in Zusammenhang mit der Auftragsvergabe Pünder/Schellenberg/*Pache*, Vergaberecht, BHO § 55 Öffentliche Ausschreibung Rn. 54 f.
422 Dazu *Kämmerer*, NVwZ 2002, 161, 167.
423 *Kopp* et. al., Wege in ein wettbewerbliches Strommarktdesign für erneuerbare Energien, 2013, S. 44.

berecht ergeben.[424] Der Begriff „Vergaberecht" bezieht sich im Ausgangspunkt auf diejenigen Vorschriften, die die **Auftragsvergabe des Staates zum Zwecke seiner Bedarfsdeckung** regeln.[425] Der deutsche Gesetzgeber beschreibt die EE-Ausschreibung zur Ermittlung des geförderten Personenkreises und der Förderhöhe in **§ 5 Nr. 3** als ein objektives, transparentes, diskriminierungsfreies und wettbewerbliches Verfahren zur Bestimmung der Höhe der finanziellen Förderung".[426] Hierdurch nimmt er de facto auf die aus § 97 GWB und dem europäischen Primärvergaberecht folgenden allgemeinen Vergabegrundsätze „Wettbewerb, Transparenz und Gleichbehandlung" Bezug.[427] § 5 Nr. 3 beinhaltet eine **Rechtsfolgenverweisung**, weshalb eine Anwendung der Norm nicht voraussetzt, dass der Geltungsbereich des Vergaberechts eröffnet ist.[428]

Es stellt sich die Frage, ob das deutsche und das europäische Vergaberecht auch ohne die **91** Verweisung in § 5 Nr. 3 auf wettbewerbliche EE-Vergabeverfahren anzuwenden ist. Dies bestimmt sich in sachlicher Hinsicht nach § 99 GWB, der auf unionsrechtlichen Vorgaben beruht.[429] Gem. § 99 Abs. 1 GWB sind öffentliche Aufträge „entgeltliche Verträge von öffentlichen Auftraggebern mit Unternehmen über die Beschaffung von Leistungen, die Liefer-, Bau- oder Dienstleistungen zum Gegenstand haben, Baukonzessionen und Auslobungsverfahren, die zu Dienstleistungsaufträgen führen sollen". Gem. § 99 Abs. 2 GWB gelten als Lieferverträge solche zur Beschaffung von Waren, also auch von Elektrizität.[430] Eine Ausnahme gilt nach § 100 Abs. 2 lit. f GWB für die Beschaffung von Energie zur Energieerzeugung durch Sektorenauftraggeber.[431] Im vorliegenden Fall geht es jedoch nicht um die Beschaffung von Elektrizität durch öffentliche Auftraggeber i. S. des § 98 GWB, sondern um einen finanziellen Anreiz zur Erzeugung von Elektrizität aus erneuerbaren Energien als wichtigem Gemeinwohlgut. Es ist deshalb zu klären, ob ein durch Zuschlag zustande gekommener „Fördervertrag" einen relevanten **Beschaffungscharakter** hat. Entscheidend ist letztlich, ob die Erbringung einer Tätigkeit im öffentlichen Interesse eine **„Leistung" i. S. des § 99 Abs. 1 GWB** ist. Die Beauftragung eines Unternehmens mit der Durchführung einer Dienstleistung ist grundsätzlich ein vergaberechtsrelevanter Vorgang (§§ 97 ff. GWB).[432] Etwas anders folgt vorliegend nicht aus der Entscheidung „*Helmut Müller GmbH*" des EuGH aus dem Jahr 2010. Diesem Urteil könnte man auf den ersten Blick das Erfordernis entnehmen, dass eine (Bau-)Leistung dem Auftraggeber wirtschaftlich un-

424 *Fehling*, Die Verwaltung 47 (2014), 313, 338, bezeichnet die EE-Ausschreibungen als „vergaberechtsähnlich".

425 Vgl. *Wende*, Die einheitliche Auslegung von Beihilfen- und Vergaberecht als Teilgebiete des europäischen Wettbewerbsrechts, S. 3.

426 Der Begriff „Ausschreibung" bezieht sich nach dem Willen des Gesetzgebers auf alle wettbewerblichen Auswahlverfahren (BT-Drs. 18/1304 v. 5.5.2014, S. 112), also auch auf Versteigerungen (vgl. zum Vergabeverfahren für Frequenzen auch § 61 TKG).

427 Insoweit ebenso *Kahle*, RdE 2014, 372, 375; *Frenz*, ER 6/2014, 231. Siehe zu den Vergabegrundsätzen *Wende*, Die einheitliche Auslegung von Beihilfen- und Vergaberecht als Teilgebiete des europäischen Wettbewerbsrechts, S. 5 ff.

428 Vgl. dazu *Burgi*, NZBau 2008, 29, 31.

429 *Wende*, Die einheitliche Auslegung von Beihilfen- und Vergaberecht als Teilgebiete des europäischen Wettbewerbsrechts, S. 60.

430 MünchKommBeihVgR/*Tugendreich*, § 99 GWB Rn. 170.

431 Zum Hintergrund dieser Norm siehe MünchKommBeihVgR/*Gabriel*, § 100 GWB Rn. 81.

432 *Säcker/Mohr/Wolf*, Konzessionsverträge im System des europäischen und deutschen Wettbewerbsrechts, S. 68.

mittelbar zugutekommen muss.[433] Etwas anders gilt jedoch dann, wenn Bauwerke entsprechend den Anforderungen des Auftraggebers erstellt werden; in diesem Fall ist das Vergaberecht anwendbar.[434] Eben dies wird bei einer auch „Präqualifikationsanforderungen" i. S. des § 88 Abs. 1 Nr. 3 anlegenden Ausschreibung regelmäßig der Fall sein.[435]

92 Neben den für Verteilungsfragen einschlägigen (Unions-)Grundrechten[436] gilt für Vergaben mit grenzüberschreitendem Bezug das aus dem Verbot der Diskriminierung wegen der Staatsangehörigkeit und den Grundfreiheiten abzuleitende **Unionsprimärvergaberecht**.[437] Diesem unterliegen alle Verteilungsverfahren, welche die Möglichkeit einer wirtschaftlichen Betätigung eröffnen.[438] Geht man davon aus, dass die vom EEG 2014 geförderten Technologien derzeit noch nicht voll marktfähig sind, begründen die staatlichen Förderzahlungen die tatsächliche Möglichkeit zu einer wirtschaftlichen Tätigkeit. Welche Grundfreiheit einschlägig ist, bestimmt sich grundsätzlich nach dem in Rede stehenden Gegenstand. Aufgrund der bei den Grundfreiheiten bestehenden „Konvergenztendenzen" ist die entsprechende Abgrenzung in der Praxis jedoch von untergeordneter Relevanz.[439] Im Fall einer möglichen Beeinflussung des zwischenstaatlichen Handels müssen öffentliche Stellen die Grundregeln der EU-Verträge und das Verbot der Diskriminierung aus Gründen der Staatsangehörigkeit als Ausprägungen des **allgemeinen Gleichbehandlungsgrundsatzes** (Art. 18 AEUV) beachten.[440] Zu den Vertragsbestimmungen, die auf die Erbringung von Dienstleistungen im öffentlichen Interesse anwendbar sind, gehören Art. 49 AEUV (Niederlassungsfreiheit) und Art. 56 AEUV (Dienstleistungsfreiheit).[441] Der allgemeine Gleichbehandlungsgrundsatz verlangt, dass **alle Bieter bei der Aufstellung ihrer Angebote über die gleichen Chancen** verfügen müssen. Hierzu ist ein **transparentes und objektives Vergabeverfahren** durchzuführen, damit die Vergabestelle feststellen kann, ob im Verfahren Rechtsverstöße begangen wurden, und diese adäquat ahnden kann.[442] Zu gewährleisten ist ein „**angemessener Grad an Öffentlichkeit**" zugunsten der potenziellen Bieter, der die zu vergebende Leistung dem Wettbewerb öffnet und die Nachprüfung ermöglicht, ob die Vergabeverfahren unparteiisch durchgeführt worden sind.[443] Dies geschieht regelmäßig durch die Ausschreibung der entsprechenden Leistung.[444]

---

433 EuGH, Urt. v. 25. 3. 2010, Rs. C-451/08, Slg. 2010, I-2727 Rn. 50. – Helmut Müller-GmbH.

434 MünchKommBeihVgR/*Reider*, § 99 GWB Rn. 17; siehe auch EuGH, Urt. v. 25. 3. 2010, Rs. C-451/08, Slg. 2010, I-2727 Rn. 64 ff. – Helmut Müller-GmbH.

435 Siehe hierzu auch § 88 Rn. 45 ff.

436 Dazu *Wollenschläger*, Verteilungsverfahren, S. 103 ff.

437 Ausführlich zum Folgenden *Säcker/Mohr*, ZWeR 2012, 417 ff.

438 *Wollenschläger*, Verteilungsverfahren, S. 115.

439 *Wollenschläger*, Verteilungsverfahren, S. 115.

440 EuGH, Urt. v. 10.3.2011, Rs. C-274/09, EuZW 2011, 352 Rn. 49; EuGH, Urt. v. 10.9.2009, C-206/08, Slg. 2009, I-8377 Rn. 44 – WAZV Gotha (Eurawasser); EuGH, Urt. v. 13.4.2010, Rs. C-91/08, NZBau 2010, 328 Rn. 33 – Wall.

441 EuGH, Urt v. 8.10.1980, Rs. 810/79, Slg. 1980, 2747, Rn. 16 – Überschär.

442 EuGH, Urt. v. 13.10.2005, Rs. C-458/03, Slg. 2005, I-8585, Rn. 46 ff. – Parking Brixen.

443 EuGH, Urt. v. 7.12.2000, Rs. C-324/98, EuZW 2001, 90 Rn. 61 f. – Telaustria; EuGH, Urt. v. 13.11.2008, Rs. C-324/07, EuZW 2009, 55, Rn. 25 – Coditel Brabant.

444 EuGH, Urt. v. 14.11.2013, C-221/12, EuZW 2014, 69 - Belgacom NV; ausführlich zum Zusammenhang zwischen Transparenz und offenen Ausschreibungen *Höfler*, NZBau 2010, 73.

Es steht im **Ermessen der Mitgliedstaaten**, die Grundsätze der Gleichbehandlung und der   93
Transparenz durch konkrete Maßnahmen näher auszuformen.[445] Einschränkende Regelungen dürfen nach den Grundsätzen der **Verhältnismäßigkeit** und des **effet utile** jedoch nicht über dasjenige hinausgehen, was zur Erreichung eines objektiven und angemessenen Ziels unbedingt erforderlich ist.[446] Die primärrechtlichen Vergabepflichten greifen insoweit schon dann ein, wenn ein Unternehmen, das in einem anderen Mitgliedstaat ansässig ist, an der Leistung theoretisch interessiert sein kann.[447] Der Binnenmarktbezug kann deshalb nur dann bezweifelt werden, wenn ausländische Unternehmen bei verobjektivierter Betrachtungsweise aufgrund der Eigenart der Dienstleistung aufgrund lokaler, kultureller oder etwa sprachlicher Anforderungen von vornherein als Interessenten ausscheiden.[448] Eine solche Ausnahme ist bei der Förderung von Strom aus erneuerbaren Energien nicht gegeben, wie § 2 Abs. 6 verdeutlicht. Von der Ausgestaltung des Verteilungsverfahrens zu unterscheiden ist die Klagebefugnis inländischer Unternehmen, da diese in ihrer Person keinen grenzüberscheitenden Sachverhalt verwirklichen.[449] Subjektive Rechte unterlegener Bieter können jedoch aus den drittschützenden Missbrauchsverboten des deutschen und europäischen Wettbewerbsrechts sowie aus den §§ 1004, 823 Abs. 2 BGB, §§ 241 Abs. 2, 311 BGB, §§ 3 Abs. 1, 8 Abs. 1 UWG folgen.[450]

Wird ein öffentliches Unternehmen bzw. ein solches mit besdonderen oder ausschließlichen Rechten bei der Vergabe in unzulässiger Weise begünstigt, bedeutet dies zugleich einen Verstoß gegen **Art. 106 Abs. 1 AEUV**.[451] Eine Rechtfertigung nach dem auch für die Grundfreiheiten geltenden **Art. 106 Abs. 2 AEUV** wegen der Erbringung von „Dienstleistungen im allgemeinen wirtschaftlichen Interesse" scheidet regelmäßig aus, weil ein wettbewerbliches Ausschreibungsverfahren der öffentlichen Aufgabe regelmäßig nicht widerspricht, weshalb dieses gegenüber einer gleichheitswidrigen bzw. intransparenten Vergabe als weniger wettbewerbsbeschränkende Maßnahme anzusehen ist.[452]

In Zusammenhang mit der Vergabe von **Dienstleistungskonzessionen** wurde im Schrifttum die Ansicht vertreten, an eine Vergabe seien erheblich geringere Anforderungen als an diejenige von sonstigen „öffentlichen Aufträgen" zu stellen.[453] Diese Argumentation ist nicht überzeugend, weil sich alle unionsvergaberechtlichen Vorgaben auf dieselben primär-

---

445 EuGH, Urt. v. 23.12.2009, Rs. C-376/08, NZBau 2010, 261 Rn. 31 f. – Serrantoni.
446 EuGH, Urt. v. 23.12.2009, Rs. C-376/08, NZBau 2010, 261 Rn. 33 – Serrantoni; EuGH, Urteil vom 16. 12. 2008, Rs. C-213/07, EuZW 2009, 87 Rn. 48 und 61 – Michaniki AE; EuGH, Urt. v. 19.5.2009, Rs. C-538/07, EuZW 2009, 550 Rn. 21 und 23 – Assitur Srl.
447 Vgl. in diesem Sinne EuGH, Urt. v. 21.7.2005 , Rs. C-231/03, Slg. 2005, I-7287 Rn. 17 – Coname; EuGH, Urt. v. 13.11.2007, Rs. C-507/03, Slg. 2007, I9777 Rn. 29 – Kommission/Irland; EuGH, Urt. v. 21.2.2008. Rs. C-412/04, Slg. 2008, I619 Rn. 66 – Kommission/Italien.
448 *Säcker/Mohr/Wolf*, Konzessionsverträge im System des europäischen und deutschen Wettbewerbsrechts, S. 70 f.
449 *Wollenschläger*, Verteilungsverfahren, S. 117.
450 Dazu *Meyer-Hetling/Templin*, ZNER 2012, 18, 24 f.; differenzierend *Byok/Dierkes*, RdE 2012, 221, 224 f.
451 EuGH, Urt. v. 15.10.2009, Rs. C-196/08, NZBau 2009, 804 Rn. 50 – Acoset; EuGH, Urt. v. 6.4.2006 – C-410/04, EuZW 2006, 415 Rn. 23 – ANAV.
452 *Säcker/Mohr/Wolf*, Konzessionsverträge im System des europäischen und deutschen Wettbewerbsrechts, S. 74; MünchKommBeihVgR/*Wolf*, Art. 107 AEUV Rn. 807 ff.
453 Statt anderer *Burgi*, NZBau 2005, 610; *Prieß/Marx/Hölzl*, NVwZ 2011, 65, 68.

rechtlichen Regelungen zurückführen lassen.[454] Auch der EuGH geht davon aus, dass die detaillierten Vorgaben der Vergaberichtlinien lediglich eine verhältnismäßige, an der „Natur" des jeweils in Rede stehenden Gegenstands orientierte Konkretisierung des primären Unionsvergaberechts darstellen.[455] Vor diesem Hintergrund beinhaltet das Sekundärvergaberecht lediglich eine Konkretisierung des Primärvergaberechts.[456]

IV. Zwecke des Gesetzes (Abs. 1)

96 Das EEG bezweckt eine nachhaltige Energieversorgung auch künftiger Generationen unter Berücksichtigung der Belange des Naturschutzes, ökologischer Ziele, gleichzeitigem wirtschaftlichem Wachstum und Sozialverträglichkeit sowie unter Berücksichtigung der Elemente Wirtschaftlichkeit und Versorgungssicherheit.[457] Diesem zentralen Anliegen ist auch das EEG 2014 verpflichtet, unter noch stärkerer Akzentuierung von Aspekten der Wirtschaftlichkeit und Sozialverträglichkeit.[458] Die **„Energiewende"** sei ein „richtiger und notwendiger Schritt auf dem Weg in eine Industriegesellschaft, die dem Gedanken der Nachhaltigkeit, der Bewahrung der Schöpfung und der Verantwortung gegenüber nachfolgenden Generationen verpflichtet ist". Zugleich mache sie „die Volkswirtschaft unabhängiger von knapper werdenden fossilen Rohstoffen" und schaffe „neue Wachstumsfelder mit erheblichen Arbeitsplatzpotenzialen".[459] Diese Aussagen korrespondieren mit den allgemeinen Zwecken des § 1 Abs. 1.

97 **1. Zentrales Motiv: Klima- und Umweltschutz.** Zentrales Motiv auch des EEG 2014 ist gem. § 1 Abs. 1 der **Klima- und Umweltschutz.** Dieses „Interesse" soll insbesondere durch eine **nachhaltige und kosteneffiziente Energieversorgung** erreicht werden,[460] die den Grundsätzen des § 2 verpflichtet ist.

98 In Anlehnung an Art. 20a GG[461] ist unter Umweltschutz der **Schutz der natürlichen Lebensgrundlagen** zu verstehen.[462] Diese beziehen sich auf alle natürlichen Grundlagen des menschlichen, tierischen und pflanzlichen Lebens, also die Luft, das Wasser, den Boden

454 Ebenso *Wolf*, VergabeR 2011, 27, 30 ff.
455 So etwa EuGH, Urt. v. 21.2.2008, Rs. C-412/04, Slg. 2008, I-619 Rn. 2 – Kommission/Italien; siehe auch EuGH, Urt. v. 19.5.2009, Rs. C-538/07, EuZW 2009, 550 Rn. 25 – Assitur; ebenso *Knauff*, EuZW 2005, 731 f.; *Säcker/Mohr/Wolf*, Konzessionsverträge im System des europäischen und deutschen Wettbewerbsrechts, S. 71; MünchKommBeihVgR/*Kühling/Huerkamp*, Vor §§ 97 ff. GWB Rn. 19 ff.
456 *Knauff*, EuZW 2005, 731, 732; MünchKommBeihVgR/*Wolf*, 2011, Art. 107 AEUV Rn. 781 a. E.
457 So zum EEG 2009 BT-Drs. 16/8148 v. 18.2.2008, S. 1.
458 BT-Drs. 18/1304 v. 5.5.2014, S. 1.
459 BT-Drs. 18/1304 v. 5.5.2014, S. 1.
460 Ebenso Reshöft/Schäfermeier/*Reshöft*, § 1 EEG 2012 Rn. 4 und 14; missverständlich BT-Drs. 16/8148 v. 18.2.2008, S. 35: zentraler Gesetzeszweck; ebenso Altrock/Oschmann/Theobald/*Müller/Oschmann*, § 1 EEG 2012 Rn. 2.
461 BT-Drs. 18/1304 v. 5.5.2014, S. 106.
462 Ebenso Reshöft/Schäfermeier/*Reshöft*, § 1 EEG 2012 Rn. 16. Nach überzeugender Ansicht sind die „natürlichen Lebensgrundlagen" deckungsgleich mit dem „Umweltschutz", vgl. Maunz/Dürig/*Scholz*, Art. 20a GG Rn. 36; a. A. anscheinend BeckOK-GG/*Huster/Rux*, Art. 20a GG Rn. 9: Schutz nicht der Umwelt im Allgemeinen, sondern der natürlichen Lebensgrundlagen. Eine Definition des Umweltschutzes enthält auch Art. 2 Nr. 101 der Beihilfen-Gruppenfreistellungs-VO Nr. 651/2014: „jede Maßnahme, die darauf abzielt, einer Beeinträchtigung der natürlichen Umwelt oder der natürlichen Ressourcen durch die Tätigkeit eines Beihilfeempfängers abzuhelfen,

einschließlich der Bodenschätze sowie lebende Organismen, weiterhin auf die Erhaltung der biologischen Vielfalt und die Sicherung eines artgerechten Lebens bedrohter Tier- und Pflanzenarten.[463] Der Naturschutz ist somit ein Bestandteil des Umweltschutzes und wird von § 1 Abs. 1 mit umfasst.[464] Auch wenn das Klima ebenfalls ein Teil der „natürlichen Lebensgrundlagen" und damit der Umwelt ist, wird es von § 1 Abs. 1 im Sinne einer besonderen Akzentuierung eigenständig benannt;[465] denn die Reduzierung der Treibhausgasemissionen ist ein ganz zentrales Ziel des EEG.[466] Der Klimaschutz umfasst vor allem die Vermeidung oder Reduzierung des „anthropogenen", also durch Menschen verursachten, nicht „natürlichen" Klimawandels.[467] Der Gesetzgeber sieht somit den Klima- und den Umweltschutz nicht als Gegensätze an, sondern als gleichrangige Verbürgungen, die sich gegenseitig bedingen.[468] So werden durch den Ausbau erneuerbarer Energien Synergieeffekte zwischen dem Klimaschutz und der Verbesserung der Luftqualität erwartet.[469] Allerdings kann es zwischen beiden Schutzkomplexen zu Zielkonflikten kommen.[470] Diese sind im Rahmen der konkreten Regelungen des EEG, also nicht durch abstrakte Überlegungen aufzulösen.[471]

In der „Klimawissenschaft" entspricht es der ganz herrschenden Ansicht, dass der Klima-   **99**
wandel in großen Teilen auf die **gestiegene Konzentration von Kohlendioxid (CO_2)** und anderen **anthropogenen Gasen wie Methan** zurückzuführen ist.[472] Bei einer Erderwärmung von 2°C werden gefährliche und kaum beherrschbare Folgen für Natur und Gesellschaft prognostiziert, etwa ein Anstieg des Meeresspiegels und ein Abschmelzen der Eisschilde, ein Verlust von Ökosystemen und Tier- und Pflanzenarten, die Gefahr von Extremereignissen wie Überschwemmungen, Hitzewellen und Hurrikanen sowie Gefahren für die Wasserversorgung und das Nahrungsangebot.[473]

Die Förderung erneuerbarer Energien stellt auch ein Instrument zur Umsetzung der in der   **100**
Klimarahmenkonvention der Vereinten Nationen vereinbarten Ziele und der Klimastrategie der EU und der Bundesrepublik Deutschland dar.[474] Nach Art. 2 der UN-Klimarahmenkonvention (UNFCCC) soll der anthropomorph bedingte Anstieg des Klimas auf ein

---

vorzubeugen oder die Gefahr einer solchen Beeinträchtigung zu vermindern oder eine rationellere Nutzung der natürlichen Ressourcen einschließlich Energiesparmaßnahmen und die Nutzung erneuerbarer Energien zu fördern.

463 BeckOK-GG/*Huster/Rux*, Art. 20a GG Rn. 10.

464 BT-Drs. 16/8148 v. 18.2.2008, S. 35.

465 Reshöft/Schäfermeier/*Reshöft*, § 1 EEG 2012 Rn. 16 f.

466 Weiterführend Frenz/Müggenborg/*Frenz*, § 1 EEG 2012 Rn. 7 ff.

467 Altrock/Oschmann/Theobald/*Müller/Oschmann*, § 1 EEG 2012 Rn. 10; *Runge/Schomerus*, ZUR 2007, 410.

468 BT-Drs. 16/8148 v. 18.2.2008, S. 35.

469 *Fischedick/Samadi/Venjakob*, in: Müller, 20 Jahre Recht der Erneuerbaren Energien, S. 51, 52.

470 Siehe dazu am Beispiel von Offshore-Windkraftanlagen *Runge/Schomerus*, ZUR 2007, 410 ff.

471 Ebenso *Groß*, in: Müller, 20 Jahre Recht der Erneuerbaren Energien, S. 107, 116, zu Art. 20a GG.

472 *Rahmstorf*, in: Müller, 20 Jahre Recht der Erneuerbaren Energien, S. 27; *Blasch/Soete/Schubert*, in: Müller, 20 Jahre Recht der Erneuerbaren Energien, S. 74 f.

473 *Rahmstorf*, in: Müller, 20 Jahre Recht der Erneuerbaren Energien, S. 27, 29 ff.

474 BT-Drs. 16/8148 v. 18.2.2008, S. 35; siehe zur Diskussion über die „Verteilung von Verschmutzungsrechten" *Edenhofer/Knopf/Luderer*, in: Müller, 20 Jahre Recht der Erneuerbaren Energien, S. 34 ff.

Niveau begrenzt werden, das eine gefährliche Störung des Klimasystems verhindert.[475] Diese abstrakte Zielvorgabe wurde im Jahr 2010 dahingehend konkretisiert, dass der Anstieg der Temperatur auf 2°C im Vergleich zur vorindustriellen Zeit begrenzt werden soll.[476] Hierzu will das Energiekonzept der Bundesregierung die Treibhausgasemissionen gegenüber dem Stand von 1990 bis zum Jahr 2020 um 40% und bis zum Jahr 2050 um 80% reduzieren.[477]

101   Zur Erreichung der vorstehenden Klimaschutzziele sieht § 1 Abs. 2 einen **stetigen, aber auch kosteneffizienten Ausbau des Anteils aus erneuerbaren Energien an der Energieversorgung** vor. Mit dem Abbau, der Förderung und dem Transport von Uran, Kohle, Erdgas und Erdöl seien schwerwiegende Eingriffe in das Ökosystem verbunden.[478] Demgegenüber schone der Einsatz erneuerbarer Energien zur Stromerzeugung die fossilen Energieressourcen und gehe in der Regel mit deutlich geringeren Schadstoffemissionen einher.[479] So konnte im Jahr 2012 durch den Einsatz erneuerbarer Energien die Emission von insgesamt rund 145 Mio. t CO_2-Äquivalenten vermieden werden, wovon rund 102 Mio. t auf den Stromsektor entfielen.[480]

102   Die zunehmende Nutzung erneuerbarer Energien hat langfristig ebenfalls positive Auswirkungen auf den **Schutz der Natur** und die **Landschaftspflege**.[481] So sind nach aktuellen wissenschaftlichen Erkenntnissen eine Vielzahl von Pflanzen- und Tierarten durch die zunehmende Erwärmung der Erdatmosphäre infolge des „anthropogenen Treibhauseffekts" vom Aussterben bedroht. Auf der anderen Seite müssen EE-Anlagen die allgemeinen **naturschutzrechtlichen Vorschriften** beachten, da von diesen Anlagen eigene Beeinträchtigungen von Natur und Umwelt einhergehen können, man denke nur an den Bau von Windkraftanlagen in Naturschutzgebieten. Diese Auswirkungen sollen „in der Regel" durch das Fachrecht (Agrar- und Umweltrecht) geprüft und zugleich bei der Zulassung der Anlagen und bei der Raum- und Bauleitplanung berücksichtigt werden (vgl. § 55 Abs. 2 Nr. 2).[482] Vor diesem Hintergrund sieht der Gesetzgeber im EEG nur „punktuelle Sonderbestimmungen" zum Umwelt- und Naturschutz als notwendig an, insbesondere für die Nutzung der Biomasse.[483] So würden durch die Konzentration der weiteren Förderung der Stromerzeugung auf Abfall- und Reststoffe negative natur- und umweltrelevante Auswirkungen auf die Biodiversität durch den Anbau nachwachsender Rohstoffe begrenzt.[484]

---

475 Art. 2 des Rahmenübereinkommens der Vereinten Nationen über Klimaänderungen; siehe auch *Blasch/Soete/Schubert*, in: Müller, 20 Jahre Recht der Erneuerbaren Energien, S. 74.

476 UNFCCC, Decision 1/CP.16, S. 2.

477 BMWi/BMU, Energiekonzept für eine umweltschonende, zuverlässige und bezahlbare Energieversorgung, S. 8.

478 Siehe auch zum Folgenden, BT-Drs. 16/8148 v. 18.2.2008, S. 35 f.

479 Im Regierungsentwurf zum EEG 2009 war auch noch von einer Schonung nuklearer Energieressourcen die Rede, ohne zu erläutern, was man sich hierunter vorzustellen hat, vgl. BT-Drs. 16/8148 v. 18.2.2008, S. 35.

480 So BT-Drs. 18/1304 v. 5.5.2014, S. 97.

481 Siehe, auch zum Folgenden, BT-Drs. 16/8148 v. 18.2.2008, S. 35 f.

482 BT-Drs. 18/1304 v. 5.5.2014, S. 97.

483 BT-Drs. 18/1304 v. 5.5.2014, S. 97; eine Definition der „anerkannten Biomasse" findet sich in § 2 der BiomasseVO; siehe die Biomasseverordnung vom 21.6.2001, BGBl. I S. 1234, geändert durch Art. 12 Gesetzes v. 21.7.2014, BGBl. I S. 1066.

484 BT-Drs. 18/1304 v. 5.5.2014, S. 97.

2. Hauptzweck: Nachhaltige Entwicklung der Energieversorgung. Im Interesse des   **103**
Klima- und Umweltschutzes will das EEG nach § 1 Abs. 1 eine **nachhaltige Entwicklung
der Energieversorgung** ermöglichen.[485] Die anderen in § 1 Abs. 1 genannten Zwecke, namentlich die Verringerung der volkswirtschaftlichen Kosten der Energieversorgung auch
durch die Einbeziehung langfristiger externer Effekte, die Schonung fossiler Energieressourcen und die Förderung der Weiterentwicklung von Technologien zur Erzeugung von
Strom aus erneuerbaren Energien verstehen sich als spezielle Ausformungen dieses Nach-
haltigkeitsgrundsatzes.[486]

Das Gebot der Nachhaltigkeit findet sich mit Blick auf den Umweltschutz bereits in   **104**
Art. 20a GG. Der EEG-Gesetzgeber orientiert sich außerdem an Vorgaben der **nationalen
Nachhaltigkeitsstrategie.**[487] Diese besteht aus zehn sog. Managementregeln der Nachhaltigkeit und 21 Schlüsselindikatoren zur Erfolgskontrolle einer nachhaltigen Entwicklung.[488] Als Grundregel gilt, dass jede Generation ihre Aufgaben selbst lösen muss und diese nicht den kommenden Generationen aufbürden darf. Zugleich muss die Gesellschaft
Vorsorge für absehbare zukünftige Belastungen treffen. Diese Vorgabe gilt für die Erhaltung der natürlichen Lebensgrundlagen (der „Umwelt"), aber auch für die wirtschaftliche
Entwicklung, für den sozialen Zusammenhalt und den demografischen Wandel.[489]

Im Rahmen der „Energiewende" hat sich ein eher **operationelles Verständnis der Nach-**   **105**
haltigkeit entwickelt, da diese mit dem Ausstieg aus der Kernenergie und aus der Stromproduktion mithilfe fossiler Brennstoffe sowie mit deren Ersatz durch erneuerbare Energien in Zusammenhang gebracht wird.[490] So betont der Gesetzgeber, dass eine auf fossilen
Energieträgern beruhende Energieversorgung insbesondere wegen des damit verbundenen
hohen Kohlendioxid-Ausstoßes gegen das Postulat der Nachhaltigkeit verstoße.[491] Dasselbe gilt für die Nutzung von Kernenergie aufgrund des Risikos eines Unfalls in einem
Atomkraftwerk sowie der ungelösten Endlagerung radioaktiver Reststoffe.[492] Demgegenüber stehen erneuerbare Energien grundsätzlich unbegrenzt zur Verfügung und haben vergleichsweise geringe Umweltauswirkungen.[493] Aus diesem Grunde wird die Förderung der
erneuerbaren Energien als besonders geeignetes Mittel angesehen, die nationale Nachhaltigkeitsstrategie zu erfüllen. Im Einzelnen:[494]

Nach Ansicht des Gesetzgebers steht ein stetiger und planbarer Ausbau der erneuerbaren   **106**
Energien im Strombereich (§ 1 Abs. 2) ebenso wie die Integration derselben in das Energieversorgungssystem (§ 2 Abs. 1) zu möglichst geringen volkswirtschaftlichen Kosten
(§ 1 Abs. 1) und die Sicherstellung der Bezahlbarkeit der Energiewende für die Bürger so-

---

485 Bericht des Ausschusses für Umwelt, Naturschutz und Reaktorsicherheit zu Entwürfen eines
   EEG 2004, BT-Drs. 15/2864 v. 1.4.2004, S. 26; siehe auch Art. 20a GG, der ebenfalls die Verantwortung für künftige Generationen betont.
486 BT-Drs. 16/8148 v. 18.2.2008, S. 36.
487 BT-Drs. 18/1304 v. 5.5.2014, S. 97; siehe auch Bundesregierung, Perspektiven für Deutschland,
   Nachhaltigkeitsstrategie, 2002.
488 Siehe dazu *Deter*, ZUR 2012, 157, 158.
489 Bundesregierung, Nachhaltigkeitsmanagement, 2012.
490 Monopolkommission, Sondergutachten 65, Rn. 176.
491 BT-Drs. 16/8148 v. 18.2.2008, S. 36.
492 BT-Drs. 16/8148 v. 18.2.2008, S. 36.
493 Siehe auch den Entwurf eines Gesetzes zur Neuregelung des Rechts der Erneuerbaren-Energien
   im Strombereich, BT-Drs. 15/2327, S. 18.
494 BT-Drs. 18/1304 v. 5.5.2014, S. 97 f.

wie die Wirtschaft (§ 1 Abs. 2) im Einklang mit den Nachhaltigkeitsindikatoren zur **Generationengerechtigkeit** (Ressourcenschonung, Klimaschutz, erneuerbare Energien). Durch die Festlegung des Ausbaukorridors für erneuerbare Energien (§ 3) und die Konzentration auf relativ kostengünstige Technologien (§ 2 Abs. 3) werde außerdem sichergestellt, dass die Energiewende bezahlbar bleibe, was der **wirtschaftlichen Leistungsfähigkeit der Stromkunden** Rechnung trage (Indikatorbereich 10). Dem Aspekt der Wirtschaftlichkeit und **Sozialverträglichkeit** diene ebenfalls die Streichung des Grünstromprivilegs (§ 39 EEG 2012), die Beteiligung der Eigenversorgung an der EEG-Umlage (§ 61) und die Änderung der besonderen Ausgleichsregelung (§§ 63 ff.), da hiermit die aus der Förderung erneuerbarer Energien entstehenden „Differenzkosten" angemessen auf möglichst viele Schultern verteilt würden. Neben der Durchbrechung der Kostendynamik sollen die in § 3 vorgegebenen Korridore einen zielorientierten, stetigen und nachhaltigen Ausbau der erneuerbaren Energien und somit **Planungssicherheit und verlässliche Investitionsbedingungen** für die Akteure auf dem Energiemarkt gewährleisten (Indikatorbereich 7). Hierzu dient insbesondere die Einführung eines Anlagenregisters (§§ 6, 53b EnWG), das durch die Bereitstellung der notwendigen Informationen sowohl die Steuerung des Ausbaus entsprechend dem jeweiligen Ausbaukorridor als auch die Systemintegration erneuerbarer Energien im Ganzen erleichtern soll (Indikatorbereiche 3a und 3b). Zum Ziel der Integration der erneuerbaren Energien in den Strommarkt und damit zur **Entwicklung einer zukunftsfähigen Energieversorgung** (Indikatorbereich 3) trägt außerdem die verpflichtende Direktvermarktung bei (§§ 5 Nr. 9, 34 ff.).[495] Durch die Förderung der Windenergie auf See als Technologie, bei der hohe Kostensenkungspotenziale angenommen werden, werde außerdem die **Innovation bei der Produktion von Strom aus erneuerbaren Energien** gefördert (§ 1 Abs. 1), um die **Zukunft der Energieversorgung mit** (den erhofften) **neuen Lösungen zu gestalten** (Indikatorbereich 8).[496] Ebenfalls dem Indikatorbereich der Innovation dient die Einführung eines Ausschreibungsmodells für Photovoltaik-Freiflächenanlagen im Rahmen eines Pilotvorhabens (§ 55). Hiermit sollen Erfahrungen mit einem alternativen Fördermodell für erneuerbare Energien gesammelt werden.[497]

107 **3. Insbesondere: Verringerung der volkswirtschaftlichen Kosten der Energieversorgung.** Eine nachhaltige Energieversorgung erfordert die **Verringerung ihrer volkswirtschaftlichen Kosten** auch durch die **Einbeziehung langfristiger externer Effekte.**[498]

108 Der Begriff der „Einbeziehung" ist in seinem Bedeutungsgehalt mit dem ökonomischen Fachbegriff der „**Internalisierung**" gleichzusetzen.[499] Als „**externe Effekte**" werden in den Wirtschaftswissenschaften diejenigen Wirkungen des Handelns eines Akteures auf andere Akteure verstanden, für die die anderen, wenn sie vorteilig sind, nichts bezahlen müssen (positive Externalitäten), oder wenn sie nachteilig sind, nicht entschädigt werden (negative Externalitäten).[500] Die (Strommarkt-)Preise setzen hier somit keine zutreffenden Si-

---

495 Vgl. auch BMWi, Ein Strommarkt für die Energiewende, Grünbuch, S. 19.
496 Siehe auch Bundesregierung, Stellungnahme zum Sondergutachten der Monopolkommission Energie 2013, BT-Drs. 18/2939 v. 16.10.2014, S. 8: ambitionierte Ausbauziele erforderten die Einbeziehung auch hochpreisiger Technologien.
497 Siehe dazu § 2 Rn. 116.
498 BT-Drs. 18/1304 v. 5.5.2014, S. 1.
499 BT-Drs. 15/2327 v. 13.1.2004, S. 19.
500 *Müller/Vogelsang*, Staatliche Regulierung, S. 43; *Tenhagen*, Legitimation der Regulierung, S. 82.

gnale für die Allokation der Ressourcen, da nicht alle Kosten, die in Zusammenhang mit einer Markttransaktion verursacht werden, berücksichtigt und von den Wirtschaftssubjekten in ihre Entscheidungen einbezogen (internalisiert) werden.[501] Der Markt führt bei externen Effekten zu einem größeren Output (negative Externalität) oder einem kleineren Output (positive Externalität), als dies nach wohlfahrtsökonomischer Sicht angezeigt wäre.[502] Als staatliche Regulierung kommt in diesen Fällen neben der gänzlichen Verhinderung der externen Effekte deren Internalisierung in Betracht.[503]

Die Förderung erneuerbarer Energien verursacht **hohe Kosten**; etwa ein Fünftel des durch-   **109**
schnittlichen Strompreises eines Drei-Personen-Haushalts entfällt auf die EEG-Umlage, also auf die Differenz zwischen den Verkaufserlösen für EE-Strom an der Strombörse (durch die Anlagenbetreiber selbst bzw. von ihnen beauftragte Direktvermarktungsunternehmen oder durch die Übertragungsnetzbetreiber) und den Vergütungen, die die Netzbetreiber an die Anlagenbetreiber zu zahlen haben.[504] Die Mehrkosten für die EE-Strom-Erzeugung betrugen im Jahr 2011 prognostizierte 13 Mrd. Euro (inkl. eines Fehlbetrags für das Jahr 2010).[505] Für das Jahr 2014 haben die Übertragungsnetzbetreiber für nicht privilegierte Letztverbraucher eine EEG-Umlage von 6,24 Cent/kWh prognostiziert. Insgesamt ergibt sich für 2014 ein prognostizierter Umlagebetrag von 23,6 Mrd. Euro.[506] Wegen der durch die Nutzung fossiler Energieträger entstehenden **langfristig-negativen externen Effekte** sieht der Gesetzgeber den Einsatz erneuerbarer Energien zur Erzeugung von Strom gleichwohl als volkswirtschaftlich sinnvoll an, da dieser maßgeblich dazu beitrage, Klimafolgeschäden zu verringern, deren Kosten voraussichtlich deutlich über den für die Umstellung auf eine nachhaltige Energieversorgung erforderlichen Kosten lägen.[507] So entspreche der Marktpreis für konventionellen Strom nicht den tatsächlichen gesamtwirtschaftlichen Kosten, da externe Effekte der konventionellen Stromerzeugung wie langfristige Klimafolgeschäden nur zum Teil im Preis berücksichtigt würden. Das EEG leiste somit einen Beitrag zur **verursachergerechten Berücksichtigung** dieser unterschiedlichen externen Kosten der Stromerzeugung (vgl. auch § 2 Abs. 4).[508] Damit erneuerbare Energien dauerhaft zu einer nachhaltigen Energieversorgung beitragen können, müssen sie mittel- bis langfristig wettbewerbsfähig werden. Die Berücksichtigung der unterschiedlichen externen Kosten der konventionellen und erneuerbaren Energien bei gleichzeitiger volkswirtschaftlicher Verträglichkeit bleibt deshalb auch im EEG 2014 ein wichtiges Ziel, wohingegen sonstige (Über-)Förderungen abzubauen sind.[509]

---

501 *Müller/Vogelsang*, Staatliche Regulierung, S. 43; siehe in Zusammenhang mit der Reform des Stromgroßhandelsmarktes auch BMWi, Ein Strommarkt für die Energiewende, Grünbuch, S. 10: Die Strompreissignale steuern Erzeuger und Verbraucher.
502 *Höppner*, Netzstruktur, S. 32.
503 *Fritsch*, Marktversagen und Wirtschaftspolitik, S. 101 ff.
504 BT-Drs. 18/1304 v. 5.5.2014, S. 96.
505 Zitat nach BKartA, Sektoruntersuchung Stromerzeugung/Stromgroßhandel, Abschlussbericht, S. 15 mit Fn. 1.
506 Weitere Informationen im Internet unter Netztransparenz.de (letzter Zugriff 8.2.2015).
507 BT-Drs. 16/8148 v. 18.2.2008, S. 36.
508 BT-Drs. 16/8148 v. 18.2.2008, S. 36.
509 Siehe schon BT-Drs. 15/2327 v. 13.1.2004, S. 19.

110   Ob auch in der **Verdrängung teurer Stromerzeugung vom Markt** ein positiver volkswirtschaftlicher Effekt liegt,[510] erscheint in dieser Pauschalität zweifelhaft.[511] Zwar führt
die vermehrte Produktion von Elektrizität aus erneuerbaren Energien aufgrund des sog.
Merit-order-Effekts dazu, dass der Börsenstrompreis sinkt.[512] Hierunter versteht man das
Phänomen, dass das größere Angebot von Elektrizität durch die Einspeisung von erneuerbaren Energien bei weitgehend statischer Nachfrage zu niedrigeren Strompreisen auf dem
Großhandelsmarkt führt.[513] Dies liegt an den Besonderheiten des derzeitigen Energy-Only-
Markts begründet. Da Strom ein homogenes Gut ist, richtet sich der Preis nicht nach den
Kosten, die jedem einzelnen Anbieter für die Erzeugung des Stroms entstehen, sondern es
bildet sich auf der Grundlage einer „Uniform-Preisregel" ein einheitlicher Großhandelspreis.[514] Ausschlaggebend für den Strompreis ist dabei vor allem das Angebotsverhalten
der Energieversorger.[515] Dieses bestimmt sich im Wesentlichen anhand der Gegenüberstellung des Day-Ahead-Spotmarktpreises und der für die Stromerzeugung im Kraftwerk anfallenden Grenzkosten.[516] Zur Deckung der Nachfrage werden zunächst die Kraftwerke mit
den niedrigsten Grenzkosten eingesetzt, sodann die jeweils teureren Kraftwerke (Angebotskurve oder „Merit-Order").[517] Der Großhandelspreis wird auf diese Weise von den
**Grenzkosten des teuersten Kraftwerks bestimmt, das zur Deckung der Nachfrage
noch erforderlich ist** (sog. Grenzkraftwerk).[518] Die Erzeugung von Strom aus erneuerbaren Energien beeinflusst diesen Großhandelspreis, da EE-Strom aus fluktuierenden Energiequellen (Wind, Sonne) mit seinen variablen Kosten nahe null aufgrund der vorrangigen
Einspeisung die teureren konventionellen Kraftwerke aus der Merit Order verdrängt, was
kurzfristig zu einem niedrigeren markträumenden Preis führt (preisdämpfender Effekt der
erneuerbaren Energien oder „Merit Order-Effekt").[519] Zugleich steigt damit jedoch die
EEG-Umlage an, da diese sich im Rahmen einer verpflichtenden Direktvermarktung anhand der Differenz zwischen Marktpreis und „anzulegendem Wert" bemisst.[520] Im Schrifttum wird deshalb diskutiert, ob sich der Merit-Order-Effekt zu Lasten effizienter, zur Deckung der Grundlast erforderlicher konventioneller (Gas-)Kraftwerke auswirkt, weshalb
zunehmend bereits abgeschriebene, veraltete (Braunkohle-)Kraftwerke zum Einsatz kämen.[521] Demgegenüber werden bei Einführung eines staatlich gesteuerten Marktes für die

---

510 So pointiert *Oschmann/Thorbecke*, ZNER 2006, 304, 308 f.; Reshöft/Schäfermeier/*Reshöft*, § 1
EEG 2012 Rn. 26; BerlKommEnR/*Schumacher*, 3. Aufl. 2014, § 1 EEG Rn. 13.
511 Die hohen Kosten der EE-Strom-Förderung betont auch die Monopolkommission, Sondergutachten 65, Rn. 204 ff.
512 BMWi, Ein Strommarkt für die Energiewende, Grünbuch, S. 10; *Wustlich*, NVwZ 2014, 1113,
1114.
513 *Oschmann*, ZNER 2010, 117, 119 f.
514 *Oschmann/Thorbecke*, ZNER 2006, 304, 309.
515 Siehe – auch zum Folgenden – BKartA, Sektoruntersuchung Stromerzeugung/Stromgroßhandel,
Abschlussbericht, S. 20; Monopolkommission, Sondergutachten 59, Rn. 538 ff.
516 Der Day-Ahead-Spotmarktpreis dient vor allem deshalb als Referenzpreis für andere Vertriebs-
wege, weil er mit geringem Aufwand ermittelt werden kann; BKartA, Sektoruntersuchung Strom-
erzeugung/Stromgroßhandel, Abschlussbericht, S. 20.
517 *Oschmann/Thorbecke*, ZNER 2006, 304, 309; *Ecke/Herrmann/Hilmes*, ET 9/2014, 18, 19.
518 Monopolkommission, Sondergutachten 65, Rn. 217.
519 BKartA, Sektoruntersuchung Stromerzeugung/Stromgroßhandel, Abschlussbericht, S. 28; Monopolkommission, Sondergutachten 59, Rn. 538.
520 Siehe § 2 Rn. 12.
521 Sehr krit. deshalb *Becker*, ZNER 2013, 559, 560.

Bereitstellung von Kapazität (Leistung) negative Effekte auf Windkraft- und Photovoltaik-anlagen befürchtet.[522] Dies ist hier nicht zu vertiefen.[523]

Im Rahmen des bestehenden Marktdesigns ist bei einer längerfristigen Sichtweise zu be-achten, dass der **Bedarf an Grundlasterzeugung** wegen der stetig zunehmenden Erzeu-gung von EE-Strom sinkt und derjenige an **flexiblen Erzeugungsanlagen** mit höheren Grenzkosten steigt.[524] Aufgrund der derzeit gegebenen Marktlage kann sich der Betrieb von konventionellen (Gas-)Kraftwerken nicht mehr rentieren, mit negativen Auswirkun-gen auf die Versorgungssicherheit. Der Gesetzgeber hat hierauf mit dem **Stilllegungsver-bot** des § 13 Abs. 1b EnWG reagiert, was eine Entschädigungspflicht auslöst und damit wiederum Kosten produziert.[525] Weiterhin stehen dem Merit-Order-Effekt Kosten für **Re-gelenergie** und **Netzausbau** gegenüber.[526] Der Gesetzgeber hat mit dem EEG 2014 die ne-gativen Auswirkungen des bis dato bestehenden Fördersystems auf die Verbraucherpreise und die Volkswirtschaft anerkannt.[527]

4. Insbesondere: Schonung fossiler Energieressourcen. Das EEG soll weiterhin dazu beitragen, die fossilen Energieressourcen zu schonen. Die **Nutzung fossiler Energieres-sourcen** wird somit nicht ausgeschlossen,[528] zumal ein Rückgriff auf fossile Energieträger derzeit noch unerlässlich ist, um die Systemstabilität zu gewährleisten, wenn die Sonne nicht scheint und auch kein Wind weht. Der Gesetzgeber begründet die Notwendigkeit ei-ner Schonung der fossilen Energieressourcen mit der **Verringerung der Abhängigkeit Deutschlands von Energieimporten**, der **Vorsorge für künftige Generationen** und der **Gefahr von Konflikten um knappe Energieressourcen**.[529] Derzeit ist Deutschland insbe-sondere bei Erdgas von Importen abhängig.[530]

5. Insbesondere: Förderung von Technologien zur Erzeugung von Strom aus erneuer-baren Energien. Als weiterer Gesetzeszweck benennt § 1 Abs. 1 die **Weiterentwicklung von Technologien zur Erzeugung von Strom aus erneuerbaren Energien**, um mittel- bis langfristig deren Wettbewerbsfähigkeit und die Ausbauziele des § 1 Abs. 2 zu errei-chen.[531] Wie die Ausbaukorridore des § 3 verdeutlichen, fokussiert sich der Gesetzgeber auf die Windenergie und die Photovoltaik, da diesen Technologien unter den Gesichts-punkten „Erreichung der Ausbauziele" und „mittel- bis langfristige Kosteneffizienz" die größten Potenziale zugesprochen werden.[532] Um die Betreiber von EE-Anlagen **technolo-giespezifisch** zu effizienten Innovationen und Investitionen anzureizen, gestaltete das Ge-setz die Vergütungssätze bislang nach Energieträgern und teilweise auch technologiespezi-fisch degressiv aus, wobei insbesondere die reale Preisentwicklung berücksichtigt werden

111

112

113

---

522 *Schwarz*, ZNER 2014, 337 ff.

523 Siehe dazu BMWi, Ein Strommarkt für die Energiewende, Grünbuch, S. 39 ff.

524 BKartA, Sektoruntersuchung Stromerzeugung/Stromgroßhandel, Abschlussbericht, S. 28; zu Kompensationsmöglichkeiten *Leprich*, ZNER 2013, 101, 104.

525 Monopolkommission, Sondergutachten 65, Rn. 222.

526 Monopolkommission, Sondergutachten 59, Rn. 539.

527 BT-Drs. 18/1304 v. 5.5.2014, S. 1: Durchbrechung der Kostendynamik der vergangenen Jahre.

528 Frenz/Müggenborg/*Frenz*, § 1 EEG 2012 Rn. 21.

529 BT-Drs. 16/8148 v. 18.2.2008, S. 36 f.

530 BT-Drs. 16/8148 v. 18.2.2008, S. 37.

531 Vgl. BT-Drs. 15/2327 v. 13.1.2004, S. 19.

532 BMWi, Ein Strommarkt für die Energiewende, Grünbuch, S. 13.

sollte.[533] Auch im Zuge der Umstellung des Fördersystems auf wettbewerbliche Ausschreibungen gem. § 2 Abs. 5 S. 1 will der Gesetzgeber eine technologiespezifische Förderung beibehalten (vgl. §§ 2 Abs. 5 S. 2, 55, 88, 99).[534] Langfristig soll die Erzeugung von Strom aus erneuerbaren Energien als „neue Leittechnologie" (§ 2 Abs. 1 S. 2) voll in wettbewerbliche Märkte und das Energieversorgungssystem integriert werden (§ 2 Abs. 1 S. 1).[535] Bis dahin verspricht sich der Gesetzgeber aus der Förderung der Technologieentwicklung positive Effekte für das Wirtschaftswachstum und den Arbeitsmarkt.[536]

114   **6. Ergänzend: Kosteneffizienz. a) Grundlagen.** Das EEG 2014 will im Interesse der Verbraucher und des Gesamtsystems eine verstärkte Marktintegration erneuerbarer Energien erreichen, auch wenn dies nicht in § 1 Abs. 1, sondern in § 1 Abs. 2 mit dem Begriff „**kosteneffizient**" und sodann in § 2 Abs. 1 zum Ausdruck kommt.[537] Der Gesetzgeber anerkennt damit die (Strom-)Marktintegration der erneuerbaren Energien als überragend wichtigen „Gemeinwohlbelang",[538] in Übernahme der Erkenntnis, dass Gemeinwohlziele nicht notwendig „gegen den Markt" zu verwirklichen sind, sondern auch „über den Markt" erreicht werden können, wie die Konzepte des Handels mit Emissionszertifikaten und des Universaldienstes („Grundversorgung") veranschaulichen.[539] Das Recht der erneuerbaren Energien ist damit ebenso wie das allgemeine Wettbewerbsrecht und das Energiewirtschaftsrecht als „**konstitutives Verbraucherschutzrecht**" einzustufen,[540] indem es die Unabhängigkeit und Wahlfreiheit der Verbraucher gleichrangig mit den Klima- und Umweltschutzzielen schützt.[541] Der Wettbewerb ist dabei kein Selbstzweck; vielmehr sollen über den Schutz individueller Freiheitsrechte möglichst gemeinwohlverträgliche Ergebnisse erzielt werden.[542] Hieran knüpft auch die im öffentlichen Recht geführte Diskussion über die „Effizienz" als (Zuteilungs-)Anforderung an.[543]

115   Der **Regierungsentwurf für das EEG 2014** bringt die präzisierte Sichtweise des Gesetzgebers wie folgt zum Ausdruck:[544] „Der weitere Ausbau der erneuerbaren Energien soll sich stärker auf die kostengünstigen Technologien konzentrieren.[545] Gleichzeitig soll die Kosteneffizienz durch den Abbau von Überförderungen, die Streichung von Boni und eine ambitionierte, stärker an dem tatsächlichen Zubau ausgerichtete Degression der Fördersät-

---

533 BT-Drs. 16/8148 v. 18.2.2008, S. 37.
534 Siehe zur entsprechenden Diskussion § 2 Rn. 67 und 103.
535 BT-Drs. 16/8148 v. 18.2.2008, S. 37.
536 BT-Drs. 16/8148 v. 18.2.2008, S. 37.
537 BT-Drs. 18/1304 v. 5.5.2014, S. 1: Durchbrechung der Kostendynamik der vergangenen Jahre.
538 BT-Drs. 18/1304 v. 5.5.2014, S. 105, in Zusammenhang mit dem Vertrauensschutz für Altanlagenbetreiber; ausführlich BMWi, Ein Strommarkt für die Energiewende, Grünbuch, S. 13 ff.
539 Ausführlich *Mohr*, Sicherung der Vertragsfreiheit durch Wettbewerbs- und Regulierungsrecht, i. E. 2015.
540 Begriff nach *Drexl*, Die wirtschaftliche Selbstbestimmung des Verbrauchers, S. 293 ff.
541 Siehe zu dieser Schutzrichtung *Mohr*, Sicherung der Vertragsfreiheit durch Wettbewerbs- und Regulierungsrecht, i. E. 2015.
542 Zur Versteigerung von Frequenzen siehe *Storr*, K&R 2002, 67. 70.
543 *Koenig/Schäfer*, K&R 1998, 243, 246; *Storr*, K&R 2002, 67. 70. Monographisch *Ludwigs*, Unternehmensbezogene Effizienzanforderungen im Öffentlichen Recht, 2013, etwa S. 331 ff. zur Frequenzvergabe im TK-Sektor.
544 BT-Drs. 18/1304 v. 5.5.2014, S. 2 [im Orig. mit Absätzen].
545 Vgl. § 2 Abs. 3 S. 1.

ze verbessert werden.[546] Darüber hinaus sollen spätestens 2017 die finanzielle Förderung und ihre Höhe für die erneuerbaren Energien wettbewerblich über technologiespezifische Ausschreibungen ermittelt werden.[547] […] Die Integration der erneuerbaren Energien in den Strommarkt wird vorangetrieben, indem die Direktvermarktung grundsätzlich verpflichtend wird.[548] Bei Biomasse wird sichergestellt, dass die Anlagen künftig stärker bedarfsorientiert einspeisen; die damit verbundene Reduzierung der jährlichen Stromerzeugung wird durch einen Flexibilitätszuschlag ausgeglichen.[549] Schließlich sieht die EEG-Novelle Änderungen vor, die zu einer angemessenen Verteilung der Kosten des Ausbaus der erneuerbaren Energien führen."[550]

b) Kosten der effizienten Leistungsbereitstellung („Als-ob-Wettbewerb"). Die Ausrichtung der Förderung erneuerbarer Energien an „effizienten Kosten" lehnt sich an das **wettbewerbsrechtliche Konzept des „Als-ob-Wettbewerbs"** an, das im Energiewirtschaftsrecht durch § 21 Abs. 2 Satz 1 EnWG konkretisiert wird. Nach diesem Konzept dürfen die von einem marktbeherrschenden Unternehmen geforderten Entgelte nicht ungünstiger sein als diejenigen, die sich im konkreten Fall – d.h. auf dem jeweils betrachteten Markt für das konkrete Gut – bei wirksamem Wettbewerb ergäben.[551] Entscheidend ist derjenige Preis oder diejenige Preisspanne, die sich am Markt durchsetzen ließen, wenn das Unternehmen keine – tatsächliche oder wie vorliegend: normativ begründete – marktbeherrschende Stellung für seine Leistungen hätte, sondern den Preis auf der Grundlage eines beidseitig-material-chancengleichen Interessenausgleichs bilden müsste. Bei wirksamem Wettbewerb kann ein solches Unternehmen am Markt keine beliebigen Kosten überwälzen (Ist-Kosten), sondern nur solche Kosten, die auch ein effizienter Wettbewerber haben würde (Soll-Kosten); denn andernfalls würden die Kunden die Preise nicht akzeptieren und zu Konkurrenten abwandern.[552] Auch die Rendite wird bei wirksamem Wettbewerb im mehrjährigen Durchschnitt die marktübliche Rendite nicht übersteigen. Regulatorisch wird dies über die angemessene Verzinsung des eingesetzten Kapitals sichergestellt, die in der Netzentgeltregulierung als kalkulatorische Kostenposition berücksichtigt wird.[553] Durch die angemessene Verzinsung des eingesetzten Kapitals wird sichergestellt, dass die Kapitalgeber ihr Kapital im Unternehmen belassen und neue Kapitalgeber dazu bewogen werden, in das Unternehmen und seine Assets zu investieren.[554] Es wird somit bereits durch eine wettbewerbsanaloge Regulierung ein Anreiz zu Investitionen gesetzt,[555] sodass eine marktkompensatorische Förderung – wie sie dem EEG seit seiner Schaffung jedenfalls de facto zugrunde lag[556] – nicht geboten ist.

Im Rahmen des nunmehr auch für die EE-Förderung konzeptionell maßstabbildenden § 21 Abs. 2 Satz 1 EnWG werden die **Netznutzungsentgelte** auf Basis der Kosten einer Be-

116

117

546 Vgl. § 1 Abs. 2 S. 1.
547 Vgl. §§ 2 Abs. 5 S. 1, 99.
548 Vgl. § 2 Abs. 1 S. 1 und Abs. 2.
549 Vgl. §§ 52, 53 Abs. 1.
550 Vgl. § 2 Abs. 4.
551 BerlKommEnR/*Mohr*, 3. Aufl. 2014, § 29 GWB Rn. 34 ff.
552 *Säcker/Boesche*, ZNER 2002, 183, 186.
553 *Zöckler/Fabritius*, in: PwC, Entflechtung und Regulierung, Kap. 10.2.3.
554 *Berndt*, Anreizregulierung, S. 92.
555 Zum Ziel der Planungssicherheit und der verlässlichen Investitionsbedingungen für Investoren siehe BT/Drucks. 18/1304 v. 5.5.2014, S. 97.
556 *Salje*, in: Müller, 20 Jahre Recht der Erneuerbaren Energien, 2012, S. 539, 551 ff.

triebsführung gebildet, die denen eines effizienten und strukturgleichen Wettbewerbers entsprechen müssen, unter Berücksichtigung von Anreizen für eine effiziente Leistungserbringung und eine angemessene, wettbewerbsfähige und risikoangepasste Verzinsung des eingesetzten Kapitals. Soweit die Entgelte kostenorientiert gebildet werden, dürfen Kosten und Kostenbestandteile, die sich ihrem Umfang nach im Wettbewerb nicht einstellen würden, gem. § 21 Abs. 2 Satz 2 EnWG ebenso wie nach § 29 Satz 2 GWB nicht berücksichtigt werden.[557] Der Maßstab des § 21 Abs. 2 EnWG folgt damit dem Kontrollkonzept der **Kosten effizienter Leistungsbereitstellung**, in Anlehnung an die §§ 31 Abs. 1, 32 Abs. 1 TK.[558] Für die Netzentgelte sind hiernach nur fiktive Als-ob-Wettbewerbspreise zulässig, denen als dynamische Zielvorgabe allokativ und produktiv effiziente Kostenpositionen zugrunde liegen dürfen.[559]

118   Die vorstehenden Ausführungen legen nahe, dass der Begriff der „Kosteneffizienz" i. S. des § 1 Abs. 2 nicht allein auf die (wohlfahrtsökonomisch zu bestimmende) **Gesamtwohlfahrt** der Gesellschaft blickt, sondern auch auf die **Verbraucherwohlfahrt** Bezug nimmt.[560] So führt die Regierungsbegründung aus, dass die EEG-Novelle 2014 „die Kostendynamik der vergangenen Jahre beim Ausbau der erneuerbaren Energien durchbrechen und so den Anstieg der Stromkosten für Stromverbraucher begrenzen" soll.[561] Der Gesetzgeber begründet die Neuregelung somit nicht nur mit Belastungen für das Gesamtsystem der Energieversorgung, sondern auch mit den negativen finanziellen Auswirkungen auf die Verbraucher. In diese Schutzrichtung passen sich die Regelungen zur angemesseneren Verteilung der Kosten des Ausbaus der erneuerbaren Energien ein, wonach „alle Stromverbraucher in adäquater Weise an den Kosten beteiligt werden, ohne dass die internationale Wettbewerbsfähigkeit der stromintensiven Industrie gefährdet wird" (vgl. auch § 2 Abs. 4).[562] Ein wesentlicher Unterschied von Gesamt- und Verbraucherwohlfahrtsstandards liegt in der Berücksichtigung distributiver Effekte von Wettbewerbshandlungen.[563] Stellt man auf einen Verbraucherwohlfahrtstandard ab, ist allein entscheidend, ob die sog. Konsumentenrente maximiert wird.[564]

119   **7. Ergänzend: Versorgungssicherheit. a) Grundlagen.** Anders als § 1 Abs. 1 EnWG verpflichtet § 1 Abs. 1 die Förderung von elektrischer Leistung aus erneuerbaren Energien nicht ausdrücklich auf eine **sichere Versorgung der Verbraucher mit leitungsgebundener elektrischer Energie**. Gleichwohl ist auch die Förderung von Strom aus erneuerbaren Energien dem Gemeinwohlziel einer sicheren Versorgung der Verbraucher mit leitungsgebundener Energie verpflichtet.[565]

120   Allgemein lässt sich unter „**Versorgungssicherheit**" die dauerhafte und nachhaltige Versorgung der Verbraucher mit (elektrischer) Energie verstehen, insbesondere im Hinblick

---

557 Dies ähnelt der *Altmark-Trans*-Rechtsprechung des EuGH; siehe dazu oben § 1 Rn. 42.
558 *Säcker*, N&R 2009, 78, 79; *Meinzenbach*, Anreizregulierung, S. 117 ff.
559 *Säcker/Böcker*, in: Picot, Regulierung von Netzindustrien, S. 69, 82 ff.; *Säcker/Meinzenbach*, RdE 2009, 1, 6 f.; *Berndt*, Anreizregulierung, S. 32.
560 Siehe dazu in Zusammenhang mit der Bereitstellung von Erzeugungskapazität *Beckers/Hofrichter*, in: Hebeler/Hendler/Proelß/Reiff, Energiewende in der Industriegesellschaft, S. 151, 153.
561 BT-Drs. 18/1340 v. 5.5.2014, S. 1.
562 BT-Drs. 18/1340 v. 5.5.2014, S. 2.
563 MünchKommEUWettbR/*Kerber/Schwalbe*, Band 1 Einl. Rn. 1060.
564 MünchKommEUWettbR/*Kerber/Schwalbe*, Band 1 Einl. Rn. 1058.
565 Vgl. *Säcker*, in: Bitburger Gespräche Jahrbuch 2014, S. 5, 6.

auf die langfristige Verfügbarkeit von Primärenergieträgern und Erzeugungskapazitäten, die Sicherung eines stabilen Netzbetriebs sowie die Möglichkeit einer bilanziellen Selbstversorgung ohne Nettoimporte aus Staaten außerhalb der EU.[566] Dabei gilt es zu beachten, dass es aus ökonomischer Warte **keine 100 %-ige Versorgungssicherheit** geben kann bzw. diese jedenfalls nicht bezahlbar wäre. Aus diesem Grunde ist „erzeugungsseitige Versorgungssicherheit" auf dem Strommarkt – d. h. ohne Betrachtung der Netzebene – nur dann gegeben, wenn Nachfrager (elektrische) Energie beziehen könnten, sofern ihr Zahlungsbereitschaft (der Nutzen) höher ist als der Marktpreis (die Kosten).[567] Aus dieser Einschränkung ergibt sich zugleich, dass für die Sicherstellung von Versorgungssicherheit nur **unfreiwillige Einschränkungen des Stromverbrauchs** relevant sind, nicht jedoch Fälle eines material-freien Verzichts von Stromverbrauchern auf die Abnahme von Strom als „integralem Bestandteil eines jeden Marktmechanismus", sofern eine echte finanzielle Kompensation für den Nichtbezug erfolgt.[568] Denn freiwillige Maßnahmen zur Gewährleistung der Versorgungssicherheit, die nicht ausreichend vergütet werden, können ihrerseits eine Störung des Marktmechanismus bewirken.[569]

Nach der **Rechtsprechung des BVerfG** ist die „Sicherheit der Energieversorgung [...] ein Gemeinschaftsinteresse höchsten Ranges". So sei die „ständige Verfügbarkeit ausreichender Energiemengen [...] eine entscheidende Voraussetzung für die Funktionsfähigkeit der gesamten Wirtschaft". Es handele sich „um ein von der jeweiligen Politik des Gemeinwesens unabhängiges ‚absolutes' Gemeinschaftsgut".[570] „Die Sicherstellung der Energieversorgung durch geeignete Maßnahmen, wie zum Beispiel die Errichtung oder Erweiterung von Energieanlagen", sei somit „eine öffentliche Aufgabe von größter Bedeutung". Sie gehöre „zum Bereich der Daseinsvorsorge [und ist ...] eine Leistung, deren der Bürger zur Sicherung einer menschenwürdigen Existenz unumgänglich bedarf [...]".[571] Auch der ambitionierteste Umwelt- und Klimaschutz stößt folglich an seine Grenzen, sobald die (näher zu definierende) Versorgungssicherheit strukturell gefährdet ist. Vor diesem Hintergrund kann auch das in § 11 normierte Einspeise-Vorrangprinzip keine „absolute Geltung" beanspruchen,[572] sondern ist im Rahmen der konkreten normativen Vorgaben mit dem Gemeinwohlziel der „Versorgungssicherheit" in einen angemessenen Ausgleich zu bringen. **121**

b) Erzeugungs- und Verbrauchsebene (Marktdesign). Die kosteneffiziente Gewährleistung der **erzeugungsseitigen Versorgungssicherheit** – zu der aus ökonomischer Sicht auch die zeitliche Verschiebung oder die Reduktion von Stromverbrauch und Last durch Verbraucher mit entsprechenden Mess- und Steuerungsanlagen gehört[573] – obliegt im geltenden System vor allem den Mechanismen des **Strommarkts** mit seinen Teilmärkten „Terminmarkt", „Day-ahead-Markt" und „Intraday-Markt", indem er die Stromerzeugung aus **122**

---

566 Vgl. *Gawel/Strunz/Lehmann*, ZfE 2014, 163, 170.

567 Frontier Economics Ltd./FORMAET, Strommarkt in Deutschland – Gewährleistet das derzeitige Marktdesign Versorgungssicherheit?, S. 26 f. mit Fn. 7.

568 Frontier Economics Ltd./FORMAET, Strommarkt in Deutschland – Gewährleistet das derzeitige Marktdesign Versorgungssicherheit?, S. 28.

569 Frontier Economics Ltd./FORMAET, Strommarkt in Deutschland – Gewährleistet das derzeitige Marktdesign Versorgungssicherheit?, S. 33, unter Hinweis auf Redispatch und Countertrading.

570 BVerfG, Beschl. v. 16.3.1971, 1 BvR 52/66 u. a., NJW 1971, 1255, 1258.

571 So zum EnWG 1935 das BVerfG, Beschl. v. 20.3.1984, 1 BvL 28/82, BVerfGE 66, 248, 258.

572 So aber Altrock/Oschmann/Theobald/*Oschmann*, § 2 EEG 2012 Rn. 56.

573 Frontier Economics Ltd./FORMAET, Strommarkt in Deutschland – Gewährleistet das derzeitige Marktdesign Versorgungssicherheit?, S. 27.

konventionellen und erneuerbaren Energiequellen durch seine Preissignale mit dem Stromverbrauch synchronisiert.[574] Da die elektrische Energie im Stromnetz nicht gespeichert werden kann, muss der Strommarkt auch dafür sorgen, dass jederzeit genau so viel Strom produziert und ins Stromnetz eingespeist wird, wie – in Abhängigkeit von den Preissignalen des Marktes – gleichzeitig aus dem Netz entnommen wird.[575]

123   Damit dieser Ausgleich zwischen Angebot und Nachfrage jederzeit möglich ist, müssen zunächst einmal ausreichende Erzeugungskapazitäten vorhanden sein („**Vorhaltefunktion**"). Außerdem muss der Strommarkt durch seine Preissignale dafür sorgen, dass die notwendigen Kapazitäten im Umfang des erforderlichen Verbrauchs auch kontrahiert und tatsächlich eingesetzt werden („**Einsatzfunktion**"). Es reicht somit nicht aus, dass der kommerzielle Stromhandel ein Marktergebnis erzielt, bei dem Angebot und Nachfrage in den jeweiligen Stromteilmärkten ausgeglichen sind.[576] Vielmehr müssen auch die physikalische Stromerzeugung und der Stromverbrauch im Gleichgewicht sein.

124   Zu einer **Abweichung des physikalischen Gleichgewichts zwischen Erzeugung und Verbrauch** kann es kommen, wenn die tatsächliche Einspeisung von Strom in das Stromnetz oder die tatsächliche Entnahme von Strom aus dem Netz durch unvorhergesehene Ereignisse wie Kraftwerksausfälle oder Witterungsbedingungen oder durch unterdeckte Bilanzkreise von den Prognosen abweichen, die dem Stromhandel zugrunde liegen.[577] Um in diesen Fällen das physikalische Gleichgewicht zwischen Erzeugung und Verbrauch wieder herzustellen, setzen die Übertragungsnetzbetreiber sog. **Regelleistung** ein.[578] Mit der Regelleistung werden also auch die Differenzen zwischen den durch die Bilanzkreisverantwortlichen (für jede Viertelstunde des Folgetags) angemeldeten Fahrplänen[579] und dem physikalischen Ist-Zustand im Saldo über die gesamte Regelzone ausgeglichen.[580] Weicht ein Bilanzkreis im Saldo von seinem angemeldeten Fahrplan ab, muss er die sog. **Ausgleichsenergiekosten** (das sind die Kosten für den Einsatz der Regelleistung) tragen, die wie eine Strafzahlung („Pönale") für Abweichungen vom angemeldeten Fahrplan wirken sollen.[581]

125   Derzeit wird diskutiert, ob der bestehende, auf der Merit-Order basierende „**Energy-only-Market**" (abgekürzt EOM)[582] bei einem steigenden Anteil von Strom aus erneuerbaren Energien noch in der Lage ist, die Versorgungssicherheit zu garantieren.[583] De lege ferenda

574 Vgl. BMWi, Ein Strommarkt für die Energiewende, Grünbuch, S. 9 und 13 f.; siehe grundsätzlich auch *Kreuter-Kirchhof*, NVwZ 2014, 770, 776.
575 Zum Folgenden: BMWi, Ein Strommarkt für die Energiewende, Grünbuch, S. 13 f.
576 Zum Folgenden: BMWi, Ein Strommarkt für die Energiewende, Grünbuch, S. 9 f.
577 BMWi, Ein Strommarkt für die Energiewende, Grünbuch, S. 10 f.
578 BMWi, Ein Strommarkt für die Energiewende, Grünbuch, S. 11.
579 Den Fahrplänen ist zu entnehmen, wie viel Strom mit welcher Erzeugungsanlage ins Netz eingespeist wird und an welchem Netzanschlusspunkt wieder aus dem Netz entnommen werden soll; vgl. BMWi, Ein Strommarkt für die Energiewende, Grünbuch, S. 11.
580 BMWi, Ein Strommarkt für die Energiewende, Grünbuch, S. 11.
581 BMWi, Ein Strommarkt für die Energiewende, Grünbuch, S. 11.
582 Der Begriff „Energy" bezieht sich insoweit auf die (an den Spotmärkten) gehandelte elektrische Arbeit, nicht auf das Vorhalten von Leistung; vgl. BMWi, Ein Strommarkt für die Energiewende, Grünbuch, S. 11.
583 Agora Energiewende, 12 Thesen zur Energiewende, S. 20; Frontier Economics Ltd./FORMAET, Strommarkt in Deutschland – Gewährleistet das derzeitige Marktdesign Versorgungssicherheit?, S. 7 ff.; *Gawel/Lehmann*, Wirtschaftsdienst 2014, 651, 652.

steht deshalb die Schaffung von staatlich organisierten **Kapazitätsmärkten** in Rede, die freilich einen erheblichen Eingriff in den Marktmechanismus darstellen können, da Investitions- und Stilllegungsentscheidungen mindestens teilweise durch hoheitliche Vorgaben bestimmt werden.[584] Neuere Studien legen deshalb nahe, dass ein angepasster „Energy-only-Market" auch künftig eine den Verbraucherpräferenzen entsprechende, sichere und zuverlässige Energieversorgung zu möglichst effizienten Kosten gewährleisten kann.[585] So sei die mangelnde Rentabilität konventioneller Kraftwerke derzeit nicht (allein) ein Ausdruck von Marktversagen, sondern ein solcher von Überkapazitäten, deren Abbau – unabhängig von der Frage, inwieweit unvorhersehbare politische Eingriffe in den Markt die „stranded costs" verursacht haben – als ökonomisch sinnvoll angesehen werden könne.[586] Darüber hinaus enthalte der „Energy-Only-Market" bereits heute implizite Leistungspreiselemente in Form unbedingter Lieferverpflichtungen und des „Sanktionsmechanismus Ausgleichsenergie".[587] Auf dem Regelleistungsmarkt werde das Vorhalten von Leistung sogar explizit vergütet; dasselbe gelte beim Abschluss von Options- und Absicherungsverträgen durch Bilanzkreisverantwortliche.[588] Ein wettbewerbliches Strommarktdesign müsse deshalb vor allem dafür Sorge tragen, dass die **Marktpreissignale** für Erzeuger und Verbraucher künftig weiter „gestärkt" würden.[589] Diesem Ziel dient im EEG 2014 die für Neuanlagen verpflichtende **EE-Direktvermarktung** in Verbindung mit der **wettbewerblichen Ausschreibung von Förderberechtigungen und Förderhöhen**.[590] Seien die technischen Voraussetzungen erfüllt, könnten die Betreiber ihre EE-Anlagen (auf der Grundlagen nicht fluktuierender Energiequellen) in der Marktprämie sogar am Regelleistungsmarkt vermarkten.[591] Nach anderer Ansicht ist auch ein fortentwickelter „Energy-only-Market" nicht in der Lage, dauerhaft die Fixkosten der Spitzenlastkraftwerke zu decken, weshalb ein eigener Leistungsmarkt zu installieren sei.[592] Die jeweiligen Argumente lassen sich dem Grünbuch des *BMWI* „Ein Strommarkt für die Energiewende" vom Oktober 2014 entnehmen.[593]

---

584 BMWi, Ein Strommarkt für die Energiewende, Grünbuch, S. 39 ff.; Frontier Economics Ltd./ FORMAET, Strommarkt in Deutschland – Gewährleistet das derzeitige Marktdesign Versorgungssicherheit?, S. 44; *Schwarz*, ZNER 2014, 337; *Ecke/Herrmann/Hilmes*, ET 9/2014, 18.

585 Siehe im Einzelnen Frontier Economics Ltd./FORMAET, Strommarkt in Deutschland – Gewährleistet das derzeitige Marktdesign Versorgungssicherheit?; r2 b energy consulting GmbH, Endbericht Leitstudie Strommarkt Arbeitspaket Funktionsfähigkeit EOM & Impact-Analyse Kapazitätsmechanismen; Connect Energy Economics GmbH, Leitstudie Strommarkt – Arbeitspaket Optimierung des Strommarktdesigns; Frontier Economics/Consentec, Folgenabschätzung Kapazitätsmechanismen (Impact Assessment).

586 BMWi, Ein Strommarkt für die Energiewende, Grünbuch, S. 11; Frontier Economics Ltd./FORMAET, Strommarkt in Deutschland – Gewährleistet das derzeitige Marktdesign Versorgungssicherheit?, S. 5 und 43 f.; *Janssen/Niedrig/Peichert/Perner/Riechmann*, ET 9/2014, 8.

587 *Janssen/Niedrig/Peichert/Perner/Riechmann*, ET 9/2014, 8, 9.

588 BMWi, Ein Strommarkt für die Energiewende, Grünbuch, S. 11; *Janssen/Niedrig/Peichert/Perner/Riechmann*, ET 9/2014, 8, 9.

589 BMWi, Ein Strommarkt für die Energiewende, Grünbuch, S. 21 ff.

590 BMWi, Ein Strommarkt für die Energiewende, Grünbuch, S. 19.

591 BMWi, Ein Strommarkt für die Energiewende, Grünbuch, S. 19 und 21.

592 Enervis/BET, Ein zukunftsfähiges Energiemarktdesign für Deutschland; *Ecke/Herrmann/Hilmes*, ET 9/2014, 18, 19 ff.

593 Siehe BMWi, Ein Strommarkt für die Energiewende, Grünbuch, S. 39 ff.; BerlKommEnR/*Steffens*, 3. Aufl. 2014, Einl. Rn. 25 ff. m. w. N.

126 Wie bereits erläutert, trägt das EEG 2014 der Versorgungssicherheit durch die **Markt- und Systemintegration** des aus EE-Anlagen erzeugten Stroms Rechnung (§ 2 Abs. 1 S. 1), indem die Anlagenbetreiber den produzierten Strom nach § 2 Abs. 2 grundsätzlich selbst oder durch Einschaltung sog. Direktvermarktungsunternehmen an der Strombörse vermarkten müssen.[594] Die Anlagenbetreiber sind hiernach selbst für die kurzfristige Prognose ihrer Produktion und den Ausgleich bei Abweichungen verantwortlich und übernehmen (nur) insoweit dieselbe Verantwortung für die Funktionsfähigkeit des Strommarkts wie die Betreiber konventioneller Kraftwerke.[595] Vor diesem Hintergrund macht § 35 Nr. 2 den Anspruch auf eine Marktprämie davon abhängig, dass EE-Kraftwerke fernsteuerbar i. S. des § 36 sind, da nur so die Fahrweise einer direkt vermarkteten EE-Anlage an die jeweilige Marktlage, insbesondere an die Preise am Spotmarkt der Strombörse angepasst werden kann.[596]

127 Der Versorgungssicherheit dient auch die unionsrechtlich determinierte Regelung des § 24 über die Verringerung der Förderung bei **negativen Strompreisen**,[597] auch wenn die Steuerungswirkung der Regelung aufgrund der engen tatbestandlichen Voraussetzungen sehr gering ist.

128 Eine stärkere Marktorientierung intendiert schließlich auch der **Flexibilitätszuschlag**, der praktisch vor allem für Biomasseanlagen relevant ist, über § 55 Abs. 1 theoretisch aber auch für die Ausschreibung von Photovoltaik-Freiflächenanlagen Anwendung finden kann. Der Zuschlag umfasst eine Prämie für die Bereitstellung installierter Leistung zur **bedarfsgerechten Einspeisung durch zeitliche Verlagerung der Stromerzeugung**.[598] Konkret sollen für Anlagen in der Direktvermarktung die für eine bedarfsgerechte Erzeugung notwendigen Investitionen etwa in Speicher ausgeglichen werden.[599] Nach § 47 Abs. 1 bekommen Biomasse-Neuanlagen mit einer installierten Leistung von mehr als 100 Kilowatt nur noch 50% der jährlich theoretisch möglichen Stromerzeugung vergütet.[600] Hierdurch soll ein Anreiz gesetzt werden, die Stromerzeugung auf die Stunden mit der höchsten Nachfrage zu verlagern. Die damit verbundenen finanziellen Einbußen werden durch einen Flexibilitätszuschlag ausgeglichen, der damit auch das Vorhalten von Kapazität fördert.[601] Gem. § 52 Abs. 1 haben EE-Anlagenbetreiber gegen den Netzbetreiber einen Anspruch auf finanzielle Förderung nach Maßgabe der §§ 53, 54 oder § 55 für die Bereitstellung installierter Leistung, wenn für den in der Anlage erzeugten Strom dem Grunde nach auch ein Anspruch auf finanzielle Förderung nach dem EEG besteht, wobei dieser Anspruch unberührt bleibt. Nach § 53 Abs. 1 beträgt der Anspruch nach § 52 für die Bereitstellung flexibler installierter Leistung in Anlagen zur Erzeugung von Strom aus Biogas mit einer installierten Leistung von mehr als 100 kW 40 Euro pro kW installierter Leistung und Jahr.

594 BMWi, Ein Strommarkt für die Energiewende, Grünbuch, S. 19.
595 BMWi, Ein Strommarkt für die Energiewende, Grünbuch, S. 19.
596 BT-Drs. 18/1304 v. 5.5.2014, S. 137.
597 BMWi, Ein Strommarkt für die Energiewende, Grünbuch, S. 18 f.
598 *Lehnert*, ZUR 2012, 4; BeckOK EEG/*Greb/Hölder*, § 33i EEG 2012 Rn. 2.
599 *Lehnert*, ZUR 2012, 4, 15.
600 Davon unbenommen bleibt der Anspruch auf vorrangigen Anschluss und vorrangige Abnahme, vgl. BT-Drs. 18/1304 v. 5.5.2014, S. 142 f.
601 BT-Drs. 18/1304 v. 5.5.2014, S. 143; *Wustlich*, NVwZ 2014, 1113, 1118.

c) Netzebene. Neben Fragen der „erzeugungsseitigen Versorgungssicherheit, die aus ökonomischer Sicht auch eine zeitliche Verschiebung oder Reduktion von Stromverbrauch bzw. Last umfasst („Demand Side Management"),[602] kann eine ausreichende Versorgungssicherheit auch durch **Netzstörungen** oder **Netzengpässe** beeinflusst werden.[603] Neben der Fortentwicklung/Ergänzung des Strommarktes erfordert die Versorgungssicherheit somit auch adäquate Maßnahmen zur **Sicherung der Netzstabilität**.[604] Vor allem in den laststarken Gebieten im Süden und Westen Deutschlands kann die Versorgung derzeit nicht ohne substanzielle Eingriffe der Netzbetreiber gewährleistet werden.[605] Gründe hierfür sind der beschleunigte Ausstieg aus der Kernenergie, der starke Zubau von EE-Kapazitäten insbesondere im Norden Deutschlands sowie die Verzögerungen beim Ausbau des Übertragungsnetzes zum Stromtransport von Nord nach Süd.[606] Wichtige Maßnahmen zur Überwindung der geschilderten Probleme sind kurzfristig ein vertragliches Engpassmanagement der Netzbetreiber (§ 13 Abs. 1 Nr. 2 EnWG), mittelfristig das Verbot der Stilllegung systemrelevanter Kraftwerke (§ 13a EnWG) sowie langfristig der bedarfsgerechte Ausbau der Übertragungsnetze (EnLAG, NABEG etc.). 129

Bis zu einem zureichenden Ausbau der Übertragungs- und Verteilnetze (§§ 11 Abs. 1 S. 1 EnWG, 12 Abs. 1 S. 1)[607] muss die Netzstabilität kurzfristig durch ein „**Engpassmanagement**" sichergestellt werden.[608] Derartige Engpässe können etwa in Zeiten geringen Stromverbrauchs und hoher Erzeugung (z.B. bei Starkwind oder starker Sonnenstrahlung) entstehen, da die Standorte von EE-Anlagen bislang nicht nach der Lage der Verbrauchszentren, sondern nach den meteorologisch günstigsten Bedingungen gewählt wurden.[609] Nach § 13 Abs. 1 EnWG obliegt den Übertragungsnetzbetreibern die Verantwortung für das Netzsicherheitsmanagement. Eine relevante Gefährdung der Sicherheit und Zuverlässigkeit des Elektrizitätsversorgungssystems in der jeweiligen Regelzone liegt gem. § 13 Abs. 3 EnWG vor, wenn örtliche Ausfälle des Übertragungsnetzes oder kurzfristige Netzengpässe zu besorgen sind oder zu besorgen ist, dass die Haltung von Frequenz, Spannung oder Stabilität durch die Übertragungsnetzbetreiber nicht im erforderlichen Maße gewähr- 130

---

602 Frontier Economics Ltd./FORMAET, Strommarkt in Deutschland – Gewährleistet das derzeitige Marktdesign Versorgungssicherheit?, S. 27. Siehe dazu auch BerlKommEnR/*König*, 3. Aufl. 2014, § 13 EnWG Rn. 55 ff.

603 Frontier Economics Ltd./FORMAET, Strommarkt in Deutschland – Gewährleistet das derzeitige Marktdesign Versorgungssicherheit?, S. 31 ff.

604 Vgl. BMWi, Ein Strommarkt für die Energiewende, Grünbuch, S. 27 ff.

605 Frontier Economics Ltd./FORMAET, Strommarkt in Deutschland – Gewährleistet das derzeitige Marktdesign Versorgungssicherheit?, S. 31.

606 Frontier Economics Ltd./FORMAET, Strommarkt in Deutschland – Gewährleistet das derzeitige Marktdesign Versorgungssicherheit?, S. 31.

607 Siehe zum Umbau der Übertragungsnetze im Zuge der Energiewende *Säcker*, in: Müller, 20 Jahre Recht der Erneuerbaren Energien, S. 744 ff.

608 Siehe *König*, Engpassmanagement in der deutschen und europäischen Elektrizitätsversorgung, S. 30 ff. Netzengpässe liegen vor, wenn die Spannungsbänder nicht eingehalten werden können oder die Strombelastbarkeit der Leitungen überschritten wird; siehe BT-Drs. 17/6071 v. 6.6.2011, S. 64. Nach dem Transmission-Code der deutschen Übertragungsnetzbetreiber werden Netzengpässe durch das sog. (n-1)-Kriterium ermittelt, wonach ein sicherer Netzbetrieb auch noch gewährleistet sein muss, wenn ein Betriebsmittel ausfällt; siehe *VDN*, Transmission-Code 2007, S. 57 und 76.

609 *Schumacher*, ZUR 2009, 522; krit. *Hermes*, ZUR 2014, 259, der eine optimierte „Bundesbedarfsplanung Energie" anregt.

leistet werden kann. § 14 Abs. 1 EnWG bezieht die Verteilernetzbetreiber mit in die Verantwortung ein, soweit es um die Sicherheit und Zuverlässigkeit des Netzes geht.[610]

131 Neben den primär in Betracht kommenden **netzbezogenen Maßnahmen** i. S. des § 13 Abs. 1 Nr. 1 EnWG, also solchen Maßnahmen, die lediglich den technischen Netzbetrieb betreffen und keine Beteiligung der Netznutzer erfordern,[611] können die Übertragungsnetzbetreiber gem. § 13 Abs. 1 Nr. 2 EnWG **marktbezogene Maßnahmen** ergreifen, die auf vertraglichen Regelungen mit den Netznutzern oder Dritten beruhen. Möglich sind – auf gesetzlicher Grundlage – auch Notfallmaßnahmen i. S. des § 13 Abs. 2 EnWG, die in der Praxis jedoch nur selten ergriffen werden müssen.[612]

132 Zu den marktbezogenen Maßnahmen gehören der Einsatz von **Regelenergie** i. S. des § 2 Nr. 9 StromNZV,[613] ein **vertragliches Erzeugungsmanagement**, ein **vertragliches Lastmanagement**, am Intraday-Markt der Strombörse geschlossene Handelsgeschäfte, die Lastflüsse auslösen, die sich entlastend auf überlastete Netzelemente auswirken („**Countertrading**"), sowie **Beschränkungen des börslichen Intraday-Handels** für bestimmte Regionen, damit die Wirkungen der von den Netzbetreibern angeordneten Stromeinspeisungen nicht durch kurzfristige Handelsgeschäfte beeinträchtigt werden.[614]

133 Im Rahmen des praktisch besonders wichtigen vertraglichen Erzeugungsmanagements können die Übertragungsnetzbetreiber die **Fahrweise von Kraftwerken anpassen**, um durch die **räumliche Verlagerung von Stromeinspeisungen** einen netzentlastenden Stromfluss zu erreichen („**Redispatch**").[615] Auf der Basis der von den Bilanzkreisverantwortlichen angemeldeten Fahrpläne errechnen die Übertragungsnetzbetreiber die voraussichtlichen Stromflüsse durch das Übertragungsnetz. Sind auf der Basis dieser Lastflussberechnungen Netzengpässe oder sonstige netzkritische Situationen zu erwarten, können sie auf der Grundlage entsprechender vertraglicher Vereinbarungen Erzeugungsanlagen anweisen, ihre geplante Stromproduktion anzupassen, um die Engpässe gezielt zu vermeiden.[616] Nach den **Adressaten des vertraglichen Erzeugungsmanagements** ist zwischen Betreibern konventioneller Kraftwerke und solchen zur Erzeugung von EE- und KWK-Strom zu unterscheiden.[617] Deren Verhältnis regelt im Ausgangspunkt § 13 Abs. 2a S. 2 EnWG.[618] Nach dieser Vorschrift können grundsätzlich auch EE- und KWK-Anlagen in das Erzeugungsmanagement einbezogen werden. Weitere Voraussetzungen regelt § 11 Abs. 3 S. 1. Hiernach bestehen die Pflichten des § 11 Abs. 1 zur vorrangigen physikalischen Abnahme, Übertragung und Verteilung von EE- und KWK-Strom nicht, soweit Anlagenbetreiber oder Direktvermarktungsunternehmen und Netzbetreiber unbeschadet des

---

610 Die mengenmäßig ausreichende Versorgung mit Elektrizität wird in § 11 Abs. 1 EnWG unter die Vokabel „Zuverlässigkeit" gefasst, wohingegen „Sicherheit" die technische Anlagensicherheit meint; vgl. BerlKommEnR/*König*, 3. Aufl. 2014, § 11 EnWG Rn. 20 und § 14 EnWG Rn. 9 ff.

611 *König*, Engpassmanagement in der deutschen und europäischen Elektrizitätsversorgung, S. 424.

612 BerlKommEnR/*König*, 3. Aufl. 2014, § 11 EnWG Rn. 88.

613 Dazu statt anderer Danner/Theobald/*Hartmann*, § 7 KraftNAV Rn. 30 f.

614 BerlKommEnR/*König*, 3. Aufl. 2014, § 13 EnWG Rn. 20 ff.; Danner/Theobald/*Theobald*, § 13 EnWG Rn. 18.

615 BMWi, Ein Strommarkt für die Energiewende, Grünbuch, S. 12; ausführlich *König*, Engpassmanagement in der deutschen und europäischen Elektrizitätsversorgung, S. 430 ff.

616 BMWi, Ein Strommarkt für die Energiewende, Grünbuch, S. 12.

617 Vgl. – mit einer weiteren Differenzierung innerhalb der „konventionellen Anlagen" – BerlKommEnR/*König*, 3. Aufl. 2014, § 13 EnWG Rn. 28 ff.

618 BerlKommEnR/*König*, 3. Aufl. 2014, § 13 EnWG Rn. 53.

§ 15 EnWG zur besseren Integration der Anlage in das Netz ausnahmsweise vertraglich vereinbaren, vom Abnahmevorrang abzuweichen. Bei der Anwendung der entsprechenden vertraglichen Regelungen ist nach § 11 Abs. 3 S. 2 sicherzustellen, dass der Vorrang für EE-Strom angemessen berücksichtigt und insgesamt die größtmögliche Strommenge aus erneuerbaren Energien abgenommen wird. Die Voraussetzungen und Rechtsfolgen des Einspeisemanagements von EE- und KWK-Anlagen, die mit einer Einrichtung zur ferngesteuerten Reduzierung der Einspeiseleistung bei Netzüberlastung im Sinne von § 9 Abs. 1 S. 1 Nr. 1, S. 2 Nr. 1 oder Abs. 2 Nr. 1 oder 2 lit. a ausgestattet sind, sind in § 14 Abs. 1 näher dargelegt. Die Anlagen dürfen danach grundsätzlich nur nachrangig gegenüber konventionellen Erzeugungsanlagen abgeregelt werden.[619] Nach den §§ 14 f. ist den Anlagenbetreibern außerdem eine Entschädigung zu zahlen.[620]

Langfristig dient der netzseitigen Sicherung der Versorgungsqualität vor allem der bereits **134** angesprochene **bedarfsgerechte Ausbau der Netze** (§ 11 Abs. 1 S. 1 EnWG, § 12 Abs. 1 S. 1) durch die Übertragungsnetzbetreiber[621] und (aufgrund von Rückspeisungen des dezentral erzeugten EE-Stromes) auch durch die Verteilernetzbetreiber,[622] sowie eine durch das Erfordernis der Netzsicherheit geleitete **Speichernutzung**.[623] Eine gewisse Steuerung des EE-Kraftwerkbaus i. S. einer Platzierung in der Nähe der Bedarfszentren und einer gleichmäßigeren Verteilung im Raum sollen die Ausbaupfade des § 3 in Verbindung mit dem Instrument der „atmenden Deckel" erreichen.[624]

8. Ergänzend: Wettbewerbsfähigkeit von energieintensiven Unternehmen und von **135** **Schienenbahnen.** Wie der Wortlaut des § 63 Nr. 1 und Nr. 2 zeigt, ist das EEG 2014 über die Vorschriften der „Besonderen Ausgleichsregelung" dem **Schutz der Wettbewerbsfähigkeit** gerade von stromintensiven Unternehmen und von Schienenbahnen, aber – a maiore ad minus – auch den Interessen von **allen anderen Unternehmen** verpflichtet. Die Regelungen zielen auf einen Ausgleich zwischen der im Allgemeininteresse liegenden Förderung erneuerbarer Energien und der ebenfalls im Allgemeininteresse stehenden Erhaltung der Wettbewerbsfähigkeit von Unternehmen ab.[625] Letztlich offenbart sich das EEG 2014 damit als **allgemeines wirtschaftspolitisches Lenkungsinstrument**, dessen Regelungen durch den Gesetzgeber mit den vielfältigen anderweitigen Instrumenten zur Steuerung einer in hohem Maße wettbewerbsfähigen und sozialen Marktwirtschaft i. S. des Art. 3 Abs. 3 EUV in einen sachgerechten Ausgleich gebracht werden müssen.[626] Der Gesetzgeber des EEG 2014 benennt insoweit beispielhaft den Erhalt von Arbeitsplätzen und von industriellen Wertschöpfungsketten.[627] Nichts anderes kann jedoch für die Schaffung und Erhaltung eines wettbewerblichen Binnenmarktes für Energie im Besonderen und ei-

---

619 BerlKommEnR/*König*, 3. Aufl. 2014, § 13 EnWG Rn. 112.

620 Siehe dazu *Schumacher*, ZUR 2012, 17 ff.

621 Siehe die *dena*-Netzstudie-II; dazu BerlKommEnR/*Steffens*, 3. Aufl. 2014, Einl. EEG Rn. 31.

622 Vgl. BMWi, Ein Strommarkt für die Energiewende, Grünbuch, S. 27; E-Bridge u. a., „Moderne Verteilernetze für Deutschland" (Verteilernetzstudie), 2014.

623 BerlKommEnR/*Steffens*, 3. Aufl. 2014, Einl. EEG Rn. 35: nicht marktorientiert, sondern netzorientiert.

624 *Gawel/Lehmann*, Wirtschaftsdienst 2014, 651, 657.

625 Ebenso i. E. Altrock/Oschmann/Theobald/*Große/Kachel*, § 40 EEG 2012 Rn. 73: Formulierung eines „Verhältnismäßigkeitsgedankens".

626 Die Notwendigkeit einer politischen Korrektur betont *Säcker*, in: Bitburger Gespräche Jahrbuch 2014, S. 5, 10.

627 BT-Drs. 18/1304 v. 5.5.2014, S. 93.

ner funktionsfähigen sozialen Marktwirtschaft im Allgemeinen gelten. Das EEG kann somit für Investoren nicht nur ein „Huhn, das goldene Eier legt", darstellen, sondern muss gerade wegen seiner gigantischen Umverteilungswirkungen auch „von Arm zu Reich" unter wettbewerblichen, sozialen und nicht zuletzt finanzverfassungsrechtlichen Aspekten betrachtet werden.[628]

V. Nationale Ausbauziele (Abs. 2)

136 Die in § 1 Abs. 2 vorgegebenen **Ausbauziele** sind das Produkt eines politischen, auf grundlegende Entwicklungen wie den Klimawandel und die Atomkatastrophe von Fukushima reagierenden Prozesses.[629] Angefangen mit den „Eckpunkten für ein integriertes Energie- und Klimaprogramm" des Jahres 2007,[630] dem Energiekonzept vom September 2010,[631] dem Eckpunktepapier der Bundesregierung „Der Weg zur Energie der Zukunft" vom 6.6.2011[632] wurden die Ausbauziele zunehmend erhöht. Die „Eckpunkte zur Reform des EEG" aus dem Jahr 2014 haben die Ausbauziele sodann etwas gestreckt.[633] Auf dieser Grundlage wurde § 1 Abs. 2 im Zuge der EEG-Novelle 2014 neu gefasst, um die bis dato festgeschriebenen **Mindestziele** für den Ausbau erneuerbarer Energien in den Jahren 2020, 2030 und 2040 durch prozentual zu bestimmende **Ausbaukorridore** für die Jahre 2025 und 2035 zu ersetzen.[634] Das Gesetz statuiert somit nicht mehr nur Untergrenzen für den Ausbau, sondern auch Obergrenzen,[635] auch wenn sich die konkrete Höhe der Energiemengen wegen der Abhängigkeit vom künftigen Stromverbrauch noch nicht sicher bestimmen lässt. Der bisher ebenfalls in Abs. 2 benannte Grundsatz, dass die erneuerbar erzeugten Strommengen in das Elektrizitätsversorgungssystem integriert werden sollen, wurde in die neue Grundsatznorm des § 2 Abs. 1 überführt.[636]

137 Gem. § 1 Abs. 2 S. 1 soll der Anteil des aus erneuerbaren Energien erzeugten Stroms am Bruttostromverbrauch „stetig und kosteneffizient" auf mindestens 80 Prozent bis zum Jahr

628 *Manssen*, in: Hebeler/Hendler/Proelß/Reiff, Energiewende in der Industriegesellschaft, S. 13, 16 und öfter; ebenso *Pielow*, EuRUP 2013, 150, 156 ff.
629 *Burgi*, JZ 2013, 745.
630 Bundesregierung, Eckpunkte für ein integriertes Energie- und Klimaprogramm, S. 11: „Ist: Die erneuerbaren Energien haben derzeit einen Anteil von rd. 13 % an der Stromproduktion. Das Erneuerbare-Energien-Gesetz (EEG), das den Ausbau der erneuerbaren Energien fördert, steht 2008 zur Novelle an. Dabei sollen nach Koalitionsvereinbarung Vergütungssätze, Degressionsschritte und Förderzeiträume an die Entwicklungsschritte der einzelnen erneuerbaren Energien angepasst werden. Ziel: Erhöhung des Anteils der Erneuerbaren Energien an der Stromproduktion auf 25–30 % bis 2020 (vgl. Beschlüsse der CDU/CSU- sowie der SPD-Fraktion), sowie weiterer Ausbau bis 2030. Bedarfsgerechter Ausbau der Elektrizitätsnetze zur Integration der erneuerbaren Energien unter Berücksichtigung von Wirtschaftlichkeit, Versorgungssicherheit und Umweltverträglichkeit sowie Anreize für bedarfsgerechte Einspeisung des EE- Stroms im EEG."
631 Bundesregierung, Energiekonzept für eine umweltschonende, zuverlässige und bezahlbare Energieversorgung, BT-Drs. 17/3049 v. 28.9.2010, S. 2 f.
632 Bundesregierung, Der Weg zur Energie der Zukunft – sicher, bezahlbar und umweltfreundlich, Ziff. 7.
633 Bundesregierung, Eckpunkte für die Reform des EEG, ZNER 2014, 57.
634 BT-Drs. 18/1304 v. 5.5.2014, S. 109.
635 *Thomas*, NVwZ-Extra 17/2014, 1.
636 Siehe zum EEG 2009 schon BT-Drs. 16/8148 v. 18.2.2008, S. 37.

2050 erhöht werden.[637] Der **Bruttostromverbrauch** berechnet sich nach der nationalen Stromerzeugung abzüglich der Exporte und zuzüglich der Importe, ist also derzeit für das Jahr 2050 noch gar nicht ermittelbar.[638] Das 80%-Ziel fand sich bereits in § 1 Abs. 2 Hs. 1 Nr. 4 EEG 2012.[639] Es entstammt dem Energiekonzept der Bundesregierung[640] und findet sich auch im EEG-Erfahrungsbericht 2011 wieder.[641] Die 80%-Vorgabe wird im europäischen Vergleich sowohl im Hinblick auf die Steigerungsrate als auch bezüglich der Langfristigkeit als besonders ambitioniert bewertet.[642] Sie ist – wie bereits erwähnt – derzeit noch nicht mit konkreten Zahlen zu unterlegen, da sich das Ausbauziel in Abhängigkeit vom künftigen Stromverbrauch im Jahr 2050 bestimmt, über den derzeit naturgemäß noch keine genauen Angaben vorliegen. Darüber hinaus gilt es zu beachten, dass der Gesetzgeber des 18. Bundestages die zukünftigen Bundestage (sowie die jeweiligen europäischen Gesetzgebungsorgane) nur sehr begrenzt an seine Maßnahmen binden kann.[643]

Als „**nicht einklagbare Zwischenziele**"[644] bis zum Erreichen des 80%-Zieles legt § 1 **138** Abs. 2 S. 2 „Ausbaukorridore" von 40 bis 45 Prozent bis zum Jahr 2025 und 55 bis 60 Prozent bis zum Jahr 2035 fest. Durch die Vorgabe von Ausbaukorridoren wurden die bis dato statischen Ausbauziele flexibilisiert. Das Schrifttum bewertet die Neuformulierung des § 1 Abs. 2 S. 2 als „diskrete Streckung" im Vergleich zum bisherigen Rechtszustand.[645] Bedeutsam ist, dass der Ausbaukorridor wie erläutert nicht nur eine **Untergrenze**, sondern auch eine **Obergrenze** vorgibt,[646] bei den von § 3 adressierten Technologien (bis auf die Windenergie auf See) indirekt gesteuert durch „atmende Deckel". Hierdurch will der Gesetzgeber den Akteuren der Energiewirtschaft, also auch den Betreibern konventioneller Kraftwerke, die notwendige Orientierung über die kurz- und mittelfristig beabsichtigte Entwicklung des Elektrizitätssektors und damit ein gewisses Maß an **Planungssicherheit** vermitteln.[647] Institutionelle und private Investoren sollen weiterhin einen Anreiz haben, EE-Anlagen zu errichten, auch wenn diese ohne die Förderung am Markt nicht rentabel zu betreiben wären.[648] Hierdurch soll die Systemtransformation optimiert und eine bessere Synchronisierung des Ausbaus der erneuerbaren Energien mit dem Netzausbau ermöglicht werden.[649]

---

637 Siehe zur historischen Entwicklung des Anteils der erneuerbaren Energien am Bruttostromverbrauch BT-Drs. 18/1304 v. 5.5.2014, S. 111 f.

638 Siehe BerlKommEnR/*Schumacher*, 3. Aufl. 2014, § 1 EEG Rn. 21.

639 Altrock/Oschmann/Theobald/*Müller/Oschmann*, § 1 EEG 2012 Rn. 29.

640 Siehe Bundesregierung, Energiekonzept für eine umweltschonende, zuverlässige und bezahlbare Energieversorgung, BT-Drs. 17/3049 v. 28.9.2010, S. 2.

641 Bundesregierung, EEG-Erfahrungsbericht 2011, BT-Drs. 17/6085 v. 6.6.2011, S. 2.

642 *Gawel/Strunz/Lehmann*, ZfE 2014, 163, 168 f., die zugleich betonen, dass der Anteil von erneuerbaren Energien im Jahr 2011 in Deutschland im europäischen Durchschnitt gelegen habe.

643 Das betont *Hofmann*, Die Verwaltung 47 (2014), 349, 351.

644 So zur Vorgängerregelung BT-Drs. 16/8148 v. 18.2.2008, S. 37.

645 *Gawel/Lehmann*, Wirtschaftsdienst 2014, S. 651, 656; *Gawel/Strunz/Lehmann*, ZfE 2014, 163, 169 mit Fn. 8.

646 Siehe zum EEG 2009 schon BT-Drs. 16/8148 v. 18.2.2008, S. 37.

647 BT-Drs. 16/8148 v. 18.2.2008, S. 37.

648 Monopolkommission, Sondergutachten 65, Rn. 207.

649 BR-Drs. 157/14 v. 11.4.2014, S. 126.

139 Die „Ausbaukorridore" des § 1 Abs. 2 S. 2 sollen außerdem einen **kosteneffizienteren Ausbau der erneuerbaren Energien** ermöglichen.[650] Durch die gesetzlich fixierten Einspeisetarife und den Einspeisevorrang kamen Investoren in der Vergangenheit in den Genuss einer im Vergleich zu anderen Sektoren sehr hohen unternehmerischen Sicherheit, da sie typische Investitionsrisiken nicht tragen mussten; die entsprechenden Risiken wurden stattdessen vor allem auf die Stromverbraucher und die konventionellen Stromerzeuger verlagert.[651] Vor diesem Hintergrund stellt es ein wesentliches Ziel des EEG 2014 dar, die Erzeugung von Elektrizität aus erneuerbaren Energien marktnäher auszugestalten und damit zugleich die Kosten des weiteren Ausbaus der erneuerbaren Energien zu begrenzen.[652] Hierzu sind energiepolitisch effiziente Instrumente anzuwenden, um die Belastung für die Wirtschaft und die Verbraucher so gering wie möglich zu halten und zugleich die Versorgungssicherheit zu gewährleisten.[653] § 2 normiert hierzu entsprechende Grundsätze.

140 § 1 Abs. 2 knüpft an die Nichterfüllung bzw. Überschreitung der „Ausbaukorridore" keine konkreten Rechtsfolgen. Derartige Rechtsfolgen werden künftig vielmehr an die „Ausbaupfade" des § 3 geknüpft, die dort für die „wichtigsten" erneuerbaren Energieträger vorgegeben werden, namentlich für Wind, Sonne und Biomasse. So führt eine Über- bzw. Unterschreitung der auf den Ausbaupfaden aufsetzenden „Zielkorridore" nach dem Instrument der „**atmenden Deckel**" grundsätzlich zu einer Reduzierung bzw. Erhöhung des Prozentwerts, um welchen die Förderung für neue Anlagen abgesenkt wird, also der jeweiligen sog. „Basisdegression" (§ 28 für Biomasse, § 29 für Windenergie an Land, § 31 für Photovoltaik).[654] Während bei den vorbenannten Energieträgern die Ausbaupfade über die Förderhöhe gesichert werden sollen (i. S. einer Kombination zwischen Mengen- und Preissteuerung), wird der Ausbaupfad für Windenergie auf See i. S. des § 5 Nr. 36 über die Regelungen zur Netzanbindung gem. §§ 17a ff. EnWG gesichert (i. S. einer Mengensteuerung).[655] Dasselbe gilt im Rahmen der Ausschreibungen gem. § 2 Abs. 5.[656]

VI. Unionsrechtliche Ausbauziele (Abs. 3)

141 Der unionsrechtlich determinierte § 1 Abs. 3 nimmt das Verhältnis der erneuerbaren Energien zu den sonstigen Energieträgern in den Blick.[657] Nach § 1 Abs. 3 dient „das Ziel nach Absatz 2 Satz 2 Nummer 1", also die Erhöhung des Anteils erneuerbarer Energien am **Bruttostromverbrauch**, auch dazu, den Anteil erneuerbarer Energien am gesamten **Bruttoendenergie**verbrauch bis zum Jahr 2020 auf mindestens 18 Prozent zu erhöhen. Die Vorschrift wurde im Rahmen der EEG-Novelle 2014 redaktionell an die Änderungen des Abs. 1 angepasst.[658]

---

650 BR-Drs. 157/14 v. 11.4.2014, S. 129 ff.; *Wustlich*, NVwZ 2014, 1113, 1115.

651 Monopolkommission, Sondergutachten 65, Rn. 225.

652 BT-Drs. 18/1304 v. 5.5.2014, S. 109.

653 Monopolkommission, Sondergutachten 65, Rn. 201.

654 *Thomas*, NVwZ-Extra 17/2014, 1, 2; bei Biomasse wird die Förderung nur abgesenkt.

655 *Wustlich*, NVwZ 2014, 1113, 1115.

656 Siehe zu den entsprechenden Ausschreibungsmengen § 2 Rn. 91.

657 *Hofmann*, Die Verwaltung 47 (2014), 349, 358. Die Relevanz der Wärmeversorgung betont *Fehling*, Die Verwaltung 47 (2014), 313 mit Fn. 1.

658 BT-Drs. 18/1304 v. 5.5.2014, S. 109.

Das **18 %-Ziel** folgt für Deutschland aus dem bereits thematisierten Art. 3 Abs. 1 RL **142**
2009/28/EG.[659] Hiernach muss jeder EU-Mitgliedstaat dafür sorgen, dass sein Anteil von
Energie aus erneuerbaren Quellen am Bruttoendenergieverbrauch im Jahr 2020 mindestens seinem nationalen Gesamtziel für den Anteil von Energie aus erneuerbaren Quellen
entspricht, wie es in Anhang I der Richtlinie festgelegt ist. Der Bruttoendenergieverbrauch
umfasst neben der Stromerzeugung auch die Energienutzung für Verkehr und Wärme.
Nach aktuellem Erkenntnisstand sind die Ziele der RL 2009/28/EG ohne Maßnahmen im
Bereich der Stromerzeugung jedoch nicht zu erreichen.[660]

Im Januar 2014 hat die EU-Kommission vorgeschlagen, die vorbenannten Ziele bis ins Jahr **143**
2030 fortzuschreiben und insoweit ein 40 %-Ziel vorgegeben.[661] Im Gegensatz zur bisherigen Rechtslage sollten den Mitgliedstaaten jedoch keine verbindlichen Ausbauziele mehr
vorgegeben werden,[662] was im Schrifttum als weiteres Indiz für eine zunehmende Re-
Nationalisierung der europäischen Energiepolitik gedeutet wird.[663] In weitgehender Übernahme dieser Vorschläge hat sich der **Europäische Rat am 23. und 24.10.2014** auf einen
neuen **EU-Klima- und Energierahmen** verständigt.[664] Hiernach soll der Ausstoß von
Treibhausgasen bis zum Jahr 2030 im Vergleich zum Referenzjahr 1990 verbindlich um
mindestens 40 % sinken. Gleichzeitig soll der Anteil der erneuerbaren Energien am Energieverbrauch verbindlich auf mindestens 27 % steigen.

---

659 BT-Drs. 17/6071 v. 6.6.2011, S. 60; Frenz/Müggenborg/*Frenz*, § 1 EEG 2012 Rn. 119; siehe § 1
   Rn. 26.
660 *Säcker/König/Scholz*, Der regulierungsrechtliche Rahmen für ein Offshore-Stromnetz in der
   Nordsee, S. 104.
661 European Commission, A policy framework for climate and energy in the period from 2020 to
   2030, COM(2014) 15 final, S. 6; dazu *Stäsche*, EnWZ 2014, 291, 293 f.
662 European Commission, A policy framework for climate and energy in the period from 2020 to
   2030, COM(2014) 15 final, S. 6.
663 *Gawel/Strunz/Lehmann*, ZfE 2014, 163, 169 und 180.
664 Vgl. European Council 23/24 October 2014 – Conclusions, EUCO 169/14, abrufbar unter
   www.consilium.europa.eu (letzter Zugriff 1.11.2014); European Commission, 2030 framework
   for climate and energy policies, abrufbar unter http://ec.europa.eu (letzter Zugriff 1.11.2014);
   BMWi, Europäische Energiepolitik, Entscheidung des Europäischen Rates zum EU-Klima- und
   Energierahmen bis 2030, abrufbar unter www.bmwi.de (letzter Zugriff 1.11.2014).

§ 2   Grundsätze des Gesetzes

(1) [1]Strom aus erneuerbaren Energien und aus Grubengas soll in das Elektrizitätsversorgungssystem integriert werden. [2]Die verbesserte Markt- und Netzintegration der erneuerbaren Energien soll zu einer Transformation des gesamten Energieversorgungssystems beitragen.

(2) Strom aus erneuerbaren Energien und aus Grubengas soll zum Zweck der Marktintegration direkt vermarktet werden.

(3) [1]Die finanzielle Förderung für Strom aus erneuerbaren Energien und aus Grubengas soll stärker auf kostengünstige Technologien konzentriert werden. [2]Dabei ist auch die mittel- und langfristige Kostenperspektive zu berücksichtigen.

(4) Die Kosten für die finanzielle Förderung von Strom aus erneuerbaren Energien und aus Grubengas sollen unter Einbeziehung des Verursacherprinzips und energiewirtschaftlicher Aspekte angemessen verteilt werden.

(5) [1]Die finanzielle Förderung und ihre Höhe sollen für Strom aus erneuerbaren Energien und aus Grubengas bis spätestens 2017 durch Ausschreibungen ermittelt werden. [2]Zu diesem Zweck werden zunächst für Strom aus Freiflächenanlagen Erfahrungen mit einer wettbewerblichen Ermittlung der Höhe der finanziellen Förderung gesammelt. [3]Bei der Umstellung auf Ausschreibungen soll die Akteursvielfalt bei der Stromerzeugung aus erneuerbaren Energien erhalten bleiben.

(6) Die Ausschreibungen nach Absatz 5 sollen in einem Umfang von mindestens 5 Prozent der jährlich neu installierten Leistung europaweit geöffnet werden, soweit

1. eine völkerrechtliche Vereinbarung vorliegt, die die Kooperationsmaßnahmen im Sinne der Artikel 5 bis 8 oder des Artikels 11 der Richtlinie 2009/28/EG des Europäischen Parlaments und des Rates vom 23. April 2009 zur Förderung der Nutzung von Energie aus erneuerbaren Quellen und zur Änderung und anschließenden Aufhebung der Richtlinien 2001/77/EG und 2003/30/EG (ABl. L 140 vom 5.6.2009, S. 16) umsetzt,
2. die Förderung nach dem Prinzip der Gegenseitigkeit erfolgt und
3. der physikalische Import des Stroms nachgewiesen werden kann.

Schrifttum: *ABO Wind AG*, Stellungnahme zu den Eckpunkten für ein Ausschreibungsdesign für PV-Freiflächenanlagen v. 5. August 2014, abrufbar unter www.bmwi.de; *Akca*, Auktionen zur nationalen Reallokation von Treibhausgas-Emissionsgutschriften auf Unternehmensebene, 2008; *Agora Energiewende*, Ausschreibungen für Erneuerbare Energien. Welche Fragen sind zu prüfen, Juni 2014, abrufbar unter www.agora-energiewende.de; *Bataille/Hösel*, Energiemarkteffizienz und das Quotenmodell der Monopolkommission, ZNER 2014, 40; *BDEW* Bundesverband der Energie- und Wasserwirtschaft e.V., Stellungnahme zu den Eckpunkten des BMWi für eine Ausschreibungsdesign für Photovoltaik-Freiflächenanlagen, Berlin 21. August 2014, abrufbar unter www.bmwi.de; *ders.*, Handlungsempfehlungen für ein Auktionsdesign für PV-Freiflächenkraftwerke, Berlin 9. September 2014, abrufbar unter www.bmwi.de; *Becker*, Die Stromwende: Start, Status, Probleme, Lösungswege, ZNER 2013, 599; *Beckmeyer*, Die Energiewende zum Erfolg führen: Zum Inkrafttreten der EEG-Reform 2014, EnWZ 2014, 433; *BEE* Bundesverband Erneuerbarer Energien, BEE-Stellungnahme für das Konsultationsverfahren zu den Eckpunkten des BMWi für ein Ausschreibungsdesign für Photovoltaik-Freiflächenanlagen vom 22. August 2014, abrufbar unter www.bmwi.de; *Behrens*, Ökonomische Effizienz im Kontext des Wettbewerbsrechts der EG, in: Behrens/Braun/Nowak (Hrsg.), Europäisches Wettbewerbsrecht nach der Reform, 2006, S. 13; *Berninghaus/Ehrhard/Güth*, Strategische Spiele. Eine Ein-

Mohr

führung in die Spieltheorie, 3. Aufl. 2010; *Bode*, Effekte des EEG auf die Energiepreise, in: Müller (Hrsg.), 20 Jahre Recht der Erneuerbaren Energien, 1. Aufl. 2012, S. 858; *Böge*, Effizienz und Wettbewerb aus Sicht des Kartellamts, in: Oberender (Hrsg.), Effizienz und Wettbewerb, 2005, S. 131; *Brahms/Maslaton*, Der Regierungsentwurf des Erneuerbaren-Energien-Gesetzes 2014 – Verfassungsrechtliche Bedenken gegen die EEG-Umlage auf die Eigenstromversorgung, NVwZ 2014, 760; *Breuer*, Zur Bereitstellung von Regelleistung im Rahmen der Direktvermarktung nach dem EEG 2012, REE 2012, 17; *Broemel*, Strategisches Verhalten in der Regulierung. Zur Herausbildung eines Marktgewährleistungsrechts in den Netzwirtschaften, 2010; *Brückmann/Steinbach*, Die Förderung erneuerbarer Energien im Lichte der Warenverkehrsfreiheit, EnWZ 2014, 346; *Büdenbender*, Wirtschaftliche Lastenverteilung für die Förderung erneuerbarer Energien in der Elektrizitätswirtschaft, ET Heft 6/2014, 82; *Bundeskartellamt*, Sektoruntersuchung Stromerzeugung und Stromgroßhandel, Abschlussbericht gemäß § 32e GWB, Januar 2011, Zusammenfassung, abrufbar unter www.bundes kartellamt.de; Bundesministerium für Wirtschaft und Energie BMWi, Eckpunkte für ein Ausschreibungsdesign für Photovoltaik-Freiflächenanlagen, abrufbar unter www.bmwi.de; *dass.*, Zentrale Vorhaben Energiewende für die 18. Legislaturperiode (10-Punkte-Energie-Agenda des BMWi) vom 26. Juni 2014, abrufbar unter www.bmwi.de; *dass.*, Ein Strommarkt für die Energiewende, Diskussionspapier des Bundesministeriums für Wirtschaft und Energie (Grünbuch), Oktober 2014, abrufbar unter www.bmwi.de; *Bundesnetzagentur*, Leitfaden zum EEG-Einspeisemanagement – Abschaltrangfolge, Berechnung von Entschädigungszahlungen und Auswirkungen auf die Netzentgelte, Version 1.0 Stand 29.3.2011, abrufbar unter www.bundesnetzagentur.de; *dies.*, EEG-Einspeisemanagement – Abschaltrangfolge, Berechnung von Entschädigungszahlungen und Auswirkungen auf die Netzentgelte, Version 2.1 Stand 7.3.2014, abrufbar unter www.bundesnetzagentur.de; *Bundesregierung*, Energiekonzept für eine umweltschonende, zuverlässige und bezahlbare Energieversorgung v. 28. September 2010, abrufbar unter www.bundesregierung.de; *dies.*, Erfahrungsbericht 2011 zum Erneuerbare-Energien-Gesetz (EEG-Erfahrungsbericht), BT-Drucks. 17/6085 v. 6.6.2011; *dies.*, Stellungnahme der Bundesregierung zum Sondergutachten der Monopolkommission gemäß § 62 Absatz 1 des Energiewirtschaftsgesetzes Energie 2013 – Wettbewerb in Zeiten der Energiewende – Drucksache 17/14742, BT-Drucks. 18/2939 v. 16.10.2014; *Bungenberg*, Vergaberecht im Wettbewerb der Systeme: eine rechtsebenenübergreifende Analyse des Vergaberechts, 2007; *Burgi*, Die Bedeutung der allgemeinen Vergabegrundsätze Wettbewerb, Transparenz und Gleichbehandlung, NZBau 2008, 29; *ders.*, Die Energiewende und das Recht, JZ 2013, 745; *Byok/Dierkes*, Rechtsschutz im Laufe und nach Beendigung des Konzessionsvergabeverfahrens in der Energie- und Wasserwirtschaft, RdE 2012, 221; *CDU/CSU/SPD*, Deutschlands Zukunft gestalten, Koalitionsvertrag 18. Legislaturperiode, abrufbar unter www.bundesregierung.de; *Clearingstelle EEG*, Öffentliche Konsultation zu Eckpunkten für ein Ausschreibungsdesign für PV-Freiflächenanlagen – Stellungnahme der Clearingstelle EEG, undatiert, abrufbar unter: www.bmwi.de; *Connect Energy Economics*, Leitstudie Strommarkt – Arbeitspaket Optimierung des Strommarktdesigns", Juli 2014, abrufbar unter: www.bmwi.de; *Degenhard/Nestle*, Marktrealität für Bürgerenergie und mögliche Auswirkungen von regulatorischen Eingriffen, Studie im Auftrag des Bündnisses Bürgerenergie e. V. (BBEn) und des Bundes für Umwelt und Naturschutz Deutschland (BUND), April 2014, abrufbar unter www.bund.net; *dena* Deutsche Energie-Agentur, Integration der erneuerbaren Energien in den deutsch-europäischen Strommarkt, Endbericht, 15.8.2012, abrufbar unter www.dena.de; *dies.*, dena-Netzstudie II. Integration erneuerbarer Energien in die deutsche Stromversorgung im Zeitraum 2015 – 2020 mit Ausblick auf 2025, abrufbar unter www.dena.de; *dies.*, Stellungnahme: Eckpunkte für ein Ausschreibungsdesign für Photovoltaik-Freiflächenanlagen v. 22. August 2014, abrufbar unter www.bmwi.de; *Dreher/Motzke* (Hrsg.) Beck'scher Vergaberechtskommentar, 2. Aufl. 2013; *Eberl/Apfelbeck*, Technologien dezentraler Energieerzeugung, ET Special Online 2013, 6; *Ecofys/ZSW/Takon/BBG und Partner*, Konsultationsworkshop Pilotausschreibung für PV-Freiflächenanlagen v. 10.7.2014, abrufbar unter www.bmwi.de; *Enervis/BET*, Ein zukunftsfähiges Energiemarktdesign für Deutschland, 2013, abrufbar unter www.bmwi.de; *Faulstich/Leipprand/Hey*, Wege zu einer vollständig erneuerbaren Stromversorgung: die Sicht des SRU, in: Müller (Hrsg.), 20 Jahre Recht der Erneuerbaren Energien, 1. Aufl. 2012, S. 194; *Fehling*, Neues Regulierungsrecht im Anschluss an die Energiewende, Die Verwaltung 47 (2014), 313; *Fleischer/Zimmer* (Hrsg.), Effizienz als Regelungsziel im Handels- und Wirtschaftsrecht, 2008; *Fornasier*, Freier Markt und zwingendes Vertragsrecht – Zugleich ein Beitrag zum Recht der Allgemeinen Geschäftsbedingungen, 2013; *Frenz*, Reduzierte Solarförderung – keine Abkehr von der Energiewende, IR 2012, 76; *ders.*, EU-geprägte solare Freiflächenausschreibungen – Einstieg in die regenerative Marktwirtschaft, ER 6/2014, 231; *Fritsch*, Marktversagen und Wirtschaftspolitik, 8. Aufl. 2011; *Frontier Economics*, Die Zukunft des EEG – Handlungsoptionen und Reformansätze, Bericht für die EnBW Baden-Württemberg AG, November 2012, abrufbar unter www.frontier-econo mics.com; *dies.*, Studie „Weiterentwicklung des Förderregimes für erneuerbare Energien", Abschlussbericht für RWE, August 2013, abrufbar unter www.frontier-economics.com; *dies.*, Studie „Technologieoffene Ausschreibungen für Erneuerbare Energien", Ein Bericht für EFET Deutschland, Juni 2014, abrufbar unter http://efet-d.org; *dies.*, Konsultation zum Ausschreibungsdesign für die Förderung von PV-Freiflächenanlagen, August 2014, abrufbar unter www.bmwi.de; *Frontier Economics/Consentec*, Folgenabschätzung Kapazitätsmechanismen (Impact Assessment), Juli 2014, abrufbar unter: www.bmwi.de; *dies./FORMAET*, Strommarkt in Deutschland – Gewährleistet das derzeitige Marktdesign Versorgungssicherheit?, Bericht für das Bundesministerium für Wirtschaft und Energie (BMWi), Juli 2014, abrufbar unter: www.bmwi.de; *Gawel/ Lehmann*, Die Förderung erneuerbarer Energien nach der EEG-Reform 2014, Wirtschaftsdienst 2014, 651; *Gerber*, Competition Law and the Institutional embeddedness of economics, in: Drexl/Idot/Monéger (Hrsg.), Economic Theory and Competition Law, 2009, S. 20 ff.; *Goldhammer*, Zulässiger „Energiesoli" oder verfassungswidriger Eingriff? – Zur Möglichkeit der Reduktion von Einspeisevergütungen bei Bestandsanlagen, NVwZ-Extra 8/2013, 1; *Graf von Westphalen* (Hrsg.), Vertragsrecht und AGB-Klauselwerke, 35. Ergl. 2014; *Grimm/Ockenfels/Zoettl*, Strommarktdesign: Zur Ausgestaltung der Auktionsregeln an der EEX, ZfE 2008, 147; *Große/Kachel*, Die Besondere Ausgleichsregelung im EEG 2014, NVwZ 2014, 1122; *Gundel*, Die Vorgaben der Warenverkehrsfreiheit für die Förderung erneuerbarer Energien – Neue Lösungen für ein altes Problem?, EnWZ 2014, 99; *Häder*, Fördermodelle für die regenerative Stromerzeugung in der EU – ein Überblick, ET 5/2014, 8; *Hahn/Naumann*, Erneuerbare Energien zwischen Einspeisevergütung und Systemintegration. Selbstverbrauch und Direktvermarktung im Lichte der EEG-Novelle 2012, NJOZ 2012, 361; *Haucap/Klein/Kühling*, Die Marktintegration der Stromerzeugung aus erneuerbaren Energien – Eine ökonomische und juristische Analyse, 2013; *Henneke*, Die Daseinsvorsorge in Deutschland – Begriff, historische Entwicklung, rechtliche Grundlagen und Organisation, in: Krautscheid (Hrsg.), Die Daseinsvorsorge im Spannungsfeld von europäischem Wettbewerb und Gemeinwohl – Eine sektorspezifische Betrachtung, 2009, S. 17; *Herz/ Valentin*, Direktvermarktung, Direktlieferung und Eigenversorgung nach dem EEG 2014 – Ein Überblick über den neuen Rechtsrahmen und die verschiedenen Optionen für die Vermarktung von Strom aus Erneuerbaren Energien, EnZW 2014, 358; *Hofmann*, Das Recht der Energiewende als Transformationsprozess: Beschleunigung um jeden Preis oder alles nur eine Frage der Zeit?, Die Verwaltung 47 (2014), 349; *Hoppmann*, Preismeldestellen und Wettbewerb, WuW 1966, 95; *IZES/Bofinger/BET*, Stromsystem-Design: Das EEG 2.0 und Eckpfeiler eines zukünftigen Regenerativwirtschaftsgesetzes, Endbericht, Stand 10.10.2013, abrufbar unter www.izes.de; *IZES gGMBH* Institut für ZukunftsEnergieSysteme, Bewertung von Ausschreibungsverfahren als Finanzierungsmodell für Anlagen erneuerbarer Energienutzung, Gutachten für den Bundesverband Erneuerbare Energien e. V., Laufzeit des Vorhabens 26.2.2014 – 19.5.2014, abrufbar unter www.bee-ev.de; *Janssen/Niedrig/Peichert/Perner/Riechmann*, Strommarkt in Deutschland – Gewährleistet das derzeitige Marktdesign Versorgungssicherheit?, ET 9/2014, 8; *Kahle*, Ermittlung der Förderhöhe für PV-Freiflächenanlagen nach dem EEG 2014 – Ausschreibungsmodell, RdE 2014, 372; *Kahle/Menny*, Das Ausschreibungsmodell des EEG 2014, ET 12/2014, 18; *Kahles*, Ausschreibungen als neues Instrument im EEG 2014, Würzburger Berichte zum Umweltenergierecht Nr. 6 vom 16.7.2014, abrufbar unter www.stiftung-umweltenergierecht.de; *Kerber*, Wettbewerbspolitik, in: Vahlens Kompendium der Wirtschaftstheorie und Wirtschaftspolitik, 9. Aufl. München 2007, S. 369; *Kermel/Geipel*, Die Belastung von Eigenstrom mit der EEG-Umlage nach dem EEG 2014, RdE 2014, 416 ff.; *Kirchgässner*, Homo Oeconomicus, The Economic Model of Behaviour and its Applications in Economics and Other Social Sciences, 2008; *Kirchner*, Ökonomische Theorie des Rechts, 1997; *ders.*, Die ökonomische Theorie, in: Riesenhuber (Hrsg.), Europäische Methodenlehre, 2. Aufl. 2010, S. 132 ff.; *Klobasa/Ragwitz/Sensfuß/Rostankowski/Gerhardt/Holzhammer/Richts/Lehnert*, Nutzenwirkung der Marktprämie, ISI Fraunhofer Working Paper Sustainability and Innovation No. S 1/2, abrufbar unter www.isi.fraunhofer.de; *Koch*, Grenzen des informationsbasierten Anlegerschutzes – Die Gratwanderung zwischen angemessener Aufklärung und information overload, BKR 2012, 485 ff.; *König*, Engpassmanagement in der deutschen und europäischen Elektrizitätsversorgung, 2013; *Kopp et al. (Arrhenius)*, Wege in ein wettbewerbliches Strommarktdesign für erneuerbare Energien, Gutachten für die MVV Energie AG, Juli 2013, abrufbar unter www.mvv-energie.de; *Kratzenberg*, Die neue Gesamtausgabe der VOB 2006 im Oktober 2006 – Das Sofortpaket zur VOB/A, Neues in VOB/B, VOB/C und bei der Präqualifikation von Bauunternehmen, NZBau 2006, 601; *Kreße*, Die Auktion als Wettbewerbsverfahren, 2014; *Kreuter-Kirchhof*, Grundrechtliche Maßstäbe für eine Reform des EEG, NVwZ 2014, 770; *Kühling/Klein*, Rechtsfragen der Entschädigung und des Belastungsausgleichs bei der Anbindung von Offshore-Anlagen, in: Hebeler/ Hendler/Proelß/Reiff, Energiewende in der Industriegesellschaft, 2014, S. 29; *Lehnert*, Markt- und Systemintegration der Erneuerbaren-Energien: Eine rechtliche Analyse der Regeln zur Direktvermarktung im EEG 2012, ZUR 2012, 4; *Leprich*, Das EEG als Nukleus einer neuen Energiewirtschaftsordnung, in: Müller (Hrsg.), 20 Jahre Recht der Erneuerbaren Energien, 1. Aufl. 2012, S. 815; *Lüdemann/ Ortmann*, Direktvermarktung im EEG. Das unvollendete Marktprämienmodell, EnWZ 2014, 387; *Lutz*, Bemerkungen zum Monopolproblem, Ordo 8 (1956), 19; *Maly/Meister/Schomerus*, EEG 2014 – Das Ende der Bürgerenergie?, ER 4/2014, 147; *Markert*, Langfristige Bezugsbindungen für Strom und Gas nach deutschem und europäischem Kartellrecht, EuZW 2000, 427; *Martini*, Der Markt als Instrument hoheitlicher Verteilungslenkung. Möglichkeiten und Grenzen einer marktgesteuerten staatlichen Verwaltung des Mangels, 2008; *Martini/Gebauer*, „Alles umsonst?", Zur Zuteilung von CO_2-Emissionszertifikaten: Ökonomische Idee und rechtliche Rahmenbedingungen, ZUR 2007, 225; *Mestmäcker*, Die Interdependenz von Recht und Ökonomie in der Wettbewerbspolitik, in: Monopolkommission (Hrsg.), Zukunftsperspektiven der Wettbewerbspolitik – Colloquium anlässlich des 30-jährigen Bestehens der Monopolkommission am 5. November 2004 in der Humboldtuniversität zu Berlin, 2005, S. 19; *Meyer-Hetling/Templin*, Das Ausbleiben des Auswahlverfahrens und Rechtsschutzmöglichkeiten des unterlegenen Bieters, ZNER 2012, 18; *Moench/Lippert*, Eigenversorgung im EEG 2014. Neue Hürden für die Privilegierung selbst erzeugten Stroms, EnWZ 2014, 392; *Möschel*, Juristisches versus ökonomisches Verständnis des Rechts gegen Wettbewerbsbeschränkungen, in: FIW (Hrsg.), Die Wende in der Europäischen Wettbewerbspolitik, 2004, S. 55; *Mohr*, Ein soziales Vergaberecht? Soziale Zwecke im Recht der öffentlichen Auftragsvergabe zwischen freiem Wettbewerb im Binnenmarkt und Schutz inländischer Arbeitsplätze, VergabeR 2009, 543; *ders.*, Ausschreibung der finanziellen Förderung von Strom aus erneuerbaren Energien, EnWZ 2015, 99; *ders.*, Die neue Freiflächenausschreibungsverordnung – Wettbewerbliche Ermittlung der finanziellen Förderung von Photovoltaik-Freiflächenanlagen zwischen Kosteneffizienz und Ausbaueffektivität, N&R 2015, 76; *Ders.*, Sicherung der Vertragsfreiheit durch Wettbewerbs- und Regulierungsrecht – Domestizierung wirtschaftlicher Macht durch Inhaltskontrolle der Folgeverträge, 2015; *Monopolkommission*, Sondergutachten 46, Die Privatisierung der Deutschen Bahn AG, 2007; *dies.*, Sondergutachten 65: Energie 2013: Wettbewerb in Zeiten der Energiewende, 2013; *Müller/Kahl/Sailer*, Das neue EEG 2014. Systemwechsel beim weiteren Ausbau der Erneuerbaren Energien, ER 4/14, 139; *Müller-Graff*, Das verschleierte Antlitz der Lissabonner Wirtschaftsverfassung, ZHR 173 (2009), 443; *Müller-Kirchenbauer/Nailis/Struck/Siedentopp/ Reukauf*, Nebenwirkungen und Hausmittel – Die EU-Verordnung über grenzüberschreitenden Stromhandel, Marktplatz Energie 5/2002, 30; *Müsgens/Ockenfels*, Design von Informationsfeedback in Regelenergiemärkten, ZfE 2011, 249; *Ockenfels*, Empfehlungen für das Auktionsdesign für Emissionsberechtigungen, ZfE 2009, 105; *Olten*, Wettbewerbstheorie und Wettbewerbspolitik, 1995; *Pautsch*, Die beihilferechtliche Relevanz der UMTS-Vergabe im Ausschreibungsverfahren, MMR 2001, 423; *Perner/Riechmann*, Das zukünftige EEG – wie viel Reform ist erforderlich?, ET 5/2013, 8; *Picot/Dietl*, Transaktionskostentheorie, WiSt 19 (1990), 178; *Rat von Sachverständigen für Umweltfragen*, Umweltgutachten 2000, BT-Drucks. 14/3363 v. 14.3.2000, abrufbar unter www.umweltrat.de; *PricewaterhouseCoopers* (Hrsg.), Entflechtung und Regulierung im deutschen Energiewirtschaft – Praxishandbuch zum Energiewirtschaftsgesetz, 3. Aufl. Freiburg 2012; *Pünder/Schellenberg* (Hrsg.), Vergaberecht, 1. Aufl. 2011; *Purkus/Gawel/Deissenroth/Nienhaus/Wassermann*, Beitrag der Marktprämie zur Marktintegration Erneuerbarer – Erfahrungen aus dem EE 2012 und Perspektiven der verpflichtenden Direktvermarktung, ET 12/2014, 8; *Reiche/Bechberger*, Erneuerbare Energien in den EU-Staaten im Vergleich, ET 2005, 732; *Richter/Furubotn*, Neue Institutionenökonomik – Eine Einführung und kritische Würdigung, 4. Aufl. 2010; *Rodi*, Dezentrale Energieversorgung als Herausforderung der Energiewende, EnZW 2014, 289; *Rusche*, Die beihilferechtliche Bewertung von Förderregelungen für die Stromerzeugung aus erneuerbaren Energiequellen: Ein Überblick über die Entscheidungspraxis der Europäischen Kommission, ZNER 2007, 143; *r2b energy consulting*, Endbericht Leitstudie Strommarkt Arbeitspaket Funktionsfähigkeit EOM & Impact-Analyse Kapazitätsmechanismen, Juli 2014, abrufbar unter: www.bmwi.de; *r2b energy consulting GmbH*/Brandenburgische Technische Universität Cottbus, Auktionsdesign für Photovoltaikanlagen auf Freiflächen, Gutachten im Auftrag des BDEW, Köln und Cottbus 17. September 2014, abrufbar unter www.bdew.de; *Sachverständigenrat für Umweltfragen* (SRU), Den Strommarkt der Zukunft gestalten, Eckpunktepapier Oktober 2013, abrufbar unter www.umweltrat.de; *Säcker*, Das Regulierungsrecht im Spannungsfeld von öffentlichem und privatem Recht: Zur Reform des deutschen Energie- und Telekommunikationsrechts, AöR 130 (2005), 180; *ders.*, Der Umbau der Übertragungsnetze unter dem Regime der Anreizregulierung, in: Müller (Hrsg.), 20 Jahre Recht der Erneuerbaren Energien, 1. Aufl. 2012, S. 744; *ders.*, Macht im Zivilrecht, in: Jahrbuch junger Zivilrechtswissenschaftler (JJZ) 2013, S. 9; *Säcker/Jaecks*, Langfristige Energielieferverträge und Wettbewerbsrecht, 2002; *Säcker/König/Scholz*, Der regulierungsrechtliche Rahmen für ein Offshore-Stromnetz in der Nordsee – Rechtliche Hemmnisse und Vorschläge zu deren Überwindung, 2014; *Säcker/Mengering*, Die Kosten effizienter Leistungsbereitstellung als wettbewerbskonformer Maßstab zur Regulierung der Netznutzungsentgelte bei Infrastrukturmonopolen, N&R 2014, 73; *Säcker/Mohr*, Reintegration von Dienstleistungskonzessionen in das Vergaberecht am Beispiel der Wasserversorgung, ZWeR 2012, 417; *Schmidt, I.*, More Economic Approach: Ökonomisches Modell oder Verbesserung der Rechtspraxis, in: Joost/Oetker/Paschke (Hrsg.), Festschrift für Franz Jürgen Säcker, 2011, S. 939; *Schmidt-Preuß*, Gegenwart und Zukunft des Verfahrensrechts, NVwZ 2005, 489; *ders.*, Die soziale Marktwirtschaft als Wirtschaftsverfassung der Europäischen Union, in: Joost/Oetker/Paschke (Hrsg.), Festschrift für Franz Jürgen Säcker, 2011, S. 969; *Schmidtchen*, Effizienz als Leitbild der Wettbewerbspolitik: Für einen „more economic approach", in: Oberender (Hrsg.), Effizienz und Wettbewerb, 2005, S. 9 ff.; *Schneider*, Liberalisierung der Stromwirtschaft durch regulative Marktorganisation: eine vergleichende Untersuchung zur Reform des britischen, US-amerikanischen, europäischen und deutschen Energierechts, 1999; *ders.*, Europäische Modelle zur Förderung erneuerbarer Energien, in: Hendler/Marburger/Reinhard/Schröder (Hrsg.), Energierecht zwischen Umweltschutz und Wettbewerb, 2002, S. 71 ff.; *ders.*, Technologieförderung durch eingerichtete Märkte: Erneuerbare Energien, in: Eifert/Hoffmann-Riem (Hrsg.), Innovation und Recht II – Innovationsfördernde Regulierung, 2009, S. 257; *Scholz/Moench/Herz*, Verfassungs- und europarechtliche Grundsatzfragen einer EEG-Reform, 2014; *Schön*, Zwingendes Recht oder informierte Entscheidung – zu einer (neuen) Grundlage unserer Zivilrechtsordnung, in: Heldrich/Prölss/Koller/Langenbucher/Grigoleit/Hager/Hey/Neuner/Petersen/Singer (Hrsg.): Festschrift für Claus-Wilhelm Canaris zum 70. Geburtstag, Band I, 2007, S. 1191 ff.; *Schulte/Kloos*, Das Elektrizitätsnetz als Bezugspunkt im EEG – Anschluss, Zugang, Vorrang und Ausbau, in: Müller (Hrsg.), 20 Jahre Recht der Erneuerbaren Energien, 1. Aufl. 2012, S. 727; *Schütte/Winkler*, Aktuelle Entwicklungen im Bundesumweltrecht, Berichtszeitraum: 17.6.2014 bis 22.8.2014, ZUR 2014, 571; *Schulz/Kupko*, Das neue Verfahren zur Zuweisung und zum Entzug von Offshore-Netzanschlusskapazitäten, EnWZ 2014, 457; *Schwalbe*, Das Effizienzkonzept der Wirtschaftstheorie, in: Fleischer/Zimmer (Hrsg.), Effizienz als Regelungsziel im Handels- und Wirtschaftsrecht, 2008, S. 43; *Shirvani*, Rückenwind für kommunale Bürgerwindparks? – Kommunal- und baurechtliche Fragestellungen, NVwZ 2014, 1185; *Sösemann*, Herkunftsnachweise für Strom aus geförderter Direktvermarktung oder umlagebefreiter Strom aus sonstiger Direktvermarktung?, Eine erste Verortung der Verordnungsermächtigung zur Vermarktung von Grünstrom aus Direktvermarktung in § 95 Nr. 6 EEG 2014, EnWZ 2014, 352; *Sprenger*, Vertrauensschutz für Anlagenbetreiber, Investoren und Unternehmen beim Übergang zum EEG 2014, ZNER 2014, 325; *Thomas*, Großbritannien: Langer Abschied vom Quotensystem für erneuerbare Energien, ET 8/2012, 65; *Umweltbundesamt*, Stellungnahme zu den Eckpunkten für ein Ausschreibungsdesign für Photovoltaik-Freiflächenanlagen, abrufbar unter www.bmwi.de; *van Aaken*, „Rational Choice" in der Rechtswissenschaft – Zum Stellenwert der ökonomischen Theorie im Recht, 2003; *VEEED*, Stellungnahme des Verbandes der Erzeuger Erneuerbarer Energien VEEED e.V. zum Eckpunktepapier des BMWi für ein Ausschreibungsdesign für Photovoltaik-Freiflächenanlagen v. 21. August 2014, abrufbar unter www.bmwi.de; *Verbraucherzentrale Bundesverband e.V.* – vzbv, Pilotprojekt zu Ausschreibungen: Der erste Schritt in ein neues Förderregime, Stellungnahme zu den Eckpunkten für ein Ausschreibungsdesign für Photovoltaik-Freiflächenanlagen v. 22. August 2014, abrufbar unter: www.bmwi.de; *Vollprecht/Clausen*, Auf dem Weg zum EEG 2014 – ein Werkstattbericht, EnWZ 2014, 112; *Vollstädt/Bramowski*, Die Neuregelungen zur Begrenzung der EEG-Umlage nach dem EEG 2014, BB 2014, 1167; *Von Hayek*, Individualismus und wirtschaftliche Ordnung, 2. Aufl. 1976; *von Oppen/Groß*, Nach dem EEG ist vor dem EEG – Die Förderung von Erneuerbare-Energien-Anlagen nach der PV-Novelle 2012, ZNER 2012, 347; *Wagner/Bsaisou*, Beschleunigung der Energiewende durch Haftung: Ökonomische Anreize im Strudel des Regulierungsrechts, JZ 2014, 1031; *Wende*, Die einheitliche Auslegung von Beihilfen- und Vergaberecht als Teilgebiete des europäischen Wettbewerbsrechts, 2010; *Weyand*, Vergaberecht, Kommentar, 4. Aufl. 2013; *Wuppertaler Institut für Klima, Umwelt und Energie/Fraunhofer ISE*, Stellungnahme zur BMWi-Konsultation „Eckpunkte für ein Ausschreibungsdesign für Photovoltaik-Freiflächenanlagen." Agrophotovoltaik (APV) als ressourceneffizienzte Landnutzung, 21. August 2014, im Internet abrufbar unter www.bmwi.de; *Wustlich*, Das Erneuerbare-Energien-Gesetz 2014 – Grundlegend neu – aber auch grundlegend anders?, NVwZ 2014, 1113; *Zimmer*, Der rechtliche Rahmen für die Implementierung moderner ökonomischer Ansätze, WuW 2007, 1198; *ZSW/Takon/ BBG und Partner/Ecofys*, Ausgestaltung des Pilotausschreibungssystems für Photovoltaik-Freiflächenanlagen, Wissenschaftliche Empfehlung v. 10.7.2014, abrufbar unter www.bmwi.de; *dies.*, Konsultationsworkshop Pilotausschreibung für PV-Freiflächenanlagen v. 10.7.2014, abrufbar unter www.bmwi.de; *50hertz*, Stellungnahme zu Eckpunkten für eine Pilotausschreibung für Photovoltaik-Freiflächenanlagen, August 2014, abrufbar unter www.bmwi.de.

Alle Internetquellen wurden zuletzt abgerufen am 8.2.2015.

Übersicht

I. Überblick

1 **1. Interpretationsleitende Prinzipien. a) Zentrale normative Weichenstellungen.** Der durch das EEG 2014 neu geschaffene § 2 enthält die **„Grundsätze"** der Förderung von erneuerbaren Energien und von Grubengas. Während § 1 Abs. 1 die Hauptzwecke des Gesetzes vorgibt und hierzu in seinen Absätzen 2 und 3 ambitionierte Ausbauziele formuliert,[1] enthält § 2 die wesentlichen Prinzipien zur Umsetzung dieser Ziele.[2] Die Norm will „zentrale Weichenstellungen für den Erfolg der Energiewende" setzen, „ohne damit den politischen Prozess zum Abschluss zu bringen",[3] wie die eng mit der Marktintegration der erneuerbaren Energien zusammenhängende Diskussion über das zutreffende Strommarktdesign verdeutlicht.[4]

2 Die „Grundsätze" des § 2 zielen auf die **Systemintegration der erneuerbaren Energien** ab, insbesondere auf ihre Markt- und die Netzintegration (vgl. § 2 Abs. 1). Insgesamt soll

---

1 Siehe dazu im Kontext der Energiewende Bundesregierung, Stellungnahme zum Sondergutachten der Monopolkommission Energie 2013, BT-Drs. 18/2939 v. 16.10.2014, S. 8.

2 Zur dogmatischen Verortung der Regelungen des § 2 als (rechtsverbindliche, da das Verständnis des EEG 2014 leitende) Prinzipien siehe *Beckmeyer*, EnWZ 2014, 433, 434.

3 *Beckmeyer*, EnWZ 2014, 433, 434.

4 Siehe dazu BMWi, Ein Strommarkt für die Energiewende, Grünbuch, S. 4 ff.; Frontier Economics/ FORMAET, Strommarkt in Deutschland – Gewährleistet das derzeitige Marktdesign Versorgungssicherheit?, S. 1 ff. Im Rahmen seiner Synchronisierungsaufgaben hat der Strommarkt zwei übergreifende Funktionen. Er muss zum einen dafür sorgen, dass ausreichende Kapazitäten vorhanden sind („Vorhaltefunktion"). Zum anderen müssen diese Kapazitäten zum richtigen Zeitpunkt und im richtigen Umfang eingesetzt werden („Einsatzfunktion"). In Zusammenhang mit der „Vorhaltefunktion" nutzen die Marktakteure für ihre Investitionsentscheidungen grundsätzlich die in die Zukunft gerichteten Marktpreisprognosen und Preisnotierungen im Terminmarkt; sofern der Strommarkt keine ausreichenden Kapazitäten anreizt, ist dies durch regulatorische Maßnahmen innerhalb des Energy-only-Marktes oder als „remedy of last resort" über ergänzende Kapazitätsmechanismen sicherzustellen. Zum Zwecke der Einsatzfunktion muss der Strommarkt sodann die zutreffenden Preissignale senden, damit die vorhandenen Kapazitäten auch im erforderlichen, dem erwarteten Verbrauch entsprechenden Umfang kontrahiert und tatsächlich eingesetzt werden, etwa zur Vermeidung systematisch unterdeckter Bilanzkreise; vgl. BMWi, a. a. O., S. 14 ff. sowie § 1 Rn. 122 ff.

die EE-Förderung verlässlicher, kosteneffizienter, systemverträglicher und belastungsgleicher erfolgen,[5] da das „bisherige Fördersystem den Herausforderungen eines ambitionierten und zugleich systemverträglichen Ausbaus der erneuerbaren Energien nicht mehr gewachsen war".[6] Die für Netzbetreiber, Kraftwerksbetreiber und Stromlieferanten gleichermaßen wichtige Verlässlichkeit und Planbarkeit des EE-Ausbaus soll vor allem durch die Ausbaukorridore gem. § 3 verbessert werden. Darüber hinaus will der Gesetzgeber „die Kostendynamik" der letzten Jahre durchbrechen und so „den langfristigen Erfolg der Energiewende" sichern (§ 1 Abs. 2).[7] Zentrale Instrumente hierzu sind die **Förderung von (relativ) kostengünstigen Technologien** wie Windenergie und solare Strahlungsenergie[8] in Verbindung mit der Reduktion der (relativ) teuren Biomasseförderung (§ 2 Abs. 3 i. V. mit § 3), sowie vor allem die **Ermittlung von Förderberechtigungen und Förderhöhen durch wettbewerbliche Ausschreibungen** (§§ 2 Abs. 5 und 6, 5 Nr. 3, 55, 88, 99).

Als „**künftige Leittechnologie**" muss die Erzeugung von elektrischer Leistung aus erneuerbaren Energieträgern schon jetzt mehr „Verantwortung" übernehmen.[9] Im Zentrum der gesetzgeberischen Bemühungen steht die Integration der erneuerbaren Energien in die – regulatorisch anzupassenden – Strommärkte (§ 2 Abs. 1 S. 1).[10] Zum Zwecke einer schrittweisen Marktintegration sind die EE-Anlagenbetreiber deshalb grundsätzlich zur Direktvermarktung des von ihnen produzierten Stroms verpflichtet (§§ 2 Abs. 2, 19 Abs. 1 S. 1, 37 Abs. 2).[11] Der Systemintegration der erneuerbaren Energien dient de lege lata etwa die Möglichkeit der Fernsteuerung von EE-Anlagen als Voraussetzung für den Erhalt einer Marktprämie (§§ 35 Nr. 2, 36). Da die EEG-Umlage (jetzt: § 60 Abs. 1 S. 1) für Bestands-

3

---

5 BT-Drs. 18/1304, S. 88.

6 *Beckmeyer*, EnWZ 2014, 433, 434.

7 *Beckmeyer*, EnWZ 2014, 433, 434.

8 Das EEG hält freilich am Grundsatz der technologiespezifischen Förderung und damit am Ausbau aktuell teurer Kraftwerke etwa auf See fest, da sich der Gesetzgeber mit Blick auf die extrem ambitionierten Ausbauziele in § 1 Abs. 2 und 3 Effizienzvorteile verspricht. Dem „Beschleunigungsziel" müssen sich zwar nicht rechtlich, aber doch de facto alle anderen Ziele – auch dasjenige der Kosteneffizienz" – unterordnen; zu Recht krit. *Hofmann*, Die Verwaltung 47 (2014), 349 ff.; siehe mit Blick auf den Ausbau von Windenergie auf See auch *Kühling/Klein*, in: Hebeler/Hendler/Proelß/Reiff, Energiewende in der Industriegesellschaft, S. 29; speziell zu den dort entstehenden Haftungsfragen *Wagner/Bsaisou*, JZ 2014, 1031 ff.

9 *Beckmeyer*, EnWZ 2014, 433, 434.

10 Siehe dazu BMWi, Ein Strommarkt für die Energiewende, Grünbuch, S. 39 ff.

11 Siehe zur Verstärkung der Marktpreissignale durch die Direktvermarktung BMWi, Ein Strommarkt für die Energiewende, Grünbuch, S. 19. Der Begriff „verpflichtende Direktvermarktung" ist, wie ein Blick auf § 20 Abs. 1 verdeutlicht, missverständlich. Das Gesetz normiert keine Rechtspflicht zur Direktvermarktung, sondern statuiert diese lediglich als Regelfall; vgl. *Lüdemann/Ortmann*, EnWZ 2014, 387, 388; *Sprenger*, ZNER 2014, 325 mit Fn. 3. So kann jeder EE-Anlagenbetreiber nach § 38 eine sog. „Ausfallvergütung" geltend machen, wenn auch unter Hinnahme finanzieller Einbußen, die einem dauerhaft wirtschaftlichen Betrieb entgegenstehen (Bundesregierung, Stellungnahme zum Sondergutachten der Monopolkommission Energie 2013, BT-Drs. 18/2939 v. 16.10.2014, S. 10). Die Regelung des § 38 war ursprünglich für „echte Notfälle" gedacht, dient in ihrer jetzigen Form jedoch auch der Basis-Investitionssicherung von Investoren und verbessert auf diesem Wege ihre Kreditwürdigkeit; siehe BT-Drs. 18/1891, S. 205. Dass es sich bei der Ausfallvermarktung – anders als bei der Einspeisevergütung für Kleinanlagen nach § 37 – um keine wirtschaftlich vollwertige Wahloption handelt, zeigt auch § 20 Abs. 2, der sie aus den Wechseloptionen bei der anteiligen Direktvermarktung ausnimmt; vgl. *Lüdemann/Ortmann*, a.a.O., 388 f.

anlagen aufgrund der für 20 Jahre garantierten Einspeisevergütungen auch in Zukunft sehr hoch sein wird, sind die Förderkosten schließlich angemessen(er) als bislang zu verteilen.[12] Die „Lasten" sollen „möglichst breit" verteilt und damit auch der „Charakter der Energiewende als gesamtgesellschaftliche Aufgabe wieder mehr in den Vordergrund" gerückt werden.[13]

4   Ebenso wie § 1 enthält § 2 keine Ermächtigungs- bzw. Anspruchsgrundlage.[14] Die Vorschrift ist aber auch nicht lediglich ein unverbindlicher „politischer Programmsatz", wie dies zuweilen vertreten wird.[15] Vielmehr enthält § 2 grundlegende **Vorgaben für die teleologische Interpretation** des „EEG 2.0";[16] denn wenn bereits die viel abstrakter formulierte Zweckvorgabe des § 1 Abs. 1 die Auslegung des Gesetzes leiten soll, muss dies in noch stärkerem Maße für den zur Konkretisierung des § 1 geschaffenen § 2 gelten. Für die Rechtsverbindlichkeit des § 2 spricht auch, dass die Erzeugung von elektrischer Leistung aus erneuerbaren Energien von einer Nischen- zu einer Leittechnologie wird (vgl. § 2 Abs. 1 S. 2), weshalb die Indienstnahme von Netzbetreibern, Verbrauchern und Betreibern konventioneller Kraftwerke für den Klimaschutz zunehmend an faktische, aber auch an (grund-)rechtliche Grenzen stößt.[17] Vor diesem Hintergrund sind die Grundsätze des § 2 auch für die rechtspolitische Fortentwicklung des bestehenden „EEG 2.0" durch ein „EEG 3.0" relevant,[18] wie die Berichtspflicht des § 98 Abs. 1 Nr. 2 zeigt.

5   Wie die Regierungsbegründung zum EEG 2014 einräumt, diente das **EEG bis zum Jahr 2014** dazu, verschiedene Formen der Herstellung von EE-Strom über eine staatlich initiierte Förderung zu testen und zu entwickeln.[19] Als zentrales „**Markteinführungsinstrument**" fungierte eine jedenfalls **subventionsähnliche administrative Preisförderung.**[20] Im Interesse eines möglichst schnellen, investorenfreundlichen Ausbaus von EE-Anlagen normierte das Gesetz technologiespezifische, vorbehaltlich einer vorgesehenen Degression über 20 Jahre garantierte Einspeisetarife in Kombination mit einem Einspeisevorrang. Hierdurch sollten die höheren Kosten der Erzeugung von Elektrizität aus erneuerbaren Energien ausgeglichen werden, damit diese im Wettbewerb mit konventionell erzeugter Energie bestehen kann.[21] Die mit einer derartigen Preisförderung verbundenen, heute weitgehend konsentierten **Überförderungen** und **Mitnahmeeffekte** nahm der Gesetzgeber

---

12 Zusammenfassend BT-Drs. 18/1891, S. 2 ff.
13 *Beckmeyer*, EnZW 2014, 433, 434 [im Org. z. T. hervorgehoben].
14 Für die Marktprämie im Rahmen der Direktvermarktung ergibt sich die Anspruchsgrundlage also nicht aus § 2 Abs. 2, sondern aus § 19 Abs. 1 Nr. 1; vgl. *Thomas*, NVwZ-Extra 17/2014, 1, 3 f.
15 So zu § 2 Abs. 5 aber *Kahles*, Würzburger Berichte zum Umweltenergierecht Nr. 6, S. 1; *Müller/Kahl/Sailer*, ER 4/14, 139, 141; *Salje*, EEG 2014, § 2 Rn. 2; *Wustlich*, NVwZ 2014, 1113, 1121; gleichwohl argumentiert er verschiedentlich mit dem Aussagegehalt des § 2, etwa mit Blick auf die verpflichtende Direktvermarktung (S. 1117).
16 Zur Begrifflichkeit statt anderer *Maly/Meister/Schomerus*, ER 4/2014, 147.
17 *Säcker*, in: Müller, 20 Jahre Recht der Erneuerbaren Energien, S. 745, 757 f.; *Burgi*, JZ 2013, 745, 748 ff.
18 BT-Drs. 18/1891, S. 208 f.; siehe auch BMWi, Zentrale Vorhaben Energiewende für die 18. Legislaturperiode, S. 4: „Das EEG 3.0 soll den rechtlichen Rahmen dafür schaffen, ab Ende 2016 die Förderhöhe für erneuerbare Energien bei allen Technologien grundsätzlich durch wettbewerbliche Ausschreibungen zu ermitteln."
19 BT-Drs. 18/1304, S. 88.
20 *Hofmann*, Die Verwaltung 47 (2014), 349, 369.
21 Siehe zu dieser „klassischen Begründung" statt anderer *Säcker/König/Scholz*, Der regulierungsrechtliche Rahmen für ein Offshore-Stromnetz in der Nordsee, S. 105.

ebenso in Kauf wie die **ungenügende Prognostizierbarkeit des EE-Kraftwerksausbaus** und die damit einhergehenden Belastungen für das Energieversorgungssystem und die Versorgungssicherheit.[22]

Aus heutiger Sicht hat das System administrativ festgelegter Einspeisevergütungen nicht **6** nur zu einem starken Ausbau von EE-Anlagen geführt, sondern auch zu einem differenzierten Portfolio an Technologien, was grundsätzlich zu begrüßen ist.[23] Bei einem starren, auf 20 Jahre ausgerichteten Einspeisevergütungsmodell ist freilich langfristig **kein Wettbewerb zwischen konventionell erzeugter elektrischer Energie und solcher aus erneuerbaren Energieträgern** möglich. EE-Kraftwerke wurden vielmehr **vollständig von den Risiken der unternehmerischen Tätigkeit befreit**, unter Verzicht auf die mit einem wirksamen Wettbewerb einhergehenden positiven Wirkungen für Freiheit und Wohlfahrt der Bürger.[24] Ein wirksamer (Ausschreibungs-)Wettbewerb ist nach industrieökonomisch bestätigter Erfahrung aber das beste Mittel, um im Interesse des Umwelt- und Klimaschutzes als notwendig angesehene (Förder-)Maßnahmen für einzelne Wirtschaftszweige mit der Sicherung der Selbstbestimmung der Marktteilnehmer und der Wohlfahrt der Volkswirtschaft in Einklang zu bringen. So können Kraftwerksbetreiber bei wirksamem Wettbewerb nur effiziente Kosten und eine marktübliche Eigenkapitalverzinsung verlangen.[25] Sofern sich ein wirksamer Wettbewerb bei Gütern der Daseinsvorsorge, zu denen auch die Versorgung mit leitungsgebundener Energie zählt,[26] aufgrund technischer und ökonomischer Besonderheiten nicht einstellt, muss der Gesetzgeber diesen in Ausübung seiner Gewährleistungsverantwortung für eine sichere, preisgünstige und umweltverträgliche Energieversorgung sektorspezifisch initiieren und dauerhaft sichern.[27]

---

22 Frontier Economics, Die Zukunft des EEG – Handlungsoptionen und Reformansätze, S. 14 ff. Kritisch zu Mitnahmeeffekten bereits der Rat von Sachverständigen für Umweltfragen, Umweltgutachten 2000, Rn. 1443: Es bestehe „bei der deutschen Preislösung die Gefahr von Mitnahmeeffekten. Diese liegen dann vor, wenn über die Festpreise auch solche Erzeuger gefördert werden, die bereits unter den gegebenen Rahmenbedingungen Strom aus erneuerbaren Energieträgern zu Marktbedingungen anbieten könnten. Sinkende Erzeugungskosten für Strom aus regenerativen Energieträgern kommen den Verbrauchern nicht zugute. Mit einem wachsenden Anteil erneuerbarer Energieträger am Energiemix steigt auch die Belastung für die Verbraucher. [...] Schließlich sind die Erzeuger von Strom aus regenerativen Energieträgern bei der Preislösung auch langfristig nicht gezwungen, sich dem Wettbewerb durch andere Erzeuger regenerativer Energieträger oder konventioneller Kraftwerke zu stellen." Siehe zu den Vor- und Nachteilen einer Preissteuerung auch *Schneider*, in: Hendler/Marburger/Reinhard/Schröder, Energierecht zwischen Umweltschutz und Wettbewerb, 2002, S. 71, 79; *Schneider*, in: Eifert/Hoffmann-Riem, Innovation und Recht II – Innovationsfördernde Regulierung, 2009, S. 257, 266; *Schneider*, in: Schneider/Theobald, § 21 Rn. 21 ff.
23 *Perner/Riechmann*, ET 5/2013, 8.
24 Siehe zu den rechtlichen und ökonomischen Wettbewerbsfunktionen statt anderer *Olten*, Wettbewerbstheorie und Wettbewerbspolitik, S. 31. Ausführlich *Mohr*, Sicherung der Vertragsfreiheit durch Wettbewerbs- und Regulierungsrecht, 2015 (im Erscheinen), Teil 4 B. IV.
25 EuGH, Urt. v. 13.7.1989, Rs. 395/87, Slg. 1989, 2521, 2578 Rn. 42 – Tournier; EuGH, Urt. v. 13.7.1989, Rs. 110/88 u.a., Slg. 1989, 2811, 2831 Rn. 29 – SACEM; von der Groeben/Schwarze/ *Schröter*, Art. 82 EG Rn. 185.
26 BVerfG, Beschl. v. 16.3.1971, 1 BvR 52/66 u.a., NJW 1971,1255, 1258.
27 *Schneider*, Liberalisierung der Stromwirtschaft, S. 41; *Henneke*, in: Krautscheid, Daseinsvorsorge, S. 17, 23; *Säcker*, AöR 130 (2005), 180 ff.; *Leschke*, in: Fehling/Ruffert, S. 281, 289; mit etwas anderer Akzentsetzung auch *Fehling*, Die Verwaltung 47 (2014), 314, 314 und insb. 334.

7   Da die Erzeugung von Strom aus erneuerbaren Energiequellen zunehmend zur prägenden Leittechnologie wird,[28] kann die Verbesserung der Startchancen nicht mehr zur Begründung einer weitreichenden Förderung „gegen den Markt" herangezogen werden.[29] Dies verdeutlicht § 2 Abs. 1 S. 2, wonach die EE-Anlagenbetreiber verstärkt in die **Systemverantwortung** genommen werden.[30] Als weiteres Problem einer administrativen Preisförderung stellte sich in den letzten Jahren heraus, dass Betreiber von Anlagen zur Erzeugung von Strom aus **fluktuierenden Energieträgern** (Wind, Sonne) bei einer auf 20 Jahre garantierten Einspeisevergütung keine wirksamen Anreize haben, **die Produktion an den Marktsignalen auszurichten**; denn diese Anlagen weisen zwar hohe Investitionskosten, aber nur sehr niedrige variable Kosten auf, weshalb es sich für die Betreiber lohnt, Strom auch bei sehr niedrigen (bis hin zu negativen) Marktpreisen einzuspeisen.[31] Der Gesetzgeber sieht es deshalb als eine der Hauptaufgaben der kommenden Jahre an, die Marktpreissignale für Erzeuger und Verbraucher zu stärken.[32] Hierzu dient ihm mit Blick auf die EE-Anlagen insbesondere das Instrument der **Direktvermarktung**.[33] Darüber hinaus initiiert das EEG mit den **Ausschreibungen** gem. § 2 Abs. 5 einen „Wettbewerb um den Markt".[34] Voraussetzung für die finanzielle Förderung einer neuen Freiflächenanlage nach dem EEG 2014 ist künftig die **Ausstellung einer Förderberechtigung** für die entsprechende Freiflächenanlage gem. § 28 i. V. mit §§ 21 ff. der **Freiflächenausschreibungsverordnung** (FFAV):[35] Gem. § 28 Abs. 1 S. 1 Nr. 1 FFAV besteht ein Anspruch gem. § 19 für Strom aus einer Freiflächenanlage nur dann, wenn für die entsprechende Anlage eine Förderberechtigung ausgestellt wurde. Die BNetzA stellt derartige Förderberechtigungen nach § 21 Abs. 1 FFAV auf Antrag eines im Ausschreibungsverfahren erfolgreichen Bieters aus und bestimmt die Höhe der finanziellen Förderung nach § 26 FFAV. Mit dem Antrag wird der Freiflächenanlage somit ein Zuschlag im Ausschreibungsverfahren i. S. des § 12 FFAV ganz oder teilweise zugeordnet.[36]

8   **b) Bezahlbarkeit der Energieversorgung durch Senkung der Förderkosten.** Mit der EEG-Novelle 2014 nimmt der Gesetzgeber verstärkt die **Bezahlbarkeit der Energieversorgung** in den Blick, auch weil diese in der öffentlichen Diskussion eine zentrale Rolle einnimmt.[37] Gem. § 1 Abs. 1 zielt das EEG u. a. darauf ab, die **volkswirtschaftlichen Kos-**

---

28 So auch BR-Drs. 157/14 v. 11.4.2014, S. 156 f.; BT-Drs. 18/1304, S. 109 f.

29 *Burgi*, JZ 2013, 745, 748.

30 Zutreffend wiederum *Burgi*, JZ 2013, 745, 751.

31 *Gawel/Lehmann*, Wirtschaftsdienst 2014, 651, 652 und 654; ausführlich *Lüdemann/Ortmann*, EnWZ 2014, 387 ff.

32 BMWi, Ein Strommarkt für die Energiewende, Grünbuch, S. 21 ff.

33 BMWi, Ein Strommarkt für die Energiewende, Grünbuch, S. 19.

34 *Fehling*, Die Verwaltung 47 (2014), 313, 326.

35 Bundesregierung, Verordnung zur Einführung von Ausschreibungen der finanziellen Förderung für Freiflächenanlagen sowie zur Änderung weiterer Verordnungen zur Förderung der erneuerbaren Energien BGBl. I, S. 108 v. 11.2.2015 (im Folgenden: Freiflächenausschreibungsverordnung), als nicht amtliche Lesefassung abrufbar unter www.bmwi.de/BMWi/Redaktion/PDF/V/verordnung-zur-einfuehrung-von-ausschreibungen-der-finanziellen-foerderung-fuer-freiflaechenanlagen,property=pdf,bereich=bmwi2012,sprache=de,rwb=true.pdf. Ein Überblick über die Regelungen der FFAV findet sich bei *Mohr*, N&R 2015, 76 ff.

36 Bundesregierung, Freiflächenausschreibungsverordnung, Begründung S. 80.

37 Vgl. BT-Drs. 18/1304, S. 88; siehe auch Bundesregierung, Freiflächenausschreibungsverordnung, Begründung S. 36. Für den Staat hat ein Anstieg der Strompreise auch „positive" Effekte, da der Steuer- und Abgabenanteil steigt, während die Förderkosten auf die Verbraucher abgewälzt wer-

ten der Energieversorgung zu minimieren. Diese allgemeine Zweckbestimmung wird durch die neu in § 1 Abs. 2 eingefügte Vokabel „**kosteneffizient**" dahingehend präzisiert, dass künftig auch die kurzfristigen Kosten der Verbraucher zu senken sind.[38]

Die Kosten der Förderung erneuerbarer Energien lassen sich grundsätzlich durch Vorgaben für Ausbaumengen und/oder für Preise steuern.[39] § 2 enthält deshalb verschiedene „Grundsätze", die direkt oder indirekt dem Ziel der Kostenminimierung verpflichtet sind: Die verstärkte Ausrichtung der Förderung an Marktsignalen durch die zum Regelfall erhobene **Direktvermarktung** (§ 2 Abs. 2),[40] der **Einsatz kostengünstiger Technologien** (§ 2 Abs. 3), die Vorgabe **technologiespezifischer Ausbaupfade** für die wichtigsten Technologien (§ 3) und **differenzierter Vergütungsregelungen** in Verbindung mit „atmenden Deckeln" (§§ 3, 26 ff., 40 ff.), sowie mittelfristig die Umstellung des gesamten Fördersystems auf **wettbewerbliche Ausschreibungen** (§ 2 Abs. 5 und 6).[41]   **9**

Ergänzend zu den Kostensenkungseffekten auf der „Ausgabenseite" will der Gesetzgeber die „Einnahmenseite" optimieren, vor allem durch Erstreckung der EEG-Umlage auf die **Eigenstromversorgung** und durch **Einschränkungen der besonderen Ausgleichsregelung** (§ 2 Abs. 4).[42]   **10**

Schon weil sich die kostenwirksamen Änderungen im EEG 2014 vor allem auf **Neuanlagen** beziehen,[43] ist der Einsparungseffekt in den nächsten Jahren allerdings überschau-   **11**

---

den; insoweit krit. *Becker*, ZNER 2013, 599, 560. Im Schrifttum wird weiter kritisiert, dass eine kurzfristige Betrachtung der Förderkosten die langfristig positiven Folgen der EE-Förderung ebenso wie die Fördermaßnahmen zugunsten konventioneller Energieträger außer Betracht lasse; vgl. *Müller/Kahl/Sailer*, ER 4/14, 139, 142. Es geht somit vergleichbar Art. 101 Abs. 1 und 3 AEUV um den „richtigen" Trade-off zwischen dem Schutz der finanziellen Handlungsfreiheit der Bürger und langfristigen (meta-)ökonomischen Effizienzen.

38 Darüber hinaus sind die Interessen der Netzbetreiber und der Betreiber konventioneller Erzeugungsanlagen relevant; vgl. *Säcker*, in: Müller, 20 Jahre Recht der Erneuerbaren Energien, S. 745, 757 f.; *Burgi*, JZ 2013, 745, 748 ff.

39 *Müller/Kahl/Sailer*, ER 4/14, 139, 143.

40 Insofern ist die Marktintegration kein bloßer politischer Programmsatz; dies konzediert auch *Salje*, EEG 2014, § 2 Rn. 4.

41 Die letztendlich zu zahlende Förderung ist auch abhängig von der Markt- und Technikentwicklung, vgl. zur Photovoltaik Frontier Economics, Konsultation zum Ausschreibungsdesign für die Förderung von PV-Freiflächenanlagen, S. 5, die aufgrund der zuletzt rückläufigen Marktentwicklung von einer Erhöhung der Fördersätze trotz wettbewerblicher Ausschreibungen ausgehen.

42 Vgl. *Brahms/Maslaton*, NVwZ 2014, 760.

43 Das EEG 2012 wurde durch das am 1.8.2014 in Kraft getretene EEG 2014 aufgehoben (vgl. Art. 23 des Gesetzes zur grundlegenden Reform des Erneuerbare-Energien-Gesetzes und zur Änderung weiterer Bestimmungen des Energiewirtschaftsrechts v. 21.7.2014, BGBl. I, S. 1066, 1132). Damit gilt das EEG 2014 zwar auch für Bestandsanlagen gem. § 100 Abs. 1; vgl. *Sprenger* ZNER 2014, 325, 326). Hiervon ausgenommen sind jedoch insbesondere diejenigen Regelungen, die die Vergütungshöhe betreffen (§ 100 Abs. 1 Nr. 4 und Nr. 10c). Dies betrifft auch Anlagen in der Direktvermarktung (§ 100 Abs. 1 Nr. 6 und Nr. 10). Bestandsanlagenbetreiber können somit nach § 37 Abs. 1 eine Einspeisevergütung verlangen, deren Höhe sich nach § 100 Abs. 1 Nr. 4 und Nr. 10 lit. c bestimmt. Andere Regelungen wie solche zu Formen, Fristen und Wechselvorgaben gelten für alle Anlagen in der Direktvermarktung, um ein möglichst einheitliches System zu installieren. Vgl. *Wustlich*, NVwZ 2014, 1113, 1118 f.; *Herz/Valentin*, EnWZ 2014, 358, 358 mit Fn. 14.

bar;[44] denn die **Altanlagen** kommen weiterhin in den Genuss der für 20 Jahre garantierten Einspeisevergütung bzw. der Marktprämie.[45] Ein **Rückwirkungsverbot** kann freilich nur insoweit Platz greifen, als Anlagenbetreiber bis dato überhaupt ein **schutzwürdiges Vertrauen** aufbauen konnten, was bereits im Hinblick auf die andauernden Änderungen des EEG im Allgemeinen und die Degression der Vergütungsklassen im Besonderen nicht zweifelsfrei ist.[46]

12 In der Vergangenheit führte der unbegrenzte Zubau von (insbesondere: fluktuierenden) EE-Anlagen zu sinkenden Großhandelspreisen und damit zugleich zu Kostenerhöhungen für die Endverbraucher über die steigende EEG-Umlage (das ist eine Folge des sog. Merit-Order-Effekts).[47] Bepreiste man demgegenüber den Ausstoß klimaschädlicher Treibhausgase im Rahmen des europäischen Emissionshandelssystems angemessen hoch, würde der hierdurch erhöhte Börsenstrompreis grundsätzlich auch für die EEG-Bestandsanlagen in der Direktvermarktung relevant, indem sich die Marktprämie verringerte.[48] Zugleich erhofft man sich aus der Änderung des Emissionshandelssystems eine Verbesserung der Rentabilität der für die Versorgungssicherheit notwendigen effizienten und flexiblen (Gas-) Kraftwerke, ebenso wie eine Verbesserung der Funktionsweise des Strommarkts insgesamt.[49] In einem gesamteuropäischen **Emissionshandelssystem** gilt es freilich zu beachten, dass allein die Einsparung von Emissionen in Deutschland nicht zwangsläufig auch zu einer Reduktion des Gesamtemissionsausstoßes führt, da die entsprechenden Zertifikate dann anderswo eingesetzt werden können.

---

44 Darüber hinaus wird befürchtet, dass die Kosten für die Förderung von Photovoltaik-Freiflächenanlagen auch bei einer Umstellung des Fördersystems auf Ausschreibungen steigen, da die Vergütungssätze vor Inkrafttreten des EEG 2014 nicht kostendeckend gewesen seien; vgl. den Beitrag „Solarstromhersteller üben ab April den Wettbewerb" in der FAZ v. 20.1.2015, S. 15.

45 *Büdenbender*, ET 2014, 82 ff.; *Gawel/Lehmann*, Wirtschaftsdienst 2014, 651, 653; *Lüdemann/Ortmann*, EnWZ 2014, 387, 390. Die weitreichenden Vertrauensschutzregelungen basieren auf – m. E. nicht durchgreifenden – verfassungsrechtlichen Erwägungen, siehe *Scholz/Moench/Herz*, Verfassungs- und europarechtliche Grundsatzfragen einer EEG-Reform. Insoweit überzeugend *Goldhammer*, NVwZ-Extra 8/2013, 1, 5, wonach die Erzeugung von Elektrizität aus EE-Anlagen auf unsicheren Zukunftsprognosen beruhe (Maß der Sonneneinstrahlung, Windintensität, technologische Entwicklung etc.), weshalb sich trotz der garantierten „festen" Einspeisevergütung kein Vertrauen auf ein dauerhaft feststehendes Entgelt habe bilden können. Zugleich hat der Gesetzgeber die Absatzsituation erneuerbarer Energien nicht zuletzt durch den Atomausstieg und andere Maßnahmen stark erhöht (dies betont *Burgi*, JZ 2013, 745, 751). Nach neuerer Rechtsprechung des BVerfG ist grundsätzlich keine formale, sondern eine materielle Betrachtung der Rückwirkungsfolgen vorzunehmen, vgl. den Beschl. v. 10.10.2012, 1 BvL 6/07, BVerfGE 132, 302. Aus diesem Grunde ist zu berücksichtigen, dass Altanlagenbetreiber lediglich eine durchschnittliche Vertrauenserwartung aufgebaut haben (*Goldhammer*, a. a. O.; *Burgi*, a. a. O.), die sich in einer wettbewerblichen Marktwirtschaft jedenfalls nicht auf Entgelte über dem allgemeinen Strommarktniveau beziehen kann.

46 *Hofmann*, Die Verwaltung 47 (2014), 349, 356.

47 Siehe dazu BMWi, Ein Strommarkt für die Energiewende, Grünbuch, S. 10; *Bode*, in: Müller, 20 Jahre Recht der Erneuerbaren Energien, S. 858, 874.

48 Ebenso *Lüdemann/Ortmann*, EnWZ 2014, 387, 390. Siehe zur Reform des europäischen Klimaschutzrechts BMWi, Ein Strommarkt für die Energiewende, Grünbuch, S. 36 ff.

49 Insoweit überzeugend Sachverständigenrat für Umweltfragen (SRU), Den Strommarkt der Zukunft gestalten, S. 6; *Faulstich/Leipprand/Hey*, in: Müller, 20 Jahre Recht der Erneuerbaren Energien, S. 194, 208 f.

c) Netz- und Systemintegration von Strom aus erneuerbaren Energien. Die Versor-   13
gungssicherheit und die Funktionsfähigkeit des bestehenden „Energy-only-Markts" leiten
über zur zweiten Zielrichtung der EEG-Novelle 2014, nämlich der verbesserten **Netz- und
Systemintegration** des EE-Stroms. Der stetig steigende Anteil an Strom aus fluktuierenden erneuerbaren Energiequellen (Wind, Sonne) gefährdet zunehmend die **Versorgungssicherheit.** Da diese ein überragend wichtiges Gemeinwohlinteresse darstellt,[50] zielt der Gesetzgeber durch verschiedene Maßnahmen auf eine **bedarfsgerechte Erzeugung von EE-
Strom in Abhängigkeit von den Marktsignalen** ab.[51] Ein zentrales Instrument stellt die
auch zur Kostensenkung eingesetzte Direktvermarktung dar.[52] Allerdings haben die Betreiber von EE-Anlagen aus fluktuierenden Energiequellen bei einer auf 20 Jahre garantierten
Marktprämie auch weiterhin einen starken wirtschaftlichen Anreiz, soviel Strom wie möglich zu produzieren, da ihre variablen Kosten sehr niedrig sind.[53] Sie werden deshalb ihre
Anlagen – sofern dies überhaupt technisch möglich ist – nur dann selbst abregeln, wenn
der Börsenstrompreis negativ ist und die entsprechende Summe die Marktprämie übersteigt.[54] Vor diesem Hintergrund sollte – in Ergänzung der durch § 3 eingeführten Mengensteuerung – erwogen werden, statt der auf 20 Jahre garantierten Vergütung lediglich eine bestimmte Menge an erzeugtem Strom pro Jahr/Vergütungszeitraum zu entlohnen, da
die EE-Anlagenbetreiber hierdurch dazu angereizt würden, die Einspeisung von Zeiten
niedriger in solche hoher Marktpreise zu verlegen.[55]

Da die Marktsignale für die EE-Anlagenbetreiber derzeit noch keine zureichenden Anreize   14
für ein knappheitsorientiertes Handeln setzen,[56] sind im Interesse der **Netzstabilität** und
damit der **Versorgungssicherheit** ergänzende Regelungen für ein Engpass- und Einspeisemanagement der Netzbetreiber unabdingbar (§§ 13 Abs. 1 und 2, 14 Abs. 1 S. 1 EnWG,
§§ 14 f.). Der Versorgungssicherheit dienen außerdem die Vorschriften zum bedarfsgerechten Netzausbau (vgl. nur § 11 Abs. 1 S. 1 EnWG, § 12)[57] und zur Installation von zeitlich
befristeten Kapazitätsmechanismen (§§ 13a ff. EnWG i.V. mit der ReservekraftwerksVO,
§§ 52 ff.). De lege ferenda wird derzeit über die Installation von Kapazitätsmärkten diskutiert. Im Juni 2014 haben die von der Bundesregierung beauftragten Beratungsunterneh-
men ihre Ergebnisse zur künftigen Ausgestaltung des Strommarkts vorgelegt.[58] Diese kom-

---

50 BVerfG, Beschl. v. 16.3.1971, 1 BvR 52/66 u.a., NJW 1971, 1255, 1258; siehe auch *Kreuter-
  Kirchhof*, NVwZ 2014, 770, 776.
51 Siehe auch BMWi, Ein Strommarkt für die Energiewende, Grünbuch, S. 21 ff.
52 BMWi, Ein Strommarkt für die Energiewende, Grünbuch, S. 19. Siehe bereits die Begründung des
  EEG 2012, BT-Drs. 17/6071 v. 6.6.2011, S. 45.
53 *Lüdemann/Ortmann*, EnWZ 2014, 387, 390 f.
54 *Gawel/Lehmann*, Wirtschaftsdienst 2014, 651, 658.
55 *Lüdemann/Ortmann*, EnWZ 2014, 387, 391. Zu den Erwägungen des Gesetzgebers siehe BMWi,
  Ein Strommarkt für die Energiewende, Grünbuch, S. 21 ff.
56 Ausgangspunkt jeder ökonomischen Analyse ist die Knappheit der Ressourcen als „das zentrale
  Thema der Wirtschaftswissenschaften"; vgl. *Schwalbe*, in: Fleischer/Zimmer, Effizienz, S. 43;
  Leschke, in: Fehling/Ruffert, S. 281, 283.
57 Siehe dena, Netzstudie II. Integration erneuerbarer Energien in die deutsche Stromversorgung im
  Zeitraum 2015 – 2020 mit Ausblick auf 2025, S. 13; *Säcker*, in: Müller, 20 Jahre Recht der Erneuerbaren Energien, S. 744, 747 ff.
58 Frontier Economics/FORMAET, Strommarkt in Deutschland – Gewährleistet das derzeitige
  Marktdesign Versorgungssicherheit?; r2b energy consulting GmbH, Endbericht Leitstudie Strommarkt Arbeitspaket Funktionsfähigkeit EOM & Impact-Analyse Kapazitätsmechanismen; Connect Energy Economics GmbH, Leitstudie Strommarkt – Arbeitspaket Optimierung des Strom-

men im Ausganspunkt übereinstimmend zum Ergebnis, dass eine Optimierung des derzeit bestehenden Energy-Only-Marktes gegenüber der Schaffung von Märkten für die Vorhaltung von Erzeugungskapazitäten vorzugswürdig ist.[59] Die entsprechende Diskussion wird im sog. Grünbuch des BMWi vom Oktober 2014 aufgegriffen.[60]

15   **2. Das Fördersystem des EEG 2014.** Das Fördersystem des EGG 2014 beinhaltet einen komplizierten **Mix aus Preis- und Mengensteuerung**.[61] § 1 Abs. 2 gibt sehr ambitionierte „**Ausbaukorridore**" vor, die in § 3 durch technologiespezifische „**Ausbaupfade**" für besonders aussichtsreiche Technologien konkretisiert werden.[62] Grundlage der Förderung bilden somit mengenbezogene Vorgaben, deren Einhaltung mit Hilfe des neuen **Anlagenregisters** gem. § 6 überwacht werden soll.[63] Auf dieser Grundlage gibt der Gesetzgeber für die Zeit vor Umstellung auf ein Ausschreibungssystem **technologiespezifische Fördersätze** vor, wobei – mit Ausnahme der Windenergie auf See[64] – die „Basisdegression" automatisch angepasst wird, wenn der jeweilige „Zielkorridor" über- bzw. unterschritten ist („atmende Deckel", §§ 28, 29, 31). Hierdurch will der Gesetzgeber eine zielgenauere Steuerung des EE-Ausbaus erreichen. Aufgrund der Ausrichtung der Förderung an Ausbaupfaden wird Strom aus Windenergie an Land, aus Photovoltaik und aus Biomasse also nicht mehr durch eine reine Preissteuerung,[65] sondern durch eine Mischform zwischen Preis- und Mengensteuerung gefördert.[66] Gem. § 13 Abs. 3 FFAV gilt § 31 für die finanzielle Förderung von Photovoltaik-Freiflächenanlagen mittels wettbewerblicher Ausschreibungen nicht.

16   Eine noch zielgenauere Steuerung des Ausbaus von EE-Anlagen soll perspektivisch durch die **wettbewerbliche Ausschreibung von Förderberechtigungen und Förderhöhen** erreicht werden (§ 2 Abs. 5 S. 1). Hierbei handelt es sich um eine noch deutlichere Form der Mengensteuerung.[67] Die Einzelheiten sind in der Verordnung zur Ausschreibung der finanziellen Förderung für Freiflächenanlagen (FFAV) geregelt.

17   Unter Geltung des EEG 2014 erfolgt die Förderung im Rahmen der von § 2 Abs. 2 als Regelfall statuierten **Direktvermarktung** i. S. des § 5 Nr. 9. Diese ist nicht nur für geförderte, sondern für alle Neuanlagen verbindlich, soweit keine Ausnahmeregelung nach den

---

marktdesigns; Frontier Economics/Consentec, Folgenabschätzung Kapazitätsmechanismen (Impact Assessment).

59 Siehe *Schütte/Winkler*, ZUR 2014, 571, 573 f.; *Janssen/Niedrig/Peichert/Perner/Riechmann*, ET 9/2014, 8 ff.

60 BMWi, Ein Strommarkt für die Energiewende, Grünbuch, S. 39 ff.

61 BT-Drs. 18/1304, S. 88. Krit. deshalb *Bataille/Hösel*, ZNER 2014, 40 ff.; *Gawel/Lehmann*, Wirtschaftsdienst 2014, 651, 658: „Symbolpolitik".

62 *Salje*, EEG 2014, § 2 Rn. 6, der ergänzt, die restlichen Technologien blieben „unbehelligt".

63 *Vollprecht/Clausen*, EnWZ 2014, 112, 113. Siehe näher die Verordnung über ein Register für Anlagen zur Erzeugung von Strom aus erneuerbaren Energien und Grubengas v. 1.8.2014, BGBl. I, 1320.

64 Hier erfolgt eine direkte Mengensteuerung über das Netzanbindungsregime, vgl. *Wustlich*, NVwZ 2014, 1113, 1115.

65 So aber *Wustlich*, NVwZ 2014, 1113, 1115.

66 *Vollprecht/Clausen*, EnWZ 2014, 112, 113.

67 Agora Energiewende, Ausschreibungen für Erneuerbare Energien. Welche Fragen sind zu prüfen, S. 7.

§§ 37 f. greift.[68] Die Förderung erfolgt nach den §§ 34 ff. über „gleitende Marktprämien". EE-Anlagenbetreiber erhalten hiernach als Gegenleistung für die von ihnen erbrachte Leistung zusätzlich zu dem selbst am Markt erzielten oder – dies ist der Regelfall[69] – mit einem Direktvermarktungsunternehmen i. S. des § 5 Nr. 10 ausgehandelten Börsenstrompreis die Differenz zwischen einem technologiespezifisch festgelegten Vergütungssatz – dem „anzulegenden Wert" i. S. des § 23 Abs. 1 S. 2 – und dem durchschnittlichen Börsenpreis.[70] Durch die Ausrichtung am durchschnittlichen Börsenstrompreis sollen Anreize für eine bedarfsgerechte Erzeugung von Strom anhand der Marktpreise gesetzt werden.[71] Da sich die Marktprämie aus der Differenz zwischen dem „anzulegenden Wert" und dem durchschnittlichen Börsenpreis bemisst, können EE-Anlagenbetreiber nämlich Mehrerlöse erzielen, wenn sie den Strom in nachfrageintensiven Hochpreiszeiten veräußern.[72] Weiterhin – und dies erscheint entscheidend – unterliegen EE-Anlagenbetreiber im Rahmen der Direktvermarktung einer **Bilanzierungsverantwortung**.[73] Sie erhalten dadurch Anreize, ihre Einspeiseprofile genauer zu prognostizieren und möglichst prognosekonform einzuspeisen, um Kosten für Ausgleichsenergie zu sparen. Zugleich besteht durch die Bilanzierungspflicht ein indirekter Anreiz zur eigenen Kapazitätsabsicherung. Der Marktintegration dient schließlich das Erfordernis der **Fernsteuerbarkeit** gem. § 35 Nr. 2 als Voraussetzung für einen Anspruch auf die Marktprämie.[74]

Spätestens im Jahr 2017 sollen die Förderberechtigungen und die Förderhöhen generell durch **wettbewerbliche Ausschreibungen** ermittelt werden (§ 2 Abs. 5 und 6). Die Netzanbindung und damit die Förderung wird für Offshore-Windenergie gem. § 17d Abs. 4 EnWG 2014 bei großer Nachfrage generell in einem „objektiven, transparenten und diskriminierungsfreien" (mengenbezogenen) Verfahren vergeben. Die BNetzA hat für das (Versteigerungs-)Verfahren zur Zuweisung von Offshoreanbindungskapazitäten eine Festlegung getroffen, in der sie die Rahmenbedingungen erläutert.[75]   **18**

Im Rahmen eines Systems verpflichtender Direktvermarktung beziehen sich Ausschreibungen zur finanziellen Förderung von EE-Anlagen nicht auf die Ermittlung von fixen Einspeisevergütungen, sondern auf diejenige von Prämien, sei es für Leistung („**Kapazitätsprämie**") oder für Arbeit („**Marktprämie**").[76] Die Teilnehmer an der Ausschreibung   **19**

---

68 § 20 Abs. 2 erlaubt eine anteilige Inanspruchnahme der in § 20 Abs. 1 benannten Förderoptionen, also der geförderten und der nicht geförderten Direktvermarktung sowie der Einspeisevergütung nach § 37 und § 38.

69 *Lüdemann/Ortmann*, EnWZ 2014, 387.

70 *Vollprecht/Clausen*, EnWZ 2014, 112. Der anzulegende Wert ist eine Berechnungsgröße. Nach der Vergütungssystematik wird er nicht voll ausbezahlt: Anlagen in der Marktprämie erhalten den anzulegenden Wert abzüglich des Monatsmarktwerts (§ 34 Abs. 1 i. V. mit Anlage 1 Nr. 1), Anlagen in der festen Einspeisevergütung für Kleinanlagen erhalten ihn abzüglich 0,2 bzw. 0,4 ct/kWh (§ 37 Abs. 3), Anlagen in der Ausfallvergütung erhalten ihn minus 20 %; vgl. *Wustlich*, NVwZ 2014, 1113, 1117.

71 BMWi, Ein Strommarkt für die Energiewende, Grünbuch, S. 19; *Lehnert*, ZUR 2012, 4, 15; Enervis/BET, Ein zukunftsfähiges Energiemarktdesign für Deutschland, S. 10.

72 *Lüdemann/Ortmann*, EnWZ 2014, 387.

73 Siehe Frontier Economics, Weiterentwicklung des Förderregimes für erneuerbare Energien, S. 15.

74 *Klobasa/Ragwitz/Sensfuß/Rostankowski/Gerhardt/Holzhammer/Richts/Lehnert*, Nutzenwirkung der Marktprämie, S. 5 f.

75 BNetzA, Beschl. v. 13.8.2014, BK6-13-001, S. 13 ff.

76 Zu den Alternativen siehe *Bataille/Hösel*, ZNER 2014, 40, 43.

(Bieter, vgl. § 2 Nr. 4 FFAV) benennen den Umfang der installierten Leistung, für die sie eine Förderberechtigung erhalten möchten, und bieten einen technologiespezifischen Referenzwert (einen „anzulegenden Wert") im Sinne des § 23 Abs. 1 S. 2, der die Basis für die Berechnung der **gleitenden Marktprämie** als Differenz zu dem tatsächlichen, technologiespezifisch ermittelten monatlichen Mittelwert des Strommarktpreises bildet (vgl. die Anlage 1 zum EEG 2014).[77] Liegt der durchschnittliche Börsenstrompreis über dem gebotenen „anzulegenden Wert", erhält der Betreiber für die geförderte EE-Anlage also keine Prämienzahlung, da die am Strommarkt erzielten Gewinne zur Deckung der Kosten ausreichen.[78]

20 In den Verfahren gem. § 2 Abs. 5 soll grundsätzlich die **Leistung** und nicht die erbrachte Arbeit ausgeschrieben werden. Demgegenüber soll – vergleichbar dem bestehenden „Energy-only-Markt"[79] – die **erbrachte Arbeit** vergütet werden.[80] Der Normgeber versprach sich durch die einstweilige Beibehaltung des bisherigen Vergütungssystems eine möglichst schnelle und vergleichbare Einführung von Ausschreibungssystemen.[81] Insbesondere die Diskussionen über die zutreffende Flächenkulisse führten jedoch zu Verzögerungen im Normgebungsprozess, weshalb die FFAV erst am 28.1.2015 vom Bundeskabinett beschlossen wurde. Hiernach bestimmt sich die Gebotsmenge nach §§ 6 Abs. 3 Nr. 3, 2 Nr. 6 FFAV in Verbindung mit den Regelungen über das Ausschreibungsvolumen in den §§ 1, 3 und 4. Für diese Gebotsmenge bieten die Interessenten einen anzulegenden Wert i. S. der §§ 6 Abs. 3 Nr. 4, 2 Nr. 8 FFAV.

21 Da auch eine durch Marktprämien geförderte Direktvermarktung i. S. des § 19 Abs. 1 Nr. 1 nur begrenzt zur Kostensenkung geeignet ist,[82] enthält § 2 Abs. 3 die ergänzende Vorgabe, dass sich die Förderung der erneuerbaren Energien – im Rahmen der ambitionierten Ausbauziele[83] – stärker als bislang auf **kostengünstige(re) Technologien** konzentrieren soll. Weiterhin werden durch das EEG 2014 Überförderungen abgebaut, sachlich nicht mehr begründete Bonuszahlungen gestrichen und die Fördersätze degressiv(er) ausgestaltet (vgl. die §§ 23 ff. und 40 ff.).[84] Keine Degression sieht der Normgeber freilich gem. § 13 Abs. 3 FFAV für die durch Ausschreibung bestimmten Zuschlagswerte für Photovoltaik-Freiflächenanlagen vor. Die Förderhöhe bleibt hier vielmehr grundsätzlich für die Förderdauer unverändert, sofern die BNetzA gem. § 35 Nr. 13 FFAV keine anderslautende Festlegung trifft.[85]

---

77 Bundesregierung, Freiflächenausschreibungsverordnung, Begründung S. 39.
78 *Kahle/Menny*, ET 12/2014, 18, 19.
79 Das betont BMWi, Ein Strommarkt für die Energiewende, Grünbuch, S. 11.
80 BMWI, Eckpunkte für ein Ausschreibungsdesign für Photovoltaik-Freiflächenanlagen, S. 2.
81 BMWI, Eckpunkte für ein Ausschreibungsdesign für Photovoltaik-Freiflächenanlagen, S. 2.
82 Die Direktvermarktung entfaltet positive Wirkungen vor allem im Hinblick auf die mit ihr verbundene Bilanzierungsverantwortung; siehe oben § 2 Rn. 17. Das gilt insbesondere für die Anlagen zur Erzeugung von Elektrizität aus fluktuierenden Energiequellen, vgl. *Lüdemann/Ortmann*, EnWZ 2014, 387, 390 f.
83 Bundesregierung, Stellungnahme zum Sondergutachten der Monopolkommission Energie 2013, BT-Drs. 18/2939 v. 16.10.2014, S. 8, konkret zum von der Monopolkommission vorgeschlagenen Quotenmodell. Dieses könne „zu erheblichen Mehrkosten führen, wenn ambitionierte Erneuerbare-Energien-Ausbauziele die Einbeziehung auch hochpreisiger Potenziale erfordern [...]."
84 BT-Drs. 18/1304, S. 88.
85 Bundesregierung, Freiflächenausschreibungsverordnung, Begründung S. 74.

§ 2 Abs. 4 statuiert als weiterer Grundsatz die **„gerechtere" Verteilung der Förder-** **22**
kosten. Hiernach sollen alle Stromverbraucher in adäquater Weise an den EE-Förderkosten beteiligt werden, freilich ohne damit die internationale Wettbewerbsfähigkeit der
stromintensiven Industrie Deutschlands zu gefährden.[86] Zum Ausgleich dieses auch aus
dem allgemeinen Wettbewerbsrecht bekannten Zielkonflikts zwischen konkreten Verbraucherinteressen und allgemeiner Wohlfahrt (siehe Art. 101 Abs. 1 und Abs. 3 AEUV)
bleiben die besonderen Ausgleichsregelungen für stromintensive Unternehmen und für
Schienenbahnen zwar erhalten, werden jedoch im Vergleich zur bisherigen Rechtslage eingeschränkt (§§ 63 ff.).[87] Darüber hinaus wird die Eigenversorgung mit Elektrizität mit Ausnahme des Kraftwerkseigenverbrauchs gem. § 61 f. grundsätzlich an der EEG-Umlage
beteiligt.[88]

3. (Evaluations-)Berichte und Anlagenregister. Der Erfüllung der Ziele des § 2 dienen **23**
verschiedene **Berichtspflichten** und **Kontrollmechanismen**. Nach § 97 S. 1 wird das
EEG durch die Bundesregierung evaluiert. Diese legt dem Bundestag bis zum 31. Dezember 2018 und dann alle vier Jahre einen Erfahrungsbericht vor. Der erste **EEG-Erfah-**
rungsbericht stammt aus dem Jahr 2011.[89]

Darüber hinaus berichtet die Bundesregierung dem Bundestag in einem **Monitoringbe-** **24**
richt nach § 98 Abs. 1 bis zum 31. Dezember 2014 und dann jährlich über den Stand des
Ausbaus der erneuerbaren Energien und die Erreichung der Ziele nach § 1 Abs. 2, die **Er-**
füllung der Grundsätze nach § 2, den Stand der Direktvermarktung von EE-Strom, die
Entwicklung der Eigenversorgung gem. § 61 sowie schließlich über die „Herausforderungen", die sich künftig aus den in § 98 Nr. 1 bis 4 in Bezug genommenen Vorschriften ergeben. Weiterhin legt die Bundesregierung nach § 98 Abs. 2 rechtzeitig vor Erreichung des
in § 31 Abs. 6 S. 1 festgelegten Gesamt-Ausbauziels für die Erzeugung von Strom aus solarer Strahlungsenergie einen Vorschlag für eine Neugestaltung der bisherigen Regelung
vor.[90] Schließlich überprüft die Bundesregierung nach § 98 Abs. 3 die Regelungen in § 61
Abs. 3 und 4 zum Vertrauensschutz für Eigenerzeuger bis zum Jahr 2017 und legt rechtzeitig einen Vorschlag für eine Neugestaltung der bisherigen Rechtslage vor.

§ 99 verlangt die Vorlage eines **Berichts über Ausschreibungen gem. § 55** im Hinblick **25**
auf die Ermittlung von Förderberechtigungen und Förderhöhen für alle EE-Anlagen ab
dem 1. Januar 2017 (§§ 2 Abs. 5 S. 1, 102).

Zur Kontrolle der Einhaltung der Grundsätze nach § 2 Abs. 1 bis 3 (System-, Markt- und **26**
Netzintegration, Direktvermarktung, kostengünstige Technologien) sowie der Ausbaupfade des § 3 sieht der Gesetzgeber in § 6 ein **EE-Anlagenregister** vor. Dieses soll den tatsächlichen Ausbau der erneuerbaren Energien einschließlich der eingesetzten Technologien sowie energiewirtschaftliche Daten mit Relevanz für die Evaluierung der Markt- und

---

86 BT-Drs. 18/1304, S. 88.
87 Als ungenügend kritisiert von *Gawel/Lehmann*, Wirtschaftsdienst 2014, 651, 655, wonach „[a]n
   wohl keiner Stelle der Reform [...] ursprünglicher Reformanspruch und Wirklichkeit stärker auseinander[klaffen] als bei den Industrieprivilegien". Immerhin schafften die neuen Branchenlisten
   „Transparenz im Lobbykampf".
88 BT-Drs. 18/1304, S. 93; detailliert *Kermel/Geipel*, RdE 2014, 416 ff.
89 Siehe Bundesregierung, Erfahrungsbericht 2011 zum Erneuerbare-Energien-Gesetz (EEG-Erfahrungsbericht 2011), BT-Drs. 17/6085 v. 6.6.2011.
90 Siehe dazu auch § 3 Rn. 20. Gem. § 13 Abs. 3 FFAV gilt diese Regelung freilich nicht für Förderberechtigungen, die durch Ausschreibung ermittelt werden.

Netzintegration der erneuerbaren Energien erfassen.[91] Nach § 53b EnWG kann für alle Stromerzeugungsanlagen ein **Gesamtanlagenregister** geschaffen werden. Der Gesetzgeber misst dem Anlagenregister mit Blick auf die Erreichung der mengenmäßigen Ausbauvorgaben in § 1 Abs. 2 und 3 sowie in § 3 eine große Bedeutung bei, da man auf dieser Grundlage erstmals die Möglichkeit habe, den Zubau von (noch in Betrieb befindlichen) EE-Anlagen tatsächlich nachzuvollziehen.

27   Eine spezifische Evaluationsregelung enthält § 36 FFAV. Hiernach berichtet die BNetzA der Bundesregierung bis zum 31.12.2016 in einem Erfahrungsbericht über die für den **Bau von Freiflächenanlagen genutzten Flächen**, insbesondere von Ackerland. Die hierfür erforderlichen Informationen werden durch eine entsprechende Ergänzung der Meldepflichten in der Anlagenregisterverordnung gewonnen.[92]

II. Unionsrechtliche Vorgaben

28   § 2 hat keine direkten unionsrechtlichen Vorgaben. Die Vorschrift ist jedoch in Zusammenhang mit der Diskussion über die **beihilfen- und grundfreiheitsrechtliche Zulässigkeit** des deutschen EE-Fördermodells zu sehen. Insbesondere die in § 2 Abs. 5 vorgesehene Umstellung der Förderung auf eine Ausschreibungslösung und die Öffnung derselben für Strom aus Anlagen aus anderen EU-Mitgliedstaaten im § 2 Abs. 6, ins Gesetz eingefügt auf Initiative des Wirtschaftsausschusses des Bundestages, lässt sich als Reaktion des deutschen Gesetzgebers auf unionsrechtliche Einwände deuten.[93] Die rechtlichen Rahmenbedingungen sind in der Einleitung zum EEG[94] sowie ergänzend bei § 1 dargestellt.

29   In einem Beschluss vom 23.7.2014 stellte die EU-Kommission fest, dass die Förderinstrumente des **EEG 2014** – sollte es sich bei ihnen um notifizierungspflichtige Beihilfen handeln – mit dem europäischen Beihilfenrecht vereinbar sind.[95] Sie begründete dies vor allem mit der **Marktintegration der erneuerbaren Energien**, da diese mittelfristig dazu geeignet sei, die Kosten für die Verbraucher auf das notwendige Minimum zu senken.[96] Dieses Ziel kommt dem Grundgedanken nach in der obligatorischen **Direktvermarktung** des EE-Stroms (§ 2 Abs. 2),[97] vor allem aber in der schrittweisen Umstellung auf **wettbewerbliche Ausschreibungen** von Förderberechtigungen und Förderhöhen zum Ausdruck.[98] In einem Binnenmarkt für Energie eigentlich selbstverständlich ist auch die schrittweise Öffnung der Ausschreibungen für **Strom aus EE-Anlagen aus anderen Mitgliedstaaten** (§ 2 Abs. 6), insoweit freilich in Abweichung vom allgemeinen sachlichen Anwendungsbereich des § 4. Da es bislang nur eine gesetzliche Grundlage für Pilotausschreibungen für Solar-Freiflächenanlagen gibt (§ 55 i.V.m. §§ 5 Nr. 3, 88), hat die EU-Kommission die beihilfen-

---

91 BT-Drs. 18/1304, S. 116 f.

92 Bundesregierung, Freiflächenausschreibungsverordnung, Begründung S. 93.

93 So *Kahles*, Würzburger Berichte zum Umweltenergierecht Nr. 6, S. 4.

94 BerlKommEnR/*Steffens*, 3. Aufl. 2014, Einl. EEG Rn. 24 ff.

95 Kommission, Pressemitteilung IP/14/867 v. 23.7.2014.

96 Kommission, Leitlinien für staatliche Umweltschutz- und Energiebeihilfen, ABl. EU Nr. C 200/1 v. 28.6.2014, Rn. 123.

97 Kommission, Leitlinien für staatliche Umweltschutz- und Energiebeihilfen, ABl. EU Nr. C 200/1 v. 28.6.2014, Rn. 124.

98 Kommission, Leitlinien für staatliche Umweltschutz- und Energiebeihilfen, ABl. EU Nr. C 200/1 v. 28.6.2014, Rn. 109 f. und 126 ff.

rechtliche Genehmigung bis zum Ende des Jahres 2016 befristet. Auch die Ermäßigungen für stromintensive Unternehmen wurden von der Kommission als zulässig angesehen, sofern diese aus Gründen der Wettbewerbsfähigkeit in energieintensiven Sektoren, deren Erzeugnisse international gehandelt werden, tatsächlich geboten sind.[99] Schließlich erachtete die Kommission die fortbestehenden Ermäßigungen für Eigenerzeuger als beihilfenrechtlich zulässig.[100]

III. System-, Markt- und Netzintegration (Abs. 1)

1. Integration in das Elektrizitätsversorgungssystem (§ 2 Abs. 1 S. 1). a) Überblick. 30
Gem. § 2 Abs. 1 S. 1 soll **Strom aus erneuerbaren Energien und aus Grubengas in das Elektrizitätsversorgungssystem integriert** werden. Die Regelung war bislang in § 1 Abs. 2 letzter Hs. EEG 2012 enthalten.[101] Sie dient schon ausweislich der Normüberschrift nicht allein der „Klarstellung" der Rechtslage,[102] sondern normiert unter teleologischen Gesichtspunkten zudem einen Auslegungsgrundsatz für die Vorschriften des EEG 2014. Nach der Normsystematik ist davon auszugehen, dass die Systemintegration den Oberbegriff bildet, der durch die Grundsätze der Markt- und Netzintegration näher ausgestaltet wird.[103]

Die Integration der erneuerbaren Energien in das Elektrizitätsversorgungssystem wurde 31 bereits im Energiekonzept der Bundesregierung vom 28.9.2010 gefordert[104] und im sog. EEG-Erfahrungsbericht des Jahres 2011 näher konkretisiert.[105] Hiernach ist das derzeitige Energieversorgungssystem für **sehr hohe Anteile erneuerbarer Energien an der Stromversorgung nicht ausgelegt**. So werden etwa die zunehmend auftretenden negativen Preise an der Strombörse als Indiz dafür angesehen, dass die Flexibilität des bestehenden Systems – bestehend aus konventionellen Kraftwerken, EE-Anlagen und Lastmanagement – im Rahmen des Marktdesigns nicht ausreicht, um die fluktuierende Einspeisung von Strom aus Wind und Sonne mit der Stromnachfrage in Übereinstimmung zu bringen.[106] Vor diesem Hintergrund soll das **Energieversorgungssystem flexibilisiert** werden, etwa durch Maßnahmen zur Markt- und Netzintegration der erneuerbaren Energien, aber auch durch solche zur Flexibilisierung des konventionellen Kraftwerksparks, des Strommarkts und der Nachfrageseite („Lastmanagement").[107] Für die 18. Legislaturperiode hat das BMWi die entsprechenden Vorhaben in einer „**10-Punkte-Energie-Agenda**" zusammen-

---

99 Kommission, Leitlinien für staatliche Umweltschutz- und Energiebeihilfen, ABl. EU Nr. C 200/1 v. 28.6.2014, Rn. 182.

100 Kommission, Pressemitteilung IP/14/867 v. 23.7.2014.

101 BT-Drs. 18/1304, S. 109.

102 BT-Drs. 17/6071 v. 6.6.2011, S. 60: Es werde „[i]m Übrigen [...] klargestellt, dass auch die Integration dieser Strommengen in das Energiesystem ein Zweck des Gesetzes" sei; ebenso Altrock/Oschmann/Theobald/*Müller/Oschmann*, § 1 EEG 2012 Rn. 34.

103 Undeutlich BT-Drs. 18/1304, S. 109: „Absatz 1 Satz 1 gibt wieder, was bisher in § 1 Absatz 2 letzter Halbsatz EEG 2012 geregelt war. Satz 2 und Absatz 2 ergänzen diesen Gedanken."

104 Bundesregierung, Energiekonzept, S. 24 ff.

105 Bundesregierung, Erfahrungsbericht 2011 zum Erneuerbare-Energien-Gesetz (EEG-Erfahrungsbericht 2011), BT-Drs. 17/6085 v. 6.6.2011, S. 3.

106 Siehe jetzt Bundesregierung, Ein Strommarkt für die Energiewende, Grünbuch, S. 18 ff.

107 Bundesregierung, Ein Strommarkt für die Energiewende, Grünbuch, S. 21: „Preissignal für Flexibilität".

gefasst und näher erläutert.[108] Eine wichtige Diskussionsgrundlage enthält auch das „Grünbuch" zum „Strommarkt für die Energiewende" vom Oktober 2014.[109]

32 Der Begriff „**Elektrizitätsversorgungssystem**" umfasst nach dem Vorstehenden nicht nur
Übertragungs- und Verteilernetze und ihre Betreiber,[110] sondern auch Erzeugungs-, Spei-
cher- und Verbrauchsanlagen.[111] Die technische Verantwortung für die Funktionsfähigkeit
des Elektrizitätsversorgungssystems tragen derzeit gem. § 12 Abs. 1 S. 1 EnWG i. V. mit
§ 13 Abs. 1 EnWG vor allem die Übertragungsnetzbetreiber, obwohl sie sich nach den Un-
bundling-Vorgaben der §§ 6 ff. EnWG eigentlich auf den Netzbetrieb konzentrieren sollen.
Nach Ansicht des Gesetzgebers verfügen die Übertragungsnetzbetreiber aber über den besten Überblick und die zentralen technischen Einwirkungsmöglichkeiten, um Störungen bereits im Vorfeld zu erkennen und wirksam unterbinden zu können.[112] Die Übertragungsnetzbetreiber müssen deshalb jederzeit die physikalischen (nicht notwendig die kaufmännischen, vgl. § 11 Abs. 1 S. 1) Abläufe, die sich aus den Aktivitäten der Erzeuger, Händler,
Lieferanten, Kunden und Netzbetreiber ergeben, kontrollieren sowie im Gleichgewicht
halten.[113] Sie sind außerdem nach Ansicht des Gesetzgebers von allen Marktakteuren am
besten in der Lage, die Spannung im Netz einer Regelzone konstant zu halten und die an
verschiedenen Punkten in unterschiedlicher Menge zu unterschiedlichen Zeitpunkten eingespeiste und verbrauchte Elektrizität unter Berücksichtigung von erforderlicher Regelenergie sowie Netz- und Erzeugungsreserven auszugleichen.[114] Zur Wahrnehmung dieser
komplexen Aufgaben enthält das EnWG zahlreiche Mitwirkungs-, Zusammenarbeits- und
Informationspflichten der beteiligten Akteure (vgl. die §§ 12 Abs. 2 u. 4, 13 Abs. 2, 14
Abs. 1c EnWG).[115] Die entsprechenden Vorschriften gelten – vorbehaltlich etwaiger Sonderregelungen – auch für EE-Anlagenbetreiber.[116]

33 **b) Marktintegration.** Ein Bestandteil der Systemintegration gem. § 2 Abs. 1 S. 1 ist die
bereits im Energiekonzept der Bundesregierung aus dem Jahr 2010 formulierte und nunmehr von § 2 Abs. 1 S. 2 explizit geforderte **Marktintegration von Strom aus erneuerbaren Energien**.[117] Die EE-Förderung soll hiernach nicht „gegen den Markt" erfolgen,
sondern soweit möglich unter Ausnutzung der Mechanismen wettbewerblich organisierter
Strommärkte.[118] Dem Grundsatz nach gilt nunmehr also auch für das Recht der erneuerba-

---

108 BMWi, Zentrale Vorhaben Energiewende für die 18. Legislaturperiode (10-Punkte-Energie-
   Agenda des BMWi).
109 BMWi, Ein Strommarkt für die Energiewende, Grünbuch, S. 4 ff.
110 Dies betont mit Blick auf die Eigenversorgung als Bestandteil des Energieversorgungssystems
   BT-Drs. 18/1304, S. 106 f.
111 *König*, Engpassmanagement in der deutschen und europäischen Elektrizitätsversorgung, S. 409.
112 BT-Drs. 15/3917, S. 56 f.
113 *König*, Engpassmanagement in der deutschen und europäischen Elektrizitätsversorgung, S. 409;
   zur Funktionsweise des Strommarktes siehe Bundesregierung, Ein Strommarkt für die Energiewende, Grünbuch, S. 9 ff.
114 BT-Drs. 15/3917, S. 57.
115 *König*, Engpassmanagement in der deutschen und europäischen Elektrizitätsversorgung, S. 409.
116 Siehe zur Bereitstellung von Regelleistung *Breuer*, REE 2012, 17, 18.
117 Bundesregierung, Energiekonzept, S. 7 f.
118 Vgl. Bundesregierung, Ein Strommarkt für die Energiewende, Grünbuch, S. 9 ff., insbes. S. 19
   zur Direktvermarktung; siehe auch *Schneider*, in: Eifert/Hoffmann-Riem, Innovation und Recht
   II – Innovationsfördernde Regulierung, S. 257, 258; *Breuer*, REE 2012, 17.

ren Energien ein Primat der wettbewerbsfördernden Regulierung, wie dies schon seit der Marktliberalisierung in den 1990er-Jahren für die Energienetze der Fall ist.[119]

Generell lässt sich das Ziel der Marktintegration erneuerbarer Energien in mehrere **Unter-** **34** **ziele** aufsplitten:[120] Zum einen soll die Marktintegration zur Erhöhung der **Versorgungssi-** **cherheit** beitragen, indem EE-Anlagen bedarfsorientiert einspeisen.[121] Zum anderen soll die Marktintegration die **Wirtschaftlichkeit** der Stromerzeugung aus erneuerbaren Energien erhöhen.[122] Diesem Ziel dient kurzfristig die verstärkte Ausrichtung der Einspeisung von EE-Strom an den Knappheitssignalen des Strommarkts und mittelfristig die Umstellung des Fördersystems auf wettbewerbliche Ausschreibungen.[123]

Im Rahmen des Regelungsbereichs des EEG bezieht sich die Marktintegration also auf ei- **35** ne **bedarfsgerechte Erzeugung von Strom aus erneuerbaren Energien**, wie sie durch die obligatorische Direktvermarktung gem. § 2 Nr. 2 befördert werden soll.[124] Hiernach müssen die Erzeuger von erneuerbaren Energien ab einer bestimmten Größe den von ihnen erzeugten Strom selbst an der Börse veräußern. Der erzielte Verkaufserlös hat Einfluss auf die Vergütung, weshalb die Anlagenbetreiber einen ersten Anreiz haben, den Strom bedarfsgerecht zur Verfügung zu stellen.[125] Da Unternehmen für ihre Güter auf wettbewerblichen Märkten nur effiziente Kosten und marktübliche Renditen verlangen können, umfasst die Marktintegration außerdem die Annäherung der Entgelte für EE-Strom an ein wettbewerbliches Niveau. Diesem Ziel dient vor allem die Ermittlung der finanziellen Förderung durch wettbewerbliche Ausschreibungen gem. § 2 Abs. 5 und 6.

c) Netzintegration. Nach dem Grundsatz der Netzintegration ist die zunehmend dezen- **36** trale Stromerzeugung aus (insbesondere: fluktuierenden) erneuerbaren Energieträgern, auch mangels entsprechender Speichermöglichkeiten, mit dem **sicheren und zuverlässi-** **gen Betrieb der Stromnetze und deren bedarfsgerechtem Ausbau** abzustimmen.[126] Die Netzintegration hat eine physische Komponente, da der im Norden Deutschlands erzeugte EE-Strom (etwa in Folge der Netzanbindung von Windparks auf See) in die Nachfrageregionen im Westen und Süden transportiert werden muss.[127] Darüber hinaus kann unter den Begriff der Netzintegration – bei erweiterndem Verständnis – auch die **wirtschaftliche In-** **tegration** des EE-Stroms in die Vermarktungsmechanismen des Strommarkts subsumiert

---

119 Siehe *Säcker*, AöR 130 (2005), 180 ff.; speziell zur wettbewerbsfördernden Entgeltregulierung *Säcker/Mengering*, N&R 2014, 73 ff.

120 Siehe zum Folgenden: Bundesregierung, Ein Strommarkt für die Energiewende, Grünbuch, S. 13 ff.; *Klobasa/Ragwitz/Sensfuß/Rostankowski/Gerhardt/Holzhammer/Richts/Lehnert*, Nutzenwirkung der Marktprämie, S. 4.

121 Dies betont auch Bundesregierung, Ein Strommarkt für die Energiewende, Grünbuch, S. 16.

122 Siehe auch *Lehnert*, ZUR 2012, 4.

123 *Purkus/Gawel/Deissenroth/Nienhaus/Wassermann*, ET 12/2014, 8.

124 BT-Drs. 17/6071 v. 6.6.2011, S. 45; Bundesregierung, Ein Strommarkt für die Energiewende, Grünbuch, S. 19. A. A. insoweit Reshöft/Schäfermeier/*Reshöft*, § 1 EEG 2012 Rn. 35: Bedarfsgerechte Abnahme, Übertragung und Verteilung des EE-Stroms.

125 BT-Drs. 18/1304, S. 105.

126 Bundesregierung, Ein Strommarkt für die Energiewende, Grünbuch, S. 27 ff.; *Breuer*, REE 2012, 17; *Vollprecht/Clausen*, EnWZ 2014, 112, 115; zu Konsistenzproblemen beim Netzbegriff siehe *Schulte/Kloos*, in: Müller, 20 Jahre Recht der Erneuerbaren Energien, S. 727 ff.

127 *Breuer*, REE 2012, 17.

werden, um einen frequenzstabilen und versorgungssicheren Netzbetrieb zu gewährleisten.[128]

37   Nach § 11 Abs. 1 S. 1 EnWG sind die **Betreiber der Übertragungs- und Verteilernetze** dazu verpflichtet, ein sicheres, zuverlässiges und leistungsfähiges Elektrizitätsversorgungsnetz bedarfsgerecht zu optimieren, zu verstärken und auszubauen, soweit dies wirtschaftlich zumutbar ist.[129] Betreiber von Übertragungsnetzen haben darüber hinaus nach § 12 Abs. 1 EnWG die Regel- und Systemverantwortung, da sie den besten Überblick und die zentralen technischen Einwirkungsmöglichkeiten haben, um Störungen des Elektrizitätsversorgungssystems bereits im Vorfeld zu erkennen und wirksam zu unterbinden.[130] Die Systemverantwortung wird durch 13 Abs. 1 EnWG konkretisiert, wonach die Übertragungsnetzbetreiber für die Sicherheit und Zuverlässigkeit des Elektrizitätsversorgungssystems in ihrer Regelzone verantwortlich sind. Nach § 13 Abs. 3 EnWG liegt eine Gefährdung der Sicherheit und Zuverlässigkeit des Elektrizitätsversorgungssystems in der jeweiligen Regelzone vor, wenn örtliche Ausfälle des Übertragungsnetzes oder kurzfristige Netzengpässe zu besorgen sind oder zu besorgen ist, dass die Haltung von Frequenz, Spannung oder Stabilität durch die Übertragungsnetzbetreiber nicht im erforderlichen Maße gewährleistet werden kann. Eine Störung ist die Realisierung dieser Gefährdung.[131]

38   Zur Abwehr und zur Beseitigung von Gefährdungen und Störungen müssen die Übertragungsnetzbetreiber nach § 13 Abs. 1 EnWG **netzbezogene Maßnahmen** (insbesondere: Netzschaltungen) und **marktbezogene Maßnahmen** ergreifen (insbesondere: Einsatz von Regelenergie, vertraglich vereinbarte abschalt- und zuschaltbare Lasten, Information über Engpässe und Management von Engpässen sowie Mobilisierung zusätzlicher Reserven). Ist zu besorgen, dass derartige Maßnahmen nicht ausreichen, um die Gefährdungs- oder Störungssituation rechtzeitig zu beheben, können sie gem. § 13 Abs. 2 EnWG als ultima ratio auch sog. **Notfallmaßnahmen** ergreifen.[132] Führen Netzbetreiber als marktbezogene Maßnahme oder als Notfallmaßnahme ein **Erzeugungsmanagement** durch, bei dem sie unmittelbar in die Einsatzplanung der Kraftwerksbetreiber (sog. Dispatch) eingreifen und eine Anpassung der Stromeinspeisungen an die Erfordernisse der Netzsicherheit anordnen (sog. Redispatch), müssen sie gem. § 13 Abs. 2a EnWG i. V. mit § 11 den **Einspeisevorrang** beachten, weshalb Anlagen zur Erzeugung von Strom aus erneuerbaren Energien oder aus Grubengas grundsätzlich nur nachrangig in das Erzeugungsmanagement einbezogen werden dürfen.[133] Nach § 14 Abs. 1 EnWG gelten die §§ 12, 13 EnWG für Betreiber von Elektrizitätsverteilernetzen entsprechend, soweit sie für die Sicherheit und Zuverlässigkeit der Elektrizitätsversorgung in ihrem Netz verantwortlich sind.

39   Die zentrale Regelung des EEG zur Netzintegration ist das **Einspeisemanagement** gem. § 14. Diese soll in absehbarer Zeit reformiert werden, um der zunehmend steigenden Systemverantwortung der Betreiber von EE-Anlagen Rechnung zu tragen (vgl. auch § 2

---

128 *Breuer*, REE 2012, 17.

129 Die Vorschrift gilt auch für Gas-Fernleitungsnetz- und Gasverteilernetzbetreiber, vgl. § 3 Nr. 27 i.V. mit § 3 Nr. 5 bis 7 EnWG.

130 BT-Drs. 15/3917 v. 4.10.2004, S. 56 f.; dazu *König*, Engpassmanagement in der deutschen und europäischen Elektrizitätsversorgung, S. 409.

131 BerlKommEnR/*König*, 3. Aufl. 2014, Bd. 1, § 12 EnWG Rn. 22.

132 Zum Stufenverhältnis dieser Maßnahmen siehe *König*, Engpassmanagement in der deutschen und europäischen Elektrizitätsversorgung, S. 491 ff.

133 *König*, Engpassmanagement in der deutschen und europäischen Elektrizitätsversorgung, S. 153.

Abs. 1 S. 2).[134] Bei Maßnahmen des Einspeisemanagements gegenüber Anlagen zur Erzeugung von Strom aus erneuerbaren Energien, aus Grubengas und aus Kraft-Wärme-Kopplung ist nach § 14 Abs. 1 S. 1 Nr. 2 insbesondere der Vorrang gegenüber konventionell erzeugter Energie zu beachten, sofern konventionelle Kraftwerke nicht am Netz bleiben müssen, um die Sicherheit und Zuverlässigkeit der Elektrizitätsversorgung zu gewährleisten (sog. Must-Run-Kraftwerke i. S. des § 13 Abs. 2a S. 5 EnWG).[135] Soweit dieses „netztechnisch erforderliche Minimum" ausnahmsweise mit einspeiseprivilegierten Anlagen erzielt werden kann, insbesondere solchen mit nicht-fluktuierenden Energiequellen, sind diese vorrangig zu berücksichtigen.[136] Maßnahmen des Einspeisemanagements stellen einen Unterfall der **Notfallmaßnahmen** gem. § 13 Abs. 2 EnWG dar, soweit es um die Abwehr von Netzengpässen geht.[137] Bei Maßnahmen gegenüber Betreibern von Anlagen zur Erzeugung von Strom aus erneuerbaren Energien, Grubengas und Kraft-Wärme-Kopplung sind jedoch die Anforderungen der §§ 14, 15 zu beachten, insbesondere die in § 15 normierte Entschädigungspflicht.[138]

Zur verbesserten Netzintegration der erneuerbaren Energien müssen Anlagen mit einer **40** installierten Leistung i. S. d. § 5 Nr. 22 von mehr als 100 kW gem. § 9 Abs. 1 S. 1 **technische Einrichtungen** einbauen, mit denen die Netzbetreiber auf der Grundlage des § 14 jederzeit die **Einspeiseleistung** (möglichst in mehreren Stufen) **reduzieren** und die **Ist-Einspeisung abrufen** können.[139] Solange die Anlagenbetreiber diese technischen Voraussetzungen nicht gewährleisten, verringert sich der „anzulegende Wert", also die Berechnungsgrundlage für die Marktprämie, gem. § 9 Abs. 7 S. 1 i. V. mit § 25 Abs. 2 Nr. 1 auf den Monatsmarktwert i. S. des § 5 Nr. 25.[140] Für KWK-Anlagen sowie für EE-Anlagen ohne Anspruch auf eine finanzielle Förderung richten sich die Rechtsfolgen nach § 9 Abs. 7 S. 2.[141] Da § 9 Abs. 1 Pflichten der Anlagenbetreiber und keine Ausnahmen von der Anschlusspflicht normiert, sind die Anlagenbetreiber insoweit darlegungs- und beweispflichtig.[142]

Insbesondere die Vorschriften über die Marktprämie gem. § 35 S. 1 Nr. 2, § 36 knüpfen an **41** die Möglichkeit zur **Fernsteuerung** der Anlagen durch die Anlagenbetreiber bzw. die Di-

---

134 BR-Drs. 157/14 v. 11.4.2014, S. 180 f.; Altrock/Oschmann/Theobald/*Wustlich/Hoppenbrock*, § 11 EEG 2012 Rn. 2 und 3.

135 Vgl. Altrock/Oschmann/Theobald/*Wustlich/Hoppenbrock*, § 11 EEG 2012 Rn. 38; BNetzA, Leitfaden zum EEG-Einspeisemanagement, Version 1.0, Ziff. 1.2.2.

136 BNetzA, Leitfaden zum EEG-Einspeisemanagement, Version 1.0, Ziff. 1.2.2; Reshöft/Schäfermeier/*Schäfermeier*, § 11 EEG 2012 Rn. 20; dena, Integration der erneuerbaren Energien in den deutsch-europäischen Strommarkt, S. 5.

137 BerlKommEnR/*König*, 3. Aufl. 2014, Bd. 2, § 11 EEG Rn. 2 und 64.

138 Altrock/Oschmann/Theobald/*Wustlich/Hoppenbrock*, § 11 EEG 2012 Rn. 72. Siehe zur Berechnung der Entschädigungszahlung BNetzA, Leitfaden zum EEG-Einspeisemanagement, Version 2.1, Ziff. 2.

139 Vgl. *Salje*, EEG 2014, § 9 Rn. 3; *Thomas*, NVwZ-Extra 17/2014, 1, 4.

140 Gem. § 5 Nr. 25 ist der Monatsmarktwert „der nach Anlage 1 rückwirkend berechnete tatsächliche Monatsmittelwert des energieträgerspezifischen Marktwerts von Strom aus erneuerbaren Energien oder aus Grubengas am Spotmarkt der Strombörse EPEX Spot SE in Paris für die Preiszone Deutschland/Österreich in Cent pro Kilowattstunde".

141 Zum Vorstehenden siehe *Thomas*, NVwZ-Extra 17/2014, 1, 5.

142 *Salje*, EEG 2014, § 9 Rn. 4.

rektvermarktungsunternehmer an.[143] Gem. § 36 Abs. 1 S. 1 sind Anlagen fernsteuerbar im Sinne von § 35 S. 1 Nr. 2, wenn die Anlagenbetreiber 1. die technischen Einrichtungen vorhalten, die erforderlich sind, damit ein Direktvermarktungsunternehmer oder eine andere Person, an die der Strom veräußert wird, jederzeit a) die jeweilige Ist-Einspeisung abrufen kann und b) die Einspeiseleistung ferngesteuert reduzieren kann, und 2. dem Direktvermarktungsunternehmer oder der anderen Person, an die der Strom veräußert wird, die Befugnis einräumen, jederzeit a) die jeweilige Ist-Einspeisung abzurufen und b) die Einspeiseleistung ferngesteuert in einem Umfang zu reduzieren, der für eine bedarfsgerechte Einspeisung des Stroms erforderlich und nicht nach den genehmigungsrechtlichen Vorgaben nachweislich ausgeschlossen ist.[144] Durch diese Regelungen soll sichergestellt werden, dass sich die Fahrweise der direkt vermarkteten Anlage an der jeweiligen Marktlage, insbesondere an den Preisen am Spotmarkt der Strombörse, orientiert.[145] Das **Konkurrenzverhältnis** zwischen dem Einspeisemanagement der Netzbetreiber gem. § 14 und der marktinduzierten Steuerung der EE-Anlagen durch die Anlagenbetreiber bzw. die Direktvermarktungsunternehmer wird in § 36 Abs. 3 zugunsten Ersterer aufgelöst.[146]

42 Der Netz- und Systemintegration dient weiterhin das **Anlagenregister** gem. § 6,[147] das ein „umfassendes und stets aktuelles Bild über den Ausbau der erneuerbaren Energien" vermitteln soll.[148] Auf der Grundlage der nach § 93 erlassenen **AnlRegV**[149] sollen Daten erhoben und bereitgehalten werden, die für die fortschreitende Integration des Stroms aus erneuerbaren Energien und aus Grubengas in das Elektrizitätsversorgungssystem erforderlich sind.[150] Insbesondere die zunehmende Einspeisung von Strom aus den fluktuierenden Energieträgern Wind und Sonne erfordert eine exakte und belastbare Datengrundlage über wesentliche anlagenbezogene Daten, die den Netzbetreibern zeitnah zur Verfügung stehen müssen, damit sie „die zunehmenden Herausforderungen an die Netzführung einschließlich der Wahrung der Systemstabilität weiterhin optimal bewältigen können".[151] Genaue Kenntnisse über den Standort, den genutzten Energieträger und die installierte Leistung der Anlagen sind etwa erforderlich, damit Netzbetreiber den Ausbau und die Optimierung des Netzes an den konkreten Erfordernissen im jeweiligen Netzabschnitt ausrichten können.[152] So kann es im Einzelfall an einzelnen Netzabschnitten zur Aufrechterhaltung der Systemsicherheit deutlich günstiger sein, einen regelbaren Ortsnetztransformator einzu-

---

143 *Lüdemann/Ortmann*, EnWZ 2014, 387, 389; *Salje*, EEG 2014, § 35 Rn. 3. Die Pflicht zur Fernsteuerbarkeit betrifft alle Anlagen in der Direktvermarktung, also auch Bestandsanlagen. Für Letztere gilt gem. § 100 Abs. 1 Nr. 5 jedoch eine Übergangsfrist bis zum 31.5.2015. Hiernach müssen nicht fernsteuerbare Bestandsanlagen, um nicht ihren Anspruch auf Förderung zu verlieren, in die Einspeisevergütung zurückwechseln (§ 33d Abs. 1 Nr. 3 EEG 2012); vgl. *Herz/Valentin*, EnWZ 2014, 358, 361.

144 Keine Ausnahme von der Pflicht zur Fernsteuerung besteht bei langfristigen Lieferpflichten; für eine Berücksichtigung im Wege teleologischer Auslegung *Herz/Valentin*, EnWZ 2014, 358, 361.

145 So BT-Drs. 18/1304, S. 137.

146 *Salje*, EEG 2014, § 36 Rn. 6.

147 BT-Drs. 18/1304, S. 116 f.

148 *Wustlich*, NVwZ 2014, 1113, 1116. Daneben dient das Anlagenregister der Umsetzung der an § 3 anknüpfenden „atmenden Deckel".

149 Verordnung über ein Register für Anlagen zur Erzeugung von Strom aus erneuerbaren Energien und Grubengas (Anlagenregisterverordnung – AnlRegV) v. 1.8.2014, BGBl. I, 1320 v. 4.8.2014.

150 BT-Drs. 18/1304, S. 116.

151 BT-Drs. 18/1304, S. 116.

152 BT-Drs. 18/1304 v. 5.5.2014, S. 173: „gezielte Wahl der eingesetzten Betriebsmittel".

bauen, anstatt das Netz an dieser Stelle auszubauen.[153] Darüber hinaus soll das EE-Anlagenregister den bundesweiten Ausgleich des nach dem EEG abgenommenen Stroms sowie dessen finanzieller Förderung erleichtern.[154] Auch für diese Aufgaben sind aktuelle Daten erforderlich, die es den für die Vermarktung der in der Einspeisevergütung verbleibenden Strommengen verantwortlichen Übertragungsnetzbetreibern ermöglichen, die Genauigkeit ihrer Einspeiseprognosen zu verbessern. Eine Erleichterung für die Abwicklung des bundesweiten Ausgleichs soll zudem die mit dem neuen Anlagenregister einhergehende Zentralisierung und Standardisierung bringen, die die bisherigen Ineffizienzen durch unterschiedliche Datenformate, Datenanforderungen und Datenabfragen zwischen den Netzbetreibern beseitigt.[155] Auch im Rahmen der EE-Ausschreibungen ist die BNetzA nach § 34 FFAV berechtigt, bestimmte Formatvorgaben zu machen.

Bei **längerfristig negativen Börsenpreisen** sieht § 24 schließlich ein Entfallen des Vergütungsanspruchs vor. Die Vorschrift wird derzeit wohl nur wenig praktisch, weil die tatbestandlichen Voraussetzungen anspruchsvoll formuliert sind.[156] Erst wenn der Wert der Stundenkontrakte für die Preiszone Deutschland/Österreich am Spotmarkt der Strombörse EPEX Spot SE in Paris an mindestens sechs aufeinanderfolgenden Stunden negativ ist, verringert sich der „anzulegende Wert" nach § 23 Abs. 1 S. 2 für den gesamten Zeitraum, in denen die Stundenkontrakte ohne Unterbrechung negativ sind, also auch für diejenigen Stunden, die auf den 6-Stunden-Zeitraum folgen. Dies folgt der wirtschaftswissenschaftlichen Erkenntnis, dass negative Preise in gewissem Umfang auch ein Ausdruck funktionierender Märkte sein können. Es ist nicht auszuschließen, dass der weitere Ausbau erneuerbarer Energien zur Zunahme von negativen Strompreisen und damit zu einer verstärkten Anwendung der Förderbegrenzung des § 24 führen wird.[157] Im Ergebnis ist die Regelung derzeit eher als „äußere Grenznorm" zu interpretieren, da sie die Anreize für Anlagenbetreiber, knappheitsorientiert zu handeln, wohl nicht wesentlich verändert.[158]

43

2. Transformation des gesamten Energieversorgungssystems (§ 2 Abs. 1 S. 2). Die verbesserte Markt- und Netzintegration der erneuerbaren Energien soll nach dem durch das EEG 2014 neu geschaffenen § 2 Abs. 1 S. 2 zu einer „**Transformation des gesamten Energieversorgungssystems**" beitragen. Aufgrund der in § 1 festgelegten Zwecke und dem in § 1 Abs. 2 vorgegebenen (Zwischen-)Ausbaukorridor müssen die erneuerbaren Energien mehr Verantwortung übernehmen und zunehmend Aufgaben erfüllen, die bisher vornehmlich von Anlagen zur Erzeugung von Strom aus konventionellen Energieträgern wahrgenommen wurden.[159] Gerade mit Blick auf den hohen Anteil an fluktuierenden Energiequellen wie Wind und Sonne ist deshalb eine grundlegende Anpassung des Energieversorgungssystems notwendig, etwa bei der Ausgestaltung der Residuallast, beim Netzausbau und bei der Systemsicherheit.[160]

44

---

153 BT-Drs. 18/1304, S. 117; zu den regelbaren Ortsnetztransformatoren siehe *Eberl/Apfelbeck*, ET Special Online 2013, 6 ff.

154 BT-Drs. 18/1304, S. 117.

155 BT-Drs. 18/1304, S. 117.

156 *Lüdemann/Ortmann*, EnWZ 2014, 387, 390.

157 *Lüdemann/Ortmann*, EnWZ 2014, 387, 390.

158 Das bemängeln *Gawel/Lehmann*, Wirtschaftsdienst 2014, 651, 654.

159 BT-Drs. 18/1304, S. 109.

160 Siehe *Leprich*, in: Müller, 20 Jahre Recht der Erneuerbaren Energien, S. 815, 823 ff.

45 Die Regelung des § 2 Abs. 1 S. 2 ist für das Verständnis des reformierten EEG 2014 von grundlegender Bedeutung. Sie verdeutlicht, dass die Betreiber von EE-Anlagen sich künftig nicht nur am wettbewerblichen Grundsatz der **Kosteneffizienz** ausrichten, sondern als **Leittechnologie** insgesamt die Systemverantwortung übernehmen müssen.[161] Letztere kann sich in der Wahl des Anlagenstandorts,[162] bei der Auslegung der Anlage oder bei deren Netzanbindung äußern, mittelfristig (de lege ferenda) aber auch in einer Rückführung des EE-Einspeisevorrangs und in einer stärkeren Beteiligung von EE-Anlagen an den Kosten der Energiewende, weg von der „Indienstnahme" von Netzbetreibern, Verbrauchern und Betreibern konventioneller Kraftwerke hin zu einer Integration der erneuerbaren Energien in wettbewerblich organisierte Strommärkte.[163] Auch auf der Grundlage dieser geänderten Sachlage sind die Ziele der Markt- und Netzintegration sowie der Kosteneffizienz nicht nur als „politische Programmsätze" ohne Rechtsverbindlichkeit anzusehen, sondern Ausdruck verfassungsrechtlicher Vorgaben (Art. 12 Abs. 1 GG).[164] Zugleich wirkt § 2 Abs. 1 dem Aufbau eines schutzwürdigen Vertrauens in den Fortbestand von weitreichenden Privilegierungen der erneuerbaren Energien „gegen den Markt" entgegen.

IV. Direktvermarktung (Abs. 2)

46 **1. Grundlagen.** Zum Zwecke der von § 2 Abs. 1 geforderten **Marktintegration**[165] muss der Strom aus erneuerbaren Energien und aus Grubengas gem. § 2 Abs. 2 von den EE-Anlagenbetreibern oder von den auf die Direktvermarktung spezialisierten Unternehmen, an die der Strom physikalisch abgegeben wird (Direktvermarktungsunternehmer, § 5 Nr. 10), **direkt vermarktet** werden.[166]

47 Der Gesetzgeber sieht die Direktvermarktung als ein **zentrales Element des angestrebten Systemwechsels** an.[167] Da die erneuerbaren Energien zunehmend von Nischen- zu Leittechnologien werden, müssen sie auch verstärkt Verantwortung für die Funktionsfähigkeit des Energieversorgungssystems im Allgemeinen und die Markt- und Netzintegration von EE-Strom im Besonderen übernehmen. Vor diesem Hintergrund sind bis dato gewährte Privilegien wie die Vermarktung des EE-Stroms durch die Übertragungsnetzbetreiber in Verbindung mit garantierten Einspeisevergütungen auf Ausnahmefälle zu begrenzen (vgl.

---

161 *Burgi*, JZ 2013, 745, 751; siehe auch *Salje*, in: Müller, 20 Jahre Recht der Erneuerbaren Energien, S. 539, 551 ff.

162 Dies erwägt auch die Bundesregierung, Erfahrungsbericht 2011 zum Erneuerbare-Energien-Gesetz (EEG-Erfahrungsbericht 2011), BT-Drs. 17/6085 v. 6.6.2011, S. 5: Hiernach sind ein „entscheidender Begrenzungsfaktor für den Ausbau der erneuerbaren Energien [...] die Stromnetze. Es kommt daher nicht nur auf den weiteren Zubau von Erzeugungskapazitäten erneuerbarer Energien an, sondern auch darauf, dass einerseits die Netze weiter ausgebaut werden [...] und anderseits sich die Standortwahl auch nach der vorhandenen Netzinfrastruktur ausrichtet".

163 *Burgi*, JZ 2013, 745, 751.

164 Zutreffend *Säcker*, in: Müller, 20 Jahre Recht der Erneuerbaren Energien, S. 745, 757 f.; *Burgi*, JZ 2013, 745, 748 ff.

165 Vgl. BT-Drs. 18/1304, S. 109, wonach § 2 Abs. 1 S. 2 (die Markt- und Netzintegration) und Abs. 2 (die Direktvermarktung) die von § 2 Abs. 1 S. 1 geforderte Systemintegration näher ausformten.

166 IZES, Bewertung von Ausschreibungsverfahren als Finanzierungsmodell für Anlagen erneuerbarer Energienutzung, S. 38 f.; *Lüdemann/Ortmann*, EnWZ 2014, 387.

167 BT-Drs. 18/1891, S. 204; Bundesregierung, Ein Strommarkt für die Energiewende, Grünbuch, S. 19.

§ 2 Abs. 1 S. 2 i. V. mit §§ 2 Abs. 2, 34 ff., 37 ff.) und perspektivisch (insoweit de lege ferenda) ganz abzuschaffen.[168]

Die der verpflichtenden Direktvermarktung unterfallenden EE-Anlagenbetreiber müssen **48** den von ihnen produzierten, nicht selbst verbrauchten Strom künftig entweder selbst oder mit Hilfe eines Direktvermarktungsunternehmers am Stromgroßhandelsmarkt veräußern. Sie müssen somit auch die Vertragsbedingungen mit den Kunden bzw. den Vermarktern selbst aushandeln.[169] Die verpflichtende Direktvermarktung[170] soll einen ersten Anreiz dafür schaffen, dass Betreiber von EE-Neuanlagen Elektrizität möglichst **in Zeiten höherer Marktpreise vermarkten** und **die Anlagenauslegung auf dieses Ziel hin optimieren**.[171] Da gerade kleinere EE-Anlagenbetreiber häufig nicht über das notwendige Know-how für eine Vermarktung des EE-Stroms am Strommarkt (mit seinen Teilmärkten Termin-, Day-ahead- und Intraday-Markt) verfügen werden,[172] müssen sie mit der Vermarktung einen Direktvermarktungsunternehmer i. S. des § 5 Nr. 10 betrauen und ihn hierfür entlohnen.[173] Anders als unter Geltung eines Systems fester Einspeisevergütung mit fakultativer Direktvermarktung liegt die garantierte Vergütung nach § 38 nämlich nur noch bei 80 %, was auf Dauer keinen wirtschaftlichen Anlagenbetrieb erlaubt.[174] Bei formeller Betrachtung „verschlechtert" sich damit die Verhandlungsposition der EE-Anlagenbetreiber gegenüber den Direktvermarktungsunternehmern.[175] Bei wertender Sicht wird die Verhandlungsposition jedoch lediglich an diejenige von Unternehmen auf wettbewerblich organisierten Energiemärkten angenähert, wie dies dem ursprünglichen Zweck der Förderung von EE-Strom entspricht (gleiche Wettbewerbsbedingungen mit konventioneller Stromerzeugung, jedoch keine „überschießenden" Vorteile).

Da die zur Direktvermarktung am Stromgroßhandelsmarkt verpflichteten EE-Anlagenbe- **49** treiber mit dem Stromangebot konventioneller Anlagen konkurrieren, ist die vom BKartA

---

168 *Burgi*, JZ 2013, 745, 751, der hierin überzeugend eine verfassungsrechtlich gebotene Rückführung der Indienstnahme von Privaten für öffentliche Zwecke sieht, die beim aktuell erreichten Stand des EE-Ausbaus auf einen „Kern" unumgänglicher Regelungen zurückzuführen ist.

169 *Müller/Kahl/Sailer*, ER 4/14, 139, 140.

170 Eine feste Einspeisevergütung können nur noch kleinere Netzbetreiber verlangen, wobei die entsprechende Grenze nach § 37 Abs. 2 schrittweise abgesenkt wird (krit. wegen der Überschreitung der Vorgaben der Beihilfenleitlinien der Kommission *Müller/Kahl/Sailer*, ER 4/14, 139, 140 f.). Alle Anlagenbetreiber können nach § 38 eine Ausfallvergütung in Anspruch nehmen, wobei die Förderung dort pauschal abgesenkt wird.

171 BT-Drs. 18/1891, S. 204; Bundesregierung, Ein Strommarkt für die Energiewende, Grünbuch, S. 19.

172 Da auch der Abschluss von außerbörslichen Lieferverträgen (OTC-Verträge für „Over the Counter") gerade bei fluktuierenden Energiequellen nur eingeschränkt in Betracht kommt, werden diese im Folgenden nicht näher behandelt; siehe dazu Bundesregierung, Ein Strommarkt für die Energiewende, Grünbuch, S. 9; *König*, Engpassmanagement in der deutschen und europäischen Elektrizitätsversorgung, S. 250.

173 *Müller/Kahl/Sailer*, ER 4/14, 139, 14; *Lüdemann/Ortmann*, EnWZ 2014, 387.

174 IZES, Bewertung von Ausschreibungsverfahren als Finanzierungsmodell für Anlagen erneuerbarer Energienutzung, S. 38 ff. Die Vorschrift trägt insbesondere den Sicherungsbedürfnissen der finanzierenden Banken Rechnung. Darüber hinaus dient sie der Absicherung der Anlagenbetreiber, denen es ggf. nicht gelingt, ein Direktvermarktungsunternehmen zu finden. Vor diesem Hintergrund wird verständlich, dass § 21 Abs. 1 S. 2 verkürzte Fristen für die Mitteilung des Wechsels in die Ausfallvergütung an den Netzbetreiber vorgibt; vgl. *Müller/Kahl/Sailer*, ER 4/14, 139, 140.

175 So *Müller/Kahl/Sailer*, ER 4/14, 139, 142.

unter Geltung der früheren Rechtslage angenommene **Marktsegregation der erneuerbaren Energien**[176] jedenfalls neu zu diskutieren.[177] Allerdings verliert EE-Strom durch die Marktintegration seine wohl wichtigste (immaterielle) „Qualitätseigenschaft", nämlich die Bezeichnung als „**Grünstrom**", da er einheitlich über den Strommarkt und damit als „Graustrom" vermarktet wird.[178] Aus diesem Grunde enthält § 95 Nr. 6 eine Verordnungsermächtigung, auf deren Grundlage eine Kennzeichnung des direkt vermarkteten Stroms als „grün" ermöglicht werden kann.[179] Dies gilt nicht nur für geförderten, sondern auch für nicht geförderten Direktvermarktungsstrom (§ 20 Abs. 1 Nr. 1 und Nr. 2).[180]

50 Der Gesetzgeber verbindet mit der grundsätzlich verpflichtenden Direktvermarktung von EE-Strom die Hoffnung, dass die **Marktpreise** als „Signalsystem"[181] **für die Anlagenbetreiber [etwas] „spürbar[er]" werden.**[182] Anders als unter Geltung des Systems fester Einspeisevergütungen können sich die schwankenden Marktpreise bei einer gleitenden Marktprämie nämlich auf das Erzeugungs- und Einspeiseverhalten der EE-Erzeuger auswirken,[183] mit der Folge einer Minderung des „Problems von starken Stromüberschüssen" und von „negativen Preisen".[184] Diesen ambitionierten Zielen wird die Ausgestaltung des Direktvermarktungssystems jedenfalls vor der Umstellung auf ein Ausschreibungssystem i. S. des § 2 Abs. 5 S. 1 nur eingeschränkt gerecht: Zwar sind die EE-Anlagenbetreiber für die Vermarktung selbst verantwortlich, sei es in Eigenregie oder über zwischengeschaltete Direktvermarktungsunternehmer. Sie erhalten von den Netzbetreibern jedoch zusätzlich zu den Verkaufserlösen unter den Voraussetzungen der §§ 34 ff. eine **gleitende Marktprämie** als Differenz zwischen technologiespezifischen Referenzpreisen (dem jeweils „**anzulegenden Wert**") gem. den §§ 40 bis 51 und dem tatsächlichen, ebenfalls technologiespezifisch zu ermittelnden durchschnittlichen Marktpreis des jeweiligen Kalendermonats (Anlage 1 zum EEG 2014).[185] Die Marktprämie hat gerade die Funktion, die durch schwankende Börsenstrompreise entstehenden Marktpreisrisiken weitgehend auszugleichen.

---

176 BKartA, Sektoruntersuchung Stromerzeugung und -großhandel, S. 28, 32 und 63 ff.; a. A. *Säcker*, Marktabgrenzung, Marktbeherrschung, Markttransparenz und Machtmissbrauch auf den Großhandelsmärkten für Elektrizität, S. 45; siehe auch BerlKommEnR/*Mohr*, 3. Aufl. 2014, § 29 GWB Rn. 27 f. und Rn. 77.

177 BKartA, Sektoruntersuchung Stromerzeugung und -großhandel, S. 28, 32 und 63 ff.; dagegen *Säcker*, Marktabgrenzung, Marktbeherrschung, Markttransparenz und Machtmissbrauch auf den Großhandelsmärkten für Elektrizität, S. 45; siehe auch BerlKommEnR/*Mohr*, 3. Aufl. 2014, § 29 GWB Rn. 27 f. und Rn. 77. Zweifelnd nunmehr auch Bundesregierung, Stellungnahme zum Sondergutachten der Monopolkommission Energie 2013, BT-Drs. 18/2939 v. 16.10.2014, S. 5.

178 Dies bemängelt denn auch Stellungnahme: Eckpunkte für ein Ausschreibungsdesign für Photovoltaik-Freiflächenanlagen, S. 1.

179 Dazu *Sösemann*, EnWZ 2014, 352, 353 ff.

180 *Müller/Kahl/Sailer*, ER 4/14, 139, 140.

181 *Von Hayek*, Individualismus und wirtschaftliche Ordnung, 1976, S. 114 ff., insb. S. 117. Der Preis dient bei freier Preisbildung als Indikator für die Knappheit eines Gutes und stellt so für weitere Anbieter dieses Gutes eine zentrale Informationsquelle dar; vgl. aus jüngerer Zeit *Zimmer*, WuW 2007, 1198, 1199.

182 BT-Drs. 18/1891, S. 204; Bundesregierung, Ein Strommarkt für die Energiewende, Grünbuch, S. 19.

183 Bundesregierung, Ein Strommarkt für die Energiewende, Grünbuch, S. 19.

184 BT-Drs. 18/1891, S. 204, auch unter Hinweis auf § 24, der freilich sehr anspruchsvolle Tatbestandsmerkmale enthält.

185 *Purkus/Gawel/Deissenroth/Nienhaus/Wassermann*, ET 12/2014, 8, 9. Siehe im Einzelnen die Anlage 1 zu § 34.

Durch die Bemessung in Abhängigkeit vom durchschnittlichen Marktpreis reizt die Marktprämie somit vor allem EE-Anlagenbetreiber aus nicht fluktuierenden Energiequellen (wie
Wasserkraft, Biogas und Geothermie) dazu an, den produzierten Strom zu Hochpreiszeiten
zu verkaufen, um so ihren Gewinn zu maximieren.[186] Demgegenüber haben Betreiber von
EE-Anlagen aus fluktuierenden EE-Quellen (Wind, Sonne[187]) wegen deren Grenzkosten
von nahe Null auch bei einer verpflichtenden Direktvermarktung nur geringe Anreize zur
Verlagerung der Produktion und Einspeisung in „Hochpreiszeiten", da sie bei einer für 20
Jahre garantierten Förderung ohne Mengenbegrenzung auch in Zeiten sehr niedriger Börsenpreise und damit sehr niedriger Nachfrage Gewinne erzielen können, mit nachteiligen
Folgen für die Netzstabilität und die Versorgungssicherheit.[188] Es wird für die Betreiber
von Anlagen zur Erzeugung von Strom aus fluktuierenden erneuerbaren Energien grundsätzlich erst dann wirtschaftlich unattraktiv, den Strom einzuspeisen, wenn die Preise an
der Strombörse im negativen Bereich unter das Niveau sinken, das der Höhe der „positiven" Marktprämie entspricht.[189] Vor diesem Hintergrund wird die Marktprämie derzeit
zuweilen auch als **„Abregelungsprämie"** bezeichnet, die etwa Fragen der Bereitstellung
positiver Regelenergie oder der marktwertorientierten Anlagenausrichtung vernachlässi-
ge.[190] Im Rahmen der Umstellung des Fördersystems auf wettbewerbliche Ausschreibungen nach §§ 2 Abs. 5 S. 1, 5 Nr. 3 besteht die Möglichkeit für eine noch stärkere Marktintegration des EE-Stroms, sofern man lediglich eine mengenmäßig begrenzte Arbeit (KWh)
pro Jahr oder für die gesamte Förderdauer vergütet.[191] Eine solche Regelung ist derzeit
nicht angedacht, könnte jedoch im Rahmen der Evaluierung des Ausschreibungssystems
im Jahr 2016 implementiert werden.

Im Rahmen einer verpflichtenden Direktvermarktung müssen die EE-Anlagenbetreiber –   51
dies ist die entscheidende Neuerung – ebenso wie die Betreiber konventioneller Kraftwerke
ihre **Erzeugung (day ahead) prognostizieren und entsprechende Fahrpläne anmelden**,
um einen Gleichklang zwischen kommerziellem Marktergebnis (Ausgleich von Angebot
und Nachfrage an der Strombörse) und physikalischer Erfüllung (Gleichgewicht von
Stromerzeugung und Stromverbrauch) herzustellen.[192] Folgerichtig müssen die EE-Anlagenbetreiber bei Abweichungen vom angemeldeten Fahrplan für jede Viertelstunde des
Folgetages die Ausgleichskosten für den Einsatz von Regelenergie durch die Übertragungsnetzbetreiber tragen (**Bilanzierungsverantwortung**).[193] Diese Regelung setzt Anreize zur Verbesserung der Prognosegüte und zur Anwendung von Handelsstrategien, um

---

186 So – auch zum Vorstehenden – *Lüdemann/Ortmann*, EnWZ 2014, 387. Allein vor diesem Hintergrund erscheint es zulässig, davon zu sprechen, dass die Direktvermarktung eine Einspeisung unabhängig von der Nachfrage im früheren System der festen Einspeisevergütung (sog. Produce-and-forget-Problematik) beseitigt habe; so BT-Drs. 18/1891, S. 204.

187 Diese stellen die „Kerntechnologien" der Energiewende dar; vgl. Bundesregierung, Ein Strommarkt für die Energiewende, Grünbuch, S. 13: größtes Potenzial bei geringsten Kosten.

188 *Lüdemann/Ortmann*, EnWZ 2014, 387, 391; *Purkus/Gawel/Deissenroth/Nienhaus/Wassermann*,
ET 12/2014, 8, 11.

189 So auch BT-Drs. 18/1891, S. 204.

190 *Purkus/Gawel/Deissenroth/Nienhaus/Wassermann*, ET 12/2014, 8, 12.

191 *Lüdemann/Ortmann*, EnWZ 2014, 387, 391.

192 BT-Drs. 18/1891, S. 204 f.; Bundesregierung, Stellungnahme zum Sondergutachten der Monopolkommission Energie 2013, BT-Drs. 18/2939 v. 16.10.2014, S. 9.

193 BMWi, Ein Strommarkt für die Energiewende, Grünbuch, S. 11; siehe auch IZES, Bewertung von
Ausschreibungsverfahren als Finanzierungsmodell für Anlagen erneuerbarer Energienutzung,
S. 43.

Prognoseabweichungen möglichst selbst auszugleichen, etwa am Intraday-Markt der Strombörse.[194] Vor diesem Hintergrund wird verständlich, dass sich der Anspruch auf Abnahme des EE-Stroms gegen den Netzbetreiber gem. § 11 Abs. 1 S. 1 grundsätzlich nur noch auf die **physikalische Entgegennahme**, nicht aber auf die **kaufmännisch-bilanzielle Abnahme** durch Einstellung in einen Bilanzkreis des Netzbetreibers gegen entsprechende Vergütung bezieht (Gegenschluss aus § 11 Abs. 1 S. 2).[195] Die physikalische Abnahme umfasst alle Vorgänge, um den Strom aus der Anlage in das Netz einzuspeisen und bis zu einem Empfänger „durchzuleiten".[196] Es handelt sich somit um den **Netzzugang** i.S. des § 20 EnWG.[197]

52   Im Rahmen der Direktvermarktung sorgt das Bilanz- und Ausgleichsenergiesystem zusammen mit der von den Übertragungsnetzbetreibern eingesetzten Regelleistung dafür, dass genau soviel Strom in das Stromnetz eingespeist wie entnommen wird.[198] Die Netzbetreiber sind gem. § 11 Abs. 1 S. 2 ausnahmsweise zur vorrangigen kaufmännischen Abnahme verpflichtet. Diese bezieht sich zusätzlich zum Netzzugang zu angemessenen Bedingungen auf die handelsmäßige Abnahme des Stroms, indem dieser gekauft und in einen Bilanzkreis aufgenommen wird.[199] Der Netzbetreiber erhält hier somit die Verfügungsbefugnis über den EE-Strom und muss diesen im Gegenzug vergüten.[200] Netzbetreiber sind ausnahmsweise auch zur kaufmännisch-bilanziellen Abnahme verpflichtet bei der Einspeise-

---

194 BT-Drs. 18/1891, S. 204 f.

195 *Thomas*, NVwZ-Extra 17/2014, 1, 3; *Salje*, EEG 2014, § 11 Rn. 9.

196 Eine derartige Pflicht scheidet aus, wenn eine EE-Anlage aufgrund eines Netzengpasses nach § 14 in zulässiger Weise abgeregelt wird, vgl. BT-Drs. 18/1304, S. 124.

197 *Salje*, EnWG, § 11 Rn. 10.

198 Vgl. die Definition der „Bilanzausgleichsverantwortung" in Art. 2 Nr. 115 VO Nr. 651/2014: „Verantwortung eines Marktteilnehmers oder des von ihm gewählten Vertreters („Bilanzausgleichsverantwortlicher") für Ungleichgewichte (Abweichungen zwischen Erzeugung, Verbrauch und kommerziellen Transaktionen) in einem bestimmten Zeitraum („Abrechnungszeitraum")". Genauer zur Funktionsweise des Strommarkts BMWi, Ein Strommarkt für die Energiewende, Grünbuch, S. 9 ff.; Danner/Theobald/*Lüdtke-Handjery*, §§ 4 f. StromNZV Rn. 2: Über die Mechanismen des Bilanzkreissystems sollen die Marktteilnehmer angereizt werden, ihre Ein- und Ausspeiseentscheidungen möglichst genau zu planen und zu nominieren und sich vor allem im Anschluss auch an diese Nominierung zu halten. Einen entsprechenden Anreiz setzen die Ausgleichsenergiekosten, also diejenigen Kosten, welche die Bilanzkreisverantwortlichen für den Einsatz von Regelleistung durch die Übertragungsnetzbetreiber zum Ausgleich physikalischer Abweichungen zwischen Erzeugung und Verbrauch tragen müssen. Weicht ein Bilanzkreis somit von seinem Fahrplan ab, muss er die Ausgleichsenergiekosten tragen, die im Ergebnis wie eine Art Strafzahlung („Pönale") wirken. EE-Erzeuger waren bis zur EEG-Reform 2014 von der Bilanzverantwortlichkeit ausgenommen, hatten also keine Anreize, ihre Einspeiseprofile genau zu prognostizieren und sich an ein vorab angekündigtes Profil zu halten, was die Systemsteuerung für die Netzbetreiber erschwerte und die Kosten für die Vorhaltung von (konventionellen) Erzeugungsreserven erhöhte (Frontier Economics, Die Zukunft des EEG – Handlungsoptionen und Reformansätze, S. 16). Eine Übertragung der Bilanzverantwortung hat darüber hinaus zur Folge, dass die EE-Anlagenbetreiber bei entsprechend hohen Terminmarktpreisen ggf. Strom auf Termin verkaufen, und diesen durch flexible Erzeugungskapazitäten absichern (*Perner/Riechmann*, ET 5/2013, 8, 12).

199 Die Pflicht zur vorrangigen kaufmännischen Abnahme ist eingeschränkt, wenn die Vergütungs- oder Prämienzahlung bei sehr niedrigen Preisen am Strommarkt reduziert wird (§ 24).

200 *Salje*, EnWG, § 11 Rn. 10. Die kaufmännisch-bilanzielle Abnahme ist also nicht gleichzusetzen mit der rügefreie Abnahme einer Ware nach § 377 HGB, vgl. BT-Drs. 18/1304, S. 123 f., sondern eher mit der Regelung des § 433 Abs. 2 BGB, vgl. *Salje*, EnWG 2014, § 11 Rn. 9.

vergütung für kleine Anlagen i.S. des § 37, der Einspeisevergütung in Ausnahmefällen gem. § 38 sowie für Bestandsanlagen in der Einspeisevergütung gem. § 100 Abs. 1 Nr. 6.

Der Gesetzgeber erhofft sich mit der verpflichtenden Direktvermarktung letztlich eine **53** **Steigerung des Wettbewerbs im Stromhandel**, insbesondere durch eine zunehmende Anzahl von Direktvermarktungsunternehmern gem. § 5 Nr. 10.[201] Der steigende Wettbewerb soll i.S. der allgemeinen Wettbewerbsfunktionen Innovationen und Effizienzverbesserungen anreizen.[202]

Altanlagen können auch künftig administrativ festgelegte Förderzahlungen für den Förde- **54** rzeitraum von 20 Jahren beanspruchen (§ 100 Abs. 1 Nr. 6 i. V. mit §§ 37 Abs. 1, 20 Abs. 1 Nr. 3).[203] Schon aus diesem Grunde wird die Pflicht zur Direktvermarktung kurzfristig wohl nicht zu einer nennenswerten Absenkung der Förderkosten führen.[204] Ganz im Gegenteil werden bei den geförderten Techniken – konkret bei den Photovoltaik-Freiflächenanlagen – sogar Steigerungen der Modulkosten erwartet.[205] Gleichwohl enthält die Pflicht zur Direktvermarktung von EE-Strom das wichtige Signal, dass die erneuerbaren Energien aus dem Status von Randtechnologien in den Rang von Leittechnologien hineinwachsen (vgl. § 2 Abs. 1 S. 2).[206] Eine Förderung kann deshalb nicht mehr auf eine Verbesserung von Startchancen im Wettbewerb mit konventionellen Energieträgern abzielen, sondern stellt einen Zwischenschritt zu einer Transformation des Gesamtsystems der Energieversorgung dar.[207]

2. Unionsrechtliche Vorgaben. Eine Betriebsbeihilfe zur Förderung von Strom aus erneu- **55** erbaren Energien ist nach **Art. 42 der Gruppenfreistellungs-VO Nr. 651/2014** – unter den dort normierten Vorgaben – dann i.S. des Art. 107 Abs. 3 AEUV mit dem Binnenmarkt vereinbar und deshalb von der Anmeldepflicht nach Art. 108 Abs. 3 AEUV freigestellt,[208] wenn die Förderzahlungen anhand eindeutiger, transparenter und diskriminierungsfreier Kriterien im Rahmen einer Ausschreibung ermittelt werden, an der alle Erzeuger von Strom aus erneuerbaren Energien zu diskriminierungsfreien Bedingungen teilnehmen können, und die Förderzahlungen – dies ist vorliegend entscheidend – als Prämien zusätzlich zum Marktpreis gewährt werden, zu dem die Stromerzeuger ihren Strom direkt verkaufen.

Erfüllt die Beihilfe nicht die in der Gruppenfreistellungsverordnung aufgestellten Vor- **56** gaben, ist grundsätzlich noch eine Einzelfreistellung durch die EU-Kommission möglich.[209] Auch die **Leitlinien der Kommission für Umweltschutz- und Energiebeihilfen**

---

201 *Lüdemann/Ortmann*, EnWZ 2014, 387.
202 BT-Drs. 18/1891, S. 205.
203 Krit. deshalb *Büdenbender*, ET 2014, 82 ff.; *Gawel/Lehmann*, Wirtschaftdienst 2014, 651, 653.
204 *Gawel/Lehmann*, Wirtschaftsdienst 2014, 651, 653.
205 Dies betont BDEW, Stellungnahme zu den Eckpunkten des BMWi für ein Ausschreibungsdesign für Photovoltaik-Freiflächenanlagen, S. 8.
206 *Burgi*, JZ 2013, 745, 748.
207 Überzeugend *Burgi*, JZ 2013, 745, 748.
208 Gem. Art. 3 VO Nr. 651/2014 bezieht sich der Anwendungsbereich grundsätzlich auch auf Freistellungen nach Art. 107 Abs. 2 AEUV.
209 Im Einzelnen geregelt in Art. 42 Nr. 1, 2 und 5 VO Nr. 651/2014 (ABl. EU Nr. L 187/1 v. 26.6.2014); nach Art. 42 Nr. 9 VO Nr. 651/2014 gelten die in den Absätzen 5, 6 und 7 genannten Voraussetzungen (also die „Direktvermarktungspflichten") nicht „für Betriebsbeihilfen, die für Anlagen zur Erzeugung von Strom aus allen erneuerbaren Quellen mit einer installierten Kapazi-

folgen jedoch dem Konzept, wonach die über wettbewerbliche Ausschreibungen ermittelten Marktprämien lediglich die „Direktvermarktungsentgelte"[210] ergänzen dürfen, um so „einen Anreiz für die Integration von Strom aus erneuerbaren Energiequellen in den Markt zu schaffen".[211] Folglich stellt die Kommission eine als Beihilfe zu bewertende EE-Förderung nur dann im Einzelfall nach Art. 107 Abs. 3 AEUV frei, wenn die Betreiber von EE-Anlagen ihren Strom direkt auf dem Markt verkaufen. Im Einzelnen müssen ab dem 1. Januar 2016 folgende Voraussetzungen erfüllt sein:[212] Eine Förderzahlung wird lediglich als Prämie zusätzlich zum Marktpreis gewährt, zu dem die EE-Stromerzeuger die Elektrizität direkt auf dem Strommarkt verkaufen.[213] Die Anlagenbetreiber unterliegen einer Standardbilanzausgleichsverantwortung,[214] es sei denn, es gibt in einzelnen EU-Mitgliedstaaten keine liquiden Intraday-Märkte.[215] Schließlich müssen Maßnahmen getroffen werden, um sicherzustellen, dass die Stromerzeuger keinen Anreiz haben, Strom zu negativen Preisen zu erzeugen.[216] Diese Vorgaben gelten nicht für Anlagen mit einer installierten Stromerzeugungskapazität von weniger als 500 kW und für Demonstrationsvorhaben, ausgenommen Windkraftanlagen, für die als Grenzwert eine installierte Stromerzeugungskapazität von 3 MW oder 3 Erzeugungseinheiten bestimmt wurde.[217]

57 **3. Vorschriften des EEG.** Unter einer Direktvermarktung versteht § 5 Nr. 9 „**die Veräußerung von Strom aus erneuerbaren Energien oder aus Grubengas an Dritte, es sei denn, der Strom wird in unmittelbarer räumlicher Nähe zur Anlage verbraucht und nicht durch ein Netz durchgeleitet**". Bei einer Druchleitung durch ein Netz handelt es

---

tät von weniger als 500 kW gewährt werden; lediglich bei Windkraftanlagen gelten diese Voraussetzungen nicht für Betriebsbeihilfen, die für Anlagen mit einer installierten Kapazität von weniger als 3 MW oder für Anlagen mit weniger als 3 Erzeugungseinheiten gewährt werden." Eine vergleichbare Regelung enthalten die Leitlinien für Umweltschutz- und Energiebeihilfen; siehe dazu sogleich.

210 Das unionsrechtliche Verständnis ist nicht notwendig deckungsgleich mit der deutschen EE-Direktvermarktung in Gestalt des EEG 2014.

211 Kommission, Leitlinien für staatliche Umweltschutz- und Energiebeihilfen, ABl. EU Nr. C 200/1 v. 28.6.2014, Rn. 124.

212 Kommission, Leitlinien für staatliche Umweltschutz- und Energiebeihilfen, ABl. EU Nr. C 200/1 v. 28.6.2014, Rn. 124.

213 Dies ist – um es nochmals zu betonen – nicht notwendig eine „Direktvermarktung" i. S. der §§ 2 Nr. 2, 19 Abs. 1 Nr. 1, 20 Abs. 1 Nr. 1, 34 ff.

214 Hierunter versteht die Kommission gem. Art. 2 Nr. 116 VO Nr. 651/2014 eine „diskriminierungsfreie technologieübergreifende Bilanzausgleichsverantwortung, von der kein Erzeuger ausgenommen ist". Als Bilanzausgleichsverantwortung definiert Art. 2 Nr. 115 VO Nr. 651/2014 die „Verantwortung eines Marktteilnehmers oder des von ihm gewählten Vertreters (‚Bilanzausgleichsverantwortlicher') für Ungleichgewichte (Abweichungen zwischen Erzeugung, Verbrauch und kommerziellen Transaktionen) in einem bestimmten Zeitraum (‚Abrechnungszeitraum')". Ähnlich Art. 42 Nr. 6 VO Nr. 651/2014: „Die Beihilfeempfänger unterliegen einer Standardbilanzausgleichsverantwortung. Die Empfänger können die Bilanzausgleichsverantwortung von anderen Unternehmen, z. B. Aggregatoren, in ihrem Namen wahrnehmen lassen."

215 Dies ist in Deutschland nicht der Fall, siehe BMWi, Ein Strommarkt für die Energiewende, Grünbuch, S. 9 ff.

216 Strenger Art. 42 Nr. 7 VO Nr. 651/2014: „Bei negativen Preisen werden keine Beihilfen gewährt."

217 Kommission, Leitlinien für staatliche Umweltschutz- und Energiebeihilfen, ABl. EU Nr. C 200/1 v. 28.6.2014, Rn. 125.

sich um einen – in gewissem Zusammenhang mit der Eigenversorgung gem. § 5 Nr. 12[218] stehenden – „Direktverbrauch durch Dritte".[219] Die entsprechende Regelung stellt klar, dass Direktvermarktung und Direktverbrauch voneinander unabhängige Vermarktungsformen sind, die sich gegenseitig ausschließen.[220]

Nach § 2 Abs. 2 löst die Direktvermarktung die feste EE-Einspeisevergütung als **Regelfall**   **58** **der Förderung** ab, wie sich auch aus den §§ 19 Abs. 1 Nr. 2, 37 ff. ergibt. Damit zusammenhängend besteht für direktvermarkteten Strom keine grundsätzliche Andienungspflicht der Anlagenbetreiber mehr, wie sie noch in § 16 Abs. 3 EEG 2012 vorgesehen war (Ausnahme: § 39 Abs. 2). Zugleich wurde der Grundsatz „Förderung nur nach tatsächlicher kaufmännischer Abnahme" des § 16 Abs. 1 S. 2 EEG 2012 auf die Förderung durch Einspeisevergütung beschränkt (§ 39 Abs. 1).[221]

Anders als es die Gesetzesbegründung auf den ersten Blick nahe legen könnte, ist die Di-   **59** rektvermarktung nicht für alle EE-Neuanlagenbetreiber „verpflichtend".[222] Vielmehr haben diese unter den Voraussetzungen der §§ 37, 38 weiterhin ein Wahlrecht zwischen der Direktvermarktung und der festen Einspeisevergütung.[223] Gem. § 37 können **kleinere Anlagen** eine feste Einspeisevergütung beanspruchen, wobei die entsprechenden Schwellenwerte gem. § 37 Abs. 2 schrittweise abgesenkt werden. Zweck der Regelung ist es, den Marktakteuren Gelegenheit zu geben, sich auf die „verpflichtende" Direktvermarktung einstellen zu können.[224] Demgegenüber fungiert die sog. **Ausfallvergütung** des § 38 als eine Art untere Erlösgrenze, um den EE-Anlagenbetreibern und vor allem ihren finanzierenden Kreditinstituten ein gewisses Maß an Investitionssicherheit zu geben („Notfalloption").[225] Im Ergebnis bewirkt die Absenkung der Vergütung in § 38 eine Annäherung der Verhandlungsposition von EE-Anlagenbetreibern und Direktvermarktungsunternehmern, da die von § 38 garantierte Vergütung nur 80% der jeweiligen Förderung umfasst, was wohl keinen dauerhaft wirtschaftlichen Anlagenbetrieb ermöglicht.[226] Die Regelung soll vielmehr vor allem den finanzierenden Banken eine relativ sichere Kalkulationsgrundlage

---

218 „Eigenversorgung" wird von § 5 Nr. 12 definiert als „der Verbrauch von Strom, den eine natürliche oder juristische Person im unmittelbaren räumlichen Zusammenhang mit der Stromerzeugungsanlage selbst verbraucht, wenn der Strom nicht durch ein Netz durchgeleitet wird und diese Person die Stromerzeugungsanlage selbst betreibt". Siehe zu diesen Definitionsmerkmalen im Einzelnen *Moench/Lippert*, EnWZ 2014, 392, 393 ff., wonach der wesentliche Unterschied zur Rechtslage unter dem EEG 2012 in der kumulativen Geltung der Merkmale „unmittelbarer räumlicher Zusammenhang" und „Nichtdurchleitung durch ein Netz" liege („und" statt „oder" gem. § 37 Abs. 3 S. 2 EEG 2012). Die alte Rechtslage gilt nach § 61 Abs. 3 Nr. 3 weiterhin für Bestandsanlagen.

219 Demgegenüber kommt es bei der Direktvermarktung nicht darauf an, wer den Strom verbraucht; vgl. *Moench/Lippert*, EnWZ 2014, 392, 394; beim Direktverbrauch gelten ebenso wie beim Eigenverbrauch die Kriterien der „unmittelbaren räumlichen Nähe" und der „Nichtdurchleitung durch ein Netz" kumulativ (*Moench/Lippert*, a. a. O.).

220 *Moench/Lippert*, EnWZ 2014, 392, 395; siehe auch *Hahn/Naumann*, NJOZ 2012, 361, 362, im Hinblick auf den Eigenverbrauch, BT-Drs. 17/6071 v. 6.6.2011, S. 78.

221 Zum Vorstehenden siehe *Salje*, EEG 2014, § 19 Rn. 1 und § 39 Rn. 1.

222 So aber BT-Drs. 18/1891, S. 204.

223 *Thomas*, NVwZ-Extra 17/2014, 1, 3.

224 BT-Drs. 18/1304, S. 91.

225 BT-Drs. 18/1891, S. 206; *Müller/Kahl/Sailer*, ER 4/14, 139, 140; *Salje*, EEG 2014, § 38 Rn. 1.

226 *Müller/Kahl/Sailer*, ER 4/14, 139, 140 und 142; *Purkus/Gawel/Deissenroth/Nienhaus/Wassermann*, ET 12/2014, 8, 13.

geben, insbesondere unmittelbar nach Inbetriebnahme der Anlage.[227] Eine vergleichbare Problematik im Hinblick auf die Minimierung von „Bieterrisken" stellt sich beim Design von Ausschreibungen gem. §§ 2 Abs. 5 S. 2, 55, 88.[228]

60 Die **Voraussetzungen und Rechtsfolgen der Direktvermarktung** sind in den §§ 19, 20, 34 ff. geregelt. Bei der „geförderten Direktvermarktung" gem. §§ 19 Abs. 1 Nr. 1, 20 Abs. 1 Nr. 1 können EE-Anlagenbetreiber vom Netzbetreiber nach § 34 Abs. 2 i. V. m. Anlage 1 zusätzlich zum Verkaufserlös die Differenz zwischen dem in den §§ 40 bis 51 festgelegten Vergütungssatz (dem „anzulegenden Wert") und dem tatsächlichen Monatsmittelwert für die Preiszone Deutschland/Österreich am Spotmarkt der Strombörse EPEX Spot Se in Paris („Monatsmarktwert") verlangen.[229] Der Gesetzgeber will die EE-Anlagenbetreiber dazu bewegen, den EE-Strom möglichst in Zeiten hoher Nachfrage zu veräußern.[230] Aufgrund der gesetzlichen Förderung der Direktvermarktung durch die „Marktprämie" sind EE-Anlagenbetreiber den finanziellen Risiken einer Leistungserbringung über wettbewerbliche Märkte allerdings auch künftig grundsätzlich enthoben.[231] Darüber hinaus werden den Anlagenbetreibern weitere Risiken wie dasjenige der Zahlungsunfähigkeit des Direktvermarktungsunternehmers größtenteils abgenommen (§ 38).[232]

61 Im Interesse einer möglichst weitreichenden Vergleichbarkeit mit dem Fördermechanismus des EEG 2012 empfahl das vom BMWI in Auftrag gegebene Gutachten zur Ausgestaltung des Pilotausschreibungssystems für Photovoltaik-Freiflächenanlagen, den Vergütungsmechanismus des EEG bis auf Weiteres nicht zu ändern.[233] In Übernahme dieser Empfehlung soll künftig zwar die **„installierte Leistung"** der Anlagen ausgeschrieben werden (vgl. § 88 Abs. 1 Nr. 1 lit. a Alt. 1).[234] Die **Vergütung soll jedoch als „gleitende Marktprämie auf Arbeit"** erfolgen (vgl. § 88 Abs. 1 Nr. 5 lit. a Alt. 1).[235] Der gebotene und bezuschlagte Preis ist nach diesem Modell also der „anzulegende Wert" gem. § 23 Abs. 1 S. 2 und dient der Ermittlung der Marktprämie nach § 34 (vgl. § 26 FFAV).[236] Ein Betreiber einer EE-Anlage, der in der Ausschreibung den Zuschlag bekommen hat, erhält

---

227 *Salje*, EEG 2014, § 38 Rn. 2.

228 Siehe ZSW/Takon/BBG und Partner/Ecofys, Wissenschaftliche Empfehlung zur Ausgestaltung des Pilotausschreibungsverfahrens, S. 1, 11: „Eine weitere Anforderung an das Auktionsdesign ist, dass es die Bieterrisiken soweit wie möglich reduzieren und somit die Transaktionskosten für Bieter und Auktionator gering halten soll. Bieterrisiken beinhalten zum Beispiel das Risiko, letztlich nicht bezuschlagt zu werden. In diesem Fall müssen versunkene Kosten verbucht werden, die im Zuge der Projektvorentwicklung und für die Erfüllung der Präqualifikationsanforderungen entstanden sind. Hinzu kommt bei Bezuschlagung das Risiko, eine PV-Anlage nicht realisieren zu können und damit Strafen zahlen zu müssen (Pönalenrisiko)."

229 Vgl. *Vollprecht/Clausen*, EnWZ 2014, 112.

230 *Vollprecht/Clausen*, EnWZ 2014, 112.

231 Krit. deshalb *Gawel/Lehmann*, Wirtschaftsdienst 2014, 651, 658: Direktvermarktung „bringt für sich genommen noch fast nichts ein".

232 Diese Intention lässt sich zwar nicht aus dem Normtext, wohl aber aus der Regierungsbegründung entnehmen; BT-Drs. 18/1304, S. 139.

233 ZSW/Takon/BBG und Partner/Ecofys, Wissenschaftliche Empfehlung zur Ausgestaltung des Pilotausschreibungsverfahrens, S. 1 und 7 f.

234 Vgl. *Degenhard/Nestle*, Marktrealität für Bürgerenergie und mögliche Auswirkungen von regulatorischen Eingriffen, S. 87.

235 ZSW/Takon/BBG und Partner/Ecofys, Wissenschaftliche Empfehlung zur Ausgestaltung des Pilotausschreibungsverfahrens, S. 2.

236 *Kahle*, RdE 2014, 372, 377 mit Fn. 33.

damit den von ihm gebotenen Preis[237] abzüglich des durchschnittlichen Strompreises an der Börse.[238] Erwägenswert wäre zusätzlich die Installation „atmender Deckel", um die Förderung stärker von der Erreichung der Ausbauziele abhängig zu machen.[239] Die Bundesregierung hat sich freilich in § 13 Abs. 3 FFAV gegen eine degressive Ausgestaltung der Fördersätze ausgesprochen, sofern die BNetzA nicht auf der Grundlage von § 35 Nr. 13 FFAV eine anderslautende Festlegung trifft. De lege ferenda spricht gegen eine Fortführung der Direktvermarktungsförderung über ein Marktprämienmodell mit 20 Jahre garantierten Vergütungen, dass hierdurch Betreiber von EE-Anlagen mit fluktuierenden Energiequellen keine nennenswerten Anreize haben, die Anlagen bei niedrigen Börsenpreisen und damit niedriger Nachfrage abzuregeln, um die Produktion in Hochpreisphasen zu verlegen.[240] Künftig sollte deshalb nur eine bestimmte Menge an erbrachter Arbeit pro Jahr bzw. pro Förderzeitraum vergütet werden.[241]

V. Kostengünstige Technologien (Abs. 3)

1. Grundlagen. Das EEG 2014 hält am bisherigen Konzept einer **technologiebezogenen**   62
Förderung fest, indem es unterschiedlich hohe Fördersätze für die förderfähigen Technologien statuiert (§§ 40 ff.).[242] Die Technologiedifferenzierung bei den Fördersätzen soll nach ihrer Grundidee eigentlich dazu beitragen, auf wettbewerblichen Märkten nicht erzielbare und damit „antikompetitiv überhöhte Renditen" zu vermeiden, wie dies auch der wettbewerbs- und regulierungsrechtlichen Entgeltkontrolle mit ihrer Ausrichtung auf effiziente Kosten und marktübliche Kapitalverzinsungen entspricht. Andererseits ist bei einer derart „technologiespezifischen Festlegung von Ausbauzielen aller relevanten Erzeugungsarten"[243] nebst unterschiedlichen Fördersätzen zu besorgen, dass kostengünstige Potenziale bestimmter EE-Technologien ungenutzt bleiben, wie etwa von Windenergie an Land an weniger günstigen Standorten.[244]

Eine Steuerung der Ausbaumengen wird grundsätzlich durch die **technologiespezifische**   63
Vorgabe von Ausbaupfaden in Verbindung mit dem **Instrument der „atmenden Deckel"**, also indirekt über die Anhebung bzw. Absenkung der Förderzahlungen gesichert (§§ 3, 28, 29, 31). Das Gesetz sieht somit lediglich eine indirekte Mengensteuerung vor.[245] Für die durch Ausschreibung erlangten Förderberechtigungen gem. § 28 FFAV hat die Bundesregierung durch § 13 Abs. 3 FFAV die Geltung des § 31 ausgeschlossen. Ein ande-

---

237 Bei einer „Pay-as-bid-Auktion", siehe dazu unten § 2 Rn. 133.

238 *Degenhard/Nestle*, Marktrealität für Bürgerenergie und mögliche Auswirkungen von regulatorischen Eingriffen, S. 90. Ausführlich am Beispiel der Niederlande *Kopp* et al., Wege in ein wettbewerbliches Strommarktdesign für erneuerbare Energien, S. 77 ff.

239 *Perner/Riechmann*, ET 5/2013, 8, 12.

240 *Lüdemann/Ortmann*, EnWZ 2014, 387, 390 f.

241 Überzeugend *Lüdemann/Ortmann*, EnWZ 2014, 387, 391.

242 Vgl. Bundesregierung, Stellungnahme zum Sondergutachten der Monopolkommission Energie 2013, BT-Drs. 18/2939 v. 16.10.2014, S. 8; zustimmend IZES/Bofinger/BET, Stromsystem-Design, S. 4.

243 Bundesregierung, Stellungnahme zum Sondergutachten der Monopolkommission Energie 2013, BT-Drs. 18/2939 v. 16.10.2014, S. 8.

244 Monopolkommission, Sondergutachten 65, Wettbewerb in Zeiten der Energiewende, Rn. 294 ff.; *Perner/Riechmann*, ET 5/2013, 8, 10.

245 Krit. *Salje*, EEG 2014, § 2 Rn. 5.

res Konzept greift auch bei der **Offshore-Windenergie** („Windenergieanlagen auf See" gem. § 5 Nr. 36). Bei dieser vergibt die BNetzA sog. Anbindungsrechte (die „Anschlusska-pazitäten auf Anbindungsleitungen") auf der Grundlage des jährlichen Offshore-Netzan-bindungsplans, und zwar bei einer zu großen Nachfrage durch Versteigerung (§ 17d EnWG).[246] In Verbindung mit der in § 17d Abs. 3 EnWG normierten Begrenzung der zu-weisbaren Kapazitäten zielt dieses Verfahren somit auf eine direkte Mengensteuerung ab.[247]

64 **2. Insbesondere: technologiespezifische Ausbaupfade.** Dem Grundsatz des § 2 Abs. 3, wonach sich die finanzielle Förderung für Strom aus erneuerbaren Energien und aus Gru-bengas stärker auf möglichst kostengünstige (nicht: die kostengünstigsten[248]) Technologien konzentrieren soll, trägt der Gesetzgeber insbesondere durch die Vorgabe **technologiespe-zifischer Ausbaupfade** in § 3 Rechnung, auch wenn die Gesetzesbegründung vor allem auf den Aspekt der **Planbarkeit des Ausbaus** hinweist.[249] Aufgrund der in den letzten Jah-ren stark gestiegenen EEG-Umlage soll sich der Ausbau vor allem auf die **Windenergie an Land** und die **Photovoltaik** fokussieren.[250] Für beide Technologien ist in § 3 Nr. 1 und Nr. 3 deshalb jeweils ein jährlicher Ausbaukorridor an installierter Leistung von jeweils 2500 MW vorgesehen, wobei es sich bei der Windenergie an Land um einen Nettowert und bei Anlagen zur Erzeugung von Strom aus solarer Strahlungsenergie um einen Bruttowert handelt.[251] Bei der Windenergie an Land bedeutet dies im Vergleich zu den letzten Jahren einen (geplanten) Anstieg der zugebauten Leistung, da seit dem Jahr 2009 im Mittel ca. 2000 MW pro Jahr installiert wurden.[252] Demgegenüber lag der jährliche Ausbau der Pho-tovoltaik als praktisch wichtigster Technologie zur Umwandlung solarer Strahlungsenergie in Strom in den Jahren bis 2012 mit teilweise mehr als 7000 MW weit über dem im EEG 2009 festgelegten Zubaukorridor (§ 20a EEG 2009).[253] Der Gesetzgeber will die Einhal-tung des neuen Korridors bei Photovoltaik-Dachanlagen u. a. durch die Streichung des **Ei-genverbrauchsprivilegs** sichern.[254] Abgeschafft wurde mit der EEG-Novelle 2014 auch der Bonus für Ersatzinvestitionen in Windkraftanlagen, das sog. **Repowering** (§ 30 EEG 2012). Dies ist überzeugend, da sich die Vorteilhaftigkeit leistungsstärkerer Windenergie-anlagen in erster Linie aus ihrer höheren Energieausbeute ergibt, mit der Folge höherer Einnahmen.[255] Ein zusätzlicher Repowering-Bonus kann deshalb bei windstarken Standor-ten zu einer Überförderung führen. Nach Informationen des Gesetzgebers sind auch die

246 Siehe BNetzA, Beschl. v. 13.8.2014, BK6-13-001; *Schulz/Kupko*, EnWZ 2014, 457 ff.
247 Vgl. BT-Drs. 18/1304, S. 188.
248 Vgl. Bundesregierung, Stellungnahme zum Sondergutachten der Monopolkommission Energie 2013, BT-Drs. 18/2939 v. 16.10.2014, S. 8, wonach die „ambitionierten Erneuerbare-Energien-Ausbauziele" auch die Berücksichtigung „hochpreisiger Potentiale" erforderten.
249 *Beckmeyer*, EnWZ 2014, 433, 434; zum Zweck der „Aufwandsbegrenzung" siehe *Salje*, EEG 2014, § 3 Rn. 1.
250 BT-Drs. 18/1304, S. 111; BMWi, Ein Strommarkt für die Energiewende, Grünbuch, S. 13: „Wind und Sonne sind die Energiequellen mit den größten Potentialen und den geringsten Kosten", ob-wohl sie „dargebotsabhängig" sind.
251 Siehe zu dieser Unterscheidung § 3 Rn. 11.
252 BT-Drs. 18/1304, S. 111.
253 BT-Drs. 18/1304, S. 111.
254 Die Streichung des Eigenverbrauchsprivilegs wird durch die moderate Anhebung der Fördersätze nur teilweise kompensiert; vgl. BT-Drs. 18/1304, S. 147; *Wustlich*, NVwZ 2014, 1113, 1118 f.
255 Insoweit überzeugend BT-Drs. 18/1304, S. 146.

Kosten für den Rückbau und die Entsorgung von Altanlagen verhältnismäßig gering, zumal durch den Verkauf der Altanlagen u. U. „Restwerte" erzielt werden können.[256]

Kontinuierlich ausbauen will der Gesetzgeber auch die Nutzung der **Windenergie auf See**, um die (nach derzeitigem Erkenntnisstand erhofften) Kostensenkungspotenziale dieser Technologie durch Lern- und Skaleneffekte zu heben.[257] Vor diesem Hintergrund strebt das Gesetz bis zum Jahr 2020 eine installierte Leistung von 6,5 GW und bis zum Jahr 2030 sogar eine solche von 15 GW an (§ 3 Nr. 2). Durch diese Ausbaupfade soll der gegenwärtigen Situation verzögerter Projektrealisierungen Rechnung getragen, der „Offshore-Branche" aber zugleich eine verlässliche Ausbauperspektive gegeben werden.[258]   **65**

Demgegenüber soll sich die Stromerzeugung aus **Biomasse** als „Verlierer der EEG-Novelle" aufgrund weiterhin sehr hoher Vergütungssätze und fehlender Kostensenkungspotenziale künftig auf Rest- und Abfallstoffe konzentrieren.[259] Aus diesem Grunde strebt der Gesetzgeber eine Begrenzung des Ausbaus auf „etwa 100 MW" pro Jahr an.[260] Gestrichen wurden außerdem die **Einsatzstoffvergütungsklassen** (§ 27 Abs. 2 EEG 2012), die bisher insbesondere der Finanzierung nachwachsender Rohstoffe wie Stroh und Energieholz dienten, und der bisherige **Gasaufbereitungs-Bonus** (§ 27c Abs. 2 EEG 2012).[261]   **66**

Nach dem Wortlaut des § 2 Abs. 3 ist bei der Förderung kostengünstiger Technologien insbesondere die „mittel- und langfristige Kostenperspektive zu berücksichtigen". Letztere wird – wie zuvor dargestellt – etwa bei der Offshore-Windenergie relevant, die noch vergleichsweise „jung" und damit kostenintensiv ist, bei der jedoch zum Teil steile **Lernkurven** und **starke Kostensenkungspotenziale** vermutet werden.[262] In Übernahme allgemeiner wettbewerbsrechtlicher Grundsätze (etwa zu Art. 101 Abs. 3 AEUV[263]) erfordert die Berücksichtigung derart „dynamischer Effizienzen" bei den Förderkosten aber durch Tatsachen untermauerte Prognosen. So kommt es im Rahmen wohlfahrtsökonomischer Analysen regelmäßig zu einem Zielkonflikt zwischen der Verfolgung statischer und dynamischer Effizienz.[264] Unternehmen benötigen für Investitionen und Innovationen über ein gewisses Maß an zeitlich begrenzter Marktmacht, da „kompetitive Monopolgewinne" eine wichtige Funktion als Investitions- und Innovationsanreize haben.[265] Eine zeitweilig gerechtfertigte wirtschaftliche Machtposition darf sich aber nicht dauerhaft verfestigen und damit „antikompetitiv" werden.[266] Dies wird vor allem durch eine „dynamische Marktstruktur", also durch offene Märkte erreicht.[267] Unter dem Blickwinkel einer wettbewerbli-   **67**

---

256 Siehe BT-Drs. 18/1304, S. 146.
257 BT-Drs. 18/1304, S. 111 und auch S. 188: „Die Erfahrungen im Bereich der Offshore-Windenergie haben gezeigt, dass es sich um eine noch junge Technologie handelt, bei der Investoren bis zur endgültigen Realisierung der Projekte eine Vielzahl von Erfahrungen sammeln."
258 BT-Drs. 18/1304, S. 111.
259 *Wustlich*, NVwZ 2014, 1113, 1118.
260 BT-Drs. 18/1304, S. 111.
261 *Wustlich*, NVwZ 2014, 1113, 1118.
262 Dazu *Perner/Riechmann*, ET 5/2013, 8, 12 f.
263 Siehe zu diesem „Prognoseproblem" Grabitz/Hilf/Nettesheim/*Schumacher*, Art. 101 AEUV Rn. 306.
264 *Kerber*, in: Vahlens Kompendium, S. 369, 387 f.
265 *I. Schmidt*, in: FS Säcker, 2011, S. 939, 942.
266 *Kerber*, Vahlens Kompendium, S. 369, 387 f.
267 *Böge*, in: Oberender, Effizienz und Wettbewerb, S. 131, 133; *I. Schmidt*, in: FS Säcker, 2011, S. 939, 945.

chen Förderung wäre deshalb eine technologieneutrale(re) Festlegung der Fördersätze wünschenswert.[268]

VI. „Angemessene" Verteilung der Förderkosten (Abs. 4)

68 **1. Grundlagen.** Der Gesetzgeber will die Betreiber von EE-Anlagen auf der Basis der EEG-Novelle 2014 nicht nur systemverträglicher und kosteneffizienter fördern, sondern die durch die Förderung entstehenden Mehrkosten auch „gerechter", im vorliegenden Zusammenhang also vor allem **belastungsgleicher** auf die Strombezieher verteilen. Da die Problematik einer Kostenminimierung von derjenigen einer Verteilung der gegebenen Kosten zu differenzieren ist,[269] sieht § 2 Abs. 4 für die letztgenannte Fragestellung eine eigene Regelung vor. Nach dieser Vorschrift sollen die Kosten für die finanzielle Förderung von Elektrizität aus erneuerbaren Energien und aus Grubengas künftig „unter Einbeziehung des Verursacherprinzips und energiewirtschaftlicher Aspekte angemessen verteilt werden". Die Vorschrift statuiert damit zum einen eine „**ökologische Verursacherhaftung**",[270] die nach Ansicht des Gesetzgebers „schon bisher die Belastung der Elektrizitätsversorgungsunternehmen" als den „für die Elektrizitätsversorgung maßgeblichen Akteure[n] mit der EEG-Umlage rechtfertigte".[271] Zum anderen enthält sie mit dem Verweis auf „energiewirtschaftliche Aspekte" ein Korrektiv im Interesse der von § 2 Abs. 1 S. 2 geforderten „**Transformation des Energieversorgungssystems**".

69 Der Gesetzgeber will mit der Förderung erneuerbarer Energien gem. § 1 Abs. 1 im Interesse des Klima- und Umweltschutzes u. a. die volkswirtschaftlichen Kosten der Energieversorgung durch die **Einbeziehung langfristiger externer Effekte** verringern. Diese langfristigen externen Effekte sind bei einer Erzeugung von Elektrizität aus fossilen und nuklearen Energieträgern höher als bei einer solchen aus erneuerbaren Energien. Die externen Kosten einer Erzeugung von Elektrizität aus fossilen und nuklearen Energieträgern werden vom EEG jedoch nicht direkt internalisiert.[272] Das Fördersystem gleicht den Betreibern von EE-Anlagen vielmehr diejenigen Nachteile aus, die ihnen aufgrund der noch nicht gegebenen Marktreife der jeweiligen Technologie im Vergleich zu konventionellen Stromerzeugern entstehen. Dahinter steht der Gedanke, dass auch die Erzeugung konventioneller Energie teurer wäre, bezöge man alle langfristigen ökologischen Folgekosten mit in die Kalkulation ein.[273] Die Finanzierung der Förderung erfolgt über den Ausgleichsmechanismus (jetzt: §§ 56 ff.), wonach die von den Netzbetreibern an die EE-Anlagenbetreiber gezahlten Vergütungen (Marktprämien, Einspeisevergütungen) möglichst belastungs-

---

268 Ebenso Monopolkommission, Sondergutachten 65, Wettbewerb in Zeiten der Energiewende, Rn. 294 ff.

269 Monopolkommission, Sondergutachten 65, Rn. 3.

270 *Büdenbender*, ET 6/2014, 82, 83. Siehe auch Art. 2 Nr. 122 der Beihilfen-Gruppenfreistellungs-VO Nr. 651/2014, wonach unter „Verursacherprinzip" der „Grundsatz" zu verstehen ist, „nach dem die Kosten für die Beseitigung von Umweltschäden von den Verursachern zu tragen sind". Als Umweltschaden sieht Art. 2 Nr. 123 VO Nr. 651/2014 einen Schaden an, „den der Verursacher dadurch herbeigeführt hat, dass er die Umwelt direkt oder indirekt belastet oder die Voraussetzungen für eine Belastung der natürlichen Umwelt oder der natürlichen Ressourcen geschaffen hat".

271 BR-Drs. 157/14 v. 11.4.2014, S. 156.

272 Altrock/Oschmann/Theobald/*Altrock*, § 34 EEG 2012 Rn. 15.

273 Altrock/Oschmann/Theobald/*Altrock*, § 34 EEG 2012 Rn. 15.

gleich an die letztversorgenden Energieversorgungsunternehmen weitergereicht werden sollen. Den Letztversorgern steht es – die tatsächlichen Gegebenheiten ausblendend – nach der normativen Konzeption sodann frei, ob sie die EEG-Umlage in den Stromlieferverträgen mit Hilfe einer sog. „EEG-Klausel" an die Endverbraucher weitergeben,[274] obwohl dies im Ausgleichssystem so angelegt ist.[275]

Die **Zahlungspflicht gerade der Energieversorgungsunternehmen** ist nach der Regie- **70** rungsbegründung zum EEG 2014 ein zentraler Ausdruck eines **ökologischen Verursacherprinzips**.[276] Dahinter steht der „Rechtsgedanke", dass „diejenigen, die maßgeblich über die Stromversorgung und die hierfür bislang primär genutzten fossilen und nuklearen Erzeugungsquellen mit ihren negativen Folgen für Klima und Umwelt verfügen, die zutreffenden Adressaten der Regelungen über die Kostentragung der Förderung der erneuerbaren Energien sind (unbeschadet ihrer Möglichkeit zur vertraglichen Abwälzung der Kosten an die Stromkunden)." Dabei sei „auch zu berücksichtigen, dass von konventionellen Kraftwerken ausgehende Einwirkungen auf die Umwelt ein Grund für den geplanten Umbau der Energieversorgung hin zu erneuerbaren Energien" seien. Auch wenn die Letztversorger normativ das Risiko der Abwälzbarkeit der EEG-Umlage auf die Letztverbraucher tragen, ändert dies freilich nichts an dem Umstand, dass sie in einer in verschiedene Teilmärkte aufgegliederten „unbundelten" Energieversorgung für die Erzeugung der Energie aus konventionellen Energieträgern nicht notwendig verantwortlich sind.

Gegen die fortbestehende **„Indienstnahme" von Netz- und Anlagenbetreibern sowie** **71** **Verbrauchern** für die EE-Förderkosten spricht (de lege ferenda) die in § 2 Abs. 1 zum Ausdruck kommende Systemverantwortung der EE-Anlagenbetreiber. So ist die Erzeugung von Elektrizität aus erneuerbaren Energien von einer Nischen- zur Leittechnologie geworden. Damit einher geht eine gesteigerte Systemverantwortung der EE-Anlagenbetreiber, die sich nicht nur in einer Marktintegration des EE-Stroms äußert, sondern auch in der gewachsenen Verantwortung für die Netzstabilität und die Versorgungssicherheit.[277] Insoweit kann auf die Ausführungen zu den grundrechtlichen Rahmenbedingungen der Förderung[278] sowie zur System-, Markt- und Netzintegration gem. § 2 Abs. 1 verwiesen werden.[279] § 2 Abs. 4 bezieht sich hierauf mit dem Terminus der „energiewirtschaftlichen Aspekte". Die Gesetzesbegründung ist damit eigentlich veraltet.

2. Unionsrechtliche Vorgaben. Die EU-Kommission hatte in ihrem Ende des Jahres 2013 **72** gegen die Bundesrepublik Deutschland eröffneten Beihilfeverfahren insbesondere Bedenken gegen die Befreiung stromintensiver Unternehmen von der EEG-Umlage geäußert.[280] Darüber hinaus untersuchte sie später auch die Regelungen zur Befreiung von Schienenbahnen auf ihre beihilfenrechtliche Zulässigkeit. Der erstgenannte Vorschriftenkomplex wurde auf der Grundlage der **Energie- und Umweltschutzbeihilfenleitlinien** geprüft, für den Letztgenannten galten **eisenbahnbeihilfenrechtliche Sonderregelungen**. Die Kom-

---

274 So Altrock/Oschmann/Theobald/*Altrock*, § 37 EEG 2012 Rn. 68 ff.

275 Siehe auch BT-Drs. 18/1891 v. 16.6.2014, S. 218: „Denn der Stromkunde zahlt mit der EEG-Umlage bereits für die Erzeugung des Stroms aus erneuerbaren Energien."

276 BR-Drs. 157/14 v. 11.4.2014, S. 156.

277 *Säcker*, in: Müller, 20 Jahre Recht der Erneuerbaren Energien, S. 745, 757 f.; *Burgi*, JZ 2013, 745, 751.

278 Siehe § 1 Rn. 78.

279 Siehe § 2 Rn. 30.

280 Siehe ausführlich § 1 Rn. 30.

mission hat unter dem 25.11.2014 die besonderen Ausgleichsregelungen für stromintensi-ve Unternehmen des EEG 2012 als weitestgehend beihilfenrechtskonform angesehen, wo-hingegen diejenigen des EEG 2014 für Schienenbahnen vollständig bestätigt wurden.[281]

73   **3. Vorschriften des EEG. a) Besondere Ausgleichsregelung.** Der Gesetzgeber durch-bricht das „Prinzip der möglichst gleichmäßigen Verteilung"[282] der EE-Förderkosten durch die **„besondere Ausgleichsregelung"** (Überschrift vor Teil 4, Abschnitt 2) zur Kostenent-lastung von stromintensiven Unternehmen und von Schienenbahnen (§§ 63 ff., 103).[283] Die Vorschriften zur Entlastung stromintensiver Unternehmen dienen vor allem der **internatio-nalen Wettbewerbsfähigkeit** und dem **Erhalt von Arbeitsplätzen,**[284] haben also letztlich auch protektionistische Zwecke.[285] Demgegenüber sollen die Privilegierungen der Schie-nenbahnen den **„intermodalen Wettbewerb"** mit anderen Verkehrsmitteln erleichtern.[286] Im Ergebnis führen die vorbenannten Vergünstigungen zu einer Umverteilung der Förder-kosten auf Privatkunden und auf nicht privilegierte Unternehmen.[287]

74   Um das Begünstigungsvolumen der deutschen Wirtschaft nicht zu erhöhen, aber auch un-ter dem Eindruck der vorläufigen Einstufung als nicht zu rechtfertigende Beihilfe durch die EU-Kommission[288] hat der Gesetzgeber die bislang bestehenden Privilegierungen durch ein „hochkomplexes Gebilde" abgeschmolzen.[289] Im Ergebnis bilden damit die **Leit-linien für staatliche Umweltschutz- und Energiebeihilfen 2014 bis 2020** den unions-rechtlichen Rahmen der Vorschriften zur „besonderen Ausgleichsregelung", die einer aus-ufernden Privilegierung von Unternehmen zulasten eines einheitlichen europäischen Binnenmarkts für Elektrizität entgegenstehen.[290] Auch aus Sicht des nationalen Rechts drängen sich freilich Fragen auf, etwa im Hinblick auf etwaige Überförderungen und auf wettbewerbsverzerrende Wirkungen im Inland.[291] Der deutsche Gesetzgeber trägt diesen Bedenken auf den ersten Blick durch die Neugestaltung der §§ 63 ff. Rechnung, wobei § 103 wiederum „Rückausnahmen" in Form von „Übergangs- und Härtefallbestimmun-gen" normiert. Bei näherem Hinsehen zeigt sich, dass die rechtliche Zulässigkeit und sach-liche Überzeugungskraft von unternehmensbezogenen Privilegierungen eng mit dem Grundkonzept der Förderung verbunden ist. Indem dieses nunmehr schrittweise auf wett-

---

281 Siehe Kommission, Pressemitteilungen vom 25.11.2014, IP/14/2122 (EEG 2012) und IP/14/2123 (EEG 2014), abrufbar unter http://europa.eu.

282 Altrock/Oschmann/Theobald/*Altrock*, § 34 EEG 2012 Rn. 16.

283 Weitere Vorschriften zur Kostenentlastung der energieintensiven Unternehmen enthalten § 19 Abs. 2 StromNEV im Hinblick auf die Netzentgelte und §§ 9, 9a StromStG; siehe *Becker*, ZNER 2013, 559, 560.

284 BT-Drs. 18/1304, S. 2 und 156 ff.

285 Auch der Unionsvertrag enthält mit dem Verweis auf eine „in hohem Maße wettbewerbsfähige" soziale Marktwirtschaft derart industriepolitische Zielvorgaben; siehe zur „Wettbewerbsfähig-keit" als „globalisierungsbedingter Konditionierung" *Schmidt-Preuß*, in: FS Säcker, 2011, S. 969, 975; *Müller-Graff*, ZHR 173 (2009), 443, 447.

286 Dazu Monopolkommission, Sondergutachten 46, Rn. 12; *Fritsch*, Marktversagen und Wirt-schaftspolitik, S. 242.

287 *Salje*, EEG 2014, § 63 Rn. 2.

288 Kommission, Entsch. v. 18.12.2013, C(2013) 4424 final, Beihilfe SA.33995, ABl. EU 2014 Nr. C 37/07 Rn. 201 ff., Rn. 221 ff.

289 *Wustlich*, NVwZ 2014, 1113, 1119.

290 *Große/Kachel*, NVwZ 2014, 1122, 1123; *Vollstädt/Bramowski*, BB 2012, 1167.

291 *Gawel/Lehmann*, Wirtschaftsdienst 2014, 651, 655: Die besondere Ausgleichsregelung habe den „Rang einer vage konturierten, anlasslosen Unternehmensförderung erreicht".

bewerbliche Ausschreibungen umgestellt wird (§ 2 Abs. 5 und 6), sinken auch die Bedenken gegen eine Herausnahme bestimmter Unternehmensgruppen aus übergeordneten volkswirtschaftlichen Interessen.[292]

Die besonders in der Diskussion stehenden stromintensiven Unternehmen sind nach § 64   **75**
Abs. 1 Hs. 1 antragsberechtigt, wenn sie einer der in Anlage 4 zum EEG aufgeführten, mit den Umwelt- und Beihilfeleitlinien der Kommission korrespondierenden Branchen angehören.[293] Diese müssen nach § 64 Abs. 1 Nr. 1 einen Stromverbrauch inklusive Eigenverbrauch i. S. des § 61 Abs. 1 von mehr als 1 GWh pro Geschäftsjahr aufweisen.[294] In Abhängigkeit von der Zuordnung zu Liste 1 oder 2 der Anlage 4 zum EEG muss die Stromkostenintensität[295] nach § 64 Abs. 1 Nr. 2 entweder 16 % bzw. 17 % (Liste 1: ganze Branche) oder 20 % (Liste 2: einzelnes Unternehmen einer Branche) aufweisen.[296] Demgegenüber mussten die Stromkosten bislang „nur" 14 % an der Bruttowertschöpfung betragen (§ 41 Abs. 1 Nr. 1 lit. b EEG 2012). Außerdem macht § 64 Abs. 1 Nr. 3 Vorgaben im Hinblick auf die Energieeffizienz. § 64 Abs. 2 Hs. 1 verlangt schließlich, dass das antragstellende Unternehmen den in Anlage 4 bezeichneten Branchen gerade an der jeweiligen Abnahmestelle angehört, um zielgenau diejenigen Unternehmensbereiche zu begünstigen, die im internationalen Wettbewerb stehen.[297] Den Umfang der Begrenzung bestimmt § 64 Abs. 2 in prozentualer Abhängigkeit von der verbrauchten Elektrizität, wobei Nr. 1 einen (vollen) Selbstbehalt bis einschließlich 1 GWh vorsieht.

**b) Eigenverbrauchsprivileg zwischen Verteilung der Förderkosten und Systeminte-   76
gration.** Kontrovers diskutiert wurde im Gesetzgebungsverfahren des EEG 2014 die rechtliche Behandlung der konventionellen ebenso wie der umwelt- und klimaschonenden **Eigenversorgung**.[298] Unter der Geltung des EEG 2012 war die Befreiung der Eigenversorgung von der EEG-Umlage in § 37 Abs. 3 normiert. Mit dem stetigen Anstieg der EEG-Umlage ist freilich auch die „energiewirtschaftliche Bedeutung der Eigenversorgung" gestiegen.[299] Der Gesetzgeber hat deshalb in den §§ 5 Nr. 12, 61, 74 und 98 Abs. 3, 100 Abs. 3 spezifische Regelungen zur Eigenversorgung geschaffen. Diese folgen der Erkenntnis, dass es jedenfalls aus Sicht des Umwelt- und Klimaschutzes keinen Unterschied ma-

---

292 Im europäischen Wettbewerbsrecht zeigt sich der damit angesprochene Zielkonflikt zwischen dem Schutz des freien Wettbewerbs im Binnenmarkt und der Erzielung wohlfahrtsökonomisch zu bestimmender Effizienzen im Verhältnis des Verbots wettbewerbsbeschränkender Vereinbarungen des Art. 101 Abs. 1 AEUV zum Freistellungstatbestand des Art. 101 Abs. 3 AEUV.
293 Vgl. BT-Drs. 18/1891, S. 209. § 100 Abs. 4 enthält eine Härtefallregelung für solche Unternehmen, die für das Jahr 2014 über eine bestandskräftige Begrenzungsentscheidung verfügen, nunmehr aber keine Begrenzung mehr in Anspruch nehmen können; siehe *Vollstädt/Bramowski*, BB 2014, 1667, 1671 f.
294 Mit der Einbeziehung der eigenerzeugten und selbst verbrauchten Strommengen in die besondere Ausgleichsregelung soll die Wirtschaftlichkeit industrieller Eigenversorgungsanlagen (Erzeugung von Strom aus Kuppelgas) gewahrt bleiben, da diese nach der Neuregelung des § 61 eigentlich mit der EEG-Umlage belastet sind; vgl. BT-Drs. 18/1891, S. 209.
295 Die Stromintensität bestimmt sich nach dem Verhältnis der Stromkosten zur Bruttowertschöpfung, vgl. § 64 Abs. 6 Nr. 3; siehe dazu *Vollstädt/Bramowski*, BB 2014, 1667 f.
296 BT-Drs. 18/1891, S. 210.
297 BT-Drs. 18/1891, S. 209, wiederum unter Verweis auf die Umwelt- und Energiebeihilfenleitlinien der Kommission.
298 *Wustlich*, NVwZ 2014, 1113, 1121; *Moench/Lippert*, EnWZ 2014, 392.
299 *Herz/Valentin*, EnWZ 2014, 358, 363.

chen kann, ob eine Person Energie selbst herstellt und verbraucht oder von einem (nahe gelegenen) Kraftwerk bezieht.

77 Gem. **§ 5 Nr. 12** ist „Eigenversorgung" der Verbrauch von Strom, den eine natürliche oder juristische Person im unmittelbaren räumlichen Zusammenhang mit der Stromerzeugungsanlage selbst verbraucht, wenn der Strom nicht durch ein Netz „durchgeleitet" wird und diese Person die Stromerzeugungsanlage selbst betreibt.[300] Nach dem kompliziert formulierten § 61 Abs. 1 S. 2 können Übertragungsnetzbetreiber von Letztverbrauchern auch bei der Eigenversorgung die volle EEG-Umlage verlangen. Hieran knüpft die jährliche Meldepflicht der eigenverbrauchten Strommengen gem. § 74 an. Die EEG-Umlage reduziert sich jedoch auf die in § 61 Abs. 1 S. 1 genannten, bis 2017 ansteigenden Werte, wenn die EE-Anlage bestimmte Voraussetzungen erfüllt. Nach § 61 Abs. 2 entfällt der Anspruch auf die EEG-Umlage insgesamt, wenn die dort normierten Ausnahme-Voraussetzungen erfüllt sind. Der Gesetzgeber behält sich jedoch schon jetzt eine Anpassung dieser Regelungen vor, weshalb die derzeit von der EE-Umlage befreiten Anlagenbetreiber kein schutzwürdiges Vertrauen aufbauen können (§ 98 Abs. 3).

78 Die Betreiber von **Alt-Eigenversorgungsanlagen** werden gem. § 61 Abs. 3 und 4 aus Vertrauensschutzgründen von der EEG-Umlage befreit.[301] Nach der Gesetzessystematik greift darüber hinaus die allgemeine Regelung des § 100 Abs. 3, wenn die Anlagen vor dem 23.1.2014 genehmigt oder zugelassen worden sind,[302] sofern man § 61 Abs. 3 und 4 insoweit nicht als leges speciales ansehen will.

79 Die Regierungsbegründung zum EEG 2014 begründet die Neuregelung der Eigenversorgung vor allem mit der **Wandlung der Erzeugung von EE-Strom von einer Nischen- zu einer Leittechnologie**, weshalb die Kosten für die Transformation des Elektrizitätsversorgungssystems „nicht allein anhand der Nachfrage nach dem verbleibenden Anteil an konventionell erzeugtem Strom" verteilt werden könnten (vgl. auch § 2 Abs. 1).[303] Wegen der in den letzten Jahren stark gestiegenen EEG-Umlage sei die Relevanz „der klassischen Belieferung durch Elektrizitätsversorgungsunternehmen" gegenüber der Eigenversorgung zunehmend gesunken.[304] Dieses Verhalten habe nicht nur zu einer „gesunkenen Bedeutung von Energieversorgern und Stromhändlern und damit ihres Verursachungsbeitrags" geführt. Eine Umlagefreiheit selbst erzeugter Elektrizität gefährde auch das Gesamtsystem, da „Eigenversorger in aller Regel nicht auf Preissignale am Strommarkt reagieren und damit keinen Beitrag zur notwendigen Flexibilisierung von Erzeugung und Nachfrage setzen".[305] Es sei erforderlich, die „Verantwortung für die Ziele des EEG" nunmehr nicht allein den Stromversorgungsunternehmen aufzuerlegen. Mit der „Dezentralisierung des Energiesystems" gehe vielmehr auch eine „erhöhte Sach- und Verantwortungsnähe derer" einher, „die diese Dezentralisierung wirtschaftlich für sich nutzen".[306] Dies sind freilich nicht primär die (eigenversorgenden) Verbraucher, sondern vor allem die sonstigen EE-Anlagenbetreiber.

---

300 Notwendig ist also eine Personenidentität von Anlagenbetreiber i. S. des § 5 Nr. 2 und Eigenversorger.
301 *Herz/Valentin*, EnWZ 2014, 358, 363.
302 So *Herz/Valentin*, EnWZ 2014, 358, 365.
303 BR-Drs. 157/14 v. 11.4.2014, S. 156 f.; BT-Drs. 18/1304, S. 110.
304 BR-Drs. 157/14 v. 11.4.2014, S. 156 f.
305 BR-Drs. 157/14 v. 11.4.2014, S. 156 f.; BT-Drs. 18/1304, S. 110.
306 BR-Drs. 157/14 v. 11.4.2014, S. 156 f.; BT-Drs. 18/1304, S. 110.

§ 61 Abs. 2 enthält **Ausnahmeregelungen** für die Belastung des Eigenstromverbrauchs **80** mit der EEG-Umlage, etwa für kleine Anlagen mit einer Nennleistung von maximal 10 Kilowatt für höchstens 10 Megawattstunden selbst verbrauchten Stroms pro Kalenderjahr (Nr. 4). Diese Ausnahme wird auch mit der vom Gesetzgeber erstrebten „Akteursvielfalt" begründet (vgl. auch § 2 Abs. 5 S. 3).[307]

Der Gesetzgeber geht davon aus, dass ein wirtschaftlicher Betrieb von Photovoltaik-Dach- **81** anlagen – die Förderung von Photovoltaik-Freiflächenanlagen i. S. des § 5 Nr. 16 wird nach §§ 2 Abs. 5 S. 2, 55 i. V. mit § 3 Abs. 1 Nr. 1 FFAV zum 15.4.2015 auf wettbewerbliche Ausschreibungen umgestellt – nur dann möglich ist, wenn ein Teil des Stroms für die Eigenversorgung genutzt wird.[308] Vor dem Hintergrund der Belastung der Eigenversorgung mit der EEG-Umlage nach § 61 verringert sich damit die **Wirtschaftlichkeit einer Erzeugung von Strom aus Photovoltaik-Dachanlagen**, sofern nicht die oben erwähnte De-minimis-Ausnahme greift. Zur ergänzenden „Kompensation" des Einnahmeausfalls wurde deshalb die Förderhöhe in § 51 „angepasst".[309]

c) Grünstromprivileg. Ganz entfallen ist im EEG 2014 das früher in § 39 EEG 2012 nor- **82** mierte **Grünstromprivileg**, wonach sich die EEG-Umlage für Versorgungsunternehmen minderte, wenn diese Letztverbrauchern mindestens 50 % direkt vermarkteten Stroms aus EEG-Anlagen und mindestens 20 % direkt vermarkteten Stroms aus Wind- und Solarkraftanlagen lieferten. Diesen Vorteil konnten die Direktvermarktungsunternehmen dazu benutzen, EE-Anlagenbetreibern einen im Vergleich zum Großhandelspreis höheren Kaufpreis für den direkt vermarkteten Strom anzubieten, gleichsam als mittelbare Förderung.[310] Die Regierungsbegründung zum EEG 2014 argumentiert mit der **geringen Inanspruchnahme** des Grünstromprivilegs,[311] mit Bedenken der EU-Kommission im Hinblick auf einen Verstoß gegen die Warenverkehrsfreiheit und mit den erhöhten Kosten gegenüber einer Direktvermarktung mit Marktprämie,[312] wobei diese Kosten im wirtschaftswissenschaftlichen Schrifttum in Summe als eher gering veranschlagt werden.[313] Entscheidend scheint deshalb vor allem zu sein, dass ein Grünstromprivileg eine „Entsolidarisierung der Kostentragung" fördert, „da die EEG-Umlagekosten, die nicht auf die im Grünstromprivileg privilegierten Strommengen umgelegt werden können, auf die Schultern der übrigen Stromverbraucher verteilt werden müssen".[314]

Quasi als Ersatz für das Grünstromprivileg hat der Gesetzgeber in § 95 Nr. 6 eine **Verord-** **83** **nungsermächtigung** geschaffen, die unter Einhaltung der Anforderungen „**energiewirtschaftliche Vorteilhaftigkeit**", „**Kostenneutralität**" und „**unionsrechtliche Zulässigkeit**" auch künftig eine Grünstromvermarktung ermöglichen kann.[315] Der Gesetzgeber reagiert mit dieser Regelung auf den Umstand, dass der nach den §§ 19 Abs. 1 Nr. 1, 20 Abs. 1 Nr. 1, §§ 34 ff. direkt vermarktete Strom gegenüber den Endkunden nicht als „grün"

---

307 *Gawel/Lehmann*, Wirtschaftsdienst 2014, 651, 656.
308 BT-Drs. 18/1304, S. 147.
309 BT-Drs. 18/1304, S. 147; *Wustlich*, NVwZ 2014, 1113, 1118 f.
310 BeckOK/*Greb/Hölder*, § 33b EEG Rn. 7.
311 Siehe auch *Perner/Riechmann*, ET 5/2013, 8, 10.
312 BT-Drs. 18/1304, S. 91.
313 *Perner/Riechmann*, ET 5/2013, 8, 11.
314 BT-Drs. 18/1304, S. 92.
315 BT-Drs. 18/1891 v. 16.6.2014, S. 218; *Wustlich*, NVwZ 2014, 1113, 1116 f. Ausführlich *Sösemann*, EnWZ 2014, 352 ff.

ausgewiesen werden darf, da die Endkunden mit der EEG-Umlage bereits für die Erzeugung des Stroms aus erneuerbaren Energien bezahlen.[316] Die Grünstromeigenschaft ist hiernach also keine Leistung des Vermarkters und kann von ihm auch nicht im Wettbewerb eingesetzt werden, da es ansonsten zu einer Überförderung käme, die zudem gegen das sog. Doppelvermarktungsverbot des § 80 Abs. 2 verstieße.[317]

VII. Ermittlung der Förderhöhen durch wettbewerbliche Ausschreibungen (Abs. 5)

84   **1. Grundlagen. a) Normstruktur.** § 2 Abs. 5 enthält die Grundsätze zur **Umstellung des EE-Fördersystems auf wettbewerbliche Ausschreibungen** i. S. des § 5 Nr. 3.[318] Gem. § 2 Abs. 5 S. 1 sind die Förderberechtigten und die Förderhöhen „spätestens 2017" durch Ausschreibungen zu ermitteln. Diese **Zeitvorgabe** konkretisiert sich de lege lata mit Blick auf die Übergangsvorschrift des § 102 auf den 1. Januar 2017. Die weiteren Regelungen des „allgemeinen Ausschreibungsdesigns" bleiben einem späteren Gesetzesvorhaben vorbehalten (dem „EEG 3.0").[319] Gleichwohl enthält die Vorschrift nicht nur einen politischen Programmsatz, schon weil sie sich auch auf die durch die §§ 55, 88 und die FFAV näher adressierten Photovoltaik-Freiflächenanlagen bezieht.

85   § 2 Abs. 5 S. 2 behandelt die **Pilotausschreibungen für Photovoltaik-Freiflächenanlagen** gem. den §§ 55, 88.[320] Vor Umstellung auf ein Ausschreibungssystem bestimmte sich die Vergütung von Strom aus Freiflächenanlagen anhand § 32 Abs. 1 Nr. 2 und 3 EEG 2012 bzw. § 51 Abs. 1 Nr. 2 und 3.[321] Gem. § 2 Abs. 5 S. 2 sollen die Förderberechtigungen inklusive der Höhe der finanziellen Förderung künftig auf der Grundlage **wettbewerblicher Ausschreibungen** i. S. des § 5 Nr. 3 ermittelt werden. Das Ausschreibungsverfahren und die Fördervoraussetzungen werden durch die auf der Grundlage von § 88 erlassene **Freiflächenausschreibungsverordnung** (FFAV) näher ausgestaltet.[322] Beginnend mit dem 15. April 2015 (§ 3 Abs. 1 Nr. 1 FFAV) sollen die Pilotausschreibungen für Photovoltaik-Freiflächenanlagen durchgeführt und in einem spezifischen, bereits zum 30.6.2016 zu erstellenden **Erfahrungsbericht** bewertet werden (§ 99). Die gewonnenen Erkenntnisse

---

316 BT-Drs. 18/1891 v. 16.6.2014, S. 218.

317 BT-Drs. 18/1891 v. 16.6.2014, S. 218.

318 Siehe dazu bereits *Mohr*, EnWZ 2015, 99 ff.

319 BMWi, Zentrale Vorhaben Energiewende für die 18. Legislaturperiode, S. 4.

320 Solare Strahlungsenergie i. S. des § 5 Nr. 14 lit. c ist die direkte und diffuse Sonnenstrahlung in Form aller von der Sonne auf natürliche Weise ausgehenden elektromagnetischen Wellen (Licht und Wärme). Die derzeit eingesetzten Anlagentechniken wandeln solare Strahlungsenergie entweder direkt (insbesondere: Photovoltaik) oder indirekt (insbesondere: Solarthermik) in elektrische Energie um. Photovoltaik-Anlagen wandeln die einfallenden Lichtteilchen (die Photonen) in Solarzellen, speziellen Halbleiterbauelementen, direkt in elektrische Energie umgewandelt, wobei in der Praxis regelmäßig eine Reihe von Solarzellen zu einem Modul zusammengeschaltet sind. Sofern Photovoltaikanlagen netzgekoppelt betrieben werden, sind sie mit einem sog. Wechselrichter ausgestattet, der die erzeugte Gleichspannung in 220 V Wechselspannung umformt, mit der auch die Verteilernetze betrieben werden. Die Solarthermik spielt in Deutschland bislang keine große praktische Rolle. Siehe zum Vorstehenden BT-Drs. 16/8148 v. 18.2.2008, S. 39; Altrock/Oschmann/Theobald/*Oschmann*, § 3 EEG 2012 Rn. 74 ff. und § 32 EEG 2012 Rn. 37 ff.; ausführlich Frenz/Müggenborg/*Quicker*, Vor §§ 32–33 EEG 2012 (technische Erläuterungen) Rn. 1 ff.

321 Vgl. Altrock/Oschmann/Theobald/*Oschmann*, § 32 EEG 2012 Rn. 2 a. E.

322 Bundesregierung, Freiflächenausschreibungsverordnung, Begründung S. 1.

sollen sodann in ein „EEG 3.0" einfließen, auf dessen Grundlage die Förderberechtigungen und Förderhöhen für erneuerbare Energien ab Ende 2016 bei allen Technologien durch wettbewerbliche Ausschreibungen ermittelt werden (§ 2 Abs. 5 S. 1),[323] soweit der Übertragung der Erkenntnisse keine technologiespezifischen Besonderheiten entgegenstehen.[324]

Voraussetzung einer finanziellen Förderung ist gem. § 28 Abs. 1 S. 1 Nr. 1 FFAV die Aus-   **86** stellung einer **Förderberechtigung** durch die BNetzA für eine bestimmte Freiflächenanlage auf Antrag eines Bieters gem. § 21 FFAV (also einer Person, die in einer Ausschreibung ein Gebot abgegeben hat, vgl. § 2 Nr. 4 FFAV). Wesentliche **Voraussetzungen für den Erhalt einer Förderberechtigung** sind, dass ein Gebot des Bieters einen Zuschlag nach § 12 FFAV erhalten hat und die Zweitsicherheit des § 15 FFAV fristgerecht geleistet wurde (§§ 21 Abs. 1 S. 2, 22 Abs. 1 Nr. 3 Hs. 1 und Nr. 7 FFAV; „bezuschlagtes Gebot" i. S. des § 2 Nr. 3 FFAV), die Freiflächenanlage, der der Zuschlag ganz oder teilweise zugeordnet werden soll, tatsächlich in Betrieb genommen worden und der Bieter bei der Antragstellung zugleich Anlagenbetreiber ist (§ 22 Abs. 1 Nr. 1 FFAV), zum Ausgleich der unterschiedlichen Nutzungsinteressen besondere Flächenvorgaben eingehalten werden (§ 22 Abs. 1 Nr. 2, Nr. 3 und Nr. 5 FFAV), die zugeteilten Gebotsmengen die installierte Leistung der Freiflächenanlage und zugleich 10 MW nicht überschreiten (§ 22 Abs. 1 Nr. 4 FFAV i.V. mit § 6 Abs. 2 S. 1 FFAV), sowie dass für den Strom aus der Freiflächenanlage keine anderweitige finanzielle Förderung nach dem EEG in Anspruch genommen wird (§ 22 Abs. 1 Nr. 6 FFAV). Die **Höhe der finanziellen Förderung** (des „anzulegenden Werts") bestimmt die BNetzA auf der Grundlage der §§ 26 und 27 FFAV. Gem. § 26 Abs. 2 S. 1 FFAV entspricht die Höhe des anzulegenden Werts grundsätzlich dem auf der Grundlage einer Ausschreibung ermittelten Zuschlagswert eines Gebots gem. § 13 FFAV, dessen Gebotsmenge i. S. des § 2 Nr. 6 FFAV auf Antrag des Bieters nach § 21 Abs. 2 Nr. 5 FFAV einer bestimmten Freiflächenanlage zugeteilt worden ist. Eine Förderberechtigung ergeht nach § 21 Abs. 1 S. 1 FFAV durch **Verwaltungsakt**, der gegenüber dem Anlagenbetreiber bekannt zu machen ist.[325] Die Anfechtung der Ausstellung der Förderberechtigung durch Dritte ist nach § 39 Abs. 2 FFAV unzulässig.

In Zusammenhang mit dem Design der Ausschreibungen (für Freiflächenanlagen gem.   **87** §§ 3 ff. FFAV) stellt § 2 Abs. 5 S. 3 deklaratorisch klar, dass eine Vermachtung der Erzeugungsmärkte zu verhindern ist, indem möglichst viele Akteure an den Ausschreibungen teilnehmen können.[326] Unter Beachtung der sonstigen Vorgaben des Gesetzes soll also eine hinreichende „**Akteursvielfalt**" sichergestellt werden. Im Sinne der wettbewerblichen Ausgestaltung des Vergabeverfahrens und der Vermeidung eines strategischen Verhaltens ist dieses Kriterium – in Übereinstimmung mit den Leitlinien der Kommission für Umwelt- und Energiebeihilfen[327] – im Sinne einer **kompetitiven Anzahl von Bietern** zu verste-

---

323 BMWi, Zentrale Vorhaben Energiewende für die 18. Legislaturperiode, S. 4.

324 Dies betonen r2b energy consulting GmbH/Brandenburgische Technische Universität Cottbus, Auktionsdesign für Photovoltaikanlagen auf Freiflächen, S. 3; Frontier Economics, Konsultation zum Ausschreibungsdesign für die Förderung von PV-Freiflächenanlagen, S. 2.

325 Bundesregierung, Freiflächenausschreibungsverordnung, Begründung S. 80.

326 Siehe auch Bundesregierung, Freiflächenausschreibungsverordnung, Begründung S. 38.

327 Kommission, Leitlinien für staatliche Umweltschutz- und Energiebeihilfen, ABl. EU Nr. C 200/1 v. 28.6.2014, Rn. 43. Hierin wird eine „Ausschreibung" definiert als „diskriminierungsfreies Bieterverfahren, das *die Beteiligung einer ausreichend großen Zahl von Unternehmen gewährleistet*

hen.[328] Die Akteursvielfalt ist somit weder mit einer atomistischen Marktstruktur gleichzusetzen[329] noch mit der Akteursstruktur bei Inkrafttreten des EEG 2014. Vielmehr steigern Maßnahmen zur Erhöhung der Wettbewerbsintensität durch ein einfaches, transparentes und verständliches Ausschreibungsdesign zugleich die „Akteursvielfalt".[330] Die „Akteursvielfalt" ist damit eine Ausprägung des wettbewerbspolitischen Konzepts der chancengleichen und damit wohlfahrtsmaximierenden Verbraucherwohlfahrt.[331]

88   **b) Wettbewerb „um den Markt".** Die EE-Ausschreibungen sind in § 5 Nr. 3 „legal definiert" als **objektive, transparente, diskriminierungsfreie und wettbewerbliche Verfahren zur Bestimmung der Höhe der finanziellen Förderung.** Mit den wettbewerblichen Ausschreibungen initiiert der Gesetzgeber einen „**Wettbewerb um den (Förder-) Markt**",[332] vergleichbar der Vergabe von Wegenutzungsrechten („Konzessionen") für die Errichtung und den Betrieb von Energienetzen[333] und der diskutierten Schaffung von „Kapazitätsmärkten" für die Bereitstellung von elektrischer Leistung.[334] Die Formulierung des § 5 Nr. 3 ist dabei um die Bestimmung der förderberechtigten Personen zu ergänzen; denn nicht alle, die sich an der Ausschreibung beteiligen, dürfen automatisch einen Zuschlag bekommen. Das Vorliegen einer **Knappheitssituation** ist vielmehr eine zentrale Voraussetzung für das Gelingen wettbewerblicher Ausschreibungen.[335] Sofern die Bieter wissen, dass sie einen Zuschlag erhalten (da sie „pivotal" sind[336]), werden sie nicht ihre wahren Kosten offenbaren, sondern **strategisch hohe Gebote** abgeben. Nur bei einer hohen Wettbewerbsintensität besteht somit die Chance, dass die Ergebnisse der Ausschreibung die tat-

---

und bei dem die Beihilfe entweder auf der Grundlage des ursprünglichen Angebots des Bieters oder eines Clearingpreises gewährt wird. Zudem ist die Mittelausstattung oder das Volumen in Verbindung mit der Ausschreibung ein verbindlicher Höchstwert, so dass *nicht allen Beteiligten eine Beihilfe gewährt werden kann*" [Hervorheb. durch Verf.].

328 r2b energy consulting GmbH/Brandenburgische Technische Universität Cottbus, Auktionsdesign für Photovoltaikanlagen auf Freiflächen, S. 33.

329 Vgl. auch *Säcker*, JJZ 2013, S. 9, 12.

330 Bundesregierung, Freiflächenausschreibungsverordnung, Begründung S. 2; r2b energy consulting GmbH/Brandenburgische Technische Universität Cottbus, Auktionsdesign für Photovoltaikanlagen auf Freiflächen, S. 33.

331 Dazu *Mohr*, Sicherung der Vertragsfreiheit durch Wettbewerbs- und Regulierungsrecht, i. E. 2015, Teil 4 C.III.3.e); ebenso im Ergebnis r2b energy consulting GmbH/Brandenburgische Technische Universität Cottbus, Auktionsdesign für Photovoltaikanlagen auf Freiflächen, S. 2.

332 *Fehling*, Die Verwaltung 47 (2014), 313, 326.

333 Vgl. *Säcker/Mohr*, ZWeR 2012, 417, 418 ff.

334 *Fehling*, Die Verwaltung 47 (2014), 313, 338. Trotz ihrer Bezeichnung als „Märkte" sind Kapazitätsmärkte als eher marktfern einzustufen, da Investitionsentscheidungen hier von staatlichen Stellen und nicht von den Investoren getroffen werden; vgl. Frontier Economics/FORMAET, Strommarkt in Deutschland – Gewährleistet das derzeitige Marktdesign Versorgungssicherheit?, S. 12.

335 Bundesregierung, Freiflächenausschreibungsverordnung, Begründung S. 36. Siehe auch Kommission, Leitlinien zu Umweltschutz- und Energiebeihilfen ABl. EU v. 28.6.2014, Nr. L 200/1 Rn. 80: „Wenn die Beihilfe im Rahmen einer Ausschreibung anhand eindeutiger, transparenter und diskriminierungsfreier Kriterien gewährt wird, kann der Beihilfebetrag 100 % der beihilfefähigen Kosten erreichen [...]. Die Ausschreibung darf nicht diskriminierend sein und muss die Beteiligung einer ausreichend großen Zahl von Unternehmen gewährleisten. Darüber hinaus muss die Mittelausstattung der Ausschreibung ein verbindlicher Höchstwert sein, was bedeutet, dass nicht allen Teilnehmern eine Beihilfe gewährt werden kann. [...]."

336 Siehe zur „Pivotalanalyse" BKartA, Sektoruntersuchung Stromerzeugung und Stromgroßhandel, Abschlussbericht gemäß § 32e GWB, Januar 2011, Zusammenfassung, S. 7 ff.

sächlichen Kosten der jeweiligen Technologie abbilden.[337] Die **Knappheit der Ressourcen** ist letztlich Ausgangspunkt jeder ökonomischen Analyse.[338] Diese geht davon aus, dass die menschlichen Bedürfnisse prinzipiell grenzenlos sind, wohingegen die Mittel, die zur Befriedigung der Bedürfnisse eingesetzt werden, nur begrenzt vorhanden sind. Hieraus folgt die Annahme, dass die Bedürfnisbefriedigung nie einen Sättigungsgrad erreichen kann, weshalb Zielvorstellungen und die Möglichkeiten ihrer Verwirklichung auseinanderfallen.[339] Dem trägt die FFAV in § 12 Abs. 1 bis 3 Rechnung. Übersteigen die Gebotsmenge der nicht nach den §§ 10 und 11 FFAV ausgeschlossenen Gebote das Ausschreibungsvolumen i. S. des § 2 Nr. 1 FFAV, erhalten grundsätzlich nur diejenigen Gebote den Zuschlag, die den niedrigsten Gebotswert i. S. des § 2 Nr. 8 FFAV aufweisen (§ 12 Abs. 2 Nr. 2 FFAV). Ist ausnahmsweise keine derartige Knappheitssituation gegeben, erhalten demgegenüber nach § 12 Abs. 1 FFAV alle nicht ausgeschlossenen Gebote einen Zuschlag.[340]

Nach der Regierungsbegründung zum EEG 2014 ist der Begriff „Ausschreibung" in § 5 **89** Nr. 3 – in Übereinstimmung mit dem Wortlaut der Vorschrift – „untechnisch" i. S. eines wettbewerblichen Auswahlverfahrens zu verstehen.[341] Der Gesetzgeber legt sich damit nicht auf eine bestimmte Art der „Verteilungslenkung" fest, sondern überlässt diese Entscheidungen im Detail der Bundesregierung gem. § 88 bzw. der BNetzA als ausschreibender Stelle über deren Festlegungsbefugnis gem. § 35 FFAV.[342] § 5 Nr. 3 gibt aber trotz der formalen Verortung in den „Begriffsbestimmungen" die wesentlichen und allgemein anerkannten Grundsätze wettbewerblicher Ausschreibungen wieder und dient damit als zentrale **teleologische Leitschnur für das Ausschreibungsdesign**.[343] Die Vorschrift lehnt sich inhaltlich an die **allgemeinen Vergabegrundsätze** „Wettbewerb, Transparenz und Gleichbehandlung" an.[344] Deren Übernahme setzt nicht die Anwendbarkeit des Vergaberechts voraus.[345]

In einem **wettbewerblichen „Ausschreibungssystem"** gibt die ausschreibende Stelle **90** grundsätzlich demjenigen Gebot den Zuschlag, das den ausgeschriebenen Gegenstand, vorliegend also elektrische Leistung (MW) oder elektrische Arbeit (MW/h), am **wirtschaftlichsten** erbringt (vgl. auch § 97 Abs. 5 GWB).[346] Die **Zuschlagskriterien** sind zwar

---

337 Bundesregierung, Freiflächenausschreibungsverordnung, Begründung S. 1 f.

338 *Schwalbe*, in: Fleischer/Zimmer, Effizienz, S. 43; *Leschke*, in: Fehling/Ruffert, S. 281, 283; ausführlich *Mohr*, Sicherung der Vertragsfreiheit durch Wettbewerbs- und Regulierungsrecht, 2015 (im Erscheinen), unter Teil 4 C. III. 2. a).

339 *Richter/Furubotn*, Neue Institutionenökonomik, S. 2 ff.

340 Bundesregierung, Freiflächenausschreibungsverordnung, Begründung S. 72.

341 BT-Drs. 18/1304, S. 112: Der Begriff sei „weiter gefasst als der Begriff der ‚Ausschreibungen' im Vergaberecht und umfasst auch andere Formen von wettbewerblichen Verfahren".

342 Kritik bei *Kahle*, RdE 2014, 372, 376: umgekehrte Wesentlichkeitstheorie.

343 A. A. auf den ersten Blick *Kahle*, RdE 2014, 372, 375: es ließen sich § 5 Nr. 3 „noch keine weiteren Inhalte und Voraussetzungen entnehmen". Wenig später führt er jedoch aus, dass „§ 5 Nr. 2 [gemeint ist wohl Nr. 3; ...] damit zumindest den äußeren Rahmen für Ausschreibungen" vorgibt.

344 Insoweit ebenso *Kahle*, RdE 2014, 372, 375. Zum Zusammenhang zwischen Ausschreibungen und öffentlicher Beschaffung siehe auch *Haucap/Klein/Kühling*, Die Marktintegration der Stromerzeugung aus erneuerbaren Energien, 2013, S. 81.

345 Vgl. dazu *Burgi*, NZBau 2008, 29, 31.

346 *Rusche*, ZNER 2007, 143, 151; *Haucap/Klein/Kühling*, Die Marktintegration der Stromerzeugung aus erneuerbaren Energien, 2013, S. 81. Gem. § 97 Abs. 5 GWB bezieht sich das „wirtschaftlichste" Angebot auf das „beste Preis-Leistungsverhältnis", vgl. *Fehling*, in: Pünder/Schellenberg, Vergaberecht, § 97 Rn. 180.

grundsätzlich nicht auf den niedrigsten Preis beschränkt, sondern können auch weitere qualitative und quantitative Aspekte enthalten.[347] Bei den EE-Ausschreibungen steht aber die zu zahlende (möglichst niedrige) Förderung, also der niedrigste Gebotswert i. S. des § 2 Nr. 8 FFAV im Zentrum (vgl. § 12 Abs. 2 Nr. 2 FFAV).[348] Die **Effektivität der Förderung**, also insbesondere das Erreichen der politisch gesetzten Ausbaumengenziele, kann durch andere Maßnahmen gesichert werden,[349] etwa durch eine **Eignungsfeststellung** als „Vorfilter", mit der diejenigen Angebote vom weiteren Verfahren ausgeschlossen werden, die keine ordnungsgemäße Ausführung des Auftrags erwarten lassen, oder durch ein dem eigentlichen Ausschreibungsverfahren nachgelagertes Verfahren auf Ausstellung der Förderberechtigung bei fristgerechter Erstellung der geförderten Anlage und deren Betrieb durch den Bieter.[350] An welcher Stelle des Vergabeverfahrens die Eignung geprüft wird, ist wie im allgemeinen Vergaberecht nicht durchweg terminiert.[351]

91 Ein wesentlicher Vorteil eines Ausschreibungssystems gegenüber einer administrativen Preisförderung liegt neben der genaueren Mengensteuerung in der Vermeidung von **Mitnahmeeffekten** durch **Offenlegung der Kosten der Bieter im Ausschreibungsverfahren** (Problem der „Informationsasymmetrie").[352] Darüber hinaus reduzieren sich die Anforderungen des Fördergebers an eine **Marktrecherche**, insbesondere im Hinblick auf die Kosten der Produktion des auszuschreibenden Guts.[353] Weiterhin ist eine Festlegung der Förderberechtigungen und Förderhöhen über wettbewerbliche Mechanismen **transparenter und „systemkonformer"** als eine administrative Festlegung derselben. Diesen Vorteilen stehen potenzielle Nachteile der Ausschreibungen wie die Erhöhung der Bieterrisiken und damit ihrer Kosten gegenüber, denen freilich durch ein adäquates Ausschreibungsdesign

---

347 Die Bewertung der Angebote erfolgt mit Blick auf die Zuschlagskriterien als der „Summe derjenigen quantitativen und qualitativen Kriterien, nach denen die von den Bietern angebotenen Leistungen auf ihre Wirtschaftlichkeit hin zu bewerten sind". In diesem Rahmen ist es nach nationalem Recht (für das Unionsrecht ist dies streitig) zulässig, ausschließlich auf den niedrigsten Preis als Zuschlagskriterium abzustellen; vgl. Immenga/Mestmäcker/*Dreher*, § 97 GWB Rn. 215 und 219.

348 Vgl. mit Blick auf das Beihilfenrecht EuGH, Urt. v. 24.7.2003, Rs. C-280/00, Slg. 2003, I-7747 Rn. 83 ff. – Altmark Trans GmbH; im vorliegenden Zusammenhang *Kahle*, RdE 2014, 372, 373.

349 r2b energy consulting GmbH/Brandenburgische Technische Universität Cottbus, Auktionsdesign für Photovoltaikanlagen auf Freiflächen, S. 2.

350 Die Eignung ist dabei ein Mindestkriterium; ein „Mehr an Eignung" kann somit nicht als besonderes Zuschlagskriterium dienen; vgl. auch zum Textzitat *Fehling*, in: Pünder/Schellenberg, Vergaberecht, § 97 Rn. 106 und 107. Siehe im vorliegenden Zusammenhang ZSW/Takon/BBG und Partner/Ecofys, Wissenschaftliche Empfehlung zur Ausgestaltung des Pilotausschreibungsverfahrens, S. 39 ff.

351 *Fehling*, in: Pünder/Schellenberg, Vergaberecht, § 97 Rn. 107; Weyand/*Weyand*, Vergaberecht, § 97 Rn. 287.

352 *Gawel/Lehmann*, Wirtschaftsdienst 2014, 651, 654; *Lüdemann/Ortmann*, EnWZ 2014, 387, 391; BDEW, Handlungsempfehlungen für ein Auktionsdesign für PV-Freiflächenkraftwerke, S. 1; r2b energy consulting GmbH/Brandenburgische Technische Universität Cottbus, Auktionsdesign für Photovoltaikanlagen auf Freiflächen, S. 6.

353 Insoweit ebenso IZES, Bewertung von Ausschreibungsverfahren als Finanzierungsmodell für Anlagen erneuerbarer Energienutzung, S. 20. Anders für die auszuschreibenden Mengen die Analyse der „Marktentwicklung von PV-Freiflächenanlagen in Deutschland" von ZSW/Takon/BBG und Partner/Ecofys, Wissenschaftliche Empfehlung zur Ausgestaltung des Pilotausschreibungsverfahrens, S. 11.

begegnet werden kann.[354] Mit Blick auf den Grundsatz der Marktintegration gem. § 2 Abs. 1 S. 1 gilt dabei als Grundsatz, dass den Bietern nur solche Risiken abgenommen werden, denen sie auf wettbewerblich organisierten Märkten nicht ausgesetzt wären.

c) Ausschreibungen und Auktionen (Versteigerungen). Anders als in den Wirtschaftswissenschaften[355] wird im rechtswissenschaftlichen Schrifttum zuweilen zwischen **Ausschreibungen** und **Auktionen** (synonym: **Versteigerungen**[356]) unterschieden.[357] Beide Verfahrensarten adressieren übereinstimmend das Problem der **Informationsasymmetrie** zwischen der zuteilenden Stelle und den Bewerbern (Bietern), da Letztere über ihre Fähigkeiten und Nutzenvorstellungen sowie die effizientesten Verwendungsmöglichkeiten des Gutes (vorliegend: der Förderzahlungen) besser informiert sind als Erstere, aber diese Informationen nicht immer offen legen.[358] Ausschreibungen und Auktionen unterscheiden sich im Umgang mit diesem Problem. **92**

Im Interesse einer möglichst „effizienten" Zuteilung der ausgeschriebenen Güter kann die ausschreibende Stelle versuchen, durch umfangreiche **Nachweispflichten der Interessenten** alle aus ihrer Sicht relevanten Gesichtspunkte in Erfahrung zu bringen und zu bewerten.[359] Ein derartiges Vorgehen ist jedoch nicht nur mit hohen Transaktionskosten verbunden. Es hat für den Ausschreibenden auch nur einen eingeschränkten Erfahrungswert, da die Interessenten in Kenntnis der Informationsasymmetrie einen Anreiz haben, sich opportunistisch zu verhalten, indem sie ihre wahre Wertschätzung des Gutes, ihre Leistungsfähigkeit und ihre Effizienzpotenziale verheimlichen bzw. beschönigen, um in einem möglichst „guten Licht" dazustehen.[360] Es besteht mit anderen Worten die Gefahr, dass nicht die beste Leistung, sondern das „schönste Projekt" zum Zuge kommt (**„Beauty Contest"**).[361] Als klassische Verfahren einer derartig „vergleichenden Bewerberauswahl" werden **Ausschreibungen** angesehen.[362] Diese dienen „in ihrer Reinform" der Sammlung und Bewertung umfassender Informationen über die Bewerber. Zugleich sollen sie potenziellen Bietern ermöglichen, rechtlich und tatsächlich um den Zuschlag zu konkurrieren.[363] Mögliche Auswahlkriterien sind die fachliche Eignung, die Zuverlässigkeit, die Wirtschaftlich- **93**

---

354 Überzeugend r2b energy consulting GmbH/Brandenburgische Technische Universität Cottbus, Auktionsdesign für Photovoltaikanlagen auf Freiflächen, S. 2 und öfter.

355 Siehe dazu *Berninghaus/Ehrhardt/Güth*, Strategische Spiele, S. 231 ff.

356 *Martini*, Der Markt als Instrument hoheitlicher Verteilungslenkung, S. 305; ZSW/Takon/BBG und Partner/Ecofys, Wissenschaftliche Empfehlung zur Ausgestaltung des Pilotausschreibungsverfahrens, S. 7 mit Fn. 1.

357 *Kreße*, Die Auktion als Wettbewerbsverfahren, S. 20 ff.

358 *Martini*, Der Markt als Instrument hoheitlicher Verteilungslenkung, S. 296; im vorliegenden Zusammenhang r2b energy consulting GmbH/Brandenburgische Technische Universität Cottbus, Auktionsdesign für Photovoltaikanlagen auf Freiflächen, S. 6. Das Problem der Informationsasymmetrie wurde in der Ökonomie vor allem durch die Transaktionskostenökonomik als Unterfall der Neuen Institutionenökonomik herausgearbeitet; vgl. statt anderer *Richter/Furubotn*, Neue Institutionenökonomik, S. 173 ff.; *Fritsch*, Marktversagen und Wirtschaftspolitik, S. 251 ff.; *Fornasier*, Freier Markt und zwingendes Vertragsrecht, S. 48 ff.

359 Vgl. *Martini*, Der Markt als Instrument hoheitlicher Verteilungslenkung, S. 297 f.

360 *Martini*, Der Markt als Instrument hoheitlicher Verteilungslenkung, S. 119 f. und 297.

361 Siehe zur Frequenzvergabe im TK-Recht *Schmidt-Preuß*, NVwZ 2005, 489, 491; *Pautsch*, MMR 2001, 423.

362 *Martini*, Der Markt als Instrument hoheitlicher Verteilungslenkung, S. 117, Aussage i. V. mit S. 112; *Schmidt-Preuß*, NVwZ 2005, 489, 491.

363 *Martini*, Der Markt als Instrument hoheitlicher Verteilungslenkung, S. 117.

keit des Angebots oder die Innovationsmöglichkeiten.[364] Im wirtschaftlichen Bereich werden Ausschreibungsverfahren vor allem in Zusammenhang mit der **Vergabe öffentlicher Aufträge** durchgeführt.[365] So bestimmt § 97 Abs. 4 S. 1 GWB, das Aufträge an fachkundige, leistungsfähige sowie gesetzestreue und zuverlässige Unternehmen vergeben werden. Nach § 97 Abs. 4 S. 2 GWB können im Zuge der Auftragsausführung zusätzliche Anforderungen an den Auftragnehmer gestellt werden, die insbesondere soziale, umweltbezogene oder innovative Aspekte betreffen; diese müssen jedoch in einem sachlichen Zusammenhang mit dem Auftragsgegenstand stehen und sich aus der Leistungsbeschreibung ergeben.[366] Zentrale Grundsätze von Ausschreibungen sind der **Wettbewerb**, die **Transparenz** und die **Gleichbehandlung der Bieter** (vgl. § 97 Abs. 1 und 2 GWB).[367] Bei „klassischen" Ausschreibungen werden die Vertragsangebote gesammelt und bewertet, wobei die Bieter ihre Gebote verdeckt einreichen müssen (Grundsatz des **„Geheimwettbewerbs"**).[368] Ein Überbietungswettbewerb im Verfahren findet somit grundsätzlich nicht statt.[369] Darüber hinaus kann der Zuteilende dem Problem der Informationsasymmetrie durch Sanktionsmechanismen wie Auflagen und Bedingungen begegnen.[370]

94 Aufgrund der vorstehend geschilderten Schwierigkeiten eines adäquat wertenden Ausschreibungsdesigns kann der Zuteilende versuchen, der Möglichkeit eines opportunistischen Verhaltens durch den **Preismechanismus** des (ggf. neu zu schaffenden) Marktes zu begegnen, da auch dieser Mechanismus die Individuen dazu veranlasst, Informationen über ihre eigene Wertschätzung und ihre eigenen Nutzenerwartungen offenzulegen:[371] Bietet ein Interessent oberhalb seiner eigenen Nutzenerwartung, ist die Zuteilung für ihn mit Verlusten verbunden, bietet er unterhalb der Nutzenerwartung, geht er das Risiko, im Wettbewerb mit anderen Bietern nicht den Zuschlag zu erhalten. Nach der Grundidee wird somit bei „rationaler Entscheidungsfindung"[372] der zahlungsbereiteste Nachfrager zugleich den größten individuellen Nutzen aus dem Gut ziehen.[373] Dies ist die zentrale Idee einer Durchführung von **„Versteigerungen"** bzw. **„Auktionen"**. Diese instrumentalisieren den Preiswettbewerb, um die bei den Interessenten vorhandenen Informationen über Produktivität und Nutzen aufzudecken.[374] Möglich ist dabei nicht nur ein Wettbewerb der Nachfrager, sondern – wie vorliegend – auch ein solcher der Anbieter, bei dem es um das Angebot des günstigsten Preises geht (vgl. § 97 Abs. 5 GWB).[375] Preisauktionen spielen auch im **europäischen Wettbewerbs- und Vergaberecht** eine große praktische Rolle, wie die Ent-

---

364 *Martini*, Der Markt als Instrument hoheitlicher Verteilungslenkung, S. 117.
365 *Martini*, Der Markt als Instrument hoheitlicher Verteilungslenkung, S. 118.
366 Siehe in Zusammenhang mit sozialen Vergabekriterien *Mohr*, VergabeR 2009, 543 ff.
367 *Säcker/Mohr*, ZWeR 2012, 417, 425 ff.; siehe schon § 1 Rn. 90.
368 Dreher/Motzke/*Opitz*, Beck'scher Vergaberechtskommentar, § 16 VOB/A Rn. 121 ff.
369 *Kreße*, Die Auktion als Wettbewerbsverfahren, S. 340.
370 *Martini*, Der Markt als Instrument hoheitlicher Verteilungslenkung, S. 120.
371 *Martini*, Der Markt als Instrument hoheitlicher Verteilungslenkung, S. 297.
372 Das Verhaltensmodell des „homo oeconomicus" ist eine der wesentlichen Grundannahmen der neoklassischen Wohlfahrtsökonomie; vgl. *Kirchgässner*, Homo Oeconomicus, S. 12 ff. Es wird auch als „Rational-Choice-Modell" benannt; vgl. *van Aaken*, „Rational Choice" in der Rechtswissenschaft, S. 73 ff. Es wird in jüngerer Zeit durch die Neue Institutionenökonomik und die Verhaltensökonomik in Zweifel gezogen; vgl. *Kirchner*, Ökonomische Theorie des Rechts, 1997, S. 11; Riesenhuber/*Kirchner*, Europäische Methodenlehre, S. 132, 149.
373 *Martini*, Der Markt als Instrument hoheitlicher Verteilungslenkung, S. 298.
374 *Martini*, Der Markt als Instrument hoheitlicher Verteilungslenkung, S. 298.
375 *Kreße*, Die Auktion als Wettbewerbsverfahren, S. 13.

scheidungen des EuGH zur Ausschreibungspflicht von Konzessionen,[376] seine „*Altmark-Trans*-Rechtsprechung"[377] sowie die Leitlinien der EU-Kommission für Umweltschutz- und Energiebeihilfen zeigen.[378] Da die Individuen in der Rechtswirklichkeit weder vollständig informiert sind noch durchweg rational handeln, kann es aber geboten sein, das Auktionsdesign an die realen Marktgegebenheiten anzupassen. Darüber hinaus ist die Teilnahme an Auktionen regelmäßig mit Transaktionskosten verbunden, die es im Interesse der Verfahrensbeteiligten und der Verbraucher zu minimieren gilt. Schließlich muss eine Auktion sicherstellen, dass die mit der Nutzung von daseinsvorsorgerelevanten Leistungen verbundenen Anforderungen an die Sachkunde, die Leistungsfähigkeit, die Gesetzestreue sowie die Zuverlässigkeit eingehalten werden, wobei derartige Anforderungen die Vorteile von Auktionen als Instrumente zur „Preisfindung durch einen Wettbewerb der Nachfrager"[379] nicht zunichtemachen dürfen.

Der Begriff „**Auktionsdesign**" im Sinne der ökonomischen Auktionstheorie bezieht sich **95** vornehmlich auf die Entscheidung, in welcher Form Angebote eingereicht werden und in welchem Ablauf die Höhe der Vergütungszahlungen ermittelt wird.[380] Bei einem solch engen Verständnis erfasst das Ausschreibungsdesign nicht die sonstigen „Rahmenbedingungen von Ausschreibungen", etwa die Bestimmung der ausschreibenden Stelle, die Art des Ausschreibungsverfahrens (offen oder geschlossen), die Festlegung sog. Präqualifikationsbedingungen an die Eignung der Teilnehmer und der Projekte, den Planungs- und Genehmigungsstand der Anlagen und die Gestellung von Sicherheiten,[381] weiterhin etwaige Mengenbegrenzungen, die Erstattung von Bietkosten und das Aufstellen von Gebotslimits. Ein sehr enges Verständnis des Auktionsdesigns umfasst nicht einmal die Bestimmung der zu kontrahierenden „Güter" und deren Vergütung („Gebotsmenge" und „Gebotswert").[382] Sofern das Eckpunktepapier des BMWi[383] und die Begründung zur FFAV[384] vom **„Design"**

---

376 EuGH, Urt. v. 10.3.2011, Rs. C-274/09, EuZW 2011, 352 Rn. 49; EuGH, Urt. v. 10.9.2009, C-206/08, Slg. 2009, I-8377 Rn. 44 – WAZV Gotha (Eurawasser); EuGH, Urt. v. 13.4.2010, Rs. C-91/08, NZBau 2010, 328 Rn. 33 – Wall.

377 EuGH, Urt. v. 24.7.2003, Rs. C-280/00, Slg. 2003, I-7747 Rn. 83 ff. – Altmark Trans GmbH.

378 Kommission, Leitlinien für staatliche Umweltschutz- und Energiebeihilfen, ABl. EU Nr. C 200/1 v. 28.6.2014, Rn. 32 und Rn. 80 mit Fn. 53; *Frenz*, ZNER 2014, 345, 349.

379 *Martini*, Der Markt als Instrument hoheitlicher Verteilungslenkung, S. 305; *Kreße*, Die Auktion als Wettbewerbsverfahren, S. 12.

380 IZES, Bewertung von Ausschreibungsverfahren als Finanzierungsmodell für Anlagen erneuerbarer Energienutzung, S. 32; ebenso aus dem rechtswissenschaftlichen Schrifttum *Kahle*, RdE 2014, 372, 377.

381 Durch ein Präqualifikationssystem soll der Aufwand der Eignungsprüfung sowohl für den Auftraggeber als auch für die Bewerber bzw. Bieter verringert werden. Dieses nimmt die bei der Ausschreibung anfallende Prüfung bestimmter Eignungsnachweise vorweg, weshalb ein öffentlicher Auftraggeber im Rahmen eines konkreten Vergabeverfahrens nicht mehr alle Einzelnachweise prüfen muss, sondern sich grundsätzlich mit dem Nachweis der Präqualifizierung begnügen kann; vgl. Dreher/Motzke/*Opitz*, Beck'scher Vergaberechtskommentar, § 16 VOB/A Rn. 248. Siehe zu Präqualifikationsanforderungen in Zusammenhang mit der Beschaffung der Netzreserve durch die Übertragungsnetzbetreiber gem. § 13b Abs. 2 EnWG das Kap. 5 i. V. mit Anlage D des Transmissioncode 2007 über „Netz- und Systemregeln der deutschen Übertragungsnetzbetreiber"; BerlKommEnR/*König*, 3. Aufl. 2014, § 13b EnWG Rn. 15.

382 So IZES, Bewertung von Ausschreibungsverfahren als Finanzierungsmodell für Anlagen erneuerbarer Energienutzung, S. 30 ff.

383 BMWI, Eckpunkte für ein Ausschreibungsdesign für Photovoltaik-Freiflächenanlagen, S. 1.

384 Bundesregierung, Freiflächenausschreibungsverordnung, Begründung S. 2.

der Ausschreibungen zur finanziellen Förderung von Photovoltaik-Freiflächenanlagen sprechen, bezieht sich diese Formulierung demgegenüber auf alle Anforderungen an die Ausgestaltung der Ausschreibungen. Nachfolgend werden deshalb unter den Begriff Design" alle Gesichtspunkte subsumiert, die bei Freiflächenausschreibungen gem. den §§ 2 Abs. 5, 55, 88 und der FFAV zu beachten sind.

96 **d) Technologiespezifische oder technologieoffene Förderung.** Die Regelungen in § 2 Abs. 5 S. 1 und 2 gehen in Verbindung mit den §§ 3, 19 ff. und 40 ff. von einem **technologiespezifischen Förderansatz** aus.[385] Dieser soll einen für die Versorgungssicherheit gebotenen Erzeugungsmix garantieren. Darüber hinaus soll eine technologiespezifische Förderung im Rahmen eines Marktprämienmodells sicherstellen, dass es mit Blick auf die „ambitionierten Ausbauziele" der §§ 1 Abs. 2, 3 zu einem möglichst zielgenauen Ausbau ohne nennenswerte Überförderungen kommt.[386] Die technologiespezifische Förderung wird somit als Instrument benutzt, um Überschussrenditen für günstige Technologien (sog. „windfall profits") zu beschränken, die bei einem einheitlichen Fördersatz auftreten können.[387] Hierzu wird der Fördersatz je nach Technologie, Größe der Anlage, Standort etc. möglichst an die (geschätzten) tatsächlichen Kosten der Anlagen angepasst, jedenfalls sofern diese Informationen vorhanden sind. Renditen, die über die in der Kostenkalkulation enthaltene Kapitalverzinsung hinausgehen, sollen so möglichst vermieden werden. Im Rahmen der bis zum Inkrafttreten des EEG 2014 praktizierten administrativen Preisförderung durch feste Einspeisevergütungen bzw. garantierte Marktprämien ist dies aufgrund der strukturellen Informationsasymmetrie zwischen Anlagenbetreibern und Gesetzgeber kaum gelungen, ein Problem, das bei den Energienetzen bekanntlich zur Einführung einer Anreizregulierung geführt hat. Vielmehr waren für eine Reihe von Technologien zumindest zeitweise Überrenditen zu erzielen, etwa für Photovoltaikanlagen.[388]

97 Auch für eine **technologieoffene Förderung** – wie sie im Ergebnis etwa dem von der Monopolkommission vertretenen Quotenmodell zugrunde liegt[389] – sprechen deshalb gute Argumente. Bei einem technologieoffenen Ansatz werden gemeinsame Ausschreibungen für alle EE-Technologien durchgeführt:[390] In deren Folge wird der Technologiemix durch technologische und standortbedingte Kostenvorteile und nicht durch administrative Festlegungen bestimmt. Vielmehr unterliegen grundsätzlich alle Technologien den gleichen Förderbedingungen und erhalten einen identischen Fördersatz. Hierdurch treten die einzelnen EE-Technologien in Konkurrenz, wie dies seit der Strommarktliberalisierung bereits für die verschiedenen konventionellen Erzeugungstechnologien der Fall ist. Neben der För-

---

385 Weiterführend zur Unterscheidung zwischen technologiespezifischer und technologieoffener Förderung BerlKommEnR/*Steffens*, 3. Aufl. 2014, Einl. EEG Rn. 17.

386 Bundesregierung, Stellungnahme zum Sondergutachten der Monopolkommission Energie 2013, BT-Drs. 18/2939 v. 16.10.2014, S. 8 f.

387 Vgl. Frontier Economics, Technologieoffene Ausschreibungen für Erneuerbare Energien, S. 24 ff.

388 Siehe *Frenz*, IR 2012, 76 f.

389 Monopolkommission, Sondergutachten 65, Energie 2013, Rn. 175 ff.; *Haucap/Klein/Kühling*, Die Marktintegration der Stromerzeugung aus erneuerbaren Energien; siehe auch Kommission, Leitlinien für staatliche Umweltschutz- und Energiebeihilfen, ABl. EU Nr. C 200/1 v. 28.6.2014, Rn. 179.

390 Zum Folgenden: Frontier Economics, Konsultation zum Ausschreibungsdesign für die Förderung von PV-Freiflächenanlagen, S. 2; ausführlich Frontier Economics, Technologieoffene Ausschreibungen für Erneuerbare Energien, S. 23 ff.

derung statischer Effizienz durch Senkung der Förderkosten wird damit auch die dynamische Effizienz erhöht.[391] Diese Vorteile können diejenigen eines breiten Technologiemixes für Netzstabilität und Versorgungssicherheit nach einer neueren Studie aufwiegen.[392] Bei Durchführung technologieneutraler Ausschreibungen ist aber darauf zu achten, dass der Wettbewerb zwischen den Technologien nicht verzerrt wird.[393] So bestehen zwischen den einzelnen Technologien teilweise erhebliche Unterschiede z. B. bei den Vorlaufzeiten zur Realisierung der Projekte, bei der Projektgröße und den Kosten- und Erlösstrukturen.[394]

e) Rechtspolitische Kritik an wettbewerblichen Ausschreibungen. Im Gegensatz zur   **98**
insbesondere durch die Freiflächenausschreibungsverordnung (FFAV) adressierten Frage des „**Wie**" wettbewerblicher Ausschreibungen ist diejenige des „**Ob**" derselben mit Erlass des EEG 2014 beendet. Nicht näher behandelt werden deshalb grundsätzliche Einwände gegen die wettbewerbliche Ermittlung von Zuschlägen in Ausschreibungsverfahren, wonach eine solche Vorgehensweise den spezifischen Anforderungen des „gesellschaftlichen Zukunftsprojekts" der „Energiewende" nicht gerecht würde, schon weil sie erhebliche Probleme im Rahmen der praktischen Umsetzung aufwerfen.[395] Der Gesetzgeber hat sich vielmehr dafür entschieden, gem. §§ 2 Abs. 5 S. 2, 55, 88 Pilotausschreibungen für Photovoltaik-Freiflächenanlagen durchzuführen, die gem. § 99 im Jahr 2016 evaluiert werden. Diese Entscheidung ist zu respektieren. Mit Blick auf die konkrete Ausgestaltung der FFAV gilt es dabei zu beachten, dass die für die Wettbewerbsintensität zentral notwendigen „verfügbaren Flächen" im Verlauf des Normgebungsverfahrens erheblich eingeschränkt wurden.[396]

Gerade mit Blick auf **wirtschaftswissenschaftliche Stellungnahmen** ist zu differenzieren   **99**
zwischen Erläuterungen über die Funktionsweise von wettbewerblichen Märkten und Auktionen, um bestimmte Tatsachen, Erscheinungen und Prozesse sowie die ihnen zugrunde liegenden Gesetzmäßigkeiten zu erklären,[397] und der wettbewerbspolitischen Modellierung derselben im Sinne rechtspolitischer Zielvorgaben.[398] Denn zwischen einem ökonomischen und einem juristischen Verständnis von Wettbewerb kann es zu Zielkonflikten kommen.[399] So will etwa die wohl herrschende Wohlfahrtsökonomie im Einzelfall „effiziente" Marktergebnisse erreichen. Das entsprechende Effizienzverständnis ist jedoch nicht notwendig deckungsgleich mit den wirtschaftspolitischen Grundüberzeugungen des Regelungsgebers. Darüber hinaus ist eine **staatliche Regelsetzung** aus rechtsstaatlicher Sicht

---

391 Frontier Economics, Technologieoffene Ausschreibungen für Erneuerbare Energien, S. 24 sprechen von jährlichen Einsparungen an volkswirtschaftlichen Kosten ab dem Jahr 2022 in Höhe von 2 bis 2,5 Mrd. Euro.

392 So Frontier Economics, Technologieoffene Ausschreibungen für Erneuerbare Energien, S. 27 ff.

393 So Frontier Economics, Technologieoffene Ausschreibungen für Erneuerbare Energien, S. 32.

394 Frontier Economics, Technologieoffene Ausschreibungen für Erneuerbare Energien, S. 37 ff.

395 So im Auftrag des Bundesverbands Erneuerbarer Energien e. V. das Gutachten von IZES, Bewertung von Ausschreibungsverfahren als Finanzierungsmodell für Anlagen erneuerbarer Energienutzung, S. 3 ff.

396 Siehe Der Spiegel vom 16.1.2015, Energiewende: Niederlage für Gabriel bei Solarauktionen, abrufbar unter http://www.spiegel.de/wirtschaft/soziales/energiewende-niederlage-fuer-sigmar-gabriel-bei-solarauktionen-a-1013281.html.

397 *Olten*, Wettbewerbstheorie und Wettbewerbspolitik, 1995, S. 31.

398 Vgl. *Broemel*, Strategisches Verhalten in der Regulierung, 2010, S. 7.

399 Ausführlich *Mohr*, Sicherung der Vertragsfreiheit durch Wettbewerbs- und Regulierungsrecht, 2015 (im Erscheinen).

an **metaökonomische Mindestanforderungen** gebunden.[400] Bei der Interpretation des geltenden Rechts können ökonomische Analysen deshalb nur unter Beachtung der institutionellen Rahmenbedingungen Beachtung finden.[401] Demgemäß ist es vorliegend nicht relevant, wenn ökonomische Gutachten darauf verweisen, die Formulierung des § 2 Abs. 5 S. 1 sei „unnötig apodiktisch und der Komplexität einer so weitreichenden Veränderung des Finanzierungsmodells für Erneuerbare Energien nicht angemessen".[402] Dasselbe gilt für Bestrebungen, den vornehmlich der Förderung des Wettbewerbs und damit der Chancengleichheit der Bewerber dienenden Grundsatz der „Akteursvielfalt"[403] als zentralen Grundsatz des „Ausschreibungsdesigns" auch gegen dessen wettbewerbliche Ausgestaltung in Stellung zu bringen.[404]

100 **2. Unionsrechtliche Vorgaben.** Nach den **Leitlinien der EU- Kommission für Umwelt- und Energiebeihilfen** sollen Förderberechtigungen künftig zusätzlich zur grundsätzlich verpflichtenden Direktvermarktung[405] wettbewerblich ausgeschrieben werden, soweit keine Ausnahmeregelung etwa für kleine Unternehmen greift.[406] Die Leitlinien decken sich weitgehend mit den in Art. 42f. der **Gruppenfreistellungs-VO Nr. 651/2014** enthaltenen generell-abstrakten Vorgaben.[407] Nach Art. 42 Nr. 1 VO Nr. 651/2014 sind Betriebsbeihilfen zur

---

400 *Behrens*, in: Behrens/Braun/Nowak, Europäisches Wettbewerbsrecht nach der Reform, S. 13; *Möschel*, in: FIW (Hrsg.), Die Wende in der Europäischen Wettbewerbspolitik, S. 55 ff.; *Mestmäcker*, in: Monopolkommission (Hrsg.), Zukunftsperspektiven der Wettbewerbspolitik, S. 19 ff.; aus der ökonomischen Literatur siehe *Schmidtchen,* in: Oberender, Effizienz und Wettbewerb, S. 9 ff.

401 *Gerber*, in: Drexl/Idot/Monéger, Economic Theory and Competition Law, 2009, S. 20 f.

402 So IZES, Bewertung von Ausschreibungsverfahren als Finanzierungsmodell für Anlagen erneuerbarer Energienutzung, S. 2.

403 Ebenso BDEW, Stellungnahme zu den Eckpunkten des BMWi für ein Ausschreibungsdesign für Photovoltaik-Freiflächenanlagen, S. 15.

404 So IZES, Bewertung von Ausschreibungsverfahren als Finanzierungsmodell für Anlagen erneuerbarer Energienutzung, S. 10: „Ohne das Vorhandensein der notwendigen Akteure als zentralem Puzzlestück der Zieltrias, werden die Ziel der Kostensenkungen sowie das Erreichen des notwendigen EE-Zubaus nur schwer zu erreichen sein."

405 Dies betonend Kommission, Leitlinien für staatliche Umweltschutz- und Energiebeihilfen, ABl. EU Nr. C 200/1 v. 28.6.2014, Rn. 128. Sofern keine Ausschreibung durchgeführt wird, gelten hiernach die Voraussetzungen der Randnummern 124 und 125 (dies sind die Vorgaben zur Direktvermarktung) sowie hilfsweise die Voraussetzungen für Betriebsbeihilfen zur Förderung erneuerbarer Energien, ausgenommen Strom aus erneuerbaren Energiequellen, unter Randnummer 131. Diese befasst sich eigentlich mit „Betriebsbeihilfen zur Förderung erneuerbarer Energien, ausgenommen Strom aus erneuerbaren Energiequellen". Danach werden Betriebsbeihilfen zur Förderung erneuerbarer Energien als mit dem Binnenmarkt vereinbar angesehen, sofern – kumulativ – die Beihilfe pro Energieeinheit nicht über der Differenz zwischen den Gesamtgestehungskosten der mit der jeweiligen Technologie erzeugten Energie (levelized costs of producing energy – LCOE) und dem Marktpreis der jeweiligen Energieform liegt. Die LCOE können dabei – nach den allgemeinen wettbewerbsrechtlichen Grundsätzen des „Als-ob-Wettbewerbspreises" – eine „normale" Kapitalrendite umfassen. Bei der Berechnung der LCOE werden Investitionsbeihilfen vom Gesamtbetrag der Investition abgezogen. Die Erzeugungskosten werden regelmäßig, mindestens jedoch jährlich, aktualisiert. Die Beihilfen werden nur bis zur vollständigen Abschreibung der Anlage nach den üblichen Rechnungslegungsstandards gewährt, um zu verhindern, dass die auf den LCOE beruhende Betriebsbeihilfe die Abschreibung der Investition übersteigt.

406 Kommission, Leitlinien für staatliche Umweltschutz- und Energiebeihilfen, ABl. EU Nr. C 200/1 v. 28.6.2014, Rn. 126.

407 ABl. EU Nr. L 187/1 v. 26.6.2014; allerdings nehmen die Gruppenfreistellung und die Leitlinien nicht aufeinander Bezug, obwohl sie in Teilen vergleichbare Regelungsgegenstände behandeln.

Förderung von Strom aus erneuerbaren Energien im Sinne des Art. 107 Abs. 3 AEUV mit dem Binnenmarkt vereinbar und damit von der Anmeldepflicht nach Art. 108 Abs. 3 AEUV freigestellt, sofern sie die in Art. 42 VO Nr. 651/2014 festgelegten Voraussetzungen erfüllen. Gem. Art. 42 Nr. 2 VO Nr. 651/2014 ist es – in gewisser Anlehnung an die das Beihilfen-merkmal der „Begünstigung" betreffende *„Altmark Trans"*-Rechtsprechung des EuGH[408] – die zentrale Zulässigkeitsvoraussetzung, dass die Beihilfen anhand **eindeutiger, transparenter und diskriminierungsfreier Kriterien** im Rahmen einer **Ausschreibung** gewährt werden, an der alle Erzeuger von Strom aus erneuerbaren Energien zu diskriminierungsfreien Bedingungen teilnehmen können.[409] Nach Art. 42 Nr. 3 VO Nr. 651/2014 kann die Ausschreibung aber unter den dort normierten Voraussetzungen auf **bestimmte Technologien beschränkt** werden. Art. 42 Nr. 4 VO Nr. 651/2014 behandelt „neue und innovative Technologien". Art. 42 Nr. 5 VO Nr. 651/2014 enthält sodann die wichtige Regelung, dass eine Beihilfe grundsätzlich als **Prämie zusätzlich zum Marktpreis** gewährt wird, zu dem die Strom-erzeuger ihren Strom direkt auf dem Markt verkaufen,[410] in Deutschland also im Rahmen der „Direktvermarktung" gem. §§ 19 Abs. 1 Nr. 1, 20 Abs. 1 Nr. 1, 34 ff.

In ihren Beihilfeleitlinien billigt die Kommission den Mitgliedstaaten eine **Übergangsfrist zur Durchführung von Pilotausschreibungen** zu. Die Förderzahlungen „sollten" in dieser „Übergangsphase, welche die Jahre 2015 und 2016 umfasst", aber „für mindestens 5 % der geplanten neuen Kapazitäten für die Erzeugung von Strom aus erneuerbaren Energie-quellen im Rahmen einer Ausschreibung anhand eindeutiger, transparenter und diskriminierungsfreier Kriterien gewährt werden".[411] Unter einer Ausschreibung verstehen die Leitlinien ein „diskriminierungsfreies Bieterverfahren, das die Beteiligung einer ausreichend großen Zahl von Unternehmen gewährleistet und bei dem die Beihilfe entweder auf der Grundlage des ursprünglichen Angebots des Bieters [Pay-as-bid] oder eines Clearing-preises [Uniform-Pricing[412]] gewährt wird. Zudem ist die Mittelausstattung oder das Volumen in Verbindung mit der Ausschreibung ein verbindlicher Höchstwert, so dass nicht allen Beteiligten eine Beihilfe gewährt werden kann".[413]

101

Ab dem **1. Januar 2017** sieht die Kommission wettbewerbliche Ausschreibungen als verpflichtend an:[414] Ab diesem Zeitpunkt „werden" die Förderzahlungen deshalb „anhand ein-

102

---

408 EuGH, Urt. v. 24.7.2003, Rs. C-280/00, Slg. 2003, I-7747 Rn. 83 ff. – Altmark Trans GmbH. An-ders als vorliegend behandelt diese Entscheidung jedoch nicht die Rechtfertigung einer Beihilfe, sondern vielmehr das Nichtvorliegen einer solchen mangels Begünstigung; dies übersieht *Kahle*, RdE 2014, 372, 373.

409 Siehe zum hierin zum Ausdruck kommenden teleologischen Gleichklang von Beihilfen- und Ver-gaberecht *Wende*, Die einheitliche Auslegung von Beihilfen- und Vergaberecht als Teilgebiete des europäischen Wettbewerbsrechts, S. 75 ff.

410 Eine De-minimis-Ausnahme findet sich insoweit in Nr. 9 der Leitlinien.

411 Der deutsche Regelungsgeber will diesem Erfordernis durch die Ausschreibungsvolumina gem. §§ 3 f. FFAV Rechnung tragen; Bundesregierung, Freiflächenausschreibungsverordnung, Begrün-dung S. 57 f.

412 Bundesregierung, Freiflächenausschreibungsverordnung, Begründung S. 57.

413 Kommission, Leitlinien für staatliche Umweltschutz- und Energiebeihilfen, ABl. EU Nr. C 200/1 v. 28.6.2014, Rn. 43.

414 Kommission, Leitlinien für staatliche Umweltschutz- und Energiebeihilfen, ABl. EU Nr. C 200/1 v. 28.6.2014, Rn. 126; siehe auch Fn. 66 ebenda. Hiernach können Beihilfen für Anlagen, die vor dem 1. Januar 2017 in Betrieb genommen wurden und für die die Beihilfe vor diesem Zeitpunkt vom Mitgliedstaat bestätigt wurde, auf der Grundlage der zum Zeitpunkt der Bestätigung gelten-den Regelung gewährt werden.

deutiger, transparenter und diskriminierungsfreier Kriterien gewährt". Die Mitgliedstaaten können jedoch im Einzelfall nachweisen, „dass nur ein Vorhaben oder Standort oder nur eine sehr begrenzte Zahl von Vorhaben oder Standorten beihilfefähig wäre oder dass eine Ausschreibung zu einem höheren Förderniveau führen würde (Verzicht auf Ausschreibung z. B. zur Vermeidung strategischen Bietverhaltens) oder dass eine Ausschreibung dazu führen würde, dass nur wenige Vorhaben verwirklicht werden (Verzicht auf Ausschreibung zur Vermeidung der Unterbietung)". In einem solchen Ausnahmefall dürfen aber gleichwohl nur die Kosten gefördert werden, die einem **effizient tätigen Unternehmen** entstünden, inklusive einer marktüblichen und kompetitiven Eigenkapitalverzinsung.[415] Dies läuft im Ergebnis auf eine an den Kosten der effizienten Leistungsbereitstellung orientierte Regulierung hinaus.[416]

103 Wie gesehen, sieht die Kommission entgegen wirtschaftswissenschaftlichen Empfehlungen[417] **technologieneutrale Ausschreibungen** nicht in jedem Fall als notwendig an. Die Ausschreibungen dürfen aber nur dann „auf bestimmte Technologien beschränkt werden, wenn eine allen Erzeugern offenstehende Ausschreibung zu einem suboptimalen Ergebnis führte, das durch die Ausgestaltung des Verfahrens vor allem aus folgenden Gründen nicht verhindert werden könnte: längerfristiges Potenzial einer bestimmten neuen, innovativen Technologie oder Notwendigkeit einer Diversifizierung oder Netzeinschränkungen und Netzstabilität oder System(integrations)kosten oder Notwendigkeit, durch die Förderung der Biomasse verursachte Wettbewerbsverfälschungen auf den Rohstoffmärkten zu vermeiden".[418]

104 Unter bestimmten Voraussetzungen dürfen die Mitgliedstaaten insgesamt davon absehen, wettbewerbliche Ausschreibungen durchzuführen.[419] So können für „Anlagen mit einer installierten Stromerzeugungskapazität von weniger als 1 MW und Demonstrationsvorhaben, ausgenommen Windkraftanlagen, für die als Grenzwert eine installierte Stromerzeugungskapazität von 6 MW oder 6 Erzeugungseinheiten gilt, [...] Beihilfen ohne Ausschreibung [...] gewährt werden". Nach Art. 43 Nr. 2 VO Nr. 651/2014 sind Betriebsbeihilfen zur Förderung der Erzeugung von Strom aus erneuerbaren Energien in **Kleinanlagen** generell mit dem Binnenmarkt vereinbar und damit freigestellt, wenn sie u. a. „nur für Anlagen zur Erzeugung erneuerbarer Energien mit einer installierten Kapazität von weniger als 500 kW gewährt [werden]; Windkraftanlagen können jedoch bis zu einer installierten Kapazität von weniger als 3 MW oder weniger als 3 Erzeugungseinheiten und Anlagen für die Erzeugung von Biokraftstoff bis zu einer installierten Kapazität von weniger als 50 000 t/Jahr Beihilfen erhalten. Bei der Berechnung dieser Höchstkapazitäten werden kleine Anlagen mit einem gemeinsamen Anschlusspunkt an das Stromnetz als eine Anlage betrachtet."

415 Vgl. EuGH, Urt. v. 24.7.2003, Rs. C-280/00, Slg. 2003, I-7747 Rn. 83 ff. – Altmark Trans GmbH; *Kahle*, RdE 2014, 372, 373.
416 Vgl. schon *Mohr*, N&R 2015, 76.
417 Siehe mit Blick auf das deutsche EEG *Perner/Riechmann*, ET 5/2013, 8, 10 f.: „technologieneutrale Förderung verspricht größte Einsparnisse".
418 Ebenso Art. 42 Nr. 3 VO Nr. 651/2014.
419 Kommission, Leitlinien für staatliche Umweltschutz- und Energiebeihilfen, ABl. EU Nr. C 200/1 v. 28.6.2014, Rn. 127.

Mohr

3. Fördermodelle. In Abhängigkeit von den politisch gesetzten Förderzielen bestehen ver- 105
schiedene Möglichkeiten einer Förderung von erneuerbaren Energien.[420] Nachfolgend sollen zunächst die grundlegenden Fördermodelle klassifiziert werden, wobei die Begrifflichkeiten ebenso wie die Zuordnung einzelner Fördermodelle zur jeweiligen Kategorie zuweilen differenzieren.[421]

a) Direkte und indirekte Förderung. Im Ausgangspunkt ist zwischen direkten und indi- 106
rekten Fördermodellen zu unterscheiden. Zu den indirekten Fördermodellen zählen **Um-
weltabgaben** oder **Verschmutzungszertifikate**.[422] Bei den vorliegend im Fokus stehenden
direkten Fördermodellen sind – stark generalisierend – drei Varianten zu unterscheiden:
Möglich ist zum Ersten eine Preissteuerung durch feste Einspeisevergütungen für jede Einheit des EE-Stroms, wohingegen sich die EE-Menge sowie die Gesamtsumme der Förderung variabel einstellen („**Preissteuerung**").[423] Zum Zweiten kann der Gesetzgeber die
Gesamtfördersumme fixieren, wohingegen die Menge und der Preis variabel sind („**Sub-
ventionssteuerung**"). Zum Dritten kann die Menge des eingespeisten Stroms aus erneuerbaren Energien festgelegt werden, während sich der Preis pro Einheit am Markt bildet,
woraus sich in Kombination mit der Menge die insgesamt zu zahlende Fördersumme ergibt
(„**Mengensteuerung**"). In den EU-Mitgliedstaaten werden insbesondere preis- und mengenbezogene Fördermodelle praktiziert.[424] Wie wir schon einleitend gesehen haben, verfolgt der deutsche Gesetzgeber mit dem EEG 2014 ein Mischsystem zwischen Preis- und
Mengensteuerung mit zunehmendem Schwerpunkt auf einer Mengensteuerung.[425]

b) Preisbasierte Förderung. Die direkten Fördermodelle lassen sich weiter unter dem Ge- 107
sichtspunkt der Marktnähe und Marktferne klassifizieren, auch wenn dies nur eine vergrö-
bernde Unterscheidung darstellt.[426] **(Fest-)preisbasierte Fördersysteme** wie eine regulier-
te Einspeisevergütung sind regelmäßig eher **marktfern** ausgestaltet, da sie jedenfalls de

---

420 Monopolkommission, Sondergutachten 65, Rn. 237; *Schneider*, in: Eifert/Hoffmann-Riem, Innovation und Recht II – Innovationsfördernde Regulierung, S. 257, 258 ff.; siehe zu den vorliegend
nicht näher behandelten freiwilligen Fördermodellen auch Schneider/Theobald/*Schneider*, § 21
Rn. 21.

421 Siehe etwa *Martini*, Der Markt als Instrument hoheitlicher Verteilungslenkung, S. 36 ff., der die
„staatliche Knappheitsverwaltung" zwar auch in direkte und indirekte Förderung unterteilt, innerhalb dieser Kategorien jedoch eine andere Zuordnung vornimmt (ohne dass sich damit im Ergebnis etwas ändert): Die Preissteuerung sei ein Instrument indirekter Verhaltenssteuerung, da sie
durch den Einfluss auf die Preisbildung die Allokation von Ressourcen verändere („*Pigou*-Steu-
er"). Demgegenüber sei die Mengensteuerung der direkten Verhaltenssteuerung zuzurechnen, da
sie – etwa in Form von Verboten ohne oder mit Befreiungsvorbehalt – Güter dem Marktmechanismus entziehe oder den Zugangsanspruch jedenfalls mengenmäßig kontingentiere. Insoweit
sieht *Martini* (a. a. O., S. 283) auch Versteigerungen (synonym: Auktionen) als grundsätzlich geeignetes Instrument für die Verteilung knapper, staatlich verwalteter Ressourcen an.

422 *Schneider*, in: Eifert/Hoffmann-Riem, Innovation und Recht II – Innovationsfördernde Regulierung, S. 257, 258.

423 Die Fördermodelle unterscheiden weiterhin danach, ob – wie im deutschen Recht gem. § 57
Abs. 1 – Ausgleichszahlungen für die Netzbetreiber erfolgen oder nicht; siehe *Rusche*, ZNER
2007, 143, 144.

424 Ausführlich *Rusche*, ZNER 2007, 143, 144 ff.

425 Siehe oben § 2 Rn. 15.

426 Siehe zum Folgenden *Häder*, ET 5/2014, 8 ff.; *Haucap/Kühling*, ET 3/2013, 41; *Haucap/Klein/
Kühling*, Die Marktintegration der Stromerzeugung aus erneuerbaren Energien, 2013; *Reiche/
Bechberger*, ET 10/2005, 732 ff.; *Schneider*, in: Hendler/Marburger/Reinhard/Schröder, Energie-

facto wie staatliche Subventionen wirken können.[427] Sie bieten den Investoren zwar ein hohes Maß an Investitionssicherheit und tragen auf diesem Wege als „Markteinführungsinstrument" zu einem schnellen Ausbau der Erzeugungskapazitäten bei.[428] Auch entstehen im Rahmen der Förderung nur relativ geringe Bürokratie- und Transaktionskosten. Ein Festpreis-Fördersystem orientiert sich jedoch – in Abhängigkeit von der konkreten Ausgestaltung – nur begrenzt an den Grundsätzen einer wettbewerblichen Marktwirtschaft i. S. des Art. 3 Abs. 3 EUV, da es die Förderung aufgrund der Informationsasymmetrie zwischen Fördergeber und Fördernehmer oft nicht an den tatsächlichen Stromgestehungskosten, geschweige denn an nachfrageinduzierten Knappheitssignalen des Strommarkts orientiert.[429] Darüber hinaus tragen preisbasierte Fördersysteme zu einer Abschottung der nationalen Märkte für die Erzeugung von erneuerbaren Energien bei und stehen so dem Leitgedanken eines einheitlichen Binnenmarkts für Energie entgegen.[430] Eine preisbasierte Förderung wird am stärksten durch **feste Einspeisetarife** verwirklicht. Es bestehen jedoch auch abgeschwächte Formen wie eine fakultative **Marktprämie,** welche die Differenz zwischen den Kosten der Erzeugung und den Marktpreisen ersetzt.

108 Das frühere Fördersystem des EEG zielte durch den Einspeisevorrang und die grundsätzlich festen, für 20 Jahre garantierten Einspeisevergütungen auf eine relativ strikte Preissteuerung ab. Auf dieser Grundlage ließen sich weder der **Gesamtumfang der Förderung** noch der **Zubau von Erzeugungsanlagen** voraussehen, da dem Gesetzgeber die tatsächlichen Kosten der Förderung nicht bekannt waren (**Informationsasymmetrie**).[431] Zwar kann man bei einer Preissteuerung die Förderhöhe für 1 kWh EEG-Strom genau errechnen. Auch die tatsächliche kumulierte Höhe der Förderung und damit die Belastung für die Verbraucher und die Industrie lassen sich aus der Menge der Inanspruchnahme und damit aus dem Zubau förderfähiger Anlagen ableiten.[432] Eben dieser Anlagenzubau kann in einem System administrativer Preisförderung im Anschluss an die Festlegung der Einspeisevergütung jedoch nur unpräzise vorhergesagt werden. So können die Kosten der Errichtung von EE-Anlagen bedingt durch Skaleneffekte, Überkapazitäten oder Änderungen der rechtlichen Rahmenbedingungen kurzfristigen Veränderungen unterliegen.[433] Auch wenn die Technologiekosten sinken, führt dies bei fixen Einspeisevergütungen zu einer Erhöhung der Rentabilität. Ein derartiges Phänomen war in den Jahren 2009 bis 2011 bei der Photovoltaik zu beobachten, wo die tatsächlichen Kosten weniger stark fielen als die „Systempreise", mit der Folge eines sehr starken Zubaus neuer Anlagen und erheblicher

---

recht zwischen Umweltschutz und Wettbewerb, 2002, S. 71 ff.; *Schneider*, in: Eifert/Hoffmann-Riem, Innovation und Recht II – Innovationsfördernde Regulierung, 2009, S. 257 ff.; *Thomas*, ET 8/2012, 65 f.; siehe auch BerlKommEnR/*Steffens*, 3. Aufl. 2014, Einl. EEG Rn. 13 ff.

427 Hieran knüpft die Problematik an, ob diese Fördersysteme den Beihilfenregelungen unterfallen; siehe § 1 Rn. 30 ff.

428 *Hofmann*, Die Verwaltung 47 (2014), 349, 369.

429 Bundesregierung, Freiflächenausschreibungsverordnung, Begründung S. 36.

430 Allerdings ist auch bei mengenbasierten Quotensystemen in der Rechtswirklichkeit ein „Abschottungseffekt" zu beobachten; siehe *Gundel*, EnWZ 2014, 99, 103 sowie den Sachverhalt von EuGH, Urt. v. 1.7.2014, Rs. C-573/12, EuZW 2014, 620 – Ålands Vindkraft.

431 Monopolkommission, Sondergutachten 65, Rn. 238 f.; im konkreten Zusammenhang auch r2b energy consulting GmbH/Brandenburgische Technische Universität Cottbus, Auktionsdesign für Photovoltaikanlagen auf Freiflächen, S. 6.

432 Monopolkommission, Sondergutachten 65, Rn. 238.

433 Bundesregierung, Freiflächenausschreibungsverordnung, Begründung S. 36.

Mitnahmeeffekte.[434] Der Gesetzgeber steuerte dieser Entwicklung durch die schrittweise Kürzung der Fördersätze sowie durch eine Begrenzung der Förderung von Photovoltaik auf Ackerflächen (der sog. Flächenkulisse) entgegen.[435] Zugleich haben sinkende Kosten für EE-Produktionsanlagen bei einer preisbezogenen Förderung eine Erhöhung der Verbraucherpreise zur Folge.[436]

Auf der Grundlage einer Preisförderung lassen sich somit weder der Förderaufwand noch die Gesamtmenge der installierten EE-Anlagen vorhersehen.[437] Die grundsätzliche Fixierung der Einspeisevergütung bewirkt vielmehr bei Schwankungen anderer Faktoren auch Schwankungen der Rentabilität der Erzeugungsanlagen, mit der Folge zum Teil sehr hoher Renditen, die über die EEG-Umlage auf die Verbraucher abgewälzt werden. Darüber hinaus hat eine Überförderung – was der Gesetzgeber jetzt mit § 2 Abs. 4 adressiert – **verteilungspolitische Folgewirkungen**, da private Kraftwerksbetreiber nicht selten zu den vermögenderen Bevölkerungsschichten gehören werden, wohingegen die Kosten über die EEG-Umlage von allen Stromverbrauchern, also etwa auch von nicht vermögenden Wohnungsmietern getragen werden müssen.[438]

109

c) Mengenbasierte Förderung. Den preisbasierten Fördersystemen stehen – bei allen Konvergenzen und Unterschieden im Detail – mengenbasierte Fördersysteme gegenüber. Mengenbasierte Fördersysteme sind gemeinhin **marktnäher** als preisbasierte Fördersysteme, da sie zwar einen Ausbaukorridor vorgeben, die Preisbildung aber dem Zusammenspiel von Angebot und Nachfrage überlassen, sei es auf dem Strommarkt oder auf vorgelagerten Märkten um den Erwerb von Förderberechtigungen. Neben den verschiedenen **Quotenmodellen**[439] sind auch die von § 2 Abs. 5 neu eingeführten **Ausschreibungsmodelle** der Mengensteuerung zuzuordnen.[440] Als Vorteile von Ausschreibungsmodellen werden insbesondere die von ihnen ausgehenden Effizienzanreize sowie die schrittweise Annäherung an eine wettbewerbliche Preisbildung angesehen. So offenbaren die Bieter (und potenziellen EE-Anlagenbetreiber) in einem Ausschreibungsverfahren ihre tatsächlichen Kosten, wodurch die im Rahmen von Preisfördersystemen bestehenden Informationsasymmetrien gesenkt, Mitnahmeeffekte reduziert und damit letztlich die Förderkosten gesenkt werden.[441] Darüber hinaus können Ausschreibungsmodelle im Rahmen der politischen Entscheidungsprozesse relativ einfach an veränderte Gegebenheiten angepasst werden, etwa bei der Übertragung von Erkenntnissen der Photovoltaik-Pilotausschreibungen auf sol-

110

---

434 r2b energy consulting GmbH/Brandenburgische Technische Universität Cottbus, Auktionsdesign für Photovoltaikanlagen auf Freiflächen, S. 6.

435 r2b energy consulting GmbH/Brandenburgische Technische Universität Cottbus, Auktionsdesign für Photovoltaikanlagen auf Freiflächen, S. 7.

436 So Monopolkommission, Sondergutachten 65, Rn. 239.

437 Monopolkommission, Sondergutachten 65, Rn. 240; r2b energy consulting GmbH/Brandenburgische Technische Universität Cottbus, Auktionsdesign für Photovoltaikanlagen auf Freiflächen, S. 7.

438 Monopolkommission, Sondergutachten 65, Rn. 240; pointiert *Büdenbender*, ET 6/2014, 81 ff.

439 Siehe dazu ausführlich *Haucap/Klein/Kühling*, Die Marktintegration der Stromerzeugung aus erneuerbaren Energien.

440 *Schneider*, in: Hendler/Marburger/Reinhard/Schröder, Energierecht zwischen Umweltschutz und Wettbewerb, 2002, S. 71, 80.

441 Bundesregierung, Freiflächenausschreibungsverordnung, Begründung S. 36; r2b energy consulting GmbH/Brandenburgische Technische Universität Cottbus, Auktionsdesign für Photovoltaikanlagen auf Freiflächen, S. 7; *Gawel/Lehmann*, Wirtschaftsdienst 2014, 651, 654.

che für Windkraftanlagen, soweit dies aufgrund der Eigenart der jeweiligen Technik sinnvoll ist.[442]

111 Gegen **technologieneutrale Quotenmodelle mit handelbaren Grünstromzertifikaten**, bei denen die EE-Anlagenbetreiber neben dem Stromentgelt eine Vergütung aus dem Zertifikateverkauf erhalten,[443] wird vorgebracht, dass diese zwar theoretische Effizienzpotenziale aufwiesen, jedoch in Kombination mit ambitionierten Ausbauzielen (§ 1 Abs. 2) zu erheblichen Mehrkosten gegenüber festen Einspeisevergütungen führten:[444] Ein ambitionierter Ausbau der Stromerzeugung aus erneuerbaren Energien erfordere die „Einbeziehung auch hochpreisiger Potentiale" und verteuere auf diesem Weg die Förderung „zumindest in der Übergangsphase". Ob dieser nachteilige Effekt durch den „wettbewerblichen Kostendruck" und die „höhere Dynamik bei kostengünstigen Technologien mittel- und längerfristig kompensiert" werde, sei aber unsicher. Diese Argumentation beschreibt letztlich den durch den beschleunigten Umbau des Energieversorgungssystems verstärkten Zielkonflikt zwischen Kosteneffizienz und Ausbaueffektivität, also zwischen „statischen" und „dynamischen" Effizienzen.[445]

112 Mögliche **„Nachteile" mengenbasierter (Ausschreibungs-)Modelle** sind die im Vergleich zu einer administrativen Preisförderung auf den ersten Blick höher erscheinenden Bürokratie- und Transaktionskosten, wie sie sich nicht zuletzt in den umfangreichen Vorgaben der Freiflächenausschreibungsverordnung (FFAV) widerspiegeln. Diese erhöhten Kosten sind jedoch bei der von § 1 Abs. 1 geforderten **volkswirtschaftlichen Betrachtung** gegenüber den Mehrkosten von Preisfördersystemen weitgehend zu vernachlässigen. Ausschreibungssysteme erfordern allerdings ein intelligentes Design, um den Investoren die notwendige Planungssicherheit zu geben und zugleich die Realisierung der bezuschlagten Projekte sicherzustellen.[446] Das Ausschreibungsdesgin muss somit einen wirksamen Wettbewerb und mit Blick auf die Ausbauziele der §§ 1 Abs. 2, 3 zugleich eine hohe Realisierungswahrscheinlichkeit sicherstellen, was zu erheblichen Zielkonflikten führen kann.[447] Die FFAV trägt diesem Zielkonflikt – neben der Notwendigkeit einer Erstsicherheit gem. § 7 FFAV schon im Ausschreibungsverfahren, um die Ernsthaftigkeit der Bieter zu gewährleisten – vor allem dadurch Rechnung, dass sie im Nachgang des eigentlichen Ausschreibungsverfahrens (Teil 2) noch ein Verfahren zur Ausstellung der Förderberechtigungen vorsieht, um eine fristgerechte Erstellung der projektierten Anlagen und deren Betrieb durch die Bieter sicherzustellen (Teil 3). Folgerichtig setzt ein Anspruch auf Förderzahlungen gegen die Netzbetreiber nach § 28 Abs. 1 FFAV eine von der BNetzA ausgestellte

---

442 Bundesregierung, Freiflächenausschreibungsverordnung, Begründung S. 36; r2b energy consulting GmbH/Brandenburgische Technische Universität Cottbus, Auktionsdesign für Photovoltaikanlagen auf Freiflächen, S. 7.

443 Monopolkommission, Sondergutachten 65, Energie 2013, Rn. 175 ff.

444 Bundesregierung, Stellungnahme zum Sondergutachten der Monopolkommission Energie 2013, BT-Drs. 18/2939 v. 16.10.2014, S. 8.

445 Siehe *Mohr*, N&R 2015, 76 ff.; siehe in Zusammenhang mit der wettbewerbsrechtlichen Preiskontrolle im Energiesektor BerlKommEnR/*Mohr*, 3. Aufl. 2014, § 29 GWB Rn. 58 ff.

446 *Gawel/Lehmann*, Wirtschaftsdienst 2014, 651, 654; r2b energy consulting GmbH/Brandenburgische Technische Universität Cottbus, Auktionsdesign für Photovoltaikanlagen auf Freiflächen, S. 7.

447 r2b energy consulting GmbH/Brandenburgische Technische Universität Cottbus, Auktionsdesign für Photovoltaikanlagen auf Freiflächen, S. 7.

Förderberechtigung voraus, deren zentrale Voraussetzung wiederum ein Zuschlag im vorgelagerten Ausschreibungsverfahren ist.

Im politischen Diskurs wird darüber hinaus bemängelt, dass wettbewerbliche Ausschreibungssysteme dem **gesellschaftlichen Konzept der „Bürgerenergie"** entgegenstünden, da sie „großen finanzstarken Akteuren" in die Hände spielten.[448] Der Gesetzgeber trägt diesen Bedenken klarstellend durch § 2 Abs. 5 S. 3 Rechnung, wonach die „Akteursvielfalt bei der Stromerzeugung aus erneuerbaren Energien" möglichst erhalten bleiben soll. Nach den Erkenntnissen der Wettbewerbs- und Regulierungstheorie ist die **Akteursvielfalt** freilich kein Wert an sich.[449] Vielmehr kommt es bei einem **dynamischen Wettbewerbsverständnis** durch die Rivalität der Marktteilnehmer zwangsläufig zu Machtpositionen, etwa infolge Innovation, Produktdifferenzierung oder durch Economies of Scale and Scope.[450] Vor diesem Hintergrund impliziert weder ein vollkommener Wettbewerb die Anwesenheit von Wettbewerb und damit die Abwesenheit antikompetitiver Macht (Problem der „Schlafmützenkonkurrenz"[451]), noch eine marktmächtige Stellung zwangsläufig dessen Nichtexistenz und damit das Vorliegen antikompetitiver wirtschaftlicher Macht. Vielmehr hängt die wettbewerbsrechtliche Bedeutung einer marktmächtigen Stellung u. a. von den Marktzutrittsmöglichkeiten neuer Konkurrenten ab (Bestreitbarkeit der Märkte bzw. „contestability").[452] Auf der Grundlage dieses dynamischen Wettbewerbsverständnisses, das den Wettbewerb als einen in der Zeit ablaufenden Prozess durch Vorstöße der Pionierunternehmen und Verfolgungsaktionen der Nachahmer versteht, geht es somit nicht darum, vorübergehende kompetitive Machtpositionen einzelner Unternehmen zu verhindern, sondern darum, einen freien Marktzugang zu sichern und antikompetitive Behinderungs- und Ausbeutungspraktiken zu verhindern.

113

Es ist somit vor allem **durch ein sachgerechtes Ausschreibungsdesign ein hinreichender Wettbewerb sicherzustellen**, für den eine bestimmte **Mindestanzahl von Bietern** unabdingbar ist.[453] Eine ausreichende Anzahl von Bietern sorgt nicht nur für **Wettbewerbs-**

114

---

448 Siehe etwa DIE LINKE, BT-Drs. 18/1891, S. 183: „Die ab 2017 vorgesehene Ausschreibung der Ökostromförderung würde großen finanzstarken Akteuren in die Hände spielen. Für Bürgerenergien würde sich dagegen das Risiko insbesondere bei der kostenintensiven Investitionsvorbereitung derart erhöhen, dass kaum noch Bürgerenergieanlagen errichtet werden könnten. Ausschreibungen führen zu einer Marktkonzentration, die der dezentralen Entwicklung zuwiderläuft. Dieser Prozess rüttelt am Grundcharakter der Energiewende, welcher gerade das Engagement von Energiegenossenschaften und anderen Formen von Bürgerenergien vor Ort ermöglichen soll. Zudem zeigen Erfahrungen mit Ausschreibungen aus dem Ausland, dass Ausbauziele unterschritten werden können und die erwartete Kostenreduktion ausbleibt." [im Orig. kursiv]; siehe auch BEE, Stellungnahme für das Konsultationsverfahren zu den Eckpunkten des BMWi für ein Ausschreibungsdesign für Photovoltaik-Freiflächenanlagen, S. 10 ff.; *Maly/Meister/Schomerus*, ER 4/2014, 147 ff.

449 Ausführlich *Mohr*, Sicherung der Vertragsfreiheit durch Wettbewerbs- und Regulierungsrecht, 2015 (im Erscheinen).

450 Dies anerkennt auch IZES, Bewertung von Ausschreibungsverfahren als Finanzierungsmodell für Anlagen erneuerbarer Energienutzung, S. 45, wonach ein Zielkonflikt zwischen Akteursvielfalt und Verbrauchernutzen in Form niedrigerer Energiepreise bestehe.

451 *Lutz*, ORDO 8 (1956), 19, 31 f.

452 *Behrens*, in: Behrens/Braun/Nowak, Europäisches Wettbewerbsrecht nach der Reform, S. 13, 18.

453 Bei Photovoltaik-Freiflächenanlagen hängt die Wettbewerbsintensität maßgeblich von den verfügbaren Flächen ab; vgl. Bundesregierung, Freiflächenausschreibungsverordnung, Begründung S. 37.

druck, da die Bieter nur dann den Zuschlag erhalten, wenn sie technologiespezifisch-effiziente Kosten und eine angemessene „marktübliche" Eigenkapitalverzinsung ansetzen. Sie mindert auch die **Gefahr eines strategischen oder sogar wettbewerbsbeschränkenden Verhaltens.**[454] Demgegenüber wäre ein politisch gesetztes und instrumentalisiertes Ziel der Akteursvielfalt nur schwer operationalisierbar.[455]

115 **4. Ziele des EE-Ausschreibungssystems.** Die Interpretation der Vorschriften zur Ermittlung von Förderhöhen durch wettbewerbliche Ausschreibungen muss sich an den Zielen des Gesetzgebers orientieren.[456]

116 **a) Pilot-Ausschreibungen und Ziel-Ausschreibungen.** Wie gesehen, will der Gesetzgeber mit den Photovoltaik-Pilotausschreibungen gem. §§ 2 Abs. 5 S. 2, 55, 88 **Erfahrungen mit einem Ausschreibungs-Fördersystem** sammeln, um diese bis zum Jahr 2017 auf alle anderen geförderten Technologien übertragen zu können.[457] Andererseits sollen die EE-Ausbauziele erreicht und der Zubau von Freiflächenanlagen kontinuierlich – wenn auch unter weitgehenden Flächenrestriktionen – weitergeführt werden.[458] Mit Blick auf diesen **Zielkonflikt** sind sowohl die **Vergleichbarkeit der Ausschreibungsergebnisse** mit dem bisherigen Fördersystem als auch die **Möglichkeit einer zeitnahen Evaluierung** (vgl. § 99) von besonderer Bedeutung. Bei langfristiger Betrachtung stehen diese eher „vorübergehenden Ziele" jedoch nicht im Vordergrund. Das EE-Ausschreibungsdesign dient vielmehr vor allem der wettbewerblichen und damit kosteneffizienten Ermittlung der Förderhöhen (vgl. § 1 Abs. 2). Daneben kommen Aspekte der Ausbauförderung und der Mengensteuerung („Effektivität"[459]) zum Tragen. Schließlich ist zu diskutieren, auf welchem Weg über die Ausschreibungen die regionale Verteilung der EE-Anlagen optimiert werden kann, um den Netzausbaubedarf zu minimieren.[460] Die FFAV adressiert die räumliche Verteilung von EE-Anlagen vornehmlich über die Regelungen zur Anlagenzusammenfassung in § 2 Nr. 5 FFAV, in Abwandlung der allgemeinen Vorschrift des § 32 Abs. 2.[461]

117 **b) Erfüllung der Ausbauziele („Effektivität").** Die EE-Ausschreibungen müssen sicherstellen, dass die mengenmäßigen Ausbauziele im vorgegebenen Zeitrahmen erreicht wer-

---

454 r2b energy consulting GmbH/Brandenburgische Technische Universität Cottbus, Auktionsdesign für Photovoltaikanlagen auf Freiflächen, S. 33.

455 Ein Vorschlag für eine Definition der Bürgerenergie findet sich bei BEE, Stellungnahme für das Konsultationsverfahren zu den Eckpunkten des BMWi für ein Ausschreibungsdesign für Photovoltaik-Freiflächenanlagen, S. 12: „Der Bieter ist eine Projektgesellschaft, an der mehr als 50 Prozent der Stimmrechtsanteile von mindestens sieben natürlichen Personen, die ihren 1. Wohnsitz im Landkreis der Standortgemeinde oder in einer benachbarten Gebietskörperschaft haben, oder von einer oder mehreren eingetragenen Genossenschaften, deren Geschäftsanteile mehrheitlich bei natürlichen Personen liegen, oder von Gemeinden, Städten oder Landkreisen gehalten werden und die ihren Firmensitz in der Standortgemeinde hat. Für die Minderheitenanteile gelten keine Einschränkungen. Als Anlagengröße wird ein Maximum von 5 MW vorgeschlagen".

456 Vgl. schon *Mohr*, EnWZ 2015, 99 ff.; *ders.*, N&R 2015, 76 ff.

457 Vgl. auch Bundesregierung, Freiflächenausschreibungsverordnung, Begründung S. 1, 45; ZSW/Takon/BBG und Partner/Ecofys, Wissenschaftliche Empfehlung zur Ausgestaltung des Pilotausschreibungsverfahrens, S. 1.

458 Bundesregierung, Freiflächenausschreibungsverordnung, Begründung S. 39.

459 r2b energy consulting GmbH/Brandenburgische Technische Universität Cottbus, Auktionsdesign für Photovoltaikanlagen auf Freiflächen, S. 1, 7.

460 dena, Stellungnahme: Eckpunkte für ein Ausschreibungsdesign für Photovoltaik-Freiflächenanlagen, S. 1.

461 Bundesregierung, Freiflächenausschreibungsverordnung, Begründung S. 43.

den (§ 1 Abs. 2 und 3 i.V.m. § 3).[462] Zur Integration des Stroms aus erneuerbaren Energien in wettbewerblich organisierte Strommärkte sieht das EEG 2014 für die wichtigsten Technologien – bis auf die Windenergie auf See – eine **indirekte Mengensteuerung** vor (§ 3 i.V.m. den §§ 28, 29, 31).[463] Im Interesse eines „effektiven" Ausbaus der erneuerbaren Energien muss das Ausschreibungsdesign sicherstellen, dass sich die ausgeschriebenen Mengen (vgl. die §§ 3, 4 FFAV) an den normativ vorgegebenen **Ausbaukorridoren** orientieren. Auch muss die ausschreibende Stelle die **Realisierungswahrscheinlichkeit** der EE-Projekte in den Blick nehmen, etwa über Präqualifikationsanforderungen und Pönalen (vgl. die §§ 6 Abs. 4, 7, 10, 11 FFAV). Weiterhin sollte das Ausschreibungsdesign genügend **Planungssicherheit** vermitteln, um Investoren zur Vorentwicklung von Projekten zu motivieren.[464] Auf der anderen Seite gehen hohe Anforderungen an Qualität, Realisierungswahrscheinlichkeit und Planungssicherheit regelmäßig auch mit hohen Kosten einher, die durch das EEG 2014 gerade auf ein wettbewerbliches bzw. wettbewerbsanaloges Niveau zurückgeführt werden sollen.[465] Es ist somit ein Ausgleich („trade off") zwischen dem beschleunigten Ausbau von EE-Anlagen und der Senkung der Förderkosten erforderlich.

c) Senkung der Förderkosten („Effizienz"). aa) Wirksamer Wettbewerb. Um die Kos- **118**
tenbelastung für die Verbraucher durch den Ausbau erneuerbarer Energien möglichst gering zu halten, ist eine **hohe Wettbewerbsintensität** von entscheidender Bedeutung („Effizienz").[466] Diese wird – wie oben bereits erläutert – vor allem durch eine faktische und von den Bietern erwartete **Knappheitssituation** auf dem jeweiligen Markt erreicht, damit die Bieter untereinander um den Zuschlag konkurrieren und ein **strategisches Gebotsverhalten** ausgeschlossen ist. Ohne eine solche Wettbewerbssituation werden die Bieter häufig wissen, dass sie einen Zuschlag erhalten, da sie „pivotal" sind. Sie werden daher nicht ihre wahren Kosten offenbaren, sondern strategisch hohe Gebote abgeben. Nur bei einer hohen Wettbewerbsintensität besteht somit eine realistische Chance, dass die Ergebnisse der Ausschreibung die tatsächlichen Kosten der Technologie abbilden.[467] Die **FFAV** will dem „Knappheits-Erfordernis" durch ein **einfaches, transparentes, verständliches und diskriminierungsfreies wettbewerbliches Ausschreibungsverfahren** i.S. des § 5 Nr. 3 Rechnung tragen.[468] Die komplexen Regelungen der FFAV werden dieser Intention freilich

---

462 Bundesregierung, Freiflächenausschreibungsverordnung, Begründung S. 39.
463 Diese kann sich aus Sicht der Investoren als „Zugangsbeschränkung" auswirken, vgl. *Müller/Kahl/Sailer*, ER 4/14, 139, 141. Allerdings steht Investoren immer die Möglichkeit einer nicht geförderten Direktvermarktung nach § 20 Abs. 1 Nr. 2 offen.
464 *Beckmeyer*, EnWZ 2014, 433, 434: Verlässlichkeit und Planbarkeit.
465 Die Empfehlung von ZSW/Takon/BBG und Partner/Ecofys legt deshalb im Ausgangspunkt überzeugend keine 100%ige Realisierungswahrscheinlichkeit zugrunde, siehe S. 9.
466 BT-Drs. 18/1304, S. 149. Siehe auch dena, Stellungnahme: Eckpunkte für ein Ausschreibungsdesign für Photovoltaik-Freiflächenanlagen, S. 2, wonach die „Kosteneffizienz" nicht nur die expliziten Kosten der Förderung umfasst, sondern auch die mittelbaren Kosten etwa durch den EE-induzierten Netzausbau; ZSW/Takon/BBG und Partner/Ecofys, Wissenschaftliche Empfehlung zur Ausgestaltung des Pilotausschreibungsverfahrens, S. 9; r2b energy consulting GmbH/Brandenburgische Technische Universität Cottbus, Auktionsdesign für Photovoltaikanlagen auf Freiflächen, S. 1.
467 Bundesregierung, Freiflächenausschreibungsverordnung, Begründung S. 1f.
468 Siehe Bundesregierung, Freiflächenausschreibungsverordnung, Begründung S. 39: „[...] Vor diesem Hintergrund ist das Ausschreibungsdesign so einfach, transparent und verständlich wie möglich gestaltet worden. Der gleichwohl bestehende, vergleichsweise hohe Regelungsbedarf ist er-

kaum gerecht. Der Wettbewerbsintensität abträglich ist außerdem die im Normgebungsverfahren aufgrund „konkurrierender Nutzungsinteressen" eingeschränkte **„Flächenkulisse"**[469] (vgl. die §§ 3 Abs. 1, 6 Abs. 3 Nr. 6, 12 Abs. 4 FFAV).[470]

119 Bei wirksamem Wettbewerb kann ein Unternehmen keine beliebig hohen Kosten ansetzen, (Ist-Kosten), sei es als Anbieter eines Gutes oder als Nachfrager von Förderzahlungen, sondern nur solche, die auch ein ebenfalls (nicht: ebenso) **effizienter Wettbewerber** auf dem entsprechenden Markt haben würde (Soll-Kosten); denn andernfalls würden die Kunden die Preise nicht akzeptieren und zu Konkurrenten abwandern. Auch die Rendite (die „Eigenkapitalverzinsung"[471]) kann bei wirksamem Wettbewerb jedenfalls im mehrjährigen Durchschnitt die branchenübliche Rendite nicht erheblich übersteigen. Ein wirksamer Wettbewerb ist somit nicht nur mit Chancen, sondern auch mit Risiken verbunden. Das Wettbewerbsrecht verbietet deshalb den Unternehmen, eine „praktische Zusammenarbeit" an die Stelle des „mit Risiken verbundenen Wettbewerbs" treten zu lassen (vgl. auch § 11 Nr. 1 lit. b FFAV). Vielmehr hat jedes Unternehmen selbstständig zu bestimmen, welche unternehmerische Politik es verfolgt („Selbstständigkeitspostulat").[472] Vor diesem Hintergrund ist die Implementierung eines Ausschreibungssystems ein zentraler Schritt auf dem Weg zu einer Marktintegration der erneuerbaren Energien als **„neuer Leittechnologie"** (§ 2 Abs. 1).[473] Allerdings erhöht die Umstellung des Fördersystems auf wettbewerbliche Ausschreibungen die Transaktionskosten, die Projektrisiken und die Bieterrisiken, weshalb rational handelnde Bieter die daraus resultierenden (Kosten-)Risiken in ihre Gebote einpreisen werden.[474] Den Bietern sollten deshalb durch das Ausschreibungsdesign keine Risiken auferlegt werden, denen sie bei wirksamem Wettbewerb nicht ausgesetzt wären. Auch bei einem solchen trügen sie aber das Absatz- und das Preisrisiko. Auch müssten sie die durch eine Beteiligung an Ausschreibungen resultierenden Transaktionskosten selbst tragen. Die Bundesregierung will den Bietern gleichwohl die „Einpreisung" ausschreibungsbedingter Kosten und Risiken ermöglichen, etwa durch die Orientierung des **Zuschlagswerts** gem. § 13 Abs. 2 Nr. 1 FFAV am Höchstwert gem. § 8 FFAV, sofern die Summe der Gebotsmengen gem. § 2 Nr. 6 FFAV das Ausschreibungsvolumen gem. §§ 3, 4 FFAV nicht erreicht.[475]

---

forderlich, um ein faires Verfahren sicherzustellen und die widerstreitenden Interessen Kosteneffizienz – Realisierungsrate – Akteursvielfalt – Akzeptanz in einen angemessenen Ausgleich zu bringen."

469 Bundesregierung, Freiflächenausschreibungsverordnung, Begründung S. 2.

470 Siehe Der Spiegel vom 16.1.2015, Energiewende: Niederlage für Gabriel bei Solarauktionen, abrufbar unter www.spiegel.de/wirtschaft/soziales/energiewende-niederlage-fuer-sigmar-gabriel-bei-solarauktionen-a-1013281.htm.

471 Bei der Eigenkapitalverzinsung handelt es sich betriebswirtschaftlich um eine kalkulatorische Kostenposition; vgl. *Zöckler/Fabritius*, in: PwC, Entflechtung und Regulierung in der deutschen Energiewirtschaft, Kap. 10.2.3.

472 EuGH, Urt. v. 31.3.1993, Rs.-C 89/85, Slg. 1994, I-1307 Rn. 63 – Ahlström/Kommission.

473 Weitere Folgerungen hieraus bei *Burgi*, JZ 2013, 745, 749 ff.

474 BDEW, Handlungsempfehlungen für ein Auktionsdesign für PV-Freiflächenkraftwerke, S. 6; r2b energy consulting GmbH/Brandenburgische Technische Universität Cottbus, Auktionsdesign für Photovoltaikanlagen auf Freiflächen, S. 25; BEE, Stellungnahme für das Konsultationsverfahren zu den Eckpunkten des BMWi für ein Ausschreibungsdesign für Photovoltaik-Freiflächenanlagen, S. 2.

475 Bundesregierung, Freiflächenausschreibungsverordnung, Begründung S. 73 f.

Mit Blick auf die Grundsätze der Netz- und Marktintegration gem. § 2 Abs. 1 bezieht sich **120** der Begriff „**Kosteneffizienz**" nicht allein auf die Senkung der expliziten Kosten der Förderung, sondern auch auf die mittelbaren Kosten etwa des förderungsbedingten **Netzausbaus** und eines **Umbaus des Strommarkts**. Vor diesem Hintergrund muss sich ein Ausschreibungsdesign jedenfalls mittelfristig der Aufgabe einer passgenauen Mengensteuerung etwa durch eine netzadäquate regionale Verteilung der EE-Anlagen stellen.[476]

bb) Akteursvielfalt. Unter kompetitiven Aspekten dient auch das von § 2 Abs. 5 S. 3 her- **121** vorgehobene Erfordernis der „Akteursvielfalt" der Sicherung eines wirksamen Ausschreibungswettbewerbs, da hiermit einer Marktkonzentration (Art. 102 AEUV, § 19 GWB) sowie einem abgestimmten Verhalten (Art. 101 AEUV, §§ 1 und 2 GWB) der Bieter entgegengewirkt wird.[477] Geboten ist die Herstellung von **Chancengleichheit** durch ein **ausgewogenes, verständliches und zutrittsoffenes Ausschreibungsdesign**.[478] Demgegenüber kann die „Akteursvielfalt" nicht dazu herangezogen werden, das Ziel einer Heranführung der erneuerbaren Energien an wettbewerbliche Märkte zu unterlaufen.[479] Denn die „Akteure", verstanden nicht nur als die von hohen Fördersätzen profitierenden EE-Anlagenbetreiber, sondern insbesondere auch als die mit steigenden Energiepreisen belasteten Verbraucher, wollen vor allem die „Kostendynamik" der vergangenen Jahre senken.[480] Vor diesem Hintergrund können aus dem Grundsatz der „Akteursvielfalt" keine Ausnahmeregelungen für bestimmte Akteursgruppen hergeleitet werden, zumal eine hinreichend trennscharfe Abgrenzung des begünstigten Personenkreises nur schwer möglich ist.[481] Das Ausschreibungsdesign muss jedoch sicherstellen, dass möglichst „niedrige Eintrittshürden" bestehen, ohne damit die Realisierungswahrscheinlichkeit der Projekte zu gefährden.[482] Praktisch relevant wird dies u. a. bei der Gestaltung von Strafzahlungserfordernissen und den dafür zu hinterlegenden Kautionen, aber auch bei der maximalen Projektgröße.

cc) Flächenkulisse. Zu den im Normgebungsverfahren problematischsten Fragestellungen **122** gehörte die für Freiflächenanlagen zulässige Flächenkulisse, da diese mit „konkurrierenden Flächennutzungsinteressen, insbesondere den berechtigten Anliegen von Landwirt-

---

476 dena, Stellungnahme: Eckpunkte für ein Ausschreibungsdesign für Photovoltaik-Freiflächenanlagen, S. 2. Im Ausgangspunkt ähnlich, wenn auch mit anderem Schwerpunkt und anderen Schlussfolgerungen Wuppertaler Institut für Klima, Umwelt und Energie/Fraunhofer ISE, Stellungnahme zur BMWi-Konsultation „Eckpunkte für ein Ausschreibungsdesign für Photovoltaik-Freiflächenanlagen." Agrophotovoltaik (APV) als ressourceneffizienzte Landnutzung, S. 4 f., die von einem „unzulässig verengten Kostenbegriff" warnen, der etwa eine „unterschiedliche Flächenwertigkeit" ausschließe.
477 Bundesregierung, Freiflächenausschreibungsverordnung, Begründung S. 41.
478 Ähnlich BDEW, Handlungsempfehlungen für ein Auktionsdesign für PV-Freiflächenanlagen, S. 10.
479 So in der Tendenz IZES, Bewertung von Ausschreibungsverfahren als Finanzierungsmodell für Anlagen erneuerbarer Energienutzung, S. 3 ff., die vor allem gesellschaftspolitisch argumentieren. Vor diesem Hintergrund stellt IZES sogar das Ziel der wettbewerblichen Ermittlung der Förderhöhe insgesamt in Frage.
480 Aus diesem Grunde fühlt sich der Gesetzgeber diesem Ziel besonders verpflichtet; vgl. *Beckmeyer*, EnWZ 2014, 433 f.
481 Paradigmatisch für eine kaum subsumtionsfähige „Definition" von „Bürgerenergie" *Maly/Meister/Schomerus*, ER 4/2014, 147, 149. Im Ergebnis wie vorliegend BDEW, Handlungsempfehlungen für ein Auktionsdesign für PV-Freiflächenanlagen, S. 10, unter Berufung auf das Votum der dort organisierten „kleinen, mittleren und großen Mitgliedsunternehmen".
482 Bundesregierung, Freiflächenausschreibungsverordnung, Begründung S. 42.

schaft und Umweltschutz", nur schwer in einen sachgerechten Ausgleich zu bringen war.[483] Die Flächenkulisse ist ein ganz zentraler Faktor für einen wirksamen Wettbewerb um die Zuschläge in den EE-Ausschreibungen. Den anderen Nutzungsinteressen, allen voran denjenigen der Landwirtschaft, soll durch verschiedene Maßnahmen Rechnung getragen werden. So wird die Inanspruchnahme von Acker- und Naturschutzflächen bereits durch die Begrenzung des jährlichen Ausschreibungsvolumens eingeschränkt (§§ 1,3 Abs. 1 FFAV). Außerdem verbleibt es im Jahr 2015 bei der restriktiven Flächenkulisse des § 51 Abs. 1 Nr. 3, weshalb im Ergebnis nur solche Gebote zur Ausschreibung zugelassen werden, die Freiflächenanlagen auf Konversionsflächen, auf versiegelten Flächen und an Seitenrandstreifen von Autobahnen und Schienenwegen betreffen (§§ 6 Abs. 3 Nr. 6 lit. a bis c, 22 Abs. 1 Nr. 3 lit. a i.V. mit Nr. 2 lit. b aa bis cc FFAV). Ab 2016 soll die Flächenkulisse sodann „maßvoll" erweitert werden, „um dauerhaft ausreichend Flächen zur Verfügung zu haben".[484] So sind ab diesem Zeitpunkt zusätzlich Freiflächenanlagen auf Flächen der Bundesanstalt für Immobilienaufgaben förderfähig (vgl. §§ 6 Abs. 3 Nr. 6 lit. d, 22 Abs. 1 Nr. 2 lit. b dd FFAV). Hierbei handelt es sich um eine durch die FFAV neu geschaffene Flächenkategorie dar, bei der es in Bezug auf Konversionsflächen Überschneidungen mit den bereits im EEG 2014 förderfähigen Flächen geben kann. Es können in dieser neuen Kategorie aber auch neue Flächen für Freiflächenanlagen genutzt werden, wenn andere Belange der Planung und Genehmigung nicht entgegenstehen. Dazu kommen Freiflächenanlagen auf Ackerflächen in benachteiligten Gebieten, in denen Landwirtschaft nur schwer möglich ist (§§ 2 Nr. 2, 6 Abs. 3 Nr. 6 lit. e, 22 Abs. 1 Nr. 2 lit. b ee FFAV). Auf diesen Flächen können in den Jahren 2016 und 2017 aber nur zehn Anlagen zugeschlagen werden (§ 12 Abs. 4 FFAV).

123 Schließlich sieht § 2 Nr. 5 FFAV eine Regelung zur **Anlagenzusammenfassung** vor, die über die entsprechenden finanziellen Signale einer räumlichen Ballung von Freiflächenanlagen in bestimmten Regionen entgegenwirken soll.[485] Danach gelten mehrere Freiflächenanlagen unabhängig von den Eigentumsverhältnissen und ausschließlich zum Zweck der Ermittlung der Höhe des Anspruchs nach § 19 für den jeweils zuletzt in Betrieb gesetzten Generator als eine Freiflächenanlage, wenn sie innerhalb derselben Gemeinde, die für den Erlass des Baubauungsplans zuständig ist, errichtet worden sind und innerhalb von 24 aufeinanderfolgenden Kalendermonaten in einem Abstand von bis zu 4 Kilometern in der Luftlinie, gemessen vom äußeren Rand der jeweiligen Anlage, in Betrieb genommen worden sind. Im Gegensatz zu § 32 Abs. 2 wird somit der Umkreis erweitert, in dem Anlagen zusammengefasst werden. Unberührt von dieser Definition bleibt die Anlagenzusammenfassung nach § 32 Abs. 1.[486] Ebenso wie die Anlagenzusammenfassung dient die **Größenbegrenzung der Anlagen** auf 10 MW in §§ 6 Abs. 2, 22 Abs. 1 Nr. 4 lit. b FFAV den Interessen der Landwirtschaft und des Umweltschutzes, indem sie einer räumliche Ballung von Freiflächenanlagen entgegenwirkt,[487] wenn auch unter Einschränkung der Möglichkeit

---

483 Zum Folgenden siehe Bundesregierung, Freiflächenausschreibungsverordnung, Begründung S. 37f.

484 Bundesregierung, Freiflächenausschreibungsverordnung, Begründung S. 37.

485 Bundesregierung, Freiflächenausschreibungsverordnung, Begründung S. 64.

486 Siehe zu § 2 Nr. 5 Bundesregierung, Freiflächenausschreibungsverordnung, Begründung S. 64.

487 Bundesregierung, Freiflächenausschreibungsverordnung, Begründung S. 64 und 82.

zur Hebung von Skalen- und Verbundvorteilen im Interesse einer möglichst hohen Kosteneffizienz.[488]

Die Inanspruchnahme der landwirtschaftlichen Flächen soll durch eine regelmäßige **Eva- 124 luierung** gem. § 36 FFAV überwacht werden, um Fehlentwicklungen „jederzeit wirksam" begegnen zu können.[489] Im Übrigen obliege es „weiterhin den Kommunen vor Ort, im Rahmen der Bauleitplanung die verschiedenen Belange angemessen in einen räumlichen Ausgleich zu bringen".[490]

dd) Senkung der Transaktionskosten. Ein Teilaspekt der Senkung von Förderkosten ist 125 die Minimierung der spezifischen Transaktionskosten, die ein Ausschreibungssystem sowohl für die Bieter als auch für den Auktionator als auch für die sonstigen Betroffenen[491] mit sich bringt.[492] Vor diesem Hintergrund sollten die von den Bietern geforderten Nachweise, das Prüfverfahren des Auktionators, aber auch der Abwicklungsaufwand der Netzbetreiber so „einfach" wie möglich ausgestaltet werden.[493] Insbesondere sollten die Ausschreibungsbedingungen möglichst einfach, verständlich und transparent sein.[494]

d) Harmonisierung mit dem Netzausbau. In Zusammenhang mit der Flächenkulisse 126 wird eine **Regionalisierung des Zubaus von EE-Kraftwerken** diskutiert, um die Förderung mit dem Netzausbau zu synchronisieren.[495] Während eine solche „Regionalisierung" bis dato für Photovoltaik-Freiflächenanlagen nicht angestrebt wurde, spielen regionale As-

---

488 Für eine Ausweitung auf 25 MW überzeugend ZSW/Takon/BBG und Partner/Ecofys, Wissenschaftliche Empfehlung zur Ausgestaltung des Pilotausschreibungsverfahrens, S. 24 f.; BDEW, Stellungnahme zu den Eckpunkten des BMWi für ein Ausschreibungsdesign für Photovoltaik-Freiflächenanlagen, S. 3.

489 Bundesregierung, Freiflächenausschreibungsverordnung, Begründung S. 38.

490 Bundesregierung, Freiflächenausschreibungsverordnung, Begründung S. 38; siehe zu den daraus resultierenden Problemen *Spannowsky*, in: Hebeler/Hendler/Proelß/Reiff, Energiewende in der Industriegesellschaft, S. 83, 87.

491 Aus der Anwendung einer „Pay-as-bid-Preisregelung" folgt etwa ein erhöhter Abwicklungsaufwand der mit der Auszahlung der Marktprämie betrauten Netzbetreiber.

492 Die sog. Transaktionskostenökonomik untersucht die Effizienz unterschiedlicher Koordinationsformen. Im Rahmen transaktionskostentheoretischer Überlegungen bildet nicht der Güteraustausch selbst den Gegenstand der Betrachtung, sondern die ihm logisch und zeitlich vorgelagerte Übertragung von Verfügungsrechten (Property Rights). Diese sind die mit materiellen oder immateriellen Gütern verbundenen, institutionell legitimierten Handlungsrechte von Wirtschaftssubjekten. Der Wert eines Gutes bestimmt sich hiernach nicht allein aus dessen Substanz, sondern vor allem aus seinen Verwendungsmöglichkeiten. Die Übertragung von Verfügungsrechten wird als Transaktion bezeichnet. Diese wird in einen gesamtgesellschaftlichen Zusammenhang gestellt, indem ihr institutioneller Rahmen beachtet wird. Transaktionskosten sind die mit der Bestimmung, Übertragung und Durchsetzung von Verfügungsrechten entstehenden Kosten; vgl. *Picot/Dietl*, WiSt 19 (1990), 178.

493 ZSW/Takon/BBG und Partner/Ecofys, Wissenschaftliche Empfehlung zur Ausgestaltung des Pilotausschreibungsverfahrens, S. 9.

494 ZSW/Takon/BBG und Partner/Ecofys, Wissenschaftliche Empfehlung zur Ausgestaltung des Pilotausschreibungsverfahrens, S. 10.

495 Siehe BMWI, Eckpunkte für ein Ausschreibungsdesign für Photovoltaik-Freiflächenanlagen, S. 3.

pekte im Rahmen der Förderung von Windenergieanlagen aufgrund des sog. Referenzertragsmodells bereits eine gewisse, wenn auch vielleicht nicht die tragende Rolle.[496]

127   Die vom BMWi in Auftrag gegebene „Wissenschaftliche Empfehlung" hat sich mit Blick auf die Photovoltaik-Pilotausschreibungen dagegen ausgesprochen, Fragen der regionalen Verteilung im Rahmen des Ausschreibungsdesigns (etwa über **Ausschreibungskontingente**) zu behandeln. Vielmehr sollen diese Fragen im Rahmen der „allgemeinen" Vorschriften des EEG etwa über die **„Ausbaupfade"** adressiert werden:[497] Zwar sei zu erwarten, dass eine Öffnung der Photovoltaik-Ausbauflächen auch auf Ackerland – die in der FFAV im Interesse des Ackerbaus und des Umweltschutzes wie gesehen stark eingeschränkt wurde – dazu führe, dass der Zubau zu einem großen Teil auf Ackerflächen in Süddeutschland erfolge. Im Hinblick auf die dort bestehenden höheren Pachtpreise und die nur wenig schlechteren Strahlungsbedingungen an anderen regionalen Standorten seien jedoch auch Anlagen in Nord- und Ostdeutschland wettbewerbsfähig. Außerdem könne die Wettbewerbsfähigkeit von Anlagen auf Konversionsflächen bereits durch die Erhöhung der maximal zulässigen Projektgröße gesteigert werden[498] (siehe aber § 6 Abs. 2 S. 1 FFAV: Gebotsmenge von maximal 10 MW). Allein durch diese Maßnahmen werde bereits eine ausgewogenere regionale Verteilung ermöglicht. Schließlich mache eine regionale Kontingentierung das Ausschreibungssystem nicht nur (noch) komplexer, sondern auch ineffizienter, da hierdurch ggf. teurere Projekte wie Anlagen auf Flächen mit geringerer Einstrahlung den Zuschlag erhielten.

128   Demgegenüber mahnen andere – auch mit Blick auf die von § 2 Abs. 1 geforderte Netzintegration – eine **verstärkte Verzahnung des EE-Ausbaus mit dem Ausschreibungsdesign** an, indem der Ausschreibungsgegenstand unter Anwendung einer „geeigneten Regionalisierungsmethodik" näher spezifiziert wird.[499] Da der Ausbau von Anlagen für (fluktuierende) erneuerbare Energiequellen den Netzausbau regional vor unterschiedlich große Herausforderungen stellt, wird **de lege ferenda** erwogen, allen Erzeugern eine sog. **G-Komponente für Netzeinspeisungen** aufzuerlegen (G für „Generation"), also ein einspeiseseitiges Netznutzungsentgelt.[500] Bei Anwendung einer derartigen G-Komponente

---

496 50hertz, Stellungnahme zu Eckpunkten für eine Pilotausschreibung für Photovoltaik-Freiflächenanlagen, S. 3; zum Referenzertragsmodell siehe BeckOK/*von Oppen*, § 29 EEG 2012 Rn. 7, 16 ff. Hiernach ist zwar nicht die Vergütung an den Nachweis eines gewissen Ertrages geknüpft, jedoch der Zeitraum, innerhalb dessen ein Anspruch auf Zahlung der Anfangsvergütung gem. § 49 Abs. 2 S. 1 besteht.

497 ZSW/Takon/BBG und Partner/Ecofys, Wissenschaftliche Empfehlung zur Ausgestaltung des Pilotausschreibungsverfahrens, S. 5, 15, 23.

498 Vorschlag für Photovoltaik-Freiflächenanlagen: 25 MW statt wie bislang 10 MW als „gutem Kompromiss zwischen den Zielen Kosteneffizienz und ökologischen Belangen", vgl. ZSW/Takon/BBG und Partner/Ecofys, Wissenschaftliche Empfehlung zur Ausgestaltung des Pilotausschreibungsverfahrens, S. 25. Durch die Begrenzung auf 10 MW sollen der durch die Freiflächenanlagen verursachte Flächenverbrauch („Verschandelung der Landschaft") sowie die Eingriffe in die Natur begrenzt werden; vgl. BeckOK EEG/*Greb/Boewe*, § 32 EEG 2012 Rn. 16.

499 dena, Stellungnahme: Eckpunkte für ein Ausschreibungsdesign für Photovoltaik-Freiflächenanlagen, S. 2.

500 Bundesregierung, Stellungnahme zum Sondergutachten der Monopolkommission Energie 2013, BT-Drs. 18/2939 v. 16.10.2014, S. 12; Frontier Economics, Konsultation zum Ausschreibungsdesign für die Förderung von PV-Freiflächenanlagen, S. 4; siehe zu G-Komponentenklauseln in Stromlieferverträgen zur besseren Allokation von Kraftwerken *Müller-Kirchenbauer/Nailis/Struck/Siedentopp/Reukauf*, Marktplatz Energie 5/2002, 30 ff.

berücksichtigen die Bieter in ihren Geboten nicht nur die Kosten der EE-Anlagen, sondern auch die Netzkosten. Den Zuschlag erhalten nur noch diejenigen Gebote mit den niedrigsten Gesamtkosten.[501] Derzeit werden die Netzkosten insgesamt der Entnahme, also den Verbrauchern zugeordnet (sog. **L-Komponente**; L für „load").[502] Begründet wird dies mit Gesichtspunkten der Einfachheit, Transparenz und Praktikabilität.[503] In diesem Sinne schließt § 15 Abs. 1 S. 3 StromNEV eine G-Komponente explizit aus.[504]

e) Akzeptanz bei Teilnehmern und der Öffentlichkeit. Die Bundesregierung betont als   **129** eigenständiges Ziel der Pilot-Ausschreibungen eine hohe Akzeptanz des Ausschreibungssystems bei den Ausschreibungsteilnehmern und in der Öffentlichkeit durch ein **verständliches und transparentes Ausschreibungssystem**, die **erfolgreiche Durchführung von Ausschreibungen** sowie die **Wahrung der Akteursvielfalt**.[505] Hieraus folgen aber keine konkreten Anforderungen an das Ausschreibungsdesign. Zum Ersten ist die Akzeptanz bei den Rechtsunterworfenen eine allgemeine Voraussetzung jeder demokratisch legitimierten Rechtsetzung. Zum Zweiten lässt sich eine allgemeine Akzeptanz schon angesichts der die Energiewende begleitenden heterogenen Interessengruppen kaum ermitteln. Zum Dritten bestimmt sich die Akzeptanz des Ausschreibungsdesigns durch die Erfüllung der anderen Ziele, wobei unter dasjenige der „erfolgreichen Durchführung" insbesondere das Erreichen der (mengenmäßig begrenzten) Ausbauziele und die Kostensenkung auf ein wettbewerbliches Niveau zu subsumieren sind.

5. Auktionstheoretische Grundlagen. Eine Bewertung der in Rede stehenden EE-Förder-   **130** modelle wird durch einen **Überblick über die gebräuchlichsten Ausschreibungs- bzw. Auktionsverfahren** erleichtert.[506] Ein „Auktionsdesign" – so die gängige Vokabel – kann nicht rein technisch implementiert werden, sondern muss sich auch an den Zielsetzungen des Ausschreibenden orientieren. Je nach Schwerpunktsetzung und Ausgestaltung können die „Verteilungsergebnisse" daher unterschiedlich sein.[507] Stehen sich – wie bei den EE-Förderausschreibungen – ein Anbieter (die ausschreibende Stelle) und mehrere Nachfrager (die Bieter i. S. des § 2 Nr. 4 FFAV) gegenüber,[508] können die gebräuchlichsten „Auktionstypen" überblickshaft an Hand folgender Kriterien klassifiziert werden.[509]

---

501 Frontier Economics, Konsultation zum Ausschreibungsdesign für die Förderung von PV-Freiflächenanlagen, S. 4.

502 *Müller-Kirchenbauer/Nailis/Struck/Siedentopp/Reukauf*, Marktplatz Energie 5/2002, 30, 33; *Schöne*, in: Graf von Westphalen, Vertragsrecht und AGB-Klauselwerke, Stromlieferverträge Rn. 224.

503 *Müller-Kirchenbauer/Nailis/Struck/Siedentopp/Reukauf*, Marktplatz Energie 5/2002, 30, 34.

504 *Schöne*, in: Graf von Westphalen, Vertragsrecht und AGB-Klauselwerke, Stromlieferverträge Rn. 228.

505 Bundesregierung, Freiflächenausschreibungsverordnung, Begründung S. 41 f.; ZSW/Takon/BBG und Partner/Ecofys, Wissenschaftliche Empfehlung zur Ausgestaltung des Pilotausschreibungsverfahrens, S. 1.

506 Siehe dazu auch *Mohr*, EnWZ 2015, 99 ff.; in der Rechtswirklichkeit finden sich viele Kombinationen, vgl. BeckOK/*Martini*, § 34b GewO Rn. 12.

507 *Martini/Gebauer*, ZUR 2007, 225, 233.

508 Zum Auktionsdesign in zweiseitigen Strommärkten, bei denen sowohl Anbieter als auch Nachfrager in den Markt bieten, siehe *Grimm/Ockenfels/Zoettl*, ZfE 2008, 147, 151.

509 *Martini*, Der Markt als Instrument hoheitlicher Verteilungslenkung, S. 306 ff.

131 **a) Kauf- oder Verkaufsauktionen.** Bei einer – auch vorliegend in Rede stehenden[510] – (Ein-)Kaufsauktion hat der Ausschreibende ein Interesse daran, für das ausgeschriebene Gut – die Erbringung von Leistungen der „Daseinsvorsorge"[511] – einen möglichst niedrigen Preis zu zahlen (vgl. § 12 Abs. 2 FFAV). Demgegenüber will er bei der Verkaufsauktion einen möglichst hohen Preis erzielen.

132 **b) Gebots- oder Einheitspreisauktionen.** Als Preisbildungsregeln für Auktionen in Energiemärkten werden vor allem Gebotspreisauktionen („pay-as-bid-auctions") und Einheitspreisauktionen („pay-as-clear-auctions" bzw. „uniform-pricing-auctions") diskutiert.[512]

133 **aa) Gebotspreisauktionen.** Bei einer Gebotspreisauktion entspricht der zu zahlende Preis dem **eigenen Gebot**, im vorliegenden Zusammenhang also dem Gebotswert gem. § 2 Nr. 8 FFAV i. S. des „anzulegenden Werts, den der Bieter in seinem Gebot angegeben hat". Prototyp einer Gebotspreisauktion ist die sog. **Englische Auktion**[513] als die wohl am häufigsten verwendete Auktionsform.[514] Rational handelnde Bieter verfolgen bei einer Pay-as-bid-Auktion die Strategie, solange mitzubieten, bis der Preis dem Wert entspricht, den sie dem zu ersteigernden Gut zumessen.[515] Bei einer Pay-as-bid-Auktion erhalten die Bieter also keine höhere Förderung, als sie selbst für notwendig halten bzw. nach außen kommunizieren.[516] Hiermit wird aus Sicht des Ausschreibenden die Hoffnung verbunden, dass sich **Mitnahmeeffekte** und **strategische Verhaltensweisen** verringern.[517] Darüber hinaus sind Gebotspreisverfahren relativ **einfach nachzuvollziehen**, was die Akzeptanz unter den Auktionsteilnehmern erhöhen und den administrativen Aufwand (jedenfalls) des Ausschreibenden senken kann.[518] Da man Pay-as-bid-Verfahren theoretisch relativ einfach ausgestalten kann, sollen diese schlussendlich auch solchen Akteuren die Möglichkeit zur Teilnahme an der Auktion ermöglichen, die hiermit noch keine Erfahrungen sammeln konnten.[519] Vor diesem Hintergrund empfahl bereits das Eckpunktepapier des BMWi für die Pilotausschreibungen die Durchführung von Gebotspreisauktionen.[520] Auch § 13

---

510 IZES, Bewertung von Ausschreibungsverfahren als Finanzierungsmodell für Anlagen erneuerbarer Energienutzung, S. 22; r2b energy consulting GmbH/Brandenburgische Technische Universität Cottbus, Auktionsdesign für Photovoltaikanlagen auf Freiflächen, S. 3 mit Fn. 2.

511 Vgl. zur Parallelproblematik der Ausschreibung von Wegenutzungsrechten für die Errichtung und den Betrieb von Energieversorgungsnetzen *Säcker/Mohr/Wolf*, Konzessionsverträge im System des europäischen und deutschen Wettbewerbsrechts, S. 47 ff.

512 Siehe zum Strommarktdesign BMWi, Ein Strommarkt für die Energiewende, Grünbuch, S. 23; *Grimm/Ockenfels/Zoettl*, ZfE 2008, 147 ff.; speziell zum EEG 2014 r2b energy consulting GmbH/Brandenburgische Technische Universität Cottbus, Auktionsdesign für Photovoltaikanlagen auf Freiflächen, S. 16 ff.

513 Siehe aus ökonomischer Sicht *Berninghaus/Ehrhardt/Güth*, Strategische Spiele, S. 234.

514 *Kreße*, Die Auktion als Wettbewerbsverfahren, S. 16; *Martini*, Der Markt als Instrument hoheitlicher Verteilungslenkung, S. 313.

515 *Martini*, Der Markt als Instrument hoheitlicher Verteilungslenkung, S. 314.

516 So – im Ergebnis kritisch – *Grimm/Ockenfels/Zoettl*, ZfE 2008, 147, 150.

517 BEE, Stellungnahme für das Konsultationsverfahren zu den Eckpunkten des BMWi für ein Ausschreibungsdesign für Photovoltaik-Freiflächenanlagen, S. 6; a. A. Frontier Economics, Konsultation zum Ausschreibungsdesign für die Förderung von PV-Freiflächenanlagen, S. 6 mit Fn. 3.

518 ZSW/Takon/BBG und Partner/Ecofys, Wissenschaftliche Empfehlung zur Ausgestaltung des Pilotausschreibungsverfahrens, S. 34.

519 Dafür deshalb BEE, Stellungnahme für das Konsultationsverfahren zu den Eckpunkten des BMWi für ein Ausschreibungsdesign für Photovoltaik-Freiflächenanlagen, S. 6.

520 BMWi, Eckpunkte für ein Ausschreibungsdesign für Photovoltaik-Freiflächenanlagen, S. 4.

Abs. 1 FFAV geht – nach mehrfacher Änderung im Normgebungsverfahren – als Grundsatz von einer Gebotspreisregel aus.

Schon im Zuge der Diskussion über das zutreffende Ausschreibungsformat wurden gegen Gebotspreisverfahren Bedenken vorgebracht, also noch bevor das Verfahren überhaupt angewandt worden ist. So richteten rational handelnde Anbieter ihre Gebote hier nicht allein an den eigenen Grenzkosten aus, sondern auch an dem geschätzten Grenzgebot als dem teuersten noch bezuschlagten Gebot (**„Rate das Grenzgebot"**).[521] Auch Gebotspreisverfahren führten somit zu einer flachen Preiskurve, wobei sich die Problematik bei wiederholten Auktionen aufgrund des aus vorherigen Auktionsrunden bekannten Grenzpreises noch verschärfe.[522] Sofern die Bieter aufgrund des Auktionsdesigns relativ genaue Schätzungen abgeben könnten, stehe eine Pay-as-bid-Auktion der „ökonomischen Effizienz" des Ausschreibungsmarktes – gemeint ist die Effizienz i. S. der herrschenden Wohlfahrtsökonomie[523] – zwar nicht notwendig entgegen.[524] Bei **Prognosefehlern** erhielten aber tendenziell relativ teure Angebote den Zuschlag, wohingegen relativ billig produzierende Anbieter nicht berücksichtigt würden.[525] Jedenfalls bei einer hohen Unsicherheit über das Grenzgebot bestehe deshalb die **Gefahr einer ineffizienten Ressourcenallokation**.[526] Dieses Risiko treffe vor allem kleinere Marktakteure, da diese tendenziell schlechter über den Markt informiert seien als größere.[527] Aus diesem Grunde könnten Kleinunternehmen den markträumenden Preis kaum zielsicher schätzen, und gäben deshalb tendenziell entweder zu hohe Gebote ab (Folge: kein Zuschlag) oder zu niedrige (Folge: geringere Renditen).[528] Schließlich führten Gebotspreisverfahren – dies ist in der Tat ein wichtiger Gesichtspunkt – zu einem **Mehraufwand bei der Abwicklung durch die Netzbetreiber**, da der „anzulegende Wert" letztlich dem individuell abgegebenen Gebot entspreche, wodurch die Anzahl der Vergütungsgruppen ansteige, da im Extremfall je Projekt eine einzelne individuelle Vergütungsgruppe entstehe.[529]

bb) Einheitspreisauktionen. Da das Grenzgebot somit auch in Gebotspreisverfahren jedenfalls von einer gewissen Bedeutung ist, plädieren Teile des Schrifttums für die Durch-

134

135

521 r2b energy consulting GmbH/Brandenburgische Technische Universität Cottbus, Auktionsdesign für Photovoltaikanlagen auf Freiflächen, S. 17; *Grimm/Ockenfels/Zoettl*, ZfE 2008, 147, 151; *Müsgens/Ockenfels*, ZfE 2011, 249, 252.
522 50hertz, Stellungnahme zu Eckpunkten für eine Pilotausschreibung für Photovoltaik-Freiflächenanlagen, S. 2.
523 Darstellung und Kritik bei *Mohr*, Sicherung der Vertragsfreiheit durch Wettbewerbs- und Regulierungsrecht, 2015 (im Erscheinen), Teil 4 C. III.
524 *Müsgens/Ockenfels*, ZfE 2011, 249, 252 ff., mit Empfehlungen für das notwendige „Informationsfeedback" in Regelenergiemärkten.
525 *Grimm/Ockenfels/Zoettl*, ZfE 2008, 147, 150.
526 *Grimm/Ockenfels/Zoettl*, ZfE 2008, 147, 150. Mit Bezug auf Strommärkte wird ergänzend vorgebracht, dass Gebotspreisauktionen keinen eindeutigen Referenzpreis für den außerbörslichen Handel erzeugten (a. a. O., S. 151).
527 BDEW, Stellungnahme zu den Eckpunkten des BMWi für ein Ausschreibungsdesign für Photovoltaik-Freiflächenanlagen, S. 6; Frontier Economics, Konsultation zum Ausschreibungsdesign für die Förderung von PV-Freiflächenanlagen, S. 6.
528 Frontier Economics, Konsultation zum Ausschreibungsdesign für die Förderung von PV-Freiflächenanlagen, S. 6.
529 50hertz, Stellungnahme zu Eckpunkten für eine Pilotausschreibung für Photovoltaik-Freiflächenanlagen, S. 2; BDEW, Stellungnahme zu den Eckpunkten des BMWi für ein Ausschreibungsdesign für Photovoltaik-Freiflächenanlagen, S. 6.

führung sog. **Einheitspreisauktionen.**[530] Bei diesen müssen alle bezuschlagten Gebote denselben Preis bezahlen, sei es derjenige des teuersten bezuschlagten Gebots (so bei gegebener Knappheit § 13 Abs. 2 Nr. 2 FFAV), des ersten nicht bezuschlagten Gebots oder des Durchschnitts der bezuschlagten Gebote.[531] Begründet wird dies damit, dass die Bieter bei einem Einheitspreisverfahren auch in einer „überhitzten Versteigerungssituation" keinen Anreiz hätten, ein über dem Wert des Gutes liegendes Gebot abzugeben, sondern sich regelmäßig an der eigenen Zahlungsbereitschaft orientierten.[532] Einheitspreisauktionen senkten somit bei rationalem Verhalten und wirksamem Wettbewerb die Bieterrisiken (etwa zur Vermeidung des „**Fluchs des Gewinners**"), indem sich die Gebote der anderen Bieter automatisch auf den Erlös des eigenen Gebots auswirkten, ohne dass den Bietern zusätzliche Informationen gewährt werden müssten, da dies die Gefahr strategischen Verhaltens erhöhe.[533] Eine ähnliche Problematik stellt sich bekanntlich mit Blick auf privatrechtliche Informationsrechte.[534] Diese sind für die Verbraucher nicht nur positiv, sondern können auch nachteilige Auswirkungen haben, indem sie in Abhängigkeit von der jeweiligen Marktform wettbewerbsbeschränkende Verhaltensweisen erleichtern.[535] Im Einzelfall können die mit Informationspflichten intendierten positiven Auswirkungen auf die Selbstbestimmung der Marktteilnehmer wegen eines „information overload" sogar völlig fehlschlagen.[536] Es kommt somit unter kompetitiv-machtbegrenzenden und effizienzfördernden Gesichtspunkten regelmäßig auf das „richtige" Maß an Information an. Diesem Problem soll durch Einheitspreisverfahren wirksam begegnet werden.

136 Im Ergebnis sehen es die Befürworter von Einheitspreisauktionen als „unwahrscheinlich" an, dass Gebotspreisverfahren die **Ausschreibungskosten** erheblich senkten.[537] Ganz im Gegenteil würden die Vorteile des „Pay-as-bid" durch die prognostiziert flachen Preiskurven und die Komplexität individueller Einspeisetarife wieder aufgesogen.[538] Da sich das Ausschreibungsdesign grundsätzlich ohne größeren Aufwand von einem Gebots- auf ein Einheitspreisverfahren umstellen lässt (vgl. § 13 Abs. 1 und 2 FFAV), sprechen diese Bedenken jedenfalls für die Pilotausschreibungen aber nicht gegen Gebotspreisverfahren, da diese gerade im Interesse der mit wettbewerblichen Ausschreibungen unerfahrenen Markt-

---

530 r2b energy consulting GmbH/Brandenburgische Technische Universität Cottbus, Auktionsdesign für Photovoltaikanlagen auf Freiflächen, S. 17; im Anschluss auch BDEW, Stellungnahme zu den Eckpunkten des BMWi für ein Ausschreibungsdesign für Photovoltaik-Freiflächenanlagen, S. 6 f.

531 r2b energy consulting GmbH/Brandenburgische Technische Universität Cottbus, Auktionsdesign für Photovoltaikanlagen auf Freiflächen, S. 17.

532 *Martini*, Der Markt als Instrument hoheitlicher Verteilungslenkung, S. 570, zur Vickrey-Auktion.

533 r2b energy consulting GmbH/Brandenburgische Technische Universität Cottbus, Auktionsdesign für Photovoltaikanlagen auf Freiflächen, S. 1. Auch in „uniform-pricing-auctions" besteht die Gefahr wettbewerbsbeschränkender Verhaltensweisen; siehe dazu am Beispiel der Nachfragereduktion in Auktionen um Emissionsberechtigungen *Ockenfels*, ZfE 2009, 105, 107.

534 *Schön*, in: FS Canaris I, 2007, S. 1191, 1993.

535 Siehe für Regelenergiemärkte auch *Müsgens/Ockenfels*, ZfE 2011, 249.

536 Siehe *Koch*, BKR 2012, 485 ff.

537 r2b energy consulting GmbH/Brandenburgische Technische Universität Cottbus, Auktionsdesign für Photovoltaikanlagen auf Freiflächen, S. 19; für ein Uniform-Pricing auch Umweltbundesamt, Stellungnahme zu den Eckpunkten für ein Ausschreibungsdesign für Photovoltaik-Freiflächenanlagen, S. 5; 50hertz, Stellungnahme zu Eckpunkten für eine Pilotausschreibung für Photovoltaik-Freiflächenanlagen, S. 2.

538 50hertz, Stellungnahme zu Eckpunkten für eine Pilotausschreibung für Photovoltaik-Freiflächenanlagen, S. 2.

teilnehmer so einfach und transparent wie möglich ausgestaltet werden sollten.[539] Auch die weiteren Prämissen der Befürworter von Einheitspreisauktionen sind nicht zweifelsfrei. So ist schon aufgrund der restriktiven Flächenkulisse eine „überhitzte Versteigerungssituation" wie bei den UMTS-Lizenz-Auktionen kaum zu erwarten. Konkurrieren jedoch nur wenige Bieter um den Zuschlag, führen Einheitspreisauktionen tendenziell eher zu überhöhten Förderkosten, da die meisten Bieter eine höhere Förderung erhalten, als sie nach außen kommuniziert haben. Dies gilt umso mehr, wenn alle bezuschlagten Bieter bei fehlender Knappheit gem. § 13 Abs. 2 Nr. 1 FFAV automatisch das Höchstgebot i. S. des § 8 FFAV erhalten. Bei einem Einheitspreisverfahren sollte deshalb jedenfalls auf den Durchschnitt der bezuschlagten Gebote abgestellt werden.

cc) Freiflächenausschreibungsverordnung. Der Verordnungsgeber hat sich den vorstehend geschilderten Bedenken gegen Pay-as-bid-Verfahren insoweit angeschlossen, als er in der **Freiflächenausschreibungsverordnung** für die Gebotstermine 1.8.2015 und 1.12.2015 von einem Gebotspreisverfahren zu einem Einheitspreisverfahren umschwenkt (§ 13 Abs. 2 FFAV). Bei diesem erhält jedes Gebot grundsätzlich den anzulegenden Wert, der dem Gebotswert (§ 2 Nr. 8 FFAV) des höchsten zugeschlagenen Gebots entspricht (§ 13 Abs. 2 Nr. 2 FFAV). Hiermit ist jedoch keine Festlegung auf eine bestimmte Preisbildungsregel verbunden; der Regelungsgeber will vielmehr beide gängigen Preisregeln erproben.[540] **137**

Darüber hinaus erhält die BNetzA die Möglichkeit, die Preisregeln durch Festlegung gem. § 35 Nr. 8 FFAV in Abhängigkeit vom Bieterverhalten in der vorangegangenen Ausschreibungsrunde flexibel auszugestalten. Diese Festlegungsbefugnis soll den oben geschilderten Erkenntnissen Rechnung tragen:[541] Je nach Marktsituation können beide Verfahren Anreize zu strategischem Verhalten geben, das zu Überförderungen führt. So reizt ein **Gebotspreisverfahren** u. U. dazu an, den Gebotswert (§ 2 Nr. 8 FFAV) des höchsten Gebots, das noch einen Zuschlag erhält (§ 13 Abs. 1 FFAV), zu „schätzen". Ein derart strategisches Verhalten kann insbesondere dann zu Überförderungen führen, wenn man das Gebotspreisverfahren mehrmals hintereinander durchführt (grundsätzlich dreimal jährlich, vgl. § 3 Abs. 1 FFAV), da sich in diesem Fall die Bieter an den höchsten Geboten, die noch in der vorherigen Ausschreibung einen Zuschlag erhalten haben, orientieren können. Demgegenüber kann bei der Durchführung eines **Einheitspreisverfahrens** (§ 13 Abs. 2 FFAV) jeder Bieter damit rechnen, dass sein Gebotswert in der Regel von einem anderen Gebot übertroffen wird.[542] Daher hat er hier eher einen Anreiz, seinen „wahren" Förderbedarf zu offenbaren. Das Einheitspreisverfahren gibt aber insbesondere Mehrprojektbietern die Möglichkeit, strategische Gebote abzugeben oder Gebote zurückzuhalten, um den Zuschlagswert zu erhöhen. Mehrprojektbieter können etwa die tatsächlichen Stromgestehungskosten übertreiben, um den Einheitspreis nach oben zu treiben. Auch sind Pay-as-bid-Verfahren bei geringer oder fehlender Knappheit des ausgeschriebenen Guts vorzugswürdig. **138**

c) Offene und verdeckte Auktionen. Unter dem Gesichtspunkt der Transparenz ist im Ausgangspunkt zwischen **offenen und verdeckten Auktionen** zu unterscheiden:[543] Bei of- **139**

---

539 Insoweit überzeugend BEE, Stellungnahme für das Konsultationsverfahren zu den Eckpunkten des BMWi für ein Ausschreibungsdesign für Photovoltaik-Freiflächenanlagen, S. 6.
540 Bundesregierung, Freiflächenausschreibungsverordnung, Begründung S. 74.
541 Bundesregierung, Freiflächenausschreibungsverordnung, Begründung S. 92; *Kahle/Menny*, ET 12/2014, 18, 19.
542 Bundesregierung, Freiflächenausschreibungsverordnung, Begründung S. 74.
543 *Martini*, Der Markt als Instrument hoheitlicher Verteilungslenkung, S. 308.

fenen (etwa: Englischen) Auktionen werden die Gebote für alle Teilnehmer sichtbar abgegeben, weshalb jeder Bieter über das jeweilige Höchstgebot informiert ist. Dadurch erhalten die Bieter Informationen über die Wertschätzung des Guts bei anderen Teilnehmern, was ihre strategische Unsicherheit reduziert, zugleich aber die Kollusionsanfälligkeit erhöht. So haben die Teilnehmer bei offenen aufsteigenden Auktionen typischerweise die Möglichkeit, mehrere Gebote abzugeben. Demgegenüber haben sie bei offenen absteigenden (etwa: Holländischen[544]) Auktionen nur einmal die Möglichkeit zur Abgabe eines Gebots; mit der Abgabe ist die Auktion beendet.

140 Regelmäßig nur ein Gebot abgeben können die Bieter bei **verdeckten Auktionen**. Bei diesen sind die Gebote für die anderen Auktionsteilnehmer nicht erkennbar, wodurch deren Entscheidungsunsicherheit größer ist als bei offenen Auktionen. Letzteres entspricht dem Grundsatz des Geheimwettbewerbs (Vertraulichkeitsgebot) als zentralem Prinzip des geltenden Vergaberechts.[545] Auch die Freiflächenausschreibungsverordnung sieht eine verdeckte Auktion vor (vgl. die §§ 9 Abs. 2, 14 FFAV). Demgegenüber wird der Höchstwert der Gebote nach §§ 5 S. 2 Nr. 3, 8 FFAV ex ante veröffentlicht.

141 **d) Aufsteigende oder absteigende Auktionen.** Nach der Bietrichtung kann zwischen aufsteigenden und absteigenden Auktionen differenziert werden:[546] Bei einer aufsteigenden (etwa: Englischen) Auktion erhält derjenige Bieter den Zuschlag, der das letzte („beste") Gebot abgibt. Durch die Übergebote erlöschen die bisherigen Angebote und leben nicht mehr auf. Bei der absteigenden (etwa: Holländischen) Auktion legt der Auktionator einen Minimalpreis fest, der schrittweise erhöht wird, bis sich ein Bieter findet.[547] Bei den EE-Ausschreibungen erhalten grundsätzlich diejenigen (geeigneten) Bieter den Zuschlag, die im Rahmen der vorgegebenen Ausschreibungsvolumina (§ 3 Abs. 1 FFAV) die geringsten Gebote abgeben, also eine Anlage mit der geringsten Förderung errichten wollen (§ 12 Abs. 2 Nr. 2 FFAV).[548] Dies entspricht einer aufsteigenden (Einkaufs-)Auktion im Hinblick auf den geringsten Förderungsbedarf.

142 **e) Ein- oder mehrstufige Auktionen.** In Abhängigkeit von der Anzahl der zulässigen Gebote können ein- und mehrstufige Auktionen durchgeführt werden.[549] Von **einstufigen Auktionen** – wie sie auch nach der FFAV durchgeführt werden – spricht man, wenn die Auktionsteilnehmer nur ein Gebot, von mehrstufigen Auktionen, wenn sie im Zeitablauf mehrere Gebote abgeben dürfen. Mehrstufige Auktionen sind notwendig „dynamisch", weil die Abfolge der Auktionsstufen eine „natürliche" Sequenz der Abgabe der Preisgebote darstellt.[550] Demgegenüber können einstufige Auktionen sowohl statisch als auch dynamisch ausgestaltet werden.[551]

---

544 Siehe aus ökonomischer Sicht *Berninghaus/Ehrhardt/Güth*, Strategische Spiele, S. 234.
545 Vgl. dazu Dreher/Motzke/*Opitz*, Beck'scher Vergaberechtskommentar, § 16 VOB/A Rn. 121.
546 *Martini*, Der Markt als Instrument hoheitlicher Verteilungslenkung, S. 307.
547 Vgl. IZES, Bewertung von Ausschreibungsverfahren als Finanzierungsmodell für Anlagen erneuerbarer Energienutzung, S. 22.
548 *Kreße*, Die Auktion als Wettbewerbsverfahren, S. 17.
549 *Martini*, Der Markt als Instrument hoheitlicher Verteilungslenkung, S. 308 f.
550 *Akca*, Auktionen zur nationalen Reallokation von Treibhausgas-Emissionsgutschriften auf Unternehmensebene, S. 125.
551 Wiederum *Akca*, Auktionen zur nationalen Reallokation von Treibhausgas-Emissionsgutschriften auf Unternehmensebene, S. 125.

Mehrstufige Auktionen zeichnen sich dadurch aus, dass die Teilnehmer im Laufe des Verfahrens Informationen über die Präferenzen der anderen Teilnehmer generieren. Hierdurch können die Bieterrisiken und damit die Kosten gesenkt sowie die Wahrscheinlichkeit der Realisierung des Projekts erhöht werden.[552] Im Gegenzug laden sie jedoch zu einem „Taktieren" und im „worst case" zum Abschluss von Submissionskartellen ein, gefährden somit ihrerseits die Effizienz des Ausschreibungsergebnisses.[553]

f) Statische und dynamische Auktionen. Eng mit der Unterscheidung zwischen ein- und mehrstufigen Auktionen zusammen hängt diejenige zwischen statischen Auktionen (etwa: sealed-bid-auctions oder simultane Mehrgüterauktionen) und dynamischen Auktionen (etwa: descending-clock-auctions).[554] Im Rahmen **statischer Auktionsverfahren** werden die Gebote einmalig (zumeist: verdeckt) abgegeben. Den Zuschlag erhält das (zumeist: preis-) beste Gebot, bis das Angebot der Nachfrage entspricht. Als positive Eigenschaften statischer Verfahren werden ihre einfache Durchführbarkeit sowie die relativ geringen Transaktionskosten benannt. Weiterhin wird statischen Auktionen ein eher geringes Risiko für ein strategisches Bietverhalten bescheinigt. Vor diesem Hintergrund eignen sich statische Verfahren besonders gut für ausgereifte Technologien wie nach derzeitigem Stand der Erkenntnis Photovoltaik-Freiflächenanlagen, für die die Investitionskosten jedenfalls in näherer Zeit weitgehend bekannt sein sollen.[555] Dem Problem des „Fluches des Gewinners" kann durch die (nach vorliegender Ansicht am besten: verdeckte) Statuierung einer Höchstpreisregel begegnet werden, durch die offensichtlich überteuerte Gebote ausgeschlossen werden.[556] Demgegenüber wird der Höchstpreis gem. §§ 5 S. 2 Nr. 3, 8 FFAV vor Durchführung der Auktion veröffentlicht.

Bei **dynamischen Auktionsverfahren** wie der „descending-clock-auction" geben die Bieter mehrere Gebote ab, bis das Angebot bei einer Einkaufsauktion kleiner oder gleich der Nachfrage ist.[557] Als grundsätzlich „positive" Eigenschaften von dynamischen Verfahren gelten die Generierung von Informationen über die Intensität des Wettbewerbs und die Kosten der Mitbieter sowie zur autonomen Bestimmung des Ausstiegszeitpunkts. Die Generierung von Informationen ist insbesondere ein Weg, um dem „Fluch des Gewinners" vorzubeugen, sofern sich dieses Problem realistischer Weise stellt. Aus diesen Gründen eignen sich dynamische Verfahren besonders für Technologien, bei denen die Teilnehmer aufgrund der spezifischen Rahmenbedingungen unsicher über die Investitionskosten sind.[558] Zu den Nachteilen dynamischer Auktionen gehört, dass ihre Durchführung auf-

143

144

145

552 r2b energy consulting GmbH/Brandenburgische Technische Universität Cottbus, Auktionsdesign für Photovoltaikanlagen auf Freiflächen, S. 1.

553 Vgl. dazu Immenga/Mestmäcker/*Zimmer*, § 1 GWB Rn. 258 ff.

554 Vgl. Ecofys/ZSW/Takon/BBG und Partner, Konsultationsworkshop Pilotausschreibung für PV-Freiflächenanlagen v. 10.7.2014.

555 Frontier Economics, Konsultation zum Ausschreibungsdesign für die Förderung von PV-Freiflächenanlagen, S. 5; ZSW/Takon/BBG und Partner/Ecofys, Wissenschaftliche Empfehlung zur Ausgestaltung des Pilotausschreibungsverfahrens, S. 35.

556 ZSW/Takon/BBG und Partner/Ecofys, Wissenschaftliche Empfehlung zur Ausgestaltung des Pilotausschreibungsverfahrens, S. 36.

557 Ecofys/ZSW/Takon/BBG und Partner, Konsultationsworkshop Pilotausschreibung für PV-Freiflächenanlagen v. 10.7.2014.

558 Frontier Economics, Konsultation zum Ausschreibungsdesign für die Förderung von PV-Freiflächenanlagen, S. 5.

wändiger ist als diejenige von statischen Auktionen und sie das Risiko einer Kapazitätszurückhaltung, also eines strategischen Bieterverhaltens erhöhen.[559]

146   **g) Singuläre oder Mehrgüter-Auktionen.** Der Ablauf der Auktion kann sich schließlich in Abhängigkeit von der **Anzahl der versteigerten Güter** unterscheiden.[560] Bei einer singulären (einfachen) Eingut-Auktion wird ein einziges Gut versteigert. Demgegenüber bezieht sich eine multiple Auktion (Mehrgüterauktion[561]) auf mehrere Einheiten eines Guts, wobei die Bieter regelmäßig an mehr als nur an einem Gut Interesse haben. Bei Mehrgüterauktionen werden die Güter somit nicht als Paket vergeben, sondern separat.[562]

147   Bei einer Mehrgüterauktion können die Gegenstände nacheinander (sequentiell) oder gleichzeitig (simultan) versteigert werden.[563] Bei einer **sequentiellen Mehrgüterauktion** erfolgt die Verteilung der Güter in voneinander unabhängigen Auktionen.[564] Bestehen zwischen den versteigerten Gütern Wechselwirkungen, indem etwa die Bieter auf eine Mindestmenge angewiesen sind, um eine rentable Betriebsgröße zu erreichen, müssen sie für ein Gut bieten, ohne zu wissen, ob sie auch in der Folgerunde den Zuschlag bekommen. Dies erhöht ihre Unsicherheit und auch die Anreize zu wettbewerbswidrigem Verhalten, etwa in Form von Behinderungspraktiken etablierter Unternehmen zu Lasten von Newcomern.[565] Diese Nachteile können durch eine **simultane Mehrgüterauktion** vermieden werden.[566] Die simultane Mehrgüterauktion ist ein statisches Verfahren, in welchem jeder Bieter einmalig ein oder mehrere Gebote abgeben darf (vgl. § 6 Abs. 2 S. 2 FFAV). Dabei stehen alle zu versteigernden Güter gleichzeitig zur Zuteilung an. Auch durch eine solche Vorgehensweise sinken die Informationsdefizite der Bieter. Zugleich steigt die Chance auf effiziente Ausschreibungsergebnisse, da die Bieter Komplementäreffekte zwischen den Gütern noch während des Laufes der Auktion berücksichtigen können.[567] Als ein weiterer Vorteil dieses Verfahrens wird angesehen, dass es vergleichsweise einfach durchzuführen und zu verstehen ist.[568]

---

559 ZSW/Takon/BBG und Partner/Ecofys, Wissenschaftliche Empfehlung zur Ausgestaltung des Pilotausschreibungsverfahrens, S. 35.

560 Zum Folgenden *Martini*, Der Markt als Instrument hoheitlicher Verteilungslenkung, S. 309 ff.; aus ökonomischer Sicht *Berninghaus/Ehrhard/Güth*, Strategische Spiele, S. 268 ff.

561 Siehe aus ökonomischer Sicht *Berninghaus/Ehrhardt/Güth*, Strategische Spiele, S. 265.

562 IZES, Bewertung von Ausschreibungsverfahren als Finanzierungsmodell für Anlagen erneuerbarer Energienutzung, S. 23.

563 *Berninghaus/Ehrhard/Güth*, Strategische Spiele, S. 267.

564 Hierin zeigt sich, dass die Mehrgüterauktionen systematisch auf den Eingutauktionen aufbauen; vgl. allgemein IZES, Bewertung von Ausschreibungsverfahren als Finanzierungsmodell für Anlagen erneuerbarer Energienutzung, S. 22.

565 Siehe zur Beeinflussung des Verhaltens von Konkurrenten in Pressemitteilungen im Rahmen von Frequenzauktionen *Martini*, Der Markt als Instrument hoheitlicher Verteilungslenkung, S. 358.

566 r2b energy consulting GmbH/Brandenburgische Technische Universität Cottbus, Auktionsdesign für Photovoltaikanlagen auf Freiflächen, S. 1.

567 Simultane Mehrgüterauktionen können in zwei unterschiedlichen Varianten erfolgen: Entweder kann sich die simultane Versteigerung auf alle Gegenstände beziehen, wobei die Gebote eine Kombination von Einzelgütern umfassen, oder es werden unabhängige simultane Auktionen durchgeführt, wobei für jedes Versteigerungsobjekt separat ein Angebot abgegeben werden kann; dazu näher *Martini*, Der Markt als Instrument hoheitlicher Verteilungslenkung, S. 310 f.

568 ZSW/Takon/BBG und Partner/Ecofys, Wissenschaftliche Empfehlung zur Ausgestaltung des Pilotausschreibungsverfahrens, S. 34.

Bei **simultanen Mehrgüterauktionen**, die sich vor allem auf **leicht handelbare, nur der** **148**
Gattung nach bestimmte Güter beziehen (Elektrizität), können sowohl Gebots- als auch
Einheitspreisregeln angewandt werden.[569] Entweder hat der Bieter den Preis seines eigenen
Gebots zu zahlen (diskriminierende Auktion oder „Pay-as-bid-Auktion"),[570] oder jeder erfolgreiche Bieter muss denselben Preis bezahlen (uniforme Auktion oder „uniform
pricing").[571] Für die **Pay-as-bid-Preisregel** wird – wie oben gesehen[572] – angeführt, dass
der Zuschlagspreis und das Gebot übereinstimmen (§ 13 Abs. 1 FFAV). Der Ansatz ist deshalb vergleichsweise einfach nachzuvollziehen und wird von den Auktionsteilnehmern
wie auch der Öffentlichkeit intuitiv als „fair" empfunden, weshalb er eine „hohe Akzeptanz" genießt.[573] Auch sind Gebotspreisverfahren gerade bei zweifelhafter Knappheit des
ausgeschriebenen Gutes vorteilhaft. Andererseits können sie bei homogenen Gütern zu einer Vielzahl unterschiedlicher Preise führen, im vorliegenden Zusammenhang also zu unterschiedlichen „Vergütungsgruppen".[574] Bei der **Uniform-Pricing-Regel** folgt der zu zahlende Betrag – bei gegebener Knappheit – entweder aus dem Durchschnitt der Gebote oder
etwa aus dem höchsten bezuschlagten Gebot (§ 13 Abs. 2 Nr. 2 FFAV).[575] Als wesentlicher
Vorteil eines solchen Vorgehens wird der hieraus resultierende einheitliche Zuschlagspreis
in Form des „Markträumungspreises" angesehen.[576] Darüber hinaus sei ein „Uniform-Pricing" gerade für Ein-Projekt-Bieter weitgehend anreizkompatibel, da es für sie hier „optimal" sei, wahrheitsgemäß zu bieten, vorliegend also entsprechend ihren „Stromgestehungskosten". Für Bieter, die Gebote für mehrere Projekte abgeben, kann demgegenüber
ein Anreiz bestehen, für alle Projekte außer dem preisbesten Projekt zugunsten eines hohen
einheitlichen Zuschlagspreises die Stromgestehungskosten zu übertreiben, oder sogar gar
kein Gebot abzugeben (Problem der „strategischen Angebotsreduktion").[577]

h) Veröffentlichung von Informationen. Wie zuvor gesehen, dient die Veröffentlichung   **149**
von Informationen vor allem dazu, eine (unerwünschte) Informationsasymmetrie zwischen
den Bietern zu vermeiden.[578] So erleichtern „Auktionen mit weniger Unsicherheiten mehr

---

569 *Martini*, Der Markt als Instrument hoheitlicher Verteilungslenkung, S. 311 f.; ZSW/Takon/BBG
und Partner/Ecofys, Wissenschaftliche Empfehlung zur Ausgestaltung des Pilotausschreibungsverfahrens, S. 34.

570 Verfassungsrechtliche Bedenken unter dem Gesichtspunkt der Abgaben-Belastungsgleichheit bei
Martini, Der Markt als Instrument hoheitlicher Verteilungslenkung, S. 635 ff. Als Rechtfertigung
kommt jedoch die Herstellung von Allokationseffizienz in Betracht (a. a. O.).

571 Für ein „uniform pricing" spricht die Reduktion der Markteintrittsbarrieren für unerfahrene
Marktteilnehmer unter dem Gesichtspunkt des „Fluchs des Gewinners"; vgl. BDEW, Stellungnahme zu den Eckpunkten des BMWi für ein Ausschreibungsdesign für Photovoltaik-Freiflächenanlagen, S. 6.

572 Siehe § 2 Rn. 133.

573 So auch zum Vorstehenden ZSW/Takon/BBG und Partner/Ecofys, Wissenschaftliche Empfehlung zur Ausgestaltung des Pilotausschreibungsverfahrens, S. 34.

574 BDEW, Stellungnahme zu den Eckpunkten des BMWi für ein Ausschreibungsdesign für Photovoltaik-Freiflächenanlagen, S. 6.

575 Siehe § 2 Rn. 135.

576 Vergleichbar dem „Markträumungspreis" gem. der Merit-Order; vgl. auch zum Folgenden ZSW/
Takon/BBG und Partner/Ecofys, Wissenschaftliche Empfehlung zur Ausgestaltung des Pilotausschreibungsverfahrens, S. 34 f.

577 ZSW/Takon/BBG und Partner/Ecofys, Wissenschaftliche Empfehlung zur Ausgestaltung des Pilotausschreibungsverfahrens, S. 35.

578 So zu § 32 FFAV Bundesregierung, Freiflächenausschreibungsverordnung, Begründung S. 89;
aus ökonomischer Sicht vgl. *Müsgens/Ockenfels*, ZfE 2011, 249, 252 f.

Akteuren den Markteintritt",[579] was mittelbar der von § 2 Abs. 5 S. 3 geforderten Akteursvielfalt dient. Auf der anderen Seite begründet eine hohe Markttransparenz die Gefahr von wettbewerbsbeschränkenden und strategischen Verhaltensweisen, weshalb in Abhängigkeit von den Zielen des Ausschreibungsverfahrens ein sachgerechter „trade off" geboten ist.

150 Nicht erwünschte Unsicherheiten über die Marktgegebenheiten lassen sich reduzieren, indem der Ausschreibende den Bietern Informationen über den **Gebotswert** und die **Gebote von Mitbewerbern** in der aktuellen sowie in vorherigen Auktionen zukommen lässt. Er kann zu diesem Zwecke vor der Auktion (Vorgabe eines Höchstpreises, vgl. §§ 5 Abs. 2 Nr. 3, 8 FFAV), während der Auktion (Durchführung von dynamischen bzw. Mehrrunden-Auktionen[580]) oder nach der Auktion Informationen veröffentlichen (niedrigster und höchster Gebotswert, vgl. § 55 Abs. 4).[581] Eine hohe Markttransparenz ist aus wettbewerbstheoretischer Sicht freilich nur bei funktionsfähigem Wettbewerb um den Fördermarkt sinnvoll, da sie ansonsten (etwa in einem engen homogenen Oligopol) wettbewerbsbeschränkende Verhaltensweisen erleichtert.[582]

151 Nach hörenswerter Ansicht des BMWi[583] ist das Risiko einer **durch Informationsmängel bedingten Ineffizienz** der Pilot-Auktionen auch bei Durchführung von **Pay-as-bid-Ausschreibungen** als gering einzustufen:[584] Seien einem Bieter die eigenen Stromgestehungskosten zum Zeitpunkt der Auktion bekannt, laufe er in keinem der in Rede stehenden Auktionsverfahren ernsthaft Gefahr, auf der Grundlage eines nicht kostendeckenden Fördersatzes zu bieten. Zwar seien die Risiken des „Fluchs des Gewinners" in einer dynamischen Auktion geringer als in einer statischen Auktion. Bei geringen Marktunsicherheiten sei jedoch der diesbezügliche Vorteil eines dynamischen Verfahrens nur von geringer praktischer Bedeutung. Gleichwohl soll im Vorfeld der Auktion auch bei Anwendung einer Pay-as-bid-Preisregel ein „ambitionierter Höchstpreis" vorgegeben werden, um überteuerte Gebote auszuschließen und die Kosten für die Stromverbraucher zu begrenzen.[585] Aus kompetitiver Sicht sprechen die besseren Argumente gegen eine solche Ex-ante-Veröffentlichung, da die Bieter den Höchstpreis als Indikator für den markträumenden Preis benutzen können. Aus diesem Grunde sollte der Höchstpreis verdeckt definiert und allenfalls nach der Auktion, am besten aber gar nicht bekannt gegeben werden.[586]

152 Die in den **Bekanntmachungen der Ausschreibungen** durch die BNetzA enthaltenen Informationen sind in § 5 S. 2 FFAV aufgeführt. Nach Durchführung des Zuschlagsverfah-

---

579 BDEW, Stellungnahme zu den Eckpunkten des BMWi für ein Ausschreibungsdesign für Photovoltaik-Freiflächenanlagen, S. 7.

580 Siehe oben § 2 Rn. 142.

581 BDEW, Stellungnahme zu den Eckpunkten des BMWi für ein Ausschreibungsdesign für Photovoltaik-Freiflächenanlagen, S. 7

582 Zu den Voraussetzungen einer kollektiven Marktbeherrschung EuG v. 6.6.2002, T-342/99, Slg. 2002, II-2585, 2613 Rn. 62 – Airtours; dazu Immenga/Mestmäcker/*Fuchs/Möschel*, Art. 102 AEUV Rn. 120 ff.

583 BMWi, Eckpunkte für ein Ausschreibungsdesign für Photovoltaik-Freiflächenanlagen, S. 4.

584 Zum Folgenden: ZSW/Takon/BBG und Partner/Ecofys, Wissenschaftliche Empfehlung zur Ausgestaltung des Pilotausschreibungsverfahrens, S. 35.

585 ZSW/Takon/BBG und Partner/Ecofys, Wissenschaftliche Empfehlung zur Ausgestaltung des Pilotausschreibungsverfahrens, S. 35.

586 Für eine Veröffentlichung nach der Auktion sind Frontier Economics, Konsultation zum Ausschreibungsdesign für die Förderung von PV-Freiflächenanlagen, S. 7.

rens erhalten die Bieter gem. § 12 Abs. 5 S. 2 FFAV auf Antrag Auskunft über die (besser: alle) für sie registrierten Zuschläge. In § 14 FFAV sind die im Rahmen der „**Bekanntgabe des Zuschlags und des Zuschlagswerts**" auf der Internetseite der BNetzA zu veröffentlichenden „wesentlichen Angaben zum Zuschlag" normiert, inklusive des Zuschlagswerts bei der Durchführung eines Einheitspreisverfahrens.[587]

Zur „Vermeidung einer Informationsasymmetrie zwischen den Bietern" und zur „Erleichterung der Bewertung des Erfolgs der Pilot-Ausschreibungen" muss die BNetzA gem. § 55 Abs. 4 i. V. mit § 32 FFAV auf ihrer Internetseite spätestens zum letzten Kalendertag des auf die öffentliche Bekanntgabe des letzten Zuschlags einer Ausschreibung nach § 14 Abs. 1 FFAV folgenden Kalendermonats folgende Daten veröffentlichen:[588] Den niedrigsten und den höchsten Gebotswert, der einen Zuschlag erhalten hat, und (zusätzlich) den Durchschnittswert aller Zuschlagswerte der Ausschreibung, wenn der Zuschlagswert nach dem in § 13 Abs. 1 FFAV festgelegten (Pay-as-bid-)Verfahren bestimmt wird (Nr. 1), die in den bezuschlagten Geboten nach § 6 Abs. 3 Nr. 5 FFAV angegebenen Standorte der geplanten Freiflächenanlagen (Nr. 2), die in den bezuschlagten Geboten nach § 6 Abs. 4 Nr. 1 FFAV angegebenen Planungsstände (Nr. 3) und die Zuschlagsnummern der bezuschlagten Gebote (§ 14 Abs. 2 S. 1 Nr. 2 lit. c FFAV). **153**

6. Gebräuchliche Auktionsformate. In Kombination der vorbenannten Kriterien haben sich in der Praxis bestimmte **Auktionsformate** herausgebildet, die nachfolgend überblickshaft dargestellt werden.[589] **154**

a) Englische Auktion („ascending-bid-auction"). Die Englische Auktion („ascending-bid-auction") ist eine **aufsteigende, offene, mehrstufige Erstpreisauktion**.[590] Die Teilnehmer sollen jeweils höhere Gebote abgeben und sich gegenseitig überbieten, wobei jedes zulässige Gebot automatisch zum geltenden neuen Höchstgebot wird. Die Auktion ist erst dann beendet, wenn keiner der Auktionsteilnehmer ein noch höheres Gebot abgibt. Derjenige, der das Höchstgebot abgegeben hat, erhält für den Auktionsgegenstand den Zuschlag und zahlt den von ihm gebotenen Preis. **155**

b) Holländische Auktion („descending-bid-auction"). Die Holländische Auktion (**umgekehrte Versteigerung**, absteigende Versteigerung, „descending-bid-auction") kehrt die Bietrichtung der Englischen Auktion um.[591] Der Versteigerer beginnt somit mit dem Aufruf eines Gebots, das typischerweise deutlich über dem erwarteten Zuschlagspreis liegt. Nimmt keiner der Interessenten dieses Angebot an, gibt der Versteigerer ein niedrigeres Gebot ab und fährt so lange mit der Senkung der Gebote fort, bis entweder einer der Interessenten durch Wiederholung des genannten Betrages zuschlägt oder ein zuvor festgesetzter Mindestpreis erreicht ist. Der erste Bieter ist somit der Gewinner der Auktion. **156**

c) Geheime Höchstpreisauktion („first-price-sealed-bid-auction"). Bei der geheimen Höchstpreisauktion (verdeckte Auktion zum Gebotspreis, „first-price-sealed-bid-auc- **157**

---

587 Bundesregierung, Freiflächenausschreibungsverordnung, Begründung S. 75.
588 Bundesregierung, Freiflächenausschreibungsverordnung, Begründung S. 89.
589 Siehe zu den Auktionsformaten *Martini*, Der Markt als Instrument hoheitlicher Verteilungslenkung, S. 312 ff.; BeckOK /*Martini*, § 34b GewO Rn. 12; *Kreße*, Die Auktion als Wettbewerbsverfahren, S. 16 ff.
590 Siehe aus ökonomischer Sicht *Berninghaus/Ehrhardt/Güth*, Strategische Spiele, S. 234.
591 BeckOK/*Martini*, § 34b GewO Rn. 16; aus ökonomischer Sicht *Berninghaus/Ehrhardt/Güth*, Strategische Spiele, S. 234.

tion"), wie sie im Ausgangspunkt vom BMWi[592] und der Wissenschaftlichen Empfehlung[593] für Photovoltaik-Freiflächenanlagen bevorzugt wird, geben die Bieter ihr Gebot anders als bei der Englischen und der Holländischen Versteigerung verdeckt ab, etwa in einem verschlossenen Umschlag (§ 9 Abs. 2 FFAV).[594] Nachdem alle Gebote eingegangen sind, werden die Gebote geöffnet. Sieger ist der Bieter mit dem preisbesten Gebot. Die geheime Höchstpreisauktion ist somit eine einstufige, verdeckte Erstpreisauktion.

158 **d) Vickrey-Auktion („second sealed-bid-auction").** Die sog. Vickrey-Auktion (verdeckte Auktion zum zweitletzten Gebot; „second sealed-bid-auction") ist ebenso wie die geheime Höchstpreisauktion eine einstufige, verdeckte Auktion.[595] Sie enthält eine besondere Preisregel, da der Gewinner nicht den von ihm gebotenen (höchsten) Gebotspreis zahlt, sondern den **Preis des zweithöchsten Gebots.** Die Vickrey-Auktion ist somit eine **einstufige, verdeckte Zweitpreisauktion.** Da sie nur schwer nachzuvollziehen ist, wird zuweilen die Gefahr fehlender Akzeptanz bei den Bietern gesehen.[596]

159 **e) Dynamische Auktion („descending-clock-auction").** Eine Abwandlung der Englischen bzw. der Holländischen Auktionen sind sog. Descending-Clock-Verfahren, wie sie auch in Zusammenhang mit der Versteigerung von Photovoltaik-Freiflächenanlagen-Förderberechtigungen diskutiert werden.[597] Eine **dynamische Descending-Clock-Auktion** beginnt mit einem Höchstpreis, zu dem die Bieter ihr Gesamtgebot entsprechend dem Ausschreibungsgegenstand (MW bzw. MW/h) einreichen. Ist das Gesamtangebot größer als die Nachfrage, wird der Preis schrittweise gesenkt, wobei die Bieter ihre Angebote reduzieren, aber auch aus der Auktion aussteigen können. Die Auktion endet, wenn kein Überschussangebot mehr vorhanden ist. Sodann wird ein einheitlicher Zuschlagspreis bestimmt. Üblich ist bei dieser Form der Auktion außerdem die Implementierung einer „Aktivitätsregel", wonach ein Bieter seine Angebotsmenge im Laufe der Auktion nicht erhöhen darf. Auch darf ein ausgestiegener Bieter nicht wieder in die Auktion einsteigen.

160 Als ein wesentlicher Vorteil dynamischer Auktionsverfahren wird angesehen, dass die Bieter in Abhängigkeit von der Marktlage relevante Informationen bezüglich der Kosten- und Ertragseinschätzungen generieren können. Hinzu kommt, dass sie im Gegensatz zu den statischen Verfahren selbst entscheiden können, ob und bei welchem Preis sie aus der Auktion aussteigen. Damit wird auch das Problem des „Fluchs des Gewinners" minimiert.[598]

---

592 BMWi, Eckpunkte für ein Ausschreibungsdesign für Photovoltaik-Freiflächenanlagen, S. 4.

593 ZSW/Takon/BBG und Partner/Ecofys, Konsultationsworkshop Pilotausschreibung für PV-Freiflächenanlagen, Folie 9: sealed bid auction, simultane Mehrgüterauktion. Siehe auch ZSW/Takon/BBG und Partner/Ecofys, Wissenschaftliche Empfehlung zur Ausgestaltung des Pilotausschreibungsverfahrens, S. 34: statische Pay-as-bid-Auktion.

594 BeckOK/*Martini*, § 34b GewO Rn. 18. Siehe aus ökonomischer Sicht *Berninghaus/Ehrhardt/Güth*, Strategische Spiele, S. 234.

595 *Martini*, Der Markt als Instrument hoheitlicher Verteilungslenkung, S. 321 ff. Siehe aus ökonomischer Sicht *Berninghaus/Ehrhardt/Güth*, Strategische Spiele, S. 234 f.

596 ZSW/Takon/BBG und Partner/Ecofys, Wissenschaftliche Empfehlung zur Ausgestaltung des Pilotausschreibungsverfahrens, S. 35.

597 Siehe zum Folgenden ZSW/Takon/BBG und Partner/Ecofys, Wissenschaftliche Empfehlung zur Ausgestaltung des Pilotausschreibungsverfahrens, S. 35.

598 Dies bezeichnet das Phänomen, dass nicht der Bieter mit dem besten Preis-Leistungs-Verhältnis, sondern derjenige den Zuschlag erhält, der sich (am meisten) verkalkuliert hat; vgl. Dreher/Motzke/*Opitz*, Beck'scher Vergaberechtskommentar, § 27 SektVO Rn. 2, wonach „außergewöhnlich niedrige Angebote" nicht zu berücksichtigen sind. Für Ausschreibungen gem. §§ 55, 88 wird die-

Dem steht der Nachteil gegenüber, dass die Durchführung einer dynamischen Auktion aufwändiger als eine statische Auktion ist. Außerdem – und dies scheint entscheidend – besteht die Gefahr, dass Bieter je nach Marktlage versuchen, den Wettbewerb strategisch zugunsten eines hohen Zuschlagspreises zu reduzieren.

7. Akteursvielfalt. Gem. § 2 Abs. 5 S. 3 soll bei der Umstellung des EE-Fördersystems auf wettbewerbliche Ausschreibungen die Akteursvielfalt bei der Stromerzeugung aus erneuerbaren Energien erhalten bleiben, auch um die **Akzeptanz der Energiewende in der Bevölkerung** sicherzustellen.[599] § 2 Abs. 5 S. 3 bezieht sich angesichts der diversen, vom Ausbau erneuerbarer Energien tangierten Interessengruppen auf einen rechtspolitisch besonders umstrittenen Bereich. Als derartige – in ihrer Zusammensetzung wiederum inhomogene – Interessengruppen kommen in Betracht: die „Erneuerbaren-Branche", die „etablierte Energiewirtschaft", Umwelt- und Naturschutzverbände sowie „Verbraucherschützer", Protagonisten von „Bürgerenergie",[600] die „Industrie" sowie „kleine und mittelständische Unternehmen", die Regierungsparteien, die „16 deutschen Bundesländer" sowie nicht zuletzt die EU-Kommission als europäische Wettbewerbsbehörde.[601]

161

Nach der Regierungsbegründung zum EEG 2014 soll bei „der Ausgestaltung des konkreten Ausschreibungsdesigns die bisher für den Erfolg der Energiewende wichtige Akteursvielfalt aufrecht erhalten werden, so dass z. B. die Belange von **Bietergemeinschaften** (‚Energiegenossenschaften', ‚Bürgerprojekte' etc.) angemessen im weiteren Verfahren berücksichtigt werden".[602] § 2 Abs. 5 S. 3 macht keine konkreten Vorgaben.[603] Ein Blick auf die anderen in § 2 normierten Prinzipien verdeutlicht jedoch, dass es dem Gesetzgeber nicht um die Bedienung von Partikularinteressen geht, sondern um die Implementierung und dauerhafte Sicherung eines wirksamen Wettbewerbs zur System-, Markt- und Netzintegration der erneuerbaren Energien, da „das bisherige Fördersystem den Herausforderungen eines ambitionierten und zugleich systemverträglichen Ausbaus der erneuerbaren Energien nicht mehr gewachsen war".[604] Es ist somit nicht möglich, unter Berufung auf

162

---

ses Problem unter der Überschrift „Mindestpreise" diskutiert; dagegen, weil es ich bei Photovoltaik-Freiflächenanlagen um „etablierte Technologien" handle, ZSW/Takon/BBG und Partner/Ecofys, Wissenschaftliche Empfehlung zur Ausgestaltung des Pilotausschreibungsverfahrens, S. 38 f.

599 ZSW/Takon/BBG und Partner/Ecofys, Wissenschaftliche Empfehlung zur Ausgestaltung des Pilotausschreibungsverfahrens, S. 59.

600 Eine – nicht praktikable – Definition von „Bürgerenergie" findet sich bei *Maly/Meister/Schomerus*, ER 4/2014, 147, 149: EE-Projekte, an denen Privatpersonen, landwirtschaftliche Einzelunternehmer oder juristische Personen, wenn auch keine „Großkonzerne" [wann ist ein „Konzern" denn „groß"?] Eigenkapital investierten und mindestens 50 % der Stimmrechte hielten. Auch müssten die Investoren „in der Region ansässig sein" [Stadt, Landkreis, Bundesland?], in der die jeweilige EE-Anlage errichtet werde.

601 Vgl. *Beckmeyer*, EnZW 2014, 433.

602 BT-Drs. 18/1304, S. 110; ebenso vzbv, Pilotprojekt zu Ausschreibungen: Der erste Schritt in ein neues Förderregime, S. 4.

603 Siehe auch die Vorschrift des § 97 Abs. 3 S. 1 GWB, wonach bei der Vergabe öffentlicher Aufträge „[m]ittelständische Interessen [...] vornehmlich zu berücksichtigen" sind.

604 *Beckmeyer*, EnZW 2014, 433; siehe auch VEEED, Stellungnahme zum Eckpunktepapier des BMWi für ein Ausschreibungsdesign für Photovoltaik-Freiflächenanlagen, S. 1: Ausschluss monopolartiger Strukturen; Umweltbundesamt, Stellungnahme zu den Eckpunkten für ein Ausschreibungsdesign für Photovoltaik-Freiflächenanlagen, S. 4: Vermeidung oligopolistischer Strukturen.

den Grundsatz der „Akteursvielfalt" die dem bisherigen Fördersystem zugrunde liegenden Wertungen über den Zeitpunkt des Inkrafttretens des EEG 2014 zu perpetuieren.[605]

163   Auch in der praktischen Anwendung bereitet das Merkmal Akteursvielfalt Schwierigkeiten. Schon angesichts der vielfältigen unbestimmten Rechtsbegriffe – paradigmatisch ist die kaum als juristisches Tatbestandsmerkmal taugliche Forderung: „keine Großkonzerne"[606] – kann das Ausschreibungsvolumen nicht in zwei Segmente „Großanlagen" und „Bürgerenergieanlagen" unterteilt werden.[607] Vielmehr steht das Merkmal „Akteursvielfalt" für die wettbewerbliche, durch eine **möglichst hohe Anzahl leistungsfähiger Bieter** gesicherte Ausgestaltung der Ausschreibungen. Vor diesem Hintergrund ist sicherzustellen, dass sich alle interessierten und leistungsfähigen Bieter an den Ausschreibungen beteiligen können,[608] jedenfalls sofern sie über die notwendigen Finanzmittel verfügen. Diskutiert werden insoweit Möglichkeiten und rechtliche Grenzen „kommunaler Bürgerwindparks" unter Beteiligung von Gemeindeeinwohnern als Geldgeber.[609] Bietergemeinschaften müssen jedoch vor dem Gebotstermin eine **rechtsfähige Gesellschaft** i.S. des § 6 Abs. 1 FFAV gegründet haben; denn bei der Erteilung eines Zuschlags muss aufgrund des Personenbezugs desselben und des Verbots des Handels mit Zuschlägen gem. § 17 FFAV eindeutig sein, wem der Zuschlag bzw. die Förderberechtigung zusteht.[610]

164   Auch bei einem solchen Verständnis kann der Grundsatz der Akteursvielfalt in einem **Zielkonflikt mit dem Wettbewerbsprinzip** stehen, auf das die Ausschreibungen nach § 5 Nr. 3 verpflichtet sind.[611] Auf der einen Seite ist eine hinreichende Anzahl von Teilnehmern an den Ausschreibungen die Grundvoraussetzung für eine wettbewerbliche Vergabe von Förderberechtigungen, da sie die Gefahr eines strategisch-wettbewerbsbeschränkenden Bietverhaltens reduziert.[612] Vor diesem Hintergrund muss das Auktionsdesign eine hohe Beteiligung von Bietern ermöglichen, etwa durch Reduktion von Markteintrittsbarrieren in Form von Risiken für unerfahrene Marktakteure („Fluch des Gewinners").[613] Auf der anderen Seite ist heute – anders als noch auf der Grundlage des neoklassischen Modells vollkommener Konkurrenz – anerkannt, dass ein wirksamer wirtschaftlicher Wettbewerb **zeitweiliger Machtpositionen** bedarf, um durch das Generieren von Effizienzen wie **Skalen- und Verbundvorteile** die **dynamischen Wettbewerbsfunktionen** wie Innovationen

---

605 So tendenziell BEE, Stellungnahme für das Konsultationsverfahren zu den Eckpunkten des BMWi für ein Ausschreibungsdesign für Photovoltaik-Freiflächenanlagen, S. 2: Begrenzung der nachteiligen Folgen für die „Bürger-Energiewende"; in diese Richtung auch *Maly/Meister/Schomerus*, ER 4/2014, 147 ff.

606 So in der Tat *Maly/Meister/Schomerus*, ER 4/2014, 147, 149, i. S. eines negativen Ausschlusskriteriums von „Bürgerenergie".

607 So aber BEE, Stellungnahme für das Konsultationsverfahren zu den Eckpunkten des BMWi für ein Ausschreibungsdesign für Photovoltaik-Freiflächenanlagen, S. 5.

608 vzbv, Pilotprojekt zu Ausschreibungen: Der erste Schritt in ein neues Förderregime, S. 4.

609 Vgl. *Shirvani*, NVwZ 2014, 1185 ff.

610 Bundesregierung, Freiflächenausschreibungsverordnung, Begründung S. 66.

611 In den Vorgaben für das Ausschreibungsdesign wird dieser Punkt unter der Überschrift „Vermeidung von Marktkonzentration" behandelt, vgl. ZSW/Takon/BBG und Partner/Ecofys, Wissenschaftliche Empfehlung zur Ausgestaltung des Pilotausschreibungsverfahrens, S. 10.

612 Überzeugend BDEW, Stellungnahme zu den Eckpunkten des BMWi für ein Ausschreibungsdesign für Photovoltaik-Freiflächenanlagen, S. 6.

613 BDEW, Stellungnahme zu den Eckpunkten des BMWi für ein Ausschreibungsdesign für Photovoltaik-Freiflächenanlagen, S. 6.

und Investitionen in Gang zu setzen und dauerhaft in Gang zu halten.[614] Ein möglichst wirksamer Wettbewerb ist deshalb nicht mit einer kleinteiligen „akteursvielfältigen" Angebotsstruktur im Sinne einer „atomistischen Marktstruktur" gleichzusetzen.[615] Die wirtschaftliche Leistungsfähigkeit („Macht") ist vielmehr ein ambivalentes Phänomen, das durch das Wettbewerbs- und Regulierungsrecht rechtlich eingehegt wird, um ihre positiven Effekte zu fördern und die negativen Effekte zu verhindern.[616] Derartig negative Effekte liegen z. B. vor, wenn sich eine zeitweilig gerechtfertigte wirtschaftliche Machtposition durch ausbleibenden nachstoßenden Wettbewerb, also durch fehlende Imitation oder durch Behinderungspraktiken des marktmächtigen Unternehmens nachhaltig verfestigt.[617]

Wie die übergreifende Vorgabe zur Markt- und Systemintegration gem. § 2 Abs. 1 und die **165** Ausrichtung der Ausschreibungen auf wettbewerbliche und damit diskriminierungsfreie Vergabeverfahren in § 5 Nr. 3 verdeutlichen, ist dem Ziel der „Akteursvielfalt" nicht durch Ausnahmetatbestände für kleine Akteure Rechnung zu tragen,[618] sondern durch ein „ausgewogenes, lehrendes und lernendes Auktionsdesign".[619] Dies entspricht auch dem Eckpunktepapier des BMWi[620] und der „Wissenschaftlichen Empfehlung".[621] Hiernach soll „im Gesamtdesign" darauf geachtet werden, „dass Bieterrisiken und weitere Zugangshürden begrenzt werden. Dies soll primär durch ein einfaches, transparentes und gut verständliches Ausschreibungsdesign erfolgen. Auch eine Auswahlmöglichkeit zwischen finanziellen Qualifikationskriterien, die eher große und finanzstarke Bieter begünstigt, und materiellen Kriterien wie einem verkündeten Bebauungsplan oder einer Genehmigung wird als hilfreich eingeschätzt. Dabei wird angenommen, dass kleinere, weniger professionelle Akteure wie Bürgergesellschaften vor Ort über die notwendige Akzeptanz verfügen, um schnell einen Bebauungsplan zu erlangen. Hohe finanzielle Qualifikationsanforderungen sind von kleinen, finanziell schwach ausgestatteten Gesellschaften dagegen schwieriger zu erbringen, da ihnen häufig die notwendige Bonität fehlt".[622] Im Design der FFAV spiegelt sich

---

614 *Kerber*, Vahlens Kompendium, S. 369, 387; *I. Schmidt*, in: FS Säcker, 2011, S. 939, 942.

615 Ausführlich *Mohr*, Sicherung der Vertragsfreiheit durch Wettbewerbs- und Regulierungsrecht, 2015 (im Erscheinen).

616 *Säcker*, JJZ 2013, S. 9, 12.

617 *Kerber*, Vahlens Kompendium, S. 369, 387 f.

618 Zurückhaltend mit Blick auf internationale Erfahrungen auch Agora Energiewende, Ausschreibungen für Erneuerbare Energien. Welche Fragen sind zu prüfen, S. 25.

619 Insoweit überzeugend BDEW, Stellungnahme zu den Eckpunkten des BMWi für ein Ausschreibungsdesign für Photovoltaik-Freiflächenanlagen, S. 6.

620 BMWi, Eckpunkte für ein Ausschreibungsdesign für Photovoltaik-Freiflächenanlagen, S. 7.

621 ZSW/Takon/BBG und Partner/Ecofys, Wissenschaftliche Empfehlung zur Ausgestaltung des Pilotausschreibungsverfahrens, S. 59: „Es wird empfohlen, kleinen Akteuren die Teilnahme an der Auktion zu erleichtern, indem die Bieterrisiken und Zugangshürden im Gesamtdesign der Auktion begrenzt werden, z. B. durch Qualifikationsanforderungen und Pönalen, die auch von kleinen Bietern mit geringer Bonität erbracht werden können. Vor dem Hintergrund, dass eine klare und rechtssichere Identifizierung ‚kleiner Akteure' bzw. der Akteure der Bürgerenergie kaum möglich ist, wird vorerst nicht empfohlen, bevorzugte Auktionsbedingungen oder Ausnahmeregelungen für diese Akteursgruppen einzuführen. Sollte die Evaluierung der Ausschreibung ergeben, dass es trotz der relativ geringen Teilnahmehürden zu einer kontinuierlichen Ausgrenzung von kleinen Akteuren kommt, ist über weitere Maßnahmen zur Adressierung dieses Problems nachzudenken. Das gilt auch im Fall der geplanten Ausweitung der Ausschreibung auf andere Technologien."

622 BMWi, Eckpunkte für ein Ausschreibungsdesign für Photovoltaik-Freiflächenanlagen, S. 7.

dieser Interessenausgleich in den Regelungen über die Flächenkulisse und die Reduzierung von Sicherheitsleistungen in Abhängigkeit vom Projektierungsstand wider.

166 Sofern einige Stimmen im Schrifttum gleichwohl eine „weitgehende Bürgerbeteiligung" fordern,[623] ist dies damit nicht als juristische Norminterpretation, sondern als **politische Forderung** im Rahmen des „Megaziels" einer weitgehenden „Akzeptanz der Energiewende" zu verorten.[624] Auch insoweit sind freilich Bedenken angebracht, da die Energiewende bereits erhebliche Umverteilungseffekte zwischen vermögenden Privatleuten, die in EE-Anlagen investieren können, und den anderen Bürgern mit sich bringt.[625] Eine möglichst breite Akzeptanz in der Bevölkerung kann deshalb vor allem durch eine Senkung der finanziellen Belastungen aller Verbraucher erreicht werden.

167 **8. Übergangsfristen (§§ 100 Abs. 3, 55 Abs. 3, 102).** Die EEG-Novelle 2014 ist zum 1.8.2014 in Kraft getreten. Gleichwohl gelten die Regelungen des novellierten Gesetzes nicht für alle neuen EE-Anlagen. Vielmehr sieht § 100 Abs. 3 eine **allgemeine Vertrauensschutzregelung** vor. Hiernach gelten Anlagen, die nach dem 31.7.2014 und vor dem 1.1.2015 in Betrieb genommen worden sind, als Bestandsanlagen i. S. des § 100 Abs. 1 (mit der Folge einer Anwendung der bis dato geltenden Vergütungsregeln[626]), wenn die Anlagen nach dem BImSchG genehmigungsbedürftig sind oder für ihren Betrieb einer Zulassung nach einer anderen Bestimmung des Bundesrechts bedürfen und sie entsprechend vor dem 23.1.2014 genehmigt oder zugelassen worden sind. Die Regelung will Investoren ein gewisses Maß an **Investitionssicherheit** geben, sofern die Investitionsentscheidung schon vor der Billigung der Eckpunkte einer EEG-Reform durch das Bundeskabinett im Rahmen der Kabinetsklausur von Meseberg getroffen wurde.[627]

168 § 55 Abs. 3 enthält eine **spezifische Vertrauensschutzregelung für den Übergang zum Ausschreibungssystem.** Hiernach gilt das neue Ausschreibungssystem allein für Anlagen, die sechs Monate nach der erstmaligen öffentlichen Bekanntmachung eines Ausschreibungsverfahrens in Betrieb genommen werden.[628] Für die Übergangs-Bestandsanlagen sind demgegenüber die allgemeinen Förderbestimmungen des § 51 in Verbindung mit den Regelungen zum „atmenden Deckel" gem. §§ 3 Nr. 3, 31 anzuwenden.[629] Der Gesetzgeber begründet die sechs-monatige Übergangsfrist mit Vertrauensschutzerwägungen sowie mit der Verhinderung eines „Fadenrisses"; denn es sei damit zu rechnen, dass die ersten Ausschreibungen mehrere Monate dauerten und die ersten bezuschlagten Projekte erst mit einem gewissen Zeitverzug realisiert würden.[630] Die **Freiflächenausschreibungsverordnung** enthält keine derartige Übergangsvorschrift. Vielmehr bestimmt § 3 Abs. 1 Nr. 1

---

623 *Rodi*, EnWZ 2014, 289 ff. Pointiert auch Agora Energiewende, Stellungnahme zum Ausschreibungsdesign im Rahmen des BMWi-Konsultationsprozesses für die PV-Freiflächen-Pilotausschreibung, S. 1 ff., wonach ein „Dialogprozess Akteursvielfalt" anzustoßen sei, um „auch in einem zukünftigen EE-Ausscheibungssystem eine breite Bürgerbeteiligung" sicherzustellen.

624 So im Ergebnis auch ZSW/Takon/BBG und Partner/Ecofys, Wissenschaftliche Empfehlung zur Ausgestaltung des Pilotausschreibungsverfahrens, S. 10.

625 Dazu *Büdenbender*, ET 8/2014, 82 ff.

626 Die Bestimmung des anwendbaren „alten Rechts" für Altanlagen ist komplex, vgl. *Sprenger*, ZNER 2014, 325 f.

627 *Sprenger*, ZNER 2014, 325.

628 BT-Drs. 18/1304, S. 151; *Sprenger*, ZNER 2014, 325, 328.

629 § 31 gilt nach § 13 Abs. 3 FFAV nicht für die Pilotausschreibungen.

630 Siehe die Regierungsbegründung BT-Drs. 18/1304, S. 151.

FFAV als ersten Gebotstermin auf den 15.4.2015. Gem. § 5 S. 1 FFAV muss die BNetzA die jeweiligen Ausschreibungen nach Ablauf der neunten und vor Ablauf der sechsten Kalenderwoche vor dem jeweiligen Gebotstermin auf ihrer Internetseite bekannt machen.[631]

Im Hinblick auf die von § 2 Abs. 5 S. 1 für das Jahr 2017 anvisierte generelle Umstellung   **169** der Förderung weg von einer administrativen Festlegung der Fördersätze hin zu wettbewerblichen Ausschreibungen enthält **§ 102** eine **weitere Übergangsvorschrift**. Danach haben Betreiber von grundsätzlich förderfähigen EE-Anlagen – mit Ausnahme der Betreiber von Photovoltaik-Freiflächenanlagen, vgl. die §§ 2 Abs. 5, 55 Abs. 3 – unter den dort normierten Voraussetzungen einen Anspruch nach § 19 Abs. 1 auf eine Marktprämie i. S. des § 34 oder eine feste Einspeisevergütung gem. §§ 37 und 38. Die Vorschrift will vermeiden, dass es wegen Planungs- und Investitionsunsicherheiten zu einem Einbruch bei Projektplanungen und damit beim Zubau von EE-Projekten mit langen Planungszeiten kommt, etwa bei solchen für Windenergie an Land oder auf See.[632] Bereits initiierte Projekte werden somit nicht von der Umstellung im Jahr 2017 betroffen.[633] Rechtspolitisch ist diese Regelung kritisch zu hinterfragen, da die Förderung von erneuerbaren Energien nicht mehr nur auf einen effektiven Zubau von Erzeugungsanlagen abzielt,[634] sondern auch die Förderkosten reduzieren will. In diesem Sinne hätte es nahegelegen, die Vorgaben zur Marktintegration – ggf. in Verbindung mit einer Übergangsfrist – auch auf Altanlagen i. S. des § 102 zu erstrecken.[635]

VIII. Europaweite Öffnung der Ausschreibungen (Abs. 6)

1. Überblick. Nach § 4 ist die Erzeugung von Elektrizität durch Anlagen, die sich außer-   **170** halb des Bundesgebiets und der deutschen ausschließlichen Wirtschaftszone („AWZ") befinden, grundsätzlich nicht förderfähig, auch wenn die Elektrizität in das deutsche Versorgungsnetz eingespeist wird.[636] Gem. § 2 Abs. 6 sollen freilich die durch Rechtsverordnung näher zu konkretisierenden Ausschreibungen nach § 2 Abs. 5 in einem Umfang von mindestens 5 % der jährlich neu installierten Leistung europaweit geöffnet werden, soweit kumulativ 1. eine **völkerrechtliche Vereinbarung** vorliegt, die die Kooperationsmaßnahmen im Sinne der Art. 5 bis 8 oder des Art. 11 der Richtlinie 2009/28/EG umsetzt,[637] 2. die Förderung nach dem Prinzip der Gegenseitigkeit als zentralem Grundsatz des Völkerrechts erfolgt („**Reziprozität**"[638]), und 3. der **physikalische Import des Stroms** nachgewiesen werden kann.

---

631 Siehe dazu Bundesregierung, Freiflächenausschreibungsverordnung, Begründung S. 65 f.

632 BT-Drs. 18/1304, S. 182.

633 BT-Drs. 18/1304, S. 92.

634 Das betonen *Haucap/Klein/Kühling*, Die Marktintegration der Stromerzeugung aus erneuerbaren Energien, 2013, S. 81.

635 Insoweit zutreffend *Büdenbender*, ET 6/2014, 82, 86: Umverteilungseffekt zwischen Alt- und Neuanlagen.

636 Vgl. zum EEG 2012 *Salje*, § 2 Rn. 51.

637 Siehe hierzu schon § 1 Rn. 18.

638 Siehe zum Grundsatz der Gegenseitigkeit in Zusammenhang mit der Fusionskontrolle *Mestmäcker/Schweitzer*, Europäisches Wettbewerbsrecht, § 6 Rn. 94 f., speziell zum europäischen Vergaberecht *dies.*, § 40 Rn. 64; *Bungenberg*, Vergaberecht im Wettbewerb der Systeme, S. 158; siehe zu Reziprozitäts-Vereinbarungen im internationalen Kartellrecht auch MünchKommBGB/ *Immenga*, Band 11, Internationales Wettbewerbs- und Kartellrecht, VII Rn. 87.

171 Mit den unionsweiten Ausschreibungen gem. den §§ 2 Abs. 6, 88 Abs. 2 und 3 will der Gesetzgeber **Erfahrungen mit den bislang wenig praktischen Kooperationsmechanismen der Richtlinie 2009/28/EG** sammeln.[639] Zu diesem Zweck sollen die Pilotausschreibungen für die PV-Freiflächenanlagen teilweise europaweit geöffnet werden. Perspektivisch gilt dies für alle EE-Ausschreibungen.[640] § 2 Abs. 6 wurde erst im Laufe des Gesetzgebungsverfahrens aufgenommen, um den Bedenken der Kommission hinsichtlich der Vereinbarkeit des deutschen EE-Fördermechanismus mit dem Binnenmarkt für Strom Rechnung zu tragen.[641] Allerdings enthalten die Leitlinien der Kommission für Umwelt- und Energiebeihilfen keine verpflichtenden Vorgaben für die Öffnung der nationalen Förderregime für Anlagenstandorte in anderen EU-Mitgliedstaaten.[642] Rechtspolitisch ist § 2 Abs. 6 gleichwohl zu begrüßen, da er ebenso wie die Öffnung der nationalen Stromgroßhandelsmärkte[643] zu einer Verstärkung der Wettbewerbsintensität zum Wohl der Verbraucher führen kann.

172 **2. Völkerrechtliche Vereinbarung.** § 2 Abs. 6 statuiert mehrere Förderbedingungen, die durch die Rechtsverordnung gem. § 88 Abs. 2 und 3 näher ausgeformt werden können.[644] Nach § 2 Abs. 6 Nr. 1 muss eine völkerrechtliche Vereinbarung getroffen werden, die es ermöglicht, den in anderen Ländern erzeugten und durch das EEG geförderten Strom im unionsrechtlich vorgegebenen Rahmen in die deutsche Erzeugerbilanz mit einzubeziehen. Die **Art. 6 bis 11 RL 2009/28/EG** ermöglichen den Mitgliedstaaten anstelle einer Vereinheitlichung der Fördersysteme[645] eine Kooperation, um ihre jeweiligen nationalen Ausbauziele zu erreichen (Art. 3 Abs. 3 S. 1 lit. b RL 2009/28/EG).[646] Im Einzelnen erlaubt Art. 6 RL 2009/28/EG statistische Transfers von Energie aus erneuerbaren Quellen zwischen den Mitgliedstaaten. Die Art. 7 bis 10 RL 2009/28/EG ermöglichen gemeinsame Projekte zur Erzeugung von Elektrizität aus erneuerbaren Energien. Art. 11 RL 2009/28/EG regelt schließlich die Koordinierung bzw. Zusammenlegung von Förderregelungen.[647] Zur Ausgestaltung der Art. 5 bis 11 RL 2009/28/EG hat die Kommission jüngst mehrere Rechtsakte erlassen.[648] Nach dem Willen des deutschen Gesetzgebers soll eine Vereinbarung i. S.

---

639 BT-Drs. 18/1891, S. 199.

640 BT-Drs. 18/1891, S. 199 f.

641 BT-Drs. 18/1891, S. 17.

642 Kommission, Leitlinien für staatliche Umweltschutz- und Energiebeihilfen, Rn. 122; siehe dazu *Müller/Kahl/Sailer*, ER 4/14, 139, 141 sowie ausführlich § 1 Rn. 52 ff.

643 Siehe zur Koppelung des deutschen Strommarkts mit denjenigen von Nachbarstaaten BMWi, Ein Strommarkt für die Energiewende, Grünbuch, S. 10.

644 Vgl. *Schütte/Winkler*, ZUR 2014, 571, 572.

645 Die Möglichkeiten der Zusammenarbeit sollen die nationalen Fördersysteme auch langfristig nicht ersetzen, sondern allein dazu beitragen, die Kosten des Erreichens der nationalen Förderziele zu senken (Erwägungsgrund 36 RL 2009/28/EG).

646 Siehe hierzu *Lehnert/Vollprecht*, ZUR 2009, 309, 312 f.

647 Zu Art. 11 RL 2009/28/EG siehe auch EuGH, Urt. v. 1.7.2014, Rs. C-573/12, EuZW 2014, 620 Rn. 100 f. – Ålands Vindkraft.

648 European Commission, Guidance on the use of renewable energy cooperation mechanism v. 5.11.2013, SWD(2013) 440 final. Weitere in diesem Zusammenhang erlassene Rechtsakte sind: European Commission, Generation Adequacy in the internal electricity market – guidance on public interventions, SWD(2013) 438; European Commission, Annexes to the Commission Staff Working Document Guidance on the use of renewable energy cooperation mechanisms, SWD(2013) 441; European Commission, Incorporing demand side flexibility, in particular demand response, in electricity markets, SWD(2013) 442.

des § 2 Abs. 6 Nr. 1 eine Doppelförderung ausschließen, zu einer angemessenen Kosten-
und Nutzenverteilung zwischen Deutschland und dem anderen Mitgliedstaat führen und
Folgefragen wie den Netzausbau und die Strommarkteffekte klären, damit beide Staaten
von der Öffnung des Fördersystems profitieren und es nicht zu einseitigen Belastungen
kommt.[649]

3. Gegenseitigkeit. Nach § 2 Abs. 6 Nr. 2 kann eine Anlage in einem anderen Mitglied-   **173**
staat nur dann gefördert werden, wenn die Förderung nach dem Prinzip der Gegenseitigkeit
(„**Reziprozität**") erfolgt, wenn also auch der in Deutschland produzierte Strom in dem anderen Mitgliedstaat förderberechtigt ist (vgl. § 88 Abs. 3). Das „Prinzip der gegenseitigen
Kooperation" kann durch eine anteilige Übernahme der Förderleistungen ausgestaltet werden, aber auch durch Ausschreibungen auf dem jeweils anderen Territorium.[650]

4. Physikalischer Import des Stroms. Nach der wohl am schwersten zu erfüllenden Vo-   **174**
raussetzung des § 2 Abs. 6 Nr. 3 muss der physikalische Import des Stroms nach Deutschland nachgewiesen werden. Es muss also gewährleistet sein, dass der im EU-Ausland erzeugte EE-Strom zu einem **der Einspeisung in Deutschland vergleichbaren energiewirtschaftlichen Effekt führt** und so zum Umbau der Energieversorgung beiträgt.[651] Angesichts der physikalischen Eigenschaften von Strom ist es allerdings nur schwer möglich,
den grenzüberschreitenden Fluss des erzeugten EE-Stroms im europäischen Binnenmarkt
tatsächlich nachzuweisen.[652] Aus diesem Grunde betont § 2 Abs. 6 Nr. 3, dass die Stromerzeugung der ausländischen Anlage jedenfalls **eine tatsächliche Wirkung im Inland haben muss**, die mit der Wirkung von im Geltungsbereich des § 4 erzeugtem und ins öffentliche Netz eingespeistem EE-Strom vergleichbar sei, insbesondere „was den sichtbaren
und nachhaltigen Umbau der Energieversorgung in Deutschland" betreffe.[653] Anders als
bei einem **Zertifikatesystem**[654] muss also nicht nur sichergestellt sein, dass die Öffnung
des Fördersystems für ausländische Anlagen mit den Zielen des EEG vereinbar ist, indem
nur solche Energiemengen gefördert werden, die auch aus erneuerbaren Quellen stammen.[655] Die Energiemenge muss dem deutschen Strommarkt auch tatsächlich zur Verfügung stehen. Dies kann etwa in Zeiten notwendiger Stromimporte aus anderen Ländern der
Fall sein. Auch sind Regelungen in Zusammenhang mit dem Ausbau und der Bewirtschaftung von Grenzkuppelstellen denkbar.

5. Freiflächenausschreibungsverordnung. Die FFAV enthält keine Regelungen zur euro-   **175**
paweiten Öffnung der EE-Ausschreibungen.[656] Die Bundesregierung betont vielmehr unter
Berufung auf die Rechtsprechung des EuGH zur Warenverkehrsfreiheit nach Art. 34

---

649 BT-Drs. 18/1304, S. 170.
650 BT-Drs. 18/1304, S. 170.
651 BT-Drs. 18/1304, S. 170.
652 Das betont auch EuGH, Urt. v. 1.7.2014, Rs. C-573/12, EuZW 2014, 620 Rn. 96 – Ålands Vind-
    kraft: „Dagegen ist es [...] schwierig, die genaue Herkunft grünen Stroms zu bestimmen, sobald er
    in das Übertragungs- oder Verteilernetz eingespeist wurde, so dass seine systematische Separation
    als grüner Strom im Stadium des Verbrauchs kaum durchführbar erscheint."
653 BT-Drs. 18/1304, S. 170.
654 Dafür aber *Frenz*, ER 6/2014, 231, 234.
655 BT-Drs. 18/1304, S. 170.
656 Zum Folgenden siehe Bundesregierung, Freiflächenausschreibungsverordnung, Begründung
    S. 57 f.

AEUV,[657] dass nationale EE-Fördersysteme auch dann unionsrechtlich zulässig seien, wenn sie nur den im Inland erzeugten Strom förderten, sofern nur die Vorgaben der EE-Richtlinie 2009/28/EG eingehalten seien. Die FFAV beschränkt sich deshalb in einem ersten Schritt auf die Förderung von Anlagen, deren Stromerzeugung im Bundesgebiet erfolgt, weil grenzüberschreitende Ausschreibungen im Hinblick auf das Ziel der Verordnung, „schnellstmöglich Ausschreibungen in einem Pilotverfahren zu testen und erste Erfahrungen zu sammeln", als zu komplex angesehen werden. Mittelfristig ist jedoch geplant, dass – soweit sich mit anderen Mitgliedstaaten eine Einigung über die Ausgestaltung der Ausschreibung konkreter Projekte erzielen lässt – bereits im Rahmen einer „Testphase" bis zum Jahr 2017 Ausschreibungen unter Einbeziehung ausländischen Stroms durchgeführt werden, um die Erfahrungen für die Umstellung auf andere erneuerbare Technologien nutzen zu können.[658]

---

657 EuGH, Urt. v. 1.7.2014, Rs. C-573/12, EuZW 2014, 620 – Ålands Vindkraft.
658 Bundesregierung, Freiflächenausschreibungsverordnung, Begründung S. 58.

§ 3 Ausbaupfad

Die Ziele nach § 1 Absatz 2 Satz 2 sollen erreicht werden durch

1. eine Steigerung der installierten Leistung der Windenergieanlagen an Land um 2 500 Megawatt pro Jahr (netto),
2. eine Steigerung der installierten Leistung der Windenergieanlagen auf See auf insgesamt 6 500 Megawatt im Jahr 2020 und 15 000 Megawatt im Jahr 2030,
3. eine Steigerung der installierten Leistung der Anlagen zur Erzeugung von Strom aus solarer Strahlungsenergie um 2 500 Megawatt pro Jahr (brutto) und
4. eine Steigerung der installierten Leistung der Anlagen zur Erzeugung von Strom aus Biomasse um bis zu 100 Megawatt pro Jahr (brutto).

Schrifttum: *Beckmeyer*, Die Energiewende zum Erfolg führen: Zum Inkrafttreten der EEG-Reform 2014, EnWZ 2014, 433; Bundesministerium für Wirtschaft und Energie BMWi, Ein Strommarkt für die Energiewende, Diskussionspapier des Bundesministeriums für Wirtschaft und Energie (Grünbuch), Oktober 2014, abrufbar unter www.bmwi.de; *Bundesregierung*, Stellungnahme der Bundesregierung zum Sondergutachten der Monopolkommission gemäß § 62 Absatz 1 des Energiewirtschaftsgesetzes Energie 2013 – Wettbewerb in Zeiten der Energiewende – Drucksache 17/14742, BT-Drs. 18/2939 v. 16.10.2014; *Hofmann*, Das Recht der Energiewende als Transformationsprozess: Beschleunigung um jeden Preis oder alles nur eine Frage der Zeit?, Die Verwaltung 47 (2014), 349; *Kühling/Klein*, Rechtsfragen der Entschädigung und des Belastungsausgleichs bei der Anbindung von Offshore-Anlagen, in: Hebeler/Hendler/Proelß/Reiff, Energiewende in der Industriegesellschaft, 2014, S. 29; *Lüdemann/Ortmann*, Direktvermarktung im EEG. Das Unvollendete Marktprämienmodell, EnWZ 2014, 387; *Maly/Meister/Schomerus*, EEG 2014 – Das Ende der Bürgerenergie?, ER 4/2014, 147; *Monopolkommission*, Sondergutachten 65 Energie 2013: Wettbewerb in Zeiten der Energiewende, 2013; *Müller/Kahl/Sailer*, Das neue EEG 2014. Systemwechsel beim weiteren Ausbau der Erneuerbaren Energien, ER 4/14, 139; *Perner/Riechmann*, Das zukünftige EEG – wie viel Reform ist erforderlich?, ET 5/2013, 8; *Spannowsky*, Der Ausbau der erneuerbaren Energien in der Raumordnungs- und Bauleitplanung, in: Hebeler/Hendler/Proelß/Reiff, Energiewende in der Industriegesellschaft, 2014, S. 83; *Thomas*, Das EEG 2014 – Eine Darstellung nach Anspruchsgrundlagen, NVwZ-Extra 17/2014, 1; *Vollprecht/Clausen*, Auf dem Weg zum EEG 2014 – ein Werkstattbericht, EnWZ 2014, 112; *von Oppen/Groß*, Nach dem EEG ist vor dem EEG – Die Förderung von Erneuerbare-Energien-Anlagen nach der PV-Novelle 2012, ZNER 2012, 347; *Wagner/Bsaisou*, Beschleunigung der Energiewende durch Haftung: Ökonomische Anreize im Strudel des Regulierungsrechts, JZ 2014, 1031; *Wustlich*, Das Erneuerbare-Energien-Gesetz 2014 – Grundlegend neu – aber auch grundlegend anders?, NVwZ 2014, 1113.

Alle Internetquellen wurden zuletzt abgerufen am 6.2.2015.

Übersicht

I. Überblick

1 Nach dem **allgemeinen Ausbauziel** des § 1 Abs. 2 S. 1 soll der Anteil des aus erneuerbaren Energien erzeugten Stroms am Bruttostromverbrauch stetig und kosteneffizient bis zum Jahr 2050 auf mindestens 80 Prozent erhöht werden. Als „nicht einklagbare Zwischenziele"[1] legt § 1 Abs. 2 S. 2 bestimmte **Ausbaukorridore** von 40 bis 45 Prozent bis zum Jahr 2025 und 55 bis 60 Prozent bis zum Jahr 2035 fest. Der Gesetzgeber gibt damit für den Ausbau von Anlagen zur Erzeugung von Elektrizität aus erneuerbaren Energien nicht nur Unter-, sondern auch Obergrenzen vor,[2] auch wenn die Prozentzahlen aufgrund ihrer Abhängigkeit vom jeweiligen Stromverbrauch derzeit noch nicht berechenbar sind. § 1 Abs. 2 kann den Akteuren der Energiewirtschaft deshalb allenfalls eine erste Orientierung über die kurz- und mittelfristige Entwicklung des Elektrizitätssektors und damit ein begrenztes Maß an Planungssicherheit geben.[3] Der „Verlässlichkeit und Planbarkeit"[4] des EE-Ausbaus dienen vor allem die neu geschaffenen **Ausbaupfade** des § 3, die für alle „quantitativ relevanten Erzeugungsarten" **technologiespezifische Ausbauziele** vorgeben.[5] Durch diese Regelungen soll der Zubau neuer Anlagen für die Netzbetreiber, „Kraftwerksbesitzer" und Stromlieferanten berechenbarer werden,[6] um die von § 2 Abs. 1 geforderte Systemtransformation zu optimieren und eine bessere Synchronisierung des EE-Ausbaus mit dem Netzausbau zu ermöglichen.[7] Im Schrifttum wird als weitere Funktion der Ausbaupfade die Begrenzung der Förderkosten benannt.[8]

2 Während es nach der bislang praktizierten **Preisförderung** noch als „richtig" angesehen wurde, zum Zwecke der Erhöhung ihrer Marktchancen „den Ausbau der erneuerbaren Energien weitgehend ungesteuert zu fördern", sieht es der Gesetzgeber nunmehr als erforderlich an, durch eine verstärkte **Mengensteuerung** „das System für hohe Anteile insbesondere der fluktuierenden Energieträger Wind und Sonne fit zu machen" (vgl. auch § 2 Abs. 1).[9] Zu diesem Zwecke gibt § 3 für die zentralen Energiequellen[10] Windenergie an Land und auf See, solare Strahlungsenergie sowie auch für die Biomasse konkrete Ausbaupfade vor, deren Einhaltung vor Einführung eines Ausschreibungssystems grundsätzlich durch das Instrument der „**atmenden Deckel**" gesichert wird, auch bezeichnet als **Ausbauabsenkung der Förderung**[11] (vgl. die §§ 28, 29, 31).[12] Hiernach wird die Höhe der Förde-

---

1 So zur Vorgängerregelung BT-Drs. 16/8148, S. 37.
2 Siehe zum EEG 2009 schon BT-Drs. 16/8148, S. 37.
3 BT-Drs. 16/8148, S. 37; siehe auch Monopolkommission, Sondergutachten 65, Rn. 207.
4 *Beckmeyer*, EnWZ 2014, 433, 434.
5 Bundesregierung, Stellungnahme zum Sondergutachten der Monopolkommission Energie 2013, BT-Drs. 18/2939, S. 8; *Müller/Kahl/Sailer*, ER 4/14, 139. Das Gesetz enthält keine Legaldefinition, vgl. *Salje*, EEG 2014, § 3 Rn. 2.
6 *Beckmeyer*, EnWZ 2014, 433, 434.
7 BR-Drs. 157/14, S. 126.
8 *Salje*, EEG 2014, § 3 Rn. 1; siehe auch Bundesregierung, Stellungnahme zum Sondergutachten der Monopolkommission Energie 2013, BT-Drs. 18/2939, S. 8.
9 *Beckmeyer*, EnWZ 2014, 433, 434.
10 Dies betont BMWi, Ein Strommarkt für die Energiewende, Grünbuch, S. 13: Wind und Sonne seien die Energiequellen „mit den größten Potenzialen und den geringsten Kosten", allerdings auch dargebotsabhängig.
11 *Salje*, EEG 2014, § 3 Rn. 4.
12 *Thomas*, NVwZ-Extra 17/2014, 1, 2; *Müller/Kahl/Sailer*, ER 4/14, 139; *Beckmeyer*, EnWZ 2014, 433, 434.

rung von **Windenergie an Land**[13] und von **solaren Strahlungsenergie** jährlich viermal in Abhängigkeit vom Zubau in den vorherigen 12 Monaten nach oben bzw. nach unten angepasst. Bei der vom Gesetzgeber nicht mehr als besonders förderungsnotwendig angesehenen **Biomasse** erfolgt die Anpassung der Fördersätze nur nach unten.[14] Über das Instrument der „atmenden Deckel" werden die Ausbaupfade bei den vorbenannten Technologien somit nicht direkt, sondern indirekt über Preissignale gesteuert.[15] Der Zubau wird nicht per se untersagt, sondern lediglich **wirtschaftlich (un-)attraktiver** gemacht.[16]

Einen konstruktiv anderen Weg beschreitet der Gesetzgeber bei der **Windenergie auf See** i.S. des § 5 Nr. 36. Hier wird der Ausbaupfad des § 3 über die Regelungen zur Netzanbindung gem. den §§ 17a ff. EnWG gesichert, also durch eine direkte Mengensteuerung.[17] **3**

Im Zuge des schrittweise eingeführten **EE-Ausschreibungssystems** (§§ 2 Abs. 5 und 6, 55, 88, 99) erfolgt auch für die anderen EE-Technologien eine direkte Mengensteuerung, da der Zubau hier direkt über das Auktionsvolumen gesteuert wird.[18] § 3 Abs. 1 FFAV[19] enthält detaillierte Regelungen zum Ausschreibungsvolumen von Photovoltaik-Freiflächenanlagen. Gem. § 13 Abs. 3 FFAV gilt die Regelung des § 31 nicht für die im Rahmen der Ausschreibungen festgelegten Zuschlagswerte. **4**

Im Interesse einer möglichst passgenauen Steuerung der Einhaltung der Zielkorridore des § 1 Abs. 2 und der Ausbaupfade des § 3 führt der Gesetzgeber ein sog. **EE-Anlagenregister** ein (§§ 6, 93 i. V. mit der AnlRegV).[20] Hiernach müssen die Anlagenbetreiber ihre Anlagen bei der BNetzA anmelden, da ansonsten die Förderung auf null gekürzt wird (§ 25 Abs. 1). Die Regelungen über das EE-Anlagenregister sollen in ein Gesamtanlagenregister einfließen, das auch Anlagen zur Erzeugung von Strom aus konventionellen Energieträgern erfasst (§ 53b EnWG). Letzteres dient nach der Verordnungsermächtigung in § 53b Abs. 1 Hs. 1 EnWG den Zielen einer Verbesserung der Gewährleistung und Überwachung der Versorgungssicherheit, insbesondere des sicheren Betriebs von Energieversorgungsnetzen, des Monitorings der Versorgungssicherheit und der Vereinfachung der energierechtlichen Meldepflichten. Diesen Zwecken ist a maiore ad minus auch das EE-Anlagenregister verpflichtet. **5**

---

13 Bei der Windenergie an Land werden Leistungszuwächse infolge Repowering-Maßnahmen nicht auf den Zubaukorridor angerechnet (Netto-Zubau), vgl. § 29 Abs. 1 und *Müller/Kahl/Sailer*, ER 4/14, 139, 140.

14 *Müller/Kahl/Sailer*, ER 4/14, 139, 140.

15 Das betont besonders *Wustlich*, NVwZ 2014, 1113, 1115.

16 Etwas anderes gilt insoweit für die solare Strahlungsenergie, als bei dieser die Förderhöhe bei Erreichen einer installierten Leistung von insgesamt 52 GW auf null abgesenkt wird (§ 31 Abs. 6); siehe für Photovoltaik-Freiflächenanlagen jedoch auch § 13 Abs. 3 FFAV.

17 *Wustlich*, NVwZ 2014, 1113, 1115.

18 Siehe dazu § 2 Rn. 15 ff.

19 Bundesregierung, Verordnung zur Einführung von Ausschreibungen der finanziellen Förderung für Freiflächenanlagen sowie zur Änderung weiterer Verordnungen zur Förderung der erneuerbaren Energien, BGBl. I, S. 108 v. 11.2.2015 (im Folgenden: Freiflächenausschreibungsverordnung), als nicht amtliche Lesefassung abrufbar unter http://www.bmwi.de/BMWi/Redaktion/PDF/V/verordnung-zur-einfuehrung-von-ausschreibungen-der-finanziellen-foerderung-fuer-freiflaechen anlagen,property=pdf,bereich=bmwi2012,sprache=de,rwb=true.pdf.

20 Verordnung über ein Register für Anlagen zur Erzeugung von Strom aus erneuerbaren Energien und Grubengas (Anlagenregisterverordnung – AnlRegV) v. 1.8.2014, BGBl. I S. 1320.

6 Die Einführung einer Mengensteuerung in § 3 ist ein wichtiger, wenn auch nicht der letzte Schritt hin zu der von § 2 Abs. 1 geforderten **Marktintegration** der erneuerbaren Energien. Neben der Steuerung des Anlagenzubaus ist es eine zentrale Aufgabe des künftigen Strommarktdesigns, die Stromerzeugung mit der Stromnachfrage zusammenzuführen, indem sie sich mehr an marktlichen Knappheitssignalen orientiert. Hierzu dient de lege lata bereits die Direktvermarktung von EE-Strom inklusive der damit einhergehenden Bilanzierungsverantwortung der EE-Anlagenbetreiber sowie mittelfristig die Umstellung des Fördersystems auf wettbewerbliche Ausschreibungen.

II. Unionsrechtliche Vorgaben

7 Die Ausbaupfade gem. § 3 haben, anders als die Regelungen in § 1 Abs. 2, keine unionsrechtlichen Vorgaben.

III. Ausbaupfade

8 **1. Technologiespezifische Mengensteuerung.** Gem. § 3 sollen die Ziele des § 1 Abs. 2 S. 2 (Anteil des aus erneuerbaren Energien erzeugten Stroms am Bruttostromverbrauch von 40 bis 45 Prozent bis zum Jahr 2025 und von 55 bis 60 Prozent bis zum Jahr 2035) durch **technologiespezifische Ausbaupfade** erreicht werden,[21] im Sinne „rechtsverbindlicher Zielwerte" zur Begrenzung des Umfangs der Förderung auf jährlich kumulierte Anlagenleistungen.[22]

9 Im Einzelnen belaufen sich die Pfade nach Nr. 1 für Windenergieanlagen an Land auf 2500 Megawatt pro Jahr (netto), nach Nr. 2 für Windenergieanlagen auf See auf insgesamt 6500 Megawatt im Jahr 2020 und 15000 Megawatt im Jahr 2030, nach Nr. 3 für Anlagen zur Erzeugung von Strom aus solarer Strahlungsenergie auf 2500 Megawatt pro Jahr (brutto) und schließlich nach Nr. 4 für Anlagen zur Erzeugung von Strom aus Biomasse auf bis zu 100 Megawatt pro Jahr (brutto).

10 Der Gesetzgeber reagiert mit den Ausbaupfaden des § 3 auf die **Nachteile einer (preisbezogenen) EE-Förderung**, die zu einem weitgehend ungesteuerten Zubau an Erzeugungskapazität mit negativen Folgen für die Energienetze und damit für die Versorgungssicherheit sowie für die Strommärkte und damit für die Bezahlbarkeit von Strom geführt hat.[23] Vor diesem Hintergrund tragen die Ausbaupfade des § 3 nicht nur dem Grundsatz der **Markt- und Systemintegration** gem. § 2 Abs. 1 S. 1, sondern auch demjenigen des § 2 Abs. 3 Rechnung, die Förderung auf die – angesichts der ambitionierten Ausbauziele – **relativ kostengünstigsten Technologien** zu beschränken,[24] wenn auch unter Fortführung des

---

21 BT-Drs. 18/1304, S. 111 f.
22 *Salje*, EEG 2014, § 3 Rn. 2.
23 Bundesregierung, Stellungnahme zum Sondergutachten der Monopolkommission Energie 2013, BT-Drs. 18/2939 v. 16.10.2014, S. 8.
24 BT-Drs. 18/1304, S. 111 f., *Bundesregierung*, Stellungnahme zum Sondergutachten der Monopolkommission Energie 2013, BT-Drs. 18/2939 v. 16.10.2014, S. 8; *Wustlich*, NVwZ 2014, 1113, 1118.

per se kostenintensiven Konzepts der technologiespezifischen Förderung.[25] Hierdurch bleiben Kostensenkungspotenziale bestimmter EE-Technologien wie z. B. der Onshore-Windkraft an weniger günstigen Standorten teilweise ungenutzt.[26]

2. Brutto- und Nettowerte. Bei den Ausbaupfaden ist zwischen Netto- und Bruttowerten **11** zu differenzieren:[27] Beim Ansatz von **Bruttowerten** wird ein Abbau von Altanlagen im relevanten Zeitraum nicht berücksichtigt, etwa infolge eines „Repowering" von Windkraftanlagen.[28] Demgegenüber werden bei **Ausbau-Nettowerten** von den in § 3 benannten Zubauzahlen die im gleichen Zeitraum stillgelegten oder zurückgebauten Leistungsmengen abgezogen.

Nach dem Wortlaut des § 3 sind die Ziele für den Zubau der installierten Leistung von Anlagen zur Erzeugung von Strom aus **Windenergie an Land** derartige Nettoziele.[29] Demgegenüber ist das Ziel für den Zubau der installierten Leistung von Anlagen zur Erzeugung von Strom aus **Photovoltaik** ein Bruttoziel,[30] da hier kein Repowering in nennenswertem Umfang zu erwarten sei.[31] Auch bei der **Biomasse** wird grundsätzlich von einem Bruttowert ausgegangen. § 101 Abs. 1 enthält eine zusätzliche „Einfrierungsregelung", mit der die nachträgliche Erweiterung von Biogasanlagen verhindert werden soll, um für die erweiterten Stromerzeugungskapazitäten einen Anspruch auf die hohen Vergütungen nach den Regelungen „EEG 2004 bis EEG 2012" auszuschließen („Flucht in ein früheres EEG").[32] Für **Windenergie auf See** fehlt eine Vorgabe.[33]

3. Quantitativ relevante Erzeugungsarten. a) Windenergie an Land. Die Steuerung der **13** Errichtung von Windenergieanlagen an Land und auf See wird kontrovers diskutiert, da dieser Energiequelle zwar politisch ein hoher Stellenwert bei der Erreichung der EE-Ausbauziele zugemessen wird, die entsprechenden Fernwirkungen jedoch mit erheblichen raumstrukturellen und funktionellen Veränderungen verbunden sein können.[34] § 3 Nr. 1 gibt für Windenergieanlagen an Land einen jährlichen **Nettoausbau** an **installierter Leistung** in Höhe von **2500 MW** vor, der durch § 29 Abs. 1 näher spezifiziert wird. Der Ausbaupfad bedeutet im Vergleich zu den letzten Jahren einen gewissen Anstieg der zugebauten Leistung, da ausweislich der Regierungsbegründung seit dem Jahr 2009 durchschnittlich nur ca. 2000 MW pro Jahr installiert wurden.[35]

---

25 Bundesregierung, Stellungnahme zum Sondergutachten der Monopolkommission Energie 2013, BT-Drs. 18/2939, S. 8: „ambitionierte Erneuerbare-Energien-Ausbauziele" erforderten „die Einbeziehung auch hochpreisiger Potenziale".
26 *Perner/Riechmann*, ET 5/2013, 8, 10.
27 Vgl. *Vollprecht/Clausen*, EnWZ 2014, 112, 113; *Thomas*, NVwZ-Extra 17/2014, 1, 2.
28 BT-Drs. 18/1304, S. 111; *Vollprecht/Clausen*, EnWZ 2014, 112, 113.
29 Ursprünglich sollten auch die Ausbaupfade bei Onshore-Windenergie Bruttoziele darstellen, vgl. *Vollprecht/Clausen*, EnWZ 2014, 112, 113.
30 BT-Drs. 18/1304, S. 111.
31 *Wustlich*, NVwZ 2014, 1113, 1115.
32 BT-Drs. 18/1891, S. 220.
33 *Salje*, EEG 2014, § 3 Rn. 8.
34 *Spannowsky*, in: Hebeler/Hendler/Proelß/Reiff, Energiewende in der Industriegesellschaft, S. 83, 87 ff., der u. a. aus planerischer Sicht kritisiert, dass „bedeutsame nachhaltigkeitsrelevante Planungsentscheidungen den Gemeinden als Aufgabenträger [...] überlassen" werden, „bei denen voraussehbar ist, dass sie alleine die raumübergreifende Aufgabe der nachhaltigen Landes- und Regionalplanung nicht sicherstellen können" (S. 90).
35 BT-Drs. 18/1304, S. 111.

14 Der Ausbaukorridor von jährlich 2500 MW basiert auf der Annahme, dass die Volllaststunden von Neuanlagen im Schnitt 2100 h/a betragen. Weiterhin wird für die Bestandsanlagen eine Nutzungsdauer von 20 Jahren unterstellt, wodurch ein Ersatzbedarf für Stilllegungen von ca. 4 GW bis einschließlich 2020 prognostiziert wird.[36]

15 § 29 enthält für die Windenergie an Land einen „**atmenden Deckel**", wonach die Vergütung gem. § 49 (dort ist das sog. Referenzertragsmodell normiert) bei einem Über- bzw. Unterschreiten des durch § 29 Abs. 1 vorgegebenen spezifischen Korridors von 2400 bis 2600 MW pro Jahr angepasst wird. Im Schrifttum wird die Eignung des Instruments des „atmenden Deckels" für Windenergie an Land kritisch hinterfragt, da die Projekte regelmäßig lange Planungs-, Genehmigungs- und Umsetzungsprozesse erforderten und zudem kapitalkostenintensiv seien.[37] Demgegenüber seien die Vorlaufzeiten für die Bestimmung des „atmenden Deckels" relativ kurz bemessen, weshalb es denkbar sei, dass zwischen der Festlegung der jeweils anwendbaren Vergütung und der Inbetriebnahme der Anlage nur wenige Monate lägen, was sich nachteilig auf die Finanzierungskonditionen auswirken könne.[38]

16 **b) Windenergie auf See.** Die ausdrücklich auch im bauplanerischen Außenbereich zulässige[39] Erzeugung von Windenergie auf See i. S. des § 5 Nr. 36[40] soll mit Blick auf den Ausbaukorridor des § 3 Nr. 2 kontinuierlich erweitert werden. Zwar ist der Bau der entsprechenden Anlagen derzeit noch relativ teuer. Um die ambitionierten Ausbauziele des § 1 Abs. 2 zu erreichen, sollen aber mittelfristig die Kostensenkungspotenziale auch dieser Technologie durch erhoffte Lern- und Skaleneffekte gehoben werden,[41] die bei einer technologieneutralen Förderung in Abhängigkeit vom heutigen Stand der technischen Entwicklung vielleicht nicht möglich wären.[42] Vor diesem Hintergrund soll bei der Windenergie auf See bis zum **Jahr 2020** eine Leistung von **6,5 GW** und bis zum **Jahr 2030** eine Leistung von insgesamt **15 GW** installiert werden.[43] Im Optimalfall strebt der Gesetzgeber einen jährlichen Zubau von etwa 800 MW an, bei Volllaststunden von 4000 h/a.[44]

17 Anders als bei der Windenergie an Land, der Photovoltaik (vor Umstellung auf ein Ausschreibungssystem, vgl. § 13 Abs. 3 FFAV) und der Biomasse[45] steuert der Gesetzgeber den Zubau von Anlagen auf See zur Erzeugung von Elektrizität aus Windenergie nicht über „atmende Deckel", also mittelbar über eine Preissteuerung, sondern nach den §§ 17a ff. EnWG **unmittelbar über die Netzanbindung**.[46] Zwar trifft die Übertragungsnetzbetreiber

---

36 BT-Drs. 18/1304, S. 111.
37 *Maly/Meister/Schomerus*, ER 2014, 147, 150.
38 *Maly/Meister/Schomerus*, ER 2014, 147, 150.
39 § 35 Abs. 1 Nr. 5 BauGB; vgl. *Spannowsky*, in: Hebeler/Hendler/Proelß/Reiff, Energiewende in der Industriegesellschaft, S. 83, 87.
40 Eine Windenergieanlage auf See ist nicht der gesamte Windpark, sondern die einzelne Anlage, also der Generator und die zugehörigen Einrichtungen i. S. des § 5 Nr. 1; vgl. *Thomas*, NVwZ-Extra 17/2014, 1, 6.
41 Vgl. *Perner/Riechmann*, ET 5/2013, 8, 13.
42 Dies betont *Hofmann*, Die Verwaltung 47 (2014), 349, 365.
43 BT-Drs. 18/1304, S. 111.
44 BT-Drs. 18/1304, S. 111.
45 Das gilt jedenfalls vor Einführung eines Ausschreibungssystems.
46 Vgl. *Fehling*, Die Verwaltung 47 (2014), 313, 321: staatliche Bedarfsplanung.

hier eine strenge, um besondere Haftungsregelungen ergänzte Anbindungspflicht.[47] Auch um die Kostenbelastung der einzelnen Netzbetreiber zu minimieren, hat der Gesetzgeber jedoch die Anschlusskapazität der Höhe nach begrenzt und sieht bei Knappheit ein Auktionsverfahren vor (§ 17d Abs. 3 und 4 EnWG), mit der Folge einer Kostenbeteiligung der EE-Anlagenbetreiber.[48] Darüber hinaus regelt § 17f EnWG einen mehrstufigen Belastungsausgleich in Anlehnung an § 9 KWKG, sodass die Kosten der Netzanbindung letztlich von den Verbrauchern zu tragen sind.[49] Folgerichtig gibt § 30 für Windenergie auf See keinen spezifischen Zubaukorridor vor. Vorgesehen ist aber eine Absenkung der Förderung in Abhängigkeit von der Entfernung der Anlage von der Küste, der Wassertiefe und dem Alter der Anlage (§ 50).[50]

c) Solare Strahlungsenergie. aa) Allgemeine Vorgaben. Für geförderte Anlagen zur   **18**
Erzeugung von Strom aus solarer Strahlungsenergie – insbesondere aus Photovoltaik –
enthielt bereits **§ 20a EEG 2012** einen Zubaukorridor, auch weil sich diese fluktuierende
Energiequelle aufgrund sehr starker Zubauraten zu einer großen Herausforderung für die
Stabilität der Netze entwickelt hatte.[51] Darüber hinaus ist der Effizienzgrad von Photovoltaik-Anlagen aufgrund der relativ geringen Sonnenstrahlung in Deutschland begrenzt.
Gleichwohl hatten Betreiber von EE-Kraftwerken auf der Grundlage fluktuierender Energieträger (neben Sonne auch Wind) aufgrund der sehr geringen variablen Kosten bislang
keine wirksamen Anreize, die Produktion an den Knappheitssignalen des Strommarkts
auszurichten.[52] Auch vor diesem Hintergrund legte § 20a Abs. 1 EEG 2012 einen Zubaukorridor in Höhe einer Leistung von 2500 bis 3500 Megawatt im Jahr fest. Der Zubau lag
zuvor bei teilweise mehr als 7000 MW pro Jahr, was insbesondere auf die Kostendegression beim Bau der Anlagen zurückgeführt wird.[53]

Nach § 3 Nr. 3 liegt die jährlich installierte Leistung für die praktisch relevanten Photovol-   **19**
taik-Freiflächenanlagen und Photovoltaik-Gebäudeanlagen nunmehr bei (durchschnittlich) **2500 MW bis zum Jahr 2025**. Der Gesetzgeber strebt somit eine weitere Reduzierung des jährlichen Zubaus an. Das Zubauziel wurde ermittelt auf der Grundlage einer Nutzungsdauer von 25 Jahren. Die Erzeugung von Strom aus neuen Photovoltaikanlagen wurde dabei im Schnitt mit 950 Volllaststunden pro Jahr berechnet.[54] Gem. § 31 Abs. 1 beträgt
der Zielkorridor 2400 bis 2600 MW pro Jahr.

In Zusammenhang mit den Vorgaben zum „**atmenden Deckel**" normiert § 31 Abs. 3 im   **20**
Interesse der Systemstabilität zusätzlich eine **absolute Obergrenze** für die Förderung von
solarer Strahlungsenergie (früher § 20b Abs. 9a EEG 2012 i.V. m. den Veröffentlichungs-

47 Kritisch zu den von den Haftungsregelungen ausgehenden Steuerungswirkungen *Wagner/Bsaisou*,
    JZ 2014, 1031 ff.
48 *Fehling*, Die Verwaltung 47 (2014), 313, 321.
49 Ausführlich *Kühling/Klein*, in: Hebeler/Hendler/Proelß/Reiff, Energiewende in der Industriegesellschaft, S. 29, 35 f., die die Regelungen als einen weiteren Schritt zur „vollständigen, marktfernen Sozialisierung der Kosten für den Auf- und Ausbau Erneuerbarer Energien" kritisieren (S. 53).
50 Siehe auch *Hofmann*, Die Verwaltung 47 (2014), 349, 367 mit Fn. 76, unter Zitierung noch der
    Regelungen des EEG-Referentenentwurfs und ohne Erwähnung der §§ 17a ff. EnWG.
51 *Von Oppen/Groß*, ZNER 2012, 347, 351.
52 Bundesregierung, Stellungnahme zum Sondergutachten der Monopolkommission Energie 2013,
    BT-Drs. 18/2939, S. 8; *Lüdemann/Ortmann*, EnWZ 2014, 387, 391.
53 BT-Drs. 18/1304, S. 111.
54 BT-Drs. 18/1304, S. 111.

pflichten der BNetzA in § 20a Abs. 2 Nr. 2 EEG 2012[55]). Wenn die Summe der installierten Leistung geförderter Anlagen zur Erzeugung von Strom aus solarer Strahlungsenergie erstmals den Wert 52000 MW überschreitet, verringern sich nach § 31 Abs. 3 S. 1 die anzulegenden Werte i. S. des § 51[56] zum ersten Kalendertag des zweiten auf die Überschreitung folgenden Kalendermonats auf null.[57] § 31 Abs. 3 S. 2 stellt klar, dass nicht geförderte Anlagen von der Vorschrift nicht erfasst werden.[58] Es wird somit vereinfacht gesprochen die Förderung von elektrischer Leistung auch aus Photovoltaik auf null zurückgeführt.[59] Die Bundesregierung soll nach § 98 Abs. 2 aber rechtzeitig vor Erreichung des in § 31 Abs. 6 S. 1 bestimmten Ausbauziels einen Vorschlag für eine Neugestaltung dieser Regelung vorlegen. Es ist deshalb offen, ob die Obergrenze des § 31 Abs. 6 S. 1 tatsächlich eingreifen oder nach oben angepasst werden wird.[60]

21 **bb) Ausschreibung von Photovoltaik-Freiflächenanlagen.** Die FFAV verwirklicht mittels der §§ 1, 3 und 4 eine **direkte Mengensteuerung.** § 13 Abs. 3 FFAV schließt insoweit die Anwendung des § 31 auf die im Ausschreibungsverfahren ermittelten Zuschlagswerte aus.

22 Die allgemeine Regelung über die Ausbaukorridore des § 3 Nr. 3 ist auch in Zusammenhang mit der Diskussion über **Flächenrestriktionen** für Photovoltaik-Freiflächenanlagen zu sehen. Nach der Regierungsbegründung zum EEG 2014 sollen die noch in § 32 Abs. 1 Nr. 2 und 3 EEG 2012 geregelten Flächenkategorien nicht automatisch auch für Photovoltaik-Freiflächenausschreibungen i. S. des § 55 gelten.[61] Insoweit folgerichtig ist der Anspruch auf finanzielle Förderung gem. § 55 Abs. 2 Nr. 4 nicht von der Einhaltung des § 51 Abs. 1 – der „Nachfolgeregelung" des § 32 Abs. 1 EEG 2012 – abhängig. Die Bundesregierung wird vielmehr durch § 88 Abs. 1 Nr. 2 lit. c und ergänzend durch § 88 Abs. 1 Nr. 3 lit. c ermächtigt, über die FFAV abweichende Flächenkriterien zu bestimmen.[62]

23 Nach der Begründung zur FFAV wird die **Wettbewerbsintensität** der Ausschreibung von Förderberechtigungen für Photovoltaik-Freiflächenanlagen maßgeblich durch die **verfügbaren Flächen** bestimmt, weshalb eine „ausreichend hohe Flächenverfügbarkeit" sicherzustellen ist.[63] Etwaig konkurrierenden Nutzungsinteressen, insbesondere den Anliegen der Landwirtschaft und des Umweltschutzes, soll durch die Begrenzung der jährlichen

---

55 Siehe dazu *von Oppen/Groß*, ZNER 2012, 347, 350; Altrock/Oschmann/Theobald/*Hoppenbrock*, § 20b EEG 2012 Rn. 34; BerlKommEnR/*Thorbecke/Schumacher*, 3. Aufl. 2014, § 20a EEG 2012 Rn. 2 und § 20b EEG 2012 Rn. 30f.

56 Nach Umstellung der Freiflächenanlagen auf das System der Ausschreibungen gilt die Norm noch für Dachanlagen; vgl. *Wustlich*, NVwZ 2014, 1113, 1117.

57 Allgemein *von Oppen/Groß*, ZNER 2012, 347, 351.

58 BT-Drs. 18/1304, S. 135.

59 *Hofmann*, Die Verwaltung 47 (2014), 349, 367.

60 *Von Oppen/Groß*, ZNER 2012, 347, 350; BerlKommEnR/*Thorbecke/Schumacher*, 3. Aufl. 2014, § 20b EEG 2012 Rn. 31.

61 BT-Drs. 18/1304, S. 168.

62 Hiernach könnten z. B. Umwelt- und Naturschutzanforderungen oder sonstige Anforderungen an die Flächen festgelegt werden, auf denen die Anlagen errichtet werden sollen. Durch diese Verordnungsermächtigung soll auch sichergestellt werden, dass bei den zu entwickelnden Ausschreibungen die vom europäischen und nationalen Vergaberecht eröffneten Spielräume zur Berücksichtigung ökologischer und regionaler Anforderungen genutzt werden, um die Naturverträglichkeit der Projekte bereits auf dieser Ebene einzufordern. Vgl. BT-Drs. 18/1304, S. 168.

63 Bundesregierung, Freiflächenausschreibungsverordnung, Begründung S. 2.

Ausschreibungsvolumina in den §§ 1, 3 FFAV Rechnung getragen werden, insoweit in Fortführung der allgemeinen Mengenvorgabe des § 3 Nr. 3. Vor diesem Hintergrund verbleibt es nur im Jahr 2015 bei der restriktiven Flächenkulisse des § 51 Abs. 1 Nr. 3. Demgegenüber wird die Flächenkulisse ab dem Jahr 2016 „maßvoll" erweitert.[64] Freiflächenanlagen können dann auch auf Ackerflächen in benachteiligten Gebieten i. S. des § 2 Nr. 2 FFAV und auf Flächen der Bundesanstalt für Immobilienaufgaben gefördert werden (§ 6 Abs. 3 Nr. 6, § 22 Abs. 1 Nr. 2 lit. b und Nr. 3 FFAV). Für die Jahre 2016 und 2017 wird die Anzahl der jährlich bezuschlagten Gebote auf Ackerflächen in benachteiligten Gebieten, die einer tatsächlichen Nutzung unterliegen, aber gem. § 12 Abs. 4 FFAV auf zehn begrenzt.[65]

Darüber hinaus sieht § 2 Nr. 5 FFAV abweichend von der allgemeinen Vorgabe des § 32 Abs. 2 eine besondere Regelung zur **Anlagenzusammenfassung** vor, die über finanzielle Signale einer räumlichen Ballung von Freiflächenanlagen in bestimmten Regionen entgegenwirken soll.[66] Danach gelten mehrere Freiflächenanlagen unabhängig von den Eigentumsverhältnissen und ausschließlich zum Zweck der Ermittlung der Höhe des Anspruchs nach § 19 für den jeweils zuletzt in Betrieb genommenen Generator als eine einzige Freiflächenanlage, wenn sie innerhalb derselben Gemeinde, die für den Erlass des Bebauungsplans zuständig ist, errichtet worden sind und innerhalb von 24 aufeinanderfolgenden Kalendermonaten in einem Abstand von bis zu 4 Kilometern in der Luftlinie, gemessen vom äußeren Rand der jeweiligen Anlage, in Betrieb genommen worden sind. Im Gegensatz zu § 32 Abs. 2 ist somit der Umkreis erweitert, in dem Anlagen zusammengefasst werden. Unberührt bleibt die Anlagenzusammenfassung nach § 32 Abs. 1.[67] **24**

Schließlich soll die Inanspruchnahme der landwirtschaftlichen Flächen durch eine regelmäßige **Evaluierung** gem. § 36 FFAV überwacht werden, um Fehlentwicklungen „jederzeit wirksam" begegnen zu können.[68] Im Übrigen obliege es „weiterhin den Kommunen vor Ort, im Rahmen der Bauleitplanung die verschiedenen Belange angemessen in einen räumlichen Ausgleich zu bringen".[69] **25**

d) Biomasse. Gem. § 3 Nr. 4 sollen die Ziele des § 1 Abs. 2 ebenfalls durch eine Steigerung der installierten Leistung der Anlagen zur Erzeugung von Strom aus Biomasse um bis zu **100 Megawatt** pro Jahr (brutto) erreicht werden. Der Gesetzgeber strebt mit § 3 Nr. 4 eine **Begrenzung des Ausbaus** an.[70] Die Stromerzeugung aus Biomasse soll sich künftig überwiegend auf Rest- und Abfallstoffe konzentrieren. Hierin liegt ein Einschnitt gegenüber dem bisherigen Zubauniveau.[71] Gleichwohl betont die Regierungsbegründung, **26**

---

64 Bundesregierung, Freiflächenausschreibungsverordnung, Begründung S. 43.

65 Bundesregierung, Freiflächenausschreibungsverordnung, Begründung S. 73.

66 Bundesregierung, Freiflächenausschreibungsverordnung, Begründung S. 43.

67 Bundesregierung, Freiflächenausschreibungsverordnung, Begründung S. 64.

68 Bundesregierung, Freiflächenausschreibungsverordnung, Begründung S. 38.

69 Bundesregierung, Freiflächenausschreibungsverordnung, Begründung S. 38; siehe dazu – im Vergleich zu raumbedeutsamen Windkraftanlagen – *Spannowsky*, in: Hebeler/Hendler/Proelß/Reiff, Energiewende in der Industriegesellschaft, S. 83, 87.

70 BT-Drs. 18/1304, S. 111, spricht von „etwa" 100 MW pro Jahr.

71 Siehe die Stellungnahme des Bundesrates v. 23.5.2014, BR-Drs. 157/14 (Beschluss), S. 3. Danach sind im Jahr 2013 noch etwa 240 MW Biomasseanlagen inklusive Biomasse(heiz)kraftwerken zugebaut worden, mit stark rückläufiger Tendenz. Die normative Beschränkung des Zubaus in § 3 Nr. 4 setzt dem schrittweisen Aufbau eines auf erneuerbaren Energien basierenden Stromsystems nach Ansicht des Bundesrats zu starke Grenzen, da die Bioenergie anders als fluktuierende Ener-

dass „Biomasseanlagen [...] weiterhin eine wichtige Säule für die Zielerreichung in 2025 und vor allem für die Energiewende" blieben.[72] Ihre Rolle als Volumenträger werde jedoch gegen diejenige des „flexiblen Alleskönners" ausgetauscht, etwa im Hinblick auf die Bereitstellung von Regelleistung.[73] Zur Bestimmung des Ausbaupfads von 100 MW pro Jahr wurden etwa 4 000 Volllaststunden zugrunde gelegt.[74]

27 **e) Sonstige Energieträger.** Nicht erwähnt sind in § 3 die Energieträger **Wasserkraft, Geothermie** oder **biogene Stromerzeugung ohne EEG-Förderanspruch** (u. a. Mitverbrennung von Biomasse in konventionellen Kraftwerken). Diese Energieträger sollen im Vergleich zu bisherigen Rechtslage „unverändert fortgeschrieben" werden.[75]

28 **4. Evaluierung.** Nach § 2 Abs. 5 will der Gesetzgeber ab dem Jahr 2017 die Fördersätze generell mittels wettbewerblicher Ausschreibungen ermitteln. Zur Vorbereitung der Ausschreibungen wird gem. § 99 S. 2 Nr. 2 evaluiert, welcher jährliche Ausbau erforderlich ist, um die Ausbaukorridore einzuhalten.[76] Hieraus können Abweichungen bei den Zubaumengen resultieren.[77]

---

giequellen regel- und speicherbar ist. Der Bundesrat setzte sich deshalb dafür ein, dass bei einem jährlichen Ausbaupfad von etwa 6000 MW an fluktuierenden EE-Anlagen auf den Zubau von Biomasseanlagen mindestens die Stilllegungen anzurechnen seien. Dieser Vorschlag konnte sich letztlich nicht durchsetzen.

72 BT-Drs. 18/1304, S. 111.

73 BT-Drs. 18/1304, S. 111 f.

74 BT-Drs. 18/1304, S. 112.

75 BT-Drs. 18/1304, S. 112.

76 Hiernach enthält der Bericht nach § 99 S. 2 Nr. 2 auch Handlungsempfehlungen zur Menge der für die Erreichung der Ziele nach § 1 Abs. 2 erforderlichen auszuschreibenden Strommengen oder installierten Leistungen.

77 BT-Drs. 18/1304, S. 111.

§ 4 Geltungsbereich

Dieses Gesetz gilt für Anlagen, wenn und soweit die Erzeugung des Stroms im Bundesgebiet einschließlich der deutschen ausschließlichen Wirtschaftszone erfolgt.

Schrifttum: *Brückmann/Steinbach*, Die Förderung erneuerbarer Energien im Lichte der Warenverkehrsfreiheit, EnWZ 2014, 346; *Frenz*, EU-geprägte solare Freiflächenausschreibungen – Einstieg in die Regenative Marktwirtschaft, ER 6/2014, 231; *Lehnert/Vollprecht*, Neue Impulse von Europa: Die Erneuerbare-Energien-Richtlinie der EU, ZUR 2009, 307; *Ludwigs*, Die Energierechtsgesetzgebung der EU zwischen Binnenmarktziel und Klimaschutz, ZG 2010, 222; *Oschmann*, Die Novelle des Erneuerbare-Energien-Gesetzes, NVwZ 2004, 910; *Runge/Schomerus*, Klimaschutz in der Strategischen Umweltprüfung – am Beispiel der Windenergienutzung in der Ausschließlichen Wirtschaftszone, ZUR 2007, 410; *Säcker/König/Scholz*, Der regulierungsrechtliche Rahmen für ein Offshore-Stromnetz in der Nordsee – Rechtliche Hemmnisse und Vorschläge zu deren Überwindung, 2014; *Schütte/Winkler*, Aktuelle Entwicklungen im Bundesumweltrecht, Berichtszeitraum: 17.6.2014 bis 22.8.2014, ZUR 2014, 571; *Sprenger*, Vertrauensschutz für Anlagenbetreiber, Investoren und Unternehmen beim Übergang zum EEG 2014, ZNER 2014, 325; *Weigt*, Marktintegration erneuerbarer Energien im Lichte europäischer Rahmensetzungen, ZNER 2009, 205.

Übersicht

I. Überblick

Der im Laufe des Gesetzgebungsverfahrens neu formulierte § 4 bestimmt den **räumlichen** 1 **Geltungsbereich** des EEG.[1] Hiernach gilt das Gesetz grundsätzlich nur für solche Anlagen, die sich auf dem Hoheitsgebiet der Bundesrepublik Deutschland und der deutschen ausschließlichen Wirtschaftszone (AWZ) befinden.[2] Eigentlich wollte der Gesetzgeber die Vorgängerregelung des § 2 EEG 2012 lediglich „redaktionell anpassen", da „mit der Einführung der verpflichtenden Direktvermarktung [gem. § 2 Abs. 2] die Abnahme und Vergütung des Stroms zur Ausnahme" geworden ist.[3] Im Gesetzgebungsverfahren wurde die Vorschrift sodann aber „neu strukturiert"; damit sollte insbesondere „der Geltungsbereich des Gesetzes klarer formuliert" werden.[4] Die aktuelle Fassung gibt somit keine „Übersicht

---

1 BT-Drs. 18/1891, S. 200.

2 Vergleichbare Regelungen finden sich in anderen Mitgliedstaaten der Union, vgl. *Säcker/König/Scholz*, Der regulierungsrechtliche Rahmen für ein Offshore-Stromnetz in der Nordsee, S. 113.

3 BT-Drs. 18/1304, S. 112. Die Formulierung des Regierungsentwurfs (a. a. O.) lautete noch: „Neben der Festlegung des Ausbaupfads nach § 3 regelt dieses Gesetz 1. den vorrangigen Anschluss von Anlagen im Bundesgebiet einschließlich der deutschen ausschließlichen Wirtschaftszone (Geltungsbereich des Gesetzes) an die Netze, 2. die vorrangige Abnahme, Übertragung, Verteilung und finanzielle Förderung von Strom aus erneuerbaren Energien und aus Grubengas durch die Netzbetreiber einschließlich seiner Veräußerung und des Verhältnisses zu Strom aus Kraft-Wärme-Kopplung (KWK), 3. den bundesweiten Ausgleich des abgenommenen Stroms sowie der finanziellen Förderung."

4 BT-Drs. 18/1891, S. 200.

über den Regelungsgehalt des Gesetzes („Das EEG auf einen Blick')"[5] mehr, sondern beschränkt sich auf die Regelung seines räumlichen Geltungsbereichs. Als neue „Überblicksnorm" fungiert § 2, der die wesentlichen „Grundsätze" der Förderung von Strom aus erneuerbaren Energiequellen enthält.

2 § 4 behandelt weder den sachlichen, noch den persönlichen, noch den zeitlichen Geltungsbereich des EGG. Der **sachliche Geltungsbereich** folgt inzident aus den Definitionen in § 5 Nr. 1 und Nr. 14 für erneuerbare Energien und Grubengas.[6] Der **persönliche Anwendungsbereich** erstreckt sich auf die vom EEG angesprochenen Personenkreise, etwa auf Anlagenbetreiber i. S. des § 5 Nr. 2 als Aktivlegitimierte gem. § 19 Abs. 1 Nr. 1 und Netzbetreiber i. S. des § 5 Nr. 27 als Anschluss-, Abnahme-, Vergütungs- und Ausbaupflichtige gem. den §§ 8, 11 und 12.[7] Der **zeitliche Anwendungsbereich** des EEG 2014 ergibt sich insbesondere aus den Übergangsbestimmungen der §§ 100 ff.[8]

3 Die im EEG normierten Vorgaben gelten gem. § 4 allein für solchen Strom, der **im Bundesgebiet erzeugt** wird, „einschließlich" (besser: „und"[9]) **der deutschen AWZ**.[10] Das Gesetz ordnet somit – anders als etwa das EnWG – in völkerrechtlich zulässiger Weise seine **extraterritoriale Geltung** auf die AWZ an.[11] Es erfasst damit auch Offshore-Windenergieanlagen (also Windenergieanlagen auf See gem. § 5 Nr. 36), die jenseits der zum deutschen Hoheitsgebiet zählenden 12-Seemeilen-Zone errichtet werden.[12] Die AWZ ist der Bereich seewärts des innerhalb der 12-Seemeilen-Zone liegenden sog. Küstenmeers.[13] Sie erstreckt sich zur See maximal bis 200 Seemeilen.[14] Da das Küstenmeer, insbesondere das Watten-

---

5 So zu § 2 EEG 2012 Altrock/Oschmann/Theobald/*Oschmann*, § 2 EEG 2012 Rn. 3.

6 Hiernach sind „erneuerbare Energien" die „a) Wasserkraft einschließlich der Wellen-, Gezeiten-, Salzgradienten- und Strömungsenergie, b) Windenergie, c) solare Strahlungsenergie, d) Geothermie, e) Energie aus Biomasse einschließlich Biogas, Biomethan, Deponiegas und Klärgas sowie aus dem biologisch abbaubaren Anteil von Abfällen aus Haushalten und Industrie". Hinzu kommt gem. § 5 Nr. 1 das Grubengas.

7 Vgl. zum EEG 2012 *Salje*, § 2 Rn. 35 ff.

8 Siehe dazu *Sprenger*, ZNER 2014, 325 ff.

9 Frenz/Müggenborg/*Ekardt*, § 2 EEG 2012 Rn. 6; Reshöft/Schäfermeier/*Reshöft*, § 2 EEG 2012 Rn. 43; *Säcker/König/Scholz*, Der regulierungsrechtliche Rahmen für ein Offshore-Stromnetz in der Nordsee, S. 25: Da die AWZ nicht zum Bundesgebiet gehört, müsse § 4 die extraterritoriale Geltung des Gesetzes ausdrücklich anordnen.

10 BT-Drs. 16/8148, S. 38.

11 Sog. Erstreckungsklausel, vgl. *Säcker/König/Scholz*, Der regulierungsrechtliche Rahmen für ein Offshore-Stromnetz in der Nordsee, S. 25 und 134 f.

12 *Oschmann*, NVwZ 2004, 910, 911; Reshöft/Schäfermeier/*Reshöft*, § 2 EEG 2012 Rn. 42. Eine „Windenergieanlage auf See" ist nach § 5 Nr. 36 „jede Anlage zur Erzeugung von Strom aus Windenergie, die auf See in einer Entfernung von mindestens drei Seemeilen gemessen von der Küstenlinie aus seewärts errichtet worden ist; als Küstenlinie gilt die in der Karte Nummer 2920 Deutsche Nordseeküste und angrenzende Gewässer, Ausgabe 1994, XII., sowie in der Karte Nummer 2921 Deutsche Ostseeküste und angrenzende Gewässer, Ausgabe 1994, XII., des Bundesamtes für Seeschifffahrt und Hydrographie im Maßstab 1:375 000 dargestellte Küstenlinie". Erfolgt die Errichtung der Offshore-Windkraftanlage nicht mehr im Küstenmeer, sondern in der AWZ, erhöht das Gesetz die Vergütungssätze; vgl. § 50 Abs. 2 S. 2; siehe zum EEG 2012 auch *Salje*, § 2 Rn. 44.

13 *Runge/Schomerus*, ZUR 2007, 410, 411; siehe auch das Bundesamt für Seeschifffahrt und Hydrographie, unter http://www.bsh.de/de/Meeresnutzung/Wirtschaft/Windparks/AWZ.jsp.

14 Ausführlich *Säcker/König/Scholz*, Der regulierungsrechtliche Rahmen für ein Offshore-Stromnetz in der Nordsee, S. 22 ff.

meer, weitgehend von Schutzgebieten überdeckt wird, bleibt der Ausbau der Offshore-Windenergie im Wesentlichen der AWZ vorbehalten.[15]

Auf der Grundlage der Verordnungsermächtigung zur Öffnung von Pilotausschreibungen   **4**
für Elektrizität **aus ausländischen Photovoltaik-Freiflächenanlagen** in § 88 Abs. 2 und 3
kann vom räumlichen Geltungsbereich des Gesetzes abgewichen werden.[16] Die Verordnungsermächtigung soll im Rahmen der Vorgaben des § 2 Abs. 6 die Möglichkeit eröffnen,
Erfahrungen mit dem Import von Elektrizität aus dem europäischen Ausland zu sammeln,
entsprechende Konzepte zu erproben sowie die in Art. 6 bis 11 der RL 2009/28/EG vorgesehenen Kooperationsmechanismen umzusetzen.[17] Die am 28.1.2015 von der Bundesregierung beschlossene FFAV enthält noch keine entsprechenden Regelungen.[18] Neben dem
Abschluss einer völkerrechtlichen Vereinbarung mit einem anderen Mitgliedstaat auf der
Grundlage des Prinzips der Reziprozität ist insbesondere sicherzustellen, dass der in einer
EE-Anlage außerhalb des Geltungsbereichs von § 4 erzeugte Strom unter Beachtung der
sonstigen Fördervoraussetzungen tatsächlich dem deutschen Strommarkt zur Verfügung
steht, etwa in Zeiten eines hohen, nicht durch deutsche Erzeugungskapazitäten zu decken-
den Bedarfs und entsprechender Grenzkuppelkapazitäten. Der Nachweis der grünen Eigenschaft des Stroms über entsprechende Zertifikate reicht hierfür nicht aus.[19]

II. Unionsrechtliche Vorgaben

Die **RL 2009/28/EG** gewährt den Mitgliedstaaten – vorbehaltlich des EU-Primärrechts –   **5**
einen weiten Ermessenspielraum im Hinblick auf die Wahl und die konkrete Ausgestaltung
des ökonomischen Anreizsystems zur Förderung von Elektrizität aus erneuerbaren Quellen.[20] Dieser Umsetzungsspielraum wird begrenzt durch die Vorgaben des europäischen
Primärrechts zum Schutz der Warenverkehrsfreiheit (Art. 34 AEUV) und des freien und
unverfälschten Wettbewerbs (Art. 107 AEUV).[21] Nach Art. 3 Abs. 3 RL 2009/28/EG dürfen die Mitgliedstaaten deshalb nur „[u]nbeschadet der Artikel 87 und 88 des Vertrags"
(jetzt Art. 107 und 108 AEUV[22]) entscheiden, in welchem Umfang sie die in einem anderen Mitgliedstaat erzeugte Energie aus erneuerbaren Quellen fördern wollen.[23] Hiernach

---

15 *Runge/Schomerus*, ZUR 2007, 410, 411.

16 BT-Drs. 18/1304, S. 112 und S. 169 f.

17 BT-Drs. 18/1304, S. 170; siehe zu diesen Regelungen auch § 1 Rn. 24 ff.

18 Bundesregierung, Verordnung zur Einführung von Ausschreibungen der finanziellen Förderung
für Freiflächenanlagen sowie zur Änderung weiterer Verordnungen zur Förderung der erneuerbaren Energien, BGBl. I, S. 108 v. 11.2.2015 (im Folgenden: Freiflächenausschreibungsverordnung),
als nicht amtliche Lesefassung abrufbar unter http://www.bmwi.de/BMWi/Redaktion/PDF/V/ver-
ordnung-zur-einfuehrung-von-ausschreibungen-der-finanziellen-foerderung-fuer-freiflaechen anlagen,property=pdf,bereich=bmwi2012,sprache=de,rwb=true.pdf, S. 58.

19 Eine Zertifikatlösung für den tatsächlichen Import des grünen Stroms erwägt *Frenz*, ER 2014,
231, 234.

20 Vgl. dazu § 1 Rn. 24.

21 Vgl. § 1 Rn. 30 ff.

22 EuGH, Urt. v. 1.7.2014, Rs. C-573/12, EuZW 2014, 620 Rn. 51 – Ålands Vindkraft.

23 Ausführlich Erw. 25 RL 2009/28/EG: „Die Mitgliedstaaten haben unterschiedliche Potenziale im
Bereich der erneuerbaren Energie und wenden auf nationaler Ebene unterschiedliche Regelungen
zur Förderung von Energie aus erneuerbaren Quellen an. [...] Damit nationale Förderregelungen
ungestört funktionieren können, müssen die Mitgliedstaaten deren Wirkung und Kosten entsprechend ihrem jeweiligen Potenzial kontrollieren können [...], damit das Vertrauen der Investoren

steht jedenfalls die RL 2009/28/EG einer Beschränkung von Förderregelungen bezüglich national erzeugten Stroms nicht entgegen.[24] Der EuGH hat Art. 3 Abs. 3 RL 2009/28/EG in seiner Entscheidung „**Ålands Vindkraft**" inzident auch als mit der Warenverkehrsfreiheit des Art. 34 AEUV vereinbar eingestuft.[25] Hiervon zu trennen ist die Frage, ob eine nationale Förderregelung als Beihilfe i. S. des Art. 107 Abs. 1 AEUV einzuordnen ist. Hierzu enthält die RL 2009/28/EG, wie ihr Art. 3 Abs. 3 verdeutlicht, keine Vorgaben.[26]

III. Anlagenbezogene Regelungen des EEG

6   § 4 beschränkt die Förderregelungen des EEG auf Anlagen i. S. des § 5 Nr. 1, wenn und soweit die Erzeugung des Stroms aus den in § 5 Nr. 14 aufgezählten Energiearten im Bundesgebiet einschließlich der deutschen ausschließlichen AWZ erfolgt.[27]

7   Der Gesetzgeber will mit § 4 insbesondere für solche Anlagen Rechtssicherheit schaffen, die sich nicht ausschließlich im Bundesgebiet befinden.[28] So sind etwa bei der **Wasserkraft** Fallgestaltungen denkbar, bei denen sich Teile der Anlage im Ausland befinden („**Grenzwasserkraftanlagen**").[29] Nach einem Urteil des BGH vom Oktober 2013 sind nicht nur die eigentlichen Stromerzeugungseinrichtungen, sondern auch die übrigen zur Stromerzeugung notwendigen Einrichtungen wie etwa die Wehranlage ein Teil der Anlage gem. § 5 Nr. 1.[30] Mit der Neufassung des § 4 wird deshalb der Geltungsbereich des Gesetzes dahingehend präzisiert, dass das EEG bereits für solche Anlagen gilt, wenn und soweit ihre Stromerzeugung im Bundesgebiet einschließlich der deutschen ausschließlichen Wirtschaftszone erfolgt. Maßgeblich ist damit die **Belegenheit des Generators**.[31] Befindet sich dieser im Geltungsbereich des EEG, ist es unschädlich, wenn z. B. die Ausleitung des Wassers im Ausland erfolgt. Befinden sich die Stromerzeugungseinheiten, die nach dem weiten Anlagenbegriff eine Anlage bilden, teilweise innerhalb und teilweise außerhalb des Bundesgebiets, gilt das EEG nur für die Stromerzeugungseinheiten, die sich im Bundesgebiet einschließlich der AWZ befinden.[32] Unbeachtlich für den räumlichen Geltungsbereich des EEG ist die **Herkunft des eingesetzten Primärenergieträgers**.[33] Sofern völkerrechtliche

---

erhalten bleibt und die Mitgliedstaaten wirksame nationale Maßnahmen im Hinblick auf die Erfüllung der Ziele konzipieren können. [...] Um die Wirksamkeit der [...] nationalen Förderregelungen und der Mechanismen der Zusammenarbeit [...] zu gewährleisten, ist es unbedingt notwendig, dass die Mitgliedstaaten die Möglichkeit haben, darüber zu entscheiden, ob und in welchem Umfang ihre nationalen Förderregelungen für in anderen Mitgliedstaaten erzeugte Energie aus erneuerbaren Quellen gelten, und sich durch die Anwendung der in der vorliegenden Richtlinie vorgesehenen Mechanismen der Zusammenarbeit darüber zu einigen." Auf diese Ausführungen nimmt Bezug EuGH, Urt. v. 1.7.2014, Rs. C-573/12, EuZW 2014, 620 Rn. 40 und 50 – Ålands Vindkraft; siehe auch *Brückmann/Steinbach*, EnWZ 2014, 346, 347.

24 *Ludwigs*, ZG 2010, 222, 242; *Weigt*, ZNER 2009, 205, 206.
25 EuGH, Urt. v. 1.7.2014, Rs. C-573/12, EuZW 2014, 620 Rn. 62 – Ålands Vindkraft. A. A. GA *Bot*, Schlussantrag v. 28.1.2014, C-573/12, BeckRS 2014, 80243 Rn. 128 – Ålands Vindkraft.
26 *Lehnert/Vollprecht*, ZUR 2009, 307, 311.
27 *Salje*, EEG 2014, § 4 Rn. 4 und 5: „strombezogene Formulierung".
28 BT-Drs. 18/1891, S. 200.
29 BT-Drs. 18/1891, S. 200.
30 BGH, Urt. v. 23.10.2013, Az. VIII ZR 262/12, RdE 2014, 69.
31 BT-Drs. 18/1891, S. 200.
32 BT-Drs. 18/1891, S. 200; siehe dazu Frenz/Müggenborg/*Ekardt/Hennig*, § 3 EEG 2012 Rn. 6.
33 *Salje*, EEG 2012, § 2 Rn. 42; BeckOK EEG/*Scharlau*, § 2 EEG 2012 Rn. 17.

Verträge spezifische Vorgaben enthalten, welche Stromanteile etwa der Wasserkraftnutzung an Grenzflussläufen welchem Staat zuzuordnen sind, gehen die auf solchen Verträgen beruhenden „Konzessionen" oder „Bewilligungen" dem § 4 als speziellere Regelungen vor, weshalb eine Förderung durch das EEG ungeachtet des Orts der Stromerzeugung in dem Umfang nicht möglich ist, wie der Strom nicht der Bundesrepublik Deutschland zuzuordnen ist.[34]

§ 2 Abs. 6 enthält eine Sonderregelung für **wettbewerbliche Ausschreibungen** zur Ermitt-   **8** lung der Förderberechtigungen und der Förderhöhen.[35] Danach sollen die Ausschreibungen gem. § 2 Abs. 5 in einem Umfang von mindestens 5 Prozent der jährlich neu installierten Leistung europaweit geöffnet werden, soweit 1. eine völkerrechtliche Vereinbarung vorliegt, die die Kooperationsmaßnahmen im Sinne der Art. 5 bis 8 oder des Art. 11 der Richtlinie 2009/28/EG umsetzt, 2. die Förderung nach dem Prinzip der Gegenseitigkeit erfolgt und 3. der physikalische Import des Stroms nachgewiesen werden kann. Nur unter diesen Voraussetzungen ist auch Elektrizität aus Anlagen förderfähig, deren Generator außerhalb des räumlichen Geltungsbereichs des § 4 liegt.

Die übrigen Regelungen des Gesetzes, die sich nicht unmittelbar auf die Anlagen i. S. des   **9** § 5 Nr. 1 beziehen (z. B. die Regelungen zum Einspeisemanagement bei KWK-Anlagen), erstrecken sich räumlich allein auf das **Staatsgebiet der Bundesrepublik Deutschland**.[36]

---

34 Siehe schon BT-Drs. 16/8148, S. 38.
35 Vgl. *Schütte/Winkler*, ZUR 2014, 571, 572.
36 BT-Drs. 18/1891, S. 200.

§ 5 Begriffsbestimmungen

Im Sinne dieses Gesetzes ist oder sind

1. „Anlage" jede Einrichtung zur Erzeugung von Strom aus erneuerbaren Energien oder aus Grubengas; als Anlage gelten auch Einrichtungen, die zwischengespeicherte Energie, die ausschließlich aus erneuerbaren Energien oder Grubengas stammt, aufnehmen und in elektrische Energie umwandeln,

2. „Anlagenbetreiber", wer unabhängig vom Eigentum die Anlage für die Erzeugung von Strom aus erneuerbaren Energien oder aus Grubengas nutzt,

3. „Ausschreibung" ein objektives, transparentes, diskriminierungsfreies und wettbewerbliches Verfahren zur Bestimmung der Höhe der finanziellen Förderung,

4. „Bemessungsleistung" einer Anlage der Quotient aus der Summe der in dem jeweiligen Kalenderjahr erzeugten Kilowattstunden und der Summe der vollen Zeitstunden des jeweiligen Kalenderjahres abzüglich der vollen Stunden vor der erstmaligen Erzeugung von Strom aus erneuerbaren Energien oder Grubengas durch die Anlage und nach endgültiger Stilllegung der Anlage,

5. „Bilanzkreis" ein Bilanzkreis nach § 3 Nummer 10a des Energiewirtschaftsgesetzes,

6. „Bilanzkreisvertrag" ein Vertrag nach § 26 Absatz 1 der Stromnetzzugangsverordnung,

7. „Biogas" Gas, das durch anaerobe Vergärung von Biomasse gewonnen wird,

8. „Biomethan" Biogas oder sonstige gasförmige Biomasse, das oder die aufbereitet und in das Erdgasnetz eingespeist worden ist,

9. „Direktvermarktung" die Veräußerung von Strom aus erneuerbaren Energien oder aus Grubengas an Dritte, es sei denn, der Strom wird in unmittelbarer räumlicher Nähe zur Anlage verbraucht und nicht durch ein Netz durchgeleitet,

10. „Direktvermarktungsunternehmer", wer von dem Anlagenbetreiber mit der Direktvermarktung von Strom aus erneuerbaren Energien oder aus Grubengas beauftragt ist oder Strom aus erneuerbaren Energien oder aus Grubengas kaufmännisch abnimmt, ohne insoweit Letztverbraucher dieses Stroms oder Netzbetreiber zu sein,

11. „Energie- oder Umweltmanagementsystem" ein System, das den Anforderungen der DIN EN ISO 50 001, Ausgabe Dezember 2011[1], entspricht, oder ein System im Sinne der Verordnung (EG) Nr. 1221/2009 des Europäischen Parlaments und des Rates vom 25. November 2009 über die freiwillige Teilnahme von Organisationen an einem Gemeinschaftssystem für Umweltmanagement und Umweltbetriebsprüfung und zur Aufhebung der Verordnung (EG) Nr. 761/2001, sowie der Beschlüsse der Kommission 2001/681/EG und 2006/193/EG (ABl. L 342 vom 22.12.2009, S. 1) in der jeweils geltenden Fassung,

12. „Eigenversorgung" der Verbrauch von Strom, den eine natürliche oder juristische Person im unmittelbaren räumlichen Zusammenhang mit der Stromerzeugungsanlage selbst verbraucht, wenn der Strom nicht durch ein Netz durchgeleitet wird und diese Person die Stromerzeugungsanlage selbst betreibt,

---

1 Amtlicher Hinweis: Zu beziehen bei der Beuth Verlag GmbH, 10772 Berlin, und in der Deutschen Nationalbibliothek archivmäßig gesichert niedergelegt.

13. „Elektrizitätsversorgungsunternehmen" jede natürliche oder juristische Person, die Elektrizität an Letztverbraucher liefert,
14. „erneuerbare Energien"
    a) Wasserkraft einschließlich der Wellen-, Gezeiten-, Salzgradienten- und Strömungsenergie,
    b) Windenergie,
    c) solare Strahlungsenergie,
    d) Geothermie,
    e) Energie aus Biomasse einschließlich Biogas, Biomethan, Deponiegas und Klärgas sowie aus dem biologisch abbaubaren Anteil von Abfällen aus Haushalten und Industrie,
15. „finanzielle Förderung" die Zahlung des Netzbetreibers an den Anlagenbetreiber auf Grund der Ansprüche nach § 19 oder § 52,
16. „Freiflächenanlage" jede Anlage zur Erzeugung von Strom aus solarer Strahlungsenergie, die nicht in, an oder auf einem Gebäude oder einer sonstigen baulichen Anlage, die vorrangig zu anderen Zwecken als der Erzeugung von Strom aus solarer Strahlungsenergie errichtet worden ist, angebracht ist,
17. „Gebäude" jede selbständig benutzbare, überdeckte bauliche Anlage, die von Menschen betreten werden kann und vorrangig dazu bestimmt ist, dem Schutz von Menschen, Tieren oder Sachen zu dienen,
18. „Generator" jede technische Einrichtung, die mechanische, chemische, thermische oder elektromagnetische Energie direkt in elektrische Energie umwandelt,
19. „Gülle" jeder Stoff, der Gülle ist im Sinne der Verordnung (EG) Nr. 1069/2009 des Europäischen Parlaments und des Rates vom 21. Oktober 2009 mit Hygienevorschriften für nicht für den menschlichen Verzehr bestimmte tierische Nebenprodukte und zur Aufhebung der Verordnung (EG) Nr. 1774/2002 (ABl. L 300 vom 14.11.2009, S. 1), die durch die Richtlinie 2010/63/EU (ABl. L 276 vom 20.10.2010, S. 33) geändert worden ist,
20. „Herkunftsnachweis" ein elektronisches Dokument, das ausschließlich dazu dient, gegenüber einem Letztverbraucher im Rahmen der Stromkennzeichnung nach § 42 Absatz 1 Nummer 1 des Energiewirtschaftsgesetzes nachzuweisen, dass ein bestimmter Anteil oder eine bestimmte Menge des Stroms aus erneuerbaren Energien erzeugt wurde,
21. „Inbetriebnahme" die erstmalige Inbetriebsetzung der Anlage nach Herstellung ihrer technischen Betriebsbereitschaft ausschließlich mit erneuerbaren Energien oder Grubengas; die technische Betriebsbereitschaft setzt voraus, dass die Anlage fest an dem für den dauerhaften Betrieb vorgesehenen Ort und dauerhaft mit dem für die Erzeugung von Wechselstrom erforderlichen Zubehör installiert wurde; der Austausch des Generators oder sonstiger technischer oder baulicher Teile nach der erstmaligen Inbetriebnahme führt nicht zu einer Änderung des Zeitpunkts der Inbetriebnahme,
22. „installierte Leistung" einer Anlage die elektrische Wirkleistung, die die Anlage bei bestimmungsgemäßem Betrieb ohne zeitliche Einschränkungen unbeschadet kurzfristiger geringfügiger Abweichungen technisch erbringen kann,
23. „KWK-Anlage" eine KWK-Anlage im Sinne von § 3 Absatz 2 des Kraft-Wärme-Kopplungsgesetzes,

24. „Letztverbraucher" jede natürliche oder juristische Person, die Strom verbraucht,

25. „Monatsmarktwert" der nach Anlage 1 rückwirkend berechnete tatsächliche Monatsmittelwert des energieträgerspezifischen Marktwerts von Strom aus erneuerbaren Energien oder aus Grubengas am Spotmarkt der Strombörse EPEX Spot SE in Paris für die Preiszone Deutschland/Österreich in Cent pro Kilowattstunde,

26. „Netz" die Gesamtheit der miteinander verbundenen technischen Einrichtungen zur Abnahme, Übertragung und Verteilung von Elektrizität für die allgemeine Versorgung,

27. „Netzbetreiber" jeder Betreiber eines Netzes für die allgemeine Versorgung mit Elektrizität, unabhängig von der Spannungsebene,

28. „Schienenbahn" jedes Unternehmen, das zum Zweck des Personen- oder Güterverkehrs Fahrzeuge wie Eisenbahnen, Magnetschwebebahnen, Straßenbahnen oder nach ihrer Bau- und Betriebsweise ähnliche Bahnen auf Schienen oder die für den Betrieb dieser Fahrzeuge erforderlichen Infrastrukturanlagen betreibt,

29. „Speichergas" jedes Gas, das keine erneuerbare Energie ist, aber zum Zweck der Zwischenspeicherung von Strom aus erneuerbaren Energien ausschließlich unter Einsatz von Strom aus erneuerbaren Energien erzeugt wird,

30. „Strom aus Kraft-Wärme-Kopplung" Strom im Sinne von § 3 Absatz 4 des Kraft-Wärme-Kopplungsgesetzes,

31. „Übertragungsnetzbetreiber" der regelverantwortliche Netzbetreiber von Hoch- und Höchstspannungsnetzen, die der überregionalen Übertragung von Elektrizität zu nachgeordneten Netzen dienen,

32. „Umwandlung" jede Umwandlung von Unternehmen nach dem Umwandlungsgesetz oder jede Übertragung sämtlicher Wirtschaftsgüter eines Unternehmens oder Unternehmensteils im Wege der Singularsukzession,

33. „Umweltgutachter" jede Person oder Organisation, die nach dem Umweltauditgesetz in der jeweils geltenden Fassung als Umweltgutachter oder Umweltgutachterorganisation tätig werden darf,

34. „Unternehmen" jede rechtsfähige Personenvereinigung oder juristische Person, die über einen nach Art und Umfang in kaufmännischer Weise eingerichteten Geschäftsbetrieb verfügt, der unter Beteiligung am allgemeinen wirtschaftlichen Verkehr nachhaltig mit eigener Gewinnerzielungsabsicht betrieben wird,

35. „Windenergieanlage an Land" jede Anlage zur Erzeugung von Strom aus Windenergie, die keine Windenergieanlage auf See ist,

36. „Windenergieanlage auf See" jede Anlage zur Erzeugung von Strom aus Windenergie, die auf See in einer Entfernung von mindestens drei Seemeilen gemessen von der Küstenlinie aus seewärts errichtet worden ist; als Küstenlinie gilt die in der Karte Nummer 2920 Deutsche Nordseeküste und angrenzende Gewässer, Ausgabe 1994, XII., sowie in der Karte Nummer 2921 Deutsche Ostseeküste und angrenzende Gewässer, Ausgabe 1994, XII., des Bundesamtes für Seeschifffahrt und Hydrographie im Maßstab 1:375 000[2] dargestellte Küstenlinie,

---

2 Amtlicher Hinweis: Zu beziehen beim Bundesamt für Seeschifffahrt und Hydrographie, 20359 Hamburg.

37. „Wohngebäude" jedes Gebäude, das nach seiner Zweckbestimmung überwiegend dem Wohnen dient, einschließlich Wohn-, Alten- und Pflegeheimen sowie ähnlichen Einrichtungen.

Schrifttum: *Altrock/Lehnert*, EEG-Novelle 2009, ZNER 2009, 118; *Breuer/Lindner*, Die verpflichtende Direktvermarktung, ree 2014, 129; *von Bredow/Herz*, Das Urteil des OLG Naumburg vom 16.5.2013 zum Anlagenbegriff und seine Folgen, ree 2013, 209; *Brodowski*, Der Belastungsausgleich im EEG und im KWKG im Rechtsvergleich, 2007; *Dümke*, Der EEG-Anlagenbetreiber als Energieversorgungsunternehmen, ree 2014, 155; *Fricke*, Zur Reichweite der EEG-Umlage, ER 2012, 63; *ders.* Zur vertraglichen Vermeidung von EEG-Belastungen, CuR 2010, 109; *Herz/Valentin*, Direktvermarktung, Direktlieferung und Eigenversorgung nach dem EEG 2014, EnWZ 2014, 358; *Kachel*, Die Besondere Ausgleichsregelung im EEG als Instrument zur Entlastung der stromintensiven Industrie, ZUR 2012, 32; *ders.* Das Eigenstromprivileg im EEG 2012, CuR 2011, 100; *Kaltschmitt/Streicher/Wiese* (Hrsg.), Erneuerbare Energien, 4. Aufl. 2006; *Klemm*, EEG-Umlage und Eigenstromprivileg, ree 2013, 1; *Kölbl/Göttlicher/Benz/Schlagermann/Münch*, Geothermie-Perspektiven für die Stromerzeugung, in: Böhmer/Weißenborn (Hrsg.), Erneuerbare Energien – Perspektiven für die Stromerzeugung, 2. Aufl. 2009, S. 261; *Lehnert*, Markt- und Systemintegration der Erneuerbaren-Energien: Eine rechtliche Analyse der Regeln zur Direktvermarktung im EEG 2012, ZUR 2012, 4; *Loibl*, Satelliten-BHKW und deren rechtliche Eigenständigkeit, ZNER 2014, 152; *ders.* Strom aus Biomasseanlagen – Ein Überblick über die Neuregelungen des EEG 2012, ree 2011, 197; *ders.*, Der Anlagenbegriff des EEG, in: Loibl/Maslaton/von Bredow/Walter (Hrsg.), Biogasanlagen im EEG, 3. Aufl. 2013, S. 35; *ders.* Die Eigenstromnutzung im EEG 2014, ZNER 2014, 437; *Lovens*, Anlagenzusammenfassung und Anlagenbegriff nach dem EEG 2009, ZUR 2010, 291; *Maslaton/Koch*, Die Ermittlung von Vergütungsbeginn, -dauer und -höhe, in: Loibl/Maslaton/von Bredow/Walter (Hrsg.), Biogasanlagen im EEG, 2. Aufl. 2011, S. 71; *Moench/Lippert*, Eigenversorgung im EEG 2014, EnWZ 2014, 392; *Müggenborg*, Diskriminierungsfreier Netzzugang und EEG-Belastungsausgleich bei Stromnetzen in Industrieparks, NVwZ 2010, 940; *Müller*, Handbuch der Elektrizitätswirtschaft: Technische, wirtschaftliche und rechtliche Grundlagen, 2. Aufl. 2001; *Richter*, Die Behandlung mehrerer Biomasseanlagen im EEG 2009, NVwZ 2010, 1007; *Riedel*, EEG-Kostenwälzung: Wann ist Strom EEG-umlagefrei?, IR 2010, 101; *Rutloff*, Eigenversorgung durch Bestandsanlagen unter dem EEG 2.0 – wie weit reicht der Bestandsschutz, NVwZ 2014, 1128; *Sailer*, Die Speicherung von Elektrizität im Erneuerbare-Energien-Gesetz, ZNER 2011, 249; *Salje*, Zur Auslegung des Begriffs „räumlicher Zusammenhang", RdE 2014, 149; *Schomerus*, Die Privilegierung von Biogasanlagenparks im Wachstumsbeschleunigungsgesetz, NVwZ 2010, 549; *Strauch/Wustlich*, Der industrielle Eigenverbrauch, RdE 2012, 409; *Thomas/Vollprecht*, Neubau, Versetzung, Erweiterung, Konzeptänderung und „verbessernde" Reparatur von EEG-Anlagen oder: Das Anlagenphantom, ZNER 2012, 334; *Weißenborn*, Der Anlagenbegriff im Erneuerbare-Energien-Gesetz, ree 2013, 155; *Wernsmann*, Das neue EEG – Auswirkungen auf Biogasanlagen, AUR 2008, 329; *Wustlich/Müller*, Die Direktvermarktung von Strom aus erneuerbaren Energien im EEG 2012 – Eine systematische Einführung in die Marktprämie und die weiteren Neuregelungen zur Marktintegration, ZNER 2011, 380.

Übersicht

I. Europarechtliche Grundlagen

Einige Begriffsbestimmungen des § 1 gehen auf die Begriffsbestimmungen in **Art. 2 lit. a**   **1**
der Richtlinie 2009/28/EG[3] oder andere sekundärrechtliche Vorschriften zurück. Dies betrifft die Begriffe „erneuerbare Energien", „Gülle", „Herkunftsnachweis" und „Umweltgutachter". Darüber hinaus geht der Begriff der „Ausschreibung" zumindest auch auf die Leitlinien für staatliche Umweltschutz- und Energiebeihilfen 2014–2020 (UEBLL)[4] zurück.

1. Ausschreibung. Die UEBLL schreiben vor, dass Betriebsbeihilfen für die Erzeugung   **2**
von Strom aus erneuerbaren Energien ab dem 1.1.17 im Rahmen einer Ausschreibung anhand eindeutiger, transparenter und diskriminierungsfreier Kriterien gewährt werden,[5] wenn nicht bestimmte abschließend benannte Ausnahmen eingreifen. Mit Blick auf diese Pflicht wies die Bundesregierung in ihrer Gegenäußerung auch das Anliegen zurück, die Ausschreibungen erst ein Jahr später – nämlich 2018 – starten zu lassen.[6]

Allerdings weicht die Definition des Begriffs *Ausschreibung* in den UEBLL teilweise von   **3**
der des EEG ab. Die Definition in den UEBLL lautet: Ein „diskriminierungsfreies Bieterverfahren, das die Beteiligung einer ausreichend großen Zahl von Unternehmen gewährleistet und bei dem die Beihilfe entweder auf der Grundlage des ursprünglichen Angebots des Bieters oder eines Clearingpreises gewährt wird. Zudem ist die Mittelausstattung oder das Volumen in Verbindung mit der Ausschreibung ein verbindlicher Höchstwert, so dass nicht allen Beteiligten eine Beihilfe gewährt werden kann".[7]

Übereinstimmend verwenden beide Definitionen die Formulierung des diskriminierungs-   **4**
freien Verfahrens. Der Begriff wettbewerblich wird in der Definition der UEBLL nicht verwendet, stattdessen wird hier verlangt, dass das Verfahren die Beteiligung einer hinreichend großen Zahl von Unternehmen gewährleisten soll. Auch der Begriff der Objektivität wird nicht verwendet. Hier verlangen die UEBLL weitergehend, dass die Auswahl aufgrund des Angebots oder eines Clearingpreises erfolgt.

2. Erneuerbare Energien. Die Begriffsdefinition für die **erneuerbaren Energien**, die in   **5**
der Richtlinie 2009/28/EG als Energie aus erneuerbaren Quellen bezeichnet wird, unterscheidet sich im Wortlaut in einigen Punkten von dem Richtlinientext, ohne dass es inhaltlich zu Abweichungen kommt. So wird im EEG von der **Wasserkraft** einschließlich der Wellen-, Gezeiten-, Salzgradienten- und Strömungsenergie gesprochen. Die Richtlinie spricht dagegen einerseits von der Wasserkraft und andererseits von der **Meeresenergie**. Erwägungsgrund 11 der Richtlinie 2009/28/EG beschreibt die Meeresenergie als Energie, die in Meeren und anderen Wasserkörpern in Form von Wellen, Meeresströmungen, Gezeiten, Temperatur- oder Salzgradienten vorhanden ist. Die Energie aus Temperaturgradienten wird in § 3 Nr. 3 nicht gesondert aufgeführt, dürfte aber auch unter den weiten Wasserkraft-

---

3 Richtlinie 2009/28/EG des Europäischen Parlaments und des Rates vom 23.4.2009 zur Förderung der Nutzung von Energie aus erneuerbaren Quellen und zur Änderung und anschließenden Aufhebung der Richtlinien 2001/77/EG und 2003/30/EG, ABl. EU Nr. L 140 v. 5.6.2009, S. 16 ff. (im Folgenden Richtlinie 2009/28/EG).
4 Mitteilung der Kommission 2014/C 200/01.
5 Ebd. Rn. 126.
6 BT-Drs. 18/1573, S. 9.
7 Mitteilung der Kommission 2014/C 200/01, Rn. 43.

begriff des EEG fallen. Wo die Richtlinie 2009/28/EG von **Sonnenenergie** spricht, wird im EEG der Begriff **solare Strahlungsenergie** verwendet. Die im EEG gesondert aufgeführten biologisch abbaubaren Anteile von Abfällen aus Haushalt und Industrie werden in der Richtlinie unter **Biomasse** subsumiert. Dafür enthält die Art. 3 lit. e der Richtlinie 2009/28/EG eine Biomassedefinition, auf die das EEG verzichtet. Für den Vergütungsanspruch wird der Begriff allerdings in der Biomasseverordnung[8] näher gefasst. Dort ist er enger als in der Richtlinie. Die Richtlinie 2009/28/EG verweist, anders als das EEG, bei der Definition der erneuerbaren Energien neben der **Geothermie** auch auf die Aero- und Hydrothermie. Diese Energieformen werden heute zur Erzeugung von Wärme verwendet. Im Stromsektor spielen sie keine Rolle. Aus diesem Grund werden sie auch im EEG nicht aufgeführt.

6 **3. Gülle.** Für den Güllebegriff wird im EEG auf europäische Regelungen Bezug genommen. Art. 3 Nr. 20 der Verordnung (EG) Nr. 1096/2009[9] definiert den Begriff **Gülle**, wie er auch im EEG gilt, als Exkremente und/oder Urin von Nutztieren abgesehen von Zuchtfischen, mit oder ohne Einstreu.

7 **4. Herkunftsnachweis.** Die Begriffsdefinition unter Nr. 4 lit. c entstammt Art. 2 lit. j der Richtlinie 2009/28/EG und wurde im Rahmen des **Europarechtsanpassungsgesetzes**[10] erstmals in das EEG aufgenommen. Der dortige Bezug auf die Binnenmarktrichtlinie wurde jedoch durch einen Bezug auf das Energiewirtschaftsgesetz ersetzt, das die Regelungen zur Stromkennzeichnung in deutsches Recht umsetzt.[11]

8 **5. Umweltgutachter.** Der Begriff des **Umweltgutachters geht auf die EMAS-Verordnungen**[12] des Europäischen Parlaments und des Rates zurück, die in Deutschland im Wesentlichen durch das Umweltauditgesetz flankiert werden.

II. Bedeutung der Norm

9 § 3 hat eine zentrale Bedeutung für das EEG. Die Norm klärt eine Reihe **grundlegender Rechtsbegriffe**, die im EEG an verschiedenen Stellen verwendet werden und hat damit eine systematisierende Funktion.

---

8 Biomasseverordnung v. 21.6.2001 (BGBl. I S. 1234), die zuletzt durch Artikel 5 Abs. 10 des Gesetzes vom 24.2.2012, BGBl. I S. 212, geändert worden ist.

9 Verordnung (EG) Nr. 1069/2009 des Europäischen Parlaments und des Rates v. 21.10.2009 mit Hygienevorschriften für nicht für den menschlichen Verzehr bestimmte tierische Nebenprodukte und zur Aufhebung der Verordnung (EG) Nr. 1774/2002 (Verordnung über tierische Nebenprodukte).

10 Gesetz zur Umsetzung der Richtlinie 2009/28/EG zur Förderung der Nutzung von Energie aus erneuerbaren Quellen (Europarechtsanpassungsgesetz – EAG EE) v. 12.4.2011, BGBl. I S. 619.

11 Vgl. BerlKommEnR/*Tödtmann/Arens*, Bd. 1, 3. Aufl. 2014, § 42 EnWG Rn. 32–34.

12 Verordnung (EG) Nr. 1221/2009 des Europäischen Parlaments und des Rates v. 25.11.2009 über die freiwillige Teilnahme von Organisationen an einem Gemeinschaftssystem für Umweltmanagement und Umweltbetriebsprüfung und zur Aufhebung der Verordnung (EG) Nr. 761/2001, sowie der Beschlüsse der Kommission 2001/681/EG und 2006/193/EG (EMAS III); Verordnung (EG) Nr. 761/2001 des Europäischen Parlaments und des Rates v. 19.3.2001 über die freiwillige Beteiligung von Organisationen an einem Gemeinschaftssystem für das Umweltmanagement und die Umweltbetriebsprüfung (EMAS).

III. Entstehungsgeschichte der Norm

Im **StrEG und dem EEG 2000** gab es nur wenige Begriffsbestimmungen. So enthielt § 2 **10** Abs. 1 EEG 2000 Definitionen für die Begriffe erneuerbare Energien und Netzbetreiber. Beide Definitionen fanden sich auch schon im StrEG. Darüber hinaus definierte § 7 Abs. 1 S. 4 des EEG 2000 den Begriff der Offshore-Anlage, der mittlerweile durch den Begriff der Windenergieanlage auf See ersetzt wurde, inhaltlich aber nur wenig verändert wurde.

Mit dem **EEG 2004** wurde die Zahl der Begriffsbestimmungen deutlich erweitert und in **11** einen eigenen Paragrafen (§ 3 EEG 2004) überführt. Er definierte die Begriffe Anlage, Anlagenbetreiber, Inbetriebnahme, Leistung, Netz und Übertragungsnetzbetreiber. Der Begriff der Offshore-Anlage fand sich nunmehr in § 10 Abs. 3 S. 1 EEG 2004.

Die Begriffsdefinitionen des EEG 2004 wurden alle in § 3 des **EEG 2009** übernommen. **12** Die Begriffe der Inbetriebnahme und der Anlage wurden allerdings deutlich verändert. Gleichzeitig wurden zahlreiche neue Begriffsdefinitionen, wie Generator, Strom aus Kraft-Wärme-Kopplung, Umweltgutachter und Herkunftsnachweis durch das **Europarechtsanpassungsgesetz erneuerbare Energien**, ergänzt.

Auch mit dem **EEG 2012** sind weitere Begriffsdefinitionen ergänzt worden. So wurden die **13** Begriffe Biogas, Biomethan, Elektrizitätsversorgungsunternehmen, Gewerbe, Gülle, Unternehmen und Unternehmen des produzierenden Gewerbes erstmals im EEG definiert. Der Begriff Bemessungsleistung wurde im EEG 2009 noch in § 18 definiert und nunmehr in die Begriffsbestimmungen überführt.

Das **EEG 2014** enthält wiederum eine erhebliche Zahl zusätzlicher Begriffsbestimmungen, wohingegen nur wenige Begriffsbestimmungen wegfielen. In der Folge wurde die **14** Vorschrift neu durchnummeriert. An wenigen der bestehenden Begriffe wurden Änderungen vorgenommen. Die Begriffe Ausschreibung, Bilanzkreis, Bilanzkreisvertrag, Direktvermarktung, Direktvermarktungsunternehmer, Energie- und Umweltmanagementsystem, Eigenversorgung, finanzielle Förderung, Freiflächenanlage, Schienenbahn, Umwandlung und Windenergieanlage an Land sind hinzugekommen. Weggefallen sind die Begriffsdefinitionen für Gewerbe, Umweltgutachter und produzierendes Gewerbe. Die Begriffe Inbetriebnahme und Unternehmen wurden inhaltlich leicht modifiziert. Für die Begriffe Gebäude, Monatsmarktwert und Wohngebäude war bisher keine Begriffsbestimmung in § 3 EEG 2012 enthalten; inhaltlich sind die Regelungen aber nicht neu, sondern waren früher im Zusammenhang mit den inhaltlichen Regelungen bei der Vorschrift zur solaren Strahlungsenergie bzw. der Marktprämie geregelt. Sie wurden in § 5 vorgezogen. Eine Reihe der neuen Begriffe entstammen anderen Gesetzen und Verordnungen wie dem EnWG und wurden für eine bessere Verständlichkeit in das EEG überführt.

IV. Kommentierung im Einzelnen

1. Anlage (Nr. 1). a) Allgemeines. Der **Anlagenbegriff** in § 5 Nr. 1 ist im EEG 2014 ge- **15** genüber § 3 Nr. 1 EEG 2009 unverändert geblieben. Anlage ist jede **Einrichtung zur Erzeugung von Strom aus erneuerbaren Energien**. Dies bedeutet, dass zur Anlage alle Gegenstände gehören, die nach einem bestimmten Plan zur Erzeugung von Strom eingesetzt werden.[13] Neben dem Begriff der Anlage verweist das Gesetz an einigen Stellen auf den

---

13 Altrock/Oschmann/Theobald/*Oschmann*, § 3 Rn. 18; ähnlich auch Reshöft/*Reshöft*, § 3 Rn. 26.

Begriff **Generator**. Ein Generator ist nach Nr. 18 jede technische Einrichtung, die mechanische, chemische, thermische oder elektromagnetische Energie direkt in elektrische Energie umwandelt.[14] Der Generator ist damit Bestandteil der Anlage.[15] Allerdings ist der Anlagenbegriff weiter als der des Generators. Zur Anlage zählen sämtliche technische und bauliche Gegenstände, die für die Stromerzeugung erforderlich sind.[16] Dies ist Ausfluss eines **funktionalen Anlagenbegriffs**. Der Anlagenbegriff wird in fast allen §§ des EEG verwendet. Er ist einer der Grundbegriffe des Gesetzes.

16 **b) Bestandteile der Anlage.** Zur Anlage gehören neben dem Generator immer auch der Antrieb (also Motor, Rotor oder Turbine).[17] Für den Fall, dass zur Erzeugung von Strom aus erneuerbaren Energien oder Grubengas die Zufuhr eines Energieträgers oder von Energie erforderlich ist, auch diese Vorrichtung.[18] Hierzu gehören beispielsweise der Fermenter einer Biogasanlage, unterirdische geothermische Betriebseinrichtungen, Staumauern von Wasserkraftanlagen oder Türme von Windenergieanlagen.[19] Auch Gärrestlager und Lagertanks für gasförmige oder flüssige Biomasse sind Bestandteil der Anlage.[20]

17 **Keine Anlagenbestandteile** im Sinne des EEG sind hingegen Einrichtungen, die nicht der Stromerzeugung dienen, sondern der Stromeinspeisung, wie Wechselrichter, Netzanschlusseinrichtungen, Zähler, Trafos, Umrichter bei Windkraftanlagen, technische Einrichtungen i. S. v. § 9, Blindstromkompensationseinrichtungen oder anlagenseitige Netzschutzeinrichtungen (z. B. NASchutz).[21] Ebenfalls nicht zur Anlage gehören Einrichtungen, die technisch nicht erforderlich sind, um Strom zu erzeugen, aber den Betrieb erleichtern, dem Schutz der Anlage dienen, Dritte oder die Umwelt vor Emissionen der Anlage schützen. Hierzu gehören: Gas- oder Notfackeln, Lärmschutzwände, Schornsteine und Filteranlagen, Wege und Zäune.[22] Auch Verwaltungseinrichtungen gehören nicht zur Anlage.[23]

18 **c) Anlagenzusammenfassung.** Umstritten war seit der Einführung des heutigen Anlagenbegriffs im EEG 2009 die Frage, ob **mehrere BHKW**, die ihr Biogas aus einem oder mehreren **gemeinsam genutzten Fermentern** beziehen, als **eine Anlage** anzusehen sind. Die **Clearingstelle**[24] aber auch einige Gerichte und Stimmen in der Literatur[25] sehen den Fermenter zwar als Teil der Anlage, dies bedeute aber nach ihrer Ansicht nicht, dass zwei

---

14 Siehe hierzu Rn. 114.

15 *Weißenborn*, ree 2013, 155.

16 BGH, Urt. v. 23.10.2013, VIII ZR 262/12, 1. LS, NVwZ 2014, 313; Clearingstelle EEG, Empfehlung 2012/19, Rn. 20; Altrock/Oschmann/Theobald/*Oschmann*, § 3 Rn. 18; *Weißenborn*, ree 2013, 155, 156.

17 BT-Drs. 16/8148, S. 38.

18 Vgl. hierzu Clearingstelle EEG, Empfehlung, S. 1; Altrock/Oschmann/Theobald/*Oschmann*, § 3 Rn. 19 f.

19 BT-Drs. 16/8148, S. 38; Reshöft/*Reshöft*, § 3 Rn. 28.

20 Altrock/Oschmann/Theobald/*Oschmann*, § 3 Rn. 19 f.; Reshöft/*Reshöft*, § 3 Rn. 28.

21 Clearingstelle EEG, Empfehlung 2012/19, Rn. 21; vgl. auch BT-Drs. 16/8148 S. 38; Altrock/Oschmann/Theobald/*Oschmann* § 3 Rn. 20.

22 Clearingstelle EEG, Empfehlung 2012/19, Rn. 38.

23 *Weißenborn*, ree 2013, 155, 156; *Loibl*, in: Loibl/Maslaton/von Bredow/Walter, Biogasanlagen im EEG, Rn. 10.

24 Clearingstelle EEG, Empfehlung 2009/12, v. 1.7.2010, Ls. 3.

25 LG Regensburg, Urt. v. 29.8.2011, 3 O 896/11, ZNER 2012, 497; *Richter*, NVwZ 2010, 1007, 1009; *Maslaton*, in: Loibl/Maslaton/von Bredow/Walter, Biogasanlagen im EEG, 2. Aufl. Rn. 12.

BHKW, die an denselben Fermenter angeschlossen sind, dadurch zu einer Anlage werden. Vielmehr lägen in diesem Fall zwei Anlagen vor. **Andere Gerichte** und der überwiegende Teil der Literatur[26] gingen hingegen davon aus, dass in diesem Fall nur eine Anlage bestünde. Dieser Auffassung hat sich nunmehr auch der BGH angeschlossen.[27] Die Herleitung hierfür ist vielfältig.

aa) Wortlaut. Der Begriff der **Einrichtung** ist weit und eher vage. Schon dieser Begriff   19
Einrichtung spricht eher für eine weite Auslegung des Anlagenbegriffs. Die Einrichtung bezeichnet das nach einem bestimmten technischen Plan angelegte[28] und kann damit sowohl Anlagenbestandteile als auch Gruppen von Einzelanlagen erfassen, wenn hierfür ein Plan gemacht wurde. In der Regel dürfte der Plan für eine Anlage zur Erzeugung von Strom aus erneuerbaren Energien auch vorgelagerte, für die Stromerzeugung erforderliche, Elemente erfassen,[29] und so auch mehrere Generatoren zu einer Gesamtanlage verbinden.[30] Der vage Begriff Einrichtung wird durch die Zweckbestimmung **zur Erzeugung von Strom aus erneuerbaren Energien** näher gefasst. Für die Erzeugung von Strom sind vorgelagerte Einrichtungen, wie Fermenter, genauso erforderlich wie die Einrichtung zur Energieumwandlung. Der Wortlaut spricht damit für einen weiten Anlagenbegriff, bei dem gemeinsam genutzte Vorrichtungen zu einer Zusammenfassung als einheitliche Einrichtung führt, die insgesamt dem Zweck der Stromerzeugung dient. Dies entspricht auch dem allgemeinen Verständnis und Wortgebrauch.[31]

bb) Historie. Auch die **Historie** spricht für die Möglichkeit einer Anlagenzusammenfas-   20
sung durch § 3 Nr. 1. Eine Definition des Anlagenbegriffs erfolgte erstmals in § 3 Abs. 2 des EEG 2004. Damals hieß es in Satz 1: „Anlage ist jede selbständige technische Einrichtung zur Erzeugung von Strom aus erneuerbaren Energien oder aus Grubengas." Satz 2 enthielt eine Regelung zur Anlagenzusammenfassung. Auf dieser Grundlage ist der BGH von einem weiten Anlagenbegriff ausgegangen, der vorgelagerte, für die Stromerzeugung erforderliche, Einrichtungen erfasste.[32] Die Gesetzesbegründung verweist auf den nunmehr gewollten weiten Anlagenbegriff.[33] Zwar ist die Anlagenzusammenfassung nach § 3 Abs. 2 S. 2 EEG 2004, der vorsah, dass gemeinsame bauliche Anlagen oder für den Betrieb erforderliche Einrichtungen zu einer Zusammenfassung führten, wegfallen. Allerdings wird stattdessen von einem weiten Anlagenbegriff ausgegangen, bei dem für den Betrieb

---

26 OLG Brandenburg, Urt. v. 16.9.2010, 12 U 79/10, NVwZ 2011, 700; OLG Düsseldorf, Urt. v. 5.12.2012, VI-2 U (Kart) 7/12, ZNER 2010, 587; OLG Sachsen-Anhalt, Urt. v. 16.5.2013, 2 U 129/12, Rn. 21 f., zitiert nach juris; für zwei Wasserkraftanlagen, die durch ein gemeinsames Wehr verklammert werden, OLG Stuttgart, Urt. v. 25.5.2012, 3 U 193/11, RdE 2013, 90; *Loibl*, ree 2011, 197, 200 f.; Altrock/Oschmann/Theobald/*Oschmann*, § 3 Rn. 24; *Weißenborn*, ree 2013, 155, 161.

27 BGH, Urt. v. 3.7.2013, VIII ZR 263/12, Rn. 15, NZM 2013, 612.

28 Berlin-Brandenburgische Akademie der Wissenschaften, Das digitale Wörterbuch der deutschen Sprache des 20. Jahrhunderts, www.dwds.de, Stand: Juni 2011.

29 Aufgrund des einheitlichen Plans kommt auch das LG Halle, Urt. v. 21.1.2011, 7 O 1469/09, Rn. 52 ff., zitiert nach juris, dazu, mehrere BHKW zu einer Anlage zusammenzufassen.

30 So im Ergebnis auch OLG Brandenburg, Urt. v. 16.9.2010, 12 U 79/10, Rn. 17 f., NVwZ 2011, 700.

31 So BGH, Urt. v. 3.7.2013, VIII ZR 263/12, Rn. 21, NZM 2013, 612; OLG Düsseldorf, Urt. v. 5.12.2012, VI-2 U (Kart) 7/12, ZNER 2010, 587.

32 BGH, Urt. v. 21.5.2008, VIII ZR 308/07, Rn. 15, ZNER 2008, 231; BGH, Urt. v. 16.3.2011, VIII ZR 48/10, Rn. 20, RdE 2011, 317.

33 BT-Drs. 16/8148, S. 38.

erforderliche technische oder bauliche Einrichtungen bereits zur Anlage gehören. Deshalb lässt sich auch aus dem Wegfall der Worte „selbständig" und „technisch" im Wortlaut des neuen § 3 Nr. 1 keine inhaltliche Einengung ableiten.[34]

21 **cc) Systematik. Systematische Überlegungen** geben ebenfalls ein uneinheitliches Bild ab. **Anlagenbegriffe anderer Gesetze** wie des BImSchG, des TEHG, des BauGB sind wegen der eigenen Definition des Begriffs im EEG nicht übertragbar.[35] Insofern ist nur auf systematische Zusammenhänge innerhalb des EEG zurückzugreifen.

22 Neben der Anlage ist in **Nr. 18 der Generator** definiert. Generator ist der Bestandteil der Anlage, der die Umwandlung in elektrische Energie vornimmt. Hieraus ergibt sich zwar, dass zur Anlage weitere Bestandteile, die die Stromerzeugung ermöglichen, gehören, eine Aussage über die Frage der Zusammenfassung mehrerer Generatoren durch die gemeinsame Nutzung solcher Teile ist in der Folge aber nicht möglich.

23 **§ 32 Abs. 1 S. 1 fasst mehrere einzelne Anlagen** zusammen. Voraussetzung für diese Anlagenzusammenfassung ist, dass überhaupt mehrere Anlagen bestehen, da § 32 an den Anlagenbegriff anknüpft.[36] Eine Spezialität von § 32 gegenüber § 5 Nr. 1 bezüglich der Anlagenzusammenfassung ist deshalb abzulehnen.[37] Gelten mehrere Generatoren schon aufgrund der Bestimmung des § 5 Nr. 1 als eine Anlage, kann eine Zusammenfassung nach § 32 nicht mehr erfolgen.

24 **§ 32 Abs. 1 S. 2** scheint allerdings Hinweise für eine Auslegung zu liefern, die davon ausgeht, dass mehrere Generatoren durch gemeinsam genutzte Anlagenbestandteile nicht zu einer Anlage werden. Hier wird die Zusammenfassung mehrerer Anlagen geregelt, die Gas aus derselben Biogaserzeugungsanlage beziehen. Der Fermenter – als Biogaserzeugungsanlage – ist wiederum, wie oben beschrieben, regelmäßig Bestandteil der Biogasanlage. Insofern scheint diese Vorschrift auf den ersten Blick nur sinnvoll, wenn man davon ausgeht, dass die gemeinsame Nutzung von Anlagenbestandteilen nicht notwendigerweise für eine einheitliche Anlage sprechen muss. Tatsächlich erfasst die Regelung aber nur Fälle, in denen die Biogaserzeugung ausnahmsweise nicht Bestandteil der Anlage ist, zum Beispiel weil der Fermenter viele Kilometer von dem zur Verstromung verwendeten BHKW entfernt steht und das Biogas über eine Gasleitung geliefert wird.[38] § 32 Abs. 1 S. 2 dient lediglich der Klarstellung, dass zu einer Anlage zur Erzeugung von Strom aus Biomasse der Fermenter auch vergütungsrechtlich gehört. Darüber hinaus gilt auch hier, dass § 32 Abs. 1 auch in seiner Fassung im EEG 2012 vergütungsrechtlichen Zielen dient, während eine Legaldefinition der „Anlage" § 5 Nr. 1 vorbehalten bleibt.[39]

25 Nur so kann auch die im Rahmen des Wachstumsbeschleunigungsgesetzes Ende 2009 aufgenommene Übergangsbestimmung in **§ 66 Abs. 1 lit. a des EEG 2009** gedeutet werden.

---

34 LG Halle, Urt. v. 21.1.2011, 7 O 1469/09, Rn. 52 ff. zitiert nach juris; a. A. LG Regensburg, Urt. v. 29.8.2011, 3 O 896/11, ZNER 2012, 497; Clearingstelle EEG, Empfehlung 2009/12, v. 1.7.2010, Rn. 111 ff.

35 So Clearingstelle EEG, Empfehlung 2009/12, v. 1.7.2010, Rn. 97.

36 *Loibl*, in: Loibl/Maslaton/von Bredow/Walter, Biogasanlagen im EEG, Rn. 48.

37 *Loibl*, in: Loibl/Maslaton/von Bredow/Walter, Biogasanlagen im EEG, Rn. 48; a. A. Reshöft/*Reshöft*, § 3 Rn. 35; LG Duisburg, Urt. v. 21.3.2012, 23 O 25/11, ZNER 2012, 495.

38 So wohl BGH, Urt. v. 3.7.2013 , VIII ZR 263/12, Rn. 45 f., NZM 2013, 612; hierauf bezieht sich auch die Begründung des Änderungsantrags der Koalitionsfraktionen, BT-Drs. 17/6363, S. 31.

39 OLG Düsseldorf, Urt. v. 5.12.2012, VI-2 U (Kart) 7/12, ZNER 2010, 587.

Hier wird die Anlagenzusammenfassung des § 19 EEG 2009 ausgesetzt. Modulare Anlagen, für die die Geltung des § 19 EEG 2009 ausgesetzt wird, wenn sie vor dem 1.1.2009 in Betrieb genommen wurden, sind danach nur solche, bei denen jedem Generator eine Energieträgereinrichtung zugeordnet ist.[40] Andere Fälle, in denen mehrere Generatoren auf eine Energieträgereinrichtung zugreifen, sind nach Ansicht des Gesetzgebers schon eine Anlage.

dd) Teleologie. Auch Sinn und Zweck sprechen dafür, auch nach § 5 Anlagen zusammen-   26
zufassen, die Einrichtung, die zur Stromerzeugung erforderlich sind, gemeinsam nutzen. Grund für die Neufassung des Anlagenbegriffs war die Umgehung der Anlagenzusammenfassung nach § 3 Abs. 2 EEG 2004, insbesondere durch die Errichtung ganzer Anlagenparks, bei denen je einem BHKW ein Fermenter zugeordnet war und die folglich als Einzelanlagen vergütet wurden. § 3 Nr. 1 EEG 2009 wurde in Abgrenzung zu dem engen Begriff des Generators ausdrücklich weit gefasst. § 19 sollte zusätzlich die Fälle erfassen, die nicht unter die baulich-technische Anlagenzusammenfassung nach § 3 Nr. 1 fielen. Der weite Anlagenbegriff sollte im Anschluss an das Urteil des BGH,[41] in dem der BGH zum Anlagenbegriff im EEG 2004 geurteilt hat, dass die Nutzung eines gemeinsamen Fermenters dazu führt, dass zwei BHKW zu einer Anlage zusammengefasst werden, auch der Rechtssicherheit dienen. Eine Rechtsänderung hin zu einer Einengung des Anlagenbegriffs war nicht gewollt.

d) Anlagenbegriff für die einzelnen Technologien. aa) Wasserkraft. Bei der **Wasser-**   27
kraft besteht die Anlage zumindest aus der Turbine, dem Generator zuzüglich einem ggf. technisch notwendigen Getriebe oder einer Kupplung sowie einer Vorrichtung zur Zufuhr der Energie des Wassers auf die Turbine. Diese Vorrichtung kann als Staumauer oder -stufe, Wehr, Einlauf-Leiteinrichtung und Ausleitungsvorrichtung gestaltet sein; ausreichend im Sinne einer Mindestvoraussetzung ist jede Vorrichtung, die die Erzeugung von Strom aus der im Wasser enthaltenen Energie ermöglicht.[42] Dies bedeutet, dass mehrere Wasserkraftturbinen und -generatoren, die in eine Staumauer eingebaut sind, Bestandteile derselben Wasserkraftanlage sind.[43] Dies gilt auch bei der gemeinsamen Nutzung eines Wehrs.[44] Der Anlagenstandort ist nicht Bestandteil einer Wasserkraftanlage. Insofern ist das Gleichbleiben eines Anlagenstandortes für die rechtliche Einordnung einer Maßnahme als Neubau oder als Modernisierung unerheblich.[45]

bb) Biogas. Bei **Biogasanlagen**, die das Biogas vor Ort herstellen, gehören neben dem Fer-   28
menter auch Gasleitungen und, soweit vorhanden, Einrichtungen zur automatischen Beschickung des Fermenters zu der Anlage. Dazu gehören u. a. Feststoffdosierer, Güllepumpe und Gülleleitungen.[46] Eine Halle, in der ein BHKW aufgestellt wird, gehört hingegen nicht zur Anlage, weil der Schutz vor Witterungseinflüssen nur die Haltbarkeit der Anlage betrifft, nicht aber die Erforderlichkeit für die Erzeugung von Strom.[47] Bei Biogasanlagen, die ihr Gas aus dem **Gasnetz** beziehen, besteht allenfalls eine mittelbare Verbindung zwi-

40 *Schomerus*, NVwZ 2010, 549, 552.
41 BGH, Urt. v. 21.5.2008, VIII ZR 308/07, Rn. 15, RdE 2009, 21.
42 Clearingstelle EEG, Empfehlung 2009/12, v. 1.7.2010, Rn. 136.
43 *Weißenborn*, ree 2013, 155, 161.
44 *Weißenborn*, ree 2013, 155, 161; OLG Stuttgart, Urt. v. 29.9.2011, ZNER 2012, 493.
45 Clearingstelle EEG, Votum 2012/17, v. 9.8.2012, 2. LS.
46 Zum EEG 2004: OLG Brandenburg, Urt. v. 16.9.2010, 12 U 79/10, Rn. 15 f., NVwZ 2011, 700 ff.
47 Zum EEG 2004: OLG Thüringen, Urt. v. 14.2.2007, 7 U 905/06, S. 4, unveröffentlicht.

schen BHKW und Fermenter. In diesen Fällen ist der Fermenter kein Bestandteil der Anlage.[48]

29 Für **abgesetzte BHKW** auch **Satelliten-BHKW genannt**, ist die Frage umstritten. Teilweise wird eine Anlage angenommen auch wenn zwischen Fermenter und BHKW eine Gasleitung verläuft.[49] Die wohl überwiegende Auffassung lehnt dies zumindest bei einer **größeren räumlichen Entfernung** ab.[50] Das Kriterium der Erforderlichkeit für den Anlagenbetrieb trifft aber auch beim Satelliten-BHKW zu, so dass bei funktionaler Betrachtung eine Anlage angenommen werden kann. Allerdings entspricht es bei einer räumlichen Entfernung des BHKW von dem Fermenter von mehreren hundert Metern nicht dem natürlichen Wortverständnis davon auszugehen, dass der Fermenter Bestandteil der Anlage ist, da der Begriff der Anlage auch einen gewissen räumlichen Zusammenhang erfordert. In diesem Sinne argumentierte auch die Gesetzesbegründung zum EEG 2004.[51] Hierfür spricht auch § 19 Abs. 1 S. 2, dem keine Funktion zukäme, wenn die gemeinsame Nutzung eines Fermenters in jedem Fall zu einer Anlagenzusammenfassung führte. Auch der BGH schließt sich wohl dieser Meinung an. Er führt aus, dass jedenfalls **in unmittelbarer Nähe** zueinander errichtete Blockheizkraftwerke, die an denselben Fermenter angeschlossen sind, eine einzige Anlage im Sinne des § 3 Nr. 1 Satz 1 EEG 2009 bilden.[52] Auch verweist er auf die Ausführungen in der Gesetzesbegründung wonach bei einer „räumlichen Trennung dieser Einrichtungen von einer betriebstechnischen Selbständigkeit und damit von verschiedenen Anlagen ausgegangen werden" muss.[53] Die Voraussetzungen im Einzelnen hat er jedoch offen gelassen. In der Literatur wird zumeist vertreten, dass eine Gesamtbetrachtung anzustellen ist, bei der es auf bauliche und betriebliche Maßstäbe, insbesondere aber auch auf die räumliche Entfernung abzustellen ist.[54] Die Clearingstelle verfolgt einen Ansatz bei dem die funktionelle Eigenständigkeit im Einzelfall bewertet wird. Eine eigenständige Betriebsführung (z. B. eine eigene Wärmesenke oder ein anderer Stromabnehmer, die ein anderes Lastprofil erfordern) sprechen für eine Eigenständigkeit, genau wie die Lage auf einem anderen Betriebsgrundstück, andere Betreiber oder eine räumlich klare Trennung (z. B. durch eine Siedlung). Dabei sei eine Gesamtbetrachtung der Umstände vorzunehmen.[55]

30 **cc) Windenergie.** Die **Windenergieanlage besteht** zumindest aus den zur Nutzung der Bewegungsenergie erforderlichen Komponenten, also der Antriebseinheit meist in Form von Rotorblättern und ggf. Getriebe, dem Generator und einer baulichen Anlage, die die Zufuhr der Bewegungsenergie des Windes ermöglichen. Diese Vorrichtung kann, muss aber nicht zwingend, ein Turm mit Fundament und ggf. mit Windrichtungsnachführung

---

48 Altrock/Oschmann/Theobald/*Oschmann*, § 3 Rn. 32; *Loibl*, in: Loibl/Maslaton/von Bredow/Walter, Biogasanlagen im EEG, Rn. 31; *Salje*, EEG, § 5 Rn. 7, Reshöft/*Reshöft*, § 3 Rn. 36; *Weißenborn*, ree 2013, 155, 161.

49 *Thomas/Vollprecht*, ZNER 2012, 334, 335, wohl auch Clearingstelle EEG, Empfehlung 2009/12, v. 1.7.2010, Rn. 140 f.

50 Reshöft/*Reshöft*, § 3 Rn. 38; *Loibl*, in: Loibl/Maslaton/von Bredow/Walter, Biogasanlagen im EEG, Rn. 120.

51 BT-Drs. 15/2864, S. 30.

52 BGH, Urt. v. 23.10.2013, VIII ZR 262/12, Rn. 18, 19, NVwZ 2014, 313.

53 BGH, Urt. v. 23.10.2013, VIII ZR 262/12, Rn. 25, NVwZ 2014, 313.

54 *Von Bredow/Herz*, ree 2013, 209, 212 f; *Loibl*, ZNER 2014. 152, 153.

55 Clearingstelle EEG, Empfehlung 2012/19, Rn. 54 ff.

sein; ausreichend im Sinne einer Mindestvoraussetzung ist jede Vorrichtung, die die Erzeugung von Strom aus Windenergie ermöglicht.[56]

dd) Solare Strahlungsenergie. Solare Strahlungsenergie kann direkt in photovoltaisch 31 arbeitenden Zellen oder indirekt in solarthermisch arbeitenden Anlagen in elektrische Energie umgewandelt werden. Trotz des weiten Anlagenbegriffs ist bei Photovoltaikanlagen jedes Modul eine Anlage,[57] die Solarzelle hingegen der Generator.[58] Bei photovoltaischen Installationen, die amorphe oder andere Dünnschichtmaterialien nutzen, kommen keine „Module" zum Einsatz; Anlage ist hier vielmehr die Dünnschichtzelle in Verbindung mit dem Trägermedium.[59] Bei der solarthermischen Stromerzeugung gelten die Ausführungen zur Geothermie entsprechend, d.h. die Anlage besteht aus der Antriebseinheit (Wärme-Kraft-Maschine, z.B. Dampfturbine), dem mit dieser verbundenen Generator und einer Vorrichtung, die für die Zufuhr der solaren Strahlungsenergie in die Antriebseinheit geeignet ist.[60]

e) Folgen des Anlagenbegriffs. Der weite Anlagenbegriff wirkt sich an allen Stellen des 32 Gesetzes aus, an denen Anforderungen an die Anlage oder die Stromerzeugung gestellt werden. So gelten im Rahmen der Übergangsregelungen für eine Anlage in der Regel die Anforderungen des bei der Inbetriebnahme geltenden EEG. Insbesondere im Bereich der Biomasse haben sich diese Anforderungen sowie mögliche Förderungen und Boni über die Zeit stark verändert. Je nach dem, ob eine neue oder eine Bestandsanlage vorliegt, muss die Anlage unterschiedliche Anforderungen erfüllen bzw. erhält der in ihr erzeugte Strom eine unterschiedliche Vergütung. Auch für die Bestimmung der Größe der Anlage spielt der Anlagenbegriff eine zentrale Rolle. An vielen Stellen des Gesetzes knüpfen Anforderungen an eine bestimmte Anlagengröße an (so z.B. in § 9) oder es gelten Sonderrechte für Anlagen bis zu einer bestimmten Größe (so z.B. § 37). In allen Konstellationen ist nach dem **EEG 2014** für die Ermittlung der installierten Leistung einer Anlage jeweils auf die insgesamt durch alle verklammerten Anlagenbestandteile installierte Leistung abzustellen. Für das **EEG 2012** hat der BGH sich hingegen dahingehend geäußert, dass für die Vergütungsdauer nach § 21 EEG 2012 und für die Ermittlung der Degression auf die Inbetriebnahme des jeweiligen Generators abzustellen ist.[61] Vor diesem Hintergrund hat der Gesetzgeber sowohl die Vorschrift zur Vergütungsdauer (§ 22 EEG 2014) wie auch den Begriff der Inbetriebnahme dahingehend angepasst, dass kein Zweifel mehr bestehen kann, dass beide Vorschriften nicht zwischen Anlage und Generator unterscheiden und insofern eine Anlage immer einheitlich zu behandeln ist.[62] Damit dürfte sich für die Zukunft auch die problematischen Folgen, die Teile der Literatur[63] in Folge des Urteils erkennen, erledigen.

---

56 Clearingstelle EEG, Empfehlung 2009/12, v. 1.7.2010, Rn. 146.
57 Vgl. OLG Saarbrücken, Urt. v. 2.2.2011, 1 U 31/10, IBR 2011, 258; OLG Sachsen-Anhalt, Urt. v. 24.7.2014, 2 U 96/13, ree 2014, 173; LG Nürnberg-Fürth Urt. v. 14.1.2014, 4 O 1706/13, ZNER 2014, 105, 106; Clearingstelle EEG, Empfehlung 2009/5, S. 9; Altrock/Oschmann/Theobald/*Altrock*, § 6 Rn. 15; Reshöft/*Bönning*, § 6 Rn. 4.
58 Altrock/Oschmann/Theobald/*Altrock*, § 6 Rn. 15; Reshöft/*Bönning*, § 6 Rn. 4.
59 Clearingstelle EEG, Empfehlung 2009/12, v. 1.7.2010, Rn. 147.
60 Clearingstelle EEG, Empfehlung 2009/12, v. 1.7.2010, Rn. 147.
61 BGH, Urt. v. 23.10.2013, VIII ZR 262/12, Rn. 59, NVwZ 2014, 313.
62 Hierzu im Einzelnen auch unten beim Inbetriebnahmebegriff Rn. 120.
63 *Herms/Richter*, NVwZ 2014, 422, 423.

Allerdings ist die Frage für bestehende Anlagen immer noch relevant. Hier hat allerdings die Clearingstelle mit ihrer Empfehlung 2012/19 zu Rechtsklarheit beigetragen.

33 **f) Speicher.** Als Anlagen zur Stromerzeugung aus erneuerbaren Energien gelten nach Satz 2 auch solche Einrichtungen, die **zwischengespeicherte Energie** aus erneuerbaren Energien oder aus Grubengas in elektrische Energie umwandeln. Der Begriff der Speicherung von Energie erfasst – wie in § 118 Abs. 6 S. 3 EnWG – die elektrische, chemische, mechanische oder physikalische Speicherung. Es ist nicht erforderlich, dass die erneuerbare Energie zunächst in Strom umgewandelt wurde. Von dieser Regelung erfasst sind beispielsweise Druckluftspeicherkraftwerke, die Speicherung der Energie als Wasserstoff oder als chemische Energie.[64] Der Speicher muss nicht stationär sein, grundsätzlich kommen also auch Batterien z. B. in Elektrofahrzeugen in Betracht.[65] Zweck der Vorschrift ist die Gleichbehandlung dieser Anlagen in Bezug auf den vorrangigen Anschluss nach § 8 und die vorrangige Abnahme, Übertragung und Verteilung des Stroms nach § 11.[66] Nicht unter den Begriff des Speichers fallen flexible Stromabnehmer, bei denen aber keine Möglichkeit besteht, die Energie in Strom zurück zu verwandeln. Die Herstellung von Wasserstoff oder Methan fällt deshalb nur dann unter den Speicherbegriff, wenn das Gas zu einem späteren Zeitpunkt wieder verstromt wird. Eine weitere Einschränkung stellt die Formulierung dar, dass der Speicher zwischengespeicherte Energie aus erneuerbaren Energien aufnehmen und wieder in elektrische Energie umwandeln muss. Dies bedeutet, dass der Speicher über eine direkte Leitung an die Anlage, die den Strom erzeugt, angebunden sein muss. Bei dem Bezug von Strom aus dem öffentlichen Netz lässt sich die erneuerbare Eigenschaft nicht nachweisen. Herkunftsnachweise können hier nicht verwendet werden, da sie ausschließlich dem Nachweis gegenüber dem Letztverbraucher dienen.

34 **2. Anlagenbetreiber (Nr. 2). Anlagenbetreiber** sind neben Netzbetreibern zentrale Adressaten des EEG und haben zahlreiche Rechte und Pflichten. Ein Anlagenbetreiber ist diejenige Person, die die **tatsächliche Herrschaft** über die Anlage ausübt, ihre Arbeitsweise eigenverantwortlich bestimmt und sie auf eigene Rechnung nutzt, mithin das **wirtschaftliche Risiko trägt**.[67] Diese Anforderungen müssen kumulativ vorliegen. Allein das wirtschaftliche Risiko zu tragen, ist nicht ausreichend. Anlagenbetreiber kann jede natürliche oder juristische Person sein.[68] Sie muss nach dem Gesetzeswortlaut nicht mit dem Eigentümer der Anlage identisch sein und ist auch nicht notwendigerweise identisch mit der Person, die die Genehmigung für den Betrieb der Anlage erhalten hat.[69] Vielmehr ist darauf abzustellen, wer die Kosten und das wirtschaftliche Risiko des Anlagenbetriebes trägt[70] und das Recht hat, die Anlage auf eigene Rechnung zur Stromerzeugung zu nutzen, also über den Einsatz der Anlage bestimmt bzw. zumindest bestimmenden Einfluss hat.[71]

35 **Keine** Anlagenbetreiber sind demnach **bloße Betriebsführer**, die die technische Gewalt über die Anlage inne haben und über ihren konkreten Einsatz bestimmen, aber weder die

---

64 BT-Drs. 16/8148, S. 38.
65 So auch Altrock/Oschmann/Theobald/*Oschmann*, § 3 Rn. 40.
66 So auch *Sailer*, ZNER 2011, 249, 251.
67 Zum Begriff des Anlagenbetreibers im KWKG, BGH, Urt. v. 13.2.2008, VIII ZR 280/05, NVwZ 2008, 1154.
68 Altrock/Oschmann/Theobald/*Oschmann*, § 3 Rn. 43.
69 *Salje*, EEG, § 5 Rn. 15.
70 *Salje*, EEG, § 5 Rn. 16.
71 BT-Drs. 16/8148, S. 38.

Kosten noch das wirtschaftliche Risiko des Anlagenbetriebs tragen,[72] so dass auch bei **Fonds- und Leasingmodellen** derjenige Anlagenbetreiber ist, der das wirtschaftliche Risiko des Anlagenbetriebs trägt.[73] Anders ist es wiederum bei **Finanzierungsgesellschaften**, die keinen unmittelbaren Einfluss auf die Anlage besitzen und das wirtschaftliche Risiko nur als Insolvenzrisiko tragen, während die Kosten für Bau und Betrieb wirtschaftlich von einer anderen auch für die Betriebsführung verantwortlichen Person getragen werden.[74] Kein Anlagenbetreiber ist ein Stromhändler, der Strom aus der Anlage aufkauft und weiter vermarktet.[75] In Grenzfällen müssen die Umstände des Einzelfalls in eine Gesamtabwägung eingestellt werden, bei der es entscheidend auf die Frage ankommt, wer das wirtschaftliche Risiko des Betriebs trägt.

Betreiber im Sinne des EEG kann auch eine Personenmehrheit sein, wenn mehrere Betreiber in einem solchem Abhängigkeitsverhältnis stehen, dass letztlich eine Personenmehrheit den bestimmenden Einfluss auf die Gesamtanlage hat.[76] **36**

3. Ausschreibung (Nr. 3). Im Kern ist die Ausschreibung **ein Verfahren zur Bestimmung** **37** **der Höhe der finanziellen Förderung.** § 2 Abs. 4 erklärt die Umstellung auf ein solches Verfahren zum Grundsatz des EEG. Praktisch schlägt sich das bisher nur in den Vorschriften zu Freiflächenanlagen nieder (§§ 55 und 88). Mit einer abweichenden Bedeutung wird der Begriff *Ausschreibung* in § 91 Nr. 5 und § 95 Nr. 2 lit. c verwendet. An beiden Stellen geht es zwar um wettbewerbliche, diskriminierungsfreie und objektive Verfahren, die aber nicht der Ermittlung der Förderhöhe dienen.

Der Begriff der **finanziellen Förderung** wird in Nr. 15 legaldefiniert. Die Ausschreibung **38** ist ein Verfahren zur Ermittlung ihrer Höhe und soll damit im Kern die derzeit bestehenden Vorschriften zur Ermittlung der Förderhöhe, wie sie in Teil 3 enthalten sind, ganz oder teilweise ersetzen.

Dieses Verfahren soll **wettbewerblich** sein. Wettbewerb besteht, wenn mehrere Anbieter **39** darum konkurrieren die gewünschte Leistung zu erbringen. Die UEBLL verlangen ein Verfahren, dass „die Beteiligung einer ausreichend großen Zahl von Unternehmen gewährleistet und bei dem die Beihilfe entweder auf der Grundlage des ursprünglichen Angebots des Bieters oder eines Clearingpreises gewährt wird".[77] Voraussetzung dafür ist, dass die Ausschreibung öffentlich bekannt gemacht wird, so dass es allen Marktteilnehmern ermöglicht wird, von ihr Kenntnis zu nehmen. Darüber hinaus müssen die Teilnahmebedingungen so gestaltet werden, dass eine Mehrzahl von Akteuren tatsächlich in der Lage ist, Angebote einzureichen. Zudem müsse sichergestellt sein, dass Mittelausstattung oder Volumen begrenzt seien, so dass nicht jeder Anbieter eine Beihilfe erhalte.[78] Inhaltlich stellen diese beiden Anforderungen die Voraussetzung für Wettbewerb dar. Das EEG schreibt nicht vor, dass sich der Wettbewerb auf den günstigsten Preis oder das wirtschaftlichste Angebot be-

72 Altrock/Oschmann/Theobald/*Oschmann*, § 3 Rn. 51.
73 Zum Begriff des Anlagenbetreibers im KWKG, BGH, Urt. v. 13.2.2008, VIII ZR 280/05, Rn. 16, NVwZ 2008, 1154.
74 Zum Begriff des Anlagenbetreibers im KWKG, BGH, Urt. v. 13.2.2008, VIII ZR 280/05, Rn. 19, NVwZ 2008, 1154; so wohl auch *Salje*, EEG, § 5 Rn. 18.
75 Altrock/Oschmann/Theobald/*Oschmann*, § 3 Rn. 52.
76 OVG Lüneburg, Beschl. v. 2.4.2009, 12 ME 53/09, NVwZ 2009, 99; OVG Münster, Beschl. v. 27.11.2009, 8 B 1476/08, NVwZ-RR 2009, 462.
77 Mitteilung der Kommission 2014/C 200/01, Rn. 43.
78 So Mitteilung der Kommission 2014/C 200/01, Rn. 43.

ziehen muss. Es können demnach theoretisch auch andere Auswahlkriterien eine Rolle spielen. Allerdings muss Ergebnis der Auswahl die Höhe der finanziellen Förderung sein.

40 Das Ausschreibungsverfahren soll **diskriminierungsfrei** sein. Der Grundsatz der Diskriminierungsfreiheit entspricht dem Gleichbehandlungsrecht nach dem Grundgesetz. Im deutschen Rechtsraum bedeutet diskriminierungsfrei in der Regel, dass eine unterschiedliche Behandlung nur aus sachlichen Gründen erfolgen darf und verhältnismäßig sein muss. Das bedeutet, dass Anforderungen an die Eignung, die gewisse Anbieter ausschließen, sachlich gerechtfertigt und verhältnismäßig sein müssen. Es bedeutet hingegen nicht zwingend, dass die Anforderungen an alle Teilnehmer immer identisch sein müssen. Die explizite Nennung des Grundsatzes der Nichtdiskriminierung im Gesetz bedeutet aber, dass eine Gleichbehandlung nur aus im Gesetz genannten oder zumindest angelegten Gründen ausgesetzt werden kann. Auch Erleichterungen für kleine Akteure im Sinne des Erhalts der Akteursvielfalt sind deshalb grundsätzlich möglich, müssen aber verhältnismäßig sein.

41 Das Verfahren muss darüber hinaus **transparent und objektiv** sein. Das bedeutet, dass die Voraussetzungen und Entscheidungen nachvollziehbar und nachprüfbar sein müssen.[79] Dafür muss das Verfahren ausdrücklich geregelt und bekannt gemacht worden sein.[80] Bei einer Ausschreibung erfasst das eine genaue Leistungsanforderung, die Eignungsvoraussetzungen sowie die Entscheidungskriterien für die Zuschlagserteilung und die Ergebnisse des Verfahrens. Die Ausschreibung im Sinne des EEG ähnelt damit dem offenen Verfahren des Vergaberechts. Allerdings handelt es sich um ein eigenständiges Verfahren. Der Begriff der Ausschreibung ist damit insgesamt weiter gefasst als im Vergaberecht.[81]

42 **4. Bemessungsleistung (Nr. 4).** Die Definition des Begriffs *Bemessungsleistung* entspricht der Regelung in § 18 Abs. 2 EEG 2012. Der Begriff der Bemessungsleistung dient im Wesentlichen der Berechnung der Vergütungshöhe für Strom aus Wasserkraft (§ 40), Deponie-, Klär- und Grubengas (§§ 41–43), Biomasse (§§ 44 und 45) sowie Geothermie (§ 48), nicht jedoch für Strom aus solarer Strahlung (§ 49). Daneben dient er zur Berechnung der Flexibilitätsprämie (§ 54 in Verbindung mit Anlage 3).

43 Zur **Berechnung der Bemessungsleistung** wird zunächst die Summe der in einem Kalenderjahr **erzeugten** Kilowattstunden ermittelt. Die erzeugten Kilowattstunden sind die nach § 19 geförderten, die selbst verbrauchten und nach § 20 Abs. 1 Nr. 2 und Abs. 3 Nr. 2 direkt vermarkteten Kilowattstunden.[82] Das sind auch die Mengen die nach § 11 kaufmännisch oder physikalisch vom Netzbetreiber abgenommen werden. Die so ermittelte Zahl erzeugter Kilowattstunden wird durch die Summe der **vollen Zeitstunden** des jeweiligen Kalenderjahres abzüglich der vollen Stunden vor der erstmaligen Erzeugung von Strom aus erneuerbaren Energien durch die Anlage und nach endgültiger Stilllegung der Anlage geteilt. Ein normales Kalenderjahr hat 8760 Stunden, ein Schaltjahr 8784 Stunden. In dem Jahr, in dem die Anlage erstmals Strom aus erneuerbaren Energien erzeugt, sind die Stunden vor diesem Zeitpunkt abzuziehen. Im Jahr, in dem die Anlage stillgelegt wird, sind die Stunden nach der Stilllegung abzuziehen. Zwischen diesen beiden Jahren ist jeweils die volle Jahresstundenzahl zugrunde zu legen, auch wenn die Anlage nur einen Teil des Jahres

79 Vgl. Altrock/Oschmann/Theobald/*Altrock*, § 37 Abs. 1 EEG 2012 Rn. 14
80 Vgl. zum Transparenzbegriff BerlKommEnR, Bd. 1, § 17 EnWG Rn. 39.
81 BT-Drs. 18/1304, S. 112.
82 Vgl. BT-Drs. 17/6071, S. 60.

Strom erzeugt.[83] Die Bemessungsleistung dient nach § 23 Abs. 2 der Berechnung der Förderhöhe für Anlagen, bei denen gestaffelte Vergütungen gezahlt werden, wie die Biomasse oder Wasserkraft. Eine Ausnahme gilt nur für die solare Strahlungsenergie, für die die Bemessungsleistung keine Rolle spielt. Sinn und Zweck der Bemessungsleistung ist vor allem, Anlagen nicht zu benachteiligen, die aufgrund von Besonderheiten des Energieträgers oder zur Erreichung eines hohen KWK-Anteils nicht immer die volle installierte Leistung ausschöpfen.[84]

5. Bilanzkreis (Nr. 5).[85] Nr. 5 greift die Definition des Begriffs Bilanzkreis aus dem EnWG auf.[86] § 3 Nr. 10 lit. a EnWG regelt, dass ein „Bilanzkreis im Elektrizitätsbereich innerhalb einer Regelzone die Zusammenfassung von Einspeise- und Entnahmestellen, die dem Zweck dient, Abweichungen zwischen Einspeisungen und Entnahmen durch ihre Durchmischung zu minimieren und die Abwicklung von Handelstransaktionen zu ermöglichen". Die Begriffsbestimmung wird ausdrücklich in das EEG überführt, um das Gesetz besser verständlich zu machen.[87] Der Begriff wird in den §§ 21 Abs. 2 Nr. 2, 35 Nr. 3, 60 Abs. 1, 73 Abs. 4, 74 S. 2 verwendet.   **44**

Bilanzkreise erfassen mindestens eine Einspeise- und mindestens eine Entnahmestelle in jeder Regelzone. Regelzone ist nach § 3 Nr. 30 EnWG im Bereich der Elektrizitätsversorgung das Netzgebiet, für dessen Primärregelung, Sekundärregelung und Minutenreserve ein Betreiber von Übertragungsnetzen im Rahmen der Union für die Koordinierung des Transports elektrischer Energie (UCTE) verantwortlich ist.[88] § 4 Abs. 1 S. 1 der StromNZV regelt, dass in jeder Regelzone ein oder mehrere Netznutzer solche Bilanzkreise bilden. Gleichzeitig ist nach § 4 Abs. 3 StromNZV jede Einspeise- und Entnahmestelle einem solchen Bilanzkreis zuzuordnen. Einspeisungen oder Entnahmen an dieser Stelle werden dem jeweiligen Bilanzkreis zugeordnet. Die Netznutzer, die dem Bilanzkreis angehören, müssen nach § 3 Abs. 2 StromNZV einen Bilanzkreisverantwortlichen nennen, der dafür verantwortlich ist, dass die Bilanz zwischen Einspeisungen und Entnahmen in einem Bilanzkreis in jeder Viertelstunde ausgeglichen ist und hierfür die finanzielle Verantwortung übernimmt.   **45**

6. Bilanzkreisvertrag (Nr. 6). Nr. 6 greift die Definition des Begriffs Bilanzkreisvertrag aus der Stromnetzentgeltverordnung auf. Er wird in §§ 60 Abs. 2 und 73 Abs. 4 verwendet. Er wird in das EEG überführt, um das Gesetz verständlicher zu machen. § 26 Abs. 1 StromNZV regelt, dass „zwischen dem Bilanzkreisverantwortlichen und dem Betreiber von Übertragungsnetzen ein Vertrag über die Führung, Abwicklung und Abrechnung von Bilanzkreisen (Bilanzkreisvertrag) geschlossen werden müsse. **Bilanzkreisverantwortlicher** ist nach § 3 Abs. 2 StromNZV, wen die Netznutzer als Verantwortlichen für den Ausgleich der Einspeisungen und Entnahmen benannt haben. Der Übertragungsnetzbetreiber ist in Nr. 31 definiert. Der Begriff des Bilanzkreises wird wiederum in Nr. 5 definiert.   **46**

7. Biogas (Nr. 7). Biogas wurde im EEG 2012 erstmals legal definiert. Der Begriff wird in den Nr. 8 und 14 sowie den §§ 9 Abs. 5, 23 Abs. 4 Nr. 5, 32 Abs. 1 S. 2, 45, 46, 47 Abs. 1, 53 Abs. 1, 54, 101 und Anlage 2 Nr. 2.2 verwendet.   **47**

---

83 So *Salje*, EEG, § 3 Rn. 115.

84 Vgl. Altrock/Oschmann/Theobald/*Oschmann*, § 3 Rn. 59.

85 Siehe hierzu im Einzelnen auch BerlKommEnR, Bd. 1, zu § 3 Nr. 10a EnWG.

86 BT-Drs. 18/1304, S. 112.

87 BT-Drs. 18/1304, S. 112.

88 Im Einzelnen zum Begriff der Regelzone vgl. BerlKommEnR, Bd. 1 § 3 Nr. 30 EnWG.

48 Biogas ist Gas, das bei der **anaeroben Vergärung** von Biomasse entsteht. Gas, das durch thermisch-chemische Umwandlung von Biomasse, wie beispielsweise bei der Holzvergasung, entsteht, ist hingegen von dem Begriff nicht erfasst. Auch das unter Nr. 8 legal definierte Biomethan ist Biogas im Sinne dieser Definition, soweit es aus anaerober Vergärung stammt, erfasst daneben aber auch anders erzeugte Gase. Unter anaerober Vergärung wird der Abbau von Biomasse durch bestimmte Bakterien unter Luftausschluss verstanden.[89] Das so entstehende Gas besteht zu etwa zwei Dritteln aus Methan.[90]

49 Die Begriffsdefinition enthält anders als § 44 keinen Verweis auf die Biomasseverordnung. Deshalb ist Biogas aus Biomasse, die nicht unter die Biomasseverordnung fällt, vom Begriff Biogas erfasst. Eine Vergütung kann wegen der Formulierung in § 44 für dieses Gas aber nur gezahlt werden, soweit das Gas aus Biomasse im Sinne der Biomasseverordnung erzeugt wurde.

50 **8. Biomethan (Nr. 8). Biomethan** ist Biogas oder sonstige gasförmige Biomasse, das **aufbereitet und in das Erdgasnetz eingespeist** worden ist. Aufbereitetes Rohgas ist Gas, das sich innerhalb der Bandbreite der Qualitätskriterien der Arbeitsblätter G 260 und 262 (Stand 2007) der Deutschen Vereinigung des Gas und Wasserfachs e. V. befindet.[91] Als gasförmige Biomasse in diesem Sinne gelten auch gasförmige Bioenergieträger, die nicht durch anaerobe Vergärung entstehen, wie beispielsweise Gas, das in einem Verfahren zur thermochemische Konversion wie der Holzvergasung erzeugt worden ist.[92] Die Definition von Biomethan entspricht inhaltlich der Legaldefinition in Nr. II.1 lit. c der Anlage zum EEWärmeG.

51 **9. Direktvermarktung (Nr. 9).** Der Begriff der Direktvermarktung war im EEG 2012 noch in § 33a definiert. Diese Definition wurde mit dem EEG 2014 in § 5 vorgezogen. Direktvermarktung ist die Veräußerung von Strom aus erneuerbaren Energien oder Grubengas an Dritte. Eine **Veräußerung** ist eine schuldrechtliche Überlassung,[93] in der Form eines Verkaufs.[94] Eine unentgeltliche Überlassung fällt nicht unter den Begriff des Verkaufs.[95]

52 **a) Dritter. Wer Dritter** im Sinne der Vorschrift ist, ist hingegen umstritten. Grundsätzlich kann Dritter nur sein, wer den Strom nicht veräußert. Da der Wortlaut allerdings die handelnde Person nicht benennt, sondern das Passiv verwendet, ist etwas unklar, wer dieser Dritte ist. Teilweise wird angenommen, dass es jede natürliche oder juristische Person sein kann, die vom Anlagenbetreiber verschieden ist.[96] Auch eine Lieferung an ein anderes Unternehmen derselben Unternehmensgruppe reicht aus.[97]

---

89 Vgl. Kaltschmitt/Streicher/Wiese/*Kaltschmitt*, Erneuerbare Energien, S. 650.
90 Kaltschmitt/Streicher/Wiese/*Kaltschmitt*, Erneuerbare Energien, S. 650.
91 Begründung zu den Änderungsanträgen der Koalitionsfraktionen zur Anlage 1, BT-Drs. 16/9477, S. 31.
92 BT-Drs. 17/6071, S. 60.
93 *Salje*, EEG, § 5 Rn. 44; Altrock/Oschmann/Theobald/*Altrock/Oschmann*, § 33a Rn. 43.
94 Vgl. BT-Drs. 16/9477, S. 24; Frenz/Müggenborg/*Ekhardt*, § 17 Rn. 1.
95 Altrock/Oschmann/Theobald/*Altrock/Oschmann*, § 33a Rn. 43, *Salje*, EEG, § 5 Rn. 44.
96 Altrock/Oschmann/Theobald/*Altrock/Oschmann*, § 33a Rn. 43; *Breuer/Lindner*, ree 2014, 129, 130; *Lehnert*, ZUR 2012, 4, 6.
97 *Salje*, EEG, § 33a Rn. 5 f.

Darüber hinaus liegt eine Direktvermarktung nicht vor, wenn der Strom an den Netzbetrei- **53** ber veräußert wird.[98] Hätte der Gesetzgeber nur den Anlagenbetreiber ausschließen wollen, wäre die Verwendung des Wortes „Anderer" klarer gewesen. Die Verwendung des Wortes Dritter impliziert nämlich, dass es auch einen zweiten gibt, an den der Strom ebenfalls nicht verkauft werden kann, wenn eine Direktvermarktung vorliegen soll. Dieser zweite ist der Käufer, den das EEG bestimmt, wenn keine Direktvermarktung vorliegt, nämlich der **verpflichtete Netzbetreiber.** Auch eine Veräußerung an diesen führt somit nicht zu einer Direktvermarktung.

Hingegen schließt der Begriff des Dritten nicht aus, dass der Strom aus einer Anlage an **54** **mehrere Personen** verkauft wird, wie sich schon daraus ergibt, dass in der Begriffsdefinition der Plural verwendet wird.[99]

b) Räumliches Kriterium. Eine Direktvermarktung ist auch **ausgeschlossen**, wenn der **55** Strom in unmittelbarer räumlicher Nähe zu der Anlage verbraucht wird und nicht durch ein Netz durchgeleitet wird. Beide Bedingungen müssen **additiv** vorliegen, damit eine Direktvermarktung ausgeschlossen ist.

Der Begriff des **Netzes** ist in Nr. 26 definiert.[100] Auch eine Direktvermarktung unter Nut- **56** zung eines **Objekt- oder Arealnetzes** ist damit ausgeschlossen.[101] Für Anlagenbetreiber, deren Anlagen an ein solches Netz angeschlossen sind, ist die Direktvermarktung nur im Wege der kaufmännisch-bilanziellen Durchleitung möglich.[102] Mit **Durchleiten** ist jeder Vorgang gemeint, bei dem der Strom physikalisch oder kaufmännisch bilanziell in ein Netz gelangt und aus diesem wieder entnommen wird.

Schließlich darf der Strom nicht in unmittelbarer räumlicher Nähe zu der Anlage ver- **57** braucht werden. Der **Verbrauch** von Strom ist die Umwandlung in eine andere Energieform, wie von elektrischer Energie in Wärme (z. B. durch einen Heizstab oder Fön), chemische Energie (z. B. Aufladen von Batterien) oder Bewegungsenergie (Antrieb eines Mixers). Die **räumliche Nähe** bezeichnet eine geringe räumliche Entfernung oder unmittelbare Umgebung.[103] Das Erfordernis der **Unmittelbarkeit** verstärkt die dem Nähebegriff innewohnende Eingrenzung auf Anlagen in geringer Entfernung.[104] Liegen die Anlagen durch ein landschaftliches Merkmal (wie ein Waldstück) getrennt, spricht dies gegen eine unmittelbare räumliche Nähe.[105] *Salje* vertritt dazu die Auffassung, dass es für die Einhaltung des Kriteriums „in unmittelbarer räumlicher Nähe" ausreiche, wenn eine Anlage im selben Ort oder Stadtteil liegt oder eine Entfernung von 1,5 km zwischen Abnahmestelle und Anlagenstandort nicht überschritten wird.[106] Für eine Konkretisierung des Merkmals in Form von pauschalisierten Maximalabständen bietet der Gesetzestext jedoch keine An-

---

98 *Salje*, EEG, § 33a Rn. 6.
99 *Lehnert*, ZUR 2012, 4, 7.
100 Vgl. Rn. 150 ff.
101 *Lehnert*, ZUR 2012, 4, 6.
102 *Wustlich/Müller*, ZNER 2011, 380, 382.
103 Altrock/Oschmann/Theobald/*Oschmann*, § 19 Rn. 35.
104 Altrock/Oschmann/Theobald/*Oschmann*, § 19 Rn. 35; vgl. auch *Loibl*, in: Loibl/Maslaton/von Bredow/Walter, Biogasanlagen im EEG, Rn. 67.
105 Böhmer/Weißenborn/*Weißenborn*, Erneuerbare Energien – Perspektive für die Stromerzeugung, S. 261, 376.
106 *Salje*, EEG, § 39 Rn. 12, auf den wiederum in der Kommentierung zu § 5 verwiesen wird.

haltspunkte.[107] Vielmehr ist eine Gesamtbetrachtung der Umstände anzustellen, die eine räumliche Nähe vermitteln oder eher gegen eine solche sprechen. Eine räumliche Nähe dürfte zum Beispiel anzunehmen sein, wenn Erzeugung und Verbrauch auf einem zu einem Gesamtzweck genutzten Gelände stattfinden und die Distanz im Verhältnis zur Größe der für Erzeugung und Verbrauch verwendeten Einrichtungen klein ist. Sie dürfte hingegen eher abzulehnen sein, wenn räumlich Unterbrechungen natürlicher Art (wie ein Fluss, eine Erhebung oder ein Waldstück) oder künstlicher Art (ein Gebäude oder eine Betriebsgrenze) den Zusammenhang unterbrechen. Angesichts des Erfordernisses der Unmittelbarkeit, dürften solche Unterbrechungen in der Regel dazu führen, dass eine unmittelbare räumliche Nähe abzulehnen ist. Weiteres Indiz für die Auslegung kann der **systematische Zusammenhang** mit dem anderen Ausschlussgrund sein. Eine unmittelbare räumliche Nähe i. S. d. Abs. 3 Nr. 2 ist daher in der Regel gegeben, wenn der räumliche Zusammenhang so eng ist, dass er **normalerweise zu der Verwendung einer Direktleitung führen** würde, wie z. B. bei Nutzung einer öffentlichen Leitung auf einem abgeschlossenen Firmengrundstück.

58 **10. Direktvermarktungsunternehmer (Nr. 10).** Die Begriffsdefinition des Direktvermarktungsunternehmers findet sich wie der Begriff selbst erstmals im EEG 2014. Der Begriff des Direktvermarktungsunternehmers findet sich in den §§ 20 Abs. 3 Nr. 1, 36 und 81 Abs. 4. Die Erwähnung in den §§ 20 und 36 dient lediglich dazu, klarzustellen, dass bestimmte Pflichten, die das EEG dem Anlagenbetreiber auferlegt, auch durch den Vermarkter wahrgenommen werden können. Im Rahmen einer vertraglichen Vereinbarung war es aber auch bisher schon möglich solche Aufgaben einem Dritten zu übertragen. Insofern hat der neue Begriff hier vor allem eine klarstellende Funktion. Mit § 81 Abs. 4 kann der Direktvermarktungsunternehmer aber auch aus eigenem Recht ein Verfahren vor der Clearingstelle führen.[108] Damit kann der Direktvermarktungsunternehmer auch gegenüber Netzbetreibern eigenständig Rechte geltend machen.[109] Es gibt zwei verschiedene Varianten des Direktvermarktungsunternehmers.

59 Die **erste Variante** ist die derjenigen, die **für den Anlagenbetreiber die** Direktvermarktung des Stroms aus dessen Anlage übernehmen und abwickeln.[110] Der Direktvermarktungsunternehmer vermarktet den Strom in dieser Variante im Auftrag des Anlagenbetreibers. Der Begriff der Vermarktung lehnt sich an den Begriff der Direktvermarktung an. Auf diese Begriffsbestimmung kann deshalb zurückgegriffen werden. Eine Beauftragung bedeutet letztlich die Wahrnehmung der Aufgabe im Namen des Anlagenbetreibers. Pflichten und Rechte dieser Geschäftsbesorgung erwachsen damit dem Anlagenbetreiber, der Dritte führt diese nur herbei und handelt so für den Anlagenbetreiber.[111]

---

107 Vgl. zu § 33 Abs. 2 EEG 2009 Clearingstelle EEG, Empfehlung 2011/2/1 v. 29.9.2011, Rn. 72, wo eine Festlegung auf Maximalwerte mit dem Argument abgelehnt wird, dass eine solche Festlegung sich stets dem Vorwurf der Willkür ausgesetzt sieht. „Denn die Annahme einer „Nähe" hängt stets von der Größe des insgesamt betrachteten Raumes und die „Unmittelbarkeit" dieser Nähe davon ab, welche Elemente innerhalb dieses Raumes als Unterbrechungen einer Nähebeziehung berücksichtigt werden."

108 *Herz/Valentin*, EnWZ 2014, 358, 362.

109 *Breuer/Lindner*, ree 2014, S. 129, 130.

110 BT-Drs. 18/1304, S. 113.

111 Vgl. *Breuer/Lindner, ree* 2014, S. 129, 130.

In der **zweiten Variante nimmt** der Direktvermarktungsunternehmer **den Strom kauf-**   60
männisch ab.[112] Hierbei kommt es auf eine wirtschaftliche Betrachtung an; nicht zwingend erforderlich ist es, dass der Stromhändler auch ein Kaufmann im Sinne des Handelsgesetzbuches ist.[113] Im Kern übernimmt der Direktvermarktungsunternehmer hier die Ver-
marktungsaufgabe in dem Sinne, dass Chancen und Risiken der Vermarktung auf ihn übergehen. Er veräußert den Strom also im eigenen Namen weiter.[114]

11. Energie- und Umweltmanagementsystem (Nr. 11). Die Definition der Begriffe Ener-   61
gie- und Umweltmanagementsystem wurden mit Blick auf die Besondere Ausgleichsregelung in §§ 63 ff. aufgenommen. Sie wird in die §§ 64 Abs. 1 Nr. 3, 69 Nr. 2 und 94 Nr. 1
lit. b verwendet. Die Einführung eines solchen Systems ist eine Antragsvoraussetzung für
stromintensive Unternehmen. **Ziel** der Regelung ist es die Energieeffizienz in den begünstigten Unternehmen zu erhöhen. In der Literatur wird die Wirksamkeit dieser Regelung
teilweise in Zweifel gezogen, weil eine Umsetzung von im Rahmen des Energiemanagementsystems aufgedeckten Effizienzpotenzialen nicht verlangt wird.[115] Die Bundesregierung hat angekündigt zu prüfen, in welchem Umfang – insbesondere zur Umsetzung der
europäischen Energieeffizienz-Richtlinie[116] – weitere Regelungen dafür erforderlich sind,
dass privilegierte Unternehmen Maßnahmen zur Energieeffizienz ergreifen.[117]

Nr. 11 definiert zwei Begriffe. Beide Begriffe vereint das **Managementsystem.** Ein Mana-   62
gementsystem ist jede systematische interne Regelung von Zuständigkeiten und Abläufen
in einem Unternehmen. Durch ein Managementsystem soll sichergestellt werden, dass definierte Unternehmensziele systematisch umgesetzt werden und in jeder Phase steuerbar
sind.[118]

Ein **Energiemanagementsystem** ist ein System, dass den Anforderungen der DIN EN ISO   63
50 001, Ausgabe Dezember 2011, entspricht. Energiemanagement umfasst die Summe aller Maßnahmen, die geplant und durchgeführt werden, um bei geforderter Leistung einen
minimalen Energieeinsatz sicherzustellen. Ein Energiemanagementsystem dient der systematischen Erfassung der Energieströme und als Basis zur Entscheidung für Investitionen
zur Verbesserung der Energieeffizienz.[119] Das Energiemanagement muss der Norm DIN
EN ISO 50 001, Ausgabe Dezember 2011, entsprechen. Damit enthält das Gesetz einen
statischen Verweis auf eine Norm. Wird die Norm später geändert oder durch eine neue
Norm ersetzt, ist dies im Rahmen des EEG unbeachtlich. Vielmehr findet die Ausgabe Dezember 2011 weiterhin Anwendung, bis eine Änderung am Gesetz vorgenommen wurde.

Ein **Umweltmanagementsystem** ist ein System im Sinne der Verordnung (EG) Nr. 1221/   64
2009. Die Verordnung etabliert ein Gemeinschaftssystem für das Umweltmanagement und
die Umweltbetriebsprüfung (EMAS). Nach Art. 2 Nr. 13 der Verordnung ist ein „Umweltmanagementsystem" der Teil des gesamten Managementsystems, der die Organisations-

---

112 Zum Begriff der kaufmännischen Abnahme siehe auch § 11 Abs. 1.
113 BT-Drs. 18/1304, S. 113.
114 *Breuer/Lindner,* ree 2014, S. 129, 130.
115 So Altrock/Oschmann/Theobald/*Müller,* § 41 Rn. 36.
116 Richtlinie 2012/27/EU zur Energieeffizienz, zur Änderung der Richtlinien 2009/125/EG und
    2010/30/EU und zur Aufhebung der Richtlinien 2004/8/EG und 2006/32/EG.
117 BT-Drs. 18/1449 S. 39.
118 BMU/UBA, Energiemanagementsysteme in der Praxis, S. 15.
119 BMU/UBA, Energiemanagementsysteme in der Praxis, S. 16.

struktur, Planungstätigkeiten, Verantwortlichkeiten, Verhaltensweisen, Vorgehensweisen, Verfahren und Mittel für die Festlegung, Durchführung, Verwirklichung, Überprüfung und Fortführung der Umweltpolitik und das Management der Umweltaspekte umfasst. Die Verordnung regelt im Einzelnen welche Schritte ein Unternehmen durchlaufen muss, um ein Umweltmanagementsystem einzurichten und wie die Eintragung in das EMAS-Register erfolgt.

65 **12. Eigenversorgung (Nr. 12).** Der Begriff ist ebenfalls neu im EEG 2014. Das EEG 2012 und das EEG 2009 enthielten zwar in § 37 Abs. 3 EEG 2012/EEG 2009 eine Art Vorgängerregelung. Die Verwendung eines konkreten Begriffs und die damit verbundene Begriffsdefinition wurden in den Vorgängerfassungen des EEG aber vermieden. Entsprechend findet die Definition nur für neue Eigenversorgungen Anwendung. Bestehende Eigenversorgungskonzepte sind ohne Verwendung des Begriffs in § 61 Abs. 3 und 4 geregelt. Der Begriff der Eigenversorgung wird neben § 61 auch in den §§ 64 Abs. 6 Nr. 1, 74 S. 3, 76 Abs. 1, 2. HS, 78 Abs. 6, 93 Abs. 1 lit. a, 98 Abs. 1 Nr. 4 und 104 Abs. 3 verwendet.

66 Eigenversorgung ist der Verbrauch von Strom, den eine natürliche oder juristische Person im unmittelbaren räumlichen Zusammenhang mit der Stromerzeugungsanlage selbst verbraucht, wenn der Strom nicht durch ein Netz durchgeleitet wird und diese Person die Stromerzeugungsanlage selbst betreibt. Diese Anforderungen gehen auch inhaltlich über das EEG 2012 hinaus, das lediglich Personenidentität und einen räumlichen Zusammenhang zwischen Erzeuger und Verbraucher verlangte. Im Kern müssen zwei Voraussetzungen erfüllt sein. Zunächst muss der Betreiber der Stromerzeugung und der Verbraucher identisch sein (hierzu im Einzelnen unter a). Des Weiteren muss ein räumlicher Zusammenhang vorliegen; das öffentliche Netz darf für die Versorgung hingegen nicht genutzt werden (hierzu unter b).

67 **a) Personenidentität. Erforderlich ist, dass derselbe Rechtsträger**, der auch die Stromerzeugungsanlage betreibt, **sich selbst versorgt.**[120] Es muss also Personenidentität zwischen Erzeuger und Verbraucher bestehen.[121]

68 **aa) Streitstand und Historie.** Für das bisherige Eigenversorgungsprivileg (in § 37 Abs. 3 EEG 2012) war umstritten, wann diese Personenidentität vorlag. Die ganz **herrschende Meinung** nahm an, dass eine solche Eigenversorgung auch unter Einbeziehung Dritter erfolgen kann.[122] Dabei wurden unterschiedliche Ansätze vertreten, wann eine solche Personenidentität vorliegt. Nach **einer Meinung** kam es jeweils auf eine **wertende Betrachtung** im Einzelfall an.[123] Die insoweit maßgeblichen inhaltlichen Kriterien seien die Zuständigkeit für die Brennstoffbeschaffung, die Preis- und Verfügbarkeitsrisiken der Brennstoffe, die Beeinflussung der Anlagenfahrweise bzw. der Stromproduktion, die Besicherungsrisiken bei Anlagenausfall, Erzeugungskostenerstattung statt Wettbewerbspreise/Strom, langjährige Vertragslaufzeiten, der Wille der Vertragsparteien sowie anlagenbezogene Endschaftsklauseln nach Abschreibungsende. Sollten diese Kriterien überwiegend dem Ver-

---

120 *Salje*, EEG, § 37 Rn. 27.
121 Vgl. *Rutloff*, NVwZ 2014, 1128.
122 Altrock/Oschmann/Theobald/*Altrock*, § 37 Rn. 26 ff.; *Riedel*, IR 2010, 101, 102; a. A. Reshöft/ *Schäfermeier*, § 36 Rn. 17; *Brodowski*, Der Belastungsausgleich im EEG und im KWKG im Rechtsvergleich, S. 107.
123 *Riedel*, IR 2010, 101, 104.

braucher zuzuordnen sein, spreche dies für die EEG-umlagefreie Eigenversorgung.[124] Nach einer abweichenden aber verwandten **Ansicht** kommt es auf den **Betreiberstatus an**.[125]

Die **andere Ansicht** lehnte eine Einbeziehung Dritter grundsätzlich ab.[126] Für diese enge   **69** Auslegung sprach der Wortlaut, der allein auf das Lieferverhältnis zwischen zwei Rechtspersonen abstellt, und die Systematik. Die Begünstigung der Eigenversorger ist eine Ausnahmevorschrift, die schon als solche eng auszulegen ist. Gleichzeitig spricht die angestrebte gleichmäßige Lastenteilung für eine enge Auslegung. Allerdings ist es nach allgemeinem Zivilrecht möglich, Dritte für die Erledigung der eigenen Aufgaben einzusetzen. Aus diesem Grund läuft die enge Auslegung letztlich leer.

Das **EEG 2014** löst diesen Streit auf, indem es den Begriff der Eigenversorgung definiert.   **70** Im Kern schließt der Gesetzgeber sich der Meinung an, dass es auf den Betreiberstatus ankommt (im Einzelnen hierzu sogleich). Das Gesetz verlangt nunmehr ausdrücklich, dass der Verbraucher Betreiber der Stromerzeugungsanlage sein muss.

bb) Betrieb einer Stromerzeugungsanlage. Der Begriff der **Stromerzeugungsanlage**   **71** wird im EEG 2012 nicht näher definiert, wurde aber bereits im EEG 2012 verwendet (z. B. in § 37 Abs. 3). Auch in der Gesetzesbegründung gibt es hierzu keine Ausführungen. Der Begriff wurde wohl als selbsterklärend angesehen. Er bezeichnet Einrichtungen, die zur Stromerzeugung verwendet werden. Er schließt den Begriff der Anlage nach Nr. 1 mit ein, ist aber viel weiter als dieser. So erfasst er neben KWK-Anlagen konventionelle Kraftwerke und sonstige Einrichtungen zur Stromerzeugung (z. B. Dieselgeneratoren).[127] Problematisch ist – genau wie beim Anlagenbegriff nach Nr. 1 – insbesondere die Abgrenzung was zur Anlage gehört und wann eine neue Anlage vorliegt. Dies ist insbesondere wegen der Regelung zum Bestandsschutz in § 61 Abs. 3 relevant. Einerseits kommt es hier in Betracht den Anlagenbegriff nach Nr. 1 analog heranzuziehen. Andererseits wäre aber auch eine Heranziehung von Anlagenbegriffen, die für die Stromerzeugungsanlage einschlägig sind, möglich. Insbesondere das KWKG, das Stromsteuergesetz oder das BImSchG könnten hierfür herangezogen werden. Angesichts der expliziten Regelung zur Modernisierung und Erweiterung einer Stromerzeugungsanlage in § 61 Abs. 3 S. 2 Nr. 3 ist wohl eher von einem engen Anlagenbegriff auszugehen.

Weiterhin erforderlich ist, dass der Letztverbraucher die Stromerzeugungsanlage **selbst**   **72** **betreibt**. Für den Begriff des **Betreibers** einer Stromerzeugungsanlage kann die Definition des Anlagenbetreibers in Nr. 2 analog herangezogen werden. Stromerzeugungsanlagen müssen zwar keine Anlagen im Sinne von Nr. 1 sein. Allerdings ist für den Begriff des Betreibers im Sinne der Rechtseinheitlichkeit trotzdem auf Nr. 2 abzustellen.[128] Für die Betreibereigenschaft verlangt der BGH, dass drei Bedingungen erfüllt sind: der Betreiber muss die **tatsächliche Sachherrschaft** über die (Stromerzeugungs-)Anlage ausüben, ihre **Arbeitsweise eigenverantwortlich bestimmen** und sie **auf eigene Rechnung nutzen**,

---

124 *Riedel*, IR 2010, 101, 104.

125 *Kachel*, CuR 2011, 100; Altrock/Oschmann/Theobald/*Altrock*, § 37 Rn. 29.

126 Reshöft/*Schäfermeier*, § 36 Rn. 17; *Brodowski*, Der Belastungsausgleich im EEG und im KWKG im Rechtsvergleich, S. 107.

127 Vgl. zum EEG 2012 BT-Drs. 17/6363, S. 42; Altrock/Oschmann/Theobald/*Thomas*, § 66 Rn. 120.

128 So auch *Klemm*, ree 2013, 1, 6.

mithin das wirtschaftliche Risiko tragen.[129] Alle **drei Anforderungen des BGH müssen kumulativ vorliegen.** Eine wertende Gesamtbetrachtung, wie sie in der Literatur zum EEG 2009/2012 vertreten wurde,[130] ist damit jedenfalls nicht mehr möglich.

73 Für die **tatsächliche Sachherrschaft** ist es erforderlich, dass das Verfügungsrecht bei dem Stromverbraucher liegt.[131] Er muss also die Stromerzeugungsanlage eigenständig betreten und Dritten das Zutrittsrecht verwehren können. Dies bedeutet, dass er die Schlüsselgewalt haben muss.[132] Er muss über Teile der Stromerzeugungsanlage verfügen können, sie also ausbauen und wegschaffen können. Diese Voraussetzung wird von vielen Literaturmeinungen übersehen, wenn in erster Linie auf das wirtschaftliche Risiko abgestellt wird.[133]

74 Betreiber ist weiterhin nur, wer die **Arbeitsweise eigenverantwortlich** bestimmt. Dies bedeutet ein Eigenversorger muss den Betrieb der Stromerzeugungsanlage verantwortlich bestimmen. Er muss entweder selbst die Anlage steuern oder die Anweisungen geben, wann und wie sie betrieben wird. Obliegt die Stromproduktion hingegen einem Dritten, liegt ein Stromlieferverhältnis vor.[134] Eine Einbindung Dritter in die Stromproduktion ist vor dem Hintergrund dieser Anforderung des BGH immer ein Risiko, von dem absehen sollte, wer sicher gehen will, dass er als Eigenversorger angesehen wird. Sie ist aber nicht unmöglich, wenn die Verantwortung für die Arbeitsweise bei dem Stromverbraucher verbleibt. Dies bedeutet, dass der Stromverbraucher wesentliche Betriebsabläufe bestimmen und kontrollieren muss. Deshalb dürften Modelle der **Lohnverstromung**, bei denen ein Dritter gegen Entgelt die Betriebsführung übernimmt, regelmäßig keine Eigenversorgung darstellen.[135]

75 Schließlich ist Betreiber nur, wer die Stromerzeugungsanlage auf **eigene Rechnung nutzt, mithin das wirtschaftliche Risiko trägt.** Das wirtschaftliche Risiko des Anlagenbetriebs hat verschiedene Dimensionen. Problematisch ist dieses Kriterium immer, wenn der Verbraucher Teile der Verantwortung an einen Dritten überträgt, wie es beim Pacht- und Betriebsführungsmodell oder dem Lohnverstromungsmodellen der Fall ist. Bei beiden beauftragt der Stromverbraucher einen Dritten mit der Betriebsführung der Anlage. Die Ausgestaltungen sind unterschiedlich, teilweise wird die ganze Betriebsführung übertragen, teilweise wird der Dritte nur als Dienstleister im technischen Betrieb der Anlage eingesetzt und erhält hierfür einen Lohn. Bei diesen Modellen ist schon fraglich, ob der Stromverbraucher die tatsächliche Sachherrschafft hat und die Arbeitsweise eigenverantwortlich bestimmt (siehe oben Rn. 73 und 74). Ist beides gegeben, muss geprüft werden, ob die Anlage auf eigene Rechnung genutzt wird. Dazu müssen die zentralen wirtschaftlichen Risiken des Anlagenbetriebs beim Stromverbraucher und nicht beim Betriebsführer liegen. Ein zentrales wirtschaftliches Risiko ist die Brennstoffbeschaffung, so dass der Betreiber den Vertrag zur Brennstoffbeschaffung abschließen und das Preisrisiko selbst tragen muss.[136]

---

129 BGH, Urt. v. 13.2.2008, VIII ZR 280/05, Rn. 15.

130 *Riedel*, IR 2010 S. 101, 104; *Kachel*, CuR 2011, 100, 101.

131 *Herz/Valentin*, EnWZ 2014 S. 358, 363.

132 *Klemm*, ree 2013 S. 1, 6.

133 Ein Beispiel hierfür ist die Auffassung von *Riedel*, IR 2010, 101, 104.

134 So unter grundsätzlicher Ablehnung von Lohnverstromungsmodellen; *Fricke*, ER 2012, 63, 65; a. A. *Salje*, EEG, § 5 Rn. 16.

135 So auch Frenz/Müggenborg/*Cosack*, § 37 Rn. 50; zu § 37 EEG 2012 *Salje*, EEG, 6. Aufl., § 37 Rn. 27.

136 *Klemm*, ree 2013, 1, 6; *Kachel*, CuR 2011, 100, 101; Altrock/Oschmann/Theobald/*Altrock*, § 37 Rn. 30; *Moench/Lippert*, EnWZ 2014, 392, 393; wohl auch *Herz/Valentin*, EnWZ 2014, 358, 363.

Wichtig ist darüber hinaus, dass die Wartung und Instandhaltung bis hin zum Ersatz der Anlage bei einem Ausfall dem Eigenversorger obliegt.[137] Der Dritte kann zwar einen Lohn erhalten, der Vertrag darf aber keine wesentlichen Risiken des Anlagenbetriebs auf ihn abwälzen. Auch darf er nicht als Stromlieferant auftreten, sondern lediglich Dienstleistung im Zusammenhang mit dem Betrieb der Stromerzeugungsanlage erbringen.[138]

Besonders problematisch ist die **Betreibereigenschaft**, wenn diese durch mehrere Personen ausgeübt wird. Grundsätzlich ist es zwar möglich, dass mehrere Personen Betreiber einer Anlage sind, allerdings dürfen diese Personen keine neue Gesellschaft gründen, um das Kraftwerk zu betreiben, da eine solche Gesellschaft eine eigenständige Rechtsperson wäre und in der Folge ein Lieferverhältnis entstünde.[139] Dies kann auch bei Personengesellschaften gelten, wenn diese am Rechtsverkehr teilnimmt.[140] Auch müssen dafür alle vorgenannten Kriterien für die Feststellung der Betreibereigenschaft bei allen Personen vorliegen: die Sachherrschaft muss gemeinsam ausgeübt werden und die Arbeitsweise muss gemeinsam bestimmt werden. Hierfür ist ein intensives Zusammenwirken aller Beteiligten erforderlich. Besteht nur ein Nutzungsrecht mehrerer Personen an dem erzeugten Strom, wird aber die Betriebsführung weitgehend einer Dritten überlassen, liegen die Voraussetzungen für ein gemeinsames Betreiben der Stromerzeugungsanlage nicht vor, auch wenn die Stromverbraucher das wirtschaftliche Risiko des Anlagenbetriebs tragen. Schließlich muss das wirtschaftliche Risiko nach den oben genannten Maßstäben von allen Beteiligten gleichermaßen getragen werden.[141] **76**

cc) Selbst verbrauchen. Eigenversorgung ist schließlich nur der Strom aus einer solchen selbst betriebenen Stromerzeugungsanlage, den der Letztverbraucher selbst verbraucht. Eigenversorgung setzt damit voraus, dass eine natürliche oder juristische Person Strom verbraucht und damit Letztverbraucher im Sinne der Nr. 24 ist.[142] **77**

Diese Person muss identisch mit dem Betreiber der Stromerzeugungsanlage sein (siehe oben unter a). Eine solche Personenidentität liegt auch dann nicht vor, wenn Betreiber und Verbraucher **verbundene Unternehmen** sind[143] oder eine vorübergehende Änderung der Unternehmensstruktur durch Aufspaltung in mehrere rechtlich selbstständige Unternehmen erfolgt ist, diese aber wirtschaftlich, finanziell und organisatorisch eng verbunden sind.[144] **78**

Im Kern ist immer dann, wenn eine Lieferung durch einen Dritten erfolgt, keine Personenidentität zwischen Verbraucher und Erzeuger gegeben. Für eine Lieferung ist anders als im EEG 2012 aber **keine entgeltliche Lieferung** mehr erforderlich. Damit sind Modelle wie die schenkungsweise Überlassung von Strom bei gleichzeitiger entgeltlicher Lieferung von Wärme oder die kostenlose Zurverfügungstellung im Rahmen eines Mietvertrags, die **79**

---

137 *Klemm*, ree 2013, 1, 6; wohl auch *Moench/Lippert*, EnWZ 2014, 392, 393.
138 *Fricke*, CuR 2010, 109, 110.
139 § 60 Rn. 30; vgl. auch *Strauch/Wustlich*, RdE 2012, 409, 415.
140 *Strauch/Wustlich*, RdE 2012, 409, 415.
141 Vgl. Altrock/Oschmann/Theobald/*Altrock*, § 37 Rn. 33.
142 Siehe hierzu Rn. 145 f.
143 BGH, Urt. v. 9.12.2009, VIII ZR 35/09, Rn. 23, NVwZ-RR 2010, 315.
144 OLG Sachsen-Anhalt, Urt. v. 6.2.2014, 2 U 50/13, Ls. 2, ree 2014, 91.

schon unter dem EEG 2012 äußerst zweifelhaft waren,[145] nunmehr klar Liefersachverhalte und fallen nicht unter den Begriff der Eigenversorgung.

80   Der Betreiber der Stromerzeugungsanlage muss den Strom selbst verbrauchen. Problematisch ist das in den Fällen des sog. **Nutzenergiecontracting** (auch Medienlieferung genannt). Hier wird einem Dritten vertraglich der Betrieb der stromverbrauchenden Einrichtungen eines Unternehmens übertragen (z. B. von Licht- und Heizungsanlagen oder Druckluftgeräten), dieser Contractor betreibt auch die Eigenversorgungsanlage. **Eine Meinung** geht davon aus, dass in solchen Fällen der Contractor Verbraucher der Energie und damit Eigenversorger sei.[146] **Eine andere Meinung** geht davon aus, dass in diesem Fall keine Eigenversorgung vorliegt,[147] entweder weil die stromverbrauchenden Einrichtungen sich in der Sachherrschaft des belieferte Unternehmen und nicht des Contractors befinden und damit das Unternehmen und nicht der Contractor Stromverbraucher ist,[148] oder weil der Vertrag des Contractors mit dem Stromverbraucher als Scheingeschäft nichtig ist.[149] Das Scheingeschäft liegt vor, weil der Contractor durch die vertragliche Vereinbarung nicht Stromverbraucher wird. Im Ergebnis ist der zweiten Auffassung zuzustimmen. Die Argumentation des OLG Frankfurt ist schon deshalb nicht überzeugend, weil das Gericht verkennt, dass im Fall einer Stromlieferung der Lieferant und nicht der Belieferte zur Zahlung der EEG-Umlage verpflichtet ist. Darüber hinaus kann Energie nicht verbrauchen, wer weder die Sachherrschaft über die Verbrauchseinrichtungen hat, noch deren Betreiber ist.

81   Problematisch ist die Frage, ob Strom selbst verbraucht wurde, auch im Falle einer Mehrheit von Verbrauchern, die eine Anlage betreiben. Da das Gesetz verlangt, dass der Betreiber den Strom selbst verbrauchen muss, kann der Wortlaut so verstanden werden, dass der Verbraucher mit dem Betreiber identisch sein muss, die Verbrauchseinrichtungen also auch von derselben Personengruppe betrieben werden muss, wie die Erzeugungsanlage. Alternativ ist die Auslegung denkbar, dass zwar die Gruppe der Betreiber den Strom selbst verbrauchen muss, aber nicht zwingend gemeinschaftlich, sondern auch anteilig. In diesem Falle stellt sich aber die Frage, ob wirklich ein Selbstverbrauchen des Betreibers der Stromerzeugungsanlage vorliegt.

82   **b) Räumliches Erfordernis.** Der Strom muss im unmittelbaren räumlichen Zusammenhang mit der Stromerzeugungsanlage selbst verbraucht werden und darf nicht durch ein Netz durchgeleitet werden. Beide Bedingungen müssen kumulativ vorliegen.[150]

83   **aa) Netz.** Die Tatsache, dass Eigenversorgung nicht mehr vorliegt, wenn der Strom durch ein **Netz** durchgeleitet wird, stellt eine Verschärfung gegenüber dem EEG 2012 dar, das

---

145 Eine Lieferung und damit die EEG-Umlagepflicht bejahend *Salje*, EEG, § 37 Rn. 2; *Kachel*, CuR 2011, 100, 103.

146 So OLG Frankfurt a.M., Urt. v. 25.4.2012, 21 U 41/11, Rn. 31, ree 2012, 101; Altrock/Oschmann/Theobald/*Altrock*, § 37 Rn. 35.

147 OLG Hamburg, Urt. v. 12.8.2014, 9 U 119/13, Rn. 57, ree 2014, 164; LG Hamburg, Urt. v. 28.10.2013, 304 O 66/13, Rn. 32, ree 2014, 42; *Strauch/Wustlich*, RdE 2012 S. 409, 414; siehe auch § 60 Rn. 42 ff.

148 *Salje*, § 37 Rn. 28; für das Lichtcontracting auch *Strauch/Wustlich*, RdE 2012, 409, 414; in diese Richtung wohl auch Frenz/Müggenborg/*Cosack*, § 37 Rn. 50, der den Lieferbegriff weit fasst.

149 OLG Hamburg, Urt. v. 12.8.2014, 9 U 119/13, Rn. 57, ree 2014, 164; *Strauch/Wustlich*, RdE 2012, 409, 414.

150 *Moench/Lippert*, EnWZ 2014, 392, 394.

eine Netzdurchleitung erlaubte, wenn ein räumlicher Zusammenhang gegeben war.[151] Der Netzbegriff ist in Nr. 26 definiert und erfasst im EEG 2014 die Gesamtheit der miteinander verbundenen technischen Einrichtungen zur Abnahme, Übertragung und Verteilung von Elektrizität für die allgemeine Versorgung. Private Anbindungsleitungen oder Objektnetze, die nicht der allgemeinen Versorgung dienen, sind hiervon nicht erfasst.

bb) Unmittelbarer räumlicher Zusammenhang. Darüber hinaus muss ein **unmittelbarer räumlicher Zusammenhang** zwischen Stromerzeugungsanlage und Stromverbraucher bestehen. Damit wurden die Anforderungen an die räumliche Nähe gegenüber dem EEG 2012 verschärft. Im EEG 2012 war nur ein räumlicher Zusammenhang gefordert. Das Unmittelbarkeitserfordernis fehlte aber.[152] Das Kriterium des räumlichen Zusammenhangs wurde im EEG 2012 analog zum Stromsteuerrecht großzügig ausgelegt.[153] Die Bezugnahme auf das Stromsteuerrecht geht auf die Gesetzesbegründung zum EEG 2012 zurück, nach der die Vorschrift zum Eigenverbrauch im EEG in Übereinstimmung mit der Bestimmung aus dem Stromsteuergesetz auszulegen sei, soweit beide inhaltlich übereinstimmen.[154] Damit war insbesondere die Rechtsprechung zum Begriff des räumlichen Zusammenhangs anwendbar.[155] Die Ergänzung dieses eingeführten Begriffs um das Wort *unmittelbar* bewirkt, dass dies nicht mehr uneingeschränkt möglich ist, sondern nunmehr eine qualifizierte Nähebeziehung vorliegen muss.[156] Darüber hinaus wird vertreten, dass der Begriff des unmittelbaren räumlichen Zusammenhangs enger ausgelegt werden muss als der Begriff des räumlichen Zusammenhangs in § 37 EEG 2012, aber weiter als der Begriff der räumlichen Nähe, wie er an vielen anderen Stellen des EEG verwendet wird.[157] Ausgangspunkt sei weiterhin die gebietsbezogene Auslegung des BFH, so dass auch bei einer Entfernung von mehreren Kilometern noch eine Unmittelbarkeit gegeben sein könne.[158]

Diese Auffassung ist abzulehnen. Der Begriff *unmittelbarer räumlicher Zusammenhang* muss deutlich enger ausgelegt werden und orientiert sich am Begriff der unmittelbaren räumlichen Nähe. Dies ergibt sich schon aus einer Analyse der Grundsatzentscheidung des BFH zum Begriff des räumlichen Zusammenhangs: Im Ergebnis führt der BFH aus: *„Ein solcher Zusammenhang besteht jedenfalls dann, wenn mit dem in einer begünstigten Anlage erzeugten Strom ausschließlich innerhalb einer kleinen Gemeinde gelegene kommunale Abnahmestellen versorgt werden. Im Übrigen ist zu berücksichtigen, dass die Entnahmestellen in einem Umkreis von 4,5 km innerhalb des in seiner räumlichen Ausdehnung genau definierten Gebietes der Gemeinde S liegen und dass nach den Feststellungen des FG die von der Klägerin installierte Mess-, Steuer- und Regeltechnik sicherstellt, dass nur der von der Gemeinde benötigte Strom erzeugt und an von vornherein festgelegte Entnahmestellen geleitet wird. Bei dieser Betrachtung steht der Umstand, dass der in der Anlage erzeugte Strom über das öffentliche Netz geleitet und auf die Mittelspannung umgespannt wird, ei-*

84

85

---

151 Vgl. BT-Drs. 18/1304, S. 105; *Loibl*, ZNER 2014, 437.

152 Vgl. *Herz/Valentin*, EnWZ 2014, 358, 363; *Moench/Lippert*, EnWZ 2014, 392, 393.

153 Vgl. *Salje*, RdE 2014, 149, 155; Altrock/Oschmann/Theobald/*Altrock*, § 37 Rn. 49; so auch für das EEG 2014 vgl. § 61 Rn. 15 ff.

154 BT-Drs. 17/6071, S. 83.

155 Altrock/Oschmann/Theobald/*Altrock*, § 37 Rn. 49; Vgl. BerlKommEnR/*Ahnsehl*, Bd. 2, 3. Aufl. 2014, § 37 Rn. 95 ff.

156 So auch *Moench/Lippert*, EnWZ 2014, 392, 394.

157 So *Herz/Valentin*, EnWZ 2014, 358, 364.

158 So *Herz/Valentin*, EnWZ 2014, 358, 364.

ner Gewährung der Steuervergünstigung nach § 9 Abs. 1 Nr. 3 StromStG nicht entgegen."[159] Der Begriff „räumlich" sei gebietsbezogen zu verstehen. Ihm könne indes nicht entnommen werden, dass die Annahme eines räumlichen Zusammenhangs nur durch eine bestimmte direkte Verbindung zwischen zwei Objekten, wie z.B. durch eine Leitung, begründet oder durch die Verwendung einer als ungeeignet zu erachtenden Verbindung ausgeschlossen werden könnte.[160] Das EEG 2014 hingegen verlangt genau so eine Verbindung durch eine Direktleitung. Auch spielte für die Auslegung des BFH die Intention des Gesetzgebers, die Fälle des sog. Contracting zu erfassen, eine Rolle.[161] Im EEG sind hingegen nur Eigenversorger befreit. Lieferverhältnisse sollen nicht erfasst werden. Die Intention der Eigenversorgungsregelung ist ganz im Gegensatz zu der Regelung des Stromsteuergesetzes darauf gerichtet die Sonderrolle der Eigenversorgung abzuschaffen[162] und die Finanzierungsbasis der EEG-Umlage zu erweitern.[163] Aus all dem ergibt sich, dass im EEG der räumliche Zusammenhang eher objektbezogen als gebietsbezogen ausgelegt werden muss. Stromverbrauchseinrichtung und Stromerzeugungseinrichtung müssen in einem unmittelbaren räumlichen Zusammenhang stehen. Dies bedeutet, dass sie weder durch eine räumliche Entfernung, noch durch andere den Zusammenhang zerstörende Elemente wie bauliche Einrichtungen oder natürliche Hindernisse voneinander getrennt sein dürfen. Befinden sich nicht von dem Eigenversorger genutzte Gebäude oder Betriebseinrichtungen zwischen der Stromerzeugungsanlage und dem Ort des Stromverbrauchs wird damit ein solch unmittelbarer räumlicher Zusammenhang abzulehnen sein. Die Kriterien für die Bestimmung der unmittelbaren räumlichen Nähe zum Begriff der Direktvermarktung können herangezogen werden.[164]

86   **13. Elektrizitätsversorgungsunternehmen (Nr. 13).** Der Begriff ist gegenüber dem EEG 2012 nicht verändert worden. Er wird in den §§ 58 Abs. 2 und 3, 60, 61 Abs. 1 S. 2, 62 Abs. 2, 64 Abs. 3 Nr. 1 lit. b und c, 66 Abs. 4 und 5, 70, 72 Abs. 2 Nr. 4, 73 Abs. 2, 74 bis 78, 85, 95 Nr. 6, 103 Abs. 6 und 104 Abs. 2 verwendet. Elektrizitätsversorgungsunternehmen ist jede natürliche oder juristische Person, die Elektrizität an Letztverbraucher liefert.

87   **a) Verhältnis zu der Definition des EnWG.** – Die Definition des Elektrizitätsversorgungsunternehmens umfasst einen Teil der Unternehmen, die in **§ 3 Nr. 18 EnWG** als „**Energieversorgungsunternehmen**", also „natürliche oder juristische Personen, die Energie an andere liefern, ein Energieversorgungsnetz betreiben oder an einem Energieversorgungsnetz als Eigentümer Verfügungsbefugnis besitzen; der Betrieb einer Kundenanlage oder einer Kundenanlage zur betrieblichen Eigenversorgung macht den Betreiber nicht zum Energieversorgungsunternehmen" definiert werden. Die Definition des EnWG ist weit zu verstehen und umfasst alle Unternehmen, die Energie an andere liefern. Sie erfasst neben der Lieferung von Elektrizität auch andere Energieformen und bezieht – anders als das EEG – auch Netzbetreiber und Großhändler, die keine Letztverbraucher beliefern, ein.[165] Unternehmen, die lediglich als Händler auftreten und Strom an andere Händler oder Elektrizitätsversorgungsunternehmen liefern, spielen im Ausgleichsmechanismus des

---

159 BFH, Urt. v. 20.4.2004, VII R 44/03, Rn. 23, RdE 2004, 263.

160 BFH, Urt. v. 20.4.2004, VII R 44/03, Rn. 11, RdE 2004, 263.

161 BFH, Urt. v. 20.4.2004, VII R 44/03, Rn. 13, RdE 2004, 263.

162 BT-Drs. 18/1304, S. 105.

163 BT-Drs. 18/1304, S. 93.

164 Clearingstelle EEG, Empfehlung 2011/2/1; vgl. auch Rn. 57.

165 Vgl. BerlKommEnR/*Boesche*, Bd. 1, 3. Aufl. 2014, § 3 EnWG Rn. 49.

EEG keine Rolle und müssen deshalb – anders als im Energiewirtschaftsgesetz – nicht berücksichtigt werden. Vielmehr unterfallen nur solche Unternehmen der Begriffsbestimmung des EEG, die Letztverbraucher beliefern.[166] Damit sind Elektrizitätsversorgungsunternehmen regelmäßig eine Teilgruppe der Energieversorgungsunternehmen.

Die eigene Definition des Begriffs Elektrizitätsversorgungsunternehmen im EEG hat nicht **88** zwangsläufig zur Folge, dass Unternehmen, die im Sinne des EEG als Elektrizitätsversorgungsunternehmen gelten, auch Elektrizitätsversorgungsunternehmen im Sinne des **EnWG** sein müssen. So **fingiert § 61 Abs. 1 S. 3**, dass bestimmte Unternehmen Elektrizitätsversorgungsunternehmen sind. Rückschlüsse auf die Einordnung als Elektrizitätsversorgungsunternehmen im Sinne des EnWG ergeben sich daraus nicht. Insbesondere führt § 61 Abs. 1 S. 3 nicht dazu, dass Letztverbraucher die Pflichten für Elektrizitätsversorgungsunternehmen erfüllen müssen, wie sie sich aus dem EnWG ergeben.

b) Lieferung an Letztverbraucher. – Der Begriff Letztverbraucher ist in Nr. 24 definiert. **89** Es ist nicht erforderlich, dass das Elektrizitätsversorgungsunternehmen ausschließlich oder überwiegend Letztverbraucher beliefert. Nach der Gesetzesfassung reicht es vielmehr aus, wenn **lediglich ein Letztverbraucher** versorgt wird.[167]

Der Lieferbegriff erfordert **keine entgeltliche Lieferung** mehr. Im EEG 2012 ergab sich **90** das Erfordernis einer entgeltlichen Lieferung aus der Anwendung von § 3 Nr. 25 EnWG. Mit der eigenständigen Definition des Begriffs Letztverbraucher im EEG besteht dieses Erfordernis nun nicht mehr. Eine Lieferung liegt immer dann vor, wenn auf Grundlage eine schuldrechtlichen Vertrags Strom zur Verfügung gestellt wird. Unabhängig davon, ob hierfür ein Netz oder eine Direktleitung verwendet wird.

Mit dem Erfordernis der Lieferung an einen Letztverbraucher schließt der Begriff des **91** Elektrizitätsversorgungsunternehmens Konstellationen aus, in denen ein **Großhändler** ausschließlich andere Händler beliefert, die den Strom ihrerseits weiterverkaufen und andererseits Personen, die **eigens Strom erzeugen und diesen Strom selbst verbrauchen, sog. Eigenversorgung.** Elektrizitätsversorgungsunternehmen sind demnach solche Unternehmen, die Strom an Dritte, nicht jedoch an einen eigenen Unternehmensteil weiterleiten.[168] Erfasst sind aber Fälle, in denen sich **verschiedene Gesellschaften eines Konzerns gegenseitig Strom liefern.**[169] Selbst wenn die belieferte Gesellschaft der liefernden Gesellschaft zu 100% gehört (oder umgekehrt die liefernde Gesellschaft der belieferten), ändert das nichts an dem Umstand, dass es sich um rechtlich unterschiedliche Gesellschaften und damit bei dem Stromverbraucher um einen *anderen* im Vergleich zum Lieferanten handelt.[170]

Elektrizitätsversorgungsunternehmen im Sinne des EEG ist auch jemand, **der Strom au-** **92** **ßerhalb eines Netzes** (der öffentlichen Versorgung) liefert,[171] wie sich schon aus dem

---

166 *Dümke*, ree 2014, 155, 156.

167 *Salje*, EEG, § 60 Rn. 19.

168 Vgl. *Kachel*, ZUR 2012, 32, 33.

169 BT-Drs. 17/6071, S. 60.

170 *Brodowski*, Der Belastungsausgleich im EEG und im KWKG im Rechtsvergleich, S. 104; ihm folgend Reshöft/*Schäfermeier*, § 36 Rn. 17.

171 Noch zum EEG 2004, BGH, Urt. v. 9.12.2009, VIII ZR 35/09, Rn. 15, RdE 2010, 225; hierzu im Einzelnen; *Müggenborg*, NVwZ 2010, 940.

Wortlaut der Begriffsdefinition ergibt, der ausdrücklich nicht auf die Lieferung von Strom in Netzen beschränkt ist.[172]

93 **14. Erneuerbare Energien (Nr. 14).** In Nr. 3 wird – wie schon im EEG 2009 – der Begriff erneuerbare Energien definiert. Er umfasst Wasserkraft, Energie aus Biomasse, Geothermie, Windenergie und solare Strahlungsenergie.

94 **a) Wasserkraft.** – Der Begriff Wasserkraft umfasst neben der klassischen Nutzung der **Strömungsenergie** von fließenden Gewässern explizit auch alle Formen der **Meeresenergie wie Wellen-, Gezeiten-, Salzgradienten- und Strömungsenergie**. Auch die Nutzung der Energie aus **Temperaturgradienten** im Wasser dürfte von diesem weiten Wasserkraftbegriff erfasst sein. Grundsätzlich kommt es nicht darauf an, ob es sich um Salz-, Süß-, Regen-, Quell-, Fluss-, See- oder Abwasser handelt.

95 Allerdings muss die genutzte kinetische oder potenzielle Energie des Wassers auf einem natürlichen Prozess beruhen.[173] Strom aus **Pumpspeichern** fällt deshalb nur unter den Begriff der Wasserkraft, soweit das Pumpspeicherkraftwerk aus natürlichen Zuflüssen gespeist wird.[174] Auch dies wird in der Literatur unter Verweis auf Abgrenzungsschwierigkeiten teilweise verneint.[175] Da es bei der Nutzung der Wasserkraft um die Nutzung der potenziellen Energie des Wasser gehe,[176] die das Wasser natürlicherweise enthält, kann der natürliche Zufluss als Wasserkraft im Sinne des EEG gewertet werden, ist aber wegen des Ausschließlichkeitsprinzips in § 16 von der Vergütung ausgeschlossen.

96 Strom aus **Turbinen in Frisch- und Abwasserleitungen** sowie im Kühlrücklauf von Kraftwerken gilt deshalb nur dann als Wasserkraft, wenn die kinetische bzw. potenzielle Energie des darin genutzten Wassers nicht auch auf Pumpvorgänge zurückzuführen ist.[177]

97 **b) Biomasse.** – Der Begriff Biomasse wird im Gesetz selbst nicht definiert. Für die Definition von „Biomasse" im Rahmen der Vergütungsbestimmungen enthält das Gesetz eine spezielle Verordnungsermächtigung, auf deren Grundlage die **Biomasseverordnung**[178] erlassen wurde, deren Bedeutung sich aber nicht auf die übrigen Vorschriften des Gesetzes erstreckt. Insoweit ist der Bedeutungsgehalt durch Auslegung zu ermitteln.

98 Grundsätzlich fallen unter den Begriff **Stoffe organischer Herkunft**, d. h. kohlenstoffhaltige Materie.[179] Einen guten Anhaltspunkt für die Betrachtung im Einzelnen bietet Art. 2 lit. e RL 2009/28/EG. Er definiert Biomasse als den biologisch abbaubaren Teil von Erzeugnissen, Abfällen und Reststoffen der Landwirtschaft mit biologischem Ursprung (einschließlich pflanzlicher und tierischer Stoffe), der Forstwirtschaft und damit verbundener Wirtschaftszweige einschließlich der Fischerei und der Aquakultur sowie den biologisch abbaubaren Teil von Abfällen aus Industrie und Haushalten. Entsprechend spricht die Gesetzesbegründung von biologisch abbaubaren Erzeugnissen, Rückständen und Abfällen

---

172 So noch zum EEG 2009 *Brodowski*, Der Belastungsausgleich im EEG und im KWKG im Rechtsvergleich, S. 96.
173 Clearingstelle EEG, Empfehlung 2008/18, S. 1.
174 Altrock/Oschmann/Theobald/*Oschmann*, § 3 Rn. 68.
175 *Salje*, EEG, 6. Aufl., § 3 Rn. 10.
176 *Jorde/Kaltschmitt*, in: Kaltschmitt/Streicher/Wiese, Erneuerbare Energien, S. 347.
177 Siehe zu Trinkwasserturbinen und Turbinen im Kühlrücklauf von Kraftwerken, Clearingstelle EEG, Empfehlung 2008/18, S. 1.
178 S. o. Fn. 8.
179 *Kaltschmitt*, in: Kaltschmitt/Streicher/Wiese, Erneuerbare Energien, S. 645.

pflanzlichen und tierischen Ursprungs aus der Landwirtschaft, der Forstwirtschaft und damit verbundenen Industriezweigen.[180] Die Einordnung als Biomasse ist **nicht vom Aggregatzustand abhängig**. Schon aus den Definitionen in den Nr. 7 und 8 ergibt sich, dass gasförmige Biomasse ebenfalls erfasst ist. Dasselbe gilt grundsätzlich für flüssige Biomasse.[181] Nicht als Biomasse anzusehen sind demgegenüber im Hinblick auf den in § 1 normierten Zweck des Gesetzes und entsprechend dem allgemeinen Sprachgebrauch die **fossilen Brennstoffe** wie Öl, Kohle, Gas und Torf, da sie sich nicht in überschaubaren Zeiträumen regenerieren.[182] Biomasse wird anders als diese fossilen Energieträger nicht langfristig in der Erde gebunden, sondern es wird ein Kohlenstoffdioxid-neutraler Kreislauf mit einer erneuten Kohlenstoffbindung innerhalb überschaubarer Zeiträume angestrebt.[183] In Anlehnung an die RL 2009/28/EG gelten auch **Deponie- und Klärgas** sowie der biologisch abbaubare Anteil von Abfällen aus Industrie und Haushalten als erneuerbare Energie. Beide fallen grundsätzlich unter den Biomassebegriff. Für Deponie- und Klärgas bestehen aber gesonderte Vergütungsansprüche.

c) Geothermie. – **Geothermie** ist **Erdwärme**,[184] also die Wärme, die unterhalb der festen Erdoberfläche gespeichert wird.[185] Ein Teil dieser Energie stammt vom heißen Erdkern und steigt durch die Erdschichten nach oben.[186] Weitere Wärme entsteht durch radioaktiven Zerfall im Erdmantel und der Erdkruste.[187] Es bestehen derzeit zwei verschiedene Nutzungsarten von Erdwärme. In erster Linie werden wasserführende Schichten angebohrt (sog. Hydrothermale Systeme). Daneben kann aber auch die Hitze von trockenen Gestein genutzt werden (Petrothermale Systeme). **99**

d) Windenergie. – **Windenergie** ist die kinetische Energie von Luftströmungen, also Wind.[188] Sie entsteht letztlich durch solare Strahlungsenergie, die zu regional unterschiedlichen Lufterwärmungen und Luftdruckunterschieden führt, die ihrerseits Atmosphärenbewegungen in Form von Wind verursachen.[189] Windenergie wird genutzt, indem Rotoren durch Wind in Bewegung versetzt werden. Der Rotor treibt wiederum einen Generator an.[190] **100**

e) Solare Strahlungsenergie. – **Solare Strahlungsenergie** ist die direkte und diffuse Sonnenstrahlung[191] in Form von Licht und Wärme. Künstlich erzeugtes Licht ist demnach keine solare Strahlungsenergie.[192] Der Begriff der solaren Strahlungsenergie umfasst insbesondere Photovoltaikanlagen und Anlagen zur solarthermischen Stromerzeugung.[193] Dane- **101**

180 BT-Drs. 16/8148, S. 39.
181 So auch die Gesetzesbegründung zu § 3, BT-Drs. 16/8148, S. 39.
182 BT-Drs. 16/8148, S. 39.
183 Schneider/Theobald/*Schneider*, § 21 Rn. 13.
184 Schneider/Theobald/*Schneider*, § 21 Rn. 12.
185 *Kölbel/Göttlicher/Benz/Schlagermann/Münch*, in: Böhmer/Weißenborn, Erneuerbare Energien – Perspektiven für die Stromerzeugung, S. 151, 153.
186 Vgl. Altrock/Oschmann/Theobald/*Oschmann*, § 3 Rn. 77.
187 *Kölbel/Göttlicher/Benz/Schlagermann/Münch*, in: Böhmer/Weißenborn, Erneuerbare Energien – Perspektiven für die Stromerzeugung, S. 151, 153.
188 *Salje*, EEG, § 5 Rn. 66; vgl. auch Altrock/Oschmann/Theobald/*Oschmann*, § 3 Rn. 71.
189 *Müller*, Handbuch Elektrizitätswirtschaft, S. 226 ff.; Schneider/Theobald/*Schneider*, § 21 Rn. 10.
190 Altrock/Oschmann/Theobald/*Oschmann*, § 3 Rn. 73.
191 Reshöft/*Bönning*, § 32 Rn. 6; Altrock/Oschmann/Theobald/*Oschmann*, § 3 Rn. 58.
192 Altrock/Oschmann/Theobald/*Oschmann*, § 32 Rn. 37.
193 BT-Drs. 16/8148, S. 39.

ben ist auch die Nutzung der Umgebungswärme einschließlich der Meereswärme erfasst.[194] Dem kann zugestimmt werden, weil Umgebungswärme die Folge von Sonneneinstrahlung ist. Im Ergebnis dürfte die Frage aber keine Rolle spielen, da eine Stromerzeugung aus Umgebungswärme weder kurz- noch mittelfristig erfolgen dürfte.

102 **15. Finanzielle Förderung (Nr. 15).** Der Begriff der finanziellen Förderung wurde neu in das EEG 2014 eingefügt. Im EEG 2012 gab es zwar die Marktprämie, die (Einspeise-)Vergütung sowie kapazitätsbezogene Zahlungen. Ein einheitlicher Oberbegriff existierte aber nicht. Die finanzielle Förderung umfasst nur Zahlungen des Netzbetreibers an den Anlagenbetreiber. Anderweitige Erlöse des Anlagenbetreibers, z. B. aus einer Vermarktung des Stroms, fallen nicht unter den Begriff. Erfasst sind auch nur Zahlungen nach § 19 oder § 52. Konkret ist dabei nach § 19 i.V.m. § 34 die Marktprämie der Regelfall der Förderung.[195] Die Einspeisevergütung wird unter den Bedingungen der §§ 37 und 38 gezahlt. Anderweitige Zahlungen, insbesondere nach § 15 oder auf Grundlage eines Vertrages oder eines anderen Gesetzes, fallen nicht unter den Begriff der finanziellen Förderung.

103 **16. Freiflächenanlage (Nr. 16).**[196] Auch der Begriff der Freiflächenanlage ist mit dem EEG 2014 neu in das Gesetz aufgenommen worden. Schon früher sind Anlagen, die nicht auf Gebäuden errichtet wurden, in der juristischen und energiewirtschaftlichen Literatur als Freiflächenanlage bezeichnet worden.[197] Der Gesetzgeber hat diesen Begriff aber im EEG 2012 noch nicht verwendet. Der Begriff wird nunmehr legal definiert und in §§ 2, 23, 55, 88 und 102 verwendet.

104 Eine Freiflächenanlage ist eine Anlage nach Nr. 1 zur Erzeugung von Strom aus solarer Strahlungsenergie nach Nr. 14 lit. c. Die Anlage darf nicht in, an oder auf einem Gebäude oder einer sonstigen baulichen Anlage errichtet worden sein. Die Errichtung in, an oder auf einem Gebäude oder einer baulichen Anlage ist unschädlich, wenn das Gebäude oder die bauliche Anlage vorrangig zu der Erzeugung von Strom aus solarer Strahlungsenergie errichtet worden ist.

105 **a) Gebäude oder bauliche Anlage.** Der Begriff des **Gebäudes** wird in Nr. 17 definiert, im Einzelnen siehe dort. Der Begriff der **baulichen Anlage** ist anders als der des Gebäudes nicht legal definiert. Er entspricht dem Verständnis des Bauordnungsrechts[198] und erfasst jede mit dem Erdboden verbundene, aus Bauteilen und Baustoffen hergestellte Anlage.[199] § 2 der Musterbauordnung[200] definiert bauliche Anlagen als mit dem Erdboden verbundene, aus Bauprodukten hergestellte Anlagen; eine Verbindung mit dem Boden besteht dann, wenn die Anlage durch eigene Schwere auf dem Boden ruht oder auf ortsfesten Bahnen begrenzt beweglich ist oder die Anlage nach ihrem Verwendungszweck dazu bestimmt ist überwiegend ortsfest benutzt zu werden. Bauliche Anlagen sind demnach auch Aufschüttungen und Abgrabungen, Lagerplätze, Abstellplätze und Ausstellungsplätze, Sport- und

---

194 BT-Drs. 16/8148, S. 39.

195 *Herz/Valentin*, EnWZ 2014, 358.

196 Zu den Tatbestandsmerkmalen im Einzelnen auch unter § 51 Rn. 60 ff.

197 Z. B. Altrock/Oschmann/Theobald/*Oschmann*, § 32 Rn. 31; *Salje*, EEG, § 32 vor Rn. 1.

198 Vgl. BT-Drs. 16/8148, S. 60; Altrock/Oschmann/Theobald/*Oschmann*, § 32 Rn. 45.

199 BGH, Urt. v. 17.7.2013, VIII ZR 308/12, Rn. 16, ree 2013, 242; BGH Urt. v. 9.2.2011, VIII ZR 35/10, Rn. 39, ree 2011, 78.

200 Beschluss der Bauministerkonferenz v. 7./8.11.2002, verfügbar unter: http://archiv.dstgb.de/ homepage/kommunalreport/archiv2002/newsitem00531/index.html.

Spielflächen, Campingplätze, Wochenendplätze und Zeltplätze, Freizeit- und Vergnügungsparks, Stellplätze für Kraftfahrzeuge, Gerüste, Hilfseinrichtungen zur statischen Sicherung von Bauzuständen. Die Gesetzesbegründung zum EEG 2009 nennt hingegen nur Straßen, Stellplätze Deponieflächen, Aufschüttungen Lager- und Abstellplätze.[201] Entsprechend weit ist der Begriff auszulegen. Der BGH hat vor diesem Hintergrund auch eine geschotterte Lagerfläche[202] und eine innerhalb einer Galopprennbahn angelegte Grünfläche[203] als bauliche Anlage im Sinne des § 32 EEG 2009 angesehen.

b) Vorrangig zu einem anderen Zweck errichtet. Die bauliche Anlage oder das Gebäude muss **vorrangig zu einem anderen Zweck errichtet**[204] worden sein, als dem darauf eine Anlage zur Erzeugung von Strom aus solarer Strahlung zu errichten. Dabei kommt es nicht darauf an, ob die bauliche Anlage zum Zeitpunkt der Inbetriebnahme tatsächlich gerade entsprechend der Funktion ihres abstrakten, rechtlich qualifizierten Nutzungszwecks (z. B. Lärmschutzwand) genutzt wird.[205] Vielmehr muss die bauliche Anlage einen (ursprünglichen) Nutzungszweck aufweisen, der nicht von der Erzeugung von Strom aus solarer Strahlungsenergie charakterisiert ist.[206] Dies bedeutet, dass der bei Errichtung dominante Zweck der baulichen Anlage festgestellt werden muss.[207] Eine vor oder nach Inbetriebnahme der Anlage tatsächlich erfolgte Aufgabe der ursprünglichen anderweitigen Hauptnutzung bleibt also bedeutungslos.[208] Ist die bauliche Anlage lange vor der Photovoltaikanlage errichtet worden, z. B. wenn sie auf stillgelegten versiegelten Flächen errichtet wird, kann deshalb in aller Regel darauf geschlossen werden, dass die Anlage einem anderen Zweck diente. Anders ist es aber dann, wenn eine bauliche Anlage oder ein Gebäude erweitert oder vergrößert wird, um eine Photovoltaikanlage anzubringen. Dann ist auch auf die neu errichteten Teile der abzustellen.[209]

106

Das Gesetz stellt auf die **subjektive Einschätzung** des Errichters ab, die naturgemäß nur schwer festgestellt werden kann. Deshalb muss nach allgemeinen zivilrechtlichen Grundsätzen darauf abgestellt werden, wie nach Einschätzung eines objektiven Dritten,[210] das funktionale Verhältnis zwischen der baulichen Anlage [..] und der auf oder an ihr zur Erzeugung von Solarstrom angebrachten Anlage ist.[211] Der (die) vorrangige(n) Errichtungszweck(e) ist (sind) in einer einzelfallbezogenen Prüfung unter Einbeziehung zeitlicher, baulich-konstruktiver, ökonomischer und sonstiger Indizien zu bestimmen.[212] Für die Beurteilung der Vorrangigkeit der Zweckbestimmung ist maßgebend, ob das Gebäude/die bauliche Anlage auch ohne die Anlage zur Erzeugung von Solarstrom in vergleichbarer Form errichtet worden wäre oder ob die Errichtung unterblieben oder in einer wesentlich anderen Gestaltung erfolgt wäre.[213] Bauliche Anlagen sind nicht schon allein deswegen

107

---

201 BT-Drs. 16/8148, S. 60.
202 BGH, Urt. v. 17.11.2010, VIII ZR 277/09, Ls. B, BGHZ 187, 311.
203 BGH, Urt. v. 17.7.2013, VIII ZR 308/12, Rn. 16, ree 2013, 242.
204 Gerade hierzu detailliert auch § 51 Rn. 222 ff.
205 BT-Drs. 17/6071, S. 73.
206 *Salje*, EEG, § 51 Rn. 33.
207 *Salje*, EEG, § 51 Rn. 33.
208 BT-Drs. 17/6071, S. 73.
209 Vgl. BGH, Urt. v. 17.11.2010, VIII ZR 277/09, Rn. 36 ff., BGHZ 187, 311.
210 Altrock/Oschmann/Theobald/*Oschmann*, § 32 Rn. 48.
211 BGH, Urt. v. 17.11.2010, VIII ZR 277/09, Rn. 35, BGHZ 187, 311.
212 Clearingstelle EEG, Votum 2008/42, Ls. 2.
213 BGH, Urt. v. 17.11.2010, VIII ZR 277/09, Rn. 35, BGHZ 187, 311.

vorrangig zur Erzeugung von Solarstrom errichtet, weil die Investitionskosten für die Photovoltaikanlage die Investitionskosten für die bauliche Anlage übersteigen.[214] Allerdings können die Investitionskosten ein Anhaltspunkt sein, um den überwiegenden Zweck einer Investition festzustellen. Für Beispiele zum vorrangigen Errichtungszweck wird auf die ausführliche Kommentierung zu § 51 verwiesen.

108   **c) In, an oder auf.** Die Voraussetzung, dass die Anlage **in, an oder auf** der baulichen Anlage oder einem Gebäude angebracht sein muss, bedeutet, dass die Anlage mittels baulicher Verbindungsmittel befestigt sein muss.[215] Für eine Anbringung an oder auf dem Gebäude verlangt der BGH, dass das Gebäude über seine Statik die Anlage trägt. Daraus folgt zugleich, dass das Gebäude als Trägergerüst die Hauptsache bilden muss, von der die darauf oder daran befestigte Anlage in ihrem Bestand abhängig ist.[216] Mit der Einfügung des Wortes *in* wollte der Gesetzgeber klarstellen, dass fassadenintegrierte Anlagen genauso zu behandeln sind, wie Anlagen an oder auf Gebäuden oder baulichen Anlagen.

109   **17. Gebäude (Nr. 17).** Die bisher in § 32 Abs. 4 EEG 2012 enthaltene Gebäudedefinition wird in Nr. 17 übernommen. Der Begriff wird in den Nrn. 16 und 37 verwendet. Außerdem findet er sich in § 9 Abs. 3 Nr. 1, § 25 Abs. 2 Nr. 6 und in § 51 sogar mehrfach. Ein Gebäude ist eine selbständig benutzbare, überdeckte bauliche Anlage, die von Menschen betreten werden kann und vorrangig dazu bestimmt ist dem Schutz von Menschen, Tieren oder Sachen zu dienen. Sie entspricht § 2 Abs. 2 der Musterbauordnung.[217] Hierauf verweist auch die Gesetzesbegründung.[218]

110   **a) Selbständig benutzbar.** Selbständig benutzbar sind bauliche Anlagen, wenn sie – in Orientierung am Bauordnungsrecht – „unabhängig von anderen baulichen Anlagen geeignet sind, ihren Verwendungszweck zu erfüllen", wobei „etwaige gemeinsame Bauteile bei aneinandergebauten Gebäuden" dem nicht entgegenstehen; auch „verlangt die selbständige Benutzbarkeit keine Abtrennbarkeit von anderen baulichen Anlagen.[219]

111   **b) Überdeckt.** Für die Überdeckung kommt es maßgeblich darauf an, ob ein unter Berücksichtigung der Funktion der baulichen Anlage schützender Abschluss nach oben vorliegt, der in seiner festen, auf Dauer angelegten Verbindung mit den übrigen Bauteilen noch als Dach angesprochen werden kann, selbst wenn mit diesem Abschluss nur ein partieller Witterungsschutz erstrebt ist.[220] So hat der BGH eine Schattenhalle bei der zwischen den einzelnen Modulen ausreichend Raum gelassen wird, um Regen und einen geringen Lichteinfall durchzulassen, als Gebäude angesehen.[221] Unerheblich ist, ob das Dach erst durch die Solarstromanlage gebildet wird; die Anlage ist vielmehr auch dann an einem Gebäude angebracht, wenn sie eine zuvor bestehende bauliche Anlage zum Gebäude komplettiert, wenn also die Solarstromanlage selbst (ganz oder teilweise) das Dach des Gebäudes bil-

214 Clearingstelle EEG, Votum 2008/42, Ls. 2.
215 Frenz/Müggenborg/*Schomerus*, § 32 Rn. 30.
216 BGH, Urt. v. 29.10.2008, VIII ZR 313/07, Rn. 15, RdE 2009, 149.
217 Beschluss der Bauministerkonferenz v. 7./8.11.2002, verfügbar unter: http://archiv.dstgb.de/homepage/kommunalreport/archiv2002/newsitem00531/index.html.
218 BT-Drs. 16/8148, S. 61.
219 Clearingstelle EEG, Hinweis 2011/10, Rn. 22 unter Verweis auf verschiedene verwaltungsgerichtliche Urteile u. a. OVG Münster, Beschl. v. 7.9.2010, 10 B 846/10, Rn. 10 f., zitiert nach juris.
220 BGH, Urt. v. 17.11.2010, VIII ZR 277/09, Rn. 14, BGHZ 187, 311.
221 Ebd.

det.[222] Einfriedungsmauern, Zäune und ähnliche Einrichtungen sind wegen der fehlenden Überdachung keine Gebäude.[223] Eine seitliche Begrenzung ist im Gegenteil nicht erforderlich.[224] Deshalb sind auch Carports oder Überdachungen von Tankstellen als Gebäude anzusehen.[225]

c) Betretbar. Die bauliche Anlage muss vom Menschen betreten werden können, das bedeutet, dass ein durchschnittlich groß gewachsener Mensch in natürlicher Haltung aufrecht in die bauliche Anlage hineingehen können muss.[226] Nicht erforderlich ist, dass das gesamte Gebäude aufrecht betreten werden kann.[227] Ein Gärfuttersilo, in das man nicht hineingehen kann, sondern auf das man nur steigen kann, ist hingegen kein Gebäude.[228]   **112**

d) Dient vorrangig dem Schutz von Menschen, Tieren oder Sachen. Vorrangiger Zweck der baulichen Einrichtung ist der Schutz von Menschen, Tieren oder Sachen. Zum vorrangigen Zweck einer baulichen Anlage vergleiche die Kommentierung unter Rn. 106 ff.   **113**

18. Generator (Nr. 18). Der Begriff des Generators ist inhaltlich gegenüber dem **EEG 2012** unverändert. Der Begriff wird in **Nr. 21 und § 32 verwendet.** Generator ist nach Nr. 4 jede technische Einrichtung, die mechanische, chemische, thermische oder elektromagnetische Energie direkt in elektrische Energie umwandelt. Eine technische Einrichtung ist die Gesamtheit der Gegenstände, die nach einem bestimmten Plan für die Umwandlung in Strom verwendet werden. Damit ist der Generator die Stromerzeugungseinheit im engeren Sinne und Bestandteil jeder Anlage.[229] Zumeist sind dies Drehgeneratoren, die bei Biomasse-, Deponie-, Klär- und Grubengasanlagen von einem Motor oder einer Turbine angetrieben werden. Auch Wasserkraftanlagen arbeiten mit Turbinen, die die Energie des Triebwassers in eine Drehbewegung umwandeln. Im Fall von Windenergieanlagen wird die Bewegung des Rotors in Strom verwandelt. Im Bereich der Stromerzeugung aus solarer Strahlungsenergie wird durch die Solarzelle die Strahlungsenergie (elektromagnetische Energie) direkt in elektrische Energie umgewandelt. Damit ist die Solarzelle die stromerzeugende Einheit, also der Generator.[230] Auch die Brennstoffzelle ist ein Generator im Sinne dieser Bestimmung, da sie chemische Energie umwandelt.[231]   **114**

19. Gülle (Nr. 19). Die Definition von **Gülle** in Nr. 19 entspricht der bisherigen Legaldefinition in Anlage 2 Nr. II.2 EEG 2009. Der Güllebegriff entstammt dem europäischen Recht. Gülle sind nach Art. 3 Nr. 20 der Verordnung (EG) Nr. 1069/2009 Exkremente und/oder Urin von Nutztieren abgesehen von Zuchtfisch, mit oder ohne Einstreu. Durch die Bezugnahme auf diese Definition ist zugleich sichergestellt, dass andere tierische Neben-   **115**

---

222 BGH, Urt. v. 17.11.2010, VIII ZR 277/09, Rn. 15, BGHZ 187, 311; dem folgend Clearingstelle EEG, Hinweis 2011/10, Rn. 24.
223 Vgl. Clearingstelle EEG, Hinweis 2011/10, Rn. 24; *Salje*, EEG § 5 Rn. 90.
224 Clearingstelle EEG, Hinweis 2011/10, Rn. 24; LG Kassel Urt. v. 5.3.2007, 5 O 1690/06, ZUR 2008, 309.
225 BT-Drs. 16/8148, S. 61.
226 Clearingstelle EEG, Hinweis 2011/10, Rn. 25.
227 Frenz/Müggenborg/*Schomerus*, § 33 Rn. 44.
228 VGH München, Urt. v. 2.8.1973, 94 I 72, BayVBl. 1973, 64.
229 Reshöft/*Reshöft*, § 3 Rn. 22.
230 Altrock/Oschmann/Theobald/*Oschmann*, § 3 Rn. 95.
231 BT-Drs. 16/8148, S. 39.

produkte im Sinne dieser EG-Verordnung nicht eingesetzt werden dürfen (auch nicht als Bestandteil von Küchen- und Speiseabfällen).[232]

116 Ein **Nutztier** ist nach Art. 3 Nr. 6 der Verordnung Nr. 1069/2009

a) ein Tier, das vom Menschen gehalten, gemästet oder gezüchtet und zur Gewinnung von Lebensmitteln, Wolle, Pelz, Federn, Fellen und Häuten oder sonstigen von Tieren gewonnenen Erzeugnissen oder zu sonstigen landwirtschaftlichen Zwecken genutzt wird;
b) Equiden.

Damit fallen **Kot und Urin von Nutztieren** wie Pferden, Schweinen, Hühnern, Schafen und Ziegen unter die Gülledefinition, während die Ausscheidungen von Wild- oder Zootieren nicht erfasst sind.

117 Abweichend von dem hier definierten Güllebegriff wird in § 6 Abs. 4 S. 2 ausnahmsweise an den Güllebegriff nach § 2 S. 1 Nr. 4 des Düngegesetzes angeknüpft, da die dort geregelte Ausnahme von der Pflicht zur Gärrestlagerabdeckung nur bei einem Einsatz von flüssiger Gülle mit einem Trockensubstanzgehalt von weniger als 15% gelten soll.[233]

118 **20. Herkunftsnachweis (Nr. 20).** Mit dem Europarechtsanpassungsgesetz wurde – wie oben unter I. dargestellt – eine Definition für den Begriff **Herkunftsnachweis** in das Gesetz aufgenommen. Die Begriffsdefinition stammt aus Art. 2 lit. j der RL 2009/28/EG. Der dortige Bezug auf die Binnenmarktrichtlinie wurde jedoch durch einen Bezug auf das Energiewirtschaftsgesetz ersetzt, das die Regelungen zur Stromkennzeichnung in deutsches Recht umsetzt.[234]

119 Herkunftsnachweise sind **elektronische Dokumente**, die ausschließlich zur Stromkennzeichnung gegenüber dem Endkunden nach § 42 Abs. 2 EnWG dienen. Eine Verwendung zu anderen Zwecken ist nicht zulässig.[235] Einzelheiten zu den Herkunftsnachweisen regeln § 79 und die auf Grundlage von § 92 erlassene Herkunftsnachweisverordnung (HkNV).[236]

120 **21. Inbetriebnahme (Nr. 21).** Der Begriff der Inbetriebnahme wird durch das EEG 2014 geändert. Stellten das EEG 2012 und das EEG 2009 noch auf das Inbetriebsetzen des Generators der Anlage ab, bezieht sich der Inbetriebnahmebegriff des EEG 2014 auf das Inbetriebsetzen der Anlage. Die Änderung ist eine Reaktion auf die viel diskutierte Rechtsprechung des BGH zum Anlagenbegriff und dient der Klarstellung, „dass die gesetzliche Förderdauer von 20 Jahren zuzüglich des Inbetriebnahmejahrs für den gesamten in der Anlage erzeugten Strom gleichermaßen mit der Inbetriebnahme der Anlage beginnt, ungeachtet der Inbetriebsetzung der einzelnen stromerzeugenden Generatoren dieser Anlage. Auch für Strom aus Generatoren, die nachträglich zu der Anlage hinzu gebaut werden und im Sinne des weiten Anlagenbegriffs Teil der Anlage werden, ist hinsichtlich des Beginns der 20-jährigen Förderdauer auf die bereits zeitlich früher erfolgte Inbetriebnahme der Anlage abzustellen.[237] Eine weitere Änderung des Inbetriebnahmebegriffs bewirkt, dass eine Anlage nach dem EEG 2014 erst in Betrieb genommen wird, wenn sie mit erneuerbaren Energien in Betrieb gesetzt wurde. Dies war nach dem EEG 2012 ebenfalls nicht erforderlich.

---

232 BT-Drs. 16/8148, S. 80.
233 BT-Drs. 17/6071, S. 61.
234 Siehe hierzu BerlKommEnR/*Tödtmann/Arens*, Bd. 1, 3. Aufl. 2014, § 42 EnWG.
235 BT-Drs. 17/3629, S. 34.
236 Herkunftsnachweisverordnung (HkNV) v. 28.11.2011, BGBl. I S. 2447.
237 BT-Drs. 18/1304, S. 128.

Der Inbetriebnahmebegriff wird an vielen Stellen verwendet, seine Änderung hat deshalb an entsprechend vielen Stellen Auswirkungen.

Schon mit dem Gesetz zur Änderung des Rechtsrahmens für Strom aus solarer Strahlungs- **121** energie (sog. PV-Novelle) und zu weiteren Änderungen im Recht der erneuerbaren Energien[238] wurde der Inbetriebnahmebegriff des EEG 2012 geändert. Dabei wurde die Anforderung der **technischen Betriebsbereitschaft** der Anlage modifiziert, nachdem die Auslegung des EEG 2009 zu erheblichen Verwerfungen im Bereich der Photovoltaik geführt hatte. Die Anlage muss seit dem fest an dem für den dauerhaften Betrieb vorgesehenen Ort installiert worden sein.[239]

a) Bedeutung. – Der Inbetriebnahmebegriff ist für die Berechnung der Vergütung von Be- **122** deutung. So richtet sich bspw. die Förderdauer nach § 22, die Absenkung der Förderung nach den §§ 26 ff. und regelmäßig auch die Entscheidung welches EEG überhaupt Anwendung findet, nach dem Jahr der Inbetriebnahme. Das Inbetriebnahmedatum bestimmt insofern über die Höhe der Vergütung. Auch im Bereich Windenergie knüpfen einige besondere Vergütungsvoraussetzungen an den Inbetriebnahmebegriff an.[240]

b) Inbetriebsetzung der Anlage. – Für die Frage der Inbetriebnahme kommt es auf den **123** Zeitpunkt der erstmaligen Inbetriebsetzung der Anlage an. Dies bedeutet, dass der Generator Strom erzeugen muss.[241] Allerdings muss der Strom nicht in das Netz eingespeist werden. Vielmehr reicht es aus, wenn der Strom erzeugt, verbraucht oder gespeichert wird.[242] Allerdings reicht die bloße Möglichkeit zur Stromerzeugung nicht aus.[243] Die Inbetriebsetzung verlangt die tatsächliche Erzeugung von Strom und nicht lediglich die Betriebsbereitschaft.

Der Anlagenbegriff wird in Nr. 1 legal definiert. Damit hat seit dem EEG 2014 **eine An-** **124** **lage** immer **einen Inbetriebnahmebegriff**. Auch dann, wenn später einzelne Teile oder Generatoren **ausgetauscht** werden oder die Anlage **erweitert** wird, ändert sich dadurch das Inbetriebnahmedatum nicht. Dies bedeutet, ein neu zugebauter oder ersetzter Generator erhält das Inbetriebnahmedatum der bestehenden Anlage, die Vergütung ist so hoch, wie bei der bestehenden Anlage und der Vergütungszeitraum so lang, wie für die bereits bestehende Anlage. Hier ist eine relevante Änderung gegenüber dem EEG 2012 erfolgt, bei dem es noch auf die Inbetriebsetzung des Generators ankam, so dass eine Erweiterung um einen Generator für diesen eine eigene Inbetriebnahme auslösen konnte. Ergebnis ist, dass der neue Generator aufgrund der Degression eine andere Vergütung erhielt und nach Auffassung des BGH auch erneut eine Vergütung für 20 Jahre gezahlt werden konnte.[244]

Diese Neudefinition des Inbetriebnahmebegriffs führt auch dazu, dass die Rechtsprechung **125** des BGH, wonach als zeitlicher Anknüpfungspunkt der prozentualen Reduzierung (in Form der Degression) der Zeitpunkt herangezogen werden (muss), in dem die Anlage erstmals

---

238 Gesetz zur Änderung des Rechtsrahmens für Strom aus solarer Strahlungsenergie und weiteren Änderungen im Recht der erneuerbaren Energien, v. 23.8.2012, BGBl. I S. 1754.
239 BT-Drs. 17/8877, S. 17.
240 So wird die erhöhte Anfangsvergütung nach § 29 Abs. 2 Satz 1 in den ersten 5 Jahren ab der Inbetriebnahme gewährt.
241 Altrock/Oschmann/Theobald/*Oschmann*, § 3 Rn. 120.
242 Clearingstelle EEG, Hinweis 2010/1, LS 1.
243 *Salje*, EEG, § 5 Rn. 106.
244 Vgl. BGH, Urt. v. 23.10.2013, VIII ZR 262/12, Rn. 59, ree 2013, 226.

Strom zu dem jeweiligen konkreten Vergütungssatz nach § 11 Abs. 1 beziehungsweise § 11 Abs. 2 EEG 2004 produziert hat,[245] überholt ist. **Spätere Änderungen des Einsatzes einer Anlage** (z. B. Veränderungen des Standorts bei Photovoltaikanlagen oder Veränderungen der Einsatzstoffe bei Biomasseanlagen) verändern zwar die Vergütungshöhe, nicht aber das Inbetriebnahmedatum.[246] Dies ergibt sich schon aus dem Wort „erstmalige" vor „Inbetriebsetzung" und war auch schon nach dem EEG 2009 die ganz herrschende Auffassung.[247]

126   **c) Technische Betriebsbereitschaft.** – Die Inbetriebsetzung der Anlage muss allerdings nach Herstellung der technischen Betriebsbereitschaft der Anlage erfolgen. Die technische Betriebsbereitschaft setzt voraus, dass die Anlage fest an dem für den **dauerhaften Betrieb vorgesehenen Ort** und dauerhaft mit dem für die Erzeugung von Wechselstrom erforderlichen Zubehör installiert wurde.

127   **aa) Ort des dauerhaften Betriebs.** Gleichzeitig muss die Anlage an dem für den **dauerhaften Betrieb vorgesehenen Ort** installiert worden sein. Dauerhaft ist ein Zeitraum, der über wenige Monate hinausgeht und mindestens ein Jahr erfasst.[248] Dafür kommt es auf eine **Ex-ante-Betrachtung** und den normalen Lauf der Dinge an. Wäre die Anlage also nach dem normalen Lauf der Dinge dauerhaft am Ort der Inbetriebnahme betrieben worden, ist diese Voraussetzung erfüllt. Ändert sich dieser Ort nach der Installation der Anlage entgegen den ursprünglichen Plänen (also ex post), hat dies keinen Einfluss auf den Inbetriebnahmezeitpunkt.[249] Wird die Anlage also später – entgegen der ursprünglichen Pläne – **versetzt**, führt dies nicht zu einer erneuten Inbetriebnahme.[250] Weder der Anlagenbegriff noch der Inbetriebnahmebegriff sind auf einen bestimmten Standort bezogen, so dass Vergütungshöhe und Vergütungsdauer grundsätzlich auch bei einer Umsetzung der Anlage identisch bleiben. Anders kann das nur sein, wenn die Vergütung an einen bestimmten Standort anknüpft. So kann bei einer Freiflächenanlage der Vergütungsanspruch komplett entfallen, wenn sie auf eine Fläche versetzt wird, für die zum Zeitpunkt ihrer Inbetriebnahme keine Vergütung vorgesehen war.

128   Ein BHKW muss sich an dem Standort befinden, an dem auch die Wärmesenke oder die zugehörige Biogasproduktion installiert wird. Anlagen zur Erzeugung von Strom aus solarer Strahlungsenergie, für die die Vergütung nach § 51 Abs. 2 geltend gemacht werden soll, müssen bereits in, an oder auf dem Gebäude angebracht sein. Freiflächenanlagen müssen auf den nach § 51 Abs. 1 vorgesehenen Flächen in Betrieb genommen werden.[251]

129   **bb) Feste Installation.** Die Anlage muss **fest installiert** sein. Dies bedeutet, dass die für einen **dauerhaften Betrieb erforderlichen Befestigungen** erfolgt sein müssen.[252] Insoweit dürfen keine übertriebenen Anforderungen gestellt werden. Schon aus Wartungs- und Reparaturgründen müssen Anlagen bzw. Anlagenteile ohne unnötigen Aufwand von ihrem Untergrund gelöst werden können.[253] Bei Biogasanlagen etwa reicht es für ein BHKW in

---

245 BGH, Urt. v. 9.2.2011, VIII ZR 35/10, Rn. 46, NVwZ-RR 2011, 364.
246 So aber noch BGH, Urt. v. 9.2.2011, VIII ZR 35/10, Rn. 45 f., NVwZ-RR 2011, 364.
247 *Loibl*, ree 2011, 197, 202.
248 Gesetzesbegründung zur Änderung von § 3, BT-Drs. 17/8877, S. 17.
249 Clearingstelle EEG, Hinweis 2012/21, Ls. 2; und schon zum alten Recht Frenz/Müggenborg/*Ekhardt*, § 3 Rn. 46; BT-Drs. 17/8877, S. 17.
250 So zum EEG 2012, Clearingstelle EEG, Empfehlung 2012/19, Rn. 64; BT-Drs. 16/8148, S. 39.
251 BT-Drs. 17/8877, S. 17.
252 BT-Drs. 17/8877, S. 17.
253 Altrock/Oschmann/Theobald/*Oschmann*, § 3 Rn. 113.

einem Container aus, dass dieser Container abgestellt wird.[254] Eine feste Verschraubung ist erforderlich, wenn die Anlage ohne eine solche nicht dauerhaft an diesem Ort betrieben werden könnte.[255] Bei Photovoltaikanlagen in, an oder auf Gebäuden ist regelmäßig eine feste Verbindung mit dem Dach oder mit auf dem Dach befindlichen Ständern erforderlich.[256] Diese Regelung dürfte nur für Dächer oberhalb eines bestimmten Neigungswinkels gelten, da Solaranlagen auf flacheren Dächern häufig nur mit Beschwerungen fixiert werden, um die Dachhaut nicht unnötig zu verletzen.[257] Freiflächenanlagen müssen aufgeständert worden sein.[258]

cc) Erforderliches Zubehör für Wechselstromerzeugung. Schließlich muss das **für die Erzeugung von Wechselstrom erforderliche Zubehör** vorhanden sein. Diese Anforderung ist eigentlich nur für Photovoltaikanlagen bedeutsam, da diese zunächst Gleichstrom erzeugen, der umgerichtet werden muss. Es ist aber nicht zwingend erforderlich, dass die Anlage auch tatsächlich Wechselstrom erzeugt hat, eine Gleichstromerzeugung kann beim Vorhandensein eines Wechselrichters ausreichend sein, wenn die Erzeugung von Wechselstrom ohne einen Anschluss an das Stromnetz technisch nicht möglich ist.   130

Allerdings beinhaltet die Anforderung Wechselstrom erzeugen zu können auch die Anforderung alle zur Stromerzeugung erforderlichen Einrichtungen bereits installiert zu haben. So muss die Anlage grundsätzlich dauerhaft Strom erzeugen können.[259] Erforderlich dafür ist, dass die Anlage über sämtliche Einrichtungen zur Stromerzeugung unter Einsatz des jeweiligen Energieträgers verfügt.[260] Wenn diese Einrichtungen so angeschlossen sind, dass – wenn auch nach einer Phase des Hochfahrens der Anlage mittels Einsatzes fossiler Brennstoffe – die Anlage durch den Einsatz von Biomasse dauerhaft Strom erzeugen kann, ist die technische Betriebsbereitschaft der Anlage hergestellt.[261]   131

Ausgenommen sind demnach Fälle, in denen die Anlage **zwar in Betrieb genommen** wurde, aber **nicht technisch betriebsbereit** war.[262] Dies ist insbesondere bei Biogasanlagen denkbar, kann aber z. B. auch bei Photovoltaikanlagen vorkommen. Zwar ist die Inbetriebnahme einer Anlage regelmäßig mit dem Beginn der Einspeisung von Strom in ein Verteilernetz identisch.[263] Das BHKW kann Strom aus angeliefertem Erdgas erzeugt haben, ohne dass die Anlage betriebsbereit war, z. B. weil der notwendige Fermenter zur Biogasherstellung noch nicht errichtet oder jedenfalls nicht an die Anlage angeschlossen war.[264] Ähnlich sieht es bei Photovoltaikanlagen ohne Wechselrichter aus; sie können Gleichstrom erzeugen, sind aber nicht betriebsbereit. Teilweise wurde zum EEG 2009 vertreten, dass eine Anlage, die dauerhaft Strom erzeugt, in jedem Fall als in Betrieb genommen angesehen werden muss, auch wenn sie wegen fehlender Anlagenbestandteile nicht betriebsbereit war.[265]   132

---

254 BT-Drs. 17/8877, S. 17.
255 BT-Drs. 17/8877, S. 17.
256 BT-Drs. 17/8877, S. 17
257 Altrock/Oschmann/Theobald/*Oschmann*, § 3 Rn. 113.
258 BT-Drs. 17/8877, S. 17.
259 BGH, Urt. v. 21.5.2008, VIII ZR 308/07, Rn. 15, ZNER 2008, 231.
260 BGH, Urt. v. 16.3.2011, VIII ZR 48/10, Rn. 16, ZNER 2011, 322.
261 BGH, Urt. v. 16.3.2011, VIII ZR 48/10, Rn. 16, ZNER 2011, 322.
262 *Loibl*, ree 2011, 197, 202.
263 OLG Naumburg, Urt. v. 10.11.2011, 2 U 87/11, Rn. 20, ree 2012, 89.
264 So auch OLG Schleswig, Urt. v. 15.6.2012, 1 U 38/11, Rn. 58, ree 2012, 157.
265 *Salje*, EEG, 6. Aufl., § 3 Rn. 200.

Dies widerspricht der Rechtsprechung des BGH zur technischen Betriebsbereitschaft[266] und dem Wortlaut des Gesetzes, wonach die Anlage und nicht nur der Generator betriebsbereit sein muss. Mit der Neufassung des Begriffs der Betriebsbereitschaft im Rahmen des Gesetzes zur Änderung des Rechtsrahmens für Strom aus solarer Strahlungsenergie und zu weiteren Änderungen im Recht der erneuerbaren Energien (sog. PV-Novelle) wurde dies nunmehr klargestellt.

133 Insgesamt muss hier allerdings vorsichtig argumentiert werden. Verfügt ein BHKW über einen **Anschluss an eine Erdgasleitung**, ist es zwar grundsätzlich technisch betriebsbereit, da Biogas auch über das Erdgasnetz angeliefert werden kann. Soll die Anlage aber dauerhaft als sogenannte Vor-Ort-Verstromungsanlage betrieben werden, muss für die technische Betriebsbereitschaft auch der Fermenter errichtet sein.[267]

134 **d) Einsatzstoffe oder Änderungen anderer Vergütungsvoraussetzungen.** – Mit dem EEG 2014 kommt es wieder darauf an, mit welchem Einsatzstoff die Anlage in Betrieb genommen ist. Wird der Generator mit einem konventionellen Energieträger wie Erdgas oder Erdöl in Betrieb gesetzt, so gilt die Anlage im Sinne des EEG 2014 nicht als in Betrieb genommen. Damit kehrt die Rechtslage des EEG 2004 zurück.[268] Dies bedeutet auch, dass ein bisher unter Einsatz von Erdgas gebauchtes BHKW, das erstmals mit erneuerbaren Energien betrieben wird, neu in Betrieb genommen wird. Die Umstellung eines bereits mit EEG-förderfähigen Energieträgern betriebenen Blockheizkraftwerks von einem förderfähigen Energieträger auf einen anderen (z. B. Umstellung von Grubengas auf Biogas oder von Deponiegas auf Biomethan) führt ungeachtet einer oftmals damit einhergehenden geographischen Umsetzung des Blockheizkraftwerks nicht zu einer erneuten Inbetriebnahme.[269] Für Anlagen, die vor dem Inkrafttreten dieses Gesetzes nach dem bis dahin geltenden Inbetriebnahmebegriff mit nicht nach dem EEG 2014 förderfähigen Energieträgern in Betrieb genommen wurden, gilt § 100 Abs. 2.

135 **e) Austausch von Teilen einer Anlage.** – Nach HS. 3 führt weder der Austausch des Generators noch sonstiger technischer oder baulicher Teile nach der erstmaligen Inbetriebnahme zu einem neuen Inbetriebnahmezeitpunkt. Damit wurde die noch im EEG 2004 geltende Regelung abgelöst, wonach eine Modernisierung ab 50 % der Kosten, die zur Errichtung einer Neuanlage erforderlich wären, zu einer Neuinbetriebsetzung führte. Der Austausch einzelner Teile der Anlage führt nicht mehr zur Neuinbetriebsetzung. Wird z. B. die Gondel einer Offshore-Anlage wegen eines Defekts ausgetauscht, hat dies keine Neuinbetriebnahme zur Folge.[270]

136 Abzugrenzen ist dies aber von dem Fall, in dem am selben Standort eine **komplett neue Anlage errichtet** wird. In diesem Fall wird nicht nur der Generator, sondern die ganze Anlage ausgetauscht. Damit entsteht eine neue Anlage, die dann auch ein neues Inbetriebnahmedatum hat und deren Vergütung sich nach diesem neuen Inbetriebnahmedatum bestimmt.[271] Der entgegengesetzten Ansicht wonach HS. 3 auch den Fall begünstige, in dem

---

266 BGH, Urt. v. 9.2.2011, VIII ZR 35/10, Rn. 45 f, NVwZ-RR 2011, 364.
267 Vgl. hierzu OLG Schleswig, Urt. v. 15.6.2012, 1 U 38/11, ree 2012, 157, Rn. 58; *Loibl*, ree 2011, 197, 202.
268 BGH, Urt. v. 21.5.2008, VIII ZR 308/07, Rn. 16, RdE 2009, 21.
269 BT-Drs. 18/1304, S. 114.
270 BT-Drs. 17/6071, S. 61.
271 So zum EEG 2012, Clearingstelle EEG, Empfehlung 2012/19, Rn. 65.

die gesamte Anlage ausgetauscht wird,[272] steht schon der Wortlaut der Vorschrift entgegen, die nur Anwendung findet, wenn der Generator oder sonstige Teile ausgetauscht werden. Deshalb liegt auch kein Austausch eines Anlagenteils, sondern die Errichtung einer neuen Anlage vor, wenn ein **Satelliten-BHKW** oder ein **Biomethan-BHKW** an seinem bisherigen Standort ausgetauscht wird. Bei dem an diesem Standort daraufhin installierten BHKW liegt die Inbetriebnahme einer neuen Anlage vor, es sei denn, das ersetzende BHKW führt ein Inbetriebnahmedatum mit sich.[273]

Problematisch kann die Abgrenzung insbesondere sein, wenn **Teile der Anlage** wie Infra-   **137** struktureinrichtungen oder bauliche Nebenanlagen, Fundamente, Anschlussleitungen, Wechselrichter oder ähnliches weiter genutzt werden. Solange es sich bei den weiter genutzten Teilen nicht um Bestandteile der Anlage handelt, dürfte dies der Inbetriebnahme einer neuen Anlage nicht im Wege stehen. Anders wäre es, wenn beispielsweise nur das Blockheizkraftwerk einer Biogasanlage ausgetauscht würde, während der Fermenter weiter genutzt wird. Da der Fermenter Bestandteil der Anlage ist, ist in diesem Fall nicht von einer Neuinbetriebnahme auszugehen. Teilweise wird in der Literatur eine neue Anlage schon angenommen, wenn die Neuinvestition mindestens 80 % der Investitionssumme für eine (fiktive) Gesamtanlage beträgt.[274] Im Ergebnis erscheint es richtig, dass die Wiederverwendung weniger unbedeutender Anlagenteile nicht dazu führen kann, dass die im Übrigen neu errichtete Anlage keine Neuanlage ist. Allerdings scheint angesichts des Wortlauts von § 3 Nr. 5, der den Austausch wichtiger Teile nicht ausreichen lässt und der Streichung der im EEG 2004 noch enthaltenen Regel, dass eine Erneuerung um mehr als 50 % zu einer Neuinbetriebnahme führt, eine enge Auslegung erforderlich. Im Ergebnis dürfen wohl nur Komponenten von ganz untergeordnetem Wert weiter verwendet werden.

Werden hingegen **alle Anlagenbestandteile nacheinander mit gewissem zeitlichen Ab-**   **138** **stand ausgetauscht**, so handelt es sich dem ersten Anschein nach um einen Anwendungsfall der Austauschregelung für jeden einzelnen dieser Schritte. Stellen sich jedoch die einzelnen Austauschschritte als Teile eines planmäßigen einheitlichen Vorgangs der **„sukzessiven Neuinbetriebnahme"** dar und liegen die übrigen Voraussetzungen für eine Inbetriebnahme vor, so handelt es sich um eine „neue" Inbetriebnahme.[275]

In dem Fall in dem Komponenten einer Anlage getrennt und in zwei verschiedene Anlagen   **139** wieder eingebaut werden, ist zu beachten, dass nur eine Anlage die ursprüngliche Anlage sein kann. Ein solches Zusammenfallen von Austausch und Versetzen liegt bspw. vor, wenn ein 2006 in Betrieb genommenes „Vor-Ort"-BHKW im Jahr 2010 versetzt und an einem anderen Ort weiterbetrieben wird, während zugleich am ursprünglichen Standort ein anderes BHKW eingebaut wird, mit dem Bestandsfermenter betrieben wird und somit die Funktion des ursprünglichen BHKW übernimmt, mithin das ursprüngliche BHKW ersetzt. In derartigen Fällen lässt das EEG die „Verdoppelung" einer Anlage bzw. von deren Inbetriebnahmezeitpunkt nicht zu, die Austauschregelung entfaltet in diesem Fall eine „Sperrwirkung" gegen die „Verdoppelung" von Inbetriebnahmezeitpunkten.[276] Hier ist der ausgebaute Teil keine Anlage, da für die Stromerzeugung erforderliche Teile fehlen. Deshalb

---

272 *Loibl*, ZNER 2014, 152, 156.
273 Clearingstelle EEG, Empfehlung 2012/19, Rn. 108.
274 *Thomas/Vollprecht*, ZNER 2012, 334, 339.
275 Clearingstelle EEG, Empfehlung 2012/19, Rn. 109.
276 Clearingstelle EEG, Empfehlung 2012/19, Rn. 77.

wird nicht die Anlage, sondern nur ein Teil der Anlage versetzt und kann deshalb das Inbetriebnahmedatum nicht mitnehmen.

140 **22. Installierte Leistung (Nr. 22).** Der Begriff wurde gegenüber dem EEG 2012 nicht geändert.[277] Inhaltlich ist der Begriff der installierten Leistung mit dem Leistungsbegriff in
§ 3 Nr. 6 EEG 2009 identisch. Der Begriff wird in den §§ 2 Abs. 6, 3, 6 Abs. 2, 8 Abs. 1, 9,
23 Abs. 2, 24 Abs. 3, 25 Abs. 1, 26 Abs. 2, 28 Abs. 1, 31 Abs. 6, 32, 37 Abs. 2 und 4, 40
Abs. 3, 46 Nr. 2, 47, 49 Abs. 3, 51, 52 Abs. 1, 53 Abs. 1, 54, 55 Abs. 1, 61 Abs. 2 und
Abs. 3, 72 Abs. 1, 74, 88, 99, 100 und 101 sowie Anlage 3 verwendet.

141 Die installierte Leistung ist die Wirkleistung der Anlage, die bei bestimmungsgemäßem
Betrieb ohne zeitliche Einschränkungen erbracht werden kann. Wirkleistung ist die tatsächlich erreichbare Nutzleistung einer Anlage.[278] Sie ist abzugrenzen von der Blindleistung, die für diese Umwandlung nicht verwendbar ist.[279] Ein bestimmungsgemäßer Betrieb
liegt nur vor, wenn Lebensdauer und Sicherheit der Anlage nicht über das normale Maß
hinaus beeinträchtigt werden.[280] Diese Leistung muss technisch ohne zeitliche Beschränkung erbracht werden können. Der Begriff „ohne zeitliche Einschränkungen" bezieht sich
nicht auf das gegebenenfalls zeitlich beschränkte Angebot natürlicher Ressourcen, sondern
ausschließlich auf die technischen Bedingungen der Anlage selbst.[281] Schwankungen des
vorhandenen Energieangebots sind dagegen unerheblich. Die installierte Leistung entspricht damit zumeist der Angabe auf dem Typenschild und der vom Hersteller bescheinigten Nennleistung des Generators.[282] Unerheblich ist es hingegen, wenn die Anlage kurzzeitig höhere Spitzenleistungen erbringt, da nach dem Gesetz kurzzeitige Abweichungen unerheblich sind.

142 Für **Photovoltaikanlagen** ist die *installierte Leistung* die gleichstromseitig ermittelte Wirkleistung. Die Wirkleistung nach dem Wechselrichter oder am Netzverknüpfungspunkt ist
hingegen nicht relevant,[283] weil bei Photovoltaikanlagen bereits das Modul als Anlage im
Sinne des § 5 Nr. 1 angesehen wird.[284]

143 Unberücksichtigt bei der Bestimmung der *installierten Leistung* einer Anlage bleiben **nur
zur Reserve genutzte Anlagen.**[285] Eine Reservenutzung ist dann anzunehmen, wenn Anlagenteile nicht für einen dauerhaften oder regelmäßigen Betrieb genutzt werden, sondern
nur in technisch bedingten Zeiträumen alternativ zu der unter normalen Umständen genutzten Stromerzeugungseinheit eingesetzt werden, etwa während Revisionsphasen.[286]

144 **23. KWK-Anlage (Nr. 23).** Die KWK-Anlage wird unter Verweis auf § 3 Abs. 2 KWKG
definiert. Danach sind KWK-Anlagen Dampfturbinen-Anlagen (Gegendruckanlage, Ent-
nahme- und Anzapfkondensationsanlagen), Gasturbinenanlagen (mit Abhitzekessel oder
mit Abhitzekessel und Dampfturbinenanlage), Verbrennungsmotoren-Anlagen, Stirling-

277 Vgl. BT-Drs. 18/1304, S. 169.
278 Altrock/Oschmann/Theobald/*Oschmann*, § 3 Rn. 131.
279 BT-Drs. 17/6071, S. 61.
280 BT-Drs. 17/6071, S. 61; Reshöft/*Reshöft*, § 3 Rn. 57.
281 BT-Drs. 17/6071, S. 61; vgl. auch Reshöft/*Reshöft*, § 3 Rn. 57.
282 So Altrock/Oschmann/Theobald/*Oschmann*, § 3 Rn. 135.
283 BT-Drs. 17/6071, S. 62; vgl. auch Altrock/Oschmann/Theobald/*Oschmann*, § 3 Rn. 135.
284 EEG-Clearingstelle, Empfehlung 2009/12, Rn. 147.
285 *Salje*, EEG, § 5 Rn. 116.
286 BT-Drs. 17/6071, S. 61; vgl. hierzu auch Altrock/Oschmann/Theobald/*Oschmann*, § 3 Rn. 134.

Motoren, Dampfmotoren-Anlagen, ORC[287]-Anlagen sowie Brennstoffzellen-Anlagen, in denen Strom und Nutzwärme erzeugt werden. Die aufgezählten Anlagen müssen Strom und Wärme produzieren. Es genügt also nicht, dass ein Verbrennungsmotor nur gekühlt wurde, die Wärme muss vielmehr nutzbar abgegeben werden.[288]

24. Letztverbraucher (Nr. 24). Letztverbraucher ist jede natürliche oder juristische Person, die Strom verbraucht. Die Definition des Begriffs Letztverbraucher entspricht im Wesentlichen der Definition in § 3 Nr. 25 EnWG.[289] Insofern kann für die Auslegung auch im Wesentlichen auf die Rechtsprechung zum EnWG zurückgegriffen werden. Einziger relevanter Unterschied ist, dass im EEG ein **Kauf** der Energie nicht erforderlich ist. Demnach ist auch Letztverbraucher, wer Energie ohne Gegenleistung erhält. Auch kommt es im EEG nicht darauf an, ob der Strom geliefert oder selbst erzeugt wird. Strom verbraucht auch, wer diesen selbst erzeugt.[290]   **145**

Letztverbraucher ist damit nicht nur derjenige, der für den eigenen Haushalt Energie beschafft, sondern auch derjenige, der Elektrizität für gewerbliche Zwecke erwirbt, wobei hierzu auch Erzeuger und Großhändler zählen,[291] wenn sie ihn für eigene Zwecke verwenden.[292] Eine solche **Verwendung** liegt vor, wenn der Strom ein elektrischen Anwendung antreibt,[293] also durch Umwandlung in eine andere Energieform aufgezehrt wird. Vor diesem Hintergrund ist auch Strom der zum Betrieb einer Anlage benötigt wird[294] oder der in einem Pumpspeicher gespeichert wird[295] verbraucht.   **146**

25. Monatsmarktwert (Nr. 25). Der Monatsmarktwert ist der nach Anlage 1 rückwirkend berechnete tatsächliche Monatsmittelwert des energieträgerspezifischen Marktwerts von Strom aus erneuerbaren Energien oder aus Grubengas am Spotmarkt der Strombörse EPEX Spot SE in Paris für die Preiszone Deutschland/Österreich in Ct/kWh. Die Begriffsdefinition entspricht der Definition in Nr. 1.1 3. Spiegelstrich der Anlage 4 zum EEG 2012. Der Begriff ist für die Berechnung der Marktprämie erforderlich. Er wird in den §§ 25 Abs. 2, 47 Abs. 1, 85 Abs. 3 Nr. 5, 101 Abs. 1 und Anlage 1 verwendet.   **147**

Der Monatsmarktwert wird ermittelt in dem rückwirkend (also nach Ablauf des in Frage stehenden Monats) der Mittelwert der Stundenkontrakte an der Leipziger Strombörse gebildet wird. Der Wert soll den Marktwert der jeweiligen erneuerbaren Energie widerspiegeln.[296] Bei Wasserkraft, Deponiegas, Klärgas, Grubengas, Biomasse und Geothermie unterstellt Anlage 1 jedoch, dass Marktwert dieser Technologien dem Mittelwert an der Börse insgesamt entspricht. Nur bei Strom aus Windenergieanlagen an Land, Windenergieanla-   **148**

---

287 Organic-Rankine-Cycle.
288 § 3 KWKG Rn. 17; in den folgenden Rn. finden sich auch weitere Erläuterungen zu den einzelnen Anlagentypen.
289 BT-Drs. 18/1304 S. 114.
290 BT-Drs. 18/1304 S. 114; im Einzelnen zur Abgrenzung zwischen Eigenversorgung und Lieferung oben unter Nr. 12.
291 BGH, Beschl. v. 17.12.2009, EnVR 56/08, Rn. 8, ZNER 2010, 172.
292 BGH, Beschl. v. 17.12.2009, EnVR 56/08, Rn. 9, ZNER 2010, 172.
293 Altrock/Oschmann/Theobald/*Oschmann*, § 3 Rn. 65.
294 LG München, Urt. v. 25.11.2010, ZNER 2011, 82,83.
295 BGH, Beschl. v. 17.12.2009, EnVR 56/08, Rn. 9, ZNER 2010, 172.
296 Altrock/Oschmann/Theobald/*Wustlich*, Anlage 4, Rn. 19.

gen auf See und solarer Strahlungsenergie werden tatsächlich jeweils technologiespezifische Monatsmarktwerte errechnet.[297]

149 Die Strombörse EPEX Spot SE mit Hauptsitz in Paris ist die Stromhandelsbörse für Spotmärkte, die neben den Strommärkten Frankreichs, Österreichs und der Schweiz auch den deutschen Stromspotmarkt abdeckt.[298] Da die Werte der Stundenkontrakte in den unterschiedlichen an der EPEX Spot gehandelten Preiszonen voneinander abweichen können, wird für den Monatsmarktwert auf die Preiszone Deutschland/Österreich abgestellt.[299]

150 **26. Netz (Nr. 26). a) Netz.** – Ein Netz ist die Gesamtheit der miteinander verbundenen technischen Einrichtungen zur Abnahme, Übertragung und Verteilung von Elektrizität für die allgemeine Versorgung. Zu diesen technischen Einrichtungen zählen insbesondere Leitungen und Kabel der verschiedenen Spannungsebenen, Abnahme- und Übergabeeinrichtungen, Umspannwerke, netzseitige Transformatoren, aber auch Sicherheits- und Überwachungseinrichtungen.[300] Zum Netz zählen, unabhängig von der Spannungsebene, alle Leitungen einschließlich der Anschlussleitungen, mittels der Kunden mit Strom versorgt werden, ohne die folglich eine allgemeine Stromversorgung nicht möglich wäre.[301]

151 Die technischen Einrichtungen müssen **miteinander verbunden** sein, so dass eine einzelne Leitung, die beispielsweise eine Stromerzeugungsanlage mit einem Kunden verbindet, ohne mit anderen Leitungen verbunden zu sein, mangels dieser Verbundenheit kein Netz darstellt.[302]

152 **b) Allgemeine Versorgung.** – Der Begriff „Energieversorgungsnetze der allgemeinen Versorgung" ist in § 3 Nr. 17 EnWG definiert. Er erfasst alle Netze, die der Verteilung von Energie an Dritte dienen und von ihrer Dimensionierung nicht von vornherein nur auf die Versorgung bestimmter, schon bei der Netzerrichtung feststehender oder bestimmbarer Letztverbraucher ausgelegt sind, sondern grundsätzlich für die Versorgung jedes Letztverbrauchers offen stehen. Diese Begriffsbestimmung erfasst nur einen Teil der unter die Definition des EEG fallenden Netze, weil das EEG auch Übertragungsnetze erfasst. Sie gibt aber Hinweise auf die Definition des Begriffs der allgemeinen Versorgung. Noch zur alten Fassung der Definition in § 2 Abs. 3 EnWG urteilte der BGH, dass ein Netz der allgemeinen Versorgung vorliege, wenn die Versorgung nicht von vorneherein auf bestimmte Abnehmer begrenzt sei.[303] Hierfür ist erforderlich, dass das Netz grundsätzlich dazu in der Lage (objektives Element) und dazu bereit (subjektives Element) ist, andere Abnehmer zu versorgen.[304]

153 Die Gesetzesbegründung führt hierzu aus, dass in Übereinstimmung mit der Rechtsprechung des BGH und der Regelung des EnWG solche Netze zu den Netzen für die allgemeine Versorgung zählen, **die unmittelbar der Verteilung von Energie an Dritte dienen.**[305]

---

297 Im Einzelnen hierzu vgl. die Kommentierung zu Anlage 1.
298 BT-Drs. 18/1304, S. 115.
299 BT-Drs. 18/1304, S. 115.
300 Vgl. Altrock/Oschmann/*Oschmann*, § 3 Rn. 137.
301 BT-Drs. 16/8148, S. 40.
302 So auch *Brodowski*, Der Belastungsausgleich im EEG und im KWKG im Rechtsvergleich, S. 47.
303 BGH, Urt. v. 10.11.2004, VIII ZR 391/03, Rn. 13 f., NVwZ 2004, 251.
304 OLG Düsseldorf, Beschl. v. 24.1.2007, VI-3 Kart 452/06 (V), ZNER 2007, 69 f. (LS).
305 BT-Drs. 16/8148, S. 40.

Ausgeschlossen sind damit Netze, die nur der **Eigenversorgung** dienen, wie Leitungsnet-   154
ze auf Produktionsstätten.[306] Darüber hinaus sind solche Netze, die errichtet werden, um
eine bestimmte Zahl namentlich bekannter oder zumindest abschließend bestimmbarer
Kunden zu versorgen, nicht von diesem Netzbegriff erfasst.[307]

27. Netzbetreiber (Nr. 27). Netzbetreiber[308] sind die nach dem EEG primär **Verpflichte-**   155
ten. Sie trifft insbesondere die Pflicht zum vorrangigen Anschluss der Anlagen (§ 8), vor-
ranger Abnahme, Übertragung und Verteilung des Stroms (§ 11) sowie der Auszahlung
der Förderung des Stroms (§§ 19 ff.).

Netzbetreiber sind Betreiber von **Netzen im Sinne der Nr. 26**, also Betreiber von Netzen   156
der allgemeinen Versorgung auf allen Spannungsebenen. Der Begriff des Netzbetreibers in
Nr. 27 wird in Anlehnung an § 3 Abs. 9 KWKG unter Bezugnahme auf den Betrieb von
Elektrizitätsnetzen für die allgemeine Versorgung in § 3 Nr. 17 EnWG definiert.[309]

Der Begriff des Betreibers eines Netzes ist vergleichbar mit demjenigen des Anlagenbe-   157
treibers. Damit handelt es sich um diejenige juristische oder natürliche Person, die unabhängig von den Eigentumsverhältnissen für den Netzbetrieb verantwortlich ist, die hiermit
im Zusammenhang stehenden Tätigkeiten wahrnimmt[310] und das wirtschaftliche Risiko
des Netzbetriebs trägt.

28. Schienenbahn (Nr. 28). Dieser Begriff wird im EEG 2014 erstmals definiert und ist   158
für die Besondere Ausgleichsregelung insbesondere die §§ 63 und 65 relevant. Das EEG
2012 und frühere Fassungen des EEG verwendeten zwar den Begriff der Schienenbahn,
enthielten aber keine Begriffsdefinition.

Das betreffende Unternehmen muss als Schienenbahnverkehrsunternehmen selbst tatsäch-   159
lich Schienenfahrzeuge auf einer Eisenbahninfrastruktur betreiben.[311] Schienenfahrzeuge
sind Verkehrsmittel, die schienengebunden sind, also auf Schienen Güter oder Menschen
transportieren.[312] Ob diese Schienen aus zwei parallel Strängen oder einer Monoschiene
bestehen, ist unerheblich.[313] Der Betrieb von Oberleitungsomnibussen und ähnlichen Fahrzeugen fällt nicht in den Anwendungsbereich der Besonderen Ausgleichsregelung, da die
Schienengebundenheit nicht vorliegt.[314] Erfasst sind aufgrund ihrer Schienengebundenheit
Straßenbahnen, Magnetschwebebahnen und nach ihrer Bau- oder Betriebsweise ähnliche
Bahnen, Bergbahnen und sonstige Bahnen besonderer Bauart.[315] Es kommt nicht darauf
an, ob diese dem öffentlichen Verkehr dienen oder als Betriebs- oder anderweitige Privat-
bahn eingesetzt werden.[316] Die Definition umfasst auch Schienenbahninfrastrukturunter-
nehmen, die Infrastrukturanlagen betreiben, die für die Zugbildung und Zugvorbereitung

---

306 So auch *Brodowski*, Der Belastungsausgleich im EEG und im KWKG im Rechtsvergleich, S. 52.
307 BT-Drs. 15/5268, S. 117.
308 Zum Begriff des Netzbetreibers auch BerlKommEnR/*Boesche*, Bd. 1, 3. Aufl. 2014, § 3 EnWG
   Nr. 2, 7, 10 und 27.
309 BT-Drs. 16/8148, S. 40.
310 Altrock/Oschmann/Theobald/*Oschmann*, § 3 Rn. 153.
311 BT-Drs. 18/1304, S. 115.
312 *Salje*, EEG, § 42 Rn. 2; Altrock/Oschmann/Theobald/*Müller*, § 42 Rn. 7.
313 Altrock/Oschmann/Theobald/*Müller*, § 42 Rn. 7.
314 Vgl. BT-Drs. 18/1304, S. 115; Altrock/Oschmann/Theobald/*Müller*, § 42 Rn. 8.
315 BT-Drs. 18/1304, S. 115.
316 Vgl. *Salje*, EEG, § 63 Rn. 15.

sowie für die Bereitstellung und Sicherung der Fahrtrasse benötigt werden und damit mittelbar zum Betrieb der Schienenfahrzeuge beitragen.[317] Auch bei diesen Unternehmen kann aber nur Fahrstrom befreit werden (vgl. § 13).

160 **29. Speichergas (Nr. 29).** Die Definition des Begriffs Speichergas wurde mit dem EEG 2012 in das EEG aufgenommen. Der Begriff findet sich im Rahmen des allgemeinen Vergütungsanspruchs nach § 19 Abs. 4, bei den gemeinsamen Vorschriften für gasförmige Energieträger in § 47 und bei der Vorschrift zur EEG-Umlage in § 60. Speichergase dienen der Zwischenspeicherung von Strom aus erneuerbaren Energien und werden ausschließlich unter Einsatz von Strom aus erneuerbaren Energien erzeugt.

161 Die Begriffsbestimmung erfasst Gase, also Stoffe in einem der Luft ähnlichen Aggregatzustand, die einen Raum ausfüllen.[318] Dabei sind Gase, die unmittelbar einen erneuerbaren Brennstoff darstellen, keine Speichergase. Das betrifft z. B. Biomethan oder Klärgas. Das Gas darf ausschließlich unter Einsatz von Strom aus erneuerbarer Energien erzeugt worden sein. Wird Strom aus konventionellen Energieträgern zur Gaserzeugung verwendet, handelt es sich im Sinne des EEG nicht um Speichergas. Dies bedeutet, dass immer, wenn Strom aus einem Netz entnommen wird, um ein Gas zu erzeugen, kein Speichergas vorliegt. Als Speichergas gilt insbesondere Wasserstoff, der unter Einsatz von Strom aus erneuerbaren Energien durch Wasserelektrolyse erzeugt wird sowie methanisierter Wasserstoff (Umwandlung des Wasserstoffs zu „synthetischem" Methan, sogenanntes Synthetic Natural Gas).[319]

162 **30. Strom aus Kraft-Wärme-Kopplung.** Der Begriff „Strom aus Kraft-Wärme-Kopplung (KWK)" wird im Rahmen des Einspeisemanagements in den §§ 14 und 15 sowie bei den gemeinsamen Bestimmungen für Strom aus Biomasse und Gase in § 47 verwendet und unter Verweis auf das Kraft-Wärme-Kopplungsgesetz[320] definiert.

163 Nach § 3 Abs. 4 des KWKG ist KWK-Strom das **rechnerische Produkt aus Nutzwärme und Stromkennzahl** der KWK-Anlage. Bei Anlagen, die nicht über Vorrichtungen zur Wärmeabfuhr verfügen, ist die gesamte Nettostromerzeugung KWK-Strom. Voraussetzung ist damit, dass der Strom in einer KWK-Anlage erzeugt wurde.[321]

164 Grundsätzlich wird damit zwischen KWK-Anlagen mit und ohne **Wärmeabfuhr** unterschieden. Einrichtungen zur Wärmeabfuhr sind nach § 3 Abs. 8 KWKG Kondensations-, Kühl- oder Bypass-Einrichtungen, in denen Strom- und Nutzwärmeerzeugung entkoppelt werden können. Anlagen ohne eine solche Wärmeabfuhr können keinen Strom erzeugen ohne gleichzeitig die Wärme zu nutzen. In diesem Fall ist es regelmäßig gerechtfertigt, den gesamten Strom als KWK-Strom zu betrachten.[322]

165 Für Anlagen mit einer Einrichtung zur Abwärmeabfuhr muss der Anteil des KWK-Strom aus Nutzwärme und Stromkennzahl errechnet werden. **Nutzwärme** ist nach § 3 Abs. 6 KWKG die aus einem KWK-Prozess ausgekoppelte Wärme, die außerhalb der KWK-An-

---

317 BT-Drs. 18/1304, S. 115.

318 Altrock/Oschmann/Theobald/*Oschmann*, § 3 Rn. 157.

319 BT-Drs. 17/6071, S. 62.

320 Kraft-Wärme-Kopplungsgesetz (KWKG) v. 19.3. 2002, BGBl. I S. 1092, zuletzt geändert durch Art. 4 Abs. 77 des Gesetzes v. 7.8.2013, BGBl. I S. 3154.

321 Siehe hierzu im Einzelnen § 3 KWKG.

322 Vgl. hierzu auch § 3 KWKG.

lage für Raumheizung, Warmwasserbereitung, Kälteerzeugung oder als Prozesswärme verwendet wird.

Stromkennzahl ist nach § 3 Abs. 7 KWKG das Verhältnis der KWK-Nettostromerzeugung zur KWK-Nutzwärmeerzeugung in einem bestimmten Zeitraum. Die KWK-Nettostromerzeugung entspricht dabei dem Teil der Nettostromerzeugung, der physikalisch unmittelbar mit der Erzeugung der Nutzwärme gekoppelt ist.   166

Dies bedeutet, dass nur der Strom, der auch tatsächlich unter Auskopplung von Wärme entstanden ist, von dieser Definition erfasst wird und demzufolge auch im Rahmen des EEG mit Strom aus erneuerbaren Energien und Grubengas gleichgestellt wird.[323] Strom, der nicht unter Nutzung der Wärme entstanden ist, kann dagegen nicht von dem Vorrang gegenüber konventionellem Strom profitieren.   167

31. Übertragungsnetzbetreiber (Nr. 31). Übertragungsnetzbetreiber haben dieselben Verpflichtungen, wie andere Netzbetreiber, soweit Anlagen unmittelbar an ihr Netz angeschlossen sind. Daneben kommen ihnen im Rahmen des Ausgleichsmechanismus (§§ 56 ff. i.V.m. der AusglMechV) verschiedene Aufgaben zu.   168

Übertragungsnetzbetreiber werden als regelverantwortliche Netzbetreiber von Hoch- und Höchstspannungsnetzen, die der überregionalen Übertragung von Elektrizität zu nachgeordneten Netzen dienen, definiert. Die Definition ist trotz Unterschieden in der Formulierung inhaltlich identisch mit der Definition des EnWG.[324] Übertragungsnetzbetreiber sind zugleich Netzbetreiber nach Nr. 27.[325]   169

Derzeit gibt es in Deutschland vier regelverantwortliche Übertragungsnetzbetreiber: Tennet, 50Hertz, Amprion und Transnet BW. Inwieweit auch die Deutsche Bahn ein Übertragungsnetz in diesem Sinne betreibt, ist bisher nicht geklärt.   170

32. Umwandlung (Nr. 32). Der Begriff der Umwandlung wurde mit dem EEG 2014 neu aufgenommen. Er wird in den §§ 64 Abs. 4 und 67 EEG 2014 verwendet und geht auf die Gegenäußerung der Bundesregierung zurück. Er ist weiter als im Umwandlungsgesetz.[326] Allerdings sind Umwandlungen nach Umwandlungsgesetz immer auch Umwandlungen im Sinne des EEG. Erfasst sind auch Singularsukzessionen, wie sie bei Unternehmenskäufen oft vorgenommen werden. Bezogen auf die Besondere Ausgleichsregelung ist z.B. die Übertragung von Vermögensgegenständen aus einer Insolvenz ein häufiger Praxisfall.[327]   171

33. Umweltgutachter (Nr. 33). Umweltgutachter haben im EEG 2014 eine deutlich geringere Bedeutung als im EEG 2012. Sie stellen insbesondere Nachweise für Biomasseanlagen aus. Darüber hinaus prüfen sie die Einführung des Umweltmanagementsystems für Unternehmen des produzierenden Gewerbes, die diese Option in der Besonderen Ausgleichsregelung nutzen.   172

Umweltgutachterin bzw. Umweltgutachter ist eine Person oder Organisation, die nach dem Umweltauditgesetz als Umweltgutachter, Umweltgutachterin oder Umweltgutachterorganisation tätig werden darf. Nach dem Umweltauditgesetz ist für die Tätigkeit als Umwelt-   173

---

323 BT-Drs. 16/8148, S. 40.
324 Altrock/Oschmann/Theobald/*Oschmann*, § 3 Rn. 176.
325 BT-Drs. 16/8148, S. 40.
326 BT-Drs. 18/1891, S. 200.
327 BT-Drs. 18/1891, S. 200.

gutachter eine entsprechende Zulassung erforderlich. Diese Zulassung erfolgt durch die Deutsche Akkreditierungs- und Zulassungsgesellschaft für Umweltgutachter mbH (DAU), wenn die im Umweltauditgesetz geregelten Anforderungen erfüllt werden. Daneben können auch Umweltgutachter, die in anderen Mitgliedstaaten der EU von den dort hierfür zuständigen Stellen als Umweltgutachter zugelassen sind, in Deutschland als Umweltgutachter tätig werden.[328]

174 Voraussetzung für die Zulassung als Umweltgutachter sind die für die Aufgabenwahrnehmung erforderliche Zuverlässigkeit, Unabhängigkeit und Sachkunde (vgl. § 4 Abs. 1 UAG). Dabei ist die Zulassung auf bestimmte Zulassungsbereiche beschränkt, für die der Antrag auf Zulassung gestellt und Sachkunde nachgewiesen wurde (§ 9 UAG) Für das EEG sind folgende Zulassungsbereiche relevant: Erneuerbare Energien, Kraft-Wärme-Kopplung, Wärmeversorgung.

175 **34. Unternehmen (Nr. 34).** Der Begriff des Unternehmens war schon im EEG 2012 definiert, wird aber im EEG 2014 neu gefasst. Der Begriff des Gewerbes wird in die Unternehmensdefinition integriert.[329] Ein Unternehmen ist jede rechtsfähige Personenvereinigung oder juristische Person, die über einen nach Art und Umfang in kaufmännische Weise eingerichteten Geschäftsbetrieb verfügt, der unter Beteiligung am allgemeinen wirtschaftlichen Verkehr nachhaltig mit eigener Gewinnerzielungsabsicht betrieben wird.

176 **a) Kleinste rechtliche Einheit.** – Ein **Unternehmen** ist die kleinste rechtlich selbständige Einheit. Der Begriff *Unternehmen* ist unabhängig von der konkreten Rechtsform, in der ein Unternehmen betrieben wird, und umfasst juristische Personen und Personengesellschaften ebenso wie kommunale Eigenbetriebe.[330] Dies entspricht auch schon der bisherigen Praxis des Bundesamtes für Wirtschaft und Ausfuhrkontrolle (BAFA) beim Vollzug der besonderen Ausgleichsregelung.[331] Bei **Konzernen** ist auf die jeweils einzelne Konzerngesellschaft und nicht auf die Konzerne oder Muttergesellschaften in ihrer Gesamtheit abzustellen.[332] Deshalb können zwei Schwestergesellschaften eines Mutterkonzerns nicht als ein Unternehmen behandelt werden.[333] Mehrere Einzelgesellschaften oder selbständige Unternehmensteile eines Konzerns, die über eine Abnahmestelle Strom beziehen, können im Hinblick auf den von ihnen bezogenen Strom nur dann von der besonderen Ausgleichsregelung profitieren, wenn jede antragsberechtigte Einheit die Anforderungen erfüllt und einen entsprechenden Antrag stellt.[334]

177 Als Unternehmen wird die kleinste wirtschaftlich, finanziell und rechtlich selbständige Einheit, die unter einheitlicher und selbständiger Führung steht, angesehen.[335] Die Notwendigkeit der **wirtschaftlichen und finanziellen Selbständigkeit** wird teilweise mit Verweis

---

328 Altrock/Oschmann/Theobald/*Oschmann*, § 3 Rn. 183.

329 Vgl. BT-Drs. 18/1304, S. 116.

330 BT-Drs. 18/1304, S. 116; BT-Drs. 17/6071, S. 62.

331 Vgl. BAFA, Merkblatt für stromkostenintensive Unternehmen, S. 7, erhältlich unter www.bafa. de.

332 So schon bisher zu *Brodowski*, Der Belastungsausgleich im EEG und im KWKG im Rechtsvergleich, S. 157 f.; Frenz/Müggenborg/*Posser/Altenschmidt*, § 41 Rn. 16; Altrock/Oschmann/Theobald/*Große/Kachel*, § 40 Rn. 55.

333 Frenz/Müggenborg/*Posser/Altenschmidt*, § 41 Rn. 16.

334 *Kachel*, ZUR 2012, 32, 33.

335 BT-Drs. 18/1304, S. 115; BT-Drs. 17/6071, S. 62.

auf den Gesetzeswortlaut bestritten.[336] Dem ist entgegenzuhalten, dass ein Unternehmen kein „leerer" Rechtsträger ist, der keinerlei wirtschaftliche Tätigkeit entfaltet und über keinerlei wirtschaftliche, finanzielle oder personelle Mittel verfügt. Ein Unternehmen ist eine autonome Wirtschaftseinheit, in der Menschen und sachliche Mittel unter einheitlicher und selbstständiger Leitung organisiert sind und in der Wirtschaftsgüter in Form von Waren erzeugt oder verändert werden.[337] Insofern ist auch eine gewisse wirtschaftliche und finanzielle Selbständigkeit erforderlich. Das heißt, ein Unternehmen ist durch seine Unternehmensträger ein selbst entscheidendes Wirtschaftssubjekt, zugleich für seinen wirtschaftlichen Erfolg selbst verantwortlich und daher typischerweise auf langfristige Rentabilität angelegt.

Entscheidend für das Vorliegen eines Unternehmens ist das **Gesamtbild der Verhältnisse**. **178** Es hat eine Gesamtwürdigung des Einzelfalles zu erfolgen.[338] Insbesondere ist die wirtschaftliche und finanzielle Selbständigkeit zu berücksichtigen.[339]

b) In kaufmännischer Weise eingerichteter Geschäftsbetrieb. Die Anforderungen stim- **179** men mit den Anforderungen an die Ausübung eines Gewerbes im Einklang mit dem Handels- und Einkommensteuerrecht überein und werden in diesem Sinne verwendet. Die Gesetzesbegründung zum EEG 2012 verwies auf die Definition des § 15 Abs. 2 Einkommensteuergesetz (EStG).[340] Damit bedarf es eines nach Art und Umfang in kaufmännischer Weise eingerichteten Geschäftsbetriebs mit einer voll ausgebildeten Buchführung. Dieser dürfte bei Unternehmen des produzierenden Gewerbes, die die übrigen Antragsvoraussetzungen erfüllen, in der Regel vorliegen.

c) Teilnahme am allgemeinen Wirtschaftsverkehr. Ein Gewerbebetrieb muss am allge- **180** meinen Wirtschaftsleben teilnehmen und sich durch eine organisatorische, finanzielle, sachliche und wirtschaftliche Verflechtung auszeichnen.[341] Die Begriffsdefinition dient der Vermeidung von Missbrauch.[342] Laut Gesetzesbegründung soll verhindert werden, dass unselbständige Subauftragnehmer oder Unternehmenskonstrukte, die lediglich als unselbständige verlängerte Werkbank oder in ähnlicher Form tätig werden, in den Genuss der Besonderen Ausgleichsregelung kommen, obwohl sie selbst gar nicht am allgemeinen Geschäftsverkehr teilnehmen und so auch nicht mit ihren Produkten selbst in einem internationalen Wettbewerbsverhältnis im Sinne des § 40 EEG stehen.[343]

d) Gewinnerzielungsabsicht. In diesem Sinne verlangt die Definition anders als die Defi- **181** nition des § 15 Abs. 2 S. 1 EStG eine eigene Gewinnerzielungsabsicht. Die Gewinnerzielungsabsicht schließt Unternehmen von der Antragstellung aus, die aus Liebhaberei betrieben werden, erfordert aber nicht, dass tatsächlich ein Gewinn erzielt wird. Die eigene Gewinnerzielungsabsicht erfordert, dass der antragstellende Rechtsträger eigene finanzielle Ziele verfolgt. Diese Konkretisierung soll der Auslagerung von stromintensiven Unterneh-

---

336 *Salje*, EEG, § 5 Rn. 169 f.
337 Vgl. *BAFA*, Merkblatt für stromkostenintensive Unternehmen, S. 7, abrufbar unter www.bafa.de.
338 BT-Drs. 17/6071, S. 62.
339 BT-Drs. 17/6071, S. 62.
340 Vgl. BT-Drs. 17/6071, S. 61.
341 BT-Drs. 17/6071, S. 61.
342 *Kachel*, ZUR 2012, 32, 33.
343 BT-Drs. 17/6071, S. 61.

mensfunktionen in wirtschaftlich scheinselbständige, rechtlich aber wirksam ausgegründete Unternehmensteile entgegenwirken.[344]

182 **35. Windenergieanlage an Land (Nr. 35).** Der Begriff der Windenergieanlage an Land war bisher im EEG nicht explizit definiert. Eine **Windenergieanlage** ist jede Anlage im Sinne von Nr. 1, die Strom aus Windenergie erzeugt. Auf das Verfahren für die Umwandlung kommt es nicht an. Zum Begriff der Windenergie siehe oben unter Rn. 100. Windenergieanlagen an Land sind alle Windenenergieanlagen, die keine Windenergieanlagen auf See sind. Dies gilt auch dann, wenn sie in Gewässern errichtet werden.[345]

183 **36. Windenergieanlage auf See (Nr. 36).** Der Begriff der Windenergieanlage auf See ersetzt den Begriff der Offshore-Anlage, wie er im EEG 2012 enthalten war. Eine inhaltliche Änderung ist damit nicht verbunden. Vielmehr wird ein Anglizismus durch ein deutsches Wort ersetzt. Eine Windenergieanlage ist nach Nr. 35 jede Anlage, die Strom aus Windenergie erzeugt.

184 Eine Windenergieanlage auf See ist eine Windenergieanlage, die in einer Entfernung von mindestens drei Seemeilen gemessen von der Küstenlinie aus **seewärts auf See** errichtet worden ist. Als **Küstenlinie** gilt die in der Karte Nr. 2920 Deutsche Nordseeküsten und angrenzende Gewässer, Ausgabe 1994, XII. sowie in der Karte Nr. 2921 Deutsche Ostseeküste und angrenzende Gewässer, Ausgabe 1994, XII. des Bundesamtes für Seeschifffahrt und Hydrographie im Maßstab 1:375 000 dargestellte Küstenlinie des deutschen Festlandes.

185 Windenergieanlagen auf See sind nur solche, die **auf See und nicht an Land** errichtet werden. Deshalb sind Windenergieanlagen auf **Inseln** auch dann keine Offshore-Anlagen, wenn die Insel mehr als drei Seemeilen von der Küste entfernt liegt.[346]

186 **37. Wohngebäude (Nr. 37).** Der Begriff des Wohngebäudes wurde mit der PV-Novelle 2012 neu in das EEG eingefügt, war damals aber noch in der Vergütungsvorschrift für solare Strahlungsenergie verankert. Die Definition wird – inhaltlich unverändert – in § 5 Nr. 37 vorgezogen. Der Begriff des Wohngebäudes wird weiterhin nur in § 51 Abs. 3 verwendet.

187 Ein Wohngebäude ist jedes Gebäude, das nach seiner Zweckbestimmung überwiegend dem Wohnen dient, einschließlich Wohn-, Alten- und Pflegeheimen sowie ähnlichen Einrichtungen. Zum Begriff des Gebäudes siehe im Einzelnen die Kommentierung zu Nr. 17. Das Gebäude muss dem Wohnen dienen.

188 Der Begriff des Wohnens ist in diesem Zusammenhang weit auszulegen. Er erfasst nicht nur ein häusliches Leben und eine im Wesentlichen **selbstbestimmte Lebensführung**, wie das Baurecht das Wohnen versteht. Vielmehr reicht es aus, wenn das Gebäude einer dauerhafte Unterkunft und Übernachtung dient,[347] wie man schon daran ablesen kann, dass auch Pflegeheime erfasst sind. Eine selbstbestimmte Lebensführung ist demnach nicht zwingend erforderlich. Insofern könnten auch Gefängnisse als Wohngebäude anzusehen sein. Hiergegen spricht jedoch die teilweise geforderte Freiwilligkeit des Aufenthalts hier definitiv fehlt.[348] Aus dem gleichen Grund wird teilweise auch bei Obdachlosenheimen, Asyl-

---

344 Vgl. *Salje*, EEG, § 5 Rn. 169.
345 BT-Drs. 18/1304, S. 116.
346 BT-Drs. 17/6071, S. 62.
347 Altrock/Oschmann/Theobald/*Oschmann*, § 32 Rn. 131.
348 Altrock/Oschmann/Theobald/*Oschmann*, § 32 Rn. 131.

bewerberheimen und Kasernen die Eigenschaft als Wohngebäude abgelehnt.[349] Dies geht allerdings zu weit, da der Aufenthalt in diesen Einrichtungen zumindest dem Grunde nach freiwillig erfolgt.

Ebenfalls umstritten ist, ob ein Wohnen nur bei einem **dauerhaften Aufenthalt** anzunehmen ist. Teilweise wird wegen der fehlenden Dauerhaftigkeit des Aufenthalts für Gasthäuser, Pensionen, Jugendherbergen und Hotels die Eigenschaft als Wohngebäude abgelehnt.[350] Nach anderer Ansicht ist es mit Blick auf Sinn und Zweck der Vorschrift nicht erforderlich eine solche Dauerhaftigkeit zu verlangen. Aus diesem Grund sollten die genannten Einrichtungen genau wie Ferienhäuser und Zweitwohnungen als zum Wohnen bestimmt anerkannt werden. Zwar sprechen Sinn und Zweck der Regelung nämlich die Verhinderung der Errichtung von unsinnigen Gebäuden, ebenfalls für eine weite Auslegung. Allerdings geht es wohl über die Wortlautgrenze hinaus, Häuser, die nur einem vorübergehenden Aufenthalt dienen, als Wohngebäude einzustufen.

189

---

349 Altrock/Oschmann/Theobald/*Oschmann*, § 32 Rn. 132.
350 Altrock/Oschmann/Theobald/*Oschmann*, § 32 Rn. 132.

§ 6 Anlagenregister

(1) [1]Die Bundesnetzagentur für Elektrizität, Gas, Telekommunikation, Post und Eisenbahnen (Bundesnetzagentur) errichtet und betreibt ein Verzeichnis, in dem Anlagen zu registrieren sind (Anlagenregister). [2]Im Anlagenregister sind die Angaben zu erheben und bereitzustellen, die erforderlich sind, um

1. die Integration des Stroms aus erneuerbaren Energien und Grubengas in das Elektrizitätsversorgungssystem zu fördern,
2. die Grundsätze nach § 2 Absatz 1 bis 3 und den Ausbaupfad nach § 3 zu überprüfen,
3. die Absenkung der Förderung nach den §§ 28, 29 und 31 umzusetzen,
4. den bundesweiten Ausgleich des abgenommenen Stroms sowie der finanziellen Förderung zu erleichtern und
5. die Erfüllung nationaler, europäischer und internationaler Berichtspflichten zum Ausbau der erneuerbaren Energien zu erleichtern.

(2) Anlagenbetreiber müssen an das Anlagenregister insbesondere übermitteln:

1. Angaben zu ihrer Person und ihre Kontaktdaten,
2. den Standort der Anlage,
3. den Energieträger, aus dem der Strom erzeugt wird,
4. die installierte Leistung der Anlage,
5. die Angabe, ob für den in der Anlage erzeugten Strom eine finanzielle Förderung in Anspruch genommen werden soll.

(3) [1]Zur besseren Nachvollziehbarkeit des Ausbaus der erneuerbaren Energien wird das Anlagenregister der Öffentlichkeit zugänglich gemacht. [2]Hierzu werden die Angaben der registrierten Anlagen mit Ausnahme der Angaben nach Absatz 2 Nummer 1 auf der Internetseite des Anlagenregisters veröffentlicht und mindestens monatlich aktualisiert.

(4) [1]Das Nähere einschließlich der Übermittlung weiterer Angaben und der Weitergabe der im Anlagenregister gespeicherten Angaben an Netzbetreiber und Dritte bestimmt eine Rechtsverordnung nach § 93. [2]Durch Rechtsverordnung nach § 93 kann auch geregelt werden, dass die Aufgaben des Anlagenregisters ganz oder teilweise durch das Gesamtanlagenregister der Bundesnetzagentur nach § 53b des Energiewirtschaftsgesetzes zu erfüllen sind.

Schrifttum: Bundesministerium für Wirtschaft und Technologie/Bundesministerium für Umwelt, Naturschutz und Reaktorsicherheit, Erster Monitoring-Bericht „Energie der Zukunft", 2012; *Thomas*, Das EEG 2014 – Eine Darstellung nach Anspruchsgrundlagen, NVwZ-Extra 17/2014, 1 ff.; *Wustlich*, Das Erneuerbare-Energien-Gesetz 2014, Grundlegend neu – aber auch grundlegend anders?, NVwZ 2014, 1113 ff.

Übersicht

I. Allgemeines

§ 6 enthält drei **Rechtsgrundlagen zur Realisierung und Durchführung eines zentralen Registers**, in dem Erzeugungsanlagen i.S. des EEG aufgeführt werden. Damit soll die energiestatistische Datenlage verbessert werden, wie bereits im Monitoringbericht aus dem Jahr 2012 angemahnt worden war.[1] **1**

In Abs. 1 ist die rechtliche Grundlage für die **Errichtung und den Betrieb des Anlagenregisters** durch die BNetzA verortet, Abs. 2 stellt die gesetzliche Grundlage für die **Übermittlungspflicht** der Anlagenbetreiber dar, und Abs. 3 enthält die Rechtsgrundlage für einen **Informationsanspruch der Öffentlichkeit**. Abs. 4 beinhaltet einen Rechtgrundverweis auf die in § 93 enthaltene Verordnungsermächtigung, von der mit Erlass der **AnlRegV**[2] Gebrauch gemacht wurde. § 6 steht demzufolge in einem systematischen Zusammenhang mit § 93 und der AnlRegV, die Einzelheiten des Anlagenregisters regelt. **2**

Da § 6 die **BNetzA**, eine Behörde, als Errichter und Betreiber des Anlagenregisters verpflichtet, handelt es sich um eine Norm, die dem **öffentlichen Recht** zuzuordnen ist. Das Rechtsverhältnis zwischen BNetzA und Anlagenbetreiber nach Abs. 2 ist ebenso wie das Rechtsverhältnis zwischen BNetzA und der Öffentlichkeit gemäß Abs. 3 ein Subordinationsverhältnis. Der Vollzug von § 6 erfolgt damit durch **bundeseigene Verwaltung** i.S. der Art. 86 f. GG. **3**

1. Normzweck. § 6 weist ein „Zweckregister" auf, d.h. der Betrieb eines Anlagenregisters dient nicht nur einem Zweck, sondern mehreren Zwecken nebeneinander. Wesentliches Ziel des Anlagenregisters ist die **Transparenz** im Zuge des Ausbaus der erneuerbaren Energien.[3] So soll nach der amtlichen Begründung mit dem Anlagenregister eine Steigerung der Transparenz über den Stand und die Entwicklung des Ausbaus der erneuerbaren Energien erfolgen.[4] **4**

---

1 BMWi/BMU, Erster Monitoring-Bericht „Energie der Zukunft", 2012, S. 10.
2 Vgl. hierzu im Einzelnen § 93 Rn. 1 ff.
3 So auch *Wustlich*, NVwZ 2014, 1113, 1116.
4 BT-Drs. 18/1304, S. 116.

5 Daneben wird mit dem Anlagenregister das Ziel verfolgt, die durch vom **EEG vorgesehenen Prozesse** zu ermöglichen bzw. zu vereinfachen. Hierzu zählt nach § 6 Abs. 1 Nr. 1 die Förderung der Integration des Stromes aus erneuerbaren Energien und aus Grubengas in das Elektrizitätsversorgungsnetz, die Überprüfung der Systemintegration, der Marktintegration, der Kosteneffizienz und des Ausbaupfads gemäß § 6 Abs. 1 Nr. 2, die Absenkung der Förderung für Strom aus Windenergie an Land, Biomasse und Photovoltaik nach § 6 Abs. 1 Nr. 3, die Erleichterung des Ausgleichsmechanismus nach § 6 Abs. 1 Nr. 4 sowie schließlich die Erleichterung der bestehenden Berichtspflichten gemäß § 6 Abs. 1 Nr. 5.[5]

6 **2. Entstehungsgeschichte.** Bei § 6 handelt es sich um eine durch das EEG 2014 **neu eingeführte Norm**. Als Vorgängerregelung kann gleichwohl § 17 Abs. 2 Nr. 1 EEG 2012 angesehen werden, die eine Registrierungspflicht für PV-Anlagen bei der BNetzA vorsah.[6] § 6 weitet diese Registrierungspflicht auf alle Anlagen und weitere Daten aus.

7 **3. Normadressaten.** § 6 richtet sich an die **BNetzA** sowie an Anlagenbetreiber.

II. Errichtung und Betrieb des Anlagenregisters (Abs. 1)

8 **1. Rechtsnatur des Anlagenregisters.** Das Anlagenregister ist ein **Verzeichnis, in dem Anlagen zu registrieren sind**.[7] Hierbei handelt es sich gemäß § 5 Nr. 1 um Einrichtungen zur Erzeugung von Strom aus erneuerbaren Energien oder aus Grubengas sowie Einrichtungen, die zwischengespeicherte Energie, die ausschließlich aus erneuerbaren Energien stammt, aufnehmen und in elektrische Energie umwandeln.[8]

9 Das Anlagenregister umfasst **alle Anlagen** nach § 5 Nr. 1. Daran ändert der Umstand nichts, dass der Verordnungsgeber in § 3 Abs. 1 S. 1 AnlRegV die Registrierungspflicht auf Anlagen beschränkt, die nach dem 31.7.2014, also ab dem Inkrafttreten des EEG und der AnlRegV, in Betrieb genommen wurden. Damit wurden die Betreiber von Bestandsanlagen in zulässiger Weise begünstigt. Dem Zweck des Anlagenregisters wird dadurch Rechnung getragen, dass die BNetzA bestehende Quellen und Register nutzt, um das Anlagenregister um die Bestandsanlagen zu ergänzen.[9]

10 Anders als für das Handelsregister in § 15 Abs. 2 S. 1 und Abs. 3 HGB hat der Gesetzgeber die im Anlagenregister eingetragenen Tatsachen nicht mit der Vermutung der Richtigkeit belegt. Das Anlagenregister hat demnach **keine vertrauensschützende Wirkung**. Insofern unterscheidet es sich auch vom Emissionshandelsregister nach § 14 TEHG, das ebenfalls eine publikumsschützende Wirkung hat.

11 **2. Errichtung und Betrieb durch die BNetzA (S. 1).** § 6 Abs. 1 S. 1 verpflichtet die **BNetzA** zur **Errichtung** und zum **Betrieb des Anlagenregisters**. Dieses wird zugleich in der Norm legaldefiniert als ein Verzeichnis, in dem Anlagen zu registrieren sind.

---

5 So im Ergebnis auch *Thomas*, NVwZ-Extra 17/2014, 1, 5.

6 So wohl auch *Wustlich*, NVwZ 2014, 1113, 1116.

7 BT-Drs. 18/1304, S. 116.

8 Vgl. zum Anlagenbegriff § 5 Rn. 15 ff.

9 Entwurf Verordnung über ein Register für Anlagen zur Erzeugung von Strom aus erneuerbaren Energien und Grubengas (AnlRegV), S. 22.

Formell-rechtlich wird in § 6 Abs. 1 S. 1 die BNetzA als **zuständige Behörde** für das An- **12**
lagenregister genannt, materiell-rechtlich ist in der Norm eine **Rechtsgrundlage für die**
Erfassung von Daten über Anlagen enthalten.

Gegenstand des Anlagenregisters sind Anlagen i. S. des § 5 Nr. 1, unabhängig davon, ob **13**
eine finanzielle Förderung i. S. des § 5 Nr. 15 in Anspruch genommen wird bzw. genommen werden kann.[10] Voraussetzung für eine Registrierung ist damit nicht, dass in der Anlage Strom erzeugt wird, der die Fördervoraussetzung nach § 19 erfüllt oder aber die Voraussetzungen nach § 52 vorliegen. Dies folgt aus einer Wortlautauslegung ebenso wie aus
einer systematischen Auslegung von § 6 Abs. 1 S. 1 i. V. m. § 5 Nr. 1.

3. Erheben und Bereitstellung von Angaben durch die BNetzA (S. 2). § 6 Abs. 1 S. 2 **14**
regelt zum einen den **Inhalt des Anlagenregisters**, zum anderen aber auch **Pflichten und**
Rechte der BNetzA als Betreiberin.

a) Inhalt des Anlagenregisters. Zunächst wird der **Zweck der Angaben** über die Anlagen **15**
bestimmt, die das Anlagenregister enthalten soll. Diese werden in der AnlRegV nach § 93
konkretisiert. Insofern war der Verordnungsgeber bei Erlass der AnlRegV wegen des
Grundsatzes des **Vorrangs und Vorbehalts des Gesetzes** an die Vorgaben in § 6 Abs. 1
S. 2 gebunden. Die AnlRegV darf nur die Registrierung solcher Angaben vorsehen, die erforderlich sind, um einem der nachfolgend aufgeführten fünf Ziele zu dienen.

Nach § 6 Abs. 1 S. 2 Nr. 1 sind solche Angaben registrierpflichtig, die erforderlich sind, **16**
um die Integration des Stroms aus erneuerbaren Energien und Grubengas in das Elektrizitätsversorgungssystem fördern. Damit leistet das Anlagenregister einen Beitrag zur Umsetzung der **Systemintegration**, eines Grundsatzes nach § 2 Abs. 1.[11] Die steigende Einspeisung von Strom insbesondere aus den volatilen Primärenergieträgern Wind und Sonne
erfordert eine exakte und belastbare Datengrundlage über wesentliche anlagenbezogene
Daten.[12] Über diese Daten müssen die Netzbetreiber zeitnah verfügen, damit sie die wachsenden Herausforderungen an die Netzführung einschließlich der Wahrung der Systemstabilität optimal bewältigen können.[13] Hierbei handelt es sich um die Hauptpflichten eines
Netzbetreibers nach § 11 Abs. 1 EnWG.

Weiterhin müssen nach § 6 Abs. 1 S. 2 Nr. 2 die zu erhebenden Daten zur Überprüfung der **17**
Grundsätze nach § 2 Abs. 1 bis 3 und des Ausbaupfads nach § 3 erforderlich sein. Überprüft werden soll mit den Daten die **tatsächliche Integration des erzeugten Stroms** in
den Elektrizitätsmarkt und das Elektrizitätsversorgungsnetz sowie die **direkte Vermark-**
tung des Stromes. Überdies soll mit den Angaben überprüft werden können, mit welchen
Technologien Strom erzeugt wird. Damit sollen Erkenntnisse darüber gewonnen werden,
ob die Förderung sich auf mittel- und langfristig kostengünstige Technologien bezieht.[14]
Des Weiteren soll überprüft werden, ob der Ausbaupfad eingehalten wird. Dabei handelt es
sich um die Ausbauziele für Windenergieanlagen an Land, auf See, für Photovoltaikanlagen und für Biomasseanlagen.[15] Das Anlagenregister enthält damit **energiewirtschaftliche**

---

10 BT-Drs. 18/1304, S. 117.
11 BT-Drs. 18/1304, S. 117.
12 BT-Drs. 18/1304, S. 117.
13 BT-Drs. 18/1304, S. 117.
14 Vgl. zu diesen Grundsätzen § 2 Rn. 30 ff., 46 ff., 62 ff.
15 Vgl. zum Ausbaupfad § 3 Rn. 8 ff.

Daten mit Relevanz für die Evaluierung der Markt- und Netzintegration der erneuerbaren Energien.[16]

18 § 6 Abs. 1 S. 2 Nr. 3 unterstellt Angaben der Überprüfungspflicht, mit denen die Umsetzung der **Absenkung der Förderung** für Biomasseanlagen gemäß § 28, für Windenergieanlagen an Land gemäß § 29 und für Photovoltaikanlagen nach § 31 überprüft werden kann. Aus einer systematischen Auslegung unter Berücksichtigung von § 54 folgt, dass die Umsetzung der Flexibilitätsprämie für bestehende Biogas- und Biomethananlagen eine Registrierung der Höchstbemessungsleistung der Anlage i.S. der Anlage 3, Nr. I erfordert.[17] Die Absenkung der Förderung in Abhängigkeit der zugebauten Anlagenleistung erfordert eine valide und zeitnahe Erfassung der energieträgerspezifischen zugebauten installierten Leistung.[18] Diesem Erfordernis trägt § 6 Abs. 1 S. 2 Nr. 3 Rechnung.

19 Darüber hinaus soll das Anlagenregister gemäß § 6 Abs. 1 S. 2 Nr. 4 solche Angaben enthalten, die den **bundesweiten Ausgleich** des abgenommenen Stroms sowie den Ausgleich der finanziellen Förderung erleichtern. Der bundesweite Ausgleich erfordert aktuelle Daten, die es dem ÜNB, der für die Vermarktung der Strommengen zuständig ist, ermöglichen, die Genauigkeit der Einspeiseprognosen zu verbessern.[19] Diese Daten umfassen die grundlegend anlagenbezogenen Daten wie den Standort der Anlage, den eingesetzten Primärenergieträger und die installierte Leistung.[20] Das Anlagenregister leistet aber noch einen weiteren Beitrag zur Abwicklung des Ausgleichs: Da es ein zentrales und standardisiertes Verzeichnis ist, trägt es zu einer Effizienz in der Ausgleichsabwicklung bei. Vor Inkrafttreten des Gesetzes waren Datenformate, -anforderungen und -abfragen zwischen den Netzbetreibern unterschiedlich ausgestaltet, so dass der bundesweite Ausgleich nicht effizient durchgeführt werden könnte.[21]

20 Schließlich sind nach § 6 Abs. 1 S. 2 Nr. 5 solche Angaben in das Anlagenregister aufzunehmen, mit denen **nationale, europäische und internationale Berichtspflichten** erfüllt werden können. Zu den nationalen Berichtspflichten zählen der Erfahrungsbericht nach § 97, der Monitoringbericht nach § 98 sowie der Ausschreibungsbericht gemäß § 99. Bei den europäischen Berichtspflichten handelt es sich um die Berichterstattung der Bundesrepublik gegenüber der Europäischen Kommission gemäß Art. 22 RL 2009/28/EG. Zu den internationalen Berichtspflichten dürften die Pflichten der Bundesrepublik gegenüber der Internationalen Energieagentur zählen. Informationen zum nationalen Ausbau der erneuerbaren Energien werden hier im Rahmen der sog. Joint Annual Questionnaires abgefragt. Das Anlagenregister fungiert als Anlaufstelle für die mit der Erstellung der genannten Berichte befassten Stellen.[22] Es verbessert durch seinen zentralen und standardisierten Ansatz den Zugang zum notwendigen Datenmaterial, der bisher wegen bestehender unterschiedlicher und heterogener Datenquellen als schwierig galt.[23]

---

16 BT-Drs. 18/1304, S. 117.
17 So im Ergebnis auch BT-Drs. 18/1304, S. 117.
18 BT-Drs. 18/1304, S. 117.
19 BT-Drs. 18/1304, S. 117.
20 BT-Drs. 18/1304, S. 117.
21 BT-Drs. 18/1304, S. 117.
22 BT-Drs. 18/1304, S. 117.
23 BT-Drs. 18/1304, S. 117.

Aus der **inhaltlichen Heterogenität** dieser fünf Zielrichtungen folgt, dass es sich um eine   **21**
alternative, nicht um eine kumulative Aufzählung handelt, d. h. dass eine jeweilige Angabe
nur einem der Ziele dienen muss, nicht aber allen.

b) Pflichten der BNetzA. Die BNetzA wird in § 6 Abs. 1 S. 2 verpflichtet, Angaben zu   **22**
erheben und bereitzustellen. Aus einer Zusammenschau von S. 1 und S. 2 und der Semantik des Wortes folgt, dass erheben „einfordern" bedeutet. Damit schafft der Gesetzgeber
i. V. m. Abs. 2 die **Rechtsgrundlage für die öffentlich-rechtliche Übermittlungspflicht**
der Anlagenbetreiber.

Die BNetzA stellt darüber hinaus die Daten bereit. Damit ist in § 6 Abs. 1 S. 2 bereits ein   **23**
öffentlich-rechtlicher Auskunftsanspruch angelegt.

III. Übermittlungspflicht (Abs. 2)

1. Adressat der Übermittlungspflicht. § 6 Abs. 2 benennt die Anlagenbetreiber als   **24**
Adressaten der Pflicht, Angaben zu übermitteln. Damit fällt die Übermittlung in den
Pflichtenkreis der Anlagennutzer, nicht der Eigentümer der Anlage, § 5 Nr. 1.[24]

2. Empfänger der Übermittlung. Empfänger der Übermittlung ist entgegen dem Wort-   **25**
laut des § 6 Abs. 2 nicht das Anlageregister, sondern die **BNetzA**. Dies folgt aus einer
systematischen Auslegung von § 6 Abs. 1 und Abs. 2.

3. Inhalt der Übermittlungspflicht. § 6 Abs. 2 enthält eine Aufzählung der Angaben, die   **26**
Gegenstand der Übermittlung sind. Aus dem Wort „insbesondere" folgt, dass es sich
hierbei um eine **nicht abschließende Aufzählung** handelt. Deshalb kann der Verordnungsgeber weitere Angaben der Übermittlungspflicht unterstellen, solange diese gemäß § 6
Abs. 1 S. 2 erforderlich sind, um einem der dort genannten Zwecke zu dienen.

Nach § 6 Abs. 2 Nr. 1 sind **Angaben zur Person des Anlagenbetreibers** und der Kontakt-   **27**
daten zu übermitteln. Hierbei handelt es sich um personenbezogene Daten i. S. des § 1
Bundesdatenschutzgesetzes.[25] Erforderlich sind diese Angaben zwecks Kontaktaufnahme
der BNetzA mit dem Anlagenbetreiber für die Registerführung.[26]

Gemäß § 6 Abs. 2 Nr. 2 ist der **Standort der Anlage** mitzuteilen. Die Erfassung des An-   **28**
lagenstandortes dient der **Prognose über die Einspeisung** einer Anlage in das Elektrizitätsversorgungsnetz. Mit der Prognose werden drei Ziele verfolgt: Sie ist erstens notwendig, um den Netzbetreibern den sicheren Betrieb des Netzes und eine vorausschauende
Netzplanung zu erleichtern.[27] Die Angabe dient insoweit der Systemintegration, einem
Zweck nach Abs. 1 S. 2 Nr. 1.[28] Zweitens kann mit der Prognose die Effizienz der Vermarktung der in der Einspeisevergütung nach §§ 37 f. befindlichen Strommengen durch
die ÜNB verbessert werden.[29] Dies steht im Zusammenhang mit dem Zweck, die Abwick-

---

24 Vgl. zum Begriff des Anlagenbetreibers § 5 Rn. 34 ff.
25 Bundesdatenschutzgesetz in der Fassung der Bekanntmachung vom 14.1.2003 (BGBl. I S. 66), das
    zuletzt durch Art. 1 des Gesetzes vom 14.8.2009 (BGBl. I S. 2814) geändert worden ist.
26 BT-Drs. 18/1304, S. 117.
27 BT-Drs. 18/1304, S. 117.
28 BT-Drs. 18/1304, S. 117.
29 BT-Drs. 18/1304, S. 117.

lung des Ausgleichsmechanismus nach Abs. 1 S. 2 Nr. 4 zu verbessern.[30] Drittens dient die Prognose der Evaluierung des EEG sowie der Statistik und damit den Zwecken nach Abs. 1 S. 2 Nr. 2 und 5.[31]

29 Weiterhin muss der Anlagenbetreiber nach § 6 Abs. 2 Nr. 3 **Angaben zu dem Energieträger** machen, aus dem der Strom erzeugt wird, also zu dem eingesetzten Primärenergieträger. Für diese Angabe gibt es vier Verwendungsmöglichkeiten.[32] Erstens wird die Kenntnis über den eingesetzten Primärenergieträger für die Einspeiseprognose und damit für den sicheren Netzbetrieb benötigt. Hierbei ist die Unterscheidung zwischen volatilen und nicht volatilen Energieträgern von Bedeutung. Zweitens dient diese Information der Evaluierung des Gesetzes. Drittens findet die Information über den eingesetzten Primärenergieträger auch Berücksichtigung bei der Berechnung der Absenkung der Vergütung nach Abs. 1 S. 2 Nr. 3 und viertens auch bei der Erstellung der Statistik nach Abs. 1 S. 2 Nr. 5.

30 Nach § 6 Abs. 2 Nr. 4 sind **Angaben zur installierten Leistung** der Anlage zu übermitteln. Gemäß § 5 Nr. 22 ist die installierte Leistung die elektrische Wirkleistung einer Anlage, die diese bei bestimmungsgemäßem Gebrauch ohne zeitliche Einschränkungen unbeschadet kurzfristiger geringfügiger Abweichungen technisch erbringen kann.[33] Die Kenntnis über die installierte Leistung dient sämtlichen in Abs. 1 S. 2 genannten Zwecken des Anlagenregisters.[34]

31 Gegenstand der Übermittlungspflicht ist schließlich nach § 6 Abs. 2 Nr. 5 die Angabe, ob für den in der Anlage erzeugten Strom eine **finanzielle Förderung in Anspruch genommen** werden soll. In § 5 Nr. 15 handelt es sich dabei um die Zahlung des Netzbetreibers an den Anlagenbetreiber aufgrund der Ansprüche nach § 19 oder § 52. Dies dient nicht der Information der Netzbetreiber als potenziellen Anspruchsgegnern, denn diese erhalten von den Anlagenbetreibern die Willenserklärung, dass der Anspruch geltend gemacht werden soll, unmittelbar. Vielmehr dient die Information der Evaluierung des Gesetzes und der Abschätzung, ob und in welchem Umfang in welchem Segment Anlagen ohne finanzielle Förderung wirtschaftlich betrieben werden können.[35] Mit dieser Angabe kann deshalb die Marktreife einzelner Technologien beurteilt werden.

32 **4. Rechtsfolge unterlassener Übermittlung.** Während § 6 Abs. 1 und Abs. 2 eine Rechtsgrundlage für die Übermittlung enthalten, hat der Gesetzgeber die **Sanktionsregelung** im Falle einer nicht erfolgten Übermittlung in § 25 Abs. 1 Nr. 1 verankert. Rechtsfolge ist, dass sich die Vergütungshöhe nach § 23 Abs. 1 S. 2 auf null verringert, der Anlagenbetreiber also für den erzeugten und grundsätzlich förderfähigen Strom keine Förderung erhält.[36] Dies gilt für den Zeitraum, in dem die Übermittlungspflicht bestand, aber die Übermittlung nicht erfolgte.

33 Da § 25 Abs. 1 Nr. 1 an die Höhe der Förderung anknüpft, kann der Anlagenbetreiber nach erfolgter, aber zu später Übermittlung die **Vergütung nicht nachfordern**.

---

30 BT-Drs. 18/1304, S. 117.
31 BT-Drs. 18/1304, S. 117 f.
32 Diese werden auch im BT-Drs. 18/1304, S. 118, aufgeführt.
33 Vgl. hierzu § 5 Rn. 140 ff.
34 BT-Drs. 18/1304, S. 118.
35 BT-Drs. 18/1304, S. 118.
36 § 25 Rn. 12 ff.

IV. Publizität des Anlagenregisters (Abs. 3)

Nach § 6 Abs. 3 soll das Anlagenregister im Internet veröffentlicht werden und somit eine **34** **Publizität der enthaltenen Umweltinformationen** erreicht werden, die mit dem Ausbau erneuerbarer Energien im Zusammenhang stehen. Damit verfolgt der Gesetzgeber mehrere Ziele.

1. Ziele der Publizität. Erstes Ziel der Publizität des Anlagenregisters ist es, dem **Infor- 35 mationsbedürfnis** der wachsenden Zahl an Akteuren, die am Energiewendeprozess beteiligt sind, Rechnung zu tragen.[37] Es soll der Zugriff auf aktuelles, belastbares und zeitnah veröffentlichtes Datenmaterial ermöglicht werden.[38] Auf diese Weise will der Gesetzgeber die Energiewende fördern.[39] Weiterhin soll die öffentliche Debatte über die Kosten der Energiewende auf nationaler und lokaler Ebene für Bürger an zentraler Stelle nachvollziehbar werden.[40]

Das zweite Ziel, das der Gesetzgeber mit der Publizität verfolgt, dient den **Netzbetrei- 36 bern**.[41] Vor Inkrafttreten des Gesetzes war die Praxis der Veröffentlichung von Anlagendaten heterogen und unübersichtlich. Dies war mit einem hohen Aufwand für die ÜNB verbunden, da die Daten von den in der Regelzone vorhandenen Netzbetreibern zusammengeführt und aufbereitet werden mussten. Zudem waren die Daten meist erst zeitverzögert verfügbar. Dieser Ineffizienz begegnet der Gesetzgeber mit dem Betrieb eines zentralen Anlagenregisters und dessen Veröffentlichung.

Drittens will der Gesetzgeber mit § 6 Abs. 3 sicherstellen, dass § 10 Abs. 1 S. 1 UIG[42] auch **37** im Bereich der erneuerbaren Energien angewendet wird. Danach sind informationspflichtige Stellen zu einer aktiven und systematischen Unterrichtung der Öffentlichkeit über **Umweltinformationen** verpflichtet. Dies gilt aber nur für Umweltinformationen, über welche die angesprochenen Stellen verfügen. Vor diesem Hintergrund ist der Regelungsgehalt des § 6 Abs. 3 eine notwendige Folge von § 6 Abs. 1 und 2. Aufgrund der Übermittlungspflicht verfügt die BNetzA über Umweltinformationen, so dass der Tatbestand für eine Zurverfügungstellung nach § 10 Abs. 1 S. 2 UIG erfüllt ist. Gleichwohl folgt die Pflicht, die Umweltinformationen zur Verfügung zu stellen, auch unmittelbar aus § 10 Abs. 1 UIG. Da aber nicht alle Angaben des Anlagenregisters Umweltinformationen i. S. des § 2 Abs. 3 UIG sind, bedarf es der Regelung in § 6 Abs. 3.

2. Pflicht zur Veröffentlichung der Daten. § 6 Abs. 3 sieht vor, dass das Anlagenregister **38** der Öffentlichkeit zugänglich gemacht wird. Die Veröffentlichung der Angaben im Anlagenregister ist zugleich eine Form des „**Bereitstellens**" i. S. des § 6 Abs. 1 S. 1. Diese muss mangels weiterer Anforderungen in § 6 Abs. 3 S. 2 in einer Form erfolgen, die nicht mit weiteren Zugangsschranken verbunden ist. Deshalb darf die Internetseite nicht erst durch einen Login erreichbar sein.

---

37 BT-Drs. 18/1304, S. 118.
38 BT-Drs. 18/1304, S. 118.
39 BT-Drs. 18/1304, S. 118.
40 BT-Drs. 18/1304, S. 118.
41 Vgl. hierzu BT-Drs. 18/1304, S. 118.
42 Umweltinformationsgesetz vom 22.12.2004 (BGBl. I S. 3704), das durch Gesetz v. 27.10.2014 (BGBl. I S. 1642) geändert worden ist.

39 **3. Medium und Gegenstand der Veröffentlichung.** Der Gesetzgeber konkretisiert in Abs. 3 S. 2 das Medium der Veröffentlichung sowie die Aktualität der veröffentlichten Informationen. Die Angaben nach Abs. 2 Nr. 2 bis 4 sowie die Angaben, die zusätzlich allein nach der AnlRegV erhoben werden, sind auf der **Internetseite des Anlagenregisters** zu veröffentlichen. Eine Ausnahme besteht ausdrücklich für die Angaben zur Person des Anlagenbetreibers und seiner Kontaktdaten nach § 6 Abs. 2 Nr. 1. Mit dieser Ausnahmeregelung vermeidet der Gesetzgeber einen Konflikt mit dem Bundesdatenschutzgesetz.[43]

40 **4. Aktualität der Angaben.** Darüber hinaus schreibt der Gesetzgeber vor, die Angaben mindestens **monatlich zu aktualisieren.**

41 **5. Adressat der Veröffentlichungspflicht.** Adressat der Veröffentlichungspflicht ist die **BNetzA** als Betreiberin des Anlagenregisters, wie sich aus einer systematischen Auslegung unter Berücksichtigung von Abs. 1 ergibt.

42 **6. Informationsanspruch der Öffentlichkeit.** Aus § 6 Abs. 3 S. 1 folgt ein **Anspruch der Öffentlichkeit auf Zugang zu Information** gegen die BNetzA. Hierbei handelt es sich um ein indirektes Steuerungsinstrument des Umweltrechts. Die Öffentlichkeit ist hierbei gleichzusetzen mit „jedermann", auch wenn die Gesetzbegründung Projektierer, kommunale Planungsträger, Behörden auf Landes- und kommunaler Ebene, Energiegenossenschaften, wissenschaftliche Institutionen sowie Umwelt- und Naturschutzverbände anspricht.[44] Der Kreis der Informationsberechtigten ist auch nicht auf die Letztverbraucher i. S. des § 6 beschränkt. Dies folgt aus einer Auslegung des in § 6 Abs. 3 S. 1 verwendeten Wortes „Öffentlichkeit", das mit der gesamten Gesellschaft, also jedermann, gleichzusetzen ist. Ein Antrag auf Mitteilung der Informationen ist anders als in § 4 Abs. 1 UIG[45] nicht erforderlich. Ebenso wenig macht der Gesetzgeber den Informationsanspruch von der Darlegung eines berechtigten Interesses abhängig. Die Informationspflicht ist erfüllt, wenn ein Zugang zur Internetseite besteht.

43 **7. Auskunftsanspruch der Netzbetreiber.** Aus § 6 Abs. 3 folgt nicht ausdrücklich ein **Auskunftsanspruch der Netzbetreiber gegen die BNetzA.** Dieser ergibt sich jedoch auf der Grundlage eines A-maiore-ad-minus-Arguments: Wenn schon ein Anspruch auf Zugang zu Informationen auf der Internetseite besteht, dann muss erst recht ein Anspruch auf Auskunftserteilung bestehen. Praktisch relevant dürfte ein solcher Auskunftsanspruch nur im Hinblick auf nicht veröffentlichte Angaben zur Person des Anlagenbetreibers und seiner Kontaktdaten werden. Der Verordnungsgeber hat in § 12 AnlRegV eine ausdrückliche Rechtsgrundlage für einen Auskunftsanspruch geschaffen.

V. Anlagenregisterverordnung (Abs. 4)

44 **1. Verweis auf die AnlRegV (S. 1).** § 6 Abs. 4 S. 1 enthält einen **Rechtsgrundverweis auf die AnlRegV,** die das Nähere einschließlich der Übermittlung weiterer Angaben und der Weitergabe der im Anlagenregister gespeicherten Angaben an Netzbetreiber und Dritte bestimmt. „Das Nähere" meint die Einzelheiten in Bezug auf die Errichtung des Anlagenre-

---

43 Bundesdatenschutzgesetz in der Fassung der Bekanntmachung vom 14.1.2003 (BGBl. I S. 66), das zuletzt durch Art. 1 des Gesetzes vom 14.8.2009 (BGBl. I S. 2814) geändert worden ist.

44 Vgl. auch BT-Drs. 18/1304, S. 119.

45 Umweltinformationsgesetz vom 22.12.2004 (BGBl. I S. 3704), das durch Gesetz v. 27.10.2014 (BGBl. I S. 1642) geändert worden ist.

gisters, seinen Betrieb, der Übermittlung aller Angaben sowie deren Veröffentlichung. Dies folgt aus einer systematischen Auslegung des Verweises. Darüber hinaus eröffnet der Gesetzgeber im Einklang mit dem Wortlaut in § 6 Abs. 2 die Möglichkeit, weitere Angaben als denjenigen in Abs. 2 Nr. 1 bis 5 genannten der Übermittlungspflicht zu unterstellen.

2. Gesamtanlagenregister nach § 53b EnWG (S. 2). § 6 Abs. 4 S. 2 eröffnet dem Verord- **45** nungsgeber die Möglichkeit, das Anlagenregister durch das Gesamtanlagenregister der BNetzA nach § 53b EnWG zu ersetzen. Damit will der Gesetzgeber den Weg bereiten für die Erfassung der wichtigsten Daten sämtlicher Einrichtungen zur Stromerzeugung und -speicherung sowie steuerbarer Verbrauchseinrichtungen.[46]

---

46 Vgl. auch BT-Drs. 18/1304, S. 119.

§ 7 Gesetzliches Schuldverhältnis

(1) Netzbetreiber dürfen die Erfüllung ihrer Pflichten nach diesem Gesetz nicht vom Abschluss eines Vertrages abhängig machen.

(2) [1]Von den Bestimmungen dieses Gesetzes darf unbeschadet des § 11 Absatz 3 und 4 nicht zu Lasten des Anlagenbetreibers oder des Netzbetreibers abgewichen werden. [2]Dies gilt nicht für abweichende vertragliche Vereinbarungen zu den §§ 5 bis 55, 70, 71, 80 und 100 sowie zu den auf Grund dieses Gesetzes erlassenen Rechtsverordnungen, die

1. Gegenstand eines Prozessvergleichs im Sinne des § 794 Absatz 1 Nummer 1 der Zivilprozessordnung sind,
2. dem Ergebnis eines von den Verfahrensparteien bei der Clearingstelle durchgeführten Verfahrens nach § 81 Absatz 4 Satz 1 Nummer 1 entsprechen oder
3. einer Entscheidung der Bundesnetzagentur nach § 85 entsprechen.

Schrifttum: *Gahr*, Strikte Gesetzesbindung statt Privatautonomie, 2014; *Reshöft/Sellmann*, Die Novelle des EEG – Neue Wege auf bewährten Pfaden, ET 2009, 139 ff.; *Stecher*, Verträge unerwünscht? – Zum Einfluss des EEG 2009 auf vertragliche Vereinbarungen zwischen Anlagen- und Netzbetreiber, ZNER 2009, 216.

Übersicht

I. Allgemeines

1 **1. Normzweck.** § 7 bestimmt, dass Netzbetreiber die Erfüllung ihrer Pflichten nach dem EEG nicht vom Abschluss eines Vertrages abhängig machen dürfen. Damit fördert der Gesetzgeber die Stromerzeugung aus erneuerbaren Energien und Grubengas im Rahmen **gesetzlicher Schuldverhältnisse**, aus denen sich unmittelbar die Ansprüche zur Förderung ergeben. Ziel des § 7 ist es somit, **Rechtssicherheit** zu schaffen.

2 § 7 schränkt überdies die Vertragsautonomie ein, indem von den gesetzlichen Regelungen mit wenigen Ausnahmen nicht abgewichen werden darf. Diese **Beschränkung der Privatautonomie** dient dem Schutz von sowohl Anlagenbetreibern als auch Netzbetreibern und mittelbar auch dem Schutz der die Förderung finanzierenden Letztverbraucher.

3 **2. Entstehungsgeschichte.** § 7 Abs. 1 entspricht weitestgehend noch der **Urfassung in § 12 Abs. 1 des EEG 2004**, der erstmals die Förderung als gesetzliches Schuldverhältnis ausgestaltete. Zuvor war umstritten, ob die Förderung nach dem EEG 2000 als gesetzliches Schuldverhältnis oder aber wie im KWKG als Kontrahierungszwang ausgestaltet war. Mit dem EEG 2009 wurde schließlich der Anwendungsbereich der Norm auf alle Plichten des EEG erweitert.

II. Gesetzliches Schuldverhältnis (Abs. 1)

Gemäß § 7 Abs. 1 dürfen Netzbetreiber die Erfüllung ihrer Pflichten nach dem EEG **nicht** **4** **vom Abschluss eines Vertrages abhängig machen**.

1. Pflichten des Netzbetreibers. § 7 Abs. 1 erstreckt sich nur auf **Pflichten des Netzbe-** **5** **treibers**.[1] Dies schließt die Pflichten des Netzbetreibers zum unverzüglichen vorrangigen Anschluss nach § 8 Abs. 1 S. 1, zur unverzüglichen vorrangigen physikalischen Abnahme, Übertragung und Verteilung nach § 11 Abs. 1 S. 1 sowie auf Zahlung der finanziellen Förderung nach § 19 ein. Netzbetreiber haben aber auch Nebenpflichten, wie die Informationspflichten nach § 8 und die Pflicht zur Optimierung, Verstärkung und zum Ausbau des Netzes.[2] Ebenso erfasst sind die Pflichten des ÜNB nach § 11 Abs. 5 i.V.m. § 56 f.[3]

§ 7 Abs. 1 gilt nicht für die **Pflichten der Anlagenbetreiber**. Anlagenbetreiber sind bei- **6** spielsweise nach § 8 zur Ausstattung der Anlage mit technischen Einrichtungen verpflichtet. Für eine Erstreckung des § 7 Abs. 1 auf diese Pflichten des Anlagenbetreibers besteht kein Bedarf, weil es sich nicht um selbstständige Pflichten, sondern vielmehr um Obliegenheiten handelt. Wenn diese nicht befolgt werden, entfallen eigene Ansprüche des Anlagenbetreibers.

2. Gesetzliches Schuldverhältnis. Aus dem Verbot einer vertraglich abweichenden Rege- **7** lung in § 7 Abs. 1 folgt, dass zwischen Netzbetreiber und Anlagenbetreiber und zwischen Netzbetreibern untereinander ein **gesetzliches Schuldverhältnis** besteht.[4] Ein gesetzliches Schuldverhältnis gibt es dann, wenn Leistungspflichten nicht auf einem Rechtsgeschäft zwischen Parteien beruhen, sondern unmittelbar aus dem Gesetz abgeleitet werden.[5]

3. Schicksal einer abweichenden vertraglichen Regelung. Wird vertraglich entgegen § 7 **8** Abs. 1 von der Erfüllung der Pflichten des Netzbetreibers abgewichen, so hat dies nach der Rechtsprechung des BGH **nicht die Nichtigkeit des ganzen Vertrages nach § 134 BGB** zur Folge.[6] Grund hierfür ist, dass § 7 Abs. 1 sich nur einseitig an den Netzbetreiber richtet, sich ein Verbotsgesetz i.S. des § 134 BGB aber an alle Vertragspartner richten muss. Eine Unwirksamkeit der gegen § 7 Abs. 1 verstoßenden vertraglichen Regelung kann sich aber aus § 307 BGB ergeben oder im Falle einer individualvertraglichen Vereinbarung aus § 242 BGB.

---

1 Frenz/Müggenborg/*Ehricke*, § 7 Rn. 2, 5; *Salje*, EEG, § 7 Rn. 2, 5; Altrock/Oschmann/Theobald/ *Lehnert*, § 4 Rn. 11.
2 Altrock/Oschmann/Theobald/*Lehnert*, § 4 Rn. 13.
3 Im Ergebnis so auch *Salje*, EEG, § 7 Rn. 4; Frenz/Müggenborg/*Ehricke*, § 4 Rn. 10.
4 Altrock/Oschmann/Theobald/*Lehnert*, § 4 Rn. 7; Frenz/Müggenborg/*Ehricke*, § 4 Rn. 18; *Salje*, EEG, § 7 Rn. 1, 13.
5 MünchKommBGB/*Busche*, Vor §§ 677 ff. Rn. 4.
6 BGH, Urt. v. 27.6.2007, VIII ZR 149/06, RdE 2007, 306, 308.

III. Abweichungsverbot (Abs. 2)

9 In Ergänzung zu § 7 Abs. 1 verbietet Abs. 2 S. 1, durch einen Vertrag zu Lasten der Anlagenbetreiber oder der Netzbetreiber **von den Bestimmungen dieses Gesetzes abzuweichen**.

10 **1. Abweichung (S. 1).** Regelungsgegenstand des § 7 Abs. 2 ist eine **Abweichung von den Bestimmungen des EEG**.

11 **a) Vertrag.** Diese Abweichung erfolgt aufgrund eines **Vertrags**. Dies ergibt sich aus einer systematischen Auslegung im Zusammenhang mit § 7 Abs. 2 S. 2.

12 **b) Vertragspartei.** Im Hinblick auf die Vertragspartei enthält § 7 Abs. 2 keine Vorgaben. Deshalb bezieht sich die Vorschrift nicht nur auf Rechtsgeschäfte von **Netzbetreibern** und **Anlagenbetreibern** als unmittelbar Berechtigte und Verpflichtete, sondern auch von **Dritten**. Deshalb kann eine Abweichung auch durch Verträge zwischen mehreren Netzbetreibern oder Verträge zwischen Netzbetreibern und Elektrizitätsversorgungsunternehmen erfolgen.[7]

13 **c) Vertragsinhalt.** Der Vertrag erfüllt dann die Voraussetzungen des § 7 Abs. 1, wenn mindestens eine seiner Bestimmungen von den Vorschriften des EEG abweicht und dies mit einem **Nachteil für den Anlagenbetreiber oder den Netzbetreiber** verbunden ist. Für eine Gesamtabwägung des Vertrages mit dem Ergebnis eines zulässigen Vertragsinhalts, weil eine benachteiligende Vorschrift durch eine andere vorteilhafte Bestimmung aufgehoben wird, gibt es in § 7 Abs. 1 keine Stütze.[8]

14 **Keine Abweichung** i. S. des § 7 Abs. 1 liegt vor, wenn von Vorschriften abgewichen wird, die nicht im EEG verankert sind. **Außerhalb des EEG** liegt beispielsweise die Vereinbarung von Blindleistungsentgelten. Nach der Rechtsprechung des BGH verstoßen diese nicht gegen die Vorschriften zur finanziellen Förderung.[9] Außerhalb des EEG können auch Details zur Messung und zum Netzanschluss liegen, wenn § 9 und § 10 nicht im Wege des Verweises die relevanten Details einbeziehen.[10] Die Messzuständigkeit kann jedoch nicht vertraglich auf den Netzbetreiber übertragen werden, diese bleibt vielmehr beim Anlagenbetreiber, der aber den Netzbetreiber mit dem Messstellenbetrieb und der Messung beauftragen kann.[11]

15 Ebenso wenig liegt ein nach § 7 Abs. 1 verbotener Vertragsinhalt vor, wenn die Abweichung **keinen Nachteil für den Anlagenbetreiber oder dem Netzbetreiber** bedeutet. Hier ist eine vergleichende Betrachtung zwischen der Rechtslage nach dem EEG und der Rechtslage nach dem Vertragsinhalt vorzunehmen.

16 Schließlich liegt kein gemäß § 7 Abs. 1 verbotener Vertragsinhalt vor, wenn die abweichende Bestimmung in den Anwendungsbereich des § 11 Abs. 3 und 4 fällt. Hier lässt der Gesetzgeber **Abweichungen vom Vorrangprinzip** ausdrücklich zu.[12] § 11 Abs. 3 betrifft

---

7 So auch Altrock/Oschmann/Theobald/*Lehnert*, § 4 Rn. 16 ff.

8 A. A. Altrock/Oschmann/Theobald/*Lehnert*, § 4 Rn. 35 ff.

9 BGH, Urt. v. 6.4.2011, VIII ZR 31/09, ZNER 2011, 318, Rn. 22.

10 Zum Regelungsgehalt des § 9 vgl. § 9 Rn. 1 ff.; zum Regelungsgehalt des § 10 EEG vgl. § 10 EEG Rn. 1 ff.

11 Hierzu im Detail: *Gahr*, Strikte Gesetzesbindnug statt Privatautonomie, S. 311.

12 § 11 Rn. 35 ff.

dabei das Abbedingen der nach § 11 Abs. 1 bestehenden Pflicht, Strom vorrangig abzunehmen, zu übertragen und zu verteilen.[13] Dabei werden aber nicht die Abnahme-, Übertragungs- und Verteilungspflichten, sondern die vorrangige Behandlung des Stromes abbedungen. Damit soll eine Verbesserung der Netzintegration der Anlage erreicht werden.[14] § 11 Abs. 4 ermöglicht eine Abweichung vom Vorrangprinzip aufgrund von Vertragsgestaltungen nach der AusglMechV. Da der Verordnungsgeber bislang die AusglMechV aber nicht entsprechend ausgestaltet hat, handelt es sich bei § 11 Abs. 4 um einen praktisch nicht relevanten Fall des § 7 Abs. 2. Zulässig wären nach § 11 Abs. 4 Verträge zwischen ÜNB und Anlagenbetreiber über Regelenergie zur Optimierung der Vermarktung, eine entsprechende Regelung in der AusglMechV vorausgesetzt.[15]

2. Rechtsfolge (S. 1). Anders als § 7 Abs. 1 richtet sich das Verbot in § 7 Abs. 2 bei Verträgen an beide Parteien. § 7 Abs. 2 ist deshalb ein **Verbotsgesetz i.S. des § 134 BGB**. Dafür spricht, dass § 7 Abs. 2 jede Abweichung von gesetzlichen Bestimmungen des EEG verbietet. Auf diese Weise will die Norm eine Benachteiligung ihrer Adressaten vermeiden.[16] **17**

Rechtsfolge ist, dass die **benachteiligende Vertragsbestimmung gemäß § 134 BGB nichtig** ist. Der Rest des Vertrages kann wirksam sein. An die Stelle des nichtigen Vertragsteils tritt die gesetzliche Regelung.[17] Es ist nur dann gemäß § 139 BGB **der ganze Vertrag nichtig**, wenn nicht anzunehmen ist, dass er auch ohne den nichtigen Teil zu Stande gekommen wäre. Es ist dabei auf den mutmaßlichen Parteiwillen und die Bedeutung der verbleibenden Regelungen abzustellen.[18] **18**

3. Ausnahmen vom Abweichungsverbot (S. 2). § 7 Abs. 2 S. 2 sieht für Abweichungen, die den Tatbestand des § 7 Abs. 2 S. 1 erfüllen eine andere Rechtsfolge vor. Diese Abweichungen sind zulässig. Die **Ausnahmeregelung** erfasst Abweichungen von den §§ 5 bis 55, 70f., 80 und 100 sowie von den zum EEG ergangenen Rechtsverordnungen. Nicht erfasst sind Abweichungen von den Kernbestandteilen des EEG, dem Instrumentensystem bestehend aus den Ansprüchen auf unverzüglichen vorrangigen Anschluss, physikalische Abnahme, Übertragung und Verteilung. **19**

Voraussetzung ist, dass die vertragliche Regelung **Gegenstand eines Prozessvergleichs** i.S. des § 794 Abs. 1 Nr. 1 ZPO ist (Nr. 1) oder dass die Abweichung auf einer **Entscheidung der Clearingstelle EEG** nach einem Verfahren gemäß § 81 Abs. 4 S. 1 Nr. 1 beruht (Nr. 2) oder auf eine **Entscheidung der BNetzA** nach § 85 zurückgeht (Nr. 3). **20**

---

13 Hierzu näher § 11 Rn. 36.
14 BT-Drs. 16/8148, S. 44.
15 BT-Drs. 17/8071, S. 64.
16 So auch *Reshöft/Sellmann*, ET 2009, 139, 140. A. A. *Stecher*, ZNER 2009, 216, 219.
17 Vgl. MünchKommBGB/*Busche*, § 139 Rn. 34.
18 *Stecher*, ZNER 2009, 216, 219.

Teil 2

Anschluss, Abnahme, Übertragung und Verteilung

Abschnitt 1

Allgemeine Bestimmungen

§ 8 Anschluss

(1) [1]Netzbetreiber müssen Anlagen zur Erzeugung von Strom aus erneuerbaren Energien und aus Grubengas unverzüglich vorrangig an der Stelle an ihr Netz anschließen, die im Hinblick auf die Spannungsebene geeignet ist und die in der Luftlinie kürzeste Entfernung zum Standort der Anlage aufweist, wenn nicht dieses oder ein anderes Netz einen technisch und wirtschaftlich günstigeren Verknüpfungspunkt aufweist; bei der Prüfung des wirtschaftlich günstigeren Verknüpfungspunkts sind die unmittelbar durch den Netzanschluss entstehenden Kosten zu berücksichtigen. [2]Bei einer oder mehreren Anlagen mit einer installierten Leistung von insgesamt höchstens 30 Kilowatt, die sich auf einem Grundstück mit bereits bestehendem Netzanschluss befinden, gilt der Verknüpfungspunkt des Grundstücks mit dem Netz als günstigster Verknüpfungspunkt.

(2) Anlagenbetreiber dürfen einen anderen Verknüpfungspunkt dieses oder eines anderen im Hinblick auf die Spannungsebene geeigneten Netzes wählen, es sei denn, die daraus resultierenden Mehrkosten des Netzbetreibers sind nicht unerheblich.

(3) Der Netzbetreiber darf abweichend von den Absätzen 1 und 2 der Anlage einen anderen Verknüpfungspunkt zuweisen, es sei denn, die Abnahme des Stroms aus der betroffenen Anlage nach § 11 Absatz 1 wäre an diesem Verknüpfungspunkt nicht sichergestellt.

(4) Die Pflicht zum Netzanschluss besteht auch dann, wenn die Abnahme des Stroms erst durch die Optimierung, die Verstärkung oder den Ausbau des Netzes nach § 12 möglich wird.

(5) [1]Netzbetreiber müssen Einspeisewilligen nach Eingang eines Netzanschlussbegehrens unverzüglich einen genauen Zeitplan für die Bearbeitung des Netzanschlussbegehrens übermitteln. [2]In diesem Zeitplan ist anzugeben,

1. in welchen Arbeitsschritten das Netzanschlussbegehren bearbeitet wird und
2. welche Informationen die Einspeisewilligen aus ihrem Verantwortungsbereich den Netzbetreibern übermitteln müssen, damit die Netzbetreiber den Verknüpfungspunkt ermitteln oder ihre Planungen nach § 12 durchführen können.

(6) [1]Netzbetreiber müssen Einspeisewilligen nach Eingang der erforderlichen Informationen unverzüglich, spätestens aber innerhalb von acht Wochen, Folgendes übermitteln:

1. einen Zeitplan für die unverzügliche Herstellung des Netzanschlusses mit allen erforderlichen Arbeitsschritten,

2. alle Informationen, die Einspeisewillige für die Prüfung des Verknüpfungspunktes benötigen, sowie auf Antrag die für eine Netzverträglichkeitsprüfung erforderlichen Netzdaten,
3. einen nachvollziehbaren und detaillierten Voranschlag der Kosten, die den Anlagenbetreibern durch den Netzanschluss entstehen; dieser Kostenvoranschlag umfasst nur die Kosten, die durch die technische Herstellung des Netzanschlusses entstehen, und insbesondere nicht die Kosten für die Gestattung der Nutzung fremder Grundstücke für die Verlegung der Netzanschlussleitung,
4. die zur Erfüllung der Pflichten nach § 9 Absatz 1 und 2 erforderlichen Informationen.

²Das Recht der Anlagenbetreiber nach § 10 Absatz 1 bleibt auch dann unberührt, wenn der Netzbetreiber den Kostenvoranschlag nach Satz 1 Nummer 3 übermittelt hat.

Schrifttum: *Bönning*, Informationspflichten des Netzbetreibers konkretisiert, Sonne Wind & Wärme 2011, 276 ff.; *Fischer/Henning*, Stromabnahme, Netzlastmanagement und Netzausbau nach § 4 EEG, ZUR 2006, 225 ff.; *Säcker/König/Scholz*, Der regulierungsrechtliche Rahmen für ein Offshore-Stromnetz in der Nordsee, 2014; *Salje*, Pflichten eines Netzbetreibers bei konkurrierenden Anschlussfragen nach dem Erneuerbare-Energien-Gesetz, Versorgungswirtschaft 2008, 153 ff.; *Schäfermeier/Reshöft*, Die Abgrenzung zwischen Netzanschluss und Netzausbau nach dem Erneuerbare-Energien-Gesetz, ZNER 2007, 34 ff.; *Thomas*, Das EEG 2014 – Eine Darstellung nach Anspruchsgrundlagen, NVwZ-Extra 17/2014, 1 ff.; *Valentin*, Der Anspruch auf Netzanschluss und Erweiterung der Netzkapazität nach dem EEG 2009, ET 8/2009, 68 ff.

Übersicht

I. Allgemeines

§ 8 enthält die Rechtsgrundlage für einen **vorrangigen Anschluss** von Anlagen zur Erzeugung von Strom aus erneuerbaren Energien an das Netz und stellt damit ein Förderinstrument bereit, das gemeinsam mit den Abnahme-, Übertragungs- und Verteilungsinstrumenten in § 11 sowie dem Vergütungsinstrument in § 19 das deutsche Einspeisesystem bildet. **1**

Neben der **Rechtsgrundlage** für einen **vorrangigen Anspruch auf Anschluss** in § 8 Abs. 1 S. 1, 1. Hs. enthält die Norm Vorgaben für die Bestimmung des Verknüpfungspunktes in Abs. 1, 2 und 3. § 8 Abs. 4 spricht netzbezogene Maßnahmen an, deren Erforderlichkeit jedoch nicht geeignet ist, die Entstehung des Anspruches auf vorrangigen Anschluss zu behindern. § 8 Abs. 5 und 6 regeln das **Netzanschlussverfahren**. **2**

1. Europarechtliche Grundlagen. Mit § 8 Abs. 1 S. 1 setzt der deutsche Gesetzgeber Art. 16 Abs. 2 lit. b RL 2009/28/EG um. Diese Vorschrift verpflichtet die Mitgliedstaaten zur Implementierung eines **garantierten oder vorrangigen Netzzugangs** für Strom aus erneuerbaren Energiequellen. Der Wortlaut der deutschen Fassung darf jedoch nicht darüber hinwegtäuschen, dass der europarechtliche Begriff des Netzzugangs einen Anschluss einschließt und die Richtlinienbestimmung zu einem garantierten oder vorrangigen Netzanschlussregime für Erzeugungsanlagen verpflichtet, die erneuerbare Energiequellen nutzen.[1] Im deutschen Energierecht wird eine Unterscheidung zwischen Netzanschluss als technischer Verbindung zwischen Erzeugungsanlage und Netz und Netzzugang als Netznutzung i. S. einer Ein- oder Ausspeisung von Strom vorgenommen.[2] Aus einer systematischen Auslegung des Art. 16 RL 2009/28/EG folgt jedoch, dass ein vergleichbar enges Verständnis von einem Netzzugang im europäischen Energierecht nicht existiert. Nach Art. 16 Abs. 2 lit. c RL 2009/28/EG müssen die Mitgliedstaaten sicherstellen, dass die ÜNB beim Abrufen von Erzeugungsanlagen solchen den Vorrang geben, die erneuerbare Energiequellen nutzen. Ein solcher Abruf von Erzeugungsanlagen (Dispatch) ist technisch vergleichbar mit der Ermöglichung einer Stromeinspeisung, mithin des Netzzugangs.[3] Wenn dem Art. 16 Abs. 2 RL 2009/28/EG das gleiche Begriffsverständnis wie dem deutschen Recht zugrunde läge und es Anschluss und Zugang in vergleichbarer Weise trennen würde, so bliebe die Frage unbeantwortet, welches Regelungsziel der Normgeber mit Art. 16 Abs. 2 lit. c RL 2009/28/EG verfolgt, denn die vorrangige Einspeisung von Elektrizität in das Netz wäre dann sowohl von lit. b als auch von lit. c geregelt. Aus diesem Grund muss davon ausgegangen werden, dass der europäische Gesetzgeber in Art. 16 Abs. 2 lit. b RL 2009/28/EG von einem weiten Netzzugangskonzept ausgeht, das den Anschluss ebenso wie die Einspeisung einschließt.[4] **3**

Gegen das Ergebnis dieser systematischen Auslegung spricht auch nicht Art. 16 Abs. 5 RL 2009/28/EG. Zwar werden in dieser Richtlinienbestimmung Einzelheiten im Fall eines **Anschlussbegehrens** geregelt. Dies bedeutet jedoch nicht, dass die Richtlinie Netzanschluss und Netzzugang trennt. Es bedeutet vielmehr, dass die Richtlinie den Netzzugang als Ober- **4**

---

1 A. A. BerlKommEnR/*Schumacher*, Bd. 2, 2. Aufl. 2013, § 5 EEG 2012 Rn. 1.

2 Vgl. hierzu *Säcker/König/Scholz*, Der regulierungsrechtliche Rahmen für ein Offshore-Stromnetz in der Nordsee, S. 90.

3 *Säcker/König/Scholz*, Der regulierungsrechtliche Rahmen für ein Offshore-Stromnetz in der Nordsee, S. 91.

4 So auch *Säcker/König/Scholz*, Der regulierungsrechtliche Rahmen für ein Offshore-Stromnetz in der Nordsee, S. 91.

begriff verwendet, der sowohl die Stromeinspeisung als auch die technische Anbindung einer Anlage an das Netz als Voraussetzung für die Einspeisung beinhaltet; wenn aber eine Regelung sich nur auf die technische Anbindung bezieht, so wird der Begriff Anschluss verwendet.

5 § 8 Abs. 5 und 6 stellen die nationalen Umsetzungsakte für Art. 16 Abs. 5 RL 2009/28/EG dar. Diese Richtlinienbestimmung enthält Vorgaben für das **Anschlussverfahren**. Sie verpflichtet zur objektiven, transparenten und nicht diskriminierenden Festsetzung der Kosten für den Anschluss neuer Produzenten von Elektrizität und Gas aus erneuerbaren Energiequellen an das Elektrizitäts- bzw. Gasnetz.

6 **2. Normzweck.** Zweck des § 8 ist es, mit dem vorrangigen Anschluss von Anlagen i. S. des § 5 Nr. 1, einen wesentlichen Beitrag zur **Netzintegration** von Strom aus erneuerbaren Energien zu leisten und den Grundbaustein für das deutsche Einspeisesystem zu legen. Dem liegt zugrunde, dass eine vorrangige Einspeisung die technische Anbindung der Anlage an das Netz voraussetzt.

7 **3. Entstehungsgeschichte.** Mit § 3 Abs. 1 EEG 2000 wurde erstmals eine spezielle und privilegierende Rechtsgrundlage für den **Anschluss von Anlagen** zur Erzeugung von Strom aus erneuerbaren Energien an das nächstgelegene Netz geschaffen. Die Nachfolgerregelung in § 4 EEG 2004 führte ein weiteres Verständnis vom zulässigen **Netzverknüpfungspunkt** ein. Nach § 4 Abs. 2 EEG 2004 war es möglich, vom nächstgelegenen Netzverknüpfungspunkt abzuweichen, wenn in einem anderen, weiter entfernt liegenden Netz ein in technischer oder wirtschaftlicher Hinsicht günstigerer Netzverknüpfungspunkt zu finden war. Darüber hinaus waren in § 4 EEG mit der Pflicht zur Herausgabe von Daten, die für eine Netzverträglichkeitsprüfung erforderlich sind, erstmals **Nebenpflichten des Netzbetreibers** verankert.

8 Zur Umsetzung des Art. 16 Abs. 5 RL 2009/28/EG wurde das Anschlusskonzept in § 5 EEG 2009 durch das **Europarechtsanpassungsgesetz**[5] um weitere Nebenpflichten des anschlussverpflichteten Netzbetreibers erweitert. Hierbei handelte es sich um Regelungen zur Errichtung des Netzanschlusses einschließlich der Kostenfestsetzung.

9 § 5 EEG 2009 wurde ohne wesentliche Änderungen in § 5 EEG 2012 überführt, welche die Vorgängerregelung zu § 8 darstellt. In § 8 Abs. 1 S. 1, 1. Hs. stellt der Gesetzgeber nunmehr klar, dass der nächstgelegene **Verknüpfungspunkt** durch einen wirtschaftlich günstigeren Verknüpfungspunkt sowohl in einem anderen Netz als auch in dem Netz, zu dem die Anlage die kürzeste Entfernung aufweist, ersetzt werden kann. Damit folgt der Gesetzgeber einer Empfehlung der Clearingstelle EEG[6] und der BGH-Rechtsprechung.[7] Die in der Literatur kontrovers diskutierte Frage, ob mit dem Wortlaut des § 5 EEG 2012 ein alternativer Netzverknüpfungspunkt nur in einem Netz liegen kann, das nicht das nächstgelegene Netz ist oder ob mit dem Telos der Norm entgegen ihrem Wortlaut vertreten werden kann, dass ein alternativer Netzverknüpfungspunkt auch im nächstgelegenen Netz bestimmt werden kann, wurde damit nunmehr einer Antwort zugeführt.[8]

---

5 Gesetz zur Umsetzung der Richtlinie 2009/28/EG zur Förderung der Nutzung von Energie aus erneuerbaren Quellen v. 12.4.2011 (BGBl. I 2011, 619).

6 Clearingstelle EEG, Empfehlung v. 29.9.2011, 2011/11, S. 18.

7 BGH, Urt. v. 10.10.2012, VIII ZR 362/11, NVwZ 2013, 90, Rn. 24, 38.

8 Vgl. zu diesem Streitstand ausführlich BerlKommEnR/*Schumacher*, Bd. 2, 2. Aufl. 2013, § 5 EEG 2012 Rn. 18 ff.

4. Normadressaten. Adressat der Norm ist der **Netzbetreiber** i. S. des § 5 Nr. 27, also je- 10
der Betreiber eines Netzes für die allgemeine Versorgung mit Elektrizität, unabhängig von
der Spannungsebene.

II. Anschlussinstrument (Abs. 1 S. 1, 1. Hs.)

§ 8 Abs. 1 S. 1, 1. Hs. enthält eine **Anspruchsgrundlage** für den Anlagenbetreiber, die 11
vorrangige technische Anbindung seiner Anlage von dem Betreiber des nächstgelegenen
Netzes zu verlangen.

1. Anspruchsinhaber. Anspruchsinhaber ist der Betreiber einer Anlage zur Erzeugung 12
von Strom aus erneuerbaren Energien und aus Grubengas bzw. der **Einspeisewillige.** Der
Anlagenbetreiber ist zwar in § 8 Abs. 1 S. 1, 1. Hs. nicht ausdrücklich genannt, jedoch
folgt dies aus einer Zusammenschau von § 8 Abs. 1 und Abs. 2. Anlagenbetreiber ist nach
§ 5 Nr. 2 derjenige, der unabhängig vom Eigentum die Anlage für die Erzeugung von
Strom aus erneuerbaren Energien oder aus Grubengas nutzt. Der eindeutige Wortlaut in § 5
Nr. 2, der auf die tatsächliche Nutzung der Anlage abstellt, lässt keine erweiternde Auslegung des Anlagenbetreibers dahingehend zu, dass auch Personen umfasst sind, die eine Anlage noch nicht nutzen, aber zu nutzen beabsichtigen. Gerade diese Personen sind es aber,
die ein Interesse am vorrangigen Anschluss haben werden. Es handelt sich dabei um Einspeisewillige, die in § 8 Abs. 5 und 6 angesprochen werden und mittels systematischer
Auslegung zu den Anspruchsinhabern nach § 8 Abs. 1 S. 1, 1. Hs. zählen. Der Begriff des
Einspeisewilligen wird im EEG nicht definiert. Es handelt sich entsprechend der Semantik
des Wortes um diejenigen Personen, die noch keine Anlage zur Erzeugung von Strom betreiben, aber dies beabsichtigen und Strom in das Netz einspeisen wollen.[9]

Der Einspeisewillige, der noch keine Anlage nutzt, kann mithin einen Anspruch auf vor- 13
rangigen Anschluss geltend machen. Voraussetzung für die **Anspruchsentstehung** ist
nicht, dass die Anlage bereits errichtet worden ist und tatsächlich anschlussbereit ist, allerdings sollte das **Vorhaben** bereits so **hinreichend konkretisiert** sein, dass der Netzbetreiber von einer Errichtung der Anlage ausgehen kann.[10] Dies ist etwa dann der Fall, wenn die
erforderlichen Genehmigungen für die Errichtung beantragt worden sind.

2. Verpflichteter. Zum vorrangigen Netzanschluss verpflichtet sind grundsätzlich **Netzbe-** 14
treiber. Gemäß § 5 Nr. 27 handelt es sich dabei um Betreiber von **Netzen für die allgemei-**
ne Versorgung mit Elektrizität, unabhängig von der Spannungsebene, mithin VNB und
ÜNB. Im Einzelfall ist derjenige Netzbetreiber zum vorrangigen Anschluss verpflichtet, in
dessen Netz der Verknüpfungspunkt der Anlage i. S. von § 8 Abs. 1 bis 3 liegt.[11] Kein Netzbetreiber i. S. § 8 Abs. 1 ist der Betreiber eines Areal-, Objekt- oder Inselnetzes, da diese
nicht der allgemeinen Versorgung dienen.

3. Anspruchsinhalt. Inhalt des Anspruches ist der **vorrangige und unverzügliche An-** 15
schluss der Anlage am Verknüpfungspunkt.

---

9 *Valentin*, ET 8/2009, 68.
10 Altrock/Oschmann/Theobald/*Altrock*, § 5 Rn. 31.
11 BGH, Urt. v. 18.7.2007, VIII ZR 288/05, NJW-RR 2007, 1645, Rn. 20.

16 **a) Anschluss.** Anschluss ist die **technische Anbindung** einer Anlage an das Netz.[12] Zu den anschlussberechtigten Anlagen zählen solche zur Erzeugung von Strom aus erneuerbaren Energien und aus Grubengas sowie nach § 5 Nr. 1 auch Einrichtungen, die zwischenge-speicherte Energie, die ausschließlich aus erneuerbaren Energien oder aus Grubengas stammt, aufnehmen und in elektrische Energie umwandeln.

17 **b) Vorrangigkeit.** Der Anspruch bezieht sich auf einen **vorrangigen Anschluss.** Da das EEG selbst die Vorrangigkeit nicht präzisiert, gilt dieser Vorrang gegenüber allen anderen Stromerzeugungsanlagen, die nicht von § 5 Nr. 1 erfasst sind und die nicht **hocheffiziente KWK-Anlagen** sind. Hocheffiziente KWK-Anlagen unterstehen gemäß § 4 Abs. 1 S. 1 KWKG ebenfalls dem Privileg eines unverzüglichen und vorrangigen Netzanschlusses.[13] Unter den Begriff der hocheffizienten KWK-Anlagen fallen Feuerungsanlagen mit Dampfturbinen-Anlagen oder Dampfmotoren, Gasturbinenanlagen, Verbrennungsmoto-ren-Anlagen, Stirling-Motoren, Organic-Rankine Cycle-Anlagen sowie Brennstoffzellen-Anlagen, in denen Strom und Nutzwärme erzeugt werden und die die Anforderungen der Hocheffizienz in der RL 2004/8/EG[14] erfüllen. Dies folgt aus § 3 Abs. 2 und 11 KWKG.[15]

18 Fraglich ist, welche Anlage im Falle eines **Konkurrenzverhältnisses zwischen mehreren EEG- und KWK-Anlagen** zuerst anzuschließen ist. Möglich ist es, auf den Zeitpunkt der Geltendmachung des Anspruches auf Anschluss abzustellen. Dafür spricht, dass mit Gel-tendmachung des Anspruches der Netzbetreiber Kenntnis erlangt und ggf. Netzausbau-maßnahmen nach § 8 Abs. 4 plant. Problematisch ist dabei jedoch, dass damit Anlagen-betreiber und Einspeisewillige privilegiert werden, die schlichtweg frühzeitig den Netzbe-treiber über den geplanten Anschluss informieren. Dem Zweck des § 8, der darin besteht, anschlussreife Anlagen zügig in das Netzsystem zu integrieren, wird deshalb besser Rech-nung getragen, wenn auf den Zeitpunkt der **Anschlussreife** der Anlagen abgestellt wird.[16] Aus diesem Grund darf der Netzbetreiber den Anschluss einer Anlage nicht mit der Be-gründung zurückstellen, dass für eine andere (noch nicht anschlussreife) Anlage zu einem früheren Zeitpunkt der Anspruch auf Anschluss geltend gemacht wurde und er bereits Netzmaßnahmen i. S. des § 8 Abs. 4 eingeleitet oder bereits eine entsprechende Zusage er-teilt hat.[17]

19 **c) Unverzüglichkeit.** Der Anschluss der Anlage muss **unverzüglich** erfolgen. Aus der Le-galdefinition in § 121 BGB folgt für eine systematische Auslegung des Begriffes in § 8 Abs. 1 S. 1, 1. Hs., dass der Netzbetreiber die technische Anbindung ohne schuldhaftes Zö-gern herzustellen hat.[18] Unverzüglich bedeutet aber nicht, dass der Anschluss sofort nach

---

12 So für KWK-Anlagen BerlKommEnR/*Lührig*, Bd. 2, 2. Aufl. 2013, § 4 KWKG Rn. 11.

13 Vgl. hierzu BerlKommEnR/*Lührig*, Bd. 2, 2. Aufl. 2013, § 4 KWKG Rn. 96. A. A. *Salje*, EEG, § 8 Rn. 23.

14 Richtlinie 2004/8/EG der Europäischen Parlaments und des Rates vom 11. Februar 2004 über die Förderung einer am Nutzwärmebedarf orientierten Kraft-Wärme-Kopplung im Energiebinnen-markt und zur Änderung der Richtlinie 92/42/EWG (ABl. EU Nr. L 52 S. 50).

15 Vgl. im Einzelnen BerlKommEnR/*Topp*, Bd. 2, 2. Aufl. 2013, § 3 KWKG Rn. 17 ff. und Rn. 67 ff.

16 Vgl. im Einzelnen Altrock/Oschmann/Theobald/*Altrock*, § 5 Rn. 39, sowie *Salje*, VersorgW 2008, 153, 158.

17 So im Ergebnis auch Altrock/Oschmann/Theobald/*Altrock*, § 5 Rn. 39 sowie *Salje*, VersorgW 2008, 153, 158.

18 So auch BT-Drs. 16/8148, S. 29. Nach Palandt/*Ellenberger*, § 121 BGB Rn. 3, gilt diese Definition für das gesamte Zivilrecht, so dass damit eine systematische Auslegung gestützt wird.

Anschlussreife der Anlage erfolgen muss. Vielmehr sind für den Zeitpunkt des Anschlusses die Umstände des Einzelfalles zu berücksichtigen, insbesondere solche Umstände, die aus dem Netzbetrieb resultieren. Dem Netzbetreiber kann deshalb eine nach den Umständen des Einzelfalles zu bemessene Prüfungs- und Dispositionspflicht zukommen.[19]

Eine Verzögerung ist dann nicht schuldhaft, wenn sie weder vorsätzlich noch fahrlässig **20** verursacht wurde. Dies folgt aus § 276 BGB. Der eine Fahrlässigkeit ausschließende Sorgfaltsmaßstab gebietet es, dass der Netzbetreiber alles ihm Zumutbare unternehmen muss, um privilegierte Anlagen schnellstmöglich nach Anschlussreife an das Netz anzubinden.[20] **Zumutbar** ist es, personell und organisatorisch in der Lage zu sein, eine Vielzahl von Netzanschlussbegehren bearbeiten zu können. Eine Anschlusszeit von fünf Wochen wurde dabei als unverzüglich (und damit nicht schuldhaft verzögert) angesehen, unter den Voraussetzungen, dass es sich erstens nicht um eine kleine Anlage handelte, dass zweitens eine aufgrund der Vielzahl der Anlagen und einem deutlich unter der installierten Anlagenleistung liegenden Strombedarf eine komplexe Netzsituation vorlag und schließlich unter der Voraussetzung, dass der Netzbetreiber eine Vielzahl von Netzanschlussbegehren zu bearbeiten hatte.[21]

Umstände, die in den Pflichtenkreis des Anlagenbetreibers fallen, sind auch im Falle eines **21** verzögerten Anschlusses nicht geeignet, ein **Verschulden des Netzbetreibers** zu begründen. Dies ist beispielsweise dann der Fall, wenn der Anlagenbetreiber oder der Einspeisewillige für den Anschluss erforderliche Informationen nicht weitergegeben hat oder von seinem Wahlrecht nach § 10 Abs. 1 S. 1 nicht Gebrauch gemacht hat.[22]

d) Geltendmachung des Netzanschlussbegehrens. Das **Netzanschlussbegehren** des An- **22** lagenbetreibers oder Einspeisewilligen ist eine **empfangsbedürftige Willenserklärung.** Diese ist formfrei, so dass sie nicht notwendigerweise schriftlich abzugeben ist. Vielmehr genügt auch eine mündliche oder elektronische Mitteilung.

4. Bestimmung des Verknüpfungspunktes. Die Anbindung der Anlage an das Netz er- **23** folgt an dem sog. **Verknüpfungspunkt.** Der Verknüpfungspunkt wird determiniert von der Eignung des Netzes in Bezug auf seine Spannungsebene sowie von dem Standort der Anlage.

a) Grundsatz (Abs. 1, S. 1, 1. Hs.). Für die Bestimmung des Verknüpfungspunktes stellt **24** § 8 Abs. 1 S. 1, 1. Hs. den **Grundsatz** auf, dass der Verknüpfungspunkt diejenige Stelle im Netz sein soll, die im Hinblick auf die **Spannungsebene geeignet** ist und die die **in der Luftlinie kürzeste Entfernung zum Standort der Anlage** aufweist.

Eine Eignung des Netzes im Hinblick auf die **Spannungsebene** ist dann gegeben, wenn **25** der Netzteil geeignet ist, die erwarteten Strommengen aus der Anlage entsprechend der Spannung aufzunehmen.[23] Diese Eignung ist unter Berücksichtigung der Umstände des Einzelfalles zu ermitteln.[24] Eine Eignung ist auch dann gegeben, wenn der in der Anlage

---

19 LG Frankfurt/Oder, Urt. v. 5.10.2011, 11 O 327/10, REE 2011, 224, 226.
20 So auch *Salje*, EEG, § 8 Rn. 23.
21 LG Frankfurt/Oder, Urt. v. 5.10.2011, 11 O 327/10, REE 2011, 224, 226.
22 *Schäfermeier/Reshöft*, ZNER 2007, 34.
23 So auch *Valentin*, ET 8/2009, 68, 69.
24 Altrock/Oschmann/Theobald/*Altrock*, § 5 Rn. 54.

erzeugte Strom transformiert wird und nur deshalb die erzeugten Strommengen von dem fraglichen Netzteil aufgenommen werden können.[25]

26   Maßgebend für die Bestimmung des Verknüpfungspunktes ist weiterhin der **Standort der Anlage**. Ausgehend von diesem Standort ist **die in der Luftlinie liegende kürzeste Entfernung** zu einer Stelle im Netz mit geeigneter Spannungsebene zu ermitteln.

27   **b) Technisch und wirtschaftlich günstigerer Verknüpfungspunkt (Abs. 1 S. 1, 1. und 2. Hs.).** Wenn das Netz, das den Verknüpfungspunkt aufweist, der nach der in der Luftlinie kürzesten Entfernung bestimmt wird, oder ein anderes Netz einen **technisch oder wirtschaftlich günstigeren Verknüpfungspunkt** aufweist, muss die Anlage an Letzteres angeschlossen werden.

28   Der Gesetzgeber hat mit der ausdrücklich Nennung „dieses" Netzes die Möglichkeit im Wortlaut der Norm verankert, dass ein **alternativer Verknüpfungspunkt auch in demselben Netz** liegen kann, in dem der Verknüpfungspunkt liegt, der nach der in der Luftlinie kürzesten Entfernung bestimmt wird. Die Vorgängerregelung in § 5 Abs. 1 EEG 2012 benannte nur die Möglichkeit, den alternativen Verknüpfungspunkt in einem „anderen Netz" zu bestimmen. Dies führte zu der kontrovers diskutierten Frage, ob der alternative Verknüpfungspunkt entgegen dem Wortlaut der Norm auch in demselben Netz wie der grundsätzlich zu bestimmende Verknüpfungspunkt liegen kann. Der Gesetzgeber hat sich mit der Neufassung des EEG der Rechtsprechung des BGH sowie der Empfehlung der Clearingstelle EEG angeschlossen und die Möglichkeit eines alternativen Verknüpfungspunktes in demselben Netz ausdrücklich verankert.[26] Eine ergänzende Wortlautauslegung, wie sie der BGH vorgenommen hat, ist demzufolge nicht mehr notwendig.[27] Die zu den Vorgängerregelungen des § 8 Abs. 1 geführte Diskussion ist damit obsolet geworden.[28]

29   Die Bestimmung des technisch oder wirtschaftlich günstigeren Verknüpfungspunktes muss auf einem **Vergleich** zwischen dem grundsätzlich zu bestimmenden Verknüpfungspunkt und dem alternativen Verknüpfungspunkt beruhen. Dies folgt aus der Verwendung des Komparativs. Daraus ergibt sich außerdem, dass der alternative Verknüpfungspunkt **nicht der technisch und wirtschaftlich günstigste** sein muss.[29]

30   Der alternative Verknüpfungspunkt kann der **technisch günstigere oder der wirtschaftlich günstigere** sein. Insofern handelt es sich bei der Formulierung „technisch und wirtschaftlich" günstigerer Verknüpfungspunkt nicht um eine kumulative Aufzählung.[30]

31   Für die Bestimmung des **technisch günstigeren Verknüpfungspunktes** enthält die Norm keine Vorgaben. In Abgrenzung zur Bestimmung eines wirtschaftlich günstigeren Verknüpfungspunktes ist davon auszugehen, dass ein technisch günstigerer Verknüpfungspunkt dann vorliegt, wenn die Anbindungsleitung zu diesem alternativen Verknüpfungspunkt schneller hergestellt werden kann.

---

25 *Salje*, EEG, § 8 Rn. 5.

26 BGH, Urt. v. 10.10.2012, VIII ZR 362/11, NVwZ 2013, 90, Rn. 24; Clearingstelle EEG, Empfehlung v. 29.9.2011, 2011/11, S. 18.

27 Gegen eine ergänzende Wortlautauslegung aber OLG Hamm, Urt. v. 3.5.2011, I-21 U 94/210, Rn. 58; OLG Düsseldorf, Urt. v. 15.11.2011, 17 U 157/10, ZNER 2012, 84, Rn. 24.

28 Vgl. hierzu noch BerlKommEnR/*Schumacher*, Bd. 2, 2. Aufl. 2013, § 5 EEG 2012 Rn. 18 ff.

29 A. A. offenbar BT-Drs. 18/1304, S. 119.

30 A. A. *Salje*, EEG, § 8 Rn. 7.

Bei der Prüfung des **wirtschaftlich günstigeren Verknüpfungspunktes** sind nach § 8   **32**
Abs. 1 S. 1, 2. Hs. nach der Neufassung der Norm nur die unmittelbar durch den Netzanschluss entstehenden Kosten zu berücksichtigen. Hierzu gehören zunächst die Kosten für
die Errichtung der Anbindungsleitung, Materialkosten für Kabel, für Trafostationen sowie
für Wegenutzung. Nur mittelbar durch den Anschluss verursacht und deshalb nicht berücksichtigungsfähig sind Kosten durch Leitungs- und Trafoverluste sowie für Einspeiseverluste im Falle einer längeren Anschlussleitung.[31] Da die Konzeption des § 8 Abs. 1 auf eine
gesamtwirtschaftliche Betrachtung aufbaut, sind überdies auch die durch eine Netzverstärkung oder einen Netzausbau beim Netzbetreiber anfallenden Kosten einzubeziehen,
denn auch diese werden durch den Anschluss unmittelbar verursacht.[32] In den **Variantenvergleich** einbezogen werden auch die Kosten, die aufgrund des Anschlusses der Anlage
an das entsprechende Netz zusätzlich durch die Zahlung einer Entschädigung nach § 15
künftig entstehen können. Dies wird insbesondere in Fällen relevant, in denen Anlagen an
ein Netz angeschlossen werden, welches zum Zeitpunkt des Netzanschlusses nicht ausreichend ausgebaut war, denn dadurch entstehen Zahlungen nach § 15, die zugleich Kosten
i. S. des § 8 Abs. 1 S. 1, 2. Hs. darstellen.

Der Variantenvergleich beruht auf einer **gesamtwirtschaftlichen Betrachtungsweise**.   **33**
Deshalb ist unerheblich, dass die Anschlusskosten der Anlagenbetreiber und die Netzausbau- und -verstärkungskosten der Netzbetreiber zu tragen hat.[33] Aus diesem Grund ist
denkbar, dass ein alternativer technisch oder wirtschaftlich günstigerer Verknüpfungspunkt für den Anlagenbetreiber mit höheren Anschlusskosten verbunden ist.

Die **Darlegungs- und Beweislast** für einen alternativen Verknüpfungspunkt nach § 8   **34**
Abs. 1, S. 1 liegt beim Netzbetreiber.

c) Verknüpfungspunkt für Anlagen mit einer installierten Leistung von insgesamt   **35**
höchstens 30 kW (Abs. 1 S. 2). Einen weiteren **alternativen und zugleich günstigsten**
Verknüpfungspunkt fingiert § 8 Abs. 1 S. 2 für Anlagen bis einschließlich 30 kW, wenn
sie sich auf einem Grundstück mit einem bereits bestehenden Netzanschluss befinden. Der
Verknüpfungspunkt des Grundstücks stellt dann den günstigsten Verknüpfungspunkt dar.
Aufgrund dieser unwiderlegbaren Vermutung kommt es auf einen Variantenvergleich i. S.
des § 8 Abs. 1 S. 1 nicht an.[34]

Bezugspunkt ist das Vorliegen eines **Grundstücks**, das den Standort der Anlage oder der   **36**
Anlagen bildet. Das Vorliegen eines Grundstücks ist dabei nach dem Grundbuchrecht zu
beurteilen.[35] Ein Grundstück ist ein abgegrenzter Teil der Erdoberfläche, der im Bestandsverzeichnis eines Grundbuchblatts unter einer bestimmten Nummer eingetragen oder gemäß § 3 Abs. 5 der Grundbuchordnung[36] verbucht ist.[37] Es kommt nicht auf die Hausnum-

---

31 Altrock/Oschmann/Theobald/*Altrock*, § 5 Rn. 72 im Hinblick auf eine Einbeziehung von Trafo-
    und Netzverlusten.
32 So auch *Salje*, EEG, § 8 Rn. 14. BGH, Urt. v. 18.7.2007, VIII ZR 288/05, NJW-RR 2007, 1645,
    Rn. 29.
33 *Thomas*, NVwZ-Extra 17/2014, 1, 2.
34 BT-Drs. 17/8141, S. 29.
35 EEG Clearingstelle, Hinweis v. 20.12.2011, 2011/23, Rn. 10.
36 Grundbuchordnung in der Fassung der Bekanntmachung vom 26.5.1994 (BGBl. I S. 1114), die zuletzt durch Art. 12 des Gesetzes vom 10.10.2013 (BGBl. I S. 3786) geändert worden ist.
37 Palandt/*Ellenberger*, BGB, vor § 90 Rn. 3.

mer, also die von der Gemeinde festgesetzte Nummer des Grundstücks i.S. des § 126 Abs. 3 BauGB, an.[38]

37 Auf diesem Grundstück muss bereits ein **Netzanschluss** bestehen, der dann als günstigster Verknüpfungspunkt gilt. Die Fiktion greift damit nicht für Verknüpfungspunkte auf benachbarten Grundstücken. Ein Netzanschluss ist dann vorhanden, wenn das Grundstück bzw. die darauf befindlichen (Verbrauchs-)Einrichtungen mit Elektrizität über einen bestehenden Netzanschluss i.S.d. § 17 EnWG oder § 18 EnWG i.V.m. §§ 2ff. NAV versorgt werden.[39] Hierzu ist es nicht erforderlich, dass sich der Netzanschluss für das Grundstück auf demselben Grundstück befindet.[40]

38 Die **gesamte installierte Leistung** aller Anlagen auf dem Grundstück darf höchstens 30 kW betragen. Die Leistungsgrenze bezieht sich auf den im Rahmen eines Netzanschlussverhältnisses gemäß § 17 EnWG oder gemäß § 18 EnWG i.V.m. §§ 2ff. NAV bereits bestehenden Netzanschluss.[41] Zur Ermittlung der Leistung wird die installierte Leistung der auf dem Grundstück befindlichen und der zu installierenden EEG-Anlagen zusammengefasst, die an dem Netzanschlusspunkt desselben Netzanschlussverhältnisses angeschlossen worden sind und werden sollen.[42] Bei der Zusammenfassung „mehrerer EEG-Anlagen" kann es sich auch um Anlagen mehrerer Anlagenbetreiber handeln.[43] Die Leistungsgrenze ist überschritten, wenn auf einem Grundstück bereits Anlagen vorhanden sind und die insgesamt installierte Leistung durch den Zubau neu anzuschließender Anlagen 30 kW übersteigt.[44] Der Verknüpfungspunkt ist dann nach den Kriterien des § 8 Abs. 1 S. 1 zu bestimmen. Der bestehende Netzanschluss bleibt davon unberührt.[45]

39 Der Netzanschluss muss trotz Vorliegens aller Voraussetzungen des § 8 Abs. 1 S. 2 an einem anderen als dem günstigsten Verknüpfungspunkt erfolgen, wenn durch diesen Verknüpfungspunkt Netzoptimierungs-, -verstärkungs- oder -ausbaumaßnahmen erforderlich werden, die dem Netzbetreiber wirtschaftlich nicht zumutbar sind. Gemäß § 12 Abs. 3 muss der Netzbetreiber eine **wirtschaftlich unzumutbare Erweiterung der Netzkapazität** nicht vornehmen.[46] Damit geht eine Reduktion des § 8 Abs. 1 S. 2 einher, die auf einer systematischen Auslegung unter Berücksichtigung des § 12 Abs. 3 beruht. Dies steht im Einklang mit der Rechtsauffassung der Clearingstelle EEG. Danach muss ein Netzbetreiber Anlagenbetreibern einen Anschluss nach § 8 Abs. 1 S. 2 nur in dem Umfang gewähren, wie die Kapazitätserweiterung gemäß § 12 Abs. 3 wirtschaftlich zumutbar ist.[47] Als Argument wird unter anderem der Normenzusammenhang zwischen § 8 und § 12 angeführt.[48] § 8 Abs. 4 verweist auf den gesamten § 12. Gestützt wird dies durch eine teleologische Auslegung. Telos des § 8 Abs. 1 S. 2 ist nicht nur die Vermeidung von Rechtsstreitigkeiten, son-

---

38 EEG Clearingstelle, Hinweis v. 20.12.2011, 2011/23, Rn. 15.
39 EEG Clearingstelle, Hinweis v. 20.12.2011, 2011/23, Rn. 11.
40 EEG Clearingstelle, Hinweis v. 20.12.2011, 2011/23, Rn. 12.
41 EEG Clearingstelle, Hinweis v. 20.12.2011, 2011/23, Rn. 13.
42 EEG Clearingstelle, Hinweis v. 20.12.2011, 2011/23, Rn. 13.
43 EEG Clearingstelle, Hinweis v. 20.12.2011, 2011/23, Rn. 13.
44 So auch Frenz/Müggenborg/*Cosack*, § 5 Rn. 60.
45 Altrock/Oschmann/Theobald/*Altrock*, § 5 Rn. 73.
46 § 12 Rn. 0ff.
47 Clearingstelle EEG, Empfehlung v. 29.9.2011, 2011/1, Rn. 183; Clearingstelle EEG, Votum v. 19.9.2008, 2008/14, S. 11.
48 Clearingstelle EEG, Empfehlung v. 29.9.2011, 2011/1, Rn. 158.

dern auch eine gesamtwirtschaftlich sinnvolle und an Effizienzgesichtspunkten orientierte Errichtung von Netzanschlüssen. Letztes steht einer Festlegung von Verknüpfungspunkten entgegen, die mit wirtschaftlich unzumutbaren Netzerweiterungen verbunden sind.

Ist die Errichtung eines Netzanschlusses an dem günstigsten Verknüpfungspunkt i. S. des § 8 Abs. 1 S. 2 wirtschaftlich unzumutbar, so bestimmt sich der **Verknüpfungspunkt nach § 8 Abs. 1 S. 1.** **40**

d) Wahlrecht des Anlagenbetreibers (Abs. 2). Nach § 8 Abs. 2 haben Anlagenbetreiber **41** das Recht, einen anderen Verknüpfungspunkt dieses oder eines anderen im Hinblick auf die Spannungsebene geeigneten Netzes zu wählen. Dieses **Wahlrecht** besteht aber dann nicht, wenn die resultierenden Mehrkosten des Netzbetreibers nicht unerheblich sind.

Aus dem systematischen Zusammenhang mit § 8 Abs. 1 folgt, dass es sich bei dem wähl- **42** baren Verknüpfungspunkt um eine Stelle handelt, die nicht die in der Luftlinie kürzeste Entfernung zum Standort der Anlage aufweist, nicht die demgegenüber technisch oder wirtschaftlich günstigere Stelle ist und auch nicht der Verknüpfungspunkt des Grundstückes, auf dem sich die Anlage befindet.[49] Vielmehr handelt es sich bei dem nach § 8 Abs. 2 wählbaren Verknüpfungspunkt um eine **weitere Stelle** entweder in dem Netz, in dem einer der vorgenannten Verknüpfungspunkte lokalisiert ist, oder aber in einem anderen Netz. Allerdings muss das andere Netz ebenfalls im Hinblick auf die Spannungsebene zur Stromaufnahme geeignet sein. Die Eignung entfällt nicht dadurch, dass erst der Einsatz eines Transformators die Stromaufnahme ermöglicht.[50]

Der Wahl eines weiteren Verknüpfungspunktes steht nach § 8 Abs. 2, 2. Hs. entgegen, **43** wenn die durch diese alternative Netzanbindung entstehenden Mehrkosten des Netzbetreibers nicht unerheblich sind. Der Gesetzgeber hat die **Beschränkung der Wahlmöglichkeit bei erheblichen Mehrkosten** neu eingeführt. Es bedarf deshalb in diesem Fall nicht mehr einer vergleichbaren Konstruktion über das Institut eines Rechtsmissbrauchs basierend auf dem allgemeinen zivilrechtlichen Grundsatz von Treu und Glauben.[51] Der Gesetzeswortlaut greift nun die Rechtsprechung zur Frage auf, wann die Grenze zum **Rechtsmissbrauch** konkret überschritten ist.[52] Nach der Rechtsprechung des BGH steht dem Wahlrecht der Einwand des Rechtsmissbrauchs entgegen, wenn „die dem Netzbetreiber hierdurch entstehenden Kosten nicht nur unerheblich über den Kosten eines Anschlusses an dem gesamtwirtschaftlich günstigsten Verknüpfungspunkt liegen".[53]

Zu den Mehrkosten i. S. des § 8 Abs. 2, 2. Hs. zählen unter Berücksichtigung des Wortlauts **44** der Norm nur solche Kosten, die der Netzbetreiber trägt, mithin nach § 14 die **Netzerweiterungskosten.** Darüber hinaus sind auch aufgrund des Netzanschlusses der Anlage zusätzlich anfallende Kosten nach § 15 EEG zu berücksichtigen.[54] Eventuelle Netz- und Trafoverluste sind als mittelbare Kosten nicht zu berücksichtigen.[55]

---

49 So auch im Ergebnis Clearingstelle EEG, Empfehlung v. 29.9.2011, 2011/1, Rn. 145. A. A. *Salje*, EEG, § 8 Rn. 24; BerlKommEnR/*Schumacher*, Bd. 2, 2. Aufl. 2013, § 5 Rn. 41.
50 So auch *Salje*, EEG, § 8 Rn. 5.
51 BT-Drs. 18/1304, S. 119, vgl. zum Streitstand in Bezug auf den Rechtsmissbrauch noch BerlKommEnR/*Schumacher*, Bd. 2, 2. Aufl. 2013, § 5 EEG Rn. 42 ff.
52 BT-Drs.18/1304, S. 120.
53 BGH Urt. v. 10.10.2012, VIII ZR 362/11, NVwZ 2013, 90, Rn. 57. Vgl. BT-Drs. 18/1304, S. 119.
54 BT-Drs. 18/1304, S. 120.
55 BT-Drs. 18/1304, S. 120.

45 Der Ermittlung der berücksichtigungsfähigen Mehrkosten liegt ein **Variantenvergleich** zugrunde, in dem sowohl die Netzerweiterungskosten des Verknüpfungspunktes nach § 8 Abs. 1 S. 1 oder S. 2 als auch die Netzerweiterungskosten, die durch einen Anschluss nach § 8 Abs. 2 entstehen, berücksichtigt werden. Für die Erheblichkeit der Mehrkosten trägt der Netzbetreiber die **Darlegungs- und Beweislast**, da nur er über die notwendigen Informationen für einen Variantenvergleich verfügt.[56]

46 Von einer **Erheblichkeit der Mehrkosten** ist mit der Rechtsprechung des BGH jedenfalls dann auszugehen, wenn der vom Anlagenbetreiber gewählte Verknüpfungspunkt für den Netzbetreiber zu Mehrkosten in Höhe von mehr als 60 Prozent gegenüber einer Anschlussvariante nach § 8 Abs. 1 führt.[57] Auch bei einem geringeren Überschreiten dürfte bereits die Erheblichkeitsschwelle erreicht sein. Der Gesetzgeber geht in der amtlichen Begründung unter Verweis auf die genannte Rechtsprechung bereits von einer Erheblichkeit der Mehrkosten bei einem Überschreiten um 10% aus.[58] Neben dem Einwand erheblicher Mehrkosten können auf der Grundlage des § 242 BGB auch **andere Gründe** zu einem Rechtsmissbrauch des Wahlrechtes des Anlagenbetreibers führen.[59]

47 Die Wahl des Anlagenbetreibers erfolgt mittels einer **empfangsbedürftigen Willenserklärung**. Das Wahlrecht erlischt mit Anbindung der Anlage an das Netz.[60]

48 **e) Zuweisungsrecht des Netzbetreibers (Abs. 3).** Nach § 8 Abs. 3 liegt das **Letztentscheidungsrecht über den Verknüpfungspunkt** beim Netzbetreiber.[61] Dieser darf abweichend von den nach § 8 Abs. 1 und 2 ermittelten Verknüpfungspunkten der Anlage einen anderen Verknüpfungspunkt zuweisen.

49 Das **Zuweisungsrecht entfällt** nach § 8 Abs. 3, 2. Hs. nicht, wenn die Abnahme des Stromes aus der Anlage an diesem zugewiesenen Verknüpfungspunkt nicht sichergestellt ist und somit die Pflichten des § 11 Abs. 1 nicht erfüllt werden können. Dies ist beispielsweise der Fall, wenn Maßnahmen des Einspeisemanagements oder ähnliche Maßnahmen absehbar sind.[62]

50 Darüber hinaus entfällt das Zuweisungsrecht, wenn es rechtsmissbräuchlich ausgeübt wird. Rechtliche Grundlage für eine entsprechende Einwendung des Anlagenbetreibers ist § 242 BGB. Eine **rechtsmissbräuchliche Zuweisung** ist zu bejahen, wenn der zugewiesene Verknüpfungspunkt für den Anlagenbetreiber nicht zumutbar ist, weil er beispielsweise technisch oder genehmigungsrechtlich nicht realisiert werden kann oder nicht zu einer effizienten Netzkonfiguration führt.[63]

51 Die **Mehrkosten**, die aus der Zuweisung eines anderen Verknüpfungspunktes nach § 8 Abs. 3 entstehen, trägt gemäß § 16 Abs. 2 der Netzbetreiber.[64]

---

56 BT-Drs. 18/1304, S. 120.
57 BGH, Urt. v. 10.10.2012, VIII ZR 362/11, NVwZ 2013, 90, Rn. 58.
58 BT-Drs. 18/1304, S. 120.
59 BT-Drs. 18/1304, S. 119.
60 Reshöft/Schäfermeier/*Schäfermeister*, § 5 Rn. 40.
61 So auch *Salje*, EEG, § 8 Rn. 26.
62 BT-Drs. 17/8148, S. 41 f.
63 BT-Drs. 17/8148, S. 41.
64 Vgl. hierzu § 16 Rn. 26 ff.

5. Anschlusskosten und Eigentumsverhältnisse. Die **Kosten**, die für den Bau der Netz- 52
anbindungsleitung bis zum Verknüpfungspunkt entstehen, trägt der Anlagenbetreiber nach
16.[65] Der Anlagenbetreiber ist auch **Eigentümer** der Anschlussleitung. Eine Ausnahme besteht bei einer Verknüpfung einer Windenergieanlage auf See; die Kosten hierfür hat der
Netzbetreiber zu tragen.[66] Die Anbindungsleitung wird in diesem Fall Teil des Energieversorgungsnetzes und geht damit in das Eigentum des ÜNB über.[67]

6. Rechtsnatur. Bei dem Anspruch auf unverzüglichen und vorrangigen Anschluss handelt 53
es sich nach § 7 Abs. 1 um einen gesetzlichen Anspruch. Mit Entstehung des Anspruchs
entsteht nach § 7 Abs. 1 zugleich ein **gesetzliches Schuldverhältnis**. Der Abschluss eines
Netzanschluss- und Netznutzungsvertrages ist deshalb weder notwendig noch darf die
technische Anbindung der Anlage an das Netz von einem solchen Vertragsschluss abhängig gemacht werden.[68]

Das Anschlussverhältnis als ein **Dauerschuldverhältnis** wirkt nach der technischen Er- 54
richtung der Anbindungsleitung und der Verknüpfung mit dem Netz fort. Es stellt die
Grundlage für den weiteren Pflichtenkreis des Netzbetreibers dar. Hierzu zählt die Pflicht,
die Anlage an das Netz angeschlossen zu lassen[69] sowie die Pflicht, eine Unterbrechung
des Anschluss unverzüglich vorrangig zu beheben.

7. Rechtsschutz des Anspruchsinhabers. Der Anspruchsinhaber, mithin Anlagenbetrei- 55
ber und Einspeisewilliger, kann gemäß § 83 durch **einstweilige Verfügung** erwirken, dass
der Netzbetreiber die Anlage vorläufig anschließt.[70]

8. Rechtsfolgen einer Nichtbeachtung der Anschlusspflicht. Im Fall einer durch den 56
Netzbetreiber schuldhaft verzögerten oder nicht vorrangigen technischen Netzanbindung
sind die haftungsbegründenden Anspruchsvoraussetzungen für einen **Schadensersatzanspruch** nach § 280 Abs. 1 BGB erfüllt. Das Verschulden des Netzbetreibers wird gemäß
§ 280 Abs. 1 S. 2 BGB widerlegbar vermutet. Daraus resultiert eine Darlegungs- und Beweislast des Netzbetreibers für eine den Sorgfaltsanforderungen genügende Abwicklung
des Anschlussbegehrens. Zum Zwecke der substanziierten Darlegung und des Beweises
sollte der Netzbetreiber die dem Netzanschluss vorausgehenden Verfahrens- und Arbeitsschritte schriftlich dokumentieren.

Der **Schaden** wird in der aufgrund nicht erfolgter Einspeisung unterbliebenen finanziellen 57
Förderung gemäß § 19 bestehen. Hierbei handelt es sich um einen entgangenen Gewinn
i. S. des § 252 BGB.

III. Netzanschlusspflicht bei Netzerweiterung (Abs. 4)

§ 8 Abs. 4 stellt klar, dass das **Erfordernis der Optimierung, der Verstärkung oder des** 58
Ausbaus des Netzes nach § 12 keine Einwendung des Netzbetreibers gegen die Netzanschlusspflicht nach § 8 Abs. 1 S. 1 begründet.

---

65 Vgl. hierzu § 16 Rn. 9 ff.
66 § 8 Rn. 74.
67 § 8 Rn. 74.
68 Hierzu näher § 7 Rn. 5.
69 Altrock/Oschmann/Theobald/*Altrock*, § 5 Rn. 45.
70 Vgl. hierzu im Einzelnen § 83 Rn. 11 ff.

59 Der Netzbetreiber muss vielmehr Anlagen auch dann anschließen, wenn die **Netzkapazität** nicht zur Aufnahme des gesamten in der Anlage erzeugten Stroms genügt.[71] Allerdings sind die erforderlichen Maßnahmen nach §§ 12 bis 15 zu ergreifen. Daraus folgt, dass der Netzbetreiber die Maßnahmen nach dem Einspeisemanagement in § 14 vornehmen kann, bis die Erweiterung der Netzkapazität nach § 12 erfolgt ist.[72]

60 Sollen Anlagen an ein Netz angeschlossen werden, die nicht mit einer Einrichtung zur ferngesteuerten Abregelung ausgestattet sind, und kann es im Netz durch die Anbindung dieser Anlagen zu Überlastungszuständen kommen, so ist der **Anschluss bis zu der Netzerweiterung technisch nicht möglich**. Dies stellt eine Einwendung des Netzbetreibers gegen die Netzanschlusspflicht dar. Es trifft ihn dann allerdings die Pflicht zu einer zügigen Netzerweiterung. Der Anlagenbetreiber hat jedoch die Möglichkeit, einen Netzanschluss durch den **freiwilligen Einbau von Abregelungseinrichtungen** zu ermöglichen.[73]

IV. Auskunftsanspruch zur Bearbeitung des Netzanschlussbegehrens (Abs. 5)

61 Mit § 8 Abs. 5 S. 1 setzt der Gesetzgeber Art. 16 Abs. 5 lit. b der RL 2009/28/EG um und legt als **Nebenpflicht des Netzbetreibers** fest, dem Einspeisewilligen nach Eingang des Netzanschlussbegehrens unverzüglich einen Zeitplan für die Bearbeitung des Netzanschlussbegehrens zu übermitteln. Unverzüglich bedeutet ohne schuldhaftes Zögern.[74]

62 Inhaltliche Anforderungen an den **Zeitplan** ergeben sich aus § 8 Abs. 5 S. 2. Dieser muss enthalten, in welchen Arbeitsschritten das Anschlussbegehren bearbeitet wird, § 8 Abs. 5 S. 2 Nr. 1. Ferner ist im Zeitplan anzugeben, welche Informationen der Einspeisewillige aus seinem Verantwortungsbereich dem Netzbetreiber übermitteln muss, damit dieser den Verknüpfungspunkt ermitteln oder seine Netzerweiterungsmaßnahmen nach § 12 planen kann, § 8 Abs. 5 S. 2 Nr. 2. Hierzu zählt neben dem Standort der Anlage deren installierte Leistung. Des Weiteren kann es zur Bestimmung des Verknüpfungspunktes notwendig sein, dass Daten zur geplanten Inbetriebnahme, zur Anlagenkonfiguration sowie zu technischen Details der Anlage übermittelt werden müssen.[75] § 8 Abs. 5 stellt die erste Stufe eines insgesamt zweistufigen informatorischen Verfahrens dar.[76]

V. Auskunftsanspruch zur Errichtung des Netzanschlusses (Abs. 6)

63 Mit § 8 Abs. 6 S. 1 implementiert der Gesetzgeber Art. 16 Abs. 5 lit. a und c der RL 2009/28/EG in nationales Recht, indem er **weitere Informationspflichten** des Netzbetreibers regelt. Es handelt sich hierbei um die zweite Stufe des zweistufigen informatorischen Verfahrens.

---

71 Altrock/Oschmann/Theobald/*Altrock*, § 5 Rn. 88; ebenso *Fischer/Henning*, ZUR 2006, 225, 226 ff.

72 § 14 Rn. 57 ff.; § 12 Rn. 25 f.

73 Altrock/Oschmann/Theobald/*Altrock*, § 5 Rn. 89 f.

74 Vgl. hierzu § 8 EEG, Rn. 19.

75 *Salje*, EEG, § 8 Rn. 34.

76 *Bönning*, Sonne, Wind & Wärme 2011, 276.

Der Netzbetreiber muss dem Anlagenbetreiber Informationen, die für den **Netzanschluss** 64
relevant sind, übermitteln. Inhaltlich handelt es sich um vier Informationskategorien, die in
§ 8 Abs. 6 S. 1 Nr. 1 bis 4 aufgelistet werden.

Hierzu zählt erstens ein **Zeitplan für die unverzügliche Herstellung des Anschlusses** mit 65
Informationen zu allen erforderlichen Arbeitsschritten. Die Zeitpläne sind tagesgenau und,
wenn dies nicht möglich ist, wochengenau zu formulieren.[77]

Zweitens müssen alle **Informationen** übermittelt werden, die der Einspeisewillige für die 66
Prüfung des Netzverknüpfungspunktes benötigt sowie die für eine Netzverträglichkeitsprüfung erforderlichen **Netzdaten**. Letztere sind jedoch nur auf Antrag des Einspeisewilligen zu übermitteln. Die Daten zur Netzverträglichkeitsprüfung müssen angelehnt an § 5
Abs. 2 Kraftwerksnetzanschlussverordnung[78] in Form und Inhalt geeignet sein, einem
sachkundigen Dritten als Entscheidungsgrundlage zu dienen.[79]

Drittens muss der Netzbetreiber dem Einspeisewilligen einen **Kostenvoranschlag** für den 67
Netzanschluss übermitteln, der in nachvollziehbarer und detaillierter Weise die Kosten
umfasst, die durch die technische Herstellung des Netzanschlusses entstehen. Dieser Kostenvoranschlag muss nicht die Kosten enthalten, die dem Anlagenbetreiber durch die Gestattung der Nutzung fremder Grundstücke für die Verlegung der Netzanschlussleitung entstehen. Die Effektivität des Variantenvergleichs nach § 8 Abs. 1 und 2 erfordert, dass der
Kostenvoranschlag einen Vergleich der Verknüpfungspunkte ermöglicht. Er muss deshalb
Aufschluss über die Kosten der in Betracht kommenden Verknüpfungspunkte geben.[80]

Viertens umfasst die Informationspflicht bei Anlagen mit einer installierten Leistung von 68
mehr als 100 kW auch solche Informationen, die zur Erfüllung der Pflichten nach § 9
Abs. 1 und 2 erforderlich sind. Es handelt sich hierbei um die **Pflicht zur Ausstattung der
Anlage mit einer technischen Einrichtung**, mit der der Netzbetreiber die Einspeiseleistung bei Netzüberlastung reduzieren und die Ist-Einspeisung abrufen kann.[81] Hierzu zählt
auch die Angabe, ob Rundsteuertechnik oder Fernwirktechnik einzusetzen ist.[82]

Die Informationen sind **unverzüglich**, also ohne schuldhaftes Zögern zu übermitteln. Bei 69
der Bestimmung der Frist muss berücksichtigt werden, dass der Netzbetreiber den Kostenvoranschlag erstellen muss. Hierbei scheint eine Bearbeitungszeit von mehreren Tagen bis
wenigen Wochen angemessen. Die Frist beginnt mit dem Eingang der vom Anlagenbetreiber abzugebenden Informationen nach § 8 Abs. 5 S. 2 Nr. 2. Die maximale Frist beträgt
acht Wochen ab Eingang der Informationen. Hierbei handelt es sich um eine **Höchstfrist**,
die dem Netzbetreiber nicht gestattet, diese auszuschöpfen, wenn er die genannten Informationen vor Ablauf der Acht-Wochen-Frist übermitteln kann.[83] In diesem Fall läge ein
schuldhaftes Zögern, mithin keine Unverzüglichkeit vor.

Die **Kostenübernahme** für die Übermittlung der Informationen folgt den Pflichten. Damit 70
hat der **Netzbetreiber** die Kosten für die Informationsbeschaffung und -übermittlung zu

---

77 BT-Drs. 17/3629, S. 34.
78 Verordnung zur Regelung des Netzanschlusses von Anlagen zur Erzeugung von elektrischer Energie (Kraftwerks-Netzanschlussverordnung – KraftNAV) v. 26.6.2007 (BGBl. I S. 1187).
79 BT-Drs. 17/3629, S. 34.
80 So auch *Salje*, EEG, § 8 Rn. 35.
81 Vgl. hierzu näher § 9 Rn. 15 ff.
82 *Thomas*, NVwZ-Extra, 17/2014, 1, 4.
83 Im Ergebnis ebenso *Salje*, EEG, § 8 Rn. 43.

tragen. Dies schließt die Kosten für die Bereitstellung der Daten für eine Netzverträglichkeitsprüfung i. S. des § 8 Abs. 6 S. 1 Nr. 2 ein, jedoch nicht die Kosten für die Durchführung der Netzverträglichkeitsprüfung.

71 Der **Kostenvoranschlag** verpflichtet den Anlagenbetreiber gemäß § 8 Abs. 6 S. 2 nicht, den Netzanschluss vom Netzbetreiber vornehmen zu lassen, vielmehr kann er auch nach § 10 Abs. 1 einen **Dritten mit der Errichtung der Netzanbindung beauftragen**.[84]

VI. Sonderregelungen für Offshore-Anlagen

72 Zur Förderung der Stromerzeugung aus Offshore-Windenergie und einer verbesserten Netzintegration hat der Gesetzgeber **Sonderregelungen für die Netzanbindung von Offshore-Anlagen im EnWG** getroffen.

73 Trotz dieser Sonderregelungen ist **Rechtsgrundlage** für einen Anspruch des Anlagenbetreibers gegen den Netzbetreiber auf Anschluss der Anlage § 8 Abs. 1 S. 1.[85] Die Regelungen des EnWG modifizieren jedoch die Rahmenbedingungen bei der Errichtung des Anschlusses.

74 Nach § 17d EnWG haben ÜNB, in deren Regelzone der Netzanschluss von Windenergieanlagen auf See erfolgen soll, die **Netzanschlussleitungen entsprechend den Vorgaben des Offshore-Netzentwicklungsplans** i. S. d. § 17b EnWG zu errichten und zu betreiben.[86] Sie haben mit der Umsetzung der Netzanschlüsse von Windenergieanlagen auf See entsprechend den Vorgaben des Offshore-Netzentwicklungsplans zu beginnen und die Errichtung der Netzanschlüsse von Windenergieanlagen auf See zügig voranzutreiben. Die Errichtung einer Netzanschlussleitung fällt damit im Fall von Offshore-Windenergieanlagen entgegen den Regelungen des EEG nicht in den Pflichtenkreis des Anlagenbetreibers, sondern in den **Pflichtenkreis des Netzbetreibers**. In Konsequenz dessen liegt die **Kostentragungspflicht** beim Netzbetreiber. Folge ist außerdem nach § 17d Abs. 1 EnWG, dass die **Netzanschlussleitung** ab dem Zeitpunkt der Fertigstellung ein **Teil des Energieversorgungsnetzes** wird. Der Gesetzgeber fingiert damit den Wechsel einer Infrastrukturkategorie.

75 § 17d Abs. 2 EnWG enthält **Informationspflichten des Netzbetreibers**, die als leges speciales den Informationspflichten des § 8 Abs. 5 und 6 vorgehen.

---

84 So auch *Salje*, EEG, § 8 Rn. 46.
85 So auch LG Berlin, Urt. v. 12.8.2013, 99 O 127/11, Ziff. 3a), RdE 2014, 35, 37.
86 Vgl. hierzu *Säcker/König/Scholz*, Der regulierungsrechtliche Rahmen für ein Offshore-Stromnetz in der Nordsee, S. 45 ff.

§ 9 Technische Vorgaben

(1) [1]Anlagenbetreiber und Betreiber von KWK-Anlagen müssen ihre Anlagen mit einer installierten Leistung von mehr als 100 Kilowatt mit technischen Einrichtungen ausstatten, mit denen der Netzbetreiber jederzeit

1. die Einspeiseleistung bei Netzüberlastung ferngesteuert reduzieren kann und
2. die Ist-Einspeisung abrufen kann.

[2]Die Pflicht nach Satz 1 gilt auch als erfüllt, wenn mehrere Anlagen, die gleichartige erneuerbare Energien einsetzen und über denselben Verknüpfungspunkt mit dem Netz verbunden sind, mit einer gemeinsamen technischen Einrichtung ausgestattet sind, mit der der Netzbetreiber jederzeit

1. die gesamte Einspeiseleistung bei Netzüberlastung ferngesteuert reduzieren kann und
2. die gesamte Ist-Einspeisung der Anlagen abrufen kann.

(2) Betreiber von Anlagen zur Erzeugung von Strom aus solarer Strahlungsenergie

1. mit einer installierten Leistung von mehr als 30 Kilowatt und höchstens 100 Kilowatt müssen die Pflicht nach Absatz 1 Satz 1 Nummer 1 oder Absatz 1 Satz 2 Nummer 1 erfüllen,
2. mit einer installierten Leistung von höchstens 30 Kilowatt müssen
   a) die Pflicht nach Absatz 1 Satz 1 Nummer 1 oder Absatz 1 Satz 2 Nummer 1 erfüllen oder
   b) am Verknüpfungspunkt ihrer Anlage mit dem Netz die maximale Wirkleistungseinspeisung auf 70 Prozent der installierten Leistung begrenzen.

(3) [1]Mehrere Anlagen zur Erzeugung von Strom aus solarer Strahlungsenergie gelten unabhängig von den Eigentumsverhältnissen und ausschließlich zum Zweck der Ermittlung der installierten Leistung im Sinne der Absätze 1 und 2 als eine Anlage, wenn

1. sie sich auf demselben Grundstück oder Gebäude befinden und
2. sie innerhalb von zwölf aufeinanderfolgenden Kalendermonaten in Betrieb genommen worden sind.

[2]Entsteht eine Pflicht nach Absatz 1 oder 2 für einen Anlagenbetreiber erst durch den Zubau von Anlagen eines anderen Anlagenbetreibers, kann er von diesem den Ersatz der daraus entstehenden Kosten verlangen.

(4) Solange ein Netzbetreiber die Informationen nach § 8 Absatz 6 Satz 1 Nummer 4 nicht übermittelt, greifen die in Absatz 7 bei Verstößen gegen Absatz 1 oder 2 genannten Rechtsfolgen nicht, wenn

1. die Anlagenbetreiber oder die Betreiber von KWK-Anlagen den Netzbetreiber schriftlich oder elektronisch zur Übermittlung der erforderlichen Informationen nach § 8 Absatz 6 Satz 1 Nummer 4 aufgefordert haben und
2. die Anlagen mit technischen Vorrichtungen ausgestattet sind, die geeignet sind, die Anlagen ein- und auszuschalten und ein Kommunikationssignal einer Empfangsvorrichtung zu verarbeiten.

(5) [1]Betreiber von Anlagen zur Erzeugung von Strom aus Biogas müssen sicherstellen, dass bei der Erzeugung des Biogases

1. ein neu zu errichtendes Gärrestlager am Standort der Biogaserzeugung technisch gasdicht abgedeckt ist,
2. die hydraulische Verweilzeit in dem gasdichten und an eine Gasverwertung angeschlossenen neuen System nach Nummer 1 mindestens 150 Tage beträgt und
3. zusätzliche Gasverbrauchseinrichtungen zur Vermeidung einer Freisetzung von Biogas verwendet werden.

[2]Satz 1 Nummer 1 und 2 ist nicht anzuwenden, wenn zur Erzeugung des Biogases ausschließlich Gülle eingesetzt wird. Satz 1 Nummer 2 ist ferner nicht anzuwenden, wenn für den in der Anlage erzeugten Strom der Anspruch nach § 19 in Verbindung mit § 45 geltend gemacht wird.

(6) Betreiber von Windenergieanlagen an Land, die vor dem 1. Januar 2017 in Betrieb genommen worden sind, müssen sicherstellen, dass am Verknüpfungspunkt ihrer Anlage mit dem Netz die Anforderungen der Systemdienstleistungsverordnung erfüllt werden.

(7) [1]Die Rechtsfolgen von Verstößen gegen die Absätze 1, 2, 5 oder 6 richten sich bei Anlagen, für deren Stromerzeugung dem Grunde nach ein Anspruch auf finanzielle Förderung nach § 19 besteht, nach § 25 Absatz 2 Nummer 1. [2]Bei den übrigen Anlagen entfällt der Anspruch der Anlagenbetreiber auf vorrangige Abnahme, Übertragung und Verteilung nach § 11 für die Dauer des Verstoßes gegen die Absätze 1, 2, 5 oder 6; Betreiber von KWK-Anlagen verlieren in diesem Fall ihren Anspruch auf Zuschlagzahlung nach § 4 Absatz 3 des Kraft-Wärme-Kopplungsgesetzes oder, soweit ein solcher nicht besteht, ihren Anspruch auf vorrangigen Netzzugang nach § 4 Absatz 4 des Kraft-Wärme-Kopplungsgesetzes.

(8) Die Pflichten und Anforderungen nach den §§ 21c, 21d und 21e des Energiewirtschaftsgesetzes und nach den auf Grund des § 21i Absatz 1 des Energiewirtschaftsgesetzes erlassenen Rechtsverordnungen bleiben unberührt.

Schrifttum: *Bönning*, Der Netzanschluss nach dem EEG, in: Loibl/Maslaton/von Bredow/Walter, Biogasanlagen im EEG, 3. Aufl. 2013, S. 133 ff.; *Geipel/Uibeleisen*, Die Übergangsbestimmungen für Bestandsanlagen des EEG 2014, REE 2014, 142 ff.; *Säcker/König/Scholz*, Der regulierungsrechtliche Rahmen für ein Offshore-Stromnetz in der Nordsee, 2014; *Schumacher*, Die Neuregelung zum Einspeise- und Engpassmanagement, ZUR 2012, 17 ff.; *Thomas*, Das EEG 2014 – Eine Darstellung nach Anspruchsgrundlagen, NVwZ-Extra 17/2014, 1 ff.; *Vergoßen*, Das Einspeisemanagement nach dem Erneuerbare-Energien-Gesetz, 2011.

Übersicht

I. Allgemeines

§ 9 enthält **technische Vorgaben für das Netzanschlussverhältnis** i. S. des § 8.

1. Europarechtliche Grundlagen. Während das Anschlussregime mit der Verpflichtung zur Implementierung eines garantierten oder vorrangigen Netzanschlusses eine Mindestharmonisierung erfahren hat, sind die technischen Anforderungen an den Netzanschluss weder durch die RL 2009/28/EG noch durch die RL 2009/72/EG harmonisiert worden. Aus diesem Grund bestehen **in der EU heterogene Anforderungen** hinsichtlich der Wahrung der Zuverlässigkeit und der Sicherheit eines Netzes und hinsichtlich der Anforderungen, die ein Anschluss erfüllen muss.[1]

2. Normzweck. Die in § 9 aufgelisteten technischen Anforderungen verfolgen unterschiedliche Zielrichtungen des Zieldreiecks in der Energiepolitik. Mit den in § 9 Abs. 1 bis 3 und 6 genannten Anforderungen will der Gesetzgeber die Netzsicherheit erhöhen, indem er sicherstellt, dass Anlagen in das Einspeisemanagement nach § 14 einbezogen werden

---

1 Erwägungsgrund 60 der RL 2009/28/EG; vgl. zur Heterogenität in der EU im Hinblick auf den Anschluss von Offshore-Anlagen auch *Säcker/König/Scholz*, Der regulierungsrechtliche Rahmen für ein Offshore-Stromnetz in der Nordsee, S. 91.

und so das Netz entlasten können.[2] Sie tragen damit zur **Versorgungssicherheit** bei. § 9 Abs. 5 ist demgegenüber auf den **Umweltschutz** gerichtet, da er einen Klimaschutzbeitrag von Biogasanlagen durch die größtmögliche Vermeidung von Methanemissionen sicherstellen soll.[3]

4   **3. Entstehungsgeschichte.** Bereits § 4 Abs. 3 EEG 2004 enthielt **technische Anforderungen**, mit denen sichergestellt werden sollte, dass ein **Einspeisemanagement** stattfinden kann. Die Vorschrift galt jedoch nur für solche Anlagen, die in Netzregionen installiert wurden, die zumindest zeitweise vollständig durch Strom aus erneuerbaren Energien oder Grubengas ausgelastet waren.

5   Das EEG 2009 widmete den technischen Anforderungen eine eigene Vorschrift und erstreckte diese Anforderungen auf **alle Anlagen mit einer installierten Leistung von mehr als 100 kW**. Zudem führte es mit § 6 Nr. 2 EEG 2009 technische Anforderungen für **Windenergieanlagen** ein, die durch die Systemdienstleistungsverordnung näher beschrieben wurden.

6   Mit dem EEG 2012 wurden die technischen Anforderungen auf **KWK-Anlagen** ausgeweitet. Neu eingeführt in das EEG 2012 wurde § 6 Abs. 4, der Anforderungen an die **Biogaserzeugung** regelte und damit an die vorherige Nr. I. 4 der Anlage 2 zum EEG 2009 anknüpfte, die mit der Streichung des „**Bonus für Strom aus nachwachsenden Rohstoffen**" entfiel.

7   Das EEG 2014 enthält nunmehr eine Klarstellung, dass die Ausstattung mit einer **gemeinsamen technischen Einrichtung** genügt, wenn mehrere Anlagen, die Strom aus erneuerbaren Energien erzeugen, über denselben Verknüpfungspunkt mit dem Netz verfügen.[4] Des Weiteren wurden die Vorgaben für die **Anlagenzusammenfassung** so geändert, dass die Möglichkeit, Anlagen in unmittelbarer räumlicher Nähe zusammenzufassen, aufgehoben wird. Damit werden Auslegungsschwierigkeiten beseitigt.

8   Das Anwachsen der Norm von einem einzigen Absatz in § 4 EEG 2004 zu einer acht Absätze umfassende Vorschrift verdeutlicht die **steigende Bedeutung technischer Anforderungen**, die mit dem Ausbau der erneuerbaren Energien für die Versorgungssicherheit i. S. einer Netzsicherheit einhergehen.

9   **4. Normadressaten.** Adressaten der Norm sind die **Betreiber der Anlagen**, die diese technisch so ausstatten müssen, dass sowohl Versorgungssicherheit als auch, im Falle von Biogasanlagen, Umweltschutz erreicht werden.

10   **5. Anwendungsbereich.** § 9 ist nur auf Anlagen anwendbar, die an ein **Netz für die allgemeine Versorgung angeschlossen** sind. Dies folgt daraus, dass Anspruchsinhaber nach § 9 stets der Netzbetreiber i. S. des § 5 Nr. 27 ist. Danach ist Netzbetreiber jeder Betreiber eines Netzes für die allgemeine Versorgung mit Elektrizität, unabhängig von der Spannungsebene. Mithin sind Anlagen, die an Inselnetze angeschlossen sind, von den technischen Anforderungen des § 9 befreit.[5] Ist allerdings ein Netz, das nicht der allgemeinen Versorgung dient, mit einem Netz für die allgemeine Versorgung verknüpft, wie es bei Areal- oder Objektnetzen der Fall ist, so ist der Anwendungsbereich des § 9 eröffnet. Der

---

2 Mit Betonung des Einspeisemanagements als Ziel *Thomas*, NVwZ-Extra 17/2014, 1, 4.
3 BT-Drs. 17/6071, S. 63.
4 BT-Drs. 18/1303, S. 180.
5 So auch Clearingstelle EEG, Hinweis v. 18.8.2014, 2013/13, Rn. 17.

Anlagenbetreiber unterliegt in diesem Fall den technischen Anforderungen der Norm. Grund hierfür ist der Normzweck des § 9, der ein Einspeisemanagement ermöglichen soll, um Netze für die allgemeine Versorgung zu stabilisieren. Hierfür besteht auch dann eine Notwendigkeit, wenn eine Anlage nur mittelbar mit einem Netz für die allgemeine Versorgung verbunden ist.[6]

II. Pflicht zur Ausstattung der Anlage mit einer Abregelungstechnik (Abs. 1)

1. Verpflichtete. § 9 Abs. 1 enthält Pflichten für den Anlagenbetreiber, mithin gemäß § 5 Nr. 2 für den Nutzer der **EEG-Anlage** sowie für den Betreiber einer **KWK-Anlage**. Für den Begriff der KWK-Anlage enthält § 5 Nr. 23 einen Rechtsgrundverweis auf § 3 Abs. 2 des KWKG. Danach sind KWK-Anlagen Feuerungsanlagen mit Dampfturbinen-Anlagen (Gegendruckanlagen, Entnahme- und Anzapfkondensationsanlagen) oder Dampfmotoren, Gasturbinen-Anlagen (mit Abhitzekessel oder mit Abhitzekessel und Dampfturbinen-Anlage), Verbrennungsmotoren-Anlagen, Stirling-Motoren, ORC (Organic Rankine Cycle)-Anlagen sowie Brennstoffzellen-Anlagen, in denen Strom und Nutzwärme erzeugt werden.[7]   11

Betreiber von Anlagen i. S. des EEG oder des KWKG mit einer **installierten Leistung bis einschließlich 100 kW** unterliegen nach § 9 Abs. 1 hingegen keiner Verpflichtung.   12

2. Anlagen mit einer installierten Leistung von mehr als 100 kW. Voraussetzung für eine Verpflichtung nach § 9 Abs. 1 ist eine in der Anlage **installierte Leistung von mehr als 100 kW**. Der Begriff der installierten Leistung wird in § 5 Nr. 21 definiert. Es handelt sich um die elektrische **(Nenn-)Wirkleistung** der Module i. S. des § 5 Nr. 6 in Gleichspannung, die die Anlage bei bestimmungsgemäßem Betrieb erbringen kann.[8] Nicht abzustellen ist auf die Einspeiseleistung bzw. die Wirkleistungseinspeisung.[9] Deshalb unterliegen auch solche Anlagen dem Anwendungsbereich des § 9 Abs. 1, die Strom zum Selbstverbrauch produzieren. Zwar würden Sinn und Zweck der Pflicht nach § 9 Abs. 1 ein Abstellen auf die Einspeiseleistung bzw. die Wirkleistungseinspeisung zulassen, denn nur diese Leistung ist mit Implikationen auf die Netzstabilität verbunden. Gleichwohl findet dies im Wortlaut von § 9 Abs. 1 i. V. m. § 5 Nr. 21 keine Stütze.   13

Aus dem in § 9 Abs. 1 verwendeten Begriff des Netzbetreibers folgt im Zusammenhang mit § 5 Nr. 27 die weitere Voraussetzung, dass der in der Anlage erzeugte Strom zumindest teilweise auch in das **Netz für die allgemeine Versorgung** gelangen muss.[10] Damit entstehen die Pflichten nach § 9 Abs. 1 nicht, wenn von einer Anlage zu keinem Zeitpunkt Strom in das Netz für die allgemeine Versorgung eingespeist wird, weil Strom ausschließlich selbst verbraucht wird. Dies kann bei einem Anschluss der Anlage an **Inselnetze** der Fall sein. Gestützt wird diese systematische Auslegung durch ein teleologisches Argument: Die Netzstabilität ist bei einem Anschluss an ein Inselnetz nicht beeinträchtigt. Bei einem Ab-   14

---

6 § 11 Rn. 30.
7 Vgl. hierzu BerlKommEnR/*Topp*, Bd. 2, 2. Aufl. 2013, § 3 KWKG Rn. 17 ff.
8 Clearingstelle EEG, Hinweis v. 18.8.2014, 2013/13, Rn. 11.
9 Clearingstelle EEG, Hinweis v. 18.8.2014, 2013/13, Rn. 12.
10 So im Ergebnis auch Clearingstelle EEG, Hinweis v. 18.8.2014, 2013/13, Rn. 17. A. A. BNetzA, Positionspapier zu den technischen Vorgaben nach § 6 Abs. 1 und Abs. 2 EEG 2012, S. 2 f.

schluss an ein **Areal- oder Objektnetz**, das seinerseits mit einem Netz für die allgemeine Versorgung verknüpft ist, kann es hingegen Auswirkungen auf die Netzstabilität geben, so dass in diesem Fall eine Anlage mit technischen Einrichtungen nach § 9 Abs. 1 auszustatten ist.

15 **3. Ausstattung mit technischen Einrichtungen (S. 1).** Die nach § 9 Abs. 1 Verpflichteten müssen die Anlagen mit **technischen Einrichtungen** ausstatten, deren Anforderungen in Nr. 1 und 2 bestimmt werden.

16 **a) Ferngesteuerte Reduzierung der Einspeiseleistung bei Netzüberlastung (Nr. 1).** Mit den technischen Einrichtungen muss sich jederzeit ferngesteuert die Einspeiseleistung bei Netzüberlastung reduzieren lassen. Aus dem Erfordernis der **Fernsteuerung** folgt, dass der Anlagenbetreiber die Anlage mit einer Empfangseinrichtung ausstatten muss, mit der ein Signal des Netzbetreibers zur Regelung der Anlage nach § 14 Abs. 1 entgegengenommen werden kann.[11] Die Einspeiseleistung bei Netzüberlastung lässt sich dann reduzieren, wenn das mittels der Empfangseinrichtung empfangene Signal die Anlage direkt regeln kann.[12] Erforderlich ist mithin eine bidirektionale Kommunikation, z. B. durch Rundsteuerempfänger in Verbindung mit fernauslesbarem Zähler sowie durch Synchronous Modular Meter mit Grid-Modul oder Fernwirktechnik.

17 **Messsysteme**, die den Anforderungen der §§ 21c ff. EnWG entsprechen, können ebenfalls als technische Einrichtungen zur ferngesteuerten Reduzierung der Einspeiseleistung angesehen werden.[13] Der Netzbetreiber hat diese Messsysteme in die in seine Sphäre fallende technische Infrastruktur zur Durchführung von Einspeisemanagement-Maßnahmen einzubeziehen, wenn die Messsysteme nach §§ 21c ff. EnWG die Vorgaben nach § 9 erfüllen können und die Einbeziehung in die technische Infrastruktur auf Seiten des Netzbetreibers sowie der Einbau durch die Anlagenbetreiber zur Gewährleistung der System- und Netzsicherheit **gesamtwirtschaftlich sinnvoll** ist.[14]

18 Das Signal löst die **Abregelung** aus. Die für diesen Mechanismus notwendige Technik muss der Netzbetreiber bereithalten.[15] Dies folgt aus dem Umstand, dass die Abregelung nach § 14 in seinen Pflichtenkreis fällt. Er gibt damit dem Anlagenbetreiber zugleich das Signal vor, das sich allerdings an den aktuellen technischen Regelungen orientieren und angemessen sein muss.[16] Dies folgt aus § 242 BGB.

19 Bundesjustiz- und das Bundeswirtschaftsministerium gehen in ihrem Anwendungshinweis zu § 6 Abs. 2 EEG 2012 davon aus, dass sich Netzbetreiber und Anlagenbetreiber auf ein **Signal** verständigen müssen, das der Netzbetreiber senden und der Anlagenbetreiber empfangen kann.[17] Eine solche Einigung findet jedoch in § 9 Abs. 1 Nr. 1 keine Stütze. Vielmehr entspricht es der Pflicht des Anlagenbetreibers, die technische Einrichtung so zu gestalten, dass sich jederzeit die Einspeiseleistung reduzieren lässt. Das bedeutet, er trägt dafür Sorge, das Signal des Netzbetreibers empfangen zu können. Geschützt wird der Anlagenbetreiber dabei durch § 242 BGB. Aus dem Grundsatz von Treu und Glauben folgt,

---

11 Clearingstelle EEG, Empfehlung v. 4.10.2010, 2010/5, Leitsatz 1 lit. a.
12 Clearingstelle EEG, Empfehlung v. 4.10.2010, 2010/5, Rn. 4.
13 BNetzA, Positionspapier zu den technischen Vorgaben nach § 6 Abs. 1 und Abs. 2 EEG 2012, S. 5.
14 BNetzA, Positionspapier zu den technischen Vorgaben nach § 6 Abs. 1 und Abs. 2 EEG 2012, S. 5.
15 BMU und BMWi, Anwendungshinweis zu § 6 Abs. 2 EEG 2012, S. 3.
16 BMU und BMWi, Anwendungshinweis zu § 6 Abs. 2 EEG 2012, S. 3.
17 BMU und BMWi, Anwendungshinweis zu § 6 Abs. 2 EEG 2012, S. 3.

dass der Empfang des Signals nicht unangemessen aufwendig sein darf und dass Signaländerungen nur in angemessener Weise erfolgen. **Angemessen** ist beispielsweise der Einsatz einer Fernwirktechnik, wenn die Leistungsgröße der Anlage einen nicht unerheblichen Einfluss auf den Netzbetrieb hat.[18]

§ 9 Abs. 1 Nr. 1 gibt keine ausdrücklichen Vorgaben zur Frage, ob die technische Einrichtung eine stufenlose Regelung oder aber eine Regelung in Stufen oder ein Ab- und Zuschalten ermöglichen muss. Das Wort „Reduzierung" spricht dafür, dass eine **stufenweise Regelung** ermöglicht werden muss.[19] Gestützt wird dies außerdem durch § 2 Abs. 1 S. 1, der die Integration von Strom aus erneuerbaren Energien in das Elektrizitätsversorgungssystem vorschreibt. Im Lichte dieses Ziels muss auch § 9 Abs. 1 ausgelegt werden. Dies spricht dafür, eine Einspeisung nicht vollständig zu unterbinden, sondern, sofern es mit den Grundsätzen der Netzstabilität vereinbar ist, zumindest eine teilweise Einspeisung zuzulassen.[20]   **20**

Den Anforderungen des § 9 Abs. 1 Nr. 1 entspricht überdies eine rund um die Uhr besetzte **Leitwarte**.[21] Dies folgt aus der Zweck der Norm, der mit einer Leitwarte ebenso erreicht werden kann wie mit einer technischen Einrichtung.   **21**

b) Abrufen der Ist-Einspeisung (Nr. 2). Mit den technischen Einrichtungen muss jederzeit ein **Abrufen der Ist-Einspeisung** ermöglicht werden. Diese Anforderung dient dem Einspeisemanagement i. S. des § 14. Die Voraussetzung ist erfüllt, wenn online Daten über die tatsächliche Einspeisung der Anlage übermittelt werden.[22] Dem gesetzgeberischen Willen entspricht dabei in Übereinstimmung mit der energiewirtschaftlichen Praxis eine **viertelstundenscharfe Ablesung**.[23] Die Entscheidung über das **Datenformat für die Übermittlung** der abgelesenen Werte liegt beim Anlagenbetreiber, da das Gesetz keine weiteren Vorgaben für die Verpflichtung nach § 9 Abs. 1 S. 1 Nr. 2 trifft. Unübliche Datenformate werden gleichwohl entsprechend § 242 BGB als nicht geeignet zur Pflichterfüllung angesehen werden.[24]   **22**

4. Mehrere Anlagen an einem Verknüpfungspunkt (S. 2). Neu eingefügt in das EEG wurde mit § 9 Abs. 1 S. 2 eine Klarstellung für mehrere Anlagen, die gleichartige erneuerbare Energien einsetzen und über denselben Verknüpfungspunkt mit dem Netz verbunden sind. Entsprechend dem Sinn und Zweck der Verpflichtung, technische Einrichtungen zum Zwecke der Abregelung einzusetzen, können diese Anlagen auch mit einer **gemeinsamen technischen Einrichtung** i. S. d. § 9 Abs. 1 S. 1 ausgestattet werden.   **23**

Nach dem Wortlaut scheinen **KWK-Anlagen** von der Fiktion der Pflichterfüllung durch eine gemeinsame technische Einrichtung ausgenommen zu sein. Aus § 104 Abs. 1 S. 1, der die Rückwirkung des § 9 Abs. 1 S. 2 anordnet, folgt jedoch, dass der Gesetzgeber § 9 Abs. 1 S. 2 auch auf KWK-Anlagen angewendet wissen will.[25] Es scheint sich daher bei   **24**

---

18 So Forum Netztechnik und Netzbetrieb im VDE, Empfehlung zur Umsetzung des neuen § 6 EEG 2012, 14.12.2011, S. 3.
19 So auch *Vergoßen*, Einspeisemanagement, S. 100.
20 Ebenso *Salje*, EEG, § 9 Rn. 3.
21 BT-Drs. 17/6071, S. 63.
22 Altrock/Oschmann/Theobald/*Altrock*, § 6 Rn. 20.
23 BT-Drs. 16/8148, S. 42.
24 So im Ergebnis auch BT-Drs. 16/8148, S. 43.
25 § 104 Rn. 2 ff.

der Nichterwähnung von KWK-Anlagen in § 9 Abs. 1 S. 2 um ein redaktionelles Versehen zu handeln. Demzufolge ist § 9 Abs. 1 S. 2 zu auszulegen, dass auch KWK-Anlagen in den Anwendungsbereich dieser Norm fallen.

25 Mehrere Anlagen setzen dann **gleichartige erneuerbare Energien** ein, wenn diese Anlagen Strom aus dem gleichen Primärenergieträger nach § 5 Nr. 14 nutzen. Die gemeinsame technische Einrichtung muss es dem Netzbetreiber ermöglichen, die gesamte Einspeiseleistung bei Netzüberlastung ferngesteuert zu reduzieren (§ 9 Abs. 1 S. 2 Nr. 1) und die gesamte Ist-Einspeisung der Anlagen abzurufen (§ 9 Abs. 1 S. 2 Nr. 2). Damit behandelt der Gesetzgeber mehrere Anlagen, die gleichartige erneuerbare Energien einsetzen und über denselben Verknüpfungspunkt mit dem Netz verbunden sind wie eine Anlage.

26 Die **Entscheidung** darüber, ob jede Anlage mit einer technischen Einrichtung ausgestattet wird oder aber mehrere Anlagen mit einer gemeinsamen technischen Einrichtung, liegt beim **Anlagenbetreiber**.[26] Dies folgt aus der Fiktion der Pflichterfüllung, die in § 9 Abs. 1 S. 2 angelegt ist. § 104 Abs. 1 S. 1 sieht eine **Rückwirkung dieser Klarstellung** vor.[27] Die Rückwirkung gilt für Anlagen und KWK-Anlagen, die vor dem 1.8.2014 in Betrieb genommen worden sind und mit einer technischen Einrichtung nach § 9 Abs. 1 ausgestattet werden mussten. Die Rückwirkung gilt ab dem 1.1.2009. Demzufolge haben Anlagenbetreiber bei Vorliegen der genannten Voraussetzungen ihre Pflicht nach § 6 Abs. 1 EEG 2012 erfüllt, wenn sie mehrere Anlagen an einem Verknüpfungspunkt mit einer gemeinsamen technischen Einrichtung ausgestattet haben. Von der Rückwirkung der Klarstellung ausgenommen sind Fälle, in denen vor dem 9.4.2014 ein Rechtsstreit zwischen Anlagenbetreiber und Netzbetreiber anhängig oder rechtskräftig entschieden worden ist. Dies gilt beispielsweise für die Entscheidung des KG Berlin zur Frage, ob jede einzelne Anlage über eine eigene technische Einrichtung verfügen muss.[28]

27 **5. Kostentragung.** Die Pflicht zur **Kostentragung** für den Einbau von Abregelungstechnik sowie für die Übermittlung der Daten an den Netzbetreiber trifft den jeweils Verpflichteten,[29] mithin den Betreiber einer EEG- oder einer KWK-Anlage. Der Anlagenbetreiber trägt überdies die Kosten für Wartung und Montage der technischen Einrichtungen.

28 Der Netzbetreiber trägt die Kosten für die Technik, die für das **Senden des Signals** nach § 9 Abs. 1 Nr. 1 entstehen.

III. Anforderungen an Photovoltaikanlagen (Abs. 2)

29 In Ergänzung zu § 9 Abs. 1 enthält § 9 Abs. 2 **technische Vorgaben für Photovoltaikanlagen**, die mit einer installierten Leistung von bis einschließlich 100 kW nicht in den Anwendungsbereich des § 9 Abs. 1 fallen.

30 **1. Verpflichtete.** § 9 Abs. 2 enthält Pflichten für Betreiber, mithin Nutzern von Anlagen zur Erzeugung von Strom aus solarer Strahlungsenergie. Aus dem systematischen Zusammenhang mit § 9 Abs. 1 folgt, dass nur Betreiber von **Photovoltaikanlagen mit einer installierten Leistung bis einschließlich 100 kW** vom Anwendungsbereich des § 9 Abs. 2

---

26 BT-Drs. 18/1304, S. 121.
27 Vgl. hierzu § 104 Rn. 2 ff.
28 KG Berlin, Beschl. v. 9.7.2012, 23 U 71/12, RdE 2013, 95, Rn. 9.
29 BT-Drs. 16/8148, S. 42; *Vergoßen*, Einspeisemanagement, S. 109.

erfasst sind. Beträgt die installierte Leistung einer Photovoltaikanlage mehr als 100 kW, muss die Anlage die technischen Anforderungen des § 9 Abs. 1 erfüllen. Betreiber von Anlagen, die andere erneuerbare Energien als solare Strahlungsenergie oder Grubengas einsetzen, müssen nicht die technischen Vorgaben des § 9 Abs. 2 erfüllen.

2. Photovoltaikanlagen mit einer installierten Leistung von mehr 30 kW und höchstens 100 kW (Nr. 1). § 9 Abs. 2 Nr. 1 unterstellt Anlagen zur Erzeugung von Strom aus solarer Strahlungsenergie mit einer **installierten Leistung von mehr als 30 kW und höchstens 100 kW**[30] teilweise den gleichen Pflichten wie auch Anlagen mit einer installierten Leistung von mehr als 100 kW.   31

Diese unterliegen der Pflicht nach § 9 Abs. 1 S. 1 Nr. 1. Die Anlage muss deshalb mit **technischen Einrichtungen** versehen werden, mit denen der Netzbetreiber die Einspeiseleistung bei Netzüberlastung **ferngesteuert** reduzieren kann. Für mehrere Anlagen am selben Verknüpfungspunkt gilt ebenfalls § 9 Abs. 1 S. 2 Nr. 1, d. h. der Anlagenbetreiber kann sie mit einer gemeinsamen technischen Einrichtung versehen, die es dem Netzbetreiber ermöglicht, die gesamte Einspeiseleistung bei Netzüberlastung ferngesteuert zu reduzieren.   32

Von der Pflicht zur **Übermittlung der Ist-Einspeisung** sind die Betreiber dieser Anlagen nicht erfasst. Die Anlagen müssen demzufolge nicht mit technischen Einrichtungen ausgestattet werden, mit denen die Ist-Einspeisung abgerufen werden kann.   33

3. Photovoltaikanlagen mit einer installierten Leistung von höchstens 30 kW (Nr. 2). Anlagen zur Erzeugung von Strom aus solarer Strahlungsenergie mit einer **installierten Leistung von höchstens 30 kW** sollen ebenfalls mit technischen Einrichtungen ausgestattet werden. Dabei hat der Anlagenbetreiber jedoch ein **Wahlrecht**. Er kann entweder die Anlage mit technischen Einrichtungen ausstatten, mit denen der Netzbetreiber die Einspeiseleistung bei Netzüberlastung ferngesteuert reduzieren kann, oder mehrere Anlagen am selben Verknüpfungspunkt mit Einrichtungen ausstatten, mit denen die gesamte Einspeiseleistung der Anlagen ferngesteuert reduziert werden kann.   34

Gemäß § 9 Abs. 2 Nr. 2 kann der Anlagenbetreiber aber auch die maximale Wirkleistungseinspeisung auf 70 % der installierten Leistung der Anlage reduzieren. Die **Begrenzung der Wirkleistungseinspeisung** muss am Verknüpfungspunkt der Anlage mit dem Netz erfolgen. Dies ist bei Dachanlagen mit einer installierten Leistung bis 30 kW in der Regel der Hausanschluss.[31] Die Reduzierung der Wirkleistungseinspeisung kann auch an einem dem Verknüpfungspunkt vorgelagerten Punkt vorgenommen werden. Deshalb kann der Anlagenbetreiber beispielsweise auch den Wechselrichter so auslegen, dass maximal 70 % der Modulleistung tatsächlich in Wechselstrom umgewandelt werden.   35

IV. Zusammenfassung von mehreren Photovoltaikanlagen (Abs. 3)

§ 9 Abs. 3 regelt die **Behandlung von mehreren Photovoltaikanlagen** bei der Ermittlung der installierten Leistung i. S. der § 9 Abs. 1 und 2 sowie die Kostentragung bei einem Zubau von Anlagen.   36

1. Zusammenfassung von Anlagen. Gemäß § 9 Abs. 3 S. 1 ist die **Zusammenfassung von mehreren Photovoltaikanlagen** zu einer Anlage an vier Voraussetzungen geknüpft.   37

---

30 Zum Begriff der installierten Leistung vgl. oben § 9 Rn. 13 und § 5 Rn. 140 ff.
31 BT-Drs. 17/6071, S. 63.

38 **a) Mehrere Photovoltaikanlagen.** Zunächst müssen **mehrere Anlagen** zur Erzeugung von Strom aus solarer Strahlungsenergie i. S. des § 5 Nr. 1 vorhanden sein.[32] Die Anlagen müssen nicht im Eigentum derselben Person stehen. Angesichts des § 9 Abs. 1 und 2, der an den Anlagenbetreiber adressiert ist, und § 5 Nr. 2, der den Begriff des Anlagenbetreibers nicht an das Eigentum, sondern an die **Nutzung der Anlage** knüpft, stellt sich die Frage, ob die Anlagen von einer Person oder verschiedenen Personen genutzt werden können bzw. müssen. Das Gesetz schweigt zu den Nutzungsverhältnissen. Sinn und Zweck des § 9 Abs. 3 und insbesondere die Regelung in § 9 Abs. 2 sprechen jedoch dafür, dass nicht nur die Eigentumsverhältnisse, sondern auch die Nutzungsverhältnisse unberücksichtigt bleiben.

39 **b) Standort.** Der Standort der Anlagen muss gemäß § 9 Abs. 3 Nr. 1 auf demselben Grundstück oder auf demselben Gebäude sein. Das **Grundstück** ist dabei nach dem Grundbuchrecht zu bestimmen.[33] Ein Grundstück ist ein abgegrenzter Teil der Erdoberfläche, die im Bestandsverzeichnis eines Grundbuchblatts unter einer bestimmten Nummer eingetragen oder gemäß § 3 Abs. 5 der Grundbuchordnung[34] verbucht ist.[35] Es kommt nicht auf die Hausnummer, also die von der Gemeinde festgesetzte Nummer des Grundstücks i. S. des § 126 Abs. 3 BauGB an.[36]

40 **Gebäude** ist gemäß § 5 Nr. 17 jede selbstständig benutzbare, überdeckte bauliche Anlage, die von Menschen betreten werden kann und vorrangig dazu bestimmt ist, dem Schutz von Menschen, Tieren oder Sachen zu dienen. Bei Reihenhäusern gilt jedes Reihenhaus als eigenständiges Gebäude, da jede Einheit selbstständig benutzbar ist.[37]

41 § 9 Abs. 3 Nr. 1 gilt nicht für Bestandsanlagen. Dies folgt aus § 100 Abs. 1. Sie können daher auch dann zusammengefasst werden, wenn sie sich in **unmittelbarer räumlicher Nähe** befinden, wie es in § 6 Abs. 3 EEG 2012 noch vorgesehen war.[38]

42 **c) Inbetriebnahme.** Die Inbetriebnahme der verschiedenen Anlagen muss nach § 9 Abs. 3 Nr. 2 **innerhalb von zwölf aufeinanderfolgenden Kalendermonaten** stattgefunden haben. Die Inbetriebnahme bestimmt sich nach dem Inbetriebnahmebegriff des § 5 Nr. 21.

43 Danach ist eine Anlage in Betrieb genommen worden, wenn sie erstmalig nach Herstellung ihrer technischen Betriebsbereitschaft ausschließlich mit erneuerbaren Energien oder Grubengas arbeitet.[39] Damit wird auch die Inbetriebnahme von brennstoffbasierten Anlagen an die **erstmalige Inbetriebsetzung ausschließlich mit erneuerbaren Energien oder Grubengas** geknüpft.[40] Die technische Betriebsbereitschaft setzt voraus, dass die Anlage fest an dem für den dauerhaften Betrieb vorgesehenen Ort und dauerhaft mit dem für die Erzeugung von Wechselstrom erforderlichen Zubehör installiert wurde. Der Austausch des Ge-

---

32 Zum Anlagenbegriff § 5 Rn. 15 ff.
33 Clearingstelle EEG, Hinweis v. 20.12.2012, 2011/23, Rn. 10.
34 Grundbuchordnung in der Fassung der Bekanntmachung vom 26.5.1994 (BGBl. I S. 1114), die zuletzt durch Art. 12 des Gesetzes vom 10.10.2013 (BGBl. I S. 3786) geändert worden ist.
35 Palandt/*Ellenberger*, vor § 90 BGB Rn. 3.
36 Clearingstelle EEG, Hinweis v. 20.12.2012, 2011/23, Rn. 15.
37 BT-Drs. 18/1304, S. 181.
38 § 100 Rn. 12 ff.
39 Vgl. zum Begriff der Inbetriebnahme ausführlich § 5 Rn. 140 ff.
40 BT-Drs. 18/1304, S. 114.

nerators oder sonstiger technischer oder baulicher Teile nach der erstmaligen Inbetriebnahme führt dabei nicht zu einer Änderung des Zeitpunkts der Inbetriebnahme.

Die Inbetriebnahme muss nicht innerhalb von zwölf Zeitmonaten i. S. d. § 191 BGB mit   **44**
jeweils 30 Tagen, sondern innerhalb von **zwölf Kalendermonaten** erfolgt sein.

d) Fiktion einer Gesamtanlage. Bei Vorliegen der Voraussetzungen nach a) bis c) werden   **45**
bei der Ermittlung der installierten Leistung i. S. des § 9 Abs. 1 und 2 alle Anlagen als eine
Anlage behandelt. § 9 Abs. 3 führt damit zur **Fiktion einer Gesamtanlage**. Die jeweils installierte Leistung der einzelnen Anlagen wird folglich addiert.

Dies hat die Pflicht des Anlagenbetreibers bzw. der Anlagenbetreiber zur Folge, im Falle   **46**
eines gemeinsamen Verknüpfungspunktes **eine technische Einrichtung** nach § 9 Abs. 1
oder 2 für die fingierte Gesamtanlage, nicht jedoch für Anlagenteile der fingierten Gesamtanlage vorzusehen.[41] Letzteres gilt auch dann, wenn einzelne Anlagenteile der fingierten Gesamtanlage keine installierte Leistung von mehr als 30 kW aufweisen.[42] Wenn die
Anlagenteile über verschiedene Verknüpfungspunkte in verschiedene Netze einspeisen,
muss jeder Anlagenteil über technische Einrichtungen verfügen, sofern die Voraussetzungen des § 9 Abs. 1 oder 2 gegeben sind.[43]

2. Kostentragung beim Zubau von Anlagen. Die **Addition der installierten Leistung**   **47**
der einzelnen Anlagen nach § 9 Abs. 3 S. 1 kann zur Folge haben, dass durch den Zubau
von Anlagen auf demselben Grundstück oder Gebäude **Pflichten zur Ausstattung mit
technischen Einrichtungen** nach § 9 Abs. 1 entstehen, wenn der Zubau zu einer insgesamt
installierten Leistung von mehr als 100 kW führt. Gleiches gilt, wenn durch den Zubau die
Leistungsgrenze von 30 kW überschritten wird und damit eine Pflicht zur Ausstattung mit
technischen Einrichtungen nach § 9 Abs. 2 Nr. 1 entsteht.

Vor dem Hintergrund, dass die Anlagenbetreiber die Kosten für die Ausstattung mit den er-   **48**
forderlichen technischen Einrichtungen tragen, stellt sich die Frage, welchem Anlagenbetreiber im Falle eines Zubaus die **Kostentragungspflicht** obliegt. Diese Frage beantwortet
§ 9 Abs. 3 S. 2.

a) Zubau von Anlagen. § 9 Abs. 3 S. 2 knüpft an den **Zubau von Anlagen** an. Bei Photo-   **49**
voltaikanlagen ist das Modul die Anlage.[44] Nicht zur Anlage gehören Wechselrichter.[45] Ein
Zubau kann in zwei Konstellationen vorliegen. Er kann durch eine **Erhöhung der installierten Leistung** einer bereits vorhandenen Anlage erfolgen oder aber durch die **Errichtung einer neuen Anlage**. In letzterem Fall meint Zubau aber nicht die Inbetriebnahme
der Anlage i. S. d. § 5 Nr. 21, sondern die Verknüpfung einer neuen Anlage mit dem Netz
nach § 8 Abs. 1 S. 1. Dies folgt aus dem systematischen Zusammenhang von § 9 Abs. 3
mit § 9 Abs. 1 und 2. Die Pflicht zur Ausstattung mit den erforderlichen technischen Einrichtungen soll das Einspeisemanagement sicherstellen. Dieses ist aber erst dann notwen-

---

41 Clearingstelle EEG, Hinweis v. 18.8.2014, 2013/13, Rn. 16.
42 Clearingstelle EEG, Hinweis v. 18.8.2014, 2013/13, Rn. 16.
43 So auch Clearingstelle EEG, Hinweis v. 18.8.2014, 2013/13, Rn. 16.
44 BT-Drs. 16/8148, S. 38; Clearingstelle EEG, Hinweis v. 23.9.2010, 2009/14, Rn. 9 ff.; OLG Naumburg, Urt. v. 24.7.2014, 2 U 96/13, REE 2014, 173; OLG Nürnberg, Urt. v. 29.7.2014, 1 U 440/14, EnWZ 2015, 4, Rn. 39.
45 Clearingstelle EEG, Empfehlung v. 10.6.2009, 2009/5.

dig, wenn eine Anlage an das Netz angeschlossen ist, weil erst dann physikalisch eine Einspeisung möglich ist.

50   **b) Anderer Anlagenbetreiber.** Der **Zubau** muss **durch einen anderen Anlagenbetreiber** erfolgt sein. Im Falle eines Zubaus durch denselben Anlagenbetreiber bedarf es einer Kostentragungsregelung nicht, weil ohnehin der Anlagenbetreiber die Kosten für die technische Ausstattung zu tragen hat.

51   **c) Entstehung der Pflicht nach § 9 Abs. 1 und 2.** Durch den Zubau muss eine **Pflicht zur Ausstattung mit technischen Einrichtungen nach § 9 Abs. 1 und 2 entstehen.** Dies ist dann der Fall, wenn durch den Zubau die addierte installierte Leistung aller Anlagen auf dem Grundstück oder dem Gebäude 30 kW oder 100 kW übersteigt.

52   **d) Kostenerstattungsanspruch.** Bei Vorliegen der genannten Voraussetzungen hat der Betreiber der bereits bestehenden Anlagen einen Anspruch gegen den Betreiber der neuen zugebauten Anlage auf **Erstattung der Kosten,** die durch die Pflichterfüllung nach § 9 Abs. 1 und 2, also durch die Ausstattung der Anlagen mit den erforderlichen technischen Einrichtungen, entstehen. Der Anspruch entsteht mit der Entstehung der Kosten.

53   Analog zu einer Schadensminderungspflicht nach dem Rechtsgedanken des § 252 Abs. 2 BGB und auf der Grundlage des Gebots von Treu und Glauben nach § 242 BGB folgt eine **Beschränkung des Umfangs des Anspruches auf Kostenerstattung.** Nicht zu erstatten sind deshalb die Kosten für die teuerste technische Einrichtung, sondern für eine Einrichtung im mittleren Preisbereich.

V. Verstoß gegen Auskunftspflicht (Abs. 4)

54   § 9 Abs. 4 wurde in das EEG 2014 neu eingefügt und bezieht sich auf die **Sanktionsregelung** in § 9 Abs. 7, indem er hiervon eine **Ausnahme** macht. Dies entspricht dem Grundsatz des „venire contra factum proprium".[46]

55   **1. Keine Informationsübermittlung.** Voraussetzung ist zunächst, dass der Netzbetreiber die **Informationen** nach § 8 Abs. 6 S. 1 Nr. 4 nicht **übermittelt** hat. Nach dieser Vorschrift muss der Netzbetreiber dem Anlagenbetreiber Informationen, die zur Erfüllung der Pflichten nach § 9 Abs. 1 und 2 erforderlich sind, übermitteln.[47] Gegen die Pflicht zur Informationsübermittlung wird erst dann verstoßen, wenn ein Zeitpunkt erreicht ist, in welchem von einem schuldhaften Zögern auszugehen ist.[48]

56   **2. Aufforderung zur Informationsübermittlung (Nr. 1).** Voraussetzung ist gemäß § 9 Abs. 4, dass der Betreiber der EEG-Anlage oder der KWK-Anlage den Netzbetreiber schriftlich oder elektronisch zur Übermittlung der erforderlichen Informationen für die Ausstattung der Anlage mit technischen Einrichtungen **aufgefordert** hat. Schriftlich bedeutet gemäß § 126 Abs. 1 BGB, dass die Aufforderung eigenhändig vom Anlagenbetreiber oder dessen Vertreter unterschrieben wurde. § 9 Abs. 4 Nr. 1 lässt auch die elektronische Form i. S. d. §§ 126 Abs. 3, 126a Abs. 1 BGB zu. Der Anlagenbetreiber oder sein Vertreter muss der Aufforderung seinen Namen hinzufügen und das elektronische Dokument mit einer qualifizierten elektronischen Signatur nach dem Signaturgesetz versehen.

---

46 BT-Drs. 18/1304, S. 181.
47 Vgl. hierzu näher § 8 Rn. 63 ff.
48 Vgl. § 8 Rn. 63 ff.

3. Ausstattung mit technischen Vorrichtungen (Nr. 2). Weiterhin setzt § 9 Abs. 4 Nr. 2   **57**
voraus, dass die Anlage mit technischen Vorrichtungen ausgestattet ist, die geeignet sind,
die Anlage ein- und auszuschalten und ein Kommunikationssignal einer Empfangsvorrichtung zu verarbeiten. **Ausschalten** bedeutet allerdings nicht, dass gar keine Einspeisung
mehr in das Netz erfolgt.[49] So liegt ein Ausschalten auch dann vor, wenn die Einspeisung
der Anlage soweit reduziert werden kann, dass nur aufgrund von Leckströmen geringe
Strommengen eingespeist werden.[50]

4. Unanwendbarkeit der Sanktionsregelung in § 9 Abs. 7. Bei Vorliegen der genannten   **58**
Voraussetzung ist die Sanktionsregelung in § 9 Abs. 7 für die Dauer der **pflichtwidrigen
Nichtübermittlung durch den Netzbetreiber** nicht anwendbar. Damit behält der Anla-
genbetreiber entgegen § 9 Abs. 7 alle Ansprüche nach dem EEG.

VI. Pflicht für Betreiber von Biogasanlagen (Abs. 5)

§ 9 Abs. 5 enthält technische Vorgaben für die Erzeugung von **Biogasen** in Biogasanlagen.   **59**
Biogas ist gemäß § 5 Nr. 7 Gas, das durch anaerobe Vergärung von Biomasse gewonnen
wird. Dabei können klimaschädliche Emissionen entstehen, die durch die technischen Vorgaben vermieden werden sollen.[51]

1. Gasdichte Abdeckung des Gärrestlagers. § 9 Abs. 5 Nr. 1 setzt voraus, dass ein **Gär-**   **60**
restlager am Standort der Biogaserzeugung errichtet wird. Zum Gärrestlager zählen alle
methanemittierenden Behälter, die zur Gärrestlagerung notwendig sind.[52] Es kann sich
auch um bewegliche Behälter handeln, wenn sie zur Lagerung bestimmt sind.[53] Aus dem
systematischen Zusammenhang mit Nr. 2 folgt überdies, dass das Gärrestlager an eine
Gasverwertung angeschlossen sein muss.

Dritte Voraussetzung ist, dass zur Erzeugung des Biogases nicht ausschließlich **Gülle** ein-   **61**
gesetzt wird. Dies ergibt sich aus § 9 Abs. 5 S. 2. Gülle ist nach § 5 Nr. 19 jeder Stoff, der
Gülle ist i.S. der EU-Verordnung über nichtverzehrbare tierische Nebenprodukte.[54] Zu
Gülle zählen damit Wirtschaftsdünger aus tierischen Ausscheidungen, auch mit geringen
Mengen Einstreu oder Futterresten oder Zugabe von Wasser, dessen Trockensubstanzgehalt 15 % nicht übersteigt. Unter den Begriff der Gülle fallen jedoch nicht nach der Vergärung separierte Gärreste aus Gülle.

Bei Vorliegen dieser Voraussetzungen muss das Gärrestlager technisch gasdicht abgedeckt   **62**
sein. Diese **gasdichte Abdeckung** muss zum Zeitpunkt der Inbetriebnahme dem Stand der
Technik entsprechen.[55]

---

49 BT-Drs. 18/1304, S. 182.
50 BT-Drs. 18/1304, S. 182.
51 BT-Drs. 17/6071, S. 63.
52 BT-Drs. 16/9477, S. 32.
53 Altrock/Oschmann/Theobald/*Rostankowski/Vollprecht*, § 6 Rn. 37.
54 VO (EG) Nr. 1069/2009 des Europäischen Parlaments und des Rates vom 21. Oktober 2009 mit
    Hygienevorschriften für nicht für den menschlichen Verzehr bestimmte tierische Nebenprodukte
    und zur Aufhebung der Verordnung (EG) Nr. 1774/2002 (ABl. L 300 vom 14.11.2009, S. 1), die
    durch die Richtlinie 2010/63/EU (ABl. L 276 vom 20.10.2010, S. 33) geändert worden ist.
55 Altrock/Oschmann/Theobald/*Rostankowski/Vollprecht*, § 6 Rn. 38.

63 **2. Verweildauer.** § 9 Abs. 5 Nr. 2 bestimmt die **hydraulische Verweildauer** in Vorrichtungen nach Nr. 1. Voraussetzung ist, dass es sich um ein gasdichtes und an eine Gasverwertung angeschlossenes neu zu errichtenden Gärrestlager nach Nr. 1 handelt. Aus § 9 Abs. 5 S. 2 folgt außerdem, dass zur Erzeugung des Biogases nicht ausschließlich Gülle eingesetzt wird. Schließlich ergibt sich aus § 9 Abs. 5 S. 3 eine weitere Voraussetzung: Der Anlagenbetreiber macht nicht den Förderanspruch nach § 19 i.V.m. § 45 für den in der Biogasanlage erzeugten Strom geltend.[56] Bei Vorliegen dieser Voraussetzungen beträgt die hydraulische Verweilzeit der Substrate mindestens 150 Tage.

64 **3. Zusätzliche Gasverbrauchseinrichtungen.** Biogasanlagen müssen überdies gemäß § 9 Abs. 5 Nr. 3 mit **zusätzlichen Gasverbrauchseinrichtungen** ausgestattet sein. Der Begriff der zusätzlichen Gasverbrauchseinrichtungen ist technologieoffen gestaltet.[57] Darunter fällt beispielsweise die Notfackel.[58] Voraussetzung ist lediglich, dass die Einrichtungen geeignet sind, die Freisetzung von Biogas zu vermeiden.

65 Die Gasverbrauchseinrichtungen müssen **kontinuierlich** an der Anlage **vorgehalten** werden.[59] Diese Voraussetzung ist bei mobilen Gasfackeln, die für mehrere Anlagen gemeinsam vorgehalten werden, nicht erfüllt.[60]

VII. Pflicht für Betreiber von Onshore-Windenergieanlagen (Abs. 6)

66 **Onshore-Windenergieanlagen** mit einer Inbetriebnahme vor dem 1.1.2017 müssen zusätzlich zu den Anforderungen nach § 9 Abs. 1 die Anforderungen der **Systemdienstleistungsverordnung** erfüllen.[61] § 9 Abs. 6 ist aufgrund der zeitlichen Befristung als Übergangsregelung ausgestaltet. Ihr Zweck, die technischen Regelwerke der Netzbetreiber verbindlich zu machen, soll mittelfristig durch die Normen des Forums Netztechnik beim VDE übernommen werden.[62] Bis zur verbindlichen Geltung dieser Normen sind übergangsweise gesetzliche Standards erforderlich, die mit § 9 Abs. 6 i.V.m. der Systemdienstleistungsverordnung gesetzt werden.[63]

67 **1. Windenergieanlagen an Land.** § 9 Abs. 6 erfasst **Windenergieanlagen an Land.** Gemäß § 5 Nr. 35 ist eine Windenergieanlage an Land eine Anlage zur Erzeugung von Strom aus Windenergie, die keine Windenergieanlage auf See nach § 5 Nr. 36 ist, mithin jede Anlage, die nicht auf See in einer Entfernung von mindestens drei Seemeilen gemessen von der Küstenlinie aus seewärts errichtet worden ist.

68 **2. Inbetriebnahme vor dem 1.1.2017.** Von den Pflichten des § 9 Abs. 6 sind weiterhin nur Windenergieanlagen an Land erfasst, die **vor dem 1.1.2017 in Betrieb genommen** werden. Die Inbetriebnahme bestimmt sich nach dem Inbetriebnahmebegriff des § 5 Nr. 21. Danach ist eine Anlage in Betrieb genommen worden, wenn sie erstmalig nach Herstellung

---

56 Vgl. hierzu § 45 Rn. 1 ff.
57 Altrock/Oschmann/Theobald/*Rostankowski/Vollprecht,* § 6 Rn. 44.
58 *Bönning,* in: Loibl/Maslaton/von Bredow/Walter, Biogasanlagen im EEG, S. 133, Rn. 31.
59 BT-Drs. 18/1304, S. 183.
60 BT-Drs. 18/1304, S. 183.
61 Systemdienstleistungsverordnung v. 3.7.2009 (BGBl. I S. 1734), die zuletzt durch Art. 15 des Gesetzes v. 21.7.2014 (BGBl. I S. 1066) geändert worden ist.
62 BT-Drs. 18/1304, S. 184; *Thomas,* NVwZ-Extra 17/2014, 1, 4.
63 BT-Drs. 18/1304, S. 184.

ihrer technischen Betriebsbereitschaft ausschließlich mit Windenergie arbeitet.[64] Die technische Betriebsbereitschaft setzt voraus, dass die Anlage fest an dem für den dauerhaften Betrieb vorgesehenen Ort und dauerhaft mit dem für die Erzeugung von Wechselstrom erforderlichen Zubehör installiert wurde. Der Austausch des Generators oder sonstiger technischer oder baulicher Teile nach der erstmaligen Inbetriebnahme führt dabei nicht zu einer Änderung des Zeitpunkts der Inbetriebnahme.

3. Anforderungen der Systemdienstleistungsverordnung. Bei Vorliegen der genannten Voraussetzungen müssen am Verknüpfungspunkt der Anlage mit dem Netz die **Anforderungen der Systemdienstleistungsverordnung** erfüllt werden. 69

VIII. Sanktionen (Abs. 7)

§ 9 Abs. 7 regelt **Sanktionen** im Falle eines Verstoßes gegen die Pflichten nach § 9. 70

1. Verstoß gegen die Pflichten zur Ausstattung mit technischen Einrichtungen. Voraussetzung des § 9 Abs. 7 ist das Vorliegen eines **Verstoßes gegen § 9 Abs. 1, 2, 5 oder 6**. Da Adressat der genannten Pflichten stets der Betreiber einer Anlage ist, kann auch nur der Anlagenbetreiber gegen die Pflichten verstoßen. 71

Ein **Verschulden des Anlagenbetreibers** ist nicht erforderlich.[65] Fraglich ist aber, wie es sich auswirkt, wenn die Ursache für die Nichtausstattung der Anlage mit den erforderlichen technischen Einrichtungen allein in der Risikosphäre des Netzbetreibers liegt. Dies ist beispielsweise der Fall, wenn der Anlagenbetreiber mangels Auskunft durch den Netzbetreiber die Anforderung zur Installation einer technischen Einrichtung zur ferngesteuerten Abregelung nicht erfüllen kann. Es widerspräche dem Grundsatz von Treu und Glauben nach § 242 BGB, wenn auf diese Weise der Netzbetreiber den Vergütungsanspruch verhindern könnte.[66] Deshalb ist insoweit der Tatbestand des § 9 Abs. 6 zu reduzieren, dass in diesen Fällen kein Verstoß gegen eine Pflicht nach § 9 Abs. 1, 2, 5 oder 6 vorliegt. Damit der Gedanke des § 242 BGB dem Anlagenbetreiber nicht zum Vorteil gereicht, muss er zur Aufrechterhaltung des Vergütungsanspruches seinerseits **geeignete technische Einrichtungen** wie einen abregelungsfähigen Wechselrichter und einen AC-Schütz auf seine Kosten vorhalten.[67] 72

2. Rechtsfolgen. Die Rechtsfolgen knüpfen nicht nur an das Vorliegen einer Pflichtverletzung, sondern auch an die **Dauer der Pflichtverletzung** an. Besteht für den Strom dem Grunde nach ein Anspruch auf finanzielle Förderung nach § 19, so ergibt sich die Rechtsfolge einer Pflichtverletzung aus § 25 Abs. 2 Nr. 1. Der anzulegende Wert verringert sich auf den Monatsmarktwert.[68] So wird dem Anlagenbetreiber im Fall einer Einspeisevergütung noch eine geringe Einnahme gesichert.[69] 73

Für alle Anlagen, für deren Strom nicht dem Grunde nach ein Anspruch auf finanzielle Förderung nach § 19 besteht, entfällt gemäß § 9 Abs. 7, S. 2, 1. Hs. der **Anspruch des An-** 74

---

64 Vgl. zum Begriff der Inbetriebnahme ausführlich § 5 Rn. 140 ff.
65 BMU und BMWi, Anwendungshinweis zu § 6 Abs. 2 EEG 2012, S. 4.
66 So auch BMU und BMWi, Anwendungshinweis zu § 6 Abs. 2 EEG 2012, S. 5.
67 So auch BMU und BMWi, Anwendungshinweis zu § 6 Abs. 2 EEG 2012, S. 5; *Thomas*, NVwZ-Extra 17/2014, 1, 4.
68 Vgl. hierzu § 25 Rn. 38 f.
69 *Geipel/Uibeleisen*, REE 2014, 142, 144.

lagenbetreibers auf vorrangige Abnahme, Übertragung und Verteilung nach § 11 für die Dauer der Pflichtverletzung. Sie werden damit im Rahmen des Einspeisemanagements und bei der Abregelung von Anlagen nach § 13 EnWG wie konventionelle Anlagen behandelt.[70]

75   Betreiber von **KWK-Anlagen** verlieren gemäß § 9 Abs. 7, S. 2, 2. Hs. ihren **Anspruch auf Zuschlagszahlung** nach § 4 Abs. 3 KWKG. Soweit ein Anspruch auf Zuschlagszahlung nicht besteht, verlieren sie den Anspruch auf vorrangigen Netzzugang gemäß § 4 Abs. 4 KWKG.

IX. Anforderungen des EnWG (Abs. 8)

76   § 9 Abs. 8 stellt klar, dass die Anlagenbetreiber neben den technischen Vorgaben aus § 9 Abs. 1, 2, 4 und 5 auch die technischen Vorgaben der §§ 21c, 21d und 21e EnWG sowie die Anforderungen aus den Rechtsverordnungen i. S. d. § 21i EnWG erfüllen müssen. Hierbei handelt es sich um einen Rechtsgrundverweis auf die Regelungen zum Einsatz von **Messeinrichtungen**.

X. Anforderungen nach europäischen Netzkodizes

77   Sobald die europäischen **Netzkodizes**, u. a. der Netzcode „Anforderungen für Erzeugungsanlagen" verabschiedet sind, werden diese vom deutschen Gesetzgeber in nationales Recht überführt.[71] Daraus werden sich dann weitere technische Anforderungen für Anlagen ergeben.

---

70 *Schumacher*, ZUR 2012, 17, 18.
71 BT-Drs. 18/1304, S. 181.

§ 10 Ausführung und Nutzung des Anschlusses

(1) ¹Anlagenbetreiber dürfen den Anschluss der Anlagen sowie die Einrichtung und den Betrieb der Messeinrichtungen einschließlich der Messung von dem Netzbetreiber oder einer fachkundigen dritten Person vornehmen lassen. ²Für Messstellenbetrieb und Messung gelten die Bestimmungen der §§ 21b bis 21h des Energiewirtschaftsgesetzes und der auf Grund von § 21i des Energiewirtschaftsgesetzes erlassenen Rechtsverordnungen.

(2) Die Ausführung des Anschlusses und die übrigen für die Sicherheit des Netzes notwendigen Einrichtungen müssen den im Einzelfall notwendigen technischen Anforderungen des Netzbetreibers und § 49 des Energiewirtschaftsgesetzes entsprechen.

(3) Bei der Einspeisung von Strom aus erneuerbaren Energien oder Grubengas ist zugunsten des Anlagenbetreibers § 18 Absatz 2 der Niederspannungsanschlussverordnung entsprechend anzuwenden.

Schrifttum: *Bönning*, Der Netzanschluss nach dem EEG, in: Loibl/Maslaton/von Bredow/Walter, Biogasanlagen im EEG, 3. Aufl. 2013, S. 133 ff.; *Gahr*, Strikte Gesetzesbindung statt Privatautonomie, 2014; *Scholtka/Helmes*, Energiewende 2011 – Schwerpunkte der Neuregelung im Energiewirtschafts- und Energieumweltrecht, NJW 2011, 3185.

Übersicht

I. Allgemeines

§ 10 regelt die **Ausführung und Nutzung des Anschlusses**. Er konkretisiert damit das gesetzliche Dauerschuldverhältnis nach § 8. **1**

1. Normzweck. Nach § 10 Abs. 1 hat der Anlagenbetreiber im Rahmen des Anschlussverhältnisses ein **Wahlrecht**. Vor dem Hintergrund, dass er gemäß § 16 Abs. 1 die Kosten des Anschlusses zu tragen hat, kann er wählen, ob er die Netzanbindung durch den Netzbetreiber oder durch einen fachkundigen Dritten ausführen lassen will. Insofern ist Zweck des § 10 Abs. 1 die Begrenzung der Kosten für den Anlagenbetreiber. Die verpflichtende Einführung von **Smart Metern** dient dem Umwelt-, Klima- und Verbraucherschutz. **2**

3   Mit § 10 Abs. 2 soll die **technische Sicherheit** der Anlagen sichergestellt werden. Der Verweis auf § 49 EnWG zielt insofern auf die technische Sicherheit von Energieerzeugungsanlagen.

4   Gemäß § 10 Abs. 3 werden die Privilegien, die die **Niederspannungsanschlussverordnung**[1] Netzbetreibern gewährt, auf Anlagenbetreiber übertragen.

5   **2. Entstehungsgeschichte.** § 10 ist inhaltlich mit seiner Vorgängernorm § 7 EEG 2012 identisch. Regelungen zur **Ausführung und Nutzung des Anschlusses** gab es erstmals in § 13 Abs. 1 S. 3 und 4 EEG 2004. Seit dem EEG 2009 wird neben dem Messstellenbetrieb auch die Messung in der Vorgängerregelung zu § 10 Abs. 1 genannt. Dies wurde aufgrund der Unterscheidung zwischen Messung und Messstellenbetrieb in § 21b EnWG erforderlich. Die Regelung in § 10 Abs. 1 S. 2 wurde mit dem EEG 2012 eingefügt und unterstellt die Einspeisezähler den Regelungen des EEG.[2]

II. Wahlrecht bei der Ausführung des Anschlusses (Abs. 1)

6   § 10 Abs. 1 enthält ein **Wahlrecht** des Anlagenbetreibers. Dieser darf zwischen dem Netzbetreiber oder einem fachkundigen Dritten wählen, um die Anlage an das Netz anschließen, Messeinrichtungen einrichten und betreiben sowie die Messung vornehmen zu lassen.

7   **1. Gegenstand des Wahlrechts.** Das Wahlrecht bezieht sich damit auf den **Anschluss der Anlage**, die **Einrichtung von Messeinrichtungen**, den **Betrieb der Messeinrichtungen**, die **Wartung der Messeinrichtungen** sowie die **Messung**.

8   **a) Anschluss der Anlage.** Anschluss der Anlage ist die technische Verbindung der Anlage mit dem Netz am Verknüpfungspunkt.

9   **b) Messstellenbetrieb.** Der **Messstellenbetrieb** ist nach § 3 Nr. 26b EnWG der Einbau, der Betrieb und die Wartung von Messeinrichtungen. Insofern hat der Gesetzgeber mit der Nennung der „Einrichtung" in § 10 Abs. 1 S. 1 eine Dienstleistung genannt, die nach der Legaldefinition in § 3 Nr. 26b EnWG bereits vom Begriff des Betriebs erfasst ist. Aus § 10 Abs. 1 S. 1 folgt, dass der Messstellenbetrieb Aufgabe des Anlagenbetreibers ist.[3] Daran vermag der Verweis in § 10 Abs. 1 S. 2 auf § 21b Abs. 1 EnWG, nach dem der Messstellenbetrieb Aufgabe des Netzbetreibers ist, nichts zu ändern.[4] Das EEG geht insoweit als spezielle Regelung den allgemeinen Vorschriften des EnWG vor und enthält nur einen Rechtfolgenverweis. Der Netzbetreiber kann die Zuständigkeit zu seinen Gunsten auch nicht einseitig begründen.[5]

10   Für den Messstellenbetrieb bei KWK-Anlagen und Anlagen zur Erzeugung von Strom aus erneuerbaren Energien mit einer installierten Leistung von mehr als 7 kW ist gemäß § 10

---

1 Verordnung über Allgemeine Bedingungen für den Netzanschluss und dessen Nutzung für die Elektrizitätsversorgung in Niederspannung (Niederspannungsanschlussverordnung – NAV) v. 1.11.2006 (BGBl. I S. 2477), die zuletzt durch Art. 4 der Verordnung v. 3.9.2010 (BGBl. I S. 1261) geändert worden ist.
2 BT-Drs. 17/6071, S. 64.
3 BGH, Beschl. v. 26.2.2013, EnVR 10/12, NVwZ-RR 2013, 608, Rn. 12.
4 A. A. *Bönning*, in: Loibl/Maslaton/v. Bredow/Walter, Biogasanlagen im EEG, S. 133, Rn. 41; auch wohl *Scholtka/Helmes*, NJW 2011, 3185, 3189.
5 Hierzu im Detail und mit überzeugender Argumentation: *Gahr*, Strikte Gesetzbindung statt Privatautonomie, S. 319.

Abs. 1 S. 2 i.V.m. § 21c EnWG der Einbau eines **Smart Meters** unter weiteren Voraussetzungen erforderlich. Smart Meter sind nach § 21d Abs. 1 EnWG in ein Kommunikationsnetz eingebundene Messeinrichtungen zur Erfassung elektrischer Energie, die den tatsächlichen Energieverbrauch und die tatsächliche Nutzungszeit widerspiegeln. § 21e EnWG enthält hierzu detaillierte Regelungen. Die weiteren Voraussetzungen für den Einbau von Smart Metern sind gemäß § 21c Abs. 1 EnWG die technische Möglichkeit und die wirtschaftliche Vertretbarkeit. Gemäß § 21c Abs. 2 EnWG ist ein Einbau technisch möglich, wenn Messsysteme, die den gesetzlichen Anforderungen genügen, am Markt verfügbar sind. Wirtschaftlich vertretbar ist ein Einbau gemäß § 21c Abs. 2 S. 2, wenn dem Anschlussnutzer für Einbau und Betrieb keine Mehrkosten entstehen oder wenn beides durch eine Rechtsverordnung i. S. v. § 21i Abs. 1 Nr. 8 EnWG angeordnet wird.

c) Messung. Eine **Messung** ist nach § 3 Nr. 26c EnWG die Ab- und Auslesung der Messeinrichtung sowie die Weitergabe der Daten an die Berechtigten. Die Zuständigkeit für die Messung der eingespeisten Strommengen liegt beim Anlagenbetreiber.[6]   **11**

2. Auszuwählende Personen. a) Netzbetreiber. Netzbetreiber i. S. d. § 10 Abs. 1 ist der nach § 8 Abs. 1 S. 1 zum Anschluss verpflichtete. Im Einzelfall ist der Netzbetreiber derjenige, der ein Netzanschlussbegehren empfangen hat und mit dessen Netz die Anlage auch verknüpft werden soll.   **12**

b) Fachkundiger Dritter. Der Anlagenbetreiber kann auch einen Dritten beauftragen. Das ist jede vom Netz- oder Anlagenbetreiber verschiedene Person. Der Dritte muss fachkundig sein. **Fachkundig** ist gemäß § 11 Abs. 3 S. 3 EnEV,[7] wer aufgrund seiner beruflichen Ausbildung oder aufgrund seiner beruflichen Erfahrung die notwendigen Fachkenntnisse besitzt. Diese Definition kann im Wege systematischer Auslegung auf § 10 Abs. 1 S. 1 übertragen werden. Zur Feststellung der Fachkunde ist zu unterscheiden zwischen Errichtung des Anschlusses, den Messstellenbetrieb und der Messung. Fachkundig zur **Errichtung des Anschlusses** sind Personen, die über die notwendigen technischen Fähigkeiten verfügen. Diese können mittels einer relevanten Ausbildung nachgewiesen werden. Im Hinblick auf den **Messstellenbetrieb** kann § 21b Abs. 2 S. 1 herangezogen werden. Danach ist der Dritte fachkundig, wenn er gemäß § 21b Abs. 2 S. 1 den einwandfreien und den eichrechtlichen Vorschriften entsprechenden Messstellenbetrieb, zu dem auch die Messung und Übermittlung der Daten an die berechtigten Marktteilnehmer gehört, gewährleisten kann. Eine einwandfreie **Messung** ist dann gewährleistet, wenn die jeweilige Messanordnung die zu erledigende Messaufgabe in Bezug auf die energiewirtschaftlich erforderlichen Messdaten korrekt erfüllt und hierbei die einschlägigen gesetzlichen und behördlichen Vorgaben eingehalten werden.[8] Zur Fachkunde im Messwesen hat die Clearingstelle EEG entschieden, dass diese Personen aufweisen, die die Prüfung als Meisterin bzw. Meister des Elektrotechniker-Handwerks oder Elektromaschinenbau-Handwerks abgelegt haben und geprüfte Industriemeisterinnen bzw. Industriemeister der Fachrichtung Elektrotechnik sind.[9] Gleiches gelte in Anlehnung an §§ 7b, 8 Handwerksordnung für Ausübungsberechtigte elektrotechnischer Handwerke und Inhaber einer Ausnahmebewilligung oder im Einzelfall für andere   **13**

---

6 BGH, Beschl. v. 26.2.2013, EnVR 10/12, NVwZ-RR 2013, 608, Rn. 10.
7 Verordnung über energiesparenden Wärmeschutz und energiesparende Anlagentechnik bei Gebäuden (Energieeinsparverordnung – EnEV) v. 24.7.2007 (BGBl. I S. 1519), die zuletzt durch Art. 1 der Verordnung vom 18.11.2013 (BGBl. I S. 3951) geändert worden ist.
8 BNetzA, Beschl. v. 19.3.2012, BK6-11-113, S. 11.
9 BNetzA, Beschl. v. 19.3.2012, BK6-11-113, S. 11.

fachkundige Personen. Netzbetreiber könnten nach Kriterien, die transparent und diskriminierungsfrei sein müssten, weitere Personen als fachkundig benennen.[10]

14 **c) Anlagenbetreiber.** Fraglich ist, ob auch der **Anlagenbetreiber** selbst die Handlungen vornehmen kann, die Gegenstand des Wahlrechts sind. Dagegen spricht zwar der Wortlaut des § 10 Abs. 1 S. 1, der mit dem Dritten eine von Netz- und Anlagenbetreiber verschiedene Person meint. Gleichwohl wird der Sinn und Zweck des § 10 Abs. 1, die Möglichkeit eines kosteneffizienten Anschlusses und einer kosteneffizienten Einrichtung und Durchführung der Messung auch erreicht, wenn der Anlagenbetreiber diese selbst vornimmt.[11] Voraussetzung ist lediglich, dass die Anforderungen, die das Gesetz an die Fachkunde des Dritten stellt, gleichermaßen erfüllt werden. Nach der Rechtsprechung des BGH bedarf es jedoch anders als beim Einbau einer Messeinrichtung keiner Fachkunde, wenn der Anlagenbetreiber selbst die Messung vornimmt.[12] Die Messung erschöpft sich im Ablesen der Daten und ihrer Weitergabe an den Netzbetreiber.

15 **3. Ausübung des Wahlrechts.** Zur Ausübung des Wahlrechts enthält § 10 Abs. 1 keine Vorgaben. Da Anschluss, Einrichtung der Messeinrichtungen, Betrieb der Messeinrichtungen und Messung verschiedene Aufgaben sind, kann der Anlagenbetreiber für **jede dieser Aufgaben** eine Wahl treffen. In entsprechender Anwendung von § 10 Abs. 1 S. 2 i.V.m. § 21b Abs. 1 S. 3 EnWG ist für die Wahl die **Textform** erforderlich.

16 Entscheidungsgrundlage für den Anlagenbetreiber ist der **Kostenvoranschlag**, den der Netzbetreiber nach § 8 Abs. 6 S. 1 Nr. 3 vorlegen muss.[13] Nach Zugang des Kostenvoranschlags besteht das Wahlrecht des Anlagenbetreibers fort. Es verdichtet sich nicht auf die Wahl für den Netzbetreiber. Dies geht aus § 8 Abs. 6 S. 2 ausdrücklich hervor.

17 Wählt der Anlagenbetreiber einen **fachkundigen Dritten**, so müssen der Dritte und der Netzbetreiber gemäß § 10 Abs. 1 S. 2 i.V.m. § 21b Abs. 1 S. 4 EnWG einen Vertrag zur Ausgestaltung ihrer rechtlichen Beziehungen schließen.

18 **4. Ablehnung der Wahl durch den Netzbetreiber.** Gemäß § 10 Abs. 1 S. 2 i.V.m. § 21b Abs. 1 S. 2 EnWG kann der Netzbetreiber den Messstellenbetrieb durch einen Dritten ablehnen, wenn der Dritte nicht die notwendige Fachkunde besitzt. Die **Ablehnung** ist gemäß § 21b Abs. 1 S. 3 EnWG in Textform zu begründen.

19 Der Netzbetreiber hat gegen den Dritten überdies gemäß § 862 und § 1004 BGB **Abwehr- und Unterlassungsansprüche**. Er kann dem Dritten verbieten, Handlungen an seinen Energieanlagen vorzunehmen.[14]

20 **5. Ausführung des Messstellenbetrieb und Messung durch einen Dritten.** § 10 Abs. 1 S. 2 sieht vor, dass für **Messstellenbetrieb** und **Messung** die Vorschriften der §§ 21b bis 21h EnWG sowie der Rechtsverordnungen gelten, die aufgrund von § 21i EnWG erlassen worden sind.

---

10 Clearingstelle EEG, Empfehlung 2008/20, Leitsatz 11.
11 Im Ergebnis auch BNetzA, Stellungnahme zum Empfehlungsverfahren 2012/7, S. 2; Clearingstelle EEG, Empfehlung 2011/2/2, Rn. 28; Altrock/Oschmann/Theobald/*Altrock/Sösemann*, § 7 Rn. 24.
12 BGH, Beschl. v. 26.2.2013, EnVR 10/12, NVwZ-RR 2013, 608, Rn. 10.
13 Vgl. hierzu § 8 Rn. 66.
14 Frenz/Müggenborg/*Cosack*, § 7 Rn. 14; Altrock/Oschmann/Theobald/*Altrock/Sösemann*, § 7 Rn. 18.

Der Messstellenbetrieb muss deshalb gemäß § 21b Abs. 2 EnWG einwandfrei und im Ein- **21**
klang mit den **eichrechtlichen Vorschriften** erfolgen. Die Messung und Übermittlung der
Daten an die berechtigten Marktteilnehmer muss durch den Dritten gewährleistet werden,
so dass eine fristgerechte und vollständige Abrechnung möglich ist. Der Netzbetreiber
kann für die **Ablesung** keine besondere **Form der Datenübermittlung** verlangen.[15] § 10
Abs. 1 gewährt nur einen Anspruch auf Übermittlung, für eine besondere Form fehlt es an
einer Rechtsgrundlage.[16]

6. Kostentragung. Die Kosten für die Errichtung des Anschlusses sowie der notwendigen **22**
Messeinrichtungen trägt der Anlagenbetreiber. Dies folgt aus § 16 Abs. 1. Die **Kostentragungspflicht** für die notwendigen Messeinrichtungen umfasst nicht nur deren Errichtung,
sondern auch den Betrieb.[17]

Der Netzbetreiber oder der fachkundige Dritte können für ihre Leistungen einen angemes- **23**
senen **Vorschuss** verlangen. Rechtsgrundlage hierfür ist § 669 i.V.m. § 242 BGB.[18]

III. Technische Anforderungen (Abs. 2)

§ 10 Abs. 2 hat die **Sicherheit des Netzes** zum Gegenstand. **24**

1. Einrichtungen. § 10 Abs. 2 setzt Einrichtungen voraus im Zusammenhang mit der Aus- **25**
führung des Anschlusses sowie übrige für die **Sicherheit des Netzes** notwendige Einrichtungen. Letztere sind solche i.S. des § 9 Abs. 1, 2, 4 und 5.[19]

2. Technische Anforderungen. Die genannten Einrichtungen müssen den **technischen** **26**
Anforderungen des Netzbetreibers und den Vorgaben des § 49 EnWG entsprechen.

a) Technische Anforderungen des Netzbetreibers. Technische Anforderungen des Netz- **27**
betreibers sind solche, die dieser den Anlagenbetreibern **einseitig mitteilt.** Diese müssen
transparent und nichtdiskriminierend sein.

b) Technische Anforderungen des § 49 EnWG. § 49 EnWG regelt, dass Energieanlagen **28**
so zu errichten und zu betreiben sind, dass die **technische Sicherheit** gewährleistet wird.
Dies geht mit der Einhaltung der allgemein anerkannten Regeln der Technik einher. Gemäß
§ 49 Abs. 2 EnWG besteht die gesetzliche Vermutung, dass die durch das Forum Netztech-
nik/Netzbetrieb im VDE (FNN) erlassenen Richtlinien den Stand der Technik wiedergeben. Grund hierfür ist, dass sie nach den Verfahrensregeln des Deutschen Instituts für Normung (DIN) aufgestellt werden. Die bestehenden Regelwerke des BDEW unterfallen hingegen nicht der Vermutungswirkung des § 49 Abs. 2 EnWG.

IV. Haftungsbegrenzung (Abs. 3)

§ 10 Abs. 3 enthält eine **Haftungsbegrenzung** für die Einspeisung von Strom aus erneu- **29**
erbaren Energien oder Grubengas. Einspeisung bedeutet, dass der Strom physikalisch am
Verknüpfungspunkt in das Netz gelangt ist.

---

15 BGH, Beschl. v. 26.2.2013, EnVR 10/12, NVwZ-RR 2013, 608, Rn. 15.
16 BGH, Beschl. v. 26.2.2013, EnVR 10/12, NVwZ-RR 2013, 608, Rn. 15.
17 § 16 Rn. 22.
18 Altrock/Oschmann/Theobald/*Altrock/Sösemann*, § 7 Rn. 16.
19 Vgl. hierzu § 9 Rn. 16 ff.

30   Zugunsten des Anlagenbetreibers soll § 18 Abs. 2 Niederspannungsanschlussverordnung (NAV)[20] entsprechend gelten. Dementsprechend ist die **Haftung des Anlagenbetreibers** bei leicht fahrlässig verursachten Sachschäden nach § 18 Abs. 2 S. 1 NAV auf jeweils 5000 Euro begrenzt. Bei grob fahrlässig verursachten Schäden ist die Haftung gemäß § 18 Abs. 2 S. 2 NAV begrenzt in Abhängigkeit von der Zahl der angeschlossenen Anschlussnutzer auf bis zu 2,5 Millionen Euro bei bis zu 25 000 Anschlussnutzern und auf bis zu 40 Millionen Euro bei mehr als einer Million Anschlussnutzern. In diese Höchstgrenzen werden nach § 18 Abs. 2 S. 3 NAV auch Schäden von Anschlussnutzern in vorgelagerten Spannungsebenen einbezogen, wenn die Haftung ihnen gegenüber im Einzelfall begrenzt ist. Teilweise wird vertreten, dass § 18 Abs. 2 S. 2 und 3 NAV nicht von dem Verweis erfasst sind.[21] Dies findet im Wortlaut des § 10 Abs. 3 jedoch keine Stütze.[22] Keine Haftungsbegrenzung gibt es für **vorsätzlich herbeigeführte Schäden.**

---

20 Verordnung über Allgemeine Bedingungen für den Netzanschluss und dessen Nutzung für die Elektrizitätsversorgung in Niederspannung (Niederspannungsanschlussverordnung – NAV)vom 1.11.2006 (BGBl. I S. 2477), die zuletzt durch Art. 4 der Verordnung vom 3.9.2010 (BGBl. I S. 1261) geändert worden ist.
21 Altrock/Oschmann/Theobald/*Altrock*, § 7 Rn. 21.
22 So auch Frenz/Müggenborg/*Cosack*, § 7 Rn. 21.

§ 11   Abnahme, Übertragung und Verteilung

(1) [1]Netzbetreiber müssen vorbehaltlich des § 14 den gesamten Strom aus erneuerbaren Energien oder aus Grubengas, der in einer Veräußerungsform nach § 20 Absatz 1 veräußert wird, unverzüglich vorrangig physikalisch abnehmen, übertragen und verteilen. [2]Macht der Anlagenbetreiber den Anspruch nach § 19 in Verbindung mit § 37 oder § 38 geltend, umfasst die Pflicht aus Satz 1 auch die kaufmännische Abnahme. [3]Die Pflichten nach den Sätzen 1 und 2 sowie die Pflichten nach § 4 Absatz 1 Satz 1 und Absatz 4 Satz 2 des Kraft-Wärme-Kopplungsgesetzes sind gleichrangig.

(2) Absatz 1 ist entsprechend anzuwenden, wenn die Anlage an das Netz des Anlagenbetreibers oder einer dritten Person, die nicht Netzbetreiber ist, angeschlossen ist und der Strom mittels kaufmännisch-bilanzieller Weitergabe in ein Netz angeboten wird.

(3) [1]Die Pflichten nach Absatz 1 bestehen nicht, soweit Anlagenbetreiber oder Direktvermarktungsunternehmer und Netzbetreiber unbeschadet des § 15 zur besseren Integration der Anlage in das Netz ausnahmsweise vertraglich vereinbaren, vom Abnahmevorrang abzuweichen. [2]Bei Anwendung vertraglicher Vereinbarungen nach Satz 1 ist sicherzustellen, dass der Vorrang für Strom aus erneuerbaren Energien angemessen berücksichtigt und insgesamt die größtmögliche Strommenge aus erneuerbaren Energien abgenommen wird.

(4) Die Pflichten nach Absatz 1 bestehen ferner nicht, soweit dies durch die Ausgleichsmechanismusverordnung zugelassen ist.

(5) Die Pflichten zur vorrangigen Abnahme, Übertragung und Verteilung treffen im Verhältnis zum aufnehmenden Netzbetreiber, der nicht Übertragungsnetzbetreiber ist,

1. den vorgelagerten Übertragungsnetzbetreiber,
2. den nächstgelegenen inländischen Übertragungsnetzbetreiber, wenn im Netzbereich des abgabeberechtigten Netzbetreibers kein inländisches Übertragungsnetz betrieben wird, oder
3. insbesondere im Fall der Weitergabe nach Absatz 2 jeden sonstigen Netzbetreiber.

Schrifttum: *Brodowski*, Der Belastungsausgleich im Erneuerbare-Energien-Gesetz und im Kraft-Wärme-Kopplungsgesetz im Rechtsvergleich, 2007; *Karpenstein/Schneller*, Die Stromeinspeisungsgesetze im Elektrizitätsbinnenmarkt, RdE 2005, 1 ff.; *Ohms*, Recht der Erneuerbaren Energien, 2014; *Oschmann/Müller*, Neues Recht für erneuerbare Energien? Grundzüge der EEG-Novelle, ZNER 2004, 24 ff.; *Scholtka/Baumbach/Pietrowicz*, Die Entwicklung des Energierechts im Jahr 2013, NJW 2014, 898 ff.; *Scholz*, Die Rechtfertigung von diskriminierenden umweltpolitischen Steuerungsinstrumenten, 2012; *Thomas*, Das EEG 2014 – Eine Darstellung nach Anspruchsgrundlagen, NVwZ-Extra 17/2014, 1 ff.

Übersicht

I. Allgemeines

1 § 11 stellt mit den Abnahme-, Übertragungs- und Verteilungsinstrumenten eben dem Anschlussinstrument in § 8 und den finanziellen Förderregelungen in den §§ 19 ff. das Herzstück des deutschen **Fördersystems** dar.

2 **1. Europarechtliche Vorgaben.** Mit § 11 setzt der Gesetzgeber Art. 16 Abs. 2 lit. b und c der RL 2009/28/EG[1] um. Nach dieser Vorschrift ist ein vorrangiger oder garantierter Netzzugang für Elektrizität aus erneuerbaren Energiequellen in das nationale Recht zu implementieren. Der Begriff des Netzzugangs umfasst dabei einerseits die Netznutzung im Sinne einer Einspeisung, andererseits aber auch den Anschluss der Anlage an das Netz.[2] Während mit dem vorrangigen Anschluss nach § 8 Abs. 1 S. 1 der zweite Aspekt des Netzzugangskonzepts umgesetzt wird, stellen die Instrumente der vorrangigen Übertragung und Verteilung die Umsetzung des ersten Aspekts des Netzzugangs dar. Die Abnahme ist europarechtlich nicht vorgegeben.[3]

---

1 Richtlinie 2009/28/EG des Europäischen Parlaments und des Rates vom 23.4.2009 zur Förderung der Nutzung von Energie aus erneuerbaren Quellen und zur Änderung und anschließenden Aufhebung der Richtlinien 2001/77/EG und 2003/30/EG, ABl. EU Nr. L 140 vom 5.6.2009, S. 16 ff.
2 Vgl. hierzu bereits § 8 Rn. 3 ff.
3 Insoweit klarstellend Erwägungsgrund 60 RL 2009/28/EG.

2. Normzweck. Mit der vorrangigen physikalischen **Abnahme, Übertragung und Vertei-** **3**
lung des Stroms aus erneuerbaren Energien und Grubengas will der Gesetzgeber sicherstellen, dass der Strom unabhängig von der Netzsituation abgenommen und weitergeleitet
wird.[4] Nur so kann er effektiv in das Elektrizitätsversorgungssystem integriert werden.
§ 11 Abs. 2 fingiert mit der **kaufmännisch-bilanziellen Weiterleitung** die Stromeinspeisung in Netze für die allgemeine Versorgung. Damit werden Anschlusskosten reduziert.
Der Betreiber des nächstgelegenen Netzes für die allgemeine Versorgung bleibt gleichwohl
zur Abnahme des Stroms verpflichtet, die dann allerdings nur kaufmännisch-bilanziell erfolgt. Mit den Ausnahmeregelungen in § 11 Abs. 3 und 4 fördert der Gesetzgeber die
Marktintegration des Stroms aus erneuerbaren Energien. In § 11 Abs. 5 wird die zweite
Stufe der Förderung angesprochen, indem der ÜNB bestimmt wird, der den Strom von
dem verpflichteten Netzbetreiber nach § 11 Abs. 1 abnehmen und vergüten muss.

3. Entstehungsgeschichte. Die Förderinstrumente sind seit der Entstehung des deutschen   **4**
Fördersystems im EEG bzw. zuvor im StrEG verankert. Im EEG 2004 wurde erstmal die
kaufmännisch-bilanzielle Weiterleitung des Stroms zugelassen. Im EEG 2012 wurde mit
§ 8 Abs. 3a, nunmehr § 11 Abs. 4, eine Ausnahme vom Vorrang für Strom aus erneuerbaren Energien entsprechend den Regelungen der AusglMechV vorgesehen. Durch das EEG
2014 wird insbesondere das Instrumentensystem an die verpflichtende **Direktvermark-**
tung angepasst.

II. Abnahme, Übertragung und Verteilung (Abs. 1)

§ 11 Abs. 1 S. 1 enthält **Anspruchsgrundlagen,** aufgrund derer der Anlagenbetreiber vom   **5**
Netzbetreiber vorrangige physikalische oder kaufmännische Abnahme, Übertragung und
Verteilung des Stromes aus erneuerbaren Energien oder Grubengas verlangen kann.

1. Anspruchsinhaber. Anspruchsinhaber ist der Betreiber einer Anlage zur Erzeugung   **6**
von Strom aus erneuerbaren Energien und aus Grubengas. **Anlagenbetreiber** ist nach § 5
Nr. 2, wer unabhängig vom Eigentum die Anlage für die Erzeugung von Strom aus erneuerbaren Energien oder aus Grubengas nutzt.

2. Verpflichteter. Zur vorrangigen physikalischen Abnahme, Übertragung und Verteilung   **7**
verpflichtet sind **Netzbetreiber.** Gemäß § 5 Nr. 27 handelt es sich dabei um Betreiber von
Netzen für die allgemeine Versorgung mit Elektrizität, unabhängig von der Spannungsebene, mithin VNB und ÜNB. Im Einzelfall ist derjenige Netzbetreiber verpflichtet, an dessen
Netz die Anlage i. S. des § 8 Abs. 1 S. 1 angeschlossen ist. Ist die Anlage an ein Objekt-
oder Arealnetz angeschlossen, ist der Betreiber des Netzes für die allgemeine Versorgung,
mit dem das Objekt- oder Arealnetz verbunden ist, entsprechend § 11 Abs. 1 S. 1 verpflichtet. Dies folgt aus § 11 Abs. 2.[5]

3. Gegenstand der Ansprüche. Die Ansprüche beziehen sich auf **Strom aus erneuerba-**   **8**
ren Energien oder Grubengas, der den Veräußerungsformen des § 20 Abs. 1 unterliegt,
mithin Strom, der direkt vermarktet wird oder für den ein Anspruch auf Einspeisevergütung nach §§ 37 f. besteht.

---

4 *Altrock/Vollprecht,* ZNER 2011, 231, 233; BT-Drs. 16/8148, S. 43.
5 § 11 Rn. 26 ff.

9   **4. Abnahme.** § 11 Abs. 1 enthält zunächst eine Anspruchsgrundlage für die **Abnahme** des Stromes. Abnahme bedeutet, dass der Netzbetreiber Eigentümer des Stroms wird und als solcher die Verfügungsgewalt über den Strom erlangt.[6] Insofern kommt die Abnahme einem Ankauf bzw. Strombezug gleich.[7] Dies folgt aus einer systematischen Auslegung unter Berücksichtigung des § 433 Abs. 2 BGB. Auch hier wird der Begriff der Abnahme verwendet. Abnahme wird dabei als tatsächlicher Akt der Hinwegnahme verstanden, die den Verkäufer von der Last der Aufbewahrung und von dem mit dem Eigentum verbundenen Lasten befreit.[8]

10   Damit ist die Abnahme von der bloßen **Einspeisung** zu unterscheiden, durch die der Netzbetreiber den Strom am Netzverknüpfungspunkt in das Netz übernimmt.[9] Die Einspeisung ist lediglich ein für die Abnahme physikalisch notwendiges Element. Sie wird in S. 1 auch als physikalische Abnahme bezeichnet. Während die Einspeisung eine tatsächliche Übernahme des Stromes in das Netz darstellt, wird mit der Abnahme der Strom wirtschaftlich und rechtlich übernommen.[10] Abnahme schließt damit die Einspeisung ein, beinhaltet aber zusätzlich einen eigentumsrechtlichen Strombezug und ist deshalb gegenüber der Einspeisung ein „Mehr". Dieser eigentumsrechtliche Strombezug wird in der amtlichen Begründung auch als kaufmännische Abnahme bezeichnet.[11] Abnahme bzw. kaufmännische Abnahme bedeutet also, dass der Netzbetreiber den Strom kaufen und ihn in den jeweiligen EEG-Bilanzkreis aufnehmen muss.[12]

11   **5. Übertragung.** Gemäß § 11 Abs. 1 S. 1 hat der Anlagenbetreiber gegen den Netzbetreiber einen Anspruch auf **Übertragung**, mithin gemäß § 3 Nr. 32 EnWG auf Transport des Stromes über ein Höchstspannungs- und Hochspannungsverbundnetz einschließlich grenzüberschreitender Verbindungsleitungen. Damit bezieht sich dieser Anspruch auf die physikalische Übertragung des Stroms. Aus einer systematischen Auslegung folgt, dass der Anspruch auf Übertragung nur gegen einen ÜNB besteht.

12   **6. Verteilung.** Nach § 11 Abs. 1 S. 1 hat der Anlagenbetreiber auch einen Anspruch auf **Verteilung**, also gemäß § 3 Nr. 37 EnWG auf Transport des Stromes mit hoher, mittlerer oder niederer Spannung über Elektrizitätsverteilernetze. Analog zur Übertragung bezieht sich dieser Anspruch auf die physikalische Weiterleitung des Stromes. Verpflichtet zur Verteilung ist nur der VNB.

---

6 So im Ergebnis auch Altrock/Oschmann/Theobald/*Altrock*, § 8 Rn. 11; *Scholz*, Die Rechtfertigung von diskriminierenden umweltpolitischen Steuerungsinstrumenten, S. 46.

7 *Scholz*, Die Rechtfertigung von diskriminierenden umweltpolitischen Steuerungsinstrumenten, S. 46.

8 *Scholz*, Die Rechtfertigung von diskriminierenden umweltpolitischen Steuerungsinstrumenten, S. 46.

9 A. A. wohl *Karpenstein/Schneller*, RdE 2005, 1; Reshöft/Schäfermeier/*Bönning*, § 8 Rn. 10; *Thomas*, NVwZ-Extra 17/2014, 1, 3.

10 *Scholz*, Die Rechtfertigung von diskriminierenden umweltpolitischen Steuerungsinstrumenten, S. 46.

11 BT-Drs. 18/1304, S. 185. Vgl. hierzu auch Reshöft/Schäfermeier/*Bönning*, § 8 Rn. 10; Altrock/Oschmann/Theobald/*Altrock*, § 8 Rn. 18.

12 BT-Drs. 18/1304, S. 185. Vgl. hierzu auch Reshöft/Schäfermeier/*Bönning*, § 8 Rn. 10; Altrock/Oschmann/Theobald/*Altrock*, § 8 Rn. 18.

7. Verhältnis von Abnahme, Übertragung und Verteilung. Entgegen der wohl h. M.[13] 13
folgt aus den hier vertretenen Definitionen von **Abnahme, Übertragung und Verteilung**
eine logische Trennung der Anspruchskategorien. Zu trennen ist zwischen der physikalischen Abnahme einerseits und der Übertragung und Verteilung andererseits. Dieser Unterscheidung liegt der Gedanke zugrunde, dass Abnahme nicht nur eine physikalische Einspeisung darstellt, sondern insbesondere die wirtschaftliche und rechtliche Übergabe einschließt.[14]

Das Abnahmeinstrument ist relevant für den Anspruch auf **Einspeisevergütung** nach 14
§§ 37 f. und steht mit diesem in einem Synallagma. Wenn der Anlagenbetreiber vom Netzbetreiber eine Abnahme des Stromes verlangt, bedarf es nicht mehr eines Anspruches auf
vorrangige Übertragung und Verteilung, weil der Anlagenbetreiber bereits am Netzverknüpfungspunkt die Verfügungsgewalt über den Strom verliert und für ihn kein Interesse
mehr an einer Weiterleitung besteht. Dieses Interesse liegt nach der juristischen Sekunde
der Abnahme vielmehr beim abnehmenden Netzbetreiber.

Im Fall der **Direktvermarktung** bedarf es aus Sicht des Anlagenbetreibers wiederum kei- 15
ner Abnahme durch den Netzbetreiber, sondern der Übertragung und Verteilung i. S. d.
Durchleitung des Stromes. Dem steht auch nicht § 11 Abs. 1 S. 2 entgegen, da dieser lediglich klarstellende Funktion hat.[15]

8. Vorrangigkeit. Gemeinsam ist allen drei Instrumenten, dass sie **vorrangig** zu gewähren 16
sind. Die Abnahme, Übertragung und Verteilung von Strom aus erneuerbaren Energien,
Grubengas und KWK haben absoluten Vorrang gegenüber aus anderen Primärenergieträgern oder auf andere Weise erzeugtem Strom. Vorrang bedeutet dabei zeitlicher und sachlicher Vorrang.[16] Das Vorrangprinzip erstreckt sich auf die Abnahme, Übertragung und
Verteilung.

Das Instrument, mit dem der Netzbetreiber den Vorrang sicherstellt, ist das **Einspeisema-** 17
nagement.[17] Der Netzbetreiber regelt Anlagen, deren Strom nicht dem Vorrang unterliegt,
ab. Dies kann beispielsweise bei Netzengpässen notwendig werden. Der Netzbetreiber
muss dann Anlagen herunterregeln, weil die Kapazität des Netzes nicht ausreicht, um den
Strom zum Zwecke der Abnahme aufzunehmen, oder zum Zwecke der Direktvermarktung
zu übertragen oder zu verteilen. Aber auch wenn kein Netzengpass vorliegt, kann die Vorrangregelung relevant werden. Dies gilt im Fall von Wartungsarbeiten oder weil die Stromabnahme insgesamt unter der Erzeugung liegt.[18]

Der Vorrang für Strom aus erneuerbaren Energien oder Grubengas besteht nicht gegenüber 18
KWK-Strom. Gemäß § 11 Abs. 1 S. 3 sind KWK-Strom und Strom aus erneuerbaren
Energien oder Grubengas gleichgestellt.[19]

Fraglich ist, welcher Strom im Falle einer **Konkurrenz zwischen zwei Strommengen**, die 19
beide aus EEG- oder KWK-Anlagen stammen, zuerst abzunehmen, zu übertragen und zu

---

13 *Karpenstein/Schneller*, RdE 2005, 1; *Salje*, EEG, § 11 Rn. 1. A. A. Reshöft/Schäfermeister/*Schä-
    fermeister*, § 8 Rn. 12.
14 A. A. *Karpenstein/Schneller*, RdE 2005, 1; *Salje*, EEG, § 11 Rn. 9.
15 A. A. *Salje*, EEG, § 11 Rn. 9.
16 So Altrock/Oschmann/Theobald/*Oschmann*, § 2 Rn. 26; Frenz/Müggenborg/*Cosack*, § 8 Rn. 9.
17 Vgl. zu diesen Grundsätzen § 14 Rn. 35 f.
18 Dazu § 14 Rn. 60 ff.
19 Siehe hierzu auch *Vergoßen*, Einspeisemanagement, S. 34.

verteilen ist. § 11 Abs. 1 schweigt hierzu. Da die Vorrangigkeit vorbehaltlich des § 14 zu gewährleisten ist, müssen die Grundsätze des **Einspeisemanagements** herangezogen werden.[20] Es gilt deshalb im Falle einer Konkurrenz das Prinzip der Abnahme der größtmöglichen Strommenge gemäß § 14 Abs. 1 S. 3.[21] Zudem darf Strom aus kleinen Photovoltaikanlagen i. S. des § 14 Abs. 1 S. 2 nachrangig behandelt werden.[22]

20   **9. Unverzüglichkeit.** Die Abnahme, Übertragung und Verteilung haben nicht nur vorrangig, sondern auch **unverzüglich** zu erfolgen. Deshalb hat der Netzbetreiber den Strom ohne schuldhaftes Zögern abzunehmen, zu übertragen und zu verteilen. Dies folgt aus § 121 BGB.

21   § 276 BGB besagt, dass eine Verzögerung dann nicht schuldhaft ist, wenn sie weder vorsätzlich noch fahrlässig verursacht wurde. Maßgebend für die Fahrlässigkeit sind die **Sorgfaltspflichten des Netzbetreibers**. Dabei ist zu berücksichtigen, dass der Netzbetreiber alles ihm Zumutbare unternehmen muss, um den privilegierten Strom aus erneuerbaren Energien, Grubengas oder auch KWK schnellstmöglich abzunehmen, zu übertragen und zu verteilen. Zumutbar ist es, hierfür die Maßnahmen des Einspeisemanagements vorzunehmen, falls es Netzengpässe gibt. Die Notwendigkeit von Maßnahmen nach dem Einspeisemanagement hat demnach zur Folge, dass der Netzbetreiber im Rahmen seiner Sorgfaltspflichten handelt. Damit ist eine Fahrlässigkeit ausgeschlossen, mögliche Verzögerungen sind in einem solchen Fall nicht schuldhaft, so dass die Pflicht zur unverzüglichen Stromabnahme, -übertragung oder -verteilung aus § 11 Abs. 1 S. 1 nicht verletzt wird.

22   **10. Umfang.** § 11 Abs. 1 S. 1 schreibt außerdem eine **Gesamtabnahme** vor. Der Netzbetreiber muss den gesamten Strom aus erneuerbaren Energien oder Grubengas abnehmen, übertragen und verteilen.[23]

23   **11. Rechtsnatur.** Die Ansprüche nach § 11 Abs. 1 S. 1 begründen ein **gesetzliches Schuldverhältnis** in Form eines **Dauerschuldverhältnisses** zwischen Anlagenbetreiber und Netzbetreiber.[24]

24   **12. Einwendung aufgrund des Einspeisemanagements.** Gemäß § 11 Abs. 1 bestehen die Ansprüche auf Abnahme, Übertagung und Verteilung vorbehaltlich des § 14. Das bedeutet, dass die Ansprüche solange nicht bestehen, wie Netzengpässe und damit einhergehende Maßnahmen des **Einspeisemanagements** i. S. d. § 14 die physikalische Aufnahme des Stromes, die Voraussetzung für alle drei Ansprüche ist, nicht zulassen. Darlegungs- und beweispflichtig hierfür ist der Netzbetreiber. Auch ohne die Verankerung des § 14 in § 11 Abs. 1 würde die Notwendigkeit von Maßnahmen des Einspeisemanagements eine Pflichtverletzung des Netzbetreibers verhindern, weil eine Verzögerung der Abnahme, Übertragung und Verteilung nicht schuldhaft wäre und so die Unverzüglichkeit auch bei einer zeitweise unterbliebenen Abnahme, Übertragung und Verteilung gewahrt bliebe.[25]

---

20 Vgl. zu diesen Grundsätzen § 14 Rn. 30 ff.
21 § 14 Rn. 44 ff.
22 § 14 Rn. 43.
23 *Salje*, EEG, § 11 Rn. 1; Frenz/Müggenborg/*Cosack*, § 8 Rn. 18.
24 Altrock/Oschmann/Theobald/*Altrock*, § 8 Rn. 11.
25 § 11 Rn. 21.

III. Kaufmännisch-bilanzielle Weiterleitung (Abs. 2)

§ 11 Abs. 2 regelt den Fall, dass eine Anlage zur Erzeugung von Strom aus erneuerbaren **25** Energien nicht an ein Netz für die allgemeine Versorgung, sondern an ein Netz, das nicht der öffentlichen Versorgung dient und von dem Anlagenbetreiber oder einem Dritten betrieben wird, angeschlossen ist.[26] In diesem Fall des **Anschlusses an geschlossene Verteilernetze** wird der Strom zumindest teilweise verbraucht, ohne in ein Netz für die allgemeine Versorgung zu gelangen.

1. Anschluss einer EEG-Anlage an ein Netz. § 11 Abs. 2 setzt zunächst voraus, dass eine **26** Anlage nach § 5 Nr. 1 an ein Netz angeschlossen ist. Aus dem Sinn und Zweck der Norm folgt, dass es sich hierbei nicht um ein Netz i. S. des § 5 Nr. 26 handelt. Es handelt sich vielmehr um Netze, die keine Netze der öffentlichen Versorgung sind, wie beispielsweise **geschlossene Verteilernetze** i. S. d. § 110 EnWG. Ein Netz, das kein Netz der öffentlichen Versorgung ist, bedarf einer gewissen Netzstruktur. Hierfür sind vermaschte Kabel und mehr als eine Abnahmestelle erforderlich.[27]

2. Betreiber des Netzes. Weiterhin setzt § 11 Abs. 2 voraus, dass der **Betrieb des geschlossenen Verteilernetzes** durch den Anlagenbetreiber oder einen Dritten erfolgt. Dritter ist hierbei eine von Anlagenbetreiber oder einem Betreiber eines Netzes für die allgemeine Versorgung verschiedene Person. **27**

3. Kaufmännisch-bilanzielle Weitergabe. Schließlich muss der in der Anlage erzeugte **28** Strom mittels **kaufmännisch-bilanzieller Weitergabe** in ein Netz angeboten werden. Der Strom muss mithin bilanziell durchgeleitet werden. Hierfür werden die Bezugs- und Einspeisewerte rechnerisch ermittelt. Eine physikalische Einspeisung in das Netz für die allgemeine Versorgung ist dafür nicht erforderlich. Bei der kaufmännisch-bilanziellen Weiterleitung wird die erzeugte Strommenge abzüglich möglicher Umspannverluste und abzüglich der vom Betreiber des geschlossenen Verteilernetzes aus diesen Anlagen abgenommenen Strommengen auf die messtechnisch erfasste Strommenge aufgeschlagen, die in das Netz des Anlagenbetreibers oder der dritten Person geliefert worden ist.[28] Entsprechendes gilt für die von der Anlage erzeugte und die in dieses Netz gelieferte Leistung.[29] Weitergabe bedeutet dabei „Durchleitung", „Weiterleitung" bzw. „Verteilung".[30]

Mit dieser Methode wird die **Einspeisung** des im geschlossenen Verteilernetzes verbrauch- **29** ten Stromes als in das Netz für die allgemeine Versorgung eingespeist **fingiert**. Im Gegenzug wird außerdem fingiert, dass eine entsprechende Strommenge aus dem Netz für die allgemeine Versorgung ausgespeist wurde.[31]

4. Einhaltung technischer Anforderungen. Der Anlagenbetreiber muss bei der kaufmän- **30** nisch-bilanziellen Durchleitung dieselben Anforderungen erfüllen, wie bei einer unmittelbaren Einspeisung in das Netz.[32] Die Anlage muss deshalb die **technischen Anforderun-**

---

26 Vgl. hierzu *Oschmann/Müller*, ZNER 2004, 24, 27.
27 Altrock/Oschmann/Theobald/*Altrock*, § 8 Rn. 24; vgl. hierzu auch § 5 Rn. 150 f.
28 BT-Drs. 17/8148, S. 44; BGH, Urt. v. 28. 3.2007, VIII ZR 42/06, NJW-RR 2007, 994, Rn. 11.
29 BT-Drs. 17/8148, S. 44.
30 BT-Drs. 17/8148, S. 44.
31 Hierzu im Einzelnen Frenz/Müggenborg/*Cosack*, § 8 Rn. 24 ff.
32 Ebenso Reshöft/Schäfermeier/*Schäfermeier*, § 8 Rn. 31.

gen nach § 9 erfüllen und kann in das Einspeisemanagement gemäß § 14 einbezogen werden.[33]

31 **5. Abnahme, Übertragung und Verteilung.** Bei Vorliegen der genannten Voraussetzungen hat der Anlagenbetreiber gegen den Betreiber des Netzes für die allgemeine Versorgung einen Anspruch auf Abnahme, Übertragung und Verteilung. Dieser Anspruch umfasst auch die **fiktiven Strommengen**, die nur aufgrund der kaufmännisch-bilanziellen Berechnung als in das Netz für die allgemeine Versorgung gelangt angesehen werden.

32 **6. Netzentgelte und Konzessionsabgaben.** Bei einer kaufmännisch-bilanziellen Einspeisung von Strom aus erneuerbaren Energien in ein Netz der allgemeinen Versorgung stellt auch die Strommenge, die vom Erzeuger selbst oder in einem vorgelagerten geschlossenen Verteilernetz verbraucht wird, eine netzentgeltpflichtige Entnahme dar.[34] Die Nutzung der vorgelagerten Netzebene wird dabei fingiert. Dies hat zur Folge, dass Anlagenbetreiber, die Strom gemäß § 11 Abs. 2 im Wege kaufmännisch-bilanzieller Weiterleitung in ein Netz für die allgemeine Versorgung einspeisen, sowohl für die physikalisch eingespeiste Strommenge als auch für die Differenz zwischen der kaufmännisch-bilanziellen Strommenge und der physikalisch eingespeisten Strommenge **netzentgeltpflichtig** sind.[35]

33 Das Gleiche gilt für **Konzessionsabgaben.**[36] Die kaufmännisch-bilanzielle Weiterleitung führt zu einer Fiktion gelieferter Strommengen, welche nach § 2 KAV Grundlage für die Berechnung der Konzessionsabgabe sind.

IV. Vertragliche Abweichung vom Vorrangprinzip (Abs. 3)

34 § 11 Abs. 3 bestimmt für den Fall, dass Anlagenbetreiber oder Direktvermarktungsunternehmer sowie Netzbetreiber vertraglich vom Abnahmevorrang abweichen, dass das **Vorrangprinzip** nach § 11 Abs. 1 nicht eingehalten werden muss. Mit dieser Regelung sollen Modelle ermöglicht werden, die beispielsweise zu einer Verstetigung der Einspeisung beitragen.[37]

35 **1. Vertragsparteien.** Voraussetzung für die Ausnahmeregelung ist zunächst ein **zweiseitiger Vertrag.** Eine Partei des Vertrags ist der Anlagenbetreiber i. S. des § 5 Nr. 2 oder der Direktvermarktungsunternehmer. Gemäß § 5 Nr. 10 i. V. m. Nr. 9 ist Direktvermarktungsunternehmer, wer von dem Anlagenbetreiber mit der Veräußerung von Strom aus erneuerbaren Energien oder aus Grubengas an Dritte beauftragt wurde oder Strom aus erneuerbaren Energien oder aus Grubengas kaufmännisch abnimmt, ohne insoweit Letztverbraucher dieses Stroms oder Netzbetreiber zu sein.[38] Die andere Partei des Vertrages ist der Netzbetreiber, an dessen Netz die Anlage angeschlossen ist und der nach § 11 Abs. 1 S. 1 verpflichtet ist.

36 **2. Inhalt und Ziel des Vertrages.** Ausdrücklicher Inhalt des Vertrags nach § 11 Abs. 3 ist das Abbedingen der nach § 11 Abs. 1 bestehenden Pflicht, Strom vorrangig abzunehmen. Aus dem systematischen Zusammenhang mit Abs. 1 und dem angesprochenen Vertrags-

---

33 § 9 Rn. 10.
34 BGH, Beschl. v. 27.3.2012, EnVR 8/11, NVwZ 2012, 1566, Rn. 13.
35 *Scholtka/Baumbach/Pietrowicz*, NJW 2014, 898, 902.
36 BGH, Beschl. v. 12.7.2013, EnZR 73/12, RdE 2013, 433, Rn. 8.
37 Reshöft/Schäfermeier/*Schäfermeier*, § 8 Rn. 26.
38 Vgl. hierzu § 5 Rn. 58 ff.

zweck folgt jedoch, dass Vertragsgegenstand zudem auch das Abbedingen der vorrangigen Übertragung und Verteilung ist. Grund hierfür ist, dass die Netzstabilität durch die Stromeinspeisung berührt werden kann. Diese ist jedoch nicht nur physikalisches Element der Abnahme, sondern auch der Übertragung und Verteilung.[39] Abbedungen werden dabei nicht die Abnahme-, Übertragungs- und Verteilungspflichten, sondern die vorrangige Behandlung des Stromes. Vertragsgegenstand ist damit eine **Abweichung vom Vorrangprinzip**.

Zweck des Vertrages soll die verbesserte **Netzintegration** der Anlage, mithin ein verbessertes technisches Zusammenspiel von Anlage und Netz, sein.[40] Dies ist beispielsweise dann gegeben, wenn durch eine befristete Drosselung der Anlagen ein Netzausbau vermieden werden kann.[41]   **37**

Die Härtefallregelung in § 15 wird davon nicht berührt. Maßnahmen des **Einspeisemanagements** können dem Anlagenbetreiber damit auch gegen seinen Willen auferlegt werden.[42]   **38**

3. Einwendung gegen das Vorrangprinzip. Rechtsfolge des § 11 Abs. 1 S. 1 ist, dass der Netzbetreiber zwar weiterhin zur Abnahme, Übertragung und Verteilung verpflichtet ist, aber nicht zur Beachtung des **Vorrangprinzips**. § 11 Abs. 3 S. 2 bestimmt gleichwohl, dass der Vorrang für EEG-Strom angemessen berücksichtigt werden und der Netzbetreiber insgesamt die größtmögliche Strommenge aus erneuerbaren Energien abnehmen muss. Somit darf das Vorrangprinzip vertraglich nicht ausgehöhlt werden.[43]   **39**

V. Einwendung aufgrund von Verträgen nach der AusglMechV (Abs. 4)

In § 11 Abs. 4 ist überdies eine weitere Einwendung gegen den Anspruch auf vorrangige Abnahme, Übertragung und Verteilung angelegt. Diese Einwendung soll aufgrund von **Verträgen nach der AusglMechV** ermöglicht werden. Da der Verordnungsgeber bislang die AusglMechV nicht entsprechend ausgestaltet hat, handelt es sich bei der Einwendung in § 11 Abs. 4 um eine praktisch noch nicht relevante Einwendung.   **40**

1. Verträge im Rahmen der AusglMechV. Hierfür enthält § 11 Abs. 4 einen Rechtsgrundverweis auf die AusglMechV. Die Ausnahme nach § 11 Abs. 4 lässt, eine entsprechende Regelung in der AusglMechV vorausgesetzt, einen Vertrag zwischen einem ÜNB und einem Anlagenbetreiber zur Optimierung der Vermarktung zu.[44] Der Vertrag hat damit **Regelenergie** zum Gegenstand. Infolgedessen könnte der von einem solchen Vertrag erfasste Strom am Regelenergiemarkt vermarktet oder bei niedrigen Preisen abgeregelt werden.[45] Auf diese Weise kann eine Konkurrenz zur Direktvermarktung entstehen.[46] Der Verordnungsgeber hat diese Möglichkeit bislang jedoch in der AusglMechV nicht vorgesehen.   **41**

---

39 Diese erweiternde Auslegung ist nicht notwendig, wenn mit der h. M. und entgegen der hier vertretenen Auffassung davon ausgegangen wird, dass Abnahme identisch ist mit der Stromeinspeisung.
40 Frenz/Müggenborg/*Cosack*, § 8 Rn. 38.
41 BT-Drs. 16/8148, S. 44.
42 BT-Drs. 17/8148, S. 44.
43 BT-Drs. 18/1304, S. 186.
44 BT-Drs. 17/8071, S. 64.
45 BT-Drs. 17/6071, S. 92.
46 *Ohms*, Recht der Erneuerbaren Energien, Rn. 618.

42   **2. Einwendung gegen das Vorrangprinzip.** Bei Vorliegen eines solchen Vertrages ist der Netzbetreiber nicht mehr zur **vorrangigen Behandlung des Stromes** im Rahmen der Abnahme, Übertragungs- und Verteilung nach § 11 Abs. 1 S. 1 verpflichtet.

VI. Rechtsverhältnis zwischen aufnehmendem Netzbetreiber und ÜNB (Abs. 5)

43   § 11 Abs. 5 bezieht sich auf die sich an § 11 Abs. 1 S. 1 anschließende Stufe des Fördersystems, dem Rechtsverhältnis zwischen aufnehmendem Netzbetreiber und **ÜNB**. Der aufnehmende Netzbetreiber ist der nach § 11 Abs. 1 S. 1 verpflichtete Netzbetreiber, in dessen Netz der Strom gelangt. ÜNB ist derjenige, an den der Strom nach § 56 weitergegeben und mit dem die Förderung finanziell nach § 57 ausgeglichen wird.

44   **1. Verpflichteter ÜNB.** § 11 Abs. 5 Nr. 1 bis 3 benennt die nach §§ 56 f. verpflichteten **ÜNB**. ÜNB ist nach § 5 Nr. 31 der regelverantwortliche Netzbetreiber von Hoch- und Höchstspannungsnetzen, die der überregionalen Übertragung von Elektrizität zu nachgeordneten Netzen dienen. Für den räumlichen Anwendungsbereich des EEG bedeutet dies, dass dies die vier i. S. d. § 13 EnWG regelverantwortlichen ÜNB sind.

45   **a) Vorgelagerter ÜNB (Nr. 1). Vorgelagerter ÜNB** ist derjenige, dessen Netz das aufnehmende Netz zugeordnet ist. Die Verteilnetze sind in der Regel einem Übertragungsnetz direkt oder indirekt zugeordnet. Dies ist mit einem Strombezug aus dem vorgelagerten Übertragungsnetz und einer Stromabgabe in das Übertragungsnetz verbunden. Ein vorgelagertes Übertragungsnetz ist demnach dasjenige, an das ein Netz direkt oder indirekt (über zwischengelagerte Netze) angebunden ist.[47]

46   **b) Nächstgelegener inländischer Netzbetreiber (Nr. 2).** Ist das den Strom nach § 11 Abs. 1 S. 1 aufnehmende Netz nicht an ein inländisches Übertragungsnetz angebunden, wird der **nächstgelegene inländische ÜNB** verpflichtet. Dieser Fall kann auftreten, wenn das aufnehmende Netz ein Inselnetz oder an ein ausländisches Übertragungsnetz angebunden ist.

47   **c) Sonstiger Netzbetreiber (Nr. 3). Sonstige Netzbetreiber** sind nach systematischer Auslegung solche, die weder ÜNB noch aufnehmende Netzbetreiber sind. Es handelt sich hierbei um Betreiber von Verteilernetzen, an die geschlossene Verteilernetze i. S. d. § 11 Abs. 2 angeschlossen sind und die deshalb den kaufmännisch-bilanziell angebotenen Strom vorrangig abnehmen, übertragen und verteilen. Dies trifft auch auf zwischengelagerte Netze zu.

48   **2. Vorrangige Abnahme, Übertragung und Verteilung.** Die genannten ÜNB sind gemäß § 11 Abs. 5 i.V. m. § 56 zur vorrangigen Abnahme, Übertragung und Verteilung des Stromes verpflichtet. Im Fall des § 11 Abs. 5 Nr. 2 erfolgt die Erfüllung dieser Pflicht mittels kaufmännisch-bilanzieller Weitergabe ggf. unter Einbeziehung des jeweiligen ausländischen Übertragungsnetzes.[48]

---

47 So auch *Brodowski*, Belastungsausgleich, S. 56.
48 BGH, Urt. v. 15.6.2011, VIII ZR 308/09, WM 2011, 1901, Rn. 29; ebenso Altrock/Oschmann/ Theobald/*Altrock*, § 8 Rn. 48.

Kapazitätserweiterung und Einspeisemanagement

Vorbemerkung §§ 12 ff.

Der zweite Abschnitt des zweiten Teils des EEG enthält Regelungen über die **Kapazitäts-** **1**
erweiterung und das **Einspeisemanagement**. Mit diesen Regelungen trägt der Gesetzgeber der Tatsache Rechnung, dass die Ansprüche gemäß §§ 8 Abs. 1 S. 1, 11 Abs. 1 S. 1 auf
Anschluss, Abnahme, Übertragung und Verteilung für den Anspruchsberechtigten nutzlos
sind, wenn sie wegen unzureichender Netzkapazität nicht erfüllt werden können.

Betreiber von Elektrizitätsversorgungsnetzen[1] (im Folgenden: Netzbetreiber) müssen **2**
Überlastungen ihrer Netze weitestmöglich verhindern, da solche Zwischenfälle die Versorgung der Bevölkerung mit Elektrizität gefährden und die Integrität hochrangiger Rechtsgüter (Leib, Leben, Eigentum) bedrohen können. Die **Sicherheit der Elektrizitätsversor-**
gung wird in § 1 EnWG zu den wichtigsten energiewirtschaftsrechtlichen Zielen gezählt
und ist auch im EEG als solches anerkannt (vgl. z. B. § 14 Abs. 1 S. 1 Nr. 2). Netzbetreiber
sind gemäß §§ 2 Abs. 1, 13 Abs. 1 u. 2, 14 Abs. 1 S. 1, 49 Abs. 1 S. 1 EnWG verpflichtet,
ihre Netze vor Überlastungen zu bewahren, um die Sicherheit und Zuverlässigkeit der
Elektrizitätsversorgung zu erhalten. Kurzfristig können Netzbetreiber drohende Überlastungen der Elektrizitätsversorgungsnetze nur verhindern, indem sie die Nutzung des Netzes einschränken. Gemäß §§ 17 Abs. 2 S. 1, 20 Abs. 2 S. 1 EnWG sind die Netzbetreiber
deshalb grundsätzlich berechtigt, Netznutzungspetenten (z. B. Betreibern von Erzeugungs-
oder Speicheranlagen, Letztverbrauchern) vorübergehend den **Netzanschluss** und den
Netzzugang zu **verweigern**. In der Praxis führen die Netzbetreiber ein **Netzsicherheits-**
management gemäß § 13 Abs. 1 u. 2 EnWG durch, um die bestehenden Netznutzungs-
wünsche bestmöglich mit den verfügbaren Stromtransportkapazitäten zu arrangieren.[2]
Zweck solcher Maßnahmen ist es, drohende Überlastungen mit möglichst geringen Eingriffen in die Netznutzung abzuwenden.

Einschränkungen der Netznutzung durch die Betreiber von Anlagen zur Erzeugung von **3**
Strom aus erneuerbaren Energien widersprechen jedoch dem **Ziel gemäß § 1 Abs. 1 u. 2**
EEG, den Anteil erneuerbarer Energien an der Stromversorgung in den nächsten Jahren
möglichst stark zu erhöhen. Vor diesem Hintergrund sollen die §§ 12 ff. sicherstellen, dass
Anlagen zur Erzeugung von Strom aus erneuerbaren Energien möglichst selten in Maßnahmen des Netzsicherheitsmanagements einbezogen werden und dass die Betreiber solcher
Anlagen, wenn Einschränkungen der Netznutzung einmal unvermeidbar sind, dafür zumindest eine finanzielle Entschädigung erhalten. Dadurch sollen die Errichtung und der Betrieb von Anlagen zur Erzeugung von Strom aus erneuerbaren Energien mit einer möglichst großen **Planungs- und Investitionssicherheit** ausgestattet werden.

Damit Überlastungssituationen nicht auftreten, sind die Netzbetreiber gemäß § 11 Abs. 1 **4**
S. 1 EnWG verpflichtet, die Elektrizitätsversorgungsnetze **bedarfsgerecht** zu optimieren,
zu verstärken und auszubauen, soweit ihnen dies wirtschaftlich zumutbar ist. Die Netzentwicklungsplanung erfolgt gemäß §§ 12a ff., 14 Abs. 1a u. 1b EnWG unter Beteiligung

---

1 Vgl. § 3 Nr. 2 EnWG.
2 Ausführlich § 13 EnWG Rn. 12 ff., 88 ff.

der Bundesnetzagentur und der Öffentlichkeit. Ein subjektives Recht auf Netzerweiterung besteht nach dem Energiewirtschaftsgesetz nicht.[3] Angesichts des Förderzieles gemäß § 1 Abs. 1 u. 2 EEG hielt der Gesetzgeber es für geboten, von dieser Rechtslage in Hinblick auf Anlagen zur Erzeugung von Strom aus erneuerbaren Energien abzuweichen und in § 12 einen **gesetzlichen Netzerweiterungsanspruch** zu schaffen, der zudem schadensersatzbewehrt ist (vgl. § 13). Die Netzbetreiber müssen danach auf Verlangen der Einspeisewilligen unverzüglich ihre Netze entsprechend dem Stand der Technik optimieren, verstärken und ausbauen, soweit dies erforderlich ist, um die Abnahme, Übertragung und Verteilung des Stroms aus erneuerbaren Energien oder Grubengas sicherzustellen.

5 Sollten dennoch im Einzelfall Überlastungen der Elektrizitätsversorgungsnetze auftreten, regelt § 14, unter welchen Voraussetzungen Anlagen zur Erzeugung von Strom aus erneuerbaren Energien, Grubengas und Kraft-Wärme-Kopplung in ein **Netzsicherheitsmanagement** der Netzbetreiber gemäß § 13 Abs. 2 EnWG einbezogen werden dürfen. Kern der Regelung ist die Betonung des **Vorrangprinzips** (vgl. § 14 Abs. 1 S. 1 Nr. 2), wonach Anlagen zur Erzeugung von Strom aus erneuerbaren Energien, Grubengas und Kraft-Wärme-Kopplung grundsätzlich nur nachrangig gegenüber konventionellen Stromerzeugungsanlagen (z. B. Gaskraftwerken, Kohlekraftwerken) abgeregelt werden dürfen. § 15 sieht außerdem vor, dass die Betreiber von Anlagen zur Erzeugung von Strom aus erneuerbaren Energien, Grubengas oder Kraft-Wärme-Kopplung für Abregelungen in Überlastungssituationen gemäß § 14 Abs. 1 S. 1 Nr. 1 zu **entschädigen** sind.

---

3 Ausführlich § 11 EnWG Rn. 70 ff.

§ 12 Erweiterung der Netzkapazität

(1) [1]Netzbetreiber müssen auf Verlangen der Einspeisewilligen unverzüglich ihre Netze entsprechend dem Stand der Technik optimieren, verstärken und ausbauen, um die Abnahme, Übertragung und Verteilung des Stroms aus erneuerbaren Energien oder Grubengas sicherzustellen. [2]Dieser Anspruch besteht auch gegenüber den Betreibern von vorgelagerten Netzen mit einer Spannung bis 110 Kilovolt, an die die Anlage nicht unmittelbar angeschlossen ist, wenn dies erforderlich ist, um die Abnahme, Übertragung und Verteilung des Stroms sicherzustellen.

(2) Die Pflicht erstreckt sich auf sämtliche für den Betrieb des Netzes notwendigen technischen Einrichtungen sowie die im Eigentum des Netzbetreibers stehenden oder in sein Eigentum übergehenden Anschlussanlagen.

(3) Der Netzbetreiber muss sein Netz nicht optimieren, verstärken und ausbauen, soweit dies wirtschaftlich unzumutbar ist.

(4) Die Pflichten nach § 4 Absatz 1 des Kraft-Wärme-Kopplungsgesetzes sowie nach § 12 Absatz 3 des Energiewirtschaftsgesetzes bleiben unberührt.

Schrifttum: *Breuer*, Direkte und indirekte Rezeption technischer Regeln durch die Rechtsordnung, AöR 101 (1976), 46; *Fischer/Neusüß*, Netzverknüpfungspunkt nach dem EEG: Folgt der BGH der Clearingstelle?, ZNER 2012, 53; *Geiger*, Schadensersatz wegen Verletzung der Anschlussverpflichtung an den geographisch nächstgelegenen Verknüpfungspunkt – LG Kiel versus BGH, ZNER 2013, 245; *König*, Engpassmanagement in der deutschen und europäischen Elektrizitätsversorgung, 2013; *Rauch*, Einspeisung elektrischer Energie aus EEG- und KWK-Anlagen: Gesetzlich zugewiesene Messzuständigkeit und Möglichkeiten einer Aufgabendelegation, ZNER 2009, 19; *Reshöft/Sellmann*, Die Novelle des EEG – Neue Wege auf bewährten Pfaden (Teil 1), ET 2009, Heft 1/2, 139; *Schäfermeier/Reshöft*, Die Abgrenzung zwischen Netzanschluss und Netzausbau nach dem Erneuerbare-Energien-Gesetz, ZNER 2007, 34; *Schneller/Trzeciak*, Das EEG 2009 aus Sicht der Übertragungsnetzbetreiber, ET 2008, Heft 12, 89; *Thomas*, Probleme von Netzanschluss und Netzanschlussverfahren für EEG-Anlagen in der jüngeren Rechtsprechung des BGH, ZNER 2013, 348; *Valentin*, Anmerkung zur Entscheidung des BGH vom 10.10.2012 (VIII ZR 362/11; REE 2012, 223) – Zur Frage des Wahlrechts von Anlagenbetreibern bei der Netzverknüpfung, REE 2012, 223; *ders.*, Der Anspruch auf Netzanschluss und Erweiterung der Netzkapazität nach dem EEG 2009, ET 2009, Heft 8, 68.

Übersicht

I. Allgemeines

1 Gemäß § 12 müssen Netzbetreiber auf Verlangen der Einspeisewilligen unverzüglich ihre Netze entsprechend dem Stand der Technik optimieren, verstärken und ausbauen, um die Abnahme, Übertragung und Verteilung des Stroms aus erneuerbaren Energien oder Grubengas sicherzustellen. Die Vorschrift gewährt also einen **gesetzlichen Netzerweiterungsanspruch** (s. Vorbem. § 12 ff. Rn. 4). Damit soll sichergestellt werden, dass diejenigen Optimierungs-, Verstärkungs- und Ausbaumaßnahmen eingefordert werden können, die notwendig sind, damit die Erzeuger von Strom aus erneuerbaren Energien und aus Grubengas ihren Strom ungehindert in das Elektrizitätsversorgungssystem einspeisen können.

2 Abs. 1 enthält den **Netzerweiterungsanspruch** als solchen und benennt die **Adressaten**, denen gegenüber der Anspruch geltend gemacht werden kann. Abs. 2 bestimmt die **Reichweite** des Netzerweiterungsanspruchs und regelt damit das Verhältnis von Netzerweiterung (Abs. 1 S. 1) und Netzanschluss (§ 8 Abs. 1 S. 1). Gemäß Abs. 3 besteht der Netzerweiterungsanspruch nicht, wenn die Netzerweiterung für den Netzbetreiber wirtschaftlich **unzumutbar** ist. Abs. 4 stellt fest, dass § 4 Abs. 1 KWKG und § 12 Abs. 3 EnWG **unberührt** bleiben.

3 **1. Normzweck.** § 12 dient der Absicherung der Ansprüche gemäß §§ 8 Abs. 1 S. 1, 11 Abs. 1 S. 1 auf Anschluss, Abnahme, Übertragung und Verteilung. Die Vorschrift soll verhindern, dass sich Netzbetreiber gegenüber diesen Ansprüchen länger als notwendig auf unzureichende Netzkapazität berufen können.

4 Gemäß § 8 Abs. 1 S. 1 müssen Netzbetreiber Anlagen zur Erzeugung von Strom aus erneuerbaren Energien und aus Grubengas unverzüglich vorrangig an ihr Netz **anschließen**. Die Pflicht zum Netzanschluss besteht gemäß § 8 Abs. 4 auch dann, wenn die Abnahme des Stroms erst durch die Optimierung, die Verstärkung oder den Ausbau des Netzes nach § 12 möglich wird. Der Netzerweiterungsanspruch gewährleistet also, dass unzureichende Netzkapazität nur vorübergehend als Netzanschlussverweigerungsgrund angeführt werden kann. Auf mittlere Frist sind die Netzbetreiber verpflichtet, die Netzkapazität den Anschlusswünschen entsprechend anzupassen. Außer im Falle einer wirtschaftlichen Unzumutbarkeit der Netzerweiterung i. S. v. Abs. 3 kann einem Anschlussbegehren also nicht entgegen gehalten werden, der Anschluss sei wegen unzureichender Kapazität nicht möglich. Die Netzbetreiber sind gemäß § 8 Abs. 4 und § 12 verpflichtet, den Anschluss möglich zu machen.

5 Gemäß § 11 Abs. 1 S. 1 müssen Netzbetreiber vorbehaltlich § 14 den gesamten angebotenen Strom aus erneuerbaren Energien und aus Grubengas unverzüglich vorrangig **abnehmen**, **übertragen** und **verteilen**. § 12 Abs. 1 S. 1 stellt einen unmittelbaren Zusammenhang her zwischen der Pflicht zur Abnahme, Übertragung und Verteilung und dem Netzerweiterungsanspruch gemäß § 12. Danach müssen die Netzbetreiber die Elektrizitätsversorgungsnetze optimieren, verstärken und ausbauen, **um** die Abnahme, Übertragung und Verteilung des Stroms aus erneuerbaren Energien und aus Grubengas **sicherzustellen**. Der Netzerweiterungsanspruch flankiert also die Ansprüche gemäß § 11 Abs. 1 S. 1 auf Abnahme, Übertragung und Verteilung und stellt sicher, dass ihnen eine unzureichende Netzkapazität grundsätzlich nur für einen möglichst kurzen Übergangszeitraum von den Netzbetreibern als Einrede entgegen gehalten werden kann.

2. Entstehungsgeschichte. Seine gegenwärtige Fassung erhielt § 12 durch die EEG-Novelle 2014, die am 1.8.2014 in Kraft getreten ist. Die Vorschrift ist jedoch nicht neu, sondern war mit ähnlichem Inhalt auch schon in früheren Fassungen des EEG enthalten. **6**

§ 12 (vormals: § 9 EEG 2009) steht in der Tradition von **§ 3 Abs. 1 S. 3 EEG 2000** und **§ 4 Abs. 2 S. 2 u. 4 EEG 2004**. Bereits danach waren die Netzbetreiber auf Verlangen des Einspeisewilligen zum unverzüglichen Ausbau verpflichtet, wenn die Abnahme des Stroms erst durch einen wirtschaftlich zumutbaren Ausbau des Netzes möglich wurde. **7**

Anders als § 4 Abs. 2 S. 3 EEG 2004 verlangt § 12 als **Voraussetzung für den Netzerweiterungsanspruch** allerdings nicht mehr, dass für eine anzuschließende Anlage bereits eine **Genehmigung**, eine **Teilgenehmigung** oder ein **Vorbescheid** vorliegt. Damit soll der Zeitpunkt der Netzerweiterungspflicht nach dem Willen des Gesetzgebers vorverlagert werden.[1] Bei genehmigungspflichtigen Anlagen soll der Netzerweiterungsanspruch auch schon vor Erteilung der Genehmigung bestehen. Entscheidend ist nunmehr allein die Frage, ab wann der Ausbau i. S. v. Abs. 3 wirtschaftlich zumutbar ist (s. Rn. 80 ff.). **8**

Abs. 2 über die **Reichweite des Netzerweiterungsanspruchs**, der nach dem Willen des Gesetzgebers auch das Verhältnis von Netzerweiterung und Netzanschluss regelt, fand sich in ähnlicher Form bereits in § 4 Abs. 2 S. 4 EEG 2004, nicht jedoch im EEG 2000. Abs. 3 über die wirtschaftliche Zumutbarkeit war ähnlich bereits in § 4 Abs. 2 S. 2, Hs. 1 EEG 2004 und in § 3 Abs. 1 S. 3, Hs. 1 EEG 2000 enthalten. **9**

Während in der Überschrift von § 12 auf die Erweiterung der Netzkapazität abgestellt wird, womit nach Abs. 1 S. 1 die Optimierung, die Verstärkung und der Ausbau des Netzes entsprechend dem Stand der Technik gemeint sind, war in § 4 Abs. 2 S. 2 EEG 2004 und § 3 Abs. 1 S. 3 EEG 2000 noch allgemein von einem „unverzüglichen Ausbau" die Rede. Die Konkretisierung der Netzerweiterungspflicht soll klarstellen, dass die Eignung des Netzes zur Erfüllung der Ansprüche gemäß §§ 8 Abs. 1 S. 1, 11 Abs. 1 S. 1 auch mit **Netzoptimierungs-** und **Netzverstärkungsmaßnahmen** hergestellt werden kann, wenn sie geringere Kosten verursachen als ein Ausbau i. S. eines Neubaus von Netzbestandteilen.[2] **10**

Im Gesetzgebungsverfahren zum EEG 2009 wurde auf einen Änderungsantrag hin die Formulierung „entsprechend dem **Stand der Technik**" in Abs. 1 S. 1 aufgenommen.[3] Damit konkretisierte der Gesetzgeber, dass insbesondere bei der Durchführung von Netzoptimierungsmaßnahmen die neuesten Erkenntnisse im Bereich der Technik beachtet werden müssen. In der Gesetzesbegründung wird dazu ausgeführt, dass mit einer kurz- und mittelfristigen Fortschreibung des Stands der Technik zu rechnen ist.[4] Die inhaltliche Reichweite des Netzerweiterungsanspruchs kann sich also im Zeitverlauf ändern. **11**

---

1 BT-Drs. 16/8148, S. 45.
2 Rn. 27. Zur entsprechenden Regelung im Energiewirtschaftsgesetz § 11 EnWG Rn. 54 ff.
3 Hervorhebung d. Verf.
4 BT-Drs. 16/9477, S. 22.

12 Mit der EEG-Novelle v. 28.7.2011 wurden Abs. 1 S. 2 u. 3 EEG 2009 aufgehoben, da sie durch die Neuregelung von § 11 Abs. 2 EEG 2009 (jetzt: § 14 Abs. 2) entbehrlich wurden.[5] Die beiden Sätze enthielten eine Informationspflicht des Netzbetreibers für den Fall, dass Beschränkungen der Netznutzung zu befürchten waren.[6] An ihrer Stelle wurde Abs. 1 S. 2 n. F. in § 12 eingefügt, der nunmehr klarstellt, dass der Netzerweiterungsanspruch auch gegenüber den **Betreibern von vorgelagerten Netzen** bestehen kann, wenn dies erforderlich ist, um die Abnahme, Übertragung und Verteilung des Stroms sicherzustellen (s. Rn. 22).

13 Durch die **EEG-Novelle 2014** erhielt § 12, der bis dahin als § 9 firmierte, seine gegenwärtige Fassung. Abs. 1 S. 1 u. 2, Abs. 2 und Abs. 4 wurden redaktionell überarbeitet und verständlicher gefasst.[7] Insbesondere wurden eine sprachliche Ungenauigkeit in Abs. 1 S. 2 und der Verweis in Abs. 4 auf das KWKG korrigiert. Inhaltliche Änderungen waren damit nicht verbunden. Einen inhaltlichen Änderungsbedarf hat der Gesetzgeber vielmehr ausdrücklich verneint.[8]

II. Netzerweiterungsanspruch (Abs. 1)

14 Gemäß Abs. 1 S. 1 müssen Netzbetreiber auf Verlangen der Einspeisewilligen unverzüglich ihre Netze entsprechend dem Stand der Technik optimieren, verstärken und ausbauen, um die Abnahme, Übertragung und Verteilung des Stroms aus erneuerbaren Energien oder Grubengas sicherzustellen. Dieser Netzerweiterungsanspruch besteht gemäß Abs. 1 S. 2 auch gegenüber Betreibern von vorgelagerten Netzen mit einer Spannung bis einschließlich 110 kV, wenn dies erforderlich ist, um die Abnahme, Übertragung und Verteilung des Stroms sicherzustellen.

15 **1. Anspruchsberechtigter.** Der Netzerweiterungsanspruch gemäß Abs. 1 S. 1 besteht nach dem Wortlaut der Vorschrift „auf Verlangen der Einspeisewilligen". Der **Begriff des Einspeisewilligen** findet sich außer in Abs. 1 S. 1 auch noch in § 8 Abs. 5 S. 1, S. 2 Nr. 2, Abs. 6 S. 1, S. 1 Nr. 2 und § 13 Abs. 1 S. 1, wird aber im EEG nicht definiert. Er war auch schon im EEG 2000 und im EEG 2004 enthalten.

16 Nach h. M. ist der Begriff des Einspeisewilligen nicht gleichzusetzen mit dem Begriff des **Anlagenbetreibers** gemäß § 5 Nr. 2,[9] obwohl der Gesetzgeber in der Begründung zu § 3 EEG 2000 von dem Verlangen eines „einspeisewilligen Anlagenbetreibers" spricht.[10] Der Begriff des Einspeisewilligen ist einerseits enger, da nicht jeder Anlagenbetreiber seinen Strom in ein Elektrizitätsversorgungsnetz einspeisen möchte (z. B. Eigenerzeuger, vgl. § 61 Abs. 3 Nr. 1) und andererseits weiter als der Begriff des Anlagenbetreibers, da einspeisewillig auch schon ist, wer erst in Zukunft Strom in das Netz einspeisen möchte und deshalb gegenwärtig noch kein Anlagenbetreiber i. S. v. § 5 Nr. 2 ist.

17 **Sprachlich** ist ein Einspeisewilliger, wer entschlossen ist, Strom in ein Elektrizitätsversorgungsnetz einzuspeisen. Das impliziert grundsätzlich, dass anspruchsberechtigt gemäß Abs. 1 S. 1 nur ist, wer selbst Strom aus erneuerbaren Energien oder aus Grubengas erzeu-

---

5 BT-Drs. 17/6071, S. 64.
6 Ausführlich z. B. Frenz/Müggenborg/*Ehricke*, 2. Aufl. 2011, § 9 Rn. 32 ff.
7 BT-Drs. 18/1304, S. 186.
8 BT-Drs. 18/1304, S. 186.
9 Vgl. dazu § 5 Rn. 30 f.
10 BT-Drs. 14/2776, S. 22.

gen und einspeisen möchte. Mit grammatischer Auslegung nicht zu beantworten ist jedoch die Frage, wie ausgeprägt der Einspeisewille sein muss und welche Anforderungen an seine Ernsthaftigkeit und an seine Verbindlichkeit zu stellen sind.

Entscheidend für die Auslegung des Begriffs des Einspeisewilligen ist deshalb das **Telos** **18** von § 12, die Ansprüche gemäß §§ 8 Abs. 1 S. 1, 11 Abs. 1 S. 1 auf Anschluss, Abnahme, Übertragung und Verteilung abzusichern (s. Rn. 3 ff.). Dahinter steckt die Absicht, möglichst viel Strom aus erneuerbaren Energien und aus Grubengas in das Elektrizitätsversorgungssystem aufzunehmen, um zum Wohle des Umwelt- und Klimaschutzes die **Zwecke** **gemäß § 1 Abs. 1** zu fördern. Um diesem Telos gerecht zu werden, ist der Begriff des Einspeisewilligen großzügig auszulegen, damit die privatrechtliche Durchsetzung der für den Ausbau der erneuerbaren Energien notwendigen Netzerweiterungsmaßnahmen nicht regelmäßig an der fehlenden Anspruchsberechtigung scheitert. Auch der BGH hat bereits darauf hingewiesen, dass der Begriff des Einspeisewilligen **weit verstanden** werden muss, wenn die Erreichung der umwelt- und klimapolitischen Ziele des EEG nicht unnötig erschwert werden soll.[11]

Bei diesem Verständnis müssen als Einspeisewillige all diejenigen anerkannt werden, die **19** mit der Planung, der Errichtung oder dem Betrieb einer Anlage zur Erzeugung von Strom aus erneuerbaren Energien betraut sind und ein eigenes Interesse an der Aufnahme des mit dieser Anlage erzeugten Stroms in das Elektrizitätsversorgungsnetz haben. Das gilt einerseits für **Anlagenbetreiber**, die befürchten, dass die Abnahme, Übertragung und Verteilung des in ihren Anlagen erzeugten Stroms gemäß § 11 Abs. 1 S. 1 nicht gewährleistet ist. Das gilt andererseits auch für diejenigen, die noch keine Anlagenbetreiber sind, aber beabsichtigen, in Zukunft eine Anlage zur Erzeugung von Strom aus erneuerbaren Energien zu betreiben und den mit dieser Anlage erzeugten Strom in das Elektrizitätsversorgungsnetz einzuspeisen (**potenzielle Anlagenbetreiber**). Ferner zählen zu den Einspeisewilligen diejenigen, die selbst keine Anlagenbetreiber werden wollen, aber die Planung und Errichtung von Anlagen für andere übernehmen (z. B. **Hersteller**, **Planer**, **Projektierer**).[12] Bei Letzteren ist jedoch zu verlangen, dass eine vertraglich übernommene Verantwortung für die Sicherstellung des Anschlusses einer konkreten Anlage an das Elektrizitätsversorgungsnetz besteht. Anders als es das allgemeine Sprachverständnis des Begriffes des Einspeisewilligen nahelegt (s. Rn. 17), kann bei teleologischer Auslegung also auch derjenige gemäß Abs. 1 S. 1 anspruchsberechtigt sein, der weder gegenwärtig noch zukünftig selbst Strom in das Elektrizitätsversorgungsnetz einspeisen will. Es genügt, wenn es dem Antragsteller darum geht, die technischen Voraussetzungen dafür zu schaffen, dass die Einspeisung durch den gegebenenfalls noch zu ermittelnden, zukünftigen Anlagenbetreiber erfolgen kann.

2. Anspruchsverpflichteter. Der Netzerweiterungsanspruch gemäß Abs. 1 S. 1 richtet **20** sich gegen die in Abs. 1 S. 1 nicht näher spezifizierten **Netzbetreiber**. Netzbetreiber ist gemäß § 3 Nr. 27 jeder Betreiber eines Netzes für die allgemeine Versorgung mit Elektrizität, unabhängig von der Spannungsebene.

---

11 BGH, Urt. v. 18.7.2007, ZNER 2007, 318, 320.
12 So offenbar auch BGH, Urt. v. 18.7.2007, ZNER 2007, 318, 320, der davon ausgegangen ist, dass die geplante Überlassung einer zu errichtenden Windenergieanlage an eine noch zu gründende Gesellschaft der Einspeisewilligkeit genauso wenig entgegen steht wie die geplante Übertragung einer zu errichtenden Windenergieanlage auf einen Investor.

21   Abs. 1 S. 2 konkretisiert, dass der Anspruch unter bestimmten Voraussetzungen *auch* gegenüber Netzbetreibern besteht, an deren Netz die fragliche Anlage nicht unmittelbar angeschlossen ist. Das impliziert, dass der Netzerweiterungsanspruch jedenfalls den Netzbetreiber trifft, an dessen Netz die fragliche Anlage unmittelbar angeschlossen ist (sog. **Anschlussnetzbetreiber**). In der Regel ist dies ein Verteilernetzbetreiber, da nur sehr große Erzeugungsanlagen an Übertragungsnetze angeschlossen werden. Anspruchsverpflichtet gemäß Abs. 1 S. 1 ist aus teleologischen Gründen auch derjenige, an dessen Netz die Anlage zwar noch nicht angeschlossen ist, an dessen Netz sie aber angeschlossen werden muss, weil es den günstigsten Netzverknüpfungspunkt i. S. v. § 8 Abs. 1 S. 1 aufweist.

22   Gemäß Abs. 1 S. 2 besteht der Netzerweiterungsanspruch nicht nur gegenüber Netzbetreibern, an deren Netz die Anlage nicht unmittelbar angeschlossen ist, sondern auch gegenüber Betreibern von **vorgelagerten Netzen** mit einer Spannung bis einschließlich **110 kV**, wenn dies erforderlich ist, um die Abnahme, Übertragung und Verteilung des Stroms sicherzustellen. Abs. 1 S. 2 wurde durch die EEG-Novelle v. 28.7.2011 in das Gesetz eingefügt, da vorher im Einzelfall unklar war, ob und wann sich der Netzerweiterungsanspruch auf vorgelagerte Netze erstreckt.[13] Durch die inhaltliche Klarstellung steht nunmehr fest, dass auch die Betreiber von vorgelagerten Netzen mit einer Spannung bis einschließlich 110 kV auf Verlangen der Einspeisewilligen unverzüglich ihre Netze entsprechend dem Stand der Technik optimieren, verstärken und ausbauen müssen, wenn dies notwendig ist, um die Abnahme, Übertragung und Verteilung des Stroms aus erneuerbaren Energien oder Grubengas sicherzustellen. Die Beschränkung auf Netze mit einer Spannung bis einschließlich 110 kV führt dazu, dass unter Berufung auf Abs. 1 S. 1 nicht die Optimierung, die Verstärkung oder der Ausbau der Übertragungsnetze verlangt werden kann, die mit einer Spannung von 220 oder 380 kV betrieben werden.

23   **3. Anspruchsvoraussetzungen.** Der Netzerweiterungsanspruch gemäß Abs. 1 S. 1 setzt voraus, dass der Einspeisewillige die Netzerweiterung von dem Netzbetreiber verlangt und dass die Netzerweiterung erforderlich ist, um die Abnahme, Übertragung und Verteilung des Stroms aus erneuerbaren Energien oder Grubengas i. S. v. § 11 Abs. 1 S. 1 sicherzustellen.

24   **a) Verlangen des Einspeisewilligen.** Die Geltendmachung des Netzerweiterungsanspruchs erfordert zunächst, dass der Einspeisewillige die Netzerweiterung i. S. v. Abs. 1 S. 1 verlangt. Das Verlangen muss gegenüber dem anspruchsverpflichteten Netzbetreiber geäußert werden (s. dazu Rn. 20 ff.). Eine bestimmte Form für das Verlangen ist im Gesetz nicht vorgeschrieben. Es kann also formlos erfolgen, sollte aber zu Beweiszwecken besser schriftlich fixiert werden.[14] Wie jede Willenserklärung kann das Verlangen i. S. v. Abs. 1 S. 1 auch konkludent geäußert werden, etwa im Rahmen eines Antrags auf Netzanschluss gemäß § 8 Abs. 1 S. 1.[15] Es versteht sich von selbst, dass ein nach § 8 Abs. 1 S. 1 begehrter Netzanschluss genutzt werden soll, um Strom in das Netz des Anschlussnetzbetreibers einzuspeisen. Der Gesetzgeber hat in § 8 Abs. 4 klargestellt, dass der Netzanschluss nicht we-

---

13 BR-Drs. 17/6071, S. 64. Grundsätzlich war die Erstreckung des Netzerweiterungsanspruchs auf vorgelagerte Netze aber auch schon vor der EEG-Novelle v. 28.7.2011 h. M., siehe z. B. Frenz/Müggenborg/*Ehricke*, 2. Aufl. 2011, § 9 Rn. 7; Reshöft/*Schäfermeier*, 3. Aufl. 2009, § 9 Rn. 8.

14 Altrock/Oschmann/Theobald/*Wustlich*, 4. Aufl. 2013, § 9 Rn. 47.

15 Reshöft/*Schäfermeier*, 3. Aufl. 2009, § 9 Rn. 10; Altrock/Oschmann/Theobald/*Wustlich*, 4. Aufl. 2013, § 9 Rn. 47; *Valentin*, ET 2009, Heft 8, 68, 70.

gen unzureichender Netzkapazität verweigert werden darf.[16] Die Netzbetreiber sind vielmehr gemäß Abs. 1 S. 1 verpflichtet, die Kapazität ihres Netzes unverzüglich zu erweitern, sofern dies nicht i. S. v. Abs. 3 wirtschaftlich unzumutbar ist. Es ist deshalb naheliegend, dass mit der Beantragung eines Netzanschlusses gemäß § 8 Abs. 1 S. 1 gleichzeitig verlangt wird, dass der Anschlussnetzbetreiber unverzüglich die Aufnahmefähigkeit seines Netzes für den mit den anzuschließenden Anlagen zu erzeugenden Strom sicherstellt.

b) Erforderlichkeit der Netzerweiterung. Die Netzerweiterung gemäß Abs. 1 S. 1 soll   **25**
nach dem Wortlaut der Vorschrift sicherstellen, dass die Abnahme, Übertragung und Verteilung von Strom aus erneuerbaren Energien und Grubengas gewährleistet ist. Ein Netzerweiterungsanspruch des Einspeisewilligen kommt deshalb nur in Betracht, wenn ohne die Netzerweiterung nicht sichergestellt wäre, dass der in der Anlage des Einspeisewilligen erzeugte Strom von den zuständigen Netzbetreibern gegenwärtig und in Zukunft vollständig abgenommen, übertragen und verteilt werden kann.[17] Ob eine Netzerweiterung in diesem Sinne erforderlich ist, muss im Rahmen einer Prognose ermittelt werden. Die Beweislast trägt der Antragsteller als derjenige, der den Netzerweiterungsanspruch geltend macht.[18] Er wird sich aber praktisch immer auf ein Zugeständnis des Netzbetreibers berufen können, der ja in der Regel zuvor die Abnahme, Übertragung oder Verteilung des zu erzeugenden Stroms mit Verweis auf die unzureichende Netzkapazität verweigert oder eine solche Verweigerung angekündigt hat. Praktisch dürften deshalb keine Beweisschwierigkeiten bestehen.

Wegen des **Vorrangs** von Strom aus erneuerbaren Energien und aus Kraft-Wärme-Kopp-   **26**
lung ist eine Netzerweiterung grundsätzlich nur erforderlich, wenn das Netz an der fraglichen Stelle bereits vollständig mit privilegiertem Strom ausgelastet ist.[19] Wird das Netz hingegen zumindest teilweise auch durch Strom aus konventioneller Erzeugung an seine Kapazitätsgrenzen gebracht, kann der Netzbetreiber den Betreibern der konventionellen Erzeugungsanlagen die Einspeisung verweigern, um im Einklang mit dem Vorrangprinzip[20] Platz für den Strom aus erneuerbaren Energien und Kraft-Wärme-Kopplung zu schaffen. Die Betreiber von konventionellen Erzeugungsanlagen haben ihrerseits keinen Netzerweiterungsanspruch, da das EEG für sie nicht gilt und die Vorschriften des EnWG einen solchen nicht vorsehen. Der Netzbetreiber kann deshalb allenfalls aus seiner allgemeinen Pflicht gemäß § 11 Abs. 1 S. 1, 3. Fall EnWG zur Netzerweiterung zugunsten des Stroms aus konventioneller Erzeugung verpflichtet sein.

4. Anspruchsinhalt. Die anspruchsverpflichteten Netzbetreiber (Rn. 20 ff.) müssen gemäß   **27**
Abs. 1 S. 1 auf Verlangen der Einspeisewilligen unverzüglich ihre Netze entsprechend dem Stand der Technik optimieren, verstärken und ausbauen, um die Abnahme, Übertragung und Verteilung des Strom aus erneuerbaren Energien oder Grubengas sicherzustellen. Die Überschrift von § 12 macht deutlich, dass der Anspruch im Ergebnis auf eine **Erweiterung der Netzkapazität** abzielt. Die Unterscheidung von Optimierung, Verstärkung und Ausbau war in § 4 Abs. 2 S. 2 EEG 2004 noch nicht enthalten. Mit ihr soll klargestellt wer-

---

16 Ausführlich § 8 Rn. 50.
17 Ähnlich Altrock/Oschmann/Theobald/*Wustlich*, 4. Aufl. 2013, § 9 Rn. 13; Frenz/Müggenborg/*Ehricke*, 3. Aufl. 2013, § 9 Rn. 15; *Valentin*, ET 2009, Heft 8, 68, 70.
18 Ausführlich unten, Rn. 47 ff.
19 So auch *Valentin*, ET 2009, Heft 8, 68, 70.
20 Ausführlich *König*, Engpassmanagement in der deutschen und europäischen Elektrizitätsversorgung, 2013, S. 391 ff.

den, dass die Netzbetreiber auch unterhalb der Schwelle des Ausbaus kapazitätserhöhende Maßnahmen durchführen müssen.[21] Ein genereller Vorrang des Optimierens oder Verstärkens vor einem Neubau kann Abs. 1 S. 1 jedoch nicht entnommen werden.[22] Seit einer Änderung durch das Gesetz zur Beschleunigung des Ausbaus der Höchstspannungsnetze v. 21.8.2009[23] findet sich die Unterscheidung von Optimierung, Verstärkung und Ausbau auch in § 11 Abs. 1 S. 1 EnWG über die allgemeine Netzerweiterungspflicht der Netzbetreiber.[24]

28 Der in Anspruch genommene Netzbetreiber muss selbst beurteilen, ob das Anspruchsziel, also die Erweiterung der Netzkapazität, am besten mit einer Optimierung, einer Verstärkung oder einem Ausbau erreicht werden kann. Die **Netzplanung** fällt in den Aufgabenbereich des Netzbetreibers und ist damit einer Beeinflussung durch den Anlagenbetreiber grundsätzlich entzogen. Es ist für die Erreichung des Zwecks von § 12 auch nicht erforderlich, in die Planungshoheit des Netzbetreibers einzugreifen und den Anlagenbetreiber in die konkrete Netzplanung einzubeziehen. Vielmehr muss es genügen, dass der Anlagenbetreiber dem Netzbetreiber seinen Anschlusswunsch und den Umfang der geplanten Stromeinspeisung darlegt. Es obliegt dann dem Netzbetreiber, nach eigenem Ermessen die Aufnahmefähigkeit des Netzes herzustellen, soweit dies nicht gemäß Abs. 3 wirtschaftlich unzumutbar ist.

29 In der Gesetzesbegründung wird darauf hingewiesen, dass die Netzoptimierung und die Netzverstärkung ein **Minus** gegenüber dem Netzausbau darstellten.[25] Macht ein Anlagenbetreiber unter Berufung auf Abs. 1 S. 1 einen Anspruch auf Ausbau des Netzes geltend, ist darin deshalb stets die Geltendmachung eines Anspruchs auf Optimierung oder Verstärkung enthalten. Abs. 1 S. 1 gewährt also nicht drei verschiedene Ansprüche, sondern einen **einheitlichen** Netzerweiterungsanspruch. Die beispielhafte Nennung von Optimierungs-, Verstärkungs- und Ausbaumaßnahmen zeigt lediglich auf, auf welche Weise der verantwortliche Netzbetreiber den Anspruch erfüllen kann.

30 Die Bundesregierung bringt in der Gesetzesbegründung außerdem zum Ausdruck, dass auf Verlangen der Einspeisewilligen gemäß Abs. 1 S. 1 durchzuführende Netzerweiterungsmaßnahmen in die allgemeine **Netzentwicklungsplanung** der Netzbetreiber integriert werden sollen. Die Netzbetreiber sind gemäß § 11 Abs. 1 S. 1 EnWG unabhängig von konkreten Netzerweiterungsansprüchen der Netznutzer verpflichtet, ihre Netze bedarfsgerecht zu optimieren, zu verstärken und auszubauen, soweit es wirtschaftlich zumutbar ist. Die Netzerweiterungspflicht gemäß § 11 Abs. 1 S. 1 orientiert sich am **objektiven Transport-**

---

21 BT-Drs. 16/8148, S. 45.
22 BVerwG, Urt. v. 24.5.2012, Az. 7 VR 4/12, Rn. 27. Konkret ging es in der Entscheidung des BVerwG darum, ob gegen ein Ausbauprojekt, das im Bedarfsplan nach § 1 Abs. 1 des Energieleitungsausbaugesetzes (EnLAG) enthalten ist, eingewandt werden kann, dass Optimierungs- oder Verstärkungsmaßnahmen zur Gewährleistung eines bedarfsgerechten Zustandes ausreichen würden. Das BVerwG hat dies auch mit Hinweis auf den weiten gesetzgeberischen Einschätzungsspielraum verneint (ebenda, Rn. 27). Ein faktischer Vorrang von Optimierungs- und Verstärkungsmaßnahmen kann sich aber aus der Verpflichtung der Netzbetreiber zu einer effizienten Leistungserbringung (vgl. § 21 Abs. 2 EnWG) ergeben, siehe z. B. Britz/Hellermann/Hermes/*Bourwieg*, EnWG, 2. Aufl. 2010, § 11 Rn. 31.
23 BGBl. 2009 I S. 2870.
24 Vgl. dazu § 11 EnWG Rn. 5, 54 ff.
25 BT-Drs. 16/8148, S. 45.

und Verteilungsbedarf an Elektrizität, der sich aus einer Prognose der zukünftig zu erwartenden Ein- und Ausspeisungen ergibt. Die konkrete Netzentwicklungsplanung erfolgt gemäß §§ 12a ff., 14 Abs. 1a u. 1b EnWG.

Optimierungs- und Verstärkungsmaßnahmen können im Einzelfall deutlich **geringere 31 Kosten** verursachen als Maßnahmen des Netzausbaus.[26] Sie ermöglichen außerdem eine bessere Nutzung bereits bestehender Trassen und erfordern deshalb in der Regel kein zusätzliches Planfeststellungsverfahren. Vor dem Hintergrund der geringen öffentlichen Akzeptanz von Netzausbauprojekten und den daraus resultierenden langen Genehmigungsverfahren, können Optimierungs- und Verstärkungsmaßnahmen eine Möglichkeit sein, notwendige Netzerweiterungen in möglichst **kurzer Frist** umzusetzen.

a) Netzoptimierung. Im Einklang mit dem gleichen Begriff in § 11 Abs. 1 S. 1 EnWG ist **32** unter einer Optimierung des Netzes die Erweiterung der Netzkapazität durch Maßnahmen zu verstehen, mit denen nicht in die bestehende Netzinfrastruktur eingegriffen wird (**kein Substanzeingriff**).[27] Beispiele sind die Veränderung des Lastflusses durch Netzschaltungen[28] und die Durchführung eines Temperaturleiter-Monitorings.[29] Die Abgrenzung der Netzoptimierung zur Netzverstärkung ist nicht trennscharf durchzuführen; sie ist aber auch nicht nötig, da beide Maßnahmen letztlich auf eine Erweiterung der Netzkapazität abzielen.

b) Netzverstärkung. Verstärkung ist die Erweiterung der bestehenden Netzinfrastruktur **33** unterhalb der Schwelle des Ausbaus i. S. eines Neubaus von Netzbestandteilen.[30] Eine Maßnahme zur Netzverstärkung ist beispielsweise die Änderung der Beseilung von Freileitungen etwa durch Umrüstung auf Hochtemperaturleiterseile.[31] Anders als bei der Optimierung wird bei der Verstärkung in die bestehende Substanz des Netzes eingegriffen, um durch den Austausch oder die Ergänzung von Komponenten kapazitätserhöhende Verbesserungen zu erzielen.

c) Netzausbau. Der Begriff des Ausbaus wird in unterschiedlichen Abstufungen verwen- **34** det. Seit der Gesetzgeber sowohl in Abs. 1 S. 1 als auch in § 11 Abs. 1 S. 1 EnWG zwischen Optimierung, Verstärkung und Ausbau unterscheidet, bildet sich ein **enges Verständnis** des Ausbaubegriffs heraus, das nur noch den Neubau von Leitungen und anderen Netzelementen umfasst. Als neuer Obergriff für die Optimierung, die Verstärkung und den Ausbau gewinnt in jüngerer Zeit der Begriff der Netzentwicklung an Bedeutung (vgl. §§ 12a ff. EnWG). Gleichzeitig ist aber auch noch ein **weites Verständnis** des Ausbaubegriffs verbreitet, das seinen Ursprung in der alten Fassung von Abs. 1 S. 1 und § 11 Abs. 1 S. 1 EnWG hat und jegliche Netzerweiterung, also auch Optimierungs- und Verstärkungsmaßnahmen als Ausbau ansieht. Eine exakte Abgrenzung der Begriffe ist entbehrlich, da Abs. 1 S. 1 die Verstärkung, die Optimierung und den Ausbau der Energieversorgungsnetze gleichberechtigt nebeneinander nennt, sodass die Unterscheidung rechtlich folgenlos bleibt.

---

26 *Schneller/Trzeciak*, ET 2008, Heft 12, 89.
27 So auch Frenz/Müggenborg/*Ehricke*, 3. Aufl. 2013, § 9 Rn. 13.
28 § 11 EnWG Rn. 55; s. auch ausführlich § 13 EnWG Rn. 15 ff.
29 BT-Drs. 16/8148, S. 45.
30 Vgl. auch § 11 EnWG Rn. 55.
31 Unpräzise BT-Drs. 16/8148, S. 45, wo insoweit von Optimierung die Rede ist.

35 Abzulehnen ist die Ansicht, dass der **Neubau von Leitungen und anderen Netzelementen** nicht unter den Begriff des Ausbaus subsumiert werden kann („quantitativer Netzausbau").[32] Dafür spricht einerseits die Verwendung derselben Terminologie wie in § 11 Abs. 1 S. 1 EnWG, wo der Neubau von Netzelementen zweifellos und in Rechtsprechung und Literatur unbestritten unter den Begriff des Ausbaus fällt.[33] Für die Erstreckung des Netzerweiterungsanspruchs gemäß Abs. 1 S. 1 auf Neubauprojekte spricht ferner insbesondere das Telos von § 12, die Ansprüche gemäß §§ 8 Abs. 1 S. 1, 11 Abs. 1 S. 1 auf Anschluss, Abnahme, Übertragung und Verteilung abzusichern (s. Rn. 3 ff.). Dahinter steckt die Absicht, möglichst viel Strom aus erneuerbaren Energien und aus Grubengas in das Elektrizitätsversorgungssystem aufzunehmen, um zum Wohle des Umwelt- und Klimaschutzes die **Zwecke gemäß § 1 Abs. 1** zu fördern. Unzureichende Netzkapazitäten sollen der Umstellung der Stromerzeugung auf erneuerbare Energien nicht im Wege stehen. Deshalb sind Netzelemente um- und erforderlichenfalls auch neuzubauen, soweit dies wirtschaftlich zumutbar ist. Eine typologische Beschränkung auf bestimmte Netzerweiterungsmaßnahmen ist § 12 nicht zu entnehmen. Seine Schranke findet der Netzerweiterungsanspruch gemäß Abs. 1 S. 1 nicht in einer bestimmten Kategorie von Maßnahmen, sondern allein in der wirtschaftlichen Unzumutbarkeit gemäß Abs. 3.

36 Der Erstreckung des Ausbaubegriffs auf den Neubau von Leitungen und anderen Netzelementen kann auch nicht entgegen gehalten werden, dass der Gesetzgeber in § 12 nicht das Wort „Neubau" verwendet hat.[34] Das liegt allein darin begründet, dass sich Abs. 1 S. 1 sprachlich auf die Netze in ihrer Gesamtheit bezieht und nicht auf einzelne Leitungen oder sonstige Netzelemente. Die Netze selbst werden aber nicht neugebaut, da sie bereits vorhanden sind und auch nicht vollständig ersetzt werden. Die Netze werden durch den Neubau von Leitungen und anderen Netzelementen ausgebaut. Die soeben angeführten teleologischen Argumente (Rn. 35) sprechen allerdings dafür, dass unter Berufung auf den Netzerweiterungsanspruch gemäß Abs. 1 S. 1 sogar der Neubau von (Teil-)Netzen verlangt werden kann.

37 Auch gibt es keine rechtlich relevanten Anhaltspunkte dafür, dass der Begriff des Ausbaus in § 4 Abs. 2 S. 2 EEG 2004 und § 3 Abs. 1 S. 3 EEG 2000 den Neubau von Leitungen und anderen Netzelementen nicht umfasst hätte.[35] Die jeweiligen Gesetzesbegründungen sagen darüber nichts aus. Unter Berücksichtigung des Telos der genannten Regelungen ist vielmehr davon auszugehen, dass auch früher schon unter Berufung auf den Netzerweiterungsanspruch der Neubau von Netzelementen verlangt werden konnte. Entgegenstehende Rechtsprechung zum früheren Recht gibt es, soweit ersichtlich, nicht. Auch ein **historisches Argument** gegen die Einbeziehung von Neubaumaßnahmen in den Begriff des Ausbaus lässt sich deshalb nicht überzeugend konstruieren.

38 Die **Rechtsprechung** stützt die Ansicht, dass zum Ausbau der Netze gemäß Abs. 1 S. 1 auch der Neubau von Netzelementen gehören kann. So hat der BGH in einer Entscheidung v. 28.11.2007 nicht ausgeschlossen, dass der Bau einer neuen Transformatorstation und einer neuen Leitung als Ausbaumaßnahmen zu qualifizieren seien, wenn er sie auch im kon-

---

32 So aber Frenz/Müggenborg/*Ehricke*, 3. Aufl. 2013, § 9 Rn. 15.

33 Ausführlich § 11 EnWG Rn. 56.

34 So z. B. Frenz/Müggenborg/*Ehricke*, 3. Aufl. 2013, § 9 Rn. 15.

35 So aber Frenz/Müggenborg/*Ehricke*, 3. Aufl. 2013, § 9 Rn. 15.

kreten Fall als Anschlussmaßnahmen eingeordnet hat.[36] In einer Entscheidung v. 18.7.2007 hat der BGH den Bau einer neuen Leitung ausdrücklich unter den Begriff des Ausbaus subsumiert.[37] Allein eine Entscheidung v. 7.2.2007 stützt auf den ersten Blick die Auffassung, dass der Netzausbau gemäß Abs. 1 S. 1 nicht den Neubau von Netzelementen umfasst.[38] Darin führt der Gerichtshof aus, dass sich den Vorschriften über den Netzerweiterungsanspruch nicht entnehmen lasse, dass der dem Netzbetreiber obliegende Ausbau „eine quantitative Erweiterung in Form einer räumlichen Ausdehnung des Netzes umfasst, um dem Anlagenbetreiber den Anschluss der Anlage an das Netz durch Verkürzung der dazwischen liegenden Entfernung zu erleichtern".[39] Bereits der unmittelbar davor geäußerte Hinweis, dass die Errichtung einer Parallelleitung jedoch als Ausbaumaßnahme anzusehen sei,[40] zeigt jedoch, dass der BGH mit dieser Formulierung den Neubau von Netzelementen nicht generell aus dem Begriff des Ausbaus herausnehmen wollte. Vielmehr ging es dem Gerichtshof darum, klarzustellen, dass unter Berufung auf den Netzerweiterungsanspruch nicht verlangt werden kann, dass der Netzbetreiber das Netz in Richtung der anzuschließenden Anlage ausdehnt, damit die vom Anlagenbetreiber zu bezahlende Anschlussleitung nicht so lang sein muss. Leitungen, die in Richtung einer konkreten, anzuschließenden Anlage gebaut werden, sind typischerweise Anschlussleitungen. Das bedeutet jedoch nicht, dass die Errichtung von neuen Leitungen grundsätzlich nicht als Ausbaumaßnahme qualifiziert werden kann. Entscheidend ist, ob Leitungen vor oder hinter dem richtigen Netzverknüpfungspunkt i. S. v. § 8 Abs. 1 S. 1 errichtet werden (Rn. 58 ff.). Die Errichtung von Leitungen hinter dem Netzverknüpfungspunkt ist ohne Weiteres als Netzausbau anzuerkennen. Dasselbe gilt für den sonstigen Neubau von Netzelementen. Die bereits genannten Entscheidungen des BGH v. 28.11.2007 und v. 18.7.2007 bestätigen diese Auffassung.

d) Stand der Technik. Gemäß Abs. 1 S. 1 müssen die Optimierung, die Verstärkung und   **39** der Ausbau „entsprechend dem Stand der Technik" erfolgen. Mit dieser Formulierung wird der Gegenstand des Netzerweiterungsanspruchs weiter konkretisiert. Sie stellt einerseits klar, dass die Einspeisewilligen nicht mehr als eine Anpassung an den Stand der Technik verlangen können, und macht andererseits deutlich, dass ein bereits erfüllter Netzerweiterungsanspruch wieder aufleben kann, wenn sich der Stand der Technik verändert.

In Anlehnung an die Legaldefinition in § 3 Abs. 6 BImSchG und die dazu ergangene   **40** Rechtsprechung kann unter dem Stand der Technik i. S. v. Abs. 1 S. 1 der Entwicklungsstand fortschrittlicher Verfahren, Einrichtungen oder Betriebsweisen verstanden werden, der die **praktische Eignung** einer Maßnahme zur Erweiterung der Netzkapazität **gesichert** erscheinen lässt. Der Begriff des Standes der Technik ist weniger eng als die „anerkannten Regeln der Technik",[41] die z. B. in § 49 Abs. 1 S. 2 EnWG in Bezug genommen werden.[42] Es kommt für die Bestimmung des Standes der Technik nicht darauf an, ob sich bestimmte technische Verfahren und Einrichtungen in der Praxis bereits durchgesetzt und allgemeine

---

36 BGH, ZNER 2008, 53, Rn. 10. Zur Abgrenzung Rn. 54 ff.
37 BGH, ZNER 2007, 318, 322, Rn. 34.
38 BGH, ZNER 2007, 60.
39 BGH, ZNER 2007, 60, 61, Rn. 17.
40 BGH, ZNER 2007, 60, 61, Rn. 17.
41 BVerfGE 49, 89, 135 – Kalkar I; BeckOK-BImSchG/*Schulte*, Stand: April 2012, § 3 Rn. 95; Feldhaus/*Feldhaus*, BImSchG, 166. Erg.-Lfg. Januar 2012, § 3 Rn. 16; *Breuer*, AöR 101 (1976), 46.
42 § 49 EnWG Rn. 18 ff.

Anerkennung gefunden haben.[43] Vielmehr reicht es aus, dass die Eignung zur Erweiterung der Netzkapazität praktisch gesichert erscheint. Ein wichtiges Indiz hierfür kann sein, dass eine Maßnahme bereits **mit Erfolg erprobt** worden ist.[44] Die Bewährung in der Praxis ist indessen nicht zwingende Voraussetzung. Auch Verfahren, deren praktische Eignung aufgrund anderer Umstände soweit gesichert ist, dass ihre Anwendung ohne unzumutbares Risiko möglich erscheint, entsprechen dem Stand der Technik.[45] Vorausgesetzt wird in dieser Hinsicht lediglich, dass es sich um Techniken handelt, die **bereits entwickelt** sind.[46] Dagegen genügt es nicht, dass die Wissenschaft Lösungen für bestimmte Verfahren erforscht hat. Ob sich eine Maßnahme in einem Fachbereich oder unter vergleichbaren Verhältnissen in einer anderen Branche bewährt hat, beurteilt sich nicht ausschließlich nach dem inländischen Entwicklungsstand.[47] Unter dem Aspekt der praktischen Eignung sind auch **im Ausland gewonnene Erfahrungen** zu berücksichtigen.[48]

41 Unter Berufung auf Abs. 1 S. 1 kann nur eine Netzerweiterung entsprechend dem Stand der Technik verlangt werden. Das bedeutet, dass die Einspeisewilligen nicht durchsetzen können, dass der Netzbetreiber in der Wissenschaft diskutierte, aber **noch nicht entwickelte Technologie** einsetzt. Die technische Eignung der anzuwendenden Technologien muss also bereits feststehen. Bei der Beurteilung der technischen Eignung ist auf die Umstände des konkreten Falles abzustellen; unerheblich ist, ob eine bestimmte Technologie generell geeignet ist, wenn feststeht, dass sie an der konkreten Stelle nicht zum Einsatz kommen kann.

42 Nach der **Gesetzesbegründung** gehörten bereits im Frühsommer 2008 nach Auffassung des Gesetzgebers zum Stand der Technik insbesondere:

– die Anwendung der saisonalen Fahrweise auf allen Netzebenen,
– der Einsatz lastflusssteuernder Betriebsmittel,
– der Einsatz von Hochtemperaturleiterseilen bis 150° C und
– die Anwendung des Freileitungs-Monitorings auf der 110 kV-Ebene.[49]

43 Den Stand der Technik bestimmt allerdings nicht der Gesetzgeber, sondern die Praxis. Insofern hat die Aufzählung in der Gesetzesbegründung nur indizielle Bedeutung. Wichtiger ist die anschließende Aussage des Gesetzgebers, dass aufgrund der hohen Dynamik im Bereich der Netzoptimierung mit einer **kurz- und mittelfristigen Fortschreibung** des Standes der Technik zu rechnen ist. Die Bezugnahme auf den Stand der Technik ist ein dynamisches Konzept, dass mit einer laufenden Fortentwicklung des anzulegenden Maßstabes einhergeht. Entscheidend ist stets der Stand der Technik zum Zeitpunkt der Geltendmachung des Netzerweiterungsanspruchs gemäß Abs. 1 S. 1 durch den Einspeisewilligen.

44 Das bedeutet, dass unter Berufung auf Abs. 1 S. 1 die **laufende Weiterentwicklung** des Netzes verlangt werden kann, wenn diese notwendig ist, um Anschluss, Abnahme, Übertragung und Verteilung gemäß §§ 8 Abs. 1 S. 1, 11 Abs. 1 S. 1 sicherzustellen. Die Fort-

---

43 BVerwG, Beschl. v. 4.8.1992, 4 B 150/92, Rn. 4; Jarass/*Jarass*, BImSchG, 9. Aufl. 2012, § 3 Rn. 104.
44 BVerwG, Beschl. v. 4.8.1992, 4 B 150/92, Rn. 4.
45 BVerwG, Beschl. v. 4.8.1992, 4 B 150/92, Rn. 4.
46 BVerwG, Beschl. v. 4.8.1992, 4 B 150/92, Rn. 4.
47 BVerwG, Beschl. v. 4.8.1992, 4 B 150/92, Rn. 4.
48 BVerwG, Beschl. v. 4.8.1992, 4 B 150/92, Rn. 4.
49 BT-Drs. 16/9477, S. 22.

schreibung des Standes der Technik kann dazu führen, dass eine Erweiterung der Netzkapazität, die mangels geeigneter Technologien zunächst nicht verlangt werden konnte, zu einem späteren Zeitpunkt verlangt werden kann, da nun entsprechende Technologien verfügbar sind. Die Fortschreibung des Standes der Technik kann insbesondere auch weitreichende Auswirkungen auf die Frage der **wirtschaftlichen Zumutbarkeit** gemäß Abs. 3 (dazu Rn. 80 ff.) haben. Innovative Technologien sind oft besonders teuer, sodass ihr Einsatz eher wirtschaftlich unzumutbar sein kann als der Einsatz bewährter Technologien. Im Zuge des technischen Fortschritts und mit einer zunehmenden Verbreitung wird aber auch der Einsatz innovativer Technologien in vielen Fällen im Laufe der Zeit günstiger. Ob eine Netzerweiterungsmaßnahme wirtschaftlich zumutbar ist, kann deshalb auch vom Stand der Technik abhängen.

e) Unverzüglich. Gemäß Abs. 1 S. 1 sind die Netzbetreiber verpflichtet, berechtigte Netz-   **45** erweiterungsansprüche **unverzüglich** zu erfüllen. Der Begriff „unverzüglich" ist durch die Legaldefinition in § 121 Abs. 1 BGB („ohne schuldhaftes Zögern") und die Rechtsprechung der Zivilgerichte geprägt.[50] Da nach den Grundsätzen der methodengerechten Gesetzesauslegung eine einheitliche Auslegung der Rechtsordnung geboten ist und außerdem nahe liegt, dass der Gesetzgeber mit der Verwendung des Begriffes „unverzüglich" das tradierte Begriffsverständnis in Bezug nehmen wollte, kann die zivilrechtliche Definition aus § 121 Abs. 1 BGB auf § 12 Abs. 1 S. 1 übertragen werden.[51] Das bedeutet, dass die Netzbetreiber die Netzerweiterung vornehmen müssen, sobald sie ihnen nach den Umständen des konkreten Einzelfalls möglich und zumutbar ist.[52] Das heißt nicht, dass die Netzbetreiber sofort mit den Netzerweiterungsmaßnahmen beginnen müssen.[53] Sie sind aber verpflichtet, nach der Prüfung und Bestätigung des geltend gemachten Netzerweiterungsanspruchs die Umsetzung der notwendigen Maßnahmen so bald wie möglich in die Wege zu leiten. Die Netzbetreiber müssen die gemäß Abs. 1 S. 1 verlangten Netzerweiterungsmaßnahmen also in ihre Netzentwicklungsplanung einstellen und dürfen sie nicht nachrangig behandeln. Es versteht sich aber von selbst, dass die Netzbetreiber bei Netzerweiterungsmaßnahmen i. S. v. Abs. 1 S. 1 **dieselben Planungsschritte** durchführen können müssen wie bei gewöhnlichen Netzerweiterungsmaßnahmen (s. auch § 13 Rn. 14 ff.). Das gilt einerseits für die Prüfung der technischen Realisierbarkeit z. B. mithilfe von Machbarkeits- und Technologiestudien, und andererseits für die Einholung aller notwendigen Genehmigungen und Zustimmungen, ohne welche die Netzerweiterung nicht durchgeführt werden darf. Auch die Finanzierung der Netzerweiterungsmaßnahme kann von dem in Anspruch genommenen Netzbetreiber im Vorfeld der Durchführung zumindest soweit geklärt werden, wie dies für die Beurteilung der wirtschaftlichen Zumutbarkeit gemäß Abs. 3 notwendig ist.

---

50 Vgl. nur BGH, Urt. v. 24.1.2008, NJW 2008, 985, 986: „Unverzüglich im Sinne des § 121 Abs. 1 BGB, also ohne schuldhaftes Zögern, erfolgt eine Rechtshandlung nur, wenn sie innerhalb einer nach den Umständen des Einzelfalles zu bemessenden Prüfungs- und Überlegenszeit vorgenommen wird [...]. Der Schuldner muss sich daher so bald, wie es ihm nach den Umständen möglich und zumutbar ist, erklären. Soweit erforderlich, darf er zuvor den Rat eines Rechtskundigen einholen oder anderweitige Erkundigungen vornehmen."

51 So auch BT-Drs. 15/2864 für den Netzanschluss gemäß § 8 Abs. 1 S. 1 (vormals: § 5 Abs. 1 S. 1 EEG 2009), der ebenfalls unverzüglich vorgenommen werden muss.

52 Vgl. BGH, Urt. v. 24.1.2008, NJW 2008, 985, 986, wörtlich zitiert in Fn. 55.

53 Frenz/Müggenborg/*Ehricke*, 3. Aufl. 2013, § 9 Rn. 22; Altrock/Oschmann/Theobald/*Wustlich*, 4. Aufl. 2013, § 9 Rn. 24 f.

46 Für Netzerweiterungsbegehren, die gemäß § 8 Abs. 1 S. 1, Abs. 4 den Netzanschluss neuer Anlagen ermöglichen sollen, ist allgemein anerkannt, dass der Netzerweiterungsanspruch gemäß Abs. 1 S. 1 erst ab einer bestimmten **Planungsreife** besteht.[54] In der Begründung zum EEG 2009 führte der Gesetzgeber aus, dass der Netzerweiterungsanspruch bei genehmigungspflichtigen Anlagen bereits vor Erteilung der Genehmigung bestehen soll.[55] Nach dem Willen des Gesetzgebers sollen die Fragen, ab wann der Netzerweiterungsanspruch besteht und ab wann deshalb der Netzbetreiber unverzüglich die Netzerweiterung durchführen muss, in Zukunft im Rahmen der Bewertung der wirtschaftlichen Zumutbarkeit beantwortet werden.[56] Bereits zumutbar soll die Durchführung von Netzerweiterungsmaßnahmen sein, wenn die Planung der anzuschließenden Anlage nicht mehr unverbindlich ist, sondern bereits konkretisiert wurde, z. B. indem Aufträge für Detailplanungen vergeben oder Verträge zur Herstellung unterzeichnet wurden.[57]

47 **5. Anspruchsdurchsetzung.** Der Netzerweiterungsanspruch gemäß Abs. 1 S. 1 kann im Wege der **Leistungsklage** vor den Zivilgerichten durchgesetzt werden. Die Erhebung der Klage ist auch schon vor der anschlussfertigen Errichtung einer noch anzuschließenden Anlage als Klage auf eine zukünftige Leistung i. S. v. § 259 ZPO zulässig.[58] Ist der Klageantrag auf „Netzausbau" oder „Netzerweiterung" gerichtet, ist dies so zu verstehen, dass jeweils die Ausführung aller notwendigen Optimierungs-, Verstärkungs- und Neubaumaßnahmen i. S. v. Abs. 1 S. 1 gemeint sind,[59] da sich die genannten Begriffe nicht trennscharf voneinander abgrenzen lassen (s. Rn. 29) und die Entscheidung über die Art und Weise der Netzerweiterung ohnehin allein von dem verantwortlichen Netzbetreiber zu treffen ist (s. Rn. 28).

48 Eine Klage auf Netzerweiterung ist begründet, wenn der Netzerweiterungsanspruch gemäß Abs. 1 S. 1 besteht. Dafür müssen die Voraussetzungen des Anspruchs (Rn. 23 ff.) vorliegen und der Anspruch darf noch nicht, etwa durch Erfüllung gemäß § 362 BGB, erloschen sein. Erfüllung tritt nach den allgemeinen Grundsätzen des Zivilrechts grundsätzlich erst ein, wenn der geschuldete Leistungserfolg erreicht ist.[60] Selbst wenn der Netzbetreiber die notwendigen Schritte zur Erfüllung des Netzerweiterungsanspruchs bereits in die Wege geleitet hat, könnte der Einspeisewillige also stets mit Erfolg auf Netzerweiterung klagen, solange die Netzkapazität noch unzureichend ist. Dies kann zu einer unangemessenen Belastung des Netzbetreibers mit den Prozesskosten führen, wenn dieser das Bestehen des Netzerweiterungsanspruchs nicht i. S. v. § 93 ZPO sofort anerkennt. Das LG Ravensburg versuchte dieses Problem in einem einstweiligen Rechtsschutzverfahren damit zu lösen, dass es ein schuldhaftes Zögern des Netzbetreibers zur Anspruchsvoraussetzung erhob.[61] Dies kann jedoch nicht richtig sein, da ein schuldhaftes Zögern erst in Betracht kommt, wenn der Einspeisewillige die Netzerweiterung bereits verlangt hat, da vorher eine Pflicht zur Netzerweiterung noch gar nicht besteht. Verlangen kann der Einspeisewillige die Netz-

---

54 Frenz/Müggenborg/*Ehricke*, 3. Aufl. 2013, § 9 Rn. 22; *Salje*, EEG, 6. Aufl. 2012, § 9 Rn. 27.
55 BT-Drs. 16/8148, S. 32.
56 BT-Drs. 16/8148, S. 32. Ausführlich Rn. 80 ff.
57 BT-Drs. 16/8148, S. 32.
58 BGH, ZNER 2007, 318.
59 BT-Drs. 16/8148, S. 45; Altrock/Oschmann/Theobald/*Wustlich*, 4. Aufl. 2013, § 9 Rn. 48; *Salje*, EEG, 6. Aufl. 2012, § 9 Rn. 14; Frenz/Müggenborg/*Ehricke*, 3. Aufl. 2013, § 9 Rn. 10 ff.
60 MünchKommBGB/*Fetzer*, 6. Aufl. 2012, § 362 Rn. 2.
61 LG Ravensburg, REE 2011, 221.

erweiterung aber erst, wenn die Anspruchsvoraussetzungen vorliegen. Wäre das schuldhafte Zögern also eine Anspruchsvoraussetzung, könnten die Voraussetzungen des Netzerweiterungsanspruchs niemals vorliegen. Überzeugender ist es, im Falle von rechtzeitigen und hinreichenden Maßnahmen des Netzbetreibers von einer teilweisen Erfüllung des Netzerweiterungsanspruchs auszugehen. Die Netzerweiterung ist eine Leistungshandlung von Dauer,[62] bei welcher der Netzbetreiber als Schuldner über einen längeren Zeitraum kontinuierlich Tätigkeiten erbringen muss. Wie bei Dauerschuldverhältnissen ist hier davon auszugehen, dass der Schuldner die Schuld in mehreren Schritten erfüllt.[63] Hat der Netzbetreiber also alles unternommen, was er zum maßgeblichen Zeitpunkt ohne schuldhaftes Zögern unternehmen musste, ist anzunehmen, dass er den Netzerweiterungsanspruch insoweit bereits erfüllt hat. Im Übrigen ist der Anspruch noch nicht fällig. Verklagt der Anlagenbetreiber den Netzbetreiber dennoch gemäß Abs. 1 S. 1 auf Netzerweiterung, ist die Klage als unbegründet abzuweisen.

Gemäß § 83 Abs. 1 kann das für die Hauptsache zuständige Gericht auf Antrag des Anlagenbetreibers bereits vor Errichtung der Anlage unter Berücksichtigung der Umstände des Einzelfalles durch einstweilige Verfügung unter anderem regeln, dass der Schuldner des Netzerweiterungsanspruchs gemäß Abs. 1 sein Netz unverzüglich optimieren, verstärken oder ausbauen muss. Die einstweilige Verfügung kann gemäß § 83 Abs. 2 erlassen werden, auch wenn die in §§ 935, 940 ZPO bezeichneten Voraussetzungen nicht vorliegen. §§ 935, 940 ZPO betreffen die Darlegung des Verfügungsgrundes und die Vorwegnahme der Hauptsache. Mit den prozessualen Erleichterungen gemäß § 83 soll sichergestellt werden, dass Anlagenbetreiber ihre Rechte durchsetzen können, ohne sich auf einen unter Umständen existenzgefährdenden Hauptsacheprozess einlassen zu müssen.[64] Damit will der Gesetzgeber verhindern, dass Anlagenbetreiber wegen hoher prozessualer Hürden von der Umsetzung von Vorhaben zur Erzeugung von Strom aus erneuerbaren Energien ganz oder teilweise Abstand nehmen.[65]   **49**

Der Verzicht auf die Darlegung des **Verfügungsgrundes** i. S. v. § 935 ZPO gemäß § 83 Abs. 2 bedeutet, dass der Antragsteller anders als sonst im einstweiligen Rechtsschutz nicht die Eilbedürftigkeit seines Anliegens vorzutragen braucht. Er muss also nicht darlegen, dass die Verwirklichung seiner Rechte vereitelt oder wesentlich erschwert werden könnte, oder dass die einstweilige Verfügung zur Abwendung wesentlicher Nachteile, zur Verhinderung einer drohenden Gefahr oder aus anderen Gründen nötig erscheint.[66] Vielmehr wird für den Netzerweiterungsanspruch gemäß Abs. 1 und die anderen zentralen Ansprüche des EEG kraft gesetzlicher Anordnung von einer Eilbedürftigkeit ausgegangen. Damit wird die prozessuale Durchsetzung der in § 83 Abs. 1 genannten Ansprüche wesentlich erleichtert.   **50**

Die Gestattung der **Vorwegnahme der Hauptsache** i. S. v. § 940 ZPO gemäß § 83 Abs. 2 erlaubt anders als im Zivilprozess sonst vorgesehen eine verbindliche und vorgreifliche Entscheidung im einstweiligen Rechtschutzverfahren. Stellt sich allerdings im Haupt-   **51**

---

62 Zum Begriff *Gernhuber*, Die Erfüllung und ihre Surrogate, 1994, S. 59.
63 *Gernhuber*, Die Erfüllung und ihre Surrogate, 1994, S. 59.
64 LG Braunschweig, Urt. v. 31.3.2009, 8 O 117/09, zitiert nach Altrock/Oschmann/Theobald/*Lehnert*, 4. Aufl. 2013, § 59 Rn. 3 Fn. 5.
65 BT-Drs. 16/8148, S. 74; LG Ravensburg, REE 2011, 221, 223; Frenz/Müggenborg/*Tüngler*, 3. Aufl. 2013, § 59 Rn. 4.
66 BT-Drs. 16/8148, S. 74.

sacheverfahren heraus, dass der Anspruch des Antragstellers unbegründet war, hat der Netzbetreiber einen verschuldensunabhängigen Anspruch gegen den Antragsteller auf Ersatz des durch die einstweilige Verfügung entstandenen Schadens (vgl. § 945 ZPO).[67]

52   Nachweisen muss der Antragsteller im einstweiligen Rechtsschutzverfahren danach nur den **Verfügungsanspruch**, also das Vorliegen der Voraussetzungen des Netzerweiterungsanspruchs. Voraussetzungen des Netzerweiterungsanspruchs sind gemäß Abs. 1 S. 1 die Erforderlichkeit der Netzerweiterung und ein entsprechendes Verlangen des Einspeisewilligen. Ein schuldhaftes Zögern des Netzbetreibers gehört entgegen der Auffassung des LG Ravensburg[68] nicht zu den Voraussetzungen des Netzerweiterungsanspruchs, da die in Abs. 1 S. 1 angesprochene Unverzüglichkeit nicht den Tatbestand, sondern die Rechtsfolge des Netzerweiterungsanspruchs näher beschreibt (vgl. schon Rn. 48).

53   Als Antragsberechtigten nennt § 83 Abs. 1 den Anlagenbetreiber; es ist jedoch unter teleologischen Gesichtspunkten davon auszugehen, dass zumindest in Hinblick auf den Netzerweiterungsanspruch gemäß § 12 Abs. 1 jeder Einspeisewillige antragsberechtigt ist, auch wenn es sich bei ihm (noch) nicht um einen Anlagenbetreiber handelt. Andernfalls wären die Anspruchsberechtigung gemäß Abs. 1 S. 1 und die Antragsberechtigung gemäß § 83 Abs. 1 ohne ersichtlichen Grund nicht miteinander deckungsgleich.

III. Abgrenzung Netzerweiterung/Netzanschluss (Abs. 2)

54   Die Pflicht zur Netzerweiterung gemäß Abs. 1 erstreckt sich gemäß Abs. 2 auf sämtliche für den Betrieb des Netzes notwendigen technischen Einrichtungen sowie die im Eigentum des Netzbetreibers stehenden oder in sein Eigentum übergehenden Anschlussanlagen. Die Vorschrift ist nahezu identisch mit § 4 Abs. 2 S. 4 EEG 2004.[69]

55   **1. Hintergrund.** Zweck des irreführend formulierten Abs. 2 ist es nach der Gesetzesbegründung, die Abgrenzung von Netzerweiterung und Netzanschluss zu erleichtern.[70] Der Gesetzgeber wollte mit Abs. 2 offenbar den Begriff der Netzerweiterung soweit **konkretisieren**, dass dieser gegenüber dem Begriff des Netzanschlusses ein eigenes Profil gewinnt. Bei genauerer Betrachtung wäre es jedoch einfacher gewesen, den Netzanschluss in § 8 präziser zu definieren und ihn anschließend negativ von der Netzerweiterung abzugrenzen, da „Netzanschluss" der deutlich engere Begriff ist. In seiner gegenwärtigen Ausgestaltung trägt Abs. 2 wenig zur Lösung des Abgrenzungsproblems bei, da er wesentliche Punkte nicht anspricht (z. B. die Bedeutung des günstigsten Netzverknüpfungspunktes) und an den für die Abgrenzung entscheidenden Rändern des Netzerweiterungsbegriffs unscharf bleibt.

56   Die Unterscheidung zwischen der Netzerweiterung gemäß Abs. 1 S. 1 und dem Netzanschluss gemäß § 8 Abs. 1 S. 1 ist von großer praktischer Bedeutung, da die **Kosten der Netzerweiterung** gemäß § 17 der Netzbetreiber trägt,[71] während die **Kosten des Netzanschlusses** gemäß § 16 Abs. 1 dem Anlagenbetreiber zugewiesen sind.[72] Sowohl die Netz-

---

67 Altrock/Oschmann/Theobald/*Lehnert*, 4. Aufl. 2013, § 59 Rn. 29.
68 LG Ravensburg, REE 2011, 221.
69 Dazu BT-Drs. 15/2327, S. 25.
70 BT-Drs. 16/8148, S. 32.
71 Vgl. § 17 Rn. 8 ff.
72 Vgl. § 16 Rn. 9 ff.

betreiber als auch die Anlagenbetreiber haben ein Interesse daran, die Kosten eindeutig und möglichst zu ihren Gunsten aufzuteilen. Von den Netzbetreibern zu tragende Kosten können gemäß §§ 3 ff. StromNEV i.V.m. der Anreizregulierungsverordnung (ARegV) auf die Allgemeinheit der Netznutzer umgelegt werden, soweit sie aus einem effizienten Netzbetrieb resultieren.

2. Definition des Netzanschlusses. Aus § 8 Abs. 1 S. 1 ergibt sich, dass unter einem Netzanschluss die Herstellung einer elektrotechnischen Verbindung zwischen einer Anlage und einem Elektrizitätsversorgungsnetz am Ort des für die konkrete Anlage richtigen Netzverknüpfungspunktes zu verstehen ist.[73] Die Ausführung des Netzanschlusses übernimmt in der Regel der Netzbetreiber, an dessen Netz die Anlage angeschlossen werden muss. Gemäß § 10 Abs. 1 S. 1 darf der Anlagenbetreiber den Netzanschluss aber auch von einem fachkundigen Dritten vornehmen lassen. Ferner ist davon auszugehen, dass der Anlagenbetreiber den Netzanschluss auch selbst ausführen darf, wenn er fachkundig ist.[74] Fachkundig ist, wer aufgrund seiner beruflichen Ausbildung oder praktischen Erfahrung die notwendigen Fachkenntnisse und Fähigkeiten besitzt, um den Netzanschluss auszuführen.[75]

3. Abgrenzung nach der Lage des Netzverknüpfungspunktes. Der Netzanschluss, also die Herstellung einer elektrotechnischen Verbindung zwischen Anlage und Elektrizitätsversorgungsnetz hat gemäß § 8 Abs. 1 S. 1 am günstigsten Netzverknüpfungspunkt zu erfolgen (vgl. § 8 Rn. 27 ff.). Es liegt deshalb nahe, für die Abgrenzung von Netzerweiterung und Netzanschluss auf die **Lage des Netzverknüpfungspunktes** abzustellen. Der BGH hat diesen Ansatz bereits im mehreren Entscheidungen verfolgt.[76] Die Errichtung oder Verstärkung von technischen Einrichtungen zwischen der Anlage und dem Netzverknüpfungspunkt sowie alle anderen Maßnahmen, die sich *vor* dem Netzverknüpfungspunkt auswirken, sind nach dieser Sichtweise Maßnahmen des Netzanschlusses, deren Kosten gemäß § 16 von den Anlagenbetreibern getragen werden. Netzerweiterungsmaßnahmen, deren Kosten die Netzbetreiber gemäß § 17 selbst tragen, beziehen sich hingegen auf technische Einrichtungen, die von der Anlage aus gesehen *hinter* dem Netzverknüpfungspunkt liegen.

Nach der überzeugenden Auffassung des BGH kommt es für die Bestimmung des günstigsten Netzverknüpfungspunktes nicht allein auf die räumlichen Gegebenheiten (z. B. Entfernung zur Anlage) an; entscheidend ist vielmehr, bei welchem der theoretisch möglichen Anschlüsse die **geringsten Gesamtkosten** für die Herstellung des Anschlusses und für die Durchführung der Stromeinspeisung zu erwarten sind.[77] Es ist also ein Kostenvergleich durchzuführen, bei dem, losgelöst von der jeweiligen Kostentragungspflicht, die Gesamtkosten miteinander zu vergleichen sind, die bei verschiedenen in Betracht kommenden

57

58

59

---

73 Vgl. § 8 Rn. 16.
74 Siehe nur Clearingstelle EEG, Empfehlung v. 29.12.2009, 2008/20, Rn. 124 ff.; Altrock/Oschmann/Theobald/*Altrock/Sösemann*, 3. Aufl. 2011, § 7 Rn. 6; a.A. *Rauch*, ZNER 2009, 19, 21.
75 Vgl. § 7 Rn. 13; Altrock/Oschmann/Theobald/*Altrock/Sösemann*, 3. Aufl. 2011, § 7 Rn. 5.
76 BGH, ZNER 2008, 370; BGH, ZNER 2008, 53 f.
77 BGH, ZNER 2008, 53, 54. Ausführlich zur Bestimmung des richtigen Netzverknüpfungspunkts § 8 Rn. 23 ff.

Netzverknüpfungspunkten für den Anschluss der betreffenden Anlage sowie für einen eventuell erforderlichen Netzausbau anfallen.[78]

60 Im Ergebnis nichts anderes als eine Abgrenzung nach der Lage des günstigsten Netzverknüpfungspunktes ist in der Regel die teilweise anzutreffende Unterscheidung zwischen netzinternen und netzexternen Maßnahmen. Nach der Gesetzesbegründung zum EEG 2009 soll eine Netzerweiterungsmaßnahme jedenfalls dann vorliegen, wenn es sich um eine **netzinterne Maßnahme** handelt.[79] Auch der BGH hatte zuvor schon von netzinternen Maßnahmen gesprochen.[80] Der Begriff der netzinternen Maßnahme ist nirgends definiert; ihm liegt aber offensichtlich das Verständnis zugrunde, dass es eine Sphäre „innerhalb des Netzes" und eine Sphäre „außerhalb des Netzes" gibt. Maßnahmen, die sich innerhalb des Netzes auswirken, sind nach der Vorstellung des Gesetzgebers stets als Netzerweiterungsmaßnahmen anzusehen, während Maßnahmen, die sich außerhalb des Netzes auswirken, Netzanschlussmaßnahmen sein können, aber nicht müssen.[81] Das „Netz" ist gemäß § 5 Nr. 26 „die Gesamtheit der miteinander verbundenen technischen Einrichtungen zur Abnahme, Übertragung und Verteilung von Elektrizität für die allgemeine Versorgung".[82] Anschlussleitungen und andere technische Einrichtungen, mit denen Strom von der Anlage bis zum Netzverknüpfungspunkt transportiert wird, gehören danach grundsätzlich nicht zum Netz i. S. v. § 5 Nr. 26, da sie in der Regel nicht der allgemeinen Versorgung dienen.[83] Außerdem ist als Erfüllungsort der Abnahmepflicht gemäß § 11 Abs. 1 S. 1 der Netzverknüpfungspunkt anerkannt,[84] sodass technische Einrichtungen vor dem Netzverknüpfungspunkt regelmäßig auch noch nicht der Abnahme, Übertragung oder Verteilung von Elektri-

---

78 BGH, ZNER 2008, 370, 371; BGH, ZNER 2008, 53, 54; nach Auffassung des OLG Hamm und des OLG Düsseldorf soll der gesamtwirtschaftliche Kostenvergleich nur in Bezug auf Netzverknüpfungspunkte in anderen Netzen durchgeführt werden, s. dazu OLG Hamm, ZNER 2011, 327 m. Anm. *Schäfermeier*; OLG Düsseldorf, ZNER 2012, 84 f.; a. A. auch zur neuen Rechtslage BGH, Urt. v. 10.10.2012, RdE 2013, 75 = BGHZ 195, 73, sowie schon zuvor Clearingstelle EEG, Empfehlung v. 29.9.2011, 2011/1. Ausführlich zu dieser Problematik *Thomas*, ZNER 2013, 348 ff.; *Geiger*, ZNER 2013, 245 ff.; *Fischer/Neusüß*, ZNER 2012, 53; *Valentin*, REE 2012, 223 f.; *ders.*, ET 2009, Heft 8, 68, 69 und § 8 Rn. 9, 28.

79 Als Beispiel für eine netzinterne Maßnahme nennt der Gesetzgeber den Neubau einer Leitung, die selbst nicht unmittelbar mit der anzuschließenden Anlage verbunden wird, s. BT-Drs. 16/8148, S. 45.

80 BGH, ZNER 2007, 318, 322, Tz. 34.

81 Dazu noch unten, Rn. 61 ff.

82 Zur Bestimmung der Reichweite des Netzes können auch die Eigentumsverhältnisse herangezogen werden, s. nur BGH, ZNER 2007, 169, 170, Tz. 16: „Das Eigentum des Netzbetreibers an einer technischen Einrichtung zur Übertragung oder Verteilung von Elektrizität ist ein deutliches Indiz dafür, dass die Einrichtung Bestandteil seines Netzes ist [...]. Es sichert dem Netzbetreiber die alleinige Verfügungsgewalt und damit die beliebige Verwendbarkeit der betreffenden Einrichtung zur Übertragung oder Verteilung von Elektrizität für die allgemeine Versorgung [...]."; außerdem OLG Nürnberg, ZNER 2002, 225, 226; OLG Karlsruhe, RdE 2005, 277, 278; *Salje*, EEG, 6. Aufl. 2012, § 9 Rn. 24 ff.; Altrock/Oschmann/Theobald/*Wustlich*, 4. Aufl. 2013, § 9 Rn. 31.

83 So auch Reshöft/*Reshöft*, 3. Aufl. 2009, § 3 Rn. 68. Vgl. zum Begriff der allgemeinen Versorgung § 3 Nr. 17, 18 Abs. 1 S. 1, 46 Abs. 2 S. 1 EnWG. Etwas anderes kann dann gelten, wenn eine Anschlussleitung vorrangig der Versorgung von Letztverbrauchern dient, etwa weil es sich um eine gewöhnliche Hausanschlussleitung handelt, die nur nebenbei auch dem Anschluss z. B. einer Photovoltaikanlage dient, s. unten, Rn. 77.

84 Altrock/Oschmann/Theobald/*Altrock*, 4. Aufl. 2013, § 8 Rn. 15; Reshöft/*Bönning*, 3. Aufl. 2009, § 8 Rn. 10.

zität dienen, wie § 5 Nr. 26 dies weiter verlangt. Das Netz i.S.v. § 5 Nr. 26 beginnt also grundsätzlich erst am Netzverknüpfungspunkt der Anschlussleitung; die technischen Einrichtungen, die sich von der Anlage aus gesehen vor dem Netzverknüpfungspunkt befinden, sind hingegen grundsätzlich noch nicht als Bestandteile des Netzes zu qualifizieren. Die Kategorisierung von Netzerweiterungsmaßnahmen und Netzanschlussmaßnahmen als netzinterne und netzexterne Maßnahmen bedeutet deshalb in der Regel keinen Vorteil gegenüber der Abgrenzung nach der Lage des günstigsten Netzverknüpfungspunktes.

4. Ausweitung des Netzerweiterungsbegriffes. Das unmittelbar aus § 8 Abs. 1 S. 1 fol-   **61** gende Konzept der Abgrenzung von Netzerweiterungs- und Netzanschlussmaßnahmen anhand der Lage des günstigsten Netzverknüpfungspunktes wird durch Abs. 2 teilweise zunichte gemacht. Danach erstreckt sich die Netzerweiterungspflicht (und nicht die Netzanschlusspflicht) „jedenfalls" auf „sämtliche für den Betrieb des Netzes notwendigen technischen Einrichtungen sowie die im Eigentum des Netzbetreibers stehenden oder in sein Eigentum übergehenden Anschlussanlagen". Das bedeutet, dass kraft gesetzlicher Anordnung zur Netzerweiterung auch Maßnahmen zählen, die bei Abgrenzung mithilfe des günstigsten Netzverknüpfungspunktes eigentlich als Netzanschlussmaßnahmen anzusehen wären. Dem Gesetzgeber kam es bei der Formulierung von Abs. 2 offenbar weniger darauf an, die Abgrenzung zwischen Netzerweiterungs- und Netzanschlussmaßnahmen zu erleichtern,[85] als darauf, den Netzerweiterungsbegriff auszuweiten, um den Netzbetreibern und damit der Allgemeinheit einen größeren Teil der Netzkosten zuzuweisen und die Anlagenbetreiber unter Beachtung der Zwecke gemäß § 1 Abs. 1 von hohen Anschlusskosten zu verschonen. Die Abgrenzung von Netzerweiterungs- und Netzanschlussmaßnahmen ist durch Abs. 2 entgegen der behaupteten gesetzgeberischen Absicht im Ergebnis eher schwieriger geworden.[86]

a) Betriebsnotwendigkeit. Zur Netzerweiterung zählen gemäß Abs. 2, 1. Fall zunächst   **62** alle Maßnahmen, die sich auf die für den Betrieb des Netzes notwendigen technischen Einrichtungen beziehen, und zwar unabhängig davon, ob sich diese Einrichtungen vor oder hinter dem Netzverknüpfungspunkt befinden. Der Begriff der **technischen Einrichtung** ist nach dem erklärten Willen des Gesetzgebers und wegen seiner sprachlichen Unschärfe weit zu verstehen und soll z.B. auch ein ggf. notwendiges Schaltgebäude umfassen.[87] Eine technische Einrichtung ist nach der Gesetzesbegründung dann für den Betrieb eines Netzes **notwendig**, wenn sie für die Funktionsfähigkeit des Netzes unentbehrlich ist.[88] Dies soll zumindest immer dann der Fall sein, wenn der störungsfreie Betrieb des Netzes von der Funktionsfähigkeit des neu eingefügten Bestandteils abhängt und ohne dieses nicht mehr gewährleistet ist oder wenn der störungsfreie Betrieb bei Entfernung des neuen Bestandteils nur durch eine technische Veränderung des Netzes wiederhergestellt werden kann.[89]

Maßgeblicher Bezugspunkt für die Beurteilung der Betriebsnotwendigkeit gemäß Abs. 2,   **63** 1. Fall ist **das Netz**, also gemäß § 5 Nr. 26 die Gesamtheit der miteinander verbundenen technischen Einrichtungen zur Abnahme, Übertragung und Verteilung von Elektrizität für die allgemeine Versorgung. Abs. 2, 1. Fall soll sicherstellen, dass alle Maßnahmen, die –

---

85 So aber BT-Drs. 16/8148, S. 45, skeptisch auch *Reshöft/Sellmann*, ET 2009, Heft 1/2, 139, 142.

86 So wohl auch *Reshöft/Sellmann*, ET 2009, Heft 1/2, 139, 142.

87 BT-Drs. 16/8148, S. 45; BT-Drs. 15/2327, S. 25.

88 BT-Drs. 16/8148, S. 45; BT-Drs. 15/2327, S. 25.

89 BT-Drs. 16/8148, S. 45; BT-Drs. 15/2327, S. 25.

unabhängig von dem Ort ihrer Durchführung – dem gesamten Netz zugutekommen, als Netzerweiterungsmaßnahmen anzusehen und somit gemäß § 17 von den Netzbetreibern zu bezahlen sind. Die Kosten von Maßnahmen, die allein für den Netzanschluss notwendig sind und für das Netz als solches keine maßgebliche Bedeutung haben, sollen gemäß § 16 Abs. 1 von den Anlagenbetreibern getragen werden. Entscheidend ist also, ob eine bestimmte technische Einrichtung von ihrer Funktion her dem gesamten Netz dient oder lediglich der Anschlussleitung.

64 Nach der Rechtsprechung des BGH ist das Eigentum des Netzbetreibers an einer technischen Einrichtung zur Übertragung oder Verteilung von Elektrizität ein deutliches Indiz dafür, dass die Einrichtung **Bestandteil seines Netzes** ist, da das Eigentum dem Netzbetreiber die alleinige Verfügungsgewalt und damit die beliebige Verwendbarkeit der betreffenden Einrichtung zur Übertragung oder Verteilung von Elektrizität für die allgemeine Versorgung sichert.[90] Steht eine technische Einrichtung hingegen nicht im Eigentum des Netzbetreibers, dient sie aber dennoch dem Netzbetreiber zur allgemeinen Versorgung, muss die Bestimmung der Reichweite seines Netzes aufgrund einer funktionalen Betrachtungsweise erfolgen.[91] Maßgeblich ist dabei, ob die fragliche technische Einrichtung selbst der allgemeinen Versorgung dient.[92] Denn neben dem Netz für die allgemeine Versorgung kann es, wie sich aus § 11 Abs. 2 ergibt, Kundenanlagen und Arealnetze geben, die zwar der Weiterleitung von Strom aus einem Netz für die allgemeine Versorgung zum Letztverbraucher dienen, dadurch aber nicht selbst Teil des Netzes für die allgemeine Versorgung werden.[93]

65 **b) Eigentumsverhältnisse.** Zur Netzerweiterung zählen gemäß Abs. 2, 2. Fall außerdem alle Maßnahmen, die sich auf die im Eigentum des Netzbetreibers stehenden oder in sein Eigentum übergehenden Anschlussanlagen beziehen. Die Abgrenzung anhand der Eigentumsverhältnisse an den Bestandteilen der Anschlussanlage soll nach dem Willen des Gesetzgebers sicherstellen, dass die Kosten auf das erforderliche Maß begrenzt und klare Zuständigkeiten geschaffen werden.[94] Insbesondere soll verhindert werden, dass die Netzbetreiber das Eigentum an Anschlussanlagen beanspruchen, obwohl die Anlagenbetreiber die Kosten der Beschaffung und Errichtung der Anschlussanlagen tragen. Nach dem Willen des Gesetzgebers soll es **keine Aufspaltung** von finanziellem Aufwand und Vermögenszuwachs geben.[95] Bei einem Eigentumserwerb durch den Netzbetreiber ist deshalb grundsätzlich *immer* von einer Netzerweiterungsmaßnahme auszugehen,[96] auch wenn der BGH dies in mehreren Entscheidungen ausdrücklich offen gelassen hat.[97] Abs. 2, 2. Fall gilt dabei nicht nur für bereits bestehendes Eigentum der Netzbetreiber, sondern stellt klar, dass auch erst noch zu schaffende Anlagenteile als Netzbestandteile zu betrachten sind,

---

90 BGH, ZNER 2007, 169, 170, Tz. 16; ebenso OLG Karlsruhe, REE 2012, 45, 46.

91 BGH, ZNER 2007, 169, 170, Tz. 21; ebenso OLG Karlsruhe, REE 2012, 45, 46.

92 OLG Karlsruhe, REE 2012, 45, 46. Zum Begriff des Netzes und zum Begriff der allgemeinen Versorgung bereits oben, Rn. 60 sowie Fn. 88.

93 BGH, ZNER 2007, 169, 171, Tz. 23; ebenso OLG Karlsruhe, REE 2012, 45, 46.

94 BT-Drs. 16/8148, S. 45; BT-Drs. 15/2327, S. 25.

95 BT-Drs. 16/8148, S. 45; BT-Drs. 15/2327, S. 25.

96 Offen lassend Altrock/Oschmann/Theobald/*Wustlich*, 4. Aufl. 2013, § 9 Rn. 31; wohl auch *Altrock*, Anmerkung zu OLG Nürnberg, Urt. v. 12.12.2006, Az. 3 U 1426/06, IR 2007, 66.

97 BGH, RdE 2008, 178 = ZNER 2008, 53, Tz. 18; BGH, RdE 2008, 18 = ZNER 2007, 318, Tz. 34; BGH, RdE 2007, 310 = ZNER 2007, 169; BGH, RdE 2007, 267 = ZNER 2007, 59.

wenn ein Netzbetreiber das Eigentum daran erlangt. Gleichgültig ist, ob sich der Eigentumserwerb des Netzbetreibers auf gesetzlicher oder vertraglicher Grundlage vollzieht.[98]

Nur in ganz **atypischen Fällen** kann bei der Abgrenzung von Netzerweiterung und Netzanschluss über die Eigentumsverhältnisse hinweggegangen werden. So hatte der BGH beispielsweise einen Fall zu beurteilen, in dem der Netzbetreiber die Anschlussleitung für einen Anlagenbetreiber errichtete, der dann die Übernahme des Eigentums an der Leitung verweigerte.[99] Hierzu vertrat der BGH die Ansicht, dass dem Eigentum des Netzbetreibers an einer neu verlegten Anschlussleitung jedenfalls dann keine maßgebliche Bedeutung für die Abgrenzung von Netzanschluss und Netzerweiterung zukomme, wenn der Netzbetreiber das Eigentum nicht beansprucht habe, sondern ihm dieses „ungewollt zugefallen" sei.[100] Im Ergebnis muss dies schon deshalb richtig sein, weil der Anlagenbetreiber andernfalls die Kostentragung gemäß § 16 Abs. 1 stets umgehen könnte, indem er erst die Ausführung des Netzanschlusses durch den Netzbetreiber verlangt und anschließend die Übernahme des Eigentums an den Anschlussanlagen verweigert. Möglicherweise war die Verweigerung der Eigentumsübernahme im konkreten Fall sogar vertrags- oder treuwidrig, sodass der Netzbetreiber die Eigentumsübertragung an den Anlagenbetreiber hätte gerichtlich durchsetzen können. Jedenfalls ändert dieser atypische Einzelfall nichts an der in Abs. 2, 2. Fall aufgestellten Regel, dass Maßnahmen, die sich auf die im Eigentum des Netzbetreibers stehenden oder in sein Eigentum übergehenden Anschlussanlagen beziehen, grundsätzlich immer als Netzerweiterungsmaßnahmen anzusehen sind. 66

5. Einzelfälle. Die Anwendung der Kriterien für die Abgrenzung von Netzanschluss- und Netzerweiterungsmaßnahmen ist in ihren Einzelheiten umstritten. Trotz vielfältiger Bemühungen in Rechtsprechung und Literatur bildet sich nur allmählich ein einheitliches Verständnis heraus. 67

a) Stromleitungen. Am einfachsten ist noch die Einordnung der Errichtung neuer Stromleitungen als Netzanschluss- oder Netzerweiterungsmaßnahmen. Neue Stromleitungen, die als Erdkabel oder Freileitung zwischen der anzuschließenden Anlage und dem günstigsten **Netzverknüpfungspunkt** i. S. v. § 8 Abs. 1 S. 1 verlegt werden, dienen grundsätzlich dem Netzanschluss, sodass ihre Kosten gemäß § 16 Abs. 1 von dem Anlagenbetreiber zu tragen sind. Etwas anderes gilt nur dann, wenn die Anschlussleitung in das **Eigentum** des Netzbetreibers übergeht oder eine wesentliche Funktion für das gesamte Netz erfüllt (s. Rn. 61 ff.). Der Neubau von Leitungen von der Anlage aus gesehen hinter dem Netzverknüpfungspunkt ist hingegen als Netzerweiterungsmaßnahme anzusehen, deren Kosten gemäß § 17 vom Netzbetreiber zu tragen sind. 68

Auch für die Optimierung und Verstärkung bestehender Stromleitungen kann grundsätzlich nichts anderes gelten. Soweit die Leitungen zwischen der anzuschließenden Anlage und dem Netzverknüpfungspunkt liegen, muss der Netzbetreiber die Kosten solcher Maßnahmen nur tragen, wenn die Leitungen in seinem Eigentum stehen oder für den Betrieb seines Netzes notwendig sind. Liegen diese Voraussetzungen nicht vor, muss der Netzbetreiber die Kosten für die Verstärkung des Netzanschlusses auch dann nicht tragen, wenn er den ursprünglichen Netzanschluss auf eigene Kosten hergestellt hat. Eine Kostentragungs- 69

---

98 BT-Drs. 16/8148, S. 45.
99 BGH, ZNER 2008, 370.
100 BGH, ZNER 2008, 370, 371.

pflicht des Netzbetreibers kommt bei Anschlussleitungen außer in den genannten Gründen nicht in Betracht.

70 Auch die in der Regel nur wenige Meter lange **Verbindung zwischen einer Übergabestation des Anlagenbetreibers und dem Netzverknüpfungspunkt** ist Teil der Anschlussleitung. Die Verbindungsleitung befindet sich aus Sicht der Anlage vor dem Netzverknüpfungspunkt i. S. v. § 8 Abs. 1 S. 1, sodass ihre Errichtung oder Verstärkung nach den allgemeinen Abgrenzungskriterien (s. Rn. 58 ff.) grundsätzlich als Maßnahme des Netzanschlusses einzuordnen ist.[101] Etwas anderes gilt wegen Abs. 2, 2. Fall, wenn der Netzbetreiber das Eigentum an der Verbindungsleitung übernimmt.[102] Wenn der jeweils verantwortliche Netzbetreiber das Eigentum nicht übernehmen will, wogegen aus Rechtsgründen nichts einzuwenden ist, bleibt es dabei, dass es sich bei der Verbindungsleitung um eine technische Einrichtung zur Herstellung des Netzanschlusses handelt, die auf Kosten des Anlagenbetreibers zu errichten oder zu verstärken ist. Eine Verbindungsleitung zwischen einer Übergabestation und dem Netzverknüpfungspunkt ist in der Regel keine betriebsnotwendige Einrichtung i. S. v. Abs. 2, 1. Fall (s. Rn. 62 ff.), da sie zwar für den Anschluss der Anlage unentbehrlich ist, nicht aber für den Betrieb des Netzes in seiner Gesamtheit.[103]

71 Die Grundsätze für Stromleitungen gelten auch für unterstützende technische Einrichtungen wie etwa **Freileitungsmasten**. Soweit diese bereits zum Netz gehören oder im Eigentum des Netzbetreibers stehen, muss der Netzbetreiber gemäß § 17 auch die Kosten für eine etwaige Verstärkung tragen. Sind Freileitungsmasten dagegen nach den genannten Kriterien der Anschlussleitung zuzurechnen, muss der Anlagenbetreiber die Kosten für notwendige Verstärkungsmaßnahmen gemäß § 16 Abs. 1 selbst tragen.

72 **b) Umspannanlagen.** Umspannanlagen, die auch als Transformatorenstationen oder kurz als Trafo-Stationen bezeichnet werden, dienen der Verbindung unterschiedlicher Spannungsebenen. In Umspannanlagen kann Strom mithilfe von Transformatoren von niedrigen auf hohe und von hohen auf niedrige Spannungsstufen umgewandelt werden. Ist die Errichtung einer neuen Umspannanlage erforderlich, weil das Netz am günstigsten Netzverknüpfungspunkt mit einer anderen Spannung betrieben wird als die Anschlussleitung, handelt es sich hierbei grundsätzlich um eine Maßnahme des Netzanschlusses.[104] Etwas anderes gilt, wie stets, gemäß Abs. 2, 2. Fall, wenn der Netzbetreiber das Eigentum an der Umspannanlage übernimmt. Wenn die Anlage an ein bereits bestehendes Umspannwerk angeschlossen werden soll und den Strom bereits auf einer geeigneten Spannungsstufe liefert, ist eine etwaige Verstärkung des Umspannwerks hingegen nicht als Netzanschlussmaßnahme anzusehen, da sie nicht allein durch den Anschluss der Anlage notwendig wird, sondern durch die insgesamt nicht ausreichende Kapazität der Umspannanlage.[105]

73 Die Verstärkung von Umspannwerken, die nicht ausschließlich für den Anschluss bestimmter Anlagen benötigt werden, sondern Funktionen für das gesamte Netz übernehmen,

---

101 A. A. LG Mainz, RdE 2007, 246, 247.

102 OLG Hamm, ZNER 2006, 51; OLG Nürnberg, ZNER 2002, 225, 226; Reshöft/*Schäfermeier*, 3. Aufl. 2009, § 9 Rn. 44; a. A. OLG Düsseldorf, Urt. v. 31.10.2008, I-17 U 226/07, zitiert nach Reshöft/*Schäfermeier*, 3. Aufl. 2009, § 9 Rn. 44.

103 LG Arnsberg, Urt. v. 7.8.2008, 4 O 490/07, zitiert nach Reshöft/*Schäfermeier*, 3. Aufl. 2009, § 9 Rn. 44; a. A. Reshöft/*Schäfermeier*, 3. Aufl. 2009, § 9 Rn. 44; *Schäfermeier/Reshöft*, ZNER 2007, 34, 38.

104 BGH, ZNER 2008, 53, 54.

105 So wohl auch Reshöft/*Schäfermeier*, 3. Aufl. 2009, § 9 Rn. 38.

ist stets als Netzerweiterungsmaßnahme einzuordnen. Das ergibt sich bereits aus Abs. 2, 1. Fall. Auch die Lage solcher Umspannwerke hinter dem Netzverknüpfungspunkt und die Tatsache, dass sie in der Regel im Eigentum des Netzbetreibers stehen, belegen, dass es sich bei der Verstärkung von nicht nur dem Anschluss bestimmter Anlagen dienenden Umspannanlagen um Netzerweiterungsmaßnahmen handelt. Die Rechtsprechung hat dieses Verständnis nicht nur für die Umspannwerke an sich bestätigt, sondern auch für ihre wichtigsten Bestandteile, namentlich Schaltfelder, Sammelschienen und Transformatoren.[106]

c) Erdschlusskompensation. Umstritten ist, ob die Gewährleistung der Erdschlusskompensation eine Maßnahme der Netzerweiterung oder eine Maßnahme des Netzausbaus ist. Die Erdschlusskompensation dient dazu, nicht beabsichtigte Erdschlüsse eines Außenleiters zu kompensieren und ist nach den allgemeinen Regeln der Technik (vgl. § 49 Abs. 1 S. 2 EnWG) erforderlich, um die technische Sicherheit von Hoch- und Mittelspannungsleitungen zu gewährleisten.[107] Die Erdschlusskompensation kann theoretisch für einzelne Leitungen vorgenommen werden; in der Praxis erfolgt sie jedoch aus Kostengründen jeweils zentral für ganze Teilnetze.[108] Dafür wird eine sog. Petersen-Spule eingesetzt, die den elektrischen Strom an der Erdschlussstelle kompensiert und so Folgefehler an der elektrischen Anlage vermindert. **74**

Da die Erdschlusskompensation theoretisch für eine einzelne Anschlussleitung durchgeführt werden kann, argumentierten einige Netzbetreiber in der Vergangenheit, die Anlagenbetreiber hätten selbst für die Erdschlusskompensation ihrer Anschlussleitungen zu sorgen. Sofern die Anlagenbetreiber in die zentrale Erdschlusskompensation einbezogen werden wollten, müssten sie zumindest die dadurch entstehenden Kosten übernehmen. Dieser Argumentation sind im Ergebnis auch einige Landgerichte gefolgt.[109] Eine dezentrale Erdschlusskompensation entspricht jedoch weder dem Stand der Technik noch der betrieblichen Praxis der Netzbetreiber, da sich in Fachkreisen die Erkenntnis durchgesetzt hat, dass aus Kostengründen eine zentrale Erdschlusskompensation vorzuziehen ist. Verfolgt ein Netzbetreiber an sich das Konzept einer zentralen Erdschlusskompensation, handelt er diskriminierend i. S. v. § 17 Abs. 1 S. 1 EnWG und damit missbräuchlich i. S. v. § 30 Abs. 1 S. 2 Nr. 1 EnWG, wenn er von einzelnen Anschlussnehmern eine dezentrale Erdschlusskompensation verlangt. **75**

Nach der von den Netzbetreibern selbst etablierten Praxis ist die Erdschlusskompensation zentral für ganze Teilnetze durchzuführen. Es handelt sich also in ständiger Übung um eine Netzdienstleistung, die von den Netzbetreibern für alle Netznutzer erbracht und über die Netzentgelte abgerechnet wird. Bei diesem Verständnis handelt es sich bei den für die Erdschlusskompensation eingesetzten Petersen-Spulen um für den Betrieb des Netzes notwendige technische Einrichtungen i. S. v. Abs. 2, 1. Fall. Ist für den Anschluss einer Erzeugungsanlage die Verstärkung einer Petersen-Spule erforderlich, handelt es sich dabei also **76**

---

106 Reshöft/*Schäfermeier*, 3. Aufl. 2009, § 9 Rn. 39 m. zahlr. Nachweisen.
107 *Schäfermeier/Reshöft*, ZNER 2007, 34, 39.
108 *Schäfermeier/Reshöft*, ZNER 2007, 34, 39.
109 Z. B. LG Halle, ZNER 2011, 652. Das Landgericht stellt in erster Linie darauf ab, dass gar keine Netzerweiterung vorliegen könne, da die Petersen-Spule des Netzbetreibers in der Lage gewesen sei, die Erdschlusskompensation der fraglichen Anschlussleitung mitzuübernehmen, ohne dass technische Anpassungsmaßnahmen durchgeführt werden mussten. Das Landgericht übersieht, dass dann auch keine Anschlusskosten vorliegen können, denn auch § 16 Abs. 1 (vormals: § 13 Abs. 1 EEG 2009) geht nicht von fiktiven, sondern von tatsächlichen Kosten aus, s. dort Rn. 12.

gemäß Abs. 2, 1. Fall um eine Netzerweiterungsmaßnahme, deren Kosten gemäß § 17 von dem zuständigen Netzbetreiber getragen werden müssen.[110]

77 **d) Hausanschlüsse.** Netzanschlüsse in der Niederspannung (sog. Hausanschlüsse) gehören gemäß § 8 Abs. 1 S. 1 der Niederspannungsanschlussverordnung (NAV) zu den Betriebsanlagen des Netzbetreibers. Der Netzbetreiber muss gemäß § 8 Abs. 1 S. 2 NAV sicherstellen, dass die Hausanschlüsse in seinem Eigentum stehen oder ihm zur wirtschaftlichen Nutzung überlassen werden. Die Hausanschlüsse werden gemäß § 8 Abs. 1 S. 3 NAV ausschließlich von dem Netzbetreiber unterhalten, erneuert, geändert, abgetrennt und beseitigt; der Anschlussnehmer darf gemäß § 8 Abs. 1 S. 5 NAV selbst keine Einwirkungen auf den Netzanschluss vornehmen oder vornehmen lassen. Hausanschlüsse beginnen gemäß § 5 S. 2 NAV an der Abzweigstelle des Niederspannungsnetzes und enden mit der Hausanschlusssicherung, es sei denn, dass eine abweichende Vereinbarung getroffen wird; in jedem Fall sind auf die Hausanschlusssicherung die Bestimmungen über den Netzanschluss anzuwenden. Unter Berücksichtigung dieser gesetzlichen Festlegungen ist die Verstärkung von Hausanschlüssen stets als Netzerweiterungsmaßnahme anzusehen, da Hausanschlüsse kraft gesetzlicher Anordnung zum Netz des Netzbetreibers gehören und somit von der Erzeugungsanlage (z. B. einer Photovoltaikanlage) aus gesehen hinter dem Netzverknüpfungspunkt liegen.[111]

78 **e) Sicherheitstechnik.** Technische Einrichtungen, die der sicheren Integration einer Erzeugungsanlage in das Netz dienen, gehören in der Regel zur Anlage selbst, sodass es auf eine Abgrenzung von Netzanschluss und Netzerweiterung nicht ankommt. Das gilt insbesondere für technische Einrichtungen i. S. v. § 9 Abs. 1 mit denen die ferngesteuerte Reduzierung der Stromeinspeisung zum Zwecke des Einspeisemanagements erfolgen kann.[112] Solche Einrichtungen dienen zwar der Netzsicherheit und könnten deshalb als i. S. v. Abs. 2, 1. Fall für den Betrieb des Netzes notwendige technische Einrichtungen angesehen werden. Zweck der Norm ist es jedoch nicht, dem Netzbetreiber Pflichten in Hinblick auf die Erzeugungsanlage selbst aufzuerlegen. Auf technische Einrichtungen, die eindeutig zur Sphäre des Anlagenbetreibers gehören, ist Abs. 2 deshalb von vornherein nicht anwendbar.

79 Für die Errichtung und Verstärkung von **Datenleitungen**, über welche die Fernsteuerung von Erzeugungsanlagen ermöglicht und somit ein Beitrag zur Netzsicherheit geleistet werden soll, gilt nichts anderes als für die Errichtung und die Verstärkung von Stromleitungen (oben, Rn. 68 ff.). Eine Datenleitung von der Anlage bis zum Netzverknüpfungspunkt i. S. v. § 8 Abs. 1 S. 1 ist Teil des Netzanschlusses, sofern sie nicht gemäß Abs. 2, 2. Fall im Eigentum des Netzbetreibers steht.[113] Hingegen ist eine Datenleitung, die von der Anlage aus hinter dem Netzverknüpfungspunkt liegt, stets als Bestandteil des Netzes anzusehen

---

110 So im Ergebnis auch LG Duisburg, ZNER 2011, 651; LG Mainz, RdE 2007, 246, 247; Reshöft/ *Schäfermeier*, 3. Aufl. 2009, § 9 Rn. 43; *Schäfermeier/Reshöft*, ZNER 2007, 34, 39 f.
111 So auch Reshöft/*Schäfermeier*, 3. Aufl. 2009, § 9 Rn. 45. Bei Anlagen mit einer installierten Leistung von insgesamt höchstens 30 kW, die sich auf einem Grundstück mit bereits bestehendem Netzanschluss befinden, gilt ferner gemäß § 8 Abs. 1 S. 2 der Verknüpfungspunkt des Grundstücks mit dem Netz als günstigster Verknüpfungspunkt, sodass die Strecke zwischen Anlage und Verknüpfungspunkt kraft gesetzlicher Vermutung weitestmöglich verkürzt ist, siehe dazu § 8 Rn. 35 ff. Zum alten Recht (EEG 2000/AVBEltV) siehe BGH, ZNER 2005, 67.
112 So auch Reshöft/*Schäfermeier*, 3. Aufl. 2009, § 9 Rn. 46.
113 LG Dortmund, Urt. v. 10.8.2006, 2 O 234/02, Tz. 32.

und deshalb von dem Netzbetreiber gemäß Abs. 1 S. 1 i.V.m. § 17 auf eigene Kosten zu optimieren, zu verstärken und auszubauen.

IV. Ausschluss bei wirtschaftlicher Unzumutbarkeit (Abs. 3)

Gemäß Abs. 3 ist der Netzerweiterungsanspruch ausgeschlossen, wenn die Optimierung, **80** die Verstärkung oder der Ausbau des Netzes wirtschaftlich unzumutbar ist. Die Frage der Zumutbarkeit ist im Ergebnis mithilfe einer **Kosten-Nutzen-Analyse** zu beantworten.

Netzerweiterungsmaßnahmen können mit hohen Kosten verbunden sein und dadurch eine **81** erhebliche Belastung für die Netzbetreiber darstellen. Überdies ist es aus volkswirtschaftlicher Sicht nicht sinnvoll, in eine Netzerweiterung zu investieren, wenn die Kosten für die Erweiterung in keinem angemessenen Verhältnis zu deren Nutzen stehen. Der Gesetzgeber hat sich deshalb entschieden, mit Abs. 3 ein **Korrektiv** zu schaffen, das dem Netzbetreiber die Möglichkeit gibt, die Ausführung von ökonomisch widersinnigen Netzerweiterungen zu verweigern. Rechtstechnisch handelt es sich um eine Einwendung, sodass der Netzbetreiber die Beweislast trägt.[114] Maßgebliches Kriterium ist die wirtschaftliche Unzumutbarkeit, die nach h.M. im Wege einer **einzelfallbezogenen Prüfung** festgestellt werden muss.[115] Die Einwendung der wirtschaftlichen Unzumutbarkeit kann bei Vorliegen ihrer Voraussetzungen jeder Art von Netzerweiterungsverlangen entgegen gehalten werden, also auch solchen, die die Verstärkung eines Hausanschlusses zum Gegenstand haben.[116] Die Schranke der wirtschaftlichen Zumutbarkeit dient allein dem Schutz der Netzbetreiber und nicht dem Schutz der Volkswirtschaft oder der Letztverbraucher.[117] Ob eine Netzerweiterungsmaßnahme einer effizienten Leistungserbringung entspricht, sodass ihre Kosten auf die Netznutzer umgelegt werden dürfen, entscheidet sich nämlich erst im Rahmen der Netzentgeltermittlung gemäß §§ 21, 21a EnWG i.V.m. der Anreizregulierungsverordnung (ARegV).

1. Absolute und relative Unzumutbarkeit. Nach der Gesetzesbegründung zum EEG **82** 2004 und einer verbreiteten Literaturmeinung ist zwischen absoluter und relativer Unzumutbarkeit zu unterscheiden.[118] **Absolute Unzumutbarkeit** soll vorliegen, wenn die Netzerweiterung in allen denkbaren Varianten unzumutbar ist und deshalb insgesamt nicht durchgeführt werden soll. **Relative Unzumutbarkeit** soll demgegenüber anzunehmen sein, wenn die Netzerweiterung in der konkret beantragten Form unzumutbar ist, weil es eine andere, wirtschaftlich günstigere Variante der Durchführung gibt.[119] Praktisch ist die Einwendung der relativen Unzumutbarkeit entbehrlich, da es dem Netzbetreiber ohnehin selbst überlassen bleibt, auf welchem Wege er die begehrte Kapazitätserweiterung umsetzen will (s. Rn. 28). Der Anlagenbetreiber ist nicht berechtigt, dem Netzbetreiber konkrete Vorgaben für die Netzerweiterung zu machen. Er kann lediglich verlangen, dass der Netzbetreiber im Ergebnis die gewünschte Erweiterung der Netzkapazität herstellt.

---

114 *Valentin*, ET 2009, Heft 8, 68, 71.

115 Altrock/Oschmann/Theobald/*Wustlich*, 4. Aufl. 2013, § 9 Rn. 35.

116 Die Annahme des Gesetzgebers, dass die Einwendung der wirtschaftlichen Unzumutbarkeit für Hausanschlüsse nicht gelte (s. BT-Drs. 15/2864, S. 34), findet im Gesetz keine Stütze, s. dazu Clearingstelle EEG, Empfehlung v. 29.9.2011, 2011/1, Rn. 153 ff.

117 So wohl auch BVerwG, Urt. v. 24.5.2012, Az. 7 VR 4/12, Rn. 27.

118 BT-Drs. 15/2864, S. 34; Altrock/Oschmann/Theobald/*Wustlich*, 4. Aufl. 2013, § 9 Rn. 36, 38.

119 Altrock/Oschmann/Theobald/*Wustlich*, 4. Aufl. 2013, § 9 Rn. 36.

83   **2. Prüfungsmaßstab.** Nach dem erklärten Willen des Gesetzgebers soll es für die Bewertung der wirtschaftlichen Zumutbarkeit einer Netzerweiterungsmaßnahme vor allem darauf ankommen, in welchem Verhältnis der **Wert des einzuspeisenden Stroms** und die **Kosten der Netzerweiterung** zueinander stehen.[120] In der Annahme, dass sich der Wert des durch die Netzerweiterung zusätzlich einzuspeisenden Stroms im Voraus nur unzureichend bestimmen lasse, führte der Gesetzgeber in der Begründung zum EEG 2004 ferner aus, dass stattdessen auch auf die Investitions- und Betriebskosten der neu anzuschließenden Anlage abgestellt werden könne, weil die beiden Bezugsgrößen in der Regel näherungsweise in einem festen Verhältnis zueinander stünden.[121] Zumutbar soll eine Netzerweiterung danach insbesondere dann sein, wenn die Kosten der Netzerweiterung **25 %** der Kosten der Errichtung der Stromerzeugungsanlage nicht überschreiten.[122]

84   Wenn es auch zu begrüßen ist, dass der Gesetzgeber sich in der Gesetzesbegründung um eine Konkretisierung des Merkmals der wirtschaftlichen Unzumutbarkeit bemüht, können dessen Annahmen doch nicht vollständig überzeugen. Zuzustimmen ist dem Gesetzgeber darin, dass der Wert des durch die Netzerweiterung zusätzlich einzuspeisenden Stroms und die Kosten der Netzerweiterung verglichen werden sollten. Der **Wert des einzuspeisenden Stroms** ergibt sich regelmäßig aus der Strommenge, die nach der Netzerweiterung voraussichtlich zusätzlich in das Netz eingespeist werden wird, multipliziert mit den einschlägigen gesetzlichen Vergütungssätzen gemäß § 40 ff. Je deutlicher der Wert des einzuspeisenden Stroms die Kosten der Netzerweiterung übersteigt, desto eher ist davon auszugehen, dass die Netzerweiterung aus gesamtwirtschaftlicher Sicht sinnvoll ist.

85   Nicht überzeugend ist hingegen, dass der Gesetzgeber der Meinung ist, es könne statt auf den Wert des einzuspeisenden Stroms auch auf die **Investitions- und Betriebskosten** „der Anlage" abgestellt werden. Zum einen besteht der Netzerweiterungsanspruch gemäß Abs. 1 S. 1 nicht nur im Falle von neuen Netzanschlüssen (vgl. dazu § 8 Abs. 4), sondern auch, wenn die Abnahme, Übertragung oder Verteilung des Stroms aus einer bereits angeschlossen Anlage nicht (mehr) sichergestellt ist. Da es hier bereits an der Errichtung einer neuen Anlage fehlt, kann von vornherein nicht auf die Investitions- und Betriebskosten abgestellt werden. Im Übrigen ist nicht nachvollziehbar, warum der Gesetzgeber davon ausgeht, der Wert des einzuspeisenden Stroms und die Investitions- und Betriebskosten der den Strom erzeugenden Anlage seien miteinander gleichzusetzen. Plausibel ist allein die Annahme, dass die Investitions- und Betriebskosten den Wert des einzuspeisenden Stroms nicht übersteigen, da die Errichtung der Erzeugungsanlage andernfalls schon betriebswirtschaftlich keinen Sinn ergäbe. Umgekehrt kann der Wert des einzuspeisenden Stroms jedoch deutlich über den Investitions- und Betriebskosten liegen, etwa wenn an einem hervorragend geeigneten Standort überdurchschnittlich viel Strom erzeugt werden kann. Das Abstellen auf die Investitions- und Betriebskosten hat außerdem den Nachteil, dass dadurch Einspeisewillige benachteiligt werden, denen es gelingt, durch **wirtschaftliches Verhalten** die Investitions- und Betriebskosten ihrer Anlage zu senken.[123] Es besteht die Gefahr, dass die Kosten der Netzerweiterung die Anlagenkosten allein deshalb übersteigen, weil der Netzbetreiber schlechter wirtschaftet als der Anlagenbetreiber. In einer sol-

---

120 BT-Drs. 15/2864, S. 34.
121 BT-Drs. 15/2864, S. 34.
122 BT-Drs. 15/2864, S. 34.
123 So auch Clearingstelle EEG, Votum v. 19.9.2008, 2008/14, S. 25.

chen Konstellation von wirtschaftlicher Unzumutbarkeit auszugehen, wäre ökonomisch widersinnig.

Auch die Annahme des Gesetzgebers, dass von wirtschaftlicher Zumutbarkeit ausgegan- **86** gen werden könne, solange die Kosten der Netzerweiterung **25 %** der Kosten der Errichtung der Stromerzeugungsanlage nicht überschritten, ist nicht nachvollziehbar.[124] Wenn der Gesetzgeber davon ausgeht, dass die Kosten der Errichtung einer Stromerzeugungsanlage (höchstens?) dem Wert des mit dieser Anlage zu erzeugenden Stroms entsprechen, hätte er die Schwelle zur wirtschaftlichen Unzumutbarkeit eigentlich dort sehen müssen, wo die Kosten der Netzerweiterung **100 %** der Kosten der Errichtung der Stromerzeugungsanlage überschreiten, mit anderen Worten also dort, wo die Netzerweiterung mehr kostet als der zusätzlich zu erzeugende Strom wert ist. Denn gesamtwirtschaftlich ist eine Netzerweiterung sinnvoll, solange der dadurch entstehende Nutzen höher ausfällt als die damit verbundenen Kosten. Warum der sonst so förderfreudige EEG-Gesetzgeber an dieser Stelle den Wert des zu erzeugenden Stroms nur zu einem Viertel in die Kosten-Nutzen-Analyse einstellen will, ist jedenfalls aus ökonomischer Sicht nicht nachvollziehbar.

Trotz dieser Kritikpunkte scheint sich in der **Praxis** eine Kosten-Nutzen-Analyse durchzu- **87** setzen, die sich stark an den in der Gesetzesbegründung zum EEG 2004 vorgeschlagenen Kriterien orientiert. Dabei wird in der Regel davon ausgegangen, dass nach den Umständen des konkreten Falles und den verfügbaren Daten entweder auf den Wert des einzuspeisenden Stroms oder auf die Investitions- und Betriebskosten der Anlage abgestellt werden könne. Auch die 25-Prozent-Schwelle findet in der Praxis zunehmend Anwendung.[125] In einem ausführlichen Votum zur Anwendung der wirtschaftlichen Unzumutbarkeit i. S. v. Abs. 3 stellt die Clearingstelle EEG unterschiedliche Kosten-Nutzen-Rechnungen an und hebt dabei immer wieder auf die 25-Prozent-Schwelle ab.[126] Für Kosten-Nutzen-Rechnungen mit dem Wert des einzuspeisenden Stroms schlägt die Clearingstelle EEG ferner eine 12,5-Prozent-Schwelle vor.[127] Das Verdienst des Votums liegt darin, dass es beispielhaft aufzeigt, wie die zur Bewertung der wirtschaftlichen Zumutbarkeit durchzuführende Kosten-Nutzen-Analyse mithilfe von einfachen Berechnungen operationalisierbar gemacht werden kann.[128] Die Clearingstelle EEG geht davon aus, dass den Prozent-Schwellen nur **Indizwirkung** zukommt,[129] und überprüft die wirtschaftliche Zumutbarkeit deshalb zusätzlich mithilfe von anderen Kriterien wie z. B. der betriebswirtschaftlichen Betroffenheit des zu verpflichtenden Netzbetreibers.[130] In der Begründung zum EEG 2014 hat der Gesetzgeber die Vorstellung geäußert, dass zur Auslegung des unbestimmten Rechtsbegriffes der wirtschaftlichen Unzumutbarkeit auf die Entscheidungen der Clearingstelle EEG und insbesondere auf das zitierte Votum 2008/14 zurückgegriffen werden könne.[131] Dies wird dessen Bedeutung in der Praxis voraussichtlich noch steigern.

Die **Kosten der Netzerweiterung** sind in der Regel einfach zu bestimmen, da hierfür Er- **88** fahrungswerte vorliegen und erforderlichenfalls Kostenvoranschläge der zu beauftragen-

---

124 Kritisch auch *Valentin*, ET 2009, Heft 8, 68, 71: „frei gegriffen".
125 BGH, ZNER 2008, 370, 371, Tz. 13; Clearingstelle EEG, Votum v. 19.9.2008, 2008/14, S. 22 ff.
126 Clearingstelle EEG, Votum v. 19.9.2008, 2008/14, S. 22 ff.
127 Clearingstelle EEG, Votum v. 19.9.2008, 2008/14, S. 25.
128 So auch Altrock/Oschmann/Theobald/*Wustlich*, 4. Aufl. 2013, § 9 Rn. 38.
129 So auch *Valentin*, ET 2009, Heft 8, 68, 71.
130 Clearingstelle EEG, Votum v. 19.9.2008, 2008/14, S. 29 f.
131 BT-Drs. 18/1304, S. 186.

den Unternehmen eingeholt werden können. Der **Wert des einzuspeisenden Stroms** ist hingegen schwieriger zu ermitteln, insbesondere da hierfür eine langfristige Prognose erstellt werden muss. Wie bereits erwähnt (Rn. 84) ergibt sich der Wert des einzuspeisenden Stroms regelmäßig aus der Strommenge, die nach der Netzerweiterung voraussichtlich zusätzlich in das Netz eingespeist werden wird, multipliziert mit den einschlägigen gesetzlichen Vergütungssätzen gemäß § 40 ff. Die einzuspeisende Strommenge kann aus der installierten Leistung und den Ertragsdaten vergleichbarer Anlagen errechnet werden. Zu berücksichtigen sind nicht nur Anlagen desjenigen, der gemäß Abs. 1 S. 1 die Netzerweiterung verlangt, sondern auch andere Anlagen, die in absehbarer Zukunft mit einer gewissen Wahrscheinlichkeit in dem fraglichen Netzgebiet angeschlossen werden, und deshalb voraussichtlich von der begehrten Netzerweiterung profitieren.[132]

89 Aus der Möglichkeit des Netzbetreibers, Netzerweiterungskosten bei der **Netzentgeltermittlung** in Ansatz zu bringen, ergibt sich für die Bewertung der wirtschaftlichen Zumutbarkeit nichts.[133] Zwar liegt es nahe, davon auszugehen, dass sich keine übermäßige Belastung des Netzbetreibers ergeben kann, wenn er die Möglichkeit hat, die Kosten an die Netznutzer weiterzuwälzen. Ob der Netzbetreiber die Kosten der Netzerweiterung bei der Netzentgeltermittlung ansetzen kann, hängt jedoch gemäß §§ 21 Abs. 2 S. 1 EnWG, 4 Abs. 1 StromNEV davon ab, ob es sich um effiziente, d. h. **erforderliche Kosten** handelt. Ob die Kosten erforderlich sind, entscheidet sich danach, ob der Netzbetreiber zur Durchführung der Netzerweiterung verpflichtet war. Damit hängt auch die Frage, ob der Netzbetreiber die Kosten der Netzerweiterung bei der Netzentgeltermittlung in Ansatz bringen kann, davon ab, ob er sich gegenüber dem Netzerweiterungsanspruch auf wirtschaftliche Unzumutbarkeit berufen könnte. Bei der Prüfung der wirtschaftlichen Unzumutbarkeit i. S. v. Abs. 3 auf die Wälzbarkeit der Kosten zu verweisen, würde deshalb zwangsläufig in einen Zirkelschluss führen.[134]

90 **3. Zeitliche Unzumutbarkeit.** Nach dem erklärten Willen des Gesetzgebers soll auch über die Frage, ab wann der Netzerweiterungsanspruch gemäß Abs. 1 S. 1 mit Erfolg geltend gemacht werden kann, im Rahmen der Zumutbarkeit entschieden werden.[135] § 4 Abs. 2 S. 3 des am 31.12.2008 außer Kraft getretenen EEG 2004 sah noch vor, dass der Netzbetreiber zu einer Netzerweiterung für den Anschluss einer genehmigungspflichtigen Anlage nur verpflichtet war, wenn ihm der Einspeisewillige bereits eine Genehmigung, eine Teilgenehmigung oder einen Vorbescheid vorlegen konnte. In seiner geltenden Fassung enthält das EEG hingegen keine Aussage mehr darüber, wie weit die Planung einer anzuschließenden Anlage fortgeschritten sein muss, damit der Einspeisewillige zur Geltendmachung des Netzerweiterungsanspruchs berechtigt ist. Entscheidend ist deshalb, ab wann die Netzerweiterung dem Netzbetreiber zumutbar ist.

91 Die sehr frühzeitige Durchführung einer Netzerweiterung birgt das Risiko, dass sich die Optimierung, die Verstärkung oder der Ausbau des Netzes im Nachhinein als unnötig er-

---

132 BT-Drs. 15/2864, S. 34.

133 So aber die Gesetzesbegründung, BT-Drs. 15/2864, S. 34.

134 Etwas anderes gilt bei allgemeinen Netzerweiterungsmaßnahmen nach § 11 Abs. 1 S. 1 EnWG, weil deren Erforderlichkeit bereits im Rahmen der Bedarfsplanung gemäß § 12a ff. EnWG sowie gegebenenfalls bei der Genehmigung von Investitionsmaßnahmen gemäß § 23 ARegV geprüft wird, sodass für eine eigenständige Prüfung der wirtschaftlichen Zumutbarkeit durch den Netzbetreiber in der Regel kein Bedarf mehr besteht.

135 BT-Drs. 16/8148, S. 45.

weist. So besteht etwa die Gefahr, dass die Finanzierung einer anzuschließenden Anlage wegen sich verändernder Bedingungen auf den Kapitalmärkten zusammenbricht. Dadurch kann es bei den Netzbetreibern zu sogenannten „**stranded investments**" kommen, da sie unter Umständen in Netzteile investieren, welche dies im Nachhinein betrachtet gar nicht nötig gehabt hätten.[136] Ist die Errichtung einer Anlage noch mit einem erheblichen Risiko behaftet, soll sich der für den Netzanschluss zuständige Netzbetreiber in Zukunft darauf berufen können, die Erweiterung des Netzes zum Anschluss der Anlage sei noch nicht wirtschaftlich zumutbar.

In der Begründung zum EEG 2009 bringt der Gesetzgeber zum Ausdruck, dass eine Netz-   **92** erweiterung zum Anschluss einer genehmigungspflichtigen Anlage auch schon vor Erteilung der Genehmigung verlangt werden können soll.[137] Die Netzerweiterung ist dem Netzbetreiber danach schon zumutbar, wenn die Planung nicht mehr unverbindlich ist, sondern bereits **konkretisiert** wurde, z. B. indem Aufträge für Detailplanungen vergeben oder Verträge zur Herstellung unterzeichnet wurden. Der Netzbetreiber kann sich also nicht schon darauf berufen, dass ihm die Netzerweiterung (noch) nicht zumutbar sei, weil die Anlage noch nicht anschlussfertig errichtet ist.[138] Es genügt, dass aufgrund von konkreten Planungshandlungen davon auszugehen ist, dass die anzuschließende Anlage realisiert werden wird.

V. Unberührtheitsklausel (Abs. 4)

Gemäß Abs. 4 bleiben die Pflichten nach § 4 Abs. 1 des Kraft-Wärme-Kopplungsgesetzes   **93** (KWKG) und nach § 12 Abs. 3 EnWG durch § 12 unberührt. Der Netzerweiterungsanspruch gemäß Abs. 1 S. 1 und die Netzerweiterungspflichten der Netzbetreiber stehen also kraft gesetzlicher Anordnung gleichberechtigt nebeneinander. Gemäß § 4 Abs. 1 S. 1 KWKG sind Netzbetreiber verpflichtet, hocheffiziente KWK-Anlagen im Sinne des KWKG unverzüglich vorrangig an ihr Netz anzuschließen und den in diesen Anlagen erzeugten KWK-Strom unverzüglich vorrangig abzunehmen, zu übertragen und zu verteilen. § 12 Abs. 3 EnWG verpflichtet die Übertragungsnetzbetreiber, dauerhaft die Fähigkeit des Netzes sicherzustellen, die Nachfrage nach Übertragung von Elektrizität zu befriedigen und insbesondere durch entsprechende **Übertragungskapazität** und **Zuverlässigkeit** des Netzes zur Versorgungssicherheit beizutragen. Bemerkenswert ist, dass der Gesetzgeber in Abs. 4 nur die Pflichten gemäß § 4 Abs. 1 KWKG und § 12 Abs. 3 EnWG in Bezug nimmt, und nicht auch andere Netzerweiterungspflichten.[139] Insbesondere fehlt ein Hinweis auf die allgemeine Netzerweiterungspflicht gemäß § 11 Abs. 1 S. 1, 3. Fall EnWG, die anders als § 12 Abs. 3 EnWG nicht nur für Übertragungsnetzbetreiber, sondern auch für Verteilernetzbetreiber gilt.[140] Unter Berücksichtigung des Telos von Abs. 4 ist davon auszugehen, dass es sich bei der Inbezugnahme von § 12 Abs. 3 EnWG anstelle von § 11 Abs. 1 S. 1, 3. Fall EnWG um ein gesetzgeberisches Versehen handelt.[141] Abs. 4 soll klarstellen, dass die

---

136 *Schneller/Trzeciak*, ET 2008, Heft 12, 89, 90.
137 BT-Drs. 16/8248, S. 45.
138 Clearingstelle EEG, Votum v. 19.9.2008, 2008/14, S. 9.
139 So auch Reshöft/*Schäfermeier*, 3. Aufl. 2009, § 9 Rn. 48.
140 Ausführlich § 11 EnWG Rn. 6 ff.; § 12 EnWG Rn. 7 f.
141 Dies ergibt sich schon daraus, dass § 12 Abs. 3 EnWG nur für Übertragungsnetzbetreiber gilt, während § 12 Abs. 1 sich zumindest faktisch vor allem an Verteilernetzbetreiber richtet (oben, Rn. 21).

allgemeine Netzerweiterungs*pflicht* des Netzbetreibers durch den Netzerweiterungs*anspruch* gemäß Abs. 1 S. 1 nicht eingeschränkt wird. Auch wenn kein Einspeisewilliger gemäß Abs. 1 S. 1 die Netzerweiterung verlangt, kann der Netzbetreiber nach § 11 Abs. 1 S. 1, 3. Fall EnWG verpflichtet sein, sein Netz zu optimieren, zu verstärken und auszubauen. Die Bedeutung von Abs. 1 S. 1 liegt darin, der allgemeinen Netzerweiterungspflicht im Anwendungsbereich des EEG einen Netzerweiterungsanspruch zur Seite zu stellen, da ein solcher Anspruch nach den Vorschriften des EnWG nicht besteht.[142]

---

142 Vorbem. § 12 ff. Rn. 4; § 11 EnWG Rn. 70 ff.

§ 13 Schadensersatz

(1) [1]Verletzt der Netzbetreiber seine Pflicht aus § 12 Absatz 1, können Einspeisewillige Ersatz des hierdurch entstandenen Schadens verlangen. [2]Die Ersatzpflicht tritt nicht ein, wenn der Netzbetreiber die Pflichtverletzung nicht zu vertreten hat.

(2) Liegen Tatsachen vor, die die Annahme begründen, dass der Netzbetreiber seine Pflicht aus § 12 Absatz 1 nicht erfüllt hat, können Anlagenbetreiber Auskunft von dem Netzbetreiber darüber verlangen, ob und inwieweit der Netzbetreiber das Netz optimiert, verstärkt und ausgebaut hat.

Schrifttum: *Kahl/Schmidtchen*, Konzessionsverträge als klimapolitisches Handlungsinstrument, RdE 2012, 1; *Schönke/Schröder* (Hrsg.), StGB, 28. Aufl. 2010; *Valentin*, Der Anspruch auf Netzanschluss und Erweiterung der Netzkapazität nach dem EEG 2009, ET 2009, Heft 8, 68.

Übersicht

I. Allgemeines

§ 13 regelt Sekundäransprüche, die den Netzerweiterungsanspruch gemäß § 12 Abs. 1 S. 1 **1** flankieren. Gemäß Abs. 1 hat der Einspeisewillige einen **Schadensersatzanspruch**, wenn der Netzbetreiber gegen seine Pflicht aus § 12 Abs. 1 verstößt. Abs. 2 sieht einen **Auskunftsanspruch** vor für den Fall, dass Tatsachen die Annahme begründen, dass der Netzbetreiber seine Pflicht gemäß § 12 Abs. 1 S. 1 nicht erfüllt hat.

1. Normzweck. Der Schadensersatzanspruch gemäß Abs. 1 soll gewährleisten, dass der **2** Netzbetreiber das **finanzielle Risiko** einer unzureichenden Netzkapazität trägt. Wenn er schon den Netzerweiterungsanspruch gemäß Abs. 1 S. 1 nicht ordnungsgemäß erfüllt, so soll er den Einspeisewilligen wenigstens finanziell so stellen, als habe die Netzerweiterung stattgefunden. Dadurch soll erreicht werden, dass sich die Einspeisewilligen nicht durch eine möglicherweise unzureichende Netzkapazität von Investitionen in die Erzeugung von Strom aus erneuerbaren Energien abhalten lassen. Abs. 1 schützt also die **Investitions- und Planungssicherheit** der Einspeisewilligen und steht somit in einem systematischen Zusammenhang mit § 15 Abs. 1 S. 1 und §§ 40 ff., denen dasselbe Ziel zugrunde liegt.

Der Auskunftsanspruch gemäß Abs. 2 soll in erster Linie die Geltendmachung des Scha- **3** densersatzanspruchs gemäß Abs. 1 **erleichtern**, indem er den Einspeisewilligen ermöglicht, Informationen einzuholen, mit denen sich die Voraussetzungen des Schadensersatzanspruchs belegen lassen.[1] Daneben soll der Auskunftsanspruch nach der Gesetzesbegründung auch der Geltendmachung des Primäranspruchs auf Netzerweiterung gemäß § 12 Abs. 1 S. 1 dienen.[2]

4   **2. Entstehungsgeschichte.** § 13 ersetzt § 10 EEG 2009. Vor dessen Inkrafttreten am 1.1.2009 war im EEG kein Schadensersatzanspruch für den Fall einer Nichterfüllung des Netzerweiterungsanspruchs enthalten; ein solcher Anspruch ergab sich aber nach h. M. aus § 280 BGB,[3] da zwischen dem Einspeisewilligen und dem Netzbetreiber nach ebenso h. M. ein gesetzliches Schuldverhältnis besteht (vgl. auch die Überschrift zu § 7). Die Neufassung durch die EEG-Novelle 2014 brachte nur geringfügige, überwiegend redaktionelle Änderungen.

II. Schadensersatzanspruch (Abs. 1)

5   Erfüllt der Netzbetreiber den Netzerweiterungsanspruch gemäß § 12 Abs. 1 nicht, können Einspeisewillige gemäß Abs. 1 S. 1 Ersatz des hierdurch entstandenen Schadens verlangen. Gemäß Abs. 1 S. 2 tritt die Ersatzpflicht nicht ein, wenn der Netzbetreiber die Nichterfüllung des Netzerweiterungsanspruchs nicht zu vertreten hat.

6   **1. Anspruchsberechtigter.** Anspruchsberechtigt gemäß Abs. 1 S. 1 ist der **Einspeisewillige**, der gemäß § 12 Abs. 1 S. 1 einen Netzerweiterungsanspruch geltend gemacht hat. Der Begriff des Einspeisewilligen ist in § 13 nicht anders auszulegen als in § 12 (s. dort Rn. 15 ff.). Als Einspeisewilliger ist derjenige anzuerkennen, der mit der Planung, der Errichtung oder dem Betrieb einer Anlage zur Erzeugung von Strom aus erneuerbaren Energien betraut ist und ein eigenes Interesse an der Aufnahme des mit dieser Anlage erzeugten Stroms in das Elektrizitätsversorgungsnetz hat. Das können aktuelle und potenzielle **Anlagenbetreiber** sein, aber beispielsweise auch **Hersteller**, **Planer** und **Projektierer** (s. § 12 Rn. 19).

7   Im Wege der teleologischen Extension ist außerdem davon auszugehen, dass auch derjenige gemäß Abs. 1 und Abs. 2 anspruchsberechtigt ist, der seinen Einspeisewillen nur deshalb aufgegeben hat, weil ihm die Realisierbarkeit seines Vorhabens wegen der verweigerten Netzerweiterung nicht mehr sicher erscheint. Es wäre eine sachwidrige Ungleichbehandlung, einen Nicht-mehr-Einspeisewilligen in diesem Sinne schlechter zu stellen, obwohl er in besonderer Weise unter der Weigerung des Netzbetreibers zu leiden hat.[4]

8   **2. Anspruchsverpflichteter.** Anspruchsverpflichtet gemäß Abs. 1 S. 1 ist der **Netzbetreiber**, gegen den der Netzerweiterungsanspruch gemäß § 12 Abs. 1 S. 1 geltend gemacht wurde. Netzbetreiber ist gemäß § 5 Nr. 27 jeder Betreiber eines Netzes für die allgemeine Versorgung mit Elektrizität, unabhängig von der Spannungsebene. Der Begriff des Netzbetreibers ist in § 13 nicht anders auszulegen als in § 12 (s. dort Rn. 20 ff.). Gemäß Abs. 1 kann also auch der Betreiber eines vorgelagerten Verteilernetzes anspruchsverpflichtet sein, wenn er wegen § 12 Abs. 1 S. 2 Anspruchsverpflichteter des Netzerweiterungsanspruchs ist.

---

1 BT-Drs. 16/8148, S. 46.
2 BT-Drs. 16/8148, S. 46.
3 Altrock/Oschmann/Theobald/*Altrock/Thomas*, 4. Aufl. 2013, § 10 Rn. 3; *Valentin*, ET 2009, Heft 8, 68, 72.
4 Überzeugend *Salje*, EEG, 6. Aufl. 2012, § 10 Rn. 10 f.

3. Anspruchsvoraussetzungen. Der Schadensersatzanspruch gemäß Abs. 1 setzt voraus, **9**
dass der Netzbetreiber den Netzerweiterungsanspruch gemäß § 12 Abs. 1 nicht erfüllt hat,
dass er die Nichterfüllung zu vertreten hat und dass ein Schaden entstanden ist.

Weitere Voraussetzungen, beispielsweise entsprechend den §§ 281 ff. BGB, stellt § 13 **10**
nicht auf. Das bedeutet insbesondere, dass bei einer Verzögerung der Erfüllung des Netzerweiterungsanspruchs **keine Fristsetzung** durch den Einspeisewilligen erforderlich ist, bevor der Schadensersatzanspruch gemäß Abs. 1 mit Erfolg geltend gemacht werden kann.[5]

a) Nichterfüllung des Netzerweiterungsanspruchs. Abs. 1 S. 1 verlangt zunächst, dass **11**
der Netzbetreiber seine Pflicht aus § 12 Abs. 1 verletzt. Danach muss der Netzbetreiber auf
Verlangen des Einspeisewilligen unverzüglich sein Netz entsprechend dem Stand der Technik optimieren, verstärken und ausbauen, wenn dies erforderlich ist, um die Abnahme,
Übertragung und Verteilung des Stroms aus erneuerbaren Energien oder Grubengas sicherzustellen. Der Schadensersatzanspruch gemäß Abs. 1 S. 1 setzt also voraus, dass der Netzbetreiber einen bestehenden Netzerweiterungsanspruch gemäß § 12 Abs. 1 S. 1 **nicht erfüllt**, ohne dass er Einwendungen geltend machen kann.

Gemäß § 12 Abs. 1 S. 1 kann der Einspeisewillige verlangen, dass der Netzbetreiber unver- **12**
züglich sein Netz entsprechend dem Stand der Technik optimiert, verstärkt und ausbaut,
um die Abnahme, Übertragung und Verteilung des Stroms aus erneuerbaren Energien oder
Grubengas sicherzustellen. Der Netzbetreiber schuldet gemäß § 12 Abs. 1 S. 1 in erster Li-
nie den **Leistungserfolg**, namentlich die Herstellung eines zur Abnahme, Verteilung und
Übertragung des einzuspeisenden Stroms geeigneten Netzes. Auf welche Art und Weise er
den Leistungserfolg herstellt, bleibt dem Netzbetreiber selbst überlassen (s. § 12 Rn. 28).
Das Gesetz verpflichtet ihn allerdings, die Netzerweiterung **unverzüglich** vorzunehmen.
Der Netzbetreiber darf die Netzerweiterung also nicht schuldhaft verzögern (s. § 12
Rn. 45).

Stellt der Netzbetreiber den verlangten Zustand des Netzes nicht her oder verzögert er die **13**
Herstellung schuldhaft, verstößt er gegen seine Verpflichtung aus § 12 Abs. 1 S. 1. Das
Netz muss nach der Netzerweiterung dem Stand der Technik entsprechen und zur Abnahme, Übertragung und Verteilung des einzuspeisenden Stroms in der Lage sein. Bleibt dieser Leistungserfolg aus, ist der Netzbetreiber für diese **Nicht-** oder **Schlechtleistung** haft-
bar. Da § 12 Abs. 1 S. 1 mit der Unverzüglichkeit außerdem einen zeitlichen Maßstab aufstellt, kommt auch eine Haftung des Netzbetreibers wegen **Verzögerung** der Leistung in
Betracht. Schadensersatzansprüche wegen einer vermeintlichen Verzögerung der Netzerweiterung werden in der Praxis besonders häufig geltend gemacht.

Der Netzbetreiber ist gemäß § 12 Abs. 1 S. 1 verpflichtet, die Netzerweiterung **unverzüg-** **14**
lich durchzuführen. Er darf also die Optimierung, die Verstärkung und den Ausbau seines
Netzes nicht schuldhaft verzögern. Der Netzbetreiber muss nach der Prüfung und Bestätigung des geltend gemachten Netzerweiterungsanspruchs die Umsetzung der notwendigen
Maßnahmen so bald wie möglich in die Wege leiten (s. § 12 Rn. 45 f.). Ihm ist aber ein gewisser **zeitlicher Spielraum** bei der Bearbeitung eines jeden Antrags zuzugestehen, insbesondere wenn er mit einer Vielzahl von Netzerweiterungsverlangen konfrontiert ist.[6] Da

---

5 So auch Altrock/Oschmann/Theobald/*Altrock/Thomas*, 4. Aufl. 2013, § 10 Rn. 10; Reshöft/*Schäfermeier*, 3. Aufl. 2009, § 10 Rn. 6.
6 LG Ravensburg, REE 2011, 221, 223.

nicht jeder Antrag am Tag des jeweiligen Eingangs bearbeitet werden kann, muss es genügen, wenn die Anträge in der Reihenfolge des jeweiligen Eingangs abgearbeitet werden.[7] Auch ist zu beachten, dass der Netzbetreiber zunächst gewisse Planungs- und Koordinationsarbeiten durchführen und erforderlichenfalls geeignete und verfügbare Handwerker finden muss.[8]

15 Liegt kein **schuldhaftes Zögern** des Netzbetreibers vor, weil dieser sich unverzüglich um die Netzerweiterung kümmert, fehlt es bereits an einer **Pflichtverletzung** i.S.v. Abs. 1 S. 1. Ob der Netzbetreiber die Netzerweiterung schuldhaft verzögert hat, ist also nicht erst eine Frage des Vertretenmüssens gemäß Abs. 1 S. 2.[9] Es obliegt deshalb nach den allgemeinen Regeln des Beweisrechts dem Anspruchsteller, also dem Einspeisewilligen, ein schuldhaftes Zögern des Netzbetreibers nachzuweisen.[10]

16 In der Praxis kann es für den Einspeisewilligen schwierig sein, ein schuldhaftes Zögern des Netzbetreibers nachzuweisen. Der Netzbetreiber kann viele Gründe für eine Verzögerung der Netzerweiterung anführen, die der Einspeisewillige kaum überprüfen kann (z.B. Notwendigkeit weiterer Wirtschaftlichkeitsberechnungen, Verzögerung von Genehmigungsverfahren, Abstimmungsprobleme mit Gemeinden bei Netzerweiterungen im Bereich öffentlicher Verkehrswege, technische Schwierigkeiten).[11] Mit dem Auskunftsanspruch gemäß Abs. 2 kann der Einspeisewillige diesen Nachteil teilweise ausgleichen. Prozessual mag sich die Erhebung einer Stufenklage gemäß § 254 ZPO anbieten, mit der auf der ersten Stufe Auskunft gemäß Abs. 2 und auf der zweiten Stufe Schadensersatz gemäß Abs. 1 verlangt werden kann.[12]

17 **b) Vertretenmüssen.** Der Netzbetreiber kann sich von der Haftung gemäß Abs. 1 S. 1 entlasten, wenn er gemäß Abs. 1 S. 2 nachweist, dass er die Nicht-, Spät- oder Schlechterfüllung des Netzerweiterungsanspruchs nicht zu vertreten hat. Für das Vertretenmüssen gelten die allgemeinen zivilrechtlichen Regeln (vgl. §§ 280 Abs. 1 S. 2, 276 BGB). Auf das Vertretenmüssen wird es in der Praxis selten ankommen, da Fragen der Verantwortlichkeit oftmals schon bei der Beurteilung des schuldhaften Zögerns geklärt werden müssen, das bereits im Rahmen der Pflichtverletzung zu prüfen ist (s. Rn. 15).

18 **c) Schaden.** Der Schadensersatzanspruch gemäß Abs. 1 setzt ferner voraus, dass der Einspeisewillige einen Schaden erlitten hat. In der Regel wird es sich dabei um einen Vermögensschaden durch entgangene Vergütungszahlungen handeln.[13] Problematisch kann die Feststellung der hypothetischen Einspeisemenge sein. Hierfür kann auf Sachverständigengutachten und meteorologische Daten zurückgegriffen werden.[14] Auch die zu § 15 entwikkelten Berechnungsverfahren können Anwendung finden (dort Rn. 27 ff.). Erforderlichenfalls kommt auch eine richterliche Schätzung des Schadens i.S.v. § 287 ZPO in Betracht.

---

7 LG Ravensburg, REE 2011, 221, 223.
8 LG Ravensburg, REE 2011, 221, 224.
9 So auch Reshöft/*Schäfermeier*, 3. Aufl. 2009, § 10 Rn. 6; anders offenbar die Gesetzesbegründung, BT-Drs. 16/8148, S. 46.
10 Vgl. MünchKommZPO/*Prütting*, 3. Aufl. 2008, § 286 Rn. 110 ff.
11 *Kahl/Schmidtchen*, RdE 2012, 1, 4.
12 *Salje*, EEG, 6. Aufl. 2012, § 10 Rn. 4; Frenz/Müggenborg/*Ehricke*, 3. Aufl. 2013, § 10 Rn. 4, 38.
13 So auch Altrock/Oschmann/Theobald/*Altrock/Thomas*, 4. Aufl. 2013, § 10 Rn. 11.
14 Frenz/Müggenborg/*Ehricke*, 3. Aufl. 2013, § 10 Rn. 33.

4. Anspruchsinhalt. Gemäß Abs. 1 S. 1 kann der Einspeisewillige bei Vorliegen aller An-   **19**
spruchsvoraussetzungen den Ersatz des Schadens verlangen, der durch die Nicht-, Spät-
oder Schlechterfüllung des Netzerweiterungsanspruchs entstanden ist. Für die haftungs-
ausfüllende Kausalität und die Schadensersatzberechnung gelten die allgemeinen zivilrechtlichen Regeln (§§ 249 ff. BGB). Der Schadensersatzanspruch erstreckt sich auf alle
unmittelbaren und mittelbaren Nachteile des schädigenden Verhaltens, nicht aber auf Fol-
geschäden, die außerhalb des Schutzzwecks des Netzerweiterungsanspruchs liegen.[15]

Der Schadensersatzanspruch gemäß Abs. 1 S. 1 schließt Schadensersatzansprüche, die auf   **20**
anderen Rechtsgrundlagen beruhen, nicht aus.[16]

III. Auskunftsanspruch (Abs. 2)

Liegen Tatsachen vor, die die Annahme begründen, dass der Netzbetreiber den Netzerwei-   **21**
terungsanspruch gemäß § 12 Abs. 1 nicht erfüllt hat, kann der Einspeisewillige gemäß
Abs. 2 Auskunft darüber verlangen, ob und inwieweit der Netzbetreiber sein Netz optimiert, verstärkt und ausgebaut hat.

1. Anspruchsberechtigter. Seinem Wortlaut nach berechtigt Abs. 2 „Anlagenbetreiber".   **22**
Bei teleologischer Betrachtung ist aber davon auszugehen, dass Abs. 2 ebenso wie Abs. 1
S. 1 und § 12 Abs. 1 S. 1 jeden **Einspeisewilligen** berechtigt. Es handelt sich bei der abweichenden sprachlichen Ausgestaltung der Anspruchsberechtigung in Abs. 2 offenbar
um ein gesetzgeberisches Versehen,[17] da kein Grund ersichtlich ist, warum der Gesetzgeber
eine abweichende Anspruchsberechtigung hätte regeln wollen. Vielmehr hat der Gesetzgeber in der Gesetzesbegründung zum EEG 2009 ausgeführt, dass alle nach § 12 Anspruchsberechtigten auch den Anspruch nach Abs. 2 geltend machen könnten.[18]

2. Anspruchsverpflichteter. Anspruchsverpflichtet gemäß Abs. 2 ist der Netzbetreiber,   **23**
gegen den sich der Netzerweiterungsanspruch gemäß § 12 Abs. 1 richtet (s. dort Rn. 20 ff.).
In Betracht kommen der Anschlussnetzbetreiber und vorgelagerte Verteilernetzbetreiber,
nicht aber nicht-anschlussverpflichtete Übertragungsnetzbetreiber, da § 12 Abs. 1 S. 2 den
Netzerweiterungsanspruch auf Betreiber von Netzen mit einer Spannung bis einschließlich
110 kV beschränkt, während Übertragungsnetze mit 220 oder 380 kV betrieben werden.[19]

3. Anspruchsvoraussetzungen. Der Auskunftsanspruch gemäß Abs. 2 setzt voraus, dass   **24**
Tatsachen vorliegen, die die Annahme begründen, dass der Netzbetreiber seine Pflicht gemäß § 12 Abs. 1 S. 1 nicht erfüllt hat. Außerdem muss die Auskunft erforderlich sein, um
festzustellen, ob ein Schadensersatzanspruch gemäß Abs. 1 besteht.

a) Tatsächliche Anhaltspunkte für Nichterfüllung. Voraussetzung des Auskunftsan-   **25**
spruchs gemäß Abs. 2 ist zunächst, dass Tatsachen vorliegen, die die Annahme begründen,
dass der Netzbetreiber seine Pflicht gemäß § 12 Abs. 1 S. 1 nicht erfüllt hat. Tatsachen sind
konkrete vergangene oder gegenwärtige Geschehnisse oder Zustände der Außenwelt und
des menschlichen Innenlebens, die sinnlich wahrnehmbar, empirisch überprüfbar und da-

---

15 Reshöft/*Schäfermeier*, 3. Aufl. 2009, § 10 Rn. 8.
16 BT-Drs. 16/8148, S. 46.
17 So auch Frenz/Müggenborg/*Ehricke*, 3. Aufl. 2013, § 10 Rn. 39.
18 BT-Drs. 16/8148, S. 46.
19 Dies übersieht *Salje*, EEG, 6. Aufl. 2012, § 10 Rn. 12.

mit dem Beweis zugänglich sind.[20] In der Praxis wird sich der Einspeisewillige in erster Linie auf Aussagen des Netzbetreibers und von Sachverständigen stützen. Hierbei handelt es sich um Tatsachen, solange sich die Äußerungen auf nachprüfbare Geschehnisse und Zustände beziehen.

26 Die **Annahme,** dass der Netzbetreiber seine Pflicht gemäß § 12 Abs. 1 nicht erfüllt hat, ist schon dann begründet, wenn nach den vorliegenden Umständen ein Verdacht der Nichterfüllung besteht.[21] Es muss somit nicht feststehen, dass der Netzbetreiber seine Pflicht nicht erfüllt hat; andernfalls wäre der Auskunftsanspruch gemäß Abs. 2 nicht mehr erforderlich.[22] Es dürfen nicht zu hohe Anforderungen an den Verdacht der Nichterfüllung gestellt werden, wenn der Auskunftsanspruch nicht bedeutungslos werden soll.[23]

27 **b) Erforderlichkeit der Auskunft.** § 10 Abs. 2 S. 2 EEG 2009 erlaubte dem Netzbetreiber, die Auskunft zu verweigern, wenn sie zur Feststellung, ob ein Schadensersatzanspruch gemäß Abs. 1 besteht, nicht erforderlich war. Dieser Satz wurde im Rahmen der EEG-Novelle 2014 gestrichen. Der Gesetzgeber ist dabei davon ausgegangen, der Satz sei überflüssig, da sich bereits aus dem verbliebenen Satz ergebe, „dass ein Auskunftsanspruch nur mit Blick auf Absatz 1" bestehe.[24] Inhaltlich hat sich dadurch nichts geändert, zumal der Gesetzgeber die Änderung in der Begründung selbst als „rein redaktionell" bezeichnet.[25] Die Auskunft ist insbesondere dann nicht erforderlich, wenn sich der Einspeisewillige aus ihm zugänglichen Unterlagen informieren kann oder wenn ihm bereits alle Informationen bekannt sind, die für die Geltendmachung des Schadensersatzanspruchs gemäß Abs. 1 notwendig sind.[26] Es kann dann nicht mit Erfolg Auskunft verlangt werden. Die **Beweislast** für die fehlende Erforderlichkeit der Auskunft trägt der Netzbetreiber.

28 **4. Anspruchsinhalt.** Liegen die Anspruchsvoraussetzungen gemäß Abs. 2 vor, kann der Einspeisewillige vom Netzbetreiber Auskunft darüber verlangen, ob und inwieweit der Netzbetreiber seiner Verpflichtung zur Optimierung, zur Verstärkung und zum Ausbau des Netzes nachgekommen ist. Zur Erfüllung dieses Anspruchs muss der Netzbetreiber im erforderlichen Umfang seine Bedarfsermittlung und Netzentwicklungsplanung offenlegen. Unter Berücksichtigung des Zwecks des Auskunftsanspruchs, die Geltendmachung von Schadensersatzansprüchen gemäß Abs. 1 zu erleichtern, müssen Auskünfte gemäß Abs. 2 in Textform erteilt werden und zwar so, dass sie für den Einspeisewilligen oder einen sachkundigen Dritten nachvollziehbar sind.[27]

20 H. M., z. B. RGSt 55, 131; Schönke/Schröder/*Cramer/Perron*, StGB, 28. Aufl. 2010, § 263 Rn. 6.
21 Reshöft/*Schäfermeier*, 3. Aufl. 2009, § 10 Rn. 15.
22 So auch Altrock/Oschmann/Theobald/*Altrock/Thomas*, 4. Aufl. 2013, § 10 Rn. 21.
23 *Salje*, EEG, 6. Aufl. 2012, § 10 Rn. 15; Frenz/Müggenborg/*Ehricke*, 3. Aufl. 2013, § 10 Rn. 45.
24 BT-Drs. 18/1304, S. 186.
25 BT-Drs. 18/1304, S. 186.
26 Reshöft/*Schäfermeier*, 3. Aufl. 2009, § 10 Rn. 18.
27 Ähnlich Reshöft/*Schäfermeier*, 3. Aufl. 2009, § 10 Rn. 17; außerdem Altrock/Oschmann/Theobald/*Altrock/Thomas*, 4. Aufl. 2013, § 10 Rn. 24.

§ 14 Einspeisemanagement

(1) [1]Netzbetreiber dürfen unbeschadet ihrer Pflicht nach § 12 ausnahmsweise an ihr Netz unmittelbar oder mittelbar angeschlossene Anlagen und KWK-Anlagen, die mit einer Einrichtung zur ferngesteuerten Reduzierung der Einspeiseleistung bei Netzüberlastung im Sinne von § 9 Absatz 1 Satz 1 Nummer 1, Satz 2 Nummer 1 oder Absatz 2 Nummer 1 oder 2 Buchstabe a ausgestattet sind, regeln, soweit

1. andernfalls im jeweiligen Netzbereich einschließlich des vorgelagerten Netzes ein Netzengpass entstünde,
2. der Vorrang für Strom aus erneuerbaren Energien, Grubengas und Kraft-Wärme-Kopplung gewahrt wird, soweit nicht sonstige Stromerzeuger am Netz bleiben müssen, um die Sicherheit und Zuverlässigkeit des Elektrizitätsversorgungssystems zu gewährleisten, und
3. sie die verfügbaren Daten über die Ist-Einspeisung in der jeweiligen Netzregion abgerufen haben.

[2]Bei der Regelung der Anlagen nach Satz 1 sind Anlagen im Sinne des § 9 Absatz 2 erst nachrangig gegenüber den übrigen Anlagen zu regeln. [3]Im Übrigen müssen die Netzbetreiber sicherstellen, dass insgesamt die größtmögliche Strommenge aus erneuerbaren Energien und Kraft-Wärme-Kopplung abgenommen wird.

(2) Netzbetreiber müssen Betreiber von Anlagen nach § 9 Absatz 1 spätestens am Vortag, ansonsten unverzüglich über den zu erwartenden Zeitpunkt, den Umfang und die Dauer der Regelung unterrichten, sofern die Durchführung der Maßnahme vorhersehbar ist.

(3) [1]Netzbetreiber müssen die von Maßnahmen nach Absatz 1 Betroffenen unverzüglich über die tatsächlichen Zeitpunkte, den jeweiligen Umfang, die Dauer und die Gründe der Regelung unterrichten und auf Verlangen innerhalb von vier Wochen Nachweise über die Erforderlichkeit der Maßnahme vorlegen. [2]Die Nachweise müssen eine sachkundige dritte Person in die Lage versetzen, ohne weitere Informationen die Erforderlichkeit der Maßnahme vollständig nachvollziehen zu können; zu diesem Zweck sind im Fall eines Verlangens nach Satz 1 letzter Halbsatz insbesondere die nach Absatz 1 Satz 1 Nummer 3 erhobenen Daten vorzulegen. [3]Die Netzbetreiber können abweichend von Satz 1 Betreiber von Anlagen nach § 9 Absatz 2 in Verbindung mit Absatz 3 nur einmal jährlich über die Maßnahmen nach Absatz 1 unterrichten, solange die Gesamtdauer dieser Maßnahmen 15 Stunden pro Anlage im Kalenderjahr nicht überschritten hat; diese Unterrichtung muss bis zum 31. Januar des Folgejahres erfolgen. [4]§ 13 Absatz 5 Satz 3 des Energiewirtschaftsgesetzes bleibt unberührt.

Schrifttum: *Breuer*, Fernsteuerung von EEG-Anlagen: Aktuelle Rechtslage und Praxisprobleme, REE 2013, 81; *Dreher/Reshöft*, Erzeugungsmanagement nach dem EEG – Zulässigkeit und Grenzen, ZNER 2006, 311; *Kment*, Rechts vor links? Überlegungen zur Vereinfachung der rechtlichen Vorfahrtsregeln im deutschen Stromnetz, ZNER 2011, 225; *König*, Engpassmanagement in der deutschen und europäischen Elektrizitätsversorgung, 2013; *Müller*, Einspeisemanagement im EEG 2009, in: Loibl/Maslaton/v. Bredow (Hrsg.), Biogasanlagen im EEG 2009, 2009, S. 193; *Reshöft/Sellmann*, Die Novelle des EEG – Neue Wege auf bewährten Pfaden (Teil 1), ET 2009, Heft 1/2, 139; *Salje*, EEG-Vorrangprinzip und Netzengpassmanagement, RdE 2005, 250; *Scholz/Tüngler*, Zum Verhältnis des

Einspeisemanagements nach dem Erneuerbare-Energien-Gesetz und der Systemverantwortung der Übertragungsnetzbetreiber nach dem Energiewirtschaftsgesetz, RdE 2010, 317; *Schumacher*, Die Neuregelungen zum Einspeise- und Engpassmanagement, ZUR 2012, 17; *dies.*, Durchbrechung des Vorrangs für erneuerbare Energien?, ZUR 2009, 522.

Übersicht

I. Allgemeines

1   § 14 regelt die Voraussetzungen und Rechtsfolgen des sogenannten **Einspeisemanagements**, mit dem die Netzbetreiber in angespannten Netzsituationen die Einspeisung von Anlagen zur Erzeugung von Strom aus erneuerbaren Energien, Grubengas oder Kraft-Wärme-Kopplung reduzieren können, um die Netzsicherheit aufrechtzuerhalten oder wiederherzustellen. Das Einspeisemanagement gemäß § 14 ist ein Instrument des allgemeinen Gefährdungsmanagements gemäß § 13 Abs. 1 u. 2 EnWG und deshalb in seiner Anwendung mit den dort vorgesehenen Maßnahmen abzustimmen. Ziel des Einspeisemanagements ist es, durch eine Reduktion der Stromeinspeisungen Netzüberlastungen (sog. **Netzengpässe**) abzuwehren.

2   In der Vergangenheit war das Verhältnis des Einspeisemanagements gemäß § 14 und des allgemeinen Gefährdungsmanagements gemäß §§ 13, 14 Abs. 1 S. 1 EnWG umstritten.[1] Mit der **Energierechtsnovelle 2011**[2] hat der Gesetzgeber das Verhältnis eindeutig geregelt und Maßnahmen des Einspeisemanagements als Unterfall von Notfallmaßnahmen gemäß § 13 Abs. 2 EnWG eingeordnet, soweit es um die Abwehr von Netzengpässen geht.[3] Das ergibt sich aus § 13 Abs. 2a S. 3 EnWG, der bestimmt, dass die speziellen Anforderungen

---

[1] *Kment*, ZNER 2011, 225, 228 ff.; *Scholz/Tüngler*, RdE 2010, 317, 318 ff.; *Schumacher*, ZUR 2009, 522, 526 ff.; *Müller*, in: Loibl/Maslaton/v. Bredow, Biogasanlagen im EEG 2009, Rn. 37 ff.

[2] Gesetz zur Neuregelung energiewirtschaftsrechtlicher Vorschriften v. 26.7.2011, BGBl. I 1554 sowie Gesetz zur Neuregelung des Rechtsrahmens für die Förderung der Stromerzeugung aus erneuerbaren Energien v. 28.7.2011, BGBl. I 1634.

[3] Ausführlich unten, Rn. 61 ff.

der §§ 14, 15 EEG „*im Rahmen* von Maßnahmen nach [§ 13] Abs. 2 [EnWG]"[4] einzuhalten sind.

Abs. 1 regelt die **Voraussetzungen** und die **Rechtsfolgen** des Einspeisemanagements. Die **3** Vorschrift bestimmt insbesondere, wann und auf welche Weise Anlagen zur Erzeugung von Strom aus erneuerbaren Energien, Grubengas oder Kraft-Wärme-Kopplung abgeregelt werden dürfen. Abs. 2 verpflichtet die Netzbetreiber, die Anlagenbetreiber unverzüglich über bevorstehende Maßnahmen gemäß Abs. 1 zu **unterrichten**. Nach der Durchführung von Maßnahmen des Einspeisemanagements müssen die Netzbetreiber gemäß Abs. 3 detailliert über die durchgeführten Maßnahmen **informieren** und deren **Erforderlichkeit nachweisen**.

1. Normzweck. Das in § 14 geregelte Einspeisemanagement ist ein Instrument des sog. **4** **Gefährdungs-** oder **Netzsicherheitsmanagements**. Es dient der Abwehr von Gefahren für die Sicherheit und Zuverlässigkeit des Elektrizitätsversorgungssystems (vgl. § 13 Abs. 3 EnWG) durch Netzüberlastungen bzw. Netzengpässe (vgl. Abs. 1 S. 1 Nr. 1) und damit der Gewährleistung der Netzstabilität. Das Einspeisemanagement gemäß § 14 ist also eine Maßnahme im Rahmen des sog. **kurzfristigen Engpassmanagements**.[5] Anderen Gefahren als Netzengpässen (z. B. Frequenzschwankungen, Teilabschaltungen) kann mit Maßnahmen des Einspeisemanagements nicht begegnet werden, da dessen Voraussetzungen insoweit nicht vorliegen; die Netzbetreiber dürfen deshalb in diesen Fällen auch gegenüber Anlagen zur Erzeugung von Strom aus erneuerbaren Energien, Grubengas oder Kraft-Wärme-Kopplung unmittelbar auf das allgemeine Instrumentarium gemäß §§ 13, 14 Abs. 1 S. 1 EnWG zurückgreifen.[6]

Die Anwendung von Maßnahmen des Einspeisemanagements gegenüber Anlagen zur Er- **5** zeugung von Strom aus erneuerbaren Energien, Grubengas oder Kraft-Wärme-Kopplung ist abzustimmen mit **Maßnahmen gemäß §§ 13, 14 Abs. 1 S. 1 EnWG** gegenüber konventionellen Stromerzeugungsanlagen. § 13 EnWG regelt ein gesetzliches Stufensystem von Maßnahmen, die zur Abwehr von Gefährdungs- und Störungssituationen, also auch zur Beseitigung von Netzengpässen, von den Netzbetreibern zu ergreifen sind.[7] Auf der ersten Stufe sind gemäß § 13 Abs. 1 Nr. 1 EnWG **netzbezogene Maßnahmen** durchzuführen, die sich ausschließlich auf den technischen Netzbetrieb beziehen und keine Beteiligung der Netznutzer erfordern (vgl. § 13 EnWG Rn. 15). Auf der zweiten Stufe müssen gemäß § 13 Abs. 1 Nr. 2 EnWG **marktbezogene Maßnahmen** ergriffen werden, also solche, die auf vertraglichen Vereinbarungen der Netzbetreiber mit Netznutzern oder Dritten beruhen (vgl. § 13 EnWG Rn. 21). Auf der dritten Stufe stehen die sog. **Notfallmaßnahmen**, mit denen der verantwortliche Netzbetreiber auch die Ein- und Ausspeisungen solcher Netznutzer anpassen kann, mit denen er keine entsprechenden Verträge abgeschlossen hat. Hierzu dient ihm ein gesetzliches Eingriffsrecht gemäß § 13 Abs. 2 EnWG.

Maßnahmen des Einspeisemanagements gemäß § 14 sind gemäß § 13 Abs. 2a S. 3 EnWG **6** **Notfallmaßnahmen** im Sinne von § 13 Abs. 2 EnWG, da sie nicht auf vertraglichen Ver-

---

4 Hervorhebung d. Verf.

5 Ausführlich *König*, Engpassmanagement in der deutschen und europäischen Elektrizitätsversorgung, 2013, S. 415 ff., 477 ff.

6 Ausführlich § 13 EnWG Rn. 97 und unten, Rn. 63.

7 Ausführlich *König*, Engpassmanagement in der deutschen und europäischen Elektrizitätsversorgung, 2013, S. 491 ff.

einbarungen, sondern auf einem gesetzlichen Eingriffsrecht beruhen. Maßnahmen des Einspeisemanagements dürfen also erst ergriffen werden, wenn netz- und marktbezogene Maßnahmen gemäß § 13 Abs. 1 Nr. 1 u. 2 EnWG nicht mehr erfolgversprechend durchgeführt werden können. Andernfalls würde der verantwortliche Netzbetreiber gegen das gesetzliche Stufensystem verstoßen.

7   Der Gesetzgeber ist augenscheinlich der Auffassung, dass das allgemeine Instrumentarium gemäß § 13 Abs. 2 EnWG auf Anlagen zur Erzeugung von Strom aus erneuerbaren Energien, Grubengas oder Kraft-Wärme-Kopplung nicht passt und dass deshalb eine abweichende Sonderregelung im EEG erforderlich ist. Der **abweichende Regelungsgehalt** liegt jedoch weder in den tatbestandlichen Voraussetzungen noch in der primären Rechtsfolge. § 14 Abs. 1 und § 13 Abs. 2 EnWG erlauben gleichermaßen, zur Bewältigung von Netzengpässen die Stromeinspeisung von Erzeugungsanlagen anzupassen. Auch die Tatsache, dass § 14 Abs. 1 eine solche Steuerung von Anlagen nur bei Netzengpässen erlaubt, während § 13 Abs. 2 EnWG für alle Gefährdungs- und Störungssituationen (vgl. § 13 Abs. 3 EnWG) gilt, vermag das Vorhandensein der Sonderregelung gemäß § 14 allein nicht zu rechtfertigen. Seine Existenzberechtigung erhält § 14 erst durch die abweichende Regelung der **sekundären Rechtsfolgen**. Abs. 1 S. 1 bestimmt, dass der Netzerweiterungsanspruch gemäß § 12 Abs. 1 S. 1 durch das Einspeisemanagement gemäß § 14 nicht beeinträchtigt wird.[8] Abs. 2 und Abs. 3 regeln außerdem Informations- und Nachweispflichten, die deutlich über § 13 Abs. 2 S. 2, Abs. 5 EnWG hinausgehen.[9] Wichtiger ist noch, dass Maßnahmen des Einspeisemanagements gemäß § 14 Abs. 1 anders als sonstige Notfallmaßnahmen gemäß § 13 Abs. 2 EnWG **entschädigungspflichtig** sind. Dies ergibt sich aus § 15, der damit von der ansonsten geltenden Haftungsfreistellung für die Netzbetreiber gemäß § 13 Abs. 4 EnWG abweicht. Die Entschädigungspflicht gemäß § 15 Abs. 1 S. 1 ist der wichtigste von den §§ 13, 14 Abs. 1 S. 1 EnWG abweichende Inhalt der §§ 14, 15.

8   Die Einordnung des Einspeisemanagements auf der letzten Stufe des gesetzlichen Stufensystems zur Bewältigung von Netzengpässen und die als „Härtefallregelung" bezeichnete Entschädigungspflicht gemäß § 15 sollen sicherstellen, dass die Einspeisung von Anlagen zur Erzeugung von Strom aus erneuerbaren Energien, Grubengas und Kraft-Wärme-Kopplung im geringstmöglichen Umfang reduziert wird und dass solche Reduzierungen für die Anlagenbetreiber wirtschaftlich möglichst folgenlos bleiben. Ziel ist es, zur Förderung der Zwecke gemäß § 1 die **Planungs- und Investitionssicherheit** der Anlagenbetreiber zu erhöhen, damit insgesamt möglichst viel Strom aus erneuerbaren Energien, Grubengas oder Kraft-Wärme-Kopplung erzeugt werden kann.[10] Auch die weitreichenden Informations- und Nachweispflichten gemäß Abs. 2 und Abs. 3 dienen dem Schutz der Anlagenbetreiber.[11]

9   **2. Entstehungsgeschichte.** Eine ausdrückliche Regelung über den Umgang mit Netzengpässen enthielt erstmals **§ 4 Abs. 3 EEG 2004**, der allerdings noch nicht für Anlagen zur Erzeugung von Strom aus Kraft-Wärme-Kopplung galt. Die Vorschrift lautete wie folgt:

---

8 Unten, Rn. 58 ff.
9 Unten, Rn. 64 ff., 72 ff.
10 BT-Drs. 16/8148, S. 46; Altrock/Oschmann/Theobald/*Wustlich/Hoppenbrock*, 4. Aufl. 2013, § 11 Rn. 6.
11 Reshöft/*Schäfermeier*, 3. Aufl. 2009, § 11 Rn. 4; *Müller*, Einspeisemanagement im EEG 2009, Rn. 36.

"§ 4 Abnahme- und Übertragungspflicht

[...] (3) ¹Die Verpflichtung zum vorrangigen Anschluss nach Absatz 1 Satz 1 besteht auch dann, wenn das Netz oder ein Netzbereich zeitweise vollständig durch Strom aus Erneuerbaren Energien oder Grubengas ausgelastet ist, es sei denn, die Anlage ist nicht mit einer technischen Einrichtung zur Reduzierung der Einspeiseleistung bei Netzüberlastung ausgestattet. ²Die Verpflichtung nach Absatz 1 Satz 1 zur vorrangigen Abnahme des in diesen Anlagen erzeugten Stroms besteht nur, soweit das Netz oder der Netzbereich nicht durch Strom aus zeitlich vor diesen Anlagen angeschlossenen Anlagen zur Erzeugung von Strom aus Erneuerbaren Energien oder Grubengas vollständig ausgelastet ist; die Verpflichtung zum unverzüglichen Ausbau nach Absatz 2 Satz 2 bleibt unberührt. ³Der Netzbetreiber ist auf Verlangen des Anlagenbetreibers verpflichtet, bei Nichtabnahme des Stroms das Vorliegen der Voraussetzungen nach Satz 2 innerhalb von vier Wochen schriftlich unter Vorlage nachprüfbarer Berechnungen nachzuweisen."

§ 4 Abs. 3 S. 1 EEG 2004 stellte zunächst klar, dass Netzengpässe nichts an der Pflicht des **10** Netzbetreibers zum unverzüglichen vorrangigen Netzanschluss von Anlagen zur Erzeugung von Strom aus erneuerbaren Energien und Grubengas änderten. Damit war dem Netzbetreiber die Möglichkeit genommen, die Belastung seines Netzes über Netzanschlussverweigerungen zu steuern. Stattdessen war der Netzbetreiber gemäß § 4 Abs. 2 S. 2, Abs. 3 S. 2 a. E. EEG 2004 verpflichtet, sein Netz auf Verlangen des Einspeisewilligen unverzüglich auszubauen, soweit dies wirtschaftlich zumutbar war. Die Vorschrift entspricht weitgehend dem heutigen § 12 Abs. 1 S. 1. Für den Fall, dass dennoch Netzengpässe auftraten, etwa weil der Netzausbau nach § 4 Abs. 2 S. 2 EEG 2004 noch nicht abgeschlossen war, sah § 4 Abs. 3 S. 2 EEG 2004 ein Ruhen der Abnahmepflicht gemäß § 4 Abs. 1 S. 1 EEG 2004 vor. Dies galt allerdings nur, soweit das Netz durch Strom aus früher angeschlossenen Anlagen zur Erzeugung von Strom aus erneuerbaren Energien oder Grubengas vollständig ausgelastet war.[12] Bei der Abregelung war also der Einspeisevorrang einzuhalten, d. h. die Überlastung musste in erster Linie durch eine Reduzierung der Einspeiseleistung von konventionellen Stromerzeugungsanlagen beseitigt werden. Erst wenn nur noch privilegierter Strom in das Netz eingespeist wurde, durfte der Netzbetreiber auch auf die Einspeiseleistung von Anlagen zur Erzeugung von Strom aus erneuerbaren Energien oder Grubengas zugreifen. § 4 Abs. 3 S. 3 EEG 2004 verpflichtete die Netzbetreiber, das Vorliegen der Voraussetzungen gemäß § 4 Abs. 3 S. 2 EEG 2004 auf Verlangen des Anlagenbetreibers innerhalb von vier Wochen schriftlich nachzuweisen.

In Hinblick auf § 4 Abs. 3 S. 2 EEG 2004 war umstritten, ob bei der Anwendung des da- **11** mals sogenannten „Erzeugungsmanagements" alle diesem Instrument unterliegenden Anlagen gleich zu behandeln waren, oder ob die zuletzt in Betrieb gegangenen Anlagen zuerst abgeschaltet werden mussten.[13] Für Letzteres sprach insbesondere, dass das Gesetz selbst in § 4 Abs. 3 S. 2 EEG 2004 auf die Anschlussreihenfolge Bezug nahm und dass die Planungs- und Investitionssicherheit der Anlagenbetreiber gelitten hätte, wenn frühzeitig angeschlossene Anlagen gleichberechtigt in ein zum Zeitpunkt des Anschlusses noch nicht absehbares Erzeugungsmanagement einbezogen worden wären. Die Abregelung nach der

---

12 Vgl. § 4 Abs. 3 S. 2 EEG 2004.
13 Siehe dazu u. a.. LG Itzehoe, ZNER 2006, 60, 62 = RdE 2006, 128 m. zust. Anm. *Fischer/Lorenzen*; *Salje*, RdE 2005, 250 ff.; *Dreher/Reshöft*, ZNER 2006, 311, 316 f.

Anschlussreihenfolge setzte außerdem die richtigen Anreize, um Anlagenbetreiber davon abzubringen, Neuanschlüsse in bereits stark belasteten Netzgebieten zu beantragen.

12   Nach Auffassung des Gesetzgebers führte die praktische Umsetzung von § 4 Abs. 3 S. 2 EEG 2004 zu einer in steigendem Maße wirtschaftlich kritischen Abregelung von Windenergieanlagen.[14] Die Ursache dafür lag in zwei Schwachstellen begründet, die § 4 Abs. 3 S. 2 EEG 2004 seit jeher aufwies: die Vorschrift regelte weder ausdrücklich die **Abschaltreihenfolge** (dazu Rn. 53 ff.), noch sah sie im Falle einer Abregelung eine **Entschädigung** der Anlagenbetreiber vor. Maßnahmen des Erzeugungsmanagements blieben für die Netzbetreiber weitgehend folgenlos. Es fehlten wirtschaftliche Anreize, die die Netzbetreiber dazu hätten bewegen können, die Ausfallarbeit, d.h. die infolge des Erzeugungsmanagements insgesamt nicht eingespeiste Menge an Strom aus erneuerbaren Energien und Grubengas möglichst gering zu halten. Anlagen zur Erzeugung von Strom aus erneuerbaren Energien und Grubengas wurden deshalb häufiger abgeregelt, als es der Absicht des Gesetzgebers entsprochen hätte.

13   Mit §§ 11, 12 EEG 2009 wurde das Erzeugungsmanagement neu geregelt und mit seinem heutigen Namen „Einspeisemanagement" versehen. Die Vorschriften lauteten ursprünglich wie folgt:

„§ 11 Einspeisemanagement

(1) [1]Netzbetreiber sind unbeschadet ihrer Pflicht nach § 9 ausnahmsweise berechtigt, an ihr Netz angeschlossene Anlagen mit einer Leistung über 100 Kilowatt zur Erzeugung von Strom aus Erneuerbaren Energien, Kraft-Wärme-Kopplung oder Grubengas zu regeln, soweit 1. andernfalls die Netzkapazität im jeweiligen Netzbereich durch diesen Strom überlastet wäre, 2. sie sichergestellt haben, dass insgesamt die größtmögliche Strommenge aus Erneuerbaren Energien und aus Kraft-Wärme-Kopplung abgenommen wird, und 3. sie die Daten über die Ist-Einspeisung in der jeweiligen Netzregion abgerufen haben. [2]Die Regelung der Anlagen nach Satz 1 darf nur während einer Übergangszeit bis zum Abschluss von Maßnahmen im Sinne des § 9 erfolgen.

(2) Die Rechte aus § 13 Abs. 1 und § 14 Abs. 1 des Energiewirtschaftsgesetzes vom 7. Juli 2005 bestehen gegenüber Betreibern von Anlagen zur Erzeugung von Strom aus Erneuerbaren Energien, Kraft-Wärme-Kopplung oder Grubengas fort, soweit die Maßnahmen nach Absatz 1 nicht ausreichen, um die Sicherheit und Zuverlässigkeit des Elektrizitätsversorgungssystems zu gewährleisten.

(3) [1]Netzbetreiber sind verpflichtet, auf Anfrage denjenigen Anlagenbetreiberinnen und -betreibern, deren Anlagen von Maßnahmen nach Absatz 1 betroffen waren, innerhalb von vier Wochen Nachweise über die Erforderlichkeit der Maßnahme vorzulegen. [2]Die Nachweise müssen eine sachkundige dritte Person in die Lage versetzen, ohne weitere Informationen die Erforderlichkeit der Maßnahmen vollständig nachvollziehen zu können; zu diesem Zweck sind insbesondere die nach Absatz 1 Satz 1 Nr. 3 erhobenen Daten vorzulegen.

§ 12 Härtefallregelung

(1) [1]Der Netzbetreiber, in dessen Netz die Ursache für die Notwendigkeit der Regelung nach § 11 Abs. 1 liegt, ist verpflichtet, Anlagenbetreiberinnen und -betreibern, die auf-

---

14 BT-Drs. 16/8148, S. 46.

grund von Maßnahmen nach § 11 Abs. 1 Strom nicht einspeisen konnten, in einem ver-einbarten Umfang zu entschädigen. [2]*Ist eine Vereinbarung nicht getroffen, sind die ent-gangenen Vergütungen und Wärmeerlöse abzüglich der ersparten Aufwendungen zu leisten.*

(2) [1]*Der Netzbetreiber kann die Kosten nach Absatz 1 bei der Ermittlung der Netzent-gelte in Ansatz bringen, soweit die Maßnahme erforderlich war und er sie nicht zu ver-treten hat.* [2]*Der Netzbetreiber hat sie insbesondere zu vertreten, soweit er nicht alle Möglichkeiten zur Optimierung, zur Verstärkung und zum Ausbau des Netzes ausge-schöpft hat.*

(3) Schadensersatzansprüche von Anlagenbetreiberinnen und -betreibern gegen den Netzbetreiber bleiben unberührt."

Nach dem erklärten Willen des Gesetzgebers sollte das Einspeisemanagement, in das nun **14** ausdrücklich auch Anlagen zur Erzeugung von Strom aus Kraft-Wärme-Kopplung einzu-beziehen waren, stärker darauf abzielen, dass die Einspeisung von Strom aus erneuerbaren Energien, Grubengas oder Kraft-Wärme-Kopplung in Zeiten, in denen dieser Strom ange-boten werden konnte, auch tatsächlich stattfand.[15] Erreicht werden sollte dies insbesondere durch die Verpflichtung der Netzbetreiber gemäß § 11 Abs. 1 S. 1 Nr. 2 EEG 2009, insge-samt die größtmögliche Strommenge aus erneuerbaren Energien und aus Kraft-Wärme-Kopplung abzunehmen. Die Netzbetreiber mussten nunmehr sicherstellen, dass die Aus-fallarbeit (Rn. 47) möglichst gering ausfiel. Umstritten war allerdings, ob dabei nur auf die konkrete Situation abzustellen war oder ob die Netzbetreiber auch die Möglichkeit einer Verlagerung der Stromeinspeisung in die Zukunft und damit das Speicherpotenzial von Anlagen zu berücksichtigen hatten (ausführlich unten, Rn. 49 ff.).[16]

Wichtiger noch als diese Regelung dürfte die Einführung einer Entschädigungspflicht **15** durch **§ 12 Abs. 1 EEG 2009** gewesen sein. Der Netzbetreiber, in dessen Netz die Ursache für die Notwendigkeit der Maßnahme nach § 11 Abs. 1 EEG 2009 lag, war danach ver-pflichtet, Anlagenbetreibern, die aufgrund der Maßnahme Strom nicht einspeisen konnten, durch die Zahlung eines Geldbetrags zu entschädigen. Die Kosten der Entschädigung konnte der Netzbetreiber gemäß § 12 Abs. 2 S. 1 EEG 2009 bei der Ermittlung der Netz-entgelte nur in Ansatz bringen, soweit die Maßnahme erforderlich war und er sie nicht zu vertreten hatte. Durch diese Regelung erhielten die Netzbetreiber einen wirtschaftlichen Anreiz, nur noch erforderliche Maßnahmen gemäß § 11 Abs. 1 EEG 2009 durchzuführen, also solche, ohne die sich die Netzsicherheit nicht hätte gewährleisten lassen. § 12 Abs. 2 S. 1 EEG 2009 leistete damit einen wichtigen Beitrag, um das Ausmaß unnötiger Abrege-lungen zurückzudrängen.

Neue Probleme ergaben sich nun insbesondere daraus, dass der Gesetzgeber das Verhältnis **16** der §§ 11, 12 und der §§ 13, 14 Abs. 1 S. 1 EnWG unglücklich geregelt hatte. Die maßgeb-lichen Vorschriften § 11 Abs. 2 EEG 2009 und § 13 Abs. 1 S. 2 EnWG 2005 waren nach allgemeiner Meinung missverständlich[17] und wurden deshalb mit der Energierechtsnovelle

---

15 BT-Drs. 16/8148, S. 46.
16 Vgl. hierzu z.B. Altrock/Oschmann/Theobald/*Wustlich/Hoppenbrock*, 3. Aufl. 2011, § 11 Rn. 30 ff.
17 So z.B. Altrock/Oschmann/Theobald/*Wustlich/Hoppenbrock*, 3. Aufl. 2011, § 11 Rn. 4, 7.

2011 aufgehoben.[18] Im Rahmen der EEG-Novelle 2014 wurde aus § 11 EEG 2009, mit geringfügigen redaktionellen Änderungen, der heutige § 14. Das Verhältnis des Einspeisemanagements gemäß § 14 und des allgemeinen Gefährdungsmanagements gemäß §§ 13, 14 Abs. 1 S. 1 EnWG ist seit der EnWG-Novelle 2011 in § 13 Abs. 2a EnWG detailliert und im Ergebnis überzeugend geregelt.[19]

17 Auch an anderer Stelle wurden die §§ 14, 15 (vormals: §§ 11, 12 EEG 2009) zum 1.1.2012 maßgeblich geändert. § 11 Abs. 1 S. 1 EEG 2009, demzufolge die Regelung nach § 11 Abs. 1 S. 1 EEG 2009 **nur während einer Übergangszeit** bis zum Abschluss von Maßnahmen im Sinne des § 9 EEG 2009 erfolgen durfte, wurde ersatzlos gestrichen. Damit wurde der Tatsache Rechnung getragen, dass der Netzerweiterungsanspruch gemäß § 12 Abs. 1 S. 1 Einschränkungen unterliegt (insb. bei wirtschaftlicher Unzumutbarkeit), sodass nicht in allen Fällen das Netz erweitert werden muss. Soweit nach § 12 Abs. 1 S. 1 keine Netzerweiterungspflicht besteht, muss das Einspeisemanagement gemäß § 14 jedoch dauerhaft möglich sein.

18 Abs. 1 S. 1 erstreckt sich nunmehr auf alle Anlagen zur Erzeugung von Strom aus erneuerbaren Energien, Grubengas oder Kraft-Wärme-Kopplung, die mit einer Einrichtung zur ferngesteuerten Reduzierung der Einspeiseleistung bei Netzüberlastung im Sinne von § 9 Abs. 1 Nr. 1, Abs. 2 Nr. 1 oder Abs. 2 Nr. 2 lit. a ausgestattet sind. Mit dem neuen **Verweis auf § 9** hat der Gesetzgeber dafür gesorgt, dass nur solche Anlagen geregelt werden müssen, die mit den dafür notwendigen technischen Einrichtungen ausgerüstet sind. Damit wird verhindert, dass § 14 eine technisch und damit tatsächlich unmögliche Verpflichtung aufstellt, wie dies § 11 EEG 2009 in seiner ursprünglichen Fassung wegen des damals noch fehlenden Gleichlaufs mit § 6 EEG 2009 teilweise getan hat.

19 Die Verpflichtung zur Abnahme der insgesamt **größtmöglichen Strommenge** aus erneuerbaren Energien und aus Kraft-Wärme-Kopplung wurde durch die EEG-Novelle v. 28.7.2011 von § 11 Abs. 1 S. 1 Nr. 2 EEG 2009 in Abs. 1 S. 2 verschoben, um der Tatsache Rechnung zu tragen, dass es sich hierbei nicht um eine Tatbestandsvoraussetzung, sondern um die Bestimmung einer Rechtsfolge handelt.[20] Abs. 1 S. 2 definiert, welche Anlagen in welcher Reihenfolge in das Einspeisemanagement einzubeziehen sind und gibt damit vor, wie sich der Netzbetreiber bei Vorliegen der Voraussetzungen von Abs. 1 S. 1 zu verhalten hat.

20 Im Rahmen der **EEG-Novelle 2014** wurde aus § 11 EEG 2009 der jetzige § 14. Die Vorschrift erhielt so außerdem ihre gegenwärtige Fassung. Inhaltliche Änderungen waren mit der Novelle nicht verbunden. Diese sollen erst durch ein weiteres Gesetzgebungsverfahren zur Änderung des Energiewirtschaftsgesetzes erfolgen.[21] Die Bundesregierung strebt nach eigenen Angaben eine ganzheitliche Regelung für das Einspeise- und Erzeugungsmanagement an. Sie will eine bessere Verknüpfung dieser Instrumente mit der Netzausbauplanung erreichen. Konkrete Vorschläge lagen Anfang 2015 noch nicht vor.

---

18 Gesetz zur Neuregelung energiewirtschaftsrechtlicher Vorschriften v. 26.7.2011, BGBl. I, 1554 sowie Gesetz zur Neuregelung des Rechtsrahmens für die Förderung der Stromerzeugung aus erneuerbaren Energien v. 28.7.2011, BGBl. I, 1634.
19 Ausführlich oben Rn. 2 und unten Rn. 61 ff.
20 BT-Drs. 17/6071, S. 64.
21 BT-Drs. 18/1304, S. 186.

3. Normadressaten. § 14 adressiert die Netzbetreiber und bestimmte Anlagenbetreiber. **21** Während die Netzbetreiber zur Durchführung des Einspeisemanagements berechtigt werden, haben die Anlagenbetreiber als Verpflichtete die Durchführung des Einspeisemanagements unter den Voraussetzungen von § 11 zu dulden.

a) Berechtigte. § 14 berechtigt die Netzbetreiber, also gemäß § 5 Nr. 27 jeden Betreiber **22** eines Netzes für die allgemeine Versorgung mit Elektrizität, unabhängig von der Spannungsebene. Ein Netz ist gemäß § 5 Nr. 26 die Gesamtheit der miteinander verbundenen technischen Einrichtungen zur Abnahme, Übertragung und Verteilung von Elektrizität für die allgemeine Versorgung (s. zu beiden Definitionen ausführlich § 5 Rn. 150 ff., 155 ff.).

Seit der EEG-Novelle v. 28.7.2011, die zum 1.1.2012 in Kraft getreten ist, stellt Abs. 1 S. 1 **23** klar, dass nicht nur **unmittelbar** an ein Netz angeschlossene Anlagen im Rahmen des Einspeisemanagements geregelt werden können. Die Netzbetreiber dürfen also auch auf **mittelbar** an ihr Netz angeschlossene Anlagen zugreifen, d.h. solche, die unmittelbar an das Netz eines nachgelagerten Netzbetreibers angeschlossen sind. Zu denken ist insbesondere an solche Konstellationen, in denen der vorgelagerte Netzbetreiber die Systemverantwortung für nachgelagerte Netze unmittelbar selbst wahrnimmt und insofern direkten Zugriff auf die an das Netz eines nachgelagerten Netzbetreibers angeschlossenen Anlagen erhält.[22] Abs. 1 S. 1 und damit auch Abs. 2 und Abs. 3 berechtigen also gegebenenfalls nicht nur den **Anschlussnetzbetreiber**, sondern auch **vorgelagerte Netzbetreiber**.

b) Verpflichtete. § 14 verpflichtet wörtlich die Betreiber von unmittelbar oder mittelbar **24** angeschlossenen Anlagen und KWK-Anlagen, die mit einer Einrichtung zur ferngesteuerten Reduzierung der Einspeiseleistung bei Netzüberlastung im Sinne von § 9 Abs. 1 S. 1 Nr. 1, S. 2 Nr. 1 oder Abs. 2 Nr. 1 oder Nr. 2 lit. a ausgestattet sind.

Eine **Anlage** ist gemäß § 5 Nr. 1 Hs. 1 jede Einrichtung zur Erzeugung von Strom aus erneuerbaren Energien oder aus Grubengas (s. ausführlich § 5 Rn. 15 ff.). § 5 Nr. 1 Hs. 2 stellt **25** klar, dass als Anlagen zur Erzeugung von Strom aus erneuerbaren Energien oder aus Grubengas auch solche Einrichtungen gelten, die zwischengespeicherte Energie, die ausschließlich aus erneuerbaren Energien oder aus Grubengas stammt, aufnehmen und in elektrische Energie umwandeln. Mit dieser gesetzlichen Fiktion werden die in einem System diskontinuierlicher Leistungseinspeisung dringend benötigten Speicheranlagen privilegiert, um Anreize für deren Erforschung und Entwicklung zu geben. Unerheblich ist für die Teilnahme am Einspeisemanagement, ob sich eine Anlage im gesetzlichen Vergütungssystem gemäß §§ 19 ff. EEG oder in der Direktvermarktung gemäß §§ 34 ff. EEG befindet.[23] Auch Anlagen, deren Vergütungsdauer gemäß § 22 S. 2 ausgelaufen ist (derzeit noch ein hypothetischer Fall) können in das Einspeisemanagement einbezogen werden. Bei ihnen ergibt sich lediglich die Besonderheit, dass die entgangenen Einnahmen i.S.v. § 15 Abs. 1 S. 1 anhand der Marktpreise berechnet werden müssen.

Für den Begriff der **KWK-Anlage** verweist § 5 Nr. 23 auf die Begriffsdefinition in § 3 **26** Abs. 2 des Kraft-Wärme-Kopplungsgesetzes (KWKG). Danach sind KWK-Anlagen im Sinne des KWKG Feuerungsanlagen mit Dampfturbinen-Anlagen (Gegendruckanlagen, Entnahme- und Anzapfkondensationsanlagen) oder Dampfmotoren, Gasturbinen-Anlagen

22 BT-Drs. 17/6071, S. 64.
23 Altrock/Oschmann/Theobald/*Wustlich/Hoppenbrock*, 4. Aufl. 2013, § 11 Rn. 21; *Schumacher*, ZUR 2009, 522, 523 f.

(mit Abhitzekessel oder mit Abhitzekessel und Dampfturbinen-Anlage), Verbrennungsmotoren-Anlagen, Stirling-Motoren, ORC (Organic Rankine Cycle)-Anlagen sowie
Brennstoffzellen-Anlagen, in denen Strom und Nutzwärme erzeugt werden (s. ausführlich
§ 3 KWKG Rn. 17 ff.). KWK-Anlagen und Anlagen zur Erzeugung von Strom aus erneuerbaren Energien oder Grubengas sind einander hinsichtlich der Abnahme von Strom gemäß § 11 Abs. 1 S. 3 EEG und § 4 Abs. 1 S. 3 KWKG gleichgestellt.

27 Gemäß Abs. 1 S. 1 verpflichtet sind die Betreiber von **unmittelbar** und **mittelbar** an ein
Netz angeschlossenen Anlagen. Das bedeutet, dass Anlagenbetreiber auch vorgelagerten
Netzbetreibern gegenüber zur Mitwirkung am Einspeisemanagement verpflichtet sein
können (s. Rn. 23). In der Praxis erfolgt der Zugriff auf Anlagen aber in der Regel durch
den Anschlussnetzbetreiber, mit dem der betroffene Anlagenbetreiber in einer vertraglichen Beziehung steht.

28 Am Einspeisemanagement teilnehmen müssen gemäß Abs. 1 S. 1 alle Anlagen, die mit einer **Einrichtung zur ferngesteuerten Reduzierung** der Einspeiseleistung bei Netzüberlastung im Sinne von § 9 Abs. 1 S. 1 Nr. 1, S. 2 Nr. 1 oder Abs. 2 Nr. 1 oder Nr. 2 lit. a ausgestattet sind. Nach § 9 Abs. 1 müssen alle Anlagen zur Erzeugung von Strom aus erneuerbaren Energien, Grubengas oder Kraft-Wärme-Kopplung mit einer installierten Leistung von
mehr als 100 Kilowatt mit technischen Einrichtungen ausgestattet werden, mit denen der
Netzbetreiber die Einspeiseleistung bei Netzüberlastung ferngesteuert reduzieren und die
jeweilige Ist-Einspeisung abrufen kann. Gemäß § 9 Abs. 2 Nr. 1 müssen außerdem **Photovoltaikanlagen** mit einer installierten Leistung von mehr als 30 Kilowatt und höchstens
100 Kilowatt mit einer technischen Einrichtung zur ferngesteuerten Reduzierung der Einspeiseleistung ausgestattet werden. Bei Photovoltaikanlagen mit einer installierten Leistung von höchstens 30 Kilowatt hat der jeweilige Anlagenbetreiber gemäß § 9 Abs. 2 Nr. 2
ein Wahlrecht. Alle Anlagen, die gemäß § 9 Abs. 1 oder Abs. 2 in Erfüllung einer gesetzlichen Pflicht oder freiwillig mit technischen Einrichtungen zur ferngesteuerten Reduzierung der Einspeiseleistung ausgestattet wurden, können auch in das Einspeisemanagement
gemäß § 14 einbezogen werden. Durch die Neufassung von § 14 (damals: § 11 EEG 2009)
im Rahmen der EEG-Novelle v. 28.7.2011 wurde also ein vollständiger Gleichlauf von
§ 14 (damals: § 11 EEG 2009) und § 9 (damals: § 6 EEG 2009) hergestellt. Auf der Rechts-
folgenebene ist allerdings zu beachten, dass § 14 Abs. 1 S. 2 Photovoltaikanlagen mit einer
installierten Leistung von höchstens 100 Kilowatt im Rahmen des Einspeisemanagements
privilegiert (s. Rn. 44).

29 Anlagen mit einer installierten Leistung von **weniger als 100 Kilowatt**, die keine Photovoltaikanlagen sind und deshalb nicht von § 9 Abs. 2 erfasst werden, dürfen in das Einspeisemanagement gemäß Abs. 1 S. 1 nicht einbezogen werden. Solche Anlagen haben wegen
ihrer geringen Größe ohnehin kaum einen Einfluss auf die Netzstabilität. Der technische
und bürokratische Aufwand für die Regelung und die Erfüllung der Informations- und Ent-
schädigungspflichten gemäß Abs. 2, Abs. 3 und § 15 stünde deshalb in keinem angemessenen Verhältnis zu dem erreichbaren Nutzen. Der Gesetzgeber hat sich vor diesem Hintergrund zu Recht dafür entschieden, Kleinstanlagen über eine **Bagatellgrenze** aus dem Einspeisemanagement herauszuhalten.

II. Durchführung des Einspeisemanagements (Abs. 1)

Abs. 1 regelt, unter welchen Voraussetzungen ein Einspeisemanagement durchgeführt werden darf und auf welche Weise es durchzuführen ist.

1. Voraussetzungen (S. 1). Maßnahmen des Einspeisemanagements dürfen nur durchgeführt werden, wenn die drei in Abs. 1 S. 1 aufgezählten Voraussetzungen erfüllt sind. Es muss also im jeweiligen Netzbereich einschließlich des vorgelagerten Netzes ein Netzengpass drohen, der Einspeisevorrang für Strom aus erneuerbaren Energien, Grubengas und Kraft-Wärme-Kopplung muss eingehalten werden, und der Netzbetreiber muss die verfügbaren Daten über die Ist-Einspeisung im jeweiligen Netzbereich abgerufen haben.

a) Gefahr eines Netzengpasses (Nr. 1). Gemäß Abs. 1 S. 1 Nr. 1 darf ein Einspeisemanagement nur durchgeführt werden, soweit andernfalls im jeweiligen Netzbereich einschließlich des vorgelagerten Netzes ein Netzengpass entstünde. Die Gefahr eines Netzengpasses ist auch eine der Ausprägungen einer **Gefährdungssituation** im Sinne von § 13 Abs. 3 EnWG. Unter einem Netzengpass im Sinne der §§ 13 Abs. 3 EnWG, 11 Abs. 1 S. 1 Nr. 1 ist eine Situation zu verstehen, in der ein Bestandteil des Stromnetzes wegen **unzureichender Kapazitäten** nicht alle Stromflüsse im Rahmen des von den Marktteilnehmern gewünschten Handels bewältigen kann.[24] Der Transmission Code 2007 der deutschen Netzbetreiber definiert Netzengpässe mithilfe des (n-1)-Kriteriums. Ein Netzengpass besteht danach, wenn das (n-1)-Kriterium nicht eingehalten wird oder wenn der zuständige Netzbetreiber die begründete Erwartung hat, dass bei Akzeptanz aller bereits bekannten oder prognostizierten Fahrplananmeldungen ohne durch ihn veranlasste Sondermaßnahmen das (n-1)-Kriterium nicht eingehalten werden kann.[25] Das **(n-1)-Kriterium** besagt, dass der sichere Netzbetrieb auch noch gewährleistet sein muss, wenn ein Betriebsmittel ausfällt. Es handelt sich bei einem Netzengpass also um eine Überlastungssituation, in der die Nutzung des Netzes eingeschränkt werden muss, da andernfalls eine Gefährdung der technischen Netzsicherheit nicht auszuschließen wäre.

Solche Netzengpässe treten in den letzten Jahren immer häufiger auf, da die Umstellung der Stromerzeugung auf erneuerbare Energien schneller voranschreitet als die dafür erforderliche **Umstrukturierung der Elektrizitätsversorgungsnetze**.[26] Insbesondere als Folge des Ausbaus der Windenergie on- und offshore und des Ausstiegs aus der Kernenergie verlagert sich die Stromerzeugung zunehmend in den Norden Deutschlands, sodass Strom in großem Umfang in die Verbrauchszentren in West- und Süddeutschland transportiert werden muss. Der dafür erforderliche Ausbau der Nord-Süd-Trassen der Übertragungsnetze kommt jedoch auch nach der Verabschiedung von mittlerweile drei „Netzausbaubeschleunigungsgesetzen"[27] nicht mit der gewünschten Geschwindigkeit voran.[28] Netzengpässe sind deshalb gegenwärtig und auf absehbare Zeit keine völlig außergewöhnlichen Ereig-

30

31

32

33

---

24 *König*, Engpassmanagement in der deutschen und europäischen Elektrizitätsversorgung, 2013, S. 37 ff., 417 ff.

25 VDN, Transmission Code 2007, S. 76.

26 Ausführlich *König*, Engpassmanagement in der deutschen und europäischen Elektrizitätsversorgung, 2013, S. 47 ff.

27 Gesetz zur Beschleunigung von Planungsverfahren für Infrastrukturvorhaben v. 9.12.2006 (Infrastrukturplanungsbeschleunigungsgesetz – IPBeschlG), BGBl. 2006 I 2833; Gesetz zur Beschleunigung des Ausbaus der Höchstspannungsnetze v. 21.8.2009 (einschließlich des Energieleitungsausbaugesetzes – EnLAG), BGBl. 2009 I 2870; Gesetz über Maßnahmen zur Beschleunigung des

nisse, sondern gehören zu den Realitäten eines operativen Netzbetriebs, der sich im Wandel der energiepolitischen Leitbilder immer neuen technischen und ökonomischen Herausforderungen gegenübergestellt sieht.

34 Ob ein Netzengpass droht, muss von dem verantwortlichen Netzbetreiber anhand der gegebenen Umstände im Rahmen einer Prognose ermittelt werden. Bei der nachträglichen rechtlichen Beurteilung der Prognose ist wie bei § 13 Abs. 3 EnWG die **Ex-ante-Sicht** des handelnden Netzbetreibers maßgeblich und nicht die Ex-post-Sicht der überprüfenden Stelle.[29] Die Feststellung, dass ein Netzengpass i.S.v. Abs. 1 S. 1 Nr. 1 zu besorgen war, darf also nur anhand derjenigen Tatsachen überprüft werden, die der Netzbetreiber zum Zeitpunkt der Vornahme der Prognose kannte oder hätte kennen müssen. In Anlehnung an das Gefahrenabwehrrecht muss außerdem der anzulegende **Sorgfaltsmaßstab** von der Wahrscheinlichkeit des Netzengpasses, dessen zeitlicher Nähe und dem Ausmaß des möglichen Schadens abhängig gemacht werden.[30]

35 **b) Ausschöpfung aller vorrangigen Maßnahmen (Nr. 2).** Gemäß Abs. 1 S. 1 Nr. 2 setzt die Durchführung eines Einspeisemanagements weiterhin voraus, dass der Vorrang für Strom aus erneuerbaren Energien, Grubengas und Kraft-Wärme-Kopplung gewahrt bleibt. Das bedeutet, dass Maßnahmen des Einspeisemanagements nur durchgeführt werden dürfen, wenn alle vorrangigen Maßnahmen nach dem **gesetzlichen Stufensystem** des § 13 EnWG bereits nicht mehr zur Verfügung stehen (vgl. § 13 EnWG Rn. 104 ff.; oben, Rn. 6). Der handelnde Netzbetreiber muss also bereits alle geeigneten und ihm möglichen netz- und marktbezogenen Maßnahmen gemäß § 13 Abs. 1 EnWG durchgeführt haben. Auch Notfallmaßnahmen gemäß § 13 Abs. 2 EnWG gegenüber konventionellen Stromerzeugungsanlagen sind vor Maßnahmen des Einspeisemanagements zu ergreifen. Das ergibt sich außer aus Abs. 1 S. 1 Nr. 2 auch aus § 13 Abs. 2a S. 3 EnWG, der die Netzbetreiber ebenfalls zur Einhaltung des Vorrangprinzips anhält. Maßnahmen des Einspeisemanagements gemäß § 14 dürfen grundsätzlich erst durchgeführt werden, wenn keine konventionellen Stromerzeugungsanlagen mehr Strom in das jeweilige Netz einspeisen. Etwas anderes gilt gemäß § 13 Abs. 2a S. 4 EnWG, soweit die Einhaltung des Vorrangprinzips die Beseitigung einer Gefährdung oder Störung verhindern würde. Ein solcher Ausnahmefall liegt gemäß § 13 Abs. 2a S. 5 EnWG und § 14 Abs. 1 S. 1 Nr. 2 insbesondere vor, soweit die Netzbetreiber zur Gewährleistung der Sicherheit und Zuverlässigkeit des Elektrizitätsversorgungssystems auf die Mindesteinspeisung aus bestimmten konventionellen Anlagen angewiesen sind (sog. **netztechnisch erforderliches Minimum**).

36 Gemäß § 85 Abs. 3 Nr. 2 lit. c sowie § 13 Abs. 2a S. 7 EnWG kann die Bundesnetzagentur durch **Festlegung** gemäß § 29 EnWG bestimmen, welche Stromerzeugungsanlagen nach Abs. 1 S. 1 Nr. 2 auch bei Anwendung des Einspeisemanagements am Netz bleiben müssen, um die Sicherheit und Zuverlässigkeit des Elektrizitätsversorgungssystems zu gewährleisten. Es obliegt also der Bundesnetzagentur, das netztechnisch erforderliche Minimum zu definieren. Solange sie jedoch von ihrer Regelungsbefugnis keinen Gebrauch gemacht

---

Netzausbaus Elektrizitätsnetze v. 28.7.2011 (einschließlich Netzausbaubeschleunigungsgesetz Übertragungsnetz – NABEG), BGBl. 2011 I 1690.

28 Ausführlich *König*, Engpassmanagement in der deutschen und europäischen Elektrizitätsversorgung, 2013, S. 62 ff.

29 § 13 EnWG Rn. 123.

30 § 13 EnWG Rn. 123.

hat, müssen die Netzbetreiber das netztechnisch erforderliche Minimum selbst bestimmen. Anfang 2015 war eine Festlegung gemäß § 85 Abs. 3 Nr. 2 lit. c noch nicht veröffentlicht.

c) Kenntnis der verfügbaren Daten über die Ist-Einspeisung (Nr. 3). Gemäß Abs. 1 S. 1   **37**
Nr. 3 sind die Netzbetreiber verpflichtet, vor der Durchführung des Einspeisemanagements die verfügbaren Daten über die Ist-Einspeisung abzurufen. Nach § 9 Abs. 1 Nr. 2 müssen die Anlagenbetreiber alle Anlagen zur Erzeugung von Strom aus erneuerbaren Energien, Grubengas oder Kraft-Wärme-Kopplung mit einer installierten Leistung **von mehr als 100 Kilowatt** mit einer technischen Einrichtung zum Abruf der jeweiligen Ist-Einspeisung ausstatten. Die Netzbetreiber sollen die Daten über die Ist-Einspeisung nutzen, um das Einspeisemanagement auf reale Begebenheiten und nicht auf bloße Annahmen und Vermutungen zu stützen. Der Abruf der verfügbaren Daten über die Ist-Einspeisung liegt im eigenen Interesse der Netzbetreiber, da er notwendig ist, um einen Überblick über die Netzbelastung und deren unmittelbar bevorstehende Entwicklung zu erhalten. Die zielgerichtete und effiziente Durchführung von Anpassungsmaßnahmen setzt voraus, dass der handelnde Netzbetreiber den gegenwärtigen Zustand des Elektrizitätsversorgungssystems kennt. Der Gesetzgeber hat den Abruf der Daten über die Ist-Einspeisung als echte Tatbestandsvoraussetzung ausgestaltet, sodass ein Verstoß gegen diese Anforderung die Durchführung des Einspeisemanagements rechtswidrig macht. Für die Praxis ist allerdings davon auszugehen, dass die Netzbetreiber die verfügbaren Daten über die Ist-Einspeisung ohnehin fortlaufend abrufen.

2. Rechtsfolgen. Soweit die tatbestandlichen Voraussetzungen gemäß Abs. 1 S. 1 Nr. 1–3   **38**
vorliegen, ist der Netzbetreiber berechtigt, Anlagen zur Erzeugung von Strom aus erneuerbaren Energien, Grubengas oder Kraft-Wärme-Kopplung zu **regeln**. Bei der Regelung sind die Vorgaben von Abs. 1 S. 2 u. 3 zu beachten. Danach müssen Photovoltaikanlagen mit einer installierten Leistung von höchstens 100 Kilowatt privilegiert werden und die Netzbetreiber haben sicherzustellen, dass insgesamt die größtmögliche Strommenge aus erneuerbaren Energien und Kraft-Wärme-Kopplung abgenommen wird.

a) Befugnis zur Regelung (S. 1). Abs. 1 S. 1 erlaubt den Netzbetreibern, Anlagen zur Er-   **39**
zeugung von Strom aus erneuerbaren Energien, Grubengas oder Kraft-Wärme-Kopplung, die mit einer Einrichtung i.S.v. § 9 Abs. 1 oder Abs. 2 ausgestattet sind, zu regeln. Unter einer Regelung in diesem Sinne ist die **ferngesteuerte Änderung der Einspeiseleistung** einer Stromerzeugungsanlage zu verstehen.[31] Damit ist die Regelung gemäß Abs. 1 S. 1 nichts anderes als die in § 13 Abs. 2 EnWG erwähnte Anpassung der Stromeinspeisung. In der Praxis erfolgt die Reduzierung der Einspeiseleistung, indem der jeweilige Netzbetreiber ein entsprechendes Funksignal aussendet. Die Reduzierung erfolgt oft in mehreren Stufen (z.B. 60%/30%/0% der Nennleistung).[32]

Die Regelungsbefugnis gemäß Abs. 1 S. 1 suspendiert die Abnahmepflichten gemäß § 11   **40**
Abs. 1 S. 1 und § 4 Abs. 1 S. 1 KWKG. Solange die Voraussetzungen von Abs. 1 S. 1 erfüllt sind, ist der Netzbetreiber also nicht zur Abnahme des Stroms aus erneuerbaren Energien, Grubengas oder Kraft-Wärme-Kopplung verpflichtet. Hingegen bleibt der **Einspeisevorrang** wegen Abs. 1 S. 1 Nr. 2 unberührt.[33] Die nach EEG und KWKG privilegierten Anlagen dürfen gemäß § 13 Abs. 2, Abs. 2a S. 3 u. 4 EnWG und § 14 Abs. 1 S. 1 Nr. 2

---

31 Ausführlich *Breuer*, REE 2013, 81 ff.
32 *König*, Engpassmanagement in der deutschen und europäischen Elektrizitätsversorgung, 2013, S. 478 f. m. w. N.
33 Ungenau deshalb BT-Drs. 16/8148, S. 46.

EEG erst geregelt werden, wenn die Einspeisung konventioneller Stromerzeugungsanlagen nicht mehr weiter reduziert werden kann. Konventionelle Stromerzeugungsanlagen dürfen also nur noch mit dem **netztechnisch erforderlichen Minimum** (vgl. § 13 Abs. 2a S. 4 EnWG) am Netz sein, damit der Netzbetreiber auf Anlagen zur Erzeugung von Strom aus erneuerbaren Energien, Grubengas oder Kraft-Wärme-Kopplung zugreifen darf.

41 Abs. 1 S. 1 spricht lediglich davon, dass die Netzbetreiber bei Vorliegen der Voraussetzungen gemäß Abs. 1 S. 1 Nr. 1-3 Anlagen regeln *dürfen*. Aus § 13 Abs. 2 u. Abs. 2a S. 3 EnWG ergibt sich jedoch, dass die Netzbetreiber in solchen Fällen Maßnahmen des Einspeisemanagements ergreifen *müssen*. Die Gewährleistung der Sicherheit und Zuverlässigkeit des Elektrizitätsversorgungssystems ist wegen deren Bedeutung für die Daseinsvorsorge nicht in das Belieben der Netzbetreiber gestellt. Erfordert eine Überlastungssituation einen Eingriff in die Netznutzung, ist der verantwortliche Netzbetreiber vielmehr zu dessen ordnungsgemäßer Durchführung verpflichtet. Sofern nach dem gesetzlichen Stufensystem vorrangige Maßnahmen nicht mehr zur Verfügung stehen, muss der Netzbetreiber deshalb Maßnahmen des Einspeisemanagements ergreifen.

42 Der Gesetzgeber betont in Abs. 1 S. 1, dass die Netzbetreiber unter den dort genannten Voraussetzungen lediglich **ausnahmsweise** berechtigt seien, an ihr Netz angeschlossene Anlagen im Rahmen eines Einspeisemanagements zu regeln. Welcher Regelungsgehalt dieser Einschränkung zukommt, ist umstritten. Teilweise wird angenommen, es handele sich um einen Auslegungshinweis, der dazu führe, dass die tatbestandlichen Voraussetzungen des Einspeisemanagements eng auszulegen seien.[34] Bei Lichte besehen dürfte dem Begriff „ausnahmsweise" in Abs. 1 S. 1 jedoch keine rechtliche Bedeutung zukommen.[35] Soweit die Voraussetzungen des Einspeisemanagements vorliegen, müssen die Netzbetreiber nicht nur ausnahmsweise, sondern *immer* berechtigt sein, das Einspeisemanagement durchzuführen. Andernfalls wäre die Rechtssicherheit gefährdet, da nicht ermittelt werden könnte, unter welchen Umständen trotz des Vorliegens der tatbestandlichen Voraussetzungen das Einspeisemanagement nicht durchgeführt werden dürfte. Es ist deshalb davon auszugehen, dass der Begriff „ausnahmsweise" in Abs. 1 S. 1 nur zum Ausdruck bringt, dass der Gesetzgeber davon ausgegangen ist, dass die Abnahme gemäß § 11 Abs. 1 S. 1 die Regel darstellt und das Einspeisemanagement gemäß § 14 Abs. 1 S. 1 die Ausnahme und dass also die Abnahme und ihre Verweigerung in einem Regel-Ausnahme-Verhältnis stehen.

43 Fraglich ist, ob die Regelungsbefugnis der Netzbetreiber nach § 14 Abs. 1 S. 1 eingeschränkt werden muss, soweit **rechtliche oder technische Restriktionen** die Einbeziehung von Anlagen in das Einspeisemanagement gemäß § 11 erschweren oder (rechtlich) unmöglich machen. Die Bundesnetzagentur hat für die vergleichbare Situation des Erzeugungsmanagements gemäß § 13 Abs. 1a EnWG entschieden, Erzeugungsanlagen und Speicher, deren Brennstoffverfeuerung oder Primärenergieträgerverbrauch „aufgrund von gesetzlichen oder behördlichen Auflagen bzw. aufgrund von an die Stromproduktion gekoppelten industriellen Produktionsprozessen nicht disponibel" ist, von der Pflicht zur Mitwirkung am Erzeugungsmanagement gemäß § 13 Abs. 1a EnWG auszunehmen.[36]

---

34 So z. B. Altrock/Oschmann/Theobald/*Wustlich/Hoppenbrock*, 4. Aufl. 2013, § 11 Rn. 17.

35 Ebenso Reshöft/*Schäfermeier*, 3. Aufl. 2009, § 11 Rn. 21.

36 Bundesnetzagentur, Eckpunktepapier zur Standardisierung vertraglicher Rahmenbedingungen für Eingriffsmöglichkeiten der Übertragungsnetzbetreiber in die Fahrweise von Erzeugungsanlagen, BK6-11-098, S. 3 f.

Auch im Anwendungsbereich des Einspeisemanagements gemäß § 11 besteht ein praktischer Bedarf für die **Befreiung** von Anlagen von der Pflicht zur Mitwirkung am Einspeisemanagement, wenn rechtliche oder tatsächliche Gründe der Teilnahme entgegenstehen. So bestimmte § 66 Abs. 1 Nr. 5 EEG 2009 i. d. F. der Novelle v. 28.7.2011, dass **Wasserkraftanlagen** nicht geregelt werden durften, wenn dies wasserrechtlichen oder anderen rechtlichen Vorgaben widersprochen hätte. Damit sollten wasserhaushaltsrechtliche Gefahren vermieden werden. Zu denken ist in diesem Zusammenhang ferner an nachteilige Auswirkungen für die Wärmeversorgung bei der **Abregelung von KWK-Anlagen**. Es erscheint angemessen, in solchen Fällen Ausnahmen zuzulassen. Dabei muss es stets dem Anlagenbetreiber obliegen, den Grund und das Ausmaß der eingeschränkten Eignung seiner Anlage zur Mitwirkung an Maßnahmen des Einspeisemanagements gegenüber dem Netzbetreiber vorzutragen und erforderlichenfalls zu belegen. Hält der Netzbetreiber die gewünschte Ausnahme von der Pflicht zur Mitwirkung am Einspeisemanagement nicht für plausibel, muss darüber im Einzelfall die Bundesnetzagentur entscheiden, zu deren Aufgaben es gemäß § 85 Abs. 1 S. 1 Nr. 1 zählt, die ordnungsgemäße Ausführung des Einspeisemanagements durch die Netzbetreiber zu überwachen.

b) Nachrangige Regelung von kleinen PV-Anlagen (S. 2). Bei der Regelung von Anlagen 44 nach Abs. 1 S. 1 sind Anlagen im Sinne von § 9 Abs. 2, also **Photovoltaikanlagen** mit einer installierten Leistung von **höchstens 100 Kilowatt**, nachrangig gegenüber sonstigen Anlagen zu regeln. Der Gesetzgeber begründet diese Privilegierung von kleinen Photovoltaikanlagen damit, dass keine Daten über die Ist-Einspeisung solcher Anlagen vorliegen.[37] In der Tat verpflichtet § 9 Abs. 2 die Betreiber von Photovoltaikanlagen mit einer installierten Leistung von höchstens 100 Kilowatt nicht, ihre Anlagen mit einer technischen Einrichtung zum Abruf der jeweiligen Ist-Einspeisung auszustatten. Das Fehlen von Daten über die Ist-Einspeisung birgt die Gefahr, dass die Maßnahmen der Netzbetreiber ins Leere gehen, z. B. weil sie die Einspeisung einer Anlage reduzieren wollen, die zum fraglichen Zeitpunkt gar keinen Strom in das Netz einspeist. Bei der Privilegierung kleiner Photovoltaikanlagen dürfte außerdem eine Rolle gespielt haben, dass solche Anlagen nur gemeinsam mit vielen anderen Anlagen einen nennenswerten Einfluss auf die Netzbelastung haben und dass die Netzbetreiber deshalb insgesamt deutlich mehr Anlagen abregeln müssten als wenn sie direkt auf Anlagen mit einer höheren Leistung zugriffen. Der Aufwand der Netzbetreiber für die Erfüllung der Informations- und Nachweispflichten gemäß Abs. 2 und Abs. 3 sowie die Abrechnung der Entschädigung gemäß § 15 könnte dann schnell ein erträgliches Maß überschreiten.

c) Abnahme der größtmöglichen Strommenge (S. 3). Gemäß Abs. 1 S. 3 müssen die 45 Netzbetreiber bei der Regelung von Anlagen nach Abs. 1 S. 1 sicherstellen, dass insgesamt die größtmögliche Strommenge aus erneuerbaren Energien und Kraft-Wärme-Kopplung abgenommen wird. Mit diesem Satz regelt der Gesetzgeber, **welche Anlagen in welcher Reihenfolge** in das Einspeisemanagement einbezogen werden müssen. Aus Abs. 1 S. 1 ergibt sich augenscheinlich das Recht, *alle* Anlagen zur Erzeugung von Strom aus erneuerbaren Energien, Grubengas und Kraft-Wärme-Kopplung zu regeln, die gemäß § 9 Abs. 1 u. 2 mit einer technischen Einrichtung zur ferngesteuerten Reduzierung der Einspeiseleistung ausgestattet sind. Der Gesetzgeber hat sich allerdings dafür entschieden, es nicht dem Be-

---

37 BT-Drs. 17/6071, S. 64.

lieben der Netzbetreiber zu überlassen, welche konkreten Anlagen sie in ein Einspeisemanagement gemäß Abs. 1 S. 1 einbeziehen.

46 Stattdessen müssen die Netzbetreiber das Einspeisemanagement gemäß Abs. 1 S. 3 so durchführen, dass insgesamt die **größtmögliche Strommenge aus erneuerbaren Energien und Kraft-Wärme-Kopplung** abgenommen wird. Es fällt auf, dass Strom aus Grubengas an dieser Stelle keine Erwähnung findet, obwohl er ansonsten im EEG in der Regel gleichberechtigt mit Strom aus erneuerbaren Energien behandelt wird. Die Schlechterstellung von Strom aus Grubengas in Abs. 1 S. 3 führt dazu, dass Anlagen zur Erzeugung von Strom aus Grubengas im Ergebnis vorrangig gegenüber Anlagen zur Erzeugung von Strom aus erneuerbaren Energien oder Kraft-Wärme-Kopplung abgeregelt werden müssen.[38] Hierbei dürfte es sich *nicht* um ein Redaktionsversehen handeln,[39] sondern um eine bewusste Entscheidung des Gesetzgebers angesichts der guten Lagerfähigkeit von Grubengas.[40]

47 Die Abnahme der größtmöglichen Strommenge aus erneuerbaren Energien und Kraft-Wärme-Kopplung setzt voraus, dass die **Ausfallarbeit**, d. h. die infolge des Einspeisemanagements insgesamt nicht eingespeiste Menge an Strom aus erneuerbaren Energien und Grubengas so gering wie möglich ausfällt. Die Netzbetreiber müssen deshalb mit Hilfe von sogenannten **Sensitivitätsanalysen** berechnen, mit welchen Anlagen sich die erforderliche Netzentlastung am wirkungsvollsten herstellen lässt.[41] Die Effizienz von Abregelungsmaßnahmen hängt von unterschiedlichen Faktoren ab, darunter insbesondere die netztechnische Lage der einzubeziehenden Anlagen. Mit der elektrotechnischen Entfernung einer Anlage von der überlasteten Leitung oder Netzregion sinkt deren Eignung für Maßnahmen des Einspeisemanagements, da sich die Stromflüsse immer stärker auch auf andere Netzregionen verteilen.

48 Die Minimierung der Ausfallarbeit mithilfe von Sensitivitätsanalysen ist ein **Optimierungsproblem**, das in der Praxis mit rechnergestützten Optimierungsalgorithmen gelöst wird. Die Wechselwirkung zwischen einer Einspeisungsänderung an einem bestimmten Netzknoten und dem Stromfluss über das jeweils überlastete Betriebsmittel kann als linearer Zusammenhang beschrieben werden (sog. **Sensitivitätsfaktor**).[42] Werden die Sensitivitätsfaktoren aller maßgeblichen Netzknoten aneinandergereiht ergibt sich eine **Sensitivitätsmatrix**, aus der sich ablesen lässt, welche Einspeisung welchen Einfluss auf das überlastete Betriebsmittel hat und wo eine Reduzierung der Einspeisung deshalb am wirkungsvollsten ist.[43] Der verantwortliche Netzbetreiber kann damit für einen oder auch für mehrere Netzengpässe ausrechnen, welche Anlagen in ein Einspeisemanagement einbezogen

---

38 So auch Altrock/Oschmann/Theobald/*Wustlich/Hoppenbrock*, 4. Aufl. 2013, § 11 Rn. 50, die allerdings noch tatsächlich in einem Kopplungsprozess gewonnenen KWK-Strom i. S. v. § 3 Abs. 4 KWKG und sonstigen Strom aus KWK-Anlagen unterscheiden. Dies ist abzulehnen, da für den Netzbetreiber regelmäßig nicht zu erkennen ist, in welchem Modus die KWK-Anlage betrieben wird, sodass er dies bei der Durchführung des Einspeisemanagements auch nicht berücksichtigen kann.

39 So aber Frenz/Müggenborg/*Ehricke*, 2. Aufl. 2011, § 11 Rn. 15.

40 *Müller*, Einspeisemanagement im EEG 2009, Rn. 30; Reshöft/*Schäfermeier*, 3. Aufl. 2009, § 11 Rn. 17; Altrock/Oschmann/Theobald/*Wustlich/Hoppenbrock*, 4. Aufl. 2013, § 11 Rn. 52.

41 BT-Drs. 17/6071, S. 64.

42 BT-Drs. 16/8148, S. 47.

43 BT-Drs. 16/8148, S. 47.

werden müssen, um die Ausfallarbeit insgesamt möglichst gering zu halten und somit die abgenommene Strommenge aus erneuerbaren Energien und Kraft-Wärme-Kopplung zu maximieren.[44]

Anders als in der Literatur teilweise vertreten,[45] ergibt sich aus Abs. 1 S. 3 nicht die Pflicht, **49** bei der Einbeziehung von Anlagen in das Einspeisemanagement nach dem **Anlagentyp** zu differenzieren. Eine solche Pflicht wird verschiedentlich daraus abgeleitet, dass Abs. 1 S. 3 nicht einschränkt, auf **welchen Zeitraum** die Ermittlung der größtmöglichen abzunehmenden Strommenge zu beziehen ist. Daraus wird geschlossen, dass die Optimierung keiner zeitlichen Beschränkung unterliege und dass deshalb auch mögliche **Einspeiseverschiebungen** in die Optimierung einbezogen werden müssten. Das hätte zur Folge, dass Anlagen, die einen nicht-speicherbaren Energieträger einsetzen (z. B. Windenergieanlagen, Photovoltaikanlagen) nachrangig gegenüber solchen Anlagen abgeregelt werden müssten, die einen speicherbaren Energieträger einsetzen (z. B. Biomasseanlagen, KWK-Anlagen). Denn bei den zuletzt genannten Anlagen besteht die Möglichkeit, den Energieträger zu einem späteren Zeitpunkt (oder in einer anderen Anlage) einzusetzen und somit die Produktion von Strom aus erneuerbaren Energien insgesamt zu erhöhen. Eine solche Auslegung überdehnt jedoch den Wortlaut von Abs. 1 S. 3 und ist mit der systematischen Einordnung und dem Telos der Vorschrift nicht zu vereinbaren.

Abs. 1 S. 3 bringt selbst mit keinem Wort zum Ausdruck, dass bei der Bestimmung der **50** größtmöglichen Strommenge nicht nur der Zeitpunkt der Bestimmung selbst, sondern ein längerer Zeitraum Berücksichtigung finden soll. Das Argument, dies ergebe sich aus dem Wort „insgesamt",[46] ist nicht zwingend, da dies auch nur eine anlagenübergreifende Betrachtung indizieren kann.[47] Die Berücksichtigung möglicher Einspeiseverschiebungen hätte erheblichen Einfluss auf den Adressatenkreis und die praktische Durchführung des Einspeisemanagements, da z. B. Windenergieanlagen als die in der Vergangenheit am häufigsten geregelten Anlagen nur noch nachrangig in das Einspeisemanagement einbezogen werden dürften. Es erscheint ausgeschlossen, dass der Gesetzgeber, der für das EEG im Übrigen eine eher ausführliche Regelungstechnik gewählt hat, eine solch weitreichende Regelung hinter der unscheinbaren Formulierung des Abs. 1 S. 3 versteckt hätte. Dies gilt besonders, seit Abs. 1 S. 2 eine ausdrückliche Nachrangregelung für kleine Photovoltaikanlagen enthält. Es ist nicht plausibel, dass der Gesetzgeber hier einen vergleichsweise unbedeutenden Nachrang explizit regelt, während er den praktisch viel wichtigeren vermeintlichen Nachrang für Anlagen, die einen nicht speicherbaren Energieträger einsetzen, nicht ausdrücklich benennt. Ein Vorschlag zur Verankerung einer nachrangigen Abregelung von

---

44 Durch die Orientierung an der Maßnahmeneffizienz ergibt sich automatisch ein nicht-diskriminierendes Ergebnis, siehe *König*, Engpassmanagement in der deutschen und europäischen Elektrizitätsversorgung, 2013, S. 500 ff.; es besteht deshalb kein Ermessen des Netzbetreibers, a. A. *Salje*, EEG, 6. Aufl. 2012, § 11 Rn. 20 ff.; zum Diskriminierungsverbot auch Frenz/Müggenborg/*Frenz*, 3. Aufl. 2013, § 11 Rn. 25.

45 Insbesondere Altrock/Oschmann/Theobald/*Wustlich/Hoppenbrock*, 4. Aufl. 2013, § 11 Rn. 51 ff.; außerdem *Schumacher*, ZUR 2012, 17, 20 f.; *dies.*, ZUR 2009, 522, 525; *Kment*, ZNER 2011, 225, 227.

46 Reshöft/*Schäfermeier*, 3. Aufl. 2009, § 11 Rn. 18.

47 *König*, Engpassmanagement in der deutschen und europäischen Elektrizitätsversorgung, 2013, S. 506 f.

wärmegeführten KWK-Anlagen wurde im Gesetzgebungsverfahren zur EEG-Novelle 2012 ausdrücklich abgelehnt.[48]

51 Die Berücksichtigung möglicher Einspeiseverschiebungen bei der Berechnung der größtmöglichen Strommenge aus erneuerbaren Energien und Kraft-Wärme-Kopplung im Sinne von Abs. 1 S. 3 wäre zudem nichts anderes als die Aufstellung einer **Abschaltreihenfolge**, nach der bestimmte Anlagen zur Erzeugung von Strom aus erneuerbaren Energien oder Kraft-Wärme-Kopplung nachrangig gegenüber anderen Anlagen zu regeln wären. Es ist davon auszugehen und unter dem Aspekt der Rechtssicherheit auch zu erwarten, dass der Gesetzgeber eine solche Abschaltreihenfolge ausdrücklich geregelt und nicht bloß angedeutet hätte. Abs. 1 S. 3 kann eine solche Abschaltreihenfolge deshalb nicht entnommen werden. Das ergibt sich seit der EEG-Novelle v. 28.7.2011, die am 1.1.2012 in Kraft getreten ist, auch daraus, dass der Gesetzgeber die Bundesnetzagentur nunmehr in § 85 Abs. 3 Nr. 2 lit. a (damals: § 61 Abs. 1b Nr. 2 EEG 2009) ermächtigt, durch Festlegung gemäß § 29 EnWG eine Abschaltreihenfolge aufzustellen. Ergäbe sich eine solche Reihenfolge bereits aus Abs. 1 S. 3, bestünde keine Notwendigkeit für die Ermächtigung in § 85 Abs. 3 Nr. 2 lit. a. Die Systematik des EEG gibt also zu erkennen, dass Abs. 1 S. 3 die Netzbetreiber nicht verpflichtet, bei der Einbeziehung von Anlagen in das Einspeisemanagement eine Differenzierung nach dem Anlagentyp vorzunehmen.

52 Die Ermittlung der größtmöglichen Strommenge aus erneuerbaren Energien und Kraft-Wärme-Kopplung zwecks Minimierung der Ausfallarbeit ist also allein auf den **Zeitpunkt** zu beziehen, in dem die **Ermittlung** durchgeführt wird. Der Optimierungsalgorithmus ist während der Durchführung des Einspeisemanagements fortlaufend auszuführen, damit eventuell notwendige Anpassungen unverzüglich erkannt werden können. Aus der permanenten Optimierung der Stromeinspeisungen ergibt sich automatisch, dass die Strommenge auch über den Zeitraum des Einspeisemanagements insgesamt optimal, d.h. größtmöglich ausfällt.

53 **d) Abschaltreihenfolge.** Abs. 1 ist mit Ausnahme der Privilegierung von kleinen Photovoltaikanlagen in S. 2 keine Abschaltreihenfolge zu entnehmen. Insbesondere ergibt sich aus Abs. 1 S. 3, der die Netzbetreiber zur Abnahme der größtmöglichen Strommenge aus erneuerbaren Energien und Kraft-Wärme-Kopplung verpflichtet, nicht die Maßgabe, Anlagen, die nicht speicherbare Energieträger einsetzen, nur nachrangig abzuregeln (s. Rn. 49 ff.). Einzige Nebenbedingung für die Optimierung gemäß Abs. 1 S. 3 ist also zum gegenwärtigen Zeitpunkt, dass Photovoltaikanlagen mit einer installierten Leistung von höchstens 100 Kilowatt gemäß Abs. 1 S. 2 nachrangig in das Einspeisemanagement einzubeziehen sind. Diese Anlagen dürfen also erst abgeregelt werden, wenn die Einspeisung von anderen Anlagen zur Erzeugung von Strom aus erneuerbaren Energien, Grubengas oder Kraft-Wärme-Kopplung nicht mehr verringert werden kann.

54 Die Bundesnetzagentur hat am 29.3.2011, also noch unter Geltung der ursprünglichen Fassung des EEG 2009, einen **Leitfaden zum EEG-Einspeisemanagement** veröffentlicht, in dem die Behörde außer zur Berechnung der Entschädigungszahlungen gemäß § 15 (vormals: § 12 EEG 2009) und zur Berücksichtigung der Kosten des Einspeisemanagements bei der Netzentgeltermittlung auch zur „Abschaltreihenfolge" Stellung nimmt.[49] Die Bundesnetzagentur beschränkt sich in diesem Zusammenhang jedoch darauf, dass Einspeise-

---

48 Altrock/Oschmann/Theobald/*Wustlich/Hoppenbrock*, 4. Aufl. 2013, § 11 Rn. 11.
49 Bundesnetzagentur, Leitfaden zum EEG-Einspeisemanagement, Version 1.0, 29.3.2011.

management in das gesetzliche Stufensystem des Netzsicherheitsmanagements, also das System der §§ 13, 14 EnWG einzuordnen (s. oben, Rn. 35 f.). Der Leitfaden gibt jedoch keine Abschaltreihenfolge für die Anwendung des Einspeisemanagements gemäß § 14 vor. Zum Streit um die Ermittlung der größtmöglichen abzunehmenden Strommenge (s. Rn. 49 ff.), nimmt die Bundesnetzagentur in ihrem Leitfaden nicht Stellung. Die am 7.3.2014 präsentierte Version 2.1 des Leitfadens[50] enthält keine Abschaltreihenfolge mehr, sondern beschränkt sich auf die Vorgaben von Berechnungsverfahren für die Ermittlung von Entschädigungszahlungen nach § 15 (damals noch § 12 EEG 2009).

Mit der EEG-Novelle v. 28.7.2011, die am 1.1.2012 in Kraft getreten ist, wurde der heutige **55** **§ 85 Abs. 3 Nr. 2 lit. a** (damals: § 61 Abs. 1b Nr. 2) in das Gesetz eingefügt, mit dem die Bundesnetzagentur ermächtigt wird, durch Festlegung gemäß § 29 EnWG zu bestimmen, in welcher Reihenfolge die verschiedenen, von einer Maßnahme nach § 14 betroffenen Anlagen geregelt werden müssen und nach welchen Kriterien der handelnde Netzbetreiber über diese Reihenfolge entscheiden muss. Die Bundesnetzagentur kann also in Zukunft eine Abschaltreihenfolge vorgeben. Dabei muss sie allerdings den gesetzlichen Rahmen von § 14 einhalten, sodass etwa die Privilegierung von kleinen Photovoltaikanlagen gemäß Abs. 1 S. 2 und das Optimierungsgebot gemäß Abs. 1 S. 3 bei der Aufstellung der Abschaltreihenfolge berücksichtigt werden müssten. In der **Literatur** ist vorgeschlagen worden, Windenergie- und Photovoltaikanlagen nur nachrangig abregeln zu lassen, da diese Anlagen nicht-speicherbare Energieträger einsetzen und deshalb die Stromerzeugung nicht zu einem späteren Zeitpunkt nachholen können.[51] Gleichzeitig wird angeführt, dass die Einbeziehung von Laufwasserkraftanlagen in das Einspeisemanagement gemäß § 14 wasserwirtschaftlich und gewässerökologisch nachteilige Folgen haben kann und deshalb im Einzelfall nur unter Verstoß gegen wasserrechtliche Vorschriften möglich ist (vgl. dazu auch den früheren § 66 Abs. 1 Nr. 5 EEG 2009 i. d. F. der Novelle v. 28.7.2011). Deshalb sollen auch Laufwasserkraftwerke nur nachrangig geregelt werden dürfen, obwohl sie einen speicherbaren Energieträger einsetzen.[52] Vorrangig könnten dann Biomasseanlagen und KWK-Anlagen geregelt werden, wobei bei Letzteren darauf geachtet werden müsste, dass die Wärmeversorgung nicht beeinträchtigt wird.[53] Ob die Bundesnetzagentur in Zukunft eine solche oder vergleichbare Abschaltreihenfolge vorgeben wird, ist derzeit noch nicht abzusehen. Die Bundesnetzagentur müsste dabei in jedem Fall beachten, dass das Einspeisemanagement gemäß § 14 in erster Linie der **Gewährleistung der Netz- und Versorgungssicherheit** dient. Ein vielstufiges System mit mehreren Vor- und Nachrangregelungen könnte die Komplexität derart erhöhen, dass nicht mehr sichergestellt wäre, dass die Netzbetreiber auf jeden Netzengpass rechtzeitig und mit den notwendigen Mitteln reagieren können. Den Netzbetreibern, die über die größte Kompetenz in Hinblick auf die Abwendung von Gefahrsituationen im Netzbetrieb verfügen, muss deshalb auch bei Umsetzung einer Abschaltreihenfolge ein gewisser **Spielraum** verbleiben. In einem freiheitlichen, dem Wettbewerb unterworfenen Elektrizitätsversorgungssystem kann es nicht die Aufgabe der Netzbetreiber sein, mit immer aufwändigeren Berechnungsmethoden wie ein zentraler Planer den Einsatz von nicht in ihrem Eigentum stehenden Erzeugungsanlagen zu optimieren.

---

50 Bundesnetzagentur, Leitfaden zum EEG-Einspeisemanagement, Version 2.1, 7.3.2014.
51 Insbesondere Altrock/Oschmann/Theobald/*Wustlich/Hoppenbrock*, 4. Aufl. 2013, § 11 Rn. 51 ff.
52 Altrock/Oschmann/Theobald/*Wustlich/Hoppenbrock*, 4. Aufl. 2013, § 11 Rn. 55.
53 Altrock/Oschmann/Theobald/*Wustlich/Hoppenbrock*, 4. Aufl. 2013, § 11 Rn. 56 f.

56 In der Terminologie des allgemeinen Verwaltungsrechts handelt es sich bei Festlegungen gemäß § 29 EnWG um **Allgemeinverfügungen**.[54] Anfang 2015 hatte die Bundesnetzagentur noch keine Festlegung gemäß § 85 Abs. 3 Nr. 2 lit. a veröffentlicht. Bereits im Frühjahr 2013 hatte die Behörde jedoch ein Festlegungsverfahren zur bilanziellen und energetischen Behandlung von Einspeisemanagementmaßnahmen eingeleitet (BKG-13-049).

57 **e) Entschädigungspflicht nach § 15.** Wird die Einspeisung einer Anlage zur Erzeugung von Strom aus erneuerbaren Energien, Grubengas oder Kraft-Wärme-Kopplung wegen eines Netzengpasses im Sinne von Abs. 1 S. 1 Nr. 1 reduziert, ist der von der Maßnahme betroffene Anlagenbetreiber gemäß § 15 Abs. 1 S. 1 abweichend von § 13 Abs. 4 EnWG zu entschädigen. Mit der Entschädigung wird der Tatsache Rechnung getragen, dass der Anlagenbetreiber infolge der Abregelung weder Zahlungen nach den gesetzlichen Vergütungsvorschriften gemäß §§ 40 ff. noch Einnahmen aus einer etwaigen Direktvermarktung gemäß §§ 34 ff. erhält. Kraft der gesetzlichen Anordnung in § 15 Abs. 1 S. 1 enthält der Anlagenbetreiber als Entschädigung 95 % der entgangenen Einnahmen zuzüglich der zusätzlichen Aufwendungen und abzüglich der ersparten Aufwendungen. Übersteigen die entgangenen Einnahmen in einem Jahr 1 % der Einnahmen dieses Jahres, steigt die Entschädigung gemäß § 15 Abs. 1 S. 2 ab diesem Zeitpunkt auf 100 %. Die Kosten der Entschädigung hat gemäß § 15 Abs. 1 S. 3 im Ergebnis derjenige Netzbetreiber zu tragen, in dessen Netz die Ursache für die Regelung nach Abs. 1 S. 1 liegt.

58 **3. Verhältnis zum Netzerweiterungsanspruch gemäß § 12 Abs. 1.** Gemäß Abs. 1 S. 1 bestehen die Befugnisse des Einspeisemanagements unbeschadet der Netzerweiterungspflicht gemäß § 12 Abs. 1 S. 1. Die Möglichkeit, Maßnahmen des Einspeisemanagements durchzuführen, ändert also nichts daran, dass die Netzbetreiber unter den Voraussetzungen des § 12 Abs. 1 S. 1 auf Verlangen der Einspeisewilligen unverzüglich ihre Netze entsprechend dem Stand der Technik optimieren, verstärken und ausbauen müssen, um die Abnahme, Übertragung und Verteilung des Stroms aus erneuerbaren Energien oder Grubengas sicherzustellen.

59 Die Bedeutung dieser Vorschrift liegt darin, hervorzuheben, dass der Netzerweiterungsanspruch gemäß § 12 Abs. 1 S. 1 durch das Einspeisemanagement nicht eingeschränkt wird. Die Netzbetreiber sollen ihre Netze in erster Linie in einem bedarfsgerechten Zustand erhalten und allenfalls „ausnahmsweise" in die Verlegenheit kommen, Maßnahmen des Einspeisemanagements einsetzen zu müssen. Die Verfügbarkeit des Instrumentariums gemäß § 14 soll die Anreize in Hinblick auf eine bedarfsgerechte Erweiterung der Netze nicht verringern.[55] Der Gesetzgeber bringt also zum Ausdruck, dass Netzerweiterungen einem Engpassmanagement in der Regel vorzuziehen sind. Dies deckt sich mit ökonomischen Studien, die davon ausgehen, dass sich die Kosten einer Netzerweiterung gegenüber den Kosten eines dauerhaften Engpassmanagements in den meisten Fällen rasch amortisieren.[56] Im Anwendungsbereich von § 14 ist dies wegen der hohen Entschädigungen gemäß § 15, denen kein wirtschaftlicher Gegenwert gegenübersteht, offensichtlich. Aus volkswirtschaftlicher Sicht ist eine Investition in das Netz stets vorzugswürdig gegenüber Zahlungen für nicht erzeugten Strom, die bloß die Netzkosten in die Höhe treiben. Der Gesetzgeber geht

---

54 Ausführlich § 29 EnWG Rn. 48 ff.
55 Altrock/Oschmann/Theobald/*Wustlich/Hoppenbrock*, 4. Aufl. 2013, § 11 Rn. 63.
56 *König*, Engpassmanagement in der deutschen und europäischen Elektrizitätsversorgung, 2013, S. 128 m. w. N.

zu Recht davon aus, dass der häufige Einsatz von Maßnahmen gemäß Abs. 1 S. 1 ein Indiz dafür ist, dass der jeweilige Netzbetreiber seiner Verpflichtung zur Netzerweiterung gemäß § 11 Abs. 1 S. 1, 3. Fall EnWG und § 12 Abs. 1 S. 1 in der Vergangenheit nicht oder nicht vollständig nachgekommen ist.[57]

Gemäß § 11 Abs. 1 S. 2 EEG 2009 durfte die Regelung von Anlagen gemäß S. 1 nur während einer Übergangszeit bis zum Abschluss von Maßnahmen im Sinne von § 12 (damals: § 9 EEG 2009) erfolgen. Die Vorschrift wurde mit der EEG-Novelle v. 28.7.2011, die am 1.1.2012 in Kraft getreten ist, ersatzlos gestrichen. Der Gesetzgeber hat erkannt, dass es Konstellationen geben kann, in denen es trotz der Pflicht zum bedarfsgerechten Netzausbau gemäß § 11 Abs. 1 S. 1 EnWG und dem Bestehen des Netzerweiterungsanspruchs gemäß § 12 Abs. 1 S. 1 dazu kommen kann, dass die Durchführung eines Einspeisemanagements dauerhaft möglich bleiben muss. Dies gilt insbesondere dann, wenn die Netzerweiterung **wirtschaftlich unzumutbar** ist, da insoweit weder nach § 11 Abs. 1 S. 1 EnWG noch nach § 12 Abs. 1 S. 1 eine Pflicht zur Netzerweiterung besteht, da die Kosten der Netzerweiterung deren Nutzen unverhältnismäßig übersteigen. **60**

4. Verhältnis zum Gefährdungsmanagement gemäß §§ 13, 14 Abs. 1 S. 1 EnWG. Maßnahmen des Einspeisemanagements gemäß § 14 sind Notfallmaßnahmen im Sinne von § 13 Abs. 2 EnWG. Das ergibt sich aus § 13 Abs. 2a S. 3 EnWG, der bestimmt, dass die speziellen Anforderungen der §§ 14, 15 „*im Rahmen* von Maßnahmen nach [§ 13] Abs. 2 [EnWG]"[58] einzuhalten sind. Anders als § 13 Abs. 2 EnWG gilt § 14 jedoch nicht für alle Gefährdungs- oder Störungssituationen im Sinne von § 13 Abs. 3 EnWG, sondern allein für Netzengpässe im Sinne von Abs. 1 S. 1 Nr. 1. **61**

Soweit es um die Abwehr von Netzengpässen geht, müssen die Netzbetreiber bei Maßnahmen gegenüber Anlagen zur Erzeugung von Strom aus erneuerbaren Energien, Grubengas oder Kraft-Wärme-Kopplung *immer* auch die Anforderungen der §§ 14, 15 einhalten. Unmittelbar auf §§ 13, 14 Abs. 1 S. 1 EnWG gestützte Maßnahmen sind gegenüber diesen Anlagen nicht zulässig. Dabei kommt es insbesondere für die Entschädigungspflicht gemäß § 15 nicht darauf an, dass der Netzbetreiber die richtige Rechtsgrundlage nennt. Maßnahmen gegenüber Anlagen zur Erzeugung von Strom aus erneuerbaren Energien, Grubengas oder Kraft-Wärme-Kopplung, die nicht auf einer vertraglichen Vereinbarung beruhen, und die zur Bewältigung von Netzengpässen durchgeführt werden, sind stets als Maßnahmen des Einspeisemanagements gemäß §§ 14, 15 zu qualifizieren und damit entschädigungspflichtig. Das muss auch gelten, wenn der Netzbetreiber irrtümlicherweise von einer anderen Rechtsgrundlage ausgeht, da es andernfalls in sein Belieben gestellt wäre, ob eine entschädigungspflichtige Maßnahme vorliegt oder nicht. **62**

Dient die Reduzierung der Einspeiseleistung einer Anlage nicht der Bewältigung von Netzengpässen, liegen die Voraussetzungen der §§ 14, 15 nicht vor. Denn Abs. 1 S. 1 Nr. 1 erlaubt Maßnahmen des Einspeisemanagements nur, wenn andernfalls im jeweiligen Netzbereich einschließlich des vorgelagerten Netzes ein Netzengpass entstünde. Das bedeutet allerdings nicht, dass die Regelung von Anlagen zur Erzeugung von Strom aus erneuerbaren Energien, Grubengas oder Kraft-Wärme-Kopplung in anderen Fällen ausgeschlossen ist. Die Netzbetreiber müssen in der Lage sein, auf **Gefährdungs- und Störungssituationen** im Netzbetrieb stets angemessen zu reagieren. Als *ultima ratio* muss zur Gewährleis- **63**

---

57 BR-Drs. 10/08, S. 107; dazu auch *Reshöft/Sellmann*, ET 2009, Heft 1/2, 139, 143.
58 Hervorhebung d. Verf. Siehe schon oben, Rn. 2.

tung oder Wiederherstellung der Netz- und Versorgungssicherheit immer auch die Abschaltung von Erzeugungsanlagen möglich sein. Maßnahmen gegenüber Anlagen zur Erzeugung von Strom aus erneuerbaren Energien, Grubengas oder Kraft-Wärme-Kopplung, die nicht der Bewältigung von Netzengpässen dienen, sondern andere Gefährdungs- oder Störungssituationen im Sinne von § 13 Abs. 3 EnWG abwehren sollen, können deshalb unmittelbar auf §§ 13 Abs. 1 u. 2, 14 Abs. 1 S. 1 EnWG gestützt werden. Dabei ist allerdings gemäß § 13 Abs. 2a S. 1 EnWG – wie stets – das Vorrangprinzip einzuhalten. Auch im Rahmen des allgemeinen Gefährdungsmanagements darf die Einspeisung von Anlagen zur Erzeugung von Strom aus erneuerbaren Energien, Grubengas oder Kraft-Wärme-Kopplung also erst reduziert werden, wenn konventionelle Stromerzeugungsanlagen bereits nur noch mit dem netztechnisch erforderlichen Minimum in das Netz einspeisen. Werden Anlagen zur Erzeugung von Strom aus erneuerbaren Energien, Grubengas oder Kraft-Wärme-Kopplung in das allgemeine Gefährdungsmanagement einbezogen, gelten ausschließlich die §§ 13, 14 Abs. 1 S. 1 EnWG und nicht zusätzlich §§ 14, 15. Das bedeutet insbesondere, dass die Haftung der Netzbetreiber gemäß § 13 Abs. 4 EnWG beschränkt ist und dass keine Entschädigung gemäß § 15 geleistet werden muss.

III. Ankündigungspflicht (Abs. 2)

64 Gemäß Abs. 2 sind Netzbetreiber verpflichtet, die Betreiber von Anlagen nach § 9 Abs. 1 spätestens am Vortag, ansonsten unverzüglich über den zu erwartenden Zeitpunkt, den Umfang und die Dauer von Regelungen nach Abs. 1 S. 1 zu unterrichten, sofern deren Durchführung vorhersehbar ist. Die Vorschrift entspricht weitgehend § 9 Abs. 1 S. 2 EEG 2009 und wurde erst durch die EEG-Novelle v. 28.7.2011 – systematisch überzeugend – an ihren gegenwärtigen Standort verschoben.

65 Die Ankündigungspflicht soll den Anlagenbetreiber in die Lage versetzen, sich auf das bevorstehende Einspeisemanagement **vorzubereiten**. So können etwa die Betreiber von Anlagen, die speicherbare Energieträger einsetzen (insb. Biomasseanlagen), die notwendigen Vorkehrungen treffen, um den Energieträgereinsatz im fraglichen Zeitraum zu reduzieren. Die Betreiber von Anlagen in der Direktvermarktung werden durch die Ankündigungspflicht gemäß Abs. 2 in die Lage versetzt, den drohenden Stillstand ihrer Anlagen bei der Vermarktung des zu erzeugenden Stroms zu berücksichtigen.[59]

66 Der Gesetzgeber hat mit der Einführung der Ankündigungspflicht gemäß Abs. 2 die Hoffnung verbunden, dass die Anlagenbetreiber ihrerseits Maßnahmen zur Reduzierung der Netzlast ergreifen und dadurch einer Abregelung ihrer Anlagen zuvorkommen können.[60] In der Praxis dürfte es jedoch kaum dazu kommen, dass Anlagenbetreiber die Einspeisung ihrer Anlagen in vorauseilendem Gehorsam selbst reduzieren, da sie sich damit des Entschädigungsanspruchs gemäß § 15 Abs. 1 S. 1 begeben würden. Bei der gegenwärtigen Anreizsetzung, die den Anlagenbetreibern bei einer zwangsweisen Abregelung ihrer Anlagen 95 % der entgangenen Einnahmen verspricht, rechnet es sich für die Anlagenbetreiber in der Regel nicht, freiwillig auf die geplante Einspeisung zu verzichten.

---

59 BMU, Verbesserung der Systemintegration der Erneuerbaren Energien im Strombereich, 2008, S. 34.
60 BT-Drs. 16/9477, S. 22.

Abs. 2 ist *lex specialis* zu § 13 Abs. 2 S. 2 EnWG, der deshalb im Anwendungsbereich von   **67**
Abs. 2 nicht gilt.[61] Die Ankündigung des Einspeisemanagements hat grundsätzlich **am
Vortag** zu erfolgen.[62] Ist dies nicht möglich, etwa weil die Notwendigkeit des Einspeisemanagements noch nicht absehbar ist, muss die Unterrichtung **unverzüglich**, d. h. ohne
schuldhaftes Zögern, vorgenommen werden. Der Netzbetreiber muss die betroffenen Anlagenbetreiber also über das bevorstehende Einspeisemanagement informieren, sobald
ihm dies nach den Umständen des konkreten Falles möglich ist.

Eine bestimmte **Form** ist für die Ankündigung gemäß Abs. 2 nicht vorgeschrieben. In der   **68**
Praxis dürfte die Information in der Regel per E-Mail erfolgen, da dies den Verwaltungsaufwand für die Netzbetreiber reduziert und keine Entgegennahme durch den Empfänger
erforderlich ist. Grundsätzlich ist aber auch die Nutzung von anderen Kommunikationswe-
gen (z. B. Telefon oder Fax) zulässig. Auch gegen die Verwendung von Standardschreiben
ist nichts einzuwenden,[63] solange die Netzbetreiber jeweils hinreichend bestimmt auf den
konkreten Anlass der Ankündigung eingehen.

Gegenstand der Ankündigungspflicht sind gemäß Abs. 2 der **Zeitpunkt** des Einspeisema-   **69**
nagements sowie dessen **Umfang** und **Dauer**. Soweit es dem Netzbetreiber möglich ist,
muss er versuchen, den voraussichtlichen Beginn und das voraussichtliche Ende des Einspeisemanagements anzugeben. Da Netzüberlastungen häufig eine Folge stark fluktuierender Stromeinspeisungen aus Windenergie- und Photovoltaikanlagen sind, in deren Natur es
liegt, dass sie schwer prognostizierbar sind, dürfen die Anforderungen an die Ankündigungspflicht des Netzbetreibers jedoch nicht überdehnt werden. Um seinen Aufwand in
einem vertretbaren Rahmen zu halten, muss es genügen, wenn er die zur Vorbereitung des
Einspeisemanagements erhobenen und damit ohnehin in seinem Unternehmen **verfügbaren Daten** an die Anlagenbetreiber weitergibt. Nicht erforderlich ist hingegen, dass er zur
Erfüllung der Ankündigungspflicht gemäß Abs. 2 zusätzliche Prognosen durchführt. Hinsichtlich des Umfangs des Einspeisemanagements ist jedem Anlagenbetreiber lediglich
mitzuteilen, in welchem Umfang er selbst mit einer Regelung seiner Anlagen rechnen
muss. An einer Unterrichtung über den Gesamtumfang des Einspeisemanagements und die
Betroffenheit anderer Anlagenbetreiber besteht hingegen grundsätzlich kein berechtigtes
Interesse. Da sich jedoch erst aus der rechnergestützten Optimierung gemäß Abs. 1 S. 3
ergibt, welche Anlagen in welchem Umfang in das Einspeisemanagement einbezogen werden (s. Rn. 47 f.), werden die Netzbetreiber in der Praxis häufig auf **pauschale Angaben**
über das Ausmaß des drohenden Netzengpasses zurückgreifen müssen. Aus Rechtsgründen ist dagegen nichts einzuwenden, solange die Netzbetreiber nicht bereits über aussage-
kräftigere Informationen verfügen, die sie den Anlagenbetreibern bewusst oder unbewusst
vorenthalten.

Die Ankündigungspflicht gemäß Abs. 2 gilt nur gegenüber den Betreibern von Anlagen im   **70**
Sinne von § 9 Abs. 1, also solchen mit einer installierten Leistung von **mehr als 100 Kilowatt**. Damit soll der Verwaltungsaufwand der Netzbetreiber auf ein erträgliches Maß be-

---

61 BT-Drs. 17/6071, S. 65.
62 Das gilt auch am Wochenende. Die Ansicht, in solchen Fällen müsse schon am Freitag informiert
   werden (Frenz/Müggenborg/*Frenz*, 3. Aufl. 2013, § 11 Rn. 28) ist realitätsfern, da drohende Netzengpässe in der Regel allenfalls kurzfristig erkennbar sind. Im Übrigen müssen die Anlagenbetreiber schon aus sicherheitstechnischen Gründen in der Lage sein, Nachrichten des Netzbetreibers
   auch am Wochenende entgegenzunehmen.
63 So auch Altrock/Oschmann/Theobald/*Wustlich/Hoppenbrock*, 4. Aufl. 2013, § 11 Rn. 94.

grenzt werden. Müssten auch die Betreiber aller kleineren Anlagen bereits vor Beginn des Einspeisemanagements informiert werden, würde dies einen erheblichen Mehraufwand für den verantwortlichen Netzbetreiber bedeuten, dem allenfalls ein geringes Informationsinteresse der Anlagenbetreiber gegenüberstünde, bei denen es sich überwiegend um Privatpersonen handeln dürfte.

71 Gemäß § 9 Abs. 1 S. 3 EEG 2009 waren die Netzbetreiber außerdem verpflichtet, die Vorab-Informationen über ein bevorstehendes Einspeisemanagement auf ihrer Internetseite zu veröffentlichen und dabei die betroffenen Netzregionen und den Grund der Maßnahme zu nennen. Diese Verpflichtung ist mit der EEG-Novelle v. 28.7.2011 ersatzlos entfallen. Eine Information der Öffentlichkeit über das Internet ist nun nicht mehr erforderlich. Die Bundesnetzagentur hat aber gemäß § 13 Abs. 5 S. 3 EnWG die Möglichkeit, durch Festlegung gemäß § 29 EnWG entsprechende Veröffentlichungspflichten wieder einzuführen.

IV. Unterrichtungs- und Nachweispflicht (Abs. 3)

72 Gemäß Abs. 3 S. 1 müssen die Netzbetreiber die von Maßnahmen nach Abs. 1 Betroffenen unverzüglich über die tatsächlichen Zeitpunkte, den jeweiligen Umfang, die Dauer und die Gründe der Regelung **unterrichten** und auf Verlangen innerhalb von vier Wochen **Nachweise** über die Erforderlichkeit der Maßnahme vorlegen. Mit dieser Unterrichtungs- und Nachweispflicht soll ein Missbrauch der Befugnisse nach Abs. 1 verhindert und Transparenz geschaffen werden.[64] Zwischen dem Netzbetreiber, der das Einspeisemanagement gemäß Abs. 1 durchführt, und dem Anlagenbetreiber, dessen Anlagen in die Maßnahme des Netzbetreibers einbezogen wird, besteht eine **Informationsasymmetrie** hinsichtlich der Notwendigkeit des Einspeisemanagements. Die Rechte und Pflichten gemäß Abs. 3 sollen diesen Nachteil des Anlagenbetreibers ausgleichen und die Geltendmachung von Entschädigungsansprüchen, insbesondere nach § 15, ermöglichen.

73 **1. Unterrichtungspflicht.** Die Unterrichtungspflicht erstreckt sich zunächst auf alle Informationen, die, sofern sie vorhersehbar sind, auch schon im Rahmen der Ankündigungspflicht gemäß Abs. 2 mitgeteilt werden müssen. Nach Abs. 3 muss jedoch über den tatsächlichen Ablauf des Einspeisemanagements informiert werden; Prognosedaten dürfen hier keine Verwendung mehr finden. Die Betreiber von Anlagen, die in das Einspeisemanagement einbezogen wurden, müssen also über den **tatsächlichen Beginn**, das **tatsächliche Ende** und den **tatsächlichen Umfang** der Regelung ihrer Anlage aufgeklärt werden. Zusätzlich müssen die Netzbetreiber die Anlagenbetreiber auch noch über die **Gründe** der Regelung informieren. Die Unterrichtungspflicht gemäß Abs. 3 S. 1 geht insoweit über die Ankündigungspflicht gemäß Abs. 2 hinaus.

74 Wie die Ankündigungspflicht gemäß Abs. 2 ist auch die Unterrichtungspflicht gemäß Abs. 3 S. 1 **unverzüglich**, d.h. ohne schuldhaftes Zögern zu erfüllen. Der Netzbetreiber muss die betroffenen Anlagenbetreiber also über das durchgeführte Einspeisemanagement informieren, sobald ihm dies nach den Umständen des konkreten Falles möglich ist. Eine bestimmte Form der Unterrichtung ist wiederum nicht vorgeschrieben; in der Praxis werden zweckmäßigerweise E-Mails zum Einsatz kommen (s. schon Rn. 68). Anders als die Ankündigungspflicht gemäß Abs. 2 gilt die Unterrichtungspflicht gemäß Abs. 3 auch gegenüber den Betreibern von Anlagen mit einer installierten Leistung von **weniger als 100**

---

64 Altrock/Oschmann/Theobald/*Wustlich/Hoppenbrock*, 4. Aufl. 2013, § 11 Rn. 101.

Kilowatt. Abs. 3 enthält also keine Bagatellgrenze; lediglich in Hinblick auf die Nachweispflicht sind in Abs. 3 S. 3 gewisse praktische Erleichterungen vorgesehen.

2. Nachweispflicht. Der verantwortliche Netzbetreiber ist gemäß Abs. 3 S. 1 außerdem **75** verpflichtet, auf Verlangen des Anlagenbetreibers innerhalb von vier Wochen Nachweise über die Erforderlichkeit der Durchführung des Einspeisemanagements vorzulegen. Die Nachweise müssen gemäß Abs. 3 S. 2 eine **sachkundige dritte Person** in die Lage versetzen, ohne weitere Informationen die Erforderlichkeit der Maßnahme vollständig **nachvollziehen** zu können; zu diesem Zweck sind insbesondere die nach Abs. 1 S. 1 Nr. 3 erhobenen Daten über die Ist-Einspeisung vorzulegen. Mit dieser Regelung sollen die Anlagenbetreiber in die Lage versetzt werden, die Rechtmäßigkeit des Einspeisemanagements zu überprüfen. Kann ein Anlagenbetreiber nachweisen, dass der Netzbetreiber seine Anlage nicht hätte abregeln dürfen und somit seine Pflichten aus dem gesetzlichen Schuldverhältnis (vgl. § 7) verletzt hat, steht ihm gemäß § 280 Abs. 1 BGB ein Schadensersatzanspruch gegen den Netzbetreiber zu, es sei denn, dieser hat die Pflichtverletzung nicht zu vertreten. Ein solcher Schadensersatzanspruch ist für die Anlagenbetreiber attraktiv, seit § 15 im Regelfall „nur" noch eine Entschädigung in Höhe von 95 % der entgangenen Einnahmen gewährt.

Der **Umfang der Nachweispflicht** wird bestimmt durch deren Zweck, den Anlagenbetrei- **76** ber in die Lage zu versetzen, die Erforderlichkeit der durchgeführten Maßnahmen des Einspeisemanagements zu überprüfen. Notwendig ist dafür die Vorlage von Informationen über den Netzengpass und die Einspeisesituation in der von dem Einspeisemanagement betroffenen Netzregion. Der Netzbetreiber muss zunächst darstellen, welches Netzelement überlastet gewesen ist und welche Anlagen nach seinen Berechnungen (s. Rn. 47 f.) für eine Netzentlastung geregelt werden konnten. Weiterhin hat der Netzbetreiber darzulegen, welche Anlagen in welchem Umfang geregelt wurden und welche Anlagen noch mit welcher Leistung Strom in das Netz eingespeist haben. Dabei ist auch der in den Anlagen jeweils eingesetzte Energieträger und deren installierte Leistung anzugeben, damit die Einhaltung der Vorrangregelungen gemäß Abs. 1 S. 1 Nr. 2 und Abs. 1 S. 2 überprüft werden kann. Es genügt allerdings, wenn der Netzbetreiber seinen Handlungsspielraum in der konkreten Situation illustriert. Er ist hingegen nicht verpflichtet, darzulegen, inwieweit er seinen Pflichten gemäß § 12 Abs. 1 S. 1 nachgekommen ist, wie häufig bisher Netzengpässe aufgetreten sind und wie künftige Netzengpässe vermieden werden sollen.[65] Die Mitteilung solcher allgemeinen Informationen, die keinen unmittelbaren Bezug zu dem durchgeführten Einspeisemanagement haben, kann der Anlagenbetreiber allenfalls unter Berufung auf § 13 Abs. 2 verlangen.

Die Nachweispflicht ist gemäß Abs. 3 S. 1 nur **auf Verlangen** des Anlagenbetreibers zu **77** erfüllen, d. h. der Anlagenbetreiber muss den Netzbetreiber zur Vorlage von Nachweisen über die Erforderlichkeit des Einspeisemanagements auffordern. Die Aufforderung kann formlos, insbesondere auch (fern-)mündlich erfolgen. Auch für die Erbringung des Nachweises durch den Netzbetreiber ist **keine bestimmte Form** vorgeschrieben. Allerdings spricht Abs. 3 S. 1 davon, dass die Nachweise vorzulegen seien, was mündliche Mitteilungen ausschließt. Unter Berücksichtigung des Zwecks der Nachweispflicht, die Geltendmachung von etwaigen Schadensersatz- und Entschädigungsansprüchen zu ermöglichen, ist eine verkörperte Erklärung (z. B. Brief, Fax, E-Mail) zu verlangen.

---

65 So aber Altrock/Oschmann/Theobald/*Wustlich/Hoppenbrock*, 4. Aufl. 2013, § 11 Rn. 110.

78   Gemäß Abs. 3 S. 3 können die Netzbetreiber abweichend von S. 1 Betreiber von Anlagen nach § 9 Abs. 2 i.V.m. Abs. 3 nur **einmal jährlich** über die Maßnahmen nach Abs. 1 unterrichten, solange die Gesamtdauer dieser Maßnahmen 15 Stunden pro Anlage im Kalenderjahr nicht überschritten hat; diese Unterrichtung muss gemäß Abs. 3 S. 3 a.E. bis zum 31. Januar des Folgejahres erfolgen. Die Vorschrift soll den Verwaltungsaufwand der Netzbetreiber senken. Anlagen im Sinne von § 9 Abs. 2 sind Photovoltaikanlagen mit einer Leistung von weniger als 100 Kilowatt. Die praktische Umsetzung von Abs. 3 S. 3 kann so erfolgen, dass der Netzbetreiber die Abregelungszeit jeder Anlage in seinem Netzgebiet zunächst intern erfasst und erst ab einer aufsummierten Abregelungszeit von 15 Stunden im Kalenderjahr eine Unterrichtung gemäß Abs. 3 S. 1 vornimmt. Werden die 15 Stunden im gesamten Kalenderjahr nicht überschritten, genügt es, wenn der Netzbetreiber bis zum 31. Januar des Folgejahres jedem Anlagenbetreiber eine anlagenscharfe Gesamtübersicht der im abgelaufenen Kalenderjahr erfolgten Abregelungen zur Verfügung stellt.

79   **3. Unberührtheitsklausel.** Gemäß Abs. 3 S. 4 bleibt **§ 13 Abs. 5 S. 3 EnWG** von den Unterrichtungs- und Nachweispflichten gemäß Abs. 3 unberührt. In § 13 Abs. 5 S. 3 EnWG wird die Bundesnetzagentur ermächtigt, durch Festlegung gemäß § 29 Abs. 1 EnWG zu bestimmen, in welchem Umfang die Netzbetreiber Maßnahmen nach § 13 Abs. 1 u. 2 EnWG, deren Gründe und zugrunde liegende vertragliche Regelungen innerhalb bestimmter Frist und in einer bestimmten Form an sie mitteilen und auf einer gemeinsamen Internetplattform veröffentlichen müssen. Da Maßnahmen des Einspeisemanagements gemäß § 13 Abs. 2a S. 3 EnWG ein Unterfall der Notfallmaßnahmen gemäß § 13 Abs. 2 EnWG sind, erstreckt sich die Festlegungsbefugnis auch auf die Zusammenstellung von Informationen über das Einspeisemanagement. Mit der Festlegungsbefugnis wird die Bundesnetzagentur in die Lage versetzt, ein **Register** aller Maßnahmen des Gefährdungsmanagements (inkl. Einspeisemanagement) zu erstellen oder von den Netzbetreibern erstellen zu lassen, um die Transparenz über Maßnahmen gemäß §§ 13, 14 Abs. 1 S. 1 EnWG sowie § 14 zu erhöhen und Schwachstellen in den Elektrizitätsversorgungsnetzen aufzudecken.[66] Ein solches Register würde es den Anlagenbetreibern ermöglichen, Standorte für Neuanlagen auch hinsichtlich ihrer Betroffenheit durch Maßnahmen der Netzbetreiber zu bewerten. Bis Anfang 2015 hatte die Bundesnetzagentur jedoch noch keine Festlegung gemäß Abs. 3 S. 4 i.V.m. § 13 Abs. 5 S. 3 EnWG erlassen.

---

66 Vgl. auch BT-Drs. 17/6071, S. 65: „Einspeisemanagementregister".

§ 15 Härtefallregelung

(1) [1]Wird die Einspeisung von Strom aus einer Anlage zur Erzeugung von Strom aus erneuerbaren Energien, Grubengas oder Kraft-Wärme-Kopplung wegen eines Netzengpasses im Sinne von § 14 Absatz 1 reduziert, muss der Netzbetreiber, an dessen Netz die Anlage angeschlossen ist, die von der Maßnahme betroffene Betreiber abweichend von § 13 Absatz 4 des Energiewirtschaftsgesetzes für 95 Prozent der entgangenen Einnahmen zuzüglich der zusätzlichen Aufwendungen und abzüglich der ersparten Aufwendungen entschädigen. [2]Übersteigen die entgangenen Einnahmen nach Satz 1 in einem Jahr 1 Prozent der Einnahmen dieses Jahres, sind die von der Regelung betroffenen Betreiber ab diesem Zeitpunkt zu 100 Prozent zu entschädigen. [3]Der Netzbetreiber, in dessen Netz die Ursache für die Regelung nach § 14 liegt, muss dem Netzbetreiber, an dessen Netz die Anlage angeschlossen ist, die Kosten für die Entschädigung ersetzen.

(2) [1]Der Netzbetreiber kann die Kosten nach Absatz 1 bei der Ermittlung der Netzentgelte in Ansatz bringen, soweit die Maßnahme erforderlich war und er sie nicht zu vertreten hat. [2]Der Netzbetreiber hat sie insbesondere zu vertreten, soweit er nicht alle Möglichkeiten zur Optimierung, zur Verstärkung und zum Ausbau des Netzes ausgeschöpft hat.

(3) Schadensersatzansprüche von Anlagenbetreibern gegen den Netzbetreiber bleiben unberührt.

Schrifttum: *König*, Engpassmanagement in der deutschen und europäischen Elektrizitätsversorgung, 2013.

Übersicht

I. Allgemeines

§ 15 normiert einen **Entschädigungsanspruch** für die von Maßnahmen des Einspeisemanagements gemäß § 14 betroffenen Anlagenbetreiber und regelt daran anknüpfende Rechtsfragen. Die amtliche Überschrift ist dabei irreführend: es handelt sich bei § 15 nicht um eine Härtefallregelung, die nur auf seltene Fälle mit außergewöhnlichen Belastungen anwendbar wäre, sondern um eine Anspruchsgrundlage mit vergleichsweise **geringen Anforderungen**. Der Entschädigungsanspruch gemäß Abs. 1 S. 1 setzt lediglich voraus, dass die Einspeisung aus einer Anlage zur Erzeugung von Strom aus erneuerbaren Energien,

1

Grubengas oder Kraft-Wärme-Kopplung wegen eines Netzengpasses im Sinne von § 14 Abs. 1 S. 1 Nr. 1 von einem Netzbetreiber reduziert worden ist.

2 **Abs. 1** regelt die Voraussetzungen und die Höhe des Entschädigungsanspruchs von Anlagenbetreibern, deren Anlagen in ein Einspeisemanagement gemäß § 14 einbezogen wurden. Die Vorschrift bestimmt außerdem, welcher Netzbetreiber die Kosten der Entschädigung zu tragen hat und gegen wen die Anlagenbetreiber den Entschädigungsanspruch richten können. Aus **Abs. 2** ergibt sich, unter welchen Voraussetzungen die Netzbetreiber die Kosten von Entschädigungszahlungen gemäß Abs. 1 bei der Netzentgeltermittlung in Ansatz bringen können. **Abs. 3** bestimmt schließlich, dass Schadensersatzansprüche der Anlagenbetreiber gegen die Netzbetreiber durch den Entschädigungsanspruch gemäß Abs. 1 S. 1 unberührt bleiben.

3 **1. Normzweck.** Mit dem Entschädigungsanspruch gemäß § 15 will der Gesetzgeber in erster Linie sicherstellen, dass die **Planungs- und Investitionssicherheit** der Anlagenbetreiber durch Maßnahmen des Einspeisemanagements möglichst wenig beeinträchtigt wird. Die Eingriffsrechte gemäß § 14 sind erforderlich, damit die Netzbetreiber die Sicherheit und Zuverlässigkeit des Elektrizitätsversorgungssystems (vgl. § 13 Abs. 3 EnWG) gewährleisten können. Sie bergen aber die Gefahr, die **Wirtschaftlichkeit** von Anlagen zur Erzeugung von Strom aus erneuerbaren Energien, Grubengas oder Kraft-Wärme-Kopplung zu verringern, da sie deren Einspeisung unter den Vorbehalt ausreichender Netzkapazität stellen. Da die Anlagenbetreiber außerdem die Anzahl und das Ausmaß der zu erwartenden Maßnahmen des Einspeisemanagements kaum vorhersagen können, besteht die Gefahr, dass sie vor Investitionen in Anlagen zur Erzeugung von Strom aus erneuerbaren Energien, Grubengas oder Kraft-Wärme-Kopplung zurückschrecken, weil sie keine Sicherheit über die damit erzielbaren Einnahmen gewinnen können. In dieser Situation soll § 15 Planungssicherheit schaffen, indem er den Anlagenbetreibern garantiert, dass sie einen Großteil der geplanten Einnahmen auch dann erhalten, wenn ein Netzbetreiber die Einspeiseleistung ihrer Anlagen reduziert.[1]

4 Ein hohes Maß an Planungs- und Investitionssicherheit dient letztlich der Erreichung der **Ziele gemäß § 1**. Die Einnahmen aus dem Anlagenbetrieb und dessen Kosten müssen prognostizierbar sein, damit jedermann mit einer gewissen Sachkunde ermitteln kann, ob sich Investitionen in die Stromerzeugung aus erneuerbaren Energien, Grubengas oder Kraft-Wärme-Kopplung betriebswirtschaftlich lohnen. Während das gesetzliche Vergütungssystem gemäß §§ 19 ff. den Anlagenbetreibern das Absatzrisiko nimmt, bewirkt § 15 eine weitgehende Befreiung vom Risiko der Nichtverfügbarkeit des Netzes. In der Zusammenschau ergibt sich ein vergleichsweise **sicheres Geschäftsmodell**, in dem als maßgebliches Risiko allein die – mehr oder weniger schwer einzuschätzende – Verfügbarkeit des einzusetzenden Energieträgers (z. B. Sonne, Wind, Biomasse) verbleibt. § 15 trägt als Bestandteil des gesetzlichen Fördersystems dazu bei, die Umstellung der Stromerzeugung auf erneuerbare Energien abzusichern und die Erreichung der Zwecke gemäß § 1 voranzutreiben.

5 Bis zur EEG-Novelle v. 28.7.2011 gewährte § 15 (damals: § 12 EEG 2009) noch einen Anspruch auf 100 % der entgangenen Einnahmen abzüglich der ersparten Aufwendungen. Nach der Neufassung der Vorschrift ist der Entschädigungsanspruch nun auf **95 %** der entgangenen Einnahmen zuzüglich der zusätzlichen Aufwendungen und abzüglich der erspar-

---

1 BT-Drs. 16/8148, S. 47.

ten Aufwendungen begrenzt (s. Rn. 24 ff.). Der Gesetzgeber verfolgt mit § 15 also nicht mehr das Ziel, Einnahmeausfälle der Anlagenbetreiber infolge von Maßnahmen des Einspeisemanagements vollständig zu kompensieren. Zwar geht es ihm mit dem Entschädigungsanspruch gemäß Abs. 1 S. 1 weiterhin darum, das wirtschaftliche Risiko der Anlagenbetreiber zu minimieren und deren Planungs- und Investitionssicherheit zu erhöhen; die Anlagenbetreiber sollen aber nicht mehr in Gänze von den Risiken einer unzureichenden Netzkapazität freigestellt werden. Mit der Deckelung der Entschädigungszahlung auf 95 % der entgangenen Einnahmen bezweckt der Gesetzgeber im Gegenteil, die Anlagenbetreiber an den Kosten des Einspeisemanagements zu beteiligen, um ihnen **Anreize für eine gesamtwirtschaftlich effiziente Standortwahl** zu setzen.[2] In der Vergangenheit mussten sich die Anlagenbetreiber nicht damit befassen, ob das Netz, an das sie ihre Anlagen anschließen lassen wollten, durch andere Anlagen bereits stark ausgelastet war, sodass sie von vornherein mit häufigen Abregelungen ihrer Anlagen rechnen mussten. Denn wegen der weitreichenden Entschädigungsregelung gemäß § 12 EEG 2009 war es für die Anlagenbetreiber unerheblich, ob sie tatsächlich Strom in das Netz einspeisen konnten oder durch Netzengpässe daran gehindert waren, da sie in beiden Fällen dieselben Einnahmen erzielten – entweder durch Vergütungszahlungen gemäß §§ 40 ff. oder durch Entschädigungszahlungen gemäß § 12 EEG 2009. Nunmehr sollen die Entschädigungszahlungen niedriger ausfallen, damit Netzengpässe auch für die Anlagenbetreiber spürbar werden, die ja mit dem Anschluss ihrer Anlagen zur Entstehung der Netzengpässe beitragen.

Mit der Kostentragungsregelung gemäß Abs. 1 S. 3 und der Ausgestaltung von Abs. 2 über die Berücksichtigung der Kosten von Entschädigungszahlungen gemäß Abs. 1 S. 1 bei der Netzentgeltermittlung will der Gesetzgeber außerdem die Netzbetreiber anhalten, ihrer **Verpflichtung zur bedarfsgerechten Erweiterung** des Netzes gerecht zu werden und das Einspeisemanagement gemäß § 14 **möglichst effizient** durchzuführen.[3] Gemäß Abs. 1 S. 3 hat derjenige Netzbetreiber die Kosten der Entschädigung gemäß Abs. 1 S. 1 zu tragen, in dessen Netz die Ursache der Regelung gemäß § 14 Abs. 1 S. 1 liegt. Der Gesetzgeber geht davon aus, dass das Auftreten von Netzengpässen darauf hindeutet, dass die Netzbetreiber ihrer Pflicht zur bedarfsgerechten Erweiterung der Netze nicht oder nicht vollständig nachgekommen sind und ordnet deshalb die „Engpasskosten" dem Netzbetreiber zu, in dessen Verantwortungsbereich die Entstehung des Netzengpasses fällt. Gemäß Abs. 2 S. 1 dürfen die Kosten der Entschädigung gemäß Abs. 1 S. 1 bei der Netzentgeltermittlung nur in Ansatz gebracht werden, soweit der Netzbetreiber die Maßnahmen gemäß § 14 nicht zu vertreten hat, insbesondere weil er gemäß Abs. 2 S. 2 nicht alle Möglichkeiten zur Optimierung, zur Verstärkung und zum Ausbau des Netzes ausgeschöpft hat. Hätte der Netzbetreiber die Notwendigkeit des Einspeisemanagements also durch Netzerweiterungsmaßnahmen abwenden können, muss er die Kosten der Entschädigung gemäß Abs. 1 S. 1 selbst tragen. Hiermit setzt der Gesetzgeber die Netzbetreiber unter Druck, damit sie alle notwendigen Netzerweiterungsmaßnahmen auch tatsächlich durchführen.[4]

2. Entstehungsgeschichte. Das EEG 2004 enthielt noch keine § 15 vergleichbare Entschädigungsregelung. § 4 Abs. 3 EEG 2004 erlaubte zwar bereits die Abregelung von Erzeugungsanlagen zur Bewältigung von Netzüberlastungen, die Vorschrift sah jedoch nicht vor,

---

2 BT-Drs. 17/6071, S. 65.

3 BT-Drs. 16/8148, S. 47.

4 Altrock/Oschmann/Theobald/*Hoppenbrock*, 4. Aufl. 2013, § 12 Rn. 7, spricht in Hinblick auf diesen Aspekt von § 15 von einer „disziplinierende[n] Wirkung".

dass die Netzbetreiber etwaige Einnahmeausfälle der Anlagenbetreiber kompensieren mussten. Die Anlagenbetreiber konnten deshalb allenfalls Schadensersatzansprüche gemäß §§ 280 ff. BGB geltend machen, hatten dabei aber das Problem, dass die Netzbetreiber sich bei rechtmäßig durchgeführten Maßnahmen regelmäßig gemäß § 280 Abs. 1 S. 2 BGB exkulpieren konnten.[5] Aus diesem Grund mussten die Anlagenbetreiber ihre Einnahmeausfälle infolge von Abregelungen ihrer Anlagen damals in der Regel selbst tragen.

8   Mit Inkrafttreten des EEG 2009 zum 1.1.2009 wurde mit § 12 EEG 2009 erstmals ein verschuldensunabhängiger Entschädigungsanspruch in das EEG aufgenommen.[6] Die Vorschrift lautete wie folgt:

"§ 12 Härtefallregelung

(1) [1]Der Netzbetreiber, in dessen Netz die Ursache für die Notwendigkeit der Regelung nach § 11 Abs. 1 liegt, ist verpflichtet, Anlagenbetreiberinnen und -betreibern, die aufgrund von Maßnahmen nach § 11 Abs. 1 Strom nicht einspeisen konnten, in einem vereinbarten Umfang zu entschädigen. [2]Ist eine Vereinbarung nicht getroffen, sind die entgangenen Vergütungen und Wärmeerlöse abzüglich der ersparten Aufwendungen zu leisten.

(2) [1]Der Netzbetreiber kann die Kosten nach Absatz 1 bei der Ermittlung der Netzentgelte in Ansatz bringen, soweit die Maßnahme erforderlich war und er sie nicht zu vertreten hat. [2]Der Netzbetreiber hat sie insbesondere zu vertreten, soweit er nicht alle Möglichkeiten zur Optimierung, zur Verstärkung und zum Ausbau des Netzes ausgeschöpft hat.

(3) Schadensersatzansprüche von Anlagenbetreiberinnen und -betreibern gegen den Netzbetreiber bleiben unberührt."

9   § 12 Abs. 1 S. 1 EEG 2009 sah in seiner ursprünglichen Fassung noch vor, dass die Höhe der Entschädigung in einer Vereinbarung zwischen dem Anlagenbetreiber und dem Netzbetreiber geregelt werden sollte (sog. **Vereinbarungslösung**). Nur soweit die Beteiligten keine Vereinbarung über die Entschädigung getroffen hatten, musste der Netzbetreiber gemäß § 12 Abs. 1 S. 2 EEG 2009 die **entgangenen Vergütungen** und **Wärmeerlöse** abzüglich der ersparten Aufwendungen erstatten. Der Gesetzgeber hatte jedoch übersehen, dass die bloße Existenz dieses „Auffangtatbestands" dazu führen musste, dass sich die Beteiligten nicht mehr auf Vereinbarungen über die Entschädigungshöhe würden einigen können. Während der Anlagenbetreiber an einer Entschädigung unterhalb der gesetzlichen Entschädigung kein Interesse haben konnte, musste der Netzbetreiber wegen des Effizienzkostenmaßstabes gemäß § 21 Abs. 2 EnWG jede Entschädigung oberhalb der gesetzlichen Entschädigung ablehnen. Im Ergebnis dürften sich die Beteiligten deshalb in der Praxis entweder gar nicht oder auf die gesetzliche Entschädigungshöhe gemäß § 12 Abs. 1 S. 2 EEG 2009 geeinigt haben. Mit der EEG-Novelle v. 28.7.2011, die am 1.1.2012 in Kraft getreten ist, hat der Gesetzgeber deshalb die Vereinbarungslösung abgeschafft und die Entschädigungshöhe verbindlich festgelegt.

10 § 12 Abs. 1 S. 1 EEG 2009 knüpfte die Entschädigung daran, dass die Anlagen des Anlagenbetreibers „aufgrund von Maßnahmen nach § 11 Abs. 1" keinen oder weniger Strom in

---

5 Altrock/Oschmann/Theobald/*Hoppenbrock*, 4. Aufl. 2013, § 12 Rn. 9.

6 Zur Entstehungsgeschichte von § 12 EEG 2009 s. Altrock/Oschmann/Theobald/*Hoppenbrock*, 4. Aufl. 2013, § 12 Rn. 9 f.

das Netz einspeisen konnten. Für die Netzbetreiber bestand dadurch in der Praxis ein Anreiz, Maßnahmen gegenüber Anlagen zur Erzeugung von Strom aus erneuerbaren Energien, Grubengas oder Kraft-Wärme-Kopplung möglichst auf **andere Rechtsgrundlagen**
(insb. §§ 13, 14 Abs. 1 S. 1 EnWG) zu stützen, damit keine entschädigungspflichtige Maßnahme nach § 14 (damals: § 11 EEG 2009) vorlag. Außerdem stellte sich die Frage, ob für
die Annahme einer „Maßnahme nach § 11 Abs. 1" tatsächlich alle Voraussetzungen von
§ 11 Abs. 1 S. 1 EEG 2009 erfüllt sein mussten. Mit der EEG-Novelle v. 28.7.2011, die am
1.1.2012 in Kraft getreten ist, hat der Gesetzgeber die Voraussetzungen des Entschädigungsanspruchs gemäß § 15 Abs. 1 S. 1 (damals: § 12 Abs. 1 S. 1 EEG 2009) deshalb weniger einschränkend formuliert. Nunmehr setzt der Entschädigungsanspruch gemäß § 15
Abs. 1 S. 1 nur noch voraus, dass die Einspeiseleistung einer Anlage „wegen eines Netzengpasses im Sinne von § 14 Absatz 1" reduziert worden ist. Die Abregelung von Anlagen
zur Erzeugung von Strom aus erneuerbaren Energien, Grubengas oder Kraft-Wärme-
Kopplung wegen eines Netzengpasses ist nunmehr also **stets entschädigungspflichtig**,
und zwar unabhängig davon, ob der Netzbetreiber die Abregelung auf § 14 Abs. 1 S. 1
stützt und ob dessen Voraussetzungen vorliegen.[7]

Mit der EEG-Novelle v. 28.7.2011 hat der Gesetzgeber außerdem in Abs. 1 S. 3 klarge- **11**
stellt, dass der Netzbetreiber, in dessen Netz die Ursache der Abregelung liegt, die Kosten
der Entschädigung gemäß Abs. 1 S. 1 zu tragen hat. Gemäß Abs. 1 S. 4 a. F. haftete er gesamtschuldnerisch mit dem Netzbetreiber, an dessen Netz die Anlage angeschlossen ist
(sog. **Anschlussnetzbetreiber**). Die Regelung sollte dazu dienen, die Geltendmachung
des Entschädigungsanspruchs durch den Anlagenbetreiber zu erleichtern. Abs. 2 und
Abs. 3 wurden durch die EEG-Novelle v. 28.7.2011 nicht verändert.

Durch die **EEG-Novelle 2014**, die zum 1.8.2014 in Kraft getreten ist, erhielt § 15, der vor- **12**
her als § 12 firmierte, seine gegenwärtige Fassung. Die Novelle brachte in erster Linie redaktionelle Änderungen, die sich inhaltlich nicht auswirken. Außerdem wurde die gesamtschuldnerische Haftung gemäß Abs. 1 S. 4 a. F. wieder aufgehoben, da sie zu einer Vielzahl
von Unsicherheiten und hohem Verwaltungsaufwand geführt hatte.[8] Nunmehr haftet dem
Anlagenbetreiber gemäß Abs. 1 S. 1 stets der jeweilige Anschlussnetzbetreiber, der dann
gemäß Abs. 1 S. 3 bei dem Netzbetreiber, in dessen Netz die Ursache für die Abregelung
liegt, Regress nehmen kann. Insbesondere für die Anlagenbetreiber hat sich die Abwicklung von Entschädigungsfragen damit vereinfacht.

II. Entschädigungsanspruch (Abs. 1)

Abs. 1 gewährt den Betreibern von Anlagen zur Erzeugung von Strom aus erneuerbaren **13**
Energien, Grubengas oder Kraft-Wärme-Kopplung einen Anspruch auf Zahlung einer Entschädigung, wenn die Einspeiseleistung ihrer Anlage wegen eines Netzengpasses von einem Netzbetreiber reduziert wird.

1. Anspruchsberechtigte. Anspruchsberechtigt sind gemäß Abs. 1 S. 1 die Betreiber von **14**
Anlagen zur Erzeugung von Strom aus erneuerbaren Energien, Grubengas oder Kraft-Wärme-Kopplung, deren Anlagen wegen eines Netzengpasses durch einen Netzbetreiber abgeregelt wurden. Der Kreis der nach § 15 Abs. 1 Berechtigten ist somit identisch mit dem

---

7 BT-Drs. 17/6071, S. 65.
8 BT-Drs. 18/1304, S. 187.

Kreis der nach § 14 Abs. 1 Verpflichteten. Wer Maßnahmen des Einspeisemanagements zu erdulden hat, kann also stets auch einen Entschädigungsanspruch gemäß § 15 Abs. 1 S. 1 gegen seinen Anschlussnetzbetreiber geltend machen.

15 § 12 Abs. 1 EEG 2009 nannte als Anspruchsberechtigte schlicht die Anlagenbetreiber, was allerdings wegen der restriktiven Definition dieses Begriffes in § 3 Nr. 2 EEG 2009 („wer unabhängig vom Eigentum die Anlage für die Erzeugung von Strom aus erneuerbaren Energien oder aus Grubengas nutzt") die Frage aufwarf, ob sich auch die Betreiber von KWK-Anlagen auf den Entschädigungsanspruch gemäß § 12 Abs. 1 EEG 2009 berufen konnten. In der Literatur wurde dies zumeist bejaht, da KWK-Anlagen unstreitig in Maßnahmen nach § 11 EEG 2009 einbezogen werden konnten und der Gesetzgeber mehrfach zum Ausdruck gebracht hatte, dass er von einem Gleichlauf der §§ 11, 12 EEG 2009 ausgegangen war.[9] Auch teleologische Aspekte sprachen für eine Einbeziehung der Betreiber von KWK-Anlagen in den Kreis der nach § 12 Abs. 1 EEG 2009 Anspruchsberechtigten.[10] Mit der Klarstellung des Wortlauts von § 15 (damals: § 12 EEG 2009) durch den EEG-Novelle v. 28.7.2011 ist nunmehr unzweifelhaft, dass auch die Betreiber von KWK-Anlagen gemäß § 15 Abs. 1 S. 1 einen Entschädigungsanspruch gegen den verantwortlichen Netzbetreiber geltend machen können, wenn ihre Anlagen wegen eines Netzengpasses abgeregelt wurden.

16 **2. Anspruchsverpflichteter.** Anspruchsverpflichtet ist gemäß Abs. 1 S. 1 der Netzbetreiber, an dessen Netz die abgeregelte Anlage angeschlossen ist (sog. **Anschlussnetzbetreiber**). Dieser kann gemäß Abs. 1 S. 3 bei dem Netzbetreiber, in dessen Netz die Ursache für die Abregelung liegt, Regress nehmen. Dieser Netzbetreiber ist dem Anlagenbetreiber seit der EEG-Novelle 2014 selbst nicht mehr unmittelbar verpflichtet. Vorher konnte der Anlagenbetreiber wählen, welchen der beiden Netzbetreiber er in Anspruch nehmen wollte (gesamtschuldnerische Haftung). Dies hat sich nach Ansicht des Gesetzgebers jedoch nicht bewährt, da erhebliche Unsicherheiten und ein hoher Aufwand die Folge waren.[11] Durch die Neuregelung wurde die Abwicklung von Entschädigungszahlungen deutlich vereinfacht. Es ist nunmehr sichergestellt, dass die Geltendmachung des Entschädigungsanspruchs gemäß Abs. 1 S. 1 nicht daran scheitert, dass der Anlagenbetreiber den verantwortlichen Netzbetreiber im Sinne von Abs. 1 S. 3 nicht ermitteln kann. Der Anlagenbetreiber kann sich stets auch an seinen Anschlussnetzbetreiber halten, mit dem er ohnehin in einer geschäftlichen Beziehung steht und bei dem er deshalb einen festen Ansprechpartner haben dürfte.

17 Abs. 1 S. 3 bestimmt, dass der Netzbetreiber, in dessen Netz die **Ursache** für die Abregelung liegt, die Kosten der Entschädigung gemäß Abs. 1 S. 1 ersetzen muss. Die Ursache der **Abregelung** dürfte in der Regel der **Netzengpass** im Sinne von § 14 Abs. 1 S. 1 Nr. 1 sein, der das Eingriffsrecht des Netzbetreibers begründet. Der Regress ist von den Netzbetreibern durchzuführen; der Anlagenbetreiber muss daran nicht beteiligt werden.

18 **3. Anspruchsvoraussetzungen.** Einzige Voraussetzung des Entschädigungsanspruchs gemäß Abs. 1 S. 1 ist, dass die Einspeisung aus Anlagen zur Erzeugung von Strom aus erneuerbaren Energien, Grubengas oder Kraft-Wärme-Kopplung wegen eines Netzengpasses im

---

9 Anschaulich Altrock/Oschmann/Theobald/*Hoppenbrock*, 3. Aufl. 2011, § 12 Rn. 12 f.

10 Bundesnetzagentur, Leitfaden zum EEG-Einspeisemanagement, Version 1.0, 2011, S. 18; Altrock/Oschmann/Theobald/*Hoppenbrock*, 3. Aufl. 2011, § 12 Rn. 14 f.

11 BT-Drs. 18/1304, S. 187.

Sinne von § 14 Abs. 1 S. 1 Nr. 1 reduziert worden ist. Die Reduzierung erfolgt in der Regel durch die ferngesteuerte Aktivierung der technischen Einrichtung im Sinne von § 9. Der Entschädigungsanspruch besteht auch, wenn die Einspeiseleistung durch verbindlich vorgegebene Einstellungen an den Sicherheitseinrichtungen der Anlage automatisch reduziert wird.[12] Die Reduzierung der Einspeiseleistung hat zur Folge, dass die Einspeisung der betroffenen Anlage auf das vom Netzbetreiber vorgegebene Niveau abgesenkt wird. In der Praxis sind mehrstufige Abregelungen (z.B. 60% / 30% / 0% der Nennleistung) üblich. Kenntnis von der Reduzierung der Einspeiseleistung erhält der Anlagenbetreiber durch die Ankündigung gemäß § 14 Abs. 2 und gegebenenfalls durch eigene Messungen.

Die Entschädigungsregelung gemäß § 15 greift nur, wenn die Abregelung zur Bewältigung **19** eines **Netzengpasses** im Sinne von § 14 Abs. 1 S. 1 Nr. 1 erfolgt ist. Abregelungen aus anderen Gründen (vgl. § 13 Abs. 3 EnWG) sind dagegen nicht entschädigungspflichtig.[13] Die unterschiedliche Behandlung von Netzengpässen und sonstigen Gefährdungs- oder Störungssituationen rechtfertigt sich daraus, dass sich Netzengpässe noch am ehesten dem Verantwortungsbereich der Netzbetreiber zuordnen lassen, während z.B. Gefährdungssituationen, die durch Extremwettersituationen, Gewaltanwendung oder technische Störungen hervorgerufen wurden, Fälle höherer Gewalt sind, in denen nach allgemeinen Rechtsgrundsätzen grundsätzlich jeder seinen eigenen Schaden tragen muss.

Andererseits besteht die Entschädigungspflicht gemäß § 15 immer, wenn die Abregelung **20** wegen eines Netzengpasses erfolgt ist. Das gilt selbst dann, wenn der Netzbetreiber der Meinung ist, er könne die Maßnahme auf §§ 13, 14 Abs. 1 S. 1 EnWG stützen. § 13 Abs. 2a S. 3 EnWG stellt klar, dass die besonderen Anforderungen der §§ 14, 15 stets einzuhalten sind, wenn eine Abregelung wegen eines Netzengpasses erfolgt. Seit der EEG-Novelle v. 28.7.2011 sind also keine Fälle mehr denkbar, in denen der Netzbetreiber die Abregelung einer Anlage zur Erzeugung von Strom aus erneuerbaren Energien, Grubengas oder Kraft-Wärme-Kopplung wegen eines Netzengpasses allein auf §§ 13, 14 Abs. 1 S. 1 EnWG stützen kann. §§ 14, 15 sind *immer* ergänzend anwendbar. Eine Umgehung der Entschädigungspflicht gemäß Abs. 1 S. 1 durch Anwendung der §§ 13, 14 Abs. 1 S. 1 EnWG ist somit nach der aktuellen Gesetzesfassung ausgeschlossen.

Nach der Neufassung von § 15 (damals: § 12 EEG 2009) durch die EEG-Novelle v. **21** 28.7.2011 kann kein Zweifel mehr daran bestehen, dass es für den Entschädigungsanspruch gemäß Abs. 1 S. 1 nicht darauf ankommt, ob der Netzbetreiber die Abregelung auf § 14 (damals: § 11 EEG 2009) gestützt hat und ob dessen Voraussetzungen erfüllt waren. § 15 Abs. 1 setzt nicht mehr voraus, dass eine Maßnahme nach § 14 Abs. 1 vorliegt, sondern nur noch, dass eine Abregelung durch einen Netzbetreiber stattgefunden hat. Welche **Rechtsgrundlage** der Netzbetreiber für die Abregelung angibt und ob er deren **Voraussetzungen** eingehalten hat oder nicht, ist für den Entschädigungsanspruch gemäß Abs. 1 S. 1 unerheblich.[14] Der Entschädigungsanspruch gemäß Abs. 1 S. 1 besteht also sowohl bei rechtmäßigen als auch bei rechtswidrigen Abregelungen.[15] Im Falle von rechtswidrigen

---

12 OLG Hamm, Urt. v. 16.1.2015, ZNER 2015, 54.
13 Ebenso Frenz/Müggenborg/*Ehricke*, 3. Aufl. 2013, § 12 Rn. 59.
14 Frenz/Müggenborg/*Frenz*, 3. Aufl. 2013, § 11 Rn. 1, 21; § 12 Rn. 3 f., 11; ähnlich *Salje*, EEG, 6. Aufl. 2012, § 11 Rn. 43.
15 BT-Drs. 17/6071, S. 65.

Abregelungen können wegen Abs. 3 nach dem allgemeinen Zivilrecht zusätzlich Schadensersatzansprüche bestehen.

22 **4. Anspruchsinhalt.** Liegen die Anspruchsvoraussetzungen vor, kann der Anlagenbetreiber, der von einer Regelung i. S. v. Abs. 1 S. 1 betroffen ist, die **Zahlung einer Entschädigung** in Höhe von 95 % der entgangenen Einnahmen zuzüglich der zusätzlichen Aufwendungen und abzüglich der ersparten Aufwendungen verlangen.

23 Die Ermittlung der Entschädigungshöhe kann in der Praxis mit erheblichen Schwierigkeiten verbunden sein. Ausgangspunkt ist die Feststellung der **entgangenen Einnahmen**. Dafür ist einerseits die **Strommenge** zu ermitteln, die der Anlagenbetreiber infolge der Abregelung nicht in das Netz einspeisen konnte. Andererseits muss der **Preis** bestimmt werden, den der Anlagenbetreiber für den eingespeisten Strom erhalten hätte. Die entgangenen Einnahmen ergeben sich dann aus dem Produkt von Strommenge (in Kilowattstunden) und Preis (in Euro pro Kilowattstunde). Der Preis, den der Anlagenbetreiber für den eingespeisten Strom erhalten hätte, lässt sich vergleichsweise einfach bestimmen, da er sich entweder aus den gesetzlichen Vergütungsvorschriften gemäß §§ 40 ff. bzw. § 7 KWKG ergibt oder, im Falle der Direktvermarktung gemäß §§ 34 ff., aus dem erzielten Veräußerungserlös und den beanspruchbaren Prämien. Die Ermittlung der Strommenge, die der Anlagenbetreiber infolge der Abregelung nicht in das Netz einspeisen konnte, ist hingegen deutlich schwieriger. Im Falle von Windenergie- und Photovoltaikanlagen kann hierfür z.B auf **Wetterdaten** des Deutschen Wetterdienstes zurückgegriffen werden.[16] Fehlt es an zuverlässigen und präzisen Wetterdaten für den konkreten Anlagenstandort, können auch die Einspeisemengen des Vorjahres (bei Windenergie-, Wasserkraft- und Photovoltaikanlagen) oder des Vormonats (bei Biomasseanlagen) zur Plausibilisierung der nicht erzeugten Strommenge herangezogen werden.[17] Dabei müssen selbstverständlich etwaig erfolgte Kapazitätsänderungen und sonstige Umstände, die zu einer anderen Einspeisemenge führen können, berücksichtigt werden.[18]

24 In einem zweiten Schritt müssen die entgangenen Einnahmen mit den zusätzlichen Aufwendungen und den ersparten Aufwendungen verrechnet werden. **Zusätzliche Aufwendungen** können z.B. die erhöhten Kosten für Deckungskäufe sein, die ein Anlagenbetreiber tätigt, um seinen Verpflichtungen aus der Direktvermarktung nachzukommen. Auch an Schadensersatzzahlungen oder Vertragsstrafen ist zu denken.[19] **Ersparte Aufwendungen** ergeben sich z.B. durch den infolge der Abregelung verminderten Brennstoffeinsatz, etwa bei Biomasseanlagen und KWK-Anlagen. Ziel der Verrechnung ist es, sowohl eine unangemessene Bevorteilung als auch eine unangemessene Benachteiligung des Anlagenbetreibers auszuschließen. Er soll im Ergebnis so gestellt werden, als habe er tatsächlich 95 % der Einnahmen erzielt, die er ohne die Abregelung hätte erreichen können.

25 Seit der EEG-Novelle v. 28.7.2011 beschränkt Abs. 1 S. 1 die Höhe des Entschädigungsanspruchs auf **95 %** der entgangenen Einnahmen zuzüglich der zusätzlichen Aufwendungen und abzüglich der ersparten Aufwendungen. Die Anlagenbetreiber sollen dadurch einen Anreiz erhalten, bei der Wahl der **Anlagenstandorte** auf die Existenz von Netzengpässen Rücksicht zu nehmen und in **Speicher** zu investieren. Um die System- und Marktintegra-

---

16 Altrock/Oschmann/Theobald/*Hoppenbrock*, 4. Aufl. 2013, § 12 Rn. 59.

17 Altrock/Oschmann/Theobald/*Hoppenbrock*, 3. Aufl. 2011, § 12 Rn. 25, 38.

18 Altrock/Oschmann/Theobald/*Hoppenbrock*, 3. Aufl. 2011, § 12 Rn. 25.

19 Zu Vertragsstrafen Altrock/Oschmann/Theobald/*Hoppenbrock*, 3. Aufl. 2011, § 12 Rn. 42.

tion von Strom aus erneuerbaren Energien zu verbessern, müssen die Anlagenbetreiber immer stärker auch selbst daran mitwirken, ihr Angebot an die Bedürfnisse des Elektrizitätsversorgungssystems anzupassen. Die Zahlung einer Entschädigung in Höhe von 100 % der entgangenen Einnahmen erschien dem Gesetzgeber vor diesem Hintergrund nicht mehr zweckmäßig. Gesamtwirtschaftlich war es immer schon fragwürdig, dass die Anlagenbetreiber für *nicht* erzeugten Strom im Ergebnis dieselbe Vergütung erhalten haben wie für Strom, den sie tatsächlich in das Netz einspeisen konnten.

Gemäß Abs. 1 S. 2 steigt die Entschädigung auf **100 %** der entgangenen Einnahmen, sobald die entgangenen Einnahmen in einem Jahr 1 % der Einnahmen dieses Jahres übersteigen. Damit ist sichergestellt, dass die Anlagenbetreiber nicht mehr als 1 % ihrer Jahreseinnahmen durch Maßnahmen des Einspeisemanagements gemäß § 14 verlieren. Der Anstieg der Entschädigungshöhe auf 100 % der entgangenen Einnahmen gilt gemäß Abs. 1 S. 2 von dem Zeitpunkt an, in dem die 1-%-Schwelle erreicht wird. Für den davor liegenden Zeitraum bleibt es also bei einer Entschädigung in Höhe von 95 % der entgangenen Einnahmen. Die Berechnung des Anteils der entgangenen Einnahmen an den Gesamteinnahmen kann erst nach Abschluss des Kalenderjahres durchgeführt werden, da die Gesamteinnahmen in dem maßgeblichen Jahr vorher nicht feststehen. Die Netzbetreiber sind also berechtigt, zunächst nur 95 % der entgangenen Einnahmen zu entschädigen und müssen erst nach Abschluss des Kalenderjahres auf Vorlage entsprechender Nachweise der Anlagenbetreiber gegebenenfalls eine Nachzahlung leisten.[20]   **26**

Die Bundesnetzagentur hat am 29.3.2011 einen „**Leitfaden** zum EEG-Einspeisemanagement" veröffentlicht, in dem auch ein Abschnitt über die Ermittlung von Entschädigungszahlungen bei der Abregelung von **Windenergieanlagen** enthalten ist.[21] Soweit der Leitfaden die Berechnung der Entschädigungszahlungen gemäß § 15 betrifft, ist er rechtlich unverbindlich, da die Bundesnetzagentur gemäß § 61 EEG 2009 nicht zum Erlass von § 15 (damals: § 12 EEG 2009) konkretisierenden Regelungen befugt war[22] und auch nach dem EEG in der seit dem 1.1.2012 geltenden Fassung nicht dazu befugt ist.[23] Die einschlägigen Ausführungen im Leitfaden der Bundesnetzagentur entfalten aber durch ihre innere Plausibilität eine gewisse praktische Bedeutung. Die Bundesnetzagentur konzentriert sich in ihrem Leitfaden auf die Berechnung der nicht eingespeisten Strommenge (sog. **Ausfallarbeit**), da die Ermittlung der Preise, wie gezeigt, weniger problematisch ist. Nach Ansicht der Bundesnetzagentur sind zwei Berechnungsmethoden für die Ermittlung der Ausfallarbeit von abgeregelten Windenergieanlagen zulässig. Das **pauschale Verfahren** dient der Ermittlung der Ausfallarbeit anhand von einigen wenigen Werten und soll die Berechnung für den Anlagenbetreiber unter Inkaufnahme möglicher Ungenauigkeiten vereinfachen. Das **Spitzabrechnungsverfahren** ermöglicht demgegenüber unter Auswertung von Windgeschwindigkeitsmesswerten eine möglichst genaue, aber deutlich aufwändigere Ermittlung der Ausfallarbeit. Die Anlagenbetreiber sollen nach den Vorstellungen der Bundes-   **27**

---

20 *König*, Engpassmanagement in der deutschen und europäischen Elektrizitätsversorgung, 2013, S. 574.

21 Bundesnetzagentur, Leitfaden zum EEG-Einspeisemanagement, Version 1.0, 2011, S. 12 ff.

22 Etwas anders gilt für die Ausführungen der Bundesnetzagentur zur Berücksichtigung der Kosten von Entschädigungszahlungen bei der Netzentgeltermittlung, da die Bundesnetzagentur nach den Vorschriften des Energiewirtschaftsgesetzes und der dazu ergangenen Rechtsverordnungen (insb. ARegV, StromNEV) für die Netzentgeltermittlung zuständig ist.

23 Vgl. aber die entsprechende Ermächtigung der Bundesregierung in § 95 Nr. 1.

netzagentur für jedes Kalenderjahr wählen, welche Berechnungsmethode sie anwenden wollen; innerhalb eines Kalenderjahres sollen sie dann nicht mehr zwischen den Berechnungsmethoden wählen dürfen.[24] Für die genaue Funktionsweise der Berechnungsmethoden wird auf den Leitfaden der Bundesnetzagentur verwiesen.

28   Die Bundesnetzagentur hatte bereits im Leitfaden v. 29.3.2011 angekündigt, in Zukunft auch Berechnungsmethoden für die Ermittlung der Ausfallarbeit von **anderen Anlagen** als Windenergieanlagen vorzugeben.[25] Mit der EEG-Novelle v. 28.7.2011 hat der Gesetzgeber allerdings gemäß § 95 Nr. 1 (damals: § 64f Nr. 1 EEG 2009) die Bundesregierung ermächtigt, Berechnungsverfahren für die Ermittlung der Entschädigungszahlungen nach § 15 Abs. 1 (damals: 12 Abs. 1 EEG 2009) festzulegen. Die Rechtsverordnung nach § 95 Nr. 1 kann insbesondere ein pauschaliertes Verfahren zur Ermittlung der jeweils entgangenen Einnahmen und ersparten Aufwendungen, sowie ein Nachweisverfahren für die Abrechnung im Einzelfall enthalten. Damit war klar, dass sich die Bundesnetzagentur mit der Vorgabe weiterer Berechnungsmethoden in einen **Kompetenzkonflikt** mit der Bundesregierung begeben würde, selbst wenn sie stets betont, dass ihr Leitfaden rechtlich nicht verbindlich ist. Vor diesem Hintergrund ist es bemerkenswert, dass die Bundesnetzagentur am 27.1.2014 eine **überarbeitete Fassung** ihres Leitfadens zum EEG-Einspeisemanagements[26] („Version 2.0") veröffentlicht hat, die nun auch pauschalierte Berechnungsverfahren u. a. für Biogas-, Biomasse und Photovoltaikanlagen enthält. Auch insoweit werden jeweils ein pauschales Verfahren und ein Spitzabrechnungsverfahren präsentiert.

29   Gemäß § 95 Nr. 1 ist die Bundesregierung, wie beschrieben, ermächtigt, durch **Rechtsverordnung** Berechnungsverfahren für die Ermittlung der Entschädigungszahlungen nach § 15 Abs. 1 festzulegen. Dabei kann sie insbesondere ein pauschaliertes Verfahren zur Ermittlung der jeweils entgangenen Einnahmen und ersparten Aufwendungen, sowie ein Nachweisverfahren für die Abrechnung im Einzelfall vorsehen. Bis Anfang 2015 hatte die Bundesregierung von der Ermächtigung gemäß § 95 Nr. 1 allerdings noch keinen Gebrauch gemacht.

30   **5. Fälligkeit.** Für die Fälligkeit der Entschädigungszahlung, also die Frage, wann die Zahlung zu leisten ist,[27] gilt mangels einer speziellen Regelung im EEG die allgemeine Vorschrift des § 271 BGB. Nach dessen Absatz 1 kann der Gläubiger die Leistung sofort verlangen, der Schuldner sie sofort bewirken, wenn eine Zeit für die Leistung weder bestimmt noch aus den Umständen zu entnehmen ist. Daraus folgt zunächst, dass es den Parteien frei steht, eine **Vereinbarung** über die Fälligkeit zu treffen. Eine solche Regelung kann z. B. in den Einspeisevertrag aufgenommen werden. Eine Fälligkeitsabrede kann aber auch in einem gesonderten Dokument, mündlich oder konkludent geschlossen werden.[28] § 7 Abs. 2 steht Abreden über die Fälligkeit der Entschädigung gemäß § 15 ebenso wenig entgegen wie Abreden über die Fälligkeit des Förderanspruchs gemäß § 19.[29]

31   Haben die Parteien keine Fälligkeitsvereinbarung getroffen, und lässt sich auch aus den Umständen kein übereinstimmender Parteiwille bezüglich der Leistungszeit ermitteln,

---

24 Bundesnetzagentur, Leitfaden zum EEG-Einspeisemanagement, Version 1.0, 2011, S. 12 ff.
25 Bundesnetzagentur, Leitfaden zum EEG-Einspeisemanagement, Version 1.0, 2011, S. 17 f.
26 Bundesnetzagentur, Leitfaden zum EEG-Einspeisemanagement, Version 2.0, 27.1.2014.
27 MünchKommBGB/*Krüger*, 6. Aufl. 2012, § 271 Rn. 2.
28 Es gelten insofern die allgemeinen Regeln gemäß §§ 116 ff., 145 ff. BGB.
29 Hierzu § 19 Rn. 60.

kann der Anlagenbetreiber die Entschädigungszahlung gemäß **§ 271 Abs. 1 BGB** grundsätzlich sofort verlangen und der Netzbetreiber kann die Zahlung sofort bewirken. Das Merkmal „sofort" ist objektiv zu verstehen. Es bedeutet, dass der Schuldner so schnell leisten muss, „wie ihm dies nach objektiven Maßstäben – unter Berücksichtigung einer etwa nötigen Vorbereitung – möglich ist".[30] Ebenso wie bei § 19 kann von einer objektiven Möglichkeit der Leistung auch in Hinblick auf Entschädigungszahlungen nach § 15 erst ausgegangen werden, wenn dem Netzbetreiber alle Informationen vorliegen, die erforderlich sind, um insbesondere auch die Höhe der geschuldeten Zahlungen konkret zu bestimmen.[31] In der Rechtsprechung wird davon ausgegangen, dass dafür in der Regel eine vorherige Abrechnung notwendig ist.[32] Diese hat grundsätzlich der Anlagenbetreiber vorzulegen, es sei denn, die Parteien haben ausdrücklich oder konkludent vereinbart, dass der Netzbetreiber für die Abrechnung verantwortlich ist.

Fraglich ist, ob der Anlagenbetreiber analog § 19 Abs. 2 jeweils zum 15. Kalendertag für den Vormonat einen angemessenen **Abschlag** auf zu erwartende Entschädigungszahlungen verlangen kann.[33] Nach den allgemeinen Auslegungsgrundsätzen sind dafür eine planwidrige Regelungslücke und eine vergleichbare Interessenlage erforderlich. Eine planwidrige Regelungslücke lässt sich ohne Weiteres bejahen, da § 15 keine Regelung zur Fälligkeit und etwaigen Abschlägen enthält, obwohl der Gesetzgeber in § 19 Abs. 2 gezeigt hat, dass er diese Fragen grundsätzlich für regelungsbedürftig hält. Auch die Interessenlage der Parteien ist mit derjenigen bei § 19 Abs. 2 vergleichbar. Abschlagszahlungen sollen sicherstellen, dass sich die Auszahlung der geschuldeten Beträge nicht z. B. wegen Abrechnungsschwierigkeiten unnötig verzögert, wodurch die Liquidität der Anlagenbetreiber kurzfristig in Gefahr geraten könnte. Letztlich geht es also darum, den Anlagenbetreibern zur Erreichung der Ziele gemäß §§ 1, 2 eine möglichst große Investitions- und Planungssicherheit zu bieten. Hierfür kann es aber ebenso erforderlich sein, ihnen Abschläge auf Entschädigungszahlungen gemäß § 15 auszuzahlen, da auch diese im Einzelfall erhebliche wirtschaftliche Bedeutung haben können.

Eine Grenze hinsichtlich der Fälligkeit von Entschädigungszahlungen und der Pflicht zur Leistung von Abschlägen ergibt sich aber aus **§ 19 Abs. 3**: Danach wird der Förderanspruch gemäß § 19 Abs. 1 nicht fällig, solange der Anlagenbetreiber seine **Pflichten zur Datenübermittlung** für das jeweilige Vorjahr nach § 71 nicht erfüllt hat. Auch der Anspruch auf monatliche Abschläge nach § 19 Abs. 2 geht in diesem Fall verloren. Es erscheint angemessen, auch diese Vorschrift analog auf Entschädigungszahlungen gemäß § 15 anzuwenden, weil diese letztlich an die Stelle des Förderanspruchs treten. Über § 15 sollen die Anlagenbetreiber in Fällen des § 14 für entgangene Vergütungszahlungen kompensiert werden, sodass der Anspruch konzeptionell und wirtschaftlich ein bloßes Surrogat des Förderanspruchs ist. Wenn schon der Förderanspruch bei einem Verstoß gegen Datenübermittlungspflichten suspendiert ist, muss dies deshalb erst Recht für den Anspruch auf Entschädigungszahlungen gelten.

6. Anspruchsdurchsetzung. Der Entschädigungsanspruch gemäß Abs. 1 S. 1 kann im Wege einer Leistungsklage vor den Zivilgerichten geltend gemacht werden. Die Beweislast

32

33

34

---

30 MünchKommBGB/*Krüger*, 6. Aufl. 2012, § 271 Rn. 32 m. w. N.
31 Ausführlich § 19 Rn. 61 ff.
32 LG Paderborn, Urt. v. 21.9.2012, Az. 6 O 41/10, Rn. 26 (zum heutigen § 19).
33 Dazu ausführlich § 19 Rn. 83 ff.

für das Vorliegen der Voraussetzungen des Entschädigungsanspruchs trägt der Anlagenbetreiber, der den Anspruch geltend macht. Allerdings kann er sich bei der Beweisführung auf die Informationen und Nachweise stützen, die ihm sein Anschlussnetzbetreiber gemäß § 14 Abs. 2 u. 3 zur Verfügung stellen muss. [34] Weigert sich dieser, empfiehlt sich die Erhebung einer Stufenklage gemäß § 254 ZPO, mit der auf der ersten Stufe die Vorlage der Nachweise gemäß § 14 Abs. 2 u. 3 und auf der zweiten Stufe die Zahlung der Entschädigung gemäß Abs. 1 S. 1 verlangt werden kann.

III. Berücksichtigung der Kosten von Entschädigungen gemäß Abs. 1 bei der Netzentgeltermittlung (Abs. 2)

35   Gemäß Abs. 2 S. 1 kann der Netzbetreiber die Kosten von Entschädigungen nach Abs. 1 bei der Ermittlung der Netzentgelte in Ansatz bringen, soweit die Abregelung gemäß § 14 erforderlich war und der Netzbetreiber sie nicht zu vertreten hat. Der Netzbetreiber hat die Abregelung gemäß Abs. 2 S. 2 insbesondere zu vertreten, soweit er nicht alle Möglichkeiten zur Optimierung, zur Verstärkung und zum Ausbau des Netzes ausgeschöpft hat.

36   **1. Erforderlichkeit der Abregelung.** Abs. 2 S. 1 bestimmt zunächst, dass der Netzbetreiber die Kosten der Entschädigungszahlungen nach Abs. 1 nur dann bei der Ermittlung der Netzentgelte in Ansatz bringen kann, wenn die Abregelung gemäß § 14 Abs. 1 erforderlich war. Dies ist immer dann der Fall, wenn die **Voraussetzungen** der Abregelung gemäß § 14 Abs. 1 tatsächlich vorgelegen haben. Denn trotz des insoweit unpräzisen Wortlauts enthält § 14 Abs. 1 nicht nur die Berechtigung, sondern auch die Verpflichtung der Netzbetreiber zur Regelung von Erzeugungsanlagen. [35] Das ergibt sich in erster Linie daraus, dass Maßnahmen des Einspeisemanagements wegen § 13 Abs. 2a S. 3 EnWG als Notfallmaßnahmen im Sinne von § 13 Abs. 2 EnWG einzuordnen sind. Der Wortlaut von § 13 Abs. 2 EnWG indes lässt keinen Zweifel daran, dass die Durchführung von Notfallmaßnahmen nicht im Belieben der Netzbetreiber steht („berechtigt und *verpflichtet*"). Es wäre auch verwunderlich, wenn der Gesetzgeber die Gewährleistung der Sicherheit und Zuverlässigkeit des Elektrizitätsversorgungssystems vom guten Willen der Netzbetreiber abhängig machen würde.

37   Die Abregelung gemäß § 14 Abs. 1 setzt voraus, dass im jeweiligen Netzbereich ein **Netzengpass** droht, dass alle **vorrangigen Maßnahmen** (insb. nach §§ 13, 14 Abs. 1 S. 1 EnWG) bereits **ausgeschöpft** sind und dass der Netzbetreiber die verfügbaren **Daten über die Ist-Einspeisung abgerufen** hat. [36] Sind diese Voraussetzungen erfüllt, ist die Abregelung gemäß § 14 Abs. 1 rechtmäßig und damit erforderlich im Sinne von Abs. 2. Fehlt es hingegen auch nur an einer der genannten tatbestandlichen Voraussetzungen, ist die Abregelung gemäß § 14 Abs. 1 **rechtswidrig**. Sie hätte also nicht erfolgen dürfen und kann deshalb auch nicht als erforderlich im Sinne von Abs. 2 angesehen werden.

38   **2. Nicht-Vertretenmüssen der Abregelung.** Abs. 2 S. 1 führt weiter aus, dass der Netzbetreiber die Kosten von Entschädigungszahlungen gemäß Abs. 1 nur dann bei der Ermittlung der Netzentgelte in Ansatz bringen kann, wenn er die Abregelung gemäß § 14 Abs. 1 nicht

---

34 Frenz/Müggenborg/*Ehricke*, 3. Aufl. 2013, § 12 Rn. 54; Altrock/Oschmann/Theobald/*Wustlich/ Hoppenbrock*, 4. Aufl. 2013, § 11 Rn. 102.

35 Siehe schon § 14 Rn. 41.

36 Ausführlich § 14 Rn. 37 ff.

zu vertreten hat. Nach den Regelungen des allgemeinen Zivilrechts hat der Schuldner **Vorsatz** und **Fahrlässigkeit** zu vertreten, wenn eine strengere oder mildere Haftung weder bestimmt noch aus dem sonstigen Inhalt des Schuldverhältnisses, insbesondere aus der Übernahme einer Garantie oder eines Beschaffungsrisikos, zu entnehmen ist (vgl. § 276 Abs. 1 BGB). Aus Abs. 1 S. 1 ergibt sich eindeutig, dass die Haftungsprivilegierungen der Netzbetreiber gemäß § 13 Abs. 4 EnWG im Anwendungsbereich des Einspeisemanagements nicht gelten. Es gilt also der allgemeine Haftungsmaßstab gemäß § 276 Abs. 1 BGB.[37]

Nach Abs. 2 S. 2 hat der Netzbetreiber die Abregelung insbesondere dann zu vertreten,   **39** wenn er nicht alle Möglichkeiten zur **Optimierung**, zur **Verstärkung** und zum **Ausbau** seines Netzes ausgeschöpft hat. Die Netzbetreiber sind gemäß § 11 Abs. 1 S. 1, 3. Fall EnWG und auf Verlangen auch gemäß § 12 Abs. 1 S. 1 verpflichtet, ihre Netze bedarfsgerecht zu optimieren, zu verstärken und auszubauen, soweit dies wirtschaftlich zumutbar ist. Kommen die Netzbetreiber dieser Verpflichtung nach, sollten Netzengpässe nur ganz ausnahmsweise auftreten, nämlich dann wenn z. B. wegen seltener Erzeugungsspitzen dort ein Netzengpass auftritt, wo eine Netzerweiterung nicht wirtschaftlich zumutbar ist. Ein häufiges und wiederholtes Auftreten von Netzengpässen ist hingegen ein Indiz dafür, dass die Netzbetreiber ihren Netzerweiterungspflichten in der Vergangenheit nicht oder nicht im notwendigen Maße nachgekommen sind. Der Gesetzgeber geht deshalb davon aus, dass Versäumnisse bei der Netzerweiterung die Annahme rechtfertigen, dass der verantwortliche Netzbetreiber den zur Abregelung führenden Netzengpass im Sinne von § 14 Abs. 1 S. 1 Nr. 1 zu vertreten hat. Dies kann allerdings nur dann gelten, wenn die unterbliebene Netzerweiterung tatsächlich überwiegend dem Netzbetreiber zuzuschreiben ist. Fehlt es hingegen z. B. wegen mangelnder Akzeptanz der Bevölkerung oder ausstehenden Verfahrenshandlungen der zuständigen Behörden noch an notwendigen öffentlich-rechtlichen Genehmigungen, obwohl sich der Netzbetreiber ernsthaft um diese bemüht hat, kann nicht von einem Vertretenmüssen des Netzbetreibers ausgegangen werden. Hierfür ist notwendig, dass der Netzbetreiber tatsächlich *und* rechtlich in der Lage gewesen wäre, das Netz an der fraglichen Stelle zu erweitern und dass er sich selbstbestimmt und freiwillig dafür entschieden hat, dies nicht zu tun.

Auch wenn Abs. 2 S. 2 schlicht von einer unterlassenen Erweiterung „des Netzes" spricht   **40** ist insbesondere aus systematischen Gründen davon auszugehen, dass dem Netzbetreiber ein Verstoß gegen seine Netzerweiterungspflicht im Hinblick auf die **Stelle des Netzes** vorzuwerfen sein muss, an welcher der Netzengpass im Sinne von § 14 Abs. 1 S. 1 Nr. 1 aufgetreten ist. Denn das Vertretenmüssen gemäß Abs. 2 S. 1, auf das Abs. 2 S. 2 Bezug nimmt, bezieht sich auf die konkrete Abregelung, welche die Entschädigungspflicht gemäß Abs. 1 ausgelöst hat. Gerade in großen Netzen mit einer Länge von mehreren Tausend Kilometern kann nicht davon ausgegangen werden, dass eine unterlassene Netzerweiterung in einem Teil des Netzes ursächlich für das Auftreten eines Netzengpasses in einem anderen Teil des Netzes ist. Abs. 2 S. 2 ist deshalb nur einschlägig, wenn der Netzbetreiber die Kapazität des konkreten Netzelements, an dem der Netzengpass im Sinne von § 14 Abs. 1 S. 1 Nr. 1 aufgetreten ist, durch eine Netzerweiterungsmaßnahme hätte erhöhen können, sodass der Netzengpass und damit die Abregelung gemäß § 14 Abs. 1 vermieden worden wären.

---

37 So auch Altrock/Oschmann/Theobald/*Hoppenbrock*, 4. Aufl. 2013, § 12 Rn. 84; a. A. *Salje*, EEG, 6. Aufl. 2012, Rn. 28, der eine Begrenzung der Haftung auf die eigenübliche Sorgfalt im Sinne von § 277 BGB befürwortet.

41 Soweit der Netzbetreiber nicht zur Netzerweiterung verpflichtet ist, kann ihm auch deren Unterlassen nicht vorgeworfen werden. Das gilt einerseits, wenn kein objektiver Transport- oder Verteilungsbedarf im Sinne von § 11 Abs. 1 S. 1 EnWG besteht und auch kein Verlangen gemäß § 12 Abs. 1 S. 1 geäußert wurde. Das gilt andererseits aber auch, wenn die Optimierung, die Verstärkung oder der Ausbau des Netzes gemäß § 11 Abs. 1 S. 1 EnWG oder § 12 Abs. 3 wirtschaftlich nicht zumutbar ist, da der Netzbetreiber in diesem Fall aus dem Gesetz heraus berechtigt ist, die Netzerweiterung zu verweigern.

42 **3. Rechtsfolge.** War die Abregelung erforderlich und hatte der Netzbetreiber sie nicht zu vertreten, kann er die Kosten von Entschädigungszahlungen gemäß Abs. 1 S. 1 bei der Ermittlung der Netzentgelte in Ansatz bringen. Die Kosten sind von der zuständigen Regulierungsbehörde als **nicht beeinflussbare Kosten** im Sinne von § 11 Abs. 2 S. 1 Nr. 1 ARegV anzuerkennen, die gemäß § 21a Abs. 4 S. 6 EnWG keinen Effizienzvorgaben unterliegen. Die Kosten werden also in voller Höhe auf die Erlösobergrenze im Sinne von § 4 Abs. 1 ARegV aufgeschlagen und erhöhen damit unmittelbar den zulässigen Gesamterlös des jeweiligen Netzbetreibers aus Netzentgelten. Im Ergebnis wird dadurch eine **vollständige Weitergabe** der Kosten von Entschädigungszahlungen gemäß Abs. 1 S. 1 an die Netznutzer ermöglicht, soweit die Voraussetzungen von Abs. 2 vorliegen.

43 Die Einordnung der Kosten von Entschädigungszahlungen gemäß Abs. 1 S. 1 als nicht beeinflussbare Kosten im Sinne von **§ 11 Abs. 2 S. 1 Nr. 1 ARegV** ist nicht ganz eindeutig, da die Vorschrift wörtlich nur „gesetzliche [...] Abnahme- und Vergütungspflichten" in Bezug nimmt. Es erscheint jedoch sachgerecht, unter dieses Tatbestandsmerkmal auch die Entschädigungspflicht gemäß Abs. 1 S. 1 zu subsumieren, die ja letztlich ein **Surrogat** der Vergütungspflichten gemäß §§ 40 ff. und § 7 KWKG ist. Da gemäß Abs. 2 S. 1 ohnehin nur die Kosten erforderlicher und damit rechtmäßiger Abregelungen bei der Ermittlung der Netzentgelte in Ansatz gebracht werden können, handelt es sich bei den Entschädigungszahlungen gemäß § 15 tatsächlich um für die Netzbetreiber nicht beeinflussbare Kosten. Außerdem ist davon auszugehen, dass der Gesetzgeber mit der Formulierung in Abs. 2 S. 1, der Netzbetreiber könne die Kosten nach Abs. 1 „bei der Ermittlung der Netzentgelte in Ansatz bringen" deren vollständige Berücksichtigung ermöglichen wollte. Dem würde es widersprechen, wenn die Kosten von Entschädigungszahlungen nach Abs. 1 S. 1 Effizienzvorgaben unterworfen wären. Die Anerkennung dieser Kosten als nicht beeinflussbare Kosten im Sinne von § 11 Abs. 2 S. 1 Nr. 1 ARegV entspricht deshalb sowohl dem Telos von Abs. 2 als auch dem von § 11 ARegV.

44 Die Berücksichtigung der Kosten von Entschädigungszahlungen gemäß Abs. 1 bei der Ermittlung der Netzentgelte bedeutet gleichzeitig, dass diese Kosten nicht in den Ausgleichsmechanismus gemäß §§ 56 ff. eingehen. Die Kosten werden von den Letztverbrauchern nicht über die EEG-Umlage getragen, sondern ausschließlich über die Netzentgelte.

45 Die Regulierungsbehörden müssen prüfen, ob die **Höhe** der in Ansatz gebrachten Kosten angemessen ist. Dafür müssen sie nachvollziehen, wie der Netzbetreiber die infolge der Abregelung nach § 14 Abs. 1 nicht eingespeiste Strommenge und die für deren Bewertung angesetzten Preise ermittelt hat. Soweit der Netzbetreiber die Vorgaben aus dem Leitfaden der Bundesnetzagentur zum Einspeisemanagement[38] oder aus einer gemäß § 95 Nr. 1 erlassenen Rechtsverordnung eingehalten hat, ist im Regelfall davon auszugehen, dass er die

---

38 Bundesnetzagentur, Leitfaden zum EEG-Einspeisemanagement, Version 1.0, 2011.

Entschädigungshöhe korrekt bemessen hat. Im Übrigen ist nachzuprüfen, welche Angaben der Netzbetreiber vom Anlagenbetreiber erhalten hat und welche eigenen Ermittlungen er angestellt hat. Soweit der Netzbetreiber unnötig hohe Entschädigungszahlungen geleistet hat, sind die dadurch entstandenen Kosten nur zu einem angemessenen Teil im Rahmen der Ermittlung der Netzentgelte anzuerkennen.

IV. Unberührtheitsklausel (Abs. 3)

Gemäß Abs. 3 bleiben Schadensersatzansprüche des Anlagenbetreibers gegen den Netzbe- **46** treiber von dem Entschädigungsanspruch gemäß Abs. 1 S. 1 unberührt. Der verschuldensunabhängige Entschädigungsanspruch gemäß Abs. 1 S. 1 schließt also nicht aus, dass die Anlagenbetreiber nach anderen Rechtsgrundlagen verschuldensabhängige **Schadenersatzansprüche** geltend machen können. Dies kann sich insbesondere deshalb lohnen, da Abs. 1 S. 1 nur eine Entschädigung in Höhe von 95 % der entgangenen Einnahmen zuzüglich der zusätzlichen Aufwendungen und abzüglich der ersparten Aufwendungen vorsieht, während bei Schadenersatzansprüchen der Zustand herzustellen ist, der bestehen würde, wenn der zum Ersatz verpflichtende Umstand nicht eingetreten wäre (vgl. § 249 Abs. 1 BGB). Soweit die Herstellung nicht möglich oder zur Entschädigung des Gläubigers nicht genügend ist, hat der Ersatzpflichtige gemäß § 251 Abs. 1 BGB den Gläubiger in Geld zu entschädigen. Unter Berufung auf einen Schadensersatzanspruch kann der Anlagenbetreiber die entgangenen Einnahmen also in der Regel **in voller Höhe** von dem Netzbetreiber ersetzt verlangen.

Als Anspruchsgrundlage für einen Schadensersatzanspruch kommt insbesondere **§ 13** in **47** Betracht, demzufolge Netzbetreiber, die ihre Verpflichtungen aus § 12 Abs. 1 S. 1 verletzen, für den dadurch entstehenden Schaden aufkommen müssen. Hat ein Anlagenbetreiber also gemäß § 12 Abs. 1 S. 1 verlangt, dass ein Netzbetreiber sein Netz entsprechend dem Stand der Technik optimiert, verstärkt oder ausbaut und war der Netzbetreiber dazu tatsächlich verpflichtet, kann der Anlagenbetreiber erfolgreich einen Schadensersatzanspruch geltend machen, wenn der Netzbetreiber die Netzerweiterung nicht durchführt und anschließend Maßnahmen des Einspeisemanagements gemäß § 14 ergreifen muss. Der Anlagenbetreiber ist dann so zu stellen, als wäre das Netz erweitert worden, sodass er in der Regel die ihm entgangenen Einnahmen in voller Höhe ersetzt verlangen kann.

In Betracht kommen außerdem Anspruchsgrundlagen aus dem **allgemeinen Zivilrecht**, **48** insbesondere die §§ 280 ff. BGB. Ein Schadensersatzanspruch kann danach z. B. bestehen, wenn ein Netzbetreiber eine Anlage zu Unrecht abgeregelt hat, weil die Voraussetzungen der Abregelung gemäß § 14 Abs. 1 nicht erfüllt waren. In der unberechtigten Abregelung liegt eine Verletzung der Abnahmepflicht gemäß § 11 Abs. 1 S. 1 und damit die Verletzung einer Pflicht aus dem vertraglichen oder gesetzlichen (vgl. § 7) Schuldverhältnis zwischen dem Anlagenbetreiber und dem Netzbetreiber. Soweit der Netzbetreiber mindestens fahrlässig verkannt hat, dass die Voraussetzungen der Abregelung nicht vorlagen, ist auch von seinem Vertretenmüssen auszugehen. Die Haftungsbeschränkungen gemäß § 13 Abs. 4 EnWG greifen nicht, da diese Vorschrift zur Privilegierung der Betreiber von Anlagen zur Erzeugung von Strom aus erneuerbaren Energien, Grubengas oder Kraft-Wärme-Kopplung gemäß Abs. 1 S. 1 im Anwendungsbereich des Einspeisemanagements unanwendbar ist. In Fällen unberechtigter Abregelung kann der Anlagenbetreiber also den verantwortlichen Netzbetreiber in der Regel erfolgreich auf Schadensersatz in Anspruch nehmen, sodass er die ihm entgangenen Einnahmen abweichend von Abs. 1 S. 1 in voller Höhe ersetzt verlangen kann.

49 Die **Kosten** von Schadensersatzzahlungen kann der Netzbetreiber nach Maßgabe von Abs. 2 S. 1 und § 11 Abs. 2 S. 1 Nr. 1 ARegV bei der Ermittlung der Netzentgelte *nicht* in Ansatz bringen, da er sie selbst verursacht hat. Der Netzbetreiber hat die Kosten von Schadensersatzzahlungen also stets aus seiner Gewinnspanne zu tragen.

Kosten

§ 16 Netzanschluss

(1) Die notwendigen Kosten des Anschlusses von Anlagen zur Erzeugung von Strom aus erneuerbaren Energien oder aus Grubengas an den Verknüpfungspunkt nach § 8 Absatz 1 oder 2 sowie der notwendigen Messeinrichtungen zur Erfassung des gelieferten und des bezogenen Stroms trägt der Anlagenbetreiber.

(2) Weist der Netzbetreiber den Anlagen nach § 8 Absatz 3 einen anderen Verknüpfungspunkt zu, muss er die daraus resultierenden Mehrkosten tragen.

Schrifttum: *Bönning*, Netzanschluss-/Netzausbaukosten – Überblick über die Rechtsprechung, ZNER 2003, 296; *Valentin*, Der Anspruch auf Netzanschluss und Erweiterung der Netzkapazität nach dem EEG 2009, ET 2009, Heft 8, 68.

Übersicht

I. Allgemeines

§ 16 regelt, wer die **Kosten des Netzanschlusses** und die **Kosten der notwendigen Messeinrichtungen** zu tragen hat. Zweck der Vorschrift ist es, gemeinsam mit § 17 durch eine eindeutige Zuordnung der Kosten Rechtsstreitigkeiten zwischen den Anschlussnehmern und den Netzbetreibern zu vermeiden und zu Transparenz und Rechtssicherheit beizutragen.[1] **1**

Gemäß Abs. 1 trägt der Anlagenbetreiber die notwendigen Kosten des Anschlusses von Anlagen zur Erzeugung von Strom aus erneuerbaren Energien oder aus Grubengas an den Verknüpfungspunkt nach § 8 Abs. 1 oder 2 sowie der notwendigen Messeinrichtungen zur Erfassung des gelieferten und des bezogenen Stroms. Demgegenüber trägt der Netzbetreiber gemäß Abs. 2 die Mehrkosten, die daraus resultieren, dass er einer Anlage nach § 8 Abs. 3 einen anderen als den technisch und wirtschaftlich günstigsten Netzverknüpfungspunkt zuweist. **2**

Da §§ 16, 17 auf die Abgrenzung von Netzanschluss- und Netzerweiterungsmaßnahmen aufbauen, diese aber selbst nicht regeln, müssen die Vorschriften stets in der Zusammen- **3**

---

1 BT-Drs. 16/8148, S. 48.

schau mit §§ 8, 12 gelesen werden. § 8 regelt den Netzanschluss, § 12 die Netzerweiterung. Die Abgrenzung von Netzanschluss- und Netzerweiterungsmaßnahmen erfolgt einerseits anhand der Lage des technisch und wirtschaftlich günstigsten Netzverknüpfungspunktes i. S. v. § 8 Abs. 1 S. 1 und andererseits nach den ergänzenden Regelungen gemäß § 12 Abs. 2 (s. ausführlich dort Rn. 54 ff.). Erst wenn feststeht, ob nach den genannten Vorschriften eine Netzanschluss- oder eine Netzerweiterungsmaßnahme vorliegt, kann gemäß §§ 16, 17 ermittelt werden, wer die Kosten dieser Maßnahme zu tragen hat.

4   **1. Normzweck.** Die klare Kostentragungsregelung der §§ 16, 17 soll insbesondere vor dem Hintergrund der stetig zunehmenden Stromerzeugung aus erneuerbaren Energien Rechtsstreitigkeiten vermeiden und zu **Transparenz** und **Rechtssicherheit** beitragen.[2] Der Kostenaufteilung liegt deshalb ein vergleichsweise gut abgrenzbares Sphärenmodell zugrunde.[3] Die Kosten von Maßnahmen, die sich von der Anlage aus gesehen vor dem Netzverknüpfungspunkt (vgl. § 8 Abs. 1) auswirken, trägt grundsätzlich der Anlagenbetreiber; die Kosten von Maßnahmen, die sich von der Anlage aus gesehen hinter dem Netzverknüpfungspunkt auswirken, werden vom Netzbetreiber getragen. Die Klarheit des Sphärenmodells leidet allerdings darunter, dass der Gesetzgeber in § 12 Abs. 2 bestimmte Maßnahmen in der Sphäre des Anlagenbetreibers durch gesetzliche Anordnung als Netzerweiterungsmaßnahmen definiert, sodass ihre Kosten entgegen der reinen Sphärenabgrenzung vom Netzbetreiber zu tragen sind.[4] Dahinter steckt offenbar die Absicht, zur Erreichung der Ziele gemäß § 1 EEG die Kosten für die Anlagenbetreiber möglichst gering zu halten. Dies kann jedoch nur unter Aufgabe eines guten Teils der durch das Sphärenmodell gewonnenen Rechtssicherheit gelingen.

5   § 16 liegt das sogenannte **System der flachen Anschlusskosten** zugrunde.[5] Dieses zielt darauf ab, zur Erreichung der Förderziele gemäß § 1 Abs. 1 u. 2 die Kosten für den Netzanschluss möglichst gering zu halten, damit potenzielle Anlagenbetreiber nicht vor Investitionen in die Errichtung von Anlagen zur Erzeugung von Strom aus erneuerbaren Energien zurückschrecken. Die Umsetzung des Systems der flachen Anschlusskosten bringt zum Ausdruck, dass der Gesetzgeber die Marktzutrittsschranken möglichst niedrig halten wollte.[6] Wäre das sogenannte System der tiefen Anschlusskosten umgesetzt worden, hätten sich die Anlagenbetreiber auch an den Kosten der durch den Anschluss ihrer Anlagen notwendigen Netzerweiterung beteiligen müssen.[7] Der Gesetzgeber befürchtete offenbar, dass ein solches Kostentragungssystem den Ausbau der dezentralen Stromerzeugung aus erneuerbaren Energien ausbremsen könnte und entschied sich deshalb dafür, die Anlagenbetreiber von Netzerweiterungskosten vollständig freizustellen.

6   Die Kostenaufteilung nach dem EEG ist für den Anlagenbetreiber günstiger als z. B. die Kostenaufteilung nach der Kraftwerks-Netzanschlussverordnung (KraftNAV) oder die Kostenaufteilung nach der Niederspannungsanschlussverordnung (NAV). § 8 Abs. 2 KraftNAV sieht vor, dass der Kraftwerksbetreiber bestimmte Kosten der Ertüchtigung des Netzanschlusspunktes und des dahinter liegenden Netzes bis zum nächsten Netzknoten tragen

---

2 BT-Drs. 16/8148, S. 48; BT-Drs. 15/2864, S. 47; BT-Drs. 14/2776, S. 24.
3 So auch Altrock/Oschmann/Theobald/*Altrock*, 4. Aufl. 2013, § 13 Rn. 2.
4 Ausführlich § 12 Rn. 61 ff.
5 BT-Drs. 16/8148, S. 48.
6 BT-Drs. 16/8148, S. 48.
7 Altrock/Oschmann/Theobald/*Altrock*, 4. Aufl. 2013, § 13 Rn. 2.

muss, wenn die Ertüchtigung allein durch den Anschluss seines Kraftwerks notwendig geworden ist. In der Niederspannung können Netzbetreiber von den Anschlussnehmern gemäß § 11 NAV unter bestimmten Voraussetzungen sogar einen angemessenen Baukostenzuschuss zur teilweisen Deckung der Kosten von Netzerweiterungsmaßnahmen verlangen.

Noch günstigere Kostentragungsregelungen als nach §§ 16, 17 EEG ergeben sich für die   7
(potenziellen) Betreiber von bestimmten Anlagen zur Erzeugung von Strom oder Gas aus
erneuerbaren Energien aus § 17d Abs. 1 S. 1, Abs. 7 S. 1 EnWG und § 33 Abs. 1 GasNZV.
Gemäß § 17d Abs. 1 S. 1, Abs. 7 S. 1 EnWG müssen die Übertragungsnetzbetreiber auf
eigene Kosten für den Anschluss von **Offshore-Windenergieanlagen** sorgen. Die Kosten
werden gemäß § 17 Abs. 7 S. 1 EnWG bundesweit umgelegt und können gemäß § 11
Abs. 2 S. 1 Nr. 6 i.V.m. § 23 Abs. 1 S. 2 Nr. 6 ARegV (eigene Kosten des jeweiligen Übertragungsnetzbetreibers) sowie § 11 Abs. 2 S. 1 Nr. 15 ARegV (Offshore-Umlage) bei der
Netzentgeltermittlung berücksichtigt werden. Gemäß § 33 Abs. 1 S. 2 GasNZV tragen die
Netzbetreiber grundsätzlich 75 % der Kosten des Netzanschlusses von **Biogasaufberei-
tungsanlagen** an ein Gasversorgungsnetz.

2. Entstehungsgeschichte. Anders als § 13 EEG 2004 und § 10 EEG 2000, die unter der   8
Überschrift „Netzkosten" sowohl die Netzanschlusskosten als auch die Netzerweiterungs-
kosten ansprachen, regelt § 16 nur, wer die Kosten des Netzanschlusses zu tragen hat. Die
Tragung der Kosten von Netzerweiterungsmaßnahmen ist hingegen in § 17 geregelt. In-
haltlich hat sich durch diese **Aufspaltung** nichts geändert. Auch § 13 EEG 2004 und § 10
EEG 2000 wiesen im Grundsatz die Netzanschlusskosten dem Anlagenbetreiber und die
Netzerweiterungskosten dem Netzbetreiber zu. Abs. 1 entspricht folglich weitgehend § 13
Abs. 1 S. 1 EEG 2004 und § 10 Abs. 1 S. 1 EEG 2000. Abs. 2, der die Kostentragung im
Falle der Zuweisung eines anderen Netzverknüpfungspunkts gemäß § 8 Abs. 3 regelt, ent-
spricht § 13 Abs. 1 S. 1 Hs. 2 EEG 2004.

II. Kostentragung durch den Anlagenbetreiber (Abs. 1)

Gemäß Abs. 1 trägt der Anlagenbetreiber die notwendigen Kosten des Anschlusses von   9
Anlagen zur Erzeugung von Strom aus erneuerbaren Energien oder aus Grubengas an den
Netzverknüpfungspunkt nach § 8 Abs. 1 oder 2 sowie der notwendigen Messeinrichtungen
zur Erfassung des gelieferten und des bezogenen Stroms.

1. Netzanschlusskosten. Der Anlagenbetreiber ist nach Abs. 1 verpflichtet, die Kosten für   10
den Anschluss seiner Anlage an das Netz des Anschlussnetzbetreibers zu tragen. Rechtliche Vorgaben für den Netzanschluss sind in §§ 8–10 enthalten. Die Ausführung des Netzanschlusses obliegt gemäß § 10 Abs. 1 S. 1 dem Anschlussnetzbetreiber, wenn der Anlagenbetreiber nicht einen fachkundigen Dritten mit der Herstellung des Netzanschlusses beauftragt.

a) Gesetzliche Kostentragungsregelung. Aus § 8 Abs. 1 S. 1 ergibt sich, dass unter einem   11
Netzanschluss die Herstellung einer elektrotechnischen Verbindung zwischen einer Anla-
ge und einem Elektrizitätsversorgungsnetz am Ort des für die konkrete Anlage richtigen
Netzverknüpfungspunktes zu verstehen ist.[8] Am Netzverknüpfungspunkt treffen sich die
Anschlussleitung und das Netz und damit die Sphären des Anlagenbetreibers und des Netz-

---

[8] § 8 Rn. 15 ff.; § 12 Rn. 57.

betreibers. Die Ermittlung des richtigen Netzverknüpfungspunktes ist deshalb von maßgeblicher Bedeutung für die Abgrenzung der Sphären und damit für die Aufteilung der Kosten (s. Rn. 3). Etwas anderes gilt, soweit § 12 Abs. 2 bestimmte Maßnahmen ausdrücklich der Sphäre des Netzbetreibers zuordnet (s. dort Rn. 61 ff. und oben Rn. 3). Gemäß § 8 Abs. 1 S. 1 ist eine Anlage grundsätzlich an den für sie technisch und wirtschaftlich günstigsten Netzverknüpfungspunkt anzuschließen.[9] Davon abweichend kann der Anlagenbetreiber einen Netzverknüpfungspunkt wählen (vgl. § 8 Abs. 2), oder der Netzbetreiber einen Netzverknüpfungspunkt zuweisen (vgl. § 8 Abs. 3).

12   **Kosten des Netzanschlusses** sind alle zwangsläufig erforderlichen Aufwendungen, die der Herstellung einer elektrotechnischen Verbindung zwischen der Anlage und dem richtigen Netzverknüpfungspunkt dienen.[10] Zu den Kosten des Netzanschlusses zählen insbesondere die Kosten der Anschlusstechnik, die Kosten der Errichtung der Anschlussleitung (inkl. der Kosten notwendiger Erdarbeiten) und die Kosten der Inbetriebnahme des Anschlusses.[11] Anschlusskosten sind außerdem in der Regel die Kosten von Umspannanlagen *vor* dem richtigen Netzverknüpfungspunkt (vgl. § 12 Rn. 72 f.) und die Kosten der Einrichtung der notwendigen Sicherheitstechnik, insbesondere der Installation von technischen Einrichtungen zur Herstellung der Regelbarkeit gemäß § 9 Abs. 1 u. 2 (vgl. § 12 Rn. 78). Übernimmt der Netzbetreiber gemäß § 10 Abs. 1 S. 1 die Ausführung des Netzanschlusses muss er die Anschlusskosten im Einzelnen belegen, da andernfalls die Gefahr besteht, dass es zu einer Vermengung von Netzanschluss- und Netzerweiterungskosten kommt, die der Anlagenbetreiber nicht nachprüfen kann. Dem Netzbetreiber steht kein Pauschalierungsrecht zu.[12]

13   Die Kostentragungspflicht des Anlagenbetreibers erstreckt sich auch auf Mehrkosten, die dadurch entstehen, dass er gemäß § 8 Abs. 2 einen anderen als den technisch und wirtschaftlich günstigsten Netzverknüpfungspunkt wählt. Mit dem **Wahlrecht** sollen Rechtsstreitigkeiten über den richtigen Netzverknüpfungspunkt vermieden werden.[13] In der Praxis wird der Anlagenbetreiber vor allem dann einen anderen Netzverknüpfungspunkt wählen, wenn er sich dadurch einen schnelleren Netzanschluss erhofft, z. B. um eine Anlage noch im laufenden Kalenderjahr und damit vor Eintritt der jährlichen Degression der Vergütungen und Boni gemäß §§ 26 ff. in Betrieb nehmen zu können.[14]

14   Der Anlagenbetreiber hat gemäß Abs. 1 nur die **notwendigen Kosten** zu tragen. Für den in der Praxis üblichen Fall, dass der Anschlussnetzbetreiber gemäß § 10 Abs. 1 S. 1 die Ausführung des Netzanschlusses übernimmt, soll mit dieser Formulierung klargestellt werden, dass der Anschlussnetzbetreiber den Anlagenbetreiber nicht mit unnötigen Kosten belasten darf. Er muss den Netzanschluss also so ausführen, dass die Kostenbelastung für den Anlagenbetreiber – bei Einhaltung der sicherheitstechnischen Standards – möglichst gering ausfällt. Damit ist klargestellt, dass der Netzbetreiber dem Anlagenbetreiber nicht die Kosten von Maßnahmen aufbürden kann, die er anlässlich des Netzanschlusses in eigenem In-

---

9 Str., siehe ausführlich § 8 Rn. 27 ff.

10 Ähnlich Altrock/Oschmann/Theobald/*Altrock*, 4. Aufl. 2013, § 13 Rn. 9; *Salje*, EEG, 6. Aufl. 2012, § 13 Rn. 10.

11 Altrock/Oschmann/Theobald/*Altrock*, 4. Aufl. 2013, § 13 Rn. 13; *Salje*, EEG, 6. Aufl. 2012, § 13 Rn. 10.

12 *Bönning*, ZNER 2003, 296, 299; Altrock/Oschmann/Theobald/*Altrock*, 4. Aufl. 2013, § 13 Rn. 13.

13 *Salje*, EEG, 6. Aufl. 2012, § 5 Rn. 48.

14 *Valentin*, ET 2009, Heft 8, 68, 70.

teresse ausführt und die für den Netzanschluss als solchen nicht erforderlich sind. Der Anlagenbetreiber muss grundsätzlich nur die Kosten der günstigsten technisch sicheren Anschlussvariante tragen, selbst wenn der Anschlussnetzbetreiber den Netzanschluss auf eine andere Art herstellt.

Notwendig sind jedenfalls solche Kosten, die für Maßnahmen anfallen, die zur Gewährleistung der **technischen Sicherheit** gemäß § 49 Abs. 1 S. 1 EnWG in technischen Regelwerken vorgeschrieben sind oder zu den anerkannten Regeln der Technik gehören.[15] § 10 Abs. 2 schreibt ausdrücklich vor, dass die Ausführung des Netzanschlusses und die übrigen für die Sicherheit des Netzes notwendigen Einrichtungen den im Einzelfall notwendigen technischen Anforderungen des Netzbetreibers und § 49 EnWG entsprechen müssen. **15**

Beauftragt der Anlagenbetreiber hingegen gemäß § 10 Abs. 1 S. 1 einen fachkundigen Dritten mit der Ausführung des Netzanschlusses, ist die Notwendigkeit der entstandenen Kosten nicht zu prüfen. Der Anlagenbetreiber ist aus Vertrag verpflichtet, dem fachkundigen Dritten alle Leistungen zu vergüten, die er bei diesem in Auftrag gegeben hat. Für den Netzanschluss nicht erforderliche Kosten können auch nicht als Netzerweiterungskosten auf den Netzbetreiber abgewälzt werden, da der Anlagenbetreiber gemäß § 10 Abs. 1 S. 1 nicht berechtigt ist, Netzerweiterungsmaßnahmen bei fachkundigen Dritten in Auftrag zu geben. Die Durchführung von Netzerweiterungsmaßnahmen obliegt allein dem Netzbetreiber. **16**

b) Vertragliche Abweichung. Mehr oder weniger als die notwendigen Kosten des Netzanschlusses muss bzw. darf der Anlagenbetreiber nur tragen, wenn er mit dem Netzbetreiber eine entsprechende **Vereinbarung** abgeschlossen hat. Grundsätzlich hat der Netzbetreiber ein Interesse daran, dass der Anlagenbetreiber auch nicht erforderliche Netzanschlusskosten oder sogar Netzerweiterungskosten übernimmt, während der Anlagenbetreiber versucht sein könnte, eine Kostentragung zu vereinbaren, bei welcher der Netzbetreiber auch die Netzanschlusskosten trägt. Vereinbarungen über die Kostentragung sind jedoch – genauso wie andere Vereinbarungen im Anwendungsbereich des EEG – nur in engen Grenzen möglich. Von den Bestimmungen des EEG darf gemäß § 7 Abs. 2 S. 1 grundsätzlich nicht zu Lasten des Anlagenbetreibers oder des Netzbetreibers abgewichen werden. Möglich bleiben danach zumindest theoretisch solche Vereinbarungen, von denen beide Seiten profitieren, die also nicht zu Lasten, sondern zugunsten des Anlagenbetreibers *und* des Netzbetreibers abgeschlossen werden. **17**

In der Praxis dürfte es jedoch kaum Abweichungen von den Bestimmungen des EEG geben, die sowohl für den Anlagenbetreiber als auch für den Netzbetreiber vorteilhaft sind, da der Vorteil des einen in der Regel der Nachteil des anderen ist.[16] Es wird aber zu Recht davon ausgegangen, dass bei der Anwendung des Abweichungsverbots gemäß § 7 Abs. 2 eine **Gesamtbetrachtung** der zu beurteilenden Vereinbarung durchzuführen ist.[17] Die Abweichung von einer Bestimmung des EEG darf also für eine Partei nachteilhaft sein, solan- **18**

---

15 LG Arnsberg, Urt. v. 7.8.2008, Az. I-4 O 490/07, zitiert nach Reshöft/*Schäfermeier*, 3. Aufl. 2009, § 13 Rn. 12; *Salje*, EEG, 6. Aufl. 2012, § 13 Rn. 11; Altrock/Oschmann/Theobald/*Altrock*, 4. Aufl. 2013, § 13 Rn. 10; Reshöft/*Schäfermeier*, 3. Aufl. 2009, § 13 Rn. 12; *Bönning*, ZNER 2003, 296, 299.

16 So auch Altrock/Oschmann/Theobald/*Lehnert*, 4. Aufl. 2013, § 4 Rn. 28.

17 Altrock/Oschmann/Theobald/*Lehnert*, 4. Aufl. 2013, § 4 Rn. 35 ff.; Altrock/Oschmann/Theobald/ *Altrock*, 4. Aufl. 2013, § 13 Rn. 28 ff.

ge die Vereinbarung insgesamt für beide Parteien vorteilhaft ist, da Vorteile an anderer Stelle die Nachteile für die Partei wieder aufwiegen. Ein totales Abweichungsverbot, wie es in der Literatur teilweise vertreten wird,[18] ist für die Erreichung des Zwecks von § 7 Abs. 2 nicht erforderlich und würde deshalb einen unverhältnismäßigen und damit verfassungswidrigen Eingriff in die wirtschaftliche Handlungsfreiheit der Beteiligten bedeuten.

19 Eine von § 16 abweichende Regelung der Kostentragung kann für den Anlagenbetreiber und den Netzbetreiber insbesondere dann vorteilhaft sein, wenn in Umsetzung einer langfristigen Entwicklung des Netzes zukünftige Projekte antizipiert werden. So kann es für den Anlagenbetreiber Sinn ergeben, in Abweichung von Abs. 1 nicht die günstigste technisch sicherere Anschlussvariante zu verlangen, sondern bereits Überkapazitäten vorzusehen, um später weitere Anlagen mit insgesamt niedrigeren Kosten anschließen lassen zu können.[19] Insbesondere bei Großprojekten, z.B. großen Windparks mit einer langfristigen Entwicklungsperspektive haben die Anlagenbetreiber ein Interesse daran, die Netzentwicklungsplanung ihres Anschlussnetzbetreibers konstruktiv zu begleiten und ihr eine eigene „Anschlussnetzentwicklungsplanung" zur Seite zu stellen. Das EEG bietet gegenwärtig keinen hinreichenden Rahmen für solche Planungen, sodass ein Bedürfnis für den Abschluss von vertraglichen Vereinbarungen zwischen den Beteiligten besteht. Solange die abgeschlossenen Vereinbarungen insgesamt sowohl für den Anlagenbetreiber als auch für den Netzbetreiber vorteilhaft sind, stehen sie mit dem Abweichungsverbot gemäß § 7 Abs. 2 in Einklang. Dies gilt erst Recht, da Unternehmen, die Großprojekte realisieren, oft keine schwache Verhandlungsposition gegenüber ihrem Anschlussnetzbetreiber innehaben und deshalb des gut gemeinten Schutzes durch den Gesetzgeber gar nicht bedürfen.

20 **c) Kostenerstattung.** Abs. 1 regelt nur, wer die Kosten zu tragen hat, aber nicht, wie die Kostenerstattung abzuwickeln ist.[20] Wenn der Anlagenbetreiber gemäß § 10 Abs. 1 S. 1 den Netzbetreiber bittet, den Netzanschluss auszuführen, kann der Netzbetreiber dieses Verlangen wegen Abs. 1 so verstehen, dass er zu dieser Leistung nur gegen Zahlung eines Entgelts verpflichtet sein soll.[21] Da die Vereinbarung über die Herstellung des Netzanschlusses materiell einem Werkvertrag (§§ 631 ff. BGB) ähnelt, kann der Netzbetreiber die Erstattung der Kosten entsprechend § 641 BGB grundsätzlich erst nach der Abnahme des Netzanschlusses durch den Anlagenbetreiber verlangen. Soweit der Anlagenbetreiber zuvor schon einen Wertzuwachs erlangt, ist es insbesondere bei kostenintensiven Anschlussarbeiten interessengerecht, dem Netzbetreiber entsprechend § 632a BGB einen Anspruch auf Abschlagszahlungen in Höhe des Wertzuwachses zu gewähren.

21 Beauftragt der Anlagenbetreiber gemäß § 10 Abs. 1 S. 1 einen fachkundigen Dritten, gilt für die Kostenerstattung grundsätzlich nichts anderes. Schaltet der Dritte seinerseits den Netzbetreiber für die Ausführung des Netzanschlusses ein, so kann der Netzbetreiber dennoch nicht direkt den Anlagenbetreiber auf Erstattung der Anschlusskosten in Anspruch nehmen.[22] Der Netzbetreiber muss sich an den Dritten halten, der seinerseits einen Erstattungsanspruch gegenüber dem Anlagenbetreiber geltend machen kann.

---

18 Z.B. Frenz/Müggenborg/*Ehricke*, 3. Aufl. 2013, § 4 Rn. 45; *Salje*, EEG, 6. Aufl. 2012, § 4 Rn. 43.
19 Altrock/Oschmann/Theobald/*Altrock*, 3. Aufl. 2013, § 13 Rn. 12, 24.
20 So auch Reshöft/*Schäfermeier*, 3. Aufl. 2009, § 13 Rn. 9.
21 BGH, NVwZ 2004, 766, 768.
22 BGH, NVwZ 2004, 766, 768.

2. Messeinrichtungskosten. Gemäß Abs. 1 trägt der Anlagenbetreiber außerdem die Kos- 22
ten der notwendigen Messeinrichtungen zur Erfassung des gelieferten und des bezogenen
Stroms. Die Kostentragungspflicht umfasst sowohl die Errichtung als auch den Betrieb der
Messeinrichtungen.[23] Die Kosten der Messeinrichtungen wurden erstmals in § 13 Abs. 1
S. 1 EEG 2004 ausdrücklich dem Anlagenbetreiber zugewiesen, mussten aber auch vorher
schon von ihm getragen werden, da sie zuvor als Netzanschlusskosten galten.[24] Eine abweichende Kostentragungsregelung gilt wegen § 12 Abs. 2, wenn die Messeinrichtungen im
Eigentum des Anschlussnetzbetreibers stehen oder in sein Eigentum übergehen; die Messeinrichtungen sind dann Teil des Netzes und müssen vom Netzbetreiber bezahlt werden.[25]
Es steht dem Anschlussnetzbetreiber jedoch frei, die Übernahme des Eigentums zu verweigern, da Messeinrichtungen nach der gesetzlichen Aufteilung zur Sphäre des Anlagenbetreibers gehören.

Wie auch den Netzanschluss kann der Anlagenbetreiber die Einrichtung und den Betrieb 23
der Messeinrichtungen gemäß § 10 Abs. 1 S. 1 von dem Anschlussnetzbetreiber oder einem fachkundigen Dritten vornehmen lassen. Für den Messstellenbetrieb und die Messung
gelten gemäß § 10 Abs. 1 S. 1 die Vorschriften der §§ 21b bis 21h EnWG und der aufgrund
von § 21i EnWG erlassenen Rechtsverordnungen. Auch die noch auf § 21b EnWG a. F.
gestützte Messzugangsverordnung (MessZV) ist von den Betreibern von Anlagen zur Erzeugung von Strom aus erneuerbaren Energien zu beachten. Die Vorschriften des EnWG
und der dazu ergangenen Rechtsverordnungen gelten jedoch nur, soweit das EEG keine
Spezialregelungen für das Messwesen enthält.[26]

Der Anlagenbetreiber muss nur die Kosten der **notwendigen Messeinrichtungen** zur Er- 24
fassung des gelieferten und des bezogenen Strom tragen. Welche Messeinrichtungen notwendig sind, ergibt sich aus § 10 i. V. m. §§ 21b bis 21h EnWG und den dazu ergangenen
Rechtsverordnungen. Installiert der Netzbetreiber andere als notwendige Messeinrichtungen, ist er entsprechend Abs. 2 verpflichtet, die dadurch entstandenen Mehrkosten selbst
zu tragen.

Für den Abschluss von **Vereinbarungen** über die Tragung der Messeinrichtungskosten 25
gelten dieselben Einschränkungen wie für den Abschluss von Vereinbarungen über die
Tragung der Netzanschlusskosten (dazu Rn. 17 ff.).

III. Kostentragung durch den Netzbetreiber (Abs. 2)

Gemäß Abs. 2 hat der Netzbetreiber die **Mehrkosten** zu tragen, die dadurch entstehen, 26
dass er dem Anlagenbetreiber gemäß § 8 Abs. 3 einen anderen Netzverknüpfungspunkt zuweist. Auf Grundlage von § 8 Abs. 3 S. 1 hat der Netzbetreiber die Möglichkeit, abweichend von § 8 Abs. 1 (günstigster Netzverknüpfungspunkt) und Abs. 2 (Wahlrecht des Anlagenbetreibers) der Anlage einen anderen Netzverknüpfungspunkt **zuzuweisen**. Dies gilt
gemäß § 8 Abs. 3 S. 2 allerdings nicht, wenn an dem zugewiesenen Netzverknüpfungs-

---

23 Altrock/Oschmann/Theobald/*Altrock*, 4. Aufl. 2013, § 13 Rn. 15; Frenz/Müggenborg/*Ekardt/*
   Hennig, 3. Aufl. 2013, § 13 Rn. 35; *Salje*, EEG, 6. Aufl. 2012, § 13 Rn. 23.
24 BT-Drs. 16/2327, S. 36.
25 So auch Altrock/Oschmann/Theobald/*Altrock*, 4. Aufl. 2013, § 13 Rn. 15.
26 § 10 Rn. 9.

punkt die Abnahme des Stroms aus der betroffenen Anlage nach § 11 Abs. 1 nicht sichergestellt wäre.[27]

27 Die aus einer Zuweisung gemäß § 8 Abs. 3 resultierenden Mehrkosten soll der Netzbetreiber tragen, auch wenn die Tragung der Netzanschlusskosten gemäß Abs. 1 im Übrigen dem Anlagenbetreiber obliegt. Der Gesetzgeber ist zu Recht davon ausgegangen, dass es nicht interessengerecht wäre, dem Netzbetreiber ein Letztentscheidungsrecht über den Netzverknüpfungspunkt einzuräumen, dem Anlagenbetreiber aber unter allen Umständen die Kosten aufzubürden. Will der Netzbetreiber eine Anlage nicht an dem technisch und wirtschaftlich günstigsten oder einem von dem Anlagenbetreiber gewählten Netzverknüpfungspunkt anschließen, ist es nicht angemessen, den Anlagenbetreiber die gesamten Netzanschlusskosten allein tragen zu lassen. Ein angemessener Ausgleich der Interessen lässt sich vielmehr nur herstellen, wenn der Netzbetreiber die durch die Zuweisung verursachten Mehrkosten selbst trägt. Schließlich ist er es, der einen anderen als den gemäß § 8 Abs. 1 gesetzlich vorgesehenen Netzverknüpfungspunkt durchsetzt.

28 Die Tragung der Mehrkosten i. S. v. Abs. 2 durch den Netzbetreiber entspricht dem allgemeinen Grundsatz, dass der Anlagenbetreiber nur die *notwendigen* Kosten zu tragen hat (s. oben Rn. 14 ff.). Wählt der Netzbetreiber eine andere als die technisch und wirtschaftlich günstigste Lösung, kann er die Kosten dafür nicht dem Anlagenbetreiber aufbürden.

29 Die Ermittlung der Mehrkosten kann sich im Einzelfall schwierig gestalten, da die tatsächlichen Kosten der günstigeren Variante nicht bekannt sind. Im Zweifel muss ein Sachverständiger die Kosten des hypothetischen Anschlusses an den Netzverknüpfungspunkt i. S. v. § 8 Abs. 1 einschätzen. Sollte es durch den gemäß § 8 Abs. 3 zugewiesenen Netzverknüpfungspunkt nicht nur zu höheren Investitionskosten, sondern auch zu höheren Betriebskosten kommen, muss der Netzbetreiber auch diese tragen, da Abs. 2 allgemein von Mehrkosten spricht und eine solche Aufteilung der Betriebskosten interessengerecht ist.[28]

---

27 Ausführlich § 8 Rn. 49 f.
28 Altrock/Oschmann/Theobald/*Altrock*, 4. Aufl. 2013, § 13 Rn. 33; *Salje*, EEG, 6. Aufl. 2012, § 13 Rn. 32; Frenz/Müggenborg/*Ekardt/Hennig*, 3. Aufl. 2013, § 13 Rn. 43.

§ 17 Kapazitätserweiterung

Die Kosten der Optimierung, der Verstärkung und des Ausbaus des Netzes trägt der Netzbetreiber.

Übersicht

I. Allgemeines

§ 17 regelt, dass der Netzbetreiber die **Kosten der Netzerweiterung** zu tragen hat. Zweck **1** der Vorschrift ist es, gemeinsam mit § 16 durch eine eindeutige Zuordnung der Kosten Rechtsstreitigkeiten zwischen den Anschlussnehmern und den Netzbetreibern zu vermeiden und zu Transparenz und Rechtssicherheit beizutragen.[1]

Gemäß § 17 trägt der Netzbetreiber die Kosten der Optimierung, der Verstärkung und des **2** Ausbaus des Netzes. Die Formulierung der Vorschrift ist an § 12 Abs. 1 S. 1 angelehnt. Als Oberbegriff der drei Begriffe Optimierung, Verstärkung und Ausbau verwendet das Gesetz den Begriff der Netzerweiterung. Auf die genaue Abgrenzung der Begriffe Optimierung, Verstärkung und Ausbau kommt es nicht an, da sie im Gesetz stets gemeinsam auftreten und dieselben Rechtsfolgen auslösen (vgl. dennoch § 12 Rn. 32 ff.).

Da §§ 16, 17 auf die Abgrenzung von Netzanschluss- und Netzerweiterungsmaßnahmen **3** aufbaut, diese aber selbst nicht regeln, müssen die Vorschriften stets in der Zusammenschau mit §§ 8, 12 gelesen werden. § 8 regelt den Netzanschluss, § 12 die Netzerweiterung. Die Abgrenzung von Netzanschluss- und Netzerweiterungsmaßnahmen erfolgt einerseits anhand der Lage des technisch und wirtschaftlich günstigsten Netzverknüpfungspunktes i. S. v. § 8 Abs. 1 S. 1 und andererseits nach den ergänzenden Regelungen gemäß § 12 Abs. 2 (s. ausführlich dort Rn. 61 ff.). Erst wenn feststeht, ob nach den genannten Vorschriften eine Netzanschluss- oder eine Netzerweiterungsmaßnahme vorliegt, kann gemäß §§ 16, 17 ermittelt werden, wer die Kosten dieser Maßnahme zu tragen hat.

1. Normzweck. Die klare Kostentragungsregelung der §§ 16, 17 soll insbesondere vor dem **4** Hintergrund der stetig zunehmenden Stromerzeugung aus erneuerbaren Energien Rechtsstreitigkeiten vermeiden und zu **Transparenz** und **Rechtssicherheit** beitragen.[2] Der Kostenaufteilung liegt deshalb ein vergleichsweise gut abgrenzbares Sphärenmodell zugrunde.[3] Die Kosten von Maßnahmen, die sich von der Anlage aus gesehen vor dem Netzverknüpfungspunkt (vgl. § 8 Abs. 1) auswirken, trägt grundsätzlich der Anlagenbetreiber; die Kosten von Maßnahmen, die sich von der Anlage aus gesehen hinter dem Netzverknüpfungspunkt auswirken, werden vom Netzbetreiber getragen. Außerdem trägt der Netzbe-

---

1 BT-Drs. 16/8148, S. 48.
2 BT-Drs. 16/8148, S. 48; BT-Drs. 15/2864, S. 47; BT-Drs. 14/2776, S. 24.
3 So auch Altrock/Oschmann/Theobald/*Altrock*, 4. Aufl. 2013, § 13 Rn. 2.

treiber die Kosten von allen Maßnahmen i. S. v. § 12 Abs. 2, auch wenn sie sich in der Sphäre des Anlagenbetreibers auswirken. Etwas anderes gilt, soweit der Gesetzgeber in § 12 Abs. 2 bestimmte Maßnahmen in der Sphäre des Anlagenbetreibers durch gesetzliche Anordnung als Netzerweiterungsmaßnahmen definiert, sodass ihre Kosten entgegen der reinen Sphärenabgrenzung vom Netzbetreiber zu tragen sind (vgl. § 12 Rn. 61 ff., § 16 Rn. 3).

5   Die vollständige Tragung der Netzerweiterungskosten durch den Netzbetreiber und damit durch die Allgemeinheit (vgl. Rn. 16 ff.) dient der Erreichung der Förderziele gemäß § 1 Abs. 1 u. 2. Eine Beteiligung der Anlagenbetreiber an den Netzerweiterungskosten hätte sich nachteilig auf die Investitionsbereitschaft der (potenziellen) Anlagenbetreiber auswirken und dadurch den Ausbau der Stromerzeugung aus erneuerbaren Energien gefährden können. Dem Gesetzgeber kam es deshalb mit §§ 16, 17 darauf an, die Marktzutrittsschranken möglichst gering zu halten und Anreize für die Investition in Anlagen zur Erzeugung von Strom aus erneuerbaren Energieträgern zu setzen. Bei der Auslegung der §§ 16, 17 ist deshalb sicherzustellen, dass es nicht zu übermäßigen Belastungen der Anlagenbetreiber kommt.

6   **2. Entstehungsgeschichte.** § 17 entspricht wörtlich § 14 EEG 2009. Anders als § 13 EEG 2004 und § 10 EEG 2000, die unter der Überschrift „Netzkosten" sowohl die Netzanschlusskosten als auch die Netzerweiterungskosten ansprachen, regelt § 17 nur, wer die Kosten der Netzerweiterung zu tragen hat.[4] Die Tragung der Kosten von Netzanschlussmaßnahmen ist hingegen in § 16 geregelt. Inhaltlich hat sich durch diese **Aufspaltung** nichts geändert. Auch § 13 EEG 2004 und § 10 EEG 2000 wiesen im Grundsatz die Netzanschlusskosten dem Anlagenbetreiber und die Netzerweiterungskosten dem Netzbetreiber zu. § 17 entspricht deshalb inhaltlich weitgehend § 13 Abs. 2 EEG 2004 und § 10 Abs. 2 EEG 2000. Sprachlich ist § 17 knapper gefasst als seine beiden Vorgängernormen. § 13 Abs. 2 EEG 2004 lautete beispielsweise wie folgt:

> *„(2) ¹Die notwendigen Kosten eines nur infolge neu anzuschließender, reaktivierter, erweiterter oder in sonstiger Weise erneuerter Anlagen zur Erzeugung von Strom aus Erneuerbaren Energien oder aus Grubengas erforderlichen Ausbaus des Netzes im Sinne von § 4 Abs. 2 zur Abnahme und Übertragung des Stroms aus Erneuerbaren Energien trägt der Netzbetreiber, bei dem der Ausbau erforderlich wird. ²Er muss die konkret erforderlichen Investitionen unter Angabe ihrer Kosten im Einzelnen darlegen. ³Der Netzbetreiber kann die auf ihn entfallenden Kosten bei der Ermittlung des Netznutzungsentgelts in Ansatz bringen."*

7   Ein inhaltlicher Unterschied ergibt sich daraus, dass § 17 keine § 13 Abs. 2 S. 2 u. 3 EEG 2004 bzw. § 10 Abs. 2 S. 2 u. 3 EEG 2000 entsprechenden Regelungen mehr enthält. § 13 Abs. 2 S. 2 EEG 2004 und § 10 Abs. 2 S. 2 EEG 2000 ordneten an, dass der Netzbetreiber die konkret erforderlichen Investitionen unter Angabe ihrer Kosten im Einzelnen darzulegen hatte. § 13 Abs. 2 S. 3 EEG 2004 und § 10 Abs. 2 S. 3 EEG 2000 sahen vor, dass der Netzbetreiber die auf ihn entfallenden Kosten bei der **Ermittlung des Netznutzungsentgelts** in Ansatz bringen konnte. Nachdem die Vorschriften gestrichen wurden richtet sich die Berücksichtigungsfähigkeit der Netzerweiterungskosten bei der Netzentgeltermittlung nach den allgemeinen Vorschriften über die Netzentgeltermittlung gemäß §§ 21, 21a

---

4 Zur Entstehungsgeschichte bis zur Verabschiedung des EEG 2000 s. Altrock/Oschmann/Theobald/*Altrock*, 4. Aufl. 2013, § 14 Rn. 4 f.

EnWG i.V.m. der Stromnetzentgeltverordnung (StromNEV) und der Anreizregulierungs-verordnung (AReGV). Netzerweiterungskosten können also nur noch bei der Netzentgelt-ermittlung berücksichtigt werden, wenn die allgemeinen Voraussetzungen dafür erfüllt sind; seit Inkrafttreten des EEG 2009 am 1.1.2009 gibt es also keinen „Freibrief" mehr für die Anerkennung von Netzerweiterungskosten nach dem EEG.

II. Kostentragung durch den Netzbetreiber

Gemäß § 17 hat der Netzbetreiber die Kosten der Optimierung, der Verstärkung und des **8** Ausbaus des Netzes zu tragen. § 17 nimmt damit auf § 12 Abs. 1 S. 1 Bezug, der den Netz-betreiber zur Optimierung, zur Verstärkung und zum Ausbau des Netzes verpflichtet, wenn ein Einspeisewilliger dies verlangt und die Netzerweiterung notwendig ist, um die Abnah-me, Übertragung und Verteilung von Strom aus erneuerbaren Energien oder Grubengas si-cherzustellen. Aus einem Erst-Recht-Schluss ergibt sich, dass der Netzbetreiber auch die Kosten von Netzerweiterungsmaßnahmen tragen muss, die er nicht auf Verlangen eines Einspeisewilligen sondern auf eigene Initiative ausführt.

1. Reichweite der Kostentragungspflicht. Der Netzbetreiber trägt gemäß § 17 alle Kos- **9** ten der Optimierung, der Verstärkung und des Ausbaus des Netzes. Zum Netz (vgl. § 5 Nr. 26) gehört jedenfalls die Gesamtheit der miteinander verbundenen technischen Ein-richtungen zur Abnahme, Übertragung und Verteilung von Elektrizität für die allgemeine Versorgung, die von der Anlage aus gesehen *hinter* dem Netzverknüpfungspunkt liegt. Am Netzverknüpfungspunkt (vgl. § 8 Abs. 1) trennen sich die Sphäre des Anlagenbetreibers und die Sphäre des Netzbetreibers. Gemäß § 12 Abs. 2 gehören jedoch zur Sphäre des Netzbetreibers außerdem sämtliche für den Betrieb des Netzes **notwendigen technischen Einrichtungen** sowie die im **Eigentum** des Netzbetreibers stehenden oder in sein Eigen-tum übergehenden Anschlussanlagen und zwar unabhängig von ihrer Lage vor oder hinter dem Netzverknüpfungspunkt. Damit wird der Tatsache Rechnung getragen, dass der Netz-betreiber von diesen Einrichtungen funktional oder eigentumsrechtlich stärker profitiert als der Anlagenbetreiber (s. § 12 Rn. 61 ff.).

Typische Netzerweiterungskosten sind Kosten für die Errichtung oder Veränderung von **10** Freileitungen, Erdkabeln, Transformatoren, Umspannwerken, Schaltanlagen mit ihren Si-cherungs- und Überwachungseinrichtungen, Schaltern und ähnlichen technischen Einrich-tungen, die für die Übertragung oder Verteilung von Elektrizität notwendig sind.[5] Da § 17 ausdrücklich auch die Kosten von Netzoptimierungs- und Netzverstärkungsmaßnahmen nennt, zählen nicht nur die Kosten von baulichen Maßnahmen zu den Netzerweiterungs-kosten, sondern auch die Kosten von **technischen Optimierungen**, z.B. der Einrichtung eines sog. Temperatur-Monitorings für die Leiterseile einer Freileitung.[6] Allein nach der Art einer Maßnahme lässt sich jedoch nicht feststellen, ob Netzanschluss- oder Netzerwei-terungskosten vorliegen, weil dafür nicht die Art der Maßnahme entscheidend ist, sondern die Kriterien des § 12 Abs. 2 und die Frage, wo sich eine konkrete Maßnahme auswirkt. Die Errichtung von Leitungen kann beispielsweise sowohl eine Maßnahme des Netzan-schlusses als auch eine Maßnahme der Netzerweiterung sein und lässt sich deshalb nur mit

---

5 Altrock/Oschmann/Theobald/*Altrock*, 4. Aufl. 2013, § 14 Rn. 9.
6 Altrock/Oschmann/Theobald/*Altrock*, 4. Aufl. 2013, § 14 Rn. 9.

dem Sphärenmodell und den Kriterien des § 12 Abs. 2 eindeutig zuordnen (vgl. § 12 Rn. 68 ff.).

11 **2. Abdingbarkeit.** Der Netzbetreiber kann versucht sein, die für ihn ungünstige Kostenverteilung gemäß § 17 durch eine vertragliche Vereinbarung mit dem Anlagenbetreiber zu ändern. Es stellt sich deshalb die Frage, ob und ggf. in welchem Umfang Abweichungen von der gesetzlichen Regelung des § 17 durch die Parteien zulässig sind.

12 In Hinblick auf **§ 13 Abs. 2 EEG 2004** und **§ 10 Abs. 2 EEG 2000** war die Frage, ob der Anlagenbetreiber im Wege einer vertragliche Vereinbarung an den Netzerweiterungskosten beteiligt werden darf, sehr umstritten. Der BGH hatte zuletzt mit einiger Vehemenz die Auffassung vertreten, dass die Kostentragungsregelungen gemäß § 13 Abs. 2 EEG 2004 und § 10 Abs. 2 EEG 2000 **dispositives Recht** und somit vertraglich abdingbar seien.[7] Zur Begründung führte der Gerichtshof insbesondere an, dass der Zweck der Kostentragungsregelungen, Transparenz und Rechtssicherheit zu schaffen, nicht erfordere, dass die gesetzlichen Kostentragungsregelungen als zwingendes Recht anzusehen seien. Eine ähnliche Auffassung vertraten zuvor bereits zahlreiche andere Gerichte.[8] Auch in der Literatur hatte sich die Ansicht, dass der Anlagenbetreiber im Wege einer vertraglichen Vereinbarung Netzerweiterungskosten übernehmen könne, weitgehend durchgesetzt.

13 Mit dem **EEG 2009**, das am 1.1.2009 in Kraft getreten ist, wurde mit § 7 Abs. 2 (damals: § 4 Abs. 2 EEG 2009) eine Regelung in das Gesetz aufgenommen, die vertragliche Vereinbarungen im Anwendungsbereich des EEG stärker als zuvor beschränkt. Gemäß § 7 Abs. 2 S. 1 darf von den Bestimmungen des EEG grundsätzlich **nicht zu Lasten des Anlagenbetreibers oder des Netzbetreibers** abgewichen werden. Ausnahmen sind zulässig gemäß § 11 Abs. 3 und § 7 Abs. 2 S. 2, die jedoch beide nicht die Übernahme von Netzerweiterungskosten durch den Anlagenbetreiber erlauben. Möglich bleiben danach zumindest theoretisch solche Vereinbarungen, von denen beide Seiten profitieren, die also nicht zu Lasten, sondern zugunsten des Anlagenbetreibers *und* des Netzbetreibers abgeschlossen werden.

14 In der Praxis dürfte es jedoch kaum Abweichungen von den Bestimmungen des EEG geben, die sowohl für den Anlagenbetreiber als auch für den Netzbetreiber vorteilhaft sind, da der Vorteil des einen in der Regel der Nachteil des anderen ist.[9] Es wird aber zu Recht davon ausgegangen, dass bei der Anwendung des Abweichungsverbots gemäß § 7 Abs. 2 eine **Gesamtbetrachtung** der zu beurteilenden Vereinbarung durchzuführen ist.[10] Die Abweichung von einer Bestimmung des EEG darf also für eine Partei nachteilhaft sein, solange die Vereinbarung insgesamt für beide Parteien vorteilhaft ist, da Vorteile an anderer Stelle die Nachteile für die Partei wieder aufwiegen. Ein totales Abweichungsverbot, wie es in der Literatur teilweise vertreten wird,[11] ist für die Erreichung des Zwecks von § 7 Abs. 2 nicht erforderlich und würde deshalb einen unverhältnismäßigen und damit verfassungswidrigen Eingriff in die wirtschaftliche Handlungsfreiheit der Beteiligten bedeuten.

---

7 Z.B. BGH, Urt. v. 27.6.2007, RdE 2007, 306.

8 Vgl. statt vieler LG Mainz, RdE 2007, 246; später außerdem LG Erfurt, 15.5.2008, 2 HK O 228/07.

9 So auch Altrock/Oschmann/Theobald/*Lehnert*, 4. Aufl. 2013, § 4 Rn. 28.

10 Altrock/Oschmann/Theobald/*Lehnert*, 4. Aufl. 2013, § 4 Rn. 35 ff.; Altrock/Oschmann/Theobald/*Altrock*, 4. Aufl. 2013, § 13 Rn. 28 ff.

11 Z.B. Frenz/Müggenborg/*Ehricke*, 3. Aufl. 2013, § 4 Rn. 45; *Salje*, EEG, 6. Aufl. 2012, § 4 Rn. 43.

Eine von § 17 abweichende Regelung der Kostentragung kann für den Anlagenbetreiber **15** und den Netzbetreiber insbesondere dann vorteilhaft sein, wenn der Anlagenbetreiber **Einfluss auf die Netzentwicklungsplanung** des Netzbetreibers gewinnen will und bereit ist, dafür einen Teil der Netzerweiterungskosten zu übernehmen. Zur Ermöglichung einer langfristigen Planung kann der Anlagenbetreiber ein Interesse daran haben, dass der Netzbetreiber einen Teil seines Netzes nach den Vorstellungen des Anlagenbetreibers optimiert, verstärkt und ausbaut. Die Ausführung von Netzerweiterungen und die Netzentwicklungsplanung sind aber an sich Sache des Netzbetreibers. Möchte der Anlagenbetreiber hier stärker einbezogen werden, kann er anbieten, sich finanziell an den Netzerweiterungskosten zu beteiligen. Solche gemeinsamen Netzentwicklungsprojekte können für beide Seiten vorteilhaft sein und deshalb auch unter Berücksichtigung von § 7 Abs. 2 S. 1 eine Abweichung von der gesetzlichen Kostentragungsregelung gemäß § 17 rechtfertigen.

3. Berücksichtigung bei der Netzentgeltermittlung. Anders als § 13 Abs. 2 EEG 2004 **16** und § 10 Abs. 2 EEG 2000 enthält § 17 keine Aussage mehr über die Berücksichtigungsfähigkeit der Netzerweiterungskosten gemäß § 17 bei der Netzentgeltermittlung. § 13 Abs. 2 S. 3 EEG 2004 und § 10 Abs. 2 S. 3 EEG 2000 regelten, dass der Netzbetreiber die auf ihn entfallenden Kosten bei der Ermittlung des Netznutzungsentgelts in Ansatz bringen konnte. Dass § 17 eine solche Feststellung nicht mehr trifft, bedeutet nicht, dass Netzerweiterungskosten bei der Netzentgeltermittlung nicht mehr in Ansatz gebracht werden können. Vielmehr richtet sich die Berücksichtigungsfähigkeit von Netzerweiterungskosten nun nach den allgemeinen Vorschriften gemäß §§ 21, 21a EnWG i.V.m. der Stromnetzentgeltverordnung (StromNEV) und der Anreizregulierungsverordnung (ARegV).

Gemäß § 23 Abs. 1 S. 2 Nr. 2 ARegV (ggf. i.V.m. § 23 Abs. 6 ARegV) können die Netz- **17** betreiber **Investitionsmaßnahmen** von der Bundesnetzagentur genehmigen lassen, die der Integration von Anlagen dienen, die dem EEG oder dem KWKG unterfallen. Darunter dürften alle Netzerweiterungsmaßnahmen gemäß § 12 Abs. 1 S. 1 fallen, da § 12 Abs. 1 S. 1 selbst einen Zusammenhang zwischen der Netzerweiterung und der Abnahme, Übertragung und Verteilung und damit der Integration des Stroms aus erneuerbaren Energien herstellt. Kosten aus genehmigten Investitionsmaßnahmen nach § 23 ARegV gelten gemäß § 11 Abs. 2 S. 1 Nr. 6 ARegV als **dauerhaft nicht beeinflussbare Kosten**, soweit die Investitionen dem Inhalt der Genehmigung nach durchgeführt wurden, in der Regulierungsperiode kostenwirksam sind und die Genehmigung nicht aufgehoben worden ist. Als nicht beeinflussbare Kosten erhöhen die Netzerweiterungskosten gemäß § 4 Abs. 3 ARegV in voller Höhe (d.h. ohne Effizienzabschlag) die **Erlösobergrenze** des Netzbetreibers (vgl. § 4 Abs. 1 ARegV) und damit die Netzentgelte. Netzerweiterungskosten können also über die Genehmigung von Investitionsmaßnahmen vollständig an die Netznutzer weitergegeben werden.

Soweit die Genehmigung einer Investitionsmaßnahme (z.B. wegen § 23 Abs. 6 S. 2 **18** ARegV) nicht in Betracht kommt, ist eine Berücksichtigung der Netzerweiterungskosten über den sog. **Erweiterungsfaktor** gemäß § 10 ARegV möglich. Der Erweiterungsfaktor macht es möglich, bei der Bestimmung der Erlösobergrenze zu berücksichtigen, dass sich während der Regulierungsperiode (vgl. § 3 ARegV) die Versorgungsaufgabe des Netzbetreibers nachhaltig ändert. Damit soll der Tatsache Rechnung getragen werden, dass bei der Festlegung der Erlösobergrenze noch nicht alle Entwicklungen berücksichtigt werden können, die im Laufe der Regulierungsperiode auftreten werden. Da der Netzerweiterungsbedarf nicht immer präzise prognostiziert werden kann, sind Netzerweiterungsmaßnahmen gemäß § 12 Abs. 1 S. 1 (aber auch gemäß § 11 Abs. 1 S. 1, 3. Fall EnWG) ein typischer Anwendungsfall des Erweiterungsfaktors gemäß § 10 ARegV. Über den Erweiterungsfaktor werden allerdings nicht die Kosten konkreter Maßnahmen berücksichtigt, sondern es wird anhand von bestimmten **Parametern** eine näherungsweise Bestimmung der Mehrbelastung vorgenommen. Zu den Parametern, die gemäß § 10 Abs. 2 S. 2 ARegV für die Berechnung des Erweiterungsfaktors heranzuziehen sind, zählen die Fläche des versorgten Gebietes, die Anzahl der Anschlusspunkte und die Jahreshöchstlast. Außerdem hat die Bundesnetzagentur am 8.9.2010 gemäß § 32 Abs. 1 Nr. 3 ARegV festgelegt, dass auch die **Anzahl der Einspeisepunkte dezentraler Erzeugungsanlagen** ein Parameter nach § 10 Abs. 2 S. 2 ARegV ist.[12] Insbesondere dieser Parameter ermöglicht in besonderer Weise die (pauschalierte) Berücksichtigung der Kosten von Netzerweiterungsmaßnahmen über den Erweiterungsfaktor gemäß § 10 ARegV.

---

12 Bundesnetzagentur, Beschl. v. 8.9.2010, BK8-10/004 – Festlegung Erweiterungsfaktor.

König

§ 18 Vertragliche Vereinbarung

(1) Netzbetreiber können infolge der Vereinbarung nach § 11 Absatz 3 entstandene Kosten im nachgewiesenen Umfang bei der Ermittlung des Netzentgelts in Ansatz bringen, soweit diese Kosten im Hinblick auf § 1 oder § 2 Absatz 1 wirtschaftlich angemessen sind.

(2) Die Kosten unterliegen der Prüfung auf Effizienz durch die Regulierungsbehörde nach Maßgabe der Bestimmungen des Energiewirtschaftsgesetzes.

Schrifttum: *König*, Engpassmanagement in der deutschen und europäischen Elektrizitätsversorgung, 2013; *Säcker/Meinzenbach*, Der Effizienzkostenmaßstab des § 21 Abs. 2 EnWG im System der energierechtlichen Netzentgeltregulierung, RdE 2009, 1.

Übersicht

I. Allgemeines

§ 18 regelt, inwieweit Netzbetreiber die **Kosten** von **freiwilligen Abregelungsvereinba-** **1** **rungen** gemäß § 11 Abs. 3 bei der Ermittlung der Netzentgelte in Ansatz bringen können und welcher **Maßstab** bei der Nachprüfung der angesetzten Kosten gilt.

§ 11 Abs. 3 erlaubt den Abschluss von Vereinbarungen, auf deren Grundlage die Netzbe- **2** treiber von ihrer Pflicht zur vorrangigen Abnahme von Strom aus erneuerbaren Energien oder Grubengas gemäß § 11 Abs. 1 S. 1 abweichen können. Voraussetzung dafür ist, dass die Vereinbarungen der besseren Integration der betroffenen Anlagen in das Netz dienen. In der Praxis werden Vereinbarungen gemäß § 11 Abs. 3 abgeschlossen, um die Einspeiseleistung von Anlagen zur Erzeugung von Strom aus erneuerbaren Energien oder Grubengas in Zeiten kurzfristiger Erzeugungsspitzen reduzieren zu können (sog. **Abregelung**). Ziel ist es, die Notwendigkeit eines Vollausbaus der Netze zu vermeiden und im Sinne einer gesamtwirtschaftlichen Kostenoptimierung die Netzkosten möglichst gering zu halten.

§ 11 Abs. 3 steht in der Tradition von **§ 4 Abs. 1 S. 3 EEG 2004**, der vertragliche Verein- **3** barungen über Abweichungen von der Abnahmepflicht bereits erlaubte, als es das differenzierte gesetzliche System des Einspeisemanagements gemäß §§ 14, 15 noch nicht gab. Der Gesetzgeber ging damals noch davon aus, dass Vereinbarungen am ehesten geeignet seien, um die unterschiedlichen Interessen der Netzbetreiber und der Anlagenbetreiber hinsichtlich der Abregelung von Anlagen zur Erzeugung von Strom aus erneuerbaren Energien oder Grubengas miteinander in Einklang zu bringen. Mit der **Einführung des Einspeisemanagements** gemäß §§ 14, 15 (vormals: §§ 11, 12 EEG 2009) haben freiwillige Abregelungsvereinbarungen jedoch an Bedeutung verloren, da in der Regel weder der Netzbetreiber noch der Anlagenbetreiber bereit ist, zum eigenen Nachteil von den gesetzlichen Regelungen abzuweichen.

4 Freiwillige Abregelungsvereinbarungen können gemäß § 11 Abs. 3 abgeschlossen werden, wenn dadurch die Integration einer Anlage in das Netz verbessert wird. Der Netzbetreiber ist dann auf Grundlage der Vereinbarung berechtigt, von der Pflicht zur vorrangigen Abnahme gemäß § 11 Abs. 1 S. 1 abzuweichen und den Strom aus einer Anlage zur Erzeugung von Strom aus erneuerbaren Energien oder Grubengas in den vertraglich bestimmten Situationen nicht abzunehmen. § 11 Abs. 3 schafft also die Rechtsgrundlage für ein **vertragliches Erzeugungsmanagement** unter Einbeziehung von Anlagen zur Erzeugung von Strom aus erneuerbaren Energien oder Grubengas. Aus § 13 Abs. 2a S. 2 EnWG ergibt sich, dass Maßnahmen im Sinne von § 11 Abs. 3 deshalb als marktbezogene Maßnahmen im Sinne von § 13 Abs. 1 Nr. 2 EnWG anzusehen sind. Anlagen zur Erzeugung von Strom aus erneuerbaren Energien oder Grubengas sind gemäß § 13 Abs. 2a S. 2 EnWG allerdings nachrangig gegenüber konventionellen Stromerzeugungsanlagen in das vertragliche Erzeugungsmanagement einzubeziehen; das Vorrangprinzip bleibt also unberührt.[1]

5 Die Betreiber von Anlagen zur Erzeugung von Strom aus erneuerbaren Energien oder Grubengas werden sich in der Regel nur gegen Zahlung einer **angemessenen Vergütung** mit der Abregelung ihrer Anlagen einverstanden erklären. Aus dem Abschluss von Vereinbarungen gemäß § 11 Abs. 3 ergeben sich für die Netzbetreiber also Kosten. § 18 regelt den Umgang mit diesen Kosten. Gemäß Abs. 1 dürfen die Netzbetreiber die Kosten von Vereinbarungen gemäß § 11 Abs. 3 bei der **Ermittlung der Netzentgelte** in Ansatz bringen, soweit diese Kosten in Hinblick auf § 1 oder § 2 Abs. 1 wirtschaftlich angemessen sind. Gemäß Abs. 2 müssen die Kosten von den Regulierungsbehörden nach Maßgabe der maßgeblichen Vorschriften des EnWG auf ihre **Effizienz** hin überprüft werden.

6 **1. Normzweck.** § 18 regelt, inwieweit die Kosten von freiwilligen Abregelungsvereinbarungen gemäß § 11 Abs. 3 bei der Ermittlung der Netzentgelte in Ansatz gebracht werden können und welchen Maßstab die Regulierungsbehörden bei deren Prüfung anzulegen haben. Die Vorschrift soll einen **(kosten-)effizienten Umgang** der Netzbetreiber mit der Möglichkeit des Abschlusses von Vereinbarungen gemäß § 11 Abs. 3 sicherstellen. Die Netzbetreiber sollen die notwendigen Kosten solcher Vereinbarungen bei der Netzentgeltermittlung in Ansatz bringen können, damit sie nicht wegen der Kosten vor dem Abschluss sinnvoller Vereinbarungen gemäß § 11 Abs. 3 zurückschrecken. Ziel ist es, die Bereitschaft der Netzbetreiber zum Abschluss von Vereinbarungen gemäß § 11 Abs. 3 zu erhöhen.[2] Gleichzeitig soll § 18 verhindern, dass Netzbetreiber in freiwilligen Abregelungsvereinbarungen Vergütungszahlungen versprechen, die höher als nötig ausfallen und deshalb nicht mit einer effizienten Leistungserbringung im Sinne von § 21 Abs. 2 EnWG zu vereinbaren sind.

7 **2. Entstehungsgeschichte.** Die Möglichkeit des Abschlusses freiwilliger Abregelungsvereinbarungen war früher in § 4 Abs. 1 S. 3 EEG 2004 geregelt, der Umgang mit den Kosten, die aus solchen Vereinbarungen resultieren können, in § 4 Abs. 1 S. 4 EEG 2004. Die beiden Vorschriften lauteten wie folgt:

---

1 Ausführlich § 13 EnWG Rn. 53 f., 112 ff.
2 BT-Drs. 16/8148, S. 48.

"§ 4 Abnahme- und Übertragungspflicht

(1) [...] ³Unbeschadet des § 12 Abs. 1 können Anlagenbetreiber und Netzbetreiber vertraglich vereinbaren, vom Abnahmevorrang abzuweichen, wenn dies der besseren Integration der Anlage in das Netz dient. ⁴Netzbetreiber können infolge der Vereinbarung nach Satz 3 entstehende Kosten im nachgewiesenen Umfang bei der Ermittlung des Netznutzungsentgelts in Ansatz bringen. [...]"

§ 4 Abs. 1 S. 4 EEG 2004 sah anders als § 18 (vormals: § 15 EEG 2009) noch keine Prü-   **8**
fung der wirtschaftlichen Angemessenheit und Effizienz von freiwilligen Abregelungsvereinbarungen vor. Das bedeutete allerdings nicht, dass damals zwangsläufig alle Kosten anerkannt werden mussten, da sich zumindest seit dem 13.7.2005 bereits aus den allgemeinen Vorschriften des zu diesem Datum umfassend novellierten EnWG (§§ 21, 21a) ergibt, dass nur effiziente Kosten bei der Netzentgeltermittlung berücksichtigt werden können.

Mit der EEG-Novelle v. 28.7.2011 wurden in Abs. 1 das Komma und der Halbsatz „soweit   **9**
diese Kosten im Hinblick auf § 1 wirtschaftlich angemessen sind" eingefügt. Damit bezweckte der Gesetzgeber, einen **Prüfungsmaßstab** für die Überprüfung der Effizienz der vertraglichen Regelungen vorzugeben. In seiner gegenwärtigen Fassung ist der eingefügte Halbsatz allerdings rechtstechnisch misslungen (unten, Rn. 12 f.).

Durch die **EEG-Novelle 2014**, die am 1.8.2014 in Kraft getreten ist, wurden die Verweise   **10**
in § 18 angepasst und der Einschub „oder § 2 Absatz 1" in Abs. 1 eingefügt.

II. Berücksichtigung von Kosten nach § 11 Abs. 3 bei der Netzentgeltermittlung (Abs. 1)

Gemäß Abs. 1 können Netzbetreiber die infolge von Vereinbarungen gemäß § 11 Abs. 3   **11**
entstandenen Kosten im nachgewiesenen Umfang bei der Ermittlung der Netzentgelte in Ansatz bringen, soweit diese Kosten im Hinblick auf § 1 und § 2 Abs. 1 wirtschaftlich angemessen sind. Voraussetzung ist zunächst, dass der Netzbetreiber eine **Vereinbarung** gemäß § 11 Abs. 3 abgeschlossen hat. Dies hat er erforderlichenfalls durch die Vorlage entsprechender Dokumente (z. B. des Netznutzungsvertrages) nachzuweisen. Weiterhin ist gemäß Abs. 1 erforderlich, dass dem Netzbetreiber durch die Vereinbarung gemäß § 11 Abs. 3 **Kosten** entstanden sind. Hierbei dürfte es sich in der Regel um die Kosten der Vergütungen handeln, die der Netzbetreiber den betroffenen Anlagenbetreibern als Gegenleistung für die Duldung der Abregelung ausgezahlt hat.

Die infolge von Abregelungsvereinbarungen gemäß § 11 Abs. 3 entstandenen Kosten kann   **12**
der Netzbetreiber bei der Ermittlung der Netzentgelte in Ansatz bringen, soweit sie in Hinblick auf § 1 oder § 2 Abs. 1 **wirtschaftlich angemessen** sind. Dieser Prüfungsmaßstab wurde erst durch die EEG-Novelle v. 28.7.2011, die am 1.1.2012 in Kraft getreten ist, in das Gesetz aufgenommen. Er ist rechtstechnisch misslungen, da Abs. 2 mit der **Kosteneffizienz** bereits einen Prüfungsmaßstab aufstellt, der durch seine Verwendung in §§ 21, 21a EnWG und den dazu ergangenen Rechtsverordnungen auch hinreichend konkretisiert ist (s. unten, Rn. 14 ff.). In der Begründung zur Neufassung des EEG im Jahr 2011 deutet der Gesetzgeber an, dass sich der Prüfungsmaßstab der wirtschaftlichen Angemessenheit auf

die Abregelungsvereinbarungen selbst beziehe.[3] Im Gesetz wird der Maßstab jedoch eindeutig auf die Kosten bezogen.

13 Der Maßstab der wirtschaftlichen Angemessenheit ist auch wegen seiner **hohen Unbestimmtheit** problematisch. Der Begriff der wirtschaftlichen Angemessenheit wird im EEG außer in § 18 nicht verwendet. Der Gesetzgeber konkretisiert ihn lediglich dahingehend, dass er von einer wirtschaftlichen Angemessenheit „in Hinblick auf § 1 oder § 2 Absatz 1" spricht. § 1 thematisiert Kosten aber nur soweit er davon spricht, dass die Förderung einer Stromerzeugung aus erneuerbaren Energien die volkswirtschaftlichen Kosten der Energieversorgung auch durch die Einbeziehung langfristiger externer Effekte verringern soll. Die Zielsetzungen des § 1 sind allesamt so vage, dass sich aus ihnen kein Prüfungsmaßstab für die Bewertung der Kosten von Abregelungsvereinbarungen gemäß § 11 Abs. 3 ableiten lässt. Auch § 2 enthält dafür keine Anhaltspunkte. Für die Praxis ist deshalb davon auszugehen, dass sich die Regulierungsbehörden auch in Zukunft auf die Prüfung des Maßstabs der Kosteneffizienz gemäß Abs. 2 konzentrieren werden.

III. Effizienzprüfung durch die Regulierungsbehörde (Abs. 2)

14 Gemäß Abs. 2 unterliegen die gemäß Abs. 1 in Ansatz gebrachten Kosten der Prüfung auf Effizienz durch die Regulierungsbehörden nach Maßgabe des Energiewirtschaftsgesetzes. Mit der Prüfung der Kosten auf Effizienz soll verhindert werden, dass die Netzbetreiber missbräuchlich von der Regelung gemäß § 18 Gebrauch machen.[4] Die Netzbetreiber sollen nur solche Kosten über die Netzentgelte auf die Netznutzer umlegen können, die einer effizienten Leistungserbringung im Sinne von § 21 Abs. 2 EnWG entsprechen.

15 Das Effizienzkriterium gemäß § 21 Abs. 2 S. 1 EnWG besagt, dass bei der Entgeltermittlung der Netzbetreiber nur die für die Erbringung einer Leistung **erforderlichen Kosten** berücksichtigungsfähig sind. Erforderlich sind solche Kosten, die sich ihrem Umfang nach auch im **Wettbewerb** einstellen würden, die also nicht auf das natürliche Monopol der Netzbetreiber zurückzuführen sind.[5] Kosten und Kostenbestandteile, die sich ihrem Umfang nach im Wettbewerb nicht einstellen würden, haben nach § 21 Abs. 2 S. 2 EnWG bei der Netzentgeltermittlung unberücksichtigt zu bleiben. § 21 Abs. 1 S. 1 EnWG begründet also keinen Anspruch auf eine kostendeckende Entgeltkalkulation, sondern ist zwingend als wettbewerbs- und effizienzorientierter **Sollkostenmaßstab** zu interpretieren.[6]

16 Für die Prüfung der Effizienz der Kosten von Abregelungsvereinbarungen gemäß § 11 Abs. 3 ist also entscheidend, ob die Kosten geringer ausgefallen wären, wenn der Netzbetreiber im Wettbewerb mit anderen Unternehmen gestanden hätte. Die zuständige Regulierungsbehörde muss also eine **Als-ob-Perspektive** einnehmen. Zweckmäßigerweise wird sie dabei die Abregelungsvereinbarungen mehrerer Netzbetreiber und die darin vereinbarten Vergütungszahlungen miteinander vergleichen.

---

3 BT-Drs. 17/6071, S. 65: „In § 15 Absatz 1 EEG wird ein Prüfungsmaßstab für die Überprüfung der *Effizienz der vertraglichen Regelungen*, nämlich die wirtschaftliche Angemessenheit, eingefügt." (Hervorhebung d. Verf.).
4 BT-Drs. 16/8148, S. 48.
5 § 21 EnWG Rn. 123 ff.
6 *Säcker/Meinzenbach*, RdE 2009, 1, 2, 3.

Die Ermittlung einer angemessenen Vergütung für Abregelungsvereinbarungen gemäß   **17**
§ 11 Abs. 3 ist problematisch, seit § 15 für Abregelungen auf gesetzlicher Grundlage einen
in seiner Höhe eindeutig bestimmten Entschädigungsanspruch vorsieht.[7] Anlagenbetreiber
dürften seither nicht mehr bereit sein, Abregelungsvereinbarungen abzuschließen, die eine
Vergütung unterhalb der gesetzlichen Entschädigung gemäß § 15 Abs. 1 S. 1 vorsehen.
Andererseits können Netzbetreiber keine Abregelungsvereinbarungen abschließen, die
eine Vergütung oberhalb der gesetzlichen Entschädigung gemäß § 15 Abs. 1 S. 1 vorsehen,
da sie andernfalls Gefahr laufen, dass die zuständige Regulierungsbehörde die zusätzlichen
Kosten als nicht erforderlich und damit ineffizient ansieht und sie deshalb bei der Netzentgeltermittlung nicht anerkennt. Etwas anderes kann allenfalls dann gelten, wenn die Abregelungsvereinbarung sonstige Vorteile gegenüber der gesetzlichen Regelung gemäß
§§ 14, 15 mit sich bringt, die eine höhere Vergütung auch unter Effizienzgesichtspunkten
rechtfertigen können. In der Praxis dürfte die Bedeutung freiwilliger Abregelungsvereinbarungen seit der Einführung des Einspeisemanagements gemäß §§ 14, 15 ungeachtet dessen stark abgenommen haben.[8]

Die Bedeutung von Abs. 2 liegt insbesondere darin, anzuordnen, dass die Kosten von Ab-   **18**
regelungsvereinbarungen gemäß § 11 Abs. 3 anders als etwa die Kosten von Entschädigungszahlungen gemäß § 15 Abs. 1 S. 1 (vgl. dazu § 15 Rn. 42) *nicht* als nicht beeinflussbare Kosten im Sinne von § 11 Abs. 2 ARegV anzusehen sind, die gemäß § 21a Abs. 4 S. 6
EnWG keinen Effizienzvorgaben unterliegen. Während die Kosten von Entschädigungszahlungen gemäß § 15 Abs. 1 S. 1 unter den Voraussetzungen von § 15 Abs. 2 für die Netzbetreiber tatsächlich nicht beeinflussbar sind, da sie auf einer gesetzlichen Pflicht beruhen,
können die Kosten von Abregelungsvereinbarungen gemäß § 11 Abs. 3 von den Netzbetreibern beeinflusst werden. Es ist deshalb sachgerecht, dass der Gesetzgeber angeordnet
hat, dass diese Kosten von den Regulierungsbehörden auf ihre Effizienz überprüft werden
müssen. Es handelt sich bei den Kosten von Abregelungsvereinbarungen gemäß § 11
Abs. 3 also um **beeinflussbare Kosten** im Sinne von § 11 Abs. 4 ARegV.

---

7 *König*, Engpassmanagement in der deutschen und europäischen Elektrizitätsversorgung, 2013,
S. 449 ff.
8 *König*, Engpassmanagement in der deutschen und europäischen Elektrizitätsversorgung, 2013,
S. 449 ff.

Teil 3

Finanzielle Förderung

Allgemeine Förderbestimmungen

§ 19 Förderanspruch für Strom

(1) Betreiber von Anlagen, in denen ausschließlich erneuerbare Energien oder Grubengas eingesetzt werden, haben für den in diesen Anlagen erzeugten Strom gegen den Netzbetreiber einen Anspruch

1. **auf die Marktprämie nach § 34, wenn sie den Strom direkt vermarkten und dem Netzbetreiber das Recht überlassen, diesen Strom als „Strom aus erneuerbaren Energien oder aus Grubengas" zu kennzeichnen (geförderte Direktvermarktung), oder**
2. **auf eine Einspeisevergütung nach § 37 oder § 38, wenn sie den Strom dem Netzbetreiber zur Verfügung stellen und soweit dies abweichend von § 2 Absatz 2 ausnahmsweise zugelassen ist.**

(2) Auf die zu erwartenden Zahlungen nach Absatz 1 sind monatlich jeweils zum 15. Kalendertag für den Vormonat Abschläge in angemessenem Umfang zu leisten.

(3) Der Anspruch nach Absatz 1 wird nicht fällig und der Anspruch auf monatliche Abschläge nach Absatz 2 entfällt, solange Anlagenbetreiber ihre Pflichten zur Datenübermittlung für das jeweilige Vorjahr nach § 71 nicht erfüllt haben.

(4) [1]Der Anspruch nach Absatz 1 besteht auch dann, wenn der Strom vor der Einspeisung in das Netz zwischengespeichert worden ist. [2]In diesem Fall bezieht sich der Anspruch auf die Strommenge, die aus dem Zwischenspeicher in das Netz eingespeist wird. [3]Die Förderhöhe bestimmt sich nach der Höhe der finanziellen Förderung, die der Netzbetreiber nach Absatz 1 bei einer Einspeisung des Stroms in das Netz ohne Zwischenspeicherung an den Anlagenbetreiber zahlen müsste. [4]Der Anspruch nach Absatz 1 besteht auch bei einem gemischten Einsatz von erneuerbaren Energien und Speichergasen.

Schrifttum:* *Altrock/Lehnert*, Vorhaben IV: Instrumentelle und rechtliche Weiterentwicklung im EEG zur Vorbereitung und Begleitung der Erstellung des Erfahrungsberichtes 2011 gemäß § 65 EEG im Auftrag des Bundesministeriums für Umwelt, Naturschutz und Reaktorsicherheit, abrufbar unter www.erneuerbare-energien.de (zuletzt abgerufen am 14.2.2015); *Beckers/Hoffrichter*, Eine (institutionen-)ökonomische Analyse grundsätzlicher aktueller Fragen bezüglich des institutionellen Strommarktdesigns im Bereich Erzeugung, EnWZ 2014, 57; *Dietrich/Ahnsehl*, Förderung der Energiespeicherung nach der Energiewende – ein Update, ET 2012, 135; *Ehricke/Breuer*, Die Vereinbarkeit von sog. Optionsverträgen auf negative Regelenergie mit dem EEG, RdE 2010, 309; *Ekardt*, Energiewende

---

* Die Kommentierung greift in Teilen die Ausführungen zur Vorgängerregelung aus § 16 EEG 2012 in Band 2 auf. Die Verfasser danken *Hanna Schumacher*, die an der Kommentierung der Vorgängerregelung als Autorin mitgewirkt hat.

und EU-Beihilfenrecht: EEG-Förderung, EE-Ausnahmen, Atomrecht, Energiesteuern, EurUP 2013, 197; *Fickers*, Virtuelle Kraftwerke als Anbieter von Regelenergieprodukten, ZNER 2009, 17; *Frenz/ Wimmers*, Erneuerbare Energien-Förderungsmodelle und Beihilfenproblematik, WiVerW 2014, 30; *Hahn/Naumann*, Eigenvermarktung und Selbstverbrauch durch Dritte nach EEG – Praktische und rechtliche Fragen der Veräußerung selbsterzeugten Solarstroms, ZUR 2011, 571; *Hermann*, Regelenergie ergrünt, Erneuerbare Energien 2012, 20; *Hinsch*, Rechtliche Probleme der Energiegewinnung von Strom aus Biomasse, ZUR 2007, 401; *Hinsch/Holzapfel*, Die Grundvergütung für Strom aus Biomasse im EEG 2009, in: Loibl/Maslaton/v. Bredow/Walter (Hrsg.), Biogasanlagen im EEG, 2013, S. 35; *Ismer/Karch*, Das EEG im Konflikt mit dem Unionsrecht: Die Begünstigung stromintensiver Industrie als unzulässige Beihilfe, ZUR 2013, 526; *Kahles/Lutz/Schütter*, Grundlagen der EEG-Vergütung, in: Müller (Hrsg.), 20 Jahre Recht der Erneuerbaren Energien, 2012, S. 507; *Klemm*, Das Ausschließlichkeitsprinzip des Erneuerbare-Energien-Gesetzes in der Praxis, ET 2001, 592; *Lehnert*, Markt- und Systemintegration der Erneuerbaren-Energien: Eine rechtliche Analyse der Regeln zur Direktvermarktung im EEG 2012, ZUR 2012, 4; *Loibl/Dietl*, Aktuelle Rechtsprechung: Blindstrom bei EEG-Anlagen, ZNER 2010, 473; *Loibl/Rechel*, Hilfsmittel in Biogasanlagen, ZNER 2007, 302; *Lüdemann/Ortmann*, Das unvollendete Marktprämienmodell, EnWZ 2014, 387; *Maly/Meister/Schomerus*, EEG 2014 – Das Ende der Bürgerenergie?, ER 2014, 147; *Müller, Rolf*, Elektrotechnik, Lexikon für die Praxis, 2002; *Müller, Thorsten*, Strom aus erneuerbaren Energien im Europarecht, 2002; *ders.*, Das novellierte Erneuerbare-Energien-Gesetz, RdE 2004, 237; *ders./Kahl/Sailer*, Das neue EEG 2014 – Systemwechsel beim weiteren Ausbau der Erneuerbaren Energien, ER 2014, 139; *Oertel*, Energiespeicher – Stand und Perspektiven, S. 31 ff., abrufbar unter www.tab-beim-bundestag.de/de/pdf/publikationen/berichte/TAB-Arbeitsbericht-ab123.pdf (zuletzt abgerufen am 16.7.2014); *Oschmann*, Neues Recht für Erneuerbare Energien, NJW 2009, 263; *Palme*, EEG und EU-Beihilfeaufsicht – Die Wirkung des Eröffnungsbeschlusses der EU-Kommission, NVwZ 2014, 559; *Reshöft/Sellmann*, Die Novelle des EEG – Neue Wege auf bewährten Pfaden (1), ET 2009, 139; *Rüger*, Verkauf von Solarstrom durch den Anlagenbetreiber an den Nachbarn, REE 2012, 146; *Sachsenhauser*, Zur Fälligkeit von regelmäßigen Zahlungen an die Anlagenbetreiber nach dem Erneuerbare-Energien-Gesetz, IR 2013, 26; *Sailer*, Die Speicherung von Elektrizität nach dem Erneuerbare-Energien-Gesetz, ZNER 2011, 249; *Salje*, Wind, Wasser, Sonne, Geothermie – (aktuelle) Rechtsfragen der EEG-Vergütungsregelungen, in: Müller (Hrsg.), 20 Jahre Recht der Erneuerbaren Energien, 2012, S. 539; *Schlacke/Kröger*, Zur Unionsrechtskonformität des EEG bei zunehmender Rekommunalisierung und Verstaatlichung der Elektrizitätswirtschaft, DVBl. 2013, 401; *Schomerus/Scheel*, Die Eigenverbrauchsregelung in § 33 Abs. 2 EEG nach der Photovoltaik-Novelle 2010, ZNER 2010, 558; *Schulte-Beckhausen/Schneider/ Kirch*, Unionsrechtliche Aspekte eines „EEG 2.0", RdE 2014, 101; *Stecher*, Die Vertragsbeziehungen zwischen Anlagen- und Netzbetreiber unter besonderer Berücksichtigung des EEG 2009, 2009; *Thomas*, Das EEG 2014 – Eine Darstellung nach Anspruchsgrundlagen, NVwZ-Extra 2014, 1; *Thomas*, In der Entwicklung: Der Rechtsrahmen für erneuerbares Gas aus der Elektrolyse mit (Wind-) Strom, ZNER 2011, 608; *Thomas*, Strom zu Gas, SW&W 14/2011, 62; *Thomas/Altrock*, Einsatzmöglichkeiten für Energiespeicher, ZUR 2013, 579; *Tüngler*, Die Novelle des Erneuerbare-Energien-Gesetzes, ET 2005, 101; *Twele/Heilmann/Schubert*, Konstruktiver Aufbau von Windkraftanlagen, in: Gasch/ Twele (Hrsg.), Windkraftanlagen, 6. Aufl. 2010, S. 53; *Valentin*, Das neue System der Direktvermarktung von EEG-Strom im Überblick, REE 2012, 11; *Valentin/v. Bredow*, Power-to-Gas: Rechtlicher Rahmen für Wasserstoff und synthetisches Gas aus erneuerbaren Energien, ET 2012, 99; *Walter*, Der NaWaRo-Bonus, in: Loibl/Maslaton/v. Bredow/Walter (Hrsg.), Biogasanlagen im EEG, 2013, S. 379; *Wieser*, Energiespeicher als zentrale Elemente eines intelligenten Energieversorgungsnetzes – Rechtliche Einordnung, ZUR 2011, 240; *Wustlich*, Das Erneuerbare-Energien-Gesetz 2014: Grundlegend neu – aber auch grundlegend anders?, NVwZ 2014, 1113; *Wustlich/Müller*, Die Direktvermarktung von Strom aus erneuerbaren Energien im EEG 2012 – Eine systematische Einführung in die Marktprämie und die weiteren Neuregelungen zur Marktintegration, ZNER 2011, 380.

Übersicht

I. Europarechtliche Grundlagen

§ 19 ist die **Grundnorm** des Systems zur finanziellen Förderung von Strom aus erneuerbaren Energien nach dem Erneuerbare Energien Gesetz. § 19 enthält den **Anspruch** der Anlagenbetreiber gegen den Netzbetreiber auf Zahlung der Marktprämie nach § 34 oder auf eine Einspeisevergütung nach § 37 oder § 38. **1**

2 Die Umsetzung eines bestimmten Fördersystems für Strom aus erneuerbaren Energien ist durch das europäische Recht, insbesondere die Richtlinie 2009/28/EG,[1] nicht vorgegeben. Den **Mitgliedstaaten steht es vielmehr frei, wie sie den Strom fördern wollen.**[2] Im Rahmen der Förderung von Strom aus erneuerbaren Energien sind die Mitgliedstaaten gemäß Art. 3 Abs. 3 S. 2 der Richtlinie 2009/28/EG aber weiterhin an die Vorschriften des Beihilfenrechts, d.h. insbesondere **Art. 107 und Art. 108 AEUV gebunden**. Nach Art. 107 Abs. 1 AEUV sind staatliche oder aus staatlichen Mitteln gewährte Beihilfen gleich welcher Art, die durch die Begünstigung bestimmter Unternehmen oder Produktionszweige den Wettbewerb verfälschen oder zu verfälschen drohen, mit dem Binnenmarkt unvereinbar, soweit sie den Handel zwischen Mitgliedstaaten beeinträchtigen.

3 Ob das Erneuerbare Energien Gesetz eine Beihilfe im Sinne des Art. 107 AEUV darstellt, ist umstritten.[3] Die besseren Argumente sprechen dafür, das EEG **nicht als Beihilfe im Sinne des Art. 107 AEUV einzustufen**. So führt der Fördermechanismus des EEG nicht dazu, dass der Staatshaushalt belastet wird.[4] Die Belastung wird vielmehr von den Stromkunden getragen.[5] Die finanzielle Förderung kann dem Staatshaushalt auch nicht zugerechnet werden, denn der Staat hat weder Verfügungsbefugnis über die Mittel, noch übt er Kontrolle über die Verteilung aus.[6] Die Verfügungsbefugnis über die Fördermittel liegt vollständig bei privaten Unternehmen, namentlich den Verteilnetzbetreibern, den Übertragungsnetzbetreibern und den Energieversorgungsunternehmen.[7] Die Umlagemittel durchlaufen nicht einmal den Staatshaushalt, wie auch der BGH in seiner jüngsten Entscheidung zur EEG-Umlage ausführte.[8] Auch über die Befreiung von der EEG-Umlage übt der Staat keine Kontrolle aus. Die Funktion des für die Befreiung zuständigen BAFA beschränkt sich lediglich auf eine „notarielle" Bestätigung, dass ein Unternehmen sich zu Recht selbst als befreiungsfähiges Unternehmen einstuft. Desgleichen übt die BNetzA keine Kontrolle

---

1 Richtlinie 2009/28/EG des Europäischen Parlaments und des Rates v. 23.4.2009 zur Förderung der Nutzung von Energie aus erneuerbaren Quellen und zur Änderung und anschließenden Aufhebung der Richtlinien 2001/77/EG und 2003/30/EG, ABl. EU L 140/16 v. 5.6.2009.

2 Vgl. dazu Art. 3 der Richtlinie 2009/28/EG, der den Mitgliedstaaten erlaubt, „*Förderregelungen*" einzuführen. Vgl. zu dem Umsetzungsbedarf aus Art. 3 Richtlinie 2001/77/EG *Oschmann*, Strom aus erneuerbaren Energien im Europarecht, S. 248, dort auch grundlegend zu den verschiedenen Fördermodellen S. 65 ff.

3 Die Kommission hat am 18.12.2013 die Eröffnung eines Prüfverfahrens nach Art. 108 Abs. 2 AEUV beschlossen (C(2013) 4424 final), da sie die Ansicht vertritt, dass sowohl das EEG 2012 als auch die darin enthaltene Befreiung stromintensiver Unternehmen von der EEG-Umlage (besondere Ausgleichsregelung) jeweils eine Beihilfe im Sinne des Art. 107 AEUV darstellt. Dagegen: Altrock/Oschman/Theobald/*Altrock/Oschmann*, Einf. Rn. 105; *Ekardt*, EurUP 2013, 197; *Grabmayr/Stehle/Pause/Müller* (Stiftung Umweltenergierecht), Das Beihilfeverfahren der EU-Kommission zum Erneuerbare Energien Gesetz 2012 – Inhalte, Einordnung und Konsequenzen aus rechtswissenschaftlicher Sicht, Würzburg, Februar 2014; *Palme*, NVwZ 2014, 559; Reshöft/Schäfermeier/*Sailer/Kantenwein*, Einleitung Rn. 237 ff.; *Schlacke/Kröger*, DVBl. 2013, 401; *Schulte-Beckhausen/Schneider/Kirch*, RdE 2014, 101.

4 Vgl. *Schlacke/Kröger*, DVBl. 2013, 401, 407.

5 Vgl. *Palme*, NVwZ 2014, 559.

6 Vgl. *Ekardt*, EurUP 2013, 197, 199 ff.; *Schlacke/Kröger*, DVBl. 2013, 401, 408; *Grabmayr/Stehle/Pause/Müller* (Stiftung Umweltenergierecht), Das Beihilfeverfahren der EU-Kommission zum Erneuerbare Energien Gesetz 2012 – Inhalte, Einordnung und Konsequenzen aus rechtswissenschaftlicher Sicht, Würzburg, Februar 2014, S. 22 ff.

7 Vgl. *Ekardt*, EurUP 2013, 197, 201; *Schlacke/Kröger*, DVBl. 2013, 401, 408 f.

8 Vgl. BGH, Urt. v. 25.6.2014, VIII ZR 169/13, RdE 2014, 391.

über die Fördermittel aus.[9] Gemäß § 85 EEG umfasst die Kontrolle der BNetzA im Wesentlichen nämlich nur die Tätigkeit der Übertragungsnetzbetreiber im Zusammenhang mit der Vermarktung des erzeugten Stroms und der Ermittlung der EEG-Umlage. Gegen die Einordnung der Förderung als Beihilfe spricht zuletzt auch, dass die Förderung von Strom aus erneuerbaren Energien eine angemessene, marktübliche Gegenleistung für den erzeugten Strom darstellt (Stichwort „Altmark-Trans"[10]).[11] Eine Begünstigung der Stromproduzenten als wesentliches Merkmal einer Beihilfe im Sinne des Art. 107 AEUV liegt also nicht vor.[12]

Auf der Grundlage von Art. 107 Abs. 3 lit. c) AEUV kann die Kommission durch die Veröffentlichung von Leitlinien Beihilfen zur Förderung gewisser Wirtschaftszweige als mit dem Binnenmarkt vereinbar betrachten. Mit den am 9.4.2014 verabschiedeten und am 1.7.2014 in Kraft getretenen **„Leitlinien für staatliche Umweltschutz- und Energiebeihilfen 2014–2020"** (Umweltbeihilfeleitlinien)[13] hat die Kommission ihr insofern bestehendes Ermessen[14] ausgeübt und die Voraussetzungen dargelegt, die Energie- und Umweltbeihilfen erfüllen müssen, damit sie nach Artikel 107 Abs. 3 lit. c) AEUV als mit dem Binnenmarkt vereinbar erachtet werden können.[15] Unabhängig davon, dass das EEG keine Beihilfe im Sinne des Art. 107 AEUV darstellt[16] und obwohl der deutsche Gesetzgeber stets betont, dass er die Voraussetzungen des Art. 107 AEUV für nicht erfüllt hält,[17] hat er das EEG in der seit dem 1.8.2014 geltenden Fassung den Vorgaben der Umweltbeihilfeleitlinien der Kommission angepasst. Dies musste schon deswegen erfolgen, um Rechtssicherheit für alle Beteiligten herzustellen. Denn sollte die Kommission und letztlich der EuGH zu dem Schluss gelangen, dass das EEG 2012 bzw. die darin enthaltene besondere Ausgleichsregelung für stromintensive Unternehmen Beihilfen darstellen, bestünde die Gefahr, dass auch die Fördergelder und/oder die Befreiungen von der Zahlung der EEG-Umlage

4

---

9 Vgl. BGH, Urt. v. 25.6.2014, VIII ZR 169/13, RdE 2014, 391; *Frenz/Wimmers*, WiVerW 2014, 30, 44; *Grabmayr/Stehle/Pause/Müller* (Stiftung Umweltenergierecht), Das Beihilfeverfahren der EU-Kommission zum Erneuerbare Energien Gesetz 2012 – Inhalte, Einordnung und Konsequenzen aus rechtswissenschaftlicher Sicht, Würzburg, Februar 2014, S. 26 f.

10 EuGH, Urt. v. 24.7.2003, C-280/00, Slg. 2003, I-7747, Rn. 85 ff. – Altmark Trans und Regierungspräsidium Madgeburg.

11 Vgl. *Ismer/Karch*, ZUR 2013, 526, 530 ff.

12 Vgl. *Grabmayr/Stehle/Pause/Müller* (Stiftung Umweltenergierecht), Das Beihilfeverfahren der EU Kommission zum Erneuerbare Energien Gesetz 2012 – Inhalte, Einordnung und Konsequenzen aus rechtswissenschaftlicher Sicht, Würzburg, Februar 2014, S. 15 ff.

13 Kommission, Leitlinien für staatliche Umwelt- und Energiebeihilfen 2014–2020, C (2014) 2322, ABl. 2014/C 200/01.

14 Vgl. *Frenz*, Handbuch Europarecht, Band 3, 1. Aufl. 2007, § 3 Rn. 747.

15 Vgl. Einleitung (10) der Umweltbeihilfeleitlinien. An der Rechtmäßigkeit der Umweltbeihilfeleitlinien zweifelnd *Münchmeyer/Kahles/Pause* (Stiftung Umweltenergierecht), Würzburger Berichte zum Umweltenergierecht – Erfordert das europäische Beihilfenrecht die Einführung von Ausschreibungsverfahren im EEG?, Hintergrundpapier, 16.7.2014.

16 Vgl. Rn. 3.

17 Die Bundesregierung hat am 28.2.2014 Klage beim Gericht der Europäischen Union gegen die Eröffnung des Prüfverfahrens der Kommission eingelegt. Auch im Rahmen der Stellungnahme auf die Eröffnung des Prüfverfahrens der Kommission v. 20.1.2014 führt die Bunderegierung aus, dass sie die Voraussetzungen des Art. 107 AEUV für nicht gegeben erachtet. Trotzdem hat die Bundesregierung das EEG 2014 als Beihilfe bei der Kommission zur Prüfung angemeldet. Die Kommission hat daraufhin jüngst Teile des EEG 2012 als Beihilfe genehmigt. Vgl. dazu Entscheidung der Kommission v. 25.11.2014, C (2014) 8786, final.

nach dem EEG 2014 rückabgewickelt werden müssten, was erhebliche Zahlungsverpflichtungen für die betroffenen Unternehmen auslösen würde. Unabhängig von dem Umstand,
dass die Bundesregierung weder das EEG an sich noch die besondere Ausgleichsregelung
für stromintensive Unternehmen aus rechtlicher Sicht für eine Beihilfe hält, war Deutschland aus praktischen Erwägungen daher gezwungen, die Vorgaben der Umweltbeihilfeleitlinien zu befolgen und umzusetzen.

5–6 Gemäß den Vorgaben der Umweltbeihilfeleitlinien[18] erfolgt die Förderung von Strom aus
erneuerbaren Energien nach dem Erneuerbaren Energien Gesetz in der seit dem 1.8.2014
geltenden Fassung **grundsätzlich** nach dem System der **„geförderten Direktvermarktung"** (§ 34). Nur **ausnahmsweise** können Anlagenbetreiber einen Anspruch auf eine feste
Einspeisevergütung gegenüber dem Netzbetreiber geltend machen (§ 37 und § 38). Das
ergibt sich auch aus § 2 Abs. 2, wonach Strom aus erneuerbaren Energien und aus Grubengas zum Zweck der Marktintegration direkt vermarktet werden „soll". Konnte der Anlagenbetreiber nach dem EEG 2012 grundsätzlich noch frei zwischen beiden Varianten der
Förderung wählen, ist die geförderte Direktvermarktung nach dem EEG in der seit dem
1.8.2014 geltenden Fassung nunmehr die primäre Förderform für Strom aus erneuerbaren
Energien. Denn nach den Vorgaben der Umweltbeihilfeleitlinien darf die Förderung von
Strom aus erneuerbaren Energien ab dem 1.1.2016 grundsätzlich nur noch „als Prämie zusätzlich zu dem Marktpreis gewährt [werden], zu dem die Stromerzeuger ihren Strom direkt auf dem Markt verkaufen".[19]

7 Aus den Umweltbeihilfeleitlinien folgt weiterhin, dass die Förderung in einer „Übergangsphase" **von 2015 bis 2016** für mindestens 5 % der geplanten neuen Kapazitäten für
die Erzeugung von Strom aus erneuerbaren Energiequellen im Rahmen einer Ausschreibung anhand eindeutiger, transparenter und diskriminierungsfreier Kriterien gewährt werden „sollte".[20] In Umsetzung dieser „Vorgabe"[21] ergibt sich für 5 % der geplanten neuen
Kapazität der Anspruch auf Förderung daher nicht allein aus § 19 EEG i.V.m. dem jeweils
einschlägigen Fördertatbestand (§§ 40 ff.), sondern aus § 19 i.V.m. § 55 i.V.m. der nach
§ 88 zu erlassenden Rechtsverordnung, welche die **Ausschreibung der Förderung für
Freiflächenanlagen** regelt.

8 Die Umweltbeihilfeleitlinien legen fest, dass **ab dem 1.1.2017** Beihilfen zur Förderung
von Strom aus erneuerbaren Energien grundsätzlich nur noch im Rahmen einer **Ausschreibung anhand eindeutiger, transparenter und diskriminierungsfreier Kriterien** ge-

---

18 Vgl. Umweltbeihilfeleitlinien Nr. 3.3.2.
19 Vgl. Umweltbeihilfeleitlinien Nr. 3.3.2.1. Darüber hinaus müssen Beihilfempfänger regelmäßig
   einer Standardbilanzausgleichsverantwortung unterliegen und es muss sichergestellt werden, dass
   die Stromerzeuger keinen Anreiz haben, Strom zu negativen Preisen zu erzeugen. Ausnahmen von
   den Vorgaben der Umweltbeihilfeleitlinien gelten für *„Anlagen mit einer installierten Strom-
   zeugungskapazität von weniger als 500 kW und Demonstrationsvorhaben, ausgenommen Windkraftanlagen, für die als Grenzwert eine installierte Stromerzeugungskapazität von 3 MW oder 3
   Erzeugungseinheiten gilt".*
20 Vgl. Umweltbeihilfeleitlinien Nr. 3.3.2.1.
21 Aus der Verwendung des Ausdrucks „sollten" in den Umweltbeihilfeleitlinien (Nr. 3.3.2.1) ergibt
   sich gerade keine Rechtspflicht, in der Übergangsphase von 2015 bis 2016 die Förderung von 5 %
   der neuen Kapazität durch Ausschreibungen zu ermitteln (vgl. *Münchmeyer/Kahles/Pause* [Stif-
   tung Umweltenergierecht], Würzburger Berichte zum Umweltenergierecht – Erfordert das europäische Beihilfenrecht die Einführung von Ausschreibungsverfahren im EEG?, Hintergrundpapier
   v. 16.7.2014, S. 5.

währt werden dürfen. Sofern an diesen Ausschreibungen alle Erzeuger, die Strom aus erneuerbaren Energiequellen erzeugen, zu diskriminierungsfreien Bedingungen teilnehmen können, wird die Kommission laut Umweltbeihilfeleitlinien davon ausgehen, dass die Beihilfe angemessen ist und den Wettbewerb nicht in einem dem Binnenmarkt zuwiderlaufenden Maß verfälscht.[22] Folgt man insofern der Ansicht, bei dem Fördersystem nach dem EEG handle es sich um eine Beihilfe im Sinne des Art. 107 AEUV, so kann die Regelung des § 19 als Anspruch der Anlagenbetreiber auf eine Förderung in Form einer Marktprämie (§§ 34 ff.) oder ausnahmsweise in Form einer festen Einspeisevergütung (§ 37 und § 38) nach dem 31.12.2016 nicht aufrechterhalten werden, ohne gegen die Beihilfeleitlinien zu verstoßen. Es wäre vielmehr zwingend eine Umstellung des Förderregimes auf ein Ausschreibungssystem vorzunehmen.

Obwohl die Bundesregierung das Fördersystem des EEG und damit den Anspruch der Anlagenbetreiber nach § 19 auf finanzielle Förderung nicht als Beihilfe im Sinne des Art. 107 AEUV einstuft,[23] aus ihrer Sicht die Umweltbeihilfeleitlinien also nicht anwendbar sind, und obwohl weiterhin zu bezweifeln ist, dass die Umweltbeihilfeleitlinien europarechtskonform sind,[24] enthält das EEG bereits an einigen Stellen Regelungen, die einen **Systemwechsel zu einem Ausschreibungssystem ab 2017** vorbereiten.[25] So ist § 2 Abs. 5 zu entnehmen, dass die finanzielle Förderung und ihre Höhe für Strom aus erneuerbaren Energien und aus Grubengas bis spätestens 2017 durch Ausschreibungen ermittelt werden sollen. § 102 enthält darüber hinaus eine Übergangsbestimmung, die regelt, dass bestimmte Anlagenbetreiber auch nachdem die finanzielle Förderung auf Ausschreibungen umgestellt worden ist, ohne eine im Zuge einer Ausschreibung erhaltene Förderberechtigung einen Anspruch nach § 19 Abs. 1 haben werden. So haben gemäß § 102 Betreiber von **Windenergieanlagen auf See**, die vor dem 1.1.2017 eine unbedingte Netzanschlusszusage oder eine Zuweisung von Anschlusskapazitäten nach § 17d Abs. 3 des EnWG erhalten haben und vor dem 1.1.2021 in Betrieb genommen worden sind, einen Anspruch auf Förderung nach dem EEG in der seit dem 1.8.2014 geltenden Fassung. Auch Betreiber **aller anderen Anlagen**, die nach dem BImSchG **genehmigungsbedürftig** sind oder für ihren Betrieb einer **Zulassung** nach einer anderen Bestimmung des Bundesrechts bedürfen und vor dem 1.1.2017 genehmigt oder zugelassen worden sind, können auch nach der Umstellung auf

9

---

22 Vgl. Umweltbeihilfeleitlinien Nr. 3.3.2.1. Die Pflicht zur Einführung eines Ausschreibungssystems besteht dann nicht, wenn die Mitgliedstaaten nachweisen, dass nur ein Vorhaben oder Standort oder nur eine sehr begrenzte Zahl von Vorhaben oder Standorten beihilfefähig wäre oder, dass eine Ausschreibung zu einem höheren Förderniveau führen würde (Verzicht auf Ausschreibung z.B. zur Vermeidung strategischen Bietverhaltens) oder, dass eine Ausschreibung dazu führen würde, dass nur wenige Vorhaben verwirklicht werden (Verzicht auf Ausschreibung zur Vermeidung der Unterbietung). Die Ausschreibung kann auch auf bestimmte Technologien beschränkt werden, wenn eine allen Erzeugern offenstehende Ausschreibung zu einem suboptimalen Ergebnis führen würde, das durch die Ausgestaltung des Verfahrens nicht verhindert werden könnte.

23 Vgl. Fn. 17.

24 Vgl. *Münchmeyer/Kahles/Pause* (Stiftung Umweltenergierecht), Würzburger Berichte zum Umweltenergierecht – Erfordert das europäische Beihilfenrecht die Einführung von Ausschreibungsverfahren im EEG?, Hintergrundpapier v.16.7.2014, S. 5. Es bestehen insofern Zweifel, ob die Umweltbeihilfeleitlinien mit Art. 194 Abs. 2 AEUV und der Richtlinie 2009/28/EG vereinbar sind. Auch bestehen Bedenken, ob die Kommission ihr im Rahmen des Art. 107 Abs. 3 AEUV zustehendes Ermessen rechtsfehlerfrei ausgeübt hat.

25 Davon ausgehend, dass es sich dabei noch nicht um eine bindende Vorfestlegung handelt *Müller/Kahl/Sailer*, ER 2014, 139, 141.

ein Ausschreibungssystem einen Förderanspruch nach § 19 Abs. 1 geltend machen, wenn die jeweilige Anlage vor dem 1.1.2019 in Betrieb genommen worden ist.

10 Geht man mit den besseren Argumenten davon aus, dass das Beihilferegime der Art. 107 ff. AEUV im Hinblick auf das EEG nicht greift, müssen die Fördersysteme für Strom aus erneuerbaren Energien dennoch mit den Grundfreiheiten aus dem AEUV, insbesondere mit der **Warenverkehrsfreiheit (Art. 28 f. AEUV)**, vereinbar sein.[26] Nach einem Urteil des EuGH aus dem Jahr 2014 ist das auch dann der Fall, wenn nationale Fördersysteme nur solchen Strom fördern, der im Hoheitsgebiet eines Mitgliedstaates erzeugt wurde, also Strom, der außerhalb des Hoheitsgebietes erzeugt wurde, ausschließen.[27] Ungeachtet der europarechtlichen Zulässigkeit, den Anwendungsbereich eines Fördersystems auf das Hoheitsgebiet eines Mitgliedstaates zu beschränken, wie es auch § 4 grundsätzlich vorsieht, folgt aus § 2 Abs. 6, dass die ab 2017 geplante Förderung der Stromerzeugung aus erneuerbaren Energien durch ein Ausschreibungssystem im Umfang von 5 % der ausgeschriebenen Strommenge **europaweit geöffnet** werden soll, so dass auch solche Stromerzeuger im genannten Umfang von der Förderung des EEG profitieren können, die ihren Strom außerhalb des Hoheitsgebiets der Bundesrepublik Deutschland produzieren. Voraussetzung für eine Förderung von Strom, der außerhalb des Hoheitsgebietes der Bundesrepublik Deutschland erzeugt wird, ist aber, dass auch das Herkunftsland Strom aus anderen Mitgliedstaaten im Rahmen seines Fördersystems berücksichtigt (Prinzip der Gegenseitigkeit) und dass ein physikalischer Import des Stroms nach Deutschland nachgewiesen werden kann. Insbesondere letztgenannte Voraussetzung dürfte zurzeit schwer zu erfüllen sein, weshalb das EEG in naher Zukunft wohl nicht zu einem Förderinstrument für größere Mengen ausländischen Stroms aus erneuerbaren Energien werden wird.

II. Bedeutung der Norm

11 Der kostendeckende Betrieb von Anlagen zur Erzeugung von Strom aus erneuerbaren Energien soll nach dem EEG in der seit dem 1.8.2014 geltenden Fassung in erster Linie durch die „**geförderte Direktvermarktung**" sichergestellt werden (vgl. § 2 Abs. 2).[28] Im Regelfall haben die Anlagenbetreiber daher „nur" einen Anspruch auf finanzielle Förderung nach § 19 Abs. 1 Nr. 1 i.V.m. §§ 34 ff., wenn sie den erzeugten Strom vermarkten.

12 Nur im **Ausnahmefall** sollen Anlagenbetreiber einen Anspruch nach § 19 Abs. 1 Nr. 2 i.V.m. § 37 oder § 38 auf eine **feste Einspeisevergütung** gegenüber dem Netzbetreiber geltend machen können. Das gilt zum einen für die Betreiber von Kleinanlagen (§ 37) und auf

---

26 Grundsätzlich sind das Beihilfenrecht und die Grundfreiheiten parallel anwendbar (vgl. EuGH, Urt. v. 7.5.1985, 18/84, Slg. 1985, 1339, 1347 f. – Kommission/Frankreich; Urt. v. 20.3.1990, C-21/88, Slg. 1990, I-889, 922 – Du Pont de Nemours Italiana/USL di Carrara). Die Grundfreiheiten sind gegenüber Art. 107 ff. AEUV aber dann subsidiär, wenn der Schwerpunkt des Verstoßes im Beihilfenrecht liegt (vgl. *Frenz*, Handbuch Europarecht, Band 3, Kap. 1 Rn. 9). Scheidet ein Verstoß gegen das Beihilfenrecht – wie im vorliegenden Fall – aus, ist die Maßnahme auch auf die Vereinbarkeit mit den Grundfreiheiten zu überprüfen.

27 Vgl. EuGH, Urt. v. 1.7.2014, C-573/12, EuZW 2014, 115 – Ålands Vindkraft AB/Energimyndigheten; dem EuGH zustimmend *Grabmayr/Kahles*, ER 2014, 183.

28 Näher dazu die Erläuterungen zu den § 34 ff.; *Wustlich*, NVwZ 2014, 1113, 1116 f. Einführend zur Direktvermarktung nach dem EEG 2012 *Wustlich/Müller*, ZNER 2011, 380; *Lehnert*, ZUR 2012, 4; *Valentin*, REE 2012, 11.

der anderen Seite für die Betreiber von Großanlagen im Rahmen der sog. Ausfallvermarktung[29] (§ 38). Dabei ist zu beachten, dass das Regel-Ausnahme-Verhältnis nicht durch eine ausdrückliche Beschränkung der Anlagenbetreiber auf eine Förderform sichergestellt wird. Die Anlagenbetreiber können grundsätzlich frei wählen, welche Art der Förderung sie beanspruchen (vgl. § 20 Abs. 1). Der Vorrang wird durch einen finanziellen „Anreiz" sichergestellt: Die Anlagenbetreiber erhalten in der Ausfallvermarktung nur 80 % der regulären Förderung.[30] Die „Ausfallvermarktung" nach § 38 (die Gesetzesbegründung zu § 19 spricht von „Notfalloption"[31]) soll einen kostendeckenden Betrieb der Anlagen gerade nicht ermöglichen. Die „Ausfallvermarktung" soll vor allem zur Anwendung kommen, wenn Anlagenbetreiber aus Gründen, die sie nicht zu vertreten haben, ihren Strom kurzzeitig nicht direkt vermarkten können. Das kann z. B. dann der Fall sein, wenn der Direktvermarkter „ausfällt", weil er insolvent ist. Um die Anlagenbetreiber von diesem Risiko freizustellen, gewährt § 38 den Anlagen eine um 20 % reduzierte Einspeisevergütung für den Zeitraum, den der Anlagenbetreiber benötigt, einen neuen Direktvermarkter zu finden. Um diesen Zeitraum so kurz wie möglich zu halten, hat der Gesetzgeber die Einspeisevergütung erheblich reduziert.

Ein Wechsel zwischen den Fördersystemen (Direktvermarktung/Einspeisevergütung) ist monatlich nach einer Ankündigung einen Monat im Voraus möglich (vgl. § 20). Nur für den Wechsel in die Einspeisevergütung nach § 38 (Stichwort: „Notfalloption"[32]) gelten verkürzte Fristen (vgl. § 21 Abs. 1). Nach § 20 Abs. 2 dürfen Anlagenbetreiber ihren Strom anteilig in verschiedenen Fördersystemen veräußern. Ausgenommen von der anteiligen Vermarktungsmöglichkeit ist allein der Strom, für den eine Einspeisevergütung nach § 38 geltend gemacht wird. Die Anlagenbetreiber müssen den Strom vorab prozentual auf die verschiedenen Veräußerungsformen aufteilen und diese Prozentsätze nachweislich jederzeit einhalten (vgl. § 20 Abs. 2; § 21 Abs. 2 Nr. 3).[33] **13**

Die Regelung des § 19 findet sich in Abschnitt 1 im **dritten Teil** des EEG, der mit „Finanzielle Förderung" überschrieben ist. Innerhalb des dritten Teils regeln die allgemeinen Förderbestimmungen in **Abschnitt 1** die grundsätzlich für alle Energieträger geltenden **Grundvoraussetzungen** für die finanzielle Förderung nach dem EEG. Dazu zählen neben dem zentralen Förderanspruch des Anlagenbetreibers (§ 19) Vorgaben zur Berechnung der Förderung (§ 23), zur Verringerung der Förderung (§§ 24 bis 31), zum Beginn und zur Dauer der Förderung (§ 22) sowie ein Aufrechnungsverbot (§ 33). Für den Förderanspruch nach § 19 Abs. 1 Nr. 1 müssen darüber hinaus die Regelungen zur Direktvermarktung in **Abschnitt 2** beachtet werden. Für die Inanspruchnahme der Einspeisevergütung nach § 19 Abs. 1 Nr. 2 i.V.m. § 37 oder § 38 gelten neben den genannten Vorschriften zusätzlich die Anforderungen des § 39 aus **Abschnitt 3**.[34] **Spezielle Fördervoraussetzungen** und die **14**

---

29 Vgl. BT-Drs. 18/1304, S. 91. An anderer Stelle der Gesetzesbegründung (S. 131) ist auch von „Ausfallvergütung" die Rede.
30 Vgl. *Wustlich*, NVwZ 2014, 1113, 1116 f.
31 Vgl. BT-Drs. 18/1304, S. 125.
32 Vgl. BT-Drs. 18/1304, S. 125.
33 Das Zusammenspiel von Vergütungssystem und Direktvermarktung im EEG 2014 erläuternd *Thomas*, NVwZ-Extra 2014, 1, 3.
34 Vgl. auch Erläuterungen zu § 39.

spezifische Förderhöhe bzw. den jeweils anzulegenden Wert für verschiedene Energieträger und Erzeugungsformen normieren die §§ 40 ff. in **Abschnitt 4** von Teil 3.[35]

15   § 19 ist das **Herzstück** des Fördersystems.[36] Es handelt sich bei der Norm laut der Gesetzesbegründung um die *„zentrale Anspruchsgrundlage"* auf finanzielle Förderung.[37] Sie statuiert in Abs. 1 den Anspruch des Anlagenbetreibers gegen den Netzbetreiber auf Förderung: entweder in Form der Marktprämie (§ 34) oder in Form einer festen Einspeisevergütung (§ 37 und § 38). Gleichzeitig legt § 19 Abs. 1 das sog. **Ausschließlichkeitsprinzip** fest. Danach muss der Strom aus Anlagen stammen, die ausschließlich erneuerbare Energien oder Grubengas einsetzen.

16   Das Verhältnis zwischen Netzbetreiber und Anlagenbetreiber ist als **Synallagma** mit gegenseitig korrespondierenden Rechten und Pflichten ausgestaltet. So steht der Vergütungspflicht des Netzbetreibers nach § 19 Abs. 1 Nr. 2 die Pflicht des Anlagenbetreibers gegenüber, „den gesamten in der Anlage erzeugten Strom" dem Netzbetreiber zur Verfügung zu stellen (§ 39 Abs. 2).[38] Machen die Anlagenbetreiber einen Förderanspruch nach § 19 Abs. 1 Nr. 1 geltend, wird der erzeugte Strom zwar nicht dem Netzbetreiber zur Verfügung gestellt, sondern von einem Dritten abgenommen. Die Anlagenbetreiber erbringen jedoch auch hier eine Gegenleistung für den Erhalt der Marktprämie: Sie gewinnen Strom aus erneuerbaren Energien und sie überlassen dem Netzbetreiber gem. § 19 Abs. 1 Nr. 1 das Recht, diesen Strom als „Strom aus erneuerbaren Energien oder aus Grubengas" zu kennzeichnen. Das Gegenleistungsprinzip liegt damit auch der geförderten Direktvermarktung zugrunde.[39]

17   **Ziel** der Fördervorschriften aus Teil 3 ist es zum einen, den im **Regelfall kostendeckenden Betrieb von Anlagen sicherzustellen**, die ausschließlich erneuerbare Energien oder Grubengas einsetzen.[40] Kostendeckender Betrieb im Regelfall bedeutet, dass der Anlagenbetreiber dann seine Kosten durch die Förderinstrumente des EEG decken können soll, wenn er sich selbst so verhält, wie das von einem Teilnehmer am Wirtschaftsleben, dessen Ziel es ist, seinen Gewinn zu maximieren („Homo oeconomicus"), erwartet werden kann. Insbesondere die Förderung von Anlagen zur Erzeugung von Strom aus erneuerbaren Energien durch die Marktprämie (§ 34) setzt zur Erreichung des Ziels der Kostendeckung voraus, dass der Anlagenbetreiber den von ihm erzeugten Strom bestmöglich selbst vermarktet. Da die Marktprämie auf Grundlage eines durchschnittlichen Vermarktungserlöses berechnet wird, kann regelmäßig nur derjenige Anlagenbetreiber seine Anlage kostendeckend betreiben, der wenigstens diesen durchschnittlichen Vermarktungserlös von seinem Vertragspartner auch tatsächlich erhält. Vermarktet ein Anlagenbetreiber seinen Strom aber schlechter, wird die Marktprämie in der Regel nicht ausreichen, um die Kosten

---

35 Vgl. zu §§ 40 ff. die jeweiligen Einzelerläuterungen.

36 Den Begriff „Herzstück" aus Sicht der Anlagenbetreiber verwendend *Müller*, RdE 2004, 237, 242. Von *„Kernstück"* sprechend Altrock/Oschmann/Theobald/*Lehnert/Thomas*, § 16 Rn. 1.

37 Vgl. BT-Drs. 18/1304, S. 125.

38 Die Gesetzesbegründung zu § 19 Abs. 1 Nr. 2 betont insofern das sog. Gegenleistungsprinzip (vgl. BT-Drs. 18/1304, S. 125).

39 Vgl. BT-Drs. 18/1304, S. 125.

40 So die Gesetzesbegründung zum EEG 2004, BT-Drs. 15/2864, S. 36 f.; Gesetzesbegründung zum EEG 2009, BT-Drs. 16/8148, S. 48 (dort mit dem Verweis auf § 5 Abs. 1 EEG 2004, sodass wohl auch die Gesetzesbegründung zu § 5 EEG 2004 „fortgilt"; vgl. auch Altrock/Oschmann/Theobald/*Lehnert/Thomas*, § 16 Rn. 3.

des Anlagenbetriebs und deren Errichtung zu decken.[41] Auch die Ausfallvermarktung (§ 19 Abs. 1 Nr. 2 i.V. m. § 38) zielt nicht darauf ab, die Kosten der Errichtung und des Betriebs von Anlagen zur Erzeugung von Strom aus erneuerbaren Energien zu decken. Diese Form der Förderung hat vielmehr das Ziel, das Risiko eines Ertragsausfalls zu mindern und so die Finanzierung neuer Anlagen zu erleichtern.[42]

Zum anderen soll durch § 19 eine möglichst **kostengünstige Förderung** statuiert werden (vgl. § 1 Abs. 1). In der Gesetzesbegründung zu § 5 Abs. 1 EEG 2004, einer der Vorgängervorschriften zu § 19, ist daher von einer „verbraucherschützenden" Vorschrift die Rede.[43] Auch in der Gesetzesbegründung zum EEG 2014 führt der Gesetzgeber aus, die Novelle solle die Kostendynamik beim Ausbau der erneuerbaren Energien durchbrechen und so den Anstieg der Stromkosten für die Stromverbraucher begrenzen.[44]   **18**

Die Regelung des § 19 ist als zentrales Element des EEG zudem im Kontext mit den anderen **Zielsetzungen aus § 1 Abs. 1** zu sehen. So soll mit der Verankerung des Ausschließlichkeitsprinzips im Zusammenhang mit der Inanspruchnahme der Förderung nach § 19 Abs. 1 Nr. 1 oder Nr. 2 vermieden werden, dass Einsatzstoffe und Technologien, die nicht im Einklang mit der Zielsetzung der Umwelt- und Klimafreundlichkeit stehen, über das Fördersystem gefördert werden. Sowohl in der Gesetzesbegründung zum EEG 2004 als auch zum EEG 2009 wurde betont, dass für die Beurteilung, ob das Ausschließlichkeitskriterium eingehalten wird, nach dem in § 1 normierten Zweck des Gesetzes die Umwelt- und Klimafreundlichkeit des jeweiligen Verfahrens in der Bilanz entscheidend sei.[45]   **19**

III. Entstehungsgeschichte

Prägendes Merkmal des deutschen Fördersystems war zunächst das System der festen Einspeisevergütung. Eine Pflicht, abgenommenen Strom aus erneuerbaren Energien zu vergüten, fand sich bereits im StrEG.[46] Nach **§ 2 StrEG** waren die Elektrizitätsversorgungsunternehmen dazu verpflichtet, den eingespeisten Strom nach § 3 StrEG zu vergüten. Freilich suchte man in § 3 StrEG ein feingegliedertes Vergütungssystem mit festen Einspeisetarifen, wie es sich später in den §§ 23 ff. EEG 2009 und EEG 2012 fand, noch vergebens. Die Höhe der Vergütung richtete sich vielmehr nach einem festen prozentualen Anteil des Durchschnittserlöses je kWh aus der Stromabgabe von Elektrizitätsversorgungsunternehmen an alle Letztverbraucher. In der 2. Novelle des StrEG 1998[47] wurde in § 2 S. 1 StrEG klargestellt, dass nur diejenigen Elektrizitätsversorgungsunternehmen zur Abnahme und   **20**

---

41 Vgl. zur Kritik an der geförderten Direktvermarktung *Beckers/Hoffrichter*, EnWZ 2014, 57, 61 ff.; in Bezug auf Bürgerwindprojekte *Maly/Meister/Schmomerus*, ER 2014, 147, 152; auf die Risiken der Direktvermarktung verweisend auch *Müller/Kahl/Sailer*, ER 2014, 139, 142.

42 Vgl. BT-Drs. 18/1304, S. 139.

43 Gesetzesbegründung zum EEG 2004, BT-Drs. 15/2864, S. 35; Gesetzesbegründung zum EEG 2009, BT-Drs. 16/8148, S. 48 (dort mit dem Verweis auf § 5 Abs. 1 EEG 2004, sodass wohl auch die Gesetzesbegründung zu § 5 EEG 2004 fortgilt).

44 Vgl. BT-Drs. 18/1304, S. 1.

45 Vgl. Gesetzesbegründung zum EEG 2004, BT-Drs. 15/2864, S. 36 und Gesetzesbegründung zum EEG 2009, BT-Drs. 16/8148, S. 49.

46 Gesetz über die Einspeisung von Strom aus erneuerbaren Energien in das öffentliche Netz (Stromeinspeisungsgesetz) v. 7.10.1990, BGBl. I 1990, S. 2633.

47 Änderung durch Artikel 3 des Gesetzes zur Neuregelung des Energiewirtschaftsrechts v. 24.4.1998, BGBl. I 1998, S. 730.

Vergütung von erneuerbarem Strom verpflichtet wurden, die ein Netz für die allgemeine Versorgung betrieben.

21 Im Jahr 2000 wurde das StrEG durch das EEG 2000[48] ersetzt. Die Nachfolgeregelung des § 2 StrEG in **§ 3 EEG 2000** statuierte ebenfalls eine Pflicht der Netzbetreiber, den eingespeisten Strom aus erneuerbaren Energien zu vergüten. Die Höhe der Vergütung orientierte sich indes nicht mehr an dem Durchschnittserlös für Strom, sondern war gesetzlich auf die Mindesthöhe der neu eingeführten Einspeisetarife in den §§ 4 bis 8 EEG 2000 fixiert. Hintergrund für die Umgestaltung des Vergütungssystems war, dass die Kopplung an den Durchschnittserlös für Strom einen wirtschaftlichen Betrieb der Anlagen nicht mehr erlaubte, weil durch die Liberalisierung des Strommarktes die Verbraucherpreise stark gefallen waren.[49]

22 Mit der grundlegenden Novelle des EEG im Jahr 2004[50] wurde die Vergütungspflicht regelungstechnisch von der Anschluss-, der Abnahme- und der Übertragungspflicht getrennt und in eine eigene Vorschrift in **§ 5 EEG 2004** überführt. Die Trennung ist auf die Richtlinie 2001/77/EG[51] zurückzuführen. Die Richtlinie 2001/77/EG fasste (genauso wie die nachfolgende Richtlinie 2009/28/EG) den Begriff erneuerbare Energien weiter, als es das EEG 2000 bis dato getan hatte. Zur Umsetzung der Richtlinie 2001/77/EG musste für den Strom, der nicht vom Anwendungsbereich des EEG 2000 erfasst wurde, lediglich eine Abnahme- und Übertragungspflicht verankert werden.[52] Die Vergütungspflicht konnte sich (weiterhin) allein auf Strom beziehen, der in Anlagen gewonnen wird, die „ausschließlich" erneuerbare Energien oder Grubengas einsetzen. Mit der Novelle des EEG im Jahr 2004 wurde das zuvor in § 1 StrEG und § 2 EEG 2000 niedergelegte Ausschließlichkeitsprinzip daher allein in der neuen allgemeinen Vergütungsvorschrift des § 5 EEG 2004 verankert.

23 Der mit der Überschrift „Vergütungspflicht" versehene § 5 EEG 2004 wurde im Zuge der grundlegenden Neustrukturierung des EEG im Jahr 2009 in den **§ 16 EEG 2009** überführt. Die Vorschrift trug bis zu jüngsten Novelle im Jahr 2014 die Bezeichnung „Vergütungsanspruch" und verpflichtete weiterhin die Netzbetreiber, Strom aus erneuerbaren Energien, den sie von Anlagenbetreibern abnehmen (mussten), zu vergüten. Das Mindestvergütungsprinzip, das sich zuvor in den Normen über die Höhe der Vergütung („mindestens") fand, wurde ebenfalls in die allgemeine Vergütungsvorschrift überführt. § 16 Abs. 3 EEG 2009 regelte daneben erstmals ausdrücklich eine **Vergütungspflicht für zwischengespeicherten Strom**. Nach § 16 Abs. 4 EEG 2009 war der Anlagenbetreiber, der den Vergütungsanspruch geltend macht, dazu verpflichtet, den gesamten in der Anlage erzeugten Strom ein-

---

48 Gesetz für den Vorrang erneuerbarer Energien (Erneuerbare-Energien-Gesetz – EEG) sowie zur Änderung des Energiewirtschaftsgesetzes und des Mineralölsteuergesetzes v. 29.3.2000, BGBl. I 2000, S. 305.

49 Dazu Altrock/Oschmann/Theobald/*Lehnert/Thomas*, § 16 Rn. 5.

50 Gesetz zur Neuregelung des Rechts der Erneuerbaren Energien im Strombereich (EENeuRG) v. 21.7.2004, BGBl. I 2004, S. 1918.

51 Richtlinie 2001/77/EG des Europäischen Parlaments und des Rates v. 27.9.2001 zur Förderung der Stromerzeugung aus erneuerbaren Energiequellen im Elektrizitätsbinnenmarkt, ABl. EG L 283/33 v. 27.10.2001.

52 Gesetzesbegründung zum EEG 2004, BT-Drs. 15/2327, S. 23; vgl. auch Art. 7 Richtlinie 2001/77/EG und früh zu dem daraus folgenden Umsetzungsbedarf *Oschmann*, Strom aus erneuerbaren Energien im Europarecht, S. 255 zur Begriffsbestimmung der Richtlinie S. 244 ff.; *Müller*, RdE 2004, 237, 239; Altrock/Oschmann/Theobald/*Lehnert/Thomas*, § 16 Rn. 8.

zuspeisen und dem Netzbetreiber zur Verfügung zu stellen.[53] Die Vorschrift war in dem Gesetzesentwurf zum EEG 2009 Teil der Vermarktungsregel des § 17 EEG 2009 und wurde erst im Laufe des Gesetzgebungsverfahrens in veränderter Form in den § 16 Abs. 4 EEG 2009 überführt.[54] Schließlich wurde § 16 EEG 2009 durch die Abs. 2, 5 und 6 vervollständigt, wonach ein **Anlagenbetreiber, der gegen Pflichten aus dem EEG verstößt, den Vergütungsanspruch verliert**.

Der letztgenannte Sanktionsmechanismus wurde mit der zum 1.1.2012 in Kraft getretenen   **24** Novelle inhaltlich modifiziert, ergänzt und in den neuen § 17 EEG 2012 überführt, der mit „Verringerung des Vergütungsanspruchs" überschrieben war.[55] Die übrigen Vorgaben aus § 16 Abs. 1, 3 und 4 EEG 2009 wurden in **§ 16 EEG 2012** in leicht abgewandelter Form beibehalten. Das System der festen Einspeisevergütung (§§ 16 ff. EEG 2012) wurde mit der Novelle um das System der Direktvermarktung in Teil 3a des EEG 2012 (§§ 33a ff. EEG 2012) ergänzt. Im EEG 2012 standen die beiden **Fördersäulen** – feste Einspeisevergütung und Direktvermarktung – noch „gleichberechtigt" nebeneinander: Die Anlagenbetreiber konnten wählen, welche Art der Förderung sie in Anspruch nehmen wollten. Der mit dem EEG 2012 eingefügte § 16 S. 2 EEG 2012 stellte (wieder) klar, dass der Vergütungsanspruch nur für den tatsächlich abgenommenen Strom besteht. Diese in § 5 Abs. 1 S. 1 EEG 2004 enthaltende Regelung fehlte in § 16 EEG 2009. Weiterhin wurde in § 16 Abs. 1 S. 3 EEG 2012 erstmals ausdrücklich geregelt, dass Anlagenbetreiber einen Anspruch auf einen monatlichen Abschlag in „angemessener Höhe" haben. In der Praxis erfolgten diese Abschlagszahlungen in der Regel bereits auf Grundlage der allgemeinen Geschäftsbedingungen der Netzbetreiber. Mit § 16 Abs. 1 S. 3 EEG 2012 bekamen die Abschlagszahlungen aber erstmals eine gesetzliche Grundlage. Zum Inkrafttreten zum 1.1.2012 enthielt § 16 EEG 2012 in Abs. 2 S. 5 noch spezielle Regelungen für den sog. Eigenverbrauch nach § 33 Abs. 2 EEG 2012. Mit der sog. PV-Novelle vom 17.8.2012 wurde die Eigenverbrauchsregelung ersatzlos gestrichen, weshalb auch § 16 Abs. 2 S. 5 EEG 2012 entfiel.

Seit Inkrafttreten des EEG 2014 stehen die beiden Fördersäulen – Einspeisevergütung und   **25** Direktvermaktung – nicht mehr gleichberechtigt nebeneinander. Schon im ersten **Arbeitsentwurf des BMWi vom 10.2.2014** wurde in § 16 EEG 2014-E – wenn auch etwas anders formuliert als § 19 – festgelegt, dass Anlagenbetreiber zukünftig grundsätzlich „nur noch" einen Anspruch auf eine Marktprämie haben, eine feste Einspeisevergütung also nur ausnahmsweise in Anspruch nehmen können.[56] Der letztlich den Umweltbeihilfeleitlinien geschuldete **Konzeptwechsel** vom Regelfall der Einspeisevergütung mit festen Einspeisetarifen (bis EEG 2012) zum Regelfall der „geförderten Direktvermarktung"[57] (EEG 2014) war also bereits von Anfang an wesentliches Merkmal der EEG-Novelle. Das ist deswegen bemerkenswert, da die Umweltbeihilfeleitlinien erst am 9.4.2014, d.h. ca. zwei Monate nach Veröffentlichung des ersten Arbeitsentwurfs zum EEG 2014 verabschiedet wurden. Erklärt werden kann die „Vorgreiflichkeit" des EEG 2014 damit, dass die EEG-Novelle

---

53 Dazu ausführlicher Altrock/Oschmann/Theobald/*Lehnert/Thomas*, § 16 Rn. 9.
54 Gesetzesbegründung zum EEG 2009, BT-Drs. 16/8148, S. 49; dazu ausführlicher Altrock/Oschmann/Theobald/*Lehnert/Thomas*, § 16 Rn. 9.
55 Zum entstehungsgeschichtlichen Hintergrund dieser Norm und der Nachfolgeregelung § 25 Rn. 5.
56 Vgl. Arbeitsentwurf des BMWi v. 10.2.2014
57 Vgl. Rn. 31.

2014 und die **Überarbeitung der Umweltbeihilfeleitlinien auf europäischer Ebene parallel verhandelt** wurden. Der Rechtsrahmen, dessen Vorgaben vom deutschen Gesetzgeber bei der Novellierung des EEG – vermeintlich[58] – zu beachten war, stand zum Zeitpunkt der Novelle also nicht fest, sondern war selbst Gegenstand intensiver Verhandlungen insbesondere zwischen deutschen Delegationen und der EU-Kommission. Unabhängig davon, wie man das parallele Vorgehen aus rechtsstaatlicher Sicht bewertet, führte dies jedenfalls dazu, dass sich § 19 passgenau in die europa- und beihilferechtlichen Vorgaben über die Förderung von erneuerbaren Energien in den einzelnen Mitgliedstaaten einfügt.

26 Neben dem beschriebenen Konzeptwechsel enthielt der erste Arbeitsentwurf die letztlich auch in § 19 Abs. 2 enthaltenen Konkretisierungen bezüglich des Anspruchs auf **Abschlagszahlungen**. § 19 Abs. 2 regelt – anders als noch § 16 Abs. 1 S. 3 EEG 2012 – nunmehr verbindlich die Fälligkeit des Anspruchs auf Abschlagszahlungen (15. Kalendertag des auf die Einspeisung folgenden Monats). Dies entspricht der gängigen Praxis der Netzbetreiber, weshalb mit dem neuen § 19 Abs. 2 vielfach keine Änderung der Abschlagszahlungsmodalitäten verbunden sein dürfte.

27 **§ 19 Abs. 3** stellt gegenüber dem EEG 2012 eine echte **Neuregelung** dar. Die Vorschrift klärt die seit langem umstrittene Frage, welche **Folgen das Versäumen der Frist aus § 71** für den Förderanspruch und den Anspruch auf Abschlagszahlungen hat. Gemeint ist die **Frist** zur Vorlage der für die Endabrechnung erforderlichen Daten.

28 **§ 19 Abs. 4 entspricht der Vorgängerregelung des § 16 Abs. 2 EEG 2012.**[59] Das EEG 2014 enthält damit keine Neuregelung der Förderfähigkeit von zwischengespeichertem Strom.

29 Der bisherige § 16 Abs. 2 EEG 2012, der die sog. Gesamtüberlassungspflicht des Anlagenbetreibers regelte, entfällt in § 19, da sich die Gesamtüberlassungspflicht auf das System der festen Einspeisevergütung bezog, die nach dem EEG 2014 aber nur noch ausnahmsweise in Anspruch genommen werden soll. Konsequenterweise ist die Gesamtüberlassungspflicht nicht mehr in den allgemeinen Förderbestimmungen (§§ 19 ff.), sondern in § 39 geregelt, der gemeinsame Bestimmungen für die Einspeisevergütung (§ 37 und § 38) enthält.

IV. Einzelerläuterungen

30 **1. Förderanspruch für eingespeisten Strom (Abs. 1).** Betreiber von Anlagen, in denen ausschließlich erneuerbare Energien oder Grubengas eingesetzt werden, haben für den in diesen Anlagen erzeugten Strom gegen den Netzbetreiber einen Anspruch auf finanzielle Förderung.

31 **a) Grundsatz: Anspruch auf Marktprämie (Nr. 1).** Gemäß Nr. 1 besteht ein Anspruch auf die Marktprämie nach § 34, wenn Anlagenbetreiber den Strom direkt vermarkten und dem Netzbetreiber das Recht überlassen, diesen Strom als „Strom aus erneuerbaren Energien oder aus Grubengas" zu kennzeichnen (geförderte Direktvermarktung).

32 Gemäß **§ 34 Abs. 1** können Anlagenbetreiber für Strom aus erneuerbaren Energien oder aus Grubengas, den sie nach **§ 20 Abs. 1 Nr. 1** direkt vermarkten und der tatsächlich eingespeist sowie von einem Dritten abgenommen worden ist, von dem Netzbetreiber eine

---

58 Vgl. Rn. 1 ff.
59 Vgl. BT-Drs. 18/1304, S. 126.

Marktprämie verlangen. Die Marktprämie stellt einen **Aufschlag auf den Vermarktungserlös („Prämie")** dar. Es ist Sache des Anlagenbetreibers, den von ihm erzeugten Strom zu vermarkten, d. h. in der Regel zu verkaufen. Je besser einem Anlagenbetreiber diese Vermarktung gelingt, desto höher ist sein Gesamterlös (Marktprämie + vertraglich mit einem Dritten vereinbartes Entgelt). Die Höhe der Marktprämie hängt nicht von seinem Vermarktungserfolg und damit von dem von einem Dritten gezahlten Entgelt ab. Die Förderung über die Marktprämie soll die Anlagenbetreiber zu marktkonformen Verhalten, d. h. einer Produktion und einem Verkauf von Strom in Zeiten hoher Preise anreizen.[60]

Die Höhe der Marktprämie wird kalendermonatlich berechnet (§ 34 Abs. 2 S. 1). Die Berechnung erfolgt rückwirkend anhand der für den jeweiligen Kalendermonat berechneten Werte nach Anlage 1 (§ 34 Abs. 2 S. 2).[61] Aus Anlage 1 ergibt sich, dass die Marktprämie folgendermaßen bestimmt wird: So wird vom anzulegenden Wert nach §§ 40 bis 55 unter Berücksichtigung der §§ 19 bis 32 der jeweilige Monatsmarktwert abgezogen, um die Höhe der finanziellen Förderung (Marktprämie) zu bestimmen. Wie der Monatsmarktwert für jeden Energieträger konkret bestimmt wird, regelt Nr. 2 der Anlage 1 zum Gesetz. **33**

Für Windenergie an Land wird die Marktprämie z. B. wie folgt ermittelt: Der Monatsmarktwert „Wind an Land" ist der tatsächliche Monatsmittelwert des Marktwerts von Strom aus Windenergieanlagen an Land am Spotmarkt der Strombörse EPEX Spot SE in Paris für die Preiszone Deutschland/Österreich in Cent pro Kilowattstunde (Nr. 2.2.2 Anlage 1). Dieser Wert wird von dem sich aus § 49 i. V. m. §§ 26 und 29 ergebenden anzulegenden Wert abgezogen.[62]

Weitere **allgemeine Voraussetzungen** für die Inanspruchnahme der Marktprämie sind in den **§§ 35 und 36** geregelt. So darf der Anlagenbetreiber für den Strom keine vermiedenen Netzentgelte in Anspruch nehmen (§ 35 S. 1 Nr. 1), der Strom muss in einem Bilanz- oder Unterbilanzkreis bilanziert werden, der grundsätzlich ausschließlich Marktprämienstrom enthält (§ 35 S. 1 Nr. 3 lit. a)) und die jeweilige Anlage muss durch den Direktvermarktungsunternehmer oder eine andere Person, an die der Strom veräußert wird, jederzeit fernsteuerbar sein (§ 35 S. 1 Nr. 2 i. V. m. § 36).[63] Abweichungen von § 35 S. 1 Nr. 3 lit. a) sind nur zulässig, wenn die Einstellung von nicht mittels der Marktprämie gefördertem Strom in einen Bilanz- oder Unterbilanzkreis weder vom Anlagenbetreiber noch vom Direktvermarkter zu vertreten ist (§ 35 S. 1 Nr. 3 lit. b)). **34**

Dem Anspruch auf Zahlung der Marktprämie synallagmatisch gegenüber steht das Recht zur **Kennzeichnung des Stroms als „Strom aus erneuerbaren Energien oder aus Grubengas"**. Das Recht steht zunächst dem abnehmenden Netzbetreiber zu und geht im Rahmen des Ausgleichsmechanismus (§§ 56 ff.) später auf den Übertragungsnetzbetreiber über. Gemäß § 78 Abs. 1 erhalten dann die Elektrizitätsversorgungsunternehmen im Gegenzug zur Zahlung der EEG-Umlage nach § 60 Abs. 1 vom Übertragungsnetzbetreiber das Recht, Strom als „Erneuerbare Energien, gefördert nach dem Erneuerbare-Energien-Gesetz" zu kennzeichnen. Die Eigenschaft des Stroms ist gegenüber Letztverbrauchern im Rahmen der Stromkennzeichnung nach Maßgabe des § 78 Abs. 2 bis 4 und des § 42 EnWG auszuweisen. **35**

---

60 Vgl. *Lüdemann/Ortmann*, EnWZ 2014, 387, 387.
61 Vgl. ausführlich dazu § 34 Rn. 24 ff.
62 Vgl. ausführlich dazu §§ 49 Rn. 15 ff., 26 Rn. 9 ff. und 29 Rn. 7 ff.
63 Vgl. ausführlich dazu § 35 Rn. 4 ff. und § 36 Rn. 6 ff.

36 **b) Ausnahme: Anspruch auf Einspeisevergütung (Nr. 2).** Gemäß Abs. 1 Nr. 2 besteht ein Anspruch der Anlagenbetreiber auf eine Einspeisevergütung nach § 37 oder § 38, wenn sie den Strom dem Netzbetreiber zur Verfügung stellen. Nach § 2 Abs. 2 soll Strom aus erneuerbaren Energien und aus Grubengas grundsätzlich zum Zweck der Marktintegration direkt vermarktet werden.[64] Der Anspruch auf Einspeisevergütung ist nach der Intention des Gesetzes gegenüber dem Anspruch auf eine Marktprämie also subsidiär. Nur wenn die besonderen Voraussetzungen des § 37 bzw. des § 38 vorliegen, kann ein Anlagenbetreiber den Anspruch auf eine Einspeisevergütung geltend machen. Mit diesem Konzept der „verpflichtenden Direktvermarktung" soll letztlich eine bessere Marktintegration der erneuerbaren Energien erreicht werden.[65]

37 § 37 regelt den Anspruch auf eine Einspeisevergütung für „**kleine Anlagen**" (bis 500 bzw. bis 100 kW).[66] Bei Anlagen dieser Größe steht der Aufwand, der mit der Direktvermarktung des erzeugten Stroms einhergeht, in keinem Verhältnis zum Nutzen der Direktvermarktung für das Ziel der Marktintegration der erneuerbaren Energien, so dass von den entsprechenden Anlagenbetreibern ausnahmsweise eine Einspeisevergütung beansprucht werden kann.[67] § 38 gewährt denjenigen Anlagenbetreibern, die ihren Strom z. B. wegen des Ausfalls ihres Direktvermarkter (**Ausfallvermarktung**) nicht vermarkten können, einen Anspruch auf eine Einspeisevergütung. Dieser Anspruch ist aber gegenüber dem regulären Wert, den die Anlagenbetreiber insgesamt an der Marktprämie erzielt hätten, in der Höhe um 20 % reduziert. Dies soll verhindern, dass Anlagenbetreiber einen Anspruch auf Einspeisevergütung nach § 38 dauerhaft geltend machen.[68] Der Anspruch nach § 38 soll den Anlagebetreibern u. a. die Fremdfinanzierung ihrer Anlagen erleichtern, indem das Risiko eines vollständigen Ertragsausfalls gesenkt wird.[69]

38 § 39 enthält **weitere Voraussetzungen** für den Anspruch auf Zahlung einer Einspeisevergütung nach § 37 oder § 38. Zum einen besteht der Anspruch auf Einspeisevergütung nur für den Strom, der tatsächlich gem. § 11 vom Netzbetreiber abgenommen wurde (§ 39 Abs. 1), zum anderen muss der Anlagenbetreiber dem Netzbetreiber grundsätzlich den „gesamten in der Anlage erzeugten Strom" überlassen (§ 39 Abs. 2).[70]

39 **c) Förderpflicht des Netzbetreibers. aa) Verpflichteter Netzbetreiber und berechtigter Anlagenbetreiber.** Verpflichteter nach Abs. 1 S. 1 ist der „Netzbetreiber". Der Begriff des Netzbetreibers wird in § 5 Nr. 27 als „Betreiber eines Netzes für die allgemeine Versorgung mit Elektrizität, unabhängig von der Spannungsebene" legaldefiniert.[71] Anspruchsberechtigter ist nach Abs. 1 der Anlagenbetreiber. Zu den Anlagenbetreibern zählt nach der Legaldefinition aus § 5 Nr. 2, „wer unabhängig vom Eigentum die Anlage für die Erzeugung von Strom aus erneuerbaren Energien oder aus Grubengas nutzt".[72] Der Anlagenbetreiber muss seinen Förderanspruch gegenüber dem Netzbetreiber geltend machen, an

---

64 Vgl. ausführlich dazu § 2 Rn. 46 ff.
65 Vgl. BT-Drs. 18/1304, S. 109; *Lüdemann/Ortmann*, EnWZ 2014, 387.
66 Der Koalitionsvertrag zwischen SPD, CDU und CSU sah noch eine Schwelle von 5 MW für die „verpflichtende Direktvermarktung" vor.
67 Vgl. ausführlich dazu die Erläuterungen zu § 37.
68 Näher dazu Rn. 11 ff. und § 38 Rn. 15 ff.
69 Vgl. BT-Drs. 18/1304, S. 91. Ausführlich dazu § 38 Rn. 5.
70 Ausführlich dazu § 39 Rn. 5 ff., 8 ff.
71 Näher dazu § 5 Rn. 34 ff.
72 Näher dazu § 5 Rn. 34 f.

dessen Netz seine Anlage angeschlossen ist. Welcher Netzbetreiber zum Anschluss von Anlagen zur Erzeugung von Strom aus erneuerbaren Energien verpflichtet ist, ergibt sich aus § 8. Die sich an die Abnahme und die Zahlung der finanziellen Förderung anschließenden Pflichten und Ansprüche des nach Abs. 1 verpflichteten Netzbetreibers ergeben sich aus den Vorschriften über den bundesweiten Ausgleich in den §§ 56 ff.

bb) Ausschließlichkeitsprinzip. (1) Allgemeines. Nach Abs. 1 1. Hs. müssen Netzbetrei- **40** ber nur Strom aus Anlagen finanziell fördern, die „ausschließlich erneuerbare Energien oder Grubengas" einsetzen (sog. Ausschließlichkeitsprinzip). „**Ausschließlich**" bedeutet, dass die Stromerzeugung „**vollständig auf dem Einsatz der genannten Energien" beruhen muss**.[73] Das Merkmal „ausschließlich" bezieht sich auf die Energieträger „**erneuerbare Energien**" und „Grubengas". Nach § 5 Nr. 14 sind „erneuerbare Energien" im Sinne des EEG Wasserkraft einschließlich der Wellen-, Gezeiten-, Salzgradienten- und Strömungsenergie, Windenergie, solare Strahlungsenergie, Geothermie sowie Energie aus Biomasse einschließlich Biogas, Biomethan, Deponiegas und Klärgas sowie aus dem biologisch abbaubaren Anteil von Abfällen aus Haushalten und Industrie.[74] **Grubengas** ist keine erneuerbare Energie, sondern fossiles Gas, das nach § 43 Abs. 2 aus Bergwerken des aktiven oder stillgelegten Bergbaus stammen muss.[75]

Wird dem in § 19 Abs. 1 niedergelegten Ausschließlichkeitsprinzip nicht Rechnung getra- **41** gen, dann entfällt der Anspruch auf finanziellen Förderung aus § 19 Abs. 1 i.V.m. den jeweils einschlägigen Fördertatbeständen vollständig. Das Ausschließlichkeitsprinzip wird daher auch als „Alles-oder-nichts-Prinzip" bezeichnet.[76] In der Gesetzesbegründung zum EEG 2009 wurde dagegen noch ausgeführt, dass § 16 Abs. 1 S. 1 EEG 2009 einer Vergütung von Strom, der nicht in Übereinstimmung mit dem Ausschließlichkeitsprinzip gewonnen wird, auch in Höhe vorgesehen Vergütungssätze nicht entgegenstehe. Allerdings bestehe in diesem Fall kein gesetzlicher Anspruch. Auch bestünde dann keine Möglichkeit, diesen Strom und die entsprechenden Zahlungen in das Ausgleichssystem einzustellen. Im Interesse des Verbraucherschutzes wäre dies auch bei übereinstimmendem Handeln der Anlagen-, Netz- und Übertragungsnetzbetreiber nicht zulässig.[77]

Das Ausschließlichkeitsprinzip schließt den **Mischeinsatz** mit Energieträgern aus, die kei- **42** ne **erneuerbaren Energien oder Grubengas** sind. Das Prinzip verlangt aber nicht, dass die Energieträger im Sinne des § 19 Abs. 1 in der jeweiligen Anlage isoliert eingesetzt werden. Strom ist daher grundsätzlich finanziell förderfähig, wenn er aus Anlagen stammt, die verschiedene erneuerbare Energieträger oder erneuerbare Energieträger und Grubengas

---

73 Vgl. Gesetzesbegründung zum EEG 2009, BT-Drs. 16/8148, S. 48; vgl. dazu auch *Salje*, EEG, § 16 Rn. 6; Altrock/Oschmann/Theobald/*Lehnert/Thomas*, § 16 Rn. 20; Frenz/Müggenborg/ *Ekardt/Hennig*, § 16 Rn. 13.

74 Siehe dazu § 5 Rn. 93 ff.

75 Siehe zur genaueren Spezifizierung des Begriffs des Grubengases § 43 Rn. 8.

76 *Salje*, EEG, § 16 Rn. 8; *Salje*, in: Müller, EE, S. 539, 541; Altrock/Oschmann/Theobald/*Lehnert/ Thomas*, § 16 Rn. 20; Frenz/Müggenborg/*Ekardt/Hennig*, § 16 Rn. 13; *Kahles/Lutz/Schütter*, in: Müller, EE, S. 507, 515.

77 Gesetzesbegründung zum EEG 2009, BT-Drs. 16/8148, S. 49. Siehe auch wortgleiche Begründung zum Entwurf des EEG 2004, BT-Drs. 15/2327, S. 26; so auch Altrock/Oschmann/Theobald/*Lehnert/Thomas*, § 16 Rn. 21.

kombiniert einsetzen (sog. **Hybridanlagen**).[78] Die Kombination verschiedener Energieträger bzw. verschiedener Erzeugungsvarianten kann die energetische Effizienz der Anlage erhöhen und zu einer gleichmäßigen oder regelbaren Erzeugung von Strom beitragen.[79] So kann beispielsweise eine Biomasseanlage mit einer Geothermieanlage oder mit einer Windenergieanlage oder aber mit einer Anlage zur Stromerzeugung aus solarer Strahlungsenergie kombiniert werden.[80] Der **gemeinsame Einsatz von verschiedenen gasförmigen Energieträgern** im Sinne der §§ 41 bis 46 ist ebenfalls zulässig. Der Anspruch auf finanzielle Förderung für Strom aus Biomasse nach § 45 oder § 46 kann aber gemäß § 47 Abs. 5 nicht mit dem Anspruch auf finanzielle Förderung nach § 44 kombiniert werden.[81] Nach § 19 Abs. 4 S. 4 können zudem erneuerbare Energien und Gase, mittels derer förderfähiger Strom zwischengespeichert wurde, gemischt zur Stromerzeugung eingesetzt werden.

43 Der Ausschließlichkeitsgrundsatz bezieht sich auf den **Prozess der Stromerzeugung** selbst. Woher die Energie für die vorbereitenden Schritte stammt, ist irrelevant, sodass für den Förderanspruch ein **Anfahrbetrieb unter Einsatz konventioneller Energieträger unschädlich ist**.[82] Allerdings besteht dann für den in der Phase des Anfahrens gewonnenen Strom kein Anspruch auf finanzielle Förderung.[83] Ein Anfahrbetrieb kann bei verschiedenen Arten von Anlagen notwendig sein. So benötigen Windkraftanlagen als Anlaufhilfe zum Erreichen einer günstigen Profilanströmung von außen zugeführten Strom.[84] Bei Geothermieanlagen muss im sog. Hot-Dry-Rock-Verfahren zunächst Wasser unter Einsatz von Energie in tief liegende poröse Gesteinsschichten gepresst werden. Ausnahmsweise finanziell gefördert wird der Einsatz **flüssiger Biomasse**, der grundsätzlich nicht förderfähig ist,[85] wenn diese zur Anfahr-, Zünd- und Stützfeuerung notwendig ist (vgl. § 47 Abs. 2 Nr. 3).

44 **(2) Besonderheit bei Wasserkraftanlagen.** Bei **Wasserkraftanlagen** muss die genutzte kinetische oder potenzielle Energie des Wassers auf einem natürlichen Prozess beruhen.[86] Stammt das zur Energieerzeugung eingesetzte Wasser aus einem **Pumpspeicher**, handelt es sich nur um Strom aus Wasserkraft i. S. d. § 5 Nr. 14, soweit das Pumpspeicherkraftwerk

---

78 Gesetzesbegründung zum EEG 2009, BT-Drs. 16/8148, S. 49; *Salje*, EEG, § 16 Rn. 13; Altrock/Oschmann/Theobald/*Lehnert/Thomas*, § 16 Rn. 25; Frenz/Müggenborg/*Ekardt/Hennig*, § 16 Rn. 15; Reshöft/Schäfermeier/*Reshöft*, § 16 Rn. 30; *Thomas*, NVwZ-Extra, 2014, 1, 4.

79 Gesetzesbegründung zum EEG 2009, BT-Drs. 16/8148, S. 49; Frenz/Müggenborg/*Ekardt/Hennig*, § 16 Rn. 15.

80 Gesetzesbegründung zum EEG 2009, BT-Drs. 16/8148, S. 49; Altrock/Oschmann/Theobald/*Lehnert/Thomas*, § 16 Fn. 55; Frenz/Müggenborg/*Ekardt/Hennig*, § 16 Rn. 16.

81 Vgl. dazu § 47 Rn. 58.

82 Gesetzesbegründung zum EEG 2009, BT-Drs. 16/8148, S. 48 f.; Reshöft/Schäfermeier/*Reshöft*, § 16 Rn. 14; Altrock/Oschmann/Theobald/*Lehnert/Thomas*, § 16 Rn. 26; Frenz/Müggenborg/*Ekardt/Hennig*, § 16 Rn. 14.

83 Gesetzesbegründung zum EEG 2009, BT-Drs. 16/8148, S. 48 f. Anders noch die Gesetzesbegründung zum EEG 2004, wonach der Vergütungsanspruch bei einem konventionellen Anfahrtsbetrieb in voller Höhe bestehen sollte und nicht nur für den Anteil, der rechnerisch bei Abzug der konventionellen Energiezufuhr aus erneuerbaren Energien stammte, BT-Drs. 15/2327, S. 26; vgl. Frenz/Müggenborg/*Ekardt/Hennig*, § 16 Rn. 14; *Salje*, EEG, § 16 Rn. 10; Greb/Boewe/*Boewe/Bues*, § 16 Rn. 21.

84 *Twele/Heilmann/Schubert*, in: Gasch/Twele (Hrsg.), Windkraftanlagen, S. 53.

85 Vgl. *Gordalla*, in: Loibl/Maslaton/v. Bredow/Walter, Biogasanlagen im EEG, S. 263 ff., Rn. 77.

86 Siehe noch zu § 3 Abs. 1 EEG 2004 Clearingstelle EEG, Empfehlung 2008/18, Rn. 1, 35 ff., 60.

aus natürlichen Zuflüssen gespeist wird.[87] Wird Wasser in den Speicher gepumpt, hat dies zur Folge, dass eine finanzielle Förderung des Stroms wegen des Ausschließlichkeitsprinzips in § 19 ausgeschlossen ist, auch wenn das Wasser teilweise aus natürlichen Zuflüssen stammt.[88]

Unter den Voraussetzungen des Abs. 4 kann der Strom, der aus anderen Anlagen stammt,   **45** die ausschließlich erneuerbare Energien oder Grubengas einsetzen, und nicht vorher in ein Netz eingespeist, sondern direkt für den Pumpvorgang eingesetzt wurde, gefördert werden. Das gilt selbst dann, wenn mittels des Pumpspeichers auch Strom aus konventionellen Quellen oder bereits in das Netz eingespeister Strom aus erneuerbaren Energien oder Grubengas gespeichert wird.[89] Die Auffassung, wonach ein Förderanspruch für Strom aus Pumpspeicherkraftwerken nur dann bestehe, wenn der gesamte für den Pumpvorgang verwendete Strom ausschließlich aus erneuerbaren Energien oder Grubengas stammt,[90] kann nicht überzeugen.

(3) Besonderheiten bei der Stromerzeugung aus Biomasse sowie Deponie-, Klär- und   **46** **Grubengas.** Eine für den Betrieb von Anlagen zur Stromerzeugung aus Biomasse sowie Deponie-, Klär- und Grubengas notwendige **Zünd- und Stützfeuerung** muss mit erneuerbaren Energien oder Grubengas bewerkstelligt werden.[91] Die Zündfeuerung bezeichnet das Entfachen des Brennvorgangs beim Start der Anlage;[92] sie ist erforderlich, damit der Kessel die erforderliche Betriebstemperatur erreicht. Stützfeuerung ist die zur Aufrechterhaltung des Brennvorgangs notwendige zusätzliche Befeuerung.[93] Der Einsatz fossiler Brennstoffe zur Zünd- und Stützfeuerung ist nicht zulässig. Nach § 47 Abs. 2 S. 2, der sich auf Strom aus Biomasse bezieht, gilt allerdings Pflanzenölmethylester auch in dem Umfang, der zur Anfahr-, Zünd- und Stützfeuerung notwendig ist, als Biomasse und darf damit eingesetzt werden, ohne dass das Ausschließlichkeitsprinzip verletzt wird.[94] Für Anlagen, die vor dem 1.1.2009 in Betrieb gegangen sind, gilt nach § 100 Abs. 1 Nr. 10 i.V.m. § 66 Abs. 1 EEG 2012 die Übergangsregelung aus § 66 EEG 2009 fort. Nach § 66 Abs. 1 EEG 2009 findet § 8 Abs. 6 EEG 2004 für solche Anlagen Anwendung, die vor dem 1.1.2009 in Betrieb gegangen sind. Danach dürfen in Anlagen, die bis zum 31.12.2006 in Betrieb gegangen sind, für die Zünd- oder Stützfeuerung von Biomasseanlagen auch andere als die jetzt in § 19 Abs. 1 bzw. § 5 Nr. 14 genannten Energieträger eingesetzt werden.[95]

Das Ausschließlichkeitsprinzip bezieht sich auf die in § 19 Abs. 1 genannten und in § 5   **47** Nr. 14 definierten Energieträger („erneuerbare Energien und Grubengas"). Der Einsatz energetisch unwirksamer Stoffe ist unschädlich. Der **Einsatz von Betriebshilfsmitteln,**

---

87 Altrock/Oschmann/Theobald/*Oschmann*, § 3 Rn. 68.
88 Vgl. dazu näher die Erläuterungen zu § 3 Rn. 48.
89 Dazu näher die Erläuterungen zu Abs. 4 unter Rn. 106 und *Sailer*, ZNER 2011, 249, 251; a.A. *Salje*, EEG, § 16 Rn. 8.
90 *Salje*, EEG, § 16 Rn. 8.
91 Vgl. Greb/ Boewe/*Boewe/Bues*, § 16 Rn. 26 f.
92 Altrock/Oschmann/Theobald/*Rostankowski/Vollprecht*, § 27 Rn. 52.
93 Altrock/Oschmann/Theobald/*Rostankowski/Vollprecht*, § 27 Rn. 52; *Walter*, in: Loibl/Maslaton/v. Bredow/Walter, Biogasanlagen im EEG, S. 403 ff., Rn. 69.
94 Vgl. dazu die Erläuterungen zu § 47 Rn. 38 sowie die Gesetzesbegründung zur Photovoltaik-Novelle 2012, BT-Drs. 17/8877, S. 19.
95 Vgl. dazu auch die Gesetzesbegründung zum EEG 2012, BT-Drs. 16/8148, S. 48; vgl. auch Frenz/ Müggenborg/*Ekardt/Hennig*, § 27 Rn. 22; Altrock/Oschmann/Theobald/*Lehnert/Thomas*, § 16 Rn. 29.

die der Anlagen- und Verfahrenstechnik zuzurechnen sind und aus denen selbst nachweislich keine nennenswerte Gas- bzw. Stromproduktion erfolgt, ist daher mit dem Ausschließlichkeitsprinzip vereinbar.[96] Zu den zulässigen Betriebshilfsmitteln zählen insbesondere Zusatzstoffe, die bei der Erzeugung von Biogas bei der Fermentierung eingesetzt werden, um den Gärprozess zu stimulieren.[97] Ziel des Einsatzes von Betriebshilfsmitteln bei der Biogasproduktion ist es, die Prozessführung zu stabilisieren und zu verbessern, um eine höhere Effizienz zu erreichen.[98] Ob es sich um Betriebshilfsmittel handelt, bestimmt sich nicht danach, welche Absichten der Anlagenbetreiber hat.[99] Es ist allein darauf abzustellen, dass die eingesetzten Stoffe tatsächlich keinen eigenen Energiegehalt haben.[100] Dem Wortlaut von § 19 Abs. 1 lässt sich kein Anhaltspunkt dafür entnehmen, dass es für die Einordnung als Betriebshilfsmittel auf subjektive Gesichtspunkte ankommen kann. Die Gesetzesmaterialien zum EEG 2009 und zum EEG 2012 beschreiben zwar das Ziel des Gebrauchs derartiger Stoffe im Hinblick auf die Biogasproduktion. Damit wird aber nicht etwa ein „finales Element für die Abgrenzung"[101] zwischen zulässigen und unzulässigen Einsatzstoffen bezeichnet. Entscheidend ist vielmehr (auch nach den Gesetzesbegründungen), dass durch den Einsatz „nachweislich keine nennenswerte Gas- bzw. Stromproduktion" erfolgen darf. Sinn und Zweck der Verankerung des Ausschließlichkeitsprinzips in § 19 Abs. 1 ist es, zu vermeiden, dass Einsatzstoffe und Technologien, die nicht im Einklang mit der Zielsetzung Umwelt- und Klimafreundlichkeit aus § 1 Abs. 1 stehen, finanziell gefördert werden.[102] Das schließt aus, dass in Biomasseanlagen unter dem Deckmantel der Betriebshilfsmittel chemische Stoffe eingesetzt werden, die der Gesetzgeber nicht als förderwürdig erachtet hat.

48 Unschädlich für den Förderanspruch und das damit verbundene Ausschließlichkeitsprinzip ist die für die Aufbereitung und Einspeisung von gasförmigen Energieträgern in das Erdgasnetz erforderliche **technische Konditionierung mit fossilem Flüssiggas** (LPG).[103] Das ergab sich bisher schon daraus, dass die Aufbereitung von Deponiegas, Klärgas oder Biomethan für die Einspeisung in das Erdgasnetz nach § 27c Abs. 2 i.V.m. Anhang 1 EEG 2012 ausdrücklich anerkannt war und besonders vergütet wurde (sog. Gasaufbereitungs-Bonus). Zwar wurde der Gasaufbereitungs-Bonus im EEG 2014 gestrichen. Grund dafür war aber nicht der Umstand, dass die Aufbereitung von Deponiegas, Klärgas oder Biomethan nicht mit dem Ausschließlichkeitsprinzip in Einklang steht, sondern vielmehr das

---

96 Gesetzesbegründung zum EEG 2009, BT-Drs. 16/8148, S. 48; Greb/Boewe/*Boewe/Bues*, § 16 Rn. 17; vgl. noch zum EEG 2004 *Hinsch*, ZUR 2007, 401, 408; *Loibl/Rechel*, ZNER 2007, 302, 302 ff.; zum EEG 2009 *Hinsch/Holzapfel*, in: Loibl/Maslaton/v. Bredow/Walter, Biogasanlagen im EEG, S. 351 ff., Rn. 11 ff.; *Walter*, in: Loibl/Maslaton/v. Bredow/Walter, Biogasanlagen im EEG, S. 403 ff., Rn. 69. Zur aktuellen Rechtslage m. w. N. Kommentierung zu § 44 Rn. 12 ff.
97 Vgl. dazu OLG Naumburg, Urt. v. 27.3.2008, 9 U 105/07 (Hs), juris Rn. 39 ff., ZNER 2008, 174.
98 Gesetzesbegründung zum EEG 2009, BT-Drs. 16/8148, S. 56; OLG Naumburg, Urt. v. 27.3.2008, 9 U 105/07 (Hs), juris Rn. 40, ZNER 2008, 174.
99 *Hinsch/Holzapfel*, in: Loibl/Maslaton/v. Bredow/Walter, Biogasanlagen im EEG, 2. Aufl. 2011, S. 19.
100 Frenz/Müggenborg/*Ekardt/Hennig*, § 27 Rn. 12.
101 *Hinsch/Holzapfel*, in: Loibl/Maslaton/v. Bredow/Walter, Biogasanlagen im EEG, 2. Aufl. 2011, S. 19, Fn. 53.
102 Vgl. Gesetzesbegründung zum EEG 2004, BT-Drs. 15/2864, S. 36 und Gesetzesbegründung EEG 2009, BT-Drs. 16/8148, S. 49.
103 Gesetzesbegründung zum EEG 2009, BT-Drs. 16/8148, S. 48; Altrock/Oschmann/Theobald/*Lehnert/Thomas*, § 16 Rn. 30; *Salje*, EEG, § 16 Rn. 9.

Ziel, die Kosten zu begrenzen.[104] Der Befund wird auch durch die Gesetzesbegründung zum EEG 2009 gestützt, wonach der für die Aufbereitung notwendige Prozess der LPG-Konditionierung mit dem Ausschließlichkeitsprinzip vereinbar ist.[105] Dass nachfolgende Fassungen des EEG von dieser Wertung abweichen wollen, ist weder den Gesetzesmaterialen zum EEG 2012 noch den Materialen zum EEG 2014 zu entnehmen.

Die **vorherige Nutzung der Anlage** mit Energieträgern, die nicht unter § 19 Abs. 1 fallen, **49** steht dem Ausschließlichkeitsprinzip nicht entgegen. Sowohl der Probebetrieb einer Anlage als auch der vorangegangene dauerhafte Einsatz fossiler Brennstoffe ist unschädlich.[106] Der Förderanspruch des Anlagenbetreibers besteht jedoch erstmalig ab dem Zeitpunkt, ab dem der Strom ausschließlich aus erneuerbaren Energien oder Grubengas gewonnen wird (vgl. § 22 und § 5 Nr. 21). Bei der Berechnung der Förderdauer ist nach § 22 S. 2 auf den Zeitpunkt der Inbetriebnahme abzustellen. **Zeitpunkt der Inbetriebnahme** ist nach § 5 Nr. 21 1. Hs. die erstmalige Inbetriebsetzung der Anlage nach Herstellung ihrer technischen Betriebsbereitschaft ausschließlich mit erneuerbaren Energien oder Grubengas. Mit der Änderung in § 5 Nr. 21 1. Hs. wird die Inbetriebnahme von zunächst mit fossilen Brennstoffen befeuerten Anlagen – anders als nach EEG 2012 – an die erstmalige Inbetriebsetzung ausschließlich mit erneuerbaren Energien oder Grubengas geknüpft. Die Umstellung eines bereits mit EEG-förderfähigen Energieträgern betriebenen Blockheizkraftwerks von einem förderfähigen Energieträger auf einen anderen führt nicht zu einer erneuten Inbetriebnahme. Eine Inbetriebsetzung mit fossilen Energieträgern stellt abweichend von der bisherigen Regelung im EEG 2012 keine Inbetriebnahme mehr dar.[107] Anders als nach altem Recht verkürzt sich also bei zunächst fossil betriebenen Anlagen, die später mit erneuerbaren Energieträgern betrieben werden, die Förderdauer nicht mehr um den Zeitraum der fossilen Betriebsdauer.[108]

Ein **zwischenzeitliches Abweichen** von dem Ausschließlichkeitsprinzip im Rahmen einer **50** sog. alternierend-bivalenten Fahrweise[109] führt nach Ansicht des BGH nicht zu einem neuen Inbetriebnahmezeitpunkt. Wird eine Anlage zunächst mit erneuerbaren Energien oder Grubengas betrieben und wechselt anschließend in einen Betrieb mit konventionellen Energieträgern, um dann erneut ausschließlich mit erneuerbaren Energien oder Grubengas betrieben zu werden, dann lässt der zwischenzeitliche konventionelle Betrieb den Förderanspruch allein für den Strom entfallen, der in der Phase erzeugt wurde, als der Strom nicht dem Ausschließlichkeitsprinzip gerecht wurde.[110] In der Literatur und Teilen der Rechtsprechung herrschte bis zu dem Urteil des BGH zwar die Auffassung vor, dass nach der Periode, in der vom Ausschließlichkeitsprinzip abgewichen wurde, der Anspruch selbst dann nicht wieder auflebe, wenn der Strom wieder ausschließlich aus erneuerbaren Ener-

104 Vgl. BT-Drs. 18/1304, S. 144.
105 Vgl. Gesetzesbegründung zum EEG 2009, BT-Drs. 16/8148, S. 48.
106 Gesetzesbegründung zum EEG 2009, BT-Drs. 16/8148, S. 48 f.; zum EEG 2009 BGH, RdE 2014, 286; *Salje*, EEG, § 16 Rn. 10; Frenz/Müggenborg/*Ekardt/Hennig*, § 16 Rn. 14; Altrock/Oschmann/Theobald/*Lehnert/Thomas*, § 16 Rn. 26.
107 Vgl. BT-Drs. 18/1304, S. 114.
108 Vgl. zur alten Rechtslage Gesetzesbegründung zum EEG 2009, BT-Drs. 16/8148, S. 49; Altrock/Oschmann/Theobald/*Lehnert/Thomas*, § 16 Rn. 26; Frenz/Müggenborg/*Ekardt/Hennig*, § 16 Rn. 14. Detailliert zu den Fragen der Förderdauer die Erläuterungen zu § 22.
109 Den Begriff ebenfalls verwendend Altrock/Oschmann/Theobald/*Lehnert/Thomas*, § 16 Rn. 27; Frenz/Müggenborg/*Ekardt/Hennig*, § 16 Rn. 16.
110 BGH, Urt. v. 6.11.2013, VIII ZR 194/12, NVwZ 2014, 962, 964.

gien oder Grubengas stammt.[111] Für diese Interpretation streite schon der Wortlaut von § 16 EEG 2012 (*Strom aus Anlagen, die* **ausschließlich** *erneuerbare Energien oder Grubengas einsetzen*).[112] Letztlich sei der Vorgang auch bilanziell mit einer unzulässigen Mischfeuerung von erneuerbaren und fossilen Energieträgern vergleichbar.[113] Der BGH argumentiert jedoch hinsichtlich des Wortlauts anders. So lasse der Wortlaut nicht zweifelsfrei erkennen, ob sich der Begriff „ausschließlich" auf den jeweils konkret abgrenzbaren Erzeugungsvorgang in der Anlage und die dabei verwendeten Einsatzstoffe zur Stromerzeugung oder auf die Anlage als solche in ihrer gesamten zeitlichen Erzeugungsdimension beziehe.[114] Für seine Auffassung führt der BGH nicht nur gesetzeshistorische Argumente[115] an, sondern rekurriert auch auf die Gesetzessystematik. Anders als in der in Rede stehenden Konstellation habe der Gesetzgeber an anderer Stelle die fehlende Einhaltung von Vergütungsanforderungen ausdrücklich damit sanktioniert, dass die Privilegierung endgültig wegfällt.[116] Mit Blick auf den Regelungszweck führt der BGH aus: „Der Ausschließlichkeitsgrundsatz zielt nach den Gesetzesbegründungen durchgängig nur darauf ab, diejenige Form der Stromerzeugung zu privilegieren, die im Interesse der Klima- und Umweltfreundlichkeit des Verfahrens – mit gewissen Ausnahmen etwa bei der Zünd- oder Stützfeuerung – vollständig auf dem Einsatz regenerativer Energieträger beruht (BT-Drs. 14/2776, a.a.O.; 15/2327, S. 26; 15/2864, S. 35 f.; 16/8148, S. 48 f.). Damit einher geht die Zielsetzung, eine transparente Vergütung auf der Grundlage einfacher Nachweise zu ermöglichen, ohne Umfang und Anteil anderer an der Stromerzeugung Beteiligter, aber nicht oder nicht gleichermaßen begünstigter Energieträger herausrechnen oder bewerten zu müssen (Empfehlung 2008/15 der Clearingstelle EEG, a.a.O. Rn. 83; vgl. auch BT-Drs. 15/2327, S. 31; 15/2864, S. 41; 16/8148, S. 48 f., 55). Eine Erreichung dieser Ziele steht im Falle eines – hier sogar nur kurzzeitigen – Einsatzes fossiler Energieträger bei anschließender Wiederaufnahme einer Befeuerung mit ausschließlich regenerativen Energieträgern aber nicht derart in Frage, dass sie zwingend einen vollständigen Vergütungsausschluss für die gesamte Vergütungsdauer und nicht nur für die ohne Weiteres abgrenzbare Zeit der Befeuerung mit fossilen Energieträgern erfordert."[117] **Diese vom BGH zum EEG 2012 getätigte Aussage lässt sich auch auf das EEG 2014 übertragen.** Zwar enthält § 19 Abs. 1 einen gegenüber § 16 Abs. 1 EEG 2012 leicht geänderten Wortlaut. Auch aus dem Wortlaut von § 19 Abs. 1 ist aber nicht eindeutig zu erkennen, worauf genau sich das Merkmal der Ausschließlichkeit bezieht. Auch § 19 Abs. 1 ist damit für eine Auslegung – wie sie der BGH vorgenommen hat – offen. Dabei greifen die vom BGH vorgebrachten Argumente auch unter Geltung des EEG 2014 durch. Denn auch dem EEG 2014 lässt sich an keiner Stelle entnehmen, dass Anlagen, die zwischenzeitlich vom Ausschließlichkeitsgrundsatz

---

111 Zum EEG 2009 OLG Schleswig, Urt. v. 15.6.2012, 1 U 38/11 u. 1 U 77/10, ZNER 2012, 518. Noch zum EEG 2004 *Müller*, RdE 2004, 237, 239 Fn. 27; zum EEG 2012 Frenz/Müggenborg/*Ekardt/Hennig*, § 16 Rn. 16; Altrock/Oschmann/Theobald/*Lehnert/Thomas*, § 16 Rn. 27. A.A. noch zum EEG 2004 Clearingstelle EEG, Empfehlung 2008/15, Leitsatz und Rn. 36 ff.; wohl auch *Salje*, EEG, § 16 Rn. 11 f.

112 Vgl. Altrock/Oschmann/Theobald/*Lehnert/Thomas*, § 16 Rn. 27.

113 Vgl. Frenz/Müggenborg/*Ekardt/Hennig*, § 16 Rn. 17.

114 BGH, Urt. v. 6.11.2013, VIII ZR 194/12, NVwZ 2014, 962, 964 unter Verweis auf Clearingstelle EEG, Empfehlung 2008/15, Rn. 38 ff.

115 Dazu die Ausführungen und Nachweise in BGH, Urt. v. 6.11.2013, VIII ZR 194/12, NVwZ 2014, 962, 964 f.

116 BGH, Urt. v. 6.11.2013, VIII ZR 194/12, NVwZ 2014, 962, 965.

117 BGH, Urt. v. 6.11.2013, VIII ZR 194/12, NVwZ 2014, 962, 966.

abweichen, keinen Förderanspruch nach dem EEG mehr geltend machen können, wenn sie nach dem zwischenzeitlichen Betrieb mit fossilen Brennstoffen wieder ausschließlich Energie im Sinne des § 19 Abs. 1 einsetzen. Folgt man dem BGH, entfällt der Förderanspruch zwar nicht dauerhaft, die zwanzigjährige Förderdauer nach § 22 läuft jedoch weiter, sodass sich im Ergebnis die Förderdauer um den Zeitraum der zwischenzeitlichen fossilen Betriebsdauer verkürzt.

Wird Deponiegas, Klärgas, Grubengas, Biomethan oder Speichergas in das **Erdgasnetz** 51 eingespeist, um es an einem anderen Ort als dem Einspeiseort zu „verstromen", wird zumindest anteilig, wenn nicht gar ausschließlich, fossiles Erdgas für die Stromgewinnung eingesetzt und damit von dem Ausschließlichkeitsprinzip aus § 19 Abs. 1 abgewichen. Das EEG bewältigt dieses Problem für den Einsatz der genannten gasförmigen Energieträger in § 47 Abs. 6 mittels einer gesetzlichen **Fiktion**. Danach ist das dem Netz entnommene und zur Stromgewinnung eingesetzte Gas unter näher bestimmten Voraussetzungen als Deponiegas, Klärgas, Grubengas, Biomethan oder Speichergas anzusehen.[118]

cc) Förderhöhe. Anlagenbetreiber haben gegen den Netzbetreiber für den unter Beach- 52 tung des Ausschließlichkeitsprinzips produzierten Strom einen Anspruch auf eine finanzielle Förderung nach § 34 oder – wenn die Einspeisevergütung geltend gemacht werden kann – nach § 37 und § 38. Die Formulierung in § 16 Abs. 1, wonach Netzbetreiber den eingespeisten Strom „*mindestens*" nach Maßgabe der besonderen Vergütungsvorschriften des EEG 2012 vergüten mussten, fehlt in § 19. Ein Abweichen von dem **Prinzip der Mindestförderung** ist darin aber nicht zu sehen. Der Umstand, dass Anlagenbetreiber auch nach § 19 einen Anspruch auf die gesetzliche Förderung haben, führt über die Vorgaben des § 7 dazu, dass mindestens diese Förderung von den Netzbetreibern auszuzahlen ist.

Bei Strom aus **Hybridanlagen**, in denen verschiedene Energieträger unter Beachtung des 53 Ausschließlichkeitsprinzips eingesetzt werden, stellt sich die Frage nach der Höhe der zu zahlenden Förderung. Der Strom aus den kombinierten Anlagen ist jeweils anteilig auf Basis des Energiegehalts des jeweiligen Energieträgers finanziell zu fördern. Es bedarf dazu eines geeigneten Nachweises durch den Anlagenbetreiber. Ohne einen geeigneten Nachweis gilt für den gesamten erzeugten Strom der niedrigere anzulegende Wert nach den §§ 40 ff. i.V.m. §§ 23 ff.[119]

(1) Unzulässigkeit der Vereinbarung einer niedrigeren Förderung. Im EEG 2004 wur- 54 den die Vergütungssätze in den einzelnen besonderen Vergütungsvorschriften noch als „Mindestvergütungen" bezeichnet. Der Begriff „mindestens" ist durch die zum 1.1.2009 in Kraft getretene Novelle in die allgemeine Vergütungsvorschrift des § 16 EEG 2009 neu eingefügt worden und aus den besonderen Vergütungsvorschriften getilgt worden, ohne dass damit eine inhaltliche Änderung einhergegangen wäre.[120] Im EEG 2014 taucht der Begriff der „Mindestvergütung" bzw. „Mindestförderung" nicht mehr auf. Aus § 7 Abs. 2 S. 1 ergibt sich aber weiterhin, dass grundsätzlich von der im Gesetz festgelegten Förderhöhe nicht zu Lasten des Anlagenbetreibers im Rahmen einer vertraglichen Vereinbarung

---

118 Vgl. dazu genauer die Erläuterungen zu § 47 Rn. 62 ff.
119 Gesetzesbegründung zum EEG 2009, BT-Drs. 16/8148, S. 49; *Reshöft/Sellmann*, ET 2009, 139, 144; Reshöft/Schäfermeier/*Reshöft*, § 16 Rn. 30; Altrock/Oschmann/Theobald/*Lehnert/Thomas*, § 16 Rn. 25; *Salje*, EEG, § 16 Rn. 13; Frenz/Müggenborg/*Ekardt/Hennig*, § 16 Rn. 15.
120 Gesetzesbegründung zum EEG 2009, BT-Drs. 16/8148, S. 49. Dazu auch Reshöft/Schäfermeier/ *Reshöft*, § 16 Rn. 31; Frenz/Müggenborg/*Ekardt/Hennig*, § 16 Rn. 5.

abgewichen werden darf. Die vertragliche Vereinbarung einer niedrigeren Förderung, indem etwa niedrigere anzusetzende Werte als jene der §§ 40 ff. i.V.m. §§ 23 ff. vereinbart werden, verstößt gegen das gesetzliche Verbot aus § 7 Abs. 2 S. 1, wonach nicht zulasten des Anlagenbetreibers von den Vorschriften des EEG abgewichen werden darf. Die Vereinbarung ist daher nach § 134 BGB nichtig.[121] Die Nichtigkeit erfasst nicht das gesamte Rechtsgeschäft, sondern allein die von den §§ 40 ff. abweichenden Vereinbarungen.[122] Der Netzbetreiber muss den Strom stattdessen in der gesetzlich festgelegten Höhe fördern.

55 **(2) Zulässigkeit der Vereinbarung einer höheren Förderung.** Die Regelung des § 7 Abs. 2 S. 1 statuiert zwar auch ein Abweichungsverbot zugunsten des Netzbetreibers, d.h. es darf auch nicht zu seinen Lasten durch eine vertragliche Vereinbarung von den Vorschriften des EEG abgewichen werden. Die Vereinbarung einer höheren Förderung je kWh ist jedoch grundsätzlich möglich.[123] Eine solche Vereinbarung stellt kein „Abweichen" von § 19 Abs. 1 dar, denn das EEG gibt dem Anlagenbetreiber lediglich einen Anspruch auf finanzielle Förderung, deren Höhe sich nach den anzulegenden Werten der §§ 40 ff. i.V.m. §§ 23 ff. richtet. Dass eine Zahlung einer höheren Marktprämie oder Vergütung erlaubt sein muss, ergibt sich systematisch auch aus § 57 Abs. 5 S. 3, wonach der Netzbetreiber für den Fall, dass er dem Anlagenbetreiber eine höhere als in Teil 3 vorgesehene finanzielle Förderung gezahlt hat, zur Rückforderung des Mehrbetrags verpflichtet ist, „es sei denn, die Zahlungspflicht ergibt sich aus einer vertraglichen Vereinbarung". Letztendlich ist auch mit Blick auf den Sinn und Zweck des § 19 keine andere Auslegung zwingend. Mit der höheren Förderung ist zum einen dem Ziel der Vorschrift gedient, den möglichst kostendeckenden Betrieb der Anlagen sicherzustellen, die ausschließlich erneuerbare Energien oder Grubengas einsetzen.[124] Zum anderen widerspricht die Vereinbarung einer höheren Förderung nicht dem Ziel des § 19, eine aus Sicht der Verbraucher möglichst kostengünstige Förderung zu statuieren,[125] denn der Netzbetreiber erhält von dem vorgelagerten Übertragungsnetzbetreiber zwar nach § 57 Abs. 1 die gezahlte finanzielle Förderung nach den §§ 40 ff., nicht aber den vertraglich vereinbarten Mehrbetrag.[126] Unabhängig von der theoretischen Zulässigkeit haben vertragliche Vereinbarungen zugunsten des Anlagenbetreibers aber keine praktische Bedeutung. Kaum ein Netzbetreiber wird sich darauf einlassen, einem Anlagenbetreiber eine höhere als die gesetzlich festgelegte Förderung zu zahlen, da dem Netzbetreiber die Überzahlung nicht vom vorgelagerten Übertragungsnetzbetreiber zurückerstattet wird. Ein Anreiz, höhere Förderungen mit Anlagenbetreibern zu vereinbaren, existiert für Netzbetreiber also nicht.

---

121 Ebenso *Salje*, EEG, § 16 Rn. 17 ff.; Altrock/Oschmann/Theobald/*Lehnert/Thomas*, § 16 Rn. 14; Frenz/Müggenborg/*Ekardt/Hennig*, § 16 Rn. 6.

122 Vgl. zu den Rechtsfolgen die Erläuterungen zu § 7 Rn. 17 ff. m.w.N.

123 Im Ergebnis ebenso Altrock/Oschmann/Theobald/*Lehnert/Thomas*, § 16 Rn. 13; Frenz/Müggenborg/*Ekardt/Hennig*, § 16 Rn. 6; *Salje*, EEG, § 16 Rn. 15; nicht eindeutig Reshöft/Schäfermeier/*Reshöft*, § 16 Rn. 32; a.A. *Stecher*, Vertragsbeziehungen zw. Anlagen- und Netzbetreiber, S. 81.

124 Vgl. Gesetzesbegründung zum EEG 2004, BT-Drs. 15/2864, S. 36 f.; Gesetzesbegründung zum EEG 2009, BT-Drs. 16/8148, S. 48 (dort mit dem Verweis auf § 5 Abs. 1 EEG 2004, sodass wohl auch die Gesetzesbegründung zu § 5 EEG 2004 fortgilt) sowie S. 73 zu § 56 EEG 2009; vgl. auch Altrock/Oschmann/Theobald/*Lehnert/Thomas*, § 16 Rn. 3.

125 Gesetzesbegründung zum EEG 2004, BT-Drs. 15/2864, S. 35; Gesetzesbegründung zum EEG 2009, BT-Drs. 16/8148, S. 48.

126 Vgl. Frenz/Müggenborg/*Ekardt/Hennig*, § 16 Rn. 6; *Kahles/Lutz/Schütter*, in: Müller, EE, S. 507, 510.

(3) Zulässigkeit der Vereinbarung eines Blindarbeitsentgelts. Die Frage, ob vertraglich 56
ein durch den Anlagenbetreiber zu zahlendes **Blindarbeitsentgelt** zugunsten des Netzbetreibers festgelegt werden darf, wenn die Erzeugungseinheit nicht in ausreichendem Maße
Blindleistung bereitstellen kann, ist umstritten. Vereinzelt wird in der Rechtsprechung und
in weiten Teilen des Schrifttums die Möglichkeit zur Vereinbarung eines Blindarbeitsentgelts mit der Begründung abgelehnt, dass andernfalls die Mindestvergütung bzw. jetzt die
Mindest*förderung* unzulässiger Weise gekürzt werde.[127] Gemeinsam mit den meisten mit
der Frage befassten Gerichten,[128] wie zuletzt auch dem BGH,[129] und vereinzelten Stimmen
in der Literatur[130] ist jedoch davon auszugehen, dass eine vertragliche Vereinbarung über
ein Entgelt für die durch den Netzbetreiber erbrachte Blindarbeit zulässig ist.

Für Anlagen, die an das Niederspannungsnetz angeschlossen werden, ergibt sich die Zuläs- 57
sigkeit einer solchen Vereinbarung über die Blindstrom*entnahme* schon aus der NAV.[131,132]
Nach § 16 Abs. 2 NAV hat die Anschlussnutzung zur Voraussetzung, dass der Gebrauch
der Elektrizität mit einem Verschiebungsfaktor zwischen cos Phi = 0,9 kapazitiv und 0,9
induktiv erfolgt. Andernfalls kann der Netzbetreiber den Ausbau ausreichender Kompen-
sationseinrichtungen verlangen.[133] Blindarbeitsentgelte kommen den Anlagenbetreibern
unter Umständen zugute, weil sie dadurch die Herstellung von Kompensationseinrichtun-
gen nach § 16 Abs. 2 S. 2 NAV vermeiden können.[134] Zwar wurden Anlagen zur Erzeugung
von Strom aus erneuerbaren Energien und aus Grubengas auf Verordnungsebene umfassend vom Anwendungsbereich der NAV ausgenommen (§ 1 Abs. 1 S. 4 NAV), davon wird
indes nicht die Anschlussnutzung zur Eigenbedarfsdeckung der Anlage erfasst, wozu der
Bezug von Blindarbeit ebenfalls zählt.[135] Die Vorschriften zum Netzanschluss in den
§§ 8 ff. beziehen sich nur auf die Einspeisung des Stroms, nicht auf die Entnahme. Für die
größeren Anlagen, die an das Mittelspannungs-, Hoch- und Höchstspannungsnetz angeschlossen werden, kann entsprechend argumentiert werden. Für diese Anlagen werden
in der Mittelspannungsrichtlinie und in dem Transmission Code vergleichbare Anforde-

---

127 OLG Hamm, Urt. v. 29.11.2005, 21 U 57/05, juris Rn. 42, ZNER 2003, 335, 336 f.; LG Frankfurt
(Oder), Urt. v. 1.10.2004, 17057/04, IR 2005, 14 f.; *Salje*, EEG, 5. Aufl., § 16 Rn. 28 (mit anderer
Auffassung in der 6. Aufl.); Altrock/Oschmann/Theobald/*Lehnert/Thomas*, § 16 Rn. 15 f.
128 LG Potsdam, Urt. v. 1.8.2005, 2 O 215/04, juris Leitsatz (als Teil der vom Anlagenbetreiber zu
tragenden Netzanschlusskosten); LG Chemnitz, Urt. v. 13.10.2006, 1 O 798/06, RdE 2007, 206,
207; OLG Dresden, Beschl. v. 15.4.2008, 9 U 1790/07, n. v.; OLG Brandenburg, Urt. v. 13.1.2009,
6 U 29/08, RdE 2011, 36; vgl. außerdem die Rechtsprechungsübersicht bei *Loibl/Dietl*, ZNER
2010, 473.
129 BGH, Urt. v. 6.4.2011, VIII ZR 31/09, ZNER 2011, 318 ff.
130 *Stecher*, Vertragsbeziehungen zw. Anlagen- und Netzbetreiber, S. 67 ff., 82; *Salje*, EEG, § 16
Rn. 38 ff.
131 Niederspannungsanschlussverordnung v. 1.11.2006, BGBl. I S. 2477, die zuletzt durch Artikel 4
der Verordnung v. 3.9.2010, BGBl. I S. 1261, geändert worden ist.
132 Zum Teil wird angenommen, dass sich keine gesetzliche Grundlage für ein Blindarbeitsentgelt
finden lässt *Loibl/Dietl*, ZNER 2010, 473, 474; Altrock/Oschmann/Theobald/*Lehnert/Thomas*,
§ 16 Rn. 16 zur Rechtslage vor Einführung der SDLWindV.
133 Vgl. dazu und zu den Vorgängerregelungen BGH, Urt. v. 6.4.2011, VIII ZR 31/09, juris Rn. 23,
ZNER 2011, 318 ff.; vgl. zur Blindleistungskompensation aus technischer Sicht *Müller*, Elektrotechnik, S. 64 f.
134 Dazu, dass die Überführung des § 22 AVBEltV ohne die ausdrückliche Option zur Vereinbarung
von Blindstromentgelten keine Änderung der materiellen Rechtslage mit sich brachte Danner/
Theobald/*Hartmann*, § 16 NAV Rn. 8.
135 Siehe dazu Danner/Theobald/*Hartmann*, § 18 EnWG Rn. 36.

rungen an die Blindleistungsbereitstellung geregelt. Dass trotz § 7 Abs. 1 und Abs. 2 Vereinbarungen über die Vergütung von Blindarbeit möglich sein sollen, zeigt sich schließlich auch darin, dass das Aufrechnungsverbot aus § 33 Abs. 1 (zuvor § 22 EEG 2009 und EEG 2012) unter anderem damit begründet wurde, dass durch diese Regelung verhindert werden soll, dass die Netzbetreiber unbillig hohe Blindstromkosten von den Anlagenbetreibern durch Aufrechnung erlangen.[136] Es gibt keine Anhaltspunkte für die Annahme, dass Sinn und Zweck des § 19 Abs. 1 darin liegen sollten, den Anlagenbetreiber mit seinem Anspruch auf *Mindest*förderung von allen Zusatzkosten zu befreien, die sich aus vertraglichen Absprachen ergeben und auf außerhalb des EEG formulierte Anforderungen zurückzuführen sind.

58 **d) Fälligkeit des Förderanspruchs aus Abs. 1.** Die Fälligkeit des Förderanspruchs bezeichnet den Zeitpunkt, ab dem der Anlagenbetreiber von dem Netzbetreiber die Zahlung der finanziellen Förderung als Gegenleistung für den erzeugten Strom fordern kann.[137] Fehlt es an einer gesetzlichen oder rechtsgeschäftlichen Bestimmung und ist auch durch Auslegung des Parteiwillens unter Berücksichtigung der Umstände des Einzelfalls kein bestimmter Fälligkeitszeitpunkt herzuleiten, tritt nach § 271 BGB sofortige Fälligkeit ein.[138]

59 Der **Fälligkeitszeitpunkt des Anspruchs auf finanzielle Förderung** wird in § 19 nicht näher bestimmt. Abs. 3 enthält lediglich eine Regelung dazu, wann der Anspruch nicht fällig wird. Auch aus anderen Regelungen des EEG lässt sich keine allgemeine gesetzliche Bestimmung des Fälligkeitszeitpunktes des Förderanspruchs aus Abs. 1 entnehmen.[139] Insbesondere § 22 kann nicht als derartige Regelung angesehen werden. Der früheren Auffassung, wonach in der Vorgängervorschrift in § 21 Abs. 1 EEG 2012 noch eine Fälligkeitsregelung erblickt wurde,[140] ist mit der Neufassung der Vorschrift in § 22 die Grundlage entzogen worden. Die missverständliche Regelung des § 21 Abs. 1 EEG 2012, wonach die Vergütungen ab dem Zeitpunkt zu zahlen waren, ab dem der Generator erstmals Strom ausschließlich aus erneuerbaren Energien oder Grubengas erzeugt und in das Netz nach § 8 Abs. 1 oder 2 eingespeist hat, wurde gestrichen. Die frühere Auffassung kann auch nicht über die neue Fassung des § 22 „gerettet" werden. § 22 S. 1 knüpft an § 21 Abs. 2 EEG 2012 an. Danach ist die finanzielle Förderung jeweils für die Dauer von 20 Kalenderjahren zuzüglich des Inbetriebnahmejahres der Anlage zu zahlen. § 22 S. 2 legt vom Grundsatz her fest, dass der Beginn der Frist nach S. 1 der Zeitpunkt der Inbetriebnahme der Anlage ist (vgl. § 5 Nr. 21). Die Formulierung „Beginn der *Frist*" in § 22 S. 2 zeigt eindeutig an, dass dort allein der Beginn des Förderzeitraums gemeint ist, nicht aber, ab welchem Zeit-

---

136 Gesetzesbegründung zum EEG 2009, BT-Drs. 16/8148, S. 53; vgl. schon zum EEG 2004, BT-Drs. 15/2327, S. 35 f.; siehe auch BGH, Urt. v. 6.4.2011, VIII ZR 31/09, juris Rn. 22, ZNER 2011, 318 ff.; unter Rekurs auf § 4 Abs. 1 EEG 2009 dem Anlagenbetreiber davon abratend, einen Vertrag über Blindleistungsentgelte zu schließen, *Loibl/Dietl*, ZNER 2010, 473, 474.

137 Vgl. zu dem Begriff der Fälligkeit MünchKommBGB/*Krüger*, § 271 Rn. 2.

138 Vgl. MünchKommBGB/*Krüger*, § 271 Rn. 5.

139 So im Ergebnis LG Paderborn, Urt. v. 21.9.2010, 6 O 41/10, juris Rn. 20; Clearingstelle EEG, Empfehlung 2011/12, Rn. 56 ff.; Altrock/Oschmann/Theobald/*Lehnert*, § 21 Rn. 8; a.A. *Salje*, EEG, § 21 Rn. 21; Frenz/Müggenborg/*Ekardt/Hennig*, § 21 Rn. 11.

140 So im Ergebnis zu § 21 EEG 2009 LG Paderborn, Urt. v. 21.9.2010, 6 O 41/10, juris Rn. 20; zum EEG 2009/2012 Altrock/Oschmann/Theobald/*Lehnert*, § 21 Rn. 8; Clearingstelle EEG, Empfehlung 2011/12 v. 9.12.2011, Rn. 56 ff.; a.A. *Salje*, EEG, § 21 Rn. 21 (§ 21 legt „einen" Fälligkeitszeitpunkt fest); Frenz/Müggenborg/*Ekardt/Hennig*, § 21 Rn. 11; Clearingstelle EEG, Empfehlung 2011/12, Rn. 56 ff.

punkt der Anlagebetreiber die Zahlung der finanziellen Förderung fordern darf. Die amtliche Überschrift von § 22 „Förderbeginn und -Förderdauer" unterstreicht, dass es dort wie schon bei § 21 EEG 2012 nicht um die Festlegung des Fälligkeitszeitpunktes geht.[141] Darüber hinaus ist die Fälligkeit nicht nur davon abhängig, ab wann eine Anlage erstmals ausschließlich mit erneuerbaren Energien oder Grubengas in Betrieb gesetzt wurde (vgl. § 22 i.V.m. § 5 Nr. 21), sondern bestimmt sich – wie § 19 es formuliert – „nach § 34" bzw. „nach § 37 und § 38" und hängt damit von weiteren Voraussetzungen ab.[142]

Der Netzbetreiber und der Anlagenbetreiber können einen konkreten Fälligkeitszeitpunkt **60** bestimmen. Die Regelung des § 7 Abs. 2 bezieht sich nur auf vom EEG abweichende Regelungen. Berücksichtigt werden muss insofern nur § 19 Abs. 3, wonach der Förderanspruch bei einem Verstoß gegen die Mitteilungspflicht aus § 71 nicht fällig wird.[143] **Parteivereinbarungen** bezüglich des Fälligkeitszeitpunktes sind daher, unbeschadet des § 19 Abs. 3, selbst dann möglich, wenn sie für eine der Parteien im Vergleich zu dem nach den Regelungen des BGB bestimmbaren Fälligkeitszeitpunkt nachteilhaft ausfallen.[144]

Haben Netzbetreiber und Anlagenbetreiber keine Vereinbarung getroffen, und lässt sich **61** auch durch Auslegung anhand der Umstände des Einzelfalls kein übereinstimmender Parteiwille bezüglich der Leistungszeit ermitteln,[145] so kann der Anlagenbetreiber nach § 271 BGB die Leistung in Gestalt der Zahlung der finanziellen Förderung grundsätzlich sofort verlangen, der Netzbetreiber sie sofort bewirken. Das Merkmal „sofort" muss objektiv verstanden werden und bedeutet, dass der Schuldner so schnell leisten muss, „wie ihm dies nach objektiven Maßstäben – unter Berücksichtigung einer etwa notwendigen Vorbereitung – möglich ist."[146] Für die Möglichkeit, die finanzielle Förderung zu leisten, muss feststehen, ob, in welchem Umfang und in welcher Höhe die Marktprämie (§ 19 Abs. 1 Nr. 1 i.V.m. §§ 22 ff., §§ 34 ff., §§ 40 ff.) oder die Einspeisevergütung (§ 19 Abs. 1 Nr. 2 i.V.m. §§ 22 ff., §§ 37 ff., §§ 40 ff.) zu zahlen sind. Der Netzbetreiber muss Kenntnis von diesen Fakten haben, damit ihm die Leistungserbringung nach objektiven Maßstäben möglich ist. Die Rechtsprechung geht in vergleichbaren Konstellationen davon aus, dass ein Anspruch erst dann fällig wird, wenn dem Schuldner eine ordnungsgemäße Abrechnung vorliegt.[147] Fällig wird der Anspruch des Anlagenbetreibers gegen den Netzbetreiber auf Zahlung der finanziellen Förderung daher erst dann, wenn der Netzbetreiber Kenntnis davon hat, *erstens*, wie viele kWh Strom eingespeist wurden (dazu Rn. 62), *zweitens*, in welcher Höhe der Strom zu fördern ist (dazu Rn. 63 ff.) und ihm *drittens* die für den Erhalt der Förderung erforderlichen Nachweise beigebracht wurden (dazu Rn. 74). Schließlich ist *viertens* gem. Abs. 3 Fälligkeitsvoraussetzung, dass die Daten aus § 71 übermittelt wurden (dazu Rn. 75 ff.).

---

141 Siehe zur alten Rechtslage Clearingstelle EEG, Empfehlung 2011/12, Rn. 57.
142 Vgl. zum EEG 2009 Clearingstelle EEG, Empfehlung 2011/12, Rn. 58.
143 Vgl. dazu Rn. 75 ff.
144 Vgl. zur Vereinbarung eines Fälligkeitszeitpunktes LG Paderborn, Urt. v. 21.9.2010, 6 O 41/10, juris Rn. 21.
145 Näher zu der Auslegung des Parteiwillens anhand der Umstände des Einzelfalls bei § 271 BGB MünchKommBGB/*Krüger*, § 271 Rn. 30.
146 So MünchKommBGB/*Krüger*, § 271 Rn. 32.
147 Vgl. BGH, Urt. v. 27.11.2002, VIII ZR 108/02, NZM 2003, 196, 196. Vgl. auch LG Paderborn, Urt. v. 21.9.2010, 6 O 41/10, juris Rn. 20; zu der Rechtsprechung des BGH auch Clearingstelle EEG, Empfehlung 2011/12, Rn. 61.

62 **aa) Kenntnis von der eingespeisten Strommenge.** Die eingespeiste Strommenge ist sowohl für den Erhalt der Marktprämie (vgl. § 34 Abs. 1) als auch für den Erhalt der Einspeisevergütung (vgl. § 19 Abs. 1 Nr. 2 und § 39 Abs. 2 2. Hs. „zur Verfügung stellen") entscheidend. Die Einspeisemenge muss durch eine Messung am Einspeisepunkt bestimmt werden. Für den Fall, dass der Anlagenbetreiber die Messung selbst vornimmt oder die Messtätigkeit nach § 10 Abs. 1 S. 1 an eine fachkundige dritte Person delegiert, hängt der **Zeitpunkt der Kenntnis** von der Einspeisemenge aufseiten des Netzbetreibers davon ab, wann die Daten an ihn übermittelt werden.[148] Eine Mitteilung der Einspeisemenge ist für den Fälligkeitszeitpunkt unerheblich, wenn der Anlagenbetreiber die Messung nach § 10 Abs. 1 S. 1 durch den Netzbetreiber selbst vornehmen lässt.[149] Entscheidend ist in diesem Fall das vereinbarte Intervall der Ab- bzw. Auslesung des Zählerstandes.[150] Zulässig ist, auch mit Blick auf § 242 BGB, dass der Netzbetreiber die Ab- bzw. Auslesung nur einmal im Jahr vornimmt, da der Anlagenbetreiber nach § 19 Abs. 2 unterjährig einen Anspruch auf die Zahlung monatlicher Abschläge hat.

63 **bb) Kenntnis der Höhe der Förderung je kWh.** Um Kenntnis von der Höhe der Förderung je kWh zu erlangen, ist unabhängig davon, ob für den Strom die Marktprämie (§ 19 Abs. 1 Nr. 1 i.V.m. 34) oder eine Einspeisevergütung (§ 19 Abs. 1 Nr. 2 i.V.m. § 37 bzw. § 38) in Anspruch genommen werden soll, die Kenntnis der Höhe des anzulegenden Wertes notwendig, da dieser zur Berechnung der Höhe der Förderung notwendig ist (dazu Rn. 64 ff.). Bei der Inanspruchnahme der Marktprämie ist darüber hinaus die Kenntnis des sog. Monatsmarktwertes des Stroms im Sinne der Nr. 1.1 der Anlage 1 zum Gesetz erforderlich, um die Höhe der Förderung zu bestimmen (dazu Rn. 69). Auch die Höhe der Einspeisevergütung entspricht nicht dem anzulegenden Wert. Vielmehr ergibt sich aus § 37 bzw. § 38 wie genau die Einspeisevergütung berechnet wird (dazu Rn. 70).

64 **(1) Kenntnis von der Höhe des anzulegenden Wertes differenziert nach Energieträgern.** Der anzulegende Wert und damit die Höhe der finanziellen Förderung für Strom aus **Windenergie** richtet sich nach den §§ 49 bis 50. Dabei nimmt der Gesetzgeber hinsichtlich der anzulegenden Werte „nur" eine Unterscheidung in Windenergie an Land (§ 49) und Windenergie auf See (§ 50) vor. Da der Netzbetreiber bei jeder Anlage weiß, ob sie sich an Land oder auf See befindet und auch die übrigen für die Bestimmung des anzulegenden Wertes pro kWh erforderlichen Informationen besitzt, ist der für jede Anlage anzulegende Wert dem Netzbetreiber bereits bei der Einspeisung des geförderten Stroms bekannt.[151]

65 Der Strom aus **solarer Strahlungsenergie** wird in Abhängigkeit von der jeweils „installierten Leistung" der Anlage gefördert (§ 23 Abs. 2 Nr. 1). Im Unterschied zur Rechtslage nach dem EEG 2012 (vgl. 33 Abs. 1 EEG 2012) wird mit dem EEG 2014 die „volle" Förderung nicht mehr auf einen bestimmten Anteil des erzeugten Stroms begrenzt. Abhängig von der „installierten Leistung" und abhängig davon, ob es sich konkret um Freiflächenanlagen oder um Anlagen handelt, die in an oder auf Gebäuden oder Lärmschutzwänden er-

---

148 Insofern auf die „Rechnungstellung" durch den Anlagenbetreiber abstellend Altrock/Oschmann/Theobald/*Lehnert/Thomas*, § 16 Rn. 34; dem folgend *Sachsenhauser*, IR 2013, 26, 26.

149 Vgl. Altrock/Oschmann/Theobald/*Lehnert/Thomas*, § 16 Rn. 34; dem folgend *Sachsenhauser*, IR 2013, 26, 26.

150 Dazu ausführlich Clearingstelle EEG, Empfehlung 2011/12, Rn. 64 ff.; vgl. auch *Sachsenhauser*, IR 2013, 26, 26 f.

151 Vgl. Clearingstelle EEG, Empfehlung 2011/12, Rn. 82 f.

richtet werden, gelten nach § 51 unterschiedliche anzulegende Werte, die dem Netzbetreiber jeweils im Zeitpunkt der Einspeisung des geförderten Stroms bekannt sind.

Anders sieht die Situation bei Strom aus **Wasserkraft** nach § 40, aus **Deponiegas** nach 66 § 41, aus **Klärgas** nach § 42, aus **Grubengas** nach § 43 und aus **Biomasse** nach §§ 44, 45, 46 aus. Diese Energieträger werden nach § 23 Abs. 2 Nr. 1 in Abhängigkeit von der Bemessungsleistung der jeweiligen Anlage gefördert. Die „Bemessungsleistung" einer Anlage ist nach § 5 Nr. 4 der Quotient aus der Summe der in dem jeweiligen Kalenderjahr erzeugten kWh und der Summe der vollen Zeitstunden des jeweiligen Kalenderjahres abzüglich der vollen Stunden vor der erstmaligen Erzeugung von Strom aus erneuerbaren Energien oder aus Grubengas durch die Anlage und nach endgültiger Stilllegung der Anlage.[152] Die tatsächlich zu veranschlagende Förderhöhe je kWh ist in diesen Fällen damit erst nach Ablauf des Kalenderjahres und nach Messung der insgesamt eingespeisten Strommenge bekannt. Der Förderanspruch wird daher erst zu diesem Zeitpunkt fällig. Bis zu diesem Zeitpunkt hat der Anlagenbetreiber nach § 19 Abs. 2 einen Anspruch auf Zahlung von angemessenen monatlichen Abschlägen.

Abzulehnen ist hingegen die Überlegung der Clearingstelle EEG, wonach bei den Anlagen, 67 bei denen sich die Förderhöhe in Abhängigkeit von der Bemessungsleistung bestimmt, eine „Fälligkeit in zwei Teilen" erfolgt.[153] Nach dieser Auffassung ist für die Bestimmung des maßgeblichen Vergütungssatzes bzw. jetzt des anzulegenden Wertes zunächst auf die installierte Leistung abzustellen. Erst bei der jährlichen Endabrechnung ist dann der auf Basis der Bemessungsleistung errechnete anzulegende Wert heranzuziehen. Etwaige Differenzbeträge werden nach dieser Ansicht erst dann fällig.[154] Auf § 23 Abs. 2 Nr. 2 lässt sich die Interpretation der Clearingstelle nicht stützen. Die Regelung zur Zahlung von Abschlägen aus § 19 Abs. 2 legt vielmehr nahe, dass die Fälligkeit erst mit der Möglichkeit, die Bemessungsleistung zu berechnen, eintreten soll. Aus der Begründung zum EEG 2012 – mit dem die Pflicht zur Abschlagzahlung erstmals eingeführt wurde – ergibt sich, dass gerade in den Fällen die Regelung zur Zahlung von Abschlägen greifen soll, wenn „die konkrete Vergütungs- und Bonushöhe zum Teil von Faktoren abhängt, die erst mit Ablauf eines Kalenderjahres berechnet werden können (z. B. bei der Bemessungsleistung)".[155] Eine „Fälligkeit in zwei Teilen" würde zu Lasten der Anlagenbetreiber gehen, weil die unterjährigen Zahlungen auf Basis der installierten Leistung niedriger ausfallen können als die Abschläge nach § 19 Abs. 2, was Sinn und Zweck der Vorschrift zuwider laufen würde. Der Annahme einer Fälligkeit zum Jahresende stehen auch die aus den §§ 34 ff. EEG 2009 (vgl. §§ 56 ff.) gezogenen systematischen Erwägungen der Clearingstelle EEG nicht entgegen. Ausgangspunkt der Argumentation der Clearingstelle EEG zum EEG 2009 ist die Annahme, dass auch Vorschriften zum bundesweiten Ausgleich nach den §§ 34 ff. EEG 2009 i. V. m. der AusglMechV voraussetzen, dass kontinuierlich Vergütungszahlungen an Anlagenbetreiber zu leisten sind. Die Clearingstelle EEG führt insofern zum EEG 2009 Folgendes aus: „So bestimmt § 34 EEG 2009, dass Netzbetreiber verpflichtet sind, den nach § 16 EEG 2009 *vergüteten* Strom unverzüglich an den vorgelagerten Übertragungsnetzbetreiber

---

152 Siehe dazu § 5 Rn. 42.
153 Clearingstelle EEG, Empfehlung 2011/12, Rn. 76.
154 Siehe dazu ausführlich Clearingstelle EEG, Empfehlung 2011/12, Rn. 76. Ähnlich im Zusammenhang mit der Verjährung von Vergütungsansprüchen Altrock/Oschmann/Theobald/*Lehnert*, 3. Aufl. 2011, § 16 Rn. 35.
155 Gesetzesbegründung zur Photovoltaik-Novelle 2012, BT-Drs. 17/8877, S. 65.

weiterzugeben. Aus § 35 Abs. 1 EEG 2009 folgt, dass der vorgelagerte Übertragungsnetzbetreiber zur Vergütung der von den Netzbetreibern *nach § 16 EEG 2009 vergüteten Strommenge entsprechend den §§ 18–33 EEG 2009* verpflichtet ist. Daraus folgt, dass hinsichtlich der Weiterwälzung des von den Netzbetreibern vergüteten Stroms sowohl physikalisch als auch bilanziell der Strom aus Wasserkraft-, Deponiegas-, Klärgas-, Grubengas-, Biomasse- und Geothermieanlagen nicht ausgenommen ist. Hiermit wäre nicht vereinbar, wenn der in diesen Anlagen – mit Ausnahme von Anlagen, die aufgrund ihrer installierten elektrischen Leistung die erste Vergütungsstufe schon nicht überschreiten können – erzeugte Strom unterjährig nicht vergütet werden könnte. Im Gegensatz zu den Vorgaben der § 34 und § 35 Abs. 1 EEG 2009 wäre dieser Strom kein bereits ‚vergüteter‘ Strom, der den Netzbetreiber zur ‚unverzüglichen‘ Weitergabe an den vorgelagerten Übertragungsnetzbetreiber verpflichtet. Möglicherweise wäre er sogar – als noch nicht vom Netzbetreiber „vergüteter" Strom – von der Pflicht zur unverzüglichen Weitergabe an den vorgelagerten Übertragungsnetzbetreiber gar nicht umfasst."[156]

68 Der Argumentation der Clearingstelle EEG war bereits mit der Novelle des EEG zum 1.1.2012 die Grundlage entzogen worden. Auch unter Geltung des EEG 2014 vermögen die Argumente der Clearingstelle EEG nicht (mehr) verfangen: Zum einen handelt es sich bei der Verpflichtung zur Zahlung von Abschlägen bei dem Strom stets um „nach [§ 19] Abs. 1" geförderten Strom. Auch die Regelungen zum „Ausgleich zwischen Netzbetreibern und Übertragungsnetzbetreibern" (§ 57) entspricht nicht mehr der Vorgängerregelung im EEG 2009 (§ 35 EEG 2009). Vorgelagerte Übertragungsnetzbetreiber müssen – wie schon nach § 35 Abs. 1 EEG 2012 – gemäß § 57 Abs. 1 den Netzbetreibern die „nach § 19 oder § 50" geleisteten finanziellen Förderungen nach Maßgabe des Teils 3 (= §§ 19 bis 55) erstatten. Es wird also anders als nach dem EEG 2009 nun auch § 19 (= § 16 EEG 2009) einbezogen, sodass auch die Zahlungen von monatlichen Abschlägen in den bundesweiten Ausgleich eingestellt werden können.

69 **(2) Kenntnis von der Höhe des Monatsmarktwertes.** Die Höhe der Marktprämie wird nach der folgenden Formel berechnet: Marktprämie = anzulegender Wert – Monatsmarktwert (vgl. § 34 Abs. 2 i.V.m. Nr. 1.2 der Anlage 1). Die Kenntnis des anzulegenden Wertes reicht demnach nicht aus, um die Höhe der finanziellen Förderung zu bestimmen. Vielmehr erhält der zur Zahlung der Marktprämie verpflichtete Netzbetreiber erst dann Kenntnis von der Höhe der Marktprämie, wenn auch der Monatsmarktwert im Sinne der Nr. 1.1 der Anlage 1 zum Gesetz feststeht. Damit tritt die **Fälligkeit des Förderanspruchs erst bei Kenntnis des Monatsmarktwerts** im Sinne von Nr. 1.1 der Anlage 1 zum Gesetz ein. Dabei definiert Nr. 2 der Anlage 1 zum Gesetz, wie der Monatsmarktwert für jeden einzelnen Energieträger berechnet wird. Für Windenergie an Land erfolgt die Ermittlung des Marktwertes z.B. folgendermaßen: Der Marktwert für Windenergie an Land ist der tatsächliche Monatsmittelwert des Marktwerts von Strom aus Windenergieanlagen an Land am Spotmarkt der Strombörse EPEX Spot SE in Paris für die Preiszone Deutschland/Österreich in Cent pro Kilowattstunde (vgl. Nr. 2.2.2 der Anlage 1). Dieser Wert wiederum wird wie folgt berechnet: Für jede Stunde eines Kalendermonats wird der durchschnittliche Wert der Stundenkontrakte am Spotmarkt der Strombörse EPEX Spot SE in Paris für die Preiszone Deutschland/Österreich mit der Menge des in dieser Stunde nach der Online-Hochrechnung nach Nr. 3.1 der Anlage 1 erzeugten Stroms aus Windenergieanlagen an

---

156 Clearingstelle EEG, Empfehlung 2011/12, Rn. 81.

Land multipliziert (vgl. Nr. 2.2.2.1 der Anlage 1). Die Ergebnisse für alle Stunden dieses Kalendermonats werden summiert (vgl. 2.2.2.2 der Anlage 1). Diese Summe wird dividiert durch die Menge des in dem gesamten Kalendermonat nach der Online-Hochrechnung nach Nr. 3.1 der Anlage 1 erzeugten Stroms aus Windenergieanlagen an Land (vgl. 2.2.2.3 der Anlage 1). Der **Monatsmarktwert** für einen Kalendermonat für Windenergie an Land steht damit – wie die Berechnungsgrundlage zeigt – erst am **Ende eines jeden Kalendermonats** nach Ablauf des letzten Tages eines Kalendermonats fest. Das Gleiche gilt dabei für die Monatsmarktwerte der anderen nach dem EEG geförderten Energieträger nach Nr. 2 der Anlage 1 zum Gesetz. Auch diese beziehen sich immer auf einen Durchschnittspreis pro Kalendermonat. Da sich die Höhe der Förderung aus der Formel Marktprämie = anzulegender Wert – Monatsmarktwert (vgl. Nr. 1.2 der Anlage 1) ergibt, hat der zur Auszahlung der Förderung verpflichtete Netzbetreiber bei der Inanspruchnahme der Marktprämie damit erst **nach Ablauf eines jeden Kalendermonats Kenntnis von der Höhe der Förderung je kWh Strom. Die Fälligkeit des Förderanspruchs kann damit frühestens zum 1. Tag des Folgemonats** eintreten. Das ist aber nur dann der Fall, wenn der Netzbetreiber tatsächlich Kenntnis vom maßgeblichen Monatsmarktwert durch eigene Ermittlung und Berechnung des Wertes besitzt. Aus Nr. 3.2 der Anlage 1 zum Gesetz ergibt sich insofern, dass die Monatsmarktwerte für die einzelnen Energieträger, bzw. der für Strom aus Wasserkraft, Deponiegas, Klärgas, Grubengas, Biomasse und Geothermie maßgebliche Monatsmarktwert EPEX, bis zum zehnten Werktag des auf die Einspeisung des Stroms folgenden Monats („Folgemonats") von den Übertragungsnetzbetreibern veröffentlicht werden müssen. Regelmäßig dürfte demnach davon auszugehen sein, dass der Netzbetreiber erst durch diese Veröffentlichung Kenntnis von dem jeweiligen Monatsmarktwert erlangt. Damit tritt auch die **Fälligkeit des Förderanspruchs (Marktprämie) regelmäßig erst zum zehnten Werktag des Folgemonats** ein, sofern alle anderen für die Berechnung der Höhe der Förderung erforderlichen Informationen zu diesem Zeitpunkt beim Netzbetreiber vorliegen. Steht aber der anzulegende Wert zu diesem Zeitpunkt noch nicht fest, da dieser z. B. aufgrund der Bemessungsleistung bestimmt wird,[157] oder müssen noch weitere förderbezogene Nachweise beigebracht werden, ist der Förderanspruch (Marktprämie) trotz Kenntnis des Monatsmarktwertes zum zehnten Kalendertag des auf die Einspeisung folgenden Monats noch nicht fällig.

(3) Kenntnis von der Höhe der Einspeisevergütung. Genau wie für die Berechnung der Marktprämie ist auch für die Bestimmung der Höhe der Einspeisevergütung (§ 37 und § 38) die Kenntnis des anzulegenden Wertes notwendig. Erst wenn dieser feststeht, kann die Einspeisevergütung ermittelt werden.[158] Anders als bei der Bestimmung der Marktprämie nach § 34[159] ist es dabei aber nicht erforderlich, weitere Berechnungsgrundlagen zunächst zu ermitteln, so dass der Netzbetreiber dann Kenntnis von der Höhe der Einspeisevergütung besitzt, wenn er Kenntnis vom anzulegenden Wert hat.

70

So ergibt sich aus **§ 37 Abs. 3**, dass die unter den Voraussetzungen dieser Vorschrift zu beanspruchende Einspeisevergütung folgendermaßen berechnet wird: Die Höhe der Einspeisevergütung berechnet sich aus den anzulegenden Werten und den §§ 20 bis 32, wobei von den anzulegenden Werten vor der Absenkung nach den §§ 26 bis 31 0,2 Cent pro kWh für

71

---

157 Vgl. hierzu Rn. 66.
158 Vgl. hierzu Rn. 64 ff.
159 Vgl. hierzu Rn. 69.

Strom im Sinne der §§ 40 bis 48 abzuziehen sind (Nr. 1) bzw. 0,4 Cent pro kWh für Strom im Sinne der §§ 49 bis 51 abzuziehen sind (Nr. 2).[160]

72   **§ 38 Abs. 2** sieht vor, dass die Höhe der Einspeisevergütung nach dieser Vorschrift wie folgt berechnet wird: Die Höhe der Einspeisevergütung berechnet sich aus den anzulegenden Werten und den §§ 20 bis 32, wobei sich die anzulegenden Werte nach der Absenkung nach den §§ 26 bis 31 um 20 Prozent gegenüber dem nach § 26 Abs. 3 S. 1 anzulegenden Wert verringern.[161]

73   Der zur Auszahlung der Einspeisevergütung verpflichtete Netzbetreiber kann damit in den Fällen der §§ 37 und 38 in dem Moment, in dem der anzulegende Wert für den jeweiligen Energieträger feststeht, ermitteln, wie hoch die Förderung je kWh (Einspeisevergütung) ausfällt. Im Fall des § 37 zieht er dazu von den ihm bekannten anzulegenden Werten 0,2 bzw. 0,4 Cent pro kWh ab. Im Fall des § 38 reduziert der Netzbetreiber die ihm bekannten anzulegenden Werte um 20 % je kWh. Damit hat der Netzbetreiber, für den Fall, dass der Anlagenbetreiber die Einspeisevergütung nach § 37 und § 38 in Anspruch nimmt, **in dem Moment Kenntnis von der Höhe der Förderung je kWh, in dem die anzulegenden Werte feststehen.**[162]

74   **cc) Vorliegen förderbezogener Nachweise.** Hängt die tatsächliche Förderhöhe nach Teil 3 des EEG von dem Nachweis bestimmter Voraussetzungen ab, so tritt die Fälligkeit erst ein, wenn diese Nachweise geführt wurden. Das Erfordernis zur Beibringung förderbezogener Nachweise gemäß den §§ 40 ff. wirkt für das Entstehen des Förderanspruchs des Anlagenbetreibers gegen den Netzbetreiber damit wie eine gesetzliche Fälligkeitsvoraussetzung.[163]

75   **dd) Datenübermittlung nach § 71 (Abs. 3 Var. 1).** Der Anspruch nach § 19 Abs. 1 wird gem. Abs. 3 nicht fällig, solange Anlagenbetreiber ihre Pflichten zur Datenübermittlung für das jeweilige Vorjahr nach § 71 nicht erfüllt haben. Die mit dem EEG 2014 eingeführte Regelung bestimmt damit als Voraussetzung für die Fälligkeit des Förderanspruchs nach Abs. 1 die Erfüllung der Mitteilungspflicht nach § 71. Nach § 71 Nr. 1 müssen alle Anlagenbetreiber, dem Netzbetreiber die für die Endabrechnung für das Vorjahr erforderlichen Daten jeweils bis zum **28. Februar des Folgejahres** übermitteln. § 71 Nr. 2 adressiert die Betreiber von Biomasseanlagen. Diese müssen die Daten zur Art und Menge der Einsatzstoffe sowie Angaben zu Wärmenutzungen und eingesetzten Technologien oder zu dem Anteil eingesetzter Gülle in der jeweils vorgeschriebenen Weise übermitteln. Auch die Pflicht nach Nr. 2 ist bis zum 28. Februar des Folgejahres zu erfüllen. Zwar ist das aus dem Wortlaut von § 71 nicht mehr direkt abzuleiten, da sich der Stichtag des 28. Februars nur noch auf die Nr. 1 bezieht. Die Vorgängerregelung des § 46 bezog den Stichtag des 28. Februars des Folgejahres aber eindeutig auch auf die Angaben, die nun in Nr. 2 enthalten sind (vgl. § 46 Abs. 3 EEG 2012). Dass der Gesetzgeber für diese Informationen mit dem EEG 2014 einen anderen Stichtag festlegen wollte, ist der Gesetzesbegründung nicht zu entnehmen. Auch ist kein anderer Grund ersichtlich, warum die nach Nr. 2 zu erbringenden Nachweise zu einem anderen Zeitpunkt erbracht werden müssen als die Angaben nach Nr. 1.

---

160 Vgl. dazu die Erläuterungen zu § 37 Rn. 21 ff.

161 Vgl. dazu die Erläuterungen zu § 38 Rn. 15 ff.

162 Vgl. hierzu Rn. 64 ff.

163 Clearingstelle EEG, Empfehlung 2011/12, Leitsatz und Rn. 89 ff.; Clearingstelle EEG, Empfehlung 2012/06, Rn. 49, dort findet sich in den Rn. 50 ff. eine Aufzählung der einzelnen Nachweispflichten nach alter Rechtslage.

Insofern ergibt sich der Stichtag für die in Nr. 2 genannten Informationen auch aus § 47 Abs. 3. Auch dieser nennt den 28. Februar des Folgejahres als den Tag, bis zu dem Betreiber von Anlagen zur Erzeugung von Strom aus Biomasse und Gasen Nachweise (z. B. die Vorlage des Einsatzstoff-Tagebuchs) gegenüber dem Netzbetreiber erbringen müssen.

Die Novellierung löst den Streit um die Rechtsfolge eines Verstoßes gegen die Mitteilungs-   **76**
pflicht.[164] Mit dieser Voraussetzung versucht der Gesetzgeber ökonomischen Druck auszuüben, damit die Anlagenbetreiber ihre Pflichten nach § 71 fristgerecht erfüllen.[165] Kommt
der Anlagenbetreiber seiner Pflicht verspätet nach, müssen die bis dahin aufgelaufenen
Förderansprüche erfüllt werden.

Von der „Sanktion" des Abs. 3 Var. 1 sind Ansprüche aus dem Jahr der Inbetriebnahme   **77**
nicht betroffen.[166] Dies ergibt sich daraus, dass die Mitteilungspflichten aus § 71 die Jah-
resendabrechnungen durch den Netzbetreiber ermöglichen sollen. Ausweislich der Gesetzesbegründung folgt aus Abs. 3 umgekehrt auch nicht die Pflicht für Anlagenbetreiber, die
nach § 71 zu übermittelnden Daten monatlich zur Verfügung zu stellen.[167]

e) Verjährung des Förderanspruchs aus Abs. 1. Für die zivilrechtlichen Förderansprü-   **78**
che aus dem EEG gelten die allgemeinen zivilrechtlichen Regelungen zur Verjährung aus
den §§ 194 ff. BGB.[168] Nach § 195 BGB beträgt die regelmäßige Verjährungsfrist drei
Jahre. Die regelmäßige Verjährungsfrist beginnt nach § 199 Abs. 1 BGB mit dem Schluss
des Jahres (31.12., 24.00 Uhr), in dem *erstens* der Anspruch entstanden ist (Nr. 1) und *zweitens* der Gläubiger von den anspruchsbegründenden Umständen und der Person des
Schuldners Kenntnis erlangt oder grob fahrlässig davon keine Kenntnis hat (Nr. 2).

Ein Anspruch ist i. S. v. § 199 Abs. 1 Nr. 1 BGB entstanden, wenn er vom Gläubiger gel-   **79**
tend gemacht und mit der Klage durchgesetzt werden kann. Voraussetzung ist dafür grundsätzlich die Fälligkeit des Anspruchs, da erst von diesem Zeitpunkt an der Gläubiger mit
Erfolg die Leistung fordern und gegebenenfalls den Ablauf der Verjährungsfrist durch Kla-
geerhebung unterbinden kann.[169]

Nach § 199 Abs. 1 Nr. 2 BGB ist für den Verjährungsbeginn erforderlich, dass der Gläubi-   **80**
ger, also der Anlagenbetreiber, von den anspruchsbegründenden Umständen Kenntnis erlangt oder grob fahrlässig keine Kenntnis hat. Der Anlagenbetreiber muss nicht sämtliche
Einzelheiten der dem Anspruch zugrunde liegenden Umstände überblicken. Ausreichend
ist, dass er den Hergang in seinen Grundzügen kennt und weiß, dass der Sachverhalt erhebliche Anhaltspunkte für die Entstehung des Anspruchs bietet,[170] was im Zusammenhang
mit der Geltendmachung von Ansprüchen auf Zahlung der Vergütung oder der Marktprämie der Regelfall sein dürfte. Bestehen Zweifel darüber, ob die für den Förderanspruch erforderlichen Voraussetzungen gegeben sind, läuft die Verjährungsfrist zugunsten des Anla-

---

164 Vgl. hierzu Clearingstelle EEG, Empfehlung 2008/7.
165 BT Drs. 18/1304, S. 126.
166 BT-Drs. 18/1304, S. 126.
167 BT-Drs. 18/1304, S. 126.
168 Zur Anwendbarkeit der §§ 195, 199 BGB auf privatrechtliche Ansprüche außerhalb des BGB
   MünchKommBGB/*Grothe*, § 195 Rn. 13.
169 Siehe nur BGH, Urt. v. 8.12.2009, XI ZR 181/08, juris Rn. 28, NJW 2010, 1284, 1286; siehe zur
   Fälligkeit der Vergütungsansprüche die vorangehenden Erläuterungen unter Rn. 58 ff.
170 Vgl. BGH, Urt. v. 3.6.2008, XI ZR 319/06, NJW 2008, 2576, 2578; MünchKommBGB/*Grothe*,
   § 199 Rn. 25, jeweils m. w. N.

genbetreibers erst ab Klärung der anspruchsbegründenden Tatsachen, z.B. der genauen Höhe der Einspeisemenge.[171]

81   **Unter Geltung des EEG 2012 bzw. vorheriger Fassungen des EEG** wurde diskutiert, ob abweichend von dieser Regelverjährung nach §§ 194 ff. BGB eine spezielle Verjährungsfrist bei einem Verstoß gegen die Mitteilungspflicht der Anlagenbetreiber nach § 46 Nr. 3 EEG 2012 (vgl. § 71 Nr. 1) greift. Es wurde vertreten, dass die Frist für die Mitteilung der Daten zugleich eine Verjährungsfrist für die Vergütungsansprüche nach den §§ 16 ff. EEG 2012 (vgl. §§ 19 ff.) darstelle.[172] Dadurch habe der Mitteilungspflichtige (der Anlagenbetreiber) einen Anreiz, den Terminen pünktlich nachzukommen. Weiter diene es dem Schuldnerschutz und dem Rechtsfrieden, sofern sich der potenzielle Mitteilungsempfänger (der Netzbetreiber) nicht mehr beim nächsten Datenempfänger schadlos halten könne. Mangels Datenübermittlung könnten die Vergütungskosten nicht mehr an die Letztverbraucher weitergereicht werden und der Netzbetreiber würde ohne eigenes Verschulden die finanzielle Belastung tragen müssen.[173] Diese verkürzte Verjährungsfrist sollte folgerichtig nur gelten, wenn und soweit der potenzielle Mitteilungsempfänger (der Netzbetreiber) nicht mehr in der Lage ist, die nach Fristende gelieferten Daten an den nächsten Datenempfänger weiterzureichen. Falls das Weiterreichen der Daten noch möglich sei, stelle die Erhebung der Einrede der Verjährung einen Rechtsmissbrauch nach § 226 BGB dar.[174] Dagegen sprach, dass eine Pflichtverletzung in dem einen Schuldverhältnis sich nicht ohne gesetzliche Anordnung auf ein anderes Schuldverhältnis übertragen lasse.[175] Der Vergütungsanspruch verjähre nicht, sondern dem Netzbetreiber stehe aufgrund des einheitlichen, zusammengehörigen Lebensverhältnisses bis zur Erfüllung der Mitteilungspflicht ein Zurückbehaltungsrecht nach § 273 Abs. 1 BGB zu.[176] Andere sahen in dem Verweis von § 45 S. 2 EEG 2012 auf § 38 EEG 2012 (§ 70 S. 2 auf § 62) eine Einrede sui generis.[177] Weiter wurde eine Präklusion des Vergütungsanspruchs des Anlagenbetreibers vorgeschlagen, wenn die Daten zur Durchführung des Ausgleichs erforderlich gewesen wären.[178]

82   Den in Rn. 81 dargestellten Auffassungen zur Rechtslage vor dem 1.8.2014 wird mit § 19 Abs. 3 nunmehr vollständig die Grundlage entzogen. Denn der neue Abs. 3 macht die Erfüllung der **Mitteilungspflicht nach § 71 Nr. 1** ausdrücklich zur Voraussetzung für die **Fälligkeit** des Anspruchs aus § 19 Abs. 1.[179] Damit ist klar, dass eine Verletzung von Mitteilungspflichten nur die Fälligkeit des Anspruchs betrifft, nicht aber dessen grundsätzliche Existenz bzw. die Durchsetzung des Anspruchs in Frage stellt.

83   **2. Zahlung von Abschlägen (Abs. 2).** Nach Abs. 2 sind auf die zu erwartenden Zahlungen monatliche Abschläge in angemessenem Umfang zu leisten. Diese Regelung wurde im Zu-

---

171 Vgl. dazu BGH, Urt. v. 22.6.1993, VI ZR 190/92, NJW 1993, 2614, 2614 (noch zu § 852 Abs. 1, wobei die Grundätze der Rechtsprechung auf § 199 übertragbar sind); MünchKommBGB/*Grothe*, § 199 Rn. 25.
172 Clearingstelle EEG, Empfehlung 2008/7, S. 21. Zustimmend Gabler/Metzenthin/*Hünger*, § 46 Rn. 27.
173 Clearingstelle EEG, Empfehlung 2008/7, S. 23.
174 Clearingstelle EEG, Empfehlung 2008/7, S. 22.
175 Reshöft/Schäfermeier/*Hinsch*, § 46 Rn. 19.
176 Reshöft/Schäfermeier/*Hinsch*, § 46 Rn. 20.
177 Altrock/Oschmann/Theobald/*Kachel*, § 46 Rn. 15. Kritisch: Greb/Boewe/*Wolf*, § 45 Rn. 24.
178 Frenz/Müggenborg/*Posser/Altenschmidt*, § 46 Rn. 8.
179 Vgl. Rn. 75 ff.

ge der Novellierung des EEG zum 1.1.2012 erstmalig in das EEG eingeführt und unverändert in das EEG 2014 übernommen.

Für Förderansprüche, die **vor dem 1.1.2012** entstanden waren, wurde bis dahin kontrovers   **84**
diskutiert, ob ein Anspruch des Anlagenbetreibers auf die in der Praxis üblichen Zahlungen von monatlichen Abschlägen bestand. Die Clearingstelle EEG vertrat in ihrer Empfehlung 2011/12[180] die Auffassung, dass sich ein solcher Anspruch für den Anlagenbetreiber weder aus dem EEG 2009 noch aus Regelungen außerhalb des EEG herleiten ließ.[181] Nach ihrer Interpretation konnte der Anlagenbetreiber allein bei Vorliegen entsprechender Vereinbarungen mit dem Netzbetreiber Abschlagszahlungen geltend machen.[182] In der Begründung zu dem Gesetzesentwurf der Fraktionen der CDU/CSU und der FDP zum EEG 2012 wurde der Neuregelung in § 16 Abs. 1 S. 3 EEG 2012 nur ein klarstellender Charakter im Hinblick auf die bestehende Praxis zugesprochen.[183] Der Gesetzgeber schien also, anders als die Clearingstelle EEG, davon auszugehen, dass die vor der Novelle regelmäßig praktizierte Zahlung von Abschlägen rechtlich geboten war.

a) Einordnung als „nachträgliche Abschlagszahlungen". Stellte sich nach dem EEG   **85**
2012 noch die Frage, ob der in § 16 EEG 2012 verwendete Begriff „Abschläge" nachträgliche Abschlagszahlungen oder Vorauszahlungen bezeichnete, enthält § 19 Abs. 2 einen eindeutigen Hinweis darauf, dass unter dem Begriff der „Abschläge" Abschlagszahlungen für zurückliegende Zeiträume zu verstehen sind. Beide Begrifflichkeiten (Vorauszahlung/Abschlagszahlung) unterscheiden sich zunächst dadurch, dass bei Vorauszahlungen auf eine künftige noch nicht erfolgte Gegenleistung gezahlt wird,[184] wohingegen Abschlagszahlungen ein vorläufiges Entgelt für eine zurückliegende Gegenleistung darstellen.[185] Ordnet man die Abschläge als Vorauszahlung ein, müssten bereits vor oder zu Beginn der betreffenden Monatsperiode Abschläge für die erwartete Einspeisemenge gezahlt werden.[186] Bei einer Einordnung der Abschläge als Abschlagszahlungen müssten die Abschläge erst nach Ablauf der Monatsperiode gezahlt werden. Die Einordnung hat damit auch erhebliche Konsequenzen für den Zeitpunkt der Fälligkeit der Abschläge. Der Umstand, dass § 19 Abs. 2 nunmehr eindeutig festlegt, dass Abschläge *„für den Vormonat"* zu leisten sind, macht deutlich, dass § 19 Abs. 2 nachträgliche Abschlagszahlungen und gerade keine Vorauszahlungen anordnet. Das ergibt sich auch daraus, dass der Gesetzgeber in der Gesetzesbegründung zu § 19 in Bezug auf die Abschlagzahlungen auf die Grundsätze verweist,

---

180 Clearingstelle EEG, Empfehlung 2011/12. Die Clearingstelle EEG dazu unter dem Az. 2012/6 eine Empfehlung veröffentlicht, in der verschiedene Aspekte der Abschlagszahlungen nach § 16 Abs. 1 S. 3 EEG 2012 beleuchtet werden.

181 Mit sehr ausführlicher Herleitung zu allen potenziell in Betracht kommenden Anspruchsgrundlagen: Clearingstelle EEG, Empfehlung 2011/12, Rn. 31 ff.; so auch Altrock/Oschmann/Theobald/ *Lehnert*, 3. Aufl. 2011, § 16 Rn. 34; Altrock/Oschmann/Theobald/*Altrock*, 3. Aufl. 2011, § 39 Rn. 6.

182 Clearingstelle EEG, Empfehlung 2011/12, Rn. 31 und 101 ff.

183 BT-Drs. 17/6071, S. 65.

184 Zum Begriff der Vorauszahlung und zur Abgrenzung von der Abschlagszahlung Clearingstelle EEG, Empfehlung 2012/06, Rn. 27 ff.; im Werkvertragsrecht MünchKommBGB/*Busche*, § 632a Rn. 2; zu dem Begriff in § 14 StromGVV Danner/Theobald/*Hartmann*, § 13 StromGVV Rn. 9.

185 Zur Abgrenzung der Abschlagszahlung von der Vorauszahlung Clearingstelle EEG, Empfehlung 2012/06, Rn. 24; im Werkvertragsrecht MünchKommBGB/*Busche*, § 632a Rn. 2; zu dem Begriff in § 13 StromGVV Danner/Theobald/*Hartmann*, § 13 StromGVV Rn. 9.

186 So wohl *Sachsenhauser*, IR 2013, 26, 27 f.

die die Clearingstelle EEG zu Abschlagszahlungen entwickelt hat. Auch die Clearingstelle
EEG und der BGH sind zu dem Ergebnis gelangt, dass die in § 16 EEG 2012 als „Abschläge" bezeichneten Zahlungen nachträgliche Abschlagszahlungen darstellen.[187]

86 **b) Verhältnis zwischen Förder- und Abschlagszahlungsanspruch.** Der Netzbetreiber
hat nur Abschläge auf Einspeisungen zu leisten, für die der Förderanspruch aus verschiedenen Gründen noch nicht fällig ist bzw. noch nicht fällig sein kann.[188] Das bedeutet, dass der
Netzbetreiber keine Abschläge zahlen muss, wenn der Förderanspruch für den in der betreffenden Periode eingespeisten Strom fällig ist.

87 Bei bestimmten Anlagen wird der Förderanspruch mit der Einspeisung fällig. Das ist z. B.
der Fall, wenn die Anlagen im Rahmen der Verpflichtung zur Übermittlung der Ist-Einspeisung nach § 9 mit Einrichtungen zur Messung der Leistung der Anlagen versehen worden
sind, die es dem Netzbetreiber auch ermöglichen, zu jeder Zeit die eingespeiste Arbeit ab-
zulesen und wenn darüber hinaus keinerlei Nachweispflichten mehr erfüllt werden müssen.
Bei Geothermie-, Windenergie- und Photovoltaikanlagen ist die Förderhöhe damit zum
Ende des Kalendermonats bereits genau zu bestimmen. Zahlt der Netzbetreiber monatlich
auf die tatsächlich angefallene finanzielle Förderung für den vorangegangenen Kalendermonat, handelt es sich nicht um Abschlagszahlungen nach Abs. 2, sondern um eine Leistung auf den fälligen Förderanspruch (vgl. § 362 BGB). Der Anspruch auf die monatliche
Abschlagszahlung geht gleichzeitig unter.

88 Dass der Netzbetreiber nur Abschläge auf Einspeisungen zu leisten hat, für die der Förderanspruch aus verschiedenen Gründen noch nicht fällig ist bzw. noch nicht fällig sein kann,
bedeutet indes nicht, dass Förderansprüche nicht geltend gemacht werden können, weil
Abschläge gezahlt werden. Förder- und Abschlagszahlungsansprüche können auch nebeneinander bestehen: Wird nur ein Teil der finanziellen Förderung fällig, ist für den übrigen
Teil eine Abschlagszahlung zu leisten.[189]

89 **c) Zeitintervalle.** *„Monatlich"* i. S. d. Abs. 2 bedeutet, dass die Abschlagszahlungen in
Zeitintervallen von einem Monat zu leisten sind. Die Abschläge sind einmal im Kalendermonat für den vorangegangenen Kalendermonat zu zahlen.[190] Die monatliche Zahlungsverpflichtung gilt für sämtliche Anlagengrößen. Eine vertragliche Vereinbarung in
Abweichung von dem gesetzlich fixierten Monatsrhythmus, z. B. durch vierteljährliche
Abschläge, stellt einen Verstoß gegen § 7 Abs. 2 dar.[191] Eine monatliche Abschlagsrech-
nung des Anlagenbetreibers ist mit Blick auf die bezweckte Entlastung der an der Abwicklung des Fördersystems beteiligten Parteien anders als im Werkvertragsrecht[192] nicht erforderlich.

90 **d) Abschlagshöhe.** Nach Abs. 2 sind *„auf die zu erwartenden Zahlungen"* monatliche Abschläge *„in angemessenem Umfang"* zu leisten. Bezugspunkt für die Höhe der Abschläge
sind stets die zu **erwartenden Zahlungen**. Welche Zahlungen für den jeweiligen Monat zu

---

187 Vgl. Clearingstelle EEG, Empfehlung 2012/06, Rn. 32 ff.; BGH, Urt. v. 19.11.2014, VIII ZR 79/
   14, Rn. 43 ff.; a. A. Gabler/Metzenthin/*Bandelow*, § 16 Rn. 28.
188 Clearingstelle EEG, Empfehlung 2012/06, Rn. 12.
189 Clearingstelle EEG, Empfehlung 2012/06, Rn. 13.
190 Clearingstelle EEG, Empfehlung 2012/06, Rn. 19.
191 So auch *Salje*, EEG, § 16 Rn. 33; vgl. zu der zuvor bestehenden Praxis der Abschlagszahlungen
   Clearingstelle EEG, Empfehlung 2012/06, Rn. 114.
192 BGH, Urt. v. 5.11.1998, VII ZR 191/97, NJW 1999, 713.

erwarten sind, hängt insbesondere von der eingespeisten Strommenge ab. Die Abschläge sind laut Gesetzesbegründung zum EEG 2012 in der Regel *„angemessen"*, wenn sie monatlich erfolgen und auf einer geschätzten oder vorläufig berechneten Einspeisung basieren.[193] Bei der Schätzung oder vorläufigen Berechnung können die Erfahrungswerte aus den vorangegangenen Abrechnungsperioden berücksichtigt werden.[194] Allerdings dürfen singuläre Ereignisse, die zu einem vorübergehenden Ausfall der Anlage in den bereits abgerechneten Zeiträumen geführt haben, nicht berücksichtigt werden. Die Schätzung oder vorläufige Berechnung ist durch den Netzbetreiber vorzunehmen. Er muss bei der Berechnung der Abschlagshöhe die voraussichtliche Höhe des späteren Förderanspruchs berücksichtigen.[195] Trotz des mit der Berechnung verbundenen administrativen Aufwandes darf der Netzbetreiber wegen § 7 die Zahlung der Abschläge nicht davon abhängig machen, dass er dafür Abrechnungsentgelte erhebt.[196]

Zur Bestimmung der Abschlagshöhe haben sich in der Praxis zwei Verfahren herausgebildet:[197] Die Höhe der Abschläge kann sich zum einen an der prognostizierten, zum Teil von Monat zu Monat variierenden, tatsächlich zu erwartenden Förderung orientieren. Ist die zu erwartende Einspeisemenge nicht konstant, variiert entsprechend auch die Höhe der zu zahlenden Abschläge (sog. **variierendes Berechnungsverfahren**).[198] Abweichend davon können zum anderen auch konstant gleich hohe Abschlagsraten bestimmt werden. Dazu werden die für das gesamte Jahr zu erwartenden Förderzahlungen auf 12 einheitliche Monatsraten aufgeteilt (sog. **lineares Berechnungsverfahren**).[199] Abs. 2 legt – wie schon § 16 Abs. 1 S. 3 EEG 2012 – keines der beiden Verfahren zwingend fest. Die Formulierung *„auf die zu erwartenden Zahlungen"* kann vielmehr zugunsten beider Lesarten interpretiert werden, weil nicht klar ist, auf welchen Zahlungszeitraum (finanzielle Förderung für das gesamte Kalenderjahr – geteilt durch zwölf Monate – oder finanzielle Förderung für den konkreten Monat) sich die Formulierung bezieht.[200] Den Parteien steht es frei, das Berechnungsverfahren vertraglich festzulegen. Mangels gesetzlicher Festlegung ist die Vereinbarung eines bestimmten Verfahrens auch vor dem Hintergrund des § 7 Abs. 2 zulässig, zumal beide Verfahrensvarianten sowohl für den Anlagenbetreiber als auch für den Netzbetreiber Vor- und Nachteile mit sich bringen. Treffen Anlagenbetreiber und Netzbetreiber keine derartige Vereinbarung, hat der Netzbetreiber als derjenige, der für die Schätzung bzw. Berechnung der Abschlagshöhe verantwortlich ist, ein Wahlrecht.[201]

e) Berücksichtigung der Abschläge bei der Endabrechnung. Die Zahlung der Abschläge führt lediglich zur Erfüllung der Abschlagsforderung aus Abs. 2. Wegen ihrer Eigenschaft als vorläufige Zahlung kann jedoch keine Erfüllung der auf finanzielle Förderung gerichteten Forderung eintreten. Spätestens mit der Endabrechnung der finanziellen Förde-

91

92

---

193 Gesetzesbegründung zum EEG 2012, BT-Drs. 17/6071, S. 65.
194 Vgl. *Salje*, EEG, § 16 Rn. 33; Clearingstelle EEG, Empfehlung 2012/06, Rn. 108.
195 Clearingstelle EEG, Empfehlung 2012/06, Rn. 94 f.
196 Clearingstelle EEG, Empfehlung 2012/06, Rn. 115.
197 Vgl. Stellungnahme des SFV zum Empfehlungsverfahren der Clearingstelle EEG, zur Empfehlung 2012/06, S. 2 f.; abrufbar unter: www.clearingstelle-eeg.de/empfv/2012/6 (zuletzt abgerufen am 16.7.14).
198 Clearingstelle EEG, Empfehlung 2012/06, Rn. 99.
199 Clearingstelle EEG, Empfehlung 2012/06, Rn. 99.
200 Clearingstelle EEG, Empfehlung 2012/06, Rn. 101.
201 Clearingstelle EEG, Empfehlung 2012/06, Rn. 113.

rung für das vorangegangene Kalenderjahr verlieren die nicht erfüllten Abschlagsforderungen ihre rechtliche Selbstständigkeit.[202] Hintergrund ist, dass der mit den Abschlägen bezweckte Schutz der Anlagenbetreiber nach Ablauf des Kalenderjahres und mit der Endabrechnung nicht mehr notwendig ist. Bei der **Endabrechnung für den Vorjahreszeitraum** werden die durch den Netzbetreiber unterjährig geleisteten Abschlagszahlungen als Rechnungsposten berücksichtigt.[203] Von der Summe der Abschlagszahlungen wird die Summe der tatsächlich zu erbringenden Förderzahlungen subtrahiert. Stellt sich nach der Abrechnung heraus, dass die Summe der Abschläge die Summe der tatsächlich zu leistenden Förderzahlungen nicht deckt, hat der Anlagenbetreiber einen Anspruch auf die Zahlung ausstehender Differenzbeträge. Übersteigt die Summe der Abschlagszahlungen die Summe der tatsächlich zu leistenden Förderzahlungen, steht dem Netzbetreiber ein Anspruch auf Rückerstattung von zu viel geleisteten Abschlagszahlungen zu.

93 **f) Fälligkeit des Anspruchs auf Abschlagszahlung.** Bei den Abschlagsforderungen nach Abs. 2 handelt es sich um schuldrechtliche Ansprüche, die vom Anlagenbetreiber mit Eintritt ihrer Fälligkeit selbstständig geltend gemacht werden können.[204] Anders als § 16 Abs. 1 S. 3 EEG 2012[205] bestimmt § 19 Abs. 2 einen konkreten Fälligkeitszeitpunkt für den Anspruch des Anlagenbetreibers auf eine Abschlagszahlung. So sind die Abschläge *„jeweils zum 15. Kalendertag"* an den Anlagenbetreiber zu zahlen. Dazu hatte die Clearingstelle EEG den Netzbetreibern bereits unter Geltung des EEG 2012 geraten.[206] So führte die Clearingstelle EEG in ihrer Empfehlung 2012/06 aus: „Unter Abwägung der Interessen der Anlagenbetreiberinnen bzw. -betreiber, die Abschläge möglichst früh im Folgemonat zu erhalten, und dem Interesse der Netzbetreiber, die Abschläge möglichst erst zu dem Zeitpunkt auszuzahlen, an dem sie ihrerseits bereits die Abschlagszahlungen von den Übertragungsnetzbetreibern erhalten haben, um so Liquiditätsengpässe zu vermeiden, stellt sich die Mitte und damit der 15. des Folgemonats als billig und gerecht dar."[207]

94 Nach der Gesetzesbegründung zu § 19 Abs. 2 können die von der Clearingstelle entwickelten Grundsätze zu Abschlagszahlungen weiterhin herangezogen werden.[208] Neben dem Erreichen des nunmehr gesetzlich geregelten Fälligkeitsdatums setzt die Fälligkeit des Anspruchs auf Abschlagszahlungen danach weiter voraus, dass die bei erstmaliger Geltendmachung von Förderansprüchen zu erbringenden Nachweise (z.B. nach § 47 Abs. 3) sowie die nur einmalig zu erbringenden Nachweise beim Netzbetreiber vorliegen.[209] Die Beibringung der fortlaufend zu erbringenden Nachweise (z.B. nach § 47 Abs. 2) ist hingegen keine *conditio sine qua non* für die Fälligkeit des Anspruchs auf Zah-

---

202 Vgl. zu den Abschlagszahlungen im Werkvertragsrecht BGH, Urt. v. 21.2.1985, VII ZR 260/83, NJW 1985, 1840; BGH, Urt. v. 5.11.1998, VII ZR 191/97, NJW 1999, 713.

203 Stellungnahme zum Empfehlungsverfahren der Clearingstelle EEG zur Empfehlung 2012/06: Fachverband Biogas e. V., S. 10; abrufbar unter: www.clearingstelle-eeg.de/empfv/2012/6 (zuletzt abgerufen am 16.7.14).

204 Vgl. BGH, Urt. v. 5.11.1998, VII ZR 191/97, NJW 1999, 713.

205 Ausführlich dazu Clearingstelle EEG, Empfehlung 2012/06, Rn. 19 ff.; BGH, Urt. v. 19.11.2014, VIII ZR 79/14, Rn. 35 ff.

206 Clearingstelle EEG, Empfehlung 2012/06, Rn. 41.

207 Clearingstelle EEG, Empfehlung 2012/06, Rn. 42; BGH, Urt. v. 19.11.2014, VIII ZR 79/14, Rn. 42 (dort Fälligkeit zum 10. des Folgemonats).

208 BT Drs. 18/1304, S. 126.

209 Clearingstelle EEG, Empfehlung 2012/06, Rn. 61 ff. zu den Nachweispflichten bei erstmaliger Inanspruchnahme von Zahlungen sowie Rn. 71 zu den einmaligen Nachweispflichten.

lung der Abschläge.[210] Liegen die notwendigen Nachweise vor, ist der Abschlag für den vorausgegangenen Kalendermonat daher grundsätzlich automatisch und ohne Rechnung des Anlagenbetreibers am 15. Kalendertag des auf die Einspeisung des Stroms folgenden Monats fällig.

g) Entfallen des Anspruchs auf Abschlagszahlungen (Abs. 3 Var. 2). Schließlich nor-   95
miert § 19 Abs. 3 Var. 2, dass der Anspruch auf die Zahlung monatlicher Abschläge nach Abs. 2 entfällt, solange Anlagenbetreiber ihre Pflichten zur Datenübermittlung für das jeweilige Vorjahr nach § 71 nicht erfüllt haben. § 71 verlangt von allen Anlagenbetreibern, dass diese dem Netzbetreiber die für die Endabrechnung für das Vorjahr erforderlichen Daten jeweils bis zum 28. Februar des Folgejahres übermitteln (Nr. 1). Die Vorschrift adressiert zudem den Betreiber von Biomasseanlagen. Diese müssen die Daten zur Art und Menge der Einsatzstoffe sowie Angaben zu Wärmenutzungen und eingesetzten Technologien oder zu dem Anteil eingesetzter Gülle in der jeweils vorgeschriebenen Weise übermitteln (Nr. 2). Entfallen bedeutet, dass die monatlichen Ansprüche auf Zahlung von Abschlägen untergehen, solange der Anlagenbetreiber die Pflichten aus § 71 nicht erfüllt. Insofern besteht ein Unterschied zu den Folgen für den Förderanspruch: Der „endgültige" Förderanspruch wird nur hinsichtlich des Fälligkeitszeitpunkts tangiert, er geht indes nicht unter. Kommt der Anlagenbetreiber seiner Pflicht später bzw. verspätet nach, lebt das Recht auf Abschlagszahlungen ab dem Zeitpunkt der Datenübermittlung zum nächsten regulären Fälligkeitszeitpunkt für die Abschlagszahlungen, d. h. zum folgenden 15. Kalendertag eines Monats, wieder auf. Erfolgt die Erfüllung der Pflichten aus § 71 also vor dem 15. Kalendertag eines Monats, hat der Anlagenbetreiber einen Anspruch auf die Abschlagszahlung zum 15. Kalendertag desselben Monats. Erfolgt die Erfüllung der Pflichten z. B. erst am 20. Kalendertag, hat der Anlagenbetreiber einen Anspruch auf Zahlung des Abschlags zum 15. Kalendertag des darauffolgenden Monats.

Auch in diesem Zusammenhang ist zu beachten, dass die „Sanktion" aus Abs. 3 erst ab   96
dem Jahr nach dem Inbetriebnahmejahr greifen können.[211] Denn erst dann besteht die Pflicht an § 71.

h) Verjährung des Anspruchs auf Abschlagszahlung. Wie bereits ausgeführt, handelt es   97
sich bei den Abschlagsforderungen nach Abs. 2 um schuldrechtliche Ansprüche, die vom Anlagenbetreiber mit Eintritt der Fälligkeit selbstständig geltend gemacht werden können.[212] Die Abschlagsforderungen der Anlagenbetreiber aus Abs. 2 verjähren daher theoretisch selbstständig. Im EEG findet sich keine Regelung zur Verjährung des Anspruchs auf Zahlung von Abschlägen. Insofern finden prinzipiell ebenfalls die §§ 195, 199 Abs. 1 BGB Anwendung. Mit der Fälligkeit des Förderanspruchs geht allerdings der Anspruch auf Zahlung ausstehender Abschläge unter. In der Praxis ist daher regelmäßig allein die Verjährungsfrist für den Förderanspruch entscheidend.[213]

3. Förderanspruch für zwischengespeicherten Strom (Abs. 4). Die Regelung aus Abs. 4   98
zur Förderung von zwischengespeichertem Strom wurde gegenüber der Regelung in § 16 Abs. 2 EEG 2012 nicht verändert.[214] Die Vorschrift im EEG 2009 zur Behandlung zwi-

---

210 Clearingstelle EEG, Empfehlung 2012/06, Rn. 75 ff.
211 BT-Drs. 18/1304, S. 126.
212 Vgl. BGH, Urt. v. 5.11.1998, VII ZR 191/97, NJW 1999, 713, 713.
213 Vgl. BGH, Urt. v. 5.11.1998, VII ZR 191/97, NJW 1999, 713, 713.
214 Vgl. BT-Drs. 18/1304, S. 126.

schengespeicherten Stroms wurde zuvor im Zuge der zum 1.1.2012 in Kraft getretenen Novelle ergänzt, um die Empfehlungen der wissenschaftlichen Berichte zum EEG-Erfahrungsbericht aus dem Jahr 2011 umzusetzen.[215] Durch die Ergänzungen sollten die Anforderungen und Rechtsfolgen der Zwischenspeicherung von Strom aus erneuerbaren Energien und Grubengas transparenter geregelt und Rechts- und Planungssicherheit geschaffen werden.[216]

99 **a) Erweiterung der Förderpflicht (S. 1).** Nach Abs. 4 S. 1 besteht die Verpflichtung der Netzbetreiber zur Förderung des Stroms nach Abs. 1 auch dann, wenn der Strom vor der Einspeisung in das Netz zwischengespeichert worden ist. Ein Anspruch auf finanzielle Förderung nach § 19 Abs. 1 kann aber nur dann geltend gemacht werden, wenn die Zwischenspeicherung **vor der Einspeisung in das Netz** erfolgt ist. Das hat zur Folge, dass der Strom von der Erzeugungsanlage direkt zu dem Speicher geleitet werden muss und nicht zuvor durch ein Netz im Sinne des § 5 Nr. 26 geleitet werden darf.[217] Der Speicher muss also zwischen der Erzeugungsanlage und dem Netz liegen.[218] Die zeitgleiche Nutzung des Speichers für Strom aus anderen Erzeugungsanlagen ist zulässig, unabhängig davon, ob der in den anderen Anlagen erzeugte Strom nach § 19 Abs. 1 förderfähig ist.

100 Die Regelung in Abs. 4 erfasst sämtliche **Speichermethoden** für Strom aus erneuerbaren Energien und Grubengas und zwar unabhängig davon, wie lange der Strom zwischengespeichert werden soll. Erfasst werden damit sowohl Kurzzeitspeicher als auch Langzeitspeicher.[219] Zu den **Kurzzeitspeichern** für die Tagesspeicherung zählen Pumpspeicherkraftwerke, Druckluftspeicher oder Batteriespeicher wie etwa Redox-flow-Batterien oder Lithium-Ionen-Batterien.[220] Eine Methode der **Langzeitspeicherung** für die Wochen- und Monatsspeicherung ist die Erzeugung und anschließende Aufbewahrung sog. Speichergase im Sinne des § 5 Nr. 29.[221] Die Zulässigkeit dieser Zwischenspeichervariante ergibt sich

---

215 Siehe dazu insbesondere Kapitel 3.3.4 und 3.3.5 aus Vorhaben IV: Instrumentelle und rechtliche Weiterentwicklung im EEG zur Vorbereitung und Begleitung der Erstellung des Erfahrungsberichtes 2011 gemäß § 65 EEG im Auftrag des Bundesministeriums für Umwelt, Naturschutz und Reaktorsicherheit, S. 156 ff.

216 Gesetzesbegründung zum EEG 2012, BT-Drs. 17/6071, S. 65.

217 Gesetzesbegründung zum EEG 2012, BT-Drs. 17/6071, S. 65; so bereits zu der Rechtslage vor der Präzisierung durch die Novelle Altrock/Oschmann/Theobald/*Lehnert/Thomas*, § 16 Rn. 43; *Thomas/Altrock*, ZUR 2013, 579, 580.

218 *Altrock/Lehnert* waren noch davon ausgegangen, dass eine Durchleitung des Stroms durch das Netz in den Speicher nach dem EEG 2009 zulässig gewesen ist, vgl. *Altrock/Lehnert*, in: Vorhaben IV: Instrumentelle und rechtliche Weiterentwicklung im EEG zur Vorbereitung und Begleitung der Erstellung des Erfahrungsberichtes 2011 gemäß § 65 EEG im Auftrag des Bundesministeriums für Umwelt, Naturschutz und Reaktorsicherheit, abrufbar auf www.erneuerbareenergien.de, S. 168; kritisch zu der Neuregelung *Thomas*, ZNER 2011, 608, 611; *Dietrich/Ahnsehl*, ET 2012, 135, 136.

219 Zu den Begriffen Kurzzeit- und Langzeitspeicher siehe insbesondere Kapitel 3.3.4 und 3.3.5 aus Vorhaben IV: Instrumentelle und rechtliche Weiterentwicklung im EEG zur Vorbereitung und Begleitung der Erstellung des Erfahrungsberichtes 2011 gemäß § 65 EEG im Auftrag des Bundesministeriums für Umwelt, Naturschutz und Reaktorsicherheit, S. 157 f.; näher zu den Speichermethoden auch *Oertel*, Energiespeicher – Stand und Perspektiven, S. 31 ff.

220 Gesetzesbegründung zum EEG 2012, BT-Drs. 17/6071, S. 65; vgl. zu den beispielhaft genannten und weiteren Akkumulatoren *Oertel*, Energiespeicher – Stand und Perspektiven, S. 8 ff.

221 Vgl. zu den Vor- und Nachteilen der Technik *Thomas*, ZNER 2011, 608, 609 f. sowie kurz die Erläuterung zu § 5 Rn. 160 f.

bereits systematisch aus Abs. 4 S. 4. Zu den Speichergasen zählt nach § 5 Nr. 29 jedes Gas, das keine erneuerbare Energie ist, aber zum Zweck der Zwischenspeicherung von Strom aus erneuerbaren Energien ausschließlich unter Einsatz von Strom aus erneuerbaren Energien erzeugt wird. Als Speichergas kann insbesondere Wasserstoff erzeugt werden, indem der Strom aus erneuerbaren Energien – z. B. aus Windstrom – zur Elektrolyse von Wasser eingesetzt wird, wodurch Wasserstoff und Sauerstoff entstehen.[222] Der so gewonnene Wasserstoff kann zum einen zunächst in Speichertanks oder Untertage-Gasspeichern gespeichert werden, um zu einem späteren Zeitpunkt in Gaskraftwerken, Blockheizkraftwerken oder Brennstoffzellen wieder verstromt zu werden.[223] Zum anderen kann der Wasserstoff mit Kohlendioxid im sog. Sabatierprozess zu Methan umgewandelt werden (Methanisierung), um das Methan anschließend als „synthetisches Erdgas" in das Erdgasnetz einzuspeisen.[224] Ein solches Verfahren ist jedoch erst bei relativ hohen Wasserstoffanteilen erforderlich.[225]

b) Beschränkung der Förderpflicht auf „ausgespeisten" Strom (S. 2). Wie bereits in der Gesetzesbegründung zu dem späteren § 16 Abs. 3 EEG 2009 wird in § 19 Abs. 4 S. 2 ausdrücklich klargestellt, dass nur der aus dem Speicher in das Netz eingespeiste Strom finanziell zu fördern ist.[226] Nicht förderfähig nach Abs. 4 ist damit der in den Speicher eingespeiste Strom. Mit der Beschränkung der Förderpflicht auf den „ausgespeisten" Strom wird dem Doppelvermarktungsverbot aus § 80 Genüge getan.[227]   **101**

Für den Fall, dass Anlagen- und Speicherbetreiber nicht identisch sind, stellt sich die Frage, ob der Anlagenbetreiber entweder gegenüber dem Netzbetreiber oder gegenüber dem Speicherbetreiber einen Anspruch auf finanzielle Förderung für den von ihm erzeugten Strom geltend machen kann.[228] Ein Anspruch des Anlagenbetreibers gegen den Netzbetreiber aus § 19 Abs. 1 ist nicht gegeben, weil der Strom weder physikalisch noch kaufmännisch bilanziell durch den Netzbetreiber abgenommen wird (§ 11). Selbst wenn der Strom in ein privates Netz eingespeist wurde, um ihn zu dem Zwischenspeicher zu transportieren, muss ein Anspruch aus § 19 Abs. 1 abgelehnt werden. Der Strom wird gespeichert und nicht mittels kaufmännisch-bilanzieller Weitergabe durch dieses Netz in ein Netz nach § 5 Nr. 26 angeboten.[229]   **102**

---

222 Gesetzesbegründung zum EEG 2012, BT-Drs. 17/6071, S. 65.

223 Gesetzesbegründung zum EEG 2012, BT-Drs. 17/6071, S. 65.

224 Dazu *Thomas*, ZNER 2011, 608, 609; dazu und zum Stand der Forschung *Thomas*, SW&W 14/2011, 62, 63.

225 Näher zu den Speichermethoden auch *Oertel*, Energiespeicher – Stand und Perspektiven, S. 31 ff.; zu der Thematik der Speichergase auch kurz die Erläuterungen zu § 5 Rn. 160 f.

226 So die sich noch auf § 16 Abs. 2 EEG 2009 des ursprünglichen Entwurfs beziehende Gesetzesbegründung zum EEG 2009, BT-Drs. 16/8148, S. 49.

227 Vgl. zur alten Rechtslage BT-Drs. 17/6071, S. 65; *Thomas/Altrock*, ZUR 2013, 579, 581; zuvor bereits so zu § 16 Abs. 3 EEG 2009, der keine mit § 16 Abs. 2 S. 2 EEG 2012 bzw. § 19 Abs. 4 S. 2 EEG 2014 vergleichbare Klarstellung enthielt Altrock/Oschmann/Theobald/*Lehnert*, 3. Aufl. 2011, § 16 Rn. 41; *Altrock/Lehnert*, in: Vorhaben IV: Instrumentelle und rechtliche Weiterentwicklung im EEG zur Vorbereitung und Begleitung der Erstellung des Erfahrungsberichtes 2011 gemäß § 65 EEG im Auftrag des Bundesministeriums für Umwelt, Naturschutz und Reaktorsicherheit, S. 170.

228 Vgl. dazu *Wieser*, ZUR 2011, 240, 242 f.

229 Vgl. dazu § 11 Rn. 25 ff. und *Wieser*, ZUR 2011, 240, 242.

103 Aus den Vorschriften des EEG ergibt sich ferner kein Anspruch des Anlagenbetreibers gegen den Speicherbetreiber auf finanzielle Förderung für den in seinen Speicher gelangten Strom. Die Förderpflicht aus § 19 Abs. 1 trifft allein die Netzbetreiber i. S. d. § 5 Nr. 27, nicht aber die Betreiber von Speichereinrichtungen. Eine analoge Anwendung der Fördervorschriften des EEG muss an der Planwidrigkeit der bestehenden Regelungslücke für die finanzielle Förderung von Speicherstrom scheitern. Der Gesetzgeber hat mit der Ergänzung des Abs. 4 durch S. 2 den Förderanspruch eindeutig auf den aus dem Speicher in das Netz eingespeisten Strom beschränkt. Ansprüche des Anlagenbetreibers gegenüber dem Speicherbetreiber für den gelieferten Strom werden sich daher in der Regel auf individualvertragliche Vereinbarungen stützen.[230]

104 **c) Förderhöhe (S. 3).** Nach S. 3 bestimmt sich die Höhe der Förderung für den aus dem Speicher in das Netz eingespeisten Strom nach der Höhe der finanziellen Förderung, die der Netzbetreiber nach Abs. 1 bei einer Einspeisung des Stroms in das Netz ohne Zwischenspeicherung an den Anlagenbetreiber zahlen müsste. Maßgeblich für die Höhe des Förderanspruchs ist also der anzulegende Wert nach den §§ 40 ff. und im Falle der Direktvermarktung auch der Monatsmarktwert, der im Zeitpunkt der Stromerzeugung einschlägig gewesen ist. Das ergibt sich daraus, dass S. 3 von der „Förderhöhe" spricht, also nicht nur den anzulegenden Wert in Bezug nimmt, sondern die konkrete Höhe des Förderanspruchs im Zeitpunkt der Einspeisung des Stroms in den Speicher.

105 Mit der Zwischenspeicherung ist keine Zusatzförderung für eventuelle Investitionen des Anlagenbetreibers in Zwischenspeichertechnologien verbunden.[231] Die Förderhöhe je kWh (!) bleibt gleich, obschon bei dem Speichern des Stroms Energie verloren geht und daher die förderfähige Strommenge durch den Speichervorgang erheblich reduziert wird. Die Regelung bezieht sich dabei nur auf die „*Förderhöhe*", also die pro kWh zu zahlende Förderung, nicht auf die zu vergütende Strommenge.[232] Eine Auslegung, wonach die Förderung sich nach der ursprünglich in den Speicher eingespeisten Strommenge richtet, ohne dass **Speicherverluste** berücksichtigt werden müssten, findet keinen Halt im Gesetz.[233] Betrachtet man S. 3 im Zusammenhang mit S. 2, so wird der Befund, dass sich S. 3 nur auf die Höhe der Förderung je kWh beziehen soll, unterstrichen, denn S. 2 stellt klar, dass sich die Verpflichtung zur Zahlung der Förderung auf die Strommenge bezieht, die aus dem Zwischenspeicher in das Netz eingespeist wird.[234] Schließlich sollten durch S. 3 die Anforderungen und Rechtsfolgen der Zwischenspeicherung von Strom aus erneuerbaren Energien und Grubengas transparenter geregelt und Rechts- und Planungssicherheit geschaffen werden.[235] Durch die finanzielle Förderung von Speicherverlusten würde die Berechnung der zu zahlenden finanziellen Förderung jedoch komplizierter. Außerdem würde intransparenter, welche Strommengen vermarktet werden müssen und welche Erlöse dafür zu erwarten sind. Das Gesetz setzt damit zwar weiterhin keinen positiven Anreiz zur Zwischenspeicherung von Strom aus erneuerbaren Energien, was in der Vergangenheit wiederholt

---

230 *Wieser*, ZUR 2011, 240, 242.
231 Darauf hinweisend auch BT-Drs. 17/6071, S. 66.
232 Im Ergebnis ebenfalls *Thomas*, ZNER 2011, 608, 610; *Valentin/v. Bredow*, ET 2012, 99, 103; *Salje*, EEG, § 16 Rn. 47; *Sailer*, ZNER 2012, 153, 158 (dort in Fn. 79 auch Nachweise zur vergleichbaren Auffassung zu § 16 Abs. 3 EEG 2009); Greb/Boewe/*Boewe/Bues*, § 16 Rn. 30.
233 So aber *Dietrich/Ahnsehl*, ET 2012, 135, 136.
234 *Thomas*, ZNER 2011, 608, 610.
235 Gesetzesbegründung zum EEG 2012, BT-Drs. 17/6071, S. 65.

kritisiert wurde.[236] Allerdings wäre bei einer anderen Interpretation nicht sichergestellt, dass der Speicher sinnvoll eingesetzt wird. Der Verbraucher müsste letztendlich für etwas zahlen, das er nicht bekommt. Es scheint daher auch mit Blick auf eine kosteneffiziente Förderung erneuerbarer Energien angebracht, dass ein solcher Anreiz nicht über § 19 Abs. 4 gesetzt wird.[237]

d) Mischspeicherung von Strom aus geförderten und nicht geförderten Quellen. Die   **106** Nutzung eines Speichers für Strom aus verschiedenen Anlagen, die unterschiedliche Energieträger einsetzen, verbietet sich nicht.[238] Der Wortlaut von § 5 Nr. 1 Hs. 2 fordert lediglich, dass „Energie, die ausschließlich aus erneuerbaren Energien oder Grubengas stammt", aufgenommen oder in elektrische Energie umgewandelt wird und nicht *ausschließlich* Energie aus privilegierten Energieträgern.[239] Bei der Rückwandlung der gespeicherten Energie in elektrische Energie stellt sich aber die Frage nach der Förderhöhe des in das Netz eingespeisten Stroms.[240] Werden in einem Speicher Strommengen aus verschiedenen Anlagen gespeichert, die unterschiedliche Energieträger einsetzen, muss die Höhe der finanziellen Förderung anteilig nach der ursprünglich in den Speicher eingespeisten Energiemenge berechnet werden. Das gilt zum einen für den Fall, dass Strom aus Anlagen mit verschiedenen anzulegenden Werten in einem Speicher gespeichert wurde. Dann wird für jede ausgespeiste kWh eine Mischförderung nach dem prozentualen Anteil des sich in dem Speicher befindlichen förderfähigen Stroms gezahlt.[241] Zum anderen gilt das auch für den Fall, dass in einem Zwischenspeicher sowohl Strom gespeichert wird, für den ein Förderanspruch bestand, als auch Strom, der dem Ausschließlichkeitsgrundsatz aus Abs. 1 nicht gerecht wird. In diesem Fall wird der prozentuale Anteil des ausgespeisten Stroms finanziell gefördert, der dem Anteil des förderfähigen Stroms an dem vom Speicher „aufgenommenen Strom" entspricht. Indem auf den prozentualen Anteil abgestellt wird, werden die Speicherverluste gleichmäßig auf die aus verschiedenen Energieträgern stammenden Strommengen verteilt. Für anderweitige vertragliche Absprachen (wie „First-in-first-out-Regelungen") bleibt, angesichts der physikalischen Eigenschaften von Speichern, in denen sich die gespeicherte Energie durchmischt, kein Raum.[242]

e) Mischeinsatz von erneuerbaren Energien und Speichergas bei der Rückverstro-   **107** **mung (S. 4).** Nach Abs. 4 S. 4 besteht die Verpflichtung der Netzbetreiber zur finanziellen Förderung von zwischengespeichertem Strom nach Abs. 4 S. 1 auch bei einem gemischten Einsatz von erneuerbaren Energien und Speichergasen. Werden in einer Anlage ausschließlich unter Einsatz von Strom aus erneuerbaren Energien gewonnene Speichergase (vgl. § 5 Nr. 29) wie Wasserstoff gemeinsam mit erneuerbaren Energien wie Biogas, Klärgas oder Deponiegas gemischt eingesetzt, steht dieser Umstand dem in § 19 Abs. 1 niedergelegten Ausschließlichkeitsprinzip im Hinblick auf den Förderanspruch für den aus den

---

236 Siehe dazu mit weiterführenden Forderungen zur Neugestaltung der Vorschrift Altrock/Oschmann/Theobald/*Lehnert*, 3. Aufl. 2011, § 16 Rn. 42; Altrock/Oschmann/Theobald/*Lehnert/Thomas*, § 16 Rn. 58; *Sailer*, ZNER 2011, 249, 251 m. w. N.
237 Zur Wirtschaftlichkeit von Zwischenspeichern Gabler/Metzenthin/*Bandelow*, § 16 Rn. 31.
238 Vgl. *Thomas/Altrock*, ZUR 2013, 579, 588.
239 So prägnant *Sailer*, ZNER 2011, 249, 251.
240 Zu dieser Problematik bereits unter Geltung des EEG 2009 ausführlich *Wieser*, ZUR 2011, 240, 243.
241 Vgl. *Thomas/Altrock*, ZUR 2013, 579, 588.
242 A. A. *Dietrich/Ahnsehl*, ET 2012, 135, 136 f.

erneuerbaren Energien gewonnenen Strom nicht entgegen.[243] Regelungsgegenstand ist damit der Anspruch auf Förderung des Stroms, der aus erneuerbaren Energien gewonnen wird, und nicht der Anspruch auf Förderung des Stroms, der aus Speichergas gewonnen wird. Die Regelung ist systematisch damit eigentlich Abs. 1 zuzuordnen.[244]

108 **f) Mischeinsatz von Speichergas aus geförderten und aus nicht geförderten Quellen bei der Rückverstromung.** Kommt in einer Anlage sowohl Speichergas als auch fossiles Erdgas zum Einsatz, ohne dass für das fossile Erdgas die Fiktion aus § 47 Abs. 6 greift (wonach unter den dort bestimmten Bedingungen aus einem Erdgasnetz entnommenes Gas jeweils als Deponiegas, Klärgas, Grubengas, Biomethan oder Speichergas gilt), wird der Förderanspruch aus Abs. 4 S. 1 für den Strom aus dem rückverstromten Speichergas durch den Mischeinsatz nicht berührt. Das Ausschließlichkeitsprinzip des Abs. 1 gilt nur für die in den Speicher einspeisende Erzeugungsanlage, nicht aber für den Speicher oder die Rückverstromungsanlage.[245] So gelten nach der Fiktion des § 5 Nr. 1 Hs. 2 als Anlagen zur Erzeugung von Strom aus erneuerbaren Energien oder aus Grubengas auch solche Einrichtungen, die zwischengespeicherte Energie, die *ausschließlich* aus erneuerbaren Energien oder aus Grubengas stammt, in elektrische Energie umwandeln; nicht verlangt wird hingegen, dass solche Anlagen *ausschließlich* zwischengespeicherte Energie umwandeln, die aus erneuerbaren Energien oder Grubengas stammt.[246] Sollen in einer Anlage, in der fossiles Erdgas eingesetzt wird, auch erneuerbare Energien wie Biogas, Klärgas oder Deponiegas eingesetzt werden, dann entfällt wegen des Ausschließlichkeitsprinzips in Abs. 1 S. 1 zwar der Förderanspruch für den Strom, der unmittelbar unter Einsatz erneuerbarer Energien oder Grubengas gewonnen wird, nicht aber der Förderanspruch für den Strom aus den Speichergasen.[247]

---

243 Vgl. Gesetzesbegründung zum EEG 2012, BT-Drs. 17/6071, S. 66; zum Ausschließlichkeitsprinzip oben Rn. 40 ff.
244 *Sailer*, ZNER 2012, 153, 158.
245 *Sailer*, ZNER 2011, 249, 251; *Wieser*, ZUR 2011, 240, 242; *Thomas*, ZNER 2011, 608, 611; *Sailer*, ZNER 2012, 153, 158 f.
246 *Sailer*, ZNER 2011, 249, 251; *Wieser*, ZUR 2011, 240, 242; *Thomas*, ZNER 2011, 608, 611.
247 Vgl. Abs. 4 S. 4 und Rn. 42.

§ 20 Wechsel zwischen Veräußerungsformen

(1) Anlagenbetreiber dürfen mit jeder Anlage nur zum ersten Kalendertag eines Monats zwischen den folgenden Veräußerungsformen wechseln:

1. der geförderten Direktvermarktung,
2. einer sonstigen Direktvermarktung,
3. der Einspeisevergütung nach § 37 und
4. der Einspeisevergütung nach § 38.

(2) [1]Anlagenbetreiber dürfen den in ihren Anlagen erzeugten Strom prozentual auf verschiedene Veräußerungsformen nach Absatz 1 Nummer 1, 2 oder 3 aufteilen. [2]In diesem Fall müssen sie die Prozentsätze nachweislich jederzeit einhalten.

(3) Unbeschadet von Absatz 1 können Anlagenbetreiber jederzeit

1. ihren Direktvermarktungsunternehmer wechseln oder
2. den Strom vollständig oder anteilig an Dritte veräußern, sofern diese den Strom in unmittelbarer räumlicher Nähe zur Anlage verbrauchen und der Strom nicht durch ein Netz durchgeleitet wird.

Schrifttum: *Herz/Valentin*, Direktvermarktung, Direktlieferung und Eigenversorgung nach dem EEG 2014, EnWZ, 2014, 358; *Lehnert*, Markt- und Systemintegration der Erneuerbaren-Energien: Eine rechtliche Analyse der Regeln zur Direktvermarktung im EEG 2012, ZUR 2012, 4; *Wustlich/Müller*, Die Direktvermarktung von Strom aus erneuerbaren Energien im EEG 2012 – Eine systematische Einführung in die Marktprämie und die weiteren Neuregelungen zur Marktintegration, ZNER 2011, 380.

Übersicht

I. Normzweck

1   § 20 zählt in Abs. 1 die Formen auf, in denen unter dem EEG 2014 die Veräußerung von Strom möglich ist, und legt den Monatsersten als Zeitpunkt fest, zu dem ein Wechsel zwischen diesen Formen zulässig ist. Abs. 2 regelt, dass Strom grundsätzlich auch gleichzeitig anteilig in mehreren dieser Veräußerungsformen veräußert werden darf, mit Ausnahme der Einspeisevergütung in Ausnahmefällen nach § 38. Abs. 3 regelt Ausnahmen vom Wechselzeitpunkt nach Abs. 1.

II. Entstehungsgeschichte

2   § 20 Abs. 1 **ersetzt** in Bezug auf die Festlegung des Monatsersten als Wechselzeitpunkt den bisherigen § 33d Abs. 1 EEG 2012. In Bezug auf die Aufzählung der Veräußerungsformen ersetzt § 20 Abs. 1 den bisherigen § 33b EEG 2012, geht über Letzteren jedoch mit der Aufzählung der beiden Formen der Einspeisevergütung nach § 37 und § 38 hinaus. § 20 Abs. 2 S. 1 ersetzt in Bezug auf die Möglichkeit der anteiligen Veräußerung den bisherigen § 33f Abs. 1 erster Halbsatz EEG 2012. § 20 Abs. 2 S. 2 ersetzt in Bezug auf die Pflicht zur jederzeitigen Einhaltung der gemeldeten Prozentsätze in der anteiligen Veräußerung den bisherigen § 33f Abs. 1 zweiter Halbsatz Nr. 2 EEG 2012. Der Regelungsgehalt von § 20 Abs. 3 Nr. 1, wonach der bloße Wechsel des Direktvermarktungsunternehmers nicht an den Wechselzeitpunkt nach Abs. 1 gebunden ist, war bislang nicht ausdrücklich normiert. § 20 Abs. 3 Nr. 2 greift den Gedanken des bisherigen § 33a Abs. 2 EEG 2012 auf, wonach Veräußerungen an Dritte dann nicht als Direktvermarktung anzusehen und deshalb auch nicht von den Vorschriften für die Direktvermarktung erfasst werden, wenn diese den Strom in unmittelbarer Nähe zur Anlage verbrauchen und der Strom nicht durch ein Netz durchgeleitet wird (vgl. § 5 Nr. 9).

3   Im **parlamentarischen Verfahren zum EEG 2014** wurde in **Abs. 2** die Möglichkeit der **anteiligen Veräußerung** wieder **aufgenommen**,[1] die bereits nach § 33f EEG 2012 möglich war, durch § 20 Abs. 2 RegE jedoch zunächst noch ausdrücklich untersagt werden sollte.[2]

III. Wechselzeitpunkt und Veräußerungsformen (Abs. 1)

4   **1. Wechselzeitpunkt.** Nach **Abs. 1** ist ein **Wechsel zwischen** den vier verschiedenen **Veräußerungsformen** des EEG 2014, die in Abs. 1 im Folgenden aufgezählt werden, nur **zum ersten Kalendertag eines Monats** möglich.

5   Schon nach § 17 Abs. 1 EEG 2009 und § 33d Abs. 1 EEG 2012 waren Wechsel zwischen fester Einspeisevergütung und Direktvermarktung sowie zwischen den verschiedenen Direktvermarktungsformen untereinander nur zum Monatsersten möglich. Der Verbotscharakter gegenüber untermonatlichen Wechseln, der abweichende Vereinbarungen ausschließt, ergibt sich aus der Formulierung *„dürfen...nur"*. Zwar ist die Begründung, so können *„schneller und präziser erkannt werden, welche Vermarktungswege von den Anlagenbe-*

---

1 BT-Drs. 18/1891, S. 35; Erläuterungen dazu unten Rn. 27 ff.
2 BT-Drs. 18/1304, S. 23.

treiberinnen und Anlagenbetreibern gewählt werden",³ wenig eindeutig. Denn hinsichtlich der buchhalterischen Konsequenzen für die Umlageermittlung und den Wälzungsprozess ist ein Zusammenhang mit Kalendermonatlichkeit kaum zwingend. Dieser Zusammenhang wird erst dadurch deutlich, dass § 20 Abs. 1 auch auf die Interessen Dritter Rücksicht nimmt, da in den Wechsel zwischen den Veräußerungsformen weitere Akteure eingeschaltet sind. Das betrifft vor allem die Übertragungsnetzbetreiber mit einer Vielzahl von Funktionen, die – angesichts des Wechselpotenzials von mehreren hunderttausend regenerativen Erzeugungsanlagen – für den Wechsel und die Mengenerfassung zwischen Einspeisevergütung und Direktvermarktung ein hohes Maß an Standardisierung, Transparenz, Eindeutigkeit und Einheitlichkeit benötigen.

2. Veräußerungsformen. a) Allgemeines. Abs. 1 Nr. 1–4 zählt abschließend die **vier Veräußerungsformen** für Strom nach dem EEG 2014 auf.   6

Abs. 1 **ersetzt** somit den bisherigen **§ 33b EEG 2012**, geht aber über diesen hinaus, da dieser nur die verschiedenen Direktvermarktungsformen einschließlich des im EEG 2012 noch vorgesehenen Grünstromprivilegs aufzählte, nicht jedoch die (nunmehr zwei) Formen der Einspeisevergütung.   7

b) Geförderte Direktvermarktung in der Marktprämie (Nr. 1). aa) Überblick. In **Nr. 1**   8
ist die **geförderte Direktvermarktung** als erste der möglichen Veräußerungsform aufgezählt. Damit ist bislang nur die Direktvermarktung in der Marktprämie nach § 34 gemeint.⁴ Falls von der Ermächtigung nach § 95 Nr. 6 zum Erlass einer Verordnung zur Grünstrom-Vermarktung Gebrauch gemacht wird, würde auch diese geförderte Direktvermarktungsform unter Nr. 1 fallen.

Mit Nennung der geförderten Direktvermarktung an erster (und der ungeförderten Direkt-   9
vermarktung an zweiter) Stelle und damit vor den beiden Formen der Einspeisevergütung macht der Gesetzgeber auch in § 20 schon äußerlich das **Primat der Direktvermarktung als Regelfall im EEG 2014** deutlich.

Mit dem EEG 2014 ist die Direktvermarktung für Neuanlagen verpflichtend, mit Ausnah-   10
me von Kleinanlagen (§ 37 Abs. 2). Die Einführung der grundsätzlich **verpflichtenden Direktvermarktung** stellt einen **Systemwechsel** gegenüber den Vorgängerfassungen des EEG dar. In diesen war die Direktvermarktung noch lediglich eine Option neben der festen Einspeisevergütung, die als der rechtstechnische Regelfall angesehen wurde. Dies ergab sich im EEG 2012 schon daraus, dass nach § 33c Abs. 2 Nr. 1 lit. a EEG 2012 grundlegende Voraussetzung für den Anspruch auf Marktprämie war, dass der Anlagenbetreiber grundsätzlich einen (unverminderten) Anspruch auf die Einspeisevergütung haben musste. Der Systemwechsel spiegelt sich im EEG 2014 auch terminologisch wider. Es ist nun nicht mehr der [ergänze: Einspeise-]„Vergütungsanspruch" die Grundlage für die Berechnung der Marktprämie wie noch nach § 33h EEG 2012. Vielmehr wird dieser im EEG 2014 jetzt durchgehend vom „anzulegenden Wert" ersetzt. Dieser ist nun Grundlage zur Ermittlung der Einspeisevergütung (§ 37 Abs. 3 und § 38 Abs. 2). Den Systemwechsel hin zur grundsätzlich verpflichtenden Direktvermarktung sieht der Gesetzgeber als zentral für eine bessere **System- und Marktintegration der erneuerbaren Energien** an.⁵

---

3 BT-Drs. 17/6071, S. 79 zur Vorgängerregelung in § 33d Abs. 1 EEG 2012.
4 Zu Details zum Marktprämienmodell siehe Kommentierung zu § 34.
5 BT-Drs. 18/1891, S. 204.

11 **bb) Gesetzgeberische Motive für die Einführung des optionalen Marktprämienmodells im EEG 2012.** Das **Marktprämienmodell** war **bereits** bei der Verabschiedung des **EEG 2009** in der fachlichen und politischen **Diskussion**, siehe insoweit die konsolidierte Begründung zur Verordnungsermächtigung des § 64 Abs. 1 S. 1 Nr. 6 lit. a EEG 2009: *„[Die Verordnungsermächtigung] ermächtigt dazu, Anlagenbetreibern das Recht zu geben, im Falle der Eigenvermarktung des Stroms einen finanziellen Anreiz in Anspruch zu nehmen. (...) Die Ausschöpfung der Verordnungsermächtigung für einen optional gleitenden Anreiz eröffnet den Erneuerbaren Energien die Möglichkeit, bei begrenzten Risiken und Chancen Erfahrung auf den Strommärkten zu sammeln (...).“*[6] Im Vorlauf der Erarbeitung des Referentenentwurfs zum EEG 2012 wurden die Alternativen zur Marktintegration erneuerbarer Energien weiter untersucht,[7] mit zunehmender Präferenz für das Marktprämienmodell,[8] das schließlich Eingang in den Gesetzentwurf zum EEG 2012[9] fand.

12 Im Kern sollte das **Marktprämienmodell unter dem EEG 2012** den Anlagenbetreibern einen preisgetriebenen Anreiz zum Wechsel aus der festen Einspeisevergütung geben und dafür **Erlössicherheit** durch den Ausgleich der Differenz zwischen einem technologietypisierten monatlichen Vermarktungserlös (Stundenkontrakte des Spotmarktes der Strombörse EPEX Spot) und der dem Betreiber entgehenden anlagenspezifischen Einspeisevergütung **gewährleisten**. Zusätzlich sollte das Modell die erwarteten **Kosten** der Betreiber für Handelsanbindung, Prognoseerstellung und Profilservice (Ausgleichsenergiebeschaffung) durch eine Managementprämie **kompensieren**.

13 **cc) Gesetzgeberische Motive für die Einführung der grundsätzlich verpflichtenden Direktvermarktung im EEG 2014.** Die genannten **Motive**, die den Gesetzgeber unter dem **EEG 2012** zur Einführung des optionalen Marktprämienmodells bewogen haben, haben auch **im EEG 2014** mit der Einführung der grundsätzlich **verpflichtenden Direktvermarktung** ihren **Niederschlag gefunden**:

14 Mit der **Direktvermarktung** werden die Marktpreise für Strom, d. h. insbesondere die **Börsenpreise**, für den Anlagenbetreiber bzw. dessen Direktvermarktungsunternehmer „spürbar“.[10] Dadurch wird aus Sicht des Gesetzgebers für die Anlagenbetreiber ein Anreiz gesetzt, ihren Strom in Zeiten höherer Marktpreise zu vermarkten – dies ist weitgehend nur bei den nicht dargebotsabhängigen Energieträgern wie insbesondere Biomasse möglich – und auch die Auslegung der Anlagen auf dieses Ziel hin zu optimieren – dies ist auch bei Windkraft (z. B. durch ein verändertes Rotor-Generator-Verhältnis) und Photovoltaik (z. B. durch Nachführung, keine reine Südausrichtung) möglich.[11] Da die Börsenstrompreise aus

6 Konsolidierte Begründung zum EEG 2009, S. 92, abrufbar unter: www.clearingstelle-eeg.de → Recht (zuletzt abgerufen am 8.3.2015).

7 Zum damaligen Diskussionsstand *r2b Energy Consulting GmbH/Consentec GmbH*, Förderung der Direktvermarktung und der bedarfsgerechten Einspeisung von Strom aus erneuerbaren Energien, Köln/Aachen 2010, abrufbar unter: www.bmwi.de → Mediathek → Publikationen (zuletzt abgerufen am 10.3.2015); *Sensfuß* et al., Vorbereitung und Begleitung der Erstellung des Erfahrungsberichts nach § 65 EEG, Vorhaben IV Instrumentelle und rechtliche Weiterentwicklung im EEG, Endbericht Juni 2011, S. 144 ff., abrufbar unter: www.isi.fraunhofer.de (zuletzt abgerufen am 10.3.2015).

8 BMU-Entwurf Erfahrungsbericht 2011 zum EEG, Stand: 3.5.2011, S. 11 ff., abrufbar unter: www.erneuerbare-energien.de → Service → Dokumente (zuletzt abgerufen am 10.3.2015).

9 BT-Drs. 17/6071.

10 BT-Drs. 18/1891, S. 204.

11 BT-Drs. 18/1891, S. 204.

Angebot und Nachfrage resultieren, sind die Preise bei hohem Stromverbrauch und geringer Erzeugung hoch. Umgekehrt sind die Preise bei geringem Stromverbrauch und hoher Erzeugung niedrig. Letztlich soll der Anreiz, die Stromerzeugung am Börsenpreis zu orientieren, dazu führen, dass sich die **Stromerzeugung an der Stromnachfrage orientiert**. Der Preisanreiz für marktgerechtes Verhalten führt dabei idealtypisch zur **Verbesserung der Prognosequalität**, zur **bedarfsgerechten Verlagerung von Erzeugungsmengen** und zu einer Anlagenauslegung, die Flexibilität und Stetigkeit begünstigt, um so – im Gegensatz zum Einspeisevergütungsmodell – die Flexibilitätspotenziale der verschiedenen Erneuerbare-Energien-Technologien zu realisieren und damit des Gesamtsystems mit weiter wachsenden Anteilen erneuerbarer Energien zu stabilsieren.

Als weiterer positiver Effekt der Direktvermarktung soll schon überhaupt das Auftreten   **15** von **negativen Börsenpreisen** für Strom **vermindert** werden.[12] Wenn es zu starken Stromüberschüssen bei gleichzeitig geringer Nachfrage kommt, kommt es vor, dass die Preise an der Strombörse negativ werden, d. h. der Abnehmer des Stroms erhält für die Abnahme Geld vom Erzeuger als eine Art „Abwrackprämie für Strom". Tendenziell sollen durch die Direktvermarktung Ausgleichsenergiekosten im Vergleich zur festen Einspeisevergütung mit Vermarktung durch die Übertragungsnetzbetreiber verringert werden (gleiche Prognosequalität vorausgesetzt). Der Anreiz, nur bis zu solchen Strommarktpreisen weiterhin einzuspeisen, die der negativen Höhe der Marktprämie entsprechen, soll bei noch stärkerem Absinken der Preise zur Abschaltung durch den Direktvermarktungsunternehmer führen und dadurch im Gesamtsystem messbar Ausgleichsenergiekosten einsparen, die ansonsten in der weitgehend unlimitierten Vermarktung durch die Übertragungsnetzbetreiber anfielen (vgl. § 8 AusglMechAV). Damit werde die sog. Produce-and-forget-Problematik – also die Einspeisung von Strom völlig unabhängig von der Nachfrage –, die im System der festen Einspeisevergütung besteht, durch die Direktvermarktung weitestgehend beseitigt.[13]

Dadurch, dass die Anlagenbetreiber in der geförderten Direktvermarktung nach § 35 S. 1   **16** Nr. 3 der **Bilanzkreispflicht** unterliegen, müssen sie **ihre Erzeugung prognostizieren** und entsprechende **Fahrpläne anmelden**. Wenn die tatsächlich erzeugte Strommenge von der Prognose abweicht, haben die Anlagenbetreiber – bzw. in der Praxis in der Regel die Direktvermarktungsunternehmer – entsprechende Ausgleichsenergiekosten zu tragen. Daher sieht der Gesetzgeber in der Direktvermarktung auch Anreize, Ausgleichsenergiekosten durch eine **Verbesserung der Prognosegüte** sowie Handelsstrategien, die Prognoseabweichungen ausgleichen, zu vermeiden, was wiederum die Kosten des Gesamtsystems senke.[14]

Schließlich verspricht sich der Gesetzgeber von der Direktvermarktung auch **mehr Wett-**   **17** **bewerb** im Handel mit Strom aus erneuerbaren Energien, weitere Innovationen und Effizienzverbesserungen.[15]

c) Sonstige Direktvermarktung (Nr. 2). Die **sonstige Direktvermarktung** nach **Nr. 2**   **18** wird **nicht näher definiert**. Das EEG 2014 hält insoweit, wie schon die vorangehenden

---

12 BT-Drs. 18/1891, S. 204.
13 BT-Drs. 18/1891, S. 204.
14 BT-Drs. 18/1891, S. 204.
15 BT-Drs. 18/1891, S. 204 f.

Fassungen des EEG,[16] keine ergänzenden oder konkretisierenden Regeln bereit. In Abgrenzung zur geförderten Direktvermarktung in der Marktprämie umfasst Nr. 2 die Fälle, in denen Strom im Sinne von § 5 Nr. 9 direkt vermarktet wird, der Anlagenbetreiber dafür aber keine Förderung in Anspruch nimmt. Nr. 2 kann daher als **Auffangtatbestand** angesehen werden. Auch wenn für Strom, der nach Nr. 2 veräußert wird, kein Anspruch auf finanzielle Förderung besteht, bestehen für diesen Strom die weiteren Ansprüche des EEG 2014, die Strom aus erneuerbaren Energien und Grubengas gegenüber Strom aus konventionellen Energieträgern bevorzugen, unverändert. Das betrifft etwa den Anspruch nach § 11 auf vorrangige Abnahme, Übertragung und Verteilung.

19 Derartige Vermarktungsfälle hat es – mit verschiedenen Motiven – unter der Geltung des EEG immer gegeben. Erstmals so genannt wurde die sonstige Direktvermarktung in § 33b Nr. 3 EEG 2012. Für sie entscheiden sich **insbesondere** Anlagenbetreiber, deren **Stromerzeugung** zwar auf erneuerbaren Energien beruht, die aber aus unterschiedlichen Gründen **nicht nach dem EEG 2014 vergütungsfähig** sind. Das kann z. B. Fälle betreffen, in denen das Ausschließlichkeitsprinzip nach § 19 Abs. 1 erster Halbsatz nicht eingehalten wird. Weiterhin kommt die sonstige Direktvermarktung bei Biomasseanlagen, deren Bemessungsleistung über 20 MW liegt, für den Anteil der Stromerzeugung, der über dieser Grenze liegt (vgl. § 44 Nr. 4), in Betracht. Gleiches gilt, wenn die 20-jährige Förderdauer nach § 22 überschritten ist.[17]

20 Zu einem weiteren praktischen Anwendungsfall der sonstigen Direktvermarktung führt das **Marktintegrationsmodell** nach § 100 Abs. 1 Nr. 4 EEG 2014 i. V. m. § 33 EEG 2012, das für bestimmte Photovoltaik-Bestandsanlagen auch unter der Geltung des EEG 2014 weiterhin den Förderanspruch auf 90 Prozent des im jeweiligen Kalenderjahr in der Anlage erzeugten Stroms begrenzt. Damit bleibt für 10 Prozent der Strommenge nur entweder anteilige Eigenversorgung, anteilige Direktlieferung ohne Netznutzung an Dritte mit Verbrauch in unmittelbarer Nähe (vgl. § 20 Abs. 3 Nr. 2) oder eben die anteilige sonstige Direktvermarktung nach Nr. 2, wenn der Anlagenbetreiber insoweit die Vergütungsreduktion nach § 100 Abs. 1 Nr. 4 i. V. m. § 33 Abs. 2 EEG 2012 vermeiden will. Das Marktintegrationsmodell betrifft Photovoltaik-Dachanlagen mit einer Leistung von mehr als 10 kW bis einschließlich 1 MW, die nach dem 31. März 2012 und vor dem 1. August 2014 in Betrieb genommen worden sind und die nicht unter die Ausnahmen nach § 100 Abs. 1 Nr. 9 i. V. m. § 66 Abs. 19 Satz 2 EEG 2012 fallen.

21 Für den Strom in der sonstigen Direktvermarktung hat der Anlagenbetreiber nach § 79 Abs. 1 einen Anspruch auf Ausstellung von **Herkunftsnachweisen**. Damit ist dies – vorbehaltlich des Erlasses einer Grünstrom-Vermarktungsverordnung nach § 95 Nr. 6 – die einzige Veräußerungsform des EEG 2014, bei der der Anlagenbetreiber die „grüne Eigenschaft" des Stroms ausweisen kann (vgl. § 80 Abs. 2). Genaueres zu Herkunftsnachweisen ist in der HkNV und der HkNDV geregelt.

22 Anders als in den übrigen Veräußerungsformen des EEG 2014 können Anlagen in der sonstigen Direktvermarktung zudem nach § 18 Abs. 1 StromNEV **vermiedene Netzentgelte** beanspruchen.[18] Das ergibt sich aus einem Umkehrschluss aus § 18 Abs. 1 S. 3 Nr. 1

---

16 Siehe dazu auch die Vorfassung BerlKommEnR/*Schroeder-Selbach/Glenz*, Bd. 2, 3. Aufl. 2014, § 33b EEG 2012 Rn. 12.

17 *Herz/Valentin*, EnWZ 2014, 358, 362.

18 Näheres zu vermiedenen Netzentgelten siehe § 35 Rn. 10 ff.

StromNEV i.V.m. § 19 EEG 2014. Nach § 18 Abs. 1 S. 3 Nr. 1 StromNEV werden für Strom, der nach § 19 gefördert wird, keine vermiedenen Netzentgelte gewährt. Die sonstige Direktvermarktung nach Nr. 2 ist jedoch in § 19 nicht aufgeführt, da für sie eben keine (finanzielle) Förderung gewährt wird.

d) Einspeisevergütung nach § 37 für kleine Anlagen und Bestandsanlagen (Nr. 3). 23
Nr. 3 nennt als weitere Veräußerungsform die **Einspeisevergütung nach § 37.** Bei **Neuanlagen** können **nur noch kleine Anlagen** die feste Einspeisevergütung nach § 37 als Alternative zur geförderten Direktvermarktung in der Marktprämie nutzen. Es sind nur solche Neuanlagen als kleine Anlagen anzusehen, die die Bagatellgrenzen für installierte Leistung nach § 37 Abs. 2 nicht überschreiten. Dies ist Ausdruck der grundsätzlichen Direktvermarktungspflicht für Neuanlagen unter dem EEG 2014.

Daneben umfasst § 20 Abs. 1 Nr. 3 i.V.m. § 37 und § 100 Abs. 1 Nr. 6 auch **Bestandsanla-** 24
gen, und zwar **unabhängig von der Höhe ihrer installierten Leistung**. Nach § 100 Abs. 1 Nr. 6 gelten für Bestandsanlagen die Leistungsgrenzen des § 37 Abs. 2 nicht und der jeweils anzulegende Wert wird auch nicht um die „eingepreiste Managementprämie" nach § 37 Abs. 3 zweiter Halbsatz reduziert. Das bedeutet, dass Bestandsanlagen nicht der Direktvermarktungspflicht unterliegen, sondern ohne Größenbeschränkung eine Einspeisevergütung beanspruchen können. Für diese Anlagen bleibt die Direktvermarktung daher optional, allerdings mit der fortgeltenden Ausnahme der §§ 27 Abs. 3, 27a Abs. 2 und 27c Abs. 3 EEG 2012, die für Biogas- und Biomethananlagen größer 750 kW, die zwischen 1.1.2014 und 31.7.2014 in Betrieb genommen worden sind, die Direktvermarktung vorschreiben.

e) Einspeisevergütung nach § 38 in Ausnahmefällen (Nr. 4). Nr. 4 nennt schließlich die 25
Einspeisevergütung nach § 38 als die letzte der vier Veräußerungsformen des EEG 2014. Die Einspeisevergütung in Ausnahmefällen nach § 38 soll ein „Sicherheitsnetz" für Anlagenbetreiber bieten, die ihren Strom vorübergehend nicht direkt vermarkten können. Dies betrifft insbesondere Fälle, in denen der Direktvermarktungsunternehmer kurzfristig ausfällt, etwa, wenn er insolvent wird. Sie ist daher auch für Neuanlagen unabhängig von der Höhe ihrer installierten Leistung zugänglich. Allerdings ist sie nach § 38 Abs. 2 Satz 1 mit einem zwanzigprozentigen Abschlag verbunden, damit Anlagenbetreiber einen Anreiz haben, möglichst schnell wieder in die Direktvermarktung zu wechseln.[19]

f) Streichung des bisherigen Grünstromprivilegs nach § 39 EEG 2012. Bislang gab es 26
im EEG noch eine weitere geförderte Direktvermarktungsform, das sogenannten Grünstromprivileg, das zuletzt in § 39 EEG 2012 kodifiziert war.[20] Dieses Grünstromprivileg wurde, einschließlich des sogenannten „solaren Grünstromprivilegs" nach § 39 Abs. 3 EEG 2012, mit Einführung des EEG 2014 gestrichen. Die Abschaffung des Grünstromprivilegs war bereits im Koalitionsvertrag zur 18. Legislaturperiode vereinbart[21] und hatte sowohl rechtliche als auch ökonomische Gründe: Die EU-Kommission hatte europarechtliche Bedenken und die Förderung über das Grünstromprivileg war teurer als die Direktver-

---

19 BT-Drs. 18/1304, S. 139.
20 Zum Grünstromprivileg s. BerlKommEnR/*Schroeder-Selbach/Glenz*, Bd. 2, 3. Aufl. 2014, § 33b EEG 2012 Rn. 6ff., § 39 EEG 2012 Rn. 3ff.
21 Koalitionsvertrag zwischen CDU, CSU und SPD für die 18. Legislaturperiode, S. 53, abrufbar unter: www.bundesregierung.de (zuletzt abgerufen am 8.3.2015).

marktung in der Marktprämie.[22] Allerdings ermächtigt § 95 Nr. 6 zum Erlass einer Verordnung zur Grünstromvermarktung unter dem EEG 2014.

IV. Anteilige Veräußerung (Abs. 2)

27 **1. Aufteilung auf verschiedene Veräußerungsformen (S. 1). a) Grundsatz.** Nach Abs. 2 S. 1 dürfen Anlagenbetreiber den erzeugten Strom prozentual **auf verschiedene Veräußerungsformen** nach Abs. 1 Nr. 1, 2 oder 3 **aufteilen.** Damit kann Strom alternativ zur einheitlichen Veräußerung des gesamten Stroms in einer der Veräußerungsformen nach Abs. 1 auch anteilig in zwei oder drei der folgenden Veräußerungsformen vermarktet werden: Geförderte Direktvermarktung (Abs. 1 Nr. 1), sonstige Direktvermarktung (Abs. 1 Nr. 2) und Einspeisevergütung nach § 37 für Klein- und – i.V.m. § 100 Abs. 1 Nr. 6 – Bestandsanlagen (Abs. 1 Nr. 3).

28 Eine **anteilige** Nutzung der **Einspeisevergütung in Ausnahmefällen** nach § 38 (Abs. 1 Nr. 4) ist hingegen **nicht vorgesehen.** Diese kann nur ganz oder gar nicht in Anspruch genommen werden. Nach der Gesetzesbegründung wird mit Abs. 2 nur die bisherige Möglichkeit der anteiligen Direktvermarktung erhalten,[23] also der Regelungsgehalt von § 33f EEG 2012. Da eine anteilige Veräußerung in der Ausfallvermarktung nach § 38 von § 33f nicht umfasst war – es gab sie unter dem EEG 2012 noch nicht –, wird sie ausgenommen.[24] Ein wichtiger Grund liegt darin, dass die Ausfallvermarktung als Sicherheitsnetz für Ausnahmefälle, z. B. die Insolvenz des Direktvermarktungsunternehmers konzipiert ist. Wenn der Direktvermarktungsunternehmer nicht verfügbar ist, besteht auch kein Bedürfnis, anteilig weiter in einer der beiden Direktvermarktungsformen nach Abs. 1 Nr. 1 oder 2 zu bleiben.

29 Wenn sich Anlagenbetreiber für eine anteilige Veräußerung entscheiden, müssen sie dem Anschlussnetzbetreiber nach § 21 Abs. 2 Nr. 1 die Veräußerungsformen und nach § 21 Abs. 2 Nr. 3 die jeweils diesen Formen zuzuordnenden Prozentsätze in einer **Wechselmitteilung** übermitteln. Diese Mitteilung muss der Monatsfrist des § 21 Abs. 1 Satz 1 und den inhaltlichen Vorgaben nach § 21 Abs. 3 i.V.m. der einschlägigen Festlegung der BNetzA[25] genügen.

30 Wird eine anteilige Veräußerung gewählt, bestehen die **Voraussetzung und Pflichten**, die für die jeweilige Veräußerungsform bestehen, **nur für die jeweilige Strommenge.** So bestehen bei einer anteiligen Direktvermarktung in der Marktprämie die Voraussetzungen nach § 35 nur für den betreffenden Stromanteil. Die Pflichten nach § 39 bestehen nur für den Anteil, für den eine Einspeisevergütung beansprucht wird. § 20 Abs. 2 geht § 39 Abs. 2 insofern als lex specialis vor, als bei einer nur anteiligen Nutzung einer Einspeisevergütung die Pflichten nach § 39 Abs. 2 nur für diesen Stromanteil gelten.

---

22 BT-Drs. 18/1304, S. 91.
23 BT-Drs. 18/1891, S. 201.
24 BT-Drs. 18/1891, S. 201.
25 BNetzA, Festl. v. 29.1.2015, BK6-14-110, abrufbar unter: www.bundesnetzagentur.de → Beschlusskammern → Beschlusskammer 6 → Prozesse für Einspeisestellen (zuletzt abgerufen am 8.3.2015). Näheres dazu siehe Kommentierung zu § 21 Rn. 21 ff.

Obwohl nicht ausdrücklich geregelt, spricht nichts dagegen, den Strom anteilig auf **unter-**   **31**
schiedliche Vertragspartner in der Direktvermarktung zu verteilen.[26]

b) Entstehungsgeschichte. Eine **ausdrückliche Regelung** zum Umgang mit der **anteili-**   **32**
gen Direktvermarktung wurde **erstmals** im parlamentarischen Verfahren **zum EEG**
2009 eingeführt. Sie fand Eingang in den geänderten Entwurf zu **§ 17 EEG 2009**[27] und war
vom neuen Ansatz gegenüber der Direktvermarktung getragen: Der gesetzgeberische Fokus lag auf Heranführung der Anlagenbetreiber an den Strommarkt und damit auf Erleichterungen für die Direktvermarktung. Diesem Ziel sollte auch, wenn vom Anlagenbetreiber gewünscht, ein schrittweiser Umstieg dienen. Mit der Erlaubnis der anteiligen Direktvermarktung, die die betriebswirtschaftlichen Ergebnisse der verschiedenen Absatz-
wege aus Betreibersicht vergleichbar machte, wurde somit ein Anreiz für eine schrittweise
Annäherung an die Direktvermarktung bereitgestellt.

§ 33f EEG 2012 nahm den Grundgedanken des § 17 Abs. 2 EEG 2009 auf und entwickelte   **33**
diesen fort. Anlagenbetreiber konnten die (Prozent-)**Anteile zwischen Einspeisevergü-**
tung und den verschiedenen Direktvermarktungsformen des EEG 2012 frei verteilen.
Sie mussten dafür die entsprechenden Mitteilungserfordernisse einhalten. Die tatsächliche
Aufteilung der Erzeugung musste allerdings nachweislich den Prozentsätzen der Mitteilung entsprechen.

§ 20 Abs. 2 RegE enthielt noch ein **Verbot der anteiligen Veräußerung.**[28] Das hätte eine   **34**
Änderung gegenüber § 33f EEG 2012 dargestellt, der die anteilige Direktvermarktung ausdrücklich zuließ. Nach der Begründung des RegE bestand kein Bedürfnis, diese Möglichkeit fortzuführen, weil sie in der Praxis kaum genutzt worden sei.[29] Im **parlamentarischen**
Verfahren zum EEG 2014 wurde die Möglichkeit der **anteiligen Veräußerung** dann **wie-**
der aufgenommen.[30] Als Grund wurde genannt, dass wegen der Hinweise mehrerer
Marktakteure anzunehmen sei, dass auch weiterhin ein praktisches Bedürfnis für die anteilige Direktvermarktung bestehe.[31] Damit wird die bisherige Rechtslage des EEG 2012 fortgeführt.

Die Veräußerung eines im Vorhinein vom Anlagenbetreiber festgelegten **prozentualen**   **35**
Anteils statt der gesamten Stromerzeugung steht, im Gegensatz zu einem kurzfristigen
Wechsel zwischen den Veräußerungsformen, dem Gedanken der Missbrauchsvermeidung
(„Rosinenpicken") nicht entgegen. Innerhalb der Veräußerungsperioden nach den Vorgaben nach Abs. 1 (Wechsel nur zum Monatsersten) und nach § 21 (Wechselfristen und
weitere Wechselvorgaben) ist nur jeweils eine Veräußerungsform für die Gesamtmenge
oder die angemeldeten und nachgewiesenen Anteile zulässig. Eine Teilvermarktung von
Arbeitsmengen zu bestimmten Zeiten oder aus bestimmten Teilanlagen bleibt weiterhin
ausgeschlossen.

c) Anteilige Veräußerung über gemeinsame Messeinrichtung. Ungeklärt ist die Frage,   **36**
ob eine **anteilige Veräußerung** teilweise in einer Direktvermarktungsform und für den an-

---

26 Vgl. BerlKommEnR/*Schroeder-Selbach/Glenz*, Bd. 2, 3. Aufl. 2014, § 33f EEG 2012 Rn. 7;
   Frenz/Müggenborg/*Ekardt/Hennig*, § 33f EEG 2012 Rn. 4.
27 BT-Drs. 16/9477, S. 24.
28 BT-Drs. 18/1304, S. 23.
29 BT-Drs. 18/1304, S. 126.
30 BT-Drs. 18/1891, S. 35.
31 BT-Drs. 18/1891, S. 201.

deren Teil des Stroms in der Einspeisevergütung nach § 37 möglich ist, wenn mehrere Anlagen **über eine gemeinsame Messeinrichtung** abgerechnet werden.[32] Nach der Begründung der Änderungen im parlamentarischen Verfahren sollte mit der Wiederaufnahme der anteiligen Veräußerungsmöglichkeit in Abs. 2 auch die anteilige Direktvermarktung von mehreren über eine gemeinsame Messeinrichtung abgerechneten Anlagen weiterhin möglich sein.[33] Dazu steht jedoch **§ 25 Abs. 2 Satz 1 Nr. 3 in Widerspruch**, wonach der Anlagenbetreiber durch Reduktion der Förderung sanktioniert wird, wenn mehrere Anlagen über eine gemeinsame Messeinrichtung abgerechnet werden und der Strom nicht entweder insgesamt in die Direktvermarktung oder insgesamt in die Einspeisevergütung geht. Es liegt nahe, dass bei der Aufnahme des § 20 Abs. 2, die recht spät im parlamentarischen Verfahren erfolgte, übersehen wurde, § 25 Abs. 2 Satz 1 entsprechend anzupassen. Es verbleibt jedoch ein schwer aufzulösender teleologischer Widerspruch. Mit Gesetzentwurf vom 21.4.2015 (BT-Drs. 18/4683) soll klargestellt werden, dass die anteilige Direktvermarktung auch über eine gemeinsame Messeinrichtung zulässig ist.

37 Anlagenbetreiber können diese **Unsicherheit vermeiden**, indem sie für jede Anlage eine eigene Messeinrichtungen installieren. Alternativ können Anlagenbetreiber bei Nutzung einer gemeinsamen Messeinrichtung mit allen gemeinsam gemessenen Anlagen einheitlich in die Direktvermarktung oder die Einspeisevergütung wechseln. Damit sind die Voraussetzungen von § 25 Abs. 2 Satz 1 Nr. 3 lit. a bzw. lit. b erfüllt und es kommt nicht zur Sanktionierung. Dabei kann es sich in Fällen von § 25 Abs. 2 Satz 1 Nr. 3 lit. a um die Direktvermarktung in der Marktprämie, die sonstige Direktvermarktung oder eine anteilige Veräußerung handeln, bei der beide Direktvermarktungsformen zugleich anteilig genutzt werden. In Fällen von § 25 Abs. 2 Satz 1 Nr. 3 lit. b ist es zulässig, mit allen Anlagen in die Einspeisevergütung nach § 37 (bei Bestandsanlagen i.V.m. § 100 Abs. 1 Nr. 6) zu wechseln, sofern es sich bei den gemeinsam gemessenen Anlagen nur um Bestandsanlagen oder kleine Neuanlagen unterhalb der Leistungsgrenzen nach § 37 Abs. 2 handelt. Es wäre zur Vermeidung der Sanktion nach § 25 Abs. 2 Satz 1 Nr. 3 auch für alle gemeinsam gemessenen Anlagen – auch für Neuanlagen oberhalb der Leistungsschwellen nach § 37 Abs. 2 – ein Wechsel in die Einspeisevergütung in Ausnahmefällen nach § 38 zulässig. Dies wäre aber wirtschaftlich unattraktiv. Eine anteilige Nutzung beider Einspeisevergütungsformen ist nach Abs. 2, der nur auf die Veräußerungsformen nach Abs. 1 Nr. 1–3 verweist, nicht zulässig.[34]

38 Auch in den aktualisierten **Marktprozessen für Einspeisestellen (Strom)** wird die Frage zum **Verhältnis von § 20 Abs. 2 und § 25 Abs. 2 Satz 1 Nr. 3 nicht entschieden**. Danach ist zwar der Wechsel in eine anteilige Veräußerung in der Direktvermarktung und der Einspeisevergütung auch bei einer gemeinsamen Messeinrichtung von den Wechselprozessen her grundsätzlich möglich. Die Frage, ob die Nutzung dieser gemischten Veräußerungsform aber dann durch § 25 Abs. 2 Satz 1 Nr. 3 durch Reduktion anzulegenden Wertes auf den Monatsmarktwert sanktioniert wird, ist in den Marktprozessen für Einspeisestellen (Strom) offengelassen.[35]

---

32 Siehe hierzu auch die Kommentierung zu § 25 Rn. 45 ff.
33 BT-Drs. 18/1891, S. 201.
34 Siehe oben Rn. 28.
35 BNetzA, Festl. v. 29.1.2015, BK6-14-110 – Anpassung der Festlegung „Marktprozesse für Einspeisestellen (Strom)" an das EEG 2014, S. 16, abrufbar unter: www.bundesnetzagentur.de → Be-

d) Anteiliger Direktverbrauch. Schon nach der Begründung des RegE – nach dem eine   **39**
anteilige Veräußerung noch ausdrücklich untersagt war – sollte es möglich sein, den Strom
anteilig in der Form des **§ 20 Abs. 3 Nr. 2** (Direktverbrauch / Nachbarbelieferung) zu „veräußern".[36] Beim Direktverbrauch handelt es sich schon nicht um ein der vier Veräußerungsformen nach Abs. 1.[37] Eine solche **anteilige „Veräußerung" zum Direktverbrauch**
ist auch nach Wiederaufnahme der Möglichkeit der anteiligen Veräußerung im parlamentarischen Verfahren[38] weiterhin **möglich**.

2. Jederzeitige Einhaltung der Prozentsätze (S. 2). Aufgrund von S. 2 müssen Anlagen-   **40**
betreiber, die die anteilige Veräußerung wählen, ihre jeweiligen **Anteile** nicht nur nach
§ 21 Abs. 2 Nr. 3 anmelden, sondern sie auch **nachweislich jederzeit einhalten**. D. h.,
während die Einspeisemengen insgesamt schwanken dürfen, sind die angemeldeten Prozentanteile der verschiedenen Vermarktungswege zu jedem Zeitpunkt, d. h. in jedem 15-
Minuten-Intervall, nachweislich einzuhalten. Hierzu führt die Begründung zu § 33f Abs. 1
Nr. 2 EEG 2012 als Vorgängerregelung des S. 2 aus, dass der Nachweis der Einhaltung der
Prozentanteile nur mittels einer **registrierenden Leistungsmessung** erbracht werden
kann, die eine jederzeitige Datenübertragung zu jeder Viertelstunde ermöglicht.[39] Dies gilt
auch für Abs. 2, der die unter dem EEG 2012 bestehende Möglichkeit der anteiligen Direktvermarktung fortführen soll.[40] Betreiber von Anlagen, die in der Marktprämie direkt
vermarkten, müssen ohnehin schon nach § 35 S. 1 Nr. 2 i.V.m. § 36 Abs. 1 S. 1 Nr. 1 lit. a
technische Einrichtungen vorhalten, mit denen jederzeit die Ist-Einspeisung abgerufen
werden kann.

Die **Sanktion bei Verstößen gegen S. 2** ist in § 25 Abs. 1 S. 1 Nr. 3 geregelt.[41] Danach ver-   **41**
ringert sich der anzulegende Wert, und damit die Marktprämie und die Einspeisevergütung,
auf null, wenn die Prozentsätze nach S. 2 nicht jederzeit nachweislich eingehalten werden.
Diese Sanktion gilt nach § 25 Abs. 1 S. 2 bis zum Ablauf des dritten Kalendermonats, der
auf die Beendigung des Verstoßes folgt. Sowohl eine Über- als auch eine Unterschreitung
des jeweiligen Prozentanteils stellen einen Verstoß gegen S. 2 dar.[42]

Formale Vorgaben zur Feststellung der **Beendigung des Verstoßes** gegen die Verpflichtun-   **42**
gen, die zur Sanktion geführt haben, macht das Gesetz nicht. Es reicht die tatsächliche materielle Behebung des Verstoßes durch Einhaltung der gemeldeten Prozentsätze durch den
Anlagenbetreiber.

V. Ausnahmen vom Wechselzeitpunkt nach Abs. 1 (Abs. 3)

1. Wechsel des Direktvermarktungsunternehmers (Nr. 1). Ein **bloßer Wechsel des Bi-**   **43**
lanzkreises ohne Wechsel der Vermarktungsform, insbesondere ein **Wechsel des Di-**

---

schlusskammern → Beschlusskammer 6 → Prozesse für Einspeisestellen (zuletzt abgerufen am
8.3.2015).
36 BT-Drs. 18/1304, S. 126.
37 Näheres siehe unten Rn. 44 f.
38 Siehe oben Rn. 34.
39 BT-Drs. 17/6071, S. 80.
40 BT-Drs. 18/1891, S. 201.
41 Siehe auch die Kommentierung zu § 25 Rn. 30 f.
42 Vgl. Begründung zu § 33f Abs. 3 EEG 2012 als Vorgängernorm von § 25 Abs. 1 S. 1 Nr. 3, BT-
Drs. 17/6071, S. 80.

rektvermarkters bei Beibehaltung der Direktvermarktung in der Marktprämie, stellt keinen Wechsel zwischen den Veräußerungsformen i. S. d. Abs. 1 dar. Daher greifen in einem solchen Fall weder der Monatserste als Wechselzeitpunkt nach Abs. 1 noch die Fristen und Formvorschriften nach § 21. Die Fristen und Anzeigepflichten ergeben sich in einem solchen Fall vielmehr direkt aus den Vorschriften für entsprechende Wechselprozesse,[43] wonach ab dem 20.2.2015 eine Wechselfrist von 10 Werktagen gilt und ein solcher Wechsel auch untermonatlich möglich ist, also nicht nur zum Monatsersten.[44]

44 **2. Direktverbrauch (Nr. 2).** Nach **Nr. 2** können Anlagenbetreiber jederzeit den Strom vollständig oder anteilig an Dritte veräußern, sofern diese Dritten den **Strom in unmittelbarer räumlicher Nähe**[45] zur Anlage **verbrauchen** und der Strom **nicht durch ein Netz** i. S. v. § 5 Nr. 26 an den Dritten **geleitet** wird. Nr. 2 führt also die Regelung des § 33a Abs. 2 EEG 2012 fort.[46]

45 Die Ausnahme nach **Nr. 2** liegt darin begründet, dass eine solcher Direktverbrauch/Nachbarschaftsbelieferung in unmittelbarer räumlicher Nähe ohne Netznutzung schon **keine Direktvermarktung** i. S. d. der Begriffsdefinition **nach § 5 Nr. 9** darstellt. Aus diesem Grund finden auch hier der Monatserste als Wechselzeitpunkt nach Abs. 1 und die Fristen und Formvorschriften nach § 21 keine Anwendung.[47]

46 In diesem Zusammenhang ist ein weiterer Sonderfall zu nennen: In Fällen der **kaufmännisch-bilanziellen Weitergabe** nach § 11 Abs. 2[48] wird der erzeugte Strom physikalisch in das Netz des Anlagenbetreibers oder eines Dritten eingespeist, das kein Netz i. S. d. § 5 Nr. 26 ist (Arealnetz, Objektnetz, geschlossenes Verteilernetz, Kundenanlage – terminologisch z. T. unscharf abgegrenzt), und auch dort verbraucht. § 11 Abs. 2 stellt Betreiber von Anlagen in Arealnetzen, die den Strom nicht unmittelbar physisch, sondern lediglich kaufmännisch-bilanziell in ein Netz für die allgemeine Versorgung i. S. d. § 5 Nr. 26 weitergeben, so, als würde der Strom direkt physisch in ein Netz der allgemeinen Versorgung eingespeist – auch hinsichtlich der Förderung. Für solche Konstellationen ist dementsprechend **Nr. 2 nicht einschlägig.** Eine Direktvermarktung bleibt möglich, auch wenn der Strom in unmittelbarer Nähe im Arealnetz verbraucht und nicht (physisch) in ein Netz der allgemeinen Versorgung weitergeleitet wird.[49] Entsprechend sind auch in solchen Fällen der Monatserste als Wechselzeitpunkt nach Abs. 1 und die Fristen und Formvorschriften nach § 21 zu beachten.

---

43 Siehe die jeweils geltende aktuelle Fassung des Beschlusses der Bundesnetzagentur zur Festlegung „Marktprozesse für Einspeisestellen (Strom)", derzeit Festl. v. 29.1.2015, BK6-14-110 (zur Anpassung der bisherigen Festl. BK 6-12-153), abrufbar unter www.bundesnetzagentur.de → Beschlusskammern → Beschlusskammer 6 → Prozesse für Einspeisestellen (zuletzt abgerufen am 8.2.2015); Näheres dazu siehe Kommentierung zu § 21 Rn. 21 ff.
44 BNetzA Beschluss BK6-14-110, S. 2, 13; Anlage 1 zum Beschluss BK6-14-110, S. 11.
45 Zum Kriterium der unmittelbaren räumlichen Nähe siehe die Kommentierung zu § 5 Rn. 57.
46 BT-Drs. 18/1304, S. 126.
47 Vgl. BT-Drs. 17/6071, S. 78, zur Vorgängervorschrift in § 33a Abs. 2 EEG 2012.
48 Näheres zur kaufmännisch-bilanziellen Weitergabe siehe Kommentierung zu § 11 Rn. 25 ff.
49 *Wustlich/Müller*, ZNER 2011, 380, 382; *Lehnert*, ZUR 2012, 4, 6.

§ 21 Verfahren für den Wechsel

(1) ¹Anlagenbetreiber müssen dem Netzbetreiber einen Wechsel zwischen den Veräußerungsformen nach § 20 Absatz 1 vor Beginn des jeweils vorangegangenen Kalendermonats mitteilen. ²Wechseln sie in die Veräußerungsform nach § 20 Absatz 1 Nummer 4 oder aus dieser heraus, können sie dem Netzbetreiber einen Wechsel abweichend von Satz 1 bis zum fünftletzten Werktag des Vormonats mitteilen.

(2) Bei den Mitteilungen nach Absatz 1 müssen die Anlagenbetreiber auch angeben:

1. die Veräußerungsform nach § 20 Absatz 1, in die gewechselt wird,
2. bei einem Wechsel in eine Direktvermarktung nach § 20 Absatz 1 Nummer 1 oder 2 den Bilanzkreis, dem der direkt vermarktete Strom zugeordnet werden soll, und
3. bei einer prozentualen Aufteilung des Stroms auf verschiedene Veräußerungsformen nach § 20 Absatz 2 die Prozentsätze, zu denen der Strom den Veräußerungsformen zugeordnet wird.

(3) Soweit die Bundesnetzagentur eine Festlegung nach § 85 Absatz 3 Nummer 3 getroffen hat, müssen Anlagenbetreiber für die Übermittlung von Mitteilungen nach den Absätzen 1 und 2 das festgelegte Verfahren und Format nutzen.

Schrifttum: *Breuer/Lindner*, Die verpflichtende Direktvermarktung nach dem EEG 2014, REE 2014, 129; *Schumacher*, Die Neufassung des Erneuerbare-Energien-Gesetzes im Rahmen des Integrierten Energie- und Klimapakets, ZUR 2008, 121; *Wustlich*, Das Erneuerbare-Energien-Gesetz 2014 – Grundlegend neu – aber auch grundlegend anders?, NVwZ 2014, 1113.

Übersicht

I. Allgemeines

1. Normzweck. § 21 regelt in Abs. 1 Verfahren und Fristen für den Wechsel zwischen den Veräußerungsformen nach § 20 Abs. 1. In Abs. 2 sind die Anforderungen an Inhalt und Form der dafür erforderlichen Mitteilungen geregelt. Nach Abs. 3 ist für Verfahren und Format der Wechselmitteilungen die jeweils geltende Festlegung der BNetzA zu befolgen. **1**

2. Entstehungsgeschichte. Das **Wechselverfahren zwischen Einspeisevergütung und Direktvermarktung** gehört zu den zentralen Regelungsthemen in Zusammenhang mit der Direktvermarktung. Bereits früh wurde Regelungsbedarf mit Blick auf das „**Rosinenpicken**" durch kurzfristige Wechsel aus der Einspeisevergütung in die Direktvermarktung zur Mitnahme höherer Stromerlöse in nachfragestarken Zeiten geltend gemacht.[1] Im Ergebnis wurde der Wechsel erstmals bereits umfassend durch **§ 17 EEG 2009** geregelt. **2**

---

1 BMU, Verbesserung der Systemintegration der erneuerbaren Energien im Strombereich – Handlungsoptionen für eine Modernisierung des Energiesystems, Bericht gemäß Auftrag des EEG-Er-

3 Der **Regierungsentwurf des EEG 2009** vom Februar 2008 sah für die „Eigen"-Vermarktung anfänglich noch strengere Regeln für den Wechsel vor, vorrangig mit der Motivation der Missbrauchsbekämpfung.[2] Der Entwurf enthielt daher zunächst kalenderhalbjährliche Wechselperioden und kalendervierteljährliche Anmeldefristen. Eine Anteilsvermarktung war nicht vorgesehen. In den weiteren parlamentarischen Beratungen rückten dann jedoch die potenziellen Vorteile der Direktvermarktung zunehmend in den Vordergrund. So wurden im Vergleich zum Regierungsentwurf Verfahrenserleichterungen aufgenommen, insbesondere die Fristenverkürzung und die Teilvermarktung, § 17 Abs. 1 und 2 EEG 2009. Daneben wurde die Verordnungsermächtigung zur Förderung der Direktvermarktung um Zielvorgaben ergänzt: Verstetigung, bedarfsgerechte Einspeisung, Netz- und Marktintegration (§ 64 Abs. 1 S. 1 Nr. 6 EEG 2009).

4 Unter den Bedingungen systematischer und geförderter Direktvermarktung sind seitdem Rechts- und Planungssicherheit für Anlagenbetreiber, Direktvermarkter, Netzbetreiber und Elektrizitätsversorgungsunternehmen in den Mittelpunkt gerückt. Die Wechselregeln des **§ 33d EEG 2012** bauten somit grundlegend auf § 17 EEG 2009 auf, schrieben diesen fort und erweiterten ihn um zusätzliche Aspekte. Wechselfristen, Vorgaben zur Unterbrechungsfreiheit, Formvorgaben und Mitteilungspflichten dienten der einheitlichen und effizienten Umsetzung der zwei im EEG 2012 maßgeblichen Vermarktungs- und Förderwege des EEG 2012 (feste Einspeisevergütung nach § 16 EEG 2012 bzw. Marktprämie nach § 33g EEG 2012).

5 **§ 21 EEG 2014 ersetzt** inhaltlich den bisherigen § 33d Abs. 2–4 EEG 2012[3] sowie den bisherigen § 33f Abs. 1 Nr. 1 EEG 2012. Im **parlamentarischen Verfahren zum EEG 2014** wurde in § 21 gegenüber § 21 RegE die Soll-Regelung in § 21 Abs. 1 S. 2 RegE zur Meldung des Ausgleichsenergiebilanzkreises gestrichen,[4] in Abs. 2 wurde die jetzige Nr. 3 zum Mitteilungsinhalt bei anteiliger Veräußerung ergänzt[5] und die Verpflichtung der Netzbetreiber zur Erstellung von massengeschäftstauglichen Wechselprozessen, die in Abs. 3 und 4 RegE noch enthalten war, wurde zugunsten der reinen Festlegungskompetenz durch die BNetzA nach Abs. 3 gestrichen.

II. Mitteilungspflicht und -fristen (Abs. 1)

6 Abs. 1 legt die **Mitteilungspflicht** und die **Fristen für die Wechsel** zwischen den Veräußerungsformen nach § 20 Abs. 1 fest. Nach **S. 1** ist dem Netzbetreiber ein solcher Wechsel **vor Beginn des vorangegangenen Kalendermonats** mitzuteilen. Diese Mitteilungsfrist, die den bisherigen in § 33d Abs. 2 S. 1 EEG 2012 und in § 17 Abs. 1 S. 1 EEG 2009 entspricht, endet um Mitternacht des letzten Tages des Vorvor-Monats des beabsichtigten Wechsels. Will der Anlagenbetreiber also etwa mit Wirkung zum 1. Juli aus der Einspeisevergütung nach § 37 in die geförderte Direktvermarktung wechseln, muss er dies dem Netzbetreiber bis spätestens 31. Mai, 23:59 Uhr, mitteilen. Dass solche Wechsel jeweils

---

fahrungsberichts 2007, 9.5.2008, S. 20, abrufbar unter www.eeg-clearingstelle.de (zuletzt abgerufen am 8.2.2015); EEG-Erfahrungsbericht 2007, S. 143, abrufbar unter www.erneuerbare-energien.de (zuletzt abgerufen am 8.2.2015).

2 *Schumacher*, ZUR 2008, 121, 123.

3 BT-Drs. 18/1304, 126.

4 BT- Drs. 18/1891, S. 36; Erläuterungen dazu s.u. Rn. 18.

5 BT- Drs. 18/1891, S. 36; Erläuterungen dazu s.u. Rn. 20.

nur mit Wirkung **zum ersten Kalendertag eines Monats** vorgenommen werden können, ist bereits in § 20 Abs. 1 festgelegt. S. 1 entspricht dem bisherigen § 33d Abs. 2 S. 1 EEG 2012.

Im Umkehrschluss aus S. 2 ergibt sich, dass S. 1 **nur Wechsel innerhalb** der **Veräuße-**   7
rungsformen nach § 20 Abs. 1 Nr. 1–3 umfasst. Die Frist des S. 1 betrifft also nur Wechsel zwischen der geförderten Direktvermarktung in der Marktprämie (§ 20 Abs. 1 Nr. 1 i.V.m. § 34), einer sonstigen Direktvermarktung (§ 20 Abs. 1 Nr. 2) und der Einspeisevergütung nach § 37 (§ 20 Abs. 1 Nr. 3). Der Verweis auf § 20 Abs. 1 Nr. 3 umfasst dabei sowohl die Einspeisevergütung nach § 37 für kleine (Neu-)Anlagen als auch die Einspeisevergütung für Bestandsanlagen nach § 37 i.V.m. § 100 Abs. 1 Nr. 6. Nach § 100 Abs. 1 Nr. 6 gelten für Bestandsanlagen die Leistungsgrenzen des § 37 Abs. 2 nicht und der jeweils anzulegende Wert wird auch nicht um die „eingepreiste Managementprämie"[6] nach § 37 Abs. 3 zweiter Halbsatz reduziert.

S. 2 ist einschlägig, wenn der Anlagenbetreiber entweder aus einer der Veräußerungsfor-   8
men nach § 20 Abs. 1 Nr. 1–3 in die **Veräußerungsform des § 20 Abs. 1 Nr. 4** – also die Einspeisevergütung nach § 38 – wechselt oder umgekehrt aus der Einspeisevergütung nach § 38 in eine der Veräußerungsformen nach § 20 Abs. 1 Nr. 1–3 wechselt. Für einen solchen Wechsel reicht es, wenn der Anlagenbetreiber dem Netzbetreiber den Wechsel bis **zum fünftletzten Werktag des Vormonats** mitteilt. Diese verkürzte Frist trägt dem Charakter des § 38 als vorübergehende Notfallregelung Rechnung.[7] Denn die Einspeisevergütung in Ausnahmefällen nach § 38 soll ein „Sicherheitsnetz" für Anlagenbetreiber bieten, die ihren Strom vorübergehend nicht direkt vermarkten können.[8] Dies betrifft insbesondere Fälle, in denen der Direktvermarktungsunternehmer kurzfristig ausfällt, z.B., wenn er insolvent wird.[9] Damit der Anlagenbetreiber in solchen Fällen auch kurzfristig „aufgefangen" werden kann, ist die Wechselfrist nach S. 2 gegenüber der nach S. 1 deutlich verkürzt. Aus dem Charakter des § 38 als „Sicherheitsnetz", das nur so lange wie unbedingt erforderlich genutzt werden soll,[10] ergibt sich auch, dass die verkürzte Frist des S. 2 nicht nur für Wechsel in die Einspeisevergütung nach § 38 gilt, sondern auch für Wechsel aus ihr heraus in eine der Veräußerungsformen nach § 20 Abs. 1 Nr. 1–3.[11] Dadurch soll auch die Rückkehr in eine dieser „regulären" Veräußerungsformen möglichst schnell erfolgen.

Die ordnungsgemäße **Mitteilung gegenüber dem Anschlussnetzbetreiber** ist, wie schon   9
in § 17 Abs. 1 S. 1 EEG 2009 und § 33d Abs. 1 S. 1 EEG 2012, konstitutive Voraussetzung für den Erfolg des angestrebten Wechsels. Dies wird dadurch unterfüttert, dass nach der Sanktionsvorschrift in § 25 Abs. 2 S. 1 Nr. 2 im Falle eines Verstoßes gegen die Vorschriften über die Wechselmitteilung nach § 21 eine finanzielle Förderung durch die Marktprämie oder eine Einspeisevergütung erst dann gewährt wird, wenn der Verstoß behoben worden ist. Dabei ist der zusätzliche „Strafmonat" nach § 25 Abs. 2 S. 2 zu beachten. In der Praxis werden Wechselmitteilungen, die den Anforderungen des § 21 nicht genügen, jedoch aufgrund der Marktprozesse für Einspeisestellen (Strom) bereits automatisch vom

---

6 BT-Drs. 18/1304, S. 177; *Wustlich*, NVwZ 2014, 1113, 1117.
7 BT-Drs. 18/1304, S. 127.
8 BT-Drs. 18/1304, S. 139.
9 *Wustlich*, NVwZ 2014, 1113, 1117; BT-Drs. 18/1304, S. 139.
10 BT-Drs. 18/1304, S. 139.
11 Vgl. BT-Drs. 18/1304, S. 127.

Netzbetreiber abgelehnt,[12] so dass die Sanktionsvorschrift nur eine geringe praktische Relevanz haben dürfte.[13]

10   **Mitteilungsempfänger** ist der **Anschlussnetzbetreiber nach § 8.** Dabei kann, wie in anderen (Massen-)Verfahren zum Anbieterwechsel inzwischen üblich (z. B. Telekommunikations- oder Stromanbieterwahl), die **Mitteilung auch durch einen beauftragten Dritten** erfolgen. Ein solcher Dritter wird üblicherweise der Vertragspartner des Anlagenbetreibers sein, insbesondere der (ggf. künftige) Direktvermarktungsunternehmer. Für den Nachweis der Vollmacht gelten die üblichen zivilrechtlichen Regeln (soweit dazu nichts Abweichendes in der Festlegung der BNetzA nach Abs. 3 geregelt wird).

11   Zur gesetzlichen **Form des Wechsels** sagt Abs. 1 selbst nichts. Wie bereits nach § 33d Abs. 2 EEG 2012 wären Wechsel daher grundsätzlich formlos möglich. Dies gilt allerdings nur, soweit die Festlegung der BNetzA nach § 85 Abs. 3 Nr. 3[14] keine abweichende Regelung trifft. Da diese Festlegung entsprechende Vorgaben getroffen hat, insbesondere zur Nutzung der vorgegebenen Datenformate, sind diese von Anlagenbetreibern nach Abs. 3 verbindlich einzuhalten.

12   Ein **bloßer Wechsel des Bilanzkreises ohne Wechsel der Vermarktungsform**, also beispielsweise ein Wechsel des Direktvermarktungsunternehmers bei Beibehaltung der Direktvermarktung in der Marktprämie, stellt keinen „Wechsel zwischen den Veräußerungsformen nach § 20 Absatz 1" i. S. d. S. 1 dar. Daher greifen in einem solchen Fall weder die Frist nach Abs. 1 noch die inhaltlichen Anforderungen nach Abs. 2 noch der Monatserste als Stichtag nach § 20 Abs. 1 (§ 20 Abs. 3 Nr. 1). Die Fristen und Anzeigepflichten ergeben sich in einem solchen Fall vielmehr aus den Vorschriften für entsprechende Wechselprozesse,[15] wonach ab dem 20.2.2015 hierfür eine Wechselfrist von 10 Werktagen gilt.[16]

13   Der **Anschlussnetzbetreiber** hat nach § 72 Abs. 1 Nr. 1 lit. b die **Wechselmitteilungen**, die in seinem Netzgebiet eingehen, jeweils gesondert für die verschiedenen Veräußerungsformen nach § 20 Abs. 1 unverzüglich und zusammengefasst **an den vorgelagerten Übertragungsnetzbetreiber zu übermitteln.** Bei Wechseln in die Veräußerungsform nach § 20 Abs. 1 Nr. 4 – also in die Einspeisevergütung in Ausnahmefällen nach § 38 – hat der Anschlussnetzbetreiber nach § 72 Abs. 1 Nr. 1 lit. c zusätzlich auch den Energieträger, aus dem der Strom erzeugt wird, die installierte Leistung der Anlage sowie die Dauer, seit der die Anlage diese Veräußerungsform bereits nutzt, an den vorgelagerten Übertragungsnetzbetreiber zu übermitteln. Nach § 77 Abs. 1 S. 1 Nr. 1 haben **Netzbetreiber** u. a. die **Angaben** nach § 72 Abs. 1 Nr. 1 lit. b und c **auf ihren Internetseiten zu veröffentlichen.**

---

12 Bis zum 30.9.2015 nach Anlage 1 zu BNetzA, Festl. v. 29.10.2012, BK6-12-153, S. 12, (unter Beachtung der Übergangsregelung in BNetzA, Festl. v. 29.1.2015, BK6-14-110, S. 1 f.; siehe unten Rn. 26); ab dem 1.10.2015 nach Anlage 1 zu BNetzA, Festl. v. 29.1.2015, BK6-14-110, S. 14.
13 *Breuer/Lindner*, REE 2014, 129, 136.
14 BNetzA, Festl. v. 29.10.2012, BK6-12-153; ab dem 1.10.2015 BNetzA, Festl. v. 29.1.2015, BK6-14-110 (zu den Übergangsregelung zwischen 20.2.2015 und 30.9.2015, siehe unten Rn. 26).
15 Siehe die jeweils geltende aktuelle Fassung des Beschlusses der Bundesnetzagentur zur Festlegung „Marktprozesse für Einspeisestellen (Strom)", derzeit Festl. v. 29.1.2015, BK6-14-110 (zur Anpassung der bisherigen Festlegung BK 6-12-153), vgl. unten Rn. 25 ff.
16 BNetzA, Festl. v. 29.1.2015, BK6-14-110, S. 2, 13; Anlage 1 zu BNetzA, Festl. v. 29.1.2015, BK6-14-110, S. 11.

III. Inhalt der Wechselanzeige (Abs. 2)

Abs. 2 legt den **Inhalt der fristgebundenen Mitteilung** fest. Nach **Nr. 1** ist die **Veräuße-** **14** **rungsform nach § 20 Abs. 1** mitzuteilen, in die gewechselt wird. Diese Angabe ist bei allen Wechseln zwingend. Das gilt auch, wenn nur anteilig in eine Veräußerungsform gewechselt wird oder wenn die bisherigen Anteile, zu denen der Strom in unterschiedlichen Veräußerungsformen veräußert wurde, mit der Wechselmitteilung geändert werden.

Nach **Nr. 2** ist der **Bilanzkreis** mitzuteilen, dem der **direkt vermarktete Strom zugeord- 15 net** werden soll. Dies betrifft nur Fälle, in denen (und sei es auch nur anteilig) in eine der beiden Direktvermarktungsformen gewechselt wird, also in die geförderte Direktvermarktung in der Marktprämie (§ 20 Abs. 1 Nr. 1) oder eine sonstige Direktvermarktung (§ 20 Abs. 1 Nr. 2). Bei einem Wechsel in die Nachbarbelieferung / Direktverbrauch nach § 20 Abs. 3 Nr. 2 ist Nr. 2 nicht einschlägig, da die Nachbarbelieferung keinen Fall der Direktvermarktung darstellt. Nach der Begriffsbestimmung in § 5 Nr. 9 liegt keine Direktvermarktung vor, wenn der an Dritte veräußerte Strom in unmittelbarer räumlicher Nähe zur Anlage verbraucht und nicht durch ein Netz durchgeleitet wird. Das ist bei der Nachbarbelieferung nach § 20 Abs. 3 Nr. 2 der Fall, so dass dann schon nicht – wie von Nr. 2 vorausgesetzt – in eine Direktvermarktung nach § 20 Abs. 1 Nr. 1 oder 2 gewechselt wird.

Bei dem Bilanzkreis nach Nr. 2 handelt es sich um den **Vermarktungs- oder Händlerbi- 16 lanzkreis**, dem dieser Strom zugeordnet werden soll. Das ist in aller Regel der Bilanzkreis, in dem der Direktvermarktungsunternehmer den Strom aus der jeweiligen Anlage bilanziert. Dieser ist zu unterscheiden von dem Bilanzkreis, den Netzbetreiber nach § 11 S. 1 StromNZV für Strom in der Einspeisevergütung zu führen haben. Bei einem Wechsel in die Einspeisevergütung muss kein Bilanzkreis angegeben werden, da Nr. 2 nur bei Wechseln in die Direktvermarktung einschlägig ist. Der Bilanzkreis nach Nr. 2 ist auch nicht zwingend identisch mit dem Bilanzkreis nach § 35 S. 1 Nr. 3, der der Bilanzierung der Erzeuger getrennt nach Förderwegen dient,[17] wenngleich in der Praxis für diese beiden Zwecke häufig derselbe Bilanzkreis verwendet werden dürfte.

Im Fall beispielsweise einer anteiligen Veräußerung nach § 20 Abs. 2, bei der der erzeugte **17** Strom aufgeteilt wird auf Einspeisevergütung, geförderte Direktvermarktung in der Marktprämie und sonstige Direktvermarktung, wäre also zu unterscheiden zwischen der Einspeisung in den Bilanzkreis nach § 11 S. 1 StromNZV, dem „sortenreinen" Erzeugerbilanzkreis nach § 35 S. 1 Nr. 3 und der Zuordnung zum (ggf. vom Erzeugerbilanzkreis separaten) Vermarktungsbilanzkreis nach § 21 Abs. 2 Nr. 2. Die hier zum Ausdruck kommende **Bilanzkreispflicht für Direktvermarktungsanlagen** ist zugleich das zentrale **Wesensmerkmal**, das die Direktvermarktung vom System der festen Einspeisevergütung unterscheidet. Indem die Direktvermarktung mit dem EEG 2014 grundsätzlich verpflichtend gemacht wurde (§ 2 Abs. 2),[18] wird die Stromerzeugung aus Erneuerbare-Energien-Anlagen an das allgemein für Stromerzeugungsanlagen in der Drittversorgung geltende Marktregime des EnWG herangeführt. Aufgrund der Bilanzkreispflicht müssen Betreiber von Erneuerbare-Energien-Anlagen Prognosen für ihre Stromerzeugung erstellen und entsprechende Fahrpläne anmelden. Bei Prognoseabweichungen haben sie die entsprechenden

---

17 Die Gesetzesbegründung zu § 33c Abs. 2 Nr. 4 EEEG 2012 als Vorgängernorm des § 35 S. 1 Nr. 3 EEG 2014 spricht hierfür vom „Erzeugerbilanzkreis", BT-Drs. 17/6071, S. 79.
18 *Wustlich*, NVwZ 2014, 1113, 1117.

Kosten für Ausgleichsenergie zu tragen. Der Gesetzgeber verspricht sich deshalb von der Bilanzkreispflicht Anreize zur Verbesserung der Prognose, zur Nutzung von Handelsstrategien, die Prognoseabweichungen ausgleichen (z.B. Intraday-Handel oder Day-After-Handel) und im Ergebnis geringere Ausgleichsenergiekosten.[19]

18 **§ 20 Abs. 2 RegE enthielt noch einen S. 2**, wonach Anlagenbetreiber bei einem Wechsel in die Direktvermarktung auch den **Bilanz- oder Unterbilanzkreis** angeben sollten (nicht mussten), in den **Ausgleichsenergiemengen einzustellen** sind.[20] Bei Befolgen dieser Obliegenheit, sollte davon ausgegangen werden, dass der Anlagenbetreiber oder sein Direktvermarktungsunternehmer dann eine etwaige „Verunreinigung" des Bilanzkreises nach § 35 S. 1 Nr. 3 aufgrund von Ausgleichsenergiemengen, die durch den Netzbetreiber eingestellt wurden, nicht zu vertreten hätte – mit der Folge, dass nach § 35 S. 1 Nr. 3 lit. b der Anspruch auf Marktprämie erhalten bleibt.[21] **Im parlamentarischen Verfahren** wurde dieser S. 2 jedoch **gestrichen**.[22] Die darin enthaltene Regelung sei nicht erforderlich, da eine unverschuldete Bilanzierung von Ausgleichsenergie in einem Marktprämienbilanzkreis bereits durch § 35 S. 1 Nr. 3 lit. b geregelt sei.[23] Aus der Streichung kann allerdings nicht der Schluss gezogen werden, dass mit der Mitteilung des Bilanzkreises nach Nr. 2 auch automatisch die Vorgaben des § 35 S. 1 Nr. 3 erfüllt sind,[24] wonach das Führen eines grundsätzlich „sortenreinen" Bilanzkreises eine Voraussetzung für den Anspruch auf die Marktprämie ist.

19 Nach **Nr. 3** sind bei einer **prozentualen Aufteilung** des Stroms **auf verschiedene Veräußerungsformen** nach § 20 Abs. 2 die Prozentsätze mitzuteilen, zu denen der Strom den jeweiligen Veräußerungsformen nach § 20 Abs. 1 Nr. 1–3 zugeordnet wird. Entsprechend ist Nr. 3 nur anzuwenden, wenn Strom, der bislang in einer einzigen Form nach § 20 Abs. 1 veräußert wurde, künftig in mehreren Formen nach § 20 Abs. 1 Nr. 1–3 anteilig veräußert werden soll oder wenn bei einer bestehenden anteiligen Veräußerung nach § 20 Abs. 1 Nr. 1–3 die Prozentsätze nach § 20 Abs. 2 geändert werden sollen. Da sich im Umkehrschluss aus § 20 Abs. 2 ergibt, dass die Veräußerungsform nach § 20 Abs. 1 Nr. 4 – also die Einspeisevergütung in Ausnahmefällen nach § 38 – einer anteiligen Veräußerung nicht zugänglich ist, sondern nur ganz oder gar nicht gewählt werden kann, kann Nr. 3 bei einem Wechsel in diese Veräußerungsform nicht anwendbar sein.[25]

20 **§ 20 Abs. 2 RegE** enthielt noch ein ausdrückliches **Verbot der anteiligen Veräußerung**.[26] Nachdem **im parlamentarischen Verfahren** in § 20 Abs. 2 die Möglichkeit zur anteiligen Veräußerung aufgenommen wurde, wurde in der Folge auch **Nr. 3 ergänzt**,[27] um die Wechselfristen nach Abs. 1 auf Änderungen der anteiligen Veräußerung zu erstrecken.[28]

---

19 BT-Drs. 18/1891, S. 204.
20 BT-Drs. 18/1304, S. 23.
21 BT-Drs. 18/1304, S. 127; im Regierungsentwurf war der heutige § 35 S. 1 noch als § 33 nummeriert.
22 BT-Drs. 18/1891, S. 36.
23 BT-Drs. 18/1891, S. 202.
24 A.A. *Salje*, § 21 Rn. 5, der insoweit aber offenbar noch von § 21 Abs. 2 in der Form des RegE ausgeht.
25 BT-Drs. 18/1891, S. 201.
26 BT-Drs. 18/1304, S. 23.
27 BT-Drs. 18/1891, S. 36.
28 BT-Drs. 18/1891, S. 202.

IV. Festlegung durch die BNetzA (Abs. 3)

Nach **Abs. 3** müssen Anlagenbetreiber für die Übermittlung von Mitteilungen nach Abs. 1 **21** und 2 das festgelegte Verfahren und Format nutzen, soweit die **Bundesnetzagentur** eine **Festlegung nach § 85 Abs. 3 Nr. 3** getroffen hat. Aufgrund ihrer Festlegungskompetenz nach § 85 Abs. 3 Nr. 3 kann die Bundesnetzagentur zur Abwicklung von Wechseln nach § 21, insbesondere zu Verfahren, Fristen und Datenformaten, eine Festlegung nach § 29 Abs. 1 EnWG treffen.

Da die Wechsel nach § 21 angesichts bereits heute potenziell Hunderttausender direkt ver- **22** marktender Erneuerbare-Energien-Anlagen bundesweit Massencharakter haben, war es sinnvoll, Vorgaben zur **massengeschäftstauglichen Abwicklung** der Wechsel einzuführen.

Die Bundesnetzagentur hat bereits unter Geltung des EEG 2012[29] eine entsprechende Fest- **23** legung getroffen, die einheitliche und **verbindliche Regelungen für** diese **Wechselprozesse** enthält.[30] Technische Umsetzungsfragen der Festlegung werden im Umsetzungsfragenkatalog von BDEW und weiteren Verbänden behandelt.[31]

Die bestehende **(Alt-)Festlegung** gilt nach der Gesetzesbegründung auch unter dem EEG **24** 2014 fort bis die Bundesnetzagentur die bestehende Festlegung an die Änderungen angepasst hat, die das EEG 2014 bei den Wechselregeln gegenüber dem EEG 2012 vorgenommen hat,[32] – z.B. die kürzere Wechselfrist nach § 21 Abs. 1 S. 2 bei Wechseln in die Ausfallvergütung nach § 38.

Die Bundesnetzagentur hat schnell reagiert und mit Beschluss vom 29.1.2015[33] die beste- **25** hende Festlegung entsprechend angepasst. Die bisher gültige Anlage 1 zur Festlegung „**Marktprozesse für Einspeisestellen (Strom)**"[34] wird mit Geltung ab dem 1.10.2015 durch Anlage 1 der **neuen Festlegung** ersetzt.[35] Was die **Datenformate** für die elektronische Umsetzung der ab 1.10.2015 geltenden Prozessvorgaben betrifft, erfolgt noch eine Konsultation, die Anfang April 2015 abgeschlossen sein soll.[36]

In einem **Übergangszeitraum** vom **20.2.2015 bis einschließlich 30.9.2015** gelten noch **26** die Vorgaben der Altfestlegung,[37] soweit diese mit den Regelungen des neuen EEG verein-

---

29 Damals auf Basis der Festlegungskompetenz in § 61 Abs. 1b Nr. 3 EEG 2012.

30 BNetzA, Festl. v. 29.1.2012, BK6-12-153 - Festlegung von Marktprozessen für Einspeisestellen (Strom), abrufbar unter: www.bundesnetzagentur.de → Beschlusskammern → Beschlusskammer 6 → Prozesse für Einspeisestellen (zuletzt abgerufen am 8.2.2015); eingehend zu dieser Festlegung siehe die Vorauflage zu § 33d EEG 2012 Rn. 13 ff.

31 Abrufbar z.B. unter www.bdew.de → Energie → Energienetze und Regulierung → Marktkommunikation → Marktprozesse → Wechselprozesse für Einspeisestellen (Strom), (zuletzt abgerufen am 8.2.2015).

32 BT-Drs. 18/1891, S. 202.

33 BNetzA, Festl. v. 29.1.2015, BK6-14-110 – Anpassung der Festlegung „Marktprozesse für Einspeisestellen (Strom)" an das EEG 2014, abrufbar unter: www.bundesnetzagentur.de → Beschlusskammern → Beschlusskammer 6 → Prozesse für Einspeisestellen (zuletzt abgerufen am 8.2.2015).

34 BNetzA, Festl. v. 29.10.2012, BK6-12-153, abrufbar unter: www.bundesnetzagentur.de → Beschlusskammern → Beschlusskammer 6 → Prozesse für Einspeisestellen (zuletzt abgerufen am 8.2.2015).

35 BNetzA, Festl. v. 29.1.2015, BK6-14-110, S. 1.

36 BNetzA, Festl. v. 29.1.2015, BK6-14-110, S. 16.

37 BNetzA, Festl. v. 29.10.2012, BK6-12-153.

bar sind.[38] Da aber die Marktprozesse unter der Altfestlegung für Konstellationen, die durch das EEG 2014 neu eingeführt worden sind, keine Regelungen vorsieht, legt die neue Festlegung dafür schon im Übergangszeitraum Regelungen fest.[39] Zudem stellt die Neufestlegung für diese neuen Konstellationen ein elektronisches Formular im XLS-Format zur Übersendung per E-Mail zur Verfügung,[40] das von den Netzbetreibern im Übergangszeitraum akzeptiert werden muss.[41]

27 Wie bereits unter Geltung der Altfestlegung,[42] sieht auch die Neufestlegung dauerhaft – also auch nach dem 30.9.2015 – eine Art Notprogramm für den **Anlagenbetreiber** vor, mit dem er mit seiner Anlage **ohne Mitwirkung eines Lieferanten** aus der Direktvermarktung **in die feste Einspeisevergütung wechseln** kann.[43] In diesem Fall reicht ebenfalls eine Übermittlung des dafür vorgesehenen XLS-Formulars[44] per E-Mail. Grund hierfür ist, auch für den Fall des Wegfalls des Direktvermarktungsunternehmer eines Anlagenbetreibers, für Letzteren eine Alternative zum vollautomatisierten Verfahren zu schaffen.

V. Sanktionen bei Verstößen

28 Die Sanktionen für Verstöße gegen § 21 sind in § 25 Abs. 2 S. 1 Nr. 2 und S. 2 geregelt. Nach § 25 Abs. 2 S. 1 Nr. 2 verringert sich der anzulegende Wert nach § 23 Abs. 1 S. 2 auf den Monatsmarktwert, wenn Anlagenbetreiber dem Netzbetreiber den Wechsel zwischen den verschiedenen Veräußerungsformen nach § 20 Abs. 1 nicht nach Maßgabe des § 21 übermittelt haben. Diese Verringerung gilt nach § 25 Abs. 2 S. 2 bis zum Ablauf des Kalendermonats, der auf die Beendigung des Verstoßes folgt.

29 In der Praxis dürfte diese Sanktionsregel allerdings von geringer Bedeutung sein,[45] da die Festlegung der BNetzA vorsieht, dass Wechselanmeldungen, die die vorgeschriebenen Fristen nicht einhalten, mit dem Hinweis auf Fristüberschreitung abgelehnt werden und der Anlagenbetreiber dann in seiner bisherigen Veräußerungsform verbleibt.[46]

---

38 BNetzA, Festl. v. 29.1.2015, BK6-14-110, S. 17.
39 BNetzA, Festl. v. 29.1.2015, BK6-14-110, S. 1 f.
40 Anlage 2 zu BNetzA, Festl. v. 29.1.2015, BK6-14-110.
41 BNetzA, Festl. v. 29.1.2015, BK6-14-110, S. 2.
42 BNetzA, Festl. v. 29.10.2012, BK6-12-153, S. 2; s. dazu auch die Vorauflage, § 33d EEG 2012 Rn. 17.
43 BNetzA, Festl. v. 29.1.2015, BK6-14-110, S. 17.
44 Anlage 3 zu BNetzA, Festl. v. 29.1.2015, BK6-14-110.
45 *Breuer/Lindner*, REE 2014, 129, 136.
46 Bis zum 30.9.2015 nach Anlage 1 zu BNetzA, Festl. v. 29.10.2012, BK6-12-153, S. 12, (unter Beachtung der Übergangsregelung in BNetzA, Festl. v. 29.1.2015, BK6-14-110, S. 1 f.; siehe oben Rn. 26); ab dem 1.10.2015 nach Anlage 1 zu BNetzA, Festl. v. 29.1.2015, BK6-14-110, S. 14.

§ 22 Förderbeginn und Förderdauer

[1]Die finanzielle Förderung ist jeweils für die Dauer von 20 Kalenderjahren zuzüglich des Inbetriebnahmejahres der Anlage zu zahlen. [2]Beginn der Frist nach Satz 1 ist der Zeitpunkt der Inbetriebnahme der Anlage, soweit sich aus den nachfolgenden Bestimmungen nichts anderes ergibt.

Schrifttum: *Altrock/Lehnert*, Die EEG-Novelle 2009, ZNER 2008, 118; *Altrock/Vollprecht/Trommler/Barchmann/Thorbecke*, Der weite Anlagenbegriff des BGH: Gefahr für die Wirtschaftlichkeit von Biogasanlagen?, ET 6/2014, 88; *Brandt/Reshöft/Steiner*, EEG, Handkommentar, 2001; *von Bredow/Herz*, Anlagenbegriff und Inbetriebnahme im EEG, ZUR 2014, 139; *Geipel/Uibeleisen*, Die Übergangsbestimmungen für Bestandsanlagen im EEG 2014, REE 2014, 142; *Kahles/Lutz/Schütter*, Grundlagen der EEG-Vergütung, in: Müller (Hrsg.), 20 Jahre Recht der Erneuerbaren Energien, 2012, S. 507; *Klinski*, EEG-Vergütung: Vertrauensschutz bei künftigen Änderungen der Rechtslage?, Berlin 2009; *Maslaton/Koch*, Die Ermittlung von Vergütungsbeginn, -dauer und -höhe, in: Loibl/Maslaton/von Bredow (Hrsg.), Biogasanlagen im EEG, 2009; *Reshöft/Sellmann*, Die Novelle des EEG – Neue Wege auf bewährten Pfaden (Teil 1), ET 2009, 139; *Salje*, Wind, Wasser, Sonne, Geothermie – (aktuelle) Rechtsfragen der EEG-Vergütungsregelungen, in: Müller (Hrsg.), 20 Jahre Recht der Erneuerbaren Energien, 2012, S. 539; *Vollprecht*, Anmerkung zu BGH, Urt. v. 23.10.13, VIII ZR 262/12, EnWZ 2014, 122.

I. Bedeutung der Norm – Sinn und Zweck der Norm*

Bei § 22 handelt es sich um eine der zentralen Vorschriften für das System der finanziellen Förderung gemäß §§ 19 ff. Nach dieser Vorschrift, die zu den allgemeinen Förderregelungen aus Teil 3 des Gesetzes zählt, lassen sich die Förderdauer und der Förderbeginn i.V.m. § 5 Nr. 21 („Inbetriebnahme") rechtssicher bestimmen. **1**

Die in S. 1 vorgenommene Befristung der Förderung verhindert als „anlagenbezogene Höchstförderdauer" die dauerhafte Förderung von Strom aus erneuerbaren Energien und Grubengas aus einzelnen Anlagen.[1] Sie legt daneben eine „Mindestförderdauer" fest und **2**

---

* Die Kommentierung greift in Teilen die Ausführungen zur Vorgängerregelung aus § 21 EEG 2012 in Band 2 auf. Die Verfasser danken *Hanna Schumacher*, die an der Kommentierung der Vorgängerregelung als Autorin mitgewirkt hat.

1 Den Begriff der „Höchstförderdauer" verwendend *Salje*, EEG, § 21 Rn. 24; vgl. außerdem Gesetzesbegründung zum EEG 2009, BT-Drs. 16/8148, S. 52.

dient so der Absicherung der Investoren, denen sie ein Höchstmaß an Planungssicherheit bietet.[2] Damit ist S. 1 für den Erfolg des Fördermodells essentiell. Die Planungssicherheit im Hinblick auf die Dauer (und die Höhe) der Förderung ist Grundlage für private Investoren, in den Ausbau erneuerbarer Energien zu investieren, obwohl die Gestehungskosten für Strom aus erneuerbaren Energien (noch) nicht mit denen konventioneller Energiegewinnungsarten konkurrieren können. Die Vorschrift ist daher ein maßgeblicher Erfolgsgarant für das Erreichen des in § 1 Abs. 1 niedergelegten Zwecks und der dazu in § 1 Abs. 2 formulierten Ausbauziele des EEG.[3] Die finanzielle Förderung des Stroms zu i. d. R. über 20 Jahre festen Förderbedingungen war und ist eines der entscheidenden Strukturelemente des Ausbauerfolgs von erneuerbaren Energien.[4] Die Befristung der Förderzahlungen folgt gängigen energiewirtschaftlichen Berechnungsformeln und Amortisationszyklen.[5] Von der gesetzlich festgelegten Förderdauer darf mittels vertraglicher Vereinbarungen wegen des Verbotes aus § 7 Abs. 2 weder verkürzend noch verlängernd abgewichen werden.[6]

II. Entstehungsgeschichte

3   Nach dem **StrEG** wurde der Strom aus Anlagen, die erneuerbare Energien einsetzen, zeitlich unbegrenzt finanziell gefördert. Die Förderhöhe richtete sich jedoch nicht nach gesetzlich festgelegten Einspeisetarifen, sondern war an die Verbraucherpreise gekoppelt und schwankte daher entsprechend.

4   Gleichzeitig mit der Einführung gesetzlich festgelegter Mindestvergütungssätze durch das **EEG 2000** wurde die Förder- bzw. Vergütungsdauer begrenzt. Außer für Wasserkraftanlagen waren die Mindestvergütungen nach § 9 Abs. 1 S. 1 EEG 2000 für neu in Betrieb genommene Anlagen, jeweils für die Dauer von 20 Jahren ohne Berücksichtigung des Inbetriebnahmejahres zu zahlen. Auch Anlagen, die vor dem Inkrafttreten des EEG 2000 in Betrieb genommen wurden, sollten die Vergütungssätze der §§ 4 bis 8 EEG 2000 erhalten, jedoch nur für einen begrenzten Zeitraum. Für diese Anlagen galt das Jahr 2000 als Inbetriebnahmejahr.

5   Mit dem Inkrafttreten des **EEG 2004** wurde die allgemeine Vorschrift zur Vergütungsdauer unverändert in § 12 Abs. 3 S. 1 EEG 2004 überführt. Der zeitlich unbegrenzte Vergütungsanspruch für Wasserkraftanlagen wurde nach § 12 Abs. 3 S. 2 EEG 2004 für Anlagen mit einer Leistung bis einschließlich 5 MW auf 30 Jahre und für Anlagen mit einer Leistung von mehr als 5 MW und bis einschließlich 150 MW auf 15 Jahre begrenzt.

6   Durch die Neustrukturierung des Gesetzes mit dem **EEG 2009** wurde in den allgemeinen Vergütungsvorschriften (Abschnitt 1 des dritten Teils des EEG 2009) mit § 21 EEG 2009

---

2 Gesetzesbegründung zum EEG 2009, BT-Drs. 16/8148, S. 52, wortgleich mit der Gesetzesbegründung zu § 12 Abs. 3 EEG 2004, BT-Drs. 15/2327, S. 35; vgl. auch schon zu § 9 EEG 2000, BT-Drs. 14/2776, S. 24; den Begriff der „Mindestförderdauer" verwendend *Brandt/Reshöft/Steiner*, EEG, 1. Aufl., § 9 Rn. 5; Altrock/Oschmann/Theobald/*Lehnert*, § 21 Rn. 3.

3 Vgl. Frenz/Müggenborg/*Ekardt/Hennig*, § 21 Rn. 5; Reshöft/*Reshöft*, § 21 Rn. 3.

4 Vgl. dazu Bundesregierung, Erfahrungsbericht 2011, S. 4, wo freilich noch die Förderung auf Basis fester Einspeisetarife das Fördersystem maßgeblich prägte.

5 Vgl. BT-Drs. 18/1304, S. 128 mit Verweis auf die Gesetzesbegründung zum EEG 2009, BT-Drs. 16/8148, S. 52; wortgleich mit der Gesetzesbegründung zu § 12 Abs. 3 EEG 2004, BT-Drs. 15/2327, S. 35; vgl. auch schon zu § 9 EEG 2000, BT-Drs. 14/2776, S. 24.

6 Vgl. hierzu ausführlich die Erläuterungen zu § 7 Rn. 9 ff.

eine selbstständige Vorschrift über den Vergütungsbeginn und die Vergütungsdauer eingeführt. Durch den neu eingeführten § 21 Abs. 1 EEG 2009 wurde nun ausdrücklich geregelt,
ab welchem Zeitpunkt der Netzbetreiber erstmalig die Vergütungen zahlen muss. § 21
Abs. 2 S. 1 EEG 2009 griff § 12 Abs. 3 S. 1 EEG 2004 inhaltlich auf. § 21 Abs. 2 S. 3 EEG
2009 brachte eine gravierende Veränderung für nachträglich auf die Nutzung erneuerbarer
Energien umgerüstete konventionelle Anlagen mit sich. Fortan war für die Bestimmung
des Vergütungszeitraums, entgegen eines Urteils des BGH zu der bis Ende 2008 geltenden
Rechtslage,[7] nicht mehr auf die Inbetriebnahme der Anlage zur Erzeugung von Strom aus
erneuerbaren Energien abzustellen, sondern auf den Zeitpunkt der Inbetriebnahme des
Generators, und zwar unabhängig davon, ob er mit erneuerbaren Energien, Grubengas
oder sonstigen Energieträgern in Betrieb genommen wurde.[8] Mit dem EEG 2009 wurde
zudem die abweichende 15-jährige Vergütungsdauer für Wasserkraftanlagen mit einer
Leistung über 5 MW durch § 21 Abs. 2 S. 2 EEG 2009 aufgegriffen.[9] Nach § 21 Abs. 3
EEG 2009 führte der Austausch des Generators oder sonstiger technischer oder baulicher
Teile nicht zu einem Neubeginn oder einer Verlängerung des Vergütungszeitraums, soweit
sich aus den nachfolgenden Vorschriften nichts anderes ergab.[10] Die bis zu der Novellierung zum EEG 2009 geltende Regelung des § 3 Abs. 4 i.V.m. § 12 Abs. 3 EEG 2004 fiel
weg, wonach im Fall einer Erneuerung der Anlage zu mindestens 50 Prozent der für eine
Neuherstellung erforderlichen Kosten eine Neuinbetriebnahme vorlag und damit für die erneuerten Anlagen ab diesem Zeitpunkt der Vergütungszeitraum neu zu laufen begann.[11]

Das zum 1.1.2012 in Kraft getretene **EEG 2012** ließ § 21 Abs. 1 EEG 2009 unberührt. Die   7
bis dahin abweichende Vergütungsdauer von 15 Jahren für große Wasserkraftanlagen nach
§ 21 Abs. 2 S. 2 EEG 2009 wurde aufgrund einer Empfehlung des EEG-Erfahrungsberichts 2011[12] gestrichen und so die Vergütungsdauer für alle Anlagen einheitlich auf 20
Jahre festgelegt. Vor dem Hintergrund der langen Nutzungsdauer von Wasserkraftanlagen
bestanden keine Gründe mehr für eine kurze Vergütungsdauer.[13] Die Fälle eines Aus-

---

7 BGH, Urt. v. 21.5.2008, VIII ZR 308/07, juris Rn. 15 f. = ZUR 2008, 594; vgl. auch BGH, Urt. v.
   16.3.2011, VIII ZR 48/10, juris Rn. 16 = ZNER 2011, 322; mit weiteren Nachweisen aus Rechtsprechung und Literatur zur der Interpretation der Rechtslage nach dem EEG 2004 Altrock/
   Oschmann/*Lehnert*, § 21 Rn. 4.

8 Vgl. BGH, Urt. v. 23.10.2013, VIII ZR 262/12, juris Rn. 59 = EnWZ 2014, 116, 122. Der BGH
   folgerte in diesem Urteil aus § 21 Abs. 1 EEG 2009: „Die Regelung des § 21 Abs. 1 EEG 2009
   soll nach dem Willen des Gesetzgebers auch für den Anschluss zusätzlicher Generatoren (Blockheizkraftwerke) an eine bereits vorhandene Anlage gelten mit der Folge, dass der Vergütungszeitraum für den durch einen weiteren Generator erzeugten Strom gesondert zu laufen beginnt (BT-
   Drucks. 16/8148, S. 52 f.). Daraus folgt zugleich, dass der in diesem Generator erzeugte Strom
   nach in diesem Zeitpunkt maßgeblichen degressiven Sätzen (§ 20 EEG 2009) zu vergüten ist."
   Vgl. zu dem daraus folgenden Problem gespaltener Vergütungssätze und Vergütungszeiträume je
   Anlage: *von Bredow/Herz*, ZUR 2014, 139 (145); *Altrock/Vollprecht/Trommler/Barchmann/
   Thorbecke*, ET 6/2014, 88, 89 ff.

9 Die Regelung wurde im parlamentarischen Verfahren nachträglich (wieder) eingefügt, BT-Drs. 16/
   9477, S. 25.

10 Vgl. dazu die Gesetzesbegründung zum EEG 2009, BT-Drs. 16/8148, S. 52; eine Ausnahme hiervon bildete § 23 EEG 2009, wonach im Fall der Leistungserhöhung bei bestimmten Wasserkraftanlagen ein neuer Vergütungszeitraum zu laufen begann.

11 Zu dem Hintergrund des Wegfalls Gesetzesbegründung vgl. zum EEG 2009, BT-Drs. 16/8148,
   S. 52.

12 Vgl. *Bundesregierung*, EEG-Erfahrungsbericht 2011, S. 13.

13 Vgl. Gesetzesbegründung zum EEG 2012, BT-Drs. 17/6071, S. 68.

tauschs des Generators oder sonstiger technischer oder baulicher Teile wurden seit der EEG-Novelle 2012 durch die allgemeine Regelung zum Inbetriebnahmezeitpunkt in § 3 Nr. 5 S. 2 EEG 2012 erfasst,[14] so dass § 21 Abs. 3 EEG 2009 ebenfalls entbehrlich wurde. Mit dem EEG 2012 wurde mit den §§ 33a ff. EEG 2012 die sog. geförderte Direktvermarktung eingeführt. Anlagenbetreiber haben in diesem Fördersystem einen Anspruch auf eine gleitende Marktprämie. Die geförderte Direktvermarktung trat neben die Fördermöglichkeit über gesetzlich fixierte Vergütungssätze je kWh. Die Anlagenbetreiber konnten fortan zwischen den beiden Fördersystemen wechseln. Der Zeitraum, in dem der Anlagenbetreiber den Strom direkt vermarktete, wurde gem. § 33e S. 2 EEG 2012 auf die Vergütungsdauer nach § 21 Abs. 2 EEG 2012 angerechnet. Im Ergebnis war damit die Förderdauer je Anlage auch bei einer Förderung nach den § 33a ff. EEG 2012 auf 20 Jahre zuzüglich des Inbetriebnahmejahres beschränkt. Zuletzt musste § 21 Abs. 1 EEG 2012 aufgrund der Abschaffung der Vergütung des Direktverbrauchs in § 33 Abs. 2 EEG 2012 im Rahmen der sog. 2. Photovoltaik-Novelle[15] im Jahr 2012 angepasst werden.

8   Im Zuge der **EEG-Novelle 2014** wurden die Fördervorschriften neu systematisiert. Seither ist die geförderte Direktvermarktung gegenüber der Einspeisevergütung die vorrangige Veräußerungs- bzw. Förderform. Bestimmte Regelungen wie die Vorschrift über die Förderdauer gelten weiterhin für beide Fördersysteme. Im Rahmen der Neustrukturierung wurden Standort und Inhalt der Vorschrift über Förderbeginn und Förderdauer gegenüber dem EEG 2012 verändert. Die Regelung rückt näher an die Grundnorm zum Förderanspruch in § 19 heran. Der neue Standort der Regelung soll der besseren Verständlichkeit des Gesamttextes dienen.[16] Die Änderungen der Paragrafenüberschrift sowie im Regelungstext stellen laut Gesetzesbegründung gegenüber § 21 Abs. 2 EEG 2012 weitgehend nur redaktionelle Folgeänderungen dar, mit denen die Regelung an den neuen Vorrang der Direktvermarktung angepasst wird.[17] Der bisherige § 21 Abs. 1 EEG 2012 entfällt im Rahmen der Novelle. Ihm kam keine eigenständige Bedeutung (mehr[18]) zu, da eine Inbetriebnahme der Anlage nach § 5 Nr. 21 Hs. 1 nunmehr – anders als nach § 3 Nr. 5 EEG 2012 – erst bei erstmaliger Inbetriebsetzung der Anlage ausschließlich mit erneuerbaren Energien oder Grubengas vorliegt. Dabei müssen für die Auszahlung der jeweiligen finanziellen Förderung aber die weiteren hierzu erforderlichen Voraussetzungen, insbesondere die tatsächliche Einspeisung des Stroms in das Netz vorliegen.[19] Insofern kann es weiterhin – wie nach dem EEG 2012 – dazu kommen, dass der Beginn des Förderzeitraums nach § 22 S. 2 und der tatsächliche Förderbeginn auseinanderfallen.

---

14 Vgl. dazu die Gesetzesbegründung zum EEG 2012, BT-Drs. 17/6071, S. 61.
15 Gesetz zur Änderung des Rechtsrahmens für Strom aus solarer Strahlungsenergie und zu weiteren Änderungen im Recht der erneuerbaren Energien vom 17.8.2012 in der am 23.8.2012 im Bundesgesetzblatt (BGBl. I S. 1754) veröffentlichten Fassung.
16 Vgl. BT-Drs. 18/1304, S. 128.
17 Vgl. BT-Drs. 18/1304, S. 128.
18 Nach herrschender Auffassung hatten § 21 Abs. 1 EEG 2009 und § 21 Abs. 1 EEG 2012 nur deklaratorische Bedeutung; a. A. *Salje*, EEG, § 21 Rn. 1, und wohl auch BGH, Urt. v. 23.10.2013, VIII ZR 262/12, juris Rn. 59.
19 Vgl. BT-Drs. 18/1304, S. 128.

III. Einzelerläuterungen

Nach S. 1 ist die Förderung jeweils für die Dauer von 20 Kalenderjahren zuzüglich des In- 9
betriebnahmejahres zu zahlen. Der Beginn der Förderdauer bestimmt sich grundsätzlich
nach S. 2.

1. Förderdauer von 20 Jahren zuzüglich Inbetriebnahmejahr (S. 1). Die Förderung ist 10
nach S. 1 für 20 Jahre zuzüglich des Inbetriebnahmejahres zu zahlen. Die 20-jährige Förderdauer läuft ab dem 1. Januar 00:00 Uhr des Kalenderjahres, das auf das Jahr der Inbetriebnahme der Anlage folgt. Der Förderzeitraum der gesamten Anlage endet stets 20 Jahre
später zum Ende des Kalenderjahres, also jeweils am 31. Dezember 24:00 Uhr. „Zuzüglich
des Inbetriebnahmejahres" bedeutet, dass die Förderdauer auch den Zeitraum umfasst, der
zwischen dem unterjährigen Zeitpunkt der Inbetriebnahme und dem Ende des Jahres der
Inbetriebnahme der Anlage liegt. Das Inbetriebnahmejahr wird auch als Rumpfjahr bezeichnet und kann im Extremfall ein ganzes Jahr lang sein, und zwar dann, wenn die Anlage an einem 1. Januar um 00:00 Uhr in Betrieb genommen wurde.[20]

Jede geförderte Anlage hat einen einheitlich für die gesamte Anlage zu bestimmenden För- 11
derzeitraum, dessen Beginn sich nach der Inbetriebnahme der Anlage richtet. Dies wird in
§ 22 S. 1 durch die Betonung des Bezugspunktes „Anlage" seit der EEG-Novelle 2014
deutlich herausgestellt.[21] Die in S. 1 festgelegte Förderdauer wird nicht dadurch berührt,
dass die Anlage später um einen weiteren Generator erweitert wird. Der „Förderzeitraum
für Strom aus diesem nachträglich hinzugebauten Generator richtet sich (...) nach dem Inbetriebnahmezeitpunkt der Gesamtanlage und ist somit für die Stromerzeugung in diesem
Generator bereits um die seit Inbetriebnahme der Gesamtanlage verstrichene Zeit verkürzt".[22] Würde für jeden nachträglich hinzugebauten Generator einer Anlage eine erneute
20-jährige Förderdauer anlaufen, könnte dies durch den sukzessiven Zubau immer neuer
Generatoren zu der vom Gesetzgeber gerade nicht beabsichtigten zeitlich unbegrenzten
Förderung von Strom aus erneuerbaren Energien oder Grubengas aus einer bestimmten
Anlage führen.[23]

2. Beginn der Förderdauer (S. 2). Der Beginn der 20-jährigen Förderdauer richtet sich 12
gemäß S. 2 nach dem Zeitpunkt der Inbetriebnahme. Das gilt soweit sich aus den auf § 22
folgenden Vorschriften nichts anderes ergibt.

a) Beginn mit dem Zeitpunkt der Inbetriebnahme. Zur Konkretisierung des Zeitpunktes 13
der Inbetriebnahme ist auf § 5 Nr. 21 zurückzugreifen.[24] **Inbetriebnahme** ist danach „die
erstmalige Inbetriebsetzung der Anlage nach Herstellung ihrer technischen Betriebsbereitschaft ausschließlich mit erneuerbaren Energien oder Grubengas; die technische Betriebsbereitschaft setzt voraus, dass die Anlage fest an dem für den dauerhaften Betrieb vorgesehenen Ort und dauerhaft mit dem für die Erzeugung von Wechselstrom erforderlichen
Zubehör installiert wurde; der Austausch des Generators oder sonstiger technischer oder

---

20 Vgl. zu der Berechnung der Förderdauer auch die Ausführungen bei *Salje*, EEG, § 21 Rn. 12; Alt-
   rock/Oschmann/Theobald/*Lehnert*, § 21 Rn. 12; Frenz/Müggenborg/*Ekardt/Hennig*, § 21 Rn. 12;
   Reshöft/*Reshöft*, § 21 Rn. 19; Gerstner/*Lünenbürger*, Kap. 5, Rn. 145.
21 Vgl. BT-Drs. 18/1304, S. 128, wo auf die im Vergleich zur Vorgängerregelung in § 21 Abs. 2 hinzugefügten Worte „der Anlage" eingegangen wird.
22 Vgl. BT-Drs. 18/1304, S. 129.
23 Vgl. BT-Drs. 18/1304, S. 128.
24 Zum Inbetriebnahmebegriff im Einzelnen auch die Kommentierung zu § 5.

baulicher Teile nach der erstmaligen Inbetriebnahme führt nicht zu einer Änderung des Zeitpunkts der Inbetriebnahme".[25]

14 Die Bestimmung des Zeitpunktes der Inbetriebnahme nach § 5 Nr. 21 Hs. 1 erfolgt also anders als unter Geltung des EEG 2012 abhängig von dem **eingesetzten Energieträger**.[26] Dazu heißt es in der Gesetzesbegründung zu § 5 im EEG 2014: „Mit der Änderung in Nummer 21 Halbsatz 1 wird die Inbetriebnahme von brennstoffbasierten Anlagen zukünftig an die erstmalige Inbetriebsetzung ausschließlich mit erneuerbaren Energien oder Grubengas geknüpft. Die Umstellung eines bereits mit EEG-förderfähigen Energieträgern betriebenen Blockheizkraftwerks von einem förderfähigen Energieträger auf einen anderen (z. B. Umstellung von Grubengas auf Biogas oder von Deponiegas auf Biomethan) führt ungeachtet einer oftmals damit einhergehenden geographischen Umsetzung des Blockheizkraftwerks nicht zu einer erneuten Inbetriebnahme. Eine Inbetriebsetzung mit fossilen Energieträgern stellt abweichend von der bisherigen Regelung keine Inbetriebnahme mehr dar".[27] Wird etwa eine Anlage im Jahr 2015 mit fossilem Brennstoff in Betrieb genommen und erst im Laufe des Jahres 2017 auf den Betrieb mit „erneuerbarem Brennstoff" umgerüstet, endet der Förderzeitraum nach § 22 mit Ablauf des Kalenderjahres 2037 und nicht wie nach altem Recht schon Ende 2035.[28]

15 Für eine Inbetriebnahme ist nach § 5 Nr. 21 zudem die **technische Betriebsbereitschaft der Anlage** erforderlich. Das setzt nach § 5 Nr. 21 Hs. 2 voraus, dass die Anlage fest an dem für den dauerhaften Betrieb vorgesehenen Ort und dauerhaft mit dem für die Erzeugung von Wechselstrom erforderlichen Zubehör installiert wurde.[29] Wird die Anlage später vollständig abgebaut und an einem anderen Ort neu errichtet, ändert sich nichts an dem Datum der erstmaligen Inbetriebnahme.[30] Für die Bestimmung der Förderdauer bleibt der Zeitpunkt der Inbetriebnahme an dem ursprünglichen Standort maßgeblich.

16 Der **Austausch des Generators oder sonstiger technischer oder baulicher Teile** nach der erstmaligen Inbetriebnahme führt nach § 5 Nr. 21 Hs. 3 nicht zu einer Änderung des Zeitpunktes der Inbetriebnahme der Anlage. Die früher auch als Repowering-Option bezeichneten Vorschriften aus § 2 Abs. 3 EEG 2000 und aus § 3 Abs. 4 EEG 2004 sind ersatzlos weggefallen. Im Zusammenhang mit § 22 folgt aus § 5 Nr. 21 Hs. 3, dass der Austausch von einzelnen Teilen der Anlage den Beginn und entsprechend auch das Ende des Förderzeitraums unberührt lässt. Wird z. B. die Gondel einer Offshore-Anlage wegen eines

25 Vgl. zu den auch unter dem EEG 2014 fortgeltenden Inbetriebnahmebegriffen für Bestandsanlagen *Geipel/Uibeleisen*, REE 2014, 142, 143 f.
26 Vgl. zur alten Rechtslage Clearingstelle EEG, Votum 2009/26, 1. Leitsatz; *Altrock/Lehnert*, ZNER 2008, 118, 120; *Reshöft/Sellmann*, ET 2009, 139, 140; Reshöft/*Reshöft*, § 3 Rn. 73 ff.; *Salje*, EEG, § 3 Rn. 198; *Salje*, Wind, Wasser, Sonne, Geothermie, S. 539, 549 f., und die Erläuterungen zu § 5 Rn. 120 ff.; vgl. noch zur Rechtslage nach dem EEG 2004, BGH, Urt. v. 21.5.2008, VIII ZR 308/07, juris Rn. 15 f. = ZUR 2008, 594; BGH, Urt. v. 16.3.2011, VIII ZR 48/10, juris Rn. 16 = ZNER 2011, 322.
27 Vgl. BT-Drs. 18/1304, S. 114.
28 Vgl. Beispiel zur Anwendung von § 21 Abs. 2 S. 3 EEG 2009 bei Reshöft/*Reshöft*, § 21 Rn. 13; *Reshöft/Sellmann*, ET 2009, 139, 140. Vgl. zur alten Rechtslage auch Gesetzesbegründung zum EEG 2009, BT-Drs. 16/8148, S. 52.
29 Siehe dazu die Erläuterungen zu § 5 Rn. 126 ff.
30 Vgl. Gesetzesbegründung zum EEG 2009, BT-Drs. 16/8148, S. 52; vgl. dazu außerdem die Erläuterungen zu § 5 Rn. 134.

Defekts ausgetauscht, hat dies keine Neuinbetriebnahme zur Folge[31] und lässt damit auch die bereits „laufende" Förderdauer der Offshore-Anlage unberührt. Der vollständige Austausch der gesamten Anlage führt jedoch dazu, dass es sich nicht mehr um dieselbe Anlage i. S. d. § 5 Nr. 1 handelt und für die neue Anlage die Frist der Förderdauer für den Strom aus der neuerrichteten Anlage ab dem Zeitpunkt der Inbetriebnahme der neuen Anlage zu laufen beginnt.[32]

Ohne Belang für die Förderdauer ist der Zeitpunkt der Inbetriebnahme eines eingesetzten   **17** **Zwischenspeichers**.[33] Als Anlagen zur Erzeugung von Strom aus erneuerbaren Energien oder aus Grubengas gelten zwar nach § 5 Nr. 1 Hs. 2 auch solche Einrichtungen, die zwischengespeicherte Energie, die ausschließlich aus erneuerbaren Energien oder aus Grubengas stammt, aufnehmen und in elektrische Energie umwandeln. Auch bezieht sich die Förderverpflichtung für den aus Zwischenspeichern eingespeisten Strom nach § 19 Abs. 4 S. 2 auf die Strommenge, die aus dem Zwischenspeicher in das Netz eingespeist wird. Die Förderhöhe bestimmt sich aber gemäß § 19 Abs. 4 S. 3 nach der Höhe der Förderung, die der Netzbetreiber nach § 19 Abs. 1 bei einer Einspeisung des Stroms in das Netz ohne Zwischenspeicherung an den Anlagenbetreiber hätte zahlen müssen. Letzteres spricht gesetzessystematisch betrachtet dafür,[34] auch für den Beginn der Förderdauer auf die Inbetriebnahme der Stromerzeugungsanlage i. S. d. § 5 Nr. 1 Hs. 1 und nicht auf die Inbetriebnahme des Zwischenspeichers abzustellen. Konsequenterweise muss für das Ende der Förderdauer ebenfalls auf die Stromerzeugungsanlage und nicht auf den Zwischenspeicher abgestellt werden. Für die finanzielle Förderfähigkeit des Stroms kommt es dann auf den Zeitpunkt der Stromerzeugung an, so dass für den während der Förderdauer produzierten und zwischengespeicherten, jedoch erst nach Ablauf der Förderdauer eingespeisten Strom immer noch ein Förderanspruch nach § 19 Abs. 4 i. V. m. Abs. 1 besteht.

b) Nach den §§ 23 ff. abweichender Beginn der Förderdauer. Dass der Beginn des Förderzeitraums von der Inbetriebnahme der Anlage abhängt, ist nach S. 2 unter den Vorbehalt gestellt, dass sich aus den auf § 22 folgenden Regelungen nichts anderes ergibt. Eine abweichende Regelung in diesem Sinne trifft § 40 Abs. 2. Danach beginnt für „ertüchtigte" Wasserkraftanlagen, die vor dem 1.1.2009 in Betrieb genommen wurden, der Förderzeitraum erneut zu laufen. Wird nach dem 31.6.2014 durch eine wasserrechtlich zugelassene Ertüchtigungsmaßnahme das Leistungsvermögen dieser Anlagen erhöht, dann besteht für den erzeugten Strom ein Förderanspruch ab dem Zeitpunkt, in dem die Ertüchtigungsmaßnahme abgeschlossen worden ist für die Dauer von 20 Jahren zuzüglich des restlich verbleibenden Jahres, in dem die Maßnahme abgeschlossen wurde. Grundsätzlich gilt der Neubeginn der Förderdauer für den gesamten in der Anlage produzierten Strom. Hat das Wasserkraftwerk jedoch eine installierte Leistung von mehr als 5 MW, besteht nach § 40 Abs. 3 S. 1 der Anspruch auf Förderung nur für den Strom, der der Leistungserhöhung nach § 40 Abs. 2 S. 1 oder 2 zuzurechnen ist. Dementsprechend beginnt auch lediglich für den Teil der Anlage, der die Leistungserhöhung bedingt, die Förderdauer neu zu laufen.   **18**

---

31 Siehe dazu die Gesetzesbegründung zum EEG 2012, BT-Drs. 17/6071, S. 61 näher die Erläuterungen zu § 5 Rn. 135.

32 Dahingehend besteht wohl Einigkeit vgl. *Salje*, EEG, § 21 Rn. 31; Altrock/Oschmann/Theobald/ *Lehnert*, § 21 Rn. 23; unklar Reshöft/*Reshöft*, § 21 Rn. 27; vgl. zu der Frage, wann eine Neuerrichtung vorliegt, die Erläuterungen zu § 5 Rn. 136.

33 So im Ergebnis zur Vorgängervorschrift auch Altrock/Oschmann/Theobald/*Lehnert*, § 21 Rn. 27.

34 Vgl. insofern auch Gesetzesbegründung zum EEG 2009, BT-Drs. 16/8148, S. 52.

19 **c) Beginn der Förderdauer und Förderbeginn.** Die Überschrift von § 22 ist irreführend. Die Vorschrift regelt nämlich allein die Förderdauer und nicht den Förderbeginn. Der Zeitpunkt, in dem die Frist der Förderdauer in Gang gesetzt wird (Beginn der Förderdauer), kann von dem Zeitpunkt abweichen, in dem der Anlagenbetreiber erstmals einen Förderanspruch gegenüber dem Netzbetreiber hat (Förderbeginn). Denn der Beginn der Förderdauer hängt von der Inbetriebnahme der Anlage ab. Der Förderbeginn hängt hingegen davon ab, dass alle weiteren Voraussetzungen für eine finanzielle Förderung des erzeugten Stroms, wie die tatsächliche Einspeisung des Stroms in das Netz, gegeben sind.

20 **3. Keine Unterbrechung der Förderdauer.** Eine Förderung wird auch nach Beginn der Förderdauer nur gezahlt, wenn die Fördervoraussetzungen nach dem EEG vorliegen.[35] Entsteht ein Förderanspruch für einen bestimmten Zeitraum nicht, weil die Voraussetzungen nicht vorliegen, läuft die Frist der Förderdauer trotzdem weiter.[36] Ohne Einfluss auf den Lauf der Förderfrist bleibt insofern auch ein Wechsel zwischen den verschiedenen Formen finanzieller Förderung nach dem EEG.

21 **4. Behandlung des Stroms nach Ablauf der Förderdauer.** Ist der 20-jährige Förderzeitraum verstrichen, besteht kein Anspruch mehr auf eine Förderung nach § 19 Abs. 1. Dennoch handelt es sich weiterhin um eine Anlage i.S.d. § 5 Nr. 1, so dass die allgemeinen Vorschriften aus Teil 2 des EEG anwendbar bleiben. Dazu zählen insbesondere der Anspruch auf vorrangigen Netzanschluss nach § 8 und der Anspruch auf vorrangige Abnahme des in der Anlage erzeugten Stroms nach § 11 (sog. kleiner Anwendungsbereich des EEG).[37] Die Anlage wechselt also von dem sog. großen Anwendungsbereich des EEG, nach dem der Strom (auch) nach Teil 3 finanziell gefördert wird, in den sog. kleinen Anwendungsbereich des EEG.[38] Der Anlagenbetreiber ist dann selbst für die Weiterverwertung des Stroms aus seiner Anlage losgelöst vom EEG verantwortlich.[39] Die Verhinderung einer dauerhaften finanziellen Förderung stellt den Sinn und Zweck von § 22 dar.[40]

22 Der Strom wird nach **Ablauf des Förderzeitraums** nicht wertlos und die Betreiber der Anlagen können weiterhin Einnahmen generieren. Zum einen können sie den Strom an Dritte verkaufen und haben, wenn sie den Strom dazu in ein Netz zur allgemeinen Versorgung einspeisen müssen, einen Anspruch gegen den Netzbetreiber auf die Auszahlung der vermiedenen Netzentgelte nach § 18 Abs. 1 StromNEV. Zum anderen können sie den Strom selbst verbrauchen. In diesem Fall kommen zusätzliche steuerrechtliche Vergünstigungen für den Betrieb von Eigenerzeugungsanlagen in Betracht.[41]

---

35 Vgl. BT-Drs. 18/1304, S. 128.
36 Vgl. zur Vorgängervorschrift Gerstner/*Lünenbürger*, Kap. 5, Rn. 145.
37 Vgl. Stellungnahme der Clearingstelle EEG zu einer häufig in diesem Zusammenhang gestellten Frage, abrufbar unter www.clearingstelle-eeg.de/beitrag/1551 (zuletzt abgerufen am 8.8.2014); Reshöft/*Reshöft*, § 21 Rn. 23.
38 Vgl. zur Vorgängervorschrift Reshöft/*Reshöft*, § 21 Rn. 24.
39 Vgl. zur Vorgängervorschrift Reshöft/*Reshöft*, § 21 Rn. 24.
40 Vgl. zur Vorgängervorschrift Gesetzesbegründung zum EEG 2009, BT-Drs. 16/8148, S. 52.
41 Vgl. Stellungnahme der Clearingstelle EEG zu einer häufig in diesem Zusammenhang gestellten Frage, abrufbar unter www.clearingstelle-eeg.de/beitrag/1551 (zuletzt abgerufen am 8.8.2014).

§ 23 Berechnung der Förderung

(1) [1]Die Höhe des Anspruchs auf finanzielle Förderung bestimmt sich nach den hierfür als Berechnungsgrundlage anzulegenden Werten für Strom aus erneuerbaren Energien oder aus Grubengas. [2]Anzulegender Wert ist der zur Ermittlung der Marktprämie oder der Einspeisevergütung für Strom aus erneuerbaren Energien oder aus Grubengas zugrunde zu legende Betrag nach den §§ 40 bis 51 oder 55 in Cent pro Kilowattstunde.

(2) Die Höhe der anzulegenden Werte für Strom, der in Abhängigkeit von der Bemessungsleistung oder der installierten Leistung der Anlage gefördert wird, bestimmt sich

1. bei einer finanziellen Förderung für Strom aus solarer Strahlungsenergie jeweils anteilig nach der installierten Leistung der Anlage im Verhältnis zu dem jeweils anzuwendenden Schwellenwert und
2. bei einer finanziellen Förderung in allen anderen Fällen jeweils anteilig nach der Bemessungsleistung der Anlage.

(3) In den anzulegenden Werten ist die Umsatzsteuer nicht enthalten.

(4) Die Höhe des Anspruchs auf finanzielle Förderung verringert sich

1. nach Maßgabe des § 24 bei negativen Preisen,
2. nach Maßgabe der §§ 25, 47 Absatz 4 oder der Nummer I.5 der Anlage 3 bei einem Verstoß gegen eine Bestimmung dieses Gesetzes,
3. nach Maßgabe der §§ 26 bis 31 wegen der degressiven Ausgestaltung der finanziellen Förderung,
4. nach Maßgabe des § 37 Absatz 3 oder des § 38 Absatz 2 bei der Inanspruchnahme einer Einspeisevergütung,
5. nach Maßgabe des § 47 Absatz 1 Satz 2 für den dort genannten Anteil der in einem Kalenderjahr erzeugten Strommenge aus Biogas oder
6. nach Maßgabe des § 55 Absatz 3 für Strom aus Freiflächenanlagen.

Schrifttum: *Bunjes/Geist*, UStG, 12. Aufl. 2014; *Fromm/Litzenberger*, Photovoltaik und Blockheizkraftwerke in der steuerrechtlichen Praxis, SteuK 2011, 452; *Korn*, Vorsteuerabzug im Zusammenhang mit der Installation einer Photovoltaikanlage, SteuK 2011, 509; *Lehnert*, Markt- und Systemintegration der Erneuerbaren-Energien: Eine rechtliche Analyse der Regeln zur Direktvermarktung im EEG 2012, ZUR 2012, 4; *Lembke*, Neuregelung des Vorsteuerabzugs bei teilunternehmerisch genutzten Grundstücken in § 15 Abs. 1b UStG – Zum BMF-Schreiben vom 22.6.2011, SteuK 2011, 364; *Meurer*, Vorsteuerabzug im Zusammenhang mit der Installation einer Photovoltaikanlage, StBW 2012, 130; *Müller*, Das novellierte Erneuerbare-Energien-Gesetz, RdE 2004, 237; *Oschmann*, Die Novelle des Erneuerbare-Energien-Gesetzes, NVwZ 2004, 910; *Salje*, Der Beitrag der Novelle des Erneuerbare-Energien-Gesetzes (EEG) zur Energiewende, VersorgungsW 2012, 5; *Serafini*, Vorsteuerabzug aus Gebäudekosten im Zusammenhang mit einer Photovoltaikanlage, GStB 2012; *Streit/Zugmaier*, Seelings seliges Ende – Seeling-Modell wird zum 1.1.2011 gestoppt, DStR 2010, 524; *Wustlich/Müller*, Die Direktvermarktung von Strom aus erneuerbaren Energien im EEG 2012 – Eine systematische Einführung in die Marktprämie und die weiteren Neuregelungen zur Marktintegration, ZNER 2011, 380.

Übersicht

I. Bedeutung der Norm – Sinn und Zweck der Norm*

1 **§ 23 Abs. 1 S. 1** stellt klar, dass die Höhe der finanziellen Förderung nach § 19 Abs. 1 auf Basis des anzulegenden Wertes zu bestimmen ist. Dazu enthält § 23 Abs. 1 S. 2 eine Definition des Begriffs „anzulegender Wert".

2 Die Förderhöhe, die je Kilowattstunde durch die Netzbetreiber gezahlt werden muss, hängt nach den meisten der besonderen Fördervorschriften der §§ 40 bis 51 und 55 davon ab, wie hoch die Leistung der jeweiligen Anlage ist. Die anzulegenden Werte sind nach bestimmten Leistungsschwellenwerten gestaffelt. Für den Strom aus leistungsmäßig größeren Anlagen wird eine geringere Förderung gezahlt. Hintergrund der Staffelung der Werte in den §§ 40 bis 51 und 55 ist, dass die Stromgestehungskosten von kleineren Anlagen in der Regel höher sind als bei größeren Anlagen. Naturgemäß tritt dieser Effekt in der Regel jedoch nicht abrupt ein, wenn die Leistung der Anlage einen bestimmten Schwellenwert überschreitet. Die Regelung aus **§ 23 Abs. 2** soll daher als gleitende Förderregelung verhindern, dass beim Überschreiten der jeweiligen Schwellenwerte durch die Anlagen Fördersprünge entstehen.[1] § 23 Abs. 2 bedingt damit, dass die technologiespezifisch geregelten anzulegenden Werte nach §§ 40 bis 51 nicht unmittelbar angewendet werden, sondern die konkrete Förderung jeweils anlagenspezifisch ermittelt werden muss.[2] Der Zweck der stufenlosen Regelung der Förderhöhe liegt darin, Ungerechtigkeiten bei der Förderung des Stroms aus verschieden großen Anlagen zu vermeiden. Die Norm trägt insofern dazu bei, Über- oder Unterförderungen auszuschließen.[3] Eine starke Staffelung hat teilweise Effizienzverluste zur Folge. Sie setzt einen hohen Anreiz, kleine Anlagen zu errichten, da so höhere Förderung zu erzielen sind. Gerade im Bereich der Biomasseanlagen hat dies zu

---

* Die Kommentierung greift in Teilen die Ausführungen zur Vorgängerregelung aus § 18 EEG 2012 in Band 2 auf. Die Verfasser danken *Hanna Schumacher*, die an der Kommentierung der Vorgängerregelung als Autorin mitgewirkt hat.
1 Jeweils zu der Vorgängerregelung im EEG 2012 Frenz/Müggenborg/*Ekardt/Hennig*, § 18 Rn. 5; Altrock/Oschmann/Theobald/*Lehnert*, § 18 Rn. 2; *Salje*, EEG, § 18 Rn. 1; *Lünenbürger*, in: Gerstner, Kap. 5, Rn. 63.
2 Vgl. zu § 18 EEG 2012 *Lünenbürger*, in: Gerstner, Kap. 5, Rn. 60.
3 So die Gesetzesbegründung zu § 18 EEG 2012, BT-Drs. 17/6071, S. 67; wortgleich Gesetzesbegründung zum EEG 2009, BT-Drs. 16/8148, S. 50; vgl. zum EEG 2004 *Oschmann*, NVwZ 2004, 910, 913, Fn. 27; *Müller*, RdE 2004, 237, 242; zum EEG 2009 Altrock/Oschmann/Theobald/*Lehnert*, 3. Aufl., Rn. 2 und zum EEG 2012 nur *Lünenbürger*, in: Gerstner, Kap. 5, Rn. 63.

einer sehr hohen Anzahl vergleichsweise kleiner Anlagen geführt, die nicht nur deutlich teurer sind, sondern mangels einer professionellen Betriebsführung oftmals auch weniger effektiv.

Die Regelung aus **§ 23 Abs. 3** hat lediglich klarstellenden Charakter.[4] In den anzulegenden Werten ist nach § 23 Abs. 3 die Umsatzsteuer nicht enthalten, d. h. die zu zahlenden Fördersätze aus den §§ 40 bis 51 und 55 sind als Nettopreise zu verstehen. **3**

§ 23 Abs. 4 listet die Regelungen auf, nach deren Maßgabe sich die Höhe des Anspruchs auf finanzielle Förderung verringert. Diese Reglung hat keinen eigenen Regelungsgehalt. **4**

II. Entstehungsgeschichte

Bereits im **EEG 2000**, mit dem das ursprünglich maßgebliche Fördersystem gesetzlich fixierter Vergütungssätze eingeführt wurde, wurde dem Problem starker Vergütungssprünge für Strom aus Wasserkraft, Deponiegas, Grubengas und Klärgas durch § 4 S. 2 EEG 2000 vorgebeugt. Bei Anlagen mit einer elektrischen Leistung über 500 kW wurde nach § 4 S. 2 1. Hs. EEG 2000 ein höherer Vergütungssatz nur für den Teil des eingespeisten Stroms des jeweiligen Abrechnungsjahres gezahlt, der dem Verhältnis von 500 kW zur Leistung der Anlage in kW entsprach. Die Regelung fand entsprechende Anwendung auf Strom aus Biomasseanlagen (§ 5 EEG 2000) und Geothermieanlagen (§ 6 EEG 2000). Damit wurde das bis heute bestehende Grundprinzip eingeführt, dass für die Strommenge, die dem Teil der Anlage unterhalb einer gesetzlich bestimmten Leistungsschwelle zugerechnet werden kann, dieselbe finanzielle Förderung je Kilowattstunde gezahlt wird, und zwar unabhängig davon, wie hoch die Leistung einer Anlage insgesamt ist. Nach § 4 S. 2 2. Hs. EEG 2000 bemaß sich die Leistung nach dem Jahresmittel der in den einzelnen Monaten gemessenen mittleren elektrischen Wirkleistung, worin sich bereits der Grundgedanke der Berechnung der Bemessungsleistung nach § 5 Nr. 4 widerspiegelt. **5**

Im **EEG 2004** wurde § 4 S. 2 EEG 2000 durch § 12 Abs. 2 EEG 2004 aufgegriffen und für die Berechnung der Vergütungshöhe anwendbar erklärt. Später wurde § 12 Abs. 2 S. 1 EEG 2004 inhaltlich unverändert durch **§ 18 Abs. 1 EEG 2009** übernommen.[5] Die Regelung zu dem, was heute unter der Bemessungsleistung zu verstehen ist, fand über § 12 Abs. 2 S. 2 EEG 2004 den Weg in den späteren § 18 Abs. 2 des EEG 2009. **6**

Mit der zum 1.1.2012 in Kraft getretenen Novelle wurde die Regelung des § 18 EEG 2009 inhaltlich nicht verändert. In **§ 18 Abs. 1 EEG 2012** wurde jedoch der Begriff der „Leistung" durch die Begriffe „Bemessungsleistung" und „installierte Leistung" ersetzt. Neu eingeführt wurden Legaldefinitionen der Begriffe „Bemessungsleistung" in § 3 Nr. 2a EEG 2012 und „installierte Leistung" in § 3 Nr. 6 EEG 2012. Die Regelung aus § 18 Abs. 2 EEG 2009 zur heute als Bemessungsleistung bezeichneten abweichenden Leistungsdefinition konnte daher entfallen.[6] Entsprechend der Differenzierung in § 18 Abs. 1 EEG 2012 wurde der Begriff „Anlagenleistung" in den Regelungen über die Vergütungssätze (§§ 23 bis 33 EEG 2012) entweder durch den Ausdruck „Bemessungsleistung" oder durch die Wörter „installierte Leistung" ersetzt. **7**

---

4 Vgl. Gesetzesbegründung zu § 12 Abs. 6 (als Abs. 7 in Kraft getreten) EEG 2004, BT-Drs. 15/2327, S. 36.

5 So die Gesetzesbegründung zum EEG 2009, BT-Drs. 15/2327, S. 35.

6 Vgl. Gesetzesbegründung zum EEG 2012, BT-Drs. 17/6071, S. 67.

8   In § 23 EEG 2014 findet sich die Nachfolgevorschrift des § 18 EEG 2012. **Abs. 2** des neu-
en § 23 entspricht inhaltlich weitgehend dem bisherigen § 18 Abs. 2 EEG 2012. Der neu
hinzugekommene Abs. 1 hat klarstellende Funktion („stellt klar"[7]). Nach dem systematischen Umbau des EEG betont Abs. 1, dass für die Bestimmung der Förderhöhe, d. h.
sowohl für die Höhe der Marktprämie (§ 19 Abs. 1 Nr. 1) als auch für die Höhe der Einspeisevergütung (§ 19 Abs. 1 Nr. 2), der anzulegende Wert als Maßstab zugrunde zu legen
ist. Insofern knüpft die Norm an den bereits in § 33h verwendeten Begriff des „anzulegenden Wertes" an. § 23 Abs. 1 S. 2 enthält eine Definition des Begriffs „anzulegender Wert",
der den bisher verwendeten Begriff „Vergütung" ersetzt. Sowohl für die vorrangig zu nutzende Marktprämie als auch für die nur ausnahmsweise zu nutzende Einspeisevergütung
dienen die anzulegenden Werte der §§ 40 bis 51 und 54 als Maßstab für die Berechnung
der jeweiligen Förderhöhe. § 18 EEG 2012 enthielt noch keinen Verweis auf Vorschriften,
die die finanzielle Förderung der Anlagen negativ beeinflussten. Demgegenüber werden in
Abs. 4 nun die Bestimmungen aufgeführt, nach denen sich der nach den §§ 40 bis 51 und
55 grundsätzlich anzulegende Wert für die jeweilige Anlage verringert.[8]

9   In **§ 12 Abs. 7 EEG 2004** wurde erstmals klargestellt, dass in den Mindestvergütungen
nach den §§ 6 bis 11 EEG 2004 die Umsatzsteuer nicht enthalten war. Die Regelung wurde
zunächst in **§ 18 Abs. 3 EEG 2009** transferiert und befand sich dann in identischer Form in
§ 18 Abs. 2 EEG 2012. Die Regelung aus § 23 Abs. 3 EEG 2014 greift § 18 Abs. 2 EEG
2012 wortgleich auf.

III. Einzelerläuterungen

10   **1. „Anzulegender Wert" als Berechnungsgrundlage für die Förderhöhe (Abs. 1).**
Abs. 1 S. 1 stellt zunächst klar, dass sich die Höhe des Anspruchs auf finanzielle Förderung
nach den hierfür als Berechnungsgrundlage anzulegenden Werten für Strom aus erneuerbaren Energien oder Grubengas bestimmt. Abs. 1 S. 2 definiert – wie bereits § 33h EEG
2012 für die unter dem EEG 2012 durchgeführte Direktvermarktung[9] – den Begriff „anzulegender Wert". Danach handelt es sich dabei um den „zur Ermittlung der Marktprämie
oder Einspeisevergütung für Strom aus erneuerbaren Energien oder aus Grubengas zugrunde zu legenden Betrag nach den §§ 40 bis 51 und 55 in Cent pro Kilowattstunde".

11   Sowohl für die vorrangig zu nutzende Marktprämie als auch für die nur ausnahmsweise zu
nutzende Einspeisevergütung dienen die anzulegenden Werte der §§ 40 bis 51 und 55 als
Maßstab für die Berechnung der jeweiligen Förderhöhe.[10] Dabei sind aufgrund des neuen
gesetzlichen Vorrangs der Direktvermarktung in die Marktprämie über die anzulegenden
Werte der §§ 40 bis 51 und 55 bereits Vermarktungsmehrkosten in Höhe von 0,4 Cent/kWh
für Windenergie- und Photovoltaikanlagen und in Höhe von 0,2 Cent/kWh für alle übrigen
Energieträger eingepreist.[11] Diese eingepreisten Direktvermarktungsmehrkosten spiegeln
die Mehrkosten wider, die bislang über die nunmehr für Neuanlagen gestrichene Managementprämie nach dem EEG 2012 abgedeckt wurden.[12] Diese Managementprämie wurde

---

7   Vgl. BT-Drs. 18/1304, S. 129.
8   Vgl. BT-Drs. 18/1304, S. 129.
9   Vgl. die BerlKommEnR/*Hermeier*, Bd. 2, 2. Aufl. 2013, § 33h EEG 2012 Rn. 4 ff.
10   Vgl. BT-Drs. 18/1304, S. 129.
11   Vgl. BT-Drs. 18/1304, S. 129.
12   Vgl. BT-Drs. 18/1304, S. 129.

nach dem EEG 2012 auf die in den §§ 23 bis 33 EEG 2012 festgelegten Vergütungssätze aufgeschlagen. Nach dem EEG 2014, nach dem die Direktvermarktung (§ 19 Abs. 1 Nr. 1) die Regel und die Inanspruchnahme der Einspeisevergütung (§ 19 Abs. 1 Nr. 2) die Ausnahme darstellt (vgl. § 2 Abs. 2), sind die Mehrkosten der Vermarktung direkt in die anzulegenden Werte nach §§ 40 bis 51 und 55 eingerechnet. Für Anlagen in der Einspeisevergütung reduziert sich deswegen der anzulegende Wert nach Maßgabe der §§ 37 und 38 entsprechend um die eingepreisten Direktvermarktungsmehrkosten bzw. um einen pauschalen Abschlag von 20 Prozent.[13]

2. Gleitende Förderung (Abs. 2). In Abs. 2 wird festgelegt, dass sich die Höhe der anzu-   **12**
legenden Werte für Strom, der in Abhängigkeit von der Bemessungsleistung oder der installierten Leistung der Anlage gefördert wird, bei einer finanziellen Förderung für Strom aus solarer Strahlungsenergie (§ 51) jeweils anteilig nach der installierten Leistung der Anlage im Verhältnis zu dem jeweils anzuwendenden Schwellenwert (Nr. 1) und in allen anderen Fällen jeweils anteilig nach der Bemessungsleistung der Anlage bestimmt (Nr. 2). In Abhängigkeit von der Bemessungsleistung wird Strom aus Wasserkraft (§ 40), Deponiegas (§ 41), Klärgas (§ 42), Grubengas (§ 43), Biomasse (§ 44), Strom aus der Vergärung von Bioabfällen (§ 45), der Vergärung von Gülle (§ 46) gefördert. Strom aus Windenergieanlagen wird sowohl an Land (§ 49) als auch auf See (§ 50) unabhängig von der Leistung der Anlage gefördert. Hier gilt ein einheitlicher anzulegender Wert. Für diese Anlagenkategorien erübrigt sich daher eine Einbeziehung in die Regelung zur Berechnung gleitender anzulegender Werte. Gleiches gilt für die Förderung von Strom aus Geothermie (§ 48).

Liegt die Leistung einer Anlage unterhalb des niedrigsten Schwellenwertes der jeweiligen   **13**
besonderen Förderregelung, wird für die Berechnung der Förderhöhe für jede erzeugte Kilowattstunde der anzulegende Wert der untersten „Förderstufe" herangezogen.[14] Die gleitende Förderregelung aus § 23 greift erst, wenn die Leistung einer Anlage über einem gesetzlichen Schwellenwert liegt. Der höhere anzulegende Wert ist nur für den Anteil des Stroms heranzuziehen, der im Verhältnis zur Leistung der Anlage Strom aus einer Anlage mit einer niedrigeren Leistung entspricht.[15] Für den Anteil des Stroms, der im Verhältnis zur Leistung der Anlage Strom aus einer Anlage oberhalb des Schwellenwertes entspricht, ist der dafür vorgesehene niedrigere anzulegende Wert heranzuziehen. Der Anlagenbetreiber erhält für diesen Stromanteil im Ergebnis eine niedrigere Förderung. Werden gesetzlich mehrere Schwellenwerte für den Strom aus einem Energieträger fixiert und deckt die Anlage mehrere Leistungsstufen ab, erfolgt die Berechnung entsprechend: Der erzeugte Strom wird ähnlich wie bei der Aufteilung von Großkraftwerken in Kraftwerksscheiben[16] dem jeweiligen Leistungsbereich der Anlage zugeordnet und unterschiedlich gefördert.

Das EEG kennt zwei verschiedene Begriffe zur Bestimmung der Leistung einer Anlage: **14**
Die „Bemessungsleistung" i. S. d. § 5 Nr. 4 und die „installierte Leistung" i. S. d. § 5 Nr. 22. Welcher Leistungsbegriff für die Berechnung der Förderhöhe heranzuziehen ist, richtet sich nach § 23 Abs. 2 danach, welcher Energieträger in der jeweiligen Anlage eingesetzt wird. Die Zuordnung der Förderhöhe erfolgt bei Strom aus Anlagen zur Erzeugung von Strom aus solarer Strahlungsenergie nach § 51 auf Basis der installierten Leistung (Abs. 2

---

13 Vgl. BT-Drs. 18/1304, S. 129.
14 Sehr ausführlich zum EEG 2012 dazu *Salje*, EEG, § 18 Rn. 7 ff.
15 So die Erläuterung zum EEG 2004 *Oschmann*, NVwZ 2004, 910, 913, Fn. 27.
16 Diesen passenden Vergleich anführend *Salje*, EEG, § 18 Rn. 1.

Nr. 1) in „allen anderen Fällen" jeweils anteilig nach der Bemessungsleistung (Abs. 2 Nr. 2).

15 **a) Zu Nr. 1: Zuordnung der Förderhöhe nach der installierten Leistung.** Nach Abs. 2 Nr. 1 wird bei Anlagen zur Erzeugung von Strom aus solarer Strahlungsenergie nach § 51 die Förderhöhe für den Strom jeweils anteilig nach der installierten Leistung der Anlage im Verhältnis zu dem jeweils anzuwendenden Schwellenwert bestimmt. Unter installierter Leistung einer Anlage versteht man nach der Legaldefinition in § 5 Nr. 22 die elektrische Wirkleistung, die die Anlage bei bestimmungsgemäßem Betrieb ohne zeitliche Einschränkungen unbeschadet kurzfristiger geringfügiger Abweichungen technisch erbringen kann.[17] Bei Photovoltaikanlagen ist die „installierte Leistung" die gleichstromseitig ermittelte Wirkleistung. Die Wirkleistung nach dem Wechselrichter oder am Netzverknüpfungspunkt ist hingegen nicht relevant.[18] Zwar ist bei Photovoltaikanlagen bereits das einzelne Modul als Anlage im Sinne des § 5 Nr. 1 anzusehen,[19] allerdings ist die Fiktion aus § 32 Abs. 1 und 2 zu beachten, wonach mehrere Photovoltaikanlagen unter bestimmten Voraussetzungen unabhängig von den Eigentumsverhältnissen und ausschließlich zum Zweck der Ermittlung der Förderung für den jeweils zuletzt in Betrieb gesetzten Generator als eine Anlage gelten.[20]

16 Für Photovoltaikanlagen, die unter § 51 Abs. 1 Nr. 1 bis 3 fallen (i. d. R. Freiflächenanlagen), gilt nach § 51 Abs. 1 ein einheitlicher Fördersatz, so dass die Regelung des § 23 Abs. 2 Nr. 1 keine Auswirkungen auf die Förderhöhe hat. Für den Strom aus Photovoltaikanlagen, die ausschließlich in, an oder auf einem Gebäude oder einer Lärmschutzwand angebracht sind, werden nach § 51 Abs. 2 nach der Anlagenleistung gestaffelte Fördersätze gezahlt. Nach Abs. 2 Nr. 1 kommt es dann für die Berechnung der Förderhöhe auf die installierte Leistung der Anlage an.

17 Folgendes Beispiel soll die Berechnung der Förderhöhe bei Photovoltaikanlagen nachvollziehbar machen: Im August 2014 werden auf einem Möbelhaus im Innenbereich i. S. d. § 30 BauGB zahlreiche Photovoltaik-Module in Betrieb genommen. Die Wirkleistung der einzelnen Module addiert sich für die Berechnung der Förderung über § 32 Abs. 1 zu einer installierten Leistung von 2 MW. Die Durchschnittsförderung je Kilowattstunde für den in der Anlage erzeugten Strom bestimmt sich folgendermaßen:

---

17 Siehe näher dazu die Erläuterungen zu § 5 Rn. 40 ff.
18 Siehe näher dazu die Erläuterungen zu § 5 Rn. 40 ff.
19 Vgl. EEG-Clearingstelle, Empfehlung 2009/12, Rn. 147.
20 Vgl. dazu näher die Erläuterungen zu § 32 Rn. 14 ff.

Thorbecke/Greb

Leistungsanteil	anzulegender Wert in ct/kWh im August 2014	Leistungsanteil absolut	Leistungsanteil in Prozent	Berechnung des Anteils am anzulegenden Wert in ct/kWh
bis 10 kW	13,15	10 kW	0,5 %	$0{,}005 \times 13{,}15$
ab 10 kW bis 40 kW	12,80	30 kW	1,5 %	$+\,0{,}015 \times 12{,}80$
ab 40 kW bis 1 MW	11,49	960 kW	48 %	$+\,0{,}48 \times 11{,}49$
ab 1 MW bis 10 MW	9,23	1 MW	50 %	$+\,0{,}5 \times 9{,}23$
Durchschnittlicher anzulegender Wert für den eingespeisten Strom:				**10,39 ct/kWh**

b) Zu Nr. 2: Zuordnung der Förderhöhe nach der Bemessungsleistung. Nach § 23   **18**
Abs. 2 Nr. 2 bestimmt sich bei Strom aus Anlagen, die als Energieträger Wasserkraft
(§ 40), Deponiegas (§ 41), Klärgas (§ 42), Grubengas (§ 43), Biomasse (§§ 44 bis 46), einsetzen, die Höhe der Förderung jeweils anteilig nach der Bemessungsleistung der Anlage
im Verhältnis zu dem jeweils anzusetzenden Schwellenwert. Die Definition der „Bemessungsleistung" fand sich vor der Novellierung zum 1.1.2012 in § 18 Abs. 2 EEG 2009. Da
das Gesetz verschiedentlich und nunmehr eindeutig auf den Begriff der Bemessungsleistung Bezug nimmt, wurde die Legaldefinition mit dem EEG 2012 sinnvollerweise zu den
Begriffsbestimmungen in § 3 EEG 2012, nunmehr in § 5, verschoben.

Nach § 5 Nr. 4 handelt es sich bei der Bemessungsleistung einer Anlage um den Quotien-   **19**
ten aus der Summe der in dem jeweiligen Kalenderjahr erzeugten Kilowattstunden und der
Summe der vollen Zeitstunden des jeweiligen Kalenderjahres abzüglich der vollen Stunden vor der erstmaligen Erzeugung von Strom aus erneuerbaren Energien oder aus Grubengas durch die Anlage und nach endgültiger Stilllegung der Anlage.[21] Die Zuordnung zu
dem jeweiligen Fördersatz bestimmt sich damit nicht nach der Leistung, die die Anlage
maximal erbringen kann, sondern nach der durchschnittlichen Jahresarbeit.[22] Für die Berechnung der Bemessungsleistung muss die Jahresarbeit in Kilowattstunden pro Anlage
durch die Anzahl der Stunden des Kalenderjahres dividiert werden. Es wird nicht allein die
abgenommene Anzahl der Kilowattstunden herangezogen, sondern die insgesamt erzeugte
Strommenge. In die Berechnung der Bemessungsleistung wird somit auch direktver-
brauchter Strom i.S.d. § 39 Abs. 2 Nr. 2 und auch direktvermarkteter Strom i.S.d. § 19
Abs. 1 Nr. 1 einbezogen.[23]

---

21 Siehe näher dazu die Erläuterungen unter § 5 Rn. 42 ff.
22 Vgl. zu dem früheren § 18 Abs. 2 EEG 2009 die Gesetzesbegründung zum EEG 2009, BT-Drs.
   16/8148, S. 50.
23 Vgl. zu der früheren Diskussion um die Einbeziehung von direktvermarktetem Strom ohne klares
   Votum Altrock/Oschmann/Theobald/*Lehnert*, 3. Aufl., § 18 Rn. 16; *Salje* plädierte für eine Einbeziehung des nach § 17 EEG 2009 direktvermarkteten Stroms, *Salje*, EEG, 5. Aufl., § 18 Rn. 16;
   zum EEG 2012 *Lünenbürger*, in: Gerstner, Kap. 5, Rn. 67.

20 Das Kalenderjahr hat normalerweise 8760 und in Schaltjahren 8784 Stunden. Von der Anzahl der Stunden des Kalenderjahres müssen nach § 5 Nr. 4 die vollen Stunden vor der erstmaligen Erzeugung von Strom aus erneuerbaren Energien oder aus Grubengas durch die Anlage abgezogen werden. In dem Jahr der endgültigen Stilllegung der Anlage muss nach § 5 Nr. 4 zudem die Anzahl der Stunden des Jahres ab dem Zeitpunkt der Stilllegung abgezogen werden. Eine vorübergehende Stilllegung der Anlage, z.B. aufgrund einer Wartung oder Nachrüstung der Anlage, ist nicht zu berücksichtigen.[24] Entscheidend ist die potenzielle Jahresnutzungsdauer, nicht der tatsächliche Betrieb oder die Betriebsbereitschaft der Anlage.[25]

21 Folgendes Beispiel soll die Berechnung der Bemessungsleistung und der Förderhöhe nachvollziehbar machen: Am 1.1.2015 wird eine Wasserkraftanlage mit einer installierten Leistung von 28 MW in Betrieb gesetzt und erzeugt erstmals Strom. Läuft die Anlage 5020 Volllaststunden im Jahr 2015, dann erzeugt sie 140.560 kWh. Dividiert man die Anzahl der Kilowattstunden durch die Jahresstunden von 8760, ergibt sich daraus eine Bemessungsleistung von ca. 16 MW. Unter Berücksichtigung von §§ 23 Abs. 2 Nr. 2 i.V.m. 40 Abs. 1 wird der durchschnittliche anzulegende Wert je Kilowattstunde folgendermaßen berechnet:

Leistungsanteil	anzulegender Wert in ct/kWh im Januar 2015	Leistungsanteil absolut	Leistungsanteil in Prozent	Berechnung des Anteils am anzulegenden Wert in ct/kWh
bis 500 kW	12,52	500 kW	3,125%	$0{,}03125 \times 12{,}52$
ab 500 kW bis 2 MW	8,25	1,5 MW	9,375%	$+ 0{,}09375 \times 8{,}25$
ab 2 MW bis 5 MW	6,31	3 MW	18,75%	$+ 0{,}1875 \times 6{,}31$
ab 5 MW bis 10 MW	5,54	5 MW	31,25%	$+ 0{,}3125 \times 5{,}54$
ab 10 MW bis 20 MW	5,34	6 MW	37,5%	$+ 0{,}375 \times 5{,}34$
Durchschnittlicher anzulegender Wert:				**6,08 ct/kWh**

22 **3. Umsatzsteuerpflicht (Abs. 3).** Nach Abs. 3 ist in den anzulegenden Werten die Umsatzsteuer nicht enthalten. Die mit dem EEG 2004 schon im System fester Vergütungssätze eingeführte Regelung dient der Klarstellung. Eine inhaltliche Veränderung war mit der Einführung nicht verbunden, da auch die Mindestvergütungssätze nach dem EEG 2000 als

---

24 Vgl. zum EEG 2012 Reshöft/*Schäferhoff*, § 18 Rn. 5; Frenz/Müggenborg/*Ekardt/Hennig*, § 18 Rn. 6; Altrock/Oschmann/Theobald/*Lehnert*, 3. Aufl., § 18 Rn. 18; *Salje*, EEG, § 18 Rn. 14; *Lünenbürger*, in: Gerstner, Kap. 5, Rn. 67.

25 Vgl. zum EEG 2012 Frenz/Müggenborg/*Ekardt/Hennig*, § 18 Rn. 6; *Lünenbürger*, in: Gerstner, Kap. 5, Rn. 67.

Nettopreise zu verstehen waren.[26] Lieferungen und sonstige Leistungen, die ein Unternehmer im Inland gegen Entgelt im Rahmen seines Unternehmens ausführt, unterliegen als Umsatz nach § 1 Abs. 1 Nr. 1 UStG der Umsatzsteuer.

a) Unternehmer. Betreiber von Anlagen, die Strom aus erneuerbaren Energien oder Grubengas erzeugen und für den zur Verfügung gestellten Strom eine finanzielle Förderung i. S. d. § 19 i. V. m. §§ 40 bis 51 und 55 erhalten, sind Unternehmer i. S. d. § 2 Abs. 1 UStG. Entscheidend ist insofern, dass der Betrieb der Anlagen als Nutzung eines Gegenstandes regelmäßig und nicht nur gelegentlich gegen Entgelt in das allgemeine Stromnetz einspeist und damit der nachhaltigen Erzielung von Einnahmen dient.[27] Das gilt *erstens* unabhängig von der Höhe der Einnahmen, also auch für Betreiber von verhältnismäßig kleinen Anlagen, die regelmäßig Förderung für den in den Anlagen erzeugten Strom erhalten.[28] *Zweitens* ist ein teilweiser Direktverbrauch i. S. d. § 39 Abs. 2 Nr. 2 für die Einordnung als Unternehmer unschädlich[29] und *drittens* ist der Betreiber auch dann Unternehmer, wenn er nicht anderweitig unternehmerisch tätig ist.[30] Der spätere Anlagenbetreiber gilt regelmäßig bereits im Zeitpunkt der Anschaffung der Anlage als Steuerpflichtiger (Unternehmer), weil er zu diesem Zeitpunkt meist die durch objektive Anhaltspunkte belegte Absicht hat, eine derartige Tätigkeit durch den späteren Betrieb der Anlage auszuüben und erste Investitionsausgaben für diese Zwecke tätigt.[31]

23

Die Anlagenbetreiber dürften häufig Kleinunternehmer i. S. d. § 19 UStG sein, weil ihre Einnahmen die Umsatzsteuergrenze nicht überschreiten.[32] Auch dann werden sie aber regelmäßig für die Umsatzsteuerpflicht optieren, um beim Kauf der Anlage Vorsteuerabzug geltend machen zu können.

24

b) Lieferung. Lieferungen eines Unternehmers sind nach § 3 Abs. 1 UStG Leistungen, durch die er oder in seinem Auftrag ein Dritter den Abnehmer oder in dessen Auftrag einen Dritten befähigt, im eigenen Namen über einen Gegenstand zu verfügen (Verschaffung der Verfügungsmacht). Die Abgabe des in der jeweiligen Anlage erzeugten Stroms an den Netzbetreiber nach § 11 Abs. 1 stellt eine Lieferung dar. Geht man aufgrund der physikalischen Eigenschaften von Strom davon aus, dass darin kein *Gegenstand* zu sehen ist, ist jedenfalls von einer sonstigen Leistung i. S. d. § 3 Abs. 9 UStG auszugehen.[33] Nach Auffassung des BMF wird die bei der sog. kaufmännisch-bilanziellen Einspeisung nach § 11

25

---

26 So die Gesetzesbegründung zu dem mit § 18 Abs. 2 nahezu wortgleichen § 12 Abs. 6 EEG 2004, BT-Drs. 15/2327, S. 36; zu dem Hintergrund *Salje*, EEG, § 18 Rn. 26 f.; kurz *Lünenbürger*, in: Gerstner, Kap. 5, Rn. 71.

27 BFH, Urt. v. 19.7.2011, XI R 21/10, Rn. 33, ree 2012, 55; Urt. v. 19.7.2011, XI R 29/09, Rn. 25, DB 2011, 2528; Urt. v. 19.7.2011, XI R 29/10, Rn. 21, ree 2011, 251; vgl. auch BFH, Urt. v. 11.4.2008, V R 10/07, Rn. 24 ff., BFHE 221, 456 m. w. N.; Urt. v. 18.12.2008, V R 80/07, Rn. 28 ff., BFHE 225, 163; Abschn. 2.5 Abs. 1 UStAE.

28 BFH, Urt. v. 18.12.2008, V R 80/07, Rn. 34 f., BFHE 225, 163; Abschn. 2.5 Abs. 1 UStAE.

29 Vgl. zu einem teilweise für die private Energieversorgung genutzten BHKW BFH, Urt. v. 18.12.2008, V R 80/07, Rn. 39, BFHE 225, 163.

30 BFH, Urt. v. 19.7.2011, XI R 21/10, Rn. 34; XI R 29/10, Rn. 22; vgl. BFH, Urt. v. 18.12.2008, V R 80/07, Rn. 41, BFHE 225, 163; Abschn. 2.5 Abs. 1 UStAE.

31 BFH, Urt. v. 19.7.2011, XI R 21/10, Rn. 34; XI R 29/10, Rn. 22; vgl. BFH, Urt. v. 17.12.2008, XI R 64/06, Rn. 25, BFH/NV 2009, 798 jeweils m. w. N.

32 Diese Option ebenfalls anführend Reshöft/*Schäferhoff*, § 18 Rn. 11.

33 Ausführlich dazu *Salje*, EEG, § 18 Rn. 25; kurz auch *Lünenbürger*, in: Gerstner, Kap. 5, Rn. 71; vgl. auch Frenz/Müggenborg/*Ekardt/Hennig*, § 18 Rn. 8.

Abs. 2 EEG in ein Netz nach § 5 Nr. 26 angebotene und nach § 19 Abs. 1 geförderte Elektrizität umsatzsteuerrechtlich auch dann vom EEG-Anlagenbetreiber an den förderpflichtigen Netzbetreiber im Sinne von § 5 Nr. 27 geliefert, wenn der Verbrauch tatsächlich innerhalb eines Netzes erfolgt, das kein Netz für die allgemeine Versorgung nach § 5 Nr. 26 EEG ist und das vom Anlagenbetreiber selbst oder einem Dritten, der kein Netzbetreiber im Sinne von § 5 Nr. 27 EEG ist, betrieben wird.[34] Mit dem Wegfall des vergüteten Direktverbrauchs nach § 33 Abs. 2 EEG 2009 im Zuge der sog. Photovoltaik-Novelle 2012 erübrigt sich auch die Diskussion darüber, ob auf die durch den Netzbetreiber für den Direktverbrauch zu zahlenden Förderung Umsatzsteuer fällig wird. Wird der Direktverbrauch von Strom über § 100 Abs. 1 Nr. 10 lit. c) weiterhin nach § 33 Abs. 2 EEG 2009 in der am 31.1.2011 geltenden Fassung vergütet, dann besteht auch die Umsatzsteuerpflicht. Nach Auffassung des BMF ist insofern der Vorgang des Direktverbrauchs in eine Hinlieferung des Anlagenbetreibers und eine Rücklieferung des Netzbetreibers zu unterteilen und stellt damit eine Lieferung an den Netzbetreiber i.S.d. § 3 Abs. 1 UStG dar.[35] Bei einem ungeförderten Direktverbrauch des Stroms fehlt es selbst an einer fiktiven Lieferung, die das BMF noch für den vergüteten Direktverbrauch nach § 33 Abs. 2 EEG 2009 angenommen hatte.[36] Die nicht nach § 19 geförderte aber entgeltliche Weitergabe an Dritte ohne Netzeinspeisung kann freilich von der Umsatzsteuerpflicht erfasst werden.

26 **c) Entgelt.** Nach § 10 Abs. 1 S. 1 UStG wird der Umsatz bei Lieferungen und sonstigen Leistungen i.S.v. § 1 Abs. 1 Nr. 1 S. 1 UStG nach dem Entgelt bemessen. Entgelt ist nach § 10 Abs. 1 S. 2 UStG alles, was der Leistungsempfänger aufwendet, um die Leistung zu erhalten, jedoch abzüglich der Umsatzsteuer. Die Mindestförderungen sind in diesem Sinne als „Nettoentgelte" des Netzbetreibers ohne Umsatzsteuer zu verstehen. Dies wird durch Abs. 3 auch ausdrücklich klargestellt.[37]

27 Unklar war bereits unter Geltung des EEG 2012 die Entgelteigenschaft der Marktprämie nach § 33g 2012 und der Flexibilitätsprämie nach § 33i 2012. Im Zuge der Umstellung des Fördersystems auf eine verpflichtende Direktvermarktung nach dem EEG 2014 stellt sich die Frage nach der Entgelteigenschaft der im EEG 2014 geregelten Prämien – Marktprämie (§ 34), Flexibilitätszuschlag für neue Anlagen (§ 53) und die Flexibilitätsprämie für bestehende Anlage (§ 54) – umso mehr. Das BMF hat zu der Marktprämie nach § 33g EEG 2012 und der Flexibilitätsprämie nach § 33i EEG 2012 bereits Ende 2012 Folgendes klargestellt: „Wird dem Anlagenbetreiber durch den Netzbetreiber unter den Voraussetzungen des § 33g EEG [2012] eine Marktprämie bzw. unter den Voraussetzungen des § 33i EEG [2012] eine Flexibilitätsprämie gezahlt, handelt es sich jeweils um einen echten, nicht steuerbaren Zuschuss. Sofern für vor dem 1. Januar 2013 erfolgte Stromlieferungen die Markt- bzw. Flexibilitätsprämie als Entgeltbestandteil unter Ausweis von Umsatzsteuer abgerechnet worden ist, wird es auch für Zwecke des Vorsteuerabzugs nicht beanstandet, wenn eine

---

34 Vgl. BMF, Schreiben v. 19.9.2014, IV D 2-S 7124/12/10002-02, 2014/0763346; Abschn. 2.5 Abs. 2 UStAE;

35 Siehe dazu BMF, Schreiben v. 19.9.2014, IV D 2-S 7124/12/10002-02, 2014/0763346; Abschn. 2.5 Abs. 3 bis 6 UStAE; Altrock/Oschmann/Theobald/*Lehnert*, § 18 Rn. 11 f.

36 Vgl. BMF, Schreiben v. 19.9.2014, IV D 2-S 7124/12/10002-02, 2014/0763346.

37 Vgl. zur umsatzsteuerlichen Behandlung einer freiwillig gezahlten höheren Förderung *Salje*, EEG, § 18 Rn. 28; Altrock/Oschmann/Theobald/*Lehnert*, § 18 Rn. 11; Frenz/Müggenborg/*Ekardt/Hennig*, § 18 Rn. 9.

Berichtigung der Rechnung unterbleibt."[38] Das BMF geht also davon aus, dass es sich bei der Marktprämie nach § 33g EEG 2012 und der Flexibilitätsprämie nach § 33i EEG 2012 um einen Zuschuss und kein Entgelt i. S. d. UStG handelt.[39] Nichts anderes kann für die Marktprämie (§ 34), den Flexibilitätszuschlag für neue Anlagen (§ 53) und die Flexibilitätsprämie für bestehende Anlagen (§ 54) gelten.

d) Vorsteuerabzug. Der Vorsteuerabzug richtet sich nach § 15 UStG und „berechtigt den **28** Unternehmer, von der Steuer, die er für seine Umsätze schuldet, die Umsatzsteuerbeträge (Vorsteuern) abzuziehen, die ihm andere Unternehmer für ihre an ihn ausgeführten steuerpflichtigen Umsätze offen in Rechnung gestellt haben".[40] Die Anschaffungskosten und die laufenden Kosten für die jeweilige Anlage sind regelmäßig nach § 15 UStG vorsteuerabzugsfähig, sofern die Anlage vollständig dem Unternehmensvermögen zugeordnet werden kann.

Es stellt sich die Frage, ob die Vorsteuer von vorbereitenden Maßnahmen, bei Photovol- **29** taikanlagen insbesondere für die Dachsanierung oder die Errichtung von Trägeranlagen (wie z. B. Carports), abgezogen werden darf. Der BFH hatte 2011 nach der bis Ende 2010 geltenden Rechtslage entschieden, dass der Unternehmer Leistungen für die Sanierung oder Errichtung des durch die Anlage teilweise unternehmerisch genutzten Gebäudes vollständig seinem Unternehmen zuordnen darf, wenn der unternehmerisch genutzte Anteil nach § 15 Abs. 1 S. 2 UStG mindestens 10 % beträgt und er sie im Übrigen nur privat nutzt.[41] So waren z. B. die Vorsteuern für die Errichtung eines Carports vollständig abzugsfähig.[42] Nach der Umsetzung des neuen Art. 168a MwStSystRL (sog. Anti-Seeling-Regelung)[43] durch § 15 Abs. 1b UStG ist in den Fällen, in denen der Unternehmer ein Grundstück sowohl für Zwecke seines Unternehmens als auch für Zwecke nutzt, die außerhalb des Unternehmens liegen, wie das insbesondere bei der teilweisen privaten Nutzung der Trägeranlagen für Photovoltaikanlagen der Fall ist, die Steuer für die Leistungen im Zusammenhang mit diesem Grundstück vom Vorsteuerabzug ausgeschlossen, soweit sie nicht auf die Verwendung des Grundstücks für Zwecke des Unternehmens entfällt.[44] Abziehbar

---

38 BMF, Schreiben v. 6.11.2012, IV D 2-S 7124/12/10002, 2012/0952023.
39 Zuvor bereits in der Literatur *Wustlich/Müller*, ZNER 2011, 380, 389; *Lehnert*, ZUR 2012, 4, 12 f.
40 So die Beschreibung zur Umsatzsteuer auf www.buergerservice.niedersachsen.de (letzter Aufruf 30.8.2014).
41 BFH, Urt. v. 19.7.2011, XI R 21/10, ree 2012, 55; Urt. v. 19.7.2011, XI R 29/09, DB 2011, 2528; Urt. v. 19.7.2011, XI R 29/10, ree 2011, 251; ausführlich zu den Urteilen des BFH *Meurer*, StBW 2012, 130 ff.; *Serafini*, GStB 2012, 62 ff.; vgl. zur uneinheitlichen Rechtsprechung der Finanzgerichte vor den BFH-Entscheidungen *Fromm/Litzenberger*, SteuK 2011, 452, 452; BMF, Schreiben v. 19.9.2014, IV D 2-S 7124/12/10002-02, 2014/0763346.
42 BFH, Urt. v. 19.7.2011, XI R 21/10, Rn. 40 ff., ree 2012, 55.
43 Richtlinie 2009/162/EU des Rates zur Änderung verschiedener Bestimmungen der Mehrwertsteuer-Systemrichtlinie vom 22. Dezember 2009, ABl. EU 2010 Nr. L 10 S. 1; die Richtlinie soll die durch das Urteil des EuGH v. 8.5.2003, C-269/00, Slg. 2003, I-4101-4134, NJW 2003, 2442 – Seeling, aufgekommen Steuergestaltungsmodelle unterbinden; dazu *Sölch/Ringleb/Oelmaier*, Umsatzsteuer, 72. Erg.-Lfg. April 2014, § 15 Rn. 530.
44 Vgl. kurz die Anmerkungen zur neuen Rechtslage für den Vorsteuerabzug im Zusammenhang mit Photovoltaikanlagen *Korn*, SteuK 2011, 509, 509; BFH, Urt. v. 19.7.2011, XI R 21/10, DStR 2011, 2148, 2152. Ausführlich zur neuen Rechtslage v. *Streit/Zugmaier*, DStR 2010, 524, 524 ff.; *Lembke*, SteuK 2011, 364, 364 ff. Zur Handhabung von Altfällen *Meurer*, StBW 2012, 130, 132; BMF, Schreiben v. 19.9.2014, IV D 2-S 7124/12/10002-02, 2014/0763346.

ist also nur der unternehmerisch genutzte Anteil, der nach den Umständen des Einzelfalls errechnet werden muss.[45]

30 Die Neuregelung aus § 15 Abs. 1b UStG gilt zwar für wesentliche Bestandteile des Gebäudes, nicht aber für Objekte, die umsatzsteuerrechtlich eigenständig dem Unternehmensvermögen zugeordnet werden, wie z. B. Photovoltaikanlagen und Blockheizkraftwerke.[46] Wird die Anlage zur Erzeugung von Strom aus erneuerbaren Energien oder Grubengas vollständig dem Unternehmensvermögen zugeordnet und wird ein Teil des Stroms für den privaten Direktverbrauch genutzt, muss der private Nutzungsanteil als unentgeltliche Wertabgabe versteuert werden.

31 **4. Verringerung des anzulegenden Wertes (Abs. 4).** In dem mit dem EEG 2014 neu eingeführten Abs. 4 werden in den Nr. 1 bis 6 die Bestimmungen aufgeführt, nach denen sich der nach den §§ 40 bis 51 und 55 anzulegende Wert für die jeweilige Anlage verringert.[47] Es handelt sich bei Abs. 4 um eine reine Verweisvorschrift, die keinen eigenen Regelungsgehalt besitzt. Die Verringerung des anzulegenden Wertes ergibt sich insofern direkt aus den in § 23 Abs. 4 Nr. 1 bis 6 genannten Vorschriften. Abs. 4 stellt also nur klar, dass der nach § 23 Abs. 1 und 2 ermittelte anzulegende Wert unter Maßgabe der in den Nr. 1 bis 6 genannten Vorschriften verringert wird. Insofern gibt die Vorschrift dem Rechtsanwender eine Hilfestellung, um sich in dem bisweilen extrem komplexen Regelungsgefüge des EEG 2014 zurechtzufinden. Die Auflistung erfolgt in der aufsteigenden Reihenfolge der zitierten Normen, ohne dass damit eine andere Festlegung, etwa bezüglich der Systematik der anzuwendenden Normen, verbunden wäre.

32 Eine Verringerung der anzulegenden Werte erfolgt in folgenden Fällen:[48]

- nach Maßgabe des § 24 bei negativen Preisen (Nr. 1),
- nach Maßgabe der §§ 25, 47 Abs. 4 oder der Nr. I.5 der Anlage 3 bei einem Verstoß gegen eine Bestimmung dieses Gesetzes (Nr. 2),
- nach Maßgabe der §§ 26 bis 31 wegen der degressiven Ausgestaltung der finanziellen Förderung (Nr. 3),
- nach Maßgabe des § 37 Abs. 3 oder des § 38 Abs. 2 bei der Inanspruchnahme einer Einspeisevergütung (Nr. 4),
- nach Maßgabe des § 47 Abs. 1 S. 2 für den dort genannten Anteil der in einem Kalenderjahr erzeugten Strommenge aus Biogas (Nr. 5) und
- nach Maßgabe des § 55 Abs. 3 für Strom aus Freiflächenanlagen (Nr. 6).

---

45 Sölch/Ringleb/*Oelmaier*, Umsatzsteuer, 72. Erg.-Lfg. April 2014, § 15 Rn. 535 ff.; siehe dort (Rn. 540) auch zu der Berechnung nach den Grundsätzen des § 15 Abs. 4 UStG.
46 *Lembke*, SteuK 2011, 364, 365; Bunjes/Geist/*Heidner*, UStG, 13. Aufl. 2014, § 15 Rn. 314.
47 Vgl. BT-Drs. 18/1304, S. 195.
48 Vgl. ausführlich die Kommentierungen zu den im Folgenden genannten Normen.

§ 24 Verringerung der Förderung bei negativen Preisen

(1) Wenn der Wert der Stundenkontrakte für die Preiszone Deutschland/Österreich am Spotmarkt der Strombörse EPEX Spot SE in Paris an mindestens sechs aufeinanderfolgenden Stunden negativ ist, verringert sich der anzulegende Wert nach § 23 Absatz 1 Satz 2 für den gesamten Zeitraum, in denen die Stundenkontrakte ohne Unterbrechung negativ sind, auf null.

(2) Wenn der Strom in einem Kalendermonat, in dem die Voraussetzungen nach Absatz 1 mindestens einmal erfüllt sind, in der Einspeisevergütung nach § 38 veräußert wird, muss der Anlagenbetreiber dem Netzbetreiber bei der Datenübermittlung nach § 71 Nummer 1 die Strommenge mitteilen, die er in dem Zeitraum eingespeist hat, in dem die Stundenkontrakte ohne Unterbrechung negativ gewesen sind; andernfalls verringert sich der Anspruch nach § 38 in diesem Kalendermonat um 5 Prozent pro Kalendertag, in dem dieser Zeitraum ganz oder teilweise liegt.

(3) Die Absätze 1 und 2 sind nicht anzuwenden auf

1. Anlagen, die vor dem 1. Januar 2016 in Betrieb genommen worden sind,
2. Windenergieanlagen mit einer installierten Leistung von weniger als 3 Megawatt oder sonstige Anlagen mit einer installierten Leistung von weniger als 500 Kilowatt, wobei jeweils § 32 Absatz 1 Satz 1 entsprechend anzuwenden ist,
3. Demonstrationsprojekte.

Schrifttum: *Thomas*, Das EEG 2014. Eine Darstellung nach Anspruchsgrundlagen, NVwZ 2014, 1139. *Wustlich*, Das Erneuerbare-Energien-Gesetz 2014. Grundlegend neu – aber auch grundlegend anders?, NVwZ 2014, 1113.

Übersicht

I. Allgemeines

§ 24 regelt die Verringerung der Förderung von EEG-vergüteter Stromeinspeisung aus Neuanlagen im Falle des Auftretens negativer Strompreise. Abs. 1 bestimmt die Vorausset- **1** zungen und Rechtsfolgen der Förderungsverringerung. Die Vorschrift legt insbesondere fest, wann und in welchem Umfang die Vergütung von EEG-geförderter Stromerzeugung abgesenkt wird. Abs. 2 regelt die Förderungsverringerung im Falle der Ausfallvermarktung nach § 38. Ausnahmen von der Regelung sind in Abs. 3 festgelegt.

2 Negative Strompreise entstehen, wenn einem Überangebot von Stromerzeugung eine geringe Nachfrage gegenübersteht und die technischen Möglichkeiten bzw. wirtschaftlichen Anreize fehlen, kurzfristige Verhaltensanpassungen der Marktteilnehmer herbeizuführen. Seit 2009 sind in Deutschland vereinzelt negative Börsenpreise für Strom beobachtet worden, insbesondere an Tagen hoher Einspeisung fluktuierender Erzeugung und niedriger Nachfrage (z.B. an Feiertagen).[1]

3 Im Rahmen der bisherigen Regelungen des EEG haben sich negative Strompreise erhöhend auf die EEG-Umlage ausgewirkt und infolgedessen für zusätzliche Belastungen der Verbraucher gesorgt, da diese unter anderem von der Differenz zwischen garantierter Einspeisevergütungen und Börsenpreis abhängt. Die im April 2014 veröffentlichten Leitlinien der Europäischen Kommission für staatliche Umweltschutz- und Energiebeihilfen 2014–2020 (im Folgenden „EU-Leitlinien") fordern nun explizit, dass der Förderungsmechanismus keine Anreize für eine Stromerzeugung zu negativen Preisen schafft.[2]

4 Mit der EEG Novelle 2014 reagiert der Gesetzgeber auf diese Entwicklung und beschränkt die Förderung der Erzeugung aus erneuerbaren Energien bei negativen Preisen. Die Einführung einer Förderungsbegrenzung bei negativen Strompreisen zählt zu den Neuerungen, die das EEG hervorgebracht hat, und ist durch eine entsprechend geringe rechtliche Vorgeschichte gekennzeichnet. Dieser Kommentar erfolgt vorrangig aus einer volkswirtschaftlichen Perspektive mit dem Ziel, neben der praktischen Bedeutung und deren Implikationen insbesondere den ökonomischen Hintergrund des im EEG neu eingeführten § 24 näher zu beleuchten. Nach einer Darstellung von Zielsetzung, Entstehungsgeschichte und Adressaten erfolgt eine nähere Diskussion der Einzelvorschriften des § 24, bevor abschließend eine Bewertung der wirtschaftlichen Relevanz des Paragrafen vorgenommen wird.

5 **1. Normzweck.** Negative Strompreise signalisieren, dass zu einem bestimmten Zeitpunkt dem produzierten Strom volkswirtschaftlich kein (bzw. sogar ein negativer) Wert zugemessen wird, da Strom im Überschuss vorhanden ist und „entsorgt" werden muss, um die Stabilität des Stromnetzes zu wahren. Negative Preise sind somit nicht per se volkswirtschaftlich unerwünscht: Das Preissignal hat zunächst die an sich systemdienliche Wirkung, den Marktteilnehmern zu vermitteln, dass die in diesem Moment nachgefragte Dienstleistung nicht die Erzeugung sondern die „Entsorgung" von Strom ist.[3] Die Tatsache, dass sich das

---

1 Z.B. IZES, Herausforderungen durch die Direktvermarktung von Strom aus Wind Onshore und Photovoltaik, 20.12.2013, abrufbar unter: www.greenpeace.de/sites/www.greenpeace.de/files/pub lications/201402-strom-direktvermarktung-izes.pdf, S. 48.

2 Kommission, Leitlinien für staatliche Umweltschutz- und Energiebeihilfen 2014–2020 (2014/C 200/01), Amtsblatt der Europäischen Union vom 28.6.2014, Rn. 124.

3 Z.B. *R. Baake*, Namensartikel, Gastbeitrag des Staatssekretärs Rainer Baake zur Energiewende in der Wochenzeitung DIE ZEIT, 11.12.2014, abrufbar unter: www.bmwi.de/DE/Presse/reden,did =675244.html.

Angebot bei geringer Nachfrage nicht hinreichend verknappt, um einen positiven Marktpreis zu erzielen, ist Hinweis auf einen erhöhten Flexibilitätsbedarf am Strommarkt.[4]

Im Rahmen von Systemen mit fester Einspeisevergütung entwickelt dieses Preissignal für **6** Erzeuger von gefördertem Strom keine Wirkung. Vielmehr erhalten diese über die feste Einspeisevergütung weiterhin das Signal, dass ihrer Produktion ein positiver Wert beigemessen werde. Der Zweck von § 24 liegt daher weniger darin begründet, das Auftreten negativer Preise per se zu vermeiden, als vielmehr allen Marktteilnehmern einen Anreiz zu geben, das Preissignal wahrzunehmen und ihre Handlungen entsprechend anzupassen. Technische Voraussetzung für die Abschaltung erneuerbarer Erzeugung ist die Fernsteuerbarkeit, die allerdings im Falle der für § 24 relevanten Klasse größerer Anlagen gem. § 35 Nr. 2 Bedingung für den Anspruch auf Zahlung der Marktprämie ist.

§ 24 folgt der Zielsetzung, den Förderungsmechanismus des EEG derart anzupassen, dass **7** er keinen Anreiz zur Erzeugung bei (längerfristig) negativen Strompreisen schafft. Insofern lässt sich § 24 als eine Übersetzung der EU-Leitlinien in deutsches Recht verstehen. So beschreibt auch die Gesetzesbegründung § 24 zunächst als Maßnahme des Gesetzgebers, um den Anforderungen der EU-Leitlinien Rechnung zu tragen.[5]

Nach Willen der EU-Kommission sind Beihilfen nur dann genehmigungsfähig, wenn sie **8** einen Beitrag zur Marktintegration der geförderten Stromerzeugung aus erneuerbaren Energiequellen leisten.[6] In den Beihilfeleitlinien steckt die Kommission mit dem 1. Januar 2016 zugleich eine Frist für die Umsetzung der neuen Verpflichtungen ab:

„Ab dem 1. Januar 2016 müssen alle neuen Beihilferegelungen und sonstigen Beihilfemaßnahmen alle folgenden Voraussetzungen erfüllen: [...] c) Es werden Maßnahmen getroffen, um sicherzustellen, dass die Stromerzeuger keinen Anreiz haben, Strom zu negativen Preisen zu erzeugen."[7]

Auch der deutsche Gesetzgeber lässt seinen Willen zur Marktintegration der Stromerzeu- **9** gung aus erneuerbaren Energien deutlich erkennen, wovon er sich einen Beitrag zu gesteigerter Kosteneffizienz verspricht.[8] So nennt der Gesetzesentwurf der Bundesregierung zur Reform des EEG vom 8.4.2014 die Marktintegration als einen Beitrag zur Lösung der Probleme, die der bisherige EEG-Fördermechanismus aufgeworfen hat, darunter nicht zuletzt der substanzielle Kostenanstieg über die EEG-Umlage.[9] Die Beseitigung von Anreizen zur Stromerzeugung bei negativen Preisen lässt sich insofern als Maßnahme verstehen, dem Ziel der Marktintegration näher zu kommen und die damit assoziierten Kostensenkungspotenziale zu realisieren.

---

4 Agora Energiewende, Negative Strompreise: Ursachen und Wirkungen. Eine Analyse der aktuellen Entwicklungen – und ein Vorschlag für ein Flexibilitätsgesetz, 2014, abrufbar unter: www.agora-energiewende.de/fileadmin/downloads/publikationen/Studien/Negative_Strompreise/Agora_NegativeStrompreise_Web.pdf, S. 1.

5 BT-Drs. 18/1891, S. 202.

6 Kommission, Leitlinien für staatliche Umweltschutz- und Energiebeihilfen 2014–2020 (2014/C 200/01), Amtsblatt der Europäischen Union vom 28.6.2014, Rn. 123.

7 Kommission, Leitlinien für staatliche Umweltschutz- und Energiebeihilfen 2014–2020 (2014/C 200/01), Amtsblatt der Europäischen Union vom 28.6.2014, Rn. 124.

8 *Wustlich*, Das Erneuerbare-Energien-Gesetz 2014. Grundlegend neu – aber auch grundlegend anders?, NVwZ 2014, 1113, 1117.

9 RegE EEG 2014 v. 8.4.2014, S. 10

10 Durch die Vorschrift zur Förderungsverringerung bei negativen Preisen schafft § 24 weitergehende Anreize für Erzeuger von EEG-gefördertem Strom, auf dessen Marktwert zu reagieren und die Erzeugungsleistung entsprechend anzupassen, wodurch der negative Preisdruck wiederum reduziert wird. Das Preisniveau wirkt somit zugleich als Voraussetzung und Folge der Bestimmungen von § 24, sodass die Vorschrift eine dynamische Beeinflussung des Verhaltes der Marktakteure herbeiführt. Ziel der Vorschrift bleibt es dabei einen Förderungsrahmen zu schaffen, in dem der Marktpreis als Knappheitssignal einen größeren Beitrag zur allokativen Effizienz des Strommarktes leisten kann.

11 **2. Entstehungsgeschichte.** Die Einführung einer Förderungsbegrenzung bei negativen Strompreisen zählt zu den Neuerungen, welche die EEG-Novelle 2014 hervorgebracht hat. Während die mit den Vorschriften des § 24 verbundene Zielsetzung einer zunehmend marktnahen Anreizgestaltung die öffentliche Diskussion zur EEG-Novellierung bereits seit der vorigen EEG-Novelle prägte, hat die explizite Regelung der Förderungsverringerung gem. § 24 erst im Rahmen der Beschlussempfehlung des Ausschusses für Wirtschaft und Energie vom 26.6.2014 in den Gesetzesentwurf Einzug erhalten.[10]

12 § 24 ist zuvorderst eine Folge der am 9.4.2014 veröffentlichten EU-Leitlinien, die in ihrer Funktion als ermessenslenkende Verwaltungsvorschriften ausdrücklich erfordern, dass die Förderung der Stromerzeugung aus erneuerbaren Energien keine Anreize zur Erzeugung bei negativen Preisen schaffen darf.[11] Die Veröffentlichung der Leitlinien erfolgte kurz nach Vorlage des ersten Gesetzesentwurfes der Bundesregierung zur Novelle des EEG am 8.4.2014, in welchem die Regelungen zur Förderungsverringerung gem. § 24 noch nicht enthalten waren.

13 Aufgrund der späten Aufnahme der Bestimmungen erst kurz vor Beschluss der EEG-Novelle war der § 24 nicht Teil der umfassenden öffentlichen Konsultation des EEG-Entwurfs, sondern wurde weitgehend ohne formalisierte öffentliche Diskussion aufgenommen. Die Stellungnahme der Bundesregierung zum neuesten Energie-Sondergutachten der Monopolkommission legt nahe, dass in Zukunft weitere Änderungen zu erwarten sind.[12]

14 **3. Normadressaten.** § 24 richtet sich primär an die Betreiber von EEG-geförderten Anlagen bzw. die von ihnen beauftragten Direktvermarkter. Die Beseitigung von Anreizen zur Einspeisung bei negativen Strompreisen soll stärker systemdienliches Verhalten bewirken, insbesondere eine Flexibilisierung der Angebotsstruktur. In dem Maße, in dem die Vermarktung durch Dritte (Direktvermarkter) übernommen wird, werden diese zunächst das Risiko tragen und es in Form von verringerten Abnahmepreisen und erhöhten Risikozuschlägen an die Erzeuger EEG-geförderten Stroms weiterreichen, wobei das Ausmaß der Risikoabwälzung von der relativen Marktmacht beider Seiten abhängen wird.[13]

15 Wirtschaftlich betroffen sind damit primär alle neuen (ab 1.1.2016 in Betrieb genommenen) EEG-geförderten Anlagen, die nicht unter die Ausnahmeregeln des § 24 Abs. 3 fallen.

---

10 BT-Drs. 18/1891, S. 202.
11 Kommission, Leitlinien für staatliche Umweltschutz- und Energiebeihilfen 2014–2020 (2014/C 200/01), ABl. v. 28.6.2014, Rn. 124.
12 BT-Drs. 18/2939, S. 8 u. 9.
13 Diese Beobachtung deckt sich mit Stimmen aus Branchenkreisen, wonach das Preisrisiko von Direktvermarktern im Regelfall durchgereicht und vom Anlagenbetreiber getragen wird.

Der Adressatenkreis orientiert sich somit eng an den Vorgaben aus Art. 124 und 125 der Energiebeihilfeleitlinien der Kommission.

Ökonomisch sind gegebenenfalls widerstreitende Interessen abzuwägen: In einem System **16** der Elektrizitätsversorgung mit zunehmend volatiler Einspeisung aufgrund des Ausbaus dargebotsabhängiger Erzeugung ist der Organisation und ggf. der Verpflichtung zur Bereitstellung von Flexibilität eine zentrale Bedeutung beizumessen. § 24 schafft Anreize für EEG-geförderte Anlagen mehr Flexibilität bereitzustellen, die unter dem EEG 2012 nicht im gleichen Maße bestanden.

Prinzipiell können flexibilitätssteigernde Maßnahmen allerdings auch durch andere Akteu- **17** re und Instrumente erbracht werden; neben der Ausgestaltung des EEG-Fördermechanismus zählen dazu auch die technischen Anpassungsmöglichkeiten der konventionellen Erzeugung, die Bestimmungen zur Erbringung von Systemdienstleistungen, das Lastmanagement sowie Energiespeicher und Power-to-Heat-Systeme[14].[15] Aus ökonomischer Perspektive sollte die Verpflichtung zur Erbringung von Flexibilität denjenigen Marktteilnehmern auferlegt werden, die sie zu den geringsten systemischen Gesamtkosten erbringen können. Zu den systemischen Gesamtkosten zählen neben den Kosten für die Flexibilisierung des Kraftwerkparks im eigentlichen Sinne auch der Netzausbau und externe Auswirkungen, bspw. auf die Umwelt oder auf die Finanzierungskosten des zukünftigen – politisch gewollten – Umbaus der Stromversorgung.

Weder die Bundesregierung noch die Kommission nehmen einen solchen Kostenabgleich **18** vor, geschweige denn eine umfassende Kosten-Nutzen Analyse verschiedener Optionen. Die Kommission verweist in ihrem Impact Assessment lediglich auf die Verzerrungen, die durch die Förderung von Erneuerbaren Energien bei negativen Preisen entstehen.[16] Die Bundesregierung diskutiert aber weder den Nutzen der bestehenden Regelung, noch vergleicht sie die Kosten-Nutzen-Relation des von ihr präferierten Vorschlags (z.B. bezüglich der 6-Stunden Regelung) mit Alternativoptionen.

Allerdings ist zu beachten, dass die Wirkung von § 24 über die direkt Betroffenen (EEG- **19** vergütete Erzeuger und Netzbetreiber) hinausgeht; schließlich dient der Strompreis der Orientierung aller Marktteilnehmer und bringt entsprechend breit gefächerte Anreizwirkungen mit sich.

II. Zu den Einzelvorschriften

1. Verringerung der Förderung. Abs. 1 regelt, unter welchen Voraussetzungen und in **20** welchem Umfang die Förderung der Einspeisung von Strom aus Erneuerbaren Energien nach EEG reduziert wird. Sofern diese Voraussetzungen erfüllt sind, beträgt der anzulegende Wert gem. § 23 Abs. 1 S. 2 „null" für die Gesamtzahl der Stunden, in denen der Preis

---

14 Z.B. Agora Energiewende, Der Spotmarktpreis als Index für eine dynamische EEG-Umlage, abrufbar unter: www.agora-energiewende.de/fileadmin/downloads/publikationen/Studien/Dynami sche-EEG_Umlage/Agora_RAP_Spotmarktpreis_als_Index_fuer_dyn_EEG-Umlage_web.pdf, S. 1 u. 3.
15 BT-Drs. 18/2939, S. 8 u. 9.
16 KOM, Impact Assessment accompanying the document Communication from the Commission Guidelines on State aid for environmental protection and energy for 2014–2020, 9.4.2014, S. 21.

ununterbrochen negativ ist; dies schließt insbesondere auch die ersten sechs Stunden ein, die Voraussetzung für die Förderungsverringerung sind.[17]

21 **a) Voraussetzungen (Abs. 1).** Voraussetzung für eine Förderungsverringerung bei negativen Preisen ist, dass die Preisnotierungen für Day-Ahead-Stundenkontrakte für die Preiszone Deutschland/Österreich am Spotmarkt der Strombörse EPEX Spot SE in Paris während sechs Stunden ununterbrochen negativ sind.

22 **aa) Verwendung von Day-Ahead-Kontrakten.** § 24 bestimmt, dass als Referenzgröße für den Strompreis börsengehandelte Stundenkontrakte zu wählen sind; dabei bleibt implizit, dass es sich um Day-Ahead Kontrakte handelt. Die Wahl von Vortagespreisen ist allerdings nicht selbstverständlich; Intraday-Preise stellen eine mögliche Alternative dar. Die Preise auf den „Day-Ahead" und „Intraday"-Märkten sind in der Regel relativ hoch korreliert, aber nicht identisch, da zum Beispiel Kraftwerke kurzfristig ausfallen bzw. sich Abweichungen bei der Stromerzeugung aus Wind und Sonne ergeben können. Für die optimale volkswirtschaftliche Steuerungswirkung müsste theoretisch ein Intraday-Handelsprodukt zum Einsatz kommen, da dieses den tatsächlichen Wert des Stroms zum Zeitpunkt der Produktion reflektiert. Die Verwendung eines Day-Ahead-Produktes kann zur Folge haben, dass Erzeuger von EEG-gefördertem Strom durch die Regelungen des § 24 von der Produktion abgehalten werden, auch wenn ihre Erzeugung bei positivem Intraday-Preis volkswirtschaftlich gesehen zum Liefertermin einen positiven Wert hätte.[18]

23 In der regulatorischen Praxis erscheint die Verwendung eines Vortagesproduktes allerdings geeigneter, um tatsächlich eine Verhaltensänderung der Marktteilnehmer herbeizuführen: Unter den gegebenen Regelungen weiß ein Vermarkter erst nach der sechsten Stunde ununterbrochen negativer Preise am Referenzmarkt, ob der anzulegende Wert für die vorherigen fünf Stunden ebenfalls auf null gesetzt wird. Der Day-Ahead Markt lässt dem Vermarkter die Möglichkeit, am Intraday-Markt auf dieses Preissignal zu reagieren. Würde § 24 auf den Intraday-Markt abstellen, stünde dem Betreiber diese Möglichkeit zur Verhaltensanpassung nicht mehr offen.

24 Weitere Gründe für die Verwendung eines Day-Ahead-Produktes könnten 1) fehlende Liquidität des Intraday-Marktes oder 2) Überlegungen bezüglich Planungssicherheit bzw. Systemstabilität sein. So bewegt sich das Handelsvolumen von Intraday-Kontrakten für die Preiszone Deutschland/Österreich an der EPEX Spot SE in einem Größenvolumen von wenig mehr als einem Zehntel des entsprechenden Day-Ahead-Volumens, wobei auch der Intraday-Markt als zunehmend liquide anzusehen ist.[19] Nur geschätzte 30 bis 50% der Bilanzkreise nehmen allerdings eine aktive Intraday-Bewirtschaftung vor, die häufig als zu aufwendig wahrgenommen wird.[20] Daneben kann die Wahl von Day-Ahead-Kontrakten

---

17 BT-Drs. 18/1891, S. 202.
18 *Wustlich*, Das Erneuerbare-Energien-Gesetz 2014. Grundlegend neu – aber auch grundlegend anders?, NVwZ 2014, 1113, 1117.
19 EPEX Spot SE, Power Trading Results in November 2014 – German Intraday volumes continue to thrive, abrufbar unter: www.epexspot.com/en/press-media/press/details/press/Power_Trading_Re sults_in_November_2014_German_Intraday_volumes_continue_to_thrive, Pressemitt. v. 1.12. 2014.
20 Agora Energiewende, Negative Strompreise: Ursachen und Wirkungen. Eine Analyse der aktuellen Entwicklungen – und ein Vorschlag für ein Flexibilitätsgesetz, 2014, abrufbar unter: www.ago ra-energiewende.de/fileadmin/downloads/publikationen/Studien/Negative_Strompreise/Agora_ NegativeStrompreise_Web.pdf, S. 33.

stabilisierend auf den Strommarkt wirken, indem der Koordinationsprozess zeitlich vorgelagert ist und durch den Intraday-Markt noch Möglichkeiten für Folgeanpassungen vorhanden sind. Damit lässt sich die Gefahr verringern, dass kurzfristige Reaktionen von Marktteilnehmern nach fünf Stunden ununterbrochen negativen Preisen zu extremen Preisausschlägen führen.

bb) Wahl des Handelsplatzes. Die Wahl des Indizes (Stundenkontrakte für die Preiszone   **25**
Deutschland/Österreich am Spotmarkt der Strombörse EPEX Spot SE in Paris) ist in Bezug auf den Börsenplatz unstreitig; die EPEX SPOT ist für den weit überwiegenden Teil des deutschen Kurzfristhandels für Strom der relevante Handelsplatz.

Keine Regelung trifft die Norm für den Fall, dass aufgrund von Netzengpässen die einheit-   **26**
liche Preiszone für Deutschland und Österreich nicht aufrecht zu erhalten ist. Für einen solchen Fall ist zu erwarten, dass die Häufigkeit negativer Preise und damit der Förderungsverringerung, insbesondere für Anlagen in Norddeutschland, sprunghaft anstiege.

cc) Sechsstündiges Intervall ununterbrochen negativer Preise. Die Maßgabe des § 24,   **27**
dass eine Verringerung des anzulegenden Wertes nach § 23 erst nach sechs Stunden ununterbrochen negativer Preise erfolgt, scheint der Forderung der EU-Leitlinien nicht vollständig nachzukommen – schließlich verlangen diese, dass „Stromerzeuger keinen Anreiz haben, Strom zu negativen Preisen zu erzeugen".[21] Diese Anforderung ist durch § 24 nicht erfüllt, da für Zeiträume von weniger als sechs Stunden grundsätzlich der Anreiz zur Einspeisung von EEG-gefördertem Strom fortbesteht, vorausgesetzt die Differenz zwischen dem (individuellen) anlegbaren Wert und dem (erwarteten) Monatsmittelwert liegt höher als der (absolute) Wert des negativen Strompreises.

Die EU-Kommission hat das deutsche EEG mit Entscheid vom 23.5.2014 dennoch geneh-   **28**
migt und zu den Vorschriften zu negativen Preisen unter Rn. 251 bis 253 ausgeführt, dass i) das EEG Mechanismen beinhalte, die keine Anreize zur Produktion bei negativen Preisen bieten und ii) gleichzeitig dafür sorgen, dass nicht alle Anlagen gleichzeitig vom Netz genommen werden, was zu Netzinstabilität führen könnte.[22]

Der erste Teil der Beurteilung durch die EU-Kommission erscheint insofern unzutreffend,   **29**
als dass negative Preisintervalle von weniger als sechs Stunden weiterhin Anreize zur Erzeugung schaffen. Dem zweiten Teil der Beurteilung kommt nach strikter Lesart der Beihilfrichtlinien nur eine untergeordnete Relevanz zu, da Netzstabilität in den Beihilfeleitlinien nur indirekt als Ziel formuliert wird.[23]

Eine Begründung für die Wahl einer sechsstündigen Karenzzeit bleibt die Kommission   **30**
schuldig. Ein möglicher Erklärungsansatz besteht in der Beobachtung, dass der Zeitraum von sechs Stunden anderen Erzeugern mit signifikanten An- und Abschaltzeiten die Mög-

---

21 Kommission, Leitlinien für staatliche Umweltschutz- und Energiebeihilfen 2014–2020 (2014/C 200/01), Amtsblatt der Europäischen Union vom 28.6.2014, Rn. 124.
22 Kommission, Entsch. v. 23.7.2014, SA.38632 (2014/N) – Germany, EEG 2014 – Reform of the Renewable Energy Law, Rn. 251–253.
23 Z.B. Kommission, Leitlinien für staatliche Umweltschutz- und Energiebeihilfen 2014–2020 (2014/C 200/01), ABl. v. 28.6.2014, Rn. 202.

lichkeit gibt, sich auf negative Preise einzustellen.[24] Gegen diese These spricht, dass auch in Großbritannien eine Karenzzeit von sechs Stunden gelten soll, obwohl der britische Kraftwerkspark deutlich flexibler ist.[25] Außerdem setzt § 24 derzeit fragwürdige Anreize, indem EEG-geförderte Erzeugung in den (kürzeren) Zeiträumen nicht unterbunden wird, in denen ein Abschalten der konventionellen Erzeugung unwirtschaftlich ist und der explizite Anreiz zur Abschaltung erst dann greift, wenn u. U. auch das Abfahren unflexibler konventioneller Erzeugung sinnvoll sein kann. Weitere ausländische Regelungen als Referenzwerte liegen nicht vor, da z. B. in Dänemark und Frankreich die entsprechenden Regelungen noch nicht an die Beihilfeleitlinien angepasst wurden.

31 Vor diesem Hintergrund ist nicht auszuschließen, dass die Marke von sechs Stunden eher einen politischen Kompromiss zwischen Kommission und Deutschland/Großbritannien als eine technisch-wirtschaftliche ermittelte Marke darstellt.

32 **b) Anreizwirkung.** Mit § 24 führt der Gesetzgeber im EEG eine Vorschrift ein, welche die Anreize zur Erzeugung bei negativen Preisen ab der sechsten Stunde ununterbrochen negativer Preise deutlich reduziert und insofern über die Anreize zu einem stärker marktorientierten Verhalten der Akteure hinausgeht, wie sie in Form der gleitenden Marktprämie gem. § 33g EEG 2012 geschaffen wurden.[26] Die gleitende Marktprämie, die mit dem EEG 2014 für größere Anlagen verpflichtend wird, gibt Erzeugern einen Anreiz ihre Produktion am Strompreis auszurichten und insbesondere dann nicht zu produzieren, wenn der (absolute) Wert des negativen Strompreises die erzielbaren Einnahmen aus (individuellem) anlegbaren Wert und Referenzwert übersteigt.[27] Selbst bei neuen Windkraftanlagen mit einem anlegbaren Wert von 89 EUR/MWh (8,9ct/kWh) gem. § 49 tritt der relevante Abschaltzeitpunkt allerdings erst bei einem Strompreis von minus 46,40 EUR/MWh ein, wenn als Referenzwert ein spezifischer Marktpreis von 42,60 EUR/MWh unterstellt wird.[28] Liegt der anlegbare Wert höher, z. B. für Offshore Wind oder PV-Anlagen, besteht ein Anreiz zur Abschaltung erst bei noch stärker negativen Preisen.[29] § 24 ändert die An-

---

24 Vgl. *Roques*, The Economic Rationale of Renewables Support Schemes Reforms and Renewables Integration in Power Markets, 14.10.2014, abrufbar unter: www.ceem-dauphine.org/assets/drop box/Pr%C3%A9sentation_de_Fabien_Roques.pdf, S. 16.

25 KOM, State aid: Commission authorises UK aid package for renewable electricity production, Pressemitt. v. 23.5.2014, abrufbar unter: http://europa.eu/rapid/press-release_IP-14-866_en.htm; Department of Energy & Climate Change, EMR Stakeholder Bulletin, Electricity Market Reform Go Live, 1.8.2014, abrufbar unter: www.gov.uk/government/uploads/system/uploads/attach ment_data/file/347899/1_august_sh_bulletin.pdf.

26 *Purkus* et al., Der Beitrag der Marktprämie zur Marktintegration erneuerbarer Energien: Erfahrungen aus dem EEG 2012 und Perspektiven der verpflichtenden Direktvermarktung, abrufbar unter: www.ufz.de/export/data/global/62188_DP_21_2014_Purkus_etal.pdf, S. 12.

27 *Purkus* et al., Der Beitrag der Marktprämie zur Marktintegration erneuerbarer Energien: Erfahrungen aus dem EEG 2012 und Perspektiven der verpflichtenden Direktvermarktung, abrufbar unter: www.ufz.de/export/data/global/62188_DP_21_2014_Purkus_etal.pdf, S. 10.

28 Der unterstellte Referenzwert entspricht dem durchschnittlichen Börsenpreis an der EPEX Spot (Phelix Day Base) für das Jahr 2012. In der Praxis ist damit zu rechnen, dass der Referenzwert für Windkraftanlagen niedriger lag und auch in Zukunft liegen wird und somit der Anreiz zur Abschaltung erst bei noch stärker negativen Preisen eintritt.

29 Vgl. Agora Energiewende, Negative Strompreise: Ursachen und Wirkungen. Eine Analyse der aktuellen Entwicklungen – und ein Vorschlag für ein Flexibilitätsgesetz, 2014, abrufbar unter: www.agora-energiewende.de/fileadmin/downloads/publikationen/Studien/Negative_Strompreise/ Agora_NegativeStrompreise_Web.pdf, S. 66.

reize dahingehend, dass EEG-geförderte Erzeuger ihre Produktion deutlich stärker am Marktpreis ausrichten. Falls die Voraussetzungen des § 24 erfüllt sind – d. h. mindestens sechs Stunden ununterbrochen negativer Preise festgestellt wurden –, ergeben sich für den Betreiber EEG-geförderter Anlagen keine Anreize zur Erzeugung.[30]

Weniger eindeutig gestaltet sich die Anreizwirkung während der ersten sechs Stunden einer Negativpreisphase, da sich der Anlagenbetreiber dann gegenläufigen Anreizen gegenübersieht. Einerseits kann unter Umständen ein antizipatives Abschalten das Risiko verringern, dass Day-Ahead-Verkäufe, die nach Überschreiten der 6-Stunden Schwelle rückwirkend ihre Förderung verlieren, nur mit Verlusten am Intraday-Markt abgewickelt werden können. Andererseits ergeben sich dadurch Opportunitätskosten aus unterlassener Einspeisung, falls die Negativpreisphase keine sechs Stunden anhalten sollte. Anlagenbetreiber bzw. Direktvermarkter werden diese Anreize im Rahmen eines individuellen Kosten-Nutzen-Kalküls gegeneinander abwägen und dabei ihre Risikoneigung, die Erwartungen zu Intraday-Preisen des Folgetages sowie die eigene Vertragssituation berücksichtigen. Zudem besteht die Möglichkeit, dass große Vermarkter gezielt in einzelnen Stunden Kapazität zurückhalten, um ein Sechs-Stunden Intervall gar nicht erst entstehen zu lassen.[31] Ob der § 24 entsprechend schon vor dem Überschreiten der 6-Stunden Schwelle eine relevante Anreizwirkung entfaltet, wird sich erst in der Praxis zeigen.   **33**

2. Förderungsverringerung im Falle der Ausfallvermarktung. Abs. 2 legt fest, dass die   **34** Förderungsverringerung gem. § 24 Abs. 1 S. 1 auch im Falle der Einspeisevergütung in Ausnahmefällen nach § 38 („Ausfallvermarktung") Anwendung findet. Der Anlagenbetreiber hat dazu dem Netzbetreiber gem. § 71 S. 1 bis zum 28. Februar eines Jahres die Strommenge mitzuteilen, die im Vorjahr während der Zeit eingespeist worden ist, in welcher der anlegbare Wert gem. § 24 auf null abgesenkt worden ist. Eine Verletzung der Mitteilungspflicht hat zur Folge, dass sich der Vergütungsanspruch in der Ausfallvermarktung gem. § 38 pauschal um 5 % für jeden Kalendertag reduziert, der von dem negativen Preisintervall betroffen ist.

Aus den Regelungen des § 24 Abs. 2 ergeben sich für den Fall der Ausfallvermarktung   **35** gem. § 38 zwei strukturelle Ungleichbehandlungen gegenüber der regulären Direktvermarktung:

a) Mitteilungspflichten und pauschaler Abzug bei Nichteinhaltung. Für Anlagen, die   **36** unter die Regelung nach § 24 Abs. 2 fallen, greifen bestimmte Mitteilungspflichten, die in der regulären Direktvermarktung nicht relevant sind. Diese Sonderbehandlung liegt darin begründet, dass die Anlagen in der Ausfallvermarktung nicht bilanzierungspflichtig sind. Kommt der Anlagenbetreiber den Mitteilungspflichten nach § 24 Abs. 2 nicht nach, sieht die Gesetzesbegründung vor, dass

> *„(...) pauschal vermutet (wird), dass für jeden Kalendertag, in dem eine negative Preisphase aufgetreten ist, eine Strommenge eingespeist wurde, die einem Vergütungsanspruch von 5 Prozent der gesamten Einspeisevergütungssumme für den jeweiligen Monat entspricht. Dabei ist die Einspeisevergütungssumme für den Monat vor Abzug etwaiger anderer Verringerungen nach § 25 EEG 2014 zugrunde zu legen. Der Begriff*

---

30 Vgl. KOM, Entsch. v. 23.7.2014, SA.38632 (2014/N) – Germany, EEG 2014 – Reform of the Renewable Energy Law, Rn. 253.

31 Energy Brainpool, Zukünftige Auswirkungen der Sechs-Stunden Regelung gemäß § 24 EEG 2014, Kurzstudie im Auftrag des Bundesverbands WindEnergie e. V., 26.11.2014, S. 23 f.

Kalendertag meint dabei den Zeitraum von 0:00 Uhr bis 24:00 eines Tages. Erstreckt sich eine negative Preisphase also z. B. in einer Nacht über Mitternacht hinaus in den nächsten Tag, so verringert sich der Anspruch auf die Einspeisevergütung um 10 Prozent der (hypothetischen) Gesamtvergütungssumme für diesen Monat."[32]

37 Es ist zu erwarten, dass der pauschale Abzug von 5% des monatlichen Vergütungsanspruchs je betroffenen Kalendertag hinreichende Anreize dafür schafft, dass der Anlagenbetreiber dem Netzbetreiber die eingespeisten Strommengen nach § 71 Nr. 1 tatsächlich mitteilt, da der Abzug bei Verletzung der Mitteilungspflicht in der Regel die Höhe der Vergütung übersteigen dürfte, die der Anlagenbetreiber nach § 38 für die betroffenen Stunden mit negativen Strompreisen erzielen würde.

38 **b) Potenzieller wirtschaftlicher Nachteil in der Ausfallvermarktung.** Die Regelung des § 24 Abs. 2 kann dazu führen, dass ein Anlagenbetreiber in der Ausfallvermarktung stärker durch die Förderungsverringerung bei negativen Preisen betroffen ist als ein Betreiber in der regulären Direktvermarktung. Während es dem Anlagenbetreiber in der regulären Direktvermarktung theoretisch möglich ist, einen Teil des Ausfallrisikos nach § 24 per spezifischer vertraglicher Regelung beim Direktvermarkter zu belassen, erlischt der Vergütungsanspruch in der Ausfallvermarktung für das Zeitfenster mit negativen Preisen komplett. Diese strukturelle Ungleichbehandlung führt zu einer Schwächung der Schutzfunktion, die § 38 zukommen soll. Hintergrund von § 38 ist schließlich gerade die Zielsetzung, die wirtschaftlichen Ausfallrisiken zu begrenzen.[33] Die Ausfallvermarktung verliert durch diese potenzielle Ungleichbehandlung weiter an Attraktivität; schließlich soll bereits die Förderungsverringerung um 20% gegenüber den anzulegenden Werten die Marktteilnehmer dazu veranlassen, nur in Ausnahmefällen auf die Ausfallvermarktung zurückzugreifen.[34] Insofern zu erwarten ist, dass die Ausfallvermarktung nur in seltenen Fällen zum Tragen kommen muss, ist die asymmetrische Behandlung von Direkt- und Ausfallvermarktung durch § 24 Abs. 2 vermutlich von verhältnismäßig geringer wirtschaftlicher Relevanz.

39 **3. Ausnahmen.** Abs. 3 regelt, welche Anlagen von den Vorschriften nach Abs. 1 und 2 ausgenommen sind. Dazu zählen (1) Anlagen, deren Inbetriebnahme vor dem 1.1.2016 liegt, (2) Kleinanlagen mit einer installierten Leistung von weniger als 500 Kilowatt bzw. 3 Megawatt im Falle von Windenergieanlagen unter Berücksichtigung von §21 Abs. 1 S. 1 und (3) Demonstrationsobjekte.

40 Mit der Definition der Ausnahmen orientiert sich der Gesetzgeber im Wesentlichen an den EU-Leitlinien.[35] So heißt es in Rn. 125 der Leitlinien:

Die unter Randnummer (125) [sic] festgelegten Voraussetzungen gelten nicht für Anlagen mit einer installierten Stromerzeugungskapazität von weniger als 500 kW und Demonstrationsvorhaben, ausgenommen Windkraftanlagen, für die als Grenzwert eine installierte Stromerzeugungskapazität von 3 MW oder 3 Erzeugungseinheiten gilt.

---

32 BT-Drs. 18/1891, S. 202.

33 Bundesregierung, Entwurf eines Gesetzes zur grundlegenden Reform des Erneuerbare-Energien-Gesetzes und zur Änderung weiterer Bestimmungen des Energiewirtschaftsrechts, 8.4.2014, S. 210.

34 *Thomas*, NVwZ 2014, 1139, 1140.

35 BT-Drs. 18/1891.

Die selektive Übernahme der Grenzwerte aus den Beihilfeleitlinien wirft eine Reihe von 41
Fragen auf:

a) Bestandsschutz (Nr. 1). § 24 Abs. 3 Nr. 1 beschränkt den Geltungsbereich der neuen 42
Regelungen zur Förderungsverringerung bei negativen Preisen auf Anlagen, die nicht vor
dem 1.1.2016 in Betrieb genommen wurden. Der Gesetzgeber macht damit von dem gesamten Spielraum Gebrauch, den ihm die EU-Leitlinien zugestehen.[36] Nichtsdestoweniger
dürfte diese Ausnahmeregelung für einige derzeit in Planung befindliche Offshore-Windanlagen keinen Bestandsschutz bieten, da für diese Anlagen in der Regel von mehreren
Jahren von Finanzierung bis Inbetriebnahme auszugehen ist. Für den Großteil der anderen
derzeit in Planung befindlichen Anlagen dürfte der §24 aber entsprechend noch keine direkte praktische Wirkung entfalten.

b) Kleinanlagen (Nr. 2). § 24 Abs. 3 Nr. 2 setzt Bagatellgrenzen für kleine Erzeugungsan- 43
lagen, die nur teilweise den Befreiungen entsprechen, welche die EU-Kommission in den
Energiebeihilfeleitlinien vorsieht. Diese Ausnahmeregelung erwächst nicht zuletzt aus einer Effizienzüberlegung, schließlich ist die gezielte Abregelung kleiner Anlagen mit überproportional hohen Kosten verbunden.[37] Die Ausnahmeregelung des deutschen Gesetzgebers weicht insofern von den Vorgaben der Leitlinien ab, als dass die Obergrenze allein
leistungsbezogen ist und § 24 somit die alternative Begrenzung bei drei Anlagen nicht aus
den Leitlinien übernimmt.

Vor diesem Hintergrund erscheint klärungsbedürftig, ob der Begriff der Windenergieanla- 44
ge in Abs. 3 S. 2 auf die einzelne Anlage oder einen weiteren Anlagenbegriff abzielt. Sollte
Ersteres zutreffen und § 32 S. 1 im gegebenen Fall nicht einschlägig sein, stellt sich zudem
die Frage, ob die Ausnahmeregelung gegebenenfalls zu einer künstlichen Limitierung der
Anlagengröße bei 2,99 MW (bzw. 499 kW) anreizen könnte, sollte der Betreiber das vom
§ 24 ausgehende Risiko für hinreichend groß halten.

Auffällig ist weiterhin, dass die Leistungsobergrenzen gem. § 24 Abs. 3 Nr. 2 über den Ba- 45
gatellgrenzen für die verpflichtende Direktvermarktung gem. § 37 Abs. 2 liegen, welche
der deutsche Gesetzgeber restriktiver als die EU-Kommission angesetzt hat. Die sich daraus ergebende Irrelevanz von § 24 Abs. 3 Nr. 2 für Kleinanlagen, die zur Einspeisevergütung berechtigt sind, ist dem Gesetzgeber bewusst:

> *„Anlagen in der Einspeisevergütung für kleine Anlagen nach § 37 EEG sind nicht be-*
> *troffen, da die Bagatellgrenzen nach § 37 Absatz 2 EEG unter den Grenzen nach § 24*
> *Absatz 3 EEG liegen."*[38]

c) Demonstrationsobjekte (Nr. 3). Die Ausnahmeregelung für Demonstrationsvorhaben 46
folgt unmittelbar den Bestimmungen der EU-Energiebeihilfeleitlinien (Rn. 125). Allerdings lässt sich die wirtschaftliche Sinnhaftigkeit dieser Regelung insofern infrage stellen,
als dass sie dem Ziel einer Begrenzung der Stromproduktion in Phasen negativer Preise zu-
widerzulaufen scheint, indem gerade für nicht auf kommerzielle Erzeugung ausgerichtete

---

36 Kommission, Leitlinien für staatliche Umweltschutz- und Energiebeihilfen 2014–2020 (2014/C
   200/01), ABl. v. 28.6.2014, Rn. 124.
37 *Lehnert* et al., Vorbereitung und Begleitung der Erstellung des Erfahrungsberichts 2014 gemäß
   § 65 EEG im Auftrag des BMWi. Vorhaben III: Rechtliche und instrumentelle Weiterentwicklung
   des EEG, 2014, abrufbar unter: www.bmwi.de/BMWi/Redaktion/PDF/XYZ/zwischenbericht-vor
   haben-3,property=pdf,bereich=bmwi2012,sprache=de,rwb=true.pdf, S. 24.
38 BT-Drs. 18/1891.

Demonstrationsvorhaben keine Anreize zur Einschränkung der Produktion in Niedrigpreisphasen bestehen.

III. Wirtschaftliche Auswirkungen

47 **1. Auswirkungen auf den Vorrang der erneuerbaren Energien.** § 24 schafft faktisch in den betroffenen Zeiträumen die Vorrangregelung für erneuerbare Energien ab. Dies spiegelt sich auch in der Umbenennung des Gesetzes wider. Hieß das EEG 2012 noch „Gesetz für den Vorrang Erneuerbarer Energien", trägt das EEG 2014 offiziell den Namen „Gesetz für den Ausbau erneuerbarer Energien". Der gesetzlich geregelte Vorrang bleibt allerdings für die ersten fünf Stunden negativer Preise erhalten, genauso wie der faktische Vorrang bei positiven Preisen aufgrund niedriger Grenzkosten von Stromerzeugung aus Wind- und Sonnenenergie.[39] Einschränkungen des Einspeisevorranges können sich auch aus anderen Bestimmungen des EEG ergeben.[40]

48 **2. Mögliche Auswirkungen auf Finanzierungskosten.** Die Möglichkeit der Förderungsverringerung gem. § 24 schafft gewisse zusätzliche Risiken für Investoren bzw. Direktvermarkter aufgrund erhöhter Unsicherheit bezüglich der vergüteten Produktionsstunden. Von der Zunahme wirtschaftlicher Risiken infolge der Bestimmungen des § 24 gehen entsprechend potenziell negative Wirkungen auf die Finanzierungskosten für EEG-vergütete Anlagenbetreiber aus, die aufgrund hoher Erlössicherheit in Deutschland traditionell sehr niedrig sind.[41]

49 Im Hinblick auf die Auswirkungen in Bezug auf die Finanzierungskosten wird die langfristige wirtschaftliche Relevanz des § 24 wesentlich davon abhängen, wie viele Perioden von sechs und mehr ununterbrochenen Stunden mit negativen Preisen zukünftig auftreten werden bzw. wie genau dies vorherzusagen ist, da sich starke Auswirkungen auf die Finanzierungskosten bereits bei Unsicherheit ergeben können, selbst wenn das schädigende Ereignis schlussendlich nicht eintritt.

50 Prinzipiell können bereits relativ wenige negative Preisphasen gem. § 24 für Erzeuger von EEG-vergütetem Strom relevante wirtschaftliche Auswirkungen haben, weil die Stromerzeugung aus Onshore Wind- und PV-Anlagen durch vergleichsweise wenige Jahresvollast-

---

39 Z. B. arrhenius Institut für Energie- und Klimapolitik, Wege in ein wettbewerbliches Strommarktdesign für erneuerbare Energien, 2013, abrufbar unter: www.mvv-energie.de/media/media/down loads/mvv_energie_gruppe_1/nachhaltigkeit_1/MVV_Studie_EE_Marktdesign_2013.pdf, Anhang C.

40 So z. B. aus der nach § 91 zu erlassenden AusglMechV und AusglMechAV, dazu § 91 Rn. 64 ff.

41 Vgl. NERA Economic Consulting, Changes in Hurdle Rates for Low Carbon Generation Technologies due to the Shift from the UK Renewables Obligation to a Contracts for Difference Regime – A Report for the British Department of Energy and Climate Change, 9.12.2013, abrufbar unter: www.gov.uk/government/uploads/system/uploads/attachment_data/file/267606/NERA_Report_ Assessment_of_Change_in_Hurdle_Rates_-_FINAL.pdf, Appendix F. Eine Diskussion der Finanzierungskosten für EEG-geförderte Erzeugungsanlagen findet sich auch in *Tisdale/Grau/Neuhoff*, Impact of Renewable Energy Act Reform on Wind Project Finance. DIW Berlin, Diskussionspapier 1387, Juli 2014, abrufbar unter: www.diw.de/sixcms/detail.php?id=diw_01.c.466291.de, sowie in Fraunhofer ISE: Stromgestehungskosten Erneuerbare Energien, November 2013, abrufbar unter: www.ise.fraunhofer.de/de/veroeffentlichungen/veroeffentlichungen-pdf-dateien/studien-und-konzeptpapiere/studie-stromgestehungskosten-erneuerbare-energien.pdf.

stunden charakterisiert ist.[42] Da die Wahrscheinlichkeit des Auftretens negativer Preisphasen gerade zu Zeiten starker EE-Einspeisung besonders hoch ist, wirkt sich die Förderungsverringerung gem. § 24 überproportional stark auf die Erlössituation der Betreiber
von solchen Anlagen aus.

3. Empirische Bewertung. Die Frequenz und Intensität von Perioden negativer Preise hat **51**
über die letzten Jahre zwar tendenziell zugenommen, lässt dabei allerdings keinen klaren
Trend erkennen. Kurz nach der Änderung der Auktionsregeln an der Börsenplattform EEX
am 1.9.2008, die den Handel von Strom zu negativen Preisen erstmals ermöglichte, wurden
noch 2008 15 Stunden mit negativen Preisen im Day-Ahead-Handel beobachtet, 2009 stieg
diese Zahl auf insgesamt 71 Stunden an und brachte am 4.10.2009 mit –500,02 EUR/MWh
den bisherigen Tiefstpreis hervor.[43] Obgleich der Ausbau der erneuerbaren Energien in der
Folge weiter vorangeschritten ist, kam es 2010 und 2011 zunächst zu einer signifikanten
Reduktion der Stunden mit negativen Börsenpreisen. 2012 und 2013 traten negative Preise
wieder gehäuft auf, allerdings ließ sich zuletzt eine Abnahme der negativen Preisextreme
beobachten.[44] Die Preishistorie bietet jedoch wenig Anhaltspunkte, um einen Trend für die
künftige Frequenz und Intensität negativer Preise abzuleiten.

Zu beobachten ist weiterhin, dass negative Preise vor allem in den Nacht- und Morgenstun- **52**
den von Feiertagen und Wochenenden auftreten, wenn die Stromnachfrage besonders niedrig ist. Zudem sind in diesen Stunden die Preise größtenteils nur leicht negativ, stark negative Preise bilden die Ausnahme. Gleichwohl sorgen die relativ wenigen Phasen stark negativer Preise zu einer überproportional starken Belastung der EEG-Umlage, sodass deren Vermeidung tendenziell ein besonders vorteilhaftes Kosten-Nutzen-Verhältnis verspricht.[45]

Mit Blick auf die Preisentwicklung 2009–13 ist weiterhin festzustellen, dass negative **53**
Preise zumeist punktuell aufgetreten sind und in der Regel nicht das in § 24 vorausgesetzte
Intervall von sechs zusammenhängenden Stunden negativer Preise erreicht haben; dies
wurde über den Betrachtungszeitraum in nur drei Fällen beobachtet, wobei die längste
Phase negativer Preise neun zusammenhängende Stunden erreichte.[46] Mithin ist die kurz-

---

42 Bundesverband der deutschen Energie- und Wasserwirtschaft (BDEW): Jahresvollaststunden
2013, Gesamte Elektrizitätswirtschaft. Stand 21.5.2014. Für das Jahr 2013 stehen 1610 Jahresvollaststunden für Windenergie (zu diesem Zeitpunkt primär onshore) und 910 für Photovoltaik mehr
als 7000 Vollaststunden von Braunkohle und Kernenergie gegenüber. Die vergleichsweise geringe
Zahl an Jahresvollaststunden im Jahr 2013 deckt sich mit Vorjahreswerten, sodass nicht von vorübergehenden, witterungsbedingten Einflüssen auszugehen ist.
43 Agora Energiewende, Negative Strompreise: Ursachen und Wirkungen. Eine Analyse der aktuellen Entwicklungen – und ein Vorschlag für ein Flexibilitätsgesetz, 2014, abrufbar unter: www.ago
ra-energiewende.de/fileadmin/downloads/publikationen/Studien/Negative_Strompreise/Agora_
NegativeStrompreise_Web.pdf, S. 17.
44 IZES, Herausforderungen durch die Direktvermarktung von Strom aus Wind Onshore und Photovoltaik, 20.12.2013, abrufbar unter: www.greenpeace.de/sites/www.greenpeace.de/files/publica
tions/201402-strom-direktvermarktung-izes.pdf, S. 47.
45 *Lehnert* et al., Vorbereitung und Begleitung der Erstellung des Erfahrungsberichts 2014 gemäß
§ 65 EEG im Auftrag des BMWi. Vorhaben III: Rechtliche und instrumentelle Weiterentwicklung
des EEG, 2014, abrufbar unter: www.bmwi.de/BMWi/Redaktion/PDF/XYZ/zwischenbericht-vor
haben-3,property=pdf,bereich=bmwi2012,sprache=de,rwb=true.pdf, S. 17.
46 IZES, Herausforderungen durch die Direktvermarktung von Strom aus Wind Onshore und Photovoltaik, 20.12.2013, abrufbar unter: www.greenpeace.de/sites/www.greenpeace.de/files/publica
tions/201402-strom-direktvermarktung-izes.pdf, S. 51.

fristige wirtschaftliche Relevanz des § 24 unter Maßgabe der zuletzt beobachteten Marktbedingungen als sehr begrenzt anzusehen. Aufgrund der langen wirtschaftlichen Nutzungsdauern von Erzeugungsanlagen können allerdings auch relativ weit in der Zukunft liegende erwartete Veränderungen auf dem Strommarkt bereits heute eine Wirkung auf die Finanzierungskosten neuer Anlagen entfalten.[47]

54 Es ist zunächst davon auszugehen, dass die Häufigkeit negativer Preisphasen bei fortwährendem Ausbau der dargebotsabhängigen Erneuerbaren Energien aus einer ceteris paribus Betrachtung heraus, d. h. unter Annahme keiner weiteren flexibilitätssteigernde Maßnahmen, zunimmt.[48] Eine zentrale Determinante der künftigen wirtschaftlichen Relevanz von § 24 wird daher das tatsächliche Ausmaß weiterer flexibilitätssteigernder Maßnahmen sein.

55 Über die vorwärtsblickende Dynamik der Preisbildung können modellbasierte Simulationen informieren; aufgrund des erst kurzen Bestehens der EEG Novelle 2014 und des langfristigen Betrachtungszeitraums sind öffentlich verfügbare modellbasierte Abschätzungen allerdings rar und mit beträchtlichen Unsicherheiten behaftet. Selbst Modellierungsergebnisse, die keine Verhaltensänderung in Bezug auf die erweiterten Anreize berücksichtigen sondern nur die angepassten Zielvorgaben des EEG zugrunde legen (und damit die Wahrscheinlichkeit negativer Preise überschätzen), zeigen, dass die Häufigkeit von mindestens sechsstündigen Phasen mit negativen Preisen erst ab 2020 spürbar zunimmt, dann aber bereits auf mehr als 60 Phasen im Jahr 2030 bzw. bis zu 40 % der produzierten Jahresmenge im Jahr 2040 ansteigt, was für die Anlagenjahrgänge 2016–2020 bei unverändertem Einspeiseverhalten eine Verminderung der Gesamtförderung von ca. 10–17 % bedeutet.[49] Somit legen die Ergebnisse dieser Studien nahe, dass mittelfristig ein relevanter Effekt des § 24 auf die Finanzierungskosten und die Schuldentragfähigkeit nicht auszuschließen ist, auch wenn der Barwerteffekt deutlich unterhalb der Veränderung der nicht-diskontierten Gesamtfördersumme liegen dürfte.

56 Insofern diese Modellierungen die Auswirkungen veränderter Anreizstrukturen im EEG außer Acht lassen, ist davon auszugehen, dass eine zunehmende Marktorientierung der Anreizstrukturen, wie sie etwa mit § 24 verfolgt wird, einen unter Umständen signifikant gegenläufigen Effekt hat und die Zahl negativer Preisphasen im Vergleich zu den Modellvorhersagen reduziert. Eine robuste Prognose ist in Anbetracht der vielen Unsicherheiten und des unsicheren Strommarktdesigns allerdings (noch) nicht möglich.

---

47 Vgl. Energy Brainpool, Zukünftige Auswirkungen der Sechs-Stunden Regelung gemäß § 24 EEG 2014, Kurzstudie im Auftrag des Bundesverbands WindEnergie e. V., 26.11.2014, S. 1.

48 Agora Energiewende, Negative Strompreise: Ursachen und Wirkungen. Eine Analyse der aktuellen Entwicklungen – und ein Vorschlag für ein Flexibilitätsgesetz, 2014, abrufbar unter: www.agora-energiewende.de/fileadmin/downloads/publikationen/Studien/Negative_Strompreise/Agora_NegativeStrompreise_Web.pdf, S. 72.

49 Energy Brainpool, Auswirkungen der EEG-Novelle 2014 auf die Strompreise, 15.7.2014, abrufbar unter: www.power-solution.eu/assets/Informationen/2014-07-16EnergyBrainpoolWhitepaper EEG-201401.pdf, S. 2 & Energy Brainpool, Zukünftige Auswirkungen der Sechs-Stunden Regelung gemäß § 24 EEG 2014, Kurzstudie im Auftrag des Bundesverbands WindEnergie e. V., 26.11.2014, S. 2 & 22.

Haug/Hübler

Aus der Literatur ergeben sich Finanzierungskostenaufschläge von 0,5 bis 3,0 Prozent- **57**
punkten für die Übernahme von Marktpreisrisiken bei Erneuerbaren Energien.[50] In den
betrachteten Fällen trägt der Erzeuger allerdings in jeder Stunde das Marktpreisrisiko,
während § 24 lediglich ein mittelbares Marktpreisrisiko beim geförderten Erzeuger belässt, indem die Förderung mit dem Auftreten von (längerfristig) negativen Marktpreisen
ausgesetzt wird. Insofern ist davon auszugehen, dass selbst bei einer erhöhten Anzahl von
Phasen mit negativen Preisen tendenziell ein Effekt am bzw. noch unterhalb des unteren
Endes der oben beschriebenen Preisspanne zu beobachten sein wird.

4. Bewertung und Ausblick. Mit § 24 hat der Gesetzgeber eine Regelung geschaffen, wel- **58**
che die Anforderungen der Beihilfeleitlinien bezüglich der Förderung bei negativen Preisen zwar nicht dem Wortlaut nach, aber dennoch hinreichend umfassend umsetzt, dass die
Kommission das deutsche EEG mit Entscheidung vom 23.5.2014 genehmigt hat.

Insoweit § 24 der Zielsetzung folgt mittels ökonomischer Anreize die Effizienz des Markt- **59**
ergebnisses zu steigern, erscheint dieser prinzipiell geeignet Fehlanreize zu beseitigen, die
entstehen, wenn Erzeuger von EEG-gefördertem Strom kein oder nur ein schwaches Preissignal erhalten. Eine pauschale Fragwürdigkeit der Abregelung von Strom, der nahezu
ohne Grenzkosten produziert wird,[51] ist nicht gegeben, wenn die vermiedenen (Gesamt)
Kosten aus dem An- und Abfahren konventioneller Kraftwerke den Verlust aufwiegen. Es
lässt sich jedoch kritisieren, dass die ökonomische Anreizstruktur weitere mögliche Aspekte der systemweiten Effizienz des Gesamtsystems ausblendet: Denn während negative
Preise symptomatisch für einen systemischen Flexibilisierungsbedarf sind, führt § 24 gezielt zu einer niedrigeren Einspeisung aus erneuerbaren Energiequellen in Phasen negativer Preise und reduziert damit die Anreize für alle anderen Marktteilnehmer, auf eine
stärkere Flexibilität des Gesamtsystems hinzuwirken und untergräbt ggf. Anreize für die
kommerzielle Entwicklung von Stromspeichern. Negative Strompreise sind schließlich
vielmehr Symptom als Ursache einer allokativen Ineffizienz auf dem Strommarkt. In diesem Sinne sollte eine Anpassung der gesetzlichen Rahmenbedingungen primär darauf ausgelegt sein, die Ursachen des ineffizienten Marktergebnisses zu beheben; dazu zählen neben der bisher unverminderten EEG-Förderung bei negativen Preisen mangelnde System-
flexibilität, hohe Wirkleistungseinspeisung für die Bereitstellung von Systemdienstleistungen und eine wärmegeführte Fahrweise von Kraft-Wärme-Kopplungsanlagen. Es ist nicht
ersichtlich, dass eine Abwägung dieser verschiedenen Faktoren stattgefunden hat.

Aufgrund der sechsstündigen Karenzzeit hat die Regelung kurzfristig vermutlich nur ge- **60**
ringe praktische Relevanz, mittel- und langfristig zeigen Prognosen allerdings, dass unter
verschiedenen Szenarien finanzierungskostenrelevante Fallzahlen von Perioden auftreten,
in denen der anlegbare Wert auf null abgesenkt wird. Gerade im Falle von Anlagen mit
relativ wenigen Volllaststunden kann der § 24 entsprechend eine entscheidende Wirkung
entfalten, sodass die Auswirkungen möglicher Negativszenarien (hohe Anzahl von Aus-

---

50 NERA Economic Consulting, Changes in Hurdle Rates for Low Carbon Generation Technologies
   due to the Shift from the UK Renewables Obligation to a Contracts for Difference Regime – A
   Report for the British Department of Energy and Climate Change, 9.12.2013, abrufbar unter:
   www.gov.uk/government/uploads/system/uploads/attachment_data/file/267606/NERA_Report_
   Assessment_of_Change_in_Hurdle_Rates_-_FINAL.pdf, S. vi.
51 Z. B. Energy Brainpool, Zukünftige Auswirkungen der Sechs-Stunden Regelung gemäß § 24 EEG
   2014, Kurzstudie im Auftrag des Bundesverbands WindEnergie e. V., 26.11.2014, S. 9.

fallperioden bzw. hoher Gleichlauf zwischen eigenen Vollaststunden und Ausfallzeiten) hinreichend geprüft werden sollten.

61 Zudem bereiten die Bestimmungen des § 24 u. U. den Weg für weitere bzw. veränderte Maßnahmen zur Vermeidung negativer Strompreise. Eine Weiterentwicklung der Regelungen des § 24 sollte dabei primär die folgenden Zielgrößen beachten:

62 **a) Effektivität.** Jede Weiterentwicklung sollte zum Ziel haben, dass die richtigen Anreize zur Bereitstellung von Flexibilität gesetzt werden und damit die Ursachen allokativer Ineffizienzen behoben werden. Dabei gilt es sicherzustellen, dass die Anlagenvermarkter auch die Möglichkeit haben, auf Anreize entsprechend zu reagieren (z. B. auf dem Intraday-Markt). Zudem sollten die Ausnahmeregelungen so definiert werden, dass keine Anreize zu volkswirtschaftlich unsinniger Dimensionierung bzw. Definition von Anlagen geschaffen werden.

63 **b) Effizienz.** Eine Weiterentwicklung mit ggf. verschärften Regeln bzw. erhöhten Ausfallzeiten stellt den Gesetzgeber vor einen Zielkonflikt zwischen erhöhter Marktnähe einschließlich der damit verbundenen Effizienzpotenziale, die aber auch höhere wirtschaftliche Unsicherheiten mitbringt, und hoher Investitionssicherheit, die zwar die Finanzierungskosten für den kontinuierlichen Ausbau der Erzeugung aus erneuerbaren Energiequellen reduziert, aber zu wirtschaftlichen Ineffizienzen wie etwa der Erzeugung bei negativen Preisen führen kann.

64 Im Umgang mit dem Zielkonflikt zwischen Marktintegration und Minimierung der Finanzierungskosten erneuerbarer Energien bedarf es aus ökonomischer Perspektive einer Berücksichtigung der Kosten für das Gesamtsystem. Aus den EU-Leitlinien ist nicht ersichtlich, dass der Forderung nach einer Beseitigung von Anreizen zur Erzeugung bei negativen Preisen gem. Rn. 124 eine solche Analyse zugrunde liegt. Diese sollte bei einer Weiterentwicklung der Regelungen mit wirtschaftlich relevanten Auswirkungen zwingend erfolgen.

§ 25 Verringerung der Förderung bei Pflichtverstößen

(1) [1]Der anzulegende Wert nach § 23 Absatz 1 Satz 2 verringert sich auf null,

1. solange Anlagenbetreiber die zur Registrierung der Anlage erforderlichen Angaben nicht nach Maßgabe der Rechtsverordnung nach § 93 übermittelt haben,
2. solange und soweit Anlagenbetreiber einer nach Maßgabe der Rechtsverordnung nach § 93 registrierten Anlage eine Erhöhung der installierten Leistung der Anlage nicht nach Maßgabe der Rechtsverordnung nach § 93 übermittelt haben,
3. wenn Anlagenbetreiber gegen § 20 Absatz 2 Satz 2 verstoßen,
4. solange bei Anlagen nach § 100 Absatz 2 Satz 2 der Nachweis nach § 100 Absatz 2 Satz 3 nicht erbracht ist.

[2]Satz 1 Nummer 3 gilt bis zum Ablauf des dritten Kalendermonats, der auf die Beendigung des Verstoßes gegen § 20 Absatz 2 Satz 2 folgt.

(2) [1]Der anzulegende Wert nach § 23 Absatz 1 Satz 2 verringert sich auf den Monatsmarktwert,

1. solange Anlagenbetreiber gegen § 9 Absatz 1, 2, 5 oder 6 verstoßen,
2. wenn Anlagenbetreiber dem Netzbetreiber den Wechsel zwischen den verschiedenen Veräußerungsformen nach § 20 Absatz 1 nicht nach Maßgabe des § 21 übermittelt haben,
3. solange Anlagenbetreiber, die den in der Anlage erzeugten Strom dem Netzbetreiber nach § 19 Absatz 1 Nummer 2 zur Verfügung stellen, gegen § 39 Absatz 2 verstoßen, mindestens jedoch für die Dauer des gesamten Kalendermonats, in dem ein solcher Verstoß erfolgt ist,
4. wenn Anlagenbetreiber gegen die in § 80 geregelten Pflichten verstoßen,
5. soweit die Errichtung oder der Betrieb der Anlage dazu dient, die Vorbildfunktion öffentlicher Gebäude auf Grund einer landesrechtlichen Regelung nach § 3 Absatz 4 Nummer 1 des Erneuerbare-Energien-Wärmegesetzes zu erfüllen, und wenn die Anlage keine KWK-Anlage ist.

[2]Die Verringerung gilt im Fall des Satzes 1 Nummer 2 bis zum Ablauf des Kalendermonats, der auf die Beendigung des Verstoßes folgt, und im Fall des Satzes 1 Nummer 4 für die Dauer des Verstoßes zuzüglich der darauf folgenden sechs Kalendermonate.

Schrifttum: *Altrock/Lehnert*, Vorhaben IV: Instrumentelle und rechtliche Weiterentwicklung im EEG zur Vorbereitung und Begleitung der Erstellung des Erfahrungsberichtes 2011 gemäß § 65 EEG im Auftrag des Bundesministeriums für Umwelt, Naturschutz und Reaktorsicherheit, abrufbar unter www.erneuerbare-energien.de (zuletzt abgerufen am 15.2.2015); *Breuer/Lindner*, Die verpflichtende Direktvermarktung nach dem EEG 2014, REE 2014, 129; *Ekardt/Hennig*, Die Biomassestrom-Nachhaltigkeitsverordnung: Chancen und Grenzen von Nachhaltigkeits-Kriterienkatalogen, ZUR 2009, 543; *Koukakis*, Die Verringerung der Einspeisevergütung nach § 17 Abs. 1 EEG bei Photovoltaikanlagen, REE 2014, 9; *Müller*, Die Umsetzung der europäischen Nachhaltigkeitsstandards für die Nutzung von Bioenergie in Deutschland, ZUR 2011, 405; *Salje*, Der Beitrag der Novelle des Erneuerbare-Energien-Gesetzes (EEG) zur Energiewende, VersorgungsW 2012, 5; *Valentin*, Die verpflichtende Direktvermarktung – neuer Regelfall der Förderung im EEG 2014, ER Sonderheft 01/14, 3; *Wustlich*, Öffentliche Gebäude als Vorbilder für Erneuerbare Energien, DVBl. 2011, 525.

Übersicht

I. Bedeutung der Norm*

Die Vorschrift des § 25 enthält **Sanktionen**, die den Anlagenbetreiber treffen, wenn er gegen Pflichten, die ihm das EEG auferlegt, verstößt. § 25 hat insofern die Durchsetzung verschiedener Pflichten des Anlagenbetreibers nach dem EEG zum Ziel.[1] Systematisch betrachtet steht die Norm damit in Kontext mit den Bußgeldvorschriften aus § 86 (vgl. insbesondere § 86 Abs. 1 Nr. 1 und Nr. 4 lit. a)).   1

Mit **Abs. 1 S. 1** soll die Pflicht des Anlagenbetreibers durchgesetzt werden, die zur Registrierung der Anlage nach der auf Grundlage von § 93 erlassenen Anlagenregisterverordnung erforderlichen Angaben zu machen (Nr. 1) und Leistungserhöhungen der Anlage mitzuteilen, sofern eine Anlage bereits mit einer geringeren Leistung im Anlagenregister registriert ist (Nr. 2). Zudem sollen die Anlagenbetreiber dazu angehalten werden, die festen Prozentsätze nach § 20 Abs. 2 S. 2 bei einer anteiligen Veräußerung des Stroms einzuhalten (Nr. 3) und ihrer Pflicht aus § 100 Abs. 2 S. 3 nachzukommen (Nr. 4).   2

Abs. 2 S. 1 verfolgt die Durchsetzung weiterer Pflichten des Anlagenbetreibers. Dazu zählen die Pflicht zur Einhaltung technischer Vorgaben (Nr. 1) und die Pflicht zur Übermittlung der nach § 21 erforderlichen Informationen zum Wechsel der Veräußerungsform (Nr. 2). Sanktionsbewehrt sind darüber hinaus Verstöße gegen das Gebot, den Strom, für den eine Einspeisevergütung begehrt wird (§ 19 Abs. 1 Nr. 2), nach § 39 Abs. 2 vollständig dem Netzbetreiber zu überlassen (Nr. 3). Auch Verstöße gegen das Doppelvermarktungsverbot des § 80 werden sanktioniert (Nr. 4). Zudem soll schließlich verhindert werden, dass Anlagen, die bereits zur Erfüllung der Vorbildfunktion öffentlicher Gebäude eingesetzt werden, die volle Förderung erhalten (Nr. 5).   3

Die **Rechtsfolgen** knüpfen an den Förderanspruch der Anlagenbetreiber an, sind jedoch von unterschiedlicher **Intensität**: Während nach **Abs. 1** der Förderanspruch bzw. der nach § 23 Abs. 1 S. 2 anzulegende Wert **auf null verringert** wird, wird nach **Abs. 2** der anzulegende Wert auf den **Monatsmarktwert verringert**. Nicht nur die Art des Pflichtverstoßes entscheidet aber über die Schwere der Sanktion. Auch der Umstand, ob ein Anlagenbetreiber seinen Strom **direkt vermarket (§§ 34 ff.)** oder eine **feste Einspeisevergütung (§ 37 und § 38)** in Anspruch nimmt, hat Auswirkungen auf die tatsächliche Intensität der nach Abs. 1 oder Abs. 2 angeordneten Rechtsfolge.[2] Auch hinsichtlich der **Dauer der Verringerung der Förderung** unterscheiden sich die verschiedenen Varianten von § 25 Abs. 1 und 2: So folgt aus einer Verwirklichung des Tatbestandes des Abs. 1 S. Nr. 1, 2 und 4, dass der anzulegende Wert auf null verringert wird „solange" und im Fall des Abs. 1 Nr. 2 „soweit", die Pflichtverletzung vorliegt (**Abs. 1 S. 2**). Gemäß Abs. 1 S. 2 gilt Abs. 1 S. 1 Nr. 3 dagegen bis zum Ablauf des dritten Kalendermonats, der auf die Beendigung des Verstoßes gegen § 20 Abs. 2 S. 2 folgt. Bei Verwirklichung eines der Tatbestände des Abs. 2 S. 1 gilt gemäß **Abs. 2 S. 2** Folgendes: Der nach § 23 Abs. 1 S. 2 anzulegende Wert verringert sich auf den Monatsmarktwert. In den Fällen des Abs. 2 S. 1 Nr. 1 und Nr. 3 beschränkt sich die Sanktion auf den Zeitraum, „solange" der Verstoß anhält. Die Verringerung auf den Monatsmarktwert gilt im Fall des Abs. 2 S. 1 Nr. 2 bis zum Ablauf des Kalendermonats, der   4

---

* Die Kommentierung greift in Teilen die Ausführungen zur Vorgängerregelung aus § 17 EEG 2012 in Band 2 auf. Die Verfasser danken *Hanna Schumacher*, die an der Kommentierung der Vorgängerregelung als Autorin mitgewirkt hat.

1 Vgl. zur alten Rechtslage *Lünenbürger*, in: Gerstner, Grundzüge EE, Kap. 5, Rn. 45.

2 Vgl. hierzu ausführlich Rn. 11 ff.

auf die Beendigung des Verstoßes folgt, und im Fall des Abs. 2 S. 1 Nr. 4 für die Dauer des Verstoßes zuzüglich der darauf folgenden sechs Kalendermonate. Im Fall des Abs. 2 S. 1 Nr. 5 ordnet das Gesetz keine Dauer der Sanktion an. Genau wie in den Fällen des Abs. 2 S. 1 Nr. 1 und Nr. 3 beschränkt sich die Sanktion auf den Zeitraum, solange der Verstoß anhält. Aus der Formulierung in Nr. 5 „soweit" folgt, dass eine Verringerung der Förderung nur für den Anteil des erzeugten Stroms erfolgt, der dazu dient, die Vorbildfunktion öffentlicher Gebäude zu erfüllen.

II. Entstehungsgeschichte

5   Die Vorschrift des § 25 hatte im **StrEG**, im **EEG 2000** und im **EEG 2004** keine vergleichbaren Vorgängerregelungen. Einzig § 5 Abs. 1 S. 2 EEG 2004 erinnert an den heutigen § 25 Abs. 2 Nr. 1 i.V.m. § 9.[3] Danach bestand bei Anlagen mit einer Leistung ab 500 kW die Verpflichtung der Netzbetreiber zur Zahlung der Einspeisevergütungen nur, soweit eine registrierende Leistungsmessung erfolgte.

6   Im **EEG 2009** wurden in § 16 erstmals die Rechtsfolgen von Verstößen gegen verschiedene Anforderungen des EEG klar geregelt. Zur besseren Verständlichkeit wurden die Absätze des § 16 EEG 2009 im Jahr 2012 in **§ 17 EEG 2012** überführt.[4] So fand sich die Sanktionierung von Verstößen gegen die Pflichten aus § 6 EEG 2012, die zuvor in § 16 Abs. 6 EEG 2009 geregelt war, nach der Novelle in § 17 Abs. 1 EEG 2012. Die Konsequenzen eines Verstoßes gegen Registrierungs- und Meldepflichten waren zunächst in § 16 Abs. 2 EEG 2009 geregelt und später in modifizierter, ergänzter und mit Blick auf die Rechtsfolge abgemilderter Form in § 17 Abs. 2 EEG 2012 enthalten. Die Rechtsfolge des Verstoßes gegen die Anzeigepflicht bei einem Wechsel zwischen Direktvermarktung und Vergütungssystem war zunächst in § 16 Abs. 5 EEG 2009 geregelt und wurde dann – ebenfalls abgemildert – in § 17 Abs. 3 EEG 2012 überführt.

7   Mit dem **EEG 2014** wird die Bestimmung des § 17 EEG 2012 noch einmal weiterentwickelt, wobei viele Regelungen des neuen § 25 inhaltsgleich schon in der Vorgängernorm enthalten waren. § 25 enthält zudem die im Zuge des Erlasses der Anlagenregisterverordnung erforderlichen redaktionellen Anpassungen. Die Überschrift der Vorschrift lautete zunächst „Verringerung der Förderung". Nachdem im Laufe des Gesetzgebungsverfahrens § 24 eingeführt wurde, der Regelungen zur Verringerung der Förderung bei negativen Preisen enthält, wurde § 25 umbenannt und trägt nunmehr die Überschrift „Verringerung der Förderung bei Pflichtverstößen", was den Inhalt der Vorschrift treffend wiedergibt.

8   **Abs. 1 S. 1 Nr. 1** greift die Vorgängerregelung in § 17 Abs. 2 Nr. 1 und 2 EEG 2012 auf. Abs. 1 S. 1 Nr. 2 ist eine Neuregelung, die im Zusammenhang mit dem Erlass der Anlagenregisterverordnung steht. Abs. 1 S. 1 Nr. 3 und 4 wurden erst im Laufe des Gesetzgebungsverfahrens in § 25 aufgenommen. Im Kabinettsentwurf waren sie noch nicht enthalten. Sie fanden auf Empfehlung des Ausschusses für Wirtschaft und Energie Eingang in die Sanktionsnorm des EEG 2014.[5]

---

3 Vgl. zu dem Hintergrund von § 5 EEG 2004 Altrock/Oschmann/Theobald/*Oschmann*, 1. Aufl., § 5 Rn. 29 ff.
4 Gesetzesbegründung zum EEG 2012, BT-Drs. 17/6071, S. 66.
5 Vgl. BT-Drs. 18/1891, S. 38.

Während **Abs. 2 S. 1 Nr. 1** dem § 17 Abs. 1 EEG 2012 entspricht, greift Abs. 2 S. 1 Nr. 2   9
inhaltlich die Vorgängerregelung aus § 17 Abs. 3 EEG 2012 auf. Aus § 33 Abs. 4 bzw.
§ 33c Abs. 1 EEG 2012 wurde zunächst das Verbot in Abs. 2 S. 1 Nr. 3 übernommen. Danach hatte es finanzielle Konsequenzen, wenn der Anlagenbetreiber den in der betreffenden Anlage erzeugten Strom mit Strom aus mindestens einer anderen Anlage über eine gemeinsame Messeinrichtung abrechnet und dabei nicht den gesamten über diese Messeinrichtung abgerechnete Strom direkt vermarktet oder für den gesamten über diese Messeinrichtung abgerechneten Strom eine Einspeisevergütung in Anspruch nimmt. Im Zuge der
Änderung des EEG im Jahr 2015 wurde die Regelung ersatzlos gestrichen und die Numme-
rierung in Abs. 2 entsprechend angepasst. Die Regelung aus Abs. 2 S. 1 Nr. 3 n. F. entspricht inhaltlich § 17 Abs. 2 Nr. 3 EEG 2012 und Abs. 2 S. 1 Nr. 5 greift § 56 Abs. 4 EEG
2012 auf. Schließlich ist Abs. 2 S. 1 Nr. 5 identisch mit § 17 Abs. 2 Nr. 4 EEG 2012.

Damit sind nunmehr (nahezu) alle Pflichtverstöße von Anlagenbetreibern, die zu einer Ver-   10
ringerung der Förderung führen, in einer Vorschrift zusammengefasst, was der Übersichtlichkeit und Anwendbarkeit des EEG 2014 stark zu Gute kommt. Neben § 25 existiert insofern noch § 47 Abs. 4, die eine Verringerung der Förderung für den Fall regeln, dass Anlagenbetreiber gegen Vorschriften des EEG 2014 verstoßen.[6]

III. Einzelerläuterungen

1. Verringerung des anzulegenden Wertes auf null (Abs. 1). Bei Verstoß gegen die in   11
§ 25 Abs. 1 Nr. 1 bis 4 genannten Vorschriften verringert sich der anzulegende Wert nach
§ 23 Abs. 1 S. 2 auf null. Der anzulegende Wert ist der zur Ermittlung der Marktprämie
oder der Einspeisevergütung für Strom aus erneuerbaren Energien oder aus Grubengas zugrunde zu legende Betrag nach den §§ 40 bis 51 oder 55 in Cent pro Kilowattstunde (§ 23
Abs. 1 S. 2).[7] Ein Verstoß gegen die in § 25 Abs. 1 Nr. 1 bis 4 genannten Vorschriften führt
nicht dazu, dass der in der jeweiligen Anlage erzeugte Strom aus dem Förderregime des
EEG herausfällt und ein Anspruch auf Förderung ausgeschlossen wird. Vielmehr wird nur
der der Förderung zugrunde liegende anzulegende Wert auf null reduziert, was entsprechend negative Auswirkungen auf die Höhe der Förderung und auf den Förderanspruch der
Anlagenbetreiber hat. Der Anspruch auf Förderung besteht jedoch weiterhin. Seine Höhe
wird aber zu Lasten der Anlagenbetreiber, die gegen bestimmte Verpflichtungen aus dem
EEG verstoßen, begrenzt. Konsequent ist insofern die Verwendung des Begriffs der „Verringerung", der schon in § 17 EEG 2012 Verwendung fand und aus dem sich ergibt, dass
ein Anspruch auf Förderung weiterhin besteht, die Förderhöhe über die Absenkung des anzulegenden Wertes aber reduziert ist.[8]

a) Verstoß gegen die Pflicht zur Übermittlung der für die Registrierung der Anlage   12
erforderlichen Daten (Abs. 1 S. 1 Nr. 1). Nach jahrelangen Auseinandersetzungen um
die Einführung und Ausgestaltung eines Registers, das die geförderten Anlagen zur Stromgewinnung aus erneuerbaren Energien erfasst, trat zum 1.8.2014 zeitgleich mit dem EEG

---

6 Näher dazu auch § 47 Rn. 55.
7 Vgl. hierzu ausführlich § 23 Rn. 10 f.
8 Vgl. zur Vorgängerregelung z. B. Altrock/Oschmann/Theobald/*Lehnert*, § 17 Rn. 2.

2014 die Anlagenregisterverordnung (AnlRegV)[9] in Kraft. Das Anlagenregister errichtet und betreibt gem. § 6 Abs. 1 S. 1 die BNetzA (vgl. auch § 1 Abs. 1 AnlRegV). In dem Anlageregister sollen sämtliche Anlagen, die eine Förderung nach dem EEG in Anspruch nehmen, umfassend und zeitnah erfasst werden. Sinn und Zweck von Abs. 1 S. 1 Nr. 1 ist nach der Gesetzesbegründung, dass eine hohe Datenqualität des Anlagenregisters erreicht wird.[10] Die hohe Datenqualität des Registers ist erforderlich, da es Auskunft über die tatsächlich (neu) installierte Leistung gibt und damit für die Kontrolle der Einhaltung der jeweiligen Ausbaupfade nach § 3 relevant ist (vgl. § 6 Abs. 1 Nr. 2). Weicht der tatsächliche Anlagenzubau von dem Ausbaupfad ab, beeinflusst diese Abweichung die Höhe der finanziellen Förderung, indem die Degression der anzulegenden Werte angepasst wird (Stichwort „atmender Deckel"). Der tatsächliche Anlagenzubau steuert namentlich die Höhe der Förderung von Strom aus Biomasse (§ 28), Strom aus Windenergie an Land (§ 29) und Strom aus solarer Strahlungsenergie (§ 31). Würde das Anlagenregister also falsche bzw. unvollständige Informationen enthalten, könnte über das Register die Steuerfunktionen nicht zuverlässig ausgeübt werden. Deshalb muss ein Verstoß gegen die Meldepflichten eine Sanktionierung nach sich ziehen.

13 **aa) Pflichtverletzung.** Voraussetzung für eine Sanktion nach Abs. 1 S. 1 Nr. 1 ist, dass der Anlagenbetreiber „die zur Registrierung der Anlage erforderlichen Angaben nicht nach Maßgabe der Rechtsverordnung nach § 93 übermittelt" hat. § 93 ermächtigt zum Erlass der AnlRegV. Der anzulegende Wert wird auf null reduziert, wenn ein von der AnlRegV adressierter Anlagenbetreiber (dazu Rn. 14 ff.) die geforderten Daten (dazu Rn. 19 ff.) nicht, oder nicht innerhalb der hierfür vorgesehenen Frist an die BNetzA übermittelt (dazu Rn. 24 ff.).

14 **(1) Adressaten der Übermittlungspflichten.** Aus § 3 AnlRegV ergibt sich die Pflicht für Betreiber von **Anlagen, die nach dem 31.7.2014 in Betrieb genommen werden**, diese Anlagen nach Maßgabe von § 3 Abs. 2 und 3 AnlRegV registrieren zu lassen. § 4 AnlRegV enthält eine zeitlich vorverlagerte Registrierungspflicht für **genehmigungsbedürftige Anlagen**.

15 Auch **Bestandsanlagen** sind unter bestimmten Voraussetzungen von der Registrierungspflicht erfasst, obwohl grundsätzlich eine Registrierung von Anlagen, die vor Inkrafttreten der AnlRegV in Betrieb genommen wurden, nicht vorgesehen ist.[11] **§ 6 AnlRegV** regelt im Einzelnen, wann für „bestehende Anlagen", d.h. Anlagen, die vor dem 1.8.2014 in Betrieb genommen worden sind, eine Registrierungspflicht nach Maßgabe von § 3 Abs. 2 und 3 AnlRegV besteht. So ist eine i.S.v. § 25 Abs. 1 S. 1 Nr. 1 relevante Registrierung (vorbehaltlich der Übergangsregelung in § 16 AnlRegV) vorzunehmen, wenn

- nach dem 31.7.2014 die installierte Leistung erhöht oder verringert wird (Nr. 1),
- eine Wasserkraftanlage nach § 40 Abs. 2 ertüchtigt wird (Nr. 2),
- eine Windenergieanlage an Land die Verlängerung der Anfangsvergütung in Anspruch nimmt (Nr. 3),
- erstmalig die Flexibilitätsprämie nach § 54 in Anspruch genommen wird (Nr. 4) oder
- erstmalig Biomethan zur Stromerzeugung eingesetzt wird (Nr. 5).

---

9 Verordnung über ein Register für Anlagen zur Erzeugung von Strom aus erneuerbaren Energien und Grubengas vom 1. August 2014 (BGBl. I S. 1320), die durch Artikel 3 der Verordnung v. 17.2.2015 (BGBl. I S. 146) geändert worden ist.
10 Vgl. BT-Drs. 18/1304, S. 130.
11 Vgl. Begründung zur AnlRegV vom 14.7.2014, S. 48.

Betroffen von § 6 Abs. 1 **Nr. 1** AnlRegV sind vor allem **Biogasanlagen**, die nach dem sog. weiten Anlagenbegriff auch dann eine Anlage im Sinne des § 5 Nr. 1 bilden, wenn mehrere Blockheizkraftwerke an einem Standort eine gemeinsame Biogaserzeugungseinrichtung nutzen.[12] Erweitert der Betreiber seine vor dem 31.7.2014 in Betrieb genommene Anlage durch weitere Blockheizkraftwerke oder nimmt er einzelne Blockheizkraftwerke dauerhaft außer Betrieb, handelt es sich somit um eine Erhöhung bzw. Verringerung der installierten Leistung im Sinne von Nr. 1. Häufigster Anwendungsfall für § 6 Abs. 1 **Nr. 1** AnlRegV ist damit die Erweiterung einer Biogasanlage zur Inanspruchnahme der Flexibilitätsprämie nach § 54.[13] Insoweit soll die Meldepflicht insbesondere sicher stellen, dass der auf 1350 MW festgelegte „Deckel" für zusätzlich installierte Leistung im Rahmen der Flexibilitätsprämie nach Nr. I.5 der Anlage 3 zum EEG 2014 – wie von § 26 Abs. 2 vorgegeben – durch das Anlagenregister „administriert" werden kann.[14] Das gleiche Ziel verfolgt der Verordnungsgeber mit § 6 Abs. 1 **Nr. 4** AnlRegV.[15]

Auch § 6 Abs. 1 **Nr. 5** AnlRegV steht im Zusammenhang mit der Förderung von **Biogasanlagen** – konkret mit der Übergangsregelung für Biomethananlagen nach § 100 Abs. 2 S. 2 und 3. Die Betreiber dieser Anlagen können ausnahmsweise eine Förderung nach der Fassung des EEG in Anspruch nehmen, die zum Zeitpunkt ihrer erstmaligen Stromerzeugung galt. Voraussetzung ist aber, dass die Bertreiber gegenüber dem Netzbetreiber nachweisen, dass vor dem erstmaligen Betrieb ausschließlich mit Biomethan eine andere Biomethananlage mit mindestens derselben installierten Leistung im Anlagenregister als endgültig stillgelegt registriert worden ist. Um zu erfassen, in welchem Umfang bestehende konventionell befeuerte Anlagen von dieser Möglichkeit, unter „alten Bedingungen" eine Förderung in Anspruch zu nehmen, Gebrauch machen, wird in § 6 Abs. 1 Nr. 5 AnlRegV eine Verpflichtung zur Registrierung der auf die Stromerzeugung aus Biomethan umstellenden Anlagen geregelt. 16

Bereits bestehende Anlagen zur Stromerzeugung aus **Wasserkraft** sind nach § 6 Abs. 1 **Nr. 2** AnlRegV zu registrieren, wenn die Anlage i.S.d. § 40 Abs. 2 ertüchtigt wird. Dies ist unter bestimmten weiteren Voraussetzungen dann der Fall, wenn das Leistungsvermögen der Anlage um mindestens 10% erhöht wird.[16] 17

Bestandsanlagen zur Stromerzeugung aus **Windenergie an Land** müssen gem. § 6 Abs. 1 **Nr. 3** AnlRegV nachträglich registriert werden, wenn für den darin erzeugten Strom die Anfangsvergütung länger als fünf Jahren gewährt wird. Damit sind zum einen bestehende Windenergieanlagen von der Registrierungspflicht betroffen, die bereits unter Geltung des EEG 2009 nach dem 1.1.2010 in Betrieb genommen wurden *und* deren Anfangsvergütung gem. § 29 Abs. 2 EEG 2009 länger als 5 Jahre gewährt wird (§ 6 Abs. 1 Nr. 3 lit. b AnlRegV i.V.m. § 100 Abs. 1 Nr. 10 lit. c). Zum anderen sind Windenergieanlagen zu registrieren, die unter dem Rechtsregime des EEG 2012 in Betrieb genommen wurden *und* deren Anfangsvergütung nach § 29 Abs. 2 EEG 2012 länger als 5 Jahre gewährt wird (§ 6 Abs. 1 Nr. 3 lit. a AnlRegV i.V.m. § 100 Abs. 1 Nr. 4). 18

---

12 Dazu § 5 Rn. 28 f.
13 Vgl. Begründung zur AnlRegV vom 14.7.2014, S. 49.
14 Vgl. Begründung zur AnlRegV vom 14.7.2014, S. 49.
15 Vgl. Begründung zur AnlRegV vom 14.7.2014, S. 48 f.
16 Vgl. Kommentierung zu § 40 Rn. 13 ff.

19 **(2) Zu übermittelnde Angaben. (a) Alle zur Registrierung verpflichteten Anlagenbetreiber** müssen gemäß § 3 Abs. 2 Nr. 1 bis 9 AnlRegV u. a. angeben:

- ihren Namen, ihre Anschrift, ihre Telefonnummer und ihre E-Mail-Adresse (Nr. 1),
- den Standort und, sofern vorhanden, den Namen der Anlage (Nr. 2),
- sofern vorhanden, die Zugehörigkeit der Anlage zu einem Anlagenpark und dessen Namen (Nr. 3),
- den Energieträger, aus dem der Strom erzeugt wird (Nr. 4),
- die installierte Leistung der Anlage (Nr. 5),
- die Angabe, ob sie für den in der Anlage erzeugten Strom oder die Bereitstellung installierter Leistung Zahlungen des Netzbetreibers aufgrund der Ansprüche nach § 19 oder § 52 EEG in Anspruch nehmen wollen (Nr. 6),
- die Angabe, ob der in der Anlage erzeugte Strom vollständig oder teilweise vom Anlagenbetreiber oder einem Dritten in unmittelbarer Nähe zur Anlage verbraucht und dabei nicht durch das Netz durchgeleitet werden soll (Nr. 7),
- das Datum der Inbetriebnahme der Anlage (Nr. 8).

20 Nach § 3 Abs. 2 Nr. 14 bis 16 AnlRegV müssen alle Betreiber[17] von Anlagen, die von der Registrierungspflicht erfasst sind, auch mitteilen,

- ob die Anlage mit technischen Einrichtungen ausgestattet ist, mit denen jederzeit die Einspeiseleistung ferngesteuert reduziert sowie die jeweilige Ist-Einspeisung abgerufen werden kann (Nr. 14),
- den Namen des Netzbetreibers, in dessen Netz der in der Anlage erzeugte Strom eingespeist oder mittels kaufmännisch-bilanzieller Weitergabe angeboten wird (Nr. 15) und
- die Bezeichnung des Netzanschlusspunktes der Anlage sowie dessen Spannungsebene (Nr. 16).

21 **(b) Die Betreiber bestimmter Anlagen** müssen neben den für alle Anlagenbetreiber verpflichtenden Registrierungsangaben nach § 3 Abs. 2 Nr. 10 bis 13 AnlRegV **weitere Angaben** machen. Die AnlRegV differenziert danach, welche Energiequelle jeweils eingesetzt wird: Deponiegas, Klärgas, Grubengas, Biomasse oder Geothermie (Nr. 10), Biomasse (Nr. 11), Windenergie (Nr. 12) oder solare Strahlungsenergie (Nr. 13).

22 **(c) Betreiber genehmigungsbedürftiger Anlagen** müssen gem. § 4 Abs. 1 AnlRegV die Genehmigung der Anlagen registrieren lassen. „Genehmigungsbedürftige Anlagen" im Sinne von § 4 Abs. 1 S. 1 AnlRegV sind vor allem Windkraftanlagen an Land und auf See, Wasserkraftanlagen und bestimmte Biomasseanlagen. Die Betreiber müssen dazu bereits vor der Inbetriebnahme der Anlage einen Großteil der Informationen nach § 3 Abs. 2 AnlRegV übermitteln (vgl. § 4 Abs. 2 Nr. 5). Zusätzlich müssen Informationen zur genehmigenden Behörde, das Datum der Genehmigung und der Zeitpunkt der geplanten Inbetriebnahme übermittelt werden (§ 4 Abs. 2 Nr. 1–4 AnlRegV). Bestimmte Angaben müssen erst mit Inbetriebnahme übermittelt werden. Dazu zählen die Angaben nach § 3 Abs. 2 Nr. 9, 14, 15, 16 AnlRegV.

23 **(d)** Liegen die Voraussetzungen einer Registrierungspflicht für eine **bestehende Anlage** vor (§ 6 Abs. 1 Nr. 1 bis 5 AnlRegV), muss der Anlagenbetreiber zusätzlich zu den in § 3 Abs. 2 AnlRegV genannten Informationen weitere Angaben machen. So muss er z. B. im

---

17 Vgl. Rn. 21 f.

Fall der Erhöhung oder Verringerung der Leistung das Datum und den Umfang der Änderung der installierten Leistung mitteilen (§ 6 Abs. 2 Nr. 1 bis 3 AnlRegV).

(3) Frist zur Übermittlung der Angaben. Nach § 3 Abs. 3 S. 1 AnlRegV müssen die in § 3 Abs. 2 AnlRegV genannten Angaben innerhalb von **drei Wochen** nach Inbetriebnahme der Anlage übermittelt werden. Bei Anlagen zur Erzeugung von Strom aus Deponiegas, Klärgas, Grubengas und Biomasse, deren Generator erstmalig nicht mit erneuerbaren Energien oder Grubengas, sondern mit sonstigen Energieträgern in Betrieb gesetzt worden ist, ist der Zeitpunkt der erstmaligen Stromerzeugung aus erneuerbaren Energien oder Grubengas im Generator maßgeblich (§ 3 Abs. 3 S. 2 AnlRegV). Betreiber **genehmigungsbedürftiger Anlagen** müssen die Genehmigung spätestens drei Wochen nach der Bekanntgabe der Genehmigung oder Zulassungen registrieren (§ 4 Abs. 1 AnlRegV). Für die **zusätzlichen Angaben, die Betreiber bestehender Anlagen nach § 6 Abs. 2 AnlRegV** machen müssen, sofern sie unter die Registrierungspflicht fallen, gelten die Fristen des § 6 Abs. 3 AnlRegV. Für die unterschiedlichen Registrierungstatbestände des § 6 Abs. 1 Nr. 1–6 AnlRegV gelten unterschiedlich lange Meldefristen. **24**

In **§ 16 Abs. 2 AnlRegV findet sich eine Übergangsbestimmung** für die in der AnlRegV geregelten Fristen zur Übermittlung der geforderten Informationen und Daten. Danach gilt bis zum 1.12.2014 die Übermittlung der vollständigen Angaben nach § 3 Abs. 2 Nr. 1, 2 und 4 bis 6 AnlRegV für die Zwecke des § 25 Abs. 1 als am 1.8.2014 zugegangen. Das bedeutet, dass die Anlagenbetreiber die genannten Meldefristen nach der AnlRegV wahren, wenn Sie die Daten bis zum Ablauf des 1.12.2014 übermittelt haben. Nach § 16 Abs. 3 gilt eine längere Übergangsfrist für Bestandsanlagen. **25**

bb) Rechtsfolge. Übermittelt ein zur Registrierung seiner Anlage verpflichteter Anlagenbetreiber nicht die nach der AnlRegV erforderlichen Daten oder erfolgt deren Übermittlung nach Ablauf der hierfür geltenden Frist, verringert sich gemäß § 25 Abs. 1 S. 1 der anzulegende Wert auf null, „solange" die Pflichtverletzung besteht.[18] Im Fall der Verletzung einer Pflicht aus § 3 Abs. 2, 3 AnlRegV bedeutet die Kürzung der Förderung konkret, dass **mit Ablauf der** für die Übermittlung der jeweiligen Information **geltenden Frist** der anzulegende Wert **ex nunc** auf null zu verringern ist. Hat ein Anlagenbetreiber also nach § 3 Abs. 3 AnlRegV grundsätzlich ab Inbetriebnahme drei Wochen Zeit, die Angaben nach § 3 Abs. 2 AnlRegV beim Anlagenregister zu machen, erhält er für diese drei Wochen die volle Förderung. Erst mit fruchtlosem Ablauf der Frist wird die Förderung verringert, denn eine Pflichtverletzung liegt erst in dem Moment des Fristablaufs vor. Aus der Formulierung „solange" folgt, dass in dem Moment, in dem die Erfüllung der Pflichten aus der AnlRegV nachgeholt und die erforderlichen Angaben vollständig gemacht werden, die Sanktion der Verringerung des anzulegenden Wertes aufzuheben ist. Ab diesem Zeitpunkt muss der Netzbetreiber bei Vorliegen der entsprechenden Voraussetzungen (wieder) die volle Förderung an den Anlagenbetreiber auszahlen. **26**

---

18 Gemäß § 100 Abs. 1 Nr. 3 lit. a) verringert sich für Anlagen, die nicht unter das EEG 2014, sondern ein Vorgängergesetz fallen, der Vergütungsanspruch des EEG in der jeweils anwendbaren Fassung auf null. Vgl. zu den unterschiedlichen Auswirkungen der Verringerung des anzulegenden Wertes auf null bzw. auf den Monatsmarktwert auf den Förderanspruch von Anlagen, die ihren Strom direkt vermarkten (§§ 34 ff.) und auf den Förderanspruch von Anlagen, die eine feste Einspeisevergütung in Anspruch nehmen (§ 37 und § 38), die Erläuterungen unter Rn. 61.

27   Ein **Verstoß gegen die Pflicht aus § 4 AnlRegV** (Registrierung von genehmigungsbedürftigen Anlagen) hat nur dann eine Verringerung der Förderung auf null zur Folge, wenn der Betreiber die Mitteilungen über den Zeitpunkt der Inbetriebnahme hinaus unterlässt. Denn der Anlagenbetreiber kann zum Zeitpunkt der Pflichtverletzung regelmäßig noch keinen Anspruch auf eine Förderung geltend machen. Die Pflicht nach § 4 Abs. 1 AnlRegV, nach der schon die Genehmigung registriert werden muss, besteht nämlich drei Wochen nach Bekanntgabe der Genehmigung und damit zeitlich weit vor der Inbetriebnahme. Muss der Förderanspruch z.B. für Strom aus einer genehmigungsbedürftigen Anlage wegen eines Verstoßes gegen § 4 AnlRegV bereits bei Inbetriebnahme der Anlage verringert werden, richtet sich die Höhe des regulären anzulegenden Wertes sowie Förderbeginn und -dauer nach den allgemeinen Bestimmungen. Maßgeblich sind hierfür insbesondere die §§ 20 bis 22. Zur Erläuterung folgendes Beispiel: Wird eine Anlage zur Erzeugung von Strom aus solarer Strahlungsenergie am Ende eines Kalenderjahres in Betrieb genommen, jedoch erst Anfang des Folgejahres beim Anlagenregister registriert, gilt für die gesamte Förderdauer der anzulegende Wert des Inbetriebnahmejahres; dieser Wert ist lediglich bis zur Registrierung nach § 25 Abs. 1 Nr. 1 auf null reduziert.

28   **b) Verstoß gegen die Pflicht, die Erhöhung der installierten Leistung einer Anlage nach Maßgabe der AnlRegV zu übermitteln (Abs. 1 S. 1 Nr. 2). aa) Pflichtverletzung.** Anders als Abs. 1 S. 1 Nr. 1 sanktioniert Abs. 1 S. 1 Nr. 2 nicht Pflichtverletzungen im Zusammenhang mit der erstmaligen Registrierung einer Anlage, sondern die Verletzung von Mitteilungspflichten, die die Betreiber bereits registrierter Anlagen treffen. So sind Betreiber registrierter Anlagen nach § 5 Abs. 1 AnlRegV verpflichtet, Änderungen der ursprünglich registrierten Angaben innerhalb der in § 3 Abs. 3 AnlRegV geregelten Frist (drei Wochen) an das Anlagenregister zu übermitteln. Dabei ist auch die Erhöhung der installierten Leistung ein übermittlungspflichtiger Vorgang (§ 5 Abs. 1 i.V.m. § 3 Abs. 2 Nr. 5 AnlRegV). Denn gemäß § 5 Abs. 2 AnlRegV ist nicht nur das „Ob" der Leistungserhöhung zu melden, sondern auch das Datum der Änderung der installierten Leistung. Die Angabe von Änderungen der installierten Leistung ist erforderlich, um diese über die gesamte Lebenszeit einer Anlage korrekt zu erfassen und den Absenkungen der anzulegenden Werte nach den §§ 28, 29 und 31 (sog. atmender Deckel) die richtigen Werte zugrunde zu legen.[19] Entsprechend wird im Gleichlauf mit § 25 Abs. 1 S. 1 Nr. 1 mit der Verringerung der Förderung auf null für den Zeitraum der fehlenden Übermittlung der Angaben nach Maßgabe der AnlRegV der notwendige Anreiz für eine rechtzeitige Datenübermittlung gesetzt.[20]

29   **bb) Rechtsfolge.** Ein Verstoß des Betreibers einer bereits registrierten Anlage gegen die Pflicht zur Mitteilung der Erhöhung der installierten Leistung (§ 5 Abs. 1 i.V.m. § 3 Abs. 2 Nr. 5 AnlRegV) bzw. ein Verstoß gegen die Pflicht, das Datum der Leistungsänderung mitzuteilen (§ 5 Abs. 2 AnlRegV), führt – sofern die für die Übermittlungspflicht maßgebliche Frist des § 3 Abs. 3 AnlRegV (vgl. § 5 Abs. 1 AnlRegV) abgelaufen ist – nach Abs. 1 S. 1 zur Verringerung des anzulegenden Wertes auf null, „solange" und „soweit" die Pflichtverletzung besteht. Aus der Formulierung „solange" folgt zum einen, dass erst nach Ablauf der maßgeblichen Frist für die Mitteilung von Änderungen (§ 5 Abs. 1 i.V.m. § 3 Abs. 3 AnlRegV) die Förderung zu verringern ist. Zum anderen ist danach in dem Moment, in dem die Pflicht nachgeholt wird, die Sanktion der Verringerung des anzulegenden

---

19 Vgl. BT-Drs. 18/1304, S. 130.
20 Vgl. BT-Drs. 18/1304, S. 130.

Wertes aufzuheben. Weiterhin ergibt sich aus der in Abs. 1 S. 1 Nr. 2 verwendeten Formulierung „soweit", dass nur der Anteil der Stromerzeugung, welcher der erhöhten installierten Leistung entspricht bzw. aus dem leistungserhöhenden Teil der Anlage stammt, für den Zeitraum der Pflichtverletzung nicht gefördert wird.[21]

c) Verstoß gegen die Pflicht zur Einhaltung der festen Prozentsätze nach § 20 Abs. 2 **30**
S. 2 bei einer anteiligen Veräußerung des Stroms (Abs. 1 S. 1 Nr. 3). aa) Pflichtverletzung. Gemäß § 20 Abs. 2 S. 1 dürfen Anlagenbetreiber den in ihren Anlagen erzeugten Strom prozentual auf verschiedene Veräußerungsformen nach § 20 Abs. 1 Nr. 1, 2 oder 3 aufteilen. Gemeint sind folgende Veräußerungsformen: Geförderte Direktvermarktung (Nr. 1), sonstige Direktvermarktung (Nr. 2) sowie Einspeisevergütung nach § 37 (Nr. 3). Wird der erzeugte Strom auf verschiedene Veräußerungsformen aufgeteilt, muss nach § 20 Abs. 2 S. 2 die anteilige prozentuale Zuordnung zu den einzelnen Veräußerungsformen nachweislich jederzeit eingehalten werden.[22]

bb) Rechtsfolge. Ein Verstoß gegen die Pflicht nach § 20 Abs. 2 S. 2, die Prozentsätze bei **31** der Aufteilung jederzeit einzuhalten, hat gemäß § 25 Abs. 1 S. 1 zur Folge, dass der anzulegende Wert auf null verringert wird. Hinsichtlich der Dauer unterscheidet sich die Rechtsfolge von anderen Fällen des § 25 Abs. 1 S. 1. Die Sanktion gilt, „um vor einem etwaigen Missbrauch der anteiligen Veräußerung deutlich abzuschrecken",[23] gemäß Abs. 1 S. 2 bis zum Ablauf des dritten Kalendermonats, der auf die Beendigung des Verstoßes folgt. Verstößt ein Anlagenbetreiber z.B. im Verlauf des Monats September 2015 gegen die Pflicht aus § 20 Abs. 2 S. 2, wird der anzulegende Wert bis zum Ende des Monats Dezember 2015 auf null verringert.[24]

d) Verstoß gegen die Pflicht aus § 100 Abs. 2 S. 2 (Abs. 1 S. 1 Nr. 4). aa) Pflichtverletzung. **32** Betreiber von bestimmten Anlagen, die ausschließlich Biomethan einsetzen (§ 100 Abs. 2 S. 2), haben erst einen Anspruch auf finanzielle Förderung, wenn ein Stillungsnachweis nach § 100 Abs. 2 S. 3 erbracht ist. Dies gilt für Anlagen, die nach dem am 31.7.2014 geltenden Inbetriebnahmebegriff in Betrieb genommen worden sind und vor dem 1.8.2014 keinen Strom ausschließlich aus erneuerbaren Energien erzeugt haben. Ist dieser Nachweis nicht erbracht, stellt das einen Pflichtverstoß im Sinne des § 25 Abs. 1 S. 1 Nr. 4 dar, der die entsprechende Rechtsfolge – Verringerung des anzulegenden Wertes auf den Monatsmarktwert – auslöst.

---

21 Vgl. BT-Drs. 18/1304, S. 130. Gemäß § 100 Abs. 1 Nr. 3 lit. a) verringert sich für Anlagen, die nicht unter das EEG 2014, sondern ein Vorgängergesetz fallen, der Vergütungsanspruch des EEG in der jeweils anwendbaren Fassung auf null. Vgl. zu den unterschiedlichen Auswirkungen der Verringerung des anzulegenden Wertes auf null bzw. auf den Monatsmarktwert auf den Förderanspruch von Anlagen, die ihren Strom direkt vermarkten (§§ 34 ff.), und auf den Förderanspruch von Anlagen, die eine feste Einspeisevergütung in Anspruch nehmen (§ 37 und § 38), die Erläuterungen unter Rn. 61.
22 Vgl. dazu ausführlich § 20 Rn. 40.
23 Vgl. BT-Drs. 18/1891, S. 203.
24 Vgl. BT-Drs. 18/1891, S. 203. Gemäß § 100 Abs. 1 Nr. 3 lit. a) verringert sich für Anlagen, die nicht unter das EEG 2014, sondern ein Vorgängergesetz fallen, der Vergütungsanspruch des EEG in der jeweils anwendbaren Fassung auf null. Vgl. zu den unterschiedlichen Auswirkungen der Verringerung des anzulegenden Wertes auf null bzw. auf den Monatsmarktwert auf den Förderanspruch von Anlagen, die ihren Strom direkt vermarkten (§§ 34 ff.), und auf den Förderanspruch von Anlagen, die eine feste Einspeisevergütung in Anspruch nehmen (§ 37 und § 38), die Erläuterungen unter Rn. 61.

33   Zum **Hintergrund der Regelung**: § 100 Abs. 2 S. 1 regelt, dass für Strom aus Anlagen, die nach dem am 31.7.2014 geltenden Inbetriebnahmebegriff vor dem 1.8.2014 in Betrieb genommen worden sind und vor dem 1.8.2014 zu keinem Zeitpunkt Strom ausschließlich aus erneuerbaren Energien oder Grubengas erzeugt haben, § 5 Nr. 21 1. Hs. anzuwenden ist. Haben Anlagen, die jetzt Biogas oder Biomethan verbrennen, also vor dem 1.8.2014 zu keinem Zeitpunkt Strom ausschließlich aus erneuerbaren Energien erzeugt, gilt der Inbetriebnahmebegriff des EEG 2014, d.h. die Inbetriebnahme richtet sich abweichend von dem vorher geltenden Inbetriebnahmebegriff (§ 3 Nr. 5 EEG 2012/2009) nach dem Zeitpunkt, in dem erstmalig Biogas/Biomethan in der Anlage eingesetzt wird. Dies gilt nach § 100 Abs. 2 S. 2 aber nicht für Anlagen, die ausschließlich Biomethan einsetzen, wenn das ab dem 1.8.2014 zur Stromerzeugung eingesetzte Biomethan ausschließlich aus Gasaufbereitungsanlagen stammt, die vor dem 23.1.2014 zum ersten Mal Biomethan in das Erdgasnetz eingespeist haben. Wird also in oben genannten Anlagen nur solches Biomethan eingesetzt, das in Anlagen erzeugt wurde, die vor dem 23.1.2014 erstmalig Biomethan in das Gasnetz eingespeist haben, gilt der Inbetriebnahmebegriff des EEG 2014 nicht, sondern derjenige, der bei Inbetriebnahme der Anlage mit Erdgas galt. Für den Anspruch auf finanzielle Förderung für Strom aus einer Anlage nach § 100 Abs. 2 S. 2 ist dabei nachzuweisen, das vor ihrem erstmaligen Betrieb ausschließlich mit Biomethan eine andere Anlage „nach Maßgabe der AnlRegV" (§ 6 Abs. 1 Nr. 6) als endgültig stillgelegt registriert worden ist, die schon vor dem 1.8.2014 ausschließlich mit Biomethan betrieben wurde und mindestens dieselbe installierte Leistung hat wie die Anlage nach § 100 Abs. 2 S. 2.[25]

34   **bb) Rechtsfolge.** Ein Verstoß gegen die Pflicht, den Stilllegungsnachweis nach § 100 Abs. 2 S. 3 zu erbringen, führt gemäß § 25 Abs. 1 S. 1 zur Verringerung des anzulegenden Wertes auf null, „solange" der Nachweis nicht erbracht ist. Auch hier folgt aus der Formulierung „solange", dass in dem Moment, in dem die Erfüllung der Pflichten aus der AnlRegV (Vorlage des Stilllegungsnachweises) nachgeholt und die erforderlichen Angaben vollständig gemacht werden, die Sanktion aufzuheben ist. Bei Vorliegen der entsprechenden Voraussetzungen ist die volle Förderung an den Anlagenbetreiber auszuzahlen.[26]

35   **2. Verringerung des anzulegenden Wertes auf den Monatsmarktwert (Abs. 2 S. 1).** Bei einem Verstoß gegen die in § 25 Abs. 2 S. 1 Nr. 1 bis 5 genannten Vorschriften verringert sich der anzulegende Wert nach § 23 Abs. 1 S. 2 auf den Monatsmarktwert. Der anzulegende Wert ist der zur Ermittlung der Marktprämie oder der Einspeisevergütung für Strom aus erneuerbaren Energien oder aus Grubengas zugrunde zu legende Betrag nach den §§ 40 bis 51 oder 55 in Cent pro Kilowattstunde (§ 23 Abs. 1 S. 2).[27] Bei dem Monatsmarktwert handelt es sich gemäß § 5 Nr. 25 um den „nach Anlage 1 rückwirkend berechnete tatsächliche Monatsmittelwert des energieträgerspezifischen Marktwerts von Strom aus erneuerbaren Energien oder aus Grubengas am Spotmarkt der Strombörse EPEX Spot SE in Paris für die Preiszone Deutschland/Österreich in Cent pro Kilowattstunde". Ein Verstoß gegen die in

---

25 Vgl. dazu § 100 Rn. 73.

26 Gemäß § 100 Abs. 1 Nr. 3 lit. a) verringert sich für Anlagen, die nicht unter das EEG 2014, sondern ein Vorgängergesetz fallen, der Vergütungsanspruch des EEG in der jeweils anwendbaren Fassung auf null. Vgl. zu den unterschiedlichen Auswirkungen der Verringerung des anzulegenden Wertes auf null bzw. auf den Monatsmarktwert auf den Förderanspruch von Anlagen, die ihren Strom direkt vermarkten (§§ 34 ff.), und auf den Förderanspruch von Anlagen, die eine feste Einspeisevergütung in Anspruch nehmen (§ 37 und § 38), die Erläuterungen unter Rn. 55.

27 Vgl. hierzu § 23 Rn. 10 f.

§ 25 Abs. 2 S. 1 Nr. 1 bis 5 genannten Vorschriften führt nicht dazu, dass der in den jeweiligen Anlagen erzeugte Strom aus dem Förderregime des EEG herausfällt, ein Anspruch auf Förderung also ausgeschlossen wird. Vielmehr wird nur der der Förderung zugrunde liegende anzulegende Wert auf den Monatsmarktwert reduziert, was entsprechend negative Auswirkungen auf die Höhe der Förderung und den Förderanspruch der Anlagenbetreiber hat. Der Anspruch auf Förderung besteht weiterhin. Seine Höhe wird aber zu Lasten der Anlagenbetreiber, die gegen bestimmte Verpflichtungen aus dem EEG verstoßen, begrenzt. Konsequent ist insofern die Verwendung des Begriffs der „Verringerung", der schon in § 17 EEG 2012 Verwendung fand und aus dem sich ergibt, dass ein Anspruch auf Förderung weiterhin besteht, die Förderhöhe über die Absenkung des anzulegenden Wertes aber reduziert ist.[28]

a) Verstoß gegen die Pflicht zur Einhaltung der technischen Vorgaben aus § 9 Abs. 1, 2, 5 oder 6 (Abs. 2 S. 1 Nr. 1). aa) Pflichtverletzung. Nach Abs. 2 Nr. 1 verringert sich der nach § 23 Abs. 1 S. 2 anzulegende Wert auf den Monatsmarktwert (§ 5 Nr. 25), „solange" der Anlagenbetreiber gegen die technischen Vorgaben aus § 9 Abs. 1, 2, 5 oder 6 verstößt.[29] Sanktionsbewehrt sind damit die Verstöße gegen folgende Pflichten der Anlagenbetreiber: **36**

– **Sämtliche Betreiber von Anlagen mit einer installierten Leistung von mehr als 100 kW (§ 9 Abs. 1):** Ausstattung der Anlagen mit technischen Einrichtungen, mit denen der Netzbetreiber jederzeit die Einspeiseleistung bei Netzüberlastung ferngesteuert reduzieren *und* die jeweilige Ist-Einspeisung abrufen kann (§ 9 Abs. 1 S. 1). Die Pflicht nach § 9 Abs. 1 S. 1 gilt auch als erfüllt, wenn mehrere Anlagen, die gleichartige erneuerbare Energien einsetzen und über denselben Verknüpfungspunkt mit dem Netz verbunden sind, mit einer gemeinsamen technischen Einrichtung ausgestattet sind, mit der der Netzbetreiber jederzeit die gesamte Einspeiseleistung bei Netzüberlastung ferngesteuert reduzieren und die gesamte Ist-Einspeisung der Anlagen abrufen kann (§ 9 Abs. 1 S. 2).[30]

– **Betreiber von Photovoltaikanlagen mit einer installierten Leistung von mehr als 30 kW und höchstens 100 kW (§ 9 Abs. 2 Nr. 1):** Ausstattung der Anlagen mit technischen Einrichtungen, mit denen der Netzbetreiber jederzeit die Einspeiseleistung bei Netzüberlastung ferngesteuert reduzieren (§ 9 Abs. 1 S. 1 Nr. 1) kann. Oder, wenn mehrere Anlagen, die gleichartige erneuerbare Energien einsetzen und über denselben Verknüpfungspunkt mit dem Netz verbunden sind: Ausstattung mit einer gemeinsamen technischen Einrichtung, mit welcher der Netzbetreiber die gesamte Einspeiseleistung bei Netzüberlastung ferngesteuert reduzieren kann (§ 9 Abs. 1 S. 2 Nr. 1).[31]

– **Betreiber von Photovoltaikanlagen mit einer installierten Leistung von höchstens 30 kW (§ 9 Abs. 2 Nr. 2):** Ausstattung der Anlagen mit technischen Einrichtungen, mit denen der Netzbetreiber jederzeit die Einspeiseleistung bei Netzüberlastung ferngesteuert reduzieren (§ 9 Abs. 1 S. 1 Nr. 1) kann. Oder, wenn mehrere Anlagen, die gleichartige erneuerbare Energien einsetzen und über denselben Verknüpfungspunkt mit dem Netz verbunden sind: Ausstattung mit einer gemeinsamen technischen Einrichtung, mit welcher der Netzbetreiber die gesamte Einspeiseleistung bei Netzüber-

---

28 Vgl. z. B. Altrock/Oschmann/Theobald/*Lehnert*, § 17 Rn. 2.
29 Im Einzelnen zu den Anforderungen des § 9 siehe die Erläuterungen dort.
30 Vgl. ausführlich § 9 Rn. 11 f.
31 Vgl. ausführlich § 9 Rn. 31 ff.

lastung ferngesteuert reduzieren kann (§ 9 Abs. 1 S. 2 Nr. 1). Alternativ dazu: Begrenzung der maximalen Wirkleistungseinspeisung auf 70 % der installierten Leistung am Verknüpfungspunkt ihrer Anlage mit dem Netz.[32]

– **Biogasanlagenbetreiber (§ 9 Abs. 5):** Sicherstellung, dass bei der Erzeugung des Biogases ein neu zu errichtendes Gärrestlager am Standort der Biogaserzeugung technisch gasdicht abgedeckt ist *und* die hydraulische Verweilzeit in dem gasdichten und an eine Gasverwertung angeschlossenen System mindestens 150 Tage beträgt *und* Verwendung zusätzlicher Gasverbrauchseinrichtungen zur Vermeidung einer Freisetzung von Biogas.[33]

– **Betreiber von Windenergieanlagen, die vor dem 1.1.2017 in Betrieb genommen worden sind (§ 9 Abs. 6):** Sicherstellung, dass am Verknüpfungspunkt der Anlage mit dem Netz die Anforderungen der Systemdienstleistungsverordnung[34] erfüllt werden. Zu den Anforderungen nach §§ 2 ff. Systemdienstleistungsverordnung zählen die Fähigkeit einer Windkraftanlage, Blindleistung bereitzustellen, das Durchfahren im Fehlerfall sowie weitere Systemdienstleistungen zur Sicherstellung der Netzstabilität.[35]

37   § 25 Abs. 2 S. 1 Nr. 1 nimmt damit auf **sämtliche Pflichten der Anlagenbetreiber** aus § 9 Bezug. Die nicht in Bezug genommene Regelung in § 9 Abs. 3 verpflichtet die Photovoltaikanlagenbetreiber nicht, sondern legt lediglich fest, unter welchen Bedingungen mehrere Photovoltaikanlagen zum Zweck der Ermittlung der installierten Leistung nach § 9 Abs. 1 und 2 als eine Anlage gelten. Auch § 9 Abs. 4 enthält keine Betreiberpflichten, sondern regelt, dass Anlagenbetreiber ausnahmsweise dann nicht für einen Verstoß gegen die Pflichten aus § 9 Abs. 1 und 2 sanktioniert werden, wenn die Pflichtverletzung darauf beruht, dass der Netzbetreiber die zur Erfüllung der Pflichten notwendigen Informationen nicht an den Anlagenbetreiber übermittelt hat.[36] § 9 Abs. 7 betrifft die Rechtsfolgen von Verstößen gegen die Pflichten aus § 9. § 9 Abs. 7 verweist dabei zum einen bei Anlagen, für deren Stromerzeugung dem Grunde nach ein Anspruch auf Förderung nach § 19 besteht, konsequenterweise auf § 25 Abs. 2 Nr. 1 und normiert zum anderen die Rechtsfolgen von Verstößen gegen die Pflichten aus § 9 bei den übrigen Anlagen.[37] § 9 Abs. 8 stellt klar, dass die Vorgaben der §§ 21c, 21d und 21e des Energiewirtschaftsgesetzes (EnWG) und nach den aufgrund des § 21i Abs. 1 EnWG erlassenen Rechtsverordnungen durch § 9 Abs. 1 bis 7 unberührt bleiben.[38]

38   **bb) Rechtsfolge.** Rechtsfolge eines Verstoßes gegen die Pflichten aus § 9 ist die Verringerung des nach § 23 Abs. 1 S. 2 anzulegenden Wertes auf den Monatsmarktwert (§ 5 Nr. 25). Die Sanktion greift, „solange" gegen die Pflichten aus § 9 verstoßen wird. Im Unterschied zur vorherigen Rechtslage (EEG 2012) verringert sich der Förderanspruch also nicht auf null. Es wird nur der anzulegende Wert auf den Monatsmarktwert verringert, solange die technischen Vorgaben des Gesetzes vom Anlagenbetreiber nicht eingehalten wer-

---

32 Vgl. ausführlich § 9 Rn. 34 f.
33 Vgl. ausführlich § 9 Rn. 59 ff.
34 Verordnung zu Systemdienstleistungen durch Windenergieanlagen v. 3.7.2009 (BGBl. I S. 1734), die zuletzt durch Artikel 3 der Verordnung v. 6.2.2015 (BGBl. I S. 108) geändert worden ist.
35 Vgl. Altrock/Oschmann/Theobald/*Altrock*, 3. Aufl., § 6 Rn. 16. Näher dazu auch die Erläuterungen zu § 9 Rn. 66 ff.
36 Vgl. dazu ausführlich Rn. 39 und 60.
37 Vgl. dazu ausführlich § 9 Rn. 70 ff.
38 Vgl. dazu ausführlich § 9 Rn. 76.

den. Es sind nur die Kilowattstunden „voll" zu vergüten, die unter Einhaltung der Pflichten aus § 9 erzeugt wurden. Aus der Formulierung „solange" folgt, dass der Anlagenbetreiber wieder die volle Förderung beanspruchen kann, sobald die Pflichtverletzung beendet ist. Eine Mindestdauer der Sanktion wird – anders als in anderen Fällen des Abs. 2 S. 1 – im Fall von Abs. 2 S. 1 Nr. 1 nicht angeordnet.[39]

Die **Rechtsfolge der Verringerung des anzulegenden Wertes auf den Monatsmarkt-** **39** **wert nach § 25 Abs. 2 S. 1 Nr. 1 tritt allerdings ausnahmsweise dann nicht ein**, wenn die Voraussetzungen des **§ 9 Abs. 4** vorliegen. Nach dieser Vorschrift erfolgt keine Verringerung des anzulegenden Wertes auf den Monatsmarktwert, solange ein Netzbetreiber die Informationen nach § 8 Abs. 6 S. 1 Nr. 4 nicht an den Anlagenbetreiber übermittelt hat sofern folgende Voraussetzungen vorliegen: Die Anlagenbetreiber oder die Betreiber von KWK-Anlagen haben den Netzbetreiber schriftlich oder elektronisch zur Übermittlung der erforderlichen Informationen aufgefordert *und* die Anlagen sind mit technischen Vorrichtungen ausgestattet, die geeignet sind, die Anlagen ein- und auszuschalten und ein Kommunikationssignal einer Empfangsvorrichtung zu verarbeiten. Solange also der Netzbetreiber gegen seine Pflicht verstößt, Informationen an den Anlagenbetreiber zu übermitteln, die zur Erfüllung der Pflichten aus § 9 Abs. 1 und 2 erforderlich sind und der Anlagenbetreiber deswegen seinen Pflichten aus § 9 Abs. 1 und 2 zur Einhaltung technischer Vorgaben nicht nachkommen kann, erfolgt keine Verringerung des anzulegenden Wertes auf den Monatsmarktwert.[40]

b) Verstoß gegen die Pflichten bei einem Wechsel der Veräußerungsform (Abs. 2 S. 1 **40** **Nr. 2). aa) Pflichtverletzung.** Anlagenbetreiber müssen dem Netzbetreiber den Wechsel zwischen den verschiedenen Veräußerungsformen nach Maßgabe des § 21 mitteilen. Nicht nur eine fehlende, sondern auch eine fehlerhafte Meldung über den Wechsel des Anlagenbetreibers wird nach Abs. 2 S. 1 Nr. 2 sanktioniert.[41] Gemeint sind die Veräußerungsformen, die in § 20 Abs. 1 Nr. 1 bis 4 aufgeführt werden: Geförderte Direktvermarktung (Nr. 1), sonstige Direktvermarktung (Nr. 2), Einspeisevergütung nach § 37 (Nr. 3) und Einspeisevergütung nach § 38 (Nr. 4). Die Mitteilungspflichten und das dazugehörige Verfahren nach den §§ 20 f. sollen sicherstellen, dass sich die Netzbetreiber darauf einstellen können, in welchem Umfang Strom eingespeist wird und welche Strommengen nach dem EEG zu fördern und zu vermarkten sind.[42] Die in Abs. 2 S. 1 Nr. 2 angeordnete Sanktion ist wichtig, weil die Anlagenbetreiber ansonsten kein ökonomisches Eigeninteresse an der

---

39 Für Strom aus Anlagen, die nach dem am 31.7.2014 geltenden Inbetriebnahmebegriff vor dem 1.8.2014 in Betrieb genommen worden sind, tritt gemäß § 100 Abs. 1 Nr. 3 lit. a) an die Stelle des anzulegenden Wertes nach § 23 Abs. 1 S. 2 der Vergütungsanspruch des EEG in der für die jeweilige Anlage maßgeblichen Fassung. Vgl. zu den unterschiedlichen Auswirkungen der Verringerung des anzulegenden Wertes auf null bzw. auf den Monatsmarktwert auf den Förderanspruch von Anlagen, die ihren Strom direkt vermarkten (§§ 34 ff.), und auf den Förderanspruch von Anlagen, die eine feste Einspeisevergütung in Anspruch nehmen (§ 37 und § 38), die Erläuterungen unter Rn. 55.
40 Vgl. hierzu auch Rn. 60.
41 Vgl. dazu ausführlich die Erläuterungen zu § 20 und 21. Zu § 17 EEG 2012 Gesetzesbegründung zum EEG 2012, BT-Drs. 17/6071, S. 67.
42 Vgl. zur Rechtlage unter dem EEG 2012 *Altrock/Lehnert*, Vorhaben IV: Instrumentelle und rechtliche Weiterentwicklung im EEG zur Vorbereitung und Begleitung der Erstellung des Erfahrungsberichtes 2011 gemäß § 65 EEG im Auftrag des Bundesministeriums für Umwelt, Naturschutz und Reaktorsicherheit, S. 53.

Einhaltung der Formvorschriften bezüglich des Wechsels zwischen den verschiedenen Veräußerungsformen haben.[43] Für das Verfahren des Wechsels der Veräußerungsformen gilt der Beschluss der BNetzA zur Festlegung von „Marktprozesse[n] für Einspeisestellen (Strom)".[44]

41 Der Anlagenbetreiber muss dem Netzbetreiber nach § 21 Abs. 1 S. 1 einen Wechsel der Veräußerungsform grundsätzlich vor Beginn des jeweils dem Wechsel vorangegangenen Kalendermonats mitteilen. Nur den Wechsel in die Einspeisevergütung nach § 38 oder aus ihr heraus können Anlagenbetreiber dem Netzbetreiber bis zum fünftletzten Werktag des Vormonats mitteilen. Die Nrn. 1 bis 3 des § 21 Abs. 2 legen Details zu den Mitteilungen nach § 21 Abs. 1 fest. Darüber hinaus regelt § 21 Abs. 3, dass der Anlagenbetreiber dem Netzbetreiber den Wechsel in einem nach § 21 Abs. 3 festgelegten Verfahren und Format übermitteln muss, soweit dieses von der BNetzA festgelegt worden ist. Insofern ist auf den bereits zitierten Beschluss der BNetzA „Marktprozesse für Einspeisestellen (Strom)"[45] zu verweisen.

42 **bb) Rechtsfolge.** Gemäß § 25 Abs. 2 S. 1 Nr. 2 verringert sich der anzulegende Wert auf den Monatsmarktwert, „wenn" der Anlagenbetreiber dem Netzbetreiber den Wechsel zwischen den verschiedenen Veräußerungsformen nach § 20 Abs. 1 nicht nach Maßgabe des § 21 übermittelt hat. Abs. 2 S. 2 ordnet eine Mindestdauer der Sanktion an. Die Verringerung des Förderanspruchs auf den Monatsmarktwert gilt danach nach Abs. 2 S. 2 1. Hs. 1. Var. bis zum Ablauf des Kalendermonats, der auf die Beendigung des Verstoßes folgt. Das bedeutet, dass die Verringerung nicht nur für den Monat gilt, in dem keine ordnungsgemäße Meldung vorliegt, sondern auch für den Folgemonat. Mit Abs. 2 S. 1 Nr. 2, S. 2 werden Formverstöße sanktioniert.[46] Hält der Formverstoß an, weil die Meldung des Wechsels nicht bzw. nicht in korrekter Form nachgeholt wird, verlängert sich entsprechend der Zeitraum der Verringerung.[47]

43 **c) Verstoß gegen die Gesamtüberlassungspflicht aus § 39 Abs. 2 (Abs. 2 S. 1 Nr. 3). aa) Pflichtverletzung.** Ferner erfolgt eine Reduktion des Förderanspruchs nach Abs. 2 S. 1 Nr. 3, wenn ein Anlagenbetreiber, der den in einer Anlage erzeugten Strom dem Netzbetreiber nach § 19 Abs. 1 Nr. 2 zur Verfügung stellt (Einspeisevergütung nach § 37 oder § 38), gegen § 39 Abs. 2 verstößt. In § 39 Abs. 2 ist die Gesamtüberlassungspflicht des Anlagenbetreibers geregelt, für den Fall, dass er eine Einspeisevergütung beansprucht. Er ist danach verpflichtet, grundsätzlich den gesamten in der Anlage produzierten Strom dem Netzbetreiber zur Verfügung zu stellen.[48]

---

43 Vgl. Gesetzesbegründung zum EEG 2012, BT-Drs. 17/6071, S. 67.

44 Vgl. BNetzA, Beschluss v. 29.1.2015, BK6-14-110.

45 Vgl. BNetzA, Beschluss v. 29.1.2015, BK6-14-110.

46 Gesetzesbegründung zum EEG 2012, BT-Drs. 17/6071, S. 67.

47 Für Strom aus Anlagen, die nach dem am 31.7.2014 geltenden Inbetriebnahmebegriff vor dem 1.8.2014 in Betrieb genommen worden sind, tritt gemäß § 100 Abs. 1 Nr. 3 lit. a) an die Stelle des anzulegenden Wertes nach § 23 Abs. 1 S. 2 der Vergütungsanspruch des EEG in der für die jeweilige Anlage maßgeblichen Fassung. Vgl. zu den unterschiedlichen Auswirkungen der Verringerung des anzulegenden Wertes auf null bzw. auf den Monatsmarktwert auf den Förderanspruch von Anlagen, die ihren Strom direkt vermarkten (§§ 34 ff.), und auf den Förderanspruch von Anlagen, die eine feste Einspeisevergütung in Anspruch nehmen (§ 37 und § 38), die Erläuterungen unter Rn. 55.

48 Vgl. dazu § 39 Rn. 8.

bb) Rechtsfolge. Anders als in Abs. 2 S. 1 Nr. 1 oder in Abs. 2 S. 1 Nr. 2 verringert sich   **44**
der Förderanspruch – Verringerung auf den nach § 23 Abs. 1 S. 2 anzulegenden Wert auf
den Monatsmarktwert – nach Abs. 2 S. 1 Nr. 3 nicht für die Dauer des Verstoßes (Nr. 1)
oder bis zum Ablauf des Kalendermonats, der auf die Beendigung des Verstoßes folgt
(Nr. 2), sondern „mindestens für die Dauer des gesamten Kalendermonats", in dem ein solcher Verstoß erfolgt ist. Betroffen von der Sanktion ist nach Abs. 2 S. 1 Nr. 3 der Strom,
der dem Netzbetreiber durch den Anlagenbetreiber zur Verfügung gestellt wurde. Verstößt
z. B. ein Anlagenbetreiber in dem Zeitraum vom 5.1. bis zum 10.1. gegen die Pflicht aus
§ 39 Abs. 2, dann erhält er für den vom 1.1. bis einschließlich zum 31.1. zur Verfügung
gestellten Strom nur die verringerte Förderung nach Abs. 2 S. 1.[49]

d) Verstoß gegen das Doppelvermarktungsverbot des § 80 (Abs. 2 S. 1 Nr. 4).   **45**
aa) Pflichtverletzung. Wie schon § 56 EEG 2012 enthält § 80 das „Doppelvermarktungsverbot". Gemäß § **80 Abs. 1** S. 1 ist es Anlagenbetreibern verboten, Strom aus erneuerbaren Energien und aus Grubengas sowie in ein Gasnetz eingespeistes Deponie- oder Klärgas
und Gas aus Biomasse mehrfach zu verkaufen, anderweitig zu überlassen oder entgegen
§ 80 an eine dritte Person zu veräußern. Strom aus erneuerbaren Energien oder aus Grubengas darf insbesondere nicht in mehreren Veräußerungsformen nach § 20 Abs. 1 oder mehrfach in derselben Form nach § 20 Abs. 1 veräußert werden (§ 80 Abs. 1 S. 2). Solange
Anlagenbetreiber Strom aus ihrer Anlage in einer Veräußerungsform nach § 20 Abs. 1 veräußern, bestehen keine Ansprüche aus einer anderen Veräußerungsform nach § 20 Abs. 1
(§ 80 Abs. 1 S. 3). Die Vermarktung als Regelenergie ist im Rahmen der Direktvermarktung nicht als mehrfacher Verkauf oder anderweitige Überlassung von Strom anzusehen
(§ 80 Abs. 1 S. 4).[50]

Aus § **80 Abs. 2** folgt, dass Anlagenbetreiber, die eine finanzielle Förderung nach § 19 für   **46**
Strom aus erneuerbaren Energien oder aus Grubengas in Anspruch nehmen, Herkunftsnachweise oder sonstige Nachweise, die die Herkunft des Stroms belegen, für diesen Strom
nicht weitergeben dürfen.[51]

Gemäß § **80 Abs. 3** darf für Strom aus der Anlage der Anspruch nach § 19 nicht geltend   **47**
gemacht werden, solange im Rahmen einer gemeinsamen Projektumsetzung nach dem
Projekt-Mechanismen-Gesetz für die Emissionsminderungen der Anlage Emissionsreduktionseinheiten erzeugt werden können.[52]

bb) Rechtsfolge. „Wenn" ein Anlagenbetreiber gegen das Doppelvermarktungsverbot des   **48**
§ 80 verstößt, ist gem. Abs. 2 S. 1 der nach § 23 Abs. 1 S. 2 anzulegende Wert auf den
Monatsmarktwert zu verringern. Abs. 2 S. 2 ordnet für Verstöße gegen das Doppelvermarktungsverbot die Verringerung der Förderung auf den Monatsmarktwert für die Dauer

---

49 Für Strom aus Anlagen, die nach dem am 31.7.2014 geltenden Inbetriebnahmebegriff vor dem
1.8.2014 in Betrieb genommen worden sind, tritt gemäß § 100 Abs. 1 Nr. 3 lit. a) an die Stelle des
anzulegenden Wertes nach § 23 Abs. 1 S. 2 der Vergütungsanspruch des EEG in der für die jeweilige Anlage maßgeblichen Fassung. Vgl. zu den unterschiedlichen Auswirkungen der Verringerung des anzulegenden Wertes auf null bzw. auf den Monatsmarktwert auf den Förderanspruch
von Anlagen, die ihren Strom direkt vermarkten (§§ 34 ff.), und auf den Förderanspruch von Anlagen, die eine feste Einspeisevergütung in Anspruch nehmen (§ 37 und § 38), die Erläuterungen
unter Rn. 55.
50 Vgl. dazu ausführlich § 80 Rn. 7 ff.
51 Vgl. dazu ausführlich § 80 Rn. 20 ff.
52 Vgl. dazu ausführlich § 80 Rn. 27.

des Verstoßes zuzüglich der darauffolgenden sechs Monate an. Das bedeutet, dass der Sanktionszeitraum z. B. am 15. September endet, wenn ein Anlagenbetreiber vom 1. bis 15. März Strom entgegen den Vorgaben des § 80 doppelt vermarktet hat.[53]

49 **e) Zeitgleiche Erfüllung der Vorbildfunktion (Abs. 2 S. 1 Nr. 5). aa) Tatbestand.** Schließlich verringert sich gemäß Abs. 2 S. 1. Nr. 5 der anzulegende Wert auf den Monatsmarktwert, „soweit" die Errichtung oder der Betrieb der Anlage dazu dient, die Vorbildfunktion öffentlicher Gebäude aufgrund einer landesrechtlichen Regelung nach § 3 Abs. 4 Nr. 1 EEWärmeG[54] zu erfüllen, und die Anlage keine KWK-Anlage ist. Die Verringerung des Förderanspruchs nach Abs. 2 S. 1 Nr. 3 bezieht sich allein auf den Teil der Anlage, der der Erfüllung der Vorbildfunktion dient („soweit"). Abs. 2 S. 1 Nr. 5 sanktioniert also keine „Pflichtverletzung" des Anlagenbetreibers, sondern verringert die Förderung schlicht, weil ein bestimmter Tatbestand vorliegt, der vom Anlagenbetreiber auch nicht verändert werden kann. Hintergrund dieser Verringerung des anzulegenden Wertes auf den Monatsmarktwert ist folgender:

50 Die **Vorbildfunktion öffentlicher Gebäude** wird in § 1a EEWärmeG festgelegt. Der konkrete Inhalt der Vorbildfunktion wird bundesrechtlich durch § 3 Abs. 2 und Abs. 3 EEWärmeG ausgestaltet.[55] Die öffentliche Hand ist danach verpflichtet, den Wärme- und Kältebedarf der Gebäude anteilig aus erneuerbaren Energien zu decken. Der Einsatz von Photovoltaik-Anlagen zur Erfüllung der Vorbildfunktion ist nach dem EEWärmeG nicht zulässig.[56] Aufgrund von § 3 Abs. 4 Nr. 1 EEWärmeG dürfen die Länder für bereits errichtete öffentliche Gebäude, mit Ausnahme der öffentlichen Gebäude des Bundes, eigene Regelungen zur Erfüllung der Vorbildfunktion nach § 1a treffen und zu diesem Zweck von den Vorschriften dieses Gesetzes abweichen. „Hierbei sind sie an die Zwecke und das Ziel des § 1 EEWärmeG gebunden; sie müssen daher sicherstellen, dass die Vorbildfunktion schwerpunktmäßig durch Technologien zur Erzeugung von Wärme oder Kälte aus erneuerbaren Energien erfüllt wird. Mit dieser Maßgabe können die landesrechtlichen Regelungen jedoch auch vorsehen, dass die Vorbildfunktion durch Anlagen zur Stromerzeugung aus erneuerbaren Energien erfüllt wird. Für diesen Zweck wird durch Abs. 2 S. 1 Nr. 6 [jetzt Nr. 5; Anm. Verf.] die EEG-Förderung ebenfalls auf den Monatsmarkwert verringert. Hierdurch wird sichergestellt, dass die öffentliche Hand nicht mittels der EEG-Förderung und infolge dessen über die allgemeine EEG-Umlage zulasten der Stromverbraucherinnen und Stromverbraucher in Deutschland ihre Vorbildfunktion erfüllt. Gleichzeitig soll ver-

---

53 Für Strom aus Anlagen, die nach dem am 31.7.2014 geltenden Inbetriebnahmebegriff vor dem 1.8.2014 in Betrieb genommen worden sind, tritt gemäß § 100 Abs. 1 Nr. 3 lit. a) an die Stelle des anzulegenden Wertes nach § 23 Abs. 1 S. 2 der Vergütungsanspruch des EEG in der für die jeweilige Anlage maßgeblichen Fassung Vgl. zu den unterschiedlichen Auswirkungen der Verringerung des anzulegenden Wertes auf null bzw. auf den Monatsmarktwert auf den Förderanspruch von Anlagen, die ihren Strom direkt vermarkten (§§ 34 ff.), und auf den Förderanspruch von Anlagen, die eine feste Einspeisevergütung in Anspruch nehmen (§ 37 und § 38), die Erläuterungen unter Rn. 55.

54 Erneuerbare-Energien-Wärmegesetz v. 7.8.2008 (BGBl. I S. 1658), das zuletzt durch Art. 2 Abs. 68 des Gesetzes v. 22.12.2011 (BGBl. I S. 3044) geändert worden ist.

55 Vgl. zur 2011 eingeführten Vorbildfunktion öffentlicher Gebäude *Wustlich*, DVBl. 2011, 525 und BerlKommEnR/*Holtmeier/Rasbach*, Bd. 2, 3. Aufl. 2014, § 1a Rn. 2 und § 3 Rn. 12 ff.

56 Vgl. dazu *Wustlich*, DVBl. 2011, 525, 530 f.

hindert werden, den in den letzten Jahren stark angestiegenen Ausbau der Fotovoltaik in Deutschland zulasten der Solarthermie weiter anzureizen."[57]

Ausgenommen von der Verringerung des Förderanspruchs sind **KWK-Anlagen**. In diesen Fällen stellt in der Regel nicht die Strom- sondern nur die Wärmeerzeugung der Anlage die Vorbildfunktion sicher. Der „überschüssige" Strom, der bei der Wärmeerzeugung anfällt, ist damit stets nach § 19 in vollem Umfang förderfähig, wenn die jeweils einschlägigen Voraussetzungen für die finanzielle Forderung nach dem EEG vorliegen. **51**

bb) Rechtsfolge. „Soweit" die Tatbestandsvoraussetzungen des Abs. 2 S. 1 Nr. 5 vorliegen, verringert sich der Förderanspruch nach § 19 auf den Monatsmarktwert. Aus der Formulierung „soweit" folgt, dass die Förderung nicht für den Strom aus dem Teil der Anlage verringert wird, der nicht dazu dient, die Vorbildfunktion öffentlicher Gebäude aufgrund einer landesrechtlichen Regelung nach § 3 Abs. 4 Nr. 1 EEWärmeG zu erfüllen. Eine Verringerung der Förderung greift also nur für den Anteil des erzeugten Stroms, der dazu dient, die Vorbildfunktion öffentlicher Gebäude zu erfüllen. Eine Mindestdauer der Sanktion wird – anders als in anderen Fällen des Abs. 2 S. 1 im Fall von Abs. 2 S. 1 Nr. 5 nicht angeordnet.[58] Hintergrund ist, dass die Pflicht des Anlagenbetreibers zur Einhaltung der Vorbildfunktion dauerhaft besteht. **52**

3. Verschulden des Anlagenbetreibers. Die Regelung in § 25 setzt **kein Verschulden** des Anlagenbetreibers voraus. Der Wortlaut von § 25 gibt keinen Hinweis darauf, dass die Pflichtverletzungen des Anlagenbetreibers nur dann sanktioniert werden, wenn der Anlagenbetreiber die Pflichtverletzung zu vertreten hat. Auch der in Abs. 1 Nr. 3, Abs. 2 Nrn. 1, 3 und 4 verwendete Ausdruck „verstoßen" zwingt von seiner Bedeutung[59] nicht zu einer anderweitigen Interpretation, schließt diese aber auch nicht aus. Mit dem Begriff „verstoßen" wird schlicht die bloße Nichteinhaltung der jeweiligen Pflicht beschrieben. Die Gesetzessystematik zeigt, dass vom Grundsatz her eine verschuldensunabhängige Sanktionierung der Pflichtverletzung erfolgt. Das „Hineinlesen" eines Verschuldenselements würde schließlich Sinn und Zweck der Regelung aus § 25 zuwiderlaufen. Es soll ein möglichst hoher Druck aufgebaut werden, damit die Anlagenbetreiber die für das Funktionieren des Fördersystems essentiellen Vorgaben des EEG (z.B. Übermittlung der Daten für das Anlagenregister, Vorhalten der technischen Einrichtungen für das Einspeisemanagement etc.) einhalten. Auch generiert das Auslegungsergebnis, wonach ein Verschulden des Anlagenbetreibers nicht erforderlich ist, keine unbilligen Ergebnisse, wenn der Anlagenbetreiber seinen Pflichten nicht nachkommen konnte, weil er bei der Pflichterfüllung auf die Mitwirkung Dritter angewiesen war. Setzen Dritte z.B. ein Installateur die Ursache da- **53**

---

57 Gesetzesbegründung zum EEG 2012, BT-Drs. 17/6071, S. 66 f.; kurz *Lünenbürger*, in: Gerstner, Grundzüge EE, Kap. 5, Rn. 56.

58 Für Strom aus Anlagen, die nach dem am 31.7.2014 geltenden Inbetriebnahmebegriff vor dem 1.8.2014 in Betrieb genommen worden sind, tritt gemäß § 100 Abs. 1 Nr. 3 lit. a) an die Stelle des anzulegenden Wertes nach § 23 Abs. 1 S. 2 der Vergütungsanspruch des EEG in der für die jeweilige Anlage maßgeblichen Fassung. Vgl. zu den unterschiedlichen Auswirkungen der Verringerung des anzulegenden Wertes auf null bzw. auf den Monatsmarktwert auf den Förderanspruch von Anlagen, die ihren Strom direkt vermarkten (§§ 34 ff.), und auf den Förderanspruch von Anlagen, die eine feste Einspeisevergütung in Anspruch nehmen (§ 37 und § 38), die Erläuterungen unter Rn. 55.

59 Im Duden wird die Bedeutung des Begriffs „verletzen" mit „gegen etwas handeln", „sich über etwas hinwegsetzen" oder eine Vorschrift etc. „verletzen" beschrieben (vgl. online-Ressource des Duden unter www.duden.de).

für, dass der Anlagenbetreiber seine Pflichten nicht erfüllen kann, so kann der Anlagenbetreiber über die allgemeinen zivilrechtlichen Regelungen Regress von dem Verantwortlichen fordern.

54 Eine von dem **Grundsatz der verschuldensunabhängigen Sanktionierung von Pflichtverstößen abweichende Regelung stellt § 9 Abs. 4** dar. Aus dieser Vorschrift ergibt sich, dass die Verringerung des anzulegenden Wertes auf den Monatsmarktwert nach § 25 Abs. 1 S. 1 Nr. 1 ausnahmsweise dann nicht eintritt, wenn der in § 25 Abs. 1 S. 1 Nr. 1 geregelte Verstoß gegen § 9 Abs. 1, 2, 5 oder 6 deswegen erfolgt, weil ein Netzbetreiber die Informationen nach § 8 Abs. 6 S. 1 Nr. 4 nicht an den Anlagenbetreiber übermittelt hat; der Anlagenbetreiber also unverschuldet seiner Pflicht aus § 9 Abs. 1, 2, 5 oder 6 nicht nachkommen konnte.

55 **4. Folgen einer Sanktion nach Abs. 1 und nach Abs. 2.** Die nach Abs. 1 und Abs. 2 angeordneten Sanktionen haben im konkreten Einzelfall unterschiedlich schwere tatsächliche Folgen für den Anlagenbetreiber. So ist die Intensität der Sanktionen insbesondere davon abhängig, ob ein Anlagenbetreiber seinen Strom direkt vermarktet und die Förderung über die Marktprämie in Anspruch nimmt (dazu Rn. 56) oder ob ein Anlagenbetreiber den erzeugten Strom dem Netzbetreiber zur Verfügung stellt und eine Einspeisevergütung beansprucht (dazu Rn. 57 ff.).

56 **a) Strom aus Anlagen im System der Direktvermarktung.** Bei Strom aus Anlagen, die am System der geförderten Direktvermarktung teilnehmen (§ 19 Abs. 1 Nr. 1 i.V.m. §§ 34 ff.), führt die Verringerung des anzulegenden Wertes auf null (Abs. 1 S. 1) bzw. auf den Monatsmarktwert (Abs. 2 S. 1) zu dem jeweils gleichen Ergebnis für den Anlagenbetreiber: Der Förderanspruch gegenüber dem Netzbetreiber verringert sich auf null. Aus Nr. 1.2 der Anlage 1 (zu § 34) folgt, dass die Marktprämie, also die finanzielle Förderung im Falle der geförderten Direktvermarktung, nicht kleiner als null sein kann. Eine negative Marktprämie kann also nicht existieren. Wird der anzulegende Wert nach Abs. 1 S. 1 auf null verringert, würde die in Nr. 1.2 der Anlage 1 (zu § 34) festgelegte Berechnungsformel für die Marktprämie aber eigentlich einen negativen Wert ergeben. Denn nach der Formel ergibt sich die Marktprämie aus der Subtraktion des Monatsmarktwertes vom anzulegenden Wert. Wenn der anzulegende Wert aber null ist, wäre das Ergebnis der Subtraktion negativ, was über Nr. 1.2 der Anlage 1 (zu § 34) verhindert wird. Wird der anzulegende Wert nach Abs. 1 S. 1 also auf null verringert, erhält der Anlagenbetreiber eine Marktprämie in Höhe von null. Zum gleichen Ergebnis kommt man, wenn der anzulegende Wert nach Abs. 2 S. 1 auf den Monatsmarktwert verringert wird. Nach der Berechnungsformel in Nr. 1.2 der Anlage 1 (zu § 34) ist die Marktprämie null, da insofern der Monatsmarktwert vom anzulegenden Wert (in Höhe des Monatsmarktwertes) abzuziehen ist, was null ergibt. In beiden Fällen (Abs. 1 S. 1 und Abs. 2 S. 1) erhält der Anlagenbetreiber also keine Förderung vom Netzbetreiber, sondern nur die mit seinem Kunden vereinbarte Vergütung, die in der Regel dem Marktpreis – also in etwa dem Monatsmarktwert – entspricht. Er erhält also für den Strom trotz des Verstoßes gegen die in Abs. 1 S. 1 Nrn. 1 bis 4 und in Abs. 2 S. 1 Nrn. 1 bis 5 genannten Vorschriften im Regelfall eine Gegenleistung.

57 **b) Strom aus Anlagen im System der Einspeisevergütung.** Einen tatsächlichen Unterschied bewirken die verschiedenen Rechtsfolgen aus Abs. 1 und aus Abs. 2, wenn Anlagen über das System fester **Einspeisevergütungen gefördert werden** (§ 19 Abs. 1 Nr. 2 i.V.m. **§ 37 oder § 38**).

(1) Höhe der Einspeisevergütung bei Verringerung des anzulegenden Wertes auf null. 58
(a) Allgemeines. Greift die **Sanktion aus Abs. 1**, wonach der anzulegende Wert auf null
verringert wird (Abs. 1 S. 1), dann erhält der Anlagenbetreiber für seinen Strom keine finanzielle Gegenleistung. Auch hier gilt, dass es keine „negative" Förderung bzw. Vergütung gibt. Auch die Betreiber von Anlagen, die nach **§ 37** gefördert werden, müssen dem
Netzbetreiber für die Abnahme des Stroms nichts zahlen. Auf den ersten Blick scheint eine
konsequente Gesetzesanwendung in eine andere Richtung zu weisen, denn gem. § 37
Abs. 3 Nr. 1 bzw. Nr. 2 sind vom „anzulegenden Wert" 0,2 bzw. 0,4 Cent pro Kilowattstunde abzuziehen. Wäre der „anzulegende Wert" i. S. v. § 37 Abs. 3 nach § 25 Abs. 1 S. 1 auf
null zu reduzieren, dann wäre eine negative Vergütung die Folge: Eine zu Nr. 1.2 der Anlage 1 (zu § 34) äquivalente Regelung – wonach die Marktprämie nicht kleiner null sein
kann – existiert für den Bereich der Einspeisevergütung nicht. Allerdings würde diese Interpretation die Gesetzessystematik verkennen. § 37 Abs. 3 meint mit „anzulegenden
Werten" die in den §§ 40 ff. fixierten Ausgangswerte („vor der Absenkung nach den §§ 26
bis 31"). § 25 bezieht sich vom Wortlaut her zwar auf die anzulegenden Werte nach § 23
Abs. 1 S. 2. Diese Regelung verweist ebenfalls auf die §§ 40 ff. Jedoch ordnet § 26 Abs. 1
S. 2 an, dass sich diese anzulegenden Werte nach Maßgabe bestimmter Vorschriften, zu
denen auch § 37 Abs. 3 zählt, verringern. Damit treten an die Stelle der unveränderten gesetzlichen Werte der §§ 40 ff. die anzulegenden Werte, bei denen § 37 Abs. 3 bereits berücksichtigt wurde. Selbst wenn man dieser gesetzessystematischen Argumentation nicht
folgen mag, bleibt der Weg zu einem negativen Vergütungsanspruch dennoch versperrt.
Denn andernfalls würde daraus eine unbillige Ungleichbehandlung gegenüber demjenigen
Anlagenbetreiber folgen, der seinen Strom direkt vermarktet und deswegen über Nr. 1.2
der Anlage 1 (zu § 34) vor negativen Ansprüchen geschützt ist. Im Fall einer Vergütung
nach **§ 38** ist bei einer Verringerung des anzulegenden Wertes auf null (Abs. 1. S. 1) auch
die Einspeisevergütung null und zwar unabhängig davon, wie man § 38 Abs. 2 interpretiert. Legt man den bereits den nach Abs. 1 S. 1 auf null reduzierten anzulegenden Wert der
Berechnung zugrunde, bleibt es dabei, da null abzüglich 20 % (§ 38 Abs. 2) null ergibt.

(b) Keine Ersatzansprüche des Anlagenbetreibers für bereits eingespeisten Strom. 59
Aus dem Umstand, dass bei einem Verstoß gegen die in § 25 Abs. 1 S. 1 Nrn. 1 bis 4 in
Bezug genommenen Vorschriften nicht die Einspeisevergütung bzw. der Förderanspruch
wegfällt, sondern der Anlagenbetreiber zwar einen Förderanspruch hat, der anzulegende
Wert aber auf null „verringert" wird, folgen erhebliche Konsequenzen für anderweitige An-
sprüche eines Anlagenbetreibers, der bereits Strom unter Missachtung der in § 25 Abs. 1
S. 1 Nrn. 1 bis 4 erzeugt und in das Netz eingespeist hat:

Kartellrechtliche Schadensersatzansprüche aus §§ 20 Abs. 1, 33 GWB, die einige Ver- 60
treter im Schrifttum unter Rekurs auf die frühere Rechtsprechung des BGH[60] dem Anlagenbetreiber zuerkennen wollen,[61] bestehen neben dem auf null verringerten Förderanspruch nicht. Im Gegensatz zu den früheren Entscheidungen des BGH kann keine fortdau-
ernde unbillige Behinderung i. S. v. § 20 Abs. 1 GWB durch das Vorenthalten gesetzlich

---

60 BGH, Urt. v. 22.10.1996, KZR 19/95, Rn. 19, NJW 1997, 574.
61 *Salje*, EEG, § 17 Rn. 6; wohl ebenfalls auf die BGH-Rechtsprechung abstellend Frenz/Müggen-
   borg/*Ekardt/Hennig*, § 17 Rn. 6.

geschuldeter Geldbeträge vorliegen.[62] Selbst wenn man annimmt, dass die Netzbetreiber nach kartellrechtlichen Grundsätzen verpflichtet sein könnten, den Strom aus erneuerbaren Energien aufzunehmen und dafür einen angemessenen Preis zu zahlen, dessen Höhe den aufgrund der Einspeisung (trotz des Unbundlings) ersparten Kosten einer anderweitigen Beschaffung entspricht (sog. vermiedene Kosten),[63] so kann dies nur dann gelten, wenn für den Strom nicht bereits ein Förderanspruch nach dem EEG besteht. § 25 Abs. 1 S. 1 lässt den Förderanspruch des Anlagenbetreibers aus § 19 Abs. 1 nicht entfallen, sondern verringert ihn „lediglich" auf null. Regelungssystematisch sind damit weitere Ansprüche auf Förderung des Stroms, die ihre Begründung außerhalb des EEG finden, ausgeschlossen. Die vollständige oder teilweise Vorenthaltung einer derartigen Förderung führt daher nicht zu einer unbilligen Behinderung, die gemäß § 33 GWB einen Anspruch auf Beseitigung des dadurch entstandenen Störungszustands und – bei Verschulden – zudem einen Anspruch auf Schadensersatz begründet.[64]

61 Das Ergebnis, wonach dem Anlagenbetreiber neben dem auf null verringerten Förderanspruch **keine kartellgesetzlich begründbaren Ansprüche** zustehen, wenn er unter Missachtung der in § 25 Abs. 1 S. 1 Nrn. 1 bis 4 genannten Pflicht Strom in das Netz eingespeist hat, steht im Einklang mit dem Sinn und Zweck des § 25 Abs. 1 S. 1. Die Bedeutung des Abs. 1 S. 1 liegt in erster Linie darin, die Qualität der Daten des Anlagenregisters zu sichern und damit die in § 6 Abs. 1 Nrn. 1 bis 5 formulierten Ziele zu fördern. Diese **Ziele sind für ein insgesamt funktionierendes Fördersystem essentiell und ihr Erreichen deswegen zwingend sicherzustellen**.[65] Hätte der Gesetzgeber trotz des Verstoßes nach Abs. 1 S. 1 Nrn. 1 bis 4 eine Förderzahlung des Netzbetreibers an den Anlagenbetreiber für sinnvoll erachtet, hätte er eine weniger gravierende Verringerung des Förderanspruchs wie in Abs. 2 S. 1 ausdrücklich vorsehen können.[66] Zwar kann der Zweck der EEG-Vorschriften nicht darin liegen, dem Netzbetreiber zu kostenlosen Stromlieferungen zu verhelfen.[67] Allerdings verbleibt ein etwaiger Vorteil auch nicht bei dem Netzbetreiber. Die während eines Verstoßes gegen die in § 25 Abs. 1 S. 1 genannten Pflichten erzeugten Strommengen sind – anders als z. B. nach dem EEG 2009 – in den bundesweiten Ausgleich einzustellen, sofern der Betreiber der betreffenden Anlage eine Einspeisevergütung in Anspruch nimmt. Denn nach § 56 Nr. 1 sind Netzbetreiber verpflichtet, den nach § 19 Abs. 1 Nr. 2 „vergüteten Strom" unverzüglich an den vorgelagerten ÜNB weiterzugeben. „Vergüteter Strom" liegt bei einer Sanktion nach § 25 Abs. 1 S. 1 jedoch auch dann vor, wenn die Höhe des anzulegenden Wertes auf null verringert ist und damit auch die Höhe der Vergütung auf null reduziert ist.[68] Der Netzbetreiber erhält also keine kostenlose Stromliefe-

---

62 Vgl. dazu BGH, Urt. v. 22.10.1996, KZR 19/95, Rn. 18 ff., NJW 1997, 574; Urt. v. 2.7.1996, KZR 31/95, Rn. 20, NJW 1996, 3005; OLG Naumburg, Urt. v. 21.11.2013, 2 U 19/13 (Kart), BeckRS 2014, 02895.

63 BGH, Urt. v. 22.10.1996, KZR 19/95, Rn. 19, NJW 1997, 574.

64 Vgl. BGH, Urt. v. 22.10.1996, KZR 19/95, Rn. 19, NJW 1997, 574.

65 S. o. Rn. 12. Vgl. zur Bedeutung von § 16 Abs. 6 EEG 2009 Altrock/Oschmann/Theobald/*Lehnert*, 3. Aufl., § 16 Rn. 63, wo es noch primär darum ging die Anlagenbetreiber zur Einhaltung der für den Netzbetrieb essenziellen Pflichten anzuhalten.

66 Vgl. zum EEG 2012, das eine Verringerung der Vergütung auf null für den Fall vorsah, dass ein Anlagenbetreiber die technischen Vorgaben des § 6 EEG 2012 nicht erfüllte, *Lünenbürger*, in: Gerstner, Kap. 5, Rn. 48.

67 *Salje*, EEG, § 17 Rn. 6; Frenz/Müggenborg/*Ekardt/Hennig*, § 17 Rn. 6.

68 Andere Auffassung *Koukakis*, REE 2014, 9, 11 ff.

rung, vielmehr muss er den Strom an den vorgelagerten ÜNB weiterreichen. Der Netzbetreiber erhält dafür von dem ÜNB auch nur einen finanziellen Ausgleich in Höhe von null (vgl. § 57 Abs. 1). Im Ergebnis verbleibt der Vorteil bei den Verbrauchern, denn die Einnahmen aus dem Verkauf des „kostenlos" gelieferten Stroms fließen auf das EEG-Konto und mindern so die EEG-Umlage.

Ansprüche des Anlagenbetreibers nach den Grundsätzen über die **ungerechtfertigte Bereicherung scheitern** daran,[69] dass ein Rechtsgrund für die Überlassung des Stroms durch den Anlagenbetreiber besteht. Das EEG trifft eine abschließende rechtlich relevante Geltungsanordnung, kraft derer der Netzbetreiber das Erlangte behalten darf[70] bzw. an Dritte weitergeben muss und diese den Vorteil behalten dürfen. Bereicherungsrechtliche Ansprüche können die gesetzlich angeordnete Rechtsfolge in § 25 Abs. 1 S. 1 nicht aushebeln.[71]   **62**

(2) Höhe der Einspeisevergütung bei Verringerung des anzulegenden Wertes auf den Monatsmarktwert. Greift die **Sanktion nach Abs. 2**, wonach der anzulegende Wert auf den Monatsmarktwert verringert wird, bedeutet das für die Vergütungsansprüche nach § 37 und § 38 Folgendes: Der Anlagenbetreiber hat gegenüber dem Netzbetreiber einen Anspruch auf Förderung in Höhe des Monatsmarktwertes.   **63**

5. Keine Besonderheiten bei zwischengespeichertem Strom. Im Sanktionszeitraum zwischengespeicherter Strom wird nur mit dem verringerten Fördersatz gefördert. Das gilt auch dann, wenn der Strom aus dem Speicher in das Netz eingespeist wird nachdem die Pflichtverletzung abgestellt wurde. Dies ergibt sich aus § 19 Abs. 4 S. 3. Danach bestimmt sich die Förderhöhe von zwischengespeichertem Strom nach der Höhe der Förderung, die der Netzbetreiber nach § 19 Abs. 1 bei einer Einspeisung des Stroms in das Netz ohne Zwischenspeicherung an den Anlagenbetreiber zahlen müsste.   **64**

Unter Berücksichtigung der Gesetzessystematik ist der Ausgangspunkt für die Berechnung der Verringerung des Förderanspruchs nach Abs. 2 S. 2 der bereits nach § 37 Abs. 3 bzw. nach § 38 Abs. 2 reduzierte anzulegende Wert.[72] M.a.W.: Nach der Verringerung auf den Monatsmarktwert kommt es nicht zu einer weiteren Reduzierung über die genannten Regelungen in § 37 und § 38.   **65**

---

69 Nach alter Rechtslage (EEG 2009) einen Anspruch nach den §§ 812 ff. BGB annehmend Altrock/Oschmann/Theobald/*Lehnert*, 3. Aufl., § 16 Rn. 64.

70 Vgl. zum Rechtsgrundbegriff MünchKommBGB/*Schwab*, § 812 Rn. 338. *Salje*, EEG, § 17 Rn. 6, sah in § 17 EEG 2012, der Vorgängerregelung von § 25, noch keine abschließende Regelung.

71 Einen Anspruch aus ungerechtfertigter Bereicherung ablehnend auch LG Frankenthal (Pfalz), Urt. v. 10.4.2014, 3 O 560/13, REE 2014, 180; a. A. *Koukakis*, REE 2014, 9, 11 ff.

72 Vgl. dazu bereits Rn. 58.

§ 26 Allgemeine Bestimmungen zur Absenkung der Förderung

(1) [1]Die anzulegenden Werte sind unbeschadet der §§ 100 und 101 der Berechnung der finanziellen Förderung zugrunde zu legen

1. für Strom aus Anlagen zur Erzeugung von Strom aus solarer Strahlungsenergie, die vor dem 1. September 2014 in Betrieb genommen worden sind,
2. für Strom aus Anlagen zur Erzeugung von Strom aus Geothermie und für Strom aus Windenergieanlagen auf See, die vor dem 1. Januar 2018 in Betrieb genommen worden sind, und
3. für Strom aus sonstigen Anlagen, die vor dem 1. Januar 2016 in Betrieb genommen worden sind.

[2]Sie sind ferner der Berechnung der finanziellen Förderung für Strom aus Anlagen zugrunde zu legen, die ab den in Satz 1 genannten Zeitpunkten in Betrieb genommen werden, mit der Maßgabe, dass sich die anzulegenden Werte nach Maßgabe der §§ 27 bis 31, 37 Absatz 3 und § 38 Absatz 2 Satz 1 verringern. [3]Die zum jeweiligen Inbetriebnahmezeitpunkt errechneten anzulegenden Werte sind jeweils für die gesamte Förderdauer nach § 22 anzuwenden.

(2) Die Veröffentlichungen, die für die Anwendung der §§ 28, 29, 31 und der Nummer I.5 der Anlage 3 erforderlich sind, einschließlich der Veröffentlichung der nach den §§ 28, 29 und 31 jeweils geltenden anzulegenden Werte regelt die Rechtsverordnung nach § 93, wobei für jeden Kalendermonat bis zum Ende des Folgemonats nach Maßgabe dieser Rechtsverordnung veröffentlicht werden muss:

1. für Anlagen zur Erzeugung von Strom aus Biomasse:
   a) die Summe der installierten Leistung der Anlagen, die in diesem Zeitraum als in Betrieb genommen registriert worden sind (Brutto-Zubau),
   b) die Summe der installierten Leistung, die nach dem 31. Juli 2014 erstmalig in Anlagen in Betrieb gesetzt wird, die vor dem 1. August 2014 in Betrieb genommen worden sind,
2. für Windenenergieanlagen an Land:
   a) die Summe der installierten Leistung der Anlagen, die in diesem Zeitraum als in Betrieb genommen registriert worden sind,
   b) die Summe der installierten Leistung der Anlagen, die in diesem Zeitraum als endgültig stillgelegt registriert worden sind, und
   c) die Differenz zwischen den Werten nach den Buchstaben a und b (Netto-Zubau),
3. für Anlagen zur Erzeugung von Strom aus solarer Strahlungsenergie die Summe der installierten Leistung der Anlagen, die in diesem Zeitraum als in Betrieb genommen registriert worden sind (Brutto-Zubau).

(3) [1]Die anzulegenden Werte werden nach der Berechnung nach Absatz 1 in Verbindung mit den §§ 27 bis 31 auf zwei Stellen nach dem Komma gerundet. [2]Für die Berechnung der Höhe der anzulegenden Werte auf Grund einer erneuten Anpassung nach Absatz 1 in Verbindung mit den §§ 27 bis 31 sind die ungerundeten Werte der vorherigen Anpassung zugrunde zu legen.

Schrifttum: *Altrock/Lehnert*, Die EEG-Novelle 2009, ZNER 2008, 118; *Geipel/Dinter*, Das Erneuerbare-Energien-Gesetz 2014 (EEG 2014) – ein Überblick über die neuen Regelungen, VersorgungsW
2014, 201; *Kahles/Lutz/Schütter*, Grundlagen der EEG-Vergütung, in: Müller (Hrsg.), 20 Jahre Recht
der Erneuerbaren Energien, S. 507; *Kuhla/Hüttenbrink*, Verwaltungsprozess, 3. Aufl. 2002; *Hey*, Lässt
sich das Dosenpfand stoppen? – Rechtsnatur und Rechtsschutzprobleme der Bekanntmachung des
Mehrweganteils nach § 9 Abs. 2, 3. Verpackungsverordnung, DVBl. 2002, 445; *von Oppen/Groß*,
Nach dem EEG ist vor dem EEG – Die Förderung von Erneuerbare-Energien-Anlagen nach der PV-
Novelle 2012, ZNER 2012, 347; *Podewiels*, Der 7,5 Gigawatt-Schock, Photon 2/2012, 12; *Podewiels*,
Pfffff. . . Die Energiewende bestand bisher vor allem aus dem Zubau der Photovoltaik – Das dürfte vorbei sein, Photon 4/2012, 16; *Podewiels/Korn*, Das Ende des Solarzeitalters?, Photon 3/2012, 16; *Res-
höft/Sellmann*, Die Novelle des EEG – Neue Wege auf bewährten Pfaden (Teil 1), ET 2009, 139; *Schumacher*, Die Neufassung des Erneuerbare-Energien-Gesetzes im Rahmen des Integrierten Energie-
und Klimapakets, ZUR 2008, 121; *Winkler*, Normenumschaltende Verwaltungsakte – Zugleich eine
Besprechung zum Dosenpfand-Urteil des BVerwG, DVBl. 2003, 1490.

Übersicht

I. Sinn und Zweck der Norm*

Die Höhe der Förderung nach dem EEG wird regelmäßig angepasst und dabei vom Grund- **1**
satz her kontinuierlich abgesenkt (sog. Degression). Später in Betrieb gegangene Anlagen
erhalten also grundsätzlich eine niedrigere finanzielle Förderung als Anlagen, die zu einem
früheren Zeitpunkt in Betrieb gegangen sind. Nur in Ausnahmefällen erhalten Anlagen,
die später in Betrieb gegangen sind, eine höhere finanzielle Förderung als zuvor in Betrieb
gegangene Anlagen.[1] Neben die reale Senkung der Förderhöhe infolge der Inflation tritt
mit der sog. Degression ein gesetzlicher Absenkungsmechanismus, der in den §§ 26 i.V.m.

---

* Die Kommentierung greift in Teilen die Ausführungen zur Vorgängerregelung aus § 20 EEG 2012
  in Band 2 auf. Die Verfasser danken *Hanna Schumacher*, die an der Kommentierung der Vorgängerregelung als Autorin mitgewirkt hat.

1 Vgl. § 29 Abs. 5 und § 31 Abs. 4 Nr. 3.

27 bis 31, 37 Abs. 3 und § 38 Abs. 2 S. 1 normiert ist. Diese Regelungen sind für die Bestimmung der Förderhöhe von zentraler Bedeutung.[2] Die allgemeine Förderbestimmung in § 26 beeinflusst i.V.m. mit den anderen genannten Vorschriften nicht nur die Höhe der nach § 19 Abs. 1 Nr. 1 i.V.m. § 34 zu zahlenden Marktprämie, sondern auch die Höhe der festen Einspeisevergütung nach § 19 Abs. 1 Nr. 2 i.V.m. § 37 und § 38.[3]

2 Die Vorschrift des § 26 enthält keine materiellen Regelungen über die Höhe der Absenkung der Förderung, sondern „nur" allgemeine Vorgaben, die für alle Energieträger und Einsatzstoffe gelten. **Abs. 1** bestimmt, ab welchem **Zeitpunkt die Degressionsregelungen** jeweils greifen. Abs. 1 S. 1 legt dazu zunächst fest, bis zu welchem konkreten Datum die in den §§ 40 bis 51 genannten anzulegenden Werte unverändert anzuwenden sind, ohne dass der Absenkungsmechanismus greift. Für Anlagen, die nach diesen Zeitpunkten in Betrieb gehen, bestimmt Abs. 1 S. 2 umgekehrt, dass die im Gesetz genannten anzulegenden Werte nach Maßgabe der §§ 27 bis 31, 37 Abs. 3 und § 38 Abs. 2 S. 1 abgesenkt werden. Aus Abs. 1 S. 3 ergibt sich, dass die zum jeweiligen Inbetriebnahmezeitpunkt errechneten anzulegenden Werte für die gesamte Förderdauer der Anlage nach § 22 anzuwenden sind. **Abs. 2** regelt die Pflicht, die **Veröffentlichungen**, die für die Anwendung der speziellen Absenkungsregelungen aus § 28 (Biomasse), § 29 (Windenergie an Land), § 31 (solare Strahlungsenergie) und für die Flexibilitätsprämie nach Nummer I.5 der Anlage 3 erforderlich sind, bis zum Ende des Folgemonats nach Maßgabe der Anlagenregisterverordnung[4] (AnlRegV) vorzunehmen. **Abs. 3** enthält eine Regelung dazu, wie nach Anwendung der speziellen Degressionsregelungen die anzulegenden Werte zu runden sind und wie bei einer erneuten Absenkung zu verfahren ist.

3 § 26 dient – in Verbindung mit den §§ 27 bis 31, 37 Abs. 3 und § 38 Abs. 2 S. 1 – der **volkswirtschaftlichen Effizienz des EEG**:[5] Die Absenkung der EEG-Förderung erfolgt seit jeher zur Berücksichtigung des technischen Fortschritts und wegen der erwarteten Kostensenkung.[6] Die Degression regt auch eine **Technologieentwicklung** an, die zu **effizienteren Anlagen und sinkenden Preisen** durch größere Marktdurchdringung führt. Durch die stetige Absenkung der Förderung wird die Erzeugung von Strom aus erneuerbaren Energien darüber hinaus auch an den Markt herangeführt.[7] Letztendlich wird durch die Degression eine Überförderung der einzelnen Technologien vermieden. Der Abbau der Überförderung war die Hauptmotivation wohl aller EEG-Reformen seit der Photovoltaik-Novelle im Jahr 2009.[8] Die jüngst eingeführten Modifikationen des Absenkungsmechanismus (vgl. §§ 28, 29, 31) sollen darüber hinaus auch den Ausbau der jährlich zugebauten Anlagenkapazität steuern.[9]

---

2 Von einem „zentralen Baustein" des EEG sprechen *Kahles/Lutz/Schütter*, in: Müller, 20 Jahre Recht der Erneuerbaren Energien, S. 507, 523, zur Vorgängerregelung in § 20 EEG 2012.

3 Vgl. zu § 20 EEG 2012 die Gesetzesbegründung zum EEG 2012, BT-Drs. 17/6071, S. 67.

4 Verordnung über ein Register für Anlagen zur Erzeugung von Strom aus erneuerbaren Energien und Grubengas (Anlagenregisterverordnung – AnlRegV) vom 1.8.2014 (BGBl. I S. 1320), die durch Artikel 3 der Verordnung vom 17.2.2015 (BGBl. I S. 146) geändert worden ist.

5 Vgl. zu § 20 EEG 2012 Altrock/Oschmann/Theobald/*Oschmann*, § 20 Rn. 3; vgl. auch *Kahles/ Lutz/Schütter*, in: Müller, 20 Jahre Recht der Erneuerbaren Energien, S. 507, 523.

6 Gesetzesbegründung zum EEG 2009, BT-Drs. 16/8148, S. 51.

7 Vgl. *Schumacher*, ZUR 2008, 121, 122.

8 Näher dazu auch die Ausführungen in den Rn. 6 ff.

9 Vgl. z. B. BT-Drs. 18/1891, S. 92, 131, 133 f.

Die Vorschrift dient damit insgesamt auch dem in § 1 Abs. 1 formulierten Zweck des EEG,   **4**
die volkswirtschaftlichen Kosten der Energieversorgung zu verringern. Sie ist zudem im
Kontext mit der in § 1 Abs. 1 EnWG zum Ausdruck kommenden energiewirtschaftsrechtlichen Zwecksetzung, einer möglichst **preisgünstigen Versorgung** der Allgemeinheit mit
Elektrizität, zu sehen.[10] Eine günstigere Energieversorgung mittels erneuerbarer Energien
führt auch zu einer höheren gesellschaftlichen **Akzeptanz** belastender Maßnahmen, die
der Umsetzung der sog. Energiewende dienen.[11]

II. Entstehungsgeschichte

Bereits im **EEG 2000** und im **EEG 2004** waren Vorgaben für die jährliche Senkung der   **5**
finanziellen Förderung enthalten. Die Vorgaben fanden sich jedoch nicht in einer vor die
Klammer gezogenen Vorschrift, sondern in den jeweiligen Förderregelungen bzw. Vergütungsvorschriften für die einzelnen Energieträger. Nach dem EEG 2000 wurden zunächst
nur die Vergütungssätze für Strom aus Biomasse, aus Windenergie und aus solarer Strahlungsenergie im Jahresrhythmus abgesenkt. Das Prinzip der jährlichen Absenkung der Vergütungen wurde mit dem EEG 2004 auch auf Wasserkraftanlagen, Anlagen zur Stromerzeugung aus Deponie- und Klärgas sowie auf Geothermieanlagen ausgedehnt. Die Boni
wurden – anders als die Vergütungen – von der Degression nicht erfasst.[12]

Mit dem **EEG 2009** wurden die bis dato in den jeweiligen Vergütungsvorschriften veran-   **6**
kerten Absenkungsregelungen in § 20 EEG 2009 ohne materielle Änderung des Mechanismus selbst zusammengefasst.[13] Die Regelung erfasste nicht nur die Vergütungen, sondern
auch die verschiedenen Boni. Sie differenzierte zudem zwischen Offshore-Windenergieanlagen und sonstigen Windenergieanlagen und setzte die Absenkung der Vergütung für
Offshore-Anlagen vorübergehend aus. Im Laufe des Gesetzgebungsverfahrens wurden wegen des sehr hohen Zubaus von Photovoltaikanlagen schließlich besondere Regelungen
zur Absenkung der Vergütung für diese Anlagen eingeführt (vgl. § 20 Abs. 2a EEG 2009).
Die positive aber kostenintensive Entwicklung des Ausbaus der Solarenergie hielt auch
nach Inkrafttreten des EEG 2009 an, so dass § 20 EEG 2009 im Rahmen der sog. „**ersten**
Photovoltaik-Novelle" zulasten von Strom aus solarer Strahlungsenergie verschärft wurde.[14] Der Umfang der Norm wuchs dadurch stark an und die Sonderbestimmungen für
Strom aus solarer Strahlung wurden zunehmend als Fremdkörper innerhalb des Absenkungssystems für die Vergütungssätze und Boni der übrigen geförderten Energieträger
wahrgenommen.

Im **EEG 2012** wurde die Absenkung für Strom aus Anlagen zur Erzeugung von Strom aus   **7**
solarer Strahlungsenergie zur besseren Verständlichkeit und Übersichtlichkeit in einen eigenen Paragrafen (§ 20a EEG 2012) überführt.[15] Der weiterhin starke Zubau von Photovol-

---

10 Vgl. zu § 20 EEG 2012 Reshöft/*Reshöft*, § 20 Rn. 2.

11 Dazu näher zur Vorgängerregelung Frenz/Müggenborg/*Ekardt/Hennig*, § 20 Rn. 3.

12 S. näher zu den Einzelheiten der Regelungen im EEG 2000 und EEG 2004, insbesondere zu der
    Höhe der Absenkung, Altrock/Oschmann/Theobald/*Oschmann*, § 20 Rn. 5 f.

13 S. dazu Gesetzesbegründung zum EEG 2009, BT-Drs. 16/8148, S. 51.

14 S. dazu die übersichtliche Darstellung des Inhalts der Photovoltaik-Novelle von 2010 und des Eu-
    roparechts-Anpassungsgesetzes von 2011 bei Altrock/Oschmann/Theobald/*Oschmann*, § 20
    Rn. 12 ff.

15 Gesetzesbegründung zum EEG 2012, BT-Drs. 17/6071, S. 67.

taik-Anlagen im Jahr 2011 von ca. 7.500 MW, wovon fast 3.000 MW allein im Monat Dezember in Betrieb gegangen sind,[16] entfachte trotz der Vergütungssenkung zum 1.1.2012 erneut eine Diskussion um die Höhe der Vergütungssätze für Anlagen zur Erzeugung von Strom aus solarer Strahlungsenergie und die Absenkung dieser Vergütungssätze.[17] Der auch als „7,5 Gigawatt-Schock" bezeichnete[18] Zubau war zum einen durch die zu erwartenden drastischen Kürzungen der Vergütungssätze zum Jahresende angeheizt worden, was zu einer Art „Jahresschlussrallye" geführt hatte, und zum anderen einem starken Preisverfall bei den Photovoltaik-Systemen geschuldet. Die Degressionsregelung für Photovoltaikanlagen wurde daher im Zuge der sog. **„zweiten Photovoltaik-Novelle" im Frühjahr 2012** erneut geändert und mit § 20b EEG 2012 um eine weitere Norm ergänzt.[19] Die Degressionsregelung wurde auf die §§ 20a EEG 2012 und 20b EEG 2012 aufgeteilt. Bestandteil der Degressionsvorschriften für Strom aus solarer Strahlungsenergie war nach dem novellierten EEG 2012 weiterhin ein „atmender Deckel", d. h. eine zubauabhängige Anpassung der Absenkung der Vergütung.[20] § 20 EEG 2012 blieb im Zuge der zweiten Photovoltaik-Novelle aber – inhaltlich im Übrigen unverändert – weiterhin Standort der Absenkungsregelungen für die übrigen geförderten Energieträger. In § 20 EEG 2012 wurde weiterhin für Strom aus anderen Anlagen die prozentuale, degressiv ausgestaltete, jährliche Absenkung der gesetzlich fixierten Vergütungs- und Bonussätze (sog. Degression) geregelt.

8 **§ 26 EEG 2014**, der im Laufe des Gesetzgebungsverfahrens inhaltlich kaum verändert wurde,[21] vereint Regelungen sowohl aus § 20 als auch § 20a EEG 2012, wobei einige Regelungen des § 20a EEG 2012 – insbesondere § 20a Abs. 3 EEG 2012 – in § 11 AnlRegV überführt wurden. Anders als § 20 EEG 2012 enthält § 26 keine konkreten Festlegungen zur Absenkung der finanziellen Förderung, sondern nur Festlegungen allgemeiner Art zur Absenkung der Förderung. Konkrete Festlegungen über die Absenkung der Förderung für die einzelnen Energieträger enthalten nunmehr die §§ 27 bis 31, § 37 Abs. 3 und § 38 Abs. 2 S. 1. § 26 Abs. 1 S. 1 regelt – wie schon § 20 Abs. 1 S. 1 EEG 2012, wie lange die im Gesetz geregelten anzulegenden Werte unverändert anzuwenden sind, bevor erstmals eine Absenkung der finanziellen Förderung erfolgt. § 26 Abs. 1 S. 2 regelt – wie schon § 20 Abs. 1 S. 2 EEG 2012 –, dass danach die anzulegenden Werte nach Maßgabe weiterer Vorschriften abzusenken sind. § 26 Abs. 1 S. 3 ist inhaltsgleich mit § 20 Abs. 1 S. 3 EEG 2012 und regelt, das die zum Inbetriebnahmezeitpunkt geltenden anzulegenden Werte für den gesamten Förderzeitraum des § 22 gelten. § 26 Abs. 2 ähnelt § 20a Abs. 2 und 3 EEG 2012. Die Vorschrift sieht Veröffentlichungspflichten vor, die für die Bestimmung der Absenkung der Förderung für bestimmte Technologien erforderlich sind. § 26 Abs. 2 hat aber einen gegenüber § 20a Abs. 2 und 3 EEG 2012 erweiterten Anwendungsbereich, da das Modell des „atmenden Deckels" mit dem EEG 2014 auf weitere Energieträger ausgeweitet

---

16 Vgl. dazu die Melde-Zahlen für 2011 auf www.bundesnetzagentur.de sowie die Gesetzesbegründung zur Photovoltaik-Novelle 2012, BT-Drs. 17/8877, S. 12.

17 Vgl. dazu zum Verlauf der Diskussion aus Sicht der Solarbranche *Podewiels*, Photon 2/2012, 12; *Podewiels/Korn*, Photon 3/2012, 16; *Podewiels*, Photon 4/2012, 16.

18 So der Titel eines Artikels, *Podewiels*, Photon 2/2012, 12.

19 Rückwirkend zum 1.4.2012 in Kraft getretene Änderung des Erneuerbare-Energien-Gesetzes v. 25.10.2008 (BGBl. I S. 2074) durch Art. 1 des Gesetzes v. 17.8.2012 (BGBl. I S. 1754).

20 Änderungsantrag der Fraktionen der CDU/CSU und FDP zu dem Entwurf eines Gesetzes zur Änderung des Rechtsrahmens für Strom aus solarer Strahlungsenergie und weiteren Änderungen im Recht der erneuerbaren Energien, BT-Drs. 17/9152.

21 Vgl. BT-Drs. 18/1891, S. 39 f.

wurde. § 20a Abs. 2 und 3 EEG 2012 bezog sich nur auf Strom aus solarer Strahlungsenergie, wohingegen § 26 Abs. 2 Regelungen für Strom aus Biomasse (§ 28), Strom aus Windenergie an Land (§ 29) und Strom aus solarer Strahlungsenergie (§ 31) enthält. § 26 Abs. 3 ist inhaltsgleich mit § 20 Abs. 3 EEG 2012 und regelt, dass die anzulegenden Werte auf zwei Nachkommastellen gerundet werden.

III. Einzelerläuterungen

1. Grundprinzip der Absenkung der Förderung (Abs. 1). Abs. 1 schreibt das Grundprinzip des Degressionsmechanismus fest. **Abs. 1 S. 1** legt dazu zunächst fest, bis zu welchem Datum die in den §§ 40 bis 51 genannten anzulegenden Werte so anzuwenden sind, wie sie im Gesetz festgelegt sind. Hinsichtlich des Zeitpunktes, bis zu dem eine Anlage in Betrieb gegangenen sein muss, um eine Förderung nach dem noch nicht abgesenkten anzulegenden Wert zu erhalten, differenziert die Regelung: In Abs. 1 S. 1 Nr. 1 bis Nr. 3 werden abhängig vom eingesetzten Energieträger jeweils unterschiedliche Zeitpunkte bestimmt. Es kommt für die Anwendbarkeit der im Gesetz genannten anzulegenden Werte insofern darauf an, ob es sich um Anlagen zur Erzeugung von Strom aus solarer Strahlungsenergie (Nr. 1), Anlagen zur Erzeugung von Strom aus Windenergie auf See (Nr. 2) oder sonstige Anlagen (Nr. 3) handelt (dazu Rn. 10 ff.). Für Anlagen, die nach diesen Zeitpunkten in Betrieb gehen, bestimmt **Abs. 1 S. 2**, dass die im Gesetz genannten anzulegenden Werte nach Maßgabe der §§ 27 bis 31, 37 Abs. 3 und § 38 Abs. 2 S. 1 verringert werden (dazu Rn. 15 ff.). Mit **Abs. 1 S. 3** wird klargestellt, dass der jeweils errechnete Fördersatz in unveränderter Höhe für die gesamte Förderdauer i. S. d. § 22 vom Anlagenbetreiber beansprucht werden kann (dazu Rn. 22 ff.). 9

a) Inbetriebnahme vor den in S. 1 Nr. 1 bis 3 genannten Zeitpunkten (S. 1). Nach Abs. 1 S. 1 gelten die in den §§ 40 bis 51 festgelegten anzulegenden Werte bis zu den jeweils in den Nr. 1 bis 3 genannten Zeitpunkten: 10

aa) Nach **Nr. 1** sind der Berechnung der finanziellen Förderung für Strom aus Anlagen zur Erzeugung von **Strom aus solarer Strahlungsenergie** die im Gesetz genannten anzulegenden Werte zugrunde zu legen, wenn die Anlagen **vor dem 1.9.2014** in Betrieb genommen worden sind. Die dafür maßgeblichen anzulegenden Werte finden sich in § 51 Abs. 1 und Abs. 2. Die Regelung bezieht sich damit allein auf Anlagen, die im August 2014 in Betrieb gegangen sind. Wegen der monatlichen Absenkung der Förderung für Solaranlagen (§ 31 Abs. 2) gelten bereits für später in Betrieb gegangene Anlagen andere Fördersätze. 11

bb) Nach **Nr. 2** sind der Berechnung der finanziellen Förderung für **Strom aus Geothermieanlagen und grundsätzlich auch für Strom aus Windenergieanlagen auf See** die im Gesetz genannten anzulegenden Werte zugrunde zu legen, wenn die Anlagen **vor dem 1.1.2018** in Betrieb genommen worden sind. Die in §§ 48 für Strom aus Geothermie und in § 50 für Strom aus Windenergieanlagen auf See festgelegten anzulegenden Werte gelten also grundsätzlich unverändert bis zum 31.12.2017.[22] Hintergrund für die relativ lange Geltung der im Gesetz genannten anzulegenden Werte ist nach der Gesetzesbegründung, dass 12

---

22 Einen davon abweichenden Zeitpunkt regelt § 30 Abs. 2 (vgl. hierzu Rn. 16 f.).

bis dahin aufgrund der zu erwartenden Installationszahlen mit keiner signifikanten Kosten-degression zu rechnen ist.[23]

13 **cc)** Nach **Nr. 3** sind der Berechnung der finanziellen Förderung **für Strom aus sonstigen Anlagen** die im Gesetz genannten anzulegenden Werte zugrunde zu legen, wenn die An-lagen **vor dem 1.1.2016** in Betrieb genommen worden sind. Sonstige Anlagen sind Anla-gen zur Erzeugung von Strom aus **Wasserkraft, Deponiegas, Klärgas, Grubengas, Bio-masse und Windenergie an Land.** Die Festlegung dieses Datums hat folgenden Hinter-grund: Für die von § 26 Abs. 1 S. 1 Nr. 3 erfassten Anlagen wurde der nach dem geltenden Recht (EEG 2012) zum 1.1.2015 fällige Degressionsschritt auf den 1.8.2014 vorgezogen; die anzulegenden Werte wurden also vorzeitig zum Inkrafttreten des EEG 2014 um die im EEG 2012 festgelegte Degression gekürzt, so dass eine erneute Absenkung der anzulegen-den Werte erstmals wieder zum 1.1.2016 erforderlich ist.[24] Bei Anlagen zur Erzeugung von Strom aus Biomasse und Windenergie an Land kommt hinzu, dass für diese Erzeugungs-formen künftig die Absenkung zubauabhängig nach dem Prinzip des „atmenden Deckels" erfolgen soll. Die dafür erforderlichen Daten über den Zubau und die Stilllegung dieser Anlagen werden aber erst ab dem 1.8.2014, d. h. nach Inkrafttreten des EEG 2014, erhoben. Da für Biomasseanlagen gem. § 28 Abs. 4 und für Windenergieanlagen an Land gem. § 29 Abs. 6 die Daten aus einem Bezugszeitraum von jeweils einem Jahr herangezogen werden müssen, kann die Absenkung der Förderung erstmals zum Jahreswechsel 2015/2016 erfol-gen.[25]

14 **dd) Unbeschadet des § 100 und § 101.** Nach S. 1 gelten die Fördersätze unbeschadet des § 100 und § 101. In diesen Normen finden sich Übergangsvorschriften für Anlagen, die vor dem Inkrafttreten der EEG-Novelle am 1.8.2014 in Betrieb genommen worden sind (Bestandsanlagen). Darin wird zwar grundsätzlich die Anwendbarkeit des EEG 2014 ange-ordnet (§ 100 Abs. 1 S. 1). Statt § 26 und den anderen Degressionsregeln sind auf die Be-standsanlagen jedoch weiterhin die entsprechenden Regelungen der vorangegangenen Fas-sungen des EEG anzuwenden. So sind etwa für Anlagen, die unter Geltung des EEG 2012 in Betrieb gegangen sind, die §§ 20 bis 20b EEG 2012 weiterhin anzuwenden (§ 100 Abs. 1 Nr. 4); für Anlagen, die unter dem EEG 2009 in Betrieb gegangen sind, sind die §§ 20 ff. EEG 2009 anzuwenden (vgl. § 100 Abs. 1 Nr. 10 lit. c) usw.

15 **b) Inbetriebnahme nach den in S. 1 Nr. 1 bis 3 genannten Zeitpunkten (S. 2). aa) All-gemeines zur Anpassung der anzulegenden Werte.** Nach Abs. 1 S. 2 gelten die anzule-genden Werte für Strom aus Anlagen, die nach den in Abs. 1 S. 1 Nr. 1 bis 3 genannten Zeitpunkten – 1.9.2014 (Nr. 1), 1.1.2018 (Nr. 2), 1.1.2016 (Nr. 3) – in Betrieb genommen werden. Die Werte verringern oder erhöhen sich im Ausnahmefall jedoch nach Maßgabe der speziellen Degressionsregelungen in den §§ 27 bis 31, 37 Abs. 3 und § 38 Abs. 2 S. 1. Das bedeutet, dass die gesetzlich fixierten anzulegenden Werte erstmalig zu den in Abs. 1 genannten Zeitpunkten und dann regelmäßig gesenkt oder erhöht werden, wobei sich die Intervalle nach den genannten besonderen Degressionsregeln bestimmen und insofern ab-hängig vom Energieträger unterschiedlich ausgestaltet sind. Bei Anlagen zur Erzeugung

---

23 Vgl. BT-Drs. 18/1304, S. 131.
24 Vgl. BT-Drs. 18/1304, S. 131 f.
25 Vgl. in Bezug auf Windenergie an Land BT-Drs. 18/1304, S. 133. Vgl. ausführlich die Erläuterun-gen zum Bezugszeitraum nach § 28 Abs. 4 (Biomasse) und nach § 29 Abs. 6 (Windenergie an Land) unter Rn. 28.

von Strom aus Wasserkraft, Deponiegas, Klärgas, Grubengas und Geothermie (§ 27) werden die anzulegenden Werte immer zum **Jahreswechsel** abgesenkt. Eine **quartalsweise** Absenkung bzw. Anpassung zum 1.1., 1.4., 1.7. und 1.10. erfolgt bei Strom aus Biomasse (§ 28) und Strom aus Windenergie an Land (§ 29). Die Förderung von Strom aus solarer Strahlungsenergie wird zum **1. Tag jeden Kalendermonats** angepasst (§ 31). Die Förderung von Strom aus Windenergie auf See wird zum **1.1.2018** und zum **1.1.2020** und danach **jährlich** zum Jahreswechsel abgesenkt (§ 30).

Entscheidend dafür, ob für die einzelne Anlage noch der unveränderte gesetzlich festgelegte anzulegende Wert heranzuziehen ist oder bereits der verringerte anzulegende Wert, ist **grundsätzlich der Zeitpunkt der Inbetriebnahme** der betreffenden Anlage. Insofern ist auf die Begriffsbestimmung aus § 5 Nr. 21 zurückzugreifen. Danach versteht man unter Inbetriebnahme i.S.d. EEG die erstmalige Inbetriebsetzung der Anlage nach Herstellung ihrer technischen Betriebsbereitschaft ausschließlich mit erneuerbaren Energien oder Grubengas. Ein von diesem Grundsatz abweichenden Zeitpunkt legt § 30 Abs. 2 für Windenergieanlagen auf See fest. Danach ist abweichend von § 26 Abs. 1 S. 2 und 3 für die Anwendung der Degressionsregelung des § 30 Abs. 1 **ausnahmsweise der Zeitpunkt der Betriebsbereitschaft der Windenergieanlage auf See** nach § 17e Abs. 2 S. 1 und 4 EnWG maßgeblich, wenn die Netzanbindung nicht zu dem verbindlichen Termin nach § 17d Abs. 2 S. 5 EnWG fertiggestellt ist. Die erst im Gesetzgebungsverfahren in das EEG 2014 aufgenommene Regelung hat laut Gesetzesbegründung folgenden Hintergrund:

„Das geltende EEG [*2012, Anm. Verf.*] sowie der Regierungsentwurf sehen bei Verzögerungen der Netzanbindung von Windenergieanlagen auf See keine Sonderregelung zur Degression vor. Das bedeutet, dass nach dem Gesetzentwurf etwa die Degression zum 1.1.2018 auch Projekte erfasst, deren Netzanschluss nach dem verbindlichen Fertigstellungstermin nach § 17d Abs. 2 S. 5 EnWG 2017 hergestellt sein soll, sich aber derart verzögert, dass eine Inbetriebnahme der Anlage vor dem 1.1.2018 nicht möglich ist. Der durch die verringerte Förderung entstehende Vermögensschaden kann dabei vom Anlagenbetreiber nicht im Rahmen der Entschädigung nach § 17e EnWG gegenüber dem Übertragungsnetzbetreiber geltend gemacht werden. Denn die Entschädigung ist auf den Zeitraum der nicht möglichen Einspeisung begrenzt, wobei die durchschnittliche Einspeisung einer vergleichbaren Anlage zugrunde zu legen ist (§ 17e Abs. 1 S. 2 EnWG). Weitergehende Ansprüche gegen den Übertragungsnetzbetreiber wegen Vermögensschäden aufgrund einer verzögerten Netzanbindung sind ausgeschlossen (§ 17e Abs. 2 S. 3 EnWG). Die hierdurch hervorgerufenen Finanzierungsrisiken werden durch den neuen [*§ 30, Anm. Verf.*] Abs. 2 aufgefangen und Planungssicherheit in Bezug auf die Degression auch dann gewährleistet, wenn sich die Herstellung der Netzanbindung verzögert. Die Regelung sieht zu diesem Zweck vor, dass anstelle der Inbetriebnahme die **Betriebsbereitschaft der Windenergieanlage auf See nach § 17e Abs. 2 S. 1 und 4 EnWG** maßgeblich für die Anwendung der Regelung zur Absenkung der anzulegenden Werte nach [*§ 30, Anm. Verf.*] Abs. 1 ist, wenn die Netzanbindung zum verbindlichen Fertigstellungstermin nach § 17d Abs. 2 S. 5 EnWG nicht fertiggestellt ist. Nach § 17e Abs. 2 S. 6 EnWG steht der Fertigstellungstermin aus einer unbedingten Netzanbindungszusage dem verbindlichen Fertigstellungstermin gleich, so dass auch Projekte, die noch auf der Grundlage einer unbedingten Netzanbindungszusage angeschlossen werden, in den Anwendungsbereich des [*§ 30, Anm. Verf.*] Abs. 2 fallen."[26]

16

17

---

26 BT-Drs. 18/1891, S. 203 f.

18 **Art und Intensität der Degression** ergeben sich wie die genauen Anpassungstermine aus den besonderen Degressionsregeln. Die anzulegenden Werte werden entweder um einen **bestimmten Prozentsatz** (§§ 27, 28, 29, 31) oder um einen **festen Centbetrag** (§ 30) gesenkt. Bei der Degression in Prozentsätzen ist zwischen der Degression nach § 27 und der Degression nach §§ 28, 29 und 30 zu differenzieren. Die anzulegenden Werte für Strom aus Anlagen zur Erzeugung von Strom aus Wasserkraft, Deponiegas, Klärgas, Grubengas und Geothermie (§ 27) werden **immer um einen gleichhohen Prozentsatz** angepasst. Die anzulegenden Werte für Strom aus Biomasse (§ 28), Windenergie an Land (§ 29) und solarer Strahlungsenergie (§ 31) werden nach dem Prinzip des sog. **atmenden Deckels** angepasst. Der „atmende Deckel" funktioniert grundsätzlich folgendermaßen: Die jeweils anzusetzende prozentuale Anpassung der anzulegenden Werte bleibt nicht konstant. Die Höhe der Anpassung wird „automatisch" für den nächsten Degressionszeitraum bestimmt, je nachdem, ob der jeweilige, in § 3 bzw. in §§ 28, 29 und 31 festgelegte Ausbaupfad bzw. Zielkorridor im gesetzlich definierten Bezugszeitraum (12 Kalendermonate) über- oder unterschritten wurde. Dabei kann die **Anpassung sowohl negativ wie auch positiv** ausfallen, d. h. es kommt auch eine Erhöhung der anzulegenden Werte in Betracht. Unterschreitet der Zubau im jeweiligen Bezugszeitraum den für den jeweiligen Energieträger festgelegten Ausbaupfad, können die anzulegenden Werte gegenüber dem vorherigen Degressionszeitraum steigen, anstatt wie sonst üblich zu sinken.

19 In allen Fällen erfolgt die **Anpassung** der anzulegenden Werte nicht linear, sondern **degressiv**: Der jeweilige Prozentsatz bzw. feste Centbetrag, um den die anzulegenden Werte abgesenkt bzw. erhöht werden, ist auf den anzulegenden Wert des vorherigen Zeitraums anzuwenden.[27] Anschließend ist der Wert nach Maßgabe des Abs. 3 S. 1 auf zwei Stellen hinter dem Komma zu runden. Abs. 3 S. 2 stellt klar, dass eine erneute prozentuale Anpassung des anzulegenden Wertes auf Basis des ungerundeten Wertes nach der vorherigen Anpassung (also im „Vorjahr", im „Vorquartal" oder im „Vormonat") zu berechnen ist.

20 **bb) Absenkung des anzulegenden Wertes bei Inanspruchnahme der Einspeisevergütung.** Bei der Berechnung der anzulegenden Werte für Strom aus Anlagen in der Einspeisevergütung nach § 19 Abs. 1 Nr. 2 i.V.m. §§ 37 ff. sind bei der Berücksichtigung der Degressionsregeln Besonderheiten zu beachten. Nehmen die Betreiber von Kleinanlagen eine Einspeisevergütung gem. **§ 19 Abs. 1 Nr. 1 i.V.m. § 37** in Anspruch, dann ist bei der Berechnung der Einspeisevergütung gem. § 37 Abs. 3 1. Hs. vor der Anwendung der Degressionsregeln der §§ 26 bis 31 der Wert nach § 37 Abs. 3 Nr. 1 (0,2 Ct.) oder Nr. 2 (0,4 Ct.) von dem gesetzlich festgelegten anzulegenden Wert abzuziehen. Grund dafür ist nach der Gesetzesbegründung, dass die anzulegenden Werte auch ein Förderelement enthalten, das die Kosten der Anlagenbetreiber für die Direktvermarktung kompensieren soll, vergleichbar der unter dem EEG 2012 noch gesondert ausgewiesenen Managementprämie. Wird eine Einspeisevergütung nach § 37 in Anspruch genommen, müsse dieses Förderelement bei der Bestimmung der Vergütungssätze herausgerechnet werden, da bei der Einspeisevergütung die Vermarktungskosten von den Übertragungsnetzbetreibern getragen werden und es ansonsten zu einer Überförderung käme.[28]

---

27 Vgl. *Salje*, EEG, § 20/§ 20a Rn. 13; Altrock/Oschmann/Theobald/*Oschmann*, § 20 Rn. 35; Reshöft/*Reshöft*, § 20 Rn. 11 f.; *Kahles/Lutz/Schütter*, in: Müller, 20 Jahre Recht der Erneuerbaren Energien, S. 507, 523 und ausführlich Frenz/Müggenborg/*Ekardt/Hennig*, § 20 Rn. 17 f.
28 Vgl. BT-Drs. 18/1304, S. 131.

Bei der Inanspruchnahme der Einspeisevergütung nach **§ 19 Abs. 1 Nr. 2 i.V.m. § 38** ist die **21**
Absenkung gem. § 38 Abs. 2 in umgekehrter Reihenfolge zu berücksichtigen: Auf den gesetzlich festgelegten anzulegenden Wert werden zuerst die Degressionsregeln der §§ 26 bis
31 angewendet. Dieser verringerte Wert bildet den Ausgangswert, von dem dann nach § 38
Abs. 2 ein Abschlag von 20 % abzuziehen ist. Nach der Gesetzesbegründung sei dies nur insoweit relevant, wie die Degression nicht prozentual, sondern nominal ausgedrückt ist, also
bei der Windenergie auf See (§ 30). Würde hier die Einspeisevergütung wie bei § 37 berechnet, hätte dies andernfalls zur Folge, dass die Differenz zwischen dem regulärem Fördersatz
und dem Fördersatz in der Einspeisevergütung kontinuierlich kleiner würde.[29]

c) Förderhöhe und Förderdauer (Abs. 1 S. 3). Nach Abs. 1 S. 3 gilt die zum jeweiligen **22**
Inbetriebnahmezeitpunkt errechnete finanzielle Förderung jeweils für die gesamte Förderdauer nach § 22. Aus Abs. 1 S. 3 folgen zwei Dinge:

Erstens bleibt der anzulegende Wert für den in einer Anlage erzeugten Strom über den **ge-** **23**
samten Förderzeitraum (in der Regel 20 Jahre) konstant.[30] Die Degression betrifft jeweils nur die später in Betrieb gehenden Anlagen. Aufgrund der Anpassung nach § 26
i.V.m. §§ 27 bis 31, 37 Abs. 3 und § 38 Abs. 2 S. 1 ist die Förderung für später in Betrieb
genommene Anlagen grundsätzlich[31] niedriger als für solche Anlagen, die früher in Betrieb
genommen wurden, wenn zwischen den Inbetriebnahmen ein Termin liegt, zu dem die anzulegenden Werte gesenkt werden.[32]

Zweitens ist nach Abs. 1 S. 3 grundsätzlich der **zum Inbetriebnahmezeitpunkt errechne-** **24**
te anzulegende Wert maßgeblich. Der Zeitpunkt der Inbetriebnahme bestimmt sich nach
§ 5 Nr. 21. Nach der dort im 1. Hs. verankerten Legaldefinition ist die „Inbetriebnahme"
die erstmalige Inbetriebsetzung der Anlage nach Herstellung ihrer technischen Betriebsbereitschaft ausschließlich mit erneuerbaren Energien oder Grubengas; die technische Betriebsbereitschaft setzt voraus, dass die Anlage fest an dem für den dauerhaften Betrieb
vorgesehenen Ort und dauerhaft mit dem für die Erzeugung von Wechselstrom erforderlichen Zubehör installiert wurde.[33] Wird ein Anspruch auf Förderung erstmals mit zeitlicher
Verzögerung nach der Inbetriebnahme der Anlage geltend gemacht, hat Abs. 1 S. 3 zur
Konsequenz, dass die Absenkungen des anzulegenden Wertes, die zwischen dem Inbetriebnahmezeitpunkt und dem Zeitpunkt der erstmaligen Inanspruchnahme der Förderung
lagen, für die Höhe des anzulegenden Wertes irrelevant sind.[34] Die Regelung aus Abs. 1
S. 3 gilt unabhängig davon, wie viel Zeit zwischen Inbetriebnahme und erstmaliger Förderung vergangen ist, solange die 20-jährige Förderdauer nach § 22 S. 1, die sich nach dem
Inbetriebnahmezeitpunkt richtet, noch nicht abgelaufen ist.[35] Nach § 5 Nr. 21 2. Hs. führt
der Austausch des Generators oder sonstiger technischer oder baulicher Teile nach der erstmaligen Inbetriebnahme nicht zu einer Änderung des Zeitpunkts der Inbetriebnahme.[36]

---

29 Vgl. BT-Drs. 18/1304, S. 131.
30 Vgl. Gesetzesbegründung zum EEG 2012, BT-Drs. 17/6071, S. 67.
31 Nach § 29 Abs. 5 und § 31 Abs. 4 Nr. 3 erfolgt ausnahmsweise eine Erhöhung der anzulegenden
   Werte.
32 Vgl. Gesetzesbegründung zum EEG 2012, BT-Drs. 17/6071, S. 67. So auch schon Gesetzesbegründung zum EEG 2009, BT-Drs. 16/8148, S. 51.
33 Vgl. näher zu dem Begriff der Inbetriebnahme die Erläuterungen zu § 5 Rn. 120 ff.
34 Vgl. dazu bereits die Gesetzesbegründung zum EEG 2009, BT-Drs. 16/8148, S. 51.
35 Vgl. zur Förderdauer näher die Erläuterungen zu § 22.
36 Vgl. näher dazu die Erläuterungen zu § 5 Rn. 135 ff.

Ebenfalls **keinen Einfluss auf den Inbetriebnahmezeitpunkt** hat § 32, der unter bestimmten Bedingungen mehrere Anlagen unabhängig von den Eigentumsverhältnissen und ausschließlich zum Zweck der Ermittlung der Förderung für den jeweils zuletzt in Betrieb gesetzten Generator als eine Anlage gelten lässt. Die Fiktion gilt für das Überschreiten der in den besonderen Fördervorschriften definierten Schwellenwerte und soll damit ein künstliches Aufsplitten einer Anlage in mehrere kleinere Anlagen zum Zwecke der Erzielung einer höheren Förderung verhindern. Sinn und Zweck von § 32 ist jedoch nicht die Fiktion eines früheren Inbetriebnahmezeitpunktes, damit die später hinzugebaute Anlage noch den Fördersatz einer Anlage erhält, die vor einem Anpassungszeitpunkt und damit vor einem Degressionsschritt in Betrieb gegangen ist.[37] Die Problematik ist zwar in erster Linie im Zusammenhang mit dem Zubau von Photovoltaik-Modulen relevant, kann aber ebenso bei anderen Anlagen, wie insbesondere kleineren Biogas-Anlagen, die nach einem Anpassungszeitpunkt hinzugebaut werden, auftreten.

25 Die einzige **Ausnahme von dem Grundsatz**, dass der im Inbetriebnahmezeitpunkt ermittelte anzulegende Wert maßgeblich ist, findet sich in § 30 Abs. 2 für Windenergieanlagen auf See. Danach ist abweichend von § 26 Abs. 1 S. 2 und 3 für die Anwendung der Degressionsregelung des § 30 Abs. 1 ausnahmsweise **der Zeitpunkt der Betriebsbereitschaft der Windenergieanlage auf See** nach § 17e Abs. 2 S. 1 und 4 EnWG maßgeblich, wenn die Netzanbindung nicht zu dem verbindlichen Termin nach § 17d Abs. 2 S. 5 EnWG fertiggestellt ist.[38]

26 **2. Veröffentlichungspflicht der für die Anwendung der §§ 28, 29, 31 und der Nummer I.5 der Anlage 3 erforderlichen Informationen (Abs. 2).** Nach Abs. 2 1. Hs. werden die Veröffentlichungen, die für die Anwendung der §§ 28, 29, 31 und der Nummer I.5 der Anlage 3 erforderlich sind, einschließlich der Veröffentlichung der nach den §§ 28, 29 und 31 jeweils geltenden anzulegenden Werte durch die Rechtsverordnung nach § 93, d. h. durch die Anlagenregisterverordnung (AnlRegV), geregelt. Die §§ 28, 29 und 31 enthalten die speziellen Degressionsregeln für die Absenkung der anzulegenden Werte für Strom aus Biomasse (§ 28), Windenergie an Land (§ 29) und solarer Strahlungsenergie (§ 31). Bei diesen Erzeugungsformen hängt die Höhe der Degression vom tatsächlichen Anlagenzubau ab und wird nach dem Prinzip des „atmenden Deckels" stetig angepasst.[39] Nummer I.5 der Anlage 3 betrifft die Flexibilitätsprämie. Die Regelung aus Abs. 2 stellt damit einleitend voran, dass sich die detaillierten Festlegungen zu den Veröffentlichungspflichten der BNetzA (vgl. § 6) nicht in Abs. 2 selbst finden, sondern in der AnlRegV. Insofern ist in erster Linie § 11 AnlRegV maßgeblich. Trotz dieses Verweises auf die AnlRegV enthält Abs. 2 einige grundsätzliche Festlegungen bzgl. des Zeitpunktes und des Inhalts der Veröffentlichungen, die von § 11 AnlRegV aufgegriffen und konkretisiert werden.

27 **a) Zeitpunkt der Veröffentlichung.** Die Veröffentlichung der für die Anwendung der §§ 28, 29, 31 und der Nummer I.5 der Anlage 3 erforderlich Informationen muss nach Abs. 2 für jeden Kalendermonat bis zum Ende des Folgemonats erfolgen (vgl. auch § 11 Abs. 2 AnlRegV). Für Anlagen zur Erzeugung von Strom aus Biomasse (§ 28), Windener-

---

37 S. zum Zubau von Photovoltaik-Modulen OLG Schleswig, Urt. v. 22.3.2012, 16 U 107/11, juris Rn. 20 n.V.; *Clearingstelle EEG*, Hinweis 2011/11 S. 15 ff.; vgl. schon Clearingstelle EEG, Empfehlung 2009/5, S. 15 ff.
38 Vgl. dazu näher die Ausführungen der in Rn. 17 zitierten Gesetzesbegründung.
39 Vgl. Rn. 18.

gie an Land (§ 29) und solarer Strahlungsenergie (§ 31) müssen die Informationen zum Brutto- bzw. Nettozubau der installierten Leistung also monatlich, jeweils mit einem Nachlauf von maximal einem Monat erfolgen. So sind z. B. spätestens bis zum 31.12. die Zahlen für den Monat November bekanntzugeben. Grundsätzlich spricht nichts dagegen, die Daten auch früher zu veröffentlichen, was insbesondere dann relevant sein dürfte, wenn der letzte Tag eines Monats auf ein Wochenende oder einen Feiertag fällt.

b) Inhalt der Veröffentlichung. Inhaltlich macht Abs. 2 Nr. 1 bis 3 (vgl. auch § 11 Abs. 2 **28** und 3 AnlRegV) folgende Vorgaben für die Veröffentlichungen:

– Für Anlagen zur Erzeugung von **Strom aus Biomasse** müssen nach Abs. 2 Nr. 1 die Summe der installierten Leistung der Anlagen, die in diesem Zeitraum als in Betrieb genommen registriert worden sind (Brutto-Zubau) (Abs. 2 Nr. 1 lit. a)), und die Summe der installierten Leistung, die nach dem 31.8.2014 erstmalig in Anlagen in Betrieb gesetzt wird, die vor dem 1.8.2014 in Betrieb genommen worden sind (Abs. 2 Nr. 1 lit. b)), veröffentlicht werden. Die unter Abs. 2 lit. a) genannte Information ist erforderlich, um im Rahmen von § 28 Abs. 1 zu ermitteln, ob der Brutto-Zubau von Anlagen zur Erzeugung von Strom aus Biomasse die dort – und in § 3 Nr. 4 – festgelegten 100 MW neu installierter Leistung pro Jahr überschreitet. Sofern dies der Fall ist, wird gemäß § 28 Abs. 3 der anzulegende Wert anstatt um 0,5 % (§ 28 Abs. 2) um 1,27 % (§ 28 Abs. 3) verringert.[40] Die Veröffentlichung nach Abs. 2 Nr. 1 lit. b) ist relevant im Rahmen von Nr. I.5 der Anlage 3. Nr. I.5 begrenzt den **Anspruch auf die Flexibilitätsprämie** für zusätzliche installierte Leistung, um die die bestehenden Anlagen insgesamt erweitert werden, auf einen Gesamthöchstwert zusätzlich förderbarer installierter Leistung von 1.350 MW. Dieser „Flexibilitätsprämien-Deckel" bezieht sich nur auf die nach dem 31.7.2014 zusätzlich installierte Leistung.[41]

– Abs. 2 Nr. 2 regelt, welche Veröffentlichungen für **Windenergieanlagen an Land** erfolgen müssen. Nach Abs. 2 Nr. 2 lit b) sind dabei – im Unterschied zu Abs. 2 Nr. 1 lit. 1 (Biomasse) und Nr. 3 (solare Strahlungsenergie) – neben dem Brutto-Ausbau (Abs. 2 Nr. 2 lit. a)) auch die stillgelegte Leistung (Abs. 2 Nr. 2 lit b)) und die Differenz aus Brutto-Zubau und stillgelegter Leistung (Netto-Zubau) zu veröffentlichen (Abs. 2 Nr. 2 lit. c)). Dies hat folgenden Hintergrund: Befinden sich an einem Standort mehrere alte Windkraftanlagen mit vergleichsweise geringer Leistung je Anlage, werden diese häufig im Wege des sog. Repowerings durch wenige, jedoch größere und modernere Anlagen mit höherer Leistung je Anlage ersetzt. Das Repowering könnte bei der Windenergie an Land – anders als bei Biomasse und Photovoltaik – jedoch zu einem nennenswerten Abbau der insgesamt installierten Leistung von Windkraftanlagen führen.[42] Daher ist die Differenz zwischen Zubau und Stilllegung, also der Netto-Zubau (Abs. 2 Nr. 2 lit. c), für die Absenkung der Förderung (§ 29 Abs. 3, 4 und 5) zugrunde zu legen.[43]

– Nach Abs. 2 Nr. 3 ist für Anlagen zur Erzeugung von **Strom aus solarer Strahlungsenergie** die Summe der installierten Leistung der Anlagen, die in einem Monat als in Betrieb genommen registriert worden sind, also der Brutto-Zubau, zu veröffentlichen. Diese Information ist für die Anwendung der speziellen Degressionsregelung aus § 31 relevant. § 31 Abs. 3 und Abs. 4 knüpfen insofern bei der Bestimmung der Absenkung

---

40 Vgl. § 28 Rn. 17.
41 Vgl. BT-Drs. 18/1304, S. 186 f.
42 Vgl. BT-Drs. 18/1304, S. 131.
43 Vgl. § 29 Rn. 8 ff.

der Förderung für Strom aus solarer Strahlungsenergie an den Brutto-Zubau innerhalb eines Jahres an.[44]

29   Für **alle von Abs. 2 erfassten Energieträger** (Strom aus Biomasse, Windenergie an Land und solarer Strahlungsenergie) müssen neben den bereits genannten Informationen nach Abs. 2 auch die jeweils abgesenkten **anzulegenden Werte** nach Maßgabe der AnlRegV veröffentlicht werden. Weder die Anlagenbetreiber noch die abnehmenden Netzbetreiber müssen also auf Basis der nach Abs. 2 Nr. 1 bis 3 und der AnlRegV veröffentlichten Informationen die anzulegenden Werte selbst berechnen, die für den Strom aus den Anlagen jeweils maßgeblich sind. Die anzulegenden Werte werden vielmehr zusammen mit den für ihre Bestimmung maßgeblichen Informationen nach Abs. 2 veröffentlicht, um eine einheitliche Anwendung zu garantieren.

30   **c) Nachträgliche Korrekturen.** Nach Abs. 2 Nr. 1 bis 3 muss bzw. kann nur veröffentlicht werden, was im Anlagenregister nach §§ 3, 4 und 6 AnlRegV registriert wurde. Anlagen, die installiert, aber nicht registriert wurden, werden demnach bei der Veröffentlichung nach Abs. 2 nicht berücksichtigt; Anlagen, die zwar registriert, aber nicht installiert werden, hingegen schon. Dies ist laut Gesetzesbegründung im Sinne von möglichst großer Rechtssicherheit und Rechtsklarheit erforderlich.[45] Werden solche Widersprüche später aufgedeckt, sieht die AnlRegV eine entsprechende Korrekturmöglichkeit in § 11 Abs. 2 S. 2 AnlRegV vor. Danach dürfen bei der jeweils folgenden Veröffentlichung Änderungen der installierten Leistung der registrierten Anlagen berücksichtigt werden, die sich aufgrund einer Überprüfung nach § 7 Abs. 3 AnlRegV oder § 10 Abs. 2 AnlRegV ergeben.

31   **d) Rechtsfolgen der Veröffentlichung.** Bei der Veröffentlichung der Informationen nach Abs. 2 und § 11 AnlRegV durch die BNetzA handelt es sich um einen feststellenden Verwaltungsakt in Gestalt einer Allgemeinverfügung i. S. v. § 35 S. 2 VwVfG. Die Veröffentlichung der Summe der in bestimmten Zeitabschnitten neu installierten Leistung registrierter Anlagen ist für das Wirksamwerden der Degressionsanpassung durch den „atmenden Deckel" nach § 28 Abs. 3, § 29 Abs. 3, 4 und 5 und § 31 Abs. 3 und 4 konstitutiv. Weiterhin ist die Veröffentlichung nach § 26 Abs. 2 Nr. 3 konstitutiv für die Anwendung von § 31 Abs. 6 S. 1, der regelt, dass der anzulegende Wert für Strom aus solarer Strahlungsenergie dann auf null reduziert wird, wenn das Gesamtausbauziel von 52.000 MW erreicht ist.[46]

32   Eine **verspätete Veröffentlichung** der Daten hat zur Folge, dass die anzulegenden Werte erst ab dem Zeitpunkt der Veröffentlichung gesenkt oder erhöht werden.[47] In Bezug auf § 31 Abs. 6 S. 1 hat die verspätete Veröffentlichung zur Folge, dass der anzulegende Wert für Strom aus Photovoltaikanlagen erst zum ersten Kalendertag des zweiten auf die *tatsächliche* Veröffentlichung folgenden Monats auf null reduziert wird.[48] Denkbar wäre zwar auch eine rückwirkende Geltung der geänderten anzulegenden Werte bzw. eine rückwirkende Einstellung der Photovoltaikförderung. Gegen eine solche Auslegung spricht aber die verfassungsrechtliche Wertung, die ein rückwirkendes Inkrafttreten von belastenden Entscheidungen

---

44 Vgl. § 31 Rn. 9 ff.
45 Vgl. BT-Drs. 18/1304, S. 132.
46 Vgl. im Kontext mit der Mehrwegquote und dem Dosenpfand BVerwG, Urt. v. 16.1.2003, 7 C 31/02, Rn. 12, NVwZ 2003, 864, 864; ähnlich im Zusammenhang mit § 20a Abs. 3 EEG 2012 Altrock/Oschmann/Theobald/*Hoppenbrock*, § 20a Rn. 46.
47 Vgl. zu § 20a EEG 2012 Altrock/Oschmann/Theobald/*Hoppenbrock*, § 20a Rn. 48 f.
48 Vgl. Altrock/Oschmann/Theobald/*Hoppenbrock*, § 20a Rn. 48 f.

nur unter sehr engen Voraussetzungen zulässt. Für den Zeitraum bis zur nachgeholten Veröffentlichung gilt die jeweilige Basisdegression (§ 28 Abs. 2, § 29 Abs. 2 und § 31 Abs. 2).

Die **Veröffentlichung von fehlerhaften Zubaudaten** stellt keinen besonders schwerwie-   **33**
genden Fehler dar und führt nicht zu einer Nichtigkeit des Verwaltungsaktes nach § 44
Abs. 1 VwVfG.[49] Wie bereits ausgeführt, sieht die AnlRegV aber eine entsprechende Korrekturmöglichkeit fehlerhafter Veröffentlichungen in § 11 Abs. 2 S. 2 vor.[50] Danach dürfen
bei der jeweils folgenden Veröffentlichung Änderungen der installierten Leistung der registrierten Anlagen zu berücksichtigt werden, die sich aufgrund einer Überprüfung nach § 7
Abs. 3 AnlRegV oder § 10 Abs. 2 AnlRegV ergeben. Der Verordnungsgeber geht zwar in
der Begründung der AnlRegV davon aus, dass die Korrektur im Ermessen der Behörde
steht.[51] Die nach Abs. 2 zu veröffentlichenden Informationen sind bei Unrichtigkeit aber
wegen der oben dargestellten Rechtsfolge – Ermittlung der Höhe der Absenkung des anzulegenden Wertes für Strom aus Biomasse, Windenergie an Land und solare Strahlungsenergie – zwingend zu korrigieren. Wird die Korrektur unterlassen, können sich die durch die
Veröffentlichung falscher Werte Betroffenen mittels einer Verpflichtungsklage nach § 42
Abs. 1 VwGO wehren, die auf den Erlass der Rücknahme der Veröffentlichung gemäß § 48
VwVfG gerichtet ist.[52]

3. Berechnung der angepassten anzulegenden Werte (Abs. 3). Nach **Abs. 3 S. 1** müssen   **34**
die anzulegenden Werte nach der Berechnung gemäß Abs. 1 i.V.m. §§ 27 bis 31 auf zwei
Stellen nach dem Komma gerundet werden. Abs. 3 S. 1 entspricht weitgehend § 20 Abs. 3
EEG 2012 und § 20 Abs. 5 EEG 2009.[53] Auch unter Geltung des EEG 2014 wird für Rundung die dritte Stelle hinter dem Komma bis zu dem Wert „vier" abgerundet und ab dem Wert
„fünf" aufgerundet.[54] Wendet man beispielsweise auf den anzulegenden Wert für Strom aus
Wasserkraft bis einschließlich einer Bemessungsleistung von 500 kW von 12,52 Ct. zum
1.1.2016 den Degressionssatz von 0,5 % nach § 27 Abs. 1 Nr. 1 an, dann wird das Ergebnis
12,4574 Ct. auf einen anzulegenden Wert von 12,46 Ct. im Jahr 2016 aufgerundet.

Nach **Abs. 3 S. 2** sind für die Berechnung der Höhe der anzulegenden Werte aufgrund   **35**
einer erneuten Anpassung nach Abs. 1 in Verbindung mit den §§ 27 bis 31 die ungerundeten Werte der vorherigen Anpassung zugrunde zu legen. Im Rahmen der weiteren
Degression der Fördersätze ist also nicht mit gerundeten Werten zu rechnen, sondern mit
ungerundeten Werten. In dem Beispiel zur Anfangsförderung von Strom aus Wasserkraft[55] muss der Wert von 12,4574 Ct. als Ausgangswert herangezogen werden, um den
maßgeblichen anzulegenden Wert für das Jahr 2017 zu berechnen. Das Ergebnis beträgt
dann 12,395113 Ct. und wird auf 12,40 Ct. aufgerundet.[56]

Die **früheren Gesetzesfassungen** kannten – anders als das EEG 2014 – neben Vergütun-   **36**
gen auch Boni. Unter bestimmten Voraussetzungen wurde die „Grundvergütung" für den
geförderten Strom durch einen „**Bonus**" erhöht. So kannte das EEG für die Förderung von
Biomasseanlagen etwa den KWK-Bonus oder den sog. Güllebonus. Nicht einheitlich be-

---

49 Vgl. zu § 20a EEG 2012 Altrock/Oschmann/Theobald/*Hoppenbrock*, § 20a Rn. 51 ff.
50 Vgl. Rn. 27.
51 Vgl. Begründung zum Entwurf der AnlRegV, S. 55.
52 Vgl. zu § 20a EEG 2012 Altrock/Oschmann/Theobald/*Hoppenbrock*, § 20a Rn. 53 f.
53 Gesetzesbegründung zum EEG 2009, BT-Drs. 16/8148, S. 51.
54 Vgl. zu § 20 EEG 2012 *Salje*, EEG, § 20/20a Rn. 21.
55 Vgl. Rn. 34.
56 Vgl. die gerundeten Werte der Tabelle unter § 27 Rn. 6.

antwortet wurde nach alter Rechtslage die Frage, ob die Vergütungssätze und Boni jeweils einzeln unter Anwendung des § 20 EEG 2012 – der Vorgängervorschrift zu § 26 EEG 2014 – berechnet und das Ergebnis jeweils einzeln gerundet wird[57] und erst dann beide Ergebnisse addiert werden oder ob erst die errechnete Summe aus Vergütung und Boni gerundet werden muss.[58] Da das EEG 2014 keinerlei Boni mehr zugunsten der Anlagenbetreiber enthält,[59] hat diese Frage für Anlagen, die in den Anwendungsbereich des EEG 2014 fallen, zwar keine Bedeutung mehr. Nach dem EEG 2014 ergibt sich die Höhe der finanziellen Förderung allein aus dem jeweils anzulegenden Wert, der in oben dargestellter Weise zu berechnen ist. Für Betreiber von Anlagen, die eine Förderung auf Grundlage früherer Fassungen des EEG beanspruchen, ist die Beantwortung diese Frage aber weiterhin relevant.[60]

---

57 So Reshöft/*Reshöft*, § 20 Rn. 14 f.

58 So *Salje*, EEG, § 20/§ 20a Rn. 23; Altrock/Oschmann/Theobald/*Oschmann/Sösemann*, 3. Aufl., § 20 Rn. 44; Frenz/Müggenborg/*Ekardt/Hennig*, § 20 Rn. 17.

59 Vgl. BT-Drs. 18/1304, S. 2, 88, 144, 146.

60 Vgl. zu der Auseinandersetzung am Beispiel der Förderung nach dem EEG 2012 Kommentierung zu § 20 EEG 2012 in Band 2 Rn. 31.

§ 27 Absenkung der Förderung für Strom aus Wasserkraft, Deponiegas, Klärgas, Grubengas und Geothermie

(1) Die anzulegenden Werte verringern sich ab dem Jahr 2016 jährlich zum 1. Januar für Strom aus

1. Wasserkraft nach § 40 um 0,5 Prozent,
2. Deponiegas nach § 41 um 1,5 Prozent,
3. Klärgas nach § 42 um 1,5 Prozent und
4. Grubengas nach § 43 um 1,5 Prozent.

(2) Die anzulegenden Werte für Strom aus Geothermie nach § 48 verringern sich ab dem Jahr 2018 jährlich zum 1. Januar um 5,0 Prozent.

Schrifttum: *Altrock/Lehnert*, Die EEG-Novelle 2009, ZNER 2008, 118; *Kahles/Lutz/Schütter*, Grundlagen der EEG-Vergütung, in: Müller (Hrsg.), 20 Jahre Recht der Erneuerbaren Energien, 2012, S. 507; *Kaltschmitt*, Vorbereitung und Begleitung der Erstellung des Erfahrungsberichts 2014 gemäß § 65 EEG im Auftrag des Bundesministeriums für Wirtschaft und Energie: Vorhaben IIb: Stromerzeugung aus Geothermie – Wissenschaftlicher Bericht; *Keuneke*, Vorbereitung und Begleitung der Erstellung des Erfahrungsberichts 2014 gemäß § 65 EEG im Auftrag des Bundesministeriums für Wirtschaft und Energie: Vorhaben II d: Wasserkraft – Wissenschaftlicher Bericht; *Reshöft/Sellmann*, Die Novelle des EEG – Neue Wege auf bewährten Pfaden (Teil 1), ET 2009, 139; *Schumacher*, Die Neufassung des Erneuerbare-Energien-Gesetzes im Rahmen des Integrierten Energie- und Klimapakets, ZUR 2008, 121; *Schmidt*, Vorbereitung und Begleitung der Erstellung des Erfahrungsberichts 2014 gemäß § 65 EEG im Auftrag des Bundesministeriums für Wirtschaft und Energie: Vorhaben I: Spartenübergreifende und integrierende Themen sowie Stromerzeugung aus Klär-, Deponie- und Grubengas – Wissenschaftlicher Bericht; *Weimann*, Vorbereitung und Begleitung der Erstellung des Erfahrungsberichtes 2011 gemäß § 65 EEG im Auftrag des Bundesministeriums für Umwelt, Naturschutz und Reaktorsicherheit: Vorhaben IIb (Geothermie) – Endbericht.

Übersicht

I. Sinn und Zweck der Norm*

In § 27 wird für Strom aus Wasserkraft, Deponiegas, Klärgas, Grubengas und Geothermie die prozentuale, **degressiv ausgestaltete, jährliche Absenkung** der gesetzlich fixierten anzulegenden Werte (sog. Degression) geregelt. Indem die prozentuale Absenkung jedes **1**

---

* Die Kommentierung greift in Teilen die Ausführungen zur Vorgängerregelung aus § 20 EEG 2012 in Band 2 auf. Die Verfasser danken *Hanna Schumacher*, die an der Kommentierung der Vorgängerregelung als Autorin mitgewirkt hat.

Jahr nominal gleich bleibt, sich aber jeweils auf den bereits abgesenkten Vorjahreswert bezieht, sinkt die Höhe der Absenkung proportional zur Förderung. Damit ist die Förderung degressiv ausgestaltet. Anders als für Strom aus Biomasse (§ 28), Strom aus Windenergie an Land (§ 29) und Strom aus solarer Strahlungsenergie (§ 31) erfolgt die Absenkung der Förderung bei den in § 27 genannten Energiequellen also nicht aufgrund des Zubaus in der Vergangenheit (sog. atmender Deckel), sondern jährlich proportional zur Förderung. Eine Mengensteuerung ist bei den von § 27 erfassten Energieträgern – anders als bei den von §§ 28, 29 und 31 erfassten – wegen der Marktentwicklung in der Vergangenheit nicht erforderlich.[1] Die degressive Ausgestaltung der anzulegenden Werte beeinflusst die Höhe der finanziellen Förderung, sei es in Form der Marktprämie (§ 34), sei es in Form der Einspeisevergütung (§ 37 und § 38). Zu der gesetzlich festgelegten Absenkung der anzulegenden Werte aus § 27 tritt die reale Senkung der Förderung infolge der Inflation.[2] § 27 dient, gemeinsam mit den allgemeinen Regelungen zur Absenkung der Förderung aus § 26,[3] der **volkswirtschaftlichen Effizienz des EEG**.[4]

II. Entstehungsgeschichte

2   **§ 27 EEG 2014** entspricht strukturell im Wesentlichen § 20 Abs. 2 EEG 2012.[5] § 27 regelt jedoch nur noch die Absenkung der finanziellen Förderung für Strom aus Anlagen, die Wasserkraft, Deponiegas, Klärgas, Grubengas und Geothermie einsetzen. Die Förderung für Strom aus Anlagen, die Biomasse und Windenergie (an Land und auf See) einsetzen, wird hingegen nicht nach Maßgabe von § 27 abgesenkt: Die Absenkung der anzulegenden Werte für Strom aus Windenergie auf See erfolgt nunmehr, nachdem sie in dem ersten Gesetzentwurf noch von § 27 erfasst war,[6] nach Maßgabe von § 30. Spezielle Degressionsregelungen für die Förderung von Strom aus Windenergie an Land enthält § 29. Die Absenkung der finanziellen Förderung für Strom aus Biomasse erfolgt nach den Vorgaben des § 28.

III. Einzelerläuterungen

3   **1. Höhe der Absenkung für Strom aus Wasserkraft, Deponiegas, Klärgas und Grubengas (Abs. 1).** Nach Abs. 1 verringert sich der jeweilige anzulegende Wert ab dem 1.1.2016 jährlich zum 1.1. um einen in den Nummern 1 bis 4 festgelegten Prozentsatz. Dabei wird danach differenziert, welcher Energieträger eingesetzt bzw. nach welchem Fördertatbestand der Strom gefördert wird. Die Degressionssätze in Abs. 1 wurden durch das EEG 2014 gegenüber dem EEG 2012 nur geringfügig angepasst. Im Rahmen der Novelle

---

1 Vgl. BT-Drs. 18/1304, S. 90, 93.
2 S. zu diesem Effekt bereits die Gesetzesbegründung zum EEG 2000 im Zusammenhang mit der Vergütungsabsenkung für Strom aus Photovoltaikanlagen, BT-Drs. 14/2341, S. 9.
3 Vgl. die Erläuterungen zu § 26.
4 Vgl. zu § 20 EEG 2012 Altrock/Oschmann/Theobald/*Oschmann*, § 20 Rn. 3; vgl. auch *Kahles/ Lutz/Schütter*, in: Müller, 20 Jahre Recht der Erneuerbaren Energien, S. 507, 523. Vgl. zum Sinn und Zweck von § 27 die Ausführungen unter § 26 Rn. 3 f.
5 Vgl. zur Entstehungsgeschichte von § 27 die Ausführungen unter § 26 Rn. 5 ff.
6 Vgl. BT-Drs. 18/1304, S. 25.

im Jahr 2014 blieben die schon im EEG 2012[7] geregelten Degressionssätze für Deponiegas, Klärgas und Grubengas (Abs. 1 Nrn. 2 bis 4) unverändert erhalten. Bei der Förderung von Wasserkraft (Abs. 1 Nr. 1) wurde die jährliche Absenkung der Förderung von 1,0 % auf jetzt 0,5 % verringert. Die Höhe der Förderung von Strom aus Biomasse und Windenergie wird künftig nicht mehr über feste Degressionssätze verringert. Die Förderung wird wie zuvor schon bei Strom aus solarer Strahlungsenergie künftig über einen sog. atmenden Deckel, d. h. zubauabhängig, angepasst.

Die anzulegenden Werte für die in Abs. 1 genannten Energieträger werden **erstmals zum** 4
1.1.2016, also zum Jahreswechsel 2015/2016, angepasst (Abs. 1 1. Hs.). Die Angabe dieses Datums ist deklaratorisch, denn § 26 Abs. 1 Nr. 3 schreibt diesen Zeitpunkt der erstmaligen Absenkung bereits verbindlich fest. Dass die Förderung zum Jahreswechsel 2014/ 2015 nicht abgesenkt wird, hat folgenden Hintergrund: Der nach dem EEG 2012 zum 1.1.2015 fällige Degressionsschritt wurde vorgezogen. Die anzulegenden Werte für die Förderung von Strom aus Wasserkraft (§ 40), Deponiegas (§ 41), Klärgas (§ 42) und Grubengas (§ 43) wurden bereits mit dem Inkrafttreten der Novelle des EEG zum 1.8.2014 entsprechend angepasst.[8]

Der Bundesregierung obliegt es auch in Zukunft, die Entwicklung zu beobachten und ge- 5
gebenenfalls gemäß künftiger Erfahrungsberichte nach § 97 eine differenzierte Anpassung der Förderung für Neuanlagen vorzuschlagen.[9] Die Bundesregierung legt dem Bundestag gem. § 97 den nächsten Erfahrungsbericht bis zum 31.12.2018 vor. Es ist insofern zu beachten, dass § 2 Abs. 5 vorsieht, dass die finanzielle Förderung und deren Höhe bereits ab 2017 durch Ausschreibungen ermittelt werden sollen.

a) Strom aus Wasserkraft (Nr. 1). Nach Abs. 1 Nr. 1 verringert sich die anzulegenden 6
Werte für Strom aus Wasserkraft nach § 40 jährlich zum 1.1. um 0,5 %. Nach § 20 Abs. 2 Nr. 1 EEG 2012 war noch eine jährliche Degression von 1,0 % vorgesehen. Der Degressionssatz wurde mit dem EEG 2014 auf die Hälfte reduziert. Im Rahmen des Forschungsvorhabens zur Vorbereitung und Begleitung der Erstellung des Erfahrungsberichtes 2014 gemäß § 65 EEG 2012 wurde sogar empfohlen, die Absenkung der Förderung für Strom aus Wasserkraft vollständig abzuschaffen.[10] Die Empfehlung der Forscher wurde aber letztlich nicht umgesetzt. Der anzulegende Wert aus § 40 wird erstmals zum 1.1.2016 entsprechend abgesenkt (Abs. 1 1. Hs.). Die Degressionsregelung bezieht sich – wie bereits die Vorgängerregelung aus § 20 Abs. 2 Nr. 1 EEG 2012 – auf die Förderung für Strom aus sämtlichen Wasserkraftanlagen. Im EEG 2009 beschränkte sich die jährliche Förderanpassung noch auf die Förderung von Strom aus Wasserkraftanlagen mit einer Leistung von mehr als 5 MW.[11]

---

7 Vgl. zur Anpassung der Degressionssätze im Zuge der Novelle aus dem Jahr 2012 die Gesetzesbegründung zum EEG 2012, BT-Drs. 17/6071, S. 67; vgl. *Bundesregierung*, EEG-Erfahrungsbericht 2011, S. 13 ff.

8 Vgl. BT-Drs. 13/1304, S. 131 f. und die Ausführungen zu § 26 Rn. 13.

9 Wie in der Vergangenheit: vgl. Gesetzesbegründung zum EEG 2009, BT-Drs. 16/8148, S. 51.

10 *Keuneke*, Vorbereitung und Begleitung der Erstellung des Erfahrungsberichts 2014 gemäß § 65 EEG im Auftrag des Bundesministeriums für Wirtschaft und Energie: Vorhaben II d: Wasserkraft – Wissenschaftlicher Bericht, S. 107.

11 Vgl. zu der Diskussion um die Förderanpassung im Zuge der Novelle zum EEG 2012 noch *Bundesregierung*, EEG-Erfahrungsbericht 2011, S. 13; *Dumont/Keuneke*, Vorhaben II d: Spartenspezifisches Vorhaben Wasserkraft zur Vorbereitung und Begleitung der Erstellung des Erfahrungsbe-

Inbetrieb-nahme	bis 500 kW in ct/kWh	bis 2 MW in ct/kWh	bis 5 MW in ct/kWh	bis 10 MW in ct/kWh	bis 20 MW in ct/kWh	bis 50 MW in ct/kWh	ab 50 MW in ct/kWh
ab 1.8.2014	12,52	8,25	6,31	5,54	5,34	4,28	3,50
2015	12,52	8,25	6,31	5,54	5,34	4,28	3,50
2016	12,46	8,21	6,28	5,51	5,31	4,26	3,48
2017	12,40	8,17	6,25	5,48	5,29	4,24	3,47

Förderklassen für Strom aus Wasserkraftanlagen (§ 40) unter Berücksichtigung der Absenkung nach § 27[12]

7 **b) Strom aus Deponiegas (Nr. 2).** Nach Abs. 2 Nr. 2 verringert sich der anzulegende Wert für Strom aus Deponiegas nach § 41 jährlich zum 1.1. um 1,5 %. In dem Forschungsvorhaben zur Vorbereitung und Begleitung der Erstellung des Erfahrungsberichtes 2014 gemäß § 65 EEG 2012 war empfohlen worden, die Höhe der Degression unverändert bei 1,5 % zu belassen.[13] Die erstmalige Absenkung der Förderung erfolgt zum 1.1.2016 (Abs. 1 1. Hs.).

Inbetriebnahme	bis 500 kWel in ct/kWh	bis 5 MWel in ct/kWh
ab 1.8.2014	8,42	5,83
2015	8,42	5,83
2016	8,29	5,74
2017	8,17	5,66

Förderklassen für Strom aus Deponiegasanlagen (§ 41) unter Berücksichtigung der Absenkung nach § 27[14]

8 **c) Strom aus Klärgas (Nr. 3).** Nach Abs. 1 Nr. 3 verringern sich der anzulegende Wert für Strom aus Klärgas nach § 42 jährlich zum 1.1. um 1,5 %. Den Degressionssatz von 1,5 % beizubehalten, entspricht der Empfehlung des Forschungsvorhabens zur Vorbereitung und

---

richtes 2011 gemäß § 65 EEG im Auftrag des Bundesministeriums für Umwelt, Naturschutz und Reaktorsicherheit, S. 60 f.

12 Die angegebenen anzulegenden Werte beziehen sich auf das EEG in der Fassung v. 22.7.2014. Durch spätere Novellierungen des EEG können sich Änderungen ergeben. Die Fördersätze werden anteilig nach § 22 für die Dauer von 20 Jahren zzgl. Inbetriebnahmejahr gezahlt (vgl. § 22 Rn. 10 f.).

13 *Schmidt,* Vorbereitung und Begleitung der Erstellung des Erfahrungsberichts 2014 gemäß § 65 EEG im Auftrag des Bundesministeriums für Wirtschaft und Energie: Vorhaben I: Spartenübergreifende und integrierende Themen sowie Stromerzeugung aus Klär-, Deponie- und Grubengas – Wissenschaftlicher Bericht, S. 93.

14 Die angegebenen anzulegenden Werte beziehen sich auf das EEG in der Fassung v. 22.7.2014. Durch spätere Novellierungen des EEG können sich Änderungen ergeben. Die Fördersätze werden anteilig nach § 22 für die Dauer von 20 Jahren zzgl. Inbetriebnahmejahr gezahlt (vgl. § 22 Rn. 10 f.).

Begleitung der Erstellung des Erfahrungsberichtes 2014 gemäß § 65 EEG 2012.[15] Der anzulegende Wert aus § 42 wird erstmals zum 1.1.2016 entsprechend abgesenkt (Abs. 1 1. Hs.).

Inbetriebnahme	bis 500 kWel in ct/kWh	bis 5 MWel in ct/kWh
ab 1.8.2014	6,69	5,83
2015	6,69	5,83
2016	6,59	5,74
2017	6,49	5,66

Förderklassen für Strom aus Klärgasanlagen (§ 42) unter Berücksichtigung der Absenkung nach § 27[16]

d) Strom aus Grubengas (Nr. 4). Nach Abs. 1 Nr. 4 verringern sich die anzulegenden **9** Werte für Strom aus Grubengas nach § 43 jährlich zum 1.1. um 1,5%. Dies entspricht der Empfehlung des Forschungsvorhabens zur Vorbereitung und Begleitung der Erstellung des Erfahrungsberichtes 2014 gemäß § 65 EEG 2012.[17] Die erstmalige Absenkung des anzulegenden Wertes aus § 43 erfolgt zum 1.1.2016 (Abs. 1 1. Hs.).

Inbetriebnahme	bis 1 MWel in ct/kWh	bis 5 MWel in ct/kWh	über 5 MWel in ct/kWh
ab 1.8.2014	6,74	4,30	3,80
2015	6,74	4,30	3,80
2016	6,64	4,24	3,74
2017	6,54	4,17	3,69

Förderklassen für Strom aus Grubengasanlagen (§ 43) unter Berücksichtigung der Absenkung nach § 27[18]

2. Höhe der Absenkung für Strom aus Geothermie (Abs. 2). Nach Abs. 2 verringert sich **10** der anzulegende Wert für Strom aus Geothermie nach § 48 jährlich zum 1.1. um 5,0%. Die erstmalige Absenkung der Förderung erfolgt – anders als in den Fällen des Abs. 1 – zum

---

15 *Schmidt*, Vorbereitung und Begleitung der Erstellung des Erfahrungsberichts 2014 gemäß § 65 EEG im Auftrag des Bundesministeriums für Wirtschaft und Energie: Vorhaben I: Spartenübergreifende und integrierende Themen sowie Stromerzeugung aus Klär-, Deponie- und Grubengas – Wissenschaftlicher Bericht, S. 93.

16 Die angegebenen anzulegenden Werte beziehen sich auf das EEG in der Fassung v. 22.7.2014. Durch spätere Novellierung des EEG können sich Änderungen ergeben. Die Fördersätze werden anteilig nach § 22 für die Dauer von 20 Jahren zzgl. Inbetriebnahmejahr gezahlt (vgl. die Erläuterungen zu § 22 Rn. 10 f.).

17 *Schmidt*, Vorbereitung und Begleitung der Erstellung des Erfahrungsberichts 2014 gemäß § 65 EEG im Auftrag des Bundesministeriums für Wirtschaft und Energie: Vorhaben I: Spartenübergreifende und integrierende Themen sowie Stromerzeugung aus Klär-, Deponie- und Grubengas – Wissenschaftlicher Bericht, S. 93.

18 Die angegebenen anzulegenden Werte beziehen sich auf das EEG in der Fassung v. 22.7.2014. Durch spätere Novellierung des EEG können sich Änderungen ergeben. Die Fördersätze werden anteilig nach § 22 für die Dauer von 20 Jahren zzgl. Inbetriebnahmejahr gezahlt (vgl. die Erläuterungen zu § 22 Rn. 10 f.).

1.1.2018. Der Zubau an Geothermieanlagen fiel bis zum Jahr 2011 sehr gering aus und blieb damit weit hinter den Erwartungen zurück.[19] Zwar hat sich nach Inkrafttreten des EEG 2012 die Anzahl der umgesetzten Projekte deutlich erhöht,[20] dennoch handelt es sich bei den Anlagen zur Stromerzeugung aus Geothermie noch um eine Nischentechnologie, die weiterhin einer umfangreichen, insbesondere finanziellen Förderung bedarf.[21] Bereits durch das EEG 2012 wurde der Beginn der Degression für Geothermie-Anlagen auf das Jahr 2018 verschoben und zugleich von 1 % auf 5 % erhöht.[22] Daran ändert § 27 – in Umsetzung der Empfehlung des Forschungsvorhabens zur Vorbereitung und Begleitung der Erstellung des Erfahrungsberichtes 2014 gemäß § 65 EEG 2012[23] – nichts. Die Erhöhung der Degression trägt der Erhöhung der Förderung Rechnung und soll zugleich einen technologischen Entwicklungsdruck erzeugen.[24]

Inbetriebnahme	anzulegender Wert in ct/kWh
ab 1.8.2014	25,20
2015 bis 2017	25,20
2018	23,94
2019	22,74
2020	21,61

Förderung und Förderhöhe für Strom aus Geothermieanlagen (§ 48) unter Berücksichtigung der Absenkung nach § 27[25]

---

19 Vgl. zum Ausbau *Weimann*, Vorbereitung und Begleitung der Erstellung des Erfahrungsberichtes 2011 gemäß § 65 EEG im Auftrag des Bundesministeriums für Umwelt, Naturschutz und Reaktorsicherheit: Vorhaben IIb (Geothermie) – Endbericht, S. 10 ff.

20 *Kaltschmitt*, Vorbereitung und Begleitung der Erstellung des Erfahrungsberichts 2014 gemäß § 65 EEG im Auftrag des Bundesministeriums für Wirtschaft und Energie: Vorhaben IIb: Stromerzeugung aus Geothermie – Wissenschaftlicher Bericht, S. 40.

21 *Kaltschmitt*, Vorbereitung und Begleitung der Erstellung des Erfahrungsberichts 2014 gemäß § 65 EEG im Auftrag des Bundesministeriums für Wirtschaft und Energie: Vorhaben IIb: Stromerzeugung aus Geothermie – Wissenschaftlicher Bericht, S. 67.

22 Gesetzesbegründung zum EEG 2012, BT-Drs. 17/6071, S. 67; *Lünenbürger*, in: Gerstner, EE, Kap. 5, Rn. 117; vgl. auch Empfehlungen in *Bundesregierung*, EEG-Erfahrungsbericht 2011, S. 16; *Weimann*, Vorhaben IIb: Geothermie zur Vorbereitung und Begleitung der Erstellung des Erfahrungsberichtes 2011 gemäß § 65 EEG im Auftrag des Bundesministeriums für Umwelt, Naturschutz und Reaktorsicherheit, S. 49.

23 *Kaltschmitt*, Vorbereitung und Begleitung der Erstellung des Erfahrungsberichts 2014 gemäß § 65 EEG im Auftrag des Bundesministeriums für Wirtschaft und Energie: Vorhaben IIb: Stromerzeugung aus Geothermie – Wissenschaftlicher Bericht, S. 68.

24 Gesetzesbegründung zum EEG 2012, BT-Drs. 17/6071, S. 67; *Lünenbürger*, in: Gerstner, EE, Kap. 5, Rn. 117; vgl. *Bundesregierung*, EEG-Erfahrungsbericht 2011, S. 16.

25 Die angegebenen anzulegenden Werte beziehen sich auf das EEG in der Fassung v. 22.7.2014. Durch spätere Novellierungen des EEG können sich Änderungen ergeben. Die Fördersätze werden anteilig nach § 22 für die Dauer von 20 Jahren zzgl. Inbetriebnahmejahr gezahlt (vgl. die Erläuterungen zu § 22 Rn. 10 f.).

§ 28 Absenkung der Förderung für Strom aus Biomasse

(1) Der Brutto-Zubau von Anlagen zur Erzeugung von Strom aus Biomasse soll nicht mehr als 100 Megawatt installierter Leistung pro Jahr betragen.

(2) Die anzulegenden Werte nach den §§ 44 bis 46 verringern sich ab dem Jahr 2016 jeweils zum 1. Januar, 1. April, 1. Juli und 1. Oktober eines Jahres um 0,5 Prozent gegenüber den in den jeweils vorangegangenen drei Kalendermonaten geltenden anzulegenden Werten.

(3) Die Absenkung nach Absatz 2 erhöht sich auf 1,27 Prozent, wenn der nach § 26 Absatz 2 Nummer 1 Buchstabe a veröffentlichte Brutto-Zubau von Anlagen zur Erzeugung von Strom aus Biomasse in dem gesamten Bezugszeitraum nach Absatz 4 das Ziel nach Absatz 1 überschreitet.

(4) Bezugszeitraum ist der Zeitraum nach dem letzten Kalendertag des 18. Monats und vor dem ersten Kalendertag des fünften Monats, der einem Zeitpunkt nach Absatz 2 vorangeht.

Schrifttum: *Antoni/Probst/Witschel*, Überblick zu den Neuregelungen für Biomasse im EEG 2014, ER 2014 (Sonderheft 01), 15; *Ekardt*, Verfassungs- und unionsrechtliche Probleme des EEG 2014, ZNER 2014, 317; *Müller/Kahl/Sailer*, Das neue EEG 2014 – Systemwechsel beim weiteren Ausbau der Erneuerbaren Energien, ER 2014, 139; *Rolink*, EEG-Novelle – Rote Karte für Biogas, top agrar 2014, 114; *Wustlich*, Das Erneuerbare-Energien-Gesetz 2014 – Grundlegend neu – aber auch grundlegend anders?, NVwZ 2014, 1113.

Übersicht

I. Allgemeines

1. Europarechtliche Grundlagen. Auf eine unmittelbare europarechtliche Grundlage 1 lässt sich § 28, der eine Regelung sowohl zur Fördersatzdegression als auch zu einem anvisierten Ausbaukorridor für den Zubau neuer Biomasseanlagen trifft, nicht zurückführen. Die Förderung erneuerbarer Energien im Stromsektor erfolgt jedoch vor dem Hintergrund der europäischen Erneuerbare-Energien-Richtlinie 2009/28/EG,[1] die unter anderem Förderregelungen zulässt, welche die Nutzung von Energie aus erneuerbaren Quellen dadurch fördern, dass die Kosten dieser Energie gesenkt werden,[2] und den Mitgliedstaaten aufgibt,

---

[1] Richtlinie 28/2009/EG des Europäischen Parlaments und des Rates vom 23.4.2009 zur Förderung der Nutzung von Energie aus erneuerbaren Quellen und zur Änderung und anschließenden Aufhebung der Richtlinien 77/2001/EG und 30/2003/EG.

[2] Art. 2 S. 2 Buchst. k der Richtlinie 28/2009/EG.

Maßnahmen zu treffen, um effektiv zu gewährleisten, dass ihr Anteil von Energie aus erneuerbaren Quellen den im indikativen Zielpfad der Richtlinie angegebenen Anteil erreicht oder übersteigt.[3] Aus der Förderung der Nutzung von Energie aus erneuerbaren Quellen durch Senkung der Kosten dieser Energie, wovon insbesondere die markteinführende Privilegierung erneuerbarer Energien etwa durch Preisregelungen (Einspeisevergütungen) oder ähnliche Preisstützungssysteme (z. B. Marktprämien) umfasst ist, ergibt sich implizit auch das Ziel, die realen Gestehungskosten für Strom aus erneuerbaren Energien langfristig zu senken, wozu insbesondere eine an marktgetriebenen Lernkurven orientierte Fördersatzdegression dient, die eine zunehmend preisgünstigere Herstellung von Erzeugungsanlagen und letztlich des regenerativ erzeugten Stroms unterstellt und dem Markt eine Zielvorgabe für die technisch-ökonomische Entwicklung setzt. Degressionsregelungen dienen mithin dem Erreichen oder sogar Übertreffen des indikativen Zielpfads für die mitgliedstaatlichen Anteile erneuerbarer Energien und damit der klima- und energiepolitischen Ziele der Union zu möglichst geringen Kosten im Sinne der Erneuerbare-Energien-Richtlinie 2009/28/EG. [4]

2   **2. Normzweck.** Mit § 28, der im Zusammenhang mit den allgemeinen Bestimmungen zur Absenkung der Förderung nach § 26 zu lesen ist,[5] wird zum einen ein anvisierter Brutto-Zubau von Biomasseanlagen in Höhe von 100 MW neu installierter Leistung pro Jahr rechtlich verankert (Abs. 1), und zum anderen die Taktung der bislang kalenderjährlich vorgesehenen Degression der finanziellen Förderhöhe auf eine vierteljährliche Degression verkürzt (Abs. 2). Die vierteljährliche Degression unterliegt zudem erstmalig einem Zubaufaktor, ähnlich – wenn auch nicht identisch mit – dem bereits aus dem EEG 2012 bekannten „atmenden Deckel" für die Förderung von Solarstromanlagen, der den in Abs. 1 verankerten Zubaukorridor von 100 MW pro Jahr rechtlich flankiert (Abs. 3 und 4).

3   **3. Entstehungsgeschichte.** Mit § 28 findet sich im EEG erstmalig eine biomassespezifische Degressionsregelung. In den Vorgängerfassungen des EEG wurde die – bis dato kalenderjährlich einsetzende – Degression der Vergütungssätze für Strom aus Biomasseanlagen jeweils gemeinsam mit den Degressionsregelungen für die anderen nach dem EEG geförderten Energieträger (mit Ausnahme von Solarstromanlagen, für die bereits seit dem EEG 2012 eigene Degressionsvorschriften bestehen) in einer gemeinsamen Regelung normiert. Die biomassespezifischen Degressionsregelungen fanden sich bislang in § 20 Abs. 2 Nr. 5 EEG 2012,[6] zuvor in § 20 Abs. 2 Nr. 5 EEG 2009; vor dem 1.1.2009 fanden sich die Vorgaben zur jährlichen Degression direkt in den energieträgerspezifischen besonderen Vergütungsbestimmungen (für Biomasse in § 8 Abs. 5 EEG 2004, zuvor in § 5 Abs. 2 EEG 2000).

II. Brutto-Zubau-Deckel (Abs. 1)

4   Das in Abs. 1 festgelegte jährliche **Zubauziel** für Biomasseanlagen von höchstens 100 MW „brutto" installierter Leistung knüpft an den in § 3 Nr. 4 beschriebenen Ausbaupfad

---

3 Art. 3 Abs. 2 der Richtlinie 28/2009/EG.

4 Vgl. Erw. 17 und 36 der Richtlinie 28/2009/EG.

5 Ausführlich BerlKommEnR/*Thorbecke/Greb*, § 26 EEG 2014 Rn. 1 ff.

6 Vgl. zur Bemessung der Degression für Biomasse im EEG 2012 näher: Altrock/Oschmann/Theobald/*Oschmann*, § 20 EEG 2012 Rn. 39 ff.; Reshöft/Schäfermeier/*Sommerfeldt*, § 20 EEG 2012 Rn. 16; BerlKommEnR/*Thorbecke/Schumacher*, § 20 EEG 2012 Rn. 24 f.

für die installierte Leistung von Anlagen zur Erzeugung von Strom aus Biomasse um bis zu 100 MW pro Jahr (brutto) an.

Das Ziel bezieht sich auf den jährlichen **Brutto-Zubau**, wie er für Anlagen zur Stromer- **5** zeugung aus Biomasse in § 26 Abs. 2 Nr. 1 Buchst. a definiert wird. Der „Brutto-Zubau" bezieht sich danach auf „die Summe der installierten Leistung der Anlagen, die in diesem Zeitraum als in Betrieb genommen registriert worden sind".[7] Entscheidend für die Ermittlung des in einem Jahr erfolgten Brutto-Zubaus ist folglich die insgesamt in diesem Zeitraum erstmalig in Betrieb genommene installierte Leistung zur Erzeugung von Strom aus Biomasse. Die Erfassung der installierten und in dem jeweiligen einjährigen Bezugszeitraum in Betrieb genommenen Leistung erfolgt mithilfe des aufgrund der AnlRegV neu eingerichteten Anlagenregisters, an das alle Betreiber neuer Anlagen die Inbetriebnahme ihrer Anlagen zu übermitteln haben, so dass auf Basis dieser übermittelten Daten ermittelt werden kann, ob die installierte Leistung der neu in Betrieb genommenen Anlagen die technologiespezifischen Ausbauziele nach § 3 in Verbindung mit den §§ 28, 29 und 31 über- oder unterschreitet.[8] Die Begründung zum Regierungsentwurf betont insofern, dass die jeweils registrierte neu installierte Leistung daher technologiescharf nach Maßgabe der Anlagenregisterverordnung zu veröffentlichen ist, und erläutert weiter, dass für die Brutto-Zubau-Ermittlung Anlagen, die installiert, aber nicht registriert wurden, demnach nicht berücksichtigt würden, Anlagen, die zwar registriert, aber nicht installiert werden, hingegen schon, da dies im Sinne möglichst großer Rechtssicherheit und Rechtsklarheit erforderlich sei,[9] und verweist ergänzend auf die in der AnlRegV vorgesehenen Möglichkeiten zur Korrektur später aufgedeckter Widersprüche (§ 10 Abs. 2 AnlRegV). Maßgeblich ist nach der Gesetzesbegründung daher im Zweifel nicht der tatsächliche, sondern der gemeldete und registrierte Zubau installierter Leistung, solange die Inbetriebnahme dieser installierten Leistung in dem betreffenden Bezugszeitraum registriert wurde. Eine entgegen der erfolgten Registrierung tatsächlich nicht oder zu einem anderen Zeitpunkt erfolgte Inbetriebnahme einer Biomasseanlage dürfte regelmäßig im Nachhinein über einen Abgleich mit den Daten der Einspeisenetzbetreiber möglich sein, die die tatsächliche Inbetriebnahme anhand der tatsächlich messbaren erstmaligen Stromeinspeisung zeitlich genau bestimmen können. Anders als bei Windkraftanlagen an Land, für die nach § 26 Abs. 2 Nr. 2 der Netto-Zubau maßgeblich ist, wird zur Ermittlung des Brutto-Zubaus bei Biomasseanlagen die in demselben Bezugszeitraum stillgelegte installierte Leistung nicht miteingerechnet;[10] dies bedeutet, dass der für das Elektrizitätsversorgungssystem insgesamt entscheidende Netto-Zubau im Bereich der Biomasseanlagen (installierte Leistung neu zugebauter Anlagen abzüglich installierte Leistung stillgelegter Anlagen) theoretisch geringer als 100 MW pro Bezugszeitraum ausfallen kann und die Schwelle des Abs. 1 dennoch überschritten wird, solange der tatsächliche Zubau neuer Anlagen diese Schwelle überschreitet.

Die für den Brutto-Zubau maßgebliche Zeitkomponente „**pro Jahr**" bedeutet in diesem **6** Zusammenhang nicht kalenderjährlich, sondern zwölfmonatlich. Dies ergibt sich zum einen daraus, dass § 28 anders als andere Bestimmungen des EEG 2014 nicht von „Kalender-

---

7 Zu dem Begriff „Brutto-Zubau" s. ausführlicher BerlKommEnR/*Thorbecke/Greb*, § 26 EEG 2014 Rn. 28.

8 Vgl. Entwurf eines Gesetzes zur grundlegenden Reform des Erneuerbare-Energien-Gesetzes und zur Änderung weiterer Bestimmungen des Energiewirtschaftsrechts, BT-Drs. 18/1304, S. 131 f.

9 Vgl. BT-Drs. 18/1304, S. 131 f.

10 S. auch *Antoni/Probst/Witschel*, ER 2014 (Sonderheft 01), 15, 16.

jahr", sondern nur von „Jahr" spricht; zum anderen ergibt sich dies auch aus dem Regelungszusammenhang mit den Abs. 3 und 4, nach denen der für die erhöhte Degression maßgebliche der Brutto-Zubau das Ziel von 100 MW in einem Zeitraum von zwölf Monaten überschreiten muss, der sich nach Abs. 4 bemisst[11] und nicht deckungsgleich mit einem Kalenderjahr ist.

7 Der Zubau-Deckel gilt gemeinsam für **sämtliche Biomasseanlagen**, d.h. für Anlagen zur Stromerzeugung aus fester Biomasse, aus Biogas einschließlich Biomethan sowie aus – finanziell mit Ausnahme der zur Anfahr-, Zünd- und Stützfeuerung notwendigen Anteile ohnehin nicht mehr geförderter[12] – flüssiger Biomasse. Ein ausschließlich aus Biogasanlagen resultierender Zubau von mehr als 100 MW installierter Leistung in einem Bezugszeitraum würde demzufolge auch für Biomasseheizkraftwerke zu einer erhöhten Förderdegression in dem betreffenden Folgezeitraum führen, selbst wenn der Zubau von Biomasseheizkraftwerken in dem relevanten Zeitraum nur in geringem Umfang oder gar nicht stattfinden sollte und eine entsprechend erhöhte Degression in diesem Anlagensegment demzufolge fachlich nicht begründen würde.

8 Ausgenommen der Degressions- und Deckelregelung des § 28 sind Anlagen, die zwar nach dem 31.7.2014, jedoch **vor dem 1.1.2015 in Betrieb genommen** werden, nach dem Bundes-Immissionsschutzgesetz genehmigungsbedürftig sind oder für ihren Betrieb einer Zulassung nach einer anderen Bestimmung des Bundesrechts bedürfen, und vor dem 23.1.2014 genehmigt oder zugelassen worden sind, da für diese Anlagen nach § 100 Abs. 3[13] weiterhin die Regelungen zur finanziellen Förderung nach dem EEG 2012 anzuwenden sind.[14]

9 Weder § 28 noch § 100 enthält jedoch eine ausdrückliche Regelung dazu, ob **Anlagen im Sinne von § 100 Abs. 3** auf die Ermittlung des 100-MW-Brutto-Zubaus anzurechnen sind. Eine Nichtanrechnung von Biomasseanlagen im Sinne von § 100 Abs. 3 – d.h. von Anlagen, die in dem Zeitraum der Monate August 2014 bis Dezember 2014 in Betrieb genommen worden sind – auf den Brutto-Zubau nach § 28 Abs. 1 käme denjenigen neuen Biomasseanlagen zugute, die bereits der ab dem 1.1.2016 greifenden Degression nach § 28 Abs. 2 oder 3 unterliegen und für die der Bezugszeitraum nach § 28 Abs. 4 teilweise oder vollständig den Zeitraum vom 1.8.2014 bis zum 31.12.2014 umfasst; dies betrifft diejenigen Biomasseanlagen, die im Anlagenregister als in dem Zeitraum nach dem 31.12.2015 und vor dem 1.6.2016 in Betrieb genommen registriert werden. Da der Brutto-Zubau für Biomasseanlagen nach § 26 Abs. 2 Nr. 1 Buchst. a die Summe der installierten Leistung der Anlagen umfasst, die in dem jeweiligen Bezugszeitraum als in Betrieb genommen registriert worden sind, und dies unabhängig davon, ob diese Anlagen nach den Übergangsbestimmungen unter die finanziellen Förderregelungen des EEG 2012 oder des EEG 2014 fallen, sind auch Anlagen im Sinne von § 100 Abs. 3 auf die Ermittlung des 100-MW-Brutto-Zubaus anzurechnen. Dem steht auch § 100 Abs. 3 nicht entgegen, da dieser die Geltung des EEG 2014 lediglich für den Strom aus diesen in den Monaten August 2014 bis Dezember 2014 in Betrieb genommenen Anlagen teilweise abbedingt, jedoch nicht für die Anlagen als solche bzw. für deren Erfassung etwa zur Brutto-Zubau-Ermittlung. Eine Erfassung

---

11 S.u. Rn. 19.
12 Vgl. § 47 Abs. 2 S. 1 Nr. 3.
13 Kritisch zur Verfassungsmäßigkeit des § 100 Abs. 3: *Ekardt*, ZNER 2014, 317, 319 f.
14 Zu § 100 Abs. 3 s. ausführlich BerlKommEnR/*Scholz*, § 100 EEG 2014 Rn. 78 ff.

der Anlagen im Sinne von § 100 Abs. 3 für die Ermittlung des 100-MW-Brutto-Zubaus trägt auch der gesetzgeberischen Intention Rechnung, das tatsächliche Zubaugeschehen in den betreffenden Bezugszeiträumen – zu dem auch der Zubau der Anlagen im Sinne von § 100 Abs. 3 zählt – als Degressionsgrundlage für die später zugebauten Biomasseanlagen abzubilden; es bleibt hierbei allerdings zu bedenken, dass das Zubaugeschehen in den Monaten August 2014 bis Dezember 2014 keine Aussage zur Anreizwirkung des EEG 2014 liefert, sondern noch Ergebnis der bereits vor dem 23.1.2014 beantragten und erteilten bundesrechtlichen Genehmigungen und des Förderanreizes des EEG 2012 ist.

Anlagenerweiterungen bestehender Biomasse- und speziell Biogasanlagen werden nicht   **10**
zur Ermittlung des 100-MW-Brutto-Zubaus erfasst.[15] Dies ergibt sich aus § 26 Abs. 2 Nr. 1, der in seinem Buchst. a den Brutto-Zubau definiert und die erst in seinem Buchst. b genannte Summe der installierten Leistung, die nach dem 31.7.2014 erstmalig in Anlagen in Betrieb gesetzt wird, die vor dem 1.8.2014 in Betrieb genommen worden sind (d.h. Erweiterungen von Bestandsanlagen), somit von der Definition des Brutto-Zubaus ausnimmt. Neu installierte Leistung durch Erweiterung bestehender Anlagen wird aus diesem Grund auch gesondert im Anlagenregister veröffentlicht.[16] Die Ausnahme der Anlagenerweiterungen von der Einberechnung in den Brutto-Zubau dient wohl auch dem Schutz der gesetzgeberisch gewünschten Bestandsanlagenflexibilisierungen.[17]

Auch Anlagen zur Stromerzeugung aus Biomethan (**Biomethan-Anlagen**), die gemäß   **11**
§ 100 Abs. 2 S. 3 bestehende Biomethan-Anlagen ersetzen, werden nicht auf die Ermittlung des 100-MW-Brutto-Zubaus angerechnet. In diesen Fällen ergibt sich die Nichtberücksichtigung für die Ermittlung des 100-MW-Brutto-Zubaus bereits daraus, dass Biomethan-Anlagen im Sinne von § 100 Abs. 2 S. 3, die erst ab dem 1.8.2014 oder später erstmals ausschließlich Biomethan einsetzen, bereits vor dem 1.8.2014 und damit vor Beginn des für die Ermittlung des Brutto-Zubaus nach § 28 zugrunde zu legenden Bezugszeitraums – der mit dem 1. Kalendertag des 17. Monats vor dem 1.1.2016, d.h. mit dem 1.8.2014 beginnt – in Betrieb genommen worden sind.

Der „Zubau-Deckel" von 100 MW ist **kein absoluter finanzieller Förderdeckel**. Ein sol-   **12**
cher absoluter Förderdeckel wäre bspw. in Gestalt eines umfassenden Aussetzens jeglicher finanzieller Förderung für jedes über die 100-MW-Grenze hinausgehende Kilowatt installierter Biomasse-Anlagenleistung denkbar. Der Zubau-Deckel von 100 MW ist vielmehr ähnlich dem bereits aus § 20 Abs. 3 und 4 EEG 2009[18] und nachfolgend noch umfassender aus dem EEG 2012 bekannten „PV-Deckel" ein weicher „atmender Deckel": Eine Überschreitung der gesetzlich bestimmten Zubauschwelle von 100 MW in dem nach Abs. 4 definierten Bezugszeitraum hat für in dem jeweils dem Stichtag unmittelbar folgenden Quartal in Betrieb gehende Biomasseanlagen lediglich eine Erhöhung der Degression auf 1,27 Prozent zur Konsequenz; für die finanzielle Förderung der Biomasseanlage ist mithin ein im Vergleich zu einer in dem jeweils vorangegangenen Quartal in Betrieb genommenen Anlage um 1,27 Prozent (statt um 0,5 Prozent) verringerter anzulegender Wert zugrunde zu legen. Anders als der „atmende Deckel" für Fotovoltaikanlagen und Windenergieanla-

---

15 Vgl. auch *Antoni/Probst/Witschel*, ER 2014 (Sonderheft 01), 15, 16.
16 § 26 Abs. 2 Nr. 1; vgl. hierzu auch BT-Drs. 18/1304, S. 132 f.
17 S. BT-Drs. 18/1304, S. 133.
18 Vgl. Art. 1 Nr. 2 des Ersten Gesetzes zur Änderung des Erneuerbare-Energien-Gesetzes vom 11.8.2010 (BGBl. I S. 1170).

gen an Land atmet der Zubau-Deckel für Biomasseanlagen allerdings nur in eine Richtung:[19] er erhöht ebenso wie bei Fotovoltaik und Wind an Land die Absenkung der anzulegenden Werte nach den §§ 44 bis 46, sofern die gesetzliche Zubau-Schwelle überschritten wird, jedoch sieht er anders als bei Fotovoltaik und Wind an Land keine Verringerung der Absenkung der anzulegenden Werte für Biomasse bei Unterschreiten eines bestimmten Zubaukorridors vor.

III. Basisdegression (Abs. 2)

13   Die in Abs. 2 normierte Basisdegression für Strom aus Biomasse wurde von der bislang üblichen einmaligen kalenderjährlichen Degression zum 1. Januar jedes Jahres[20] mit dem EEG 2014 auf eine kürzer getaktete **vierteljährliche Degression** umgestellt. Diese Umstellung bewirkt im Zusammenspiel mit der Möglichkeit zur zubauabhängigen Erhöhung der Degression nach Abs. 3 eine höhere Anpassungsflexibilität der Degression an das Marktgeschehen. Über einen Jahreszeitraum betrachtet verbleibt die Basisdegression jedoch – trotz vierteljährlicher Taktung – verglichen mit der Degression für Biomasse nach dem EEG 2012 im Wesentlichen unverändert,[21] da eine viermalige Basisdegression um 0,5 % in Summe – mit geringer Unschärfe zugunsten der Anlagenbetreiber – eine der Degression nach dem EEG 2012 entsprechende jährliche Degression von 1,985 %, d. h. knapp unter den auch bislang geltenden jährlichen Degressionssatz von 2,0 %, ergibt.

14   Die Basisdegression von vierteljährlich 0,5 Prozent gegenüber dem anzulegenden Wert des vorangehenden Quartals greift **erstmalig ab dem 1.1.2016**, d. h. zum 1. Quartal 2016 reduzieren sich die anzulegenden Werte der §§ 44 bis 46 für Strom aus Biomasse erstmals um 0,5 Prozent (soweit kein Fall des Abs. 3 vorliegt). Für nach dem 1.8.2014 und vor dem 1.1.2016 in Betrieb genommene Anlagen gelten die im Gesetz normierten, nicht verringerten anzulegenden Werte nach §§ 44 bis 46.[22]

15   Der durch die Basisdegression nach Abs. 2 zum 1. Tag eines jeden Quartals ermittelte neue, **reduzierte anzulegende Wert** ist maßgeblich für die Ermittlung der finanziellen Förderhöhe aller Biomasseanlagen, die in dem betreffenden Quartal – d. h. vom 1. Kalendertag des betreffenden Quartals bis zum letzten Kalendertag vor Beginn des nächstfolgenden Quartals – im Sinne von § 5 Nr. 21 in Betrieb genommen werden, und bleibt für die jeweilige Anlage während deren gesamter Förderdauer nach § 22 anwendbar.[23]

16   Da der für die Degressionswirkung entscheidende Zeitpunkt nach dem Gesetzeswortlaut ausschließlich von der tatsächlichen Inbetriebnahme der Anlage abhängt[24] und nicht von der – möglicherweise erst verspätet erfolgenden – **Registrierung** der Anlage im Anlagenregister, ändert eine bspw. erst in einem Folgequartal erfolgende Registrierung im Anlagenregister nichts an der Anwendbarkeit der im vorangegangen Inbetriebnahmequartal geltenden degressionsbereinigten anzulegenden Werte für die Anlage. Aus einer verspätet

---

19 *Antoni/Probst/Witschel*, ER 2014 (Sonderheft 01), 15, 16, sprechen daher in diesem Zusammenhang auch eher von einem „statischen" Deckel.
20 Vgl. § 20 Abs. 2 Nr. 5 EEG 2012.
21 BT-Drs. 18/1304, S. 132.
22 § 26 Abs. 1 S. 1 Nr. 3.
23 § 26 Abs. 1 S. 3.
24 § 26 Abs. 1 S. 2 und 3.

erfolgten Übermittlung der zur Anlagenregistrierung erforderlichen Angaben an das Anlagenregister folgt allerdings nach § 25 Abs. 1 Nr. 1 eine Verringerung des anzulegenden Wertes auf null für den Zeitraum zwischen Inbetriebnahme und ordnungsgemäßer Übermittlung der Daten; die effektive finanzielle Förderdauer von 20 Kalenderjahren zuzüglich des Inbetriebnahmejahres der Anlage nach § 22 S. 1 verringert sich in diesen Fällen also entsprechend.

IV. Zubauabhängige erhöhte Degression (Abs. 3)

Grundlegend neu gegenüber den Degressionsregelungen für Strom aus Biomasse im EEG 2012 und früheren Fassung des EEG ist die zubauabhängige erhöhte Degression bei Überschreitung des „Brutto-Zubau"-Deckels[25] in dem jeweils maßgeblichen Bezugszeitraum nach Abs. 4.[26] Die Frage, ob zum 1. Kalendertag eines jeden Quartals ab dem 1.1.2016 lediglich die Basisdegression von 0,5 % oder eine erhöhte Degression von 1,27 % greift, ist **für jedes Quartal neu** zu bestimmen. Entscheidend ist, ob in dem für das betreffende Quartal maßgeblichen Bezugszeitraum nach Abs. 4 die 100-MW-Brutto-Zubau-Schwelle überschritten ist oder nicht. Dementsprechend ist es bspw. denkbar, dass im I. Quartal eines Jahres die Basisdegression von 0,5 % greift, im darauffolgenden II. Quartal des Jahres die erhöhte Degression von 1,27 % und im anschließenden III. Quartal des Jahres wiederum die Basisdegression von 0,5 %. Ein solcher Verlauf entspräche auch dem Ziel der erhöhten Degression, durch zwischenzeitliche schnellere Absenkung der anzulegenden Werte den Anlagenzubau möglichst zügig – wenn auch aufgrund der für den maßgeblichen Bezugszeitraum berücksichtigten Planungs- und Realisierungszeiträume für Biomasseanlagen mit einem zeitlichen Verzug von mindestens 5 Kalendermonaten – wieder auf den Ausbauzielpfad von maximal 100 MW installierter Biomasse-Leistung pro Jahr zurückzuführen,[27] womit auch wieder die Basisdegression von 0,5 % greift.

17

Auf zwölf Monate umgerechnet beläuft sich die erhöhte Degression von **1,27 % pro Quartal** auf jährlich 4,984 % und damit auf deutlich mehr, als frühere Fassungen des EEG als Förderabsenkung im Bereich Biomasse vorgesehen haben.[28] Praktisch dürfte aber mit Blick auf die insgesamt stark veränderte finanzielle Förderlandschaft für neue Biomasseanlagen eine solche viermal in Folge eintretende erhöhte Degression von über das Jahr gerechnet knapp 5 % – die einen durchschnittlichen jährlichen Brutto-Zubau bei Biomasseanlagen von mehr als 100 MW installierter Leistung über einen Zeitraum von mindestens 21 Kalendermonaten voraussetzen würde – aufgrund des erwarteten nur eher geringen Anlagenzubaus unwahrscheinlich sein.[29]

18

---

25 S. o. Rn. 4 ff.

26 S. u. Rn. 19 f.

27 Vgl. BT-Drs. 18/1304, S. 132.

28 Für allgemein zu hoch gehalten wird die Degression bei Gülle-Kleinanlagen nach § 46 von *DBFZ/ Bosch&Partner /Fraunhofer IWES/INL/UFZ*, Vorbereitung und Begleitung der Erstellung des Erfahrungsberichts 2014 gemäß § 65 EEG im Auftrag des Bundesministeriums für Wirtschaft und Energie, Vorhaben IIa (Stromerzeugung aus Biomasse), Wissenschaftlicher Bericht, Juli 2014, abrufbar auf www.erneuerbare-energien.de, S. 73.

29 An einem Erreichen des gesetzlichen Ausbauzieles für Biomasse zweifelt etwa *DBFZ/Bosch& Partner /Fraunhofer IWES/INL/UFZ*, Vorbereitung und Begleitung der Erstellung des Erfahrungsberichts 2014 gemäß § 65 EEG im Auftrag des Bundesministeriums für Wirtschaft und Energie, Vorhaben IIa (Stromerzeugung aus Biomasse), Wissenschaftlicher Bericht, Juli 2014, abrufbar auf

V. Bezugszeitraum der erhöhten Degression (Abs. 4)

19 Der Bezugszeitraum, auf dessen Grundlage zu Beginn jedes Quartals zu ermitteln ist, ob die maßgebliche Brutto-Zubau-Schwelle nach Abs. 1 eingehalten oder überschritten wurde und ob demzufolge für in dem bevorstehenden Quartal in Betrieb genommene Biomasseanlagen die Basisdegression nach Abs. 2 oder die erhöhte Degression nach Abs. 3 anzulegen ist, bestimmt sich anhand der **12 Kalendermonate**, die zwischen dem letzten Kalendertag des 18. dem Quartal vorangehenden Monats und dem ersten Kalendertag des 5. dem Quartal vorangehenden Monats liegen.

> **Beispiel:** Der Bezugszeitraum für das II. Quartal 2016 (Beginn: 1.4.2016) ermittelt sich hiernach wie folgt: Beginn des maßgeblichen Bezugszeitraums ist der erste Kalendertag des 17. Monats, der dem 1. April 2016 vorangeht, d. h. der 1.11.2014; Ende des maßgeblichen Bezugszeitraums ist der letzte Kalendertag des 6. Monats, der dem 1. April 2016 vorangeht, d. h. der 31.10.2015.

20 Die erhöhte Degression greift somit erst für Biomasseanlagen, die jeweils mehr als fünf Kalendermonate nach Feststehen der Überschreitung der 100-MW-Brutto-Zubau-Schwelle in Betrieb gehen.[30] Hierdurch beabsichtigt der Gesetzgeber, einen **Vertrauensschutzpuffer** für die Betreiber von in Planung oder Errichtung befindlichen Anlagen zu schaffen, für die durch diesen zeitlichen Vorlauf frühzeitig die im voraussichtlichen Inbetriebnahmezeitpunkt ihrer Anlage geltenden verringerten anzulegenden Werte kalkulierbar sein sollen. Ob ein zeitlicher Vorlauf von fünf Kalendermonaten angesichts der häufig deutlich längeren Planungs-, Finanzierungs- und Realisierungszeiten insbesondere größerer Biomasseanlagen dieser gesetzgeberischen Intention in allen Fällen gerecht wird, erscheint fraglich.[31] Der Gesetzgeber geht hiervon offenkundig aus und betont, dass dieser zeitliche Vorlauf in Verbindung mit der frühzeitigen Veröffentlichung der Zubauzahlen nach § 26 Abs. 2 Planungssicherheit für die betroffenen Anlagenbetreiber gewährleiste, da spätestens fünf Monate vor Inbetriebnahme ihrer Anlagen bekannt sei, ob die erhöhte Degression greift oder nicht.[32]

VI. Bestandsanlagen

21 Für **vor dem 1.8.2014 in Betrieb genommene Bestandsanlagen** findet nach § 100 Abs. 1 Nr. 4 statt des § 28 die entsprechende Degressionsregelung des EEG 2012 oder des EEG in der jeweils für die Anlage anwendbaren Fassung Anwendung (§ 100 Abs. 1 Nr. 10). Für Erweiterungen bestehender Biomasseanlagen etwa zur Anlagenflexibilisierung wird auf Rn. 10 verwiesen. Für Biomethan-Anlagen, die gemäß § 100 Abs. 2 S. 3 bestehende Biomethan-Anlagen ersetzen, wird auf Rn. 11 verwiesen.

www.erneuerbare-energien.de, S. 39; ebenso: *Antoni/Probst/Witschel*, ER 2014 (Sonderheft 01), 15, 16; *Rolink*, top agrar 2014, 114, 116; auch *Wustlich*, NVwZ 2014, 1113, 1118 erwartet nur einen geringen Zubau neuer Biomasseanlagen und sieht die Biomasse allgemein als „Verlierer der EEG-Novelle".

30 BT-Drs. 18/1304, S. 133.
31 Schwierigkeiten für Betreiber neuer Anlagen bei der Prognostizierbarkeit der im Inbetriebnahmezeitpunkt anzulegenden Förderhöhe erkennen auch *Müller/Kahl/Sailer*, ER 2014, 139, 140.
32 Vgl. BT-Drs. 18/1304, S. 133.

§ 29   Absenkung der Förderung für Strom aus Windenergie an Land

(1) Der Zielkorridor für den Netto-Zubau von Windenergieanlagen an Land beträgt 2 400 bis 2 600 Megawatt pro Jahr.

(2) Die anzulegenden Werte nach § 49 verringern sich ab dem Jahr 2016 jeweils zum 1. Januar, 1. April, 1. Juli und 1. Oktober eines Jahres um 0,4 Prozent gegenüber den in den jeweils vorangegangenen drei Kalendermonaten geltenden anzulegenden Werten.

(3) Die Absenkung der anzulegenden Werte nach Absatz 2 erhöht sich, wenn der nach § 26 Absatz 2 Nummer 2 Buchstabe c veröffentlichte Netto-Zubau von Windenergieanlagen an Land in dem gesamten Bezugszeitraum nach Absatz 6 den Zielkorridor nach Absatz 1

1. um bis zu 200 Megawatt überschreitet, auf 0,5 Prozent,
2. um mehr als 200 Megawatt überschreitet, auf 0,6 Prozent,
3. um mehr als 400 Megawatt überschreitet, auf 0,8 Prozent,
4. um mehr als 600 Megawatt überschreitet, auf 1,0 Prozent oder
5. um mehr als 800 Megawatt überschreitet, auf 1,2 Prozent.

(4) Die Absenkung der anzulegenden Werte nach Absatz 2 verringert sich, wenn der nach § 26 Absatz 2 Nummer 2 Buchstabe c veröffentlichte Netto-Zubau von Windenergieanlagen an Land in dem gesamten Bezugszeitraum nach Absatz 6 den Zielkorridor nach Absatz 1

1. um bis zu 200 Megawatt unterschreitet, auf 0,3 Prozent,
2. um mehr als 200 Megawatt unterschreitet, auf 0,2 Prozent oder
3. um mehr als 400 Megawatt unterschreitet, auf null.

(5) Die Absenkung der anzulegenden Werte nach Absatz 2 verringert sich auf null und es erhöhen sich die anzulegenden Werte nach § 49 gegenüber den in den jeweils vorangegangenen drei Kalendermonaten geltenden anzulegenden Werten, wenn der nach § 26 Absatz 2 Nummer 2 Buchstabe c veröffentlichte Netto-Zubau von Windenergieanlagen an Land in dem gesamten Bezugszeitraum nach Absatz 6 den Zielkorridor nach Absatz 1

1. um mehr als 600 Megawatt unterschreitet, um 0,2 Prozent oder
2. um mehr als 800 Megawatt unterschreitet, um 0,4 Prozent.

(6) Bezugszeitraum ist der Zeitraum nach dem letzten Kalendertag des 18. Monats und vor dem ersten Kalendertag des fünften Monats, der einem Zeitpunkt nach Absatz 2 vorangeht.

Schrifttum: S. Schrifttum zu § 26.

I. Sinn und Zweck der Norm

1   In § 29 finden sich die speziellen Regelungen zur Absenkung der Förderung für Strom aus Windenergie an Land. In Abs. 1 greift § 29 dazu den in § 3 Nr. 1 festgelegten jährlichen Ausbaupfad von 2.500 MW (netto) auf und interpretiert diesen im Sinne eines „Zielkorridors" von **2.400 MW bis 2.600 MW jährlichem Netto-Zubau**. In Abs. 2 wird die vierteljährliche Basisdegression auf 0,4% festgelegt. In Abs. 2 bis 4 finden sich darüber hinaus Vorgaben für eine **zubauabhängige Anpassung der Absenkung der Förderung („atmender Deckel")**. Nach diesem quartalsweise anzupassenden „atmenden Deckel" fällt die vierteljährliche Absenkung der anzulegenden Werte stärker aus, wenn der Zubau oberhalb des in Abs. 1 festgelegten Zielkorridors von 2.400 MW bis 2.600 MW installierter Leistung netto pro Jahr liegt (vgl. Abs. 3 Nr. 1 bis 5). Unterschreitet der Zubau diesen Korridor um bis zu 600 MW, fällt die quartalsweise Degression geringer aus oder wird auf null reduziert (vgl. Abs. 4 Nr. 1 bis 3). Unterschreitet der Netto-Zubau den Korridor um mehr als 600 MW, wird die Degression auf null reduziert und die **anzulegenden Werte erhöhen sich um bestimmte Prozentsätze** (vgl. Abs. 5 Nr. 1 und 2). In Abs. 6 wird der Bezugszeitraum festgelegt, auf den sich der in Abs. 1 genannte Zielkorridor bezieht.

2   § 29 ist Teil des Degressionsmechanismus, der darauf abzielt, die finanzielle Förderung durch das EEG schrittweise abzusenken. Hinsichtlich der allgemeinen Bedeutung des Degressionsmechanismus wird auf die bereits im Rahmen der Kommentierung zu § 26 gemachten Ausführungen verwiesen.[1] Mit § 29 wird ein spezieller Degressionsmechanismus für Strom aus Windenergie an Land geschaffen, der den für Photovoltaikförderung entwickelten Absenkungsmechanismus, das Prinzip des „atmenden Deckels", aufgreift. Durch die Einführung des „atmenden Deckels" soll analog zur Photovoltaik (vgl. § 31) erreicht werden, dass sich der tatsächliche Ausbau auf dem vorgesehenen Ausbaupfad bewegt und diesen nicht dauerhaft über- oder unterschreitet.[2] Die Absenkung der Förderung für Strom aus Windenergieanlagen wird an den tatsächlich erfolgenden Leistungsausbau gekoppelt. Da die Planungszeiträume für Windenergieanlagen wesentlich länger sind als für Photovoltaikanlagen, ist die zeitliche Koppelung jedoch nicht so eng wie bei dem „atmenden Deckel" in § 31. Es erfolgt nur quartalsweise eine Anpassung der Förderhöhe und die erhöhte Degression greift erst für Anlagen, die fünf Monate nach Feststellung der Zielüberschreitung (bzw. -unterschreitung) in Betrieb genommen werden. Mit dem neuen Degressionsmechanismus wird künftig wie bei der Windenergieförderung eine Anpassung der

---

1 Vgl. § 26 Rn. 1 ff.
2 Vgl. BT-Drs. 18/1304, S. 92.

Fördersätze in langwierigen Gesetzgebungsverfahren vermieden[3] und verhindert, dass die anzulegenden Werte zum Spielball der Politik werden können.

II. Entstehungsgeschichte

Bereits das **EEG 2000** und das **EEG 2004** sahen Vorgaben für die jährliche Senkung der Einspeisetarife für Strom aus Windenergie an Land vor, die in der jeweiligen besonderen Vergütungsvorschrift für Strom aus Windenergie an Land enthalten waren.[4] Im Vergleich zu der jährlichen Absenkung der Vergütung von Strom aus anderen Energieträgern fiel die jährliche Degression mit 1,5% (EEG 2000) bzw. 2,0% (EEG 2004) dabei moderat aus. Für Strom aus solarer Strahlungsenergie wurde die Degression demgegenüber auf 5% festgelegt. Andere Energieträger unterlagen nach dem EEG 2000 auf der anderen Seite noch keiner Degression, was mit Einführung des EEG 2004 aber geändert wurde.

Mit dem **EEG 2009** wurden die Absenkungsregelungen für alle Energieträger in der allgemeinen Vergütungsvorschrift des § 20 EEG 2009 ohne materielle Änderung des Mechanismus selbst zusammengefasst.[5] Für die Windenergie an Land fanden sich in § 20 Abs. 2 Nr. 7 lit. b) EEG 2009 die Prozentsätze, um die die Vergütung von Strom aus Windenergie an Land abgesenkt werden sollten. Die jährliche Degression wurde insofern auf 1,0% festgesetzt. Wegen der sehr großen Zubaumenge an Photovoltaikanlagen wurde bereits mit dem EEG 2009 für Strom aus solarer Strahlungsenergie ein sog. „atmender Deckel" eingeführt (§ 20 Abs. 2a EEG 2009). Damit erhöhte sich die jährliche Absenkung, wenn eine bestimmte Zubaumenge überschritten wurde und es verringerte sich die Absenkung, wenn eine bestimmte Zubaumenge unterschritten wurde. Dieses Konzept des „atmenden Deckels" galt aber nur für die Förderung von Strom aus Photovoltaikanlagen.

Mit dem **EEG 2012** wurden die Vorgaben zur Absenkung der Vergütungssätze für Strom aus solarer Strahlungsenergie zur besseren Verständlichkeit und Übersichtlichkeit in einen eigenen Paragrafen § 20a EEG 2012 überführt.[6] Die Degressionsregelungen für alle anderen Energieträger, also auch für Windenergie an Land, verblieben in § 20 EEG 2012. Für Windenergieanlagen an Land wurde in § 20 Abs. 2 Nr. 7 lit b) EEG 2012 ab dem Jahr 2013 insofern ein jährlicher Degressionssatz von 1,5% festgelegt.

Mit dem **EEG 2014** erfolgte ein **Systemwechsel** bei der Festlegung der Degression der Förderung für die Windenergie an Land. So wird das System der zubauabhängigen Anpassung der Degressionssätze (**„atmender Deckel"**), das bisher nur für Strom aus solarer Strahlungsenergie Anwendung fand, auf die Förderregeln für Strom aus Windenergie an Land übertragen. Dazu wurden die Intervalle zwischen den Absenkungen der Förderung von einem Jahr auf drei Monate verringert. § 29 enthält in Folge dieses Systemwechsels alle Elemente des „atmenden Deckels", die bisher nur für die Photovoltaik maßgeblich waren: Abs. 1 legt den angestrebten Zielkorridor (Netto-Zubau) für Windenergieanlagen an Land fest, in Abs. 2 erfolgt die Festlegung der quartalsweise anzuwendenden Basisdegression und in den Abs. 3 bis 5 wird eine erhöhte bzw. verringerte Absenkung der anzulegen-

---

3 Vgl. zum EEG 2012 Altrock/Oschmann/Theobald/*Hoppenbrock*, § 20b Rn. 12.
4 Näher zu den Einzelheiten der Regelungen im EEG 2000 und EEG 2004, insbesondere zu der Höhe der Absenkung Altrock/Oschmann/Theobald/*Oschmann*, § 20 Rn. 5 f.
5 Dazu Gesetzesbegründung zum EEG 2009, BT-Drs. 16/8148, S. 51.
6 Gesetzesbegründung zum EEG 2012, BT-Drs. 17/6071, S. 67.

den Werte für den Fall festgelegt, dass der Zielkorridor nach Abs. 1 über- bzw. unterschritten wird. In Abs. 6 findet sich die Definition des Bezugszeitraums.[7]

III. Einzelerläuterungen

7   **1. Festlegung des jährlichen Zielkorridors (Abs. 1).** In Abs. 1 wird der Korridor für den weiteren Zubau von Anlagen zur Erzeugung von Strom aus Windenergie an Land festgelegt. Der Zielkorridor beträgt zwischen **2.400 MW bis 2.600 MW** pro Kalenderjahr. Der Korridor orientiert sich an dem Ausbaupfad für die Windenergie an Land aus § 3 Nr. 1. § 3 Nr. 1 sieht eine Steigerung der installierten Leistung von Anlagen zur Erzeugung von Strom aus Windenergie an Land von 2.500 MW (netto) vor. Mit dem Zielkorridor von 2.400 MW bis 2.600 MW pro Jahr soll sowohl aus der ökonomischen Perspektive als auch mit Blick auf die Netz- und Systemintegration ein ausgewogener Ausbaupfad vorgegeben werden.

8   Der Zielkorridor bezieht sich auf den **Netto-Zubau**. Anders als im Rahmen von § 31 (Photovoltaik) ist bei § 29 nicht der Brutto-Zubau an Leistung maßgeblich. Bei der Berechnung der Zubaumenge i. S. v. Abs. 1 ist nicht nur die Leistung der Anlagen zu berücksichtigen, die in dem jeweiligen Bezugszeitraum (Abs. 6) als „in Betrieb genommen" registriert worden sind (vgl. § 26 Abs. 2 Nr. 2 lit. a). Einzubeziehen ist auch die Leistung der Anlagen, die in demselben Zeitraum als „endgültig stillgelegt" registriert wurden (vgl. § 26 Abs. 2 Nr. 2 lit. b). Der Netto-Zubau ist nach der Legaldefinition aus § 26 Abs. 2 Nr. 2 lit. c nämlich die Differenz zwischen der installierten Leistung der Anlagen, die in dem Bezugszeitraum als in Betrieb genommen registriert wurden und der installierten Leistung der Anlagen, die als endgültig stillgelegt registriert wurden. Hintergrund für die Bezugnahme auf den Netto-Zubau ist, dass es durch das sog. Repowering bei der Windenergie an Land – anders als bei Photovoltaik – bereits in den nächsten Jahren zu einem nennenswerten Abbau von Anlagenleistung kommen könnte.[8] Würde die Degression allein anhand des Brutto-Zubaus bestimmt werden, könnte es über den Mechanismus des „atmenden Deckels" zu einer Erhöhung der Degression kommen, obwohl netto wegen der Stilllegung von Anlagen überhaupt kein Zubau stattgefunden hat. Dies ist, in Anbetracht des Ziels, mehr Strom aus Windenergie an Land zu erzeugen, vom Gesetzgeber aber nicht gewollt.

9   Entscheidend für die Berechnung des Netto-Zubaus ist nur, welche Anlagenleistung nach § 3 Abs. 1 AnlRegV „als in Betrieb genommen" bzw. „als stillgelegt" **registriert** wurde. Es kommt also nicht darauf an, welche Anlagenleistung tatsächlich errichtet bzw. stillgelegt wurde. Als **„in Betrieb genommen"** zu registrieren sind gemäß § 3 Abs. 1 S. 1, 2 AnlRegV alle Windenergieanlagen, die Strom erzeugen, denn der Anlagenbegriff der AnlRegV und des EEG (§ 2 Nr. 1 AnlRegV; § 5 Nr. 1 EEG) erfasst jede Einrichtung zur Erzeugung von Strom aus erneuerbaren Energien oder aus Grubengas. Es sind auch Anlagen registrieren, wenn für den erzeugten Strom gemäß § 19 dem Grunde nach kein Anspruch auf Förderung besteht (vgl. § 3 Abs. 1 S. 3 AnlRegV). Die Registrierungspflicht greift unabhängig davon, ob die Anlagen finanziell gefördert werden (können). Das hat zur Folge, dass auch nicht geförderte Anlagen bei der Berechnung des Netto-Zubaus und damit über § 29 Abs. 2 bis 5 i. V. m. Abs. 6 bei der Ermittlung der Degressionsintensität berücksichtigt

---

7 Vgl. BT-Drs. 18/1304, S. 133.
8 Vgl. BT-Drs. 18/1304, S. 133.

werden. **Ausgenommen von der Registrierungspflicht** sind nach der AnlRegV nur solche Anlagen, die nicht an das Netz angeschlossen sind bzw. den erzeugten Strom auch nicht mittels kaufmännisch-bilanzieller Weitergabe in das Netz anbieten. Diese Anlagen spielen damit für die Ermittlung des Netto-Zubaus und damit auch bei der Berechnung der Degression nach § 29 Abs. 2 bis 5 i.V.m. Abs. 6 keine Rolle. In den Netto-Zubau werden auch keine Anlagen einbezogen, deren Betreiber gegen die entsprechende Registrierungspflicht verstoßen. Diese Anlagen spielen ebenfalls keine Rolle für die Bestimmung der Degressionsintensität nach § 29 Abs. 2 bis 5.[9] Für den Strom aus diesen Anlagen besteht dann aber wegen § 25 Abs. 1 S. 1 Nr. 1 auch nur ein auf null verringerter Förderanspruch, solange die Anlagen nicht registriert sind.[10]

Die Pflicht, Windenergieanlagen an Land als **„endgültig stillgelegt"** zu registrieren, bezieht sich gemäß § 5 Abs. 2 AnlRegV auf Anlagen, die nach dem 31.7.2014 in Betrieb gegangen sind. Darüber hinaus sind aber auch Anlagen, die bereits vor dem 31. Juli 2014 in Betrieb gegangen sind, gemäß § 6 Abs. 1 S. 1 Nr. 6 AnlRegV zu registrieren, wenn sie endgültig stillgelegt werden. **10**

Maßgeblich für die Einhaltung des Zielkorridors ist der Netto-Zubau **pro Jahr**. Gemeint ist nicht das Kalenderjahr, sondern der in Abs. 6 beschriebene **Bezugszeitraum** von einem Jahr (dazu näher 4.). Der nach § 26 Abs. 2 (und § 11 AnlRegV) veröffentlichte monatliche Netto-Zubau wird **über den Bezugszeitraum addiert** und ergibt im Ergebnis den Nettozubau pro Jahr. So wird z.B. die Summe der installierten Leistung von Anlagen betrachtet, die in den Monaten August 2014 bis Juli 2015 als „in Betrieb genommen" registriert wurden, und jene, die in diesen Monaten als „stillgelegt" registriert wurden, um die Degressionsintensität für die Absenkung im Januar 2016 zu bestimmen. Bewegt sich der Zubau in dem Bezugszeitraum innerhalb des Zielkorridors, hat das zur Folge, dass der anzulegende Wert nach Abs. 2 „lediglich" um die Basisdegression von 0,4% abgesenkt wird (dazu 2.). Weicht der Zubau von dem in Abs. 1 vorgegebenen Zielkorridor ab, folgt daraus eine Anpassung der monatlichen Förderabsenkung nach § 29 Abs. 3 bis 5 (dazu 3.). Die Berücksichtigung des Netto-Zubaus anstatt des Brutto-Zubaus kann im Ergebnis dazu führen, dass, obwohl brutto mehr als 2.600 MW Leistung in einem Bezugszeitraum neu errichtet bzw. als „in Betrieb genommen" registriert wurde, die Basisdegression von 0,4% nicht erhöht wird. Werden in einem Bezugszeitraum z.B. 3.000 MW Leistung als „in Betrieb genommen" registriert und erfolgt in dem selben Bezugszeitraum (Abs. 6) die Registrierung von 500 MW stillgelegter Leistung, so beträgt der Netto-Zubau 2.500 MW und bewegt sich damit innerhalb des Zielkorridors des Abs. 1. **11**

2. Vierteljährliche Basisdegression (Abs. 2). In Abs. 2 ist die sog. **Basisdegression** für Strom aus Windenergie an Land geregelt. Nach Abs. 2 verringern sich die anzulegenden Werte nach § 49 ab dem Jahr 2016[11] jeweils zum 1. Januar, 1. April 1. Juli und 1. Oktober eines Jahres um **0,4%** gegenüber den in den jeweils vorangegangenen drei Kalendermonaten geltenden anzulegenden Werten. Eine erste Absenkung der im Gesetz genannten anzulegenden Werte und ggf. auch eine Anpassung der Basisdegression erfolgt demnach erstmalig zum 1.1.2016, d.h. zum Jahreswechsel 2015/2016. **12**

---

9 Zu den Rechtsfolgen fehlerhafter Veröffentlichungen nach § 26 Abs. 2 und zur Möglichkeit, Veränderungen bei der registrierten Leistung zu berücksichtigen, vgl. § 26 Rn. 90 ff.
10 Vgl. dazu § 25 Rn. 11 ff.
11 Vgl. insofern auch § 26 Abs. 1 Nr. 3.

13 Statt die Förderung für Strom aus Windenergieanlagen an Land wie bisher einmal pro Kalenderjahr abzusenken (vgl. § 20 Abs. 1, 2 Nr. 7 lit. b EEG 2012), wird erstmals mit dem EEG 2014 die Gesamtdegression der Förderung von Strom aus Windenergieanlagen an Land auf **vier Anpassungen pro Jahr** verteilt und somit verstetigt. Die Absenkung nach Abs. 2 erfolgt jeweils zum ersten Kalendertag des 1. Januar, 1. April, 1. Juli und 1. Oktober eines Jahres. Die angepassten anzulegenden Werte gelten damit für die Anlagen, die in den drei folgenden Kalendermonaten in Betrieb genommen werden. Für Anlagen, die am letzten Kalendertag des letzten Monats des Dreimonatszeitraums in Betrieb gehen, gelten damit noch die anzulegenden Werte des vorherigen Dreimonatszeitraums. Ab dem ersten Tag des folgenden Dreimonatszeitraums, beginnend um 00:00 Uhr, gilt dann der anzulegende Wert des Folgezeitraums.

14 Ausgangspunkt für die Berechnung der anzulegenden Werte ist jeweils der nicht gerundete anzulegende Wert des vorherigen Dreimonatszeitraums. Von ihm werden nach Abs. 2 0,4 % abgezogen, wenn der Zielkorridor aus Abs. 1 eingehalten wird. Greift allein die vierteljährliche Basisdegression aus Abs. 2, verringern sich die anzulegenden Werte aus § 49 um insgesamt **1,59 %**[12] **pro Jahr**. In Relation zu der vorher verankerten Absenkung von 1,5 % (§ 20 Abs. 2 Nr. 7 lit. b) EEG 2012) bzw. 1,0 % (§ 20 Abs. 2 Nr. 2 lit. b) EEG 2009) pro Kalenderjahr wurde die jährliche Basisdegression damit gegenüber den früheren Gesetzesfassungen nicht wesentlich verändert.[13] Der Gesetzgeber scheint also davon auszugehen, dass sich die Kostenreduktion für die Windenergie an Land in den kommenden Jahren bei ca. 1,6 % bewegen wird, denn die jährliche Degression spiegelt systematisch die Kostenreduktion bei der Anlagenerrichtung wider, um zu verhindern, dass eine Überförderung stattfindet.

15 **3. Zubauabhängige Degressionsanpassung – „Atmender Deckel" (Abs. 3 bis 5).** In Abs. 1 wird festgelegt, dass der Korridor für den weiteren Zubau von Anlagen zur Erzeugung von Strom aus Windenergie an Land 2.400 MW bis 2.600 MW netto („Netto-Zubau") installierte Leistung pro Kalenderjahr betragen soll. Weicht der registrierte Netto-Zubau in dem als Bezugszeitraum bezeichneten zwölf Monaten (Abs. 6) von diesem Zubaukorridor ab, so greift der Mechanismus aus Abs. 2 bis 5, der die Förderung nach § 49 abhängig von dem Grad der Abweichung des Zubaus vom Zielkorridor anpasst.[14] Damit wird ein Automatismus geschaffen, durch den die quartalsweise Degression angehoben oder abgesenkt wird, wenn der Zubaukorridor aus Abs. 1 über- oder unterschritten wird („atmender Deckel").[15]

---

12 Inklusive Zinseffekten. Ohne Zinseffekte ergibt sich eine jährliche Absenkung der anzulegenden Werte um 1,6 %.
13 Vgl. BT-Drs. 18/1304, S. 133.
14 Vgl. zur Erläuterung des atmenden Deckels nach dem EEG 2012 Änderungsantrag der Fraktionen der CDU/CSU und FDP zu dem Entwurf eines Gesetzes zur Änderung des Rechtsrahmens für Strom aus solarer Strahlungsenergie und weiteren Änderungen im Recht der erneuerbaren Energien, BT-Drs. 17/9152, S. 25 f. Vgl. auch BT-Drs. 18/1304, S. 133.
15 Vgl. zur Erläuterung des atmenden Deckels nach dem EEG 2012 Änderungsantrag der Fraktionen der CDU/CSU und FDP zu dem Entwurf eines Gesetzes zur Änderung des Rechtsrahmens für Strom aus solarer Strahlungsenergie und weiteren Änderungen im Recht der erneuerbaren Energien, BT-Drs. 17/9152, S. 25 f. Vgl. auch BT-Drs. 18/1304, S. 133.

Die folgende Tabelle gibt zunächst einen Überblick darüber, wie der „atmende Deckel" auf 16
die vierteljährliche Absenkung der anzulegenden Werte wirkt, und welche Konsequenzen
sich daraus bei einer gleichbleibenden Zubaumenge pro Jahr ergeben:

Tabelle: Zubauabhängige Degression („atmender Deckel")

Zubaustufen (Netto-Zubau im Bezugszeitraum)	Regelung	Prozentschritte in Prozentpunkten (PP)	Absenkung zum Quartalsbeginn	Maximale jährliche Absenkung (mit Zinseffekt)
ab 3.400 MW	Abs. 3 Nr. 5	+ 0,2 PP	1,2 %	4,7 %
ab 3.200 MW	Abs. 3 Nr. 4	+ 0,2 PP	1,0 %	3,9 %
ab 3.000 MW	Abs. 3 Nr. 3	+ 0,2 PP	0,8 %	3,1 %
ab 2.800 MW	Abs. 3 Nr. 2	+ 0,2 PP	0,6 %	2,3 %
ab 2.600 MW	Abs. 3 Nr. 1	+ 0,1 PP	0,5 %	1,9 %
Zielk. 2.400 bis 2.600 MW (netto)	Abs. 2	+ 0,1 PP	0,4 %	1,5 %
unter 2.400 MW	Abs. 4 Nr. 1	– 0,1 PP	0,3 %	1,1 %
unter 2.200 MW	Abs. 4 Nr. 2	– 0,1 PP	0,2 %	0,7 %
unter 2.000 MW	Abs. 4 Nr. 3	– 0,2 PP	0,0 %	0 %
unter 1.800 MW	Abs. 5 Nr. 1	– 0,2 PP	– 0,2 %	– 0,8 %
unter 1.600 MW	Abs. 5 Nr. 2	– 0,2 PP	– 0,4 %	– 1,6 %

a) Erhöhung der Absenkungsintensität (Abs. 3). Nach § 29 Abs. 3 Nr. 1 bis 5 **steigt die** 17
Basisdegression pro 200 MW Überschreitung des Zielkorridors auf einen gewissen Wert
an. Das bedeutet, dass die anzulegenden Werte aus § 49 stärker abgesenkt werden als in
Abs. 2 mit der Basisdegression von 0,4 % vorgesehen:

– Wird die obere Grenze des Zielkorridors von 2.600 MW um bis zu 200 MW überschritten, d.h. bei einem Zubau von mehr als 2.600 MW und höchstens 2.800 MW in dem Bezugszeitraum, werden die anzulegenden Werte zum Quartalsbeginn um 0,5 % gesenkt (§ 29 Abs. 3 Nr. 1).
– Wird die obere Grenze des Zielkorridors von 2.600 MW um mehr als 200 MW überschritten, d.h. bei einem Zubau von mehr als 2.800 MW und höchstens 3.000 MW in dem Bezugszeitraum, werden die anzulegenden Werte zum Quartalsbeginn um 0,6 % gesenkt (§ 29 Abs. 3 Nr. 2).
– Wird die obere Grenze des Zielkorridors von 2.600 MW um mehr als 400 MW überschritten, d.h. bei einem Zubau von mehr als 3.000 MW und höchstens 3.200 MW in dem Bezugszeitraum, werden die anzulegenden Werte zum Quartalsbeginn um 0,8 % gesenkt (§ 29 Abs. 3 Nr. 3).

- Wird die obere Grenze des Zielkorridors von 2.600 MW um mehr als 600 MW überschritten, d. h. bei einem Zubau von mehr als 3.200 MW und höchstens 3.400 MW in
dem Bezugszeitraum, werden die anzulegenden Werte zum Quartalsbeginn um 1,0 %
gesenkt (§ 29 Abs. 3 Nr. 4).
- Wird die obere Grenze des Zielkorridors von 2.600 MW um mehr als 800 MW überschritten, d. h. bei einem Zubau von mehr als 3.400 MW in dem Bezugszeitraum, werden die anzulegenden Werte zum Quartalsbeginn um 1,2 % gesenkt (§ 29 Abs. 3 Nr. 5).

18 **b) Verringerung der Absenkungsintensität (Abs. 4).** Bei einer Unterschreitung des Korridors um bis zu 600 MW sinkt die Basisdegression nach Maßgabe von § 29 Abs. 4 Nr. 1
bis Nr. 3. Das bedeutet, dass die Fördersätze gemessen an der Basisdegression aus § 29
Abs. 1 weniger stark abgesenkt werden.

- Wird die untere Grenze des Zielkorridors um bis zu 200 MW unterschritten, also bei
einem Zubau von mehr als 2.200 MW bis zu 2.400 MW in dem Bezugszeitraum, werden die anzulegenden Werte zum Quartalsbeginn um 0,3 % reduziert (§ 29 Abs. 4
Nr. 1).
- Wird die untere Grenze des Zielkorridors um mehr als 200 MW unterschritten, also bei
einem Zubau von weniger als 2.200 MW in dem Bezugszeitraum, werden die anzulegenden Werte zum Quartalsbeginn um 0,2 % reduziert (§ 29 Abs. 4 Nr. 2).
- Wird die untere Grenze des Zielkorridors um mehr als 400 MW unterschritten, also bei
einem Zubau von weniger als 2.000 MW in dem Bezugszeitraum, werden die anzulegenden Werte zum Quartalsbeginn um 0,0 % reduziert. Eine Degression gegenüber
dem vorherigen Förderzeitraum findet also nicht statt (§ 29 Abs. 4 Nr. 3).

19 **c) Erhöhung der anzulegenden Werte (Abs. 5).** In Abs. 5 ist für Fälle einer besonders
starken Unterschreitung des Zielkorridors, die die Zielerreichung dauerhaft zu gefährden
drohen, die Erhöhung der anzulegenden Werte geregelt („negative Degression").[16]

- Wird die untere Grenze des Zielkorridors um mehr als 600 MW unterschritten, also bei
einem Zubau von weniger als 1.800 MW in dem Bezugszeitraum, werden die anzulegenden Werte zum Quartalsbeginn um 0,2 % erhöht. Die (negative) Degression beträgt
also 0,2 % (§ 29 Abs. 5 Nr. 1).
- Wird die untere Grenze des Zielkorridors um mehr als 800 MW unterschritten, also bei
einem Zubau von weniger als 1.600 MW in dem Bezugszeitraum, werden die anzulegenden Werte zum Quartalsbeginn um 0,4 % erhöht. Die (negative) Degression beträgt
also 0,4 % (§ 29 Abs. 5 Nr. 2).

20 Mit der **negativen Degression** wird die Möglichkeit eröffnet, den Ausbau der Windenergie
an Land wieder anzureizen, wenn er aufgrund zu hoher Absenkungen der anzulegenden
Werte zusammenbrechen sollte.[17] Sollte es zu einem dauerhaften Markteinbruch kommen,
so dass dauerhaft nur eine Zubaumenge von weniger als 1.600 MW erreicht wird, würden
die anzulegenden Werte um insgesamt 1,6 % pro Jahr angehoben.

21 **4. Bezugszeitraum (Abs. 6).** Bezugszeitraum für den „atmenden Deckel" nach Abs. 2 bis
5 ist nach Abs. 6 der Zeitraum nach dem letzten Kalendertag des 18. Monats, der einem

---

16 Vgl. zu § 31 Abs. 4 Nr. 3 BT-Drs. 18/1304, S. 135.
17 Vgl. zu §§ 20a und 20b EEG 2012 Änderungsantrag der Fraktionen der CDU/CSU und FDP zu
   dem Entwurf eines Gesetzes zur Änderung des Rechtsrahmens für Strom aus solarer Strahlungsenergie und weiteren Änderungen im Recht der erneuerbaren Energien, BT-Drs. 17/9152, S. 25 f.

Anpassungszeitpunkt nach Abs. 2 vorangeht, und vor dem ersten Kalendertag des fünften Monats, der diesem Anpassungszeitpunkt vorangeht. Der Bezugszeitraum beginnt damit 17 Monate vor dem Anpassungszeitpunkt nach Abs. 2 (1. Januar, 1. April, 1. Juli und 1. Oktober) und endet fünf Monate vor diesem. Der Bezugszeitraum nach Abs. 6 umfasst also **12 Kalendermonate**, die dem jeweiligen Anpassungszeitpunkt nach Abs. 2 17 Monate vorausgehen. Daraus ergibt sich, dass **erstmalig zum 1.1.2016**[18] eine Anpassung der anzulegenden Werte bzw. der Basisdegression vorgenommen werden kann. Denn zu diesem Zeitpunkt ist der in Abs. 6 festgelegte Zeitraum (12 Monate + 5 Monate) nach Inkrafttreten des EEG 2014 am 1.8.2014 erstmalig vollständig durchlaufen. Durch die Ausgestaltung der Definition des Bezugszeitraums in Abs. 6 steht damit fünf Monate vor der nächsten Anpassung der anzulegenden Werte fest, wie die Anpassung der Förderung ausfallen wird. Gemäß § 11 Abs. 2 Nr. 3 AnlRegV sind die anzulegenden Werte, die sich aus der Anwendung des § 29 ergeben, spätestens zum letzten Kalendertag des auf den Bezugszeitraum nach Abs. 6 folgenden Kalendermonats zu veröffentlichen. Das ermöglicht allen Marktteilnehmern, auf die zukünftige Anpassung der Förderung adäquat zu reagieren.

Die soeben beschriebene Systematik des sich quartalsweise „fortwälzenden" Bezugszeitraums lässt sich auch als „rollierendes System" beschreiben. Das „**rollierende System**" des Bezugszeitraums, welches schon für den „atmenden Deckel" nach § 20a und 20b EEG 2012 für Strom aus solarer Strahlungsenergie Anwendung fand, führt dazu, dass immer ein ganzes Jahr bei den Degressionsanpassungen berücksichtigt wird. Ein plötzlicher Zubauschub oder -einbruch hat damit keine extremen Auswirkungen auf die Degression der anzulegenden Werte. Die Einbeziehung der Zubaumengen eines ganzen Jahres führt zu einer Verstetigung der Degressionsentwicklung und zugleich zu einer verzögerten Degression.

22

---

18 Vgl. § 26 Abs. 1 Nr. 3 bzw. § 29 Abs. 2.

§ 30 Absenkung der Förderung für Strom aus Windenergie auf See

(1) Für Strom aus Windenergie auf See verringern sich die anzulegenden Werte

1. nach § 50 Absatz 2
   a) zum 1. Januar 2018 um 0,5 Cent pro Kilowattstunde,
   b) zum 1. Januar 2020 um 1,0 Cent pro Kilowattstunde und
   c) ab dem Jahr 2021 jährlich zum 1. Januar um 0,5 Cent pro Kilowattstunde,
2. nach § 50 Absatz 3 zum 1. Januar 2018 um 1,0 Cent pro Kilowattstunde.

(2) Für die Anwendung des Absatzes 1 ist abweichend von § 26 Absatz 1 Satz 2 und 3 der Zeitpunkt der Betriebsbereitschaft der Windenergieanlage auf See nach § 17e Absatz 2 Satz 1 und 4 des Energiewirtschaftsgesetzes maßgeblich, wenn die Netzanbindung nicht zu dem verbindlichen Fertigstellungstermin nach § 17d Absatz 2 Satz 5 des Energiewirtschaftsgesetzes fertiggestellt ist.

Schrifttum: *Schulz* (Hrsg.), Handbuch Windenergie, 2015.

Übersicht

I. Normzweck

1 **1. Anwendungsbereich.** Die Regelungen in § 30 konkretisieren die allgemeinen Bestimmungen zur Absenkung der Förderung gemäß §§ 23, 26 für Strom aus Windenergieanlagen auf See. § 30 findet dabei ausschließlich Anwendung auf Strom aus Windenergie auf See. Zur Abgrenzung von Windenergieanlagen auf See und Windenergieanlagen an Land vergleiche die Kommentierung zu § 5 Nr. 36 sowie § 50 Rn. 1.

2 **2. Regelungsgegenstand.** § 30 regelt die Verringerung der finanziellen Förderung aufgrund der degressiven Ausgestaltung der Förderung. Grundsätzlich bestimmt sich die Höhe des Anspruchs auf finanzielle Förderung für Windenergieanlagen auf See nach § 50 (vgl. § 23 Abs. 1 Satz 2). Der gemäß § 50 anzulegende Wert verringert sich u. a. nach Maßgabe des § 23 Abs. 4, der die verschiedenen Voraussetzungen der Verringerung der finanziellen Förderung aufführt.

Die Verringerung der finanziellen Förderung nach § 30 erfolgt jährlich zum ersten Januar   3
(§ 30 Abs. 1). Die Degression ist dabei grundsätzlich abhängig von dem Zeitpunkt der
Inbetriebnahme. Eine Ausnahme vom Grundsatz der Außerachtlassung des Inbetriebnahmezeitpunkts ist in § 30 Abs. 2 geregelt, für den Fall, dass sich die Fertigstellung der Netzanbindung und damit auch die Inbetriebnahme der Anlage verzögert; hier wird auf die Herstellung der Betriebsbereitschaft der Anlagen abgestellt.

Die Höhe der Verringerung der Vergütung spiegelt die **erwarteten Kostensenkungen** bei   4
Windenergieanlagen auf See aufgrund von Technologieentwicklungen und weiteren Effi-
zienzgewinnen wider.[1] Danach soll ein wirtschaftlicher Betrieb von Windenergieanlagen
auf See unter Einbeziehung von technischer Fortentwicklung und Skaleneffekten auch bei
vergleichsweise geringen anzulegenden Werten möglich sein.

II. Rechtstatsachen

Ein wesentliches Ziel des EEG 2014 war, die Bezahlbarkeit der Energiewende für die Bür-   5
ger sowie die Wirtschaft sicherzustellen und die Belastungen für das Gesamtsystem zu begrenzen, um so die Akzeptanz der Förderung der erneuerbaren Energien und der Energiewende zu sichern. Als Grund für die Kostensteigerungen wurde der mittlerweile signifikante Anteil erneuerbarer Energien an der Stromversorgung ausgemacht, der eine Begrenzung des Zubaus erfordere. Diese Ziele sollen unter anderem im Wege einer Konzentration
auf die kostengünstigeren Technologien und den Abbau von Überförderungen, das Streichen von Boni und die Degression der Fördersätze erreicht werden.[2]

Nach der Gesetzesbegründung führt die Verlängerung des Stauchungsmodells bei der   6
Windenergie auf See zu Mehrkosten von rund 900 Mio. Euro im Jahr 2020. Dies ist gleichbedeutend mit einer Erhöhung der EEG-Umlage im Jahr 2020 um 0,24 Cent pro Kilowattstunde. Allerdings ist zu bedenken, dass der Ausbau der erneuerbaren Energien auch Investitionen auslöst, positive Beschäftigungswirkungen entfaltet und die Abhängigkeit von
Energieimporten verringert.[3] Die Nutzung der Windenergie auf See soll daher kontinuierlich ausgebaut werden, um die Kostensenkungspotenziale dieser Technologie durch **Lern-
und Skaleneffekte** zu heben.[4] Die Verringerung der Förderung beginnt daher gemäß § 26
Abs. 1 Nr. 2 erst 2018.

III. Entstehungsgeschichte

1. EEG 2004.[5] Das EEG 2004 sah in § 10 Abs. 3 und Abs. 7 EEG 2004 eine erhöhte An-   7
fangsvergütung von 9,1 Cent pro Kilowattstunde vor. Die jährliche Degression des Vergütungssatzes wurde auf **2 %** festgelegt und sollte ab **2008** eingreifen. Diese Regelung entfal-
tete letztlich keine Wirkung, da unter dem EEG 2004 keine „Offshore-Windenergieanlagen" installiert wurden.

---

1 BT-Drs. 18/1304, S. 132.
2 BT-Drs. 18/1304, S. 88, 94 ff.
3 BT-Drs. 18/1304, S. 95.
4 BT-Drs. 18/1304, S. 111.
5 Gesetz zur Neuregelung des Rechts der Erneuerbaren Energien im Strombereich vom 21.7.2004
  (BGBl. I S. 1918).

8 **2. EEG 2009.**[6] Im EEG 2009 wurde die Offshore-Windenergie in § 31 EEG 2009 geregelt und die Anfangsvergütung gegenüber dem EEG 2004 für die ersten mindestens 12 Jahre auf 13 Cent pro Kilowattstunde deutlich erhöht. Durch eine sogenannte Sprinterprämie erhöhte sich die Anfangsvergütung für Anlagen, die vor dem 1.1.2011 in Betrieb genommen werden, weiter auf 15 Cent pro Kilowattstunde. Die sich anschließende Grundvergütung wurde auf 3,5 Cent pro Kilowattstunde reduziert und die Degression auf **5 %** bei Inbetriebnahme ab dem Jahr **2015** festgelegt.

9 **3. EEG 2012.**[7] Im EEG wurde die Anfangsvergütung unter Integration der Sprinterprämie auf 15 Cent pro Kilowattstunde festgelegt und alternativ das Stauchungsmodell eingeführt. Die Vergütung sollte bei Inbetriebnahme ab dem Jahr **2018** jährlich um **7 %** sinken, vgl. § 20 Abs. 2 Nr. 7 lit. a EEG 2012.

10 **4. EEG 2014.**[8] Unter dem EEG 2014 beträgt der anzulegende Anfangswert 15,40 Cent pro Kilowattstunde (Basismodell) bzw. 19,40 Cent pro Kilowattstunde (Stauchungsmodell). Die Verringerung der Vergütung wird nunmehr in absoluten Werten ausgedrückt, ist in beiden Modellen verschieden hoch und beginnt **2018**. Weil die Inbetriebnahme wesentlich von der Fertigstellung der Netzanbindung abhängt, diese bei Windenergieanlagen auf See aber durch den Netzbetreiber zu erstellen und in der Praxis häufig verzögert ist, hat der Gesetzgeber die Regelungen zur Verringerung der Vergütung in einen eigenen Paragraphen mit einer Sonderregelung für die verzögerte Netzanbindung überführt.

IV. Verringerung der anzulegenden Werte (Abs. 1)

11 **1. Verringerung im Basismodell gem. § 50 Abs. 2 (Nr. 1).** Die Anfangsvergütung für Strom aus Windenergieanlagen auf See, für die gemäß § 50 Abs. 2 das Basismodell gewählt wurde, verringert sich zum 1.1.2018 um 0,5 Cent pro Kilowattstunde (lit. a)) und zum 1.1.2020 um 1 Cent pro Kilowattstunde (lit. b)). Ab dem 1.1.2021 verringert sich die Förderung jährlich zum 1.1. eines Jahres um 0,5 Cent pro Kilowattstunde (lit. c)). Maßgeblich für die anwendbare Höhe der Förderung sowie deren Verringerung ist gemäß § 26 Abs. 1 der Zeitpunkt der Inbetriebnahme der Windenergieanlage.

12 **2. Verringerung im Stauchungsmodell gem. § 50 Abs. 3 (Nr. 2). a) Anfangsvergütung.** Die Anfangsvergütung für Strom aus Windenergieanlagen auf See, für die gemäß § 50 Abs. 3 das Stauchungsmodell gewählt wurde, verringert sich zum 1.1.2018 um 1 Cent pro Kilowattstunde.

13 **b) Verlängerung der Anfangsvergütung.** § 30 enthält keine Aussage zu der Frage, um welchen Betrag sich die Verlängerung der Anfangsvergütung im Stauchungsmodell bei Inbetriebnahme nach dem 1.1.2018 verringert. Nach § 50 Abs. 3 S. 2 beträgt der anzulegende Wert im Zeitraum der Verlängerung grundsätzlich 15,40 Cent pro Kilowattstunde. Bei Inbetriebnahme nach dem 1.1.2018 verringert sich gemäß §§ 23 Abs. 4 Nr. 3, 26 Abs. 1, 30 auch dieser anzulegende Wert. Fraglich ist nur, ob diese Verringerung 1 Cent

---

Gesetz zur Neuregelung des Rechts der Erneuerbaren Energien im Strombereich und zur Änderung damit zusammenhängender Vorschriften vom 25.10.2008 (BGBl. I S. 2074).

7 Gesetz zur Neuregelung des Rechtsrahmens für die Förderung der Stromerzeugung aus erneuerbaren Energien vom 28.7.2011 (BGBl. I S. 1634).

8 Gesetz zur grundlegenden Reform des Erneuerbare-Energien-Gesetzes und zur Änderung weiterer Bestimmungen des Energiewirtschaftsrechts vom 22.7.2014 (BGBl. I S. 1218).

oder 0,5 Cent betragen soll. Mit dem Wortlaut von § 30 lassen sich beide Varianten vertreten: 1 Cent, weil § 30 Abs. 1 Nr. 2 für die Verringerung der anzulegenden Werte nach dem Stauchungsmodell auf § 50 Abs. 3 insgesamt verweist, und nicht nur auf dessen Satz 1; 0,5 Cent, weil die Vergütung in der Verlängerungszeit in § 50 Abs. 2 S. 2 geregelt ist und daher die Verringerung gemäß § 30 Abs. 1 Nr. 1 auf jedwede Verlängerung der Anfangsvergütung, sei es nach dem Basismodell oder dem Stauchungsmodell, Anwendung finden soll. Da die Wortlautargumente nicht eindeutig sind, ist nach dem Sinn und Zweck der Regelung zu fragen. Nach der Gesetzesbegründung bei der Einführung der Verlängerungsmöglichkeit dient die Verlängerung dazu, die beiden Hauptkostenfaktoren für Errichtung und Betrieb eines Offshore-Windparks, nämlich Entfernung zur Küste und Wassertiefe, angemessen zu berücksichtigen.[9] Diese Kostenfaktoren sind bei Basismodell und Stauchungsmodell gleich. Auch sollen beide Modelle für den Endverbraucher kostenneutral sein.[10] Aus diesen Gründen beträgt die Höhe des Anfangswertes während der Verlängerung bei Inbetriebnahme nach dem 1.1.2018 richtigerweise **14,9 Cent pro Kilowattstunde**.

3. Vergleich. Durch das EEG 2014 wurde das Stauchungsmodell gegenüber dem EEG 2012[11] um zwei Jahre über den 31.12.2017 hinaus bis zum 31.12.2019 verlängert (vgl. § 50 Absatz 3). Hintergrund der Absenkung um 1 Cent zum 1.1.2018 ist, dass der Gesetzgeber die Wirtschaftlichkeit des Basismodells gegenüber dem Stauchungsmodell erhalten wollte. Daher fällt die Degression im Basismodell 2018 mit einer Absenkung in Höhe von 0,5 Cent pro Kilowattstunde geringer aus als im Stauchungsmodell mit einer Absenkung von 1 Cent pro Kilowattstunde. Damit soll sichergestellt werden, dass das Basismodell nach § 50 Absatz 2 gegenüber dem Stauchungsmodell nach § 50 Abs. 3 wirtschaftlich attraktiv bleibt.[12]   **14**

Im Jahr 2019 wird die Degression bei beiden Modellen ausgesetzt. Im Basismodell wird dieser ausgesetzte Degressionsschritt allerdings im Jahr 2020 – nach Auslaufen des Stauchungsmodells, welches gemäß § 50 Abs. 3 eine Inbetriebnahme bzw. Herstellung der Betriebsbereitschaft vor dem 1.1.2020 verlangt – durch eine doppelte Degression nachgeholt.[13]   **15**

4. Übersicht zur Verringerung der Werte nach § 30 Nr. 1 und Nr. 2.   **16**

Datum der Inbetriebnahme nach dem	Verringerung Anfangswert unter dem Basismodell (§ 50 Abs. 2)	Verringerung Anfangswert unter dem Stauchungsmodell (§ 50 Abs. 3)	Grundwert (§ 50 Abs. 1)
1.1.2015	15,40	19,40	3,90
1.1.2016	15,40	19,40	3,90
1.1.2017	15,40	19,40	3,90
1.1.2018	14,90	18,40	3,90

---

9 BT-Drs. 17/6071, S. 75 f.
10 Altrock/Oschmann/Theobald/*Prall*, § 31 Rn. 40.
11 Vgl. § 31 Abs. 3 EEG 2012.
12 BT-Drs. 18/1304, S. 132.
13 BT-Drs. 18/1304, S. 132.

Datum der Inbetriebnahme nach dem	Verringerung Anfangswert unter dem Basismodell (§ 50 Abs. 2)	Verringerung Anfangswert unter dem Stauchungsmodell (§ 50 Abs. 3)	Grundwert (§ 50 Abs. 1)
1.1.2019[14]	14,90	18,40[15]	3,90
1.1.2020	13,90	–	3,90
1.1.2021	13,40	–	3,90
1.1.2022	12,90	–	3,90

V. Verzögerung der Fertigstellung der Netzanbindung (Abs. 2)

17 § 30 Abs. 2 enthält eine Sonderregelung für Fälle, in denen sich die Fertigstellung der Netzanbindung und damit auch die Inbetriebnahme der Windenergieanlage verzögern.

18 Der finanziellen Förderung sind grundsätzlich diejenigen Werte zugrunde zu legen, die im Zeitpunkt der Inbetriebnahme der jeweiligen Anlage galten (§ 26 Abs. 1). Im Falle der verzögerten Fertigstellung der Netzanbindung wird auch die Inbetriebnahme der Windenergieanlagen verzögert. Das könnte dazu führen, dass etwa die Degression zum 1.1.2018 auch Projekte erfasst, deren Netzanschluss nach dem verbindlichen Fertigstellungstermin nach § 17d Abs. 2 S. 5 EnWG im Jahr 2017 hergestellt sein soll, sich aber derart verzögert, dass eine Inbetriebnahme der Windenergieanlagen vor dem 1.1.2018 nicht möglich ist. Die betroffenen Windenergieanlagen würden dann nach § 30 Abs. 1 eine geringere Anfangsvergütung erhalten. Der durch die verringerte Förderung entstehende Vermögensschaden kann vom Anlagenbetreiber auch nicht im Rahmen der Entschädigung nach § 17e EnWG gegenüber dem Übertragungsnetzbetreiber geltend gemacht werden, denn diese Entschädigung ist auf den Zeitraum der nicht möglichen Einspeisung begrenzt; weitergehende Ansprüche gegen den Übertragungsnetzbetreiber wegen Vermögensschäden aufgrund einer verzögerten Netzanbindung sind nach § 17e Abs. 2 S. 3 EnWG ausgeschlossen. Die hierdurch hervorgerufenen **Finanzierungsrisiken** werden durch Abs. 2 **aufgefangen** und **Planungssicherheit in Bezug auf die Degression** auch dann gewährleistet, wenn sich die Herstellung der Netzanbindung verzögert.[16]

19 Daher sieht § 30 Abs. 2 in Abweichung von § 26 Abs. 1 vor, dass anstelle auf den Zeitpunkt der Inbetriebnahme der Anlage auf den Zeitpunkt der **Betriebsbereitschaft** der Windenergieanlage auf See gem. § 17e Abs. 2 S. 1 und 4 EnWG abzustellen ist.

20 § 30 Abs. 2 ist anwendbar, wenn die Netzanbindung nicht zum verbindlichen Fertigstellungstermin nach § 17d Abs. 2 S. 5 EnWG fertiggestellt ist. Gemäß § 17e Abs. 2 S. 6 EnWG steht der Fertigstellungstermin aus einer unbedingten Netzanbindungszusage dem verbindlichen Fertigstellungstermin gleich, so dass auch Projekte, die noch auf der Grund-

---

14 Degression einmalig ausgesetzt.
15 Spätester Zeitpunkt der Inbetriebnahme bzw. Herstellung der Betriebsbereitschaft zur Nutzung des Stauchungsmodells: 31.12.2019.
16 Vgl. BT-Drs. 18/1891, S. 203.

lage einer unbedingten Netzanbindungszusage angeschlossen werden, in den Anwendungsbereich des Abs. 2 fallen.[17]

Das EEG 2012 sah keine entsprechende Regelung vor, so dass sich der Gesetzgeber hier **21** zum Handeln gezwungen sah.

Die von *Salje*[18] aufgeworfene Frage, ob im Rahmen des § 30 auch die für die Entschädi- **22** gung nach § 17e Abs. 2 EnWG erforderliche Karenzzeit von 11 Tagen heranzuziehen ist, ist abwegig und zu verneinen. Der Gesetzgeber stellte nur auf das Erreichen der Betriebsbereitschaft ab; eine Karenzzeit wie bei der Entschädigung ist im Rahmen von § 30 nicht vorgesehen.

VI. Übergangsvorschriften

Zwar ist § 30 nur vorbehaltlich der Übergangsvorschriften des § 100 anzuwenden. Da ge- **23** mäß §§ 26 Abs. 2, 30 die Verringerung der Förderung erst für Anlagen greift, die ab dem 1.1.2018 in Betrieb genommen werden, ist eine Übergangsvorschrift jedoch nicht einschlägig.

---

17 Vgl. BT-Drs. 18/1891, S. 203.
18 *Salje*, § 30 Rn. 6.

§ 31 Absenkung der Förderung für Strom aus solarer Strahlungsenergie

(1) Der Zielkorridor für den Brutto-Zubau von Anlagen zur Erzeugung von Strom aus solarer Strahlungsenergie beträgt 2 400 bis 2 600 Megawatt pro Jahr.

(2) [1]Die anzulegenden Werte nach § 51 verringern sich ab dem 1. September 2014 monatlich zum ersten Kalendertag eines Monats um 0,5 Prozent gegenüber den in dem jeweils vorangegangenen Kalendermonat geltenden anzulegenden Werten. [2]Die monatliche Absenkung nach Satz 1 erhöht oder verringert sich jeweils zum 1. Januar, 1. April, 1. Juli und 1. Oktober jedes Jahres nach Maßgabe der Absätze 3 und 4.

(3) Die monatliche Absenkung der anzulegenden Werte nach Absatz 2 Satz 2 erhöht sich, wenn der nach § 26 Absatz 2 Nummer 3 veröffentlichte Brutto-Zubau von Anlagen zur Erzeugung von Strom aus solarer Strahlungsenergie in dem gesamten Bezugszeitraum nach Absatz 5 den Zielkorridor nach Absatz 1

1. um bis zu 900 Megawatt überschreitet, auf 1,00 Prozent,
2. um mehr als 900 Megawatt überschreitet, auf 1,40 Prozent,
3. um mehr als 1 900 Megawatt überschreitet, auf 1,80 Prozent,
4. um mehr als 2 900 Megawatt überschreitet, auf 2,20 Prozent,
5. um mehr als 3 900 Megawatt überschreitet, auf 2,50 Prozent oder
6. um mehr als 4 900 Megawatt überschreitet, auf 2,80 Prozent.

(4) Die monatliche Absenkung der anzulegenden Werte nach Absatz 2 Satz 2 verringert sich, wenn der nach § 26 Absatz 2 Nummer 3 veröffentlichte Brutto-Zubau von Anlagen zur Erzeugung von Strom aus solarer Strahlungsenergie in dem gesamten Bezugszeitraum nach Absatz 5 den Zielkorridor nach Absatz 1

1. um bis zu 900 Megawatt unterschreitet, auf 0,25 Prozent,
2. um mehr als 900 Megawatt unterschreitet, auf null oder
3. um mehr als 1 400 Megawatt unterschreitet, auf null; die anzulegenden Werte nach § 51 erhöhen sich zum ersten Kalendertag des jeweiligen Quartals einmalig um 1,50 Prozent.

(5) Bezugszeitraum ist der Zeitraum nach dem letzten Kalendertag des 14. Monats und vor dem ersten Kalendertag des letzten Monats, der einem Zeitpunkt nach Absatz 2 vorangeht.

(6) [1]Wenn die Summe der installierten Leistung geförderter Anlagen zur Erzeugung von Strom aus solarer Strahlungsenergie erstmals den Wert 52 000 Megawatt überschreitet, verringern sich die anzulegenden Werte nach § 51 zum ersten Kalendertag des zweiten auf die Überschreitung folgenden Kalendermonats auf null. [2]Geförderte Anlagen sind alle Anlagen zur Erzeugung von Strom aus solarer Strahlungsenergie,

1. die nach Maßgabe der Rechtsverordnung nach § 93 als geförderte Anlage registriert worden sind,
2. für die der Standort und die installierte Leistung nach § 16 Absatz 2 Satz 2 des Erneuerbare-Energien- Gesetzes in der am 31. Dezember 2011 geltenden Fassung, nach § 17 Absatz 2 Nummer 1 Buchstabe a des Erneuerbare-Energien-Gesetzes in der am 31. März 2012 geltenden Fassung oder nach § 17 Absatz 2 Nummer 1 Buch-

stabe a des Erneuerbare-Energien-Gesetzes in der am 31. Juli 2014 geltenden Fassung an die Bundesnetzagentur übermittelt worden sind oder

3. die vor dem 1. Januar 2010 in Betrieb genommen worden sind; die Summe der installierten Leistung ist von der Bundesnetzagentur unter Berücksichtigung der Meldungen in ihrem Photovoltaik-Meldeportal und der Daten der Übertragungsnetzbetreiber und des Statistischen Bundesamtes zu schätzen.

Schrifttum: *von Oppen/Groß*, Nach dem EEG ist vor dem EEG – Die Förderung von Erneuerbare-Energien-Anlagen nach der PV-Novelle 2012, ZNER 2012, 347.

Übersicht

I. Sinn und Zweck der Norm*

In § 31 finden sich die speziellen Regelungen zur Absenkung der Förderung für Strom aus solarer Strahlungsenergie. In Abs. 1 greift § 31 zunächst den in § 3 Nr. 3 festgelegten jährlichen Ausbaupfad von 2.500 MW (brutto) auf,[1] und interpretiert diesen i. S. e. „Zielkorridors" von 2.400 MW bis 2.600 MW jährlichem **Brutto-Zubau**. In Abs. 2 wird eine monatliche Basisdegression von 0,5 % festgelegt. In Abs. 2 bis 5 finden sich darüber hinaus Vorgaben für eine **zubauabhängige Anpassung der Absenkung der Förderung („atmender Deckel")**. Nach diesem alle drei Monate anzupassenden „atmenden Deckel" fällt die Absenkung stärker aus, wenn der Zubau oberhalb des in Abs. 1 festgelegten Zielkorridors von 2.400 MW bis 2.600 MW installierter Leistung pro Jahr liegt (vgl. Abs. 3 Nr. 1 bis 6). Unterschreitet der Zubau diesen Korridor, fällt die Degression geringer aus oder wird auf null reduziert (vgl. Abs. 4 Nr. 1 bis 2). Unterschreitet der Zubau den Zielkorridor wesentlich, erfolgt eine Erhöhung der anzulegenden Werte (vgl. Abs. 4 Nr. 3). Abs. 5 definiert den 12-monatigen Bezugszeitraum, auf den sich der Zielkorridor des Abs. 1 bezieht. Zudem wird in Abs. 6 ein **Gesamtausbauziel** für die geförderte Stromgewinnung aus solarer Strah- **1**

---

* Die Kommentierung greift in Teilen die Ausführungen zur Vorgängerregelung aus §§ 20a und 20b EEG 2012 in Band 2 auf. Die Verfasser danken *Hanna Schumacher*, die an der Kommentierung der Vorgängerregelung als Autorin mitgewirkt hat.

1 Vgl. BT-Drs. 18/1304, S. 134.

lungsenergie festgelegt. Wird das Ziel erreicht, soll die Förderung für Anlagen zur Erzeugung von Strom aus solarer Strahlungsenergie entfallen.

2   § 31 ist Teil des Degressionsmechanismus, der darauf abzielt, die **finanzielle Förderung durch das EEG schrittweise abzusenken**. Hinsichtlich der allgemeinen Bedeutung des Degressionsmechanismus wird auf die bereits im Rahmen der Kommentierung zu § 26 gemachten Ausführungen verwiesen.[2] In der Gesetzesbegründung wird zu dem in § 31 verankerten speziellen Degressionsmechanismus für Strom aus solarer Strahlungsenergie ausgeführt: Mit § 31 „wird der bewährte ‚atmende Deckel' für Strom aus solarer Strahlungsenergie, der bislang in § 20b EEG 2012 geregelt war, in seiner grundlegenden Struktur im Wesentlichen beibehalten und in Bezug auf einige Aspekte weiterentwickelt. Durch die PV-Novelle 2012 wurde die zubauabhängige Degression verstetigt. Dies hat dazu geführt, dass sich auch der Zubau verstetigt hat. Im Jahr 2013 lag der Zubau erstmals seit drei Jahren wieder im Rahmen des gesetzlichen Zielkorridors. Dies ist unter anderem auf den automatischen Mechanismus des ‚atmenden Deckels' zurückzuführen, dessen Systematik daher beibehalten wird."[3] Der Sinn und Zweck der speziellen Degressionsregelung für Strom aus solarer Strahlungsenergie ist (damit auch weiterhin) darauf gerichtet, mit einer monatlichen **Basisdegression die Absenkung der Förderung von Strom aus solarer Strahlungsenergie zu verstetigen**, um die in der Vergangenheit beobachteten Vorzieheffekte vor den Absenkungsterminen zu vermeiden. Das Telos der Verstetigung der Absenkung prägt den „atmenden Deckel" in § 31 Abs. 2 bis 5, denn indem die Förderung viermal pro Jahr angepasst wird und die Absenkung dennoch gleichmäßig auf die jeweilige „Drei-Monats-Periode" verteilt wird, kommt es zu keinen größeren Sprüngen in der Absenkung der Förderung. Durch die alle drei Monate erfolgende Anpassung des „atmenden Deckels" wird die **Absenkung seit der EEG-Novelle 2012 zudem zeitlich enger an den tatsächlich erfolgten Leistungsausbau gekoppelt**.[4] Durch die automatische Anpassung wird eine Anpassung in langwierigen Gesetzgebungsverfahren vermieden[5] und somit verhindert, dass die anzulegenden Werte erneut zum Spielball der Politik werden können.

II. Entstehungsgeschichte

3   Bereits das **EEG 2000** und das **EEG 2004** sahen Vorgaben für die jährliche Senkung der finanziellen Förderung in Form der Einspeisetarife für Strom aus solarer Strahlungsenergie vor. Die Vorgaben fanden sich unmittelbar in der jeweiligen besonderen Vergütungsvorschrift für Strom aus solarer Strahlungsenergie.[6] Im Vergleich zu der jährlichen Absenkung der Vergütung von Strom aus anderen Energieträgern fiel die jährliche Degression mit 5 % von Beginn an höher aus. Hintergrund war, dass die Vergütungssätze wegen der zunächst noch hohen Gestehungskosten von Strom aus Photovoltaik-Anlagen ebenfalls vergleichs-

---

2   Vgl. die Erläuterungen zu § 26 Rn. 1 ff.

3   Vgl. BT-Drs. 18/1304, S. 133.

4   Vgl. zu § 20b EEG 2012 Änderungsantrag der Fraktionen der CDU/CSU und FDP zu dem Entwurf eines Gesetzes zur Änderung des Rechtsrahmens für Strom aus solarer Strahlungsenergie und weiteren Änderungen im Recht der erneuerbaren Energien, BT-Drs. 17/9152, S. 26.

5   Vgl. zum EEG 2012 Altrock/Oschmann/Theobald/*Hoppenbrock*, § 20b Rn. 12.

6   Näher zu den Einzelheiten der Regelungen im EEG 2000 und EEG 2004, insbesondere zu der Höhe der Absenkung Altrock/Oschmann/Theobald/*Oschmann*, § 20 Rn. 5 f.

weise hoch waren und gerade im Bereich Photovoltaik starke Kostensenkungen erwartet wurden.[7]

Mit dem **EEG 2009** wurden die Absenkungsregelungen für alle Energieträger in der allgemeinen Vergütungsvorschrift des § 20 EEG 2009 ohne materielle Änderung des Mechanismus selbst zusammengefasst.[8] Für Photovoltaikanlagen fanden sich in § 20 Abs. 2 Nr. 8 die Prozentsätze, um die die Vergütung von Strom aus Photovoltaikanlagen abgesenkt werden sollte. Dabei differenzierte die Regelung zwischen verschiedenen Leistungskategorien. Im Laufe des Gesetzgebungsverfahrens zum EEG 2009 wurde wegen der sehr großen Zubaumenge an Photovoltaik-Anlagen ein sog. „atmender Deckel" eingeführt (§ 20 Abs. 2a EEG 2009). Damit erhöhte sich die jährliche Absenkung um 1,0 Prozentpunkt, wenn eine bestimmte Zubaumenge überschritten wurde und es verringerte sich die Absenkung um 1,0 Prozentpunkt, wenn eine bestimmte Zubaumenge unterschritten wurde. Die positive aber kostenintensive Entwicklung des Ausbaus der Solarenergie hielt auch nach Inkrafttreten des EEG 2009 an, so dass § 20 EEG 2009 mehrfach und insbesondere durch die sog. **erste PV-Novelle** bzw. **Photovoltaik-Novelle 2010**[9] zulasten von Strom aus solarer Strahlungsenergie verschärft wurde.[10] Zuletzt war in § 20 Abs. 2 Nr. 8 EEG 2009 ein Degressionssatz von 9,0 % im Jahr festgelegt worden. Darüber hinaus fanden sich in § 20 Abs. 3 und Abs. 4 EEG 2009 weiterhin spezielle Degressionsregelungen, nach denen die Vergütung abhängig vom Zubau des vorangegangenen Jahres stärker sinken musste.[11] Der Umfang der Norm des § 20 EEG 2009 wuchs stark an und die Sonderbestimmungen für Strom aus solarer Strahlung wurden zunehmend als Fremdkörper innerhalb des Absenkungssystems für die Vergütungssätze und Boni der übrigen geförderten Energieträger wahrgenommen.

Mit dem **EEG 2012** wurde daher die Absenkung der Vergütungssätze für Strom aus solarer Strahlungsenergie zur besseren Verständlichkeit und Übersichtlichkeit in einen eigenen Paragrafen – § 20a EEG 2012 – überführt.[12] Nach § 20a Abs. 2 EEG 2012 sollten sich die Vergütungssätze der §§ 32 f. EEG 2012 grundsätzlich weiterhin jährlich um 9,0 % gegenüber den jeweils am 1. Januar des Vorjahres geltenden Vergütungssätzen verringern. Bestandteil der Degressionsvorschrift war weiterhin ein „atmender Deckel", d. h. eine zubauabhängige Anpassung der Absenkung der Vergütung. Wegen des starken Zubaus im Jahr 2011 verringerte sich daher die Vergütung bereits mit dem Inkrafttreten der Novelle zum 1.1.2012 um 15 %.[13]

4

5

---

7 Vgl. zu der vergleichsweise hohen Absenkung von 5 % im EEG 2000 und im EEG 2004 die Gesetzesbegründung zum EEG 2000, BT-Drs. 14/2341, S. 9; Gesetzesbegründung zum EEG 2004, BT-Drs. 15/2327, S. 33.
8 Dazu Gesetzesbegründung zum EEG 2009, BT-Drs. 16/8148, S. 51.
9 Erstes Gesetz zur Änderung des Erneuerbare-Energien-Gesetzes v. 11.8.2010, BGBl. I S. 1170.
10 S. dazu die übersichtliche Darstellung des Inhalts der Photovoltaik-Novelle von 2010 und des Europarechts-Anpassungsgesetzes von 2011 bei Altrock/Oschmann/Theobald/*Oschmann*, § 20 Rn. 12 ff.; daran anknüpfend Altrock/Oschmann/Theobald/*Hoppenbrock*, § 20a Rn. 12 ff.
11 Näher zu den Änderungen insbesondere durch die Photovoltaik-Novelle 2010 und das Europarechtsanpassungsgesetz Erneuerbare Energien Altrock/Oschmann/Theobald/*Hoppenbrock*, § 20a Rn. 16 ff.
12 Gesetzesbegründung zum EEG 2012, BT-Drs. 17/6071, S. 67.
13 Dazu die archivierten Veröffentlichungen der Vergütungssätze durch die BNetzA, abrufbar unter: www.bundesnetzagentur.de.

6 Der weiterhin starke Zubau von Photovoltaikanlagen im Jahr 2011 i. H. v. ca. 7.500 MW, wovon fast 3.000 MW allein im Dezember 2011 in Betrieb gegangen sind,[14] entfachte trotz der Vergütungssenkung zum 1.1.2012 erneut eine Diskussion um die Höhe der Vergütungssätze für Anlagen zur Erzeugung von Strom aus solarer Strahlungsenergie.[15] Der auch als „7,5-Gigawatt-Schock" bezeichnete[16] Zubau war zum einen durch die zu erwartenden drastischen Kürzungen der Vergütungssätze zum Jahresende angeheizt worden, was zu einer Art „Jahresschlussrallye" geführt hatte, und zum anderen einem starken Preisverfall bei den Photovoltaik-Systemen geschuldet.[17] Kurze Zeit nach Inkrafttreten des EEG 2012 sollte daher die Degressionsregelung aus § 20a EEG 2012 im Zuge der sog. **zweiten PV-Novelle** bzw. **Photovoltaik-Novelle 2012** erneut geändert werden.[18] Das folgende Gesetzgebungsverfahren gestaltete sich sehr schwierig und mündete wegen der divergierenden Interessen von Bund und Ländern mit Solarfabrikstandorten in ein Vermittlungsverfahren. Der **erste Entwurf** der Fraktionen der CDU/CSU und FDP sah noch eine einfache Umgestaltung des § 20a EEG 2012 vor, deren zentrales Element der Wechsel zu einer monatlichen Absenkung durch einen festen Betrag von 0,15 Ct. pro Kilowattstunde ohne „atmenden Deckel" gewesen wäre.[19] Der **zweite Entwurf**, der ebenso heftig politisch umstritten war wie der erste Entwurf[20] sah hingegen vor, eine „prozentuale" monatliche Absenkung einzuführen und das Prinzip des „atmenden Deckels" wieder aufzunehmen. In dem zweiten Entwurf erfolgte zudem eine Aufteilung der Degressionsregelung auf §§ 20a und 20b EEG 2012.[21] Der zweite Entwurf wurde schließlich im Vermittlungsausschuss modifiziert[22] und konnte in der Fassung vom 17.8.2012 rückwirkend zum 1.4.2012 in Kraft treten. Der Degressionsmechanismus für die Vergütung von Strom aus Photovoltaik-Anlagen ent-

---

14 Vgl. dazu die Meldezahlen für 2011 auf www.bundesnetzagentur.de sowie die Gesetzesbegründung zur Photovoltaik-Novelle 2012, BT-Drs. 17/8877, S. 12.
15 Vgl. zum Verlauf der Diskussion aus Sicht der Solarbranche *Podewiels*, Photon 2/2012, 12; *Podewiels/Korn*, Photon 3/2012, 16; *Podewiels*, Photon 4/2012, 16.
16 So der Titel eines Artikels, *Podewiels*, Photon 2/2012, 12.
17 Der Ausdruck „Jahresschlussrallye" findet sich in diesem Zusammenhang auch in der Gesetzesbegründung zur Photovoltaik-Novelle 2012, BT-Drucks. 17/8877, S. 12; *Lünenbürger*, in: Gerstner, EE, Kap. 5, Rn. 122.
18 Am 6.3.2012 wurde der erste Änderungsentwurf in den Bundestag eingebracht: Gesetzesbegründung zur Photovoltaik-Novelle 2012, BT-Drs. 17/8877, S. 4.
19 Vgl. dazu Gesetzesbegründung zur Photovoltaik-Novelle 2012, BT-Drs. 17/8877, S. 4.
20 Vgl. zu der politischen Auseinandersetzung den Beratungsverlauf und die Beratungsergebnisse im federführenden Ausschuss für Umwelt, Naturschutz und Reaktorsicherheit, BT-Drs. 17/9152, S. 14 ff.; Entschließungsantrag der Fraktion der SPD, zu der dritten Beratung des Gesetzentwurfs der Fraktionen der CDU/CSU und FDP – Drucksachen 17/8877, 17/9152, BT-Drs. 17/9157; Entschließungsantrag von einzelnen Abgeordneten und der Fraktion BÜNDNIS 90/DIE GRÜNEN, zu der dritten Beratung des Gesetzentwurfs der Fraktionen der CDU/CSU und FDP – Drucksachen 17/8877, 17/9152, BT-Drs. 17/9172. Vgl. zu diesem Aspekt der Entstehungsgeschichte auch *Lünenbürger*, in: Gerstner, EE, Kap. 5, Rn. 122.
21 Änderungsantrag der Fraktionen der CDU/CSU und FDP zu dem Entwurf eines Gesetzes zur Änderung des Rechtsrahmens für Strom aus solarer Strahlungsenergie und weiteren Änderungen im Recht der erneuerbaren Energien, BT-Drs. 17/9152.
22 Beschlussempfehlung des Vermittlungsausschusses zu dem Gesetz zur Änderung des Rechtsrahmens für Strom aus solarer Strahlungsenergie und zu weiteren Änderungen im Recht der erneuerbaren Energien – BT-Drs. 17/8877, 17/9152, 17/9643, BT-Drs. 17/10103.

hielt fortan folgende zentrale Bauteile:[23] Der Zielkorridor von 2.500 MW bis 3.000 MW
pro Kalenderjahr (§ 20a Abs. 1 EEG 2012) wurde ausdrücklich definiert. Zuvor ließ sich
dieses jährliche Ausbauziel nur mittelbar aus den Vorschriften über den „atmenden Deckel" entnehmen.[24] Die Degression wurde verstetigt (§ 20b Abs. 1 EEG 2012), indem die
Vergütung künftig nicht ein- bzw. zweimal pro Jahr, sondern monatlich in kleineren Pro-
zent-Schritten sank. Der „atmende Deckel" wurde beibehalten. Die Absenkung der Vergütung wurde fortan angepasst, wenn der geförderte Zubau von dem angestrebten Zielkorridor abwich (§ 20b Abs. 2 bis Abs. 9 EEG 2012). In den Absenkungsvorschriften wurde ein
Gesamtausbauziel von 52.000 MW verankert (§ 20b Abs. 9a EEG 2012). Die Neuerungen
wurden durch Veröffentlichungspflichten der BNetzA zu den Zubaumengen (§ 20a Abs. 2
und Abs. 3 EEG 2012) und zur Vergütungshöhe (§ 20b Abs. 10 EEG 2012) flankiert.

Das **EEG 2014** greift all diese Elemente des „atmenden Deckels" des EEG 2012 auf. Laut   7
Gesetzesbegründung zum EEG 2014 wurde mit § 31 „der bewährte ‚atmende Deckel' für
Strom aus solarer Strahlungsenergie, der bislang in § 20b EEG 2012 geregelt war, in seiner
grundlegenden Struktur im Wesentlichen beibehalten und in Bezug auf einige Aspekte
weiterentwickelt".[25] So wurde mit dem EEG 2014 die Basisdegression von 1,0 % auf 0,5 %
verringert. Da aber auch der Zielkorridor von 2.400 MW bis 3.500 MW (§ 20a Abs. 1 EEG
2012) auf 2.400 MW bis 2.600 MW (§ 31 Abs. 1) verringert wurde, ergibt sich für einen
Zubau von 2.700 MW bis 3.500 MW nach § 31 Abs. 1, 2 und 3 Nr. 1 EEG 2014 – genau
wie nach dem EEG 2012 – eine monatliche Degression von 1,0 %. Die tatsächlichen Auswirkungen der Änderungen des „atmenden Deckels" sind demnach gering. Neben dem
„atmenden Deckel" enthält § 31 Abs. 6 – genau wie § 20b Abs. 9a EEG 2012 – eine Förderobergrenze für Photovoltaikanlagen in Höhe von 52.000 MW (sog. „52 GW-Deckel").
Genau wie nach § 20b Abs. 9a EEG 2012 nimmt der 52-GW-Deckel nach § 31 Abs. 6 nur
Bezug auf sog. geförderte Photovoltaikanlagen nach § 31 Abs. 6 S. 2. Die dort niedergelegte Begriffsdefinition der „geförderten Anlage" stimmt mit der Definition nach dem
EEG 2012 überein. Die vormals in §§ 20a und 20b EEG 2012 geregelten Veröffentlichungspflichten in Bezug auf die Anwendung des „atmenden Deckels" bzw. die Errei-
chung des Gesamtausbauziels wurden mit dem EEG 2014 in § 26 Abs. 2 bzw. § 11 Anl-
RegV konzentriert.

III. Einzelerläuterungen

1. Festlegung des jährlichen Zielkorridors (Abs. 1). In Abs. 1 wird der Korridor für den   8
weiteren Zubau von Anlagen zur Erzeugung von Strom aus solarer Strahlungsenergie festgelegt. Der Zielkorridor beträgt – in Anknüpfung an das Ausbauziel aus § 3 Nr. 3, wonach
die installierte Leistung von Anlagen zur Erzeugung von Strom aus solarer Strahlungsenergie um 2.500 MW (brutto) jährlich steigen soll – zwischen **2.400 MW bis 2.600 MW brutto** pro Jahr. Das bedeutet, dass die Gesamtleistung der in einem Jahr in der Bundesrepublik
Deutschland neu errichteten und als „in Betrieb genommen" registrierten Anlagen 2.400
MW brutto nicht unterschreiten und 2.600 MW brutto nicht überschreiten soll. Der Ziel-

---

23 Erneuerbare-Energien-Gesetz v. 25.10.2008 (BGBl. I S. 2074), das zuletzt durch Artikel 1 des Ge-
    setzes v. 17.8.2012 (BGBl. I S. 1754) geändert worden ist; vgl. zu diesen und den übrigen Neu-
    erungen durch die Novelle auch *von Oppen/Groß*, ZNER 2012, 347 ff.
24 So auch Altrock/Oschmann/Theobald/*Hoppenbrock*, § 20a Rn. 30.
25 Vgl. BT-Drs. 18/1304, S. 133.

korridor ist damit gegenüber § 20a Abs. 1 EEG 2012 wesentlich schmaler. So sah § 20a Abs. 1 EEG noch einen jährlichen Zielkorridor von 2.500 MW bis 3.500 MW vor. Laut Gesetzesbegründung zum EEG 2014 soll die Verschmälerung des Zielkorridors eine zielgenauere Steuerung der Degression ermöglichen.[26] Mit dem Zielkorridor von 2.400 MW bis 2.600 MW brutto pro Jahr soll letztendlich ein sowohl aus der ökonomischen Perspektive als auch mit Blick auf die Netz- und Systemintegration ausgewogener Ausbaupfad vorgegeben werden.

9   Der Zielkorridor bezieht sich auf den **Brutto-Zubau**. Die Legaldefinition des Begriffs Brutto-Zubau findet sich in § 26 Abs. 2 Nr. 3. Es handelt sich dabei um die Summe der installierten Leistung der Anlagen, die in einem bestimmten Zeitraum als „in Betrieb genommen" registriert worden sind. Es kommt also nicht auf die tatsächliche Errichtung oder Inbetriebnahme, sondern auf die Registrierung der Anlagen nach den Vorgaben des § 26 Abs. 2 und der AnlRegV an. Durch den Rückgriff auf den Brutto-Zubau unterscheidet sich § 31 von der speziellen Degressionsregelung für Windenergieanlagen an Land (§ 29), wo für die Einhaltung des Zielkorridors auf den Netto-Zubau abgestellt wird.[27] Anders als bei der Bestimmung des Netto-Zubaus wird beim Brutto-Zubau nicht berücksichtigt, ob in dem jeweiligen Zeitraum auch Anlagen stillgelegt worden sind oder nicht. Wird z. B. in einem Monat mehr Leistung stillgelegt als neu hinzugebaut wird, hat das auf die Bestimmung der „Zubaumenge" keinen Einfluss. Der Brutto-Zubau und damit auch der sich darauf beziehende Zielkorridor des § 31 Abs. 1 lassen die stillgelegte Leistung schlicht unberücksichtigt. Das kann dazu führen, dass der Zielkorridor aus § 31 Abs. 1 eingehalten oder gar überschritten wird, obwohl netto kein Zubau an Photovoltaikanlagen erfolgt ist.

10   Der Brutto-Zubau bezieht sich auf die Leistung aller **Anlagen, die als „in Betrieb genommen" registriert** werden. Nach § 3 Abs. 1 AnlRegV müssen alle Anlagen als „in Betrieb genommen" registriert werden und zwar unabhängig davon, ob dem Grunde nach ein Anspruch auf Förderung nach § 19 besteht oder nicht. Auch solche Anlagen, die letztlich nicht finanziell gefördert werden (können), fallen unter die Registrierungspflicht. Das hat zur Folge, dass auch nicht geförderte Anlagen bei der Berechnung des Brutto-Zubaus und damit über § 31 Abs. 3 und 4 i.V.m. Abs. 5 bei der Ermittlung der Degressionsintensität berücksichtigt werden. Darin liegt ein Unterschied zur Vorgängerregelung im EEG 2012. § 20b EEG 2012 stellte zur Beantwortung der Frage, ob sich der Zubau innerhalb des Zielkorridors bewegte, noch darauf ab, welche Leistung die **„geförderten Anlagen"** hatten, die in dem jeweils betrachteten Zeitraum registriert wurden. Maßgeblich nach § 20b EEG 2012 war also nur der Zubau von Anlagen, für deren Strom auch eine Förderung nach dem EEG 2012 in Anspruch genommen werden konnte bzw. sollte.

11   **Ausgenommen von der Registrierungspflicht** sind nach der AnlRegV nur solche Anlagen, die nicht an das Netz angeschlossen sind bzw. den erzeugten Strom auch nicht mittels kaufmännisch-bilanzieller Weitergabe in das Netz anbieten. Diese Anlagen spielen damit für die Ermittlung des Brutto-Zubaus und damit auch bei der Berechnung der Degression nach § 31 Abs. 3 und 4 i.V.m. Abs. 5 keine Rolle. In den Brutto-Zubau werden auch Anlagen nicht mit einbezogen, deren Betreiber gegen die entsprechende Registrierungspflicht verstoßen. Diese Anlagen spielen ebenfalls keine Rolle für die Bestimmung der Degres-

---

26 Vgl. BT-Drs. 18/1304, S. 134.
27 Vgl. dazu § 26 Rn. 28 und § 29 Rn. 8.

sionsintensität nach § 31 Abs. 2 bis 4.[28] Für den Strom aus diesen Anlagen besteht dann aber wegen § 25 Abs. 1 S. 1 Nr. 1 auch nur ein auf null verringerter Förderanspruch, solange die Anlagen nicht registriert sind.[29]

Maßgeblich für die Einhaltung des Zielkorridors ist der Brutto-Zubau **pro Jahr**. Gemeint ist nicht das Kalenderjahr, sondern der in Abs. 5 beschriebene **Bezugszeitraum** von einem Jahr (dazu näher 4.). Der nach § 26 Abs. 2 (und § 11 AnlRegV) veröffentlichte monatliche Brutto-Zubau wird **über den Bezugszeitraum addiert** und ergibt im Ergebnis den Bruttozubau pro Jahr. So wird z.B. die Summe der installierten Leistung von Anlagen betrachtet, die in den Monaten September 2014 bis August 2015 als „in Betrieb genommen" registriert wurden, um die Degressionsintensität für die Monate Oktober 2015 bis Dezember 2015 zu bestimmen. Bewegt sich der Zubau in dem Bezugszeitraum innerhalb des Zielkorridors, hat das zur Folge, dass der anzulegende Wert nach Abs. 2 monatlich „lediglich" um die Basisdegression von 0,5 % abgesenkt wird (dazu 2.). Weicht der Zubau von dem in Abs. 1 vorgegebenen Zielkorridor ab, folgt daraus eine Anpassung der monatlichen Förderabsenkung nach § 31 Abs. 3 und 4. (dazu 3.). **12**

2. Monatliche Basisdegression (Abs. 2). In Abs. 2 ist die sog. **Basisdegression** für Strom aus solarer Strahlungsenergie geregelt. Nach Abs. 2 verringern sich die anzulegenden Werte nach § 51 erstmalig zum 1.9.2014[30] und danach monatlich jeweils zum ersten Kalendertag eines Monats um **0,5 %** gegenüber den in dem jeweils vorangegangenen Kalendermonat geltenden Fördersätzen. Es existiert bei der BNetzA bereits eine Datenbasis über den Leistungszubau von Photovoltaikanlagen, da der Photovoltaikzubau der vergangenen Jahre nach § 17 Abs. 2 Nr. 1 lit. a) bzw. § 20a Abs. 5 EEG 2012 erfasst wurde. Daher kann eine Absenkung der anzulegenden Werte bzw. eine Erhöhung oder Verringerung der Basisdegression nach den Regeln des „atmenden Deckels" (Abs. 2 und 4) zeitnah erfolgen – anders als z.B. im Rahmen von § 29, wonach die erstmalige Degression der anzulegenden Werte erstmals zum 1.1.2016 vorgenommen wird. So kann bereits mit Inkrafttreten des EEG 2014 auf den erfolgten Zubau reagiert werden, da nicht erst abgewartet werden muss, bis nach Inkrafttreten der AnlRegV ein kompletter Bezugszeitraum nach Abs. 5 „durchgelaufen" ist. **13**

Statt die anzulegenden Werte einmal pro Kalenderjahr abzusenken, wie es z.B. im Rahmen von § 27 für die Förderung von Strom aus Wasserkraft, Deponiegas, Klärgas und Grubengas festgelegt ist, wurde bereits mit der Photovoltaik-Novelle 2012 die Gesamtdegression der Förderung von Photovoltaikanlagen **auf die zwölf Kalendermonate verteilt** und somit verstetigt. An diesem Prinzip hält § 31 Abs. 2 fest. Durch die **Verstetigung der Absenkung der Förderung** sollen die in der Vergangenheit vor den Absenkungsterminen zu beobachtenden starken **Vorzieheffekte verhindert werden**.[31] Mit „Vorzieheffekt" ist das Phänomen gemeint, das auftrat, als kurz vor einem Absenkungstermin in einer Art „End- **14**

---

28 Zu den Rechtsfolgen fehlerhafter Veröffentlichungen nach § 26 Abs. 2 und zur Möglichkeit, Veränderungen bei der registrierten Leistung zu berücksichtigen vgl. § 26 Rn. 30 ff.

29 Vgl. dazu § 25 Rn. 11 ff.

30 Vgl. insofern auch § 26 Abs. 1 Nr. 1.

31 Änderungsantrag der Fraktionen der CDU/CSU und FDP zu dem Entwurf eines Gesetzes zur Änderung des Rechtsrahmens für Strom aus solarer Strahlungsenergie und weiteren Änderungen im Recht der erneuerbaren Energien, BT-Drs. 17/9152, S. 25 f.

rallye"[32] massenhaft Photovoltaikanlagen in Betrieb genommen wurden, um noch die höhere Förderung zu erhalten. Die Absenkung erfolgt jeweils zum ersten Kalendertag eines Monats. Die anzulegenden Werte gelten damit im Regelfall genau für einen Kalendermonat. Für Anlagen, die am letzten Kalendertag eines Monats bis 24.00 Uhr in Betrieb genommen werden, gelten damit noch die anzulegenden Werte dieses Monats. Ab dem ersten Tag des Folgemonats, beginnend um 00:00 Uhr, gilt dann der anzulegende Wert des Folgemonats. Ausgangspunkt für die Berechnung des anzulegenden Wertes des Folgemonats ist der ungerundete anzulegende Wert des Vormonats (vgl. § 26 Abs. 3). Ist allein die Basisdegression nach Abs. 2 in Anschlag zu bringen, dann werden von dem Wert des Vormonats 0,5 % abgezogen.

15 Greift dauerhaft allein die monatliche Basisdegression aus Abs. 2, verringern sich die anzulegenden Werte aus § 51 um insgesamt **5,84 %**[33] **pro Jahr**. In Relation zu der vorher verankerten Absenkung von 11,4 % (§§ 20a und 20b EEG 2012)[34] bzw. 9 % (§ 20 Abs. 2 Nr. 8 EEG 2009)[35] pro Kalenderjahr wurde die jährliche Basisdegression damit – jedenfalls formal – deutlich verringert.[36] Der Gesetzgeber scheint also davon auszugehen, dass sich die Kostenreduktion für Photovoltaik-Systeme in den kommenden Jahren zwischen 5 und 6 % bewegen wird, denn die jährliche Degression spiegelt systematisch die Kostenreduktion bei der Anlagenerrichtung wider, um eine Überförderung zu verhindern. Durch die Verschmälerung des Zielkorridors auf 2.400 MW bis 2.600 MW wird die Absenkung der Basisdegression in der Praxis aber wohl keine große Rolle spielen. Es ist vielmehr wahrscheinlich, dass es wesentlich häufiger zu einer Überschreitung des Zielkorridors kommen wird als nach § 20b EEG 2012, was regelmäßig zu einer Anhebung der Basisdegression auf mindestens 1 % führt. Dieser Wert entspricht der Basisdegression nach § 20b Abs. 1 EEG 2012 und führt zu einer **jährlichen Absenkung der Förderung um 11,4 %**.

16 **3. Zubauabhängige Degressionsanpassung – „Atmender Deckel" (Abs. 2 bis 4). a) Überblick.** In Abs. 1 wird festgelegt, dass der Korridor für den weiteren Zubau von Anlagen zur Erzeugung von Strom aus solarer Strahlungsenergie 2.400 MW bis 2.600 MW brutto installierte Leistung pro Kalenderjahr betragen soll. Weicht der registrierte Brutto-Zubau in dem als Bezugszeitraum bezeichneten zwölf Monaten (Abs. 5) von diesem Ziel-

---

32 Den Ausdruck „Endrallye" verwenden *von Oppen/Groß*, ZNER 2012, 347, 350. Der Begriff „Jahresschlussrallye" findet sich in der Begründung zum Gesetzentwurf der Fraktionen der CDU/CSU und FDP, Entwurf eines Gesetzes zur Änderung des Rechtsrahmens für Strom aus solarer Strahlungsenergie und zu weiteren Änderungen im Recht der erneuerbaren Energien, BT-Drs. 17/8877, S. 12.

33 Inklusive Zinseffekten. Ohne Zinseffekte ergibt sich eine jährliche Absenkung der anzulegenden Werte von ca. 6 %.

34 Unter der Vermutung, dass nur die Basisdegression nach § 20b Abs. 1 EEG 2012 greift und diese nicht durch die Vorschriften des atmenden Deckels erhöht oder verringert wird. Vgl. zur Degression nach §§ 20a und 20b EEG 2012 auch Änderungsantrag der Fraktionen der CDU/CSU und FDP zu dem Entwurf eines Gesetzes zur Änderung des Rechtsrahmens für Strom aus solarer Strahlungsenergie und weiteren Änderungen im Recht der erneuerbaren Energien, BT-Drs. 17/9152, S. 25 f.; *von Oppen/Groß*, ZNER 2012, 347, 350; *Lünenbürger*, in: Gerstner, EE, Kap. 5, Rn. 122.

35 Unter der Vermutung, dass nur die Basisdegression nach § 20 Abs. 2 Nr. 8 EEG 2009 greift und diese nicht durch die Vorschriften des atmenden Deckels (§ 20 Abs. 3 und 4 EEG 2009) erhöht oder verringert wird.

36 *Lünenbürger* spricht von einer „weit höheren und schnelleren" Degression der Vergütung, *Lünenbürger* in: Gerstner, EE, Kap. 5, Rn. 122.

korridor ab, so greift der Mechanismus aus Abs. 3 und 4, der die Förderung nach § 51 abhängig von dem Grad der Abweichung des Zubaus vom Zielkorridor anpasst.[37] Damit wird ein Automatismus geschaffen, durch den die monatliche Degression jeweils für drei Monate in Folge angehoben oder abgesenkt wird, wenn der Zielkorridor aus Abs. 1 über- oder unterschritten wird („atmender Deckel").[38]

Die folgende Tabelle gibt zunächst einen Überblick darüber, wie der „atmende Deckel" auf   **17** die monatliche Absenkung der anzulegenden Werte pro „Drei-Monats-Periode" wirkt und welche Konsequenzen sich daraus bei einer gleichbleibenden Zubaumenge pro Jahr ergeben:

Tabelle: Zubauabhängige Degression („atmender Deckel")[39]

Zubaustufen (Brutto-Zubau)	Regelung	Prozentschritte in Prozentpunkten (PP)	Absenkung pro Monat (gültig für drei Monate)	Maximale jährliche Absenkung (mit Zinseffekt)
ab 7.500 MW	Abs. 3 Nr. 6	+ 0,3 PP	2,8 %	rd. 29 %
ab 6.500 MW	Abs. 3 Nr. 5	+ 0,3 PP	2,5 %	rd. 26 %
ab 5.500 MW	Abs. 3 Nr. 4	+ 0,4 PP	2,2 %	rd. 23 %
ab 4.500 MW	Abs. 3 Nr. 3	+ 0,4 PP	1,8 %	rd. 19 %
ab 3.500 MW	Abs. 3 Nr. 2	+ 0,4 PP	1,4 %	rd. 15 %
ab 2.600 MW	Abs. 3 Nr. 1	+ 0,5 PP	1,0 %	11,4 %
Zielk. 2.400 bis 2.600 MW	Abs. 2	+ 0,25 PP	0,5 %	6 %
unter 2.400 MW	Abs. 4 Nr. 1	– 0,25 PP	0,25 %	3 %
unter 1.500 MW	Abs. 4 Nr. 2	– 0,5 PP	0,0 %	0 %
unter 1.000 MW	Abs. 4 Nr. 3	– 0,5 PP	– 0,5 % (die anzulegenden Werte nach § 51 erhöhen sich einmalig um 1,5 %. Der anzulegende Wert gilt für die Dreimonatsperiode)	– 6 %

b) Erhöhung der Absenkungsintensität (Abs. 3). Nach § 31 Abs. 3 Nr. 1 bis 6 **steigt die**   **18** **Basisdegression** pro 1.000 MW Überschreitung des Zielkorridors auf einen gewissen Wert

---

37 Vgl. zur Erläuterung des atmenden Deckels nach dem EEG 2012 Änderungsantrag der Fraktionen der CDU/CSU und FDP zu dem Entwurf eines Gesetzes zur Änderung des Rechtsrahmens für Strom aus solarer Strahlungsenergie und weiteren Änderungen im Recht der erneuerbaren Energien, BT-Drs. 17/9152, S. 25 f.; vgl. auch BT-Drs. 18/1304, S. 133 f.
38 Vgl. zur Erläuterung des atmenden Deckels nach dem EEG 2012 Änderungsantrag der Fraktionen der CDU/CSU und FDP zu dem Entwurf eines Gesetzes zur Änderung des Rechtsrahmens für Strom aus solarer Strahlungsenergie und weiteren Änderungen im Recht der erneuerbaren Energien, BT-Drs. 17/9152, S. 25 f.; vgl. auch BT-Drs. 18/1304, S. 133 f.
39 Die Darstellung ist angelehnt an die Tabelle in der Gesetzesbegründung zu § 31 EEG 2014, BT-Drs. 18/1304, S. 134.

an. Das bedeutet, dass die anzulegenden Werte aus § 51 stärker abgesenkt werden als in Abs. 2 mit der Basisdegression vorgesehen:

– Wird die obere Grenze des Zielkorridors von 2.600 MW um bis zu 900 MW überschritten, d. h. bei einem Zubau von mehr als 2.600 MW und höchstens 3.500 MW in dem Bezugszeitraum, werden die anzulegende Werte für drei Monate jeweils um 1,0 % gesenkt (§ 31 Abs. 3 Nr. 1).

– Wird die obere Grenze des Zielkorridors von 2.600 MW um mehr als 900 MW überschritten, d. h. bei einem Zubau von mehr als 3.500 MW und höchstens 4.500 MW in dem Bezugszeitraum, werden die anzulegende Werte für drei Monate jeweils um 1,4 % gesenkt (§ 31 Abs. 3 Nr. 2).

– Wird die obere Grenze des Zielkorridors von 2.600 MW um mehr als 1.900 MW überschritten, d. h. bei einem Zubau von mehr als 4.500 MW und höchstens 6.500 MW in dem Bezugszeitraum, werden die anzulegende Werte für drei Monate jeweils um 1,8 % gesenkt (§ 31 Abs. 3 Nr. 3).

– Wird die obere Grenze des Zielkorridors von 2.600 MW um mehr als 2.900 MW überschritten, d. h. bei einem Zubau von mehr als 5.500 MW und höchstens 6.500 MW in dem Bezugszeitraum, werden die anzulegende Werte für drei Monate jeweils um 2,2 % gesenkt (§ 31 Abs. 3 Nr. 4).

– Wird die obere Grenze des Zielkorridors von 2.600 MW um mehr als 3.900 MW überschritten, d. h. bei einem Zubau von mehr als 6.500 MW und höchstens 7.500 MW in dem Bezugszeitraum, werden die anzulegende Werte für drei Monate jeweils um 2,5 % gesenkt (§ 31 Abs. 3 Nr. 5).

– Wird die obere Grenze des Zielkorridors von 2.600 MW um mehr als 4.900 MW überschritten, d. h. bei einem Zubau von mehr als 7.500 MW in dem Bezugszeitraum, werden die anzulegende Werte für drei Monate jeweils um 2,8 % gesenkt (§ 31 Abs. 3 Nr. 6).

19   Mit der Erhöhung der Degression wird zügig auf einen zu hohen Zubau reagiert und eine Überförderung automatisch und schnell abgebaut.[40] Durch die Verteilung der zubauabhängigen Degressionskorrektur jeweils auf drei Monatsabsenkungen werden dabei große einmalige Absenkungsschritte verhindert, so dass Vorzieheffekte wirkungsvoll vermieden werden.[41] Die anzulegenden Werte würden bei einem dauerhaft hohen Zubauniveau von mehr als 7.500 MW im Jahr um insgesamt rd. 29 % pro Jahr gesenkt.

20   c) **Verringerung der Absenkungsintensität / Erhöhung der anzulegenden Werte (Abs. 4).** Bei einer Unterschreitung des Zielkorridors **sinkt die monatliche Degression** nach Maßgabe von Abs. 4 Nr. 1 bis 3. Das bedeutet, dass die Fördersätze gemessen an der Basisdegression aus Abs. 2 (0,5 % pro Monat) weniger stark abgesenkt werden.[42]

---

40 Vgl. zum atmenden Deckel nach §§ 20a und 20b EEG 2012 Änderungsantrag der Fraktionen der CDU/CSU und FDP zu dem Entwurf eines Gesetzes zur Änderung des Rechtsrahmens für Strom aus solarer Strahlungsenergie und weiteren Änderungen im Recht der erneuerbaren Energien, BT-Drs. 17/9152, S. 25 f.

41 Vgl. zum atmenden Deckel nach §§ 20a und 20b EEG 2012 Änderungsantrag der Fraktionen der CDU/CSU und FDP zu dem Entwurf eines Gesetzes zur Änderung des Rechtsrahmens für Strom aus solarer Strahlungsenergie und weiteren Änderungen im Recht der erneuerbaren Energien, BT-Drs. 17/9152, S. 26 f.

42 Vgl. BT-Drs. 18/1304, S. 135.

– Wird die untere Grenze des Zielkorridors um bis zu 900 MW unterschritten, also bei einem Zubau von mehr als 1.500 MW bis zu 2.400 MW in dem Bezugszeitraum, werden die anzulegende Werte für drei Monate lediglich um 0,25 % reduziert (§ 31 Abs. 4 Nr. 1).

– Wird die untere Grenze des Zielkorridors um mehr als 900 MW unterschritten, also bei einem Zubau von weniger als 1.500 MW in dem Bezugszeitraum, werden die anzulegende Werte für drei Monate um 0,0 % reduziert (§ 31 Abs. 4 Nr. 2).

– Wird die untere Grenze des Zielkorridors um mehr als 1.400 MW unterschritten, also bei einem Zubau von weniger als 1.000 MW in dem Bezugszeitraum, werden die anzulegenden Werte für drei Monate um 0,0 % reduziert. Eine Degression gegenüber dem vorherigen Förderzeitraum findet also nicht statt. Die anzulegenden Werte nach § 51 erhöhen sich vielmehr einmalig um 1,5 % (§ 31 Abs. 4 Nr. 3). Bei einer Unterschreitung des Zielkorridors um mehr als 1.400 MW erfolgt also keine Erhöhung der Fördersätze in drei Monatsschritten, sondern einmalig um den Gesamtbetrag von 1,5 % am Anfang des Quartals. Die sich so ergebende Förderung ist dann in dieser Höhe für drei Monate festgeschrieben.

Mit der **negativen Degression** (§ 31 Abs. 4 Nr. 3) wird die Möglichkeit eröffnet, den **21** Markt wieder anzureizen, wenn er aufgrund hoher Absenkungen der anzulegenden Werte zusammenbrechen sollte.[43] Die Anhebung erfolgt in einem Schritt statt wie bei der Absenkung in drei gleichen Schritten, um zu verhindern, dass alle Inbetriebnahmen um zwei Monate zurückgestellt werden, um die höchstmögliche Förderung zu erzielen. Sollte es zu einem dauerhaften Markteinbruch kommen, so dass dauerhaft nur eine Zubaumenge von weniger als 1.000 MW erreicht wird, würden die anzulegenden Werte um insgesamt 6,0 % pro Jahr angehoben.[44]

d) Überblick zur Entwicklung der PV-Förderung vom 1.8.2014 bis zum 31.3.2015. Fol- **22** gende Tabelle gibt einen Überblick über die von der BNetzA veröffentlichten anzulegenden Werte für **Photovoltaikanlagen im Marktprämienmodell (ab 500kWp verpflichtend; vgl. § 37 Abs. 2 Nr. 1)**, die vom 1.8.2014 bis 31.3.2015 in Betrieb gegangen sind. Die Werte sind in Cent/kWh angegeben und berücksichtigen die zubauabhängige Degression (§ 31) und Rundung (§ 26 Abs. 3):[45]

Inbetriebnahme	Dachanlagen			Anlagen auf Nichtwohngebäuden im Außenbereich, Dachanlagen bis 10 MWp und Anlagen auf Freiflächen bis 10 MWp
	bis 10 kWp	bis 40 kWp	bis 1 MWp	
ab 1.8.2014 *	13,15	12,80	11,49	9,23
Degression **	0,50 %			

---

43 Vgl. zu §§ 20a und 20b EEG 2012 Änderungsantrag der Fraktionen der CDU/CSU und FDP zu dem Entwurf eines Gesetzes zur Änderung des Rechtsrahmens für Strom aus solarer Strahlungsenergie und weiteren Änderungen im Recht der erneuerbaren Energien, BT-Drs. 17/9152, S. 25 f.

44 Dazu und kritisch zu der „Bilanz des atmenden Deckels" nach dem EEG 2012 insgesamt *Lünenbürger*, in: Gerstner, EE, Kap. 5, Rn. 134 f.

45 Die Tabelle basiert auf den veröffentlichten Zahlen der BNetzA. Abrufbar unter www.bundesnetzagentur.de.

Inbetriebnahme	Dachanlagen			Anlagen auf Nichtwohngebäuden im Außenbereich, Dachanlagen bis 10 MWp und Anlagen auf Freiflächen bis 10 MWp
	bis 10 kWp	bis 40 kWp	bis 1 MWp	
ab 1.9.2014	13,084250	12,736000	11,432550	9,183850
Rundung	13,08	12,74	11,43	9,18
Degression ***		0,25 %		
ab 1.10.2014	13,051539	12,704160	11,403969	9,160890
Rundung	13,05	12,70	11,40	9,16
Degression ***		0,25 %		
ab 1.11.2014	13,018911	12,672400	11,375459	9,137988
Rundung	13,02	12,67	11,38	9,14
Degression ***		0,25 %		
ab 1.12.2014	12,986363	12,640719	11,347020	9,115143
Rundung	12,99	12,64	11,35	9,12
Degression ***		0,25 %		
ab 1.1.2015	12,953897	12,609117	11,318653	9,092355
Rundung	12,95	12,61	11,32	9,09
Degression ***		0,25 %		
ab 1.2.2015	12,921513	12,577594	11,290356	9,069624
Rundung	12,92	12,58	11,29	9,07
Degression ***		0,25 %		
ab 1.3.2015	12,889209	12,546150	11,262130	9,046950
Rundung	12,89	12,55	11,26	9,05

*) Anzulegende Werte nach § 51 Abs. 2 EEG 2014
**) Basisdegression 0,5 % nach § 31 Abs. 2 EEG 2014
***) Degressionsberechnung nach § 31 EEG 2014

23 Folgende Tabelle gibt einen Überblick über die von der BNetzA veröffentlichten **Vergütungssätze für kleine Photovoltaikanlagen (bis einschließlich 500kWp; vgl. § 37 Abs. 2 Nr. 1)**, die eine feste Einspeisevergütung nach § 19 Abs. 1 Nr. 2 i.V.m § 37 beanspruchen, und vom 1.8.2014 bis 31.3.2015 in Betrieb gegangen sind. Die Werte sind in Cent/kWh angegeben und berücksichtigen die zubauabhängige Degression (§ 31) und Rundung (§ 26 Abs. 3):[46]

---

46 Die Tabelle basiert auf den veröffentlichten Zahlen der BNetzA. Abrufbar unter www.bundesnetz agentur.de.

Inbetriebnahme	Dachanlagen			Anlagen auf Nichtwohn-gebäuden im Außenbe-reich und Anlagen auf Freiflächen bis 500 MWp
	bis 10 kWp	bis 40 kWp	bis 500 MWp	
ab 1.8.2014 *	12,755	12,40	11,09	8,83
Degression **	0,50%			
ab 1.9.2014	12686250	12,338000	11,034550	8,785850
Rundung	12,69	12,34	11,03	8,79
Degression ***	0,25%			
ab 1.10.2014	12,654534	12,307155	11,006964	8,763885
Rundung	12,65	12,31	11,01	8,76
Degression ***	0,25%			
ab 1.11.2014	12,622898	12,276387	10,979446	8,741976
Rundung	12,62	12,28	10,98	8,74
Degression ***	0,25%			
ab 1.12.2014	12,591341	12,245696	10,951998	8,720121
Rundung	12,59	12,25	10,95	8,72
Degression ***	0,25%			
ab 1.1.2015	12,559862	12,215082	10,924618	8,698320
Rundung	12,56	12,22	10,92	8,70
Degression ***	0,25%			
ab 1.2.2015	12,528463	12,184544	10,897306	8,676575
Rundung	12,53	12,18	10,90	8,68
Degression ***	0,25%			
ab 1.3.2015	12,497142	12,154083	10,870063	8,654883
Rundung	12,50	12,15	10,87	8,65

*)   Anzulegende Werte nach § 51 Abs. 2 EEG 2014 abzüglich Managementaufwand von 0,4 Cent/kWh nach § 37 Abs. 3 EEG 2014
**)   Basisdegression 0,5% nach § 31 Abs. 2 EEG 2014
***) Degressionsberechnung nach § 31 EEG 2014

4. Bezugszeitraum (Abs. 5). Bezugszeitraum für den „atmenden Deckel" nach Abs. 2 bis   24
4 ist nach Abs. 5 der Zeitraum nach dem letzten Kalendertag des 14. Monats, der einem
Anpassungszeitpunkt nach Abs. 2 S. 2 vorangeht, und vor dem ersten Kalendertag des Monats, der diesem Anpassungszeitpunkt vorangeht. Der Bezugszeitraum beginnt damit 13
Monate vor dem Anpassungszeitpunkt nach Abs. 2 S. 2 (1.1, 1.4., 1.7. und 1.10.) und endet
1 Monat vor diesem. Der Bezugszeitraum nach Abs. 5 umfasst **12 Kalendermonate**.
Durch die Festlegungen zum Bezugszeitraum in Abs. 5 steht damit einen Monat vor der
nächsten Anpassung der anzulegenden Werte fest, wie die Anpassung der Förderung aus-

fallen wird. Gemäß § 11 Abs. 2 Nr. 3 AnlRegV sind die anzulegenden Werte, die sich aus der Anwendung des § 31 ergeben, spätestens zum letzten Kalendertag des auf den Bezugszeitraum nach Abs. 5 folgenden Kalendermonats zu veröffentlichen.

25   Die soeben beschriebene Systematik eines sich „fortwälzenden" Bezugszeitraums nach Abs. 5 lässt sich auch als „rollierendes System" beschreiben. Durch das bereits mit dem EEG 2012 eingeführte „**rollierende System**"[47] wird der Zubau quartalsweise bei den Degressionsanpassungen fortlaufend berücksichtigt. Ein plötzlicher Zubauschub oder -einbruch hat damit keine extremen Auswirkungen auf die Degression. Die Einbeziehung weiterer Quartale führt zu einer Vergleichmäßigung der Degressionsentwicklung und zugleich zu einer verzögerten Degression.

26   **5. Erreichen des Ausbauziels (Abs. 6 S. 1).** Mit Abs. 6 S. 1 wird das Gesamtausbauziel für „**geförderte Anlagen**" zur Erzeugung von Strom aus solarer Strahlungsenergie in Höhe von 52.000 MW im EEG 2014 fortgeschrieben.[48] Genau wie bereits in § 20b Abs. 9a EEG 2012 festgelegt, verringern sich nach Abs. 6 S. 1 die anzulegenden Werte nach § 51 abweichend von Abs. 2 bis 4 auf null, wenn das festgelegte Gesamtausbauziel erreicht ist. Die Verringerung der anzulegenden Werte erfolgt dabei zum ersten Kalendertag des zweiten auf die Überschreitung folgenden Kalendermonats. Zum 31.7.2014 betrug der nach § 20a Abs. 2 Nr. 2 EEG 2012 veröffentlichte Wert **37.052 MW**.[49] Selbst bei einem weiterhin hohen Zubauniveau dürfte das Gesamtausbauziel daher erst in einigen Jahren erreicht werden.[50] Das tatsächliche Erreichen des Gesamtausbauziels und damit der Wegfall der Förderung nach Abs. 6 S. 1 dürften dabei erst einen Tag zuvor bekannt sein. Allerdings wird die Frage, wann das Gesamtausbauziel erreicht wird, wegen der monatlichen Veröffentlichungspflicht nach § 26 Abs. 2 Nr. 3 i.V.m. § 11 Abs. 3 AnlRegV frühzeitig beantwortbar sein.[51] Nach diesen Vorschriften sind alle Informationen, die für das Erreichen des Gesamtausbauziels maßgeblich sind, monatlich zu veröffentlichen. Außerdem muss die Bundesregierung nach **§ 98 Abs. 2 rechtzeitig vor Erreichung des Ausbauziels einen Vorschlag für eine Neugestaltung der bisherigen Regelung** vorlegen, so dass unklar ist, ob Abs. 6 S. 1 überhaupt greifen wird. Sollte das Gesamtausbauziel erreicht werden und die Rechtsfolge aus Abs. 6 S. 1 greifen, ohne dass eine Nachfolgeregelung i. S. v. § 98 Abs. 2 geschaffen wurde, so profitieren die später in Betrieb gegangenen Anlagen jedoch weiterhin von den Regelungen aus den §§ 1 bis 18, die unabhängig davon gelten, ob eine Förderung nach den §§ 19 ff. in Anspruch genommen wird. Dazu zählen insbesondere der Anspruch auf Netzanschluss nach § 8 und der in § 11 geregelte Einspeisevorrang.[52]

27   **6. „Geförderte Anlage" (Abs. 6 S. 2).** Welche Anlagen im Rahmen des Gesamtausbauziels berücksichtigt werden, regelt Abs. 6 S. 2. Anders als im Rahmen des „atmenden De-

---

47   Vgl. BT-Drs. 18/1304, S. 133, 135. Den Begriff „rollierendes System" verwenden auch *von Oppen/Groß*, ZNER 2012, 347, 350.

48   Vgl. BT-Drs. 18/1304, S. 135.

49   So der veröffentlichte Wert auf www.bundesnetzagentur.de. Zu beachten ist, dass der Wert später wegen der ungenauen Daten für das Jahr 2009 korrigiert wurde. Der in dem Wert enthaltene Teilwert für den Zubau im Jahr 2009 wurde um 644 MW nach oben korrigiert. Vgl. dazu die Ausführungen in Rn. 31.

50   So auch die Einschätzung von Altrock/Oschmann/Theobald/*Hoppenbrock*, § 20b Rn. 37.

51   Zu den Veröffentlichungspflichten nach § 26 Abs. 2 vgl. § 26 Rn. 26 ff.

52   Vgl. zur Photovoltaik-Novelle 2012 (§ 20b Abs. 9a EEG 2012) BMU, Die wichtigsten Änderungen der EEG-Novelle zur Photovoltaik 2012, S. 2; *Lünenbürger*, in: Gerstner, EE, Kap. 5, Rn. 136.

ckels" (Abs. 2 bis 4) werden auf die in Abs. 6 S. 1 festgelegte Obergrenze – wie nach § 20b Abs. 9a EEG 2012 – nur „geförderte" Photovoltaikanlagen nach S. 2 angerechnet. Nicht geförderte Anlagen in diesem Sinne werden hingegen von der Vorschrift nicht berücksichtigt und auf das Gesamtausbauziel nicht angerechnet. Nach Abs. 6 S. 2 Nr. 1 bis 3 existieren **drei Gruppen geförderter Anlagen**: So sind geförderte Anlagen alle Anlagen zur Erzeugung von Strom aus solarer Strahlungsenergie, die nach Maßgabe der AnlRegV als geförderte Anlage registriert worden sind (Nr. 1), für die der Standort und die installierte Leistung nach früheren Fassungen des EEG an die BNetzA übermittelt worden sind (Nr. 2) oder die vor dem 1.1.2010 in Betrieb genommen worden sind (Nr. 3).

Nach **Nr. 1** zählen als geförderte Photovoltaikanlagen also zunächst solche Anlagen, die **28** **nach Maßgabe der AnlRegV** als „geförderte Anlage" registriert worden sind. Insofern sieht § 11 Abs. 3 Nr. 1 AnlRegV, der Veröffentlichungspflichten in Bezug auf § 31 Abs. 6 S. 2 regelt, vor, dass die nach § 3 Abs. 2 Nr. 6 i.V.m. § 7 oder nach § 16 Abs. 1 AnlRegV als geförderte Anlage registrierten Anlagen, „geförderte Anlagen" im Sinne des § 31 Abs. 6 S. 2 Nr. 1 darstellen. Berücksichtigt werden im Rahmen von Nr. 1 also all diejenigen Anlagen, die als **förderwillig** nach § 3 Abs. 2 Nr. 6 AnlRegV registriert worden sind, ohne dass das weitere Vorliegen der Fördervoraussetzungen oder die tatsächliche Inanspruchnahme der Förderung geprüft wird.[53] Der Begriff der „geförderten Anlage" beschreibt die im Rahmen von § 31 Abs. 6 zu berücksichtigenden Anlagen also nicht genau. Denn nicht jede Anlage, die beim Gesamtausbauziel berücksichtigt wird, erhält (oder erhielt) tatsächlich eine Förderung. Vielmehr reicht es aus, dass im Zeitpunkt der Registrierung eine Förderung in Anspruch genommen werden sollte. Insofern muss der Anlagenbetreiber nach § 3 Abs. 2 Nr. 6 AnlRegV erklären, ob er eine finanzielle Förderung nach § 5 Nr. 15 EEG 2014 in Anspruch nehmen will. Ob tatsächlich jemals eine Förderung ausgezahlt wird bzw. wurde, ist dabei aber nicht ausschlaggebend. Liegen die Voraussetzungen für eine Förderung nicht vor oder hat der Anlagenbetreiber entgegen seiner Angaben bei der Registrierung doch keine Förderung beansprucht, handelt es sich bei der Anlage trotzdem um eine „geförderte Anlage" im Sinne von § 31 Abs. 6 S. 2, deren Leistung auf das Gesamtausbauziel angerechnet wird. Das gilt auch dann, wenn zunächst eine Förderung in Anspruch genommen wird, später aber eine Einspeisung ohne Förderung stattfindet. Die BNetzA veröffentlichte erstmals Ende September 2014 Zahlen über die Leistung der als „geförderte Anlage" im Monat August 2014 registrierten Anlagen i.S.v. Abs. 6 S. 2 Nr. 1 (§ 11 Abs. 3 Nr. 1 AnlRegV).

Zusätzlich zu den unter dem Förderregime des EEG 2014 als „geförderte Anlagen" registrierten Anlagen (Nr. 1) erfasst **Nr. 2** als die **Bestandsanlagen**, die nach früheren Fassungen des EEG ihren Standort und ihre installierte Leistung an die BNetzA übermittelt haben. Eine Übermittlungspflicht galt für Betreiber von Photovoltaikanlagen insofern nach § 16 Abs. 2 S. 2 EEG 2009 und nach § 17 Abs. 2 Nr. 1 lit. a) EEG 2012.

Schließlich zählen nach **Nr. 3** die **vor dem 1.1.2010** in Betrieb genommenen Anlagen zu **30** den geförderten Anlagen, die für das Gesamtausbauziel relevant sind. Da eine Registrierung von Photovoltaikanlagen vor diesem Zeitpunkt nicht einheitlich vorgenommen wurde, ist die Summe der installierten Leistung dieser älteren Anlagen von der BNetzA zu schätzen.[54] Die BNetzA führt dazu erklärend auf ihrer Homepage aus: „Der Gesamtzubau

---

53 Vgl. Begründung zur AnlRegV v. 14.7.2014, S. 66.
54 Vgl. BT-Drs. 18/1304, S. 135.

für PV-Anlagen bestimmte sich bis zum 31.7.2014 nach dem EEG 2012 aus den Daten der Übertragungsnetzbetreiber (ÜNB) vor dem 1.1.2009 als ergänzender Teilwert und dem Zubau des PV-Melderegisters der Bundesnetzagentur ab diesem Zeitpunkt. Mit dem Inkrafttreten des neuen EEG 2014 am 1.8.2014 wurde gesetzlich festgelegt, dass der Gesamtzubau sich zukünftig aus den Daten der ÜNB vor dem 1.1.2010 und dem gemeldeten Zubau des PV-Melderegisters ab diesem Zeitpunkt zusammensetzt (§ 31 Abs. 6 Nr. 3 EEG 2014). Der Gesetzgeber trug mit dieser Änderung dem Umstand Rechnung, dass es im Jahre 2009 keine gesetzliche Sanktion in Form einer Vergütungskürzung zur Meldung im PV-Meldeportal gab. Dies führte dazu, dass im ersten Jahr der Meldepflicht weniger Anlagen gemeldet als in Betrieb genommen wurden. Die Differenz zu den ÜNB-Daten für das Abrechnungsjahr 2009 betrug 644 MWp. Diese Ungenauigkeit wird mit Wirkung zum 30.9.2014 behoben und die Zahl der gesamt installierten Leistung (Gesamtzubau) entsprechend nach oben gesetzt."[55]

31   Nach den veröffentlichten Angaben der BNetzA hatten die unter Nr. 1, Nr. 2 und Nr. 3 fallenden Anlagen damit zum **30.11.2014** eine Leistung von insgesamt **38.128 MW**.[56] Darin sind folgende Teilwerte enthalten: Zum einen wurde die Anlagenleistung nach **Nr. 1 und Nr. 2** ermittelt, die seit 2010 durch das PV-Meldeverfahren der Bundesnetzagentur erfasst wird. Für den Zeitraum vom 1. Januar 2010 bis 30. November 2014 ergibt sich aus der Summe der installierten Leistung der bisher veröffentlichten Zahlen aus dem PV-Meldeverfahren der BNetzA der Wert von **27.562 MW**. Der von der BNetzA gemäß **Nr. 3** ermittelte Wert beträgt **10.566 MW**. In dem Umfang von **38.128 MW** war zum 30.11.2014 das Gesamtausbauziel aus Abs. 6 S. 1 in Bezug auf Strom aus solarer Strahlungsenergie bereits erfüllt. Somit verblieben zu diesem Zeitpunkt noch 13.872 MW an Leistung für neue Anlagen, die über das EEG 2014 – oder eventuelle Nachfolgegesetze, die an dem Gesamtausbauziel von 52.000 MW festhalten – gefördert werden können.

---

55 Vgl. www.bundesnetzagentur.de.
56 So die veröffentlichten Werte auf www.bundesnetzagentur.de.

§ 32 Förderung für Strom aus mehreren Anlagen

(1) [1]Mehrere Anlagen gelten unabhängig von den Eigentumsverhältnissen und ausschließlich zum Zweck der Ermittlung des Anspruchs nach § 19 für den jeweils zuletzt in Betrieb gesetzten Generator als eine Anlage, wenn

1. sie sich auf demselben Grundstück oder sonst in unmittelbarer räumlicher Nähe befinden,
2. sie Strom aus gleichartigen erneuerbaren Energien erzeugen,
3. der in ihnen erzeugte Strom nach den Regelungen dieses Gesetzes in Abhängigkeit von der Bemessungsleistung oder der installierten Leistung der Anlage finanziell gefördert wird und
4. sie innerhalb von zwölf aufeinanderfolgenden Kalendermonaten in Betrieb genommen worden sind.

[2]Abweichend von Satz 1 gelten mehrere Anlagen unabhängig von den Eigentumsverhältnissen und ausschließlich zum Zweck der Ermittlung der Vergütung für den jeweils zuletzt in Betrieb gesetzten Generator als eine Anlage, wenn sie Strom aus Biogas mit Ausnahme von Biomethan erzeugen und das Biogas aus derselben Biogaserzeugungsanlage stammt.

(2) Unbeschadet von Absatz 1 Satz 1 stehen mehrere Anlagen nach § 51 Absatz 1 Nummer 2 und 3 unabhängig von den Eigentumsverhältnissen und ausschließlich zum Zweck der Ermittlung des Anspruchs nach § 19 für den jeweils zuletzt in Betrieb gesetzten Generator einer Anlage gleich, wenn sie

1. innerhalb derselben Gemeinde, die für den Erlass des Bebauungsplans zuständig ist, errichtet worden sind und
2. innerhalb von 24 aufeinanderfolgenden Kalendermonaten in einem Abstand von bis zu 2 Kilometern in der Luftlinie, gemessen vom äußeren Rand der jeweiligen Anlage, in Betrieb genommen worden sind.

(3) [1]Anlagenbetreiber können Strom aus mehreren Anlagen, die gleichartige erneuerbare Energien oder Grubengas einsetzen, über eine gemeinsame Messeinrichtung abrechnen. [2]In diesem Fall ist für die Berechnung der Förderung vorbehaltlich des Absatzes 1 die installierte Leistung jeder einzelnen Anlage maßgeblich.

(4) Wird Strom aus mehreren Windenergieanlagen, über eine gemeinsame Messeinrichtung abgerechnet, erfolgt abweichend von Absatz 3 die Zuordnung der Strommengen zu den Windenergieanlagen im Verhältnis der jeweiligen Referenzerträge.

Schrifttum: *Loibl*, Der Anlagenbegriff des EEG, in: Loibl/Maslaton/von Bredow/Walter (Hrsg.), Biogasanlagen im EEG, 3. Aufl. 2013, S. 35; *Lovens*, Anlagenzusammenfassung und Anlagenbegriff nach dem EEG 2009, ZUR 2010, 291; *Salje*, Die Modifizierung des EEG-Anlagenbegriffs durch das Wachstumsbeschleunigungsgesetz, CuR 2010, 4; *Weißenborn*, Das Erneuerbare-Energien-Gesetz 2009, in: Böhmer/Weißenborn (Hrsg.), Erneuerbare Energien – Perspektive für die Stromerzeugung, 2. Aufl., 2009, S. 261.

Übersicht

I. Zweck der Norm

1   § 2 beschäftigt sich mit der **Zusammenfassung** von Anlagen einerseits zum Zweck der **Berechnung der finanziellen Förderung** (Abs. 1 und 2) und andererseits zur gemeinsamen Messung (Abs. 3 und 4). Eine Zusammenfassung von Anlagen im technischen Sinne erfolgt durch § 32 hingegen nicht, so dass § 32 insoweit keine Ausnahme von dem allgemeinen „technischen" Anlagenbegriff des § 5 Nr. 1 darstellt. Die Eröffnung des Anwendungsbereiches von § 32 setzt vielmehr voraus, dass mehrere Anlagen im Sinne des § 5 Nr. 1 vorliegen.

2   Der mit dem EEG 2009 zum 1.1.2009 eingeführte **Abs. 1** dient insbesondere dazu, die dem Gesetzeszweck widersprechende **Umgehung der für die Vergütungshöhe geltenden Leistungsschwellen** durch Aufteilung größerer Anlagen in kleinere Einheiten ausschließlich zum Zwecke der „Vergütungsoptimierung" zu verhindern.[1] Die Gesetzesbegründung führt weiter aus, dass das sog. „Anlagensplitting" insbesondere ein Problem im Bereich der Stromerzeugung aus Biomasse darstelle. Hiermit wird die Errichtung einer Vielzahl kleinerer Anlagen anstelle einer oder mehrerer ebenfalls denkbarer großer Anlagen an einem Standort beschrieben, wodurch der oder die Anlagenbetreiber die für kleinere Anlagen im Regelfall deutlich attraktiveren Vergütungen und Boni der unteren Leistungsklassen erhalten wollen.[2]

3   Mit der Anlagenzusammenfassung nach Abs. 1 sollen insbesondere im **Bereich Biomasse** unnötige volkswirtschaftliche Kosten durch die Errichtung einer Vielzahl teurer, betrieblich jedoch nicht erforderlicher Kleinanlagen statt einer wirtschaftlich sinnvolleren größeren Biomasseanlage vermieden werden, wodurch die EEG-Umlage durch über den Förderbedarf hinausgehende Mehrkosten unnötig belastet würde. Dieses Ziel wurde im EEG 2012 durch Umgestaltungen der Vergütungsstruktur für Biomasseanlagen flankiert, durch

---

1   BT-Drs. 16/8148, S. 50.
2   BT-Drs. 16/8148, S. 50.

die teilweise bestehende Überförderungen für sehr kleine Anlagen (insbesondere kleine Gülle-basierte „Nawaro-Biogasanlagen") abgebaut wurden. Dies setzt sich im EEG 2014 fort, das die Erweiterung bestehender Anlagen einschränkt und die Einsatzstoffvergütungsklassen abschafft.

Abs. 1 schließt die Aufteilung einer denkbaren größeren Anlage in mehrere kleine Anlagen nicht aus. Die Zusammenfassung von (kleineren) Anlagen für die Berechnung der finanziellen Förderung reduziert jedoch die Attraktivität einer rein durch die höhere finanzielle Förderung motivierten Aufteilung einer Anlage in mehrere kleinere Anlagen; sofern eine Aufteilung für den Anlagenbetreiber jedoch auch aus anderen Gründen – etwa einer besseren Betriebsführung – sinnvoll erscheint, steht Abs. 1 einer solchen Aufteilung nicht entgegen. **4**

Mit dem EEG 2012 wurde Abs. 1 ab dem 1.1.2012 um einen **Satz 2** ergänzt, der die Zusammenfassung von Anlagen zur Stromerzeugung aus Biogas für die Berechnung der finanziellen Förderung anordnet, wenn diese das zur Stromerzeugung eingesetzte Biogas aus derselben Biogaserzeugungsanlage beziehen. Diese erst auf Beschlussempfehlung des Umweltausschusses[3] in das EEG 2012 aufgenommene Neuregelung soll ebenso wie S. 1 der Vermeidung eines rein vergütungsrechtlich motivierten Anlagensplittings dienen.[4] **5**

Abs. 2 führt eine gesonderte Regelung zur Anlagenzusammenfassung für Freiflächenanlagen ein, also Anlagen zur Erzeugung von Strom aus solarer Strahlungsenergie, die nicht in, an oder auf Gebäuden errichtet werden. Eine solche Regelung war im EEG 2009 nicht erforderlich, da für diese Anlagen bis zum Inkrafttreten der sog. **2. PV-Novelle**[5] unabhängig von der Größe der Anlage einheitliche Vergütungssätze galten. Seit der Novelle ist die Vergütung auf den Leistungsanteil bis einschließlich 10 MW begrenzt. Größere Anlagen können zwar errichtet werden, sie erhalten ihre Vergütung aber nur für den Leistungsanteil bis einschließlich 10 MW. Die ebenfalls eröffnete Anwendung von § 19 Abs. 1 S. 1 auf Freiflächenanlagen erscheint hingegen nur begrenzt sinnvoll. Angesichts der räumlichen Ausdehnung werden sich Anlagen häufig über mehrere Grundstücke erstrecken, und auch die sonstige unmittelbare räumliche Nähe im Sinne von Abs. 1 S. 1 Nr. 1 ist angesichts der Ausdehnung mancher Anlagen kein verlässliches Abgrenzungskriterium.[6] Abs. 1a dient genau wie Abs. 1 der Kostenreduzierung und der Missbrauchsvermeidung. **6**

Abs. 3 und 4 haben das Ziel, die gemeinsame Nutzung von Mess- und Zähleinrichtungen zu ermöglichen, soweit dies möglich ist, ohne Missbrauch zu provozieren. Durch die gemeinsame Nutzung können unnötige Mehrausgaben für Messgeräte vermieden werden. **7**

II. Entstehungsgeschichte

Die Abs. 1 und 2 haben **zwei Vorgängerregelungen im EEG 2004.** § 11 Abs. 6 EEG 2004 enthielt bereits eine dem Abs. 1 vergleichbare Regelung, allerdings beschränkt auf Anlagen zur Erzeugung von Strom aus solarer Strahlungsenergie. Nach dieser Regelung wurden sämtliche Fotovoltaikanlagen für die Vergütungsermittlung zusammengefasst, die sich an **8**

---

3 Vgl. BT-Drs. 17/6363, S. 4 f.
4 BT-Drs. 17/6363, S. 24.
5 Gesetz zur Änderung des Rechtsrahmens für Strom aus solarer Strahlungsenergie und zu weiteren Änderungen im Recht der erneuerbaren Energien v. 23.8.2012, BGBl. S. 1754.
6 BT-Drs. 17/8877, S. 18.

oder auf demselben Gebäude befinden und innerhalb von sechs aufeinanderfolgenden Kalendermonaten in Betrieb genommen wurden. Daneben enthielt das EEG 2004 in § 3
Abs. 2 S. 2 eine Regelung, die Anlagen technisch zusammenfasste, die durch bauliche oder
technisch für den Betrieb erforderliche Einrichtungen miteinander verbunden waren; diese
Anlagen galten somit bereits technisch als eine Anlage.

9 Das **EEG 2009** ließ beide Regelungen entfallen, führte einen weiten Anlagenbegriff ein[7]
und schuf die Regelung in § 19 Abs. 1, die eine **ausschließlich vergütungsrechtliche Zusammenfassung** von technisch eigenständigen Anlagen für alle erneuerbaren Energien im
Sinne des EEG einführte.

10 **Abs. 1** wurde unter dem EEG 2009 nachträglich durch die **Übergangsbestimmung** des
§ **66 Abs. 1a EEG 2009** für sog. **modulare Anlagen** flankiert. Diese Regelung wurde
durch Art. 12 des Wachstumsbeschleunigungsgesetzes[8] eingeführt und gilt für Anlagen,
die vor dem 1. Januar 2009 in Betrieb genommen wurden. Sie steht im Zusammenhang mit
dem Bau einzelner größerer „vergütungsoptimiert errichteter" Biogasanlagenparks, in denen anstelle einer entsprechend größer dimensionierten Biogasanlage parallel eine Mehrzahl von Stromerzeugungseinheiten (Generatoren in Blockheizkraftwerken) betrieben
werden, wobei jeder dieser Stromerzeugungseinheiten eine eigene Energieträgereinrichtung (Biogasproduktionsanlage) zugeordnet ist;[9] Ziel dieser Anlagenparkkonzepte ist die
Anerkennung der Einzelmodule als jeweils eigenständige Anlage im Sinne des § 3 Nr. 1
EEG 2009, um den entsprechend höheren Vergütungsanspruch infolge der jeweils geringeren Bemessungsleistung der Einzelmodule geltend zu machen. Die Einführung des § 19
Abs. 1 S. 1 durch das EEG 2009 stellte eine Reaktion auf diese – dem Gesetzeszweck widersprechende – Umgehung der für die Vergütungshöhe geltenden Leistungsklassen[10] dar,
mit der diese „vergütungsoptimierten" Anlagenparks entstanden. Die in diesen Parks betriebenen Anlagen behandelt § 19 Abs. 1 EEG 2009 unter bestimmten Voraussetzungen
vergütungsrechtlich wie eine Anlage, wodurch die für den erzeugten Strom geltenden anlagenspezifischen Vergütungssätze deutlich sinken. Da § 19 Abs. 1 EEG 2009 aufgrund
von § 66 Abs. 1 EEG 2009 grundsätzlich auch für Anlagen anwendbar ist, die bereits vor
dem 1.1.2009 in Betrieb genommen wurden, drohten bei einigen dieser bereits vor Einführung des § 19 Abs. 1 EEG 2009 errichteten Anlagen erhebliche Vergütungseinbußen, wodurch aus Sicht des Gesetzgebers teilweise die Wirtschaftlichkeit und der Weiterbetrieb
dieser Anlagen gefährdet sein konnten.[11] Zwar lehnte das BVerfG mit Beschluss vom
18.2.2009[12] den Antrag auf Erlass einer einstweiligen Anordnung eines Anlagenparkbe-
treibers zur Vergütung seines vor dem 1.1.2009 in Betrieb genommenen Anlagenparks ohne Berücksichtigung des § 19 Abs. 1 EEG 2009 ab und befand hierbei die rückwirkende
Geltung des § 19 Abs. 1 EEG 2009 für vor dem Jahr 2009 in Betrieb genommene Anlagen
für verfassungsgemäß; ungeachtet dieses Beschlusses des BVerfG entschied sich der Gesetzgeber jedoch zugunsten der wenigen betroffenen Anlagenparkbetreiber, dass Anlagen

---

7 Vgl. § 5 Rn. 20.
8 Gesetz zur Beschleunigung des Wirtschaftswachstums (Wachstumsbeschleunigungsgesetz) v.
   22.12.2009, BGBl. I S. 3950.
9 Vgl. hierzu auch die Erläuterungen im Rahmen des Wachstumsbeschleunigungsgesetzes v.
   9.11.2009, BT-Drs. 17/15, S. 22.
10 BT-Drs. 16/8148, S. 50; ebenso BT-Drs. 17/15, S. 22.
11 Vgl. BT-Drs. 17/15, S. 22.
12 BVerfG, 1 BvR 3076/08 v. 18.2.2009, BVerfGE 122, 374 = NVwZ 2009, 1025 = DÖV 2009, 502.

innerhalb solcher modularer Anlagen(parks), die vor dem Jahr 2009 „mit Blick auf eine Vergütung als Einzelanlage im Rahmen von Anlagenparks errichtet wurden",[13] trotz des auch für diese Anlagenparkbetreiber schon bei Errichtung der Anlagen offenkundigen Gesetzeszwecks abweichend von § 19 Abs. 1 EEG 2009 als Einzelanlage vergütet werden sollen.[14] Als modulare Anlagen in diesem Sinne gelten Gesamtheiten mehrerer technisch eigenständiger Anlagen im Sinne des § 3 Nr. 1 EEG 2009, die aus mehreren Generatoren sowie einer jeweils einem dieser Generatoren leistungsmäßig zugeordneten Energieträgereinrichtung bestehen.[15] Im Bereich der Biogasverstromung ist unter einer Energieträgereinrichtung insbesondere eine Einrichtung zur anaeroben Erzeugung gasförmiger Biomasse durch anaerobe Vergärung (Biogasproduktionsanlage)[16] zu fassen. Anlagen innerhalb modularer Anlagenparks, die vor dem 1.1.2009 in Betrieb genommen wurden, sind damit für die Vergütungsberechnung weiterhin getrennt als jeweils einzelne Anlage mit ihrer jeweils eigenen vergütungsrelevanten (Bemessungs-)Leistung zu betrachten.[17] Der hierzu eingeführte neue § 66 Abs. 1a EEG 2009 trat gemäß Art. 15 Abs. 2 des Wachstumsbeschleunigungsgesetzes[18] rückwirkend zum 1.1.2009 in Kraft.[19]

Durch das **EEG 2012** wurde dem **Abs. 1** ein zusätzlicher S. 2 angefügt, der eine Anlagenaufteilung zur Optimierung der Vergütung für Strom aus **Biogasanlagen** über S. 1 hinaus auch dann ausschließt, wenn die Anlagen das zur Stromerzeugung eingesetzte Biogas über eine Biogasleitung aus derselben Biogaserzeugungsanlage beziehen. Ausgenommen von der Regelung des § 19 Abs. 1 S. 2 waren Anlagen zur Stromerzeugung aus Biomethan, die das zur Stromerzeugung eingesetzte Gas aus dem Erdgasnetz entnehmen; diese werden auch nach dem neuen Abs. 1 S. 2 nicht zu einer Anlage zusammengefasst,[20] was jedoch einer vergütungsrechtlichen Zusammenfassung unter den Voraussetzungen des Abs. 1 S. 1 nicht entgegensteht. **11**

Im **EEG 2014** wird aufgrund der Einfügung verschiedener neuer §§ und der Umstellung der allgemeinen Fördervorschriften § 19 EEG 2012 zu § 32 EEG 2014. **Abs. 1** bleibt dabei weitgehend unverändert. Kleine redaktionelle Änderungen ergeben sich durch die Einführung der verpflichtenden Direktvermarktung, die zur Folge hat, dass der Begriff Vergütung weitgehend durch den Begriff der finanziellen Förderung ersetzt wird. **12**

Abs. 2 (vormals: Abs. 1a) wurde schließlich im Rahmen der sog. **2. PV-Novelle**[21] eingefügt. Mit dieser Änderung werden für Freiflächenanlagen feste räumliche und zeitliche Mindestabstände als Kriterium für eine vergütungsrechtliche Zusammenfassung definiert. Bewegen sich mehrere Freiflächenanlagen innerhalb dieser räumlichen und zeitlichen **13**

---

13 BT-Drs. 17/15, S. 22.

14 Vgl. BT-Drs. 17/15, S. 22.

15 Vgl. BT-Drs. 17/15, S. 22.

16 Vgl. BT-Drs. 17/15, S. 22.

17 Siehe auch Altrock/Oschmann/Theobald/*Rostankowski/Vollprecht*, 3. Aufl., § 66 Rn. 55.

18 Gesetz zur Beschleunigung des Wirtschaftswachstums (Wachstumsbeschleunigungsgesetz) v. 22.12.2009, BGBl. I S. 3950.

19 Ausführlicher zu § 66 Abs. 1a EEG 2009 u. a. Altrock/Oschmann/Theobald/*Rostankowski/Vollprecht*, 3. Aufl., § 66 Rn. 47 ff.; zu den Änderungen durch das Wachstumsbeschleunigungsgesetz auch *Salje*, CuR 2010, 4 ff.

20 Begründung des Änderungsantrags zu § 19, BT-Drs. 17/6363, S. 24; s.a. *Loibl*, in: Loibl/Maslaton/von Bredow/Walter, Biogasanlagen im EEG, Rn. 87.

21 Gesetz zur Änderung des Rechtsrahmens für Strom aus solarer Strahlungsenergie und zu weiteren Änderungen im Recht der erneuerbaren Energien v. 17.8.2012, BGBl. I S. 1754, dort Art. 1 Nr. 5.

Grenzen, so gelten sie zur Vergütungsermittlung für den jeweils zuletzt in Betrieb gesetzten Generator als eine Anlage.

14 Im Rahmen des **EEG 2014** wurde Abs. 1a zu Abs. 2. Neben redaktionellen Änderungen, wie die Anpassung der Verweise wird der Gemeindebegriff in Nr. 1 konkreter gefasst, indem festgelegt wird, dass auf die Gemeinde abzustellen ist, die für den Erlass des Bebauungsplans zuständig ist. Mit dieser Klarstellung wird eine im EEG 2012 bestehende Rechtsunsicherheit beseitigt.

15 Die **Abs. 3 und 4** haben eine weiter zurückreichende Historie. § 9 Abs. 2 **EEG 2000** enthielt bereits Vorgaben zur Berechnung der Vergütung bei einer gemeinsamen Messeinrichtung.[22] Dabei sollte bei in der Höhe differenzierten Vergütungen auf die maximale Wirkleistung jeder einzelnen Anlage und bei Windenergieanlagen auf die kumulierten Werte der Anlagen abgestellt werden. Im **EEG 2004** wurden die entsprechenden Regelungen in § 14 Abs. 6 überführt, wobei für Windenergieanlagen auf den sog. Referenzertrag abgestellt wurde. Mit dem **EEG 2009** entstand im Kern die heutige Fassung der Absätze. Allerdings wurden infolge der Änderungen der Begriffsbestimmungen kleinere Änderungen vorgenommen. Mit dem **EEG 2014** erfolgt neben redaktionellen Anpassung eine kleine Umstellung in Absatz 4, mit der die Rechtsanwendung vereinfacht werden soll. Für die Zuordnung der Erträge auf die über eine gemeinsame Messeinrichtung abgerechneten Anlagen soll zukünftig die installierte Leistung entscheiden, da die Bemessungsleistung ohne eigene Messeinrichtung nicht festgestellt werden kann.[23]

III. Anlagenzusammenfassung (Abs. 1 und 2)

16 **1. Voraussetzungen für die Anlagenzusammenfassung nach Abs. 1 S. 1. a) Mehrere Anlagen.** Eine Anlage ist nach § 5 Nr. 1 jede Einrichtung zur Erzeugung von Strom aus erneuerbaren Energien oder aus Grubengas. **Mehrere** Anlagen sind mindestens zwei. Eine Obergrenze, wie viele Anlagen nach § 32 Abs. 1 oder Abs. 2 für die Ermittlung des Anspruch nach § 32 zusammengefasst werden können, sieht das Gesetz nicht vor. Der **Anlagenbegriff** ist insbesondere bezüglich der Frage umstritten, wann eine und wann mehrere Anlagen vorliegen.[24] Je nachdem, welcher Auslegung hier gefolgt wird, ist die Bedeutung von § 32 unterschiedlich hoch. In jedem Fall ist § 32 nur anzuwenden, wenn tatsächlich mehrere Anlagen im technischen Sinne des § 5 Nr. 1 vorliegen.[25]

17 **b) Dasselbe Grundstück oder sonst in unmittelbarer räumlicher Nähe.** Für den Begriff des Grundstücks, der im EEG nicht gesondert definiert ist, kann auf das allgemeine Zivilrecht zurückgegriffen werden.[26] **Ein Grundstück** im Sinne des BGB ist ein räumlich abgegrenzter, d.h. katastermäßig vermessener und bezeichneter Teil der Erdoberfläche, der im Bestandsverzeichnis eines Grundbuchblatts unter einer bestimmten Nummer eingetra-

---

22 Altrock/Oschmann/Theobald/*Oschmann*, § 19 Rn. 19.

23 BT-Drs. 18/1304, S. 136.

24 Vgl. § 5 Rn. 18 ff.

25 So auch *Lovens*, ZUR 2010, 291, 292; vgl. auch Altrock/Oschmann/Theobald/*Oschmann*, § 19 Rn. 29; *Weißenborn*, in: Böhmer/Weißenborn, Erneuerbare Energien – Perspektive für die Stromerzeugung, S. 261, 370; Gabler/Metzenthin/*Bandelow*, § 19 Rn. 4; Reshöft/*Reshöft*, § 19 Rn. 17; *Loibl*, in: Loibl/Maslaton/von Bredow/Walter, Biogasanlagen im EEG, Rn. 48.

26 So u. a. *Weißenborn*, in: Böhmer/Weißenborn, Erneuerbare Energien – Perspektive für die Stromerzeugung, S. 261, 374; *Salje*, EEG, § 32 Rn. 6.

gen oder gemäß § 3 Abs. 5 GBO auf einem gemeinschaftlichen Grundbuchblatt gebucht ist.[27] Für den Begriff des Grundstücks ist grundsätzlich auf das **Grundbuchrecht abzustellen**.[28]

Teilweise wird ergänzend ein **wirtschaftlicher Grundstücksbegriff** herangezogen,[29] wenn es andernfalls zu extremen oder gröblich verfehlten Bewertungsergebnissen kommt[30] beziehungsweise der Zweck der Regelung des § 32 Abs. 1 S. 1 Nr. 1 – das sog. Anlagensplitting zu verhindern – gröblich verfehlt würde.[31] Als Beispiele werden ein sehr langes schlauchartiges Grundstück oder ein sonst sehr großes Grundstück angegeben, bei denen Anlagen an den jeweiligen Enden gelegen sind.[32] Dieser Maßstab kann nach Auffassung der Clearingstelle EEG aber nur herangezogen werden, um Wertungswidersprüche zu vermeiden und wenn keine sonst unmittelbare räumliche Nähe (der Anlagen zueinander) anzunehmen wäre.[33]   **18**

Liegen die Anlagen nicht auf demselben Grundstück, so ist zu prüfen, ob eine **sonst unmittelbare räumliche Nähe** besteht. Teilweise wird angenommen, dass die unmittelbare räumliche Nähe bei einem Abstand bis 500 m vorliege.[34] Allerdings sind solche konkreten Abstände wohl für die Auslegung des Begriffs nicht zielführend.[35] Sie finden im Gesetz keine Stütze.[36] Hätte der Gesetzgeber eine solche absolute Grenze regeln wollen, wäre es ein Leichtes gewesen, sie konkret in das Gesetz zu schreiben. Die abstrakte Formulierung des Gesetzgebers verlangt vielmehr eine Betrachtung und Würdigung des konkreten Einzelfalls.[37]   **19**

Der Begriff der räumlichen Nähe bezeichnet eine geringe räumliche Entfernung oder unmittelbare Umgebung.[38] Das EEG 2014 verwendet den Begriff der unmittelbaren räumlichen Nähe noch in § 5 Nr. 9 und 12, § 20 Abs. 3 Nr. 2 und 39 Abs. 2 Nr. 2. Das Erfordernis der Unmittelbarkeit verstärkt die dem Nähebegriff innewohnende Eingrenzung auf Anlagen in geringer Entfernung.[39] Liegen die Anlagen durch ein landschaftliches Merkmal (wie ein Waldstück) getrennt, spricht dies gegen eine unmittelbare räumliche Nähe.[40]   **20**

Zum Wortlaut ist noch zu bemerken, dass das Gesetz die unmittelbare Nähe ins Verhältnis zu der Belegenheit auf demselben Grundstück setzt, indem es den Maßstab „**sonst** in un-   **21**

---

27 MünchKommBGB/*Holch*, § 90 BGB Rn. 12, Palandt/*Heinrichs*, Vor § 90 BGB Rn. 3, anknüpfend an die zivilrechtliche Definition Clearingstelle EEG, Empfehlung 2008/49 v. 14.4.2009, S. 38.
28 Clearingstelle EEG, Empfehlung 2008/49 v. 14.4.2009, LS 2.
29 *Loibl*, in: Loibl/Maslaton/von Bredow/Walter, Biogasanlagen im EEG, Rn. 63.
30 *Weißenborn*, in: Böhmer/Weißenborn, Erneuerbare Energien – Perspektive für die Stromerzeugung, S. 261, 375; vgl. auch Gabler/Metzenthin/*Bandelow*, § 19 Rn. 8.
31 Clearingstelle EEG, Empfehlung 2008/49 v. 14.4.2009, S. 38.
32 *Weißenborn*, in: Böhmer/Weißenborn, Erneuerbare Energien – Perspektive für die Stromerzeugung, S. 261, 374.
33 Clearingstelle EEG, Empfehlung 2008/49 v. 14.4.2009, S. 49.
34 *Salje*, EEG, § 32 Rn. 6.
35 *Loibl*, in: Loibl/Maslaton/von Bredow/Walter, Biogasanlagen im EEG, Rn. 64.
36 Reshöft/*Reshöft*, § 19 Rn. 21.
37 Vgl. *Loibl*, in: Loibl/Maslaton/von Bredow/Walter, Biogasanlagen im EEG, Rn. 52.
38 Altrock/Oschmann/Theobald/*Oschmann*, § 19 Rn. 35.
39 Altrock/Oschmann/Theobald/*Oschmann*, § 19 Rn. 35; vgl. auch *Loibl*, in: Loibl/Maslaton/von Bredow/Walter, Biogasanlagen im EEG, Rn. 67.
40 *Weißenborn*, in: Böhmer/Weißenborn, Erneuerbare Energien – Perspektive für die Stromerzeugung, S. 261, 376.

mittelbarer räumlicher Nähe" anlegt. Damit geht das Gesetz davon aus, dass Anlagen auf einem Grundstück sich in unmittelbarer räumlicher Nähe zueinander befinden. Letztlich muss damit ein verständiger Bürger mit objektiver Sichtweise mehrere Anlagen als in unmittelbarer räumlicher Nähe gelegen ansehen,[41] wobei die **räumliche Nähe vergleichbar mit der Nähe sein muss, die zwei Anlagen auf demselben Grundstück** zueinander haben.

22   Indizien für das Vorliegen einer solchen Nähe sind **Verbindungen der Anlagen** durch für den Betrieb technisch erforderliche Einrichtungen oder sonstige Infrastruktureinrichtungen.[42] Während im ersten Fall meist schon nur eine Anlage vorliegen dürfte, ist der zweite Fall durchaus praktisch relevant. Infrastruktureinrichtungen sind z. B. Wechselrichter, Netzanschluss, Anschlussleitungen, eine Stromabführung in gemeinsamer Leitung, Transformatoren, Messeinrichtungen, Verbindungswege und Verwaltungseinrichtungen.[43] Aber auch ohne direkte Verbindungen kann ein räumlicher Zusammenhang bestehen; dies ist in einer Gesamtbetrachtung des Einzelfalls unter Berücksichtigung des Grundsatzes von Treu und Glauben und des Normzwecks zu ermitteln.[44] **Normzweck** wiederum ist es, die Umgehung der für die finanzielle Förderung geltenden Leistungsschwellen durch Aufteilung in kleinere Einheiten zu verhindern.[45] Das sog. Anlagensplitting lässt sich vor dem Hintergrund des gerade für die Auslegung des Begriffs der „unmittelbaren räumlichen Nähe" maßgeblichen Grundstückskriteriums auf zweierlei Weise erzielen: entweder, indem mehrere kleine Anlagen auf **nahe gelegenen, aber verschiedenen Grundstücken in Betrieb genommen werden**, um die rechnerische Anlagenzusammenfassung gemäß § 19 Abs. 1 EEG 2009 zu umgehen, oder, indem mit gleicher Intention **ein vormals einheitliches Grundstück entlang der Belegenheit der kleineren Anlagen parzelliert** wird.[46] Deshalb spricht eine widerlegliche Vermutung dafür, dass mehrere Anlagen zum Zwecke der Umgehung der Vergütungsvorschriften des EEG 2009 realisiert wurden, wenn sie nach dem 5.12.2007 entweder auf zuvor entlang der Belegenheit der Anlagen parzellierten (geteilten) Grundstücken oder auf aneinander angrenzenden Grundstücken in Betrieb genommen worden sind.[47] Die **Clearingstelle EEG** hat in ihrer Empfehlung zu § 19 EEG 2012 konkrete Anhaltspunkte entwickelt, die für bzw. gegen eine solche Umgehung sprechen.

23   **Gegen eine Umgehung** der EEG-rechtlichen Vergütungsschwellen sprechen demnach folgende Gesichtspunkte:

– Vorliegen einer Baugenehmigung unter Anwendung des Privilegierungstatbestands aus § 35 Abs. 1 Nr. 6 BauGB;
– alleinstehende Gebäude, auf oder an denen PV-Anlagen angebracht sind;
– Teilung des Grundstücks, auf dem die Anlagen belegen sind, aufgrund öffentlich-rechtlichen Zwangs;
– Teilung des Grundstücks, auf dem die Anlagen belegen sind, aufgrund einer erbrechtlichen Auseinandersetzung;

---

41 *Loibl*, in: Loibl/Maslaton/von Bredow/Walter, Biogasanlagen im EEG, Rn. 71.
42 BT-Drs. 16/8148, S. 51.
43 BT-Drs. 16/8148, S. 51.
44 BT-Drs. 16/8148, S. 51.
45 BT-Drs. 16/8148, S. 50.
46 Clearingstelle EEG, Empfehlung 2008/49 v. 14.4.2009, S. 51 f.
47 Clearingstelle EEG, Empfehlung 2008/49 v. 14.4.2009, LS 4a.

– Teilung des Grundstücks, auf dem die Anlagen belegen sind, aufgrund der Veräußerung von zu diesem Zweck abgetrennten Grundstücksteilen an einen mit dem vorherigen (Gesamt-)Eigentümer weder konzernhaft noch sonst wirtschaftlich oder verwandtschaftlich verbundenen Neueigentümer.[48]

Für einen Umgehungstatbestand sprechen hingegen folgende Gesichtspunkte: **24**

– ein identischer faktischer Betreiber;
– gesellschaftsrechtliche oder vergleichbare Verbundenheit mehrerer Betreiber;
– identische Finanzierer;
– identische Errichter oder Projektierer;
– identische Anlagenspezifikationen;
– gemeinsame Infrastruktureinrichtungen;
– gemeinsames Betriebspersonal oder gemeinsame Abrechnungsstelle.[49]

Die von der Clearingstelle EEG entwickelten **Kriterien** stellen **keine zwingenden Grün-**   **25** **de für oder gegen eine gezielte Umgehung** des Verbots des vergütungsmotivierten Anlagensplittings dar; insbesondere das Vorliegen eines oder mehrerer der letztgenannten Gesichtspunkte begründet jedoch eine **starke Vermutung für den Umgehungszweck** und dürfte daher regelmäßig zu einer entsprechenden Feststellung führen, sofern die Anlagenbetreiber nicht glaubhaft darlegen können, dass in dem jeweiligen Einzelfall aus anderen Gründen dennoch keine Umgehung bezweckt war.

Die Clearingstelle EEG macht auch Ausführungen zur **Beweislast.** Für Anlagen, die nach   **26** dem 5.12.2007 in Betrieb genommen wurden und die entlang geteilter Grundstücke oder auf aneinander angrenzenden Grundstücken liegen, liegt die Beweislast beim Anlagenbetreiber, in allen anderen Fällen beim Netzbetreiber.[50]

c) Gleichartige erneuerbare Energien. Weiterhin ist Voraussetzung für die Anlagen-   **27** zusammenfassung, dass gleichartige erneuerbare Energien eingesetzt werden. Der Begriff der erneuerbaren Energien ist in § 5 Nr. 14 definiert. Nicht ausdrücklich im Gesetz geregelt ist allerdings, worauf sich der Begriff der Gleichartigkeit bezieht. Teilweise wird **Gleichartigkeit** angenommen, wenn die Anlagen unter **dieselbe Vergütungsvorschrift** fallen.[51] Jedoch spricht einiges für eine differenziertere Betrachtung: Hätte der Gesetzgeber ausschließlich auf den Energieträger abstellen wollen, hätte er einfach von der gleichen Energiequelle oder der gleichen Vergütungsvorschrift sprechen können. Stattdessen hat er aber auf die Gleichartigkeit der Energie abgestellt. Gleichartig sind erneuerbare Energien, wenn sie **mit der gleichen Technologie verstromt** werden.[52] So ist bei einer Biogas- und einer Pflanzenölverstromungsanlage regelmäßig nicht von einer gleichartigen Technologie auszugehen.[53] Entsprechend können verschiedene Energieträger im Sinne der §§ 23 bis 32, die identische Technologien nutzen, gleichartig sein. Deshalb müssen Hybridanlagen[54] und

---

48 Clearingstelle EEG, Empfehlung 2008/49 v. 14.4.2009, LS 5a.
49 Clearingstelle EEG, Empfehlung 2008/49 v. 14.4.2009, LS 5b.
50 *Lovens*, ZUR 2010, 291, 293.
51 *Salje*, EEG § 32 Rn. 7.
52 Reshöft/*Reshöft*, § 19 Rn. 28; zweifelnd Altrock/Oschmann/Theobald/*Oschmann*, § 19 Rn. 44.
53 Reshöft/*Reshöft*, § 19 Rn. 28, wohl auch *Salje*, EEG, § 19 Rn. 17.
54 Altrock/Oschmann/Theobald/*Oschmann*, § 19 Rn. 44; a. A. *Salje*, EEG, § 32 Rn. 7.

auch Deponie-, Klär- und Biogasanlagen als gleichartig angesehen werden.[55] Nicht gleichartig sind hingegen eine PV und eine solarthermische Anlage.

28 **d) Strom wird in Abhängigkeit von der Leistung der Anlage vergütet.** Für Anlagen, bei denen die Vergütung sich nicht an der Leistung der Anlage orientiert, wie Geothermieanlagen und Windenergieanlagen, hat § 32 keine Bedeutung. Dies bedeutet, dass bei Einbindung einer Geothermieanlage in eine Hybridanlage mit einer Biomasseanlage keine Zusammenrechnung erfolgen kann. Da für sog. Freiflächenanlagen nach § 51 Abs. 1 mit der letzten PV-Novelle[56] die Vergütung auf den Leistungsanteil bis einschließlich 10 MW begrenzt wurde und die Vergütung für den darüber hinaus gehenden Leistungsanteil insofern auf Null absinkt, kann § 32 Abs. 1 nunmehr auch auf solche Anlagen angewandt werden.

29 **e) Inbetriebnahme innerhalb von zwölf aufeinanderfolgenden Kalendermonaten.** Die Inbetriebnahme ist nach § 5 Nr. 21 die erstmalige Inbetriebsetzung der Anlage nach Herstellung ihrer technischen Betriebsbereitschaft ausschließlich mit erneuerbaren Energien oder Grubengas; die technische Betriebsbereitschaft setzt voraus, dass die Anlage fest an dem für den dauerhaften Betrieb vorgesehenen Ort und dauerhaft mit dem für die Erzeugung von Wechselstrom erforderlichen Zubehör installiert wurde; der Austausch des Generators oder sonstiger technischer oder baulicher Teile nach der erstmaligen Inbetriebnahme führt nicht zu einer Änderung des Zeitpunkts der Inbetriebnahme.[57] Der Austausch des Generators oder sonstiger technischer oder baulicher Teile nach der erstmaligen Inbetriebnahme führt nicht zu einer Änderung des Zeitpunkts der Inbetriebnahme.[58]

30 Alle Anlagen, die beim Zeitpunkt der Inbetriebnahme einer neuen Anlage höchstens **12 Kalendermonate** in Betrieb waren, sind für die Berechnung der Vergütungshöhe zu berücksichtigen. Teilweise wird diese Frist unter Bezugnahme auf §§ 186 ff. BGB so berechnet, dass sie mit dem Tag nach der Inbetriebnahme beginnt und 12 Monate später endet.[59] Dies berücksichtigt aber nicht, dass das EEG anders als das BGB von Kalendermonaten spricht. Unter Kalendermonaten sind die kalendermäßig benannten Monate von Januar bis Dezember zu verstehen. Ein **Kalender**monat beginnt demnach immer am 1. und endet am letzten Tag desselben Monats, auch wenn die Anlage in der Mitte eines Monats in Betrieb geht. Deshalb hat die **Clearingstelle** den Begriff der Inbetriebnahme „innerhalb von 12 Kalendermonaten" wie folgt ausgelegt:

„1. Bei der Fristbestimmung des § 19 Abs. 1 Nr. 4 EEG 2009 ist der Monat der Inbetriebsetzung der vorletzten Anlage unabhängig von deren taggenauer Inbetriebsetzung vollständig mitzuzählen.

2. Der letzte Generator ist nur dann „innerhalb von zwölf aufeinanderfolgenden Kalendermonaten" in Betrieb gesetzt worden, wenn er spätestens mit Ablauf des elften auf die Inbetriebsetzung der vorletzten Anlage folgenden Kalendermonats in Betrieb gesetzt worden ist.

---

55 Altrock/Oschmann/Theobald/*Oschmann*, § 19 Rn. 45; ebenso Frenz/Müggenborg/*Ekardt/Hennig*, § 19 Rn. 19.

56 Gesetz zur Änderung des Rechtsrahmens für Strom aus solarer Strahlungsenergie und zu weiteren Änderungen im Recht der erneuerbaren Energien, v. 23.8.2012, BGBl. I S. 1754.

57 Vgl. § 5 Nr. 21, im Einzelnen siehe dort.

58 Im Einzelnen zum Begriff der Inbetriebnahme siehe § 5 Rn. 135 ff.

59 So Reshöft/*Reshöft*, § 19 Rn. 34.

3. Dies führt – beispielsweise – bei einer am 10.11.2008 in Betrieb gesetzten vorletzten Anlage dazu, dass die Anlagen nur dann zum Zweck der Ermittlung der Vergütung für den jeweils zuletzt in Betrieb gesetzten Generator als eine Anlage gelten, wenn der letzte Generator spätestens am 31.10.2009 in Betrieb gesetzt worden ist. Bereits eine Inbetriebsetzung am 1.11.2009 führt nicht mehr zu einer Anlagenzusammenfassung zum Zweck der Ermittlung der Vergütungshöhe gem. § 19 EEG 2009.ʺ[60]

2. Zusammenfassung von Biogasanlagen (Abs. 1 S. 2). Der mit Wirkung ab dem 1.1.2012 neu angefügte Abs. 1 S. 2 sieht neben der Regelung des Abs. 1 S. 1 einen weiteren Zusammenfassungstatbestand „ausschließlich zum Zweck der Ermittlung des Anspruchs nach § 19" für mehrere technisch eigenständige Anlagen im Sinne von § 5 Nr. 1 vor,[61] wenn diese Strom aus Biogas mit Ausnahme von Biomethan erzeugen und das Biogas aus derselben Biogaserzeugungsanlage stammt. Die Regelung des Abs. 1 S. 2 gilt nur für Anlagen, die nach dem 31.12.2011 in Betrieb genommen wurden.[62] **31**

a) Verhältnis zu Abs. 1 S. 1. Diese Zusammenfassungsregelung des Abs. 1 S. 2 gilt abweichend von Abs. 1 S. 1, so dass die vergütungsrechtliche Zusammenfassung nach Abs. 1 S. 2 bei Vorliegen von dessen Voraussetzungen unabhängig davon eintritt, ob die Voraussetzungen des Abs. 1 S. 1 erfüllt sind. Eine Zusammenfassung mehrerer Biogasanlagen, deren verstromtes Biogas aus derselben Biogaserzeugungsanlage stammt, ist nach S. 2 somit auch möglich, wenn die Biogasanlagen sich nicht auf demselben Grundstück oder sonst in unmittelbarer räumlicher Nähe zueinander befinden und wenn sie in einem zeitlichen Abstand von mehr als zwölf aufeinanderfolgenden Kalendermonaten in Betrieb genommen worden sind. **32**

b) Keine Gasabtausch-Anlage. Die Zusammenfassungsregelung bezieht sich nur auf Anlagen zur **„Vor-Ort"-Stromerzeugung aus Biogas**, das heißt aus Stromerzeugungseinheiten, die als solche jeweils eine eigene Anlage im Sinne von § 5 Nr. 1 bilden und entweder durch direkte baulich-technische Verbindung mit der Biogaserzeugungsstrecke oder über eine Biogasleitung bzw. ein Biogasleitungsnetz von dieser Biogaserzeugungsstrecke mit Biogas versorgt werden. Dies schließt insbesondere sog. „Satelliten-BHKW" mit ein, soweit diese als eigenständige Anlagen im Sinne des § 5 Nr. 1 anzusehen sind.[63] **33**

Anlagen, die Strom aus **Biomethan** im Sinne von § 3 Nr. 8 erzeugen, unterfallen hingegen ebenso wenig dem Abs. 1 S. 2 wie Anlagen, die Strom aus sonstiger – d.h. nicht durch anaerobe Vergärung von Biomasse gewonnener – gasförmiger Biomasse, aus fester oder flüssiger Biomasse, aus nicht aufbereitetem oder aus aufbereitetem Klärgas oder Deponiegas **34**

---

60 Clearingstelle EEG, Hinweis 2009/13 v. 5.11.2009, S. 1; sich dem anschließend Altrock/Oschmann/Theobald/*Oschmann*, 3. Aufl., § 19 Rn. 45.

61 Zur Einordnung der Regelung in die Diskussion um den „Anlagenbegriff" des EEG vgl. *Loibl*, in: Loibl/Maslaton/von Bredow/Walter, Biogasanlagen im EEG, Rn. 86.

62 S.a. Frenz/Müggenborg/*Ekardt/Hennig*, § 19 Rn. 31; *Loibl*, in: Loibl/Maslaton/von Bredow/Walter, Biogasanlagen im EEG, Rn. 85.

63 Zu der Frage, unter welchen Voraussetzungen Satelliten-BHKW als eigenständige Anlage im Sinne von § 3 Nr. 1 anzusehen sind, vgl. Votum 2009/17 der Clearingstelle EEG v. 10.2.2011, abrufbar unter www.clearingstelle-eeg.de/votv/2009/17 (zuletzt abgerufen am 10.12.2013) und Votum 2009/19 der Clearingstelle EEG v. 7.4.2011, abrufbar unter www.clearingstelle-eeg.de/votv/2009/19 (zuletzt abgerufen am 10.12.2013), jeweils mit Bezug auf den sog. „Gülle-Bonus" nach Nr. VI.2.b der Anlage 2 zum EEG 2009.

erzeugen.[64] Folglich werden mehrere Anlagen, die zur Stromerzeugung aus dem Erdgasnetz entnommenes Biomethan einsetzen (z. B. „Biomethan-BHKW"), welches aus derselben Anlage zur Erzeugung und Aufbereitung von Biogas stammt, nicht nach Abs. 1 S. 2
für die Ermittlung des Anspruchs nach § 19 zusammengefasst. Dies schließt jedoch nicht
aus, dass mehrere Biomethan-BHKW, die sich auf demselben Grundstück oder sonst in unmittelbarer räumlicher Nähe befinden und innerhalb von zwölf aufeinanderfolgenden Kalendermonaten in Betrieb genommen worden sind, nach Abs. 1 S. 2 zu einer Anlage zusammengefasst werden können.

35 **c) Biogaserzeugungsanlage.** Was eine **Biogaserzeugungsanlage** ist, wird gesetzlich nicht
definiert, so dass die Frage, wann mehrere Anlagen ihr Biogas aus derselben Biogasver-
zeugungsanlage beziehen, durch Auslegung zu klären ist. Insbesondere stellt sich die Frage, ob das Biogas aus **demselben Fermenter** stammen muss oder ob auch eine Herkunft
des Biogases aus einer größeren Biogaserzeugungseinheit mit mehreren parallel arbeitenden Gärstrecken in den Anwendungsbereich des Abs. 1 S. 2 fällt. Die Begründung des Gesetzgebers enthält keine weitergehenden Erläuterungen zu dem Begriff selbst, spricht allerdings davon, dass die Regelung Anlagen erfasst, die „ihr Gas über eine Biogasleitung aus
derselben Biogaserzeugungsanlage beziehen".[65] Sinn und Zweck der Regelung sprechen
dafür, dass für Abs. 1 S. 2 nicht ausschlaggebend sein soll, ob das Biogas aus demselben
Fermenter bzw. aus derselben Gärstrecke stammt, sondern dass der Begriff der Biogaserzeugungsanlage in einem weiten Sinne zu verstehen ist und **sämtliche an einem Biogaserzeugungsstandort betriebenen Biogaserzeugungseinheiten erfasst**; andernfalls könnte
bei mehreren aus betriebstechnischen Gründen parallel betriebenen Gärstrecken durch entsprechende Verlegung von Biogasrohrleitungen die Zusammenfassungsregelung des
Abs. 1 S. 2 vergleichsweise einfach und ohne hohe Zusatzkosten umgangen werden, da jeweils nur diejenigen Anlagen, die durch entsprechende Biogasleitungen derselben Gärstrecke zuzuordnen sind, zusammenzufassen wären. Dies deckt sich unter systematischen
Auslegungsgesichtspunkten auch mit der Regelungen in § 46, die ebenfalls den Begriff der
„Biogaserzeugungsanlage" verwendet und auf den räumlich-örtlichen Standort der Biogaserzeugung abstellt,[66] anstatt an baulich-technisch abgegrenzte einzelne Gärstrecken-
komponenten anzuknüpfen, wofür auch kein sachlicher Grund erkennbar wäre. Daher sind
unter dem Begriff „Biogaserzeugungsanlage" sämtliche Biogaserzeugungseinheiten an einem Standort zu verstehen, die aus Sicht eines objektiven Dritten als eine wirtschaftliche
Einheit zur Erzeugung von Biogas anzusehen sind; Indikatoren hierfür können gemeinsam
genutzte Substratlager, ein zusammenhängendes vermaschtes Biogasleitungsnetz oder eine räumliche Nähe der Biogaserzeugungseinheiten zueinander in Anlehnung an Abs. 1
S. 1 Nr. 1 („auf demselben Grundstück oder sonst in unmittelbarer räumlicher Nähe") sein.

36 Wird in einer Biogaserzeugungsanlage erzeugtes Biogas nur **teilweise** „direkt" in vor Ort
befindlichen BHKW oder in durch Biogasleitungen versorgten „Satelliten-BHKW" verstromt und teilweise nach Aufbereitung und Einspeisung an anderer Stelle in Biomethan-
BHKW verstromt, so findet Abs. 1 S. 2 nur auf diejenigen Anlagen Anwendung, die das
nicht aufbereitete und eingespeiste Biogas einsetzen. Bei der Bestimmung der Bemessungsleistung zur Vergütungsermittlung nach Abs. 1 S. 2 wird die Bemessungsleistung der

---

64 Vgl. Frenz/Müggenborg/*Ekardt/Hennig*, § 19 Rn. 29; *Loibl*, in: Loibl/Maslaton/von Bredow/Wal-
ter, Biogasanlagen im EEG, Rn. 87.
65 BT-Drs. 17/6363, S. 24.
66 Vgl. hierzu auch die Begründung zu § 27b, BT-Drs. 17/6071, S. 73.

ebenfalls aus der Biogaserzeugungsanlage versorgten Biomethan-BHKW nicht mit eingerechnet.

Ausreichend für die Anwendbarkeit von Abs. 1 S. 2 ist bereits, wenn nur ein bestimmter   **37**
Teil des in der Anlage eingesetzten Gases aus derselben Biogaserzeugungsanlage stammt.
Die vollständige Zusammenfassung der Bemessungsleistung aller aus derselben Biogaserzeugungsanlage versorgten Anlagen tritt daher auch in dem theoretisch denkbaren Fall ein,
dass eine Anlage nur zu einem bestimmten **Anteil Biogas aus derselben Biogaserzeugungsanlage** einsetzt und im Übrigen anderes Gas (z. B. Biogas aus einer anderen Biogaserzeugungsanlage, Biomethan, Klärgas, Deponiegas oder Grubengas) zur Stromerzeugung
verwendet. Die zu berücksichtigende Bemessungsleistung der Anlage für die Zusammenfassung nach Abs. 1 S. 2 ist in diesen Fällen nicht auf den Anteil begrenzt, zu dem der in
der Anlage produzierte Strom aus Biogas aus derselben Biogaserzeugungsanlage erzeugt
wurde; hätte der Gesetzgeber dies gewollt, so hätte er in Abs. 1 S. 2 anstelle des Wortes
„wenn" das Wort „soweit" verwendet.

**3. Anlagenzusammenfassung bei Freiflächenanlagen (Abs. 2). a) Anlagen nach § 51   38
Abs. 1 Nr. 2 und 3.** § 32 Abs. 2 sieht ergänzende Regelungen für die vergütungsseitige Zu-
sammenfassung von Anlagen nach § 51 Abs. 1 Nr. 2 und 3 vor. Anlagen nach § 51 Abs. 1
Nr. 2 und 3 sind Anlagen zur Erzeugung von Strom aus solarer Strahlungsenergie, die weder in, an oder auf einem Gebäude noch einer baulichen Anlage, die vorrangig zu anderen
Zwecken als der Erzeugung von Strom aus solarer Strahlung dienen, angebracht wurden.
Damit verbleiben Anlagen, die in der Regel im Bereich eines Gebiets errichtet werden, für
das ein Verfahren nach § 38 BauGB durchgeführt wurde, oder für das ein Bebauungsplan
vorliegt, der den Anforderungen von § 51 Abs. 1 Nr. 3 entspricht.[67] Für solche Anlagen ist
neben Abs. 1 auch Abs. 2 anwendbar.

b) Abstand 2 km. Anlagen werden nur zusammengefasst, wenn sie einen Abstand zuein-   **39**
ander haben, der 2 km gemessen vom äußeren Rand der Anlage nicht überschreitet. Die 2
km sind in der Luftlinie zu messen und von jedem Punkt am Außenrand der Anlage aus
einzuhalten. Liegt eine Anlage nur teilweise im Bereich des Radius von 2 km, ist dies
grundsätzlich ausreichend, da es nach dem Wortlaut der Vorschrift auf den äußeren Rand
der Anlage ankommt. Die Zusammenrechnung ist aber auch auf diesen 2 km Radius beschränkt. Anlagen, die weiter entfernt liegen, werden nach Abs. 2 nicht bei der Berechnung
der Vergütung einbezogen.

Beispiel: Liegt also eine zweite Anlage 1,5 km von der ersten Anlage und eine dritte An-   **40**
lage weitere 1,5 km von der zweiten sowie 3 km von der ersten Anlage entfernt, erfolgt eine
Zusammenrechnung der ersten nur mit der zweiten, nicht aber mit der dritten Anlage; die
zweite Anlage wird zur Ermittlung der für sie geltenden Vergütung hingegen sowohl mit
der ersten als auch mit der dritten Anlage zusammengerechnet, während die dritte Anlage
für die Vergütungsermittlung wiederum nur mit der zweiten Anlage zusammengerechnet
wird.

c) Gemeinde. Der Begriff der Gemeinde wird im EEG 2014 erstmals näher definiert. Ge-   **41**
meint ist die Gemeinde, die für den Erlass des Bebauungsplans zuständig ist. Diese Begrenzung erfolgt, damit der Anlagenbetreiber sich an die Gemeinde wenden kann und die
Gemeinde ihm mitteilen kann, ob für ein anderes Projekt ein Bebauungsplan erstellt wor-

---

67 Hierzu im Einzelnen § 51 Rn. 91 ff.

den ist. Der Anlagenbetreiber erhält durch diese Klarstellung eine höhere Rechtssicherheit.[68] Soweit ausnahmsweise kein Bebauungsplan erforderlich ist, kommt es wie bisher auf das Gebiet der Gemeinde an, in dem die Anlage belegen ist. In der Regel läuft dies auf dasselbe Gemeindegebiet hinaus.[69]

42   Da die Bauleitplanung nach BauGB einen Ausfluss der kommunalen Planungshoheit als Teil des verfassungsrechtlich garantierten Selbstverwaltungsrechts der Gemeinden nach Art. 28 Abs. 2 GG[70] darstellt, ist im Baurecht daher in der Regel der Gemeindebegriff im Sinne des Art. 28 Abs. 2 GG maßgeblich. Die Gemeinde als Träger der Selbstverwaltungsgarantie im Sinne von Art. 28 Abs. 2 S. 1 GG ist ein auf personaler Mitgliedschaft zu einem bestimmten Gebiet beruhender Verband, der die Eigenschaft einer rechtsfähigen Körperschaft des öffentlichen Rechts besitzt.[71] „Innerhalb derselben Gemeinde errichtet" sind demnach zwei oder mehrere Anlagen, die auf dem Gemeindegebiet derselben Gemeinde in dem vorgenannten Sinne baulich errichtet werden.

43   Der Begriff der Gemeinde steht dem des Gemeindeverbandes im Sinne von Art. 28 Abs. 2 S. 2 GG gleich, der in einzelnen Vorschriften des BauGB[72] und des ROG[73] gleichrangig neben der Gemeinde steht, wenn die Gemeinde die Hoheit einen Bebauungsplan aufzustellen, an einen solchen Gemeindeverband abgegeben hat. In diesem Fall liegen zwei Anlagen in derselben Gemeinde auch wenn sie auf den Gebieten zweier Gemeinden innerhalb eines Planungsverbandes liegen.

44   **d) 24 Kalendermonate.** Nach Abs. 2 werden Anlagen zusammengerechnet, die innerhalb von 24 aufeinanderfolgenden Kalendermonaten in Betrieb genommen worden sind. Auch in diesem Punkt ist die Vorschrift weiter als Abs. 1, der nur Anlagen zusammenfasst, die innerhalb von 12 Kalendermonaten in Betrieb genommen worden sind. Hintergrund sind die längeren Planungs- und Realisierungszeiten, die auch zeitlich eine großzügigere Zusammenfassung sinnvoll erscheinen lassen. Bei der Berechnung des 24-Monatszeitraums ist, wie bei Abs. 1,[74] zu beachten, dass auch in Abs. 2 Nr. 2 von Kalendermonaten die Rede ist, so dass auch hier auf den Hinweis der Clearingstelle zur Auslegung von § 19 Abs. 1 Nr. 4 EEG 2009 verwiesen werden kann, wobei die dort genannten 12 Monate jeweils durch 24 zu ersetzen sind.

45   **4. Rechtsfolgen.** Liegen alle Voraussetzungen vor, wird für die Ermittlung des Anspruch nach § 32 für Strom aus einer Anlage die jeweils maßgebliche installierte Leistung oder Bemessungsleistung dieser Anlage mit derjenigen aller zeitlich vorher in Betrieb genommenen Anlagen zusammengerechnet, die die oben genannten Anforderungen erfüllen. Sie gelten mit Blick auf zuletzt in Betrieb genommene Anlage und ausschließlich für die anhand der Leistungsstufen erfolgenden Vergütungsermittlung als Gesamtanlage.

46   Die vergütungsrechtliche Zusammenfassung erfolgt nach Abs. 1 S. 1, Abs. 1 S. 2 und Abs. 2 immer nur für den **jeweils zuletzt in Betrieb gesetzten Generator.** Dies bedeutet,

---

68 BT-Drs. 18/1304, S. 136.
69 BT-Drs. 18/1304, S. 136.
70 Battis/Krautzberger/Löhr/*Krautzberger*, BauGB, 11. Aufl. 2009, § 1 Rn. 3; von Münch/Kunig/*Löwer*, GG, 6. Aufl. 2012, Art. 28 Rn. 83.
71 Jarass/Pieroth/*Pieroth*, GG, 12. Aufl. 2012, Art. 28 Rn. 17.
72 Vgl. § 90 Abs. 1 Nr. 2 BauGB und § 164b Abs. 1 S. 1 BauGB.
73 § 8 Abs. 4 S. 1 ROG.
74 Hierzu siehe oben Rn. 29 f.

dass für die Berechnung der Vergütung einer Anlage die Anlagenleistung mit allen früher in Betrieb genommenen Anlagen, die die Anforderungen nach Abs. 1 S. 1 oder 2 oder Abs. 2 erfüllen, zusammengerechnet wird. Aufgrund der Vergütungsstaffelung nach Anlagengröße ergeben sich hieraus nach § 23 Abs. 2 in der Regel geringere Erlöse als bei jeweils getrennter Behandlung als für die Ermittlung des Anspruchs nach § 19 eigenständige Anlagen. Die Zusammenfassung der zeitlich später in Betrieb genommenen Anlagen wirkt sich jedoch nicht auf die Erlössituation der jeweils früher in Betrieb genommenen Anlagen aus. Für diese bleibt die Vergütungsberechnung nach § 23 Abs. 2 unverändert.[75] Demzufolge wird bei zwei anlagenrechtlich nach § 5 Nr. 1 eigenständigen BHKW, die Biogas aus derselben Biogaserzeugungsstrecke zur Stromerzeugung einsetzen, für die Vergütungsermittlung des zuerst in Betrieb gesetzten BHKW nur dessen Bemessungsleistung zugrunde gelegt, während für das erst zeitlich später in Betrieb gesetzte zweite BHKW zur Vergütungsermittlung die addierte Bemessungsleistung beider BHKW zugrunde gelegt wird. Die Zusammenrechnung erfolgt unabhängig von den Eigentumsverhältnissen an den Anlagen. Werden zwei nach Abs. 1 S. 1, Abs. 1 S. 2 oder Abs. 2 zusammenzufassende Anlagen zeitgleich in Betrieb genommen, so ist eine dieser zwei Anlagen als um eine juristische Sekunde zeitlich nachgelagert zu fingieren.

Die Vergütung umfasst dabei sowohl die jeweiligen Grundvergütungen als auch die Boni, da der Anspruch auf die Boni teilweise nur bis zu einer bestimmten Leistungsgrenze besteht[76] oder auch der Bonus nach Größe der Anlage gestaffelt ist. **47**

5. Zeitliche Anwendbarkeit. Die erst zum 1.1.2012 in Kraft getretenen Abs. 1 S. 2 und **48** Abs. 2 gelten aufgrund von § 100 Abs. 1 Nr. 10 EEG 2014 i.V.m. § 66 Abs. 1 EEG 2012 nicht für Strom aus Anlagen, die vor dem **1.1.2012** in Betrieb genommen worden sind, so dass die Zusammenfassungswirkung nach dieser Bestimmung für vor dem Jahr 2012 in Betrieb genommene Bestandsanlagen nicht zur Anwendung kommt.[77] Bei der Bestimmung der Bemessungsleistung zur Vergütungsermittlung für Neuanlagen unter dem EEG 2012 ist die Bemessungsleistung von vor dem Jahr 2012 in Betrieb genommenen Anlagen allerdings miteinzubeziehen. Beispiel: Wird an eine Biogaserzeugungsanlage, die bereits ein im Jahr 2009 in Betrieb genommenes und vor Ort betriebenes BHKW (Bemessungsleistung 400 kW) und ein im Jahr 2011 in Betrieb genommenes abgesetztes „Satelliten-BHKW" (Bemessungsleistung 100 kW) mit Biogas versorgt, im Jahr 2013 zusätzlich ein zweites abgesetztes „Satelliten-BHKW" (Bemessungsleistung 50 kW, Inbetriebnahmejahr 2013) zugebaut, so sind das Vor-Ort-BHKW und das erste „Satelliten-BHKW" jeweils als eigenständige Anlage zu vergüten, da § 19 Abs. 1 EEG 2009 schon wegen des mehr als zwölf Kalendermonate auseinanderliegenden Inbetriebnahmezeitpunkts nicht greift. Für die Vergütungsermittlung für den Strom aus dem zweiten „Satelliten-BHKW" mit Inbetriebnahmejahr 2013 ist hingegen aufgrund von Abs. 1 S. 2 eine Bemessungsleistung von 550 kW (400 kW plus 100 kW plus 50 kW) zugrunde zu legen, da für diesen zuletzt in Betrieb gesetzten Generator alle drei Anlagen – ungeachtet ihres Inbetriebnahmejahres – als eine Anlage gelten; denn sie erzeugen Strom aus Biogas und beziehen das hierzu eingesetzte Biogas aus derselben Biogaserzeugungsanlage.

---

75 Reshöft/*Reshöft*, § 19 Rn. 36.
76 BT-Drs. 16/8148, S. 50 f.
77 Vgl. auch Frenz/Müggenborg/*Ekardt/Hennig*, § 19 Rn. 31; *Loibl*, in: Loibl/Maslaton/von Bredow/Walter, Biogasanlagen im EEG, Rn. 51 und 85.

49   **6. Verhältnis von Abs. 1 und 2.** Abs. 2 lässt Abs. 1 unberührt. Dies bedeutet, dass Abs. 1 nicht verdrängt wird, sondern neben Abs. 1 bestehen bleibt. Erfolgt also nach Abs. 2 keine Anlagenzusammenfassung, zum Beispiel weil zwei Anlagen nicht im Gebiet derselben Gemeinde liegen, muss trotzdem die Anlagenzusammenfassung nach Abs. 1 geprüft werden.[78]

IV. Gemeinsame Nutzung einer Messeinrichtung (Abs. 3 und 4)

50   **Abs. 3 und 4** ermöglichen die gemeinsame Nutzung von Messeinrichtungen durch mehrere Anlagen, auch wenn diese nicht nach den Abs. 1 und 2 für die Ermittlung des Anspruchs nach § 19 zusammengefasst werden. Die gemeinsame Nutzung von Messeinrichtungen ist auch ohne Zustimmung des Netzbetreibers oder gegen seinen Willen möglich, da § 32 Abs. 3 und 4 den Anlagenbetreibern ein Wahlrecht einräumen. Werden die Anlagen von verschiedenen Anlagenbetreibern betrieben, müssen diese sich jedoch auf dieses Vorgehen verständigen und dies dem Netzbetreiber oder den sonst mit der Messung und der Installation von Messeinrichtungen betrauten Personen mitteilen. Außerdem müssen die weiteren Voraussetzungen nach Abs. 3 und 4 vorliegen.

51   **1. Mehrere Anlagen nach Abs. 3.** Mehrere Anlagen, die keine Windenergieanlagen sind, können nur über eine gemeinsame Messeinrichtung abgerechnet werden, wenn sie gleichartige erneuerbare Energien oder Grubengas einsetzen. Der Begriff der Gleichartigkeit ist analog zu § 32 Abs. 1 Nr. 2 auszulegen.[79] In der Folge können Anlagen über eine gemeinsame Messeinrichtung abgerechnet werden, wenn für die Verstromung die **gleiche Technologie eingesetzt wird**.[80] Für Windenergieanlagen enthält Abs. 4 eine speziellere Regelung, die auch die gemeinsame Abrechnung mit Strom aus Anlagen, die andere Energieträger nutzen, ausschließt.

52   Als Rechtsfolge wird angeordnet, dass für die Berechnung der Vergütung die installierte Leistung jeder einzelnen Anlage maßgeblich ist. Dies bedeutet, dass trotz des gemeinsamen Zählers für jede einzelne Anlage die Vergütungsberechnung nach § 23 erfolgt, soweit § 32 Abs. 1 und 2 keine Anwendung finden.

53   Dies betrifft auch die Frage, wie viel von dem insgesamt erzeugten Strom welcher Anlage zugerechnet wird. Hier wird nunmehr ausdrücklich auf die installierten Leistung der über die gemeinsame Messeinrichtung abrechnenden Anlagen abgestellt. Damit sind Ausnahmen nicht mehr möglich, die sinnvoll sein können, wenn die gemeinsam abrechnenden Anlagen tatsächlich sehr unterschiedliche Betriebsprofile aufweisen, etwa wenn einige der Anlagen nur in der kalten Jahreszeit laufen, in der sie zusätzliche Wärmeerlöse erzielen können, oder wenn bei Anlagen zur Erzeugung von Strom aus solarer Strahlung die Ausrichtung der Anlagen derart unterschiedlich ist, dass sie stark voneinander abweichende Erträge erwarten lassen. In diesen Fällen müssen nunmehr gesonderte Zähler für die einzelnen Anlagen eingerichtet werden.

---

78 Vgl. Begründung zum Änderungsantrag der Fraktionen von CDU/CSU und FDP zum Entwurf eines Gesetzes zur Änderung des Rechtsrahmens für Strom aus solarer Strahlungsenergie und zu weiteren Änderungen im Recht der erneuerbaren Energien, BT-Drs. 17/9152, S. 20.

79 Siehe oben Rn. 27.

80 Vgl. Reshöft/*Reshöft*, § 19 Rn. 28; zweifelnd Altrock/Oschmann/Theobald/*Oschmann*, § 19 Rn. 44 f.

2. Mehrere Windenergieanlagen nach Abs. 4. Für mehrere Windenergieanlagen reicht 54
nach Abs. 4 grundsätzlich ein gemeinsamer Zähler. Auch hier liegt das **Wahlrecht** bei den
Anlagenbetreibern. Der Netzbetreiber darf einer solchen gemeinsamen Messeinrichtung
nicht widersprechen. Er kann allerdings, wie bei jeder anderen Messeinrichtung, die Einhaltung der Anforderungen nach § 10 i.V. m. den einschlägigen Bestimmungen des EnWG
fordern.

Wird eine Messeinrichtung gemeinsam genutzt, regelt Abs. 4 die Zuordnung der Strom- 55
mengen zu den verschiedenen Anlagenbetreibern. Diese soll **nach einer Ansicht dem Referenzertrag** geschehen. Nach Anlage 3 Nr. 2 ist der Referenzertrag die für jeden Typ einer Windenergieanlage einschließlich der jeweiligen Nabenhöhe bestimmte Strommenge,
die dieser Typ bei Errichtung an dem Referenzstandort rechnerisch auf Basis einer vermessenen Leistungskennlinie in fünf Betriebsjahren erbringen würde. Dieser Referenzertrag ist für alle Anlagen eines Typs gleich. Die konkreten Windbedingungen, denen die einzelnen Windenergieanlagen ausgesetzt sind, werden bei diesem Verfahren nur über die Nabenhöhe berücksichtigt. Unterschiede, die sich aus einer Verschattung einiger Windenergieanlagen durch vor ihnen stehende Windenergieanlagen ergeben, werden dagegen nicht
berücksichtigt.[81]

Nach **anderer Ansicht** ist nicht auf den Referenzertrag, sondern den **Referenzwert der** 56
Einzelanlage abzustellen.[82] Dies bedeutet, dass die an dem konkreten Standort durch die
konkrete Anlage erwarteten gemittelten Erträge ins Verhältnis zueinander gesetzt und die
Strommengen anschließend proportional zugeordnet werden müssen. Für ein solches Verfahren spricht, dass es eine wirklichkeitsgetreuere Zuordnung der Strommengen ermöglicht und damit dem Sinn und Zweck der Vorschrift besser entspricht. Allerdings gibt der
Wortlaut von § 32 Abs. 4 für eine solche weite Auslegung keine Anhaltspunkte. Auch
systematisch spricht einiges gegen diese Auslegung, schließlich werden auch bei anderen
Anlagen die konkreten Verhältnisse nicht berücksichtigt. Vielmehr erfolgt eine Zuordnung
anhand der installierten Leistung. Der Referenzertrag bildet die Leistungsfähigkeit der Anlage genauer ab als die installierte Leistung,[83] ist dieser aber näher als ein individueller
Schätzwert. Letztlich erscheint vor allem aufgrund des klaren Wortlauts **die erste Ansicht
vorzugswürdig**.

---

81 In diesem Sinne Reshöft/*Reshöft*, § 19 Rn. 57.
82 *Salje*, EEG, § 32 Rn. 15; dem folgend wohl Altrock/Oschmann/Theobald/*Oschmann*, § 19 Rn. 71.
83 Reshöft/*Reshöft*, § 19 Rn. 57.

§ 33 Aufrechnung

(1) Die Aufrechnung von Ansprüchen des Anlagenbetreibers nach § 19 mit einer Forderung des Netzbetreibers ist nur zulässig, soweit die Forderung unbestritten oder rechtskräftig festgestellt ist.

(2) Das Aufrechnungsverbot des § 23 Absatz 3 der Niederspannungsanschlussverordnung gilt nicht, soweit mit Ansprüchen aus diesem Gesetz aufgerechnet wird.

Schrifttum: *Groß*, Die neuen Netzanschluss- und Grundversorgungsverordnungen im Strom- und Gasbereich, NJW 2007, 1030; *Schulze u. a.* (Hrsg.), Handkommentar BGB, 7. Aufl. 2012.

Übersicht

I. Bedeutung der Norm – Sinn und Zweck der Norm*

1   § 33 beschäftigt sich mit der Möglichkeit der **Aufrechnung**. Abs. 1 enthält eine **sondergesetzliche Ausnahme** von der Möglichkeit, nach den §§ 387 ff. BGB aufzurechnen.[1] In § 387 BGB ist eine grundsätzlich bestehende Aufrechnungsmöglichkeit für den Fall geregelt, dass zwei Personen einander Leistungen schulden, die ihrem Gegenstand nach gleichartig sind. Jeder Teil kann dann seine Forderung gegen die Forderung des anderen Teils aufrechnen, sobald er die ihm gebührende Leistung fordern und die ihm obliegende Leistung bewirken kann. Die Forderung des Aufrechnenden bezeichnet man als Aktivforderung oder Gegenforderung, während die Forderung des Aufrechnungsgegners als Passivforderung oder Hauptforderung bezeichnet wird.[2] Nach der vorherrschenden Kombinations-

---

* Die Kommentierung greift in Teilen die Ausführungen zur Vorgängerregelung aus § 22 EEG 2012 in Band 2 auf. Die Verfasser danken *Hanna Schumacher*, die an der Kommentierung der Vorgängerregelung als Autorin mitgewirkt hat.

1 Vgl. zu den gesetzlichen Ausschlüssen der Aufrechnung MünchKommBGB/*Schlüter*, § 387 Rn. 56 f.; vgl. auch *Salje*, EEG, § 22 Rn. 6.

2 Vgl. zu den Begrifflichkeiten MünchKommBGB/*Schlüter*, § 387 Rn. 1; Hk-BGB/*Schulze*, § 387 Rn. 1.

theorie hat die Aufrechnung eine doppelte Funktion: Sie dient *erstens* der Erfüllung der Passivforderung durch Hingabe der eigenen Aktivforderung. *Zweitens* erhält der Aufrechnende durch sie die Möglichkeit, die Aktivforderung „im Wege der Selbsthilfe ohne das Risiko eines von ihm zu führenden Aktivprozesses auf einfachem Wege durchzusetzen".[3]

Die Regelung in § 33 Abs. 1 zielt genauso wie die Vorgängerregelungen aus § 22 Abs. 1 EEG 2012 und § 12 Abs. 4 S. 1 EEG 2004 **auf ein Verbot der Aufrechnung** von bestrittenen oder nicht rechtskräftig festgestellten Forderungen des Netzbetreibers mit den Förderansprüchen des Anlagenbetreibers ab. Damit soll laut Gesetzesbegründung verhindert werden, „dass die wirtschaftlich übermächtigen Netzbetreiber, die weiterhin ein natürliches Monopol besitzen, unbillig hohe Mess-, Abrechnungs-, Blindstrom- und Versorgungskosten von den Anlagenbetreibern durch Aufrechnung erlangen und das Prozessrisiko auf die Anlagenbetreiber abwälzen".[4] Dem liegt – wie der BGH prägnant ausgeführt hat – „einmal der Gedanke zugrunde, dass dem Anlagenbetreiber ein wirtschaftlich tragbarer Betrieb seiner Stromerzeugungsanlage nur möglich ist, wenn ein zügiger Eingang der Förderung für den von ihm eingespeisten Strom gewährleistet ist, und eine Zahlung dieser Förderung nicht bis zur rechtskräftigen Entscheidung oder sonstigen Klärung von Gegenansprüchen hinausgezögert werden kann. Neben der auf diese Weise erstrebten Sicherung der Liquidität und Planbarkeit der Mittelzuflüsse aus den gesetzlichen Mindestförderungen hat der Gesetzgeber dem Anlagenbetreiber bei streitiger Gegenforderung zugleich das hieraus resultierende Risiko eines Aktivprozesses gegen den als wirtschaftlich stärker eingeschätzten Netzbetreiber abnehmen wollen".[5] **2**

§ 33 Abs. 2 enthält eine Rückausnahme von dem Aufrechnungsverbot aus § 23 Abs. 3 Niederspannungsanschlussverordnung (NAV).[6] Das Aufrechnungsverbot aus § 23 Abs. 3 NAV gilt nicht, soweit der Anlagenbetreiber als Anschlussnehmer oder -nutzer seine Ansprüche aus dem EEG mit Gegenansprüchen des Netzbetreibers aus dem Netzanschlussverhältnis oder dem Anschlussnutzungsverhältnis aufrechnen möchte. Laut Begründung im Gesetzgebungsverfahren zum EEG 2004 ist die Regelung notwendig, um die missbräuchliche Verwendung des Aufrechnungsverbotes auszuschließen und insbesondere Betreiber kleinerer Photovoltaikanlagen vor dem finanziellen Ruin zu schützen.[7] **3**

II. Entstehungsgeschichte

Im **StrEG** und im **EEG 2000** war eine mit § 33 vergleichbare Regelung nicht enthalten. § 12 Abs. 4 S. 1 **EEG 2004** bestimmte erstmals, dass eine Aufrechnung von Vergütungsansprüchen der Anlagenbetreiber nach § 5 EEG 2004 mit einer Forderung des Netzbetreibers **4**

---

3 MünchKommBGB/*Schlüter*, § 387 Rn. 1 m. w. N.

4 Siehe die Gesetzesbegründung zum EEG 2009, BT-Drs. 16/8148, S. 52 und wortgleich zum EEG 2004, BT-Drs. 15/2327, S. 35 f.

5 BGH, Urt. v. 6.4.2011, VIII ZR 31/09, juris Rn. 12 = WM 2011, 1870; OLG Koblenz, Hinweisbeschl. v. 27.5.2013, 3 U 1153/12, BeckRS 2013, 10820. Vgl. auch Altrock/Oschmann/Theobald/ *Lehnert*, § 22 Rn. 2; Reshöft/*Reshöft*, § 22 Rn. 2; *Salje*, EEG, § 22 Rn. 8, 10; kurz Gerstner/*Lünenbürger*, Kap. 5 Rn. 147 f.

6 Niederspannungsanschlussverordnung v. 1.11.2006 (BGBl. I S. 2477), die zuletzt durch Artikel 4 der VO v. 3.9.2010 (BGBl. I S. 1261) geändert worden ist.

7 Begründung zu den Änderungsanträgen der Fraktionen SPD und BÜNDNIS 90/DIE GRÜNEN zu dem ursprünglichen Gesetzesentwurf zum EEG 2004, BT-Drs. 15/2864, S. 46.

nur zulässig ist, soweit die Forderung unbestritten oder rechtskräftig festgestellt ist. Nach § 12 Abs. 4 S. 2 EEG 2004 fand das Aufrechnungsverbot aus § 31 der Verordnung über Allgemeine Bedingungen für die Elektrizitätsversorgung von Tarifkunden (AVBEltV) keine Anwendung, soweit mit Ansprüchen aus dem EEG aufgerechnet wurde.

5   Im **EEG 2009** wurde die Regelung des § 12 Abs. 4 S. 1 EEG 2004 materiell unverändert in § 22 Abs. 1 EEG 2009 übernommen und die Ausnahme von dem Aufrechnungsverbot aus § 31 AVBEltV in § 22 Abs. 2 überführt. Allerdings ist die AVBEltV am 8.11.2006 außer Kraft getreten, so dass sich § 22 Abs. 2 EEG 2009 im Folgenden auf die einschlägige Nachfolgeregelung des Aufrechnungsverbots in § 23 Abs. 3 NAV beziehen musste.[8] § 22 EEG 2009 blieb mit dem **EEG 2012** inhaltsgleich und auch vom Wortlaut unverändert erhalten.

6   Im **EEG 2014** findet sich nun das Aufrechnungsverbot in § 33. Die Vorschrift entspricht materiell den Vorgängerregelungen. Im Zuge der EEG-Novelle im Jahr 2014 erfolgte jedoch eine sprachliche Anpassung des Wortlauts, um dem Umstand gerecht zu werden, dass die Direktvermarktung nach dem EEG 2014 die vorrangige Förderform darstellt.[9]

III. Einzelerläuterungen

7   **1. Aufrechnungsverbot für den Netzbetreiber (Abs. 1).** Nach Abs. 1 ist die Aufrechnung von Förderansprüchen des Anlagenbetreibers nach § 19 mit einer Forderung des Netzbetreibers nur zulässig, soweit die Forderung unbestritten oder rechtskräftig festgestellt ist.

8   **a) Förderungsansprüche des Anlagenbetreibers als Passivforderung.** Das sich aus Abs. 1 ergebende Verbot für den Netzbetreiber, mit Ansprüchen des Anlagenbetreibers aufzurechnen, bezieht sich ausdrücklich **allein auf dessen Förderungsansprüche nach § 19**. Der Verweis auf § 19 erfasst den zentralen Anspruch auf finanzielle Förderung für eingespeisten Strom, d.h. sowohl den Anspruch auf die Marktprämie als auch den Anspruch auf eine Einspeisevergütung nach § 37 für Kleinanlagen oder § 38 in Ausnahmefällen.[10] Auch der Anspruch des Anlagenbetreibers auf Zahlung der Förderung für den vor der Netzeinspeisung zwischengespeicherten Strom nach § 19 Abs. 4 wird von § 33 erfasst. Das Gleiche gilt für Ansprüche nach § 326 Abs. 2 BGB analog i.V.m. § 19 Abs. 1. Auch diese Ansprüche gehören ebenfalls zu den „Ansprüchen des Anlagenbetreibers" i.S.d. § 33 Abs. 1.[11]

9   **Andere eventuell bestehende Ansprüche** des Anlagenbetreibers gegenüber dem Netzbetreiber aus dem EEG, aus anderen Gesetzen oder aus Vertrag werden von Abs. 1 nicht erfasst. Ausgenommen von dem Aufrechnungsverbot ist etwa die Rückforderung von An-

---

8 Gesetzesbegründung zum EEG 2009, BT-Drs. 16/8148, S. 52. Die Nachfolgeregelung von § 31 AVBEltV in § 17 Abs. 3 Stromgrundversorgungsverordnung (StromGVV) v. 26.10.2006 (BGBl. I S. 2391) wurde nicht in Bezug genommen. Ausführlich zum Hintergrund der Ablösung der AV-BEltV durch die Niederspannungsanschluss- und Grundversorgungsverordnung Reshöft/*Reshöft*, § 22 Rn. 5; *Groß*, NJW 2007, 1030 ff.
9 Vgl. BT-Drs. 18/1304, S. 136.
10 Vgl. BT-Drs. 18/1304, S. 132.
11 Jeweils zur Vorgängerregelung in § 22 EEG 2012 *Salje*, EEG, § 22 Rn. 11, § 16 Rn. 24; Frenz/Müggenborg/*Ekardt/Hennig*, § 22 Rn. 5.

schlusskosten (§ 16), Baukostenzuschüssen (§ 11 NAV) oder zu viel gezahlten Stromlieferentgelten.[12]

Die Regelung des § 33 Abs. 1 bezieht sich nur auf den **Primäranspruch**, also auf den Förderanspruch aus § 19 Abs. 1. **Nicht erfasst** werden angesichts des eindeutigen Wortlauts („*Förderungsansprüche des Anlagenbetreibers nach § 19*") auch **Sekundäransprüche**, wie etwa Schadensersatzansprüche, die an die Stelle des primären Föderanspruchs treten.[13] Das gilt anders als zum Teil vertreten auch hinsichtlich der Anwendbarkeit auf Entschädigungsansprüche der Anlagenbetreiber aus § 15.[14] Der Wortlaut des § 33 Abs. 1 bezieht sich eindeutig nur auf § 19 und nicht etwaige Surrogate in Gestalt einer Entschädigung, die aufgrund einer erfolgten Abregelung der Anlage im Rahmen des Einspeisemanagements nach den § 15 i.V.m. § 14 durch den Netzbetreiber zu zahlen ist. Aus systematischer Perspektive ist zu bedenken, dass der sachliche Anwendungsbereich des § 15 viel weiter ist als der des § 19 bzw. des § 33 i.V.m. § 19, weil er auch die Anlagen einbezieht, die nicht ausschließlich erneuerbare Energien einsetzen. Zudem spricht das in § 15 Abs. 1 S. 3 niedergelegte Verursacherprinzip, wonach derjenige Netzbetreiber in der Pflicht zur Entschädigung steht, in dessen Netz die Ursache für die Regelung nach § 14 liegt, dagegen, das Aufrechnungsverbot auch auf Ansprüche aus § 15 zu erstrecken. Das Aufrechnungsverbot soll sich anders als § 15 augenscheinlich nur auf das Verhältnis zwischen dem Anlagenbetreiber und dem förderpflichtigen Netzbetreiber beziehen. Die Gesetzeshistorie bietet zudem keinen Anhaltspunkt dafür, dass der Anwendungsbereich von § 33 über den Wortlaut hinaus ausgedehnt werden sollte. Mit Blick auf Sinn und Zweck von § 33 Abs. 1 lässt sich konstatieren, dass der Anlagenbetreiber zwar ebenfalls auf den Erhalt der Entschädigungen angewiesen und damit grundsätzlich ebenfalls schutzbedürftig ist. Allerdings sind die Maßnahmen nach § 14 nur in Ausnahmesituationen zu ergreifen, so dass bei § 15 kein vergleichbares Schutzbedürfnis besteht. Angesichts mehrfacher Novellierungen seit der Einführung des Aufrechnungsverbotes, ohne dass der Gesetzgeber auf die Problematik reagiert hätte, mangelt es jedenfalls an der Planwidrigkeit einer insofern eventuell bestehenden Regelungslücke. Deshalb kommt eine analoge Anwendung des § 33 Abs. 1 zum Schutz der Ansprüche des Anlagenbetreibers aus § 15 nicht in Frage.

10

Zusätzliche vertragliche Vereinbarungen über die Zahlung einer Förderung nach dem EEG führen nicht dazu, dass das Aufrechnungsverbot umgangen werden kann und die Ansprüche auf Förderzahlungen Gegenstand einer Aufrechnung werden können.[15]

11

b) Aktivforderungen des Netzbetreibers. aa) Erfasste Forderungen. Auf der Aktivseite scheiden grundsätzlich alle bestrittenen oder noch nicht rechtskräftig festgestellten Forderungen des Netzbetreibers als Aufrechnungsgegenstand aus und zwar unabhängig davon,

12

---

12 Jeweils im Zusammenhang mit der Vorgängerregelung in § 22 EEG 2012 Frenz/Müggenborg/*Ekardt/Hennig*, EEG, § 22 Rn. 5; *Salje*, EEG, § 22 Rn. 11; *Lünenbürger*, in: Gerstner, Kap. 5 Rn. 148 f.

13 Zur Vorgängerregelung in § 22 EEG 2012 Altrock/Oschmann/Theobald/*Lehnert*, § 22 Rn. 5; Frenz/Müggenborg/*Ekardt/Hennig*, § 22 Rn. 5; *Salje*, EEG, § 22 Rn. 11; *Lünenbürger*, in: Gerstner, Kap. 5 Rn. 149.

14 Im Zusammenhang mit der Vorgängerregelung in § 22 EEG 2012 für die Geltung des Aufrechnungsverbotes für Entschädigungsansprüche aus § 12 EEG 2012 (jetzt § 15) Altrock/Oschmann/Theobald/*Lehnert*, § 22 Rn. 2; dagegen Reshöft/*Reshöft*, § 22 Rn. 11.

15 Vgl. zur Vorgängerregelung in § 22 EEG 2012 Altrock/Oschmann/Theobald/*Lehnert*, § 22 Rn. 4.

auf welchem Rechtsgrund sie beruhen.[16] Es ist irrelevant, ob die in Frage stehende Forderung des Netzbetreibers aus dem EEG, einem anderen Gesetz oder Vertrag ergibt. Das Aufrechnungsverbot erfasst nach der Gesetzesbegründung zu früheren Fassungen des EEG insbesondere Forderungen des Netzbetreibers aus Mess-, Abrechnungs-, Blindstrom- und Versorgungskosten.[17]

13   Eine **Ausnahme von dem Verbot aus § 33 Abs. 1** gilt in den Fällen, in denen das EEG das Aufrechnungsverbot für unanwendbar erklärt. Das gilt insbesondere für den Fall, dass ein Netzbetreiber dem Anlagenbetreiber eine höhere als die in den §§ 19 oder 52 vorgesehene finanzielle Förderung zahlt. Dann ist der Netzbetreiber nach § 57 Abs. 5 S. 1 und S. 3 verpflichtet, den Mehrbetrag vom Anlagenbetreiber zurückzufordern, es sei denn, die Zahlungspflicht folgt aus einer vertraglichen Vereinbarung. § 57 Abs. 5 S. 4 stellt klar, dass die Regelung aus § 33 Abs. 1 nicht auf die Rückforderungsansprüche des Netzbetreibers wegen Zahlung einer zu hohen finanziellen Förderung anzuwenden ist. Das bedeutet, dass das **Aufrechnungsverbot nicht greift**, so dass der Netzbetreiber insoweit mit künftigen Förderansprüchen des Anlagenbetreibers aufrechnen darf, wenn die Voraussetzungen der §§ 387 ff. BGB vorliegen. Die Unanwendbarkeit des Aufrechnungsverbotes dient der effizienten Abwicklung der Rückforderungsansprüche.[18] Der Auffassung, wonach das Aufrechnungsangebot auch dann eingreift, wenn der Netzbetreiber zu hohe finanzielle Förderung vom Anlagenbetreiber zurückfordert, ist damit die Grundlage entzogen.[19]

14   **bb) Unbestrittene bzw. rechtskräftig festgestellte Forderungen.** In den Fällen, in denen die Forderung des Netzbetreibers unbestritten oder rechtskräftig festgestellt ist, greift das Aufrechnungsverbot aus Abs. 1 nicht und der Netzbetreiber darf unter den Voraussetzungen der §§ 387 ff. BGB mit den Förderansprüchen des Anlagenbetreibers aufrechnen, wenn kein anderes Aufrechnungsverbot einschlägig ist. Diese Einschränkung des Aufrechnungsverbots aus Abs. 1 auf bestrittene oder noch nicht rechtskräftig festgestellte Forderungen schützt den Netzbetreiber und vermeidet unnötige Vollstreckungsmaßnahmen.

15   **Unbestritten** sind Aktivforderungen des Netzbetreibers, wenn über ihren Grund und ihre Höhe zwischen Anlagenbetreiber und Netzbetreiber Einigkeit besteht.[20] Bestritten ist die Forderung des Netzbetreibers, wenn der Anlagenbetreiber – innerhalb einer angemessenen Frist, nachdem der Netzbetreiber die Forderung geltend gemacht hat – Einwendungen gegen die Forderung erhoben hat. Bei Kaufleuten kann eine Frist von ca. sechs bis acht Wochen als angemessen angesehen werden.[21] Für das Bestreiten ist eine Erklärung des Anlagenbetreibers erforderlich, aus der ein objektiver Empfänger nach Treu und Glauben mit Rücksicht auf die Verkehrssitte schließen durfte, dass der Anlagenbetreiber die Forderung

---

16 Vgl. zur Vorgängerregelung in § 22 EEG 2012 *Salje*, EEG, § 22 Rn. 13; Altrock/Oschmann/Theobald/*Lehnert*, § 22 Rn. 6.

17 Siehe die Gesetzesbegründung zum EEG 2009, BT-Drs. 16/8148, S. 52 und wortgleich zum EEG 2004, BT-Drs. 15/2327, S. 35 f.; siehe dazu weitere Beispiele bei Reshöft/*Reshöft*, § 22 Rn. 10.

18 Siehe die Gesetzesbegründung zum EEG 2012, BT-Drs. 17/6071, S. 82.

19 A. A. zur Vorgängerregelung in § 22 EEG 2012 *Salje*, EEG, § 22 Rn. 13.

20 MünchKommBGB/*Wurmnest*, § 309 Nr. 3 Rn. 7; vgl. auch BGH, Urt. v. 6.7.1978, III ZR 65/77, NJW 1978, 2244.

21 Vgl. zur Vorgängerregelung in § 22 EEG 2012 *Salje*, EEG, § 22 Rn. 15; Altrock/Oschmann/Theobald/*Lehnert*, § 22 Rn. 9; Frenz/Müggenborg/*Ekardt/Hennig*, § 22 Rn. 6.

des Netzbetreibers nicht akzeptiert.[22] Ein einfaches Bestreiten genügt; ein substanziiertes Bestreiten des Anlagenbetreibers in Form einer gezielten Stellungnahme zu Grund und Höhe der Forderung in Form einer Gegendarstellung ist nicht erforderlich.[23] Zum Schutz des Anlagenbetreibers darf die Aufrechnungserklärung nach Treu und Glauben erst erfolgen, wenn die genannte Frist verstrichen ist. Denn, wenn die Forderung erst bestritten wird, nachdem die Aufrechnungserklärung erfolgte, lebt das Aufrechnungsverbot aus § 33 Abs. 1 nicht wieder auf.[24] Dass ein Anspruch „entscheidungsreif" ist, lässt das Aufrechnungsverbot unberührt. Eine „entscheidungsreife" Forderung stellt keine „unbestrittene" Forderung im Sinne des § 33 Abs. 1 dar.[25]

Rechtskräftig festgestellt sind Forderungen, die in formeller und materieller Rechtskraft **16** erwachsen sind.[26] Eine gerichtliche Entscheidung über die Forderung darf nicht mehr angreifbar sein, eine Vollsteckbarkeitserklärung muss indes nicht vorliegen.[27] Die Erklärung einer vorläufigen Vollstreckbarkeit in einer Instanzentscheidung reicht nicht aus,[28] weil auch die vorläufige Vollstreckbarkeit eines Instanzgerichts noch in der nächsten Instanz angegriffen werden kann. Nach der Judikatur des BGH ist die rechtskräftig festgestellte Forderung letztlich nur ein Unterfall der unbestrittenen Forderung, weil sie mit präkludierten Einwendungen nicht mehr bestritten werden können.[29]

c) Rechtsfolgen. Liegen die Voraussetzungen des § 33 Abs. 1 vor, tritt keine materiell- **17** rechtliche Aufrechnungswirkung ein,[30] d.h. die Forderung des Anlagenbetreibers erlischt nicht (vgl. § 389 BGB).[31] Die Aufrechnungserklärung ist unwirksam; eines Rückgriffs auf § 134 BGB bedarf es nicht.[32] Die nach § 33 Abs. 1 ausgeschlossene Aufrechnung unterliegt nicht der Rechtskraftwirkung des § 322 Abs. 2 ZPO.[33] Kommt es zum Prozess und beruft sich der Anlagenbetreiber zulässigerweise auf das Aufrechnungsverbot aus § 33

---

22 Im Zusammenhang mit der Vorgängerregelung in § 22 EEG 2012 für eine explizite Erklärung gegenüber dem Netzbetreiber Altrock/Oschmann/Theobald/*Lehnert*, § 22 Rn. 10; dafür, dass es ausreicht, dass es eine Lage gibt, dass der Anlagenbetreiber nicht mit der Forderung des Netzbetreibers einverstanden ist Reshöft/*Reshöft*, § 22 Rn. 12.

23 Zur Vorgängerregelung in § 22 EEG 2012 Reshöft/*Reshöft*, § 22 Rn. 12; *Lünenbürger*, in: Gerstner, Kap. 5 Rn. 150; vgl. zum substanziierten Bestreiten MünchKommZPO/*Wagner*, § 138 Rn. 19 f.

24 Zur Vorgängerregelung in § 22 EEG 2012 *Salje*, EEG, § 22 Rn. 16; Frenz/Müggenborg/*Ekardt/ Hennig*, § 22 Rn. 6; Reshöft/*Reshöft*, § 22 Rn. 13.

25 OLG Koblenz, Hinweisbeschl. v. 27.5.2013, 3 U 1153/12, BeckRS 2013, 10820.

26 MünchKommBGB/*Wurmnest*, § 309 Nr. 3 Rn. 8.

27 Zur Vorgängerregelung in § 22 EEG 2012 *Salje*, EEG, § 22 Rn. 14; dem folgend Altrock/ Oschmann/Theobald/*Lehnert*, § 22 Rn. 10; Frenz/Müggenborg/*Ekardt/Hennig*, § 22 Rn. 6; wohl auch Gerstner/*Lünenbürger*, Kap. 5 Rn. 150.

28 Zur Vorgängerregelung in § 22 EEG 2012 *Salje*, EEG, § 22 Rn. 14; dem folgend Altrock/ Oschmann/Theobald/*Lehnert*, § 22 Rn. 10; Frenz/Müggenborg/*Ekardt/Hennig*, § 22 Rn. 6; Reshöft/*Reshöft*, § 22 Rn. 14.

29 BGH, Urt. v. 18.4.1989, X ZR 31/88, NJW 1989, 3215, 3216 = BGHZ 107, 185 m. w. N.; Hk-BGB/ *Schulte-Nölke*, § 309 Rn. 16; MünchKommBGB/*Wurmnest*, § 309 Nr. 3 Rn. 8 und zur Vorgängerregelung in § 22 EEG 2012 Altrock/Oschmann/Theobald/*Lehnert*,§ 22 Rn. 10.

30 Vgl. MünchKommBGB/*Wurmnest*, § 309 Nr. 3 Rn. 8.

31 Zur Vorgängerregelung in § 22 EEG 2012 Altrock/Oschmann/Theobald/*Lehnert*, § 22 Rn. 7.

32 Zur Vorgängerregelung in § 22 EEG 2012 *Salje*, EEG, § 22 Rn. 7; Frenz/Müggenborg/*Ekardt/ Hennig*, § 22 Rn. 7; *Lünenbürger*, in: Gerstner, Kap. 5 Rn. 151.

33 Vgl. MünchKommBGB/*Schlüter*, § 387 Rn. 56.

Abs. 1, so muss wegen § 322 Abs. 2 ZPO die Aufrechnung als unzulässig, nicht als unbegründet zurückgewiesen werden.

18   **aa) Folgen für das Zurückbehaltungsrecht.** Die „Zurückbehaltung" einer fälligen Geldforderung wegen einer gleichfalls fälligen Gegenforderung auf Geld ist nichts anderes als eine Aufrechnung.[34] Das Aufrechnungsverbot aus § 33 Abs. 1 darf durch den Netzbetreiber nicht durch die Geltendmachung eines Zurückbehaltungsrechts nach §§ 273, 274 BGB umgangen werden, da der Gesetzeszweck des § 33 Abs. 1 dadurch vereitelt würde.[35] Der Gesetzeszweck ist darauf gerichtet, den Anlagenbetreiber zu schützen, indem zum einen die Liquidität und Planbarkeit der Mittelzuflüsse aus der gesetzlichen Mindestförderung des Anlagenbetreibers gesichert sowie zum andern, dem Anlagenbetreiber bei streitiger Gegenforderung zugleich das hieraus resultierende Risiko eines Aktivprozesses gegen den als wirtschaftlich stärker eingeschätzten Netzbetreiber abgenommen wird.[36] In den für das Aufrechnungsverbot relevanten Konstellationen darf der Netzbetreiber daher kein Zurückbehaltungsrecht geltend machen.[37]

19   **bb) Folgen für eine „Anrechnung".** Keine Anwendung findet § 33 Abs. 1 indes bei einer sog. Anrechnung bzw. Verrechnung,[38] da diese Rechtsgestaltung mit der Aufrechnung nicht vergleichbar ist.[39] Eine Anrechnung (oder auch Abrechnung bzw. Verrechnung) liegt vor, wenn zwei unselbstständige Forderungen einander gegenüber stehen und bei der Berechnung eines Anspruchs unselbstständige Rechnungsposten ausgeglichen werden.[40] Das ist insbesondere dann der Fall, wenn der Netzbetreiber nach § 19 Abs. 2 in einigen Monaten eines Jahres im Verhältnis zu der eingespeisten Strommenge zu hohe Abschläge und zu einem späteren Zeitpunkt zu geringe Abschläge gezahlt hat und beide in der Jahresendabrechnung verrechnen möchte. Es muss möglich sein, die innerhalb einer Abrechnungsperiode geleisteten Abschläge mit der anhand der eingespeisten Strommenge sich tatsächlich ergebenden finanziellen Förderung für dieselbe Abrechnungsperiode abzugleichen und zu verrechnen.[41] Ansonsten müsste der Netzbetreiber die Abschläge allesamt zurückfordern und gleichzeitig an den Anlagenbetreiber die Förderung in voller (tatsächlicher) Höhe erneut auszahlen. Dies sollte durch die Zahlung von monatlichen Abschlägen aber gerade verhindert werden. Darüber hinaus wäre es nicht gerechtfertigt, dem Netzbetreiber das Insolvenzrisiko des Anlagenbetreibers aufzubürden. So könnte es zu der Situation kommen, dass der Netzbetreiber erneut die volle Förderung auszahlen muss, gleichzeitig aber seinen Rückforderungsanspruch in Bezug auf die Abschläge nicht realisieren kann. Das kann vom Gesetzgeber nicht gewollt gewesen sein und wäre auch unbillig.

20   Das bedeutet indes nicht, dass das Aufrechnungsverbot im Zusammenhang mit der Abrechnung bzw. Verrechnung von Abschlagzahlungen generell nicht unanwendbar ist: Zum

---

34 BGH, Urt. v. 13.4.1983, VIII ZR 320/80, NJW 1984, 128, 129 unter Verweis auf RGZ 132, 305, 306.

35 Vgl. MünchKommBGB/*Schlüter*, § 387 Rn. 56.

36 BGH, Urt. v. 6.4.2011, VIII ZR 31/09, juris Rn. 12 = WM 2011, 1870; vgl. *Salje*, EEG, § 22 Rn. 8, 10; Altrock/Oschmann/Theobald/*Lehnert*, § 22 Rn. 2.

37 Im Ergebnis genauso, jedoch ohne nähere Begründung Reshöft/*Reshöft*, § 22 Rn. 12.

38 OLG Koblenz, Hinweisbeschl. v. 27.5.2013, 3 U 1153/12, BeckRS 2013, 10820.

39 Vgl. MünchKommBGB/*Schlüter*, § 387 Rn. 56.

40 MünchKommBGB/*Schlüter*, § 387 Rn. 50.

41 So OLG Schleswig, Urt. v. 18.3.2014, 11 U 116/13, unter Nr. 2 noch zu der Abrechnung bzw. Verrechnung von Abschlägen und tatsächlich zu zahlender Vergütung.

einen verbietet § 33 Abs. 1 die Verrechnung von Überzahlungen aus früheren Abrechnungszeiträumen mit laufenden Abschlagsforderungen des Anlagenbetreibers.[42] Das heißt, der Netzbetreiber darf z.B. Rückforderungsansprüche wegen zu hoher Abschlagszahlungen im Jahr 2015 nicht mit den Ansprüchen des Anlagenbetreibers auf Abschlagszahlungen aus 2016 verrechnen.

Zum anderen liegt ein Verstoß gegen das Aufrechnungsverbot aus § 33 Abs. 1 auch dann **21** vor, wenn der Netzbetreiber innerhalb einer Abrechnungsperiode einen bestrittenen Anspruch auf Rückzahlung von geleisteten Abschlägen gegen einen unbestrittenen Förderanspruch aufrechnet.[43] Dabei spielt es auch keine Rolle, ob es sich um „entscheidungsreife" Rückforderungsansprüche handelt.[44] So verstieß nach Auffassung des OLG Koblenz die Aufrechnung eines insoweit behaupteten aber „entscheidungsreifen" Anspruchs auf Rückforderung von NAWARO-Boni mit unbestrittenen Grundvergütungsansprüchen, die in einem späteren Zeitraum entstanden waren, gegen das Verbot aus § 22 Abs. 1 EEG 2009 (jetzt § 33 Abs. 1).[45]

cc) Folgen für einen bestehenden Aufrechnungsvertrag. Ob auch ein Aufrechnungsver- **22** trag durch das Aufrechnungsverbot betroffen wird, richtet sich danach, „wessen Interessen durch den Aufrechnungsausschluss geschützt werden sollen; wird allein der Aufrechnungsgegner geschützt, so steht es diesem frei, nach Eintritt der Aufrechnungslage auf den ihm zugedachten Schutz zu verzichten und sich mit einer vertragsmäßigen Verrechnung einverstanden zu erklären".[46] Allerdings ist in diesem Zusammenhang das gesetzliche Verbot aus § 7 Abs. 2 S. 1 zu beachten, wonach von den Bestimmungen des EEG nicht zu Lasten des Anlagenbetreibers oder des Netzbetreibers abgewichen werden darf, so dass ein entsprechender Aufrechnungsvertrag nicht zulässig ist.

d) Treuwidrigkeit eines Berufens auf das Aufrechnungsverbot. Im Einzelfall kann es **23** zwar treuwidrig sein, sich auf ein Aufrechnungsverbot wie § 33 Abs. 1 im Prozess zu berufen, wenn die einander gegenüber stehenden Forderungen, obwohl bestritten, entscheidungsreif sind.[47] Der Zweck des Verbotes aus § 33 Abs. 1 besteht jedoch „gerade darin, zu verhindern, dass der Anlagenbetreiber sich wegen einer vom Netzbetreiber geltend gemachten Gegenforderung in eine Klägerrolle gedrängt sieht, um seine Förderung realisieren zu können. Es ist deshalb nicht treuwidrig, wenn sich die Klägerin auf das ihr vom Gesetzgeber zu ihrem Schutz zugebilligte Aufrechnungsverbot beruft, nachdem die Beklagte sie durch ihre § 12 Abs. 4 Satz 1 EEG 2004 (jetzt § 33 Abs. 1) zuwiderlaufende Aufrechnung in die Lage gebracht hat, die Einspeisevergütung in einem Aktivprozess geltend machen zu müssen".[48]

---

42 OLG Schleswig, Urt. v. 18.3.2014, 11 U 116/13, unter Nr. 2.
43 OLG Koblenz, Hinweisbeschl. v. 27.5.2013, 3 U 1153/12, BeckRS 2013, 10820.
44 Vgl. Rn. 15.
45 Vgl. OLG Koblenz, Hinweisbeschl. v. 27.5.2013, 3 U 1153/12, BeckRS 2013, 10820; Altrock/
 Oschmann/*Theobald/Lehnert*, § 22 Rn. 9.
46 MünchKommBGB/*Schlüter*, § 387 Rn. 56.
47 Zum Aufrechnungsverbot aus dem EEG BGH, Urt. v. 6.4.2011, VIII ZR 31/09, juris Rn. 14, WM
 2011, 1870 unter Verweis auf BGH, Urt. v. 15.2.1978, VIII ZR 242/76, WM 1978, 620 unter II.1;
 BGH, Urt. v. 17.2.1986, II ZR 285/84, WM 1986, 477 unter 3; BGH, Beschl. v. 25.9.2003, IX ZR
 198/02, juris Rn. 4 jeweils m.w.N. Ebenfalls unter Rekurs auf die zitierte Rspr. OLG Koblenz,
 Hinweisbeschl. v. 27.5.2013, 3 U 1153/12, BeckRS 2013, 10820.
48 BGH, Urt. v. 6.4.2011, VIII ZR 31/09, juris Rn. 14, WM 2011, 1870.

24 **e) Geltung für unter dem EEG 2000 entstandene Vergütungsansprüche.** Das EEG 2000 enthielt noch keine mit § 33 vergleichbare Regelung. Erst mit dem EEG 2004 wurde eine entsprechende Regelung in § 12 Abs. 4 EEG 2004 etabliert. Es stellt sich dann die Frage, wie sich das Aufrechnungsverbot auf in der Vergangenheit entstandene Vergütungsansprüche auswirkt. Das Aufrechnungsverbot erfasst nach einem Urteil des BGH aus dem Jahr 2011 zu dieser Konstellation „nicht diejenigen Aufrechnungen, welche die vor Inkrafttreten des Aufrechnungsverbots gemäß § 3 Abs. 1 Satz 1 […] entstandenen Einspeisevergütungen betreffen. Abgesehen davon, dass sich das in § 12 Abs. 4 Satz 1 EEG 2004 geregelte Aufrechnungsverbot bereits nach seinem Wortlaut nur auf Vergütungsansprüche der Anlagenbetreiber nach dem erst am 1.8.2004 in Kraft getretenen § 5 EEG 2004 und nicht auf solche nach dem zuvor geltenden § 3 EEG 2000 bezieht, können auch Verbotsgesetze, wie das in § 12 Abs. 4 Satz 1 EEG 2004 geregelte Aufrechnungsverbot, bereits wirksam begründete Dauerschuldverhältnisse in der Regel nur für die Zukunft erfassen. Dem entsprechend werden […] die dem Verbot entgegenstehenden vertraglichen Regelungen lediglich ex nunc unwirksam, wenn die Verbotsregelung – wie hier – nach ihrem Sinn und Zweck lediglich eine für die Zukunft eintretende Unwirksamkeit dieser Regelungen – hier der in § 6 Abs. 5 des Einspeisevertrages getroffenen Verrechnungsabrede – erfordert".[49]

25 **2. Aufrechnung des Anlagenbetreibers mit Ansprüchen aus der NAV (Abs. 2).** Nach Absatz 2 gilt das Aufrechnungsverbot des § 23 Abs. 3 NAV nicht, soweit mit Ansprüchen aus dem EEG aufgerechnet wird. In § 23 Abs. 3 NAV wird festgelegt, dass gegen Ansprüche des Netzbetreibers vom Anschlussnehmer oder -nutzer nur mit unbestrittenen oder rechtskräftig festgestellten Gegenansprüchen aufgerechnet werden kann. Mit § 23 Abs. 3 NAV soll der Netzbetreiber vor Illiquidität und Überschuldung geschützt werden, falls sich dieser mit der Aufrechnung aus zahlreichen Gegenansprüchen konfrontiert sieht.[50] Durch Abs. 2 wird der durch § 23 Abs. 3 NAV bezweckte Schutz des Netzbetreibers aufgehoben. Die Regelung in Abs. 2 wurde eingeführt, um die missbräuchliche Verwendung des § 23 Abs. 3 NAV auszuschließen[51] und dem Anlagenbetreiber die Durchsetzung seiner Zahlungsansprüche gegen den Netzbetreiber zu erleichtern.[52]

26 **a) Aufrechnungsfähige Aktivforderungen des Anlagenbetreibers.** Abweichend von § 23 Abs. 3 NAV darf der Anlagenbetreiber gegenüber dem Netzbetreiber mit seinen Ansprüchen aus dem EEG aufrechnen. Zu den aufrechnungsfähigen Aktivforderungen zählen damit sämtliche Ansprüche, die ihren Rechtsgrund im EEG haben[53] und zwar unabhängig davon, ob diese durch den Netzbetreiber bestritten werden oder noch nicht rechtskräftig

---

49 BGH, Urt. v. 6.4.2011, VIII ZR 31/09, juris Rn. 15, WM 2011, 1870; vgl. Verweise aus dem Urt. auf BGH, Beschl. v. 18.2.2003, KVR 24/01, BGHZ 154, 21, 27; MünchKommBGB/*Armbrüster*, § 134 Rn. 20.

50 So zum Ziel der Vorgängerfassungen des § 33 *Salje*, EEG, § 22 Rn. 15; Altrock/Oschmann/Theobald/*Lehnert*, § 22 Rn. 15; *Lünenbürger*, in: Gerstner, Kap. 5 Rn. 152; leider keine zusätzlichen Anhaltspunkte für die Zwecksetzung gibt die Begründung zur NAV, BR-Drs. 367/06, S. 62.

51 Begründung zu den Änderungsanträgen der Fraktionen SPD und BÜNDNIS 90/DIE GRÜNEN zu dem ursprünglichen Gesetzesentwurf zum EEG 2004, BT-Drs. 15/2864, S. 46; vgl. auch Gesetzesbegründung zum EEG 2009, BT-Drs. 16/8148, S. 53, wonach § 22 EEG 2009 inhaltlich § 12 Abs. 4 EEG 2004 wiedergibt.

52 Zur Vorgängerregelung in § 22 EEG 2012 Altrock/Oschmann/Theobald/*Lehnert*, § 22 Rn. 16; *Lünenbürger*, in: Gerstner, Kap. 5 Rn. 152.

53 Zur Vorgängerregelung in § 22 EEG 2012 Altrock/Oschmann/Theobald/*Lehnert*, § 22 Rn. 17; *Salje*, EEG, § 22 Rn. 21.

festgestellt wurden. Der Anlagenbetreiber kann unter den Voraussetzungen der §§ 387 ff. BGB insbesondere mit seinen Ansprüchen auf Zahlung der Förderung aber auch mit den aus der Verletzung von Pflichten des Netzbetreibers aus dem EEG resultierenden Sekundäransprüchen aufrechnen.[54]

b) Aufrechnungsfähige Passivforderungen des Netzbetreibers. Der Anlagenbetreiber **27** darf abweichend von § 23 Abs. 3 NAV mit sämtlichen Passivforderungen auf Seiten des Netzbetreibers, die ihren Rechtsgrund in der NAV haben. Dazu zählen Forderungen aus dem Netzanschlussverhältnis und dem Anschlussnutzungsverhältnis mit dem Netzbetreiber, wenn der Anlagenbetreiber zugleich Anschlussnehmer oder -nutzer i. S. d. NAV ist. Die Vorschrift bezieht sich nicht auf den Netzanschluss für die *Netzeinspeisung* i. S. d. § 8 EEG, es geht in Abs. 2 vielmehr um die Forderungen, die sich aus dem Netzanschluss für die *Stromversorgung* ergeben.[55] Aufrechnungsfähige Passivforderungen des Netzbetreibers sind insbesondere die Erstattung der durch Herstellung oder Änderungen des Netzanschlusses entstandenen Kosten nach § 9 NAV, Baukostenzuschüsse für die zur teilweisen Deckung notwendigen Kosten für die Erstellung oder Verstärkung der örtlichen Verteileranlagen des Niederspannungsnetzes nach § 11 NAV sowie die Erstattung von Kosten für Mess- und Steuereinrichtungen nach § 22 NAV.[56] Die Regelungen der NAV gelten nach § 1 Abs. 1 S. 3 NAV nicht für den Netzanschluss von Anlagen zur Erzeugung von Strom aus erneuerbaren Energien und aus Grubengas. Insofern sind die Kostentragungsregelungen aus den §§ 16 ff. EEG vorrangig.[57] Außerdem finden sie keine Anwendung auf einen auf § 17 EnWG basierenden Netzanschluss von zum Beispiel gleich- oder nachgelagerten Netzen, von Erzeugungs- oder Speicheranlagen oder von Großverbrauchern, die an das Mittelspannungsnetz angeschlossen sind.[58] Die Belieferung des Anlagenbetreibers mit Elektrizität ist ebenfalls nicht Regelungsgegenstand der NAV (vgl. § 3 Abs. 1 S. 2 NAV).[59] Auf sämtliche in diesen Konstellationen entstandene Forderungen findet § 23 Abs. 3 NAV damit ohnehin keine Anwendung und § 33 Abs. 2 ist insoweit gegenstandslos.

c) Rechtsfolgen. Das Aufrechnungsverbot des § 23 Abs. 3 NAV gilt nicht, soweit mit Ansprüchen aus dem EEG aufgerechnet wird. Es handelt sich daher um eine Rückausnahme von einem sondergesetzlichen Aufrechnungsverbot, dass in den durch § 23 Abs. 3 NAV geregelten Tatbeständen die allgemeinen zivilrechtlichen Grundsätze der §§ 387 ff. BGB für die Aufrechnung greifen. Möchte der Anlagenbetreiber aufrechnen, müssen allerdings

---

54 Zur Vorgängerregelung in § 22 EEG 2012 Altrock/Oschmann/Theobald/*Lehnert*, § 22 Rn. 17.
55 Dazu im Zusammenhang mit der Vorgängerregelung in § 22 EEG 2012 Reshöft/*Reshöft*, § 22 Rn. 16 f.
56 Vgl. im Zusammenhang mit der Vorgängerregelung in § 22 EEG 2012 dazu *Salje*, EEG, § 22 Rn. 19; Frenz/Müggenborg/*Ekardt/Hennig*, § 22 Rn. 9.
57 So zur Vorgängerregelung in § 22 EEG 2012 *Salje*, EEG, § 22 Rn. 19.
58 *Groß*, NJW 2007, 1030, 1032.
59 Insofern ist der Anwendungsbereich des § 33 Abs. 2 im Vergleich zu § 12 Abs. 4 S. 2 EEG 2004 schmaler, denn die im EEG 2004 in Bezug genommene Regelung in § 31 AVBEltV wurde nicht nur in § 23 Abs. 3 NAV übertragen, sondern findet sich in Teilen auch in § 17 Abs. 3 StromGVV wieder, wonach gegen Ansprüche des Grundversorgers vom Kunden nur mit unbestrittenen oder rechtskräftig festgestellten Gegenansprüchen aufgerechnet werden kann, was angesichts des Unbundlings von Netzbetrieb und Versorgung grundsätzlich keine gravierenden Nachteile für den strombeziehenden Anlagenbetreiber mit sich bringt; siehe dazu im Zusammenhang mit der Vorgängerregelung in § 22 EEG 2012 näher Altrock/Oschmann/Theobald/*Lehnert*, § 22 Rn. 18.

die Voraussetzungen der Aufrechnung vorliegen.[60] Ein vertraglich festgelegtes Aufrechnungsverbot, das abweichend von § 33 Abs. 2 den Inhalt von § 23 Abs. 3 NAV aufgreift, ist nach Maßgabe des § 7 Abs. 2 S. 1 i.V.m. § 134 BGB unwirksam, weil insofern von § 33 Abs. 2 und damit von Vorgaben des EEG zu Lasten des Anlagenbetreibers abgewichen werden würde.

29 **Anderweitige Aufrechnungsmöglichkeiten und -verbote** zwischen Anlagenbetreiber und Netzbetreiber bleiben durch § 33 Abs. 1 unberührt. Das gilt insbesondere für das Aufrechnungsverbot aus § 17 Abs. 3 StromGVV[61].[62] Keine aufrechnungsfähigen Passivforderungen stellen daher Ansprüche des Grundversorgers gegen den Anlagenbetreiber dar. Im Normalfall sind der Netzbetreiber, gegen den der Anlagenbetreiber Ansprüche aus dem EEG hat, und das Versorgungsunternehmen, das die Grundversorgung übernimmt, nicht identisch, so dass keine Aufrechnungslage i.S.v. § 387 BGB bestehen kann. Das Aufrechnungsverbot aus § 17 Abs. 3 StromGVV ist im Hinblick auf die Ansprüche des Anlagenbetreibers gegen den Netzbetreiber ohnehin gegenstandslos. Sind der Netzbetreiber und der Grundversorger jedoch nicht voneinander entflochten, weil an das betreffende Elektrizitätsverteilernetz weniger als 100.000 Kunden unmittelbar oder mittelbar angeschlossen sind (vgl. § 7 Abs. 2 EnWG), dann hat das Aufrechnungsverbot aus § 17 Abs. 3 StromGVV einen Anwendungsbereich.[63] Der Anlagenbetreiber darf in diesen Sonderfällen nicht mit den Forderungen des vertikal integrierten Grundversorgers aufrechnen, die sich aus dem Elektrizitätsversorgungsverhältnis nach der StromGVV ergeben, es sei denn, seine Forderungen sind unbestritten oder rechtskräftig festgestellt.[64]

30 **3. Anwendbarkeit von § 33 auf den Förderanspruch für Flexibilität (§§ 52 ff.).** Das in § 33 geregelte Aufrechnungsverbot ist nach Maßgabe des § 52 Abs. 2 „entsprechend" auf den nach § 52 Abs. 1 gewährten Förderanspruch für bereitgestellte flexible Erzeugungskapazitäten anzuwenden. Der Förderanspruch für Flexibilität „stellt als Pendant zu § 19 – der Anspruchsgrundlage für die finanzielle Förderung von Strom aus erneuerbaren Energien oder Grubengas – die Anspruchsgrundlage für die finanzielle Förderung bereitgestellter flexibler Erzeugungskapazitäten dar, die neben der finanziellen Förderung für den erzeugten Strom gewährt wird".[65]

---

60 Vgl. noch zur alten Rechtslage Begründung zu den Änderungsanträgen der Fraktionen SPD und BÜNDNIS 90/DIE GRÜNEN zu dem ursprünglichen Gesetzesentwurf zum EEG 2004, BT-Drs. 15/2864, S. 46.

61 Stromgrundversorgungsverordnung v. 26.10.2006 (BGBl. I S. 2391), die zuletzt durch Artikel 1 der Verordnung vom 22. Oktober 2014 (BGBl. I S. 1631) geändert worden ist.

62 Ebenso im Zusammenhang mit der Vorgängerregelung in § 22 EEG 2012 Frenz/Müggenborg/*Ekardt/Hennig*, § 22 Rn. 10; Altrock/Oschmann/Theobald/*Lehnert*, § 22 Rn. 18; *Salje*, EEG, § 22 Rn. 21; *Lünenbürger*, in: Gerstner, Kap. 5 Rn. 153.

63 Vgl. zur Vorgängerregelung in § 22 EEG 2012 Altrock/Oschmann/Theobald/*Lehnert*, § 22 Rn. 18.

64 Vgl. *Lünenbürger*, in: Gerstner, Kap. 5 Rn. 153.

65 Vgl. BT-Drs. 18/1304, S. 136.

Abschnitt 2

Geförderte Direktvermarktung

§ 34 Marktprämie

(1) Anlagenbetreiber können für Strom aus erneuerbaren Energien oder aus Grubengas, den sie nach § 20 Absatz 1 Nummer 1 direkt vermarkten und der tatsächlich eingespeist sowie von einem Dritten abgenommen worden ist, von dem Netzbetreiber eine Marktprämie verlangen.

(2) [1]Die Höhe der Marktprämie wird kalendermonatlich berechnet. [2]Die Berechnung erfolgt rückwirkend anhand der für den jeweiligen Kalendermonat berechneten Werte nach Anlage 1.

Schrifttum: *Breuer*, Rechtliche Rahmenbedingungen für die Direktvermarktung von „Grünstrom" nach dem EEG 2012, Versorgungswirtschaft 2012, 89; *Breuer/Lindner*, Die verpflichtende Direktvermarktung nach dem EEG 2014, ree 2014, 129; *Gawel/Purkus*, Markt- und Systemintegration erneuerbarer Energien: Probleme der Marktprämie nach dem EEG 2012, ZUR 2012, 587; *Geipel/Uibeleisen*, Die Übergangsbestimmungen für Bestandsanlagen im EEG 2014, ree 2014, 142; *Lehnert*, Markt- und Systemintegration der Erneuerbaren-Energien: Eine rechtliche Analyse der Regeln zur Direktvermarktung im EEG 2012, ZUR 2012, 4; *Moorkamp*, Der nicht umsatzsteuerbare Zuschuss am Beispiel der Marktprämie nach § 33g EEG, StuB 5/2013, 179 ff.; *Nestle*, Gleitende Marktprämie im EEG: Chance oder Risiko für die Erneuerbaren?, ET 2011, 14; *Valentin*, Das neue System der Direktvermarktung von EEG-Strom im Überblick, ree 2012, 11; *Wustlich/Müller*, Die Direktvermarktung von Strom aus erneuerbaren Energien im EEG 2012 – Eine systematische Einführung in die Marktprämie und die weiteren Neuregelungen zur Marktintegration, ZNER 2011, 380.

Übersicht

A. Normzweck

I. Gesetzeshistorie und Hintergrund der Einführung des Marktprämienmodells

Mit der EEG-Novelle 2014 ist die Direktvermarktung für Neuanlagen, die Strom aus erneuerbaren Energien und aus Grubengas erzeugen, grundsätzlich verpflichtend geworden   **1** (vgl. § 2 Abs. 2).[1] Die Einführung der verpflichtenden Direktvermarktung erfolgt sukzessiv, damit sich die Marktakteure entsprechend darauf einstellen können. Somit müssen ab dem 1.8.2014 alle Neuanlagen ab einer Leistung von 500 kW und ab dem 1.1.2016 alle Neuanlagen ab einer Leistung von 100 kW ihren Strom direkt vermarkten (vgl. § 37 Abs. 2). Den Regelfall soll die Direktvermarktung in Verbindung mit der finanziellen Förderung in Form der Marktprämie gem. § 34 (sog. Marktprämienmodell) bilden.

2 Das Marktprämienmodell ist mit der Novelle des EEG zum EEG 2012 als Bestandteil der vollständig neu gefassten Vorgaben für die Direktvermarktung in das EEG eingeführt worden (s. § 33g EEG 2012).

3 Auch vor der Neustrukturierung der Direktvermarktung im EEG 2012 war eine Direktvermarktung zwar bereits zulässig (s. § 17 EEG 2009), hatte faktisch aber keine relevante Bedeutung. Dies hing maßgeblich damit zusammen, dass der durchschnittliche Marktpreis für Strom in aller Regel niedriger liegt als die meisten EEG-Einspeisevergütungssätze. Im Rahmen der gesetzlichen Einspeisevergütung erhält der Anlagenbetreiber bis zum Ablauf des Förderzeitraums gemäß §§ 11, 19 für jede von ihm eingespeiste und durch den Netzbetreiber abgenommene Kilowattstunde Strom die gesetzlich festgelegte Mindestvergütung. Dabei kommt es nicht darauf an, ob am Markt gerade eine Nachfrage nach diesem Strom besteht oder nicht. Der Anlagenbetreiber hat folglich auch kein Interesse, die Nachfragesituation zu berücksichtigen; für ihn kommt es im Rahmen der gesetzlichen Vergütung vielmehr allein darauf an, die Anlage über möglichst lange Zeiträume mit einer konstant hohen Auslastung zu fahren. Die daraus resultierenden volkswirtschaftlichen Ineffizienzen sind inzwischen hinreichend untersucht worden und bekannt.[2]

4 Auch der Gesetzgeber hat dementsprechend ein Instrument gesucht, welches dazu führt, dass die Anlagenbetreiber anstelle der Inanspruchnahme der gesetzlichen Vergütung dazu übergehen, ihre Anlagen direkt zu vermarkten und dadurch eine **Heranführung** der Anlagen zur Stromerzeugung aus erneuerbaren Energien **an die Strommärkte** zu erreichen.[3] Mit der EEG-Novelle 2014 hat er dieses mit dem EEG 2012 eingeführte Instrument nunmehr zur Regelform der Förderung von Strom aus erneuerbaren Energien und die gesetzliche Einspeisevergütung zur Ausnahme erklärt.

II. Grundidee des Marktprämienmodells

5 Das Marktprämienmodell zielt darauf ab, die Anlagenbetreiber durch wirtschaftliche Anreize dazu anzuhalten, den mit ihrer Anlage erzeugten Strom selbst unmittelbar am Markt anzubieten und dementsprechend die Steuerung ihrer Anlagen stärker an der bestehenden Nachfragesituation und der Preisentwicklung an der Strombörse auszurichten. Vom Grundkonzept folgt das Marktprämienmodell dabei dem Ansatz, zunächst die wirtschaftlichen **Erlösrisiken**, die sich gegenüber der garantierten gesetzlichen Vergütung bei einer Direktvermarktung ergeben, dadurch zu **minimieren**, dass der Anlagenbetreiber die **Diffe-**

---

1 Vgl. *Breuer/Lindner*, ree 2014, 129.
2 Siehe nur *Gawel/Purkus*, ZUR 2012, 587; Endbericht der Studie im Auftrag des BMWi: „Förderung der Direktvermarktung und der bedarfsgerechten Einspeisung von Strom aus Erneuerbaren Energien" vom 23.6.2010.
3 BMU, Erfahrungsbericht 2011 zum Erneuerbare-Energien-Gesetz gemäß § 65 EEG, Stand: 3.5.2011, S. 11 ff.

renz zwischen einem monatlich (ggf. je Energieträger spezifisch) zu bestimmenden **Durchschnittsbörsenpreis** (sogenannter Monatsmarktwert[4]) und dem gesetzlich definierten Förderniveau vom Netzbetreiber ersetzt verlangen kann (sogenannte Marktprämie).[5] Das gesetzlich festgelegte Förderniveau war unter dem EEG 2012 gleichbedeutend mit dem auf die Anlage anzuwendenden Vergütungssatz. Da ein großer Teil der Anlagen die gesetzliche Einspeisevergütung nicht mehr in Anspruch nehmen darf, wird das Förderniveau nun durch den so genannten „anzulegenden Wert" gem. § 23 EEG bestimmt. Konzeptionell ergeben sich hier jedoch – abgesehen von der Berücksichtigung der Kosten der Direktvermarktung[6] – keine relevanten Unterschiede. Dem Anlagenbetreiber wird folglich garantiert, dass er zusätzlich zu den von ihm selbst am Markt erzielten Erlösen die Differenz zwischen dem jeweiligen monatlichen Durchschnittsbörsenpreis und dem auf seine Anlage anwendbaren Förderniveau ersetzt bekommt.

Unter dem EEG 2012 ergab sich für den Anlagenbetreiber eine **Chance, aber auch ein**   **6** **(theoretisches) Risiko.**[7] Soweit die von ihm tatsächlich erzielten Erlöse über dem relevanten monatlichen Durchschnittspreis liegen, steht er am Ende des Monats besser, als wenn er seine Anlage im Rahmen der gesetzlichen Vergütung vermarktet hätte. Denn die von ihm zu beanspruchende Marktprämie stellt der Höhe nach auf den von ihm übertroffenen Wert des jeweiligen durchschnittlichen Börsenpreises ab. Je mehr es der Anlagenbetreiber schafft, durch eine entsprechende Vermarktung der Anlage bessere Erlöse zu erzielen, als an der Börse im Durchschnitt erlöst werden, umso mehr lohnt sich das Marktprämienmodell für den Anlagenbetreiber. Bleibt er hingegen mit seinen Vermarktungserlösen hinter dem Durchschnitt zurück, steht er am Ende schlechter, als wenn er seine Anlage in der gesetzlichen Vergütung vermarktet hätte. Dieses Risiko besteht, wenn eine Anlage vermehrt in Zeiträumen mit Niedrigpreisen einspeist, während eine Einspeisung in Hochpreisphasen (z. B. aus technischen Gründen oder witterungsbedingt) nicht erfolgen kann. Sobald eine Anlage hingegen gleichermaßen in Hoch- als auch Niedrigpreisphasen einspeist, nähern sich die am Markt erzielten Erlöse im Durchschnitt dem jeweiligen monatlichen Durchschnittsbörsenpreis an. Dies zeigt auch Folgendes: Speist ein Betreiber eines Biomasse-BHKW über einen gesamten Monat konstant eine gleich bleibende Erzeugungsmenge ein und vermarktet diese jeweils als Stundenkontrakt am Spotmarkt der Strombörse EPEX Spot SE in Paris, nimmt er über den gesamten Monat sämtliche Hoch- und Tiefpreisphasen der Stundenkontrakte mit und erzielt im Ergebnis den monatlichen Börsendurchschnittspreis für Stundenkontrakte. Auf eben diesen monatlichen Börsendurchschnittspreis für Stundenkontrakte (konkret den **Phelix Month Base**) stellt das Marktprämienmodell jedoch zur Bestimmung der Höhe der Marktprämie bei einem Biomasse-BHKW ab. Im Ergebnis stünde dieser Biomasse-BHKW-Betreiber bei einer derartigen Vermarktung wirtschaftlich also hinsichtlich der erzielten Erlöse genauso, als wenn er die gesetzliche Vergütung gewählt hätte. Für Anlagen, die unter dem EEG 2014 in Betrieb genommen werden und die Anlagengröße nach § 37 überschreiten, ist diese Vergleichsbetrachtung der Chancen und Risiken allerdings rein theoretischer Natur, da ihnen die Inanspruchnahme der gesetzlichen Vergütung verwehrt bleibt.

---

4 Dazu unten unter Rn. 29 ff.
5 Siehe dazu auch *Wustlich/Müller*, ZNER 2011, 380, 388.
6 Dazu unten unter Rn. 46 ff.
7 Näher dazu auch *Wustlich/Müller*, ZNER 2011, 380, 388.

7   Der Wegfall der gesetzlichen Vergütung wirft insoweit auch die Frage auf, ob das Marktprämienmodell konzeptionell noch sinnvoll ausgestaltet ist. Die Bezugnahme auf die Höhe der gesetzlichen Einspeisevergütung unter dem EEG 2012 erfolgte vor allem auch deshalb, um eine möglichst starke Kopplung beider Förderinstrumente sicherzustellen und Zweifeln an der finanziellen Lukrativität bzw. einer drohenden Entkopplung der Direktvermarktung vom „sicheren Hafen" der Einspeisevergütung zu begegnen. Mit dem Wegfall der gesetzlichen Einspeisevergütung fällt auch diese Erwägung weg. Insbesondere dann, wenn das Förderniveau durch Ausschreibungen ermittelt werden soll, käme daher in Betracht, von der gleitenden Marktprämie in Abhängigkeit von einem durchgängigen Förderniveau in eine starre monatlich gleichbleibende Marktprämie zu wechseln.

III. Bedeutung in der Praxis

8   Dies führt zu der Frage, welche tatsächlichen Möglichkeiten sich für den Anlagenbetreiber ergeben, die von ihm zu erwirtschaftenden Erlöse im Vergleich zum Marktdurchschnitt zu optimieren. Möglichkeiten, gegenüber dem monatlichen Durchschnittspreis für Stundenkontrakte höhere Erlöse zu erzielen, ergeben sich zum einen daraus, insbesondere in Phasen mit negativen Börsenpreisen, die Anlage herunterzufahren und vom Markt zu nehmen.[8] Denn auch die negativen Börsenpreise werden im monatlichen Durchschnittspreis für Stundenkontrakte berücksichtigt. Zum anderen ergeben sich Chancen insbesondere durch den Wechsel in andere (börsliche) Vermarktungsprodukte, die jeweils einen qualitativen Mehrwert bedeuten und damit höhere Preise erzielen können. Dies kann etwa durch Future-Produkte sowie die Einbindung der Anlagen in entsprechende Bandlieferungen erfolgen. Beide zeichnen sich jedoch dadurch aus, dass dadurch Verpflichtungen für die Zukunft eingegangen werden, was wiederum zu entsprechenden Erfüllungsrisiken bei Ausfall der Anlage führt.

9   Letzterem wird in der Praxis[9] insbesondere dadurch begegnet, dass die eigentliche Vermarktung der Anlagen, die das Marktprämienmodell in Anspruch nehmen, nahezu ausschließlich von **Dienstleistern** übernommen wird, die Steuerungszugriff auf eine Vielzahl von Anlagen erhalten und diese Anlagen entweder direkt zu einem „virtuellen Kraftwerk" zusammenfügen oder aber zumindest bei der „Veredelung" des Stroms zu entsprechenden Bandlieferungen mit einer marktfähigen Liefermenge berücksichtigen.

10   Ein weiteres Produkt, welches zu einer wirtschaftlichen Optimierung führen kann, ist die inzwischen gemäß § 80 Abs. 1 S. 4 (siehe dazu § 80 Rn. 19) zulässige Vermarktung der Anlage auf dem **Regelenergiemarkt**.[10] Eine solche ist jedoch ebenfalls in der Regel nur dann möglich bzw. attraktiv, wenn Dienstleister die Erzeugungsleistung mehrerer Anlagen gemeinsam als Regelenergie anbieten.

11   Die tatsächliche Bedeutung des Marktprämienmodells ist mittlerweile dennoch enorm. Dass das Marktprämienmodell bei einer entsprechenden Umsetzung in der Praxis für den

---

8 Näher dazu sowie zur Häufigkeit von negativen Börsenpreisen in den letzten Jahren *Klobasa/Ragwitz/Sensfuß* u.a., Fraunhofer ISI, Working Paper Sustainability and Innovation No. S 1/2013 – Nutzenwirkung der Marktprämie, S. 8 ff., abrufbar unter www.isi.fraunhofer.de/isi-de/x/publika tionen/workingpapers_sustainability_innovation.php (Stand: 6.3.2015).

9 Dazu auch *Lehnert*, ZUR 2012, 4, 13.

10 Näher dazu *Breuer*, ree 2012, 17 ff.

Anlagenbetreiber ohne nennenswertes Risiko ist, wird dadurch belegt, dass zum 1. November 2014 Anlagen zur Erzeugung von Strom aus erneuerbaren Energien für das Marktprämienmodell angemeldet waren, deren insgesamt installierte Erzeugungskapazität sich auf 43.237 MW[11] belief.[12] Hierbei handelt es sich um rund 50 % der insgesamt in Deutschland installierten Erzeugungskapazität aus erneuerbaren Energien.[13]

B. Einzelerläuterungen

I. Anspruch des Anlagenbetreibers auf die Marktprämie (Abs. 1)

1. Rechtsqualität und Rechtsverhältnis. Gemäß § 34 Abs. 1 können Anlagenbetreiber   **12**
für Strom aus erneuerbaren Energien oder Grubengas, den sie nach § 20 Abs. 1 Nr. 1 direkt vermarkten, von dem Netzbetreiber eine Marktprämie verlangen.

§ 34 Abs. 1 räumt dem Anlagenbetreiber einen **subjektiven Anspruch** auf Zahlung einer   **13**
Marktprämie ein, dessen Höhe sich nach Abs. 2 i.V.m. Anlage 1 bestimmt.

Der **Schuldner des Anspruchs** wird mit der Bezeichnung „von dem Netzbetreiber" in der   **14**
Anspruchsgrundlage selbst nur unscharf bezeichnet. Dies gilt insbesondere, da im Marktprämienmodell der Strom gerade nicht an den Netzbetreiber übergeben wird, an dessen Netz die Anlage angeschlossen ist. Aus dem Regelungskontext des EEG lässt sich jedoch ohne Weiteres ermitteln, dass als Schuldner des Anspruchs nur der Netzbetreiber gemeint sein kann, an dessen Netz die Anlage auch angeschlossen ist. Anders als bei der gesetzlichen Vergütung nach § 37 oder § 38 handelt es sich bei § 34 Abs. 1 jedoch nicht um einen Anspruch, der in einem Austauschverhältnis steht,[14] da der Strom an einen Dritten abgegeben werden muss.[15]

2. Anspruchsvoraussetzungen. Die Voraussetzungen für die Inanspruchnahme der   **15**
Marktprämie sind nicht allein in § 34 geregelt. Vielmehr regelt § 34 Abs. 1 zunächst nur Anspruchsvoraussetzungen im Sinne eines sachlichen Anwendungsbereichs. Darüber hinaus müssen die weiteren Voraussetzungen nach § 35 vorliegen.[16] Diese normtechnische Aufteilung dürfte noch historisch begründet sein, da es sich bei den in § 35 enthaltenen Voraussetzungen in Teilen um diejenigen in § 33c Abs. 2 EEG 2012 normierten Voraussetzungen handelt, die für die Inanspruchnahme der Marktprämie sowie des – im EEG 2014 nunmehr abgeschafften – Grünstromprivilegs gleichermaßen zu erfüllen waren.

---

11 50Hertz Transmission GmbH/Amprion GmbH/Tennet TSO GmbH/transnetBW GmbH, Informationen zur Direktvermarktung nach § 33b EEG bzw. § 20 Abs. 1 EEG 2014, Stand: 20.11.2014, abrufbar unter: www.netztransparenz.de/cps/rde/xbcr/netztransparenz/Direktvermarktung_nach_Paragraph_33b_EEG_im_Jahr_2014.pdf.

12 Im Dezember 2011 und damit vor Inkrafttreten des EEG 2012 waren es hingegen nur 3.563 MW, siehe hierzu 50Hertz Transmission GmbH/Amprion GmbH/Tennet TSO GmbH/transnetBW GmbH, Informationen zur Direktvermarktung gemäß § 17 EEG, 21.11.2011, abrufbar unter: www.netztransparenz.de/de/file/Direktvermarktung2011_Stand_20111121.pdf.

13 Zum 29.10.2014 waren in Deutschland erneuerbare Energien mit einer Nennleistung von 87.014 MW installiert, Kraftwerksliste der BNetzA, abrufbar unter: www.bundesnetzagentur.de/cln_1431/DE/Sachgebiete/ElektrizitaetundGas/Unternehmen_Institutionen/Versorgungssicherheit/Erzeugungskapazitaeten/Kraftwerksliste/kraftwerksliste-node.html (Stand: 6.3.2015).

14 Anschaulich zu den Rechtsbeziehungen *Wustlich/Müller*, ZNER 2011, 380, 388.

15 Dazu noch unter Rn. 18 ff.

16 Siehe hierzu die Kommentierung zu § 35 Rn. 4 ff.

16 Der Anspruch besteht gemäß § 34 Abs. 1 **nur für Strom aus erneuerbaren Energien oder Grubengas**. Es muss sich folglich um Strom handeln, der entweder unter Einsatz erneuerbarer Energien gemäß § 5 Nr. 14 oder von Grubengas erzeugt worden ist. Eine Einschränkung auf bestimmte erneuerbare Energien erfolgt hingegen nicht, so dass die Marktprämie **technologieneutral** ausgestaltet ist.

17 Voraussetzung nach Abs. 1 ist des Weiteren, dass der **Strom nach § 20 Abs. 1 Nr. 1 direkt vermarktet** wird. Hierbei handelt es sich um eine sachliche Beschränkung der Anspruchsgrundlage. Der Anspruch kann nur für solchen Strom geltend gemacht werden, der tatsächlich im Rahmen des Marktprämienmodells an einen Dritten vermarktet wird. Dies setzt zum einen voraus, dass die Anlage beim Netzbetreiber als Anlage registriert ist, die über das Marktprämienmodell nach § 20 Abs. 1 Nr. 1 vermarktet wird. Ist diese Anmeldung zum Marktprämienmodell nicht gegeben, scheidet ein Anspruch auf die Marktprämie schon nach § 34 Abs. 1 S. 1 aus.

18 Zum anderen ergibt sich aus dem Verweis auf § 20 Abs. 1 Nr. 1, dass auch die im Rahmen der Begriffsdefinition der Direktvermarktung in § 5 Nr. 9 vorgenommene Abgrenzung zu berücksichtigen ist. Gemäß § 5 Nr. 9 handelt es sich etwa bei der Vermarktung von Strom an Dritte, die diesen **in unmittelbarer Nähe der Anlage selbst verbrauchen**, ohne dass dieser durch ein Netz durchgeleitet wird, nicht um eine Direktvermarktung im Sinne des EEG.[17] Dementsprechend erfüllt eine solche Direktvermarktung auch nicht die tatbestandlichen Voraussetzungen der Marktprämie.

19 Dies wird auch durch § 34 Abs. 1 noch einmal klargestellt. Danach kann der Anspruch nur für Strom geltend gemacht werden, der **tatsächlich eingespeist und von einem Dritten abgenommen** worden ist. Damit scheiden also sowohl Eigenverbrauchskonstellationen als auch Lieferungen an Dritte in unmittelbarer Nähe ohne Durchleitung durch das Netz der öffentlichen Versorgung aus.[18] Ebenso scheidet eine Vergütung von negativer Regelenergie, bei der gerade bewusst auf die Einspeisung von Strom verzichtet wird, durch das Erfordernis der tatsächlichen Einspeisung aus.[19] Darüber hinaus wird hierdurch ausgeschlossen, dass der Anlagenbetreiber anstatt selbst Strom zu erzeugen und einzuspeisen, seine Verpflichtung gegenüber dem Dritten durch **Deckungsgeschäfte** bedient und gleichzeitig hierfür die Marktprämie in Anspruch nimmt.[20]

20 Auch wenn der Begriff „tatsächlich eingespeist" anders verstanden werden könnte, ist eine Einspeisung im Wege der **kaufmännisch-bilanziellen Weitergabe** jedoch tatbestandlich erfasst.[21] Auch Lieferungen innerhalb eines geschlossenen Verteilernetzes können folglich die Voraussetzungen der Marktprämie erfüllen, sofern der Strom im Wege der kaufmännisch-bilanziellen Weiterleitung zunächst bilanziell in das Netz der öffentlichen Versorgung eingespeist und sodann bilanziell an den Dritten geliefert wird.

21 Indem begrifflich auch die tatsächliche Abnahme durch den Dritten verlangt wird, kann zudem geschlussfolgert werden, dass **Scheinlieferkonstellationen**, in denen etwa die bilanziellen Lieferungen an einen Dritten durch die entsprechende gleichzeitige Nominierung

---

17 Näher dazu die Kommentierung zu § 5 Rn. 51 ff.
18 So auch *Valentin*, ree 2012, 11, 13; *Wustlich/Müller*, ZNER 2011, 380, 389.
19 Frenz/Müggenborg/*Ekardt/Hennig*, § 33g Rn. 8; *Wustlich/Müller*, ZNER 2011, 380, 388.
20 BT-Drs. 17/6071, S. 80 f.; Frenz/Müggenborg/*Ekardt/Hennig*, § 33g Rn. 9; *Wustlich/Müller*, ZNER 2011, 380, 389.
21 Ebenso Frenz/Müggenborg/*Ekardt/Hennig*, § 33g Rn. 8.

von umgekehrten Lieferungen ausgeglichen bzw. wieder rückgängig gemacht werden, um im Ergebnis eine Eigenverbrauchskonstellation zu erreichen, ebenfalls von der Marktprämie ausgeschlossen sein sollen. Voraussetzung ist also, dass die wirtschaftliche Verfügungsbefugnis an dem Strom endgültig auf den Dritten übergeht.[22]

II. Berechnung der Höhe der Marktprämie (Abs. 2)

Die **Höhe der Marktprämie** ist nicht im Gesetz selbst bereits in einer bestimmten Höhe, etwa einer Centgröße pro Kilowattstunde, definiert. Vielmehr ist die **Marktprämie eine variable, veränderliche Größe**.[23] Dementsprechend regelt das Gesetz auch unter Bezugnahme auf die Anlage 1 nur den Weg, nach dem die Marktprämie zu bestimmen ist. Unmittelbar kann dem EEG die Höhe der Marktprämie jedoch nicht entnommen werden. Dabei geht bereits aus Abs. 2 S. 2 selbst hervor, dass sich diese Regelungen insgesamt neben dem Abs. 2 noch über die Anlage 1 zum EEG erstrecken. **22**

1. Kalendermonatliche Berechnung (Abs. 2 S. 1). Gemäß Abs. 2 S. 1 ist die Marktprämie **kalendermonatlich** zu berechnen. Diese Regelung ist hinsichtlich ihres Bedeutungsgehalts mehrschichtig. Zunächst stellt sie im Sinne eines „Verfallsdatums" klar, dass die Marktprämie jeden Monat neu zu berechnen ist und damit eine ermittelte Marktprämie der Höhe nach für den Folgemonat keine Gültigkeit mehr besitzt. Zugleich stellt sie jedoch auch klar, dass die Marktprämie der Höhe nach auf den gesamten entsprechenden Kalendermonat bezogen ermittelt wird und für den gesamten Kalendermonat der Höhe nach gleich bleibt. Schließlich ergibt sich daraus auch die administrative Vorgabe, dass die Höhe der Marktprämie jeden Monat zu ermitteln und die Abschlagszahlungen nach § 34 Abs. 1 i.V.m. § 19 Abs. 1 Nr. 1, Abs. 2 an den Ergebnissen auszurichten sind. **23**

2. Berechnungsweg der Marktprämie (Abs. 2 S. 2 i.V.m. Anlage 1). Gemäß Abs. 2 S. 2 erfolgt die Berechnung rückwirkend anhand der für den jeweiligen Kalendermonat berechneten Werte nach Anlage 1 zum EEG. Der Weg zur Bestimmung der Höhe der Marktprämie ist damit in § 34 nun nach Wegfall des § 33h EEG 2012 nicht mehr ansatzweise geregelt. Vielmehr wird ausschließlich auf die Vorgabe zur Ermittlung der Marktprämie in Anlage 1 verwiesen. Die noch im EEG 2012 enthaltene Bezugnahme auf die tatsächlich festgestellten Werte wurde im Rahmen der Novellierung des EEG 2014 gestrichen. Unter dem EEG 2012 hatte dieser Verweis seine Funktion vor dem Hintergrund, dass im Vorfeld der Vermarktung von den ÜNB Erzeugungsprognosen erstellt und veröffentlicht werden, die Marktprämie aber in Abhängigkeit von den tatsächlichen Erzeugungswerten ermittelt werden sollte. Unter dem EEG 2014 wird hingegen die Marktprämie nunmehr nur noch in Abhängigkeit von der Erzeugungsleistung derjenigen Anlagen ermittelt, die auch für die Ermittlung der Erzeugungsprognose zugrunde gelegt wurde. Dadurch soll die systembedingte Abweichung zwischen Prognose und Ist-Werten verringert werden.[24] **24**

a) Berechnung nach Anlage 1. Abs. 2 S. 2 selbst enthält dabei jedoch keine konkret anzuwendende Formel zur Bestimmung der Marktprämie. Diese ist vielmehr in Anlage 1 zum EEG niedergelegt, auf die Abs. 2 S. 2 dementsprechend verweist. **25**

---

22 Im Ergebnis ebenso Frenz/Müggenborg/*Ekardt/Hennig*, § 33g Rn. 10.
23 *Nestle*, ET 2011, 14, spricht daher von einer „gleitenden Marktprämie".
24 BT-Drs. 18/1304, S. 136.

26 Gemäß Anlage 1 Nummer 1.2 zum EEG erfolgt die Bestimmung der Höhe der Marktprämie in Cent pro Kilowattstunde direkt vermarkteten und tatsächlich eingespeisten Stroms auf Grundlage folgender Formel:

$$MP = AW - MW$$

27 Anhand der in Anlage 1 Nummer 1.1 enthaltenen Begriffsdefinitionen kann diese Formel auch als „Marktprämie = Anzulegender Wert – Monatsmarktwert" ausgedrückt werden.[25]

28 **aa) Anzulegender Wert (AW).** Der **anzulegende Wert** (AW) ist gemäß Nummer 1.1 definiert als der nach §§ 40 bis 55 unter Berücksichtigung der §§ 19 bis 32 anzulegende Wert in Cent pro Kilowattstunde. Ausgangspunkt der Ermittlung der Marktprämie ist damit im Ergebnis das anlagenspezifische Förderniveau. Noch unter dem EEG 2012 war dies identisch mit dem jeweiligen Vergütungssatz, den der Anlagenbetreiber erhalten hätte, wenn er die Anlage im Wege der gesetzlichen Einspeisevergütung gemäß §§ 37 ff. EEG vermarktet hätte.[26]

29 **bb) Monatsmarktwert (MW).** Von dem gesetzlichen Vergütungssatz wird zur Ermittlung der Marktprämie der **Monatsmarktwert** (MW) **abgezogen.** Anlage 1 definiert keine allgemeine Vorgehensweise zur Bestimmung des Monatsmarktwerts, sondern in Nummer 2.1 eine Vorgehensweise für die Bestimmung des Monatsmarktwerts für die sogenannten steuerbaren Energieträger Wasserkraft, Deponiegas, Klärgas, Grubengas, Biomasse und Geothermie. Daneben bestimmt sie für die sogenannten nicht steuerbaren Energieträger Onshore-Windenergie (Nummer 2.2.2 der Anlage 1), Offshore-Windenergie (Nummer 2.2.3 der Anlage 1) und solare Strahlungsenergie (Nummer 2.2.4 der Anlage 1) jeweils eigene Vorgaben für die Ermittlung des energieträgerspezifischen Monatsmarktwerts.

30 Der **Monatsmarktwert** wird in Anlage 1 Nummer 1.1 definiert als der „jeweilige Monatsmarktwert in Cent pro Kilowattstunde".

31 In Bezug auf die „**steuerbaren Energien**" wird gem. Nummer 2.1 für die Ermittlung des Monatsmarktwerts (MW) der tatsächliche Monatsmittelwert der Stundenkontrakte für die Preiszone Deutschland/Österreich am Spotmarkt der Strombörse EPEX Spot SE in Paris zugrunde gelegt und deshalb als MW_{EPEX} bezeichnet.

32 Bei dem dabei konkret in Bezug genommenen Wert handelt es sich um den sogenannten „**Phelix Month Base**". Phelix steht für „Physical Electricity Index" und ist ein von der EPEX Spot für den Raum Deutschland und Österreich veröffentlichter Index für den am Spotmarkt gehandelten Strom. Dieser wird zunächst als Tageswert „Phelix Day Base" als dem ungewichteten Durchschnittspreis der Einzelstunden 1 bis 24 für den am Spotmarkt gehandelten Strom dargestellt. Der im Rahmen der Marktprämie im Bereich der steuerbaren erneuerbaren Energien in Bezug genommene Wert „Phelix Month Base" entspricht dem einfachen Durchschnitt (arithmetisches Mittel) aus allen „Phelix Day Base"-Stundenwerten für alle Tage des Monats.

33 Bei den nicht steuerbaren erneuerbaren Energien wird hingegen nicht unmittelbar auf den Monatsmittelwert am EPEX Spot abgestellt. Es erfolgt vielmehr eine Gewichtung des Monatsmittelwerts anhand des Einspeiseaufkommens des jeweiligen Energieträgers. Dabei

---

25 Graphische Darstellung der Ermittlung der Marktprämie nach dem EEG 2012 bei *Wustlich/Müller*, ZNER 2011, 380, 390 f.
26 *Wustlich/Müller*, ZNER 2011, 380, 391.

wird bezüglich der Gewichtung zwischen den einzelnen Energieträgern nach Wind Onshore (Nummer 2.2.2 der Anlage 1), Wind Offshore (Nummer 2.2.3 der Anlage 1) und Photovoltaik (Nummer 2.2.4 der Anlage 1) differenziert. Die Berechnung des zugrunde zu legenden Monatsmittelwerts erfolgt allerdings jeweils nach dem gleichen Mechanismus.

Bei der Ermittlung des Monatsmarktwerts für den jeweiligen fluktuierenden Energieträger **34** wird ausschließlich auf die Online-Hochrechnung des erzeugten Stroms nach Nummer 3.1 der Anlage 1 abgestellt. Die in § 33g Abs. 1 S. 2, 2. Hs. EEG 2012 noch vorgesehene Meldung der eingespeisten Mengen durch den Anlagenbetreiber ist nun nicht mehr erforderlich. Die Online-Hochrechnungen sind auf der gemeinsamen Internetseite der deutschen Übertragungsnetzbetreiber abrufbar.[27]

Nach Nummer 2.2.2.1 der Anlage 1 (i.V.m. Nummer 2.2.2 für Wind Onshore, Nummer **35** 2.2.3 für Wind Offshore oder Nummer 2.2.4 für Photovoltaik) wird für jede Stunde eines Kalendermonats der durchschnittliche Wert der Stundenkontrakte am Spotmarkt der Strombörse EPEX Spot SE in Paris für die Preiszone Deutschland/Österreich mit der Menge des in dieser Stunde nach der Online-Hochrechnung nach Nummer 3.1 erzeugten Stroms des jeweiligen Energieträgers multipliziert. Die Ergebnisse für alle Stunden dieses Kalendermonats werden summiert (Nummer 2.2.2.2 der Anlage 1) und die sich daraus ergebende Summe sodann durch die Menge des in dem gesamten Kalendermonat nach der Online-Hochrechnung nach Nummer 3.1 erzeugten Stroms des jeweiligen Energieträgers dividiert (Nummer 2.2.2.3 der Anlage 1).

Im Ergebnis ergibt sich so ein **energieträgerspezifischer relativer Monatsmarktwert**, in **36** dem ausgedrückt wird, wie sich das schwankende tatsächliche stündliche Einspeiseaufkommen des jeweiligen Energieträgers zu den Marktpreisschwankungen verhält.[28]

Dem Ansatz, für die steuerbaren erneuerbaren Energien bei der Ermittlung der Marktprä- **37** mie für den Monatsmarktwert unmittelbar ohne weitere Gewichtung auf den in Form des „Phelix Month Base" ausgedrückten durchschnittlichen Strompreis am Spotmarkt abzustellen, liegt die Erwägung zugrunde, dass bei den steuerbaren erneuerbaren Energien die Einspeisung weitgehend konstanten Rahmenbedingungen unterliegt und nicht wie bei den nicht steuerbaren erneuerbaren Energien von Umwelteinflüssen abhängt. Es bedarf folglich keiner Gewichtung dahingehend, ob die Einspeisung aufgrund der Umwelteinflüsse zufällig eher in Zeiträume mit hohen oder mit niedrigen Strompreisen fällt, da der Anlagenbetreiber selbst auf die entsprechenden Schwankungen reagiert hat.

Eine entsprechende Steuerung durch den Anlagenbetreiber ist bei den nicht steuerbaren er- **38** neuerbaren Energien naturgemäß schwieriger, da es z.B. bei der Windenergie maßgeblich darauf ankommt, dass in den Hochpreisphasen des Spotmarktes auch der entsprechende

---

27 www.netztransparenz.de/de/Marktprämie.htm.
28 Die vorbereitenden Untersuchungen des Fraunhofer ISI ergaben, dass der relative Marktwert der Windenergie Onshore für die Jahre 2006 bis 2009 zwischen 87,8 % und 94,5 % des durchschnittlich erzielbaren Börsenpreises (Phelix Month Base) schwankte. Bei der Photovoltaik dagegen wurde für den gleichen Zeitraum ein Durchschnittswert von 123 % ermittelt, s. *Sensfuß/Ragwitz* (IEWT), Weiterentwickelter Vorschlag zur Marktprämie, 2011, abrufbar unter www.isi.fraunhofer.de/isi-wAssets/docs/x/de/publikationen/Sensfuss_Ragwitz_FP_IEWT_2011.pdf. Letzteres ergibt sich leicht nachvollziehbar daraus, dass die Erzeugung mit Photovoltaikanlagen und entsprechende Vermarktung des Stroms in den Tagesstunden erfolgt, in denen die Stromnachfrage und die korrelierenden Börsenpreise tendenziell höher sind.

Wind weht. Da dies allein vom Zufall abhängt, wird beim Monatsmarktwert die dargestellte Gewichtung des Börsenpreises in Abhängigkeit von der Menge des nach der Online-Hochrechnung nach Nummer 3.1 erzeugten Stroms des jeweiligen nicht steuerbaren Energieträgers vorgenommen.

39   **cc) Keine negative Marktprämie.** Sollte aufgrund der vorstehenden Berechnung für die Marktprämie ein Wert kleiner null ermittelt werden, so bestimmt Nummer 1.2 S. 2 der Anlage 1, dass in diesem Falle die Marktprämie abweichend mit dem Wert null festzulegen ist. Dies hat den systematischen Hintergrund, dass ein negatives Ergebnis nur dann entstehen kann, wenn der marktbasierte energieträgerspezifische Referenzwert höher ist als die gesetzlich garantierte Einspeisevergütung. Mit anderen Worten: Die am Markt erzielbaren Erlöse übersteigen das für die Anlage jeweils festgelegte Förderniveau. In diesem Fall läuft das Marktprämienmodell aufgrund der dann vollständig erreichten Marktintegration faktisch leer. Dem trägt der Gesetzgeber Rechnung, indem er das Marktprämienmodell mit der Festlegung der Marktprämie auf null im Ergebnis „ausschaltet". Im Rahmen der Novelle 2014 wurde zwar geprüft, einen negativen Wert für die Marktprämie zuzulassen.[29] Eine solche negative Marktprämie könnte eine Zahlungspflicht der Anlagenbetreiber gegenüber dem Netzbetreiber begründen. Letztlich hat man jedoch darauf verzichtet, eine solche negative Marktprämie zuzulassen.

40   **b) Rückwirkende Berechnung.** Gemäß Abs. 2 S. 2 erfolgt die Berechnung der Marktprämie nach vorstehend beschriebenem Muster rückwirkend anhand der für den jeweiligen Kalendermonat berechneten Werte nach Anlage 1.

41   Die **rückwirkende Berechnung** für den jeweiligen Kalendermonat nach S. 2, also ex post, ist bereits in der Anlage 1 angelegt. Denn der energieträgerspezifische Monatsmarktwert als monatlicher Durchschnittswert der Stundenkontrakte an der EPEX Spot[30] steht erst fest, wenn der Monat vorbei ist. Indem gleichwohl noch einmal in Abs. 2 S. 2 die rückwirkende Berechnung ausdrücklich normiert ist, wird noch einmal klargestellt, dass die Bestimmung der Höhe der Marktprämie erst im Folgemonat erfolgen kann. Dies schließt insbesondere einen Rückgriff auf während des laufenden Monats veröffentlichte Zwischenwerte aus.

42   Mit der Inbezugnahme der für den jeweiligen Kalendermonat berechneten Werte werden die **nach Anlage 1 zu ermittelnden Kenngrößen** im Gesetz selbst **gleichermaßen für verbindlich als auch abschließend** erklärt. Ein Abweichen von der Vorgehensweise als auch den Ergebnissen nach Anlage 1 ist damit ausgeschlossen.

43   **3. Veröffentlichungspflichten.** Die rückwirkende Ermittlung der Marktprämie bedeutet sowohl für den Anlagenbetreiber als auch für den zur Auszahlung der Marktprämie verpflichteten Netzbetreiber, dass im Vermarktungsmonat die eigentlich erwirtschaftete Marktprämie noch gar nicht feststeht. Um für alle Beteiligte möglichst schnell Sicherheit über die Höhe der Marktprämie herzustellen, sieht Anlage 1 zum EEG umfassende Regelungen zur zeitnahen Veröffentlichung der entsprechenden Berechnungen vor.

44   Aber auch die Vermarktung selbst erzeugt hinsichtlich der nicht steuerbaren Energien einen zusätzlichen Informationsbedarf. Denn eine vom Anlagenbetreiber vorzunehmende Prognose der erzielbaren Marktprämie, die der Entscheidung zugrunde liegt, ob die Anlage mit voller oder ggf. reduzierter Erzeugungskapazität gefahren werden soll, setzt eine Prog-

---

29 BT-Drs. 18/1304, S. 185.
30 Siehe dazu oben unter Rn. 29 ff.

nose des gewichteten Stunden- bzw. Monatsmarktwerts voraus. Dementsprechend müssen nach Nummer 3.1 der Anlage 1 die Übertragungsnetzbetreiber „jederzeit unverzüglich auf einer gemeinsamen Internetseite in einheitlichem Format die auf der Grundlage einer repräsentativen Anzahl von gemessenen Referenzanlagen erstellte Online-Hochrechnung der Menge des tatsächlich erzeugten Stroms aus Windenergieanlagen an Land, Windenergieanlagen auf See und Anlagen zur Erzeugung von Strom aus solarer Strahlungsenergie in ihren Regelzonen in mindestens stündlicher Auflösung veröffentlichen".

Nach Nummer 3.2 der Anlage 1 sollen außerdem alle Angaben, die für die Berechnung des 45 energieträgerspezifischen Monatsmarktwerts erforderlich sind, jeweils rückwirkend anhand der tatsächlichen Werte bis zum zehnten Werktag des Folgemonats veröffentlicht werden. Sofern die Daten nicht rechtzeitig verfügbar sind, schreibt Nummer 3.3 vor, die Berechnungen unverzüglich in nicht personenbezogener Form zu veröffentlichen, sobald sie verfügbar sind.

III. Übergangsbestimmungen für Bestandsanlagen

Für Neuanlagen ist die geförderte Direktvermarktung künftig der Regelfall. Hingegen 46 stellt § 100 Abs. 1 Nr. 6 klar, dass der Vorrang der Direktvermarktung nicht für Bestandsanlagen gilt. Somit haben Bestandsanlagen weiterhin das Recht, zwischen Marktprämie und Einspeisevergütung zu wechseln.

Im Rahmen der Reform des EEG 2014 wurde die Managementprämie abgeschafft, die 47 noch im EEG 2012 als Ausgleich für die zusätzlichen Kosten aus der Abwicklung der Direktvermarktung vorgesehen war.[31] Für Neuanlagen wird dies dadurch kompensiert, dass die Vermarktungsmehrkosten nunmehr in die anzulegenden Werte nach §§ 40 bis 51 oder 55 EEG 2014 eingepreist sind (0,4 ct/kWh für nicht steuerbare Energieträger bzw. 0,2 ct/kWh für steuerbare Energieträger).[32] Für Bestandsanlagen hingegen gelten nach § 100 Abs. 1 Nr. 4 und § 100 Abs. 1 Nr. 10 weiterhin die bisherigen Fördersätze.[33] Damit es nach dem Wegfall der Managementprämie nicht zu einer Benachteiligung der Bestandsanlagen kommt, ist in den Übergangsbestimmungen eine modifizierte Berechnung der Marktprämie vorgesehen. Zur Kompensation der entfallenden Managementprämie wird der jeweils anzulegende Wert bei der Berechnung der Marktprämie erhöht. Sowohl nach dem EEG 2012 als auch dem EEG 2014 führt die Managementprämie also dazu, dass sich der Wert der Marktprämie erhöht. Ein isolierter Anspruch auf Zahlung der Managementprämie besteht jedoch nicht. Während dieses Ergebnis im EEG 2012 dadurch erreicht wurde, dass der vom Ausgangsniveau abzuziehende Wert verkleinert wurde, wird unter dem EEG 2014 nun das Ausgangsniveau durch einen Zuschlag erhöht. Der anzulegende Wert erhöht sich gem. § 100 Abs. 1 Nr. 8a EEG für vor dem 1.1.2015 erzeugten Strom bei fernsteuerbaren fluktuierenden Anlagen um 0,6 ct/kWh, bei nicht fernsteuerbaren fluktuierenden Anlagen um 0,45 ct/kWh und bei nicht fluktuierenden Anlagen um 0,25 ct/kWh. Für ab dem 1.1.2015 erzeugten Strom erhöht sich der anzulegende Wert gem. § 100 Abs. 1 Nr. 8b EEG bei fernsteuerbaren fluktuierenden Anlagen um 0,4 ct/kWh, bei nicht fernsteuerbaren fluk-

---

31 Die Managementprämienverordnung ist ebenso wie das EEG 2012 zum 1.8.2014 außer Kraft getreten, vgl. Art. 23 S. 2 des Artikelgesetzes zum EEG 2014 (BGBl. 2014, I, 1066, 1132).
32 BT-Drs. 18/1304, S. 129.
33 *Geipel/Uibeleisen*, ree 2014, 142, 148 m. Fn. 55.

tuierenden Anlagen um 0,3 ct/kWh und bei nicht fluktuierenden Anlagen um 0,2 ct/kWh. Ab dem 1.4.2015 verliert die Festsetzung eines Wertes für die Managementprämie bei fluktuierenden nicht fernsteuerbaren Anlagen allerdings seine Bedeutung. Denn gem. § 100 Abs. 1 Nr. 5 und Nr. 10, 1. Hs. EEG sind Bestandsanlagen bis zum 1.4.2015 zwingend nachzurüsten, da andernfalls nach § 35 S. 1 Nr. 2 EEG der Anspruch auf Zahlung der Marktprämie nicht besteht.

48 Vergleicht man die Höhe der Managementprämie mit den bis dato geltenden Werten der Managementprämienverordnung, die mit der Novelle 2014 außer Kraft getreten ist, zeigt sich, dass bis zum 31.12.2014 die Vergütungshöhe konstant bleibt. Zum 1.1.2015 hat der Gesetzgeber allerdings eine Absenkung der Managementprämie vorgenommen. Gleichzeitig kann aber wohl erwartet werden, dass eine weitere Absenkung dieser Managementprämie unter das Zielniveau von 0,40 ct/kWh bei fluktuierenden und 0,20 ct/kWh bei nicht fluktuierenden Anlagen (vorerst) nicht erfolgt. Denn es handelt sich hierbei ausweislich der Gesetzesbegründung[34] genau um die Werte, die im Rahmen der Bestimmung des anzulegenden Wertes nach § 23 EEG für Neuanlagen zur Abbildung der Vermarktungskosten mit berücksichtigt, jedoch nicht getrennt ausgewiesen werden. Gewissheit besteht insoweit allerdings nicht. Denn sollte sich abzeichnen, dass sich mit den Direktvermarktungskosten ein klar abgrenzbarer, volatiler Kostenbestandteil verringert hat, dürfte insoweit auch einer entsprechenden Verringerung des anzulegenden Wertes nach § 23 EEG und damit auch der Managementprämie nach § 100 Abs. 1 Nr. 8 EEG nichts entgegenstehen.

IV. Sonderfragen

49 Die Marktprämie stellt mangels vom Anlagenbetreiber gegenüber dem Netzbetreiber zu erbringender Gegenleistung einen echten, nicht steuerbaren Zuschuss des Netzbetreibers an den Anlagenbetreiber dar, auf den keine Umsatzsteuer zu erheben ist.[35]

---

34 BT-Drs. 18/1304, S. 129.

35 BT-Drs. 17/6071, S. 196; BMF, Schreiben vom 6.11.2012, Umsatzsteuerrechtliche Behandlung der Marktprämie nach § 33g des Gesetzes für den Vorrang Erneuerbarer Energien (EEG) bzw. der Flexibilitätsprämie nach § 33i EEG, Geschäftszeichen IV D 2 – S 7124/12/10002; ausführlich dazu auch *Moorkamp*, StuB 5/2013, 179 ff.

§ 35 Voraussetzungen der Marktprämie

[1]Der Anspruch auf Zahlung der Marktprämie besteht nur, wenn

1. für den Strom kein vermiedenes Netzentgelt nach § 18 Absatz 1 Satz 1 der Stromnetzentgeltverordnung in Anspruch genommen wird,

2. der Strom in einer Anlage erzeugt wird, die fernsteuerbar im Sinne von § 36 Absatz 1 ist, und

3. der Strom in einem Bilanz- oder Unterbilanzkreis bilanziert wird, in dem ausschließlich folgender Strombilanziert wird:

   a) Strom aus erneuerbaren Energien oder aus Grubengas, der in der Veräußerungsform des § 20 Absatz 1 Nummer 1 direkt vermarktet wird, oder

   b) Strom, der nicht unter Buchstabe a fällt und dessen Einstellung in den Bilanz- oder Unterbilanzkreis nicht von dem Anlagenbetreiber oder dem Direktvermarktungsunternehmer zu vertreten ist.

[2]Die Voraussetzung nach Satz 1 Nummer 2 muss nicht vor dem Beginn des zweiten auf die Inbetriebnahme der Anlage folgenden Kalendermonats erfüllt sein.

Schrifttum: *Breuer/Lindner*, Die verpflichtende Direktvermarktung nach dem EEG 2014, REE 2014, 129; *Fraunhofer* ISI et al., Laufende Evaluierung der Direktvermarktung von Strom aus Erneuerbaren Energien, abrufbar unter www.erneuerbare-energien.de; *Herz/Valentin*, Direktvermarktung, Direktlieferung und Eigenversorgung nach dem EEG 2014, EnWZ, 2014, 358; *Klobasa/Ragwitz/Sensfuß* et al., Working Paper Sustainability and Innovation No. S 1/2013 – Nutzenwirkung der Marktprämie, abrufbar unter www.isi.fraunhofer.de; *Lehnert*, Markt- und Systemintegration der Erneuerbaren-Energien: Eine rechtliche Analyse der Regeln zur Direktvermarktung im EEG 2012, ZUR 2012, 4; *Lüdemann/Ortmann*, Direktvermarktung im EEG, EnWG 2014, 387.

Übersicht

I. Allgemeines

1. Normzweck. § 35 regelt die spezifischen Voraussetzungen, die erfüllt sein müssen, damit der Anlagenbetreiber einen Anspruch auf Zahlung der Marktprämie hat. **1**

2. Entstehungsgeschichte. In § 64 Abs. 1 S. 1 Nr. 6 lit. a **EEG 2009** gab es eine **Verordnungsermächtigung**, wonach u. a. die Anspruchsvoraussetzungen für finanzielle Anreize für die bedarfsgerechte Einspeisung und die verbesserte Netz- und Marktintegration von Strom durch Verordnung hätten geregelt werden können. Von dieser Verordnungsermächtigung wurde jedoch **kein Gebrauch gemacht**, so dass es unter dem EEG 2009 keine direkt geförderte Direktvermarktung gab. Das Grünstromprivileg in § 37 Abs. 1 S. 2 EEG 2009 **2**

war über die Befreiung der Elektrizitätsversorgungsunternehmen von der EEG-Umlage ein anders gelagertes indirektes Förderinstrument. Entsprechend bestand auch noch kein Bedürfnis, Anspruchsvoraussetzungen für die Marktprämie zu regeln.

3 Mit Einführung der Marktprämie in §§ 33a ff. EEG 2012 wurden in § 33c EEG 2012 deren Anspruchsvoraussetzungen geregelt. **§ 35 ersetzt und aktualisiert § 33c Abs. 2 EEG 2012**, wobei der Regelungsgehalt von § 33 Abs. 2 Nr. 3 EEG 2012 (Messung und Bilanzierung der Ist-Einspeisung in viertelstündlicher Auflösung) nicht explizit übernommen wurde.[1] Der Regelungsgehalt des § 33c Abs. 1 EEG 2012 wurde in § 25 Abs. 2 S. 1 Nr. 3 überführt.[2] Im **parlamentarischen Verfahren zum EEG 2014** wurde S. 2 ergänzt zur Frage, ab wann die Anlage fernsteuerbar sein muss.[3] S. 1 wurde inhaltlich nicht verändert.[4]

II. Marktprämienspezifische Anspruchsvoraussetzungen (S. 1)

4 S. 1 bestimmt die **Voraussetzungen**, die erfüllt sein müssen, damit der Anlagenbetreiber einen **Anspruch auf Zahlung der Marktprämie** hat. Er gilt sowohl für Neu- als auch für Bestandsanlagen, wobei die Fernsteuerbarkeitspflicht für Bestandsanlagen nach der Übergangsregelung in § 100 Abs. 1 Nr. 5 erst ab dem 1.4.2015 besteht. Wenn der Strom in der **sonstigen Direktvermarktung nach § 20 Abs. 1 Nr. 2** veräußert wird, ist **§ 35 nicht einschlägig.**

5 Ist eine der **Voraussetzungen nicht erfüllt**, **entfällt der Anspruch** des Anlagenbetreibers gegen seinen Netzbetreiber auf die Marktprämie nach § 34. Er hat dann – je nach konkreter Ausgestaltung seines Direktvermarktungsvertrags – als Einnahmequelle nur noch die Erlöse aus der Vermarktung an den Dritten, i. d. R. gegenüber dem Direktvermarktungsunternehmer.

6 Neben diesen marktprämienspezifischen Anspruchsvoraussetzungen müssen auch die **allgemeinen** (z. B. ausschließlicher Einsatz von erneuerbaren Energien oder Grubengas nach § 19 Abs. 1) **und die technologiespezifischen Fördervoraussetzungen** (z. B. für Biomasse die nach § 47 Abs. 2 einschlägigen Anforderungen) **erfüllt sein**, damit ein Anspruch auf die Marktprämie besteht. Diese weiteren Fördervoraussetzungen müssen nach der Umstellung der Fördersystematik durch das EEG 2014 allerdings für jede Form der finanziellen Förderung nach § 19 erfüllt sein, also auch für den Anspruch auf Einspeisevergütung. Daher musste die in § 33c Abs. 2 Nr. 1 lit. a EEG 2012 noch enthaltene weitere Voraussetzung, dass der Anlagenbetreiber für den direkt vermarkteten Strom einen (hypothetischen)[5] Anspruch auf die unverminderte Einspeisevergütung haben muss, für die Marktprämie nicht mehr gesondert geregelt werden und ist deshalb im jetzigen § 35 nicht mehr enthalten.[6] Das unter dem EEG 2012 noch geltende fördersystematische Primat der Einspeisevergütung wurde im EEG 2014 auf das Primat der Direktvermarktung umgestellt.

---

1 Erläuterungen dazu siehe unten Rn. 28.
2 Zur Problematik der anteiligen Veräußerung sowohl in Direktvermarktung als auch in Einspeisevergütung über eine gemeinsame Messeinrichtung, siehe Kommentierung zu § 25 und zu § 20 Rn. 36.
3 BT-Drs. 18/1891, S. 47; Erläuterungen dazu siehe unten Rn. 29 ff.
4 Vgl. BT-Drs. 18/1891, S. 47.
5 Vgl. § 33c Abs. 2 Nr. 1 lit. a i. V. m. 33e S. 1 EEG 2012.
6 BT-Drs. 18/1304, S. 137; *Herz/Valentin*, EnWZ 2014, 358, 360.

§ 33c Abs. 3 EEG 2012 nahm Biomasseanlagen, die unter dem EEG 2012 in Betrieb ge-   7
nommen worden sind, in gewissen Fällen von der Anforderung des § 33c Abs. 2 Nr. 1 lit. a
aus, nach der der direktvermarktende Anlagenbetreiber grundsätzlich einen ungeminder-
ten Anspruch auf Zahlung der Einspeisevergütung haben musste. Diese **Ausnahmen** sollten Biomasseanlagen die Direktvermarktung erleichtern und betrafen zum einen die Mindestanforderungen an die **Wärme- oder Güllenutzung** nach § 27 Abs. 4 EEG 2012. Zum
anderen betrafen sie den Förderausschluss nach §§ 27 Abs. 3, 27a Abs. 2 und 27c Abs. 3
EEG 2012 für **Biogasanlagen** mit **mehr als 750** Kilowatt installierter Leistung, die **nach
dem 31.12.2013 in Betrieb genommen** worden sind und die ohnehin zur Direktvermarktung verpflichtet waren. Diese Ausnahmen bestehen nach § 100 Abs. 1 Nr. 4 weiter, der
insoweit am 22.12.2014 rückwirkend zum 1.8.2014 inhaltlich ergänzt wurde.[7] § 100
Abs. 1 Nr. 4 ordnet die Fortgeltung des § 33c Abs. 3 EEG 2012 für die entsprechenden Bestandsanlagen an. Interessant ist, dass insoweit systematisch kein Rückfallanspruch in die
Ausfallvergütung nach § 38 besteht.

Aus ihrem Charakter als marktprämienspezifische Anspruchsvoraussetzungen ergibt sich,   8
dass es nicht etwa zu einer Reduktion des anzulegenden Wertes auf den Monatsmarktwert
oder auf null – und damit in beiden Fällen zu einer Reduktion der Marktprämie auf null –
nach der Sanktionsvorschrift des § 25 kommt, wenn eine der Voraussetzungen nach S. 1
nicht erfüllt ist. Entsprechend sind die Voraussetzungen des § 35 auch nicht in § 25 erwähnt. Wenn eine der **Voraussetzungen** nach § 35 **nicht erfüllt** ist, entsteht vielmehr
schon **von vornherein kein Anspruch auf** die **Marktprämie**. In der Praxis dürfte es allerdings i. d. R. kaum einen Unterschied machen, ob der Anspruch auf Null reduziert ist, oder
schon nicht entstanden ist.

Solange der anzulegende Wert bei Verstößen gegen die entsprechenden Vorschriften des   9
EEG 2014 nach § 25 Abs. 2 auf den Monatsmarktwert reduziert ist, ist die Marktprämie
aufgrund ihrer Berechnung nach Anlage 1 Nr. 1.2 als Differenz aus anzulegendem Wert
und Monatsmarktwert ebenfalls auf null reduziert. Dass in diesen Fällen der Anspruch auf
Marktprämie zwar grundsätzlich besteht,[8] aber eben nur in Höhe von null Euro, dürfte auch
in diesen Fällen allenfalls dogmatisch einen Unterschied machen.

1. Kein vermiedenes Netzentgelt (Nr. 1). Nach **Nr. 1** ist zunächst Anspruchsvorausset-   10
zung, dass für den Strom, für den die Marktprämie beansprucht wird, **kein vermiedenes
Netzentgelt** nach § 18 Abs. 1 S. 1 StromNEV in Anspruch genommen wird. Nach **§ 18
Abs. 1 S. 1 StromNEV erhalten Betreiber von dezentralen Erzeugungsanlagen** (wie
Erneuerbare-Energien-Anlagen es typischerweise sind) grundsätzlich vom Verteilernetzbetreiber, in dessen Netz sie einspeisen, ein Entgelt – das sog. **vermiedene Netzentgelt**.
Dieses Entgelt muss den Netzentgelten entsprechen, die bei Inanspruchnahme der vorgelagerten Netz- oder Umspannebenen grundsätzlich angefallen wären, deren Anfall aber
dadurch vermieden wird, dass – aufgrund der dezentralen Einspeisung in niedrigere Netzebenen – diese vorgelagerten Ebenen durch die jeweilige Einspeisung nicht in Anspruch
genommen worden sind. Die „Inanspruchnahme" der vorgelagerten Ebenen beruht auf der
(in der heutigen Zeit mit großflächig dezentraler Erzeugung nicht mehr ganz korrekten)
Annahme, dass Strom, zunächst zentral in großen Kraftwerken weitab vom Verbrauch erzeugt und in Richtung des Verbrauchs „geschickt" wird, dann auf der höchsten Spannungs-

---

7 Gesetz zu Änderung des Erneuerbare-Energien-Gesetzes vom 22.12.2014, BGBl. I, S. 2406, 2407.
8 *Breuer/Lindner*, REE 2014, 129, 137.

ebene oberhalb des Verbrauchers „ankommt" und in niedrigere Spannungsebenen, z. B. für den Strombezug von Haushalten, über die verschiedenen zwischenliegenden Ebenen „hinuntergereicht" wird. Näheres zu Berechnung der vermiedenen Netzentgelte ist in § 18 Abs. 2 und 3 StromNEV geregelt.

11   Durch die Regelung in Nr. 1 wird eine **Doppelförderung** des Anlagenbetreibers in Höhe der vermiedenen Netzentgelte **verhindert**.[9] Die finanziellen Förderungen nach § 19 EEG 2014 sind von ihrer Konzeption her bereits auskömmlich – bei der Marktprämie in Verbindung mit den Vermarktungserlösen. Die Ausfallvergütung nach § 38 ist ein Sonderfall, da hier durch den zwanzigprozentigen Abschlag eine schnelle Rückkehr in die Direktvermarktung angereizt werden soll. Würde der Anlagenbetreiber zusätzlich die vermiedenen Netzentgelte erhalten, käme es zu einer Überförderung.

12   Die Regelung nach **Nr. 1** hat ihr **Pendant in § 18 Abs. 1 S. 3 Nr. 1 StromNEV**. Danach können Anlagenbetreiber keine vermiedenen Netzentgelte in Anspruch nehmen, wenn der von ihnen eingespeiste Strom nach § 19 EEG 2014 finanziell gefördert wird – also weder bei Inanspruchnahme der Marktprämie noch in Fällen der Einspeisevergütung. Stattdessen müssen die Verteilernetzbetreiber in diesen Fällen nach § 57 **Abs. 3 S. 1** die vermiedenen Netzentgelte an die vorgelagerten Übertragungsnetzbetreiber auszahlen. So kommen die **vermiedenen Netzentgelte dem EEG-Konto zugute** und mindern letztlich die EEG-Umlage.

13   Einzig in der nicht finanziell geförderten, **sonstigen Direktvermarktung nach § 20 Abs. 1 Nr. 2** können Anlagenbetreiber **vermiedene Netzentgelte beanspruchen**. Das ergibt sich aus einem Umkehrschluss aus § 18 Abs. 1 S. 3 Nr. 1 StromNEV i.V. m. § 19 EEG 2014.

14   **2. Verpflichtende Fernsteuerbarkeit (Nr. 2).** Nach **Nr. 2** ist weitere Voraussetzung für den Anspruch auf die Marktprämie, dass die **Anlage fernsteuerbar i. S. v. § 36 Abs. 1** ist. Dadurch soll sichergestellt werden, dass der Direktvermarktungsunternehmer bzw. die andere Person i. S. d. § 36 Abs. 1 S. 1 die Fahrweise der Anlage an der jeweiligen Marktlage orientieren kann, insbesondere an den Preisen am Spotmarkt der Strombörse.[10] Die Anlage muss nach S. 2 aber nicht vor Beginn des zweiten Kalendermonats fernsteuerbar sein, der der Inbetriebnahme der Anlage folgt.[11]

15   Durch das EEG 2014 wurde die grds. verpflichtende Direktvermarktung eingeführt, um eine bessere System- und Marktintegration der erneuerbaren Energien zu erreichen.[12] Im Gegensatz zum System der festen Einspeisevergütung werden die Marktpreise bei der Direktvermarktung für den Anlagenbetreiber – bzw. in der Praxis i.d.R. für den Direktvermarktungsunternehmer – spürbar. Das schafft Anreize, den Strom in Zeiten höherer Marktpreise zu vermarkten und umkehrt die Anlagen bei stark negativen Preisen abzuregeln.[13] Die **Fernsteuerbarkeit** der Anlage ist notwendige **Voraussetzung**, um die **Einspeisung** dem jeweiligen **Preissignal anpassen** zu können.[14] Welche Voraussetzungen erfüllt sein

---

9   BT-Drs. 17/6071, S. 79, zur Vorgängerregelung in § 33c Abs. 2 Nr. 1 lit. b EEG 2012.
10   BT-Drs. 18/1304, S. 137.
11   Näheres siehe unten Rn. 29 ff.
12   BT-Drs. 18/1891, S. 204.
13   BT-Drs. 18/1891, S. 204.
14   *Klobasa/Ragwitz/Sensfuß* et al., Working Paper Sustainability and Innovation No. S 1/2013, S. 7, abrufbar unter www.isi.fraunhofer.de → Publikationen (zuletzt abgerufen am 9.2.2015); *Lüdemann/Ortmann*, EnWZ 2014, 387, 389.

müssen, damit eine Anlage als **fernsteuerbar i. S. v. Nr. 2** anzusehen ist, ist **in § 36 geregelt**.

Genau wie die Direktvermarktung unter dem **EEG 2012** noch optional und nicht ver-   **16**
pflichtend ausgestaltet war, war auch die **Fernsteuerbarkeit** unter dem EEG 2012 **optional**. Wenn eine **Anlage fernsteuerbar** i. S. v. § 3 Abs. 1 der – zum 1.8.2014 außer Kraft
getretenen –[15] Managementprämienverordnung war, erhielt sie allerdings eine im Gegensatz zu nicht fernsteuerbaren Anlage erhöhte Managementprämie und damit eine **erhöhte Marktprämie**. Mit der Einführung von Nr. 2 durch das **EEG 2014** ist die **Fernsteuerbarkeit** nunmehr **verpflichtend**.

Die Fernsteuerbarkeit ist dabei nicht nur für Neuanlagen verpflichtend, sondern auch für   **17**
Bestandsanlagen. Während Nr. 2 für Neuanlagen aber – unter Berücksichtigung von
S. 2 –[16] bereits ab dem 1.8.2014 gilt, gilt die Regelung für Bestandsanlagen aufgrund der
Übergangsregelung in **§ 100 Abs. 1 Nr. 5** erst ab dem **1.4.2015**. Damit soll den Bestandsanlagen ausreichend Zeit für die Umrüstung auf Fernsteuerbarkeit gegeben werden.[17] Bis
einschließlich 31.3.2015 haben daher auch Bestandsanlagen, die nicht fernsteuerbar sind,
einen Anspruch auf die Marktprämie, sofern die übrigen Voraussetzungen des § 35 erfüllt
sind.

Das Fernsteuerbarkeitserfordernis nach Nr. 2 i. V. m. § 36 ist zu **unterscheiden von der**   **18**
Pflicht nach § 9 Abs. 1 und 2, Anlagen mit den dort genannten technischen Einrichtungen
auszustatten. Die Pflicht nach § 9 dient der Aufrechterhaltung der Systemsicherheit im
Rahmen des Einspeisemanagements nach § 14 durch den Netzbetreiber. Die Marktprä-
mienvoraussetzung nach Nr. 2 ermöglicht hingegen die marktgetriebene Steuerung der
Einspeisung durch – i. d. R. – den Direktvermarktungsunternehmer.

3. Bilanzkreisvorgaben (Nr. 3). Nr. 3 regelt **Bilanzkreisvorgaben** für den Strom, für den   **19**
die Marktprämie beansprucht wird. In lit. a ist dabei der Grundsatz festgelegt und in lit. b
eine Ausnahme von diesem Grundsatz.

Nach **lit. a** muss dieser Strom grundsätzlich in einem **Bilanz- oder Unterbilanzkreis** bi-   **20**
lanziert wird, in dem **ausschließlich Strom aus erneuerbaren Energien** oder aus Grubengas bilanziert, der in der Veräußerungsform des § 20 Abs. 1 Nr. 1, also der **Marktprämie**,
direkt vermarktet wird. Diese Vorgabe zur Bilanzierung in einem „sortenreinen" Bilanzkreis soll der Transparenz dienen und Missbrauch verhindern.[18] Die gleiche Vorgabe war
bereits in § 33c Abs. 2 Nr. 4 EEG 2012 enthalten (dort war allerdings auch das mit dem
EEG 2014 gestrichene Grünstromprivileg noch erwähnt).

Nach der Vorgabe in lit. a darf Strom, für den die Marktprämie beansprucht wird, nur in   **21**
einem reinen „Marktprämienbilanzkreis" bilanziert werden. Die Gesetzesbegründung zum
EEG 2012 sprach von „Erzeugerbilanzkreisen".[19] Dabei ist es zulässig, auch **Strom aus
unterschiedlichen**, nach dem EEG förderfähigen **erneuerbaren Energieträgern** oder
Grubengas zusammen in einem Bilanz- oder Unterbilanzkreis nach lit. a zu bilanzieren,
solange für diesen Strom aus den verschiedenen Anlagen einheitlich nur die Marktprämie

---

15 BT-Drs. 18/1891, S. 175.
16 Näheres siehe unten Rn. 29 ff.
17 BT-Drs. 18/1891, S. 218.
18 BT-Drs. 18/1304, S. 137.
19 BT-Drs. 17/6071, S. 79.

beansprucht wird.[20] Auch bei einer **anteiligen Veräußerung nach § 20 Abs. 2** muss darauf geachtet werden, dass in dem Bilanzkreis nach lit. a nur der Strom bilanziert wird, für den die Marktprämie beansprucht wird. Strom, der in der **sonstigen Direktvermarktung nach § 20 Abs. 1 Nr. 2** vermarktet wird, darf im Bilanzkreis nach lit. a hingegen **nicht** bilanziert werden.

22 Der Marktprämienbilanzkreis nach Nr. 3 ist zu **unterscheiden** von den jeweiligen **EEG-Bilanzkreisen nach § 11 StromNZV.** Letztere sind von Netzbetreibern für diejenigen Erneuerbare-Energien-Anlagen in ihrem Netzgebiet zu führen, die die feste Einspeisevergütung in Anspruch nehmen, also gerade nicht direkt vermarkten.

23 Die separate Erfassung des marktprämiengeförderten Stroms soll neben der Missbrauchsvermeidung auch eine statistische Evaluierung der Nutzung dieser Direktvermarktungsform ermöglichen.[21] Ist der erzeugte Strom zunächst in dem entsprechenden „sortenreinen" Marktprämienbilanzkreis nach lit. a separat erfasst worden, ist den genannten Zielen Genüge getan. Anschließend kann der Strom in andere Bilanzkreise weitergereicht werden, in denen auch Strom bilanziert wird, der nicht mit der Marktprämie gefördert wird. Eine von der Einspeisung in das Stromnetz bis zur Entnahme durch den Letztverbraucher **ununterbrochene Kette von „sortenreinen" Marktprämienbilanzkreisen** ist also **nicht erforderlich.**[22] Dafür spricht auch, dass im Gesetzentwurf des EEG 2012 für das Grünstromprivileg im dortigen § 39 Abs. 2 S. 1 Nr. 2 noch eine entsprechende ununterbrochene Kette solcher Bilanzkreise bis zur Lieferung an den Letztverbraucher als verpflichtend vorgesehen war,[23] dies jedoch in der späteren Fassung des EEG 2012 nicht mehr enthalten ist. Hätte der Gesetzgeber eine solche Verpflichtung in Nr. 3 als Nachfolgeregelung von § 33c Abs. 2 Nr. 4 EEG 2012 beabsichtigt, hätte er dies auch in einem entsprechend angepassten Wortlaut zum Ausdruck bringen können, was jedoch nicht der Fall ist.[24]

24 Ebenso macht es für die Vermeidung von Missbrauch und für die statistische Evaluierung der Nutzung der Marktprämie keinen relevanten Unterschied, ob der Strom, für den die Marktprämie beansprucht wird, in einem oder in **mehreren Bilanzkreisen** bilanziert wird, solange es sich dabei ausschließlich „sortenreine" Marktprämienbilanzkreise handelt. Daher spricht trotz des insofern etwas engeren Wortlauts von Nr. 3 (*„in einem* Bilanz- oder Unterbilanzkreis bilanziert" [Herv. d. Verf.]) nichts dagegen, den Strom aus der jeweiligen Vermarktungsform alternativ auch in mehreren „sortenreinen" Bilanzkreisen zu bilanzieren, die jeweils den Anforderungen von Nr. 3 genügen.[25]

25 Nach **lit. b** besteht – anders als noch unter dem EEG 2012 –[26] eine **Ausnahme vom** Grundsatz des „sortenreinen" Bilanzkreises nach **lit. a.** Wenn Strom, der nicht unter Buchstabe a

20 BT-Drs. 17/6071, S. 79 zur Vorgängerregelung in § 33c Abs. 2 Nr. 4 EEG 2012.
21 BT-Drs. 17/6071, S. 79 zur Vorgängerregelung in § 33c Abs. 2 Nr. 4 EEG 2012; siehe zu Ergebnissen einer solchen Evaluierung z. B. Fraunhofer ISI et al., Quartalsberichte des Vorhabens Laufende Evaluierung der Direktvermarktung von Strom aus Erneuerbaren Energien, abrufbar unter www.erneuerbare-energien.de.
22 *Lehnert,* ZUR 2012, 4, 10, zur Vorgängerregelung in § 33c Abs. 2 Nr. 4 EEG 2012.
23 BT-Drs. 17/6071, S. 18. In der Begründung des Entwurfs wurde auf diese Verpflichtung nicht weiter eingegangen, vgl. a. a. O., S. 84.
24 Vgl. *Lehnert,* ZUR 2012, 4, 10, zur Vorgängerregelung in § 33c Abs. 2 Nr. 4 EEG 2012; s. auch die Vorauflage zu § 33c EEG 2012 Rn. 19.
25 *Lehnert,* ZUR 2012, 4, 10.
26 Siehe dazu die Vorauflage § 33c EEG 2012 Rn. 20.

fällt, in den „sortenreinen" Bilanz- oder Unterbilanzkreis nach Nr. 3 eingestellt wird, und dies **nicht** von dem Anlagenbetreiber oder dem Direktvermarktungsunternehmen **zu vertreten** ist, bleibt (nur) für den Strom nach lit. a der Anspruch auf die Marktprämie bestehen.[27]

Dabei hatte der Gesetzgeber insbesondere Konstellationen im Blick, in denen der Netzbe- **26** treiber in den Marktprämienbilanzkreis **Ausgleichsenergiemengen** „einstellt", die nicht den Anforderungen von lit. a genügen.[28] Sofern in solchen Fällen kein Vertretenmüssen des Anlagenbetreibers oder des Direktvermarktungsunternehmers vorliegt, schadet die „Verunreinigung" des Marktprämienbilanzkreises durch die Strommengen nach lit. b nicht dem Anspruch auf Marktprämie für den Strom nach lit. a. Für die Strommengen nach lit. b – die per definitionem nicht die marktprämienspezifischen Anforderungen nach lit. a erfüllen („*Strom, der nicht unter Buchstabe a fällt*" [Herv. d. Verf.]) – kann keine Marktprämie verlangt werden. Insbesondere Ausgleichsenergiemengen stammen (noch) i. d. R. aus konventionellen Kraftwerken und können deshalb nicht mit der Marktprämie gefördert werden.[29] Der Maßstab für das **Vertretenmüssen** ist nicht speziell geregelt und richtet sich daher nach den allgemeinen Vorschriften (**§§ 276 ff. BGB**).

§ 21 Abs. 2 RegE enthielt noch einen S. 2, wonach Anlagenbetreiber bei einem Wechsel in **27** die Direktvermarktung auch den Bilanz- oder Unterbilanzkreis angeben sollten (nicht mussten), in den Ausgleichsenergiemengen einzustellen sind.[30] Bei Befolgen dieser Obliegenheit sollte davon ausgegangen werden, dass der Anlagenbetreiber oder sein Direktvermarktungsunternehmer dann eine etwaige „Verunreinigung" des Bilanzkreises nach § 35 Nr. 3 aufgrund von Ausgleichsenergiemengen, die durch den Netzbetreiber „eingestellt" wurden, nicht zu vertreten hätte – mit der Folge, dass nach lit. b der Anspruch auf Marktprämie erhalten bliebe.[31] **Im parlamentarischen Verfahren** wurde dieser § 20 Abs. 2 S. 2 RegE jedoch **gestrichen**.[32] Die darin enthaltene Regelung sei nicht erforderlich, da eine unverschuldete Bilanzierung von Ausgleichsenergie in einem Marktprämienbilanzkreis bereits durch lit. b selbst geregelt sei.[33]

Die in § 33c Abs. 2 Nr. 3 EEG 2012 enthaltene weitere Voraussetzung, wonach die **gesam- 28 te Ist-Einspeisung** der Anlage **in viertelstündlicher Auflösung gemessen und bilanziert** werden musste, wurde im EEG 2014 nicht übernommen. Die Gesetzesbegründung enthält dazu keine Erläuterungen.[34] Der Gesetzgeber ging hier offensichtlich davon aus, dass eine explizite Regelung nicht mehr erforderlich sei, weil alle direktvermarktenden Anlagen bilanzkreispflichtig sind und schon deswegen viertelstündlich ihre Einspeisung messen und bilanzieren müssen.

---

27 BT-Drs. 18/1304, S. 137.
28 BT-Drs. 18/1304, S. 137.
29 BT-Drs. 18/1304, S. 137.
30 BT-Dr. 18/1304, S. 23.
31 BT-Dr. 18/1304, S. 127; im Regierungsentwurf war der heutige § 35 S. 1 noch als § 33 nummeriert.
32 BT-Drs. 18/1891, S. 36.
33 BT-Drs. 18/1891, S. 202.
34 Vgl. *Herz/Valentin*, EnWZ 2014, 358, 360.

III. Beginn der Pflicht zur Fernsteuerbarkeit (S. 2)

29　Nach **S. 2** muss die Voraussetzung nach S. 1 Nr. **2 nicht vor dem Beginn des zweiten Kalendermonats** erfüllt sein, der **auf die Inbetriebnahme** der Anlage i. S. v. § 5 Nr. 21 **folgt**. Dadurch hat der Anlagenbetreiber bis zu diesem Zeitpunkt auch dann einen Anspruch auf die Marktprämie, wenn die Anlage noch nicht fernsteuerbar i. S. v. § 36 ist (sofern die übrigen Voraussetzungen des § 35 erfüllt sind).[35] Wird eine Anlage also z. B. am 15.6.2015 in Betrieb genommen, muss sie ihre Fernsteuerbarkeit erst ab 1.8.2015 nachweisen, um weiterhin die Marktprämie zu erhalten.

30　S. 2 wurde erst **im parlamentarischen Verfahren aufgenommen**.[36] Grund für die Aufnahme war, dass in der Praxis Anlagenbetreiber gegenüber dem Netzbetreiber die Fernsteuerbarkeit teilweise erst nach Inbetriebnahme der Anlage nachweisen können. Durch S. 2 sollte vermieden werden, dass Neuanlagen gezwungen sind, ihren Betrieb in der Einspeisevergütung in Ausnahmefällen nach § 38 zu beginnen.[37] Dies sollte insbesondere für Fälle, in denen eine Neuanlage mit direkt vermarkteten Bestandsanlagen über eine gemeinsame Messeinrichtung abgerechnet wird, Erleichterung schaffen.[38] Wenn die Neuanlage nämlich in solchen Konstellationen ihren Betrieb in der Einspeisevergütung in Ausnahmefällen nach § 38 beginnen müsste, würde der Strom aus den gemeinsam gemessenen Anlagen nicht einheitlich entweder direkt vermarktet oder über eine Einspeisevergütung veräußert werden. Dann würde aber die Sanktion des § 25 Abs. 2 S. 1 Nr. 3 greifen – jedenfalls nach dessen Wortlaut.[39] Diese Sanktion wird vermieden, wenn aufgrund des S. 2 die Neuanlage anfangs in der Marktprämie direkt vermarkten kann, ohne fernsteuerbar zu sein.

31　S. 2 ist **nur für Neuanlagen relevant**. Da Bestandsanlagen, also Anlagen, die vor dem 1.8.2014 in Betrieb genommen worden sind, nach § 100 Abs. 1 Nr. 5 erst ab dem 1.4.2015 fernsteuerbar sein müssen, liegt ihre Inbetriebnahme in jedem Fall mehr als die in S. 2 genannten zwei Kalendermonate zurück (ggf. zuzüglich des Rumpfmonats, in dem die Inbetriebnahme erfolgt ist). Das gilt auch für bundesrechtlich zulassungsbedürftige Bestandsanlagen nach § 100 Abs. 3, da auch diese bis spätestens 31.12.2014 in Betrieb genommen werden mussten, um noch als Bestandsanlagen zu gelten.

35　BT-Drs. 18/1891, S. 204.
36　BT-Drs. 18/1891, S. 47.
37　BT-Drs. 18/1891, S. 204.
38　BT-Drs. 18/1891, S. 204.
39　Zur Frage der anteiligen Direktvermarktung über eine gemeinsame Messeinrichtung siehe Kommentierung zu § 25 und zu § 20 Rn. 36 ff.

§ 36 Fernsteuerbarkeit

(1) [1]Anlagen sind fernsteuerbar im Sinne von § 35 Satz 1 Nummer 2, wenn die Anlagenbetreiber

1. die technischen Einrichtungen vorhalten, die erforderlich sind, damit ein Direktvermarktungsunternehmer oder eine andere Person, an die der Strom veräußert wird, jederzeit
   a) die jeweilige Ist-Einspeisung abrufen kann und
   b) die Einspeiseleistung ferngesteuert reduzieren kann, und
2. dem Direktvermarktungsunternehmer oder der anderen Person, an die der Strom veräußert wird, die Befugnis einräumen, jederzeit
   a) die jeweilige Ist-Einspeisung abzurufen und
   b) die Einspeiseleistung ferngesteuert in einem Umfang zu reduzieren, der für eine bedarfsgerechte Einspeisung des Stroms erforderlich und nicht nach den genehmigungsrechtlichen Vorgaben nachweislich ausgeschlossen ist.

[2]Satz 1 Nummer 1 ist auch erfüllt, wenn für mehrere Anlagen, die über denselben Verknüpfungspunkt mit dem Netz verbunden sind, gemeinsame technische Einrichtungen vorgehalten werden, mit der der Direktvermarktungsunternehmer oder die andere Person jederzeit die gesamte Ist-Einspeisung der Anlagen abrufen und die gesamte Einspeiseleistung der Anlagen ferngesteuert reduzieren kann.

(2) [1]Für Anlagen, bei denen nach § 21c des Energiewirtschaftsgesetzes Messsysteme im Sinne des § 21d des Energiewirtschaftsgesetzes einzubauen sind, die die Anforderungen nach § 21e des Energiewirtschaftsgesetzes erfüllen, muss die Abrufung der Ist-Einspeisung und die ferngesteuerte Reduzierung der Einspeiseleistung nach Absatz 1 über das Messsystem erfolgen; § 21g des Energiewirtschaftsgesetzes ist zu beachten. [2]Solange der Einbau eines Messsystems nicht technisch möglich im Sinne des § 21c Absatz 2 des Energiewirtschaftsgesetzes ist, sind unter Berücksichtigung der einschlägigen Standards und Empfehlungen des Bundesamtes für Sicherheit in der Informationstechnik Übertragungstechniken und Übertragungswege zulässig, die dem Stand der Technik bei Inbetriebnahme der Anlage entsprechen; § 21g des Energiewirtschaftsgesetzes ist zu beachten. Satz 2 ist entsprechend anzuwenden für Anlagen, bei denen aus sonstigen Gründen keine Pflicht zum Einbau eines Messsystems nach § 21c des Energiewirtschaftsgesetzes besteht.

(3) Die Nutzung der technischen Einrichtungen nach Absatz 1 Satz 1 Nummer 1 sowie die Befugnis, die nach Absatz 1 Satz 1 Nummer 2 dem Direktvermarktungsunternehmer oder der anderen Person eingeräumt wird, dürfen das Recht des Netzbetreibers zum Einspeisemanagement nach § 14 nicht beschränken.

Übersicht

I. Übersicht

1　§ 36 EEG 2014 regelt als Teil von Abschnitt 2 des EEG die Voraussetzungen und Anforderungen, die an einen Direktvermarkter hinsichtlich der Fernsteuerbarkeit von Anlagen, die sich in nach dem EEG geförderten Formen der Direktvermarktung befinden, gestellt werden. Die Fernsteuerbarkeit ist Anspruchsvoraussetzung zur Gewährung der Marktprämie durch den Netzbetreiber (**Abs. 1**). Des Weiteren enthält § 36 aufgrund der technischen Erfordernisse in Zusammenhang mit der zur Fernsteuerung erforderlichen messtechnischen Erfassung der Ist-Einspeisung von EEG-Anlagen die entsprechenden technischen Anforderungen an die Messeinrichtung nach den §§ 21c, 21e, 21g und 21d des EnWG (**Abs. 2**). Darüber hinaus enthält **Abs. 3** Klarstellungen zugunsten des Netzbetreibers im Falle von gegenläufigen Regelungsanforderungen im Verhältnis Anlagenbetreiber -Netzbetreiber.

II. Gesetzeszweck

2　§ 36 legt den Grundstein für eine möglichst bedarfsgerechte Erzeugung von Strom aus EEG-Anlagen, die die Marktprämie in Anspruch nehmen. Indem sowohl die Erfassung der Ist-Einspeisung als auch die ferngesteuerte Anpassung der Einspeiseleistung als technische Mindestvoraussetzungen bestimmter Anlagen vorgeschrieben werden, leistet § 36 einen zentralen Beitrag zur Marktintegration der erneuerbaren Energien. Denn die technischen Vorgaben ermöglichen Direktvermarktern, durch eine bedarfsgerechte Einspeisung Netzengpässe von vornherein zu verhindern.

III. Historische Entwicklung

3　Die ursprüngliche Grundidee des EEG und der damit einhergehenden Förderung von Anlagen zur Gewinnung von erneuerbarer elektrischer Energie war zunächst, eine **möglichst hohe Strommenge** an erneuerbarer Energie in das öffentliche Netz einzuspeisen. Folgerichtig war zunächst der Vorrang an erneuerbaren Energien durch geeignete Förderinstrumente sicherzustellen. Gesetzliche Vorgaben zur Reduzierung der Einspeiseleistung von EEG-Anlagen waren daher weder aus marktökonomischen Gründen noch aus Sicht der Netzstabilität erforderlich. Aus Marktsicht wurden mit der Zulassung von negativen Preisen an der EEX erstmalig in den Weihnachtstagen 2008 am Spotmarkt der EEX negative Preise sichtbar. Daher finden sich erste zaghafte Ansätze zur Ausgestaltung einer Regelung von EEG-Anlagen im EEG 2008. Nach dem neu eingeführten § 6 EEG 2008 wurde den Anlagenbetreibern die Pflicht auferlegt, EEG-Anlagen > 100 kW mit einer technischen oder betrieblichen Einrichtung auszustatten, auf die der Netzbetreiber zur **ferngesteuerten Reduzierung der Einspeiseleistung** bei Netzüberlastung und zur Abrufung der jeweiligen Ist-Einspeisung zugreifen darf.

4　Mit dem weiteren Ausbau der erneuerbaren Energien auf über 20 % Anteil am bundesdeutschen Strommix und den dadurch vermehrt auftretenden **Netzengpässen** wurde diese Regelung im Zuge der Einführung der fakultativen Inanspruchnahme der Direktvermarktung im Rahmen der Novellierung des EEG 2009 als Alternative zur im EEG bis dahin üblichen festen Einspeisevergütung deutlich verfeinert. Insbesondere wurde erstmals den Netzbetreibern das Recht eingeräumt unter bestimmten Bedingungen und ausnahmsweise EEG-Anlagen zu „regeln". Gemeint ist damit eine zeitlich befristete Reduktion der Einspeiseleistung einer EEG-Anlage unter bestimmten eng umgrenzten Voraussetzungen. Diese Voraussetzungen knüpfen an den Einspeisevorrang an und verpflichten den Netzbetreiber auch unter den Bedingungen einer Regelungsmaßnahme, in der Regel einem Netzengpass, die eine Reduktion der Einspeiseleistung der EEG-Anlage erforderlich machen, jederzeit eine maximal mögliche Energiemenge an erneuerbarer Energie ins Netz aufzunehmen. Dazu ist es notwendig, die Ist-Einspeisung in einer bestimmten Netzregion zu erfassen, um zunächst die Stromeinspeisung von konventionellen Kraftwerksanlagen auf eine technisch bedingte Mindesteinspeisung „abzuregeln". Erst danach ist nach § 11 Abs. 1 der Netzbetreiber ausnahmsweise berechtigt gewesen EEG und KWK-G Anlagen unter Berücksichtigung des Einspeisevorrangs zu regeln.

Um solche Situationen, der „ultima ratio" des Netzbetreibers, zu verhindern und die   5
Marktreaktion anzureizen, wurde die wahlweise Inanspruchnahme der Direktvermarktung in das EEG aufgenommen. Die Möglichkcit der Direktvermarktung wurde in § 33c EEG 2012 mit verschiedenen Pflichten versehen. So war diese nur möglich, wenn eben jene sich in Direktvermarktung befindlichen Anlagen mit technischen Einrichtungen nach § 6 EEG 2012 also zur Abfrage der Ist-Einspeisung sowie zur Regelung ausgestattet waren. Die Grundidee war, dass der Anlagenbetreiber und/oder der Direktvermarkter, zumindest indirekt, Zugriff auf die für die **Vermarktungsaktivität** essentiell wichtigen Daten erhält. Dies ist erforderlich, damit der Direktvermarkter in die Lage versetzt wird, im Hinblick auf das schwankende Dargebot der erneuerbaren Energien auch kurzfristig auf Marktsignale reagieren und somit Abregelungsmaßnahmen durch die Netzbetreiber zumindest teilweise reduzieren zu können.

IV. Fernsteuerbarkeit (Abs. 1)

§ 36 ist zu großen Teilen § 3 der zum 1.8.2014 außer Kraft getretenen Marktprämienver-   6
ordnung entnommen (Anforderung an fernsteuerbare Anlagen).[1] § 36 Abs. 1 verweist zunächst auf § 35 Satz 1 Nr. 2. Dies ist erforderlich, da die **Fernsteuerbarkeit** -neben der Nichtinanspruchnahme von vermiedenen Netzentgelten und der zwingenden Bilanzierung der Energiemengen in einen Bilanzkreis oder Unterbilanzkreis, der nur Strommengen gemäß § 35 Satz 1 Nr. 3 a und b EEG enthält -**Voraussetzung für einen Anspruch auf Marktprämie** ist. Daher ist bei einer Vermarktung von Strommengen gemäß § 34 Abs. 1 und 2 die Fernsteuerbarkeit einer EEG-Anlage notwendige Voraussetzung. Wird diese **zwingende Bedingung** nicht erfüllt, **entfällt der Anspruch auf Marktprämie**. Dies gilt für Neuanlagen ab dem Inkrafttreten des EEG 2014 zum 1.8.2014. Für Bestandsanlagen wurde eine Übergangsfrist gemäß § 100 Nr. 5 bis zum 1.4.2015 eingeräumt. Dies ist erforderlich und wurde auch vom Bundesverband für Energie- und Wasserwirtschaft (BDEW) in seiner Stellungnahme[2] gefordert, da ansonsten die Bestandsanlagen, die sich in Direktvermarktung befinden und die Anforderungen nicht so schnell umsetzen können, den An-

---

1 Verordnung über die Höhe der Managementprämie für Strom aus Windenergie und solarer Strahlungsenergie (Managementprämienverordnung – MaPrV) v. 2.11.2012 (BGBl. I, S. 2278).
2 BDEW, Stellungnahme zum „Entwurf eines Gesetzes zur grundlegenden Reform des EEG und zur Änderung weiterer Vorschriften des Energiewirtschaftsrechts" v. 12.3.2014, abrufbar auf www.bdew.de/internet.nsf/id/20140312-o-stellungnahme-zum-entwurf-eines-gesetzes-zur-grundlegenden-reform-des-eeg-und-zur-aenderu/$file/BDEW-Stellungnahme%20zur%20EEG-Novelle%202014%20-%20final.pdf (zuletzt abgerufen am 16.4.2015).

spruch auf eine Marktprämie verloren hätten und wahrscheinlich in die Festvergütung zurückgewechselt wären. Damit wäre das eigentliche energiewirtschaftliche Ziel der Regelung des § 36 EEG, die bedarfsgerechte Erzeugung von Strom aus EEG-Anlagen, konterkariert worden. Darüber hinaus besteht die Gefahr, dass Messsysteme verwendet werden, die nicht den Anforderungen des § 21d des EnWG entsprechen.

7   Nach § 36 Abs. 1 sind **technische Einrichtungen** vorzuhalten, die es dem Direktvermarkter oder einer anderen Person erlauben, einerseits die **Ist-Einspeisung** abzurufen andererseits die **Einspeiseleistung ferngesteuert zu reduzieren**. Um welche Art von technischen Einrichtungen es sich hier handelt, ist im Gesetz nicht näher definiert worden. In der Praxis hat sich in der Vergangenheit aus der Erfahrung des § 6 EEG 2012 eine Online-Datenübertragungen im Viertelstundenraster sowie zur ferngesteuerten Reduzierung der Einspeiseleistung die sog. **Funkrundsteuerung** als praxistaugliches Instrument erwiesen.[3] Gemäß den Vorgaben des EEG 2014 wird hier jedoch eine enge Verzahnung der Einspeisemanagementmaßnahmen und der Vorgaben nach § 21 EnWG herbeigeführt. Dies stellt eine wesentliche Änderung zum EEG 2012 dar, da in diesem und dem dazu erstellten Anwendungshinweis des BMU[4] noch von einer perspektivischen Verknüpfung der Anwendungshinweise die Rede ist. Der Anwendungshinweis kann dem Direktvermarkter als Richtlinie zur technischen Umsetzung dienen, zumal sich die Anforderungen des Netzbetreibers an die Istwert-Abrufung von Messwerten und der Abregelung der EEG-Anlage mit den Anforderungen des Direktvermarkters decken. Eine entsprechende **gemeinsame Nutzung** von technischen Einrichtungen durch den Netzbetreiber sowie den Direktvermarkter ist daher denkbar.[5]

8   **Genehmigungsrechtliche Vorgaben** im Sinne des § 36 Abs. 1 Nr. 2b sind nachgewiesene Verpflichtungen (z. B. Wasserstandsregulierung bei Wasserkraftanlagen an Flüssen, bergrechtliche Bestimmungen bei Grubengasanlagen, konzessionsrechtliche, sicherheitstechnische und ökologische Vorgaben, die eine Herabregelung auf die vom Netzbetreiber angeforderte Schaltstufe unmöglich machen können).[6] Diese Vorgaben sind für die Regelungsmaßnahmen des Direktvermarkters ebenfalls zu beachten.

9   Die Reduzierung der Einspeiseleistung hat **bedarfsgerecht** zu erfolgen. Damit wird deutlich, dass es sich hier nicht um eine Maßnahme zur Behebung eines Netzengpasses gemäß § 14 handelt. Tatsächlich soll die Regelung der Einspeiseleistung der **besseren Integration des Stromes aus erneuerbaren Energien** dienen und daher gerade die Entstehung eines Netzengpasses, der ggf. eine Maßnahme nach § 14 nach sich ziehen würde, präventiv verhindern. Im Ergebnis führt die Regelungsmaßnahme des Direktvermarkters daher zu einer

---

3 Vergleiche hierzu Forum Netztechnik und Betrieb im VDE, Empfehlungen zur Umsetzung des neuen EEG § 6 v. 14.12.2011, S. 3, abrufbar auf www.vde.com/de/fnn/arbeitsgebiete/Documents/ 2011-12-14_FNN_Empf_zu_EEG.pdf (zuletzt abgerufen am 16.4.2015).

4 BMWi/BMU, Anwendungshinweis § Abs. 2 EEG 2012, abrufbar auf www.clearingstelle-eeg.de/ studie/2605 (zuletzt abgerufen am 16.4.2015).

5 Sven Prochaska (BNetzA), Technische Einrichtungen gemäß § 6 EEG 2012, Vortrag beim 14. Fachgespräch der Clearingstelle EEG v. 12.6.2013, abrufbar auf www.clearingstelle-eeg.de/files/ FG14_Vortrag_Prochaska.pdf (zuletzt abgerufen am 16.4.2015).

6 BDEW, Stellungnahme zu dem „Entwurf eines Gesetzes zur Neuregelung des Rechtsrahmens für die Förderung der Stromerzeugung aus Erneuerbaren Energien" v. 23.5.2011, S. 13, abrufbar auf www.bdew.de/internet.nsf/id/6F4A0021170AF451C125789A003231F4/$file/Stellungnahme%20 zum%20Referentenentwurf%20zur%20EEG-Novelle%202012%20-%20final.pdf (zuletzt abgerufen am 16.4.2015).

bedarfsgerechteren Einspeisung im Hinblick auf Angebot und Nachfrage auf dem Elektrizitätsmarkt.[7] Damit soll erreicht werden, dass die als ultima ratio des Netzbetreibers anzusehenden Maßnahmen nach § 13 Abs. 2 EnWG nur in **wirklichen Gefährdungssituationen** des Stromnetzes angewendet werden müssen.

Dazu sind gemäß § 36 Abs. 1 Satz 2 auch **gemeinsame Messeinrichtungen** am Netzverknüpfungspunkt möglich. Dies ist eine Erleichterung, welche auch schon in § 9 Anwendung findet. Somit ist es ausreichend, wenn z. B. bei Windparks die Gesamtleistung durch den Direktvermarkter reduziert werden kann. Damit trägt diese Regelung zur Verminderung von Zusatzkosten bei, die erforderlich wären, wenn jede einzelne Anlage nach § 36 Abs. 1 Satz 2 mit einer technischen Einrichtung zur Fernsteuerbarkeit ausgerüstet werden müsste. Diese Regelung birgt jedoch Konfliktpotenzial, wenn sich derartige Anlagenkonstellationen in der Direktvermarktung befinden und mehrere Direktvermarkter auf unterschiedliche Anlagen im Windpark zugreifen wollen. Dies gilt insbesondere dann, wenn ein Direktvermarkter die Anlage in ihrer Gänze regelt und erfordert zumindest eine enge Abstimmung der Direktvermarkter untereinander. Da § 36 die Möglichkeit zur Fernsteuerung sowohl dem Anlagenbetreiber als auch dem Direktvermarkter einräumt, bedarf es in diesem Falle ggf. einer vertraglichen Regelung zwischen Anlagenbetreiber und Direktvermarkter. In der Regel verlangt der Anschlussnetzbetreiber hierzu eine Erklärung des Anlagenbetreibers und des Direktvermarkters.[8]   **10**

V. Anforderungen nach § 21 EnWG an die zu verwendenden Messsysteme zur Fernsteuerung

In Anlagen, für die eine Fernsteuerung erforderlich ist, sind Messsysteme, die den Anforderungen des § 21 EnWG entsprechen, einzubauen. Darunter fallen die im allgemeinen Sprachgebrauch verwendeten Messsysteme im Sinne der „Smart Meter"-Technologie. Nach § 21c Abs. 1 lit. c EnWG haben Messstellenbetreiber bei Anlagenbetreibern nach dem EEG oder KWKG bei Neuanlagen mit einer Leistung von mehr als 7 Kilowatt, soweit dies technisch möglich ist, Messsysteme einzubauen, die den Anforderungen nach § 21d und § 21e des EnWG genügen.   **11**

Technisch möglich ist ein Einbau nach § 21c Abs. 2 EnWG wenn Messsysteme, die den gesetzlichen Anforderungen genügen, **am Markt verfügbar** sind. Zu diesen Anforderungen gehört in der Hauptsache eine **Zertifizierung** des Messsystems. Die ferngesteuerte Abrufung der Ist-Einspeisung und die Reduzierung der Einspeiseleistung müssen dabei über das Messsystem erfolgen. Dabei hat nach § 21d EnWG ein Messsystem in ein Kommunikationsnetz eingebunden zu sein. Die Messeinrichtung erfasst den **tatsächlichen Energieverbrauch** und die **tatsächliche Nutzungszeit**. Diese Definition beschreibt die im deutschen Energiemarkt übliche Erfassung des elektrischen Energieverbrauches im sog.   **12**

---

7 r2b/consentec, Endbericht Förderung der Direktvermarktung und der bedarfsgerechten Einspeisung von Strom aus Erneuerbaren v. 23.6.2010, abrufbar auf http://www.bmwi.de/BMWi/Redaktion/PDF/Publikationen/Studien/foerderung-direktvermarktung-und-einspeisung-von-strom,property=pdf,bereich=bmwi2012,sprache=de,rwb=true.pdf (zuletzt abgerufen am 16.4.2015).

8 Westnetz, Erklärung der Fernsteuerbarkeit i.R.d. Marktprämienmodells (§ 36 EEG 2014), abrufbar auf www.westnetz.de/web/cms/mediablob/de/1784834/data/1767666/5/westnetz/netz-strom/einspeisung/formulare-zur-direktvermarktung/Erklaerung-der-Fernsteuerbarkeit-i.R.d.-Marktpraemienmodells-36-EEG-2014-.pdf (zuletzt abgerufen am 16.4.2015).

Viertelstundenraster. Die Bestimmungen des § 21g EnWG zur Erhebung von personenbezogenen Daten sind zu beachten. Danach ist die Erhebung personenbezogener Daten nur für eng umgrenzte Sachverhalte und, soweit dies erforderlich ist, zulässig. Im Wesentlichen sind dies Auswertungen zur Gestaltung des Vertragsverhältnisses des Anschlussnutzers. Darunter fallen die Erfassung des Energieverbrauchs und der Einspeisung, die Belieferung mit Energie einschließlich der Abrechnung, die Steuerung von unterbrechbaren Verbrauchseinrichtungen in der Niederspannungsebene, die Umsetzung zeitvariabler Tarife einschließlich der dazu notwendigen Verarbeitung von Preis-/Tarifsignalen für Verbrauchseinrichtungen und Speicheranlagen sowie die Darstellung des Energieverbrauchs und der Einspeiseleistung von Erzeugungsanlagen.

13 Da Messdaten grundsätzlich sensible Daten mit besonderer Schutzwürdigkeit sind, muss die Datenzugänglichkeit geschützt und eine missbräuchliche und unbefugte Nutzung Dritter unterbunden werden. Ihre Übertragung hat über gesicherte Kommunikationskanäle zu erfolgen.[9] Anforderungen an eine sichere Übertragung (eine Zertifizierung) kann gemäß § 21e Abs. 2 EnWG i.V. mit § 21i EnWG eine Rechtsverordnung definieren.

14 Solange diese Verordnung noch nicht verabschiedet und somit ein Einbau von Messsystemen gemäß § 21 EnWG nicht möglich ist, können **alternative Übertragungswege** zur Anwendung kommen. Diese müssen jedoch unter Berücksichtigung der **einschlägigen Standards** und **Empfehlungen**, insbesondere des Bundesamtes für Sicherheit in der Informationstechnik, erfolgen. Dieses hat als Vorstufe zur Zertifizierung von Smart Meter die technische Richtlinie[10] sowie Schutzprofile[11] für den Entwurf der Messsystemverordnung nach § 21i EnWG veröffentlicht. Ausgehend von einer Bedrohungsanalyse für den sicheren und datenschutzfreundlichen Betrieb legt das **Schutzprofil** erforderliche Mindestsicherheitsanforderungen fest. Zukünftige Smart Meter Gateways müssen auf Basis dieses Schutzprofils geprüft werden und erhalten nach positivem Prüfergebnis ein Zertifikat als verbindlichen Nachweis über die Erfüllung der Schutzziele.

15 Nach § 21d Abs. 2 i.V. mit § 21i Abs. 1 Nr. 3 des EnWG werden nähere Anforderungen bezüglich der technischen Systeme, die Energiedaten erheben und weiterverarbeiten, in einer noch zu erlassenden Verordnung zum EnWG geregelt. Die Bundesregierung hat von dieser Verordnungsermächtigung noch keinen Gebrauch gemacht.[12]

16 Um in der Übergangszeit den Einbau der sog. intelligenten Messsysteme zu ermöglichen, ist nach § 21e Abs. 5 EnWG unter bestimmten Voraussetzungen mit einer Übergangsfrist bis zum 31.12.2014 ein Abweichen von den allgemeinen Anforderungen des § 21e EnWG zulässig, wenn damit keine **unverhältnismäßigen Gefahren** verbunden sind und der Anschlussnutzer Kenntnis über die Verwendung eines nicht den Anforderungen des EnWG entsprechenden Messsystems erlangt hat und dazu seine Zustimmung erteilt hat. Dies führt aber dazu, dass die entsprechenden Messsysteme, die zum Zeitpunkt des Einbaus auf dem Stand der Technik sein müssen, ab Beginn der technischen Verfügbarkeit eines Messsystems nach § 21c EnWG **nachgerüstet** werden müssen.[13] Dabei ist zu beachten, dass die

---

9 BT-Drs. 18/1304, S. 137.
10 Technische Richtlinie BSI TR-03109, Version 1.0 v. 18.3.2013, abrufbar auf www.bsi.bund.de (zuletzt abgerufen am 16.4.2015).
11 Schutzprofil BSI-CC-PP-0077 sowie BSI-CC-PP-0073.
12 BT-Drs. 18/2800; Energate Messenger v. 8.1.2015, S. 4.
13 BT-Drs. 18/1304, S. 138.

derzeit eingebauten Messsysteme i. d. R. eine Eichgültigkeit von 8 Jahren besitzen, deshalb keine hohe Gerätefluktuation im Stromnetz herrscht und im Ergebnis die Messgeräte im Plantauschverfahren eine lange Verweilzeit im Stromnetz haben.

Der BDEW weist vor diesem Hintergrund darauf hin, dass das Fehlen der Verordnung zu **17** erheblichen negativen volkswirtschaftlichen Kosten führen kann. Derzeit wird die EEG-konforme Fernsteuerbarkeit außerhalb der Messsysteme gewährleistet. Sollte nach Erlass der Verordnung die Fernsteuerbarkeit über Messsysteme gemäß § 21c EnWG zur Pflicht werden, müssten diese Bestandsanlagen **kurzfristig umgerüstet** werden da ansonsten der **Anspruch auf Marktprämie entfallen** würde.[14] Die zwischenzeitlich getätigten Investitionen der Anlagenbetreiber oder Direktvermarkter in die Messtechnik, welche die Fernsteuerbarkeit außerhalb des § 34 EEG gewährleistet, wären danach verloren.

Für EEG-Anlagen, bei denen nach dem Wortlaut des Gesetzes keine entsprechenden Mess- **18** systeme nach § 21d EnWG einzubauen wären, bei denen jedoch beispielsweise aus Gründen der Portfoliosteuerung beim Direktvermarkter, trotz fehlender gesetzlicher Anforderung einen Einbau vorgenommen wird (Beispielsweise EEG-Anlagen mit einer maximalen Einspeiseleistung < 7 kW) gelten die Regelungen des Bundesamtes für Sicherheit in der Informationstechnik entsprechend.

Im Gegensatz zu § 36 Abs. 1 EEG 2014 führt ein Verstoß gegen die Regelungen des Abs. 2 **19** ebenso wie schon Verstöße gegen § 3 Abs. 3 MaPrV nicht zu einem Verlust des Anspruches auf die Marktprämie. Die Begründung erläutert hier weiter, dass jedoch ggf. zivilrechtliche Schadensersatzansprüche in Betracht kommen könnten.[15] Dies dürfte umso mehr eine Rolle spielen, wenn gegen die Anforderungen schuldhaft verstoßen wird.

VI. Fernsteuerbarkeit in Konkurrenz zum Einspeisemanagement (Abs. 3)

Gemäß § 36 Abs. 3 darf durch die Nutzung der technischen Einrichtungen nach § 36 **20** Abs. 1 Satz 1 Nr. 1 sowie die Befugnis nach Abs. 1 Satz 1 Nr. 2, die dem Anlagenbetreiber oder Direktvermarkter eingeräumt wird, das Recht des Netzbetreibers zum Einspeisemanagement nach § 14 nicht eingeschränkt werden. Dies ist eine aus Netz- und Systemsicherheitsgründen wichtige **Vorrangregelung** für den **Netzbetreiber**. Dadurch wird gewährleistet, dass im Falle von Maßnahmen nach § 14 oder im Falle von Maßnahmen nach § 13 Abs. 2 EnWG der Netzbetreiber als letzte Instanz zur Wahrung der Systemstabilität die ausschließlich marktgetriebenen Regelungsanforderungen des Direktvermarkters neutralisieren kann. Denkbar wären hier beispielsweise Fälle, in denen die EEG-Anlage zur Erbringung von Regelleistung am Netz bleiben muss, obwohl aus Marktsicht die EEG-Anlage abgeregelt werden sollte. Denkbar wären aber auch Fälle des Steuerung von EEG-Anlagen im Rahmen des Redispatches, die zwar aus marktökonomischer Sicht abgeregelt werden sollten, aber aufgrund ihrer Lage hinter einem Netzengpass zur Entlastung am Netz bleiben müssen. Dieser Interessenskonflikt wird zugunsten des Netzbetreibers gelöst.

---

14 BDEW, Stellungnahme zum „Entwurf eines Gesetzes zur grundlegenden Reform des EEG und zur Änderung weiterer Vorschriften des Energiewirtschaftsrechts" v. 12.3.2014, S. 15, abrufbar auf www.bdew.de/internet.nsf/id/20140312-o-stellungnahme-zum-entwurf-eines-gesetzes-zur-grund-legenden-reform-des-eeg-und-zur-aenderu/$file/BDEW-Stellungnahme%20zur%20EEG-Novelle%202014%20-%20final.pdf (zuletzt abgerufen am 16.4.2015).
15 BT-Drs. 18/1304, S. 207 (Einzelbegründung zu § 34 Abs. 2).

Abschnitt 3

Einspeisevergütung

§ 37 Einspeisevergütung für kleine Anlagen

(1) Anlagenbetreiber können für Strom aus erneuerbaren Energien oder aus Grubengas, den sie nach § 20 Absatz 1 Nummer 3 dem Netzbetreiber zur Verfügung stellen,
von diesem Netzbetreiber eine Einspeisevergütung verlangen.

(2) Der Anspruch auf eine Einspeisevergütung besteht

1. für Strom aus Anlagen, die vor dem 1. Januar 2016 in Betrieb genommen worden
sind und eine installierte Leistung von höchstens 500 Kilowatt haben, und
2. für Strom aus Anlagen, die nach dem 31. Dezember 2015 in Betrieb genommen worden sind und eine installierte Leistung von höchstens 100 Kilowatt haben.

(3) Die Höhe der Einspeisevergütung berechnet sich aus den anzulegenden Werten
und den §§ 20 bis 32, wobei von den anzulegenden Werten vor der Absenkung nach
den §§ 26 bis 31

1. 0,2 Cent pro Kilowattstunde für Strom im Sinne der §§ 40 bis 48 abzuziehen sind
und
2. 0,4 Cent pro Kilowattstunde für Strom im Sinne der §§ 49 bis 51 abzuziehen sind.

(4) Unabhängig von den Eigentumsverhältnissen und ausschließlich zum Zweck der
Ermittlung der installierten Leistung nach Absatz 2 ist § 32 Absatz 1 Satz 1 entsprechend anzuwenden.

Schrifttum: *Hahn/Naumann*, Erneuerbare Energien zwischen Einspeisevergütung und Systemintegration, NJW 2012, 818; *Purkus/Gawel/Deissenroth/Nienhaus/Wassermann*, Beitrag der Marktprämie
zur Marktintegration Erneuerbarer – Erfahrungen aus dem EEG 2012 und Perspektiven der verpflichtenden Direktvermarktung, ET 12/2014, 8.

Übersicht

I. Normzweck

1 Nach § 37 besteht für Betreiber von Kleinanlagen, abweichend von der grundsätzlich verpflichtenden Direktvermarktung, ausnahmsweise die Möglichkeit zur Inanspruchnahme

einer Einspeisevergütung anstelle der Marktprämie. § 37 regelt, welche Anlagen die **Option** zur Einspeisevergütung haben.

Die Einspeisevergütung wird nach dem Willen des Gesetzgebers nur „**ausnahmsweise**"   2
(§ 19 Abs. 1 Nr. 2) gewährt. Strom aus erneuerbaren Energien soll grundsätzlich zur Verbesserung der Marktintegration direkt vermarktet werden (§ 2 Abs. 2). Abweichend von dem Grundsatz des Vorrangs der Direktvermarktung besteht gemäß §§ 19 Abs. 1 Nr. 2, 20 Abs. 1 Nr. 3, 4 jedoch ausnahmsweise ein Anspruch auf finanzielle Förderung im Wege der Einspeisevergütung nach § 37 oder § 38.

Hintergrund dieser Ausgestaltung der Förderungsvorschriften im Sinne eines Regel-Aus-   3
nahme-Verhältnisses ist das Bestreben, die System- und Marktintegration der erneuerbaren Energien zu verbessern. Durch die Ausweitung der verpflichtenden Direktvermarktung auf eine größere Zahl von Neuanlagen soll für die Betreiber von Anlagen zur Erzeugung von Strom aus erneuerbaren Energien ein Anreiz gesetzt werden, in Abkehr von dem bisherigen Regelfall der Einspeisevergütung ihren Strom selbst zu vermarkten.[1] Dies entspricht dem Auftrag des Koalitionsvertrages, bei Neuanlagen eine verpflichtende Direktvermarktung auf Basis der gleitenden Marktprämie einzuführen. Die im Koalitionsvertrag vorgesehene **Einstiegsschwelle** von 5 MW wird in § 37 ambitionierter ausgestaltet, da bereits unter dem EEG 2012 ein großer Teil der Anlagen in der Größenordnung von 1 MW und teilweise auch darunter regelmäßig freiwillig in die Direktvermarktung gewechselt hat.[2]

II. Rechtstatsachen

Seit der Einführung der Marktprämie im Jahr 2012 hat sich die Zahl der an der Direktver-   4
marktung teilnehmenden Anlagenbetreiber kontinuierlich gesteigert. Bereits Mitte des Jahres 2014 und damit noch vor Inkrafttreten des EEG 2014 wurden beinahe 50 % der EEG-vergütungsfähigen installierten Leistung unter Inanspruchnahme der Marktprämie vermarktet.[3]

In einzelnen Sektoren liegt diese Quote sogar noch höher; so liegt die Quote bei Windener-   5
gie an Land, die an der Vermarktung im Wege der Marktprämie teilnimmt, sogar bereits bei rund 80 Prozent der installierten Leistung.[4]

Der Gesetzgeber geht angesichts dieser positiven Erfahrungen mit der Marktprämie davon   6
aus, dass sich die **Inanspruchnahme der Einspeisevergütung weiter rückläufig** gestalten wird. Es wird daher angestrebt, die derzeit vorgesehene Bagatellgrenze für die verpflichtende Direktvermarktung von 100 kW perspektivisch weiter abzusenken. Die Ergebnisse dieser Prüfung sollen bei der EG-Novelle, mit der 2016 die EEG-Förderung grundsätzlich auf Ausschreibungen umgestellt wird, umgesetzt werden.[5]

---

1 BT-Drs. 18/1891, S. 204 f.
2 BT-Drs. 18/1304, S. 138.
3 *Purkus/Gawel/Deissenroth/Nienhaus/Wassermann*, Beitrag der Marktprämie zur Marktintegration Erneuerbarer – Erfahrungen aus dem EEG 2012 und Perspektiven der verpflichtenden Direktvermarktung, ET 2014 (12), 8, 10; so auch BT-Drs. 18/1891, S. 205.
4 BT-Drs. 18/1891, S. 205.
5 BT-Drs. 18/1891, S. 204.

III. Entstehungsgeschichte

7 **1. EEG 2000 bis EEG 2008.** Das ursprüngliche System des EEG beruhte darauf, dass der erzeugte Strom dem Netzbetreiber gegen Zahlung eines gesetzlich festgelegten **Einspeise-tarifs** zur Verfügung gestellt wurde, eine Direktvermarktung des erzeugten Stroms war nicht vorgesehen.

8 **2. EEG 2012.** Mit dem EEG 2012 wurde die Möglichkeit einer **optionalen Direktver-marktung** mit Zahlung einer Marktprämie eingeführt (vgl. §§ 33a–h EEG 2012).

9 **3. EEG 2014.** Mit dem EEG 2014 ging ein **Paradigmenwechsel** dahingehend einher, dass die Förderung der Erzeugung von Strom aus erneuerbaren Energien nicht mehr vorrangig im Wege der Einspeisevergütung erfolgte, sondern grundsätzlich im Wege der Direktver-marktung. Eine Einspeisevergütung wird für Neuanlagen nur noch in den besonders gere-gelten Fällen der §§ 37 und 38 gezahlt.

IV. Anspruch auf Einspeisevergütung (Abs. 1)

10 **1. Anlagenbetreiber. a) Strom zur Verfügung stellen.** Gemäß § 37 Abs. 1 können Anla-genbetreiber eine Einspeisevergütung für Strom aus erneuerbaren Energien oder Gruben-gas verlangen. Voraussetzung ist, dass der Anlagenbetreiber dem Netzbetreiber diesen Strom nach § 20 Abs. 1 Nr. 3 zur Verfügung stellt. Daneben greifen die gemeinsamen Re-gelungen des § 39, welche das Merkmal „zur Verfügung stellen" näher definieren.[6]

11 **b) Verhältnis zur Direktvermarktung.** Auch die nach § 37 zum Bezug der Einspeise-vergütung berechtigten Anlagenbetreiber haben, wie alle anderen Anlagenbetreiber, das Recht, den Strom im Wege der Direktvermarktung zu vermarkten, §§ 19 Abs. 1, 20 Abs. 1. § 37 ist ein zusätzliches, kein ausschließliches, Recht. Es gilt das allgemeine Regel-Aus-nahme-Verhältnis der §§ 2 Abs. 2, 19 Abs. 1 Nr. 2.

12 **c) Wechsel in die Einspeisevergütung.** Aufgrund der Systematik des EEG ist die Direkt-vermarktung der Regelfall, eine Einspeisevergütung kann nur ausnahmsweise verlangt werden, §§ 2 Abs. 2, 19 Abs. 1 Nr. 2. Für den Wechsel zwischen den Veräußerungsformen sieht § 20 bestimmte Fristen vor. Grundsätzlich sind diese Wechselfristen auch bei einem Wechsel der Veräußerungsform von unter § 37 fallenden Kleinanlagen zu beachten. Aller-dings fehlt eine eindeutige Regelung zum **Startpunkt**, also der Frage, ob stets mit der Di-rektvermarktung als Veräußerungsform zu beginnen ist. Wäre das der Fall, könnten die Be-treiber von Kleinanlagen erst nach einmonatiger Direktvermarktung mit Bezug der Markt-prämie in die Einspeisevergütung wechseln. Dies erscheint wenig sinnvoll und nicht in Übereinstimmung mit dem Zweck der Regelung, die Einspeisevergütung dort zu gewäh-ren, wo die Kosten der Direktvermarktung ihren Nutzen übersteigen. Es ist deshalb über-zeugend, mit *Salje* § 37 so auszulegen, dass der Betreiber von Kleinanlagen **von Beginn der Einspeisung an** das Recht hat, die Einspeisevergütung zu beanspruchen (sog. „gebore-ne" Bezieher von Einspeisevergütung). Zur Sicherheit sollte dies dem Netzbetreiber aber bereits vor dem Anschluss der Anlage an das Netz mitgeteilt werden.[7]

---

6 Vgl. Kommentierunng zu § 39.
7 *Salje*, § 37 Rn. 3.

2. Netzbetreiber. Der Netzbetreiber ist gem. § 37 Abs. 1 zur **Zahlung der Einspeisever-**   13
gütung gemäß § 37 Abs. 3 verpflichtet. Den Netzbetreiber trifft daneben die Pflicht aus
§ 11 Abs. 1 S. 1 und 2. Danach muss dieser den gesamten Strom unverzüglich vorrangig
physikalisch **abnehmen, übertragen und verteilen.** Im Gegensatz zur Direktvermarktung
umfasst die Abnahmepflicht des Netzbetreibers bei der Direktvermarktung nach § 19
i.V. m. § 37 auch die **kaufmännische Abnahme.**

V. Voraussetzungen des Anspruchs (Abs. 2)

Der Anspruch auf Einspeisevergütung besteht entsprechend des Regel-Ausnahme-Verhält-   14
nisses zwischen Marktprämie und Einspeisevergütung nicht für sämtliche Anlagenbetreiber. Angesichts dieser Zielsetzung soll zunächst sichergestellt werden, dass möglichst viele
Anlagenbetreiber ihren erzeugten Strom direkt vermarkten.

Ausnahmsweise können aber solche Anlagenbetreiber die Einspeisevergütung wählen, bei   15
denen die **Direktvermarktungskosten den Nutzen** der Direktvermarktung **für das Ge-**
samtsystem übersteigen würden.[8]

1. Inbetriebnahme vor dem 1.1.2016 (Nr. 1). Der Anspruch besteht nur für Strom aus An-   16
lagen, die vor dem 1.1.2016 in Betrieb genommen worden sind und die gleichzeitig eine
installierte Leistung von **höchstens 500 Kilowatt** haben.

2. Inbetriebnahme nach dem 31.12.2015 (Nr. 2). Bei Strom aus Anlagen, die nach dem   17
31.12.2015 in Betrieb genommen worden sind, besteht ein Anspruch nur dann, wenn die
installierte Leistung der Anlage **100 Kilowatt** nicht überschreitet.

Im Hinblick auf zu erwartende technische Entwicklungen und eine weiter steigende Ak-   18
zeptanz des Direktvermarktungsmodells wird die Grenze zum Jahreswechsel 2015/2016
von 500 Kilowatt auf 100 Kilowatt installierte Leistung gesenkt.

Der Referentenentwurf sah ursprünglich einen weiteren Zwischenschritt für das Jahr 2016   19
(250 Kilowatt) und eine Absenkung der Bagatellgrenze auf 100 Kilowatt erst für das Jahr
2017 vor.[9] Der Gesetzgeber hat somit die Anspruchsvoraussetzungen für Anlagenbetreiber
ambitionierter gestaltet, indem er die Bagatellgrenze bereits ab 2016 auf 100 Kilowatt gesenkt hat.

Darüber hinaus hält der Gesetzgeber eine **weitere Absenkung oder gar eine gänzliche**   20
Aufhebung der Grenzen für die Direktvermarktung im Lichte fortschreitender marktwirt-
schaftlicher und technischer Entwicklungen, wie etwa des Einbaus von Messeinrichtungen
i. S. d. § 21c EnWG auch bei Kleinanlagen, für möglich.[10]

VI. Höhe der Einspeisevergütung (Abs. 3)

Die Höhe der Einspeisevergütung berechnet sich aus den anzulegenden Werten gemäß   21
§§ 40–51. Die anzulegenden Werte sind dabei der allgemeinen Verringerung gemäß
§§ 26 ff. unterworfen. Vor der Anlegung der Degression gemäß § 26 ff. sind die **anzulegen-**
den Werte bei der Einspeisevergütung um 0,4 bzw. 0,2 Cent/kWh **zu reduzieren.**

---

8 BT-Drs. 18/1304, S. 138.
9 BT-Drs. 18/1304, S. 138.
10 BT-Drs. 18/1304, S. 138.

22 Der Abzug für Windenenergieanlagen an Land (§ 49) und Photovoltaikanlagen (§ 51) beträgt 0,4 Cent/kWh (Nr. 2).

23 Der Abzug für alle übrigen Anlagen (§§ 40–48 und 50)) beträgt 0,2 Cent/kWh (Nr. 1).

24 Hintergrund dieses Abzugs ist, dass die im Zusammenhang mit der Direktvermarktung anfallenden Mehrkosten bereits in die anzulegenden Werte **eingepreist** wurden. Die anzulegenden Werte enthalten, vergleichbar der Managementprämie unter dem EEG 2012, ein Förderelement, um eben diesen Mehrkosten zu begegnen. Da diese Kosten im Zusammenhang mit der Einspeisevergütung nicht anfallen, sind die anzulegenden Werte gemäß § 37 Abs. 2 Nr. 1 und Nr. 2 zu reduzieren, da sonst eine Überförderung droht.[11]

25 Abzugrenzen ist der Abzug nach § 37 Abs. 3 von dem Abzug nach § 38 Abs. 2, der eine Reduzierung der anzulegenden Werte pauschal um 20 Prozent vorsieht.

VII. Anwendung des § 32 Abs. 1 S. 1 (Abs. 4)

26 Bei der Ermittlung der installierten Leistung, die für den Anspruch nach § 37 maßgeblich ist, ist bei mehreren Anlagen gemäß Absatz 4 auf die Zusammenfassungsregelung des § 32 Abs. 1 S. 1 zurückzugreifen.[12]

VIII. Übergangsvorschriften

27 Grundsätzlich gilt nach den Übergangsvorschriften des § 100 das neue Recht. Neuanlagen unterfallen somit unmittelbar den Vorschriften des EEG 2014.

28 Eine **Ausnahme** gilt allerdings gemäß § 100 Abs. 1 Nr. 6 **für Bestandsanlagen**. Anlagenbetreiber konnten in der Vergangenheit zwischen der Marktprämie und Einspeisevergütung wechseln (§ 33d EEG 2012).[13] Diese Möglichkeit wird aus Gründen des Vertrauensschutzes für Bestandsanlagen aufrechterhalten. Eine Rückausnahme gilt für Biogasanlagen, welche bereits gemäß §§ 27 Abs. 3 und 27a Abs. 2 EEG 2012 zur Direktvermarktung verpflichtet waren.

29 Bestandsanlagen können somit aufgrund der Übergangsvorschrift in § 100 Abs. 1 Nr. 6 ungeachtet der Leistungsbegrenzung in § 37 Abs. 2 weiterhin die Einspeisevergütung nach § 37 Abs. 1 in Anspruch nehmen.

30 Gemäß § 100 Abs. 1 Nr. 6 findet zudem § 37 Abs. 3 2. HS keine Anwendung, da bei den für Bestandsanlagen geltenden Einspeisevergütungssätzen die Direktvermarktungsmehrkosten von 0,4 Cent/kWh für Windenergieanlagen an Land und Photovoltaikanlagen bzw. von 0,2 Cent/kWh für alle übrigen Anlagen nicht von vornherein eingepreist sind und deswegen auch nicht subtrahiert werden müssen.[14]

---

11 BT-Drs. 18/1304, S. 138.
12 BT-Drs. 18/1304, S. 138, vgl. auch Kommentierunng zu § 32.
13 Vgl. BerlKommEnR/*Schroeder-Selbach/Glenz*, Bd. 2, 3. Auflage 2014, § 33d Rn. 5 ff.
14 BT-Drs. 18/1304, S. 177.

§ 38 Einspeisevergütung in Ausnahmefällen

(1) Anlagenbetreiber können für Strom aus erneuerbaren Energien oder aus Grubengas, den sie nach § 20 Absatz 1 Nummer 4 dem Netzbetreiber zur Verfügung stellen,
von diesem Netzbetreiber eine Einspeisevergütung verlangen.

(2) [1]Die Höhe der Einspeisevergütung berechnet sich aus den anzulegenden Werten
und den §§ 20 bis 32, wobei sich die anzulegenden Werte nach der Absenkung nach
den §§ 26 bis 31 um 20 Prozent gegenüber dem nach § 26 Absatz 3 Satz 1 anzulegenden Wert verringern. [2]Auf die nach Satz 1 ermittelten anzulegenden Werte ist § 26
Absatz 3 Satz 1 entsprechend anzuwenden.

Schrifttum: Vgl. Schrifttum zu § 37.

Übersicht

I. Normzweck

§ 38 EEG 2014 eröffnet für Anlagenbetreiber die Möglichkeit, eine Einspeisevergütung in   **1**
Anspruch zu nehmen. Dieser Anspruch soll nach der amtlichen Überschrift nur **in Ausnahmefällen** geltend gemacht werden. Gemäß der Konzeption des EEG 2014 soll Strom aus
erneuerbaren Energien zur Verbesserung der Marktintegration grundsätzlich direkt vermarktet und durch Inanspruchnahme der Marktprämie gefördert werden (§§ 2 Abs. 2, 19
Abs. 1).

§ 38 stellt allerdings keine einschränkenden Voraussetzungen, wie z. B. einen Katalog der   **2**
Ausnahmefälle, auf. Die nur ausnahmsweise Inanspruchnahme der Einspeisevergütung
wird vielmehr durch die Rechtsfolge in Abs. 2 erreicht, nämlich die Gewährung einer Einspeisevergütung in Höhe von nur 80 Prozent des anzulegenden Wertes.

Nach dem Willen des Gesetzgebers richtet sich § 38 vorrangig an Anlagenbetreiber, die   **3**
aus einer **Notsituation** heraus vorübergehend nicht an der Direktvermarktung teilnehmen
können.[1] Ein Anwendungsfall für das Eingreifen des „Ausfallmechanismus"[2] des § 38 wäre bspw. gegeben, wenn ein Anlagenbetreiber aufgrund der **Insolvenz seines Direktver-**

---

1 BT-Drs. 18/1304, S. 139.
2 Eckpunktepapier v. 22.1.2014, Eckpunkte für die Reform des EEG, S. 8.

marktungsunternehmers vorübergehend keine Möglichkeit zur Direktvermarktung hätte.[3]

4 Eine ähnliche Situation liegt vor, wenn der Stromertrag in der **Inbetriebnahmephase** noch nicht in der Form zuverlässig prognostiziert werden kann, wie es für eine sinnvolle, bedarfsorientierte Direktvermarktung erforderlich wäre. So fehlen bei Inbetriebnahme von EE-Anlagen regelmäßig einige für den Direktvermarkter wesentliche Stammdaten der Anlage wie bspw. Zählpunktbezeichnung oder Anlagenschlüssel. Dies ist insbesondere der Fall bei Windenergieanlagen, deren Inbetriebnahme von häufigem An- und Abfahren im Zuge der Testläufe der Anlagen geprägt ist.[4]

5 Damit kommt der Einspeisevergütung in Ausnahmefällen die Funktion einer **Überbrückungshilfe** zu. Für Anlagenbetreiber und Banken birgt dies im Hinblick auf die Ermittlung der Finanzierungsbedingungen den Vorteil, dass stets ein bestimmter, wenngleich reduzierter Zahlungsfluss sogar bei einem vorübergehenden Ausfall der Direktvermarktung gesichert ist.[5]

II. Rechtstatsachen

6 Seit der Einführung der Marktprämie im Jahr 2012 hat sich die Zahl der an der Direktvermarktung teilnehmenden Anlagenbetreiber kontinuierlich gesteigert. Bereits Mitte des Jahres 2014 und damit noch vor Inkrafttreten des EEG 2014 wurden beinahe 50 Prozent der EEG-vergütungsfähigen installierten Leistung unter Inanspruchnahme der Marktprämie vermarktet.[6]

7 In einzelnen Sektoren liegt diese Quote sogar noch höher, so liegt die Quote bei Windenergie an Land, die an der Vermarktung im Wege der Marktprämie teilnimmt, sogar bereits bei rund 80 Prozent der installierten Leistung.[7]

III. Entstehungsgeschichte

8 Seinen Ursprung findet die Regelung des § 38 in den Vorfeldarbeiten zu dem Eckpunktepapier für die Reform des EEG vom 22. Januar 2014.[8] Anlagenbetreiber hatten im Vorfeld ihrer Besorgnis Ausdruck verliehen, dass die Einführung der verpflichtenden Direktvermarktung zu einem **Anstieg der Finanzierungskosten** wegen Risikozuschlägen führen könnte. So würde es an sicheren Einnahmen fehlen, etwa wenn ein Direktvermarkter ausfiele.[9] Um diesen Bedenken zu begegnen, wurde bereits in das Eckpunktepapier das Ziel der Einführung eines „Ausfallmechanismus" eingeführt, nach dem Anlagenbetreiber, die ihren Strom vorübergehend nicht direkt vermarkten können, ihren Strom einem „Ausfall-

---

3 BT-Drs. 18/1304, S. 139.
4 BT-Drs. 18/1304, S. 139
5 BT-Drs. 18/1891, S. 205; BT-Drs. 18/1304, S. 139.
6 *Purkus/Gawel/Deissenroth/Nienhaus/Wassermann*, Beitrag der Marktprämie zur Marktintegration Erneuerbarer – Erfahrungen aus dem EEG 2012 und Perspektiven der verpflichtenden Direktvermarktung, ET 12/2014, 8, 10; so auch BT-Drs. 18/1891, S. 205.
7 BT-Drs. 18/1891, S. 205.
8 Eckpunktepapier v. 22.1.2014, Eckpunkte für die Reform des EEG, S. 8.
9 Eckpunktepapier v. 22.1.2014, Eckpunkte für die Reform des EEG, S. 8.

vermarkter" andienen können und hierfür 80 Prozent des Wertes, den sie insgesamt in der Marktprämie erzielt hätten, erhalten sollten.[10]

IV. Inanspruchnahme der Einspeisevergütung in Ausnahmefällen (Abs. 1)

1. Anlagenbetreiber. a) Strom zur Verfügung stellen. Gemäß § 38 Abs. 1 können Anlagenbetreiber eine Einspeisevergütung für Strom aus erneuerbaren Energien oder Grubengas verlangen. Einzige Voraussetzung ist, dass der Anlagenbetreiber dem Netzbetreiber diesen Strom nach § 20 Abs. 1 Nr. 4 zur Verfügung stellt. Daneben greifen die gemeinsamen Regelungen des § 39, welche das Merkmal „zur Verfügung stellen" näher definieren.[11] **9**

b) Wechsel in die Einspeisevergütung. Der Anlagenbetreiber muss gemäß dem Verfahren nach § 21 in die Einspeisevergütung nach § 20 Abs. 1 Nr. 4 wechseln. Dabei ist er im Hinblick auf die **Wechselfristen zeitlich privilegiert** (§ 21 Abs. 1 Satz 2).[12] **10**

Wie bei § 37 stellt sich auch hier die Frage, ob für neu in Betrieb gehende Anlagen, welche vorübergehend die Einspeisevergütung in Anspruch nehmen wollen, die Vorgaben des § 21 einzuhalten sind.[13] Anders als bei § 37 kann man nicht von „geborenen" Beziehern von Einspeisevergütung sprechen, trotzdem wird in diesem Beispiel nicht gewechselt, sondern von Anfang an die „Ausfallvermarktung" in Anspruch genommen. Man sollte hier rechtzeitig vor Inbetriebnahme dem Netzbetreiber mitteilen, dass die Einspeisevergütung in Anspruch genommen werden soll. **11**

c) Keine Bagatellgrenze. Beschränkungen der Leistung der jeweiligen Anlage im Sinne einer Bagatellgrenze wie in § 37 Abs. 2 gibt es in § 38 nicht. Damit sind grundsätzlich **sämtliche Anlagen**, die Strom aus erneuerbaren Energien oder Grubengas erzeugen, unabhängig von ihrer Leistung, förderungsberechtigt i. S. d. § 38 Abs. 1. Damit ist sichergestellt, dass Anlagenbetreiber jederzeit darauf vertrauen können, dass sie in einer Notfallsituation vorübergehend auf den Netzbetreiber als Abnahme- und Vergütungspflichtigen zugreifen können.[14] **12**

d) Keine besonderen Anforderungen. Der Gesetzgeber hat auf besondere Anforderungen für einen Wechsel in die Einspeisevergütung verzichtet. So finden sich beispielsweise **keine Regelbeispiele**, bei deren Vorliegen auf eine konkrete Bedarfssituation des jeweiligen Anlagenbetreibers geschlossen werden könnte. Gleichzeitig ist aber die Einspeisevergütung nach § 38 Abs. 2 gegenüber der Förderung im Rahmen der Marktprämie nach § 34 **wirtschaftlich bewusst** so **unattraktiv** ausgestaltet, dass Anlagenbetreiber stets bestrebt sein werden, möglichst schnell zurück in das Verfahren der Direktvermarktung zu wechseln.[15] **13**

---

10 BT-Drs. 18/1304, S. 139.
11 Vgl. Kommentierunng zu § 39.
12 BT-Drs. 18/1304, S. 139.
13 Vgl. Kommentierunng zu § 37.
14 BT-Drs. 18/1304, S. 139.
15 BT-Drs. 18/1304, S. 139.

14 2. **Netzbetreiber.** Der Netzbetreiber ist gemäß § 38 Abs. 1 zur **Zahlung der Einspeisever-gütung** gemäß § 38 Abs. 2 verpflichtet. Daneben trifft den Netzbetreiber die Pflicht aus § 11 Abs. 1 S. 1 und 2. Danach müssen diese den gesamten Strom unverzüglich **vorrangig physikalisch abnehmen, übertragen und verteilen.** Im Gegensatz zur Direktvermark-tung umfasst die Abnahmepflicht des Anlagenbetreibers bei der Direktvermarktung nach § 19 i.V.m. § 37 oder § 38 auch die **kaufmännische Abnahme.**

V. Höhe der Einspeisevergütung (Abs. 2)

15 Die Einspeisevergütung nach § 38 ist vom Gesetzgeber finanziell bewusst unattraktiv aus-gestaltet worden.[16] Gemäß § 38 Abs. 2 wird der in der Marktprämie anzulegende Wert nach Berücksichtigung der Degression mit einem **pauschalen Abschlag in Höhe von 20 Pro-zent** belegt. Damit besteht kein Anreiz für Anlagenbetreiber, länger als unbedingt notwen-dig von der Einspeisevergütung Gebrauch zu machen.

16 Im Einzelnen bestimmt sich die Höhe der Einspeisevergütung nach § 38 anhand der anzu-legenden Werte (§§ 40–51) und den §§ 20 bis 32. Der ermittelte Wert wird nach der Durch-führung der Absenkung gemäß §§ 26–31 pauschal um 20 Prozent verringert. Das bedeutet, dass erst die Absenkung nach §§ 26–31 durchgeführt wird und erst dann die Verringerung um 20 Prozent gegenüber dem Wert des § 26 Abs. 3 Satz 1 durchgeführt wird.

17 Auf die danach ermittelten Werte findet die Rundungsvorschrift des § 26 Abs. 3 Anwen-dung (§ 38 Abs. 2 Satz 2).

VI. Verhältnis zu weiteren Vorschriften des EEG

18 1. **Verringerung der Förderung bei negativen Preisen (§ 24 Abs. 2).** § 24 Abs. 2 regelt den Fall, dass Anlagenbetreiber die Förderung nach § 38 geltend machen, die Strommen-gen, die in einem Zeitraum negativer Preise nach Absatz 1 eingespeist wurden, den Netz-betreibern mitteilen müssen, da Anlagen in der Einspeisevergütung nach § 38 EEG 2014 sonst nicht bilanzierungspflichtig sind.[17]

19 2. **Verordnungsermächtigung der Bundesregierung gemäß § 95 Nr. 2.** Die Bundesre-gierung wird in § 95 Nr. 2 ermächtigt, die nähere Ausgestaltung der Einspeisevergütung nach § 38 vorzunehmen. Bei Drucklegung hatte die Bundesregierung davon keinen Ge-brauch gemacht.

VII. Übergangsvorschriften

20 Grundsätzlich gilt nach den Übergangsvorschriften des § 100 das neue Recht. Neuanlagen unterfallen somit unmittelbar den Vorschriften des EEG 2014.

21 Eine Ausnahme gilt allerdings gemäß § 100 Abs. 1 Nr. 6 für Bestandsanlagen. Anlagen-betreiber konnten in der Vergangenheit zwischen Marktprämie und Einspeisevergütung wechseln (§ 33d EEG 2012).[18] Diese Möglichkeit wird aus Gründen des Vertrauensschut-

---

16 BT-Drs. 18/1304, S. 139.
17 BT-Drs. 18/1891, S. 202.
18 Vgl. BerlKomm EnR/*Schroeder-Selbach/Glenz*, Bd. 2, 3. Aufl. 2014, § 33d Rn. 5 ff.

zes für Bestandsanlagen aufrechterhalten. Zwar erwähnt § 100 Abs. 1 Nr. 6 nicht ausdrücklich auch § 38 (unter Ausschluss der Rechtsfolge des § 38 Abs. 2), aber die Möglichkeit für Bestandsanlagen, die Einspeisevergütung nach altem Recht zu beanspruchen, ergibt sich bereits aus dem Verweis auf § 37 Abs. 1 unter Ausschluss der Abs. 2 und 3.

Eine Rückausnahme gilt für Biogasanlagen, welche bereits gemäß §§ 27 Abs. 3 und 27a   **22**
Abs. 2 EEG 2012 zur Direktvermarktung verpflichtet waren.

Bestandsanlagen können somit aufgrund der Übergangsvorschrift in § 100 Abs. 1 Nr. 6   **23**
weiterhin die Einspeisevergütung nach den für sie geltenden früheren EEG-Fassungen in
Anspruch nehmen.

§ 39 Gemeinsame Bestimmungen für die Einspeisevergütung

(1) Der Anspruch auf eine Einspeisevergütung besteht nur für Strom, der nach § 11 tatsächlich von einem Netzbetreiber abgenommen worden ist.

(2) [1]Anlagenbetreiber, die dem Netzbetreiber Strom nach § 20 Absatz 1 Nummer 3 oder Nummer 4 zur Verfügung stellen, müssen ab diesem Zeitpunkt und für diesen Zeitraum dem Netzbetreiber den gesamten in dieser Anlage erzeugten Strom,

1. für den dem Grunde nach ein Anspruch nach § 19 besteht,
2. der nicht in unmittelbarer räumlicher Nähe zur Anlage verbraucht wird und
3. der durch ein Netz durchgeleitet wird,

zur Verfügung stellen. [2]Sie dürfen mit dieser Anlage nicht am Regelenergiemarkt teilnehmen.

Schrifttum: *Herz/Valentin*, Direktvermarktung, Direktlieferung und Eigenversorgung nach dem EEG 2014, EnWZ 2014, 358; *Moench/Lippert*, Eigenversorgung im EEG 2014, EnWZ 2014, 392.

Übersicht

I. Normzweck

1   § 39 Abs. 1 enthält gemeinsame Bestimmungen für den Anspruch auf Einspeisevergütung. Der **Anwendungsbereich** der Einspeisevergütung ist durch die Einführung der verpflichtenden Direktvermarktung **deutlich kleiner geworden**. Nach §§ 19 Abs. 1, 20 Abs. 1, 37, 38 und 100 Abs. 1 Nr. 6 EEG 2014 wird eine Einspeisevergütung nur noch gewährt für Kleinanlagen (§ 37), gegen Abschlag von 20% (§ 38) oder für Bestandsanlagen (§§ 100 Abs. 1 Nr. 6 i.V.m. 37 Abs. 1).

II. Rechtstatsachen

Zu den Rechtstatsachen vgl. die Darstellungen bei § 37 und § 38.   2

III. Entstehungsgeschichte

Die Vergütungspflicht für abgenommenen Strom war bereits den Vorgängerregelungen des   3
EEG gemein. Mit dem EEG 2000 wurden auch die Abnahmepflicht sowie die Vergütungsvoraussetzungen explizit geregelt. Diese Regelungen wurden letztlich in § 16 EEG 2012
überführt.

Der § 39 entspricht bis auf einige redaktionelle Änderungen und sprachliche Neufassungen   4
dem § 16 Abs. 1 S. 2 und § 16 Abs. 3 EEG 2012.[1]

IV. Physikalische und kaufmännische Abnahme des Stroms (Abs. 1)

Der Anspruch auf Einspeisevergütung nach §§ 37, 38 setzt voraus, dass der Netzbetreiber   5
den Strom tatsächlich abnimmt (§ 39 Abs. 1). Damit wird **klargestellt**, dass ein Vergütungsanspruch nur für abgenommenen Strom und nicht, wie früher teilweise vertreten, bereits für lediglich dem Netzbetreiber angebotenen Strom gilt.[2] Der Strom muss dabei von
dem Netzbetreiber physikalisch und kaufmännisch abgenommen werden.[3]

Die Abnahme erfolgt gemäß § 11. Der Begriff der Abnahme umfasst nicht nur die physika-   6
lische Abnahme, Übertragung und Verteilung, sondern auch die kaufmännisch-bilanzielle
Abnahme (vgl. § 11 Abs. 1 S. 2). Damit unterscheidet sich die Abnahme im Rahmen der
Einspeisevergütung von der Direktvermarktung, die gerade keine kaufmännisch-bilanzielle Abnahme durch den Netzbetreiber vorsieht.[4] Zu den Begriffen der kaufmännischen und
der bilanziellen Abnahme vergleiche die Kommentierung zu § 11.

Verweigert der Netzbetreiber die Abnahme des ihm angebotenen Stroms, stellt dies eine   7
Verletzung des gesetzlichen Schuldverhältnisses gemäß § 4 dar. Dem Anlagenbetreiber
stehen dann regelmäßig zivilrechtliche Schadensersatzansprüche gegenüber dem in An-
nahmeverzug befindlichen Netzbetreiber zu.[5]

V. Gesamtabgabeverpflichtung (Abs. 2 S. 1)

Der Anlagenbetreiber muss dem Netzbetreiber den gesamten in der Anlage produzierten   8
Strom zur Verfügung stellen, um einen Anspruch auf die Einspeisevergütung geltend machen zu können (§ 39 Abs. 2 S. 1). Diese Regelung entspricht § 16 Abs. 3 EEG 2012.[6]

---

1 BT-Drs. 18/1304, S. 140.
2 So noch *Salje*, EEG, 5. Aufl. 2009, § 16 Rn. 30 ff.; zur aktuellen Rechtslage: *Salje*, EEG 2014,
  7. Aufl. 2015, § 39 Rn. 3.
3 BT-Drs. 18/1304, S. 139.
4 BT-Drs. 18/1304, S. 139.
5 *Salje*, EEG 2014, 7. Aufl. 2015, § 39 Rn. 4 ff.
6 BT-Drs. 18/1304, S. 139.

9   „**Zurverfügungstellen**" bedeutet, dass der Anlagenbetreiber dem Netzbetreiber die kaufmännische Abnahme des Stroms gemäß § 11 ermöglicht.[7] Örtlich hat die Andienung des Stroms im Sinne des § 11 regelmäßig an dem Netzverknüpfungspunkt der jeweiligen Anlage zu erfolgen.[8]

10   Die Pflicht, dem Netzbetreiber Strom zur Verfügung zu stellen, bezieht sich auf den „gesamten" in der jeweiligen Anlage erzeugten Strom. Diese Verpflichtung wird im Schrifttum uneinheitlich auch als **Gesamtabgabeverpflichtung**, Gesamtandienungspflicht oder Andienungszwang bezeichnet.[9] Dass es sich bei den Anforderungen des § 39 Abs. 2 um eine zwingende Vorschrift handelt, wird durch § 25 Abs. 2 Nr. 4 verdeutlicht. Danach verringert sich der anzulegende Wert auf den Monatsmarktwert, solange Anlagenbetreiber, die von §§ 37, 38 Gebrauch machen, gegen § 39 Abs. 2 verstoßen.

11   Abzugrenzen ist diese Pflicht des Anlagenbetreibers von dem sogenannten Prinzip der **Gesamtabnahme**, wonach es die Pflicht des Netzbetreibers ist, den gesamten ihm angebotenen Strom abzunehmen.

12   Die Gesamtabgabeverpflichtung wurde mit dem EEG 2009[10] eingeführt. **Hintergrund der Regelung** war ursprünglich, zu verhindern, dass die Chancen und Gewinne der Erzeugung von Strom aus erneuerbaren Energien und Grubengas allein bei den Anlagenbetreibern verblieben, während die Risiken von den Stromvertriebsunternehmen getragen wurden. So bestand das Risiko, dass Anlagenbetreiber den am besten am Markt verkäuflichen Strom, insbesondere zu Zeiten, zu denen die Preise besonders hoch sind, selbst vermarkteten, während die schlechter prognostizierbaren Mengen zu Zeiten, zu denen der Marktpreis gering ist, über das EEG im Wege der Einspeisevergütung abgesetzt wurden.[11] Dieses sogenannte „Rosinenpicken"[12] wurde verhindert, indem Anlagenbetreiber gezwungen wurden, bei Inanspruchnahme der Einspeisevergütung auch den gesamten produzierten Strom zur Verfügung zu stellen. Demselben Ziel dient letztlich auch die Regelung bzgl. der Bereitstellung von Strom im Regelenergiemarkt gemäß § 39 Abs. 2 S. 2, die mit dem EEG 2012[13] eingeführt wurde.[14]

13   Die Pflicht, dem Netzbetreiber den Strom zur Verfügung zu stellen, besteht ab dem Zeitpunkt, ab dem der Anlagenbetreiber in eine der Veräußerungsformen gemäß § 20 Abs. 1 Nr. 3 oder Nr. 4 wechselt. Diese Pflicht endet erst mit dem Wechsel in eine andere Veräußerungsform i. S. d. § 20 Abs. 1.

---

7   *Salje*, EEG 2014, 7. Aufl. 2015, § 39 Rn. 13.
8   *Salje*, EEG 2014, 7. Aufl. 2015, § 39 Rn. 17.
9   Vgl. Frenz/Müggenborg/*Ekardt/Henning*, 3. Aufl. 2013, § 16 Rn. 22; *Salje*, EEG 2014, 7. Aufl. 2015, § 39 Rn. 14.
10   Gesetz zur Neuregelung des Rechts der Erneuerbaren Energien im Strombereich und zur Änderung damit zusammenhängender Vorschriften vom 25.10.2008 (BGBl. I S. 2074).
11   BT-Drs. 16/8148, S. 49.
12   BerlKommEnR/*Thorbecke/Schumacher*, Bd. 2, 3. Aufl. 2014, § 16 EEG, Rn. 75; Frenz/Müggenborg/*Ekardt/Henning*, 3. Aufl. 2013, § 16 Rn. 23.
13   Gesetz zur Neuregelung des Rechtsrahmens für die Förderung der Stromerzeugung aus erneuerbaren Energien vom 28.7.2011 (BGBl. I S. 1634).
14   BT-Drs. 17/6071, S. 66; vgl. auch unten Rn. 49.

VI. Ausnahmen von der Gesamtabgabeverpflichtung (Abs. 2 S. 1 Nr. 1 bis Nr. 3)

In § 39 Abs. 2 S. 1 Nr. 1 bis Nr. 3 sind Ausnahmen von dem Grundsatz der Gesamtabgabeverpflichtung geregelt. Eine Verpflichtung, den in einer Anlage produzierten Strom dem Netzbetreiber zur Verfügung zu stellen, besteht nicht, wenn gemäß Nr. 1 kein Förderanspruch gemäß § 19 für den produzierten Strom besteht; wenn gemäß Nr. 2 der Strom in unmittelbarer Nähe zur Anlage selbst oder durch Dritte verbraucht wird oder wenn gemäß Nr. 3 der Strom nicht durch ein Netz (der allgemeinen Versorgung) hindurchgeleitet wird. **14**

1. Kein Vergütungsanspruch (Nr. 1). Die Gesamtüberlassungspflicht besteht nur für Strom, für den ein Vergütungsanspruch nach § 19 besteht. Soweit kein entsprechender Vergütungsanspruch besteht, besteht auch keine Verpflichtung des Anlagenbetreibers zur Überlassung des Stroms. **15**

Ein Anspruch gemäß § 19 Abs. 1 i.V. m. §§ 37, 38 besteht, wenn (i) der Strom in Anlagen, in denen ausschließlich erneuerbare Energien oder Grubengas eingesetzt werden, erzeugt wurde, (ii) dieser Strom dem Netzbetreiber zur Verfügung gestellt wurde und (iii) eine zulässige Abweichung von § 2 Abs. 2 vorliegt. Ein Vergütungsanspruch besteht somit bei Vorliegen der allgemeinen und besonderen Fördervoraussetzungen.[15] **16**

Ein Vergütungsanspruch besteht umgekehrt dann nicht, wenn bspw. der erzeugte Strom nicht ausschließlich aus erneuerbaren Energieträgern gewonnen wurde, etwa bei Inbetriebnahme einer Anlage mit anderen Energieträgern.[16] Selbiges soll bei der Verwendung nicht förderungsfähiger Biomasse gelten.[17] **17**

2. Direktverbrauch (Nr. 2). a) Verbrauch. Unter dem Verbrauch von Strom ist die Umwandlung in eine andere Energieform, wie von elektrischer Energie in Wärme, chemische Energie oder Bewegungsenergie, zu verstehen.[18] **18**

Hinsichtlich des Merkmals des „Verbrauchens" wurde im Gesetzeswortlaut gegenüber dem § 16 Abs. 3 Nr. 2 EEG 2012 auf den Zusatz „selbst oder durch Dritte" verzichtet. Diese Anpassung ist allein sprachlicher Natur und hat keine materiell-rechtlichen Implikationen bzgl. des Kreises der Verbraucher. Soweit nach dem Wortlaut des § 16 Abs. 3 Nr. 2 EEG 2012, der Vorgängerregelung zu § 39 Abs. 2 S. 1 Nr. 2, angesichts der Formulierung „von ihnen selbst oder von Dritten in unmittelbarer räumlicher Nähe zur Anlage" geschlossen wurde, dass eine besondere Nähe nur im Falle eines Verbrauchs von Dritten, nicht aber beim Selbstverbrauch zu fordern sei, ist dieser zweifelhaften Abgrenzung jedenfalls mit dem EEG 2014 und dem Verzicht auf die nähere Definition des Verbrauchers die Grundlage entzogen.[19] **19**

b) Unmittelbare räumliche Nähe. Der Gesetzgeber hat offen gelassen, wann ein Verbrauch des Stroms in „unmittelbarer räumlicher Nähe zur Anlage" vorliegt. **20**

Im allgemeinen Sprachgebrauch wird der Begriff „Nähe" in räumlicher Hinsicht verwendet, um geringe räumliche Entfernung, Nachbarschaft oder unmittelbare Umgebung zu be- **21**

---

15 So auch *Salje*, EEG 2014, 7. Aufl. 2015, § 39 Rn. 17.
16 Vgl. *Salje*, EEG 2014, 7. Aufl. 2015, § 39 Rn. 17.
17 Vgl. Frenz/Müggenborg/*Ekardt/Henning*, 3. Aufl. 2013, § 16 Rn. 26.
18 Vgl. § 5 Rn. 57.
19 Vgl. Frenz/Müggenborg/*Ekardt/Henning*, 3. Aufl. 2013, § 16 Rn. 26.

zeichnen.[20] „Räumlich" bedeutet im allgemeinen Sprachgebrauch eine Bezugnahme auf ein Gebiet, das eine Ausdehnung nach Länge, Breite und Höhe aufweist, und ist somit gebietsbezogen zu verstehen.[21] Für die Bestimmung der Frage, wann ein Verbrauch in räumlicher Nähe zur Anlage vorliegt, führt eine schlichte Wortlautauslegung allein insofern nicht weiter.

22 Zum Merkmal „unmittelbar" vgl. die Ausführungen unter Rn. 38 ff.

23 Nach systematischer Betrachtung finden sich neben § 39 Abs. 2 S. 2 Nr. 2 ähnliche Formulierungen in § 5 Nr. 12 (Definition der Eigenversorgung) i.V.m. § 61 (EEG-Umlage für Letztverbraucher und Eigenversorger), in § 32 (Förderung für Strom aus mehreren Anlagen) sowie in § 5 Nr. 9.

24 Es scheint im Interesse der Rechtssicherheit für den Rechtsanwender grundsätzlich geboten, dass unbestimmte Rechtsbegriffe innerhalb eines Gesetzes einer einheitlichen Auslegung zugeführt werden können. Angesichts unterschiedlicher Regelungsgegenstände ist allerdings zweifelhaft, ob und inwieweit Konvergenz zwischen den „Nähe-Kriterien" anderer Normen und dem Begriff der unmittelbaren räumlichen Nähe gemäß § 39 Abs. 2 S. 2 vorliegt. Nach der hier vertretenen Auffassung ist eine Konvergenz mit dem Nähe-Kriterium bei § 5 Nr. 12 i.V.m. § 61 zu bejahen, im Zusammenhang mit § 32 jedoch abzulehnen.

25 **aa) Keine Übertragbarkeit des Begriffs „unmittelbare räumliche Nähe" gemäß § 32 Abs. 1 Nr. 1.** Eine Übertragbarkeit der Kriterien zur Bestimmung der „unmittelbaren räumlichen Nähe" in § 32 Abs. 1 Nr. 1 auf § 39 Abs. 2 S. 1 scheint zweifelhaft.[22] § 32 Abs. 1 legt Kriterien fest, bei deren Vorliegen mehrere Anlagen zum Zwecke der Berechnung der finanziellen Förderung zusammengefasst werden.[23] Damit mehrere Anlagen als eine Anlage behandelt werden können, müssen sich diese Anlagen gemäß § 32 Abs. 1 S. 1 Nr. 1 „auf demselben Grundstück oder in unmittelbarer räumlicher Nähe" befinden. Es kommt also für § 32 Abs. 1 Nr. 1 maßgeblich darauf an, in welchem räumlichen Verhältnis zueinander sich zwei oder mehr Anlagen befinden und ob in Ansehung dieser Nähe eine Zusammenfassung möglich erscheint.

26 Anlagen befinden sich gemäß § 32 Abs. 1 Nr. 1 HS 1 jedenfalls immer dann in unmittelbarer räumlicher Nähe zueinander, wenn sie sich auf demselben Grundstück befinden. Maßgeblich ist danach, ungeachtet der realen räumlichen Entfernung zwischen den einzelnen Anlagen das Kriterium, ob sich diese Anlagen (grundbuchrechtlich) auf demselben Grundstück befinden.[24] Dem Kriterium „sonst in unmittelbarer Nähe" kommt, wie das Wort „sonst" verdeutlicht, insofern eine subsidiäre Auffangfunktion zu.[25] Anlagen werden danach nur zusammengefasst, wenn ungeachtet des Fehlens einer Belegenheit auf demselben Grundstück eine hinreichende Nähe zwischen den Anlagen gegeben ist.

27 Hintergrund dessen ist ausweislich der Gesetzesbegründung zu § 19 EEG 2009, der (weitgehend wortgleichen) Vorgängernorm zu § 32, dass der Gesetzgeber das sog. Anlagensplit-

---

20 Clearingstelle EEG, Empfehlung 2011/2/1 v. 29.9.2011, S. 24.
21 Vgl. BFH, Urt. v. 20.4.2004, VII R 44/03 – BFH, ZNER 2004, 279, 280.
22 Zweifelnd auch *Salje*, EEG 2014, 7. Aufl. 2015, § 32 Rn. 6.
23 Vgl. § 32 Rn. 1.
24 Clearingstelle EEG, Empfehlung 2008/49 v. 14.4.2009, S. 21.
25 Clearingstelle EEG, Empfehlung 2008/49 v. 14.4.2009, S. 22, 51 f.

ting[26] zu verhindern suchte. Durch das Nähe-Kriterium soll verhindert werden, dass größere Anlagen in eine Vielzahl kleinerer Anlagen aufgeteilt werden, um so von höheren Vergütungen und Boni für untere Leistungsklassen zu profitieren.[27]

„Unmittelbare räumliche Nähe" liegt danach vor, wenn mehrere Anlagen (i) mit gemeinsamen für den Betrieb technisch erforderlichen Einrichtungen oder (ii) baulichen Anlagen unmittelbar verbunden sind.[28] Daneben treten im Lichte der Verhinderung des Anlagensplittings weitere Kriterien, bei deren Vorliegen auch in Ermangelung dieser manifesten Verbindungen von unmittelbarer räumlicher Nähe auszugehen sein soll.[29] Unmittelbare Nähe solle daher sogar dann angenommen werden, wenn ein „vernünftiger Anlagenbetreiber, der die gesamtwirtschaftlichen Folgekosten bedenkt, statt vieler kleiner Module mehrere größere Module oder eine einzige Anlage errichtet hätte."[30]   **28**

Gegen das Vorliegen unmittelbarer räumlicher Nähe soll sprechen, wenn Anlagen aufgrund landschaftlicher Merkmale wie Wälder oder Gewässer voneinander getrennt sind.[31] Das deckt sich letztlich auch mit dem Willen des Gesetzgebers, wonach zusammengefasste Anlagen gerade durch gemeinsame technische Einrichtungen oder sonstige Infrastrukturen gekennzeichnet würden.[32] Das wird regelmäßig bei Anlagen, die aufgrund natürlicher Eigenarten des Geländes voneinander geschieden sind, nicht der Fall sein.   **29**

Eher fernliegend erscheint demgegenüber der Versuch, die zulässige Entfernung zwischen Anlagen unter Rückgriff auf (mittlerweile außer Kraft getretene) immissionsschutzrechtliche Vorschriften anhand einer 500-Meter-Grenze zu definieren.[33]   **30**

Nach alledem kommt eine Übertragbarkeit der zu § 32 entwickelten Kriterien auf § 39 nicht in Betracht. Der Wortlaut des § 32 Abs. 1 stellt bereits klar, dass die Kriterien der Nr. 1 bis 4 „ausschließlich zum Zwecke der Ermittlung des Anspruchs nach § 19" gelten sollen, das Nähe-Kriterium aus § 32 Nr. 1 also gerade keine umfassende Anwendung auf das gesamte EEG finden soll.[34]   **31**

Zudem spricht gegen eine Übertragbarkeit auch die Regelungsintention des Gesetzgebers, der mit § 32 Abs. 1 auf die Vermeidung von Missbrauch im Wege des Anlagensplittings abzielt. Während das Nähe-Kriterium des § 32 auf die räumliche Eingrenzbarkeit mehrerer in Beziehung zu einander stehender Anlagen abzielt, kommt es im Rahmen des § 39 Abs. 2 S. 1 Nr. 2 darauf an, die Grenzen der räumlichen Entfernung zwischen Erzeugung und Verbrauch zu bestimmen.[35] Ergibt bspw. die Einzelfallabwägung nach § 32, dass zwei Anlagen, die 1.000 Meter voneinander entfernt liegen, noch als eine Anlage im Sinne des   **32**

---

26 § 32 Rn. 22.
27 BT-Drs. 16/8148, S. 50.
28 BT-Drs. 16/8148, S. 50; vgl. im Einzelnen: § 32 Rn. 22.
29 BT-Drs. 16/8148, S. 50 f.; Clearingstelle EEG, Empfehlung 2008/49 v. 14.4.2009, S. 55 ff; Kommentierung zu § 32 Rn. 22, 23 ff.
30 BT-Drs. 16/8148, S. 50.
31 Vgl. § 32 Rn. 20.
32 Vgl. § 32 Rn. 22; BT-Drs. 16/8148, S. 51.
33 *Salje*, EEG 2014, 7. Aufl. 2014, § 32 Rn. 6; derselbe, EEG 2006, § 3 Rn. 60; a. A.: Clearingstelle EEG, Empfehlung 2008/49 v. 14.4.2009, S. 44 f.
34 So auch *Moench/Lippert*, EnWZ 2014, 392, 395.
35 So auch Clearingstelle EEG, Empfehlung 2008/49 v. 14.4.2009, S. 42, unter Bezugnahme auf den weitgehend wortgleichen § 19 EEG 2009.

§ 32 zu betrachten sind, folgt daraus nicht, dass 1.000 Meter auch eine zulässige Entfernung im Sinne des § 39 Abs. 2 darstellen.

33 **bb) „Unmittelbarer räumlicher Zusammenhang" gemäß § 61 Abs. 3 S. 1 Nr. 3 i.V.m. § 5 Nr. 12.**[36] Der Begriff der Eigenversorgung und das Kriterium der unmittelbaren Nähe des Verbrauchs zwischen Erzeugungsanlage und Verbrauchsstelle nach § 5 Nr. 12 und § 61 Abs. 3 sind einheitlich auszulegen.[37]

34 In der Gesetzesbegründung zu § 37 EEG 2012, der Vorgängerregelung zu § 61, findet sich ein Anhaltspunkt hinsichtlich der Auslegung des Kriteriums des Eigenverbrauchs.[38] Dieses Merkmal sei in Übereinstimmung mit § 9 Abs. 1 Nr. 3a StromStG auszulegen. Danach ist Strom von der Stromsteuer befreit, der in Anlagen mit einer elektrischen Nennleistung von bis zu zwei Megawatt erzeugt wird und vom Betreiber der Anlage als Eigenerzeuger im **räumlichen Zusammenhang** zu der Anlage zum Selbstverbrauch entnommen wird.

35 Diese Regelung wiederum war Gegenstand der Rechtsprechung des Bundesfinanzhofs.[39] Danach ist die Prüfung der Frage, ob ein räumlicher Zusammenhang besteht, im Wege der Würdigung des objektiven Gesamteindrucks der konkreten Umstände vorzunehmen.[40] Die zugrunde zu legenden Kriterien müssen demnach einen räumlichen Bezug, d.h. einen gebietsbezogenen Anknüpfungspunkt, aufweisen. Für die Beurteilung eines räumlichen Zusammenhangs in Betracht kommende Kriterien seien die tatsächliche Entfernung der Entnahmestellen zu der Anlage, die Anzahl der Entnahmestellen und ihre Verteilung in der Fläche oder die von der Klägerin eingesetzte Mess- und Regeltechnik.[41]

36 Der Bundesfinanzhof hat einen unmittelbaren räumlichen Zusammenhang nach Abwägung aller Gesichtspunkte trotz einer Entfernung von 4,5 km zwischen einer Erzeugungsanlage und einer Abnahmestelle bejaht.[42] In einer anderen Entscheidung ging der Bundesfinanzhof von einem räumlichem Zusammenhang zwischen Erzeugung und Entnahme bereits dann aus, wenn der in der Anlage erzeugte Strom der Stromversorgung von ausschließlich innerhalb einer kleinen Gemeinde ansässigen Letztverbrauchern dient.[43]

37 Daneben wird vertreten, dass ein unmittelbarer räumlicher Zusammenhang bestehe, wenn ein Raum durch markante geographische Merkmale oder durch eine einheitliche Wahrnehmung geprägt sei.[44] Dabei seien Topographie, Verkehrswege, Einheitlichkeit des Gebietes sowie alle sonstigen, gebietsbezogenen Faktoren zu berücksichtigen und abzuwägen.[45]

---

36 Vgl. im Einzelnen: § 5 Rn. 57; § 61 Rn. 52 ff.
37 Vgl. insofern auch BT-Drs. 18/1304, S. 113, wonach der Begriff des Eigenversorgers gemäß § 5 Nr. 12 dem des § 37 Abs. 3 Satz 1 EEG 2012 entspricht; so auch *Salje*, EEG 2014, 7. Aufl. 2014, § 61 Rn. 21.
38 BT-Drs. 17/6071, S. 83.
39 BFH, Urt. v. 20.4.2004, VII R 57/03, ZNER 2005, 70 ff.; BFH, Urt. v. 20.4.2004, VII R 44/03, ZNER 2004, 279 ff.
40 BFH, Urt. v. 20.4.2004, VII R 57/03, ZNER 2005, 70, 71; BFH, Urt. v. 20.4.2004, VII R 44/03, ZNER 2004, 279, 282.
41 BFH, Urt. v. 20.4.2004, VII R 44/03, ZNER 2004, 279, 281 f.
42 BFH, Urt. v. 20.4.2004, VII R 44/03, ZNER 2004, 279, 282.
43 BFH, Urt. v. 20.4.2004, VII R 57/03, ZNER 2005, 70, 71.
44 *Salje*, EEG 2014, 7. Aufl. 2014, § 61 Rn. 23.
45 Ausführlich hierzu *Salje*, EEG 2012, 6. Aufl. 2012, § 37 Rn. 62; RdE 2014, 149, 151 ff.

cc) Erfordernis der Unmittelbarkeit der räumlichen Nähe. Sowohl in § 39 Abs. 2 S. 1   **38**
Nr. 2 als auch in § 5 Nr. 12 sowie § 61 Abs. 3 S. 1 Nr. 3 wird gefordert, dass ein Verbrauch
in unmittelbarer räumlicher Nähe bzw. in einem unmittelbaren räumlichen Zusammenhang
zu der Erzeugungsanlage stattfindet.

Teilweise wird vertreten, dass dem Merkmal der Unmittelbarkeit keine eigenständige Be-   **39**
deutung zukommen soll.[46] Andere Stimmen werben für eine lediglich engere Auslegung
des Begriffs des unmittelbaren räumlichen Zusammenhangs gegenüber dem Begriff des
räumlichen Zusammenhangs in § 37 EEG 2012. Gleichzeitig solle der Begriff des unmittelbaren räumlichen Zusammenhangs dennoch weiter als der Begriff der räumlichen Nähe
sein. Ausgehend von der gebietsbezogenen Auslegung des BFH könne nach dieser Ansicht
selbst bei einer Entfernung von mehreren Kilometern noch eine Unmittelbarkeit gegeben
sein.[47]

Beide Ansätze werden allerdings von einer Mehrzahl an Stimmen abgelehnt. So seien die   **40**
allgemeinen Kriterien zur räumlichen Nähe[48] nicht mehr ohne weiteres auf die Rechtslage
des EEG 2014 anwendbar. Die Rechtsprechung des BFH sei nicht direkt anwendbar, da das
Erfordernis, den begünstigten Strom zur Entnahmestelle durch eigene Stromleitungen zu
transportieren, gerade nicht in den zugrundeliegenden gesetzlichen Bestimmung selbst angelegt war. Anders liege der Fall jedoch bei § 39 Abs. 2 S. 1 Nr. 2 und § 61 Abs. 3 sowie
§ 5 Nr. 12, wo angesichts der explizit geforderten Unmittelbarkeit des Nähekriteriums eine
engere Auslegung geboten sei.[49] Entsprechend müsse es sich bei einer „unmittelbaren" Nähe um eine qualifizierte Nähebeziehung handeln.[50]

Aus all dem folge, dass der räumliche Zusammenhang eher objektbezogen als gebietsbezo-   **41**
gen ausgelegt werden müsse und die Stromverbrauchseinrichtung und die Stromerzeu-
ungseinrichtung in einem unmittelbaren räumlichen Zusammenhang stehen müssen.[51] Dies
bedeute, dass sie weder durch eine räumliche Entfernung noch durch andere, den Zusammenhang zerstörende Elemente wie bauliche Einrichtungen oder natürliche Hindernisse
voneinander getrennt sein dürften. Die Hinzufügung des Zusatzes „unmittelbar" solle diejenigen Konstellationen ausschließen, in denen der Zusammenhang durch gebietsfremde
Umstände (Stadt- oder Landesgrenzen, Spannungsebene der Direktleitung oder des Arealnetzes) vermittelt wird.[52]

dd) Auslegung des Nähe-Kriteriums gemäß § 39 Abs. 2 S. 1 Nr. 2. Die Merkmale des   **42**
Nähe-Kriteriums des § 61 Abs. 3 S. 1 Nr. 3 i.V.m. § 5 Nr. 12 sind auf § 39 Abs. 2 Nr. 2
übertragbar.[53] Für eine Übertragbarkeit der entwickelten Kriterien auf § 39 Abs. 2 S. 1
Nr. 2 sprechen das vergleichbare Regelungsinteresse sowie die Systematik des Gesetzes.
§ 61 Abs. 3 regelt eine Ausnahme von dem Grundsatz der allgemeinen EEG-Umlagepflichtigkeit für Betreiber von Bestandsanlagen. Danach sind Eigenversorger von der
EEG-Umlage befreit, soweit sie die Anforderungen des Abs. 3 erfüllen. Damit stellen so-

---

46 *Salje*, EEG 2014, 7. Aufl. 2014, § 39 Rn. 17.
47 *Herz/Valentin*, EnWZ 2014, 358, 364.
48 Vgl. Rn. 20 ff.
49 Vgl. § 5 Rn. 85.
50 *Moench/Lippert*, EnWZ 2014, 292, 394; so auch § 5 Rn. 84 f.
51 Vgl. § 5 Rn. 85.
52 *Salje*, EEG 2014, 7. Aufl. 2014, § 5 Rn. 55.
53 Vgl. Rn. 24.

wohl § 61 Abs. 3 als auch § 39 Abs. 2 Privilegierungen bzw. Ausnahmetatbestände von der grundsätzlich bestehenden Pflicht zur Entrichtung der EEG-Umlage bzw. der Andienungspflicht dar. In beiden Fällen stellt der Gesetzgeber auch auf den privilegierenden Umstand der Eigenversorgung ab. Der darüber hinaus geforderte räumliche Zusammenhang/die räumliche Nähe bezieht sich ebenfalls in beiden Fällen auf das Verhältnis der Erzeugungsanlage zum Stromverbraucher.

43   Im Rahmen des § 39 Abs. 2 S. 1 Nr. 2 wird teilweise vertreten, dass dem Merkmal der unmittelbaren räumlichen Nähe bereits genügt sei, solange eine Entfernung von 1,5 km zwischen dem Standort der Anlage und der Abnahmestelle nicht überschritten werde.[54] Diese Festlegung einer gesetzlich nicht normierten maximalen Entfernung zwischen Anlage und Abnahmestelle wird zu Recht unter Verweis auf fehlende Anhaltspunkte in den Gesetzesmaterialien kritisiert.[55]

44   In der systematischen Zusammenschau mit § 39 Abs. 2 S. 1 Nr. 3 ergibt sich jedoch ein weiteres sachgerechtes Abgrenzungskriterium aus dem Erfordernis der Netzdurchleitung.[56] Entsprechend ist der Begriff der unmittelbaren räumlichen Nähe zur Anlage dahingehend auszulegen, dass ein (Eigen-)Verbrauch in unmittelbarer räumlicher Nähe zur Erzeugungsanlage immer dann vorliegt, wenn der Strom zwischen Erzeugung und Verbrauch nicht durch ein Netz der allgemeinen Versorgung gemäß § 5 Nr. 26 durchgeleitet wurde. Die Durchleitung durch Objektnetze oder Arealnetze ist nach dieser Auslegung unschädlich.

45   Das deckt sich auch mit dem Erfordernis, dass das Merkmal der unmittelbaren räumlichen Nähe eher objektbezogen als gebietsbezogen auszulegen ist.[57] Der unmittelbare räumliche Zusammenhang wird hier durch die unmittelbare Verbindung von Stromverbrauchseinrichtung und Stromerzeugungseinrichtung hergestellt. An einer derartigen Unmittelbarkeit fehlt es, wenn der Strom erst in ein Netz der allgemeinen Versorgung eingespeist wird, um dann in einer gewissen räumlichen Entfernung entnommen und verbraucht zu werden. Bei Bestehen eines Objekt- oder Arealnetzes kommt dem Kriterium der räumlichen Nähe hingegen bloß nachgeordnete Bedeutung zu. Bei einem solchen Netz, welches die Durchleitung gemäß Nr. 3 gewährleistet, wird regelmäßig ein räumliches Näheverhältnis bestehen.

46   **3. Keine Durchleitung durch ein Netz (Nr. 3).** Schließlich besteht die Überlassungspflicht nur für Strom, der durch ein Netz durchgeleitet wurde. Ein „Netz" im Sinne des § 5 Nr. 26 bezeichnet die Gesamtheit der miteinander verbundenen technischen Einrichtungen zur Abnahme, Übertragung und Verteilung von Elektrizität für die allgemeine Versorgung.

47   Im Lichte der vorstehenden Ausführungen zu Nr. 2 besteht eine Überlassungspflicht somit nicht für Strom, welcher in Objekt- oder Arealnetzen weitergeleitet wird, vgl. Rn. 44.

48   Gemäß der Gesetzesbegründung des insofern wortgleichen § 16 Abs. 3 Nr. 3 EEG 2012 soll es zudem zulässig sein, Strom vor der Einspeisung in das Netz zwischenzuspeichern.[58]

---

54 *Salje*, EEG 2014, 7. Aufl. 2014, § 39 Rn. 17.
55 Vgl. § 16 Rn. 82.
56 So bereits BerlKommEnR/*Thorbecke/Schumacher*, Bd. 2, 3. Aufl. 2014, § 16 EEG Rn. 82.
57 Vgl. § 5 Rn. 85.
58 BT-Drs. 17/6071, S. 66.

VII. Verbot der Teilnahme am Regelenergiemarkt (Abs. 2 S. 2)

Im letzten Halbsatz des Abs. 2 S. 2 wird klargestellt, dass die Anlagen in der Einspeisever- **49**
gütung weder positive noch negative Regelenergie liefern dürfen. Die Andienungspflicht
schließt somit auch die Vermarktung des in der Anlage erzeugten Stroms als Regelenergie
aus.[59]

VIII. Übergangsvorschriften

Auf § 39 finden keine Übergangsvorschriften Anwendung. Das bedeutet, dass § 39 für alle **50**
Anlagen unabhängig vom Datum ihrer Inbetriebnahme gilt.

---

59 BT-Drs. 17/6071, S. 66.

Besondere Förderbestimmungen (Sparten)

§ 40 Wasserkraft

(1) Für Strom aus Wasserkraft beträgt der anzulegende Wert

1. **bis einschließlich einer Bemessungsleistung von 500 Kilowatt 12,52 Cent pro Kilowattstunde,**
2. **bis einschließlich einer Bemessungsleistung von 2 Megawatt 8,25 Cent pro Kilowattstunde,**
3. **bis einschließlich einer Bemessungsleistung von 5 Megawatt 6,31 Cent pro Kilowattstunde,**
4. **bis einschließlich einer Bemessungsleistung von 10 Megawatt 5,54 Cent pro Kilowattstunde,**
5. **bis einschließlich einer Bemessungsleistung von 20 Megawatt 5,34 Cent pro Kilowattstunde,**
6. **bis einschließlich einer Bemessungsleistung von 50 Megawatt 4,28 Cent pro Kilowattstunde und**
7. **ab einer Bemessungsleistung von mehr als 50 Megawatt 3,50 Cent pro Kilowattstunde.**

(2) [1]Der Anspruch auf die finanzielle Förderung besteht auch für Strom aus Anlagen, die vor dem 1. Januar 2009 in Betrieb genommen wurden, wenn nach dem 31. Juli 2014 durch eine wasserrechtlich zugelassene Ertüchtigungsmaßnahme das Leistungsvermögen der Anlage erhöht wurde. [2]Satz 1 ist auf nicht zulassungspflichtige Ertüchtigungsmaßnahmen anzuwenden, wenn das Leistungsvermögen um mindestens 10 Prozent erhöht wurde. [3]Der Anspruch nach Satz 1 oder 2 besteht ab dem Abschluss der Maßnahme für die Dauer von 20 Jahren zuzüglich des restlich verbleibenden Teils des Jahres, in dem die Ertüchtigungsmaßnahme abgeschlossen worden ist.

(3) [1]Für Strom aus Wasserkraft, der in Anlagen nach Absatz 2 mit einer installierten Leistung von mehr als 5 Megawatt erzeugt wird, besteht der Anspruch auf finanzielle Förderung nur für den Strom, der der Leistungserhöhung nach Absatz 2 Satz 1 oder 2 zuzurechnen ist. [2]Wenn die Anlage vor dem 1. August 2014 eine installierte Leistung bis einschließlich 5 Megawatt aufwies, besteht für den Strom, der diesem Leistungsanteil entspricht, der Anspruch nach der bislang geltenden Regelung.

(4) Der Anspruch auf finanzielle Förderung nach Absatz 1 besteht nur, wenn die Anlage errichtet worden ist

1. **im räumlichen Zusammenhang mit einer ganz oder teilweise bereits bestehenden oder einer vorrangig zu anderen Zwecken als der Erzeugung von Strom aus Wasserkraft neu zu errichtenden Stauanlage oder**
2. **ohne durchgehende Querverbauung.**

Schrifttum: *Bruns/Ohlhorst*, Innovationsbiographien erneuerbarer Energien im Stromsektor: Impulse durch StrEG und EEG im Wechselspiel mit heterogenen treibenden Kräften, in: Müller (Hrsg.), 20 Jahre Recht der Erneuerbaren Energien, 2012, S. 184; *Laskowski*, Wasserkraft im Energiekonzept der

Bundesregierung nach dem Atomausstieg – zwischen Klima- und Gewässerschutz, ZNER 2011, 396; *Loibl/Schulte-Middelich*, Die Modernisierung von Wasserkraftanlagen nach dem EEG, ZNER 2006, 229; *Müller*, Vom Kartell- zum Umwelt(energie)recht, in: Müller (Hrsg.), 20 Jahre Recht der Erneuerbaren Energien, 2012, S. 125 ff.; *Reinhardt*, Neue wasserrechtliche Anforderungen an die Modernisierung von Wasserkraftanlagen, NVwZ 2011, 1089.

Übersicht

I. Zweck der Norm

Die Norm regelt in Ergänzung zu § 19 die Höhe der finanziellen Förderung für Strom aus Wasserkraft sowie besondere Förderungsvoraussetzungen für solchen Strom. Die Vorschrift dient damit einerseits der Festlegung einer kostendeckenden Förderung für neue und modernisierte Wasserkraftanlagen, verfolgt daneben aber auch energiewirtschaftliche und ökologische Zwecke. Hierdurch erhofft sich der Gesetzgeber einen angemessenen Ausgleich der divergierenden Ziele.[1]   **1**

II. Rechtstatsachen

Die installierte Leistung von Wasserkraftanlagen ist seit 1990, also der Einführung der Förderung im StrEG, kontinuierlich leicht gestiegen und erreichte im Jahr 2013 5.619 MW. Sie lag damit hinter der Windenergie, der solaren Strahlungsenergie und der Biomasse an vierter Stelle. Betrachtet man aber die Stromerzeugung, so bleibt die Wasserkraft mit knapp 21.000 GWh nach Windenergie und Biomasse der drittgrößte erneuerbare Stromproduzent. Dabei ist zu beachten, dass die Stromerzeugung je nach Niederschlagsmenge von Jahr zu Jahr sehr unterschiedlich ausfallen kann.[2]   **2**

---

1 Altrock/Oschmann/Theobald/*Wustlich*, § 23 Rn. 4.
2 Zahlen nach: BMU, Zeitreihen zur Entwicklung der erneuerbaren Energien in Deutschland 1990 – 2013 (Stand: August 2014), Tab. 3, Tab. 4.

III. Entstehungsgeschichte

3 Die Wasserkraft hat von allen erneuerbaren Energien die längste Geschichte. Sie wurde schon in der Antike als Antriebsmittel genutzt. Nach der Erfindung des Drehgenerators 1866 war es nur ein kleiner Schritt zur Nutzung dieser Energieform zur Stromerzeugung, sodass die ersten Wasserkraftwerke Ende des 19. Jh. errichtet wurden. In Süddeutschland spielte die Wasserkraft Anfang des 20. Jh. eine wichtige Rolle bei der Elektrifizierung.[3] Schon **1952** kam es zu einer ersten, wenn auch regional begrenzten, **staatlichen Einflussnahme**. Der damalige bayerische Wirtschaftsminister setzte per Verordnung bestimmte Arbeits- und Leistungspreise für Strom aus Kleinwasserkraftwerken mit einer installierten Leistung von höchstens 500 kW fest, ohne aber die Elektrizitätsversorgungsunternehmen zum Abschluss von Abnahmeverträgen zu verpflichten.[4]

4 Am **1.1.1991** trat das **Stromeinspeisegesetz**[5] (StrEG) in Kraft und sah sowohl eine Verpflichtung zur Abnahme als auch zur Vergütung von Strom aus erneuerbaren Energien, u. a. auch aus der Wasserkraft, vor. Die Vergütungshöhe für Strom aus Wasserkraft betrug nach § 3 StrEG 75 % der Durchschnittserlöse, die Elektrizitätsversorgungsunternehmen bei dem Weiterverkauf des Stroms an Letztverbraucher erzielten. Mitte **1994 wurde das StrEG erstmals novelliert** und die Vergütungen um 5 Prozentpunkte auf 80 % des Durchschnittserlöses angehoben.

5 Mit dem **EEG 2000** wurden erstmals feste Vergütungssätze für Strom aus Wasserkraft festgelegt. Die Vergütungen betrugen anfänglich 7,67 Ct/kWh für Strom aus Anlagen mit einer Leistung von weniger als 500 kW und 6,65 Ct/kWh für Strom aus Anlagen mit einer Leistung bis einschließlich 5 MW. Im Rahmen des **EEG 2004** wurde der Vergütungsanspruch für Kleinanlagen (bis einschließlich 500 kW) an die Einhaltung bestimmter ökologischer Anforderungen gebunden und gleichzeitig die Vergütung um 2 Ct/kWh erhöht. Daneben wurde für neue Wasserkraftanlagen mit einer Leistung über 5 MW erstmals ein Vergütungssatz eingeführt, der auch für die auf einer Leistungserhöhung beruhende Stromerzeugung aus einer Bestandsanlage gezahlt wurde. Das **EEG 2009** führte zu einer deutlichen Vergütungsanhebung (1–3 Ct/kWh) für kleine Wasserkraftanlagen. Gleichzeitig wurde der Versuch unternommen, die ökologischen Anforderungen zu konkretisieren. Im **EEG 2012** wurden die Vergütungssätze für kleine und große, modernisierte und neue Wasserkraftanlagen vereinheitlicht. Der Vergütungszeitraum wurde auf 20 Jahre festgelegt, die Degression einheitlich auf ein Prozent für alle Wasserkraftanlagen. Weiterhin wurden im EEG 2012 die eigenständigen ökologischen Anforderungen weitgehend durch einen Verweis auf das Wasserhaushaltsgesetz ersetzt.[6]

6 Die Neufassung des § 40 im Rahmen des **EEG 2014** setzt die Empfehlungen des EEG-Erfahrungsberichts 2014 um. Die Fördersätze entsprechen weitgehend den Vergütungssätzen nach EEG 2012. Der Vergütungszeitraum beträgt weiterhin 20 Jahre. Der Erfahrungsbe-

---

3 *Bruns/Ohlhorst*, in: Müller, 20 Jahre Recht der Erneuerbaren Energien, S. 184.
4 Staatsanzeiger Bayern Nr. 11 v. 15.3.1952 (Nr. By 2/52) geändert durch die Verordnungen v. 7.5.1957, GVBl. Bayern, S. 97, und v. 2.2.1963, GVBl. Bayern, S. 31.
5 Gesetz über die Einspeisung von Strom aus erneuerbare Energien in das öffentliche Netz v. 7.12.1990, BGBl. I S. 2633.
6 Hierzu im Einzelnen unten Rn. 10 f.

richt empfahl, die Degression für Wasserkraftanlagen abzuschaffen.[7] Das Gesetz sieht eine Senkung auf 0,5 Prozent vor. Weiterhin wurde der **Verweis auf das Wasserhaushaltsgesetz gestrichen**.

IV. Vergütung (Abs. 1)

1. Wasserkraft. Die Wasserkraft umfasst nach **§ 5 Nr. 14.a)** die Wellen-, Gezeiten-, Salzgradienten- und Strömungsenergie. Das EEG verwendet damit einen weiten Wasserkraftbegriff, der die kinetische oder potenzielle Energie des Wassers erfasst.[8] Allerdings muss die genutzte Energie des Wassers auf einem natürlichen Prozess beruhen.[9] Deshalb kann Strom aus **Trink- oder Abwasserturbinen** nur vergütet werden, wenn die entnommene Energie nicht auf Pumpvorgängen,[10] sondern auf einem natürlichen Gefälle beruht.[11] Aufgrund des Ausschließlichkeitsprinzips nach § 19 Abs. 1 steht es einer Vergütung auch entgegen, wenn dem Wasser ein Teil seiner Energie durch Pumpvorgänge zugeführt wurde.[12]   **7**

Strom aus **Pumpspeichern** fällt nur unter den Begriff der Wasserkraft, soweit das Pumpspeicherkraftwerk aus natürlichen Zuflüssen gespeist wird.[13] Bei Speicherkraftwerken, die teilweise durch Pumpvorgänge gespeist werden, ist darüber hinaus das in § 19 Abs. 1 verankerte Ausschließlichkeitsprinzip zu beachten, das eine Vergütung in diesen Fällen ausschließt. Eine Ausnahme kann nach § 19 Abs. 4 allerdings gelten, wenn zum Betrieb der Pumpen ausschließlich Strom aus erneuerbaren Energien verwendet wird. Werden die Pumpen ihrerseits mit Strom aus erneuerbaren Energien gespeist, ist auch der erzeugte Strom seinerseits erneuerbar.[14]   **8**

Die Wasserkraft erfasst Süß-, Salz-, Regen-, Quell-, Fluss-, Meeres-, und Abwasser.[15] Neben den klassischen Laufwasserkraftwerken, die die Strömungsgeschwindigkeit bei geringem Gefälle nutzen, und Speicherkraftwerken, bei denen vergleichsweise geringe Wassermengen aufgestaut werden, um höhere Fallhöhen zu erreichen,[16] werden auch andere Formen wie Gezeiten-, Wellen-, und Gletscherkraftwerke erfasst.[17] Schließlich fasst das EEG auch die Salzgradientenkraftwerke, die Strom aus dem osmotischen Gefälle zwischen Salz- und Süßwasser erzeugen, unter die Wasserkraft.[18]   **9**

2. Förderung. Mit dem EEG 2014 bestimmt sich die Höhe des Anspruchs auf finanzielle Förderung nach den hierfür als Berechnungsgrundlage anzulegenden Werten für Strom aus   **10**

---

7 Ingenieurbüro Floecksmühle/IHS/IAEW/Hydrotec/Fichtner, Vorbereitung und Begleitung der Erstellung des Erfahrungsberichts 2014 gemäß § 65 EEG, 2014, S. 107, abrufbar unter http://www.bmwi.de/BMWi/Redaktion/PDF/XYZ/zwischenbericht-vorhaben-2d,property=pdf,bereich=bmwi2012,sprache=de,rwb=true.pdf.
8 Siehe hierzu auch die Kommentierung zu § 3 Nr. 3 EEG 2012 Rn. 48.
9 Clearingstelle EEG, Empfehlung 2008/18, S. 1.
10 Clearingstelle EEG, Empfehlung 2008/18, S. 1.
11 Vgl. hierzu auch die Ausführungen zu Pumpspeichern in Rn. 8.
12 Anders wohl *Salje*, EEG 2014, § 40 Rn. 9; Danner/Theobald/*Oschmann*, 73. EL, § 3 Rn. 59.
13 Altrock/Oschmann/Theobald/*Oschmann*, § 3 Rn. 68.
14 Danner/Theobald/*Oschmann*, 73. EL, § 23 Rn. 59.
15 BT-Drs. 16/8148, S. 39.
16 *Salje*, EEG 2014, § 40 Rn. 6.
17 Reshöft/*Kahle*, § 23 Rn. 12.
18 BT-Drs. 16/8148, S. 39.

erneuerbaren Energien.[19] Die Fördersätze wurden wie bei den übrigen Energieträgern an die bereits im EEG 2012 angelegte Degression angepasst. Die degressionsbereinigten anzulegenden Werte beinhalten zudem die eingepreisten Direktvermarktungskosten in Höhe von 0,2 Cent/kWh. Diese eingepreisten Direktvermarktungskosten ersetzen bei der Direktvermarktung des Stroms die für neue Anlagen entfallene Managementprämie.[20]

11 Die Vergütung ist nach § 27 Abs. 1 Nr. 1 degressiv ausgestaltet.[21] Die Vergütungsentwicklung bei unveränderter Rechtslage wird in der folgenden Tabelle dargestellt:

Jahr der Inbetriebnahme	bis 500 kW in ct/kWh	bis 2 MW in ct/kWh	bis 5 MW in ct/kWh	bis 10 MW in ct/kWh	bis 20 MW in ct/kWh	bis 50 MW in ct/kWh	ab 50 MW in ct/kWh
2014	12,52	8,25	6,31	5,54	5,34	4,28	3,50
2015	12,52	8,25	6,31	5,54	5,34	4,28	3,50
2016	12,46	8,21	6,28	5,51	5,31	4,26	3,48
2017	12,40	8,17	6,25	5,48	5,28	4,24	3,46
2018	12,34	8,13	6,22	5,45	5,25	4,22	3,44
2019	12,28	8,09	6,19	5,42	5,22	4,20	3,42
2020	12,22	8,05	6,16	5,39	5,19	4,18	3,40
2021	12,16	8,01	6,13	5,36	5,16	4,16	3,38

12 Die Förderung für Strom aus Wasserkraft ist, wie bei Klär-, Deponie- und Grubengas, Biomasse sowie solarer Strahlungsenergie, nach Größe der Anlage gestaffelt. Die bedeutet, dass auch Anlagen mit einer Leistung über 500 kW anteilig für den Leistungsanteil bis 500 kW die höhere Förderung bekommen. Dabei ist § 23 zu berücksichtigen,[22] sodass die vergütungsfähige Jahresstrommenge gemäß § 23 Abs. 2 Nr. 2 i.V.m. § 5 Nr. 4 anteilig und im Verhältnis der individuellen Bemessungsleistung auf die im Gesetz vorgesehenen Leistungsschwellen aufgeteilt wird.[23]

V. Förderung von Bestandsanlagen (Abs. 2 und 3)

13 Abs. 2 regelt die Voraussetzungen, unter denen bestehende Anlagen in den Genuss der neuen Wasserkraftvergütung kommen. Die Anforderungen nach Abs. 2 und 3 der geltenden Fassung werden nunmehr im Einzelnen wie folgt definiert:

14 **1. Erfasste Anlagen.** Die Regelung ist auf Anlagen beschränkt, die vor dem 1.1.2009 in Betrieb genommen wurden. Darüber hinaus muss nach dem 31. Juli 2014 das Leistungsvermögen der Anlage erhöht worden sein. Für Anlagen mit einer Leistung über 5 MW definiert Abs. 3 darüber hinaus weitere Einschränkungen des Vergütungsanspruchs.

---

19 Hierzu im Einzelnen die Kommentierung zu § 19.
20 BT-Drs. 157/14, S. 211.
21 Hierzu im Einzelnen die Kommentierung zu § 27.
22 Vgl. Kommentierung zu § 23.
23 *Salje*, EEG 2014, § 40 Rn. 12.

2. Erhöhung des Leistungsvermögens. Wie bereits im EEG 2012 gefordert, müssen an   15
den Anlagen entweder Maßnahmen **zur Erhöhung der Leistung oder der Stromausbeu-**
te erfolgen. Solche Maßnahmen zur Erhöhung des Leistungsvermögens sind laut Gesetzesbegründung[24] insbesondere der Austausch älterer Generatoren, des Getriebes, der Turbinen
oder der Laufräder, die Erweiterung der Anlage durch Erhöhung des Ausbaudurchflusses
und/oder der Fallhöhe, die automatische Wasserstandsregelung, die automatische Rechen-
reinigung, bei Kraftwerken mit mehreren Turbinen die automatische Einsatzoptimierung,
der Einsatz permanent erregter Generatoren und die Verbesserung der Zu- und Abströ-
mung (Hydraulik-Turbinenzuströmung, Ober- und Unterwasserkanal). Eine Steigerung
der installierten Leistung ist nicht zwingend erforderlich.[25] Auch sind die Maßnahmen
nicht zwingend mit einer höheren Stromerzeugung verbunden, da insbesondere ökologische Anforderungen nach WHG die Stromerträge wieder reduzieren können.[26] Ohne die
weiteren ökologischen Maßnahmen müssten die ergriffenen Maßnahmen aber zu einer Erhöhung der Stromausbeute führen. Alternativ ist es auch möglich, dass die Maßnahmen
einer Verringerung der Stromausbeute durch die ökologischen Maßnahmen entgegenwirken.

3. Wasserrechtliche Zulassung. Die Inanspruchnahme der Förderung setzt voraus, dass   16
an der Anlage eine **behördlich zugelassene Ertüchtigungsmaßnahme** durchgeführt wurde. Ertüchtigungsmaßnahmen sind nur förderfähig, wenn die zuständige Wasserbehörde
sie nach Prüfung der maßgeblichen wasserrechtlichen Bestimmungen zugelassen hat. Insbesondere wird ermöglicht, dass die Wasserbehörde die Einhaltung der gewässerökologischen Anforderungen der §§ 33 bis 35 und 6 Absatz 1 Satz 1 Nummer 1 und 2 WHG
prüft.[27]

4. Nichtzulassungspflichtige Ertüchtigungsmaßnahmen. Bei **nicht zulassungspflichti-**   17
gen Ertüchtigungsmaßnahmen muss das Leistungsvermögen – hier ist die Stromausbeute gemeint – nach Abschluss der Maßnahme um zehn Prozent, also deutlich, erhöht werden
und die Maßnahme somit in besonderem Maße zum Ziel des § 1 Absatz 2 EEG 2014 beitragen, die Stromerzeugung aus erneuerbaren Energien zu steigern. Maßgeblich ist damit
die Erhöhung des Regelarbeitsvermögens der Anlage. Das Regelarbeitsvermögen ist der
langjährige Mittelwert der Jahresarbeit. Der Wert von zehn Prozent kann auch kumulativ
durch mehrere Maßnahmen erreicht werden.[28]

5. Nachweis der Erhöhung des Leistungsvermögens. Der Nachweis muss dem Netzbe-   18
treiber unter Vorlage geeigneter Nachweise wie z. B. Planungsunterlagen dargelegt werden.
Nicht zuletzt aufgrund der Witterungsabhängigkeit der tatsächlich zu erzielenden Stromausbeute ist nicht zu verlangen, dass tatsächlich direkt im ersten Jahr nach der Ertüchtigung oder über den gesamten Förderzeitraum die erzeugte Strommenge um zehn Prozent
steigt. Maßgeblich ist vielmehr eine Ex-ante-Betrachtung anhand des aktuellen Standes
von Wissenschaft und Technik, bei der Einflüsse auf die Durchflussmenge durch besonders
wasserreiche bzw. -arme Jahre zu neutralisieren sind, um das Potenzial der Steigerung korrekt einzuordnen. Ob eine Erhöhung des Leistungsvermögens um zehn Prozent erreicht

---

24 BT-Drs. 157/14, S. 208.
25 Vgl. *Salje*, EEG 2014, § 40 Rn. 19.
26 BT-Drs. 17/6071, S. 69.
27 BT-Drs. 157/14, S. 208.
28 BT-Drs. 18/1891, S. 206.

wird und ein Anspruch auf Förderung besteht, entscheidet sich somit zu dem Zeitpunkt, in dem die Ertüchtigungsmaßnahme abgeschlossen ist. Liegt in diesem Zeitpunkt eine dem aktuellen Stand von Wissenschaft und Technik entsprechende positive Prognose vor, erlischt der Anspruch daher auch nicht, wenn über einen mehrjährigen Betrachtungszeitraum nach Durchführung der Maßnahme die tatsächlich erzeugte Strommenge gegenüber dem vorherigen Regelarbeitsvermögen nicht um zehn Prozent gesteigert werden konnte.[29]

19 **6. Vergütungsbeginn und -dauer (Abs. 2 S. 3).** Die Vergütung für Bestandsanlagen, die die Anforderungen des § 40 erfüllen, ist grundsätzlich ab dem Zeitpunkt zu zahlen, ab dem die Maßnahme nach Abs. 2 S. 1, also die Erhöhung des Leistungsvermögens, abgeschlossen ist. Letztlich tritt damit der **Maßnahmenabschluss** an die Stelle der Inbetriebnahme nach § 22.[30] Ab diesem Zeitpunkt besteht der Vergütungsanspruch für 20 volle Kalenderjahre zuzüglich des restlich verbleibenden Teils des Jahres, in dem die Maßnahme nach S. 1 abgeschlossenen wurde. Sind in diesem Zeitpunkt bestimmte weitere Anforderungen, wie die ökologischen Anforderungen nach Wasserhaushaltsgesetz nicht erfüllt, ändert dies nichts daran, dass die Vergütungsdauer weiterläuft.

20 **7. Anlagen mit einer Leistung von mehr als 5 MW.** Abs. 3 regelt besondere Vergütungsvoraussetzungen für Anlagen mit einer installierten Leistung von mehr als 5 MW. Diese Anlagen erhalten die Vergütung nach Abs. 1 grundsätzlich nur für den Anteil des erzeugten Stroms, der der Leistungserhöhung zuzurechnen ist.

21 **a) Berechnung der Förderung.** Für die Berechnung der Förderung findet in diesem Fall § 23 Abs. 1 und 2 Anwendung, der ermöglicht, zu bestimmen, welche Strommengen der Leistungserhöhung zuzurechnen sind. Dies bedeutet, dass zunächst berechnet werden muss, wie stark sich die Bemessungsleistung durch die Erhöhung der installierten Leistung erhöht. Anschließend wird für die der Leistungserhöhung zuzurechnende Bemessungsleistung die Vergütung berechnet.

22 **Berechnungsbeispiel** für eine Anlage mit 20 MW, deren Bemessungsleistung um 16 MW erhöht (Inbetriebnahme im Jahr 2014) wird.

Leistungsanteil bis 500 kW = 3,125
Leistungsanteil 500 kW bis 2 MW = 9,375
Leistungsanteil 2 MW bis 5 MW = 18,75
Leistungsanteil 5 MW bis 10 MW = 31,25
Leistungsanteil 10 MW bis 20 MW = 37,5

Anzulegender Wert	EEG 2014
Grundvergütung Leistungsanteil bis 500 kW Leistungsanteil bis 2 MW Leistungsanteil bis 5 MW Leistungsanteil bis 10 MW Leistungsanteil bis 16 MW	$0,03125 \times 12,52$ $+ 0,09375 \times 8,25$ $+ 0,1875 \times 6,31$ $+ 0,3125 \times 5,54$ $+ 0,375 \times 5,34$
Anzulegender Wert	$= \textbf{6,08}$ ct/ kWh *

* auf die zweite Nachkommastelle gerundet

29 BT-Drs. 18/1891, S. 206.
30 Vgl. *Salje*, EEG 2014, § 40 Rn. 18.

Bestand bereits vor dem 1. August 2014 ein Förderanspruch, weil die Anlage eine installierte Leistung von weniger als 5 MW aufwies, besteht dieser Anspruch nach S. 2 fort. Für die Bemessungsleistung, die der Leistungserhöhung zuzurechnen ist, gilt das für die Erhöhung der Leistung von Anlagen mit mehr als 5 MW Gesagte.

b) Abgrenzung zwischen Neubau und Modernisierung. Für Anlagen mit einer Leistung   **23**
über 5 MW bleibt auch die Abgrenzung zwischen Modernisierung und Neubau relevant. Wird die Leistung einer bestehenden Anlage erhöht, wird nur die Leistungserhöhung gefördert. Errichtet der Anlagenbetreiber hingegen eine vollständig neue Anlage, wird eine Förderung für die gesamte Strommenge gewährt. Allerdings führt auch der Austausch aller Turbinen nicht zu einem Neubau, wenn die Wehranlage oder Staumauer bestehen bleibt, da die Wehranlage nach dem nunmehr formulierten weiten Anlagenbegriff Teil der Anlage ist.[31]

VI. Ökologische Anforderungen (Abs. 4)

1. Allgemeines. Abs. 4 ist knapper gefass als § 23 Abs. 4 EEG 2012. Mit dem Wasserhaus-   **24**
haltsgesetz 2009 (Gesetz zur Ordnung des Wasserhaushalts vom 31. Juli 2009, BGBl. I S. 2585) sind jedoch die maßgeblichen fachrechtlichen Anforderungen, die von Gewässernutzungen wie der Wasserkraft einzuhalten sind, weiterhin bundesweit einheitlich geregelt. Diese Normen gewährleisten, dass keine Wasserkraftanlagen errichtet und betrieben werden, die im Widerspruch zu gewässerökologischen Vorgaben stehen. Vor diesem Hintergrund wird im Sinne der Konsistenz des EEG 2014 und der klaren Abgrenzung zwischen der rechtlichen Ausgestaltung des Förderregimes und den ordnungsrechtlichen Anforderungen der Fördertatbestand an das Vorliegen der wasserrechtlichen Zulassung für die Ertüchtigungsmaßnahme geknüpft.[32]

2. Konkrete Voraussetzungen. Abs. 4 regelt, dass der Vergütungsanspruch nach Abs. 1   **25**
nur gilt, wenn die Anlage im räumlichen Zusammenhang mit einer ganz oder teilweise bereits bestehenden oder vorrangig zu anderen Zwecken als der Erzeugung von Strom aus Wasserkraft neu zu errichtenden Stauanlage oder ohne durchgehende Querverbauung errichtet worden ist. Die Änderungen des Begriffs „Staustufe oder Wehranlage" in „Stauanlage" sind redaktionelle Anpassungen.

Da Abs. 1 zunächst nur eine Vergütung für neue Anlagen vorsieht, die nur unter den Vo-   **26**
raussetzungen der Abs. 2 und 3 auch für Bestandsanlagen gewährt wird, gelten die Anforderungen des Abs. 4 nur für neue Anlagen, also solche, die nach dem 31.7.2014 errichtet worden sind.

a) In räumlichem Zusammenhang mit einer Stauanlage (Nr. 1). Der räumliche Zusam-   **27**
menhang umfasst zumindest den Bereich, in dem die Auswirkungen der bestehenden Stauanlage noch festgestellt werden können.[33] Notwendig ist eine Bewertung des Einzelfalls.[34] Dabei muss auf den Eindruck eines objektiven, fachkundigen Beobachters abgestellt werden.

---

31 Siehe hierzu § 3 Rn. 11; im Ergebnis auch OLG Stuttgart, Urt. v. 25.5.2012, 3 U 193/11, Rn. 25, IR 2012, 154, 155.
32 BT-Drs. 157/14, S. 207.
33 Altrock/Oschmann/Theobald/*Wustlich*, § 23 Rn. 68; Reshöft/*Kahle*, § 23 Rn. 36.
34 Frenz/Müggenborg/*Schomerus*, § 23 Rn. 55.

28 **Var. 1** erlaubt neue Wasserkraftanlagen an ganz oder teilweise bereits **bestehenden Stau-anlagen**. Die Tatsache, dass die Stauanlage bereits bestehen muss, besagt, dass sie vor der Wasserkraftanlage errichtet worden sein muss und ihre Errichtung nicht im Zusammen-hang mit der Errichtung dieser Wasserkraftanlage stand. Dabei ist es unschädlich, wenn an dieser Stelle früher eine andere Wasserkraftanlage betrieben wurde. Die Formulierung „**ganz oder teilweise bestehend**" stellt nicht ausschließlich auf den baulichen Zustand der Querverbauung ab, sondern besagt, dass die Querverbauung den natürlichen Gewässer-fluss noch beeinflusst. Dies bedeutet, dass im Vergleich zu einem ungestörten Gewässerab-schnitt noch eine Behinderung des Abflusses durch eine feststellbare Veränderung der Strömungsgeschwindigkeit über den Fließgewässerquerschnitt vorhanden sei, die durch das Querbauwerk verursacht werde.[35] Es kommt hingegen nicht darauf an, ob die Wasser-verbauung noch benutzt oder aber nicht mehr benutzt wird.[36]

29 Auch für **neu errichtete Stauanlagen** besteht nach **Nr. 1 Var. 2** ein Vergütungsanspruch, wenn diese nicht in erster Linie zur Stromerzeugung, sondern vorrangig zu anderen Zwe-cken, insbesondere dem Hochwasserschutz oder der Verbesserung der Gewässer- und Um-gebungsökologie, errichtet werden.[37] Hintergrund ist, dass Eingriffe in bislang unbeein-trächtigte Gewässerabschnitte vermieden werden und die weitere Entwicklung der kleinen Wasserkraft auf bereits vorbelastete oder aus anderen Gründen zu erschließende Standorte gelenkt werden soll.[38] Aus diesem Grund ist es auch nicht erforderlich, mit dem Bau der Wasserkraftanlage zu warten, bis die Stauanlage errichtet wurde. Steht fest, dass diese aus anderen Gründen errichtet wird, kann die Wasserkraftanlage auch im selben Zug wie die Stauanlage errichtet werden.[39]

30 **b) Ohne durchgehende Querverbauung (Nr. 2).** Mit dem zweiten Standortkriterium „oh-ne durchgehende Querverbauung" wird auf technologische Entwicklungen im Bereich der Wasserkraftnutzung abgestellt, die z. B. eine Stromgewinnung aus der fließenden Welle er-möglichen.[40] Gewisse nicht durchgehende Bauwerke sind unschädlich, soweit sie für die Verankerung der Anlage erforderlich sind.[41] Diese Voraussetzungen können insbesondere auch von Anlagen zur Nutzung der Wellen-, Gezeiten-, Salzgradienten- und Strömungs-energie erfüllt werden.[42]

31 **4. Speicherkraftwerke.** Der Absatz 6 des § 23 EEG 2012 wurde mit dem EEG 2014 auf-gehoben. Danach war eine Vergütung für Speicherkraftwerke daran geknüpft, dass sie an einem bestehenden Speicher oder Speicherkraftwerk errichtet worden waren. Die Vergü-tung von Speicherkraftwerken war 2012 erstmals in das EEG aufgenommen worden. Die Streichung des Absatz 6 wird wie die Streichung des Absatz 4 im Sinne der Konsistenz des EEG 2014 und der klaren Abgrenzung zwischen der rechtlichen Ausgestaltung des Förder-regimes und den ordnungsrechtlichen Anforderungen des WHG vollzogen (vgl. Rn. 24). Für Speicherkraftwerke gelten damit die gleichen Anforderungen wie für andere Wasser-

---

35 BMU, Leitfaden Wasserkraft, S. 10.
36 *Salje*, EEG 2014, § 23 Rn. 36; so auch Altrock/Oschmann/Theobald/*Wustlich*, § 23 Rn. 66.
37 BMU, Leitfaden Wasserkraft, S. 10.
38 Reshöft/*Kahle*, § 23 Rn. 36.
39 So auch Altrock/Oschmann/Theobald/*Wustlich*, § 23 Rn. 67.
40 BMU, Leitfaden Wasserkraft, S. 10.
41 Reshöft/*Kahle*, § 23 Rn. 37.
42 Altrock/Oschmann/Theobald/*Wustlich*, § 23 Rn. 69.

kraftanlagen. Sie können eine Vergütung erhalten, wenn sie ausschließlich aus natürlichem Zufluss gespeist werden. Allerdings erhalten Pumpspeicherkraftwerke keine Vergütung nach dem EEG, da diese aus konventionellem Strom erneut Strom erzeugen und deshalb nicht den Anforderungen des Ausschließlichkeitsprinzips nach § 19 Abs. 1 genügen.[43]

---

43 BT-Drs. 17/6071, S. 69.

§ 41 Deponiegas

Für Strom aus Deponiegas beträgt der anzulegende Wert

1. bis einschließlich einer Bemessungsleistung von 500 Kilowatt 8,42 Cent pro Kilowattstunde und
2. bis einschließlich einer Bemessungsleistung von 5 Megawatt 5,83 Cent pro Kilowattstunde.

Schrifttum: *Herz/Valentin*, Direktvermarktung, Direktlieferung und Eigenversorgung nach dem EEG 2014, EnWZ 2014, 358; IPCC, Climate Change 2007, The Physical Science Basis, 2007; *Müller/Kahl/Sailer*, Das neue EEG 2014 – Systemwechsel beim weiteren Ausbau der Erneuerbaren Energien, ER 2014, 139; *Niedersberg*, Der Ausschließlichkeitsgrundsatz des EEG und der Einsatz fossiler Energien, ZNER 2014, 146; *Wustlich*, Das Erneuerbare-Energien-Gesetz 2014 – Grundlegend neu – aber auch grundlegend anders?, NVwZ 2014, 1113.

Übersicht

I. Zweck der Norm

1 § 41 dient der Festsetzung der Höhe des anzulegenden Werts für die finanzielle Förderung von Strom aus Deponiegas. Die Förderung für Strom aus Deponiegas hat neben der **Vermeidung** der Stromerzeugung aus anderen Quellen einen zusätzlichen Nutzen für die Verminderung von **Treibhausgasemissionen**: Deponiegas hat einen Methananteil von ungefähr 50%; gleichzeitig hat Methan das 21-fache Treibhausgaspotenzial von Kohlenstoffdioxid.[1] In Deutschland ist deshalb seit 2005 die Ablagerung von biogenen Abfällen in Deponien verboten.[2] Diese werden seitdem entweder verbrannt oder der Kompostierung zugeführt, sodass relevante Methanemissionen nur aus älteren Deponien erfolgen. Deshalb nimmt die tatsächliche Bedeutung der Norm ab.

II. Rechtstatsachen

2 Das **Deponiegasaufkommen ist seit Jahren rückläufig**. Betrug die Stromerzeugung aus Deponiegas im Jahr 2005 noch 1,1 TWh, so sank sie bis zum Jahr 2009 kontinuierlich auf 0,7 TWh[3] und seither in etwas vermindertem Tempo weiter auf nur noch rd. 0,6 TWh im

---

1 *IPCC*, Climate Change 2007, The Physical Science Basis 2007, S. 212.

2 Vgl. zum EEG 2012: Frenz/Müggenborg/*Schomerus*, § 24 EEG 2012 Rn. 5.

3 *Schmidt/Musiol/Püttner*, Vorbereitung und Begleitung der Erstellung des Erfahrungsberichtes 2011 gemäß § 65 EEG im Auftrag des Bundesministeriums für Umwelt, Naturschutz und Reaktorsicherheit, Vorhaben I (Spartenübergreifende und integrierende Themen sowie Stromerzeugung aus Klär-, Deponie- und Grubengas), Juni 2011, abrufbar auf www.erneuerbare-energien.de, S. 13.

Jahr 2012.[4] Hintergrund ist das bereits genannte Verbot der Deponierung von Abfällen. Entsprechend der sinkenden Stromerzeugung aus Deponiegas belief sich auch die neu zugebaute installierte Leistung von Deponiegasanlagen unter dem EEG im Jahr 2012 nur noch auf rd. 0,2 MW (im Vergleich zu rd. 1,6 MW im Jahr 2011), insgesamt waren für das Jahr 2012 etwa 131 MW installierter Deponiegas-Anlagenleistung bekannt.[5]

III. Entstehungsgeschichte

Die Stromerzeugung aus Deponiegas wurde bereits im Rahmen des **StrEG**[6] gefördert. Mit   **3** dem **EEG 2000** wurden erstmals feste Einspeisevergütungen eingeführt, die damals 7,67 Ct/kWh bis einschließlich 500 kW und 6,65 Ct für jede darüber hinaus eingespeiste kWh betrugen. Anlagen mit einer Leistung über 5 MW erhielten keine Vergütungen. Eine degressive Absenkung dieser Vergütungssätze war nicht vorgesehen.

Mit dem **EEG 2004** blieben die Vergütungssätze weitgehend unberührt. Allerdings wurde   **4** eine Regelung zum Gasabtausch in das Gesetz aufgenommen, Anlagen mit einer Leistung über 5 MW erhielten für den Leistungsanteil bis 5 MW anteilig einen Vergütungsanspruch. Darüber hinaus wurde ein Technologiebonus u.a. für den Einsatz von Deponiegas in Brennstoffzellen eingeführt. Der Vergütungsanspruch wurde einer Degression von 1,5 % pro Jahr unterworfen.

Mit dem **EEG 2009** entstand in dessen § 24 eine eigenständige Norm für Deponiegas, das   **5** vorher zusammen mit Klär- und Grubengas geregelt wurde. Gleichzeitig wurde die Vergütung für den Leistungsanteil bis einschließlich 500 kW um 1,33 Ct/kWh auf 9 Ct/kWh angehoben. Der Technologiebonus wurde detaillierter ausgestaltet und Einzelheiten wurden in Anlage 1 des Gesetzes geregelt.

Das **EEG 2012** bündelte die Regelungen zum Gasabtausch in § 27c EEG 2012, der für alle   **6** gasförmigen Energieträger, d.h. auch für Deponiegas nach § 24 EEG 2012, galt. Der frühere § 24 Abs. 2 EEG 2009 entfiel im Gegenzug. Auch der Technologiebonus fiel weg. Der sog. Gasaufbereitungsbonus wurde in § 27c Abs. 2 EEG 2012 überführt.

Mit dem **EEG 2014** wird die Förderregelung für Strom aus Deponiegas, die sich nunmehr   **7** umnummeriert in § 41 findet, an die im EEG bereits angelegte Degression angepasst, wobei die neuen anzulegenden Werte zudem eingepreiste Direktvermarktungsmehrkosten für

---

4 *ZSW/IfnE/IFEU/Bosch&Partner*, Vorbereitung und Begleitung der Erstellung des Erfahrungsberichts 2014 gemäß § 65 EEG im Auftrag des Bundesministeriums für Wirtschaft und Energie, Vorhaben I (Spartenübergreifende und integrierende Themen sowie Stromerzeugung aus Klär-, Deponie- und Grubengas), Wissenschaftlicher Bericht, Juli 2014, abrufbar auf www.erneuerbare-energien.de, S. 35; auf S. 46 des Wissenschaftlichen Berichts ist sogar nur von einer Stromerzeugung aus Deponiegas im Jahr 2012 von rd. 0,5 TWh die Rede.
5 *ZSW/IfnE/IFEU/Bosch&Partner*, Vorbereitung und Begleitung der Erstellung des Erfahrungsberichts 2014 gemäß § 65 EEG im Auftrag des Bundesministeriums für Wirtschaft und Energie, Vorhaben I (Spartenübergreifende und integrierende Themen sowie Stromerzeugung aus Klär-, Deponie- und Grubengas), Wissenschaftlicher Bericht, Juli 2014, abrufbar auf www.erneuerbare-energien.de, S. 46.
6 Gesetz über die Einspeisung von Strom aus erneuerbaren Energien in das öffentliche Netz (Stromeinspeisungsgesetz – StrEG) v. 7.12.1990, (BGBl. I S. 2633).

Deponiegas enthalten.[7] Die bereits seit dem EEG 2012 nicht mehr unmittelbar in der Förderregelung für Deponiegas verortete Förderung für die Stromerzeugung aus Deponiegas im Gasabtausch wird für Neuanlagen ersatzlos gestrichen.[8]

IV. Anspruch auf finanzielle Förderung

8 **1. Deponiegas.** Der Anspruch auf finanzielle Förderung besteht für Strom aus Deponiegas. Der Begriff Deponiegas ist im EEG nicht weiter definiert. § 2 Nr. 14 DepV[9] definiert **Deponiegas als durch Reaktionen der abgelagerten Abfälle entstandene Gase.** Deponien sind nach § 3 Nr. 27 KrWG[10] Beseitigungsanlagen zur Ablagerung von Abfällen oberhalb der Erdoberfläche (oberirdische Deponien) oder unterhalb der Erdoberfläche (Untertagedeponien). Zu den Deponien zählen auch betriebsinterne Abfallbeseitigungsanlagen für die Ablagerung von Abfällen, in denen ein Erzeuger von Abfällen die Abfallbeseitigung am Erzeugungsort vornimmt. Zusammengenommen ist **Deponiegas das in Deponien entstandene Gas.**[11] Deponiegas besteht im Wesentlichen aus Methan und Kohlenstoffdioxid. Die Anteile beider Gase sind variabel und hängen von den gelagerten Stoffen, den Lagerbedingungen und der Lagerdauer ab. Ist der Methananteil hoch genug, kann das Gas verbrannt und mittels eines Generators Strom erzeugt werden. In der Regel werden hierfür Blockheizkraftwerke (BHKW) eingesetzt, § 41 ist aber technologieoffen.

9 Grundsätzlich zulässig ist eine **Mischfeuerung** von Deponiegas mit Biogas, Klär- oder Grubengas.[12] In diesem Fall muss der Anlagenbetreiber jedoch Nachweise über die genaue Zusammensetzung und das Wärmeäquivalent der eingesetzten Gase führen, um eine Berechnung der für die einzelnen Gase unterschiedlichen anteiligen finanziellen Förderung zu ermöglichen. Nicht zulässig ist hingegen eine Mischfeuerung mit konventionellem Gas.[13] In diesem Fall entfällt der Anspruch auf finanzielle Förderung gemäß § 19 Abs. 1.[14] Nach § 47 Abs. 6 spricht jedoch nichts gegen die Entnahme von „grauem" Gas aus dem Erdgasnetz, soweit die Menge des entnommenen Gases im Wärmeäquivalent am Ende eines Kalenderjahres der Menge von Deponiegas, Klärgas, Grubengas, Biomethan oder Speichergas entspricht, die an anderer Stelle im Geltungsbereich dieses Gesetzes in das

---

7 Vgl. Entwurf eines Gesetzes zur grundlegenden Reform des Erneuerbare-Energien-Gesetzes und zur Änderung weiterer Bestimmungen des Energiewirtschaftsrechts BT-Drs. 18/1304, S. 141.

8 S. u. Rn. 14.

9 Deponieverordnung vom 27.4.2009 (BGBl. I S. 900), die zuletzt durch Art. 7 der Verordnung vom 2.5.2013 (BGBl. I S. 973) geändert worden ist.

10 Kreislaufwirtschaftsgesetz vom 24.2.2012 (BGBl. I S. 212), das zuletzt durch § 44 Abs. 4 des Gesetzes vom 22.5.2013 (BGBl. I S. 1324) geändert worden ist.

11 Ausführlicher zum Begriff Deponiegas: Altrock/Oschmann/Theobald/*Rostankowski/Vollprecht*, § 24 EEG 2012 Rn. 15 ff.; Reshöft/Schäfermeier/*Kahle*, § 24 EEG 2012 Rn. 8 ff.

12 Vgl. auch Altrock/Oschmann/Theobald/*Rostankowski/Vollprecht*, § 24 EEG 2012 Rn. 20 ff.; Reshöft/Schäfermeier/*Kahle*, § 24 EEG 2012 Rn. 14.

13 Vgl. zum Ausschließlichkeitsgrundsatz im EEG auch BGH, Urt. v. 6.11.2013, VIII ZR 194/12, NVwZ 2014, 962; hierzu auch *Niedersberg*, ZNER 2014, 146.

14 Vgl. hierzu BerlKommEnR/*Thorbecke/Greb*, § 19 EEG 2014 Rn. 1 ff.; entgegen Altrock/Oschmann/Theobald/*Rostankowski/Vollprecht*, § 24 EEG 2012 Rn. 18, folgt aus 24 EEG 2012/ § 41 EEG 2014 hingegen kein dauerhaftes Entfallen des Anspruchs auf finanzielle Förderung, wenn nach erstmaligem Einsatz ausschließlich förderfähiger Einsatzstoffe nochmals fossile Energieträger verwendet werden; so wohl auch Clearingstelle EEG, Empfehlung 2008/15 v. 30.3.2011 (www.clearingstelle-eeg.de/files/0068_0.pdf).

Erdgasnetz eingespeist worden ist, und wenn für den gesamten Transport und Vertrieb des Gases von seiner Herstellung oder Gewinnung, seiner Einspeisung in das Erdgasnetz und seinem Transport im Erdgasnetz bis zu seiner Entnahme aus dem Erdgasnetz Massenbilanzsysteme verwendet worden sind.[15]

2. Finanzielle Förderung. Die wesentliche Änderung der finanziellen Förderregelung gegenüber § 24 EEG 2012 ist die Umstellung von dem bisherigen System fester Vergütungssätze zu einem System anzulegender Werte, die vor dem Hintergrund der Vorzeichenänderung des EEG hin zu einem Vorrang der (wirtschaftlich) verpflichtenden Direktvermarktung zu verstehen ist.[16] Der Begriff des anzulegenden Wertes, der nicht in den Begriffsbestimmungen des § 5, sondern aus nicht näher erläuterten Gründen in § 23 Abs. 1 S. 2 legaldefiniert wird, ist dabei – wie die Nomenklatur schon andeutet – anders als die Vergütungssätze früherer EEG-Fassungen ein rein theoretischer Wert, der lediglich die Berechnungsgrundlage für die tatsächlich auszuzahlende Höhe der finanziellen Förderung bildet und in der im Gesetzestext bezifferten Höhe tatsächlich in keinem denkbaren Fall ausgezahlt wird.[17] Die finanzielle Förderung für Strom aus Deponiegas ist nach § 27 Abs. 1 Nr. 2 weiterhin degressiv ausgestaltet, die unverändert jährlich einsetzende Degression beträgt wie bereits im EEG 2012 1,5 %. Allerdings wird die jährliche Degression mit Inkrafttreten des EEG 2014 einmalig um fünf Monate vorgezogen: Die Verringerung der nach § 41 anzulegenden Werte um 1,5 % gegenüber den im EEG 2012 für das Jahr 2012 festgeschriebenen Fördersätzen auf die degressionsbereinigten Werte zum 1.1.2015 ist bereits ab dem 1.8.2014 für neu in Betrieb genommene Deponiegasanlagen anzuwenden. Der nächste Degressionsschritt folgt erst zum 1.1.2016, so dass die Jahrestaktung ab diesem Zeitpunkt wieder hergestellt wird. **10**

Neben der Anpassung der Fördersätze an die Degression nimmt der Gesetzgeber in § 41 eine weitere Modifikation der Fördersatzhöhe vor, indem er in die degressionsbereinigten anzulegenden Werte direkt die **Direktvermarktungsmehrkosten** für Deponiegas in Höhe von 0,2 Cent/kWh einpreist. Diese eingepreisten Direktvermarktungsmehrkosten ersetzen bei der im EEG 2014 zum Regelfall erklärten Direktvermarktung des Stroms die für neue Anlagen entfallene Managementprämie;[18] der in Höhe von 0,2 Ct/kWh eingepreiste Wert stellt dabei eine geringfügige Verringerung um 0,025 Ct/kWh gegenüber dem nach Ziffer 2.1.2 der Anlage 4 zum EEG 2012 für den Zeitraum ab dem Jahr 2015 vorgesehenen Betrag der Managementprämie für steuerbare erneuerbare Energieträger („$P_{M \text{ (Steuerbare)}}$") dar. **11**

Die finanzielle Förderung für Strom aus Deponiegas ist, wie bei Wasserkraft, Klär- und Grubengas, Biomasse und solarer Strahlungsenergie, nach der Größe der Anlage **gestaffelt**. Dies bedeutet, dass auch Anlagen mit einer Leistung über 500 kW anteilig für den Leistungsanteil bis 500 kW die höhere finanzielle Förderung bekommen. **12**

3. Ausschluss der finanziellen Förderung bei Förderung der Anlage nach ProMechG. Sowohl § 80 als auch § 5 Abs. 1 S. 5 ProMechG[19] untersagen eine Doppelförderung. Dies **13**

---

15 Vgl. hierzu BerlKommEnR/*Müller*, § 47 EEG 2014 Rn. 61 ff.
16 S. hierzu ausführlicher u. a. *Herz/Valentin*, EnWZ 2014, 358; *Müller/Kahl/Sailer*, ER 2014, 139, 140 f.; *Wustlich*, NVwZ 2014, 1113, 1116 f.
17 Hierzu näher *Wustlich*, NVwZ 2014, 1113, 1117.
18 BT-Drs. 18/1304, S. 141.
19 Projekt-Mechanismen-Gesetz vom 22.9.2005 (BGBl. I S. 2826), das zuletzt durch Art. 2 des Gesetzes vom 21.7.2014 (BGBl. I S. 1066) geändert worden ist.

bedeutet, dass Deponiegasanlagen mit einer Leistung bis einschließlich 5 MW installierter Leistung ausschließlich eine Förderung nach dem EEG erhalten. Größere Anlagen können für den Anteil der Stromerzeugung, die auf den Leistungsanteil über 5 MW entfällt, eine Förderung nach Projekt-Mechanismen-Gesetz erhalten. In diesem Fall entfällt die Förderung nach dem EEG.

V. Beendigung der geförderten Gasaufbereitung

14 Unter dem EEG 2012 wurde für Strom aus aufbereitetem und in das Erdgasnetz eingespeistem Deponiegas zusätzlich zu der finanziellen Förderung (Einspeisevergütung oder Marktprämie) nach § 24 EEG 2012 der Gasaufbereitungs-Bonus gewährt, sofern die Bonus-Voraussetzungen des § 27c Abs. 1 und 2 EEG 2012 vorlagen. Im EEG 2014 werden lediglich die Anforderungen an die Fiktion von aus dem Erdgasnetz entnommenem Gas als Deponiegas nach § 27c Abs. 1 EEG 2012 (kalenderjährliche Mengenäquivalenz nach dessen Nr. 1 und Verwendung von Massenbilanzsystemen nach dessen Nr. 2) beibehalten; diese finden sich nunmehr in § 47 Abs. 6 wieder.[20] Der Gasaufbereitungs-Bonus nach § 27c Abs. 2 EEG 2012 wird für ab dem 1.8.2014 in Betrieb genommene Neuanlagen zur Stromerzeugung aus aufbereitetem und eingespeistem Deponiegas jedoch abgeschafft. Die **Streichung des Gasaufbereitungs-Bonus** für neue Anlagen verfolgt laut Begründung des Regierungsentwurfs zum EEG 2014 das Ziel der Kostenbegrenzung, für das aus gesetzgeberischer Sicht die Beendigung der zusätzlichen, mit hohen Zusatzkosten pro Kilowattstunde erzeugten Stroms verbundenen Förderung der Gasaufbereitung für Neuanlagen erforderlich ist.[21] Diese gesetzgeberische Maßnahme dient damit – neben anderen Änderungen durch das EEG 2014 – dem bereits auf der ersten Seite des Regierungsentwurfs zum EEG 2014 formulierten Ziel einer Durchbrechung der Kostendynamik der vergangenen Jahre beim Ausbau der erneuerbaren Energien zwecks Begrenzung des Anstiegs der Stromkosten für Stromverbraucher,[22] da der Gesetzgeber Biomethan – mit Vergütungserwartungen von über 20 Ct/kWh unter dem EEG 2012[23] – nicht zu den künftig ins Zentrum der Förderung rückenden kostengünstigeren Technologien wie insbesondere Windenergie an Land und Fotovoltaik zählt.[24]

15 Nicht eindeutig geregelt ist die Frage, ob für bereits vor dem 1.8.2014 in Betrieb gesetzte Anlagen, die erst ab dem 1.8.2014 Strom aus aufbereitetem und eingespeistem Deponiegas erzeugen, auch die **Übergangsbestimmung des § 100 Abs. 2 S. 2 bis 4** anwendbar ist. Aufbereitetes und eingespeistes Deponiegas würde technisch betrachtet auch der Legaldefinition für Biomethan nach § 5 Nr. 8 unterfallen, da auch Deponiegas ein aus anaerober Vergärung von Biomasse gewonnenes Gas ist, d. h. die gesetzlichen Anforderungen an Biogas nach § 5 Nr. 7 erfüllt, und bei entsprechender Aufbereitung und Einspeisung in das Erdgasnetz demzufolge als Biomethan gelten könnte. Wie schon in § 27c Abs. 1 EEG 2012 deutet aber auch im EEG 2014 die parallele Verwendung der Begriffe Deponiegas und Biomethan in § 47 Abs. 6 (und ebenso die parallele Verwendung der Begriffe Deponiegas und Biogas in § 5 Nr. 14 Buchst e) darauf hin, dass der Gesetzgeber wohl – wenn

---

20 S. hierzu ausführlich BerlKommEnR/*Müller*, § 47 EEG 2014 Rn. 61 ff.
21 Vgl. BT-Drs. 18/1304, S. 144.
22 BT-Drs. 18/1304, S. 1.
23 Dies gilt allerdings nur bei einer Förderung des Stroms nach §§ 27 oder 27a EEG 2012.
24 Vgl. BT-Drs. 18/1304, S. 89.

auch systematisch nicht ganz überzeugend – Biomethan als aufbereitetes und in das Erd-
gasnetz eingespeistes Biogas, das *kein* Deponiegas (oder Klärgas) ist, versteht. Aus diesem
Grund dürfte § 100 Abs. 2 S. 2 bis 4 nach dem Willen des Gesetzgebers auch nicht auf
Strom aus aufbereitetem und eingespeistem Deponiegas anwendbar sein. Soweit § 100
Abs. 2 S. 2 bis 4 vor allem dazu dienen soll, den vor Inkrafttreten des EEG 2014 errichteten
Biogas-Aufbereitungsanlagen auch künftig einen Absatzmarkt in Form von Verstromungsanlagen zu sichern, die zu einer – für Deponiegas nicht relevanten – einsatzstoffbezogenen
Förderung für Strom aus Biomasse nach dem EEG 2012 oder EEG 2009 berechtigen, erscheint der Ausschluss von Deponiegas aus dem Anwendungsbereich des § 100 Abs. 2
auch gerechtfertigt; übersehen wird hierbei allerdings, dass auch für bestehende Deponie-
gas-Aufbereitungsanlagen bei einem verschleißbedingten Wegfall der bestehenden Verstromungsanlagen neue, dem EEG 2014 unterfallende Verstromungsanlagen keinen Anspruch auf den Gasaufbereitungs-Bonus mehr begründen, so dass auch für diese Deponie-
gas-Aufbereitungsanlagen die Wirtschaftlichkeit eines fortgesetzten Aufbereitungsbetriebes gefährdet ist.

§ 42 Klärgas

Für Strom aus Klärgas beträgt der anzulegende Wert

1. bis einschließlich einer Bemessungsleistung von 500 Kilowatt 6,69 Cent pro Kilowattstunde und
2. bis einschließlich einer Bemessungsleistung von 5 Megawatt 5,83 Cent pro Kilowattstunde.

Schrifttum: *Herz/Valentin*, Direktvermarktung, Direktlieferung und Eigenversorgung nach dem EEG 2014, EnWZ 2014, 358; IPCC, Climate Change 2007, The Physical Science Basis, 2007; *Müller/ Kahl/Sailer*, Das neue EEG 2014 – Systemwechsel beim weiteren Ausbau der Erneuerbaren Energien, ER 2014, 139; *Niedersberg*, Der Ausschließlichkeitsgrundsatz des EEG und der Einsatz fossiler Energien, ZNER 2014, 146; *Wustlich*, Das Erneuerbare-Energien-Gesetz 2014 – Grundlegend neu – aber auch grundlegend anders?, NVwZ 2014, 1113.

Übersicht

I. Zweck der Norm

1   § 42 dient der Festsetzung der Höhe des anzulegenden Werts für die finanzielle Förderung von Strom aus Klärgas. Damit konkretisiert die Vorschrift den Förderanspruch aus § 19 Abs. 1. Die finanzielle Förderung für Strom aus Klärgas hat neben der Vermeidung der Stromerzeugung aus fossilen oder nuklearen Quellen einen zusätzlichen Nutzen für die **Verminderung von Treibhausgasemissionen**: Klärgas besteht zu schwankenden Teilen aus Methan, das das 21-fache Treibhausgaspotenzial von Kohlenstoffdioxid hat.[1] Dessen Freisetzung wird durch Nutzung von Klärgas zur Stromerzeugung vermieden. Allerdings tritt dieser Vermeidungseffekt auch ein, wenn kein Strom erzeugt wird, sondern allein die bei der Verbrennung des Gases entstehende Wärme z.B. zur Klärschlammtrocknung verwendet wird, wie es auch in einigen Kläranlagen der Fall ist.

II. Rechtstatsachen

2   Klärgas fällt in Abwasserbehandlungsanlagen an. Die Gewinnung von Klärgas und der Einsatz zur Stromerzeugung hat seit Jahren eine leicht steigende Tendenz, wobei laut wissenschaftlicher Begleitforschung zum EEG 2012 insbesondere in den letzten Jahren erhebliche Zuwachsraten zu beobachten sind: Danach ist die Stromerzeugung aus Klärgas von

---

1 IPCC, Climate Change 2007, S. 212.

ca. 0,8 TWh im Jahr 2003 auf ca. 1,3 TWh im Jahr 2012 angestiegen.[2] Entsprechend wurde ein signifikanter Anstieg der insgesamt installierten elektrischen Erzeugungsleistung von Klärgasanlagen von 149 MW im Jahr 2003 auf 236 MW im Jahr 2012 verzeichnet,[3] wobei der Zubau im Bereich der EEG-Anlagen in den Jahren 2009 bis 2012 weniger als 1 MW pro Jahr betragen habe. Außerhalb der finanziellen EEG-Förderung hat sich laut wissenschaftlicher Begleitforschung von 2009 auf 2010 ein Zubau von ca. 8 MW und von 2010 auf 2011 ein Zubau von ca. 33 MW ergeben; von 2011 auf 2012 betrug die Steigerung in diesem Bereich noch 3 MW.[4]

III. Entstehungsgeschichte

Die Stromerzeugung aus Klärgas wurde bereits nach § 3 Abs. 1 S. 1 **StrEG**[5] gefördert. Mit **3** dem **EEG 2000** wurden erstmals feste Einspeisevergütungen eingeführt, die damals 7,67 Ct/kWh bis einschließlich 500 kW und 6,63 Ct für jede darüber hinaus eingespeiste kWh betrug. Anlagen mit einer Leistung über 5 MW erhielten keine Vergütungen. Eine degressive Absenkung dieser Vergütungssätze war nicht vorgesehen.

Mit dem **EEG 2004** blieben die Vergütungssätze weitgehend unberührt. Allerdings wurden **4** eine Regelung zum Gasabtausch sowie ein Technologie-Bonus u. a. zur Förderung des Einsatzes von Klärgas in Brennstoffzellen in das Gesetz aufgenommen. Anlagen mit einer Leistung über 5 MW konnten die Vergütungen für den Leistungsanteil bis 5 MW erhalten. Darüber hinaus wurde eine Degression von 1,5 % pro Jahr eingeführt.

Mit dem **EEG 2009** entstand in dessen § 25 eine eigenständige Norm für Klärgas, das vor- **5** her zusammen mit Deponie- und Grubengas geregelt wurde. Gleichzeitig wurde die Vergütung für den Leistungsanteil bis einschließlich 500 kW um 1,33 Ct/kWh auf 9 Ct/kWh angehoben. Der Technologiebonus wurde detaillierter ausgestaltet und Einzelheiten wurden in Anlage 1 des Gesetzes überführt.

Das **EEG 2012** bündelte die Regelungen zum Gasabtausch in § 27c EEG 2012, der für alle **6** gasförmigen Energieträger, d. h. auch für Klärgas nach § 25 EEG 2012, galt. Der frühere § 24 Abs. 2 EEG 2009 entfiel im Gegenzug. Auch der Technologiebonus fiel weg. Der sog. Gasaufbereitungsbonus wurde in § 27c Abs. 2 EEG 2012 überführt.

Mit dem **EEG 2014** wird die Förderregelung für Strom aus Klärgas, die sich nunmehr um- **7** nummeriert in § 42 findet, an die im EEG bereits angelegte Degression angepasst, wobei die neuen anzulegenden Werte zudem eingepreiste Direktvermarktungsmehrkosten für

---

2 *ZSW/IfnE/IFEU/Bosch&Partner*, Vorhaben I, Spartenübergreifende und integrierende Themen sowie Stromerzeugung aus Klär-, Deponie- und Grubengas, Wissenschaftlicher Bericht, 2014, abrufbar auf www.erneuerbare-energien.de, S. 35.

3 *ZSW/IfnE/IFEU/Bosch&Partner*, Vorhaben I, Spartenübergreifende und integrierende Themen sowie Stromerzeugung aus Klär-, Deponie- und Grubengas, Wissenschaftlicher Bericht, 2014, Wissenschaftlicher Bericht, abrufbar auf www.erneuerbare-energien.de, S. 41.

4 *ZSW/IfnE/IFEU/Bosch&Partner*, Vorhaben I, Spartenübergreifende und integrierende Themen sowie Stromerzeugung aus Klär-, Deponie- und Grubengas, Wissenschaftlicher Bericht, 2014, Wissenschaftlicher Bericht, abrufbar auf www.erneuerbare-energien.de, S. 41.

5 Gesetz über die Einspeisung von Strom aus erneuerbaren Energien in das öffentliche Netz (Stromeinspeisungsgesetz – StrEG) v. 7.12.1990 (BGBl I S. 2633).

Klärgas enthalten.[6] Die bereits seit dem EEG 2012 nicht mehr unmittelbar in der Förderregelung für Klärgas verortete Förderung für die Stromerzeugung aus Klärgas im Gasabtausch wird für Neuanlagen ersatzlos gestrichen.[7]

IV. Anspruch auf finanzielle Förderung

8 **1. Klärgas.** Der Anspruch auf finanzielle Förderung besteht für Strom aus Klärgas. Der **Begriff Klärgas** ist im EEG nicht weiter definiert. Klärgas ist Faulgas,[8] das bei der biologischen Abwasserbehandlung entsteht.[9] Hierfür wird der Klärschlamm in Faultürmen behandelt.[10] Klärschlamm ist nach § 2 Abs. 2 AbfKlärV[11] der bei der Behandlung von Abwasser in Abwasserbehandlungsanlagen einschließlich zugehöriger Anlagen zur weitergehenden Abwasserreinigung anfallende Schlamm, auch entwässert oder getrocknet oder in sonstiger Form behandelt.

9 Grundsätzlich zulässig ist eine **Mischfeuerung** von Klärgas mit Biogas, Deponiegas oder Grubengas.[12] In diesem Fall muss der Anlagenbetreiber jedoch Nachweise über die genaue Zusammensetzung und das Wärmeäquivalent der eingesetzten Gase führen, um eine Berechnung der für die einzelnen Gase unterschiedlichen anteiligen finanziellen Förderung zu ermöglichen. Nicht zulässig ist hingegen eine Mischfeuerung mit konventionellem Gas.[13] In diesem Fall entfällt der Anspruch auf finanzielle Förderung gemäß § 19 Abs. 1.[14] Nach § 47 Abs. 6 spricht jedoch nichts gegen die Entnahme von „grauem" Gas aus dem Erdgasnetz, soweit die Menge des entnommenen Gases im Wärmeäquivalent am Ende eines Kalenderjahres der Menge von Deponiegas, Klärgas, Grubengas, Biomethan oder Speichergas entspricht, die an anderer Stelle im Geltungsbereich dieses Gesetzes in das Erdgasnetz eingespeist worden ist, und wenn für den gesamten Transport und Vertrieb des Gases von seiner Herstellung oder Gewinnung, seiner Einspeisung in das Erdgasnetz und seinem Transport im Erdgasnetz bis zu seiner Entnahme aus dem Erdgasnetz Massenbilanzsysteme verwendet worden sind.[15]

10 **2. Finanzielle Förderung.** Die wesentliche Änderung der finanziellen Förderregelung gegenüber § 25 EEG 2012 ist die Umstellung von dem bisherigen System fester Vergü-

---

6 Vgl. Entwurf eines Gesetzes zur grundlegenden Reform des Erneuerbare-Energien-Gesetzes und zur Änderung weiterer Bestimmungen des Energiewirtschaftsrechts BT-Drs. 18/1304, S. 141.

7 S. unten Rn. 14.

8 Vgl. zum EEG 2012: Frenz/Müggenborg/*Schomerus*, § 25 EEG 2012 Rn. 3.

9 Vgl. zum EEG 2012: Reshöft/*Kahle*, § 25 EEG 2012 Rn. 3.

10 Vgl. zum EEG 2012: Frenz/Müggenborg/*Schomerus*, § 25 EEG 2012 Rn. 3.

11 Klärschlammverordnung vom 15.4.1992 (BGBl. I S. 912), die zuletzt durch Art. 5 Abs. 12 des Gesetzes vom 24.2.2012 (BGBl. I S. 212) geändert worden ist.

12 Vgl. auch Altrock/Oschmann/Theobald/*Rostankowski/Vollprecht*, § 25 EEG 2012 Rn. 17 ff.

13 Vgl. zum Ausschließlichkeitsgrundsatz im EEG auch BGH, Urt. v. 6.11.2013, VIII ZR 194/12, NVwZ 2014, 962; hierzu *Niedersberg*, ZNER 2014, 146.

14 Vgl. hierzu BerlKommEnR/*Thorbecke/Greb*, § 19 EEG 2014 Rn. 1 ff.; entgegen Altrock/Oschmann/Theobald/*Rostankowski/Vollprecht*, § 25 EEG 2012 Rn. 15, folgt aus 25 EEG 2012/ § 42 EEG 2014 hingegen kein dauerhaftes Entfallen des Anspruchs auf finanzielle Förderung, wenn nach erstmaligen Einsatz ausschließlich förderfähiger Einsatzstoffe nochmals fossile Energieträger verwendet werden; so wohl auch Clearingstelle EEG, Empfehlung 2008/15 v. 30.3.2011 (www.clearingstelle-eeg.de/files/0068_0.pdf).

15 Vgl. hierzu auch BerlKommEnR/*Müller*, § 47 EEG 2014 Rn. 61 ff.

tungssätze zu einem System anzulegender Werte, die vor dem Hintergrund der Vorzeichenänderung des EEG hin zu einem Vorrang der (wirtschaftlich) verpflichtenden Direktvermarktung zu verstehen ist.[16] Der Begriff des anzulegenden Wertes, der nicht in den Begriffsbestimmungen des § 5, sondern aus nicht näher erläuterten Gründen in § 23 Abs. 1 S. 2 legaldefiniert wird, ist dabei – wie die Nomenklatur schon andeutet – anders als die Vergütungssätze früherer EEG-Fassungen ein rein theoretischer Wert, der lediglich die Berechnungsgrundlage für die tatsächlich auszuzahlende Höhe der finanziellen Förderung bildet und in der im Gesetzestext bezifferten Höhe tatsächlich in keinem denkbaren Fall ausgezahlt wird.[17] Die finanzielle Förderung für Strom aus Klärgas ist nach § 27 Abs. 1 Nr. 3 weiterhin degressiv ausgestaltet, die unverändert jährlich einsetzende Degression beträgt wie bereits im EEG 2012 1,5 %. Allerdings wird die jährliche Degression mit Inkrafttreten des EEG 2014 einmalig um fünf Monate vorgezogen: Die Verringerung der nach § 42 anzulegenden Werte um 1,5 % gegenüber den im EEG 2012 für das Jahr 2012 festgeschriebenen Fördersätzen auf die degressionsbereinigten Werte zum 1.1.2015 ist bereits ab dem 1.8.2014 für neu in Betrieb genommene Klärgasanlagen anzuwenden. Der nächste Degressionsschritt folgt erst zum 1.1.2016, so dass die Jahrestaktung ab diesem Zeitpunkt wieder hergestellt wird.

Neben der Anpassung der Fördersätze an die Degression nimmt der Gesetzgeber in § 42 **11** eine weitere Modifikation der Fördersatzhöhe vor, indem er in die degressionsbereinigten anzulegenden Werte direkt die **Direktvermarktungsmehrkosten** für Klärgas in Höhe von 0,2 Cent/kWh einpreist. Diese eingepreisten Direktvermarktungsmehrkosten ersetzen bei der im EEG 2014 zum Regelfall erklärten Direktvermarktung des Stroms die für neue Anlagen entfallene Managementprämie;[18] der in Höhe von 0,2 Ct/kWh eingepreiste Wert stellt dabei eine geringfügige Verringerung um 0,025 Ct/kWh gegenüber dem nach Ziffer 2.1.2 der Anlage 4 zum EEG 2012 für den Zeitraum ab dem Jahr 2015 vorgesehenen Betrag der Managementprämie für steuerbare erneuerbare Energieträger („$P_{M (Steuerbare)}$") dar.

Die finanzielle Förderung für Strom aus Klärgas ist wie bei Wasserkraft, Deponie- und **12** Grubengas, Biomasse sowie solarer Strahlungsenergie nach Größe der Anlage **gestaffelt**. Dies bedeutet, dass auch Anlagen mit einer Leistung über 500 kW für den Leistungsanteil bis 500 kW die höhere finanzielle Förderung bekommen.

3. Ausschluss der finanziellen Förderung bei Förderung der Anlage nach ProMechG. 13 Sowohl § 80 als auch § 5 Abs. 1 S. 5 des ProMechG[19] untersagen eine Doppelförderung. Dies bedeutet, dass Klärgasanlagen mit einer Leistung bis einschließlich 5 MW installierter Leistung ausschließlich eine Förderung nach dem EEG erhalten. Größere Anlagen können für den Anteil der Stromerzeugung, die auf den Leistungsanteil über 5 MW entfällt, eine Förderung nach dem Projekt-Mechanismen-Gesetz erhalten.

---

16 S. hierzu ausführlicher u. a. *Herz/Valentin*, EnWZ 2014, 358; *Müller/Kahl/Sailer*, ER 2014, 139, 140 f.; *Wustlich*, NVwZ 2014, 1113, 1116 f.
17 Hierzu näher *Wustlich*, NVwZ 2014, 1113, 1117.
18 BT-Drs. 18/1304, S. 141.
19 Projekt-Mechanismen-Gesetz vom 22.9.2005 (BGBl. I S. 2826), das zuletzt durch Art. 2 des Gesetzes vom 21.7.2014 (BGBl. I S. 1066) geändert worden ist.

V. Beendigung der geförderten Gasaufbereitung

14 Unter dem EEG 2012 wurde für Strom aus aufbereitetem und in das Erdgasnetz eingespeistem Klärgas zusätzlich zu der finanziellen Förderung (Einspeisevergütung oder Marktprämie) nach § 25 EEG 2012 der Gasaufbereitungs-Bonus gewährt, sofern die Bonus-Voraussetzungen des § 27c Abs. 1 und 2 EEG 2012 vorlagen. Im EEG 2014 werden lediglich die Anforderungen an die Fiktion von aus dem Erdgasnetz entnommenem Gas als Klärgas nach § 27c Abs. 1 EEG 2012 (kalenderjährliche Mengenäquivalenz nach dessen Nr. 1 und Verwendung von Massenbilanzsystemen nach dessen Nr. 2) beibehalten; diese finden sich nunmehr in § 47 Abs. 6 wieder.[20] Der Gasaufbereitungs-Bonus nach § 27c Abs. 2 EEG 2012 wird für ab dem 1.8.2014 in Betrieb genommene Neuanlagen zur Stromerzeugung aus aufbereitetem und eingespeistem Klärgas jedoch abgeschafft. Die **Streichung des Gasaufbereitungs-Bonus** für neue Anlagen verfolgt laut Begründung des Regierungsentwurfs zum EEG 2014 das Ziel der Kostenbegrenzung, für das aus gesetzgeberischer Sicht die Beendigung der zusätzlichen, mit hohen Zusatzkosten pro Kilowattstunde erzeugten Stroms verbundenen Förderung der Gasaufbereitung für Neuanlagen erforderlich ist.[21] Diese gesetzgeberische Maßnahme dient damit – neben anderen Änderungen durch das EEG 2014 – dem bereits auf der ersten Seite des Regierungsentwurfs zum EEG 2014 formulierten Ziel einer Durchbrechung der Kostendynamik der vergangenen Jahre beim Ausbau der erneuerbaren Energien zwecks Begrenzung des Anstiegs der Stromkosten für Stromverbraucher,[22] da der Gesetzgeber Biomethan – mit Vergütungserwartungen von über 20 Ct/kWh unter dem EEG 2012[23] – nicht zu den künftig ins Zentrum der Förderung rückenden kostengünstigeren Technologien wie insbesondere Windenergie an Land und Fotovoltaik zählt.[24]

15 Nicht eindeutig geregelt ist die Frage, ob für bereits vor dem 1.8.2014 in Betrieb gesetzte Anlagen, die erst ab dem 1.8.2014 Strom aus aufbereitetem und eingespeistem Klärgas erzeugen, auch die **Übergangsbestimmung des § 100 Abs. 2 S. 2 bis 4** anwendbar ist. Aufbereitetes und eingespeistes Klärgas würde technisch betrachtet auch der Legaldefinition für Biomethan nach § 5 Nr. 8 unterfallen, da auch Klärgas ein aus anaerober Vergärung von Biomasse gewonnenes Gas ist, d. h. die gesetzlichen Anforderungen an Biogas nach § 5 Nr. 7 erfüllt, und bei entsprechender Aufbereitung und Einspeisung in das Erdgasnetz demzufolge als Biomethan gelten könnte. Wie schon in § 27c Abs. 1 EEG 2012 deutet aber auch im EEG 2014 die parallele Verwendung der Begriffe Klärgas und Biomethan in § 47 Abs. 6 (und ebenso die parallele Verwendung der Begriffe Klärgas und Biogas in § 5 Nr. 14 Buchst e)) darauf hin, dass der Gesetzgeber wohl – wenn auch systematisch nicht ganz überzeugend – Biomethan als aufbereitetes und in das Erdgasnetz eingespeistes Biogas versteht, das *kein* Klärgas (oder Deponiegas) ist. Aus diesem Grund dürfte § 100 Abs. 2 S. 2 bis 4 nach dem Willen des Gesetzgebers auch nicht auf Strom aus aufbereitetem und eingespeistem Klärgas anwendbar sein. Soweit § 100 Abs. 2 S. 2 bis 4 vor allem dazu dienen sollen, den vor Inkrafttreten des EEG 2014 errichteten Biogas-Aufbereitungsanlagen auch künftig einen Absatzmarkt in Form von Verstromungsanlagen zu sichern, die zu

---

20 S. hierzu ausführlich BerlKommEnR/*Müller*, § 47 EEG 2014 Rn. 61 ff.
21 Vgl. BT-Drs. 18/1304, S. 144.
22 BT-Drs. 18/1304, S. 1.
23 Dies gilt allerdings nur bei einer Förderung des Stroms nach §§ 27 oder 27a EEG 2012.
24 Vgl. BT-Drs. 18/1304, S. 89.

einer – für Klärgas nicht relevanten – einsatzstoffbezogenen Förderung für Strom aus Biomasse nach dem EEG 2012 oder EEG 2009 berechtigen, erscheint der Ausschluss von Klärgas aus dem Anwendungsbereich des § 100 Abs. 2 auch gerechtfertigt; übersehen wird hierbei allerdings, dass auch für bestehende Klärgas-Aufbereitungsanlagen bei einem verschleißbedingten Wegfall der bestehenden Verstromungsanlagen neue, dem EEG 2014 unterfallende Verstromungsanlagen keinen Anspruch auf den Gasaufbereitungs-Bonus mehr begründen, so dass auch für diese Klärgas-Aufbereitungsanlagen die Wirtschaftlichkeit eines fortgesetzten Aufbereitungsbetriebes gefährdet ist.

§ 43 Grubengas

(1) Für Strom aus Grubengas beträgt der anzulegende Wert

1. bis einschließlich einer Bemessungsleistung von 1 Megawatt 6,74 Cent pro Kilowattstunde,
2. bis einschließlich einer Bemessungsleistung von 5 Megawatt 4,30 Cent pro Kilowattstunde und
3. ab einer Bemessungsleistung von mehr als 5 Megawatt 3,80 Cent pro Kilowattstunde.

(2) Der Anspruch nach Absatz 1 besteht nur, wenn das Grubengas aus Bergwerken des aktiven oder stillgelegten Bergbaus stammt.

Schrifttum: *Beckmann*, Rechtliche Rahmenbedingungen der Gewinnung und energetischen Nutzung von Grubengas, DVBl 2014, 1032; *Franke*, Rechtsfragen der Methangasgewinnung aus Steinkohleflözen, RdE 1996, 1; *Frenz/Kummermehr*, Grubengas – ein neues ordnungsrechtliches Problem, DVBl. 2000, 451; *Herz/Valentin*, Direktvermarktung, Direktlieferung und Eigenversorgung nach dem EEG 2014, EnWZ 2014, 358; IPCC, Climate Change 2007, The Physical Science Basis, 2007; *Müller/ Kahl/Sailer*, Das neue EEG 2014 – Systemwechsel beim weiteren Ausbau der Erneuerbaren Energien, ER 2014, 139; *Niedersberg*, Der Ausschließlichkeitsgrundsatz des EEG und der Einsatz fossiler Energien, ZNER 2014, 146; *Wustlich*, Das Erneuerbare-Energien-Gesetz 2014 – Grundlegend neu – aber auch grundlegend anders?, NVwZ 2014, 1113.

Übersicht

I. Zweck der Norm

1 Grubengas zählt nicht zu den erneuerbaren Energien. Trotzdem verbessert die Nutzung von Grubengas die **Klimabilanz** erheblich, deshalb finden die meisten Regelungen des EEG auch auf Grubengas Anwendung.[1] Hintergrund ist, dass Grubengas bis zu 60 % aus Methan besteht, das im Zusammenhang mit dem aktiven und inaktiven Steinkohlebergbau entsteht, durch feine Risse und Spalten aus der Steinkohle entweicht und an die Oberfläche tritt.[2] Die bessere Klimabilanz ist vor allem darin begründet, dass Methan das 21-fache Treibhausgaspotenzial von Kohlenstoffdioxid hat.[3] Um diese äußerst klimaschädlichen Emissionen zu vermeiden und ein Abfackeln des Gases ohne dessen energetische Nutzung zu verhindern, wird die Stromerzeugung aus Grubengas, das aus den unterirdischen berg-

---

1 Vgl. BT-Drs. 16/8148, S. 39; zu den außerhalb des EEG bestehenden bergrechtlichen und kreislaufwirtschaftsrechtlichen Rahmenbedingungen einer Gewinnung und energetischen Nutzung von Grubengas s. *Beckmann*, DVBl. 2014, 1032.

2 Hierzu *Frenz/Kummermehr*, DVBl. 2000, 451 f.

3 IPCC, Climate Change 2007, S. 212.

baulichen Hohlräume bzw. Strecken abgesaugt und zur Geländeoberfläche transportiert wird, im EEG vergütet.

II. Rechtstatsachen

Der eigentliche Zubau von Grubengasanlagen erfolgte in den Jahren 2002 bis 2004. Der **2** höchste Anlagenzubau mit einer neu errichteten Leistung von fast 70 MW entfällt auf das Jahr 2002. Seit 2005 wurden noch vereinzelt neue Grubengas-BHKW in Betrieb genommen. Die installierte elektrische Leistung der Grubengasanlagen, die gemäß EEG Strom ins Netz eingespeist haben, erreichte ihren Spitzenwert im Jahr 2009 mit etwa 249 MW, im Jahr 2011 lag die installierte Leistung noch bei 213 MW.[4] Der Zubau installierter EEG-Anlagenleistung, der in den Jahren 2003 und 2004 bei vergleichsweise hohen 63 MW bzw. 48 MW lag, sank ab 2005 auf jährlich unter 10 MW.[5] Die erzeugte Strommenge betrug im Jahr 2007 ca. 1,6 TWh,[6] im Jahr 2009 ca. 1,2 TWh,[7] im Jahr 2011 noch ca. 1,1 TWh.[8] Die Grubengasmenge ist laut wissenschaftlicher Begleitforschung zum EEG 2012 zwischen 2007 und 2011 gesunken, im Jahr 2012 war – jedenfalls für Nordrhein-Westfalen – ein leichter Wiederanstieg der Stromerzeugung zu verzeichnen.[9]

III. Entstehungsgeschichte

Die Stromerzeugung aus Grubengas wurde erstmals mit dem **EEG 2000** eingeführt. Die **3** Einspeisevergütung betrug 7,67 Ct/kWh bis einschließlich 500 kW und 6,65 Ct/kWh für jede darüber hinaus eingespeiste Kilowattstunde. Anlagen mit einer Leistung von über 5 MW erhielten keine Vergütungen. Eine degressive Absenkung dieser Vergütungssätze war nicht vorgesehen.

Mit dem **EEG 2004** blieben die Vergütungssätze weitgehend unberührt. Allerdings wurde **4** eine Regelung zum Gasabtausch in das Gesetz aufgenommen, Anlagen mit einer Leistung über 5 MW konnten die Vergütungen für den Leistungsanteil bis 5 MW anteilig erhalten.

---

4 *ZSW/IfnE/IFEU/Bosch&Partner*, Vorhaben I, (Spartenübergreifende und integrierende Themen sowie Stromerzeugung aus Klär-, Deponie- und Grubengas), Juni 2011, Wissenschaftlicher Bericht, abrufbar auf www.erneuerbare-energien.de, S. 49.

5 *ZSW/IfnE/IFEU/Bosch&Partner*, Vorhaben I, Spartenübergreifende und integrierende Themen sowie Stromerzeugung aus Klär-, Deponie- und Grubengas), Wissenschaftlicher Bericht, Juni 2011, abrufbar auf www.erneuerbare-energien.de, S. 49.

6 *ZSW/IfnE/IFEU/Bosch&Partner*, Vorhaben I, Spartenübergreifende und integrierende Themen sowie Stromerzeugung aus Klär-, Deponie- und Grubengas), Wissenschaftlicher Bericht, Juni 2011, abrufbar auf www.erneuerbare-energien.de, S. 35.

7 *Schmidt/Musiol/Püttner*, Vorbereitung und Begleitung der Erstellung des Erfahrungsberichtes 2011 gemäß § 65 EEG im Auftrag des Bundesministeriums für Umwelt, Naturschutz und Reaktorsicherheit, Vorhaben I (Spartenübergreifende und integrierende Themen sowie Stromerzeugung aus Klär-, Deponie- und Grubengas), S. 13.

8 *ZSW/IfnE/IFEU/Bosch&Partner*, Vorhaben I, Spartenübergreifende und integrierende Themen sowie Stromerzeugung aus Klär-, Deponie- und Grubengas), Wissenschaftlicher Bericht, Juni 2011, abrufbar auf www.erneuerbare-energien.de, S. 35.

9 Vgl. *ZSW/IfnE/IFEU/Bosch&Partner*, Vorhaben I, Spartenübergreifende und integrierende Themen sowie Stromerzeugung aus Klär-, Deponie- und Grubengas), Wissenschaftlicher Bericht, Juni 2011, abrufbar auf www.erneuerbare-energien.de, S. 47, 48.

Darüber hinaus wurde ein Technologiebonus u. a. für den Einsatz von Grubengas Brennstoffzellen eingeführt. Auch wurde eine Degression von 1,5 % pro Jahr eingeführt.

5   Mit dem **EEG 2009** entstand in dessen § 26 eine eigenständige Norm für Grubengas, das vorher zusammen mit Klär- und Deponiegas geregelt wurde. Gleichzeitig wurde die Vergütung für den Leistungsanteil bis einschließlich 1 MW auf 7,16 Ct/kWh festgesetzt. Vorher lag die Vergütung für den Leistungsbereich unter 500 kW etwas höher und über 500 kW etwas niedriger. Auch für größere Anlagen wurden nunmehr niedrigere Vergütungen gezahlt (bis 5 MW 5,15 Ct/kWh und über 5 MW 4,16 Ct/kWh). Entsprechend den Regelungen in §§ 24 Abs. 3, 25 Abs. 3 und 27 Abs. 4 Nr. 1 EEG 2009 wurde der Technologiebonus detaillierter ausgestaltet und Einzelheiten wurden in Anlage 1 des Gesetzes geregelt.

6   Das **EEG 2012** bündelte die Regelungen zum Gasabtausch in § 27c EEG 2012, der nunmehr für alle gasförmigen Energieträger und damit seit dem EEG 2012 auch für Grubengas galt.[10] Der Technologiebonus für Strom aus Grubengas fiel weg.

7   Mit dem **EEG 2014** wird die Förderregelung für Strom aus Grubengas, die sich nunmehr umnummeriert in § 43 findet, an die im EEG bereits angelegte Degression angepasst, wobei die neuen anzulegenden Werte zudem eingepreiste Direktvermarktungsmehrkosten für Grubengas enthalten.[11]

IV. Anspruch auf finanzielle Förderung

8   **1. Grubengas.** Grubengas ist **keine erneuerbare Energie** und findet sich deshalb auch nicht in der Begriffsbestimmung nach § 5 Nr. 14 wieder. Es handelt sich vielmehr um einen fossilen Energieträger. Grubengas ist das in Steinkohleflözen beisitzende Gas, das durch den Steinkohlebergbau freigesetzt wird.[12]

9   **2. Förderausschluss (Abs. 2).** Die finanzielle Förderung darf nach Abs. 2 nur gezahlt werden, wenn das Gas aus dem aktiven oder stillgelegten Bergbau stammt. Mit dieser Regelung wird verhindert, dass aktiv nach Grubengas gebohrt wird, um zusätzliches Grubengas zu fördern.[13] Hintergrund dieser Regelung ist, dass § 43 allein dem Zweck dient, anderenfalls ohnehin auftretende Methanemissionen durch Grubengas zu mindern. Eine Erschließung von unkonventionellen Gasvorkommen, die bisher fest in das Gestein eingeschlossen sind, hätte demgegenüber keine klimaschützende Wirkung. Soweit solche unkonventionellen Gasvorkommen in Deutschland zukünftig erschlossen werden, sind sie nicht durch das EEG zu fördern. Die Regelung in Abs. 2 hat im Wesentlichen klarstellenden Charakter, da schon unter dem Begriff Grubengas nur Gas aus dem aktiven oder stillgelegten Bergbau verstanden wird.[14] Deshalb ist Gas, das im Rahmen aktiver Erschließungen gewonnen wird,

---

10   Die Ausweitung der Fiktion des § 27c Abs. 1 für aus dem Erdgasnetz entnommenes Gas auf den bis dahin nicht hiervon umfassten Energieträger Grubengas wurde erst aufgrund der Beschlussempfehlung des Ausschusses für Umwelt, Naturschutz und Reaktorsicherheit zu dem Gesetzentwurf zum EEG 2012 (BT-Drs. 17/6363, S. 26, 30) in das Gesetz aufgenommen.

11   Vgl. BT-Drs. 18/1304, S. 141.

12   *Franke*, RdE 1996, 1; ausführlicher zum Begriff Grubengas: Altrock/Oschmann/Theobald/*Rostankowski/Vollprecht*, § 26 EEG 2012 Rn. 12; Reshöft/Schäfermeier/*Kahle*, § 26 EEG 2012 Rn. 10.

13   BT-Drs. 16/8148, S. 55.

14   Vgl. insoweit zum EEG 2012: Gabler/Metzenthin/*Wesche*, § 26 EEG 2012 Rn. 13.

insgesamt von der Anwendung des EEG ausgenommen.[15] Der Nachweis, dass Gas aus dem aktiven oder stillgelegten Bergbau stammt, kann bspw. mit Hilfe des Betriebsplans erbracht werden.[16]

3. Mischfeuerung. Grundsätzlich zulässig ist eine Mischfeuerung von Grubengas mit 10 Bio-, Deponie- oder Klärgas. In diesem Fall muss der Anlagenbetreiber jedoch Nachweise über die genaue Zusammensetzung und das Wärmeäquivalent der eingesetzten Gase führen, um eine Berechnung der für die einzelnen Gase unterschiedlichen anteiligen Vergütung zu ermöglichen. Nicht zulässig ist hingegen eine Mischfeuerung mit konventionellem Gas.[17] In diesem Fall entfällt der Vergütungsanspruch gemäß § 19 Abs. 1.[18] Nach § 47 Abs. 6 spricht jedoch nichts gegen die Entnahme von „grauem" Gas aus dem Erdgasnetz, soweit die Menge des entnommenen Gases im Wärmeäquivalent am Ende eines Kalenderjahres der Menge von Deponiegas, Klärgas, Grubengas, Biomethan oder Speichergas entspricht, die an anderer Stelle im Geltungsbereich dieses Gesetzes in das Erdgasnetz eingespeist worden ist, und wenn für den gesamten Transport und Vertrieb des Gases von seiner Herstellung oder Gewinnung, seiner Einspeisung in das Erdgasnetz und seinem Transport im Erdgasnetz bis zu seiner Entnahme aus dem Erdgasnetz Massenbilanzsysteme verwendet worden sind.[19]

4. Finanzielle Förderung. Die wesentliche Änderung der finanziellen Förderregelung 11 gegenüber § 26 EEG 2012 ist die Umstellung von dem bisherigen System fester Vergütungssätze zu einem System anzulegender Werte, die vor dem Hintergrund der Vorzeichenänderung des EEG hin zu einem Vorrang der (wirtschaftlich) verpflichtenden Direktvermarktung zu verstehen ist.[20] Der Begriff des anzulegenden Wertes, der nicht in den Begriffsbestimmungen des § 5, sondern aus nicht näher erläuterten Gründen in § 23 Abs. 1 S. 2 legaldefiniert wird, ist dabei – wie die Nomenklatur schon andeutet – anders als die Vergütungssätze früherer EEG-Fassungen ein rein theoretischer Wert, der lediglich die Berechnungsgrundlage für die tatsächlich auszuzahlende Höhe der finanziellen Förderung bildet und in der im Gesetzestext bezifferten Höhe tatsächlich in keinem denkbaren Fall ausgezahlt wird.[21] Die finanzielle Förderung für Strom aus Grubengas ist nach § 27 Abs. 1 Nr. 4 weiterhin degressiv ausgestaltet, die unverändert jährlich einsetzende Degression be-

---

15 Vgl. insoweit zum EEG 2012: Altrock/Oschmann/Theobald/*Rostankowski/Vollprecht*, § 26 EEG 2012 Rn. 26 f.; Reshöft/Schäfermeier/*Kahle*, § 26 EEG 2012 Rn. 20; Frenz/Müggenborg/*Franke*, § 26 EEG 2012 Rn. 9.

16 Vgl. insoweit zum EEG 2012: *Salje*, EEG, § 26 EEG 2012 Rn. 8; Altrock/Oschmann/Theobald/ *Rostankowski/Vollprecht*, § 26 EEG 2012 Rn. 28.

17 Vgl. zum Ausschließlichkeitsgrundsatz im EEG auch BGH, Urteil v. 6.11.2013, Az. VIII ZR 194/ 12; hierzu auch *Niedersberg*, ZNER 2014, 146.

18 Vgl. hierzu BerlKommEnR/*Thorbecke/Greb*, § 19 EEG 2014 Rn. 1 ff.; entgegen Altrock/ Oschmann/Theobald/*Rostankowski/Vollprecht*, § 26 EEG 2012 Rn. 14, folgt aus § 26 EEG 2012/ § 43 EEG 2014 hingegen kein dauerhaftes Entfallen des Anspruchs auf finanzielle Förderung, wenn nach erstmaligen Einsatz ausschließlich förderfähiger Einsatzstoffe nochmals fossile Energieträger verwendet werden; so wohl auch Clearingstelle EEG, Empfehlung 2008/15 v. 30.3.2011 (www.clearingstelle-eeg.de/files/0068_0.pdf).; zum EEG 2012 insoweit: Reshöft/Schäfermeier/ *Kahle*, § 24 EEG 2012 Rn. 12.

19 Vgl. hierzu § 46 Rn. 12 ff. und 18 ff.

20 S. hierzu ausführlicher u. a. *Herz/Valentin*, EnWZ 2014, 358; *Müller/Kahl/Sailer*, ER 2014, 139, 140 f.; *Wustlich*, NVwZ 2014, 1113, 1116 f.

21 Hierzu näher *Wustlich*, NVwZ 2014, 1113, 1117.

trägt wie bereits im EEG 2012 1,5%. Allerdings wird die jährliche Degression mit Inkrafttreten des EEG 2014 einmalig um fünf Monate vorgezogen: Die Verringerung der nach § 43 anzulegenden Werte um 1,5% gegenüber den im EEG 2012 für das Jahr 2012 festgeschriebenen Fördersätzen auf die degressionsbereinigten Werte zum 1.1.2015 ist bereits ab dem 1.8.2014 für neu in Betrieb genommene Grubengasanlagen anzuwenden. Der nächste Degressionsschritt folgt erst zum 1.1.2016, so dass die Jahrestaktung ab diesem Zeitpunkt wieder hergestellt wird.

12 Neben der Anpassung der Fördersätze an die Degression nimmt der Gesetzgeber in § 43 eine weitere Modifikation der Fördersatzhöhe vor, indem er in die degressionsbereinigten anzulegenden Werte direkt die **Direktvermarktungsmehrkosten** für Grubengas in Höhe von 0,2 Cent/kWh einpreist. Diese eingepreisten Direktvermarktungsmehrkosten ersetzen bei der im EEG 2014 zum Regelfall erklärten Direktvermarktung des Stroms die für neue Anlagen entfallene Managementprämie;[22] der in Höhe von 0,2 Ct/kWh eingepreiste Wert stellt dabei eine geringfügige Verringerung um 0,025 Ct/kWh gegenüber dem nach Ziffer 2.1.2 der Anlage 4 zum EEG 2012 für den Zeitraum ab dem Jahr 2015 vorgesehenen Betrag der Managementprämie für steuerbare erneuerbare Energieträger („$P_{M\,(Steuerbare)}$") dar, der insoweit auch für den fossilen Energieträger Grubengas Anwendung findet.

13 Die finanzielle Förderung für Strom aus Grubengas ist wie bei Wasserkraft, Klär- und Grubengas, Biomasse sowie solarer Strahlungsenergie nach Größe der Anlage **gestaffelt**. Dies bedeutet, dass auch Anlagen mit einer Leistung über 500 kW anteilig für den Leistungsanteil bis 500 kW die höhere finanzielle Förderung bekommen.

14 **5. Ausschluss der finanziellen Förderung bei Förderung der Anlage nach ProMechG.** Sowohl § 80 als auch § 5 Abs. 1 S. 5 des ProMechG[23] untersagen eine Doppelförderung. Dies bedeutet, dass Grubengasanlagen keine Förderungen nach dem ProMechG erhalten können, da dort Anlagen mit einem Förderanspruch nach dem EEG von der Förderung ausgeschlossen sind. Da das EEG für Grubengasanlagen keine Größenbegrenzung vorsieht, ist auch eine anteilige Förderung nach dem ProMechG, wie sie beispielsweise für große Klärgasanlagen möglich ist, ausgeschlossen.

---

22 BT-Drs. 18/1304, S. 141.
23 Projekt-Mechanismen-Gesetz vom 22.9.2005 (BGBl. I S. 2826), das zuletzt durch Art. 2 des Gesetzes vom 21.7.2014 (BGBl. I S. 1066) geändert worden ist.

§ 44 Biomasse

Für Strom aus Biomasse im Sinne der Biomasseverordnung beträgt der anzulegende Wert

1. **bis einschließlich einer Bemessungsleistung von 150 Kilowatt 13,66 Cent pro Kilowattstunde,**
2. **bis einschließlich einer Bemessungsleistung von 500 Kilowatt 11,78 Cent pro Kilowattstunde,**
3. **bis einschließlich einer Bemessungsleistung von 5 Megawatt 10,55 Cent pro Kilowattstunde und**
4. **bis einschließlich einer Bemessungsleistung von 20 Megawatt 5,85 Cent pro Kilowattstunde.**

Schrifttum: *Altrock/Trommler/Vollprecht/Barchmann/Thorbecke*, Der weite Anlagenbegriff des BGH: Gefahr für die Wirtschaftlichkeit von Biogasanlagen?, ET 2014 (Heft 6), 88; *Antoni/Probst/Witschel*, Überblick zu Neuregelungen für Biomasse im EEG 2014, ER 2014 (Sonderheft 01), 15; *von Bredow*, Der Technologie-Bonus für innovative Anlagentechnik, in: Loibl/Maslaton/von Bredow/Walter, Biogasanlagen im EEG, 2. Aufl. 2011, S. 89; *von Bredow/Hammon*, Der Luftreinhaltungsbonus, in: Loibl/Maslaton/v. Bredow/Walter, Biogasanlagen im EEG, 2. Aufl. 2011, S. 219; *von Bredow/Herz*, Anlagenbegriff und Inbetriebnahme im EEG, ZUR 2014, 139; *Fischer*, Einführung in die Vergütungssystematik des EEG 2012, in: Loibl/Maslaton/von Bredow/Walter, Biogasanlagen im EEG, 3. Aufl. 2013, S. 225; *Gerhardt/Sandau/Zimmermann/Pape/Bofinger/Hoffmann*, Geschäftsmodell Energiewende: Eine Antwort auf das „Die Kosten der Energiewende"-Argument, ET 2014 (7), 45; *Gordalla*, Der Vergütungsanspruch bei der Vergärung von Biomasse, § 27 EEG 2012, in: Loibl/Maslaton/von Bredow/Walter, Biogasanlagen im EEG, 3. Aufl. 2013, S. 263; *Grassmann*, Die EEG-Vergütung bei der Einspeisung von Biogas ins Erdgasnetz, in: Loibl/Maslaton/von Bredow/Walter, Biogasanlagen im EEG, 3. Aufl. 2013, S. 717; *Herz/Valentin*, Direktvermarktung, Direktlieferung und Eigenversorgung nach dem EEG 2014, EnWZ 2014, 358; *Hinsch/Holzapfel*, Die Regelung der Grundvergütung für Strom aus Biomasse, in: Loibl/Maslaton/v. Bredow/Walter, Biogasanlagen im EEG, 2. Aufl. 2011, S. 19; *Hinsch/Holzapfel*, Direktvermarktung von Strom aus erneuerbaren Energien, in: Loibl/Maslaton/von Bredow/Walter, Biogasanlagen im EEG, 3. Aufl. 2013, S. 521; *Huckschlag*, EEG-Vorgaben behindern Neubau von Holz-HKW, Holz-Zentralblatt 2011, 1111; *Klewar*, Inbetriebnahme von EEG-Anlagen nach Versetzung oder Umbau, ZNER 2014, 554; *Kruschinski*, Biogasanlagen als Rechtsproblem, Diss. Bremen, 2010; *Kusche*, Der Rechtsrahmen für die Zulassung von Biogasanlagen, Diss. Würzburg, 2011; *Lehnert*, Markt- und Systemintegration der Erneuerbaren-Energien: Eine rechtliche Analyse der Regeln zur Direktvermarktung im EEG 2012, ZUR 2012, 4; *Loibl*, Strom aus Biogasanlagen – Ein Überblick über die Neuregelungen des EEG 2012, REE 2011, 197; *ders.*, Der Anlagenbegriff des EEG, in: Loibl/Maslaton/von Bredow/Walter, Biogasanlagen im EEG, 3. Aufl. 2013, S. 35; *ders.*, Die Wärmenutzungspflicht, in: Loibl/Maslaton/von Bredow/Walter, Biogasanlagen im EEG, 3. Aufl. 2013, S. 303; *ders.*, Satelliten-BHKW und deren rechtliche Eigenständigkeit, ZNER 2014, 152; *Loibl/Rechel*, Hilfsmitteleinsatz in Biogasanlagen, ZNER 2007, 302; *Ludwig*, Energetische Verwendung von Biomasse nur mit Augenmaß vorantreiben, NuR 2009, 831; *dies.*, Möglichkeiten und Grenzen der Steuerung der Biomasseproduktion durch die Regionalplanung, DVBl. 2010, 944; *Lüdemann/Ortmann*, Direktvermarktung im EEG, EnWZ 2014, 387; *Maslaton/Poppe*, Der Landschaftspflegebonus, in: Loibl/Maslaton/von Bredow/Walter, Biogasanlagen im EEG, 2. Aufl. 2011, S. 161; *Müller*, Mehr Effizienz, weniger Boni – die Förderung von Strom aus Biomasse nach dem EEG 2012, ZUR 2012, 22; *Müller/Kahl/Sailer*, Das neue EEG 2014 – Systemwechsel beim weiteren Ausbau der Erneuerbaren Energien, ER 2014, 139; *Niedersberg*, Der Ausschließlichkeitsgrundsatz des EEG und der Einsatz fossiler Energien, ZNER 2014, 146; *Peine/Knopp/Radcke*, Das Recht der Errichtung von Biogasanlagen, 2009; *Poppe*, Der Landschaftspflegebonus, in: Loibl/Maslaton/von Bredow/Walter, Biogasanlagen im EEG, 3. Aufl. 2013, S. 437; *Richter/Herms*, Die Rechtsprechung des BGH zum Anlagenbegriff im EEG – Vorhang zu und alle Fragen offen?, ER 2014, 3; *Schafhausen*, Die Reform des

EEG als vordringliche Aufgabe der Energiepolitik nach der Bundestagswahl, ZNER 2014, 7; *Thomas,* In der Entwicklung: Der Rechtsrahmen für erneuerbares Gas aus der Elektrolyse mit (Wind-) Strom, ZNER 2011, 608; *Thomas/Vollprecht,* Neubau, Versetzung, Erweiterung, Konzeptänderung und „verbessernde" Reparatur von EEG-Anlagen oder: Das Anlagenphantom, ZNER 2012, 334; *Valentin/von Bredow,* Power-to-Gas: Rechtlicher Rahmen für Wasserstoff und synthetisches Gas aus erneuerbaren Energien, ET 2011, 99; *Walter,* Der NawaRo-Bonus, in: Loibl/Maslaton/v. Bredow/Walter, Biogasanlagen im EEG, 2. Aufl. 2011, S. 107; *Walter/Huber,* Die Biomasseverordnung, in: Loibl/Maslaton/von Bredow/Walter, Biogasanlagen im EEG, 3. Aufl. 2013, S. 817; *Wernsmann,* Das neue EEG – Auswirkungen auf Biogasanlagen, AUR 2008, 329; *Wustlich,* Das Erneuerbare-Energien-Gesetz 2014 – Grundlegend neu – aber auch grundlegend anders?, NVwZ 2014, 1113; *Wustlich/Müller,* Die Direktvermarktung von Strom aus erneuerbaren Energien im EEG 2012 – Eine systematische Einführung in die Marktprämie und die weiteren Neuregelungen zur Marktintegration, ZNER 2011, 380.

Übersicht

I. Europarechtliche Grundlagen

1   Die finanzielle Förderbestimmung des § 44 beruht auf keiner unmittelbaren europarechtlichen Grundlage. Nationale Förderregelungen für die Stromerzeugung aus erneuerbaren Energien müssen allerdings im Einklang mit den europarechtlichen Vorgaben zur Förderung von Bioenergie im Elektrizitätsmarkt stehen. In Bezug auf § 44 ist insoweit vor allem die europarechtliche Definition von Biomasse als „Energie aus erneuerbaren Quellen"[1] nach Art. 2 S. 2 Buchst. e der Richtlinie 2009/28/EG zu berücksichtigen.[2]

II. Normzweck

2   Die Vorschrift regelt als Grundnorm für den Energieträger Biomasse i.V.m. § 19 Abs. 1 ausschließlich die gesetzlich garantierte **finanzielle Förderung für Strom aus Biomasse.** Die Regelung dient folglich der Förderung des erzeugten Stroms, kein Fördergegenstand des § 44 – ebenso wenig wie der Folgeparagraphen §§ 45 bis 47 – ist hingegen die Bereitstellung von Erzeugungskapazität für einen flexiblen und am Bedarf orientierten Anlagenbetrieb; die Förderung flexibler Kapazitäten ist, beschränkt auf Biogasanlagen, in §§ 52 i.V.m. 53 (Neuanlagen) und 54 (Bestandsanlagen) geregelt. Normiert wird durch § 44 lediglich der sogenannte anzulegende Wert im Sinne des § 23 Abs. 1 S. 2[3] für die finanzielle Förderung von Strom aus förderfähiger Biomasse im Sinne der BiomasseV, der zur Ermittlung der Marktprämie (§§ 34 ff. i.V.m. Anlage 1) beziehungsweise zur Ermittlung der Einspeisevergütung für kleine Anlagen unterhalb der gesetzlich bestimmten Bagatellgrenze

---

1 Vgl. Art. 2 S. 2 lit. a der Richtlinie 2009/28/EG des Europäischen Parlaments und des Rates vom 23.4.2009 zur Förderung der Nutzung von Energie aus erneuerbaren Quellen und zur Änderung und anschließenden Aufhebung der Richtlinien 2001/77/EG und 2003/30/EG (ABl. L 140/16 vom 5.6.2009).

2 Ausführlicher hierzu s. § 64a Rn. 2.

3 Vgl. BerlKommEnR/*Thorbecke/Greb,* § 23 EEG 2014 Rn. 10 ff.

(§ 37) oder der reduzierten Einspeisevergütung in Ausnahmefällen (§ 38). Weitergehende Fördervoraussetzungen oder Nachweisanforderungen enthält die Vorschrift selbst nicht, entsprechende Tatbestandsvoraussetzungen der finanziellen Förderung finden sich jedoch in § 47.

Der Anspruch auf finanzielle Förderung für Strom aus Biomasse unterliegt den auch für Biomasseanlagen zu beachtenden **allgemeinen Förderbestimmungen** der §§ 19 ff., wobei neben dem Ausschließlichkeitsprinzip des § 19 Abs. 1 Hs. 1 für Biomasseanlagen insbesondere die mit dem EEG 2014 eingeführte energieträgerspezifische Degressionsvorschrift für Biomasseanlagen nach § 28 einschließlich des dort erstmals verankerten atmenden Deckels sowie die vergütungsrechtliche Anlagenzusammenfassung nach § 32 Abs. 1 S. 1 einschließlich der bereits mit dem EEG 2012 eingeführten Sonderregelung für Vor-Ort-Biogasanlagen nach § 32 Abs. 1 S. 2 zu beachten ist. Auswirkungen auf den finanziellen Förderanspruch für Strom aus Biomasse hat zudem ein Verstoß gegen die Vorschrift zur gemeinsamen Abrechnung mehrerer Anlagen über eine gemeinsame Messeinrichtung nach § 32 Abs. 3.[4] Prinzipiell auch für den brennstoffbasierten steuerbaren Energieträger Biomasse beachtlich ist die mit dem EEG 2014 eingeführte beihilferechtlich motivierte Reduzierung des finanziellen Förderanspruchs bei länger anhaltenden negativen Preisbildungen an der EPEX Spot SE nach § 24, die allerdings erst für ab 2016 in Betrieb genommene Neuanlagen gilt.[5] Für Biomasseanlagen in der Direktvermarktung dürfte zudem schon aufgrund der Einsatzstoffkosten ein „Durchfahren" längerer Phasen mit negativen Börsenstrompreisen regelmäßig wirtschaftlich unattraktiv sein, so dass bereits aus diesem Grund eine Abregelung der Anlagen in den von § 24 adressierten Situationen im Regelfall zu erwarten ist. Maßgeblich für Beginn und Dauer des finanziellen Förderanspruchs ist § 22, der den bisherigen § 21 EEG 2012 ersetzt und dessen Neufassung nunmehr ausdrücklich klarstellt, dass für die Bestimmung des Förderbeginns wie auch der Förderdauer jeweils das Inbetriebnahmedatum der Anlage und nicht etwa das Datum der erstmaligen Stromerzeugung aus erneuerbaren Energien in den jeweiligen Generatoren einer Biomasseanlage den maßgeblichen Anknüpfungspunkt bildet.[6] Des Weiteren müssen Betreiber von Biomasseanlagen mit einer installierten Leistung von über 100 kW die technischen Vorgaben nach § 9 Abs. 1 beachten. Betreiber von Biogasanlagen unterliegen nach dem gegenüber der Vorgängerregelung des § 6 Abs. 4 EEG 2012 leicht modifizierten § 9 Abs. 5 zudem grundsätzlich der Pflicht zur Umsetzung von Maßnahmen zur Vermeidung klimaschädlicher Emissionen[7] nach dem Stand der Technik.[8] Bei Verstößen gegen diese allgemeinen Anforderungen an den Anlagenbetrieb droht nach § 25 Abs. 2 eine Verringerung des für die finanzielle Förderung maßgeblichen anzulegenden Werts auf den Monatsmarktwert nach § 5 Nr. 25.

3

---

4 Vgl. auch zum insoweit entsprechenden § 19 Abs. 2 EEG 2012: *Salje*, EEG, § 27 EEG 2012 Rn. 117.
5 Vgl. BerlKommEnR/*Haug/Hübler*, § 24 EEG 2014 Rn. 8, 15, 39 ff.
6 Siehe hierzu BGH, Urt. v. 23.10.2013, VIII ZR 262/12, Rn. 59, NVwZ 2014, 313, 320, wo der BGH den § 21 Abs. 1 EEG 2009 in einer dem gesetzgeberischen Regelungsziel wohl zuwiderlaufenden Weise interpretiert, sowie die hierauf eingehende Begründung des Gesetzentwurfs der Bundesregierung zur Neufassung des § 22 (BT-Drs. 18/1304, 128 f.).
7 Zu sonstigen immissionsschutzrechtlichen Anforderungen und dem Genehmigungsregime für Anlagen zur Erzeugung von Biogas s. *Peine/Knopp/Radcke*, Das Recht der Errichtung von Biogasanlagen, S. 43 ff.; *Kusche*, Der Rechtsrahmen für die Zulassung von Biogasanlagen, S. 71 ff.
8 Vgl. BT-Drs. 17/6071 v. 6.6.2011, S. 63.

4   Die allgemeine Fördervorschrift des § 44, die der bisherigen Grundvergütungsregelung des EEG 2012 für Biomassestrom entspricht, wird seit dem 1.1.2012 flankiert durch zwei **Sonderfördervorschriften** für die Stromerzeugung aus Biogas (§§ 45 und 46, die die bisherigen §§ 27a und 27b EEG 2012 inhaltlich im Wesentlichen unverändert ersetzen), die insoweit dem § 44 als speziellere Vorschriften vorgehen. Ergänzt wird § 44 durch den § 47, der umfangreiche weitere Rahmenbedingungen für die finanzielle Förderung von Biomassestrom normiert: So enthält § 47 unter anderem für Fälle der Stromerzeugung aus Biomethan – welches nach § 5 Nr. 14 Buchst. e ausdrücklich ebenfalls als Biomasse gilt – die für eine Förderung nach Transport über das Erdgasnetz unabdingbare Fiktionsregelung in § 47 Abs. 6 sowie die erstmalige ausdrückliche Zulassung einer bilanziellen Aufspaltung nach § 47 Abs. 7, und führt für größere Biogasanlagen in § 47 Abs. 1 eine anlagenbezogene Deckelung der förderfähigen Strommenge ein.

III. Entstehungsgeschichte

5   Die **Bestimmung zur finanziellen Förderung von Strom aus Biomasse**[9] in § 44 knüpft an die für den Energieträger Biomasse zentrale Vorgängerregelung in § 27 Abs. 1 EEG 2012 an, der die Grundvergütung für Strom aus Biomasse regelte. Der § 27 Abs. 1 EEG 2012 diente zugleich als Berechnungsmaßstab für die damals noch weitgehend optionale Marktprämie[10] unter dem EEG 2012. § 27 EEG 2012 wiederum trat an die Stelle der ähnlich umfassenden Grundnorm für Biomassestrom in § 27 EEG 2009, die für vor dem 1.1.2012 in Betrieb genommene Biomasseanlagen anwendbar war und auch weiterhin ist. Vor dem 1.1.2009 war die Vergütung für Strom aus Biomasse in § 8 EEG 2004 geregelt, der wiederum an die Biomasse-Vergütungsregelung in § 5 EEG 2000 anknüpfte. Das EEG 2000 schließlich trat an die Stelle des am 1.1.1991 in Kraft getretenen Stromeinspeisungsgesetzes (StrEG) vom 7.12.1990 (BGBl. I S. 2633), welches in § 1 S. 1 zunächst eine Förderung von Strom aus Deponiegas, Klärgas oder aus Produkten oder biologischen Rest- und Abfallstoffen der Land- und Forstwirtschaft vorsah und noch keinen allgemeinen Biomassebegriff enthielt. Durch die erste Novelle des StrEG vom 19.7.1994[11] wurde die Förderung von Strom aus Biomasse mit Wirkung vom 1.8.1994 um Strom aus biologischen Rest- und Abfallstoffen aus der gewerblichen Be- und Verarbeitung von Holz erweitert.

6   Auch wenn § 44 als **zentrale Regelung der Förderhöhe** auch weiterhin die Ausgangsnorm für die finanzielle Förderung von Biomassestrom darstellt (soweit kein Sondertatbestand nach § 45 oder § 46 vorliegt), so hat sich der Regelungsschwerpunkt zu den allgemeinen Förderbedingungen mit dem EEG 2014 im Vergleich zur Vorgängernorm des § 27 EEG 2012 dennoch verschoben: Im Gegensatz zu § 44 enthielt § 27 EEG 2012 über die Bestimmung der Fördersätze hinaus in den folgenden Absätzen 2 bis 8 weitere detaillierte Bestimmungen zu Fördervoraussetzungen für Biomassestrom. Diese weiteren Fördervoraussetzungen sind mit Inkrafttreten des EEG 2014 zu einem Teil ersatzlos entfallen (dies betrifft aus dem bisherigen § 27 EEG 2012 dessen Abs. 2 zur einsatzstoffbezogenen Vergütung, dessen Abs. 3 zur ausnahmsweise verpflichtenden Direktvermarktung für Biogasan-

---

9   Vgl. hierzu einführend auch *Antoni/Probst/Witschel*, ER 2014 (Sonderheft 01), 15, 16 ff.
10   Eine Ausnahme bildeten insoweit bereits unter dem EEG 2012 Biogasanlagen, die nicht die Voraussetzungen nach § 27 Abs. 3 EEG 2012 bzw. nach § 27a Abs. 2 EEG 2012 erfüllten.
11   Art. 5 des Gesetzes zur Sicherung des Einsatzes von Steinkohle in der Verstromung und zur Änderung des Atomgesetzes und des Stromeinspeisungsgesetzes, BGBl. I S. 1618.

lagen über 750 kW installierter Leistung, dessen Abs. 4 zur Wärme- bzw. Güllenutzungspflicht, dessen Abs. 5 Nr. 1 zum sog. „Maisdeckel", und als Folgeänderung teilweise dessen Abs. 6) und zu einem anderen Teil in modifizierter Form in den neuen § 47 überführt worden (dies betrifft aus dem bisherigen § 27 EEG 2012 dessen Abs. 1 S. 2 – nunmehr geregelt in § 47 Abs. 2 S. 2, dessen Abs. 5 Hs. 1 sowie Nr. 2 und Nr. 3 – nunmehr modifiziert geregelt in § 47 Abs. 2 S. 1, dessen Abs. 6 S. 1 Nr. 4 Hs. 2 und Nr. 5 – nunmehr geregelt in § 47 Abs. 3 S. 1, dessen Abs. 6 S. 2 (in Bezug auf die Wärmenutzung beim Einsatz von Biomethan) – nunmehr geregelt in § 47 Abs. 3 S. 2, dessen Abs. 7 – nunmehr modifiziert geregelt in § 47 Abs. 4, und dessen Abs. 8 – nunmehr geregelt in § 47 Abs. 8).

Insbesondere die Abkehr von der im Bereich der Biomasseverstromung seit dem EEG 2004 geltenden Differenzierung zwischen Grund- und Einsatzstoffvergütung durch die **ersatzlose Streichung der einsatzstoffbezogenen Vergütung** für ab dem 1.8.2014 neu in Betrieb genommene Biomasseanlagen findet ihre Begründung in einem der erklärten Leitmotive des Gesetzgebers zum EEG 2014, wonach der weitere Ausbau der erneuerbaren Energien stärker auf die kostengünstigen Technologien konzentriert und die Kosteneffizienz der EEG-Förderung u.a. durch den Abbau von Überförderungen und die Streichung von Boni verbessert werden soll.[12] Der Gesetzgeber erläutert zu dieser für die Wirtschaftlichkeit insbesondere von Nawaro-basierten Biomasseanlagen, aber auch für die Nutzung von Gülle und anderen mit zusätzlichen Einsatzstoffgestellungskosten verbundenen „ökologisch vorteilhaften" Einsatzstoffen,[13] dass mit der Streichung der bisherigen einsatzstoffbezogenen Vergütung der weitere Ausbau (vornehmlich) der Biogaserzeugung auf kostengünstige Substrate wie insbesondere Rest- und Abfallstoffe konzentriert und damit dem weiteren Kostenanstieg für die Stromerzeugung aus Biogas entgegengewirkt werde, da sich der bisherige Zubau auf hoch vergütete Biogaserzeugung insbesondere aus landwirtschaftlich erzeugten Biogassubstraten wie Mais konzentriert habe.[14]   7

Zu der ebenfalls bedeutsamen, im Gegensatz zur Streichung der Einsatzstoffvergütung für Anlagenbetreiber jedoch grundsätzlich vorteilhaften **Streichung der bisherigen Wärme- oder Güllenutzungspflicht** (die zweitgenannte Option war beschränkt auf Biogasanlagen), weist die Begründung zum Gesetzentwurf der Bundesregierung darauf hin, dass die Verpflichtung des EEG 2012 zur Mindestwärmenutzung oder zur ersatzweisen Nutzung von Gülle insbesondere das Ziel verfolgt habe, auch bei Anlagen mit einem hohen Anteil nachwachsender Rohstoffe im Einsatzstoffportfolio den Klimaschutzbeitrag stärker zu betonen. Aufgrund der Beendigung der Einsatzstoffförderung für nachwachsende Rohstoffe und der damit verbundenen (erwarteten) Umstellung neuer Biomasseanlagen auf Abfall- und Reststoffe sei der Klimaschutzbeitrag dieser neuen Biomasseanlagen gegenüber herkömmlichen Nawaro-Anlagen aber bereits so hoch, dass auf eine verpflichtende Mindest-   8

---

12 BT-Drs. 18/1304, S. 2; zum Gesetzeszweck der Kostenbegrenzung s. auch *Müller/Kahl/Sailer*, ER 2014, 139, 142 f.; zu der oftmals einseitig geführten Debatte über die Kosten der Energiewende, in deren Zentrum insbesondere die durch das EEG veranlassten Förderkosten stehen, s. allgemein *Gerhardt/Sandau/Zimmermann/Pape/Bofinger/Hoffmann*, ET 7/2014, 45 ff.; zu der äußerst heterogenen Motivlage des Gesetzgebers zum EEG 2014 vgl. allgemein *Schafhausen*, ZNER 2014, 7 ff.

13 Vgl. Gesetzentwurf der Fraktionen der CDU/CSU und FDP zum EEG 2012, BT-Drs. 17/6071, S. 99 („Einsatzstoffe der Einsatzstoffvergütungsklasse II").

14 Vgl. BT-Drs. 18/1304, S. 141.

wärmenutzung verzichtet werde.[15] Unverändert weiterhin einer Wärmenutzungspflicht unterliegt ausnahmsweise die Stromerzeugung aus Biomethan,[16] die allerdings durch die ersatzlose Streichung des bislang in § 27c Abs. 2 EEG 2012 i.V.m. Anlage 1 zum EEG 2012 vorgesehenen Gasaufbereitungs-Bonus für seit dem 1.8.2014 betriebene Neuanlagen deutlich an Attraktivität eingebüßt hat.

IV. Finanzielle Förderung für Strom aus Biomasse

9   Die Bestimmung zur **Höhe der finanziellen Förderung** für Strom aus Biomasse in § 44 hat sich gegenüber § 27 Abs. 1 S. 1 EEG 2012 strukturell nur unwesentlich verändert. Geändert hat sich neben der bei umfassenden Novellierungen des EEG regelmäßig erfolgenden Anpassung der Höhe der nominellen gesetzlichen Fördersätze allerdings der Charakter der in den Nr. 1 bis 4 normierten Fördersätze, die aufgrund der Umstellung von einem Grundsystem der Einspeisevergütung auf ein Grundsystem der Direktvermarktung in die Marktprämie nunmehr keine „Vergütungssätze" mehr darstellen, sondern vielmehr „anzulegende Werte" im Sinne des § 23 Abs. 1 S. 2, die als Berechnungsmaßstab sowohl für die im Regelfall beanspruchbare Marktprämie als auch für die in den Ausnahmefällen kleiner Anlagen (§ 37) oder unter wirtschaftlich unattraktiven Bedingungen (§ 38) beanspruchbare Einspeisevergütung dienen.[17] Der Begriff des anzulegenden Wertes, der nicht in den Begriffsbestimmungen des § 5, sondern aus nicht näher erläuterten Gründen in § 23 Abs. 1 S. 2 legaldefiniert wird, ist dabei – wie die Nomenklatur schon andeutet – anders als die Vergütungssätze früherer EEG-Fassungen ein rein theoretischer Wert, der lediglich die Berechnungsgrundlage für die tatsächlich auszuzahlende Höhe der finanziellen Förderung bildet und in der im Gesetzestext bezifferten Höhe tatsächlich in keinem denkbaren Fall ausgezahlt wird.[18]

10   Weitere Anspruchsvoraussetzungen normiert § 44 nicht, diese ergeben sich nunmehr aus den **gemeinsamen Bestimmungen** für Strom aus Biomasse und Gasen nach § 47, die grundsätzlich für sämtliche Förderansprüche nach den §§ 44 bis 46 Anwendung finden.

11   Mit der **Änderung der nominalen Fördersätze** in den Nummern 1 bis 4 gegenüber den in § 27 Abs. 1 EEG 2012 normierten (Grund-)Vergütungssätzen werden die anzulegenden Werte für neue Biomasseanlagen an das neue Fördersystem der vorrangigen Direktvermarktung in die Marktprämie angepasst. Gemäß Begründung des Gesetzgebers wurde bei der Bemessung der anzulegenden Werte die bislang in der optionalen gleitenden Marktprämie gewährte Managementprämie von 0,225 Cent/kWh (ab dem Jahr 2015) für steuerbare erneuerbare Energien in Höhe von 0,2 Cent/kWh in die neuen anzulegenden Werte eingepreist.[19] Zudem wurden die anzulegenden Werte degressionsbereinigt neu formuliert, wodurch die seit dem Jahr 2013 eingetretene Degression der im EEG 2012 festgelegten Fördersätze nachvollzogen wurde.[20]

---

15 Vgl. BT-Drs. 18/1304, S. 141.
16 § 47 Abs. 2 S. 1 Nr. 2; s. ausführlicher BerlKommEnR/*Müller*, § 47 EEG 2014 Rn. 22 ff.
17 Näher zu der Vorzeichenumkehr des EEG 2014 hin zu einer regelmäßig (wirtschaftlich) verpflichtenden Direktvermarktung u.a. *Herz/Valentin*, EnWZ 2014, 358; *Lüdemann/Ortmann*, EnWZ 2014, 387; *Müller/Kahl/Sailer*, ER 2014, 139, 140f.; *Wustlich*, NVwZ 2014, 1113, 1116f.
18 Hierzu näher *Wustlich*, NVwZ 2014, 1113, 1117.
19 Vgl. BT-Drs. 18/1304, S. 141.
20 Vgl. BT-Drs. 18/1304, S. 141.

Auch unter dem EEG 2014 besteht ein gesetzlicher Vergütungsanspruch für Strom aus Bio-   **12**
masse nur, soweit es sich bei der eingesetzten Biomasse um **Biomasse im Sinne der Bio-**
masseV handelt (§ 44 Hs. 1). Die Ermächtigungsgrundlage für die BiomasseV findet sich
im EEG 2014 in § 89 Abs. 1. Wird neben Biomasse im Sinne der BiomasseV auch sonstige
Biomasse im Sinne des § 5 Nr. 14 Buchst. e eingesetzt, die keine Biomasse im Sinne der
BiomasseV ist, so besteht für den Stromanteil aus der Biomasse, die keine Biomasse im
Sinne der BiomasseV ist, kein Vergütungsanspruch nach § 44. Der Vergütungsanspruch für
den Stromanteil aus Biomasse im Sinne der BiomasseV bleibt hiervon unberührt.[21]

Der Einsatz von nicht-biogenen Gärhilfsmitteln, sog. Betriebshilfsmitteln, zur Erzeugung   **13**
von Biogas ist im Hinblick auf den **Ausschließlichkeitsgrundsatz** des § 19 Abs. 1 für den
Vergütungsanspruch unschädlich.[22] Ein zwischenzeitlicher Ausstieg des Anlagenbetreibers aus einer rein erneuerbar (oder mit Grubengas oder Speichergas) betriebenen Stromerzeugung führt zwar für diesen Zeitraum zum Wegfall des Förderanspruchs, hat aber keinen dauerhaftes Entfallen des Förderanspruchs zur Folge, weshalb bei einer Rückumstel-
lung des Anlagenbetriebs auf eine Stromerzeugung ausschließlich mit erneuerbaren Energien, Grubengas oder Speichergas („Rückkehr ins EEG") der Anspruch auf finanzielle
Förderung wieder auflebt.[23] Hätte der Gesetzgeber in diesen Fällen eine Sanktionierung
des Einsatzes fossiler Energieträger in Form eines dauerhaften Entfallens des Förderanspruchs beabsichtigt, so hätte er dies ausdrücklich angeordnet, wie sich im Umkehrschluss
aus der insoweit ausdrücklichen Regelung zum endgültigen Entfallen des sog. „Nawaro-
Bonus" unter dem EEG 2009 nach Ziffer VII.2 der Anlage 2 zum EEG 2009 ergibt. Für
Strom aus Deponie- oder Klärgas, welches jeweils Biomasse i. S. von § 5 Nr. 14 Buchst. e
darstellt, jedoch keine nach der BiomasseV anerkannte Biomasse ist,[24] besteht ein Anspruch auf Einspeisevergütung nach § 41 bzw. § 42.

Biomasse im Sinne der BiomasseV nach § 44 ist für Anlagen, die ab dem 1.8.2014 in Be-   **14**
trieb genommen werden, nur Biomasse im Sinne der BiomasseV in ihrer durch das Gesetz
zur grundlegenden Reform des Erneuerbare-Energien-Gesetzes und zur Änderung weiterer
Bestimmungen des Energiewirtschaftsrechts vom 21.7.2014[25] geänderten, ab dem
1.8.2014 geltenden Fassung (im Folgenden: **BiomasseV 2014**[26]). Inhaltlich hat sich an der

---

21 Vgl. zum EEG 2012 auch *Salje*, EEG 2012, § 27 Rn. 5.
22 Vgl. noch mit Bezug auf das EEG 2004: OLG Naumburg, Urt. v. 27.3.2008, 9 U 105/07 (Hs),
   ZNER 2008, 174 ff.; hierzu auch *Loibl/Rechel*, ZNER 2007, 302 ff.; *Kruschinski*, Biogasanlagen
   als Rechtsproblem, S. 242; zum EEG 2012 vgl. u. a. Altrock/Oschmann/Theobald/*Rostankowski/*
   Vollprecht, § 27 EEG 2012 Rn. 55; Reshöft/Schäfermeier/*Schäferhoff*, § 27 EEG 2012 Rn. 56 f.
23 So auch der BGH zu einem Fall des zwischenzeitlichen Einsatzes fossiler Energieträger (Heizöl)
   zur Zünd- und Stützfeuerung einer Biogasanlagen unter dem EEG 2004 (BGH, Urt. v. 6.11.2013,
   VIII ZR 194/12, NVwZ 2014, 962), hierzu auch *Niedersberg*, ZNER 2014, 146; gegen ein dauerhaftes Entfallen des Förderanspruchs bei sog. „alternierend-bivalenter Fahrweise" wohl zum EEG
   2012 auch Reshöft/Schäfermeier/*Reshöft*, § 16 EEG 2012 Rn. 17; Clearingstelle EEG, Empfehlung 2008/15 v. 30.3.2011 (www.clearingstelle-eg.de/empfv/2008/15); a. A. Altrock/Oschmann/
   Theobald/*Rostankowski/Vollprecht*, § 27 EEG 2012 Rn. 47; mit Darstellung des bisherigen Mei-
   nungsstreits, jedoch ohne eigene Festlegung Altrock/Oschmann/Theobald/*Lehnert/Thomas*, § 16
   EEG 2012 Rn. 27.
24 § 3 Nr. 10 und 11 BiomasseV.
25 BGBl. I S. 1066.
26 Ausführlich zur BiomasseV in ihrer seit dem 1.1.2012 geltenden Fassung *Walter/Huber*, in: Loibl/
   Maslaton/von Bredow/Walter, Biogasanlagen im EEG, 3. Aufl., S. 817 ff.; auch Frenz/Müggen-
   borg/*Ekardt/Hennig*, § 27 EEG 2012 Rn. 14 ff.

Einordnung von Einsatzstoffen als finanziell förderfähige Biomasse durch die Änderungen der BiomasseV zum 1.8.2014 jedoch nichts geändert.

15   Die Höhe der finanziellen Förderung richtet sich, ebenso wie im EEG 2012, nach der **Bemessungsleistung** der Anlage. Die Leistungsschwellen entsprechen der Leistungsstaffelung, wie sie bereits aus dem EEG 2012 und dem EEG 2009 bekannt sind, und beruhen auf der Bemessungsleistung der jeweiligen Anlage i. S. v. § 5 Nr. 4, d. h. dem Quotienten aus der Summe der in dem jeweiligen Kalenderjahr erzeugten Kilowattstunden und der Summe der vollen Zeitstunden des jeweiligen Kalenderjahres abzüglich der vollen Stunden vor der erstmaligen Erzeugung von Strom aus erneuerbaren Energien oder aus Grubengas durch die Anlage und nach endgültiger Stilllegung der Anlage.

16   Maßgeblich für die Ermittlung der konkreten finanziellen Förderung für Strom aus Biomasse ist aufgrund des Anknüpfens an die Bemessungsleistung auch unter dem EEG 2014 die Frage, inwieweit es sich bei einer Stromerzeugungseinheit um eine Anlage im technischen Sinne des § 5 Nr. 1 handelt,[27] und ob im Falle mehrerer Anlagen im Sinne des § 5 Nr. 1 eine Zusammenfassung ausschließlich zum Zweck der Ermittlung der Vergütung nach § 32 Abs. 1 S. 1 oder 2 in Betracht kommt. Die **nach Leistungsstufen gestaffelte finanzielle Förderung** sieht unverändert Schwellen bei 150 Kilowatt, 500 Kilowatt, 5 Megawatt und als obere Vergütungsgrenze 20 Megawatt vor.

17   Eine gegenüber sämtlichen dem EEG 2014 vorangegangenen EEG-Fassungen fundamentale Neuerung stellt die in § 47 Abs. 1 verankerte Deckelung der jährlichen Gesamtmenge förderfähigen Stroms je Biomasseanlage auf die **Hälfte der theoretisch höchstmöglichen Strommenge**, die in der Anlage jährlich erzeugbar wäre, dar.[28] Diese Deckelung gilt für sämtliche Biogasanlagen mit einer installierten Leistung von mehr als 100 Kilowatt (ausgenommen so somit zwangsläufig nach § 46 geförderte Anlagen). Die über 50 Prozent des Wertes der installierten Leistung hinausgehende jährliche Strommenge der Anlage wird nach § 47 Abs., 1 S. 2 in den Fällen der Einspeisevergütung nur noch mit dem Monatsmarktwert vergütet, in der Marktprämie erfolgt gar keine netzbetreiberseitige Zahlung. Ein kurioser und vom Gesetzgeber möglicherweise nicht beabsichtigter Nebeneffekt der Regelung in § 47 Abs. 1 ist, dass bei einer Biomasseanlage mit einer installierten Leistung von 99 kW dem Wortlaut der Vorschrift zufolge eine höhere Strommenge finanziell förderfähig ist (bis zu 100 Prozent der theoretisch möglichen Bemessungsleistung) als bei einer Anlage mit einer installierten Leistung von 101 kW (höchstens 50 Prozent der theoretisch möglichen Bemessungsleistung).

---

27 S. hierzu die Kommentierungen zu § 5 Nr. 1 und zu § 22, wo auch näher auf das Urteil des BGH zum Anlagenbegriff nach den § 3 Nr. 1 S. 1 und § 19 Abs. 1 EEG 2009 eingegangen wird (BGH, Urteil v. 23.10.2013, VIII ZR 262/12, NVwZ 2014, 313); s. hierzu auch BT-Drs. 18/1304, S. 128 f.; zum Anlagenbegriff des EEG und dem hierzu ergangenen Urteil des BGH v. 23.10.2013 zudem: *Altrock/Trommler/Vollprecht/Barchmann/Thorbecke*, ET 2014 (Heft 6), 88; *Richter/Herms*, ER 2014, 3; *von Bredow/Herz*, ZUR 2014, 139; kritisch auch *Klewar*, ZNER 2014, 554, 559; lediglich kursorisch Reshöft/Schäfermeier/*Reshöft*, § 3 EEG 2012 Rn. 13; zur Diskussion um den Anlagenbegriff speziell für Biomasseanlagen in der Vergangenheit u. a. Altrock/Oschmann/Theobald/ *Oschmann*, § 3 EEG 2012 Rn. 22 ff.; Reshöft/Schäfermeier/*Reshöft*, § 3 EEG 2012 Rn. 14 ff.; *Loibl*, REE 2011, 197, 200 ff.; *Loibl*, in: Loibl/Maslaton/von Bredow/Walter, Biogasanlagen im EEG, 3. Aufl., S. 35 ff.; *Thomas/Vollprecht*, ZNER 2012, 334; speziell zum Anlagenbegriff bei sog. Satelliten-BHKW zur Stromerzeugung aus Biogas *Loibl*, ZNER 2014, 152.

28 Hierzu ausführlicher BerlKommEnR/*Müller*, § 47 EEG 2014 Rn. 6 ff.

Bei der Förderobergrenze von **20 Megawatt** nach § 44 Nr. 4 handelt es sich seit dem EEG   **18**
2009 nicht um eine Ausschlussgrenze für den Förderanspruch bei größeren Anlagen, sondern lediglich um eine Begrenzung des gesetzlichen Förderanspruchs auf den Stromanteil,
der einer Bemessungsleistung bis einschließlich 20 Megawatt entspricht, unabhängig von
der möglicherweise über 20 Megawatt hinaus gehenden installierten elektrischen Leistung
der Anlage.[29] Dies wird insbesondere durch den bereits mit § 27 Abs. 1 EEG 2012 neu gefassten und in § 44 beibehaltenen Wortlaut verdeutlicht, der im Gegensatz zum EEG 2009
im Zusammenhang mit der Leistungsstaffelung der Grundvergütung (EEG 2012) bzw. finanziellen Förderung (EEG 2014) ausdrücklich auf die Bemessungsleistung im Sinne von
§ 5 Nr. 4 abstellt.

Förderunschädlich, jedoch nicht selbst finanziell förderfähig nach § 44 ist **Strom aus flüs-**   **19**
siger Biomasse.[30] Ausgenommen hiervon ist flüssige Biomasse, die zur Anfahr-, Zünd-
und Stützfeuerung notwendig ist.

Pflanzenölmethylester ist bereits keine flüssige Biomasse i. S. des § 47 Abs. 2 S. 1 Nr. 3,   **20**
da der Anspruch auf finanzielle Förderung voraussetzt, dass es sich um flüssige Biomasse
i. S. der BiomasseV handelt.[31] Pflanzenölmethylester wird aufgrund der gesetzlichen Fiktion nach § 47 Abs. 2 S. 2 zwar als Biomasse behandelt, stellt jedoch ungeachtet dessen
keine Biomasse i. S. der BiomasseV 2014 mehr dar, da die Anerkennung von Pflanzenölmethylester unter der BiomasseV bereits mit dem Gesetz zur Neuregelung des Rechtsrahmens für die Förderung der Stromerzeugung aus erneuerbaren Energien vom 28.7.2011[32]
ab 2012 vollständig gestrichen wurde.[33]

Biomasseanlagen müssen für einen Anspruch auf finanzielle Förderung nach § 44 zudem   **21**
die **übrigen Fördervoraussetzungen** nach Teil 2 und 3 des EEG 2014 erfüllen. Hierbei
sind neben dem Ausschließlichkeitsprinzip nach § 19 Abs. 1 die Pflichten zur Registrierung im Anlagenregister gemäß AnlRegV (Sanktionierung von Pflichtverstößen nach
§ 25), bei der Stromerzeugung in Anlagen mit einer installierten Leistung von mehr als
100 Kilowatt die technischen Anforderungen nach § 9 Abs. 1 (Fernsteuerbarkeit) sowie im
Fall von Biogasanlagen insbesondere die Vorgaben zur Biogaserzeugung nach § 9 Abs. 5
zu beachten.

V. Übergangsvorschriften

Für vor dem 1.8.2014 in Betrieb genommene Biomasseanlagen (im Folgenden: **Bestands-**   **22**
anlagen) findet auch ab dem 1.8.2014 anstelle der §§ 44 und 47 der bis 31.7.2014 geltende
§ 27 EEG 2012 Anwendung.[34]

Auch gilt für nach dem Jahr 2011 in Betrieb genommene Bestandsanlagen statt der Bio-   **23**
masseV 2014 grundsätzlich die BiomasseV in ihrer am 31.7.2014 geltenden Fassung weiter.[35] § 101, in dessen Abs. 3 die **Fortgeltung der BiomasseV 2012** normiert ist, trägt aller-

---

29 Vgl. hierzu eingehender: *von Hesler*, REE 2011, 11 ff.
30 S. hierzu BerlKommEnR/*Müller*, § 47 EEG 2014 Rn. 31 ff.
31 A. A. zu der vergleichbaren Bestimmung im EEG 2012 offenbar *Salje*, EEG, § 27 Rn. 67.
32 BGBl. I S. 1634.
33 S. hierzu BerlKommEnR/*Müller*, § 47 EEG 2014 Rn. 38 ff.
34 § 100 Abs. 1 Nr. 4; vgl. BerlKommEnR/*Scholz*, § 100 EEG 2014 Rn. 20 ff.
35 § 101 Abs. 3; vgl. auch § 101 Rn. 24 ff.

dings den Paragrafentitel „Übergangsbestimmungen für Strom aus Biogas", was den Schluss nahelegt, dass der Gesetzgeber auch die Fortgeltung der BiomasseV 2012 nach Abs. 3 ausschließlich für Biogasanlagen, nicht aber für sonstige Biomasseanlagen anordnen sollte. Dieses Gesetzesverständnis erscheint umso zwingender, als der Gesetzgeber den Paragrafentitel erst nachträglich im Laufe des Gesetzgebungsverfahrens von der ursprünglichen Formulierung („Übergangsbestimmungen für Strom aus Biogas") in die jetzige rein biogasbezogene Formulierung geändert hat, was auf eine bewusste gesetzgeberische Einschränkung hindeutet. Nichtsdestotrotz erscheint es überzeugender, hier von einer redaktionellen Ungenauigkeit des Gesetzgebers auszugehen, da für eine ausschließlich auf Biogasanlagen beschränkte und damit die übrigen Biomasseanlagen hiervon ausschließende Fortgeltung der BiomasseV 2012 – die sich von der BiomasseV in ihrer ab dem 1.8.2014 geltenden Fassung im Wesentlichen durch die umfangreichen, unter dem EEG 2014 jedoch völlig leerlaufenden Regelungen zur einsatzstoffbezogenen Vergütung unterscheidet – keine überzeugenden Gründe erkennbar sind.[36]

24 Ungeachtet der grundsätzlichen Fortgeltung der besonderen Vergütungsvorschriften des EEG 2012 für Bestandsanlagen unterliegen auch vor Inkrafttreten des EEG 2014 in Betrieb genommene Biogasanlagen ab dem 1.8.2014 der **Deckelung der vollumfänglich förderfähigen Jahresstrommenge** nach § 101 Abs. 1, die sich anhand der vor dem 1.8.2014 erzielten Höchstbemessungsleistung der Biogasanlage bemisst.[37]

---

36 Hierzu § 101 Rn. 26.
37 S. hierzu ausführlich BerlKommEnR/*Müller*, § 101 EEG 2014 Rn. 4 ff.

§ 45 Vergärung von Bioabfällen

(1) Für Strom aus Anlagen, in denen Biogas eingesetzt wird, das durch anaerobe Vergärung von Biomasse im Sinne der Biomasseverordnung mit einem Anteil von getrennt erfassten Bioabfällen im Sinne der Abfallschlüssel Nummer 20 02 01, 20 03 01 und 20 03 02 der Nummer 1 des Anhangs 1 der Bioabfallverordnung in dem jeweiligen Kalenderjahr von durchschnittlich mindestens 90 Masseprozent gewonnen worden ist, beträgt der anzulegende Wert

1. bis einschließlich einer Bemessungsleistung von 500 Kilowatt 15,26 Cent pro Kilowattstunde und

2. bis einschließlich einer Bemessungsleistung von 20 Megawatt 13,38 Cent pro Kilowattstunde.

(2) Der Anspruch auf finanzielle Förderung besteht nur, wenn die Einrichtungen zur anaeroben Vergärung der Bioabfälle unmittelbar mit einer Einrichtung zur Nachrotte der festen Gärrückstände verbunden sind und die nachgerotteten Gärrückstände stofflich verwertet werden.

Schrifttum: *Altrock/Trommler/Vollprecht/Barchmann/Thorbecke*, Der weite Anlagenbegriff des BGH: Gefahr für die Wirtschaftlichkeit von Biogasanlagen?, ET 6/2014, 88; *von Bredow*, Der Technologie-Bonus für innovative Anlagentechnik, in: Loibl/Maslaton/von Bredow/Walter, Biogasanlagen im EEG, 2. Aufl. 2011, S. 89; *ders./Hoffmann*, Der Vergütungsanspruch bei der Vergärung von Bioabfällen, § 27a, in: Loibl/Maslaton/von Bredow/Walter, Biogasanlagen im EEG, 3. Aufl. 2013, S. 317; *Dreher/ Müller/Radde*, Förderung der Bioabfallverwertung durch Kreislaufwirtschaftsgesetz und Erneuerbare-Energien-Gesetz, in: Kurth/Oexle: Handbuch der Kreislauf- und Rohstoffwirtschaft, 2013, S. 245; *Klewar*, Der Vergütungsanspruch bei der Vergärung von Gülle, § 27b EEG 2012, in: Loibl/Maslaton/von Bredow/Walter, Biogasanlagen im EEG, 3. Aufl., S. 337; *Kruschinski*, Biogasanlagen als Rechtsproblem, 2010; *Kusche*, Der Rechtsrahmen für die Zulassung von Biogasanlagen, 2011; *Lehnert*, Markt- und Systemintegration der Erneuerbaren-Energien: Eine rechtliche Analyse der Regeln zur Direktvermarktung im EEG 2012, ZUR 2012, 4; *Loibl*, Strom aus Biogasanlagen – Ein Überblick über die Neuregelungen des EEG 2012, REE 2011, 197; *Müller*, Mehr Effizienz, weniger Boni – die Förderung von Strom aus Biomasse nach dem EEG 2012, ZUR 2012, 22; *Müller/Kahl/Sailer*, Das neue EEG 2014 – Systemwechsel beim weiteren Ausbau der Erneuerbaren Energien, ER 2014, 139; *Peine/Knopp/Radcke*, Das Recht der Errichtung von Biogasanlagen, 2009; *Rolink*, EEG-Novelle – Rote Karte für Biogas, top agrar 8/2014, 114; *Schlederer*, Ist die obligatorische Kaskadennutzung von Biomassereststoffen flächendeckend sinnvoll?, Müll und Abfall 2014, 596; *Wustlich*, Das Erneuerbare-Energien-Gesetz 2014 – Grundlegend neu – aber auch grundlegend anders?, NVwZ 2014, 113; *Wustlich/Müller*, Die Direktvermarktung von Strom aus erneuerbaren Energien im EEG 2012 – Eine systematische Einführung in die Marktprämie und die weiteren Neuregelungen zur Marktintegration, ZNER 2011, 380.

Übersicht

I. Normzweck und Entstehungsgeschichte

1 Die Vorschrift des § 45 ersetzt den § 27a EEG 2012, der eine Empfehlung des EEG-Erfahrungsberichts 2011 umsetzte, in welchem eine **besondere Vergütungsstruktur für Strom aus der Vergärung von Bioabfällen** empfohlen wurde.[1]

2 Grund für die erstmalige Einführung der Sonderregelung im EEG 2012 waren wissenschaftlich festgestellte besondere Kostenstrukturen bei der Vergärung von Bioabfällen.[2] § 27a EEG 2012 ist ebenso wie der jetzige § 45 als Teil der von der Bundesregierung verfolgten Strategie einer verstärkten Mobilisierung solcher Einsatzstoffe zu sehen, die in keiner Konkurrenz mit anderen Nutzungen stehen, keine zusätzlichen Flächennutzungskonkurrenzen auslösen und deren Einsatz eine besonders positive Treibhausgasbilanz ermöglicht, also insbesondere von Rest- und Abfallstoffen.[3] Das Ziel einer nachhaltigeren Biomassenutzung unter stärkerer Förderung organischer Abfall- und Reststoffe wurde bereits im Koalitionsvertrag zur 17. Legislaturperiode angekündigt[4] und mit dem im September 2010 vorgestellten Energiekonzept der Bundesregierung weiter konkretisiert.[5] § 27a EEG 2012 und dessen Nachfolgeregelung in § 45 verfolgen vor diesem Hintergrund – ähnlich wie § 46, der dem § 27b EEG 2012 nachfolgt – das Ziel, für bestimmte Anlagenkonzepte zur **verstärkten Verwertung biogener Rest- und Abfallstoffe** im Rahmen ressourceneffizienter Kaskadennutzungen sinnvolle Förderbedingungen zu schaffen und zugleich unerwünschte negative Auswirkungen dieser Neuregelungen auf bereits bestehende und bewährte Verwertungsstoffströme soweit wie möglich zu vermeiden.[6] Inhaltlich knüpfen die Regelungen zur Bioabfallvergärung im EEG 2012 und im jetzigen EEG 2014 teilweise an die Förderung der Bioabfallvergärung nach Nr. II.1 der Anlage 1 zum EEG 2009 an.[7]

---

1 BMU, EEG-Erfahrungsbericht 2011, S. 15.

2 BT-Drs. 17/6071, S. 73; s. auch: BMU, Entwurf zum EEG-Erfahrungsbericht 2011, S. 87. Zu den besonderen abfallrechtlichen Rahmenbedingungen der Biogaserzeugung aus (Bio-)Abfällen s. *Kusche*, Der Rechtsrahmen für die Zulassung von Biogasanlagen, S. 179 ff.; *Kruschinski*, Biogasanlagen als Rechtsproblem, S. 27 ff.; *Peine/Knopp/Radcke*, Das Recht der Errichtung von Biogasanlagen, S. 79 ff.; sowie unter Berücksichtigung der Änderungen des Kreislaufwirtschaftsrechts durch Artikel 1 des Gesetzes zur Neuordnung des Kreislaufwirtschafts- und Abfallrechts v. 24.2.2012 (BGBl. I S. 212): *Dreher/Müller/Radde*, in: Kurth/Oexle, Handbuch der Kreislauf- und Rohstoffwirtschaft. S. 245, 256 Rn. 37.

3 BMU, Entwurf zum EEG-Erfahrungsbericht 2011, S. 83; ausführlicher zur Förderung der Stromerzeugung aus Bioabfällen nach dem EEG 2012: *Dreher/Müller/Radde*, in: Kurth/Oexle, Handbuch der Kreislauf- und Rohstoffwirtschaft, S. 245, 256 Rn. 36 ff.

4 Vgl. Wachstum. Bildung. Zusammenhalt, Koalitionsvertrag zwischen CDU, CSU und FDP zur 17. Legislaturperiode, im Internet abrufbar unter www.bmi.bund.de, S. 27.

5 Vgl. BMWi/BMU, Energiekonzept für eine umweltschonende, zuverlässige und bezahlbare Energieversorgung, 28.9.2010, S. 10.

6 BT-Drs. 17/6071, S. 73; ausführlicher zum EEG 2012: *Dreher/Müller/Radde*, in: Kurth/Oexle, Handbuch der Kreislauf- und Rohstoffwirtschaft, S. 245, 256 Rn. 36; kritisch hinsichtlich wettbewerbsverzerrender Effekte der einseitigen Bevorzugung der anaeroben Vergärung gegenüber anderen innovativen technologischen Verfahren zur energetischen Bioabfallnutzung sowie mit Hinweis auf die regional bereits heute bestehenden Nährstoffüberangebote und Engpässe bei den Ausbringungsflächen *Schlederer*, Müll und Abfall 2014, 596, 600, 603.

7 Vgl. zum EEG 2012 auch *Salje*, EEG, § 27a EEG 2012 Rn. 1, der insoweit allerdings nur auf die mit dem Gasaufbereitungs-Bonus nach § 27c Abs. 2 vergleichbare Nr. I der Anlage 1 zum EEG 2009 verweist.

Gegenüber den Regelungsmotiven für § 27a EEG 2012 verfolgt der Gesetzgeber mit § 45   **3**
jedoch noch **weitergehende Zwecke**: Den Regelungen zur Biogaserzeugung aus Abfall-
und Reststoffen in §§ 45 und 46 kommt weit mehr als noch im EEG 2012 eine zentrale Bedeutung bei der insgesamt zurückgeschraubten Förderung von Biomassestrom zu, da durch
die Streichung der Zusatzförderung für nachwachsende Rohstoffe die Wirtschaftlichkeit
von Anlagen außerhalb der Sonderfördertatbestände der §§ 45 und 46 nur noch in begrenztem Maße gewährleistet ist. Dies ist vom Gesetzgeber auch beabsichtigt oder doch jedenfalls bewusst in Kauf genommen worden: Zwar benennt der Gesetzgeber des EEG 2014
auch umwelt- und naturschutzpolitische Beweggründe für die gezielte Konzentration der
Biogasförderung auf Abfall- und Reststoffsubstrate,[8] die vor dem Hintergrund zunehmender Kritik an einer vermeintlich oder tatsächlich biogasinduzierten „Vermaisung" ganzer
Landschaftsstriche zu interpretieren sind (diese wird für negative Umweltauswirkungen
wie eine Abnahme der lokalen Biodiversität, eine Auslaugung der Anbauböden oder eine
verstärkten Nitratbelastung des Grundwasser durch Intensivanbau verantwortlich gemacht). Erkennbares Hauptmotiv für die Einschränkung der Förderung auf diese Einsatzstoffe ist jedoch das Ziel einer insgesamt kostenreduzierenden Einschränkung der Förderung von Biomasseanlagen, bei denen aus Sicht der Bundesregierung kaum noch Kostensenkungspotenziale erwartet werden.[9] Auch wenn die Fördersätze (anzulegenden Werte)
für nach § 45 und mehr noch nach § 46 geförderte Biogasanlagen immer noch z. T. deutlich
höher liegen als für Strom aus neuen Windenergieanlagen an Land oder Fotovoltaikanlagen, so werden aus neuen Abfall- und Reststoffanlagen jedoch nur vergleichsweise geringe
Strommengen erwartet,[10] so dass die Kostenwirkung auf die EEG-Umlage insgesamt überschaubar bleibt und dem Gesetzgeber auch angesichts des positiven Klimaschutzbeitrags
dieser gegenüber der Anbaubiomasse vergleichsweise konfliktarmen Einsatzstoffgruppen
offensichtlich vertretbar erschien. Abgesichert wird diese Kostenbegrenzungsmaßnahme
durch den atmenden Deckel für den gesamten Brutto-Zubau von Biomasseanlagen nach
§ 28, der ab einer jährlich neu installierten Leistung von 100 MW zu einer erhöhten Degression führt, bis der Brutto-Zubau wieder auf den vorgesehenen 100 MW-Korridor zurückgeführt ist.[11] Infolge der Streichung der zusätzlichen Anbaubiomasseförderung wird
vielfach damit gerechnet, dass dieser Zubaukorridor (weitgehend) allein durch den Neubau
von abfall- und reststoffbasierten Biomasseanlagen ohnehin kaum erreicht werden dürfte.[12]

§ 45 fällt gegenüber der Vorgängerregelung in § 27a EEG 2012 etwas kürzer aus. Der bis-   **4**
herige § 27a Abs. 2 EEG 2012 zur ausnahmsweise **verpflichtenden Direktvermarktung**
für Biogasanlagen über 750 kW installierter Leistung ist durch die mit dem EEG 2014 zum
Regelfall erklärte Direktvermarktung praktisch bedeutungslos geworden. Hierbei ist allerdings zu beachten, dass sich ungeachtet des Primats der Direktvermarktung im EEG 2014

---

8 Vgl. BT-Drs. 18/1304, S. 97.
9 Vgl. BT-Drs. 18/1304, S. 93 zum Gesetzeszweck der Kostenbegrenzung s. auch *Müller/Kahl/Sai-*
   ler, ER 2014, 139, 142 f.
10 So offenbar auch die Erwartung des Gesetzgebers, vgl. BT-Drs. 18/1304, S. 89 f.
11 Zum Zubau-Deckel für Biomasse vgl. ausführlich § 28 Rn. 4 ff.
12 An einem Erreichen des gesetzlichen Ausbauzieles für Biomasse zweifelt etwa *DBFZ/Bosch*
   &Partner/Fraunhofer IWES/INL/UFZ, Vorhaben IIa, Wissenschaftlicher Bericht, abrufbar unter
   www.erneuerbare-energien.de, S. 39; ebenso: *Rolink*, top agrar 8/2014, 114, 116; auch *Wustlich*,
   NVwZ 2014, 1113, 1118 erwartet nur einen geringen Zubau neuer Biomasseanlagen und sieht die
   Biomasse allgemein als „Verlierer der EEG-Novelle".

nunmehr eine Wahlmöglichkeit für große Bioabfallanlagen eröffnet, die im EEG 2012 nicht bestand: Während nach dem EEG 2012 für Strom aus Bioabfallanlagen mit einer installierten Leistung von mehr als 750 Kilowatt, die zwischen dem 1.1.2014 und dem 31.7.2014 in Betrieb genommen wurden, ein Anspruch auf Einspeisevergütung ausgeschlossen war, gewährt das EEG 2014 den ab 1.8.2014 errichteten vergleichbaren Bioabfallanlagen alternativ zur Marktprämie auch einen Anspruch auf Einspeisevergütung, der allerdings nach § 38 Abs. 2 um 20 Prozent geringer ausfällt.

5   Der in § 27a Abs. 4 EEG 2012 geregelte **Ausschluss einer kombinierten Förderung** unter verschiedenen Biomasse-Förderregelungen findet sich nunmehr in § 47 Abs. 5.[13] Die bislang in § 27a Abs. 5 EEG 2012 enthaltenen Anwendungsbefehle bezüglich verschiedener Regelungen des § 27 EEG 2012 sind durch die Umstrukturierung der gesamten „Besonderen Förderbestimmungen" für Strom aus Biomasse obsolet geworden. Für alle Biomasse-Fördertatbestände gemeinsam geltende Regelungen finden sich nunmehr in den „Gemeinsamen Bestimmungen für Strom aus Biomasse und Gasen" des § 47 wieder, so dass keine Verweistechnik mehr erforderlich ist.

II. Anspruchsvoraussetzungen

6   **1. Biogas aus förderfähiger Biomasse (Abs. 1).** Die besondere Förderbestimmung des § 45 gilt ausschließlich für die Stromerzeugung aus **Biogas** im Sinne von § 5 Nr. 7, wobei Abs. 1 klarstellt, dass auch für eine finanzielle Förderung nach § 45 ausschließlich nach der BiomasseV anerkannte Einsatzstoffe Berücksichtigung finden. Der Einsatz von sonstiger, nicht nach der BiomasseV anerkannter Biomasse im Sinne des § 5 Nr. 14 Buchst. e ist auch im Rahmen des § 45 unschädlich, führt allerdings ebenso wie in § 44 dazu, dass der Stromanteil aus dem aus diesen Einsatzstofffraktionen erzeugten Biogas nicht förderfähig ist.[14] Hätte der Gesetzgeber den Einsatz von „sonstiger" Biomasse nach § 5 Nr. 14 Buchst. e im Rahmen der Biogaserzeugung nach § 45 Abs. 1 im Sinne eines speziellen Ausschließlichkeitsprinzips verbieten wollen, hätte er dies dadurch klargestellt, dass das Biogas „durch anaerobe Vergärung ausschließlich von Biomasse im Sinne der Biomasseverordnung" gewonnen worden sein muss.

7   § 45 ist auch auf die Stromerzeugung aus **Biomethan** im Sinne von § 5 Nr. 8 anwendbar, da Biomethan vom Begriff „Biogas" im Sinne des § 5 Nr. 7 umfasst ist.[15] Das Biomethan muss gleichfalls aus dem in § 45 Abs. 1 geforderten Einsatzstoffmix erzeugt werden, zudem müssen für einen Förderanspruch nach § 45 auch die weiteren speziellen Anforderungen an die finanzielle Förderung von Strom aus Biomethan nach § 47 Abs. 2 S. 1 Nr. 2 und Abs. 6 eingehalten werden.

---

13 Vgl. BerlKommEnR/*Müller*, § 47 EEG 2014 Rn. 58 ff.

14 So zum EEG 2012 auch Frenz/Müggenborg/*Ekardt/Hennig*, § 27a EEG 2012 Rn. 8; *von Bredow/ Hoffmann*, in: Loibl/Maslaton/von Bredow/Walter, Biogasanlagen im EEG, S. 317, 322 Rn. 17.

15 Vgl. für die insoweit identischen Vorgängerbestimmungen in § 3 Nr. 2b und 2c EEG 2012: BT-Drs. 17/6071, S. 60; zum EEG 2012 vgl. auch Frenz/Müggenborg/*Ekardt/Hennig*, § 27a EEG 2012 Rn. 7; Altrock/Oschmann/Theobald/*Rostankowski/Vollprecht*, § 27a EEG 2012 Rn. 32 f.; Reshöft/Schäfermeier/*Schäferhoff*, § 27a EEG 2012 Rn. 23 f.

Eine Stromerzeugung beispielsweise aus der **Feststoffverbrennung oder thermochemi-** **8**
schen Vergasung von Abfällen und Reststoffen im Sinne des § 45 fällt hingegen nicht unter die Regelung.

2. Mindestanteil getrennt erfasster Bioabfälle (Abs. 1). Die Stromerzeugung muss nicht **9**
zu 100 % aus Bioabfällen erfolgen. § 45 Abs. 1 fordert einen Anteil Bioabfälle an den insgesamt zur Biogaserzeugung im Vergärungsprozess eingesetzten Stoffen im Sinne der Biomasse V von **mindestens 90 Masseprozent**, wobei sich diese 90 Masseprozent ausschließlich aus Bioabfällen im Sinne der Abfallschlüssel Nummer 20 02 01 (biologisch abbaubare
Abfälle, d.h. Garten- und Parkabfälle, Landschaftspflegeabfälle, Gehölzrodungsrückstän-
de, und pflanzliche Bestandteile von Treibsel), 20 03 01 (Gemischte Siedlungsabfälle tierischer oder pflanzlicher Herkunft, d.h. getrennt erfasste Bioabfälle privater Haushalte und
des Kleingewerbes etwa aus der Biotonne) oder 20 03 02 (getrennt erfasste, biologisch abbaubare Fraktionen von Marktabfällen) der Nummer 1 des Anhangs 1 der BioAbfV zusammensetzen müssen.

Die Gesetzesbegründung zum insoweit identischen § 27a EEG 2012 erläutert zur Auswahl **10**
der nach Abs. 1 anerkannten **Bioabfallkategorien**, dass es sich hierbei um Abfälle handele, die bislang überwiegend kompostiert würden, so dass im Wesentlichen nur solche Bioabfälle zukünftig vor ihrer Kompostierung in eine Vergärung nach § 27a EEG 2012 (entsprechend nach § 45) gelangen, die ansonsten ohne energetische Nutzung ausschließlich
kompostiert worden wären. Hierdurch soll vermieden werden, dass es durch § 27a EEG
2012 (entsprechend nach § 45) zu unerwünschten Umlenkungen von energiereichen Reststoffen kommt, die bereits bislang vergoren wurden und durch die neuen Förderanreize
den bisherigen Bioabfallvergärern entzogen werden könnten.[16] Daneben sollen insbesondere für eine Vergärung geeignete Grünschnittmengen (Abfallschlüsselnummer 20 02 01)
in die Bioabfallvergärung geleitet werden, die zuvor jedenfalls zu bedeutenden Teilen ohne
vorangehende energetische Nutzung durch Aufbringen auf den Boden verwertet wurden.[17]

Um auf die Mindestquote von 90 Masseprozent angerechnet zu werden, müssen die Bioab- **11**
fälle nach Abfallschlüssel Nr. 20 02 01, 20 03 01 und 20 03 02 der Anlage 1 zur BioAbfV
getrennt erfasst werden. Die getrennte Erfassung wird dabei für die nach § 45 anerkannten Bioabfälle bereits in der Anlage 1 zur BioAbfV selbst vorausgesetzt, welche in den
Definitionen der drei aufgeschlüsselten Abfallgruppen jeweils ausdrücklich von getrennt
erfassten Materialien bzw. getrennt erfassten Bioabfällen spricht.[18] Aus Abfallgemischen
tatsächlich oder rechnerisch heraustrennbare Bioabfallanteile, die den genannten Abfall-
schlüsseln zuzuordnen wären, können damit nicht auf die Mindestquote angerechnet werden.[19] Die von anderen Einsatzstoffen und insbesondere auch von anderen Bioabfällen getrennte Erfassung der anerkannten Bioabfälle und deren Dokumentation gewährleisten im
Anwendungsbereich des § 45 die Überprüfbarkeit der Erreichung der geforderten Bioabfallquote.

Die Zusammensetzung der **übrigen 10 Masseprozent** ist durch die Regelung nicht vorge- **12**
geben. Der Biogasanlagenbetreiber kann diese restlichen 10 Masseprozent folglich aus
weiteren Bioabfällen im Sinne der drei vorgenannten Abfallschlüssel im Sinne der Bio-

---

16 Vgl. zum EEG 2012: BT-Drs. 17/6071, S. 73.
17 Vgl. zum EEG 2012: BT-Drs. 17/6071, S. 73.
18 S. Abfallschlüssel 20 02 01, 20 03 01 und 20 03 02 Nummer 1 des Anhangs 1 der BioAbfV.
19 Zum EEG 2012 *Loibl*, REE 2011, 197, 200.

AbfV, aus sonstigen Bioabfällen im Sinne der BioAbfV, aus sonstiger Biomasse im Sinne der BiomasseV oder aus sonstiger, nicht nach der BiomasseV anerkannter Biomasse im Sinne von § 5 Nr. 14 Buchst. e zusammenstellen.

13 Aufgrund des auch für § 45 geltenden **Ausschließlichkeitsprinzips** nach § 19 Abs. 1 dürfen auch zur Stromerzeugung aus Bioabfällen keine anderen Stoffe als die nach § 19 zugelassenen Energieträger eingesetzt werden. Dies bedeutet auch, dass grundsätzlich nur aus biogenen Einsatzstoffen erzeugtes Gas als Biogas zum Einsatz kommen darf, weshalb zur Biogaserzeugung auch unter § 45 keine anderen, nicht biogenen Einsatzstoffe wie beispielsweise nicht-biogene Abfallfraktionen gemischter Siedlungsabfälle eingesetzt werden dürfen. In diesen Fällen wäre bereits die für eine Förderung nach dem EEG entscheidende Eigenschaft des eingesetzten Gases als Biogas im Sinne des § 5 Nr. 7 nicht mehr gewährleistet. Der parallele Einsatz anderer biogener Gase (z. B. Biogas aus Einsatzstoffen nach § 44, Deponiegas oder Klärgas) zur Stromerzeugung ist zulässig und insbesondere auch nicht durch § 47 Abs. 5 ausgeschlossen.[20] Die aus den jeweiligen unterschiedlichen Gasmengen erzeugten Strommengenanteile werden in dem Beispiel entsprechend anteilig jeweils nach § 41, § 42, § 44 und § 45 finanziell gefördert.

14 Ebenso wie in § 44 steht das Ausschließlichkeitsprinzip einem gemischten Einsatz von Biogas aus Bioabfällen im Sinne des § 45 und **Grubengas oder Speichergas** im Sinne des § 5 Nr. 29 auch in den Fällen des § 45 bei entsprechender anteiliger finanzieller Förderung nicht entgegen.[21]

15 Die **Massebestimmung zur Ermittlung des geforderten Anteils** von 90 Masseprozent der nach § 45 anerkannten Bioabfälle erfolgt anhand des Gewichts der jeweils eingesetzten Substrate in dem für die Biogaserzeugung maßgeblichen Zeitpunkt der Einbringung in den Fermenter. Der erforderliche Anteil von 90 Masseprozent anerkannter Bioabfälle bezieht sich hierbei auf sämtliche in einem Kalenderjahr zulässigerweise in der Biogaserzeugungsanlage eingesetzte Substrate, d. h. sowohl auf Bioabfälle und andere nach der BiomasseV anerkannte Biomasse als auch auf sonstige, nicht nach der BiomasseV anerkannte Biomasse. Die für die Ermittlung des Mindestanteils anerkannter Bioabfälle zugrunde zu legende Gesamtmasse umfasst somit neben vergütungsfähiger Biomasse im Sinne der BiomasseV auch sonstige, nicht vergütungsfähige Biomasse im Sinne von § 3 Nr. 3, die gegebenenfalls ebenfalls in der Biogaserzeugungsanlage eingesetzt wird.

16 Das für die Massebestimmung maßgebliche **Gewicht** der Substrate zur Biogaserzeugung ist so zeitnah vor Einbringung der Substrate in die Gärstrecke, wie dies bei ordentlichem Anlagenbetrieb im Rahmen der betrieblichen Abläufe möglich ist, durch Wiegen mit einer geeichten Waage zu bestimmen. Gewichtsverluste durch Lagerung, die bei einem Wiegen bereits bei Anlieferung im Laufe der folgenden Lagerung bis zur Einbringung auftreten können, sind zu vermeiden, da ein Gewichtsverlust von Substraten zwischen Wiegen und Einbringung in die Gärstrecke (etwa durch Wasserverlust) die Ermittlung der geforderten Bioabfallquote – auch zulasten des Anlagenbetreibers – verzerren könnte.

---

20 So zum insoweit vergleichbaren EEG 2012 auch Altrock/Oschmann/Theobald/*Rostankowski/Vollprecht*, § 27a EEG 2012 Rn. 11; Reshöft/Schäfermeier/*Schäferhoff*, § 27a EEG 2012 Rn. 9; Frenz/Müggenborg/*Ekardt/Hennig*, § 27a EEG 2012 Rn. 26 ff.; *von Bredow/Hoffmann*, in: Loibl/Maslaton/von Bredow/Walter, Biogasanlagen im EEG, S. 317, 322 Rn. 17 ff.
21 § 16 Abs. 2 S. 4.

3. Kalenderjahr (Abs. 1). Der geforderte Mindestanteil anerkannter Bioabfälle bei der   17
Biogaserzeugung muss nach § 45 im kalenderjährlichen Durchschnitt erreicht werden,
d. h. in der Gesamtbilanz aller in einem **Kalenderjahr** in der Biogaserzeugungsanlage eingesetzten Substrate müssen durchschnittlich mindestens 90 Masseprozent aus den nach
§ 45 anerkannten Bioabfällen gestellt werden.[22] Unterjährig kann der Anteil anerkannter
Bioabfälle an den bis zu einem beliebigen Zeitpunkt jeweils eingesetzten Substraten folglich auch unter 90 Masseprozent liegen, solange am Ende des Kalenderjahres der Masseanteil anerkannter Bioabfälle insgesamt mindestens 90 Masseprozent beträgt.[23]

Der **Nachweis** über die Art und Menge der eingesetzten Biomasse einschließlich der zur   18
Herstellung des Biogases eingesetzten Einsatzstoffe hat wie bei § 44 über ein Einsatzstoff-
Tagebuch zu erfolgen (§ 47 Abs. 2 S. 1 Nr. 1).[24]

4. Unmittelbare Verbindung mit einer Einrichtung zur Nachrotte (Abs. 2). Um einen   19
Anspruch auf finanzielle Förderung nach § 45 zu begründen, muss die Biogaserzeugung
unmittelbar mit einer **Einrichtung zur Nachrotte** der festen Gärrückstände verbunden
sein (Abs. 2). Die Nachrotte fester Rückstände aus der Bioabfallvergärung dient einerseits
der nach § 3 BioAbfV vorgeschriebenen hygienisierenden Behandlung der Gärreste und
andererseits der Aerobisierung der Gärreste zur Reduzierung vor allem von Methan- und
Ammoniakemissionen,[25] die bei einer späteren Ausbringung der Gärreste etwa als Düngemittel ansonsten in die Atmosphäre freigesetzt würden.[26]

Diese mit § 27a Abs. 3 identische Regelung entspricht der nach dem EEG 2009 geltenden   20
Regelung zur Förderung der Bioabfallvergärung in **Nr. II.1.i der Anlage 1 zum EEG
2009** (Technologie-Bonus für innovative Anlagetechnik), wonach Anlagen, die ausschließlich Bioabfälle vergären, bei unmittelbarer Verbindung mit einer Einrichtung zur Nachrotte
der festen Gärrückstände und anschließender stofflicher Verwertung derselben einen Anspruch auf den Technologie-Bonus begründen. Das Motiv des Gesetzgebers für die zusätzliche Förderung im EEG 2009 war, angesichts der gestiegenen Kosten und Nachhaltig-
keitsprobleme von Energiepflanzen die verstärkte Nutzung von Reststoffen wie Stroh und
Bioabfällen anzureizen.[27] Die Fortsetzung dieser Förderung für Neuanlagen durch § 27a
EEG 2012 und nunmehr durch § 45 behält die bereits im EEG 2009 geltenden zusätzlichen
Anforderungen an die Nachbehandlung und stoffliche Verwertung der Gärreste bei, um
auch zukünftig für die besonders geförderte Bioabfallvergärung eine klima- und ressour-

---

22 So zum EEG 2012 auch Frenz/Müggenborg/*Ekardt/Hennig*, § 27a EEG 2012 Rn. 13.
23 Vgl. auch Altrock/Oschman/Theobald/*Rostankowski/Vollprecht*, § 27a EEG 2012 Rn. 17; Res-
  höft/Schäfermeier/*Schäferhoff*, § 27a EEG 2012 Rn. 12.
24 Vgl. BerlKommEnR/*Müller*, § 47 EEG 2014 Rn. 17 ff.
25 Vgl. zum EEG 2012 *von Bredow*, in: Loibl/Maslaton/von Bredow/Walter, S. 89, 101 Rn. 50.
26 Zu den abfallrechtlichen Anforderungen an die Behandlung von Gärresten aus Biogasanlagen
  nach Kreislaufwirtschaftsrecht, BioAbfV, TierNebG und TierNebV s. im Einzelnen *Peine/Knopp/
  Radcke*, Das Recht der Errichtung von Biogasanlagen, 2009, S. 81 ff. und 98 ff.; *Kruschinski*, Biogasanlagen als Rechtsproblem, S. 198 ff.; ebenso hierzu und zu den besonderen Vorgaben des
  Düngemittelrechts auch *Kusche*, Der Rechtsrahmen für die Zulassung von Biogasanlagen,
  S. 188 ff.
27 Vgl. BT-Drs. 16/9477, S. 31; zu Nr. II.1.i der Anlage 1 zum EEG 2009 s. auch Reshöft/*Schäferhoff*,
  Anlage 1 EEG 2009 Rn. 50 ff.

censchützende Kaskadennutzung aus stofflicher und energetischer Verwertung[28] sicherzustellen.

21 Eine **unmittelbare Verbindung** der Biogasabfallvergärungsanlage mit der Nachrotte-Einrichtung erfordert eine direkte baulich-technische Verbindung zwischen der Biogaserzeugungsanlage und der Nachrotte-Vorrichtung. Inwieweit hier zudem eine räumliche Nähe zwischen den beiden Einrichtungen erforderlich ist,[29] erscheint zumindest fraglich, da Abs. 2 nach seinem Wortlaut lediglich eine „unmittelbare Verbindung" und gerade keine „unmittelbare räumliche Nähe" – wie sie etwa in § 32 Abs. 1 S. 1 Nr. 1 gefordert wird – voraussetzt. Praktisch wird es aber im Regelfall hierauf nicht ankommen, da bei einer baulich-technischen Verbindung der Nachrotte-Vorrichtung zur Biogaserzeugungsanlage regelmäßig auch eine räumliche Nähe der beiden Einrichtungen zueinander vorliegen wird, wodurch Biogaserzeugungsanlage und Nachrotte-Vorrichtung von einem objektiven Dritten als zusammengehörige Bestandteile einer „Gesamtanlage" gewertet werden dürften.[30] Für die „unmittelbare Verbindung" ist in jedem Fall eine wie auch immer im Einzelfall geartete technische Anbindung der Nachrotteeinrichtung an die (Biogas-)Anlage zu fordern.[31]

22 **5. Stoffliche Verwertung der nachgerotteten Gärrückstände (Abs. 2).** Neben der unmittelbaren Verbindung der Biogaserzeugung zu einer Nachrotte-Einrichtung ist als weitere Fördervoraussetzung nach § 45 Abs. 2 die **stoffliche Verwertung** der nachgerotteten Gärrückstände nachzuweisen. Dies wird durch die gegenüber der missverständlichen Formulierung in Nr. II.1.i der Anlage 1 zum EEG 2009 („wenn") eindeutige Formulierung („und") seit dem insoweit identischen § 27a Abs. 3 EEG 2012 klargestellt.[32] Eine der praxisrelevantesten Formen der stofflichen Verwertung nachgerotteter Gärreste ist ihre Nutzung als Düngemittel unter Beachtung der Vorgaben der DüMV.[33] Eine Verwendung nachgerotteter Gärrückstände zur Düngung unter Verstoß gegen die DüMV kann jedenfalls bei gravierenden Verstößen gegen düngerechtliche Vorschriften dazu führen, dass keine nach Abs. 2 anerkannte stoffliche Verwertung vorliegt.

23 Eine lediglich nachweisliche **Absicht zur stofflichen Verwertung** der nachgerotteten Gärrückstände ohne tatsächlich anschließend erfolgte stoffliche Verwertung derselben ist an-

---

28 Vgl. zum EEG 2012 *Dreher/Müller/Radde*, in: Kurth/Oexle, Handbuch der Kreislauf- und Rohstoffwirtschaft, S. 245, 257 Rn. 38; Altrock/Oschmann/Theobald/*Rostankowski/Vollprecht*, § 27a EEG 2012 Rn. 4 f.

29 So für die insoweit wortgleiche Formulierung in § 27a Abs. 3 EEG 2012 Altrock/Oschmann/Theobald/*Rostankowski/Vollprecht*, § 27a EEG 2012 Rn. 19; ähnlich Reshöft/Schäfermeier/*Schäferhoff*, § 27a EEG 2012 Rn. 17.

30 Vgl. zum EEG 2012 *von Bredow*, in: Loibl/Maslaton/von Bredow/Walter, Biogasanlagen im EEG, S. 89, 101 Rn. 49.

31 Für die insoweit wortgleiche Formulierung in Nr. II.1.i der Anlage 1 zum EEG 2009 forderte Reshöft/*Schäferhoff*, Anlage 1 EEG 2009 Rn. 53 „eine Bewertung der Art und Weise der unmittelbaren Verbindung".

32 Vgl. insoweit zum EEG 2012 auch *von Bredow/Hoffmann*, in: Loibl/Maslaton/von Bredow/Walter, Biogasanlagen im EEG, S. 317, 327 Rn. 31 ff.

33 Vgl. *von Bredow*, in: Loibl/Maslaton/von Bredow/Walter, Biogasanlagen im EEG, S. 89, 101 Rn. 48.

gesichts des eindeutigen Regelungswortlauts ("und die nachgerotteten Gärrückstände stofflich verwertet werden") nicht ausreichend.[34]

6. Staffelung der finanziellen Förderung anhand der Bemessungsleistung (Abs. 1   **24**
Nr. 1 und 2). Strom, der nach § 45 erzeugt wird, begründet Anspruch auf eine anhand der **Bemessungsleistung** der Stromerzeugungsanlage gestaffelte finanzielle Förderung. Die Staffelung anhand der Bemessungsleistung entspricht systematisch der Staffelung nach § 44, allerdings mit abweichenden Leistungsschwellen.

Für den Stromanteil, der einer jährlichen Bemessungsleistung von bis zu 500 Kilowatt ent-   **25**
spricht, erhält der Betreiber einer nach dem 31.7.2014 und vor dem 1.1.2016 in Betrieb genommenen Anlage eine finanzielle Förderung, die sich anhand eines anzulegenden Wertes von **15,26 Cent** pro Kilowattstunde bemisst. Der Begriff des anzulegenden Wertes, der nicht in den Begriffsbestimmungen des § 5, sondern aus nicht näher erläuterten Gründen in § 23 Abs. 1 S. 2 legaldefiniert wird, ist dabei – wie die Nomenklatur schon andeutet – anders als die Vergütungssätze früherer EEG-Fassungen ein rein theoretischer Wert, der lediglich die Berechnungsgrundlage für die tatsächlich auszuzahlende Höhe der finanziellen Förderung bildet und in der im Gesetzestext bezifferten Höhe tatsächlich in keinem denkbaren Fall ausgezahlt wird.[35]

Für den Stromanteil, der einer jährlichen Bemessungsleistung von mehr als 500 Kilowatt   **26**
bis zu 20 Megawatt entspricht, erhält der Betreiber einer nach dem 31.7.2014 und vor dem 1.1.2016 in Betrieb genommenen Anlage eine etwas niedrigere Vergütung von **13,38 Cent** pro Kilowattstunde. Sollte eine Anlage eine über 20 Megawatt hinausgehende Bemessungsleistung aufweisen, so besteht für den Stromanteil, der dem über 20 Megawatt liegenden Anteil der jährlichen Bemessungsleistung entspricht, kein Anspruch auf eine Einspeisevergütung nach dem EEG.

Eine gegenüber sämtlichen dem EEG 2014 vorangegangenen EEG-Fassungen fundamen-   **27**
tale Neuerung stellt die in § 47 Abs. 1 verankerte Deckelung der jährlichen Gesamtmenge förderfähigen Stroms je Biomasseanlage auf die **Hälfte der theoretisch höchstmöglichen Strommenge**, die in der Anlage jährlich erzeugbar wäre, dar.[36] Diese Deckelung gilt für sämtliche Biomasseanlagen mit einer installierten Leistung von mehr als 100 Kilowatt (ausgenommen so somit zwangsläufig nach § 46 geförderte Anlagen). Die über 50 Prozent des Wertes der installierten Leistung hinausgehende jährliche Strommenge der Anlage wird nach § 47 Abs., 1 S. 2 in den Fällen der Einspeisevergütung nur noch mit dem Monatsmarktwert vergütet, in der Marktprämie erfolgt gar keine netzbetreiberseitige Zahlung. Ein kurioser und vom Gesetzgeber möglicherweise nicht beabsichtigter Nebeneffekt der Regelung in § 47 Abs. 1 ist, dass bei einer Biomasseanlage mit einer installierten Leistung von 99 kW dem Wortlaut der Vorschrift zufolge eine höhere Strommenge finanziell förderfähig ist (bis zu 100 Prozent der theoretisch möglichen Bemessungsleistung) als bei einer Anlage mit einer installierten Leistung von 101 kW (höchstens 50 Prozent der theoretisch möglichen Bemessungsleistung).

---

34 A. A. für die insoweit wortgleiche Formulierung in Altrock/Oschmann/Theobald/*Rostankowski/ Vollprecht*, § 27a EEG 2012 Rn. 20; ebenso Reshöft/Schäfermeier/*Schäferhoff*, § 27a EEG 2012 Rn. 19.
35 Hierzu näher *Wustlich*, NVwZ 2014, 1113, 1117.
36 Hierzu ausführlicher BerlKommEnR/*Müller*, § 47 EEG 2014 Rn. 6 ff.

28 7. **Allgemeine Fördervoraussetzungen (§§ 9 und 19 ff.).** Anlagen zur Stromerzeugung aus Biogas müssen auch für den Förderanspruch nach § 45 zudem die übrigen **Fördervoraussetzungen nach Teil 2 und 3 des EEG 2014** erfüllen. Hierbei sind für die Stromerzeugung aus Biogas neben dem Ausschließlichkeitsprinzip nach § 19 Abs. 1[37] insbesondere die Vorgaben zur Biogaserzeugung nach § 9 Abs. 5[38] sowie bei der Stromerzeugung in KWK in Bioabfallvergärungsanlagen mit einer installierten Leistung von mehr als 100 Kilowatt zudem die technischen Anforderungen nach § 9 Abs. 1 (Fernsteuerbarkeit) und schließlich die Pflichten zur Registrierung im Anlagenregister gemäß AnlRegV (Sanktionierung von Pflichtverstößen nach § 25) zu beachten.

III. Verhältnis zu § 44

29 Wird für Strom aus einer Anlage die Förderung nach § 45 in Anspruch genommen, so scheidet wegen § 47 Abs. 5 ein paralleler **Förderanspruch nach § 44** aus.

30 Der Förderanspruch nach § 44 kann jedoch geltend gemacht werden in den Fällen, in denen eine Anlage die **Anforderungen des § 45 nicht oder nicht** mehr erfüllt. Wurde also für Strom aus einer Bioabfallvergärungsanlage in einem Kalenderjahr die Förderung nach § 45 gewährt und scheitert diese Anlage im darauffolgenden Kalenderjahr an dem geforderten Bioabfallanteil von 90 Masseprozent, so kann für dieses folgende Kalenderjahr der Anspruch nach § 44 geltend gemacht werden, soweit dessen allgemeine Fördervoraussetzungen vorliegen.[39] Auch eine anteilige Förderung unterschiedlicher Stromanteile nach § 45 und § 44 ist nicht ausgeschlossen.[40]

31 Fraglich erscheint, ob ein Anlagenbetreiber ein **Wahlrecht** zwischen der Förderung nach § 44 und der Förderung nach § 45 besitzt. Strom, der die Anforderungen für eine Förderung nach § 45 erfüllt, würde regelmäßig auch die tatbestandlichen Voraussetzungen für eine Förderung nach § 44 erfüllen. Der § 45 ist jedoch seinem Wortlaut nach so zu verstehen, dass bei Vorliegen der Voraussetzungen nach § 45 automatisch dieser Förderanspruch begründet wird („beträgt der anzulegende Wert …") und zugleich nach § 47 Abs. 5 alle theoretisch denkbaren Ansprüche nach § 44 ausgeschlossen werden, so dass § 45 als *lex specialis* dem § 44 vorgeht.[41] Dies ist auch aus Anlagenbetreibersicht unproblematisch, da für denselben Strom über § 44 nur eine deutlich niedrigere Förderung zu erzielen wäre als über die Sonderförderregelung nach § 45.

IV. Anwendbarkeit für Bestandsanlagen (§ 100 Abs. 1 Nr. 4)

32 Für **vor dem 1.8.2014 in Betrieb** genommene Bestandsanlagen („EEG-2012-Anlagen") finden nach § 100 Abs. 1 Nr. 4 grundsätzlich die bei Inbetriebnahme dieser Anlagen gel-

---

37 S. hierzu BerlKommEnR/*Thorbecke/Greb*, § 19 EEG 2014 Rn. 40 ff.
38 S. hierzu BerlKommEnR/*Scholz*, § 9 EEG 2014 Rn. 59 ff.
39 So zum EEG 2012 auch Frenz/Müggenborg/*Ekardt/Hennig*, § 27b EEG 2012 Rn. 19; *Klewar*, in: Loibl/Maslaton/von Bredow/Walter, S. 337, 344 Rn. 21.
40 Vgl. zum EEG 2012 insoweit auch Reshöft/Schäfermeier/*Schäferhoff*, § 27a EEG 2012 Rn. 20.
41 A. A. zum EEG 2012 Frenz/Müggenborg/*Ekardt/Hennig*, § 27b EEG 2012 Rn. 19, die für ein Wahlrecht des Anlagenbetreibers plädieren.

tenden Bestimmungen, d.h. im Fall von Bioabfallvergärungsanlagen die Bestimmungen des § 27a EEG 2012 in der am 31.7.2014 geltenden Fassung Anwendung.

Auch für **vor dem 1.1.2012 in Betrieb** genommene Bestandsanlagen („EEG-2009-Anla-   33 gen") findet gemäß der Übergangsbestimmung des **§ 66 Abs. 1 Nr. 13 EEG 2012**[42] die Sondervergütungsregelung zur Bioabfallvergärung nach § 27a EEG 2012 Anwendung, allerdings mit Einschränkungen.[43]

---

42 S. auch in der Vorauflage BerlKommEnR/*Müller*, Bd. 2, § 66 EEG 2012 Rn. 62 ff.
43 Vgl. insoweit in der Vorauflage BerlKommEnR/*Müller*, Bd. 2, § 27a EEG 2012 Rn. 42 ff.

§ 46 Vergärung von Gülle

Für Strom aus Anlagen, in denen Biogas eingesetzt wird, das durch anaerobe Vergärung von Biomasse im Sinne der Biomasseverordnung gewonnen worden ist, beträgt der anzulegende Wert 23,73 Cent pro Kilowattstunde, wenn

1. der Strom am Standort der Biogaserzeugungsanlage erzeugt wird,
2. die installierte Leistung am Standort der Biogaserzeugungsanlage insgesamt höchstens 75 Kilowatt beträgt und
3. zur Erzeugung des Biogases in dem jeweiligen Kalenderjahr durchschnittlich ein Anteil von Gülle mit Ausnahme von Geflügelmist und Geflügeltrockenkot von mindestens 80 Masseprozent eingesetzt wird.

Schrifttum: *Altrock/Trommler/Vollprecht/Barchmann/Thorbecke*, Der weite Anlagenbegriff des BGH: Gefahr für die Wirtschaftlichkeit von Biogasanlagen?, ET 6/2014, 88; *Dreher/Müller/Radde*, Förderung der Bioabfallverwertung durch Kreislaufwirtschaftsgesetz und Erneuerbare-Energien-Gesetz, in: Kurth/Oexle, Handbuch der Kreislauf- und Rohstoffwirtschaft, 2013, S. 245; *Klewar*, Der Vergütungsanspruch bei der Vergärung von Gülle, § 27b EEG 2012, in: Loibl/Maslaton/von Bredow/Walter, Biogasanlagen im EEG, 3. Aufl., S. 337; *Kruschinski*, Biogasanlagen als Rechtsproblem, 2010; *Loibl*, Strom aus Biogasanlagen – Ein Überblick über die Neuregelungen des EEG 2012, REE 2011, 197; *ders.*, Satelliten-BHKW und deren rechtliche Eigenständigkeit, ZNER 2014, 152; *Müller*, Mehr Effizienz, weniger Boni – die Förderung von Strom aus Biomasse nach dem EEG 2012, ZUR 2012, 22; *Müller/Kahl/Sailer*, Das neue EEG 2014 – Systemwechsel beim weiteren Ausbau der Erneuerbaren Energien, ER 2014, 139; *Rolink*, EEG-Novelle – Rote Karte für Biogas, top agrar 8/2014, 114; *Wustlich*, Das Erneuerbare-Energien-Gesetz 2014 – Grundlegend neu – aber auch grundlegend anders?, NVwZ 2014, 113.

Übersicht

I. Normzweck und Entstehungsgeschichte

1 Mit § 46 findet sich neben der Regelung des § 45 zur Bioabfallvergärung eine weitere besondere Vorschrift zur **Förderung der Biogaserzeugung aus Reststoffen** im EEG 2014, die – ebenso wie § 45 – an eine korrespondierende Vorgängerregelung im EEG 2012 anknüpft. Im Gegensatz zu der Vorgängerregelung zu § 45 – dem § 27a EEG 2012 – war der dem § 46 vorausgehende § 27b EEG 2012 im Referentenentwurf zum EEG 2012 vom 17.5.2011 noch nicht enthalten,[1] sondern wurde erst mit dem Regierungsentwurf vom

---

1 Vgl. BMU, Referentenentwurf eines Gesetzes zur Neuregelung des Rechtsrahmens für die Förderung der Stromerzeugung aus erneuerbaren Energien, vom 17.5.2011, im Internet abrufbar unter www.clearingstelle-eeg.de.

6.6.2011 aufgenommen.[2] Die Einführung einer besonderen Vergütung von 25 Cent pro Kilowattstunde für kleine, güllebasierte Biogasanlagen mit einer Leistung bis höchstens 75 Kilowatt wurde durch den damals parallel zum Regierungsentwurf am 6.6.2011 ebenfalls vom Bundeskabinett beschlossenen EEG-Erfahrungsbericht 2011 empfohlen,[3] während der zuvor veröffentlichte ausführlichere Entwurf zum EEG- Erfahrungsbericht 2011 vom 3.5.2011 – ebenso wie der Referentenentwurf zum EEG 2012 – noch keine derartige Sondervergütungsregelung vorsah.[4] Dies deutet auf inhaltliche Diskussionen bei der erstmaligen Einführung dieser Regelung hin, die nicht zuletzt mit der bereits zum EEG 2012 geltenden Zielvorgabe einer Absenkung der Vergütungssätze für die Stromerzeugung aus Biogas durch die EEG-Novelle 2011 zusammenhängen könnten, welche durch den vergleichsweise hohen Vergütungssatz nach § 27b EEG 2012 eine nicht unerhebliche Ausnahme erfahren haben. Eine Betrachtungsweise, wonach § 27b EEG 2012 eine gegenüber der damaligen zentralen Biomassevorschrift des § 27 EEG 2012 fast verdoppelte Sondervergütung darstelle, lässt allerdings außer Acht, dass sich auch nach § 27 EEG 2012 der Vergütungsanspruch nach dessen Abs. 1 für Strom aus Gülle in dem vergleichbaren Leistungsklassensegment gemäß § 27 Abs. 2 EEG 2012 um eine einsatzstoffbezogene Vergütung von 8 Cent je kWh erhöhen ließ. Die Förderung nach § 27b EEG 2012 bot den vom Anwendungsbereich der Vorschrift erfassten güllebasierten Anlagen eine um ca. 2,7 Cent pro Kilowattstunde höhere Vergütung, als für Strom aus derselben Anlage bei ausschließlichem Einsatz von Einsatzstoffen der Einsatzstoffvergütungsklasse II nach § 27 Abs. 1 und 2 EEG 2012 erhältlich gewesen wäre. Die Regelung im EEG 2012 ersetzte damit wirtschaftlich betrachtet für kleine güllebetriebene Biogasanlagen teilweise die noch unter dem EEG 2009 durch den sog. „Gülle-Bonus" nach Nr. VI.2.b der Anlage 2[5] bestehende Förderung für einen Mindesteinsatz von Gülle zur Biogaserzeugung.

§ 46 stellt laut gesetzgeberischer Begründung gegenüber § 27b EEG 2012 zunächst vor allem eine redaktionelle Überarbeitung dar, mit der die Regelung an die geänderte Fördersystematik mit der Direktvermarktung in die Marktprämie als Leitsystem angepasst wird und verschiedene durch Umstellungen innerhalb der Biomasseförderbestimmungen bedingte Streichungen erfolgen.[6] Gegenüber den Regelungsmotiven für § 27b EEG 2012 verfolgt der Gesetzgeber mit § 46 jedoch – ebenso wie mit § 45 – diesmal noch **weitergehende Zwecke**: Den Regelungen zur Biogaserzeugung aus Abfall- und Reststoffen in §§ 45 und 46 kommt weit mehr als noch im EEG 2012 eine zentrale Bedeutung bei der insgesamt zurückgeschraubten Förderung von Biomassestrom zu, da durch die Streichung der Zusatzförderung für nachwachsende Rohstoffe die Wirtschaftlichkeit von Anlagen außerhalb der Sonderfördertatbestände der §§ 45 und 46 nur noch in begrenztem Maße gewährleistet ist. Dies ist vom Gesetzgeber auch beabsichtigt oder doch jedenfalls bewusst in Kauf genommen worden. Zwar benennt der Gesetzgeber des EEG 2014 auch umwelt- und naturschutzpolitische Beweggründe für die gezielte Konzentration der Biogasförderung auf Ab-

2

---

2 BT-Drs. 17/6071, S. 12.

3 BMU, EEG-Erfahrungsbericht 2011, S. 14.

4 Vgl. BMU, Entwurf zum EEG-Erfahrungsbericht 2011.

5 Zum sog. „Gülle-Bonus" nach dem EEG 2009 s. im Einzelnen: Altrock/Oschmann/Theobald/*Rostankowski/Vollprecht*, 3. Aufl., Anlage 2 EEG 2009 Rn. 106 ff.; Reshöft/*Schäferhoff*, 3. Aufl., Anlage 2 EEG 2009 Rn. 69 ff.; Frenz/Müggenborg/*Ekardt*, 2. Aufl., § 27 EEG 2009 Rn. 62.

6 Vgl. Entwurf eines Gesetzes zur grundlegenden Reform des Erneuerbare-Energien-Gesetzes und zur Änderung weiterer Bestimmungen des Energiewirtschaftsrechts, BT-Drs. 18/1304, S. 142.

fall- und Reststoffsubstrate,[7] die vor dem Hintergrund zunehmender Kritik an einer vermeintlich oder tatsächlich biogasinduzierten „Vermaisung" ganzer Landschaftsstriche zu interpretieren sind (diese wird für negative Umweltauswirkungen wie eine Abnahme der lokalen Biodiversität, eine Auslaugung der Anbauböden oder eine verstärkten Nitratbelastung des Grundwasser durch Intensivanbau verantwortlich gemacht); erkennbares Hauptmotiv für die Einschränkung der Förderung auf diese Einsatzstoffe ist jedoch das Ziel einer insgesamt kostenreduzierenden Einschränkung der Förderung von Biomasseanlagen, bei denen aus Sicht der Bundesregierung kaum noch Kostensenkungspotenziale zu erwarten sind.[8] Auch wenn die Fördersätze (anzulegenden Werte) für nach § 46 und in etwas geringerem Ausmaß für nach § 45 geförderte Biogasanlagen immer noch z. T. deutlich höher liegen als für Strom aus neuen Windenergieanlagen an Land oder Fotovoltaikanlagen, so werden aus neuen Abfall- und Reststoffanlagen jedoch nur vergleichsweise geringe Strommengen erwartet,[9] so dass die Kostenwirkung auf die EEG-Umlage insgesamt überschaubar bleibt und dem Gesetzgeber auch angesichts des positiven Klimaschutzbeitrags dieser gegenüber der Anbaubiomasse vergleichsweise konfliktarmen Einsatzstoffgruppen offensichtlich vertretbar erschien. Abgesichert wird diese Kostenbegrenzungsmaßnahme durch den atmenden Deckel für den gesamten Brutto-Zubau von Biomasseanlagen nach § 28, der ab einer jährlich neuinstallierten Leistung von 100 MW zu einer erhöhten Degression führt, bis der Brutto-Zubau wieder auf den vorgesehenen 100 MW-Korridor zurückgeführt ist.[10] Infolge der Streichung der zusätzlichen Anbaubiomasseförderung wird vielfach damit gerechnet, dass dieser Zubaukorridor (weitgehend) allein durch den Neubau von abfall- und reststoffbasierten Biomasseanlagen ohnehin kaum erreicht werden dürfte.[11]

3   § 46 fällt gegenüber der Vorgängerregelung in § 27b EEG 2012 deutlich kürzer aus. Der noch in § 27b Abs. 2 EEG 2012 geregelte **Ausschluss einer kombinierten Förderung** unter verschiedenen Biomasse-Förderregelungen findet sich nunmehr in § 47 Abs. 5.[12] Die bislang in § 27b Abs. 3 EEG 2012 enthaltenen Anwendungsbefehle bezüglich verschiedener Regelung des § 27 EEG 2012 sind durch die Umstrukturierung der gesamten „Besonderen Förderbestimmungen" für Strom aus Biomasse obsolet geworden; für alle Biomasse-Fördertatbestände gemeinsam geltende Regelungen finden sich nunmehr in den „Gemeinsamen Bestimmungen für Strom aus Biomasse und Gasen" des § 47 wieder, so dass keine Verweistechnik mehr erforderlich ist.

---

7 Vgl. BT-Drs. 18/1304, S. 97.
8 Vgl. BT-Drs. 18/1304, S. 93; zum Gesetzeszweck der Kostenbegrenzung s. auch *Müller/Kahl/Sailer*, ER 2014, 139, 142 f.
9 So offenbar auch die Erwartung des Gesetzgebers zum EEG 2012, vgl. BT-Drs. 18/1304, S. 89 f.
10 Zum Zubau-Deckel für Biomasse vgl. ausführlich BerlKommEnR/*Müller*, § 28 EEG 2014 Rn. 4 ff.
11 An einem Erreichen des gesetzlichen Ausbauzieles für Biomasse zweifelt etwa *DBFZ/Bosch& Partner/Fraunhofer IWES/INL/UFZ*, Vorhaben IIa, Wissenschaftlicher Bericht, abrufbar unter www.bmwi.de, S. 39; ebenso: *Rolink*, top agrar 8/2014, 114, 116; auch *Wustlich*, NVwZ 2014, 1113, 1118 erwartet nur einen geringen Zubau neuer Biomasseanlagen und sieht die Biomasse allgemein als „Verlierer der EEG-Novelle".
12 Vgl. BerlKommEnR/*Müller*, § 47 EEG 2014 Rn. 58.

II. Anspruchsvoraussetzungen

Nach § 46 wird für Strom aus Anlagen, die den Anspruchsvoraussetzungen dieser Vor-   4
schrift entsprechen, eine finanzielle Förderung gezahlt, die sich anhand eines anzulegenden Wertes von **23,73 Cent je kWh** bemisst. Der Begriff des anzulegenden Wertes, der
nicht in den Begriffsbestimmungen des § 5, sondern aus nicht näher erläuterten Gründen in
§ 23 Abs. 1 S. 2 legaldefiniert wird, ist dabei – wie die Nomenklatur schon andeutet – anders als die Vergütungssätze früherer EEG-Fassungen ein rein theoretischer Wert, der lediglich die Berechnungsgrundlage für die tatsächliche Höhe der auszuzahlenden finanziellen Förderung bildet und in der im Gesetzestext bezifferten Höhe tatsächlich in keinem
denkbaren Fall ausgezahlt wird.[13]

1. Biogas. § 46 findet nur für die Stromerzeugung aus durch anaerobe Vergärung gewonne-   5
nem **Biogas** im Sinne des § 5 Nr. 7 aus Biomasse im Sinne der BiomasseV Anwendung.
Dies schließt zwar grundsätzlich auch die Stromerzeugung aus Biomethan im Sinne des
§ 5 Nr. 8 ein, welches ebenfalls vom Begriff „Biogas" im Sinne des § 5 Nr. 7 umfasst ist,[14]
jedoch ergibt sich aus der Einschränkung nach Nr. 1, dass § 46 nur für die „Vor-Ort-Verstromung" von Biogas am Standort der Biogaserzeugungsanlage, d. h. ohne Erdgasnetzein-
speisung, gilt und damit eine Anwendung dieser besonderen Förderregelung auf die Stromerzeugung aus Biomethan ausscheidet. Der Einsatz von sonstiger, nicht nach der BiomasseV anerkannter Biomasse im Sinne des § 5 Nr. 14 Buchst. e, ist auch im Rahmen des § 46
unschädlich, führt allerdings ebenso wie in §§ 44 und 45 dazu, dass der Stromanteil aus
dem aus diesen Einsatzstofffraktionen erzeugten Biogas nicht finanziell förderfähig ist.[15]

2. Stromerzeugung am Standort der Biogaserzeugungsanlage (Nr. 1). Eine Förderung   6
nach § 46 setzt voraus, dass die Stromerzeugung aus dem überwiegend aus Gülle erzeugten
Biogas direkt am Standort der Biogaserzeugungsanlage erfolgt. Dies bedeutet zum einen,
dass eine Stromerzeugung aus **Biomethan** nach dessen Einspeisung und Transport über
das Erdgasnetz an einem anderen Standort keinen Anspruch auf finanzielle Förderung
nach § 46 begründet.[16]

Zum anderen ist auch die Stromerzeugung aus dem Biogas in sog. „**Satelliten-BHKW**" –   7
d. h. in Stromerzeugungseinheiten, die zur besseren Ausnutzung von Wärmesenken an einem von der Biogaserzeugungsanlage örtlich getrennten Standort errichtet und über eine
längere Biogasdirektleitung mit Biogas aus der Biogaserzeugungsanlage versorgt werden[17]
– von einer Vergütung nach § 46 ausgeschlossen,[18] da in diesen Fällen regelmäßig gerade

---

13 Hierzu näher *Wustlich*, NVwZ 2014, 1113, 1117.
14 Vgl. BT-Drs. 17/6071, S. 60.
15 So zum EEG 2012 auch Reshöft/Schäfermeier/*Schäferhoff*, § 27b EEG 2012 Rn. 7; Frenz/Müg-
   genborg/*Ekardt/Hennig*, 3. Aufl., § 27b EEG 2012 Rn. 8; a. A. zum EEG 2012 offenbar *Klewar*,
   in: Loibl/Maslaton/von Bredow/Walter, Biogasanlagen im EEG, S. 337, 338 Rn. 5.
16 So zum EEG 2012 auch Altrock/Oschmann/Theobald/*Rostankowski/Vollprecht*, § 27b EEG 2012
   Rn. 16; Reshöft/Schäfermeier/*Schäferhoff*, § 27b EEG 2012 Rn. 8; Frenz/Müggenborg/*Ekardt/
   Hennig*, 3. Aufl., § 27a EEG 2012 Rn. 10; *Klewar*, in: Loibl/Maslaton/von Bredow/Walter, Biogasanlagen im EEG, S. 337, 340 Rn. 10; *Müller*, ZUR 2012, 22, 30.
17 Zum Begriff „Satelliten-BHKW" vgl. Votum 2009/17 der Clearingstelle EEG v. 10.2.2011
   (www.clearingstelle-eeg.de/votv/2009/17); s. auch *Loibl*, ZNER 2014, 152.
18 S. zu § 27b EEG 2012 auch Altrock/Oschmann/Theobald/*Rostankowski/Vollprecht*, § 27b EEG
   2012 Rn. 16; *Salje*, EEG, 2012 § 27b EEG 2012 Rn. 16.

keine „Stromerzeugung am Standort der Biogaserzeugungsanlage" im Sinne des Nr. 1 mehr erfolgt.[19]

8 Erfolgt die Stromerzeugung aus Biogas aus derselben Biogaserzeugungsanlage teilweise am Standort der Biogaserzeugungsanlage und **teilweise an einem anderen Standort**, z. B. in einem über eine Biogasdirektleitung versorgten „Satelliten-BHKW", so schließt dies den Förderanspruch nach § 46 insgesamt – d. h. auch für die Stromerzeugung am Standort der Biogaserzeugung – aus, da § 46 nur bei vollständiger Stromerzeugung am Standort der Biogaserzeugungsanlage Anwendung findet; der Gesetzeswortlaut verdeutlicht dies – gegenüber § 27b Abs. 1 S. 1 in leicht verändertem Wortlaut, womit jedoch keine erkennbare inhaltliche Änderung einhergeht – dadurch, dass der Förderanspruch nur besteht, „wenn der Strom am Standort der Biogaserzeugungsanlage erzeugt wird". Hätte der Gesetzgeber eine teilweise Stromerzeugung aus Biogas derselben Produktionsanlage auch an anderen Standorten zulassen wollen, hätte er den Förderanspruch stattdessen nur insoweit eingeschränkt, „soweit die Stromerzeugung am Standort der Biogaserzeugungsanlage" erfolgt.[20]

9 **3. Anlagenleistung von höchstens 75 Kilowatt (Nr. 2).** Die am Standort der Biogaserzeugung installierte Stromerzeugungsleistung darf im Rahmen des § 46 **insgesamt höchstens 75 Kilowatt** betragen. Demnach dürfen am Standort der Biogaserzeugungsanlage, an dem nach Nr. 1 die vollständige Stromerzeugung aus der Biogaserzeugung zu erfolgen hat, maximal 75 Kilowatt elektrischer Wirkleistung, die bei bestimmungsgemäßem Betrieb ohne zeitliche Einschränkungen unbeschadet kurzfristiger geringfügiger Abweichungen technisch erbracht werden können (§ 5 Nr. 22), für die Verstromung des erzeugten Biogases zur Verfügung stehen. In dieser Regelung kommt es damit ausdrücklich nicht auf die bei der Stromerzeugung aus Biomasse ansonsten entscheidende Bemessungsleistung an.[21] Eine technische Abriegelung der Anlage oder der Anlagen am Standort, die nicht mit einfachen Mitteln überwunden werden kann, und durch die die technisch verfügbare Leistung am Standort der Biogaserzeugung auf höchstens 75 Kilowatt beschränkt wird, ist hierzu ausreichend.[22]

10 Unschädlich ist eine Aufteilung der zulässigen installierten Leistung auf **mehrere Stromerzeugungsanlagen**, solange die „Gesamthöchstgrenze"[23] aller Anlagen am Biogaserzeugungsstandort die Schwelle von 75 Kilowatt nicht übersteigt. Drei Biogas-Blockheizkraftwerke mit jeweils 25 Kilowatt installierter Leistung am Standort sind demnach zulässig, zwei Biogas-Blockheizkraftwerke mit jeweils 40 Kilowatt installierter Leistung am Standort stellen hingegen einen Verstoß gegen Nr. 2 dar und schließen einen Förderanspruch nach § 46 an diesem Standort vollständig – d. h. auch für den einer installierten Anlagenleistung bis 75 Kilowatt entsprechenden Stromanteil – aus.

11 Nach dem Wortlaut der Regelung steht jegliches Überschreiten einer installierten Gesamtleistung von 75 Kilowatt am Biogaserzeugungsstandort einem Förderanspruch nach § 46

---

19 Vgl. BT-Drs. 17/6071 vom 6.6.2011, S. 73.
20 A. A. Zu § 27b EEG 2012: *Klewar*, in: Loibl/Maslaton/von Bredow/Walter, Biogasanlagen im EEG, S. 337, 340 f. Rn. 11.
21 S. zum EEG 2012 auch *Loibl*, REE 2011, 197, 200.
22 Vgl. zum EEG 2012 Reshöft/Schäfermeier/*Schäferhoff*, § 27b EEG 2012 Rn. 12; *Salje*, EEG, § 27b EEG 2012 Rn. 17; *Klewar*, in: Loibl/Maslaton/von Bredow/Walter, Biogasanlagen im EEG, S. 337, 339 Rn. 8.
23 Vgl. BT-Drs. 17/6071, S. 73.

entgegen.[24] Fraglich erscheint, ob dies auch gilt, wenn am Anlagenstandort weitere, **für eine Stromerzeugung aus Biogas ungeeignete Stromerzeugungsanlagen** vorhanden sind. Sinn und Zweck der Begrenzung der installierten Leistung am Biogaserzeugungsstandort ist es, zu verhindern, dass an einem Biogaserzeugungsstandort durch Errichtung mehrerer Einzelanlagen im Ergebnis eine deutlich umfangreichere Stromerzeugung aus Gülle als beabsichtigt von der höheren Förderung nach § 46 profitiert.[25] § 46 bezweckt danach ersichtlich die zusätzliche Förderung der energetischen Nutzung dezentral anfallender Güllepotenziale in kleinen, insbesondere landwirtschaftlichen Anlagen. Vor diesem Hintergrund erscheint es nicht geboten, am Biogaserzeugungsstandort betriebene weitere, zur Biogasverstromung jedoch ungeeignete Stromerzeugungsanlagen auszuschließen. Die teleologische Auslegung des Nr. 2 spricht vielmehr dafür, dass Stromerzeugungsanlagen an demselben Standort, die zur Überschreitung der ohne sie eingehaltenen Gesamthöchstgrenze von 75 Kilowatt führen, für den Förderanspruch nach § 46 jedenfalls dann unschädlich sind, wenn diese zusätzlichen Stromerzeugungsanlagen nicht zur Stromerzeugung aus (Gülle-)Biogas geeignet sind.[26] Auch reine Biomethan-Einspeiseanlagen ohne jegliche eigene installierte elektrische Erzeugungsleistung am Standort der Biogaserzeugungsstrecke würden konsequenterweise insoweit unschädlich sein.[27]

4. Gülleanteil von 80 Masseprozent (Nr. 3). Der Förderanspruch nach § 46 besteht nur, **12** wenn sich die insgesamt kalenderjährlich zur Biogaserzeugung eingesetzten Stoffe zu **mindestens 80 Masseprozent** aus Gülle im Sinne des § 5 Nr. 19 zusammensetzen, wobei auf diese geforderten 80 Masseprozent kein Geflügelmist oder Geflügeltrockenkot angerechnet wird, d. h. der weite Güllebegriff des § 5 Nr. 19 erfährt für den § 46 insoweit eine Einschränkung. Zulässigerweise auf die 80 Masseprozent angerechnet werden können ebenso wie nach § 27b EEG 2012 weiterhin Pferdemist, Rinderfestmist, Rindergülle, Schafmist, Ziegenmist, Schweinefestmist und Schweinegülle.[28]

Geflügelmist und Geflügeltrockenkot können unbeschadet ihres Ausschlusses nach Nr. 3 **13** aber im Rahmen der **übrigen 20 Masseprozent**, deren Zusammensetzung durch § 46 nicht vorgegeben ist und alle Arten von Biomasse i. S. v. § 5 Nr. 14 Buchst. e umfassen kann, zur Biogaserzeugung eingesetzt werden.[29]

Die **Massebestimmung zur Ermittlung des geforderten Anteils** von 80 Masseprozent **14** der nach Nr. 3 anerkannten Güllesubstrate erfolgt anhand des Gewichts der jeweils eingesetzten Substrate in dem für die Biogaserzeugung maßgeblichen Zeitpunkt ihrer Einbringung in den Fermenter. Der erforderliche Anteil von 80 Masseprozent anerkannter Gülle-

---

24 S. zum EEG 2012 auch Frenz/Müggenborg/*Ekardt/Hennig*, 3. Aufl., § 27b EEG 2012 Rn. 11.

25 Vgl. insoweit zu der Vorgängerregelung des § 27b EEG 2012: BT-Drs. 17/6071, S. 73.

26 Noch weitergehend Altrock/Oschmann/Theobald/*Rostankowski/Vollprecht*, § 27b EEG 2012 Rn. 5 sowie Reshöft/Schäfermeier/*Schäferhoff*, § 27b EEG 2012 Rn. 10, aus deren Sicht die 75-Kilowatt-Grenze jeweils nur Biogasverstromungsanlagen erfasst, für die eine Förderung nach § 27b EEG 2012 (§ 46 EEG 2014) in Anspruch genommen werden soll.

27 So zu § 27b EEG 2012 auch *Klewar*, in: Loibl/Maslaton/von Bredow/Walter, Biogasanlagen im EEG, S. 337, 340 Rn. 9; Reshöft/Schäfermeier/*Schäferhoff*, § 27b EEG 2012 Rn. 10..

28 Zu den hygienerechtlichen Anforderungen an den Einsatz tierischer Nebenprodukte zur Biogaserzeugung nach TierNebG, TierNebV s. *Kruschinski*, Biogasanlagen als Rechtsproblem, S. 183 ff.

29 S. zum EEG 2012 auch Frenz/Müggenborg/*Ekardt/Hennig*, 3. Aufl., § 27b EEG 2012 Rn. 15; Reshöft/Schäfermeier/*Schäferhoff*, § 27b EEG 2012 Rn. 17; *Dreher/Müller/Radde*, in: Kurth/Oexle, Handbuch der Kreislauf- und Rohstoffwirtschaft, S. 245, 261 Rn. 50; *Klewar*, in: Loibl/Maslaton/von Bredow/Walter, Biogasanlagen im EEG, 3. Aufl., S. 337, 339 Rn. 7.

substrate bezieht sich hierbei auf sämtliche zulässigerweise in der Biogaserzeugungsanlage eingesetzte Substrate. Die für die Ermittlung des Mindestanteils anerkannter Güllesubstrate zugrunde zu legende Gesamtmasse umfasst somit neben förderfähiger Biomasse im Sinne der BiomasseV auch sonstige, nicht förderfähige Biomasse im Sinne von § 5 Nr. 14 Buchst. e, die gegebenenfalls ebenfalls in der Biogaserzeugungsanlage eingesetzt wird.

15 Das für die Massebestimmung maßgebliche **Gewicht** der Substrate zur Biogaserzeugung ist so zeitnah vor Einbringung der Substrate in die Gärstrecke, wie dies bei ordentlichem Anlagenbetrieb im Rahmen der betrieblichen Abläufe möglich ist, durch Wiegen mit einer geeichten Waage zu bestimmen. Gewichtsverluste durch Lagerung, die bei einem Wiegen bereits bei Anlieferung im Laufe der folgenden Lagerung bis zur Einbringung auftreten können, sind zu vermeiden, da ein Gewichtsverlust von Substraten zwischen Wiegen und Einbringung in die Gärstrecke (etwa durch Wasserverlust) die Ermittlung der geforderten Bioabfallquote – auch zulasten des Anlagenbetreibers – verzerren könnte.

16 Der geforderte Mindestanteil anerkannter Güllesubstrate bei der Biogaserzeugung muss nach Nr. 3 im kalenderjährlichen Durchschnitt erreicht werden, d.h. in der Gesamtbilanz aller in einem **Kalenderjahr** in der Biogaserzeugungsanlage eingesetzten Substrate müssen durchschnittlich mindestens 80 Masseprozent aus den nach § 46 anerkannten Güllesubstraten gestellt werden. Unterjährig kann der Anteil anerkannter Güllesubstrate an den bis zu einem beliebigen Zeitpunkt jeweils eingesetzten Substraten folglich auch unter 80 Masseprozent liegen, solange am Ende des Kalenderjahres der Masseanteil anerkannter Güllesubstrate insgesamt mindestens 80 Masseprozent beträgt.[30]

17 **5. Allgemeine Fördervoraussetzungen (§§ 9 und 19 ff.).** Anlagen zur Stromerzeugung aus Biogas müssen auch für den Förderanspruch nach § 46 zudem die übrigen **Fördervoraussetzungen nach Teil 2 und 3 des EEG 2014** erfüllen. Hierbei sind für die Stromerzeugung aus Biogas neben dem Ausschließlichkeitsprinzip nach § 19 Abs. 1[31] insbesondere die Vorgaben zur Biogaserzeugung nach § 9 Abs. 5[32] sowie die Pflichten zur Registrierung im Anlagenregister gemäß AnlRegV (Sanktionierung von Pflichtverstößen nach § 25) zu beachten.[33]

III. Verhältnis zu § 44

18 Wird für Strom aus einer Anlage die Förderung nach § 46 in Anspruch genommen, so scheidet wegen § 47 Abs. 5 ein paralleler **Förderanspruch nach § 44** aus.

19 Der Förderanspruch nach § 44 kann jedoch geltend gemacht werden in den Fällen, in denen eine Anlage die **Anforderungen des § 46 nicht oder nicht** mehr erfüllt. Wurde also für Strom aus einer kleinen güllebasierten Biogasanlage in einem Kalenderjahr die Förderung nach § 46 gewährt und scheitert diese Anlage im darauffolgenden Kalenderjahr an dem geforderten Gülleanteil von 80 Masseprozent, so kann für dieses folgende Kalenderjahr der

---

30 S. zum EEG 2012 auch Altrock/Oschman/Theobald/*Rostankowski/Vollprecht*, § 27b EEG 2012 Rn. 23; Frenz/Müggenborg/*Ekardt/Hennig*, Biogasanlagen im EEG, 3. Aufl., § 27b EEG 2012 Rn. 15; *Klewar*, in: Loibl/Maslaton/von Bredow/Walter, 3. Aufl., S. 337, 339 Rn. 7.
31 S. hierzu BerlKommEnR/*Thorbecke/Greb*, § 19 EEG 2014.
32 S. hierzu BerlKommEnR/*Scholz*, § 9 EEG 2014.
33 S. hierzu BerlKommEnR/*Scholz*, § 9 EEG 2014.

Anspruch nach § 44 geltend gemacht werden, soweit dessen allgemeine Fördervoraussetzungen vorliegen.[34]

Fraglich erscheint, ob ein Anlagenbetreiber ein **Wahlrecht** zwischen der Förderung nach **20** § 44 und der Förderung nach § 46 besitzt. Strom, der die Anforderungen für eine Förderung nach § 46 erfüllt, würde regelmäßig auch die tatbestandlichen Voraussetzungen für eine Förderung nach § 44 erfüllen. Der § 46 ist jedoch seinem Wortlaut nach so zu verstehen, dass bei Vorliegen der Voraussetzungen nach § 46 automatisch dieser Förderanspruch begründet wird („beträgt der anzulegende Wert 23,73 Cent pro Kilowattstunde") und zugleich nach § 47 Abs. 5 alle theoretisch denkbaren Ansprüche nach § 44 ausgeschlossen werden, so dass § 46 als *lex specialis* dem § 44 vorgeht.[35] Dies ist auch aus Anlagenbetreibersicht unproblematisch, da für denselben Strom über § 44 nur eine deutlich niedrigere Förderung zu erzielen wäre als über die Sonderförderregelung nach § 46.

IV. Anwendbarkeit für Bestandsanlagen (§ 100 Abs. 1 Nr. 4)

Für **vor dem 1.8.2014 in Betrieb** genommene Bestandsanlagen („EEG-2012-Anlagen") **21** finden nach § 100 Abs. 1 Nr. 4 grundsätzlich die bei Inbetriebnahme dieser Anlagen geltenden Bestimmungen, d.h. im Fall kleiner Güllevergärungsanlagen die Bestimmungen des § 27b EEG 2012 in der am 31.7.2014 geltenden Fassung Anwendung.

---

34 So zum EEG 2012 auch Frenz/Müggenborg/*Ekardt/Hennig*, 3. Aufl., § 27b EEG 2012 Rn. 19; *Klewar*, in: Loibl/Maslaton/von Bredow/Walter, 3. Aufl., S. 344 Rn. 21.

35 A.A. zum EEG 2012 Altrock/Oschmann/Theobald/*Rostankowski/Vollprecht*, § 27b EEG 2012 Rn. 32; Frenz/Müggenborg/*Ekardt/Hennig*, 3. Aufl., § 27b EEG 2012 Rn. 19, die für ein Wahlrecht des Anlagenbetreibers plädieren.

§ 47 Gemeinsame Bestimmungen für Strom aus Biomasse und Gasen

(1) [1]Der Anspruch auf finanzielle Förderung für Strom aus Biogas besteht für Strom, der in Anlagen mit einer installierten Leistung von mehr als 100 Kilowatt erzeugt wird, nur für den Anteil der in einem Kalenderjahr erzeugten Strommenge, der einer Bemessungsleistung der Anlage von 50 Prozent des Wertes der installierten Leistung entspricht. [2]Für den darüber hinausgehenden Anteil der in dem Kalenderjahr erzeugten Strommenge verringert sich der Anspruch auf finanzielle Förderung in der Veräußerungsform nach § 20 Absatz 1 Nummer 1 auf null und in den Veräußerungsformen nach § 20 Absatz 1 Nummer 3 und 4 auf den Monatsmarktwert.

(2) [1]Der Anspruch auf finanzielle Förderung für Strom aus Biomasse besteht ferner nur,

1. wenn der Anlagenbetreiber durch eine Kopie eines Einsatzstoff-Tagebuchs mit Angaben und Belegen über Art, Menge und Einheit sowie Herkunft der eingesetzten Stoffe den Nachweis führt, welche Biomasse und in welchem Umfang Speichergas oder Grubengas eingesetzt werden,
2. soweit bei Anlagen, in denen Biomethan eingesetzt wird, der Strom aus Kraft-Wärme-Kopplung erzeugt wird, und
3. wenn in Anlagen flüssige Biomasse eingesetzt wird, für den Stromanteil aus flüssiger Biomasse, die zur Anfahr-, Zünd- und Stützfeuerung notwendig ist; flüssige Biomasse ist Biomasse, die zum Zeitpunkt des Eintritts in den Brenn- oder Feuerraum flüssig ist.

[2]Pflanzenölmethylester ist in dem Umfang als Biomasse anzusehen, der zur Anfahr-, Zünd- und Stützfeuerung notwendig ist.

(3) [1]Für den Anspruch auf finanzielle Förderung für Strom aus Biomasse nach den §§ 44, 45 oder § 46 ist ab dem ersten Kalenderjahr, das auf seine erstmalige Inanspruchnahme folgt, jährlich bis zum 28. Februar eines Jahres jeweils für das vorangegangene Kalenderjahr nachzuweisen:

1. die Erfüllung der Voraussetzungen nach Absatz 2 Satz 1 Nummer 2 nach den anerkannten Regeln der Technik; die Einhaltung der anerkannten Regeln der Technik wird vermutet, wenn die Anforderungen des von der Arbeitsgemeinschaft für Wärme und Heizkraftwirtschaft – AGFW – e. V. herausgegebenen Arbeitsblatts FW 308 „Zertifizierung von KWK-Anlagen – Ermittlung des KWK-Stromes" in der jeweils geltenden Fassung nachgewiesen werden; der Nachweis muss durch Vorlage eines Gutachtens eines Umweltgutachters mit einer Zulassung für den Bereich Elektrizitätserzeugung aus erneuerbaren Energien oder für den Bereich Wärmeversorgung erfolgen; anstelle des Nachweises nach dem ersten Halbsatz können für serienmäßig hergestellte KWK-Anlagen mit einer installierten Leistung von bis zu 2 Megawatt geeignete Unterlagen des Herstellers vorgelegt werden, aus denen die thermische und elektrische Leistung sowie die Stromkennzahl hervorgehen,
2. der Stromanteil aus flüssiger Biomasse nach Absatz 2 Satz 1 Nummer 3 durch Vorlage einer Kopie eines Einsatzstoff-Tagebuchs.

[2]Bei der erstmaligen Inanspruchnahme des Anspruchs nach § 19 in Verbindung mit § 44 oder § 45 ist ferner die Eignung der Anlage zur Erfüllung der Voraussetzungen

im Sinne von Satz 1 Nummer 1 durch ein Gutachten eines Umweltgutachters mit einer Zulassung für den Bereich Elektrizitätserzeugung aus erneuerbaren Energien oder für den Bereich Wärmeversorgung nachzuweisen.

(4) Der Anspruch auf finanzielle Förderung für Strom aus Biomasse verringert sich in dem jeweiligen Kalenderjahr insgesamt auf den Wert „MW_{EPEX}" nach Nummer 2.1 der Anlage 1 zu diesem Gesetz, wenn die Voraussetzungen nach Absatz 3 nicht nachgewiesen werden.

(5) Der Anspruch auf finanzielle Förderung für Strom aus Biomasse nach § 45 oder § 46 kann nicht mit § 44 kombiniert werden.

(6) Aus einem Erdgasnetz entnommenes Gas ist jeweils als Deponiegas, Klärgas, Grubengas, Biomethan oder Speichergas anzusehen,

1. soweit die Menge des entnommenen Gases im Wärmeäquivalent am Ende eines Kalenderjahres der Menge von Deponiegas, Klärgas, Grubengas, Biomethan oder Speichergas entspricht, die an anderer Stelle im Geltungsbereich dieses Gesetzes in das Erdgasnetz eingespeist worden ist, und
2. wenn für den gesamten Transport und Vertrieb des Gases von seiner Herstellung oder Gewinnung, seiner Einspeisung in das Erdgasnetz und seinem Transport im Erdgasnetz bis zu seiner Entnahme aus dem Erdgasnetz Massenbilanzsysteme verwendet worden sind.

(7) [1]Der Anspruch auf finanzielle Förderung für Strom aus Biomethan nach § 44 oder § 45 besteht auch, wenn das Biomethan vor seiner Entnahme aus dem Erdgasnetz anhand der Energieerträge der zur Biomethanerzeugung eingesetzten Einsatzstoffe bilanziell in einsatzstoffbezogene Teilmengen geteilt wird. [2]Die bilanzielle Teilung in einsatzstoffbezogene Teilmengen einschließlich der Zuordnung der eingesetzten Einsatzstoffe zu der jeweiligen Teilmenge ist im Rahmen der Massenbilanzierung nach Absatz 6 Nummer 2 zu dokumentieren.

(8) Soweit nach den Absätzen 2 oder 3 der Nachweis durch eine Kopie eines Einsatzstoff-Tagebuchs zu führen ist, sind die für den Nachweis nicht erforderlichen personenbezogenen Angaben im Einsatzstoff-Tagebuch von dem Anlagenbetreiber zu schwärzen.

Schrifttum: *Ahnis/Altrock*, Biogasbilanzierung und Massenbilanzsystem, in: Loibl/Maslaton/von Bredow/Walter, Biogasanlagen im EEG, 3. Aufl. 2013, S. 787; *Altrock/Schmeding*, Anschluss an und Zugang zum Gasnetz für Biogasanlagen nach GasNZV und GasNEV, in: Loibl/Maslaton/von Bredow/Walter, Biogasanlagen im EEG, 3. Aufl. 2013, S. 755; *Antoni/Probst/Witschel*, Überblick zu Neuregelungen für Biomasse im EEG 2014, ER 2014 (Sonderheft 01), 15; *Becker Büttner Held/Fraunhofer ISI/IKEM/Stiftung Umweltenergierecht/Öko-Institut*, Vorbereitung und Begleitung der Erstellung des Erfahrungsberichts 2014 gemäß § 65 EEG im Auftrag des Bundesministeriums für Wirtschaft und Energie, Vorhaben III (Rechtliche und instrumentelle Weiterentwicklung des EEG), Wissenschaftlicher Bericht, Juli 2014; *DBFZ/Bosch&Partner/Fraunhofer* IWES/INL/UFZ, Vorbereitung und Begleitung der Erstellung des Erfahrungsberichts 2014 gemäß § 65 EEG im Auftrag des Bundesministeriums für Wirtschaft und Energie, Vorhaben IIa (Stromerzeugung aus Biomasse), Wissenschaftlicher Bericht, Juli 2014; *Ekardt*, Verfassungs- und unionsrechtliche Probleme des EEG 2014, ZNER 2014, 317; *Fischer*, Einführung in die Vergütungssystematik des EEG 2012, in: Loibl/Maslaton/von Bredow/Walter, Biogasanlagen im EEG, 3. Aufl. 2013, S. 225; *Gordalla*, Der Vergütungsanspruch bei der Vergärung von Biomasse, § 27 EEG 2012, in: Loibl/Maslaton/von Bredow/Walter, Biogasanlagen im EEG, 3. Aufl. 2013, S. 263; *Graßmann*, Die EEG-Vergütung bei der Einspeisung von Biogas ins Erdgasnetz, in: Loibl/Maslaton/von Bredow/Walter, Biogasanlagen im EEG, 3. Aufl. 2013, S. 717; *Herz/von Bredow*, Verstromung von Biomethan – Anforderungen des EEG 2012 und gaswirtschaftliche Bilanzierung, ZNER 2012, 580; *Hinsch/Holzapfel*, Die Regelung der Grundvergütung für Strom aus Biomasse, in: Loibl/Maslaton/v. Bredow/Walter, Biogasanlagen im EEG, 2. Aufl. 2011, S. 19; *Hinsch/Holzapfel*, Direktvermarktung von Strom aus erneuerbaren Energien, in: Loibl/Maslaton/von Bredow/Walter, Biogasanlagen im EEG, 3. Aufl. 2013, S. 521; *Jacobs/Schäuble/Bayer/Sperk/Töpfer*, Eckpunkte für die Gestaltung der Energiewende, ZNER 2014, 11; *Kruschinski*, Biogasanlagen als Rechtsproblem, 2010; *Kusche*, Der Rechtsrahmen für die Zulassung von Biogasanlagen, 2011; *Loibl*, Der KWK-Bonus für Biogasanlagen nach dem EEG, in: Loibl/Maslaton/von Bredow/Walter, Biogasanlagen im EEG, 2. Aufl. 2011, S. 177; *ders.*, Strom aus Biogasanlagen – Ein Überblick über die Neuregelungen des EEG 2012, REE 2011, 197; *ders.*, Die Wärmenutzungspflicht, in: Loibl/Maslaton/von Bredow/Walter, Biogasanlagen im EEG, 3. Aufl. 2013, S. 303; *ders.*, Der KWK-Bonus (nach dem EEG 2009), in: Loibl/Maslaton/von Bredow/Walter, Biogasanlagen im EEG, 3. Aufl. 2013, S. 461; *Loibl/Rechel*, Hilfsmitteleinsatz in Biogasanlagen, ZNER 2007, 302; *Ludwig*, Energetische Verwendung von Biomasse nur mit Augenmaß vorantreiben, NuR 2009, 831; *dies.*, Möglichkeiten und Grenzen der Steuerung der Biomasseproduktion durch die Regionalplanung, DVBl. 2010, 944; *Müller*, Mehr Effizienz, weniger Boni – die Förderung von Strom aus Biomasse nach dem EEG 2012, ZUR 2012, 22; *Müller/Kahl/Sailer*, Das neue EEG 2014 – Systemwechsel beim weiteren Ausbau der Erneuerbaren Energien, ER 2014, 139; *Niedersberg*, Der Ausschließlichkeitsgrundsatz des EEG und der Einsatz fossiler Energien, ZNER 2014, 146; *Peine/Knopp/Radcke*, Das Recht der Errichtung von Biogasanlagen, 2009; *Rolink*, EEG-Novelle – Rote Karte für Biogas, top agrar 2014 (Heft 8), 114; *Valentin/von Bredow*, Power-to-Gas: Rechtlicher Rahmen für Wasserstoff und synthetisches Gas aus erneuerbaren Energien, ET 2011, 99; *Vollprecht/Kahl*, „Grüne Verwandlung" – Der Gasabtausch i. S. d. § 27 Abs. 2 EEG, ZNER 2011, 254; *Vollprecht/Zündorf*, Das EEG 2014 und die Wunderwelt der Übergangsregelungen, ZNER 2014, 522; *Walter/Huber*, Die Biomasseverordnung, in: Loibl/Maslaton/von Bredow/Walter, Biogasanlagen im EEG, 3. Aufl. 2013, S. 817; *Wernsmann*, Das neue EEG – Auswirkungen auf Biogasanlagen, AUR 2008, 329; *Wustlich*, Das Erneuerbare-Energien-Gesetz 2014 – Grundlegend neu – aber auch grundlegend anders?, NVwZ 2014, 1113.

Übersicht

Müller

I. Allgemeines

1. Europarechtliche Grundlagen. Die Förderbestimmung des § 47 beruht auf keiner un- **1**
mittelbaren europarechtlichen Grundlage. Nationale Förderregelungen für die Stromerzeugung aus erneuerbaren Energien müssen allerdings im Einklang mit den europarechtlichen Vorgaben zur Förderung von Bioenergie im Elektrizitätsmarkt stehen. In Bezug auf
§ 47 ist insoweit vor allem die **europarechtliche Definition von Biomasse** als „Energie
aus erneuerbaren Quellen"[1] nach Art. 2 S. 2 Buchst. e der Richtlinie 2009/28/EG zu berücksichtigen.[2]

2. Normzweck. Die Vorschrift enthält eine Sammlung allgemeiner Bestimmungen, die **ge-** **2**
meinsam für die verschiedenen Fördervorschriften für Strom aus Biomasse nach den
§§ 44 bis 46 – in einzelnen Absätzen des § 47 auch nur für einige dieser Regelungen – sowie für die Stromerzeugung aus anderen Gasen im Sinne des EEG gelten. Zu den anderen
von der Normüberschrift erfassten Gasen zählen neben den – ohnehin vom weiten Biomassebegriff nach § 5 Nr. 14 Buchst. e, jedoch nicht vom „vergütungsrechtlichen" Biomassebegriff der BiomasseV[3] umfassten – biogenen Energieträgern Deponiegas und Klärgas
auch der fossile Energieträger Grubengas und der i. d. R. elektrochemisch erzeugte Energieträger Speichergas (Wasserstoff, synthetisches Methan) i.S. von § 5 Nr. 14 Buchst. e,
wobei für die Energieträger Deponiegas, Klärgas, Grubengas und Speichergas lediglich
Abs. 6 und ggf. indirekt Abs. 2 S. 1 Nr. 1 (bei gemischtem Einsatz von Biomasse mit De-
ponie-, Klär-, Gruben- oder Speichergas) anwendbar ist.

Neben zahlreichen allgemeinen Bestimmungen für Strom aus Biomasse, die an ähnliche **3**
Regelungen in § 27 EEG 2012 (sowie an die hierauf verweisenden Regelungen in §§ 27a
und 27b EEG 2012) sowie an die energieträgerübergreifende Regelung zur Stromerzeugung im Gasabtausch nach § 27c EEG 2012 anknüpfen, enthält § 47 mit dem anlagenspezifischen Mengendeckel für finanziell förderfähigen Strom (Abs. 1) und mit der erstmaligen ausdrücklichen Zulassung einer bilanziellen Teilung von Biomethan zu Förderzwe-
cken (Abs. 7) zwei gegenüber dem EEG 2012 **genuin neue Regelungen.**

3. Entstehungsgeschichte. Zahlreiche Bestimmungen in § 47 greifen **Vorgängerbestim-** **4**
mungen im EEG 2012 auf. Abs. 2 der Regelung knüpft in weiten Teilen an § 27 Abs. 1
S. 2 und Abs. 5 EEG 2012 an, Abs. 3 teilweise an § 27 Abs. 6 EEG 2012, Abs. 4 an § 27
Abs. 7 EEG 2012, Abs. 5 an §§ 27a Abs. 4 und 27b Abs. 2 EEG 2012, Abs. 6 an § 27c
Abs. 1 EEG 2012 und Abs. 8 an § 27 Abs. 8 EEG 2012. Zu den Regelungen in Abs. 1 und
in Abs. 7 (der allerdings inhaltlich-thematisch an § 27c Abs. 1 EEG 2012 anknüpft) existieren keine inhaltlich vergleichbaren Vorgängerregelungen.

Ein wesentlicher Unterschied des § 47 gegenüber den im Übrigen teilweise vergleichbaren **5**
Bestimmungen der §§ 27 ff. EEG 2012 ist die Umstellung von der auf Vergütungssätzen
aufbauenden Regelungssystematik sämtlicher EEG-Fassungen bis zum 31.7.2014 hin zu

---

1 Vgl. Art. 2 S. 2 lit. a der Richtlinie 2009/28/EG des Europäischen Parlaments und des Rates vom
   23.4.2009 zur Förderung der Nutzung von Energie aus erneuerbaren Quellen und zur Änderung
   und anschließenden Aufhebung der Richtlinien 2001/77/EG und 2003/30/EG (ABl. L 140/16 vom
   5.6.2009).
2 Ausführlicher hierzu § 89 Rn. 2 f.
3 Biomasseverordnung vom 21.6.2001 (BGBl. I S. 1234), die zuletzt durch Art. 12 des Gesetzes
   vom 21.7.2014 (BGBl. I S. 1066) geändert worden ist.

der neuen, auf **anzulegenden Werten** aufbauenden und die Direktvermarktung als Regel-fall unterstellenden Regelungssystematik des EEG 2014.

II. Begrenzung der förderfähigen Strommenge (Abs. 1)

6   Durch die Regelung in Abs. 1 wird die in einer Anlage erzeugte Strommenge, die einen uneingeschränkten finanziellen Förderanspruch erhält, kalenderjährlich auf die **Hälfte** der theoretisch in der jeweiligen Anlage erzeugbaren Strommenge begrenzt. Der Gesetzgeber begründet diese neue Regelung, die energieträgerübergreifend ein Novum im EEG dar-stellt,[4] mit dem Ziel einer von vornherein flexiblen Auslegung neu zu errichtender Biogas-anlagen: Aus Sicht des Gesetzgebers sollen künftig nur noch Biogasanlagen, die ihre Stromerzeugung an den Bedürfnissen des Strommarktes ausrichten können und ihre Stromerzeugung insbesondere in Stunden hoher Strompreise verlagern können, nach den §§ 44 und 45[5] EEG 2014 förderfähig sein; die hierfür benötigte flexible Stromerzeugungs-kapazität neuer Biogasanlagen werde dadurch sichergestellt, dass ein Förderanspruch nur noch bis zur Hälfte der theoretisch möglichen Bemessungsleistung besteht.[6] Erkennbar ist der hinter dieser Regelung stehende gesetzgeberische Gedanke, dass eine nur bis zur Hälfte ihrer theoretisch möglichen Bemessungsleistung finanziell geförderte Anlage regelmäßig auch nur zur Hälfte ausgelastet betrieben wird und mithin etwa 50 Prozent der Anlagenleis-tung für einen flexiblen Betrieb verfügbar bleiben. Der Gesetzgeber vertraut hinsichtlich der gewünschten Flexibilisierung des (alten und) neuen Biogasanlagenparks entgegen der diesbezüglich grundsätzlich positiven und für eine Fortführung der Flexibilitätsprämie plä-dierenden wissenschaftlichen Evaluation des EEG 2012[7] also offenbar nicht mehr auf die elektrizitätsmarktökonomische Anreizwirkung dieses Instruments in seiner durch das EEG 2012 eingeführten und im EEG 2014 lediglich für bestehende Anlagen weitgehend unver-ändert fortgeführten[8] Form, und unternimmt mit Abs. 1 einen Anlauf, Anlagen ungeachtet der bei Einführung dieser Regelung im Markt nur schwach ausgeprägten Flexibilisierungs-signale aus dem Strommarkt von Beginn an auf einen mittel- und langfristig erwarteten Flexibilisierungsbedarf auszulegen.

7   Für jede über die Hälfte der theoretisch in einer Biogasanlage erzeugbaren Strommenge hinaus in einem Kalenderjahr erzeugte Kilowattstunde Strom erhält der Anlagenbetreiber wirtschaftlich betrachtet keine Förderung mehr: Vermarktet er seinen Strom in die Markt-prämie, wie es unter dem EEG 2014 als Regelfall zu unterstellen ist, so verringert sich für

---

4 Einen weiteren Ansatz zur Verringerung der förderfähigen Strommenge aus einer Anlage, aller-dings mit vollkommen anderer Zielsetzung und in deutlich abweichender Umsetzung, unternahm der Gesetzgeber, als er durch das Gesetz zur Änderung des Rechtsrahmens für Strom aus solarer Strahlungsenergie und zu weiteren Änderungen im Recht der erneuerbaren Energien v. 17.8.2012 (BGBl. I 1754) das sog. Marktintegrationsmodell für Fotovoltaikanlagen in das EEG 2012, vgl. § 33 EEG 2012; das Marktintegrationsmodell wurde mit dem EEG 2014 wieder abgeschafft.

5 Biogasanlagen nach § 46 fallen wegen der Größenschwelle von 100 kW installierter Leistung von vornherein nicht unter Abs. 1, s. auch unten Rn. 11.

6 Vgl. BT-Drs. 18/1304, S. 142.

7 Vgl. *DBFZ/Bosch&Partner/Fraunhofer IWES/INL/UFZ*, Vorhaben IIa, Wissenschaftlicher Be-richt, S. 74, 141 f., 153; grundsätzlich positiv zur Wirkung der bisherigen Flexibilitätsprämie auch: *Becker Büttner Held/Fraunhofer ISI/IKEM/Stiftung Umweltenergierecht/Öko-Institut*, Vorhaben III, Wissenschaftlicher Bericht, S. 4.

8 Vgl. § 54, s. hierzu ausführlicher BerlKommEnR/*Hermeier*, § 54 EEG 2014 Rn. 1 ff.

jede über diese jährliche 50-Prozent-Grenze hinausgehende Kilowattstunde aus der Anlage der Anspruch auf **finanzielle Förderung auf null**,[9] d. h. der Anlagenbetreiber erhält für diese Strommengen lediglich das, was er durch die Direktvermarktung als Markterlös erzielt, und kann keinerlei zusätzliche finanzielle Förderung gegenüber dem Netzbetreiber in Form der Marktprämie geltend machen.

Befindet sich die Anlage ausnahmsweise in einer Form der Einspeisevergütung nach § 37   **8** oder § 38, so besitzt der Anlagenbetreiber für den über die jährliche 50-Prozent-Grenze hinausgehenden Stromanteil zwar einen Anspruch auf finanzielle Förderung gegen den Netzbetreiber, dieser Anspruch ist jedoch auf den jeweiligen **Monatsmarktwert** begrenzt, der sich für Strom aus Biogas nach Nummer 2.1 der Anlage 1 ermittelt.[10] Die Einspeisevergütung in Höhe des Monatsmarktwertes geht damit nicht über die wirtschaftlichen Erlöse hinaus, die der Anlagenbetreiber bei durchschnittlicher Direktvermarktung als Markterlös erzielt hätte; genau genommen sind hier allerdings noch die – in Form der in die anzulegenden Werte eingepreisten Managementprämie pauschal bezifferten – Mehraufwendungen des Anlagenbetreibers durch die Direktvermarktung in Abzug zu bringen, so dass sich die Auszahlung des Monatsmarktwertes im Rahmen einer Einspeisevergütung nach §§ 37 oder 38 – immer eine alternative „durchschnittliche" Direktvermarktung unterstellend – für den Anlagenbetreiber etwas günstiger darstellt als die ausschließliche Erwirtschaftung durchschnittlicher Markterlöse im Rahmen einer Direktvermarktung mit „auf null" reduzierter Marktprämie. Der Gesetzgeber sichert den Anlagenbetreibern in den Fällen der Einspeisevergütung eine Mindestzahlung durch den Netzbetreiber zu, da der Netzbetreiber andernfalls zusätzlich eingespeiste Kilowattstunden ungerechtfertigt ohne jede Gegenleistung erhalten würde.[11] Auch ohne diese Regelung zur Zahlung des Monatsmarktwertes würde es allerdings fraglich erscheinen, ob die vermarktungspflichtigen ÜNB die Erlöse aus einer Vermarktung derartiger kostenlos erhaltener Strommengen behalten dürften, so dass vor diesem Hintergrund wohl auch kein besonderes Interesse der Netzbetreiber am Erhalt nichtvergüteter Strommengen bestehen würde – zu deren physikalischer Abnahme sie allerdings grundsätzlich verpflichtet sind.

Abs. 1 findet nur für **Strom aus Biogas** Anwendung, d. h. nicht für Strom aus sonstiger –   **9** fester oder flüssiger – Biomasse. Der Strommengendeckel für Strom aus Biogas schließt auch Strom aus Biomethan ein, da Biomethan nach § 5 Nr. 8 ebenfalls als Biogas anzusehen ist,[12] d. h. auch Biomethan-BHKW unterfallen dem Abs. 1. Deponiegas und Klärgas sind hingegen zwar biogene Gase, jedoch nicht als Biogas im Sinne des Abs. 1 anzusehen, wie sich bereits aus der gesonderten Nennung dieser erneuerbaren Gase neben Biogas in § 5 Nr. 14 Buchst. e ergibt.[13]

---

9 § 47 Abs. 1 S. 2, 1. Alt.
10 § 47 Abs. 1 S. 2, 2. Alt.
11 BT-Drs. 18/1304, S. 142 f.
12 Vgl. hierzu auch die Ausführungen in der Begründung zum Regierungsentwurf des EEG 2012, BT-Drs. 17/6071, S. 60: „Biogas in diesem Sinne ist auch Biomethan, das als durch anaerobe Vergärung gewonnenes und aufbereitetes Biogas in das Erdgasnetz eingespeist worden ist".
13 Zwar wird in § 5 Nr. 14 Buchst. e auch „Biomethan" – insofern systematisch wenig überzeugend – gesondert neben „Biogas" aufgezählt, es ergibt sich jedoch bereits aus § 5 Nr. 8, dass „Biomethan" ein Unterfall von „Biogas" ist; Grubengase und Speichergase gelten ungeachtet ihrer Einordnung als „Biogas" nach § 3 Nr. 10c EnWG im Anwendungsbereich des EEG nach § 5 Nr. 14 eindeutig nicht als Biomasse.

10 Wird in einer Anlage zur Stromerzeugung aus Biogas auch flüssige Biomasse eingesetzt, so ist die 50-Prozent-Förderkappung auf den Stromanteil, der aus dem **zur Anfahr-, Zünd- und Stützfeuerung notwendigen Einsatz flüssiger Biomasse** erzeugt wird, nicht anwendbar, da nach Abs. 1 S. 1 lediglich der Anspruch auf finanzielle Förderung für Strom aus Biogas auf die 50-Prozent-Grenze begrenzt ist, nicht aber der Anspruch auf finanzielle Förderung für Strom aus anderen in der Anlage eingesetzten Biomasseformen. Dieser aus anderen Biomassearten erzeugte Strom würde auch über die 50-Prozent-Grenze hinausgehend noch in vollem Umfang finanziell förderfähig bleiben.

Beispiel

Eine Biogasanlage mit einer installierten Leistung von 600 kW könnte in einem Kalenderjahr mit 8.760 h theoretisch 5.256.000 kWh Strom erzeugen. Der sich hieraus nach Abs. 1 S. 1 errechnende Anteil der kalenderjährlichen Strommenge, der einer Bemessungsleistung der Anlage von 50 Prozent des Wertes ihrer installierten Leistung entspricht und damit uneingeschränkt finanziell förderfähig ist, beträgt dementsprechend 2.628.000 kWh. Dieser Deckelwert gilt jedoch nur für in der Anlage erzeugten Strom aus Biogas, es besteht demzufolge ein uneingeschränkter Anspruch auf finanzielle Förderung für bis zu 2.628.000 kWh Strom aus Biogas aus der Anlage. Wird die Biogasanlage in einem Kalenderjahr zu 80 Prozent ausgelastet gefahren (600 kW x 8.760 h x 0,8 = 4.204.800 kWh) und beträgt der Anteil der gesamten Stromerzeugung, der auf einem zur Zünd- und Stützfeuerung notwendigen Einsatz förderfähiger flüssiger Biomasse beruht, über das Kalenderjahr 10 Prozent der erzeugten Gesamtstrommenge[14] (4.204.800 kWh x 0,1 = 420.480 kWh), so besteht in dem betreffenden Kalenderjahr ein Anspruch auf uneingeschränkte finanzielle Förderung für eine in der Anlage erzeugte Strommenge von insgesamt 3.048.480 kWh (2.628.000 kWh Strom aus Biogas + 420.480 kWh Strom aus flüssiger Biomasse) oder insgesamt 58 Prozent des theoretisch in einem Kalenderjahr in der Anlage erzeugbaren Stroms.

11 Der Strommengendeckel nach Abs. 1 gilt nur für Biogasanlagen mit einer installierten Leistung von mehr als **100 kW**. Im Rahmen der Einspeisevergütung für kleine Anlagen nach § 37 entfaltet Abs. 1 folglich ab dem 1.1.2016 keine Wirkung mehr, da ab dem Jahr 2016 nur noch solche Neuanlagen die Einspeisevergütung nach § 37 nutzen können, die eine installierte Leistung von höchstens 100 Kilowatt haben.[15] Ebenso entfaltet Abs. 1 keine Wirkung für Anlagen, die nach § 46 finanziell gefördert werden, da diese eine installierte Leistung (insgesamt am Standort der Biogaserzeugungsanlage) von höchstens 75 kW aufweisen dürfen.

---

14 Der Umfang des zur Zünd- und Stützfeuerung notwendigen Einsatzes flüssiger Biomasse lässt sich nicht pauschal mit einem fixen Wert bestimmen, sondern richtet sich danach, in welchem Umfang der Einsatz von flüssiger Biomasse unter Berücksichtigung des Standes der Technik bzw. der technischen Erfordernisse der konkreten Verstromungsanlage geboten ist, vgl. Altrock/Oschmann/Theobald/*Rostankowski/Vollprecht*, § 27 EEG 2012 Rn. 53; Reshöft/Schäfermeier/*Schäferhoff*, § 27 EEG 2012 Rn. 55. Ein Wert von 10 Prozent ist in der Praxis durchaus denkbar, so geht bspw. *Salje*, EEG, 5. Aufl., § 27 EEG 2009 Rn. 64 (dort noch speziell für den nach § 47 Abs. 2 S. 2 lediglich als Biomasse fingierten Pflanzenölmethylester) von einer berücksichtigungsfähigen Obergrenze von 10 Prozent aus; abweichend von *Salje*, a. a. O., muss es dem Anlagenbetreiber jedoch freistehen, dem Netzbetreiber glaubhaft darzulegen, dass für einen störungsfreien Betrieb der Anlage ein höherer Umfang der Zünd- und Stützfeuerung technisch notwendig ist, s. hierzu ausführlicher unten Rn. 37.

15 S. hierzu ausführlicher BerlKommEnR/*Scholz*, § 37 EEG 2014 Rn. 17 ff.

Da die 100-kW-Grenze in Abs. 1 **keine gleitende Schwelle** darstellt, bedeutet sie einen ab- **12**
bruchartigen Übergang mit bedeutenden wirtschaftlichen Implikationen für Neuanlagen,
die eine installierte Leistung nahe 100 kW aufweisen.

Beispiel

Während eine Biogasanlage mit exakt 100 kW installierter Leistung nach Abs. 1 auch
weiterhin einen uneingeschränkten Anspruch auf finanzielle Förderung begründet, der
bei einer (theoretischen) 100-prozentigen Anlagenauslastung kalenderjährlich eine un-
gekürzt förderfähige Strommenge von bis zu 876.000 kWh (100 kW x 8.760 h) ermöglichen würde, würde bereits eine geringfügig größer ausgelegte Biogasanlage mit einer
installierten Leistung von 101 kW nach Abs. 1 nur noch einen ungekürzten finanziellen Förderanspruch für höchstens 442.380 kWh (101 kW × 8.760 h × 0,5) begründen.

Erst eine Anlage mit einer installierten Leistung von mindestens 200 kW würde wieder **13**
einen ungekürzten finanziellen Förderanspruch für eine Strommenge in der Höhe begründen, wie sie bereits bei einer 100-kW-Anlage finanziell förderfähig ist. Auch wenn das
EEG 2014 als Kompensation für den erzwungenermaßen nicht – oder zumindest nicht kostendeckend – zur Stromerzeugung nutzbaren Anteil der installierten Leistung über der anlagenspezifischen 50-Prozent-Grenze nach § 53 einen über 20 Jahre jährlich wiederkeh-
rend ausgezahlten Flexibilitätszuschlag von 40 Euro für jedes Kilowatt installierter Leistung gewährt[16] (was umgerechnet auf die bis zu 50 Prozent ungenutzte installierte Leistung
der Anlage einen Zuschlag von bis zu 80 Euro pro Kilowatt ungenutzter installierter Anlagenleistung bedeutet), ist dennoch davon auszugehen, dass jedenfalls im Größensegment
zwischen 100 und 200 kW installierter Leistung in Zukunft kaum noch Biogasanlagen errichtet werden. Ob der Gesetzgeber diese wirtschaftliche Konsequenz der ohne gleitende
Grenze ausgestalteten Regelung in Abs. 1 tatsächlich so beabsichtigt hat, ist unklar, die Begründung zum Regierungsentwurf des EEG 2012 geht auf den vorstehend geschilderten
Effekt der scharfen „Abbruchkante" in Abs. 1 nicht näher ein.

Die Strommengendeckelung nach Abs. 1 hat Auswirkungen auf den Anspruch auf finan- **14**
zielle Förderung (Marktprämie oder Einspeisevergütung), berührt hingegen nicht die übrigen (nicht-monetären) Förderprivilegien des EEG 2014. Auch für den nicht finanziell förderfähigen Anteil des in der Anlage erzeugten Stroms besteht ungeachtet des Abs. 1 ein
Anspruch auf vorrangige physikalische Abnahme, vorrangigen Transport (Übertragung)
und vorrangige Verteilung nach § 11 EEG 2014.[17]

III. Besondere Fördervoraussetzungen (Abs. 2)

Abs. 2, der nur für die Stromerzeugung aus Biomasse anwendbar ist, entspricht, wie auch **15**
die Begründung zum Regierungsentwurf betont,[18] in S. 1 inhaltlich weitgehend dem bisherigen § 27 Abs. 5 EEG 2012 – mit Ausnahme des im EEG 2014 gestrichenen § 27 Abs. 5
Nr. 1 EEG 2012 (sogenannter „**Maisdeckel**") – und in S. 2 dem bisherigen § 27 Abs. 1 S. 2
EEG 2012. Die Regelung im EEG 2012 zur Deckelung der eingesetzten Maismengen in
Biogasanlagen ist aus gesetzgeberischer Sicht nicht mehr erforderlich, da das lediglich auf
eine Grundvergütung/-förderung reduzierte neue finanzielle Förderregime des § 44 den

---

16 S. hierzu ausführlicher BerlKommEnR/*Hermeier*, § 53 EEG 2014 Rn. 1 ff., 9 ff.
17 Vgl. BT-Drs. 18/1304, S. 142.
18 BT-Drs. 18/1304, S. 143.

Einsatz des kostenintensiven Biogassubstrats Mais künftig ohnehin ökonomisch unattraktiv mache (§§ 45 und 46 lassen bereits aufgrund ihrer speziellen Substratanforderungen keinen hohen Maisanteil zu).[19]

16   Für unter dem EEG 2012 in Betrieb genommene **Biogas-Bestandsanlagen**, die weiterhin eine Einsatzstoffvergütung für Mais nach § 27 Abs. 2 Nr. 1 erhalten, findet gemäß § 100 Abs. 1 Nr. 4 auch weiterhin der Maisdeckel nach § 27 Abs. 5 Nr. 1 EEG 2012 Anwendung.

17   **1. Einsatzstoff-Tagebuch (Abs. 2 S. 1 Nr. 1).** Das Führen eines Einsatzstoff-Tagebuches war bereits im **EEG 2009 und EEG 2012** für die gemischte Stromerzeugung aus vergütungsfähiger und nicht vergütungsfähiger Biomasse in § 27 Abs. 3 Nr. 2 EEG 2009 und Nr. I.1.b der Anlage 2 zum EEG 2009 sowie in § 27 Abs. 5 Hs. 1 EEG 2012 ausdrücklich vorgeschrieben.

18   Nach § 47 Nr. 1 müssen auch für alle dem EEG 2014 unterfallenden Biomasse-Anlagen die verwendeten Einsatzstoffe durch ein Einsatzstoff-Tagebuch dokumentiert werden. Das Einsatzstoff-Tagebuch muss Angaben und Belege über **Art, Menge und Einheit sowie Herkunft** der eingesetzten Stoffe enthalten. Die Dokumentation durch das Einsatzstoff-Tagebuch muss sowohl eine Überprüfung, welche Biomasse und welche sonstigen zulässigen Stoffe – namentlich die in Nr. 1 genannten nicht-biogenen Stoffe Speichergas und Grubengas – eingesetzt wurden, als auch eine Überprüfung, dass keine anderen – nach dem EEG unzulässigen – Stoffe in derselben Biomasseanlage verwendet wurden, ermöglichen.

19   Gestrichen wurde die bislang in § 27 Abs. 5 Hs. 1 EEG 2012 enthaltene Anforderung, dass über das Einsatzstoff-Tagebuch der Nachweis zu führen sei, „dass **keine anderen Stoffe** eingesetzt werden", da diese Anforderung bei wortlautorientiertem Verständnis in einem Spannungsverhältnis zu der ausdrücklichen Zulässigkeit des gemischten Einsatzes von Biomasse[20] mit anderen nach dem EEG zulässigen nicht-biogenen Energieträgern wie bspw. Speichergas in derselben „Hybridanlage"[21] gemäß § 16 Abs. 2 S. 4 EEG 2012 stand;[22] im EEG 2014 ergibt sich diese ausdrückliche Zulässigkeit eines Mischeinsatzes aus § 19 Abs. 4 S. 4.[23] Ebenso ist die Mischfeuerung von Biomasse und Grubengas zulässig, wie sich aus § 19 Abs. 1 Hs. 1[24] ergibt. Aus diesem Grund war bereits die Einsatzstoff-Tagebuch-Regelung in § 27 Abs. 5 EEG 2012 einschränkend so auszulegen, dass keine anderen *nicht-vergütungsfähigen* Stoffe wie insbesondere fossile Brennstoffe (Erdgas, Erdöl, Kohle) in der Anlage verwendet werden durften, ein Einsatz von Speichergasen (z.B. Wasserstoff, methanisierter Wasserstoff / Synthetic Natural Gas[25]) oder theoretisch auch Gru-

---

19 Ebd.

20 Hierbei ist nicht entscheidend, dass es sich um Biomasse i.S. des engen „vergütungsrechtlichen" Biomassebegriffs der BiomasseV handelt, vielmehr ist jede Art von Biomasse i.S. des § 5 Nr. 14 Buchst. e zulässig; vgl. insoweit auch Altrock/Oschmann/Theobald/*Rostankowski/Vollprecht*, § 27 EEG 2012 Rn. 44 ff., die insoweit von (zulässiger) „grüner Mischfeuerung" sprechen; ähnlich Reshöft/Schäfermeier/*Schäferhoff*, § 27 EEG 2012 Rn. 87.

21 Vgl. insoweit bereits die Begründung zum Gesetzentwurf der Bundesregierung zum EEG 2009, BT-Drs. 16/8148, S. 49.

22 Vgl. hierzu BerlKommEnR/*Müller*, Bd. 2, § 27 EEG 2012 Rn. 108; s.a. Altrock/Oschmann/Theobald/*Rostankowski/Vollprecht*, § 27 EEG 2012 Rn. 48.

23 S. zu § 19 Abs. 4 näher BerlKommEnR/*Thorbecke/Greb*, § 19 EEG 2014 Rn. 107.

24 S. zu § 19 Abs. 1 näher BerlKommEnR/*Thorbecke/Greb*, § 19 EEG 2014 Rn. 42.

25 Die Legaldefinition von Speichergas in § 5 Nr. 29 entspricht der Legaldefinition in § 3 Nr. 9a EEG 2012; zur Definition von Speichergas s. auch *Thomas*, ZNER 2011, 608, 610.

bengasen hingegen zulässig sein musste, jedoch ebenfalls in dem Einsatzstoff-Tagebuch zu dokumentieren war.[26]

Mit der neugefassten Formulierung in Nr. 1, wonach über das Einsatzstoff-Tagebuch der **20** Nachweis zu führen ist, „welche Biomasse und in welchem **Umfang Speichergas oder Grubengas** eingesetzt werden", ersetzt der Gesetzgeber für Anlagen unter dem EEG 2014 die missverständliche bisherige Einsatzstoff-Tagebuch-Regelung des § 27 Absatz 5 EEG 2012 und stellt klar, dass Anlagenbetreiber bei einem Mischeinsatz vom Biomasse mit anderen Einsatzstoffen neben dem Nachweis, welche Biomasse eingesetzt wurde, auch nachweisen müssen, in welchem Umfang andere – nicht-biogene und daher nicht als Biomasse anzusehende – zulässige Einsatzstoffe wie Speichergas oder Grubengas eingesetzt werden.[27] Dies dient laut Begründung zum Regierungsentwurf des EEG 2014 der Ermittlung der Förderhöhe, die bei einem Mischeinsatz entsprechend für den Stromanteil aus Biomasse, aus Speichergas und aus Grubengas jeweils anteilig gesondert zu bestimmen ist.[28]

Zudem weist die Begründung zum Regierungsentwurf darauf hin, dass auch in der Biomas- **21** seanlage verwendete **fossile Energieträger** im Sinne einer vollständigen Dokumentation durch das Einsatzstoff-Tagebuch zu dokumentieren sind – ein im Sinne der Vollständigkeit sicherlich zutreffender Hinweis, ob angesichts des damit verbundenen Wegfalls des Förderanspruchs wegen Verstoßes gegen das in § 19 verankerte Ausschließlichkeitsprinzip[29] eine solche Dokumentation in der Praxis regelmäßig erfolgen wird, erscheint zweifelhaft, soweit es sich nicht ausnahmsweise um zulässige fossile Energieträger wie Pflanzenölmethylester in dem nach Abs. 1 S. 2 zulässigen Umfang handelt.

2. Wärmenutzung beim Einsatz von Biomethan (Abs. 2 S. 1 Nr. 2). Wird Biogas auf **22** Erdgasqualität aufbereitet und in das Erdgasnetz eingespeist, so gilt nach Abs. 2 S. 1 Nr. 2 – ebenso wie bereits nach § 27 Abs. 5 Nr. 2 EEG 2012 – für die Stromerzeugung aus dem Erdgasnetz entnommenem Biomethan im Sinne des § 5 Nr. 8 eine **Wärmenutzungspflicht für den gesamten Strom**, für den der Anspruch auf finanzielle Förderung geltend gemacht wird. Während die vollständige Wärmenutzungspflicht bei der geförderten Stromerzeugung aus Biomethan unter dem EEG 2012 lediglich eine quantitative Verschärfung gegenüber der ohnehin regelmäßig geltenden anteiligen Wärmenutzungspflicht[30] nach § 27 Abs. 4 EEG 2012 darstellte, handelt es sich bei Abs. 2 S. 1 Nr. 2 nunmehr um den einzigen noch verbliebenen Fall einer Wärmenutzungspflicht im EEG 2014.

---

26 Vgl. BerlKommEnR/*Müller*, Bd. 2, § 27 EEG 2012 Rn. 108.
27 BT-Drs. 18/1304, S. 143.
28 Ebd.
29 Hierauf weist auch die Begründung zum Regierungsentwurf hin, vgl. BT-Drs. 18/1304, S. 143; zum Ausschließlichkeitsgrundsatz des EEG vgl. auch BGH, Urt. v. 6.11.2013, VIII ZR 194/12, ZNER 2014, 177, sowie u.a. BerlKommEnR/*Thorbecke/Schumacher*, Bd. 1, § 16 EEG 2012 Rn. 13 ff.; Altrock/Oschmann/Theobald/*Lehnert/Thomas*, § 16 EEG 2012 Rn. 20 ff.; *Niedersberg*, ZNER 2014, 146.
30 Grundsätzlich fordert § 27 Abs. 4 EEG 2012 für unter dem EEG 2012 in Betrieb genommene Biomasseanlagen einen KWK-Stromanteil von mindestens 60 Prozent und abweichend hiervon in den ersten beiden Betriebs-Kalenderjahren („Anfahrbetriebsjahre") einen KWK-Stromanteil von mindestens 25 Prozent; Ausnahmen gelten nach § 27 Abs. 4 Nr. 2 EEG 2012 für überwiegend güllebasiert betriebene Biogasanlagen (kalenderjährlich mindestens 60 Masseprozent Gülle), modifizierte KWK-Anforderungen gelten zudem nach Nr. 5 der Anlage 2 zum EEG 2012 für Biomasseanlagen mit Entnahme- oder Anzapfkondensationsanlagentechnologie.

23 Diese Regelung knüpft an die Wärmenutzungspflicht für Strom aus Biomethan nach **§ 27 Abs. 5 Nr. 2 EEG 2012** und an deren Vorgängerregelung in § 27 Abs. 3 Nr. 3 EEG 2009 an. Wie schon nach der für vor dem 1.8.2014 in Betrieb genommene Anlagen geltenden Rechtslage muss also der gesamte Strom aus Biomethan, für den ein Anspruch auf finanzielle Förderung nach den §§ 44 oder 45 geltend gemacht wird, in Kraft-Wärme-Kopplung erzeugt werden.

24 Wird in einer Anlage zur Stromerzeugung aus Biomethan Strom außerhalb eines den Wärmenutzungsvorgaben entsprechenden KWK-Prozesses erzeugt, so entfällt der Anspruch auf die finanzielle Förderung mithin nicht für den gesamten in der Anlage erzeugten Strom, wohl aber für den gesamten **Stromanteil**, der nicht als KWK-Strom unter der Voraussetzungen der Anlage 2 erzeugt wird.[31]

25 Für die **qualitativen Anforderungen** sowie die Vorgaben an die Nachweisführung hinsichtlich der Stromerzeugung in KWK verwies die Vorgängernorm im EEG 2012 auf die Anlage 2 zum EEG 2012, die ausführliche Regelungen zu Voraussetzungen der Erzeugung in KWK und zu den gegenüber dem Netzbetreiber zu erbringenden erforderlichen Nachweisen sowie zu anerkannten bzw. nicht anerkannten qualitativen Wärmenutzungsanforderungen enthielt. Diese vergleichsweise anspruchsvolle Nachweisführung über eine inhaltlich qualifizierte Wärmenutzung entfällt für unter dem EEG 2014 neu in Betrieb genommene Biomethananlagen: Der Begründung zum Regierungsentwurf des EEG 2014 zufolge wurden die Wärmenutzungsanforderungen für neue Biomethan-Verstromungsanlagen vereinfacht, indem die bislang nach Anlage 2 zum EEG 2012 zusätzlich nachzuweisenden qualitativen Anforderungen an die Wärmenutzung (Wärmenutzung im Sinne der Positivliste oder nachweisliches Ersetzen fossiler Energieträger in einem mit dem Umfang der fossilen Wärmenutzung vergleichbaren Energieäquivalent, keine Wärmenutzung im Sinne der Negativliste) für Neuanlagen künftig nicht mehr nachzuweisen sind.[32] Ausweislich der Begründung zum Regierungsentwurf ist Ziel dieser Änderungen, die Nachweisführung für die Anlagenbetreiber erheblich zu vereinfachen.[33] Diese Zielsetzung ist insbesondere vor dem Hintergrund zu deuten, dass der Gesetzgeber gleichzeitig die zusätzliche finanzielle Förderung der Biogasaufbereitung und -einspeisung durch den bisherigen Gasaufbereitungs-Bonus[34] für Neuanlagen ab dem 1.8.2014 gestrichen und hierdurch – flankiert durch die Abschaffung der einsatzstoffbezogenen Vergütung insbesondere für die zur Biomethanerzeugung vorwiegend eingesetzten nachwachsenden Rohstoffe – künftigen Biomethan-Projekten die wirtschaftliche Grundlage weitgehend entzogen hat. An dieser erheblichen wirtschaftlichen Verschlechterung der Förderrahmenbedingungen ändern auch vereinfachte Nachweisführungsvorgaben nichts.

26 In Ermangelung sonstiger inhaltlicher Anforderungen in § 47 zur Erfüllung des Abs. 2 S. 1 Nr. 2 muss es sich bei dem aus Biomethan erzeugten Strom um Strom aus KWK im Sinne des § 5 Nr. 30 handeln, d.h. um **Strom im Sinne von § 3 Abs. 4 KWKG 2002**: die finanziell förderfähige KWK-Strommenge ermittelt sich folglich aus dem rechnerischen Produkt

---

31 Vgl. zum EEG 2012 Altrock/Oschmann/Theobald/*Lehnert/Thomas*, § 27 EEG 2012 Rn. 138; Reshöft/Schäfermeier/*Schäferhoff*, § 27 EEG 2012 Rn. 98; *Salje*, EEG, § 27 EEG 2012 Rn. 82.

32 BT-Drs. 18/1304, S. 143.

33 Ebd.

34 § 27c Abs. 2 i.V.m. Anlage 1 zum EEG 2012; vgl. hierzu ausführlicher u.a. BerlKommEnR/*Müller*, § 27c EEG 2012 Rn. 34ff.; Altrock/Oschmann/Theobald/*Rostankowski/Vollprecht*, § 27c EEG 2012 Rn. 59ff.; Reshöft/Schäfermeier/*Schäferhoff*, § 27c EEG 2012 Rn. 34ff.

aus Nutzwärme – d. h. der für eine Nutzung zur Raumheizung, Warmwasserbereitung, Kälteerzeugung oder als Prozesswärme aus der KWK-Anlage ausgekoppelten Wärme (vgl. § 3 Abs. 6 KWKG 2002) – und Stromkennzahl der KWK-Anlage – d. h. dem Verhältnis der physikalisch unmittelbar mit der Nutzwärmeerzeugung gekoppelten Nettostromerzeugung (KWK-Nettostromerzeugung) zur KWK-Nutzwärmeerzeugung in einem bestimmten Zeitraum (vgl. § 3 Abs. 7 KWKG 2002). Die Stromkennzahl bestimmt hierbei einen Gewichtungsfaktor, welcher jeweils über einen bestimmten Berechnungszeitraum denjenigen Stromanteil aus einer in KWK betriebenen Anlage bestimmt, welcher im gekoppelten Betrieb netto erzeugt wird. Die Stromkennzahl liegt bei industriellen Heizkraftwerken im Regelfall zwischen 0,3 und 0,5, während sie sich bei Blockheizkraftwerken (BHKW) eher zwischen 0,5 und 0,9 und bei Gas- und Dampfkraftwerken zwischen 0,8 und 1,3 bewegt. Bei Anlagen, die nicht über Vorrichtungen zur Abwärmeabfuhr verfügen, ist die gesamte Nettostromerzeugung i.S. des § 3 Abs. 5 KWKG 2002 KWK-Strom.

Unerheblich ist hingegen im Gegensatz zum EEG 2012 die **Qualität der Wärmenutzung**. Der Anlagenbetreiber muss dem Netzbetreiber gegenüber nicht mehr nachweisen, dass es sich bei der Wärmenutzung um eine bestimmte, gesetzlich als zulässig anerkannte Wärmenutzung handelt[35] oder dass die Wärmenutzung nachweislich fossile Energieträger in einem mit dem Umfang der fossilen Wärmenutzung vergleichbaren Energieäquivalent ersetzt;[36] auch stellen bspw. nach der Negativliste des EEG 2012 noch als unzureichend qualifizierte Wärmenutzungen für Neuanlagen ebenfalls eine zulässige Wärmenutzung dar.[37]   **27**

Die Art und Weise der nach wie vor erforderlichen **Nachweisführung** über den KWK-Stromanteil ist in Abs. 3 S. 1 Nr. 1 und 2 näher bestimmt und orientiert sich eng an den Nachweisanforderungen für den KWK-Stromanteil nach Nr. 1 Buchstabe a i.V. m. Nr. 2.1 der Anlage 2 zum EEG 2012.   **28**

Die vollständige Wärmenutzungspflicht nach Abs. 2 S. 1 Nr. 2 gilt für Strom aus Anlagen zur Verstromung von Biomethan ebenso wie bereits unter dem EEG 2012 unabhängig davon, ob der Strom direkt vermarktet oder ausnahmsweise gegen eine Einspeisevergütung nach §§ 37 oder 38 ins Netz eingespeist wird. Lediglich im Fall der ohnehin nicht finanziell geförderten **sonstigen Direktvermarktung** nach § 20 Abs. 1 Nr. 2 fordert das Gesetz keine Wärmenutzung. Eine finanziell ungeförderte Direktvermarktung dürfte angesichts der unverändert hohen Gestehungskosten für Strom aus Biomethan derzeit jedoch kaum wirtschaftlich darstellbar sein, zudem setzen sinnvolle Biomethan-Konzepte im Regelfall eine wirtschaftlich werthaltige Wärmenutzung voraus.   **29**

Wird in einer Anlage **teilweise Biomethan und teilweise Biogas** aus einer direkt mit der Anlage verbundenen Biogaserzeugungsanlage zur Stromerzeugung eingesetzt, so ist lediglich für den Stromanteil aus Biomethan eine – diesem Stromanteil eindeutig zuzuordnende – KWK-Wärmenutzung nachzuweisen, soweit eine finanzielle Förderung für den Stromanteil aus Biomethan in Anspruch genommen wird.   **30**

---

35 Vgl. im Gegensatz hierzu die entsprechende Anforderung nach Nr. 1 Buchstabe b i.V. m. Nr. 3 der Anlage 2 zum EEG 2012 („Positivliste").

36 Vgl. im Gegensatz hierzu die Generalklausel nach Nr. 1 Buchstabe c der Anlage 2 zum EEG 2012.

37 Demzufolge kann der KWK-Strom in neuen Biomethananlagen auch unter Nutzung der Wärme zur Beheizung sämtlicher Gebäude, die nach § 1 Abs. 2 EnEV nicht Gegenstand der EnEV sind (Nr. 4 Buchstabe a der Anlage 2 zum EEG 2012), erzeugt werden.

31 **3. Keine Förderung von Strom aus flüssiger Biomasse (Abs. 2 S. 1 Nr. 3).** Bereits für seit dem Jahr 2012 in Betrieb genommene Anlagen bestand gemäß § 27 Abs. 5 Nr. 3 EEG 2012 grundsätzlich kein Anspruch auf Einspeisevergütung mehr, soweit der Strom aus flüssiger Biomasse erzeugt wurde. Dieser Förderausschluss für Strom aus flüssiger Biomasse wird beibehalten und ist nunmehr in Abs. 2 S. 1 Nr. 3 normiert. Hiernach besteht für Strom aus flüssiger Biomasse nur insoweit ein Anspruch auf finanzielle Förderung, wie diese zur **Anfahr-, Zünd- und Stützfeuerung** notwendig ist; ein darüber hinausgehender Einsatz flüssiger Biomasse ist zwar für den Anspruch auf finanzielle Förderung für Strom aus der jeweiligen Anlage im Übrigen unschädlich, begründet jedoch insoweit selbst keinen Anspruch auf finanzielle Förderung mehr.

32 Hintergrund für die Beendigung der geförderten Stromerzeugung aus flüssiger Biomasse im EEG 2012 war der Befund bei Erstellung des EEG-Erfahrungsberichts 2011, dass sich der Pflanzenöleinsatz zur Stromerzeugung infolge stark schwankender Marktpreise als wirtschaftlich problematisch erwiesen hatte und eine dauerhafte **Wirtschaftlichkeit von Pflanzenöl-BHKW** nur durch signifikante Erhöhung der Vergütung möglich wäre, was dem bereits mit der EEG-Novelle 2011 verfolgten und mit der EEG-Novelle 2014 nochmals untermauerten Ziel einer Kostensenkung bei der Bioenergieförderung entgegenlaufen würde;[38] auch sind langfristig im Pflanzenölbereich wenig Kostensenkungspotenziale erkennbar, zumal die Nutzung auch in einem Wettbewerb mit dem Kraftstoffbereich steht.

33 **Flüssige Biomasse** ist gemäß Abs. 2 S. 1 Nr. 3 Hs. 2 solche Biomasse, die zum Zeitpunkt des Eintritts in den Brenn- oder Feuerraum flüssig ist. Eine höhere Viskosität vor dem Eintritt in den Brenn- oder Feuerraum schließt das Merkmal der Flüssigkeit folglich nicht aus, sofern der Einsatzstoff zur Stromerzeugung vor Eintritt in den Brenn- oder Feuerraum verflüssigt wird.

34 Flüssige Einsatzstoffe wie beispielsweise **Güllesubstrate** mit einem niedrigen Trockensubstanzgehalt, die zur Biogaserzeugung eingesetzt werden, sind von dieser Einschränkung nicht betroffen, da der Energieträger, aus dem Strom gewinnen wird, in diesen Fällen nicht die (flüssige) Gülle, sondern das aus ihr erzeugte Biogas ist.

35 **Pflanzenölmethylester** ist keine flüssige Biomasse i. S. des Abs. 2 S. 1 Nr. 3, da der Förderanspruch voraussetzt, dass es sich um flüssige Biomasse i. S. der BiomasseV handelt.[39] Pflanzenölmethylester wird zwar aufgrund der gesetzlichen Fiktion nach Abs. 2 S. 2 in den dort geregelten Grenzen als Biomasse behandelt,[40] stellt jedoch ungeachtet dessen keine Biomasse i. S. der BiomasseV dar, da die Anerkennung von Pflanzenölmethylester unter der BiomasseV mit dem Gesetz zur Neuregelung des Rechtsrahmens für die Förderung der Stromerzeugung aus erneuerbaren Energien vom 28.7.2011 (BGBl. I S. 1634) ab 2012 vollständig gestrichen wurde.

36 Eine **Ausnahmeregelung** existierte unter dem EEG 2012 insoweit für Biomasseanlagen, die entweder bereits vor dem 27.6.2004 in Betrieb genommen wurden oder, sofern es sich um immissionsschutzrechtlich genehmigungsbedürftige Anlagen handelt, deren Genehmigung nach § 4 in Verbindung mit § 6 oder § 16 BImSchG zur Errichtung und zum Betrieb vor dem 27.6.2004 erteilt wurde. Für diese Anlagen galt nach § 66 Abs. 2 Nr. 2 EEG 2012

---

38 Vgl. zu den Erwägungen zum EEG 2012 den Entwurf zum EEG-Erfahrungsbericht 2011, S. 88.
39 A. A. offenbar *Salje*, EEG, § 27 EEG 2012 Rn. 67.
40 Zu dem insoweit ausnahmsweise auch zu bejahenden Anspruch auf finanzielle Förderung s. u. Rn. 38.

ausnahmsweise die BiomasseV in ihrer vor dem 1.1.2012 geltenden Fassung fort, d. h. für diese Anlagen war Pflanzenölmethylester auch unter dem EEG 2012 noch als (vergütungs-fähige) Biomasse i. S. der BiomasseV anzusehen. Seit dem 1.8.2014 ist diese Regelung jedoch auch für Bestandsanlagen nicht mehr anwendbar, da die Übergangsbestimmung des § 100 Abs. 1 auch für Strom aus Anlagen und KWK-Anlagen, die vor dem 1.8.2014 in Betrieb genommen worden sind, grundsätzlich die Bestimmungen des EEG 2014 und abweichend hiervon lediglich § 66 Abs. 2 Nr. 1 EEG 2012, nicht aber den für Pflanzenölmethylester maßgeblichen § 66 Abs. 2 Nr. 2 EEG 2012 weiterhin für anwendbar erklärt.[41]

Ungeachtet der Frage ihrer Verwendbarkeit zur Anfahr-, Zünd- und Stützfeuerung zählt auch **Schwarzlauge** i. S. des § 66 Abs. 1 Nr. 5 des EEG 2009, die bei der Zellstoffherstellung als Nebenprodukt anfällt, ebenfalls als – bereits seit dem EEG 2012 nicht mehr finanziell förderfähige – flüssige Biomasse; dies ergibt sich bereits aus ihrer Behandlung als flüssige Biomasse im Rahmen der BioSt-NachV.[42]   **37**

4. Pflanzenölmethylester als Biomasse (Abs. 2 S. 2). Obwohl **Pflanzenölmethylester** keine Biomasse ist, da er auf Basis von fossilem Methanol erzeugt wird,[43] gilt er nach Abs. 2 S. 2 in dem Umfang, der zur Anfahr-, Zünd- und Stützfeuerung notwendig ist, als Biomasse, so dass sein Einsatz in dem genannten notwendigen Umfang trotz des Ausschließlichkeitsprinzips nach § 19 Abs. 1, welches den Einsatz anderer Energieträger als erneuerbarer Energien oder Grubengas – oder Speichergas gemäß § 19 Abs. 4 S. 1 und 4 – zur Stromerzeugung verbietet, der finanziellen Förderung für den in der betreffenden Biomasseanlage erzeugten Strom nicht entgegensteht. Als Anfahrfeuerung gilt dabei die Erhitzung des Fermenters etwa mit ausgekoppelter Wärme aus dem Blockheizkraftwerk für den Aufbau der zur Biogaserzeugung erforderlichen Bakterienpopulationen.[44] Mit der Zündfeuerung wird der Verbrennungsvorgang beim Anfahren der Stromerzeugungsanlagen entfacht. Im Gegensatz zur Zündfeuerung dient die Stützfeuerung dem Zweck, den zuvor entfachten Verbrennungsprozess aufrecht zu erhalten, was je nach Wasser- oder Energiegehalt der eingesetzten Energieträger einer zusätzlich unterstützenden Befeuerung bedarf.[45] Der Einsatz von Pflanzenölmethylester – wozu beispielsweise durch Umesterung von Rapsöl oder Sojaöl mit Methanol gewonnener Biodiesel zählt – ist insbesondere bei Zündstrahl-Blockheizkraftwerken zur Zündfeuerung weit verbreitet. Pflanzenölmethylester ist für Neuanlagen nicht mehr als Biomasse im Sinne der BiomasseV anzusehen (die Fiktionsre-   **38**

---

41 § 100 Abs. 1 Nr. 9.
42 Vgl. BT-Drs. 16/13326, S. 47; die Kommission vertritt hierzu allerdings bislang eine andere, rechtlich unverbindliche Einschätzung und ordnet „black liquor" als feste Biomasse ein (COM(2010) 11 final, „Impact Assessment. Accompanying document to the Report from the Commission to the Council and the European Parliament on sustainability requirements for the use of solid and gaseous biomass sources in electricity, heating and cooling"); auch die 13. BImSchV ordnet Ablaugen wie Schwarzlauge nach § 2 Abs. 1 Nr. 4 Buchst. b Doppelbuchst. cc i.V. m. § 3 der 13. BImSchV den festen Brennstoffen zu.
43 Vgl. zum EEG 2012: Frenz/Müggenborg/*Ekardt/Hennig*, 3. Aufl., § 27 EEG 2012 Rn. 22 ff.; Altrock/Oschmann/Theobald/*Rostankowski/Vollprecht*, § 27 EEG 2012 Rn. 51.
44 Zu den technischen Einzelheiten der Erzeugung von Biogas vgl. *Peine/Knopp/Radcke*, Das Recht der Errichtung von Biogasanlagen, S. 19, 20 ff.
45 Vgl. zum EEG 2012 auch die Erläuterungen zur Anfahr-, Zünd- und Stützfeuerung, in: Altrock/Oschmann/Theobald/*Rostankowski/Vollprecht*, § 27 EEG 2012 Rn. 52; Frenz/Müggenborg/*Ekardt/Hennig*, § 27 EEG 2012 Rn. 22; Reshöft/Schäfermeier/*Schäferhoff*, § 27 EEG 2012 Rn. 50 ff.

gelung des § 2 Abs. 3 S. 1 Nr. 3 i.V.m. S. 4 BiomasseV in ihrer bis zum 31.12.2011 geltenden Fassung war bereits auf ab dem 1.1.2012 in Betrieb genommene Neuanlagen nicht
mehr anwendbar).

39   Ungeachtet dessen besteht für den aus Pflanzenölmethylester erzeugten Stromanteil ausnahmsweise auch zukünftig ein Anspruch auf **finanzielle Förderung**, soweit der Pflanzenölmethylester zur Anfahr-, Zünd- oder Stützfeuerung eingesetzt wird. Die Fiktion nach
Abs. 2 S. 2 erklärt Pflanzenölmethylester zwar lediglich zu Biomasse i.S. des EEG, wodurch zunächst nur eine Ausnahme von dem Ausschließlichkeitsprinzip nach § 19 Abs. 1
ermöglicht wird;[46] aus dem historisch gewachsenen Verständnis der Bestimmung und ihrer
Vorgängerregelungen (§ 8 Abs. 6 S. 1 EEG 2004, § 27 Abs. 1 S. 2 EEG 2009, § 27 Abs. 1
S. 2 EEG 2012) und der sprachlichen Parallelität zu den Regelungen in § 27 Abs. 1 S. 2
EEG 2009 und § 27 Abs. 1 S. 2 EEG 2012, für die – obwohl diese Vorschriften ebenfalls
nur eine gesetzliche Fiktion als „Biomasse" und gerade nicht als „Biomasse im Sinne der
BiomasseV" anordnet – die Rechtsfolge eines Vergütungsanspruchs allgemein anerkannt
war, sprechen die besseren Gründe dafür, dass auch nach § 47 Abs. 2 S. 2 als „Biomasse"
geltender Pflanzenölmethylester ungeachtet dieser begrifflich nur unzureichend formulierten Fiktion einen Anspruch auf finanzielle Förderung in dem nach Abs. 2 S. 2 notwendigen
Umfang begründet.[47] Systematisch spricht für dieses Verständnis des Abs. 2 S. 2 zudem,
dass über Abs. 2 S. 2 hinaus auch § 4 Abs. 2 BiomasseV – ohne allerdings eine gesetzliche
Fiktion anzuordnen – einen Einsatz nicht-biogener Einsatzstoffe zur Zünd- und Stützfeuerung ermöglicht, soweit die Stromerzeugung aus Biomasse i.S. der BiomasseV mit einem
Verfahren nach § 4 Abs. 1 BiomasseV nur durch Zünd- oder Stützfeuerung mit anderen
Stoffen als Biomasse möglich ist.[48] Umgekehrt steht die Streichung von Pflanzenölmethylester aus der BiomasseV durch die EEG-Novelle 2011[49] der Annahme eines Anspruchs auf
finanzielle Förderung in den Fällen des Abs. 2 S. 2 nicht entgegen, da diese Streichung des
bisherigen § 2 Abs. 3 Nr. 3 der BiomasseV in ihrer bis zum 31.12.2011 geltenden Fassung
lediglich die allgemeine Anerkennung dieses Energieträgers als vergütungsfähige Biomasse beendet; einer ausnahmsweisen Anerkennung in den Sonderfällen des Abs. 2 S. 2 steht
diese Streichung nicht zwingend entgegen.

40   Der **zur Anfahr-, Zünd- und Stützfeuerung notwendige Umfang** des Einsatzes von
Pflanzenölmethylester ist grundsätzlich abhängig von der jeweiligen Anlage und dem
Stand der Technik einzelfallbezogen zu bestimmen, wobei dem Netzbetreiber durch den
Anlagenbetreiber im Zweifelsfall glaubhaft darzulegen ist, dass und in welchem Umfang
die fossile Zünd- und Stützfeuerung für den störungsfreien Betrieb der Anlage technisch

---

46 So zum EEG 2012 wohl auch Altrock/Oschmann/Theobald/*Rostankowski/Vollprecht*, § 27 EEG
   2012 Rn. 54, die den Regelungsgehalt der Biomasse-Fiktion für Pflanzenölmethylester jedoch
   ebenfalls für weitergehend halten; s. auch Reshöft/Schäfermeier/*Schäferhoff*, § 27 EEG 2012
   Rn. 48.

47 Mit Verweis auf die systematische Stellung der Biomasse-Fiktion für Pflanzenölmethylester in den
   Besonderen Vergütungsvorschriften des EEG 2012: Altrock/Oschmann/Theobald/*Rostankowski/
   Vollprecht*, § 27 EEG 2012 Rn. 54; ebenso Reshöft/Schäfermeier/*Schäferhoff*, § 27 EEG 2012
   Rn. 48; Frenz/Müggenborg/*Ekardt/Hennig*, § 27 EEG 2012 Rn. 23; *Fischer*, in: Loibl/Maslaton/
   von Bredow/Walter, 3. Aufl., S. 232 Rn. 29.

48 Zum Einsatz nicht-biogener Energieträger zur Anfahr-, Zünd- und Stützfeuerung s. auch *Kruschinski*, Biogasanlagen als Rechtsproblem, S. 244.

49 S. „Gesetz zur Neuregelung des Rechtsrahmens für die Förderung der Stromerzeugung aus erneuerbaren Energien" v. 28.7.2011 (BGBl. I S. 1634), S. 1669.

notwendig ist;[50] die Nachweisführung kann durch plausible Darstellung etwa anhand des Einsatzstofftagebuchs erfolgen. Mindestens fraglich erscheint insoweit, ob die Nachweisregelung des Abs. 3 S. 1 Nr. 2 für den Einsatz von Pflanzenölmethylester unmittelbar anwendbar ist, da sich diese Regelung direkt nur auf den zur Anfahr-, Zünd- und Stützfeuerung notwendigen Einsatz flüssiger Biomasse nach Abs. 2 S. 1 Nr. 3 bezieht, der einen Förderanspruch nach §§ 44, 45 oder 46 begründet, d.h. flüssiger Biomasse im Sinne der BiomasseV. Für Pflanzenölmethylester dürfte jedoch ungeachtet dessen die Vorgabe zur Dokumentation im Einsatzstoff-Tagebuch nach Abs. 2 S. 1 Nr. 1 unmittelbar anwendbar sein, da es sich auch bei Pflanzenölmethylester um „eingesetzte Stoffe" handelt, deren Art, Menge und Einheit sowie Herkunft zu dokumentieren sind und die – jedenfalls in dem zur Anfahr-, Zünd- und Stützfeuerung notwendigen Umfang – sogar selbst förderrelevant sind.

Geht der Einsatz von Pflanzenölmethylester über das zur Anfahr-, Zünd- und Stützfeuerung notwendige Maß hinaus, so handelt es sich insoweit um einen unzulässigen Einsatz nicht-erneuerbarer Energien, der einen Verstoß gegen das Ausschließlichkeitsprinzip des § 19 Abs. 1 konstituiert und konsequenterweise zum (mindestens vorübergehenden) **Verlust des Anspruchs auf finanzielle Förderung** für den gesamten in der Anlage erzeugten Strom führt.[51]   **41**

Die Fiktionsregelung des Abs. 2 S. 2 galt schon nach der bis zum 1.8.2014 geltenden Rechtslage für **alle Formen der Stromerzeugung aus Biomasse** unter dem EEG. Mit dem EEG 2014 ändert sich hieran nichts, wie sich bereits aus der Stellung der Regelung in den „Gemeinsamen Bestimmungen für Strom aus Biomasse und Gasen" des § 47 ergibt: Die gesetzliche Fiktion des Abs. 2 S. 2 gilt für sämtliche Arten der geförderten Stromerzeugung aus Biomasse nach §§ 44 bis 46. Nicht anwendbar ist die Fiktion von Pflanzenölmethylester als Biomasse – und damit als zulässiger Energieträger unter dem EEG – hingegen weiterhin für die Stromerzeugung aus sonstigen Gasen im Sinne des EEG, d.h. aus Deponiegas, Klärgas, Grubengas oder Speichergas, wie sich aus der Stellung der Regelung in S. 2 des Abs. 2 ergibt, der ausweislich des Abs. 2 S. 1 ausschließlich die finanzielle Förderung für Strom aus Biomasse regelt.   **42**

IV. Nachweisführung (Abs. 3)

1. Wärmenutzung (Abs. 3 S. 1 Nr. 1, S. 2). Den **Nachweis der geforderten Wärmenutzung** nach Abs. 2 S. 1 Nr. 2 für Biomethananlagen muss der Anlagenbetreiber nach Maßgabe des Abs. 3 S. 1 Nr. 1 und S. 2 erbringen, d.h. unter den dort genannten Vorausset-   **43**

---

50 Vgl. hierzu – mit Bezug auf § 8 EEG 2004 – Empfehlung 2008/15 der Clearingstelle EEG v. 30.3.2010, Rn. 57 ff., 59 (www.clearingstelle-eeg.de/empfv/2008/15) sowie – mit Bezug auf eine Deponiegasanlage unter dem EEG 2004 – Votum 2008/57 der Clearingstelle EEG v. 19.4.2010, Rn. 52 (www.clearingstelle-eeg.de/votv/2008/57); OLG Hamm, Urt. v. 29.11.2005, 21 U 57/05, ZNER 2005, 327.

51 Zum vorübergehenden Einsatz von fossilen Energieträgern in einer Biogasanlage, der nicht zu einem endgültigen Wegfall des Vergütungsanspruchs nach § 16 Abs. 1 (EEG 2009) führt, vgl. BGH, Urt. v. 6.11.2013, VIII ZR 194/12, ZNER 2014, 177; hierzu auch *Niedersberg*, ZNER 2014, 146. Zu den vergütungsrechtlichen Auswirkungen eines Wechsels zwischen biogenen und fossilen Einsatzstoffen bzw. zwischen biogenen Einsatzstoffen und einem gemischten Einsatz biogener und fossiler Einsatzstoffe in derselben Anlage s. – allerdings bezogen auf § 8 EEG 2004 – Empfehlung 2008/15 der Clearingstelle EEG v. 30.3.2010, Rn. 57 ff., 59 (www.clearingstelle-eeg.de/empfv/2008/15).

zungen durch Vorlage eines Gutachtens eines Umweltgutachters mit einer Zulassung für den Bereich Elektrizitätserzeugung aus erneuerbaren Energien oder für den Bereich Wärmeversorgung, soweit nicht die Nachweiserleichterung für kleine serienmäßig hergestellte KWK-Anlagen bis zu 2 MW greift.

44 Wie bereits für den KWK-Bonus nach Nr. II.1 der Anlage 3 zum EEG 2009 und für die Wärmenutzungspflicht nach S. 1 und 2 der Nr. 2.1 der Anlage 2 zum EEG 2012 müssen Betreiber sämtlicher nachweispflichtiger Anlagen – bei denen es sich anders als zuvor allerdings nur noch um Biomethananlagen handelt –, die entweder nicht serienmäßig hergestellt wurden und/oder die eine installierte Leistung von mehr als 2 MW aufweisen, nach Abs. 3 S. 1 Nr. 1 dem Netzbetreiber die Stromerzeugung in KWK i. S. von Abs. 2 S. 1 Nr. 2 nach den anerkannten Regeln der Technik nachweisen. Eine Regelvermutung, wann die **anerkannten Regeln der Technik** zur Bestimmung einer Stromerzeugung in KWK eingehalten werden, besteht nach Abs. 3 S. 1 Nr. 1 Hs. 2 bei der Ermittlung des KWK-Stromanteils unter den Anforderungen des Arbeitsblatts FW 308 „Zertifizierung von KWK-Anlagen – Ermittlung des KWK-Stromes" der Arbeitsgemeinschaft für Wärme und Heizkraftwirtschaft e. V. (AGFW) in der jeweils geltenden Fassung. Alternativ zu einem Nachweis unter Einhaltung der Anforderungen des Arbeitsblattes FW 308 sind auch andere, dem jeweiligen Stand der Technik entsprechende Nachweismöglichkeiten grundsätzlich ausreichend.

45 Der nach anerkannten Regeln der Technik geforderte Nachweis muss durch Vorlage eines **umweltgutachterlichen Gutachtens** gegenüber dem Netzbetreiber geführt werden (Abs. 3 S. 1 Nr. 1 Hs. 3). Für den Nachweis der Erzeugung in KWK ist hierbei das Gutachten eines Umweltgutachters vorzulegen, der eine Zulassung für den Bereich Elektrizitätserzeugung aus erneuerbaren Energien[52] oder – und dies stellt gegenüber der Anlage 2 zum EEG 2012 eine Erweiterung des Kreises der zulässigen Umweltgutachter für diesen Fall dar – für den Bereich Wärmeversorgung[53] besitzt. Andere Sachverständige oder Vereinigungen, die die Anforderungen der Anlage 2 nicht erfüllen, sind von der Nachweisführung ausgeschlossen.

46 Der Nachweis über die Stromerzeugung in KWK ist **jährlich** zu erbringen. Dies ergibt sich aus Abs. 3 Hs. 1. Die jährliche Nachweispflicht nach Abs. 3 bedeutet, dass der Anlagenbetreiber ein entsprechendes Umweltgutachten über den in KWK erzeugten Stromanteil jeweils bis zum 28.2. eines Jahres für das vorangegangene Kalenderjahr, in dem eine förderrelevante Stromerzeugung in der Anlage stattfand, vorzulegen hat. Zudem hat er nach Abs. 3 S. 2 die allgemeine Eignung der Anlage zur Erfüllung der Wärmenutzungsanforderungen auch bereits bei der erstmaligen Geltendmachung des Anspruchs auf finanzielle Förderung, d. h. spätestens bei erstmaliger Geltendmachung des Anspruchs auf den monatlichen angemessenen Abschlag i. S. v. § 19 Abs. 2, nachzuweisen, andernfalls entfällt – über den Wortlaut des § 19 Abs. 3 hinausgehend – der Anspruch auf monatliche Abschläge nach § 19 Abs. 2, da der Anlagenbetreiber seine Pflichten zur Übermittlung einer besonderen Fördervoraussetzung des § 47 nicht erfüllt hat.[54]

---

52 NACE-Code 35.11.6 der Deutschen Akkreditierungs- und Zulassungsgesellschaft für Umweltgutachter mbH (DAU).

53 NACE-Code 35.30.0 bzw. 35.30.6 der Deutschen Akkreditierungs- und Zulassungsgesellschaft für Umweltgutachter mbH (DAU).

54 Zum Anspruch auf monatliche Abschläge s. ausführlich BerlKommEnR/*Thorbecke/Greb*, § 19 EEG 2014 Rn. 83 ff.

Für die Bestätigung **zum 28.2.** des jeweiligen Folgejahres muss der Umweltgutachter bescheinigen, dass und wie viel Strom in dem vorangegangenen Jahr in KWK, d. h. als Strom im Sinne von § 3 Abs. 4 KWKG 2002, erzeugt wurde. **47**

Für die spätestens bei erstmaliger Inanspruchnahme der finanziellen Förderung vorzulegende **Eignungsbestätigung** kann der Umweltgutachter hingegen entweder noch keine Stromerzeugung in KWK oder lediglich für den bis zur erstmaligen Inanspruchnahme des Förderanspruchs bereits erzeugten Stromanteil eine Stromerzeugung in KWK bescheinigen; für diese „Vorab-Bestätigung" fordert Abs. 3 S. 2 daher eine gutachterliche Bescheinigung des Umweltgutachters, dass die Anlage für eine den Anforderungen entsprechende Stromerzeugung in KWK geeignet ist. Dieser Nachweis kann bspw. durch eine Bestätigung über das Vorhandensein nachvollziehbarer Wärmenutzungskonzepte und geeigneter Wärmenutzungstechnologie wie Wärmetauscher geführt werden, wobei aufgrund der gegenüber dem EEG 2012 erleichterten Wärmenutzungsvorgaben insoweit keine besonderen Anforderungen an qualifizierte anerkennungsfähige Wärmenutzungskonzepte zu stellen sind. Auch hier werden wiederum sowohl Umweltgutachter mit einer Zulassung für den Bereich Elektrizitätserzeugung aus erneuerbaren Energien als auch alternativ Umweltgutachter mit einer Zulassung für den Bereich Wärmeversorgung anerkannt. **48**

Eine **Nachweiserleichterung** bietet Abs. 3 S. 1 Nr. 1 Hs. 4, ebenso wie schon die Vorgängerregelungen im EEG 2009 und in Anlage 2 zum EEG 2012, für serienmäßig hergestellte KWK-Anlagen mit einer Leistung von bis zu 2 MW. Betreiber von KWK-Anlagen i. S. v. § 3 Abs. 2 KWKG 2002 (§ 5 Nr. 23), die beide Anforderungen kumulativ erfüllen, müssen über die Stromerzeugung in KWK keinen gesonderten Nachweis durch umweltgutachterliches Gutachten führen; in diesen Fällen reicht die Vorlage geeigneter Unterlagen des Herstellers der KWK-Anlage (bspw. Herstellerprospekte, technische Datenblätter, Betriebsanleitungen für die Erzeugungseinheit) beim Netzbetreiber aus, aus denen die Angaben zur thermischen und elektrischen Leistung sowie zur Stromkennzahl der KWK-Anlage hervorgehen und sich nicht widersprechen und die Höhe der Stromkennzahl eindeutig entnommen werden kann,[55] so dass der Netzbetreiber anhand dieser Angaben und der ihm bekannten tatsächlichen Stromeinspeisung den Stromteil in KWK-Erzeugung selbst bestimmen kann. **49**

Die **Leistungsgrenze von 2 MW** für die Nachweisvereinfachung orientiert sich an der Größenklasse für kleine KWK-Anlagen i. S. v. § 3 Abs. 3 S. 1 KWKG 2002.[56] Wie Abs. 3 S. 1 Nr. 1 Hs. 4 ausdrücklich klarstellt, handelt es sich hierbei um die installierte Leistung i. S. v. § 5 Nr. 22. **50**

Eine KWK-Anlage ist **seriell hergestellt**, wenn die Anlage nicht für den konkreten Verwendungszweck individuell hergestellt wurde, sondern industriell für eine unbestimmte Vielzahl von Fällen in identischer Form produziert wurde. **51**

2. Stromanteil aus flüssiger Biomasse (Abs. 3 S. 1 Nr. 2). Auch der Stromanteil aus flüssiger Biomasse nach Abs. 2 S. 1 Nr. 3, der aus notwendiger Anfahr-, Zünd- und Stützfeuerung resultiert und daher einen Anspruch auf finanzielle Förderung begründet, ist durch Vorlage einer **Kopie des Einsatzstoff-Tagebuchs** nachzuweisen. **52**

---

55 Zu der entsprechenden Regelung im EEG 2012: Altrock/Oschmann/Theobald/*Rostankowski/Vollprecht*, Anlage 2 Rn. 103; Reshöft/Schäfermeier/*Schäferhoff*, Anlage 2 EEG 2012 Rn. 24.
56 Vgl. BT-Dr. 16/8148 v. 18.2.2008, S. 81.

53   Anders als für die geforderte Mindestwärmenutzung bei einer geförderten Verstromung von Biomethan ist für den förderfähigen Stromanteil aus flüssiger Biomasse **keine zusätzliche Begutachtung** durch Umweltgutachter notwendig.

54   Auch der Nachweis über den förderfähigen Stromanteil aus flüssiger Biomasse ist erstmals zum **28.2. des Kalenderjahres**, das auf die erstmalige Inanspruchnahme der finanziellen Förderung folgt, mithin ab dem zweiten Kalenderjahr, in dem eine Förderung nach dem EEG für den erzeugten Strom in Anspruch genommen wird, und danach weiterhin jährlich bis zum 28.2. jeweils für das vorangegangene Kalenderjahr gefordert.

V. Sanktionen bei Verstoß gegen Nachweisanforderungen (Abs. 4)

55   Bei Nichteinhaltung der Fördervoraussetzungen nach Abs. 3 – d. h. bei einem Verstoß gegen die Nachweisanforderung hinsichtlich der Wärmenutzung bei einer Stromerzeugung aus Biomethan oder hinsichtlich des förderfähigen Anteils flüssiger Biomasse – reduziert sich der Förderanspruch des Anlagenbetreibers nach §§ 44 bis 46 gemäß Abs. 4 insgesamt auf den Wert „MW_{EPEX}" nach Nummer 2.1 der Anlage 1, d. h. auf den **tatsächlichen Monatsmittelwert** der Stundenkontrakte für die Preiszone Deutschland/Österreich am Spotmarkt der Strombörse EPEX Spot SE.

56   Aufgrund des auf Abs. 3 begrenzten Verweises in Abs. 4 tritt die Rechtsfolge der Reduzierung des Förderanspruchs auf den Wert „MW_{EPEX}" nicht ein, wenn der Anlagenbetreiber gegen seine **Nachweisführungspflicht gemäß Abs. 2 S. 1 Nr. 1** (Nachweisführung gegenüber dem Netzbetreiber durch Kopie des Einsatzstoff-Tagebuchs) verstößt. Die Nachweisführung gegenüber dem Netzbetreiber per Einsatzstoff-Tagebuch stellt jedoch unabhängig hiervon eine Obliegenheit des Anlagenbetreibers nach § 71 dar, bei deren Unterbleiben es dem Netzbetreiber bereits tatsächlich unmöglich ist, eine einsatzstoffscharfe Prüfung des Förderanspruchs unter Berücksichtigung des Ausschließlichkeitsprinzips, der Grenzen für den Einsatz von Pflanzenölmethylester und sonstiger flüssiger Biomasse oder der massenbasierten Mindestmengenerfordernisse nach den §§ 45 und 46 durchzuführen, so dass ohne Vorlage einer Kopie des Einsatzstoff-Tagebuchs durch den Anlagenbetreiber der Netzbetreiber in der Regel eine Einrede gegenüber dem aus seiner Sicht noch nicht verlässlich bezifferbaren Förderanspruch des Anlagenbetreibers besitzt.

57   Die Rechtsfolge der Vergütungsreduzierung tritt für die finanzielle Förderung der Anlage in dem **gesamten jeweiligen Kalenderjahr** ein, in dem die Fördervoraussetzungen des Abs. 3 nicht eingehalten werden. Werden die Fördervoraussetzungen für das folgende Kalenderjahr wieder nachgewiesen, so lebt der finanzielle Förderanspruch in dem nachgewiesenen Umfang für das betreffende Folgejahr wieder auf.[57]

VI. Ausschluss der kumulierten Förderung (Abs. 5)

58   Die finanziellen Förderansprüche nach den verschiedenen Förderbestimmungen für Strom aus Biomasse (§§ 44 bis 46) können untereinander **nicht kumulativ kombiniert** werden. Ausdrücklich regelt Abs. 5, der an die vergleichbaren Ausschlussregelungen in den §§ 27a

---

57 Vgl. zum insoweit vergleichbaren § 27 Abs. 7 S. 1 EEG 2012: BT-Drs. 17/6071, S. 72.

Abs. 4 und 27b Abs. 2 EEG 2012 anknüpft,[58] dies nur jeweils für die demnach unzulässige Kumulation der Förderansprüche nach § 45 oder § 46 mit dem allgemeinen Förderanspruch nach § 44. Für Strom aus einer Bioabfallvergärungsanlage oder Gülle-Hofanlage, der nach §§ 45 oder 46 finanziell gefördert wird, kann folglich auch bei – regelmäßig vorliegender – gleichzeitiger Erfüllung der Fördervoraussetzungen des § 44 kein gleichzeitiger Förderanspruch nach dieser Bestimmung geltend gemacht werden. Eine Kumulation der Förderansprüche der §§ 45 und 46 untereinander ist hingegen bereits aus tatbestandlichen Gründen ausgeschlossen: Strom aus einer Anlage kann nicht gleichzeitig die Voraussetzungen der Förderung einer Vergärung von Bioabfällen (kalenderjährlich durchschnittlich mindestens 90 Masseprozent Bioabfällen im Sinne des § 45 Abs. 1) und der Förderung einer Vergärung von Gülle (kalenderjährlich durchschnittlich mindestens 80 Masseprozent Gülle im Sinne des § 46 Nr. 3) erfüllen.

Eine Kombination der finanziellen Förderung nach den §§ 44 bis 46 Einspeisevergütung **59** mit einem **Zuschlag nach dem KWKG 2002**[59] ist bereits durch § 2 S. 2 KWKG 2002 ausgeschlossen.

Eher akademischer Natur ist die Frage, ob Anlagenbetreiber ein **Wahlrecht** zwischen einer **60** finanziellen Förderung nach § 44 einerseits und nach §§ 45 bzw. 46 andererseits besitzen. Strom, der die Anforderungen einer finanziellen Förderung nach §§ 45 oder 46 erfüllt, würde regelmäßig auch die tatbestandlichen Voraussetzungen für eine finanzielle Förderung nach § 44 erfüllen. §§ 45 und 46 sind jedoch ihrem Wortlaut nach so zu verstehen, dass bei Vorliegen der Voraussetzungen nach §§ 45 oder 46 automatisch dieser Förderanspruch begründet wird („beträgt der anzulegende Wert") und zugleich nach § 47 Abs. 5 alle theoretisch denkbaren Ansprüche nach § 44 ausgeschlossen werden, so dass die Ansprüche nach §§ 45 bzw. 46 als *lex specialis* dem § 44 vorgehen.[60] Dies erscheint grundsätzlich auch sachgerecht und aus Anlagenbetreibersicht unproblematisch, da für denselben Strom über § 44 regelmäßig nur eine niedrigere finanzielle Förderung zu erzielen wäre, während die nach § 45 einzusetzenden 90 Masseprozent Bioabfälle bzw. die nach § 46 einzusetzenden 80 Masseprozent Gülle umgekehrt erhöhte Einsatzstoffkosten verursachen, die nach Einschätzung des Gesetzgebers nur durch die entsprechend höheren anzulegenden Werte der §§ 45 und 46 wirtschaftlich kompensiert werden können.

§ 44 stellt jedoch einen subsidiären Rückfall-Fördertatbestand dar: Kann der Anlagen- **61** betreiber einzelne Fördervoraussetzungen des § 45 oder des § 46 wie beispielsweise die geforderte Nachrotte (§ 45 Abs. 2) oder die Einhaltung der Leistungsobergrenze am Anlagenstandort (§ 46 Nr. 2) nicht nachweisen, so kommt ersatzweise immer noch der – mög-

---

58 BT-Drs. 18/1304, S. 143; s. zu den Bestimmungen der §§ 27a Abs. 4 und 27b Abs. 2 EEG 2012 auch: BerlKommEnR/*Müller*, Bd. 2, § 27a EEG 2012 Rn. 27 ff. und § 27b EEG 2012 Rn. 18 ff.; *Salje*, EEG, § 27a EEG 2012 Rn. 5; Altrock/Oschmann/Theobald/*Rostankowski/Vollprecht*, § 27a EEG 2012 Rn. 26 und § 27b EEG 2012 Rn. 25; Frenz/Müggenborg/*Ekardt/Hennig*, § 27a EEG 2012 Rn. 25 ff.; Reshöft/Schäfermeier/*Schäferhoff*, § 27a EEG 2012 Rn. 20 und § 27b EEG 2012 Rn. 18.

59 Kraft-Wärme-Kopplungsgesetz vom 19.3.2002 (BGBl. I S. 1092), das zuletzt durch Art. 13 des Gesetzes vom 21.7.2014 (BGBl. I S. 1066) geändert worden ist.

60 So wohl auch Reshöft/Schäfermeier/*Schäferhoff* zum EEG 2012, § 27a EEG 2012 Rn. 20 („Spezialregelung zu § 27"); zu den vergleichbaren Vorschriften im EEG 2012 eher für ein Wahlrecht plädieren *von Bredow/Hoffmann*, in: Loibl/Maslaton/von Bredow/Walter, Biogasanlagen im EEG, 3. Aufl., S. 329 Rn. 37; zu § 27b EEG 2012 ähnlich Frenz/Müggenborg/*Ekardt/Hennig*, § 27b EEG 2012 Rn. 19.

licherweise für den Anlagenbetrieb nicht kostendeckende – Förderanspruch nach § 44 in Betracht.[61]

VII. Stromerzeugung im Gasabtausch (Abs. 6 und 7)

62 **1. Anwendungsbereich der Abs. 6 und 7.** Bei der Stromerzeugung aus erneuerbaren Gasen im Sinne des § 5 Nr. 14 Buchst. e sowie aus Speichergas im Sinne des § 5 Nr. 29 und aus Grubengas, die nach entsprechender Konditionierung **über das Erdgasnetz** der Stromerzeugungsanlage zugeleitet werden, besteht der Anspruch auf finanzielle Förderung nur, wenn der jeweiligen Menge Gas, welche in einem Kalenderjahr zur Stromerzeugung in der Anlage aus dem Erdgasnetz entnommen wird, eine äquivalente Menge erneuerbaren Gases gegenübersteht, welches bis zum Ende desselben Kalenderjahres an anderer Stelle im Geltungsbereich des EEG – d. h. innerhalb des deutschen Staatsgebietes – in das Erdgasnetz eingespeist worden ist, und wenn für den gesamten physikalisch in der Regel fingierten Weg des Gases von der Gaserzeugungs-, -gewinnungs- oder -auffanganlage bis zum Entnahmepunkt des Gases aus dem Erdgasnetz durchgehend Massenbilanzsysteme zum Einsatz kommen. Für den wirtschaftlich dominantesten Teilbereich des Gasaufbereitungssektors, den Bereich der Aufbereitung von Biogas zu Biomethan, wird mit Abs. 7 zudem eine für den Gashandel wichtige Erleichterung geschaffen, indem die nach dem EEG 2012 noch unzulässige[62] bilanzielle Aufspaltung von Biomethan in einsatzstoffklassenscharfe Gasfraktionen nunmehr gestattet wird.

63 Anders als nach § 27c EEG 2012 sind die Regelungen zum Wärmeäquivalenterfordernis und zur Massenbilanzierung für die Stromerzeugung aus Gas im Gasabtausch nicht mehr mit einer Förderung der Gasaufbereitung durch den **Gasaufbereitungsbonus**[63] verknüpft. Die Anforderungen nach Abs. 6 stellen lediglich – wie auch schon unter den Vorgängerfassungen des EEG – allgemeine Voraussetzungen für jedwede finanzielle Förderung der Stromerzeugung im Gasabtausch in neuen Anlagen dar, die ohne zusätzliche Förderung für die kostenaufwändige Gasaufbereitung in Neuanlagen allerdings kaum noch wirtschaftlich zu betreiben sein dürfte.[64] Die Biomethaneinspeisung wird – im Zusammenspiel mit den Übergangsvorschriften für bestehende Einspeiseanlagen und deren „Verstromungspark" in § 100 Abs. 2 S. 2–4 – auf den zum 31.7.2014 erreichten Niveau eingefro-

---

61 Vgl. zum EEG 2012 insoweit auch: Altrock/Oschmann/Theobald/*Rostankowski/Vollprecht*, § 27a EEG 2012 Rn. 45 sowie § 27b EEG 2012 Rn. 32; Frenz/Müggenborg/*Ekardt/Hennig*, § 27a EEG 2012 Rn. 15, 33.
62 Vgl. BT-Drs. 17/6071, S. 100; s. a. BerlKommEnR/*Müller*, Bd. 2, § 27 EEG 2012 Rn. 63 m. w. N.
63 Gasaufbereitungsbonus nach § 27c Abs. 2 EEG 2012, der nach § 100 Abs. 1 Nr. 4 für Bestandsanlagen weiter gewährt wird; s. in diesem Zusammenhang insbesondere auch die besonderen Übergangsbestimmungen in § 100 Abs. 2 S. 2 bis 4 zum Inbetriebnahmebegriff für Biomethan-BHKW, die erst nach Inkrafttreten des EEG 2014 auf Biomethan umgestellt werden und ein anderes, bislang mit Biomethan aus einer alten Gasaufbereitungsanlage betriebenes BHKW endgültig ersetzen.
64 Dies ist auch erklärter Wille des Gesetzgebers, vgl. BT-Drs. 18/1304, S. 144: „Die Streichung des bisherigen § 27c Absatz 2 EEG 2012 sowie der bisherigen Anlage 1 zum EEG 2012 beruht auf der zur Kostenbegrenzung erforderlichen Beendigung der zusätzlichen Förderung der Gasaufbereitung für Anlagen, die ab dem Inkrafttreten dieses Gesetzes in Betrieb genommen werden"; insoweit von der Gesetzgebungsrealität überholt worden der Appell von *Jacobs/Schäuble/Bayer/Sperk/Töpfer*, ZNER 2014, 11, 13 an den Gesetzgeber, zu prüfen, ob die Flexibilitäten von Biogas durch eine vermehrte Einspeisung in das Gasnetz (besser) genutzt werden können.

ren.[65] Die hierin zum Ausdruck kommende Abkehr des Gesetzgebers von der als zu teuer erachteten Gasaufbereitung spiegelt sich auch in der parallel erfolgten Streichung der Biomethan-Einspeiseziele von 6 Milliarden Kubikmetern jährlich bis 2020 und 10 Milliarden Kubikmetern jährlich bis zum Jahr 2030 in § 31 GasNZV wider.[66]

Die Regelung in Abs. 6 gilt wie schon nach dem EEG 2012 (vgl. § 27c Abs. 1 EEG 2012) und nach dem EEG 2009 (vgl. § 24 Abs. 2, § 25 Abs. 2 und § 27 Abs. 2 EEG 2009) für die Stromerzeugung aus **Biomethan, Klärgas oder Deponiegas**, welches nach entsprechender Aufbereitung über das Erdgasnetz zur Stromerzeugungsanlage transportiert wird. Sie stellt – seit dem EEG 2012 gemeinsam mit der zweiten kumulativ zu erfüllenden Anforderung des Abs. 6 Nr. 2 – eine gesetzliche Fiktion auf, nach welcher das dem Erdgasnetz entnommene Gas als Gas i. S. des EEG anzusehen ist und entsprechend für die Stromerzeugung aus diesem Gas dem Betreiber der (Stromerzeugungs-)Anlage – nicht hingegen dem Betreiber der Gaseinspeiseanlage – ein entsprechender Anspruch auf finanzielle Förderung nach dem EEG zusteht, obwohl die Stromerzeugung physikalisch in der Regel aus Erdgas erfolgt.[67] **64**

Als **Biomethan** in diesem Sinne gilt gemäß § 5 Nr. 8 neben auf Erdgasqualität aufbereitetem Biogas i. S. von § 5 Nr. 7 auch auf Erdgasqualität aufbereitete sonstige gasförmige Biomasse.[68] Die äquivalente Gegenmenge des Gases, welches hiernach bei seiner Entnahme aus dem Erdgasnetz als Biomethan behandelt wird, muss also – um einen Anspruch auf finanzielle Förderung zu begründen – bei ihrer Einspeisung in jedem Fall Biomasse i. S. der BiomasseV gewesen sein.[69] **65**

Abs. 6 findet folglich auch auf **biogenes Gas** etwa aus der thermochemischen Vergasung von Biomasse (z. B. Holzvergasung) Anwendung, d. h. auch für gasförmige Biomasse, die nicht über § 45 oder § 46 gefördert wird. **66**

Ebenso wie erstmalig nach dem EEG 2012 gilt die Regelung zudem auch für die Stromerzeugung aus über das Erdgasnetz bezogenem **Grubengas**. **67**

Zudem gilt die Regelung wie erstmals nach dem EEG 2012 auch für Strom aus **Speichergasen** nach § 5 Nr. 29,[70] sofern diese zur Stromerzeugung über das Erdgasnetz transportiert werden.[71] Als Anlage i. S. von § 5 Nr. 1 Hs. 2 gilt auch bei der Stromerzeugung aus Spei- **68**

---

65 Vgl. auch *Antoni/Probst/Witschel*, ER 2014 (Sonderheft 01), 15, 19 mit Hinweis auf die zuletzt spürbar angestiegene Nachfrage nach Biomethanprodukten.

66 Art. 4 des Gesetzes zur grundlegenden Reform des Erneuerbare-Energien-Gesetzes und zur Änderung weiterer Bestimmungen des Energiewirtschaftsrechts v. 21.7.21014 (BGBl. I 1066).

67 Vgl. zu der insoweit vergleichbaren Regelung des § 27c EEG 2012: Altrock/Oschmann/Theobald/*Rostankowski/Vollprecht*, § 27c EEG 2012 Rn. 6 f.; Reshöft/Schäfermeier/*Schäferhoff*, § 27c EEG 2012 Rn. 11 ff.

68 So auch schon das EEG 2012, vgl. BT-Drs. 17/6071, S. 60, und zuvor das EEG 2009, vgl. BT-Drs. 16/8148, S. 56.

69 S. *Vollprecht/Kahl*, ZNER 2011, 254, 255.

70 Zu den uneinheitlichen Definitionen des Begriffs „Speichergas" in § 3 Nr. 9a EEG 2012 einerseits und – als Unterfall des energiewirtschaftsrechtlichen „Biogas"-Begriffes – wasserstoffbasierten gasförmigen Energiespeicherformen in § 3 Nr. 10c EnWG andererseits s. *Valentin/von Bredow*, ET 2011, 99, 102; *Thomas*, ZNER 2011, 608, 612, 614; zu den uneinheitlich gewählten Begrifflichkeiten für Biogas und Biomethan u. a. *Ahnis/Kriener*, EnWZ 2013, 120, 120.

71 Zur Definition von Speichergas unter dem EEG s. *Thomas*, ZNER 2011, 608, 610; zum erweiterten Rechtsrahmen für die Förderung von KWK-Strom aus Speichergas: *Valentin/von Bredow*, ET

chergas – ebenso wie z. B. bei der Stromerzeugung aus Biomethan – die Anlage, die aus der dem Erdgasnetz entnommenen Speichergasäquivalent-Menge Strom erzeugt, also z. B. das jeweilige BHKW,[72] und nicht die Anlage, in welcher der zur Erzeugung des Speichergases eingesetzte Strom ursprünglich erzeugt wurde, z. B. die Windenergieanlage.

69 Die Regelung findet nur Anwendung auf den Transport und Vertrieb von gasförmigen Energieträgern über das **Erdgasnetz**. Der Begriff Erdgasnetz ist im EEG nicht legaldefiniert. In Anlehnung an § 3 Nr. 20 EnWG sind jedenfalls alle Fernleitungsnetze, Gasverteilernetze und alle anderen erdgasführenden Gasversorgungsnetze als Erdgasnetze in diesem Sinne zu verstehen. Mikrogasnetze oder Mikrogasleitungen, die ausschließlich dem Transport beispielsweise von Biogas dienen, die also kein Erdgas transportieren, keine Verknüpfung mit einem Gasversorgungsnetz i. S. von § 3 Nr. 20 EnWG aufweisen[73] und mithin in der Regel auch keiner gesetzlichen Fiktion bedürfen, da das gesamte geschlossene Rohrleitungssystem ohnehin nur Biogas oder andere Gase im Sinne des EEG führt, unterfallen nicht dem Begriff „Erdgasnetz".[74]

70 Die Regelung gilt nur für gasförmige Energieträger, die **im Geltungsbereich des EEG** in das Erdgasnetz eingespeist worden sind.[75] Der Geltungsbereich des EEG umfasst nach § 4 die Stromerzeugung im Bundesgebiet einschließlich der deutschen ausschließlichen Wirtschaftszone. Nach § 47 Abs. 6 Nr. 1 muss Deponiegas, Klärgas, Grubengas, Biomethan oder Speichergas, das unter die Gasabtauschregelungen fällt, „an anderer Stelle im Geltungsbereich dieses Gesetzes in das Erdgasnetz eingespeist worden" sein. Auf außerhalb des Geltungsbereichs des EEG, d. h. auf ausländischem Staatsgebiet oder an anderer Stelle außerhalb der deutschen ausschließlichen Wirtschaftszone, in ein Erdgasnetz eingespeistes Gas findet die Fiktionsregelung nach Abs. 6 damit von vornherein keine Anwendung, so

---

2011, 99, 102; allgemein zur Förderung von zwischengespeichertem Strom unter dem EEG 2012: *Dietrich/Ahnsehl*, ET 2012, 135, 136 f.; ausführlich zum Begriff „Speichergas" im EEG 2012: Altrock/Oschmann/Theobald/*Oschmann*, § 3 EEG 2012 Rn. 157 f.; Reshöft/Schäfermeier/*Reshöft*, § 3 EEG 2012 Rn. 102 ff.; Frenz/Müggenborg/*Ekardt/Hennig*, § 3 EEG 2012 Rn. 132 ff.

72 Vgl. hierzu auch *Thomas*, ZNER 2011, 608, 611.

73 S. hierzu auch den Hinweis 2010/14 der Clearingstelle EEG v. 24.2.2011 (www.clearingstelle-eeg.de/files/Hinweis_2010-14.pdf).

74 Vgl. zum EEG 2012 auch: Altrock/Oschmann/Theobald/*Rostankowski/Vollprecht*, § 27c EEG 2012 Rn. 20 ff., 24; Frenz/Müggenborg/*Ekardt/Hennig*, § 27c EEG 2012 Rn. 10; Reshöft/Schäfermeier/*Schäferhoff*, § 27c EEG 2012 Rn. 20; *Graßmann*, in: Loibl/Maslaton/von Bredow/Walter, Biogasanlagen im EEG, 3. Aufl., S. 725 Rn. 22; *Müller*, ZUR 2012, 22, 28; a. A. zu § 27 Abs. 2 EEG 2009 (der noch den Begriff „Gasnetz" verwendet) u. a. *Vollprecht/Kahl*, ZNER 2011, 254, 256. Zum Streitstand in Bezug auf den uneindeutigen Begriff „Gasnetz" unter dem EEG 2009 vgl. den Hinweis 2010/14 der Clearingstelle EEG (www.clearing stelle-eeg.de/files/Hinweis_2010-14.pdf) sowie: Altrock/Oschmann/Theobald/*Rostankowski/Vollprecht*, § 27 EEG 2009 Rn. 92 ff., 94 („grundsätzlich auch sog. Mikrogasnetze"); Reshöft/*Schäferhoff*, 3. Aufl., § 27 Rn. 40 („auch Leitungssysteme außerhalb der allgemeinen Versorgung"); ebenso *Salje*, EEG, § 27c EEG 2012 Rn. 5 ff. (offenbar noch mit Bezug zu der Rechtslage vor dem 1.1.2012).

75 Eine Einspeisung einer der Ausspeisemenge im „Wärmeäquivalent" entsprechenden förderfähigen Gasmenge in dasselbe Erdgasnetz (d. h. etwa in dasselbe Erdgasverteilnetz auf derselben Druckstufe) ist nach dem Wortlaut der Regelung hingegen nicht erforderlich, die Regelung trifft auch keine Differenzierung zwischen H- und L-Gasgebiet, vgl. zum EEG 2012: Altrock/Oschmann/Theobald/*Rostankowski/Vollprecht*, § 27c EEG 2012 Rn. 28; Frenz/Müggenborg/*Ekardt/Hennig*, § 27c EEG 2012 Rn. 11; *Graßmann*, in: Loibl/Maslaton/von Bredow/Walter, Biogasanlagen im EEG, 3. Aufl., S. 725 f. Rn. 23; *Salje*, EEG, § 27c EEG 2012 Rn. 14.

dass die Stromerzeugung aus solchem über das Erdgasnetz transportiertem Gas regelmäßig auch einen Verstoß gegen das Ausschließlichkeitsprinzip nach § 19 Abs. 1 darstellt.

2. Wärmeäquivalent zwischen Ein- und Ausspeisemenge (Abs. 6 Nr. 1). a) Wärme- **71**
äquivalent. Die dem Erdgasnetz zur Stromerzeugung entnommene Gasmenge muss im Wärmeäquivalent einer bis zum Ende des jeweiligen Kalenderjahres an anderer Stelle im Geltungsbereich des EEG in das Erdgasnetz eingespeisten Menge Deponiegas, Klärgas, Grubengas, Biomethan oder Speichergas entsprechen. Hierbei kommt es auf die den jeweiligen Gasmengen innewohnende Wärmeenergie, d.h. auf den **Energiegehalt** der ausgespeisten und eingespeisten Mengen in Joule an. Der Energiegehalt von ausgespeister und eingespeister Gasmenge muss sich aus Sicht der ausgespeisten Gasmenge am Jahresende mindestens entsprechen: nicht erforderlich ist, dass die eingespeiste und die zur Stromerzeugung entnommene Gasmenge im Wärmeäquivalent „gleich sind",[76] das zur Stromerzeugung entnommene Wärmeäquivalent darf lediglich nicht über dem bis zum Jahresende eingespeisten Wärmeäquivalent liegen.[77] Das Abstellen auf das Wärmeäquivalent bzw. auf den Energiegehalt ermöglicht eine Vergleichbarkeit unterschiedlicher Gasmengen, die abhängig von der Druckstufe und Gasqualität in den jeweiligen Einspeise- und Ausspeisegasnetzen einen unterschiedlichen Energiegehalt (Brennwert) pro Volumeneinheit aufweisen können, weshalb über einen reinen Volumenbezug keine angemessene Bilanzierung möglich wäre.[78]

b) Kalenderjahr. Als **Bilanzierungszeitraum** für den Ausgleich zwischen zur Stromer- **72**
zeugung ausgespeister und an anderer Stelle in das Erdgasnetz eingespeister Gasmenge sieht Abs. 6 Nr. 1 das jeweilige Kalenderjahr der Gasentnahme vor.

Die Einspeisung einer der ausgespeisten Gasmenge im Wärmeäquivalent entsprechenden **73**
Menge Deponiegas, Klärgas, Grubengas, Biomethan oder Speichergas an anderer Stelle im Geltungsbereich des EEG muss weder zwingend vor dessen Entnahme noch zwingend in **demselben Kalenderjahr** erfolgt sein.[79] Ausreichend, aber auch erforderlich ist, dass die äquivalente Einspeisemenge zu irgendeinem dem Ende des jeweils abzurechnenden Kalenderjahres vorhergehenden Zeitpunkt eingespeist wurde, so dass am Ende jedes Kalenderjahres kein Defizit auf der Einspeiseseite verbleibt.[80] Bis zu diesem Zeitpunkt darf die eingespeiste Menge nicht bereits durch eine anderweitige Entnahme einer entsprechenden Gasmenge bilanziell „verbraucht" sein.

Hierdurch kommen die Speicherfunktion und die Kreditfunktion des Erdgasnetzes für eine **74**
Gasbilanzierung nach Abs. 6 Nr. 1 zum Ausdruck: das eingespeiste Gas i. S. des EEG beziehungsweise dessen Eigenschaft als Deponiegas, Klärgas, Grubengas, Biomethan oder

---

76 So Altrock/Oschmann/Theobald/*Rostankowski/Vollprecht*, § 27c EEG 2012 Rn. 31.
77 Im Ergebnis so zum EEG 2012 auch: Altrock/Oschmann/Theobald/*Rostankowski/Vollprecht*, § 27c EEG 2012 Rn. 31 ff.; Reshöft/Schäfermeier/*Schäferhoff*, § 27c EEG 2012 Rn. 28.
78 Vgl. hierzu auch zum EEG 2012: Altrock/Oschmann/Theobald/*Rostankowski/Vollprecht*, § 27c EEG 2012 Rn. 31; Frenz/Müggenborg/*Ekardt/Hennig*, § 27c Rn. 11; *Graßmann*, in: Loibl/Maslaton/von Bredow/Walter, Biogasanlagen im EEG, 3. Aufl., S. 729 f. Rn. 37.
79 A. A. *Salje*, EEG, § 27c EEG 2012 Rn. 3, wonach die EEG-Förderung nach § 27c voraussetze, dass die jeweiligen Gase „während des Kalenderjahres der Stromerzeugung in dieses Gasnetz eingespeist wurden".
80 Vgl. für die insoweit entsprechende Regelung in § 27 Abs. 2 EEG 2009: *Vollprecht /Kahl*, ZNER 2011, 254. Zur kalenderjährlichen Bilanzierung unter § 27 Abs. 2 EEG 2009 auch *Kruschinski*, Biogasanlagen als Rechtsproblem, S. 317.

Speichergas wird so lange im Erdgasnetz „gespeichert", bis eine entsprechende Menge Gas an anderer Stelle aus dem Erdgasnetz entnommen und gegen diese eingespeiste Menge verrechnet wird („**Speicherfunktion**"[81]). Zugleich bietet die Regelung die Möglichkeit, bereits Gas – z. B. als Biomethan – zur Stromerzeugung aus dem Erdgasnetz zu entnehmen, bevor eine entsprechende Menge Biomethan an anderer Stelle in das Erdgasnetz eingespeist worden ist, solange das Saldo zwischen der gesamten in dem Kalenderjahr zur Stromerzeugung aus dem Erdgasnetz entnommenen Gasmenge und der an anderer Stelle eingespeisten Menge Biomethan zum Ende des jeweiligen Kalenderjahres nachweislich mindestens ausgeglichen ist; das Erdgasnetz bietet dem Anlagenbetreiber also einen unterjährigen Gaskredit an, der diesem insbesondere in den oftmals heizintensiveren ersten Monaten eines Kalenderjahres auch ein negatives Saldo ermöglicht, solange der Anlagenbetreiber bis zum Ende des Kalenderjahres den bilanziellen Ausgleich zwischen ausgespeister und eingespeister Gasmenge herstellt („**Kreditfunktion**").[82] Eine Vorzeitigkeit oder Gleichzeitigkeit[83] der Einspeisung vor der Ausspeisung, wie ursprünglich nach § 7 Abs. 1 S. 3 bzw. § 8 Abs. 1 S. 3 des EEG 2004 gefordert, muss also jedenfalls unterjährig nicht nachgewiesen werden.[84] Das Risiko, dass bis zum Kalenderjahresende kein ausgeglichener Saldo erreicht wird, was eine Nachbeschaffung von Biomethan erfordern würde, um die andernfalls drohenden Folgen eines Verstoßes gegen das Ausschließlichkeitsprinzip nach § 19 Abs. 1 zu vermeiden, liegt beim Anlagenbetreiber.

75 Die Einspeisemenge z. B. von Biomethan aus einer Biogasaufbereitungsanlage in das Erdgasnetz darf in einem Kalenderjahr auch über der auf diese Biogasaufbereitungsanlage bezogenen äquivalenten **Ausspeisemenge** liegen. In dem Kalenderjahr der Einspeisung nicht „verbrauchte" – d. h. nicht entsprechend zur Stromerzeugung oder zu einem anderen Zweck wieder ausgespeiste – positive Einspeisesaldi erneuerbaren Gases können in das folgende Kalenderjahr übertragen werden,[85] in dem sie wiederum nach Abs. 6 Nr. 1 im Rahmen der Wärmeäquivalentermittlung berücksichtigt werden können.[86]

76 Wird im Zuge der Übertragung von „überschüssigen", bereits eingespeisten Biomethanmengen in das nachfolgende Kalenderjahr der erweiterte Biogas-Bilanzausgleich nach § 41e GasNZV in Anspruch genommen,[87] so bleiben eventuelle **Bilanzkreiskosten** durch

---

81 Vgl. BT-Drs. 16/8148, S. 56; zum EEG 2012: Frenz/Müggenborg/*Ekardt/Hennig*, § 27c EEG 2012 Rn. 6; *Herz/von Bredow*, ZNER 2012, 580, 581.

82 Vgl. zum EEG 2012: Altrock/Oschmann/Theobald/*Rostankowski/Vollprecht*, § 27c EEG 2012 Rn. 32; Reshöft/Schäfermeier/*Schäferhoff*, § 27c EEG 2012 Rn. 27; Frenz/Müggenborg/*Ekardt/Hennig*, § 27c EEG 2012 Rn. 12; *Herz/von Bredow*, ZNER 2012, 580, 581.

83 Vgl. zu § 27 Abs. 2 EEG 2009 insoweit BT-Drs. 16/8148, S. 56.

84 S. zum EEG 2012: Altrock/Oschmann/Theobald/*Rostankowski/Vollprecht*, § 27c EEG 2012 Rn. 32; Frenz/Müggenborg/*Ekardt/Hennig*, § 27c EEG 2012 Rn. 12; *Graßmann*, in: Loibl/Maslaton/von Bredow/Walter, Biogasanlagen im EEG, 3. Aufl., S. 726 f. Rn. 28 f.

85 BT-Drs. 17/6071, S. 74; vgl. zum EEG 2012: Altrock/Oschmann/Theobald/*Rostankowski/Vollprecht*, § 27c EEG 2012 Rn. 33; Reshöft/Schäfermeier/*Schäferhoff*, § 27c EEG 2012 Rn. 27; Frenz/Müggenborg/*Ekardt/Hennig*, § 27c EEG 2012 Rn. 12; *Graßmann*, in: Loibl/Maslaton/von Bredow/Walter, Biogasanlagen im EEG, 3. Aufl., S. 727 Rn. 30; für die insoweit entsprechende Regelung in § 27 Abs. 2 EEG 2009 auch: Reshöft/*Schäferhoff*, 3. Aufl., § 27 Rn. 44.

86 Vgl. für die entsprechende Regelung im EEG 2009: *Vollprecht/Kahl*, ZNER 2011, 254.

87 Umfassend zu der von der Massenbilanzierung nach dem EEG streng zu unterscheidenden gaswirtschaftlichen Bilanzierung und hierbei speziell zu den Sonderregeln zur Biogas-Bilanzierung: *Ahnis/Kriener*, EnWZ 2013, 120; *Altrock/Schmeding*, in: Loibl/Maslaton/von Bredow/Walter, Biogasanlagen im EEG, 3. Aufl., S. 755 ff.; *Stappert/Johannsen*, REE 2012, 201; Lösungsansätze

Nutzung (§ 41e Abs. 8 GasNZV) bzw. Überschreitung (§ 41e Abs. 7 GasNZV) des erweiterten Flexibilitätsrahmens für die Biogasbilanzierung, die im erweiterten Biogas-Bilanzausgleich durch die auftretenden Differenzen zwischen Ein- und Ausspeisemengen anfallen können, durch Abs. 6 Nr. 1 und insbesondere durch die hiernach zulässige Übertragung von Gasmengen in das nächste Kalenderjahr unberührt.[88]

Die der verstromten Gasmenge kalenderjährlich mindestens entsprechende Einspeisemenge muss der Anlagenbetreiber gegenüber dem Netzbetreiber des Einspeisestromnetzes in geeigneter Form nachweisen;[89] auf welche Weise die **Nachweisführung** zu erfolgen hat, ergibt sich insbesondere aus den Vorgaben zur massenbilanziellen Dokumentation nach Abs. 6 Nr. 2. **77**

3. Verwendung von Massenbilanzsystemen (Abs. 6 Nr. 2). Die schon unter dem EEG **78**
2004, EEG 2009 und EEG 2012 geltenden Anforderungen an eine im Wärmeäquivalent ausgeglichene Bilanz von zur Stromerzeugung ausgespeisten Gasmengen einerseits und an anderer Stelle eingespeisten Gasmengen andererseits wurde bereits mit dem EEG 2012 durch das Erfordernis ergänzt, sämtliche als finanziell förderfähiges Gas i. S. des EEG anzuerkennenden Gasmengen über ihren gesamten Transport und Vertrieb von der Gasherstellung oder -gewinnung über die Einspeisung in das Erdgasnetz und den Transport im Erdgasnetz bis zur Entnahme aus dem Erdgasnetz **durch Massenbilanzsysteme zu dokumentieren**. Dieses Erfordernis wird mit dem EEG 2014 beibehalten.

Der **Begriff der Massenbilanzierung** ist im EEG weiterhin nicht definiert. Die Anforde- **79**
rung an die Verwendung von Massenbilanzsystemen entspricht wortgleich der Nummer II.1.c.bb der Anlage zum EEWärmeG, die dort durch das „Europarechtsanpassungsgesetz Erneuerbare Energien" vom 12.4.2011[90] neu eingefügt wurde, so dass ein einheitliches Verständnis der Begrifflichkeiten zugrunde zu legen ist. Verwendet werden Massenbilanzsysteme im Bereich der Bioenergienutzung bereits in den beiden in Umsetzung der europarechtlichen Nachhaltigkeitsanforderungen nach der Richtlinie 2009/28/EG[91] erlassenen Verordnungen über Anforderungen an eine nachhaltige Herstellung von flüssiger Biomasse zur Stromerzeugung (**BioSt-NachV**)[92] und über Anforderungen an eine nachhaltige Herstellung von Biokraftstoffen (**Biokraft-NachV**).[93] Nach dem wortgleichen § 16 Abs. 2 Nr. 1 BioSt- NachV/Biokraft-NachV müssen Massenbilanzsysteme sicherstellen, dass bei einer Vermischung der Biomasse (z. B. einer bestimmten Menge Biogas) mit anderer Bio-

---

für Kapazitätsengpässe im Gasnetz als Hemmnis für eine ganzjährige Aufnahme von Biogasmengen aus Einspeiseanlagen (insbesondere in den verbrauchsärmeren Sommermonaten) diskutieren *Graßmann/Reinhardt*, REE 2012, 210.

88 Zum besonderen Biogas-Bilanzausgleich bei tatsächlicher Inanspruchnahme des Flexibilitätsrahmens u. a.: *Kruschinski*, Biogasanlagen als Rechtsproblem, S. 336 f.; zum EEG 2012: *Altrock/Schmeding*, in: Loibl/Maslaton/von Bredow/Walter, Biogasanlagen im EEG, 3. Aufl., S. 781 ff. Rn. 63 ff.

89 *Salje*, EEG, § 27c EEG 2012 Rn. 13.

90 BGBl. I 2011, S. 619.

91 Richtlinie 2009/28/EG des Europäischen Parlaments und des Rates vom 23.4.2009 zur Förderung der Nutzung von Energie aus erneuerbaren Quellen und zur Änderung und anschließenden Aufhebung der Richtlinien 2001/77/EG und 2003/30/EG (ABl. L 140/16 vom 5.6.2009).

92 Biomassestrom-Nachhaltigkeitsverordnung v. 23.7.2009 (BGBl. I S. 2174), die zuletzt durch Art. 17 des Gesetzes vom 21.7.2014 (BGBl. I S. 1066) geändert worden ist.

93 Biokraftstoff-Nachhaltigkeitsverordnung v. 30.9.2009 (BGBl. I S. 3182), die zuletzt durch Art. 2 der Verordnung vom 26.11.2012 (BGBl. I S. 2363) geändert worden ist.

masse die Menge der Biomasse, die dem Gemisch beigefügt wird, vorab erfasst wird und die Menge der Biomasse, die dem Gemisch entnommen wird, nicht höher ist als die dem Gemisch beigefügte Menge. Im Fall einer Einspeisung von Biogas in ein Erdgasnetz wird das Biogas nicht einer Menge Biomasse bzw. Biogas beigefügt, sondern einer Gasgemischmenge mit i.d.R. überwiegenden Anteilen fossilen Gases; ungeachtet dessen ist das Grundprinzip, wonach die Menge des Gases (z.B. Biomethan), die dem Gasgemisch im Erdgasnetz beigefügt wird, vorab zu erfassen ist, und die Menge des als Biomethan zu verwendenden Gases, die dem Gasgemisch im Erdgasnetz entnommen wird, nicht höher sein darf als die dem Gasgemisch (bis zum Ende des Bilanzierungszeitraums) beigefügte Biomethanmenge, auch auf die Massenbilanzierung von Gasen nach § 47 Abs. 6 Nr. 2 übertragbar.

80   Eine Konkretisierung des Begriffs „Massenbilanzsystem" findet sich in der aufgrund von Nr. 4 der Anlage 5 zur BioSt-NachV durch BMU im Einvernehmen mit BMELV[94] erlassenen **BioSt-NachVwV**.[95] Nach Nr. 2.7 BioSt-NachVwV handelt es sich bei Massenbilanzsystemen um „Aufzeichnungen, die eine mengenmäßige bilanzielle Rückverfolgbarkeit auf allen Stufen der Herstellung und Lieferung der Biomasse sicherstellen. Durch die Bilanzierung nach einem Massenbilanzsystem wird sichergestellt, dass die Menge der verordnungskonformen Biomasse, die einem Gemisch entnommen wird, nicht höher ist als die Menge der verordnungskonformen Biomasse, die dem Gemisch zuvor beigefügt wurde". Übertragen auf den Transport und Vertrieb von Biomethan und anderen Gasen über das Erdgasnetz bedeutet dies, dass die physische Bewegung des Gases über alle Stufen der Herstellung und Lieferung über das Erdgasnetz mengenmäßig rückverfolgbar dokumentiert werden muss, um sicherzustellen, dass die dem Erdgasnetz entnommene Menge Gas am Ende des Bilanzierungszeitraums nicht höher ist als die innerhalb dieses Zeitraums an anderer Stelle eingespeiste Menge Biomethan oder anderen Gases i.S. des EEG. Hierfür ist eine Dokumentation der physischen Gasmengen an allen entscheidenden Schnittstellen entlang der Herstellungs- und Lieferkette des Gases bis zu seiner Entnahme aus dem Erdgasnetz zur Stromerzeugung erforderlich, d.h. namentlich nach der Herstellung oder Gewinnung des Gases, bei mehreren Erzeugungsanlagen zudem nach einer nachgeschalteten gemeinsamen Aufbereitungsanlage, weiterhin bei der Einspeisung des Gases in das Erdgasnetz, sowie schließlich bei der Entnahme des Gases aus dem Erdgasnetz. Wechselt während des Transports des Gases im Erdgasnetz das Gas – oder genauer: der Anspruch auf Ausspeisung einer entsprechenden Gasmenge gegen den Netzbetreiber – durch Forderungsübergang den Eigentümer, so ist auch dieser Übergang entsprechend massenbilanziell zu dokumentieren. Der Tatsache, dass eine tatsächliche Bewegung des eingespeisten Gases „durch das Erdgasnetz" realiter physikalisch nicht in gleicher Weise erfolgt und auch vielfach unmöglich wäre, kann insoweit keine Bedeutung zukommen. Während des Transportes des Gases im Erdgasnetz ist die gesamte Gasmenge in dem Erdgasnetz inner-

---

94 Durch Art. 17 des Gesetzes v. 21.7.2014 (BGBl. I S. 1066) – EEG-Novelle 2014 – wurden die Ressortbezeichnungen an den zur 18. Legislaturperiode neu geordneten Ressortzuschnitt angepasst, zuständig ist seit der 18. Legislaturperiode das Bundesministerium für Umwelt, Naturschutz, Bau und Reaktorsicherheit (BMUB) im Einvernehmen mit dem Bundesministerium für Ernährung und Landwirtschaft (BMEL).
95 Verwaltungsvorschrift für die Anerkennung von Zertifizierungssystemen und Zertifizierungsstellen nach der Biomassestrom-Nachhaltigkeitsverordnung (BioSt-NachVwV) v. 10.12.2009, zuletzt geändert durch Verwaltungsvorschrift vom 15.12.2011 (eBAnz AT145 2011 B1).

halb des Bundesgebietes einschließlich der deutschen ausschließlichen Wirtschaftszone als ein Gemisch innerhalb eines zusammenhängenden „Gastanks" zu betrachten.

Das BMU[96] hat zu den Anforderungen an eine Massenbilanzierung i.S. von § 27c Abs. 1 **81** Nr. 2 EEG 2012 und von Nummer II.1.c.bb der Anlage zum EEWärmeG eine (rechtlich unverbindliche) **Auslegungshilfe** veröffentlicht, welche die einzelnen mindestens erforderlichen Bilanzierungsschritte einschließlich der zu dokumentierenden Daten und der aus Sicht der Bundesregierung erforderlichen Nachweisform darstellt und auf die wortgleiche Regelung in § 47 Abs. 6 Nr. 2 übertragen werden kann.[97]

Als **Herstellung** ist im Fall von Biomethan die Produktion des Biogases in einem anaero- **82** ben Vergärungsprozess oder – sofern es sich um sonstige gasförmige Biomasse handelt – durch ihre Erzeugung etwa in einem thermochemischen Vergasungsprozess anzusehen. Bei Speichergas ist als Zeitpunkt der Herstellung der Zeitpunkt anzusehen, in dem das gasförmige Speichermedium aus dem zu speichernden Strom – etwa im Wege der Elektrolyse von Wasserstoff – erzeugt wurde.

Im Fall von Deponiegas oder Klärgas ist nicht von einer Herstellung zu sprechen, da jede **83** Herstellung einen gewollten und gezielten Produktionsprozess voraussetzt, wohingegen Deponie- und Klärgas lediglich als Nebenprodukte des Deponiebetriebes bzw. des Klärprozesses anfallen; insoweit liegt in diesen Fällen vielmehr ein Fall der **Gewinnung** dieser Gase vor, welche zu dem Zeitpunkt erfolgt, in dem die Gase aus dem Entstehungsprozess in dem Deponiebetrieb oder Klärprozess aufgefangen werden. Bei Grubengas ist als Zeitpunkt der Gewinnung ebenfalls der Zeitpunkt anzusehen, in dem das Gas infolge der Untertagegewinnung von Steinkohle als Beiprodukt anfällt und aufgefangen wird.

Mit der **Einspeisung** des Gases in das Erdgasnetz ist seine erstmalige Einleitung in das **84** Erdgasnetz nach Herstellung bzw. Gewinnung und anschließender Aufbereitung des Gases auf Erdgasqualität gemeint.

Der **Transport und Vertrieb** des Gases im Erdgasnetz umfasst den gesamten Weg und **85** Zeitraum von der Einspeisung des Biomethans oder sonstigen Gases i.S. des EEG in das Erdgasnetz am Einspeisepunkt hinter der Aufbereitungsanlage bis zur Entnahme der zu verstromenden Gasmenge am Ausspeisepunkt. Hiervon umfasst sind sämtliche Handelsschritte in Bezug auf die transportierte Gasmenge innerhalb des Erdgasnetzes. Die Begründung des RegE zum EEG 2012 eröffnet die Möglichkeit, zur Erfüllung der Massenbilanzierungsanforderungen auch auf das Biogasregister Deutschland der Deutschen Energie-Agentur GmbH (dena) zurückzugreifen;[98] dies setzt selbstverständlich voraus, dass auch das „Biogasregister Deutschland" selbst die Anforderungen an ein Massenbilanzsystem erfüllt; die Erfüllung der Voraussetzungen der Auslegungshilfe des BMU bildet hierfür einen starken Indikator. Theoretisch denkbare zwischenzeitliche Ausspeisungen des Gases nach seiner Einspeisung zum Zwecke einer Zwischenspeicherung in einem außerhalb des eigentlichen Erdgasnetzes belegenen Gasspeicher und die anschließenden Wiedereinspeisung in das Erdgasnetz sind analog zu der Einbeziehung von Speicheranlagen als Teil des

---

96 Seit der 18. Legislaturperiode: BMUB.
97 *BMU*, Auslegungshilfe zur Massenbilanzierung nach § 27c Abs. 1 Nr. 2 EEG 2012, Zugleich: Anwendungshinweis zum Vollzug des EEWärmeG, hier: Massenbilanzierung von Biomethan (Hinweis Nr. 1/2012), v. 29.6.2012, abrufbar auf www.erneuerbare-energien.de.
98 BT-Drs. 17/6071, S. 74.

Gasversorgungsnetzes gemäß § 3 Nr. 20 EnWG als Teil des Transports im Erdgasnetz anzusehen.

86 Die **Entnahme** des Gases aus dem Erdgasnetz erfolgt im Zeitpunkt der Ausspeisung des als Biomethan, Deponiegas, Klärgas, Grubengas oder Speichergas zu behandelnden Gasgemisches am Standort der Stromerzeugungsanlage zum Zwecke des Einsatzes des Gasgemisches zur Stromerzeugung bzw. gekoppelten Strom- und Wärmeerzeugung.

87 Die Erfüllung der Massenbilanzierungsanforderungen musste (nach der Vorgängerregelung des § 27c Abs. 1 Nr. 2) gemäß § 66 Abs. 10 EEG 2012 bereits für **seit dem Jahr 2013** erzeugten Strom nachgewiesen werden. Seit dem Jahr 2013 war die Verwendung von Massenbilanzsystemen allerdings nicht nur für Strom aus seit diesem Zeitpunkt in Betrieb gegangenen Anlagen, sondern auch für Strom aus bereits vor dem 1.1.2012 in Betrieb genommenen „EEG-2009-Anlagen" nachzuweisen;[99] dies ergab sich daraus, dass § 66 Abs. 10 EEG 2012 lediglich auf den Zeitpunkt der Erzeugung des Stroms, nicht aber auf die Inbetriebnahme der Anlage abstellte, und insoweit keine Einschränkung auf ab dem 1.1.2012 neu in Betrieb genommene Anlagen enthielt. Auch die Übergangsvorschrift des § 66 Abs. 1 EEG 2012, die für Strom aus vor dem 1.1.2012 in Betrieb genommenen Bestandsanlagen grundsätzlich die Geltung des EEG 2009 anordnete, stand dem nicht entgegen, da es sich auch bei den nachfolgenden Absätzen des § 66 EEG 2012 um Übergangsbestimmungen handelte, die jeweils ebenfalls an einen vor Inkrafttreten des EEG 2012 liegenden Zeitpunkt oder Sachverhalt anknüpften. Aus der systematischen Stellung des § 66 Abs. 10 ergab sich insoweit, dass die Regelung gerade auch für Bestandsanlagen anwendbar sein musste; hätte sie nur für Neuanlagen gelten sollen, so wäre diese Rechtsfolge nicht in einer Übergangsvorschrift zu regeln und stattdessen § 27c EEG 2012 selbst der richtige Regelungsort gewesen.[100] Infolge fortgesetzter Uneinigkeit in der rechtswissenschaftlichen Literatur zu dieser Frage[101] hat der Gesetzgeber mit § 101 Abs. 2 Nr. 2 nochmals eine für den Zeitraum ab dem 1.8.2014 unmissverständliche Klarstellung für sämtlichen in vor dem 1.1.2013 betriebenen Anlagen erzeugten Strom getroffen.[102]

88 **4. Bilanzielle Teilung von Biomethan (Abs. 7).** Mit Abs. 7 legt der Gesetzgeber hinsichtlich der Zulässigkeit der bilanziellen Teilbarkeit von Biomethan eine **Kehrtwendung** hin und beendet zugleich die diesbezüglich geführte rechtswissenschaftliche Diskussion infolge der bislang fehlenden positivrechtlichen Regelung zu dieser Frage.

89 Hintergrund der seit Inkrafttreten des EEG 2012 zum 1.1.2012 geführten Diskussion um die bilanzielle Teilbarkeit von Biomethan in einsatzstoffscharfe „Biomethan-Teilmengen" war die mit den im EEG 2012 eingeführten Einsatzstoffvergütungsklassen theoretisch entstandene Möglichkeit, Biomethanmengen entlang der zu ihrer Produktion verwendeten Einsatzstoffzusammensetzung bilanziell in einsatzstoffscharf aufgespaltene Teilchargen zu trennen, die in verschiedenen Verwertungspfaden vermarktet werden können. Die vom Gesetzgeber des EEG 2012 wohl beabsichtigte Systematik der einsatzstoffbezogenen Vergütung sah jedoch keine Aufteilung der Biomethanmengen in einsatzstoffscharfe Teilmengen vor, sondern ging von einer einheitlichen Betrachtung der aus einer Gasaufbereitungsanlage stammenden Biomethanmenge als **untrennbare physikalische Mischmenge** aus,

---

99 Vgl. auch *Müller*, ZUR 2012, 22, 28.
100 S. hierzu auch die Kommentierung zu § 66 Abs. 10.
101 A. A. etwa *Herz/von Bredow*, ZNER 2012, 580, 582.
102 Vgl. hierzu BerlKommEnR/*Müller*, § 101 EEG 2014 Rn. 23 f.

deren einsatzstoffbezogene Vergütung sich aus einer entsprechend vorzunehmenden Mischkalkulation ergab.

Beispiel

In einem unter dem EEG 2012 in Betrieb genommenen Biomethan-BHKW wird eine Menge von 1.000 Normkubikmetern Biomethan aus aufbereitetem Biogas eingesetzt, das durch gemeinsame Fermentation von Rindergülle, Mais-Ganzpflanzensilage und Frittierfetten produziert wurde. Rindergülle gilt nach Nr. 12 der Anlage 3 zur BiomasseV 2012[103] als Einsatzstoff der Einsatzstoffvergütungsklasse II, der zusätzlich zu der Grundvergütung nach § 27 Abs. 1 S. 1 EEG 2012 zu einer (anteiligen) einsatzstoffbezogenen Vergütung nach § 27 Abs. 2 Nr. 2 EEG 2012 berechtigt; Mais-Ganzpflanzensilage gilt nach Nr. 12 der Anlage 2 zur BiomasseV 2012 als Einsatzstoff der Einsatzstoffvergütungsklasse I, der zusätzlich zu der Grundvergütung zu einer (anteiligen) einsatzstoffbezogenen Vergütung nach § 27 Abs. 2 Nr. 1 EEG 2012 berechtigt; Frittierfette gelten nach Nr. 9 der Anlage 1 als Einsatzstoffe, die keinen Anspruch auf eine einsatzstoffbezogene Vergütung zusätzlich zu der Grundvergütung begründen. Die nach EEG 2012 zu gewährende Gesamtvergütung für den aus den 1.000 Normkubikmetern Biomethan erzeugten Strom errechnet sich aus den anteiligen Beiträgen der jeweils eingesetzten Substratmengen zur Erzeugung des zu 1.000 Normkubikmetern Biomethan aufbereiteten Biogases; die anteiligen Gaserzeugungsbeiträge der verschiedenen Einsatzstoffe werden dabei auf Grundlage der in den Anlagen 1 bis 3 zur BiomasseV 2012 bestimmten Energieerträge der einzelnen Substrate (Methanerträge in m^3 pro Tonne Frischmasse) nach der Berechnungsmethodik des § 2a BiomasseV 2012 bestimmt. Ergibt sich hieraus bspw. für die genannten 1.000 Normkubikmeter Biomethan, dass diese zu 700 Normkubikmetern auf Mais-Ganzpflanzensilage, zu 50 Normkubikmetern auf Rindergülle und zu 250 Normkubikmetern auf Frittierfette zurückzuführen ist, so wird zusätzlich zu der Grundvergütung eine im Wege einer Mischkalkulation ermittelte einsatzstoffbezogene Vergütung nach § 27 Abs. 2 EEG 2012 gezahlt, die sich zu 70 % aus einer Zusatzvergütung nach Einsatzstoffvergütungsklasse I, zu 5 % aus einer Zusatzvergütung nach Einsatzstoffvergütungsklasse II und zu 25 % aus keinerlei Zusatzvergütung ermittelt.

Eine explizite Regelung, aus der sich ein Verbot der bilanziellen Teilung von Biomethan **90** ableiten ließ, enthielt das EEG allerdings an keiner Stelle. Jedoch enthielt die **Begründung zum Regierungsentwurf des EEG 2012** eine unmissverständliche Aussage dahingehend, dass eine bilanzielle Aufteilung der verschiedenen zur Biogaserzeugung verwendeten Einsatzstoffe auf einzelne hieraus erzeugte Biogasteilmengen zur Verstromung in verschiedenen Stromerzeugungseinheiten nicht zulässig sei.[104]

Ungeachtet der Frage, ob ein lediglich im Begründungsteil eines Gesetzentwurfs formu **91** liertes Verbot der bilanziellen Teilbarkeit von Biomethan überhaupt bindenden Charakter entfalte oder eine bilanzielle Teilbarkeit von Biomethan nicht vielmehr bereits unter dem EEG 2012 zulässig sei,[105] wurde aus der Biomethanbranche verstärkt der **Wunsch nach**

---

103 Biomasseverordnung vom 21.6.2001 (BGBl. I S. 1234) in der am 31.7.2014 geltenden Fassung.
104 Vgl. BT-Drs. 17/6071, S. 100.
105 Vgl. hierzu stellvertretend BerlKommEnR/*Müller*, Bd. 2, § 27 EEG 2012 Rn. 63 f. (von einem Verbot der bilanziellen Teilbarkeit von Biomethan unter dem EEG 2012 ausgehend und neben der Begründung zum Regierungsentwurf des EEG 2012 weitere Indizien für diesen gesetzgeberi-

ausdrücklicher Zulassung der nach Einsatzstoffgruppen getrennten Bilanzierbarkeit von Biomethan an die Politik gerichtet.[106] Hintergrund für diesen Branchenwunsch war die mit einer bilanziellen Teilbarkeit von Biomethan eröffnete Möglichkeit, am Biomethanmarkt Gase mit eindeutigen Eigenschaften zu handeln und bedarfsgerechte Produkte für Teilmärkte (EEG-KWK-Strommarkt, Wärmemarkt, Biokraftstoffmarkt) zusammenzustellen und hierdurch einerseits das Investitionsklima für Biomethananlagenbetreiber zu verbessern und andererseits die Bildung eines liquiden Handelsmarktes zu fördern. Erkennbares Ziel der Befürworter einer bilanziellen Teilbarkeit von Biomethan ist es, Biomethan-Teilmengen aus hoch vergüteten Einsatzstoffen (Einsatzstoffvergütungsklasse I und II) über das EEG 2012 fördern zu lassen, Biomethan-Teilmengen aus vergleichsweise gering geförderten Einsatzstoffen ohne einsatzstoffbezogene Vergütung (Einsatzstoffe der Anlage 1 zur BiomasseV 2012) hingegen in andere Teilmärkte wie insbesondere in den Biokraftstoffmarkt zu veräußern, in dem für Biomethan aus bestimmten im EEG gering geförderten Abfall- und Reststoffsubstraten durch die Doppelanrechnung nach § 7 Abs. 1 der 36. BImSchV[107] sogar ein substanzieller ökonomischer Anreiz gesetzt wird.

92   Mit Abs. 7 hat der Gesetzgeber die gewünschte **Klarstellung im Gesetz** vorgenommen, dass für Anlagen zur Stromerzeugung aus Biomethan ein finanzieller Förderanspruch auch besteht, wenn das Biomethan vor der Ausspeisung aus dem Erdgasnetz bilanziell nach Einsatzstoffgruppen aufgeteilt wird, und sich damit von seiner ursprünglichen Linie eines Verbots der bilanziellen Teilbarkeit verabschiedet. Der Begründung zum Regierungsentwurf des EEG 2014 zufolge möchte der Gesetzgeber mit der Zulassung einer bilanziellen Teilung von Biomethan in einzelne einsatzstoffscharfe bzw. einsatzstoffklassenscharfe Teilmengen eine getrennte Vermarktung der jeweiligen Teilmengen von Biomethan in unterschiedlichen Biomethanmärkten nunmehr gerade ermöglichen, so dass insbesondere bestimmte Teilmengen zur (KWK-)Stromerzeugung aus Biomethan eingesetzt und andere Teilmengen in den Biokraftstoffmarkt veräußert werden können, in dem Biokraftstoffe aus bestimmten erneuerbaren Energien doppelt auf die von der Europäischen Union vorgegebenen nationalen Ziele im Verkehrssektor angerechnet werden.[108]

93   Die bilanzielle Teilbarkeit ist **ausschließlich für Biomethan** zugelassen, nicht hingegen für außerhalb des Erdgasnetzes eingesetztes nicht-aufbereitetes Biogas und ebenso wenig für feste Biomasse oder für die anderen nach dem EEG förderfähigen Gase Klärgas, Deponiegas, Grubengas und Speichergas. Für Biogas, das nicht über das Erdgasnetz transpor-

---

schen Willen aus dem Gesetzestext selbst und insbesondere aus der Massenbilanzierungsanforderung nach § 27c Abs. 1 Nr. 2 EEG 2012 ableitend, jedoch bereits eine Änderung dieser Rechtslage durch den Gesetzgeber in der dem EEG 2012 nachfolgenden EEG-Novelle vermutend); Altrock/Oschmann/Theobald/*Rostankowski/Vollprecht*, § 27c EEG 2012 Rn. 34 ff. (eine bilanzielle Teilbarkeit offenbar schon unter dem EEG 2012 für denkbar erachtend, jedoch aufgrund der rechtlichen Unsicherheiten infolge der Begründung zum Regierungsentwurf des EEG 2012 „vorsichtshalber" von einer solchen bilanziellen Aufteilung abratend).

106 Vgl. stellvertretend nur *Biogasrat*⁺ *e.V.*, Vorschläge für eine Koalitionsvereinbarung zur Neuordnung der Energiemärkte und zum Strommarktdesign (v. 30.10.2013), S. 4, abrufbar auf www.biogasrat.de.

107 Sechsunddreißigste Verordnung zur Durchführung des Bundes-Immissionsschutzgesetzes (Verordnung zur Durchführung der Regelungen der Biokraftstoffquote) vom 29.1.2007 (BGBl. I S. 60), die zuletzt durch Art. 1 der Verordnung vom 26.11.2012 (BGBl. I S. 2363) geändert worden ist.

108 Vgl. BT-Drs. 18/1304, S. 144.

tiert wird, sowie für feste Biomasse erscheint eine bilanzielle Aufteilung nach Einsatzstoffen zwar jeweils ebenfalls denkbar, der ökonomische Anreiz zu einer einsatzstoffbezogenen bilanziellen Teilbarkeit von Bioenergieträgern besteht jedoch insbesondere durch die Biokraftstoffquotenregelungen, die vornehmlich den über das Erdgasnetz transportfähigen und damit geografisch entkoppelten Energieträger Biomethan betreffen, für den im Bereich der Erdgasfahrzeuge auch heute schon ein Absatzmarkt besteht. Für Klärgas und Deponiegas sowie erst recht für Grubengas und Speichergas besteht kein Bedarf nach einer bilanziellen Teilbarkeit, da für diese Energieträger keine nach Einsatzstoffgruppen gestaffelten finanziellen Förderansprüche bestehen.

Die nunmehr nach Abs. 7 zugelassene bilanzielle Teilbarkeit gilt nicht nur für Neuanlagen **94** unter dem EEG 2014, sondern gemäß der Übergangsbestimmung in § 100 Abs. 1 Nr. 4 Hs. 2 auch für unter dem EEG 2012 in Betrieb genommene **Biomethan-Bestandsanlagen**.[109] Letztere bilden aufgrund der im EEG 2012 vorgesehenen Einsatzstoffvergütungsklassen den ökonomisch interessanteren Hauptanwendungsfall, wohingegen unter dem EEG 2014 infolge des Wegfalls der einsatzstoffbezogenen Zusatzvergütung für die Verwendung von nachwachsenden Rohstoffen (ehemalige Einsatzstoffvergütungsklasse I i.S. der BiomasseV 2012) oder von Stoffen der ehemaligen Einsatzstoffvergütungsklasse II i.S. der BiomasseV 2012 einerseits und der Streichung des Gasaufbereitungs-Bonus andererseits von vornherein kaum Anwendungsfälle für eine bilanzielle Aufteilung bestehen dürften. Das in EEG-2012-Biomethananlagen eingesetzte – und mithin ab dem 1.8.2014 bilanziell teilbare – Biomethan kann theoretisch auch aus Biomethaneinspeisungsanlagen stammen, die erst im Geltungszeitraum des EEG 2014 errichtet werden; aufgrund der deutlich verschlechterten wirtschaftlichen Rahmenbedingungen unter dem EEG 2014 ist jedoch kaum mit neuen Biomethaneinspeisungsanlagen unter dem EEG 2014 zu rechnen. Für vor dem 1.1.2012 in Betrieb genommene Biomethan-Bestandsanlagen findet die bilanzielle Teilbarkeit nach Abs. 7 hingegen aufgrund der ausdrücklich auf EEG-2012-Bestandsanlagen begrenzten Übergangsbestimmung in § 100 Abs. 1 Nr. 4 Hs. 2 keine Anwendung. Da unter dem EEG 2009 keine Einsatzstoffvergütungsklassen vorgesehen sind, besteht für eine bilanzielle Aufspaltung unter dem EEG 2009 auch kein wirtschaftlicher Anreiz.[110]

Auch die bilanzielle Teilung in einsatzstoffbezogene Teilmengen einschließlich der Zuord- **95** nung der eingesetzten Einsatzstoffe zu der jeweiligen Teilmenge ist nach Abs. 7 S. 2 im Rahmen der **Massenbilanzierung** nach Abs. 6 Nr. 2 zu dokumentieren, die im Markt verwendeten Massenbilanzierungssysteme müssen entsprechend hierauf angepasst werden.

---

109 S. auch *Vollprecht/Zündorf*, ZNER 2014, 522, 531

110 Vor diesem Hintergrund ist die von *Vollprecht/Zündorf*, ZNER 2014, 522, 531, adressierte unterschiedliche Fassung der Übergangsbestimmungen zu § 47 Abs. 7 bezüglich EEG-2012- und Vor-EEG-2012-Anlagen zu verstehen. Theoretisch sind auch unter dem EEG 2009 Geschäftsmodelle vorstellbar, die mithilfe einer bilanziellen Aufteilung von Biomethan in einsatzstoffbezogene Teilmengen – bspw. einer bilanziellen Aufteilung nach „Nawaro-Einsatzstoffen" und „rein pflanzlichen Nebenprodukten" i. S. von Nummer V. der Anlage 2 zum EEG 2009 – eine weitere „Optimierung" der Erlössituation dieser EEG-2009-Anlagen ermöglichen könnten; der Gesetzgeber dürfte aber aufgrund der ohnehin konstatierten Überförderung einiger Biogas-Anlagenklassen unter dem EEG 2009 davon abgesehen haben, durch Zulassung der bilanziellen Aufspaltung unter dem EEG 2009 weitere unerwünschte „Mitnahmeeffekte" zu ermöglichen.

VIII. Datenschutz (Abs. 8)

96 Die Regelung in Abs. 8 dient, ebenso wie die nahezu wortgleiche Vorgängerregelung in § 27 Abs. 8 EEG 2012, dem **Schutz personenbezogener Daten** in den dem Netzbetreiber vorzulegenden Kopien der Einsatzstoff-Tagebücher, die für die Nachweisführung gegenüber dem Netzbetreiber nicht erforderlich sind. Eine förderrechtliche Sanktion wie insbesondere eine Reduzierung der finanziellen Förderansprüche nach den §§ 44, 45 oder 46 ist mit einem Verstoß gegen Abs. 8 angesichts des ausschließlich anlagenbetreiberschützenden Regelungsziels der Vorschrift allerdings nicht verbunden.

§ 48 Geothermie

Für Strom aus Geothermie beträgt der anzulegende Wert 25,20 Cent pro Kilowattstunde.

Schrifttum: *Altrock/Oschmann/Theobald*, EEG, 2. Auflage 2008; *Ausschuss für Bildung, Forschung, Technikfolgenabschätzung"*, Möglichkeiten geothermischer Stromerzeugung in Deutschland, BT-Drs. 15/1835; *Bauer/Freeden/Jacobi/Neu (Hrsg.)*, Handbuch Tiefe Geothermie, Berlin 2014; *Bundesverband Geothermie/Wirtschaftsforum Geothermie (GtV-BV/WFG)*, EEG-Eckpunkte gefährden 95 Prozent des geothermischen Strompotentials, bbr 2/2014, 12; *Dorsch*, Tiefengeothermie im Alpenvorland, Ingenieurspiegel 11/2008, 48; *Fuhl*, Geothermie in Deutschland als Baustein der Energiewende, greenfacts 2/2014, 22; *Große*, Zu den Genehmigungsvoraussetzungen für geothermische Anlagen, NVwZ 2004, 809; *Knapek*, Von EEG zu EEG – Geothermie unter dem Einfluss der Politik, bbr Sonderheft Geothermie 2015, 6; *Piens/Schulte/Graf Vitzthum*, Bundesberggesetz (BBergG), Kommentar, 2. Auflage 2013; *Verband Beratender Ingenieure* VBI, Tiefe Geothermie, VBI-Leitfaden, 2. Auflage 2013.

Studien und sonstige graue Literatur:

- *Bayerisches Staatsministerium für Wirtschaft, Infrastruktur, Verkehr und Technologie (BayStM-WIVT)*, Bayerischer Geothermie Atlas, 2012, abrufbar auf http://www.stmwi.bayern.de/fileadmin/user_upload/stmwivt/Publikationen/2013/Bayerischer_Geothermieatlas_2013.pdf
- *BMU*, Tiefe Geothermie – Nutzungsmöglichkeiten in Deutschland, 3. Auflage 2011, abrufbar auf http://www.geotis.de/homepage/Ergebnisse/TIEFE_GEOTHERMIE_Nutzungsmoeglichkeiten_in_Deutschland_3_Auflage_2011.pdf
- *Bundesverband Geothermie (GtV)*, Liste der tiefen Geothermieprojekte in Deutschland, Juli 2014, abrufbar auf http://www.geothermie.de/fileadmin/useruploads/wissenswelt/Projekte/Projektliste_Tiefe_Geothermie_2014_alphabetisch.pdf
- *Deutsches CleanTech Institut* (DCTI), CleanTech Studienreihe – Band 6: Geothermie, 2012, abrufbar auf http://www.dcti.de/studien/geothermie/de/ (zuletzt abgerufen am 1.4.2015);
- *Enel Green Power*, Geothermal energy, 2013, abrufbar auf http://www.enelgreenpower.com/es-ES/doc/plants/geotermia.pdf (zuletzt abgerufen am 1.4.2015);
- *Fraser/Calcagno/Jaudin/Vernier/Dumas*, GEOELEC Deliverable n° 3.2., Report on risk insurance, 2013, abrufbar auf http://www.geoelec.eu/wp-content/uploads/2011/09/D-3.2-GEOELEC-report-on-risk-insurance.pdf (zuletzt abgerufen am 1.4.2015);
- *Kabus et al.*, Möglichkeiten der Stromerzeugung aus hydrothermaler Geothermie in Mecklenburg-Vorpommern, Neubrandenburg 2003, abrufbar auf http://www.lung.mv-regierung.de/dateien/fis_gt_stromstudie_2003_text.pdf (zuletzt abgerufen am 1.4.2015);
- *Kaltschmitt et al.*, Vorbereitung und Begleitung der Erstellung des Erfahrungsberichts 2014 gemäß § 65 EEG, Juli 2014, abrufbar auf http://bmwi.de/BMWi/Redaktion/PDF/XYZ/zwischenbericht-vorhaben-2a,property=pdf,bereich=bmwi2012,sprache=de,rwb=true.pdf (zuletzt abgerufen am 1.4.2015);
- *Reif*, Gute Zeiten für Geothermiestrom, Wirtschaftliche Aspekte der kombinierten Strom-/Wärmenutzung, Geothermie in Bayern 2012/13, abrufbar auf http://media-mind.info/pdf/geothermie_deutsch_2012.pdf (zuletzt abgerufen am 1.4.2015), S. 48; *ders.*, Kommunale Wärmeprojekte: Tiefengeothermie, Hackschnitzel & Mehr, Bayerischer Gemeindetag, Sonderdruck Landesversammlung 2010, auf www.bay-gemeindetag.de/kxw/common/file.aspx?data=5ba J548uLWgSrhSBX7BQDw/z4xFInA+WPWsl8xDi+smDjwmZVLNT2xhRUQCXWtRU6zjr6Bi9 +DxHUzhAeHqv62Vj0vpe0iPS7gt8B0c54LwVdZjgK2zCvg== (zuletzt abgerufen am 1.4.2015), S. 68;
- *ders.*, Wirtschaftlichkeitsanalyse und Risikoabsicherung von Geothermieprojekten, Geothermie in Bayern 2009/10, abrufbar auf http://www.geothermiekompetenz.de/cms/geothermiekompetenz/downloadbereich/-ggsc.html (zuletzt abgerufen am 1.5.2015), S. 58;
- *Serdjuk/Reif/Dumas/Angelino/Tryggvadóttir*, GEOELEC Deliverable n° 3.4., Geothermal Investment Guide, 2013, abrufbar auf http://www.geoelec.eu/wp-content/uploads/2011/09/D3.4.pdf;

– VKU/*Landesgruppe Bayern*, Erfolgreiche Energiewende: Nur mit Tiefengeothermie möglich, BayGZ v. 21.11.2013, abrufbar auf http://www.gemeindezeitung.de/archiv/GZ-22-2013.PDF, S. 10.
Alle Internetquellen zuletzt abgerufen am 1.4.2015.

Übersicht

I. Normzweck

1 § 48 bestimmt den anzulegenden Wert für aus Geothermie erzeugten Strom. Die Geothermie ist in der Reihe der erneuerbaren Energien mit der heute zum Einsatz kommenden Technik wohl als **junge Branche** einzuordnen. So nimmt sie bisher eher eine „Nischenfunktion" ein. Dies liegt in erster Linie daran, dass sie erst als letzte erneuerbare Energie in den Förderkatalog aufgenommen wurde. Einem raschen Ausbau standen und stehen zudem die mit der Geothermienutzung verbundenen erheblichen Investitionen entgegen. Und zuletzt beträgt der Zeitraum von der Projektidee bis zur Inbetriebnahme eines geothermischen Stromprojekts sieben Jahre und mehr, weil sich schon die reine Bohr- und Bauphase auf vier bis fünf Jahre erstreckt.[1]

2 Interessant ist die Geothermie als Unterfall der erneuerbaren oder regenerativen Energien vor allem infolge ihrer **Grundlastfähigkeit** und der kombinierten Erzeugung von Strom und Wärme bei gleichzeitig geringem Flächenverbrauch.[2] Anders als bei den Energieträgern Sonne und Wind kann Strom aus Geothermie das ganze Jahr über unabhängig von Witterungseinflüssen etc. gewonnen werden. Die Geothermie kann demnach einen erheblichen Beitrag zum Ausgleich der infolge des Atomausstiegs weggefallenen und noch wegfallenden Erzeugungskapazitäten leisten. Dies gilt gerade für den Süden Deutschlands, der

---

1 Vgl. *Fuhl*, greenfacts 2/2014, 22, 25; *VBI*, Tiefe Geothermie, VBI-Leitfaden, S. 40; *Reif*, Geothermie in Bayern 2012/13, S. 48; *Kaltschmitt* et al., Vorbereitung und Begleitung der Erstellung des Erfahrungsberichts 2014 gemäß § 5 EEG, S. 68.

2 Vgl. *Große*, NVwZ 2004, 809; Ausschuss für Bildung, Forschung, Technikfolgenabschätzung, Möglichkeiten geothermischer Stromerzeugung in Deutschland, BT-Drs. 15/1835, S. 7; VKU/Landesgruppe Bayern, BayGZ vom 21.11.2013, S. 10; *BayStMWIVT*, Bayerischer Geothermie Atlas, S. 9; *Goldbrunner*, in: Bauer/Freeden/Jacobi/Neu (Hrsg.), Handbuch Tiefe Geothermie, S. 223, 238.

vom Atomausstieg besonders betroffen ist und für den die regionale Stromerzeugung vor Ort durch Geothermie deshalb besonders nützlich sein kann.[3]

II. Entstehungsgeschichte

Im Stromeinspeisegesetz aus dem Jahre 1990 (als Vorgängerregelung zum EEG) war für   3
die Geothermie noch keine Einspeisevergütung vorgesehen. Mit der ersten Fassung des EEG wurde die Geothermie in den Anwendungsbereich des Gesetzes aufgenommen, „um deren großes Potential nutzbar zu machen".[4]

Bei den Novellierungen wurde stets konstatiert, dass die tatsächliche Realisierung von Ge-   4
othermiestromprojekten hinter den Erwartungen und Ausbauzielen der Bundesregierung zurückblieb. Eine bei anderen erneuerbaren Energieträgern notwendige Mengensteuerung, insbesondere über die Höhe der Einspeisevergütungen, war deshalb bei der Geothermie nicht erforderlich.[5] So stieg die Einspeisevergütung von (größenabhängig) 8,95 bzw. 7,16 Cent/kWh schrittweise auf den nun anzulegenden Wert von 25,20 Cent/kWh. Das erscheint im Vergleich zu den anderen erneuerbaren Energien hoch, ist aber der noch jungen Technologie geschuldet. Darüber hinaus können die mit Hilfe der EEG-Förderung erschlossenen Reservoire Jahrzehnte über den Förderzeitraum hinaus zur Strom- und Wärmeversorgung genutzt werden.

Aufgrund der Erfahrungen der wenigen realisierten Projekte zur Stromerzeugung wurde   5
zudem die Abstufung der Einspeisevergütung in Abhängigkeit von der Höhe der elektrischen Leistung gestrichen. So unterschied die erste Fassung des EEG noch zwischen Anlagen bis zu einer Leistung von 20 MW und Anlagen mit einer Leistung über 20 MW. Diese Größenordnung erwies sich nach den ersten Projekterfahrungen für die nahe Zukunft noch als unrealistisch. Üblicherweise kann bei Projekten mit einer Bohrdublette mit einer elektrischen Leistung von etwa 5 MW und bei Projekten mit einer Doppeldublette mit etwa 10 MW gerechnet werden. Die thermische Leistung beträgt dabei 30 bis 40 MW. Für eine dezentrale kombinierte Wärme- und Stromversorgung sind diese Größenordnungen ideal, um Kommunen mit 10.000 bis 20.000 Einwohnern nahezu vollständig mit Strom und Wärme zu versorgen.

III. Einzelerläuterungen

1. Begriff und Bedeutung der Geothermie. Unter geothermischer Energie wird die in   6
Form von Wärme gespeicherte Energie unterhalb der Oberfläche der festen Erde verstanden.[6] Sie steht in der oberen Erdkruste in großen Mengen zur Verfügung und zählt damit zu den klassischen regenerativen Energiequellen. Die Möglichkeit zur Nutzung dieser Energie folgt aus dem erheblichen **Wärmepotenzial im Erdinneren.** Als Faustformel kann man festhalten, dass pro 100 Meter Tiefe die Temperatur durchschnittlich um 3 Kelvin ab-

---

3 Vgl. *Kaltschmitt* et al., Vorbereitung und Begleitung der Erstellung des Erfahrungsberichts 2014 gemäß § 65 EEG, S. 66.
4 Vgl. Beschlussempfehlung und Bericht des Ausschusses für Wirtschaft und Energie, BT-Drs. 14/2776, S. 21.
5 Vgl. Zuletzt Begründung zum überarbeiteten Referentenentwurf zum EEG 2014, BMWi – III B 2, S. 9.
6 So die Definition nach VDI-Richtlinie 4640.

solut zunimmt.[7] Allerdings gibt es einige „Hotspots" mit bis zu 12 Kelvin pro 100 Meter Tiefe, z. B. Altdorf in Niederbayern.

7   Man unterscheidet zwischen der sogenannten oberflächennahen Geothermie und der tiefen Geothermie. Bei Ersterer wird die Wärme der obersten Erdschichten oder des Grundwassers genutzt. Sie wird vornehmlich in Form von Wärmepumpen in Verbindung mit modernen Erdwärme-Heizsystemen verwendet, um die Erhitzung von Oberflächenwasser mithilfe der natürlichen Erdwärme der obersten Erdschichten zu unterstützen.[8]

8   § 48 spricht allgemein von Geothermie, ohne diese Unterscheidung aufzunehmen. Gemeint ist damit jedoch ausschließlich die **tiefe Geothermie**. Dies ergibt sich bereits daraus, dass alleine dieser das Potenzial zur Stromerzeugung zukommt. Unter der tiefen Geothermie versteht man Systeme, bei denen die geothermische Energie über Tiefbohrungen erschlossen wird und deren Energie ohne weitere Temperaturerhöhungen (direkt) genutzt werden kann.

9   Eine konkrete Abgrenzung nahm der Personenkreis „Tiefe Geothermie" des Bund-Länder-Ausschusses Bodenforschung vor. Ab einer Tiefe von 400 Metern und einer Temperatur über 20°C soll demnach tiefe Geothermie gegeben sein.[9] Überwiegend spricht man dagegen erst ab einer Tiefe von 1.000 Metern und Temperaturen über 60°C von tiefer Geothermie.[10]

10 In Deutschland konnten im Jahr 2014 mit tiefengeothermischer Energie eine installierte Wärmeleistung von 300,4 MW und eine installierte elektrische Leistung von 31,31 MW bereitgestellt werden.[11] Das technische Gesamtpotenzial allein zur geothermischen Stromerzeugung (ohne KWK) in Deutschland beträgt ein Vielfaches des deutschen Jahresstrombedarfes.[12]

11 Im europäischen Ausland ist die Nutzung geothermischer Anlagen zur Stromerzeugung vor allem in Oberitalien und Island weit verbreitet.[13] In diesen Regionen sind heiße Thermalwasservorkommen bereits in moderater Tiefe verfügbar und dadurch sehr leicht zu erschließen. So wurde die Geothermie zum Zwecke der Stromerzeugung erstmals in der Toskana eingesetzt. In Larderello errichtete Graf Piero Ginori Conti im Jahre 1913 ein Geothermie-Kraftwerk und erzeugte mit Turbinen eine elektrische Leistung von 0,22 MW. Der Standort Larderello wird bis heute zur geothermischen Stromerzeugung genutzt und wurde mittlerweile auf eine elektrische Leistung von 769 MW ausgebaut. Er versorgt etwa 26 % der Toskana mit Strom.[14]

---

7 Vgl. *Große*, NVwZ 2004, 809, 812; BMU, Tiefe Geothermie – Nutzungsmöglichkeiten in Deutschland, 3. Auflage 2011, S. 7.

8 Vgl. *Große*, NVwZ 2004, 809.

9 So die Definition nach VDI-Richtlinie 4640; ebenso beispielsweise *Fuhl*, greenfacts 2/2014, 22, 24.

10 Vgl. BMU, Tiefe Geothermie – Nutzungsmöglichkeiten in Deutschland, 09/2011, S. 9.

11 Vgl. GtV, Tiefe Geothermieprojekte in Deutschland, 07/2014, S. 1. *Knapek*, bbr Sonderheft Geothermie 2015, 6, 9.

12 Vgl. BMU, Tiefe Geothermie – Nutzungsmöglichkeiten in Deutschland, 09/2011, S. 6; Beschlussempfehlung und Bericht des Ausschusses für Wirtschaft und Energie, BT-Drs. 14/2776, S. 26.

13 Vgl. *Kaltschmitt* et al., Vorbereitung und Begleitung der Erstellung des Erfahrungsberichts 2014 gemäß § 65 EEG, S. 50.

14 Vgl. Enel Green Power, Geothermal energy, S. 8.

2. Umsetzung von Geothermieprojekten. Die bisher verwirklichten oder sich in der konkreten Umsetzungsphase befindlichen Geothermieprojekte zur Stromerzeugung oder kombinierten Nutzung wurden sowohl von privaten Unternehmen als auch von Kommunen realisiert. Spezifisch für die Geothermie ist zum einen die lange Projektdauer von der Idee bis zur Inbetriebnahme. Sie beträgt bei reinen Wärmeprojekten drei bis vier, bei Stromprojekten fünf bis sieben Jahre.[15] Genauso charakteristisch für Geothermieprojekte ist deren hoher Investitionsbedarf, weil zuerst mit viel Kapital gebohrt werden muss, um dann fossile Energieträger durch Erdwärme zu ersetzen. So fallen im reinen Stromprojekt bis zum Abschluss der Bohrungen deutlich über 50% der gesamten Investitionen an.[16] Erst mit dem Abschluss der Bohrungen können aber sichere Aussage über das „Ob" und das „Wie" der Projektverwirklichung getroffen werden.[17] Während der Bohrarbeiten bestehen nicht unerhebliche geologische und bohrtechnische Risiken, etwa der Verlust von Bohrequipment (sogenanntes lost-in-hole). Bereits vor diesem Hintergrund stellt ein Projekt der geothermischen Stromerzeugung gleichermaßen Investoren wie Projektverantwortliche vor erhebliche Herausforderungen bei der Umsetzung.

a) Typischer Projektablauf. Am Beginn steht üblicherweise die Suche nach geeigneten Standorten und deren bergrechtliche Sicherung durch eine Aufsuchungserlaubnis nach § 7 BBergG (im Projektsprachgebrauch der Claim). Konkret werden Voruntersuchungen durchgeführt, um geeignete Standorte mit unterirdischen Thermalwasserreservoiren zu identifizieren. Ist hiernach ein potenziell geeigneter Standort gefunden, sind weitere umfangreiche seismische Untersuchungen erforderlich. Erst diese liefern detailliertere Daten zum Gewinnungspotenzial der Erdwärme und die Bohrzielpunkte. Zudem ergeben sich hieraus erste Prognosen über mögliche Beeinträchtigungen benachbarter Geothermieprojekte. Auf Grundlage dieser Daten kann eine Wirtschaftlichkeitsanalyse sowie eine Projektplanung in technischer und finanzieller Hinsicht erstellt werden. Mit diesen Ergebnissen gilt es in der Folge, Investoren und Darlehensgeber von Sinnhaftigkeit und Wirtschaftlichkeit des Projekts zu überzeugen. In der Regel können entsprechende Projekte nur mit einem hohen Eigenkapitalanteil durchgeführt werden, meist in Höhe der gesamten Vorlauf- und Bohrkosten. Als Fremdkapital kommen überwiegend zweckgebundene Darlehen öffentlicher (Förder-)Banken in Betracht, insbesondere der KfW. Dabei zwingen die detaillierten Vorgaben der die Fördermittel durchleitenden Hausbanken bereits in diesem Stadium zu umfangreichen Simulationen über die zu erwartende Projektrentabilität und deren Anfälligkeit bei Veränderungen von Projektparametern. Aus diesem Grund hat das Risikomanagement einen hohen Stellenwert im Projekt; Bestandteile waren nicht zuletzt Versicherungen gegen die sogenannten Fündigkeits- und Bohrrisiken.[18]

Steht hiernach das Finanzierungs- und ggf. Versicherungskonzept, ist ein geeigneter Bohrunternehmer mit der Erstellung der Dublette (Explorationsbohrungen) und anschließender

12

13

14

---

15 Vgl. *Fuhl*, greenfacts 2/2014, 22, 25; *VBI*, Tiefe Geothermie, VBI-Leitfaden, S. 40; *Reif*, Geothermie in Bayern 2012/13, S. 48.

16 Vgl. *VBI*, Tiefe Geothermie, VBI-Leitfaden, 2013, S. 39; *Reif*, Geothermie in Bayern, 2012/13, S. 48, 49; *Kaltschmitt* et al., Vorbereitung und Begleitung der Erstellung des Erfahrungsberichts 2014 gemäß § 5 EEG, S. 31.

17 Vgl. *Kaltschmitt* et al., Vorbereitung und Begleitung der Erstellung des Erfahrungsberichts 2014 gemäß § 65 EEG, S. 67.

18 Vgl. *BayStMWIVT*, Bayerischer Geothermie Atlas, S. 22; *Reif*, Geothermie in Bayern 2009/10, S. 58, 62 f.

Durchführung eines Probebetriebs zu beauftragen. Bei fündiger Bohrung wird mithilfe des Testbetriebes ein detailliertes Wärmebergbaugutachten erstellt, mit welchem u. a. inakzeptable Beeinträchtigungen anderer Geothermieprojekte ausgeschlossen werden sollen. Auf dieser Grundlage kann dann die bergrechtliche Bewilligung nach § 8 BBergG beantragt werden. Anknüpfend hieran wird das Kraftwerk mit den dazugehörigen Einrichtungen und Anlagen geplant und errichtet. Nach Herstellung der erforderlichen Zuleitungen und dem Anschluss an das Netz kann das Projekt in den Dauerbetrieb gehen. Für die Gesamtnutzungsdauer des Versorgungssystems wird bei ordnungsgemäßer Wartung und Instandsetzung regelmäßig ein Zeitraum von wenigstens 50 Jahren unterstellt.

15 **b) Geothermisches Reservoir und dessen Nutzung.** Im Bereich der tiefen Geothermie wird nach der Art der geothermischen Lagerstätte (= geothermisches Reservoir) zwischen hydrothermal und petrothermal differenziert.

16 Die **hydrothermale Geothermie** nutzt direkt das im Untergrund vorhandene Thermalwasser aus den sogenannten „Aquiferen" (= natürliche Grundwasserleiter). Allgemein wird bei hydrothermalen Lagerstätten mit zwei Tiefbohrungen gearbeitet (sogenannte „Dublette"). Die Bohrungen verlaufen dabei nicht zwingend lotrecht. Entscheidend sind die Zielpunkte und dass die beiden Bohrungen im Reservoir einen Mindestabstand aufweisen, um thermische Beeinflussung zu vermeiden.[19] Über eine Förderbohrung wird das Thermalwasser als bereits im Untergrund vorhandener Energieträger an die Oberfläche gefördert. Mittels Wärmetauscher wird dem Thermalwasser die gespeicherte Erdwärme entzogen und das Wasser anschließend über die Reinjektionsbohrung dem Boden zurückgeführt. Die Rückführung ist von großer Bedeutung, um die hydraulischen Eigenschaften des Reservoirs nicht zu beeinträchtigen. Eine hydraulisch-thermische Modellierung in dem „geothermischen Ballungsraum" rund um München wies bereits die Raumverträglichkeit der Nutzungen und eine lediglich geringe Beeinflussung der Anlagen untereinander nach. Thermische Auswirkungen der Reinjektionen sind ausschließlich auf die nahen Bereiche rund um die jeweilige Reinjektionsbohrung beschränkt.[20]

17 Entscheidend für eine ökonomisch sinnvolle Nutzung des geothermischen Reservoirs ist bei hydrothermalen Systemen nicht nur die Temperatur des Thermalwassers, sondern auch die Transmissivität (= Durchlässigkeit) der Aquifers. Sie bestimmt die Ergiebigkeit bzw. die mit vertretbarem Energieaufwand förderbare Wassermenge.[21]

18 Hydrothermale Lagerstätten sind im Süddeutschen Molassebecken (Kalkstein[22]), im Oberrheintalgraben und im Norddeutschen Becken (jeweils Sandstein[23]) zu finden. Der Großteil der bisher in Deutschland realisierten hydrothermalen Projekte befindet sich im Süddeutschen Molassebecken. Die etwa 500 m mächtige Kalksteinschicht fällt von der Donau hin zu den Alpen bis auf Tiefen von über 5.000 m ab.[24] Aufgrund dieses Verlaufs im Untergrund finden sich nördlich von München Thermalwasservorkommen von ca. 60–80°C,

---

19 Vgl. *Dorsch*, Ingenieurspiegel 11/2008, S. 48, 49; *BayStMWIVT*, Bayerischer Geothermie Atlas, S. 11 f.

20 Vgl. *Goldbrunner*, in: Bauer/Freeden/Jacobi/Neu (Hrsg.), Handbuch Tiefe Geothermie, S. 223, 233.

21 Vgl. *Goldbrunner*, in: Bauer/Freeden/Jacobi/Neu (Hrsg.), Handbuch Tiefe Geothermie, S. 223, 225.

22 Vgl. *Dorsch*, Ingenieurspiegel 11/2008, S. 48.

23 Vgl. *Ernstson*, in: Bauer/Freeden/Jacobi/Neu (Hrsg.), Handbuch Tiefe Geothermie, S. 19, 22.

24 Vgl. *BayStMWIVT*, Bayerischer Geothermie Atlas, S. 51 f.

weiter im Süden kann mit Temperaturen von deutlich über 130°C gerechnet werden.[25] Hier sind bereits mehrere geothermische Stromerzeugungsanlagen in Betrieb gegangen. Auch im Oberrheintalgraben und im Norddeutschen Becken sind bzw. waren bereits geothermische Kraftwerke in Betrieb.[26]

Petrothermale Systeme nutzen nur die im Gestein der Erdkruste gespeicherte thermische 19 Energie; Wasser als Transportmedium muss von außen zugeführt werden.[27] In die Tiefbohrungen wird dabei unter hohem Druck Wasser gepresst, um die Durchlässigkeit des Gesteins zu erhöhen. Dadurch werden bereits natürlich vorhandene Spalten und Risse aufgeweitet und neue Risse erzeugt. Durch diese Ertüchtigungsmaßnahmen bildet sich – bei im Vergleich zu hydrothermaler Systemen naturgemäß erhöhten Investitionen für die Reservoirerschließung – ein unterirdisches Kluftsystem, das als „natürlicher Wärmetauscher" agieren kann.[28] Zum Betrieb wird dann Wasser von der Oberfläche in dieses Kluftsystem eingebracht und erhitzt über die zweite Bohrung zurück an die Oberfläche befördert. Nach der energetischen Nutzung wird das Wasser zur erneuten Aufheizung in den Untergrund gepumpt, wodurch sich der Kreislauf fortsetzt. Dieses sogenannte Hot-Rock-Verfahren kann grundsätzlich überall angewendet werden, da es keiner natürlich vorhandenen unterirdischen Thermalwasservorkommen bedarf. Dennoch zielen diese Systeme auf sogenannte „Hotspots", also auf anomale Ansammlungen von Wärme, um besonders effizient zu sein. Aktuell werden Erschließungstiefen bis zu 6.000 m in Betracht gezogen, was bei durchschnittlichen Gradienten von 3 Kelvin pro 100 m Tiefe einer Gesteinstemperatur bis zu 200 °C entspricht.[29]

Obgleich diese Technologie bislang wenig erprobt ist und in Deutschland noch nicht reali- 20 siert wurde, handelt es sich aufgrund der Unabhängigkeit von natürlichen Thermalwasservorkommen um ein praktisch unerschöpfliches Potenzial. Versucht man, die gesamte von Deutschland aus nutzbare Erdwärme im Boden zu erfassen, entfallen ca. 95 % dieses Potenzials auf eine Nutzung mittels Hot-Rock-Verfahren.[30] Diesem Potenzial war sich auch der Gesetzgeber bewusst, wie seine entsprechenden Ausführungen zeigen. Umso überraschender ist es, dass der noch im EEG 2012 normierte **Bonus** von 5,0 Cent/kWh zum Ausgleich der erhöhten Investitionen in die Reservoirerschließung für petrothermale Verfahren mit der Novellierung des EEG im Jahre 2014 **ersatzlos gestrichen** wurde.[31]

Wie lange das mit den Bohrungen erschlossene geothermische Reservoir genutzt werden 21 kann, steht aus heutiger Sicht noch nicht endgültig fest. Für die Bohrungen wird regelmäßig eine technische Nutzungsdauer von 30 bis 50 Jahren angesetzt. Abhängig von den Eigenschaften des Wassers können die zementierten Stahlrohre auch länger nutzbar sein sowie bei Bedarf ausgebessert oder erneuert werden. Die Versorgungssysteme in Waren und Neustadt-Glewe sind seit 1984 bzw. 1994 in Betrieb. In Bayern sind seit 1998 über ein Dut-

---

25 Vgl. *Dorsch*, Ingenieurspiegel 11/2008, S. 48.
26 Vgl. GtV, Tiefe Geothermieprojekte in Deutschland, S. 1.
27 Vgl. BMU, Tiefe Geothermie – Nutzungsmöglichkeiten in Deutschland, S. 9.
28 Vgl. BMU, Tiefe Geothermie – Nutzungsmöglichkeiten in Deutschland, S. 23.
29 Vgl. *Ernstson*, in: Bauer/Freeden/Jacobi/Neu (Hrsg.), Handbuch Tiefe Geothermie, S. 19, 21 ff.; BMU, Tiefe Geothermie – Nutzungsmöglichkeiten in Deutschland, S. 23 ff.
30 Vgl. Ausschuss für Bildung, Forschung, Technikfolgenabschätzung, Möglichkeiten geothermischer Stromerzeugung in Deutschland, BT-Drs. 15/1835, S. 26; *Ernstson*, in: Bauer/Freeden/Jacobi/Neu (Hrsg.), Handbuch Tiefe Geothermie, S. 19, 24.
31 Kritisch insoweit auch GtV-BV/WFG, bbr 2/2014, 12.

zend weitere geothermische Systeme zur Stromerzeugung und Wärmeversorgung in Betrieb genommen worden,[32] ohne dass die Bohrungen hätten nachgebessert werden müssen. Ein Rückgang der Fördertemperaturen ist in der Praxis bislang nicht zu verzeichnen. In den europäischen Nachbarländern kann man seit Jahrzenten auf einen erfolgreichen Betrieb zurückblicken, in Italien (Larderello) bereits auf über 100 Jahre.[33]

22 **c) Technik der Stromerzeugung.** Die Auswahl des geeigneten Kraftwerksystems, abhängig von den Reservoireigenschaften, nimmt eine Schlüsselposition für eine effiziente Stromerzeugung ein. Für Niederenthalpie-Lagerstätten unter 200°C, wie wir sie in Deutschland vorfinden, werden binäre Kraftwerke eingesetzt. Diese verfügen über einen geschlossenen thermodynamischen Sekundärkreislauf, auf den die thermische Energie über einen Wärmetauscher übertragen wird. Als Kraftwerkstechnologien stehen das **Organic Rankine Cycle (ORC) Verfahren** und das **Kalina Cycle Verfahren** zur Verfügung.[34] Beim ORC Verfahren arbeitet man mittels einer organischen Flüssigkeit mit niedrigem Siedepunkt, beim Kalina Verfahren mit einem Gemisch aus Wasser und Ammoniak. In beiden Fällen kommt es bereits bei (im Vergleich zur klassischen Wasserdampfnutzung) deutlich geringeren Temperaturen zur Verdampfung der Flüssigkeiten. Der entstehende Dampf treibt eine Turbine an, welche wiederum Energie an einen angeschlossenen Generator abgibt.

23 Eine Stromerzeugung ist technisch schon ab einer Wassertemperatur von 100°C und mittlerweile auch darunter möglich.[35] Bei den derzeitigen Wirkungsgraden und angesichts der spezifischen Investitions- und Betriebskosten der Kraftwerke muss die Mindesttemperatur für einen rentablen Betrieb bei einer reinen oder überwiegenden Stromerzeugung jedoch deutlich höher liegen. Kombinierte Strom-Wärme-Systeme lassen sich jedenfalls ab einer Temperatur von 120°C wirtschaftlich darstellen.[36] Ebenso bedarf es eines ausreichenden Förderumfangs (die sogenannte Schüttung), es müssen also gewisse Mindestmengen des heißen Wassers zur Verfügung stehen. Soll die Stromerzeugung nur zur Wärmeversorgung nachgelagert sein, insbesondere auch im Sommer das Potenzial ausschöpfen, so werden kleinere standardisierte ORC-Kraftwerke zu Forschungszwecken auch bei niedrigeren Temperaturen und Schüttungen implementiert.

24 Je nach Temperatur des geförderten Thermalwassers sowie des Kraftwerkssystems wurden in der Vergangenheit im Temperaturband zwischen 100 und 160°C Gesamtwirkungsgrade von ca. 7 bis 12% unterstellt.[37] Mit dem Kalina-Verfahren konnte bei einer Thermalwassereintrittstemperatur von 121°C und günstigen klimatischen Bedingungen bereits im Betrieb

---

32 Vgl. GtV, Tiefe Geothermieprojekte in Deutschland, S. 1.

33 Vgl. BMU, Tiefe Geothermie – Nutzungsmöglichkeiten in Deutschland, S. 16.

34 Vgl. *Brüggemann/Heberle*, in: Bauer/Freeden/Jacobi/Neu (Hrsg.), Handbuch Tiefe Geothermie, S. 689, 693 ff.; BMU, Tiefe Geothermie – Nutzungsmöglichkeiten in Deutschland, 09/2011, S. 16; *BayStMWIVT*, Bayerischer Geothermie Atlas, S. 14.

35 Vgl. BMU, Tiefe Geothermie – Nutzungsmöglichkeiten in Deutschland, 09/2011, S. 9, 19; *BayStMWIVT*, Bayerischer Geothermie Atlas, München 2012, S. 20; Ausschuss für Bildung, Forschung, Technikfolgenabschätzung, Möglichkeiten geothermischer Stromerzeugung in Deutschland, BT-Drs. 15/1835, S. 8 und 19.

36 Vgl. *Reif*, Bayerischer Gemeindetag, Sonderdruck Landesversammlung 2010, S. 68 ff.; auch die KWK-Projekte Unterhaching und Traunreut arbeiten mit einer Fördertemperatur von ca. 120°C.

37 Vgl. *Kabus et al.*, Möglichkeiten der Stromerzeugung aus hydrothermaler Geothermie in Mecklenburg-Vorpommern, S. 52 ff.; *Kaltschmitt et al.*, Vorbereitung und Begleitung der Erstellung des Erfahrungsberichts 2014 gemäß § 5 EEG, S. 24.

ein Wirkungsgrad von etwa 13% erreicht werden.[38] Die jüngst in Bayern installierten Kraftwerke lassen deutlich verbesserte Wirkungsgrade auch bei ORC-Anlagen erhoffen. Im Anschluss an die Stromerzeugung und je nach verbleibendem Temperaturniveau bieten sich noch verschiedene Möglichkeiten der Restwärmenutzung an, bevor das Thermalwasser letztlich durch eine Reinjektionsbohrung wieder zurück in den Untergrund gepumpt wird.[39]

d) Zulassungsverfahren. Bis zum Betrieb eines Geothermiekraftwerkes sind die Erteilung der Bergbauberechtigung, die Zulassung von bergrechtlichen Betriebsplänen sowie Genehmigungen nach dem Wasserhaushaltsgesetz (ggf. in Verbindung mit den Landeswassergesetzen) und den Landes-Bauordnungen erforderlich. **25**

Die zentrale Rolle spielen die **bergrechtlichen Zulassungen.** Erdwärme ist ein bergfreier Bodenschatz nach § 3 Abs. 3 S. 7 Nr. 2 lit. b) BBergG. Sowohl die Aufsuchung von Erdwärme zu gewerblichen Zwecken als auch deren Gewinnung bedarf einer Erlaubnis nach BBergG. Mit dieser Erlaubnis wird aber nur das Recht zur Aneignung des bergfreien Bodenschatzes Erdwärme gewährt. Die tatsächliche Durchführung der Aufsuchung und der Gewinnung bedürfen deshalb jeweils noch der Zulassung eines bergrechtlichen Betriebsplans nach den §§ 51 ff. BBergG.[40] **26**

Die Erstellung der Dublette bedarf somit der Aufsuchungserlaubnis nach § 7 BBergG und der Zulassung eines entsprechenden Betriebsplans für die Aufsuchungsphase nach § 51 BBergG. Parallel dazu bedarf es einer **beschränkten wasserrechtlichen Erlaubnis** nach § 8 WHG zur Durchführung der Bohrung und des anschließenden Probebetriebs. Von der Bergbehörde wird der Testbetrieb des Thermalwasserkreislaufs regelmäßig auf der Grundlage der Erlaubnisse für die Aufsuchungsphase geduldet, da er zur Erstellung des Wärmebergbaugutachtens notwendig ist. **27**

Für den dauerhaften Betrieb des Thermalwasserkreislaufs ist eine Förderbewilligung nach § 8 BBergG und ein entsprechender Betriebsplan für die Gewinnungsphase gemäß § 51 BBergG erforderlich. Parallel dazu bedarf es einer gehobenen wasserrechtlichen Erlaubnis nach § 15 WHG für den dauerhaften Betrieb des Thermalwasserskreislaufs.[41] **28**

Letztlich muss das Kraftwerksgebäude samt der zur Stromerzeugung notwendigen Einrichtungen und Anlagen (insbesondere der Turbine) durch eine **Baugenehmigung** zugelassen werden.[42] Eine Genehmigungspflicht nach dem **BImSchG** stellt sich bei Anlagen zur geothermischen Stromerzeugung **eher selten.** Die hierfür maßgebliche 4. BImSchV[43] führt weder das ORC Verfahren noch das Kalina Verfahren an sich als genehmigungspflichtige Anlage ein. Eine Genehmigungspflicht beurteilt sich deshalb nach Art und Menge der eingesetzten Arbeitsmittel sowie deren Funktion im Kraftwerk, konkret der Kategorie 9 der 4. BImSchV (Lagerung, Be- und Entladen von Stoffen und Gemischen). Beispielsweise ist **29**

---

38 Vgl. *Brüggemann/Heberle,* in: Bauer/Freeden/Jacobi/Neu (Hrsg.), Handbuch Tiefe Geothermie, S. 689, 707.
39 Vgl. *Goldbrunner,* in: Bauer/Freeden/Jacobi/Neu (Hrsg.), Handbuch Tiefe Geothermie, S. 223, 239; Ausschuss für Bildung, Forschung, Technikfolgenabschätzung, Möglichkeiten geothermischer Stromerzeugung in Deutschland, BT-Drs. 15/1835, S. 39.
40 Vgl. Piens/Schulte/Graf Vitzthum/*Piens,* § 51 BBergG Rn. 20.
41 Vgl. zu allem *Große,* NVwZ 2004, 809, 812 f.
42 Vgl. *Große,* NVwZ 2004, 809, 814.
43 Verordnung über genehmigungsbedürftige Anlagen vom 2. Mai 2013 (BGBl. I S. 973, 3756).

bei Isobutan, Propan und Ammoniak ab einer vorgehaltenen Menge von 3 t das vereinfachte Genehmigungsverfahren nach § 19 BImSchG und ab einer vorgehaltenen Menge von
30 t das Genehmigungsverfahren mit Öffentlichkeitsbeteiligung nach § 10 BImSchG
durchzuführen. Im Falle einer Genehmigungspflicht nach BImSchG ist als integrierter Bestandteil desselben auch eine Umweltverträglichkeitsprüfung für die Anlage durchzuführen. Eine eigenständige **UVP-Pflichtigkeit** für geothermische Tiefenbohrungen besteht
derzeit nach § 1 Nr. 8 UVP-V Bergbau[44] nur bei Tiefbohrungen zur Gewinnung von Erdwärme ab 1.000 m Teufe in ausgewiesenen Naturschutzgebieten oder FFH- und Vogelschutzgebieten. Eine Initiative des Landes Rheinland-Pfalz zur Einführung einer generellen UVP-Pflichtigkeit für geothermische Tiefenbohrungen wurde vom deutschen Bundesrat im September 2010 abgelehnt. Seit 2013 laufen dagegen Bestrebungen zur Erweiterung
der UVP-Pflichtigkeit des § 1 Nr. 8 UVP-V Bergbau für solche Tiefenbohrungen, die „mit
Aufbrechen von Gestein unter hydraulischem Druck" (also Nutzung der sogenannten Frak-
king-Technologie) verbunden sind.

30   Bei der Nutzung des ORC/Kalina-Verfahrens bedarf es aufgrund der dabei vorhandenen
wassergefährdenden Stoffe weiterhin ggf. einer Bauartzulassung oder **wasserrechtlichen
Eignungsfeststellung** für die Anlagenteile. Druckgeräte unterliegen dem Produktsicher-
heitsgesetz. Sofern bei bestimmten gefährlichen Stoffen (beispielsweise Ammoniak beim
Kalina-Verfahren) gewisse Mengengrenzen überschritten werden, bestehen erweiterte
Pflichten nach der StörfallVO.

31   **e) Wirtschaftlichkeit und Risikoabsicherung.** Eine besondere Herausforderung bei Geothermieprojekten zu Stromerzeugung liegt in der Finanzierung, weil hier sehr tiefe Reservoire mit hohen Temperaturen und entsprechenden Bohrkosten erschlossen werden. So besteht ein Gesamtkapitalbedarf von ca. 60 bis 70 Mio. bei einem typischen Projekt in der
Größenordnung einer elektrischen Leistung von ca. 5 MW bzw. von rund 100 bis 110 Mio.
bei einer elektrischen Leistung von ca. 10 MW. Deutlich über 50 % der Investitionen entfallen auf die Bohrungen[45] und sind daher **Risikoinvestitionen**, weil trotz fundierter Planungen zum Zeitpunkt der Investitionsentscheidung noch nicht feststeht, ob das Projekt wirklich fündig wird.[46] Unter diesem Fündigkeitsrisiko bei geothermischen Bohrungen versteht
man allgemein das Risiko, dass ein geothermisches Reservoir nicht in ausreichender Quan-
tität (Wassermenge) oder Qualität (Wassertemperatur und/oder Wasserchemie) erschlossen wird.[47] Diesem nicht unerheblichen Risiko steht eine bei Stromprojekten aus der geltenden EEG-Vergütung erzielbare Rendite nur im mittleren bis oberen einstelligen Bereich
gegenüber.[48] Gemessen an den Möglichkeiten alternativer Investitionen war und ist dies
nicht ausreichend, um Investitionen in Stromerzeugung aus Geothermie hinreichend at-

---

44 Verordnung über die Umweltverträglichkeitsprüfung bergbaulicher Vorhaben vom 13. Juli 1990
   (BGBl. I S. 1420), zuletzt geändert durch Artikel 8 der Verordnung vom 3. September 2010
   (BGBl. I S. 1261).
45 Vgl. *VBI*, Tiefe Geothermie, VBI-Leitfaden, 2013, S. 39; *Reif*, Gute Zeiten für Geothermiestrom,
   Wirtschaftliche Aspekte der kombinierten Strom-/Wärmenutzung, Geothermie in Bayern, 2012/
   13, S. 48, 49; *Kaltschmitt* et al., Vorbereitung und Begleitung der Erstellung des Erfahrungsberichts 2014 gemäß § 5 EEG, Juli 2014, S. 31.
46 Vgl. zum Gesamtkomplex Finanzierung *Serdjuk/Reif/Dumas/Angelino/Tryggvadóttir*, Geothermal
   Investment Guide, Brussels 2013, S. 16 ff.
47 Vgl. BMU, Tiefe Geothermie – Nutzungsmöglichkeiten in Deutschland, 09/2011, S. 17.
48 Vgl. *VBI*, Tiefe Geothermie, VBI-Leitfaden, 2013, S. 40; *Reif*, Gute Zeiten für Geothermiestrom,
   Wirtschaftliche Aspekte der kombinierten Strom-/Wärmenutzung, Geothermie in Bayern, 2012/

traktiv erscheinen zu lassen. Bei den bisherigen Projekten handelte es sich daher um Pilotengagements, um Projekte mit kombinierter Kraft-/Wärmeversorgung oder um Vorhaben, bei denen das Fündigkeitsrisiko versichert worden war, so dass die Renditeanforderungen der Investoren entsprechend reduziert waren.

Der Markt für **Fündigkeitsversicherungen** war traditionell durch sehr wenige Anbieter **32** gekennzeichnet.[49] Nach zwei Schadensfällen (bei rund fünfzig erfolgreichen Bohrungen in Deutschland in den vergangenen 15 Jahren) hat sich mit einem großen deutschen Rückversicherer der zuletzt einzige aktive Anbieter zum Jahresende 2013 aus dem Markt zurückgezogen; dem folgte zum Jahresende 2014 eine weitere große Versicherungsgesellschaft, die allerdings schon seit Jahren keine Fündigkeitsversicherung mehr ausgereicht hatte.[50] Derzeit bietet keine nationale oder internationale Versicherungsgesellschaft eine Deckung für das Fündigkeitsrisiko an. Die neben der Einspeisevergütung notwendige Absicherung des Fündigkeitsrisikos von Geothermieprojekten könnte jedoch ein staatlich getragener Versicherungspool schaffen, vergleichbar etwa mit den Lösungen in Frankreich, den Niederlanden oder der Schweiz.[51]

3. Förderung von Strom aus Geothermie. a) Anzulegender Wert. Als anzulegender **33** Wert für Strom aus Geothermie wird ein Betrag von 25,20 Cent/kWh festgelegt. Mit der Novellierung des EEG im Jahre 2014 wurde die bisherige Einspeisevergütung von 25,0 Cent/kWh übernommen. Der **Zuschlag** von 0,20 Cent/kWh soll lediglich den zusätzlichen Verwaltungsaufwand ausgleichen, der dem Projektträger durch die eingeführte Pflicht zur **Direktvermarktung** entsteht.[52]

Die Übernahme der bisherigen Einspeisevergütung beruht darauf, dass die von der Bundesregierung definierten Ausbauziele in Bezug auf geothermische Anlagen bisher nicht erreicht wurden.[53] Damit ist zum einen keine Mengensteuerung über die Höhe des anzulegenden Wertes erforderlich. Zum anderen ist die Realisierung möglichst vieler geothermischer Anlagen zur Stromerzeugung weiterhin erwünscht. **34**

Ersatzlos **gestrichen** wurde dagegen der **Bonus für petrothermale Stromerzeugung** in **35** Höhe von 5,0 Cent/kWh (die Systeme mit „künstlichen" bzw. optimierten Wärmetauschern). Insoweit geht die Gesetzesbegründung davon aus, dass sich petrothermale Projekte noch im Forschungsstadium befinden und entsprechende Forschungsprojekte über die vorhandenen Förderprogramme für Forschungsvorhaben gefördert werden können. Aufgrund des Forschungscharakters seien die Kostenrisiken zu hoch, als dass kurz- und mittelfristig mit der Realisierung entsprechender wirtschaftlicher Projekte gerechnet werden könnte.[54] Dies geht an der Realität vorbei. Es existierten und existieren bereits einige vielversprechende petrothermale Projekte im Norddeutschen Becken (in weit fortgeschritte-

13, S. 48, 50; zur Rentabilität vgl. auch *Kaltschmitt* et al., Vorbereitung und Begleitung der Erstellung des Erfahrungsberichts 2014 gemäß § 5 EEG, Juli 2014, S. 53 ff.
49 Vgl. *Fraser/Calcagno/Jaudin/Vernier/Dumas*, Report on risk insurance, Brussels 2013, S. 44.
50 Die Darstellungen zum Versicherungsmarkt bei *Fraser/Calcagno/Jaudin/Vernier/Dumas*, Report on risk insurance, S. 44 sind insoweit überholt.
51 Vgl. *Fraser/Calcagno/Jaudin/Vernier/Dumas*, Report on risk insurance, S. 18 f., 41, 50 ff.
52 Vgl. Begründung zum überarbeiteten Referentenentwurf zum EEG 2014, BMWi – III B 2, S. 88 f.
53 Vgl. auch Danner/Theobald/*Oschmann*, 81. EL 2014, § 20 EEG Rn. 2.
54 Vgl. Begründung zum überarbeiteten Referentenentwurf zum EEG 2014, BMWi – III B 2, S. 89.

nem Stadium der Planung bis hin zur Umsetzungsreife),[55] die in den Anwendungsbereich des Bonus gefallen wären und denen nun die Kalkulationsgrundlage entfallen ist.[56] Die Forschungsförderung hat sich für diese Projekte bislang aufgrund kleiner Töpfe und intransparenter Mittelvergaben als nicht zugänglich erwiesen. Ohne gesetzlich normierte und damit kalkulierbare Kompensation für den Mehraufwand petrothermaler Systeme sind die potenziellen Investoren nicht bereit, die Projekte umzusetzen. Es ist damit auch kein Erkenntnisfortschritt bei dieser Variante der Geothermienutzung zu erwarten.

36 **b) Degression.** Nach § 27 Abs. 2 EEG 2014 verringern sich die anzulegenden Werte für Strom aus Geothermie ab dem Jahr 2018 jährlich zum 1. Januar um 5%. Der Prozentsatz der jährlichen **Degression** aus dem EEG 2012 wird somit beibehalten. Allerdings beginnt die Degression – im Gegensatz zu anderen Energieträgern – nicht bereits ab 2016, sondern erst ab dem Jahr 2018. Der Gesetzgeber geht aufgrund der zu erwartenden Installationszahlen davon aus, dass vor 2018 mit keiner signifikanten Kostendegression zu rechnen ist.[57] Diese Überlegung erscheint im Ausgang zutreffend, ist gleichwohl aber zu kurz gedacht. Die anstehenden Geothermieprojekte zur Stromerzeugung erschließen die Reservoire zu den gegenwärtigen Kosten; das gilt auch für die Aufträge zur Kraftwerksherstellung. Diese Projekte können dann 2018 bis 2020 in Betrieb gehen. Eine Kostendegression findet so nicht statt. Aufgrund der geringen Projektzahl und der nachhaltig schlechten Rahmenbedingungen ist nun auch weit über das Jahr 2018 hinaus nicht mit einer signifikanten Kostendegression zu rechnen. Vielmehr steht zu befürchten, dass die geothermische Stromerzeugung insgesamt zum Erliegen kommt. Aufgrund der langen Planungs-, Bohr- und Bauphasen muss ein im Jahre 2015 planender Investor davon ausgehen, wenigstens vier Degressionsstufen hinnehmen zu müssen, weil die Anlage nicht vor dem Jahr 2021, aber mit einiger Wahrscheinlichkeit sogar erst später in Betrieb genommen werden kann. Damit ist sie schon zum Planungsstand 2015 unwirtschaftlich.

37 **c) Bruttostromprinzip.** Auch bei der Vergütungspflicht für Strom aus Geothermie gilt das **Ausschließlichkeitsprinzip**. So gewährt § 19 Abs. 1 EEG 2014 den Förderanspruch in Form der Marktprämie bei der Direktvermarktung oder der festen Einspeisevergütung für „Betreiber von Anlagen, in denen ausschließlich erneuerbare Energien [...] eingesetzt werden" für „den in diesen Anlagen erzeugten Strom". Der Förderanspruch bezieht sich also auf Anlagen, die ausschließlich erneuerbare Energien einsetzen. Der Prozess der geothermischen Stromerzeugung benötigt – wie jedes Kraftwerk – Strom für die Systempumpen und die Kühlung etc. (Eigenbedarf). Zusätzlich besteht Strombedarf für den Betrieb der Tauchkreiselpumpe, um das Thermalwasser zu fördern. Da hierfür üblicherweise konventionell erzeugter Strom genutzt wird, stellt sich die Frage, ob dieser (erhöhte) Eigenstromverbrauch förderschädlich oder bei der Bestimmung des Förderanspruchs in Abzug zu bringen ist (sogenanntes „Nettoprinzip"). Das ist zu verneinen. Dagegen spricht schon, dass das EEG 2014 keine Regelung mit Vorgaben zur Ermittlung und Messung dieser in Abzug zu bringenden nicht unerheblichen Strommenge enthält. Zudem setzte sich die Ge-

---

55 Vgl. *Kaltschmitt* et al., Vorbereitung und Begleitung der Erstellung des Erfahrungsberichts 2014 gemäß § 5 EEG, S. 24.
56 Der Bonus war seiner Höhe nach zwar „geschätzt" und nicht „passgenau" justiert. Er gewährte aber eine Mindestkompensation für die erhöhten Reservoirerschließungsinvestitionen bei petrothermalen Systemen und damit die Chance auf Rentabilität, vgl. hierzu auch *Serdjuk/Reif/Dumas/Angelino/Tryggvadóttir*, Geothermal Investment Guide, S. 32 ff.
57 Vgl. Gesetzesentwurf der Bundesregierung zum EEG 2014, BT-Drs. 18/1304, S. 131.

setzesbegründung zum EEG 2004 ausdrücklich mit dieser Fragestellung auseinander und kam in Kenntnis der Technik zum Ergebnis, dass das Ausschließlichkeitsprinzip beim Einsatz von Strom für die Stromerzeugung aus Geothermie nicht verletzt ist. So solle sich dieses nur auf den Prozess der Stromerzeugung selbst beziehen, nicht aber auf lediglich vorbereitende Schritte. Das ist im Vergleich der erneuerbaren Energien auch konsequent, weil beispielsweise beim Einsatz von Biomasse die Energie zur Bereitstellung und zum Antransport des Brennstoffes ebenfalls keine Rolle spielt. Die Tauchkreiselpumpe transportiert die Erdwärme zum Kraftwerk. Entscheidend sei nach dem Zweck des Gesetzes zudem alleine die Umwelt- und Klimafreundlichkeit des jeweiligen Erzeugungsverfahrens in der Bilanz. Der Vergütungsanspruch bestehe deshalb in voller Höhe und nicht nur für den nach Abzug der eingesetzten konventionellen Energie verbleibenden Anteil.[58] Der Gesetzgeber hat sich damit ausdrücklich zum sogenannten **Bruttostromprinzip** bekannt. Aus den Gesetzesmaterialien der zeitlich nachfolgenden Novellierungen ist nicht erkennbar, dass er hiervon wieder abrücken wollte. Demnach ist festzuhalten, dass die Stromerzeugung aus geothermischen Anlagen dem Ausschließlichkeitsprinzip gerecht wird und der gesamte erzeugte Strom vom Förderanspruch nach § 19 Abs. 1 EEG 2014 erfasst ist.[59]

d) Übergangsregelungen. Bei den Übergangsregelungen trifft § 102 Nr. 2 EEG eine spezielle Regelung für Geothermieprojekte hinsichtlich der Pflicht zur Umstellung auf **Ausschreibungen.** Im Übrigen stellt sich insbesondere die Frage, ob und unter welchen Voraussetzungen Geothermieprojekte unter § 100 Abs. 3 EEG fallen.   **38**

aa) Übergangsregelung des § 102 Nr. 2. Gemäß § 102 Nr. 2 besteht auch ohne eine im Rahmen einer Ausschreibung erhaltene Förderberechtigung ein Anspruch auf Einspeisevergütung für Betreiber von Anlagen zur Erzeugung von Strom aus Geothermie, die vor dem 1.1.2017 erstmals eine Zulassung nach § 51 Abs. 1 BBergG für die Aufsuchung erhalten haben und vor dem 1.1.2021 in Betrieb genommen worden sind. Maßgeblicher Anknüpfungspunkt für die Gewährung von Investitionssicherheit (aus Gründen des Vertrauensschutzes) ist demnach die Betriebsplanzulassung für die Aufsuchungsphase. Nach (zutreffender) Ansicht des Gesetzgebers eignet sich diese am besten als Anknüpfungspunkt für Vertrauensschutz, da sie den Bohrungen und den damit verbundenen erheblichen Investitionen unmittelbar vorausgeht.[60]   **39**

bb) Übergangsregelung des § 100 Abs. 3. Nach § 100 Abs. 3 EEG 2014 ist § 100 Abs. 1 EEG 2014 für solche Anlagen anzuwenden, die nach dem 31.7.2014 und vor dem 1.1.2015 in Betrieb genommen worden sind, wenn die Anlagen nach dem BImSchG genehmigungsbedürftig sind oder für ihren Betrieb einer Zulassung nach einer anderen Bestimmung des Bundesrechts bedürfen und vor dem 23.1.2014 genehmigt oder zugelassen worden sind.   **40**

Ein Geothermieprojekt bedarf allerdings grundsätzlich keiner Genehmigung nach dem BImSchG und allgemein keiner klassischen Betriebsgenehmigung für das Kraftwerk. Die notwendige Baugenehmigung beruht auf den landesrechtlichen Bauordnungen und somit nicht auf einer Bestimmung des Bundesrechts. Es stellt sich daher die Frage, auf welche Genehmigung bzw. Zulassung bei geothermischen Anlagen abzustellen ist. Ausweislich der Gesetzesbegründung besteht der Zweck des § 100 Abs. 3 in der „Gewährung von In-   **41**

---

58 Vgl. Gesetzesbegründung der Fraktionen SPD und BÜNDNIS 90/DIE GRÜNEN zum EEG 2004, BT-Drs. 15/2327, S. 26.
59 Ebenso beispielsweise *Altrock/Oschmann/Theobald*, EEG, § 9 Rn. 14 f.
60 Vgl. Beschlussempfehlung des Ausschusses für Wirtschaft und Energie, BT-Drs. 18/1891, S. 221.

vestitionssicherheit, über den Zeitpunkt des Inkrafttretens des Gesetzes hinaus, für Anlagen, die bereits [...] zugelassen worden sind, bevor die Änderung des EEG konkret absehbar war."[61] Geht man von diesem Zweck aus, liegt es nahe, auf die Erteilung der **Aufsuchungserlaubnis** (oder der zugehörigen **Betriebsplanzulassung**) abzustellen. Diese geht den Bohrungen und den damit verbundenen erheblichen Investitionen unmittelbar voraus und eignet sich damit in besonderer Weise als Anknüpfungspunkt für die Gewährung von Vertrauensschutz.

42   Systematik und Gesetzgebungshistorie des EEG 2014 sprechen jedoch gegen diese Sichtweise. So stellt § 102 Nr. 2 EEG 2014 explizit auf die Zulassung nach § 51 Abs. 1 BBergG für die Aufsuchung ab. Zur Begründung führt der Gesetzgeber ein besonderes Bedürfnis für einen verlängerten Übergangszeitraum bei Geothermieanlagen an, da sich diese Projekte durch einen sehr langen Projektzeitraum und einen hohen Anteil an Vorinvestitionskosten auszeichnen.[62] Führt die Begründung also ein besonderes Bedürfnis für einen verlängerten Übergangszeitraum durch eine auf die Aufsuchungsphase abstellende spezielle Regelung an, spricht dies dafür, dass auf Grundlage der inhaltsgleich zu § 100 Abs. 3 EEG 2014 ausgestalteten Vorschrift des § 102 Nr. 3 EEG 2014 jedenfalls nicht auf die Aufsuchungserlaubnis (oder die zugehörige Betriebsplanzulassung) abzustellen ist. Ansonsten hätte es der speziellen zusätzlichen Regelung nicht bedurft. Zwar wurde § 102 Nr. 2 EEG 2014 gewissermaßen erst „in letzter Sekunde" des laufenden Gesetzgebungsverfahrens der EEG-Novelle auf Empfehlung des Ausschusses für Wirtschaft und Energie in den Gesetzestext eingefügt. Alleine dies rechtfertigt nach unserer Ansicht jedoch nicht ohne Weiteres die Annahme, hierbei sei im Wege eines gesetzgeberischen Redaktionsversehens eine ebenfalls notwendige Ergänzung des § 100 Abs. 3 EEG 2014 um eine dem § 102 Nr. 2 EEG 2014 entsprechende Regelung vergessen worden.

43   **4. Ausblick.** Insgesamt ist ein positives Resümee bei der Bewertung der novellierten Vorschriften in Bezug auf geothermische Anlagen nicht möglich. Zwar hat der Gesetzgeber von einer Absenkung des anzulegenden Wertes ebenso wie von einer Erhöhung der Degression abgesehen. Das sind isoliert betrachtet positive Signale und ein gewisses Bekenntnis zur jungen Branche der Geothermie. Dem wahren Potenzial geothermischer Anlagen wird dies jedoch nicht gerecht. Das gilt erst recht vor dem Hintergrund der Debatten zu Stromtrassen, zum Ausbau der erneuerbaren Energien im Wärmemarkt und zu den verfehlten Klimazielen.

44   Aus Geothermie lassen sich Strom und Wärme vor Ort ganzjährig regenerativ erzeugen. Geothermie adressiert somit das Transportproblem, das Wärmeversorgungs- und das Klimaziel gleichermaßen. Gerade auch wegen der Grundlastfähigkeit wäre eine verbesserte Förderung der Geothermie angezeigt gewesen, keinesfalls aber die starke Degression ab dem 1.1.2018. Ein im Jahr 2015 initiiertes Projekt kann frühestens zum Jahresende 2021 in Betrieb gehen. Zu diesem Zeitpunkt muss es dann bereits vier Degressionsstufen durchlaufen, erhält also eine um 20 % reduzierte Vergütung. Damit ist das Projekt aus heutiger Sicht wegen der deutlich höheren Gestehungskosten **unwirtschaftlich.**[63] Allenfalls die bereits

---

61 Vgl. Begründung zum überarbeiteten Referentenentwurf zum EEG 2014, BMWi – III B 2, S. 143.
62 Vgl. Beschlussempfehlung des Ausschusses für Wirtschaft und Energie, BT-Drs. 18/1891, S. 221.
63 Zu den Gestehungskosten vgl. *Kaltschmitt et al.*, Vorbereitung und Begleitung der Erstellung des Erfahrungsberichts 2014 gemäß § 5 EEG, S. 58 ff. Die Untersuchung legt zwar unzutreffend niedrige Investitionen im Kraftwerksbereich sowie ebenfalls zu niedrige Strombezugskosten zugrun-

weit fortgeschrittenen Projekte können noch rentabel umgesetzt werden, sofern diese nicht unerwartete Verzögerungen erleiden müssen. Das ist nur die sprichwörtliche „Handvoll" Vorhaben.

Hinzu kommt für alle Neuvorhaben die fehlende Planungssicherheit durch die im Projekt- **45** prozess anstehende nächste EEG-Novelle. Geothermieprojekte benötigen aufgrund ihrer rund siebenjährigen Planungs- und Bauphase frühzeitigen Investitionsschutz.[64] Die kurzen Zyklen des politischen Prozesses sind mit dem langen Planungs- und Errichtungsprozess eines geothermischen Stromprojekts schlicht unvereinbar. Stand 2015 kann daher die Prognose gewagt werden, dass die geothermische Stromerzeugung mit hydrothermalen Systemen auf der Basis des geltenden EEG in Deutschland **keine Zukunft** mehr hat.

Die Streichung des Bonus für petrothermale Geothermie ist als weiteres falsches Signal für **46** die Branche zu werten. Diese Technik mit ihrem praktisch unerschöpflichen und regional nicht auf bestimmte Aquifere begrenzten Potenzial hätte durchaus die Chance auf erste Projektverwirklichungen verdient gehabt, zumal vielversprechende Projekte im Norddeutschen Becken umsetzungsreif waren.[65] Durch die Streichung scheint aber eine Nutzung dieses Potenzials ferner denn je.

Auch die generelle Tendenz im EEG zur verstärkten Direktvermarktung passt bei geother- **47** mischen Anlagen nicht. Der Gedanke, die Betreiber von Stromerzeugungsanlagen aus erneuerbaren Energien dadurch gerade dann zur Einspeisung zu animieren, wenn der Bedarf und damit auch die Strompreise entsprechend hoch sind, ist eine Reaktion auf den aus Wind und Somme erzeugten Strom mit den dabei verbundenen witterungsbedingten starken Schwankungen. Die grundlastfähige Geothermie ermöglicht dagegen ganzjährig ein konstantes Niveau an Stromerzeugung, das sinnvoller Weise weiterhin mit einer festen Einspeisevergütung verknüpft werden sollte. Geothermie kann Grundlastkraftwerke substituieren, beispielsweise die besonders schädlichen Braunkohlekraftwerke. Zwar ist Geothermiestrom auch regelbar, doch läuft der Einsatz als Regelenergie den Amortisationsbedürfnissen der kapitalintensiven und „brennstofffreien" Geothermie sowie den technischen Betriebsbedingungen der eingesetzten Tauchkreiselpumpen diametral zuwider.[66]

So kann man nur zu dem Schluss kommen, dass der Gesetzgeber trotz angeblich guten Wil- **48** lens die Geothermie faktisch zu Grabe trägt. Das ist bedauernswert, weil deren großes Potenzial und deren Vorteile bis heute noch nicht ausreichend erkannt werden. Dabei können die mit Hilfe der EEG-Förderung erschlossenen Reservoire noch Jahrzehnte über den Förderzeitraum hinaus zur Strom- und Wärmeversorgung genutzt werden.

---

de und verkennt, dass die Förderprogramme der KfW nicht liquide Zuschüsse gewähren, zeigt aber dennoch tendenziell zutreffende Stromgestehungskosten.

64 *Kaltschmitt* et al., Vorbereitung und Begleitung der Erstellung des Erfahrungsberichts 2014 gemäß § 5 EEG, S. 68.
65 *Kaltschmitt* et al., Vorbereitung und Begleitung der Erstellung des Erfahrungsberichts 2014 gemäß § 5 EEG, S. 68.
66 *Kaltschmitt* et al., Vorbereitung und Begleitung der Erstellung des Erfahrungsberichts 2014 gemäß § 5 EEG, S. 26 ff.

§ 49 Windenergie an Land

(1) Für Strom aus Windenergieanlagen an Land beträgt der anzulegende Wert 4,95 Cent pro Kilowattstunde (Grundwert).

(2) [1]Abweichend von Absatz 1 beträgt der anzulegende Wert in den ersten fünf Jahren ab der Inbetriebnahme der Anlage 8,90 Cent pro Kilowattstunde (Anfangswert). [2]Diese Frist verlängert sich um einen Monat pro 0,36 Prozent des Referenzertrags, um den der Ertrag der Anlage 130 Prozent des Referenzertrags unterschreitet. [3]Zusätzlich verlängert sich die Frist um einen Monat pro 0,48 Prozent des Referenzertrags, um den der Ertrag der Anlage 100 Prozent des Referenzertrags unterschreitet. [4]Referenzertrag ist der errechnete Ertrag der Referenzanlage nach Maßgabe der Anlage 2 zu diesem Gesetz.

(3) Für Anlagen mit einer installierten Leistung bis einschließlich 50 Kilowatt wird für die Berechnung der Dauer der Anfangsvergütung angenommen, dass ihr Ertrag 75 Prozent des Referenzertrages beträgt.

Schrifttum: *Salje*, Stromeinspeisungsgesetz, Kommentar, 1999.

Übersicht

I. Normzweck

1 **1. Anwendungsbereich.** Die §§ 49 und 50 konkretisieren den allgemeinen Förderanspruch nach § 19 Abs. 1 für Strom aus Windenergie. Die Förderregelung in § 49 findet auf Strom aus Windenergieanlagen an Land Anwendung. Der Begriff Windenergieanlagen an Land ist im EEG nicht definiert und erklärt sich in Abgrenzung von dem Begriff der Windenergieanlagen auf See (EEG 2012: „Offshore-Anlagen"). Windenergieanlagen auf See sind in § 5 Nr. 36 definiert als Windenergieanlagen, die auf See in einer Entfernung von mindestens drei Seemeilen von der Küstenlinie errichtet worden sind. Die Küstenlinie wird in § 5 Nr. 36 Halbsatz 2 näher definiert. Daraus folgt, dass Windenergieanlagen, die zwar im Wasser, aber in einer geringeren Entfernung als drei Seemeilen von der Küstenlinie errichtet wurden (sogenannte Nearshore-Anlagen), ebenfalls unter § 49 fallen.[1] Für Windenergieanlagen auf See gilt dagegen ausschließlich § 50. Dies war im EEG 2012 noch klarer aus dem Wortlaut ablesbar, weil § 29 EEG 2012 allgemein mit „Windenergie" überschrieben war, während § 49 nun von Windenergie an Land spricht; diese Änderung sollte jedoch keine inhaltliche Änderung mit sich bringen.

2. Anlage und Windpark. Gemäß § 5 Nr. 1 ist jede Windenergieanlage eine Anlage im Sinne des EEG. Das Gesetz betrachtet also für Bestehen und Höhe des Vergütungsanspruches jede Windenergieanlage **einzeln**, nicht alle Windenergieanlagen eines Windparks gemeinsam. Daher ist es möglich, dass verschiedene Windenergieanlagen innerhalb eines Windparks einen Anspruch auf verschieden hohe Förderung haben, wenn die Inbetriebnahme der Anlagen in verschiedene Kalenderjahre (bis einschließlich EEG 2012, wonach die Absenkungen der Vergütung jeweils zum 1. Januar wirksam wurden, vgl. § 20 Abs. 2 EEG 2012) bzw. Kalenderquartale (EEG 2014, wonach die Anpassungen der Förderung jeweils zum 1. eines Quartals wirksam werden, vgl. § 29 Abs. 2) fällt.

3. Unterscheidung Grundwert und Anfangswert. Bei dem Förderanspruch ist zwischen einem erhöhten Anfangswert und einem Grundwert für die Restlaufzeit der Förderung zu unterscheiden. Eine Besonderheit der Förderregelung in § 49 gegenüber der Förderung für alle anderen Arten erneuerbarer Energien ist, dass sie das unterschiedlich hohe Winddargebot an den verschiedenen Standorten berücksichtigt. Dies wird dadurch erreicht, dass der gegenüber dem Grundwert erhöhte Anfangswert für solche Windenergieanlagen, die an windstarken Standorten errichtet wurden, weniger lange gezahlt wird als für Anlagen an windschwachen Standorten. Damit wird eine **standort- und letztlich investitions- und ertragsgerechte Gesamtförderung** des Stroms aus Windenergieanlagen angestrebt, um Überförderungen ebenso zu vermeiden wie Unterförderungen. Bei anderen Arten der erneuerbaren Energien differenziert das Gesetz dagegen nach dem Grundsatz erhöhter Wirtschaftlichkeit durch Skaleneffekte vor allem nach der Anlagengröße: je größer die Anlage, desto geringer der Förderanspruch.

II. Rechtstatsachen

Die Stromerzeugung aus Windkraft hat in Deutschland innerhalb weniger Jahre stark zugenommen und stellt inzwischen den **größten Anteil** an der Strombereitstellung aus erneuerbaren Energien. Windenergie deckte 2013 in Deutschland 8,7 % des gesamten Stromverbrauchs.[2]

2

3

4

---

1 So auch BT-Drs. 18/1304, S. 172.

2 Bundesministerium für Wirtschaft und Energie (BMWi), Erneuerbare Energien 2013, Stand August 2014, S. 38, abrufbar unter www.erneuerbare-energien.de/EE/Navigation/DE/Service/Erneu erbare_Energien_in_Zahlen/Zeitreihen/zeitreihen.html.

5   In Deutschland waren Ende 2013 23.645 (2012: 22.962) Windenergieanlagen mit einer Gesamtleistung von 33.729,83 MW (2012: 31.315 MW) installiert.[3] Davon wurden 998 Windenergieanlagen mit einer Gesamtleistung von 2.415,16 MW im Jahr 2012 errichtet.[4] Der Großteil der Windenergieanlagen befindet sich in den Bundesländern Niedersachsen, Brandenburg, Sachsen-Anhalt, Schleswig-Holstein und Nordrhein-Westfalen.

6   Die Windstromproduktion (Onshore) lag im Jahr 2014 bei etwa 51,2 Mrd. Kilowattstunden.[5] Das entsprach einem Anteil am deutschen Stromverbrauch von 8,4%. In den Vorjahren lag die Windstromproduktion an Land und auf See insgesamt bei 53,4 Mrd. Kilowattstunden (2013) bzw. ca. 46 Mrd. Kilowattstunden (2012).[6] Das entsprach einem Anteil der Windenergie insgesamt am Stromverbrauch von 8,9% (2013)[7] bzw. 7,7% (2012).[8]

7   Im Energiekonzept der Bundesregierung von 2010 wurde für die Zukunft ein **weiterer Ausbau** der Stromerzeugung aus Windenergieanlagen an Land angestrebt, da sie kurz- und mittelfristig das wirtschaftlichste Ausbaupotential im Bereich erneuerbarer Energien darstelle.[9] Mit dem EEG 2014 wurde die grundsätzliche Linie einer Förderung des weiteren Zubaus von Windenergieanlagen beibehalten. Allerdings wurde die Förderung für Windenergieanlagen an Land gekürzt, um einer Überförderung, insbesondere an windstarken Standorten, entgegenzuwirken.[10] Gleichzeitig soll durch die Weiterentwicklung des Referenzertragsmodells und die Einführung des atmenden Deckels sichergestellt werden, dass weiterhin ein wirtschaftlicher Betrieb von Windenergieanlagen möglich ist und die in § 3 Nr. 1 vorgesehenen Ausbaupfade erreicht werden.[11]

8   Die aktuellen Ausbaupfade gemäß § 3 für Windenergieanlagen an Land sehen eine Steigerung der installierten Leistung um 2.500 MW pro Jahr (netto) vor.[12] Nach den Szenarien, die 2012 in Vorbereitung des Energiekonzepts der Bundesregierung berechnet wurden, soll die Windenergie im Jahr 2050 rund 50% zur Stromerzeugung beitragen. Bis 2020 soll die installierte Windkraftkapazität von damals ca. 31 GW auf 45 GW ansteigen, 2050 sollen es sogar 85 GW sein.[13]

---

3 Vgl. Bundesverband Windenergie, Statistiken, abrufbar unter www.wind-energie.de/infocenter/statistiken/deutschland/windenergieanlagen-deutschland.

4 Deutsche WindGuard, Status des Windenergiezubaus in Deutschland 2012, abrufbar unter www.wind-energie.de/sites/default/files/attachments/page/statistiken/fact-sheet-statistik-we-2012-12-31.pdf.

5 Agentur für erneuerbare Energien, Der Strommix in Deutschland im Jahr 2014, abrufbar unter www.unendlich-viel-energie.de/mediathek/grafiken/strommix-in-deutschland-2014.

6 Agentur für erneuerbare Energien, Der Strommix in Deutschland im Jahr 2014, abrufbar unter www.unendlich-viel-energie.de/mediathek/grafiken/strommix-in-deutschland-2012.

7 Agentur für erneuerbare Energien, Der Strommix in Deutschland im Jahr 2013, abrufbar unter www.unendlich-viel-energie.de/mediathek/grafiken/strommix-in-deutschland-2013.

8 Agentur für erneuerbare Energien, Der Strommix in Deutschland im Jahr 2014, abrufbar unter www.unendlich-viel-energie.de/mediathek/grafiken/strommix-in-deutschland-2012.

9 Energiekonzept für eine umweltschonende, zuverlässige und bezahlbare Energieversorgung vom 28.9.2010, S. 9, abrufbar unter www.bundesregierung.de/ContentArchiv/DE/Archiv17/_Anlagen/2012/02/energiekonzept-final.pdf?_blob=publication-file&v=5.

10 BT-Drs. 18/1304 v. 5.5.2014, S. 137.

11 BT-Drs. 18/1304 v. 5.5.2014, S. 137.

12 Vgl. dazu Rn. 14.

13 Broschüre des BMU: „Die Energiewende – Zukunft made in Germany", S. 15, Stand Februar 2012, abrufbar unter: www.fes-japan.org/wp-content/uploads/2013/04/brochuere_energiewende_zukunft_bf.pdf.

III. Entstehungsgeschichte

1. Stromeinspeisungsgesetz.[14] Eine besondere Regelung zur Vergütung von Strom aus **9** Windenergie war erstmals im Stromeinspeisungsgesetz von 1990 enthalten. § 3 Abs. 2 StrEinspG bestimmte, dass der Netzbetreiber für Strom aus Windkraft eine Vergütung in Höhe von mindestens **90 % des Durchschnittserlöses** aus der Stromabgabe von Elektrizitätsversorgungsunternehmen an alle Letztverbraucher in Deutschland zu zahlen hatte. Dieser Wert war der amtlichen Statistik des Bundes jeweils für das vorletzte Kalenderjahr zu entnehmen. Er war ohne Umsatzsteuer in Pfennigen pro Kilowattstunde festzusetzen und auf zwei Stellen hinter dem Komma zu runden. Zwischen 1991 und 1998 lagen die Durchschnittserlöse zwischen 18,37 und 19,20 Pfennig pro Kilowattstunde.[15] Diese Vergütung galt einheitlich für alle Windenergieanlagen, unabhängig von Größe, Standort und Jahr der Inbetriebnahme.

2. EEG 2000.[16] Mit der Einführung des EEG 2000 wurden die Vergütungsregelungen **10** grundlegend überarbeitet. Die Koppelung an den jeweiligen Durchschnitt der Endverbraucherpreise wurde durch ein **System fester Einspeisevergütungen** ersetzt. In § 7 Abs. 1 EEG 2000 wurde eine Anfangsvergütung von mindestens 9,10 Cent pro Kilowattstunde festgelegt, die in **Abhängigkeit von der Windhöffigkeit des Standorts** frühestens nach fünf Jahren (für Offshore Anlagen nach neun Jahren) auf eine Grundvergütung von mindestens 6,19 Cent pro Kilowattstunde sank. Die Mindestvergütungen wurden jährlich für neu in Betrieb genommene Anlagen um jeweils 1,5 % gesenkt. Dieses System wurde seither im Grundsatz beibehalten.

3. EEG 2004.[17] Das EEG 2004 änderte die sprachliche Darstellung des Systems, indem **11** § 10 Abs. 1 EEG 2004 jetzt von einer Grundvergütung (5,5 Cent pro Kilowattstunde) ausging, die sich für mindestens fünf Jahre je nach Windhöffigkeit erhöhte (um 3,2 Cent pro Kilowattstunde). Die Degression stieg auf 2 % pro Jahr. Um keine Anreize für die Errichtung von Windenergieanlagen an besonders schwachen Windstandorten zu setzen, bestand die Vergütungspflicht nur, wenn dem Netzbetreiber vor Inbetriebnahme der Anlage mittels Gutachten eines Sachverständigen nachgewiesen wurde, dass an dem geplanten Standort **mindestens 60 %** eines gesetzlich definierten Referenzertrages erzielt werden können. Schließlich wurden in § 10 Abs. 2 und 3 EEG 2004 erstmals Sonderregelungen zum sogenannten **Repowering** sowie für Offshore Windenergie eingeführt.

4. EEG 2009.[18] Im EEG 2009 wurden die Bestimmungen zur Vergütung von Strom aus **12** Windenergie übersichtlicher auf drei Vorschriften verteilt: § 29 EEG 2009 für Strom aus Windenergieanlagen, die nicht Offshore errichtet wurden, § 30 EEG 2009 für das Repowering und § 31 EEG 2009 für Strom aus Offshore-Windenergieanlagen. Die Anfangsvergütung für die ersten mindestens fünf Jahre wurde auf 9,2 Cent pro Kilowattstunde, die sich anschließende Grundvergütung auf 5,02 Cent pro Kilowattstunde und die Degression auf

---

14 Gesetz über die Einspeisung von Strom aus erneuerbaren Energien in das öffentliche Netz vom 7.12.1990 (BGBl. I S. 2633).
15 *Salje*, StrEinspG, § 3 Rn. 28.
16 Gesetz für den Vorrang erneuerbaren Energien vom 29.3.2000 (BGBl. I S. 305).
17 Gesetz zur Neuregelung des Rechts der Erneuerbaren Energien im Strombereich vom 21.7.2004 (BGBl. I S. 1918).
18 Gesetz zur Neuregelung des Rechts der Erneuerbaren Energien im Strombereich und zur Änderung damit zusammenhängender Vorschriften vom 25.10.2008 (BGBl. I S. 2074).

1 % festgelegt. Neu eingeführt wurde ein **Systemdienstleistungs-Bonus** in Höhe von 0,5 Cent bzw. 0,7 Cent pro Kilowattstunde für Anlagen, welche bestimmte technische Voraussetzungen zur Erhöhung der Netzstabilität erfüllen. Der Nachweis eines Ertrages von mehr als 60 % des Referenzertrages galt nur noch für Anlagen mit einer installierten elektrischen Leistung von mehr als 50 kW, um die Verbreitung kleiner Anlagen zu fördern.

13   **5. EEG 2012.**[19] Das EEG 2012 hat die Systematik des EEG 2009 grundsätzlich beibehalten. Die Vergütungssätze blieben unter Berücksichtigung der zwischenzeitlichen Degression unverändert, die jährliche Degression wurde von 1 % auf 1,5 % erhöht, der Systemdienstleistungs-Bonus entgegen der ursprünglichen Absicht beibehalten und schließlich sogar um ein Jahr verlängert, das Erfordernis eines 60 % Gutachtens gestrichen und die Förderung für Kleinanlagen mit einer installierten Leistung bis 50 kW vereinfacht.

14   **6. EEG 2014.**[20] Mit dem EEG 2014 wurde für Neuanlagen die **verpflichtende Direktvermarktung** über die Marktprämie eingeführt. Auch für die Windenergie an Land wurde, wie bisher für Solarenergie, eine Mengensteuerung über einen **Ausbaukorridor** („atmender Deckel") eingeführt, dessen Zielwert ein jährlicher Zubau von 2.500 MW ist. Ziel war die Konzentration des weiteren Ausbaus der erneuerbaren Energien auf die kostengünstigen Technologien wie Windenergie an Land und Photovoltaik.[21] Zur Vermeidung einer Überförderung wurden der **Systemdienstleistungs-Bonus** in § 29 Abs. 2 S. 4 EEG 2012 **und** der **Repowering-Bonus** in § 30 EEG 2012 **gestrichen**[22] sowie das Referenzertragsmodell so weiterentwickelt, dass die Förderung besonders windstarker Standorte abgebaut und die **Förderung guter Binnenlandstandorte verbessert** wurde. Letzteres wurde dadurch erreicht, dass unter dem EEG 2014 nur noch Unterschreitungen von 130 % des Referenzertragswertes zu einer Verlängerung des Anspruchs auf den Anfangswert führen und bei einer Unterschreitung von 100 % des Referenzertragswertes eine zusätzliche Verlängerung gewährt wird.

IV. Grundwert (Abs. 1)

15   **1. Höhe des Grundwertes.** Der Grundwert ist in Abs. 1 legaldefiniert. Der Grundwert für Windenergieanlagen an Land und Nearshore beträgt 4,95 Cent pro Kilowattstunde.

16   **2. Berechnung der Dauer.** Nach dem Grundsatz in § 22 Satz 1 ist der Grundwert für die Dauer von **20 Kalenderjahren zuzüglich des Inbetriebnahmejahres** anzulegen. Der Grundwert wird jedoch tatsächlich erst dann maßgeblich, wenn für den Strom kein Anspruch mehr auf den höheren Anfangswert nach § 49 Abs. 2 besteht.

---

19 Gesetz zur Neuregelung des Rechtsrahmens für die Förderung der Stromerzeugung aus erneuerbaren Energien vom 28.7.2011 (BGBl. I S. 1634).

20 Gesetz zur Neuregelung des Rechts der Erneuerbaren Energien im Strombereich vom 21.7.2014 (BGBl. I S. 1066), das durch Artikel 4 des Gesetzes vom 22.7.2014 (BGBl. I S. 1218) geändert worden ist.

21 BT-Drs. 18/1304 v. 5.5.2014, S. 133, 137.

22 Die Vorschrift zum Repowering wurde mit der Begründung ersatzlos gestrichen, dass bereits im Zeitraum 2004 bis 2008 Repowering-Projekte realisiert wurden, ohne dass es einen Repowering-Bonus gegeben hätte; dass der Bonus zu einer Überförderung führen könne; dass die Kosten für Windenergieanlagen gesunken seien; dass der Rückbau weniger Kosten verursache als angenommen und dass beim Verkauf der Altanlagen u. U. Restwerte erzielt werden könnten, vgl. BT-Drs. 18/1304 v. 5.5.2014, S. 223.

3. Vergleich zu EEG 2012. Unter dem EEG 2012 betrug die Grundvergütung für Anlagen, **17** die 2012 in Betrieb genommen wurden, 4,87 Cent pro Kilowattstunde, und für Anlagen, die 2014 in Betrieb genommen wurden, 4,72 Cent pro Kilowattstunde. Damit ist die Grundvergütung vom EEG 2012 zum EEG 2014 leicht gestiegen. Gleichzeitig ist der Systemdienstleistungs-Bonus und die gesonderte Berücksichtigung der Managementprämie gemäß § 2 MaPrV entfallen und in der allgemeinen Berechnung der Werte aufgegangen.[23] Dadurch ist insgesamt gesehen die Vergütung für Neuanlagen unter dem EEG 2014 weniger günstig als unter dem EEG 2012.

V. Anfangswert (Abs. 2)

1. Höhe des Anfangswertes (Abs. 2 S. 1). Der Anfangswert ist in Abs. 2 S. 1 legaldefi- **18** niert. Der Anfangswert für Windenergieanlagen an Land und Nearshore beträgt 8,9 Cent pro Kilowattstunde. Dieser erhöhte Tarif gilt **mindestens** für die **ersten fünf Jahre** ab der Inbetriebnahme der Windenergieanlage.

Eine so in Anfangswert und Grundwert gestaffelte Förderung bringt den Vorteil einer fi- **19** nanziellen Starthilfe, um Kredite schneller bedienen zu können.[24]

2. Verlängerter Anfangswert (Abs. 2 S. 2). a) Prinzip. Die Dauer des Anspruches auf **20** Anlegung des **Anfangswertes** verlängert sich über die fünf Jahre hinaus um einen Monat pro 0,36 % des Referenzertrages, um den der Ertrag der **Anlage 130 % des Referenzertrages unterschreitet**. Das bedeutet, dass eine Anlage, die an einem windstarken Standort errichtet wurde, weniger lange eine Förderung in Höhe des **Anfangswertes** erhält als eine Anlage, die an einem windschwachen Standort steht. An windstarken Standorten mit einem tatsächlichen Ertrag der Anlage von 130 % des Referenzertrages oder mehr wird der Anfangswert nur fünf Jahre gewährt. An allen sonstigen Standorten verlängert sich die Frist für den Anfangswert in Abhängigkeit davon, um wie viel Prozent die konkrete Anlage in den ersten fünf Jahren tatsächlich 130 % des Referenzertrages unterschritten hat. Zusätzlich verlängert sich diese Frist um einen weiteren Monat pro 0,48 % des Referenzertrags, um die der Ertrag der Anlage 100 % des Referenzertragswertes unterschreitet. Je geringer also der tatsächliche Ertrag der Anlage in den ersten fünf Betriebsjahren, umso länger wird die Anfangsvergütung gewährt.

Nach Ablauf des Verlängerungszeitraums wird der Strom bis zum Ende des EEG-Förde- **21** rungszeitraumes (siehe oben Rn. 16) unter Anlegung des Grundwertes vergütet. Bei Standorten mit wenig Wind ist es möglich, dass der **Anfangswert über den gesamten EEG-Förderzeitraum** zu zahlen ist. Rein rechnerisch wäre es zwar auch möglich, dass die Frist für den Anfangswert über die im EEG vorgesehene Förderdauer von 20 Jahren zuzüglich Inbetriebnahmejahr andauert, § 22 Satz 1 ist jedoch als absolute Obergrenze zu verstehen.[25]

Bei diesem Referenzertragsmodell wird eine Förderdauer von 20 Jahren mit der höheren **22** Anfangsvergütung dann erreicht, sobald 80 % des Referenzertrages am Standort erreicht werden. Ertragswerte am **Standort unter 80 % des Referenzertrages** werden nicht mehr differenziert gefördert, sondern so behandelt, als würden sie diese 80 % des Referenzertra-

---

23 BT-Drs. 18/1304 v. 5.5.2014, S. 221.
24 Frenz/Müggenborg/*Schomerus*, 3. Aufl. 2013, § 29 Rn. 39 a. E.
25 Reshöft/Schäfermeier/*Kahle/Reshöft*, § 29 Rn. 37.

ges erreichen. Da Standorte in Süddeutschland regelmäßig unterhalb dieses Wertes liegen, wurde bereits im Gesetzgebungsprozess zum EEG 2012 gefordert, das Referenzertragsmodell so zu modifizieren, dass diese Standorte ab dem sechsten Betriebsjahr eine erhöhte Vergütung erhalten. Dies wurde aber nicht umgesetzt. Mit Einführung des EEG 2014 wurde jedoch solchen Windenergieanlagen, die weniger als 100 % des Referenzertrages erreichen, eine zusätzliche Verlängerung des Anspruchs auf den Anfangswert gewährt.

23 **b) Hintergrund.** Der Grund für die Einführung dieses Konzepts in das EEG 2000 waren Einwände der Europäischen Kommission gegen eine mögliche **Überförderung** von Windkraftanlagen an besonders windgünstigen Standorten. Durch das Konzept der verlängerten Anfangsvergütung erfolgt eine technikneutrale Differenzierung der Vergütungshöhen je nach Ertragskraft des Standorts. Auf diese Weise sollte sowohl vermieden werden, dass an windhöffigen Standorten eine höhere Vergütung gezahlt wird, als für einen wirtschaftlichen Betrieb erforderlich ist, als auch der notwendige Anreiz für die Errichtung von Windkraftanlagen an weniger windgünstigen Standorten im Binnenland geschaffen werden.[26]

24 Ausweislich der Gesetzesbegründung soll die Staffelung in Anfangs- und Grundwert zudem wirtschaftliche Anreize setzen, nach Auslaufen des Zeitraums mit dem Anfangswert bestehende Anlagen im Wege des Repowering zu ersetzen oder den erzeugten Strom direkt zu vermarkten, und bringt außerdem den Vorteil einer finanziellen Starthilfe, um Kredite schneller bedienen zu können.[27] Unter dem EEG 2014 stellt die Direktvermarktung den Normalfall der Förderung dar und die Sonderregelung des Repowering-Bonus ist entfallen. Damit verbleibt letztlich der Vorteil der finanziellen Starthilfe und der schnelleren Bedienung der Kredite.

25 Mit den Anpassungen durch das EEG 2014 soll etwaigen Überförderungen bei Standorten mit einem Referenzertrag über 130 % entgegengewirkt und an **guten Binnenlandstandorten** weiterhin ein wirtschaftlicher Betrieb ermöglicht werden. Die Analyse des tatsächlichen Zubaus der Windenergie an Land hatte gezeigt, dass ein wesentlicher Zubau an Standorten mit einem Ertrag unter 82,5 % des Referenzertrages erfolgt, während der Zubau im Bereich von Standorten mit einem Ertrag über 130 % des Referenzertrages sehr begrenzt ist. Um die Standortsteuerung kosteneffizienter zu gestalten, erfolgt die Verlängerung der Förderung daher nun zwischen 130 % und 80 % des Referenzertrages (statt wie nach dem EEG 2012 zwischen 150 % und 82,5 % des Referenzertrages). Zudem wurden die im unteren Bereich dieses Intervalls überproportional steigenden Investitionskosten durch die Einführung der zusätzlichen Verlängerung für Erträge unter 100 % des Referenzertrages berücksichtigt.[28]

26 **c) Beispiel.** Die folgenden einfachen Beispiele sollen die Berechnung illustrieren:[29]

27 Beispiel 1: In den ersten fünf Jahren ab Inbetriebnahme erzielt eine neu in Betrieb genommene Anlage einen Ertrag von 110 % des Referenzertrages: Die Frist für die Anfangsförderung beträgt 60 Monate (fünf Jahre) ab Inbetriebnahme. Da der Ertrag der Anlage 20 % unter dem Wert von 130 % des Referenzertrags liegt (130 % – 110 % = 20 %), verlängert sich

---

26 Vgl. den Entwurf der Regierungsfraktionen des EEG 2000, BT-Drs. 14/2341 vom 13.12.1999, S. 9 sowie den Regierungsentwurf des EEG 2009, BT-Drs. 16/8148 vom 18.2.2008, S. 57.

27 Frenz/Müggenborg/*Schomerus*, § 29 Rn. 39 a. E.

28 BT-Drs. 18/1304 v. 5.5.2014, S. 221.

29 Vgl. BT-Drs. 18/1304 v. 5.5.2014, S. 222.

der Förderzeitraum mit dem Anfangswert um 56 Monate (20 / 0,36 = 55,6) auf 116 Monate (60 Monate + 56 Monate).

Beispiel 2: In den ersten fünf Jahren ab Inbetriebnahme erzielt eine neu in Betrieb genom-   **28**
mene Anlage einen Ertrag von 90 % des Referenzertrages: Die Frist für die Anfangsförderung beträgt 60 Monate (fünf Jahre) ab Inbetriebnahme. Da der Ertrag der Anlage 30 % unter dem Wert von 130 % des Referenzertrages liegt (130 % – 90 % = 40 %) verlängert sich
die Frist um 111 Monate (40 / 0,36 = 111,11) auf 171 Monate (60 Monate + 111 Monate).
Zusätzlich liegt der Ertrag von 90 % auch 10 % unter dem Wert des § 49 Abs. 2 S. 3 EEG
(100 % – 90 % = 10 %). Daraus ergibt sich eine weitere Verlängerung um 21 Monate (10 /
0,48 = 20,83). Insgesamt beträgt der Förderzeitraum mit dem Anfangswert also 192 Monate.

d) Übersichtstabelle. Folgende Tabelle soll die Verlängerung der Anfangsvergütung bei-   **29**
spielhaft illustrieren:[30]

Verhältnis von Ertrag und Referenzertrag	Zeitraum der Anfangsvergütung
80 %	240 Monate
90 %	192 Monate
100 %	143 Monate
110 %	116 Monate
120 %	88 Monate
130 %	60 Monate
140 %	60 Monate
150 %	60 Monate

e) Referenzertrag (Abs. 2 S. 4). Der Referenzertrag ist in Abs. 2 S. 4 bestimmt als der er-   **30**
rechnete Ertrag der Referenzanlage nach Maßgabe der Anlage 2 zum EEG. Vgl. dazu die
Kommentierung zu Anlage 2 Referenzertrag.

f) Anlagenertrag. Der Anlagenertrag ist in § 49 nicht definiert. Es lässt sich nur im Um-   **31**
kehrschluss aus der Definition des Referenzertrages in Anlage 2 Ziffer 2 ermitteln, nach
der der Referenzertrag auf der Basis von fünf Betriebsjahren zu ermitteln ist. Aus Gründen
der Vergleichbarkeit muss dann für den tatsächlichen Anlagenertrag ebenfalls der Zeitraum von **fünf Jahren** gelten. Der Anlagenertrag kann daher auch erst nach Ablauf dieser
Zeit ermittelt werden.[31]

Der Anlagenertrag ist ebenso wie der Referenzertrag in Kilowattstunden zu errechnen. Der   **32**
Anlagenertrag umfasst neben den direkt oder über die Einspeisevergütung vermarkteten

---

30 BT-Drs. 18/1304 v. 5.5.2014, S. 222.
31 Frenz/Müggenborg/*Schomerus*, § 29 Rn. 56.

Strommengen auch selbst verbrauchte und nach § 15 (Härtefallregelung) vergütete Strommengen.[32]

33 Nach Sinn und Zweck der verlängerten Anfangsvergütung kann es ferner keinen Unterschied machen, ob der tatsächliche Anlagenertrag deshalb geringer ist als der Referenzertrag, weil die Anlage an einem windschwachen Standort steht, oder aufgrund von Wartungen oder Reparaturen.

34 **g) Verfahren der Geltendmachung der verlängerten Anfangsförderung.** Nach Ablauf der ersten fünf Betriebsjahre der Windenergieanlage ist der Zeitraum der Verlängerung des Anspruchs auf Förderung in Höhe des Anfangswertes wie folgt zu ermitteln: (i) Der Anlagenbetreiber übergibt dem Wirtschaftsprüfer Unterlagen zum Inbetriebnahmedatum in Form des Inbetriebnahmeprotokolls, zum tatsächlichen Ertrag der Anlage sowie zum Referenzertrag der Anlage in Form des Referenzzertifikats, (ii) der **Wirtschaftsprüfer** testiert den tatsächlichen Ertrag der Anlage (Ertragstestat) und berechnet den verlängerten Zeitraum der Anfangsförderung (Anlagenzertifikat). (iii) Der Anlagenbetreiber übergibt Anlagenzertifikat, Referenzzertifikat und Ertragstestat an den Netzbetreiber.[33]

35 **3. Berechnung der Dauer der Anfangsförderung.** Anders als der Anspruch auf Förderung mit dem Grundwert, bei dem zu der 20-jährigen Dauer das Jahr der Inbetriebnahme hinzuzurechnen ist (vgl. § 22), wird die Anfangsförderung nur für **genau fünf Jahre zuzüglich einer Verlängerung** nach Abs. 2 S. 2 gezahlt. Die Frist beginnt mit Inbetriebnahme der Anlage zu laufen.

36 Nach den allgemeinen Grundsätzen für **Fristberechnungen** gemäß §§ 186 ff. BGB wird der Tag der Inbetriebnahme bei der Berechnung der Frist nicht mitgerechnet (§ 187 Abs. 1 BGB) und die Frist endet mit Ablauf desselben Kalendertages, an dem die Inbetriebnahme erfolgte, fünf Kalenderjahre später, gegebenenfalls verlängert um zusätzliche Monate (§ 188 Abs. 2 BGB).

37 Die **Inbetriebnahme** ist in § 5 Nr. 21 definiert als die erstmalige Inbetriebsetzung der Anlage nach Herstellung ihrer technischen Betriebsbereitschaft ausschließlich mit erneuerbaren Energien oder Grubengas; die technische Betriebsbereitschaft setzt voraus, dass die Anlage fest an dem für den dauerhaften Betrieb vorgesehenen Ort und dauerhaft mit dem für die Erzeugung von Wechselstrom erforderlichen Zubehör installiert wurde; der Austausch des Generators oder sonstiger technischer oder baulicher Teile nach der erstmaligen Inbetriebnahme führt nicht zu einer Änderung des Zeitpunkts der Inbetriebnahme.[34]

38 **4. Vergleich zu EEG 2012.** Unter dem EEG 2012 betrug die Anfangsvergütung für Anlagen, die 2012 in Betrieb genommen wurden, 8,93 Cent pro Kilowattstunde und für Anlagen, die 2014 in Betrieb genommen wurden, 8,66 Cent pro Kilowattstunde. Damit ist der Anfangswert vom EEG 2012 zum EEG 2014 leicht gestiegen, unter Berücksichtigung der sonstigen Änderungen (siehe dazu Rn. 14) ist er jedoch leicht reduziert worden.

39 **5. Exkurs: Systemdienstleistungs-Bonus und SDLWindV.** Das EEG 2014 sieht keinen Bonus mehr für Anlagen vor, welche die Anforderungen der Systemdienstleistungsverordnung (SDLWindV) erfüllen, wenn diese nach dem 31.7.2014 in Betrieb genommen wur-

---

32 Vgl. auch die ausdrückliche Änderung zur Berechnung des Referenzertrags in Anlage 2 zum EEG sowie die Begründung BT-Drs. 18/1304, S. 186.
33 Vgl. die Darstellung unter www.wind-fgw.de/pdf/EEG_Verfahren%20WEA-Betreiber.pdf.
34 Zu den Einzelheiten vgl. die Kommentierung zu § 5 Nr. 21.

den. Ausnahmen gelten jedoch für **Bestandsanlagen** (§ 100 Abs. 1 Nr. 4 EEG) sowie für Anlagen, die nach dem 31.7.2014 und vor dem 1.1.2015 in Betrieb genommen worden sind, genehmigungsbedürftig sind und vor dem 23.1.2014 genehmigt oder zugelassen worden sind (§ 100 Abs. 3). Auf diese Anlagen findet dann § 29 Abs. 2 S. 4 EEG 2012 Anwendung, wonach sich die Anfangsvergütung um 0,48 Cent pro Kilowattstunde erhöht, wenn die Windenergieanlage ab dem Zeitpunkt ihrer Inbetriebnahme die Anforderungen der SDLWindV nachweislich erfüllt. Zur SDLWindV siehe näher die Erläuterungen zu § 9 Abs. 6, § 95 Nr. 5 sowie in der Vorauflage zu § 29 EEG 2012.[35]

40 Nach § 9 Abs. 6 sind die Anforderungen der SDLWindV ohnehin einzuhalten, andernfalls würde sich gemäß § 25 Abs. 2 Nr. 1 der anzulegende Wert auf den Monatsmarktwert reduzieren.

41 Bereits nach dem EEG 2012 sollte der Systemdienstleistungs-Bonus nur für Anlagen gezahlt werden, die vor dem 1.1.2015 in Betrieb genommen werden. Hintergrund der zeitlichen Beschränkung war, dass davon ausgegangen wurde, dass die Anlagenbauer ihre Anlagen standardmäßig nach den Vorgaben der SDLWindV auslegen werden und dann keine wesentlichen Mehrkosten durch die Erfüllung der Anforderungen der Verordnung mehr entstehen.

VI. Vergütung Kleinanlagen (Abs. 3)

42 Für Anlagen mit einer installierten Leistung bis einschließlich 50 Kilowatt wird für die Berechnung der Dauer der Anfangsvergütung angenommen, dass ihr Ertrag **75 % des Referenzertrages beträgt**. Durch Abs. 3 wird somit geregelt, dass diese Anlagen unabhängig von den tatsächlichen Erträgen für die Dauer von **20 Jahren zuzüglich dem Jahr der Inbetriebnahme** einen Anspruch auf die **Anfangsförderung** haben.

43 Zwar ergäbe ein Referenzertrag von 75 % rein rechnerisch eine Förderung von mehr als 20 Jahren, da aber die Förderdauer nach § 22 S. 1 insgesamt auf 20 Jahre, zuzüglich des Jahres der Inbetriebnahme, begrenzt ist, gilt dies auch für Kleinanlagen.[36]

44 Der Abs. 3 dient ausweislich der Regierungsbegründung zum Gesetzesentwurf der **Erleichterung für Kleinwindenergieanlagen**.[37] Diese erzielen regelmäßig nur kleine Erträge und werden sich regelmäßig allein auf Grundlage der EEG-Einspeisevergütung nicht wirtschaftlich betreiben lassen. Es kann sinnvoll sein, sie zur Eigenversorgung zu betreiben und ggf. Überschüsse in das Netz einzuspeisen. Für solche Überschusseinspeiser wäre die Referenzertragsberechnung für diese Anlagen eine relativ große Belastung. Gleichzeitig weisen diese kleinen Anlagen in der Regel einen Referenzertrag auf, der sie berechtigt, die Anfangsvergütung 20 Jahre lang zu beziehen. Dementsprechend wird eine Vermutung für den Referenzertrag aufgenommen, der diese Anlagen von diesem Erfordernis befreit und sie berechtigt, die Anfangsvergütung für den gesamten Vergütungszeitraum in Anspruch zu nehmen.[38] Die Zertifizierung des Referenzertrages für Kleinwindanlagen wird daher von § 49, wie auch bereits von § 29 EEG 2012, nicht gefordert.

---

35 Vgl. BerlKommEnR/*Schulz*, Bd. 2, 3. Aufl., § 29 Rn. 42 ff., 49 ff.
36 Vgl. *Salje*, EEG 2014, 7. Aufl. 2015, § 49 Rn. 32.
37 BT-Drs. 17/6071, S. 75.
38 BT-Drs. 17/6071, S. 75.

VII. Absenkung der Förderung

45   Die anzulegenden Werte für Strom aus Windenergieanlagen an Land verringern sich ab dem Jahr 2016 alle drei Monate um 0,4 % gegenüber den in den jeweils vorangegangenen drei Kalendermonaten anzulegenden Werten (§ 29 Abs. 2). Durch die Verstetigung der Absenkungen gegenüber dem EEG 2012 sollen die bisher üblichen „Jahresendrallyes" auf mehrere Quartale verteilt werden. Die Höhe der Absenkung beruht dabei auf der Einhaltung des Zielkorridors für Windenergie an Land gemäß § 3, andernfalls erhöht oder verringert sich die Absenkung. Für Einzelheiten der Absenkung der Förderung sei auf die Kommentierung zu § 29 verwiesen.

VIII. Verringerung der Förderung

46   Die finanzielle Förderung von Windenergie kann aus verschiedenen Gründen verringert werden. § 25 enthält einen Katalog an Sanktionen für Verstöße gegen Informations- und Mitwirkungspflichten sowie technische Vorschriften. Je nach Verstoß wird der anzulegende Wert dabei auch auf den Monatsmarktwert oder auf Null reduziert. Für Einzelheiten der Absenkung der Förderung sei auf die Kommentierung zu § 25 verwiesen.

IX. Übergangsvorschriften

47   Grundsätzlich gelten die Vorschriften des EEG 2014 für sämtliche Anlagen zur Erzeugung von Strom aus erneuerbaren Energien. Auf die Inbetriebnahme der jeweiligen Anlage soll es im Interesse der Vereinfachung des Vollzugs des EEG grundsätzlich nicht ankommen.[39]

48   Von diesem Grundsatz gelten insbesondere im Hinblick auf die Vergütungsvorschriften eine Reihe von Ausnahmen (vgl. die Übergangsvorschriften in den §§ 100 ff.). Aus Gründen des Vertrauensschutzes gelten für Anlagen, die vor dem 1.8.2014 in Betrieb genommen wurden (**Bestandsanlagen**), oder solche, die nach dem 31.7.2014, aber vor dem 1.1.2015 in Betrieb genommen und vor dem 23.1.2014 genehmigt wurden, die Vorschriften des EEG 2014 nur mit Modifikationen (§ 100 EEG). Diese Modifikationen betreffen insbesondere die Vergütungsvorschriften.[40] Im Ergebnis lässt sich vereinfachend sagen, dass für diese Anlagen anstelle der Bestimmungen zur Förderhöhe nicht § 49, sondern der Vergütungsanspruch des EEG in der für die jeweilige Anlage maßgeblichen Fassung anzuwenden ist (§ 100 Abs. 1 Nr. 4, Nr. 10). Außerdem ist der jeweils anzulegende Wert für nach dem 31.12.2014 erzeugten Strom um 0,40 Cent pro Kilowattstunde erhöht, um der Eingliederung der Managementprämie in den anzulegenden Wert nach dem EEG 2014 Rechnung zu tragen. Für Einzelheiten sei auf die Kommentierung zu § 100 verwiesen.

---

39 BT-Drs. 18/1304, S. 274 ff.
40 BT-Drs. 18/1891, S. 210.

Schulz

§ 50 Windenergie auf See

(1) Für Strom aus Windenenergieanlagen auf See beträgt der anzulegende Wert 3,90 Cent pro Kilowattstunde (Grundwert).

(2) [1]Abweichend von Absatz 1 beträgt der anzulegende Wert in den ersten zwölf Jahren ab der Inbetriebnahme der Windenergieanlage auf See 15,40 Cent pro Kilowattstunde (Anfangswert). [2]Der Zeitraum nach Satz 1 verlängert sich für jede über zwölf Seemeilen hinausgehende volle Seemeile, die die Anlage von der Küstenlinie nach § 5 Nummer 36 zweiter Halbsatz entfernt ist, um 0,5 Monate und für jeden über eine Wassertiefe von 20 Metern hinausgehenden vollen Meter Wassertiefe um 1,7 Monate. [3]Die Wassertiefe ist ausgehend von dem Seekartennull zu bestimmen.

(3) [1]Wenn vor dem 1. Januar 2020 die Windenergieanlage auf See in Betrieb genommen oder ihre Betriebsbereitschaft unter den Voraussetzungen des § 30 Absatz 2 hergestellt worden ist, beträgt der anzulegende Wert abweichend von Absatz 1 in den ersten acht Jahren ab der Inbetriebnahme der Anlage 19,40 Cent pro Kilowattstunde, wenn dies der Anlagenbetreiber vor Inbetriebnahme der Anlage von dem Netzbetreiber verlangt. [2]In diesem Fall entfällt der Anspruch nach Absatz 2 Satz 1, während der Anspruch auf die Zahlung nach Absatz 2 Satz 2 mit der Maßgabe entsprechend anzuwenden ist, dass der Anfangswert im Zeitraum der Verlängerung 15,40 Cent pro Kilowattstunde beträgt.

(4) [1]Ist die Einspeisung aus einer Windenergieanlage auf See länger als sieben aufeinanderfolgende Tage nicht möglich, weil die Leitung nach § 17d Absatz 1 Satz 1 des Energiewirtschaftsgesetzes nicht rechtzeitig fertiggestellt oder gestört ist und der Netzbetreiber dies nicht zu vertreten hat, verlängert sich der Zeitraum der finanziellen Förderung nach den Absätzen 2 und 3, beginnend mit dem achten Tag der Störung, um den Zeitraum der Störung. [2]Satz 1 ist nicht anzuwenden, soweit der Betreiber der Windenergieanlage auf See die Entschädigung nach § 17e Absatz 1 oder Absatz 2 des Energiewirtschaftsgesetzes in Anspruch nimmt. [3]Nimmt der Betreiber der Windenergieanlage auf See die Entschädigung nach § 17e Absatz 2 des Energiewirtschaftsgesetzes in Anspruch, verkürzt sich der Anspruch auf Förderung nach den Absätzen 2 und 3 um den Zeitraum der Verzögerung.

(5) [1]Die Absätze 1 bis 4 sind nicht auf Windenergieanlagen auf See anzuwenden, deren Errichtung nach dem 31. Dezember 2004 in einem Gebiet der deutschen ausschließlichen Wirtschaftszone oder des Küstenmeeres genehmigt worden ist, das nach § 57 in Verbindung mit § 32 Absatz 2 des Bundesnaturschutzgesetzes oder nach Landesrecht zu einem geschützten Teil von Natur und Landschaft erklärt worden ist. [2]Satz 1 ist bis zur Unterschutzstellung auch für solche Gebiete anzuwenden, die das Bundesministerium für Umwelt, Naturschutz, Bau und Reaktorsicherheit der Europäischen Kommission als Gebiete von gemeinschaftlicher Bedeutung oder als Europäische Vogelschutzgebiete benannt hat.

Schrifttum: *Compes/Schneider*, Aktuelle Probleme beim Netzanschluss von Offshore-Windparks, KSzW 2011, 277; *Hinsch*, Netzanbindung von Offshore-Windenergieanlagen, ZNER 2009, 333; *Schulz/Gläsner*, Offshore-Windenergieanlagen in der AWZ – Anwendbarkeit des deutschen Sachenrechts, EnWZ 2013, 163; *Schulz/Rohrer*, Die Auswirkungen der „Energiewende"-Gesetzgebung auf

Offshore-Windparks, ZNER 2011, 494; *Zimmermann*, Rechtliche Probleme bei der Errichtung seege-stützter Windenergieanlagen, DÖV 2003, 133.

Übersicht

I. Normzweck

1 **1. Anwendungsbereich.** Die Regelungen in § 50 konkretisieren den allgemeinen Förder-anspruch nach § 19 Abs. 1 für Strom aus Windenergieanlagen auf See. Windenergieanlagen auf See sind in § 5 Nr. 36 definiert als Windenergieanlagen, die auf See in einer Entfernung von **mindestens drei Seemeilen von der Küstenlinie** errichtet worden sind. Daraus folgt, dass Windenergieanlagen, die zwar im Wasser, aber in einer geringeren Entfernung als drei Seemeilen von der Küstenlinie errichtet wurden (sogenannte **Nearshore-Anlagen**), nicht unter § 50, sondern unter § 49 fallen.[1] Für Windenergieanlagen auf See gilt dagegen ausschließlich § 50; die Regelungen in § 49 sind nicht anwendbar. Der Förderanspruch liegt erheblich über dem für Strom aus Anlagen an Land, da die Errichtungs- und Betriebskosten erheblich über denen für Windparks an Land liegen.

Windenergieanlagen auf See waren bis zum EEG 2012 noch als „**Offshore-Anlagen**" definiert, vgl. z. B. § 3 Nr. 5 EEG 2012. **2**

2. Küstenmeer, ausschließliche Wirtschaftszone und Definition der Offshore-Anlage. **3**
Bei einem Meeresgebiet ist seerechtlich u. a. zwischen dem Küstenmeer und der ausschließlichen Wirtschaftszone zu unterscheiden. Das **Küstenmeer** ist ein **12 sm** breiter Meeresstreifen vor dem Landgebiet, gemessen von der sogenannten Basislinie aus, und gehört zum Hoheitsgebiet des Küstenstaates (Art. 2, 3 SRÜ i.V.m. Gesetz zu dem Seerechtsübereinkommen der Vereinten Nationen vom 10.12.1982 (SeeRÜbkG)[2]). In der deutschen 12 sm Zone gilt daher auch die deutsche Rechtsordnung.[3]

Die **ausschließliche Wirtschaftszone (AWZ)** ist ein jenseits des Küstenmeeres liegendes **4**
und an dieses angrenzendes Gebiet mit einer Ausdehnung von **bis zu 200 sm** von der Basislinie aus. In der ausschließlichen Wirtschaftszone hat der Küstenstaat nicht mehr die volle Hoheitsgewalt, kann jedoch in begrenztem Umfang souveräne Rechte und Hoheitsbefugnisse wahrnehmen, insbesondere steht ihm das alleinige Recht zur wirtschaftlichen Ausbeutung zu, einschließlich des Rechts der Energieerzeugung aus Wind und der Genehmigung und Errichtung von Bauwerken.[4] In der Praxis ist es umstritten, welche Rechtsordnung in der AWZ auf sachenrechtliche Vorgänge Anwendung findet; nach richtiger und herrschender Auffassung in der Literatur ist auf Windenergieanlagen auf See **in der AWZ deutsches Sachenrecht anwendbar**, was sich aus einer analogen Anwendung von Art. 43 Abs. 1 EGBGB ergibt.[5] Die meisten deutschen Offshore-Windparks befinden sich in der ausschließlichen Wirtschaftszone.

Die Unterscheidung in Küstenmeer und ausschließliche Wirtschaftszone ist für die **Zu- 5
ständigkeit für Genehmigungen** maßgeblich. Für Bau- und Betriebsgenehmigungen im Küstenmeer ist nicht das Bundesamt für Seeschifffahrt und Hydrographie, sondern sind die jeweiligen Landesbehörden zuständig. Die **Definition** für Windenergieanlagen auf See in § 5 Nr. 36 **unterscheidet** jedoch **nicht** danach, ob sich die Anlage im Küstenmeer oder in der AWZ befindet. § 5 Nr. 36 knüpft nämlich nicht an die Basislinie des Seerechtsübereinkommens an, sondern an die Küstenlinie der in § 5 Nr. 36 ausdrücklich bezeichneten Seekarten des Bundesamts für Seeschifffahrt und Hydrographie (zu den Einzelheiten vgl. die Kommentierung zu § 5 Nr. 36).

---

1 So auch BT-Drs. 18/1304, S. 172.
2 Vom 2.9.1994 (BGBl. II S. 1798).
3 *Zimmermann*, DÖV 2003, 134.
4 Vgl. Art. 55 ff., insbesondere Art. 56 Abs. 1 lit. a) und b), Art. 60 SRÜ.
5 Überblick bei *Schulz/Gläsner*, EnWZ 2013, 163, mit einem Vorschlag für eine Ergänzungsklausel zum EGBGB zur Erhöhung der Rechtssicherheit.

6   **3. Anlage und Windpark.** Gemäß § 5 Nr. 1 ist jede Windenergieanlage eine Anlage im Sinne des EEG. Das Gesetz betrachtet also für Bestehen und Höhe des Förderanspruchs jede Windenergieanlage **einzeln**, nicht alle Windenergieanlagen eines Windparks gemeinsam. Daher ist es möglich, dass verschiedene Windenergieanlagen innerhalb eines Windparks verschieden vergütet werden, z. B. wenn die Inbetriebnahme der Anlagen in verschiedene Kalenderjahre fällt oder der Verlängerungszeitraum für den Anfangswert verschieden ist.

7   **4. Unterscheidung Grundwert und Anfangswert.** Bei dem Anspruch auf Förderung ist zwischen der Zugrundelegung eines erhöhten und ggf. verlängerten Anfangswertes und des Grundwertes für die Restlaufzeit der Förderung zu unterscheiden. Anders als für Windenergieanlagen an Land richtet sich die Verlängerung der Anwendung des Anfangswertes nicht nach dem tatsächlichen Ertrag der Anlagen an dem Standort, sondern **nach den erwarteten Kosten** für Errichtung und Betrieb. Der (ggf. verlängerte) Anspruch auf den erhöhten Anfangswert soll einen wirtschaftlichen Betrieb auch von solchen Windenergieanlagen ermöglichen, die in größerer Entfernung von der Küste und/oder in größerer Wassertiefe errichtet werden.

II. Rechtstatsachen

8   Der Ausbau der Windenergienutzung auf See genießt als Hoffnungsträger der Energiewende weiterhin **politische Priorität**. Die Windenergie auf See soll sich langfristig neben der Windenergie an Land zur wichtigsten Säule der Stromerzeugung aus erneuerbaren Energien entwickeln.

9   Im Jahr 2014 wurden 1,2 Mrd. kWh Strom in Windenergieanlagen auf See erzeugt. Der Anteil der Windenergie auf See am Gesamtstromverbrauch belief sich auf 0,2 %.[6]

10   Die Entwicklung ist bisher jedoch langsamer vorangegangen als erwartet, und die gesteckten Ziele konnten in den letzten Jahren **jeweils nicht erreicht** werden. Die Gründe dafür sind zum einen die besonderen technischen und logistischen Herausforderungen, weil aus genehmigungsrechtlichen Gründen die deutschen Offshore-Windparks weit vor der Küste und damit häufig in Meerestiefen von um die 40 Meter errichtet werden müssen. Zum anderen haben die Netzbetreiber mit der Bereitstellung des rechtzeitigen Netzanschlusses Probleme. Schließlich ist auch die Finanzierung eine Herausforderung, da ein durchschnittlicher Offshore-Windpark mit 80 Anlagen ca. 1,5 Mrd. Euro kostet.[7] Mittelfristig wird zudem ein erheblicher Aus- und Umbau des deutschen Übertragungsnetzes erforderlich. Die **dena-Netzstudie II** sagt für den Zeitraum bis 2020 einen **Zubaubedarf zwischen 1.700 und 3.600 km Trassenlänge** voraus.[8]

11   Entsprechend wurden die Zubauziele im Rahmen der EEG-Novelle 2014 korrigiert und der bestehenden Ausbausituation wurde Rechnung getragen. § 3 EEG sieht für Windener-

---

6 Agentur für erneuerbare Energien, Der Strommix in Deutschland im Jahr 2014, abrufbar unter: www.unendlich-viel-energie.de/mediathek/grafiken/strommix-in-deutschland-2014.

7 Antwort der Bundesregierung auf eine Kleine Anfrage, BT-Drs. 17/11982 v. 28.12.2012, S. 3.

8 Deutsche Energie-Agentur, dena-Netzstudie II – Integration erneuerbarer Energien in die deutsche Stromversorgung im Zeitraum 2015 – 2020 mit Ausblick 2025, S. 13, abrufbar unter www.dena. de/fileadmin/user_upload/Presse/Pressemappen/netzstudie2/Ergebniszusammenfassung_dena-Netzstudie_1_.pdf.

gie auf See eine Steigerung der installierten Leistung auf 6,5 GW bis 2020 und auf 15 GW bis 2030 vor.[9] Daran geknüpft ist die Hoffnung, dass der kontinuierliche Ausbau von Windenergiekapazitäten auf See langfristig mit Lern- und Skaleneffekten verbunden sein wird und damit Kostensenkungspotenziale zum Tragen kommen, welche die Erreichung der Ziele für 2020 und 2030 erlauben.[10]

Das Energiekonzept der Bundesregierung von 2010 sah demgegenüber noch vor, die installierte Offshore-Windleistung **bis 2030 auf 25 GW auszubauen**, wofür voraussichtlich etwa 75 Mrd. Euro hätten investiert werden müssen. Danach sollten dann ca. 15 % des deutschen Stromverbrauchs mit Offshore-Windkraft gedeckt werden können.[11]   12

Um der Windenergieerzeugung auf See zum Durchbruch zu verhelfen, hat die Bundesregierung für die Errichtung der ersten 10 Offshore-Windparks ein **Sonderprogramm „Offshore Windenergie" der Kreditanstalt für Wiederaufbau (KfW)** mit einem Kreditvolumen von insgesamt 5 Mrd. Euro zu Marktzinsen aufgelegt, aus dem auch schon erste Windparks finanziert wurden.   13

Durch die EnWG-Novelle 2012[12] wurde bereits 2012 eine Neuregelung des regulatorischen Rahmens für die Planung und Errichtung der Anbindungsleitungen von Offshore-Windparks (§§ 17a–17d EnWG) sowie die Haftung der Netzbetreiber (§§ 17e–17f EnWG) auf den Weg gebracht. Zuvor wurden zudem mit dem EEG 2012 sowie mit **Änderungen im Genehmigungsrecht** in der Seeanlagen-Verordnung[13] und bei der Raumplanung[14] die Rahmenbedingungen für die Entwicklung der Offshore-Windenergie verbessert. Diese Schritte waren nötig, um bei der im Offshore-Bereich bestehenden Konkurrenz um knappe technische und finanzielle Ressourcen mit anderen Ländern bestehen zu können. Erst wenn viele Offshore-Windparks errichtet wurden, in Betrieb genommen worden sind und entsprechende Erfahrungen vorliegen, ist mit sinkenden Risiken und Kosten zu rechnen.[15]   14

III. Entstehungsgeschichte

1. Stromeinspeisungsgesetz.[16] Eine besondere Regelung zur Vergütung von Strom aus Windenergie war erstmals im Stromeinspeisungsgesetz von 1990 enthalten (siehe zu den   15

---

9 Vgl. BT-Drs. 18/1304, S. 164.

10 BT-Drs. 18/1304, S. 164.

11 BMU, Energiekonzept für eine umweltschonende, zuverlässige und bezahlbare Energieversorgung vom 28.9.2010, S. 8, abrufbar unter www.bundesregierung.de/ContentArchiv/DE/Archiv17/_Anlagen/2012/02/energiekonzeptfinal.pdf?_blob=publication_file&v=5.

12 Drittes Gesetz zur Neuregelung energiewirtschaftsrechtlicher Vorschriften v. 20.12.2012 (BGBl. I S. 2730).

13 Änderung v. 15.1.2012 (BGBl. I S. 112).

14 Rechtsverordnung über die Raumordnung in der deutschen ausschließlichen Wirtschaftszone in der Ostsee v. 10.12.2009 (BGBl. I Nr. 78 S. 3861) und Rechtsverordnung über die Raumordnung in der deutschen ausschließlichen Wirtschaftszone in der Nordsee v. 22.9.2009 (BGBl. I Nr. 61 S. 3107).

15 BT-Drs. 18/1304, S. 164; Regierungsentwurf des EEG 2009, BT-Drs. 16/8148 v. 18.2.2008, S. 59; BMU, Eckpunkte der EEG-Novelle sowie sonstige Neuerungen für erneuerbare Energien v. 30.6.2011, www.erneuerbare-energien.de/EE/Redaktion/DE/Dossier/eckpunkte-der-eeg-novelle.html.

16 Gesetz über die Einspeisung von Strom aus erneuerbaren Energien in das öffentliche Netz v. 7.12.1990 (BGBl. I S. 2633).

Einzelheiten § 49 Rn. 9). Diese Vergütung galt einheitlich für alle Windenergieanlagen, unabhängig von Größe, Standort und Jahr der Inbetriebnahme. Eine spezielle Regelung für Windenergieanlagen auf See gab es nicht und wäre zu dieser Zeit auch praktisch irrelevant gewesen.

16 **2. EEG 2000.**[17] Das EEG 2000 sah in § 7 Abs. 1 erstmals eine spezielle Regelung für Windenergieanlagen auf See vor. Danach galt die erhöhte Anfangsvergütung von 9,10 Cent pro Kilowattstunde für mindestens **neun Jahre**, anstatt der fünf Jahre für Anlagen an Land. Allerdings war Voraussetzung, dass die Anlagen bis Ende 2006 in Betrieb genommen werden, um Anreize für schnelle Investitionen zu schaffen. Weder der Zeitraum noch die Vergütungshöhe waren ausreichend, um Anlagen auf See zu installieren, so dass unter dem EEG 2000 keine einzige Anlage installiert wurde.

17 **3. EEG 2004.**[18] Im EEG 2004 erhielt die Offshore-Windenergie mit § 10 Abs. 3 und Abs. 7 zwei eigene Absätze. Im Ergebnis wurde die erhöhte Anfangsvergütung von 9,1 Cent pro Kilowattstunde beibehalten, während sie für Anlagen an Land auf 8,7 Cent pro Kilowattstunde reduziert wurde. Die erhöhte Anfangsvergütung sollte für mindestens **zwölf Jahre** gezahlt werden, mit einer **Verlängerung in Abhängigkeit von der Küstenentfernung und der Wassertiefe**. Die jährliche Degression des Vergütungssatzes wurde auf 2 % festgelegt und sollte ab 2008 eingreifen. Schließlich war auch bereits vorgesehen, dass Offshore-Windparks in naturschutzrechtlich geschützten Gebieten keinen Anspruch auf EEG-Vergütung haben. Diese Struktur ist in den Regelungen des EEG 2009 und des EEG 2012 beibehalten worden. Auch unter der Geltung des EEG 2004 wurden keine „Offshore-Windenergieanlagen" installiert.

18 **4. EnWG-Novelle 2006.**[19] Eine für die Windkraft auf See besonders wichtige Änderung wurde 2006 durch das Infrastrukturplanungsbeschleunigungsgesetz[20] in § 17 Abs. 2a EnWG vorgenommen: Für Bau und Betrieb der **Netzanbindung** für Offshore-Windparks sind seitdem nicht mehr die Anlagenbetreiber, sondern die Netzbetreiber zuständig und kostentragungspflichtig. Der Gesetzgeber wollte damit die Anlagenbetreiber von den Kosten der Netzanbindung an das Energieversorgungsnetz entlasten, die teilweise 20 bis 30 % der Gesamtinvestition bedeuten können.[21] Die 2006 noch vorgesehene Begrenzung der Regelung auf Offshore-Windparks, mit deren Bau bis zum 31.12.2015 begonnen wird, ist durch die EnWG-Novelle des Jahres 2011 entfallen.[22]

---

17 Gesetz für den Vorrang erneuerbaren Energien v. 29.3.2000 (BGBl. I S. 305).
18 Gesetz zur Neuregelung des Rechts der Erneuerbaren Energien im Strombereich v. 21.7.2004 (BGBl. I S. 1918).
19 Gesetz zur Beschleunigung von Planungsverfahren für Infrastrukturvorhaben v. 9.11.2006, (BGBl. I S. 2833).
20 Gesetz zur Beschleunigung von Planungsverfahren für Infrastrukturvorhaben v. 9.9.2006, (BGBl. I S. 2833).
21 Beschlussempfehlung des Ausschusses für Verkehr, Bau und Stadtentwicklung, BT-Drs. 16/3158 v. 25.10.2006, S. 44.
22 Änderungsgesetz v. 28.7.2011, BGBl. I S. 1690 (Gesetz über Maßnahmen zur Beschleunigung des Netzausbaus Elektrizitätsnetze) mit dem § 118 Abs. 3 (der die zeitliche Begrenzung enthielt) aufgehoben wurde.

5. EEG 2009.[23] Im EEG 2009 erhielt die Offshore-Windenergie mit § 31 einen eigenen   **19**
Paragraphen. Diese Trennung von Onshore- und Offshore-Windenergie ist zu begrüßen,
denn die Offshore-Technologie ist eine eigenständige Technologie mit eigenen Regelungs-
bedürfnissen. Die Anfangsvergütung für die ersten mindestens zwölf Jahre wurde deutlich
auf 13 Cent pro Kilowattstunde erhöht. Durch eine sogenannte **Sprinterprämie** erhöhte
sich die Anfangsvergütung für Anlagen, die vor dem 1.1.2011 in Betrieb genommen wurden, weiter auf 15 Cent pro Kilowattstunde. Die sich anschließende Grundvergütung wurde
auf 3,5 Cent pro Kilowattstunde reduziert und die Degression auf 5 % ab dem Jahr 2015
festgelegt.

6. EEG 2012.[24] Auch wenn das EEG 2012 die Systematik des EEG 2009 und des EEG   **20**
2004 weitgehend fortführte, wurde der regulatorische Rahmen für die Offshore-Windenergie weiter verbessert. Entgegen den Bestrebungen der Offshore-Industrie wurde die allgemeine Anfangsvergütung zwar nicht angehoben, sondern lediglich die Sprinterprämie in
die Anfangsvergütung integriert. Allerdings wurde wegen der Verzögerungen bei der Umsetzung der Projekte der Beginn der Degression von 2015 auf 2018 verschoben. Als stärkerer wirtschaftlicher Anreiz wurde ein sogenanntes **Stauchungsmodell** eingeführt, welches
von den Anlagenbetreibern gewählt werden konnte. Danach stieg die Anfangsvergütung
von 15 auf 19 Cent pro Kilowattstunde, wurde aber nur für acht statt zwölf Jahre gewährt.
Weiterhin verlängerte sich bei Netzstörungen der Zeitraum, in dem ein Anspruch auf EEG-
Vergütung bestand. Schließlich wurden im Zuge des EEG 2012 auch andere Gesetze im
Genehmigungsrecht geändert, die sich positiv auf die weitere Entwicklung der Windenergie auf See auswirken sollten.[25]

7. EnWG-Novelle 2012.[26] Mit der EnWG-Novelle 2012, die am 28.12.2012 in Kraft trat,   **21**
wurden insbesondere der Netzanschluss für Offshore-Windparks und die **Haftung der
Netzbetreiber** bei verspäteter Fertigstellung oder Netzunterbrechungen in den §§ 17a ff.
EnWG neu geregelt. Netzanbindungen werden nunmehr in einem Offshore-Netzentwick-
lungsplan geplant, der von den Übertragungsnetzbetreibern aufzustellen und von der
BNetzA zu bestätigen ist. Die Entschädigung bei Verzögerung oder Störung der Netzanbindung wurde auf **90 % der entgangenen Vergütung** festgelegt, mit einer Karenzzeit von
zehn Tagen, darüber hinausgehende Vermögensschäden werden dem Anlagenbetreiber
grundsätzlich nicht ersetzt.

8. EEG 2014. Mit dem EEG 2014 wurden die Regelungen des EEG 2012 im Wesentlichen   **22**
beibehalten. Änderungen ergeben sich hinsichtlich der Anfangs- und Grundwerte, in die
die Managementprämie aus der Direktvermarktung hineingerechnet wurde.[27] Beide Werte
erhöhen sich damit um 0,4 Cent pro Kilowattstunde. Das **Stauchungsmodell** wurde **um
zwei Jahre verlängert**, so dass nunmehr auch Betreiber von Anlagen, die bis zum
31.12.2019 in Betrieb genommen werden, einen Anspruch auf das Stauchungsmodell geltend machen können. Daneben enthält der neue § 50 EEG einige redaktionelle Anpassun-

---

23 Gesetz zur Neuregelung des Rechts der Erneuerbaren Energien im Strombereich und zur Ände-
    rung damit zusammenhängender Vorschriften v. 25.10.2008 (BGBl. I S. 2074).
24 Gesetz zur Neuregelung des Rechtsrahmens für die Förderung der Stromerzeugung aus erneuerba-
    ren Energien v. 28.7.2011 (BGBl. I S. 1634).
25 Zu den Einzelheiten vgl. den Überblick bei *Schulz/Rohrer*, ZNER 2011, 494 ff.
26 Drittes Gesetz zur Neuregelung energiewirtschaftsrechtlicher Vorschriften v. 20.12.2012 (BGBl. I
    S. 2730).
27 Vgl. BT-Drs. 18/1304, S. 224.

gen und Klarstellungen, z. B. betreffend die Berechnung der Wassertiefe. Im EnWG wurde eine **mengenmäßige Begrenzung** der an Betreiber von Windenergieanlagen auf See zu vergebenden **Netzanbindungskapazitäten** eingeführt und so der Ausbau auf den Pfad von 6,5 GW installierter Leistung bis 2020 und 15 GW bis 2030 festgelegt.[28]

IV. Grundwert (Abs. 1)

23 **1. Höhe des Grundwertes.** Der Grundwert ist in Abs. 1 legaldefiniert. Der anzulegende Grundwert für die Förderung von Windenergieanlagen auf See beträgt 3,9 Cent pro Kilowattstunde. Damit liegt die Grundvergütung deutlich unter den Gestehungskosten für den Strom. Es wird aber erwartet, dass die Grundvergütung praktisch nicht zur Anwendung gelangen wird, da der Marktpreis für Strom nach Ablauf der Anfangsvergütung höher sein soll als die Grundvergütung. Trotzdem ist eine Folge der niedrigen Grundvergütung, dass die Fremdfinanzierung der Anlagen bis zum Beginn der Grundvergütung zurückgeführt sein muss.

24 **2. Berechnung der Dauer.** Nach dem Grundsatz in § 22 Satz 1 ist die finanzielle Förderung für die Dauer von 20 Kalenderjahren zuzüglich des Inbetriebnahmejahres zu zahlen. Die Anlegung des Grundwertes wird jedoch tatsächlich erst dann maßgeblich, wenn für den Strom kein Anspruch mehr auf den höheren Anfangswert nach § 50 Abs. 2 besteht.

25 **3. Vergleich zum EEG 2012.** Unter dem EEG 2012 galt eine Grundvergütung von 3,5 Cent pro Kilowattstunde. Der Grundwert nach § 50 Abs. 1 preist gegenüber § 31 Abs. 1 EEG 2012 jedoch die Managementprämie in Höhe von 0,4 Cent mit ein und liegt somit genau um diesen Betrag über dem Grundwert des EEG 2012.[29] Mit Berücksichtigung der Managementprämie entspricht die Förderung nach dem EEG 2014 derjenigen nach dem EEG 2012.

V. Anfangswert im Basismodell (Abs. 2)

26 **1. Höhe des Anfangswertes (Abs. 2 S. 1).** Der Anfangswert ist in Abs. 2 S. 1 legaldefiniert. Der Anfangswert für Windenergieanlagen auf See beträgt 15,40 Cent pro Kilowattstunde. Dieser erhöhte Wert gilt **mindestens** für die **ersten zwölf Jahre** ab der Inbetriebnahme der Windenergieanlage.

27 **2. Verlängerung des Zeitraums des Anfangswertes (Abs. 2 S. 2). a) Prinzip.** Die Dauer des Anspruches auf Förderung unter Zugrundelegung des Anfangswertes verlängert sich über die zwölf Jahre hinaus in Abhängigkeit von der Entfernung der Anlage zur Küste und der Wassertiefe. Die Verlängerung des Zeitraums trägt den beiden wesentlichen Kostenfaktoren Rechnung und gewährleistet so eine **an den tatsächlichen Kosten orientierte Förderung.**[30]

28 Das bedeutet, dass Anlagen mit großer Küstenentfernung und in größerer Wassertiefe die Förderung mit dem Anfangswert länger erhalten und demnach stärker gefördert werden. Nach Ablauf des Verlängerungszeitraums wird der Strom bis zum Ende des EEG-Vergütungszeitraumes (siehe oben Rn. 24) mit dem Grundwert vergütet. Bei Standorten in großer

---

28 Vgl. dazu die Neuregelung in § 17d EnWG.
29 Vgl. BT-Drs. 18/1304, S. 224.
30 Regierungsentwurf des EEG 2009, BT-Drs. 16/8148 v. 18.2.2008, S. 59.

Entfernung und großer Wassertiefe wäre es grundsätzlich möglich, dass der Anfangswert über den gesamten EEG-Förderzeitraum von 20 Jahren zu zahlen ist. Rein rechnerisch wäre es auch möglich, dass die Förderung auch über die im EEG vorgesehene Förderungsdauer von 20 Jahren zuzüglich Inbetriebnahmejahr andauert; § 22 Satz 1 ist jedoch als absolute Obergrenze zu verstehen.[31]

Gemäß der Anlagendefinition in § 5 Nr. 1 ist dabei die Zeit der Verlängerung, ebenso wie **29** der Start der Zwölfjahresfrist, für jede Windenergieanlage einzeln zu bestimmen (vgl. auch oben Rn. 26).

b) Hintergrund. Das Konzept einer Unterscheidung in höhere Anfangsvergütung und **30** niedrigere Grundvergütung war für Windenergieanlagen bereits durch das EEG 2000 eingeführt worden. Allerdings wurde damals auch für Windenergieanlagen auf See auf die Abweichung zum sogenannten Referenzertrag Bezug genommen. Mit dem EEG 2004 wurde für Windenergieanlagen auf See dann auf die Entfernung von der Küste und die Wassertiefe abgestellt, da bei Windenergieanlagen auf See dies die wesentlichen Kostentreiber und Unterscheidungsfaktoren für die Wirtschaftlichkeit der Anlage sind.

Zum allgemeinen Hintergrund der Einführung einer Staffelung der Vergütung in Anfangs- **31** vergütung und Grundvergütung vgl. weiter § 49 Rn. 23 ff.

c) Entfernung von Küstenlinie. aa) Grundsatz. Die Anfangsvergütung verlängert sich **32** über die zwölf Jahre hinaus für jede über zwölf Seemeilen hinausgehende volle Seemeile, die die Anlage von der Küstenlinie nach § 5 Nr. 36 Halbsatz 2 entfernt ist, um 0,5 Monate.

bb) Bezugspunkte. In § 50 Abs. 2 EEG wird als Bezugsgröße für die Küstenlinie klarstel- **33** lend ausdrücklich auf § 5 Nr. 36 Halbsatz 2 verwiesen.

Die Messung der Entfernung beginnt damit **landseitig** an der in § 5 Nr. 36 Halbsatz 2 be- **34** zeichneten Küstenlinie. Dazu ist anzumerken, dass die Klarheit dieser Bestimmung täuscht. Die jeweils für Nord- und Ostsee bezeichneten Seekarten stellen mehrere Küstenlinien dar, nämlich zum einen die Küstenlinie des Festlandes und zum anderen die Küstenlinien der Nord- und Ostseeinseln. Praktisch macht es einen großen Unterschied, auf welche Küstenlinie man abstellt.

Eine Argumentation mit dem Sinn und Zweck liefert ebenfalls keine eindeutige Antwort. **35** Nach dem Gesetzeszweck soll durch die Verlängerung der Anfangsvergütung der mit der größeren Entfernung vom Hafen verbundene höhere Errichtungs- und Wartungsaufwand kompensiert werden. Insbesondere für die Wartung der Windparks werden jedoch auch Spezialhäfen und -stützpunkte auf Inseln wie Rügen und Helgoland errichtet. Allerdings wird in der Gesetzesbegründung zum EEG 2009 ausdrücklich auf die **Küstenlinie des Festlandes** Bezug genommen, sodass für Zwecke des Abs. 2 auf diese abzustellen ist. Veränderungen der in § 3 Nr. 9 S. 2 in Bezug genommenen Seekarten führen nicht zu Anpassungen bei der Vergütung, da der Verweis des Gesetzgebers ein **statischer** und kein dynamischer ist.

Die Messung der Entfernung endet **seeseitig** an der Anlage, wobei auf den Mittelpunkt des **36** Turms der jeweiligen Anlage abzustellen ist, nicht auf den Beginn des Fundaments.[32]

---

31 Reshöft/Schäfermeier/*Kahle/Reshöft*, § 29 Rn. 37.
32 Altrock/Oschmann/Theobald/*Prall*, 4. Aufl. 2013, § 29 Rn. 51, wobei diese Unterscheidung praktisch nicht zu einem Unterschied führen dürfte.

37   **cc) Messung.** Die Entfernung ist als **kürzeste Luftlinie** zu messen.[33] Ob in die Berechnung auch die Erdkrümmung einzubeziehen ist, bleibt eine theoretische Frage, da dies praktisch nicht zu relevanten Unterschieden führen dürfte.

38   **d) Wassertiefe. aa) Grundsatz.** Die Anfangsvergütung verlängert sich über die zwölf Jahre hinaus für jeden über eine Wassertiefe von 20 Metern hinausgehenden vollen Meter Wassertiefe um 1,7 Monate. Die Wassertiefe ist dabei gemäß § 50 Abs. 2 Satz 3 ausgehend von dem Seekartennull zu bestimmen. Damit sind unter dem EEG 2012 bestehende Unklarheiten entfallen.[34]

39   **bb) Diskussion unter dem EEG 2012.** § 31 Abs. 2 EEG 2012 bestimmte nicht, was die Bezugspunkte für die Bestimmung der Wassertiefe sein sollten.[35] Bei der Wasseroberfläche gibt es, anders als bei einer Landoberfläche, keinen eindeutigen und feststehenden Ausgangspunkt zur Bestimmung der Wassertiefe. Vielmehr wird für den Wasserstand bei Gewässern mit Gezeiten zwischen dem Niveau des niedrigsten Gezeitenwasserstands (NGzW) (englisch: Lowest Astronomical Tide, LAT), dem höchsten Gezeitenwasserstand (HGzW) (englisch: Highest Astronomical Tide, HAT), der Höhe des örtlichen mittleren Springniedrigwassers (MSpNW) und anderen Pegelständen unterschieden. Bei Gewässern ohne Gezeiten gibt es den sogenannten mittleren Wasserstand (MW).

40   Die Gesetzesbegründung zum EEG 2009 verwies jedenfalls „für eine erste Abschätzung" auf die vorhandenen Seekarten des Bundesamtes für Seeschifffahrt und Hydrographie.[36] Die Seekarten folgen unterschiedlichen Standards. Im Bereich der deutschen Nordsee orientierte sich das **Seekartennull** bis Ende 2004 an der Höhe des MSpNW, ab 2005 wurde auf das NGzW/LAT umgestellt, weil die Anrainerstaaten der Nordsee ebenfalls diesem internationalen Standard folgen. Das Niveau des **NGzW/LAT** liegt in der deutschen Nordsee ungefähr 0,5 Meter unter dem Niveau des MSpNW. Daher führte die Umstellung des Seekartennulls auf den Seekarten für die deutsche Nordsee zu einer leichten Verringerung der kartographischen Wassertiefe. Das Seekartennull im Bereich der deutschen Ostsee blieb unverändert bei dem **mittleren Wasserstand** (MW), weil die Gezeiten in der Ostsee weitgehend unbedeutend sind.[37]

41   Gegen ein Abstellen auf die Seekarten und das dort aufgeführte Seekartennull wurde ins Feld geführt, dass dann für Nord- und Ostsee jeweils ein ähnliches Bezugsniveau gelte, was im Ergebnis die Projekte in der Nordsee benachteilige, denn in der Nordsee werde das Bezugsniveau (NGzW/LAT) durch den tatsächlichen Meeresspiegel täglich überschritten und die Konstruktion der Windenergieanlagen müsse darauf angepasst sein, während in der Ostsee das Bezugsniveau (MW) selten überschritten werde. Nach dem Sinn und Zweck der Regelung solle durch die Verlängerung der Anfangsvergütung in Abhängigkeit von der Wassertiefe sichergestellt werden, dass auch Anlagen in größerer Wassertiefe wirtschaftlich betrieben werden könnten. Projektentwickler und Ingenieure würden das Design der

---

33 Altrock/Oschmann/Theobald/*Prall*, 4. Aufl. 2013, § 29 Rn. 52.
34 Vgl. BT-Drs. 18/1304, S. 224.
35 Zu diesem Thema ausführlich und instruktiv Altrock/Oschmann/Theobald/*Prall*, § 29 Rn. 53 ff.
36 Regierungsentwurf des EEG 2009, BT-Drs. 16/8148 v. 18.2.2008, S. 59.
37 Siehe dazu die Erläuterungen unter www.bsh.de/de/Produkte/Infomaterial/Seekartennull/index.jsp sowie das dort verlinkte Faltblatt des Bundesministeriums für Verkehr, Bau und Stadtentwicklung zum Neuen Seekartennull.

Fundamente in der Nordsee auf eine im Vergleich zu LAT höhere Wassertiefe auslegen müssen als für vergleichbare Fundamente in der Ostsee.

cc) Würdigung im Lichte des EEG 2014. Art. 3 Abs. 1 GG verbietet nicht nur die Un- **42** gleichbehandlung von wesentlich Gleichem, sondern auch die Gleichbehandlung von wesentlich Ungleichem. Dagegen wird verstoßen, wenn die **Ungleichbehandlung** nicht durch einen hinreichend gewichtigen Grund gerechtfertigt ist. Als Grund für die Gleichbehandlung kommt allerdings jede vernünftige Erwägung in Betracht. Dabei kann der Grund auch in der Praktikabilität der Regelung liegen. Werden, wie vorliegend, ungleiche Sachverhalte gleich behandelt, ist eine großzügige Prüfung ausreichend – insbesondere bei komplexen Zusammenhängen, solange Erfahrungen noch gesammelt werden müssen, und bei wirtschaftslenkenden Maßnahmen.[38] Ein ausreichender Grund liegt in der Typisierung und Generalisierung von Sachverhalten, wenn der Gesetzgeber ihrer anders nur schwer Herr werden kann.[39] Bei der Gleichbehandlung von Windparks in Nord- und Ostsee liegt kein Verstoß gegen das Willkürverbot vor. Das einheitliche Abstellen auf die Wassertiefe anhand Seekartennull ohne zwischen Gewässern mit und ohne Tidenhub zu unterscheiden, verstößt nicht gegen das Gerechtigkeitsempfinden und ist durch die **Notwendigkeit einer vereinfachenden und typisierenden Handhabung** der Regelung sowie teilweise anderweitig unterschiedliche Bedingungen in Nord- und Ostsee gerechtfertigt.[40]

Zum anderen könnte man anführen, dass schon die Gesetzesbegründung zum EEG 2004 **43** auf die Seekarten verwies,[41] diese damals für die Nordsee das Seekartennull aber noch auf MSpNW, und nicht auf NGzW/LAT, basierten. Auf diesen Wechsel wird in den offiziellen Dokumenten zum EEG nicht eingegangen. Möglicherweise sind dem Gesetzgeber diese Umstände und die damit einhergehende kartographische Verringerung der Wassertiefe für Nordseewindparks um ca. 0,5 Meter nicht bewusst gewesen.

Gleichwohl gibt es zu den unter Rn. 41 ff. aufgeführten Argumenten keine Anhaltspunkte **44** im Wortlaut des § 31 EEG 2012 oder in der Gesetzesbegründung.[42] Der Gesetzgeber hat zudem mit § 50 Abs. 2 Satz 3 explizit klargestellt, dass zukünftig **wasseroberflächenseitig auf das jeweilige Ausgangsniveau der Seekarten**, das Seekartennull, abzustellen ist.

dd) Messung. Abs. 2 S. 2 bestimmt nicht, wie die Wassertiefe zu messen ist. Nach der Ge- **45** setzesbegründung zum EEG 2009 soll die Ermittlung der Wassertiefe jedoch grundsätzlich nach der **technischen Richtlinie „IHO Standards for Hydrographic Surveys" Nr. 44** der International Hydrographic Organization, 4th Edition, April 1998, veröffentlicht vom International Hydrographic Bureau in Monaco, erfolgen.[43] Mittlerweile ist eine fünfte Edition dieses IHO Standards Nr. 44 mit Datum vom Februar 2008 verfügbar.[44] Es ist nach dem Gesetzeszweck, nämlich der möglichst genauen Bestimmung der Wassertiefe, davon auszugehen, dass die neueste Fassung anzuwenden ist.

---

38 Jarass/Pieroth/*Jarass*, GG, Art. 3 Rn. 8, 14 ff., 24, 28.
39 BVerfGE 100, 138, 174.
40 Zu dieser Frage mit ausführlicher und überzeugender Argumentation Altrock/Oschmann/Theobald/*Prall*, § 29 Rn. 61 ff.
41 Bericht des Ausschusses für Umwelt, Naturschutz und Reaktorsicherheit, BT-Drs. 15/2864 v. 1.4.2004, S. 42.
42 So im Ergebnis auch Altrock/Oschmann/Theobald/*Prall*, § 29 Rn. 53 ff.
43 Regierungsentwurf des EEG 2009, BT-Drs. 16/8148 v. 18.2.2008, S. 59.
44 www.iho.int/iho_pubs/standard/S-44_5E.pdf.

46   Der IHO-Standard Nr. 44 bestimmt die **Minimalstandards für die Genauigkeit der Messung** hydrographischer Daten und die Messungenauigkeiten. Es wird zwischen vier Genauigkeitsklassen unterschieden (Special Order, Order 1a, Order 1b und Order 2). Da im Rahmen des § 50 Abs. 2 ein Meter Wassertiefe mehr bereits eine Verlängerung der Anfangsvergütung um 1,7 Monate und damit eine substanzielle Mehrvergütung bewirkt,[45] ist ein hinreichend genauer Standard zu wählen. Hydrographische Messungen sind notwendig immer ungenauer als Messungen an Land. Die Toleranzen sind abhängig von der gewählten Genauigkeitsklasse und der Wassertiefe. Nach den Formeln des IHO-Standards Nr. 44[46] beträgt bei einer Wassertiefe von 30 Metern die Toleranz bei der Genauigkeitsklasse Special Order knapp 34 cm, bei der Genauigkeitsklasse 1a knapp 64 cm. Es ist daher mit der Genauigkeitsklasse Special Order zu vermessen. Da mit jedem Meter Wassertiefe eine Mehrvergütung einhergeht, kann es mitunter darauf ankommen, ob bei der Berechnung der Wassertiefe die **Messtoleranz** abzuziehen oder zuzuschlagen ist. Nach der hier vertretenen Ansicht ist die Messtoleranz weder im Wege eines Zu- noch eines Abschlages zu berücksichtigen, sondern es gilt einfach der gemessene Wert.[47]

47   Der **untere Bezugspunkt** ist der **Meeresboden zur Zeit der Errichtung der Anlage.** Gegebenenfalls entstehende **Kolke,** d. h. im Laufe der Zeit um das Fundament entstehende Vertiefungen aufgrund strömender Gewässer, sind bei der Messung nicht zu berücksichtigen, da nach Sinn und Zweck der Regelung der Mehraufwand bei der Errichtung kompensiert werden soll. Auch würden ansonsten mit Kolkschutz ausgerüstete Anlagen benachteiligt.[48] Gleiches muss für nach der Errichtung ggf. anspülende Materie gelten.

48   **e) Verfahren der Geltendmachung des Anfangswertes.** Im Unterschied zu Windenergieanlagen an Land, bei denen der Zeitraum der verlängerten Anfangsvergütung erst nach Ablauf der ersten fünf Betriebsjahre der Windenergieanlage endgültig ermittelt werden kann, da erst dann der in diesem Zeitraum tatsächlich erzielte Ertrag bekannt ist (vgl. § 49 Rn. 35), **kann** der Zeitraum der verlängerten Anfangsvergütung bei Windenergieanlagen auf See **bereits unmittelbar nach der Errichtung** bestimmt werden, denn Entfernung von der Küstenlinie sowie Wassertiefe der Fundamente sind dann endgültig feststellbar.

49   § 50 EEG trifft keine Festlegung, wie Entfernung und Wassertiefe nachzuweisen sind. Nach der Gesetzesbegründung zum EEG 2009 war die genaue Ermittlung des Zeitraums für eine mögliche Verlängerung der Anfangsvergütung **erst nach Ablauf des Zwölfjahreszeitraums erforderlich.**[49] In der Praxis wird diese Feststellung aber schon vor Ablauf dieses Zeitraumes erfolgen müssen, damit rechtzeitig vor Ablauf der Anfangsvergütung der Verkauf im freien Markt erfolgen kann, da die Zahlung der Grundvergütung von 3,9 Cent pro Kilowattstunde keine Grundlage für den Weiterbetrieb der Anlagen sein dürfte. Nach der Gesetzesbegründung soll der Zwölfjahreszeitraum genutzt werden, um die erforderlichen **Messungen (z. B. durch das BSH selbst oder unter dessen Aufsicht)** vor-

---

45   Nach Altrock/Oschmann/Theobald/*Prall*, § 29 Rn. 54, Fn. 75, führt eine Verlängerung der Anfangsvergütung bei einer 5 MW Anlage mit 3.500 Volllaststunden pro Jahr zu einer Mehrvergütung von EUR 370.000.

46   IHO-Standard Nr. 44, table 1 – maximum allowable total vertical uncertainty gemäß der Formel in Anmerkung 1.

47   Anders Altrock/Oschmann/Theobald/*Prall*, § 29 Rn. 67 a. E., die aufgrund teleologischer Auslegung die Messtoleranz auf den gemessenen Wert aufschlagen möchte.

48   Altrock/Oschmann/Theobald/*Prall*, § 29 Rn. 68.

49   BT-Drs. 16/8148, S. 59.

zunehmen. Die in diesem Zeitraum durch das BSH vorgenommenen wiederkehrenden Routinemessungen sollen auch an den Bedürfnissen der Tiefenermittlung für Windenergieanlagen ausgerichtet werden, um eine im gesamtwirtschaftlichen Interesse kostenoptimierte Ermittlung der Wassertiefen zu ermöglichen. Auf diese Weise soll zu vergleichsweise geringen Kosten und durch eine unabhängige Behörde ein Optimum an Genauigkeit erreicht werden. Den Anlagenbetreibern ist es jedoch unbenommen, unter Beachtung des Stands von Wissenschaft und Technik selbst Messungen durchzuführen.[50] Die Angaben in den Seekarten reichen nicht aus,[51] können aber für eine erste Abschätzung über den Vergütungszeitraum herangezogen werden.[52]

In der **Praxis** ist es ratsam, Entfernung und Wassertiefe spätestens während der Errichtung **50** zu ermitteln, da die Wassertiefe dann noch unverändert von Kolk und anderen Erscheinungen ist und die Ermittlung kostengünstig bei Gelegenheit anderer Arbeiten erfolgen kann. Im Hinblick auf die Nachweise der Daten verlangen die Netzbetreiber, dass die Nachweise von einem Sachverständigen zu **testieren** sind.[53]

3. Berechnung der Dauer der Anfangsförderung. Anders als der Anspruch auf Förde- **51** rung mit dem Grundwert, bei dem zu der zwanzigjährigen Dauer das Jahr der Inbetriebnahme hinzuzurechnen ist (vgl. § 22), wird die Anfangsförderung nur für **genau zwölf Jahre zuzüglich einer Verlängerung** nach Abs. 2 Satz 2 gezahlt. Die Frist beginnt mit Inbetriebnahme der Anlage zu laufen.

Nach den allgemeinen Grundsätzen für **Fristberechnungen** gemäß §§ 186 ff. BGB wird **52** der Tag der Inbetriebnahme bei der Berechnung der Frist nicht mitgerechnet (§ 187 Abs. 1 BGB) und die Frist endet mit Ablauf desselben Kalendertages, an dem die Inbetriebnahme erfolgte, zwölf Kalenderjahre später, gegebenenfalls verlängert um zusätzliche Monate (§ 188 Abs. 2 BGB).

Die Inbetriebnahme ist in § 5 Nr. 21 definiert als die erstmalige Inbetriebsetzung der An- **53** lage nach Herstellung der technischen Betriebsbereitschaft der Anlage ausschließlich mit erneuerbaren Energien oder Grubengas. Der Austausch des Generators oder sonstiger technischer oder baulicher Teile nach der erstmaligen Inbetriebnahme führt nicht zu einer Änderung des Zeitpunkts der Inbetriebnahme.[54]

4. Absenkung der Förderung von Strom aus Windenergie. Die anzulegenden Werte für **54** Strom aus Windenergieanlagen auf See verringern sich in verschiedenen Stufen und in Abhängigkeit davon, ob von dem Basismodell oder dem Stauchungsmodell Gebrauch gemacht wird. Vergleiche zu den Einzelheiten der Absenkung die Kommentierung zu § 30.[55]

5. Vergleich zu EEG 2012. Unter dem EEG 2012 galt eine Anfangsvergütung von 15 Cent **55** pro Kilowattstunde. Der Anfangswert nach § 50 Abs. 2 preist gegenüber § 31 Abs. 2 EEG 2012 jedoch die Managementprämie in Höhe von 0,4 Cent mit ein und liegt somit genau

---

50 Bericht des Ausschusses für Umwelt, Naturschutz und Reaktorsicherheit, BT-Drs. 15/2864 v. 1.4.2004, S. 43, verkürzt auch in Gesetzesbegründung zum EEG 2009, BT-Drs. 16/8148, S. 59.
51 Altrock/Oschmann/Theobald/*Prall*, § 29 Rn. 69.
52 Regierungsentwurf des EEG 2009, BT-Drs. 16/8148 v. 18.2.2008, S. 59.
53 Zu den geforderten Nachweisen bei Windenergieanlagen an Land vgl. § 49 Rn. 34.
54 Zu den Einzelheiten vgl. die Kommentierung zu § 5 Nr. 21.
55 Vgl. dort Rn. 11 ff.

um diesen Betrag über dem Wert des EEG 2012. Mit Berücksichtigung der Managementprämie entspricht die Förderung nach dem EEG 2014 dem nach dem EEG 2012.

VI. Stauchungsmodell (Abs. 3)

56 **1. Prinzip.** Durch das EEG 2012 wurde für Betreiber von Windenergieanlagen auf See ein sogenanntes **optionales Stauchungsmodell** eingeführt. Das Stauchungsmodell wurde auch unter dem EEG 2014 beibehalten und um zwei Jahre verlängert. Konnte das Modell bisher nur von Anlagen in Anspruch genommen werden, die bis zum 31.12.2017 in Betrieb genommen werden, kann das Stauchungsmodell nunmehr auch für Anlagen in Anspruch genommen werden, die bis zum 31.12.2019 in Betrieb genommen wurden.[56]

57 Wenn sich Anlagenbetreiber für die Option des Stauchungsmodells entscheiden, wird der Anfangswert anstelle von zwölf nur noch acht Jahre angelegt. Der anzulegende Wert erhöht sich im Gegenzug von 15,40 auf 19,40 Cent pro Kilowattstunde. Der erhöhte Wert nach Abs. 3 tritt an die Stelle des normalen Anfangswerts nach Abs. 2 S. 1. Ziel dieser Regelung ist es, die Rückzahlung der Fremdfinanzierung schon innerhalb der ersten acht Betriebsjahre zu ermöglichen und dadurch die Finanzierbarkeit von Offshore-Windparks zu verbessern.

58 **2. Verlängerung des Zeitraums des Anfangswerts.** Die Grundsätze der standortbedingten Verlängerung der Anlegung des Anfangswerts nach Abs. 2 Satz 2 gelten auch bei der Wahl des Stauchungsmodells. Die Verlängerung setzt dann bereits nach Ablauf von acht Jahren ein. Für die Zeit der Verlängerung des Zeitraums wird gemäß § 50 Abs. 3 Satz 2 der Anfangswert in Höhe von 15,40 Cent pro Kilowattstunde gewährt. Danach folgt die Förderung in Höhe des Grundwerts.[57]

59 **3. Inbetriebnahme oder Betriebsbereitschaft vor dem 1.1.2020.** Die Beschränkung des Stauchungsmodells auf eine Inbetriebnahme bis Ende 2019 (vgl. Abs. 3 S. 1 Alt. 1) trägt der Tatsache Rechnung, dass bisher aufgrund fehlender Erfahrungen die tatsächlichen Investitionskosten schwer abschätzbar sind und aufwendige Gründungsvarianten und Errichtungsvorgänge hohe Kosten erwarten lassen.[58] Hintergrund der Verlängerung des Stauchungsmodells um zwei Jahre bis Ende 2019 ist die Sicherung von Investitionen in Windenergieanlagen auf See angesichts langer Vorlaufzeiten und teilweise zu erwartender Verzögerungen beim Netzanschluss.[59]

60 Der Inbetriebnahme gleichgestellt ist der Fall, dass die Betriebsbereitschaft der Windenergieanlage unter den Voraussetzungen des § 30 Abs. 2 hergestellt worden ist (vgl. Abs. 3 S. 1 Alt. 2). Zu den Voraussetzungen des § 30 Abs. 2 sei auf die dortige Kommentierung verwiesen. Der Hintergrund dieser Gleichstellung ist, dass das Stauchungsmodell auch dann in Anspruch genommen werden können soll, wenn sich die für die Windenergieanlage vorgesehene Netzanbindung so verzögert, dass eine Inbetriebnahme der Anlage vor dem 1.1.2020 nicht möglich ist. Dies dient der Planungssicherheit im Hinblick auf den maßgeblichen Fördersatz unabhängig von der Fertigstellung der Netzanbindung.[60]

---

56 Vgl. zur Begründung unten Rn. 59.
57 Vgl. BT-Drs. 18/1304, S. 224.
58 Gesetzentwurf der Regierungsfraktionen, BT-Drs. 17/6071 v. 6.6.2011, S. 75.
59 Vgl. BT-Drs. 18/1304, S. 224.
60 BT-Drs. 18/1891, S. 207.

4. Auf Verlangen des Anlagenbetreibers vor Inbetriebnahme. Der Anlagenbetreiber muss vor der Inbetriebnahme der Anlage vom Netzbetreiber die Vergütung nach Abs. 3 verlangt haben. Für die Definition von Inbetriebnahme siehe § 5 Nr. 21. Nach Inbetriebnahme ist ein Wechsel von der normalen Anfangsvergütung des Abs. 2 S. 1 in das Stauchungsmodell des Abs. 3 nicht mehr möglich. Anlagen, die vor dem Inkrafttreten des EEG 2012 am 1.1.2012, und damit vor der Einführung des Stauchungsmodells, in Betrieb genommen wurden, können daher nicht nach dem Stauchungsmodell vergütet werden. **61**

5. Vergleich zu EEG 2012. Unter dem EEG 2012 galt bei dem Stauchungsmodell eine Anfangsvergütung von 19 Cent pro Kilowattstunde. Der Anfangswert nach § 50 Abs. 3 preist gegenüber § 31 Abs. 3 EEG 2012 jedoch die Managementprämie in Höhe von 0,4 Cent mit ein und liegt somit genau um diesen Betrag über dem Wert des EEG 2012. Mit Berücksichtigung der Managementprämie entspricht die Förderung nach dem EEG 2014 der nach dem EEG 2012. **62**

6. Übersichtstabelle. Folgende Tabelle stellt die Struktur der erhöhten Anfangsvergütung dar:[61] **63**

	Stauchungsmodell (Abs. 3)	Basismodell (Abs. 2)
Vergütungsdauer	8 Jahre	12 Jahre
Bis 2017	19,4 Ct/kWh	15,4 Ct/kWh
2018	18,4 Ct/kWh	14,9 Ct/kWh
2019	18,4 Ct/kWh	14,9 Ct/kWh
2020	–	13,9 Ct/kWh

VII. Verlängerung der Anfangsvergütung aufgrund nicht rechtzeitiger Fertigstellung oder Störung (Abs. 4)

1. Hintergrund. Windenergieanlagen auf See werden bedingt durch ihre Lage über einzelne, häufig recht lange Anschlussleitungen angeschlossen, die mit hohem Aufwand errichtet werden und schwer zugänglich sind. Bei einer verspäteten Inbetriebnahme der Anschlussleitung oder einem späteren Ausfall dieser Leitung können schnell **erhebliche Einnahmeverluste** entstehen, die die Wirtschaftlichkeit des Projekts bedrohen. Dies erhöht auch das Risiko und erschwert damit die Kapitalbereitstellung. Um den wirtschaftlichen Schaden zu begrenzen und gleichzeitig den Letztverbraucher nicht übermäßig zu belasten, sollen eventuelle Ausfallzeiten der Offshore-Anlage, die nicht im Einflussbereich des Anlagenbetreibers liegen, weil sie auf Störungen des Netzes beruhen, durch eine Verlängerung der Anfangsvergütung aufgefangen werden.[62] **Alternativ** kann der Anlagenbetreiber auch den Schadensersatzanspruch nach § 17e EnWG geltend machen, die Möglichkeit der Verlängerung der Vergütungsperiode entfällt dann. **64**

2. Unmöglichkeit der Einspeisung. Voraussetzung der Verlängerung des Vergütungszeitraums ist, dass eine Leitung nach § 17d Abs. 1 S. 1 EnWG nicht verfügbar ist. Leitungen **65**

---

61 Gesetzentwurf der Bundesregierung, BT-Drs. 18/1304, S. 147.
62 Gesetzentwurf der Regierungsfraktionen, BT-Drs. 17/6071 v. 6.6.2011, S. 76.

nach § 17d Abs. 1 S. 1 EnWG sind **Leitungen zur Netzanbindung von Windenergieanlagen auf See** von dem Umspannwerk der Windenergieanlagen auf See bis zu dem technisch und wirtschaftlich günstigsten Verknüpfungspunkt des nächsten Übertragungs- oder Verteilernetzes. Störungen in den Leitungen hinter dem landseitigen Verknüpfungspunkt der Offshore-Netzanbindung mit dem Übertragungs- oder Verteilernetz, insbesondere beim Abtransport des Stromes zu den Verbrauchszentren im Süden und Westen Deutschlands, fallen nicht in den Anwendungsbereich dieser Regelung. Abs. 4 unterscheidet zwei Arten von Störungen.

66   **a) Leitung nicht rechtzeitig fertiggestellt.** Zum einen gilt Abs. 4 für Fälle, in denen die Einspeisung unmöglich ist, weil die Leitung für die Offshore-Netzanbindung nicht rechtzeitig fertig gestellt wurde. Der Zeitpunkt der **rechtzeitig**en Fertigstellung ist dabei in § 17d Abs. 2 EnWG geregelt: Nach dessen letztem Satz wird der vom Netzbetreiber bekannt gemachte Fertigstellungstermin 30 Monate vor Eintritt der voraussichtlichen Fertigstellung verbindlich. Für Offshore-Windparks, die bis zum 29.8.2012 eine unbedingte oder bedingte Netzanbindungszusage erhalten haben und im Falle der bedingten Netzanbindungszusage spätestens bis zum 1.9.2012 die Voraussetzungen für eine unbedingte Netzanbindungszusage nachgewiesen haben, gilt nach § 118 Abs. 12 EnWG für die Verbindlichkeit des Datums des Netzanschlusses jedoch noch § 17 Abs. 2a S. 1 EnWG a. F.;[63] danach war der zuständige Netzbetreiber verpflichtet, die Netzanbindung bis zum Zeitpunkt der Herstellung der technischen Betriebsbereitschaft der Windenergieanlagen auf See errichtet zu haben.[64]

67   Es ist unklar, inwieweit dieser Tatbestand tatsächlich **erforderlich** ist. Erfolgt die Herstellung der Netzanbindung verspätet, führt dies zwar zu diversen erheblichen Vermögensnachteilen beim Anlagenbetreiber (z. B. Pflicht zur Rückzahlung der Fremdfinanzierung beginnt, obwohl noch keine Einkünfte aus Stromproduktion erzielt werden; Drehen der Anlagen mit Dieselmotoren wird erforderlich, um ein Festliegen zu verhindern; ggf. zeitliche Verschiebung der sonstigen Gewerke mit kostensteigernden Vertragsänderungen). Allerdings beginnt regelmäßig der Zeitraum der Anfangsvergütung mangels Inbetriebnahme der Anlagen noch nicht zu laufen. Der Zeitraum der Anfangsvergütung ist aber tag-genau zu bestimmen, so dass dem Anlagenbetreiber bei einer verspäteten Inbetriebnahme kein Tag der Vergütung entgeht. Diese Alternative hätte daher nur dort einen praktischen Anwendungsfall, wo trotz fehlender Netzanbindung bereits eine Inbetriebnahme der Anlage erfolgt ist.

68   **b) Leitung gestört.** Zum anderen gilt Abs. 4, wenn die Einspeisung nicht möglich ist, weil die Leitung für die Offshore-Netzanbindung gestört ist. Eine Störung ist eine vorübergehende Fehlfunktion oder Beeinträchtigung.[65]

69   **3. Sieben aufeinanderfolgende Tage.** Die Störung muss mindestens sieben aufeinanderfolgende Tage andauern. Störungen, die nicht zu einer Unmöglichkeit der Einspeisung für mindestens sieben aufeinanderfolgende Tage führen, sind nach dem Wortlaut der Vorschrift nicht ausreichend. Treten mehrere kürzere Netzstörungen nacheinander auf, beginnt die Sieben-Tage-Frist immer wieder neu. Eine Kumulierung von verschiedenen, nachei-

---

63   Vgl. auch § 17e Abs. 2 EnWG letzter Satz.
64   Näher dazu *Compes/Schneider*, KSzW 2011, 277 ff.; *Hinsch*, ZNER 2009, 333 ff.
65   Definition im Duden unter www.duden.de/rechtschreibung/Stoerung (zuletzt abgerufen am 19.4.2013).

nander auftretenden Ausfallzeiten ist nicht möglich, auch wenn sie auf demselben technischen Grund beruhen.[66]

4. Vom Netzbetreiber nicht zu vertreten. Schließlich darf die Störung nicht vom Netzbe-   **70**
treiber zu vertreten sein. Der Grund dafür ist, dass der Anlagenbetreiber dann nach §§ 13
Abs. 1 i.V.m. 12 Abs. 1 sowie nach den allgemeinen Grundsätzen des Schuldrechts gemäß
§ 280 Abs. 1 BGB i.V.m. § 7 Abs. 1 Schadensersatz vom Netzbetreiber verlangen kann
(und soll),[67] ohne dass ein Selbstbehalt von sieben Tagen Anwendung findet.[68]

5. Rechtsfolge Verlängerung der Vergütung. Liegen die oben dargestellten Vorausset-   **71**
zungen kumulativ vor, verlängert sich der Zeitraum, für den die Vergütung nach den Abs. 2
und 3 gezahlt wird, beginnend mit dem achten Tag der Störung, um den Zeitraum der Störung. Es verlängert sich nur der Zeitraum nach den Abs. 2 und 3, also der Zeitraum wäh-
renddessen die Anfangsvergütung (Basismodell oder Stauchungsmodell) gezahlt wird.
Eine Verlängerung des Zeitraums, während dessen die Grundvergütung gezahlt wird, ist
nicht vorgesehen, da davon ausgegangen wird, dass die Grundvergütung wirtschaftlich
nicht relevant ist, weil in diesem Zeitraum der Strom nicht nach EEG-Tarif, sondern frei
am Markt verkauft wird.

Die Verlängerung des Zeitraums der Anfangsvergütung erfolgt um den Zeitraum der Stö-   **72**
rung der Leitung, jedoch beginnend mit dem achten Tag der Störung. Demnach gibt es für
den Anlagenbetreiber eine Art **Selbstbehalt für die ersten sieben Tage** der Störung, für
die keine Verlängerung des Vergütungszeitraumes erfolgt.

Tritt eine neue Unmöglichkeit der Einspeisung auf, **beginnt wieder die Frist** von sieben   **73**
aufeinanderfolgenden Tagen und der Selbstbehalt wird wieder neu in Ansatz gebracht.[69]

6. Keine Verlängerung bei Inanspruchnahme der Entschädigung nach § 17e EnWG.   **74**
Mit der EnWG-Novelle 2012,[70] durch welche u.a. die Haftung der Netzbetreiber für eine
verspätete Fertigstellung der Netzanbindung neu geregelt wurde, wurden dem Abs. 4 die
Sätze 2 und 3 angefügt. Danach ist die Verlängerung nach Satz 1 nicht anzuwenden, soweit
der Betreiber der Offshore-Anlage die Entschädigung nach § 17e Abs. 1 oder 2 EnWG in
Anspruch nimmt. Vielmehr verkürzt sich dann der Anspruch auf Vergütung nach den Absätzen 2 und 3 um den Zeitraum der Verzögerung.

Inhaltlich handelt es sich um Folgeänderungen zur Neuregelung des Netzanschlussan-   **75**
spruchs in § 17d EnWG und der neu geschaffenen Entschädigungsregel in § 17e EnWG.
Dabei wird dem Betreiber der Offshore-Anlage ein Wahlrecht eingeräumt. Er kann entweder von dem Entschädigungsanspruch in § 17e EnWG Gebrauch machen oder nach (Wie-
der-)Herstellung der Anbindungsleitung ganz normal den Vergütungsanspruch nach dem
EEG geltend machen. Ist die Offshore-Anlage bereits in Betrieb genommen, wird nach
Satz 1 der Vergütungsanspruch um den Zeitraum der Störung der Netzanbindung verlängert oder entsteht erst bei Herstellung der Anbindungsleitung. Um eine Überkompensation

---

66 *Salje*, EEG 2014, 7. Aufl. 2015, § 50 Rn. 25 f., Frenz/Müggenborg/*Schomerus*, § 31 Rn. 55.
67 § 280 BGB gilt auch für gesetzliche Schuldverhältnisse, vgl. Palandt/*Heinrichs*, § 280 Rn. 9; vgl.
   Gesetzentwurf der Fraktionen von CDU/CSU und FDP v. 6.6.2011, BT-Drs. 17/6071, S. 76).
68 Ausführlich hierzu Frenz/Müggenborg/*Ehricke*, § 10 Rn. 1 ff., zum Nebeneinander beider Anspruchsgrundlagen Rn. 48; *Salje*, § 50 Rn. 25.
69 So auch *Salje*, EEG 2014, § 50 Rn. 25; Frenz/Müggenborg/*Schomerus*, § 31 Rn. 55.
70 Drittes Gesetz zur Neuregelung energiewirtschaftsrechtlicher Vorschriften v. 20.12.2012 (BGBl. I
   S. 2730).

der Offshore-Anlage und weitere Belastungen für die Verbraucher zu vermeiden, erfolgt keine Verlängerung des Vergütungsanspruchs nach Satz 1, soweit der Betreiber der Offshore-Anlage die Entschädigung nach § 17e Absatz 1 in Anspruch nimmt. Im Falle der verzögerten Netzanbindung verkürzt sich der erhöhte Vergütungsanspruch des Anlagenbetreibers nach den Absätzen 2 und 3 um den Zeitraum der Inanspruchnahme der Entschädigung nach § 17e Absatz 2.[71]

76   Zu beachten ist, dass nach § 17e EnWG der Anlagenbetreiber dem anbindungsverpflichteten Netzbetreiber mit dem Tag, zu dem die Entschädigungspflicht des Netzbetreibers nach § 17e EnWG dem Grunde nach beginnt, mitzuteilen hat, ob er die Entschädigung nach § 17e EnWG begehrt oder die Berücksichtigung der Verzögerung bzw. Störung der Netzanbindung nach § 50 Abs. 4 erfolgen soll.

VIII. Ausschluss des Vergütungsanspruchs (Abs. 5)

77   **1. Allgemein.** Eine Vergütung von Strom aus Offshore-Anlagen nach dem EEG ist ausgeschlossen, wenn die Anlagen **in bestimmten Schutzgebieten** errichtet wurden. Der angestrebte Ausbau der Stromerzeugung aus erneuerbaren Energien soll so auf naturschutzfachlich unbedenkliche Flächen kanalisiert werden.[72] Damit berücksichtigt der Gesetzgeber die Zielsetzung des EEG, im Interesse des Umweltschutzes zu handeln (§ 1 Abs. 1). Ein Genehmigungsverbot für Offshore-Windparks in den genannten Gebieten enthält Abs. 5 nicht, die Genehmigungsfähigkeit richtet sich ausschließlich nach den anwendbaren Genehmigungsvorschriften (BImSchG, SeeAnlV, BNatSchG etc.). Theoretisch könnte ein Offshore-Windpark – unter den strengen Voraussetzungen der Ausnahmetatbestände des § 34 Abs. 3, 4, 5 BNatSchG – auch in einem Naturschutzgebiet genehmigt werden, auch wenn dies unwahrscheinlich ist, aber der Ausschluss des Anspruchs auf EEG-Vergütung macht ein solches Projekt wirtschaftlich unattraktiv.

78   Die Regelung wurde mit dem EEG 2004 eingeführt und ist seitdem inhaltlich unverändert geblieben. Sie wird teilweise auch kritisch gesehen. So wird vertreten, dass in Ausnahmefällen auf Basis von Einzelfallprüfungen eine Genehmigung von Offshore-Windparks in FFH- und Vogelschutzgebieten durchaus möglich sei und daher eine überflüssige, die Betreiber von Windenergieanlagen auf See unnötig belastende Doppelregelung vorgenommen werde. Die naturschutzrechtlichen Regelungen reichen völlig aus, aus naturschutzrechtlicher Sicht unerwünschte Beeinträchtigungen zu verhindern. Zudem seien die Verschmutzung der Meeresumwelt sowie die Gefährdung des Vogelzugs Gründe für eine Versagung der Genehmigung nach § 3 SeeAnlV. Eine zusätzliche Regelung im Vergütungsrecht des EEG sei nicht erforderlich.[73] Praktisch dürfte die Regelung aber keine Einschränkung bedeuten, da eine Neugenehmigung eines Offshore-Windparks in einem Schutzgebiet trotz Ausnahmemöglichkeiten sehr unwahrscheinlich ist.

---

71 Begründung zum Gesetzentwurf der Bundesregierung, BT-Drs. 17/10754, S. 35.
72 Bericht des Ausschusses für Umwelt, Naturschutz und Reaktorsicherheit, BT-Drs. 15/2864 v. 1.4.2004, S. 43.
73 Frenz/Müggenborg/*Schomerus*, 2. Aufl. 2011, § 31 Rn. 50; in der 3. Aufl. 2013, § 31 Rn. 65, heißt es abgeschwächt, dass die Erforderlichkeit „zweifelhaft" sei.

2. Errichtung in geschützten Gebieten. Das betroffene Gebiet muss nach § 57 i.V.m. 79
§ 32 Abs. 2 BNatSchG oder nach Landesrecht zu einem geschützten Teil von Natur und
Landschaft erklärt worden sein.

Naturschutzfachlicher Maßstab sind hierfür die europäischen Richtlinien zum Aufbau des 80
Netzes Natura 2000. Dabei handelt es sich um die sogenannte **FFH-Richtlinie** 92/43/
EWG sowie um die **Vogelschutzrichtlinie** 79/409/EWG. In der deutschen ausschließlichen Wirtschaftszone werden sowohl die Gebiete von gemeinschaftlicher Bedeutung als
auch die Vogelschutzgebiete durch Rechtsverordnung des Bundesministeriums für Umwelt, Naturschutz und Reaktorsicherheit zu geschützten Teilen von Natur und Landschaft
erklärt. Im Küstenmeer ist es dagegen Aufgabe der betreffenden Länder, Flächen nach
dem jeweiligen Landesrecht unter Schutz zu stellen.[74]

Der Wortlaut von Abs. 5 S. 1 suggeriert, dass der Vergütungsanspruch auch dann entfällt, 81
wenn ein Gebiet ausschließlich nach Landesrecht unter Schutz gestellt wurde. Die Gesetzesbegründung[75] sieht dies aber nur vor, wenn es sich um Schutzgebiete handelt, die
nach der FFH- oder Vogelschutz-Richtlinie ausgewählt worden sind. Dabei ist es unbeachtlich, ob sie nach Bundesnaturschutzrecht oder nach Landesrecht unter Schutz gestellt worden sind. **Darüber hinaus gehende Schutzgebietsausweisungen nach Landesrecht** ohne
Bezug zur FFH- oder Vogelschutz-Richtlinie stehen einer Vergütung nicht entgegen.[76]

3. Errichtung in benannten Gebieten. Nach Abs. 5 S. 2 ist es auch ausreichend, dass das 82
Bundesministerium für Umwelt, Naturschutz und Reaktorsicherheit der Europäischen
Kommission die betreffenden Gebiete als Gebiete von gemeinschaftlicher Bedeutung oder
als Europäische Vogelschutzgebiete benannt hat. Der Grund dafür ist, dass das Verfahren
der Unterschutzstellung längere Zeit in Anspruch nehmen kann. Abs. 5 S. 2 gilt allerdings
nur, wenn die Unterschutzstellung erfolgreich umgesetzt wurde, unterbleibt diese endgültig, besteht grundsätzlich ein Anspruch auf Vergütung.[77]

4. Keine naturschutzfachliche Prüfung. Bei Abs. 5 handelt es sich um eine ausschließ- 83
lich formale Abgrenzung. Entscheidend ist nur, ob es sich um ein ausgewiesenes oder be-
nanntes Gebiet handelt, naturschutzfachliche Kriterien sind nicht anzulegen.[78]

5. Genehmigung nach dem 31.12.2004. Die Beschränkungen in Abs. 5 gelten nur für sol- 84
che Windenergieanlagen auf See, deren Errichtung nach dem 31.12.2004 genehmigt worden ist. Diese Einschränkung folgt aus Vertrauensschutzgesichtspunkten, da die Regelung
erst mit dem EEG 2004 eingeführt worden war und bis dahin genehmigte Offshore-Windparks in künftigen Natura 2000 Gebieten nicht beeinträchtigen sollte.[79]

6. Rechtsfolge. Nach Abs. 5 finden die Absätze 1 bis 3 keine Anwendung, was bedeutet, 85
dass solche Offshore-Windenergieanlagen keinen Anspruch auf EEG-Vergütung haben. Es
besteht aber weiterhin der sogenannte **kleine Anwendungsbereich** des EEG, nämlich der
Anspruch auf vorrangigen und unverzüglichen Netzanschluss sowie die Ansprüche auf

---

74 Bericht des Ausschusses für Umwelt, Naturschutz und Reaktorsicherheit, BT-Drs. 15/2864 v.
   1.4.2004, S. 43.
75 Regierungsentwurf des EEG 2009, BT-Drs. 16/8148 v. 18.2.2008, S. 59.
76 Reshöft/Schäfermeier/*Kahle/Reshöft*, § 31 Rn. 50.
77 *Salje*, § 50 Rn. 36.
78 Reshöft/Schäfermeier/*Kahle/Reshöft*, § 31 Rn. 48.
79 Z.B. den bereits 2002 genehmigten Offshore-Windpark Butendiek, der nunmehr in einem Natura
   2000 Gebiet liegt.

Abnahme, Übertragung und Verteilung des Stroms. Ebenso nicht betroffen sind Ansprüche auf die Vergütung von Strom aufgrund anderer Rechtsgrundlagen, z. B. einem Vertrag mit einem Abnehmer.[80]

IX. Übergangsvorschriften

86 Grundsätzlich gelten die Vorschriften des EEG 2014 für sämtliche Anlagen zur Erzeugung von Strom aus erneuerbaren Energien. Auf die Inbetriebnahme der jeweiligen Anlage soll es im Interesse der Vereinfachung des Vollzugs des EEG grundsätzlich nicht ankommen.[81]

87 Von diesem Grundsatz gelten insbesondere im Hinblick auf die Vergütungsvorschriften eine Reihe von Ausnahmen (vgl. die Übergangsvorschriften in den §§ 100 ff.). Aus Gründen des Vertrauensschutzes gelten für Anlagen, die vor dem 1.8.2014 in Betrieb genommen wurden (**Bestandsanlagen**) oder solche, die nach dem 31.7.2014 aber vor dem 1.1.2015 in Betrieb genommen und vor dem 23.1.2014 genehmigt wurden, die Vorschriften des EEG 2014 nur mit Modifikationen (§ 100 EEG). Diese Modifikationen betreffen insbesondere die Vergütungsvorschriften.[82] Im Ergebnis lässt sich vereinfachend sagen, dass für diese Anlagen anstelle der Bestimmungen zur Förderhöhe nicht § 50, sondern der Vergütungsanspruch des EEG in der für die jeweilige Anlage maßgeblichen Fassung anzuwenden ist (§ 100 Abs. 1 Nr. 4, Nr. 10). Außerdem ist der jeweils anzulegende Wert für nach dem 31.12.2014 erzeugten Strom um 0,40 Cent pro Kilowattstunde erhöht, um der Eingliederung der Managementprämie in den anzulegenden Wert nach dem EEG 2014 Rechnung zu tragen. Für Einzelheiten sei auf die Kommentierung zu § 100 verwiesen.

---

80 Reshöft/Schäfermeier/*Kahle/Reshöft*, § 31 Rn. 46; *Salje*, EEG 2014, 7. Aufl. 2015, § 50 Rn. 37.
81 BT-Drs. 18/1304, S. 274 ff.
82 BT-Drs. 18/1891, S. 210.

§ 51 Solare Strahlungsenergie

(1) Für Strom aus Anlagen zur Erzeugung von Strom aus solarer Strahlungsenergie beträgt der anzulegende Wert vorbehaltlich der Absätze 2 und 3 bis einschließlich einer installierten Leistung von 10 Megawatt 9,23 Cent pro Kilowattstunde unter Berücksichtigung der Absenkung oder Erhöhung nach § 31, wenn die Anlage

1. in, an oder auf einem Gebäude oder einer sonstigen baulichen Anlage angebracht ist und das Gebäude oder die sonstige bauliche Anlage vorrangig zu anderen Zwecken als der Erzeugung von Strom aus solarer Strahlungsenergie errichtet worden ist,

2. auf einer Fläche errichtet worden ist, für die ein Verfahren nach § 38 Satz 1 des Baugesetzbuchs durchgeführt worden ist, oder

3. im Bereich eines beschlossenen Bebauungsplans im Sinne des § 30 des Baugesetzbuchs errichtet worden ist und

   a) der Bebauungsplan vor dem 1. September 2003 aufgestellt und später nicht mit dem Zweck geändert worden ist, eine Anlage zur Erzeugung von Strom aus solarer Strahlungsenergie zu errichten,

   b) der Bebauungsplan vor dem 1. Januar 2010 für die Fläche, auf der die Anlage errichtet worden ist, ein Gewerbe- oder Industriegebiet im Sinne der §§ 8 und 9 der Baunutzungsverordnung ausgewiesen hat, auch wenn die Festsetzung nach dem 1. Januar 2010 zumindest auch mit dem Zweck geändert wurde, eine Anlage zur Erzeugung von Strom aus solarer Strahlungsenergie zu errichten, oder

   c) der Bebauungsplan nach dem 1. September 2003 zumindest auch mit dem Zweck der Errichtung einer Anlage zur Erzeugung von Strom aus solarer Strahlungsenergie aufgestellt oder geändert worden ist und sich die Anlage

      aa) auf Flächen befindet, die längs von Autobahnen oder Schienenwegen liegen, und die Anlage in einer Entfernung bis zu 110 Metern, gemessen vom äußeren Rand der befestigten Fahrbahn, errichtet worden ist,

      bb) auf Flächen befindet, die zum Zeitpunkt des Beschlusses über die Aufstellung oder Änderung des Bebauungsplans bereits versiegelt waren, oder

      cc) auf Konversionsflächen aus wirtschaftlicher, verkehrlicher, wohnungsbaulicher oder militärischer Nutzung befindet und diese Fläche zum Zeitpunkt des Beschlusses über die Aufstellung oder Änderung des Baubauungsplans nicht rechtsverbindlich als Naturschutzgebiet im Sinne des § 23 des Bundesnaturschutzgesetzes oder als Nationalpark im Sinne des § 24 des Bundesnaturschutzgesetzes festgesetzt worden sind.

(2) Für Strom aus Anlagen zur Erzeugung von Strom aus solarer Strahlungsenergie, die ausschließlich in, an oder auf einem Gebäude oder einer Lärmschutzwand angebracht sind, beträgt der anzulegende Wert, jeweils unter Berücksichtigung der Absenkung oder Erhöhung nach § 31,

1. bis einschließlich einer installierten Leistung von 10 Kilowatt 13,15 Cent pro Kilowattstunde,

2. bis einschließlich einer installierten Leistung von 40 Kilowatt 12,80 Cent pro Kilowattstunde,

3. bis einschließlich einer installierten Leistung von 1 Megawatt 11,49 Cent pro Kilowattstunde,

4. bis einschließlich einer installierten Leistung von 10 Megawatt 9,23 Cent pro Kilowattstunde.

(3) Für Anlagen zur Erzeugung von Strom aus solarer Strahlungsenergie, die ausschließlich in, an oder auf einem Gebäude angebracht sind, das kein Wohngebäude ist und das im Außenbereich nach § 35 des Baugesetzbuchs errichtet wurde, ist Absatz 2 nur anzuwenden, wenn

1. nachweislich vor dem 1. April 2012
   a) für das Gebäude der Bauantrag oder der Antrag auf Zustimmung gestellt oder die Bauanzeige erstattet worden ist,
   b) im Fall einer nicht genehmigungsbedürftigen Errichtung, die nach Maßgabe des Bauordnungsrechts der zuständigen Behörde zur Kenntnis zu bringen ist, für das Gebäude die erforderliche Kenntnisgabe an die Behörde erfolgt ist oder
   c) im Fall einer sonstigen nicht genehmigungsbedürftigen, insbesondere genehmigungs-, anzeige- und verfahrensfreien Errichtung mit der Bauausführung des Gebäudes begonnen worden ist,
2. das Gebäude im räumlich-funktionalen Zusammenhang mit einer nach dem 31. März 2012 errichteten Hofstelle eines land- oder forstwirtschaftlichen Betriebes steht oder
3. das Gebäude der dauerhaften Stallhaltung von Tieren dient und von der zuständigen Baubehörde genehmigt worden ist;

im Übrigen ist Absatz 1 Nummer 1 anzuwenden.

(4) ¹Anlagen zur Erzeugung von Strom aus solarer Strahlungsenergie, die Anlagen zur Erzeugung von Strom aus solarer Strahlungsenergie auf Grund eines technischen Defekts, einer Beschädigung oder eines Diebstahls an demselben Standort ersetzen, sind abweichend von § 5 Nummer 21 bis zur Höhe der vor der Ersetzung an demselben Standort installierten Leistung von Anlagen zur Erzeugung von Strom aus solarer Strahlungsenergie als zu dem Zeitpunkt in Betrieb genommen anzusehen, zu dem die ersetzten Anlagen in Betrieb genommen worden sind. ²Der Anspruch auf Förderung für die nach Satz 1 ersetzten Anlagen entfällt endgültig.

Schrifttum: *Binder*, Vergütung für Strom aus Photovoltaikanlagen: Was ist der vorrangige Nutzungszweck einer baulichen Anlage nach § 33 Abs. 3 EEG?, ZNER 2009, 355; *Bockey*, Die aktuelle Gesetzgebung des Bundes und ihre Auswirkungen auf die Nutzung bzw. den Umgang mit landwirtschaftlichen Flächen, UPR 1998, 255; *Bode*, 53 GW Photovoltaik – und dann?, ET 2013, 22; *Boemke*, Anmerkung zur Entscheidung des BGH, Urteil vom 9.2.2011 – VIII ZR 35/10 – Degression knüpft entgegen BGH an Zeitpunkt der erstmaligen Inbetriebnahme einer Photovoltaikanlage an, REE 2011, 84; *Dalibor/Garbe*, Anmerkung zur Entscheidung des LG Dresden, Urteil vom 31.5.2012 – 8 O 2938/11 – Vergütungspflicht für Photovoltaik-Freiflächenanlagen setzt entgegen LG Dresden einen wirksamen Bebauungsplan voraus, IR 2012, 208; *Fischer/Lorenzen*, Risiken des Vergütungsrechts bei der Planung von Fotovoltaik-Großanlagen, RdE 2004, 209; *Frondel/Ritter/Schmitt*, Die Förderung der Photovoltaik: Ein Kosten-Tsunami, ET 12/2010, 36; *Geiger/Bauer*, Das Planerfordernis als Voraussetzung der Einspeisevergütung für Solarparks nach dem EEG 2012, ZNER 2012, 163; *Götze/Boelling/Löscher*, Photovoltaik-Freiflächenanlagen auf Fachplanungsflächen – Planungsrechtliche und vergütungsrechtliche Rahmenbedingungen am Beispiel der Nachnutzung von Deponien, ZUR 2010, 245; *Große*, Zum Begriff der Konversionsfläche im EEG, ZNER 2010, 235; *Hermes/Sellner*, Beck'scher AEG Kommentar, 2. Aufl. 2014; *Hoffmann*, Damals war's – Ein Rückblick auf die Entwicklung der Photovoltaik in Deutschland, Sonnenenergie 2008/6, 38; *Hoppenbrock*, Vergütung von Strom aus Photovoltaikanlagen auf baulichen Anlagen (hier: Galopprennbahn), ZUR 2012, 357; *Kahl*, Anmerkung zu: BVerwG, Beschl. v. 22.4.2010, 7 B 42/09, IR 2010, 186; *ders.*, Anmerkung zur Entscheidung des OLG Dresden vom 25.9.2012, 9 U 1021/12, REE 2012, 236 – Zur Frage der Abschlagszahlungen im einstweiligen Rechtsschutz sowie der Vorrangigkeit des Nutzungszwecks baulicher Anlagen, REE 2012, 238; *Kallmünzer*, Planungshilfe für Photovoltaik-Freilandanlagen, 2008; *Kermel/Günther*, Anmerkung zu: LG Kassel, Urt. v. 6.12.2006, 9 O 1510/06, RdE 2007, 137 f.; *Kment*, Das Ende der sonnigen Zeiten für die Solarindustrie nach der Kürzung der Vergütungsansprüche, NVwZ 2012, 397; *Knapp*, Anmerkung zu: OLG München, Beschl. v. 20.1.2010, 27 U 370/09, ZNER 2010, 290 ff.; *Mitschang*, Fachliche und rechtliche Anforderungen an die Zulassung und planerische Steuerung von Fotovoltaikfreiflächenanlagen, NuR 2009, 821; *Nebel*, Photovoltaikanlagen neben Bundesautobahnen und auf Straßengrundstücken aus straßenrechtlicher Sicht, KommP BY 2011, 219; *v. Oppen*, Rechtliche Aspekte der Entwicklung von Photovoltaikprojekten, ZUR 2010, 295; *Oschmann*, Vergütung von Solarstrom nach dem EEG – aktuelle Rechtsfragen aus der Praxis, ZNER 2002, 201; *Schrödter/Kuras*, Auswirkungen des EEG 2010 auf die Planung von Flächen für Photovoltaikanlagen, ZNER 2011, 144; *Sösemann*, Vergütung von Solaranlagen auf Carports, Anm. zu LG Kassel, Urt. v. 5.3.2007 – 5 O 1690/06, ZUR 2008, 309; *Spannowsky/Uechtritz*, Baugesetzbuch, Kommentar, 2. Aufl. 2014; *Voland*, Die Förderung der Solarenergie nach EEG-Novelle 2012, REE 2011, 204.

Übersicht

I. Normzweck

1 **1. Anwendungsbereich.** § 51 konkretisiert den allgemeinen Förderanspruch nach § 19 Abs. 1 für Strom aus Anlagen zur Erzeugung von Strom aus solarer Strahlungsenergie. Strom aus solarer Strahlungsenergie kann durch zwei verschiedene Technologien gewonnen werden: **Photovoltaik und Solarthermie**. Bei der Photovoltaik wird Strom dadurch erzeugt, dass die elektromagnetische Strahlung der Sonne auf in der Solarzelle befindliche Halbleiter trifft und dort unter Ausnutzung des photoelektrischen Effekts direkt in elektrischen Gleichstrom umgewandelt wird. Bei der Solarthermie erhitzt die elektromagnetische Strahlung der Sonne ein Trägermedium, z. B. über ein System von die Strahlung fokussierenden Spiegeln, und der so erzeugte Dampf treibt einen Generator an, der seinerseits auf klassische Weise Strom erzeugt.[1]

Die Regelungen des § 51 finden grundsätzlich auf Anlagen beider Technologien Anwendung.[2] In Deutschland wird aufgrund der relativ niedrigen Einstrahlungsintensität praktisch allerdings nur die Photovoltaik zur Stromerzeugung genutzt, während die Solarthermie nicht bei der Stromerzeugung, sondern bei Warmwasseraufbereitung und Heizungsunterstützung Anwendung findet. **2**

2. Unterscheidung allgemeine und besondere Förderregelungen. Die Regelungen des § 51 haben über die Bestimmung der finanziellen Förderung hinaus auch die **Funktion der Flächensteuerung**.[3] Um eine unerwünschte Flächeninanspruchnahme zu vermeiden, sind Fördervoraussetzungen und -höhe unterschiedlich gestaltet, je nachdem, ob es um Anlagen auf Gebäuden, auf sonstigen baulichen Anlagen oder Freiflächenanlagen geht. **3**

Abs. 1 enthält die allgemeine Förderregelung, die grundsätzlich auf alle Solaranlagen Anwendung findet, jedoch vorbehaltlich der **Sonderregelungen für Gebäudeanlagen** in Abs. 2, die eine erhöhte Förderung erhalten. Nichtwohngebäude-Anlagen im Außenbereich können sich unter den Voraussetzungen des Abs. 3 ebenfalls für die erhöhte Förderung für Gebäudeanlagen qualifizieren; erfüllen sie diese Voraussetzungen nicht, fallen sie unter die Regelungen des Abs. 1. **4**

Ziel dieser ausdifferenzierten Regelungen für Solaranlagen ist es, vor allem Solaranlagen auf Gebäuden sowie, nachrangig, auf sonstigen baulichen Anlagen zu fördern. Freiflächenanlagen sollen dagegen nur dann einen Anspruch auf Förderung haben, wenn für die Flächen zum einen eine Abwägung im Rahmen einer Planungsentscheidung stattgefunden hat und zum anderen nur bestimmte, vom Gesetzgeber als weniger schützenswert betrachtete Flächen herangezogen werden. **5**

II. Rechtstatsachen

1. Politische Ziele. Die Gewinnung von Strom aus solarer Strahlungsenergie wurde vom Gesetzgeber bereits bei den Beratungen zum EEG 2000 als zukunftsträchtig angesehen. In der Nutzung der solaren Strahlungsenergie stecke langfristig betrachtet das größte Potenzial für eine klimaschonende Energieversorgung[4] und ein großes Potenzial auch für **6**

---

1 Vgl. zu den technischen Grundlagen Frenz/Müggenborg/*Quicker*, Vor §§ 32–33.

2 *Oschmann*, ZNER 2002, 201, 22.

3 *v. Oppen*, ZUR 2010, 295, 296.

4 Beschlussempfehlung und Bericht des Ausschusses für Wirtschaft und Technologie, BT-Drs. 14/2776 v. 23.2.2000, S. 23; seitdem so beibehalten, ebenso u. a. in Begründung zum Gesetzentwurf der Fraktionen der CDU/CSU und FDP zur Photovoltaik-Novelle 2010, BT-Drs. 17/1147 v. 23.3.2010, S. 5.

Deutschland.[5] Diese Energiequelle sei gleichzeitig technisch anspruchsvoll und werde in der **Zukunft eine erhebliche wirtschaftliche Bedeutung** erlangen. Dabei war für die Gewinnung von Strom aus Solarenergie in Deutschland eine besonders hohe Förderung vonnöten. Das lag zum einen an der vergleichsweise geringen Einstrahlungsintensität in Deutschland, zum anderen aber auch an dem noch unausgereiften Entwicklungsstand der Solarindustrie weltweit. Der Gesetzgeber ging davon aus, dass, sobald durch das EEG eine ausreichende Nachfrage geschaffen würde, infolge der dann erfolgenden Massenproduktion mit deutlich sinkenden Produktions- und damit auch Stromgestehungskosten zu rechnen ist, sodass die Fördersätze zügig sinken können.[6] In dieser Hinsicht hat der Gesetzgeber Recht behalten und ist mit dem EEG sehr erfolgreich gewesen.

7 **2. Installierte Leistung.** 1990 war in Deutschland eine Leistung von 2 MW installiert.[7] Der Erfolg des EEG führte dazu, dass Ende 2012 in Deutschland Solaranlagen mit einer Leistung von über **32 GW** installiert waren.[8] Der rasante Zubau stammt vor allem aus den letzten Jahren, als aufgrund eines deutlichen Preisrückgangs für Module und andere Bauteile aufgrund von technologischer Entwicklung und Überkapazitäten in der Produktion, einer vergleichsweise generösen Förderung durch das EEG sowie großem Know-how und Kapazitäten im Handwerk die Bedingungen für Neuinstallationen besonders günstig waren. In den Jahren 2010 und 2011 wurden jeweils ca. 7.500 MW neu installierter Leistung zugebaut, im Jahr 2012 sogar ca. 7.600 MW.[9] Zum 31.8.2014 betrug die installierte Leistung sämtlicher geförderter Photovoltaikanlagen 37,83 GW.[10]

8 **3. Volkswirtschaftliche Bedeutung.** Die volkswirtschaftliche Bedeutung der Solarindustrie ist hoch. Mit rund 35 Mrd. produzierten Kilowattstunden erreichte Strom aus Photovoltaikanlagen 2013 zwar nur einen Anteil von 5,8 %[11] (2013: 5,7 %, 2012: 4,7 %, 2011: 3,1 %) am gesamten Stromverbrauch und stellte ca. 20,5 % des Stromes aus erneuerbaren Quellen.[12] Gleichzeitig verursachten die in Deutschland installierten Photovoltaikanlagen 2011 jedoch 56,2 % der Kosten der EEG-Umlage und die Eigentümer der Anlagen erhiel-

---

5 Konsolidierte Fassung der Begründung zu dem Gesetz für den Vorrang Erneuerbarer Energien (EEG 2004) v. 21.7.2004 (BGBl. 2004 I S. 1918).

6 Beschlussempfehlung und Bericht des Ausschusses für Wirtschaft und Technologie, BT-Drs. 14/2776 v. 23.2.2000, S. 23; ebenso Konsolidierte Fassung der Begründung zu dem Gesetz für den Vorrang Erneuerbarer Energien (EEG 2004) v. 21.7.2004, (BGBl. 2004 I S. 1918).

7 *Hoffmann*, Sonnenenergie 2008/6, 38.

8 Fraunhofer ISE, Stromerzeugung aus Solar- und Windenergie im Jahr 2012, S. 5, abrufbar unter www.ise.fraunhofer.de/de/downloads/pdf-files/aktuelles/stromproduktion-aus-solar-und-wind energie-2012.pdf.

9 BNetzA, Pressemitteilung v. 31.1.2013, abrufbar unter www.bundesnetzagentur.de/SharedDocs/Downloads/DE/BNetzA/Presse/Pressemitteilungen/2013/130131_Verguetg_PV_Anl.html!nn= 492740.

10 BNetzA, Datenmeldung sowie EEG-Förderungssätze, Stand 31.8.2014, abrufbar unter www.bun desnetzagentur.de/cln_1422/DE/Sachgebiete/ElektrizitaetundGas/Unternehmen_Institutionen/ ErneuerbareEnergien/Photovoltaik/DatenMeldgn_EEG-VergSaetze/DatenMeldgn_EEG-Verg-Saetze_node.html.

11 Agentur für Erneuerbare Energien, Der Strommix in Deutschland im Jahr 2014, abrufbar unter www.unendlich-viel-energie.de/erneuerbare-energie/wind/offshore/strommix-deutschland-2014.

12 BMWi, Stromerzeugung aus Erneuerbaren Energien in Deutschland im Jahr 2013, Stand: August 2014, abrufbar unter bmwi.de/BMWi/Redaktion/PDF/I/infografik-struktur-strombereitstellung-erneuerbare-energien-deutschland-2013,property=pdf,bereich=bmwi2012,sprache=de,rwb=true. pdf.

ten 49,1% der Auszahlungen unter dem EEG.[13] Der **starke Anstieg der EEG-Umlage** von 3,58 Cent pro Kilowattstunde für das Jahr 2012 auf 5,227 Cent pro Kilowattstunde für das Jahr 2013[14] wurde daher durch die Solarförderung ganz wesentlich mitverursacht. Diese Tatsache hatte in Politik, Wirtschaft und Gesellschaft zu einer vermehrten Kostendiskussion[15] und letztendlich zu den einschneidenden Änderungen bei der Förderung durch die PV-Novelle 2012 geführt.

Insgesamt wurden 2013 4,24 Mrd. Euro in die Errichtung von Photovoltaikanlagen investiert.[16] Im Jahr 2013 wurden infolge der Auswirkungen der PV-Novelle nur noch 4,25 Mrd. Euro in Photovoltaikanlagen investiert, was im Vergleich zum Vorjahr einem Rückgang von 62% entspricht.[17] Die **örtliche Verteilung** folgt nicht zuletzt den Einstrahlungsverhältnissen, die in Süddeutschland am besten sind.[18] Mit etwa 32% der installierten Gesamtleistung bei Solaranlagen liegt Bayern deutlich an der Spitze, gefolgt von Baden-Württemberg mit 18% und Nordrhein-Westfalen mit 19%.[19] Durch die Konzentration der Solaranlagen im Süden findet eine Verlagerung von EEG-Zahlungen nach Süddeutschland statt, deren Einwohner so, gegenläufig zum Länderfinanzausgleich, zu Gewinnern im deutschlandweiten EEG-Ausgleich werden.[20] **9**

Abgesehen von den direkten Kosten ist allerdings zu bedenken, dass Solarstrom einen **hohen stromwirtschaftlichen Wert** hat, da die Produktion vor allem zu den Zeiten eines hohen Strombedarfs, insbesondere in der Mittagszeit, erfolgt. Dadurch wirkt Solarenergie auch preisdämpfend.[21] Allerdings ist gleichzeitig zu beachten, dass auch durch Solarstromerzeugung **Gaskraftwerke**, die extra für den Einsatz in Spitzenlastzeiten gebaut wurden, mangels ausreichenden Einsatzzeiten nicht wirtschaftlich betrieben werden können, da ihre Stromerzeugung im Vergleich zu teuer ist. Schließlich hatte sich durch die Regelungen des EEG und das dadurch bedingte Wachstum des Solarmarktes in Deutschland eine starke Solarindustrie mit technologisch führenden Produktionsunternehmen sowie einer breiten Handwerkerschaft gebildet, sodass die Branche in wenigen Jahren auch **industriepolitisch** **10**

---

13 BDEW, EEG-Umlage 2011 und 2012, Aufteilung nach Energieträgern, 11.1.2012, abrufbar unter www.bdew.de.

14 Prognosekonzept und Berechnung der Übertragungsnetzbetreiber v. 14.10.2012, S. 13, abrufbar unter www.netztransparenz.de/de/file/Konzept_zur_Berechnung_und_Prognose_der_EEG-Umlage_2013.pdf.

15 Vgl. z. B. *Frondel/Ritter/Schmitt*, ET 12/2010, 36.

16 BMWi, Erneuerbare Energien 2013, v. 28.2.2013, S. 7, abrufbar unter www.erneuerbare-energien.de/EE/Redaktion/DE/Downloads/bmwi_de/ee_flyer_2013.html.

17 BMWi Infographik unter www.bmwi.de; vgl. auch Forschungsvorhaben des Bundesministerium für Wirtschaft und Energie, Beschäftigung durch erneuerbare Energien in Deutschland: Ausbau und Betrieb – heute und morgen, Dritter Bericht zur Bruttobeschäftigung, Stand: Mai 2014, S. 4 f.

18 BDEW, Erneuerbare Energien und das EEG: Zahlen, Fakten, Grafiken (2013) v. 31.1.2013, S. 66, abrufbar unter: www.bdew.de/internet.nsf/id/17DF3A36BF264EBC1257B0A003EE8B8/$file/Energieinfo_EE-und-das-EEG-Januar-2013.pdf.

19 Bundesverband für Solarwirtschaft, Entwicklung des deutschen PV-Marktes 2010/2011, S. 13, abrufbar unter www.solarwirtschaft.de/fileadmin/media/pdf/bnetza_2011_konsolidiert.pdf.

20 BDEW, Pressemitteilung v. 6.2.2013, „Starkes Gefälle bei EEG-Zahlungsströmen bestätigt sich", abrufbar unter www.bdew.de/internet.nsf/id/20120206-pi-starkes-gefaelle-bei-eeg-zahlungsstroemen-bestaetigt-sich-de.

21 Gesetzentwurf der Bundesregierung, BT-Drs. 16/8148 v. 18.2.2008, S. 59.

relevant wurde. Im Jahr 2009 beschäftigte die Solarbranche ca. 60.000 Menschen,[22] 2012 bereits ca. 130.000 und 2013 ca. 56.000 Menschen.[23]

11 Die Diskussion zu und Entwicklung der Förderung von Solaranlagen war in den letzten Jahren die dynamischste von allen Arten der erneuerbaren Energien, und die Fördersätze haben, nicht zuletzt basierend auf rasant gesunkenen Herstellungskosten und dem starken Anstieg der EEG-Umlage, die **größten Einschnitte** erfahren.

III. Entstehungsgeschichte

12 **1. Stromeinspeisungsgesetz.**[24] Die Förderung von Strom aus solarer Strahlungsenergie durch eine besondere Förderung begann mit dem Stromeinspeisungsgesetz (**StrEinspG**) von 1990. § 3 Abs. 2 StrEinspG bestimmte, dass der Netzbetreiber für Strom aus Sonnenenergie[25] eine Vergütung in Höhe von mindestens **90 % des Durchschnittserlöses** aus der Stromabgabe von Elektrizitätsversorgungsunternehmen an alle Letztverbraucher in Deutschland zu zahlen hatte. Dieser Wert war der amtlichen Statistik des Bundes jeweils für das vorletzte Kalenderjahr zu entnehmen. Er war ohne Umsatzsteuer in Pfennigen pro Kilowattstunde festzusetzen und auf zwei Stellen hinter dem Komma zu runden.

13 Zwischen 1991 und 1998 lagen die Durchschnittserlöse zwischen 18,37 und 19,20 Pfennig pro Kilowattstunde,[26] insgesamt ergab sich während der Geltungsdauer des StrEinspG für Strom aus Sonnenenergie danach eine durchschnittliche Vergütung von 8,5 Cent pro Kilowattstunde.[27] Diese Vergütung galt einheitlich für alle Solaranlagen (sowie auch für Windenergieanlagen), unabhängig von Größe, Standort und Jahr der Inbetriebnahme.

14 **2. Förderprogramme von Bund und Ländern.** Die Vergütung unter dem StrEinspG war naturgemäß zu gering, um einen nennenswerten Ausbau der installierten PV-Kapazitäten zu erreichen, da Anfang der 1990er Jahre die Stromgestehungskosten aus Solaranlagen bei etwa 90 Cent pro Kilowattstunde lagen.[28] Daher legten Bund und Länder in den 1990er Jahren verschiedene Förderprogramme auf. Das Erste war das sogenannte **1.000-Dächer-Photovoltaik-Programm** von 1990, mit dem das damalige Bundesministerium für Forschung und Technik einen Breitentest zur Bewertung des bereits erreichten Standes der Technik und zur Ableitung des noch erforderlichen Entwicklungsbedarfs bei netzgekoppelten PV-Anlagen mit kleiner Leistung durchführen wollte. Die Förderung wurde von einem wissenschaftlichen Mess- und Auswertprogramm begleitet, dem weltweit ersten Feld-

---

22 Begründung zum Gesetzentwurf der Fraktionen der CDU/CSU und FDP zur Photovoltaik-Novelle 2010, BT-Drs. 17/1147 v. 23.3.2010, S. 7.

23 Forschungsvorhaben des Bundesministeriums für Wirtschaft und Energie, Beschäftigung durch erneuerbare Energien in Deutschland: Ausbau und Betrieb – heute und morgen, Dritter Bericht zur Bruttobeschäftigung, Stand: Mai 2014, S. 7.

24 Gesetz über die Einspeisung von Strom aus erneuerbaren Energien in das öffentliche Netz v. 7.12.1990 (BGBl. I S. 2633).

25 Das StrEinspG sprach noch von Sonnenergie, während ab dem EEG 2000 von solarer Strahlungsenergie die Rede ist, ohne, das sich daraus ein inhaltlicher Unterschied ergibt.

26 *Salje*, 6. Aufl. 2012, StrEinspG, § 3 Rn. 28.

27 Das 100.000 Dächer-Solarstrom-Programm: Abschlussbericht, S. 1.

28 *Hoffmann*, Sonnenenergie 2008/6, 39.

test dieser Art.[29] Insgesamt wurden unter diesem Programm Anlagen mit einer Kapazität von ungefähr **5,3 MW** installiert.[30]

Nach dem Auslaufen des 1.000-Dächer-Photovoltaik-Programms (die letzten geförderten Anlagen wurden im Jahr 1995 installiert) war für einige Jahre unklar, wie die Solarförderung in Deutschland weitergehen würde, bis dann die Bundesregierung im Jahr 1999 das sogenannte **100.000-Dächer-Solarstrom-Programm** auflegte. Das Ziel war, bis Ende 2003 insgesamt **zusätzlich 300 MW** installierter PV-Kapazität zu fördern. Die mit der Durchführung des Programms betraute Kreditanstalt für Wiederaufbau (KfW) vergab zinsverbilligte Kredite für Solarstromanlagen an private wie gewerbliche Antragsteller. Aufgrund des vorzeitigen Erreichens der 300 MW-Grenze wurde die Laufzeit des Programms auf Antragstellungen bis zum 30.6.2003 verkürzt und dann durch eine verbesserte Förderung durch das EEG 2004 bzw. das Photovoltaik-Vorschaltgesetz abgelöst.   **15**

3. EEG 2000.[31] Mit der Einführung des EEG 2000 wurden die Vergütungsprinzipien des StrEinspG grundlegend überarbeitet. Die Koppelung an den jeweiligen Durchschnitt der Endverbraucherpreise wurde durch ein **System fester Einspeisevergütungen** ersetzt. In § 8 EEG 2000 wurde eine Anfangsvergütung von mindestens 99 Pfennig pro Kilowattstunde festgelegt, was nach der Umstellung auf Euro 50,62 Cent pro Kilowattstunde entsprach.[32] Die Mindestvergütungen wurden jährlich für neu in Betrieb genommene Anlagen um jeweils 5 % gesenkt. Eine Unterscheidung zwischen Freiflächen- und Gebäudeanlagen gab es anfangs noch nicht.   **16**

Ausweislich der Gesetzbegründung ging der Gesetzgeber davon aus, dass in Kombination mit dem 100.000-Dächer-Solarstrom-Programm sich erstmals für private Investoren eine attraktive Vergütung ergäbe, die allerdings vielfach noch unterhalb einer jederzeit rentablen Vergütung liege.[33]   **17**

4. Photovoltaik-Vorschaltgesetz.[34] Aufgrund des vorzeitigen **Auslaufens des 100.000-Dächer-Solarstrom-Programms** zum 30.6.2003 kam es zur Verunsicherung der noch jungen Solarbranche und es wurde nötig, bereits im Vorfeld der geplanten Neuregelung des EEG durch das EEG 2004 für die Marktbeteiligten Klarheit über die Folgeregelung zu dieser Ergänzungsförderung zum EEG zu erhalten.[35] Die Regelungen zur Solarenergie wurden daher in einem vorgeschalteten getrennten Gesetzgebungsprozess verabschiedet und traten zum 1.1.2004 in Kraft.   **18**

Durch das sogenannte Photovoltaik-Vorschaltgesetz wurde die Förderung der Solarenergie ausschließlich auf die gesetzliche Einspeisevergütung durch das EEG fokussiert, da dies langfristig mehr Investitionssicherheit bringe, und die Vergütungslücke durch den Wegfall   **19**

---

29 *Hoffmann*, Sonnenenergie 2008/6, 38.
30 *Hoffmann*, Sonnenenergie 2008/6, 39.
31 Gesetz für den Vorrang erneuerbarer Energien v. 29.3.2000 (BGBl. I S. 30).
32 Art. 37 Abs. 5 des Gesetzes zur Umstellung von Gesetzen und Verordnungen im Zuständigkeitsbereich des Bundesministeriums für Wirtschaft und Technologie sowie des Bundesministeriums für Bildung und Forschung auf Euro (Neuntes Euro-Einführungsgesetz) v. 10.11.2001 (BGBl. I S. 2992).
33 Beschlussempfehlung und Bericht des Ausschusses für Wirtschaft und Technologie, BT-Drs. 14/2776 v. 23.2.2000, S. 23.
34 Zweites Gesetz zur Änderung des Erneuerbare-Energien-Gesetzes v. 22.12.2003 (BGBl. I S. 3074).
35 Beschluss des Bundesrates, BR-Drs. 881/03 v. 19.12.2003.

des 100.000-Dächer-Solarstrom-Programms wurde durch eine Anpassung der Vergütungssätze ausgeglichen.[36]

20 Beim Vergütungssatz wurde **erstmals zwischen Gebäudeanlagen und Freiflächenanlagen unterschieden**. Der Basis-Vergütungssatz lag bei 45,7 Cent pro Kilowattstunde, für Gebäudeanlagen und solche auf Lärmschutzwänden erhöhte sich die Vergütung um zwischen 8,3 und 11,7 Cent pro Kilowattstunde, sowie um weitere 5 Cent pro Kilowattstunde für Fassadenanlagen. Freiflächenanlagen erhielten nur dann die Mindestvergütung, wenn sie im Geltungsbereich eines Bebauungsplanes oder eines Verfahrens nach § 38 BauGB errichtet wurden, wobei bei neuen Bebauungsplänen nur versiegelte Flächen, Konversionsflächen und Ackerflächen als Standorte zugelassen waren.

21 Die Größenbegrenzungen (Begrenzung der Förderung auf 350 MW installierte Photovoltaik-Gesamtleistung sowie 5 MW für Gebäudeanlagen und 100 kW für Freiflächenanlagen) wurden aufgehoben. Mit dem Photovoltaik-Vorschaltgesetz wurde das System der auch heute noch im Grundsatz geltenden Regelungen eingeführt.

22 **5. EEG 2004.**[37] Die Regelungen des Photovoltaik-Vorschaltgesetzes wurden dann im Wesentlichen unverändert in § 11 des ungefähr ein halbes Jahr später verabschiedeten EEG 2004 übernommen.

23 **6. EEG 2009.**[38] Im EEG 2009 wurden die Bestimmungen zur Vergütung von Strom aus solarer Strahlungsenergie auf zwei Vorschriften verteilt: **§ 32 EEG 2009 für Freiflächenanlagen und § 33 EEG 2009 für Gebäudeanlagen**. Die Vergütung wurde geringfügig gesenkt und die Absenkung von 6,5 % auf Werte zwischen 8 % und 10 % erhöht, wobei abhängig vom konkreten **Zubau** eine Erhöhung bzw. Ermäßigung der Absenkung in Höhe von 1 % gelten sollte. Die Sondervergütung für Fassadenanlagen wurde gestrichen. Um die Höhe der EEG-Umlage aus Dachanlagen einzudämmen, wurde zugleich die **Vergütung des Eigenverbrauchs** aus Gebäudeanlagen eingeführt.

24 In den folgenden Jahren änderte sich die Lage am Solarmarkt dramatisch. Die Preise für Solarmodule sanken erheblich und der Zubau an installierter Leistung übertraf bei Weitem alle Erwartungen. Aufgrund dieser Entwicklungen am Markt und den daraus folgenden politischen Spannungen entkoppelte sich im Anschluss an das EEG 2009 die Gesetzgebung zur Solarenergie von der sonstigen Gesetzgebung zum EEG, und es kam in kurzem Rhythmus zu mehreren in Politik und Gesellschaft viel diskutierten und nachfolgend dargestellten Novellierungen der Vorschriften zur Solarförderung.

25 **7. Photovoltaik-Novelle 2010.**[39] Im Laufe des Jahres 2009 kam es zu einem sehr starken Wachstum der installierten Photovoltaik-Leistung.[40] Nach einem Gesetzgebungsverfahren

---

36 Begründung des Gesetzesentwurfs der Fraktionen SPD und Bündnis 90/Die Grünen, BT-Drs. 15/1974 v. 11.11.2003, S. 4.
37 Gesetz zur Neuregelung des Rechts der Erneuerbaren Energien im Strombereich v. 21.7.2004 (BGBl. I S. 1918).
38 Gesetz zur Neuregelung des Rechts der Erneuerbaren Energien im Strombereich und zur Änderung damit zusammenhängender Vorschriften v. 25.10.2008 (BGBl. I S. 2074).
39 Erstes Gesetz zur Änderung des Erneuerbare-Energien-Gesetzes v. 11.8.2010 (BGBl. I S. 1170).
40 In 2009 wurden ca. 3.000 MW neu installiert, das Leitszenario des Bundesumweltministeriums lag bei 1.700 MW; Gründe für das starke Wachstum waren vor allem ein starker Ausbau der weltweiten Produktionskapazitäten von Solarmodulen bei einem gleichzeitigen Rückgang der Nachfrage in anderen Märkten mit dem Ergebnis, dass rund die Hälfte der in 2009 neu installierten Leis-

mit Anrufung des Vermittlungsausschusses durch den Bundesrat trat am 1.7.2010 eine wesentliche Änderung der Vergütungsregelungen der §§ 32, 33 in Kraft. Im Ergebnis wurden an allen Stellschrauben der Vergütung Einschränkungen vorgenommen. Die **Vergütungssätze wurden in zwei Stufen erheblich verringert**, wobei erstmals eine außerordentliche unterjährige Absenkung der Vergütung, nämlich mit Wirkung zum 1.7.2010, beschlossen wurde. Die Möglichkeit der Anpassung der Absenkung an die Entwicklung des tatsächlichen Zubaus wurde um bis zu zusätzliche 12 % erhöht. Schließlich wurde die Vergütung für eigenverbrauchten Strom reduziert.

Wesentliche Änderungen gab es auch bei den für Freiflächenanlagen zur Verfügung stehenden Flächenarten. Ehemalige **Ackerflächen** wurden aus den vergütungsfähigen Flächen herausgenommen, um der Landwirtschaft keine Flächen für Nahrungs- und Futtermittelproduktion wegzunehmen und dem Landschaftsschutz Rechnung zu tragen. Diese Änderung für Neuanlagen für die Zeit ab dem 1.1.2011 wurde vom BVerfG als in Übereinstimmung mit dem rechtsstaatlichen Prinzip des Vertrauensschutzes angesehen, da ausreichende Übergangsfristen gewährt wurden.[41]   **26**

Gleichzeitig wurden Konversionsflächen auf solche aus verkehrlicher und wohnungsbaulicher Nutzung erweitert sowie Flächen mit einer Entfernung von bis zu 110 m längs vom Fahrbahnrand von Autobahnen oder Schienenwegen und solche, die als Gewerbe- oder Industriegebiet bauplanerisch ausgewiesen sind, als vergütungsfähig aufgenommen, da diese Flächen für weniger schützenswert gehalten wurden.   **27**

Schließlich wurde die Befristung der Vergütung von Freiflächenanlagen auf bis zum 1.1.2015 in Betrieb genommene Anlagen aufgehoben, sodass auch nach dem 31.12.2014 in Betrieb genommeine Freiflächenanlagen nach dem EEG vergütet werden können.   **28**

8. Europarechtsanpassungsgesetz Erneuerbare Energien (EAG EE).[42] Die Bundesregierung nutzte das Gesetzgebungsverfahren zur Umsetzung von Vorschriften der EU-Richtlinie 2009/28/EG betreffend die Förderung erneuerbarer Energien in deutsches Recht, um eine weitere Reduzierung der Solarvergütung durchzusetzen. Insbesondere wurden die Absenkungen angepasst und teilweise vorgezogen.   **29**

9. EEG 2012 a. F.[43] Das am 1.1.2012 in Kraft getretene EEG 2012 hat die Systematik des EEG 2009 grundsätzlich beibehalten. Bei der Solarvergütung erfolgten nur wenige Änderungen. Anlagen auf Konversionsflächen erhielten keine Vergütung, wenn diese zugleich als Naturschutzgebiet oder Nationalpark ausgewiesen waren. Außerdem wurde eine Bestimmung aufgenommen, der zufolge wegen Reparatur oder Diebstahls neu eingefügte Solarmodule die gleiche Vergütung erhalten wie die ersetzten.   **30**

---

tung in Deutschland zugebaut wurde, vgl. dazu auch Begründung zum Gesetzentwurf der Fraktionen der CDU/CSU und FDP zur Photovoltaik-Novelle 2010, BT-Drs. 17/1147 v. 23.3.2010, S. 6.

41 BVerfG, Beschl. v. 23.9.2010, 1 BvQ 28/10, ZNER 2011, 295; zu verfassungsrechtlichen Aspekten der PV-Novelle allgemein auch *Kment*, NVwZ 2012, 397.

42 Gesetz zur Änderung der Richtlinie 2009/28/ EG zur Förderung der Nutzung von Energie aus erneuerbaren Quellen Europarechtsanpassungsgesetz Erneuerbare Energien (EAG EE) v. 12.4.2011 (BGBl. I S. 619).

43 Gesetz zur Neuregelung des Rechtsrahmens für die Förderung der Stromerzeugung aus erneuerbaren Energien v. 28.7.2011 (BGBl. I S. 1634).

31 **10. EEG 2012 i. d. F. der Photovoltaik-Novelle 2012.**[44] Vor dem Hintergrund weiter fallender Modulpreise und drohender Überförderung sowie dem Ziel der Begrenzung des Zubaus[45] wurde bereits kurz nach Inkrafttreten des EEG 2012 ein erneutes Gesetzgebungsverfahren zur Solarförderung angestoßen und mit großer Schnelligkeit durch den Bundestag gebracht – nur ein Monat lag zwischen dem Kabinettsbeschluss am 29.2.2012 und dem Gesetzesbeschluss des Bundestages am 29.3.2012 in der vom Umweltausschuss vorgeschlagenen Fassung.[46] Nach Anrufung des Vermittlungsausschusses erfolgte im Juni 2012 eine Einigung zwischen Bund und Ländern. Die Photovoltaik-Novelle trat mit ihrer Verkündung am 17.8.2012 rückwirkend zum 1.4.2012 in Kraft.

32 Die Photovoltaik-Novelle änderte die Vorschriften des EEG 2012 a. F. für Solaranlagen nicht nur optisch, indem sie die Bestimmungen der §§ 32 und 33 im neuen § 32 zusammenfasste. Die materiellen Eingriffe waren noch bedeutender. Die Vergütungen wurden einmalig **um bis zu beinahe 30 %** reduziert. Die Grenzwerte der Vergütungsklassen für Gebäudeanlagen wurden erhöht, sodass dadurch ein zusätzlicher Kürzungseffekt entstand. Die Vergütung für Freiflächenanlagen wurde einheitlich gestaltet, d. h. Anlagen auf Konversionsflächen und versiegelten Flächen erhielten im Gegensatz zum EEG 2012 a. F. keine erhöhte Vergütung im Vergleich zu Anlagen auf sonstigen Freiflächen mehr. Die Vergütung wurde für alle Anlagen bis zu einer installierten Leistung von 10 MW begrenzt, für den Leistungsanteil über 10 MW besteht seitdem kein Anspruch auf Vergütung. Es wurden besondere Anforderungen für Anlagen auf Nichtwohngebäuden im Außenbereich eingeführt.

33 Die Absenkung wurde verstetigt, indem ab 1.5.2012 **jeden Monat eine Absenkung der Vergütung** stattfindet, deren Höhe sich nach dem von der BNetzA ermittelten Zubau in den letzten 12 Monaten richtet.

34 Die **Eigenverbrauchsregelung** für Gebäudeanlagen entfiel. Dafür wurde in einem neuen § 33 mit Wirkung zum 1.1.2014 ein sogenanntes **Marktintegrationsmodell eingeführt**, nach dem Gebäudeanlagen mit einer installierten Leistung zwischen 10 kW und 1 MW nur 90 % der jährlich produzierten Strommenge nach dem EEG vergütet erhalten.

35 Insgesamt wurde für die installierte Leistung der nach dem EEG geförderten Solaranlagen ein Ausbauziel von 52 GW installierter Leistung eingeführt. Ab Erreichen dieses Ausbauziels sollen neu errichtete Solaranlagen keine Förderung nach dem EEG mehr erhalten.

36 **11. EEG 2014.**[47] Mit dem EEG 2014 wurde für Neuanlagen die **verpflichtende Direktvermarktung** über die Marktprämie eingeführt. Die Regelungen zur Förderung von Strom aus Photovoltaikanlagen sind ansonsten **im Wesentlichen unverändert** geblieben. § 51 EEG 2014 entspricht somit grundsätzlich § 32 EEG 2012.

37 Die wichtigste Änderung betrifft die **Fördersätze**, die den aktuellen Entwicklungen angepasst wurden. Die Fördersätze für Strom aus solarer Strahlungsenergie waren in den letzten Jahren stark gesunken und lagen unterhalb der Stromgestehungskosten für neue Photovol-

---

44 Gesetz zur Änderung des Rechtsrahmens für Strom aus solarer Strahlungsenergie und zu weiteren Änderungen im Recht der Erneuerbaren Energien v. 17.8.2012 (BGBl. I S. 1754).

45 Allein 2011 sanken die Modulpreise um ca. 25 bis 30 %, vgl. Gesetzentwurf der Fraktionen von CDU/CSU und FDP, BT-Drs. 17/8877 v. 6.3.2012, S. 19.

46 Beschlussempfehlung und Bericht des Ausschusses für Umwelt, Naturschutz und Reaktorsicherheit, BT-Drs. 17/9152 v. 28.3.2012.

47 Erneuerbare-Energien-Gesetz v. 21.7.2014 (BGBl. I S. 1066), das durch Artikel 4 des Gesetzes v. 22.7.2014 (BGBl. I S. 1218) geändert worden ist.

taikanlagen. Ein wirtschaftlicher Betrieb von Neuanlagen war daher nur noch möglich, wenn ein Teil des Stroms für die Eigenerzeugung genutzt wird. Vor dem Hintergrund der in § 58 neu eingeführten Belastung der Eigenversorgung mit der EEG-Umlage wurde die Förderhöhe angepasst, um weiterhin einen wirtschaftlichen Betrieb von Neuanlagen gewährleisten zu können.[48] Außerdem wurde bei der Anpassung berücksichtigt, dass die Managementprämie nunmehr integraler Bestandteil der anzulegenden Werte ist. Wird nicht die Direktvermarktung genutzt, werden die eingepreisten 0,4 Cent pro Kilowattstunde gem. § 35 Abs. 3 EEG in Abzug gebracht.[49]

Daneben sind einzelne redaktionelle Änderungen erfolgt, wie die Übernahme von Definitionen für „Gebäude" und „Wohngebäude" in § 5 EEG und die damit einhergehende Streichung des ehemaligen Abs. 4. **38**

Die **Streichung des Marktintegrationsmodells** nach § 33 EEG 2012 soll den Bürokratieaufwand für Anlagenbetreiber sowie Netzbetreiber reduzieren.[50] **39**

Zu allen Regelungen gibt es aus Gründen des Vertrauensschutzes umfangreiche Übergangsbestimmungen. **40**

IV. Basis-Förderung (Abs. 1)

1. Höhe der Förderung. a) Basis-Förderung. Die Förderung für Strom aus Anlagen zur Erzeugung von Strom aus solarer Strahlungsenergie beträgt 9,23 Cent pro Kilowattstunde, abzüglich der Absenkungen und zzgl. evtl. Erhöhungen nach § 31. **41**

b) Aufhebung der Differenzierung für Freiflächenanlagen. Die Förderung gilt einheitlich für alle Anlagen, die nicht als Gebäudeanlagen unter Abs. 2 fallen, eine Differenzierung zwischen Anlagen auf Konversionsflächen und versiegelten Flächen sowie auf sonstigen Flächenarten, wie noch im EEG 2012 a. F. vorgesehen, gibt es nicht. Die bei Konversionsflächen aufgrund der Größe erreichbaren Skaleneffekte sowie der Gedanke der Vereinfachung der Regelungen des EEG waren dafür ausschlaggebend.[51] **42**

2. Abgrenzung von Abs. 1 zu Abs. 2 und Abs. 3. Die Förderregelung in Abs. 1 findet ihrem Wortlaut nach grundsätzlich erst einmal für alle Solaranlagen Anwendung. Durch den Einschub „vorbehaltlich der Absätze 2 und 3" wird jedoch klargestellt, dass für **Gebäudeanlagen** unter den dort geregelten Voraussetzungen die höheren Fördersätze des Abs. 2 gelten. Damit findet Abs. 1 im Ergebnis nur auf (i) Freiflächenanlagen, (ii) Solaranlagen auf baulichen Anlagen, die keine Gebäude sind, und (iii) Nichtwohnanlagen im Außenbereich, die nicht die Voraussetzungen des Abs. 3 erfüllen, Anwendung. **43**

3. Absenkung oder Erhöhung der Förderungshöhe nach § 31. a) Grundsätze. Die anzulegenden Werte für Strom aus Photovoltaikanlagen sind gemäß § 31 ab dem 1.9.2014 einer monatlichen Absenkung um 0,5 % gegenüber dem jeweiligen Kalendermonat unterworfen. Zusätzlich erhöht oder verringert sich diese monatliche Absenkung in Abhängigkeit vom Zubau von Photovoltaikanlagen. Unterschreitet oder überschreitet der Zubau den **44**

---

48 BT-Drs. 18/1304, S. 147.
49 BT-Drs. 18/1304, S. 148.
50 BT-Drs. 18/1304, S. 159.
51 Begründung des Gesetzentwurfs der Fraktionen der CDU/CSU und FDP, BT-Drs. 17/8877 v. 6.3.2012, S. 19.

Zielkorridor gemäß § 31 Abs. 1, erhöht oder verringert sich die monatliche Absenkung (sog. „**atmender Deckel**"). Zu den Einzelheiten siehe die Kommentierung zu § 31.

45   **b) Veröffentlichung durch BNetzA.** Die BNetzA ist nach § 26 Abs. 2 Nr. 3 verpflichtet, die Summe der installierten Leistung aller geförderten Photovoltaik-Anlagen zu veröffentlichen. Diese Daten dienen zur Ermittlung der für die Folgemonate geltenden Fördersätze für Photovoltaik-Anlagen nach § 51. Diese Sätze sind dann von der BNetzA auf ihrer Internetseite zu veröffentlichen.

46   Die als Folge der Kombination von variabler Höhe und monatlicher Durchführung der Absenkung mögliche Vielzahl an Entwicklungen der Förderhöhe macht es nicht mehr tunlich, in den Kommentar eine Tabelle mit der Angabe der Förderung für die Zukunft aufzunehmen; vielmehr sei auf die regelmäßig von der BNetzA zu veröffentlichenden angepassten Fördersätze verwiesen.

47   **4. Anlagen zur Erzeugung von Strom aus solarer Strahlungsenergie.** Berechtigt zur Förderung nach § 51 ist nur Strom aus Anlagen zur Erzeugung von Strom aus solarer Strahlungsenergie. Darunter fallen sowohl Photovoltaik-Anlagen als auch Solarthermie-Anlagen, auch wenn in Deutschland Solarthermie-Anlagen aufgrund der Einstrahlungssituation außerhalb von Forschungsanlagen[52] kaum zur Stromerzeugung genutzt werden, vgl. dazu oben Rn. 2. Nicht Förderberechtigt wäre Strom, der aufgrund von künstlich erzeugtem Licht erzeugt wird.[53]

48   **5. Förderobergrenze von 10 MW. a) Grundsatz.** Das Gesetz legt für die Förderung von Solaranlagen eine Obergrenze fest. Der Anspruch auf finanzielle Förderung in der gesetzlich festgelegten Höhe besteht nur bis zu einer installierten Leistung von einschließlich 10 MW. Diese Obergrenze gilt für Freiflächen- und Gebäudeanlagen gleichermaßen, dürfte aber nur für Freiflächenanlagen relevant sein.

49   Nach der Gesetzesbegründung dient die Größenbegrenzung der Eingrenzung des Flächenverbrauchs durch Solarenergie, dem Schutz des Landschaftsbildes und generell der Begrenzung des Zubaus bei Freiflächenanlagen.[54] Außerdem wolle man erreichen, dass der erzeugte Strom sich auch in das Netz integrieren lasse und nach Möglichkeit in der Umgebung genutzt werden könne.[55] Damit dürften Freiflächen-Solarparks in der Größe, wie sie in letzter Zeit errichtet wurden,[56] vorerst nicht mehr geplant werden.

50   **b) Verordnungsermächtigung Konversionsflächen.** Da die Nutzung als Solarpark für viele sogenannte Konversionsflächen eine der wenigen Möglichkeiten für eine wirtschaftliche und finanzierbare Rekultivierung darstellt, wurde zwischenzeitlich in § 64g EEG 2012 eine Verordnungsermächtigung für die Bundesregierung eingefügt, nach der diese ermächtigt war, mit Zustimmung des Bundesrates für Solaranlagen auf Konversionsflächen einen angemessenen **Förderungssatz für die installierte Leistung von mehr als 10 MW** und ggf. auch die geeigneten Flächen festzulegen. Von dieser Ermächtigung ist kein Ge-

---

52 Z.B. Solarthermisches Versuchskraftwerk Jülich mit einer installierten Nennleistung von 1,5 MW.

53 Frenz/Müggenborg/*Schomerus*, § 32 Rn. 35.

54 Begründung des Gesetzentwurfs der Fraktionen der CDU/CSU und FDP, BT-Drs. 17/8877 v. 6.3.2012, S. 19.

55 Beschlussempfehlung und Bericht des Ausschusses für Umwelt, Naturschutz und Reaktorsicherheit, BT-Drs. 17/9152 v. 28.3.2012, S. 14.

56 Vgl. z.B. Solarpark Neuhardenberg mit 145 MW, Solarpark Groß-Dölln mit 128 MW, Solarpark Briest mit 90 MW, alle in Brandenburg.

brauch gemacht worden. Die Verordnungsermächtigung ist mit dem EEG 2014 entfallen, da die Förderung für Freiflächenanlagen nach § 55 EEG 2014 künftig durch Ausschreibungen ermittelt wird.[57]

c) Förderrechtliche Zusammenfassung von Anlagen. aa) Gebäudeanlagen. Grundsätzlich ist jedes Solarmodul als separate Anlage im Sinne des § 5 Nr. 1 anzusehen. Da nach den Regelungen des EEG der von Solarmodulen auf Gebäuden erzeugte Strom in Abhängigkeit von der installierten Leistung der Anlage vergütet wird, würde das dazu führen, dass alle Solarmodule auf Gebäuden nach dem Höchstsatz in § 51 Abs. 2 Nr. 1 vergütet würden. Dies entspricht nicht der Absicht des Gesetzgebers und daher enthält § 32 Abs. 1 eine Sonderregelung zur förderrechtlichen Zusammenfassung von Solaranlagen im Sinne des § 5 Nr. 1 (d. h. von Solarmodulen). Danach sind Solarmodule, die sich auf demselben Grundstück oder in sonst **unmittelbarer räumlicher Nähe** befinden und **innerhalb von 12 aufeinander folgenden Kalendermonaten** in Betrieb gesetzt worden sind, zum Zweck der Ermittlung der Förderung als eine Anlage zu betrachten.[58]   **51**

Die Sonderregelung des § 30 Abs. 1 gilt jedoch nur für Zwecke der Berechnung der Förderklasse aufgrund der Gesamtleistung der Anlage, ansonsten ist jedes Solarmodul weiterhin als technisch und rechtlich eigenständige Anlage im Sinne des § 5 Nr. 1 einzuordnen, z. B. für die Feststellung des Inbetriebnahmejahres der einzelnen Solarmodule.[59]   **52**

bb) Freiflächenanlagen. Um vor dem Hintergrund der Förderobergrenze von 10 MW ein Anlagensplitting, d. h. eine Aufteilung einer Anlage mit mehr als 10 MW in mehrere mit einer Leistung von jeweils unter 10 MW, zu verhindern, wird in § 32 Abs. 2 die förderrechtliche Zusammenfassung von Freiflächenanlagen geregelt. Danach gelten mehrere Freiflächenanlagen unabhängig von den Eigentumsverhältnissen und ausschließlich zum Zweck der Ermittlung der Förderung als eine Anlage, wenn sie (i) innerhalb **derselben Gemeinde** errichtet wurden und (ii) innerhalb von **24 Kalendermonaten** in einem **Abstand von bis zu 2 Kilometern** in der Luftlinie, gemessen vom äußersten Rand der jeweiligen Anlage, in Betrieb genommen wurden. Zu den Auslegungsthemen der Vorschrift vgl. die Erläuterungen zu § 32 Abs. 2. Diese Regelung geht der allgemeinen Regelung in § 32 Abs. 1 vor, da die dortigen Kriterien auf Freiflächenanlagen nicht sinnvoll anwendbar sind.[60]   **53**

d) Praktische Folgen. Praktisch bedeutet dies, dass sich Entwickler von Windparks und deren Investoren vor der Investitionsentscheidung absichern müssen, dass keine nach § 32 Abs. 2 störenden anderen Windparkprojekte vorhanden sind. Hier ist vor allem daran zu denken, mit der für die Gemeinde zuständigen Genehmigungsbehörde zu sprechen und sich bescheinigen zu lassen, dass im Umkreis von 2 km zu der Anlage keine anderen Solarparkvorhaben beantragt oder bekannt sind. Zum anderen besteht die Möglichkeit, alle Flä-   **54**

---

57 Vgl. BT-Drs. 18/1304, S. 258.
58 Für Module, die vor dem 1.1.2009 in Betrieb genommen worden sind, gilt aufgrund § 66 Abs. 1 EEG 2012 sowie § 100 Abs. 1 Nr. 10 EEG 2014 hinsichtlich der Zusammenfassung zum Zwecke der Förderung anstelle des § 30 Abs. 1 (§ 19 Abs. 1 EEG 2012) der § 11 Abs. 6 EEG 2004. Danach werden Module zusammengefasst, wenn sie innerhalb von sechs Kalendermonaten an oder auf demselben Gebäude in Betrieb genommen wurden.
59 Vgl. BDEW, Umsetzungshilfe zum EEG 2009, Version 2.0 v. 23.8.2011, S. 44 ff., abrufbar unter www.bdew.de.
60 Vgl. zur Vorgängerregelung des § 19 Abs. 1a EEG 2012: Begründung des Gesetzentwurfs der Fraktionen der CDU/CSU und FDP, BT-Drs. 17/8877 v. 6.3.2012, S. 18.

chen im Umkreis von 2 km anzupachten oder mit einer Unterlassungsdienstbarkeit zugunsten des Solarparkbetreibers bzw. des Solarparkgrundstücks zu versehen.

55 **6. Fördergrenze von 52 GW.** In § 31 Abs. 6 ist eine Obergrenze für die Förderung von Solaranlagen in Deutschland festgelegt. Dieses Ausbauziel ist mit einer installierten Leistung aller nach dem EEG geförderten Solaranlagen von 52 GW erreicht. Die Obergrenze entspricht der Grenze der Vorgängerregelung des § 20b Abs. 9a EEG 2012. Überschreitet der von der BNetzA veröffentlichte Wert der in Deutschland installierten Leistung aller geförderten Solaranlagen diesen Wert, verringert sich die Förderung nach § 51 für alle nach dem Tag dieser Veröffentlichung neu installierten Solaranlagen auf null.

56 Das Ausbauziel orientiert sich an dem im Nationalen Allokationsplan für erneuerbare Energie (NAP) für Photovoltaik angegebenen Ziel.[61] Sollte der Ausbau in dem Tempo der letzten drei Jahre mit durchschnittlich ca. 7,5 MW Zubau pro Jahr weiter gehen, wäre ausgehend von den Ende 2012 installierten 32,5 GW[62] das Ausbauziel von 52 GW Ende 2015 erreicht.

57 Rechtsfolge des Erreichens des Ausbauziels von 52 GW ist nach § 32 Abs. 6 nur die Reduzierung der Förderung auf null. Der Einspeisevorrang[63] für Strom aus Solaranlagen bleibt jedoch auch nach Erreichen der Fördergrenze von 52 GW erhalten.

58 **7. Berechnung der Dauer.** Nach dem Grundsatz in § 22 S. 1 ist die Förderung für die Dauer von 20 Kalenderjahren zuzüglich des Inbetriebnahmejahres zu zahlen.

V. Voraussetzungen der Förderung (Abs. 1 Nr. 1 bis 3)

59 Für die Förderfähigkeit von Solaranlagen stellt Abs. 1 in den Ziffern 1 bis 3 weitere Voraussetzungen auf, die alternativ, nicht kumulativ, erfüllt sein müssen. Die Vorschriften sollen den grundsätzlichen Vorrang der Nutzung von Dachflächen gegenüber der Nutzung von Freiflächen durch die Differenzierung der Förderung sicherstellen.

60 **1. Anbringung auf baulicher Anlage (Abs. 1 Nr. 1). a) Anwendungsbereich.** Ausweislich seines Wortlautes findet Abs. 1 auf alle Solaranlagen Anwendung, die entweder in, an oder auf (i) einem Gebäude oder (ii) einer sonstigen baulichen Anlage errichtet wurden, wenn diese nicht vorrangig für den Zweck der Erzeugung von Strom aus solarer Strahlungsenergie errichtet wurden.

61 Da für Solaranlagen „in, an oder auf einem Gebäude" die Sonderbestimmung des Abs. 2 gilt, wird für die Kommentierung zu Gebäudeanlagen auf die Rn. 189 ff. verwiesen. Anlagen auf Nichtwohngebäuden im Außenbereich fallen gemäß Abs. 3, letzter Halbsatz, unter Abs. 1, wenn sie wegen Nichterfüllung der Voraussetzungen des Abs. 3 nicht unter Abs. 2 fallen. Für Abs. 1 Nr. 1 verbleiben daher die **baulichen Anlagen, die keine Gebäude sind**, als Trägeranlagen. Es sind zwei Typen solcher Trägeranlagen denkbar: Zum einen kann die

---

61 BT-Drs. 17/9643, S. 1; der NAP sieht für das Jahr 2020 ein Ausbauszenario von 51.753 MW und eine Stromproduktion von 41.389 GWh vor, vgl. Nationaler Allokationsplan für erneuerbare Energie gemäß der Richtlinie 2009/28/EG zur Förderung der Nutzung von Energie aus erneuerbaren Quellen, 2010, S. 111, abrufbar unter www.clearingstelle-eeg.de/files/Nationaler_Aktionsplan_100804.pdf.
62 *Bode*, ET 2013, 22.
63 Der sogenannte „kleine Anwendungsbereich" des EEG.

Solaranlage so errichtet werden, dass die Funktion der Trägeranlage erhalten bleibt (z. B. Brücken, Krananlagen, Behälterkronen). Zum anderen kann die Funktion der Trägeranlage spätestens mit Anbringung der Solaranlage entfallen (z. B. stillgelegte Landebahnen, Schienen, Straßen oder Wirtschaftswege, Betonplatten).[64] Diese sonstigen baulichen Anlagen werden zwar häufig auch als versiegelte Flächen nach Abs. 1 Nr. 3 lit. c) bb) EEG-förderberechtigt sein, allerdings sind dafür auch zusätzlich dessen Voraussetzungen zu erfüllen.

Der Regelungszweck besteht darin, Solaranlagen primär auf Gebäuden und sonstigen baulichen Anlagen zu fördern, da diese Flächen schon von baulichen Anlagen besetzt, also bereits versiegelt oder jedenfalls aus ökologischer Sicht beeinträchtigt sind, aber keinen Anreiz für einen zusätzlichen Flächenverbrauch zu setzen. Noch unverbrauchten Freiflächen wird in den sonstigen Fällen des Abs. 1 ein Förderanspruch gewährt.[65]   **62**

b) Sonstige bauliche Anlagen. aa) Begriff. Das Gesetz unterscheidet bewusst zwischen dem engeren Begriff „Gebäude" und dem weiterreichenden Begriff der „baulichen Anlage", der seinerseits auch Gebäude umfasst.[66]   **63**

Nach den Gesetzesbegründungen werden bauliche Anlagen gemeinhin als jede mit dem Erdboden verbundene, aus Bauteilen und Baustoffen hergestellte Anlage begriffen. Die Differenzierung zwischen Gebäuden und sonstigen baulichen Anlagen entspricht dem Verständnis der **Musterbauordnung** und der Landesbauordnungen. Infolgedessen ist zwischen unterschiedlichen Fördersätzen für Anlagen an/auf Gebäuden und an/auf sonstigen baulichen Anlagen (etwa Straßen, Stellplätzen, Deponieflächen, Aufschüttungen, Lager- und Abstellplätzen) zu unterscheiden.[67]   **64**

In § 2 Abs. 1 der Musterbauordnung vom November 2002[68] sind bauliche Anlagen wie folgt definiert: Bauliche Anlagen sind mit dem Erdboden verbundene, aus Bauprodukten hergestellte Anlagen; eine Verbindung mit dem Boden besteht auch dann, wenn die Anlage durch eigene Schwere auf dem Boden ruht oder auf ortsfesten Bahnen begrenzt beweglich ist oder wenn die Anlage nach ihrem Verwendungszweck dazu bestimmt ist, überwiegend ortsfest benutzt zu werden. Bauliche Anlagen sind auch Aufschüttungen und Abgrabungen, Lagerplätze, Abstellplätze und Ausstellungsplätze, Sport- und Spielflächen, Campingplätze, Wochenendplätze und Zeltplätze, Freizeit- und Vergnügungsparks, Stellplätze für Kraftfahrzeuge, Gerüste und Hilfseinrichtungen zur statischen Sicherung von Bauzuständen.[69] Rechtsprechung und Literatur zu den Bauordnungen der Länder kann also zur Auslegung, unter Beachtung von Sinn und Zweck des § 51, mit herangezogen werden.[70]   **65**

---

64 *Fischer/Lorenzen*, RdE 2004, 209, 210.

65 Gesetzentwurf der Bundesregierung zum EEG 2009, BT-Drs. 16/8148 v. 18.2.2008, S. 60.

66 Konsolidierte Fassung der Begründung zu dem Gesetz für den Vorrang Erneuerbarer Energien (EEG 2004) v. 21.7.2004 (BGBl. 2004 I S. 1918).

67 Gesetzentwurf der Bundesregierung zum EEG 2009 v. 18.2.2008, BT-Drs. 16/8148, S. 60; Konsolidierte Fassung der Begründung zu dem Gesetz für den Vorrang Erneuerbarer Energien (EEG 2004) v. 21.7.2004 (BGBl. 2004 I S. 1918).

68 Die Musterbauordnung ist abrufbar unter www.is-argebau.de.

69 *Bode*, ET 2013, 22.

70 So auch das Verständnis von BGH, Urt. v. 17.7.2013, VIII ZR 308/12, REE 2013, 242 ff.; BGH, Urt. v. 9.2.2011, VIII ZR 35/10, WM 2011, 1865; und der Literatur, vgl. Altrock/Oschmann/Theobald/*Oschman*, § 32 Rn. 45.

66 Notwendig ist allerdings eine feste Verbindung mit dem Boden,[71] wobei für die Einordnung als bauliche Anlage allein der tatsächliche Zustand der Fläche maßgeblich ist.[72] Danach sind z. B. Ballons mit Solarmodulen oder Gerüste und Ständer, auf denen Solarmodule befestigt sind, keine baulichen Anlagen.[73] Hingegen stellt die Auffüllung eine mit dem Erdboden verbundene, aus Bauteilen und Baustoffen hergestellte Anlage dar, wenn die Existenz einer flächendeckenden, insgesamt homogenen Auffüllungsschicht aus Schlacke besteht; erforderlich ist eine höhere Dichte als natürlich anstehende, nicht verdichtete Böden.[74] Eine Versiegelung der Fläche ist für die Annahme einer baulichen Anlage nicht erforderlich.[75]

67 **bb) Beispiele.** Nach dem BGH ist für die Auslegung des Begriffs „bauliche Anlage" nach dem Willen des Gesetzgebers auf die Musterbauordnungen 2002 abzustellen. Danach ist eine PV-Anlage, die auf einer **innerhalb einer Galopprennbahn gelegenen Grünfläche** belegen ist, auf einer baulichen Anlage angebracht, wenn die dafür in Anspruch genommene Fläche einen künstlich hergerichteten integralen Bestandteil einer Sportanlage bildet, der dem Zweck der baulichen Gesamtanlage funktionstypisch untergeordnet ist.[76] Die Tatsache, dass die Fläche nicht versiegelt wurde, steht der Einordnung als bauliche Anlage nicht entgegen. Zwar gehen bauliche Anlagen häufig mit Versiegelungen einher, allerdings gibt es auch Anlagen ohne vollständige Bodenversiegelung.[77]

68 Nach der Clearingstelle EEG ist ein **Pflanzencarport** eine **bauliche Anlage.** Danach ist die Konstruktion gerade nicht dazu bestimmt, dem Schutz von Menschen, Tieren und Sachen zu dienen; Gleiches gilt für „Pflanzencarports", in denen die für den Pflanzenbau benötigten Geräte untergestellt werden.[78]

69 **c) Vorrangig anderer Errichtungszweck.** Die Anlage darf nicht vorrangig für den Zweck der Erzeugung von Strom aus Solarenergie errichtet worden sein. Ist dies der Fall, besteht kein Förderanspruch.

70 **aa) Maßgeblicher Zeitpunkt.** Nach der Gesetzesbegründung kommt es dabei nicht darauf an, ob die bauliche Anlage zum Zeitpunkt der Inbetriebnahme tatsächlich gerade entsprechend der Funktion ihres abstrakten, rechtlich qualifizierten Nutzungszwecks (etwa Wohngebäude, Betriebsgebäude, Mülldeponie) genutzt wird. Entscheidend ist vielmehr der **(Haupt-)Nutzungszweck zum Zeitpunkt der Errichtung.** Dies folgt bereits aus der Verwendung des Plusquamperfekt in Abs. 1 Nr. 1 („errichtet worden"). Eine vor oder nach Inbetriebnahme der Anlage tatsächlich erfolgte Aufgabe der ursprünglichen anderweitigen Hauptnutzung ist bedeutungslos.[79]

---

71 So auch das Verständnis von Clearingstelle EEG Votum v. 13.2.2014, 2013/62, Rn. 47.
72 Clearingstelle EEG Votum v. 13.2.2014, 2013/62, Rn. 58.
73 *Salje*, EEG 2012, 6. Aufl. 2012, § 32 Rn. 25; Frenz/Müggenborg/*Schomerus*, § 32 Rn. 38.
74 Clearingstelle EEG Votum v. 13.2.2014, 2013/62, Rn. 52 ff.
75 BGH, Urt. v. 17.7.2013, VIII ZR 308/12.
76 BGH, Urt. v. 17.7.2013, VIII ZR 308/12, REE 2013, 242 ff.; Vorinstanzen OLG Dresden, Urt. v. 4.9.2012, 9 U 572/12 und LG Dresden, Urt. v. 2.3.2012, 10 O 0991/11, ZUR 2012, 357 mit ablehnender Anmerkung *Hoppenbrock*.
77 BGH, Urt. v. 17.7.2013, VIII ZR 308/12, REE 2013, 242, 243 f.; Clearingstelle EEG Votum v. 13.2.2014, 2013/62, Rn. 46.
78 Clearingstelle EEG Votum v. 15.8.2013, 2013/30, Rn. 13/24.
79 Begründung des Gesetzesentwurfs, BT-Drs. 17/6071 v. 6.6.2011, S. 76; Gesetzentwurf zum EEG 2009, BT-Drs. 16/8148 v. 18.2.2008, S. 60; Konsolidierte Fassung der Begründung zu dem Gesetz

Die Aufständerung der Solaranlagen ist zwar grundsätzlich auch eine bauliche Anlage, **71** aber nur zu dem Zweck der Montage der Solarmodule errichtet und daher keine bauliche Anlage im Sinne des § 51.[80]

bb) Maßstäbe für die Prüfung. Für die Frage, welche Maßstäbe an die erforderliche Prü- **72** fung des vorrangigen Nutzungszweckes der baulichen Anlage anzulegen sind, hilft die Gesetzesbegründung nicht weiter. In Rechtsprechung und Literatur werden unterschiedliche Ansätze zur Bestimmung des vorrangigen Nutzungszwecks verfolgt.

Im Grundsatz kann Vorrangigkeit immer dann angenommen werden, wenn die bauliche **73** Anlage zeitlich wesentlich vor der Solaranlage errichtet wurde. Bei mehr oder weniger gleichzeitiger Errichtung sind andere Kriterien heranzuziehen.[81]

In der Literatur wird u.a. vertreten, dass maßgeblich nicht der subjektive Wille des Anla- **74** genbetreibers, sondern nach allgemeinen zivilrechtlichen Grundsätzen die für einen objektiven Dritten in der Rolle des Anlagenbetreibers **verobjektivierte Nutzungsmöglichkeit** der baulichen Anlage sei. Dabei komme es weder darauf an, ob das Gebäude von vornherein mit der Absicht errichtet worden sei, daran auch eine Solaranlage anzubringen, noch könne den Errichtungskosten indizielle Wirkung zugebilligt werden.[82]

Andere wollen zur Feststellung des vorrangigen (Haupt-)Zwecks darauf abstellen, **wie sich** **75** **die Errichtungskosten auf die verschiedenen Zwecke verteilen**.[83] Auch einige Instanzgerichte hatten sich für eine wirtschaftliche Betrachtung entschieden. So ist nach OLG Nürnberg der Investitionsaufwand ein deutliches Indiz dafür, wo der wirtschaftliche Schwerpunkt eines Projekts liegt. Je größer die Energieerzeugungsanlagen und je bedeutender der wirtschaftliche Faktor der Stromerzeugung ist, umso eher wird naheliegen, dass die bauliche Anlage in erster Linie zum Zweck der Produktion geförderten Solarstroms errichtet werden soll.[84] Das LG Regensburg stellt auf das Verhältnis zwischen dem aus dem Gebäude und dem aus der Solaranlage gezogenen Gewinn ab.[85]

Eine weitere Ansicht lehnt feste Kriterien ab und stellt auf die jeweiligen Besonderheiten **76** des Einzelfalls ab. Dabei prüften die Gerichte in den konkreten Fällen, ob die vom Anlagenbetreiber errichteten Gebäude einem landwirtschaftlichen oder gärtnerischen Betrieb dienten bzw. solche Gebäude ersetzten.[86]

Nach einem Votum der Clearingstelle EEG[87] ist der vorrangige Errichtungszweck in einer **77** **einzelfallbezogenen Gesamtschau** anhand verschiedener Indizien zu ermitteln, **die über** **eine lediglich ökonomische Betrachtung hinausgeht**, weil andernfalls Gebäude, die

---

für den Vorrang Erneuerbarer Energien (EEG 2004) v. 21.7.2004 (BGBl. 2004 I S. 1918); vgl. auch LG Gießen, Urt. v. 27.5.2010, 4 O 83/10.

80 Clearingstelle EEG Votum v. 9.9.2009, 2009/9, Rn. 31 ff.; bereits die Eigenschaft als bauliche Anlage ablehnend Altrock/Oschmann/Theobald/*Oschmann*, § 32 Rn. 47.

81 *Binder*, ZNER 2009, 355 f.; *v. Oppen*, ZUR 2010, 295, 297.

82 Altrock/Oschmann/Theobald/*Oschman*, § 32 Rn. 48.

83 *Salje*, EEG, 5. Aufl. 2009, § 32 Rn. 28; in der 6. Aufl. 2012 und 7. Aufl. 2015 werden dazu keine Aussagen mehr getroffen.

84 OLG Nürnberg, Beschl. v. 8.10.2007, 13 U 1244/07, ZUR 2008, 307, mit Anmerkung *Sösemann*.

85 LG Regensburg, Urt. v. 23.5.2007, 1 O 2380/06, IR 2007, 185, 185 f.

86 OLG Frankfurt a.M., Urt. v. 27.3.2008, 15 U 13/07; OLG Düsseldorf, Urt. v. 16.9.2009, I-3 U 3/09.

87 Clearingstelle EEG Votum v. 9.4.2008, 2007/4, Rn. 39.

nicht oder nicht primär mit Gewinnerzielungsabsicht genutzt werden, stets als vorrangig für die Erzeugung von Strom aus Solarenergie gelten würden. Eine lediglich ökonomische Betrachtungsweise korrespondiere weder hinsichtlich des Verfahrens noch des Ergebnisses mit dem Zweck des § 32, Flächenversiegelung zu verhindern.[88] Zu berücksichtigen sei vielmehr auch die betriebswirtschaftliche Entscheidungsfreiheit der Anlagenbetreiber, ein kostengünstiges Gebäude, das sie auch ohne Aussicht auf EEG-Vergütung errichten würden, von Anfang an mit einer Solaranlage zu verbinden. Es sei nicht Aufgabe des Netzbetreibers und der Clearingstelle EEG, eigene Zweckmäßigkeitserwägungen an die Stelle der Überlegungen der Anlagenbetreiber zu setzen.[89] Abzustellen sei deshalb auf die konkrete Bauweise der baulichen Anlage sowie darauf, **ob der Anlagenbetreiber bei fehlender Aussicht auf EEG-Vergütung von ihrer Errichtung abgesehen oder sie jedenfalls in wesentlich anderer Gestaltung errichtet hätte**, wobei zu berücksichtigen sei, dass das EEG der betriebswirtschaftlichen Optimierung von Gebäudekonstruktionen auch im Hinblick auf eine etwaig zu erzielende Vergütung nach dem EEG nicht entgegen stehe. In weiteren Votum- und Hinweisverfahren hat die Clearingstelle EEG diese Kriterien weiterentwickelt und griffiger zusammengefasst.[90] Es gäbe ein **zeitliches Indiz** (wurde die bauliche Anlage zeitlich deutlich vor der Solaranlage errichtet), ein **baulich-konstruktives Indiz** (überwiegt der baulich-konstruktive Aufwand für die Errichtung der baulichen Anlage deutlich den Aufwand für die Errichtung der Solaranlage,[91] wobei eine einfache Gebäudekonstruktionen allein nicht als Indiz für einen vorrangig der Solarstromerzeugung dienenden Zweck herangezogen werden kann,[92] ebenso wenig eine gewisse Überdimensionierung der baulichen Anlage zur Optimierung des Solarertrags[93]), ein **ökonomisches Indiz** (sind Errichtung und Bestand des Gebäudes von den Einnahmen aus der Solaranlage unabhängig) und ein **Indiz der (Nicht-)Beständigkeit** (ist das Errichtungs- und Nutzungskonzept der baulichen Anlage unabhängig von der Solaranlage). Griffig ist dabei die Unterscheidung zwischen „Alibi-" oder „Sinnlos-Gebäuden" und „Sowieso-Gebäuden".[94]

78 Der **BGH** folgt im Ergebnis der Auslegung der Clearingstelle EEG.[95] Es gäbe keine Hinweise in der Gesetzesbegründung, die eine Zweckbestimmung nach rein wirtschaftlichen Faktoren nahelegten. Entscheidend sei das funktionale Verhältnis zwischen der baulichen Anlage und der darauf oder daran angebrachten Solaranlage, da die Förderung durch das EEG maßgeblich von dem Gedanken bestimmt sei, die Versiegelung von Flächen zu begrenzen. Der BGH unterscheidet zwei Fälle: Wäre die Errichtung ohne die Aussicht auf die finanzielle Förderung nach dem EEG unterblieben oder in einer wesentlich andere Gestaltung erfolgt, so liegt die Hauptnutzung der Anlage in der Stromerzeugung. Wäre die Anlage dagegen in einer vergleichbaren Form errichtet worden, steht ein außerhalb der Stromerzeugung liegender Hauptzweck der Anlage im Vordergrund, es liegt ein Fall des

---

88 So auch *Binder*, ZNER 2009, 355, 356.
89 Clearingstelle EEG Votum v. 18.4.2013, 2012/34, Rn. 29.
90 Clearingstelle EEG Votum v. 23.4.2010, 2008/42, Rn. 79 ff.; Hinweis v. 16.12.2011, 2011/10, Rn. 34 ff.
91 Zu unterscheiden von der Frage der „ausschließlichen Anbringung" auf dem Gebäude gemäß § 32 Abs. 2, vgl. dazu Rn. 53; Clearingstelle EEG Hinweis v. 16.12.2011, 2011/10, Rn. 46.
92 Clearingstelle EEG Votum v. 18.4.2013, 2012/34, Rn. 28.
93 Clearingstelle EEG Votum v. 12.8.2014, 2014/14, Rn. 24.
94 Clearingstelle EEG Votum v. 23.4.2010, 2008/42, Rn. 96 und Votum v. 18.4.2013, 2012/34, Rn. 24.
95 BGH, Urt. v. 17.11.2010, VIII ZR 277/09, Rn. 30, ZNER 2011, 55.

„dual use" vor. Der Anlagenbetreiber nutzt dann Synergieeffekte in Form der Stromerzeugung, die einen nachrangigen Zusatznutzen darstellt, und handelt gerade im vom Gesetzgeber intendierten Sinne.

Im Ergebnis gilt nach dem BGH daher Folgendes: Für die Beurteilung der Vorrangigkeit **79** der Zweckbestimmung ist maßgebend, ob die bauliche Anlage auch ohne die Anlage zur Erzeugung von Solarstrom **in vergleichbarer Form errichtet worden wäre** oder ob die Errichtung unterblieben oder in einer wesentlich anderen Gestaltung erfolgt wäre.[96] Dabei steht einer Errichtung der baulichen Anlage vorrangig zu anderen Zwecken als der Erzeugung von Strom aus solarer Strahlungsenergie nicht entgegen, dass die Gebäudekonstruktion zur Aufnahme und zum Betrieb der Stromerzeugungsanlagen sowie im Hinblick auf eine zu erzielende Vergütung nach dem EEG **eine gewisse Optimierung insbesondere hinsichtlich ihrer Stabilität und Haltbarkeit** erfährt.[97]

Einen interessanten, davon leicht abweichenden und an § 35 BauGB orientierten Ansatz **80** bietet Binder.[98] Vor dem Hintergrund der widerstreitenden Ziele des Ausbaus von erneuerbaren Energien und der Vermeidung von Flächenverbrauch sei nach den Regelungen des EEG zwischen geschützten Flächen (es besteht kein Anspruch auf EEG-Vergütung für Freiflächenanlagen, insbesondere also Außenbereich) und nicht geschützten Flächen (es besteht ein Anspruch auf EEG-Vergütung für Freiflächenanlagen, d. h. versiegelte Flächen, Konversionsflächen, etc. mit Bebauungsplan) zu unterscheiden. Befindet sich die bauliche Anlage auf einer nicht geschützten Fläche, **hätte also der Betreiber einer Freiflächen-Solaranlage Anspruch auf EEG-Vergütung, so sei unwiderleglich davon auszugehen, dass die bauliche Anlage vorrangig dazu bestimmt sei**, dem Schutz von Menschen, Tieren oder Sachen zu dienen. Befindet sich die bauliche Anlage auf einer geschützten Fläche, hätte also der Betreiber einer Freiflächen-Solaranlage keinen Anspruch auf EEG-Vergütung, müsse der Betreiber nachweisen, dass die bauliche Anlage nicht vorrangig der solaren Stromerzeugung dient. Dies könne er insbesondere durch Vorlage eines für den Zeitpunkt der Errichtung der baulichen Anlage **nachvollziehbaren Nutzungskonzeptes** nachweisen. In den genannten Kriterien liegt allerdings kein Widerspruch zu der Meinung von Clearingstelle und BGH, vielmehr lässt sich diese Vorgehensweise gut mit den Kriterien der Clearingstelle und des BGH vereinbaren und in die dort geforderte Gesamtschau einbeziehen.

cc) Beispiele. Im Folgenden seien einige Beispiele aus der Rechtsprechung zu baulichen **81** Anlagen genannt. Allerdings muss die Vorrangprüfung auch bei Gebäuden erfolgen, siehe unten Rn. 201 ff.

Ein durch Schotterung befestigter Lagerplatz, der nach Abbruch von Industriegebäuden **82** durch Einebnung mit Erdreich und Bauschutt errichtet wurde, und dazu dienen sollte, Flächen **für eine gewerbliche Bebauung bzw. Nutzung vorzuhalten**, ist nach OLG Dresden eine bauliche Anlage, die vorrangig zu anderen Zwecken als der Erzeugung von Strom aus solarer Strahlungsenergie errichtet wurde.[99] Hierbei kam der Argumentation zugute, dass der Vorhabenträger sich eine Nutzung zur gewerblichen Bebauung immerhin vorgestellt

---

96 BGH, Urt. v. 17.11.2010, VIII ZR 277/09, Rn. 24 ff., ZNER 2011, 54 f.; BGH, Urt. v. 9.2.2011, VIII ZR 35/10, GewArch 2012, 47.
97 BGH, Urt. v. 17.11.2010, VIII ZR 277/09, Rn. 30 f., ZNER 2011, 55.
98 *Binder*, ZNER 2009, 355, 357.
99 OLG Dresden, Urt. v. 25.9.2012, 9 U 1021/12, REE 2012, 236 mit Anmerkung *Kahl*.

habe, zwischen der Herstellung der baulichen Anlage durch Einebnung und der Errichtung der Solaranlage mehrere Jahre lagen und in dieser Zwischenzeit die Fläche u. a. als Stellplatz vermietet worden war. Man wird beachten müssen, dass ein subjektiviertes Abstellen auf die Vorstellungswelt und das bloße Wollen des Vorhabenträgers zur Sicherstellung des Gesetzeszwecks insbesondere dann nicht ausreichend sein werden, wenn bauliche Anlage und Solaranlage zeitgleich bzw. in unmittelbar zeitlichem Zusammenhang errichtet werden.[100]

83 Bauliche Anlagen sind auch dann vorrangig zur Erzeugung von Solarstrom errichtet und also nicht förderfähig, **wenn mit der Stromerzeugung noch weitere Zwecke verfolgt werden**; es ist daher unerheblich, ob die Stromerzeugung kommerziellen oder aber rein altruistischen, gemeinnützigen oder wissenschaftlichen Zwecken dient; allein entscheidend ist, ob die bauliche Anlage vorrangig zur Solarstromerzeugung oder vorrangig zu anderen Zwecken errichtet worden ist.[101]

84 In seinem Urteil zu Schattengewächshäusern führten der BGH und die Vorinstanz OLG Düsseldorf aus, dass der Gartenbaubetrieb schon vor dem Bau über zwei Schattenhallen verfügt habe, die aber baufällig gewesen seien, weshalb **als Ersatz** die neuen Hallen mit den Solarmodulen als Dach errichtet wurden, die auch weiterhin für den Gartenbaubetrieb genutzt würden.[102] Damit sei die Errichtung vorrangig zu anderen Zwecken als der Solarstromerzeugung erfolgt.

85 Vorrangig zu anderen Zwecken errichtet wurde auch ein alter, **nicht mehr in Betrieb befindlicher Bahndamm**. Da es auf den Zeitpunkt der Errichtung der baulichen Anlage, und nicht der Errichtung der Solaranlage, ankommt, ist der Anlagenbetreiber zu einer Förderung nach dem EEG berechtigt.[103]

86 In einem Votum zu **Carports** führte die Clearingstelle EEG aus, dass die baulich-konstruktive Planung und Errichtung der baulichen Anlage in ihrer Erscheinungsform auf die tatsächliche Nutzung ausgerichtet sein muss, um den vorrangigen Schutzzweck zu begründen.[104]

87 **d) Ausschließliche Anbringung.** Für sonstige bauliche Anlagen wird, abweichend von der Regelung für Gebäudeanlagen in Abs. 2, vom Gesetz **nicht** verlangt, dass die Solaranlage ausschließlich an oder auf der baulichen Anlage angebracht sein muss. Vielmehr genügt bei sonstigen baulichen Anlagen im Sinne von Abs. 1 Nr. 1 bereits jede baulich-konstruktive Anbringung der Solaranlage auf oder an der baulichen Anlage.[105]

88 Auch ein unmittelbarer baulich-konstruktiver Zusammenhang im Sinne einer Befestigung zwischen der Solaranlage und der baulichen Anlage selbst (z. B. Solarmodule auf einem

---

100 OLG Dresden, Urt. v. 25.9.2012, 9 U 1021/12, REE 2012, 238, mit Anmerkung *Kahl*; instruktiv zu den Nachweismöglichkeiten einer vorrangigen Nutzung zu anderen Zwecken auch OLG München, Urt. v. 20.1.2010, 27 U 370/09, ZNER 2010, 289 f.
101 Clearingstelle EEG Votum v. 9.9.2009, 2009/9; OLG Naumburg, Urt. v. 10.11.2011, 2 U 87/11, REE 2012, 89.
102 OLG Düsseldorf, Urt. v. 16.9.2009, 3 U 3/09, IR 2009, 228 f.
103 LG Gießen, Urt. v. 27.5.2010, 4 O 83/10.
104 Clearingstelle EEG Votum v. 21.7.2014, 2014/12, Rn. 20.
105 BGH, Urt. v. 29.10.2008, VIII ZR 313/07, ZfIR 2009, 135 mit Anmerkung *Aigner/Mohr*; BGH, Urt. v. 9.2.2011, VIII ZR 35/10, REE 2011, 78 mit Anmerkung *Boemke*; Clearingstelle EEG Votum v. 13.2.2014, 2013/62, Rn. 65.

Unterstand über einem Fahrzeugstellplatz aus Schotter) ist nach BGH und Vorinstanz OLG Frankfurt a. M. entbehrlich; vielmehr genüge es, dass die Solaranlage sich vermittels von Stahlmasten **räumlich oberhalb der baulichen Anlage** (der Schotterfläche) befindet **und baulich-konstruktiv** über die sie tragenden Stahlmasten und deren Fundament in dem unter der Schotterfläche liegenden **Erdboden verankert** ist.[106] Dem ist zuzustimmen, da das Erfordernis einer Anbringung an oder auf einer baulichen Anlage vornehmlich dazu dient, zu verhindern, dass unberührte Freiflächen ohne eine entsprechende bauplanungsrechtliche Grundsatzentscheidung zur Stromerzeugung genutzt werden.[107]

Anders verhält es sich jedoch bei Solaranlagen, die sich nicht in dem beschriebenen Sinne „auf" einer baulichen Anlage befinden, sondern daneben (z. B. in Form eines neben einem Gebäude auf Stahlträgern errichteten Unterstands), ohne dass darunter bereits eine Flächenanlage wie eine geschotterte Fläche besteht. In diesem Fall verbraucht die Solaranlage entgegen dem Gesetzeszweck unbebaute Fläche. Ein Anspruch auf EEG-Förderung besteht dann im Rahmen von § 32 Abs. 1 Nr. 1 nur, wenn sich die Solaranlage zusätzlich „an" einem Gebäude oder einer sonstigen baulichen Anlage befindet. Für den Tatbestand einer (baulich-konstruktiven) Anbringung der Solaranlage „an" einer baulichen Anlage ist es notwendig, dass nicht nur eine physikalisch wirkungslose und überflüssige Verbindung zwischen der Solaranlage der baulichen Anlage besteht, sondern dass eine Befestigung an der baulichen Anlage vorhanden ist, die zumindest eine zusätzlich stabilisierende Wirkung begründet.[108] Ansonsten besteht für die Solaranlage ein EEG-Förderanspruch nur, wenn die bauplanungsrechtlichen Voraussetzungen des § 51 Abs. 1 Nr. 2 oder 3 erfüllt sind. **89**

Im Ergebnis verbleibt bei der Beurteilung des Anspruchs auf EEG-Förderung jedoch bei einigen Fällen eine gewisse Rechtsunsicherheit. Risikobewusste Anleger sollten daher überlegen, in solchen Fällen die Fördervoraussetzungen für Freiflächenanlagen zu schaffen (vgl. Abs. 1 Nr. 2 und 3).[109] **90**

2. Errichtung auf nach § 38 BauGB beplanter Fläche (Abs. 1 Nr. 2). a) Grundsatz. Strom aus Solaranlagen ist, unabhängig von der Art oder dem Vorhandensein einer baulichen Anlage, nach Abs. 1 zu vergüten, wenn die Solaranlagen auf einer Fläche errichtet wurden, für die ein Verfahren nach § 38 S. 1 BauGB durchgeführt wurde. **91**

b) Verfahren nach § 38 BauGB. Das sogenannte **Fachplanungsprivileg** in § 38 S. 1 BauGB regelt bauliche Maßnahmen aufgrund von Planfeststellungsverfahren und bestimmten sonstigen Verfahren mit den Rechtswirkungen der Planfeststellung für überörtliche Vorhaben. Erforderlich ist danach ein „Planfeststellungsverfahren oder ein sonstiges Verfahren mit den Rechtswirkungen der Planfeststellung für Vorhaben von überörtlicher Bedeutung oder ein Verfahren aufgrund des Bundes-Immissionsschutzgesetzes für die Errichtung und den Betrieb öffentlich zugänglicher Abfallbeseitigungsanlagen". **92**

Planfeststellungsverfahren sind nach spezialgesetzlicher Regelung u. a. erforderlich für Fernstraßen (§§ 17 ff. FStrG), Betriebsanlagen und Spurwege der Eisen- und Magnetschwebebahnen (§ 18 Abs. 1 AEG bzw. § 1 MBPlG), Hoch-, Untergrund- und Straßenbahnen (§§ 4, 28 PBefG), Abfallbeseitigungsanlagen und Deponien (§ 31 KrW-/AbfG), Flug- **93**

---

106 BGH, Urt. v. 9.2.2011, VIII ZR 35/10, Rn. 40, WM 2011, 1865, 1869, mit Anmerkung *Boemke*; Vorinstanz OLG Frankfurt a. M., Urt. v. 7.1.2010, 15 U 66/07.

107 *Boemke*, REE 2011, 84.

108 OLG Frankfurt a. M., Urt. v. 7.1.2010, 15 U 66/07.

109 Noch etwas pessimistischer *v. Oppen*, ZUR 2010, 295, 297.

häfen (§ 18 LuftVG), Hochspannungs- und Gasversorgungsleitungen (§ 43 EnWG) sowie UVP-pflichtige Bergbauvorhaben (§§ 52, 57c BBergG i.V.m. § 1 UVP-V Bergbau) sowie Zwischen- und Endlagern für radioaktive Abfälle (§ 9b AtomG).

94 Sonstige **Verfahren mit den Rechtswirkungen der Planfeststellung** sind u.a. Abweichungen von den Bewirtschaftungszielen für Gewässer (§ 31 Abs. 3 WHG), die Genehmigung für Flugplätze (§ 6 LuftVG) sowie Ausnahmen für die Planfeststellung für Betriebsanlagen für Straßenbahnen (§ 28 Abs. 1a PBefG). Nicht darunter fällt der bergrechtliche Betriebsplan (§ 52 BBergG).

95 Verfahren aufgrund des **Bundes-Immissionsschutzgesetzes** für die Errichtung und den Betrieb öffentlich zugänglicher Abfallbeseitigungsanlagen meint planfeststellungsbedürftige Deponien (§ 31 Abs. 2 KrW-/AbfG) und Abfallbeseitigungsanlagen (§ 28 Abs. 1 S. 1 KrW-/AbfG).

96 Das Verfahren muss durchgeführt worden sein. Während die Nichtigkeit des Planfeststellungsbeschlusses schadet, ist es unbeachtlich, wenn der wirksame Planfeststellungsbeschluss nach Errichtung der Anlage angefochten wird. Die Regelung stellt allein auf die Durchführung des Verfahrens, nicht auf die Rechtmäßigkeit des Beschlusses ab.[110]

97 EEG-förderberechtigt sind damit z.B. Mittel- und Randstreifen von Bundesfernstraßen, Betriebsanlagen von Eisenbahnen oder anderen Bahnen, Flugplätze und Mülldeponien.[111]

98 **c) Grund der Regelung.** Grundsätzlich sollen Solaranlagen nur in Ausnahmefällen auf Freiflächen errichtet werden. Es soll sichergestellt werden, dass ökologisch sensible Flächen nicht überbaut werden. Eine Voraussetzung ist insbesondere, dass eine Abwägung der Interessen stattgefunden hat.[112] Dies kann nach der Systematik des BauGB entweder durch ein Bebauungsplanverfahren (dazu sogleich Rn. 107 ff.) oder durch ein Verfahren nach § 38 BauGB erfolgen.

99 Der Gesetzgeber geht davon aus, dass für planfestgestellte Flächen – wie versiegelte Flächen oder Konversionsflächen – eine **fortwirkende Überprägung der Fläche typisch** ist und zudem der ursprünglichen Inanspruchnahme der Fläche für die Zwecke der Fachplanung ein förmliches Suchverfahren vorausging. Freiflächenanlagen auf diesen sogenannten Fachplanungsflächen sind daher zur EEG-Förderung berechtigt, ohne dass zusätzlich die restriktiven Flächenkriterien, die für Flächen innerhalb von Bebauungsplänen gelten, erfüllt sein müssen.[113]

100 **d) Vorrang und Sperrwirkung des Fachplanungsrechts.** § 38 BauGB sieht im Grundsatz eine Sperre für die Anwendung des Bauplanungsrechts der §§ 29 ff. BauGB und damit einen prinzipiellen Vorrang der Fachplanung durch den Fachplanungsträger gegenüber der Bauleitplanung durch die Gemeinde vor.

101 Grundsätzlich besteht im Geltungsbereich eines Planfeststellungsbeschlusses eine umfassende Sperrwirkung für bauliche Maßnahmen, sodass eine Zulassung von Solar-Freiflächenanlagen nur in Ausnahmefällen möglich ist. Die Vorrang- und Sperrwirkung gilt nach dem BVerwG jedoch nur dann, wenn und soweit sich planfeststellungsfremde Nutzungen

---

110 *Geiger/Bauer*, ZNER 2012, 163, 165.
111 *Salje*, § 50 Rn. 24 ff.
112 Gesetzentwurf der Bundesregierung zum EEG 2009, BT-Drs. 16/8148 v. 18.2.2008, S. 60.
113 *Götze/Boelling/Löscher*, ZUR 2010, 245, 246 f.

nicht mit der besonderen Zweckbestimmung der planfestgestellten Anlage in Einklang bringen lassen.[114] Daraus folgt, dass die **Sperrwirkung der Fachplanung** nach § 38 S. 1 BauGB aus dem Planfeststellungsbeschluss abzuleitende **räumliche, zeitliche und sachliche Grenzen** hat, jenseits derer bauliche Maßnahmen zulässig sind.[115] Hier wird mit Götze/Boelling/Löscher (am Beispiel einer Deponie)[116] danach zu unterscheiden sein, um was für eine Anlage es sich bei der planfestgestellten Anlage handelt und in welcher Phase sich diese Anlage befindet.

In der **Errichtungs- und Betriebsphase** der Anlage dürfte die Nutzung der Fläche auch für eine Freiflächensolaranlage in der Regel dem Zweck der planfestgestellten Anlage widersprechen und daher ausscheiden.   **102**

Nach der Betriebsphase (in der **Stilllegungsphase** oder der **Nachsorgephase**) dagegen ist, abhängig von den Bedingungen des Einzelfalles, eine Neben- oder Folgenutzung für eine Solar-Freiflächenanlage denkbar.   **103**

Die Rechtswirkungen der Planfeststellung enden erst mit der Aufgabe der Nutzung bzw. Entwidmung oder seiner gerichtlichen Aufhebung. Nach Entwidmung der Fläche ist zwar grundsätzlich der Wortlaut von Abs. 1 Nr. 2 weiterhin erfüllt, denn für die betreffende Fläche ist ein Verfahren nach § 38 S. 1 BauGB durchgeführt worden, allerdings würde eine solche Wortlautauslegung nicht dem Sinn und Zweck der Regelung entsprechen und ist daher abzulehnen, denn eine Entlassung aus der Nachsorge findet erst dann statt, wenn die nutzungstypischen Belastungen behoben sind.[117]   **104**

Im Ergebnis bedeutet dies, dass Solar-Freiflächenanlagen u. U. nach der Betriebsphase der planfestgestellten Anlage bauplanungsrechtlich im bauordnungsrechtlichen Genehmigungsverfahren genehmigt werden können und, aufgrund von Abs. 1 Nr. 2, die zusätzlichen Flächenvoraussetzungen nach Abs. 1 Nr. 3 für die EEG-Förderberechtigung nicht erfüllt sein müssen.[118]   **105**

e) Praktische Relevanz. In der Praxis werden Fachplanungsflächen jedoch nur **selten** für Solaranlagen genutzt, vielmehr werden Vorhabenstandorte in normalen Bebauungsplangebieten den Fachplanungsflächen vorgezogen. Die Benachteiligung der Fachplanungsflächen in der Wertschätzung der Projektentwickler und Betreiber beruht nicht nur auf den regelmäßig besseren Baugrundgegebenheiten der Alternativstandorte, sondern auch auf der oben geschilderten Rechtsunsicherheit, die der Vorrang des Fachplanungsrechts vor dem Bauplanungsrecht mit sich bringt.[119]   **106**

3. Errichtung im Bereich eines Bebauungsplans nach § 30 BauGB (Abs. 1 Nr. 3). Werden Solaranlagen auf einer Freifläche errichtet, für die kein Verfahren nach § 38 BauGB durchgeführt wurde, ist zumindest ein beschlossener Bebauungsplan erforderlich. Hiermit   **107**

---

114 BVerwG, Urt. v. 16.12.1988, 4 C 48/86, NVwZ 1989, 657; *Bockey*, UPR 1998, 255, 256.
115 *Götze/Boelling/Löscher*, ZUR 2010, 245, 248, anderweitig hätte § 32 Abs. 1 Nr. 2 auch nur einen sehr eingeschränkten Anwendungsbereich, nämlich nur für die durch Planfeststellungsbeschluss genehmigten PV-Anlagen, die etwa als Nebenanlagen unter das Regime der jeweiligen Planfeststellung fallen.
116 *Götze/Boelling/Löscher*, ZUR 2010, 245, 249.
117 *Götze/Boelling/Löscher*, ZUR 2010, 245, 249.
118 *Götze/Boelling/Löscher*, ZUR 2010, 245, 251.
119 *Götze/Boelling/Löscher*, ZUR 2010, 245, 245.

soll nach dem Willen des Gesetzgebers sichergestellt werden, dass **ökologisch sensible Flächen nicht überbaut werden und eine möglichst große Akzeptanz in der Bevölkerung vor Ort** erreicht werden kann. Das Planungserfordernis ermöglicht es der Bevölkerung, einerseits im Rahmen der Satzungsentscheidung der zuständigen Gebietskörperschaft über ihre gewählten Gemeinde- oder Stadträte und anderseits durch die vorgeschriebene Bürgerbeteiligung Einfluss zu nehmen. So kann die jeweilige Gemeinde die Gebiete bestimmen, auf der die Anlagen errichtet werden sollen.[120]

108 Die konkreten Anforderungen des Abs. 1 Nr. 3 sollen sowohl den Bedürfnissen der Solarindustrie gerecht werden als auch eine bessere Steuerung der Auswahl der unbebauten Flächen zur Errichtung von Freilandanlagen ermöglichen.

109 Ein solcher Bebauungsplan kann ein **qualifizierter** (§ 30 Abs. 1 BauGB), ein **einfacher** (§ 30 Abs. 3 BauGB) oder ein **vorhabenbezogener** (§ 30 Abs. 2 i.V.m. § 12 BauGB) Bebauungsplan sein. In der Praxis werden für Solaranlagen meist qualifizierte oder vorhabenbezogene Bebauungspläne aufgestellt, einfache Bebauungspläne extra für Zwecke der Errichtung einer Solaranlage sind unpraktikabel. Ein vorhabenbezogener Bebauungsplan setzt den Abschluss eines Durchführungsvertrages nach § 12 BauGB voraus, der insbesondere regelt, dass der Vorhabenträger die Kosten der Planung und Erschießung trägt sowie Umsetzungsfristen vorsieht. Auch bei qualifizierten Bebauungsplänen werden mitunter gemäß § 11 BauGB städtebauliche Verträge mit vergleichbaren Inhalten abgeschlossen.

110 Einem Bebauungsplan im Sinne des § 30 BauGB steht im Anwendungsbereich des § 32 ein Vorhaben- und Erschließungsplan nach **§ 7 BauGB-MaßnG 1993** gleich, da auch in diesem Fall dem gesetzgeberischen Grund für die Regelung, nämlich Abwägungserfordernis und demokratische Legitimation der Entscheidung, Genüge getan ist.[121]

111 Wird eine Solaranlage im **unbeplanten Innenbereich gemäß § 34 BauGB** errichtet, besteht kein Förderanspruch nach dem EEG, eine analoge Anwendung der Bestimmungen des § 32 Abs. 1 Nr. 3 kommt nicht in Betracht.[122]

112 In verfahrensrechtlicher Sicht bestehen für die Aufstellung von Bebauungsplänen für Solaranlagen keine Besonderheiten. In materiell-rechtlicher Hinsicht sind **typische Problemfelder** die Sperrwirkung einer etwaigen Fachplanung (§ 38 BauGB), die Berücksichtigung der Ziele und Grundsätze der Raumordnung (§ 1 Abs. 4 und 7 BauGB), das Entwicklungsgebot aus dem Flächennutzungsplan (§ 8 Abs. BauGB) und die Berücksichtigung von Umweltbelangen (§ 1 Abs. 6 Nr. 7, § 1a BauGB).[123]

113 Der Bebauungsplan muss **beschlossen** sein. Im EEG 2009 war noch „im Geltungsbereich eines Bebauungsplans" gefordert gewesen. Diese Änderung durch das EEG 2012 ist laut Gesetzesbegründung aus Klarstellungsgründen aufgenommen worden, da ein Abstellen auf den „Geltungsbereich" erhebliche Rechtsunsicherheit geschaffen habe, insbesondere in den Fällen, in denen sich die Verkündung des Bebauungsplans verzögert habe. Deswe-

---

120 Gesetzentwurf der Bundesregierung zum EEG 2009, BT-Drs. 16/8148 v. 18.2.2008, S. 60; konsolidierte Fassung der Begründung zu dem Gesetz für den Vorrang Erneuerbarer Energien (EEG 2004) v. 21.7.2004 (BGBl. 2004 I S. 1918).
121 *Dalibor/Garbe*, IR 2012, 208 f.
122 Clearingstelle EEG Empfehlung v. 25.11.2010, 2008/16, Rn. 15 ff., 45.
123 Ausführlich zu den einzelnen Problemfeldern *v. Oppen*, ZUR 2010, 295, 298.

gen solle künftig auf den Satzungsbeschluss der Gemeinde über die Aufstellung oder Änderung des Bebauungsplans abgestellt werden.[124]

Allerdings ist auch nicht eindeutig, was mit dem Wort „beschlossen" gemeint ist. In Frage **114** kommen grundsätzlich der Beschluss der Gemeinde über Aufstellung bzw. Änderung des Bebauungsplanes gemäß § 2 Abs. 1 BauGB, der Satzungsbeschluss der Gemeinde gemäß § 10 Abs. 1 BauGB, soweit erforderlich die Erteilung der Genehmigung der höheren Verwaltungsbehörde gemäß § 10 Abs. 2 BauGB oder die Bekanntgabe des Bebauungsplanes gemäß § 10 Abs. 3 BauGB.

Die Frage nach der Auslegung des Wortes „beschlossen" war im Zusammenhang mit § 32 **115** Abs. 3 S. 1 Nr. 3 EEG 2009[125] bereits Gegenstand eines Hinweisverfahrens der Clearingstelle EEG.[126] Die Clearingstelle EEG kommt mit überzeugenden Argumenten zu dem von allen im Verfahren eingegangenen Stellungnahmen getragenen Ergebnis, dass ein Bebauungsplan dann „beschlossen" im Sinne des § 51 (§ 32 EEG 2012) ist, wenn er von der Gemeinde **gemäß § 10 Abs. 1 BauGB als Satzung beschlossen** wurde. Diese Argumentation hat auch und gerade für das EEG 2012 sowie den insofern wortgleichen § 51 seine Gültigkeit.[127]

Grundsätzlich ist die Solaranlage erst nach dem Beschluss des Bebauungsplans zu errichten. In dem Sonderfall der Errichtung der Solaranlage **auf der Grundlage von § 33 BauGB** besteht jedoch auch dann ein Anspruch auf Förderung, wenn bereits nach Vorliegen der Voraussetzungen des § 33 BauGB errichtet wurde und der Bebauungsplan später beschlossen wird. Allerdings besteht in so einem Fall der Förderanspruch zeitlich erst ab dem Zeitpunkt des Beschlusses des Bebauungsplans.[128]

Umstritten war weiterhin die Frage, ob die **materiell-rechtliche Wirksamkeit** von Satzungsbeschluss und Bebauungsplan eine Voraussetzung für den Förderanspruch nach EEG ist. Nach einer Meinung sollte es für den Förderanspruch gemäß § 51 nicht auf die Wirksamkeit des Bebauungsplanes ankommen. Eine Wirksamkeitsprüfung könne dem Gesetz nicht entnommen werden. Auch müsse das EEG streng getrennt vom Recht der Anlagenzulassung gesehen werden.[129] Nach anderer Ansicht war die Wirksamkeit des Bebauungsplans eine Voraussetzung für den Förderanspruch,[130] zumindest die Wirksamkeit des Sat-

---

124 Gesetzentwurf der Regierungsfraktionen, BT-Drs. 17/6071 v. 6.6.2011, S. 76; zu der gegenteiligen Auffassung, nämlich das Unklarheit nicht bestanden habe, siehe *Geiger/Bauer*, ZNER 2012, 163,165.

125 Gemäß § 32 Abs. 3 S. 1 Nr. 3 EEG 2009 besteht die Förderungspflicht für Strom aus Anlagen auf ehemaligen Ackerflächen nur für solche Anlagen, die sich auf Flächen befinden, die zur Errichtung dieser Anlagen in einem vor dem 25.3.2010 „beschlossenen" Bebauungsplan ausgewiesen sind.

126 Clearingstelle EEG Hinweis 2010/8.

127 Vgl. ausdrücklich die Begründung des Gesetzentwurfs, BT-Drs. 17/6071 v. 6.6.2011, S. 76; Argumentation bei *Geiger/Bauer*, ZNER 2012, 163, 166; *Dalibor/Garbe*, Anmerkung zu: LG Dresden, Urt. v. 31.5.2012, 8 O 2938/11, IR 2012, 208.

128 Clearingstelle EEG Votum 2011/9 v. 5.10.2011.

129 *Dalibor/Garbe*, Anmerkung zu: LG Dresden, Urt. v. 31.5.2012, 8 O 2938/11, IR 2012, 208; Clearingstelle EEG Hinweis v. 27.9.2010, 2010/8, S. 23 und Votum v. 4.10.2010, 2010/11, Rn. 34; Altrock/Oschmann/Theobald/*Oschmann*, § 32 Rn. 57.

130 *Dalibor/Garbe*, Anmerkung zu: LG Dresden, Urt. v. 31.5.2012, 8 O 2938/11, IR 2012, 208.

zungsbeschlusses zum Bebauungsplan, da ein „rechtliches nullum" keine Grundlage für einen Anspruch darstellen könne.[131]

118   Aufgrund des Wortlauts des § 51 Abs. 1 Nr. 3 ist klargestellt, dass es **nicht auf die Wirksamkeit des Bebauungsplanes ankommt**. Die Worte „im Geltungsbereich eines Bebauungsplans" wurden durch „im Bereich eines beschlossenen Bebauungsplans" ersetzt. Die Gesetzesbegründung erläutert dazu, dass aus Klarstellungsgründen bei Freiflächen nach Abs. 1 Nr. 3 und Abs. 3 nicht mehr auf die Errichtung der Anlagen im Geltungsbereich eines Bebauungsplans abgestellt wird, da dies erhebliche Rechtsunsicherheit geschaffen hat, insbesondere in den Fällen, in denen sich die Verkündung des Bebauungsplans verzögert hat. Deswegen solle künftig auf den Satzungsbeschluss der Gemeinde über die Aufstellung oder Änderung des Bebauungsplans abgestellt werden.[132] Dies stärkt die Investitionssicherheit für die Anlagenbetreiber, da damit verhindert wird, dass der Rechtsgrund für die Förderung nachträglich dadurch entfällt, dass sich der Bebauungsplan als rechtswidrig herausstellt.[133] Ein Grund, zwischen der Wirksamkeit des Satzungsbeschlusses und des Bebauungsplans zu differenzieren,[134] besteht nicht und entspricht auch nicht dem Sinn und Zweck[135] der nunmehr ausdrücklich geänderten Vorschrift.

119   Der Anlagenbetreiber hat **gegenüber dem Netzbetreiber den Nachweis** des Vorliegens des Bebauungsplans und der sonstigen Voraussetzungen nach § 51 zu erbringen. Dies kann er z.B. durch Vorlage einer Kopie des Bebauungsplanes und einer Bestätigung der betreffenden Gemeinde, dass der Bebauungsplan nicht aufgehoben wurde.[136]

120   **a) Bebauungsplan vor dem 1.9.2003 aufgestellt (Abs. 1 Nr. 3 lit. a)).** Für Strom aus Solaranlagen, die im Geltungsbereich von Bebauungsplänen errichtet werden, die bereits vor dem 1.9.2003 aufgestellt wurden, besteht ein Förderanspruch nach dem EEG, sofern für den Bebauungsplan nicht später, d.h. nach dem 1.9.2003, eine Änderung mit dem Zweck, eine Anlage zur Erzeugung von Strom aus solarer Strahlungsenergie zu errichten, durchgeführt wurde.

121   Für Solaranlagen im Geltungsbereich eines Bebauungsplans, der vor dem 1.9.2003 in Kraft getreten ist, stellt § 51 **keine weiteren Voraussetzungen** für die Förderberechtigung nach dem EEG auf. Zu beachten ist allerdings, dass der Bebauungsplan nicht nachträglich für Zwecke der Errichtung von Solaranlagen geändert worden sein darf. Findet eine solche Änderung statt, sind die zusätzlichen Anforderungen des § 51 Abs. 1 Nr. 2 und 3 zu beachten.[137] Eine Änderung zu anderen Zwecken, zum Beispiel der Errichtung eines Supermarktes, ist unbedenklich.[138]

122   Das Datum des 1.9.2003 erklärt sich aus Vertrauensschutzgesichtspunkten, da die Regelung mit dem Photovoltaik-Vorschaltgesetz im Herbst 2003 in das Gesetzgebungsverfahren eingebracht worden ist.

---

131 *Geiger/Bauer*, ZNER 2012, 163, 166.
132 Begründung des Gesetzesentwurfs, BT-Drs. 17/6071 v. 6.6.2011, S. 76.
133 *Geiger/Bauer*, ZNER 2012, 163, 166.
134 So *Geiger/Bauer*, ZNER 2012, 163, 166.
135 Clearingstelle EEG Hinweis v. 27.9.2010, 2010/8, S. 23.
136 *Dalibor/Garbe*, Anmerkung zu: LG Dresden, Urt. v. 31.5.2012, 8 O 2938/11, IR 2012, 208; Clearingstelle EEG Hinweis v. 27.9.2010, 2010/8.
137 *v. Oppen*, ZUR 2010, 295, 299.
138 Clearingstelle EEG Votum v. 15.12.2011, 2011/7.

b) Bebauungsplan vor dem 1.1.2010 aufgestellt und Fläche als Gewerbe- oder Indus-   **123**
triegebiet ausgewiesen (Abs. 1 Nr. 3 lit. b)). Ein Förderanspruch nach dem EEG besteht
auch für Solaranlagen, die im Bereich eines beschlossenen Bebauungsplanes errichtet werden, der vor dem 1.1.2010 für die Fläche, auf der die Anlage errichtet worden ist, ein Ge-
werbe- oder Industriegebiet im Sinne der §§ 8 und 9 der Baunutzungsverordnung ausgewiesen hat.

Der beschlossene[139] Bebauungsplan muss vor dem 1.1.2010 ein Gewerbe- oder Industrie-   **124**
gebiet ausgewiesen haben, diese Festsetzung muss also spätestens am 31.12.2009 von der
Gemeinde gemäß § 10 Abs. 1 BauGB beschlossen worden sein. Eine Bekanntmachung des
Plans bzw. der Genehmigung nach § 10 Abs. 3 S. 4 BauGB und ein damit erfolgendes Inkrafttreten ist aufgrund der Wortlautänderung im Gesetz von „Geltungsbereich" auf „Bereich" nicht erforderlich.[140]

Anders als bei Abs. 1 Nr. 3 lit. a) ist es hier unschädlich, wenn die Festsetzung nach dem   **125**
1.1.2010 zumindest auch mit dem Zweck geändert worden ist, eine Anlage zur Erzeugung
von Strom aus solarer Strahlungsenergie zu errichten.

Die Regelung ist mit der Photovoltaik-Novelle 2010 in das EEG eingeführt worden. Eine   **126**
EEG-Förderung war aufgrund Abs. 1 Nr. 3 lit. a) auch vorher schon für Anlagen auf Gewer-
beflächen möglich, wenn diese vor dem 1.9.2003 als solche ausgewiesen worden waren.[141]

Damit können nicht bebaute Flächen in Gewerbe- und Industriegebieten, die häufig in   **127**
strukturschwachen Gebieten liegen, für Solaranlagen genutzt werden. Eine generelle Zulässigkeit von Solaranlagen auf als Gewerbe- oder Industriegebiet ausgewiesenen Flächen
hat der Gesetzgeber aber nicht umgesetzt. Vielmehr müssen Bebauungspläne, die nach
dem 1.1.2010 in Kraft treten, die zusätzlichen Flächenvoraussetzungen von Abs. 1 Nr. 3
lit. c) erfüllen.[142]

Nach der Photovoltaik-Novelle 2010 war eine Fläche im Bereich eines **vorhabenbezoge-**   **128**
nen Bebauungsplanes nach § 12 BauGB dem Bebauungsplan mit den Festsetzungen nach
§§ 8, 9 BauNVO gleichgesetzt gewesen. Die Gemeinde ist bei einem vorhabenbezogenen
Bebauungsplan gemäß § 12 Abs. 3 BauGB nicht an die Vorgaben der BauNVO gebunden,
also nicht verpflichtet, z.B. Gewerbe- und Industriegebiete auszuweisen. Daher wird bezweifelt, ob ein vorhabenbezogener Bebauungsplan noch ausreichend für die Anwendung
von Abs. 1 Nr. 3 lit. a) ist. Richtigerweise sollte die Vorschrift aber auch für vorhabenbezogene Bebauungspläne gelten, soweit dort zulässige bauliche Nutzungen entsprechend §§ 8,
9 BauNVO festgesetzt wurden.[143] Letzteres ist aber Voraussetzung.

Nach der Clearingstelle EEG ist die Vorschrift analog anwendbar auf Flächen, die die fest-   **129**
gesetzten Gewerbe- oder Industriegebiete **durchschneiden** und/oder an diese **angrenzen**,
wenn die Funktion dieser Flächen nach den am 31.12.2009 geltenden Festsetzungen des
Bebauungsplans ausschließlich von den nunmehr für Zwecke der Solarstromerzeugung
genutzten Gewerbe- und Industriegebieten abhängig war, insbesondere deren Erschließung

139 Vgl. zur Auslegung des Wortes „beschlossen" oben Rn. 119 ff.
140 Anders noch zu Recht zum EEG 2009 *Schrödter/Kuras*, ZNER 2011, 144, 151 und EEG Clearing-
    stelle Hinweis v. 22.6.2011, 2011/4.
141 Begründung zum Gesetzentwurf der Fraktionen der CDU/CSU und FDP zur Photovoltaik-Novel-
    le 2010, BT-Drs. 17/1147 v. 23.3.2010, S. 10.
142 *Schrödter/Kuras*, ZNER 2011, 144, 151.
143 Frenz/Müggenborg/*Schomerus*, § 32 Rn. 60.

diente, und diese Funktion nunmehr aufgrund der Solarstromnutzung objektiv sinnlos wird.[144] Auch wenn die Argumentation überzeugend ist, ist es doch fraglich, ob bei der grundsätzlich restriktiven Absicht von § 51 mit derartigen Analogien in der Praxis hinreichend rechtssicher gearbeitet werden kann.

130   **c) Bebauungsplan nach dem 1.9.2003 aufgestellt oder geändert (Abs. 1 Nr. 3 lit. c)).** Für Anlagen im Geltungsbereich von Bebauungsplänen, die nach dem 1.9.2003 aufgestellt oder geändert wurden und die nicht unter Abs. 1 Nr. 3 lit. b) fallen, enthält § 51 Abs. 1 Nr. 3 lit. c) weitere einschränkende Voraussetzungen. Nur bestimmte, in ihrem ökologischen Wert bereits beeinträchtigte Flächen können von den Gemeinden für Solaranlagen überplant werden.

131   Auf bauplanungsrechtlicher Ebene ist Voraussetzung, dass der Bebauungsplan nach dem 1.9.2003 **„zumindest auch"** mit dem Zweck der Errichtung einer Anlage zur Erzeugung von Strom aus solarer Strahlungsenergie aufgestellt oder geändert worden ist. Die Errichtung von Anlagen zur Erzeugung von Strom aus solarer Strahlungsenergie muss jedoch nicht ausschließlicher Zweck der Aufstellung oder Änderung des Bebauungsplans und der Flächennutzung sein.[145]

132   Die solare Zweckbindung des Bebauungsplans bedeutet, dass im Bebauungsplan ein ausdrücklicher Hinweis auf die Errichtung von Solaranlagen enthalten sein muss. Diese Voraussetzung ist stets erfüllt, wenn die Gemeinde ein **Sondergebiet nach § 11 BauNVO** festsetzt, das im Wesentlichen der Errichtung einer Solar-Freiflächenanlage dient („solarer Bebauungsplan"). Dies kann umgesetzt werden, indem die Darstellung des Sondergebiets ergänzt wird um z. B. die Zweckbestimmung „Photovoltaik-Freiflächenanlage" oder „solare Strahlungsenergie".[146] In anderen Fällen kann sich dieser Grund aus der **Begründung des Bebauungsplans** ergeben.[147]

133   Ob die Festsetzung eines Gewerbe- oder Industriegebiets die notwendige Zweckbindung enthält, ist nicht abschließend geklärt.[148] Bei Bebauungsplänen, die vor dem 1.1.2010 aufgestellt wurden und eine Fläche als Gewerbe- oder Industriegebiet ausweisen, kann dies wegen Abs. 1 Nr. 3 lit. b) auch dahingestellt bleiben. In allen sonstigen Fällen müssen die Gemeinden aber ein Sondergebiet festsetzen oder aber bei der Festsetzung eines Gewerbe- oder Industriegebietes sorgfältig begründen, dass auf der Grundlage dieser Festsetzung auch Solar-Freiflächenanlagen zugelassen werden sollen.[149]

134   Der Bebauungsplan ist nach allgemeinen Grundsätzen aus einem Flächennutzungsplan zu entwickeln.[150]

135   Was die Eigenschaften der Flächen betrifft besteht ein Förderungsanspruch nur für Strom aus Anlagen auf Flächen längs von Autobahnen und Schienenwegen (lit. aa)), die bereits versiegelt sind (lit. bb)) oder auf Konversionsflächen (lit. cc)).

---

144 Clearingstelle EEG Hinweis v. 22.6.2011, 2011/4.
145 Gesetzentwurf der Bundesregierung zum EEG 2009, BT-Drs. 16/8148 v. 18.2.2008, S. 60; konsolidierte Fassung der Begründung zu dem Gesetz für den Vorrang Erneuerbarer Energien (EEG 2004) v. 21.7.2004 (BGBl. 2004 I S. 1918).
146 *Mitschang*, NuR 2009, 821, 829, insbesondere die planungsrechtliche Sicht darstellend.
147 *Schrödter/Kuras*, ZNER 2011, 144, 146; Altrock/Oschmann/Theobald/*Oschmann*, § 32 Rn. 73.
148 Ablehnend Reshöft/Kahle/*Bönning*, Rn. 31, großzügiger *v. Oppen*, ZUR 2010, 295, 297.
149 *Schrödter/Kuras*, ZNER 2011, 144, 146; *v. Oppen*, ZUR 2010, 295, 297.
150 *Schrödter/Kuras*, ZNER 2011, 144, 145; *v. Oppen*, ZUR 2010, 295, 299.

aa) Flächen längs von Autobahnen oder Schienenwegen (Abs. 1 Nr. 3 lit. c) aa)). (1) **136**
Grundsatz. Förderberechtigt sind Anlagen, die sich auf Flächen befinden, die längs von
Autobahnen oder Schienenwegen liegen und in einer **Entfernung von bis zu 110 Metern**,
gemessen vom äußeren Rand der befestigten Fahrbahn, errichtet werden. Die Regelung wurde im Gegenzug zur Streichung der Förderfähigkeit von Ackerflächen durch die Photovoltaik-Novelle 2010 aufgenommen; im Rahmen dieses Streifens können weiterhin auch Solaranlagen auf ehemaligen Ackerflächen eine Förderung erhalten.[151] Weitergehende flächenbezogene Voraussetzungen werden nicht aufgestellt.

In der Gesetzesbegründung heißt es, dass diese Flächen durch Lärm und Abgase des Stra- **137**
ßen- und Schienenverkehrs belastet und daher zu einem großen Teil sowohl wirtschaftlich
als auch ökologisch weniger wertvoll sind. Die Nutzung dieser Flächen zur Stromerzeugung mittels solarer Strahlungsenergie ist daher sinnvoll, wenn den Anlagen keine anderen
öffentlich-rechtlichen Vorschriften entgegenstehen. Insbesondere dürfen die Anlagen die
Sicherheit des Straßen- und Schienenverkehrs sowie wichtige Umweltbelange nicht beeinträchtigen. Um dies zu gewährleisten, ist die Nutzung dieser Flächen zur Stromerzeugung
aus solarer Strahlungsenergie nur möglich, wenn sie im Bereich eines Bebauungsplans
nach § 9 BauGB als entsprechend nutzbare Fläche ausgewiesen worden sind. Die zuständigen Planungsbehörden müssen dabei die besonderen Sicherheitsaspekte beachten und die
Belange des Umwelt- und Naturschutzes berücksichtigen.[152]

(2) Autobahnen. Autobahnen sind **alle Bundesautobahnen** nach dem Bundesfernstraßen- **138**
gesetz (FStrG) sowie (soweit nicht identisch) alle Bundesautobahnen, die nach der Straßenverkehrsordnung als Autobahnen beschildert worden sind (Zeichen 330.1 der Anlage 3
zu Richtzeichen der Straßenverkehrsordnung).[153] Die Einstufung als Autobahn ist dabei
unabhängig davon, ob die Straße tatsächlich genutzt wird; sie entfällt erst, wenn die Widmung als Autobahn nach FStrG aufgehoben bzw. die Straße nach § 2 Abs. 4 FStrG einge-
zogen oder abgestuft wurde oder es an der nach der StVO vorgeschriebenen Beschilderung
der Straße als Autobahn fehlt.[154] Die Regelung gilt **nicht für Bundesstraßen** i. S. d. § 1
Abs. 2 Nr. 2 FStrG. Dies erschließt sich nicht vollständig, da von Bundesstraßen vergleichbare ökologische Belastungen ausgehen können.[155]

(3) Schienenwege. Das EEG beinhaltet keine Definition des Begriffs „Schienenwege", **139**
ebenso wenig wie das Allgemeine Eisenbahngesetz („AEG"). Nach allgemeinem Verständnis bezeichnen Eisenbahnen im Sinne des § 1 Abs. 2 AEG Verkehrsmittel, die durch
das technische Merkmal der Kombination von Rad und Schiene gekennzeichnet sind.[156]
Schienenwege bilden nach § 2 Abs. 3, Abs. 3a AEG einen Teil der Eisenbahninfrastruktur.
Im Interesse einer technischen Neuerungen gegenüber offenen Anwendung des AEG wird
der Begriff „Schienenweg" dahingehend ausgelegt, dass er alle spurgebundenen Verkehrs-

---

151 Beschlussempfehlung des Ausschusses für Umwelt, Naturschutz und Reaktorsicherheit, BT-Drs.
   17/1604 v. 5.5.2010, S. 14.
152 Begründung zum Gesetzentwurf der Fraktionen der CDU/CSU und FDP zur Photovoltaik-Novelle 2010, BT-Drs. 17/1147 v. 23.3.2010, S. 10.
153 Begründung des Gesetzentwurfs, BT-Drs. 17/6071 v. 6.6.2011, S. 76; vgl. auch: Clearingstelle
   EEG Hinweis v. 28.2.2012, 2011/8, Rn. 14.
154 Clearingstelle EEG Hinweis v. 28.2.2012, 2011/8, Rn. 19 ff.
155 Frenz/Müggenborg/*Schomerus*, § 32 Rn. 65.
156 Hermes/Sellner/*Hermes*, AEG, § 1 Rn. 13.

wege solcher Verkehrssysteme erfasst, die technisch durch die Kombination Rad-Schiene gekennzeichnet sind.[157]

140 Entsprechend legt die Clearingstelle EEG dem Begriff Schienenweg ein weites Verständnis zugrunde. Schienenwege sind **alle aus Schienensträngen, Schwellen oder sonstigen Schienenbefestigungsträgern und Gleisbett bestehenden Fahrbahnen für Schienenfahrzeuge**.[158] Erfasst sind danach nicht nur die Fahrbahnen für Eisenbahnen i. S. d. AEG, sondern auch die Fahrbahnen für Straßenbahnen sowie die nach ihrer Bau- und Betriebsweise ähnlichen Bahnen, Bergbahnen und sonstige Bahnen besonderer Bauart unabhängig davon, ob sie dem öffentlichen oder dem nichtöffentlichen Verkehr dienen, es sei denn, dass es an einer Widmung zur verkehrlichen Nutzung fehlt oder die bestimmungsgemäße Nutzung dauerhaft aufgegeben wurde.[159]

141 **(4) Entfernungen.** Im Gesetzgebungsverfahren erfolgte eine Erweiterung der Breite des Randstreifens von ursprünglich geplanten 100 Meter auf **110 Meter**, um das Abstandsgebot zur Fahrbahn zu berücksichtigen.[160]

142 Die „Entfernung von bis zu 110 Metern" bestimmt sich für Autobahnen und Schienenwege gleichermaßen als alle Punkte der längs eines Schienenweges oder einer Autobahn gelegenen Fläche, die nicht weiter als 110 Meter (in Luftlinie) vom nächstgelegenen Punkt des äußeren Randes der befestigten Fahrbahn der Autobahn bzw. des Schienenweges entfernt sind.[161]

143 „Längs" bedeutet, dass sich die Flächen an der langen Seite, entlang der Längsseite, befinden müssen. Erfasst sind danach nur Flächen, die sich neben bzw. entlang von Autobahnen oder Schienenwegen erstrecken.[162]

144 **(5) Längs von Autobahnen.** Damit haben die Gemeinden das Recht erhalten, Flächen, für die gemäß § 9 Abs. 1 und 2 FStrG grundsätzlich ein straßenrechtliches Anbauverbot (40 m-Streifen) bzw. eine Anbaubeschränkung (100 m-Streifen) besteht, für Solar-Freiflächenanlagen zu überplanen. Die Verbote bzw. **Zustimmungsvorbehalte der obersten Landesstraßenbaubehörde** nach § 9 Abs. 1 und 2 FStrG gelten gemäß § 9 Abs. 7 FStrG nicht, soweit das Bauvorhaben den Festsetzungen eines Bebauungsplanes entspricht, der **mindestens** die Begrenzung der Verkehrsflächen sowie an diesen gelegene überbaubare Grundstücksflächen enthält und unter Mitwirkung des Trägers der Straßenbaulast zustande gekommen ist.[163]

---

157 Hermes/Sellner/*Hermes*, AEG, § 1 Rn. 13, 16 f.; Clearingstelle EEG Hinweis v. 28.2.2012, 2011/8, Rn. 33 ff. m. w. N.
158 Clearingstelle EEG Hinweis v. 28.2.2012, 2011/8, Rn. 27 ff.
159 Clearingstelle EEG Hinweis v. 28.2.2012, 2011/8, Rn. 50 f.
160 Beschlussempfehlung des Ausschusses für Umwelt, Naturschutz und Reaktorsicherheit, BT-Drs. 17/1604 v. 5.5.2010, S. 14.
161 Clearingstelle EEG Hinweis v. 28.2.2012, 2011/8, Rn. 73 f.
162 Clearingstelle EEG Hinweis v. 28.2.2012, 2011/8, Rn. 82 f. Nicht erfasst sind hingegen nach Auffassung der Clearingstelle EEG quer zum Verkehrsweg gelegene Gelände (z. B. das Ende der Autobahn oder ihre Anschlussstellen). Denn im Einmündungsbereich einer Autobahnabfahrt sei an der Stelle, wo die Fahrbahn unmittelbar in die verknüpfte Straße übergeht, kein „äußerer Rand der Fahrbahn" vorhanden.
163 Zu diesen Voraussetzungen an den Bebauungsplan ausführlich *Schrödter/Kuras*, ZNER 2011, 144, 148.

Den Rand der befestigten Fahrbahn der Autobahn bildet das seitliche Ende der für den 145
Kraftfahrzeugverkehr nutzbaren Verkehrsfläche, die aus den Hauptfahrbahnen, den Seitenstreifen sowie den Beschleunigungs- und Verzögerungsstreifen der Anschlussstellen sowie
den Anschlussstellen selbst gebildet wird.[164] Zur Fahrbahn gehören damit auch die Auto-
bahnkreuze mit Zu- und Abfahrten. Die Clearingstelle EEG bezieht damit im Gegensatz zu
§ 2 Abs. 1 S. 2 StVO den Seitenstreifen ausdrücklich in die Definition der Fahrbahn bzw.
des Fahrbahnrands mit ein. Im Falle von Verkehrsflächen der Nebenbetriebe (wie etwa
Raststätten) zählt die der Hauptfahrbahn am nächsten liegende durchgehende Fahrbahn
(sog. Durchfahrgasse) zur befestigten Fahrbahn.[165]

Da durch den Erlass des Bebauungsplanes das Anbauverbot des § 9 Abs. 1 und 2 FStrG 146
nicht mehr gilt, muss die Gemeinde bei der **Abwägung im Rahmen der Aufstellung des**
Bebauungsplanes ggf. durch Festsetzungen gewährleisten, dass die zugelassenen Solaranlagen nicht die „**Sicherheit und Leichtigkeit der Verkehrs**" im Sinne von § 9 Abs. 3
FStrG beeinträchtigen. Insbesondere verkehrsgefährdende Sichtbehinderungen der Auto-
fahrer, z. B. durch Blendeffekte, sind zu vermeiden.[166]

Die Reichweite des Erfordernisses der **Mitwirkung des Trägers der Straßenbaulast** ist 147
in Literatur und Rechtsprechung nicht abschließend geklärt. Einigkeit besteht allerdings
darüber, dass eine Beteiligung nach §§ 3, 4 BauGB keine ausreichende Mitwirkung im Sinne des § 9 Abs. 7 FStrG ist. Die Gemeinde muss vielmehr den Träger der Straßenbaulast
frühzeitig und formal an der Planung beteiligen und mit ihm alle Aspekte der Planung erör-
tern. Die Gemeinde sollte sich daher rechtzeitig mit der zuständigen Straßenbaubehörde
(Autobahndirektion) abstimmen.[167]

Zum Streitstand betreffend die Frage, ob ein Bebauungsplan für Solaranlagen längs einer 148
Autobahn einer **förmlichen Zustimmung** des Trägers der Straßenbaulast bedarf, ehe er in
Kraft gesetzt werden kann, sei auf die ausführliche Darstellung bei Schrödter/Kuras ver-
wiesen.[168]

(6) Längs von Schienenwegen. Für Flächen längs von Schienenwegen ist die Rechtslage 149
auf Genehmigungsseite einfacher. Das Eisenbahnrecht enthält keine Regelung, die für den
110m breiten Streifen längs der Schienenwege entsprechend § 9 Abs. 1 und 2 FStrG Bau-
verbote begründen. Der mögliche Konflikt zwischen Solaranlagen und der Sicherheit des
Schienenverkehrs bestimmt sich damit allein nach dem für die Bauleitplanung sinngemäß
geltenden Trennungsgrundsatz des § 50 BImSchG. Danach sind die für eine bestimmte
Nutzung vorgesehenen Flächen einander so zuzuordnen, dass schädliche Umwelteinwirkungen im Sinne des § 3 Abs. 1 BImSchG so weit wie möglich vermieden werden. Auch
bei der Überplanung von Flächen entlang von Schienenwegen muss die Gemeinde daher
gewährleisten, dass keine schädlichen Umwelteinwirkungen entstehen, insbesondere
Blendeffekte, welche die Sicht der Zugführer beeinträchtigen könnten.[169] Die Clearingstelle EEG definiert den äußeren Rand der befestigten Fahrbahn bei Schienenwegen als die

---

164 Clearingstelle EEG Hinweis v. 28.2.2012, 2011/8, Rn. 53 ff.
165 Clearingstelle EEG Hinweis v. 28.2.2012, 2011/8, Rn. 63 f.
166 *Schrödter/Kuras*, ZNER 2011, 144, 149.
167 *Schrödter/Kuras*, ZNER 2011, 144, 149; *Nebel*, KommP BY 2001, 219.
168 *Schrödter/Kuras*, ZNER 2011, 144, 149.
169 *Schrödter/Kuras*, ZNER 2011, 144, 150.

äußere Kante des Gleisbettes, unabhängig davon, ob dieses als Schotterbett oder als Fahrbahn aus Beton oder Asphalt ausgeführt ist.[170]

150 **(7) Zeitpunkt der Errichtung der Solaranlagen.** Der Förderanspruch setzt voraus, dass sich die Anlagen auf Flächen „befinden", die längs von Autobahnen oder Schienenwegen „liegen", und dass sie in einem Abstand von 110 Metern „errichtet wurden" bzw. „errichtet worden sind". Daraus folgt, dass die flächenbezogenen Fördervoraussetzungen nach § 51 Abs. 1 Nr. 3 c) EEG im Zeitpunkt der Errichtung der Solarstromanlage vorliegen müssen. Spätere Änderungen lassen den Förderanspruch unberührt.[171]

151 **bb) Versiegelte Flächen (Abs. 1 Nr. 3 lit. c) bb)).** Förderberechtigt sind ferner Anlagen, die sich auf Flächen befinden, die zum Zeitpunkt des Beschlusses über die Aufstellung oder Änderung des Bebauungsplans bereits versiegelt waren.

152 Der Begriff der versiegelten Fläche ist im EEG nicht näher definiert. Die Gesetzesbegründung führt jedoch aus, dass eine Versiegelung bei einer **Oberflächenabdichtung des Bodens** vorliegt. Hierdurch werden die in § 2 Abs. 2 Nr. 1 Buchstabe b und c des Bundesbodenschutzgesetzes genannten Bodenfunktionen (Funktionen als Bestandteil des Naturhaushalts, insbesondere mit seinen Wasser- und Nährstoffkreisläufen, sowie als Abbau-, Ausgleichs- und Aufbaumedium für stoffliche Einwirkungen aufgrund der Filter-, Puffer- und Stoffumwandlungseigenschaften, insbesondere auch zum Schutz des Grundwassers) dauerhaft beeinträchtigt. Vor allem bauliche Anlagen erfüllen das Kriterium der Versiegelung. Daher wird auch Strom aus Anlagen auf Straßen, Stellplätzen, Deponieflächen, Aufschüttungen, Lager- und Abstellplätzen und Ähnlichem vergütet.[172] Auch Flächen, die mit wasserdurchlässigen Materialien wie Rasengittersteinen gepflastert sind, sollen versiegelte Flächen in diesem Sinne sein, weil dadurch die selbst bei Wasserdurchlässigkeit über die Wasserspeicherfunktion hinausgehende, andere Bodenfunktionen eingeschränkt sind.[173] Danach kommt es im Einzelfall darauf an, ob eine Oberflächenabdichtung gegeben ist, welche die genannten Bodenfunktionen beeinträchtigt. Werden Flächen gezielt versiegelt, um in den Anwendungsbereich des Abs. 1 Nr. 3 lit. c) bb) zu kommen, verstößt dies gegen Treu und Glauben.[174]

153 Ist die Gemeinde daran interessiert, aus ökologischen Gründen die Versiegelung im Zusammenhang mit der Überplanung für Freiflächenanlagen zu beseitigen, kann sie dieses Planungsziel mit dem Investor auf der Grundlage eines städtebaulichen Vertrages nach § 11 BauGB oder eines Vorhaben- und Erschließungsplanes nach § 12 BauGB vereinbaren. Eine planungsrechtliche Festsetzung, die Fläche zu entsiegeln, dürfte unzulässig sein.[175]

154 In der Praxis ist es häufig so, dass nur Teile der für die Nutzung beabsichtigten Fläche versiegelt sind. In diesem Fall ist Abs. 1 Nr. 3 lit. c) bb) dann nur für diese Teile erfüllt. Die Versiegelung auch nur von Teilen einer Fläche spielt jedoch – zusammen mit anderen Fak-

---

170 Clearingstelle EEG Hinweis v. 28.2.2012, 2011/8, Rn. 69 ff.
171 Clearingstelle EEG Hinweis v. 28.2.2012, 2011/8, Rn. 86 ff.
172 Gesetzentwurf der Bundesregierung zum EEG 2009, BT-Drs. 16/8148 v. 18.2.2008, S. 60; ebenso konsolidierte Fassung der Begründung zu dem Gesetz für den Vorrang Erneuerbarer Energien (EEG 2004) v. 21.7.2004 (BGBl. 2004 I S. 1918).
173 Altrock/Oschmann/Theobald/*Oschmann*, § 32 Rn. 81.
174 Altrock/Oschmann/Theobald/*Oschmann*, § 32 Rn. 82.
175 *Schrödter/Kuras*, ZNER 2011, 144, 146.

toren – auch im Rahmen der Einstufung der betreffenden Fläche als Konversionsfläche eine entscheidende Rolle, vgl. Rn. 156 ff.

Für versiegelte Flächen wurde in der Photovoltaik-Novelle 2010 und im EEG 2012 a. F. die **155** Förderung weniger stark gesenkt. Diese Sonderbehandlung wurde mit der Photovoltaik-Novelle 2012 aufgehoben, seither erhalten Solaranlagen auf versiegelten Flächen die gleiche Förderung wie andere Freiflächenanlagen.

cc) Konversionsflächen (Abs. 1 Nr. 3 lit. c) cc)). Förderberechtigt sind schließlich Anla- **156** gen, die sich auf Konversionsflächen aus wirtschaftlicher, verkehrlicher, wohnungsbaulicher oder militärischer Nutzung befinden und diese Fläche zum Zeitpunkt des Beschlusses über die Aufstellung oder Änderung des Baubauungsplans nicht rechtsverbindlich als Naturschutzgebiet im Sinne des § 23 BNatSchG oder als Nationalpark im Sinne des § 24 BNatSchG festgesetzt worden ist.

Bei der Überplanung von ehemaligen Bahnflächen und Militärgeländen muss die Gemein- **157** de sicherstellen, dass sie spätestens im Zeitpunkt des Satzungs- bzw. beim Flächennutzungsplan des Feststellungsbeschlusses berechtigt ist, einen Bebauungsplan für das Gebiet in Kraft zu setzen. Voraussetzung hierfür ist grundsätzlich, dass diese Flächen von der zuständigen Behörde „entwidmet", also für die Planungshoheit der Gemeinde freigegeben werden. Die Entwidmung ist öffentlich bekannt zu machen.[176]

Die praktische Bedeutung von Konversionsflächen für die Errichtung von Solar-Freiflä- **158** chenanlagen ist groß. Die meisten großen Freiflächenanlagen wurden auf Konversionsflächen errichtet.[177] Bereits nach dem Stand des Jahres 2000 wurden in Deutschland Konversionsflächen mit einer Fläche von 400.000 Hektar erfasst.[178] Durch die Schließung weiterer Bundeswehrstandorte oder Standorte ausländischer Streitkräfte, die Schließung alter Tagebaue und den Rückbau von Wohnanlagen aufgrund des demografischen Wandels werden die verfügbaren Konversionsflächen weiter steigen.[179]

(1) Auslegung durch Rechtsprechung, Literatur und Clearingstelle. Der Begriff „Kon- **159** versionsfläche" ist gesetzlich nicht näher definiert. Nach der Gesetzesbegründung sind Konversionsflächen aus wirtschaftlicher oder militärischer Nutzung solche, die vor Errichtung der Anlage für mehrere Jahre für militärische oder wirtschaftliche Zwecke genutzt wurden. Eine landwirtschaftliche Nutzung ist keine wirtschaftliche Nutzung im Sinne dieser Regelung.[180]

Dabei handelt es sich nur dann um eine Konversionsfläche, wenn die Auswirkungen dieser **160** vorherigen Nutzungsarten noch fortwirken. Eine lang zurückliegende Nutzung, die keine Auswirkung mehr auf den Zustand der Flächen hat, ist also nicht ausreichend. Zu Konversionsflächen können beispielsweise Abraumhalden, ehemalige Tagebaugebiete, Truppenübungsplätze und Munitionsdepots zählen. Die Vorschriften des Bundesbodenschutzgeset-

---

176 Siehe dazu und der Möglichkeit einer aufschiebenden Bedingung *Schrödter/Kuras*, ZNER 2011, 144, 147.

177 Vgl. z. B. Solarpark Neuhardenberg mit 145 MW, Solarpark Groß-Dölln mit 128 MW, Solarpark Briest mit 90 MW, alle in Brandenburg.

178 *Kallmünzer*, Planungshilfe für Photovoltaik-Freilandanlagen, S. 44.

179 *Macht*, VerwArch 103 (2013), 265 ff.

180 Gesetzentwurf der Bundesregierung zum EEG 2009, BT-Drs. 16/8148 v. 18.2.2008, S. 60; ebenso konsolidierte Fassung der Begründung zu dem Gesetz für den Vorrang Erneuerbarer Energien (EEG 2004) v. 21.7.2004 (BGBl. 2004 I S. 1918).

zes und anderer Gesetze, die Anforderungen an die Wiederherstellung der Bodenqualität stellen und dem Schutz des Grundwassers dienen, bleiben unberührt.[181]

161 Insbesondere bei dem Kriterium des Fortwirkens der früheren Nutzung besteht Interpretationsspielraum. Einige Fälle sind bereits von Gerichten entschieden worden[182] und auch in der Literatur haben sich Autoren damit auseinandergesetzt.[183] Die hilfreichste Interpretation ist durch eine sehr sorgfältige und umfassende Empfehlung der Clearingstelle EEG vorgenommen worden.[184] Einigkeit besteht darüber, dass die Einschätzung der Genehmigungsbehörden nicht entscheidend ist.[185]

162 Nach Auffassung der Clearingstelle EEG setzt eine Konversionsfläche i. S. d. EEG voraus, dass die Flächen (i) in der Vergangenheit in einer bestimmten Art und Weise genutzt wurden (Vornutzung), (ii) diese Nutzung aufgegeben wurde und (iii) eine neue Nutzung an die Stelle der vorherigen Nutzung tritt (Nachnutzung). Die Einordnung einer Fläche als Konversionsfläche setze dabei eine Änderung der tatsächlichen Nutzung der Fläche und damit eine tatsächliche Nachnutzung voraus. Konversionsfläche könne also nur eine Fläche sein, die tatsächlich neu genutzt wird. Eine bloße Nutzungsmöglichkeit oder bloße Nutzungsabsichten reichten insoweit nicht aus.[186]

163 **(2) Arten der Vornutzung.** Die jeweilige Konversionsfläche muss „aus" der konkreten Vornutzung hervorgegangen sein.

164 **Wirtschaftliche Nutzung.** Die Clearingstelle EEG legt dem Begriff „wirtschaftlich" ein weites Verständnis zugrunde. Umfasst seien nicht nur Tätigkeiten im Zusammenhang mit dem Betrieb von Industrie- und Gewerbebetrieben, sondern grundsätzlich auch Tätigkeiten, die ohne Gewinnerzielungsabsicht wahrgenommen werden. Erfasst sei damit auch der gesamte Bereich der öffentlichen Leistungsverwaltung, unabhängig davon, in welcher Trägerschaft die Tätigkeiten ausgeführt werden (bspw. Flächennutzungen für die Abfall- und Energiewirtschaft, Abwasserentsorgung, Verkehr, Bildungseinrichtungen und Sportstätten sowie sonstige Tätigkeiten im Zusammenhang mit der Wahrnehmung von Aufgaben der Daseinsvorsorge).[187] Auch nach der Literatur ist der Begriff „wirtschaftlich" weit auszulegen. In Anlehnung an den Begriff des Rechts der Wirtschaft in Art. 74 Nr. 11 GG gehören dazu Bergbau, Industrie, Handwerk, Gewerbe, Handel, Bank- und Börsenwesen und privatrechtliches Versicherungswesen und damit praktisch alle Formen der wirtschaftlichen Betätigung.[188]

165 **Verkehrliche und wohnungsbauliche Nutzung.** Mit der Photovoltaik-Novelle 2010 wurde die Konkretisierung der Konversionsflächen auch betreffend solche aus „verkehrlicher

---

181 Gesetzentwurf der Bundesregierung zum EEG 2009, BT-Drs. 16/8148 v. 18.2.2008, S. 60; ebenso konsolidierte Fassung der Begründung zu dem Gesetz für den Vorrang Erneuerbarer Energien (EEG 2004) v. 21.7.2004 (BGBl. 2004 I S. 1918).
182 LG Gießen, Urt. v. 1.4.2008, 6 O 51/07, ZNER 2008, 253 f.; LG Bad Kreuznach, Urt. v. 2.9.2009, 3 O 271/09; AG Bad Sobernheim, Urt. v. 31.8.2009, 61 C 245/09.
183 *Große*, ZNER 2010, 235, 237.
184 Clearingstelle EEG Empfehlung v. 1.7.2010, 2010/2.
185 LG Gießen, Urt. v. 1.4.2008, 6 O 51/07, ZNER 2008, 253 f.
186 Clearingstelle EEG Empfehlung v. 1.7.2010, 2010/2, Rn. 34 ff.
187 So auch *Große*, ZNER 2010, 235, 237; Clearingstelle EEG Empfehlung v. 1.7.2010, 2010/2, Rn. 49 f.
188 *Große*, ZNER 2010, 235, 237.

und wohnungsbaulicher" Nutzung eingefügt. Dadurch sollte sichergestellt werden, dass für Strom aus Solaranlagen auch dann eine Förderung nach dem EEG gezahlt wird, wenn die Anlagen auf Konversionsflächen aus verkehrlicher und wohnungsbaulicher Vornutzung errichtet werden und ein entsprechender Bebauungsplan vorliegt. Flächen aus verkehrlicher Nutzung sind z. B. solche, die durch Straßen, Schienenwege, Rad- oder Fußwege genutzt waren. Flächen aus wohnungsbaulicher Nutzung sind z. B. solche, die aus dem Rückbau von Wohnhäusern stammen.

Zumeist konnten diese Flächen schon früher zu diesem Zweck verwendet werden, weil sie **166** in aller Regel versiegelt waren. In der Praxis gab es aber Schwierigkeiten, weil die Flächen teilweise unversiegelte Bereiche umfassten. Deshalb werden sie nunmehr ausdrücklich in ihrer Gesamtheit als Konversionsflächen aufgenommen.[189] Nach richtiger Ansicht konnten Flächen aus wohnungsbaulicher Nutzung allerdings auch bisher Konversionsflächen darstellen, da die Vermietung von Wohnungen ebenfalls eine Form der wirtschaftlichen Betätigung der Grundstücksnutzung darstellt.[190]

Militärische Nutzung. Nach der Clearingstelle EEG sind „militärische Nutzungen" i. S. d. **167** § 51 alle Flächennutzungen durch Einheiten, die mit der Landesverteidigung beauftragt sind, unabhängig davon, ob diese unmittelbar oder mittelbar im Zusammenhang mit dem Verteidigungsauftrag stehen.[191] Insbesondere sollen darunter fallen: Kasernen, Flugplätze, Tanklager, (Munitions-)Depots, Schieß-, Truppen- und sonstige Übungsplätze und Nachrichtenanlagen.[192] Auch in der Rechtsprechung wurden ehemalige Militärflugplätze in ihrer Gesamtheit bereits zu Konversionsflächen erklärt.[193]

Nicht erfasst: landwirtschaftliche Nutzung. Keine Konversionsflächen sind Flächen, die **168** vormals landwirtschaftlich genutzt wurden, auch wenn der Wortlaut eine Einbeziehung ehemaliger landwirtschaftlicher Flächen grundsätzlich zulassen würde. Der Ausschluss ergibt sich aus Sinn und Zweck sowie Entstehungsgeschichte des § 51. Solaranlagen auf Grün- und Ackerflächen waren in früheren Fassungen des EEG aufgrund von **Sonderstimmungen** des § 51 förderberechtigt (vgl. z. B. § 32 Abs. 3 Nr. 3 EEG 2009).[194] Mit der Photovoltaik-Novelle 2010 hat der Gesetzgeber diese Sondertatbestände jedoch abgeschafft. Bereits in der Gesetzesbegründung zum EEG 2004 und EEG 2009 hat der Gesetzgeber ausdrücklich ausgeführt, dass eine landwirtschaftliche Nutzung keine wirtschaftliche Nutzung i. S. d. Regelung zu den Konversionsflächen darstellt und also nur nach den damaligen Sondertatbeständen förderfähig war.[195]

Nach heutiger Rechtslage sind somit Flächen (ehemaliger) landwirtschaftlicher Nutzung **169** nicht mehr förderfähig und diese Flächen stellen auch keine Konversionsflächen i. S. d.

189 Beschlussempfehlung des Ausschusses für Umwelt, Naturschutz und Reaktorsicherheit, BT-Drs. 17/1604 v. 5.5.2010, S. 14.
190 *Große*, ZNER 2010, 235, 238.
191 Clearingstelle EEG Empfehlung v. 1.7.2010, 2010/2, Rn. 51 ff.
192 Clearingstelle EEG Empfehlung v. 1.7.2010, 2010/2, Rn. 145; *Große*, ZNER 2010, 235, 237.
193 LG Bad Kreuznach, Urt. v. 2.9.2009, 3 O 271/09; ebenso AG Bad Sobernheim, Urt. v. 31.8.2009, 61 C 245/09.
194 Vgl. zur alten Rechtslage in Bezug auf landwirtschaftlich genutzte Flächen: Clearingstelle EEG Votum v. 19.1.2009, 2008/43; Clearingstelle EEG Empfehlung v. 13.6.2008, 2008/6.
195 Gesetzentwurf der Bundesregierung zum EEG 2009, BT-Drs. 16/8148 v. 18.2.2008, S. 60; ebenso konsolidierte Fassung der Begründung zu dem Gesetz für den Vorrang Erneuerbarer Energien (EEG 2004) v. 21.7.2004 (BGBl. 2004 I S. 1918).

§ 51 dar. Entsprechend entschied auch das LG Gießen, dass eine landwirtschaftliche Nutzung als **Weidefläche** keine wirtschaftliche Nutzung i. S. d. Bestimmung zu den Konversionsflächen im EEG darstelle.[196] Die Nutzung einer Fläche zum Zwecke der **Intensivtierhaltung** stellt nach Auffassung der Clearingstelle EEG dagegen keinen Fall einer landwirtschaftlichen Nutzung dar.[197] Es handele sich vielmehr um eine „wirtschaftliche Nutzung", soweit die weiteren flächenbezogenen Voraussetzungen, insbesondere einer schwerwiegenden ökologischen Belastung der Fläche,[198] das Vorliegen einer Konversionsfläche aus wirtschaftlicher Nutzung im Sinne der Regelung begründen.[199]

170 **Nicht erfasst: private Flächen, Eingriffsverwaltung.** Nicht erfasst von dem Begriff Konversionsfläche i. S. d. EEG sind alle Flächennutzungen, die dem ausschließlich privaten Bereich und der öffentlichen Eingriffsverwaltung zuzurechnen sind.[200]

171 **(3) Fortwirkung der Vornutzung.** Sowohl Gesetzesbegründung als auch Literatur fordern, dass die Auswirkungen der früheren wirtschaftlichen oder militärischen Nutzung noch fortwirken.[201] Der in der Literatur vereinzelt vertretenen Meinung, dass eine solche Fortwirkung nicht erforderlich sein soll,[202] kann nicht gefolgt werden. Der ökologische Wert der Fläche muss infolge der ursprünglichen Nutzung schwerwiegend beeinträchtigt sein.[203] Es muss ein Bezug hergestellt werden zwischen der konkreten Vornutzung und dem aktuellen Flächenzustand. Dieser muss sich ursächlich auf die Vornutzung zurückführen lassen und durch diese geprägt sein.[204]

172 Aus dem in der Gesetzesbegründung aufgestellten Erfordernis der Nachwirkung der Nutzung wird geschlossen, dass jedenfalls Flächen mit einer Bodenkontamination oder einer unklaren Bodenqualität als Konversionsfläche anzusehen sind.[205] Flächen, die zwischenzeitlich einen guten ökologischen Zustand erreicht haben, sollen nicht mehr als Konversionsfläche anerkannt werden können.[206] Hierfür spricht der Gedanke, der hinter § 51 Abs. 3 EEG steht: Der Gesetzgeber möchte vorrangig Gebäudeanlagen fördern und Freiflächen nur dann zur Verfügung stellen, wenn sie eine Vorbelastung haben.[207] Im Übrigen soll der Flächenverbrauch für Siedlungszwecke im weitesten Sinne begrenzt werden.[208]

196 LG Gießen, Urt. v. 1.4.2008, 6 O 51/07.
197 Clearingstelle EEG Stellungnahme v. 14.3.2013, 13/2013/1/ Stn.
198 Clearingstelle EEG Empfehlung v. 1.7.2010, 2010/2, Rn. 117 f., 175 f.
199 Clearingstelle EEG Stellungnahme v. 14.3.2013, 13/2013/1/ Stn, Rn. 15 f.
200 Clearingstelle EEG Empfehlung v. 1.7.2010, 2010/2, Rn. 50.
201 vgl. zusätzlich Reshöft/Schäfermeier/*Bönning*, § 32 Rn. 53; Frenz/Müggenborg/*Schomerus*, § 32 Rn. 71; *Salje*, EEG 2014, 7. Aufl. 2015, § 51 Rn. 27; Altrock/Oschmann/Theobald/*Oschmann*, § 32 Rn. 85.
202 *Schrödter/Kuras*, ZNER 2011, 144.
203 Clearingstelle EEG Empfehlung v. 1.7.2010, 2010/2.
204 Konkret zur wirtschaftlichen. militärischen Vornutzung von Flächen: Clearingstelle EEG Empfehlung v. 1.7.2010, 2010/2, Rn. 55.
205 Gemeinsame Landesplanungsabteilung der Länder Berlin und Brandenburg (Hrsg.), Grundlagen zur regionalplanerischen Steuerung von Photovoltaik-Freiflächenanlagen am Beispiel der Region Lausitz-Spreewald, 2009, S. 62.
206 *Salje*, EEG 2014, 7. Aufl. 2015, § 52 Rn. 27.
207 Reshöft/Schäfermeier/*Bönning*, § 32 Rn. 53.
208 Spannowsky/Uechtritz/*Schmitz*, § 164b BauGB Rn. 18: allgemeiner Gedanke bei Konversionsflächen.

Es ist also zu fragen, ob sich der ökologische Wert der Fläche aufgrund der spezifischen **173** Vornutzung schlechter darstellt als vor dieser bzw. ohne diese Nutzung. Dabei ist auf den Zustand sämtlicher Schutzgüter der Umwelt abzustellen.[209]

Maßgeblicher Zeitpunkt. Maßgeblicher Zeitpunkt für die Prüfung der Beeinträchtigung **174** des ökologischen Werts der Fläche ist der Zeitpunkt des Beschlusses über die Aufstellung oder Änderung des Bebauungsplans. Dabei ist dieser Zeitpunkt allerdings als frühester Zeitpunkt zu qualifizieren, sodass die Prüfung der flächenbezogenen Voraussetzungen auch nach diesem Zeitpunkt stattfinden kann, soweit sich am Zustand der Fläche seit dem Beginn des Bebauungsplanverfahrens nachweislich nichts verändert hat. Veränderungen der Fläche nach diesem Zeitpunkt sind irrelevant.[210]

Vermutung. Bei Vorliegen eines oder mehrerer der folgenden Kriterien besteht eine wider- **175** legliche Vermutung dafür, dass der ökologische Wert der betrachteten Fläche schwerwiegend beeinträchtigt ist: Existenz von Altlasten oder schädliche Bodenveränderungen bzw. ein hinreichender Verdacht darauf;[211] Existenz von Kampfmitteln bzw. hinreichender Verdacht darauf; Versiegelung der Bodenoberfläche, die mit einer schwerwiegenden Beeinträchtigung der natürlichen Bodenfunktionen einhergeht; Flächen mit einer infolge tagebaulicher Nutzung beeinträchtigten Standsicherheit (ggf. auch nach Sanierung und nach Entlassung aus der Bergaufsicht) sowie die Aufrechterhaltung einer behördlichen Aufsicht nach Einstellung der vorherigen, genehmigungsbedürftigen Tätigkeit.[212]

Indizien. Die folgenden Indizien sollen für eine schwerwiegende Beeinträchtigung der **176** Schutzgüter der Umwelt sprechen: standortuntypische Veränderungen des pH-Werts, des Humusgehalts oder der Fruchtbarkeit des Bodens, Abfälle, Schadstoffe oder sonstige im oder auf dem Boden befindliche Materialien (z.B. Trümmer), künstliche Veränderungen der Bodenoberfläche oder der Bodenstruktur, etwa durch weiträumige Bodenabträge sowie Bodenerosion oder eine unmittelbar bevorstehende oder noch nicht abgeschlossene Anhebung des Grundwasserstandes.[213]

Nicht gefolgt werden kann der Ansicht des LG Gießen,[214] welches zu entscheiden hatte, ob **177** ein vorher für eine Windenergieanlage genutztes Gelände eine Konversionsfläche darstellt. Nach Ansicht des Gerichts fehlte eine das Gelände prägende Fortwirkung der ehemaligen wirtschaftlichen Nutzung, da die oberirdischen Teile der **Windkraftanlage zurückgebaut** waren, die verbliebenen Fundamente im Erdboden in einer Tiefe von 60 bis 70 cm ruhten und die im Erdreich noch vorhandenen Leitungen und ein Kabelschacht ebenfalls verborgen waren. Nach richtiger Ansicht kann die Betrachtung nicht auf die Erdoberfläche beschränkt werden, auch die Bodenbeschaffenheit ist einzubeziehen, beispielsweise Altlasten, Bodenveränderungen, Grundwasseranstieg etc.; hierdurch kann der ökologische Wert der Fläche und die Möglichkeit der Nachnutzung ebenso gemindert werden.[215]

---

209 Clearingstelle EEG Empfehlung v. 1.7.2010, 2010/2, Rn. 146.
210 Clearingstelle EEG Empfehlung v. 1.7.2010, 2010/2, Rn. 147.
211 Altlasten sind jedoch nicht erforderlich, die Eigenschaft als Konversionsfläche kann sich auch aus anderen Merkmalen ergeben, vgl. *Große*, ZNER 2010, 235, 238.
212 Vgl. ausführlich hierzu: Clearingstelle EEG Empfehlung v. 1.7.2010, 2010/2, Rn. 151.
213 Vgl. ausführlich hierzu: Clearingstelle EEG Empfehlung v. 1.7.2010, 2010/2, Rn. 152.
214 LG Gießen, Urt. v. 1.4.2008, 6 O 51/07, ZNER 2008, 253 f.
215 *Große*, ZNER, 2010, 235, 239.

178 Überprägung durch zwischenzeitliche Nutzung bzw. Renaturierung. Nach Auffassung der Clearingstelle EEG ist bei der Prüfung stets zu berücksichtigen, dass „prägende" Zwischennutzungen dazu führen können, dass die betroffene Fläche nicht als durch die Vornutzung beeinträchtigte Fläche, sondern als jedenfalls durch die Vornutzung „unbeeinträchtigt" zu qualifizieren ist.[216]

179 Dabei ist eine fortwirkende Prägung allerdings nicht schon dann zu verneinen, wenn die Fläche sich selbst überlassen wurde und die Natur das Gelände zumindest teilweise zurückerobert hat.[217] Wurde die Fläche zwischenzeitlich nicht sich selbst überlassen, sondern landwirtschaftlich genutzt, wird eine Überprägung nur unter engen Voraussetzungen zu bejahen sein. Je eingeschränkter auf den Flächen Landwirtschaft betrieben werden kann, desto fortwirkender ist die Prägung durch die Vornutzung.[218]

180 Gesamtbetrachtung der Fläche. Die Prüfung der flächenbezogenen Voraussetzungen ist nach allgemeiner Meinung dabei nicht auf die Aufstellflächen der einzelnen Solarstromanlagen zu beziehen, sondern vielmehr ist die Konversionsfläche in ihrer Gesamtheit in den Blick zu nehmen.[219] Maßgeblich sei diejenige Fläche, die innerhalb der räumlichen Ausdehnung der ursprünglichen wirtschaftlichen oder militärischen Vornutzung auf der Grundlage des Bebauungsplans tatsächlich einer Nachnutzung zugeführt wird. Es stehe dem Anlagenbetreiber dabei frei, auf die tatsächliche Nachnutzung zum Zwecke der Solarstromerzeugung oder die ggf. auch zu anderen Zwecken erfolgende tatsächliche Nachnutzung abzustellen.[220]

181 Im Zusammenhang mit Teilflächen hat das LG Bad Kreuznach einen **Militärflugplatz** in seiner Gesamtheit als Konversionsfläche anerkannt.[221] Dabei wurde festgestellt, dass sich die Konversionsmaßnahme satzungsgemäß auf das gesamte Areal des ehemaligen Flugplatzes erstreckt. Die gesamte Fläche sei eingezäuntes Sperrgebiet und von der flugbetrieblichen Infrastruktur geprägt. Es sei kein nachvollziehbarer Grund ersichtlich, abweichend von dieser üblichen und sachgerechten Gesamtschau dem Begriff „Konversionsfläche" dann einen anderen Sinngehalt zu geben, wenn er in § 51 Abs. 3 Nr. 2 EEG erscheint (§ 32 EEG 2012), ihn dann einschränkend dahin auszulegen, dass dies nur solche Flächen sind, die mit militärischen Anlagen und Objekten (Landebahn, Rollwege, Betriebsgebäude, Radarturm, Shelter, Signalanlagen) bebaut waren, mithin dass zum Flugbetrieb notwendige Abstandsflächen und Sicherheitszonen, die damals wie heute mit Gras und ähnlichen Pflanzen bewachsen sind, keine Konversionsflächen im Sinne des § 51 Abs. 3 EEG sein sollten. Auch solche Grasflächen unterlagen damals ausschließlich der militärischen Nutzung, sie waren einer anderweitigen Nutzung nicht zugänglich. Diese singuläre Nutzungs-

---

216 Clearingstelle EEG Empfehlung v. 1.7.2010, 2010/2, Rn. 76: „Maßgeblich ist insofern vielmehr, ob diese zwischenzeitliche Nutzung die Auswirkungen der ursprünglichen wirtschaftlichen oder militärischen Nutzung in einer Weise überlagert oder die Fläche ihrerseits in einer Weise prägt, dass die ursprüngliche Nutzung hinsichtlich des ökologischen Zustands der Fläche keine Relevanz mehr hat oder nicht mehr feststellbar ist."

217 *Große*, ZNER 2010, 235, 239.

218 *Große*, ZNER 2010, 235, 239.

219 Vgl. insofern bereits: Beschlussempfehlung und Bericht des Ausschusses für Umwelt, Naturschutz und Reaktorsicherheit, BT-Drs. 17/1604 v. 5.5.2010, S. 14; LG Gießen, Urt. v. 1.4.2008, 6 O 51/07, ZNER 2008, 253 f.; *Große*, ZNER 2010, 235, 238.

220 Clearingstelle EEG Empfehlung v. 1.7.2010, 2010/2, Rn. 145 ff.

221 LG Bad Kreuznach, Urt. v. 2.9.2009, 3 O 271/09; ebenso AG Bad Sobernheim, Urt. v. 31.8.2009, 61 C 245/09.

möglichkeit sei fortwirkend geblieben, es sei keine andere Nutzung realisiert worden, vielmehr solle die Konversionsmaßnahme eine solche erst ermöglichen. [222]

Nicht ausreichend ist es allerdings, die Prägung einer Fläche als Konversionsfläche **aus** **182**
rechtlichen Überlegungen herleiten zu wollen, ohne dass es zu einer tatsächlichen Bodenbeeinträchtigung gekommen ist, z. B. einfache militärische Sperrgebiete. [223]

Beeinträchtigung nur von Teilflächen. Liegen die Kriterien und/oder Indizien nur für ei- **183**
nen oder mehrere Teile einer insgesamt zu betrachtenden Fläche[224] vor, kommt es nach
Auffassung der Clearingstelle EEG darauf an, ob die **schwerwiegende Belastungswir-**
kung auf dem überwiegenden Teil der Fläche vorliege, da der überwiegende Teil einer
Fläche diese in ihrer Gesamtheit präge. [225]

Die Clearingstelle EEG rät, im Falle solcher „heterogener Belastungssituationen" Teilflä- **184**
chen zur Bewertung der ökologischen Beeinträchtigung der Fläche zu bilden, die jeweils
durch einheitliche Merkmale (z.B. Versiegelungen, Ablagerungen, Bodenbeschaffenheiten, Vegetation) gekennzeichnet und als schwerwiegend beeinträchtigte oder unbeeinträchtigte Flächen zu qualifizieren sein sollen. Ausreichend für die Annahme einer schwerwiegenden Beeinträchtigung des ökologischen Werts der gesamten Fläche sei es nach Auffassung der Clearingstelle EEG, wenn der flächenmäßig überwiegende Teil der Fläche (**mehr**
als 50 % der Fläche) eine solche Beeinträchtigung aufweist. [226] Es ist nicht erforderlich,
dass der ökologische Wert jeder einzelnen Aufstellfläche beeinträchtigt ist. [227]

Das von der Clearingstelle entwickelte 50%-Kriterium wird von Teilen der Literatur kri- **185**
tisch gesehen. Es berge die Gefahr, dass auch größere unbelastete Teilflächen für die Solarstromerzeugung in Anspruch genommen werden können. So wird gefordert, dass ein höherer Prozentsatz von z.B. 75% vorstellbar sei. [228] Die Ansicht der Clearingstelle EEG erscheint jedoch überzeugender, eine Belastung von über 50% einer insgesamt zu betrachtenden Fläche macht diese zu einer Fläche, die ausreichend vorbelastet ist, um sie einer
Nutzung für Freiflächensolaranlagen zuzuführen.

(4) Keine anderweitige Qualifizierung der Flächen als Naturschutzgebiete oder Na- **186
tionalparks.** Anlagen auf Konversionsflächen haben künftig keinen Anspruch auf EEG-
Förderung mehr, wenn diese Flächen zugleich rechtsverbindlich als Naturschutzgebiete im
Sinne des § 23 Bundesnaturschutzgesetz oder als Nationalpark im Sinne des § 24 Bundesnaturschutzgesetz vor dem Aufstellungsbeschluss über einen Bebauungsplan festgesetzt
worden sind. Insbesondere militärische Konversionsflächen haben oft eine vergleichsweise
hohe naturschutzfachliche Bedeutung aufgrund ihrer langjährigen spezifischen Nutzung
mit großflächig geringer Versiegelung, Zerschneidung, Störungsintensität und geringer
Nährstoffbelastung. Die Änderung dient daher dem Natur- und Landschaftsschutz und soll
verhindern, dass wertvolle Naturlandschaften durch die Errichtung von Freiflächenanlagen

---

222 LG Bad Kreuznach, Urt. v. 2.9.2009, 3 O 271/09; ebenso AG Bad Sobernheim, Urt. v. 31.8.2009,
   61 C 245/09.
223 *Große*, ZNER 2010, 235, 238.
224 Vgl. oben Rn. 180.
225 Clearingstelle EEG Empfehlung v. 1.7.2010, 2010/2, Rn. 153.
226 Clearingstelle EEG Empfehlung v. 1.7.2010, 2010/2, Rn. 154.
227 Clearingstelle EEG Empfehlung v. 1.7.2010, 2010/2, Rn. 153 f.
228 *Kahl*, IR 2010, 186.

zur Nutzung von solarer Strahlungsenergie beeinträchtigt werden.[229] Hiervon abweichend besteht ein Anspruch auf Förderung aus **Vertrauensschutz**gesichtspunkten, wenn der Beschluss über die Aufstellung oder Änderung des Bebauungsplans **vor dem 30.6.2011** gefasst worden ist und die Anlage vor dem 1.1.2014 in Betrieb genommen wird.

187 **(5) Besonderer Tarif aufgehoben.** Für Konversionsflächen wurde in der Photovoltaik-Novelle 2010 und im EEG 2012 a. F. die Förderung weniger stark gesenkt, weil es höhere Kosten für deren Nutzbarmachung gibt.[230] Diese Sonderbehandlung wurde bereits mit der Photovoltaik-Novelle 2012 aufgehoben, seither erhalten Solaranlagen auf Konversionsflächen die gleiche Förderung wie andere Freiflächenanlagen.

188 **(6) Überschneidung der Tatbestände.** Bei Überschneidungen zwischen den verschiedenen Tatbeständen in § 51 Abs. 1 Nr. 3 lit. c) soll es darauf ankommen, wodurch die jeweilige Fläche in ihrer Gesamtheit geprägt ist.[231] Auf diese Differenzierung dürfte es in der Praxis jedoch nicht mehr ankommen. Erfüllt die betreffende Fläche einen der Tatbestände des § 51 Abs. 1 Nr. 3 besteht auch eine Förderpflicht unter dem EEG.

VI. Besondere Förderregelung für Gebäudeanlagen (Abs. 2)

189 § 51 Abs. 2 enthält die Sonderregelungen für die Förderung von Gebäudeanlagen. Die Regelung des § 33 Abs. 1 EEG 2012 a. F. wurde dazu in § 51 Abs. 2 bzw. § 32 Abs. 2 EEG 2012 überführt. Auch die Förderung für Gebäudeanlagen wurde bereits durch die Photovoltaik-Novelle 2012 erheblich reduziert.

190 **1. Anlage ausschließlich in, an oder auf einem Gebäude oder einer Lärmschutzwand angebracht. a) Gebäude.** Der Begriff des Gebäudes ist in § 5 Nr. 17 definiert, siehe dazu die dortigen Erläuterungen. Das Gesetz unterscheidet nicht danach, wo auf dem Gebäude die Anlagen angebracht sind, es findet gleichermaßen auf „Auf-Dach-Anlagen", „In-Dach-Anlagen" und „Fassadenanlagen" Anwendung.

191 Durch das EEG 2012 a. F. erfolgte eine Erweiterung des Wortlauts um Anlagen „in" Gebäuden, die unverändert so auch in § 51 überführt wurde. Damit sollte klargestellt werden, dass auch fassadenintegrierte Anlagen einen Anspruch auf EEG-Förderung haben.[232] Dieses Argument ist schwer nachvollziehbar, da der Wortsinn von Anlagen „in" Gebäuden eher an solche innerhalb der Gebäudemauern denken lässt. Jedenfalls hat die Hinzufügung höchstens klarstellenden Charakter, da, auch wenn mit dem EEG 2009 der Fassadenbonus weggefallen ist, nach bisherigem Wortlaut und allgemeiner Meinung[233] Fassadenanlagen bereits bisher unter Anlagen „an" einem Gebäude erfasst waren.

192 **b) Lärmschutzwand.** Bei Lärmschutz**wänden** handelt es sich in Abgrenzung zu Lärmschutzwällen um in der Regel senkrechte künstliche Wände. Die erhöhte Förderung wird deswegen gewährt, weil durch die senkrechte Anordnung der Anlagen im Regelfall ein ge-

---

229 Begründung des Gesetzesentwurfs, BT-Drs. 17/6071 v. 6.6.2011, S. 77.

230 Beschlussempfehlung des Ausschusses für Umwelt, Naturschutz und Reaktorsicherheit, BT-Drs. 17/1604 v. 5.5.2010, S. 7.

231 Clearingstelle EEG Empfehlung v. 1.7.2010, 2010/2 und Votum v. 16.9.2010, 2010/10.

232 *Voland*, REE 2011, 204, 206 mit weiteren Verweisen auf die Gesetzgebungsmaterialien.

233 Altrock/Oschmann/Theobald/*Oschmann*, 4. Aufl. 2013, § 32 Rn. 95; Frenz/Müggenborg/*Schomerus*, 2. Aufl. 2011, § 33 Rn. 4 m. w. N.

ringerer Ertrag zu erwarten ist. Anlagen, die auf Lärmschutz**wällen** verankert sind, sind hingegen wie bauliche Anlagen zu behandeln.[234]

Nach der Clearingstelle EEG ist eine Lärmschutzwand eine bauliche Anlage, deren Ausdehnung in der Höhe und der Breite die in der Tiefe deutlich übersteigt und die vorrangig dazu bestimmt ist, dem Schutz von Menschen oder Tieren vor schädlichen, nachteiligen, belästigenden oder sonst störenden oder unerwünschten Geräuschen (Lärm) zu dienen.[235]   **193**

Eine unwiderlegliche Vermutung, dass eine Lärmschutzwand vorrangig dem Lärmschutz dient, bestehe stets dann, wenn die Wand aufgrund der Überschreitung von Immissionsgrenzwerten oder sonst **aufgrund der Anwendung lärmschutzbezogener Vorschriften** insbesondere des Immissionsschutz-, Anlagen-, Verkehrs-, Bauordnungs- und Bauplanungsrechts oder des Nachbarrechts errichtet worden ist. Ist die Errichtung der Lärmschutzwand nicht öffentlich-rechtlich vorgegeben, erfolgt sie also „freiwillig", so ist im Einzelfall von den Anlagenbetreiberinnen und -betreibern darzulegen und ggf. zu beweisen, dass die Wand vorrangig zum Lärmschutz bestimmt ist.[236]   **194**

Die Clearingstelle EEG hat Abs. 2 analog auch auf eine Lärmschutzeinhausung an der Autobahn angewendet, die vorrangig dem Lärmschutz und daneben auch dem Schutz von Fahrzeugen und Menschen dient.[237]   **195**

c) Ausschließliche Anbringung. aa) Grundsätze. Die Solaranlage muss ausschließlich in, an oder auf dem Gebäude oder der Lärmschutzwand angebracht sein.   **196**

Dies wurde von der Literatur und den Instanzgerichten dahingehend ausgelegt, dass das Tatbestandsmerkmal „ausschließlich" erfordert, dass alle wesentlichen Bestandteile der Solaranlage vollständig an oder auf dem Gebäude angebracht sind und das Tatbestandsmerkmal „anbringen" verlangt, dass die Solaranlage an oder auf dem Gebäude befestigt sein muss und das Gewicht der Anlage vom Gebäude getragen wird.[238]   **197**

Der BGH hat das baulich-konstruktive Verhältnis zwischen Gebäude und Anlage weiter konkretisiert. Nach Ansicht des BGH bringt der Gesetzeswortlaut **ein nach Baukonstruktion und Baustatik vorausgesetztes Abhängigkeitsverhältnis der Solaranlage gegenüber dem Gebäude** zum Ausdruck. Solaranlagen sind danach nur dann ausschließlich auf einem Gebäude angebracht, wenn **das Gebäude als Trägergerüst die Hauptsache bildet, von der die darauf oder daran befestigte Anlage in ihrem Bestand abhängig ist.** Hieran fehlt es, wenn das Tragwerk ohne Zwischenschaltung eines durch eine eigene statische Trägerkonstruktion gekennzeichneten Gebäudes darauf ausgerichtet ist, die Solarmodule zu tragen.[239]   **198**

---

234 Begründung des Gesetzentwurfs zum EEG 2012, BT-Drs. 17/6071 v. 6.6.2011, S. 77; vgl. auch Clearingstelle EEG Hinweis v. 16.12.2011, 2011/10, Rn. 82 ff.

235 Clearingstelle EEG Hinweis 2011/10 v. 16.12.2011, Rn. 69 ff.

236 Clearingstelle EEG Hinweis 2011/10 v. 16.12.2011, Rn. 74 ff.

237 Clearingstelle EEG Votum 2012/23 v. 10.12.2012, Rn. 26 ff.

238 Altrock/Oschmann/*Oschmann*, § 32 Rn. 97; LG Kassel, Urt. v. 6.12.2006, 9 O 1510/06, RdE 2007, 136 f. mit Anmerkung *Kermel/Günther*.

239 BGH, Urt. v. 29.10.2008, VIII ZR 313/07, ZfIR 2009, 135; vgl. auch Vorinstanz OLG Frankfurt a. M., Urt. v. 1.11.2007, 15 U 25/07, ZNER 2008, 244.

199 Wenn die Gesamtanlage in ihrer baulichen Konstruktion, insbesondere ihrem Tragwerk, **in erster Linie auf die Solaranlage und nicht die Gebäudenutzung ausgerichtet** war, wurde die Förderung für Gebäudeanlagen nicht zuerkannt.

200 Insbesondere Tragegestelle, die in erster Linie der Solaranlage dienen und deren Zwischenräume mit Dachplatten verkleidet werden, **um eine Gebäudeeigenschaft zu begründen**, werden von der Rechtsprechung nicht anerkannt.[240] Vielmehr handelt es sich dabei bei genauer Betrachtung im Hinblick auf den Gesetzeszweck der Vermeidung zusätzlicher Versiegelung um Freiflächenanlagen, die auch völlig losgelöst von dem behaupteten Gebäude bzw. Dach hätten errichtet werden können.

201 Die Rechtsprechung stellt damit letztendlich die **Frage nach dem vorrangigen Zweck des Gebäudes**, nur unter einem anderen Tatbestandsmerkmal:[241] Es ist zu fragen, ob die Solaranlage zusätzlich zum Gebäude errichtet wird oder das Gebäude anlässlich der Errichtung der Solaranlage entsteht.

202 Der Gesetzgeber hat sich die Rechtsprechung zu eigen gemacht und in der Gesetzesbegründung zum EEG 2009 verlangt, dass die Solaranlagen sowie die dazu gehörenden Befestigungen der Anlagen (z. B. Halterungen, Aufständerung oder Fundamente) in der Weise an oder auf einem Gebäude angebracht werden sollen, **dass ausschließlich das Gebäude das Gewicht dieser technischen Einrichtungen trägt und damit für die Photovoltaikanlage die Baulast tragende Funktion übernimmt**.[242]

203 Es ist **nicht erforderlich**, dass die Solaranlage einen **wesentlichen Bestandteil** des Gebäudes bildet, um EEG-förderberechtigt zu sein. Dieses Erfordernis bestand bis zum EEG 2009 nur für Fassadenanlagen, wurde mit diesen dann aber aufgegeben.[243]

204 **bb) Praktische Relevanz.** Für die Anlagenbetreiber ist die Frage der ausschließlichen Anbringung auf einem Gebäude von großer wirtschaftlicher Relevanz. Wird der Tatbestand nicht anerkannt, erhält die Solaranlage nicht die erhöhte Förderung für Gebäudeanlagen. Häufig ist der Verlust der Anlagenbetreiber jedoch viel größer, weil sie **dann überhaupt keine Förderung** nach dem EEG erhalten. Diese Solaranlagen stellen zwar bauliche Anlagen dar, erhalten jedoch auch keine Förderung nach Abs. 1 Nr. 1, da sie zumeist als vorrangig zum Zweck der Energieerzeugung aus Solarenergie gewertet werden dürften. Es bleibt dann nur die Förderung für Freiflächenanlagen, die jedoch nur unter den Voraussetzungen einer planerischen Gestattung nach Abs. 1 Nr. 2 und 3 gewährt wird, was im Regelfall auch nicht erfüllt sein dürfte. Angesichts der Auslegungsfähigkeit des Tatbestandsmerkmals der ausschließlichen Anbringung auf einem Gebäude ist die Beurteilung, ob eine bestimmte Konstruktion tatsächlich als Gebäude zu qualifizieren ist, nicht immer einfach und bleibt mit einer Rechtsunsicherheit behaftet.

205 **cc) Beispiele.** Die Gerichte hatten häufig über Konstruktionen zu entscheiden, welche primär auf die Solaranlage ausgerichtet waren, eine Trägerkonstruktion über das eigentliche Dach setzten oder die eigentlich auf dem Gebäude für die Montage von Solarmodulen zur Verfügung stehende Fläche vergrößerten (bekannt geworden als Schutzhütten, Carports,

---

240 OLG Frankfurt a. M., Urt. v. 1.11.2007, 15 U 25/07, ZNER 2008, 244, 244 f.
241 Vgl. dazu unten Rn. 222 ff.
242 Begründung des Gesetzentwurfs zum EEG 2009, BT-Drs. 16/8148 v. 18.2.2008, S. 61; Begründung des Gesetzentwurfs zum EEG 2012, BT-Drs. 17/6071 v. 6.6.2011, S. 77.
243 *Salje*, EEG 2012, 6. Aufl. 2012, § 33 Rn. 17.

Modulbäume, Unterstände und Schattengewächshäuser). Hierbei wurde im Einklang mit dem Gesetzeszweck grundsätzlich restriktiv entschieden.

In dem bereits zitierten Urteil des BGH wird ein nach Baukonstruktion und Baustatik vorausgesetztes Abhängigkeitsverhältnis der Solaranlage gegenüber dem Gebäude gefordert. Dem Fall lagen sogenannte **Schutzhütten** zugrunde, die auf einer quadratischen Grundfläche von sieben mal sieben Metern auf Stahlgerüsten die Solarmodule trugen und deren Zwischenräume mit Holzbalken versehen waren, um Legehennen Schutz vor widrigen Wetterbedingungen zu bieten. Der BGH lehnte die Gebäudeeigenschaft ab. Es genüge zur Erlangung einer erhöhten Förderung nicht schon, dass Gebäude und Anlage in irgendeinen über bautechnische Mittel herbeigeführten Funktionszusammenhang gebracht worden seien. Die Anlage müsse vielmehr **angebracht** sein, also durch Mittel baulicher Verbindungstechnik auf oder an dem Gebäude befestigt sein, und zwar dergestalt, dass das **Gebäude über seine Statik die Anlage trägt**. Daraus folge zugleich, dass das Gebäude als Trägergerüst die Hauptsache bilden müsse, von der die darauf oder daran befestigte Anlage in ihrem Bestand abhängig ist.[244] Wird die Solaranlage von einer von dem Gebäude unabhängigen Tragekonstruktion getragen, liegt keine Gebäudeanlage im Sinne des § 51 vor.[245]

206

Nach einem vom BGH (Vorinstanz war das OLG Frankfurt a. M.) entschiedenen Fall stellen Solaranlagen, die **auf Stahlpfeilern** angebracht sind, die ihrerseits **entlang der Wand einer Halle** aufgestellt und zur Stabilisierung mit dieser verbunden sind, mangels einer ausschließlichen Anbringung der Solarmodule an oder auf einem Gebäude keine Gebäudeanlagen dar, weil sie nicht ausschließlich von der Halle, an der die Stahlmasten befestigt sind, sondern zumindest auch von den im Erdboden eingebrachten Fundamenten der Stahlmasten getragen werden. Die ausschließliche Anbringung setze voraus, dass sämtliche wesentlichen Bestandteile der Anlage vollständig auf oder an dem Gebäude befestigt sein müssen, sodass das Gewicht der Anlage allein von dem Gebäude – nicht jedoch von zusätzlichen Stahlmasten eines Unterstandes – getragen wird. Außerdem muss die Anlage an dem Gebäude konstruktiv befestigt sein, und es darf sich bei dem Unterbau nicht um eine physikalisch wirkungslose und konstruktiv völlig überflüssige Befestigung handeln.[246]

207

Ebenso ist nach derselben Entscheidung des BGH ein **Unterstand**, der u. a. abgestellte Fahrzeuge vor Witterungseinflüssen schützt, kein Gebäude im Sinne von § 51, wenn die Gesamtanlage in erster Linie auf Energieerzeugung und nur untergeordnet auf eine Gebäudenutzung ausgerichtet ist.[247] Damit sei das in § 11 Abs. 2 EEG 2004 (jetzt: § 51 Abs. 2) zum Ausdruck gebrachte Abhängigkeitsverhältnis der Solaranlage gegenüber dem Gebäude nicht gegeben.[248] Die Aussage ist so zu verstehen, **dass die Solaranlage nicht eine eigenständige, vom Gebäude unabhängige, sondern eine auf der baulichen Anlage befestigte Tragekonstruktion aufweisen müsse**.[249] Dies entspricht dem vom BGH im

208

---

244 BGH, Urt. v. 29.10.2008, VIII ZR 313/07, ZfIR 2009, 135; vgl. auch Vorinstanz OLG Frankfurt a. M., Urt. v. 1.11.2007, 15 U 25/07, ZNER 2008, 244.
245 So auch noch einmal klarstellend BGH, Urt. v. 17.11.2010, VIII ZR 277/09, ZNER 2011, 54.
246 BGH, Urt. v. 9.2.2011, VIII ZR 35/10, WM 2011, 1865; Vorinstanz OLG Frankfurt a. M., Urt. v. 7.1.2010, 15 U 66/07.
247 So auch Clearingstelle EEG Votum v. 12.8.2014, 2014/14, Rn. 21/24 über die Nutzung als Unterstand für u. a. Holz und Fahrräder.
248 BGH, Urt. v. 9.2.2011, VIII ZR 35/10, WM 2011, 1865; Vorinstanz OLG Frankfurt a. M., Urt. v. 7.1.2010, 15 U 66/07.
249 So auch noch einmal klarstellend BGH, Urt. v. 17.11.2010, VIII ZR 277/09, ZNER 2011, 52, 54.

Schutzhütten-Urteil[250] entwickelten Test. In Anwendung dieser Kriterien stellten die Gerichte im Falle des Unterstandes fest, dass das Tragwerk ohne Zwischenschaltung eines durch eine eigene statische Trägerkonstruktion gekennzeichneten Gebäudes darauf ausgerichtet und in der Lage sei, die Solaranlagen zu tragen. Die Verbindung der Stahlmasten mit Querverstrebungen und die darauf befindliche Überdachung, die erst die Gebäudeeigenschaft begründet, seien für den Bestand der Solarmodule ohne Bedeutung und diese dadurch keine Gebäudeanlagen im Sinne von § 51 Abs. 2 (bzw. § 11 Abs. 2 EEG 2004).[251]

209 Nach dem **Neubau** der streitgegenständlichen Halle **und** der **Integration des Tragwerks der bestehenden Solaranlage in die neu errichtete Halle** sahen der BGH und das OLG Frankfurt a. M. die Voraussetzungen für eine Förderung als Gebäudeanlagen als erfüllt an, da die Stahlmasten nunmehr in das Gebäude in der Art eingebunden waren, dass sie als statische Trägerkonstruktion des Gebäudes auch ein **unverzichtbarer Teil der Gebäudestatik** geworden waren.[252] Ein solches Vorgehen kann daher einen fehlgeschlagenen Versuch zur Erlangung der EEG-Gebäudeförderung heilen. Auch aus allgemeinen Wirtschaftlichkeitserwägungen ist es sinnvoll, Anlagenbetreibern die Möglichkeit zu geben, die Zweckbestimmung bereits vorhandener Modulträger bei Neubauten zu erweitern, wenn auf diese Weise Baukosten gespart werden können.[253]

210 Nach dem BGH (Vorinstanz was das OLG Düsseldorf) können **Schattengewächshäuser** auch dann ein Gebäude im Sinne des § 51 darstellen, wenn ihr Dach erst durch die Solarmodule gebildet wird, für die der Betreiber die erhöhte Förderung beansprucht.[254] Im konkreten Fall hatte die neue, aus Solarmodulen bestehende Dachkonstruktion der Gewächshäuser eine für baufällig gehaltene Holzkonstruktion ersetzt. Die Solarmodule stellten keine eigenständige, vom Gebäude unabhängige, sondern eine auf der baulichen Anlage befestigte Tragekonstruktion dar, d.h. sie komplettierten das Gebäude. Auch betonte das Gericht, dass die alten Gewächshäuser ersetzt wurden.[255] Dieser Entscheidung ist zuzustimmen.

211 Betreffend sogenannter **Carports**, also überdachter Autostellplätze, urteilte das OLG Brandenburg in Übereinstimmung mit den Kriterien des BGH, dass Solaranlagen, welche eine eigenständige vom Gebäude (Carport) unabhängige Tragekonstruktion aufweisen und bei denen das Gebäude erst durch die **Benutzung dieser Tragekonstruktion zur Anbrin-**

---

250 Siehe oben Rn. 206.
251 BGH, Urt. v. 9.2.2011, VIII ZR 35/10, WM 2011, 1865; Vorinstanz OLG Frankfurt a. M., Urt. v. 7.1.2010, 15 U 66/07; zur davon zu trennenden Frage, inwieweit Modulbäume und Unterstand bauliche Anlagen darstellen, die vorrangig zu anderen Zwecken als der Stromerzeugung errichtet wurden, siehe oben Rn. 205 f.
252 BGH, Urt. v. 9.2.2011, VIII ZR 35/10, WM 2011, 1865; Vorinstanz OLG Frankfurt a. M., Urt. v. 7.1.2010, 15 U 66/07.
253 *Boemke*, REE 2011, 84, Anmerkung zu: BGH, Urt. v. 9.2.2011, VIII ZR 35/10; siehe dort auch zu der Frage, welcher Fördersatz auf solche Solaranlagen anzuwenden ist.
254 BGH, Urt. v. 17.11.2010, VIII ZR 277/09, ZNER 2011, 52, 55 f. (vor allem auch mit wesentlichen Aussagen zu den Maßstäben für die Beurteilung des vorrangigen Zwecks einer baulichen Anlage, siehe Rn. 201); Vorinstanz OLG Düsseldorf, Urt. v. 16.9.2009, 3 U 3/09, IR 2009, 228 mit Anmerkung *Große*.
255 Siehe zu Schattengewächshäusern auch OLG Nürnberg, Beschluss v. 8.10.2007, 13 U 1244/07, ZUR 2008, 307 f. mit Anmerkung *Sösemann*, das fordert, dass auch bei Gebäuden die Anbringung von Solarmodulen nur ein Nebenzweck sein darf.

gung von **Bedachungsmaterialien** entstanden ist, keine Gebäudeanlagen im Sinne von § 51 (bzw. § 11 EEG 2004) darstellen.[256]

Grundsätzlich sind auch **Modulbäume** nicht als Gebäude anerkannt worden. Auch wenn die Modulbäume über unstreitig als Gebäude zu klassifizierenden baulichen Anlagen angebracht sind, ist die Konstruktion in der Regel nicht so an oder auf dem Gebäude befestigt, dass das Gewicht der Anlage allein von dem Gebäude getragen wird. Vielmehr sind die Modulbäume anderweitig **mit eigenen Fundamenten im Boden verankert**.[257] Darauf, wie viel zusätzliche Fläche absolut oder im Vergleich zu dem vorhandenen Gebäude durch die Anbringung verbraucht und versiegelt wird, kommt es in diesem Zusammenhang nicht an.[258] **212**

In anderen Fällen bilden die **Modulbäume selbst die behaupteten Gebäude**. Es handelt sich bei den Modulbäumen dann um Tragegestelle, deren Zwischenräume mit Dachplatten verkleidet sind, um eine Gebäudeeigenschaft zu begründen, was von der Rechtsprechung richtigerweise ebenfalls nicht anerkannt wird.[259] **213**

Anders entschied das LG Kassel in einem Fall, in dem die die Modulbäume tragende Konstruktion aus senkrechtem Stahlträger, Gelenk und zusätzlicher Unterkonstruktion vollständig von dem jeweiligen Gebäude (in dem Fall ein Blockheizkraftwerk und ein Carport) getragen wurde. Allein entscheidend sei, dass das **Gewicht der Anlage vollständig von dem jeweiligen Gebäude getragen** wird.[260] Dem ist die Clearingstelle EEG in mehreren Voten gefolgt. War die Tragekonstruktion der Solaranlage derart in das Fundament des Gebäudes eingebunden, dass die Anlage mitsamt ihrer Tragekonstruktion in ihrem Bestand vom Bestand des Gebäudefundaments abhängig war, wurde die Anlage als Teil des Gebäudes anerkannt und es sollte ein Anspruch auf die erhöhte Gebäudeförderung bestehen.[261] **214**

Damit ist es nach der Rechtsprechung und der Clearingstelle EEG für die rechtliche Einordnung entscheidend, ob der die Solaranlage tragende Stahlmast baukonstruktiv im Fundament des Gebäudes oder extra verankert ist. Nach einer Ansicht in der Literatur widerspricht diese Unterscheidung dem Zweck des Gesetzes. Der Hauptanwendungsbereich für Solaranlagen soll in der Gebäudeintegration liegen, sie sollen alltäglicher Bestandteil von Gebäuden werden. Dies solle nicht mittels neben dem Gebäude stehenden Stahlmasten geschehen. Das bedeute nicht, dass Unterkonstruktionen per se unzulässig wären. Die **Unterkonstruktion** solle jedoch nur dazu dienen, die Solaranlage **unmittelbar an oder auf dem Gebäude zu befestigen**, sodass die Solaranlage unmittelbar von dem Gebäude getragen wird und nicht von einer andere baulichen Anlage wie einem Stahlmast. Andernfalls hätte das Gebäude keine eigenständige Funktion für die Solaranlage und der vom Gesetzgeber **215**

---

256 OLG Brandenburg, Urt. v. 11.1.2011, 6 U 93/09, RdE 2012, 34 ff.; vgl. auch in einem anderen Fall Clearingstelle EEG, Votum v. 10.9.2013, 2013/44.

257 OLG Frankfurt a. M., Urt. v. 5.6.2007, 14 U 4/07, ZNER 2007, 415; Vorinstanz LG Fulda, Urt. v. 29.11.2006, 4 O 231/06, ZNER 2006, 356; LG Kassel, Urt. v. 31.1.2007, 4 O 1511/06; AG Fritzlar, ZNER 2005, 333 mit Anmerkung *Hock*.

258 *Kermel/Günther*, RdE 2007, 138.

259 LG Kassel, Urt. v. 6.12.2006, 9 O 1687/06; siehe auch die Argumentation bei BGH, Urt. v. 9.2.2011, VIII ZR 35/10, WM 2011, 1865, 1868 f.; Vorinstanz OLG Frankfurt a. M., Urt. v. 7.1.2010, 15 U 66/07.

260 LG Kassel, Urt. v. 5.3.2007, 5 O 1690/06, ZUR 2008, 309.

261 Clearingstelle EEG Votum v. 23.8.2011, 2011/14 und Votum v. 1.12.2011, 2011/20.

gewünschte Vorrang für Gebäudeanlagen würde nicht erreicht.[262] Diese Meinung ist aber zu eng, da eine auf dem ursprünglichen Gebäude ruhende Verankerung des die Solaranlage tragenden Stahlmasts in der Regel zum wesentlichen Bestandteil des Gebäudes wird und damit die Solaranlagen wie vom Gesetzgeber bezweckt wiederum auf dem Gebäude angebracht sind. Eine Einengung der zulässigen Art der Untergestelle dürfte auch in der Praxis sehr schwierig sein.

216 Das OLG Frankfurt a. M. hatte in einem anderen Fall entschieden, dass von einer ausschließlichen Anbringung nur die Rede sein könne, wenn die – im dort entschiedenen Fall anders verankerte – Solaranlage ohne Verbindung und Befestigung am Gebäude so nicht bestehen könne, was durch die Hilfsüberlegung zu klären sei, ob bei Wegfall des Gebäudes die Solaranlage für sich bestehen bleiben könne oder nicht.[263]

217 Eine durch eine Solaranlage ersetzte **Überdachung einer Terrasse** berechtigt nach Ansicht des AG Fürstenwalde nicht zu einer Förderung für Gebäudeanlagen. Das Gericht begründet dies damit, dass das Wohngebäude auch ohne die Terrassenüberdachung als fertiggestellt anzusehen und die Überdachung auch kein wesentlicher Bestandteil des Daches sei.[264] Das Ergebnis ist nicht überzeugend, auf die Frage des wesentlichen Bestandteils kam es nur im Rahmen des früheren Fassadenbonus an und eine Terrassenüberdachung könnte, je nach Einzelfall, durchaus ähnlich wie ein Carport oder Gewächshaus mit Solaranlagen gewertet werden.[265]

218 Eine **Dachverlängerung** mit dem Ziel, mehr Solarmodule aufnehmen zu können, soll dann eine unbedenkliche Integration in das Gebäude darstellen, wenn sich das neue Dachteil als zwanglose Erweiterung des ursprünglichen Daches darstellt und baurechtliche Bedenken dagegen nicht bestehen, die „baurechtliche Akzessorietät" der EEG-Förderung soll als Grund für die Unbedenklichkeit ausreichen.[266]

219 Die Errichtung einer Solaranlage auf einem **begrünten Dach** steht dem Anspruch auf Zahlung der erhöhten Gebäudeförderung nicht entgegen.[267]

220 Ebenso erweisen sich **seitliche Erdanschüttungen** an einen **ehemaligen Munitionsbunker** als Gebäudebestandteile, wenn sie bei objektivierter Betrachtung wegen ihres funktionalen Zusammenhangs als Bestandteile der Bunker anzusehen sind, also gemeinsam mit den Betonbunkern einen einheitlichen, zusammenhängenden Eindruck vermitteln.[268]

221 Aufgrund dieser in der Praxis in einer Vielzahl von Varianten vorkommenden Fälle hat der Gesetzgeber in der Begründung zum Entwurf des EEG 2009 das Verständnis der Gerichte ausdrücklich gestützt, in dem er ausführt, dass Solaranlagen sowie die dazu gehörenden Befestigungen der Anlagen, wie z. B. Halterungen, Aufständerungen oder Fundamente, in der Weise an oder auf einem Gebäude angebracht sein müssen, **dass ausschließlich das Gebäude das Gewicht dieser technischen Einrichtungen trägt** und damit für die Solaranlage die Baulast tragende Funktion übernimmt.[269]

---

262 *Kermel/Günther*, RdE 2007, 138.
263 OLG Frankfurt a. M., Urt. v. 1.11.2007, 15 U 25/07, ZNER 2008, 244.
264 AG Fürstenwalde, Urt. v. 20.2.2007, 13 C 243/06, RdE 2007, 248.
265 Vgl. auch die Kritik bei *Salje*, EEG 2014, 7. Aufl. 2015, § 51 Rn. 43.
266 *Salje*, § 51 Rn. 35.
267 Clearingstelle EEG Votum v. 20.10.2008, 2008/25.
268 Clearingstelle EEG Votum v. 6.12.2013, 2013/70.
269 Begründung des Gesetzentwurfs zum EEG 2009, BT-Drs. 16/8148 v. 18.2.2008, S. 61.

d) Vorrangig anderer Errichtungszweck. Das Gebäude darf nicht vorrangig für den   222
Zweck der Erzeugung von Strom aus Solarenergie errichtet worden sein. Ist dies der Fall,
besteht kein Förderanspruch. Dazu sei auf die Ausführungen unter Rn. 227 ff. verwiesen.

Ob dieses Erfordernis auch für Solaranlagen, die unter dem EEG 2004 errichtet wurden,   223
Anwendung findet, war lange umstritten. Der **BGH** entschied dann 2010 mit der herrschenden Meinung, dass nach Sinn und Zweck der Regelung auch nach dem EEG 2004
eine derartige Prüfung vorzunehmen ist, eine Spezialität von § 11 Abs. 2 EEG 2004 gegenüber § 11 Abs. 3 EEG 2004 sei bereits im Wortlaut der Norm nicht angelegt und es gebe
keine Anhaltspunkte, dass Gebäude nicht unter den Begriff der baulichen Anlage zu subsumieren seien.[270]

Für das EEG 2009 traf der Gesetzgeber dann die Entscheidung, dass, anders als bei sonsti-   224
gen baulichen Anlagen nach Abs. 1, für Solaranlagen an oder auf Gebäuden oder Lärmschutzwänden keine Prüfung des (ursprünglichen) Nutzungszwecks des Gebäudes oder der
Lärmschutzwand stattfinden soll.[271] Dies stand allerdings im Widerspruch zu der Einfügung des Wortes „vorrangig" in die Definition des Gebäudebegriffs in § 5 Nr. 17, wodurch
das Merkmal der Vorrangigkeit jedenfalls an anderer Stelle zu prüfen war.[272]

Das findet auch auf Gebäudeanlagen Anwendung.[273] Vor dem Hintergrund des Zwecks der   225
Regelungen des § 51 scheint dies auch schlüssig, da nicht nur der Neubau von sonstigen
baulichen Anlagen, die vorrangig der Erzeugung von Solarstrom dienen, sondern auch der
Neubau von Gebäuden, die vorrangig der Erzeugung von Solarstrom dienen, nicht gefördert werden soll.[274]

e) Zeitliche Reihenfolge. § 51 enthält keine Voraussetzung, dass das Gebäude (oder die   226
bauliche Anlage) zeitlich vor der Solaranlage errichtet werden muss. Es ist daher unerheblich, ob die Solarmodule nachträglich angebracht worden sind oder ob die gesamte Konstruktion zeitgleich errichtet wurde.[275] Der enge zeitliche Zusammenhang zwischen Errichtung von Gebäude und Solaranlage kann jedoch höhere Auswirkungen auf die Darle-
gungs- und Beweislast bei der Frage des vorrangigen Zwecks mit sich bringen.[276]

---

270 BGH, Urt. v. 17.11.2010, VIII ZR 277/09, ZNER 2011, 52, der sich darüber hinaus durch die Neufassung der Förderungsbestimmungen im EEG 2009 bestätigt sah: Mit der Schaffung des § 33
EEG 2009, der exklusiv die Förderung von Gebäudeanlagen regelt, habe der Gesetzgeber (erstmals) explizit geäußert, dass keine Prüfung des Nutzungszweckes erforderlich sei; zum EEG
2004 wie der BGH vorher auch OLG Nürnberg, Beschl. v. 8.10.2007, 13 U 1244/07, ZUR 2008,
307 mit Anmerkung *Sösemann*; OLG Frankfurt a. M., Urt. v. 27.3.2008, 15 U 13/07; OLG Düsseldorf, Urt. v. 16.9.2009, I-3 U 3/09; Clearingstelle EEG Votum v. 9.4.2008, 2007/4, Rn. 12; Clearingstelle EEG Hinweis v. 16.12.2011, 2011/10 Rn. 35; a. A. zum EEG 2004: OLG München, Urt.
v. 20.1.2010, 27 U 370/09, ZNER 2010, 289 mit Anmerkung *Knapp*; LG Augsburg, Urt. v.
28.4.2009, 2 O 4767/08; LG Kassel, Urt. v. 5.3.2007, 5 O 1690/06, ZUR 2008, 309 mit Anmerkung *Sösemann; Salje*, § 51 Rn. 39.
271 So ausdrücklich der Gesetzentwurf der Bundesregierung zum EEG 2009, BT-Drs. 16/8148 v.
18.2.2008, S. 60.
272 Siehe dazu die Kommentierung zu § 5 Nr. 17.
273 Die Begründungen zum Gesetzentwurf der Photovoltaik-Novelle 2012 enthalten dazu keine Stellungnahme.
274 Vgl. die Ausführungen von *Knapp*, ZNER 2010, 290 ff.
275 BGH, Urt. v. 17.11.2010, VIII ZR 277/09, ZNER 2011, 52, 54 f.; OLG Brandenburg, Urt. v.
11.1.2011, 6 U 93/09, RdE 2012, 34.
276 Vgl. dazu die Kommentierung zu § 5 Nr. 17 und Nr. 37.

227 **2. Förderklassen. a) Hintergrund.** Das Gesetz sieht verschiedene Förderungsklassen vor, wobei kleine Anlagen deutlich höher vergütet werden als große Anlagen. Das Prinzip der Förderungsklassen wurde mit dem Photovoltaik-Vorschaltgesetz zum 1.1.2004 eingeführt und seitdem im Grundsatz beibehalten. Damit möchte der Gesetzgeber den spezifisch höheren Kosten bei Kleinanlagen Rechnung tragen. Aufgrund von Skaleneffekten können größere Dachanlagen zu deutlich günstigeren Systempreisen bezogen werden als kleinere Anlagen.

228 **b) Höhe der Förderung.** Die Förderung für Strom aus Gebäudeanlagen beträgt unter Berücksichtigung der Absenkung oder ggf. Erhöhung nach § 31:

– bis einschließlich einer installierten Leistung von 10 kW 13,15 Cent pro Kilowattstunde (Nr. 1),
– bis einschließlich einer installierten Leistung von 40 kW 12,80 Cent pro Kilowattstunde (Nr. 2),
– bis einschließlich einer installierten Leistung von 1 MW 11,49 Cent pro Kilowattstunde (Nr. 3), und
– bis einschließlich einer installierten Leistung von 10 MW 9,23 Cent pro Kilowattstunde (Nr. 4).

229 Der Einschub „unter Berücksichtigung der Absenkung oder Erhöhung nach § 31" ist notwendig, da die Förderung von Strom aus Solaranlagen einer monatlichen Absenkung unterworfen ist. Diese begann bereits mit dem EEG 2012 nach der PV-Novelle 2012 im Mai 2012. (Vgl. dazu auch unten Rn. 235).

230 Für Anlagen, deren installierte Leistung über eine Förderstufe hinausgeht, bestimmt sich die Höhe der Förderung gemäß § 23 Abs. 2 Nr. 1 **jeweils anteilig nach der installierten Leistung** der Anlage im Verhältnis zu dem jeweils anzuwendenden Schwellenwert. Als Beispiel soll dies erläutern: Hat eine Solaranlage eine installierte Kapazität von 30 kW sind 1/3 des eingespeisten Stroms mit 13,15 Cent und 2/3 mit 12,80 Cent zu vergüten.

231 **3. Absenkung der Förderung nach § 31.** Die monatliche Absenkung nach § 31, deren konkrete Höhe wiederum abhängig ist vom Zubau der letzten 12 Monate, findet auch auf neu errichtete Gebäudeanlagen Anwendung, vgl. dazu die Ausführungen oben Rn. 209 ff.

VII. Nichtwohngebäude-Anlagen im Außenbereich (Abs. 3)

232 **1. Hintergrund.** Mit § 51 Abs. 3 soll Fällen entgegengewirkt werden, dass Nichtwohngebäude insbesondere im Außenbereich (§ 35 BauGB) vor allem deswegen errichtet werden, um die höhere Förderung für Strom aus Gebäudeanlagen zu erhalten (sogenannte **Solarstadl**). Dieser Missbrauch hat nach Ansicht des Gesetzgebers zu einer verstärkten, nicht notwendigen Versiegelung des Bodens und erhöhten Kosten für die Verbraucher geführt.[277]

233 Vor diesem Hintergrund erhalten Solaranlagen auf Nichtwohngebäuden im Außenbereich, die nach dem 1.4.2012 errichtet werden, die erhöhte Förderung für Gebäudeanlagen nach Abs. 2 nur dann, wenn eine der in § 51 Abs. 3 Nr. 1 bis 3 genannten zusätzlichen Voraussetzungen erfüllt ist. Im Ergebnis dürfen Wohngebäude und Tierställe im Außenbereich weiterhin geförderte Dachanlagen haben, während Solaranlagen auf Gebäuden, deren vor-

---

277 Begründung des Gesetzentwurfs der Fraktionen der CDU/CSU und FDP, BT-Drs. 17/8877 v. 6.3.2012, S. 19.

rangiger Zweck die Erzielung der höheren Gebäudeanlagenförderung ist, künftig nicht mehr gefördert werden.[278]

2. Vorrausetzungen für die Anwendbarkeit von Abs. 2 bei Nichtwohngebäuden im Außenbereich. Der Begriff Nichtwohngebäude ist in Abgrenzung zu dem Begriff Wohngebäude zu interpretieren, der in § 5 Nr. 37 definiert ist. Der Außenbereich im Sinne des § 35 BauGB umfasst alle Gebiete, die weder innerhalb des räumlichen Geltungsbereichs eines Bebauungsplans i. S. d. § 30 Abs. 1 oder 2 BauGB noch innerhalb der im Zusammenhang bebauten Ortsteile nach § 34 BauGB liegen. Der Außenbereich sollte nicht mit Vorstellungen wie „freie Natur" oder „Stadtferne" verbunden werden.[279] Die Voraussetzungen in Abs. 2 sind alternativ, d. h. es ist ausreichend, wenn einer der in Nr. 1 bis 3 genannten Tatbestände erfüllt ist. | **234**

a) Verfestigte Rechtsposition vor dem 1.4.2012 (Abs. 3 Nr. 1). Die Regelung dient dem Vertrauensschutz, wenn der Projektentwickler vor dem 1.4.2012, d. h. vor Inkrafttreten der Photovoltaik-Novelle 2012, auf der genehmigungsrechtlichen Seite bestimmte Maßnahmen zur Projektentwicklung getroffen hat. Diese können darin bestehen, dass aa) der Bauantrag oder der Antrag auf Zustimmung für das Gebäude ist gestellt oder die Bauanzeige erstattet oder bb) im Fall einer nicht genehmigungsbedürftigen Errichtung, die nach der Maßgabe des Bauordnungsrechts der zuständigen Behörde zur Kenntnis zu bringen ist, für das Gebäude die erforderliche Kenntnisgabe an die Behörde erfolgt ist oder cc) im Fall einer sonstigen nicht genehmigungsbedürftigen, insbesondere genehmigungsanzeige- und verfahrensfreien Errichtung mit der Bauausführung des Gebäudes begonnen worden ist. | **235**

Die jeweilige Handlung muss vor dem 1.4.2012 erfolgt sein, d. h. bei zugangsbedürftigen Maßnahmen muss der Antrag im Sinne von lit. aa) spätestens am 31.3.2012, 24 Uhr, bei der zuständigen Behörde eingegangen sein und die nicht genehmigungsbedürftige Errichtung nach lit. bb) muss bis spätestens am 31.3.2012, 24 Uhr, der zuständigen Behörde zur Kenntnis gebracht worden sein. | **236**

b) Räumlich-funktioneller Zusammenhang mit einer nach dem 31.3.2012 errichteten Hofstelle (Abs. 3 Nr. 2). Diese Vorschrift privilegiert Gebäude im Zusammenhang mit Hofstellen. Durch die Vorschrift sollen nach dem Willen des Gesetzgebers insbesondere sogenannte Aussiedlungen ganzer Höfe im Zusammenhang mit dem Strukturwandel der Landwirtschaft ermöglicht werden. Wenn ein landwirtschaftlicher Hof aus dem Innenbereich vollständig in den Außenbereich aussiedelt und dort neu errichtet wird, soll auch auf den Nichtwohngebäuden (Ställen, Scheunen) die erhöhte Gebäudeanlagenförderung beansprucht werden können, wenn diese Nichtwohngebäude im räumlich-funktionalen Zusammenhang mit der neu errichteten Hofstelle stehen.[280] Es ist aber keine Voraussetzung, dass der land- oder forstwirtschaftliche Betrieb vorher bestand oder vom Innen- in den Außenbereich umgesiedelt ist, auch eine vollständige Neuerrichtung der Hofstelle kann unter diese Vorschrift fallen.[281] | **237**

---

278 Beschlussempfehlung und Bericht des Ausschusses für Umwelt, Naturschutz und Reaktorsicherheit, BT-Drs. 17/9152 v. 28.3.2012, S. 14.

279 Battis/Krautzberger/Löhr/*Krautzberger*, § 35 Rn. 2.

280 Beschlussempfehlung und Bericht des Ausschusses für Umwelt, Naturschutz und Reaktorsicherheit, BT-Drs. 17/9152 v. 28.3.2012, S. 29.

281 Frenz/Müggenborg/*Schomerus*, § 32 Rn. 89.

238 Die Begriffe „Hofstelle" und „räumlich-funktionaler Zusammenhang" sind § 35 Abs. 4 Nr. 1 lit. e) BauGB entnommen und genauso auszulegen wie dort.[282] Der Begriff der **Hofstelle** ist gesetzlich nicht definiert. Darunter ist aber grundsätzlich eine mit Wohn- und Wirtschaftsgebäuden bebaute Fläche zu verstehen, von der aus die zur Besitzung gehörenden Grundstücke bewirtschaftet werden und die den Mittelpunkt der Wirtschaft bildet. Als geeignet ist eine Hofstelle grundsätzlich anzusehen, wenn sie Wohn- und Wirtschaftsgebäude in einem Umfang enthält, der eine ordnungsgemäße Bewirtschaftung der zum Hof gehörenden Ländereien ermöglicht.[283] Nach dem BVerwG muss zumindest eines der Gebäude ein landwirtschaftliches Wohngebäude sein.[284]

239 Der **räumlich-funktionale Zusammenhang** ist nur dann anzunehmen, wenn die Gebäude in unmittelbarer Nähe zur Hofstelle liegen oder selbst Bestandteil der Hofstelle sind und selbst dem land- oder forstwirtschaftlichen Betrieb dienen. Bei Gebäuden, die von der Hofstelle entfernt liegen (z. B. Feldscheunen), fehlt es regelmäßig am räumlichen Zusammenhang. Am funktionalen Zusammenhang fehlt es, wenn das Gebäude zwar in räumlicher Nähe zu der Hofstelle steht, aber dem land- oder forstwirtschaftlichen Betrieb nicht dient.[285]

240 Die Hofstelle muss komplett nach dem 31.3.2012 errichtet worden sein. Eine Teilauslagerung dürfte nicht ausreichen.[286]

241 **c) Tierställe (Abs. 3 Nr. 3).** Schließlich sind nach Abs. 3 Nr. 3 auch Gebäude, die der dauerhaften Stallhaltung von Tieren dienen und von der zuständigen Baubehörde genehmigt worden sind, privilegiert. Der Zeitpunkt der Errichtung des Tierstalls ist unerheblich.

242 **aa) Hintergrund.** Tierställe werden begünstigt, da diese Gebäude typischerweise in den Außenbereich gehören und Landwirte im Außenbereich insofern nicht gegenüber Landwirten im beplanten Innenbereich benachteiligt werden sollen. Auch verfügen gerade Tierställe typischerweise oftmals, im Gegensatz etwa zu Scheuen oder Schuppen, über einen relevanten Eigenstromverbrauch, sodass nach Meinung des Gesetzgebers bei diesen Anlagen auch das Marktintegrationsmodell nach § 33 sinnvoll angewandt werden kann.[287]

243 **bb) Dauerhafte Stallhaltung von Tieren.** Der Tierstall muss dauerhaft der Stallhaltung von Tieren dienen. Ein Stall ist ein Gebäude oder Gebäudeteil eines landwirtschaftlichen Betriebes zur separaten Unterbringung von Tieren. Aus dem Erfordernis der **Stallhaltung** folgt, dass der normale Aufenthaltsraum der Tiere gemeint ist, nicht z. B. eine Reithalle.[288]

244 Zu den zu haltenden **Tierarten** trifft Abs. 3 Nr. 3 keine Aussage. Aus dem Kontext der Regelung und dem Begriff Stallhaltung ergibt sich aber, dass es sich um landwirtschaftliche

---

282 Beschlussempfehlung und Bericht des Ausschusses für Umwelt, Naturschutz und Reaktorsicherheit, BT-Drs. 17/9152 v. 28.3.2012, S. 29.

283 So OLG Hamm Beschl. v. 15.12.2009, 10 W 78/09, Rn. 26, AUR 2010, 138 f.; *Wöhrmann*, Das Landwirtschaftsrecht, § 1 Rn. 33; BGHZ 8, 109, RdL 1953, 16.

284 BVerwG, Beschl. v. 14.3.2006, 4 B 10/06, BauR 2006, 1103; dieses Erfordernis offenlassend: OLG Hamm Beschl. v. 15.12.2009, 10 W 78/09, Rn. 27.

285 Beschlussempfehlung und Bericht des Ausschusses für Umwelt, Naturschutz und Reaktorsicherheit, BT-Drs. 17/9152 v. 28.3.2012, S. 29; Battis/Krautzberger/Löhr/*Krautzberger*, § 35 Rn. 138.

286 Frenz/Müggenborg/*Schomerus*, § 32 Rn. 89.

287 Beschlussempfehlung und Bericht des Ausschusses für Umwelt, Naturschutz und Reaktorsicherheit, BT-Drs. 17/9152 v. 28.3.2012, S. 30.

288 Frenz/Müggenborg/*Schomerus*, 3. Aufl. 2013, § 32 Rn. 90.

Tierhaltung handeln muss. Allerdings fallen auch Ställe zur Luxustierhaltung wie z.B. Pferdeställe darunter.[289]

Die Auslegung des Wortes „dauerhaft" gibt Spielraum, ist aber als gesetzliche Ausnahme grundsätzlich eng auszulegen. Fraglich ist, ob auch Ställe darunter fallen, in denen die Tiere nur zu bestimmten Zeiten am Tag oder im Jahr untergebracht sind. Vor dem Hintergrund des „Gesetzeszweckes, „Alibigebäude" zu verhindern, ist es auf jeden Fall ausreichend, wenn es sich, in Analogie zu den Wohngebäuden der Menschen, um Ställe handelt, in denen die Tiere nur nachts untergebracht sind, während sie tagsüber z.B. auf der Weide sind. Dies sollte nach teleologischer Auslegung, analog zu den Ferienhäusern der Menschen, auch für nur saisonal genutzte Ställe gelten, wenn die saisonale Nutzung zumindest eine substanzielle Zeit, z.B. drei Monate im Jahr, umfasst, und auf wiederkehrende Nutzung ausgelegt ist.[290] **245**

cc) Baugenehmigung. Voraussetzung ist nach dem Wortlaut der Vorschrift, dass diese Tierställe genehmigungsbedürftig und von der zuständigen Baubehörde genehmigt worden sind. Solaranlagen auf neuen, nicht genehmigungsbedürftigen Tierställen erhalten nur die Freiflächenförderung nach Abs. 1.[291] **246**

3. Im Übrigen Verweis auf Abs. 1 Nr. 1. Im Übrigen wird auf die Geltung von Abs. 1 Nr. 1 verwiesen. Das meint vor allem, dass das Gebäude, auf dem die Solaranlage angebracht ist, vorrangig zu anderen Zwecken als der Erzeugung von Strom aus solarer Strahlungsenergie errichtet worden sein muss.[292] **247**

Die Aufzählung der Tatbestände in Nr. 1 bis 3 ist abschließend,[293] d.h. Solaranlagen, die nicht von den Tatbeständen in Nr. 1 bis 3 erfasst sind, erhalten nicht die Förderung für Gebäudeanlagen nach Abs. 2, sondern die geringere Förderung für Freiflächenanlagen nach Abs. 1. **248**

VIII. Unfreiwilliger Austausch von Modulen (Abs. 4)

1. Zweck der Bestimmung. Die Vorschrift wurde mit dem EEG 2012 a.F. in das Gesetz eingefügt. Es handelt sich um eine Sonderregelung zur Inbetriebnahme von Photovoltaikanlagen. Da bei Photovoltaikanlagen bereits ein einzelnes Photovoltaikmodul als Anlage im Sinne des § 5 Nr. 1 gilt, würde die Ersetzung eines defekten Moduls als Neuinbetriebnahme einer Anlage gelten. Sowohl Dach- als auch Freiflächenanlagen bestehen in der Regel aber aus einer Vielzahl von Modulen. Bei einem Austausch einzelner Module z.B. aufgrund eines Sachmangels würden damit für die unterschiedlichen Module unterschiedliche Fördersätze und eine unterschiedliche Förderdauer gelten. Dies erscheint nicht sachgerecht, zumal die hohe Absenkung bei Photovoltaikanlagen in diesen Fällen zu erheblichen Förderausfällen bei den Anlagenbetreibern und unter Umständen zu hohen Schadens- **249**

---

289 Frenz/Müggenborg/*Schomerus*, 3. Aufl. 2013, § 32 Rn. 90.

290 Siehe dazu auch die Argumentation zu Wohngebäuden in § 5 Nr. 37; a.A. Frenz/Müggenborg/ *Schomerus*, § 32 Rn. 90.

291 Beschlussempfehlung und Bericht des Ausschusses für Umwelt, Naturschutz und Reaktorsicherheit, BT-Drs. 17/9152 v. 28.3.2012, S. 30.

292 Frenz/Müggenborg/*Schomerus*, § 32 Rn. 91.

293 Beschlussempfehlung und Bericht des Ausschusses für Umwelt, Naturschutz und Reaktorsicherheit, BT-Drs. 17/9152 v. 28.3.2012, S. 30.

ersatzforderungen gegen Installateure und Hersteller führen könnte. Zudem wäre in diesen Fällen die Abrechnung für die Netzbetreiber und die Überprüfung durch Wirtschaftsprüfer kaum durchführbar.[294]

250 Vor diesem Hintergrund regelt Abs. 4, dass der erstmalige Inbetriebnahmezeitpunkt von Anlagen davon unberührt bleibt, wenn einzelne, mehrere oder sogar alle Photovoltaikmodule aufgrund von Sachmängeln, eines Diebstahls, eines technischen Defekts oder aufgrund von Beschädigungen durch neue Module ersetzt werden müssen. Die Ersatzmodule erhalten also abweichend von § 5 Nr. 21 einen fiktiven Inbetriebnahmezeitpunkt zugewiesen. Voraussetzung hierfür ist allerdings, dass die Ersetzung des Moduls aufgrund einer Funktionsstörung, einer Beschädigung oder eines Diebstahls erfolgt. Das neue Modul erhält damit die gleich hohe Förderung (für den restlichen Förderzeitraum) wie das ersetzte Modul. Es muss sich dabei aber um ein neues Modul handeln. Für bereits andernorts in Betrieb genommene Module gilt § 51 Abs. 4 nicht.[295]

251 § 32 Abs. 3 EEG 2012 a. F. wurde weitgehend unverändert in Abs. 5 EEG 2012 übernommen, welcher wiederum im Wortlaut § 51 Abs. 4 entspricht. Es wird klargestellt, dass die Regelung nur bis zur Höhe der vor der Ersetzung an demselben Standort installierten Leistung gilt. Ein neues Photovoltaik-Modul erhält damit die Förderung in der gleichen Höhe (für den restlichen Förderzeitraum) wie das ersetzte Modul, soweit es dieselbe installierte Leistung aufweist. Ist die installierte Leistung des neuen Moduls höher, beschränkt sich der Anwendungsbereich auf die installierte Leistung der ersetzten Anlage.[296]

252 **2. Grund der Ersetzung.** Eine Ersetzung im Sinne des Abs. 4 ist nur eine solche, bei der Anlagen aufgrund eines technischen Defekts, einer Beschädigung oder eines Diebstahls eine andere Anlage am selben Standort ersetzen.

253 **a) Technischer Defekt, Beschädigung, Diebstahl.** Abs. 4 findet nur bei einer Ersetzung eines Solarmoduls aufgrund eines der genannten Gründe Anwendung. Ein technischer Defekt ist eine Funktionsstörung der Anlage selbst, z. B. durch einen Produktionsmangel oder Verschleiß.[297] Eine Beschädigung beruht auf einer Einwirkung auf das Modul von außen, z. B. durch Witterungseinflüsse wie Sturm und Hagel oder durch menschliche Handlungen wie unsachgemäße Wartung oder mutwillige Zerstörung.[298] Diebstahl ist die vorsätzliche Entwendung i. S. d. § 242 StGB und in der Praxis durchaus häufig anzutreffen.

254 **b) Ersetzen.** Ersetzen bedeutet, dass an der Stelle eines wegen eines Defekts entfernten Solarmoduls ein neues eingebaut wird. Strittig ist, ob es sich dabei um ein **neues** Modul handeln muss oder ob auch ein **gebrauchtes** Modul verwendet werden kann. Nach der Gesetzesbegründung muss es sich bei dem Ersatzmodul tatsächlich um eine „neues" Modul handeln, nicht um ein bereits anderorts in Betrieb genommenes Modul.[299] Nach Ansicht der Clearingstelle EEG sollen nach Sinn und Zweck der Regelung auch gebrauchte Ersatzmodule zulässig sein, da nur so die angestrebte Homogenität innerhalb der PV-Installation erreicht werden kann und neue Module auch aus technischen Gründen mitunter nicht in

294 Begründung des Gesetzentwurfs, BT-Drs. 17/6071 v. 6.6.2011, S. 77.
295 Begründung des Gesetzentwurfs, BT-Drs. 17/6071 v. 6.6.2011, S. 77.
296 Begründung des Gesetzentwurfs, BT-Drs. 17/8877 v. 6.3.2012, S. 20.
297 Frenz/Müggenborg/*Schomerus*, § 32 Rn. 98.
298 Frenz/Müggenborg/*Schomerus*, § 32 Rn. 98.
299 Begründung des Gesetzentwurfs, BT-Drs. 17/6071 v. 6.6.2011, S. 77.

bestehende Anlagen integrierbar sind.[300] Die ausführliche Begründung der Clearingstelle EEG überzeugt, im Rahmen von Abs. 4 sollte auch ein Ersetzen durch gebrauchte Module anerkannt werden.

c) Am selben Standort. Die Ersetzung muss am selben Standort erfolgen. Das folgt bereits denklogisch aus dem Begriff des Ersetzens. Da das Gesetz jedoch nicht auf die gleiche Stelle wie das ersetzte Modul, sondern nur auf den gleichen Standort, abstellt, kann auf § 30 Abs. 1 Nr. 1 zurückgegriffen werden („auf demselben Grundstück oder sonst in unmittelbarer räumlicher Nähe")[301] und es besteht etwas Spielraum, z. B. können Modultische, die durch einen herunterfallenden Ast zerstört sind, zum Schutz vor weiteren Astbrüchen auch an einer etwas anderen Stelle im Solarpark aufgebaut werden.   **255**

3. Fiktion des Zeitpunkts der Inbetriebnahme. Das Ersatzmodul gilt, abweichend von § 5 Nr. 21, als zu demselben Zeitpunkt in Betrieb genommen wie das ersetzte Modul. Es erhält damit die EEG-Förderung in gleicher Höhe und für die gleiche Dauer wie das ersetzte Modul. Diese Fiktion soll gemäß der Klarstellung durch die Photovoltaik-Novelle 2012 nur bis zur Höhe der vor der Ersetzung an demselben Standort installierten Leistung gelten.   **256**

4. Entfallen des Förderanspruchs für die ersetzten Anlagen. Das Gesetz bestimmt, dass der Förderanspruch für die ersetzte Anlage endgültig entfällt. Damit soll verhindert werden, dass praktisch zwei verschiedene Anlagen dieselbe Förderung in Anspruch nehmen können. Auch können so Diebe abgeschreckt werden, da die Module jedenfalls in Deutschland nur noch eingeschränkt nutzbar sind.[302]   **257**

Förderansprüche außerhalb des räumlichen Geltungsbereiches des EEG sind davon nicht betroffen. Weiterhin ist für die ersetzten Anlagen der kleine Anwendungsbereich des EEG auf Netzanschluss und Abnahme des erzeugten Stroms eröffnet.   **258**

In der Literatur wird diese Regelung kritisiert, weil dies eine Reparatur und anschließende Wiederverwendung von Solarmodulen generell wirtschaftlich sinnlos macht und im Widerspruch zu den Zielen der Kreislaufwirtschaft steht, insbesondere auch nach der anstehenden Umsetzung der WEEE-Richtlinie.[303] § 51 Abs. 4 S. 2 sei daher teleologisch zu reduzieren und der Anspruch auf Förderung neu zu gewähren.[304] Dies dürfte jedoch nicht mit dem klaren Gesetzeswortlaut zu vereinbaren sein und bedürfte einer gesetzlichen Neuregelung.   **259**

5. Übergangsvorschrift. Die Vorschrift findet nach § 66 Abs. 1 Nr. 12 EEG 2012 auch Anwendung auf Anlagen, die vor Inkrafttreten des EEG 2012 am 1.1.2012 in Betrieb genommen wurden. Diese Regelung gilt gemäß § 100 Abs. 1 Nr. 10 EEG fort. Die Rechtsfolge tritt hierbei allerdings erst mit Wirkung ab dem 1.1.2012 ein, sodass nur von diesem Zeitpunkt an die Förderung auf Basis der ursprünglichen Inbetriebnahme der ersetzten Module gefordert werden kann. Zu Einzelheiten sei auf die dortige Kommentierung verwiesen.   **260**

---

300 Clearingstelle EEG Hinweis v. 21.5.2013, 2013/16, Rn. 25 ff.
301 Frenz/Müggenborg/*Schomerus*, § 32 Rn. 98.
302 Frenz/Müggenborg/*Schomerus*, § 32 Rn. 100.
303 Richtlinie 2012/19/EU des Europäischen Parlaments und des Rates v. 4.7.2012 über Elektro- und Elektronik-Altgeräte, ABl. L 197/38.
304 *Salje*, EEG 2014, 7. Aufl. 2015, § 51 Rn. 53; Frenz/Müggenborg/*Schomerus*, § 32 Rn. 100.

261 **6. Versetzen von Anlagen.** Vom Ersetzen defekter Solarmodule nach Abs. 4 ist das **Versetzen** von nicht defekten Solarmodulen von einem Standort zu einem anderen Standort zu unterscheiden. Bei solcherart versetzten Modulen findet Abs. 4, insbesondere auch die Regelung zum Entfallen des Förderungsanspruchs, keine Anwendung. Die Clearingstelle EEG hat sich detailliert mit den Rechtsfolgen der Versetzung auseinandergesetzt.[305]

262 Falls die versetzten Module in **derselben Förderkategorie** weiterbetrieben werden sollen (z.B. Wechsel von Dach zu Dach), lässt dies allein den Zeitpunkt der Inbetriebnahme als auch die Höhe und den Zeitraum der Förderung bereits auf Grundlage der hierfür geltenden allgemeinen Regelungen unberührt.[306]

263 Soll für die versetzten Module von einem **anderen Fördertatbestand** als vor der Versetzung Gebrauch gemacht werden, so setzt dies voraus, dass der jeweilige Fördertatbestand in der zum Zeitpunkt der Versetzung geltenden Fassung des EEG noch besteht.[307] Die zugrunde liegenden Übergangsregelungen sind teleologisch zu reduzieren, um die Entscheidung des Gesetzgebers, bestimmte Erscheinungsformen von Solaranlagen nicht mehr besonders zu fördern, nicht durch eine Versetzung zu unterlaufen.[308] Der Gesetzgeber würde in seinen Steuerungsmöglichkeiten unzumutbar eingeschränkt, wenn versetzten Modulen durch den Zeitpunkt ihrer Inbetriebnahme sämtliche zu diesem Zeitpunkt verfügbaren Fördertatbestände für immer anhaften würden.[309] Für Versetzungen, die seit Inkrafttreten des EEG 2009 stattgefunden haben, ist eine Absenkung der Förderung nach § 31 zum Zeitpunkt der Versetzung nicht vorzunehmen, da die Anlagen nicht einer Absenkung unterworfen werden dürfen, zu deren Bestimmung sie durch ihre ursprüngliche Inbetriebnahme bereits beigetragen haben.[310]

264 Bei jeder Versetzung ist dem neuen Netzbetreiber der neue Standort und die dort installierte Leistung nach § 6 Abs. 2 mitzuteilen, dem alten Netzbetreiber die deinstallierte bzw. verbleibende Leistung.[311] Die Mitteilungspflicht war bisher in §§ 45, 46 Nr. 1 EEG 2012 geregelt, wurde aber mit der Einführung des Anlagenregisters obsolet.[312] Eine Anzeige der Versetzung bei der Bundesnetzagentur sei jedoch nicht Voraussetzung der Förderung.[313] Beim Anschluss der versetzten Module ist § 10 Abs. 2 in der geltenden Fassung einzuhalten, da diese Norm nicht an den Zeitpunkt der Inbetriebnahme, sondern an den Netzanschluss anknüpft, ein Vertrauensschutz zulasten der Netzsicherheit besteht nicht.[314] Überschreitet die Leistung einer Installation durch eine Versetzung die Schwellenwerte des § 66 Abs. 1 Nr. 1 oder 2 EEG 2012, so ist aufgrund der Verweisung in § 100 Abs. 10 eine Nachrüstung zur Einhaltung der technischen Vorgaben in § 9 zum 1.1.2014 notwendig.[315]

---

305 Clearingstelle EEG Hinweis v. 31.1.2013, 2012/21.
306 Clearingstelle EEG Hinweis v. 31.1.2013, 2012/21, Rn. 10-20, für den Zeitpunkt der Inbetriebnahme ausdrücklich der Gesetzentwurf der Regierungsfraktionen, BT-Drs. 15/2327 v. 13.1.2004, S. 22.
307 Clearingstelle EEG Hinweis v. 31.1.2013, 2012/21, Rn. 22.
308 Clearingstelle EEG Hinweis v. 31.1.2013, 2012/21, Rn. 23–41.
309 Clearingstelle EEG Hinweis v. 31.1.2013, 2012/21, Rn. 23–41.
310 Clearingstelle EEG Hinweis v. 31.1.2013, 2012/21, Rn. 50.
311 Clearingstelle EEG Hinweis v. 31.1.2013, 2012/21, Rn. 53f.
312 Vgl. BT-Drs. 18/1304, S. 246f.
313 Clearingstelle EEG Hinweis v. 31.1.2013, 2012/21, Rn. 55.
314 Clearingstelle EEG Hinweis v. 31.1.2013, 2012/21, Rn. 57, 63.
315 Clearingstelle EEG Hinweis v. 31.1.2013, 2012/21, Rn. 67, 70.

IX. Übergangsvorschriften

Grundsätzlich gelten die Vorschriften des EEG 2014 für sämtliche Anlagen zur Erzeugung von Strom aus erneuerbaren Energien. Auf die Inbetriebnahme der jeweiligen Anlage soll es im Interesse der Vereinfachung des Vollzugs des EEG grundsätzlich nicht ankommen.[316] **265**

Von diesem Grundsatz gelten insbesondere im Hinblick auf die Vergütungsvorschriften eine Reihe von Ausnahmen (vgl. die Übergangsvorschriften in den §§ 100 ff.). Aus Gründen des Vertrauensschutzes gelten für Anlagen, die vor dem 1.8.2014 in Betrieb genommen wurden (**Bestandsanlagen**) oder solche, die nach dem 31.7.2014 aber vor dem 1.1.2015 in Betrieb genommen und vor dem 23.1.2014 genehmigt wurden, die Vorschriften des EEG 2014 nur mit Modifikationen (§ 100 EEG). Diese Modifikationen betreffen insbesondere die Vergütungsvorschriften.[317] Im Ergebnis lässt sich vereinfachend sagen, dass für diese Anlagen anstelle der Bestimmungen zur Förderhöhe nicht § 49, sondern der Vergütungsanspruch des EEG in der für die jeweilige Anlage maßgeblichen Fassung anzuwenden ist (§ 100 Abs. 1 Nr. 4, Nr. 10). Außerdem ist der jeweils anzulegende Wert für nach dem 31.12.2014 erzeugten Strom um 0,40 Cent pro Kilowattstunde erhöht, um der Eingliederung der Managementprämie in den anzulegenden Wert nach dem EEG 2014 Rechnung zu tragen. Für Einzelheiten sei auf die Kommentierung zu § 100 verwiesen. **266**

---

316 BT-Drs. 18/1304, S. 274 ff.
317 BT-Drs. 18/1891, S. 210.

Besondere Förderbestimmungen (Flexibilität)

§ 52 Förderanspruch für Flexibilität

(1) Anlagenbetreiber haben gegen den Netzbetreiber einen Anspruch auf finanzielle Förderung nach Maßgabe der §§ 53, 54 oder § 55 für die Bereitstellung installierter Leistung, wenn für den in der Anlage erzeugten Strom dem Grunde nach auch ein Anspruch auf finanzielle Förderung nach dem Erneuerbare-Energien-Gesetz in der für die Anlage maßgeblichen Fassung besteht; dieser Anspruch bleibt unberührt.

(2) § 19 Absatz 2 und 3, § 32 Absatz 1 und § 33 sind entsprechend anzuwenden.

Schrifttum: *Müller*, Mehr Effizienz, weniger Boni – die Förderung von Strom aus Biomasse nach dem EEG 2012, ZUR 2012, 22; *Wustlich/Müller*, Die Direktvermarktung von Strom aus erneuerbaren Energien im EEG 2012 – Eine systematische Einführung in die Marktprämie und die weiteren Neuregelungen zur Marktintegration, ZNER 2011, 380.

Übersicht

I. Normzweck und Regelungssystematik

1 **1. Hintergrund.** Derzeit werden in Deutschland über 9500 Biomasseanlagen zur Strom- und Wärmeerzeugung betrieben.[1] Ein Großteil der Anlagen ist entsprechend der durch das bisherige Fördersystem gesetzten Anreize auf eine möglichst kontinuierlich hohe Auslastung ausgerichtet. Im Rahmen der Novelle des EEG 2012 wurden mit der Direktvermarktung (§ 33a Abs. 1 EEG 2012) sowie der Flexibilitätsprämie für Biogasanlagen (§ 33i EEG 2012) erste Instrumente eingeführt, die eine systemorientierte Stromeinspeisung von Biogasanlagen befördern. Die Flexibilitätsprämie nach § 33i EEG 2012 sollte aufbauend auf dem System der Direktvermarktung einen zusätzlichen Anreiz für Biogasanlagen schaffen, diese bedarfsorientiert zu fahren, statt konstant und bedarfsunabhängig unter möglichst maximaler Auslastung der Erzeugungskapazität Strom zu erzeugen. Dieser Ansatz zur

---

1 DBFZ, Vorbereitung und Begleitung der Erstellung des Erfahrungsberichts 2014 gemäß § 65 EEG, Vorhaben IIa Biomasse, S. 31, abrufbar unter: www.bmwi.de/BMWi/Redaktion/PDF/XYZ/zwischenbericht-vorhaben-2a,property=pdf,bereich=bmwi2012,sprache=de,rwb=true.pdf.

Förderung einer bedarfsorientierten Fahrweise wird nun in §§ 52 ff. EEG 2014 fortgeführt. Ziel ist es allerdings nicht, dadurch lediglich die Erzeugungskapazität der Anlage aufzustocken. Vielmehr soll die Anlage über die technischen Voraussetzungen verfügen, in Zeiten schwacher Nachfrage das erzeugte Biogas, anstatt es zur Stromerzeugung einzusetzen, zunächst zu speichern, um es sodann zu einem späteren Zeitpunkt mit hoher Nachfrage zusätzlich einsetzen zu können.[2]

2. Regelungssystematik. Der Gesetzesbegründung zufolge stellt § 52 die Anspruchs- **2** grundlage für die finanzielle Förderung bereitgestellter flexibler Erzeugungskapazitäten dar.[3] Die Regelungssystematik innerhalb des Abschnitts 5 lässt zunächst vermuten, dass es sich bei § 52 um eine Anspruchsnorm handelt, der eine eigenständige Bedeutung neben § 53 und § 54 zukommt. Allerdings besteht der Förderanspruch für Flexibilität nach § 52 nur nach Maßgabe der § 53 oder § 54. Die Bezugnahme auf § 53 und § 54 bringt zum Ausdruck, dass es sich bei § 52 lediglich um einen Grundtatbestand handelt, der weder genaue Anspruchsvoraussetzungen noch spezifische Rechtsfolgen enthält. Im Abschnitt 5 sind somit **zwei Anspruchsgrundlagen** geregelt: Zum einen der Anspruch auf Flexibilitäts**zuschlag** gem. §§ 52, 53 für neue Anlagen und zum anderen der Anspruch auf Flexibilitäts**prämie** gem. §§ 52, 54 i.V.m. Anlage 3 für bestehende Anlagen. Der Förderanspruch für Flexibilität stellt demnach lediglich einen Oberbegriff für diese beiden Ansprüche dar.

Dem Wortlaut von § 52 Abs. 1 zufolge kann auch ein Förderanspruch auf Flexibilität nach **3** Maßgabe des § 55 bestehen. Nach § 55 können zunächst Fördersätze für Fotovoltaik-Freiflächenanlagen durch Ausschreibung ermittelt werden. Der Gesetzgeber hat der Bundesnetzagentur dieses Verfahren alternativ („oder") „für die Bereitstellung installierter Leistung aus Freiflächenanlagen nach § 52" zur Verfügung gestellt.[4] Im Entwurf der Verordnung zur Einführung von Ausschreibungen der finanziellen Förderung für Freiflächenanlagen hat sie sich allerdings auf Anlagen nach § 19 (Fotovoltaikanlagen) beschränkt.

II. Förderanspruch für Flexibilität (Abs. 1)

1. Anspruchsgläubiger und Anspruchsschuldner. Als **Gläubiger** des Anspruchs auf die **4** Förderung für Flexibilität wird der „Anlagenbetreiber" genannt (Abs. 1). Nach der Legaldefinition in § 5 Nr. 2 ist Anlagenbetreiber, wer unabhängig vom Eigentum die Anlage für die Erzeugung von Strom aus erneuerbaren Energien oder aus Grubengas nutzt. Allerdings ergibt sich aus dem einschränkenden Verweis „nach Maßgabe der §§ 53, 54", dass als Gläubiger des Anspruchs nur der **Betreiber einer Anlage zur Erzeugung von Strom aus Biogas** in Betracht kommt. Der Begriff Biogas ist in § 5 Nr. 7 legaldefiniert als Gas, das durch anaerobe Vergärung von Biomasse gewonnen wird. Die energetische Verwendung sonstiger Biomasse, etwa durch Verbrennung von Holz, wird somit nicht erfasst. Fraglich ist, ob auch der Betreiber einer Anlage, in der **Biomethan** zur Stromerzeugung eingesetzt wird, einen Anspruch auf Förderung für Flexibilität geltend machen kann. Der Wortlaut spricht zunächst eher dagegen, da Biomethan in § 5 Nr. 8 ebenfalls legaldefiniert ist und dabei sowohl auf Biogas als auch sonstige gasförmige Biomasse abstellt. Vom sachlichen Gegenstand ist Biomethan folglich weiter, weil neben Biogas auch sonstige gasförmige

---

2 So zu § 33i EEG 2012 *Wustlich/Müller*, ZNER 2011, 380, 394.
3 BT-Drs. 18/1304, S. 226.
4 Zu Einzelheiten des Ausschreibungsverfahrens.

Biomasse erfasst wird. Dem kann jedoch dadurch begegnet werden, dass der Anlagenbetreiber über das Massenbilanzsystem nachweist, dass das von ihm eingesetzte Biomethan nur solches ist, welches aus Biogas aufbereitet wurde.[5] Denn mittels des Massenbilanzsystems (vgl. § 47 Abs. 6 Nr. 2) soll die zuverlässige und lückenlose Rückverfolgbarkeit von Biomethan von seiner Herstellung bis zu seiner Entnahme aus dem Erdgasnetz zwecks Verwendung zur Strom- und Wärmeerzeugung nach dem EEG möglich sein.[6] Bereits in der Gesetzesbegründung zu § 33i EEG 2012[7] wurde generell auf die vorbereitende Studie des Fraunhofer Instituts verwiesen, die sich ebenfalls auf Anlagen zur Erzeugung von Strom aus Biomethan bezog.[8] Systematisch ist zudem zu berücksichtigen, dass in Anlage 3 für Biomethan ein eigener Korrekturfaktor in der Berechnungsformel zur Höhe der Flexibilitätsprämie vorgesehen ist. Auch unter teleologischen Gesichtspunkten spricht vieles dafür, diesen Anlagen einen Anspruch auf Förderung für Flexibilität zu gewähren.[9] Die Flexibilität der Fahrweise dieser Anlagen wird in der Regel dadurch eingeschränkt, dass es sich um wärmegeführte Anlagen handelt. Die notwendigen Investitionen sind hier also vor allem darauf gerichtet, die Anlagen in ihrer Fahrweise unabhängiger vom Wärmebedarf der versorgten Wärmesenke zu machen.[10]

5 Hinsichtlich des Anspruchs auf einen Flexibilitätszuschlag gem. §§ 52, 53 kommen als Anspruchsgläubiger nur Betreiber von Biogasanlagen in Betracht, die ab dem 1.8.2014 in Betrieb genommen wurden **(Neuanlagen)**. Demgegenüber können Gläubiger des Anspruchs auf Flexibilitätsprämie gem. §§ 52, 54 i.V.m. Anlage 3 nur Betreiber von Biogasanlagen sein, die nach dem Inbetriebnahmebegriff des EEG 2012 vor dem 1.8.2014 in Betrieb genommen wurden **(Bestandsanlagen)**.

6 Nach § 100 Abs. 1 Nr. 10 lit. e steht auch Betreibern von Anlagen zur Erzeugung von Biogas, die vor dem 1.1.2012 in Betrieb gegangen sind, die Möglichkeit offen, die Flexibilitätsprämie nach §§ 52, 54 i.V.m. Anlage 3 in Anspruch zu nehmen.[11]

7 **Schuldner** des Anspruchs ist der **Netzbetreiber**. Auch wenn dies nicht näher spezifiziert wird, kann aus den Gesamtumständen abgeleitet werden, dass damit der Netzbetreiber gemeint ist, an dessen Netz die Anlage angeschlossen ist oder in dessen Netz die Anlage nach § 11 Abs. 2 im Wege der kaufmännisch-bilanziellen Weiterleitung einspeist.[12]

---

5 Vgl. jeweils zu § 33i EEG 2012 Frenz/Müggenborg/*Ekardt/Hennig*, § 33i Rn. 4; Loibl/Maslaton/ von Bredow/Walter/*Hinsch/Holzapfel*, Biogasanlagen im EEG, § 21 Rn. 125.
6 BMU, Auslegungshilfe zur Massenbilanzierung nach § 27c Abs. 1 Nr. 2 EEG 2012 (Hinweis Nr. 1/2012), Stand: 29.6.2012, S. 3, abrufbar unter: www.erneuerbare-energien.de/EE/Redaktion/DE/ Downloads/massenbilanzierung_von_biomethan.pdf?__blob=publicationFile&v=4.
7 BR-Drs. 341/11, S. 159.
8 *Rohrig/Hochloff/Holzhammer* et al. (Fraunhofer IWES), Flexible Stromproduktion aus Biogas und Biomethan – Die Einführung einer Kapazitätskomponente als Förderinstrument, 2011, abrufbar unter www.energiesystemtechnik.iwes.fraunhofer.de/de/presse-infothek/publikationen/ueber sicht/2011/flexible_stromproduktionausbiogasundbiomethan.html.
9 So im Ergebnis ohne nähere Begründung auch *Müller*, ZUR 2012, 22, 30.
10 Näher dazu *Rohrig/Hochloff/Holzhammer* et al. (Fraunhofer IWES), Flexible Stromproduktion aus Biogas und Biomethan – Die Einführung einer Kapazitätskomponente als Förderinstrument, 2011, S. 33, abrufbar unter www.energiesystemtechnik.iwes.fraunhofer.de/de/presse-infothek/ publikationen/uebersicht/2011/flexible_stromproduktionausbiogasundbiomethan.html.
11 BT.-Drs. 18/1304, S. 227.
12 BR-Drs. 341/11, S. 159 zu § 33i EEG 2012.

2. Anspruchsvoraussetzung: Förderanspruch nach dem EEG in der für die Anlage **8**
maßgeblichen Fassung (Abs. 1, 1. Hs.). Ein Anspruch auf finanzielle Förderung nach
Maßgabe der § 53 oder § 54 für die Bereitstellung installierter Leistung besteht nur unter
der Voraussetzung, dass für den in der Anlage erzeugten Strom dem Grunde nach auch ein
Anspruch auf finanzielle Förderung nach dem EEG in der für die Anlage maßgeblichen
Fassung besteht. Es muss somit differenziert werden: Der Anspruch auf Flexibilitätszuschlag nach §§ 52, 53 setzt das grundsätzliche Bestehen eines Anspruchs auf finanzielle
Förderung nach § 19 voraus. Hingegen setzt der Anspruch auf Flexibilitätsprämie gem.
§§ 52, 54 i.V.m. Anlage 3 voraus, dass dem Grunde nach ein Anspruch nach § 19 i.V.m.
§ 100 Abs. 1 besteht.[13]

3. Verhältnis zur sonstigen finanziellen Förderung (Abs. 1, 2. Hs.). Ausweislich der Re- **9**
gelung („bleibt unberührt") kann der Anspruch auf Flexibilitätszuschlag oder auf Flexibilitätsprämie neben dem Anspruch auf finanzielle Förderung geltend gemacht werden. Der
Anspruch auf finanzielle Förderung nach dem EEG in der für die Anlage maßgeblichen
Fassung und der Förderanspruch für Flexibilität nach Maßgabe der §§ 53 oder 54 können
somit kumuliert werden.

III. Entsprechende Anwendung von § 19 Abs. 2 und 3, § 32 Abs. 1 und § 33 (Abs. 2)

1. Leistung monatlicher Abschläge. Nach Abs. 2 sind § 19 Abs. 2 und 3 entsprechend an- **10**
zuwenden. In entsprechender Anwendung von **§ 19 Abs. 2** hat der Netzbetreiber gegenüber
dem Anlagenbetreiber monatlich jeweils zum 15. Kalendertag für den Vormonat eine Abschlagszahlung auf den Flexibilitätszuschlag bzw. die Flexibilitätsprämie in angemessenem Umfang zu leisten. Die Festlegung des Fälligkeitsdatums auf den 15. Kalendertag für
die Zahlungen für den jeweiligen Vormonat entspricht der Empfehlung der Clearingstelle
EEG zu § 16 Abs. 1 S. 3 EEG 2012.[14]

Die entsprechende Anwendung von **§ 19 Abs. 3** stellt sicher, dass der Anspruch auf Flexi- **11**
bilitätszuschlag bzw. -prämie nicht fällig wird und der Anspruch auf entsprechende Abschlagszahlungen entfällt, solange der Anlagenbetreiber die Pflichten nach § 67 zur Übermittlung der notwendigen Informationen für die Endabrechnung an den Netzbetreiber
nicht erfüllt hat. Bislang stellte die Kalkulation der Abschläge für die Flexibilitätsprämie
den Netzbetreiber vor besondere Herausforderungen, da der Anlagenbetreiber nicht dazu
verpflichtet war, dem Netzbetreiber die maßgeblichen Strommengen mitzuteilen. Durch
die entsprechende Anwendung von § 19 Abs. 3 wird diese Regelungslücke nunmehr geschlossen. Aus der entsprechenden Anwendung von § 19 Abs. 3 ergibt sich jedoch keine
Pflicht für Anlagenbetreiber, die nach § 67 geforderten Daten monatlich zur Verfügung zu
stellen.[15] Für die Kalkulation der Abschläge auf den Flexibilitätszuschlag ist die entsprechende Anwendung von § 19 Abs. 3 hingegen nicht von Bedeutung, da der Anspruch auf
Flexibilitätszuschlag für die gesamte installierte Leistung besteht, unabhängig von der tatsächlich erbrachten Leistung der Anlage.

---

13 BT-Drs. 18/1304, S. 226.
14 Clearingstelle EEG, Empfehlung 2012/6, abrufbar unter www.clearingstelle-eeg.de.
15 BT-Drs. 18/1304, S. 189.

12 **2. Förderung für Strom aus mehreren Anlagen.** Nach Abs. 2 ist die Fiktion der Anlageneinheit gem. § 32 Abs. 1 entsprechend anzuwenden. Zum Zweck der Ermittlung des Flexibilitätszuschlags bzw. der Flexibilitätsprämie ist also unter bestimmten Voraussetzungen eine Zusammenfassung mehrerer Anlagen vorzunehmen. Die Fiktion greift, wenn (1) alle Anlagen sich auf demselben Grundstück oder in unmittelbarer räumlicher Nähe befinden, (2) Strom aus gleichartigen erneuerbaren Energien erzeugt wird, (3) dieser Strom nach den Regelungen des EEG leistungsabhängig finanziell gefördert wird und (4) die Anlagen innerhalb von 12 Kalendermonaten in Betrieb genommen wurden. Die Erstreckung der Fiktion der Anlageneinheit auf die Ermittlung des Flexibilitätszuschlags und der -prämie dient dazu, rechtsmissbräuchliches Anlagensplitting zu unterbinden, das darauf gerichtet ist, eine höchstmögliche Förderung zu erzielen.

13 **3. Aufrechnung.** Abs. 2 erstreckt das in § 33 nach wie vor enthaltene **Aufrechnungsverbot** auch auf die Zahlung des Flexibilitätszuschlags und der -prämie. Eine Aufrechnung des Netzbetreibers mit eigenen Forderungen gegen die Ansprüche des Anlagenbetreibers nach §§ 52, 53 bzw. §§ 52, 54 i.V.m. Anlage 3 ist nur dann zulässig, wenn die Forderung des Netzbetreibers unbestritten oder rechtskräftig festgestellt ist.

14 Auch hier ist allerdings die **Durchbrechung des Aufrechnungsverbots** gemäß § 57 Abs. 5 S. 4 hinsichtlich der Rückforderungsansprüche wegen zu viel oder unberechtigt ausgezahlter Förderung zu beachten. Neben dem Fall, dass sich nachträglich herausstellt, dass die Anspruchsvoraussetzungen für die Auszahlung des Flexibilitätszuschlags oder der -prämie nicht gegeben waren, ist dies insbesondere auch für den Fall der Verrechnung von Abschlagszahlungen relevant. Stellt sich im Rahmen der Endabrechnung heraus, dass die monatlichen Abschläge zu hoch bemessen waren, kann gemäß § 57 Abs. 5 S. 4 eine entsprechende Verrechnung erfolgen. Dass Abs. 2 seinerseits nur auf § 33, nicht aber auf § 57 Abs. 5 S. 4 verweist, ist dabei unerheblich. Denn § 57 Abs. 5 S. 4 stellt selbst klar, dass er das Aufrechnungsverbot für entsprechende Rückforderungsansprüche auch hinsichtlich Zahlungen nach den §§ 52 ff. durchbricht.

§ 53 Flexibilitätszuschlag für neue Anlagen

(1) Der Anspruch nach § 52 beträgt für die Bereitstellung flexibler installierter Leistung in Anlagen zur Erzeugung von Strom aus Biogas mit einer installierten Leistung von mehr als 100 Kilowatt 40 Euro pro Kilowatt installierter Leistung und Jahr (Flexibilitätszuschlag).

(2) Ein Anspruch auf einen Flexibilitätszuschlag besteht nur, wenn der Anlagenbetreiber für den in § 47 Absatz 1 bestimmten Anteil der in einem Kalenderjahr erzeugten Strommenge eine finanzielle Förderung nach § 19 in Verbindung mit § 44 oder § 45 in Anspruch nimmt und dieser Anspruch nicht nach § 25 verringert ist.

(3) Der Flexibilitätszuschlag kann für die gesamte Förderdauer nach § 22 verlangt werden.

Übersicht

I. Normzweck

1. Hintergrund. Durch die EEG-Novelle 2014 soll sichergestellt werden, dass neue Anlagen zur Erzeugung von Strom aus Biogas künftig stärker bedarfsorientiert einspeisen. So besteht der Anspruch auf finanzielle Förderung für Strom aus Biogas,[1] der in neuen Anlagen mit einer installierten Leistung von mehr als 100 kW erzeugt wird, künftig nur noch für den Anteil der in einem Kalenderjahr erzeugten Strommenge, der einer Bemessungsleistung der Anlage von 50% des Wertes der installierten Leistung entspricht (§ 47 Abs. 1 S. 1). Die Beschränkung der Förderung auf die Hälfte der installierten Leistung führt somit zu einer faktischen Verpflichtung der betroffenen Anlagenbetreiber zur Flexibilisierung ihrer Stromerzeugung. Denn die Anlage wird nur noch dann mit einer darüber hinausgehenden Leistung betrieben werden, wenn dies unter den jeweils geltenden Marktbedingungen wirtschaftlich ist. Um bei diesen Anlagen die mit der Begrenzung der förderfähigen Strommenge einhergehende Reduzierung der jährlichen Stromerzeugung wirtschaftlich zu kompensieren, wurde der sog. Flexibilitätszuschlag eingeführt.[2] Das bisherige Fördersystem

1

---

1 Biogas ist in § 5 Nr. 7 legaldefiniert als Gas, das durch anaerobe Vergärung von Biomasse gewonnen wird. Die energetische Nutzung sonstiger Biomasse, wie etwa die Verbrennung von Holz, wird somit nicht erfasst.

2 BT-Drs. 18/1304, S. 2.

wurde somit geändert, um eine verstärkte Anreizsetzung herbeizuführen. Der Förderrahmen für neue Anlagen besteht folglich aus zwei Komponenten: Zum einen wird die Förderung für Strom aus Biogasanlagen mit einer installierten Leistung von 100 kW auf die Hälfte der installierten Leistung beschränkt (§ 47 Abs. 1 S. 1). Betreiber neuer Biogasanlagen sollen hierdurch veranlasst werden, ihre Anlagen flexibler zu fahren. Zum anderen erhalten die Betreiber von Biogasanlagen mit einer installierten Leistung von mehr als 100 kW, die flexibel installierte Leistung bereitstellen, als wirtschaftliche Kompensation einen Flexibilitätszuschlag (§ 53 Abs. 1), für den nicht etwa nur die Hälfte des Wertes der installierten Leistung, sondern die gesamte installierte Leistung maßgeblich ist. Die Begrenzung der festen Vergütung nach § 47 Abs. 1 S. 1 sowie die Einräumung des Flexibilitätszuschlags nach § 53 Abs. 1 stehen demnach in einem systematischen Zusammenhang und bilden ein einheitliches Fördersystem.

2 **2. Bedeutung in der Praxis.** Die Begrenzung des Ausbaupfades für Biomasse auf maximal 100 MW pro Jahr brutto (§§ 3 Nr. 4, 28 Abs. 1), die Streichung der noch im EEG 2012 vorgesehenen Boni (§§ 27, 27c EEG 2012) sowie die Beschränkung des Anspruchs auf finanzielle Förderung für Strom aus Biogas (§ 47 Abs. 1 S. 1) werden voraussichtlich zur Folge haben, dass es zu keinem nennenswerten Zubau von Biogasanlagen kommt. Der Gesetzgeber selbst rechnet damit, dass nur etwa 50 Anlagenbetreiber den Flexibilitätszuschlag in Anspruch nehmen werden.[3] Ob der Flexibilitätszuschlag künftig tatsächlich einen Anreiz zur Flexibilisierung schaffen wird, bleibt abzuwarten. Jedenfalls dürfte ihm in der Praxis keine allzu große Bedeutung zukommen.

II. Anspruch auf den Flexibilitätszuschlag (Abs. 1)

3 **1. Anspruchsgläubiger und Anspruchsschuldner.** Zur Bestimmung des Anspruchsgläubigers und des -schuldners kann auf die Ausführungen zu § 52 Abs. 1 zurückgegriffen werden.[4]

4 **2. Anspruchsvoraussetzungen.** Der Anspruch auf den Flexibilitätszuschlag besteht unter mehreren in Abs. 1 normierten Voraussetzungen, die dauerhaft während des Zeitraums der Inanspruchnahme vorliegen müssen.

5 **a) Biogasanlage mit installierter Leistung von mehr als 100 kW (Abs. 1).** Nach Abs. 1 kann der Anlagenbetreiber den Flexibilitätszuschlag nur in Anspruch nehmen, wenn er eine Anlage zur Erzeugung von Strom aus Biogas mit einer installierten Leistung von mehr als 100 kW betreibt. Somit werden kleine Anlagen mit einer installierten elektrischen Leistung von unter 100 kW vom Flexibilitätszuschlag ausgeschlossen.[5] Zugleich kommt damit auch tatbestandlich der systematische Zusammenhang zur Begrenzung der geförderten Strommenge bei Anlagen mit einer installierten Leistung von mehr als 100 kW nach § 47 Abs. 1 S. 1 zum Ausdruck.

6 Die Inanspruchnahme des Flexibilitätszuschlags ist sowohl für Anlagen in der Direktvermarktung möglich als auch für Anlagen, die Strom in einer Form der Einspeisevergütung nach § 37 oder 38 veräußern.[6] Insofern unterscheidet sich der Anspruch auf Flexibilitätszu-

---

3 BT-Drs. 18/1304, S. 147.
4 Siehe hierzu die Ausführungen unter § 52 Rn. 4 ff.
5 BT-Drs. 18/1304, S. 226.
6 BT-Drs. 18/1304, S. 227.

schlag nach §§ 52, 53 vom Anspruch auf Flexibilitätsprämie nach §§ 52, 54 i.V.m. Anlage 3, da Letzterer auf Anlagen in der Direktvermarktung beschränkt ist. Dass auch Anlagen mit Einspeisevergütung der Flexibilitätszuschlag gewährt wird, erklärt sich dadurch, dass diese andernfalls nicht kostendeckend betrieben werden könnten und somit faktisch zur Direktvermarktung gezwungen wären,[7] wenngleich § 37 Abs. 2 Nr. 1 eine Einspeisevergütung für die bis zum 31.12.2015 in Betrieb genommenen Anlagen mit einer installierten Leistung von bis zu 500 kW noch zulässt.

b) Bereitstellung flexibel installierter Leistung (Abs. 1). Weiter setzt Abs. 1 voraus, dass   7
die Biogasanlage flexibel installierte Leistung bereitstellt. Die Anlage muss also flexibel verfügbare Stromerzeugungskapazität vorhalten. Hierbei handelt es sich nicht um ein echtes Tatbestandsmerkmal. Vielmehr ergibt sich die Voraussetzung der Bereitstellung flexibel installierter Leistung bereits aus dem Zusammenhang zu § 47 Abs. 1 S. 1, wonach die geförderte Strommenge bei Anlagen mit einer installierten Leistung von mehr als 100 kW auf die Hälfte des Wertes der installierten Leistung begrenzt wird.

c) Bestehen eines grundsätzlichen, nicht verringerten Förderanspruchs (Abs. 2). § 53   8
Abs. 2 erhebt das Erfordernis, dass für den nach § 47 Abs. 1 zu bestimmenden Anteil der in einem Kalenderjahr erzeugten Strommenge ein Anspruch nach § 19 i.V.m. § 44 oder § 45 bestehen muss, der nicht nach § 25 reduziert ist, selbst zur echten Anspruchsvoraussetzung. Besteht also schon dem Grunde nach für den nach § 47 Abs. 1 zu bestimmenden Anteil kein gesetzlicher Förderanspruch nach § 19 i.V.m. § 44 oder § 45, etwa weil der Förderzeitraum nach § 22 ausgelaufen ist, oder liegen die Voraussetzungen einer Reduzierung des Förderanspruchs nach § 25 vor, ist eine Inanspruchnahme des Flexibilitätszuschlags folglich ausgeschlossen.

III. Höhe und Berechnung des Flexibilitätszuschlags

Die **Höhe des Flexibilitätszuschlags** beträgt 40 EUR je kW installierter Leistung und Jahr.   9
Für die Höhe des Flexibilitätszuschlags ist mithin der gesamte Wert der installierten Leistung der Anlage in Ansatz zu bringen und nicht nur die nach § 47 Abs. 1 S. 1 begrenzte finanziell förderfähige Bemessungsleistung von maximal 50% der installierten Leistung. Damit sollen die durchschnittlich zu erwartenden Kosten für die Errichtung und Vorhaltung zusätzlicher flexibel verfügbarer Stromerzeugungskapazitäten sowie ggf. notwendige Gas- und Wärmespeicher abgedeckt werden.[8] Der Gesetzesbegründung zufolge ist die Höhe des Flexibilitätszuschlags so bemessen, dass die über die gesamte Förderdauer regelmäßig anfallenden Mehrkosten für die Bereitstellung flexibler Stromerzeugungskapazität im Umfang von bis zu 50% der installierten Leistung unter Berücksichtigung angemessener Vermarktungsmehrerlöse aus der Direktvermarktung des Stroms an den Strommärkten gedeckt werden können.[9] Da für die Berechnung des Flexibilitätszuschlags die gesamte installierte Leistung in kW maßgeblich ist, wird auch der Leistungsanteil unterhalb von 100 kW mit einbezogen.[10]

---

7 BT-Drs. 18/1304, S. 227.
8 BT-Drs. 18/1304, S. 226.
9 BT-Drs. 18/1304, S. 226.
10 BT-Drs. 18/1304, S. 227.

10 Indem für die Höhe des Flexibilitätszuschlags auf die installierte Leistung pro Jahr abgestellt wird, könnte man zwar annehmen, dass der Flexibilitätszuschlag jährlich zu ermitteln sei. Da die installierte Leistung jedoch konstant gleich bleibt, solange die Anlage nicht durch Umbau verändert wird, ist es grundsätzlich nicht erforderlich, den Flexibilitätszuschlag jedes Jahr neu zu berechnen. Vielmehr ist davon auszugehen, dass ein erstmals für die Anlage ermittelter Flexibilitätszuschlag auch für die Folgejahre gilt.

IV. Dauer der Auszahlung (Abs. 3)

11 Nach Abs. 3 kann der Flexibilitätszuschlag **für die gesamte Förderdauer** nach § 22 verlangt werden. Hiermit wird klargestellt, dass der Flexibilitätszuschlag für die gesamte Förderdauer der Anlage verlangt werden kann, solange die Fördervoraussetzungen nach § 44 oder § 45 erfüllt sind.

V. Sonderfragen

12 Wird dem Anlagenbetreiber durch den Netzbetreiber unter den Voraussetzungen des § 53 ein Flexibilitätszuschlag gezahlt, ist davon auszugehen, dass es sich dabei, wie auch im Fall der Flexibilitätsprämie,[11] um einen echten, nicht steuerbaren Zuschuss handelt, so dass **keine Umsatzsteuer** zu erheben ist.

---

11 Siehe hierzu § 54 Rn. 24.

Hermeier

§ 54 Flexibilitätsprämie für bestehende Anlagen

[1]Betreiber von Anlagen zur Erzeugung von Strom aus Biogas, die nach dem am 31. Juli 2014 geltenden Inbetriebnahmebegriff vor dem 1. August 2014 in Betrieb genommen worden sind, können ergänzend zu einer Veräußerung des Stroms in den Veräußerungsformen nach § 20 Absatz 1 Nummer 1 und 2 von dem Netzbetreiber eine Prämie für die Bereitstellung zusätzlich installierter Leistung für eine bedarfsorientierte Stromerzeugung (Flexibilitätsprämie) verlangen. [2]Der Anspruch nach Satz 1 beträgt 130 Euro pro Kilowatt flexibel bereitgestellter zusätzlich installierter Leistung und Jahr, wenn die Voraussetzungen nach Nummer I der Anlage 3 erfüllt sind. [3]Die Höhe der Flexibilitätsprämie bestimmt sich nach Nummer II der Anlage 3.

Schrifttum: *Moorkamp*, Der nicht umsatzsteuerbare Zuschuss am Beispiel der Marktprämie nach § 33g EEG, StuB 5/2013, 180; *Wustlich/Müller*, Die Direktvermarktung von Strom aus erneuerbaren Energien im EEG 2012 – Eine systematische Einführung in die Marktprämie und die weiteren Neuregelungen zur Marktintegration, ZNER 2011, 380.

Übersicht

I. Normzweck

1. Hintergrund. § 54 ersetzt für die vor dem 1.8.2014 in Betrieb genommenen Anlagen den bislang anwendbaren § 33i EEG 2012. Die durch das EEG 2012 eingeführte Flexibilitätsprämie wird für Bestandsanlagen somit beibehalten. **1**

2. Bedeutung in der Praxis. Während die Anzahl der Neuanmeldungen zur Inanspruchnahme der Flexibilitätsprämie im ersten Jahr nach ihrer Einführung noch bei durchschnitt- **2**

lich 4,3 Anlagen pro Monat lag, stieg sie im Jahr 2013 bereits auf 20,4 Anlagen pro Monat. Auch im Jahr 2014 sind zunehmend Neuanmeldungen zu verzeichnen. Zwischen Januar und Juli 2014 wurden durchschnittlich 83 Anlagen pro Monat zur Inanspruchnahme der Flexibilitätsprämie angemeldet. Derzeit nehmen rund 878 Anlagen mit einer installierten Leistung von insgesamt 505 MW die Flexibilitätsprämie in Anspruch.[1] Es wird damit gerechnet, dass etwa 1200 Anlagenbetreiber die Flexibilitätsprämie nach Maßgabe des EEG 2014 in Anspruch nehmen werden.[2]

II. Anspruch auf die Flexibilitätsprämie (S. 1)

3   **1. Anspruchsgläubiger und Anspruchsschuldner.** Zur Bestimmung des Anspruchsgläubigers und des -schuldners kann auf die Ausführungen zu § 52 Abs. 1 zurückgegriffen werden.[3]

4   **2. Anspruchsvoraussetzungen.** Für die Inanspruchnahme der Flexibilitätsprämie müssen zunächst die in S. 1 normierten Anforderungen erfüllt sein. Nach S. 2 müssen darüber hinaus die Voraussetzungen nach Nr. I der Anlage 3 erfüllt sein. Hinsichtlich der Anspruchsvoraussetzungen nach Nr. I der Anlage 3 ist zwischen dauerhaft während des Zeitraums der Inanspruchnahme (Nr. I.1 lit. a und b) und einmalig zu erfüllenden Voraussetzungen (Nr. I.1 Buchst. c und d) zu unterscheiden.

5   **a) Biogasanlage mit Inbetriebnahme vor dem 1.8.2014 nach dem am 31.7.2014 geltenden Inbetriebnahme-Begriff (S. 1).** Die Flexibilitätsprämie kann nach S. 1 nur für solche Anlagen zur Erzeugung von Biogas verlangt werden, die nach dem am 31.7.2014 geltenden Inbetriebnahmebegriff vor dem 1.8.2014 in Betrieb genommen worden sind. Somit kann die Flexibilitätsprämie ausschließlich für Bestandsanlagen in Anspruch genommen werden. Hiervon erfasst sind auch Anlagen, die bereits früher unter dem bis zum 31.3.2012 geltenden Inbetriebnahmebegriff in Betrieb genommen wurden. Zwar wurde der Inbetriebnahmebegriff im EEG 2012 im Zuge der PV-Novelle 2012[4] mit Wirkung zum 1.4.2012 ergänzt. Hierdurch wurden jedoch nur die Voraussetzungen der technischen Betriebsbereitschaft, insbesondere für Anlagen zur Stromerzeugung aus solarer Strahlungsenergie, näher konkretisiert. Auf die Inbetriebnahme von Biogasanlagen hat die Änderung keine Auswirkung. Somit kann die Flexibilitätsprämie auch für solche Anlagen zur Erzeugung von Biogas in Anspruch genommen werden, die unter dem am 31.3.2012 geltenden Inbetriebnahmebegriff in Betrieb genommen worden sind. Nach § 100 Abs. 1 Nr. 10 lit. e steht auch Betreibern von Anlagen zur Erzeugung von Biogas, die vor dem 1.1.2012 in Betrieb gegangen sind, die Möglichkeit offen, die Flexibilitätsprämie nach §§ 52, 54 i.V.m. Anlage 3 in Anspruch zu nehmen.[5] Hingegen werden Neuanlagen, die nach dem 1.8.2014 in Betrieb genommen wurden, ausdrücklich von der Flexibilitätsprämie ausgeschlossen.[6]

---

1   DBFZ, Vorbereitung und Begleitung der Erstellung des Erfahrungsberichts 2014 gemäß § 65 EEG, Vorhaben IIa Biomasse, S. 70f., abrufbar unter: www.bmwi.de/BMWi/Redaktion/PDF/ XYZ/zwischenbericht-vorhaben-2a,property=pdf,bereich=bmwi2012,sprache=de,rwb=true.pdf.
2   BT-Drs. 18/1304, S. 148.
3   Siehe hierzu § 32 Rn. 4ff.
4   Gesetz zur Änderung des Rechtsrahmens für Strom aus solarer Strahlungsenergie und zu weiteren Änderungen im Recht der erneuerbaren Energien vom 17.8.2012 (BGBl. 2012 I S. 1754).
5   BT.-Drs. 18/1304, S. 227.
6   Für diese findet vielmehr der Flexibilitätszuschlag nach § 53 EEG Anwendung.

b) Direktvermarktung nach § 20 Abs. 1 Nr. 1 und 2 (S. 1). Weiter bestimmt S. 1, dass   **6**
die Flexibilitätsprämie ergänzend zu einer Veräußerung des Stroms in den Veräußerungsformen nach § 20 Abs. 1 Nr. 1 und 2 verlangt werden kann. Hiermit wird zum Ausdruck
gebracht, dass der Anspruch auf Flexibilitätsprämie nur besteht, wenn der in der Anlage
erzeugte Strom in einer Form der Direktvermarktung veräußert wird.[7] In Betracht kommt
entweder die geförderte Direktvermarktung nach § 20 Abs. 1 Nr. 1 (Marktprämienmodell)
oder eine sonstige Direktvermarktung nach § 20 Abs. 1 Nr. 2. Dies bedeutet jedoch nicht,
dass der gesamte in der Anlage erzeugte Strom direktvermarktet werden muss. Diesbezüglich enthält Anlage 3 Nr. I.1 lit. a eine Klarstellung, die im Rahmen der EEG-Novelle 2014
neu eingeführt wurde. Danach können Anlagenbetreiber die Flexibilitätsprämie verlangen,
„wenn für den gesamten in der Anlage erzeugten Strom **keine Einspeisevergütung** in Anspruch genommen wird". Hierdurch soll zum Ausdruck gebracht werden, dass die Inanspruchnahme der Flexibilitätsprämie nicht voraussetzt, dass der gesamte in der Anlage erzeugte Strom in geförderter Direktvermarktung oder in sonstiger Weise direkt vermarktet
werden muss.[8] Es ist ausreichend, dass für keinen Anteil des erzeugten Stroms eine Einspeisevergütung in Anspruch genommen wird. Somit ist ein anteiliger Eigenverbrauch
oder eine Vermarktung nach § 20 Abs. 3 Nr. 2 des in der Anlage erzeugten Stroms für die
Inanspruchnahme der Flexibilitätsprämie unschädlich. Demgegenüber sah § 33i EEG
2012 noch vor, dass der gesamte in der Anlage erzeugte Strom direktvermarktet werden
musste. Dass diese Anforderung gestrichen wurde, ist wohl darauf zurückzuführen, dass
sie bei einigen Anlagenbetreibern dazu führte, von einem flexiblen Betrieb abzusehen, da
Betriebsstrom extern zugekauft werden musste.[9]

c) Bestehen eines grundsätzlichen, nicht verringerten Förderanspruchs (Anlage 3   **7**
Nr. I.1 lit. a). Nach Anlage 3 Nr. I.1 lit. a setzt der Anspruch auf Flexibilitätsprämie voraus, dass dem Grunde nach ein Vergütungsanspruch nach § 19 i.V.m. § 100 Abs. 1 besteht, der nicht nach § 25 i.V.m. § 100 Abs. 1 verringert ist. Besteht schon dem Grunde
nach kein gesetzlicher Förderanspruch nach § 19 i.V.m. § 100 Abs. 1, etwa weil der Förderzeitraum nach § 22 i.V.m. § 100 Abs. 1 ausgelaufen ist, oder liegen die Voraussetzungen für eine Reduzierung des Förderanspruchs nach § 25 i.V.m. § 100 vor, ist eine Inanspruchnahme der Flexibilitätsprämie ausgeschlossen.

Ausweislich der Regelung in Anlage 3 Nr. I.1 lit. a setzt der Anspruch auf Flexibilitätsprä-   **8**
mie voraus, dass der grundsätzliche, nicht verringerte Förderanspruch *„unbeschadet des*
§ 27 Absatz 3 und 4, des § 27a Absatz 2 und des § 27c Absatz 3 des Erneuerbare-Energien-
Gesetzes in der am 31. Juli 2014 geltenden Fassung" bestehen muss. Hierdurch wird klargestellt, dass es der Inanspruchnahme der Flexibilitätsprämie nicht entgegensteht, wenn
der Anspruch auf Einspeisevergütung dem Grunde nach deshalb nicht bestehen würde,
weil die Anlage aufgrund ihrer installierten Leistung und ihres Inbetriebnahmejahres ohnehin zur Direktvermarktung verpflichtet wäre (§ 27 Abs. 3, § 27a Abs. 2, § 27c Abs. 3 EEG
2012) oder wegen eines Verstoßes gegen die Wärme- oder Güllenutzungspflicht (§ 27
Abs. 4 EEG 2012) keinen Anspruch auf Einspeisevergütung begründen würde.[10]

---

7 BT-Drs. 18/1304, S. 227.

8 BT-Drs. 18/1304, S. 291.

9 Vgl. DBFZ, Vorbereitung und Begleitung der Erstellung des Erfahrungsberichts 2014 gemäß § 65
EEG, Vorhaben IIa Biomasse, S. 143, abrufbar unter: www.bmwi.de/BMWi/Redaktion/PDF/
XYZ/zwischenbericht-vorhaben-2a,property=pdf,bereich=bmwi2012,sprache=de,rwb=true.pdf.

10 BT-Drs. 18/1304, S. 291.

9 **d) Mindestauslastung der Anlage (Anlage 3 Nr. I.1 lit. b).** Darüber hinaus ist nach Anlage 3 Nr. I.1 lit. b vorgeschrieben, dass die Anlage eine bestimmte Mindestauslastung haben muss. Definiert wird diese Mindestauslastung dadurch, dass die Bemessungsleistung im Sinne der Anlage 3 Nr. II.1 erster Spiegelstrich mindestens das 0,2-fache der installierten Leistung betragen muss.

10 Der Begriff Bemessungsleistung ist in § 5 Nr. 4 legaldefiniert als „Quotient aus der Summe der in dem jeweiligen Kalenderjahr erzeugten Kilowattstunden und der Summe der vollen Zeitstunden des jeweiligen Kalenderjahres abzüglich der vollen Stunden vor der erstmaligen Erzeugung von Strom aus erneuerbaren Energien oder aus Grubengas durch die Anlage und nach endgültiger Stilllegung der Anlage". Vereinfacht ausgedrückt spiegelt die Bemessungsleistung die von der Auslastung der Anlage abhängige tatsächlich erbrachte Leistung der Anlage wider.[11]

11 Auch die in Bezug genommene **installierte Leistung** ist in § 5 Nr. 22 legaldefiniert als „elektrische Wirkleistung, die die Anlage bei bestimmungsgemäßem Betrieb ohne zeitliche Einschränkungen unbeschadet kurzfristiger geringfügiger Abweichungen technisch erbringen kann".[12]

12 Anlage 3 Nr. I.1 lit. b regelt scheinbar nicht, über welchen Zeitraum die Bemessungsleistung das 0,2-fache der installierten Leistung betragen muss und welche Rechtsfolgen sich daraus ergeben, wenn diese Grenze unterschritten wird. Insoweit ergibt sich jedoch bereits aus der Definition der Bemessungsleistung, dass dieser Wert auf das jeweilige Kalenderjahr bezogen ist. Dies stimmt auch mit der Vorgehensweise zur Berechnung der Höhe der Flexibilitätsprämie überein, die nach Anlage 3 Nr. I.2 kalenderjährlich zu berechnen ist. Die Rechtsfolge ist in Anlage 3 Nr. II.2.1 S. 2 enthalten, wonach – im Rahmen der kalenderjährlichen Berechnung – die Flexibilitätsprämie durch das Setzen des Faktors P_{Zusatz} auf Null ausgeschlossen wird. Dies bedeutet, dass ein Unterschreiten der Vorgabe der Anlage 3 Nr. I.1 lit. b nicht zu einem dauerhaften Ausschluss des Anspruchs führt, sondern lediglich im Rahmen der konkreten kalenderjährlichen Berechnung, für die die Voraussetzung nicht erfüllt ist, der Anspruch auf Flexibilitätsprämie ausgeschlossen ist. Liegt die Bemessungsleistung hingegen bezogen auf das folgende Kalenderjahr wieder mindestens bei dem 0,2-Fachen der installierten Leistung, besteht der Anspruch auf die Flexibilitätsprämie.

13 **e) Übermittlung der zur Registrierung der Inanspruchnahme der Flexibilitätsprämie erforderlichen Angaben nach Maßgabe der AnlRegV (Anlage 3 Nr. I.1 lit. c).** Nach Anlage 3 Nr. I.1 lit. c hat der Anlagenbetreiber die zur Registrierung der Inanspruchnahme der Flexibilitätsprämie erforderlichen Angaben nach Maßgabe der Rechtsverordnung nach § 93 zu übermitteln. Inzwischen hat das BMWi von seiner Verordnungsermächtigung in § 93 Gebrauch gemacht. Die Übermittlung der erforderlichen Angaben hat somit nach Maßgabe der AnlRegV[13] zu erfolgen.

14 Nach § 6 Abs. 1 Nr. 4 AnlRegV müssen Anlagenbetreiber Bestandsanlagen, d.h. solche, die vor dem 1.8.2014 in Betrieb genommen worden sind, registrieren lassen, wenn sie nach

---

11 Vgl. Frenz/Müggenborg/*Ekardt/Hennig*, § 3 Rn. 25; *Salje*, EEG 2012, § 33i Rn. 4, dort als „*durchschnittliche Jahresleistung*" bezeichnet.

12 Zur Unschärfe dieses Begriffs siehe Frenz/Müggenborg/*Ekardt/Hennig*, § 3 Rn. 107.

13 Verordnung über ein Register für Anlagen zur Erzeugung von Strom aus erneuerbaren Energien und Grubengas vom 1.8.2014 (BGBl. 2014 I S. 1320).

dem 31.7.2014 erstmalig die Flexibilitätsprämie nach § 54 in Anspruch nehmen wollen. Da es dem Wortlaut nach auf das erstmalige „in Anspruch nehmen" ankommt, müssen somit auch Anlagenbetreiber, die bereits vor dem 1.8.2014 die beabsichtigte Inanspruchnahme der Flexibilitätsprämie der BNetzA gemeldet haben, aber erst nach diesem Stichtag den Anspruch auf die Flexibilitätsprämie erstmals geltend machen, dies entsprechend bei der BNetzA im Anlagenregister registrieren lassen.[14]

Zu übermitteln sind gem. § 6 Abs. 2 AnlRegV zunächst die Angaben nach § 3 Abs. 2 Anl-   **15**
RegV (Name, Anschrift, Telefonnummer und E-Mail-Adresse des Anlagenbetreibers, Standort, etc.). Weiter ist nach § 6 Abs. 2 AnlRegV der EEG-Anlagenschlüssel, soweit bekannt, mitzuteilen. Schließlich ist gem. § 6 Abs. 2 Nr. 3 AnlRegV der Zeitpunkt, ab dem die Flexibilitätsprämie in Anspruch genommen werden soll, und das Datum und der Umfang der Änderung der installierten Leistung zu übermitteln, soweit nach dem 31.7.2014 die installierte Leistung der Anlage erhöht wird. Nach § 7 Abs. 1 S. 2 AnlRegV müssen die Anlagenbetreiber für die Übermittlung der erforderlichen Angaben die von der BNetzA bereitgestellten Formularvorlagen verwenden.

f) Bescheinigung der technischen Eignung der Anlage für bedarfsorientierten Betrieb   **16**
durch Umweltgutachter (Anlage 3 Nr. I.1 lit. d). Der Anlagenbetreiber benötigt von einem Umweltgutachter eine Bescheinigung, dass die Anlage für einen bedarfsorientierten Betrieb technisch geeignet ist. Aus dem Wortlaut von Anlage 3 Nr. I.1 lit. d geht nicht hervor, nach welchen Maßstäben die technische Eignung zu begutachten ist, um sie als geeignet zu zertifizieren. Anhaltspunkte für den Begutachtungsmaßstab ergeben sich aus der Gesetzesbegründung zu § 33i EEG 2012.[15] Danach soll der Umweltgutachter zunächst bescheinigen, dass die Anlage grundsätzlich technisch geeignet ist, durch Bereitstellung zusätzlicher Leistungskapazität eine flexible Fahrweise zu ermöglichen. Offensichtlich zielt diese Vorgabe auf eine schematische Berechnung der Flexibilität der Anlage anhand der installierten Anlagenkomponenten ab. Ergibt sich schon aus den installierten Anlagenkomponenten, dass eine flexible Fahrweise ausgeschlossen ist, scheidet das Ausstellen einer Bescheinigung nach Anlage 3 Nr. I.1 lit. d bereits aus. Darüber hinaus soll nach der Gesetzesbegründung zu § 33i EEG 2012 in einem dreitägigen Probebetrieb mit einer zeitweisen maximalen Auslastung die flexible Erzeugung simuliert und damit die technische Eignung demonstriert werden.

Nicht geprüft und zertifiziert wird, dass die Anlage im Betrieb auch tatsächlich flexibel ge-   **17**
fahren wird. Die Marktanreize zu einer entsprechenden Fahrweise ergeben sich aus dem in Peak-Zeiten hohen Strompreis, der vom Gesetzgeber als hinreichend für eine entsprechende Fahrweise beurteilt wurde. Darüber hinaus ergibt sich aus der Berechnungsformel, dass eine Flexibilitätsprämie nur dann gezahlt wird, wenn die Bemessungsleistung hinter der installierten Leistung zurückbleibt. Ob eine nicht bedarfsorientierte konstante Fahrweise der Anlage ohne Auslastung der verfügbaren Kapazität im Rahmen der Direktvermarktung wirtschaftlich sinnvoll sein kann, wenn die Anlage grundsätzlich für die flexible Fahrweise geeignet ist, darf bezweifelt werden.

---

14 Vgl. die Hintergrundinformationen der BNetzA zum Anlagenregister, abrufbar unter: www.bundesnetzagentur.de/DE/Sachgebiete/ElektrizitaetundGas/Unternehmen_Institutionen/Erneuerbare Energien/Anlagenregister/Hintergrund_Anlagenregister/Hintergrund_Anlagenregister_node. html.
15 BT-Drs. 17/6071, S. 81.

III. Höhe und Berechnung der Flexibilitätsprämie (Anlage 3 Nr. I.2, Nr. II)

18 Nach S. 2 beträgt der Anspruch auf Flexibilitätsprämie 130 EUR pro kW flexibel bereitgestellter zusätzlich installierter Leistung und Jahr. Die Vorschrift wird konkretisiert durch Anlage 3 Nr. I. 2, wonach die Höhe der Flexibilitätsprämie **kalenderjährlich** zu berechnen ist. Diese Vorgabe stellt eine Art „Verfallsdatum" dar und bedeutet, dass die Flexibilitätsprämie jedes Jahr neu zu berechnen ist und damit eine ermittelte Flexibilitätsprämie der Höhe nach für das Folgejahr keine Gültigkeit mehr besitzt. Zugleich stellt sie jedoch klar, dass die Flexibilitätsprämie der Höhe nach auf das gesamte Kalenderjahr bezogen ermittelt wird und für das gesamte Kalenderjahr der Höhe nach gleich bleibt.

19 Die eigentliche Berechnung der Höhe der Flexibilitätsprämie erfolgt gem. S. 3 für die jeweils zusätzlich bereitgestellte installierte Leistung nach Maßgabe der Anlage 3 Nr. II.

IV. Mitteilung der erstmaligen Inanspruchnahme der Prämie und Beginn der Auszahlung (Anlage 3 Nr. I.3 und Nr. I.4 S. 2)

20 Der Anlagenbetreiber muss dem Netzbetreiber gem. Anlage 3 Nr. I.3 die erstmalige Inanspruchnahme der Flexibilitätsprämie vorab mitteilen. Zweck der Regelung ist es, dem Netzbetreiber vorab eine Änderung des Einspeiseprofils anzuzeigen und ihm so Zeit zur Anpassung des Netzmanagements zu geben.[16] Bei der Anzeige handelt es sich um eine notwendige Bedingung für die Inanspruchnahme der Flexibilitätsprämie. Dies ergibt sich aus Anlage 3 Nr. I.4 S. 2. Danach beginnt der Vergütungszeitraum nach Anlage 3 Nr. I.4 S. 1 erst am ersten Tag des zweiten auf die Meldung nach Nr. I.3 folgenden Kalendermonats. Die Formulierung des *„zweiten auf die Meldung nach Nummer I.3 folgenden Kalendermonats"* bedeutet, dass der Anspruchszeitraum mit dem ersten Tag des übernächsten auf die Anzeige folgenden Monats beginnt.[17] Unterlässt der Anlagenbetreiber hingegen die Anzeige, beginnt der Anspruchszeitraum nach Anlage 3 Nr. I.4 S. 1 nicht zu laufen.

V. Dauer der Auszahlung (Anlage 3 Nr. I.4 S. 1)

21 Die Flexibilitätsprämie ist gem. Anlage 3 Nr. I.4 S. 1 für die Dauer von zehn Jahren zu zahlen. Da die Prämie ab jedem (vollen) Kalendermonat des Jahres in Anspruch genommen werden kann, bedeuten zehn Jahre damit eine Förderdauer von 120 Monaten.[18] Im Regelfall wird die Auszahlung sich daher, wenn sie nicht zum 1. Januar beginnt, über elf Kalenderjahre erstrecken.

VI. Begrenzung des Anspruchs auf Flexibilitätsprämie für zusätzlich installierte Leistung (Anlage 3 Nr. I.5)

22 In Anlage 3 Nr. 1.5 i.V.m. der AnlRegV ist eine Begrenzung des Anspruchs auf Flexibilitätsprämie für neue zusätzlich installierte Leistung vorgesehen: Bei Bestandsanlagen wird

---

16 *Wustlich/Müller*, ZNER 2011, 380, 395 zu § 33i EEG 2012.
17 BR-Drs. 341/11, S. 160.
18 BR-Drs. 341/11, S. 160; *Wustlich/Müller*, ZNER 2011, 380, 395 zu § 33i EEG 2012.

danach ein Anspruch auf Zahlung der Flexibilitätsprämie für neu angemeldete zusätzlich installierte Leistung nur bis zu einer Gesamtgrenze von 1350 MW begründet. Ab einem bestimmten Zeitpunkt besteht also kein weiterer Anspruch auf Flexibilitätsprämie **für neue zusätzlich installierte Leistung**, die als Erhöhung der installierten Leistung der Anlage nach dem 31.7.2014 nach Maßgabe der AnlRegV gemeldet wird. Der „**Flexibilitäts-prämien-Deckel**"[19] von 1350 MW bezieht sich lediglich auf neue zusätzlich installierte Leistung. Eine weitergehende Flexibilisierung bestehender Anlagen durch Reduzierung der Stromerzeugungsmenge bleibt hiervon unberührt.[20]

Wirksam wird diese Begrenzung des Anspruchs mit dem ersten Tag des zweiten Kalender-   **23** monats, der auf den Kalendermonat folgt, in dem der von der BNetzA veröffentlichte aggregierte Zubau der zusätzlich installierten Leistung durch Erhöhung der installierten Leistung erstmals den Wert von 1350 MW übersteigt. Ob sich die Begrenzung von 1350 MW als volkswirtschaftlich sinnvoll erweist, bleibt abzuwarten.

VII. Sonderfragen

Die Flexibilitätsprämie stellt mangels vom Anlagenbetreiber gegenüber dem Netzbetreiber   **24** zu erbringender Gegenleistung einen echten, nicht steuerbaren Zuschuss des Netzbetreibers an den Anlagenbetreiber dar, auf den keine Umsatzsteuer zu erheben ist.[21]

---

19 BT-Drs. 18/1304, S. 292.
20 BT-Drs. 18/1304, S. 292.
21 BT-Drs. 17/6071, S. 196; BMF, Schreiben vom 6.11.2012, Umsatzsteuerrechtliche Behandlung der Marktprämie nach § 33g des Gesetzes für den Vorrang Erneuerbarer Energien (EEG) bzw. der Flexibilitätsprämie nach § 33i EEG, Geschäftszeichen IV D 2 – S 7124/12/10002; ausführlich dazu auch *Moorkamp*, StuB 5/2013, 180 ff.

Abschnitt 6
Besondere Förderbestimmungen (Ausschreibungen)

§ 55 Ausschreibung der Förderung von Freiflächenanlagen

(1) ¹Die Bundesnetzagentur muss die finanzielle Förderung und ihre Höhe für Strom aus Freiflächenanlagen nach § 19 oder für die Bereitstellung installierter Leistung aus Freiflächenanlagen nach § 52 nach Maßgabe der Rechtsverordnung nach § 88 im Rahmen von Ausschreibungen ermitteln. ²Die Bundesnetzagentur macht die Ausschreibungen nach Maßgabe der Rechtsverordnung nach § 88 bekannt.

(2) Ein Anspruch auf eine finanzielle Förderung im Fall der Ausschreibung besteht, wenn

1. der Anlagenbetreiber über eine Förderberechtigung verfügt, die im Rahmen der Ausschreibung nach Maßgabe der Rechtsverordnung nach § 88 für die Anlage durch Zuschlag erteilt oder später der Anlage verbindlich zugeordnet worden ist,

2. die Anlage im Bereich eines beschlossenen Bebauungsplans im Sinne des § 30 des Baugesetzbuchs errichtet worden ist, der zumindest auch mit dem Zweck aufgestellt oder geändert worden ist, eine Anlage zur Erzeugung von Strom aus solarer Strahlungsenergie zu errichten,

3. ab der Inbetriebnahme der Anlage der gesamte während der Förderdauer nach § 22 in der Anlage erzeugt Strom in das Netz eingespeist und nicht selbst verbraucht wird und

4. die weiteren Voraussetzungen nach diesem Gesetz mit Ausnahme der Voraussetzungen nach § 51 Absatz 1 und die Voraussetzungen der Rechtsverordnung nach § 88 erfüllt sind.

(3) ¹Für Strom aus Freiflächenanlagen, die ab dem ersten Tag des siebten auf die erstmalige Bekanntmachung einer Ausschreibung nach Absatz 1 Satz 2 folgenden Kalendermonats in Betrieb genommen worden sind, verringert sich der anzulegende Wert nach § 51 Absatz 1 Nummer 2 und 3 auf null. ²Für Strom aus Freiflächenanlagen, die vor dem in Satz 1 genannten Zeitpunkt in Betrieb genommen worden sind, sind die Absätze 1 und 2 nicht anzuwenden.

(4) ¹Die Bundesnetzagentur veröffentlicht nach Maßgabe der Rechtsverordnung nach § 88 das Ergebnis der Ausschreibungen einschließlich der Höhe der finanziellen Förderung, für die jeweils der Zuschlag erteilt wurde. ²Die Bundesnetzagentur teilt den betroffenen Netzbetreibern die Zuordnung einer Förderberechtigung zu einer Anlage im Sinne des Absatzes 2 Nummer 1 einschließlich der Höhe der finanziellen Förderung nach Maßgabe der Rechtsverordnung nach § 88 mit.

Schrifttum: *BDEW Bundesverband der Energie- und Wasserwirtschaft e.V.*, Stellungnahme zu den Eckpunkten des BMWi für ein Ausschreibungsdesign für Photovoltaik-Freiflächenanlagen, Berlin 21. August 2014, abrufbar unter www.bmwi.de; *BEE Bundesverband Erneuerbarer Energien*, BEE-Stellungnahme für das Konsultationsverfahren zu den Eckpunkten des BMWi für ein Ausschreibungsdesign für Photovoltaik-Freiflächenanlagen vom 22. August 2014, abrufbar unter www.bmwi.de; *Bundesministerium für Wirtschaft und Energie*, Eckpunkte für ein Ausschreibungsdesign für Photovoltaik-Freiflächenanlagen, abrufbar unter www.bmwi.de; *Clearingstelle EEG*, Empfehlung Nr. 2008/16 v. 25.11.2010, Bauplanerische Voraussetzungen bei PV-Anlagen, abrufbar unter www.clearingstelle-eeg.de; *dies.*, Öffentliche Konsultation zu Eckpunkten für ein Ausschreibungsdesign für PV-Freiflächenanlagen – Stellungnahme der Clearingstelle EEG, undatiert, abrufbar unter: www.bmwi.de; *dena Deutsche Energie Agentur*, Stellungnahme: Eckpunkte für ein Ausschreibungsdesign für Photovoltaik-Freiflächenanlagen v. 22. August 2014, abrufbar unter www.bmwi.de; *Frontier Economics*, Konsultation zum Ausschreibungsdesign für die Förderung von PV-Freiflächenanlagen, August 2014, abrufbar unter www.bmwi.de; *Götze/Boelling/Löscher*, Photovoltaik-Freiflächenanlagen auf Fachplanungsflächen – Planungsrechtliche und vergütungsrechtliche Rahmenbedingungen am Beispiel der Nachnutzung von Deponien, ZUR 2010, 245; *Kahle*, Ermittlung der Förderhöhe für PV-Freiflächenanlagen nach dem EEG-2014 – Ausschreibungsmodell, RdE 2014, 372; *Mohr*, Ein soziales Vergaberecht? Soziale Zwecke im Recht der öffentlichen Auftragsvergabe zwischen freiem Wettbewerb im Binnenmarkt und Schutz inländischer Arbeitsplätze, VergabeR 2009, 543; *ders.*, Ausschreibung der finanziellen Förderung von Strom aus erneuerbaren Energien, EnWZ 2015, 99; *ders.*, Die neue Freiflächenausschreibungsverordnung – Wettbewerbliche Ermittlung der finanziellen Förderung von Photovoltaik-Freiflächenanlagen zwischen Kosteneffizienz und Ausbaueffektivität, N&R 2015, 76; *ders.*, Sicherung der Vertragsfreiheit durch Wettbewerbs- und Regulierungsrecht, i. E. 2015; *Müsgens/Okkenfels*, Design von Informationsfeedback in Regelenergiemärkten, ZfE 2011, 249; *Reymann*, Fotovoltaikdienstbarkeiten bei Anlagen auf fremden Grundstücken, DNotZ 2010, 84; *Simon/Busse*, Bayerische Bauordnung, 114 Ergl. 2013; *Umweltbundesamt*, Stellungnahme zu den Eckpunkten für ein Ausschreibungsdesign für Photovoltaik-Freiflächenanlagen, abrufbar unter www.bmwi.de; *VEEED*, Stellungnahme des Verbandes der Erzeuger Erneuerbarer Energien zum Eckpunktepapier des BMWi für ein Ausschreibungsdesign für Photovoltaik-Freiflächenanlagen v. 21. August 2014, abrufbar unter www.bmwi.de; *Wuppertaler Institut für Klima, Umwelt und Energie/Fraunhofer ISE*, Stellungnahme zur BMWi-Konsultation „Eckpunkte für ein Ausschreibungsdesign für Photovoltaik-Freiflächenanlagen." Agrophotovoltaik (APV) als ressourceneffiziente Landnutzung, 21. August 2014, abrufbar unter www.bmwi.de; *ZSW/Takon/BBG und Partner/Ecofys*, Ausgestaltung des Pilotausschreibungssystems für Photovoltaik-Freiflächenanlagen, Wissenschaftliche Empfehlung v. 10.7.2014, abrufbar unter www.bmwi.de; siehe ergänzend das Literaturverzeichnis zu § 2.

Alle Internetquellen wurden zuletzt abgerufen am 8.2.2015.

Übersicht

I. Überblick

1. Systemwechsel bei der Förderung erneuerbarer Energien. Mit dem durch die EEG-Novelle 2014 neu geschaffenen § 55 werden die Voraussetzungen geschaffen, um die För-   **1**

derberechtigungen und Förderhöhen für **Photovoltaik-Freiflächenanlagen** i. S. des § 5 Nr. 16 über **wettbewerbliche Ausschreibungen** i. S. des § 5 Nr. 3 und nicht mehr über administrativ festgelegte Förderzahlungen i. S. des § 51 Abs. 1 Nr. 2 und 3 zu bestimmen. Nach der Regierungsbegründung zum EEG 2014 stellt dies den ersten Schritt zu einem grundlegenden **Systemwechsel bei der Förderung von erneuerbaren Energien** dar, wie er auch von § 2 Abs. 1 gefordert wird.[1]

2   § 55 legt die Grundzüge des Ausschreibungsdesigns fest.[2] Nach der Regierungsbegründung zum EEG 2014 soll zur Erreichung der Ausbauziele des § 3 Nr. 3 jährlich eine installierte Leistung in der Größenordnung von 400 MW ausgeschrieben werden.[3] Damit wird die gesamte Förderung von Photovoltaik-Freiflächen auf Ausschreibungen umgestellt.[4] § 55 wird durch die auf der Grundlage von § 88 erlassene **Freiflächenausschreibungsverordnung (FFAV)** konkretisiert und ergänzt.[5]

3   § 55 stellt nur den ersten Schritt in Richtung einer **vollständigen Umstellung der Förderung von erneuerbaren Energien auf wettbewerbliche Ausschreibungen** dar. Mittelfristig sollen auch die Förderberechtigungen und Förderhöhen für die anderen EE-Technologien wettbewerblich ermittelt werden (§§ 2 Abs. 5 S. 1, 99, 102).[6] Wegen der „vielfältigen Herausforderungen", die ein solcher Systemwechsel mit sich bringt, wird gem. §§ 2 Abs. 5 S. 2, 55, 88 zunächst nur die Förderung von Photovoltaik-Freiflächenanlagen auf ein Ausschreibungssystem umgestellt.[7]

4   Primäres Ziel der Ausschreibungen ist es, die politisch vorgegebenen **EE-Ausbauziele** zu **möglichst geringen Kosten** zu erreichen (vgl. auch § 1 Abs. 2: „**kosteneffizient**").[8] Die wettbewerbliche Ermittlung der Förderberechtigungen und Förderhöhen durch Ausschreibungen soll erreichen, dass EE-Anlagenbetreiber nur Zahlungen in solcher Höhe erhalten, die sie für einen wirtschaftlichen Betrieb der Anlage tatsächlich benötigen (Vermeidung von „Mitnahmeeffekten").[9] Zentrale Voraussetzung für das Gelingen der Ausschreibungen ist somit eine **Knappheitssituation** auf dem jeweils in Rede stehenden technologiespezifischen **Markt für EE-Förderberechtigungen**, damit die Bieter untereinander um den Zuschlag konkurrieren.[10] Nur in diesem Fall ist zu erwarten, dass die Bieter ihre tatsächlichen

---

1 BT-Drs. 18/1304 v. 5.5.2014, S. 149.
2 BT-Drs. 18/1304 v. 5.5.2014, S. 149 (in der BT-Drs. 18/1304 vom 5.5.2014 ist aufgrund einer Nummerierungsänderung noch von § 53 die Rede); *Mohr*, EnWZ 2015, 99, 104.
3 BT-Drs. 18/1304 v. 5.5.2014, S. 149.
4 BT-Drs. 18/1304 v. 5.5.2014, S. 149. Krit. Wuppertaler Institut für Klima, Umwelt und Energie/ Fraunhofer ISE, Stellungnahme zur BMWi-Konsultation „Eckpunkte für ein Ausschreibungsdesign für Photovoltaik-Freiflächenanlagen." Agrophotovoltaik (APV) als ressourceneffizienzte Landnutzung, S. 5, wonach die unterschiedliche Flächenwertigkeit zu berücksichtigen sei.
5 BGBl. I, S. 108 v. 11.2.2015; *Mohr*, N&R 2015, 76.
6 BT-Drs. 18/1304 v. 5.5.2014, S. 149.
7 BMWi, Eckpunkte für ein Ausschreibungsdesign für Photovoltaik-Freiflächenanlagen, S. 1.
8 Siehe dazu schon *Mohr*, EnWZ 2015, 99, 101; *ders.*, N&R 2015, 76, 77.
9 Vgl. Bundesregierung, Verordnung zur Einführung von Ausschreibungen der finanziellen Förderung für Freiflächenanlagen sowie zur Änderung weiterer Verordnungen zur Förderung der erneuerbaren Energien (im Folgenden: Freiflächenausschreibungsverordnung), als nicht amtliche Lesefassung abrufbar unter www.bmwi.de/BMWi/Redaktion/PDF/V/verordnung-zur-einfuehrung-von-ausschreibungen-der-finanziellen-foerderung-fuer-freiflaechenanlagen,property=pdf,bereich =bmwi2012,sprache=de,rwb=true.pdf, S. 36.
10 Bundesregierung, Freiflächenausschreibungsverordnung, Begründung S. 36.

Förderkosten offenbaren und das Ergebnis der Ausschreibungen nicht durch ein strategisches Bietverhalten verfälschen.[11] Nach allgemeinen wettbewerbstheoretischen Grundsätzen[12] ist die Wettbewerbssituation auf dem **Markt für die Errichtung und den Betrieb von Photovoltaik-Freiflächenanlagen** von den konkreten Marktgegebenheiten abhängig.[13] Auf dieser Grundlage ist ein sachgerechtes Ausschreibungsdesign zu wählen, um für die Bieter möglichst **niedrige Markteintrittsbarrieren** aufzustellen, ohne den Erfolg der Ausschreibungen zu gefährden, etwa durch zu weitgehende Informationsrechte mit der dadurch begründeten Gefahr antikompetitiver Verhaltensweisen. Das Ausschreibungsdesign muss insbesondere „einfach, verständlich und transparent" ausgestaltet sein.[14] Ein zentraler Einflussfaktor für eine ausreichende Wettbewerbssituation ist auch eine ausreichende **Flächenkulisse**; denn wenn nicht genügend Flächen zur Errichtung von Photovoltaik-Freiflächenanlagen zur Verfügung stehen, kann sich insoweit auch kein nachhaltiger Wettbewerb etablieren.[15] Durch eine hinreichende Flächenverfügbarkeit wird zugleich – vorbehaltlich landes- und kommunalrechtlicher Einschränkungen – eine breite und damit kompetitive „**Akteursvielfalt**" gewährleistet (vgl. § 2 Abs. 5 S. 3).[16] Keine Voraussetzung für einen wirksamen Wettbewerb sind demgegenüber möglichst geringe „**Bieterrisiken**".[17] Es ist vielmehr ein unabdingbarer Bestandteil wirksamen Wettbewerbs, dass die Marktteilnehmer nicht nur die Chancen ihrer wirtschaftlichen Tätigkeit tragen, sondern auch deren Risiken.

Die Pilotausschreibungen i. S. des § 55 beziehen sich allein auf **Freiflächenanlagen**, da diese aufgrund ihrer technologischen und ökonomischen Eigenschaften in besonderem Maße für die **kurzfristige Implementierung** wettbewerblicher Ausschreibungen geeignet erscheinen. So weist dieses Technologiesegment im Vergleich zu anderen EE-Erzeugungstechnologien wie der Windenergie relativ kurze Planungs- und Genehmigungszeiträume mit vergleichsweise geringen spezifischen Investitionen im Planungsprozess auf.[18] Die Erfahrungen mit den Pilotvorhaben sollen nach § 99 die Grundlage bilden, anschließend die Förderhöhen für alle anderen EE-Technologien – auch die nicht in § 3 genannten – durch Ausschreibungen zu ermitteln, um die Förderkosten ebenfalls auf ein möglichst wettbewerbliches bzw. wettbewerbsanaloges („effizientes") Niveau zu senken und eine effektive Mengensteuerung zu ermöglichen.[19] Bis zur Einführung des Ausschreibungssystems für

5

---

11 Bundesregierung, Freiflächenausschreibungsverordnung, Begründung S. 36: „Ohne eine solche Wettbewerbssituation kann eine wettbewerbliche Ermittlung der Förderhöhe nicht erfolgreich funktionieren, da die Bieter in diesem Fall wissen oder erwarten, dass sie einen Zuschlag erhalten werden und daher nicht ihre wahren Kosten offenbaren, sondern strategisch hohe Gebote abgeben. Nur bei einer hohen Wettbewerbsintensität besteht die Chance, dass die Ergebnisse der Ausschreibung die tatsächlichen Kosten der Technologie abbilden und nicht durch strategisches Verhalten in der Ausschreibung Überförderungen entstehen."

12 Ausführlich *Mohr*, Sicherung der Vertragsfreiheit durch Wettbewerbs- und Regulierungsrecht, i. E. 2015, Teil 4 C.

13 Vgl. *Mohr*, N&R 2015, 76, 77.

14 Bundesregierung, Freiflächenausschreibungsverordnung, Begründung S. 38.

15 Bundesregierung, Freiflächenausschreibungsverordnung, Begründung S. 38.

16 BDEW, Stellungnahme zu den Eckpunkten des BMWi für ein Ausschreibungsdesign für Photovoltaik-Freiflächenanlagen, S. 6.

17 Bundesregierung, Freiflächenausschreibungsverordnung, Begründung S. 38; die Bundesregierung erachtet dieses Kriterium aus Gründen der Kosteneffizienz gleichwohl als wichtig.

18 BT-Drs. 18/1304 v. 5.5.2014, S. 149.

19 BT-Drs. 18/1304 v. 5.5.2014, S. 149.

Freiflächenanlagen wird in einer **Übergangszeit** noch eine Förderung gem. § 51 Abs. 1 Nr. 2 und 3 gewährt (§ 55 Abs. 3).[20] Nach der Umstellung auf ein Ausschreibungsmodell können unter den Voraussetzungen des § 55 Abs. 2 Nr. 1 nur noch diejenigen Freiflächen-Anlagenbetreiber eine Förderung erhalten, die zuvor im Rahmen einer Ausschreibung („Auktion") den Zuschlag erhalten und danach fristgerecht eine entsprechende Anlage erstellt haben, sowie diese selbst betreiben (vgl. § 19 i.V. m. § 28 FFAV).[21]

6 **2. Normstruktur und Verknüpfungen mit der Freiflächenausschreibungsverordnung.** Die Regelungen des § 55 werden erst dann voll verständlich, wenn man sich die in der FFAV angelegte Unterscheidung zwischen dem **Ausschreibungsverfahren** und dem Verfahren auf Ausstellung einer **Förderberechtigung** vor Augen führt.[22] So lässt sich das dort geregelte Procedere in das eigentliche Verfahren zur Erlangung eines Zuschlags in der Ausschreibung (Teil 2: „Verfahren der Ausschreibung", §§ 3 bis 20 FFAV) und ein nachgelagertes Verfahren zur Ausstellung der Förderberechtigungen im Anschluss an die Erstellung der Anlage unterteilen (Teil 3: „Voraussetzungen für die Förderung von Freiflächenanlagen", §§ 21 bis 29 FFAV).[23] Eine von der BNetzA ausgestellte Förderberechtigung ist nach § 28 Abs. 1 S. 1 Nr. 1 FFAV die zentrale Voraussetzung eines Anspruchs auf finanzielle Förderung gegen den Netzbetreiber gem. § 19.

7 **§ 55 Abs. 1 S. 1** enthält den Grundsatz, dass die **BNetzA** als ausschreibende Stelle die finanzielle Förderung und deren Höhe für Strom („Arbeit" in kWh) aus Freiflächenanlagen nach § 19 oder für die Bereitstellung installierter Leistung („Kapazität" in kW) aus Freiflächenanlagen nach § 52 durch **wettbewerbliche Ausschreibungen** ermitteln muss („Wettbewerb um den Markt"). Die näheren Voraussetzungen auch zur Bekanntmachung der Ausschreibungen regelt Teil 2 der auf der Grundlage von § 88 erlassenen **Freiflächenausschreibungsverordnung** (FFAV). Das EEG ist freilich nicht nur einer kosteneffizienten Förderung von EE-Anlagen, sondern auch der effektiven Erreichung der Ausbauziele gem. § 1 Abs. 2, 3 und § 3 verpflichtet. Aus diesem Grunde setzt ein Anspruch der Bieter auf **Förderzahlungen durch den zuständigen Netzbetreiber** gem. § 19 i.V. m. § 28 FFAV nicht nur voraus, dass Erstere im Rahmen einer EE-Ausschreibung durch die BNetzA den Zuschlag erhalten haben (§§ 12, 21 Abs. 2 Nr. 5 FFAV); denn zum Zeitpunkt der Zuschlagsentscheidung ist die geförderte Anlage regelmäßig noch gar nicht errichtet.[24] Voraussetzung eines Anspruchs auf Förderzahlungen ist vielmehr auch noch die fristgerechte Erstellung der Anlage innerhalb von maximal 24 Monaten[25] nach öffentlicher Bekanntgabe des Zuschlags sowie deren Betrieb durch den Bieter bei Antragstellung (§§ 22 Abs. 1 Nr. 1, 20 Abs. 2 FFAV).

8 Ein Anspruch auf Förderzahlungen gem. § 19 i.V. m. § 28 FFAV setzt somit eine durch die BNetzA ausgestellte **Förderberechtigung** i.S. von § 55 Abs. 2 Nr. 1, § 21 Abs. 1 FFAV voraus, in der dem Zuschlag eine Freiflächenanlage ganz oder teilweise zugeordnet und

---

20 BT-Drs. 18/1304 v. 5.5.2014, S. 149.

21 *Kahle*, RdE 2014, 372, 374.

22 Vgl. *Mohr*, N&R 2015, 76, 78; siehe auch schon *ders.*, EnWZ 2015, 99, 105.

23 BMWi, Freiflächenausschreibungsverordnung, S. 39 f.

24 Vorzunehmen sind vielmehr regelmäßig noch die Detailplanung, der Einkauf der Werkstoffe, der Bau und die Inbetriebnahme der Anlage; vgl. Bundesregierung, Freiflächenausschreibungsverordnung, Begründung S. 39.

25 Nach 18 Monaten verringert sich der anzulegende Wert gem. § 26 Abs. 4 FFAV um 0,3 Cent pro Kilowattstunde.

die **Höhe des technologiespezifischen „anzulegenden Werts"** bestimmt wird (§§ 26 f. FFAV). Der Antrag des Bieters an die BNetzA auf Ausstellung einer Förderberechtigung muss u. a. Angaben zu seiner Person enthalten, zur installierten Leistung der Anlage, zu den relevanten Flächenkriterien wie Standort und Art der Fläche (§ 55 Abs. 2 Nr. 2), zum Datum der Inbetriebnahme, zur Betreibereigenschaft des Bieters zum Zeitpunkt der Antragstellung sowie zu den in § 3 Abs. 2 Nr. 6, 7, 13 bis 16 der Anlagenregisterverordnung enthaltenen Daten[26] (§ 21 Abs. 2 FFAV). Ein Anspruch auf finanzielle Förderung für Strom aus Freiflächenanlagen setzt außerdem voraus, dass der gesamte während der Förderdauer nach § 28 Abs. 5 FFAV in der Anlage erzeugte Strom ab Inbetriebnahme der Anlage in das (öffentliche) Versorgungsnetz eingespeist und nicht selbst verbraucht wird (§ 55 Abs. 2 Nr. 3; § 28 Abs. 1 S. 1 Nr. 2 FFAV). Schließlich müssen die weiteren Fördervoraussetzungen des EEG 2014 (mit Ausnahme des § 51 Abs. 1) und diejenigen der Freiflächenausschreibungsverordnung erfüllt sein (§ 28 Abs. 1 S. 1 Nr. 3 FFAV). Gem. § 13 Abs. 3 FFAV gilt die Regelung des § 31 nicht für durch Ausschreibungen bestimmte Zuschlagswerte. Der **Netzbetreiber**, in dessen Netz der in der Anlage erzeugte Strom eingespeist oder mittels kaufmännisch-bilanzieller Weitergabe angeboten wird, muss die Voraussetzungen nach § 21 Abs. 2 Nr. 2 bis 5 FFAV und nach § 28 Abs. 1 FFAV eigenständig prüfen und der BNetzA Abweichungen mitteilen (§ 28 Abs. 3 und 4 FFAV).

§ 55 Abs. 3 regelt die **Überführung des bisherigen Systems fester Einspeisetarife in ein** **9** **System wettbewerblicher Ausschreibungen.**[27] Gem. § 55 Abs. 3 S. 1 verringert sich der anzulegende Wert nach § 51 Abs. 1 Nr. 2 und 3 für Strom aus Freiflächenanlagen, die ab dem ersten Tag des siebten auf die erstmalige Bekanntmachung einer Ausschreibung nach § 55 Abs. 1 S. 2 folgenden Kalendermonats in Betrieb genommen worden sind, auf null.[28] In der **Freiflächenausschreibungsverordnung** sind die Gebotstermine in § 3 Abs. 1 FFAV benannt. Der erste Gebotstermin ist hiernach der 15.4.2015. Dieser Termin stellt zugleich die relevante Bekanntmachung i. S. des § 55 Abs. 3 S. 1 dar.[29]

---

26 Die Regelungen in § 3 Abs. 2 Nr. 6, 7, 13 bis 16 der Anlagenregisterverordnung beziehen sich auf folgende Angaben: „6. die Angabe, ob sie für den in der Anlage erzeugten Strom oder die Bereitstellung installierter Leistung Zahlungen des Netzbetreibers aufgrund der Ansprüche nach § 19 oder § 52 des Erneuerbare-Energien-Gesetzes in Anspruch nehmen wollen, 7. die Angabe, ob der in der Anlage erzeugte Strom vollständig oder teilweise vom Anlagenbetreiber oder einem Dritten in unmittelbarer Nähe zur Anlage verbraucht und dabei nicht durch das Netz durchgeleitet werden soll, […] 13. bei Anlagen zur Erzeugung von Strom aus solarer Strahlungsenergie die Angabe, ob es sich um eine Freiflächenanlage handelt, sowie die von der Freiflächenanlage in Anspruch genommene Fläche in Hektar, 14. die Angabe, ob die Anlage mit technischen Einrichtungen ausgestattet ist, mit denen jederzeit die Einspeiseleistung ferngesteuert reduziert sowie die jeweilige Ist-Einspeisung abgerufen werden kann vom a) Netzbetreiber, wobei auch anzugeben ist, ob es sich um eine gemeinsame technische Einrichtung für mehrere Anlagen an einem Netzverknüpfungspunkt nach § 9 Absatz 1 Satz 2 des Erneuerbare-Energien-Gesetzes handelt, oder b) einem Direktvermarktungsunternehmer oder einer anderen Person, an die der Strom veräußert wird, 15. den Namen des Netzbetreibers, in dessen Netz der in der Anlage erzeugte Strom eingespeist oder mittels kaufmännisch-bilanzieller Weitergabe angeboten wird, und 16. die Bezeichnung des Netzanschlusspunktes der Anlage sowie dessen Spannungsebene."
27 BT-Drs. 18/1304 v. 5.5.2014, S. 151.
28 Für Strom aus Freiflächenanlagen, die vor dem in § 55 Abs. 3 S. 1 genannten Zeitpunkt in Betrieb genommen worden sind, sind die Regelungen in § 55 Abs. 1 und 2 demgegenüber nicht anzuwenden (§ 55 Abs. 3 S. 2).
29 So Bundesregierung, Freiflächenausschreibungsverordnung, Begründung S. 64 f.

10 § 55 Abs. 4 regelt schließlich die **Veröffentlichungspflichten** der BNetzA. Gem. § 55 Abs. 4 S. 1 veröffentlicht die BNetzA als ausschreibende Stelle nach Maßgabe der Freiflächenausschreibungsverordnung das **Ergebnis der Ausschreibungen** einschließlich der **Höhe der finanziellen Förderung**, für die jeweils der Zuschlag erteilt wurde. Die Regelung bezieht sich somit auf die in Teil 2 der FFAV geregelten Ausschreibungen. Gem. § 32 FFAV muss die BNetzA auf ihrer Internetseite spätestens zum letzten Kalendertag des auf die Registrierung des letzten Zuschlags einer Ausschreibung nach § 12 Abs. 5 FFAV[30] folgenden Kalendermonats veröffentlichen: 1. den niedrigsten und den höchsten Gebotswert, der einen Zuschlag erhalten hat, 2. den Durchschnittswert aller Zuschlagswerte der Ausschreibung, wenn der Zuschlagswert nach dem in § 13 Abs. 1 FFAV festgelegten (Pay-as-bid-)Verfahren bestimmt wird, 3. den jeweils im bezuschlagten Gebot nach § 6 Abs. 3 Nr. 5 FFAV genannten Standort der geplanten Freiflächenanlage, 4. den jeweils im bezuschlagten Gebot nach § 6 Abs. 4 Nr. 1 FFAV angegebenen Planungsstand und schließlich 5. die Zuschlagsnummer des bezuschlagten Gebots.

11 Die BNetzA teilt den betroffenen Netzbetreibern nach § 55 Abs. 4 S. 2 **die Zuordnung einer Förderberechtigung zu einer Anlage** i. S. des § 55 Abs. 2 Nr. 1 einschließlich der **Höhe der finanziellen Förderung** nach Maßgabe der FFAV mit. Diese Regelung bezieht sich somit auf die Ausstellung der Förderberechtigungen gem. Teil 3 der FFAV. Nach § 22 Abs. 3 FFAV muss die BNetzA außerdem dem Netzbetreiber, in dessen Netz der in der Freiflächenanlage erzeugte Strom eingespeist oder mittels kaufmännisch-bilanzieller Weitergabe angeboten werden soll, die Ausstellung der Förderberechtigung einschließlich der Angaben nach § 21 Abs. 2 FFAV und der Höhe des nach § 26 FFAV bestimmten anzulegenden Werts unverzüglich nach der Ausstellung der Förderberechtigung mitteilen.

II. Ausschreibende Stelle

12 § 55 Abs. 1 ermächtigt die **BNetzA** als ausschreibende Stelle,[31] Ausschreibungen zur Ermittlung der Förderhöhe für Strom aus Freiflächenanlagen nach Maßgabe näherer Vorgaben einer Rechtsverordnung nach § 88 – der FFAV – durchzuführen.[32] Dabei kann im Rahmen der Rechtsverordnung auch festgelegt werden, welche **Art von finanzieller Förderung** ausgeschrieben wird.[33] Die BNetzA kann die Höhe der finanziellen Förderung somit für die erzeugte Strommenge (Arbeit) oder für die installierte Leistung (Kapazität) über Ausschreibungen ermitteln (vgl. § 88 Abs. 1 Nr. 1 lit. c).[34] Die Bundesregierung hat sich mit Blick auf die bestehende EEG-Systematik für die Fortführung der Förderung über **gleitende Marktprämien** entschieden. Hiernach werden die Teilnehmer der Ausschreibung aufgefordert, für ihre Gebotsmenge i. S. des § 2 Nr. 6 FFAV auf den „anzulegenden Wert" nach § 23 Abs. 1 S. 2 zu bieten (§ 6 Abs. 3 Nr. 4 i. V. m. §§ 2 Nr. 8, 13, 21 Abs. 1, 26 FFAV).[35]

---

30 Im Verordnungstext ist von § 14 FFAV die Rede. Diese Vorschrift betrifft die öffentliche Bekanntgabe des Zuschlags und des Zuschlagswerts. Hieran knüpft u. a. die Frist von 10 Werktagen zur Gestellung der Zweitsicherheit gem. § 15 Abs. 5 FFAV an.
31 Zur Diskussion siehe ZSW/Takon/BBG und Partner/Ecofys, Wissenschaftliche Empfehlung zur Ausgestaltung des Pilotausschreibungsverfahrens, S. 3, 27.
32 BT-Drs. 18/1304 v. 5.5.2014, S. 149.
33 BT-Drs. 18/1304 v. 5.5.2014, S. 149.
34 BT-Drs. 18/1304 v. 5.5.2014, S. 149.
35 Zum Vorstehenden: BT-Drs. 18/1304 v. 5.5.2014, S. 149.

Obwohl § 55 Abs. 1 als ausschreibende Stelle die BNetzA benennt, könnte die Bundesregierung im Rahmen der FFAV gem. § 88 Abs. 4 Nr. 1 grundsätzlich auch eine andere juristische Person des öffentlichen Rechts mit den Ausschreibungen betrauen.[36] Die „Wissenschaftliche Empfehlung"[37] geht jedoch ebenso wie das BMWi[38] mit guten Argumenten davon aus, dass die BNetzA die geeignete Ausschreibungsstelle ist. Die BNetzA verfügt als Regulierungsbehörde über fundierte Kenntnisse über die Energiemärkte.[39] Für ausreichende personelle und sachliche Mittel wird auf der Grundlage des § 87 durch eine „Verordnung über Gebühren und Auslagen der Bundesnetzagentur im Zusammenhang mit der Freiflächenausschreibungsverordnung (**Freiflächenausschreibungsgebührenverordnung** – FFAGebV) gesorgt.[40] Alternativ kämen als ausschreibende Stellen die Übertragungsnetzbetreiber, andere Behörden oder Ministerien und sogar „private Stellen" in Betracht.[41] Ebenso wie die BNetzA verfügen auch die **Übertragungsnetzbetreiber** über Erfahrungen mit wettbewerblichen Ausschreibungen (vgl. § 17d Abs. 4 S. 1 EnWG). Allerdings erschwert die regionale Aufteilung der Übertragungsnetzbetreiber eine Auswahl der auszuschreibenden Stelle. Insoweit könnte zwar eine übergeordnete Stelle der Übertragungsnetzbetreiber geschaffen werden. Dies wäre jedoch mit zusätzlichen Transaktionskosten verbunden. Darüber hinaus gehört die Durchführung von EE-Ausschreibungen – und dies erscheint entscheidend – nicht zu den Kernaufgaben der Übertragungsnetzbetreiber, auch wenn diese im Rahmen der Abwicklung der EE-Zahlungsströme nach der Ausgleichsmechanismusverordnung schon bislang mit „aufgabenfremden Tätigkeiten" betraut werden (siehe auch die §§ 28, 30 und 31 FFAV). Theoretisch könnte auch eine **private Stelle** mit der Durchführung der Ausschreibung beauftragt werden. In diesem Fall müsste jedoch zunächst die ausschreibende Stelle selbst durch Ausschreibung ermittelt werden („Wettbewerb um den Markt für EE-Ausschreibungsstellen"), was wenig effizient wäre. Folgerichtig spricht § 88 Abs. 4 Nr. 1 lediglich davon, dass eine andere **öffentliche Stelle** mit der Ausschreibung betraut werden kann. | **13**

§ 55 Abs. 1 S. 2 regelt die **Bekanntmachung der Ausschreibungen**. § 5 Abs. 1 S. 1 FFAV konkretisiert die dort geregelten allgemeinen Vorgaben dahingehend, dass die BNetzA die Ausschreibungen nach Ablauf der neunten und vor Ablauf der sechsten Kalenderwoche vor dem jeweiligen Gebotstermin auf ihrer Internetseite bekannt machen muss. Die Bekanntmachungen müssen dabei mindestens folgende Angaben enthalten: 1. den Gebotstermin i. S. des § 2 Nr. 7 FFAV, 2. das Ausschreibungsvolumen nach § 3 Abs. 1 FFAV unter Berücksichtigung des § 4 FFAV, 3. den Höchstwert nach § 8 FFAV, 4. die nach § 34 Abs. 1 | **14**

---

36 Darüber hinaus kann die Bundesregierung nach § 88 Abs. 4 Nr. 2 die BNetzA ermächtigen, unter Berücksichtigung des Zwecks und Ziels des § 1 Festlegungen gem. § 29 Abs. 1 EnWG zu den Ausschreibungen zu treffen, einschließlich der konkreten Ausgestaltung der Regelungen nach § 88 Abs. 1 Nr. 1 bis 10 und Abs. 2.

37 ZSW/Takon/BBG und Partner/Ecofys, Wissenschaftliche Empfehlung zur Ausgestaltung des Pilotausschreibungsverfahrens, S. 27.

38 BMWi, Eckpunkte für ein Ausschreibungsdesign für Photovoltaik-Freiflächenanlagen, S. 4.

39 BMWi, Eckpunkte für ein Ausschreibungsdesign für Photovoltaik-Freiflächenanlagen, S. 4.

40 Art. 2 der Verordnung der Bundesregierung zur Einführung von Ausschreibungen der finanziellen Förderung für Freiflächenanlagen sowie zur Änderung weiterer Verordnungen zur Förderung der erneuerbaren Energien, als nicht amtliche Lesefassung abrufbar unter www.bmwi.de/BMWi/Redaktion/PDF/V/verordnung-zur-einfuehrung-von-ausschreibungen-der-finanziellen-foerderung-fuer-freiflaechenanlagen,property=pdf,bereich=bmwi2012,sprache=de,rwb=true.pdf.

41 Vgl. auch zum Folgenden ZSW/Takon/BBG und Partner/Ecofys, Wissenschaftliche Empfehlung zur Ausgestaltung des Pilotausschreibungsverfahrens, S. 27

FFAV von der BNetzA für die Gebotsabgabe vorgegebenen Formatvorgaben und schließlich 5. die Festlegungen der BNetzA nach § 35 FFAV, soweit sie die Gebotsabgabe und das Zuschlagsverfahren betreffen. Als Gebotstermine legt § 3 Abs. 1 FFAV für das Jahr 2015 den 15. April, den 1. August und den 1. Dezember fest. In den Jahren 2016 und 2017 sind dies der 1. April, der 1. August und der 1. Dezember. Nach § 3 Abs. 2 FFAV sind die Ausschreibungen de facto auf den Ablauf des Jahres 2017 befristet.

III. Voraussetzungen für die Förderung von Freiflächenanlagen

15   **1. Anspruchsvoraussetzungen.** § 55 Abs. 2 regelt die **zentralen Anspruchsvoraussetzungen für den Erhalt von Förderzahlungen** durch die Netzbetreiber gem. § 19 i.V. m. § 28 FFAV. Gem. § 28 Abs. 1 S. 1 Nr. 1 FFAV besteht ein derartiger Anspruch nur dann, wenn für die Freiflächenanlage eine **Förderberechtigung** besteht. Eine solche Förderberechtigung wird wiederum von der BNetzA ausgestellt, wenn der Antragsteller zuvor den Zuschlag in einem **Ausschreibungsverfahren** erlangt hat und die sonstigen Vorgaben der FFAV und des EEG eingehalten sind. Diese auf den ersten Blick verwirrende Regelungstechnik erklärt sich durch den Umstand, dass zum Zeitpunkt der Zuschlagsentscheidung noch gar keine EE-Anlage errichtet ist.[42] Der in der Ausschreibung erfolgreiche Bieter benötigt deshalb gem. § 21 Abs. 1 FFAV noch eine durch die BNetzA ausgestellte Förderberechtigung, in der dem Zuschlag eine Anlage ganz oder teilweise zugeordnet und die Höhe des technologiespezifischen „anzulegenden Werts" bestimmt wird (§ 55 Abs. 2 Nr. 1, § 21 Abs. 1 FFAV). Der Antrag des Bieters an die BNetzA auf Ausstellung einer Förderberechtigung muss nicht nur Angaben zu seiner Person und zur installierten Leistung der in Frage kommenden Anlage enthalten, sondern auch zu den relevanten Flächenkriterien (§ 55 Abs. 2 Nr. 2). Außerdem muss der Anspruchsteller dem Übertragungsnetzbetreiber die in § 55 Abs. 2 Nr. 2 bis 4 normierten Voraussetzungen nachweisen (§ 28 Abs. 1 S. 1 Nr. 2 und 3 FFAV). Im Einzelnen:

16   **2. Förderberechtigung.** Gem. § 55 Abs. 2 Nr. 1 besteht ein Anspruch auf finanzielle Förderung gegen den zuständigen Netzbetreiber nach § 19 i.V. m. § 28 Abs. 1 FFAV nur dann, wenn der Anlagenbetreiber über eine von der BNetzA ausgestellte **Förderberechtigung** verfügt, und er die weiteren Anforderungen für die finanzielle Förderung nach § 55 Abs. 2 Nr. 2 bis 4 erfüllt. Die näheren Vorgaben zur Ausstellung der Förderberechtigung durch die BNetzA sind in den §§ 21 ff. FFAV normiert.

17   **3. Flächenkriterien.** Gem. § 55 Abs. 2 Nr. 2 wird der in der Freiflächenanlage erzeugte Strom nur dann gefördert, wenn sich die Anlage im Bereich eines **beschlossenen Bebauungsplans** i.S. des § 30 BauGB befindet, der zumindest auch mit dem Zweck aufgestellt oder geändert worden ist, eine Anlage zur Erzeugung von Strom aus solarer Strahlungsenergie zu errichten. Eine entsprechende Regelung enthält § 22 Abs. 1 Nr. 2 lit. a FFAV.

18   **a) Grundlagen.** Die Förderregelungen des EEG sollen im Rahmen der vorgegebenen Ausbaupfade einen wirtschaftlichen Betrieb von Photovoltaikanlagen ermöglichen (§ 55 Abs. 3 S. 1 i.V. m. § 51 Abs. 1 Nr. 2 und 3[43]). Allerdings berührt die Errichtung einer Pho-

---

42 Bundesregierung, Freiflächenausschreibungsverordnung, Begründung S. 40 (Schaubild).
43 § 51 enthält Regelungen für Strom aus Freiflächenanlagen, für Gebäudeanlagen und für Anlagen auf Nichtwohngebäuden im Außenbereich. Die Regelung für Freiflächenanlagen ist in § 51 Abs. 1 Nr. 2 und 3 enthalten. Diese Anlagen erhielten bislang eine geringere Vergütung als Gebäudeanla-

tovoltaik-Anlage vielfältige andere Rechtsbereiche, von der Sicherung geeigneter Flächen mittels Grunddienstbarkeiten[44] über die Wahl der Rechtsform des Anlagenbetreibers[45] bis hin zum Netzanschluss.[46] Von zentraler Bedeutung ist dabei das **öffentliche Baurecht**, da Fehleinschätzungen hier zu gravierenden Verzögerungen bis hin zum gänzlichen Scheitern von Projekten führen können.[47] Sofern die regelmäßig im Außenbereich erstellten Photovoltaik-Freiflächenanlagen keine privilegierten Vorhaben insbesondere nach § 35 Abs. 1 Nr. 3 und Nr. 8 BauGB sind,[48] sind sie als sonstige Vorhaben i. S. des § 35 Abs. 2 BauGB nur dann zulässig, wenn gem. § 35 Abs. 3 BauGB keine öffentlichen Belange beeinträchtigt werden. Dies wird aufgrund der erheblichen Größe der Anlagen nicht selten zu bejahen sein. In einem solchen Fall kann die Baurechtmäßigkeit grundsätzlich nur durch die **Bauleitplanung** hergestellt werden.[49]

Nach § 55 Abs. 2 Nr. 2 besteht „ein Anspruch auf finanzielle Förderung im Fall der Ausschreibung" lediglich dann, wenn die Photovoltaik-Freiflächenanlage im Bereich eines **„beschlossenen" Bebauungsplans** gem. § 30 BauGB i.V. mit §§ 8 ff. BauGB errichtet worden ist, sofern dieser zumindest auch dem Zweck dient, eine Anlage zur Erzeugung von Strom aus solarer Strahlungsenergie zu errichten.[50] Um den Anlagen- und Netzbetreibern ein gewisses Maß an Rechtssicherheit zu geben, macht der Gesetzgeber den Förderanspruch nicht von der materiellen Wirksamkeit des Bebauungsplans abhängig, sondern allein vom Vorliegen eines förmlichen **Gemeinde-Aufstellungsbeschlusses**,[51] wobei diese Regelung nach § 88 Abs. 1 Nr. 2 lit. c geändert werden kann. Gem. § 55 Abs. 2 Nr. 2 muss damit lediglich ein ordnungsgemäß zustande gekommener und damit wirksamer Satzungs-

19

---

gen, um einerseits die technische Entwicklung voranzutreiben, andererseits jedoch auch, um den Ausbau in Richtung von Gebäudeanlagen zu lenken; vgl. Frenz/Müggenborg/*Schomerus*, § 32 EEG 2012 Rn. 7. Siehe zur Rechtslage unter Geltung des EEG 2009 auch *Götze/Boelling/Löscher*, ZUR 2010, 245 ff.

44 §§ 1090 Abs. 1, 1018 BGB, vgl. *Reymann*, DNotZ 2010, 84 ff.

45 Siehe dazu § 6 Abs. 1 FFAV: natürliche Personen, rechtsfähige Personengesellschaften und juristische Personen.

46 Für den Nachweis einer vorläufigen Netzanschlusszusage als Fördervoraussetzung ZSW/Takon/ BBG und Partner/Ecofys, Wissenschaftliche Empfehlung zur Ausgestaltung des Pilotausschreibungsverfahrens, S. 44; zweifelnd BEE, Stellungnahme für das Konsultationsverfahren zu den Eckpunkten des BMWi für ein Ausschreibungsdesign für Photovoltaik-Freiflächenanlagen, S. 7 f., da diese in machen Netzgebieten nur noch tagesscharf oder gültig für wenige Wochen vergeben würden. Aus diesem Grunde seien die Netzbetreiber zu verpflichten, ihren Reservierungen eine einheitliche, zeitlich klar definierte Verbindlichkeit zu verleihen (inklusive Netzanschlusspunkt und Einspeisekapazität), die die relevanten Projektentwicklungszeiträume berücksichtige und nach Zuschlag in der Auktion um den Realisierungszeitraum zu verlängern sei. Um einem strategischen Bieterverhalten vorzubeugen, sei die Erlangung einer derart befristeten Netzanschlusszusage wiederum an einen Aufstellungsbeschluss der Gemeinde für einen Bebauungsplan zu knüpfen.

47 Ausführlich – auch zum Vorstehenden – Frenz/Müggenborg/*von Oppen*, Vor §§ 32–33 EEG 2012 (baurechtliche Aspekte) Rn. 1 ff.

48 Dagegen Frenz/Müggenborg/*von Oppen*, Vor §§ 32–33 EEG 2012 (baurechtliche Aspekte) Rn. 2.

49 Frenz/Müggenborg/*von Oppen*, Vor §§ 32–33 EEG 2012 (baurechtliche Aspekte) Rn. 4, mit Hinweis auf Ausnahmen nach dem Fachplanungsrecht. Siehe auch das Schreiben des Bayerischen Staatsministeriums des Innern vom 19.11.2009 Nr. II B 5 – 4112.79 – 037/09, abgedruckt bei *Simon/Busse*, Bayerische Bauordnung, Teil D Anhang Nr. 59.

50 Nicht ausreichend ist nach dem Wortlaut somit ein Planfeststellungs- oder vergleichbares Verfahren i. S. des § 51 Abs. 1 Nr. 2.

51 BT-Drs. 18/1304 v. 5.5.2014, S. 150.

beschluss des zuständigen Gemeindeorgans für den Bebauungsplan vorliegen.[52] Die Regelung bezweckt, die EE-Anlagenbetreiber und Netzbetreiber von den rechtlichen Risiken der Wirksamkeit des Bebauungsplans zu befreien. Sie soll insbesondere verhindern, dass Fehler bei der Bekanntmachung i. S. des § 10 Abs. 3 BauGB, die zur Unwirksamkeit des Bebauungsplans führen, den Förderanspruch des Anlagenbetreibers negativ beeinflussen.[53]

20 § 55 Abs. 2 Nr. 2 statuiert das Erfordernis eines Bebauungsplans als Voraussetzung für den Erhalt einer finanziellen Förderung durch den zuständigen Netzbetreiber (§ 28 Abs. 1 S. 1 Nr. 1 FFAV i. V. m. § 22 Abs. 1 Nr. 2 lit. a FFAV). Hiervon zu unterscheiden ist die Frage, welche **materiellen Präqualifikationsanforderungen** ein Bieter der BNetzA im **Ausschreibungsverfahren** nachweisen muss, konkret in Zusammenhang mit dem Nachweis des Bauplanungsfortschritts. Diese Qualifikationsanforderungen müssen nicht notwendig auf den Beschluss des Bebauungsplans abstellen, sondern können in Abhängigkeit von der gewünschten **Realisierungswahrscheinlichkeit** auch an zeitlich vorgelagerte Sachverhalte anknüpfen (vgl. § 6 Abs. 4 FFAV).[54] Sofern im Zeitpunkt der Gebotsabgabe bereits ein Bebauungsplan i. S. des § 55 Abs. 2 Nr. 2 vorliegt, kann dies jedoch zu einer Minderung etwaiger Präqualifikationsanforderungen/Pönalen führen, da die Realisierungswahrscheinlichkeit erhöht ist (§ 7 Abs. 3 und § 15 Abs. 3 FFAV).[55]

21 **b) Festlegung der Flächenkulisse. aa) Rechtlicher Rahmen.** Nach § 55 Abs. 2 Nr. 4 hängt der Anspruch auf finanzielle Förderung nicht von der Einhaltung des § 51 Abs. 1 – der „Nachfolgeregelung" des § 32 Abs. 1 EEG 2012 – ab.[56] Die Bundesregierung wird vielmehr durch § 88 Abs. 1 Nr. 2 lit. c und durch § 88 Abs. 1 Nr. 3 lit. c ermächtigt, im Rahmen der Freiflächenausschreibungsverordnung geeignete **Flächenkriterien** festzulegen.[57]

22 **bb) Bisherige Rechtslage.** Im Rahmen der Förderung über **administrativ festgelegte Marktprämien** regelt § 51 Abs. 1 Nr. 2 die Vergütungsvoraussetzungen für Anlagen auf Flächen, für die gem. § 38 BauGB ein Planfeststellungs- oder vergleichbares Verfahren durchgeführt worden ist.[58] Hierunter fallen vor allem Bundesfernstraßen, Betriebsanlagen

---

52 Ebenso schon zu § 32 Abs. 1 Nr. 3 EEG 2012 Altrock/Oschmann/Theobald/*Oschmann*, § 32 EEG 2012 Rn. 57.

53 Zum Vorstehenden: BT-Drs. 18/1304 v. 5.5.2014, S. 150.

54 ZSW/Takon/BBG und Partner/Ecofys, Wissenschaftliche Empfehlung zur Ausgestaltung des Pilotausschreibungsverfahrens, S. 45.

55 ZSW/Takon/BBG und Partner/Ecofys, Wissenschaftliche Empfehlung zur Ausgestaltung des Pilotausschreibungsverfahrens, S. 52.

56 Siehe auch schon BT-Drs. 18/1304 v. 5.5.2014, S. 150.

57 Hiernach könnten z. B. Umwelt- und Naturschutzanforderungen oder sonstige Anforderungen an die Flächen festgelegt werden, auf denen die Anlagen errichtet werden sollen. Durch diese Verordnungsermächtigung solle auch sichergestellt werden, dass bei den zu entwickelnden Ausschreibungen die vom europäischen und nationalen Vergaberecht eröffneten Spielräume zur Berücksichtigung ökologischer und regionaler Anforderungen genutzt werden, um die Naturverträglichkeit der Projekte bereits auf dieser Ebene einzufordern. Vgl. BT-Drs. 18/1304 v. 5.5.2014, S. 168; siehe zu Grundlagen und Grenzen einer Berücksichtigung vergabefremder Kriterien bei der Vergabeentscheidung *Mohr*, VergabeR 2009, 543 ff.

58 Auf diese Regelung nimmt § 55 Abs. 2 Nr. 2 nicht Bezug, obwohl sie nach § 55 Abs. 3 S. 1 auch durch die Systemänderung auf Ausschreibungen betroffen ist; notwendig ist somit immer ein Bebauungsplan; vgl. Clearingstelle EEG, Öffentliche Konsultation zu Eckpunkten für ein Ausschreibungsdesign für PV-Freiflächenanlagen, S. 5, die die dadurch bewirkte Einschränkung der Flächenkulisse kritisch hinterfragt.

einer Eisenbahn und Deponien.[59] Für Flächen im Bereich eines beschlossenen Bebauungsplans regelt § 51 Abs. 1 Nr. 3 die spezifischen Fördervoraussetzungen.[60] Hiernach beträgt
der „anzulegende Wert" bis einschließlich einer installierten Leistung von 10 MW pro Kilowattstunde 9,23 Cent unter Berücksichtigung der „atmenden" Absenkung oder Erhöhung
nach § 31, wenn die Anlage im Bereich eines **beschlossenen Bebauungsplans** im Sinne
des § 30 BauGB errichtet worden ist und den dort aufgeführten, dem Grundsatz des „Frei-
flächenschutzes"[61] verpflichteten weiteren Kriterien genügt. Das Erfordernis eines Bebauungsplans soll es betroffenen Bürgern ermöglichen, die Entscheidung über die Errichtung
von EE-Anlagen im Rahmen der Satzungsentscheidung der zuständigen Gebietskörperschaft und über die vorgeschriebene Bürgerbeteiligung zu beeinflussen.[62]

Als **zusätzliche Fördervoraussetzung** normiert das Gesetz alternativ, dass sich die EE-   23
Anlagen auf baulichen Anlagen (Deponien, planierten Parkplätzen etc.), Konversionsflächen aus wirtschaftlicher, verkehrlicher, wohnungsbaulicher oder militärischer Nutzung,
Versiegelungsflächen, Ackerflächen (bis 30.6.2010), Flächen entlang von Autobahnen und
Schienenwegen (110-Meter-Regelung, ab 1.7.2010), alten Gewerbegebieten, planfestgestellten Flächen und solchen im Bereich alter Bebauungspläne (vor dem 1.9.2003) befinden müssen (§ 51 Abs. 1 Nr. 3).[63]

cc) Freiflächenausschreibungsverordnung. Nach der **FFAV** muss ein Bieter, der in ei-   24
nem Ausschreibungsverfahren einen Zuschlag erhalten hat, in seinem Antrag auf Ausstellung einer Förderberechtigung nach § 21 Abs. 2 Nr. 3 lit. b FFAV u.a. mitteilen, ob die
Freiflächenanlage im Bereich eines **beschlossenen Bebauungsplans** im Sinne des § 30
BauGB errichtet worden ist, der zumindest auch mit dem Zweck aufgestellt oder geändert
worden ist, eine Freiflächenanlage zu errichten (§ 22 Abs. 1 Nr. 2 lit. a FFAV).

Um den unterschiedlichen Nutzungsinteressen insbesondere der Landwirtschaft und des   25
Naturschutzes gerecht zu werden, sieht § 22 Abs. 1 FFAV in seinen Nummern 2 und 3 vor,
dass die Zuteilung der Gebotsmengen nur für Anlagen auf bestimmten Flächen zulässig
ist.[64] Wird eine Freiflächenanlage auf einer Fläche errichtet, die nicht in § 22 Abs. 1 Nr. 2
FFAV aufgeführt worden ist, ist sie nicht förderfähig, weshalb ihr keine Gebotsmengen zugeteilt werden können.[65] Darüber hinaus können Gebote, die im Jahr 2015 einen Zuschlag
gem. § 12 FFAV erhalten haben, nur einer Freiflächenanlage auf Konversionsflächen, auf
versiegelten Flächen oder an Seitenrandstreifen von 110 Metern an Autobahnen oder
Schienenwegen zugeteilt werden (§ 22 Abs. 1 Nr. 3 lit. a FFAV i.V. m. § 22 Abs. 1 Nr. 2
lit. b aa bis cc FFAV). Damit bleibt die bisherige Flächenkulisse für Freiflächenanlagen des
EEG 2014 zunächst unverändert für Zuschläge, die im Jahr 2015 erteilt werden.[66] Für Zu-

---

59 Clearingstelle EEG, Empfehlung Nr. 2008/16 v. 25.11.2010, Bauplanerische Voraussetzungen bei
    PV-Anlagen, Rn. 11.
60 Frenz/Müggenborg/*Schomerus*, § 32 EEG 2012 Rn. 8.
61 Clearingstelle EEG, Öffentliche Konsultation zu Eckpunkten für ein Ausschreibungsdesign für
    PV-Freiflächenanlagen, S. 2.
62 Clearingstelle EEG, Empfehlung Nr. 2008/16 v. 25.11.2010, Bauplanerische Voraussetzungen bei
    PV-Anlagen, Rn. 29; Altrock/Oschmann/Theobald/*Oschmann*, § 32 EEG 2012 Rn. 54.
63 Clearingstelle EEG, Öffentliche Konsultation zu Eckpunkten für ein Ausschreibungsdesign für
    PV-Freiflächenanlagen, S. 2.
64 Bundesregierung, Freiflächenausschreibungsverordnung, Begründung S. 81.
65 Bundesregierung, Freiflächenausschreibungsverordnung, Begründung S. 81.
66 Bundesregierung, Freiflächenausschreibungsverordnung, Begründung S. 81.

schläge, die nach 2015 erteilt werden, gilt sodann eine „maßvoll erweiterte Flächenkulisse". Gebote, die zum Gebotstermin am 1.4.2016 oder zu einem späteren Gebotstermin abgegeben werden (§ 3 Abs. 1 Nr. 4 bis Nr. 9 FFAV) und einen Zuschlag erhalten haben, können hiernach Freiflächenanlagen auf Konversionsflächen, auf versiegelten Flächen, an Seitenrandstreifen von 110 Metern an Autobahnen und Schienenwegen, auf geeigneten Flächen der Bundesanstalt für Immobilienaufgaben oder auf Ackerflächen in benachteiligten Gebieten zugeteilt werden. Allerdings ist die Förderung von Freiflächenanlagen auf Ackerflächen in benachteiligten Gebieten auf zehn bezuschlagte Gebote pro Jahr begrenzt (§ 6 Abs. 3 Nr. 6 lit. e i.V. m. § 12 Abs. 4 FFAV). Ab 2018 will der Regelungsgeber insgesamt neu entscheiden (§ 3 Abs. 2 FFAV).[67] In negativer Hinsicht ist im Antrag auf Ausstellung einer Förderberechtigung noch zu bestätigen, dass sich die Anlage nicht auf einer Fläche befindet, die zum Zeitpunkt des Beschlusses über die Aufstellung oder Änderung des Bebauungsplans rechtsverbindlich als Naturschutzgebiet im Sinne des § 23 BNatSchG oder als Nationalpark im Sinne des § 2 BNatSchG festgesetzt worden ist (§ 22 Abs. 1 Nr. 2 lit. c FFAV).

26 Die vorstehenden Regelungen enthalten einen **politischen Kompromiss** zwischen der wettbewerblichen Ausweitung der Flächenkulisse und den Interessen der Landwirtschaft an einer Sicherung ausreichender Nutzungsflächen zu bezahlbaren Konditionen (Pacht).[68] So legte die „Wissenschaftliche Empfehlung" aus „Wettbewerbs- und Kosteneffizienzgründen" eine Aufhebung der bis dato geltenden Begrenzung der zulässigen Flächen nahe,[69] kombiniert mit einer Anhebung der maximal zulässigen Projektgröße auf 25 MW (anders § 22 Abs. 1 Nr. 4 lit. b FFAV: maximal 10 KW).[70] Für die Aufhebung der Flächenrestriktionen spricht neben dem bestehenden Flächenbedarf für Photovoltaik-Freiflächenanlagen,[71] dass die Ermittlung der Förderberechtigungen infolge wettbewerblicher Ausschreibungen bereits eine zureichende Mengensteuerung beinhaltet.[72] Auch geht die Errichtung von Freiflächenanlagen auf Konversionsflächen oder Deponien regelmäßig mit höheren Kosten einher als eine solche auf (ertragsärmeren) Ackerflächen. Nach anderer Ansicht handelt es sich bei einer derartigen Ausweitung um eine unangemessene („unethische") Einschränkung der Ackerbauflächen.

27 **c) Regionale Verteilung.** § 55 Abs. 2 Nr. 2 enthält keine Vorgaben zur **regionalen Verteilung** der EE-Anlagen etwa im Zuge des Netzausbaus. Eine solche kann jedoch im Rahmen des Ausschreibungsdesigns eingeführt werden.[73] Die FFAV steuert die regionale Verteilung lediglich über die erweiterte Regelung zur Anlagenzusammenfassung in § 2 Nr. 5 Hs. 2.

---

67 Bundesregierung, Freiflächenausschreibungsverordnung, Begründung S. 2.
68 Wuppertaler Institut für Klima, Umwelt und Energie/Fraunhofer ISE, Stellungnahme zur BMWi-Konsultation „Eckpunkte für ein Ausschreibungsdesign für Photovoltaik-Freiflächenanlagen." Krit. auch Umweltbundesamt, Stellungnahme zu den Eckpunkten für ein Ausschreibungsdesign für Photovoltaik-Freiflächenanlagen, S. 3 f.
69 Dazu BMWi, Eckpunkte für ein Ausschreibungsdesign für Photovoltaik-Freiflächenanlagen, S. 3.
70 ZSW/Takon/BBG und Partner/Ecofys, Wissenschaftliche Empfehlung zur Ausgestaltung des Pilotausschreibungsverfahrens, S. 20 ff., und zur Projektgröße S. 24 ff.
71 Schaubilder bei ZSW/Takon/BBG und Partner/Ecofys, Wissenschaftliche Empfehlung zur Ausgestaltung des Pilotausschreibungsverfahrens, S. 22 f.
72 ZSW/Takon/BBG und Partner/Ecofys, Wissenschaftliche Empfehlung zur Ausgestaltung des Pilotausschreibungsverfahrens, S. 24.
73 Dafür dena, Stellungnahme: Eckpunkte für ein Ausschreibungsdesign für Photovoltaik-Freiflächenanlagen, S. 2; siehe näher unter § 2 Rn. 126.

Hiernach gelten mehrere Freiflächenanlagen abweichend von § 32 Abs. 2 unabhängig von den Eigentumsverhältnissen und ausschließlich für die Regelungen dieser Verordnung und zum Zweck der Ermittlung des Anspruchs nach § 19 für den jeweils zuletzt in Betrieb gesetzten Generator als eine Anlage, wenn sie innerhalb derselben Gemeinde, die für den Erlass des Bebauungsplans zuständig ist, errichtet worden sind und innerhalb von 24 aufeinanderfolgenden Kalendermonaten in einem Abstand von bis zu 4 Kilometern in der Luftlinie, gemessen vom äußeren Rand der einzelnen Anlage, in Betrieb genommen worden sind. Von dieser Regelung unberührt bleibt § 32 Abs. 1.

4. Keine Eigenversorgung. Ein Anspruch auf finanzielle Förderung gem. § 19 i.V. m. § 28 **28** Abs. 1 S. 1 Nr. 2 FFAV setzt weiterhin voraus, dass ab Inbetriebnahme der Anlage der gesamte während der Förderdauer nach § 28 Abs. 5 FFAV in der Anlage erzeugte Strom in das Netz eingespeist und nicht selbst verbraucht wird (§ 55 Abs. 2 Nr. 3). Etwas anderes gilt nach der Regierungsbegründung zum EEG 2014 lediglich für Wechselrichter- und sonstige Leitungsverluste.[74] Durch diese Regelung soll ausgeschlossen werden, dass die Freiflächenanlagen durch eine **Mischfinanzierung mit einem Eigenversorgungsanteil** wettbewerbsverzerrende Gebote abgeben können bzw. antikompetitiv überhöhte Förderzahlungen erhalten.[75]

5. Sonstige Voraussetzungen einer finanziellen Förderung. Ein Anspruch auf finanziel- **29** le Förderung setzt nach §§ 55 Abs. 2 Nr. 4 i.V. m. § 28 Abs. 1 S. 1 Nr. 3 FFAV schließlich voraus, dass der jeweilige EE-Anlagenbetreiber alle sonstigen im **EEG** und in der **FFAV** enthaltenen Anspruchsvoraussetzungen mit Ausnahme derjenigen gem. § 51 Abs. 1 einhält. Die Regelung versteht sich – was schon ihre systematische Stellung unter „besondere Förderbestimmungen" zeigt – primär als Klarstellung.[76] Hiernach müssen die Freiflächenanlagen etwa mit **technischen Einrichtungen** gem. § 9 ausgestattet sein und sich nach Maßgabe der **Anlagenregisterverordnung** registrieren lassen (vgl. § 25 FFAV).[77] Demgegenüber ist § 31 auf die Ermittlung des Zuschlagswerts nicht anzuwenden (§ 13 Abs. 3 FFAV).

Die Regelungen der FFAV betreffen ausschließlich die Bestimmung der Höhe des **anzule-** **30** **genden Werts** i. S. des § 23 Abs. 1 S. 2, der die Grundlage für die Berechnung der Förderhöhe nach den §§ 19 ff. bildet.[78] Es steht der Bundesregierung zwar frei, die finanzielle Förderung anders als im bisherigen EEG auszugestalten.[79] Bezüglich der Pilotausschreibungen votierten das BMWi[80] und die „Wissenschaftliche Empfehlung"[81] jedoch mit guten Gründen für eine Förderung im Rahmen des **Marktprämienmodells**, um trotz der „maßvollen" Änderungen in der Flächenkulisse eine möglichst große Vergleichbarkeit mit der

---

74 BT-Drs. 18/1304 v. 5.5.2014, S. 150.
75 BT-Drs. 18/1304 v. 5.5.2014, S. 150. Im Schrifttum wird dem entgegen gehalten, es sei früher gerade die „Idee der Photovoltaik" gewesen, die Vorteile einer dezentralen Erzeugung zu nutzen; vgl. VEEED, Stellungnahme zum Eckpunktepapier des BMWi für ein Ausschreibungsdesign für Photovoltaik-Freiflächenanlagen, S. 1. Derartige Einschätzungen können sich im Zeitverlauf ändern.
76 BT-Drs. 18/1304 v. 5.5.2014, S. 150.
77 BT-Drs. 18/1304 v. 5.5.2014, S. 150.
78 Bundesregierung, Freiflächenausschreibungsverordnung, Begründung S. 61.
79 BT-Drs. 18/1304 v. 5.5.2014, S. 150.
80 BMWi, Eckpunkte für ein Ausschreibungsdesign für Photovoltaik-Freiflächenanlagen, S. 2.
81 ZSW/Takon/BBG und Partner/Ecofys, Wissenschaftliche Empfehlung zur Ausgestaltung des Pilotausschreibungsverfahrens, S. 1 und öfter.

Situation unter dem EEG 2012 zu erreichen.[82] Keine Geltung im Rahmen der Ausschreibungen beansprucht nach § 55 Abs. 2 Nr. 4 die Regelung des § 51 Abs. 1 über den administrativ festgelegten anzulegenden Wert, da sich dieser gem. § 55 Abs. 3 mit Beginn der Ausschreibungen auf null reduziert.[83]

IV. Übergangsfristen

31 § 55 Abs. 3 S. 1 enthält eine spezifische **Übergangsvorschrift** für die **Freiflächen-Ausschreibungen.** Hiernach verringert sich der anzulegende Wert gem. § 51 Abs. 1 Nr. 2 und 3 für Strom aus Freiflächenanlagen, die ab dem ersten Tag des siebten auf die erstmalige Bekanntmachung einer Ausschreibung nach Absatz 1 Satz 2 folgenden Kalendermonats in Betrieb genommen worden sind, auf null.[84] Der Regelung liegt die Erwägung zugrunde, dass ein Ausschreibungssystem innerhalb einzelner Technologien bzw. Technologiesegmente nicht parallel zu einem System von administrativ festgelegten Einspeisevergütungen oder Prämien bestehen kann, da potenzielle Bieter durch die Existenz eines solchen „Parallelsystems" von der Angebotsabgabe abgehalten oder jedenfalls die Höhe der administrativ festgelegten Förderung als Mindestgebot zugrunde legen würden.[85] Aus diesem Grunde **endet die finanzielle Förderung für Neuanlagen** gem. § 51 **sechs Monate nach der erstmaligen öffentlichen Bekanntmachung eines Ausschreibungsverfahrens durch die ausschreibende Stelle.** Ab diesem Zeitpunkt löst das System der auf der Basis von wettbewerblichen Ausschreibungen ermittelten Förderhöhen das System der gesetzlich bestimmten Förderhöhen für Freiflächenanlagen i. S. des § 51 Abs. 1 Nr. 2 und Nr. 3 ab.[86] Die **Freiflächenausschreibungsverordnung** sieht in § 3 Abs. 1 Nr. 1 FFAV als ersten Gebotstermin den 15.4.2015 vor. Dieser Termin ist zugleich die relevante Bekanntmachung i. S. des § 55 Abs. 3 S. 1.[87]

32 Für Anlagen, die **vor dem Ablauf der Sechs-Monats-Frist in Betrieb genommen** werden, gelten die Vorgaben gem. § 55 Abs. 1 und 2 nach § 55 Abs. 3 S. 2 nicht.[88] Anlagenbetreiber, die ihre Freiflächenanlagen auf der Grundlage des bis dato geltenden Fördersystems geplant und kalkuliert haben, können diese Anlagen somit innerhalb der Übergangszeit errichten und hiernach die administrativ festgelegte Förderhöhe gem. § 51 beanspruchen.[89] Hierdurch soll verhindert werden, dass es auf dem Freiflächenmarkt zu einem „Fadenriss" kommt.[90]

V. Veröffentlichungspflichten

33 **1. Grundlagen.** Gem. § 55 Abs. 4 S. 1 veröffentlicht die BNetzA nach Maßgabe der Rechtsverordnung gem. § 88 (das ist die FFAV) das **Ergebnis der Ausschreibungen** ein-

---

82 Siehe dazu schon § 2 Rn. 17.
83 *Kahle*, RdE 2014, 372, 375.
84 Siehe dazu bereits § 2 Rn. 168.
85 BT-Drs. 18/1304 v. 5.5.2014, S. 151.
86 BT-Drs. 18/1304 v. 5.5.2014, S. 151.
87 So Bundesregierung, Freiflächenausschreibungsverordnung, Begründung S. 65 f.
88 BT-Drs. 18/1304 v. 5.5.2014, S. 151.
89 *Kahle*, RdE 2014, 372, 375.
90 BT-Drs. 18/1304 v. 5.5.2014, S. 151.

schließlich der **Höhe der finanziellen Förderung**, für die jeweils der Zuschlag erteilt wurde. Eine entsprechende Verpflichtung ergibt sich auch aus dem **Unionsprimärvergaberecht**.[91] Die Vorschrift nimmt damit auf Teil 2 der FFAV Bezug.

Weiterhin teilt die BNetzA den betroffenen Netzbetreibern gem. § 55 Abs. 4 S. 2 **die Zu-**   **34**
ordnung der Förderberechtigung zu einer Anlage gem. § 55 Abs. 2 S. 1 einschließlich
der **Höhe der finanziellen Förderung** nach näherer Maßgabe der gem. § 88 zu erlassenden Rechtsverordnung mit. Diese an Teil 3 der FFAV anknüpfende Voraussetzung soll sicherstellen, dass den Netzbetreibern bekannt ist, für welche Anlage die Anlagenbetreiber
eine Förderberechtigung besitzen und in welcher Höhe jeweils ein Anspruch auf eine finanzielle Förderung besteht;[92] denn nach der FFAV steht es den Anlagenbetreibern grundsätzlich frei zu entscheiden, welche Gebotsmenge eines Gebots, das einen Zuschlag erhalten hat, einer bestimmten Freiflächenanlage zugeteilt wird (§ 21 Abs. 1 S. 2 FFAV; beachte
aber die Absenkung des Zuschlagswerts in § 26 Abs. 3 FFAV, wenn das Flurstück nicht zumindest teilweise mit demjenigen im Gebot übereinstimmt).[93]

2. Ergebnis der Ausschreibungen. Nach § 55 Abs. 4 S. 1 muss die BNetzA das **Ergebnis**   **35**
der Ausschreibungen einschließlich der **konkreten Höhe der finanziellen Förderung**,
für die jeweils der Zuschlag erteilt wurde,[94] nach Maßgabe der Rechtsverordnung nach
§ 88 veröffentlichen. Gem. § 88 Abs. 1 Nr. 8 kann die Ausschreibungsverordnung auch
Regelungen vorsehen zu der Art, der Form und dem Inhalt der Veröffentlichungen der Bekanntmachung von Ausschreibungen, der Ausschreibungsergebnisse und der erforderlichen Mitteilungen an die Netzbetreiber.[95]

Die entsprechenden Vorgaben sind in **§ 32 FFAV** normiert. Nach dieser Vorschrift muss   **36**
die BNetzA auf ihrer Internetseite spätestens zum letzten Kalendertag des auf die Registrierung des letzten Zuschlags einer Ausschreibung nach § 12 Abs. 5 FFAV folgenden Kalendermonats die folgenden Daten veröffentlichen: 1. den niedrigsten und den höchsten
Gebotswert, der einen Zuschlag erhalten hat, 2. den Durchschnittswert aller Zuschlagswerte der Ausschreibung, wenn der Zuschlagswert nach dem in § 13 Abs. 1 FFAV festgelegten
(Pay-as-bid-)Verfahren bestimmt wird, 3. den jeweils im bezuschlagten Gebot nach § 6
Abs. 3 Nr. 5 FFAV genannten Standort der geplanten Freiflächenanlage, 4. den jeweils im
bezuschlagten Gebot nach § 6 Abs. 4 Nr. 1 FFAV angegebenen Planungsstand und 5. die
Zuschlagsnummer des bezuschlagten Gebots.

Zusätzlich enthält § 14 FFAV Vorgaben über die **öffentliche Bekanntgabe des Zuschlags**,   **37**
an die sich etwa die Frist zur Leistung der Zweitsicherheit gem. § 15 Abs. 5 FFAV anknüpft.

Die Veröffentlichungspflichten des § 55 Abs. 4 S. 1 nehmen die Ergebnisse einer Diskus-   **38**
sion über die Frage auf, welche **Informationen** den Bietern im Rahmen **wiederkehrender
Auktionen** zur Verfügung zu stellen sind, um einerseits ein effizientes Auktionsergebnis

---

91 EU-Kommission, Unterschwellenmitteilung v. 23.6.2006, ZfBR 2007, 28, Rn. 2.3.3. Vgl. § 1
    Rn. 90.
92 BT-Drs. 18/1304 v. 5.5.2014, S. 151.
93 Bundesregierung, Freiflächenausschreibungsverordnung, Begründung S. 80.
94 Zur Anwendung einer „Pay-as-bid-Preisregelung" im Rahmen des Pilotverfahrens siehe BMWi,
    Eckpunkte für ein Ausschreibungsdesign für Photovoltaik-Freiflächenanlagen, S. 4.
95 Im Wesentlichen wiederholt in BT-Drs. 18/1304 v. 5.5.2014, S. 169.

sicherzustellen und andererseits ein wettbewerbswidriges Verhalten auszuschließen.[96] Jedenfalls de facto enthält § 55 Abs. 4 S. 1 damit Anleihen an die Erkenntnisse zu §§ 9, 27 Abs. 2 StromNZV und die entsprechenden Beschlüsse der BNetzA zur Ausschreibung von **Primär-** und **Sekundärregelleistung** sowie von **Minutenreserve** durch die Übertragungsnetzbetreiber.[97] Gem. § 9 Abs. 1 StromNZV sind die Betreiber von Übertragungsnetzen nicht nur verpflichtet, der BNetzA die Ausschreibungsergebnisse in einem einheitlichen Format getrennt nach Primärregelung, Sekundärregelung und Minutenreserve auf Anforderung unverzüglich zur Verfügung zu stellen, sondern sie müssen diese auch nach Ablauf von zwei Wochen auf ihrer Internetseite in anonymisierter Form veröffentlichen und dort für drei Jahre verfügbar halten. In diesem Rahmen muss insbesondere der Preis des Grenzanbieters veröffentlicht werden. Nach § 9 Abs. 2 StromNZV haben die Übertragungsnetzbetreiber auf ihrer gemeinsamen Internetplattform außerdem für jede Ausschreibung eine gemeinsame Angebotskurve zu veröffentlichen. Gem. § 27 Abs. 2 StromNZV soll die Regulierungsbehörde festlegen, dass Betreiber von Übertragungsnetzen im Zusammenhang mit der Beschaffung und dem Einsatz von Regelenergie weitere Daten veröffentlichen, wenn dadurch die Angebotsbedingungen für Regelenergie durch Erhöhung der Markttransparenz verbessert werden oder die höhere Transparenz geeignet ist, die Vorhaltung oder den Einsatz von Regelenergie zu vermindern. Die BNetzA versteht diese Regelung als besonderen Auftrag zur Wahrung und Verbesserung der **Markttransparenz.**[98] Da diese eine zentrale Voraussetzung für das Vertrauen der Anbieter in die Funktionsfähigkeit der Märkte sei, müssten den Marktakteuren und den potenziellen Bietern diejenigen Informationen zur Verfügung gestellt werden, die für eine fundierte Markteinschätzung und eine Abschätzung der Markteintrittsmöglichkeiten unabdingbar seien.[99] Allerdings dürfe aus den veröffentlichten Daten kein Wissen abgeleitet werden, das **wettbewerbsschädigendes Verhalten** befördere und damit die Integrität des Marktes in Frage stelle.[100] Zu veröffentlichen sind hiernach im Bereich der Primärregelung etwa der **Bedarf** sowie eine **anonymisierte Angebotsliste** der **bezuschlagten Gebote**, nicht jedoch die nicht bezuschlagten Gebote, da deren Kenntnis in einer von wenigen Anbietern geprägten Wettbewerbssituation die Gefahr eines strategischen Verhaltens befördert; denn hieraus kann ein Bieter entnehmen, ob sein Gebot für die Deckung des ausgeschriebenen Bedarfs zwingend notwendig, also „pivotal" war.[101] Etwas anderes kann theoretisch in einem „effizienten Markt", etwa in demjenigen für die Minutenreserve gelten.[102] Zu veröffentlichen sind schließlich der mittlere mengengewichtete Leistungspreis sowie der Grenzleistungspreis.[103]

---

96 Vgl. zur entsprechenden Diskussion für Regelenergiemärkte *Müsgens/Ockenfels*, ZfE 2011, 249 ff.
97 BNetzA, Beschl. v. 12.4.2011, BK6-10-097, S. 44 ff. (Primärregelenergie); BNetzA, Beschl. v. 12.4.2011, BK6-10-098, S. 56 ff. (Sekundärregelenergie); BNetzA, Beschl. v. 18.10.2011, BK6-10-099, S. 49 ff. (Minutenreserve).
98 BNetzA, Beschl. v. 12.4.2011, BK6-10-097, S. 44.
99 BNetzA, Beschl. v. 12.4.2011, BK6-10-097, S. 44.
100 BNetzA, Beschl. v. 12.4.2011, BK6-10-097, S. 45.
101 BNetzA, Beschl. v. 12.4.2011, BK6-10-097, S. 46.
102 BNetzA, Beschl. v. 12.4.2011, BK6-10-097, S. 46; siehe insoweit auch BNetzA, Beschl. v. 18.10.2011, BK6-10-099, S. 51, unter Hinweis darauf, dass sich auf dem Markt für Minutenreserve wettbewerbliche Strukturen gebildet hätten.
103 BNetzA, Beschl. v. 12.4.2011, BK6-10-097, S. 48.

3. Zuordnung einer Förderberechtigung zu einer Anlage. Gem. § 55 Abs. 4 S. 2 teilt 39
die BNetzA den betroffenen Netzbetreibern die **Zuordnung einer Förderberechtigung
zu einer Anlage** gem. § 55 Abs. 2 Nr. 1 einschließlich der Höhe der finanziellen Förderung nach Maßgabe der Rechtsverordnung nach § 88 mit, damit diese die Förderzahlungen
leisten können (§ 28 Abs. 1 S. 1 Nr. 1 FFAV). Eine entsprechende Regelung ist in **§ 22
Abs. 3 FFAV** normiert. Danach muss die BNetzA dem regelverantwortlichen Übertragungsnetzbetreiber, in dessen Netz der in der Freiflächenanlage erzeugte Strom eingespeist
oder mittels kaufmännisch-bilanzieller Weitergabe angeboten werden soll (§ 2 Nr. 9
FFAV), die Ausstellung der Förderberechtigung einschließlich der Angaben nach § 21
Abs. 2 FFAV und der Höhe des nach § 26 FFAV bestimmten anzulegenden Werts unverzüglich nach der Ausstellung der Förderberechtigung mitteilen.

Teil 4
Ausgleichsmechanismus

Abschnitt 1
Bundesweiter Ausgleich

§ 56 Weitergabe an den Übertragungsnetzbetreiber

Netzbetreiber müssen unverzüglich an den vorgelagerten Übertragungsnetzbetreiber weitergeben:

1. den nach § 19 Absatz 1 Nummer 2 vergüteten Strom und
2. für den gesamten nach § 19 Absatz 1 finanziell geförderten Strom das Recht, diesen Strom als „Strom aus erneuerbaren Energien, gefördert nach dem Erneuerbare-Energien-Gesetz" zu kennzeichnen.

Übersicht

I. Normzweck

§ 56 verpflichtet die Netzbetreiber, die EEG-Strom aufgenommen und nach § 19 Abs. 1 Nr. 2 vergütet haben, dazu, diesen Strom an den ihnen vorgelagerten Netzbetreiber weiterzugeben. Mit der Pflicht des Netzbetreibers zur Weitergabe des Stroms korrespondiert die Pflicht des ÜNB aus § 57 Abs. 1 zur Erstattung der finanziellen Förderungen für diesen Strom. Beide Pflichten zusammen stellen nach der Aufnahme und Vergütung des EEG-Stroms durch den Netzbetreiber die sogenannte **zweite Stufe des EEG-Ausgleichsmechanismus** dar. Eine Pflicht des ÜNB zur Aufnahme des EEG-Stroms findet sich nicht in den Regelungen zum Ausgleichsmechanismus, ergibt sich aber auch für diesen aus § 11 EEG.

1

II. Entstehungsgeschichte

§ 56 entspricht im Wesentlichen dem bisherigen § 34 EEG 2012. Die Weitergabepflicht des Netzbetreibers wurde erst mit § 34 EEG 2009 eingeführt. Das EEG 2000 und das EEG 2004 kannten keine vergleichbare Regelung, sondern verpflichteten in § 3 Abs. 2 EEG 2000 bzw. § 4 Abs. 6 EEG 2004 lediglich entsprechend der heutigen Regelung in § 11 EEG den ÜNB zur Abnahme der aufgenommenen Strommengen. Der Netzbetreiber hatte

2

somit die Möglichkeit, den von ihm aufgenommenen EEG-Strom anderweitig zu veräußern, was mit der durch die Novellierung 2009 eingeführte Vermarktung durch die ÜNB nicht mehr vereinbar war.[1] Bei der Novellierung 2012 ist § 34 unverändert geblieben. Nach der jüngsten EEG-Novelle 2014 besteht neben der Verpflichtung zur Weitergabe des nach § 19 Abs. 1 vergüteten Stroms auch eine Verpflichtung zur Weitergabe der „Erneuerbaren-Eigenschaft".

III. Einzelerläuterungen

3 **1. Netzbetreiber.** Als Netzbetreiber definiert § 5 Nr. 27 jeden Betreiber eines Netzes für die allgemeine Versorgung mit Elektrizität, unabhängig von der Spannungsebene. Dies schließt die ÜNB, gegen die die Verpflichtung besteht, ausdrücklich mit ein. Sofern ein ÜNB den Strom direkt von einem Anlagenbetreiber aufgenommen hat, wären Verpflichteter und Berechtigter des § 56 jedoch die gleiche Person, so dass § 56 insoweit keine Wirkung entfaltet. Tatsächliche Verpflichtete sind somit die VNB.

4 **2. Vorgelagerter Übertragungsnetzbetreiber.** Vorgelagerter Übertragungsnetzbetreiber ist nach § 5 Nr. 31 der regelverantwortliche Netzbetreiber von Hoch- und Höchstspannungsnetzen, die der überregionalen Übertragung von Elektrizität zu nachgeordneten Netzen dienen. Dies sind derzeit die 50Hertz Transmission GmbH, die Amprion GmbH, die TenneT TSO GmbH sowie die TransnetBW GmbH. Die Verpflichtung des Netzbetreibers richtet sich gegen den ÜNB, dessen Regelzone sein Netz zugeordnet ist.

5 **3. Nach § 19 Abs. 1 Nr. 2 vergüteter Strom.** Die Weitergabeverpflichtung des § 56 Nr. 1 gilt ausschließlich für den nach § 19 Abs. 1 Nr. 2 vergüteten Strom. Direkt vermarkteter Strom wird demnach nicht umfasst. Dies ist logische Folge dessen, dass dieser Strom bereits nicht vom VNB aufgenommen und entsprechend auch nicht vergütet wird.

6 Bei einer rein grammatikalischen Betrachtung verlangt das im Partizip Perfekt stehende „vergütet", dass die dem Anlagenbetreiber nach § 19 Abs. 1 Nr. 2 zustehende Vergütung bereits vollständig an diesen entrichtet wurde. Aufgrund der Volatilität der Einspeisung ist jedoch eine vollständige Vergütung im Voraus oder gleichzeitig zur Einspeisung nicht möglich. Selbst bei Einbeziehung der Abschläge nach § 19 Abs. 2 verblieben Einspeisespitzen, die bei der Weitergabe noch nicht vergütet waren und auf die sich § 56 mithin nicht erstrecken würde. Sinn des Ausgleichsmechanismus ist jedoch gerade die vollständige Wälzung des EEG-Stroms. Entscheidend ist daher nicht, ob der Strom bereits tatsächlich vergütet wurde, sondern ob der Anlagenbetreiber einen **Vergütungsanspruch** hat,[2] der Strom also nach § 19 Abs. 1 Nr. 2 vergütungsfähig ist und nicht direkt vermarktet wird.

7 **4. Weitergabe des Stroms.** Der Strom ist vom Netzbetreiber unverzüglich, also ohne schuldhaftes Zögern, an den ÜNB weiterzugeben. Nach der Gesetzesbegründung muss die Weitergabe „nicht notwendig physikalisch, sondern kann auch bilanziell erfolgen".[3] Auch wenn der Gesetzgeber hiernach vom Regelfall der physikalischen Weitergabe mit der Möglichkeit der Wahl einer Alternative auszugehen scheint, beschränkt sich die Weitergabe in der Praxis aus tatsächlichen Gründen auf die bilanzielle Weitergabe, da eine vollständige und zielgerichtete Weiterleitung des Stroms unmöglich ist. Ebenso wenig kann der

---

1 Begründung zum EEG 2009, BT-Drs. 16/8148, S. 62.
2 So auch Altrock/Oschmann/Theobald/*Altrock*, § 34 Rn. 21; *Salje*, EEG 2014, § 56 Rn. 11.
3 BT-Drs. 16/8148, S. 62.

ÜNB die Aufnahme des Stroms verhindern. Vielmehr wird erst im Nachhinein geklärt, welche Mengen tatsächlich vom Netzbetreiber an den ÜNB geliefert wurden. Soweit im Zusammenhang mit dem EEG-Ausgleichsmechanismus der Begriff „**physikalisch**" verwendet wird, ist also im Regelfall „**bilanziell**" gemeint.[4]

Die bilanzielle Lieferung erfolgt auf Basis von Überführungszeitreihen.[5] Diese ermittelt **8** der ÜNB aus den ihm mitgeteilten Einspeisezeitreihen sämtlicher Bilanzierungsgebiete sowie der Aufteilung der Energiemengen auf die Vergütungskategorien.[6] Bis zum 15. Werktag des auf den Einspeisemonat folgenden Monats fixiert der ÜNB die Überführungszeitreihen.[7] Später bekannt werdende Veränderungen führen zu einer Bilanzabweichung im aufnehmenden Bilanzkreis und werden in der Regel nicht mehr über die Systematik des EEG abgewickelt.[8]

5. Weitergabe des Kennzeichnungsrechts. Laut Nr. 2 müssen Netzbetreiber das Recht, **9** den nach § 19 Abs. 1 geförderten Strom als „Strom aus erneuerbaren Energien, gefördert nach dem Erneuerbare-Energien-Gesetz" zu kennzeichnen, ebenfalls unverzüglich an den vorgelagerten ÜNB weitergeben. Dies ist Ausfluss dessen, dass die Kennzeichnung eine **Gegenleistung** für die Zahlung der EEG-Umlage sein soll.[9] Die Pflicht zur Weitergabe der Kennzeichnung betrifft jeglichen Strom, der nach dem EEG gefördert wird, ausgenommen ist lediglich Strom in der sonstigen Direktvermarktung, da hier keine Förderung erfolgt.[10] Die Grünstromeigenschaft erhalten die VNB nach § 19 Abs. 1. Für die Direktvermarktung ist dies ausdrücklich in § 19 Abs. 1 Nr. 1 geregelt. Im Falle der Einspeisevergütung hat der VNB die Berechtigung zur Ausweisung der Grünstromeigenschaft, da er den vergüteten Strom abgenommen hat.[11] Anders als bei der Direktvermarktung werden Strom und Grünstromeigenschaft gar nicht erst voneinander getrennt.

Die ÜNB geben die Berechtigung zur Kennzeichnung als Grünstrom nach § 78 als Gegen- **10** leistung zur Zahlung der EEG-Umlage an die EVU weiter, die sie wiederum gegenüber Letztverbrauchern auszuweisen haben. Die ÜNB vermarkten die Grünstromeigenschaft also nicht mit.

---

4 So auch Frenz/Müggenborg/*Cosack*, § 34 Rn. 7.
5 BDEW, Umsetzungshilfe zum EEG 2012, Empfehlungen für Netzbetreiber zur Umsetzung EEG und der damit verbundenen Verordnungen, Stand 16.5.2013, S. 106.
6 BDEW, Umsetzungshilfe zum EEG 2012, S. 107 f.
7 BDEW, Umsetzungshilfe zum EEG 2012, S. 108.
8 BDEW, Umsetzungshilfe zum EEG 2012, S. 108.
9 BT-Drs. 18/1304, S. 163 (zu § 74 des Entwurfs, jetzt § 78).
10 *Salje*, EEG 2014, § 56 Rn. 15.
11 BT-Drs. 18/1304, S. 125 (zu § 19); a.A. *Salje*, EEG 2014, Rn. 16, der den Übergang der Grünstromeigenschaft für diesen Fall aus dem Doppelvermarktungsverbot herleitet.

§ 57 Ausgleich zwischen Netzbetreibern und Übertragungsnetzbetreibern

(1) Vorgelagerte Übertragungsnetzbetreiber müssen den Netzbetreibern die nach § 19 oder § 52 geleisteten finanziellen Förderungen nach Maßgabe des Teils 3 erstatten.

(2) [1]Übertragungsnetzbetreiber müssen Netzbetreibern 50 Prozent der notwendigen Kosten erstatten, die ihnen durch eine effiziente Nachrüstung von Anlagen zur Erzeugung von Strom aus solarer Strahlungsenergie entstehen, wenn die Netzbetreiber auf Grund der Systemstabilitätsverordnung zu der Nachrüstung verpflichtet sind. [2]§ 11 Absatz 5 ist entsprechend anzuwenden.

(3) [1]Netzbetreiber müssen vermiedene Netzentgelte nach § 18 der Stromnetzentgeltverordnung, die nach § 18 Absatz 1 Satz 3 Nummer 1 der Stromnetzentgeltverordnung nicht an Anlagenbetreiber gewährt werden und nach § 18 Absatz 2 und 3 der Stromnetzentgeltverordnung ermittelt worden sind, an die vorgelagerten Übertragungsnetzbetreiber auszahlen. [2]§ 11 Absatz 5 Nummer 2 ist entsprechend anzuwenden.

(4) [1]Die Zahlungen nach den Absätzen 1 bis 3 sind zu saldieren. [2]Auf die Zahlungen sind monatliche Abschläge in angemessenem Umfang zu entrichten.

(5) [1]Zahlt ein Übertragungsnetzbetreiber dem Netzbetreiber eine höhere als im Teil 3 vorgesehene finanzielle Förderung, muss er den Mehrbetrag zurückfordern. [2]Der Rückforderungsanspruch verjährt mit Ablauf des 31. Dezember des zweiten auf die Einspeisung folgenden Kalenderjahres; die Pflicht nach Satz 1 erlischt insoweit. [3]Die Sätze 1 und 2 sind im Verhältnis von aufnehmendem Netzbetreiber und Anlagenbetreiber entsprechend anzuwenden, es sei denn, die Zahlungspflicht ergibt sich aus einer vertraglichen Vereinbarung. [4]§ 33 Absatz 1 ist auf Ansprüche nach Satz 3 nicht anzuwenden.

Übersicht

I. Normzweck

1 § 57 bildet gemeinsam mit § 56 die zweite Stufe des EEG-Ausgleichsmechanismus. Während § 56 Netzbetreiber zur Weitergabe des vergüteten EEG-Stroms und des Kennzeichnungsrechts für geförderten Strom an die Übertragungsnetzbetreiber verpflichtet, ist Kern

von § 57 die damit zusammenhängende Pflicht zur Erstattung der hierfür geleisteten finanziellen Förderungen. Zudem werden nach Abs. 2 die anteiligen Kosten der Nachrüstung von Photovoltaikanlagen erstattet.

II. Entstehungsgeschichte

Die wesentliche Verpflichtung des § 57, die Vergütung der vom VNB aufgenommenen Strommenge, war bereits in § 3 Abs. 2 EEG 2000 angelegt. In § 5 Abs. 2 EEG 2004 wurde der Abzug von vermiedenen Netzentgelten ergänzt. Die ursprüngliche Fassung des dem durch die Novellierung 2014 als § 57 neu nummerierten § 35 beschränkte sich auf diese noch jetzt in Abs. 1 und 2 enthaltenen Regelungen zu Vergütung und Abzug vermiedener Netzentgelte. Durch die EEG-Novelle 2012[1] wurden die Erstattungspflichten für Markt- und Flexibilitätsprämie eingefügt. Durch die PV-Novelle[2] wurde die jetzt in Abs. 2 zu findende Regelung ergänzt, nach der die Kosten für die Nachrüstung von Solaranlagen zur Lösung der 50,2-Hertz-Problematik zur Hälfte vom ÜNB zu erstatten sind. Die EEG-Novelle 2014 brachte im Wesentlichen Folgeänderungen zur Einführung der verpflichtenden Direktvermarktungen und sprachliche Änderungen mit sich, die jedoch auch inhaltliche Auswirkungen haben.

III. Einzelerläuterungen

1. Normadressaten. Die Verpflichtungen des § 57 richten sich gegen (vorgelagerte) ÜNB und gegen Netzbetreiber.

ÜNB definieren sich nach § 5 Nr. 31 als regelverantwortliche Netzbetreiber von Hoch- und Höchstspannungsnetzen, die der überregionalen Übertragung von Elektrizität zu nachgeordneten Netzen dienen. Dies sind derzeit die 50Hertz Transmission GmbH, die Amprion GmbH, die TenneT TSO GmbH sowie die TransnetBW GmbH. Vorgelagert ist einem Netzbetreiber derjenige ÜNB, dessen Regelzone er zugeordnet ist.

Als Netzbetreiber definiert § 5 Nr. 27 EEG jeden Betreiber eines Netzes für die allgemeine Versorgung mit Elektrizität, unabhängig von der Spannungsebene. Dies schließt die ÜNB mit ein, einige EEG-Anlagen sind direkt an das Netz von ÜNB angeschlossen. Verpflichteter und Berechtigter können daher in einer Person zusammenfallen, so dass Konfusion eintritt. Wesentliche Anwendungsfälle des § 57 sind daher solche, in denen der **Netzbetreiber** ein **VNB** ist.

2. Zahlungsansprüche der Netzbetreiber. a) Finanzielle Förderung (Abs. 1). Nach § 57 Abs. 1 haben die vorgelagerten Übertragungsnetzbetreiber den Netzbetreibern die nach §§ 19 oder 52 geleisteten **Förderungen** zu **erstatten**. Vor der EEG-Novelle 2014 sah der Wortlaut der Vorgängernorm § 35 Abs. 1 EEG 2012 vor, dass die an den ÜNB weitergeleiteten Mengen vergütet werden. Hieraus ergab sich, dass der ÜNB seine Zahlung als Gegenleistung für den an ihn gelieferten Strom erbrachte.[3] Nach der Begründung zum Re-

---

1 Gesetz zur Neuregelung des Rechtsrahmens für die Förderung der Stromerzeugung aus Erneuerbaren Energien vom 28.7.2011, BGBl. I S. 1634.
2 Gesetz zur Änderung des Rechtsrahmens für Strom aus solarer Strahlungsenergie und zu weiteren Änderungen im Recht der erneuerbaren Energien vom 17.8.2012, BGBl. I S. 1754.
3 Vgl. hierzu BerlKommEnR/*Hendrich*, Bd. 2, 2. Aufl. 2014, § 35 EEG Rn. 6 ff.

gierungsentwurf sollen in § 57 zwar lediglich redaktionelle Folgeänderungen vorgenommen worden sein,[4] so dass der Gesetzgeber die Auswirkungen der Neuformulierung möglicherweise nicht gesehen hat. Gleichwohl ergibt sich aus dem jetzigen Wortlaut, dass der ÜNB dem Netzbetreiber die von diesem geleisteten Förderungen erstattet. Es liegt somit keine unmittelbare Korrelation zwischen den Pflichten des VNB aus § 56 und der Zahlungspflicht des ÜNB aus § 57 Abs. 1 mehr vor. Vielmehr erfolgt nun eine **rein finanzielle Betrachtung**, nach der der Netzbetreiber lediglich nachweisen muss, dass er die finanzielle Förderung seinerseits geleistet hat.

7   Das heißt indes nicht, dass der ÜNB der Zahlungsforderung ungeprüft nachzukommen hat. Die Erstattungpflicht bezieht sich nur auf die nach den §§ 19 oder 52 geleisteten Zahlungen nach Maßgabe des Teils 3. Somit sind etwaige vom Netzbetreiber zuviel oder mit dem falschen Vergütungssatz vergütete Mengen **nicht erstattungsfähig**.

8   Das **OLG Bamberg** hat mit Urteil vom 23.11.2011 zur alten Rechtslage entschieden, dass der ÜNB zur Vergütung der Zahlungen, die der VNB an den Anlagenbetreiber geleistet hat, unabhängig davon verpflichtet ist, ob diese mit den tatsächlich eingespeisten und an den ÜNB weitergeleiteten Strommengen korrespondieren.[5] Nach Änderung des Gesetzeswortlauts, der nunmehr eine Erstattungs- statt einer Vergütungspflicht vorsieht, ist der Auffassung des Gerichts im Ergebnis zu folgen.[6]

9   Die Erstattungspflicht des ÜNB bezieht sich auf die vom Netzbetreiber nach §§ 19 oder 52 geleisteten finanziellen Förderungen nach Maßgabe des Teils 3. Es sind daher alle finanziellen Förderungen, die der Netzbetreiber an Anlagenbetreiber geleistet hat, umfasst. Teil 3 macht dabei keine Vorgaben für die Durchführung der Erstattung, was der Satzbau von Abs. 1 nahelegen würde, sondern verweist auf die dort geregelten Fördertatbestände.[7]

10   **b) Solarnachrüstung (Abs. 2).** Abs. 2 regelt den Ersatz der den Netzbetreibern für die **Nachrüstung von Anlagen** zur Erzeugung von Strom aus solarer Strahlungsenergie entstehenden Kosten. Die Verpflichtung der ÜNB zur Erstattung dieser Kosten besteht dann, wenn die Netzbetreiber aufgrund der Systemstabilitätsverordnung[8] dazu verpflichtet sind. Nach dieser sind Verteilnetzbetreiber dazu verpflichtet, in ihrem Mittel- oder Niederspannungsnetz angeschlossene Photovoltaikanlagen bezüglich der frequenzabhängigen Abschaltung nachzurüsten. Die hierdurch entstehenden Kosten können die VNB nach § 10 Abs. 1 SysStabV zu 50% über die Netzentgelte geltend machen. Die verbleibende Hälfte ist nach § 57 Abs. 2 durch ÜNB zu erstatten und wird letzten Endes über die EEG-Umlage finanziert. Hierdurch soll gewährleistet werden, dass sich die Nachrüstungsverpflichtung bei VNB mit einer hohen Anzahl von Photovoltaikanlagen nicht übermäßig auf deren Netzentgelte auswirken, sondern ein Teil der Kosten bundesweit umgelegt wird.

11   Hintergrund der Nachrüstungsverpflichtung ist die **50,2-Hertz-Problematik**. Wechselrichter von älteren Photovoltaikanlagen waren entsprechend der bei Errichtung gültigen

---

4 BT-Drs. 18/1304, S. 151 (zu § 55 des Entwurfs).
5 OLG Bamberg, Urt. v. 23.11.2011, 8 U 3/11, Rn. 32 ff., ZNER 2012, 74.
6 Anders noch zur vorherigen Rechtslage BerlEnRKomm/*Hendrich*, § 35 EEG Rn. 8.
7 Vgl. *Salje*, EEG 2014, § 57 Rn. 14.
8 Verordnung zur Gewährleistung der technischen Sicherheit und Systemstabilität des Elektrizitätsversorgungsnetzes (Systemstabilitätsverordnung – SysStabV), Art. 1 der Verordnung zum Erlass der Systemstabilitätsverordnung und zur Änderung der Anreizregulierungsverordnung vom 20.7.2012, BGBl. I S. 1635.

technischen Vorgaben so ausgelegt, dass sie zum Schutz der Anlage diese bei einer Netz-frequenz von 50,2 Hz abschalteten. Mit zunehmendem Ausbau der Photovoltaik in Deutschland erreichte die Einspeisung durch diese Anlagen einen systemrelevanten Umfang. Eine Überfrequenz des Netzes mit dem Wert von 50,2 Hz würde dazu führen, dass 9 GW installierte Leistung auf einmal abgeschaltet würden,[9] eine Menge, die mit der zur Verfügung stehenden Regelenergie nicht aufgefangen werden könnte.[10] Als Folge dessen würde die Netzfrequenz plötzlich stark sinken, was zu einer kritischen Netzsituation oder gar einem Blackout führen könnte.[11] Mit der Nachrüstung der Anlagen soll das Problem beseitigt werden. Zur Lösung des Problems wurde in einer gemeinsamen Empfehlung des Verbands der Elektrotechnik Elektronik Informationstechnik (VDE), des Bundesverbands der Solarwirtschaft und der vier Übertragungsnetzbetreiber die nun in der SysStabV vorge-sehene Nachrüstung der Anlagen vorgeschlagen.

Für die Nachrüstung setzt § 8 Abs. 4 SysStabV Umsetzungsfristen, deren letzte am 31.12.2014 endete. Somit ist der **zeitliche Anwendungsbereich** von § 57 Abs. 2 **be-schränkt**. Es ist daher zu erwarten, dass diese Vorschrift in absehbarer Zeit wieder außer Kraft gesetzt wird. **12**

Nach Abs. 2 S. 1 ist § 11 Abs. 5 entsprechend anzuwenden. Die Verpflichtung zur Erstat-tung trifft also den dort bestimmten ÜNB. **13**

3. Vermiedene Netzentgelte. § 57 Abs. 3 EEG verpflichtet die Netzbetreiber zur Auszah-lung der nicht an Anlagenbetreiber gewährten **vermiedenen Netzentgelte** an den vorgela-gerten ÜNB. Die Regelung wurde mit der EEG-Novelle 2012 dergestalt geändert, dass die vermiedenen Netzentgelte nicht mehr von der Vergütung abzuziehen, sondern dem ÜNB auszuzahlen sind. Da in Abs. 4 zugleich die Saldierungspflicht aufgenommen wurde, hat dies keine praktischen Auswirkungen. **14**

Durch die Einspeisung aus dezentralen Erzeugungsanlagen vermeiden Verteilnetzbetreiber die für die Netznutzung der ihnen vorgelagerten Netze zu zahlenden Entgelte, da sie die direkt in ihr Netz eingespeisten Strommengen nicht aus dem **vorgelagerten Netz** beziehen müssen. Hierfür hat der VNB nach § 18 Abs. 1 StromNEV dem Betreiber einer dezentralen Erzeugungsanlage ein Entgelt zu zahlen, das den vermiedenen Netzentgelten zu entspre-chen hat. Dieser Anspruch entfällt nach § 18 Abs. 1 S. 3 Nr. 1 StromNEV jedoch, wenn der eingespeiste Strom nach § 19 EEG gefördert wird. Da der Netzbetreiber jedoch auch in solchen Fällen Netzentgelte vermeidet, hat er diese an den ÜNB zu zahlen, damit keine „**ungerechtfertigte Bereicherung**" des VNB entsteht.[12] Der Anspruch des ÜNB auf Zah-lung der vermiedenen Netzentgelte ist gemäß § 57 Abs. 4 EEG mit dem Anspruch des Netzbetreibers auf Zahlung der finanziellen Förderung und Erstattung der Kosten der PV-Umrüstung zu saldieren. Die Kosten für vermiedene Netzentgelte im Sinne von § 57 Abs. 3 EEG gelten nach § 11 Abs. 2 S. 1 Nr. 8 ARegV als dauerhaft nicht beeinflussbare Kosten. **15**

---

9 Begründung zur SysStabV, BR-Drs. 257/12, S. 10.

10 Ecofys/IFK, Auswirkungen eines hohen Anteils dezentraler Erzeugungsanlagen auf die Netzstabi-lität bei Überfrequenz & Entwicklung von Lösungsvorschlägen zu deren Überwindung, Kurzfas-sung, S. 3.

11 Begründung zur SysStabV, BR-Drs. 257/12, S. 10.

12 Begründung zur EEG-Novelle 2012, BT-Drs. 17/6071, S. 82.

16 Der Fortbestand der Auszahlungspflicht für vermiedene Netzentgelte ist **politisch umstritten**. Im Gesetzgebungsverfahren zur EEG-Novelle 2012 hat sich der Bundesrat für eine Streichung des jetzigen Abs. 3 ausgesprochen, da Netzkosten inzwischen nicht mehr in jedem Fall der dezentralen Einspeisung vermieden werden, sondern vielmehr hierdurch Netzausbaumaßnahmen notwendig werden.[13] Die Bundesregierung hat die Streichung abgelehnt, da sie nur einen Teilaspekt der Problematik betreffe.[14] Sie werde prüfen, ob und inwieweit das Konzept der vermiedenen Netzentgelte insgesamt noch zielführend sei und die geeigneten Schritte veranlassen.[15] Mit der Novellierung 2014 wurde jedoch keine Weiterentwicklung vorgenommen.

17 Nach Abs. 3 S. 2 ist § 11 Abs. 5 Nr. 2 entsprechend anzuwenden. § 11 Abs. 5 Nr. 2 sieht vor, dass die Verpflichtungen des § 11 den **nächstgelegenen inländischen ÜNB** treffen, wenn im Netzbereich des VNB kein inländisches Übertragungsnetz betrieben wird. Da § 57 Abs. 3 keine Verpflichtung des ÜNB enthält, sondern eine solche ihm gegenüber, regelt Abs. 3 S. 2 i.V.m. § 11 Abs. 5 Nr. 2, dass die vermiedenen Netzentgelte ggf. an den nächstgelegenen inländischen ÜNB auszuzahlen sind.

18 **4. Saldierungspflicht (Abs. 4).** Nach § 57 Abs. 4 S. 1 sind sämtliche Zahlungen nach den Abs. 1 bis 3 zu **saldieren**. Die Zahlungen können daher nicht unabhängig voneinander geltend gemacht werden.[16] Im Ergebnis erfolgt eine Zahlung zugunsten des VNB.[17]

19 Gemäß § 57 Abs. 4 S. 2 sind auf die Zahlungen monatliche **Abschläge** in angemessenem Umfang zu entrichten. Die Regelung entspricht inhaltlich dem vor der EEG-Novelle 2012 geltenden § 39, in dem die Abschlagszahlungen auf die zu erwartenden Ausgleichszahlungen bezogen waren und damit auch für den Ausgleich zwischen den ÜNB sowie für die Zahlung der EEG-Umlage galten.[18] Für den horizontalen Belastungsausgleich der ÜNB gilt eine entsprechende Regelung in § 58 Abs. 1 S. 1 Nr. 4, für die Zahlung der EEG-Umlage in § 60 Abs. 1 S. 4.

20 Die Abschlagszahlung erfolgt durch eine **monatliche Abrechnung** der vom ÜNB an den VNB zu leistenden Zahlungen. Nach der Gesetzesbegründung zu § 16 EEG 2012 sind Abschläge in der Regel angemessen, wenn sie monatlich erfolgen und auf der geschätzten oder vorläufigen Einspeisung basieren.[19] Da den ÜNB mit Ablauf des Einspeisemonats die relevanten Daten für eine vorläufige Abrechnung dieses Monats vorliegen, besteht kein Bedarf für eine ebenfalls denkbare und nach Ansicht der Clearingstelle EEG auch zulässige[20] monatlich gleichbleibende Zahlung. Die Form der gleichbleibenden Abschlagszahlung würde jedoch bei den starken monatlichen Schwankungen insbesondere von Einspeisung aus Wind und Photovoltaik deren zeitlichen Verlauf nicht hinreichend abbilden.

21 **5. Rückforderung zu viel gezahlter Vergütung (Abs. 5).** § 57 Abs. 5 verpflichtet den ÜNB zur **Rückforderung** eines etwaigen Mehrbetrags, der sich dadurch ergibt, dass er dem Netzbetreiber eine höhere als die vorgesehene finanzielle Förderung gezahlt hat. Dies

---

13 Begründung zur EEG-Novelle 2012, BT-Drs. 17/6247, S. 20.
14 Begründung zur EEG-Novelle 2012, BT-Drs. 17/6247, S. 32.
15 Begründung zur EEG-Novelle 2012, BT-Drs. 17/6247, S. 32.
16 Frenz/Müggenborg/*Cosack*, § 35 Rn. 39.
17 Begründung zur EEG-Novelle 2012, BT-Drs. 17/6071, S. 82.
18 Danner/Theobald/*Oschmann*, EEG, 2009, § 39 Rn. 6.
19 Begründung zur EEG-Novelle 2012, BT-Drs. 17/6071, S. 65.
20 Clearingstelle EEG, Empfehlung 2012/6 vom 21.6.2012, Rn. 99 f.

gilt mit Einschränkungen auch für das Verhältnis zwischen Netzbetreiber und Anlagenbetreiber. Die Norm schützt Letztverbraucher vor der Zahlung einer zu hohen EEG-Umlage,
die sich ergeben würde, wenn der Netzbetreiber aufgrund einer Vereinbarung mit dem Anlagenbetreiber eine höhere als die gesetzlich geschuldete finanzielle Förderung vereinbaren würde.[21]

a) Verpflichtung und Anspruch. § 57 Abs. 5 S. 1 ist als Verpflichtung des ÜNB formu-   **22**
liert. Aus S. 2 ergibt sich jedoch, dass damit auch ein Anspruch des ÜNB korrespondiert.
Dabei handelt es sich um einen speziellen **Bereicherungsanspruch,**[22] der neben dem allgemeinen Bereicherungsrecht steht.

Die „höhere als im Teil 3 vorgesehene finanzielle Förderung" betrifft die Fälle, in denen   **23**
für förderberechtigte Mengen ein **höherer Betrag pro kWh** gezahlt wird als gesetzlich geschuldet.[23]

Denkbar ist jedoch auch, dass der Netzbetreiber bzw. der Anlagenbetreiber trotz Anwen-   **24**
dung der richtigen Vergütungssätze ungerechtfertigt bereichert ist, etwa durch irrtümlich
oder vorsätzlich **falsch abgerechnete Mengen.**[24] Aufgrund der Privilegierung in der Verjährung ist es aber erforderlich, die Vorschrift **restriktiv auszulegen** und dies nicht als einen Fall einer Zahlung einer höheren als vorgesehenen Förderung anzusehen, da für die
fragliche Menge nicht eine Überzahlung vorlag, sondern überhaupt kein Anspruch auf finanzielle Förderung bestand.[25] Somit ist der gezahlte Betrag nicht nach § 57 Abs. 5 EEG,
sondern nach allgemeinem Bereicherungsrecht zurückzufordern.[26]

§ 57 Abs. 5 nimmt Bezug auf die im Teil 3 vorgesehene finanzielle Förderung. Der Rück-   **25**
forderungsanspruch gilt somit nur für nach § 57 Abs. 1 getätigte Zahlungen. Für nach
Abs. 2 geleistete Zahlungen für die **Nachrüstung von Photovoltaikanlagen** gilt der Rückforderungsanspruch indes nicht. Dies wirft die Frage auf, ob der Gesetzgeber die Frage der
Rückforderung bei der Einfügung des jetzigen Abs. 2 durch die PV-Novelle übersehen hat
und somit aufgrund einer planwidrigen Regelungslücke Raum für eine **analoge Anwendung** gegeben ist. Bei den Zahlungen für die Nachrüstung handelt es sich anders als bei
denen nach Abs. 1 nicht um eine finanzielle Förderung, sondern um eine Erstattung tatsächlich angefallener Kosten. Um die Allgemeinheit durch Überzahlungen nicht über Gebühr zu belasten, ist auch hier eine Rückforderung angezeigt. Da der Umlagezahler anders
als bei der finanziellen Förderung keine Gegenleistung erhält, erscheint es unangemessen,
die Verjährung des Rückforderungsanspruchs zu begrenzen. Für eine analoge Anwendung
ist daher kein Raum, die Rückforderung von Überzahlungen bei der Erstattung nach § 57
Abs. 2 ist nicht nach Abs. 5 abzuwickeln.

b) Verjährung. Der Rückforderungsanspruch verjährt nach § 57 Abs. 5 S. 2 mit Ende des   **26**
zweiten auf die Einspeisung folgenden Jahres. Da die allgemeine Verjährungsfrist erst mit
der Endabrechnung, üblicherweise also dem Jahr nach der Einspeisung begänne und zu-

---

21 *Salje,* EEG 2012, 6. Aufl. 2012, § 35 Rn. 48; Frenz/Müggenborg/*Cosack*, § 35 Rn. 43.
22 *Salje,* EEG 2012, 6. Aufl. 2012, § 35 Rn. 48.
23 Gerstner/*Hendrich/Ahnsehl,* Kap. 6 Rn. 21.
24 Gerstner/*Hendrich/Ahnsehl,* Kap. 6 Rn. 21.
25 Gerstner/*Hendrich/Ahnsehl,* Kap. 6 Rn. 21.
26 Gerstner/*Hendrich/Ahnsehl,* Kap. 6 Rn. 21.

dem drei Jahre betrüge, bedeutet Abs. 5 S. 2 also eine **Verkürzung der Verjährungsfrist**.[27] Hiermit soll eine Rückabwicklung über längere Zeiträume vermieden werden.[28]

27 Dieser Zweck würde unterlaufen, wenn die parallel bestehenden allgemeinen Bereiche-
rungsansprüche nach der regelmäßigen Verjährung zu behandeln wären. Folglich gilt die
kurze Verjährungsfrist des Abs. 5 S. 2 auch für in Anspruchskonkurrenz daneben bestehende Ansprüche, etwa aus **§ 812 BGB**.[29]

28 Nach Abs. 5 S. 2 Hs. 2 erlischt gleichzeitig mit der Verjährung des Anspruchs auf Rückforderung auch die Verpflichtung des ÜNB zu seiner Geltendmachung. Die Nichtgeltendmachung des Anspruchs kann dem **ÜNB** somit nach Ablauf der Verjährungsfrist **nicht mehr
vorgeworfen** werden.[30] Selbst die schuldhafte Nichtgeltendmachung des Rückforderungsanspruchs geht somit nicht zu Lasten des ÜNB, sondern des EEG-Kontos.[31] Schadensers-
satzansprüche gegen den ÜNB sind ebenfalls ausgeschlossen.[32]

29 **c) Verhältnis zwischen Netzbetreiber und Anlagenbetreiber.** Zwischen dem aufnehmenden Netzbetreiber und dem Anlagenbetreiber gelten nach Abs. 5 S. 3 der Rückforderungsanspruch und die Verjährungsregelung **entsprechend**. Dies gilt jedoch nicht, insoweit der Netzbetreiber dem Anlagenbetreiber aufgrund einer vertraglichen Vereinbarung
eine höhere als die gesetzlich geschuldete Vergütung gezahlt hat. Hiermit wird klargestellt,
dass die vertragliche Vereinbarung Vorrang vor dem Rückforderungsanspruch hat. Der
Netzbetreiber kann die höhere Vergütung jedoch nicht gegenüber dem ÜNB geltend machen, muss also selbst für sie aufkommen. Nach Abs. 5 S. 4 findet auf den Rückforderungsanspruch des Netzbetreibers gegen den Anlagenbetreiber das sonst bestehende Aufrechnungsverbot des § 33 Abs. 1 keine Anwendung. Der Netzbetreiber kann also auch eine
bestrittene und nicht rechtskräftig festgestellte Forderung wegen zu viel gezahlter Förderung mit Forderungen des Anlagenbetreibers aus § 19 auf Förderung aufrechnen. Das sonst
bestehende und von § 33 Abs. 1 geschützte Interesse des Anlagenbetreibers, die Förderung
auch ohne gerichtliche Auseinandersetzung zu erhalten,[33] ist in dieser Konstellation nicht
schutzwürdig.

30 **d) Geltendmachung des Anspruchs.** Nach § 62 Abs. 1 Nr. 1 sind Änderungen der abzurechnenden Strommenge, Vergütungen oder Prämien aufgrund einer Rückforderung nach
§ 57 Abs. 5 bei der **nächsten Jahresabrechnung** zu berücksichtigen. Aus der Systematik
von § 62 Abs. 1 ergibt sich, dass es hierzu weder eines Titels noch einer diesem gleichgestellten Entscheidung nach § 62 Abs. 1 Nr. 2 bis 6 bedarf. Somit kann auch ohne Gang vor
Gericht oder Clearingstelle und ohne Anwaltsvergleich die Jahresabrechnung korrigiert
werden, wenn zwischen den Parteien Einigkeit besteht, dass eine Überzahlung vorlag.[34]

---

27 Gerstner/*Hendrich/Ahnsehl*, Kap. 6 Rn. 22.
28 Begründung zur EEG-Novelle 2012, BT-Drs. 17/6071, S. 82.
29 Gerstner/*Hendrich/Ahnsehl*, Kap. 6 Rn. 22; im Ergebnis auch *Salje*, EEG 2012, 6. Aufl. 2012,
§ 35 Rn. 50.
30 Gerstner/*Hendrich/Ahnsehl*, Kap. 6 Rn. 23.
31 Gerstner/*Hendrich/Ahnsehl*, Kap. 6 Rn. 23.
32 Gerstner/*Hendrich/Ahnsehl*, Kap. 6 Rn. 23; *Salje*, EEG 2012, 6. Aufl. 2012, § 35 Rn. 49.
33 BGH, Urt. v. 6.4.2011, VIII ZR 31/09 Rn. 14, WM 2011, 1870.
34 Gerstner/*Hendrich/Ahnsehl*, Kap. 6 Rn. 24.

§ 58 Ausgleich
zwischen den Übertragungsnetzbetreibern

(1) [1]Die Übertragungsnetzbetreiber müssen

1. die Informationen über den unterschiedlichen Umfang und den zeitlichen Verlauf der nach § 19 finanziell geförderten Strommengen speichern,
2. die Informationen über die Zahlungen von finanziellen Förderungen nach § 19 oder § 52 speichern,
3. die Strommengen nach Nummer 1 unverzüglich untereinander vorläufig ausgleichen,
4. monatliche Abschläge in angemessenem Umfang auf die Zahlungen nach Nummer 2 entrichten und
5. die Strommengen nach Nummer 1 und die Zahlungen nach Nummer 2 nach Maßgabe von Absatz 2 abrechnen.

[2]Bei der Speicherung und Abrechnung der Zahlungen nach Satz 1 Nummer 2, 4 und 5 sind die Saldierungen auf Grund des § 57 Absatz 4 zugrunde zu legen.

(2) Die Übertragungsnetzbetreiber ermitteln jährlich bis zum 31. Juli die Strommenge, die sie im vorangegangenen Kalenderjahr nach § 11 oder § 56 abgenommen und nach § 19 oder § 57 finanziell gefördert sowie nach Absatz 1 vorläufig ausgeglichen haben, einschließlich der Strommenge, für die sie das Recht erhalten haben, den Strom als „Strom aus erneuerbaren Energien oder Grubengas" zu kennzeichnen, und den Anteil dieser Menge an der gesamten Strommenge, die Elektrizitätsversorgungsunternehmen im Bereich des jeweiligen Übertragungsnetzbetreibers im vorangegangenen Kalenderjahr an Letztverbraucher geliefert haben.

(3) [1]Übertragungsnetzbetreiber, die größere Mengen abzunehmen hatten, als es diesem durchschnittlichen Anteil entspricht, haben gegen die anderen Übertragungsnetzbetreiber einen Anspruch auf Abnahme und Vergütung nach den §§ 19 und 52, bis auch diese Netzbetreiber eine Strommenge abnehmen, die dem Durchschnittswert entspricht. [2]Übertragungsnetzbetreiber, die, bezogen auf die gesamte von Elektrizitätsversorgungsunternehmen im Bereich des jeweiligen Übertragungsnetzbetreibers im vorangegangenen Kalenderjahr gelieferte Strommenge, einen höheren Anteil der finanziellen Förderung nach § 57 Absatz 1 zu vergüten oder einen höheren Anteil der Kosten nach § 57 Absatz 2 zu ersetzen haben, als es dem durchschnittlichen Anteil aller Übertragungsnetzbetreiber entspricht, haben gegen die anderen Übertragungsnetzbetreiber einen Anspruch auf Erstattung der finanziellen Förderung oder Kosten, bis die Kostenbelastung aller Übertragungsnetzbetreiber dem Durchschnittswert entspricht.

Übersicht

I. Normzweck

1 § 58 regelt den sogenannten horizontalen Belastungsausgleich (HoBA), also den Ausgleich zwischen den ÜNB. Die von den einzelnen ÜNB in ihren Regelzonen aufgenommenen Strommengen und gezahlten Förderungen werden entsprechend deren Verhältnis zum Letztverbraucherabsatz auf ein einheitliches Niveau gebracht. Ein solcher Ausgleich ist erforderlich, da die Einspeisung von EEG-Anlagen in den verschiedenen Regelzonen nicht im jeweils gleichen Verhältnis zum Letztverbraucherabsatz steht. Da aber die Belastungen aus der Förderung von Strom aus EEG-Anlagen über die EEG-Umlage gleichmäßig auf alle Letztverbraucher verteilt werden sollen, müssen die Unterschiede zwischen den ÜNB ausgeglichen werden. Der Ausgleich erfolgt sowohl unterjährig (Abs. 1) als auch im Wege einer Jahresabrechnung (Abs. 2 und 3). § 58 beschreibt gemeinsam mit § 59 die sogenannte **dritte Stufe des EEG-Ausgleichsmechanismus.**

II. Entstehungsgeschichte

2 Eine Regelung zum horizontalen Belastungsausgleich findet sich bereits in der ersten Fassung des EEG, nämlich in § 11 Abs. 1 bis 3 EEG **2000.** In dessen Abs. 1 wurde eine Pflicht zur Erfassung der abzunehmenden Energiemengen und Vergütungszahlungen aufgestellt, die sich nur im Wortlaut verändert auch in § 35 Abs. 1 S. Nr. 1 und 2 EEG 2012 findet, wobei die damalige Erfassung der heutigen Speicherung entspricht.[1] Die in § 11 Abs. 2 EEG 2000 enthaltene Regelung zum eigentlichen Ausgleich zwischen den ÜNB findet sich sogar noch weitgehend wortgleich in § 58 Abs. 2 und 3 EEG 2014 wieder. § 11 Abs. 3 enthielt schließlich die heute in § 58 Abs. 1 S. 1 Nr. 4 verortete Verpflichtung zur Zahlung angemessener Abschläge.

3 In der Neufassung des EEG **2004** wurden Regelungen des § 11 Abs. 1 bis 3 EEG 2000 in § 14 Abs. 1, 2 und 5 mit nur geringfügigen Änderungen übernommen. Mit der Novellierung 2009 fand die Ausgleichsregelung ihren Platz in § 36 EEG.

4 Mit der EEG-Novellierung **2012**[2] wurde der bisherige Abs. 4 gestrichen, der die ÜNB zur Durchleitung des Stroms an die ihnen nachgelagerten EVU verpflichtete. Hintergrund war die Umstellung des früheren physikalischen Wälzungsmechanismus auf einen finanziellen Ausgleich.[3] Bereits mit Inkrafttreten der AusglMechV[4] zum 1.1.2010 waren die ÜNB zur Vermarktung des EEG-Stroms an der Börse verpflichtet worden, die Verpflichtung aus

---

1 Frenz/Müggenborg/*Cosack*, § 36 Rn. 13.
2 Gesetz zur Neuregelung des Rechtsrahmens für die Förderung der Stromerzeugung aus Erneuerbaren Energien vom 28.7.2011, BGBl. I S. 1634.
3 Begründung zur EEG-Novelle 2012, BT-Drs. 17/6071, S. 82.
4 Verordnung zur Weiterentwicklung des bundesweiten Ausgleichsmechanismus vom 17.7.2009, BGBl. I S. 2101.

§ 36 Abs. 4 war nach § 1 Nr. 1 AusglMechV außer Kraft gesetzt worden, so dass die Streichung des Absatzes nur noch der Bereinigung des Gesetzestextes diente. Die Novelle 2012 brachte zudem die enumerative Auflistung in Abs. 1 und einige Folgeänderungen aus der Einführung von Markt- und Flexibilitätsprämie, da auch die sich hieraus ergebenden Prämienzahlungen zwischen den ÜNB ausgeglichen werden sollen.

Durch die Neufassung des EEG **2014** wurden im Wesentlichen Folgeänderungen zur verpflichtenden Direktvermarktung vorgenommen. Die Norm ist zudem nunmehr in § 58 zu finden.   5

III. Einzelerläuterungen

1. Normadressaten. Sämtliche Verpflichtungen des § 58 richten sich an die ÜNB. Diese   6
definieren sich nach § 5 Nr. 31 als regelverantwortliche Netzbetreiber von Hoch- und Höchstspannungsnetzen, die der überregionalen Übertragung von Elektrizität zu nachgeordneten Netzen dienen. Dies sind derzeit die 50Hertz Transmission GmbH, die Amprion GmbH, die TenneT TSO GmbH sowie die TransnetBW GmbH.

2. Vorläufiger Ausgleich (Abs. 1). Abs. 1 dient dem **unterjährigen Ausgleich** von aufge-   7
nommenen Strommengen und gezahlten Vergütungen zwischen den ÜNB. Gemäß Abs. 1 S. 2 sind für die Speicherung und die Abrechnung der Zahlungen die saldierten Werte nach § 57 Abs. 4 zugrunde zu legen. Hiernach werden die Zahlungen der ÜNB aus der finanziellen Förderung nach §§ 19 oder 52 und aus dem hälftigen Ersatz der Nachrüstung von Photovoltaikanlagen sowie die Zahlungen der VNB aus vermiedenen Netzentgelten saldiert. Als Ergebnis gibt es nur einen Saldo, der sämtliche vom jeweiligen ÜNB geleisteten und erhaltenen Zahlungen umfasst.

a) Speicherung (Abs. 1 S. 1 Nr. 1 und 2). Abs. 1 S. 1 Nr. 1 und 2 verpflichten die ÜNB   8
zur Speicherung von Informationen, die dem späteren Belastungsausgleich dienen. Sie bilden damit eine „**unselbstständige Nebenpflicht**" zur Ausgleichspflicht.[5] Zweck der Verpflichtung ist die Sicherstellung der Transparenz des Ausgleichsmechanismus sowie der Schutz der ÜNB vor etwaigen ungerechtfertigten Ansprüchen.[6]

Die Speicherung beinhaltet denknotwendigerweise die in früheren Gesetzesfassungen vor-   9
gegebene „**Erfassung**". Eine Begründung zum Wechsel in der Wortwahl findet sich in den Gesetzgebungsmaterialien nicht. Es ist aber zu vermuten, dass der Gesetzgeber mit dem Begriff „**Speicherung**" betonen will, dass hinsichtlich der Daten auch eine Aufbewahrungspflicht über die Endabrechnung hinaus besteht. Zur Erfassung hatte der Gesetzgeber in der Begründung zur EEG-Novelle 2009 ausgeführt, dass die ÜNB zur „Ermittlung des aufgenommenen Stroms und der dafür gezahlten Beträge" sowie der Feststellung des zeitlichen Verlaufs verpflichtet seien.[7] Der Gesetzgeber setzt also Erfassung mit Ermittlung und Feststellung gleich. Auch unterscheidet er nicht zwischen aufgenommenem und vergütetem Strom. Folglich haben nach seinem Willen beide Mengen übereinzustimmen, von der tatsächlichen Einspeisung abweichende Vergütungszahlungen sind nicht vorgesehen.

---

5 Frenz/Müggenborg/*Cosack*, § 36 Rn. 16.
6 Danner/Theobald/*Oschmann*, EEG, § 36 Rn. 9.
7 Begründung zur EEG-Novelle 2009, BT-Drs. 16/8148, S. 62.

10 Nach der Gesetzesbegründung kann der **Verlauf der Aufnahme des Stroms** durch Stichprobenaufzeichnungen, Hochrechnungen, Summenaufzeichnungen z. B. von Windparks, Auswertung von Solarstrahlungsmesswerten oder andere Näherungsverfahren erfasst werden.[8] Anderenfalls habe der Netzbetreiber die Pflicht, auf seine Kosten eine Profilmessung vorzunehmen.[9]

11 Die Speicherpflicht umfasst den unterschiedlichen Umfang und den zeitlichen Verlauf der nach § 19 finanziell geförderten Strommengen sowie Zahlungen von finanziellen Förderungen nach §§ 19 und 52.

12 Es ist keine **Dauer** für die Speicherung vorgesehen. Da die gespeicherten Daten auch in der Jahresabrechnung nach Abs. 2 und 3 Verwendung finden, ist der 31. Juli des Folgejahres als Stichtag für die Abrechnung als Untergrenze anzusehen. Darüber hinaus dient die Speicherung aber auch der Transparenz der EEG-bedingten Tätigkeiten der ÜNB und der EEG-Umlage. Somit dürften die sich aus Handels- und Steuerrecht ergebenden Aufbewahrungsfristen auf die Speicherpflicht Anwendung finden.

13 **b) Vorläufiger Ausgleich (Abs. 1 S. 1 Nr. 3).** Abs. 1 S. 1 Nr. 3 verpflichtet die ÜNB zu einem **unverzüglichen vorläufigen Ausgleich** der Strommengen untereinander. Dies erfolgt auf Basis von Prognosewerten. Hinsichtlich der Einspeisung von Strom aus Wind- und Photovoltaikanlagen gleichen die ÜNB die unterschiedlichen Einspeisemengen „quasi online" aus, d. h. auf Basis von Kurzfristprognosen für die nächste Viertelstunde.[10] Für andere Energiearten vereinbaren die ÜNB auf Grundlage einer Prognose für den Folgemonat Bandlieferungen als Fahrpläne.[11]

14 Mit der Verpflichtung zum vorläufigen Ausgleich der Strommengen korrespondiert die Verpflichtung zur Zahlung angemessener Abschläge aus Abs. 1 S. 1 Nr. 4.

15 **c) Abschlagszahlungen (Abs. 1. S. 1 Nr. 4).** Nach Abs. 1 S. 1 Nr. 4 haben ÜNB monatliche Abschläge in angemessenem Umfang auf die Zahlungen nach Nr. 2 zu entrichten. Die Zahlungen nach Nr. 2 sind die zur Förderung von EEG-Strom nach §§ 19 und 52. Eine Entrichtung von Abschlägen auf diese Zahlungen würde dem Wortsinn nach eine Abschlagszahlung der ÜNB an die Netzbetreiber bedeuten. Eine solche ergibt sich allerdings bereits aus § 57 Abs. 4 S. 2. Sowohl nach der systematischen Stellung als auch nach dem Zweck der Vorschriften des Abs. 1, der überwiegend einen vorläufigen Ausgleich zwischen den ÜNB sicherstellen will, kann also auch die Abschlagszahlung nach Abs. 1 S. 1 Nr. 4 nur **zwischen den ÜNB** beabsichtigt sein.

16 Die Abschläge werden nicht in monatlich gleichen Beträgen gezahlt.[12] Vielmehr erfolgt ein monatlicher **Ausgleich der EEG-Kontostände** und der Belastungen aus den finanziellen Förderungen.[13] Ebenso werden die vermiedenen Netzentgelte untereinander ausgeglichen.[14] Auch wenn § 58 Abs. 1 dies nicht ausdrücklich vorsieht, besteht doch ein Bedarf hierfür.

---

8 Begründung zur EEG-Novelle 2009, BT-Drs. 16/8148, S. 62.
9 Begründung zur EEG-Novelle 2009, BT-Drs. 16/8148, S. 62.
10 BDEW, Umsetzungshilfe zum EEG 2012, Empfehlungen für Netzbetreiber zur Umsetzung EEG und der damit verbundenen Verordnungen, Stand 16.5.2013, S. 110.
11 BDEW, Umsetzungshilfe zum EEG 2012, S. 110.
12 So aber Frenz/Müggenborg/*Cosack*, § 36 Rn. 22.
13 BDEW, Umsetzungshilfe zum EEG 2012, S. 111.
14 BDEW, Umsetzungshilfe zum EEG 2012, S. 111.

d) Abrechnung nach Abs. 2 (Abs. 1 S. 1 Nr. 5). In Abs. 1 S. 1 Nr. 5 wird schließlich noch   **17**
eine Verpflichtung zur Abrechnung der Strommengen nach Abs. 1 S. 1 Nr. 1 und der Zahlungen nach Nr. 2 nach Maßgabe von Abs. 2 aufgestellt. Damit wird verdeutlicht, dass es
sich bei diesen Zahlungen nur um vorläufige Zahlungen handelt und eine Endabrechnung
diese Positionen enthalten muss. Es ist fraglich, warum der Gesetzgeber in Abs. 1 S. 1
Nr. 5 die Verpflichtung aus Abs. 2 zusätzlich erwähnt, diese bestünde auch ohne den Verweis in Abs. 1 und ist damit eigentlich **entbehrlich**.

3. Jahresabrechnung und endgültiger Ausgleich (Abs. 2 und 3). In den Abs. 2 und 3 ist   **18**
der **Jahresausgleich zwischen den ÜNB** geregelt. Während Abs. 2 die Vorgaben zur Ermittlung der für die Abrechnung notwendigen Werte enthält, gibt Abs. 3 den eigentlichen
Ausgleichsanspruch unter den ÜNB.

a) Ermittlung von Strommengen (Abs. 2). Nach dem Wortlaut von Abs. 2 müssen die   **19**
ÜNB bis zum 31.7. eines Jahres **zwei Werte** aus dem vorangegangenen Kalenderjahr ermitteln, einerseits die nach § 11 oder § 56 abgenommene und nach § 19 oder § 57 finanziell geförderte sowie nach Abs. 1 vorläufig ausgeglichene Strommenge, einschließlich der
Strommenge, für die sie das Kennzeichnungsrecht als „Strom aus Erneuerbaren Energien
oder Grubengas" erhalten haben, andererseits den Anteil dieser Menge an der gesamten
Strommenge, der von EVU in diesem Zeitraum von EVU im Bereich des jeweiligen ÜNB
an Letztverbraucher geliefert wurde.

aa) Adressatenkreis. Die Formulierung von Abs. 2 legt zum großen Teil die Vermutung   **20**
nahe, dass sich die Verpflichtung an **alle ÜNB** gemeinsam richten soll. Dies würde auch
den Beginn des Abs. 3 verständlich machen, der auf einen durchschnittlichen Anteil Bezug
nimmt, der allein bundesweit gemeint sein kann. Allein das Wort „jeweilig" im letzten Teil
des Satzes deutet darauf hin, dass es sich um eine Verpflichtung handelt, die sich an den
einzelnen ÜNB richtet und nicht an die ÜNB in ihrer Gesamtheit. Auch die im ersten Halbsatz definierte Menge ist also von jedem ÜNB für seine Regelzone zu ermitteln. Tatsächlich geht die Verpflichtung des Abs. 2 wohl über seinen eigentlichen Wortlaut hinaus, da
zunächst jeder ÜNB die Werte für seine Regelzone zu erfassen hat und diese dann in einem
weiteren Schritt zusammenzufassen sind. Dies setzt der Ausgleichsmechanismus des
Abs. 3 implizit voraus.

Inhalt von Abs. 2 ist also, dass die ÜNB für ihre Regelzone die nach EEG geförderte   **21**
Strommenge mit dem gesamten Letztverbraucherabsatz ins Verhältnis setzen müssen. Zudem wird eine anschließende **Kumulierung** aller Regelzonen **vorausgesetzt**.

bb) Wertermittlung. Basis der Ermittlung der Werte sind, soweit die ÜNB nicht auf-   **22**
grund von direkten Anschlüssen von EEG-Anlagen an ihr Netz selbst Kenntnis von den erforderlichen Daten haben, die von den VNB nach § 72 Abs. 1 Nr. 2 vorzulegenden Endabrechnungen. Die Vorlage muss bis zum 31.5. eines Jahres für das Vorjahr in elektronischer
Form erfolgen und ist sowohl für jede einzelne Anlage als auch zusammengefasst vorzunehmen. Die Endabrechnung hat nach der Umsetzungshilfe des BDEW eine Auflistung
von der von jeder einzelnen Anlage erzeugten Energiemenge, differenziert nach den jeweiligen Vergütungskategorien, sowie die Angabe der pro Anlage verrechneten vermiedenen
Netzentgelte zu enthalten.[15] Dabei sind vergütete und direktvermarktete Mengen getrennt

---

15 BDEW, Umsetzungshilfe zum EEG 2012, S. 114.

auszuweisen.[16] Die Richtigkeit der Endabrechnung ist gemäß § 75 im Regelfall durch einen Wirtschaftsprüfer zu bescheinigen.[17]

23 Die auf diese Weise von den VNB erhaltenen Daten werden anschließend gemeinsam mit den direkt durch den ÜNB aufgenommenen und finanziell geförderten Mengen vom ÜNB für seine Regelzone kumuliert. Anschließend ist die Summe des EEG-Stroms ins **Verhältnis zum gesamten Letztverbraucherabsatz** in der Regelzone zu setzen. Da Abs. 3 zudem voraussetzt, dass ein durchschnittliches Verhältnis zwischen EEG-Menge und Letztverbraucherabsatz besteht, ist dieses durch eine Zusammenfassung der Werte aller ÜNB zu ermitteln.[18]

24 **b) Ausgleich (Abs. 3).** Mit der **Ausgleichsregelung** des Abs. 3 werden die von allen ÜNB abgenommenen Strommengen und geleisteten Zahlungen nach dem Verhältnis des Letztverbraucherabsatzes der ÜNB aufgeteilt. Abs. 3 unterscheidet in seinen beiden Sätzen den Ausgleich von Strommengen und der hierfür gezahlten Vergütung in Satz 1 und den Ausgleich von Zahlungen für sonstige finanzielle Förderungen und die Nachrüstung von Photovoltaik-Anlagen in Satz 2. Nicht aufgeführt, nach der Systematik des Ausgleichsmechanismus aber erforderlich, ist der Ausgleich von Erstattungen für vermiedene Netzentgelte.

25 ÜNB, die eine überdurchschnittliche Belastung zu tragen hatten, haben einen Ausgleichsanspruch gegen die ÜNB, deren Belastung unterdurchschnittlich war. Als **Zielgröße** dient hierbei der nach Abs. 2 ermittelte bundesweite Durchschnittswert. Am Ende des Prozesses trägt jeder ÜNB eine im Verhältnis zum Letztverbraucherabsatz in seiner Regelzone gleiche Belastung. Der Ausgleich ist für jede Energieart getrennt vorzunehmen, um die unterschiedlichen Vergütungssätze berücksichtigen zu können.[19]

26 Anschaulich wird der Prozess durch einen Blick auf die **Jahresabrechnung** der ÜNB. Im Jahr 2012 gab es auf die vier ÜNB aufgeteilt sowie deutschlandweit gerundet nachstehende nach § 16 EEG 2012 im Wege der Einspeisevergütung geförderte Strommengen und an Letztverbraucher gelieferte Strommengen:[20]

	Nach § 16 EEG 2012 vergütete Strommenge in TWh	Letztverbraucherabsatz in TWh	Anteil EEG-Strommenge an Letztverbraucherabsatz in %
TransnetBW	8	61	13
Tennet	29	145	20
Amprion	13	173	8
50Hertz	16	98	16
Deutschland	66	477	14

---

16 BDEW, Umsetzungshilfe zum EEG 2012, S. 114.
17 BDEW, Umsetzungshilfe zum EEG 2012, S. 115.
18 Gerstner/*Hendrich/Ahnsehl*, Kap. 6 Rn. 32; *Salje*, EEG 2014, § 58 Rn. 43.
19 *Salje*, EEG 2014, § 58 Rn. 48.
20 EEG-Jahresabrechnung der ÜNB 2012, abrufbar unter www.netztransparenz.de.

In den Regelzonen von Tennet und 50Hertz wurde mit 20% und 16% im Verhältnis zum **27** Letztverbraucherabsatz eine sehr hohe Menge an EEG-Strom eingespeist. In den Regelzonen von TransnetBW und Amprion wurde hingegen mit 13% bzw. 8% unterdurchschnittlich stark eingespeist. Um das Ziel einer **gleichmäßigen Belastung** aller ÜNB mit dem bundesweiten Durchschnittswert von 14% zu erreichen, mussten Amprion und TransnetBW EEG-Strom von Tennet und 50Hertz Transmission aufnehmen. Das Beispiel zeigt nur den kumulierten Belastungsausgleich der Strommengen. Tatsächlich erfolgt der Ausgleich für jede Energieart getrennt.

Nach Abs. 3 S. 2 haben ÜNB, die einen höheren als den durchschnittlichen Anteil an Zah- **28** lungen nach § 57 Abs. 1 und 2 zu tragen hatten, zudem gegen die anderen ÜNB einen Ausgleichsanspruch, bis alle ÜNB den durchschnittlichen Anteil tragen. Bei den Zahlungen nach § 57 Abs. 1 handelt es sich um Erstattung von finanziellen Förderungen an die Netzbetreiber nach §§ 19 und 52. Da die Förderung für nicht in der Direktvermarktung stehende Anlagen und den daher über die VNB an die ÜNB gewälzten Strom bereits von Satz 1 erfasst wird, erstreckt sich der Ausgleich nach Satz 2 nur auf die noch **nicht von Satz 1 erfassten finanziellen Förderungen**. Weiter erstreckt sich der Ausgleichsanspruch auf die anteiligen Kosten für die Nachrüstung von Photovoltaikanlagen aufgrund der 50,2-Hz-Problematik.[21] Der Wortlaut von S. 2 deutet zunächst darauf hin, dass für die Erstattungen von finanziellen Förderungen und Nachrüstungskosten ein eigener, sich von dem für die Vergütung unterscheidender Durchschnittswert zu bilden wäre. Tatsächlich dürfte aber auch hier der nach Abs. 2 aus dem Verhältnis des Letztverbraucherabsatzes ermittelte Wert Anwendung finden, gibt S. 2 doch keinen Bezug vor, auf den sich der Durchschnitt beziehen könnte.

In Abs. 3 nicht erwähnt ist der Ausgleich von **vermiedenen Netzentgelten**. Auch hier be- **29** steht jedoch eine unterschiedliche Verteilung zwischen den ÜNB, so dass nach dem im Ausgleichsmechanismus verankerten Gedanken der bundesweit gleichmäßigen Belastung mit EEG-bedingten Kosten auch für vermiedene Netzentgelte ein Ausgleich entsprechend Abs. 3 zu erfolgen hat.

---

21 Siehe hierzu § 57 Rn. 11.

§ 59 Vermarktung durch die Übertragungsnetzbetreiber

Die Übertragungsnetzbetreiber müssen selbst oder gemeinsam den nach § 19 Absatz 1 Nummer 2 vergüteten Strom diskriminierungsfrei, transparent und unter Beachtung der Vorgaben der Ausgleichsmechanismusverordnung vermarkten.

Übersicht

I. Gesetzeshistorie

1 Zum 1.1.2010 wurde das bis dahin bestehende System des Ausgleichsmechanismus grundlegend neu gestaltet. Der Ausgleich war bis dahin durch eine physikalische Wälzung über alle Stufen geprägt, seitdem ist durch die Verordnung zur Weiterentwicklung des bundesweiten Ausgleichsmechanismus (AusglMechV) ein Systemwechsel zur ausschließlich finanziellen Wälzung auf der vierten Stufe herbeigeführt worden. Nach der AusglMechV vermarkten die ÜNB den aufgenommenen Strom, wobei für die EVU und als Folge auch die Letztverbraucher keine Verpflichtung zur Abnahme des EEG-Stroms mehr besteht. Damit findet nunmehr ab der vierten Stufe nur noch ein finanzieller Ausgleich durch Zahlung der EEG-Umlage zwischen den ÜNB und den EVU als Letztverbraucher beliefernde Lieferanten statt.

2 Im Rahmen der EEG-Novelle wurde der vorherige Abs. 1 des § 37 EEG 2012 in eine selbstständige Norm (§ 59 EEG 2014) ausgegliedert. Inhaltlich ergeben sich keine Änderungen zur vorherigen Fassung. Als Folge der EEG Novelle 2014 sind darüber hinaus Änderungen und Erweiterungen der AusglMechV und AusglMechAV zu erwarten. Diese sollen auch aufgrund weiterer Diversifizierung der Börsenprodukte ggf. weitere Vermarktungsformen (z.B. in Form von Viertelstundenprodukten) ermöglichen.[1]

II. Vermarktung durch Übertragungsnetzbetreiber

3 Vor Inkrafttreten der AusglMechV waren die ÜNB aus § 36 Abs. 4 EEG 2009 zur Durchleitung des Stroms an ihnen nachgelagerte Elektrizitätsversorgungsunternehmen verpflichtet. Hiermit korrespondierte eine Abnahme- und Vergütungspflicht der Elektrizitätsversorgungsunternehmen aus § 37 Abs. 1 EEG 2009. Durch die AusglMechV wurde die Systematik dahingehend geändert, dass die Vermarktung des EEG-Stroms nun von den ÜNB durchgeführt wird, indem sie ihn an der Strombörse nach den Vermarktungsvorgaben der AusglMechV und AusglMechAV veräußern. Durch diese Neuregelung wird den Lieferan-

---

1 Vgl. Referentenentwurf der AusglMechV, abrufbar unter www.erneuerbare-energien.de/EE/Re daktion/DE/Downloads/Verordnungen

ten die Möglichkeit gegeben, den von ihnen benötigten Strom vollständig frei am Markt zu beschaffen.

1. Vermarktung. a) Pflicht zur Vermarktung. Die ÜNB werden aus § 59 zur selbstständigen oder gemeinsamen Vermarktung des EEG-Stroms verpflichtet. Dies hat diskriminierungsfrei und transparent zu erfolgen. Die Diskriminierungsfreiheit ist dabei im Verhältnis zu Strom aus konventioneller Erzeugung zu verstehen; die Vermarktung muss zu den gleichen Konditionen erfolgen. Die Transparenz wird durch die gesetzlichen Veröffentlichungspflichten nach der AusglMechAV erreicht.   **4**

Es besteht demnach kein Zwang zur eigenständigen Vermarktung. Die ÜNB sind ermächtigt, den EEG-Strom auch gemeinsam, z. B. durch Bildung einer eigenständigen Vermarktungsgesellschaft oder durch Beauftragung eines Dritten zu vermarkten. Hier bei gestattet das Gesetz grundsätzlich eine gemeinsame Vermarktung der ÜNB und stellt die ÜNB in diesem Umfang von den Beschränkungen des Wettbewerbs- und Kartellrechts frei. Eine grundsätzliche Untersuchung zu den wettbewerbsrechtlichen Wirkungen der zentralen Vermarktung von EEG-Strom ist noch nicht erfolgt.[2]   **5**

Konkretisiert wird § 59 EEG durch § 2 AusglMechV sowie den §§ 1 und 8 der von der BNetzA erlassenen Ausführungsverordnung zur AusglMechV (AusglMechAV). Nach § 2 S. 2 AusglMechV sind die ÜNB gehalten, zur bestmöglichen Vermarktung des Stroms die Sorgfalt eines ordentlichen und gewissenhaften Kaufmanns anzuwenden. Bestmöglich bedeutet dabei die Erzielung von maximalen Preisen bei minimalen Kosten.   **6**

Eingeschränkt wird die bestmögliche Vermarktung durch § 2 S. 1 AusglMechV. Auch wenn sich bei einer Vermarktung über den Terminmarkt wahrscheinlich höhere Erlöse erzielen ließen, darf der Strom nur am vortägigen oder untertägigen Spotmarkt (Day-ahead bzw. Intraday) vermarktet werden. Der Verkauf längerfristiger Produkte über den Terminmarkt ist nicht zulässig.   **7**

Mit der zunehmenden Anzahl an Anlagen in der Direktvermarktung wird nunmehr auch eine signifikante Menge an EEG-Strom durch Dritte vermarktet.   **8**

b) Ablauf der Vermarktung. Die Vermarktung des EEG-Stroms erfolgt in zwei Schritten auf der Basis der prognostizierten Einspeisung: **9**

Die ÜNB erstellen gem. § 1 Abs. 3 AusglMechAV vortägige und untertägige Prognosen nach dem Stand von Wissenschaft und Technik.   **10**

Die für den Folgetag prognostizierte Einspeiseleistung des EEG-Stroms wird nach § 1 Abs. 1 S. 1 AusglMechAV stundenweise am Day-ahead-Markt einer Strombörse veräußert. Die Differenz zwischen der aufgrund der Vortagesprognose veräußerten Menge und der nach der untertägigen Prognose erwarteten Einspeisung ist nach § 1 Abs. 2 AusglMechAV am jeweiligen Tag am Intraday-Markt zu veräußern oder zu erwerben. Die verbleibende Abweichung zwischen untertägiger Prognose und tatsächlicher Einspeisung wird durch die Inanspruchnahme von Ausgleichsenergie korrigiert; die Abrechnung erfolgt über den EEG-Bilanzkreis. Hierbei ist zu beachten, dass zwischen den ÜNB nach § 58 Abs. 1 auch ein physikalischer Ausgleich der aufgenommenen Strommengen basierend auf dem regelzonenspezifischen Letztverbrauch erfolgt.   **11**

---

2 *Salje*, EEG 2014, § 59 Rn. 11 f.

12 **c) Limitierung der Gebote.** Die ÜNB haben die Verkaufsangebote im Grundsatz preisunabhängig einzustellen. Hiernach müssten sie den EEG-Strom auch noch beim technischen Handelslimit der EPEX Spot von –3.000,00 €/MWh verkaufen. Im Herbst und Winter 2009 kam es jedoch an einigen windreichen Tagen zu extrem negativen Börsenpreisen von bis zu –500,00 €/MWh. Als Konsequenz hieraus wurde in § 8 AusglMechAV die befristete Übergangsregelung geschaffen, nach der im Falle von negativen Preisen und nach einem Aufruf zur zweiten Auktion an der EPEX Spot ausnahmsweise limitierte Gebote eingestellt werden dürfen. Dabei ist die zu veräußernde Strommenge in zehn Tranchen einzuteilen, denen zufallsgesteuert Preislimits zwischen –150,00 € und –350,00 € zugeordnet werden. Die Höhe der Limits ist bis zwei Werktage nach der Auktion vertraulich zu behandeln. Die ursprüngliche Befristung der Regelung bis zum 28.2.2013 ist durch den Verordnungsgeber in § 9 S. 3 AusglMechV bis zum 28.2.2015 verlängert worden. Derzeit werden weitere Anpassungen der AusglMechAV auch in Folge der EEG-Novelle 2014 diskutiert.[3]

13 **d) Transparenz.** Bereits aus § 59 EEG ergibt sich, dass die Vermarktung des EEG-Stroms transparent zu erfolgen hat. Dies wird mit in § 2 AusglMechAV geregelten umfassenden Veröffentlichungspflichten konkretisiert. Die ÜNB veröffentlichen diese Daten über die gemeinsam betriebene Internetseite www.netztransparenz.de.

14 **e) Anreiz zur bestmöglichen Vermarktung.** Die Vermarktung durch die ÜNB ist wie der Rest des Ausgleichsmechanismus vom Prinzip der Kostenneutralität geprägt. Den ÜNB sollen keine Kosten durch die treuhänderische Aufgabe der Vermarktung entstehen; andererseits sollen sie auch nicht von ihr profitieren. Dies wird anhand der in die EEG-Umlage einfließenden Kostenpositionen zur Vermarktung verdeutlicht.

15 Eine Ausnahme hiervon bildet § 7 AusglMechAV. Darin wird den ÜNB ein Anreiz zur bestmöglichen Vermarktung gesetzt. Die Regelung des sog. „EEG-Bonus" ist mit Wirkung zum 26.2.2013 in ihrer Ermittlung umfassend novelliert worden.

16 **2. Drittvermarktung.** In der AusglMechV ist die Möglichkeit einer Übertragung der Aufgabe der Vermarktung auf Dritte angelegt. Nach § 9 AusglMechV a. F. hatte die BNetzA dem BMU und dem BMWi bis zum 31.12.2011 einen Bericht zur Evaluierung des Ausgleichsmechanismus vorzulegen, der insbesondere Vorschläge für eine mögliche Drittmarktung enthalten sollte. Im Anschluss hieran ist die BNetzA durch § 10 Nr. 4 AusglMechV (§ 11 Nr. 4 AusglMechV a. F.) ermächtigt, die Vermarktung auf Dritte zu übertragen.

17 Im März 2012 hat die Bundesnetzagentur den entsprechenden Evaluierungsbericht veröffentlicht. Danach steht sie einer Drittvermarktung und deren Potenzial zur Verbesserung der Vermarktungserlöse eher zurückhaltend gegenüber.[4] Zur Option der Drittvermarktung wurde ein externes Gutachten eingeholt, um diese grundsätzlich zu bewerten.[5] Nach Ausführungen der Bundesnetzagentur und der Gutachter gibt es keine Hinweise darauf, dass eine Drittvermarktung gegenüber dem heutigen System vorteilhaft wäre, mögliche Potenziale sollen jedoch in einem Pilotversuch erkundet werden. Bis jetzt ist ein entsprechender Pilotversuch nicht durchgeführt worden.

---

3 Vgl. oben Fn. 1.

4 BNetzA, Evaluierungsbericht zur Ausgleichsmechanismusverordnung, März 2012, S. 8 f.

5 Frontier Economics und Formaet Services GmbH, Entwicklung und Bewertung von Modellen der Drittvermarktung von Strom aus Erneuerbaren Energien – Ein Bericht für die Bundesnetzagentur, September 2011, S. 7 ff., abrufbar unter www.bundesnetzagentur.de.

§ 60 EEG-Umlage für Elektrizitätsversorgungsunternehmen

(1) [1]Die Übertragungsnetzbetreiber können von Elektrizitätsversorgungsunternehmen, die Strom an Letztverbraucher liefern, anteilig zu dem jeweils von den Elektrizitätsversorgungsunternehmen an ihre Letztverbraucher gelieferten Strom die Kosten für die erforderlichen Ausgaben nach Abzug der erzielten Einnahmen und nach Maßgabe der Ausgleichsmechanismusverordnung verlangen (EEG-Umlage). [2]Es wird widerleglich vermutet, dass Energiemengen, die aus einem beim Übertragungsnetzbetreiber geführten Bilanzkreis an physikalische Entnahmestellen abgegeben werden und für die keine bilanzkreisscharfe Meldung eines Elektrizitätsversorgungsunternehmens nach § 74 vorliegt, von dem Inhaber des betreffenden Bilanzkreises an Letztverbraucher geliefert wurden. [3]Der Anteil ist so zu bestimmen, dass jedes Elektrizitätsversorgungsunternehmen für jede von ihm an einen Letztverbraucher gelieferte Kilowattstunde Strom dieselben Kosten trägt. [4]Auf die Zahlung der EEG-Umlage sind monatliche Abschläge in angemessenem Umfang zu entrichten.

(2) [1]Einwände gegen Forderungen der Übertragungsnetzbetreiber auf Zahlungen nach Absatz 1 berechtigen zum Zahlungsaufschub oder zur Zahlungsverweigerung nur, soweit die ernsthafte Möglichkeit eines offensichtlichen Fehlers besteht. [2]Eine Aufrechnung gegen Forderungen nach Absatz 1 ist nicht zulässig. [3]Im Fall von Zahlungsrückständen von mehr als einer Abschlagsforderung dürfen die Übertragungsnetzbetreiber den Bilanzkreisvertrag gegenüber dem Elektrizitätsversorgungsunternehmen kündigen, wenn die Zahlung der Rückstände trotz Mahnung und Androhung der Kündigung drei Wochen nach Androhung der Kündigung nicht vollständig erfolgt ist. [4]Die Androhung der Kündigung kann mit der Mahnung verbunden werden. [5]Die Sätze 1, 3 und 4 sind für die Meldung der Energiemengen nach § 74 mit der Maßgabe entsprechend anzuwenden, dass die Frist für die Meldung der Daten nach Androhung der Kündigung sechs Wochen beträgt.

(3) [1]Für Strom, der zum Zweck der Zwischenspeicherung an einen elektrischen, chemischen, mechanischen oder physikalischen Stromspeicher geliefert oder geleitet wird, entfällt der Anspruch der Übertragungsnetzbetreiber auf Zahlung der EEG-Umlage nach den Absätzen 1 oder 2, wenn dem Stromspeicher Energie ausschließlich zur Wiedereinspeisung von Strom in das Netz entnommen wird. [2]Satz 1 ist auch für Strom anzuwenden, der zur Erzeugung von Speichergas eingesetzt wird, das in das Erdgasnetz eingespeist wird, wenn das Speichergas unter Berücksichtigung der Anforderungen nach § 47 Absatz 6 Nummer 1 und 2 zur Stromerzeugung eingesetzt und der Strom tatsächlich in das Netz eingespeist wird. [3]Der Anspruch der Übertragungsnetzbetreiber auf Zahlung der EEG-Umlage nach den Absätzen 1 und 2 entfällt ferner für Strom, der an Netzbetreiber zum Ausgleich physikalisch bedingter Netzverluste als Verlustenergie nach § 10 der Stromnetzentgeltverordnung geliefert wird.

(4) [1]Elektrizitätsversorgungsunternehmen, die ihrer Pflicht zur Zahlung der EEG-Umlage nach Absatz 1 nicht rechtzeitig nachgekommen sind, müssen diese Geldschuld nach § 352 Absatz 2 des Handelsgesetzbuchs ab Eintritt der Fälligkeit verzinsen. [2]Satz 1 ist entsprechend anzuwenden, wenn die Fälligkeit nicht eintreten konnte, weil das Elektrizitätsversorgungsunternehmen die von ihm gelieferten Strommengen

entgegen § 74 nicht oder nicht rechtzeitig dem Übertragungsnetzbetreiber gemeldet hat; ausschließlich zum Zweck der Verzinsung ist in diesem Fall die Geldschuld für die Zahlung der EEG-Umlage auf die nach § 74 mitzuteilende Strommenge eines Jahres spätestens am 1. Januar des Folgejahres als fällig zu betrachten.

Schrifttum: *Bülhoff*, OLG Frankfurt/Main, Beschluss v. 25.4.2012 – 21 U 41/11 mit Anmerkungen, IR 2012, 181; *Hilgers*, Das Eigenstromerzeugerprivileg nach § 37 Abs. 3 EEG 2012, ZNER 2012, 42; *Kachel*, Das Eigenstromprivileg im EEG – Status Quo und Änderungen durch das EEG 2012, CuR 2011, 100; *Klemm*, BGH, Urteil vom 21.12.2005 – VIII ZR 108/04 mit Anmerkungen, RdE 2006, 157; *Marthol/Held*, OLG Frankfurt/Main, Beschluss v. 25.4.2012 – 21 U 41/11 mit Anmerkungen, ZNER 2012, 416; *Musielak*, ZPO, 11. Aufl. 2014; *Riedel*, Der Eigenversorgungsbegriff des EEG, IR 2012, 81; *Riedel/Kachel*, OLG Frankfurt/Main, Beschluss v. 25.4.2012 – 21 U 41/11 mit Anmerkungen, ree 2012, 102; *Salje*, Defizite bei der Abwicklung des Wälzmechanismus des Erneuerbare-Energien-Gesetzes – Folgewirkungen des Rechtsprechungswechsels zur EEG-Umlage, Versorgungswirtschaft 2010, 84; *Strauch/Wustlich*, Der industrielle Eigenverbrauch im Recht der erneuerbaren Energien nach der EEG-Novelle 2012, RdE 2012, 409; *Thomas/Putzo*, ZPO, Kommentar, 35. Aufl. 2014; *Zöller*, ZPO, Kommentar, 30. Aufl. 2014.

Übersicht

I. Gesetzeshistorie

1   Zum 1.1.2010 wurde das bis dahin bestehende System des Ausgleichsmechanismus grundlegend neu gestaltet. Der Ausgleich war bis dahin durch eine **physikalische Wälzung** über alle Stufen[1] geprägt; seitdem ist durch die Verordnung zur Weiterentwicklung des bundesweiten Ausgleichsmechanismus (AusglMechV)[2] ein Systemwechsel zur ausschließlich **finanziellen Wälzung** auf der vierten Stufe herbeigeführt worden. Nach der AusglMechV vermarkten die ÜNB den aufgenommenen Strom, wobei für die EVU und als Folge auch die Letztverbraucher keine Verpflichtung zur Abnahme des EEG-Stroms mehr besteht. Da-

---

1 Vierstufiger Aufbau des Ausgleichsmechanismus (Anlagenbetreiber-VNB; VNB-ÜNB; horizontaler Ausgleich ÜNB; ÜNB-EVU).
2 BGBl. I 2009, S. 2101.

mit findet nunmehr ab der vierten Stufe nur noch ein finanzieller Ausgleich durch Zahlung der EEG-Umlage zwischen den ÜNB und den EVU als letztverbraucherbeliefernde Lieferanten statt.

1. Vermarktung durch Übertragungsnetzbetreiber.[3] Vor Inkrafttreten der AusglMechV **2** waren die ÜNB aus § 36 Abs. 4 EEG 2009 zur Durchleitung des Stroms an ihnen nachgelagerte Elektrizitätsversorgungsunternehmen verpflichtet. Hiermit korrespondierte eine **Abnahme- und Vergütungspflicht der Elektrizitätsversorgungsunternehmen** aus § 37 Abs. 1 EEG 2009. Durch die AusglMechV wurde die Systematik dahin gehend geändert, dass die Vermarktung des EEG-Stroms nun von den ÜNB durchgeführt wird, indem sie ihn an der Strombörse nach den Vermarktungsvorgaben der AusglMechV und AusglMechAV veräußern. Durch diese Neuregelung wurde den Lieferanten die Möglichkeit gegeben, den von ihnen benötigten Strom vollständig frei am Markt zu beschaffen.[4] Die Vermarktung ist seit der EEG-Novelle 2014 nunmehr separat in § 59 EEG 2014 geregelt.

2. Finanzieller Ausgleich ab der vierten Stufe. Bis Ende 2009 erfolgte auf allen Stufen **3** nicht nur ein finanzieller, sondern auch ein physikalischer Ausgleich. Nach § 37 EEG 2009 waren Elektrizitätsversorgungsunternehmen, die Strom an Letztverbraucher liefern, verpflichtet, den anteilig nach der sogenannten EEG-Quote auf sie entfallenden EEG-Strom nicht nur zu vergüten, sondern auch abzunehmen. Jedes Elektrizitätsversorgungsunternehmen und in der Folge jeder Letztverbraucher wurde also mit der auf ihn nach der ermittelten Quote entfallenden EEG-Strommenge tatsächlich bilanziell beliefert.

Mit Inkrafttreten der AusglMechV am 1.1.2010 ist die physikalische Lieferung auf der **4** vierten Stufe entfallen. Nach § 37 EEG 2012 und nunmehr § 60 EEG 2014 ist dementsprechend der Anspruch der ÜNB gegen die Letztverbraucher beliefernden Elektrizitätsversorgungsunternehmen allein auf die Zahlung der EEG-Umlage gerichtet, so dass nur noch ein **rein finanzieller Ausgleich** erfolgt. Mit dem am 1.1.2012 in Kraft getretenen EEG 2012 ist daher der bereits ab 1.1.2010 von Verordnungsseite modifizierte Ausgleichsmechanismus gesetzlich kodifiziert worden.[5]

Der vorher bestehende Rechtsrahmen hat allerdings im Rahmen von **nachträglichen Korrekturen** noch Relevanz. § 12 AusglMechV in der bis zum 1.8.2014 geltenden Fassung **5** erklärte die AusglMechV für nicht anwendbar auf Strommengen und Vergütungszahlungen, die sich aus den Abrechnungen für die Kalenderjahre 2008 und 2009 ergeben. Korrekturen sind jedoch nicht auf die jeweils vergangenen zwei Jahre beschränkt, sondern unterliegen den allgemeinen Verjährungsregeln. Da es keinen Grund gibt, warum die Jahre vor 2008 dabei anders zu behandeln wären, sind bei Korrekturen von Abrechnungen aus den Jahren vor 2010 noch die physikalischen Lieferungen zu berücksichtigen.[6] Bei Nachtragskorrekturen gem. § 62 sind demnach bei Sachverhalten vor dem 1.1.2010 noch **physikalische Lieferungen** anhand der für das jeweilige betroffene Abrechnungsjahr festgelegten EEG-Quote durchzuführen und wirtschaftlich der für das zu korrigierende Kalenderjahr festgelegten EEG-Durchschnittsvergütung gegenzurechnen.[7]

---

3 Siehe hierzu ergänzend Kommentierung der AusglMechV und AusglMechAV in Band 3.
4 Altrock/Oschmann/Theobald/*Altrock*, AusglMechV, Rn. 3.
5 *Salje*, EEG 2014, § 36 Rn. 7.
6 Gerstner/*Hendrich/Ahnsehl*, Kap. 6 Rn. 10.
7 Siehe ergänzend hierzu § 62 Rn. 5.

II. Einzelerläuterungen

6 **1. EEG-Umlage (Abs. 1). a) Gläubiger der EEG-Umlage.** Durch § 60 Abs. 1 S. 1 EEG wird der **Anspruch des ÜNB gegenüber dem EVU** auf Zahlung der EEG-Umlage geschaffen. Jedes EVU hat dabei entsprechend dem Umfang der an Letztverbraucher gelieferten elektrischen Arbeit die Umlage an den ÜNB zu entrichten.

7 Der anspruchsberechtigte ÜNB ist gem. § 5 Nr. 31 legaldefiniert als „der regelverantwortliche Netzbetreiber von Hoch- und Höchstspannungsnetzen, die der überregionalen Übertragung von Elektrizität zu nachgeordneten Netzen dienen". Mit der Novellierung zum 1.1.2012 ist das Kriterium der Regelverantwortung zur Zuordnung der EEG-Pflicht im Wortlaut des § 37 (nunmehr § 60) entfallen. Nach § 37 Abs. 1 S. 1 EEG 2009 waren „Elektrizitätsversorgungsunternehmen, die Strom an Letztverbraucher liefern, verpflichtet, den von dem für sie regelverantwortlichen Übertragungsnetzbetreiber nach § 35 abgenommenen und vergüteten Strom anteilig […] abzunehmen und zu vergüten". Nach der Rechtsprechung des Bundesgerichtshofs „dient die Anknüpfung an die Regelverantwortlichkeit nur der Abgrenzung der Anspruchsberechtigten, also der vier inländischen Übertragungsnetzbetreiber, untereinander, nicht jedoch als materielle Voraussetzung der Aufnahme- und Vergütungspflicht der Energieversorgungsunternehmen".[8] Die EEG-Pflicht entsteht damit **unabhängig von einer Regelverantwortung** des jeweiligen ÜNB für das von der Lieferung betroffene Netzgebiet. Nach dem Leitsatzurteil des Bundesgerichtshofs[9] ist auch in geschlossenen Verteilnetzen[10] oder auch bei Belieferung in „Inselnetzen" eine EEG-Pflicht unabhängig von einem Anschluss an das vorgelagerte Netz gegeben. Entgegen den Ausführungen von *Salje*[11] entsprach die vom Bundesgerichtshof gewählte Auslegung dem von den Übertragungsnetzbetreibern und Wirtschaftsprüfern kommunizierten Verständnis der Regelung im EEG 2004. Diese Wertung ergab sich auch unmittelbar aus den Gesetzgebungsunterlagen. Im Gesetzgebungsverfahren für das neue EEG 2004 machte sich der Gesetzgeber die Feststellung des Oberlandesgerichts Naumburg[12] zur EEG-Pflicht in Arealnetzen nach dem EEG 2000 zu eigen und nahm in der Begründung zu § 14 Abs. 7 EEG 2004 unter inhaltlicher Zustimmung auf dieses Urteil Bezug.[13] Ein in den Vermittlungsausschuss eingebrachter Änderungsvorschlag des Bundesrates, wonach ein Strombezug innerhalb von Arealnetzen – im Kontrast zu der Entscheidung des Oberlandesgerichts Naumburg – beim EEG-Belastungsausgleich unberücksichtigt bleiben sollte, fand demgegenüber keine Zustimmung.[14] Damit war bereits bei Inkrafttreten des EEG 2004 die ausdrückliche gesetzgeberische Erweiterung der EEG-Pflicht erkennbar, so dass es sich entgegen den Ausführungen von Salje[15] nicht um eine echte Rückwirkung des BGH-Urteils vom 9.12.2009 und auch nicht um einen unvermeidbaren Rechtsirrtum handelt. Die Anwendbarkeit der Grundsätze der Rückwirkung auch auf höchstrichterliche Rechtsprechung ist umstritten. Darüber hinaus lag im vorliegenden Fall keine Rechtsprechungsänderung vor,

---

8 BGH, Urteil v. 15.6.2011, VIII ZR 308/09, WM 2011, 1901.
9 BGH, Urteil v. 9.12.2009, VIII ZR 35/09, NVwZ-RR 2010, 315.
10 § 110 EnWG.
11 *Salje*, EEG 2014, § 60 Rn. 7 f.
12 OLG Naumburg, Urt. v. 9.3.2004, RdE 2004, 266.
13 BT-Drs. 15/2864, S. 49.
14 BT-Drs. 15/3162, S. 3.
15 *Salje*, EEG 2014, § 60 Rn. 7 f.

Ahnsehl

da sich das 2005 ergangene Urteil des Bundesgerichtshofs zur EEG-Pflicht in Arealnetzen[16] nur auf die – aus o. g. Gründen abweichende – Auslegung nach dem EEG 2000 bezog.

Elektrizitätsversorgungsunternehmen im Sinne von § 60 Abs. 1 S. 1 EEG 2014 sind **8** auch solche Unternehmen, die für die Belieferung von Letztverbrauchern innerhalb der Bundesrepublik Deutschland ein nicht zu einer inländischen Regelzone gehörendes Netz nutzen.[17] In diesem Falle gilt derjenige Übertragungsnetzbetreiber nach § 60 Abs. 1 S. 1 EEG 2014 als „regelverantwortlich", der das nächstgelegene inländische Übertragungsnetz im Sinne des § 8 Abs. 1 EEG 2014 bzw. § 8 Abs. 4 Nr. 2 EEG 2009/2012 bzw. § 4 Abs. 6 S. 2 EEG 2004 unterhält.[18]

b) Ermittlung der Umlage. Bis einschließlich 2009 wurden die insgesamt in Deutschland **9** aufgenommenen EEG-Strommengen buchhalterisch an den zuständigen ÜNB weitergegeben, anschließend zwischen allen ÜNB gleich verteilt und schließlich so an alle Elektrizitätsversorgungsunternehmen weitergereicht, dass jeder Lieferant den gleichen Anteil aus erneuerbaren Energien erhielt (sog. EEG-Quote) und pro Kilowattstunde dafür die ermittelte EEG-Durchschnittsvergütung bezahlte. Die Stromlieferanten erhielten den EEG-Strom von den ÜNB physikalisch in Form eines Grundlastbandes mit einer monatlich neu festgesetzten Quote.[19]

Die **Ermittlung der EEG-Umlage** erfolgt mit Wirkung ab dem 1.1.2010 nach den Rege- **10** lungen der AusglMechV und AusglMechAV. Entgegen der früheren Verfahrensweise wird nunmehr eine bundesweit einheitliche Umlage in ct/kWh ermittelt, der von allen EVU erhoben und an alle nicht privilegierten Letztverbraucher weiterbelastet wird.

Die EEG-Umlage ist gem. § 3 Abs. 1 AusglMechV aus der Differenz zwischen den prog- **11** nostizierten Einnahmen für das folgende Kalenderjahr und den prognostizierten Ausgaben für das folgende Kalenderjahr sowie der Differenz zwischen den tatsächlichen Einnahmen und den tatsächlichen Ausgaben zum Zeitpunkt der Festlegung der EEG-Umlage zu berechnen.[20] Die Berechnungen basieren dabei im Wesentlichen auf Prognosen. Ein wesentlicher Faktor ist hierbei auch der Vortrag des Saldos des EEG-Kontos. Aufgrund der regelmäßigen Unterdeckung des Kontos[21] (in 2012 bis zu 3 Mrd. Euro Unterdeckung, 2013 bis zu 2,2 Mrd. Euro) erhöht sich die EEG-Umlage durch den Ausgleich des Saldos sowie die den ÜNB daraus entstehenden Vorfinanzierungskosten und Bereitstellungskosten für Kreditlinien in entsprechender Höhe.

Neu ist seit der EEG-Umlage 2012 die Einbeziehung einer sog. **Liquiditätsreserve** gem. **12** § 3 Abs. 8 AusglMechV in die EEG-Umlage. Diese darf 10 % des Differenzbetrages nach § 3 Abs. 1 Nr. 1 AusglMechV (Saldo aus Einnahmen und Ausgaben) nicht überschreiten. Die Liquiditätsreserve dient der Reduzierung des Kreditbedarfs der ÜNB und dem Aus-

---

16 BGH, Urt. v. 21.12.2005, VII ZR 108/04.
17 BGH, Urt. v. 15.6.2011, VIII ZR 308/09, WM 2011, 1901.
18 Vgl. auch BDEW, Vertriebliche Umsetzungshilfe zum EEG 2012, dort S. 14.
19 Vgl. dazu Beschaffungsmehrkosten für Stromlieferanten durch das Erneuerbare-Energien-Gesetz 2009, Bericht des IfnE an das BMU, August 2010, abrufbar unter www.erneuerbare-energien.de/files/pdfs/allgemein/application/pdf/eeg_differenzkosten_bf.pdf.
20 Wegen der umfassenden Darstellung der einzelnen Positionen vgl. die Kommentierung zur AusglMechV in Band 3.
21 Vgl. Veröffentlichung der ÜNB unter www.netztransparenz.de/de/EEG-Konten-Übersicht.htm.

gleich der saisonalen Schwankungen der auszuzahlenden Einspeisevergütungen. Mit ihrer Einführung sollen regelmäßig auftretende negative Salden auf dem EEG-Konto vorab ausgeglichen werden, um Aufwand und Kosten für die Zwischenfinanzierung dieser Unterdeckungen durch die ÜNB zu reduzieren. Für das Jahr 2014 haben die ÜNB mit einer Liquiditätsreserve von 10% der prognostizierten Deckungslücke von ca. 19,5 Mrd. Euro kalkuliert (2013: Deckungslücke von 16 Mrd. Euro, wobei trotzdem die Unterdeckung im o. g. Umfang aufgetreten ist).

13 Der nach den oben dargestellten Maßgaben ermittelte Saldo der Kosten und Erlöse ist dann auf den prognostizierten Letztverbrauch (für 2014: ca. 378 TWh; für 2013: ca. 386 TWh) unter Berücksichtigung privilegierter Mengen nach § 39 und §§ 40 ff. EEG 2012 zu verteilen, so dass sich als Ergebnis die auszuweisende EEG-Umlage in ct/kWh ergibt (für 2014: 6,240 ct/kWh; für 2013: 5,277 ct/kWh).

14 **c) Transparenz und Veröffentlichungspflichten.** Die EEG-Umlage für das jeweils folgende Kalenderjahr ist nach § 5 Abs. 1 AusglMechV bis zum 15.10. eines Kalenderjahres auf den Internetseiten der ÜNB zu veröffentlichen.

15 Darüber hinaus werden gemäß der gesetzlichen Verpflichtung aus § 3 Abs. 1 AusglMech-AV durch die ÜNB u. a. die monatlichen und jährlichen Einnahmen und Ausgaben, die vermarkteten Strommengen – aufgeschlüsselt nach Energieträgern – sowie der Kontostand veröffentlicht. Auch prognostizieren und veröffentlichen die ÜNB gemäß § 6 Abs. 1 S. 1 AusglMechV die Entwicklung des Ausbaus der erneuerbaren Energien in den jeweils folgenden fünf Kalenderjahren. Mit der Novelle der AusglMechV wird sich diese Prognosepflicht voraussichtlich nur noch auf eine Abschätzung der Bandbereite der EEG-Umlage für das Folgejahr beziehen.[22]

16 **d) Verpflichteter.** Verpflichtet zur Zahlung der EEG-Umlage an den ÜNB sind nach § 60 Abs. 1 EEG „Elektrizitätsversorgungsunternehmen, die Strom an Letztverbraucher liefern".

17 Mit der EEG-Novelle 2012 ist in § 3 Nr. 2d EEG (nunmehr § 5 Nr. 13 EEG 2014) eine eigene **Legaldefinition des Begriffs des Elektrizitätsversorgungsunternehmens** eingeführt worden. Der zuvor erforderliche Rückgriff auf die Definition des § 3 Nr. 18 EnWG entfällt damit. Im Unterschied der Definitionen begrenzt das EEG den Anwendungsbereich dabei auf die Belieferung von Letztverbrauchern. Entgegen der Definition des EnWG werden daher keine **Stromhändler**, die lediglich als Händler auftreten und nur andere Händler oder EVU beliefern, mangels Bedeutung für den Ausgleichsmechanismus erfasst. Die reine Lieferung von Handelsmengen, welche nicht an Letztverbraucher geliefert werden, ist demnach nicht umlagepflichtig, da ansonsten eine Mehrfachbelastung der entsprechenden Liefermengen erfolgen würde.

18 Der Status des Versorgungsunternehmens ist dabei anhand der realen Liefersituation unabhängig von vertraglichen Regelungen zu ermitteln. So kann z. B. auch der **Stromhändler** zur Zahlung der EEG-Umlage verpflichtet sein, wenn an Dritte gelieferter Strom, der als Handelsmenge deklariert ist, entgegen der Meldung durch den Dritten nicht weitergeliefert, sondern verbraucht wird. Die Deklarierung als **Handelsmenge** führt demnach nicht

---

22 Vgl. Referentenentwurf der AusglMechV, abrufbar unter www.erneuerbare-energien.de/EE/Redaktion/DE/Downloads/Verordnungen.

zu einem Ausschluss der EEG-Pflicht. Der Betrieb eines Netzes der allgemeinen Versorgung ist für die Einstufung als EVU irrelevant.[23]

Auch ist eine Abgrenzung zwischen den umlageverpflichteten EVU und den Letztverbrauchern vorzunehmen. **Letztverbraucher** werden erst auf der gesetzlich nicht geregelten 5. Stufe des Belastungsausgleichs mit der EEG-Umlage im Rahmen vertraglicher Vereinbarungen mit den jeweiligen Lieferanten belastet; ein Anspruch des ÜNB direkt gegen den Letztverbraucher besteht mit Ausnahme der Spezialregelungen in § 61 Abs. 1 S. 3[24] nicht.   **19**

Hinsichtlich der gesetzlich geregelten Ausnahme für Stromspeicher nach § 60 Abs. 3 EEG 2014 wird auf die nachstehenden Ausführungen zu Abs. 3 S. 1–2 verwiesen.   **20**

e) Voraussetzungen der EEG-Pflicht. Rechtsgrundlage für die Pflicht zur Zahlung der EEG-Umlage ist § 60 EEG. Tatbestandsvoraussetzung des § 60 EEG ist die **Lieferung von Strom an Letztverbraucher**; bei Selbstbelieferung (nicht privilegierte Eigenerzeugung nach § 61 Abs. 1 S. 3 EEG, Beschaffung über Dritte) ist der Letztverbraucher selbst nach § 61 Abs. 1 S. 3 EEG umlagepflichtig. Die **Definition des Letztverbrauchers** ergibt nunmehr aus § 5 Nr. 24 EEG 2014. Danach sind Letztverbraucher „natürliche oder juristische Personen, die Strom verbrauchen". Grundlage der Umlagepflicht ist die **Lieferung an den Letztverbraucher**. Diese wird wie folgt definiert: Art. 2 Ziffer 19 RL-Elt 2009 setzt Lieferung mit „Versorgung" gleich und diese wiederum mit dem Kauf, also dem ökonomisch-juristischen Vorgang.[25] Der Bundesgerichtshof hat im November 2009 in einem Beschluss zur Netzentgeltpflicht von Pumpspeichern die **Definition des Letztverbrauchs** geschärft.[26] Er führt dazu wie folgt aus: **21**

> „*Das Nebeneinander von Weiterverteilung und Letztverbrauch als Form entgeltpflichtiger Netznutzung macht deutlich, dass die Nutzung der Energie maßgebend ist, und zwar – wie Art. 2 Nr. 11 EltRL ausdrücklich bestimmt – auch die durch Erzeuger oder Großhändler. Deshalb ist Letztverbrauch i. S. des § 3 Nr. 25 EnWG – entgegen der Auffassung der Antragstellerin – ebenso ein Verbrauch, der nur zu einer Energieumwandlung führt. Entscheidend ist allein, dass der entnommene Strom für eine bestimmte energieabhängige Funktion verwendet und hierfür aufgezehrt wird. Selbst wenn dadurch eine andere Energieform (im vorliegenden Fall: die Lageenergie des hochgepumpten Wassers) entsteht, ändert dies nichts am Letztverbrauch der primär eingesetzten Elektrizität i. S. des § 3 Nr. 25 EnWG. Der vom Pumpspeicherkraftwerk angekaufte Strom wird für dessen Betrieb genutzt.*"

Eine weitere ergänzende Definition findet sich auch beim BDEW:[27]   **22**

> „*Ein Letztverbraucher stellt in einem Energieversorgungssystem den finalen Abnehmer der elektrisch transportierten Energie dar. Bei einer Letztverbraucherbelieferung ist der Strom mit der Stromentnahme durch den Letztverbraucher für das Energienetz,*

---

23 BGH, RdE 2006, 157, 157 ff.
24 Vgl. § 61 Rn. 41 ff.
25 *Salje*, EEG 2014 § 60 Rn. 16.
26 BGH, Beschl. v. 17.11.2009, EnVR 56/08 – „Vattenfall", NVwZ-RR 2010, 431.
27 BDEW „Zur Frage der Einstufung von Stromspeichern als Letztverbraucher im EEG und EnWG", abrufbar unter www.bdew.de/internet.nsf/id/DE_BDEW-Stromspeicher-von-EEG-Umlage-frei stellen?open.

aus dem der Strom entnommen wurde, „verloren" und wird diesem nicht wieder zur Verfügung gestellt. "

23 Das OLG Hamm kommt im Urteil vom 28.9.2010[28] zu dem Ergebnis, einen **Betreiber einer Biomasseanlage** hinsichtlich des für den Anlagenbetrieb erforderlichen Stroms als „Letztverbraucher" im Sinne des § 3 Nr. 25 EnWG, im Sinne des EEG und des KWKG anzusehen. Die aus dem Sachverhalt ggf. resultierende Befreiung von der Stromsteuer führt nicht zu einem Ausschluss des umlagepflichtigen Letztverbrauchs nach dem EEG.

24 Nach den o. g. Definitionen und Auslegungshilfen liegt auch beim Sachverhalt der Bereitstellung von **negativer Regelleistung** ein Letztverbrauch vor. Eine entsprechende Abnahme von Strom als negative Regelenergie ist demnach **als Letztverbrauch umlagepflichtig**. Aus der Abwicklung der negativen Regelleistung ergibt sich eine Anweisung des ÜNB an den Anbieter entsprechend dessen bezuschlagtem Angebot aus der Ausschreibung. Bilanziell erfolgt die Lieferung aus dem Regelenergiebilanzkreis des ÜNB in den Bilanzkreis des Lieferanten des Anbieters negativer Regelenergie und von dort an den Anbieter. Umlagepflichtig ist in dieser Konstellation daher weiterhin der Lieferant des Anbieters negativer Regelenergie.

25 Entscheidend für die Umlagepflicht des Letztverbrauchs ist der Tatbestand einer **Stromlieferung** durch das EVU an einen Letztverbraucher. Aufgrund dessen liegt z.B. bei Eigenverbrauch in bestimmten Fällen eine Befreiung von der Umlagepflicht vor.[29]

26 Wann eine „Lieferung" im Sinne des § 37 Abs. 2 vorliegt, ist gesetzlich nicht definiert. Teilweise wird angenommen, dies sei nur dann der Fall, wenn eine kaufrechtliche Lieferung vorliegt, d.h. dann nicht, wenn der Strom aufgrund eines Werk-, Dienst-, Pacht- oder Lohnumwandlungsvertrages zur Verfügung gestellt wird. Auch der Bundesgerichtshof hat nur festgestellt, dass „Letztverbraucher [...] diejenigen Kunden [sind], die Elektrizität für den eigenen Verbrauch kaufen", jedoch nicht, dass eine „Lieferung" im Sinne von § 14 Abs. 3 EEG 2004 auf kaufrechtliche Verhältnisse beschränkt ist.[30]

27 Eine Lieferung liegt nach Art. 2 Ziff. 16 RL 96/92/EG (erste Elektrizitätsbinnenmarktrichtlinie) vor, wenn den Kunden Elektrizität im Rahmen eines Versorgungsvorgangs zur Verfügung gestellt wird.[31]

28 Dementsprechend kann eine Lieferung im Sinne von § 60 Abs. 1 EEG 2014 im Einzelfall auch auf andere Wege geschehen, als im Rahmen eines „reinen" Kaufvertrages.[32] Denkbar ist auch eine „schenkweise" bzw. nicht gesondert berechnete Zurverfügungstellung der Elektrizität bei gleichzeitiger Wärmebelieferung aus der Anlage (KWK-Anlage) mit z.B. höherem Entgelt[33] oder eine Zurverfügungstellung des Stroms als Bestandteil der Leistungen aus einem Mietvertrag.[34]

---

28 OLG Hamm, Urt. v. 28.9.2010, I-19 U 30/10, ree 2011, 30 ff.
29 Vgl. dazu unten Rn. 42 ff. sowie § 61 Rn. 44 ff.
30 BGH, Urt. v. 9.12.2009, VIII ZR 35/09, ZUR 2010, 143, Rn. 24; *Strauch/Wustlich*, RdE 2012, 409, 413; *Salje*, EEG, § 37 Rn. 26.
31 Art. 2 Nr. 19 RL 2009/72/EG (Dritte Elektrizitätsbinnenmarktrichtlinie) definiert Versorgung nunmehr jedoch als „Verkauf einschließlich des Weiterverkaufs von Elektrizität an Kunden".
32 *Hilgers*, ZNER 2012, 42, 46.
33 *Kachel*, CuR 2011, 100, 103; *Strauch/Wustlich*, RdE 2012, 409, 413; *Salje*, EEG, § 37 Rn. 26; *ders.*, Versorgungswirtschaft 2010, 84, 88.
34 Gabler/Metzenthin/*Hodurek/Naujoks*, EEG, EL 1/2011, § 37 Rn. 34.

Ahnsehl

Aus diesem Grund geht der BGH davon aus, dass auch **Lieferungen innerhalb von Ob-**   **29**
jekt- und Arealnetzen der EEG-Umlagepflicht unterfallen.[35] Bei der Lieferung ist es gemäß der Rechtsprechung des BGH unerheblich, ob der Strom innerhalb oder außerhalb des
Netzes für die allgemeine Versorgung erzeugt, verteilt, geliefert oder verbraucht wird, oder
ob ein Netz nach § 110 EnWG genutzt wird. Eine Lieferung im Sinne des § 60 Abs. 1 EEG
ist außerdem auch dann anzunehmen, wenn das EVU und der oder die Letztverbraucher
„verbundene Unternehmen", d.h. gesellschaftsrechtlich verbundene Unternehmen, sind.
Von dem Belastungsausgleich nach § 60 Abs. 1 EEG ausgenommen ist nur der Strom, der
nicht an andere abgegeben, sondern selbst erzeugt und selbst verbraucht wird (mit den weiteren Einschränkungen des § 61 EEG). Mit der Einführung der Umlagepflicht auch für eigenerzeugten und -verbrauchten Strom in § 61 EEG 2014 gegenüber vorherigen Regelungen für Neuanlagen ist der Bereich der umlagefreien Stromnutzung weiter eingeschränkt
worden.

Zentraler Punkt der Beurteilung ist, ob Dritte mit Strom beliefert werden. Der Liefervor-   **30**
gang muss zwischen Lieferndem und Beliefertem als zwei unterschiedlichen juristischen
Personen vollzogen werden. Eine wirtschaftliche Abhängigkeit oder gesellschaftsrechtliche Verknüpfung der Gesellschaften hindert die Erfüllung des Tatbestands der Stromlieferung i.S.d. § 60 Abs. 1 EEG nicht. Lieferungen zwischen Konzernunternehmen, die rechtlich eigenständige Gesellschaften bzw. unterschiedliche juristische Personen bilden, stellen Stromlieferungen nach § 37 Abs. 2 S. 1 EEG dar.[36]

Nach aktueller Rechtsprechung des OLG Hamburg ist für die Beurteilung der Eigenschaft   **31**
als Elektrizitätsversorgungsunternehmen und dem Vorliegen einer EEG-pflichtigen Lieferung die **Auslegung der bestehenden Verträge** maßgeblich.[37]

Nach den Entscheidungsgründen ist dabei die Abbildung des Lieferverhältnisses im Bi-   **32**
lanzkreiswesen unerheblich. Im entschiedenen Fall wurde der Bilanzkreisverantwortliche,
der aus seinem Bilanzkreis Ausspeisungen an Letztverbraucher vornahm, nicht als Elektrizitätsversorgungsunternehmen gesehen, sondern die Schwestergesellschaft, welche mit
den Endkunden Verträge über Nutzenergielieferungen und Energiedienstleistungen unter-
hielt. Diese Verträge hielt das OLG für **Scheingeschäfte** gem. § 117 BGB und legte sie entgegen der Vertragsbezeichnung und der dokumentierten Ansicht aller beteiligten Gesellschaften als Stromliefervertrage aus.

Der Ansicht des OLG Hamburg ist hinsichtlich der Beurteilung der Begriffe Elektrizitäts-   **33**
versorgungsunternehmen und Lieferung nicht zu folgen. Eine Beurteilung einzelner Verträge, welche dem ÜNB als Gläubiger der EEG-Umlage unbekannt sind, und die Einstufung als Scheingeschäfte bzw. als teilunwirksame Rechtsgeschäfte, ist alleine aufgrund der
Menge der zu prüfenden Verträge nicht möglich. Die EEG-Umlage wäre operativ nicht ab-
wickelbar, da auch nach dem Schein des Bilanzkreiswesens der ÜNB nie sicher sein kann,
wer das umlagepflichtige Unternehmen ist und langwierige Prozesse führen müsste, um
den **Schuldner des gesetzlichen Anspruchs** herauszufinden.

Gegen die Richtigkeit der Rechtsprechung des Hanseatischen Oberlandesgerichts spricht   **34**
insbesondere die Tatsache, dass der Übertragungsnetzbetreiber von Gesetzes wegen kei-

---

35 BGH, Urt. v. 9.12.2009, VIII ZR 35/09, ZUR 2010, 143.
36 BGH, Urt. v. 9.12.2009, VIII ZR 35/09, ZUR 2010, 143; mittlerweile auch zustimmend *Salje*,
   EEG 2014, § 60 Rn. 20 m.w.N.
37 OLG Hamburg, Urt. v. 12.8.2014, 9 U 119/13, ZUR 2014, 567.

nerlei Einblicke in die Vertragsverhältnisse und Rechtsbeziehungen der beteiligten Versorgungsunternehmen hat. Die vertragsrechtliche Seite des Stromtransports von einer Erzeugungsanlage bis zur Verbrauchsstelle kann dabei nach den Prinzipien der Privatautonomie beliebig komplex ausgestaltet werden, ohne dass der Übertragungsnetzbetreiber darüber informiert würde. So weiß dieser nicht, von wem und auf welcher Basis ein Unternehmen Strom bezieht und auf welcher Grundlage dieser Strom weitergegeben wird. Erst recht hat er bei einer komplexen Vertragslage keinerlei Möglichkeit, nach den allgemeinen Grundsätzen der Vertragsauslegung, den wahren, möglicherweise vom klaren Wortlaut abweichenden Vertragsinhalt anhand des wirklichen Willens der Parteien zu erforschen, § 133 BGB. Wäre also die Rechtsprechung des Oberlandesgerichts richtig, müsste der Übertragungsnetzbetreiber stets befürchten, dass ihm in einem Rechtsstreit neue und bis dato völlig unbekannte vertragliche Rechtsverhältnisse entgegengehalten werden – mit der weiteren Folge, dass sich eine in gutem Glauben erhobene Klage anschließend als unbegründet erweist.

35   Um diesem Dilemma vorzubeugen, müsste der Übertragungsnetzbetreiber zunächst eine Auskunftsklage erheben. Allerdings würde – nach der Logik des Hanseatischen Oberlandesgerichts – auch der betreffende Auskunftsanspruch als Hilfsanspruch zu § 37 Abs. 2 S. 1 EEG 2012 bzw. § 60 Abs. 1 gegebenenfalls daran scheitern, dass zur Auskunft schon nur dasjenige Unternehmen verpflichtet sein kann, das tatsächlich selbst als Letztverbraucherlieferant in den EEG-Belastungsausgleich einbezogen ist.

36   Darüber hinaus ist mit Blick auf die Praktikabilität des EEG-Belastungsausgleichs ein vorgeschaltetes zeit- und kostenintensives Auskunftsverfahren völlig ungeeignet und ineffizient. Im Sinne der gesetzgeberischen Intention muss es aber im Gegenteil darum gehen, eine rechtspraktische Umsetzung des EEG-Belastungsausgleichs in solcher Weise zu ermöglichen, dass nicht die (offenbar auch hier verfolgte) Taktik Einzelner, sich auf Kosten des solidarischen EEG-Finanzierungssystems Liquidität zu verschaffen, Erfolge zeitigt. Von daher ist § 37 Abs. 2 S. 1 EEG 2012 bzw. § 60 Abs. 1 – dem Normzweck entsprechend – dahingehend auszulegen, dass Letztverbraucherlieferant im Sinne dieser Norm jedenfalls auch derjenige ist, der durch sein Verhalten in vorwerfbarer Weise den Rechtsschein setzt, den Strom in eigener Person an Letztverbraucher zu liefern.

37   Ein solches Rechtsverständnis ist auch aus verfassungsrechtlichen Gründen geboten. Wenn der Staat die Übertragungsnetzbetreiber von Gesetzes wegen als Sachwalter des EEG-Belastungsausgleichs in die Pflicht nimmt und ihnen auf der zweiten Stufe des Wälzungsmechanismus ganz erhebliche Zahlungsverpflichtungen gegenüber den Verteilnetzbetreibern auferlegt, dann muss er zugleich dafür Sorge tragen, dass sich die Übertragungsnetzbetreiber diesbezüglich in effizienter Weise refinanzieren können. Von daher gebietet die verfassungskonforme Auslegung des § 37 Abs. 2 S. 1 EEG 2012 und des § 60 ein weites Begriffsverständnis des letztverbraucherbeliefernden Elektrizitätsversorgungsunternehmens, das – entgegen der Rechtsauffassung des Hanseatischen Oberlandesgericht – auch den „Schein-Lieferanten" insoweit umfasst, als dieser sich in vorwerfbarer Weise als Letztverbraucherlieferant geriert hat.

38   Ein weiterer Gesichtspunkt, der gegen die Ansicht des OLG Hamburg spricht, ist, dass auch bei Vorliegen eines Stromliefervertrages ohne dessen Abbildung im Bilanzkreis (z. B. Zuordnung des Zählpunktes im Bilanzkreis zum Lieferanten) eine Stromlieferung gem. § 275 BGB unmöglich sein kann. Nach Ansicht des OLG Hamburg wäre der Stromliefe-

rant in diesen Fällen umlagepflichtig, auch wenn die Stromlieferung weder dem Netzbetreiber noch dem Bilanzkreisverantwortlichen angezeigt wurde. In diesen Fällen kann jedoch mangels **Zuordnung im Bilanzkreis** keine Lieferung des Lieferanten an den Zählpunkt erfolgen; vielmehr wird eine Lieferung des Grundversorgers erfolgen, welcher aufgrund der faktischen Lieferung und der entsprechenden Zuordnung im Bilanzkreis für den Zählpunkt auch umlagepflichtig ist.

Bei Bewertung aus dem Blickwinkel der Abwicklungsmechanismen der Energiewirtschaft **39** über die Einrichtung des **Bilanzkreiswesens nach der StromNZV** ist die Vorlage eines solchen Stromliefervertrages zwar ein Indiz, jedoch kein zwingender Beweis für die Lieferung der Energiemengen durch das EVU an die Letztverbraucher. Denn insoweit kann die Abwicklung der Lieferungen nach Maßgabe der definierten Geschäftsprozesse nicht gänzlich außer Betracht bleiben. Daher ist auch mit in den Blick zu nehmen, welchem Lieferanten die Entnahmestelle beim Netzbetreiber zugeordnet ist. So kann zum Beispiel ein Letztverbraucher trotz bestehenden Stromliefervertrages mit einem EVU im Wege der Grundversorgung durch den Grundversorger versorgt werden, wenn die entsprechenden Lieferantenwechselprozesse nach Abschluss des Stromliefervertrages nicht vollzogen wurden.

Berücksichtigt man im Übrigen, dass es im Hinblick auf das Vorliegen einer Lieferung **40** nicht auf das schuldrechtliche kaufvertragsähnliche Stromlieferverhältnis, sondern allgemein auf die **Übertragung der Verfügungsbefugnis über den Strom** ankommt, rückt ebenfalls die Zuordnung der Entnahmestellen zu Lieferanten nach Maßgabe der Geschäftsprozesse zur Belieferung von Kunden mit Elektrizität (GPKE)[38] in den Vordergrund. Die entsprechende Zuordnung dürfte für sich betrachtet ein deutlich schwerwiegenderes Indiz darstellen als der bloße Stromliefervertrag. Der Entscheidung des OLG Hamburg ist damit zwar zur Beurteilung des Nutzenergiecontractings als EEG-umlagepflichtig zu folgen, den Ausführungen zur Beurteilung der Begriffe Elektrizitätsversorgungsunternehmen und Lieferung ist jedoch aus o. g. Gründen nicht zu folgen. Grundlage der Beurteilung muss vielmehr die **Abbildung im Bilanzkreis** sein. Diese Ansicht hat nunmehr in § 60 Abs. 1 S. 2 EEG 2014 auch im Rahmen der dort geregelten widerleglichen Vermutung Eingang gefunden.

f) Einzelkonstellationen zur Umlagepflicht. Das Bundesministerium für Umwelt, Natur- **41** schutz und Reaktorsicherheit hat ein Gutachten zur Untersuchung der EEG-Umlagepflicht in Auftrag gegeben. Dieses Gutachten beleuchtet speziell die Fälle, in denen der Strom-Letztverbrauch von der Zahlungspflicht der EEG-Umlage befreit sein soll, und geht insbesondere auch auf Fälle des „Lichtcontracting" und „Nutzenergiecontracting" sowie auf Pachtmodelle und Betreibermodelle (z. B. Genossenschaften) ein.[39] Nach § 61 ist nunmehr auch die Eigenerzeugung grundsätzlich umlagepflichtig.

aa) Contracting. Im Fall eines **Contracting-Modells** ist stets zu prüfen, ob der Letztver- **42** braucher überhaupt „Letztverbraucher" im Sinne der vorstehend genannten Definition ist, und wenn ja, ob er die „Eigenerzeugungsanlage" tatsächlich selbst, d. h. in eigener Person betreibt, indem er bestimmenden Einfluss auf den Anlagenbetrieb hat und gleichzeitig das wirtschaftliche Risiko des Anlagenbetriebes trägt.[40]

---

38 Siehe dazu BNetzA, Festl. v. 11.7.2006, BK6-06-009.
39 www.erneuerbare-energien.de/fileadmin/ee-import/files/pdfs/allgemein/application/pdf/kurzgut achten_eeg-umlage_2012_bf.pdf.
40 *Strauch/Wustlich*, RdE 2012, 409, 414.

43   Speziell beim Fall des **Lichtcontracting** ist insbesondere zu hinterfragen, ob in dem konkreten Fall die stromverbrauchenden Lichterzeugungseinrichtungen der Sphäre des „Contractors" zuzurechnen sind oder nicht vielmehr des „Lichtnutzers". Betreibt der Contractor diese Lichterzeugungseinrichtungen gar nicht, weil er sich z. B. nicht um deren Instandhaltung bzw. Instandsetzung und damit auch nicht um deren Betrieb kümmern muss, liegen sie nicht mehr in seiner Sphäre, weshalb eine Stromlieferung des „Contractors" an den tatsächlichen Betreiber und damit eine EEG-umlagepflichtige Drittlieferung nach § 37 Abs. 2 EEG 2012 vorliegt.[41]

44   Insofern ist auch unabhängig von der konkreten Verwendung des Stroms für die Licht- oder ggf. für die Kraft- oder Wärmeerzeugung darauf abzustellen, wer die entsprechenden Stromverbrauchseinrichtungen tatsächlich betreibt, d. h. wer über ihren Einsatz, ihre Instandhaltung, Instandsetzung und ggf. ihre Ersetzung bei Defekt entscheidet.[42] Hierbei sind die von der Rechtsprechung aufgestellten **Kriterien für den Betrieb** einer Einrichtung zu verwenden, d. h. die **Tragung des wirtschaftlichen Risikos** und die **Herrschaft über die Anlage** im Wege der Bestimmung des Einsatzes der Anlage.[43]

45   Das OLG Frankfurt am Main hat zwar mit Beschluss vom 25.4.2012[44] auf der Grundlage des eigenen Vortrags des beklagten Lichtcontractors festgestellt, dass ein Unternehmen, das sich vertraglich gegenüber Dritten zur Lieferung von Licht verpflichtet, ein Letztverbraucher im Sinne von § 37 EEG 2009 ist. Wie oben dargestellt ist nach der Entscheidung des Bundesgerichtshofs die **Energieumwandlung als Letztverbrauch** anzusehen.[45]

46   Das Unternehmen sei dann gegenüber seinem Stromlieferanten zur Zahlung der EEG-Umlage verpflichtet, da bereits im Verhältnis des Stromlieferanten zum Contractor als seinem Kunden eine EEG-umlagepflichtige Drittlieferung bestünde.[46] Allerdings hatte hier der Stromlieferant diesen „Contractor" auf Zahlung der EEG-Umlage wegen Belieferung eines „Letztverbrauchers" verklagt, nicht wie in den anderen Fällen der Übertragungsnetzbetreiber den „Lichtcontractor" auf Zahlung der EEG-Umlage. Wäre folglich das OLG Frankfurt am Main nicht zu dem Schluss gekommen, dass hier der „Contractor" bereits Letztverbraucher sei, hätte dieser Contractor die EEG-Umlage als Lieferant gem. § 37 Abs. 1 EEG 2009 an den Übertragungsnetzbetreiber zahlen müssen.

47   Soweit die Literatur die Entscheidungen des OLG Frankfurt am Main als Stärkung der argumentativen Grundlage für eine Befreiung von Nutzenergie-Contractoren von der EEG-Umlage bezeichnet[47] oder als Ausweis dafür, dass bei einem Nutzenergiecontracting der Stromverbrauch dem Nutzenergielieferanten zuzurechnen ist,[48] ist diesem entgegenzuhal-

---

41 *Salje*, EEG, § 37 Rn. 28; *Strauch/Wustlich*, RdE 2012, 409, 414.

42 *Marthol/Held*, ZNER 2012, 416.

43 Vgl. ausführlich nachfolgend unter Rn. 51 ff.

44 OLG Frankfurt, Hinweisbeschluss v. 13.3.2012, 21 U 41/11, ER 2012, 36, und Zurückweisungsbeschluss (§ 522 Abs. 1 ZPO) v. 25.4.2012, 21 U 41/11, ZNER 2012, 415.

45 BGH, Beschl. v. 17.11.2009, EnVR 56/08 – „Vattenfall", NVwZ-RR 2010, 431.

46 Das OLG Frankfurt am Main, Urt. v. 13.3.2012, 21 U 41/11, Rn. 29 f., ER 2012, 36, bestätigte außerdem auf Basis der abgeschlossenen Stromlieferungsverträge zwischen dem Lieferanten und dem „Nutzenergiecontractor" auch einen Zahlungsanspruch des Lieferanten auf die KWK-Umlage nach § 9 Abs. 7 KWK-G.

47 *Marthol/Held*, ZNER 2012, 416.

48 *Riedel/Kachel*, ree 2012, 102, 103.

ten, dass die herrschende Meinung in der Rechtsprechung[49] gerade vom Gegenteil ausgeht, und dass der „Nutzenergiecontractor" in dem Rechtsstreit vor dem LG und OLG Frankfurt am Main (in sich widersprüchlich) gerade bestritten hatte, Betreiber der stromverbrauchenden Licht- und Krafterzeugungseinheiten und damit Letztverbraucher zu sein, sondern Elektrizitätsversorgungsunternehmen für den von ihm zu beliefernden Kunden.[50] Dieses Bestreiten hätte ihn jedoch ohnehin gegenüber dem zuständigen Übertragungsnetzbetreiber nach § 37 Abs. 1 EEG 2009 EEG-umlagepflichtig gemacht. Vielmehr ist das OLG hier dem Sachvortrag des Lieferanten und dem objektiven Geschäftsauftritt des Contractoren gefolgt, wonach der Contractor tatsächlicher Betreiber der hotelinternen Stromnetze, Wärmepumpen und Warmwasserboiler gewesen sei.

Erzeugt der Contractor im Falle des „Lichtcontracting" demgegenüber den eingesetzten **48** Strom selbst, ist umso mehr zu prüfen, ob der Contractor die Lichterzeugungseinrichtungen tatsächlich selbst betreibt (s. o.) oder ob hier eine Lieferung des durch den Contractors erzeugten Stroms an seinen mit Licht versorgten Kunden vorliegt, die dann nach § 37 Abs. 2 EEG 2012 EEG-umlagepflichtig wäre. Liegt eine Eigenerzeugung und Eigenbelieferung des Contractors vor, muss geprüft werden, ob sich nicht nach § 61 EEG hierfür eine entsprechende EEG-Umlagepflichtigkeit ergibt.[51]

Ein **Umgehungsgeschäft** – z. B. die vertragliche Lieferung von durch Strom erzeugter **49** Wärme oder Licht – schließt somit den Lieferbegriff nicht aus. Auch der zur Erzeugung dieser Energie gelieferte Strom ist mit der EEG-Umlage belastet.[52] Auch die aktuelle Rechtsprechung des OLG Hamburg[53] stellt klar, dass eine inhaltliche Bewertung des Vertrages erfolgen muss und eine andere Bezeichnung als „Stromliefervertrag" nicht zum Ausschluss eines Liefersachverhalts und zur fehlenden EEG-Umlagepflicht führt.

Auch das o. g. Gutachten im Auftrag des BMU stellt als Kriterium zur Beurteilung der Um- **50** lagepflicht darauf ab, ob letztlich das **wirtschaftliche Risiko des Anlagenbetriebes** beim „Contractor" und der Anlagenbetrieb in seiner oder in der Sphäre des „Belieferten" liegt.[54] Im Übrigen ist bei jeglichen Modellen des Contracting dann, wenn der Contractor tatsächlich Letztverbraucher im Sinne der vorstehende Definition ist oder vorgibt zu sein, stets zu prüfen, ob hier nicht wie im Falle des OLG Frankfurt am Main eine EEG-umlagepflichtige Lieferung des Lieferanten des Stroms an den Contractor stattfindet. Gänzlich von der Umlagepflicht befreite Konstellationen liegen im Regelfall nicht vor, bzw. sind auf den gesetzlich geregelten Fall des § 37 Abs. 3 S. 2 begrenzt.

bb) Betreibermodelle. Ein weiteres Modell ist der **gemeinschaftliche Betrieb einer Er- 51 zeugungsanlage** durch mehrere daraus belieferte Letztverbraucher. Zur Organisation der

---

49 LG Erfurt, Urt. v. 5.4.2012, 2 HK 53/12, openJur 2013, 33444; LG Wiesbaden, Beschl. v. 29.3.2012, 5 C 149/11 (n. v.); LG Mühlhausen, Urt. v. 19.4.2012, 1 HK O 43/12 (n. v.); LG Berlin, Urt. v. 8.5.2012, 91 O 47/12, CuR 2012, 121 f.

50 Zweifelnd: *Bülhoff*, IR 2012, 181; verneinend: *Salje*, EEG 2014, § 60 Rn. 22; *Strauch/Wustlich*, RdE 2012, 409, 414.

51 Vgl. BDEW, „Vertriebliche Umsetzungshilfe zum EEG 2012"; siehe auch Kommentierung zu § 61.

52 *Salje*, VersorgW 2010, 84, 84 ff.

53 OLG Hamburg, Urt. v. 12.8.2014, 9 U 119/13, Juris.

54 Vgl. dort S. 30 ff. und 37 ff., abrufbar unter: www.erneuerbare-energien.de/ EE/Redaktion/DE/ Downloads/Gutachten//kurzgutachten_eeg_umlage.html.

Gemeinschaft als auch des Betriebs haben sich in der Praxis unterschiedliche Modelle gebildet.

52 In diesen Fällen ist stets zu prüfen, ob nicht bereits die „Gesamtheit der Gesellschafter" eine „Betreibergesellschaft" selbst darstellt. Bei der Gründung einer Kapitalgesellschaft zur Versorgung der Gesellschafter liegt dies alleine schon durch Gründung und Eintragung einer eigenständigen juristischen Person vor (vgl. § 13 Abs. GmbHG, § 1 Abs. 1 S. 1 AktG).

53 Bei der Gründung einer Personengesellschaft (z. B. GbR, OHG, KG) hat die jüngere Rechtsprechung eine „eigene Rechtspersönlichkeit" der Gesellschaft in dem Umfang angenommen, wie sie am Rechtsverkehr teilnimmt.[55] Kauft diese Gesellschaft daher z. B. PV-Module oder technische Einrichtungen einer anderen Anlage als Gesellschaft ein bzw. bezieht sie die Einsatzstoffe für die Erzeugungsanlage als Gesellschaft, liegt insoweit eine Teilnahme am Rechtsverkehr und damit eine **eigene Rechtspersönlichkeit** vor. Strom, den die Gesellschaft als eigenständige juristische Person dann an eigene Gesellschafter als Letztverbraucher liefert, wird im Rahmen einer Drittbelieferung nach § 37 Abs. 2 EEG 2012 geliefert, und ist deshalb EEG-umlagepflichtig.

54 Zur Beurteilung der Belieferung aus Solaranlagen hat das BMU eine ergänzende gutachterliche Stellungnahme zu „Rechtsfragen des Eigenverbrauchs und des Direktverbrauchs von Strom durch Dritte aus Photovoltaikanlagen" eingeholt.[56] Auch dieses kommt zu der Einschätzung, dass Anlagenbetreiber und Verbraucher **personenidentisch** sein müssen. Dieses Merkmal ist restriktiv auszulegen: Erzeuger und Verbraucher müssen ein und dieselbe natürliche/juristische Person sein. Allerdings muss der Anlagenbetreiber nicht Eigentümer der Erzeugungsanlage sein; wichtig ist nur, dass er das wirtschaftliche Risiko der Anlage trägt. Dies wird u. a. immer dann der Fall sein, wenn der Betreiber/Verbraucher die Anlage auf eigene Rechnung benutzt, die Verfügungsgewalt über die Anlage hat und die Kosten für den Unterhalt aufbringen muss.[57]

55 **cc) Pachtmodelle.** Ob und inwieweit die **Anpachtung einer Erzeugungsanlage durch einen Letztverbraucher** eine Belieferung des Letztverbrauchers durch den Eigentümer ausschließt und zu einer Eigenversorgung des Letztverbrauchers i. S. d. § 37 Abs. 3 S. 2 EEG 2012 macht, ist maßgeblich von der Gestaltung des Pachtvertrages abhängig, insbesondere davon, ob aufgrund dieses Pachtvertrages das wirtschaftliche Risiko des Anlagenbetriebes auf den Letztverbraucher übergeht oder noch beim Eigentümer verbleibt.[58] Dementsprechend werden Pachtverträge in der Literatur als Grundlage für eine Eigenversorgung teilweise abgelehnt,[59] teilweise bestätigt.[60] Insoweit gelten die vorstehenden Ausführungen zu den Betreibermodellen und zu den Definitionen der Rollen als EVU und zum Letztverbraucher entsprechend.

---

55 BGHZ 146, 341, 343.
56 Abrufbar unter www.erneuerbare-energien.de/EE/Redaktion/DE/Downloads/Gutachten/pv_anlagen_bf_langfassung.html.
57 Zusammenfassung der Ergebnisse des Gutachtens, abrufbar unter www.erneuerbare-energien.de/EE/Redaktion/DE/Downloads/Gutachten/_pv_anlagen_bf_zuammenfassung.html.
58 *Kachel*, CuR 2011, 100, 103 und 105.
59 *Strauch/Wustlich*, RdE 2012, 409, 411 ff.
60 *Salje*, VersorgW 2010, 84, 88.

dd) Weitere Modelle. Die Praxis hat eine Vielzahl von Modellen entworfen, die in unter- 56
schiedlichster Ausgestaltung und Gewichtung einzelner als Kombination mehrerer Modelle diskutiert und bewertet werden.[61] Entscheidendes Kriterium zur Beurteilung aller Sachverhalte ist dabei die **Personenidentität zwischen Erzeuger und Letztverbraucher**, wobei insbesondere die **Betreibereigenschaft**[62] hinsichtlich der Erzeugungsanlage genauerer
Prüfung bedarf.

ee) Eigenbetriebe. Einen Sonderfall hinsichtlich der Beurteilung des Kriteriums der Liefe- 57
rung bzw. der Personenidentität zwischen Erzeuger und Letztverbraucher stellen die sog.
kommunalen Eigenbetriebe dar.

Eigenbetriebe sind kommunalrechtlich wirtschaftliche Unternehmen einer Gemeinde, die 58
keine eigene Rechtspersönlichkeit besitzen.[63] Handelnd ist daher im Fall des Eigenbetriebs dessen Rechtsträger, z. B. die Kommune als Rechtsträgerin des Stadtwerks. Die diesbezügliche Sonderregelung in § 2 Nr. 4 StromStG dient nur Gründen der Verwaltungsvereinfachung und ist für die Beurteilung des Sachverhalts nach dem EEG nicht relevant.

Bei Belieferung von kommunalen Abnahmestellen (z. B. Verwaltungsgebäuden, Schulen, 59
etc.) durch ein als Eigenbetrieb organisiertes Stadtwerk, welches auch nach o. g. Kriterien
als Betreiber der Erzeugungsanlage anzusehen ist, liegt daher **Personenidentität** zwischen
Erzeuger (Kommune als Rechtsträger des Eigenbetriebs) und Letztverbraucher (Kommune) vor. Eine Analogie zu anderen Rechtsformen (z. B. Kapitalgesellschaften) zur abweichenden Beurteilung der EEG-Pflicht ist im Hinblick auf die Freiheit der Rechtsformwahl
und auch z. B. die unterschiedliche Besteuerung der Rechtsformen einer Gesellschaft nicht
angezeigt. Es liegt somit eine EEG-freie Eigenerzeugung bei Einhaltung der weiteren Kriterien gem. § 61 vor. Bei Belieferung Dritter (andere Rechtspersönlichkeit, z. B. kommunale Gesellschaften anderer Rechtsform oder Dritte vor Ort) liegt weiterhin eine EEG-
pflichtige Lieferung vor. Die dargestellten Modelle sind auch mit Einführung der Regelungen des § 61 weiterhin von Relevanz, um die nach § 61 zu betrachtenden Konstrukte der
u. U. umlagepflichtigen Eigenversorgung von den in jedem Fall umlagepflichtigen Sachverhalten der Drittbelieferung nach § 60 abzugrenzen.

2. Widerlegliche Vermutung (Abs. 1 S. 2). Gemäß § 60 Abs. 1 S. 2 EEG 2014 wird „wi- 60
derleglich vermutet, dass Energiemengen, die aus einem beim ÜNB geführten Bilanzkreis
an physikalische Entnahmestellen abgegeben werden und für die keine bilanzkreisscharfe
Meldung eines EVU nach § 74 vorliegt, von dem Inhaber des betreffenden Bilanzkreises
an Letztverbraucher geliefert wurden". Die **Vermutungsregelung** gilt nach der Begründung des Regierungsentwurfs ausdrücklich auch für Unterbilanzkreise.[64] § 60 Abs. 1 S. 2
EEG 2014 enthält eine gesetzliche Vermutung. Regelungssystematisch wird bei jeder gesetzlichen Vermutung in aller Regel an eine Voraussetzung bzw. Anknüpfungstatsache eine
Vermutung für eine weitere Tatsache oder das Bestehen oder Nichtbestehen eines Rechts

---

61 Zur Übersicht und Bewertung der unterschiedlichen Modelle siehe auch die zusammenfassende
   Beurteilung in Gutachten für das BMU, abrufbar unter www.erneuerbare-energien.de/EE/Redak
   tion/DE/Downloads/Gutachten//kurzgutachten_eeg_umlage.html.
62 Vertiefend hierzu § 61 Rn. 27 ff.
63 Vgl. z. B. § 114 GemO NRW i. V. m. Eigenbetriebsverordnung NRW.
64 BT-Drs. 18/1304, S. 231 (dort zu § 57).

geknüpft.[65] Die an diese Voraussetzung anknüpfende gesetzliche Vermutung bedarf hingegen sodann keines weiteren Beweises. Sie gilt, solange diese nicht widerlegt ist.[66]

61 Anknüpfungstatsache ist die Abgabe von Energiemengen an physikalische Entnahmestellen aus einem Bilanzkreis, für die keine **bilanzkreisscharfe Meldung eines EVU** nach § 74 EEG vorliegt. Nur wenn diese Voraussetzung in tatsächlicher Hinsicht erfüllt ist, greift die gesetzliche Vermutung ein. Die gesetzliche Vermutung besteht darin, dass diese abgegebenen Energiemengen vom Inhaber des betreffenden Bilanzkreises an Letztverbraucher geliefert wurden.

62 Die **Beweislast** für das Vorliegen der Anknüpfungstatsache trägt derjenige, zu dessen Gunsten die daran anknüpfende gesetzliche Vermutung greift.[67] Mithin müsste vorliegend der ÜNB darlegen und beweisen, dass Energiemengen an physikalische Entnahmestellen aus dem Bilanzkreis abgegeben wurden und für diese keine bilanzkreisscharfe Meldung vorliegt.

63 Der Bilanzkreisverantwortliche kann also entweder beweisen, dass entgegen der Annahme des ÜNB keine Energiemengen an physikalische Entnahmestellen aus dem Bilanzkreis abgegeben wurden und für diese keine bilanzkreisscharfe Meldung vorliegt, oder der BKV kann die **gesetzliche Vermutung** selbst widerlegen. Danach müsste er darlegen und beweisen, dass die entsprechenden Energiemengen nicht von ihm an die Letztverbraucher geliefert wurden.

64 Um die gesetzliche Vermutung zu widerlegen, bieten sich für den Bilanzkreisverantwortlichen damit grundsätzlich zwei Anknüpfungspunkte: Zum einen kann er den Beweis erbringen, dass nicht er, sondern ein anderes EVU den Strom an den Letztverbraucher geliefert hat. Zum anderen kann er den Beweis antreten, dass keine Lieferung im vorgenannten Sinne vorliegt. Dies wäre immer dann der Fall, wenn der Letztverbraucher den Strom nicht von einem Dritten bezogen, sondern selbst erzeugt hat, oder aber ein Bezug von einem Dritten vorliegt, der kein EVU ist. Beide Konstellationen sind im Hinblick auf die EEG-Pflicht gesetzlich normiert (§ 61 Abs. 1 S. 1 und S. 3 EEG 2014).

65 Fraglich ist jedoch, wann im Einzelnen die gesetzliche Vermutung widerlegt ist. Ausweislich der auf die Beweisführung zu gesetzlichen Vermutungen enthaltenen zivilprozessualen Verfahrensvorschrift in § 292 ZPO hat der **Beweis des Gegenteils** – also der volle Beweis des Gegenteils der gesetzlichen Vermutung – zu erfolgen.[68] Die bloße Erschütterung der gesetzlichen Vermutung durch Beweis ihrer möglichen Unrichtigkeit genügt nicht. Das Gericht muss im Anschluss an die Beweisführung die Überzeugung gewonnen haben, dass die gesetzliche Vermutung nicht der Wahrheit entspricht und das Gegenteil der Fall ist. Eine bloße Wahrscheinlichkeit, dass die gesetzliche Vermutung unzutreffend ist, reicht hingegen nicht aus.

66 Das EEG selbst enthält keine spezifischen Vorschriften, mit welchen Mitteln der Bilanzkreisverantwortliche die gesetzliche Vermutung widerlegen kann. Grundsätzlich handelt es sich bei dem Anspruch der ÜNB gegen das EVU auf Zahlung der EEG-Umlage um ein **gesetzliches Schuldverhältnis** zwischen natürlichen oder juristischen Personen des bür-

---

65 Thomas/Putzo/*Reichold*, ZPO, § 292 Rn. 1 f.; Musielak/*Huber*, ZPO, § 292 Rn. 2 f.
66 Thomas/Putzo/*Reichold*, ZPO, § 292 Rn. 3.
67 Zöller/*Greger/Geimer*, ZPO, § 292 Rn. 2; Thomas/Putzo/*Reichold*, ZPO, § 292 Rn. 3.
68 So auch *Salje*, EEG 2014, § 60 Rn. 32.

gerlichen Rechts. Die Auseinandersetzung über das Bestehen oder Nichtbestehen der EEG-Pflicht stellt damit eine **bürgerliche Rechtsstreitigkeit** im Sinne von § 13 GVG dar, die vor den ordentlichen Gerichten nach den Vorschriften der ZPO zu führen ist, so dass die Beweisführungsvorschriften der ZPO Anwendung finden. § 292 ZPO stellt klar, dass auch die Parteivernehmung ein zulässiges Beweismittel ist.

In der Praxis dürfte dabei insbesondere entsprechenden **Testaten von Wirtschaftsprüfern**   **67** eine entsprechende Bedeutung zukommen. Im gesamten Wälzungssystem des EEG ist die Testierung der einzelnen Abrechnungen auf den jeweiligen Wälzungsstufen ein prägendes Element, um die Transparenz und objektive Richtigkeit der Abrechnungen zu erhöhen. Soweit nun über eine gesetzliche Vermutung auf die objektive Richtigkeit der Zuordnung von Liefermengen zunächst verzichtet wird, dürfte es dem Bilanzkreisverantwortlichen zumindest offenstehen, die Widerlegung der entsprechenden gesetzlichen Vermutung mittels derjenigen Instrumente vorzunehmen, die an anderer Stelle im EEG die objektive Richtigkeit sichern sollen. Entscheidend dürfte insoweit allein sein, dass der Wirtschaftsprüfer in der Lage ist, zu prüfen und zu bescheinigen, dass die dem Bilanzkreisverantwortlichen im Rahmen der gesetzlichen Vermutung zugerechneten Strommengen tatsächlich nicht von diesem an Letztverbraucher geliefert wurden.

Zusammengefasst wird damit die **Widerlegung der Vermutung** in der Praxis häufig da-   **68** durch erfolgen, dass die Lieferung durch ein konkretes anderes EVU nachgewiesen wird. Aus der gesetzlichen Vermutung kann eine solche rechtliche Verpflichtung des Bilanzkreisverantwortlichen zur Erbringung dieses Nachweises nicht abgeleitet werden. Es reicht schlicht aus, wenn er den Nachweis erbringen kann, dass jedenfalls nicht er selbst der Lieferant ist.

Fraglich ist, ob die **Vorlage eines Stromliefervertrages eines Dritten** mit den Letztver-   **69** brauchern ausreicht, um die gesetzliche Vermutung zu widerlegen. Bei strenger Betrachtung ist die Vorlage eines solchen Stromliefervertrages zwar ein Indiz, jedoch kein zwingender Beweis für die Lieferung der Energiemengen durch das EVU an die Letztverbraucher. Denn insoweit kann die Abwicklung der Lieferungen nach Maßgabe der definierten Geschäftsprozesse nicht gänzlich außer Betracht bleiben. Daher ist auch mit in den Blick zu nehmen, welchem Lieferanten die Entnahmestelle beim Netzbetreiber zugeordnet ist.

3. Ermittlung der EEG-Umlage (Abs. 1 S. 3). Auf der vierten Stufe des Belastungsaus-   **70** gleichs wird von den ÜNB eine **bundeseinheitliche EEG-Umlage** in ct/kWh ermittelt. Diese wird bis zum 15.10. für das Folgejahr verbindlich veröffentlicht und von den EVU als Lieferanten der Letztverbraucher im Regelfall an diese weitergegeben.

Die unterjährige Rechnungslegung zwischen ÜNB und Lieferanten erfolgt auf Basis von   **71** **monatlichen Prognosen** des Lieferanten über den für den Folgemonat abgeschätzten **Letztverbraucherabsatz** unter Berücksichtigung der möglichen Privilegierungen von einzelnen Letztverbrauchern gem. §§ 63 ff.[69] Dies resultiert aus § 70, welcher Anlagenbetreiber, Netzbetreiber und EVU dazu verpflichtet, die Daten, die zur Berechnung des bundesweiten Belastungsausgleichs nach §§ 56–62 sowie §§ 71–74 erforderlich sind, unverzüglich zur Verfügung zu stellen.

---

69 Vgl. Rn. 75 ff. zur Praxis der Abschlagszahlung gem. § 60 Abs. 1 S. 4.

72   Falls der Lieferant die **Meldung des anzusetzenden Letztverbraucherabsatzes** nicht vornimmt, ist der ÜNB berechtigt, den Absatz zur Abrechnung zu schätzen.[70] Als Basis können hierfür in der Regel die Bilanzkreisdaten herangezogen werden, da dort alle an Letztverbraucher ausgespeisten Mengen ermittelbar sind. Bei der Ermittlung der monatlichen Zahlungen werden in der Regel auch die Verbrauchsschwankungen, regelmäßig auf Basis der Verteilung der Vorjahresliefermengen je Monat, berücksichtigt, so dass sich der Höhe nach unterschiedliche Abschlagszahlungen ergeben können. Nach Abschluss des Jahres erfolgt eine **Jahresabrechnung** anhand der vom Lieferanten gem. §§ 74, 75 bis zum 31.5. nachzuweisenden und zu testierenden Liefermengen an Letztverbraucher.[71] Die Endabrechnung durch die ÜNB hat gem. § 73 Abs. 2 S. 1 bis zum 31.7. des Folgejahres zu erfolgen. Die Jahresabrechnung gem. § 73 Abs. 2 S. 1 ist demnach die **einzige Abrechnung im Sinne des § 62 Abs. 1**, da zuvor nur prognosebasierte Abschläge gezahlt werden, die keinen eigenen Abrechnungscharakter aufweisen. Die Jahresabrechnung kann bei nachträglich auftretendem Korrekturbedarf unter den Voraussetzungen des § 62 mit Erstellung eines entsprechenden Korrekturtestats des Lieferanten für das betroffene Jahr korrigiert werden.[72]

73   **4. Abschlagszahlungen (Abs. 1 S. 4).** Nach § 60 Abs. 1 S. 4 sind vom EVU an den ÜNB monatliche Abschläge in angemessenem Umfang zu entrichten. Das EEG bestimmt allerdings nicht ausdrücklich, wann Abschlags- oder abschließende Zahlungsverpflichtungen der Elektrizitätsversorgungsunternehmen fällig werden. Nach einer Ansicht muss die **Fälligkeit** der monatlichen Forderung zwischen den Übertragungsnetzbetreibern und den Elektrizitätsversorgungsunternehmen selbstständig festgelegt werden.[73] Unter Berücksichtigung der Entscheidungen der Clearingstelle EEG zu den Fristbestimmungen im EEG[74] bedeutet „monatlich" i. S. d. § 16 Abs. 1 S. 3 EEG 2012 „einmal im Kalendermonat". Auch auf die zivilrechtlichen Bestimmungen der §§ 188, 192, 271 Abs. 2 BGB kann nach Ansicht der Clearingstelle zur Konkretisierung des Fälligkeitszeitpunktes nicht zurückgegriffen werden. Eine Fälligkeit würde daher erst nach Rechnungslegung, ein **Verzug** gem. § 286 BGB erst mit Mahnung der ausstehenden Abschlagszahlung eintreten.

74   Nach anderer Ansicht stellt der **Branchenkonsens** zur Abwicklung der Umlagezahlung zwischen ÜNB und EVU mit Terminierung der Zahlungsfrist auf den 15. des nachfolgenden Monats u. a. durch die Umsetzungshilfe des BDEW einen **Handelsbrauch** dar.[75] Dadurch entfiele die Pflicht zur Mahnung zur Verzugsbegründung, Verzugszinsen auf die rückständige Umlagezahlung würden somit ab dem 16. des jeweiligen Monats anfallen. Vorteil dieser Ansicht ist, dass ansonsten Vorfinanzierungskosten und zusätzliche Abwicklungskosten zu Lasten des EEG-Kontos und somit zu Lasten der Allgemeinheit entstehen würden. Mangels Fälligkeit könnte sich sonst das EVU bis zur Mahnung des ÜNB einen

---

70   Zu beachten ist darüber hinaus die Möglichkeit zur Kündigung des Bilanzkreisvertrages gem. § 60 Abs. 2.

71   Vertiefend hierzu §§ 74, 75.

72   Siehe hierzu § 62.

73   Vgl. für Abschlagszahlungen zwischen Anlagen- und Netzbetreibern Clearingstelle EEG, Verfahren 2012/6, Link: www.clearingstelle-eeg.de/empfv/2012/6.

74   Vgl. Insbesondere Clearingstelle EEG, Hinweis 2009/13 v. 5.11.2009, abrufbar unter www.clearingstelle-eeg.de/hinwv/2009/13, hier insbesondere Abschnitt 3.2.2.

75   *Salje* befürwortet mit gleichem Ergebnis eine analoge Anwendung des § 19 Abs. 2; *Salje*, EEG 2014, § 60 Rn. 37.

Liquiditätsvorteil verschaffen, der auch nicht durch entstehende Verzugszinsen kompensiert würde. Auch würden Vorfinanzierungseffekte beim ÜNB entstehen, da die Einspeisevergütungen und weitere Zahlungen, z. B. der Marktprämie, jeweils bis zum 15. des Monats an die VNB ausgeschüttet werden. Diese Frage ist derzeit aber gerichtlich nicht geklärt, im Zweifel wird daher im Sinne maximaler rechtlicher Vorsicht eine Mahnung des ÜNB erfolgen.

5. Erweiterte Rechte der ÜNB (Abs. 2). Mit der EEG-Novelle 2014 haben die ÜNB weitergehende Rechte beim Einzug der EEG-Umlage erhalten. Diese sollen dazu dienen, das Auflaufen von Zahlungsrückständen zu verhindern bzw. zu begrenzen. In der Vergangenheit stand den ÜNB dazu nur der zivilrechtliche Klageweg hinsichtlich bestehender Forderungen offen.   **75**

a) Offensichtlicher Fehler (S. 1). Gemäß § 60 Abs. 2 S. 1 EEG 2014 sind die EVU nur dann zum Zahlungsaufschub berechtigt, wenn die **ernsthafte Möglichkeit eines offensichtlichen Fehlers** vorliegt. Weder der Begriff des „offensichtlichen Fehlers" noch die Bezeichnung der „ernsthaften Möglichkeit" sind im EEG 2014 legaldefiniert. Vielmehr handelt es sich um unbestimmte Rechtsbegriffe auf Tatbestandsebene, die auslegungsbedürftig sind.   **76**

Auch die Gesetzesbegründung formuliert keinen Maßstab für das Vorliegen der ernsthaften Möglichkeit eines offensichtlichen Fehlers. Die Gesetzesbegründung nimmt an dieser Stelle lediglich Bezug auf die Kündigungsmöglichkeit des Bilanzkreisvertrages durch die ÜNB nach § 60 Abs. 2 S. 3 EEG, nicht jedoch auf die Erhebung von Einwänden durch die EVU, mit denen die ernsthafte Möglichkeit eines offensichtlichen Fehlers belegt wird.   **77**

Hinweise zur **Auslegung der Norm** lassen sich allerdings der Vorschrift mit § 17 Abs. 1 S. 2 Nr. 1 StromGVV/GasGVV entnehmen. § 17 Abs. 1 S. 2 Nr. 1 StromGVV/GasGVV und § 60 Abs. 2 S. 1 EEG 2014 stehen zwar zueinander nicht in einem echten systematischen Regelungszusammenhang. Sie weisen aber hinsichtlich ihres Wortlauts dieselbe Formulierung auf. Jeweils berechtigen nach diesen drei Vorschriften Einwände des Schuldners gegen Forderungen des Gläubigers nur dann zum Zahlungsaufschub oder zur Zahlungsverweigerung, „soweit die ernsthafte Möglichkeit eines offensichtlichen Fehlers besteht". § 17 StromGVV / GasGVV sind dabei bereits deutlich früher in Kraft getreten, so dass sich hierzu bereits Rechtsprechung und Literatur herausgebildet hat.   **78**

Eine offensichtliche Fehlerhaftigkeit i. S. d. § 17 Abs. 1 S. 2 Nr. 1 StromGVV/GasGVV liegt nach der Rechtsprechung dann vor, wenn die Rechnung **auf den ersten Blick** Fehler erkennen lässt.[76] Allein aus dem Bestreiten der Richtigkeit des in der Rechnung zugrunde gelegten Stromverbrauchs könne die ernsthafte Möglichkeit eines offensichtlichen Fehlers nicht hergeleitet werden.[77] So sei ein pauschaler Einwand gegen die Höhe der Entgeltforderung unbeachtlich, vielmehr bedürfe es der Darlegung eines offensichtlichen Abrechnungsfehlers.[78]   **79**

---

76 BGH, Urt. v. 6.12.1989, VIII ZR 8/89 (KG), NJW-RR 1990, 689, 690; OLG Hamm, Urt. v. 8.8.2006, 19 U 2/06, NJW-RR 2007, 852 (jeweils zu § 30 AVBEltV/AVBGasV); OLG Köln, Beschl. v. 28.10.2011, NJOZ 2012, 1646.

77 LG Duisburg, Urt. v. 29.6.2012, 7 S 135/11, BeckRS 2012, 16213.

78 LG Hagen, Urt. v. 8.7.2013, 2 O 297/12, BeckRS 2014, 07928.

80 Im Schrifttum wurde der Versuch unternommen, diesen Maßstab anhand von Fallbeispielen näher zu konkretisieren. So soll die **ernsthafte Möglichkeit eines offensichtlichen Fehlers** bestehen, wenn ein eindeutiger Rechen- oder Ablesefehler vorliege, nicht aber dann, wenn **vertiefte Überlegungen** über die Berechtigung der Forderung angestellt werden müssten. Ein offensichtlicher Fehler liege nur dann vor, wenn bei objektiver Betrachtungsweise keine vernünftigen Zweifel einer Fehlerhaftigkeit möglich seien, d. h. wenn der Rechnung die Fehlerhaftigkeit „auf die Stirn geschrieben" sei.

81 In der Gesamtschau zeigt sich damit, dass sich zwar ein feststehender Maßstab der ernsthaften Möglichkeit eines offensichtlichen Fehlers zu § 17 StromGVV/GasGVV herausgebildet hat. Dieser ist jedoch gleichermaßen abstrakt formuliert und bedarf jeweils einer Prüfung im Einzelfall. Die Offensichtlichkeit des Fehlers dürfte damit jedenfalls immer dann zu bejahen sein, wenn mit dem BGH der Fehler auf den ersten Blick erkennbar ist, es also des schlichten Hinweises auf den Fehler zur Erkennbarkeit und Nachvollziehbarkeit der Fehlerhaftigkeit eigentlich nicht bedarf. Soweit es stattdessen zur Begründung der Fehlerhaftigkeit einer umfassenden Detailbegründung bedarf, dürfte eine Offensichtlichkeit des Fehlers nicht gegeben sein.

82 Insgesamt liegt ein offensichtlicher Fehler im Sinne dieser Vorschrift vor, wenn bei objektiver Betrachtungsweise die Fehlerhaftigkeit der Abrechnung der EEG-Umlage offen zutage tritt und damit auf den ersten Blick erkennbar ist.

83 Die **Beweislast** für das Vorliegen der ernsthaften Möglichkeit eines offensichtlichen Fehlers trägt das EVU. Die Einwendungen des EVU gegen die Richtigkeit oder Höhe des Zahlungsanspruchs müssen substanziiert sein. Das EVU hat darzulegen, dass die Bestimmung der EEG-Umlage durch den ÜNB unrichtig, nicht vollständig oder nicht vorschriftsgemäß erfolgte und insofern die ernsthafte Möglichkeit eines offensichtlichen Fehlers besteht. Dies kann neben Rechenfehlern etwa dann angenommen werden, wenn der ÜNB bei der Endabrechnung für die EEG-Umlage (§ 73 Abs. 2 S. 1 EEG 2014) nicht die vom EVU übermittelte Energiemenge (§ 74 S. 1 EEG 2014), sondern nachweislich ohne nähere Begründung (etwa eine Zurechnung von Energiemengen nach § 60 Abs. 1 S. 2 EEG 2014) eine davon erheblich abweichende Energiemenge zugrunde gelegt hat. Ebenso ist vorstellbar, dass der ÜNB bei der Berechnung der EEG-Umlage eines EVU, das einen von der Besonderen Ausgleichsregelung (§ 63 EEG 2014) betroffenen Letztverbraucher beliefert, den entsprechenden BAFA-Bescheid gänzlich unberücksichtigt lässt. Schließlich ist es denkbar, dass ein von der Besonderen Ausgleichsregelung betroffener Letztverbraucher von mehreren EVU beliefert wird und der ÜNB bei der Berechnung der EEG-Umlage eines dieser EVU den entsprechenden BAFA-Bescheid nicht zutreffend berücksichtigt.

84 **b) Aufrechnungsverbot (S. 2).** Satz 2 regelt ein **Aufrechnungsverbot des Umlagepflichtigen** gegenüber dem ÜNB als Gläubiger der EEG-Umlage. In der Vergangenheit sind Forderungen der Übertragungsnetzbetreiber auf Zahlung der EEG-Umlage durch Lieferanten wiederholt nicht beglichen worden. Dadurch sind dem EEG-Konto Zahlungsausfälle in Millionenhöhe entstanden. Im Insolvenzfall sind die ausstehenden Forderungen regelmäßig nicht mehr einbringbar und gehen damit dauerhaft zu Lasten der übrigen Umlageverpflichteten. Zwar verfügen die Netzbetreiber in Bezug auf Forderungen aus der Netznutzungsabrechnung und der Bilanzkreisabrechnung über Instrumente, mit denen sie säumigen Lieferanten begegnen können. Diese Instrumente bestehen z. B. in der Erhebung von Sicherheitsleistungen oder Vorauszahlungen und letztlich in der Kündigung des Lieferantenrahmenvertrags bzw. des Bilanzkreisvertrags, die für den Energielieferanten ein Ende der Betätigung in dem betreffenden Netzgebiet oder in der betreffenden Regelzone zur Konsequenz hat. Im Hinblick auf Forderungen der Übertragungsnetzbetreiber aus der EEG-Umlage fehlen derartige Instrumentarien hingegen bislang.[79] Somit soll durch das Aufrechnungsverbot in Verbindung mit dem stark eingeschränkten Zurückweisungsrecht nach Satz 1 sowie der Kündigungsmöglichkeit nach Satz 3 ff. ein Auflaufen von Forderungen aus der EEG-Umlage ohne Eingriffsmöglichkeit des ÜNB verhindert und somit die Außenstände verringert werden.

c) Kündigung des Bilanzkreisvertrages (S. 3–5). Die neu in das Gesetz aufgenommene **Kündigungsmöglichkeit** nach § 60 Abs. 2 S. 3 EEG 2014 ist auch auf **Altforderungen** auf Zahlung der EEG-Umlage ohne das Erfordernis einer entsprechenden gesetzlichen Übergangsbestimmung anwendbar, da die Vorschrift ihrem zeitlichen Anwendungsbereich nach auch auf vor ihrem Inkrafttreten am 1.8.2014 abgeschlossene Bilanzkreisverträge (sog. Altverträge) angewendet werden kann.   85

Nach der Rechtsprechung muss die Wirkungskraft eines neuen Gesetzes auf früher entstandene Rechtsverhältnisse ausdrücklich bestimmt werden oder zumindest eindeutig dem neuen Gesetz entnommen werden können.[80] Fehlt es – wie vorliegend – an einer solchen eindeutigen Regelung zur Anwendbarkeit, ist anhand der allgemeinen Grundsätze über die zeitliche Geltung von Gesetzen zu klären, ob die neu eingeführte Regelung zur Anwendung kommt oder nicht.   86

Ein wesentlicher Grundsatz zur zeitlichen Anwendbarkeit von Gesetzen ist dabei in Art. 170 EGBGB verankert, nach dem Schuldverhältnisse in Bezug auf Inhalt und Wirkung dem Recht unterstehen, das zur Zeit der Verwirklichung ihres Entstehungstatbestandes galt. Zwar hat Art. 170 EGBGB durch Zeitablauf seine unmittelbare Bedeutung verloren. Seine Regelung wird aber weiterhin als Ausdruck eines allgemeinen Rechtsgedankens angesehen. Demnach bleibt entsprechend Art. 170 EGBGB die alte Rechtslage weiterhin anwendbar, soweit nicht Übergangsvorschriften die Anwendbarkeit der geänderten Rechtslage vorsehen. Nach der Rechtsprechung des BGH findet Art. 170 EGBGB als allgemeiner Rechtsgrundsatz entsprechende Anwendung, so dass „sich Inhalt und Wirkung eines Schuldverhältnisses nach der zum Zeitpunkt seiner Entstehung geltenden Rechtslage richten, sofern – wie im Streitfall – kein Dauerschuldverhältnis betroffen ist".[81] Relevant ist dabei vorliegend jedoch insbesondere die Einschränkung, dass Art. 170 EGBGB nur dann Anwendung findet, soweit es sich nicht um ein **Dauerschuldverhältnis** handelt. Daraus lässt sich der Schluss ziehen, dass nach dem BGH bei Dauerschuldverhältnissen nicht auf die zum Zeitpunkt der Entstehung geltende Rechtslage abzustellen ist, sondern nachträgli-   87

---

79 BT-Drs. 18/1304 S. 233 (dort zu § 57 RegE).
80 BGH, Urt. v. 29.3.1951, IV ZR 29/50, BGHZ 3, 75, 84; Urt. v. 11.11.1953, II ZR 181/52, BGHZ 10, 391, 394; Urt. v. 18.10.1965, II ZR 36/64, BGHZ 44, 192, 194; Urt. v. 22.1.1987, IX ZR 100/86, BGHZ 99, 363, 369.
81 BGH, Urt. v. 15.11.2001, I ZR 158/99, BGHZ 149, 337–356 unter Hinweis auf die jeweils die identische Formulierung verwendenden Entscheidungen v. 11.11.1953, II ZR 181/52, BGHZ 10, 391, 394; Urt. v. 18.10.1965, II ZR 36/64, BGHZ 44, 192; Urt. v. 12.10.1995, I ZR 118/94, TranspR 1996, 66, 67; Urt. v. 16.7.1998, I ZR 44/96, TranspR 1999, 19, 21; Urt. v. 14.12.2000, I ZR 213/98, TranspR 2001, 256, 257; Urt. v. 22.2.2001, I ZR 282/98, TranspR 2001, 372, 374.

che Änderungen der Rechtslage grundsätzlich auf Dauerschuldverhältnisse Anwendung finden sollen.[82]

88 Der **Bilanzkreisvertrag** ist als ein solches Dauerschuldverhältnis zu qualifizieren, da er auf unbestimmte Zeit angelegt ist und die gegenseitigen Rechte und Pflichten von ÜNB und Bilanzkreisverantwortlichem im Hinblick auf die Führung des Bilanzkreisvertrages definiert. Soweit nach dem Bilanzkreisvertrag der ÜNB zur Einrichtung, Abwicklung und Abrechnung von einem oder mehreren Bilanzkreisen in seiner Regelzone für den Bilanzkreisverantwortlichen verpflichtet ist (Ziff. 2.1 **Standard-Bilanzkreisvertrag**), handelt es sich um Dienstleistungen, so dass der Bilanzkreisvertrag als Dauerschuldverhältnis mit dienstvertraglichen Elementen zu qualifizieren ist.

89 Es stellt sich die Frage, ob auch Zahlungsrückstände tatbestandlich das Kündigungsrecht auslösen, die schon zu einem früheren Zeitpunkt begründet wurden, jedoch unter Geltung des EEG 2014 noch bestehen. Dies betrifft insoweit die Wertung, ob die Aufnahme eines Kündigungsrechts, dass tatbestandlich auch durch solche Zahlungsrückstände ausgelöst werden kann, die vor der Vertragsanpassung begründet wurden, gegen das **Rückwirkungsverbot** verstößt. Soweit das auf Dauerschuldverhältnisse anwendbare Recht mit Wirkung für die Zukunft geändert wird, handelt es sich nach allgemeiner Auffassung um eine sogenannte unechte Rückwirkung, die in aller Regelung zulässig ist, da keine Vertragspartei darauf vertrauen darf dürfe, dass der äußere das Dauerschuldverhältnis prägende Rechtsrahmen für die gesamte Dauer des Dauerschuldverhältnis unverändert bleibt.

90 In Bezug auf in der Zeit vor Inkrafttreten des EEG 2014 begründete Zahlungsrückstände ist allerdings eine andere Bewertung geboten. Denn hier würden an bereits eingetretene Zahlungsrückstände nachträglich neue Rechtsfolgen geknüpft werden, nämlich den Eintritt des Kündigungsrechts des ÜNB. Stellt man allein auf die Begründung der Zahlungsrückstände ab, wäre dieser Lebenssachverhalt bereits abgeschlossen, so dass nach der Rechtsprechung des BVerfG eine **echte Rückwirkung** darstellen würde, die nach der Rechtsprechung des BVerfG im Ergebnis nur in sehr begrenzten Ausnahmefällen für zulässig erachtet wird.[83]

91 Zwar besteht ein Interesse der Allgemeinheit, insbesondere die unberechtigte Zahlungsverweigerung zur Entziehung aus der EEG-Pflicht zu unterbinden. Dass dieses Interesse das Vertrauen des EVU in das geltende Rechtsfolgenregime bei Nichtleistung der EEG-Umlage insoweit überwiegt ist insbesondere unter Berücksichtigung der weitreichenden Folgen der Kündigung des Bilanzkreisvertrags ausgeschlossen. Denn die Zahlungsverweigerung erfolgte unter der Annahme, dass diese zwar unter Umständen eine gerichtliche Auseinandersetzung über das Bestehen oder Nichtbestehen der EEG-Pflicht nach sich ziehen würde, nicht hingegen unter Berücksichtigung einer drohenden Kündigung des Bilanzkreisvertrages, die faktisch die Einstellung der Belieferung von Letztverbrauchern in der entsprechenden Regelzone gleich kommt.

92 Somit ist insgesamt davon auszugehen, dass das Kündigungsrecht auf **Zahlungsrückstände, die vor Inkrafttreten des EEG 2014 begründet wurden**, keine Anwendung findet.

93 Im Ergebnis ist damit festzuhalten, dass das neu eingeführte Kündigungsrecht in § 60 Abs. 2 S. 3 EEG auch auf zum Zeitpunkt des in Kraft treten des EEG 2014 bereits abge-

---

82 Vgl. BGH a. a. O. (Fn. 81).
83 BVerfG zuletzt mit Beschl. v. 17.12.2013, 1 BvL 5/08, NVwZ 2014, 577.

schlossenen Bilanzkreisverträge Anwendung findet. Unter Berücksichtigung der durch das verfassungsrechtlich verankerte Rückwirkungsverbot geschützten Interessen des EVU kommt eine Anwendung des Kündigungsrechts auf Zahlungsrückstände, die vor dem Inkrafttreten des EEG 2014 begründet wurden, jedoch nicht in Betracht.

Fraglich ist, wie die Konstellation zu beurteilen ist, wenn das rückständige **EVU nicht mit**   **94**
dem Bilanzkreisverantwortlichen identisch ist. Eine Einstandspflicht des Bilanzkreis-verantwortlichen dahingehend, dass er in dieser Situation trotz fehlender originärer Pflicht nach § 60 Abs. 1 EEG 2014 zur Zahlung der EEG-Umlage herangezogen wird, dürfte nicht in Betracht kommen.

Eine **vollständige Kündigung des Bilanzkreisvertrages** dürfte in dieser Konstellation   **95**
ebenfalls nicht in Betracht kommen. Nach dem Wortlaut dürfen ÜNB im Fall von Zah-lungsrückständen den Bilanzkreisvertrag gegenüber dem EVU kündigen, wenn die Zah-lung der Rückstände trotz Mahnung und Androhung der Kündigung nicht vollständig er-folgt ist. Schon der Wortlaut bringt zum Ausdruck, dass sich die Kündigung auf das EVU beziehen muss, welches mit Zahlungen im Rückstand ist. Dies wird auch dadurch bestätigt, dass gegenüber dem EVU die Kündigung anzudrohen ist, um diesem die Möglichkeit zur Begleichung der Rückstände zur Verhinderung der Kündigung zu geben. Eine vollständige Kündigung des Bilanzkreisvertrags gegenüber dem Bilanzkreisverantwortlichen steht hier-mit nicht im Einklang. Dem Bilanzkreisverantwortlichen würde hier wiederum eine fakti-sche Einstandspflicht für die Verpflichtungen des EVU auferlegt, die sich aus den Vor-gaben zu seiner Stellung so nicht ergeben. Denn wenn der Bilanzkreisverantwortliche die Kündigung abwenden wollte, bliebe ihm im Ergebnis nichts anderes übrig, als die Zah-lungsrückstände des Dritten EVU zu begleichen.

Ist damit der Bilanzkreisvertrag in Fällen von Zahlungsrückständen eines dritten EVU   **96**
nicht vollständig gegenüber dem Bilanzkreisverantwortlichen kündbar, stellt sich die Fra-ge, ob das Kündigungsrecht nach § 60 Abs. 2 S. 3 EEG 2014 in der Konstellation, in der Zahlungsrückstände durch ein EVU verantwortet werden, das selbst nicht Bilanzkreisver-antwortlicher ist, grundsätzlich leer läuft. Faktisch würde dies bedeuten, dass das Kündi-gungsrecht als das vom Gesetzgeber beabsichtigte Disziplinierungsmittel weitgehend aus-fallen würde. Denn in den Fällen, auf die die vorstehende Regelung eigentlich abzielt, wäre es ohne Weiteres möglich, die drohende Kündigung dadurch auszuhebeln, dass das EVU nicht als Bilanzkreisverantwortlicher auftritt. Stattdessen zielt die Kündigungsmöglichkeit jedoch darauf ab, Regelungslücken zu schließen, die es dem EVU bisher ermöglichen, sich den Zahlungsverpflichtungen zu entziehen.

Das in der Gesetzesbegründung zum Ausdruck gebrachte Verständnis, dass sich die Kündi-   **97**
gungsregelung gegen das sich der Zahlungspflicht entziehende EVU richten soll, bringt auch der Wortlaut des § 60 Abs. 2 S. 3 EEG 2014 zum Ausdruck. Danach dürfen die ÜNB den Bilanzkreisvertrag „gegenüber dem EVU" kündigen. Dieser Wortlaut erscheint inso-weit systematisch verfehlt, als dass in der beschriebenen Konstellation das EVU selbst gar keinen Bilanzkreisvertrag mit dem ÜNB geschlossen hat. Allerdings werden gemäß § 4 Abs. 1 S. 1 StromNZV Bilanzkreise von einem oder mehreren Nutzern gebildet. Gemäß § 4 Abs. 2 S. 1 StromNZV ist von den bilanzkreisbildenden Nutzern ein Bilanzkreisverant-wortlicher zu benennen. Die gesetzlichen Regelungen in Bezug auf das Wesen der Bilanz-kreise bringen insoweit zum Ausdruck, dass ein Bilanzkreis nicht allein von einem Verant-wortlichen aufgespannt wird, der seinen Bilanzkreis sodann weiteren zur Nutzung über-

lässt. Vielmehr partizipieren sämtliche bilanzkreisbildenden Netznutzer an dem vom Bilanzkreisverantwortlichen abzuschließenden Bilanzkreisvertrag.

98 Vor diesem Hintergrund erlangt auch die Formulierung in § 60 Abs. 2 S. 3 EEG 2014 eine andere Bedeutung. Denn soweit die ÜNB den Bilanzkreis gegenüber dem EVU kündigen dürfen, bezieht sich dies offensichtlich darauf, dass die Partizipation dieses EVU als bilanzkreisbildender Netznutzer an diesem Bilanzkreisvertrag beendet werden soll. Mithin wird also nicht der gesamte Bilanzkreisvertrag aufgekündigt, sondern das EVU wird durch „Kündigung des Bilanzkreises gegenüber dem EVU" von der **Nutzung dieses Bilanzkreises ausgeschlossen**. Die Kündigung im Sinne des § 60 Abs. 2 S. 3 EVU bezieht sich in dieser Konstellation vielmehr in rechtlicher Hinsicht auf das durch § 4 Abs. 2 StromNZV vermittelte Recht des EVU, mittels Teilhabe am Bilanzkreisvertrag am Bilanzierungssystem der Regelzone des ÜNB teilzunehmen.

99 Zu berücksichtigen ist insoweit allein, dass die tatsächlich ausgesprochene Kündigung gegenüber dem EVU zugleich auch eine Regelungswirkung gegenüber dem Bilanzkreisverantwortlichen entfalten dürfte, dass es ihm verwehrt ist, das entsprechende EVU weiterhin über den von ihm abgeschlossenen Bilanzkreisvertrag am Bilanzierungssystem teilnehmen zu lassen.

100 Aufgrund der oben dargestellten Unsicherheiten in der Anwendung des Kündigungsrechtes soll im aktuell laufenden Konsultationsprozess zur **Novellierung des Standard-Bilanzkreisvertrages**[84] eine Anpassung der vertraglichen Regelungen an die Vorgaben des § 60 erfolgen um dem Kündigungsrecht zur gesetzgeberisch beabsichtigten Wirkung zu verhelfen.

101 **6. Stromspeicher (Abs. 3 S. 1–2).** § 60 Abs. 3 S. 1–2 legt fest, dass für Strom, der zum Zweck der Zwischenspeicherung an einen elektrischen, chemischen, mechanischen oder physikalischen Stromspeicher geliefert oder geleitet wird, der Anspruch der Übertragungsnetzbetreiber auf Zahlung der EEG-Umlage entfällt, wenn dem Stromspeicher Energie ausschließlich zur **Wiedereinspeisung von Strom in das Netz** entnommen wird. Dies gilt auch für Strom, der zur Erzeugung von Speichergas eingesetzt wird, das in das Erdgasnetz eingespeist wird, wenn das Speichergas unter Berücksichtigung der Anforderungen nach § 47 Abs. 6 Nr. 1 und 2 zur Stromerzeugung eingesetzt und der Strom tatsächlich in das Netz eingespeist wird.

102 Die Befreiung gilt nur für **Stromspeicher**, denen Energie ausschließlich zum Zweck der Wiedereinspeisung entnommen wird. Das heißt, dass eine Entnahme von Strom zu anderen Zwecken (z.B. für den Eigenverbrauch oder die Belieferung von Dritten über eine Direktleitung) grundsätzlich zum Verlust der Umlagebefreiung für den Abrechnungszeitraum von einem Jahr führt.[85]

103 Die Befreiung umfasst nach der Gesetzesbegründung schließlich auch den Strom, der bei der Speicherung verbraucht wird (sog. **Speicherverluste**).[86]

104 Nach der Gesetzesbegründung zur Novellierung ist die Regelung in § 60 Abs. 3 S. 1–2 EEG 2014 inhaltlich identisch mit der Vorgängernorm des § 37 Abs. 4 EEG 2012.

---

84 BNetzA, Festlegungsverfahren zur Änderung des Bilanzkreisvertrages (BK6-14-044).
85 BT-Drs. 17/8877, S. 23.
86 So ausdrücklich BT-Drs. 17/8877, S. 23; Frenz/Müggenborg/*Cosack*, § 37 Rn. 122.

7. Keine Umlagepflicht für Netzverluste (S. 3). Damit der Anspruch auf Zahlung der   **105**
EEG-Umlage entsteht, muss nach § 60 Abs. 1 S. 1 EEG 2014 wie bereits nach dem EEG
2012 eine Lieferung eines Elektrizitätsversorgungsunternehmens an einen Letztverbraucher erfolgen. In Bezug auf die **Verlustenergie** ist ein Netzbetreiber nicht Letztverbraucher im Sinne des § 5 Nr. 24 EEG 2014. Der Netzbetreiber beschafft die Verlustenergie im
Sinne von § 10 StromNEV nicht für den eigenen Verbrauch. Er beschafft diese zum Ausgleich **physikalisch bedingter Netzverluste.** Die durch die Netzverluste abhanden ge-
kommene Strommenge verbraucht der Netzbetreiber nicht. Der Bundesgerichtshof hat in
seinem Urteil vom 17. November 2009 zum Letztverbraucherbegriff § 3 Nr. 25 EnWG, auf
den § 5 Nr. 24 EEG 2014 zurückgeht (s. o.), Folgendes zum Begriff des Verbrauchs ausgeführt: „Deshalb ist Letztverbrauch [...] ebenso ein Verbrauch, der nur zu einer Energieumwandlung führt. Entscheidend ist allein, dass der entnommene Strom für eine energieabhängige Funktion verwendet und hierfür aufgezehrt wird."

Die Verlustenergie wird von dem Netzbetreiber nicht mit Blick auf eine energieabhängige   **106**
Funktion beschafft. Vielmehr handelt es sich bei dem Abhandenkommen der Strommengen um einen funktionsunabhängigen, unvermeidbaren Vorgang in einem Stromnetz, den
der Netzbetreiber durch die Verlustenergie auszugleichen hat. Es handelt sich also bei diesem „Verbrauch durch das Netz" bereits nicht um einen die Rechtsfolge der Umlagepflicht
auslösenden Letztverbrauch.[87] Vor diesem Hintergrund stellt § 60 Abs. 3 S. 3 EEG 2014
zwar das richtige Ergebnis dar, nämlich eine fehlende EEG-Umlagepflicht auf die Verlustenergie des Netzbetreibers nach § 10 StromNEV. Diese Klarstellung ist jedoch insoweit
systematisch fehlerhaft zugeordnet und im Wortlaut eines Anspruchsausschlusses missverständlich, als sie gemäß der vorstehenden Darstellung in der Letztverbraucherdefinition
in § 5 Nr. 24 EEG 2014 hätte erfolgen müssen. Bereits vor ihrer Aufnahme in das EEG fiel
auf die Lieferung von Verlustenergie an Netzbetreiber keine EEG-Umlage an.[88]

Mit der Regelung des S. 3 ist jedoch keine Befreiung von der Umlagepflicht für den **Be-**   **107**
triebsverbrauch eines Netzbetreibers oder EVU verbunden. Bei diesem handelt es sich
um klassischen Letztverbrauch, welcher auch uneingeschränkt EEG-umlagepflichtig ist.
Befreit sind nach S. 3 nur **physikalische Netzverluste**, nicht **betriebliche Netzverluste**,
welche durch den Betrieb des Netzes erforderliche Stromverbräuche darstellen (z. B. Tra-
fopumpen, Trafokühler, elektrische Beleuchtung und Beheizung in Anlagen, etc. – sog.
„Betriebsverbrauch", zum Teil auch als „Eigenbedarf" bezeichnet).

Für **Netzverluste** aufgewendete Energie sind daher Teil der Ausgleichsleistungen des § 3   **108**
Nr. 1 EnWG, d. h. physikalisch bedingte Energieverluste im Stromnetz, die bei Transport
und Umspannung von Strom auftreten. Diese Verluste sind u. a. auf Stromwärmeverluste,
Eisenverluste der Transformatoren und Spulen sowie Ableit- und Koronaverluste zurückzuführen.

Der **Betriebsverbrauch** lässt sich von den physikalischen Netzverlusten gem. § 10   **109**
StromNZV wie folgt abgrenzen: Der Betriebsverbrauch eines Systems (z. B. eines EVU)
ist der Verbrauch in seinen **betriebseigenen Einrichtungen** wie Verwaltungsgebäuden,
Werkstätten, Schalt- und Umspannanlagen für Beleuchtungs- und Heizungsanlagen, elektrische Antriebe und Kühlaggregate. Der Betriebsverbrauch wird zur nutzbaren Stromabgabe gerechnet. Der Eigenverbrauch der Kraftwerke zählt nicht zum Betriebsverbrauch.

---

87 *Salje*, EEG 2014, § 60 Rn. 64 ff.
88 *Salje*, EEG 2014 § 60 Rn. 66.

110 Im Sinne der Anreizregulierungsverordnung ist hier noch einmal zu trennen zwischen verwaltungsbedingtem Betriebsverbrauch (Verwaltungsgebäude, Werkstätten) als beeinflussbare Kosten i. S. d. § 11 Abs. 4 ARegV und technisch bedingtem Betriebsverbrauch (Beleuchtung, elektr. Kühlung, elektr. Wärme und elektr. Antriebe in Schalt- und Umspannanlagen) als dauerhaft nicht beeinflussbare Kosten (Freiwillige Selbstverpflichtung Netzverluste) i. S. d. § 11 Abs. 1–2 ARegV.

111 Demgegenüber stehen Begriffe wie (Betriebs-)Eigenverbrauch und Selbstverbrauch, die die Strommengen meinen, die bei Erzeugungseinheiten entweder für die Erzeugung selbst benötigt werden, oder der Versorgung von Neben- und Hilfseinheiten dienen (z. B. Verluste der Aufspanntransformatoren im KW, Arbeit zur Wasseraufbereitung, Frischluft- und Brennstofferzeugung oder auch Rauchgasreinigung). Diese sind nicht mit Betriebsverbrauch gleichzusetzen und grundsätzlich als physikalische Netzverluste umlagebefreit.

112 **8. Verzinsung (Abs. 4).** Der Bundesgerichtshof hatte bereits mit Urteil vom 9.12.2009[89] festgestellt, dass eine Mitteilung der (testierten) Letztverbraucherabgabe und die Vorlage einer Endabrechnung, die erst nach Ablauf der in § 14 Abs. 3 S. 6 EEG 2004 (nunmehr § 74) enthaltenen Frist[90] oder gar nicht erfolgt waren, nicht zur Folge haben, dass das Elektrizitätsversorgungsunternehmen oder der Letztverbraucher von der Zahlungspflicht der EEG-Umlage ausgenommen werden. Der BGH hat festgestellt, dass der Übertragungsnetzbetreiber unter diesen Voraussetzungen zu der Geltendmachung seines Anspruchs auf Belastungsausgleich zum gesetzlich vorgesehenen Termin nicht in der Lage war. Dass der Übertragungsnetzbetreiber in einem solchen Fall mit dem Anspruch ausgeschlossen sein soll, wenn er ihn nicht innerhalb der Frist des § 14 Abs. 3 S. 6 EEG 2004 (nunmehr § 73 Abs. 2) geltend macht, finde weder in dem Wortlaut der Regelung noch sonst eine Stütze.

113 Die Feststellungen des Bundesgerichtshofs gelten mangels geänderter Rechtslage auch im Rahmen des EEG 2012 und nunmehr des EEG 2014. Dementsprechend führt eine verspätete oder Nicht-Meldung oder eine verspätete oder Nicht-Abrechnung der EEG-umlagepflichtigen Strommengen durch das Elektrizitätsversorgungsunternehmen auch unter Geltung des EEG 2014 nur zu einer späteren Inanspruchnahme des Elektrizitätsversorgungsunternehmens durch den Übertragungsnetzbetreiber, aber **nicht zu einem Wegfall des Belastungsausgleichsanspruchs**. Hierbei sind dann die Verzinsungsvorgaben in § 60 Abs. 4 zu beachten.

114 Kommt ein Elektrizitätsversorgungsunternehmen seiner Pflicht zur Zahlung der EEG-Umlage nach § 60 Abs. 1 nicht rechtzeitig nach, muss es diese Geldschuld nach § 352 Abs. 2 HGB ab Eintritt der Fälligkeit verzinsen (derzeit 5 % p.a.).

115 Konnte die Fälligkeit deshalb nicht eintreten, weil das Elektrizitätsversorgungsunternehmen die von ihm gelieferten Strommengen entgegen der Mitteilungspflicht nach § 74 nicht oder nicht rechtzeitig dem Übertragungsnetzbetreiber gemeldet hat, gilt § 60 Abs. 4 S. 1 nach S. 2 entsprechend. Für diesen Fall und ausschließlich zum Zweck der **Verzinsung** gilt die Geldschuld für die Zahlung der EEG-Umlage auf die nach § 74 mitzuteilende Strommenge eines Jahres spätestens am 1. Januar des Folgejahres als fällig. Wird diese Zahlungsschuld daher nachträglich festgestellt, besteht ein Zinszahlungsanspruch des Übertragungsnetzbetreibers ab dem 1. Januar des auf die Einspeisung folgenden Kalenderjahres.

---

89 BGH, Urt. v. 9.12.2009, VIII ZR 35/09, NVwZ-RR 2010, 315.
90 Nach § 74 EEG 2014 nunmehr der 31. Mai des auf die Einspeisung folgenden Kalenderjahres.

Ahnsehl

Hierdurch wird sichergestellt, dass Elektrizitätsversorgungsunternehmen und Letztverbraucher, die zur Zahlung der EEG-Umlage verpflichtet sind, **keinen monetären Vorteil aus der verspäteten Zahlung oder Nichtzahlung** (und dadurch auch Wettbewerbsvorteile gegenüber anderen Elektrizitätsversorgungsunternehmen, die sich gesetzeskonform verhalten) erlangen.[91] Mit der Vorziehung der Fiktion auf den 1. Januar (nach § 37 Abs. 5 EEG 2012 noch der 1. August) wird vielmehr eine Sanktionierung der verspäteten Zahlung vorgenommen, um eine Besserstellung derjenigen Elektrizitätsversorgungsunternehmen, die von ihnen gelieferte Strommengen entgegen § 74 EEG 2014 nicht oder nicht rechtzeitig dem Übertragungsnetzbetreiber gemeldet haben, zu verhindern.[92]

Gleiches gilt auch für die zur Berechnung der **monatlichen Abschläge** erforderlichen Meldungen über die Letztverbraucherabsatzprognose gem. §§ 70, 74. Insofern diese nicht oder zu spät erfolgen, wird in der Regel eine Schätzung auf Basis der vormonatlichen oder vorjährigen Liefermengen, ggf. unter Einbeziehung von Liefermengen aus dem dem Lieferanten zugeordneten Bilanzkreis vorgenommen. Soweit ein EVU die Mengen bewusst oder zumindest verschuldet zu niedrig prognostiziert, z.B. um sich unterjährig Liquidität zu verschaffen, kann unter zumindest entsprechender Anwendung von § 60 Abs. 4 S. 2 auch vor Legung der Jahresabrechnung bereits unterjährig eine Verzinsung nach § 352 Abs. 2 HGB erfolgen. Die Regelung gilt sowohl für die nach § 60 Abs. 1 S. 4 festgesetzten Abschläge als auch für die Zahlungen, die sich aus der Schlussrechnung ergeben, jeweils ab Eintritt der Fälligkeit. Da die Rechnungsstellung jedoch an die Strommeldung durch das Elektrizitätsversorgungsunternehmen, die Letztverbraucherin oder den Letztverbraucher nach § 74 EEG anknüpft, stellt Satz 2 klar, dass die **Fälligkeit bei unterlassener oder verspäteter Meldung** zu dem Datum fingiert wird, zu dem der Übertragungsnetzbetreiber die Rechnung bei rechtzeitiger Meldung gestellt hätte.[93]

116

Zu beachten ist allerdings, dass gemäß § 66 Abs. 22 EEG 2012 die Regelung des § 37 Absatz 5 EEG 2012 nicht auf Geldschulden anzuwenden ist, die vor dem 1. Januar 2011 fällig geworden sind oder erstmals als fällig gegolten haben.

117

9. Erhebung der Umlage von Letztverbrauchern und Eigenversorgern. Die **fünfte Stufe des EEG-Belastungsausgleichs** – die (vertragliche) Weitergabe der EEG-Umlage durch die EVU als Lieferanten an die jeweils belieferten Letztverbraucher – ist im EEG nicht geregelt. Lediglich § 78 sieht die Möglichkeit der Kennzeichnung des EE-Anteils in der Rechnung vor und bestätigt damit indirekt das Bestehen einer fünften Stufe des Belastungsausgleichs. Es ist jedoch den EVU/Lieferanten überlassen, ob und wie sie die Belastungen aus der EEG-Umlage weitergeben. Mit der anstehenden Novelle der AusglMechV[94] wird nunmehr eine Konkretisierung der Neuregelung in § 61 zur Erhebung der EEG-Umlage auf Eigenversorgungssachverhalte direkt durch den Übertragungsnetzbetreiber bzw. den Verteilnetzbetreiber geschaffen. Grundsätzlich – mit Ausnahme abschließend geregelter Sonderfälle – soll dabei die Einziehung der EEG-Umlage nach § 61 durch den Anschlussnetzbetreiber, also den Netzbetreiber, in dessen Netz die Erzeugungsanlage einspeist, erfolgen. Die Weiterwälzung der Umlage kann **nur auf vertraglichem Weg** erfol-

118

---

91 BT-Drs. 17/8877, S. 23 f.
92 BT-Drs. 18/1304 (dort zu § 57 Abs. 5 RegE).
93 BT-Drs. 17/8877, S. 24.
94 Vgl. Referentenentwurf der AusglMechV, abrufbar unter www.erneuerbare-energien.de/EE/Re daktion/DE/Downloads/Verordnungen.

gen.[95] In Sonderkundenverträgen existieren dazu im Regelfall besondere Preisregelungen, die die Weitergabe von Umlagen (EEG, KWKG, Steuer etc.) in jeweils gültiger Höhe ermöglichen. Von der Rechtsprechung wird die Wirksamkeit der vertraglichen Regelungen zur Weitergabe der Belastungen aus der EEG-Umlage großzügig ausgelegt. Entsprechende **„Weiterleitungsklauseln"** sind in Stromlieferverträgen wirksam.[96]

---

95 OLG Hamm, Urt. v. 14.5.2013, I-19 U 180/12, ZNER 2013, 521; Frenz/Müggenborg/*Cosack*, Vor §§ 34–39 Rn. 10 ff. m. w. N.

96 Frenz/Müggenborg/*Cosack*, Vor §§ 34–39 Rn. 13 m. w. N.; *Salje*, EEG 2012, § 36 Rn. 9; BGH, Urt. v. 22.12.2003, VIII ZR 90/02, RdE 2004, 105 ff.; BGH, Urt. v. 22.12.2003, VIII ZR 310/02, ZNER 2004, 67.

Ahnsehl

§ 61 EEG-Umlage für Letztverbraucher und Eigenversorger

(1) [1]Die Übertragungsnetzbetreiber können von Letztverbrauchern für die Eigenversorgung folgende Anteile der EEG-Umlage nach § 60 Absatz 1 verlangen:

1. 30 Prozent für Strom, der nach dem 31. Juli 2014 und vor dem 1. Januar 2016 verbraucht wird,
2. 35 Prozent für Strom, der nach dem 31. Dezember 2015 und vor dem 1. Januar 2017 verbraucht wird, und
3. 40 Prozent für Strom, der ab dem 1. Januar 2017 verbraucht wird.

[2]Der Wert nach Satz 1 erhöht sich auf 100 Prozent der EEG-Umlage, wenn

1. die Stromerzeugungsanlage weder eine Anlage nach § 5 Nummer 1 noch eine KWK-Anlage ist, die hocheffizient im Sinne des § 53a Absatz 1 Satz 3 des Energiesteuergesetzes ist und einen Monats- oder Jahresnutzungsgrad von mindestens 70 Prozent nach § 53a Absatz 1 Satz 2 Nummer 2 des Energiesteuergesetzes erreicht, oder
2. der Eigenversorger seine Meldepflicht nach § 74 bis zum 31. Mai des Folgejahres nicht erfüllt hat.

[3]Die Übertragungsnetzbetreiber können von Letztverbrauchern ferner für den sonstigen Verbrauch von Strom, der nicht von einem Elektrizitätsversorgungsunternehmen geliefert wird, 100 Prozent der EEG-Umlage nach § 60 Absatz 1 verlangen. [4]Die Bestimmungen dieses Gesetzes für Elektrizitätsversorgungsunternehmen sind auf Letztverbraucher, die nach den Sätzen 1 bis 3 zur Zahlung verpflichtet sind, entsprechend anzuwenden.

(2) Der Anspruch nach Absatz 1 entfällt bei Eigenversorgungen,

1. soweit der Strom in den Neben- und Hilfsanlagen einer Stromerzeugungsanlage zur Erzeugung von Strom im technischen Sinne verbraucht wird (Kraftwerkseigenverbrauch),
2. wenn der Eigenversorger weder unmittelbar noch mittelbar an ein Netz angeschlossen ist,
3. wenn sich der Eigenversorger selbst vollständig mit Strom aus erneuerbaren Energien versorgt und für den Strom aus seiner Anlage, den er nicht selbst verbraucht, keine finanzielle Förderung nach Teil 3 in Anspruch nimmt, oder
4. wenn Strom aus Stromerzeugungsanlagen mit einer installierten Leistung von höchstens 10 Kilowatt erzeugt wird, für höchstens 10 Megawattstunden selbst verbrauchten Stroms pro Kalenderjahr; dies gilt ab der Inbetriebnahme der Stromerzeugungsanlage für die Dauer von 20 Kalenderjahren zuzüglich des Inbetriebnahmejahres; § 32 Absatz 1 Satz 1 ist entsprechend anzuwenden.

(3) [1]Der Anspruch nach Absatz 1 entfällt ferner bei Bestandsanlagen,

1. wenn der Letztverbraucher die Stromerzeugungsanlage als Eigenerzeuger betreibt,
2. soweit der Letztverbraucher den Strom selbst verbraucht und
3. sofern der Strom nicht durch ein Netz durchgeleitet wird, es sei denn, der Strom wird im räumlichen Zusammenhang zu der Stromerzeugungsanlage verbraucht.

²Eine Bestandsanlage ist jede Stromerzeugungsanlage,

1. die der Letztverbraucher vor dem 1. August 2014 als Eigen-erzeuger unter Einhaltung der Anforderungen des Satzes 1 betrieben hat,
2. die vor dem 23. Januar 2014 nach dem Bundes-Immissionsschutzgesetz genehmigt oder nach einer anderen Bestimmung des Bundesrechts zugelassen worden ist, nach dem 1. August 2014 erstmals Strom erzeugt hat und vor dem 1. Januar 2015 unter Einhaltung der Anforderungen des Satzes 1 genutzt worden ist oder
3. die eine Stromerzeugungsanlage nach den Nummern 1 oder 2 an demselben Standort erneuert, erweitert oder ersetzt, es sei denn, die installierte Leistung ist durch die Erneuerung, Erweiterung oder Ersetzung um mehr als 30 Prozent erhöht worden.

(4) Für Bestandsanlagen, die bereits vor dem 1. September 2011 in Betrieb genommen worden sind, ist Absatz 3 anzuwenden mit den Maßgaben, dass

1. Absatz 3 Satz 1 Nummer 3 nicht anzuwenden ist und
2. Absatz 3 Satz 2 Nummer 3 nur anzuwenden ist, wenn
   a) die Anforderungen von Absatz 3 Satz 1 Nummer 3 erfüllt sind oder
   b) die gesamte Stromerzeugungsanlage schon vor dem 1. Januar 2011 im Eigentum des Letztverbrauchers stand, der die Privilegierung nach Absatz 3 in Anspruch nimmt, und die Stromerzeugungsanlage auf dem Betriebsgrundstück des Letztverbrauchers errichtet wurde.

(5) ¹Für die Überprüfung der Pflicht von Eigenversorgern zur Zahlung der EEG-Umlage können sich die Übertragungsnetzbetreiber die folgenden Daten übermitteln lassen, soweit dies erforderlich ist:

1. von den Hauptzollämtern Daten über Eigenerzeuger und Eigenversorger, wenn und soweit dies im Stromsteuergesetz oder in einer auf der Grundlage des Stromsteuergesetzes erlassenen Rechtsverordnung zugelassen ist,
2. vom Bundesamt für Wirtschaft und Ausfuhrkontrolle die Daten über die Eigenversorger nach § 8 Absatz 1 des Kraft-Wärme-Kopplungsgesetzes in der jeweils geltenden Fassung und
3. von den Betreibern von nachgelagerten Netzen Kontaktdaten der Eigenversorger sowie weitere Daten zur Eigenversorgung einschließlich des Stromverbrauchs von an ihr Netz angeschlossenen Eigenversorgern.

²Die Übertragungsnetzbetreiber können die Daten nach Satz 1 Nummer 2 und 3 automatisiert mit den Daten nach § 74 Satz 3 abgleichen. ³Die nach Satz 1 erhobenen Daten dürfen ausschließlich so genutzt werden, dass deren unbefugte Offenbarung ausgeschlossen ist. ⁴Sie sind nach Abschluss der Überprüfung nach Satz 1 Nummer 1 oder des Abgleichs nach Satz 2 jeweils unverzüglich zu löschen.

(6) Strom, für den die Übertragungsnetzbetreiber nach Absatz 1 die Zahlung der EEG-Umlage verlangen können, muss von dem Letztverbraucher durch geeichte Messeinrichtungen erfasst werden.

(7) ¹Bei der Berechnung der selbst erzeugten und verbrauchten Strommengen nach den Absätzen 1 bis 6 darf Strom nur bis zu der Höhe des aggregierten Eigenverbrauchs, bezogen auf jedes 15-Minuten-Intervall (Zeitgleichheit), berücksichtigt werden. ²Eine Messung der Ist-Einspeisung ist nur erforderlich, wenn nicht schon tech-

Ahnsehl

nisch sichergestellt ist, dass Erzeugung und Verbrauch des Stroms zeitgleich erfolgen. [3]Andere Bestimmungen, die eine Messung der Ist-Einspeisung verlangen, bleiben unberührt.

Schrifttum: *Bongartz*, Kommentar zum Energiesteuerrecht, 7. Aufl. 2013; *Bülhoff*, OLG Frankfurt/ Main, Beschluss v. 25.4.2012 – 21 U 41/11 mit Anmerkungen, IR 2012, 181; *Herz/Valentin*, Die Vermarktung von Strom aus Photovoltaik- und Windenergieanlagen, EnWZ 2013, 16; *Herz/Valentin*, Direktvermarktung, Direktlieferung und Eigenversorgung nach dem EEG 2014 – Ein Überblick über den neuen Rechtsrahmen und die verschiedenen Optionen für die Vermarktung von Strom aus Erneuerbaren Energien, EnWZ 2014, 358; *Hilgers*, Das Eigenstromerzeugerprivileg nach § 37 Abs. 3 EEG 2012, ZNER 2012, 42; *Kachel*, Das Eigenstromprivileg im EEG – Status Quo und Änderungen durch das EEG 2012, CuR 2011, 100; *Kermel/Geipel*, Die Belastung von Eigenstrom mit der EEG-Umlage nach dem EEG 2014, RdE 2014, 416; *Klemm*, BGH, Urteil vom 21.12.2005 – VIII ZR 108/04 mit Anmerkungen, RdE 2006, 157; *Klemm*, EEG-Umlage und Eigenstromprivileg – Eine rechtliche Analyse des Pacht- und Betriebsführungsmodells, ree 2013, 1; *Moench/Lippert*, Eigenversorgung im EEG 2014 – Neue Hürden für die Privilegierung selbst erzeugten Stroms, EnWZ 2014, 392; *Riedel*, EEG-Kostenwälzung: Wann ist Strom EEG-umlagefrei?, IR 2010, 101; *Riedel*, Der Eigenversorgungsbegriff des EEG, IR 2012, 81; *Salje*, Defizite bei der Abwicklung des Wälzmechanismus des Erneuerbare-Energien-Gesetzes – Folgewirkungen des Rechtsprechungswechsels zur EEG-Umlage, VersorgungsW 2010, 84; *Scholtka/Helmes*, Energiewende 2011 – Schwerpunkte der Neuregelungen im Energiewirtschafts- und Energieumweltrecht, NJW 2011, 3185; *Schomerus/Scheel*, Die Eigenverbrauchsregelung in § 33 Abs. 2 EEG nach der Photovoltaik-Novelle 2010, ZNER 2010, 558; *Strauch/ Wustlich*, Der industrielle Eigenverbrauch im Recht der erneuerbaren Energien nach der EEG-Novelle 2012, RdE 2012, 409; *Utescher-Dabitz/Eichhorn*, – Praxishandbuch – Die Besteuerung von Strom, Gas und Kohle, 2009.

Übersicht

I. Gesetzeshistorie

1   Bislang war die **Befreiung der Eigenversorgung von der EEG-Umlage** in § 37 Abs. 3 EEG 2012, der die allgemeinen Vorgaben für die Vermarktung des EEG-Stroms und die EEG-Umlage festlegte, mitgeregelt.[1] Die mit jedem Anstieg der EEG-Umlage gewachsene Attraktivität und die damit gestiegene energiewirtschaftliche Bedeutung von Eigenversorgungsmodellen hatte nun dazu geführt, dass mit den §§ 5 Nr. 12 und 61 umfassende und detaillierte Regelungen zur Eigenversorgung geschaffen wurden.

2   Wie dargestellt ist mangels Vorliegens eines **Liefersachverhalts** (aufgrund der Personenidentität von Erzeuger und Letztverbraucher) der sog. **Eigenverbrauch** grundsätzlich von der EEG-Umlage befreit gewesen. Seit der BGH-Entscheidung vom 9.12.2009[2] ist der Bereich der Umlagefreiheit zwar begrenzt und der Kreis der umlagepflichtigen Lieferungen erweitert worden, das **Eigenstromprivileg** blieb jedoch davon unberührt. Die in der Praxis regelmäßig vorkommenden Eigenverbrauchssachverhalte haben durch § 37 Abs. 3 S. 2 EEG 2012 – unter Berücksichtigung der Leitentscheidungen des BGH[3] – weitere Einschränkungen erfahren.

3   Im EEG 2014 ist nun grundsätzlich eine **Belastung des Eigenverbrauchs mit der EEG-Umlage** vorgesehen. Sie betrifft alle Anlagen, die eine Eigenversorgung nach dem 31.7.2014 umsetzen. Bereits zuvor betriebenen Eigenversorgungsanlagen wird **Bestandsschutz** gewährt, wobei anders als nach der sonst üblichen Systematik des EEG nicht die Inbetriebnahme der betreffenden Anlage das entscheidende Abgrenzungskriterium ist, sondern der Zeitpunkt der erstmaligen Aufnahme der Eigenversorgung.[4]

4   Mit § 61 („EEG-Umlage für Letztverbraucher und Eigenversorger") regelt das EEG nunmehr detailliert auch Fragen der Eigenversorgung – auch wenn sich diese Norm weitgehend in der Regelung der EEG-Umlagepflicht erschöpft. Danach steigt der Anteil an der EEG-Umlage, die Übertragungsnetzbetreiber von Eigenversorgern verlangen können, von 30% (für die Zeit zwischen 1.8.2014 und 31.12.2015), über 35% (für das Jahr 2016) auf 40% (ab 2017) an. Dies gilt aber nur für EEG-Anlagen und hocheffiziente KWK-Anlagen (§ 61 Abs. 1). In bestimmten Konstellationen entfällt die EEG-Umlage ganz (z.B. bei Kraftwerkseigenverbrauch, bei kleinen Anlagen bis 10 kW installierter Leistung und max. 10 MW pro Jahr, § 61 Abs. 2.[5]

5   Daneben bleibt es im Übrigen dabei, dass auch die Eigenversorgung grundsätzlich in aller Regel von den netzbezogenen Entgelten und Abgaben sowie der Stromsteuer befreit ist.[6]

6   Nicht zu unterschätzen ist im Hinblick auf die Entwicklung von Geschäftsmodellen zur Eigenversorgung allerdings eine Regelung zum **„Monitoringbericht"** in § 98 Abs. 3. Danach wird die Bundesregierung die Bestandsschutzregelungen in den § 61 Abs. 3 und 4 bis

---

1   Erstmalig ausdrücklich im Gesetzestext verankert wurde das Eigenstromprivileg mit § 37 Abs. 3 EEG 2012. Bis dahin ergab sich die Privilegierung der Eigenstromerzeugung allein aus einem Umkehrschluss der bestehenden Regelungen über den EEG-Belastungsausgleich. Vgl. zu Inhalt und Herleitung des Privilegs, *Klemm*, ree 2013, 1 f.
2   BGH, Urt. v. 9.12.2009, VIII ZR 35/09, NVwZ-RR 2010, 315.
3   BGH, Urt. v. 21.12.2005, RdE 2006, 157, 157; BGH, Urt. v. 9.12.2009, VIII ZR 35/09, NVwZ-RR 2010, 315.
4   *Herz/Valentin*, EnWZ 2014, 358 ff.
5   *Moench/Lippert*, EnWZ 2014, 392.
6   Vgl. hierzu *Herz/Valentin*, EnWZ 2013, 19 ff.

zum Jahr 2017 überprüfen und „rechtzeitig einen Vorschlag für eine Neugestaltung" vorlegen. Bereits realisierten Eigenversorgungsmodellen könnte demnach ab dem Jahr 2017 eine höhere Belastung mit der EEG-Umlage drohen, auch wenn sie jetzt die im Folgenden dargestellten Anforderungen einhalten.[7] Die Überprüfung der Regelungen basiert auch auf den Abstimmungen mit der EU-Kommission zur Notifizierung des EEG 2014.

Zu Anwendungsfragen des § 61 ist auch bereits ein Empfehlungsverfahren der **Clearing-**   **7**
stelle EEG anhängig, welches diverse Einzelprobleme adressiert.[8] Die Clearingstelle EEG beschränkt sich in dem Empfehlungsverfahren auf wenige Einzelfragen. Dies hat den Hintergrund, dass ihre Zuständigkeit grundsätzlich auf Erneuerbare-Energien-Anlagen beschränkt ist, die Thematik der Eigenversorgung aber auch fossile Anlagen betrifft und somit auch in den Zuständigkeitsbereich der **Bundesnetzagentur** fällt. Diese hat auch bereits angekündigt, einen **Leitfaden zur Anwendung und Auslegung des § 61 EEG 2014** zu veröffentlichen, in dem alle wesentlichen Fragen im Zusammenhang mit der Eigenversorgung abgehandelt werden sollen.

II. Einzelerläuterungen

1. Erhebung der EEG-Umlage auf Eigenerzeugung (Abs. 1 S. 1, 2). Grundsätzlich kön-   **8**
nen die Übertragungsnetzbetreiber gem. § 61 Abs. 1 von Letztverbrauchern für die Eigenversorgung die **volle EEG-Umlage** verlangen. Hierbei ist jedoch zu beachten, dass mit der anstehenden **Novelle der AusglMechV**[9] unter Nutzung der **Verordnungsermächtigung in § 91 Nr. 7** der Einzug der EEG-Umlage bei Eigenversorgung – unter Ausschluss bestimmter Sondersachverhalte – auf den jeweiligen **Anschlussnetzbetreiber** übertragen werden soll.

a) Systematik. Auf den ersten Blick ungewöhnlich ist die Systematik des Abs. 1, da hier   **9**
Regel und Ausnahme in der Abfolge vertauscht sind. So regelt Abs. 1 S. 1 die **gestaffelte Reduzierung der EEG-Umlagepflicht** für EE-Anlagen und hocheffiziente KWK-Anlagen, wohingegen erst S. 2 den grundsätzlichen Anspruch des ÜNB auf 100% der EEG-Umlage kodifiziert. Aufgrund der Systematik könnte man vermuten, dass die Beweislast für das Vorliegen der Voraussetzungen des Abs. 1 S. 2 beim ÜNB liege, da dieser nach den **allgemeinen Beweislastregeln des Zivilrechts** die für seinen Anspruch erforderlichen Tatsachen nachweisen müsse.[10] Dabei ist jedoch die Feststellung in der Gesetzesbegründung zu beachten, dass die Letztverbraucher „für alle Umstände, die einen Wegfall oder eine Reduzierung der EEG-Umlage begründen können, genauso nachweispflichtig sind wie für die selbstverbrauchten Strommengen".[11] Diese Rechtsfrage wird aber im praktischen Umfeld nicht in wesentlicher Bedeutung erwachsen, da der Eigenversorger gem. §§ 74, 75 zur **Meldung und Testierung** verpflichtet ist – da ansonsten nach Abs. 1 S. 2 Nr. 2 die volle Umlagepflicht eintritt – und somit im Rahmen der Testierung die Einhaltung der Kriterien des Abs. 1 S. 1 fachlich und sachlich bestätigt werden. Auch besteht gemäß

---

7 *Herz/Valentin*, EnWZ 2014, 358 ff.
8 Empfehlungsverfahren der Clearingstelle EEG (2014/31), aktueller Verfahrensstand abrufbar unter www.clearingstelle-eeg.de/empfv/2014/31.
9 Vgl. Referentenentwurf der AusglMechV, abrufbar unter www.erneuerbare-energien.de/EE/R edaktion/DE/Downloads/Verordnungen.
10 So auch: *Kermel/Geipel*, RdE 2014, 416, 418 f.
11 BT-Drs. 18/1891, S. 198 f.

§ 70 die Pflicht zur Weitergabe aller für die Abrechnung erforderlichen Daten und Angaben. Regel ist daher § 60 Abs. 1 S. 2.

10 **b) Verringerte EEG-Umlage.** Aus § 61 Abs. 1 S. 2 Nr. 1 EEG 2014 ergibt sich damit, dass die volle, nicht im Sinne des § 61 Abs. 1 S. 1 EEG 2014 **verringerte EEG-Umlage** anfällt, wenn die Eigenversorgung beispielsweise aus einer konventionellen Stromerzeugungsanlage erfolgt, die zudem keine hocheffiziente KWK-Anlage im Sinne des § 61 Abs. 1 S. 2 Nr. 1 EEG 2014 ist. Dies ergibt sich auch aus den Gesetzesmaterialien:[12]

> *„Ein höherer Prozentsatz ist nur vorgesehen, wenn es sich um Anlagen handelt, die keine Erneuerbare-Energien- oder KWK-Anlagen sind. Diese Anlagen werden mit der vollen Umlage belastet. Dies ist sachgerecht. Ihre Schlechterstellung begründet sich daraus, dass diese Anlagen nicht zu den Zielen des EEG oder des KWKG beitragen."*

11 Die Gesetzesmaterialien bestätigen dieses Ergebnis zu § 61 Abs. 1 EEG 2014 auch an anderer Stelle:[13]

> *„Satz 1 statuiert die grundsätzliche Pflicht der Eigenversorger zur Zahlung der EEG-Umlage. Die Umlage muss grundsätzlich zu 40 Prozent gezahlt werden. Dieser Wert erhöht sich bei Anlagen, die weder eine Erneuerbare-Energien-Anlage noch eine hocheffiziente KWK-Anlage ist, auf die volle EEG-Umlage. Bei diesen konventionellen Anlagen besteht kein sachlicher Grund, sie gegenüber dem Fremdstrombezug zu privilegieren; deshalb muss bei diesen Anlagen die EEG-Umlage zu 100 Prozent wie bei § 60 EEG 2014 gezahlt werden (§ 61 Absatz 1 Satz 2 Nummer 1 EEG 2014 (neu))."*

12 Folgende **Voraussetzungen** sind daher für eine Verringerung der EEG-Umlage **kumulativ** einzuhalten:

1) Eine natürliche oder juristische Person betreibt eine Stromerzeugungsanlage selbst (§ 5 Nr. 12),
2) der in dieser Stromerzeugungsanlage erzeugte Strom wird durch dieselbe natürliche oder juristische Person selbst verbraucht (§ 5 Nr. 12),
3) der Stromverbrauch erfolgt im unmittelbaren räumlichen Zusammenhang mit der Stromerzeugungsanlage,
4) der Strom wird nicht durch ein Netz durchgeleitet (§ 5 Nr. 12),
5) bei der Stromerzeugungsanlage handelt es sich um eine Erneuerbare-Energien-Anlage oder um eine hocheffiziente KWK-Anlage im Sinne des§ 53a Abs. 1 S. 3 Energiesteuergesetz, die einen Monats- oder Jahresnutzungsgrad von mindestens 70 Prozent nach § 53a Abs. 1 S. 2 Nr. 2 Energiesteuergesetz erreicht (§ 61 Abs. 1 S. 2 Nr. 1), und
6) der Eigenversorger erfüllt seine Meldepflicht nach § 74 bis zum 31. Mai des Folgejahres (§ 61 Abs. 1 S. 2 Nr. 2).

Die Voraussetzungen 1) bis 4) stellen dar, wann eine Eigenversorgung im Sinne des § 5 Nr. 12 vorliegt. Das EEG 2014 enthält erstmals eine ausdrückliche Definition des Tatbestands der Eigenversorgung. Eigenversorgung ist danach *„der Verbrauch von Strom, den eine natürliche oder juristische Person im unmittelbarem räumlichen Zusammenhang mit der Stromerzeugungsanlage selbst verbraucht, wenn der Strom nicht durch ein Netz durchgeleitet wird und diese Person die Stromerzeugungsanlage selbst betreibt".*

---

12 BT-Drs. 18/1891, S. 198.
13 BT-Drs. 18/1891, S. 199.

Dementsprechend müssen für die Klassifizierung des Stromverbrauchs als Eigenversor- **13**
gung **drei Merkmale kumulativ** vorliegen: Der Strom muss

– vom Betreiber der Stromerzeugungsanlage verbraucht werden und zwar
– sowohl im räumlichen Zusammenhang mit der Anlage
– als auch ohne Durchleitung durch ein Netz für die allgemeine Versorgung.[14]

Zu beachten ist, dass die Prämissen des **räumlichen Zusammenhangs zur Anlage** und **14**
der **Nicht-Nutzung eines Netzes für die allgemeine Versorgung** bei Teilen der Bestandsanlagen nach § 61 nicht gelten.

c) (Unmittelbarer) räumlicher Zusammenhang. Der eigenerzeugte Strom muss außer- **15**
dem „**im unmittelbaren räumlichen Zusammenhang zu der Stromerzeugungsanlage**
verbraucht" werden. Wann dieser unmittelbare räumliche Zusammenhang zu der Stromerzeugungsanlage vorliegt, wird im EEG 2014 nicht definiert. Gesetzessystematisch und ge-
setzeshistorisch lässt sich auch keine andere Regelung innerhalb des EEG 2014 heranziehen, zumal in den Normen des EEG die Begriffe „unmittelbare räumliche Nähe" und „(unmittelbarer) räumlicher Zusammenhang" in jeweils unterschiedlichen Zusammenhängen
verwendet werden.

In teleologischer und gesetzesgenetischer Hinsicht ist zu beachten, dass der ursprüngliche **16**
Gesetzentwurf der Bundesregierung zum EEG 2014 weitestgehend die Voraussetzungen
des § 37 Abs. 3 EEG 2012 übernahm und lediglich ein Verbrauchen des Stroms in räumlichem Zusammenhang verlangte, also nicht das **Unmittelbarkeitserfordernis** enthielt.[15]
Spätere Fassungen des Gesetzes, in denen erstmals die Voraussetzung des „unmittelbaren
räumlichen Zusammenhanges" erschien, wiesen keine besondere Begründung für die Verschärfung des Zusammenhangskriteriums auf, sondern enthielten lediglich die Aussage,
dass durch die Definition **inhaltlich keine neuen Anforderungen** gestellt würden.[16]

Auch wenn vor dem Hintergrund des nicht stringenten Sprachgebrauchs des EEG zum **17**
Nähe- bzw. Zusammenhangstatbestand davon ausgegangen werden kann, dass der erforderliche räumliche Zusammenhang auch durch den Zusatz „unmittelbar" nicht enger gefasst werden sollte,[17] als es schon mit dem EEG 2012 der Fall war,[18] wird diese Voraussetzung faktisch durch das **Verbot der Netzdurchleitung** begrenzt. Die Überlegungen zur
Bestimmung des „unmittelbaren räumlichen Zusammenhangs" nach dem EEG 2012 auch
nach der Novellierung können daher nur insoweit auch auf die Eigenversorgung nach EEG
2014 übertragen werden, wie die Kriterien, die dafür herangezogen werden, sich mit dem
Verbot der Netzdurchleitung in Übereinstimmung bringen lassen. Zu diesen Kriterien gehören die Leistung der Anlage, der Abstand zwischen Anlagenstandort und den Entnahmestellen, die Anzahl der Entnahmestellen und ihre Verteilung in der Fläche, die für eine **Be-**

---

14 Siehe dazu auch *Moench/Wagner/Schulz/Wrede*, Gutachterliche Stellungnahme „Rechtsfragen des
Eigenverbrauchs und des Direktverbrauchs von Strom durch Dritte aus Photovoltaikanlagen",
April 2013, abrufbar unter www.erneuerbare-energien.de/EE/Redaktion/DE/Downloads/Gutach
ten/pv_anlagen_bf_langfassung.html.
15 BR-Drs. 157/14, S. 51 u. 230.
16 BT-Drs. 18/1891, S. 192.
17 Vgl. auch *Scholtka/Günther*, ER Sonderheft 2014, 9, 11.
18 So auch: *Kermel/Geipel*, RdE 2014, 416, 418 f.

urteilung des Einzelfalls herangezogen werden können.[19] Die Spannungsebene des Versorgungsnetzes, in den der Strom eingespeist wird,[20] kann für die Ermittlung des unmittelbaren räumlichen Zusammenhangs aufgrund des Verbots der Netzdurchleitung nun bspw. nicht mehr herangezogen werden.

18 Die Begründung des Fraktionsentwurfs[21] zum EEG 2012 enthält zu dem Kriterium des Verbrauchs „im räumlichen Zusammenhang zu der Stromerzeugungsanlage" folgende Aussagen:

> *„Allerdings wird die Eigenerzeugung künftig nur dann von der EEG-Umlage befreit, wenn der Strom nicht über das öffentliche Netz geleitet wird, es sei denn der Strom wird durch den Betreiber oder Betreiberin einer Stromerzeugungsanlage selbst verbraucht. Der Eigenverbrauch durch den Stromerzeuger wird ähnlich auch nach § 9 Absatz 1 Nummer 3 Buchstabe a des Stromsteuergesetzes von der Stromsteuer befreit. Die Vorschrift im EEG ist in Übereinstimmung mit der Bestimmung aus dem Stromsteuergesetz auszulegen, soweit beide inhaltlich übereinstimmen. "*

19 Die Grundlagen für die Bestimmung dieses „räumlichen Zusammenhangs zu der Anlage" nach § 9 Abs. 1 Nr. 3 a) bzw. b) StromStG hat der Bundesfinanzhof bereits in seinen Urteilen vom 20. April 2004[22] festgelegt. Nach Urteil des BFH vom 20. April 2004 mit Az. VII R 57/03[23] kann von einer Entnahme

> *„in räumlichem Zusammenhang zu den Anlagen" ausgegangen werden, „wenn der in der Anlage erzeugte Strom der Stromversorgung von ausschließlich innerhalb einer kleinen Gemeinde ansässigen Letztverbrauchern dient. Im Übrigen ist im Streitfall zu berücksichtigen, dass der Strom in ein örtlich begrenztes Mittelspannungsnetz eingespeist wird. Eine Einspeisung in ein Hochspannungsnetz zum ungewissen Verbrauch erfolgt nach den Feststellungen des FG nicht. Vielmehr sind die Abnehmer des Stroms ausnahmslos örtliche Letztverbraucher, die von der Klägerin über die Stromrechnung auch bestimmt werden können. Nach dem objektiven Eindruck weisen die innerhalb des Stadtgebiets gelegenen Entnahmestellen, die aufgrund der Kennleistung der Anlagen eine zusätzliche Eingrenzung erfahren, einen räumlichen Zusammenhang zu den beiden von der Klägerin betriebenen Blockheizkraftwerken auf. Im Streitfall ist darüber hinaus zu berücksichtigen, dass das örtliche Mittelspannungsnetz von der Klägerin, d. h. von dem Stromerzeuger selbst betrieben wird. Würde die Klägerin der Verwaltungsanweisung folgen und zu den von ihr innerhalb des Stadtgebietes versorgten Letztverbrauchern eigene Stromleitungen legen, könnte ein Leitungsnetz entstehen, das dem bereits existierenden, öffentlichen Netz entsprechen würde. Eine Unterscheidung der Stromeinspeisung in das öffentliche Netz und in das daneben bestehende Versorgungsnetz wäre in diesem Fall nicht mehr nachzuvollziehen, denn das von der Zollver-*

---

19 Vgl. zu den Kriterien die Vertriebliche Umsetzungshilfe des BDEW zum EEG 2012, S. 29 ff., abrufbar unter www.bdew.de/internet.nsf/res/313F1B2B1578A980C1257BEA0052440C/$file/13051%20BDEW-Umsetzungshilfe%20EEG%202012.pdf.

20 Vgl. dazu den Erlass des BMF v. 18.10.2004, VersorgungsW 2005, 112 f.

21 BT-Drs. 17/6071, S. 82 f.

22 BFH, Urt. v. 20.4.2004, VII R 44/03, ZNER 2004, 280 ff.; Urt. v. 20.4.2004, VII R 57/03, ZNER 2005, 70 ff.

23 ZNER 2005, 70, 71; insoweit teilweise gleichlautend mit dem Urteil gleichen Datums mit Az. VII R 54/03, StE 2004, 146 ff., Rn. 27 f.

waltung zur Erlangung der Steuerbefreiung geforderte „eigene" Stromnetz wurde sich in seiner Ausdehnung dem öffentlichen Netz annähern oder diesem sogar entsprechen.

Ob als **quantitatives Kriterium** ein konkreter Abstand in Kilometern zwischen der Strom-   **20**
erzeugungsanlage und der Verbrauchsstelle festgelegt werden kann[24] ist fraglich. Andere
Teile der Literatur[25] haben angenommen, dass bereits die Belieferung einer eigenen Abnahmestelle innerhalb eines anderen Stadtteiles über das allgemeine Netz nicht mehr vom
„räumlichen Zusammenhang" nach § 37 Abs. 3 S. 2 Nr. 2 umfasst sei.

Der Bundesfinanzhof hat seine Feststellung eines räumlichen Zusammenhangs und dessen   **21**
abstandsmäßige Größe zum einem von der Leistung der Stromerzeugungsanlage abhängig
gemacht, und zum anderen in den Entscheidungen selbst bei einer Stromerzeugungsanlage
von 2 MW nur das Gebiet einer kleinen oder mittleren Gemeinde angenommen. Für größere Gemeinden sei stets eine Abgrenzung zu einer regionalen oder flächendeckenden Versorgung durchzuführen, deren Grenzen wiederum unklar sind.[26]

Das Bundesfinanzministerium hat unter Beachtung der genannten Urteile hin mit Erlass   **22**
vom 18. Oktober 2004[27] in Absatz 22 des Erlasses zu den Kriterien für die Beurteilung des
„räumlichen Zusammenhangs" wie folgt aufgeführt:

*„Die Steuerfreiheit nach § 9 Abs. 1 Nr. 3 StromStG setzt voraus, dass der Strom im räum-
lichen Zusammenhang zu der Anlage entnommen wird. Der Begriff räumlich ist dabei
gebietsbezogen zu verstehen, d. h., er nimmt Bezug auf ein Gebiet, das eine Ausdehnung
nach Länge, Breite und Höhe aufweist. Ob ein räumlicher Zusammenhang gegeben ist,
ist in jedem Einzelfall unter Würdigung des objektiven Gesamteindrucks der konkreten
Umstände zu beurteilen. Als Kriterien können dazu z. B. herangezogen werden:*

– *die tatsächliche Entfernung der Entnahmestellen zu der Anlage,*
– *die Anzahl der Entnahmestellen und ihre Verteilung in der Fläche,*
– *die Spannungsebene des Versorgungsnetzes, in das der Strom eingespeist wird.*

*Ausgeschlossen von der Steuerfreiheit ist jedenfalls eine flächendeckende oder regionale
Versorgung."*

Letztlich muss daher mit Rücksicht auf die Leistung der Anlage, den Abstand zwischen   **23**
Anlagenstandort und der Anzahl der Entnahmestellen und ihrer Verteilung in der Fläche
im **Einzelfall** entschieden werden, ob die Erzeugungsanlage und die Entnahmestellen noch
„in räumlichem Zusammenhang" zueinander sind, oder nicht mehr.[28]

In zwingender Konsequenz fällt bei Lieferung an Dritte als Letztverbraucher auch **„in un-**   **24**
mittelbarem räumlichem Zusammenhang" zur Stromerzeugungsanlage EEG-Umlage
an.[29] Hier liegt kein Fall von § 61 vor, sondern nur ein durch § 60 vollständig erfasster Fall
einer **Drittbelieferung**.

---

24 So *Kachel*, CuR 2011, 100, 104: fünf Kilometer sei noch ein „räumlicher Zusammenhang".
25 *Salje*, EEG, § 37 Rn. 62.
26 *Khazzoum/Sowala-Kopold*, in: Eichhorn/Utescher-Dabitz, Besteuerung von Strom, Erdgas und
   Kohle, S. 111 f.
27 BMF, Erlass vom 18.10.2004, III A 1 – V 4250 – 9/04; ergänzend zur Zeigleichheit BMF, Erlass v.
   17.11.2005, III A 1 – V 4250/05/0003, VersorgungsW 2005, 112 ff.
28 *Bongartz/Wundrack*, § 9 StromStG, Rn. 38.
29 *Strauch/Wustlich*, RdE 2012, 409, 411; *Scholtka/Helmes*, NJW 2011, 3185, 3187; *Hilgers*, ZNER
   2012, 42, 46.

25 Praktisch relevant ist dies insbesondere für die **Belieferung von Letztverbrauchern** mit Strom aus einer dezentralen Erzeugungsanlage innerhalb derselben Liegenschaft bzw. desselben Hauses, z. B. durch den Vermieter oder einen Dienstleister. Hier findet zwar eine Belieferung „in räumlichem Zusammenhang" innerhalb der jeweiligen Kundenanlage nach § 3 Nr. 24a/b EnWG statt, aber nicht als Eigenerzeugung und -verbrauch, sondern als **Drittbelieferung**. Diese Belieferung mag nach § 9 Abs. 1 Nr. 3 b) des Stromsteuergesetzes stromsteuerbefreit sein, ist jedoch nicht nach §§ 60, 61 EEG-umlagebefreit.

26 **d) Betreibereigenschaft.** Dass der Stromverbraucher nicht auch **Eigentümer der Stromerzeugungsanlage** sein muss, folgt im Übrigen jetzt auch aus § 61 Abs. 4 Nr. 2b). Danach ist das Eigentum an der Stromerzeugungsanlage eine spezielle Voraussetzung für die Inanspruchnahme von Bestandsschutz im Falle einer Anlagenerweiterung nach § 61 Abs. 3 Nr. 3. Hieraus folgt zwangsläufig im **Umkehrschluss**, dass Eigentum an der Stromerzeugungsanlage nicht grundsätzlich Voraussetzung einer Eigenversorgung nach dem EEG ist. Eine Eigenversorgung lässt sich demnach zulässiger Weise auch im Rahmen sog. **Anlagenpachtmodelle** realisieren, sofern sichergestellt ist, dass der Stromverbraucher durch den Pachtvertrag zum Anlagenbetreiber i.S.d. § 5 Nr. 2 wird.[30]

27 Entscheidend für die Einordnung als privilegierte Eigenerzeugung ist, ob der **Letztverbraucher „Betreiber" der Stromerzeugungsanlage** ist. Dies ist gem. § 5 Nr. 2 und in Anlehnung an § 3 Nr. 2 bzw. § 3 Abs. 10 S. 1 und 2 KWK-G derjenige, der bestimmenden Einfluss auf den Einsatz der Anlage hat und das **wirtschaftliche Risiko des Anlagenbetriebes** trägt, ohne allerdings zwingend Eigentümer der Anlage zu sein.[31] Gerade bei Betreiber- und Pachtmodellen muss hier insbesondere hinsichtlich des bestimmenden Einflusses auf die Anlage und hinsichtlich der Tragung des wirtschaftlichen Risikos abgegrenzt werden, damit Letztverbraucher hier nicht unberechtigterweise als Anlagenbetreiber eingeordnet und damit als EEG-freie Eigenerzeuger berücksichtigt werden. Andererseits kann aber auch bei Einschaltung eines Dritten z. B. zur technischen Betriebsführung der Letztverbraucher als Betreiber angesehen werden, wenn die o. g. Kriterien zur wirtschaftlichen Zuordnung eingehalten werden.

28 Maßgeblich ist bei diesen Modellen meist, ob und inwieweit die vertragliche Gestaltung zwischen dem Kraftwerkseigentümer und den Letztverbrauchern zu einem **bestimmenden Einfluss** auf den Anlagenbetrieb und zu einer Risikotragung des Anlagenbetriebes durch die Letztverbraucher führt. In der Literatur werden als wesentliche Kriterien für den Anlagenbetrieb durch den Letztverbraucher die Übernahme des Brennstoffpreisrisikos durch den Letztverbraucher im Rahmen einer eigenverantwortlichen Brennstoffbeschaffung, die Übernahme der Absatz- und Vermarktungsrisiken und von Besicherungsrisiken für die Anlage genannt.[32] Anderenfalls liegt eine EEG-pflichtige Belieferung des Letztverbrauchers durch den Kraftwerkseigentümer bzw. -betreiber vor.

29 Dies wird auch durch das vom Bundesministerium für Umwelt, Naturschutz und Reaktorsicherheit in Auftrag gegebenen Kurzgutachten zur Untersuchung der EEG-Umlage-

---

30 *Herz/Valentin*, EnWZ 2014, 358 ff.
31 BT-Drs. 16/8148, S. 38; *Strauch/Wustlich*, RdE 2012, 409, 410 und 412; *Riedel*, IR 2012, 81, 84; Altrock/Oschmann/Theobald/*Altrock*, § 37 Rn. 13; *Kachel*, CuR 2011, 100, 101; BGH, Urt. v. 11.6.2003, VIII ZR 161/02, ZNER 2003, 234, 235.
32 *Moench/Lippert*, EnWZ 2014, 392, 393; *Kachel*, CuR 2011, 100, 101; Altrock/Oschmann/Theobald/*Altrock*, § 37 Rn. 13 f.; *Riedel*, IR 2010, 101, 102.

pflichtigkeit im Falle einer Belieferung durch ein Elektrizitätsversorgungsunternehmen nach § 37 Abs. 2 EEG 2012 sowie im Falle einer Selbstversorgung nach § 37 Abs. 3 EEG 2012[33] bestätigt. Da sich der Betreiberbegriff im EEG 2014 gegenüber dem im EEG 2012 nicht inhaltlich geändert hat, gelten die im Gutachten hierzu getroffenen Feststellungen für das EEG 2014 entsprechend.

Dafür, dass der „Letztverbraucher die Stromerzeugungsanlage als Eigenerzeuger" betreibt, **30** muss dieser Letztverbraucher selbst der Betreiber der Stromerzeugungsanlage sein. Er muss folglich selber (in einer Person) Anlagenbetreiber und Letztverbraucher sein.[34]

e) Eigenverbrauch. Voraussetzung ist weiterhin, dass ein Eigenverbrauch des erzeugten **31** Stroms erfolgt. Der eigenverbrauchte Strom muss somit zum einen aus der betreffenden Anlage stammen[35] und zum anderen muss er diesen Strom auch „selbst verbrauchen". Die Voraussetzung, dass der Letztverbraucher den in der von ihm betriebenen Anlage erzeugten Strom „selbst verbraucht", wird dann eingehalten, wenn der Letztverbraucher den Strom in der eigenen Person verbraucht.[36] Gibt er ihn dagegen an Dritte weiter, die ihn ggf. selbst verbrauchen, liegt bei diesem Letztverbraucher kein Selbstverbrauch im Sinne dieser Regelung vor, sondern ein in jedem Falle **EEG-umlagepflichtiger Drittverbrauch**. Dies gilt auch dann insoweit anteilig, wie ein Anlagenbetreiber Strom aus seiner Anlage nicht ausschließlich für die Eigenbedarfsdeckung innerhalb der Kundenanlage gem. § 3 Nr. 24a/b EnWG oder im räumlichen Zusammenhang nutzt, sondern auch für die Belieferung Dritter verwendet.

f) Verbot der Netzdurchleitung. Die EEG-Umlage für die Eigenversorgung aus einer **32** Neuanlage wird nur verringert, wenn der Strom nicht durch ein Netz durchgeleitet wird. Diese Voraussetzung entspricht in ihrem Wortlaut § 37 Abs. 3 S. 2 Nr. 1 EEG 2012. Insofern kann die Auslegung zum EEG 2012 übertragen werden. Auch die Legaldefinition von „Netz" in § 5 Nr. 26 entspricht derjenigen aus § 3 Nr. 7 EEG 2012 und lautet:

> „26. „Netz", die Gesamtheit der miteinander verbundenen technischen Einrichtungen zur Abnahme, Übertragung und Verteilung von Elektrizität für die allgemeine Versorgung."

Nicht erfasst werden von dieser **Netzdefinition** Privatnetze des Anlagenbetreibers oder **33** Netze von dritten, die dem Anlagenbetreiber zuzuordnen sind.[37] In der Praxis betrifft dies den häufigen Fall der Eigenversorgung zwischen **unterschiedlichen Werksstandorten** von Industrieunternehmen. In der Vergangenheit wurden in diesen Fällen an einem Standort überschüssige erzeugte Strommengen an andere Werksstandorte weitertransportiert. Dies geschah oft über weite räumliche Distanzen von mehreren hundert Kilometern unter

---

33 *Mikešić/Thieme/Strauch* (Salans), Juristische Prüfung der Befreiung der Eigenerzeugung von der EEG-Umlage nach § 37 Absatz 1 und 3 EEG, Kurzgutachten 2012, S. 30, 37, abrufbar unter http:// www.erneuerbare-ener-gien.de/EE/Redaktion/DE/Downloads/Gutachten/kurzgutachten_eeg_um lage.pdf?__blob=publicationFile&v=2.

34 BT-Drs. 17/6071, S. 83.

35 § 61 privilegiert den Strombezug des Letztverbrauchers nur hinsichtlich des aus dieser Anlage bezogenen Stroms. Sonstiger Strom, z. B. Reserve- und Zusatzstrom, ist separat nach §§ 60, 61 zu beurteilen.

36 *Strauch/Wustlich*, RdE 2012, 409, 413; *Schomerus/Scheel*, ZNER 2010, 558, 560.

37 BGH, Urt. v. 28.3.2007, VIII ZR 42/06, ZNER 2007, 169; OLG Karlsruhe, Beschl. v. 3.2.2012, 9 W 4/12, ree 2012, 45 ff.

Nutzung öffentlicher Versorgungsnetze. Obwohl in diesen Fällen bei Rechtsträgeridentität eine Eigenversorgung und mithin keine Lieferung i. S. d. § 37 Abs. 2 EEG 2012 vorlag, traf die EEG-Umlagepflicht in diesen Fällen nunmehr gem. § 37 Abs. 3 S. 2 EEG 2012 den Letztverbraucher.[38] Zur Begründung verwies der Gesetzgeber in diesem Zusammenhang auf die parallele Regelung im Stromsteuergesetz.[39]

34 Um diesen umfassend praktizierten Fällen einen **Bestandsschutz** zu gewähren, hatte der Gesetzgeber in § 66 Abs. 15 EEG eine besondere **Ausnahmeregelung** eingefügt. Diese ermöglichte unter bestimmten Voraussetzungen die Beibehaltung dieses Liefermodells ohne Entstehung der EEG-Umlagepflicht trotz Nutzung allgemeiner Versorgungsnetze. Nach § 66 Abs. 15 EEG 2012 galt für diese Fälle die günstigere Rechtslage des § 37 Abs. 6 EEG 2009 fort, die bei Eigenversorgung auch unter Nutzung öffentlicher Netze keine Umlagepflicht anordnete.[40] Die Regelung des § 66 Abs. 15 EEG 2012 soll nach den Ausführungen der Gesetzesbegründung durch § 61 Abs. 4 fortgeschrieben werden.[41]

35 **g) Meldepflicht nach § 74.** Die verringerte EEG-Umlage soll nach § 61 Abs. 1 S. 2 Nr. 2 nur für die Eigenversorgung aus Neuanlagen anfallen, wenn der Eigenversorger seiner **Meldepflicht nach § 74** nachgekommen ist. Anderenfalls ist auch bei einer Eigenversorgung aus einer Erneuerbaren-Energien-Anlage oder einer hocheffizienten KWK- die volle EEG-Umlage zu zahlen. Erfüllt der Eigenversorger seine Meldepflicht nach § 74 nicht oder nicht termingerecht, kann er daher für das betreffende Kalenderjahr keine Reduzierung der EEG-Umlage in Anspruch nehmen.

36 Diese Voraussetzung ergibt sich aus dem Umkehrschluss aus § 61 Abs. 1 S. 2 Nr. 2 EEG 2014. § 61 Abs. 1 S. 2 Nr. 2 EEG 2014 lautet:

> *„Der Wert nach Satz 1 erhöht sich auf 100 Prozent der EEG-Umlage, wenn*
>
> *1. (…), oder*
>
> *2. der Eigenversorger seine Meldepflicht nach § 74 bis zum 31. Mai des Folgejahres nicht erfüllt hat. "*

37 Eigenversorger müssen nach § 74 die zur Eigenversorgung genutzte Energiemenge **elektronisch** ihrem regelverantwortlichen Übertragungsnetzbetreiber mitteilen und bis zum 31. Mai die Endabrechnung für das Vorjahr vorlegen. Diese Melde- und Abrechnungspflichten gelten zumindest dann, wenn diese Eigenversorger für diese Strommenge einer vollständigen oder teilweisen EEG-Umlagepflicht unterliegen. Nur wenn sie dieser Pflicht nachkommen, können sie eine verringerte EEG-Umlage an den zahlen. Dies ergibt sich auch aus den Gesetzesmaterialien:[42]

> *„Des Weiteren wird der verringerte Prozentsatz an die Meldung der Anlage geknüpft; dies ermöglicht die bessere Erfassung und Überwachung der Anlagen (Absatz 1 Satz 2 Nummer 2 EEG 2014 (neu)). Im Übrigen ergibt sich schon aus allgemeinen zivilrechtlichen Grundsätzen, dass Eigenversorger für alle Umstände, die einen Wegfall oder*

---

38 Gerstner/*Hendrich/Ahnsehl*, Kap. 6 Rn. 76.
39 BT-Drs. 17/6071, S. 83.
40 Zu den Voraussetzungen und Anwendungsfragen betreffend § 66 Abs. 15 EEG 2012 vgl. die Kommentierung in Band 2.
41 BR-Drs. 157/14, S. 233.
42 BT-Drs. 18/1891, S. 199.

eine Reduzierung der EEG-Umlage begründen können, genauso nachweispflichtig sind wie für die selbst verbrauchten Strommengen. "

Von dieser **Anhebung auf 100 % der EEG-Umlage** sind dann nur Fälle ausgenommen, in denen sich aufgrund von §§ 63 ff. EEG 2014 („Besondere Ausgleichsregelung") oder einer Übergangsregelung nach § 103 EEG 2014 eine abgesenkte EEG-Umlagepflicht ergibt.   38

Um ihrer Meldepflicht nachkommen zu können, müssen die Eigenversorger, die **Strommengen aus der Eigenversorgung messtechnisch erfassen**. Diese Pflicht ergibt sich zudem ausdrücklich aus § 61 Abs. 6.[43]   39

2. EEG-Umlagepflicht des Letztverbrauchers (Abs. 1 S. 3). Abs. 1 S. 3 findet Anwendung, wenn der Letztverbraucher Strom verbraucht, der **nicht von einem Elektrizitätsversorgungsunternehmen geliefert** wird. Hiervon umfasst werden daher z. B. Fälle des **Börsenstrombezuges**[44] durch einen Letztverbraucher. Fehlt es an einem Elektrizitätsversorgungsunternehmen, das wegen Belieferung dieses Letztverbrauchers nach § 60 Abs. 1 zahlungspflichtig ist, muss der betreffende Letztverbraucher selbst die EEG-Umlage dem ÜNB gegenüber begleichen. Wie Abs. 1 S. 4 zeigt, treffen ihn dieselben Pflichten, die ansonsten vom Elektrizitätsversorgungsunternehmen zu erfüllen gewesen wären; in der Art einer **gesetzlich angeordneten Erfüllungsübernahme** tritt der Letztverbraucher an die Stelle des Elektrizitätsversorgungsunternehmen.[45]   40

Der entsprechende Regelungsanlass des § 14 Abs. 7 EEG 2004 und § 37 Abs. 6 EEG 2009, hierunter auch Fälle fallen zu lassen, in denen der Letztverbraucher Strom direkt von einem im **Ausland ansässigen Lieferanten** erhält, besteht weiterhin wegen des insoweit unveränderten Wortlautes. § 61 Abs. 1 S. 3 als Nachfolgeregelung des § 37 Abs. 3 S. 1 EEG 2012 stellt sicher, dass ggf. der Letztverbraucher anstelle des wegen des Anwendungsbereichs des EEG nicht greifbaren ausländischen EVU als Schuldner der EEG-Umlage zur Verfügung steht.   41

Ein „**sonstiger Verbrauch**" im Sinne von Satz 3 des § 61 Abs. 1 ist immer dann anzunehmen, wenn Versorgungsunternehmen, die nicht Elektrizitätsversorgungsunternehmen sind, zwar am Stromlieferverhältnis funktionell beteiligt sind, gleichwohl vom deutschen Gesetzgeber nicht verpflichtet werden können, zur EEG-Umlage und damit zur Finanzierung der Stromerzeugung aus EE beizutragen. Letztlich handelt es sich um alle Lieferunternehmen, die – ein Unterworfensein unter das EEG funktionell unterstellt – zur Zahlung der EEG-Umlage verpflichtet wären.[46]   42

3. Entfall der EEG-Umlagepflicht (Abs. 2). Nach § 61 Abs. 2 Nr. 1 bis Nr. 4 sind Fälle vorgesehen, in denen Betreiber von Neuanlagen zur Eigenversorgung im Sinne von § 5 Nr. 12 von der Pflicht zur Zahlung der EEG-Umlage vollständig befreit sind. Die Aufzählung der Fälle, in denen eine Befreiung besteht, ist abschließend. Nur wenn die Voraussetzungen der Eigenversorgung nach § 5 Nr. 12 erfüllt sind und zudem die Voraussetzungen   43

---

43 Vgl. dazu ergänzend Rn. 112 ff.

44 Die Strombörse ist nicht als Lieferant zu betrachten, da diese lediglich eine Handelsplattform zur Abwicklung des Stromkaufs darstellt. Auf dieser Plattform wird die Lieferung anonym zwischen den Parteien abgewickelt, so dass der für den konkreten Liefervorgang bilanziell verantwortliche Erzeuger bzw. Lieferant in der Abwicklung unbekannt bleibt.

45 *Salje*, EEG 2014, § 61 Rn. 11.

46 *Salje*, EEG 2014, § 61 Rn. 16.

eines der in § 61 Abs. 2 genannten Fälle vorliegt, besteht eine Befreiung von der Zahlungspflicht.

44   **a) Kraftwerkseigenverbrauch (Nr. 1).** § 61 Abs. 2 Nr. 1 EEG 2014 enthält folgende **Legaldefinition des Kraftwerkseigenverbrauchs:**

> *„1. soweit der Strom in den Neben- und Hilfsanlagen einer Stromerzeugungsanlage zur Erzeugung von Strom im technischen Sinne verbraucht wird (Kraftwerkseigenverbrauch)".*

45   Auf denjenigen Strom, der in einer Stromerzeugungsanlage zur Erzeugung von Strom verbraucht wird, ist bei Einhaltung der oben genannten Voraussetzungen keine EEG-Umlage zu zahlen. Dieser Strom ist damit abzugrenzen von Strom, der von einem Elektrizitätsversorgungsunternehmen oder einem anderen Dritten geliefert und zur Stromerzeugung verbraucht wird.

46   Die Gesetzesbegründung des Regierungsentwurfes vom 8. April 2014 enthält eine nicht abschließende, beispielhafte Aufzählung, bei welchen Anlagen es sich um **Neben- und Hilfsanlagen** im Sinne des § 61 Abs. 2 Nr. 1 EEG 2014 handelt:[47]

> *„Neben- und Hilfsanlagen einer Stromerzeugungsanlage sind z. B. solche für die Wasseraufbereitung, Dampferzeugerwasserspeisung, Frischluftzufuhr, Brennstoffversorgung, kraftwerksinterne Brennstoffvorbereitung, Abgasreinigung oder Rauchgasreinigung. Der Kraftwerkseigenverbrauch erfasst nicht den Betriebsverbrauch, also den Verbrauch in betriebseigenen Einrichtungen wie Verwaltungsgebäuden, Werkstätten, Schalt- und Umspannanlagen, für Beleuchtungs- und Heizungsanlagen, elektrische Antriebe und Kühlaggregate. Auch der Stillstandseigenverbrauch und der Stromverbrauch zur Brennstoffgewinnung sind nicht erfasst."*

47   Die **Definition des Kraftwerkseigenverbrauchs** ist angelehnt an die Definition in § 12 Abs. 1 Nr. 1 Stromsteuerdurchführungsverordnung (StromStV). § 61 Abs. 2 Nr. 1 EEG 2014 ist damit ebenso wie § 12 Abs. 1 Nr. 1 StromStV auszulegen.[48] Insofern kann für die Bestimmungen, wann es sich um den Stromverbrauch in Neben- und Hilfsanlagen zur Stromerzeugung im technischen Sinne handelt und ob im Einzelfall der nach dem Wortlaut des § 61 Abs. 2 Nr. 1 EEG 2014 erforderliche finale Zusammenhang zwischen Stromverbrauch und Stromerzeugung gegeben ist, auf die einschlägige **Rechtsprechung des Bundesfinanzhofes (BFH)** zurückgegriffen werden.[49]

48   Ebenso wie in § 12 Abs. 1 Nr. 1 StromStV ist grundsätzlich auch der in **KWK-Anlagen zur gekoppelten Erzeugung von Strom und Wärme** verbrauchte Strom als Kraftwerkseigenverbrauch anzusehen, der unter Einhaltung der oben genannten Voraussetzungen von der EEG-Umlage befreit ist. Es ist jedoch im Einzelfall abzugrenzen, welche verbrauchte Strommenge von der Umlagebefreiung profitieren kann, weil ein hinreichend finaler Zusammenhang zur Stromerzeugung im technischen Sinne besteht. Hierzu enthalten die Gesetzesmaterialien folgende Klarstellungen:[50]

---

47 Begründung des Regierungsentwurfs v. 8.4.2014, S. 235 f.; abrufbar unter www.clearingstelle-egg.de/files/RegE_EEG_2014_140408.pdf.
48 BT-Drs. 18/1891, S. 199.
49 Z. B. BFH, Urt. v. 13.12.2012, VII R 73/10, CuR 2012, 27.
50 BT-Drs. 18/1891, S. 199.

„In Anlagen zur gekoppelten Erzeugung von Strom und Wärme dienen einige oder alle der in Betracht kommenden Neben- und Hilfsanlagen sowohl der Strom- als auch der Wärmeerzeugung. Der in diesen Neben- und Hilfsanlagen erzeugte und selbst verbrauchte Strom ist grundsätzlich nicht in einen Anteil aufzuteilen, der von der EEG-Umlage befreit ist, und in einen anderen auf die Wärmeerzeugung entfallenden Anteil. Der in der Stromerzeugungsanlage erzeugte und selbst verbrauchte Strom kann in vollem Umfang umlagebefreit verwendet werden. Soweit in kesselbetriebenen Anlagen Dampf vor den Dampfturbinen ausgekoppelt wird, ist die auf diese Dampfmenge entfallende Eigenversorgung jedoch nicht von der EEG-Umlage befreit, da dieser Anteil ausschließlich der Wärmeerzeugung dient. Dies gilt auch für Pumpen, die dazu dienen, ein Fern- oder Nahwärmenetze zu speisen, oder für Tauchsieder, die Wärmekessel aufheizen."

Die Gesetzesbegründung gibt hier im Wesentlichen den Inhalt eines Schreibens des Bundesministeriums der Finanzen an die Oberfinanzdirektionen vom 7. Dezember 2005[51] wieder. **49**

b) Inselanlagen (Nr. 2). Wenn die Eigenversorgung im Sinne des § 5 Nr. 12 EEG 2014 **ohne einen Anschluss an das Netz der öffentlichen Versorgung** erfolgt, besteht eine Befreiung von der Pflicht zur Zahlung der EEG-Umlage. § 61 Abs. 2 Nr. 2 EEG 2014 lautet: **50**

„2. wenn der Eigenversorger weder unmittelbar noch mittelbar an ein Netz angeschlossen ist."

Nach der Gesetzesbegründung des Regierungsentwurfes vom 8. April 2014 soll der Stromverbrauch in **völlig autarken Stromerzeugungsanlagen**, die zur Eigenversorgung genutzt werden, nicht mit der EEG-Umlage belastet werden.[52] Die Gesetzesbegründung führt aus, in welchen Fällen ein **mittelbarer Netzanschluss** gegeben ist:[53] **51**

„Mittelbar an das Netz der öffentlichen Versorgung angeschlossen sind Eigenversorger, deren Eigenversorgungsanlage in ein nicht-öffentliches Netz eingebunden ist, welches aber seinerseits mit dem Netz der öffentlichen Versorgung verbunden ist. Frei bewegliche Eigenversorgungsanlagen, die nur vorübergehend und von kurzer Dauer mit dem Netz der öffentlichen Versorgung verbunden werden, ansonsten aber im Wesentlichen autark sind, gelten als nicht mittelbar oder unmittelbar an ein Netz angeschlossen. Hiervon sind beispielsweise Schiffe erfasst, die sich weit überwiegend auf Gewässern aufhalten, aber zwischendurch für wenige Stunden oder im Ausnahmefall auch einmal für wenige Tage im Hafen landseitig an das Netz angeschlossen werden. Eigenversorgungsanlagen, die bewegliche Verbraucher versorgen und regelmäßig an das Netz angeschlossen werden (z. B. Elektrofahrräder), fallen hingegen nicht unter diese Regel."

c) Vollständige Eigenversorgung ohne finanzielle Förderung (Nr. 3). Wenn die Eigenversorgung im Sinne des § 5 Nr. 12 EEG 2014 **vollständig** aus einer Erneuerbaren-Energien-Anlage erfolgt, kann eine Befreiung von der Pflicht zur Zahlung der EEG-Umlage bestehen. Voraussetzung ist, dass der Eigenversorger **keinerlei finanzielle Förderung** nach dem EEG 2014 in Anspruch nimmt. § 61 Abs. 2 Nr. 2 EEG 2014 lautet: **52**

---

51 Betreff: Steuerbefreiung nach § 9 Abs. 1 Nr. 2 StromStG (Strom zur Stromerzeugung), Gz. III A 1-V 4250/05/0004, Dokument 2005/0027140.
52 Begründung des Regierungsentwurfs v. 8.4.2014, S. 234, abrufbar unter www.clearingstelle-egg. de/files/RegE_EEG_2014_140408.pdf.
53 Begründung des Regierungsentwurfs v. 8.4.2014, S. 234, a. a. O.

*„3. wenn sich der Eigenversorger selbst vollständig mit Strom aus erneuerbaren Ener-
gien versorgt und für den Strom aus seiner Anlage, den er nicht selbst verbraucht, keine
finanzielle Förderung nach Teil 3 in Anspruch nimmt".*

53 Aus dem Wortlaut ergibt sich, dass der Eigenversorger **keinen Zusatz- oder Reserve-
strom** aus dem Netz beziehen darf, um beispielsweise die Versorgung aufrechtzuerhalten,
wenn die Erneuerbare-Energien-Anlage dargebotsabhängig keinen Strom erzeugt. Auch
darf beispielsweise der Eigenversorger für **Überschussstrom** keine Förderung nach dem
EEG 2014 in Anspruch nehmen. Anderenfalls muss er die verringerte EEG-Umlage nach
§ 61 Abs. 1 S. 1 i.V.m. § 61 Abs. 1 S. 2 Nr. 1 zahlen. Die vollständige Befreiung von der
Pflicht zur Zahlung der EEG-Umlage kann nicht gewährt werden.

54 Problematisch ist hierbei, dass nicht geregelt ist, für welchen **Zeitraum** die Pflicht zur Zahlung der (ggf. nach § 61 Abs. 1 S. 1 verminderten) EEG-Umlage entsteht, wenn zu einem
bestimmten Zeitpunkt Strom von einem Dritten bezogen oder eine Förderung, z.B. die
Ausfallvergütung nach § 38, in Anspruch genommen wird.[54]

55 In Verbindung mit dem Grundsatz des Abs. 7 könnte man zu dem Ergebnis kommen, dass
die Frage der Einhaltung des Abs. 2 Nr. 3 für jede einzelne Viertelstunde zu beantworten
wäre. Dem steht der Hinweis in der Gesetzesbegründung entgegen, dass dieser Ausnahmetatbestand gerechtfertigt sei, da ein solcher Eigenversorger „die Energiewende für sich
gleichsam schon vollzogen habe",[55] da diese Ausführung für ein Erfordernis einer über einen längeren Zeitraum gewährleisteter vollständiger Eigenversorgung spricht.

56 Andererseits ist es jedem Erzeugungsmodell immanent, dass alleine durch Revisionen,
Wartungen etc. Ausfallzeiten entstehen, die in den vom Gesetzgeber in den Blick genommenen Konstellationen die Vorhaltung von entsprechenden Redundanzen der Erzeugungsanlagen nicht vorgesehen sein werden. Bei vollständigem Entfall der Befreiung zumindest
für die Zukunft bei einmaligem Verstoß würde die Regelung wahrscheinlich leer laufen. Es
spricht daher einiges dafür, dass im Wesentlichen die **Abgrenzung anhand der Zeitgleichheit** entsprechend Abs. 7 vorgenommen werden kann. Dies kann auch durch die Erfordernisse des Abs. 6 regelmäßig einfach nachgewiesen werden, indem ein Abgleich der
Erzeugungs- und Letztverbrauchszeitreihen vorgenommen wird.[56]

57 **d) De-Minimis-Regelung für Kleinanlagen (Nr. 4).** Auf 10 MWh pro Kalenderjahr aus
kleinen Anlagen, die zur Eigenversorgung im Sinne des § 5 Nr. 12 EEG 2014 genutzt werden, muss keine EEG-Umlage gezahlt werden. Zu beachten ist aber, dass es sich nur um
eine „**Sockelbefreiung**" bis zu einem Kalenderjahresverbrauch des Eigenversorgers von
bis zu 10 MWh handelt. Jegliche darüber hinaus gehenden Strommengen unterliegen der
verringerten oder vollständigen EEG-Umlagepflicht.

58 Dies regelt § 61 Abs. 2 Nr. 4 EEG 2014:

*„4. wenn Strom aus Stromerzeugungsanlagen mit einer installierten Leistung von
höchstens 10 Kilowatt erzeugt wird, für höchstens 10 Megawattstunden selbst verbrauchten Stroms pro Kalenderjahr; dies gilt ab der Inbetriebnahme der Stromerzeugungsanlage für die Inbetriebnahmejahres; § 32 Absatz 1 Satz 1 ist entsprechend anzuwenden."*

---

54 Vgl. auch *Herz/Valentin*, EnWZ 2014, 358 ff.
55 BR-Drs. 157/14, S. 230.
56 So auch *Kermel/Geipel*, RdE 2014, 416, 418 f.

Diese Möglichkeit der Befreiung von der EEG-Umlage soll vor allem in Fällen der **Eigen-**   **59**
versorgung aus Photovoltaik-Anlagen in Anspruch genommen werden, wie sich aus der
Begründung des Regierungsentwurfes vom 8. April 2014 ergibt:[57]

> *„Betreibt ein Eigenversorger eine Stromerzeugungsanlage mit weniger als 10 kW in-*
> *stallierter Leistung, so fällt erst für den über 10 MWh in einem Jahr hinausgehenden*
> *selbst verbrauchten Strom die EEG-Umlage an. Damit soll der administrative Auf-*
> *wand, den die Erfassung der Eigenversorgung mit sich bringt, gering gehalten werden.*
> *Bei kleinen Anlagen mit geringen Strommengen steht der Aufwand der Erfassung der*
> *Eigenversorgung nicht im Verhältnis zu den potenziellen Umlageeinnahmen. Daher*
> *gilt für Anlagen, die aufgrund der natürlichen Gegebenheiten nicht mehr als 10 MWh*
> *Strom erzeugen können, dass ein besonderer Nachweis nicht erforderlich ist. Dies ist*
> *insbesondere bei Anlagen zur Erzeugung von Strom aus solarer Strahlungsenergie mit*
> *einer installierten Leistung von nicht mehr als 10 kW der Fall. Damit ist davon auszu-*
> *gehen, dass bei solchen Anlagen keine umlagepflichtige Eigenversorgung stattfindet.*
> *Eine Messung der Eigenversorgung ist bei diesen Anlagen somit entbehrlich. "*

Aus den Gesetzesmaterialien ergibt sich zudem, dass die EEG-Umlagebefreiung auch in   **60**
Fällen der **Eigenversorgung aus Mini-KWK-Anlagen** einschlägig sein kann.[58]

4. Entfall der EEG-Umlagepflicht bei Bestandsanlagen (Abs. 3 und Abs. 4). Für die **Ei-**   **61**
genversorgung aus Bestandsanlagen soll grundsätzlich die Rechtslage nach dem EEG
2012 bzw. dem EEG 2009 fortgelten. Unter bestimmten Voraussetzungen bestand und besteht auch nach dem EEG 2014 in Fällen der Eigenerzeugung und des Selbstverbrauchs
keine Pflicht zur Zahlung der EEG-Umlage. Auch wenn eine Bestandsanlage an demselben Standort erneuert, erweitert oder ersetzt wird, ist auf den selbst erzeugten und selbst
verbrauchten Strom unter den Voraussetzungen des § 61 Abs. 3 S. 2 Nr. 3 EEG 2014 bzw.
des § 61 Abs. 4 Nr. 2 EEG 2014 keine EEG-Umlage zu zahlen.

a) Bestandsanlagen i. S. d. Abs. 3 S. 2. In den folgenden Fällen handelt es sich um **Be-**   **62**
standsanlagen i. S. d. § 61 Abs. 3 S. 2:

1. Stromerzeugungsanlagen, die der Letztverbraucher ab dem 1. September 2011, aber
   vor dem 1. August 2014 als Eigenerzeuger betrieben hat (§ 61 Abs. 3 S. 2 Nr. 1 EEG
   2014),
2. Stromerzeugungsanlagen, die vor dem 23. Januar 2014 nach dem Bundes-Immissionsschutzgesetz genehmigt oder nach einer anderen Bestimmung des Bundesrechts zugelassen worden sind, die nach[59] dem 1. August 2014 erstmals Strom erzeugt haben und
   vor dem 1. Januar 2015 unter Einhaltung der Anforderungen nach § 61 Abs. 3 S. 1 EEG
   2014 genutzt werden (§ 61 Abs. 3 S. 2 Nr. 2 EEG 2014).

aa) Eigenversorgung vor dem 1.8.2014 (Nr. 1). Die unter 1. genannten Stromerzeugungs-   **63**
anlagen, sind Anlagen, die der Eigenversorger schon vor dem Inkrafttreten des EEG 2014
am **1. August 2014** betrieben und zur Eigenversorgung genutzt hat.

---

57 Begründung des Regierungsentwurfs v. 8.4.2014, S. 236, abrufbar unter www.clearingstelle-egg.
   de/files/RegE_EEG_2014_140408.pdf.
58 BT-Drs. 18/1891, S. 199.
59 § 61 Abs. 3 Nr. 2 EEG 2014 erfasst dem Wortlaut nach keine Anlagen, die am 1.8.2014 erstmals
   Strom erzeugt haben.

64 Die **Aufnahme der Eigenversorgung** aus einer Stromerzeugungsanlage, die zwar vor dem 1. August 2014 in Betrieb genommen wurde, vor dem 1. August 2014 jedoch durch den Anlagenbetreiber **nicht zur Eigenversorgung genutzt** wurde, ist nicht als Eigenversorgung aus einer Bestandsanlage anzusehen, die zu einer Befreiung von der Pflicht zur Zahlung der EEG-Umlage nach § 61 Abs. 3 S. 1 Nr. 1 bis Nr. 3 und S. 2 Nr. 1 führt. Eine EEG-Umlagebefreiung nach § 61 Abs. 3 S. 1 Nr. 1 bis Nr. 3 besteht nur, wenn die Eigenversorgung aus einer Bestandsanlage nach § 61 Abs. 3 S. 2 Nr. 1 erfolgt.

65 Die Beurteilung, ob es sich um eine Bestandsanlage nach § 61 Abs. 3 S. 2 Nr. 1 handelt, richtet sich nicht nur nach der Inbetriebnahme der Stromerzeugungsanlage, sondern auch nach dem **Zeitpunkt der Aufnahme der Eigenversorgung** aus der Stromerzeugungsanlage. § 61 Abs. 3 S. 2 Nr. 1 EEG 2014 lautet:

> *„Eine Bestandsanlage ist jede Stromerzeugungsanlage,*
>
> *1. die der Letztverbraucher vor dem 1. August 2014 als Eigenerzeuger unter Einhaltung der Anforderungen des Satzes 1 betrieben hat,*
>
> *(...). "*

66 Die unter § 61 Abs. 3 S. 2 Nr. 1 genannten Stromerzeugungsanlagen sind Anlagen, die der Eigenversorger schon vor dem Inkrafttreten des EEG 2014, d. h. vor dem 1. August 2014, betrieben **und** den selbst erzeugten Strom selbst entweder im räumlichen Zusammenhang zu der Stromerzeugungsanlage oder ohne Netzdurchleitung verbraucht hat. Weitere Voraussetzungen enthält § 61 Abs. 3 S. 2 Nr. 1 nicht.

Aus dem Wortlaut „als Eigenerzeuger unter Einhaltung der Anforderungen des Satzes 1 betrieben hat" ergibt sich aber, dass die Anlage tatsächlich bereits vor dem 1. August 2014 **auch zur Eigenbedarfsdeckung genutzt** worden sein muss. Die Anforderungen nach § 61 Abs. 3 S. 1 lauten nicht nur, dass der Letztverbraucher die Stromerzeugungsanlage als Eigenerzeuger betrieben hatte,[60] sondern dass er den Strom aus der Stromerzeugungsanlage auch **selbst verbraucht** hatte.[61] Der Begriff „Eigenerzeuger" wird zwar im EEG 2014 nicht definiert,[62] sondern nur in § 61 Abs. 3 S. 1 Nr. 1 und S. 2 Nr. 1 sowie in Abs. 5 S. 1 Nr. 1 erwähnt. Gegenstand der jeweiligen Regelungen ist jedoch die EEG-Umlagepflicht, die nicht auf den eingespeisten, sondern nur auf den eigenerzeugten und selbst verbrauchten Strom entstehen könnte. Der alleinige **Betrieb einer Stromerzeugungsanlage ohne jegliche Eigenverbrauchsdeckung** wäre dementsprechend gesetzessystematisch nicht vom Begriff „Eigenerzeuger" umfasst. Dies deckt sich auch gesetzessystematisch mit den **Definitionen im Stromsteuergesetz** (StromStG), auf das § 61 Abs. 5 S. 1 Nr. 1 EEG 2014 Bezug nimmt: Nach § 2 Nr. 2 StromStG ist „Eigenerzeuger" *„derjenige, der Strom zum Selbstverbrauch erzeugt ".*

67 Die Befreiung von der Stromsteuer nach § 9 Abs. 1 Nr. 3 a) StromStG gilt nur für

> *„1. und 2. (...)*
>
> *3. Strom, der in Anlagen mit einer elektrischen Nennleistung von bis zu zwei Megawatt erzeugt wird und*

---

60 § 61 Abs. 3 Satz 1 Nr. 1 EEG 2014.
61 § 61 Abs. 3 Satz 1 Nr. 2 EEG 2014.
62 Anders als die eingeschränkte Definition der „Eigenversorgung" nach § 5 Nr. 5 EEG 2014.

Ahnsehl

a) vom Betreiber der Anlage als Eigenerzeuger im räumlichen Zusammenhang zu der Anlage zum Selbstverbrauch entnommen wird".

Dies lässt sich auch auf die Begründung des Regierungsentwurfs stützen, der Stromerzeu-   **68**
gungsanlagen erfasst sehen will, „die der Eigenversorger schon vor Inkrafttreten des EEG
2014 betrieben und zur Eigenversorgung genutzt hat".[63] Auch an anderen Stellen der Begründung des Regierungsentwurfs[64] wird der Begriff des „Eigenerzeugers" stets auch verbunden mit einer Selbstverbrauchsdeckung aus der Anlage genannt.

Der vom Gesetzgeber bewusst verwendete **Begriff des „Eigenerzeugers"** bestätigt somit,   **69**
dass **bereits vor dem 1. August 2014** die Voraussetzungen für eine EEG-Umlagebefreiung
nach § 37 Abs. 3 S. 2 EEG 2012 eingehalten worden sein mussten. Nur dann handelt es
sich um eine Bestandsanlage im Sinne des § 61 Abs. 3 S. 2 Nr. 1 EEG 2014.

Den Selbstverbrauch aus der Anlage vor dem 1. August 2014 muss der Anlagenbetreiber in   **70**
geeigneter Weise nachweisen, da er aus den allgemeinen zivilrechtlichen Grundsätzen für
alle Umstände, die einen Wegfall der EEG-Umlage begründen können, **nachweispflichtig**
ist.

Eine **Umstellung auf den Selbstverbrauch** aus einer bestehenden Anlage entweder im   **71**
räumlichen Zusammenhang zur Stromerzeugungsanlage oder ohne Netzdurchleitung, die
erst ab dem 1. August 2014 durchgeführt wird, führt folglich nicht dazu, dass es sich bei
der Stromerzeugungsanlage um eine Bestandsanlage im Sinne des § 61 Abs. 3 S. 2 Nr. 1
EEG 2014 handelt. Insofern wäre zu prüfen, ob eine Befreiung von der EEG-Umlagepflicht nach § 61 Abs. 2 EEG 2014 oder eine anteilige Umlagebefreiung nach § 61 Abs. 1
S. 1 EEG 2014 vorliegt.

Insbesondere im Falle der Durchführung einer **kaufmännisch-bilanziellen Weiterleitung**   **72**
nach § 8 Abs. 2 EEG 2009/2012 bis zum 31. Juli 2014 kann nicht von einem Eigenverbrauch bis zum 31. Juli 2014 ausgegangen werden, weil die „kaufmännisch-bilanzielle
Weiterleitung" bedingt, dass der entsprechende Strom dem Netzbetreiber zur Einspeisung
angeboten worden ist und dementsprechend nicht vom Anlagenbetreiber verbraucht worden ist.

bb) Genehmigung der Anlage vor dem 23. Januar 2014. Die unter 2. genannten Strom-   **73**
erzeugungsanlagen sind Anlagen, die der Eigenversorger im **Vertrauen an das Fortbestehen der Rechtslage nach dem EEG 2012** geplant und begonnen hat zu realisieren. In diesen Fällen soll Vertrauensschutz gewährt werden.

Der 23. Januar 2014 schreibt in diesem Zusammenhang den **Zeitpunkt des Kabinettsbe-**   **74**
schlusses der Eckpunkte für die Novellierung des EEG fest, ab dem ein Vertrauensschutz nicht mehr beansprucht werden kann. Damit eine Bestandsanlage im Sinne des § 61
Abs. 3 S. 2 Nr. 2 EEG 2014 angenommen werden kann, muss dem Eigenversorger bis zu
diesem Zeitpunkt eine bundesrechtliche Genehmigung der Stromerzeugungsanlage vorgelegen haben.

Unklar ist hierbei, wann das Erfordernis einer **bundesrechtlichen Genehmigung** erfüllt   **75**
ist. Dies insbesondere deshalb, da viele Genehmigung zwar auf Basis landesrechtlicher Re-

---

63 BT-Drs. 18/1304, S. 235 (zu § 58).
64 BT-Drs. 18/1304, S. 249 (zu § 70).

gelungen ergehen (z. B. Landesbauordnungen oder Landeswassergesetze), diese aber auf bundesrechtlichen Rahmengesetzen basieren (z. B. BauGB oder WHG).

76   Auslegungsbedürftig ist daher, welche **Bestimmungen des Bundesrechts** hierbei gemeint sind und insbesondere, ob neben dem BImSchG und der 4. BImSchV, bei denen es sich vollständig um bundesrechtliche Gesetze bzw. Verordnungen handelt, auch Gesetze erfasst sind, bei denen der Bundesgesetzgeber eine Rahmengesetzgebung gewählt hat, die Konkretisierung aber dem jeweiligen Landesgesetzgeber überlassen hat, oder eine konkurrierende Gesetzgebung, bei denen sowohl Landes- als auch Bundesrecht existiert, jedoch das Bundesrecht dem Landesrecht im Zweifel vorgeht.

77   In nahezu jedem komplexeren Genehmigungsverfahren sind darüber hinaus sowohl bundes- als auch landesrechtliche Vorschriften zu berücksichtigen. Es kann daher bei der Auslegung des Begriffs der „Zulassung nach einer anderen Bestimmung des Bundesrechts" nicht allein auf die Berücksichtigung einer bundesrechtlichen Vorschrift ankommen, da diese Prämisse dann nahezu leerliefen. Vielmehr muss darauf abgestellt werden, dass der **maßgebliche Genehmigungstatbestand**, der die grundlegenden Vorgaben für die Genehmigungsbedürftigkeit und die Genehmigungsfähigkeit aufstellt, im Bundesrecht verankert ist.

78   Diese Begriffe werden in den Regelungen des EEG und der Anlagenregisterverordnung sowie in den Gesetzes- bzw. Verordnungsmaterialien nicht weiter erläutert.[65] Durch die Gegenüberstellung der Begriffe mit der Genehmigungsbedürftigkeit nach dem Bundes-Immissionsschutzgesetz ist auch insoweit keine Klarheit geschaffen, als es sich bei dem Immissionsschutzrecht ausschließlich um Bundesrecht handelt.

79   Allerdings ist durch den Vergleich mit dem Immissionsschutzrecht insoweit eine Klarstellung erreicht, als es sich hierbei um die Rechtsquelle handelt, die über die **Zulässigkeit des Gesamtvorhabens** entscheidet. Die Begriffe „nach einer *anderen* Bestimmung des Bundesrechts" können daher auch so verstanden werden, dass diese andere Bestimmung des Bundesrechts ebenfalls die Zulässigkeit des Gesamtvorhabens erfassen müsste. Hierdurch würden „Nebengenehmigungen", die sich neben ansonsten landesrechtlichen Genehmigungstatbeständen aus dem Bundesrecht ergeben würden, ausscheiden. In der Praxis wäre dies eine Genehmigung einer Solarstrom-Freiflächenanlagen nach dem Bundesfernstraßengesetz (FStrG), wenn diese nach § 51 Abs. 1 Nr. 3 c) aa) längs einer Autobahn „in einer Entfernung bis zu 110 Metern, gemessen vom äußeren Rand der befestigten Fahrbahn", gelegen ist, aber im Übrigen für ihre Errichtung nur einer baurechtlichen Genehmigung bedürfte, die dann nach Landesbaurecht ergehen würde.

80   Insoweit wäre dann eine Klarstellung wie im Falle von § 19 Abs. 1 EEG 2009/2012 bzw. § 32 Abs. 1 EEG 2014 erreicht, wenn dort die Begriffe „auf demselben Grundstück oder sonst in unmittelbarer räumlicher Nähe" verwendet werden. Hier hatte die Clearingstelle EEG in der Grundlagenentscheidung im Verfahren 2008/49[66] bereits festgestellt, dass zwischen den Begriffen „Grundstück" und „sonst in unmittelbarer räumlicher Nähe" eine gewisse Gleichwertigkeit herrscht.

---

65 Entsprechende Bezüge auf das Erfordernis einer Zulassung nach einer anderen Bestimmung des Bundesrechts finden sich in § 100 Abs. 3 und § 102 Nr. 3 EEG 2014 sowie § 2 Nr. 2 und § 5 Abs. 3 AnlRegV.

66 Link: https://www.clearingstelle-eeg.de/EmpfV/2008/49.

Gemäß dem Wortlaut der Begriffe „für ihren Betrieb einer Zulassung nach einer anderen   **81**
Bestimmung des Bundesrechts bedürfen" ergibt sich die **Zulassungsnotwendigkeit für
entsprechende Anlagen aus dem Bundesrecht.** Als Reflex aus dieser Zulassungsnotwendigkeit müsste sich aber die Möglichkeit der Zulassung, d. h. die Zulassungs- oder Genehmigungsfähigkeit, soweit nicht ein entsprechender Anspruch des Anlagenbetreibers auf
Zulassung seiner Anlage bei Einhaltung der gesetzlichen Bestimmungen besteht, gleichermaßen aus dem Bundesrecht ergeben.[67]

Nach der Gesetzesbegründung ergibt sich der Sinn und Zweck dieser Stichtagsregelung: **82**
Es sollen **Ankündigungs- und Mitnahmeeffekte vermieden** werden.[68] Insofern wurde
der Wortlaut der Stichtagsregelung auch gegenüber dem Wortlaut der noch im Regierungsentwurf vom 8. April 2014 vorgesehenen Stichtagsregelung klargestellt. Die Stromerzeugungsanlage darf erstmals nach dem 1. August 2014 Strom erzeugen, um als Bestandsanlage im Sinne des § 61 Abs. 3 S. 2 Nr. 2 EEG 2014 zu gelten.

Damit auf den Strom aus diesen Bestandsanlagen keine EEG-Umlage anfällt, sind die Vo-   **83**
raussetzungen nach § 61 Abs. 3 S. 1 Nr. 1 bis Nr. 3 EEG 2014 **kumulativ** einzuhalten:

- Der Letztverbraucher betreibt die Stromerzeugungsanlage als Eigenerzeuger,
- der Letztverbraucher verbraucht den Strom selbst und
- der Strom wird nicht durch das Netz durchgeleitet, es sei denn, der Strom wird im räumlichen Zusammenhang zur Stromerzeugungsanlage verbraucht.

Dabei knüpft der Wortlaut an die Regelung des § 37 Abs. 3 S. 2 EEG 2012 an. Auch die   **84**
letzte Voraussetzung entspricht den Alternativen in § 37 Abs. 3 S. 2 Nr. 1 und Nr. 2 EEG
2012. Die Rechtslage nach § 37 Abs. 3 S. 2 EEG 2012 soll insofern fortgelten.[69] Damit ist
die Auslegungspraxis, die zu § 37 Abs. 3 S. 2 EEG 2012 besteht, entsprechend anzuwenden.

b) Bestandsanlagen vor dem 1.9.2011 (Abs. 4). In den folgenden Fällen handelt es sich   **85**
um Bestandsanlagen i. S. d. § 61 Abs. 4:

> Stromerzeugungsanlagen, die **vor dem 1. September 2011 in Betrieb** genommen wor-
> den sind.

Damit auf den Strom aus diesen Bestandsanlagen keine EEG-Umlage anfällt, sind nach   **86**
§ 61 Abs. 4 Nr. 1 EEG 2014 die Voraussetzungen nach § 61 Abs. 3 S. 1 Nr. 1 und Nr. 2
EEG 2014 **kumulativ** einzuhalten:

- Der Letztverbraucher betreibt die Stromerzeugungsanlage als Eigenerzeuger und
- der Letztverbraucher verbraucht den Strom selbst.

Diese Anforderungen entsprechen der **Rechtslage nach § 37 Abs. 6 EEG 2009**. Dieser   **87**
Wille des Gesetzgebers ergibt sich auch aus der Gesetzesbegründung des Regierungsent-

---

67 Zu diesen Fragen ist derzeit auch ein Verfahren bei der Clearingstelle EEG anhängig (Empfehlungsverfahren 2014/27); aktueller Verfahrensstand abrufbar unter www.clearingstelle-eeg.de/
   empfv/2014/27.
68 Begründung des Regierungsentwurfs v. 8.4.2014, S. 235, abrufbar unter www.clearingstelle-egg.
   de/files/RegE_EEG_2014_140408.pdf.
69 BT-Drs. 18/1891, S. 199 in Verbindung mit der Begründung des Regierungsentwurfs v. 8.4.2014,
   S. 234, abrufbar unter www.clearingstelle-egg.de/files/RegE_EEG_2014_140408.pdf.

wurfes vom 8. April 2014, in dem die **Fortgeltung der Übergangsvorschrift des § 66 Abs. 15 EEG 2012** vorgesehen ist.[70]

88   § 66 Abs. 15 EEG 2012 sah die Anwendbarkeit von § 37 Abs. 6 EEG 2009 vor, der in Fällen der Eigenerzeugung und des Selbstverbrauchs keine Pflicht zur Zahlung der EEG-Umlage vorsah. Durch die Übernahme der Voraussetzungen des § 37 Abs. 6 EEG 2009 in § 61 Abs. 4 Nr. 1 i.V. m. § 61 Abs. 3 S. 1 Nr. 1 und Nr. 2 EEG 2014 ist die Rechtslage nach § 37 Abs. 6 EEG 2009 fortgeschrieben, ohne dass es einer der Übergangsvorschrift des § 66 Abs. 15 EEG 2012 entsprechenden Regelung bedarf.

89   **5. Erneuerung, Erweiterung oder Ersetzung der Bestandsanlage.** Auch wenn eine Bestandsanlage an demselben Standort erneuert, erweitert oder ersetzt wird, ist auf den selbst erzeugten und selbst verbrauchten Strom unter den Voraussetzungen des § 61 Abs. 3 S. 2 Nr. 3 EEG 2014 bzw. des § 61 Abs. 4 Nr. 2 i.V. m. § 61 Abs. 3 S. 2 Nr. 3 keine EEG-Umlage zu zahlen. Die Möglichkeit, auch nach der Modernisierung einer Bestandsanlage die Befreiung von der EEG-Umlage zu erhalten, besteht dabei für alle vorgenannten Bestandsanlagen, die zur Eigenversorgung genutzt werden.

90   **a) Für alle Bestandsanlagen gem. Abs. 3, 4.** Folgende Voraussetzungen für die Inanspruchnahme der EEG-Umlagebefreiung gelten **kumulativ** für alle Bestandsanlagen nach § 61 Abs. 3 S. 2 Nr. 3 EEG 2014 und nach § 61 Abs. 4:

– Keine Erhöhung der installierten Leistung der Anlage um mehr als 30 Prozent durch die Erneuerung, Erweiterung oder Ersetzung und

– Erneuerung, Erweiterung oder Ersetzung an demselben Standort nach § 61 Abs. 3 S. 2 Nr. 3 EEG 2014 bzw. nach § 61 Abs. 4 Nr. 2 Buchstabe a) EEG 2014.

91   Wird durch die **Erneuerung, Erweiterung oder Ersetzung der Bestandsanlage** die installierte Leistung um mehr als 30 Prozent erhöht, kann eine vollständige Befreiung von der Pflicht zur Zahlung der EEG-Umlage nicht mehr in Anspruch genommen werden. Insofern gelten dann nach der Modernisierung die Regungen zur EEG-Umlage für Neuanlagen, so dass nur eine **anteilige Verringerung der EEG-Umlage** möglich ist oder die **volle EEG-Umlage** für die Eigenversorgung aus dieser Anlage zu zahlen ist.

92   Die Gesetzesbegründung spezifiziert das Erfordernis der Erneuerung, Erweiterung oder Ersetzung an demselben Standort wie folgt:[71]

> *„Dafür ist es nicht erforderlich, dass die Anlage räumlich genau an derselben Stelle errichtet wird. Andernfalls könnte die Ersetzung erst nach dem Abriss des alten Kraftwerks erfolgen. Um eine ununterbrochene Selbstversorgung zu sichern, kann sich die neue Stromerzeugungsanlage deshalb auch an anderer Stelle auf demselben in sich abgeschlossenen Betriebsgelände oder in unmittelbarer räumlicher Nähe zu der ersetzten Anlage befinden."*

93   Damit ist die Erneuerung, Erweiterung oder Ersetzung jedenfalls in **unmittelbarer räumlicher Nähe** durchzuführen. Eine Erneuerung, Erweiterung oder Ersetzung der Bestandsanlage an einem anderen Standort, der sich nicht in unmittelbarer räumlicher Nähe zu dem

---

70 Begründung des Regierungsentwurfs v. 8.4.2014, S. 233, abrufbar unter www.clearingstelle-egg. de/files/RegE_EEG_2014_140408.pdf.

71 Begründung des Regierungsentwurfs v. 8.4.2014, S. 235, abrufbar unter www.clearingstelle-egg. de/files/RegE_EEG_2014_140408.pdf.

vorherigen Standort der Bestandanlage im Sinne der Gesetzesbegründung befindet, führt dazu, dass eine vollständige Befreiung von der Pflicht zur Zahlung der EEG-Umlage nicht mehr in Anspruch genommen werden kann.

b) Für Bestandsanlagen gem. Abs. 4. Für Stromerzeugungsanlagen, die vor dem 1. September 2011 in Betrieb genommen wurden, besteht unter den Voraussetzungen des § 61 Abs. 4 Nr. 2 Buchstabe b) EEG 2014 eine weitere Möglichkeit auch nach der Erneuerung, Erweiterung oder Ersetzung der Bestandsanlage die vollständige Befreiung von der Pflicht zur Zahlung der EEG-Umlage in Anspruch nehmen zu können. Folgende Voraussetzungen müssen kumulativ hierfür vorliegen: **94**

- Die gesamte Stromerzeugungsanlage stand bereits vor dem 1. Januar 2011 im Eigentum des Letztverbrauchers,
- der Letztverbraucher nimmt eine EEG-Umlagebefreiung nach § 61 Abs. 3 EEG 2014 in Anspruch und
- die Stromerzeugungsanlage wurde auf dem Betriebsgrundstück des Letztverbrauchers errichtet.

Unter den genannten Voraussetzungen wird in Abweichung zu den Voraussetzungen des § 61 Abs. 3 S. 2 Nr. 3 EEG 2014 das **Erfordernis gelockert**, die Erneuerung, Erweiterung oder Ersetzung an demselben Standort und damit in unmittelbarer räumlicher Nähe durchzuführen. Dieser gesetzgeberische Wille ergibt sich auch aus den Gesetzesmaterialien:[72] **95**

> *„Insbesondere gilt das Erfordernis der räumlichen Nähe auch nach einer Modernisierung, Erweiterung oder einem Neubau der Anlage nur eingeschränkt. Eine Modernisierung ist auch ohne räumliche Nähe zulässig, wenn die Eigenversorgungsanlage eng in das Unternehmen eingebunden ist. Voraussetzung ist das Eigentum an der Anlage und dass die Anlage bereits auf einem Betriebsgrundstück des Letztverbrauchers errichtet wurde. Damit werden sog. Industrielle Verbundkraftwerke angemessen erfasst."*

6. Umfang der Privilegierung. Ein Eigenversorger, der die Voraussetzungen für eine EEG-Umlagebefreiung für Bestandsanlagen nach § 61 Abs. 3 S. 2 Nr. 1 und 2 oder nach § 61 Abs. 4 Nr. 1 erfüllt, kann darüber hinaus den **Umfang der insoweit privilegierten Eigenversorgung erweitern**, z.B. durch Verbrauch des selbst erzeugten Stroms an weiteren, bisher nicht durch die Anlage belieferten Entnahmestellen. Dabei sind jedoch in Bezug auf den Selbstverbrauch an weiteren Entnahmestellen ebenfalls die Voraussetzungen der privilegierten Eigenversorgung aus einer bzw. dieser konkreten Bestandsanlage einzuhalten. **96**

Das bedeutet, dass sich die **weiteren Entnahmestellen**, in denen ab dem 1. August 2014 (bei einer Eigenversorgung aus einer Bestandsanlage nach § 61 Abs. 3 S. 2 Nr. 1) bzw. ab dem 1. Januar 2015 (bei einer Eigenversorgung aus einer Bestandsanlage nach § 61 Abs. 3 S. 2 Nr. 2) der selbst erzeugte Strom selbst verbraucht werden soll, entweder **im räumlichen Zusammenhang zu der Eigenerzeugungsanlage** befinden müssen **oder keine Netzdurchleitung** erfolgen darf. Bei einer Eigenversorgung aus einer Bestandsanlage nach § 61 Abs. 4 muss hinsichtlich der weiteren Entnahmestellen lediglich sichergestellt sein, dass der **selbst erzeugte Strom selbst verbraucht** wird. Nur wenn der Anlagenbetreiber auch in Bezug auf die hinzugenommenen Entnahmestellen die Anforderungen nach § 61 Abs. 3 S. 1 Nr. 1 bis Nr. 3 bzw. nach § 61 Abs. 4 Nr. 1 i.V.m. Abs. 3 S. 1 Nr. 1 und Nr. 2 einhält, ist diese Art der Erweiterung der Eigenversorgung auch nach dem 1. August **97**

---

72 BT-Drs. 18/1891, S. 200.

2014 bzw. dem 1. Januar 2015 unschädlich im Hinblick auf die Befreiung von der EEG-Umlagepflicht.

98   Zur Bestimmung, bei welchen Sachverhalten es sich um Fälle der Eigenversorgung aus einer Bestandsanlage nach § 61 Abs. 3 S. 2 Nr. 1 und Nr. 2 EEG 2014 handelt, wird dem Wortlaut der Vorschriften nach an die **Stromerzeugungsanlage** und an die **konkrete Belegenheit der Entnahmestelle(n)** angeknüpft. Für die Frage, ob es sich um eine Eigenversorgung aus einer Bestandsanlage nach § 61 Abs. 4 handelt, wird dem Wortlaut der Vorschriften nach an die **Inbetriebnahme der Stromerzeugungsanlage** vor dem 1. September 2011 angeknüpft. Auf die Entnahmestellen, an denen der selbst erzeugte Strom durch den Anlagenbetreiber verbraucht wird, kommt es jedenfalls insoweit nicht an, als die Zahl der Entnahmestellen bzw. eine mögliche Ausweitung derselben betroffen ist.

99   Bereits nach der Begründung des Regierungsentwurfs[73] soll nur eine **Belastung von Neuanlagen (nicht Verbrauchsstellen)** erfolgen. Der Gesetzgeber wollte Ungleichbehandlungen und Wettbewerbsverzerrungen zwischen Eigenversorgern und Stromkunden verhindern; Bestandsanlagen sollen nicht belastet werden. Die Anlagen seien bereits errichtet und sollen auch weiter genutzt werden können. Eine **Begrenzung der Verbrauchsstellen** ist, anders als eine Begrenzung hinsichtlich der **installierten Leistung der Stromerzeugungsanlage**, an keiner Stelle genannt. Hätte der Gesetzgeber nicht nur die Erzeugungsanlage, sondern auch die von dieser versorgte Verbrauchsstellen in zeitlicher Hinsicht begrenzen wollen, hätte dies ohne weiteres ausdrücklich im Wortlaut berücksichtigt werden können.

100   Es ist ebenfalls nicht maßgeblich, in welchem **Umfang der Selbstverbrauch** des eigenerzeugten Stromes vor dem 1. August 2014 bzw. vor dem 1. Januar 2015 erfolgt ist. Damit führt jeder noch so geringe Selbstverbrauch von eigenerzeugtem Strom aus einer bestimmten Stromerzeugungsanlage an mindestens einer Entnahmestelle des Anlagenbetreibers dazu, dass eine Eigenversorgung aus dieser Bestandsanlage vorliegt. Folge ist die Befreiung von der Pflicht zur Zahlung der EEG-Umlage in Bezug auf den selbst erzeugten und selbst verbrauchten Strom aus dieser Stromerzeugungsanlage.

101   Dieses Ergebnis wird auch durch die Betrachtung des § 61 Abs. 3 S. 2 Nr. 3 EEG 2014 bestätigt. Danach soll die Erweiterung, Ersetzung oder Erneuerung der Stromerzeugungsanlage unter bestimmten Voraussetzungen nicht dazu führen, dass die EEG-Umlagebefreiung für eine Eigenversorgung aus einer Bestandsanlage entfällt. Auch hier wird an die **Stromerzeugungsanlage** angeknüpft und **nicht an den Umfang der Eigenversorgung**. Nur die Erhöhung der installierten Leistung der Stromerzeugungsanlage führt dazu, dass die EEG-Umlagebefreiung für die Eigenversorgung aus einer Bestandsanlage entfällt, wenn diese Leistungserhöhung die Schwelle von 30 % in § 61 Abs. 3 S. 2 Nr. 3 überschreitet.

102   Aus Gesetzeswortlaut und der Gesetzessystematik ergibt sich dementsprechend, dass die **Ausweitung der Eigenversorgung** aus einer Bestandsanlage nach § 61 Abs. 3 S. 2 Nr. 1 und Nr. 2 EEG 2014 durch Verbrauch von selbsterzeugtem Strom an weiteren Entnahmestellen des Anlagenbetreibers ohne Netzdurchleitung oder im räumlichen Zusammenhang zur Stromerzeugungsanlage nicht zu einem Wegfall der EEG-Umlagebefreiung für die Bestandsanlage an den bisherigen Entnahmestellen, sondern vielmehr auch zu einer EEG-Umlagebefreiung an den neu belieferten Entnahmestellen führt. Auch bei einer Auswei-

---

73 BT-Drs. 18/1304, S. 235, 236 (zu § 58).

Ahnsehl

tung der Eigenversorgung aus einer Bestandsanlage nach § 61 Abs. 4 Nr. 1 durch Verbrauch von selbsterzeugtem Strom an weiteren Entnahmestellen des Anlagenbetreibers ist dieser Selbstverbrauch EEG-umlagebefreit.

7. Meldepflichten und Testierung. Die nunmehr in §74 kodifizierte **Meldepflicht des Eigenversorgers** und die damit korrespondierende Pflicht zur Testierung nach § 75 gilt ausweislich von § 74 S. 3 jedoch **nicht für Bestandsanlagen i.S.d. § 61 Abs. 3 und 4**. Somit verbleibt es bei dem grundsätzlichen Problem, dass eine Prüfung der EEG-Pflicht im konkreten Fall ausschließlich durch den Letztverbraucher ohne Einschaltung eines Dritten vorgenommen werden kann.   **103**

Die Prüfung und Beurteilung der EEG-Pflicht ist somit den ÜNB mangels faktischer Kenntnis durch Meldungen und Wirtschaftsprüfertestate entzogen. Die zuvor vertretene analoge Anwendung der Pflichten aus §§ 49, 50 EEG 2012 auf „EEG-freie" Eigenerzeugungssachverhalte kann nunmehr aufgrund der ausdrücklich entgegenstehenden gesetzlichen Anordnung nicht mehr aufrechterhalten werden.[74]   **104**

8. Auskunftsrechte der Übertragungsnetzbetreiber (Abs. 5). Abs. 5 räumt den ÜNB die Möglichkeit ein, die ihnen nach § 74 zu meldenden Daten mit den Daten abzugleichen, die den Hauptzollämtern, dem BAFA und den nachgelagerten Netzbetreibern vorliegen.[75] Dies soll es den Übertragungsnetzbetreibern erleichtern, eine mögliche **Umlagepflicht von Eigenversorgungskonstellationen** zu erkennen. Nach der Gesetzesbegründung bezieht sich der Anspruch der ÜNB nur auf die Daten, die den öffentlichen Stellen tatsächlich vorliegen.   **105**

Für das Auskunftsrecht gegenüber den Hauptzollämtern fehlt es derzeit jedoch noch an der ergänzend erforderlichen Umsetzung im Stromsteuerrecht und ggf. im Energiesteuerrecht.[76]   **106**

Während Satz 1 des § 61 Abs. 5 das **Erforderlichkeitsprinzip** aufführt und die Auskunftspflichtigen auflistet (Hauptzollämter, BAFA und Verteilnetzbetreiber), dienen die Sätze 2–4 des Abs. 5 der **Datensicherheit** und dem **Datenschutz** (automatischer Abgleich, Geheimnisschutz, Löschung nach Erfüllung des Überprüfungszwecks). Die Übermittlungsrechte der ÜNB dürften zwar im Regelfall auf elektronischem Wege befriedigt werden; das Verlangen nach Akteneinsicht bleibt aber möglich, weil das Überprüfungsrecht seine Grenze nur an der Erforderlichkeit der benötigten Daten findet.[77]   **107**

Die Nr. 1, 2 und 3 des § 61 Abs. 5 S. 1 listen die **Auskunftspflichtigen** abschließend auf. Dies bedeutet, dass Elektrizitätsversorgungsunternehmen nicht um Datenübermittlung in Bezug auf Eigenversorgungsverhältnisse gebeten werden dürfen, selbst wenn diese über Reserve- und Zusatzstromlieferverträge mit Eigenversorgern verfügen und deshalb entsprechende Erkenntnisse aufzuweisen haben. Vom **Eigenversorger** selbst kann wegen der Meldepflicht nach § 74 in Verb. mit § 61 Abs. 1 S. 4 unmittelbar Auskunft verlangt werden. Alle Auskunftspflichtigen sind zur **Übermittlung in elektronischer Form** verpflichtet, wobei **gebräuchliche Datenformate** zu benutzen sind (§§ 70, 72 Abs. 1 Nr. 2, § 74 S. 4).[78]   **108**

---

74 Vgl. dazu Kommentierung in Band 2, § 37 Rn. 103 f.
75 Vgl. auch *Scholtka/Günther*, ER Sonderheft 2014, 9, 11 mit ergänzenden Anmerkungen.
76 Vgl. hierzu *Kermel/Geipel*, RdE 2014, 416, 423.
77 *Salje*, EEG 2014, § 61 Rn. 61.

109   **9. Geeichte Messeinrichtungen (Abs. 6).** § 61 Abs. 6 sieht vor, dass Strom, für den Übertragungsnetzbetreiber nach § 61 Abs. 1 die Zahlung der EEG-Umlage verlangen können, vom Letztverbraucher durch **geeichte Messeinrichtungen** erfasst werden muss.

110   Eine Pflicht, den selbst erzeugten und verbrauchten Strom mit geeichten Messeinrichtungen zu erfassen, besteht demnach nicht, wenn die Übertragungsnetzbetreiber nicht die Zahlung der EEG-Umlage verlangen können, weil der Anlagenbetreiber einen **Ausnahmetatbestand nach den Abs. 2–4** begründet geltend macht (Befreiung von der EEG-Umlagepflicht, Regelung für Bestandsanlagen). Denn nach § 61 Abs. 1 haben die ÜNB grundsätzlich einen Anspruch auf Zahlung der EEG-Umlage in dem nach Abs. 1 normierten Umfang. Der Anspruch entfällt nur bei Vorliegen einer Ausnahme nach Abs. 2-4, die der Anlagenbetreiber nach den allgemeinen zivilrechtlichen Grundsätzen als Einwendung darzulegen und ggf. zu beweisen hat.

111   Damit wird in der Regel ein **geeichter Erzeugungszähler** zusätzlich zum Übergabezähler notwendig, eine Erfassung der erzeugten Strommenge etwa über den Datenlogger des Wechselrichters ist durch § 61 Abs. 6 ausgeschlossen.

112   Nicht ausreichend ist weder die **direkte Ermittlung** der eigenverbrauchten Strommenge durch **nicht geeichte Messeinrichtungen** noch die **rechnerische Ermittlung** auf Grundlage von Daten aus nicht geeichten Messeinrichtungen.

113   **Rechtsfolge eines Verstoßes** gegen § 61 Abs. 6 ist, dass der Übertragungsnetzbetreiber die an Letztverbraucher gelieferte Strommengen, auf die die EEG-Umlage zu zahlen ist, **schätzen** kann. Außerdem kann eine Verringerung von der EEG-Umlage für den selbst verbrauchten Strom wegen nicht oder nicht rechtzeitiger Erfüllung der Meldepflicht nach § 74 nicht geltend gemacht werden (vgl. § 61 Abs. 1 S. 2 Nr. 2).

114   **10. Zeitgleichheit (Abs. 7).** Absatz 7 wurde neu in das EEG 2014 aufgenommen, um das bereits unter der geltenden Rechtslage **anerkannte und von dem Gesetzgeber gewollte Gleichzeitigkeitsprinzip** besser zum Ausdruck zu bringen. Diese **Klarstellung** ist erforderlich, weil einzelne Eigenversorger in der Vergangenheit nicht nachgewiesen haben, dass Erzeugung und Verbrauch tatsächlich zeitgleich erfolgen.[79]

115   Entgegen den Ausführungen von *Salje*[80] handelt es sich nicht um eine Neueinführung des Gleichzeitigkeitsprinzips, sondern, wie in der Gesetzesbegründung ausgeführt, um eine Klarstellung bereits zuvor geltender Anforderungen.

116   Von einer EEG-freien Eigenerzeugung war bereits nach § 37 Abs. 3 S. 2 EEG 2012 nur bei **Zeitgleichheit** auszugehen, d.h. wenn der Strom gleichzeitig erzeugt und verbraucht wird (Zuordnung in 15-Minuten-Intervallen). Das Erfordernis der Gleichzeitigkeit ist Ausfluss des wirtschaftlichen Risikos des Anlagenbetreibers und ergibt sich aus dem Umstand, dass das Gesetz auch an anderen Stellen (z.B. in § 33c Abs. 2 und § 39 Abs. 1 Nr. 1 und 4 EEG 2012) von einer **Gleichzeitigkeit von Erzeugung und Verbrauch** ausgeht.[81] Dies wird auch in dem Kurzgutachten für das Bundesumweltministerium[82] gefordert: „[...] die Strom-

78 *Salje*, EEG 2014, § 61 Rn. 67.
79 BT-Drs. 18/1304, S. 156 (Einzelbegründung zu § 58 Abs. 8 der Entwurfsfassung).
80 *Salje*, EEG 2014, § 61 Rn. 78 ff.
81 *Strauch/Wustlich*, RdE 2012, 409, 415.
82 *Mikešić/Thieme/Strauch* (Salans), Juristische Prüfung der Befreiung der Eigenerzeugung von der EEG-Umlage nach § 37 Absatz 1 und 3 EEG, Kurzgutachten 2012, S. 35, 49, abrufbar unter

abnahme muss im 15-Minuten-Intervall dem Anteil an der Erzeugungsanlage entsprechen".

Diese Gleichzeitigkeit der Eigenerzeugung ist **aus energiewirtschaftlicher Sicht immanent** und bedarf keiner konkreten Nennung im Gesetz.[83] Sie wird jedoch auch durch den Wortlaut in § 37 Abs. 3 S. 2 EEG 2012 impliziert. Dort wird ausgeführt, dass nur „für **diesen Strom** der Anspruch der Übertragungsnetzbetreiber auf Zahlung der EEG-Umlage" entfällt. Eine bilanzielle Zuordnung zwischen Erzeugung und Verbrauch in Bezug auf das daraus resultierende Kriterium der Gleichzeitigkeit ist nur durch die Gegenüberstellung der 15-Minuten-Werte möglich. **117**

Es muss daher nicht nur eine **Personenidentität zwischen Stromerzeuger und Stromverbraucher** bestehen, sondern darüber hinaus ein **zeitlicher Gleichlauf zwischen Erzeugung und Verbrauch**. Eine Saldierung der erzeugten und verbrauchten Mengen erst am Ende eines Monats oder eines Jahres wird diesem Erfordernis nicht gerecht.[84] Hierdurch bestünde außerdem die Gefahr, dass übererzeugte Mengen in der Mengenbetrachtung einerseits zur Reduzierung des umlagepflichtigen Verbrauchsanteils führen könnten und andererseits über die erfolgte Einspeisung in das öffentliche Netz noch ein Vermarktungserlös erwirtschaftet werden könnte. **118**

Darüber hinaus ergibt sich dies auch aus der vom Gesetzgeber gewünschten Auslegung des § 37 Abs. 3[85] in Übereinstimmung mit § 9 Abs. 1 Nr. 3 StromStG. Zu dessen Auslegung liegt ein Erlass des Bundesministeriums der Finanzen vor, der in Bezug auf die stromsteuerliche Regelung eine **Gleichzeitigkeit** fordert.[86] Dieser führt unter Ziffer 24 aus, dass die Steuerfreiheit nach § 9 Abs. 1 Nr. 3 StromStG nur insoweit gegeben ist, als der mit der Anlage erzeugte Strom „im Wesentlichen zeitgleich mit der Erzeugung im räumlichen Zusammenhang entnommen wird. Der Versorger hat diese Voraussetzung auf geeignete Art und Weise darzulegen. Saldierungen über längere Zeiträume sind stromsteuerrechtlich unzulässig [...]". **119**

Der **Nachweis** der Einhaltung des Kriteriums der Zeitgleichheit ist im Rahmen der notwendigen Testierung des Sachverhalts durch Gegenüberstellung der Lastgänge und Zeitreihen zu führen.[87] **120**

Entgegen *Salje*[88] bestand daher auch vor Inkrafttreten des EEG 2014 kein überwiegender Konsens, dass auch ein Nachweis z.B. in Form einer **Jahresmengentestierung** ausreichend wäre. Vielmehr wurde die **Einhaltung und Testierung der Zeitgleichheit** von den ÜNB durchgängig gefordert. Diese Anforderung hat auch dazu geführt, dass in den entsprechenden **Prüfungsstandard des Instituts der Wirtschaftsprüfer (IDW)** die Verpflichtung Eingang gefunden hat, dass im Testat ein **ausdrücklicher Hinweis** vorzuneh- **121**

---

www.erneuerbare-energien.de/EE/Redaktion/DE/Downloads/Gutachten/kurzgutachten_eeg_umlage.pdf?__blob=publicationFile&v=2.

83 *Klemm*, ree 2013, 1, 10.
84 *Klemm*, ree 2013, 1, 10.
85 BT-Drs. 17/6071, S. 83.
86 BMF, Erlass v. 17.11.2005, III A 1, V 4250/05/0003, VersorgungsW 2005, 112 ff.
87 Vgl. Rn. 103 f.
88 *Salje*, EEG 2014, § 61 Rn. 78.

men ist, wenn die Testierung der eigenerzeugten und selbstverbrauchten Mengen diese **nicht im Viertelstundenraster** abbildet.[89]

122 Die Einhaltung der Zeitgleichheit ist vorliegend **Voraussetzung für die Privilegierung der Eigenversorgung** im Hinblick auf die EEG-Umlage. Nach der Vorschrift hat der Eigenversorger für eine Berücksichtigung der entsprechenden Strommenge sicherzustellen, dass Erzeugung und Eigenverbrauch zeitgleich erfolgen.

123 Außerdem müsste er die Zeitgleichheit auch entsprechend nach- bzw. beweisen. Dies ergibt sich bereits aus zivilrechtlichen Grundsätzen, nach denen derjenige, der sich auf eine für ihn günstige Tatsache beruft, diese auch nachweisen muss. Die Nachweispflicht des Eigenversorgers lässt sich auch der Gesetzesbegründung zum Regierungsentwurf entnehmen.

124 Die Begründung der Beschlussempfehlung des Wirtschaftsausschusses führt zu § 61 Abs. 7 EEG 2014 aus:

> *„In dem neuen Satz 2 wird klargestellt, dass eine Lastgangmessung nur erforderlich ist, wenn der zeitgleiche Verbrauch nicht schon technisch sichergestellt ist, z. B. wenn sich mehrere Eigenversorger gegenseitig beliefern."*

125 Im Grundsatz ist daher eine $^1/_4$-**stündliche Leistungsmessung** erforderlich, etwa durch eine RLM-Messung. Dies gilt nicht, wenn **technisch sichergestellt** ist, dass Erzeugung und Strom zeitgleich erfolgen.

126 Zu beachten ist jedoch die **Ausnahmevorschrift in § 104 Abs. 3**, die bestimmte Konstellationen mit Rückwirkung zum 1.1.2014 von der Einhaltung des Kriteriums der Zeitgleichheit Dispens erteilt.

---

89 IDW-Prüfungsstandard: Prüfungen nach dem Erneuerbare-Energien-Gesetz (IDW EPS 970).

§ 62 Nachträgliche Korrekturen

(1) Bei der jeweils nächsten Abrechnung sind Änderungen der abzurechnenden Strommenge oder der finanziellen Förderungen zu berücksichtigen, die sich aus folgenden Gründen ergeben:

1. aus Rückforderungen auf Grund von § 57 Absatz 5,

2. aus einer rechtskräftigen Gerichtsentscheidung im Hauptsacheverfahren,

3. aus der Übermittlung und den Abgleich von Daten nach § 61 Absatz 5,

4. aus einem zwischen den Verfahrensparteien durchgeführten Verfahren bei der Clearingstelle nach § 81 Absatz 4 Satz 1 Nummer 1,

5. aus einer Entscheidung der Bundesnetzagentur nach § 85 oder

6. aus einem vollstreckbaren Titel, der erst nach der Abrechnung nach § 58 Absatz 1 ergangen ist.

(2) [1]Ergeben sich durch die Verbrauchsabrechnung der Elektrizitätsversorgungsunternehmen gegenüber Letztverbrauchern Abweichungen gegenüber den Strommengen, die einer Endabrechnung nach § 74 zugrunde liegen, sind diese Änderungen bei der jeweils nächsten Abrechnung zu berücksichtigen. [2]§ 75 ist entsprechend anzuwenden.

I. Grundsachverhalt (Abs. 1)

Nach § 62 EEG sind auch **nachträgliche Korrekturen der EEG-Abrechnung** unter bestimmten Umständen zulässig. Die Notwendigkeit entsteht dadurch, dass für die Abrechnung gesetzliche Fristen[1] vorgesehen sind und aufgrund der Berücksichtigung in der EEG-Umlage spätere Änderungen nur in Sonderfällen zulässig sein sollen. **1**

Falls jedoch z. B. die Einspeisemengen oder die Vergütungshöhe aufgrund nachträglicher Erkenntnisse zwischen Anlagenbetreiber und Netzbetreiber streitig werden, ist eine abschließende gerichtliche Klärung innerhalb der gesetzlichen Fristen nicht herbeizuführen. Bei Entscheidungen des abschließenden Katalogs des § 62 Abs. 1 EEG erfolgt daher eine **Korrektur in der jeweils nächsten Jahresabrechnung**. Die Jahresabrechnung gem. § 73 Abs. 2 S. 1 ist die einzige Abrechnung im Sinne des § 62, da zuvor nur prognose- und meldebasierte Abschläge gezahlt werden, die keinen eigenen Abrechnungscharakter aufweisen.[2] **2**

Zur Begründung wurde im Rahmen der Novelle 2009 dazu wie folgt ausgeführt:[3] **3**

---

1 Bis zum 31.7. des Folgejahres: Horizontalausgleich gem. § 58 Abs. 2, EEG-Umlage gem. § 73 Abs. 2; bis zum 28.2. des Folgejahres: Endabrechnung der Anlagenbetreiber gem. § 71 EEG; bis zum 31.5. des Folgejahres: Abrechnung der Netzbetreiber mit dem ÜNB gem. § 72 EEG.

2 Vgl. § 60 Rn. 75 ff.

3 BT-Drs. 16/8148, S. 64.

„Die Regelung, die auf dem bisherigen § 14 Abs. 4 aufbaut, ermöglicht es den ÜNB, solche Strommengen, die in vorangegangenen Jahren wegen Streitbefangenheit nicht in den Ausgleichsmechanismus eingestellt werden konnten, nach rechtskräftiger Entscheidung in der Hauptsache im nächsten Abrechnungszeitraum zu berücksichtigen. In Zukunft ist dies über die bislang geltende Fassung hinaus auch möglich, wenn ein anderer vollstreckbarer Titel – als das früher allein zulässige Urteil – existiert. Diese Regelung gibt den Netzbetreibern die Möglichkeit, auch ohne Gerichtsverfahren einvernehmlich Korrekturen herbeizuführen. Die Begrenzung auf vollstreckbare Titel stellt sicher, dass unnötige und wiederholte Korrekturen, die auf dem gleichen Sachverhalt beruhen, unterbleiben. So kann der Aufwand für die Beteiligten minimiert werden."

4 Die ändernde Entscheidung i. S. d. § 62 Abs. 1 EEG muss abzurechnende Strommengen oder Vergütungs- bzw. Prämienzahlungen betreffen; d. h., es muss sich um **„erforderliche Daten" im Hinblick auf den Belastungsausgleich** handeln (Terminologie des § 70 EEG).[4] Im Rahmen der Abwicklung der Korrektur zwischen ÜNB und VNB oder EVU ist daher ein **Korrekturtestat** durch den VNB bzw. das EVU zu erstellen, um die entsprechenden zuvor streitigen Mengen und Zahlungen für das betroffene Jahr zu korrigieren. Auf Basis des Korrekturtestats wird dann z. B. der in der Praxis häufigste Fall zur Korrektur durch einen Anwaltsvergleich durchgeführt. Die Korrekturen gem. § 62 finden in den Regelzonentestaten der ÜNB sowie dem sog. EEG-Deutschlandtestat aller ÜNB Berücksichtigung.

5 Bei Nachtragskorrekturen gem. § 62 sind bei Sachverhalten vor dem 1.1.2010 noch physikalische Lieferungen anhand der für das jeweilige betroffene Abrechnungsjahr festgelegten EEG-Quote durchzuführen und wirtschaftlich gegenzurechnen.[5]

6 Mit der EEG-Novelle 2014 wurde gegenüber der Vorgängerfassung des § 38 EEG 2012 noch die Nr. 3 neu gefasst. Zeigen sich durch den Abgleich der Daten der Übertragungsnetzbetreiber mit den nach § 58 Absatz 7 übermittelten Daten Abweichungen, aus denen sich Änderungen der abzurechnenden Strommenge ergeben, sollen diese bei der nächsten Abrechnung berücksichtigt werden können.[6]

7 Die Möglichkeit zur Berücksichtigung von Nachtragskorrekturen des EEG-Belastungsausgleichs zurückliegender Jahre bezüglich der vierten Stufe des EEG-Wälzungsmechanismus hat der Gesetzgeber des EEG 2014 dezidiert bestätigt, und zwar auch für **langjährig zurückliegende Sachverhalte** und gerade für solche, bei denen die ursprüngliche Nicht-Berücksichtigung von Stromlieferungen an Letztverbraucher statt durch eine aktiv bewirkte „Streitbefangenheit" durch ein auf (Rechts-)Unkenntnis beruhendes Unterlassen bedingt war.

8 So hat der Gesetzgeber in § 103 Abs. 6 Sätze 1 und 2 EEG 2014 eine Sonderregelung für solche Nachforderungen von EEG-Umlage seitens der Übertragungsnetzbetreiber geschaffen, die noch nachträglich für an Letztverbraucher gelieferten sogenannten **Bahnkraftwerksstrom** aus den Jahren 2009 bis 2013 geltend gemacht werden. Zu dieser Bestim-

---

4 Frenz/Müggenborg/*Cosack*, § 38 Rn. 20; *Salje*, EEG 2014, § 62 Rn. 19.
5 S. ergänzend hierzu § 60 Rn. 5.
6 BT-Drs. 18/1304, S. 240 (dort zu § 59 RegE).

mung des § 103 Abs. 6 EEG 2014, der im ursprünglichen Gesetzentwurf noch als § 99 Abs. 5 erschien, heißt es in der amtlichen Begründung:[7]

„In der Vergangenheit wurde in eigens für die Versorgung von Schienenbahnen betriebenen Kraftwerken erzeugter und direkt in das Bahnstromnetz eingespeister Strom, sogenannter Bahnkraftwerksstrom, teilweise als nicht mit EEG-Umlage belastet angesehen. Nach der Rechtsprechung des Bundesgerichtshofs zur Behandlung von Strommengen, die außerhalb eines Netzes der allgemeinen Versorgung erzeugt und an Letztverbraucher geliefert werden (BGH, Urteil vom 9.12.2009, VIII ZR 35/09), sowie zu Strommengen, die in ein Netz geliefert werden, das in der Regelverantwortung eines ausländischen Übertragungsnetzbetreibers liegt (BGH, Urteil vom 15.6.2011, VIII ZR 308/09), ist mittlerweile eindeutig geklärt, dass der Bahnkraftwerksstrom in den Ausgleichmechanismus einbezogen ist, auch wenn er nicht der Regelverantwortung eines Übertragungsnetzbetreibers unterliegt. Eine vollumfängliche nachträgliche Geltendmachung der EEG-Umlage für den Bahnkraftwerksstrom würde die letztverbrauchenden Schienenbahnen jedoch wirtschaftlich erheblich belasten. [...]

Die Höhe der nachzuzahlenden EEG-Umlage wird daher durch Satz 1 begrenzt.

Für die übrigen Stromverbraucher könnte die Regelung zwar nachteilige Wirkungen entfalten, wenn in geringerem Maße Rückflüsse auf das EEG-Konto erfolgen würden als ohne die Begrenzung nach Satz 1. [...]"

In den EEG-Jahresendabrechnungen der Jahre bis 2013 auf der vierten Stufe des EEG-Wälzungsmechanismus ist dieser sogenannte Bahnkraftwerksstrom nicht berücksichtigt worden – und zwar ohne dass dessen Einbeziehung zwischen den Übertragungsnetzbetreibern einerseits und dem betreffenden Letztverbraucherlieferant andererseits damals in „Streitbefangenheit" geraten wäre.   **9**

Für den Zeitraum bis einschließlich 2008 hat der Gesetzgeber mit § 103 Abs. 6 Satz 3 EEG 2014 ebenfalls eine ausdrückliche Sonderregelung geschaffen; sie lautet: **10**

„Elektrizitätsversorgungsunternehmen können für Bahnkraftwerksstrom, den sie vor dem 1. Januar 2009 geliefert haben, die Abnahme und Vergütung nach § 37 Absatz 1 Satz 1 des Erneuerbare-Energien-Gesetzes in der am 31. Dezember 2011 geltenden Fassung und nach § 14 Absatz 3 Satz 1 des Erneuerbare-Energien-Gesetzes in der am 31. Juli 2008 geltenden Fassung verweigern."

Hieran zeigt sich umso deutlicher, dass im Einklang mit den Vorstellungen des EEG-Gesetzgebers die Geltendmachung von Abnahme- und Vergütungsansprüchen gemäß § 14 Abs. 3 Satz 1 EEG 2014 im Grundsatz auch gegenwärtig noch in Betracht kommt, insbesondere also ungeachtet des Außerkrafttretens des EEG 2004, des Verstreichens der turnusgemäßen Abrechnungs- und Abwicklungstermine und unabhängig von einer etwaigen – bezüglich des Bahnkraftwerksstroms tatsächlich fehlenden (s. o.) – „Streitbefangenheit" dieser Ansprüche. Andernfalls gäbe es für § 103 Abs. 6 Satz 3 EEG 2014 von vornherein keinen einzigen Anwendungsfall.   **11**

---

7 BT-Drs. 18/1304, S. 287 f.

II. Korrekturen mit EVU (Abs. 2)

12 Absatz 2 ist im Rahmen der EEG-Novelle 2014 eingefügt worden. Dieser dient der Klarstellung der Korrekturmöglichkeit zwischen ÜNB und EVU, welche aus dem vorhergehenden Wortlaut des § 38 EEG 2012 nicht eindeutig hervorging, und der Vereinfachung regelmäßig erforderlicher Korrekturen in diesem Verhältnis.

13 Die Gesetzesbegründung[8] führt dazu wie folgt aus:

> *„Absatz 2 wurde aufgenommen, da der bisherige § 38 EEG 2012 als Vorgängerregelung des § 59 EEG 2014 nach seinem Wortlaut keine Änderungen der von einem Elektrizitätsversorgungsunternehmen gegenüber Letztverbrauchern abgerechneten Strommengen berücksichtigt, die erst nach Buchungsschluss für eine Endabrechnung nach § 70 EEG 2014 erfolgen. Diese Änderungen können zum Beispiel aufgrund von nachträglichen Korrekturen oder Abrechnungen gegenüber den Letztverbrauchern erforderlich werden. Solche Änderungen verändern im Nachhinein die an Letztverbraucher gelieferte Strommenge als Basis für die Zahlung der EEG-Umlage nach § 57 Absatz 2 EEG 2014 und müssen daher nach Absatz 2 Satz 1 bei der jeweils nächsten Jahresabrechnung berücksichtigt werden. Bei der Endabrechnung sind die nachträglichen Änderungen jahresgenau den vergangenen Abrechnungsjahren zuzuordnen, auf die sie sich beziehen."*

14 In diesem Regelfall der nachträglichen Korrektur zwischen ÜNB und EVU ist nunmehr kein vollstreckbarer Titel im Sinne des § 38 EEG 2012/§ 62 Abs. 1 EEG 2014 mehr erforderlich. Zur Abwicklung genügt ein **Korrekturtestat** des EVU gegenüber dem ÜNB. Dieses Testat muss jeweils die vorzunehmenden Anpassungen kalenderjahresscharf ausweisen. Ergänzend ist zur Abwicklung der testierten Korrektur eine korrigierte elektronische Jahresmeldung korrespondierend zum Korrekturtestat beim ÜNB einzureichen. Die Korrektur erfolgt dann mit der jeweils nächsten Jahresabrechnung.

15 Dabei enthalten die gesetzlichen Übergangsbestimmungen keine Einschränkung dahingehend, dass auf Alt-Fälle aus den bisherigen EEG-Abrechnungsjahren statt des neuen § 62 Abs. 2 EEG 2014 weiterhin der (insoweit strengere) § 38 EEG 2012 Anwendung finden würde.

16 Der Anwendungsbereich des Abs. 2 ist jedoch nach dem Wortlaut auf Korrekturen beschränkt, die in einer Verbrauchsabrechnung gegenüber dem Letztverbraucher Niederschlag gefunden und die eine Änderung der abzurechenden Strommenge zur Folge haben (z. B. aufgrund rollierender Jahresabrechnung, Mehr-/Mindermengenabrechnung). Sachverhalte, die keine Berührung zur Verbrauchsabrechnung mit dem Letztverbraucher haben (z. B. Umlagezahlungen für einen Letztverbraucher durch zwei EVU, Nichtberücksichtigung eines BAFA-Bescheids des privilegierten Kunden nach der besonderen Ausgleichsregelung nur gegenüber ÜNB) und nur Preis- und keine Mengenkorrekturen betreffen, sind weiterhin nach den Regularien des Abs. 1 abzuwickeln und bedürfen daher neben dem Korrekturtestat und der aktualisierten digitalen Datenmeldung eines vollstreckbaren Titels zur Korrektur.

---

8 BT-Drs. 18/1304, S. 240 (dort zu § 59 RegE).

Besondere Ausgleichsregelung

Vorbemerkung vor §§ 63 ff.

Schrifttum: *Frenz*, Erneuerbare Energien in den neuen EU-Umwelt-und Energiebeihilfeleitlinien, ZNER 2014, 345; *Fuchs/Mauelshagen*, Staatliche Beihilfen als Ausgleich für verschärfte EU-Emissionshandelsvorschriften, EuZW 2013, 694; *dies./Peters*, Die Europäische Kommission und die Förderung erneuerbarer Energien in Deutschland – Eine Bewertung des EEG-Beihilfeverfahrens und der neuen Umwelt- und Energiebeihilfeleitlinien mit einem kritischen Blick auf die Leitlinienpolitik der Kommission, RdE 2014, 409; *Johnston*, The impact of the new EU Commission guidelines on State aid for environmental protection and energy on the promotion of renewable energies, in: Solvang (Hrsg.), EU Renewable Energy Law. Legal challenges and new perspectives, MarIus, 2014, S. 13; *Knauff*, Der Regelungsverbund. Recht und Soft law im Mehrebenensystem, Mohr Siebeck, 2010; *Nicolaides/Kleis*, A Critical Analysis of Environmental Tax Reductions and Generation Adequacy Provisions in the EEAG 2014–2020, EStAL 2014, 636; *Schneider*, Energieumweltrecht: Erneuerbare Energien, Kraft-Wärme-Kopplung, Energieeinsparung, in: Schneider/Theobald, Recht der Energiewirtschaft, 4. Aufl. 2013, S. 1245; *Szyszczak*, Time for Renewables to Join the Market: the New Guidelines on State Aid for Environmental Protection and Energy, Journal of European Competition Law & Practice 2014, 616; *Thomas*, Die Bindungswirkung von Mitteilungen, Bekanntmachungen und Leitlinien der EG-Kommission, EuR 2009, 423.

Übersicht

I. Die Besondere Ausgleichsregelung im System des EEG

Nach § 60 und § 61 sind Elektrizitätsversorgungsunternehmen und Eigenversorger verpflichtet, 6,17 Cent pro Kilowattstunde zur Förderung von Strom aus EEG-Anlagen zu zahlen (EEG-Umlage). Versorger geben die EEG-Umlage nahezu ausnahmslos an ihre Kunden weiter. Stellt ein Unternehmen erfolgreich einen Begrenzungsantrag nach § 63   **1** i.V.m. §§ 64 oder 65, begrenzt das BAFA die EEG-Umlage für denjenigen Strom, den stromkostenintensive Unternehmen selbst verbrauchen (§ 63). Weil dem Versorgungsunternehmen die Abwälzung der Umlagekosten auf seine Kunden abgeschnitten ist, soll es auch gegenüber seinem jeweiligen Netzbetreiber nicht mehr umlagepflichtig sein für diese begrenzten Mengen (§ 66 Abs. 5 S. 1). Die Begrenzungsentscheidung wirkt also entlang der Abwälzungskette bis zu den Übertragungsnetzbetreibern (§ 66 Abs. 4). Diese haben gemäß § 66 Abs. 5 S. 2 die Verkleinerung der jeweils von den vorgelagerten Netzbetreibern zu belastenden Abnehmerkreisen im horizontalen Verteilungsvorgang nach § 58 zu berücksichtigen. Sie haben deshalb bei der Abrechnung nach § 58 Abs. 2 die privilegierten Strommengen nicht in die Strommenge einzubeziehen, die Elektrizitätsversorgungsunternehmen im Bereich des jeweiligen Übertragungsnetzbetreibers an Letztverbraucher geliefert haben.[1]

II. EU-rechtlicher Hintergrund: Die Leitlinien für Umwelt- und Energiebeihilfen 2014–2020 als Blaupause für die Besondere Ausgleichsregelung 2014

2   Die Neufassung der Besonderen Ausgleichsregelung im EEG 2014 hat im „konstruktiven Dialog" mit der Europäischen Kommission stattgefunden.[2] Diese hat als Teil ihres State Aid Modernisation Programms am 28.6.2014 neue Leitlinien zu staatlichen Umwelt- und Energiebeihilfen 2014–2020 veröffentlicht, die zum 1.7.2014 in Kraft getreten sind.[3]

3   Die inhaltliche Verzahnung zwischen diesen Leitlinien und § 64 Abs. 1 und 2 ist eng: Zunächst entspricht Anlage 4 Liste 1 des EEG der Liste von Unternehmen in Anhang III der Beihilfeleitlinien und Liste 2 in Anhang 4 des EEG derjenigen in Anhang V der Leitlinien. Beihilfen können nach dem EEG grundsätzlich[4] nur den gelisteten Unternehmen gewährt werden.[5] Anhang 4 Liste 2 bildet unmittelbar die Kriterien in Rn. 186 der Beihilfeleitlinien ab. Neben einer eigenständigen Liste liefern die Beihilfeleitlinien also auch die Maßstäbe für die Eingrenzung der antragsberechtigten Unternehmen: Diese sollen sowohl anhand ihrer Stromkostenintensität ausgewählt werden als auch nach dem Grad des internationalen Wettbewerbs, dem sie ausgesetzt sind. Einzelne weitere besonders stromkostenintensive Unternehmen (Stromkostenintensität von mindestens 20% und Zugehörigkeit zu einem Wirtschaftszweig mit einer unionsweiten Handelsintensität von mindestens 4%) können die Mitgliedstaaten zusätzlich privilegieren. Stromkostenintensive Unternehmen, die sich in einem handelsintensiven Umfeld mit intensivem internationalen Wettbewerb bewegen, sind besonders sensibel gegenüber Strompreiserhöhungen, denn aufgrund einheitlicher Börsenpreise können sie erhöhte Produktionskosten nicht in ihre Produkte einpreisen und auf Kunden abwälzen. Eine beihilferechtliche Entlastung von der EEG-Umlage soll diese

---

1 *Schneider*, in: Schneider/Theobald, § 21 Rn. 120.
2 Siehe bereits BMWi, Eckpunkte für eine Reform des EEG, 21.1.2014, S. 13.
3 Ein am 18.12.2013 zur Konsultation gestellter Entwurf ist noch abrufbar unter http://ec.europa.eu/competition/state_aid/modernisation/index_en.html.
4 Für die Beihilfeleitlinien gilt diese Aussage nicht unmittelbar: siehe die Ausnahme in Rn. 186 der Leitlinien.
5 Kommission, Entwurf der Leitlinien für staatliche Umweltschutz- und Energiebeihilfen 2014–2020. Arbeitspapier der Dienststellen der GD Wettbewerb v. 18.12.2013, ABl. 2014 C 200/01, abrufbar unter http://ec.europa.eu/competition/state_aid/modernisation/index_en.html, Rn. 185.

Unternehmen daran hindern, Produktionsstandorte in Länder mit geringeren Stromkosten zu verlagern. Neben den schwerwiegenden wirtschaftlichen Folgen einer solchen „Deindustrialisierung" würde sich der globale Umweltschaden erhöhen und der Kreis der mit der Umlage belastbaren Stromverbraucher verkleinern, wodurch die Kosten für die übrigen Verbraucher stiegen. Ohne solche Ausnahmeregelungen wäre im Ergebnis also nur ein erheblich geringeres Förderniveau durchsetzbar.[6]

Die Maßstäbe zur Eingrenzung des Kreises begünstigungsfähiger Unternehmen und des   **4**
Begünstigungsumfangs hat die Kommission bestehenden Regelungen im europäischen
Emissionshandelsrecht entlehnt,[7] denn auch für die kostenlose Zuteilung von Zertifikaten nach Art. 10a Abs. 12–17 der ETS-Richtlinie[8] wurde eine Sektorenliste angefertigt (s. Anhang II der ETS-Leitlinien).[9] So wurde in ersten inoffiziellen Entwürfen der Umwelt- und Energiebeihilfeleitlinien und auch im zur Konsultation gestellten Entwurf noch direkt Bezug genommen auf die äußerst kurze Liste des Emissionshandelsrechts.[10] Anhang III der Beihilfeleitlinien vom 28.6.2014 enthält im Ergebnis eine wesentlich längere Liste als Anhang II der ETS-Leitlinien. Die ursprünglich alternativen Ansätze einer prozentualen Begrenzung anhand der Bruttowertschöpfung auf der einen und des absoluten Cap in €/MWh auf der anderen Seite sind im EEG nunmehr kumulativ wiederzufinden (§ 64 Abs. 2 Nr. 3 u. 4).

Leitlinien sind als „**soft law**" weder für die Mitgliedsstaaten selbst noch die mitgliedstaat-   **5**
lichen Gerichte unmittelbar rechtsverbindlich. Sie können – auch nicht funktional – einer der in Art. 288 AEUV genannten Rechtsquellen des Unionsrechts zugeordnet werden, sondern bilden aufgrund ihrer besonderen Gestaltungswirkung[11] eine eigenständige Kategorie des Unionsrechts.[12] Sie binden lediglich die Kommission in der Ausübung ihres Ermessens, das ihr im Rahmen von Art. 107 Abs. 3 AEUV zusteht, entfalten aber keine Außen-

---

6 Dass Mitgliedstaaten genau dies im Rahmen weder bei Steuer- noch Abgabenbefreiungen nachweisen müssen, kritisieren *Nicolaides/Kleis*, EStAL 2014, 636, 641 f. u. 644.

7 Kommission, Impact Assessment – Guidelines on State aid for environmental protection and energy for 2014–2020, SWD(2014) 139, S. 35 ff.; KOM, Entwurf der Leitlinien für staatliche Umweltschutz- und Energiebeihilfen 2014–2020. Arbeitspapier der Dienststellen der GD Wettbewerb v. 18.12.2013, ABl. 2014 C 200/01, abrufbar unter http://ec.europa.eu/competition/state_aid/mode rnisation/index_en.html, Rn. 176; KOM, Entwurf der Leitlinien für staatliche Umweltschutz- und Energiebeihilfen 2014–2020. Arbeitspapier der Dienststellen der GD Wettbewerb v. 18.12.2013, ABl. 2014 C 200/01, abrufbar unter http://ec.europa.eu/competition/state_aid/modernisation/in dex_en.html, Rn. 176 Dort wurde allerdings noch eine Stromkostenintensität von 25 % bei vierprozentiger Handelsintensität vorgeschlagen. Die heutigen Leitlinien fordern lediglich 20 %.

8 RL 2003/87/EG zuletzt geändert durch RL 2009/29/EG, konsolidierte Fassung abrufbar unter www.bmub.bund.de/fileadmin/bmu-import/files/pdfs/allgemein/application/pdf/ets_rl_konsoli dierte_fassung.pdf Näher zu deren Entstehung *Fuchs/Mauelshagen*, EuZW 2013, 694, 697 f.

9 Kommission, Mitt. v. 22.5.2012, Leitlinien für bestimmte Beihilfemaßnahmen im Zusammenhang mit dem System für den Handel mit Treibhausgasemissionszertifikaten nach 2012, ABl. 2012 C 154/4. Siehe zur europäischen statistischen Systematik der Wirtschaftszweige (NACE-Klassifizierung): Statistical Classification of Economic Activities in the European Community, Rev. 1.1 (2002) (NACE Rev. 1.1), abrufbar unter http://ec.europa.eu/eurostat/ramon/nomenclatures/in dex.cfm?TargetUrl=LST_CLS_DLD&StrNom=NACE_1_1&StrLanguageCode=EN&StrLayout Code=HIERARCHIC. Siehe auch KOM, Impact Assessment – Guidelines on State aid for environmental protection and energy for 2014–2020, SWD(2014) 139, Anhänge V u. VI.

10 Näher dazu *Fuchs/Peters*, RdE 2014, 409, 411 ff.

11 *Knauff*, Der Regelungsverbund, 2010, S. 327: „faktische Maßstabswirkung".

12 *Thomas*, EuR 2009, 423, 424; *Knauff*, Der Regelungsverbund, 2010, S. 323 f.

---

wirkung.[13] Die Umweltbeihilfeleitlinien müssen jedoch im Einklang mit höherrangigem Recht stehen und dürfen insbesondere Art. 194 Abs. 2 AEUV und Art. 3 Abs. 3 RL 2009/28/EG nicht verletzen.[14] Bereits in ihrem Mitteilungspaket vom 5.11.2013 hat die Kommission empfohlen, territoriale Einschränkungen bei der Verwendung bestimmter Technologien, technischer Ausstattungen und Rohstoffe abzuschaffen,[15] Einspeisevergütungen auslaufen[16] zu lassen und stattdessen Ausschreibungsverfahren zu nutzen.[17] Dass sie damit ihr Ermessen fehlgebraucht hätte, indem sie die Umsetzung von nach der EE-Richtlinie zugelassenen Förderoptionen praktisch unmöglich gemacht hat,[18] ist allerdings nicht ersichtlich. Denn erstens gilt die Ausgestaltung der Fördersysteme nach Art. 3 Abs. 3 S. 2 RL 2009/28/EG unbeschadet des primärrechtlichen Beihilfenverbots. Zweitens ist die Kommission im Rahmen ihres Ermessens verpflichtet, einen Ausgleich zwischen der Umweltförderung und der mit ihr bewirkten Wettbewerbs- und Handelsbeeinträchtigungen zu schaffen. Die Anforderungen an eine möglichst wettbewerbsfreundliche Ausgestaltung der Fördermechanismen können mit steigendem Anteil erneuerbarer Energien und damit steigender Abschottungswirkung intensiver werden.

III. Europarechtskonformität der besonderen Ausgleichsregelung

6   **1. Privilegierung stromkosten- und wettbewerbsintensiver Unternehmen als Beihilfe. a) Begünstigung und staatliche Mittel.** Nach § 63 können energieintensive Unternehmen und Schienenbahnen auf Antrag von einer potenziellen Weiterwälzung der EEG-Umlage durch die Versorgungsunternehmen befreit werden. Durch die Befreiung von einer Zahlungspflicht, die vergleichbare Unternehmen regelmäßig zu tragen haben, erlangen die privilegierten Unternehmen einen wirtschaftlichen **Vorteil**, der das System unverfälschten Wettbewerbs (s. Protokoll Nr. 27 zu EUV und AEUV) beeinträchtigen kann und deshalb der Rechtfertigung bedarf.[19] Der EuGH hat im Urteil *Ferring*[20] klargestellt, dass eine Be-

---

13 Eine über diese Selbstbindungsthese hinausgehenden Geltungsgrund – mit Außen- und Regelungswirkung – etabliert *Knauff*, Der Regelungsverbund, 2010, S. 491 f.

14 *Johnston*, The impact of the new EU Commission guidelines on State aid for environmental protection and energy on the promotion of renewable energies, in: Solvang (Hrsg.), EU Renewable Energy Law, 2014, S. 13 ff., 55 f. äußert vorsichtig Zweifel an der Rechtmäßigkeit der Leitlinien. Die European Renewable Energies Foundation (EREF) hat am 22.9.2014 Nichtigkeitsklage in Bezug auf den Abschnitt 3.3.2. der Leitlinien erhoben (T-694/14). Andere begrüßen den marktintegrativen Vorstoß der Kommission: *Szyszczak*, Journal of European Competition Law & Practice 2014, 616, 621 ff.

15 KOM, Arbeitspapier der Kommissionsdienststellen v. 5.11.2013, SWD(2013) 439 final, S. 7 – Guidance for the design of renewables support schemes.

16 A. a. O., S. 12.

17 A. a. O., S. 7.

18 Die European Renewable Energies Foundation (EREF) hat am 22.9.2014 Nichtigkeitsklage in Bezug auf den Abschnitt 3.3.2. der Leitlinien erhoben (T-694/14). Andere wiederum begrüßen den marktintegrativen Vorstoß der Kommission: *Szyszczak*, Journal of European Competition Law & Practice 2014, 616, 621 ff.

19 EuGH, Urt. v. 15.11.2014, verb. Rs. C-106/09 P u. C-107/09 P, Slg. 2011 I-11113, Rn. 71 – Gibraltar; Urt. v. 8.11.2001, Rs. C-143/99, Slg. 2001, I-8365, Rn. 38 – Adria-Wien-Pipeline; Urt. v. 23.2.1961 Rs. 30/59, Slg. 1961, 3, 43 – De Gezamenlijke Steenkolenmijnen in Limburg/Hohe Behörde; Urt. v. 15.3.1994, Rs. C-387/92, Slg. 1994, I-877, Rn. 13 – Banco Exterior de España; Urt. v. 1.12.1998, Rs. C-200/97, Slg. 1998, I-7907, Rn. 34 – Ecotrade.

20 EuGH, Urt. v. 22.1.2001, Rs. C-53/00, Slg. 2001, I-9067, Rn. 19 – Ferring.

freiung von einer Abgabe ebenso eine negative Beihilfe darstellen kann wie eine Steuerbefreiung. Zuletzt hat das EuG die Befreiungen zugunsten der stromintensiven Industrie im österreichischen Ökostromgesetz als Beihilfen eingeordnet.[21] Die **Beihilfequalität** der Umlagebefreiung nach den §§ 63 ff. ist sogar eine **notwendige Folge** der hier vertretenen **Beihilfequalität der EEG-Umlage** selbst (s. ausführlich Einl. Rn. 114 ff.).[22] Die Befreiung von einer allgemeinen Abgabenlast **verringert unmittelbar die Mittel**, die dem Staat zuzurechnen sind und bewirkt damit einen Verzicht auf einnahmenwirksame Zahlungen. Dass diese anschließend durch die Erhöhung der Umlage für nicht-privilegierte Endverbraucher wieder ausgeglichen werden (über § 58), ändert nichts an der ursprünglichen Befreiung.[23] Die Rechtsprechung verlangt jedoch im Übrigen noch nicht einmal einen Einnahmenverzicht des Staates.[24] Die konkrete Einflussnahme, d. h. die Kontrolle des Bundesamts für Wirtschafts- und Ausfuhrkontrolle (BAFA) bei der Gewährung der Vergünstigung führt dazu, dass auch die Gewährungsentscheidung unmittelbar der staatlichen Sphäre entstammt – eine Zurechnung ist daher nicht erforderlich. Die Grundsätze der Urteile *Pearle*[25] und *Doux Élevages*[26] greifen hier nicht durch, da die Befreiung nicht auf einer privatautonomen Entscheidung der Energieversorger, Netzbetreiber oder Letztverbraucher beruht. Auch aus diesem Grund ist in Anlehnung an das Urteil *van der Kooy*[27] die Staatlichkeit der Befreiungsregelung anzunehmen.

b) Selektivität. Die Anknüpfung der Befreiungsmöglichkeiten an den Strombezug und das Verhältnis der Stromkosten zur Bruttowertschöpfung ist zudem **selektiv**,[28] d. h. begünstigt nur bestimmte Unternehmen oder Produktionszweige und nicht alle inländischen Unternehmen unabhängig vom Gegenstand ihrer Tätigkeit. Die Selektivität einer fiskalischen Maßnahme wird in **zwei Schritten** festgestellt:[29] Zunächst ist das **Referenzsystem** zu identifizieren – hier die – grundsätzlich für alle verbrauchten Strommengen in Deutschland geltende[30] – Verpflichtung zur Zahlung der EEG-Umlage aus § 60 Abs. 1 S. 1 und § 61 Abs. 1 – und sodann die Befreiung von der Zahlungspflicht. Als Referenzsystem ist ausschließlich das deutsche Abgabensystem maßgeblich – es darf nicht etwa ein Vergleich mit den international üblichen Belastungen durchgeführt werden, die Großverbraucher zu tragen haben.[31] Im zweiten Schritt ist zu fragen, ob eine Befreiung durch die innere **Logik des**

7

---

21 EuG, Urt. v. 11.12.2014, Rs. T-251/11 – Österreich/Kommission.
22 Siehe ausführlich KOM, Entscheidung v. 23.7.2014, SA.38632, Rn. 174 ff. u. 221 ff. – EEG 2014.
23 So auch *Ekardt*, EurUP 2013, 197.
24 EuGH, Urt. v. 15.11.2014, verb. Rs. C-106/09 P u. C-107/09 P, Slg. 2011 I-11113, Rn. 72 – Gibraltar; EuGH, Urteil v. 15.3.1994, C-387/92, Slg. 1994, I-902, Rn. 14 – Banco Exterior de España/Ayuntamiento de Valencia.
25 EuGH, Urteil v. 15.7.2004, C-345/02, Slg. 2004, I-7139, Rn. 37 – Pearle.
26 EuGH, Urteil v. 30.5.2013, C-677/11, EuZW 2011, 582, Rn. 40 – Doux Élevages und Coopérative agricole UKL-AREE.
27 EuGH, Urt. v. 2.2.1988, verb. Rs. C-67/85, 68/85 u. 70/85, Slg. 1988, 219, Rn. 35 – van der Kooy u. a./Kommission.
28 EuGH, Urt. v. 8.11.2001, Rs. C-143/99, Slg. 2001, I-8365, Rn. 36 – Adria-Wien-Pipeline; und zuletzt EuG, Urt. v. 11.12.2014, Rs. T-251/11, Rn. 89 ff. – Österreich/Kommission.
29 Urt. v. 17.6.1999, C-75/97, Slg. 1999 I-03671, Rn. 23–31 und 32–39 – Belgien/Kommission („Maribel"); *Honore*, EStAL 2009, 527, 529; *Prek/Lefèvre*, EStAL 2012, 335, 336; *Nicolaides/Rusu*, EStAL 2012, 791, 799 nehmen eine dreistufige Einteilung vor; materiell unterscheidet sich die Prüfung jedoch nicht.
30 Kommission, Entscheidung v. 23.7.2014, SA.38632, Rn. 166 – EEG 2014.
31 *Jaeger*, Beihilfen durch Steuern und parafiskalische Abgaben, S. 227.

Belastungssystems gerechtfertigt ist. Denn ist eine Differenzierung bereits im Abgaben-system angelegt und für dessen Funktionieren unabdingbar, entfaltet die Befreiung keine selektiv begünstigende Wirkung, sondern stellt gerade die materielle Gleichbehandlung vergleichbarer Sachverhalte sicher.[32]

8   aa) Selektive Begünstigung im Referenzsystem. Die materielle Selektivität der Umlage-befreiung ist dann anzunehmen, wenn sie entweder de iure oder de facto einen oder mehre-re Sektoren begünstigt. Grundsätzlich werden alle Versorger – und damit letztlich deren Stromabnehmer- mit der Zahlungspflicht aus § 60 Abs. 1 S. 1 belastet. Referenzsystem für die Bestimmung der Selektivität ist damit die Erhebung der EEG-Umlage anhand des Stromverbrauchs.[33] Dass die Befreiung nach den §§ 63 ff. nicht auf bestimmte Sektoren be-schränkt, sondern vielmehr allen Unternehmen zugänglich ist, die die Voraussetzungen der §§ 64 ff. erfüllen, kann die selektive Wirkung allein noch nicht ausschließen.[34] Ein großer Begünstigtenkreis verleiht der Regelung noch nicht den Charakter einer allgemeinen Maß-nahme.[35] Vielmehr hat der EuGH auch Regelungen, die an objektive Kriterien anknüpften, aber faktisch nur bestimmte Unternehmen betrafen, als selektiv eingestuft.[36] Die besondere Ausgleichsregelung knüpft in erster Linie an den Stromverbrauch (genauer: die Kosten für verbrauchten Strom im Verhältnis zur Bruttowertschöpfung) an und erfasst damit poten-ziell alle Unternehmen. Die Regelung selektiert damit nicht bereits de iure.[37] De facto könnte sie jedoch ausschließlich energieintensiven Unternehmen und ggf. nur solchen des produzierenden Gewerbes zugutekommen. In der Gesetzesüberschrift des § 64 heißt es nunmehr zwar nicht mehr „Unternehmen des produzierenden Gewerbes“, sondern „strom-kostenintensive Unternehmen“.[38] In der Rechtssache *Adria-Wien Pipeline*[39] im Jahr 2001 bewertete der EuGH jedenfalls eine direkte Anknüpfung an das güterproduzierende Ge-werbe als selektiv. Begünstigt waren Unternehmen, deren Energieabgaben über 0,35 % ih-res Nettoproduktionswertes lagen. Ob auch die alleinige Anknüpfung an den **Quotienten** faktisch selektiv wirkt, hat der EuGH offen gelassen.[40] In Vorbereitung des Nachfolgeur-teils (*Transalpine Ölleitung*[41]) bejahte jedoch der GA *Jacobs* zu Recht auch die De-facto-Selektivität der 0,35 %-Schwelle.[42] Auch das EuGH hat dies in der Rechtssache Österreich/Kommission bestätigt.[43]

---

32 So z.B. Kommission, Entsch. v. 20.12.2006, N 271/2006, K(2006) 6591 final cor., S. 3.
33 Kommission, Entscheidung v. 23.7.2014, SA.38632, Rn. 163 – EEG 2014.
34 EuGH, Urt. v. 8.11.2001, Rs. C-143/99, Slg. 2001, I-8365, Rn. 48 – Adria-Wien Pipeline; Urt. v. 3.3.2005, Rs. C-172/03, Slg. 2005, I-1627, Rn. 41 f. – Heiser.
35 Ebd. Weiterhin *Jaeger*, Beihilfen durch Steuern und parafiskalische Abgaben, S. 246 f.
36 Urt. v. 8.11.2001, Rs. C-143/99, Slg. 2001, I-8365, Rn. 48 – Adria-Wien Pipeline.
37 EuGH, Urt. v. 22.12.2008, Slg. 2008, I-10515, Rn. 83 – British Aggregates/Kommission.
38 § 41 EEG 2012 lautete noch: „Unternehmen des produzierenden Gewerbes“.
39 EuGH, Urt. v. 8.11.2001, Rs. C-143/99, Slg. 2001, I-8365, Rn. 48 ff. – Adria-Wien Pipeline.
40 So auch die Kommission, Entsch. v. 8.3.2011, C 24/2009 (ex N 446/2008), K(2011) 1363 endg., S. 21, Rn. 94.
41 Österreich hatte inzwischen die Regelung geändert und die Begünstigung ausschließlich an den Anteil der Energieabgaben am Nettoproduktionswert gekoppelt. Dazu EuGH, Urt. v. 5.10.2006, Rs. C-368/04, Slg. 2006, I-9957, Rn. 17 – Transalpine Ölleitung in Österreich.
42 EuG, Urt. v. 11.12.2014, Rs. T-251/11 – Österreich/Kommission.
43 SA v. 29.11.2005, Rs. C-368/04, Rn. 72 – Transalpine Ölleitung.

Im Jahr 2012 entfielen ca. 95 % der privilegierten Strommenge auf Unternehmen des pro- **9**
duzierenden Gewerbes.[44] Das EEG 2012 engte den Kreis der Antragsberechtigten zwar auf
das verarbeitende Gewerbe und den Bergbau ein. Auch im Jahr 2014 waren jedoch knapp
90 % der beantragten privilegierten Strommenge dem produzierenden Gewerbe zuzuordnen, die restlichen zehn Prozent den Schienenbahnen.[45] Drei Branchen vereinten 2013 ca.
58 % und 2014 ca. 47 % der privilegierten Strommenge auf sich.[46] Das Kriterium des
Stromverbrauchs und der Stromkosten und dessen Anteil an der Bruttowertschöpfung führen im Ergebnis zu einer **De-facto-Selektivität** der Besonderen Ausgleichsregelung in den
§§ 63 ff.[47]

Im Urteil *Ferring*[48] hat der EuGH noch eine **Wettbewerbsbeziehung** zwischen Belasteten **10**
und Befreiten gefordert, um die Selektivität anzunehmen. Selbst wenn man ein solches
Merkmal aufstellt, ist es im Fall der besonderen Ausgleichsregelung erfüllt. Diejenigen
Unternehmen, die in den Genuss der Umlagebefreiung kommen, stehen zumindest potenziell mit denjenigen Unternehmen der gleichen Produktionssparte in Wettbewerb, die die
Schwellenwerte der Stromkostenintensität in § 64 Abs. 1 Nr. 2 nicht erreichen, sodass
durch die Befreiung der Wettbewerb zwischen diesen Unternehmen verzerrt werden kann.

bb) Keine systemimmanente Ausnahme für Besondere Ausgleichsregelung. Die Privi- **11**
legierung der stromkostenintensiven Industrie ist zudem **keine zwingende Ausnahme**, die
durch das Belastungssystem **logisch bedingt** wäre und deshalb dessen Selektivität ausschließen könnte.[49] Denn Ziel der Umlagebelastung ist die Förderung erneuerbarer Technologien durch eine auf jede gelieferte Kilowattstunde erhobene Abgabe. Das Belastungssystem knüpft an objektive Kriterien an und differenziert nicht nach persönlichen Gesichtspunkten wie der Leistungsfähigkeit, um z.B. Belastungsgleichheit sicherzustellen. Wirtschaftslenkende Maßnahmen, die einzelne Unternehmen gerade in ihrer Marktposition
und Wettbewerbsfähigkeit stärken sollen, sind bereits prima facie keine systemimmanen-
ten Ausnahmen.[50] Sollte der Grund der Abgabenlast im Verursacher- und Vorsorgeprinzip
gesehen werden, so müsste eine systemkonforme Differenzierung gerade stromkosten-
tensive Unternehmen besonders belasten. Deren Wettbewerbsfähigkeit zu erhalten, dient
dem Umweltschutz allenfalls mittelbar.[51]

---

44 Angemeldeter Letztverbrauch (107 477 GWh) abzüglich „sonstiger Branchen" (15 724 GWh),
 Zahlen aus BMU, Hintergrundinformationen zur Besonderen Ausgleichsregelung für die Jahre
 2012/2013, S. 14, abrufbar unter: www.erneuerbare-energien.de.
45 BAFA, Hintergrundinformationen zur Besonderen Ausgleichsregelung, Antragsverfahren 2013
 auf Begrenzung der EEG-Umlage 2014, S. 10.
46 Erzeugung und erste Bearbeitung von NE-Metallen sowie Roheisen, Stahl und Ferrolegierungen;
 chemische Industrie und Papiergewerbe. BMU, Hintergrundinformationen zur Besonderen Ausgleichsregelung für die Jahre 2012/2013, S. 13. So auch BAFA, Hintergrundinformationen zur Besonderen Ausgleichsregelung, Antragsverfahren 2013 auf Begrenzung der EEG-Umlage 2014,
 S. 14.
47 So auch *Schlacke/Kröger*, NVwZ 2013, 313, 316, die allerdings die Staatlichkeit der Mittel sowie
 – nicht überzeugend – den grenzüberschreitenden Bezug im Rahmen der Warenverkehrsfreiheit
 ablehnen.
48 EuGH, Urt. v. 22.1.2001, Rs. C-53/00, Slg. 2001, I-9067, Rn. 20 – Ferring.
49 Etwas missverständlich behandelt die KOM, Entscheidung v. 23.7.2014, SA.38632, Rn. 166 –
 EEG 2014 diese Frage unter dem Gesichtspunkt der staatlichen Mittel.
50 *Jaeger*, Beihilfen durch Steuern und parafiskalische Abgaben, S. 230.
51 Ähnlich *Jaeger*, Beihilfen durch Steuern und parafiskalische Abgaben, S. 229; EuG, Urt. v.
 11.12.2014, Rs. T-251/11, Rn. 161.

12 **cc) Systemimmanente Ausnahmen in § 61.** Allerdings ist die Befreiung desjenigen Stroms, der unter § 61 Abs. 2 Nr. 1-3 fällt, durch die Logik des EEG-Umlagesystems gerechtfertigt:[52] Da die ÜNB nach dem System der EEG-Umlageerrechnung lediglich denjenigen Strom zu berücksichtigen haben, der durch ihre Netze geleitet wird, wird der Strom, der kein Netz der öffentlichen Versorgung in Anspruch nimmt, nicht selektiv bevorteilt.[53] Gleiches gilt für die Befreiung von Betriebsstrom nach § 61 Abs. 2 Nr. 1, der einem auch im europäischen Recht anerkannten allgemeinen Grundsatz der Energiesteuern und -Gebührenfestsetzung entspricht.[54]

13 **c) Handelsbeeinträchtigung und Wettbewerbsverfälschung.** Die Befreiungen betreffen Wirtschaftszweige, deren Güter unionsweit gehandelt werden, weshalb die besondere Ausgleichsregelung geeignet ist, den Wettbewerb zu verfälschen und den Handel im Binnenmarkt zu beeinträchtigen.

14 **2. Vereinbarkeit der besonderen Ausgleichsregelung mit dem Binnenmarkt. a) Allgemeine Vereinbarkeitskriterien der Leitlinien für staatliche Umwelt- und Energiebeihilfen für 2014–2020.** Die **Vereinbarkeitsprüfungen** der Ausnahmeregelungen des **EEG 2012** als auch des **EEG 2014** richten sich nach Art. 107 Abs. 3 lit. c) AEUV i.V.m. den neuen Leitlinien für staatliche Umwelt- und Energiebeihilfen 2014–2020.[55] Die Kommission hat durch die Fiktion, dass auch Beihilfen, die vor dem Inkrafttreten der neuen Leitlinien erteilt worden sind, als mit dem Binnenmarkt vereinbar gelten,[56] ihr Ermessen im Rahmen von Art. 107 Abs. 3 lit. c AEUV ordnungsgemäß ausgeübt. Diese vermeintliche Rückwirkung ist erstens grundsätzlich unbedenklich, weil die Kommission lediglich das ihr zustehende Ermessen im Rahmen einer direkten Befreiung nach Art. 107 Abs. 3 lit. c AEUV ausgefüllt hat.[57] Sie ist nämlich nicht verpflichtet, ihre Erwägungsgründe in Leitlinien der Öffentlichkeit zu eröffnen. Die Befreiungen unter dem EEG 2012 regelten zudem weder Tertiärrecht noch ausfüllendes soft law: Die 2008 erlassenen Beihilfeleitlinien[58] trafen keine ausdrückliche Regelung für Befreiungen von Förderbeiträgen und forderten als Grundvoraussetzung der Vereinbarkeit von Umwelt*steuer*ermäßigungen, dass eine solche zumindest mittelbar eine Verbesserung des Umweltschutzes bewirken und dem allgemeinen Ziel des Umweltschutzes nicht zuwiderlaufen sollte.[59] Eine Vereinbarkeit von Befreiungen war also nach den Umweltschutzbeihilfeleitlinien 2008 weder direkt noch analog möglich.[60] Soweit die Kommission allerdings Befreiungen, die vor 2011 gewährt wurden, pauschal als mit dem Binnenmarkt vereinbar erklärt,[61] darf sie damit nicht Mitgliedstaaten

---

52 Kommission, Entscheidung v. 23.7.2014, SA.38632, Rn. 167–170 – EEG 2014.

53 Kommission, Entscheidung v. 23.7.2014, SA.38632, Rn. 170 – EEG 2014.

54 Art. 14a Abs. 1 lit. a der RL 2003/96/EG zur Restrukturierung der gemeinschaftlichen Rahmenvorschriften zur Besteuerung von Energieerzeugnissen und elektrischem Strom, ABl. 2003 L 283/51.

55 Kommission, Leitlinien für staatliche Umweltschutz- und Energiebeihilfen 2014–2020. Mitt. v. 28.6.2014, ABl. 2014 C 200/01.

56 A. a. O., Rn. 193; *Frenz*, ZNER 2014, 345.

57 So im Ergebnis auch Kommission, Entscheidung v. 23.7.2014, SA.38632, Rn. 176 ff. – EEG 2014.

58 Kommission, Leitlinien der Gemeinschaft für staatliche Umweltschutzbeihilfen (2008/C 82/01), ABl. 2008 C 82/1, Rn. 58 f.

59 Kommission, Entwurf der Leitlinien für staatliche Umweltschutz- und Energiebeihilfen 2014–2020. Arbeitspapier der Dienststellen der GD Wettbewerb v. 18.12.2013, ABl. 2014 C 200/01, abrufbar unter http://ec.europa.eu/competition/state_aid/modernisation/index_en.html, Rn. 168.

60 Siehe dazu BerlKommEnR/*Schmitz*, Bd. 2, 3. Aufl. 2014, Einl. Rn. 156.

belohnen, die eine unvereinbare Beihilfe unter Verletzung der Notifizierungs- und Stillhalteverpflichtung aus Art. 108 AEUV eingeführt haben.[62] Zweitens lässt auch der EuGH eine Ausdehnung des Geltungsbereichs eines Rechtsaktes auf Fälle, die vor seinem Inkrafttreten lagen, zu, sofern gewichtige Unionsinteressen dies stützen.[63] Die Erhaltung der Wettbewerbsfähigkeit der europäischen Industrie dürfte ein hinreichend wichtiges Allgemeininteresse darstellen.[64]

Zentrales Rechtfertigungsmerkmal einer Beihilfe in Form von Förderentlastungen ist die   **15**
Beeinträchtigung der Wettbewerbsfähigkeit eines Unternehmens im sog. **kontrafaktischen Szenario**,[65] d. h. in dem hypothetischen Szenario, in welchem die Beihilfe nicht gewährt würde. Der Grad der Wettbewerbsbeeinträchtigung ist das Produkt von Handels- und Stromkostenintensität (siehe bereits oben Rn. 3). Sowohl sehr handelsintensive Unternehmen, die eine vergleichsweise geringe Stromkostenintensität aufweisen, als auch solche mit hohem Stromkostenanteil an der Bruttowertschöpfung[66] (Stromkostenintensität) und vergleichsweise geringer Handelsintensität fallen unter die Ausnahme- und Befreiungsbeihilfen der Leitlinien:[67]

Stromkostenintensität	Handelsintensität
10 %	10 %
20 %	4 %
7 %	80 %

Von **Umweltsteuerbelastungen** können Unternehmen entweder den Mindestsatz von   **16**
20 % der vollen Zahlungsverpflichtung tragen oder – wenn selbst dies wirtschaftlich unzumutbar ist – eine Vereinbarung zur Umsetzung eines Umweltschutzprogramms mit dem betreffenden Mitgliedstaat treffen.[68] Die Anforderungen an eine solche Vereinbarung sind unter anderem das Einhalten eines dem Mindeststeuersatz äquivalenten Umweltschutzziels, das regelmäßige Anpassen und Überprüfen, eine unabhängige Kontrolle seiner Umsetzung und wirksame Sanktionen bei Nichteinhaltung.[69]

Vereinbarkeitsprüfungen von **Energiesteuerermäßigungen** richten sich zudem nach   **17**
Art. 44 der allgemeinen Gruppenfreistellungsverordnung (AGVO).[70] Art. 44 AGVO gilt

---

61 Kommission, Leitlinien für staatliche Umweltschutz- und Energiebeihilfen 2014–2020. Mitt. v. 28.6.2014, ABl. 2014 C 200/01, Fn. 108.
62 Kritisch deshalb *Nicolaides/Kleis*, EStAL 2014, 636, 646 f.
63 EuG, Urt. v. 9.4.2014, T-150/12, EU:T:2014:191, Rn. 155 m. w. N. – Griechenland/Kommission.
64 So im Ergebnis wohl auch *Nicolaides/Kleis*, EStAL 2014, 636, 647.
65 Kommission, Entwurf der Leitlinien für staatliche Umweltschutz- und Energiebeihilfen 2014–2020. Arbeitspapier der Dienststellen der GD Wettbewerb v. 18.12.2013, ABl. 2014 C 200/01, abrufbar unter http://ec.europa.eu/competition/state_aid/modernisation/index_en.html, Rn. 51 ff.
66 Hinweise zur Berechnung der Bruttowertschöpfung liefert Anhang IV der Leitlinien.
67 KOM, Leitlinien für staatliche Umweltschutz- und Energiebeihilfen 2014–2020. Mitt. v. 28.6.2014, ABl. 2014 C 200/01, Fn. 84.
68 KOM, Entwurf der Leitlinien für staatliche Umweltschutz- und Energiebeihilfen 2014–2020. Arbeitspapier der Dienststellen der GD Wettbewerb v. 18.12.2013, ABl. 2014 C 200/01, abrufbar unter http://ec.europa.eu/competition/state_aid/modernisation/index_en.html, Rn. 178.
69 Ebd.

nur für Steuerermäßigungen nach der Energiesteuerrichtlinie (RL 2003/96/EG). Art. 17 dieser Richtlinie und Art. 10a der ETS-Richtlinie 2009/29/EG sehen ebenfalls Befreiungen für energieintensive Betriebe vor.[71]

18 Einzelbeihilfen in Form von Reduktionen auf der Grundlage des Beihilfenprogrammes der §§ 63 ff. müssen **nicht gesondert** bei der Kommission **notifiziert** werden.[72]

19 **b) Vereinbarkeit der besonderen Ausgleichsregelung für stromkostenintensive Unternehmen in §§ 40 ff. EEG 2012.** Die in den Jahren 2013 und 2014 gewährten Vergünstigungen sind nach Art. 107 Abs. 3 lit. c nicht uneingeschränkt mit dem Binnenmarkt vereinbar. Die Kommission monierte die Höhe der gewährten negativen Beihilfen und ordnete am 25.11.2014 nach Art. 7 Abs. 5, Art. 14 Abs. 1 S. 1, Art. 13 Abs. 1 S. 2 der Beihilfeverfahrensverordnung (VO 659/1999)[73] ihre teilweise Rückforderung an (Art. 6–8 der Kommissionsentscheidung). Nur soweit die Begünstigungen dem von der Bundesregierung vorgelegten und von der Kommission in die Entscheidung aufgenommenen Anpassungsplan zur Reduktion der 2013 und 2014 gewährten Beihilfen entsprechen, sind sie mit dem Binnenmarkt vereinbar. Einzelheiten zur Berechnung der zurückzufordernden Summen, auf die sich das BAFA in seinen Rückforderungsbescheiden bezieht, sind in Anhang III der Kommissionsentscheidung dargelegt.

20 Begünstigungen, die über die nunmehr in den Beihilfeleitlinien veröffentlichten Gewährungshöhen hinausgehen, sieht die Kommission als Fehl- oder Überkompensation an, sodass sie ex post auf das Niveau der Leitlinien gebracht werden müssen.

21 Im Gegensatz zum EEG 2012 **verengen** die Leitlinien – und dem folgend das EEG 2014 – den **Kreis der begünstigten Unternehmen**, indem sie die Anforderungen an die Stromkostenintensität erhöhen. Diese lag im EEG 2012 nicht nur lediglich bei 14% der Bruttowertschöpfung. Auch die Bruttowertschöpfung selbst wurde im Verhältnis zu Marktpreisen errechnet. Mittlerweile fordern die Leitlinien eine höhere Stromkostenintensität und die Bruttowertschöpfung wird nach einem strengeren Maßstab, nämlich im Verhältnis zu Faktorkosten,[74] berechnet.[75] Daher müssten Unternehmen, die nach den Maßstäben der Beihil-

---

70 KOM, Verordnung (EU) Nr. 651/2014 zur Feststellung der Vereinbarkeit bestimmter Gruppen von Beihilfen mit dem Binnenmarkt in Anwendung der Artikel 107 und 108 des Vertrags über die Arbeitsweise der Europäischen Union, 17.6.2014, ABl. 2014 L 187/1.

71 S. auch Kommission, Mitt. v. 5.6.2012, Leitlinien für bestimmte Beihilfemaßnahmen im Zusammenhang mit dem System für den Handel mit Treibhausgasemissionszertifikaten nach 2012, SWD(2012) 130 final, S. 7; *Greb*, Der Emissionshandel ab 2013, S. 205.

72 Für andere Einzelbeihilfen schreiben die Leitlinien (nur deklaratorisch, die Notifizierungspflicht folgt unmittelbar aus Art. 108 Abs. 3 S. 1 AEUV ab) bestimmten Schwellenwerten eine Notifizierungspflicht vor, dazu *Nicolaides/Kleis*, EStAL 2014, 636, 638.

73 Zuletzt geändert durch VO Nr. 517/2013 des Rates v. 13.5.2013, ABl. L 158/1 und VO Nr. 734/2013 des Rates vom 22.7.2013, ABl. L 204/15. Eine konsolidierte Fassung ist abrufbar auf http://ec.europa.eu/competition/state_aid/legislation/rules.html.

74 „Bruttowertschöpfung minus sonstige indirekte Steuern abzüglich Subventionen", s. DeStatis, Ermittlung der Bruttowertschöpfung, Auszug aus Fachserie 4 / Reihe 4.3, 2007, S. 3, abrufbar unter www.bafa.de.

75 Kommission, Leitlinien für staatliche Umweltschutz- und Energiebeihilfen 2014–2020. Mitt. v. 28.6.2014, ABl. 2014 C 200/01, Anhang IV Abs. 1.

feleitlinien z. B. keine ausreichende Stromkostenintensität erreichen,[76] die EEG-Umlage rückwirkend voll entrichten – und dies eigentlich auf Basis der Bruttowertschöpfung zu Faktorkosten. Ihnen kommt nach dem Anpassungsplan eine doppelte Härtefallregelung zugute: Sie müssen lediglich pauschal 20 % der eigentlich fälligen Umlage tragen und können den alten Bruttowertschöpfungsbegriff zugrunde legen.[77] Im Übrigen müssen die Unternehmen Entlastungen, die über den Obergrenzen der Leitlinien liegen, zurückzahlen (die deutsche Umsetzung erfolgte durch ein Cap und ein Super Cap[78] in § 64 Abs. 2 Nr. 3a und b). Hier greift wiederum eine Härtefallregel: Die **absolut zu leistenden Rückzahlungen** sind für das Jahr 2013 auf **125 %** und 2014 auf **150 %** der in diesen Jahren geleisteten Umlagezahlungen begrenzt.[79] Die Übergangsregelungen in § 103 Abs. 3 und 4 setzen die in den Leitlinien geforderte[80] und im Anpassungsplan von der Kommission genehmigte[81] **progressive Umlageerhebung bis zum 1.1.2019** um.

c) Vereinbarkeit der Besonderen Ausgleichsregelung für stromkostenintensive Unternehmen in §§ 63 ff. EEG 2014. Die Kommission hat die Besondere Ausgleichsregelung der §§ 63 ff. in vollem Umfang für mit dem Binnenmarkt vereinbar erklärt.[82] Die **Schwellen der Stromkosten- und Handelsintensität**, die begünstigte Unternehmen nach § 64 Abs. 1 zu erfüllen haben, damit sie im Ergebnis in die Listen 1 oder 2 im Anhang 4 fallen, sind so eng an die Beihilfeleitlinien (Anhänge III und V sowie Rn. 186 der Leitlinien) angelehnt, dass die Kommission sie zu Recht nicht beanstandet hat.[83] Sollte die Kommission die Zusammensetzung der Liste in Anhang III überprüfen und ändern,[84] so kann auch die Bundesregierung nach § 94 Nr. 3 Anhang 4 Liste 1 ohne Zustimmung des Bundesrates anpassen.

22

Die Neufassung der **Begrenzungsgrundlage** in § 64 Abs. 6 Nr. 2 – nämlich als Bruttowertschöpfung zu Faktorkosten (nicht zu Marktpreisen) – korrespondiert ebenfalls unmittelbar mit Anhang IV der Leitlinien. Auch der gestaffelte Begrenzungsumfang in § 64 Abs. 2 entspricht gänzlich den Leitlinienvorgaben.[85] Die volle Umlagebelastung der ersten verbrauchten GWh Stroms (§ 64 Abs. 2 Nr. 1) geht sogar über deren Anforderungen hinaus.[86]

23

---

76 Dies kann passieren, wenn ein nach dem EEG 2012 begünstigtes Unternehmen nunmehr weder in Anhang III der Leitlinien aufgelistet ist noch eine Stromkostenintensität von 20 % oder Handelsintensität von 4 % aufweisen kann, vgl. KOM, Leitlinien für staatliche Umweltschutz- und Energiebeihilfen 2014–2020. Mitt. v. 28.6.2014, ABl. 2014 C 200/01, Rn. 186.

77 Kommission, Leitlinien für staatliche Umweltschutz- und Energiebeihilfen 2014–2020. Mitt. v. 28.6.2014, ABl. 2014 C 200/01, Rn. 197.

78 S. § 64 Rn. 94 f.

79 Kommission, Entscheidung v. 25.11.2014, SA.33995, Rn. 27–29 – EEG 2012; Kommission, Entscheidung v. 23.7.2014, SA.38632, Rn. 315 – EEG 2014.

80 Kommission, Leitlinien für staatliche Umweltschutz- und Energiebeihilfen 2014–2020. Mitt. v. 28.6.2014, ABl. 2014 C 200/01, Rn. 197.

81 Kommission, Entscheidung v. 25.11.2014, SA.33995, Rn. 29 – EEG 2012.

82 Kommission, Entscheidung v. 23.7.2014, SA.38632 – EEG 2014.

83 Kommission, Entscheidung v. 23.7.2014, SA.38632, Rn. 292 ff. – EEG 2014.

84 Anhang III Fn. 1 der Leitlinien.

85 Kommission, Leitlinien für staatliche Umweltschutz- und Energiebeihilfen 2014–2020. Mitt. v. 28.6.2014, ABl. 2014 C 200/01, Rn. 185 ff.

86 Kommission, Leitlinien für staatliche Umweltschutz- und Energiebeihilfen 2014–2020. Mitt. v. 28.6.2014, ABl. 2014 C 200/01, Rn. 308.

24   **d) Vereinbarkeit der Besonderen Ausgleichsregelung für Schienenbahnen im EEG 2014.** Die Bundesregierung hat – um Rechtssicherheit zu schaffen – die besondere Ausgleichsregelung für Schienenbahnen gesondert bei der Kommission notifiziert.[87] Für Beihilfen an Eisenbahnverkehrsunternehmen besteht mit den gemeinschaftlichen Leitlinien für staatliche Beihilfen an Eisenbahnunternehmen aus dem Jahr 2008 ein gegenüber den Energie- und Umweltbeihilfeleitlinien spezieller Rechtsrahmen.[88] Dieser konkretisiert die Anwendung der VO 1370/2007,[89] die wiederum die Voraussetzungen ausgestaltet, unter denen Mitgliedsstaaten Betriebsbeihilfen zur Koordinierung des Verkehrs nach Art. 93 AEUV gewähren können. Beihilfen, die die Voraussetzungen der VO 1370/2007 erfüllen, nimmt Art. 9 Abs. 1 der VO im Einklang mit Art. 93 AEUV ohne Kommissionsermessen vom sektorspezifischen Beihilfenverbot des Art. 96 i.V.m. Art. 107 Abs. 1 AEUV aus.[90]

25   Die Höhe der gewährten Beihilfen in Form der reduzierten EEG-Umlage für Schienenbahnen ist nach den Maßstäben der Leitlinien **erforderlich und verhältnismäßig**.[91] Die Reduktion der EEG-Umlagepflicht ist als Beihilfe zur Verringerung derjenigen externen Kosten zulässig, die die Bahn gegenüber anderen Verkehrsträgern einspart.[92] Auch entfaltet die Verbrauchsschwelle von 2 GWh pro Abnahmestelle keine Diskriminierungswirkung gegenüber kleineren Wettbewerbern, da hauptsächlich Museumsbahnen und Sonderzüge unter dieser Schwelle liegen und diese ohnehin nicht mit regulärem Personen- und Güterverkehr in Wettbewerb stehen.[93]

26   Allerdings prüft die Kommission innerhalb der Verhältnismäßigkeit auch, ob die Voraussetzungen der §§ 63 ff. Wettbewerber **diskriminieren**. Nach der allgemeinen Regel für neu gegründete Unternehmen können auch Schienenbahnen nach der verlängerten Frist bis zum 30. September jedes Jahres einen Begrenzungsantrag für das Folgejahr stellen und dabei lediglich Daten des Rumpfgeschäftsjahres übermitteln (§ 64 Abs. 4 und § 66 Abs. 3 S. 2). Streckenausschreibungen zum jährlich am 15. Dezember wechselnden Fahrplan finden jedoch weit im Voraus statt, sodass neu gegründete Schienenbahnen bei der Angebotsabgabe bisher einkalkulieren müssen, die volle EEG-Umlage für das erste Geschäftsjahr

---

87 Kommission, Entscheidung v. 25.11.2014, SA.38728 – EEG 2014 – Besondere Ausgleichsregelung für Schienenbahnen.

88 Kommission, Gemeinschaftliche Leitlinien für staatliche Beihilfen an Eisenbahnunternehmen. Mitt. v. 22.7.2008, ABl. 2008 C 284/13, Kap. 6 (Rn. 85 ff.).

89 VO v. 23.10.2007 über öffentliche Personenverkehrsdienste auf Schiene und Straße und zur Aufhebung der Verordnungen (EWG) Nr. 1191/69 und (EWG) Nr. 1107/70 des Rates, ABl. 2007 L 315/1.

90 Art. 96 ist neben Art. 107 Abs. 1 AEUV, dessen Merkmale weiterhin anwendbar sind, dessen sektorielle Ergänzung und Art. 93 legt über Art. 107 Abs. 2 hinaus obligatorische Ausnahmen vom Grundsatz des Beihilfeverbots fest. Näher dazu Calliess/Ruffert/*Jung*, Art. 93 Rn. 1 u. 4; MünchKommBeihVergR/*Núñez Müller*, IV. Landverkehr Rn. 475 ff.

91 Kommission, Entscheidung v. 25.11.2014, SA.38728, Rn. 56 ff. – EEG 2014 – Besondere Ausgleichsregelung für Schienenbahnen; KOM, Gemeinschaftliche Leitlinien für staatliche Beihilfen an Eisenbahnunternehmen. Mitt. v. 22.7.2008, ABl. 2008 C 284/13, Rn. 107 ff.

92 Kommission, Gemeinschaftliche Leitlinien für staatliche Beihilfen an Eisenbahnunternehmen. Mitt. v. 22.7.2008, ABl. 2008 C 284/13, Rn. 98 b) u. 103. Manche Belastungen werden bei anderen Verkehrsträgern im Gegensatz zum Schienenverkehr nicht eingepreist (z.B. Umwelt-, Infrastruktur- und Unfallkosten), s. Art. 34 RL 2012/34/EU, ABl. 2012 L 343/32.

93 Kommission, Entscheidung v. 25.11.2014, SA.38728, Rn. 62 ff. – EEG 2014 – Besondere Ausgleichsregelung für Schienenbahnen.

zu zahlen.[94] Denn bisher können sie erst im laufenden ersten Geschäftsjahr (nach erhaltenem Zuschlag) eine Begrenzung der Umlage beantragen. Die Kommission beanstandete dies als **unzulässige Markteintrittsbarriere** für Newcomer und genehmigte die Verschonungsbeihilfen für Schienenbahnen nur unter der Bedingung, dass Deutschland sich verpflichtete, mit dem zweiten Änderungsgesetz zum EEG 2014[95] die Antragsvoraussetzungen für neu gegründete Schienenbahnen zu lockern. Diese können nach der Neufassung des § 65 die Voraussetzungen der Umlagebefreiung auch mit lediglich prognostizierten Stromverbrauchsmengen beantragen und gehen kein zusätzliches Kostenrisiko ein für den Fall, dass sie einen Streckenzuschlag nicht erhalten sollten.[96] Sie können damit ebenso wie bereits im Markt tätige Verkehrsunternehmen von Beginn der Streckenbedienung an mit der auf 20 % reduzierten Umlage kalkulieren.

IV. Verfassungsrechtliche Beurteilung der Besonderen Ausgleichsregelung

Die Ausnahme bestimmter Unternehmen und Schienenbahnen aus dem Kreis der Umlagebelasteten verkleinert den Kreis der Zahler. In der Konsequenz müssen die Stromversorger – in der Regel sind dies aber die übrigen nicht-privilegierten Verbraucher – diese „verschobenen Lasten"[97] tragen. 2013 belastete die besondere Ausgleichsregelung die Umlage auf diese Weise mit ca. 1 ct/kWh;[98] 2014 waren es bereits 1,3 ct/kWh.[99] Im Jahr 2014 standen 106 522 991 MWh privilegierter Letztverbrauch (inklusive Schienenbahnen) 370.260.447 MWh voll umlagebelastetem Letztverbrauch gegenüber.[100] Im Jahr 2015 machen die privilegierten Strommengen voraussichtlich 24 % des verbrauchten Stromes aus; die Einnahmen aus den Beiträgen der betroffenen Unternehmen decken jedoch nur 1,24 % der EEG-Kosten.[101] **Schienenbahnen** machen gegenüber den prognostizierten 350.595.295 MWh nicht privilegierten Letztverbrauchs im Jahr 2015 12.493.381 MWh aus.[102] **27**

Während die grundsätzliche Sinnhaftigkeit der Privilegierungen weitgehend außer Streit steht,[103] muss bezweifelt werden, dass eine verbrauchsabhängige Umlage das adäquate **Finanzierungsinstrument** für die Entlastungskosten ist. Der BGH hat jedoch die Sonderabgabenqualität der besonderen Ausgleichsregelung verneint und die Umlage wie ihre Ausnahme nicht beanstandet.[104] Während eingangs (s. ausführlich Einl. Rn. 100 ff.) die EEG- **28**

---

94 BT-Drs. 18/3321, S. 7.
95 BGBl. 2014 I, S. 2406.
96 BT-Drs. 18/3321, S. 8 f.
97 *Fricke*, RdE 2010, 83, 85.
98 BMU, Hintergrundinformationen zur Besonderen Ausgleichsregelung für die Jahre 2012/2013, S. 18, abrufbar unter www.erneuerbare-energien.de.
99 BMWi/BAFA, Hintergrundinformationen zur Besonderen Ausgleichsregelung, Antragsverfahren 2013 auf Begrenzung der EEG-Umlage 2014, S. 18, abrufbar unter www.bafa.de.
100 Errechnet aus den Daten der Übertragungsnetzbetreiber, Prognose der EEG-Umlage 2014 nach AusglMechV v. 15.10.2013, Folie 14, abrufbar unter www.netztransparenz.de.
101 Errechnet aus den Daten der Übertragungsnetzbetreiber, Prognose der EEG-Umlage 2015 nach AusglMechV v. 15.10.2014, Folie 18, abrufbar unter www.netztransparenz.de.
102 Übertragungsnetzbetreiber, Prognose der EEG-Umlage 2015 nach AusglMechV v. 15.10.2014, Folie 18, abrufbar unter www.netztransparenz.de.
103 Anders aber *Nicolaides/Kleis*, EStAL 2014, 636, 643 li. Spalte unten u. 644 f.
104 BGH, Urteil v. 25.6.2014, VIII ZR 169/13, NVwZ 2014, 1180, Rn. 17 ff. – EEG 2012.

Umlage als unzulässige Sonderabgabe qualifiziert wurde, muss dies erst recht für die Verteilung der zusätzlichen Kosten infolge der §§ 63 ff. gelten. Denn hier übt das BAFA durch die Erteilung von Begrenzungsbescheiden Verfügungsgewalt über die Mittel der Umlage aus. Die zwischen Privaten mitnichten privatautonom vereinbarten, sondern hoheitlich auferlegten Förderzuschläge und Marktprämien werden nicht gruppennützig verwendet, sondern kommen Dritten zugute. Zudem tragen Versorger und Letztverbraucher keine besondere Finanzierungsverantwortung für den Erhalt der Wettbewerbsfähigkeit stromkostenintensiver Unternehmen. Letztverbraucher können auch nicht nach dem Verursacherprinzip herangezogen werden, weil die Unternehmen, und nicht sie selbst, die privilegierten Strommengen verbraucht und damit eine Umweltbelastung verursacht haben. Es liegt also nahe, dass auch die besondere Ausgleichregelung gegen das Gebot der Lastengleichheit aus Art. 3 Abs. 1 GG (ggf. in Verbindung mit Art. 12 Abs. 1 GG) verstößt[105] und bei einer abermaligen Reform des EEG ggf. aus Steuergeldern finanziert werden sollte.[106]

---

105 Näher Einl. Rn. 106 ff. So bereits *Fricke*, RdE 2010, 83, 85; *Gawel/Klassert*, ZUR 2013, 467, 480 sprechen von „strukturellen Unwuchten einer hypertrophen Begünstigungsregelung".
106 Zu Reformbedürftigkeit und Lösungsoptionen *Gawel/Klassert*, ZUR 2013, 467, 476 ff.

§ 63 Grundsatz

Auf Antrag begrenzt das Bundesamt für Wirtschaft und Ausfuhrkontrolle abnahmestellenbezogen

1. **nach Maßgabe des § 64 die EEG-Umlage für Strom, der von stromkostenintensiven Unternehmen selbst verbraucht wird, um den Beitrag dieser Unternehmen zur EEG-Umlage in einem Maße zu halten, das mit ihrer internationalen Wettbewerbssituation vereinbar ist, und ihre Abwanderung in das Ausland zu verhindern, und**
2. **nach Maßgabe des § 65 die EEG-Umlage für Strom, der von Schienenbahnen selbst verbraucht wird, um die intermodale Wettbewerbsfähigkeit der Schienenbahnen zu erhalten,**

soweit hierdurch jeweils die Ziele des Gesetzes nicht gefährdet werden und die Begrenzung mit dem Interesse der Gesamtheit der Stromverbraucher vereinbar ist.

Schrifttum: *Franzius*, Recht und Politik in der transnationalen Konstellation, AöR 138 (2013), 204; *Gärditz*, „Regulierungsermessen" und verwaltungsgerichtliche Kontrolle, NVwZ 2009, 1005; *Gärditz*, Entwicklungen und Entwicklungsperspektiven des Verwaltungsprozessrechts zwischen konstitutioneller Beharrung und unionsrechtlicher Dynamisierung, Die Verwaltung 2013, 257; *Hwang*, Wirksamer Wettbewerb durch offene Normen, AöR 136 (2011), 553; *Leenen*, Typus und Rechtsfindung, 1971; *Ludwigs*, Das Regulierungsermessen als Herausforderung für die Letztentscheidungsdogmatik im Verwaltungsrecht, JZ 2009, 290; *Masing*, Soll das Recht der Regulierungsverwaltung übergreifend geregelt werden?, Gutachten D zum 66. Deutschen Juristentag, 2006; *Oschmann/Sösemann*, ZUR 2007, 1; *Oster*, Normative Ermächtigungen im Regulierungsrecht, 2010; *Proelß*, Das Regulierungsermessen – eine Ausprägung des behördlichen Letztentscheidungsrechts?, AöR 136 (2011), 401; *Radtke*, Materielle Maßstäbe der telekommunikationsrechtlichen ex-ante Vorleistungsentgeltkontrolle, 2013; *Säcker*, Der wettbewerbsanaloge Preis als Kontrollmaßstab im Wettbewerbs- und Regulierungsrecht, in: Bien/Ludwigs (Hrsg.), Das europäische Kartell- und Regulierungsrecht der Netzindustrien – eine inter- und intradisziplinäre Disziplin, 2015, S. 81; *Werkmeister*, Die Kapitalverzinsung im Rahmen der Entgeltregulierung gemäß § 31 TKG, 2011; *Ziehm*, ZUR 2012, 585.

Übersicht

I. Ziel der Besonderen Ausgleichsregelung

Zweck des Erneuerbare-Energien-Gesetzes ist es nach § 1 Abs. 1, insbesondere im Interesse des Klima-, Umwelt- und Ressourcenschutzes eine nachhaltige Entwicklung der   **1**

Energieversorgung durch Erzeugung von Strom aus erneuerbaren Energien zu fördern, ohne die Sicherheit der Energieversorgung und die Bezahlbarkeit von Strom zu beeinträchtigen. Dieses Ziel ist in Übereinstimmung mit den EU-rechtlichen Vorgaben (s. Vorb. vor
§ 63 Rn. 2 ff.) und unter Aufrechterhaltung der wettbewerblichen Öffnung der Märkte (§ 1
Abs. 2 EnWG) zu erreichen. Zur Umsetzung der ökologischen Zielbestimmung verfolgt
das Erneuerbare-Energien-Gesetz nach § 1 EnWG das Ziel, den Anteil erneuerbarer Energien an der Stromversorgung bis zum Jahr 2050 kontinuierlich zu erhöhen. Die Kosten für
den gegenüber dem Strom aus fossilen Energieträgern teureren Strom aus erneuerbaren
Energiequellen werden auf alle Letztverbraucher gleichmäßig verteilt. Dadurch tragen alle
Letztverbraucher solidarisch die Kosten des Ausbaus der erneuerbaren Energien. Eine
Ausnahme von diesem Grundsatz ist die Besondere Ausgleichsregelung der §§ 63 ff.

2 Ziel der Besonderen Ausgleichsregelung, auch **Härtefallregelung** genannt, ist es, einen
Ausgleich zwischen der Förderung erneuerbarer Energien sowie der Erhaltung der internationalen Wettbewerbsfähigkeit von Unternehmen des produzierenden Gewerbes und der
intermodalen Wettbewerbsfähigkeit von Schienenbahnen zu schaffen. Zu diesem Zweck
können sich betroffene Unternehmen bei Nachweis der im Gesetz festgelegten Voraussetzungen von der Kostenlast des EEG weitgehend befreien lassen. Dadurch erhöhen sich die
Kosten der EEG-Umlage für die übrigen Letztverbraucher (private Haushalte, Gewerbe,
Handel, Dienstleistungsnehmer, nicht begünstigte Industrie- und Verkehrsunternehmen).

3 Da die EEG-bedingt erhöhten Stromkosten in Deutschland produzierender stromintensiver
Unternehmen, die im internationalen Wettbewerb stehen, von diesen nicht erwirtschaftet
werden können, ist die Besondere Ausgleichsregelung kein „Fremdkörper" im EEG, der
durch enge Auslegung der Vorschriften möglichst klein zu halten ist, sondern ist als ein
Standbein des EEG anzusehen, ohne das das EEG nicht hätte Gesetz werden können. Denn
eine weitgehende Deindustrialisierung Deutschlands hätte zugleich mit den Arbeitsplätzen
auch diejenigen Unternehmen eliminiert, die Voraussetzungen für die Finanzierung des
EEG durch die Verbraucher schaffen.

II. Entstehungsgeschichte

4 Die Besondere Ausgleichsregelung, die einen Anspruch auf Begrenzung der anteiligen
EEG-Umlage gewährt, ist – anders als die Regelungen zur Abnahme- und Vergütungspflicht zwischen Anlagen- und Netzbetreibern und den Regelungen zur Weitergabe im
bundesweiten Belastungsausgleich nach §§ 34–39 – **öffentlich-rechtlich ausgestaltet**.
Streitigkeiten um die Besondere Ausgleichsregelung sind deshalb nicht zivilrechtlich zwischen den Unternehmen, Elektrizitätsversorgungsunternehmen und den Übertragungsnetzbetreiber, sondern nach den Regeln des Verwaltungsrechts und auf dem Verwaltungsrechts-
wege zu klären.[1]

5 **1. StrEinspG und EEG 2000.** Weder das **StrEinspG** noch das **EEG 2000** enthielten eine
Sonderregelung für stromintensive Unternehmen. Die Härtefallregelung wurde erstmals
durch das „Erste Gesetz zur Änderung des Erneuerbare-Energien-Gesetzes" vom
16.7.2003[2] als § 11a in das EEG 2000 eingefügt. Die Regelung sollte am 1.7.2004 außer

---

1 Vgl. Altrock/Oschmann/Theobald/*Große/Kachel*, § 40 Rn. 3; *Salje*, EEG 2014, § 66 Rn. 4, 40 ff.
2 BGBl. 2003 I S. 1459.

Kraft treten. Danach konnten Unternehmen des produzierenden Gewerbes auf Antrag die Weitergabe von Strom nach § 11 Abs. 4 S. 1 EEG 2000 begrenzen lassen.

Nach § 11a Abs. 1 EEG 2000 begrenzte das Bundesamt für Wirtschaft und Ausfuhrkon-   6
trolle auf Antrag den Anteil der Strommenge nach § 11 Abs. 4 S. 1 EEG 2000, der von Elektrizitätsversorgungsunternehmen an letztverbrauchende Unternehmen des produzierenden Gewerbes weitergegeben wurde, um dadurch die sich aus der Weitergabe der Strommenge für diese Unternehmen ergebenden Kosten zu verringern. Dieses durfte nur geschehen, soweit die Ziele des Gesetzes nicht gefährdet wurden und die Begrenzung mit den Interessen der Gesamtheit der Stromverbraucher vereinbar war. Beabsichtigt war keine umfassende Ausnahme der Industrie, sondern eine **beschränkte Entlastung besonders betroffener Unternehmen des produzierenden Gewerbes** von den Kosten für den Ausbau der erneuerbaren Energien. So hatte ein Unternehmen des produzierenden Gewerbes nur Anspruch auf eine Begrenzung, soweit es nachwies, dass und inwieweit erstens sein Stromverbrauch aus dem Netz für die allgemeine Versorgung in den letzten zwölf abgeschlossenen Kalendermonaten an einer Abnahmestelle 100 GWh überstiegen hatte, zweitens das Verhältnis der Stromkosten zur Bruttowertschöpfung des Unternehmens 20 % überschritten hatte sowie drittens die Strommenge nach § 11 Abs. 4 S. 1 EEG 2000 anteilig an das Unternehmen weitergereicht worden war. Darüber hinaus hatten die Unternehmen im Einzelfall darzulegen, dass die aus dem EEG resultierenden Kosten ihre Wettbewerbsfähigkeit jeweils erheblich beeinträchtigten.

Zum **Nachweis** dieser Anspruchsvoraussetzungen hatte das Unternehmen ein vom Elektri-   7
zitätsversorgungsunternehmen in Auftrag zu gebendes Testat eines Wirtschaftsprüfers, in dem die Stromlieferungsverträge, die anteilig weitergereichte Strommenge und die Differenzkosten nachzuweisen waren, vorzulegen, sowie ein zweites Gutachten eines Wirtschaftsprüfers, in dem die übrigen Anspruchsvoraussetzungen dargelegt werden mussten.

Die **Begrenzung**sentscheidung des Bundesamtes für Wirtschaft und Ausfuhrkontrolle hat-   8
te so zu erfolgen, dass die Differenzkosten für die anteilig weitergereichte Strommenge bezogen auf die gesamte über 100 GWh hinausgehende Strommenge unter Zugrundelegung der nach § 11a Abs. 4 S. 1 und 5 EEG 2000 prognostizierten Vergütung 0,05 ct/kWh betragen sollten. Somit richtete sich der Anspruch auf die Begrenzung eines bestimmten Prozentsatzes mit dem Ziel der Verringerung der Differenzkosten auf einen Wert von 0,05 ct/kWh, § 11a Abs. 3 S. 1 und 2 EEG 2000. Dieser reduzierte Grenzwert galt aber nur oberhalb eines Selbstbehaltes von 100 Gigawattstunden gemäß § 11a Abs. 3 S. 1 EEG 2000. Nach § 11a Abs. 4 S. 1 EEG 2000 sollte die Entscheidung der Behörde innerhalb von vier Wochen nach Eingang der vollständigen Antragsunterlagen mit Wirkung gegenüber dem Unternehmen und dem Elektrizitätsversorgungsunternehmen ergehen und erstreckte sich auf einen Zeitraum von einem Jahr ab Bekanntgabe der Begrenzungsentscheidung.[3]

2. EEG 2004. In der **Novelle 2004** wurde die Besondere Ausgleichsregelung in § 16 EEG   9
2004 ausgeweitet. Die Regelung hatte nun bis zum 30.11.2006 Gültigkeit. Es wurde der Kreis der berechtigten Unternehmen durch Senkung der Schwellenwerte deutlich ausgeweitet: Begünstigte Unternehmen waren jetzt Unternehmen oder selbstständige Unternehmensteile des produzierenden Gewerbes ab einem jährlichen Strombezug von mehr als 10 GWh pro Abnahmestelle, wenn sie Stromkosten zur Bruttowertschöpfung von mehr als 15 % (vorher: 20 %) nachwiesen. Der bis dahin aufwendig zu führende Einzelnachweis der

---

3 Vgl. BT-Drs. 15/810, S. 6; BMU, EEG-Erfahrungsbericht 2007, S. 147.

Wettbewerbsbeeinträchtigung entfiel und wurde dadurch ersetzt, dass die Unternehmen nur noch nachweisen mussten, dass sie Differenzkosten entrichteten. Für die Unternehmen griff die Begrenzung der EEG-Strommenge bereits oberhalb eines Selbstbehalts in Höhe von 10 % ihres Stromverbrauchs des letzten abgeschlossenen Geschäftsjahres. Für Unternehmen, die die höheren Anforderungen des § 11a EEG 2000 (mehr als 20 % Anteil der Stromkosten an der Bruttowertschöpfung und mehr als 100 GWh Stromverbrauch an einer Abnahmestelle) erfüllten, entfiel der Selbstbehalt vollständig.[4]

10   Zum Schutz der nicht privilegierten Letztverbraucher sah das Gesetz eine Obergrenze („Deckelung") für das Gesamtentlastungsvolumen in § 16 Abs. 5 EEG 2004 vor. Durch die Deckelungsregelung wurden die Gesamtentlastungswirkung und damit die Gesamtumverteilungsmenge begrenzt. Die durch die Vergütungszahlungen des Erneuerbare-Energien-Gesetz bedingten Kosten für die von der Besonderen Ausgleichsregelung nicht begünstigten Letztverbraucher durften infolge der Anwendung der Besonderen Ausgleichsregelung nach dem vorgegebenen Berechnungsverfahren um nicht mehr als 10 % steigen. Anderenfalls waren die Begrenzungen für die durch die Regelung des § 16 EEG 2004 zu begünstigenden Unternehmen insoweit zu reduzieren. Im Ergebnis führte dies dazu, dass die begünstigten Unternehmen bereits im ersten Jahr der Anwendung dieser Regelung eine Belastung von mehr als 0,05 ct/kWh zu tragen hatten.

11   Auch hinsichtlich des Antragsverfahrens erfolgten erhebliche Änderungen. Als **Begünstigungszeitraum** wurde einheitlich für alle Unternehmen das auf das Antragsjahr folgende **Kalenderjahr** festgelegt. Die Entscheidung der Verwaltungsbehörde erging nunmehr mit Wirkung gegenüber dem Unternehmen, dem Elektrizitätsversorgungsunternehmen und dem Übertragungsnetzbetreiber, § 16 Abs. 6 S. 2 EEG 2004. Zudem wurde eine **einheitliche Ausschlussfrist** zur Antragstellung am 30. Juni des jeweiligen laufenden Jahres eingeführt, § 16 Abs. 6 S. 1 EEG 2004. Bis zum Ablauf dieser Ausschlussfrist mussten die vollständigen Antragsunterlagen beim Bundesamt für Wirtschaft und Ausfuhrkontrolle fristgerecht eingegangen sein.

12   **3. EEG 2006.** Zum Schutz der übrigen, nicht privilegierten Letztverbraucher enthielt § 16 EEG 2004 zwei Regelungen: Demnach durften die EEG-Kosten im gesamten, nicht privilegierten Bereich maximal um 10 % steigen (sogenannter „**10-Prozent-Gesamtdeckel**", § 16 Abs. 5 EEG 2004). Innerhalb dieses 10-Prozent-Deckels war das Begünstigungsvolumen für Unternehmen, die Schienenbahnen betrieben, auf maximal 20 Mio. Euro begrenzt („**Schienenbahn-Deckel**", § 16 Abs. 4 S. 5 EEG 2004). Diese Obergrenzen strich der Gesetzgeber aber mit dem ersten Gesetz zur Änderung des Erneuerbare-Energien-Gesetzes vom 15.11.2006, um die wirtschaftlichen Rahmenbedingungen für stromintensive Unternehmen und Schienenbahnen zu verbessern.[5]

13   **4. EEG 2009.** Die Regelungen des § 16 EEG 2004 sind im Abschnitt 2 der Besonderen Ausgleichsregelung bei der **Novelle 2009** vom 25.10.2008 weitgehend beibehalten worden.

14   In den Text der Besonderen Ausgleichsregelung wurde eine bis heute beibehaltene ausdrückliche **Zweckbestimmung** eingefügt. So dient die Besondere Ausgleichsregelung dazu, die Stromkosten der begünstigten Unternehmen des produzierenden Gewerbes und

---

4 Vgl. BMU, EEG-Erfahrungsbericht 2007, S. 147.
5 Vgl. BT-Drs. 16/2455, S. 7.

Schienenbahnunternehmen zu senken und so ihre internationale und intermodale Wettbewerbsfähigkeit zu erhalten, soweit hierdurch die Ziele des Gesetzes nicht gefährdet werden und die Begrenzung mit den Interessen der Gesamtheit der Stromverbraucher vereinbar ist (näher dazu Rn. 40 ff.).

Mit dem EEG 2009 wurde eine **Zertifizierung** als Anspruchsvoraussetzung für Unternehmen des produzierenden Gewerbes eingeführt. Mittels einer Zertifizierungsbescheinigung ist nachzuweisen, dass das Unternehmen im letzten abgeschlossenen Geschäftsjahr eine Zertifizierung durchgeführt hat, mit der der Energieverbrauch und die Potenziale zur Verminderung des Energieverbrauchs bewertet worden sind, § 41 Abs. 1 Nr. 4 i.V. mit § 41 Abs. 2 S. 2 EEG 2009. Weitere neue Regelungen sind im Wesentlichen die Einführung einer zweiten Antragsfrist für neu gegründete Unternehmen in eng begrenzten Fällen (§§ 41 Abs. 2a, 43 Abs. 2 EEG 2009) und die Aufnahme einer **Auskunftpflicht** in § 44 EEG 2009 für begünstigte Unternehmen für Zwecke der Erstellung des EEG-Erfahrungsberichts nach § 65 EEG 2009. Die begünstigten Unternehmen wurden nach dem EEG 2009 mit Hilfe eines für alle Unternehmen einheitlichen Prozentsatzes mit Wirkung für die beantragte Abnahmestelle begrenzt.[6] Diese letzte Änderung ist sehr bemerkenswert, da die begünstigten Unternehmen bei der ursprünglichen Regelung des § 11a EEG 2000 in der Fassung vom 16.7.2003 noch im Einzelfall nachweisen mussten, dass durch die Differenzkosten ihre Wettbewerbsfähigkeit erheblich beeinträchtigt wurde. Die Begrenzungsregelung, nach der die Entscheidung der Behörde auf Basis eines für alle Unternehmen einheitlichen Prozentsatzes die anteilig weitergereichte EEG-Strommenge festzusetzen hat, kam in der Praxis nicht zur Anwendung. Diese Regelung wurde durch die Verordnung zur Weiterentwicklung des bundesweiten Ausgleichsmechanismus überlagert.

5. Verordnung zur Weiterentwicklung des bundesweiten Ausgleichsmechanismus (AusglMechV). Mit der Verordnung zur Weiterentwicklung des bundesweiten Ausgleichsmechanismus (AusglMechV) vom 17.7.2009 galt die Anspruchsvoraussetzung des § 41 Abs. 1 Nr. 3 EEG 2009 als erfüllt, wenn das Unternehmen mittels der Bescheinigung eines Wirtschaftsprüfers bzw. eines vereidigten Buchprüfers und den Stromrechnungen nachweist, dass es die EEG-Umlage anteilig an sein Elektrizitätsversorgungsunternehmen gezahlt hat. Darüber hinaus begrenzt das Bundesamt für Wirtschaft und Ausfuhrkontrolle die EEG-Umlage auf 0,05 ct/kWh. So wird der Anspruch des regelverantwortlichen Übertragungsnetzbetreibers aus § 1 Abs. 4 i.V. mit § 3 AusglMechV a. F. gegenüber den betreffenden Elektrizitätsversorgungsunternehmen begrenzt, wobei die Übertragungsnetzbetreiber diese Begrenzung im Rahmen des § 37 Abs. 4 EEG 2009 i.V. mit § 2 AusglMechV a. F. zu berücksichtigen haben. Diese Regelungen der AusglMechV wurden bei der Gesetzesnovelle 2012 in das EEG übernommen.

6. EEG 2010. Rückwirkend zum 1.7.2010 in Kraft getreten ist die am 11.8.2010 veröffentlichte „kleine EEG-Novelle 2010". Das Erste Gesetz zur Änderung des Erneuerbare-Energien-Gesetzes[7] beinhaltete eine **Übergangsregelung**, derzufolge Unternehmen des produzierenden Gewerbes, die ihren **Strom außerhalb eines der allgemeinen Versorgung dienenden Netzes bezogen** hatten, für die Jahre 2009, 2010 und 2011 ausnahmsweise bis zum 30.9.2010 einen Antrag auf Begrenzung der EEG-Umlage beim Bundesamt für Wirtschaft und Ausfuhrkontrolle stellen konnten (§ 66 Abs. 5 EEG 2010).

15

16

17

---

6 Vgl. BT-Drs. 16/8148, S. 65.
7 BGBl. I S. 1170.

18 Hintergrund für diese Sonderregelung war das **Urteil des Bundesgerichtshofs vom 9.12.2009**.[8] Danach ist auch der Strom in den Belastungsausgleich des EEG einzubeziehen, der außerhalb eines Netzes der allgemeinen Versorgung erzeugt und an Letztverbraucher geliefert wird. Dies betraf vor allem Unternehmen in Areal- und Objektnetzen sowie in Industrieparks. Durch diese Neuregelung haben die von der Sonderregelung des **§ 66 Abs. 5 EEG 2010** begünstigten Unternehmen nicht nur von den Zinsvorteilen bis zum Zeitpunkt der Nachforderung der EEG-Umlagen, sondern auch von der nachträglichen Begrenzung profitieren können.

19 **7. EEG 2012.** Mit der **Novellierung 2012** wurden die Grenzwerte für einen Anspruch auf Begrenzung der EEG-Umlage für Unternehmen des produzierenden Gewerbes erneut abgesenkt. Die an einer Abnahmestelle von einem Elektrizitätsversorgungsunternehmen bezogene und selbst verbrauchte Strommenge wurde durch das Erneuerbare-Energien-Gesetz 2012 von 10 auf mindestens 1 GWh abgesenkt. Außerdem wurde das Verhältnis der vom Unternehmen zu tragenden Stromkosten zur Bruttowertschöpfung nach der Definition des Statistischen Bundesamtes, Fachserie 4, Reihe 4.3, Wiesbaden 2007 von 15 auf mindestens 14% reduziert. Dadurch kamen sehr viel mehr Unternehmen als bisher, insbesondere auch mittelständische Unternehmen, in den Genuss der Begrenzung ihrer EEG-Umlage.

20 Mit der EEG-Novelle 2012 wurde neben der **Präzisierung zahlreicher Begriffe** auch eine **Legaldefinition** des Begriffs des selbstständigen Unternehmensteils in Abs. 5 S. 2 eingeführt. Das Verhältnis der Stromkosten zur Bruttowertschöpfung nach der Definition des Statistischen Bundesamtes, Fachserie 4, Reihe 4.3, Wiesbaden 2007 wurde dahingehend präzisiert, dass nur die vom Unternehmen zu tragenden Stromkosten in dieses Verhältnis einfließen. Die Zertifizierung ist nicht mehr im letzten abgeschlossenen Geschäftsjahr nachzuweisen (Abs. 1 Nr. 2).

21 Die **Begrenzung**swirkung wurde in § 41 Abs. 3 EEG 2012 ebenfalls neu geregelt. Sie erfolgte nach einem gestaffelten Prozentsatzes abhängig von der im Begrenzungsjahr bezogenen und selbst verbrauchten Strommenge (Abs. 3 Nr. 1) oder im Falle einer selbst verbrauchten Gesamtstrommenge an der Abnahmestelle von mindestens 100 GWh und einem Verhältnis der Stromkosten zur Bruttowertschöpfung von mehr als 20% im letzten abgeschlossenen Geschäftsjahr auf 0,05 ct/kWh der nach § 37 Abs. 2 EEG 2012 ermittelten Umlage. Durch die EEG-Novelle 2012 wuchs im Antragsjahr 2012 die Zahl der gestellten Anträge auf 2.055 mit 3.184 beantragten Abnahmestellen.[9] Im Antragsjahr 2013 stieg die Zahl der antragstellenden Unternehmen weiter auf 2.384 mit 3.480 Abnahmestellen und einer beantragten Strommenge von 119,5 TWh.[10]

22 In § 41 Abs. 2 EEG 2012 wurde ein neuer S. 3 eingeführt. Dieser erklärt die **Bestimmungen zur Unabhängigkeit des Prüfers** (§§ 319 Abs. 2–4, 319b Abs. 1 HGB), zu seinem Auskunftsrecht gegenüber dem Geprüften (§ 320 Abs. 2 HGB) sowie zu seiner Haftung

---

8 Vgl. BGH, Urt. v. 9.12.2009, VIII ZR 35/09, RdE 2010, 225.

9 BMU, Hintergrundinformationen zur Besonderen Ausgleichsregelung, Antragsverfahren 2013 auf Begrenzung der EEG-Umlage 2014, S. 11, abrufbar auf www.bafa.de/bafa/de/energie/besonde re_ausgleichsregelung_eeg/publikationen/bmwi/eeg_hintergrundpapier_2014.pdf.

10 Vgl. BMU, Hintergrundinformationen zur Besonderen Ausgleichsregelung, Antragsverfahren 2013 auf Begrenzung der EEG-Umlage 2014, S. 11, abrufbar auf www.bafa.de/bafa/de/energie/ besondere_ausgleichsregelung_eeg/publikationen/bmwi/eeg_hintergrundpapier_2014.pdf.

(§ 323 Abs. 2 S. 1, 3 und Abs. 4 HGB) auf die Prüfung im EEG für entsprechend anwendbar.

Die Änderung der rückwirkend zum 1.4.2012 in Kraft getretenen **PV-Novelle** änderte bei **23** der Besonderen Ausgleichsregelung zwei Punkte: In § 41 Abs. 2 S. 1 EEG 2012 wurde die Buchprüfungsgesellschaft in die Liste derjenigen aufgenommen, die nach § 41 Abs. 2 S. 1 EEG 2012 neben dem Wirtschaftsprüfer, der Wirtschaftsprüfungsgesellschaft und dem vereidigten Buchprüfer die entsprechende Bescheinigung ausstellen dürfen. Zum anderen wurde in § 63a Abs. 2 S. 3 Nr. 4 EEG 2012 eine **Verordnungsermächtigung** des Bundesministeriums für Umwelt, Naturschutz und Reaktorsicherheit im Einvernehmen mit dem Bundesministerium für Wirtschaft und Technologie zur **Erhebung von Gebühren und Auslagen für Amtshandlungen des Bundesamtes für Wirtschaft und Ausfuhrkontrolle** im Zusammenhang mit der Begrenzung der EEG-Umlage nach §§ 40–43 eingeführt.[11] Mit dieser am 5.3.2013 in Kraft getretenen Verordnung über Gebühren und Auslagen des Bundesamtes für Wirtschaft und Ausfuhrkontrolle im Zusammenhang mit der Begrenzung der EEG-Umlage[12] werden insbesondere nach dem Äquivalenzprinzip Gebühren für Begrenzungs- und Ablehnungsbescheide des Bundesamtes für Wirtschaft und Ausfuhrkontrolle erhoben.

8. Reform des EEG 2014. Die EEG-Reform 2014 verfolgt zwei grundlegende Ziele: Der **24** Anteil der erneuerbaren Energien an der deutschen Stromversorgung soll zu Lasten der CO_2-intensiven Kohleverstromung stetig weiter erhöht werden. Zugleich soll aber die Kostendynamik der Jahre 2010–2012 beim Ausbau der erneuerbaren Energien durchbrochen werden, um so den Anstieg der Stromkosten für die Stromverbraucher zu begrenzen. Die Reform der Besonderen Ausgleichsregelung der §§ 63ff. EEG musste sich im Rahmen der neuen Umwelt- und Energiebeihilfeleitlinien der Europäischen Kommission bewegen, um deren Zustimmung zu erlangen, da die besondere Ausgleichsregelung Beihilfecharakter hat (s. Vorb. vor § 63 Rn. 6 ff.). Zu diesem Zweck enthält die Besondere Ausgleichsregelung folgende acht Komponenten:

Antragsberechtigt sind Unternehmen aus den Branchen, die von den Umwelt- und Energie- **25** beihilfeleitlinien der EU-Kommission als Stromkosten- und handelsintensiv eingestuft werden (Listen 1 und 2 der Anlage 4 zum EEG 2014).

Unternehmen sind nur dann antragsberechtigt, wenn der Anteil der Stromkosten an ihrer **26** Bruttowertschöpfung zu Faktorkosten einen Mindestanteil aufweist, nämlich bei Unternehmen aus den 68 Branchen der Liste 1 mind. 16 % (ab dem Antragsjahr 2015: mind. 17 %) und bei Unternehmen aus den Branchen der Liste 2 mind. 20 %. Die Anhebung der Eintrittsschwelle in die Besondere Ausgleichsregelung, die beim EEG 2012 einheitlich bei 14 % lag, soll verhindern, dass der Kreis der privilegierten Unternehmen sich künftig weiter vergrößert.

Die begünstigten Unternehmen zahlen 15 % der EEG-Umlage; diese Belastung wird je- **27** doch auf 4 % bzw. 0,5 % der Bruttowertschöpfung zu Faktorkosten des jeweiligen Unternehmens begrenzt (sog. „Cap" und „Super-Cap", dazu § 64 Rn. 92 ff.).

---

11 Vgl. BT-Drs. 17/8877, S. 8, 25.
12 VO über Gebühren und Auslagen des Bundesamtes für Wirtschaft und Ausfuhrkontrolle im Zusammenhang mit der Begrenzung der EEG-Umlage (Besondere-Ausgleichsregelung-Gebührenverordnung – BAGebV) v. 5.3.2013, BGBl. I S. 448.

28   Alle begünstigten Unternehmen zahlen für die erste Gigawattstunden (GWh) die EEG-Umlage in voller Höhe und für alle darüber hinausgehenden Kilowattstunden mind. 0,1 Cent. Durch diese Mindestumlage soll auch ein Beitrag der begünstigten Unternehmen für das EEG-Konto erreicht werden.

29   Das neue System der Besonderen Ausgleichsregelung wird ab dem Antragsjahr 2014 für die Begrenzung in 2015 eingeführt. Um Härten für Unternehmen, die durch das neue System stärker belastet werden, zu vermeiden, erfolgt die Einführung schrittweise. Die Unternehmen erhalten bis zum Jahre 2019 Zeit, um sich auf den Anstieg der Belastung einzustellen. Aus diesem Grunde darf sich die von einem Unternehmen zu zahlende EEG-Umlage von Jahr zu Jahr höchstens verdoppeln.

30   Die Umstellung auf das neue System der Besonderen Ausgleichsregelung wird vom Gesetzgeber durch weitere Übergangsregelungen erleichtert. So ist die Antragsfrist im Jahr 2014, um eine Begrenzung in 2015 zu erreichen, einmalig auf den 30. September 2014 verlängert worden.

31   Unternehmen, die nach Umstellung auf das neue System der Ausgleichsregelung nicht mehr antragsberechtigt sind, zahlen von 2015 an für die erste GWh die volle EEG-Umlage und die übrigen mind. 20% der EEG-Umlage, ohne dass die Cap- bzw. Super-Cap-Regelung zum Tragen kommt. Durch diese Regelung sollen Härtefälle vermieden werden.

32   Der Kreis der antragsberechtigten Unternehmen ist durch § 5 Nr. 34 für konzernangehörige Unternehmen eingeschränkt worden, soweit diese nicht über eine eigenständige Leitung verfügen. Ein Gleiches gilt für die Berechtigung, bei selbstständigen Unternehmensteilen einen Befreiungsantrag stellen zu können, wenn diese nicht selbstständig ihre Produkte an außenstehende Unternehmen veräußern können, sondern nur Teil einer konzerninternen Produktionskette sind (§ 64 Abs. 5).[13] Unternehmen müssen in ihrer Gesamtheit eine Stromkostenintensität von 20% auf Unternehmensebene aufweisen, was nicht der Fall ist, wenn nur der Unternehmensteil stromkostenintensiv ist. Eine Ausnahmeregelung für selbstständige Unternehmensteile muss daher notwendig sehr eng gehalten werden.[14]

III. Sonderregelungen für Schienenbahnen

33   Nach § 1 Abs. 5 Allgemeines Eisenbahngesetz (AEG) haben Bundesregierung und Landesregierungen mit dem Ziel bestmöglicher Verkehrsbedienung darauf hinzuwirken, dass die Wettbewerbsbedingungen der Verkehrsträger angeglichen werden. Außerdem soll durch einen lauteren Wettbewerb der Verkehrsträger eine volkswirtschaftlich sinnvolle Aufgabenteilung ermöglicht werden. **Schienenbahnen** sind aus verkehrspolitischen Gründen in die Besondere Ausgleichsregelung einbezogen, damit sie ihre Transportleistungen konkurrenzfähig im Vergleich zu anderen Verkehrsträgern wie beispielsweise LKW, Schiff und Flugzeug erbringen können. Schienenbahnen nehmen Aufgaben der Daseinsvorsorge auf besonders umweltfreundliche Art und Weise wahr und sind auf den Bezug von Elektrizität angewiesen.[15]

---

13 Vgl. näher unter § 64 Rn. 202 ff.
14 Vgl. die Gegenäußerung der Bundesregierung zur Stellungnahme des Bundesrates vom 23.5.2014 zum Entwurf des EEG, BR-Drs. 191/14 zu Nr. 3.
15 Vgl. BT-Drs. 16/8148, S. 66; BT-Drs. 15/2864, S. 50.

IV. Wirtschaftliche Bedeutung der Besonderen Ausgleichsregelung

Die erhebliche **Erweiterung des Adressatenkreises** der begünstigten Unternehmen seit Einführung der Besonderen Ausgleichsregelung im Jahr 2003 wie auch der stetige **Anstieg der EEG-Differenzkosten** führten zu einer stetigen **Umverteilung** innerhalb des Belastungsausgleichs von den begünstigten Unternehmen zu den übrigen Letztverbrauchern. **34**

Unter der am 22.7.2003 in Kraft getretenen Vorgängerregelung wurden 66 Anträge auf Begrenzung der EEG-Strommengen positiv beschieden.[16] Da einige Unternehmen mehrere Anträge für zwei oder mehr Abnahmestellen gestellt hatten, konnten 59 Unternehmen von dieser Regelung profitieren.[17] Diese nahmen 12,9 % der gesamten in Deutschland benötigten Strommengen ab.[18] Die Bescheide hatten für den Begrenzungszeitraum von Mitte 2003 bis Ende 2004 ein Volumen von insgesamt 110 Mio. €.[19] **35**

Für die **Begrenzung 2005** wurden insgesamt 360 Anträge von 350 Unternehmen gestellt.[20] Davon erhielten 297 Unternehmen positive Bescheide.[21] Der finanzielle Vorteil betrug rund 250 Mio. € auf Basis einer privilegierten Strommenge von 59 TWh.[22] **36**

Im **Jahre 2007** waren 382 Unternehmen mit 564 Abnahmestellen begünstigt, die 14,6 % des in der Bundesrepublik verbrauchten Stroms bezogen.[23] Seit ihrem Inkrafttreten im Jahr 2003 ist die Härtefallregelung in verfassungs- und EU-rechtlich bedenklicher Weise immer mehr ausgeweitet worden.[24] **37**

Im **Jahre 2010** lag das Umverteilungsvolumen der Besonderen Ausgleichsregelung bei rund 1,1 Mrd. €.[25] **2012** betrug das Umverteilungsvolumen etwa 2,5 bis 2,6 Mrd. €.[26] Die finanzielle Belastung der nicht privilegierten Letztverbraucher betrug dabei 0,63 ct/kWh.[27] Im Begrenzungsjahr 2013 (Antragsjahr 2012) betrug die privilegierte Strommenge des Bundesamtes rund 95,5 TWh, was zu einer Entlastung der privilegierten Unternehmen von rund 4 Mrd. € führte.[28] Im Begrenzungsjahr 2014 erreichte die privilegierte Strommenge ca. 107 TWh.[29] **38**

---

16 Vgl. BT-Drs. 15/5212, S. 9 zu Frage Nr. 32.

17 Vgl. BT-Drs. 15/5212, S. 9 zu Frage Nr. 32.

18 Vgl. BMU, EEG-Erfahrungsbericht 2007; Jahresabrechnung 2004 des VDN, abrufbar auf www.amprion.net/eeg-jahresabrechnung-2004.

19 Vgl. BT-Drs. 15/5212, S. 9 zu Frage Nr. 32.

20 Vgl. BT-Drs. 15/5212, S. 9 zu Frage Nr. 33.

21 Vgl. BT-Drs. 15/5212, S. 9 zu Frage Nr. 33.

22 Vgl. BT-Drs. 15/5212, S. 9 zu Frage Nr. 33.

23 Vgl. BMU, EEG-Erfahrungsbericht 2007; Jahresabrechnung 2007 des BDEW, abrufbar auf: www.bdew.de/bdew.nsf/id/DE_EEG-Jahresabrechnungen; BT-Drs. 17/14643, S. 2.

24 Vgl. *Oschmann/Sösemann*, ZUR 2007, 1, 2.

25 Vgl. BMU, Informationen zur Anwendung von §§ 40 ff. EEG (Besondere Ausgleichsregelung) für das Jahr 2011, S. 7, abrufbar auf www.bmub.bund.de/fileadmin/bmu-import/files/pdfs/allgemein/application/pdf/hg_ausgleichsregelung_2011_bf.pdf.; *Ziehm*, ZUR 2012, 585.

26 Vgl. *Ziehm*, ZUR 2012, 585.

27 Vgl. BT-Drs. 17/14643, S. 2.

28 BMWi/BAFA, Hintergrundinformationen zur Besonderen Ausgleichsregelung, Antragsverfahren 2013 auf Begrenzung der EEG-Umlage 2014, S. 17, abrufbar auf www.bafa.de/bafa/de/energie/besondere_ausgleichsregelung_eeg/publikationen/bmwi/eeg_hintergrundpapier_2014.pdf.

29 BAFA, Statistische Auswertungen zur „Besonderen Ausgleichsregelung", abrufbar auf www.bafa.de/bafa/de/energie/besondere_ausgleichsregelung_eeg/publikationen/statistische_auswertungen/index.html.

39 Das Begrenzungs- und Umverteilungsvolumen ist vor allem durch den Anstieg der Differenzkosten und nicht allein wegen des Anstiegs der Anzahl privilegierter Unternehmen stetig gestiegen. Das Bundesamt für Wirtschaft und Ausfuhrkontrolle veröffentlicht die **Namen der begünstigten Unternehmen** auf seiner Homepage.[30]

Tabelle: BesAR für die Begrenzungsjahre 2011–2015

	Zum Vergleich: Ergebnis der Bescheidverfahren für die Begrenzung in den Jahren				
	2011	**2012**	**2013**	**2014**	**2015**
Anzahl der Unternehmen, die einen Antrag gestellt haben	**680**	**834**	**2.059**	**2.388**	**2.455**
Anzahl der Abnahmestellen, für die ein Antrag gestellt wurde	918	1.122	3.188	3.485	3.390
begünstigte Unternehmen und Unternehmsteile; davon	**604**	**734**	**1.729**	**2.098**	
– produzierendes Gewerbe	555	683	1.676	2.026	–
– Schienenbahnen	49	51	53	72	
begünstigte Abnahmestellen	820	979	2.334	2.779	
privilegierte Strommenge [GWh] davon	**75.983**	**85.402**	**96.397**	**106.255**	angemeldet: 117.838
– produzierendes Gewerbe	71.793	80.956	91.564	95.290	angemeldet: 105.248
– Schienenbahnen	4.190	4.446	4.833	10.965	angemeldet: 12.590
Tatsächliche Inanspruchnahme [GWh] (Ist-Werte EEG-Jahresabrechnung, die Mitte des *Folge*jahres vorliegt)	**85.118**	**86.127**	**93.598**	–	–
Schätzung der ÜNB für 2013 und 2014 [GWh]				106.523	
Entlastungen der in Mrd.	2,74	2,72	4	5,1	
Anteil der Privilegierung an der EEG-Umlage in Cent/kWh	**0,6**	**0,63**	**1,04**	**1,35**	

BAFA, Aktualisierte Daten 2011–2015, Stand 4.11.2014.

---

30 www.bafa.de/bafa/de/energie/besondere_ausgleichsregelung_eeg/publikationen/statistische_auswertungen/index.html.

V. Die Einschränkung des Rechtsanspruchs auf die Besondere Ausgleichsregelung durch übergeordnete Gemeinwohlinteressen

1. Keine Gefährdung der Gesetzesziele. Durch die Begrenzung der EEG-Umlage dürfen **40** **die Ziele des EEG nicht gefährdet** werden. Die allgemeinen energiewirtschaftlichen Ziele sind in § 1 EnWG genannt; sie werden durch § 1 EEG weiter konkretisiert.[31] Neben dem Klima- und Umweltschutz steht nach § 1 Abs. 1 EnWG die nachhaltige Entwicklung der Energieversorgung, die Reduzierung der volkswirtschaftlichen Kosten der Energieversorgung durch die Einbeziehung langfristiger externer Effekte, die Schonung der fossilen Energieressourcen als auch die Förderung der Weiterentwicklung von Technologien zur Erzeugung von Strom aus erneuerbaren Energien im Vordergrund. Diese Ziele werden dadurch erreicht, dass den Betreibern von Anlagen zur Erzeugung von Strom aus erneuerbaren Energien durch den Anspruch auf vorrangigen Anlagenanschluss, vorrangige Stromabnahme und auf 20 Jahre garantierte attraktive Mindestvergütungssätze Bedingungen eingeräumt werden, die ausreichende Anreize für Investitionen in solche Anlagen bieten.[32] Die Besondere Ausgleichsregelung hat auf diese Ziele und den zur Erreichung verwendeten Mechanismus **keine direkten Auswirkungen.**[33] Grund dafür ist, dass durch die in den §§ 63 ff. angelegte Begünstigung einzelner Stromabnehmer das dem Gesetzeszweck dienende System der Anschluss-, Abnahme- und Vergütungspflichten nicht berührt wird.[34] Insbesondere tangiert die Besondere Ausgleichsregelung keine Betreiber von Anlagen zur Erzeugung von Strom aus erneuerbaren Energien. Betroffen sind vielmehr die übrigen Stromverbraucher, die durch die Umverteilung über die EEG-Umlage deutlich höhere Kosten zu tragen haben als es ihrem Anteil an der Verursachung der klima- und umweltschädlichen Folgen der Energieversorgung durch ihre jeweils abgenommene Kilowattstunde Strom entspricht.[35]

Die Besondere Ausgleichsregelung hat zwar keine direkten Auswirkungen auf die Ziele **41** des Erneuerbare-Energien-Gesetzes, kann jedoch **indirekt** die Erreichung der **Gesetzesziele gefährden.**[36] Sie führt gemessen am Verursachungsanteil der Klima- und Umweltauswirkungen zu einer ungleichen Inanspruchnahme aller Letztverbraucher an den durch die Umgestaltung der Energieversorgung hin zu den erneuerbaren Energien anfallenden Kosten. So werden nichtprivilegierte Unternehmen im Verhältnis zu ihren durch die Besondere Ausgleichsregelung entlasteten Konkurrenten benachteiligt, da sie eine höhere EEG-Umlage zu zahlen haben. Es kommt somit innerhalb des produzierenden Gewerbes zu ungleichen Wettbewerbsbedingungen. Die dadurch entstehenden Wettbewerbsverzerrungen zugunsten der begünstigten Unternehmen werden zwar durch die neue branchenorientierte Listenabgrenzung der antragsberechtigten Unternehmen abgemildert, aber nicht aufgehoben, da die statistische Listenbildung die relevanten Wettbewerbsmärkte nur unzureichend abbildet. Gleichheitswidrige Belastungen ergeben sich auch für private Haushalte, Unternehmen des Handels, Gewerbes- und Dienstleistungssektors sowie nicht begünstigte In-

---

31 Vgl. Gabler/Metzenthin/*Ortlieb*, § 40 Rn. 3; Altrock/Oschmann/Theobald/*Große/Kachel*, § 40 Rn. 78.
32 Vgl. BGH, Urt. v. 27.6.2007, VIII ZR 149/66, ZNER 2007, 323, 324; Altrock/Oschmann/Theobald/*Große/Kachel*, § 40 Rn. 78.
33 Vgl. Altrock/Oschmann/Theobald/*Große/Kachel*, § 40 Rn. 79.
34 Vgl. Altrock/Oschmann/Theobald/*Große/Kachel*, § 40 Rn. 79.
35 Vgl. Altrock/Oschmann/Theobald/*Große/Kachel*, § 40 Rn. 79.
36 Vgl. a. A. Altrock/Oschmann/Theobald/*Große/Kachel*, § 40 Rn. 80.

dustrieunternehmen. Die durch die Besondere Ausgleichsregelung erfolgte Wirtschaftsförderung führt zu einer sinkenden Akzeptanz des Erneuerbare-Energien-Gesetzes bei den nicht privilegierten Letztverbrauchern.

42 **2. Vereinbarkeit mit den Interessen der Gesamtheit aller Stromverbraucher.** Nach S. 2 muss die Begrenzung der EEG-Umlage auch mit den **Interessen der Gesamtheit der Stromverbraucher vereinbar** sein. Aus dem Wortlaut ergibt sich, dass mit „Gesamtheit der Stromverbraucher" nicht die individuellen Interessen einzelner oder Interessen einzelner Gruppen, sondern im Rahmen einer Gesamtschau die Interessen aller Stromverbraucher (idealtypisch)[37] zu berücksichtigen sind.[38]

43 Weder aus den Gesetzesmaterialien, dem Wortlaut noch der Systematik des EEG lässt sich ableiten, wie die Schwelle der Vereinbarkeit der Interessen der Gesamtheit der Stromverbraucher zu bestimmen ist.[39] Wann die Schwelle der Tragfähigkeit der mit der Besonderen Ausgleichsregelung verbundenen EEG-Kostenwälzung auf nicht begünstigte Letztverbraucher und damit die Vereinbarkeit mit den Gesetzeszielen in Zukunft überschritten wird, ist im Gesetz nicht festgelegt. Es handelt sich um unbestimmte wertausfüllungsbedürftige Gesetzesbegriffe, die mit ihrer Einfügung in § 63 entgegen der Ansicht der Vorauflage nicht lediglich normativ unverbindlichen Programmcharakter haben, sondern wie auch sonstige final steuernde Zielbestimmungen imperativen Charakter haben, um die Übereinstimmung der Besonderen Ausgleichsregelung auch in der praktischen Anwendung mit den sonstigen Zielen des Gesetzes zu sichern. Die Konkretisierung ist dem Bundesamt für Wirtschaft und Ausfuhrkontrolle als der zuständigen Behörde anvertraut.[40] Da es sich um den im Einzelfall zu berechnenden Ausgleich divergierender, konfliktträchtiger Ziele handelt, besteht nach der Rechtsprechung des Bundesverwaltungsgerichts ein Regulierungsermessen, das von dem Gericht nur begrenzt zu überprüfen ist.[41]

44 Eine Begrenzung erscheint mit den Interessen der Gesamtheit der Stromverbraucher noch vereinbar, wenn sich die EEG-Umlage für die nicht privilegierten Letztverbraucher nicht um mehr als 10% jährlich erhöht.[42] Zwar hat der Gesetzgeber durch die Streichung des 10%-Deckels in § 16 Abs. 5 EEG 2004 entschieden, dass diese Grenze keine unmittelbare

---

37 *Leenen*, Typus und Rechtsfindung, S. 25 ff., S. 80 ff.
38 Vgl. Altrock/Oschmann/Theobald/*Große/Kachel*, § 40 Rn. 82. a. A. *Salje*, EEG 2014, § 40 Rn. 29 ff.
39 Vgl. Altrock/Oschmann/Theobald/*Große/Kachel*, § 40 Rn. 83 ff.
40 In § 40 S. 2 EEG 2012 hieß es ebenfalls: „Die Begrenzung erfolgt, um die Stromkosten dieser Unternehmen zu senken und so ihre internationale und intermodale Wettbewerbsfähigkeit zu erhalten, soweit hierdurch die Ziele des Gesetzes nicht gefährdet werden und die Begrenzung mit den Interessen der Gesamtheit der Stromverbraucherinnen und Stromverbraucher vereinbar ist."
41 Grundlegend zum Regulierungsermessen BVerwG, Urt. v. 28.11.2007, 6 C 42/06, BVerwGE 130, 39; BVerwG, Urt. v. 2.4.2008, 6 C 15.07, BVerwGE 131, 41; BGH, Beschl. v. 21.1.2014, EnVR 12/12, Rn. 10, 24 – Stadtwerke Konstanz GmbH; BGH, Beschl. v. 22.7.2014, EnVR 59/12, Rn. 22, Stromnetz Berlin GmbH; *Masing*, Gutachten für den 66. DJT, S. 152 ff.; *Oster*, Normative Ermächtigungen im Regulierungsrecht, S. 38; *Radtke*, Materielle Maßstäbe der telekommunikationsrechtlichen ex-ante Vorleistungsentgeltkontrolle, S. 84 ff.; *Werkmeister*, Die Kapitalverzinsung im Rahmen der Entgeltregulierung gemäß § 31 TKG, S. 284 ff.; *Franzius*, AöR 138 (2013), 204, 246; *Hwang*, AöR 136 (2011), 553, 564 ff.; *Ludwigs*, JZ 2009, 290, 291 ff.; *Proelß*, AöR 136 (2011), 401, 424 ff.; krit. *Gärditz*, Die Verwaltung 2013, 257, 266; *ders.*, NVwZ 2009, 1005 ff.
42 Vgl. Frenz/Müggenborg/*Posser/Altenschmidt*, § 40 Rn. 39.

Bedeutung mehr haben soll.[43] Nach der Gesetzesbegründung soll eine Mehrbelastung der Gesamtheit der Stromverbraucher mit 15% bis 16% Mehrkosten noch akzeptabel sein. M.E. wird aber bei einer fairen Abwägung der Ziele die Erheblichkeitsschwelle zu Lasten der Gesamtheit der Stromverbraucher in Übereinstimmung mit den Erheblichkeitskriterien der Art. 102 AEUV, § 19 GWB überschritten, wenn die Steigerung gegenüber dem Vorjahr mehr als **20%** beträgt.[44] Dann müsste das Bundesamt für Wirtschaft und Ausfuhrkontrolle als Konsequenz entweder die EEG-Umlage für begrenzte Abnahmestellen gleichmäßig erhöhen oder eine Kürzung der Anträge vornehmen.

---

43 Vgl. BT-Drs. 16/2455, S. 8; Altrock/Oschmann/Theobald/*Große/Kachel*, § 40 Rn. 84.
44 Vgl. *Säcker*, in: Bien/Ludwigs, Das europäische Kartell- und Regulierungsrecht der Netzindustrien – eine inter- und intradisziplinäre Disziplin, S. 81, 93 ff.

§ 64 Stromkostenintensive Unternehmen

(1) Bei einem Unternehmen, das einer Branche nach Anlage 4 zuzuordnen ist, erfolgt die Begrenzung nur, soweit es nachweist, dass und inwieweit

1. im letzten abgeschlossenen Geschäftsjahr die nach § 60 Absatz 1 oder § 61 umlagepflichtige und selbst verbrauchte Strommenge an einer Abnahmestelle, an der das Unternehmen einer Branche nach Anlage 4 zuzuordnen ist, mehr als 1 Gigawattstunde betragen hat,
2. die Stromkostenintensität
    a) bei einem Unternehmen, das einer Branche nach Liste 1 der Anlage 4 zuzuordnen ist, mindestens den folgenden Wert betragen hat:
       aa) 16 Prozent für die Begrenzung im Kalenderjahr 2015 und
       bb) 17 Prozent für die Begrenzung im Kalenderjahr 2016,
    b) bei einem Unternehmen, das einer Branche nach Liste 2 der Anlage 4 zuzuordnen ist, mindestens 20 Prozent betragen hat und
3. das Unternehmen ein zertifiziertes Energie- oder Umweltmanagementsystem oder, sofern das Unternehmen im letzten abgeschlossenen Geschäftsjahr weniger als 5 Gigawattstunden Strom verbraucht hat, ein alternatives System zur Verbesserung der Energieeffizienz nach § 3 der Spitzenausgleich-Effizienzsystemverordnung in der jeweils zum Zeitpunkt des Endes des letzten abgeschlossenen Geschäftsjahrs geltenden Fassung betreibt.

(2) Die EEG-Umlage wird an den Abnahmestellen, an denen das Unternehmen einer Branche nach Anlage 4 zuzuordnen ist, für den Strom, den das Unternehmen dort im Begrenzungszeitraum selbst verbraucht, wie folgt begrenzt:

1. Die EEG-Umlage wird für den Stromanteil bis einschließlich 1 Gigawattstunde nicht begrenzt (Selbstbehalt). Dieser Selbstbehalt muss im Begrenzungsjahr zuerst gezahlt werden.
2. Die EEG-Umlage wird für den Stromanteil über 1 Gigawattstunde auf 15 Prozent der nach § 60 Absatz 1 ermittelten EEG-Umlage begrenzt.
3. Die Höhe der nach Nummer 2 zu zahlenden EEG-Umlage wird in Summe aller begrenzten Abnahmestellen des Unternehmens auf höchstens den folgenden Anteil der Bruttowertschöpfung begrenzt, die das Unternehmen im arithmetischen Mittel der letzten drei abgeschlossenen Geschäftsjahre erzielt hat:
    a) 0,5 Prozent der Bruttowertschöpfung, sofern die Stromkostenintensität des Unternehmens mindestens 20 Prozent betragen hat, oder
    b) 4,0 Prozent der Bruttowertschöpfung, sofern die Stromkostenintensität des Unternehmens weniger als 20 Prozent betragen hat.
4. Die Begrenzung nach den Nummern 2 und 3 erfolgt nur so weit, dass die von dem Unternehmen zu zahlende EEG-Umlage für den Stromanteil über 1 Gigawattstunde den folgenden Wert nicht unterschreitet:
    a) 0,05 Cent pro Kilowattstunde an Abnahmestellen, an denen das Unternehmen einer Branche mit der laufenden Nummer 130, 131 oder 132 nach Anlage 4 zuzuordnen ist, oder
    b) 0,1 Cent pro Kilowattstunde an sonstigen Abnahmestellen;
    der Selbstbehalt nach Nummer 1 bleibt unberührt.

(3) Die Erfüllung der Voraussetzungen nach Absatz 1 und die Bruttowertschöpfung, die nach Absatz 2 Nummer 3 für die Begrenzungsentscheidung zugrunde gelegt werden muss (Begrenzungsgrundlage), sind wie folgt nachzuweisen:

1. für die Voraussetzungen nach Absatz 1 Nummer 1 und 2 und die Begrenzungsgrundlage nach Absatz 2 durch

    a) die Stromlieferungsverträge und die Stromrechnungen für das letzte abgeschlossene Geschäftsjahr,

    b) die Angabe der jeweils in den letzten drei abgeschlossenen Geschäftsjahren von einem Elektrizitätsversorgungsunternehmen gelieferten oder selbst erzeugten und selbst verbrauchten sowie weitergeleiteten Strommengen und,

    c) die Bescheinigung eines Wirtschaftsprüfers, einer Wirtschaftsprüfungsgesellschaft, eines vereidigten Buchprüfers oder einer Buchprüfungsgesellschaft auf Grundlage der geprüften Jahresabschlüsse nach den Vorgaben des Handelsgesetzbuchs für die letzten drei abgeschlossenen Geschäftsjahre; die Bescheinigung muss die folgenden Angaben enthalten:

        aa) Angaben zum Betriebszweck und zu der Betriebstätigkeit des Unternehmens,

        bb) Angaben zu den Strommengen des Unternehmens, die von Elektrizitätsversorgungsunternehmen geliefert oder selbst erzeugt und selbst verbraucht wurden, einschließlich der Angabe, in welcher Höhe ohne Begrenzung für diese Strommengen die EEG-Umlage zu zahlen gewesen wäre, und

        cc) sämtliche Bestandteile der Bruttowertschöpfung;

        auf die Bescheinigung sind § 319 Absatz 2 bis 4, § 319b Absatz 1, § 320 Absatz 2 und § 323 des Handelsgesetzbuchs entsprechend anzuwenden; in der Bescheinigung ist darzulegen, dass die in ihr enthaltenen Daten mit hinreichender Sicherheit frei von wesentlichen Falschangaben und Abweichungen sind; bei der Prüfung der Bruttowertschöpfung ist eine Wesentlichkeitsschwelle von 5 Prozent ausreichend,

    d) einen Nachweis über die Klassifizierung des Unternehmens durch die statistischen Ämter der Länder in Anwendung der Klassifikation der Wirtschaftszweige des Statistischen Bundesamtes, Ausgabe 2008[1], und die Einwilligung des Unternehmens, dass sich das Bundesamt für Wirtschaft und Ausfuhrkontrolle von den statistischen Ämtern der Länder die Klassifizierung des bei ihnen registrierten Unternehmens und seiner Betriebsstätten übermitteln lassen kann,

2. für die Voraussetzungen nach Absatz 1 Nummer 3 durch ein gültiges DIN EN ISO 50001-Zertifikat, einen gültigen Eintragungs- oder Verlängerungsbescheid der EMAS-Registrierungsstelle über die Eintragung in das EMAS-Register oder einen gültigen Nachweis des Betriebs eines alternativen Systems zur Verbesserung der Energieeffizienz; § 4 Absatz 1 bis 3 der Spitzenausgleich-Effizienzsystemverordnung in der jeweils zum Zeitpunkt des Endes des letzten abgeschlossenen Geschäftsjahrs geltenden Fassung ist entsprechend anzuwenden.

(4) [1]Unternehmen, die nach dem 30. Juni des Vorjahres neu gegründet wurden, können abweichend von Absatz 3 Nummer 1 im ersten Jahr nach der Neugründung Daten über ein Rumpfgeschäftsjahr übermitteln, im zweiten Jahr nach der Neugründung Daten für das erste abgeschlossene Geschäftsjahr und im dritten Jahr nach der Neugründung Daten für das erste und zweite abgeschlossene Geschäftsjahr. [2]Für das erste Jahr nach der Neugründung ergeht die Begrenzungsentscheidung unter Vorbehalt des Widerrufs. [3]Nach Vollendung des ersten abgeschlossenen Geschäftsjahres erfolgt eine nachträgliche Überprüfung der Antragsvoraussetzungen und des Begrenzungsumfangs durch das Bundesamt für Wirtschaft und Ausfuhrkontrolle anhand der Daten des abgeschlossenen Geschäftsjahres. [4]Absatz 3 ist im Übrigen entsprechend anzuwenden. [5]Neu gegründete Unternehmen sind nur solche, die unter Schaffung von im Wesentlichen neuem Betriebsvermögen ihre Tätigkeit erstmals aufnehmen; sie dürfen nicht durch Umwandlung entstanden sein. [6]Neu geschaffenes Betriebsvermögen liegt vor, wenn über das Grund- und Stammkapital hinaus weitere Vermögensgegenstände des Anlage- oder Umlaufvermögens erworben, gepachtet oder geleast wurden. [7]Es wird unwiderleglich vermutet, dass der Zeitpunkt der Neugründung der Zeitpunkt ist, an dem erstmals Strom zu Produktionszwecken verbraucht wird.

(5) [1]Die Absätze 1 bis 4 sind für selbständige Teile eines Unternehmens, das einer Branche nach Liste 1 der Anlage 4 zuzuordnen ist, entsprechend anzuwenden. [2]Ein selbständiger Unternehmensteil liegt nur vor, wenn es sich um einen Teilbetrieb mit eigenem Standort oder einen vom übrigen Unternehmen am Standort abgegrenzten Betrieb mit den wesentlichen Funktionen eines Unternehmens handelt, der Unternehmensteil jederzeit als rechtlich selbständiges Unternehmen seine Geschäfte führen könnte, seine Erlöse wesentlich mit externen Dritten erzielt und über eine eigene Abnahmestelle verfügt. [3]Für den selbständigen Unternehmensteil sind eine eigene Bilanz und eine eigene Gewinn- und Verlustrechnung in entsprechender Anwendung der für alle Kaufleute geltenden Vorschriften des Handelsgesetzbuchs aufzustellen. [4] Die Bilanz und die Gewinn- und Verlustrechnung nach Satz 3 sind in entsprechender Anwendung der §§ 317 bis 323 des Handelsgesetzbuchs zu prüfen.

(6) Im Sinne dieses Paragrafen ist

1. „Abnahmestelle" die Summe aller räumlich und physikalisch zusammenhängenden elektrischen Einrichtungen einschließlich der Eigenversorgungsanlagen eines Unternehmens, die sich auf einem in sich abgeschlossenen Betriebsgelände befinden und über einen oder mehrere Entnahmepunkte mit dem Netz verbunden sind; sie muss über eigene Stromzähler an allen Entnahmepunkten und Eigenversorgungsanlagen verfügen,

2. „Bruttowertschöpfung" die Bruttowertschöpfung des Unternehmens zu Faktorkosten nach der Definition des Statistischen Bundesamtes, Fachserie 4, Reihe 4.3, Wiesbaden 2007[2], ohne Abzug der Personalkosten für Leiharbeitsverhältnisse; die durch vorangegangene Begrenzungsentscheidungen hervorgerufenen Wirkungen bleiben bei der Berechnung der Bruttowertschöpfung außer Betracht, und

3. „Stromkostenintensität" das Verhältnis der maßgeblichen Stromkosten einschließlich der Stromkosten für nach § 61 umlagepflichtige selbst verbrauchte Strommengen zum arithmetischen Mittel der Bruttowertschöpfung in den letzten drei abgeschlossenen Geschäftsjahren des Unternehmens; hierbei werden die maßgeblichen Stromkosten berechnet durch die Multiplikation des arithmetischen Mittels des Stromverbrauchs des Unternehmens in den letzten drei abgeschlossenen Geschäftsjahren oder dem standardisierten Stromverbrauch, der nach Maßgabe einer Rechtsverordnung nach § 94 Nummer 1 ermittelt wird, mit dem durchschnittlichen Strompreis für Unternehmen mit ähnlichen Stromverbräuchen, der nach Maßgabe

einer Rechtsverordnung nach § 94 Nummer 2 zugrunde zu legen ist; die durch vorangegangene Begrenzungsentscheidungen hervorgerufenen Wirkungen bleiben bei der Berechnung der Stromkostenintensität außer Betracht.

(7) Für die Zuordnung eines Unternehmens zu den Branchen nach Anlage 4 ist der Zeitpunkt des Endes des letzten abgeschlossenen Geschäftsjahrs maßgeblich.

[1] Amtlicher Hinweis: Zu beziehen beim Statistischen Bundesamt, Gustav-Stresemann-Ring 11, 65189 Wiesbaden; auch zu beziehen über www.destatis.de.

[2] Amtlicher Hinweis: Zu beziehen beim Statistischen Bundesamt, Gustav-Stresemann-Ring 11, 65189 Wiesbaden; auch zu beziehen über www.destatis.de.

Schrifttum: *Adler/Düring/Schmaltz*, Rechnungslegung und Prüfung der Unternehmen, 6. Aufl. 1994; *Appel/Vollstädt*, Begrenzung der EEG-Umlage nach dem EEG 2012 – Herausforderungen für Wirtschaftsprüfer und Unternehmen, BB 2012, 1398; *Baumann/Helmes*, Besondere Ausgleichsregelung für selbstständige Unternehmensteile, ER 2013, 131; *Baumbach/Hopt*, HGB, 36. Auflage, 2014; Beck'sches Steuer- und Bilanzrechtslexikon, 2015; *Budde/Förschle*, Sonderbilanzen, Von der Gründungsbilanz bis zur Liquidationsbilanz, 3. Aufl. 2002; *Fricke*, Zur vertraglichen Vermeidung von EEG-Belastungen, rechtliche Bewertung des Pacht- und Betriebsführungsmodells sowie der Lohnverstromung, CuR 2010, 109; *ders.*, Zur Einbeziehung einer Kraftwerksbetreiberin in einem Industriepark in den EEG-Belastungsausgleich, Anmerkung zum Urteil des BGH vom 9. Dezember 2009 – Az. VIII ZR 35/09, ZNER 2010, 136; *ders.*, Die Teilnahme des Strom-Contractings am Belastungsausgleich nach dem Erneuerbare-Energien-Gesetz, 2010; *Gawel/Klassert*, Probleme der Besonderen Ausgleichsregelung im EEG 2014, ZUR 2013, 467; *Gent/Nünemann/Maring*, Zur rückwirkenden EEG-Belastung von Arealnetzkunden, ZNER 2010, 451; *Greil*, Ein neues Teilbetriebsverständnis im Steuerrecht, StuW 2011, 84; *Große*, Anmerkung zum Urteil des VG Frankfurt am Main vom 15.11.2012 (1 K 843/12.F; CuR 2012, 179) – Zur Zertifizierung im Rahmen der Besonderen Ausgleichsregelung für stromintensive Unternehmen, ZNER 2013, 84; *Große/Kachel*, Die Besondere Ausgleichsregelung im EEG 2014, NVwZ 2014, 1122; *Hampel/Neubauer*, Die Besondere Ausgleichsregelung nach dem EEG 2014 – Neuerungen, Anwendungsprobleme und Auslegungsfragen, ER 2014, 188; *Hirsch*, Zwischenruf, Der Richter wird's schon richten, ZRP 2006, 161; *Jennrich*, Der selbständige Unternehmensteil – die Ausnahme bei der Besonderen Ausgleichsregelung, ER 2013, 175; *Junker*, Zur Kritik des Begriffs der Bruttowertschöpfung gemäß § 64 EEG 2014, ER 2014, 196; *Kachel*, Die besondere Ausgleichsregelung im EEG als Instrument zur Entlastung der stromintensiven Industrie, ZUR 2012, 32; *Klemm*, Preisbestandteile von BHKW-Strom, Zur Frage der Belastung von BHKW-Strom mit Konzessionsabgabe, Stromsteuer und EEG-Umlage, CuR 2009, 84; *Klinski*, Zur Vereinbarkeit des EEG mit dem Elektrizitätsbinnenmarkt – Neubewertung unter Berücksichtigung der Richtlinien 2003/54/EG und 2001/77/EG, ZNER 2005, 207; *Kolb/Henn*, Die Besondere Ausgleichsregelung für stromkosten- und handelsintensive Unternehmen – Neuregelungen nach dem Regierungsentwurf zum EEG 2014, StuB 2014, 408; *Kraft*, Außensteuergesetz 2009; *Kraftczyk/Heine*, EEG-Umlagepflicht für Contractoren, Zugleich Besprechung von BGH, Urteil vom 9.12.2009 – VIII ZR 35/09, CuR 2010, 8; *Leinenbach*, Wann stellt die Lohnverstromung eine vom EEG-Belastungsausgleich ausgenommene „Eigenerzeugung" dar?, IR 2010, 221; *Moench/Ruttloff*, Das Grünstromprivileg des § 39 EEG 2012 – Zur Bedeutung von Vertriebsgesellschaften innerhalb eines Konzerns und den Herkunftsnachweisen nach § 55 EEG 2012, RdE 2012, 134; *Müller/Kahl/Sailer*, Das neue EEG 2014. Systemwechsel beim weiteren Ausbau der Erneuerbaren Energien, ER 2014, 139; *Ortlieb*, Was ist ein selbstständiger Unternehmensteil im Sinne des § 41 Abs. 5 EEG? Urteil des VG Frankfurt/Main vom 15. November 2012, Az. 1 K 1540/12.F – eine Frage ohne Antwort, EWeRK 2013, 44; *ders.*, Drei Entscheidungen des VG Frankfurt/Main zur Zertifizierung im Rahmen der Besonderen Ausgleichsregelung zur Begrenzung der EG-Umlage nach §§ 40 ff. EEG, Urteile vom 15. November 2012 – Az. 1 K 1149/12.F, 1 K 843/12.F und 1 K 3804/11.F, EWeRK 2013, 49; *Riedel*, EEG-Kostenwälzung: Wann ist Strom EEG-umlagefrei?, IR 2010, 101; *ders./Thomann*, Definitionserfordernis des Eigenversorgungsbegriffes im EEG, IR 2008,

8; *Salje*, Möglichkeiten und Grenzen zur Freistellung von eigenerzeugtem Strom von der EEG-Umlage, IR 2008, 102; *Scholtka/Baumbach*, Die Entwicklung des Energierechts in den Jahren 2008 und 2009, NJW 2010, 1118; *Schomerus/Sanden*, Rechtliche Konzepte für eine effizientere Energienutzung, 2008; *Siems*, Ausgleichspflichten nach der EEG-Novelle – Neue Gefahren für Contracting-Modelle?, RdE 2005, 130, 134; *Spenrath/Joseph*, Härtefall für neu gegründete Unternehmen – Markteintrittsbarriere und Wettbewerbsnachteil durch § 16 EEG, BB 2008, 1518; *Stappert/Boemke*, Zur Ermittlung der Bruttowertschöpfung selbständiger Unternehmensteile gemäß § 41 Abs. 5 EEG 2012, ree 2012, 22; *Stein*, Zum Begriff des selbständigen Unternehmensteils im Sinne von § 41 Abs. 5 EEG 2012, ree 2013, 13; *Vollstädt/Bramowski*, Die Neuregelung zur Begrenzung der EEG-Umlage nach dem EEG 2014, BB 2014, 1667; *Wesche/Woltering*, Die Neuregelung der Besonderen Ausgleichsregelung im EEG 2014, CuR 2014, 56; *Wöhe/Döring*, Allgemeine Betriebswirtschaftslehre, 25. Auflage, 2013; *Wustlich*, Das Erneuerbare-Energien-Gesetz 2014, Grundlegend neu- aber auch grundlegend anders?, NVwZ 2014, 1113.

Übersicht

I. Bedeutung und Ziel der Norm

§ 64 ist die zentrale Vorschrift im Rahmen der Besonderen Ausgleichsregelung des Ab- **1**
schnitts 2 im Teil 4 des EEG für stromkostenintensive Unternehmen. Die Vorschrift regelt
die wesentlichen Anspruchsvoraussetzungen für Unternehmen und selbstständige Unternehmensteile zur Begrenzung der Pflicht zur Zahlung der EEG-Umlage und führt einen
neuen Begrenzungsmechanismus, weg von einer vollständigen Freistellung hin zu einer
gestaffelten Begrenzung, ein.

Die Komplexität der neuen Vorgaben zum Begrenzungsumfang ist Ausdruck des Interes- **2**
senwiderstreites, welcher auf der einen Seite einen angemessenen Beitrag auch der stromkostenintensiven Unternehmen an der Übernahme der Kosten des Ausbaus der erneuerbaren Energien einfordert, auf der anderen Seite gleichzeitig aber auch die internationale
Wettbewerbsfähigkeit der belasteten Unternehmen sicherstellen muss.

Hohe Stromkosten stellen für stromkostenintensive Unternehmen einen bedeutenden **3**
Standortnachteil gegenüber ihren internationalen Wettbewerbern dar. Insbesondere der
Anstieg der EEG-Umlage und die damit verbundenen Mehrbelastungen für stromkostenintensive Unternehmen wurde von den betroffenen Unternehmen in der Vergangenheit immer wieder als eine der ausschlaggebenden Aspekte für eine Verlagerung der Geschäftstätigkeit ins Ausland oder eine Investitionsentscheidung zu Lasten des Wirtschaftsstandortes
Deutschland angeführt. An dieser Stelle will die Regelung des § 64 besonders stark belastete Unternehmen entlasten, gleichzeitig aber auch sicherstellen, dass diese einen Min-
destbeitrag zur Finanzierung der Belastungen aus der Förderung des Ausbaus der erneuerbaren Energien leisten. Die Besondere Ausgleichsregelung für stromkostenintensive Unternehmen sieht insofern auf Rechtsfolgenseite einen stufenweisen und ausdifferenzierten
Mechanismus vor, welcher dem Grundsatz „je höher die Stromkostenintensität, desto weitreichender die Begrenzung der EEG-Umlage" folgt.

Im Antragsjahr 2014 wurden zum 30.9.2014 insgesamt 2329 Anträge von Unternehmen **4**
des produzierenden Gewerbes mit insgesamt 3268 Abnahmestellen gestellt. Rechnet man

diesem Begrenzungsvolumen die Anträge der 123 Schienenbahnen hinzu, ergibt sich eine beantragte privilegierte Strommenge von ca. 117,8 TWh.[1]

Einen Überblick über die Entwicklung der Antragszahlen in den Jahren 2012 – 2014 geben die folgenden Übersichten:

	2014	**2013**	**2012**
Anträge von Unternehmen des produzierenden Gewerbes	2329	2316	2000
Anzahl der beantragten Abnahmestellen	3268	3414	3219
Anträge von Schienenbahnen	123	73	56
Beantragte Gesamtstrommengen	117,8 TWh	119,3 TWh	107,4 TWh

Die von Unternehmen beantragten Begrenzungen für ihre Abnahmestellen im Antragsjahr 2014 stellen sich für die acht Bundesländer mit den meisten antragstellenden Unternehmen bzw. meisten beantragten Abnahmestellen wie folgt dar (Stand: 15.10.2014):

Bundesland	**Anzahl der beantragten Unternehmen**	**Bundesland**	**Anzahl der beantragten Abnahmestellen**
NRW	565	NRW	780
Bayern	378	Bayern	495
BW	266	Niedersachsen	353
Niedersachsen	241	BW	344
Sachsen	180	Sachsen	256
Sachsen-Anhalt	143	Sachsen-Anhalt	217
Thüringen	129	Thüringen	176
Hessen	129	Hessen	171

---

1 BMWi, Pressemitteilung vom 15.10.2014 zum Thema „Informationen zur Besonderen Ausgleichsregelung", abrufbar unter: www.bmwi.de/BMWi/Redaktion/PDF/E/eeg-umalge-besondere-ausgleichsregelung-paper,property=pdf,bereich=bmwi2012,sprache=de,rwb=true.pdf, zuletzt abgerufen am 11.11.2014.

Auf die bedeutendsten Branchen heruntergebrochen ergibt sich für das Antragsjahr 2014 folgendes Bild (Stand: 15.10.2014):

Branche mit vorangestelltem vierstelligem WZ 2008 Code	beantragte Strommenge in GWh	Anzahl der beantragten Unternehmen	Anzahl der beantragten Abnahmestellen
49. . Schienenbahnen	12.590	123	123
1712 Herstellung von Papier, Karton	11.999	89	106
2410 Erzeugung von Roheisen, Stahl	10.651	36	48
2016 Herstellung von Kunst- stoffen	8.853	68	93
2442 Erzeugung/Bearbeitung von Aluminium	7.766	20	28
2011 Herstellung von Industrie- gasen	7.082	23	73
2013 Herstellung v. sonst. anorg. Chemikalien	5.432	31	40
2014 Herstellung v. sonst. organ. Chemikalien	5.021	35	47
2351 Herstellung von Zement	3.472	25	52
2451 Eisengießereien	3.420	92	112

II. Entstehungsgeschichte

Seit der erstmaligen Einführung der Besonderen Ausgleichsregelung durch das erste Ge- **5** setz zur Änderung des Erneuerbare-Energien-Gesetzes vom 16.7.2003,[2] dort noch Härte- fallregelung genannt, sind die Voraussetzungen für den Begrenzungsanspruch für Unter- nehmen und selbstständige Unternehmensteile des produzierenden Gewerbes, mittlerweile als **stromkostenintensive Unternehmen** bezeichnet, mehrfach und umfangreich verän- dert worden. Bisher wiesen die Veränderungen und Ergänzungen eine Tendenz zur Aus- weitung hinsichtlich des Umfangs und Begünstigtenkreises auf.[3] In der ursprünglichen Re- gelung des § 11a EEG 2000, welche nachträglich durch das erste Gesetz zur Änderung des Erneuerbare-Energien-Gesetzes 2003 eingefügt wurde, waren die Voraussetzungen der Be- grenzung noch strenger, zeitlich begrenzt und Schienenbahnen nicht umfasst. Mit der Wei- terentwicklung in § 16 EEG 2004 wurden die Hürden der Begrenzung dann erheblich redu- ziert. Die §§ 40–44 EEG 2009 sollten vor allem die Übersichtlichkeit der Besonderen

2 BGBl. I S. 1459.
3 *Gawel/Klassert*, ZUR 2013, 467.

Ausgleichsregelung erhöhen und wurden durch die Ausgleichsmechanismusverordnung vom 17.7.2009 (AusglMechV)[4] weiter verändert, deren Regelungen mit dem EEG 2012 in den Gesetzestext übernommen wurden. Mit den §§ 63–69 hat die Besondere Ausgleichregelung eine erneute Erweiterung erfahren, mit der sowohl auf Seite der Voraussetzungen als auch Rechtsfolgen gravierende Änderungen vorgenommen wurden.

6   Gemäß § 11a **EEG 2000**, gültig vom 22.7.2003 bis 30.6.2004, gehörten zum Kreis der Antragsberechtigten nur Unternehmen des produzierenden Gewerbes mit einem Stromverbrauch von mehr als 100 GWh im Jahr und einem Stromkostenanteil von mehr als 20 % an der Bruttowertschöpfung des Unternehmens. Darüber hinaus mussten die sich aus den gezahlten Vergütungen und den durchschnittlichen Strombezugskosten ergebenden Differenzkosten maßgeblich zu einer erheblichen Beeinträchtigung der Wettbewerbsfähigkeit des Unternehmens führen, § 11a Abs. 2 Nr. 4 EEG 2000. Bereits im EEG 2000 war ein Selbstbehalt geregelt, so dass für den Strombezug der ersten 100 GWh keine Privilegierung vorgesehen war. Darüberhinausgehend wurden die Differenzkosten der anteilig weitergereichten Strommenge auf 0,05 Cent pro kWh begrenzt, § 11a Abs. 3 EEG 2000.

7   Im Rahmen der **Novelle 2004** wurde die Härtefallregelung durch die Besondere Ausgleichsregelung ersetzt und der Kreis der privilegierten Unternehmen deutlich erweitert. Gemäß § 16 Abs. 2 EEG 2004 konnte die Begrenzung nun auch von Unternehmen des produzierenden Gewerbes ab einem jährlichen Stromverbrauch von mehr als 10 GWh und einem Stromkostenanteil von mehr als 15 % an der Bruttowertschöpfung des Unternehmens und Schienenbahnunternehmen ab einem jährlichen Stromverbrauch von mehr als 10 GWh, ohne Stromkostenanteilseinschränkung, geltend gemacht werden. Die Voraussetzung des Vorliegens einer erheblichen Beeinträchtigung der Wettbewerbsfähigkeit des Unternehmens des § 11a Abs. 2 Nr. 4 EEG 2000 wurde durch das Entrichten von Differenzkosten in § 16 Abs. 2 Nr. 4 EEG 2004 ersetzt. Das heißt, dass die ehemalige Anspruchsvoraussetzung von nun an nur noch aufgrund der Höhe des Stromverbrauchs und des Stromkostenanteils vermutet wurde.[5] Auch der Selbstbehalt wurde verändert und auf 10 % des im letzten abgeschlossenen Geschäftsjahres bezogenen und selbstverbrauchten Stroms festgesetzt, § 16 Abs. 4 Satz 3 EEG 2004. Der Selbstbehalt entfiel jedoch, wenn das Verhältnis von Stromkosten zur Bruttowertschöpfung mindestens 20 % und der Strombezug pro Abnahmestelle mindestens 100 GWh betrugen. Die Höhe der begrenzten Umlage wurde zunächst beibehalten. Allerdings konnte sich durch den teilweisen Wegfall des Selbstbehaltes die begünstigte Strommenge beträchtlich verändern.[6] Daneben enthielt § 16 EEG 2004 zwei Deckelungen zum Ausgleich der Ausweitung der Begünstigten, um die Belastung Nicht-Privilegierter abzuschwächen.[7] Die EEG-Kosten für Nicht-Privilegierte durfte höchstens um 10 % steigen (§ 16 Abs. 5 EEG 2004) und die Begünstigung der Schienenbahnen durfte nicht mehr als 20 Mio. betragen (§ 16 Abs. 4 Satz 5 EEG 2004). Die Umlagehöhe wurde in diesem Zuge auf 0,1 Cent/kWh für 2005 und 0,2 Cent/kWh für 2006 angepasst. Die Deckelung wurde später wieder aufgehoben und die Differenzkosten auf

---

4 BGBl. I S. 2101.

5 *Gawel/Klassert*, ZUR 2013, 467, 472.

6 *Gawel/Klassert*, ZUR 2013, 467, 472.

7 Frenz/Müggenborg/*Posser/Altenschmidt*, EEG, Einf. §§ 40–44 Rn. 11.

0,05 Cent/kWh begrenzt, um mit einer festen Kalkulationsgröße mehr Planungssicherheit zu erhalten.[8]

Mit der **Novelle 2009** wurde die Besondere Ausgleichsregelung in §§ 40–44 EEG 2009 neu geregelt und die Voraussetzung des Entrichtens der Differenzkosten gestrichen.[9] Stattdessen wurden die begrenzten Unternehmen verpflichtet, eine Zertifizierung im letzten abgeschlossenen Geschäftsjahr durchzuführen, mit der der Energieverbrauch unter Ermittlung der Energieverbrauchminderungspotenziale erhoben und bewertet wurde, § 41 Abs. 1 Nr. 4 EEG 2009.[10] Eine Ausweitung des Anwendungsbereichs fand mit dieser Novellierung nicht statt. Allerdings wurde mit § 41 Abs. 2a EEG 2009 erstmals eine Sonderregelung für neugegründete Unternehmen mit in das Gesetz aufgenommen. Im Zuge des Erlasses der AusglMechV wurde die physikalische Wälzung der Strommenge durch eine reine Kostenwälzung ersetzt, sodass grundsätzlich ein rein finanzieller Ausgleich stattfand.[11]

8

Mit der **Novellierung 2012** wurden die Regelungen der AusglMechV mit in den Gesetzestext des EEG 2012 übernommen und sowohl der Schwellenwert des Mindeststromverbrauchs an einer Abnahmestelle von 10 auf 1 GWh sowie das erforderliche Verhältnis der Stromkosten zur Bruttowertschöpfung nach der Definition des Statistischen Bundesamtes, Fachserie 4, Reihe 4.3 von 15 % auf 14 % abgesenkt. Zwar wurde der privilegierte Branchenkreis durch § 3 Nr. 14 EEG 2012 begrenzt auf Unternehmen, die an der Abnahmestelle den Abschnitten B und C der Klassifikation der Wirtschaftszweige zuzuordnen waren. Durch das nochmalige Absenken der Antragsvoraussetzung profitierte dennoch vor allem der Mittelstand von den neuen Regeln. Aufgrund dieser Ausweitung sah sich der Gesetzgeber dazu verlasst, gleichzeitig Einschränkungen und Präzisierungen gegen eine rechtsmissbräuchliche oder übermäßige Inanspruchnahme vorzunehmen. So wurden neben der Präzisierung der Begriffe „neu gegründete Unternehmen" in § 41 Abs. 2a Satz 2 EEG 2012, „Abnahmestelle" in § 41 Abs. 4 EEG 2012 auch eine Legaldefinition des Begriffs des „selbstständigen Unternehmensteils" in § 41 Abs. 5 Satz 2 EEG 2012 eingeführt. Für die Begrenzung wurde ein Stufenmodell eingeführt und der Prozentsatz in Abhängigkeit von der im Begrenzungsjahr bezogenen und selbst verbrauchten Strommenge gestaffelt, § 41 Abs. 3 Nr. 1 EEG 2012. Im Falle einer selbst verbrauchten Gesamtstrommenge an der Abnahmestelle von mindestens 100 GWh und einem Verhältnis der Stromkosten zur Bruttowertschöpfung von mehr als 20 % im letzten abgeschlossenen Geschäftsjahr wurde die nach § 37 Abs. 2 EEG 2012 ermittelte EEG-Umlage auf 0,05 Cent/kWh begrenzt. Auch der Selbstbehalt der ersten GWh fiel für Strommengen von mindestens 100 GWh weg. Gerade dieses Stufenmodell hat rückblickend zu einem nochmaligen deutlichen Anstieg der Zahl der Begünstigten und der begünstigten Strommenge geführt.[12] Die Änderung des § 41 EEG 2012 durch die rückwirkend zum 1.4.2012 in Kraft getretene **PV-Novelle** erstreckt sich auf die Ergänzung der Buchprüfungsgesellschaft in die Liste derjenigen, die nach § 41 Abs. 2 S. 1 EEG 2012 neben den Wirtschaftsprüfern, der Wirtschaftsprüfungsgesellschaft und des vereidigten Buchprüfers die entsprechende Bescheinigung ausstellen dürfen.

9

---

8 Vgl. BT-Drs. 16/2455, S. 1, 7.
9 Vgl. BT-Drs. 16/8148, S. 65.
10 Vgl. BT-Drs. 16/9477, S. 27.
11 *Gawel/Klassert*, ZUR 2013, 467, 474.
12 BMU, Information zur Anwendung von §§ 40 ff. EEG für das Jahr 2011 einschließlich erster Ausblick 2012, S. 9.

10 Mit der EEG-Novellierung 2014 reagiert der Gesetzgeber auf die von vielen Stimmen geäußerte Kritik am EEG 2012 und setzt sich das Ziel, die Kostendynamik der vergangenen Jahre zu durchbrechen und den Anstieg der Stromkosten für den nicht privilegierten Verbraucher zu begrenzen.[13] Die Antragsberechtigung wird auf Unternehmen aus Branchen begrenzt, die von der Umwelt- und Energiebeihilfeleitlinie der EU-Kommission[14] eingestuft wurden und danach in eine der zwei angehängten Listen in Anlage 4 des EEG 2014 gehören. Für die Stromkostenintensität der Unternehmen wird zwischen den Listen unterschieden und für Liste 1 eine Steigerung integriert. Unternehmen der 68 Branchen der Liste 1 müssen mindestens eine Stromkostenintensität von 16% und ab 2015 17% erreichen und Unternehmen der 151 Branchen der Liste 2 mindestens 20%.[15] Die Anforderungen an die Stromkostenintensität wurden damit deutlich angehoben. Bisher mussten privilegierte Unternehmen nachweisen, dass sie anteilig zur Zahlung der EEG-Umlage verpflichtet waren, § 41 Abs. 1 Nr. 1 lit. c) EEG 2012. Dadurch konnten nur Strommengen berücksichtigt werden, die auch der Pflicht zur Zahlung der EEG-Umlage unterlagen.[16] Wurden Unternehmen im Nachweiszeitraum mit Grünstrom beliefert, schied die Inanspruchnahme der Besonderen Ausgleichsregelung für diese Mengen folglich aus.[17] Mit Einführung des § 39 Abs. 1 EEG 2012 und der damit einhergehenden umfassenden Anpassung des Grünstromprivilegs zum 1.1.2012 wurde diese sog. „Grünstromfalle" beseitigt, da der bis dato umlagebefreite Grünstrom mit einer um 2 Cent/kWh verringerten EEG-Umlage belastet wurde. Damit kam es auch bei Inanspruchnahme des Grünstromprivilegs zu einer Zahlung von EEG-Umlage, wenngleich diese deutlich verringert war. Die Voraussetzung der anteiligen Weiterreichung der EEG-Umlage in § 41 Abs. 1 Nr. 1 lit. c) EEG 2012, wurde gestrichen. Jedoch ist aus § 64 Abs. 1 Nr. 1 zu schließen, dass weiterhin nur umlagepflichtige Strommengen begünstigt werden sollen. Um eigenerzeugten Strom zu integrieren stellt § 64 Abs. 1 Nr. 1 bei der Bemessung des Schwellenwertes von 1 GWh auf den Mindestverbrauch von umlagepflichtigen Strommengen ab. Allerdings nicht nur der selbst erzeugte, sondern auch der bezogene Strom muss wie in der bisherigen Regelung des § 41 Abs. 1 Nr. 1 lit. c) EEG 2012 weiterhin mit der EEG-Umlage belastet sein.[18] Das folgt aus den §§ 64 Abs. 1 Nr. 1, 60 Abs. 1 und der Systematik, dass nur diejenigen Unternehmen begünstigt werden sollen, die von der EEG-Umlage intensiv berührt sind.[19] Neben einem Selbstbehalt für die erste GWh sollen die begünstigten Unternehmen grundsätzlich 15% der EEG-Umlage zahlen. Mit dem § 64 Abs. 2 Nr. 3 wird eine Begrenzung der Belastung auf 4 bzw. 0,5% der Bruttowertschöpfung der Unternehmen eingeführt. Außerdem soll der zu leistende Betrag auf das doppelte der vom Unternehmen für den selbst verbrauchten Strom an der Abnahmestelle zu zahlenden EEG-Umlage des dem Antragsjahr vorausgehenden Geschäftsjahres begrenzt werden, wenn ein Begrenzungsbescheid für das Begrenzungsjahr 2014 vorliegt. Ungeachtet dessen sollen alle begünstigten Unternehmen mindestens 0,1 Cent/kWh bzw. 0,05 Cent/kWh bezahlen.[20]

---

13 BT-Drs. 18/1891, S. 176.

14 Mitteilung der Kommission, Leitlinien für staatliche Umweltschutz- und Energiebeihilfen 2014–2020, v. 28.6.2014, (2014/C 200/01).

15 BT-Drs. 18/1891, S. 177.

16 Reshöft/Schäfermeier/*Jennrich*, EEG, § 41 Rn. 51.

17 *Kachel*, ZUR 2012, 32, 35.

18 *Vollstädt/Bramowski*, BB 2014, 1667, 1668.

19 Vgl. bereits BT-Drs. 15/810, S. 51; BT-Drs. 15/810, S. 5.

20 Gemäß § 103 Abs. 3 S. 1 unter der zusätzlichen Voraussetzung, dass ein bestandskräftiger Bescheid für das Jahr 2014 vorliegt.

III. Überblick über die Regelungen des § 64

Die Voraussetzungen für eine Begrenzung nach § 63 sind für stromkostenintensive Unternehmen im Wesentlichen in § 64 Abs. 1 geregelt. Der Absatz 2 befasst sich mit der Rechtsfolge, der Begrenzung der EEG-Umlage. Die Nachweisführung ist in Absatz 3 geregelt. Die Absätze 4 und 5 normieren für neugegründete Unternehmen und selbstständige Unternehmensteile zwei Sonderfälle. § 64 schließt mit den Begriffsbestimmungen in Absatz 6 und dem maßgeblichen Zeitpunkt für die Branchenzuordnung in Absatz 7.

11

Ein stromkostenintensives Unternehmen muss nach § 64 Abs. 1 Nr. 1 nachweisen, dass und inwieweit es die folgenden Anspruchsvoraussetzungen im Nachweiszeitraum erfüllt hat: (1) das Unternehmen gehört zu einer Branche gemäß Anlage 4, (2) die umlagepflichtige und selbst verbrauchte Strommenge an einer Abnahmestelle beträgt mindestens 1 GWh, (3) das Verhältnis der vom Unternehmen zu tragenden Stromkosten zur Bruttowertschöpfung des Unternehmens nach der Definition des Statistischen Bundesamtes, Fachserie 4, Reihe 4.3., Wiesbaden 2007 beträgt mindestens 16 % für Unternehmen der Liste 1 (17 % ab dem Kalenderjahr 2016) und 20 % für Unternehmen der Liste 2 und (4) das Unternehmen betreibt ein zertifiziertes Energie- und Umweltmanagementsystem oder ein alternatives System zur Verbesserung der Energieeffizienz. Mit erfolgreicher Nachweisführung kann die EEG-Umlage für das stromkostenintensive Unternehmen im Folgejahr, dem Begrenzungsjahr, begrenzt werden. Für die erste bezogene GWh Strom ist die vollständige Umlage zu zahlen; für die weiteren Strommengen gilt grundsätzlich eine Begrenzung auf 15 % der Umlage. Dieser Grundsatz wird dann jedoch weiter eingeschränkt. Mit dem sog. „Cap" wird die zu zahlende EEG-Umlage auf 4 % der Bruttowertschöpfung des Unternehmens gedeckelt. Für Unternehmen mit einer Stromkostenintensität von mindestens 20 % liegt die Deckelung nach dem sog. „Super-Cap" sogar bei 0,5 % der Bruttowertschöpfung. In jedem Fall soll jedoch eine Mindestumlage von 0,1 bzw. 0,05 Cent/kWh gezahlt werden.[21] Die niedrigeren 0,05 Cent/kWh sind für Unternehmen bzw. selbstständige Unternehmensteile der Branchen Erzeugung und erste Bearbeitung von Aluminium, Erzeugung und erste Bearbeitung von Blei, Zink und Zinn sowie Erzeugung und erste Bearbeitung von Kupfer vorgesehen. Um einen sprunghaften Kostenanstieg zu vermeiden, darf sich die zu zahlende EEG-Umlage jährlich höchstens verdoppeln, soweit ein bestandskräftiger Begrenzungsbescheid für das Begrenzungsjahr 2014 vorliegt. Die Nachweise für die Stromkostenintensität und die Begrenzungsgrundlage sind durch das antragstellende Unternehmen grundsätzlich durch Stromlieferungsverträge für das letzte abgeschlossene Geschäftsjahr und Angaben zu den gelieferten, selbsterzeugten, selbstverbrauchten oder weitergeleiteten Strommengen der letzten drei Geschäftsjahre und die Bescheinigung[22] eines Wirtschaftsprüfers auf Grundlage der geprüften Jahresabschlüsse grundsätzlich der letzten drei abgeschlossenen Geschäftsjahre zu führen. In den Übergangsregelungen § 103 Abs. 1 Nr. 2 für das Begrenzungsjahr 2015 bzw. § 103 Abs. 2 Nr. 1 für das Begrenzungsjahr 2016 wird die Möglichkeit eröffnet, die Bruttowertschöpfung stattdessen auf Basis des letzten abgeschlossenen bzw. der beiden letzten abgeschlossenen Geschäftsjahre zu ermitteln. Die Zuordnung zu den Branchen weist das Unternehmen durch einen entsprechenden Nachweis des für ihn zuständigen statistischen Landesamtes unter Anwendung der Klassifikation des statistischen Bundesamtes nach. Die Nachweisführung des zertifizierten Ener-

12

---

21 *Wustlich*, NVwZ 2014, 1113, 1119.

22 Ab dem Antragsjahr 2016 wird diese als „Prüfungsvermerk" bezeichnet.

gie- und Umweltmanagementsystems gelingt durch Vorlage eines Zertifikates, eines gültigen Eintragungs- und Verlängerungsbescheides der EMAS-Registrierungsstelle oder durch einen gültigen Nachweis eines alternativen Systems.[23]

IV. Einzelerläuterungen

13 **1. Voraussetzungen einer Begrenzung der EEG-Umlage (Abs. 1). In** § 64 Abs. 1 wird zunächst geregelt, dass die Begrenzung der EEG-Umlage nur für Unternehmen möglich ist, die einer Branche nach Anlage 4 des EEG 2014 zuzuordnen sind. Im Gesetz sind sodann weitere Voraussetzungen genannt, wobei das Abstellen auf den relevanten Nachweiszeitraum von entscheidender Bedeutung ist. Zunächst muss die nach § 60 Abs. 1 oder § 61 umlagepflichtige und selbstverbrauchte Strommenge an einer Abnahmestelle, an der das Unternehmen einer Branche nach Anlage 4 zuzuordnen ist, im letzten abgeschlossenen Geschäftsjahr mehr als 1 GWh betragen. Die Stromkostenintensität muss außerdem einen bestimmten Mindestwert erreichen. Dieser liegt bei Unternehmen der Branchen aus Liste 1 der Anlage 4 bei 16 % bzw. ab dem Begrenzungsjahr 2016 bei 17 % und bei Unternehmen der Liste 2 der Anlage 4 bei 20 %. Das Unternehmen muss außerdem ein zertifiziertes Energie- und Umweltmanagement bzw. alternatives System zur Verbesserung der Energieeffizienz betreiben.

14 **a) Unternehmen einer stromkosten- oder handelsintensiven Branche gemäß Anlage 4.** Bisher waren gemäß §§ 41, 42 EEG 2012 stromintensive Unternehmen bzw. selbstständige Unternehmensteile des produzierenden Gewerbes oder Schienenbahnen anspruchsberechtigt. Dabei kam es für die Einordnung als Unternehmen des produzierenden Gewerbes darauf an, an der jeweiligen begünstigten Abnahmestelle dem Bergbau, der Gewinnung von Steinen und Erden oder dem verarbeitenden Gewerbe in entsprechender Anwendung der Abschnitte B und C der Klassifikation der Wirtschaftszweige des Statistischen Bundesamtes, Ausgabe 2008 (WZ 2008), zuzuordnen zu sein. Mit dem EEG 2014 vollzog sich an dieser Stelle ein Paradigmenwechsel, der seine Grundlage in den Vorgaben der Umwelt- und Energiebeihilfeleitlinie[24] hat. Bereits in einem Eckpunktepapier zur EEG Novelle vom 21.1.2014 machte die Bundesregierung deutlich, dass die Besondere Ausgleichsregelung europarechtskonform weiterentwickelt werden müsse.[25] An die Stelle des Unternehmens des produzierenden Gewerbes tritt nunmehr die Voraussetzung der Branchenzugehörigkeit des Unternehmens zur Liste 1 oder 2 der Anlage 4, welche die Listen der 219 beihilfefähigen Wirtschaftszweige aus Anhang 3 und 5 der Umwelt- und Energiebeihilfeleitlinie[26] übernimmt. Folglich baut das EEG 2014 im Rahmen der Antragsberechtigung weiterhin auf die Klassifikation der Wirtschaftskreise des statistischen Bundesamtes von 2008 (WZ 2008) auf, die ihrerseits auf europäischen Vorgaben beruhen.[27] Allerdings kommt es hier

---

23 *Wesche/Woltering*, CuR 2014, 56, 57.
24 Mitteilung der Kommission, Leitlinien für staatliche Umweltschutz- und Energiebeihilfen 2014–2020, 2014/C 200/01.
25 Eckpunktepapier für die Reform des EEG der Bundesregierung, vom 21.1.2014, abrufbar unter www.clearingstelle-eeg.de/files/eeg-reform-eckpunkte.pdf, zuletzt aufgerufen am 9.10.14.
26 Anhang 3 und 5, Mitteilung der Kommission, Leitlinien für staatliche Umweltschutz- und Energiebeihilfen 2014–2020, 2014/C 200/01, 48 ff.
27 Die Klassifikation der Wirtschaftszweige der WZ 2008 wurde unter Berücksichtigung der Vorgaben der statistischen Systematik der Wirtschaftszweige in der Europäischen Gemeinschaft

zunächst auf die Tätigkeit des Unternehmens insgesamt an und nicht wie bisher ausschließlich auf die Tätigkeit des Unternehmens an der zu begrenzenden Abnahmestelle.[28] Im Unterschied zur bisherigen Regelung im EEG 2012 sind dann jedoch nicht mehr alle Branchen der Abschnitte B und C der WZ 2008 privilegiert, sondern nur noch einzelne Klassen aus diesen Abschnitten. Im Ergebnis führt dies zu einer Begrenzung, durch die eine Reihe von Branchen im Vergleich zum EEG 2012 nach dem EEG 2014 nicht mehr antragsberechtigt ist. Im Gesetzgebungsverfahren wurde zum Teil eine weitergehende Begrenzung gefordert. Anstelle der 219 gelisteten Branchen der Umwelt- und Energiebeihilfeleitlinien, sollte sich die Regelung beispielsweise an der bestehenden EU-Regelung zur sog. Strompreiskompensation im Emissionshandel orientieren, die gegenwärtig 15 Branchen umfasst und durch Schienenbahnen zu erweitern wäre.[29]

Die Anspruchsvoraussetzung des Vorliegens einer erheblichen Beeinträchtigung der Wettbewerbsfähigkeit des Unternehmens, wie sie in § 11a Abs. 2 Nr. 4 EEG 2000 noch explizit gesetzlich normiert war und bis dato zumindest über die Höhe der Indikatoren des Stromverbrauchs und des Stromkostenanteils an der Bruttowertschöpfung vermutet wurde, ist gänzlich aus dem Gesetz verschwunden. In den Umwelt- und Energiebeihilfeleitlinien der Kommission werden die Branchen, die aufgrund ihrer Stromkosten- und Handelsintensität bei voller Umlagepflicht einem erheblichen internationalen Wettbewerb ausgesetzt wären, in den Anlagen 3 und 5 identifiziert.[30] Nunmehr kommt es lediglich auf die Stromkosten- oder Handelsintensität an, wobei die Kommission eine niedrigere Handelsintensität durch eine höhere Stromkostenintensität (Anhang 5) ausgleicht. Bei einer Handelsintensität von 4% muss eine Stromkostenintensität von mindestens 20% nachgewiesen werden, damit ebenfalls eine Ausnahme von der Beteiligung an den Förderkosten der erneuerbaren Energien in Anspruch genommen werden kann.[31] Wirtschaftszweige mit Produktion ähnlicher und substituierbarer Güter, so z. B. Stahl-, Leichtmetall- und Buntmetallgießereien wurden zudem mitaufgenommen.[32] Das Vorliegen der Handelsintensität wird damit neuerdings gesetzlich vermutet und bedarf keiner Prüfung durch das Bundesamt für Wirtschaft und Ausfuhrkontrolle.[33]

Die Zuordnung zu den WZ 2008-Klassen erfolgt durch die statischen Landesämter auf Grundlage von Produktionserhebungen ausschließlich zu statistischen Zwecken.[34] Die Entscheidungen der Statistikämter über die Einordnung einer Tätigkeiten in die WZ 2008 sind allerdings in vollem Umfang durch das Bundesamt für Wirtschaft- und Ausfuhrkontrolle überprüfbar. Dieses behält sich eine eigene Einschätzungsprärogative und damit unabhängige Prüfungskompetenz vor.[35]

(NACE), die mit der Verordnung (EG) Nr. 1893/2006 des Europäischen Parlaments und des Rates vom 20. Dezember 2006 (ABl. EG Nr. L 393 S. 1) veröffentlicht wurde, geschaffen.

28 *Große/Kachel*, NVwZ 2014, 1122, 1123; bisher: Altrock/Oschmann/Theobald/*Große/Kachel*, EEG, § 40 Rn. 62.

29 Vgl. BT-Drs. 18/1891, S. 191 f.

30 Vgl. BT-Drs. 18/1891, S. 209, zu Abs. 1.

31 Mitteilung der Kommission, Leitlinien für staatliche Umweltschutz- und Energiebeihilfen 2014–2020, 2014/C 200/01, 35, Rn. 186.

32 Mitteilung der Kommission, Leitlinien für staatliche Umweltschutz- und Energiebeihilfen 2014–2020, 2014/C 200/01, 35, Rn. 185.

33 *Müller/Kahl/Sailer*, ER 2014, 139, 144.

34 Im Einzelnen: Statistisches Bundesamt, Qualitätsbericht Produktionserhebungen, Stand: 8.1.2014.

35 BAFA, Merkblatt für Stromkostenintensive Unternehmen, Stand: 27.8.2014, S. 32.

17 **aa) Begriff des Unternehmens.** Die Begriffsbestimmung des Unternehmens wurde erstmalig mit dem EEG 2012 eingeführt, § 3 Nr. 13 EEG 2012. Darin war ein Unternehmen in Abgrenzung zum selbstständigen Unternehmensteil als kleinste rechtlich selbstständige Einheit definiert.[36] Von dieser Beschreibung wird in § 5 Nr. 34 abgewichen und das Unternehmen als rechtsfähige Personenvereinigung oder juristische Person, die über einen nach Art und Umfang in kaufmännischer Weise eingerichteten Geschäftsbetrieb verfügt, der unter Beteiligung am allgemeinen wirtschaftlichen Verkehr nachhaltig mit eigener Gewinnerzielungsabsicht betrieben wird, definiert. Dem Verständnis des Gesetzgebers zufolge wird als Unternehmen aber weiterhin die kleinste rechtlich selbstständige Einheit angesehen, die unter einheitlicher und selbstständiger Führung steht.[37] Der Ansicht, dass es bei verbundenen Unternehmen auf die Einzelgesellschaft und nicht auf die Muttergesellschaft oder den Konzern ankäme, hat sich der Gesetzgeber in seiner Begründung ausdrücklich angeschlossen.[38] In der Definition wird auf die Rechtspersönlichkeit des Unternehmens abgestellt. Da Konzernen keine Rechtspersönlichkeit zukommt, können Konzerne in ihrer Gesamtheit nicht von dem Unternehmensbegriff erfasst sein.[39] Außerdem soll auch die Zusammenrechnung mehrerer Rechtsträger über die Konstruktion einer steuerlichen, umsatzsteuerlichen oder EEG-rechtlichen Organschaft nach dieser Definition ausgeschlossen sein.[40] Ob es sich letztendlich tatsächlich um ein Unternehmen im Sinne des Gesetzes handelt, ist – wie bisher – auf der Grundlage einer Einzelfallwürdigung unter Berücksichtigung sämtlicher Umstände entschieden werden.[41]

18 **bb) Stromkosten- oder handelsintensive Branche gemäß Anlage 4.** Den europäischen Vorgaben folgend werden die stromkosten- und handelsintensiven Branchen durch ihre Zugehörigkeit zu den Listen 1 und 2 identifiziert. Dabei beziehen sich die Listen zur Herausarbeitung von 219 Branchen auf die Klassifikation der Wirtschaftszweige des Statistischen Bundesamtes, Ausgabe 2008 (WZ 2008) sowie deren Codes und Bezeichnungen. Der vierstellige WZ-Code ist die Nummer desjenigen Wirtschaftszweiges, in dem der jeweilige Betrieb seinen wirtschaftlichen Schwerpunkt hat. Bei der WZ 2008 geht es um die Klassifizierung wirtschaftlicher Tätigkeiten, die von statistischen Einheiten ausgeübt werden. Bei einer wirtschaftlichen Tätigkeit handelt es sich um die Produktion bestimmter Waren oder Dienstleistungen durch den kombinierten Einsatz von Produktionsfaktoren. Die Klassifizierung ist eng mit der Zuordnung der Produkte, die der monatlichen bzw. vierteljährlichen Produktionserhebung der statistischen Landesämter gemäß des Gesetzes über die Statistik im Produzierenden Gewerbe (ProdGewStatG) unterliegen, verbunden. Die Gliederung aus dem Güterverzeichnis für Produktionsstatistiken, Ausgabe 2009 (GP 2009), folgt mit einigen Ausnahmen bis zur Ebene der Klassen (die ersten vier Ziffern) der Gliederung der WZ 2008.[42] Maßgeblich für die wirtschaftliche Tätigkeit ist also das produzierte Produkt oder die ausgeübte Dienstleistung. Die produzierten und gemeldeten Produkte ordnen die ge-

---

36 Vgl. Frenz/Müggenborg/*Posser/Altenschmidt*, EEG 2012 § 41 Rn. 12.
37 Vgl. BT-Drs. 18/1891, S. 200 f., zu Artikel 1 § 5 EEG 2014.
38 Vgl. BT-Drs. 18/1891, S. 200 f., zu Artikel 1 § 5 EEG 2014; Altrock/Oschmann/Theobald/*Müller*, EEG 2004, § 40 Rn. 55; Frenz/Müggenborg/*Posser/Altenschmidt*, EEG 2012 § 41 Rn. 20; Reshöft/*Schäfermeier*, EEG, § 41 Rn. 20.
39 Vgl. BT-Drs. 18/1891, S. 200 f., zu Artikel 1 § 5 EEG 2014.
40 Vgl. BAFA, Merkblatt für stromkostenintensive Unternehmen, Stand: 27.8.2014, S. 7.
41 Vgl. BT-Drs. 18/1891, S. 200 f.
42 Statistisches Bundesamt, Güterverzeichnis für Produktionsstatistiken, Stand Dezember 2008, S. 11.

mäß § 9 ProdGewStatG i.V.m. § 15 Abs. 1 Bundesstatistikgesetz (BstatG) meldepflichti-
gen Unternehmen bzw. Betriebe grundsätzlich selbst den in Frage kommenden Meldenum-
mern zu.[43] Damit haben sie deren Zuordnung, soweit plausibel, zunächst selbst in der
Hand.

Anhand der gemeldeten Güter klassifizieren die statistischen Landesämter die Wirtschafts-   **19**
zweige, wobei hier verschiedene Grundsätzen und Regeln gelten. Die wirtschaftliche Tätigkeit eines Betriebes kann verschiedene Teilverfahren umfassen, die jedes für sich verschiedenen Kategorien der Klassifikation zuzuordnen ist.[44] Dennoch ist grundsätzlich jede,
der in den statistischen Unternehmensregistern[45] verzeichneten statistischen Einheiten nur
einem WZ-Code zugeordnet. Bei mehreren Tätigkeiten kommt es für die Zuordnung auf
die Haupttätigkeit an. Diese ist die Tätigkeit, die den größten Beitrag zur gesamten Wertschöpfung des Unternehmens leistet. Die Wertschöpfung bildet das Grundkonzept der
Klassifikation und wird als Differenz zwischen Produktionswert und den Vorleistungen definiert. Ist es bei mehreren Tätigkeiten in einem Unternehmen nicht möglich, Informationen über die den verschiedenen ausgeübten Tätigkeiten zuzurechnende Wertschöpfung zu
beschaffen, dienen weitere Größen wie Bruttoproduktion, Verkaufswert oder Umsatz,
Lohn- und Gehaltssummen, Zahl der Mitarbeiter und deren Arbeitszeit, zur Identifikation
der Haupttätigkeit.[46]

In Anlehnung an dieses Konzept ordnete bisher auch das Bundesamt für Wirtschaft und   **20**
Ausfuhrkontrolle die Unternehmen anhand des Schwerpunktes ihrer wirtschaftlichen Tätigkeit zu. Dabei wurden vor allem der Gesamtumsatz und die darauf anfallenden Kosten
betrachtet.[47] Im aktuellen Merkblatt verweist das Bundesamt für Wirtschaft und Ausfuhrkontrolle lediglich auf die Einordnung beim jeweiligen Statistischen Landesamt und auf
das eigene Prüfungsrecht. Zusätzlich sind der Bescheinigung des Wirtschaftsprüfers als
Anlage Angaben des Antragstellers zum Schwerpunkt der Produktionstätigkeit beizufügen.[48] Weitere Hinweise darauf, welche Regeln oder Grundsätze das Bundesamt für Wirtschaft und Ausfuhrkontrolle bei der Klassifikation anwendet, lassen sich aus der Verwaltungspraxis zu den entsprechenden Vorgängerregelungen ableiten; im Merkblatt vom
27.8.2014 finden sich indes keine weiteren Hinweise. In der Literatur wird teilweise die
Anwendung der Vorgaben aus § 15 Abs. 4 StromStV zur sachgerechten Feststellung des
Unternehmensschwerpunktes empfohlen.[49]

Neben den Haupt-, Neben- und Hilfstätigkeiten führen auch Fälle vertikaler oder horizon-   **21**
taler Integration zu Einordnungsschwierigkeiten.[50] Werden Tätigkeiten ausgeübt, die

---

43 Statistisches Bundesamt, Güterverzeichnis für Produktionsstatistiken, Stand Dezember 2008,
   S. 819.
44 Statistisches Bundesamt, Klassifikation der Wirtschaftszweige, Mit Erläuterungen, Ausgabe
   2008, S. 9.
45 Verordnung (EWG) Nr. 2186/93 des Rates vom 22. Juli 1993 über die innergemeinschaftliche Koordinierung des Aufbaus von Unternehmensregistern für statistische Verwendungszwecke, ABl.
   EG Nr. L 196 vom 5. August 1993, S. 1.
46 Statistisches Bundesamt, Klassifikation der Wirtschaftszweige, Mit Erläuterungen, Ausgabe
   2008, S. 20 ff.
47 Vgl. BAFA, Merkblatt für Unternehmen des produzierenden Gewerbes, Stand: 7.5.2013, S. 4.
48 Vgl. BAFA, Merkblatt für Unternehmen des produzierenden Gewerbes, Stand: 7.5.2013, S. 32.
49 Altrock/Oschmann/Theobald/*Große/Kachel*, EEG, § 40 Rn. 63.
50 Mit weiteren Erläuterungen: Statistisches Bundesamt, Klassifikation der Wirtschaftszweige, Mit
   Erläuterungen, Ausgabe 2008, S. 25.

mehreren Wirtschaftszweigen der WZ 2008 zuzuordnen sind, und macht keiner davon mehr als 50 % der Wertschöpfung aus, erfolgt die Klassifizierung der statistischen Bundes- und Landesämter mit Hilfe der sog. „Top-down-Methode". Dabei wird ein hierarchisches Prinzip angewendet, bei dem in der Auflistung aller ausgeführten Tätigkeiten und Ermittlungen der Bruttowertschöpfung für jede Unterklasse, der Abschnitt mit dem höchsten Anteil an Wertschöpfung bestimmt wird. Innerhalb des Abschnitts wird die Abteilung mit dem höchsten Anteil an der Wertschöpfung, innerhalb der Abteilung die Gruppe usw. bestimmt, bis man zur Unterklasse mit dem höchsten Anteil an Wertschöpfung gelangt, der dann für die wirtschaftszweigklassifikatorische Einordnung maßgeblich ist.[51] Auch zur „Top-down-Methode" des Statistischen Bundesamtes verhält sich das Merkblatt des Bundesamtes für Wirtschaft und Ausfuhrkontrolle nicht explizit, wobei davon auszugehen ist, dass entsprechende Grundsätze auch für die Rechtsanwendung maßgeblich sein werden.

22 Da die Klassifizierung der Wirtschaftszweige eng mit der Gliederung aus dem Güterverzeichnis für Produktionsstatistiken 2009 zusammenhängt, dessen Zuordnung die produzierenden Unternehmen selbst vornehmen, ist ein Wechsel der WZ-Klassifizierung grundsätzlich nur über die Produkterhebungen möglich. Zum einen muss der Wechsel von einer Meldenummer des Produktes zu einer anderen den Statistikämtern plausibel dargelegt werden. Bei langjähriger Meldung einer bestimmten Nummer dürfte ein Wechsel u. U. in Frage gestellt werden. Ein Wechsel ist jedoch nicht ausgeschlossen, bedarf im Einzelnen aber einer eingehenden Begründung unter Darlegung der maßgeblichen Veränderungen anhand unternehmensspezifischer Kennzahlen. Zum anderen gilt für die Änderung der Haupttätigkeit eines Betriebes und damit Änderung der Klassifizierung in Fällen, in denen mehr als eine Tätigkeit ausgeübt wird, die Stabilitätsregel. Die Stabilitätsregel wurde in der Klassifikation der Wirtschaftszweige, Ausgabe 2008 (WZ 2008) eingeführt, um allzu häufige Änderungen zu vermeiden. Danach wird die WZ-Klassenzuordnung nur geändert, wenn die gegenwärtige Haupttätigkeit seit mindestens zwei Jahren weniger als 50 % der Wertschöpfung beträgt. Gleiches gilt in Anwendung der Top-down-Methode. So sollen häufige Veränderungen, die auf keiner wesentlichen Änderung der wirtschaftlichen Verhältnisse beruhen, vermieden werden.[52] In Einzelfällen dürfte eine Abweichung hiervon durch plausible Begründung auch möglich sein. Seitens des Bundesamt für Wirtschaft und Ausfuhrkontrolle wird großen Wert auf die Angaben zu den Schwerpunkten der Produktionstätigkeiten bei Unternehmen gelegt, bei denen sich die Zuordnung gegenüber dem Vorjahr geändert hat; hier dürfte das Bundesamt für Wirtschaft und Ausfuhrkontrolle bei etwaigen Prüfungen besonderen Augenmerk auf die Darlegung der veränderten Verhältnisse legen.[53]

23 Die sich in der Praxis abzeichnenden Probleme im Zusammenhang mit der Branchenzuordnung von Unternehmen lassen vermuten, dass die Klassifizierung der Unternehmen in Zukunft die Gerichtsbarkeit beschäftigen wird. Neben den Schwierigkeiten bei der Rechtsanwendung ist schon denkbar, dass Behörden und Unternehmen von unterschiedlichen Sachverhalten ausgehen und dabei die Meinungen zur Klassifizierung auseinanderfallen. Dabei stehen den betroffenen Unternehmen Rechtschutzmöglichkeiten gegen die Statistischen Landesämter und gegen das Bundesamt für Wirtschaft und Ausfuhrkontrolle zur

---

51 Verdeutlicht anhand eines Beispiels: Statistisches Bundesamt, Klassifikation der Wirtschaftszweige, Mit Erläuterungen, Ausgabe 2008, S. 26 f.
52 Statistisches Bundesamt, Klassifikation der Wirtschaftszweige, Mit Erläuterungen, Ausgabe 2008, S. 29.
53 Vgl. BAFA, Merkblatt für stromkostenintensive Unternehmen, Stand: 27.8.2014, S. 32.

Verfügung, je nachdem durch wen die vermeintlich unrichtige Klassifizierung vorgenommen wird.[54] Die Klassifizierung durch die Statistischen Landesämter stellt mangels Regelungswirkung kein Verwaltungsakt dar. Daher dürften die betroffenen Unternehmen im Wege der allgemeinen Leistungsklage bzw. u. U. auch der Feststellungsklage gegen eine aus ihrer Sicht unrichtige Klassifizierung vorgehen können. Um gegen die Entscheidung des Bundesamtes für Wirtschaft und Ausfuhrkontrolle vorzugehen, bietet sich der Weg der Verpflichtungsklage. Die Klassifizierung wird im Rahmen des dann ablehnenden Bescheides auf den Begrenzungsantrag ergehen. Dabei handelt es sich um einen Verwaltungsakt, gegen den die Verpflichtungsklage auf Erlass des begehrten Begrenzungsbescheides die statthafte Klageart darstellt. Für den Rechtsschutz gegen die Klassifizierung des Bundesamtes für Wirtschaft und Ausfuhrkontrolle könnte die Rechtsprechung im Zusammenhang mit dem Antrag auf Gewährung von Investitionszulage nach dem Investitionszulagengesetz (InvZulG) bei den Finanzbehörden, deren entsprechende Anwendung nahe liegt, eine entscheidende Rolle spielen.[55] Hiernach ist im Regelfall die Einordnung der Statistischen Landesämter bei der Branchenzuordnung zugrunde zu legen.[56] Dies gilt nach ständiger Rechtsprechung nur nicht, wenn sie offensichtlich falsch ist oder zu einem offensichtlich falschen Ergebnis führt.[57] Die Bindung an die Klassifikation der Wirtschaftszweige sei dadurch rechtfertigt, dass sie auf Expertenwissen, welches sich auch auf die Auslegung der Klassifikation erstreckt, beruht. Auch wenn in der Gesetzesbegründung dem Bundesamt für Wirtschaft und Ausfuhrkontrolle ein eigenes Prüfungsrecht zugesprochen wird und dieses insoweit nicht an die Einordnung der Statistischen Landesämter gebunden sein soll, scheint eine Beschränkung auf Fälle der offensichtlich unzutreffenden Zuordnung gerechtfertigt. Dafür spricht insbesondere, dass ein Nachweis über die Einordnung des Unternehmens durch das jeweils zuständige Statistische Landesamt bei Antragstellung mit einzureichen ist, § 64 Abs. 3 Nr. 1 lit. d). Sind die Wirtschaftsprüfer aufgefordert, Angaben zum Betriebszweck und zur Betriebstätigkeit des Unternehmens zu prüfen (§ 64 Abs. 3 Nr. 1 lit. c) aa)), so ist dies insbesondere auch vor dem Hintergrund zu sehen, dass nicht nur das Unternehmen, sondern auch die betreffende Abnahmestelle einer Branche der Listen der Anlage 4 des EEG 2014 zugeordnet werden muss und die statistischen Landesämter diese Zuordnung nicht vornehmen.

Maßgeblicher Zeitpunkt für die Zuordnung eines Unternehmens zu den Branchen nach der Anlage 4 ist nach § 64 Abs. 7 das Ende des letzten abgeschlossenen Geschäftsjahres. **24**

b) Letztes abgeschlossenes Geschäftsjahr. Die Voraussetzungen des § 64 Abs. 1 müssen im letzten bzw. in den letzten drei abgeschlossenen Geschäftsjahren erfüllt sein. Die Voraussetzung der Mindeststromabnahme gemäß § 64 Abs. 1 Nr. 1 muss im letzten abgeschlossenen Geschäftsjahr erfüllt sein; gleiches gilt für das Betreiben eines zertifizierten Energie- und Umweltmanagementsystems gemäß Nr. 3. Für die Voraussetzung der Stromkostenintensität (Nr. 2) sind hingegen grundsätzlich die letzten drei abgeschlossenen Geschäftsjahre ausschlaggebend. Die Übergangsbestimmung in § 103 Abs. 1 Nr. 2, Abs. 2 Nr. 1 bietet die Möglichkeit der abweichenden Zugrundelegung des letzten bzw. des arithmetischen Mittels der letzten beiden abgeschlossenen Geschäftsjahre. Die Stromkostenin- **25**

54 *Hampel/Neubauer*, ER 2014, 190.
55 *Hampel/Neubauer*, ER 2014, 190 f.
56 BFH, Urt. v. 28.4.2010, III R 66/09, BStBl. 2010 II S. 831.
57 BFH, Urt. v. 10.5.2007, III R 54/04, BFH/NV 2007, 2146, Urt. v. 23.3.2005, III R 20/00, BStBl. II 2005, 497.

tensität berechnet sich gemäß Abs. 6 Nr. 3 aus dem Verhältnis der Stromkosten zum arithmetischen Mittel der Bruttowertschöpfung in den letzten drei abgeschlossenen Geschäftsjahren.[58] An der bisherigen Systematik des Auseinanderfallens der Nachweisführung und der Begrenzungswirkung wurde weiterhin festgehalten. Der Gesetzgeber hat jedoch den Nachweiszeitraum teilweise von einem auf drei abgeschlossene Geschäftsjahre erweitert. Das bedeutet, der Nachweis der Voraussetzungen ist weiterhin für die Vergangenheit zu führen, wobei die Begrenzung nur für die Zukunft möglich ist. Dadurch kann ein Unternehmen, das in dem jeweiligen Nachweiszeitraum vor der Antragstellung nicht die Voraussetzungen des § 64 Abs. 1 erfüllt, keine Begrenzung seiner EEG-Umlage erhalten.[59] Der umgekehrte Fall ist hingegen möglich: Sind die Voraussetzungen in dem für den Antrag maßgeblichen Nachweiszeitraum erfüllt, erreicht das Unternehmen im Jahr der Begünstigung die Schwellenwerte jedoch nicht mehr, kann es dennoch von der Privilegierung profitieren. Für die Begrenzung im Begrenzungszeitraum ist es insofern unerheblich, ob die Voraussetzungen aktuell noch erfüllt werden. Denn werden die Voraussetzungen im Begrenzungszeitraum nicht erfüllt, so hat dies ausschließlich als neuer Nachweiszeitraum Auswirkungen auf eine spätere Antragstellung und den nachfolgenden Begrenzungszeitraum. Der Gesetzgeber wollte mit der Anknüpfung an den maßgeblichen Nachweiszeitraum feststehende Daten zur Grundlage der Begrenzungsentscheidung machen, damit diese aufgrund einer gesicherten Tatsachenbasis erfolgen kann.[60] Eine Nachweisführung der Antragsvoraussetzungen ist weiterhin weder durch Hochrechnung der Daten noch auf Basis einer Prognoserechnung zulässig.[61] Auch wenn die Gesetzesbegründung nicht mehr ausdrücklich diese Zulässigkeit ausschließt, ist nicht von einem Systemwechsel auszugehen.[62] Insbesondere greift weiterhin die bisherige Argumentation, die darauf abstellt, dass die Zugrundelegung von Hochrechnungen und Prognoserechnungen mit erheblicher Unsicherheit und Fehlern verbunden wäre.[63] Eine mögliche Benachteiligung derer, die sich auf Prognosedaten berufen möchten, ist aus sachlichen Gründen weiterhin gerechtfertigt. Eine Privilegierung sollte nur auf Basis unternehmensbezogener, empirisch gesicherter Tatsachenbasis zugelassen werden, um Fehlentscheidungen möglichst weitgehend zu vermeiden.[64] Nur die Entscheidung auf Grundlage gesicherter Tatsachenbasis rechtfertigt die Belastung der übrigen nicht privilegierten Letztverbraucher infolge der Begrenzung der EEG-Umlage durch die Besondere Ausgleichsregelung vor dem Hintergrund des derzeitigen Umverteilungsvolumens.

26   Der Begriff des Geschäftsjahres ist weder im EEG noch im Handelsgesetzbuch (HGB) definiert. Die Auslegung des im § 64 Abs. 1 verwendeten Begriffs Geschäftsjahr dürfte sich jedoch an der Auslegung des § 240 Abs. 2 Satz 2 HGB orientieren, der Wirkung auf das gesamt Handelsrecht, bspw. auf die Erstellung des handelsrechtlichen Jahresabschlusses

---

58 Näheres dazu siehe IV. 1. d), Rn. 42 ff.
59 Vgl. insoweit zum EEG 2012 Altrock/Oschmann/Theobald/*Müller*, § 41 Rn. 31.
60 Vgl. BT-Drs. 15/5212, S. 10; Altrock/Oschmann/Theobald/*Müller*, § 41 Rn. 26; BVerwG, Presseerklärung v. 31.5.2011, 8 C 52.09; BVerwG, Urt. v. 31.5.2011, 8 C 52.09, Rn. 22, 29; Hess. VGH, Urt. v. 14.10.2009, 6 A 1002/08, ZNER 2009, 422 ff.; VG Frankfurt am Main, Urt. v. 13.3.2008, 1 E 1303/07, ZNER 2009, 63 f.; VG Frankfurt am Main, Urt. v. 13.3.2008, 1 E 1860/07 (1); VG Frankfurt am Main, Urt. v. 6.11.2008, 1 E 4365/07 (V).
61 Vgl. BAFA, Merkblatt für stromkostenintensive Unternehmen, Stand: 27.8.2014, S. 13 f.
62 Anders: *Große/Kachel*, NVwZ 2014, 1122, 1126.
63 Vgl. Altrock/Oschmann/Theobald/*Müller*, § 41 Rn. 26.
64 BVerwG, Urt. v. 31.5.2011, 8 C 52/09, S. 6.

nach § 242 HGB entfaltet..[65] Hierfür spricht auch, dass die Nachweise nach Maßgabe von § 64 Abs. 3 auf der Grundlage des Jahresabschlusses für das letzte abgeschlossene Geschäftsjahr beizubringen sind, mithin der Begriff Geschäftsjahr in § 64 Abs. 3 im Kontext des handelsrechtlichen Jahresabschlusses verwandt wird. Gemäß § 242 HGB hat der Kaufmann das Ergebnis seiner geschäftlichen Tätigkeit in einem Jahresabschluss zusammenzufassen. Das Geschäftsjahr kann im Gesellschaftsvertrag bzw. der Satzung grundsätzlich frei definiert werden.[66] Ohne entsprechende Regelungen ist davon auszugehen, dass das Geschäftsjahr dem Kalenderjahr entspricht.[67] Ein Geschäftsjahr dauert zwar regelmäßig zwölf Monate, kann jedoch auch kürzer, keinesfalls jedoch länger sein, § 240 Abs. 2 Satz 2 HGB.[68] Geschäftsjahre, die kürzer als zwölf Monate sind, werden als sogenannte Rumpfgeschäftsjahre bezeichnet.[69] Rumpfgeschäftsjahre können nach h. M. zwar nicht beliebig und willkürlich eingelegt werden, bspw. aber dann, wenn sie aufgrund der Verlegung des Geschäftsjahres auf ein vom Kalenderjahr abweichendes Geschäftsjahr erforderlich sind.[70] Teilweise wird in der Literatur zum EEG vertreten, dass das Abweichen vom regulären 12-monatigen Geschäftsjahreszeitraum im Hinblick auf die Erfüllung der Voraussetzungen des § 64 Abs. 1 problematisch ist. So vertritt Müller[71] die Ansicht, Geschäftsjahre, die kürzer als zwölf Monate sind, seien seit der Novellierung 2009 bei bestehenden Unternehmen keine Geschäftsjahre i. S. d. § 41 Abs. 1 EEG 2012 mehr. Die Möglichkeit zur Ermittlung der Daten auf der Basis eines Rumpfgeschäftsjahres sei gesetzlich nur für neugegründete Unternehmen vorgesehen.[72] Die Regelung zur Nachweisführung auf Basis eines Rumpfgeschäftsjahres für neugegründete Unternehmen des § 41 Abs. 2a EEG 2012 existiert in § 64 Abs. 4 weiter. Neuerdings wird die Möglichkeit der Zugrundelegung eines Rumpfgeschäftsjahres über den Verweis auf § 67 Abs. 1 Satz 2 jedoch explizit auch umgewandelten Unternehmen zugestanden. Die Fälle, in denen ein Unternehmen sein Geschäftsjahr umstellen will und deshalb zulässigerweise ein Rumpfgeschäftsjahr einlegt, sind allerdings weiterhin nicht erfasst. In konsequenter Anwendung der Ansicht von Müller, würde die Ermittlung der Daten auf Basis eines Rumpfgeschäftsjahres hierbei die Antragsvoraussetzungen nicht erfüllen, da es sich nicht um den privilegierten Fall der Neugründung handelt. Nur, wenn Unternehmen auf ein 12-monatiges Geschäftsjahr vor dem Rumpfgeschäftsjahr zurückgreifen können, soll eine Antragstellung möglich sein. Die Datenbasis soll dann aber das 12-monatige Geschäftsjahr vor dem Rumpfgeschäftsjahr bilden.[73] Die Argumentation, dass aus § 41 Abs. 2a EEG 2009 folge, dass die Möglichkeit der Zugrundelegung eines Rumpfgeschäftsjahres nur neugegründeten Unternehmen gegeben ist,[74] überzeugt

---

65 Vgl. *Adler/Düring/Schmaltz*, Rechnungslegung und Prüfung der Unternehmen, 6. Aufl., § 240 HGB Tz. 67, Beck Bil-Komm., 9. Aufl., § 240 Anm. 62.

66 Vgl. Baumbach/Hopt/*Merkt*, HGB, § 240 Rn. 6.

67 Vgl. *Adler/Düring/Schmaltz*, Rechnungslegung und Prüfung der Unternehmen, 6. Aufl., § 240 HGB Tz. 68.

68 Vgl. Beck Bil-Komm., 9. Aufl., § 240 HGB Anm. 60.

69 Vgl. Baumbach/Hopt/*Merkt*, HGB, § 240 Rn. 6; Ebenroth/Boujong/Joost/Strohn/*Gros/Böcking*, HGB § 240 Rn. 24; Reshöft/Schäfermeier/*Jennrich*, EEG, § 41 Rn. 7.

70 Vgl. *Adler/Düring/Schmaltz*, Rechnungslegung und Prüfung der Unternehmen, 6. Aufl., § 240 HGB Tz. 69, Beck Bil-Komm., 9. Aufl., § 240 HGB Anm. 63.

71 Altrock/Oschmann/Theobald/*Müller*, EEG, § 41 Rn. 26 ff.

72 Altrock/Oschmann/Theobald/*Müller*, EEG, § 41 Rn. 26 ff.

73 So auch: Reshöft/Schäfermeier/*Jennrich*, EEG, § 41 Rn. 13; Altrock/Oschmann/Theobald/*Müller*, EEG, § 41 Rn. 30.

74 Altrock/Oschmann/Theobald/*Müller*, EEG, § 41 Rn. 29.

hingegen nicht. Weder im EEG noch in dessen Begründung gibt es einen Hinweis darauf, dass ein zum Zweck der Umstellung des Geschäftsjahres eingelegtes Rumpfgeschäftsjahr zum Nachweis der Erfüllung der Antragsvoraussetzungen nicht verwendet werden darf. Vielmehr ging es bei der damaligen Einführung der Regelung für neugegründete Unternehmen um die Kodifizierung der damaligen Verwaltungspraxis.[75] Auch der Wortlaut des § 67 Abs. 1 Satz 2 i.V.m. § 64 Abs. 4 Satz 1 spricht gegen diese Ansicht. Denn auch bei einem Rumpfgeschäftsjahr handelt es sich begrifflich um ein Geschäftsjahr.[76] Diese Sichtweise ist auch aufgrund von Sinn und Zweck der Regelung geboten. Andernfalls müssten Unternehmen bei Umstellung ihres Geschäftsjahres befürchten, infolgedessen die Antragsmöglichkeit für die nunmehr – bei Außerachtlassung der Übergangsbestimmungen § 103 Abs. 1 Nr. 2 – nächsten drei Jahre zu verlieren. So wird es nicht im Sinne des Gesetzgebers gewesen sein, die Möglichkeiten der Umstellung des Geschäftsjahres faktisch zu beschneiden. Die entsprechende Anwendung der Verwaltungspraxis für Umwandlungsfälle bietet hier keine adäquate Lösung. Das umstellende Unternehmen kann zwar oft – wie bei der Umwandlung – auf eine gesicherte Datenbasis aus vorheriger Geschäftätigkeit zurückgreifen.[77] Wenn allerdings das Geschäftsjahr vor dem Rumpfgeschäftsjahr die Datenbasis bildet, hätte das zur Folge, dass u.U. zweimal nacheinander dieselben Daten der Begrenzungsentscheidung zugrunde lägen. Für den Wechsel des Wirtschaftsjahres für steuerrechtliche Zwecke ist generell die Zustimmung der zuständigen Finanzämter erforderlich (siehe u.a. § 4a EStG bzw. § 8b Satz 2 Nr. 2 EStDV). Eine Ausnahme hiervon ist nur gegeben, wenn von einem vom Kalenderjahr abweichenden Wirtschaftsjahr auf ein Wirtschaftsjahr entsprechend dem Kalenderjahr umgestellt werden soll.[78] Ein rechtsmissbräuchlich willkürlicher Wechsel wird somit verhindert. Auch wenn das steuerliche Wirtschaftsjahr nicht zwingend maßgeblich für die Festlegung des Geschäftsjahres ist,[79] so spricht doch Vieles dafür, zumindest die Fälle der Einlegung eines Rumpfgeschäftsjahres, die auch steuerrechtlich anerkannt werden, auch für Zwecke der Antragstellung gemäß §§ 64 ff. anzuerkennen. Demnach sprechen überzeugende Gründe dafür, in Fällen der bloßen Geschäftsjahresumstellung, das Rumpfgeschäftsjahr in Anwendung des HGB als letztes abgeschlossenes Geschäftsjahr anzuerkennen.

27   **aa) Grundfall.** Stimmt bei Unternehmen das Geschäftsjahr nicht mit dem Kalenderjahr überein, ist dennoch das letzte abgeschlossene Geschäftsjahr maßgebend, ohne dass es aufgrund einer etwaigen Verkürzung des Zeitraums zwischen dem Ende des Geschäftsjahres (z.B. 31.3.) und dem Datum der materiellen Ausschlussfrist gemäß § 66 Abs. 1 Satz 1 (30.6.) zu einer Verschiebung der materiellen Ausschlussfrist kommt.[80] Bei Geschäftsjahren, die sich vom 1.7. bis zum 30.6. des Antragsjahres erstrecken, kann nur auf das vor dem Antragsjahr liegende letzte abgeschlossene Geschäftsjahr abgestellt werden.[81] Theoretisch wäre ein solches letztes abgeschlossenes Geschäftsjahr für die Antragstellung zur Besonderen Ausgleichsregelung denkbar. Durch das Erfordernis einer Wirtschaftsprüfer-Bescheinigung auf Basis eines Jahresabschlusses vom 1.7. des Vorjahres bis zum 30.6. des

---

75 Vgl. BT-Drs. 16/9477, S. 27, Ziff. 27 lit. e; BT-Drs. 16/7119, S. 104 f.

76 A.A.: Reshöft/Schäfermeier/*Jennrich*, EEG, § 41 Rn. 13.

77 So Reshöft/Schäfermeier/*Jennrich*, EEG, § 41 Rn. 13.

78 Beck'sches Steuer- und Bilanzrechtslexikon, Geschäftsjahr, Rn. 5.

79 Vgl. Beck Bil-Komm., 9. Aufl., § 240 HGB Anm. 64.

80 Vgl. *Salje*, EEG, § 64 Rn. 15.

81 Vgl. Altrock/Oschmann/Theobald/*Müller*, § 41 Rn. 27 mit Fn. 35.

Antragsjahres in der juristischen Sekunde desselben Tages, 24 Uhr dürfte dies praktisch nicht realisierbar sein. Bei Geschäftsjahren, die maximal sechs Wochen vor der materiellen Ausschlussfrist enden, obliegt es nach der hier vertretenen Auffassung dem Bundesamt für Wirtschaft und Ausfuhrkontrolle, ob auf das davorliegende abgeschlossene Geschäftsjahr zurückgegriffen werden kann.[82]

bb) Sonderreglung bei neugegründeten Unternehmen (Abs. 4). Unternehmen, die nach dem 30. Juni des Vorjahres **neu gegründet** wurden, können gemäß § 64 Abs. 4 abweichend von § 64 Abs. 1–3 Daten eines Rumpfgeschäftsjahres übermitteln.[83] Die Anspruchsvoraussetzungen des § 64 Abs. 1 müssen dementsprechend nicht zwingend im letzten abgeschlossenen Geschäftsjahr, sondern können auch im Rumpfgeschäftsjahr des neu gegründeten Unternehmens erfüllt werden.[84]   **28**

cc) Sonderregelungen bei Rumpfgeschäftsjahren, die durch Umstellungen des Geschäftsjahres oder Gesellschafterwechsel entstehen. Bei einer im Rahmen der handels- und steuerrechtlich zulässigen Grenzen erfolgten Umstellung des Geschäftsjahres, halten Teile der Literatur die Antragstellung auf Basis des letzten abgeschlossenen Geschäftsjahres vor der Umstellung für zulässig, wenn es sich um Unternehmen handelt, die vor einem Rumpfgeschäftsjahr ein zwölf Monate umfassendes abgeschlossenes Geschäftsjahr vorweisen können.[85] Richtigerweise ist für das Vorliegen der Voraussetzungen nach § 64 Abs. 1 aber vielmehr das Rumpfgeschäftsjahr maßgebend, dass als Geschäftsjahr zur Umstellung dient. Dieses Ergebnis widerspricht dem Begriff des letzten abgeschlossenes Geschäftsjahrs gemäß § 64 Abs. 1 Nr. 1 nicht, denn auch bei dem Rumpfgeschäftsjahr im handelsrechtlichen Sinn handelt es sich um ein Geschäftsjahr. Dies ist außerdem geboten, um Unternehmen die Umstellung ihres Geschäftsjahres auf das Kalenderjahr zu ermöglichen, ohne die Antragsberechtigung zu beschneiden. Eine Zugrundelegung des Geschäftsjahres vor dem Rumpfgeschäftsjahr würde u. U. bedeuten, dass die Daten zweimal für die Antragstellung verwendet werden.   **29**

c) Mindeststromabnahme an einer Abnahmestelle (Abs. 1 Nr. 1). Nach § 64 Abs. 1 Nr. 1 muss das antragstellende Unternehmen an einer Abnahmestelle, an der das Unternehmen einer Branche nach Anlage 4 zuzuordnen ist, im letzten abgeschlossenen Geschäftsjahr mindestens 1 GWh umlagepflichtigen Strom selbst verbraucht haben. Alle Voraussetzungen müssen kumulativ erfüllt sein. Nach der bisherigen Regelung war vorgesehen, dass der von einem Energieversorgungsunternehmen bezogene und selbst verbrauchte Strom an einer Abnahmestelle im letzten abgeschlossenen Geschäftsjahr des Unternehmens auch mindestens 1 GWh betragen hat. Es ist nur der nach § 60 Abs. 1 oder § 61 umlagepflichtige   **30**

82 Vgl. Altrock/Oschmann/Theobald/*Müller*, § 41 Rn. 27 mit Fn. 35: Nach Auffassung von *Müller* muss es bei einem Geschäftsjahresende am 31. Mai dem Unternehmen überlassen sein, ob es innerhalb eines Monats die Daten über die Antragstellung zur Besonderen Ausgleichsregelung aufbereiten kann oder ob es auf das 13 Monate davorliegende Geschäftsjahr zurückgreift. Bei einem Geschäftsjahr, das mehr als einen Monat vor der materiellen Ausschlussfrist endet, muss es nach *Müller* dem Unternehmen jedoch möglich sein, die Daten zur Antragstellung zur Besonderen Ausgleichsregelung zusammenzutragen und beim Bundesamt einzureichen.

83 Vgl. BT-Drs. 16/8148, S. 15.

84 Ausführlich unter IV. 4. e), Rn. 196.

85 Vgl. Altrock/Oschmann/Theobald/*Müller*, § 41 Rn. 30.

Strom berücksichtigungsfähig.[86] Denn es soll nur der Strom entlastet werden, der auch zuvor belastet wurde.[87]

31 **aa) 1 GWh selbst verbrauchter Strom.** Der vom Unternehmen an der Abnahmestelle im letzten abgeschlossenen Geschäftsjahr selbst verbrauchte Strom muss mindestens eine GWh betragen. Dies entspricht auch der bisherigen Regelung gemäß § 41 Abs. 1 Nr. 1 lit. a) EEG 2012. Die wesentliche Änderung liegt darin, dass der selbst verbrauchte Strom zukünftig nicht mehr zwingend von einem Energieversorgungsunternehmen bezogen werden muss. Wenn eigenerzeugter Strom mit der EEG-Umlage belastet ist, fließt auch er in die Berechnung des Mindestverbrauchs ein. Bisher wurde der Verbrauch von eigenerzeugten Strom nicht begrenzt. Das heißt, es kommt für die Voraussetzung der Mindeststromabnahme anstelle des Strombezuges von einem Elektrizitätsunternehmen wesentlich darauf an, dass die Strommengen selbst verbraucht werden. Mit der Erweiterung des Wälzungsmechanismus auf Strom aus Eigenerzeugungsanlagen, ist auch dieser begrenzungsfähig. Die Voraussetzung des § 64 Abs. 1 Nr. 1 stellt daher auf die selbst verbrauchte Strommenge ab. Ziel der Aufnahme eigenerzeugter Strommengen in die Besondere Ausgleichsregelung ist es, die Wirtschaftlichkeit industrieller Eigenerzeugungsanlagen zu erhalten.[88] Daraus folgt, dass wiederum nur Strommengen aus Eigenerzeugungsanlagen begrenzungsfähig sind, die nach § 61 der Umlagepflicht unterliegen. Ausgenommen sind Strommengen, die von dieser Pflicht nach § 61 Abs. 2 bis 4 ausgenommen sind. Für diese besteht kein Bedarf der Begrenzung, da ohnehin keine Umlage für sie zu zahlen ist.[89]Allerdings muss nicht nur der selbst erzeugte, sondern auch der bezogene Strom wie nach der bisherigen Regelung gemäß § 41 Abs. 1 Nr. 1 lit. c) EEG 2012 weiterhin mit der EEG-Umlage belastet sein.[90] Das folgt aus den §§ 64 Abs. 1 Nr. 1, 60 Abs. 1 und der Systematik, nach der nur diejenigen Unternehmen begünstigt werden sollen, die von der EEG-Umlage intensiv berührt sind.[91] Unterliegen Strommengen bisher dem **Grünstromprivileg**[92] nach § 39 Abs. 1 EEG 2012, so wurden diese Strommengen mit einer um 2 Cent je kWh verringerten EEG-Umlage belastet. Die Inanspruchnahme der verringerten EEG-Umlage hatte jedoch keine Auswirkungen auf die Erfüllung der Voraussetzungen der Umlagepflichtigkeit.[93] Durch die Abschaffung des Grünstromprivilegs ist diese Problematik grundsätzlich obsolet; für das Eigenstromprivileg gilt die entsprechende Besonderheit jedoch weiterhin. Sind diese Strommengen nicht mit der EEG-Umlage belastet, so kann für diese Strommengen § 64 nicht herangezogen werden.[94]

32 Sehen die Stromlieferungsverträge zwischen Unternehmen und Elektrizitätsversorgungsunternehmen im Begrenzungszeitraum keine Weiterbelastung der EEG-Umlagen an das verbrauchende Unternehmen vor, weil es ihnen beispielsweise aufgrund einer Preisanpassungsklausel nicht möglich ist, so läuft eine Begrenzung durch die Besondere Ausgleichs-

86 Vgl. BT-Drs. 18/1891, S. 209.
87 Vgl. Frenz/Müggenborg/*Posser/Altenschmidt*, § 41 Rn. 33.
88 Vgl. BT-Drs. 18/1891, S. 209.
89 Vgl. BT-Drs. 18/1891, S. 209.
90 *Vollstädt/Bramowski*, BB 2014, 1667, 1668.
91 Vgl. bereits BT-Drs. 15/810, S. 51; BT-Drs. 15/810, S. 5.
92 Vgl. zu Gestaltungen beim Grünstromprivileg: *Moench/Ruttloff*, RdE 2012, 134 ff.
93 Vgl. Gerstner/*Lünenbürger*, S. 615.
94 Vgl. Frenz/Müggenborg/*Posser/Altenschmidt*, § 41 Rn. 33; BAFA, Merkblatt für Unternehmen des produzierenden Gewerbes, Stand: 7.5.2013, S. 8.

regelung leer.[95] Gleiches gilt, wenn die vertragliche Vereinbarung im **Begrenzungszeit-raum** eine **geringere EEG-Umlage als** die nach dem Gesetz grundsätzlich mögliche EEG-Umlagebelastung vorsehen würde.[96]

Da es für die Erfüllung der Voraussetzung nicht auf die vertraglichen, sondern auf die tatsächlichen Verhältnisse ankommt, ist insbesondere für Stromlieferverträge mit einer Mindestabnahmeverpflichtung bzw. einer „Take-or-pay"-Vereinbarung im Hinblick auf das Erreichen der Mindestverbrauchsmenge von einer GWh nicht auf die vertragliche Vereinbarung abzustellen, sondern auf die tatsächlich abgenommene Menge.[97] Wird ein Teil dieser Strommenge an einen Dritten weitergegeben, so kann diese weitergeleitete Strommenge nicht bei der Ermittlung der Mindestabnahme von 1 GWh berücksichtigt werden.[98] Sie muss entsprechend abgezogen werden, da sie nicht selbst verbraucht wurde. Die Weiterleitung des Stromes hat in zweifacher Weise Auswirkung auf die Begrenzungsentscheidung des Bundesamtes für Wirtschaft und Ausfuhrkontrolle: Zum einen darf der weitergeleitete Strom nicht als Nachweis der Antragsvoraussetzungen dienen. Zum anderen sind die weitergeleiteten Strommengen mangels Selbstverbrauch nicht begrenzungsfähig.[99] Dies gilt unabhängig vom Zweck oder dem Empfänger des weitergeleiteten Stroms. Auch ist der Ort, an den der weitergeleitete Strom geliefert wird, unerheblich.[100] Bei selbstständigen Unternehmensteilen sind auch die Stromweiterleitungen an andere selbstständige Unternehmensteile desselben Rechtsträgers bei der Ermittlung der Mindeststromabnahmemenge nicht zu berücksichtigen. **33**

Das Unternehmen, dass **Strom an Dritte weiterleitet**, muss über die entsprechenden Zähl- und Messeinrichtungen verfügen, um die weitergeleiteten Strommengen und die dafür vom Dritten zu entrichteten Kosten adäquat ermitteln zu können.[101] Eine pauschale Ermittlung oder eine Schätzung der weitergeleiteten Strommengen und der dafür vom Dritten zu entrichtenden Kosten ist grundsätzlich nicht zulässig. Dies folgt für das Antragsjahr 2015 unmissverständlich aus der neuen Anforderung des § 67 Abs. 6 Nr. 1, nach dem die Abnahmestelle an allen Entnahmepunkten über eigene Stromzähler verfügen muss. Für das Antragsjahr 2014 galt noch die Übergangsbestimmung des § 103 Abs. 1 Nr. 3 weshalb auf die Stromzähler verzichtet werden konnte. Mit dem § 67 Abs. 6 Nr. 1 lässt sich keine Differenzierung zwischen Einspeisestellen zum vorgelagerten Netz und weitergeleiteten Netz rechtfertigen. **34**

Zwischengespeicherter Strom nach § 60 Abs. 3 ist nicht mit der EEG-Umlage belastet. Diese Strommenge kann bei der Ermittlung der Mindeststrombezugsmenge nicht berücksichtigen werden.[102] **35**

---

95 Vgl. *Salje*, EEG, § 64 Rn. 43.
96 Vgl. *Salje*, EEG, § 64 Rn. 43.
97 Vgl. Altrock/Oschmann/Theobald/*Müller*, § 41 Rn. 9.
98 Vgl. *Kachel*, ZUR 2012, 32, 34; Frenz/Müggenborg/*Posser/Altenschmidt*, § 41 Rn. 37.
99 Vgl. Frenz/Müggenborg/*Posser/Altenschmidt*, § 41 Rn. 37.
100 Vgl. Altrock/Oschmann/Theobald/*Müller*, § 41 Rn. 9.
101 VG Frankfurt am Main, Urt. v. 2.12.2014, 5 K 2116/13 F; Altrock/Oschmann/Theobald/*Müller*, § 41 Rn. 9.
102 Vgl. *Kachel*, ZUR 2012, 32, 34.

36 Nach der **Entscheidung des Bundesgerichtshofes vom 9.12.2009**[103] ist das Eigenstromprivileg restriktiv auszulegen,[104] so dass auch für Strom, der nicht über ein Netz der öffentlichen Versorgung geliefert wurde, die EEG-Umlage zu zahlen ist. Die zum EEG 2004 ergangene Entscheidung ist sowohl auf das EEG 2009 als auch auf das EEG 2012 übertragbar, da § 14 Abs. 3 EEG 2004 mit der Regelung des § 37 Abs. 6 EEG 2009 und des § 37 Abs. 3 Nr. 1 EEG 2012 in weiten Teilen übereinstimmt. So ist nicht nur der Strom in den EEG-Ausgleichsmechanismus einzubeziehen, der aus einem Netz für die allgemeine Versorgung bezogen wird, sondern auch der, der außerhalb eines Netzes der allgemeinen Versorgung erzeugt und an Letztverbraucher geliefert wird.[105] Von der EEG-Umlagepflicht werden daher auch solche Strommengen erfasst, die von einem Elektrizitätsversorgungsunternehmen außerhalb eines der allgemeinen Versorgung dienenden Netzes an Letztverbraucher geliefert werden.[106] Vor der BGH-Entscheidung wurde verstärkt die Auffassung vertreten, dass es sich hierbei um Strom handelt, der nicht in den allgemeinen EEG-Belastungsausgleich einzubeziehen sei.[107]

37 **bb) An einer Abnahmestelle.** Den notwendigen Mindeststromverbrauch von 1 GWh muss das Unternehmen an einer Abnahmestelle erreichen, an der das Unternehmen einer der in Anlage 4 genannten Branchen angehört.

38 Der Begriff der Abnahmestelle wird in § 64 Abs. 6 Nr. 1 legal definiert. Danach sind alle räumlich und physikalisch zusammenhängenden elektrischen Einrichtungen einschließlich der Eigenversorgungsanlagen eines Unternehmens, die sich auf einem in sich abgeschlossenen Betriebsgelände befinden und die über eine oder mehrere Entnahmepunkte mit dem Netz verbunden sind, eine Abnahmestelle.[108] Hinzu kommt, dass die Abnahmestelle grundsätzlich über eigene Stromzähler an allen Entnahmepunkten und Eigenversorgungsanlagen verfügen muss, § 64 Abs. 6 Nr. 1. Damit gilt die bisherige Definition der Abnahmestelle fort, mit der Ausnahme, dass Eigenerzeugungsanlagen neuerdings mit einbezogen werden.[109] Maßgeblich ist weiterhin nur der auf dem jeweiligen Betriebsgelände verbrauchte Strom.[110] Wie oben dargestellt, sind selbst erzeugte und selbst verbrauchte Strommengen für den Nachweis der Voraussetzungen gemäß § 64 Abs. 1 Nr. 1 relevant, soweit sie umla-

---

103 Aufgrund des Urt. des BGH wurde nachträglich § 66 Abs. 5 EEG 2009 eingeführt. Den betroffenen Unternehmen wurde unter anderem eine nachträgliche Antragstellung bei der Besonderen Ausgleichsregelung ermöglicht; *Gent/Nünemann/Maring*, ZNER 2010, 451, 456 ff.
104 Vgl. BGH, Urt. v. 9.12.2009, VIII ZR 35/09, RdE 2010, 225 ff.
105 Vgl. BT-Drs. 17/6071, S. 83; BGH, Urt. v. 9.12.2009, VIII ZR 35/09, RdE 2010, 225 ff., 1. Leitsatz; *Fricke*, CuR 2010, 109 ff.; *Kraftczyk/Heine*, CuR 2010, 8 ff.; *Riedel*, IR 2010, 101 ff.: Probleme bei der Abgrenzung von Eigenstromversorgung und Fremdstrombezug bei Gemeinschaftskraftwerken; *Leinenbach*, IR 2010, 221 ff.; *Fricke*, ZNER 2010, 136 ff.; *Gent/Nünemann/Maring*, ZNER 2010, 451 ff.; *Scholtka/Baumbach*, NJW 2010, 1118, 1123; *Klemm*, CuR 2009, 84, 88; Altrock/Oschmann/Theobald//*Müller*, § 41 Rn. 7.
106 Vgl. BGH, Urt. v. 9.12.2009, VIII ZR 35/09, RdE 2010, 225 ff., 2. Leitsatz; *Fricke*, ZNER 2010, 136, 137; *Leinenbach*, IR 2010, 221 ff.; *Scholtka/Baumbach*, NJW 2010, 1118, 1123; Frenz/Müggenborg/*Posser/Altenschmidt*, § 41 Rn. 34.
107 Vgl. *Riedel/Thomann*, IR 2008, 8, 10 f.; *Salje*, IR 2008, 102, 103; *Lehnert*, RdE 2005, 160, 163 f., sehen die Eigenversorgung im Sinne des EnWG auch im Rahmen des EEG als privilegiert an; *Siems*, RdE 2005, 130, 134; a. A. *Fricke*, Die Teilnahme des Strom-Contractings am Belastungsausgleich nach dem Erneuerbare-Energien-Gesetz, 87 ff.
108 Ausführlich vgl. dazu unter IV. 6. A), Rn. 230.
109 Vgl. BT.-Drs. 18/1891, S. 213.
110 Vgl. Altrock/Oschmann/Theobald/*Müller*, § 41 Rn. 12.

gepflichtig sind. Voraussetzung dafür, dass sie ein und derselben Abnahmestelle zugerechnet werden, ist, dass die elektrischen Einrichtungen sich auf demselben, in sich abgeschlossenen Betriebsgelände befinden.[111] Um festzustellen, was zu einer Abnahmestelle gehört, hat eine Gesamtbetrachtung der technischen Rahmenbedingungen unter Beachtung sonstiger versorgungsseitiger Anforderungen in der jeweils zu beurteilenden Konstellation zu erfolgen. Ein Bezug von Strom aus Netzen unterschiedlicher Spannungsebenen sowie die Einrichtung von Netzanschlüssen zur Versorgung beispielsweise in Revisionszeiten oder bei dem Ausfall eines Netzanschlusses können dabei für das Vorliegen einer Abnahmestelle grundsätzlich nicht schädlich sein.[112] Bei der Auslegung der Definition der Abnahmestelle dürften viele der bereits in der Vergangenheit offenbar gewordenen Abgrenzungsfragen weiterhin fortbestehen.[113] Insoweit schafft die Definition kaum Klarheit gegenüber der bisherigen Rechtspraxis. Neu in die Definition des § 64 Abs. 6 Nr. 1 wurde aufgenommen, dass die Abnahmestelle über eigene Stromzähler an allen Entnahmepunkten und Eigenversorgungsanlagen verfügen muss. Nach dem EEG 2012 war dies bisher nicht Voraussetzung. Allerdings greift für das Antragsjahr 2014 die Übergangsregelung des § 103 Abs. 1 Nr. 3. Danach müssen die Voraussetzung der Stromzähler an allen Entnahmepunkten und Eigenversorgungsanlagen noch nicht im Antragsjahr 2014 vorhanden sein.[114]

Bei mehreren Abnahmestellen muss jede Abnahmestelle jeweils alle Voraussetzungen erfüllen. Generell ist insofern zwischen abnahmestellenspezifischen Voraussetzungen, wie beispielsweise dem Mindeststromverbrauch oder eingerichteten Stromzählern und unternehmensspezifischen Voraussetzungen wie zum Beispiel der Stromkostenintensität zu unterscheiden. Das Unternehmen stellt einen Antrag auf Begrenzung für alle zu begrenzenden Abnahmestellen.[115] Denn die Begünstigung soll nur stromintensiven Produktbereichen gewährt werden.[116] **39**

Dass es bei der Voraussetzung des Mindeststromverbrauchs auf die Branchenzugehörigkeit des Unternehmens an der jeweiligen Abnahmestelle und nicht mehr wie bisher allein auf die Branchenzugehörigkeit des Unternehmens insgesamt ankommt, führt für betroffene Unternehmen, bei denen nicht alle der bisher privilegierten Abnahmestellen die Anforderung erfüllen, gegebenenfalls zum teilweisen zukünftigen Verlust der Begünstigung. Dem Gesetz zufolge, kommt es für die Begrenzungswirkung darauf an, ob das Unternehmen auch an der jeweiligen beantragten Abnahmestelle einer der Branchen nach Anlage 4 zuzuordnen ist.[117] Mit dieser zusätzlichen Voraussetzung soll gewährleistet werden, dass die Begrenzung zielgenau für die Bereiche des Unternehmens greift, die nach den Umwelt- und Energiebeihilfeleitlinien als besonders stromkosten- oder handelsintensiv im internationalen Wettbewerb eingestuft wurden.[118] **40**

d) Stromkostenintensität (Abs. 1 Nr. 2). Nach § 64 Abs. 1 Nr. 2 muss das antragstellende Unternehmen für die Begrenzung der EEG-Umlage außerdem nachweisen, dass und inwieweit die erforderliche Stromkostenintensität erreicht wird. Der Schwellenwert wurde im **41**

---

111 Vgl. BAFA, Merkblatt für stromintensive Unternehmen, Stand: 27.8.2014, S. 20.
112 Vgl. BAFA, Merkblatt für stromintensive Unternehmen, Stand: 27.8.2014, S. 20.
113 *Vollstädt/Bramowski*, BB 2014, 1667, 1668.
114 Vgl. BAFA, Merkblatt für stromintensive Unternehmen, Stand: 27.8.2014, S. 20.
115 Vgl. Frenz/Müggenborg/*Posser/Altenschmidt*, § 41 Rn. 40.
116 Vgl. BAFA, Merkblatt für stromintensive Unternehmen, Stand: 27.8.2014, S. 7.
117 Vgl. BAFA, Merkblatt für stromintensive Unternehmen, Stand: 27.8.2014, S. 7.
118 Vgl. BT-Drs. 18/1891, S. 209.

Gegensatz zum EEG 2012 moderat angehoben und vollzieht damit den Anstieg der EEG-Umlage teilweise nach.[119] § 64 Abs. 1 Nr. 2 sieht eine Staffelung je nach Listenzugehörigkeit vor. Unternehmen, die einer Branche der Liste 1 der Anlage 4 zuzuordnen sind, müssen für das Antragsjahr 2014 eine Stromkostenintensität von mindestens 16 % und für das Antragsjahr 2015 sowie die Folgejahre eine Stromkostenintensität von mindestens 17 % nachweisen. Unternehmen, die der Liste 2 zuzuordnen sind, müssen eine Stromkostenintensität von mindestens 20 % erreichen. Die unterschiedlichen Schwellenwerte in Abhängigkeit der Listenzugehörigkeit fußen in den Umwelt- und Energiebeihilfeleitlinien.[120] Die Branchen der Liste 1 wurden von der Kommission aufgrund ihrer Strom- und Handelsintensität als wettbewerbsgefährdet eingestuft. Sie können der Kommission zufolge Ausnahmen von der Beteiligung an den Förderkosten der erneuerbaren Energien in Anspruch nehmen. Die Branchen nach Liste 2 weisen nach Angaben der Kommission eine Handelsintensität von mindestens 4 % auf.[121] Damit auch für sie die Besondere Ausgleichsregelung in Betracht kommt, müssen sie eine höhere Stromkostenintensität nachweisen. Nur so kann die vergleichsweise geringere Anforderung an die Handelsintensität ausgeglichen werden.[122]

42 Der Begriff der Stromkostenintensität wird in § 64 Abs. 6 Nr. 3 legal definiert. Danach ist die Stromkostenintensität das Verhältnis der maßgeblichen Stromkosten einschließlich der Stromkosten für nach § 61 umlagepflichtige selbst verbrauchte Strommengen zum arithmetischen Mittel der Bruttowertschöpfung in den letzten drei Geschäftsjahren des Unternehmens. Anhand dieses Maßstabes wird die Stromkostenintensität des Unternehmens berechnet.[123] Die Definition ist in Anlehnung an die alte Regelung in § 41 Abs. 1 Nr. 1 lit. b) EEG 2012 entstanden,[124] die sich wiederum auf die Definition des Statistischen Bundesamtes, Fachserie 4, Reihe 4.3., Wiesbaden 2007 bezieht. Wie bisher werden für die Voraussetzung des Erreichens des Schwellenwertes zwei definitionsbedürftige Begriffe verwendet: Stromkosten und Bruttowertschöpfung.[125] Im Unterschied zur bisherigen Regelung im EEG 2012 werden die Kosten für nach § 61 umlagepflichtige eigen erzeugten und selbst verbrauchte Strommengen in die Stromkosten einbezogen und die Bruttowertschöpfung anstelle zu Marktpreise zu Faktorkosten betrachtet. Außerdem können Kosten für Leiharbeitsverhältnisse nicht mehr in Abzug gebracht werden, § 64 Abs. 6 Nr. 2.

43 Für die Ermittlung der Stromkostenintensität ist ein gleitender Anpassungsprozess vorgesehen, zu dem Einzelheiten in den Übergangsvorschriften geregelt sind.[126] Anstelle des arithmetischen Mittels der letzten drei abgeschlossenen Geschäftsjahre kann gemäß § 103 Abs. 1 Nr. 2 im Antragsjahr 2014 auch nur auf das letzte abgeschlossene Geschäftsjahr zurückgegriffen werden. Für das Antragsjahr 2015 kann gemäß § 103 Abs. 2 Nr. 1 dann das

---

119 Vgl. BT-Drs. 18/1891, S. 210.
120 Mitteilung der Kommission, Leitlinien für staatliche Umweltschutz- und Energiebeihilfen 2014–2020, 2014/C 200/01, 35, Rn. 185 ff.
121 Mitteilung der Kommission, Leitlinien für staatliche Umweltschutz- und Energiebeihilfen 2014–2020, 2014/C 200/01, 35, Rn. 186.
122 Näheres dazu siehe IV. 1. a), Rn. 14 ff.
123 Vgl. Altrock/Oschmann/Theobald/*Müller*, § 41 Rn. 13; *Salje*, EEG, § 64 Rn. 29.
124 Vgl. BT-Drs. 18/1891, S. 213.
125 *Salje*, EEG, § 64 Rn. 29.
126 Vgl. BAFA, Merkblatt für stromkostenintensive Unternehmen, Stand: 27.8.2014, S. 12.

arithmetische Mittel der letzten beiden abgeschlossenen Geschäftsjahre an die Stelle der letzten drei Geschäftsjahre treten.

Eine weitere Besonderheit gilt für Geschäftsjahre, die weniger als zwölf Monate umfassen. **44** Für sie ist dieser verkürzte Zeitraum als Geschäftsjahr zugrunde zu legen.[127]

Die Stromkostenintensität wird auf **Unternehmensbasis** errechnet. Es erfolgt keine abnah- **45** mestellenbezogene Betrachtung. Sie wird auf der Grundlage der Jahresabschlüsse für die letzten drei abgeschlossenen Geschäftsjahre des Unternehmens ermittelt, soweit nicht eine der oben genannten Übergangsbestimmungen greift.[128]

Für die Ermittlung des Verhältnisses der vom Unternehmen zu tragenden Stromkosten zur **46** Bruttowertschöpfung sind folgende **Verfahrensschritte** erforderlich: 1. die Aufstellung des handelsrechtlichen Jahresabschlusses, 2. dessen Prüfung, 3. die Ermittlung der vom Unternehmen zu tragenden Stromkosten auf der Grundlage des geprüften Jahresabschlusses, 4. die Erstellung einer Überleitungsrechnung aus dem handelsrechtlichen Jahresabschluss in die Bruttowertschöpfungsrechnung zu Faktorkosten nach der Definition des Statistischen Bundesamtes, Fachserie 4, Reihe 4.3, Wiesbaden 2007 ohne Abzug der Personalkosten für Leiharbeitsverhältnisse[129] und 5. die Ermittlung der Relation beider Werte, Stromkosten und Bruttowertschöpfung. Hintergrund für diese Vorgehensweise ist, dass die Ermittlung der vom Unternehmen zu tragenden Stromkosten nicht wie die Bruttowertschöpfung nach der Definition des Statistischen Bundesamtes, Fachserie 4, Reihe 4.3, Wiesbaden 2007 erfolgt.[130]

aa) Stromkosten. Die Ermittlung der **Stromkosten** ist für das Verhältnis der vom Unter- **47** nehmen zu tragenden Stromkosten zur Bruttowertschöpfung in zweierlei Hinsicht von Bedeutung: Zum einen sind die Stromkosten der **Nenner des Verhältnisses der Stromkosten zur Bruttowertschöpfung**, zum anderen sind die Stromkosten bei der **Bruttowertschöpfungsrechnung** im Rahmen der Positionen der **Roh-, Hilfs- und Betriebsstoffe**[131] zu berücksichtigen. Der damit verbundene Doppeleffekt bewirkt, dass die Stromkosten insgesamt eine herausgehobene Bedeutung für das Verhältnis der Stromkosten zur Bruttowertschöpfung haben.[132]

Für die Ermittlung der Stromkosten legt § 64 Abs. 6 Nr. 3 HS. 2 fest, dass die maßgebli- **48** chen Stromkosten durch die Multiplikation a.) des arithmetischen Mittels des Stromverbrauchs des Unternehmens in den letzten drei abgeschlossenen Geschäftsjahren oder alternativ dazu b.) des standardisierten Stromverbrauchs, der nach Maßgabe einer Verordnung nach § 94 Nr. 1 ermittelt wird, mit dem durchschnittlichen Strompreise für Unternehmen mit ähnlichen Stromverbräuchen, berechnet werden. Der durchschnittliche Strompreis und der durchschnittliche Stromverbrauch sind durch eine noch zu erlassende Verordnung gemäß § 94 Nr. 2 festzulegen. Im Unterschied zum bisherigen System der Zugrundelegung

---

127 Vgl. BAFA, Merkblatt für stromkostenintensive Unternehmen, Stand: 27.8.2014, S. 13.

128 Vgl. BAFA, Merkblatt für stromkostenintensive Unternehmen, Stand: 27.8.2014, S. 12.

129 Vgl. BAFA, Merkblatt für stromkostenintensive Unternehmen, Stand: 27.8.2014, S. 12.

130 Vgl. VGH Kassel, Urt. v. 14.9.2011, 6 A 2864/09, Rn. 47 ff.

131 Vgl. Statistisches Bundesamt, Bruttowertschöpfung, S. 2 Punkt D der Kostenstrukturerhebung für das Jahr 2006 und S. 2 Ziffer 12 der Information zur Kostenstrukturerhebung für das Jahr 2006 bei Unternehmen des Verarbeitenden Gewerbes sowie des Bergbaus und der Gewinnung von Steinen und Erden.

132 Vgl. Reshöft/Schäfermeier/*Jennrich*, § 41 Rn. 20.

von tatsächlichen Verbräuchen und gezahlten Stromkosten, sollen entsprechend des § 64 Abs. 6 Nr. 3 ab dem Antragsjahr 2016 standardisierte Stromverbräuche und durchschnittliche Strompreise zur Ermittlung der Stromkosten dienen.[133] Dieses neue System entspricht den Vorgaben der Kommission in den Umwelt- und Energiebeihilfeleitlinien.[134] Damit die Vorgaben allerdings auch praktisch umsetzbar sind, müssen zunächst Methoden entwickelt werden, um durchschnittliche Strompreise und Effizienzreferenzwerte festzulegen.[135] Von der Verordnungsermächtigung zur Festlegung gemäß § 94 Nummer 1 und 2 hat der Gesetzgeber daher bisher noch keinen Gebrauch gemacht. Übergangsweise regelt § 103 Abs. 1 Nr. 4 und Abs. 2 Nr. 2 insofern die Zugrundelegung der im letzten abgeschlossenen Geschäftsjahr vom Unternehmen tatsächlich zu tragenden Stromkosten für die Antragsjahre 2014 und 2015.

49 Hiernach sind tatsächliche Stromkosten i. S. d. § 103 Abs. 1 Nr. 4 und Abs. 2 Nr. 2 sämtliche für den **Strombezug** des Unternehmens **zu entrichtende Kosten**,[136] die auf das letzte abgeschlossene Geschäftsjahr des Unternehmens entfallen.[137] In Übereinstimmung mit der bisherigen Rechtspraxis umfassen die Stromkosten die Stromlieferkosten (inklusive Börse und Stromhändler), die Netzentgelte, die Systemdienstleistungskosten, Preisaufschläge aufgrund von EEG, Kraft-Wärme-Kopplungsgesetz (KWKG) und Stromnetzentgeltverordnung (StromNEV) sowie Steuern und sonstige Abgaben.[138] Zu den Steuern zählt insbesondere die Stromsteuer, nicht hingegen die Umsatzsteuer, die ebenso wie Stromsteuer- und Netzentgelterstattungen abzuziehen sind.[139] Strompreiskompensationen, die Unternehmen im Rahmen des Emissionshandels auf der Grundlage der Förderrichtlinie zur Strompreiskompensation[140] erhalten, sind bei den Stromkosten nicht zu berücksichtigen. Hintergrund ist die zeitliche Abfolge in der die Strompreiskompensation gewährt wird. Die Strompreiskompensation wird grundsätzlich für das der entsprechenden Antragstellung vorausgehende Kalenderjahr gewährt. Die Anträge dazu müssen insofern fristgerecht zwischen dem 1.1. und dem 30.3. des Antragsjahres bei der Deutschen Emissionshandelsstelle beim Umweltbundesamt in Berlin gestellt werden.[141] Die Entscheidung zur Förderung dürfte dann in der Regel gegen Ende des Antragsjahres für das jeweilige dem Antragsjahr vorausgehende Jahr ergehen. Bis dahin steht auch die Förderhöhe, die von verschiede-

---

133 *Kolb/Henn*, StuB 2014, 408, 410.
134 BT-Drs. 18/1891, S. 214; Mitteilung der Kommission, Leitlinien für staatliche Umweltschutz- und Energiebeihilfen 2014–2020, 2014/C 200/01, 50, Anhang 4.
135 Vgl. BT-Drs. 18/1891, S. 214.
136 Vgl. BT-Drs. 18/1891, S. 222; so schon zum EEG 2012: BT-Drs. 16/8148, S. 65; BR-Drs. 341/11, S. 165; Altrock/Oschmann/Theobald/*Müller*, § 41 Rn. 14; Frenz/Müggenborg/*Posser/Altenschmidt*, § 41 Rn. 42.
137 Vgl. BT-Drs. 18/1891, S. 214, 222.
138 Vgl. BT-Drs. 17/6071, S. 84; BAFA, Merkblatt für Unternehmen des produzierenden Gewerbes, 2013, S. 14.
139 Vgl. BAFA, Merkblatt für stromkostenintensive Unternehmen, Stand: 27.8.2014, S. 15.
140 Richtlinie für Beihilfen für Unternehmen in Sektoren bzw. Teilsektoren, bei denen angenommen wird, dass angesichts der mit den EU-ETS-Zertifikaten verbundenen Kosten, die auf den Strompreis abgewälzt werden, ein erhebliches Risiko der Verlagerung von CO_2-Emissionen besteht (Beihilfen für indirekte CO_2-Kosten) vom 30.1.2013, zuletzt geändert am 23.7.2013.
141 Art. 5.3, Art. 6 Förderrichtlinie zur Strompreiskompensation. Für eine Strompreiskompensation für das Jahr 2013 waren die entsprechenden Anträge ausnahmsweise bis zum 30.5.2014 zu stellen. Auch für die Strompreiskompensation für das Jahr 2014 wird aktuell eine Verlängerung der Antragsfrist diskutiert.

nen Faktoren, insbesondere auch der Anzahl der Anträge abhängt, nicht fest. Während die Strompreiskompensation für die Vergangenheit gewährt wird, ergeht die Entscheidung zur Besonderen Ausgleichsregelung auf der Basis geprüfter handelsrechtlicher Abschlüsse des Nachweiszeitraums und wird für das dem Antragsjahr folgende Begrenzungsjahr gewährt. Das hat zur Folge, dass zum Zeitpunkt der Antragstellung der Besonderen Ausgleichsregelung grundsätzlich noch keine Entscheidung über die Förderung zur Strompreiskompensation gefallen sein dürfte. In den der Antragsstellung nach § 63 i.V.m. § 64 zugrunde zu legenden geprüften handelsrechtlichen Jahresabschlüssen ist in diesem Fall auch noch kein Anspruch auf Kompensation der Stromkosten für abgelaufene Geschäftsjahr erfasst worden.[142] Aus diesem Grund wird die Kompensation nicht bei den Stromkosten berücksichtigt, sondern wirkt sich lediglich im Geschäftsjahr, in dem sie gewährt wurde, als Subvention wertmindernd bei der Berechnung des Verhältnisses der Bruttowertschöpfung aus.[143]

Die Stromkosten sind **nicht fiktiv**[144] **oder kalkulatorisch**[145] **zu berechnen**, sondern anhand der tatsächlich gezahlten Rechnungsbeträge ohne Berücksichtigung sog. periodenfremder Zahlungen (vgl. Rn. 59) – mithin grundsätzlich auf Basis der im zugrunde gelegten handelsrechtlichen Jahresabschluss erfassten Aufwendungen (vgl. Rn. 58) – zu ermitteln. Eine Ausnahme hiervon ist die Fiktion der Nichtbegünstigung des § 64 Abs. 6 Nr. 3 letzter HS. Für die Berechnung des Verhältnisses der Stromkosten zur Bruttowertschöpfung bleiben vorangegangene Begrenzungsentscheidungen außer Betracht. Damit ist bei der Berechnung der Stromkosten anstelle der tatsächlich gezahlten begrenzten Umlage des Vorjahres für von einem Elektrizitätsversorgungsunternehmen bezogene Strommengen die nach § 60 Abs. 1 ermittelte Umlage und für eigenerzeugte, selbst verbrauchte Strommengen die Umlage nach § 61 anzusetzen.[146]   **50**

Es spielt keine Rolle, inwieweit der Strom von einem Elektrizitätsversorgungsunternehmen über die Börse[147] oder durch eine strukturierte Beschaffung bezogen worden ist. Für die Zurechnung zu den Stromkosten ist es weiter unbeachtlich, ob die Aufwendungen für die reguläre Stromversorgung oder für die Reserve- oder Zusatzstromversorgung angefallen sind.[148] Die Kosten für die Inanspruchnahme von Leistungen externer Berater zur Optimierung der Strombezüge sowie Prozess- und Vertragskosten können nur dann als Stromkosten anerkannt werden, sofern die Aufwendungen gegenüber externen Dritten entstanden sind und im unmittelbaren Zusammenhang mit der Strombeschaffung stehen.[149]   **51**

Die Stromkosten ergeben sich aus den **Stromrechnungen** und den **Stromlieferungsverträgen**,[150] sowie den daran anknüpfenden Angaben des Antragstellers in der **Wirtschaftsprüfer-Bescheinigung**. Unbeachtlich ist, ob und inwieweit einzelne Stromkostenbestandteile in den Stromrechnungen oder den Stromlieferungsverträgen separat ausgewiesen sind   **52**

---

142 Vgl. IDW-Fachnachrichten 3/2014, S. 253.
143 Vgl. BAFA, Merkblatt für stromkostenintensive Unternehmen, Stand: 27.8.2014, S. 15.
144 Vgl. *Salje*, EEG, § 64 Rn. 33.
145 Vgl. a. A. *Salje*, EEG, § 64 Rn. 34.
146 Vgl. BT-Drs. 18/1891, S. 214, 222.
147 Vgl. An der Börse der European Energy Exchange AG, Augustusplatz 9, 04109 Leipzig wird unter anderem Strom gehandelt; BT-Drs. 16/8148, S. 65; Frenz/Müggenborg/*Posser/Altenschmidt*, § 41 Rn. 42; *Salje*, EEG, § 64 Rn. 31; Altrock/Oschmann/Theobald/*Müller*, § 41 Rn. 146.
148 Vgl. *Salje*, EEG, § 64 Rn. 33.
149 Vgl. Reshöft/Schäfermeier/*Jennrich*, § 41 Rn. 22.
150 Vgl. *Salje*, EEG, § 64 Rn. 33.

oder ob separate Verträge abgeschlossen oder getrennte Rechnungen ausgestellt worden sind. Die Kosten für die **eigenerzeugten Strommengen** können beispielsweise anhand von Rechnungen und Verträgen zur Beschaffung der Eigenerzeugungsanlage bzw. der eingesetzten Energieträger, die Roh-, Hilfs- und Betriebsstoffe der Anlage wie Öl, Kohle oder Gas oder der technischen Beschreibung der Eigenerzeugungsanlage mit Angabe der installierten Leistung und des Erzeugungsvolumens nachgewiesen werden.[151] Insofern kann auf die Umsetzungshilfe des BDEW zum Kraft-Wärme-Kopplungs-Gesetz (KWKG) und die darin enthaltenen Hinweise zur Förderung von KWK-Strom und Wärmenetzen zurückgegriffen werden.[152] Ansatzfähige Investitionskosten sind dort alle Kosten, die für die Leistungen Dritter im Rahmen des Neu- und Ausbaus von Wärmenetzen tatsächlich angefallen sind und bei wirtschaftlicher Betrachtung erforderlich waren, wobei ein unmittelbarer Zusammenhang zwischen den tatsächlich entstandenen Kosten und dem Neu- oder Ausbau des Wärmenetzes bestehen muss.[153] So erkennt das Bundesamt für Wirtschaft und Ausfuhrkontrolle im Rahmen des KWKG solche Kosten für den Betrieb und die Unterhaltung der Anlage an, wenn sie als externe Kosten, also durch Leistungen Dritter entstanden sind.[154]

53   Anders als bei eigenerzeugten Strommengen gehören Aufwendungen, die für die Errichtung, den Betrieb und die Unterhaltung der für den **Strombezug** erforderlichen technischen und baulichen Einrichtungen anfallen, nicht zu den Stromkosten.[155] Darunter fallen Kosten für die Anschaffung neuer Zähler, die Verstärkung, Reparatur, Wartung und den Neubau von Anschlussleitungen sowie die Neuverkabelung des Betriebsgeländes.[156] Denn dabei handelt es sich um Bau- und Betriebskosten. Eine Subsumption unter dem Wortlaut Stromkosten ist nicht möglich.[157] Darüber hinaus fallen diese Kosten unabhängig von der Belastung mit EEG-Umlage an. Insofern dürfen diese Kosten bei der Besonderen Ausgleichsregelung, bei der die besondere Belastung mit EEG-Umlage entscheidend ist, keine Rolle spielen.[158] Dies gilt unabhängig davon, ob die Aufwendungen für die technischen und baulichen Einrichtungen in der Bilanz des Unternehmens aktiviert und entsprechend abgeschrieben werden.[159] Auch wenn das Elektrizitätsversorgungsunternehmen die Aufwendungen für die technischen Einrichtungen für den Strombezug einmalig dem Unternehmen in einer gesonderten Position in Rechnung stellt und anschließend in Folgeperioden nur noch die um diese Aufwendungen verringerten Stromkosten dem Unternehmen berechnet, gehören sie nicht zu den Stromkosten.

---

151 Vgl. BAFA, Merkblatt für stromkostenintensive Unternehmen, Stand: 27.8.2014, S. 15.
152 BDEW, Energie-Info, Umsetzungshilfe zum Kraft-Wärme-Kopplungsgesetz – KWK-G, Stand: 20.9.2013.
153 BDEW, Energie-Info, Umsetzungshilfe zum Kraft-Wärme-Kopplungsgesetz – KWK-G, Stand: 20.9.2013, S. 55.
154 BDEW, Energie-Info, Umsetzungshilfe zum Kraft-Wärme-Kopplungsgesetz – KWK-G, Stand: 20.9.2013, S. 55.
155 Vgl. Frenz/Müggenborg/*Posser/Altenschmidt*, § 41 Rn. 42; Altrock/Oschmann/Theobald/*Müller*, § 41 Rn. 15.
156 Vgl. *Salje*, EEG, § 64 Rn. 35.
157 Vgl. Frenz/Müggenborg/*Posser/Altenschmidt*, § 41 Rn. 42; Altrock/Oschmann/Theobald/*Müller*, § 41 Rn. 15.
158 Vgl. Altrock/Oschmann/Theobald/*Müller*, § 41 Rn. 15.
159 Vgl. Frenz/Müggenborg/*Posser/Altenschmidt*, § 41 Rn. 42; a. A.: *Salje*, EEG, § 64 Rn. 34.

Steuern gehören zu den vom Unternehmen zu tragenden Stromkosten,[160] soweit sie tat-   **54**
sächlich vom Unternehmen getragen werden müssen. Die Umsatzsteuer gehört nicht dazu,[161] da sie Unternehmen in der Regel im Wege des Vorsteuerabzugs erstattet und deshalb
nicht von ihnen getragen wird. Die Umsatzsteuer ist für Unternehmen ein durchlaufender
Posten.[162]

Andere finanzielle Entlastungsmöglichkeiten der Stromkosten, die tatsächlich in An-   **55**
spruch genommen werden und auch die zu erwartenden Steuerentlastungen, sind dem Bundesamt für Wirtschaft und Ausfuhrkontrolle zufolge, abzuziehen. So sind beispielsweise
§§ 9a, 9b[163] und § 10 Stromsteuergesetz,[164] oder auch die aus § 19 Abs. 2 Stromnetzentgeltverordnung[165, 166] resultierenden Entlastungen bei der Ermittlung der Stromkosten wertmindernd zu berücksichtigen.[167] Dies entspricht dem Grundsatz nach auch der Gesetzesbegründung sowohl zum EEG 2012[168] als auch zum EEG 2014.[169] Danach sind Stromsteuer-
und Netzentgelterstattungen abzuziehen, auch wenn ihre Höhe erst nach Antragstellung
aber vor Begrenzungsentscheidung feststeht.[170] An der Berücksichtigung der Steuerentlastungen in Unabhängigkeit von der tatsächlichen Antragstellung ist allerdings zu kritisieren,
dass sie den unternehmerischen Entscheidungsspielraum stark eingrenzt. Es ist außerdem
fragwürdig, ob mit dem Wortlaut des § 103 Abs. 1 Nr. 4, Abs. 2 Nr. 2, in dem es auf tatsächlich zu tragende Stromkosten ankommt, vereinbar ist, wenn Stromsteuerentlastungen
fingiert werden, ohne dass das Unternehmen diese beantragt hat.[171] Obwohl es keine Verpflichtung gibt, Steuerentlastungen zu beanspruchen, hält das Bundesamt für Wirtschaft
und Ausfuhrkontrolle an dieser Praxis weiter fest.[172]

Durch die Einbeziehung eigenerzeugter Strommengen in die Begrenzung entsteht zur bis-   **56**
herigen Rechtspraxis ein entscheidender Unterschied. Bisher konnten nur Kosten angesetzt
werden, die auf die von einem fremden Dritten bezogenen und vom Unternehmen in diesem Zeitraum selbst verbrauchten Strommengen anfielen.[173] Kosten für eigenerzeugte
Strommengen, ersparte Eigenstromerzeugungskosten[174] oder die Kosten im Fall eines
Übergangs von der Fremdstrom- zur Eigenstromversorgung wie in Fällen neuer interner
Verkabelungen waren nicht ersatzfähig.[175] Für Aufwendungen, die durch Stromweiterlei-

160 Vgl. BT-Drs. 16/8148, S. 65; *Salje*, EEG, § 64 Rn. 31.
161 Vgl. BT-Drs. 16/8148, S. 65; *Salje*, EEG, § 64 Rn. 32; Altrock/Oschmann/Theobald/*Müller*, § 41
   Rn. 14.
162 Vgl. *Salje*, EEG, § 64 Rn. 32.
163 Vgl. BAFA, Merkblatt für Unternehmen des produzierenden Gewerbes (2013), S. 9.
164 Vgl. BT-Drs. 16/8148, S. 65; Altrock/Oschmann/Theobald/*Müller*, § 41 Rn. 14.
165 VO über die Entgelte für den Zugang zu Elektrizitätsversorgungsnetzen (Stromnetzentgeltverordnung – StromNEV) v. 25.7.2005, BGBl. I S. 2225, das zuletzt durch Art. 1 und 2 der der VO v.
   14.8.2013, BGBl. I S. 3250 geändert worden ist.
166 Vgl. BAFA, Merkblatt für Unternehmen des produzierenden Gewerbes (2013), S. 9.
167 Vgl. BAFA, Merkblatt für stromkostenintensive Unternehmen, Stand: 27.8.2014, S. 15.
168 Vgl. BT-Drs. 17/6071, S. 84.
169 Vgl. BT-Drs. 18/1891, S. 222.
170 Vgl. BT-Drs. 18/1891, S. 222.
171 So *Hampel/Neumann*, ER 2014, 188, 191.
172 Vgl. BAFA, Merkblatt für stromkostenintensive Unternehmen, Stand: 27.8.2014, S. 15.
173 Vgl. BT-Drs. 17/6071, S. 84: „Grundsätzlich sind Stromkosten nur solche, die durch einen Bezug
   von Strom von einem Elektrizitätsversorgungsunternehmen entstehen.“
174 Vgl. *Salje*, EEG, § 64 Rn. 35.
175 Vgl. Frenz/Müggenborg/*Posser/Altenschmidt*, § 41 Rn. 42; *Salje*, EEG, § 64 Rn. 35.

tungen an Dritte verursacht worden sind, gilt dies auch weiterhin. In die Stromkosten mit einzubeziehen sind aber neuerdings die nach § 61 umlagepflichtigen, eigenerzeugten und selbst verbrauchten Strommengen.

57 Auch für die Ermittlung der eigenerzeugten Strommengen sind die tatsächlichen Stromkosten des Unternehmens anzusetzen.[176] Nach der Gesetzesbegründung können zur Darlegung der tatsächlichen Stromkosten zum Beispiel Angaben zur installierten Leistung der Eigenversorgungsanlage, die eingesetzten Energieträger und deren Kosten gemacht werden, wobei das Bundesamt für Wirtschaft und Ausfuhrkontrolle weitere für die Ermittlung und Überprüfung der Kosten erforderliche Unterlagen und Nachweise anfordern können soll.[177] Da bei der Berechnung nur solche Strommengen zu berücksichtigen sind, für die eine EEG-Umlagepflicht besteht, können eigenerzeugte Strommengen, die unter eine Ausnahme des § 61 Abs. 2 bis 4 fallen, nicht bei der Berechnung einbezogen werden. Ansonsten würden beim Nachweis der Voraussetzung der Stromkostenintensität Strommengen berücksichtigt, die der Begrenzung mangels Umlagepflicht nicht unterfallen.[178] Hiervon besteht jedoch eine in den Übergangsvorschriften geregelte Ausnahme. Gemäß § 103 Abs. 1 Nr. 4 und Abs. 2 Nr. 2 werden ausnahmsweise die nicht bei § 61 Abs. 1 Nr. 1 berücksichtigungsfähigen Strommengen in die Berechnung der Stromkosten einbezogen. Das ist ausschließlich dann der Fall, wenn das antragstellende Unternehmen zwischenzeitlich von einer umlagefreien Eigenversorgung zu einer umlagepflichtigen Stromversorgung übergegangen ist.[179] An der Beschränkung auf umlagepflichtige Strommengen wird die Konsequenz, die sie für Unternehmen haben kann, die zum gewünschten Ausbau dezentraler Energieversorgung beitragen, kritisiert.[180] Auch wenn die Eigenversorgung von der EEG-Umlage befreit wird, kann diese Stromversorgung einen erheblichen Anteil der tatsächlichen Stromkosten ausmachen, die so unberücksichtigt bleiben. Das könnte für stromintensive Unternehmen den Anreiz bieten, Eigenerzeugungsanlagen eher stillzulegen als auszubauen.[181]

58 Der Begriff Stromkosten ist eigenständig auszulegen. Er ist unabhängig von der Begriffsbestimmung der Bruttowertschöpfung nach der Definition des Statistischen Bundesamtes, Fachserie 4, Reihe 4.3, Wiesbaden 2007. § 64 Abs. 3 verweist zum Nachweis des Verhältnisses der Stromkosten zur Bruttowertschöpfung auf die nach den Vorgaben des Handelsgesetzbuchs aufzustellenden Jahresabschlüsse. Damit verweist die Regelung im Sinne einer „Folgenverweisung" auf die im jeweiligen Jahresabschluss erfassten Aufwendungen und Erträge. Das EEG enthält zudem keine eigenständigen Regelungen zur Aufstellung von Jahresabschlüssen nach dem von den handelsrechtlichen Vorschriften abweichenden Regelungen. Nach der Formulierung des § 64 Abs. 3 „auf Grundlage der geprüften Jahresabschlüsse" sind die Ansätze daher im Grundsatz aus dem Jahresabschluss zu entnehmen. Allerdings sind Anpassungen im Hinblick auf den tatsächlichen Anfall der Stromkosten im letzten abgeschlossenen Geschäftsjahr vorzunehmen.[182]

---

176 Vgl. BAFA, Merkblatt für stromkostenintensive Unternehmen, Stand: 27.8.2014, S. 15.
177 Vgl. BT-Drs. 18/1891, S. 222.
178 Vgl. BT-Drs. 18/1891, S. 222.
179 Vgl. BAFA, Merkblatt für stromkostenintensive Unternehmen, Stand: 27.8.2014, S. 15.
180 Vgl. *Hampel/Neumann*, ER 2014, 188, 192.
181 So *Hampel/Neumann*, ER 2014, 188, 192.
182 Vgl. VGH Kassel, Urt. v. 14.9.2011, 6 A 2864/09, Rn. 57.

Periodenfremde Zahlungen können nicht bei der Ermittlung der Stromkosten in Ansatz   59
gebracht werden. Das bedeutet, dass Nachzahlungen für den Strombezug für vorhergehende Jahre und Vorauszahlungen für den Strombezug für spätere Jahre nicht berücksichtigt
werden können.[183] Dies erscheint folgerichtig, da die Stromkosten auf der Grundlage der
Aufwendungen im handelsrechtlichen Jahresabschluss, die unabhängig von dem Zeitpunkt
der Zahlungen erfasst werden (§ 252 Abs. 1 Nr. 5 HGB), ermittelt werden. Da also nur die
Kosten, die dem als Referenz maßgeblichen Geschäftsjahr zugeordnet werden, mit in Ansatz gebracht werden können, kommt es entscheidend auf die Zuordnung an. Sofern die
Stromlieferung, die **Rechnungsstellung** als auch die Zahlung im letzten abgeschlossenen
Geschäftsjahr des Unternehmens erfolgt sind, ist die Ansatzfähigkeit dieser Stromkosten
unproblematisch. Erfolgt nur die Stromlieferung und die Rechnungsstellung im letzten
abgeschlossenen Geschäftsjahr, nicht jedoch die Zahlung, so muss das Unternehmen die
Zahlungsverpflichtung als Verbindlichkeiten passivieren. Die nach dem Ende des maßgeblichen Referenzjahres erfolgte Zahlung findet so in den Jahresabschluss des letzten abgeschlossenen Geschäftsjahres Eingang. Erfolgt nur die Stromlieferung im letzten abgeschlossenen Geschäftsjahr, die Rechnungstellung als auch die Zahlung jedoch im laufenden Jahr, so muss eine entsprechende Rückstellung im Jahresabschluss gebildet werden.[184]
D.h. auch die Aufwendungen zur Bildung der vorgenannten Passivposten fließen grundsätzlich in die Stromkosten ein. Zahlungen, die nach der materiellen Ausschlussfrist erfolgen, können nicht in Ansatz gebracht werden.[185] Insoweit weichen die Stromkosten von
den im handelsrechtlichen Jahresabschluss diesbezüglich erfassten Aufwendungen ab.

bb) Bruttowertschöpfung. (1) Grundsätzliches. Der Begriff der **Bruttowertschöpfung**   60
entsprach bisher ohne Einschränkungen dem vom Statistischen Bundesamt in der volkswirtschaftlichen Gesamtrechnung verwendeten Begriff. Die Ermittlung der Bruttowertschöpfung hatte nach der **Fachserie 4, Reihe 4.3 des Statistischen Bundesamtes, Wiesbaden 2007** zu erfolgen. Mittlerweile ist der Begriff der Bruttowertschöpfung legal definiert. Gemäß § 64 Abs. 6 Nr. 2 ist die Bruttowertschöpfung die Bruttowertschöpfung zu
Faktorkosten nach der Definition des Statistischen Bundesamtes, Fachserie 4, Reihe 4.3,
Wiesbaden 2007, jedoch ohne Abzug der Personalkosten für Leiharbeitsverhältnisse. Im
EEG 2012 wurde noch die Bruttowertschöpfung zu Marktpreisen verwendeten. Davon unterscheidet sich die Bruttowertschöpfung zu Faktorkosten dadurch, dass von der Bruttowertschöpfung zu Marktpreisen die indirekten Steuern abgezogen und Subventionen hinzugerechnet werden.[186] Es gilt weiterhin der statische Verweis auf die Version aus dem Jahr
2007 mit den entsprechenden Ausnahmen.[187] Dies ist insbesondere für die in der Fachserie
4, Reihe 4.3 enthaltenen Erläuterungen und deren Anwendung relevant. Sie unterscheiden
sich in den verschiedenen Jahresausgaben minimal. Mit dem Wechsel von Marktpreisen
zur Bruttowertschöpfung zu Faktorkosten stellt sich der Gesetzgeber gegen die bisherige
Verfahrensweise des Bundesamtes für Wirtschaft und Ausfuhrkontrolle, ohne den Wechsel
näher zu begründen.[188] Das Bundesamt für Wirtschaft und Ausfuhrkontrolle hatte sich bis-

---

183 Vgl. Statistisches Bundesamt, Bruttowertschöpfung, S. 3 Punkt F der Kostenstrukturerhebung für
   das Jahr 2006; VGH Kassel, Urt. v. 14.9.2011, 6 A 2864/09, Rn. 60 ff.; VG Frankfurt am Main,
   Urt. v. 6.11.2008, 1 E 4365/07 (V).
184 Vgl. VGH Kassel, Urt. v. 14.9.2011, 6 A 2864/09, Rn. 58.
185 Vgl. VGH Kassel, Urt. v. 14.9.2011, 6 A 2864/09, Rn. 59; Gerstner/*Lünenbürger*, S. 620.
186 Vgl. BAFA, Merkblatt für stromkostenintensive Unternehmen, Stand: 27.8.2014, S. 16.
187 Vgl. a. A. Altrock/Oschmann/Theobald/*Müller*, § 41 Rn. 13.
188 Vgl. BT-Drs. 18/1891, S. 213.

her gegen die Abzugsfähigkeit von indirekten Steuern ausgesprochen, da sie erst einer nachgelagerten Stufe in der Wertschöpfungsrechnung zuzuordnen sind.[189]

61 Die Bruttowertschöpfung ist eine **volkswirtschaftliche Gesamtrechnung**.[190] Sie umfasst die im Nachweiszeitraum[191] erbrachte wirtschaftliche Leistung.[192] Die erbrachte wirtschaftliche Leistung ist das Ergebnis der typischen und spezifischen Leistungserstellung (Produktion) des Unternehmens und damit Ausdruck aller in der Periode produzierten Waren und erstellten Dienstleistungen zu den am Markt erzielten Preisen.[193] Die Bruttowertschöpfung ist damit der Wert, der den Vorleistungen durch die Bearbeitung hinzugefügt worden ist.[194]

62 Die **Ermittlung des Verhältnisses** der vom Unternehmen zu tragenden Stromkosten zur Bruttowertschöpfung erfolgt auf der Basis der Gesamtdaten des Unternehmens. Es dürfen nicht nur die Umsätze und Aufwendungen der jeweils beantragten Abnahmestellen in die Berechnung einbezogen werden. Der Ausgangspunkt für die Bruttowertschöpfungsrechnung ist die Bruttowertschöpfung ohne Umsatzsteuer. Von dieser Ausgangsgröße werden die sonstigen indirekten Steuern für die laufende Produktion abzogen, wobei Subventionen außen vor bleiben. Sonstige indirekte Steuern werden als Kostensteuern behandelt und umfassen als abzugsfähige Positionen unter anderem die Grundsteuer, Gewerbesteuer, Kraftfahrzeugsteuer und Verbrauchssteuern, die das Unternehmen auf die selbst hergestellten verbrauchsteuerpflichtigen Erzeugnisse schuldet. Die Verbrauchssteuern auf bezogene Erzeugnisse zählen zu den Anschaffungsnebenkosten.[195] Die Einkommens- bzw. Körperschaftssteuer und Umsatzsteuer werden hingegen nicht abgezogen.[196] Hier bleibt es bei der bisherigen Berechnung.[197] Da die Subventionen bei dem Abzug der indirekten Steuern außen vor bleiben, werden sie im Ergebnis der Bruttowertschöpfung ohne Umsatzsteuern hinzugerechnet. Unter die hinzuzurechnenden Subventionen werden z.B. Zuwendungen von Bund, Ländern, Gemeinden oder Einrichtungen der Europäischen Gemeinschaft gefasst, die ohne Gegenleistung für Forschung, Entwicklung oder für die laufende Produktion gewährt werden. Allerdings zählen dazu keine Steuererleichterungen oder Investitionszuschüsse und -zulagen nach dem Investitionszulagengesetz oder Ersatzleistungen für Katastrophenschäden.[198] Etwaige Mittel aus der Strompreiskompensation bleiben bei der Berechnung der Stromkosten unberücksichtigt, sind aber als Subvention wertmindernd zu be-

---

189 Vgl. BAFA, Merkblatt für Unternehmen des produzierenden Gewerbes (2013), S. 10.; zustimmend: *Hampel/Neubauer*, ER 2014, 188, 192.

190 Vgl. BT-Drs. 16/8148, S. 65.

191 Gemäß § 103 Abs. 1 Nr. 2 kann für das Antragsjahr 2014 noch das letzte abgeschlossene Geschäftsjahr zugrunde gelegt werden; gemäß § 103 Abs. 2 Nr. 1 können anschließend im Antragsjahr 2015 dann die letzten beiden abgeschlossenen Geschäftsjahre und in den Folgejahren dann ausschließlich nur noch die letzten drei abgeschlossenen Geschäftsjahre angesetzt werden.

192 Vgl. BAFA, Merkblatt für stromkostenintensive Unternehmen, Stand: 27.8.2014, S. 16.

193 Vgl. Frenz/Müggenborg/*Posser/Altenschmidt*, § 41 Rn. 44; BAFA, Merkblatt für stromkostenintensive Unternehmen, Stand: 27.8.2014, S. 16.

194 Vgl. *Stappert/Boemke*, REE 2012, 22.

195 BAFA, Merkblatt für stromkostenintensive Unternehmen, Stand: 27.8.2014, S. 18.

196 BAFA, Merkblatt für stromkostenintensive Unternehmen, Stand: 27.8.2014, S. 16.

197 Vgl. Altrock/Oschmann/Theobald/*Müller*, § 41 Rn. 16; *Salje*, EEG, § 64 Rn. 39.

198 Statistisches Bundesamt, Auszug aus Fachserie 4/Reihe 4.3, Ermittlung der Bruttowertschöpfung, Informationen zur Kostenstrukturerhebung für das Jahr 2007, S. 4.

trachten.[199] Im Vergleich zur bisherigen Regelung implementierte der Gesetzgeber hiermit eine neue Bemessungsgrundlage.

Bei der Berechnung der Bruttowertschöpfung nach dem EEG 2012 konnten die Personal- **63** kosten für durch Dritte zur Verfügung gestelltes Personal als **Kosten für Leiharbeitnehmer** abgezogen werden, während die Aufwendungen für eigenes Personal insofern nicht berücksichtigt werden konnten. Da bis auf diese Ausnahme vollumfänglich auf die Definition des Statistischen Bundesamtes abgestellt wird, ist auch nur diese Abweichung zulässig.[200] Zu den Kosten für Leiharbeitnehmer gehören auch Aufwendungen für Arbeitskräfte, die von Arbeitsvermittlungsagenturen oder ähnlichen Einrichtungen gegen Entgelt zur Arbeitsleistung entsprechend dem Arbeitnehmerüberlassungsgesetz überlassen worden sind.[201] Dieses System führte in der Vergangenheit zu einem ungewollten Anreiz zur Auslagerung von Personal in konzerneigene Personalvermittlungsgesellschaften oder zumindest dem verstärkten Einsatz von Leiharbeitskräften.[202] Denn durch den Ersatz von Leiharbeitnehmer oder Verträge verdeckter Arbeitnehmerüberlassung ließ sich bisher die Bruttowertschöpfung senken.[203] Mit der Gleichbehandlung von Kosten für Leiharbeiter und Personalkosten wird diese Möglichkeit verhindert. Kritisch zu betrachten sind allerdings die damit verbundenen Implementierungskosten sowie arbeitsrechtliche Fragestellungen und Risiken.[204] Gewöhnliche Werk- und Dienstleistungsverträge sind von der Implementierung nicht betroffen. Schließen zwei Unternehmer einen Werk-, Dienstleistungs- oder ähnlichen Vertrag, bei dem es sich aber nach den tatsächlichen Begebenheiten um eine Arbeitnehmerüberlassung handelt, gilt dies allerdings nicht. Bei solchen verdeckten Arbeitnehmerüberlassungen sollen die entsprechenden Kosten nicht im Rahmen der Ermittlung der Bruttowertschöpfung abgezogen werden können.[205] Erst mit der Berechnung jedes Einzelfalls wird sich herausstellen, ob sich diese Berechnung im Gegensatz zu der bisherigen als günstiger für das antragstellende Unternehmen auswirkt.[206]

Die Bruttowertschöpfung[207] ermittelt sich wie folgt: **64**

---

199 BAFA, Merkblatt für stromkostenintensive Unternehmen, Stand: 27.8.2014, S. 15.
200 Vgl. BT-Drs. 18/1891, S. 213.
201 Vgl. Statistisches Bundesamt, Bruttowertschöpfung, S. 2 Ziffer 19.
202 *Kolb/Henn*, StuB 2014, 408, 410.
203 Vgl. BT-Drs, 18/1891, S. 213.
204 *Hampel/Neubauer*, ER 2014, 188, 193.
205 Vgl. BT-Drs, 18/1891, S. 213.
206 *Hampel/Neubauer*, ER 2014, 188, 192.
207 Statistisches Bundesamt, Auszug aus Fachserie 4/Reihe 4.3, Ermittlung der Bruttowertschöpfung, Informationen zur Kostenstrukturerhebung für das Jahr 2007, S. 4.
Die Fachserie 4, Reihe 4.3, Wiesbaden 2007 des Statistischen Bundesamtes ist erhältlich beim Statistischen Bundesamt, 65180 Wiesbaden oder abrufbar unter www.bafa.de/bafa/de/energie/be sondere_ausgleichsregelung_eeg/publikationen/stabua/energie_eeg_bruttowertschoepfung.pdf, erhältlich (zuletzt abgerufen am 15.10.2014).

	Umsatz aus eigenen Erzeugnissen und aus industriellen / handwerklichen Dienstleistungen (Lohnarbeiten usw.) ohne Umsatzsteuer
+	Umsatz aus Handelsware ohne Umsatzsteuer
+	Provisionen aus der Handelsvermittlung
+	Umsatz aus sonstigen nichtindustriellen / handwerklichen Tätigkeiten ohne Umsatzsteuer
	Bestände an fertigen und unfertigen Erzeugnissen aus eigener Produktion
./.	am Anfang des Geschäftsjahres
+	am Ende des Geschäftsjahres
+	selbst erstellte Anlagen (einschließlich Gebäude und selbst durchgeführte Großreparaturen), soweit aktiviert
=	Gesamtleistung – Bruttoproduktionswert ohne Umsatzsteuer
	Bestände an Roh-, Hilfs- und Betriebsstoffen
./.	am Anfang des Geschäftsjahres
+	am Ende des Geschäftsjahres
./.	Eingänge an Roh-, Hilfs- und Betriebsstoffen ohne Umsatzsteuer, die als Vorsteuer abzugsfähig ist
	Bestände an Handelsware ohne Umsatzsteuer, die als Vorsteuer abzugsfähig ist
./.	am Anfang des Geschäftsjahres
+	am Ende des Geschäftsjahres
./.	Eingänge an Handelsware ohne Umsatzsteuer, die als Vorsteuer abzugsfähig ist
./.	Kosten für durch andere Unternehmen ausgeführte Lohnarbeiten (auswärtige Bearbeitung)
=	Nettoproduktionswert ohne Umsatzsteuer
./.	Kosten für Leiharbeitnehmer*
./.	Kosten für sonstige industrielle / handwerkliche Dienstleistungen (nur fremde Leistungen) wie Reparaturen, Instandhaltungen, Installationen und Montagen ohne Umsatzsteuer
./.	Mieten und Pachten ohne Umsatzsteuer
./.	Sonstige Kosten ohne Umsatzsteuer
=	Bruttowertschöpfung ohne Umsatzsteuer
./.	Sonstige indirekte Steuern
+	Subventionen für die laufende Produktion
=	Bruttowertschöpfung zu Faktorkosten
+	Personalkosten für Leiharbeitsverhältnisse*

* die Personalkosten für Leiharbeitsverhältnisse vermindern die Bruttowertschöpfung nicht und müssen daher abweichend vom Schema des Statistischen Bundesamtes wieder hinzugerechnet werden.

Außerordentliche, betriebs- oder periodenfremde Einflüsse dürfen bei der Bruttowert- 65
schöpfung nicht in Ansatz gebracht werden.[208]

(2) Ausgewählte Positionen. Zu den **Umsätzen aus eigenen Erzeugnissen** zählen neben 66
den Umsätzen aus dem Verkauf von allen im Rahmen der Produktionstätigkeit des Unternehmens entstandenen Erzeugnissen auch Umsätze aus verkaufsfähigen Produktionsrückständen (zum Beispiel bei der Produktion anfallender Schrott, Gussbruch, Wollabfälle)
oder aus dem Verkauf von Nebenerzeugnissen. Zu dieser Position zählen beispielsweise
auch die Erlöse aus Redaktions- und Verlagstätigkeit, Umsatz aus Recycling oder auch Erlöse für die Vermietung bzw. das Leasing von im Rahmen der Produktionstätigkeit des Unternehmens selbst hergestellten Erzeugnissen und Anlagen.[209]

Abschreibungen, Personalkosten, Kapitalkosten, Zuführungen zu **Rückstellungen** (eine 67
mögliche Ausnahme bilden Rückstellungen für bereits erbrachte Leistungen, die noch
nicht in Rechnung gestellt wurden), Währungsdifferenzen, Kurs- und Forderungsverluste,
sind bei der Bruttowertschöpfung im Gegensatz zum Jahresabschluss nicht ansatzfähig.[210]

Zu den **Roh-, Hilfs- und Betriebsstoffen** zählen Materialien und Fremdbauteile (ohne 68
Handelsware), die entweder im Unternehmen be- oder verarbeitet, verbraucht oder an externe Unternehmen zur Be- oder Verarbeitung weitergegeben werden.[211] Auch Materialien,
die für die Herstellung von selbst erstellten Anlagen verwendet werden, sind ansatzfähig.[212]
Unerheblich ist, in welchem Bereich des Unternehmens diese Materialien und Fremdbauteile verwendet werden.[213] Zu dieser Position zählen auch Energie (Brenn- und Treibstoffe,
Elektrizität, Gas, Wärme und dergleichen) sowie Wasser.[214] Büro- und Werbematerial,
nicht aktivierte geringwertige Wirtschaftsgüter,[215] Verpackungsmaterial und Waren, die in
einer vom Unternehmen auf eigene Rechnung betriebenen Kantine oder dergleichen verarbeitet und verkauft werden, zählen ebenfalls zu den Roh-, Hilfs- und Betriebskosten in der
Bruttowertschöpfungsrechnung.[216] Die Kosten dieser Position sind mit den Anschaffungskosten zuzüglich Anschaffungsnebenkosten und Preisnachlässen sowie ohne Umsatzsteuer
anzusetzen.[217]

---

208 Vgl. BAFA, Merkblatt für stromkostenintensive Unternehmen, Stand: 27.8.2014, S. 16. Zur Defi-
    nition der außerordentlichen Aufwendungen und Erträge vgl. im Übrigen § 277 Abs. 4 Satz 1
    HGB sowie die Anlehnung an die Definition der periodenfremden Aufwendungen und Erträge in
    § 277 Abs. 4 Satz 3 HGB.
209 Vgl. Statistisches Bundesamt, Bruttowertschöpfung, S. 2 Ziffer 6.
210 Vgl. BAFA, Merkblatt für stromkostenintensive Unternehmen, Stand: 27.8.2014, S. 16.
211 Vgl. Statistisches Bundesamt, Bruttowertschöpfung, S. 2 Ziffer 12; Statistisches Bundesamt,
    Kostenstrukturerhebung für das Jahr 2006 bei Unternehmen des Verarbeitenden Gewerbes sowie
    des Bergbaus und der Gewinnung von Steinen und Erden, Punkt D.
212 Vgl. Statistisches Bundesamt, Bruttowertschöpfung, S. 2 Ziffer 12; Statistisches Bundesamt,
    Kostenstrukturerhebung für das Jahr 2006 bei Unternehmen des Verarbeitenden Gewerbes sowie
    des Bergbaus und der Gewinnung von Steinen und Erden, Punkt D.
213 Vgl. Statistisches Bundesamt, Bruttowertschöpfung, S. 2 Ziffer 12.
214 Vgl. Statistisches Bundesamt, Bruttowertschöpfung, S. 2 Ziffer 12 und 14.
215 Vgl. Statistisches Bundesamt, Kostenstrukturerhebung für das Jahr 2006 bei Unternehmen des
    Verarbeitenden Gewerbes sowie des Bergbaus und der Gewinnung von Steinen und Erden, Punkt
    D; Statistisches Bundesamt, Bruttowertschöpfung, S. 2 Ziffer 13.
216 Vgl. Statistisches Bundesamt, Bruttowertschöpfung, S. 2 Ziffer 12.
217 Vgl. Statistisches Bundesamt, Kostenstrukturerhebung für das Jahr 2006 bei Unternehmen des
    Verarbeitenden Gewerbes sowie des Bergbaus und der Gewinnung von Steinen und Erden, Punkt
    D; Statistisches Bundesamt, Bruttowertschöpfung, S. 2 Ziffer 13.

69 Zu der Position der **Mieten und Pachten** gehören zum Beispiel gemietete und gepachtete Produktionsmaschinen, Datenverarbeitungsanlagen, Fahrzeuge, Fabrikations- und Lagerräume, einschließlich Leasingkosten.[218] Kalkulatorische Mieten sind nicht ansatzfähig.[219]

70 Um zu den **Sonstigen Kosten** zu gehören, müssen Aufwendungen die folgenden Merkmale kumulativ erfüllen: Es muss sich zunächst um Dienstleistungen handeln, die unter keiner anderen Position der Bruttowertschöpfung ansatzfähig sind. Sie dürfen außerdem nur an externe Unternehmen geleistete Zahlungen beinhalten und müssen ausschließlichen Vorleistungscharakter haben. Die Aufwendungen dürfen außerdem weder außerordentlichen, betriebs-[220] oder periodenfremden Aufwendungen darstellen noch aus der laufenden Produktion[221] resultieren.[222] Zu den **Sonstigen Kosten** zählen **beispielsweise** Werbe-, Vertreter- oder Reisekosten, Provisionen, Lizenzgebühren, Kosten für den Grünen Punkt, Ausgangsfrachten und sonstige Kosten für den Abtransport von Gütern durch fremde Unternehmen,[223] Porto- und Postgebühren, Ausgaben für durch Dritte durchgeführte Beförderung der Arbeitnehmer zwischen deren Wohnsitz und Arbeitsplatz, Versicherungsbeiträge, einschließlich der Versicherungssteuer, Prüfungs-, Beratungs- und Rechtskosten, Bankspesen, Beiträge zur Industrie- und Handelskammer, zur Handwerkskammer, zu Wirtschaftsverbänden.[224]

71 **(3) Schwachstellen.** Bisher wurde die Definition des Statistischen Bundesamtes zur Bruttowertschöpfung vor allem im Hinblick auf die Ermittlung bei selbstständigen Unternehmensteilen und den Abzug der Kosten für Leiharbeitnehmer kritisiert.[225] Neben diesen – teilweise bereits oben behandelten – Aspekten hat die Bruttowertschöpfung weitere Schwachstellen.

72 Bei der Ermittlung eines Verhältnisses sollte grundsätzlich vermieden werden, dass ein und dieselbe Position sowohl auf der Zähler- als auch auf der Nennerseite zum Tragen kommt. Dies ist jedoch bei der Bestimmung des Verhältnisses nach § 64 Abs. 1 Nr. 2 und des § 64 Abs. 2 Nr. 3 der Fall. Bei der Ermittlung der Bruttowertschöpfung ohne Umsatzsteuer werden die Stromkosten in den Roh-, Hilfs- und Betriebsstoffen als Vorkosten abge-

---

218 Vgl. Statistisches Bundesamt, Kostenstrukturerhebung für das Jahr 2006 bei Unternehmen des Verarbeitenden Gewerbes sowie des Bergbaus und der Gewinnung von Steinen und Erden, Punkt F Ziffer 6.

219 Vgl. Statistisches Bundesamt, Kostenstrukturerhebung für das Jahr 2006 bei Unternehmen des Verarbeitenden Gewerbes sowie des Bergbaus und der Gewinnung von Steinen und Erden, Punkt F Ziffer 6.

220 Vgl. Statistisches Bundesamt, Kostenstrukturerhebung für das Jahr 2006 bei Unternehmen des Verarbeitenden Gewerbes sowie des Bergbaus und der Gewinnung von Steinen und Erden, Punkt F Ziffer 7.

221 Vgl. Statistisches Bundesamt, Kostenstrukturerhebung für das Jahr 2006 bei Unternehmen des Verarbeitenden Gewerbes sowie des Bergbaus und der Gewinnung von Steinen und Erden, Punkt F Ziffer 7.

222 Vgl. BAFA, Merkblatt für Unternehmen des produzierenden Gewerbes (2013), S. 10.

223 Vgl. Statistisches Bundesamt, Bruttowertschöpfung, S. 2 Ziffer 22.

224 Vgl. Statistisches Bundesamt, Kostenstrukturerhebung für das Jahr 2006 bei Unternehmen des Verarbeitenden Gewerbes sowie des Bergbaus und der Gewinnung von Steinen und Erden, Punkt F Ziffer 7.

225 Vgl. Frenz/Müggenborg/*Posser/Altenschmidt*, § 41 Rn. 46; ausführliche Diskussion der Ermittlung der Bruttowertschöpfung bei selbstständigen Unternehmensteilen: *Baumann/Helmes*, ER 2013, 131 ff.; *Stappert/Boemke*, REE 2012, 24 ff.; *Jennrich*, ER 2013, 175 ff.

zogen. Zudem sind sie der Zähler des Verhältnisses der Stromkosten zur Bruttowertschöpfung.

Die Bruttowertschöpfung enthält außerdem zahlreiche Unschärfen, die teilweise wenig **73** oder gar keinen Bezug zur Wettbewerbsfähigkeit des Unternehmens haben und zusätzlich Abgrenzungs- und Auslegungsfragen hervorrufen.[226] Durch eine engere Anlehnung an die Positionen und Wertansätze in der nach dem Gesamtkostenverfahren aufgestellten handelsrechtlichen Gewinn- und Verlustrechnung nach § 275 Abs. 2 HGB könnten diese Auslegungsspielräume begrenzt werden.[227]

Die Bruttowertschöpfung begünstigt **Unternehmen, die eine geringe wirtschaftliche** **74** **Leistungsfähigkeit aufweisen.** So weisen Unternehmen, bei denen im letzten abgeschlossenen Geschäftsjahr eine lediglich geringe wirtschaftliche Leistungsfähigkeit vorlag, regelmäßig eine negative Bruttowertschöpfung aus. Mit einem negativen Verhältnis der vom Unternehmen zu tragenden Stromkosten zur Bruttowertschöpfung wird regelmäßig der geforderte Schwellenwert eingehalten. Unternehmen mit geringer wirtschaftlicher Leistungsfähigkeit weisen bei sehr geringen Umsätzen hohe Kosten, die insbesondere durch Fixkosten verursacht werden, auf. Es kann indes vom Gesetzgeber nicht gewollt sein, dass mit der Besonderen Ausgleichsregelung wirtschaftlich nicht leistungsfähige Unternehmen „subventioniert" werden. Dies ist bedenklich, wenn es sich bei diesem Unternehmen – wäre es im Voraussetzungsjahr wirtschaftlich leistungsfähig gewesen – um kein stromintensives Unternehmen gehandelt hätte.

Von *Posser* und *Altenschmidt* wird zu Recht vertreten, dass die Bruttowertschöpfung ein **75** Element der Zufälligkeit bei der internen Unternehmensorganisation enthält. Denn ein Unternehmen, das seine Vorprodukte von anderen Rechtsträgern bezieht, kann eine geringere Bruttowertschöpfung ausweisen als ein Unternehmen, das die Vorprodukte von seinen Unternehmensteilen bezieht, d. h. selbst herstellt.[228]

cc) Fiktion der Nichtbegünstigung. Die aufgrund einer für das jeweilige Nachweisjahr **76** bestehende Begrenzungsentscheidung des Bundesamtes für Wirtschaft und Ausfuhrkontrolle hervorgerufene verringerte Verpflichtung zur Zahlung der EEG-Umlage soll bei der Berechnung des Verhältnisses der Stromkosten zur Bruttowertschöpfung außer Betracht bleiben. Sie wird nicht als Subvention behandelt und wirkt sich demnach nicht auf die Bruttowertschöpfung aus.[229] § 64 Abs. 6 Nr. 2 und 3 ordnen insofern eine Fiktion der Nichtbegünstigung an. Das heißt, das antragstellende Unternehmen kann sich fiktiv so stellen, als wäre es im Nachweiszeitraum nicht durch eine Begrenzungsentscheidung privilegiert und hätte die volle EEG-Umlage zahlen müssen. Die Begünstigung durch die Besondere Ausgleichsregelung wirkt sich durch die Begrenzung der EEG-Umlage reduzierend auf die Stromkosten des Unternehmens aus. Bei einer Berücksichtigung der Privilegierung könnte der Fall eintreten, dass das antragstellende Unternehmen in einem Jahr den Schwellenwert der Stromkostenintensität wegen der Reduzierung der Stromkosten nicht erreicht und im darauffolgenden Antragsjahr wieder mit „normalen" Stromkosten den Schwellenwert überschreitet. Dieser „Jojo-Effekt", der dadurch entsteht, dass nur jedes zweite Jahr eine Begrenzung zu gewähren wäre, widerspricht dem Interesse einer Verlässlichkeit und

226 So auch: *Junker*, ER 2014, 196, 200.
227 *Junker*, ER 2014, 196, 200.
228 Vgl. Frenz/Müggenborg/*Posser/Altenschmidt*, § 41 Rn. 46.
229 BAFA, Merkblatt für stromkostenintensive Unternehmen, Stand: 27.8.2014, S. 18.

Planungssicherheit und ist vom Gesetzgeber nicht gewollt.[230] Maßgeblich ist demnach für die Berechnung der Stromkostenintensität die konkrete EEG-Umlagebelastung, die sich aus den individuellen Vereinbarungen der Stromlieferverträge ergibt. Dabei ist ein Maximalwert in Höhe der von den Übertragungsnetzbetreibern für diesen Zeitraum bekannt gegebene EEG-Umlage anzulegen.[231]

77   **e) Zertifizierung (Abs. 1 Nr. 3).** Seit dem EEG 2009 ist die Anforderung an stromintensive produzierende Unternehmen, ihren Energieverbrauch und die Potenziale zur Verminderung des Energieverbrauchs zu erheben, zu bewerten und **zertifizieren** zu lassen, geregelt vgl. § 41 Abs. 1 Nr. 4 EEG 2009.[232] Im EEG 2012 fand dieser Aspekt seine entsprechende Berücksichtigung in § 41 Abs. 1 Nr. 2 EEG 2012. Daran knüpft auch § 64 Abs. 1 Nr. 3 an und fordert für jedes antragstellende Unternehmen ein zertifiziertes Energie- und Umweltmanagementsystem im letzten abgeschlossenen Geschäftsjahr. Bisher waren teilweise noch die reine Erfassung und Bewertung von Energieverbrauch und Energieeinsparpotenzialen möglich. Diese Anforderung wurde entscheidend verschärft; nunmehr wird der Betrieb eines vollwertigen Energie- und Umweltmanagementsystems nach DIN EN ISO 50001 oder EMAS verlangt.[233] Eine Privilegierung erfahren kleine und mittlere Unternehmen mit einem Stromverbrauch von unter 5 GWh im letzten abgeschlossenen Geschäftsjahr. Diese können stattdessen den Betrieb eines alternativen Systems zur Verbesserung der Energieeffizienz nach § 3 Nr. 1 und Anlage 1 Spitzenausgleich-Effizienzsystemverordnung (SpaEfV) nachweisen. Die Spitzenausgleich-Effizienzsystemverordnung regelt die Anforderungen an Systeme zur Verbesserung der Energieeffizienz im Zusammenhang mit der Entlastung von der Energie- und Stromsteuer. Über die Nachweisvoraussetzung gemäß § 64 Abs. 3 Nr. 2 ist die Spitzenausgleich-Effizienzsystemverordnung, insbesondere § 4 Abs. 1 bis 3 SpaEfV, auch für das zertifizierte Energie- und Umweltmanagementsystem entsprechend anwendbar. In § 4 Abs. 1 SpaEfV werden die Voraussetzungen für den Nachweis eines Energiemanagementsystems und in Abs. 2 die Voraussetzungen für den Nachweis eines Umweltmanagementsystems geregelt. § 4 Abs. 3 findet Anwendung für den Nachweis des alternativen Energieeffizienzsystems kleinerer und mittlerer Unternehmen. Bei der Stromverbrauchsgrenze von 5 GWh ist im Gegensatz zum Mindeststromverbrauch in § 64 Abs. 1 Nr. 1 nicht nur auf die Abnahmestelle, für die die Begrenzung beantragt wird, abzustellen, sondern auf das gesamte Unternehmen.

78   Für das Antragsjahr 2014 gilt zusätzlich die Erleichterung der Übergangsregelung gemäß § 103 Abs. 1 Nr. 1. Danach können Unternehmen mit einem Stromverbrauch von unter 10 GWh im letzten abgeschlossenen Geschäftsjahr vom Nachweis des Energie- und Umweltmanagements absehen, soweit sie dem Bundesamt für Wirtschaft und Ausfuhrkontrolle nachweisen, dass sie innerhalb der Antragsfrist nicht zum Nachweis in der Lage waren. Das Bundesamt für Wirtschaft und Ausfuhrkontrolle hat hierzu eine Mustererklärung zur Verfügung gestellt.[234] Die Zertifizierungsstelle muss darin bestätigen, dass eine Anfrage zur Zertifizierung eines Energie- und Umweltmanagements gestellt wurde. Für die Rechtfertigung der mangelnden Zertifizierung soll es allerdings schon ausreichen, dass der Betrieb eines Energie- und Umweltmanagements nicht rechtzeitig aufgenommen werden

---

230 So Altrock/Oschmann/Theobald/*Müller*, EEG, § 41 Rn. 18 f.
231 BAFA, Merkblatt für stromkostenintensive Unternehmen, Stand: 27.8.2014, S. 20.
232 Vgl. BT-Drs. 17/6071, S. 19.
233 Vgl. BT-Drs. 18/1891, S. 210.
234 Vgl. BAFA, Merkblatt für stromintensive Unternehmen, Stand: 27.8.2014, S. 19, 65.

konnte.[235] Auch für die Stromverbrauchsgrenze von 10 GWh kommt es auf den Verbrauch des gesamten Unternehmens an.

Die Gesetzesbegründung gibt wenig Auskunft über den **Sinn und Zweck** dieser An- 79
spruchsvoraussetzung. So heißt es dort lediglich, dass mit dieser Anforderung „wichtige Signale für die Energieeffizienz" gesetzt werden.[236] Während bisher allerdings die Zertifizierung von Energieverbrauch und Energieeinsparpotenzialen ausreichend war, geht ein Energie- und Umweltmanagement einen Schritt weiter. Die alte Regelung konnte nur dazu dienen, dass die antragstellenden Unternehmen Einsparpotenziale bei ihrem Energieverbrauch erkennen und so eigenständig zu einem **nachhaltigen Umgang mit Energie** veranlasst werden.[237]

In einem Energie- und Umweltmanagementsystem werden die betriebliche Energie- und 80
Umweltpolitik des Unternehmens festgelegt. Das System folgt einem Zyklus der Planung, Umsetzung, Überprüfung und Anpassung. Während es bisher ausreichend war, den Energieverbrauch und die Einsparpotenziale zu erkennen und zu bewerten, kommen mit der aktuellen Vorschrift weitere Aufgaben hinzu. Mit der Anspruchsvoraussetzung eines zertifizierten Energie- und Umweltmanagementsystems müssen die antragstellenden Unternehmen zeigen, dass sie gezielte Überlegungen zum effizienteren Umgang mit Energie angestellt haben. Dabei sollen strategische Energieziele eingeführt und Maßnahmen festgelegt werden. Im Anschluss an die Umsetzung der Maßnahmen soll die Funktionsfähigkeit im Rahmen einer Selbstüberprüfung auf die Zielfortschritte hin und im Anschluss daran die Verbesserungsmöglichkeiten geprüft werden, um schlussendlich anhand der Bewertung des Fortschritts Anpassungen der Energiestrategien vornehmen zu können.

Eine Reduzierung des Energieverbrauchs käme aufgrund der Reduzierung des Begünsti- 81
gungsumfangs des Antragstellers und damit der Umverteilung letztendlich auch den sonstigen Stromverbrauchern zugute.[238] Neben der Umsetzung der europäischen Energieeffizienzrichtlinie, können durch eine sinkende Energienachfrage auch weitere europäische Klimaschutzziele erreicht werden. Allerdings wird ein tatsächlicher Fortschritt, wie von dem Wirtschaftsausschuss, dem Ausschuss für Umwelt, Naturschutz und Reaktorsicherheit und dem Verkehrsausschuss vorgeschlagen, nicht gefordert. Die Bundestagsausschüsse hatten angeregt, als weitere Anforderung ab 2017 die Einhaltung der Zielwerte zur Steigerung einer Energieeffizienz gemäß der Anlage zu § 10 Stromsteuergesetz vorauszusetzen, sofern diese Reduzierung keine unbillige Härte darstellt. Damit sollte die Anwendung der Besonderen Ausgleichsregelung mit der Einhaltung von Effizienzkriterien verbunden werden. Es bleibt folglich weiterhin Sache der antragstellenden Unternehmen, tatsächlich Modernisierungsmaßnahmen durchzuführen und so die strategischen Energieziele auch zu erreichen.

Es klingt mit dieser Anspruchsvoraussetzung die Hoffnung des Gesetzgebers an, dass die 82
Unternehmen ihre aufgedeckten Einsparpotenziale zeitnah umsetzen.[239] Dies ist auch na-

---

235 Vgl. BAFA, Merkblatt für stromintensive Unternehmen, Stand: 27.8.2014, S. 65, Anhang XI.4.
236 Vgl. BT-Drs. 18/1891, S. 210.
237 Wohl auch VG Frankfurt am Main, Urt. v. 15.11.2012, 1 K 843/12.F, ZNER 2013, 80, 82; *Salje*, EEG, § 64 Rn. 46.
238 Vgl. Altrock/Oschmann/Theobald/*Müller*, § 41 Rn. 35.
239 Vgl. Frenz/Müggenborg/*Posser/Altenschmidt*, § 41 Rn. 55.

heliegend, da sich durch die eingesparten Energiekosten die Kosten der Zertifizierung amortisieren können.[240]

83   Nach *Salje* wird durch das Zertifizierungserfordernis der Missbrauch durch den Mehrverbrauch von Strom ohne Produktionseffekt, um die Grenzwerte (insbesondere die Anspruchsvoraussetzung des Mindeststromverbrauchs) zu erreichen, vermieden.[241]

84   **2. Rechtsfolgen (Abs. 2).** Gemäß § 63 begrenzt das Bundesamt für Wirtschaft und Ausfuhrkontrolle auf Antrag abnahmestellenbezogen die EEG-Umlage für Strom, der von stromkostenintensiven Unternehmen selbst verbraucht wird, nach Maßgabe des § 64. Liegen alle materiellen Voraussetzung einer Begrenzung der EEG-Umlage vor, richtet sich der Umfang der Begrenzung nach § 64 Abs. 2. Auch wenn sich die Anforderungen je nach Listenzugehörigkeit der antragstellenden Unternehmen unterscheiden, erfolgt die EEG-Umlagebegrenzung unabhängig von der Listenzugehörigkeit einheitlich. Für den sogenannten **Selbstbehalt** der ersten GWh Strom ist immer die volle EEG-Umlage zu zahlen. Für die weiteren im Begrenzungszeitraum selbstverbrauchten Strommengen an der Abnahmestelle wird die EEG-Umlage auf 15% der gemäß § 60 Abs. 1 regulär zu zahlenden Umlage begrenzt. Der **Maximalbetrag** der zu zahlenden EEG-Umlage wird mit dem sog. „Cap" auf grundsätzlich 4% der Bruttowertschöpfung des Unternehmens gedeckelt. Für Unternehmen mit einer Stromkostenintensität von mindestens 20% liegt die Deckelung unter Anwendung des sog. „Super-Cap" bei 0,5% der Bruttowertschöpfung. In jedem Fall ist eine **Mindestumlage** i.H.v. 0,1 Cent/kWh bzw. 0,05 Cent/kWh für solche Abnahmestellen, an denen das Unternehmen einer Branche mit der laufenden Nummer 130, 131 oder 132 nach Anlage 4[242] zuzuordnen ist, zu zahlen. Um einen sprunghaften Kostenanstieg zu vermeiden, darf sich die zu zahlende EEG-Umlage jährlich höchstens verdoppeln.[243]

85   **a) Historie. Bis zur Novellierung 2012** konnten Unternehmen des produzierenden Gewerbes, deren Strombezug i.S.v. § 41 Abs. 1 Nr. 1 EEG 2009 zwischen 10 und 100 GWh lag, und Unternehmen, bei denen das Verhältnis zwischen Stromkosten und Bruttowertschöpfung zwischen 15 und 20% lag, eine Begrenzung für die über 90% der fremdbezogenen Strommenge erhalten. Sie mussten für die ersten 10% ihres Fremdstrombezugs die volle EEG-Umlage zahlen. Erst bei den über die Schwelle hinausgehenden Strombezügen griff die Begrenzung. Es wurde ein Prozentsatz für Strom aus Erneuerbaren Energien festgelegt, der zu einer Preissteigerung von 0,05 ct/kWh für den Strom aus Erneuerbaren Energien führte. Bis zum EEG 2012 wurde zwischen zwei Begünstigtenkreisen unterschieden.[244] Der Selbstbehalt musste von Unternehmen nicht getragen werden, die an einer Abnahmestelle mehr als 100 GWh Strom bezogen und deren Verhältnis der Stromkosten zur Bruttowertschöpfung mindestens bei 20% lag. **Mit dem EEG 2012** vollzog sich ein Systemwechsel bei der Bemessung der Höhe des Begrenzungsanspruchs. Die Begrenzung erfolgte differenziert in Abhängigkeit vom Stromverbrauch und dem Verhältnis der Strombezugskosten zur Bruttowertschöpfung in zwei unterschiedlichen Begrenzungstarifen. Für Unternehmen mit einem Verhältnis von zu tragenden Stromkosten zur Bruttowertschöpfung in

---

240 Vgl. Frenz/Müggenborg/*Posser/Altenschmidt*, § 41 Rn. 55.
241 Vgl. *Salje*, EEG, § 64 Rn. 45.
242 Branchen der Erzeugung und erste Bearbeitung von Aluminium, Erzeugung und erste Bearbeitung von Blei, Zink und Zinn sowie Erzeugung und erste Bearbeitung von Kupfer.
243 Gemäß § 103 Abs. 3 Satz 1 unter der zusätzlichen Voraussetzung, dass ein bestandskräftiger Bescheid für das Jahr 2014 vorliegt.
244 Vgl. BT-Drs. 16/8148, S. 66; BT-Drs. 15/2864, S. 52.

Höhe von mehr als 20 % und einem Strombezug an der Abnahmestelle von mindestens 100 GWh wurde die EEG-Umlage auf 0,05 ct/kWh begrenzt. Dies galt ab der ersten Kilowattstunde. Einen Selbstbehalt gab es für diesen Begrenzungstarif nicht. Für Unternehmen, die diese Schwellenwerte nicht erreichten, wurde die EEG-Umlage für den Stromanteil bis einschließlich 1 GWh nicht begrenzt. Für den Stromanteil über 1 GWh bis einschließlich 10 GWh legte das EEG 2012 eine Begrenzung auf 10 % der EEG-Umlage, für den Stromanteil über 10 bis einschließlich 100 GWh auf 1 % der EEG-Umlage und für den Stromanteil über 100 GWh auf 0,05 ct/kWh fest. Nach der Zuordnung zu einem dieser beiden Begrenzungstarife waren ausschließlich die im Begrenzungszeitraum an der Abnahmestelle bezogenen Strommengen relevant. Historische Werte waren unerheblich.[245]

b) Begrenzungsumfang. Für den Begrenzungsumfang sind auch im EEG 2014 weiterhin **86** ausschließlich die im Begrenzungszeitraum an der Abnahmestelle verbrauchten Strommengen relevant. Der Begrenzungsanspruch nach § 64 Abs. 2 Satz 1 setzt inzident voraus, dass der Strom an einer Abnahmestelle, an der das Unternehmen einer Branche nach Anlage 4 zuzuordnen ist, im Begrenzungszeitraum bezogen wird. Im § 64 Abs. 1 Nr. 1 wurde diese Voraussetzung explizit mit aufgenommen, um die Begrenzung zielgenau auf die Bereiche des Unternehmens zuzuschneiden, in denen die Aktivitäten stattfinden, die in der Umwelt- und Energiebeihilfeleitlinie als in besonderem internationalen Wettbewerb stehend identifiziert wurden.[246]

Bezieht das Unternehmen Strom an **mehreren Abnahmestellen**, die jeweils die Anspruchsvoraussetzungen des § 64 Abs. 1 im letzten abgeschlossenen Geschäftsjahr erfüllen, so gilt die Begrenzungswirkung für jede Abnahmestelle gesondert. Eine Antragstellung durch ein Unternehmen oder selbstständigen Unternehmensteil erfolgt zwar für alle Abnahmestellen gemeinsam in einem Antrag, jedoch unter Auflistung aller zu begrenzenden Abnahmestellen. Die vorausgesetzte Mindeststromverbrauchsmenge muss insofern an jeder begünstigten Abnahmestelle erreicht werden.[247] Eine Zusammenrechnung aller Abnahmestellen erfolgt ebenso wenig wie die Ausdehnung der Privilegierung eines selbstständigen Unternehmensteils auf das gesamte Unternehmen. Das bedeutet auch, dass für alle begrenzten Abnahmestellen des Antragstellers nicht nur insgesamt einmal für 1 Gigawattstunde der Selbstbehalt zu zahlen ist, sondern für jede einzeln begrenzte Abnahmestelle.[248] **87**

Die EEG-Umlage wird an den Abnahmestellen für den Strom begrenzt, den das Unternehmen dort selbst verbraucht. Dem Bundesamt für Wirtschaft und Ausfuhrkontrolle zufolge, liegt ein Selbstverbrauch dann nicht mehr vor, wenn Strom an ein rechtlich selbstständiges Unternehmen weitergeliefert wird, worunter auch Mutter-, Schwester- oder Tochtergesellschaften zählen. Unerheblich ist dabei, wer der Empfänger des weitergegebenen Stroms ist und zu welchem Zweck die Strommengen an das andere Unternehmen weitergegeben worden sind. An Dritte weitergeleitete Strommengen sind also umfassend von der Begrenzung ausgenommen. **88**

aa) Selbstbehalt. Auch das EEG 2014 sieht weiterhin einen sogenannten Selbstbehalt vor, **89** § 64 Abs. 2 Nr. 1. Die EEG-Umlage wird für einen Stromanteil bis einschließlich 1 GWh

---

245 Vgl. Altrock/Oschmann/Theobald/*Müller*, § 41 Rn. 50.
246 Vgl. BT-Drs. 18/1891, S. 209.
247 Vgl. Frenz/Müggenborg/*Posser/Altenschmidt*, § 41 Rn. 40.
248 Vgl. Reshöft/Schäfermeier/*Jennrich*, § 41 Rn. 101.

nicht begrenzt. Hier ist die volle Umlage nach § 60 Abs. 1 zu zahlen. Eine Ausnahme wird gemacht, wenn das begünstigte Unternehmen nachweist, dass es im Begrenzungsjahr weniger als eine GWh Strom von einem Elektrizitätsversorgungsunternehmen geliefert erhält. Dann müssen Anteile des Selbstbehaltes aus einer Eigenversorgung des Unternehmens stammen. Dies rechtfertigt die anteilige Heranziehung des § 61 für die Ermittlung des Selbstbehalts der EEG-Umlage.[249]

90   Viele mittlere und große Sonderkunden werden von **mehreren Elektrizitätsversorgungsunternehmen beliefert.** Der Gesetzgeber hat die Sondervorschrift für die Belieferung durch mehrere Elektrizitätsversorgungsunternehmen aus dem EEG 2009 schon nicht in das EEG 2012 übernommen und diesen Fall auch im EEG 2014 nicht neu geregelt. Entgegen der Auffassung von *Posser* und *Altenschmidt* sind die Streitigkeiten bei der Belieferung durch mehrere Elektrizitätsversorgungsunternehmen (insbesondere beim Selbstbehalt) jedoch nicht entfallen;[250] im Gegenteil dürften die Fragen, die mit der Abwicklung von Mehrlieferantenbelieferungen und unterjährigen Lieferantenwechseln einhergehen durch das EEG 2014 erheblich an Bedeutung gewinnen. Aus diesem Grund wird für Mehrlieferanten-Modelle die analoge Anwendung des § 16 Abs. 4 S. 4 EEG 2004 hier empfohlen. Wird das privilegierte Unternehmen im Begrenzungszeitraum von mehreren Elektrizitätsversorgungsunternehmen beliefert, so gelten die Begrenzungswirkungen für jedes dieser Elektrizitätsversorgungsunternehmen danach anteilig gemäß dem Umfang, in welchem sie im Vergleich zueinander das begrenzte Unternehmen an der jeweiligen Abnahmestelle mit Strom beliefern und die entsprechende EEG-Umlage diesen in Rechnung stellen. Aufgrund der auch nach dem EEG 2014 insofern weiterhin unklaren Rechtslage sollten Unternehmen in jedem Fall möglichst frühzeitig mit ihren Lieferanten klären, wie der Ansatz des Selbstbehalts abgewickelt werden soll.

91   Beim **Wechsel eines Elektrizitätsversorgungsunternehmens** oder einer Reduzierung oder Einstellung des Produktionsbetriebes mit entsprechend einhergehender Verringerung der Stromverbrauchsmengen während des Begrenzungszeitraumes bleibt die gewährte Begrenzung bestehen. Anders als im Subventionsrecht üblich, bleibt auch im Fall einer Insolvenz die Begrenzung der EEG-Umlage dem Unternehmen erhalten. Das folgt daraus, dass sich der Begrenzungsbescheid immer auf Vergangenheitsdaten des Nachweiszeitraumes, dem Begrenzungszeitraum vorgelagert, bezieht. Bei einem Wechsel des Elektrizitätsversorgungsunternehmens war das neue Elektrizitätsversorgungsunternehmen aber nicht **Adressat des Begrenzungsbescheides.**[251] Wie nach dem EEG 2012 wird in dieser Konstellation jedoch in der Regel problemlos ein Neu-Erlass bzw. eine Änderung des Begrenzungsbescheides für den restlichen Begrenzungszeitraum des begünstigten Unternehmens hinsichtlich der neuen Belieferungssituation erfolgen. Damit eine solche Änderung vorgenommen werden kann, muss entweder das begrenzte Unternehmen oder das neue Elektrizitätsversorgungsunternehmen den Wechsel gegenüber dem Bundesamt für Wirtschaft und Ausfuhrkontrolle anzeigen. Das Bundesamt erlässt daraufhin einen geänderten Begrenzungsbescheid. Der „alte" Begrenzungsbescheid gegenüber dem bisherigen Elektrizitätsversorgungsunternehmen ist nach § 49 Abs. 2 S. 3 VwVfG aufzuheben.[252]

---

249 Vgl. BT-Drs. 18/1891, S. 210.
250 Vgl. Frenz/Müggenborg/*Posser/Altenschmidt*, § 41 Rn. 75.
251 Vgl. zum EEG 2012: Altrock/Oschmann/Theobald/*Müller*, § 41 Rn. 55.
252 Vgl. zum EEG 2012: Altrock/Oschmann/Theobald/*Müller*, § 41 Rn. 55.

Im Falle eines **unterjährigen Lieferantenwechsels** sollte im Übrigen ein Ansatz des Selbstbehalts auf die im jeweiligen Begrenzungsjahr zuvorderst verbrauchten Strommengen erfolgen, so dass ein nach einem Lieferantenwechsel in die Versorgung einsteigender Lieferant von der Berechnung des Selbstbehalts befreit wäre, soweit dieser bereits vollständig im Rahmen der vorhergehenden Belieferung erbracht wurde.

bb) Begrenzung auf 15 % der EEG-Umlage. Für den Stromanteil über 1 GWh wird die   **92**
EEG-Umlage auf 15 % der nach § 60 Abs. 1 ermittelten EEG-Umlage begrenzt, § 64 Abs. 2 Nr. 2. Im Unterschied zur bisherigen Regelung im EEG 2012 erfolgt bei der Begrenzung nach EEG 2014 keine weitgehende Staffelung mehr. Wie auch bisher greift die Begrenzung der EEG-Umlage erst oberhalb der Selbstbehaltsgrenze.[253] Die im Rahmen der Staffelung nach der bisherigen Regelung des EEG 2012 zu zahlende EEG-Umlage war abhängig von der Höhe des Stromverbrauchs. Für die Strommenge zwischen 1 und 10 GWh war eine EEG-Umlage i.H.v. 10 % der vollen EEG-Umlage, für die Strommenge zwischen 10 und 100 GWh 1 % der EEG-Umlage und für die über 100 GWh liegende Strommenge war eine EEG-Umlage von 0,05 ct/kWh zu zahlen. Mit dem neuen EEG 2014 wurde die Staffelung abgeschafft und ein einheitlicher Betrag von 15 % der nach § 60 Abs. 1 ermittelten EEG-Umlage für alle begünstigten Unternehmen festgelegt.

Dabei wird nicht zwischen geliefertem oder eigenerzeugtem Strom unterschieden. Durch   **93**
die Einbeziehung der Eigenversorgung in den EEG-Wälzungsmechanismus i.R.d. § 61 war spiegelbildlich aber auch die Einbeziehung der vom Unternehmen selbsterzeugten Strommengen in die Begrenzung notwendig.[254] Von besonderer Bedeutung ist in diesem Zusammenhang, dass auch für die eigenerzeugten und selbst verbrauchten Strommengen die nach § 60 Abs. 1 ermittelte EEG-Umlage gilt. Es wird in diesem Kontext nicht die für Letztverbraucher und Eigenversorger geltende Regelung des § 61 herangezogen.[255]

cc) „Cap" und „Super-Cap". Unter besonderen Umständen kann sich anstelle der 15 %   **94**
der nach § 60 Abs. 1 ermittelten EEG-Umlage als grundsätzliche Befreiung für den Stromanteil über 1 GWh eine weitere Begrenzung der zu zahlenden EEG-Umlage in Summe aller begrenzten Abnahmestellen des Unternehmens erfolgen. Durch die Deckelung gemäß § 64 Abs. 2 Nr. 3 kann sich mit Hilfe des sogenannten „Cap" bzw. „Super-Cap" ein verringerter zu zahlender Maximalbetrag ergeben.

Für die Deckelung ist entscheidend, dass eine bestimmte Stromkostenintensität durch das   **95**
Unternehmens bzw. den selbstständigen Unternehmensteil erreicht wird. Die Höhe der Deckelung richtet sich dabei nach der erreichten Stromkostenintensität und wird auf Basis der Bruttowertschöpfung gewährt, deren Berechnung im Einzelfall damit erhebliche Bedeutung gewinnt. Für Unternehmen mit einer Stromkostenintensität von mindestens 20 % ist die EEG-Umlage auf 0,5 % der durchschnittlichen Bruttowertschöpfung der letzten drei abgeschlossenen Geschäftsjahre gedeckelt („Super-Cap"). Gesetzt den Fall, für ein Unternehmen wird bei Anwendung der Mindestumlage von 15 % eine Begrenzung der Umlage auf 500.000 Euro ermittelt und gleichzeitig würden 0,5 % der durchschnittlichen Bruttowertschöpfung 400.000 Euro betragen, wäre aufgrund der Deckelung nur eine EEG-Umla-

---

253 Vgl. zum EEG 2012: Altrock/Oschmann/Theobald/*Müller*, § 41 Rn. 49.
254 Vgl. *Große/Kachel*, NVwZ 2014, 1122, 1125.
255 Vgl. BT-Drs. 18/1891, S. 211; BAFA, Merkblatt für stromkostenintensive Unternehmen, Stand: 27.8.2014, S. 39.

ge von 400.000 Euro zu leisten.[256] Alle anderen Unternehmen, die die Stromkostenintensität von mindestens 20 % nicht erreichen, genießen die Privilegierung des „Cap", wonach die zu zahlende EEG-Umlage auf 4 % ihrer Bruttowertschöpfung gedeckelt wird.

96 Die Höhe der zu zahlenden EEG-Umlage wird in Summer aller begrenzten Abnahmestellen des Unternehmens auf höchstens den bestimmten Anteil der Bruttowertschöpfung begrenzt, die das Unternehmen im arithmetischen Mittel der letzten drei abgeschlossenen Geschäftsjahre erzielt hat, § 64 Abs. 2 Nr. 3. Für die Berechnung, ob der Höchstbetrag, der aus der Bruttowertschöpfung ermittelt wurde, erreicht ist, wird die begrenzte EEG-Umlage an allen begünstigten Abnahmestellen des Unternehmens insgesamt addiert. Für die Bestimmung der Höhe des Deckels können die Feststellungen der Bruttowertschöpfung aus der entsprechenden Überleitungsrechnung auf Basis der geprüften Jahresabschlüsse von drei aufeinanderfolgenden Geschäftsjahren herangezogen werden. Der Gesetzesbegründung zufolge muss keine Neuberechnung und Bestätigung für alle drei einzelnen aufeinanderfolgenden Geschäftsjahre erfolgen. Die Vorlage einer geänderten Bruttowertschöpfung mittels entsprechender Wirtschaftsprüferbescheinigung für Geschäftsjahre vor dem letzten abgeschlossenen Geschäftsjahr steht den antragstellenden Unternehmen jedoch frei.[257] In Fällen, in denen das Geschäftsjahr kürzer als zwölf Kalendermonate ist, sieht das Bundesamt für Wirtschaft und Ausfuhrkontrolle vor, dass zur Bestimmung der Höhe der maßgeblichen Deckel als Anteil der Bruttowertschöpfung der Zeitraum des Geschäftsjahres auf einen Zwölfmonatszeitraum hochzurechnen ist.[258] Dies entspricht nicht der Gesetzesbegründung, wonach die fehlenden Monate vielmehr ergänzt werden sollen. Es sollen mit den vor dem verkürzten Zeitraum liegenden Kalendermonaten drei fiktive Geschäftsjahre von jeweils zwölf Monaten gebildet werden, so dass der Deckel sich aus dem arithmetischen Mittel der Bruttowertschöpfung dieser drei fiktiven Geschäftsjahre ergeben kann.[259] Diese Fiktion wurde bereits im Entwurf des Gesetzes zur Reform der Besonderen Ausgleichsregelungen für stromkosten- und handelsintensive Unternehmen[260] kritisiert. Insbesondere wurde die praktische Umsetzung und die Belastbarkeit der zu prüfenden Zahlen wie z. B. die Abgrenzung der Monate oder die Vergleichbarkeit der Zahlen bei einer Umstrukturierung in Frage gestellt und ein Verzicht auf die Fiktion angeregt.[261] Des Weiteren bleibt noch offen, ob die Fiktion der drei abgeschlossenen Geschäftsjahre auch für das Erreichen der Antragsvoraussetzung der Stromkostenintensität als Verhältnis der Stromkosten zur Bruttowertschöpfung herangezogen werden kann. Das Bundesamt für Wirtschaft und Ausfuhrkontrolle stellt sich auf den Standpunkt, dass eine Fiktion bzw. die Hochrechnung, die das Bundesamt bei der Bestimmung des Deckels anwendet, auch nur zur Bestimmung dieses Parameters genutzt werden soll.[262]

256 Vgl. zu dieser Beispielsrechnung: BAFA, Merkblatt für stromkostenintensive Unternehmen, Stand: 27.8.2014, S. 39.
257 Vgl. BT-Drs. 18/1891, S. 211.
258 Vgl. BAFA, Merkblatt für stromkostenintensive Unternehmen, Stand: 27.8.2014, S. 14.
259 Vgl. BT-Drs. 18/1891, S. 211.
260 Deutscher Bundestag Gesetzentwurf, Entwurf eines Gesetzes zur Reform der Besonderen Ausgleichsregelung für stromkosten- und handelsintensive Unternehmen, BT-Drs. 18/1449.
261 IDW Stellungnahme zum Entwurf eines Gesetzes zur Reform der Besonderen Ausgleichregelung für stromkosten- und handelsintensive Unternehmen, Schreiben des IDW vom 19.5.2014 an das BMWi, abrufbar unter: www.idw.de/idw/portal/d639116, zuletzt aufgerufen am 14.10.14.
262 Vgl. BAFA, Merkblatt für stromkostenintensive Unternehmen, Stand: 27.8.2014, S. 14.

dd) Mindestbetrag. Unabhängig von der Deckelung des § 64 Abs. 2 Nr. 3 wird in Nr. 4   **97**
ein zu zahlender Mindestbetrag von 0,1 Cent/kWh festgelegt. Für Abnahmestellen, an denen das Unternehmen einer Branche der Erzeugung und erste Bearbeitung von Aluminium,
der Erzeugung und erste Bearbeitung von Blei, Zink und Zinn sowie der Erzeugung und
erste Bearbeitung von Kupfer zuzuordnen ist, liegt der Mindestbetrag nur bei 0,05 Cent/
kWh. Die 0,05 Cent/kWh entsprechen dem zu zahlenden Mindestbetrag gemäß EEG 2012.
Hiermit soll sichergestellt werden, dass alle privilegierten Unternehmen auch unter Anwendung der Deckelungen einen gewissen Grundbeitrag an EEG-Umlage erbringen. Gerade im Hinblick auf Unternehmen mit einer negativen Bruttowertschöpfung wäre unter Anwendung der Maximalbeträge die EEG-Umlage andernfalls auf null begrenzt.[263] Bei der
Auswahl der Unternehmen, für die der Maximalbetrag des EEG 2012 weiter gilt, hat sich
der Gesetzgeber auf Branchen, die er als „Preisnenner" bezeichnet beschränkt. Die Produkte dieser sog. „Preisnenner" werden an einer weltweiten Börse zu einheitlichen Welt-
marktpreisen gehandelt, so dass es diesen Branchen besonders schwerfallen dürfte, Kostensteigerungen an ihre Kunden weiterzugeben. Sie können so weitaus eingeschränkter
auf national gesetzliche Regelung, die besondere Kosten verursachen, reagieren.[264]

ee) „Mega-Cap". In den Übergangs- und Härtefallregelungen ist für Unternehmen, die für   **98**
das Begrenzungsjahr 2014 über einen bestandskräftigen Begrenzungsbescheid verfügen,
eine weitere Deckelung, der sogenannte „Mega-Cap" vorgesehen, § 103 Abs. 3 Satz 1. Die
Begrenzung der EEG-Umlage darf danach nicht mehr als das Doppelte des Betrages in
Cent/kWh betragen, der nach Maßgabe des Begrenzungsbescheides zu zahlen war.

c) Schwachstellen. Sowohl § 41 Abs. 3 S. 1 Nr. 1 EEG 2012 als auch die neue Regelung in   **99**
§ 64 Abs. 2 enthalten keine konkrete Regelungen darüber, wie der Selbstbehalt und die für
über den Selbstbehalt hinausgehende Strommengen an das Elektrizitätsversorgungsunternehmen zu zahlende EEG-Umlage abzurechnen ist.[265] Die Höhe des abrechnungsrelevan-
ten Stromverbrauchs ergibt sich erst im Laufe des Begrenzungszeitraumes. Es bietet sich
an, dass in den ersten Monaten des Begrenzungszeitraumes bis zum Stromverbrauch von
1 GWh die volle EEG-Umlage gezahlt wird. Da der Staffeltarif abgeschafft wurde, sollte
im Anschluss daran entsprechend der Begrenzung 15 % der EEG-Umlage bis zur errechneten Deckelung in Anwendung der sog. „Cap"- und „ Super-Cap"-Regelung gezahlt werden.
Eine anteilige monatliche Abrechnung auf Basis der geschätzten Strommenge des gesamten Begrenzungszeitraumes erscheint insofern ungeeignet, da es hier am Ende des Kalenderjahres zu Nachzahlungen oder Rückerstattungen aufgrund der dann feststehenden endgültigen Stromabnahmemenge kommen kann.

Bei einem Versorgungswechsel hat das antragstellende Unternehmen dem neuen Elektrizi-   **100**
tätsversorgungsunternehmen mitzuteilen, in welcher Höhe es beim bisherigen Elektrizitätsversorgungsunternehmen Strom bezogen hat und inwieweit es EEG-Umlage gezahlt
hat. Das begrenzte Unternehmen ist verpflichtet, bis zu einer Strommenge von einschließlich einer Gigawattstunde die volle EEG-Umlage zu tragen. Wurde vom bisherigen Elektrizitätsversorgungsunternehmen noch keine volle Gigawattstunde abgenommen oder wurde
für die 1 GWh noch nicht die volle EEG-Umlage gezahlt, muss das begrenzte Unternehmen dies beim neuen Elektrizitätsversorgungsunternehmen nachholen.

---

263 Vgl. BT-Drs. 18/1891, S. 211.
264 Vgl. BT-Drs. 18/1891, S. 211.
265 Vgl. Altrock/Oschmann/Theobald/*Müller*, § 41 Rn. 51.

101 **3. Nachweise (Abs. 3).** § 64 Abs. 3 entspricht in wesentlichen Zügen der Regelung in § 41 Abs. 2 EEG 2012 und verpflichtet die antragstellenden Unternehmen durch die Vorlage der aufgezählten Unterlagen beim Bundesamt für Wirtschaft und Ausfuhrkontrolle die entsprechenden Nachweise über das Erfüllen der Voraussetzungen in § 64 Abs. 1 und Abs. 2 zu erbringen.[266] Zur Nachweisführung hat das antragstellende Unternehmen insofern wie auch schon nach dem EEG 2012 Stromlieferverträge, Stromrechnungen, eine Wirtschaftsprüfer-Bescheinigung i. S. d. lit. c) sowie ein DIN EN ISO 50001-Zertifikat bzw. einen Eintragungs- oder Verlängerungsbescheid der EMAS-Registrierungsstelle über die Eintragung in das EMAS-Register beizubringen. Zu beachten ist jedoch, dass durch das EEG 2014 eine ganze Reihe von Detailänderungen gegenüber den entsprechenden Vorgaben im EEG 2012 Einzug in das Gesetz gefunden haben, die durch einige gänzliche neue Anforderungen ergänzt wurden. Neu aufgenommen wurde beispielsweise in § 64 Abs. 3 Nr. 1 lit. b), dass Angaben zu den selbst erzeugten und selbst verbrauchten sowie weitergeleiteten Strommengen erforderlich sind und gemäß § 64 Abs. 3 Nr. 1 lit. c) die Bescheinigung des Wirtschaftsprüfers auf Grundlage der geprüften Jahresabschlüsse zu erfolgen hat und nicht wie bisher nach dem EEG 2012 auch auf der Grundlage eines nicht geprüften Jahresabschlusses erfolgen kann. Hinzukommt in § 64 Abs. 3 Nr. 1 lit. d) außerdem der Nachweis über die Klassifizierung des Unternehmens durch die statistischen Ämter der Länder, als Ausfluss der neuen Anforderung in § 64 Abs. 1.

§ 64 Abs. 3 beinhaltet als formelle Begrenzungsvoraussetzung das Erfordnis einer umfangreichen **Nachweisführung**. Für den Nachweis des Erfüllens der Anspruchsvoraussetzungen gemäß § 64 Abs. 1 und 2 sind die stromkostenintensiven Unternehmen verpflichtet, Stromlieferungsverträge und Stromrechnungen für das letzte abgeschlossene Geschäftsjahr (lit. a), die jeweils in den letzten drei abgeschlossenen Geschäftsjahren von einem Elektrizitätsversorgungsunternehmen gelieferte oder selbst erzeugten und selbst verbrauchten Strommengen (lit. b), eine Wirtschaftsprüfer-Bescheinigung auf Grundlage eines geprüften Jahresabschlusses für die letzten drei abgeschlossenen Geschäftsjahre (lit. c), einen Klassifizierungsnachweis des zuständigen statistischen Landesamtes (lit. d) sowie eine Zertifizierung des Energieverbrauchs und des Einsparpotenzials (Nr. 2) vorzulegen. Die Form des Nachweises steht weder in der Dispositionsbefugnis des Bundesamtes für Wirtschaft und Ausfuhrkontrolle noch in der des Antragstellers.[267] Allerdings steht dem Bundesamt im Rahmen seines Amtsermittlungsgrundsatzes das Recht zu, weitere Unterlagen zur Nachweisführung einzufordern. Zu den Nachweisanforderungen im Kontext der strengen Anforderungen der materiellen Ausschlussfrist in § 66 Abs. 1 gibt es mittlerweile eine umfangreiche Rechtsprechung, auf die im Rahmen der Behandlung des § 66 eingegangen wird.[268]

---

266 Vgl. BT-Drs. 18/1891, S. 211.
267 Vgl. Altrock/Oschmann/Theobald/*Müller*, § 41 Rn. 40.
268 Vgl. VGH Kassel, Urt. v. 30.5.2012, 6 A 1017/11; VGH Kassel, Urt. v. 30.5.2012, 6 A 523/11; VGH Kassel, Beschl. v. 18.4.2011, 6 A 2361/10.Z; VGH Kassel, Beschl. v. 14.3.2011, 6 A 192/11.Z; VGH Kassel, Beschl. v. 3.12.2010, 6 A 2220/10.Z; VGH Kassel, Beschl. v. 13.7.2006, 6 ZU 1104/06; VG Frankfurt am Main, Urt. v. 16.10.2010, 1 K 1974/10.F; VG Frankfurt am Main, Urt. v. 9.9.2010, 1 K 3666/09.F; VG Frankfurt am Main, Urt. v. 9.9.2010, 1 K 180/10.F, REE 2011, 43 ff.; VG Frankfurt am Main, Urt. v. 9.9.2010, 1 K 3665/09.F; VG Frankfurt am Main, Urt. v. 9.9.2010, 1 K 4031.09.F; VG Frankfurt am Main, Urt. v. 12.2.2009, 1 K 1463/08.F(3); VG Frankfurt am Main, Urt. v. 13.3.2008, 1 E 1303/07; VG Frankfurt am Main, Urt. v. 16.3.2006, 1 E 1542/05(3).

Die o. g. **Unterlagen** müssen **vor der materiellen Ausschlussfrist ausgestellt** worden   **102**
sein, damit diese bis zur Ausschlussfrist dem Bundesamt für Wirtschaft und Ausfuhrkontrolle vorgelegt werden können. Bisher mussten sämtliche in § 41 Abs. 2 S. 1 EEG 2012
genannten Nachweise jeweils das letzte abgeschlossene Geschäftsjahr des Unternehmens
abdecken. Mit der Erweiterung auf die drei letzten abgeschlossenen Geschäftsjahre wird
auch die Anforderung an die Nachweise zum Teil auf drei abgeschlossene Geschäftsjahre
erstreckt. Die Nachweispflichten dienen dem Verbraucherschutz, da damit auch sichergestellt wird, dass die Unternehmen die Voraussetzungen auch tatsächlich erfüllen.[269]

a) Gesetzliche Unterlagen nach Abs. 3. § 64 Abs. 3 regelt im Detail, welche Unterlagen   **103**
und Nachweise bezogen auf das letzte abgeschlossene Geschäftsjahr bzw. bezogen auf die
letzten drei abgeschlossenen Geschäftsjahre zum Nachweis der Voraussetzungen des § 64
Abs. 1 vorzulegen sind. Dies sind neben den **Stromlieferungsverträgen**, die **Stromrech-**
nungen für das letzte abgeschlossene Geschäftsjahr und Angaben der jeweils in den letzten
drei abgeschlossenen Geschäftsjahren von einem Elektrizitätsversorgungsunternehmen
gelieferten oder selbst erzeugten und selbst verbrauchten Strommengen, sowie die **Wirt-**
schaftsprüfer-Bescheinigung auf Grundlage der geprüften Jahresabschlüsse der letzten
drei abgeschlossenen Geschäftsjahre und die **Klassifizierung des Unternehmens durch**
die statistischen Ämter der Länder. Gemäß § 64 Abs. 3 Nr. 2 ist außerdem der **Nachweis**
eines Energie- und Umweltmanagementsystems durch ein gültiges DIN EN ISO 50001-
Zertifikat, einen gültigen Eintragungs- oder Verlängerungsbescheid der EMAS- Registrierungsstelle oder einen gültigen Nachweis für ein alternatives System zu führen.

aa) Stromrechnungen und Stromlieferungsverträge. Gemäß § 64 Abs. 3 Nr. 1 lit. a)   **104**
sind die das letzte abgeschlossene Geschäftsjahr betreffenden Stromrechnungen und
Stromlieferverträge inklusive etwaiger Nachträge und Zusatzvereinbarungen beim Bundesamt für Wirtschaft und Ausfuhrkontrolle einzureichen. Aus den **Stromrechnungen**
kann die tatsächlich an der Abnahmestelle gelieferte Strommenge und der entsprechende
Zahlbetrag, einschließlich der tatsächlich gezahlten EEG-Umlage entnommen werden.[270]
Somit kann das Bundesamt für Wirtschaft und Ausfuhrkontrolle mit Hilfe der Stromlieferungsverträge und Stromrechnungen sowohl die Anspruchsvoraussetzung des Mindeststromverbrauchs als auch die Höhe der Stromkosten für die Berechnung der Stromkostenintensität plausibilisieren. Eine gesonderte Überprüfung der zutreffenden Zählerstände
sieht das Gesetz nicht vor, kann aber von Amts wegen erfolgen.

Die **Stromrechnungen** müssen sämtliche Bestandteile der vom Unternehmen zu tragen-   **105**
den Stromkosten abdecken. So sind die ggf. separat von der Stromlieferrechnung mit dem
in der Regel in Rechnung gestellten Hoch- und Niedertarif, der Wirkarbeit, der Leistung
und den Systemdienstleistungskosten auch die entsprechenden vom Unternehmen getragenen Netzentgelte, die EEG- und KWKG-Umlage, die Stromsteuer, usw. nachzuweisen.[271]
Wenn aus den Stromrechnungen und Stromlieferungsverträgen nicht hervorgeht, welche
Strommenge mit welcher EEG-Umlage belastet worden ist, muss in der Bescheinigung
nach lit. c) dazu Stellung genommen werden.[272] Dem Bundesamt genügt die Vorlage von
Quartals- oder Jahresrechnungen, wenn darin die Informationen aus den Einzelrechnungen

---

269 Vgl. BT-Drs. 16/8148, S. 65; Altrock/Oschmann/Theobald/*Müller*, § 41 Rn. 40.
270 Vgl. Frenz/Müggenborg/*Posser/Altenschmidt*, § 41 Rn. 68.
271 Vgl. BAFA, Merkblatt für stromkostenintensive Unternehmen, Stand: 27.8.2014, S. 26.
272 Vgl. Altrock/Oschmann/Theobald/*Müller*, § 41 Rn. 42.

enthalten sind.[273] Erhält ein Unternehmen beispielsweise tägliche oder wöchentliche Stromrechnungen, so sollte es bei seinem Elektrizitätsversorgungsunternehmen auf die Ausstellung von Quartals- oder Jahresrechnungen hinwirken. So kann sich das Unternehmen die Antragstellung deutlich vereinfachen. Mitteilungen über nachträgliche **Gutschriften oder Erstattungen** sind den Antragsunterlagen beizufügen. Im Falle von erhaltenen Stromsteuer- oder Netzentgelterstattungen sind die entsprechenden **Bescheide der Hauptzollämter oder der Bundesnetzagentur** vorzulegen.

106   Dem **Stromlieferungsvertrag** kann regelmäßig neben den Angaben zur Abnahmestelle die voraussichtliche zu liefernde Strommenge und der dafür vereinbarte Preis entnommen werden.[274] Zudem ist in den Verträgen i. d. R. eine Vereinbarung über die vom Letztverbraucher an den Lieferanten zu zahlende EEG-Umlage enthalten.[275]

107   Die Stromlieferungsverträge müssen mit ihren **Nachträgen und Zusatzvereinbarungen** dem Bundesamt vorgelegt werden, soweit solche existieren. Dabei ist zu beachten, dass sämtliche vertragliche Vereinbarungen, die die Stromlieferung im letzten abgeschlossenen Geschäftsjahr betroffen haben, einzureichen sind. Hierzu gehören neben Netzverträgen auch solche Sondervereinbarungen für Stromlieferungen zu Spitzenzeiten oder in Notfällen (z. B. Reservestromverträge).[276] Dies gilt auch dann, wenn diese bereits im Vorjahr eingereicht worden sind.

108   Wenn das Unternehmen über **keine schriftlichen Stromlieferungsverträge** verfügt, sondern die Lieferung allein aufgrund mündlicher Vereinbarungen beruht, sollte das Unternehmen neben ggf. vorhandenen Gesprächsprotokollen eine von seinem Elektrizitätsversorgungsunternehmen bestätigte Erklärung über diesen Sachverhalt vorlegen.[277] In dieser Erklärung sollten die Konditionen der Stromlieferung enthalten sein. Gleiches gilt für Absprachen zur entgeltlichen oder unentgeltlichen Weiterleitung von Strom.

109   Die **Stromlieferungsverträge und Stromrechnungen** sind **für das gesamte Unternehmen vorzulegen**. Die Vorlage nur für einzelne Abnahmestellen des Unternehmens, für die eine Begrenzung der EEG-Umlage begehrt wird, genügt nicht. Auch sollten sämtliche Stromlieferungsverträge und Stromrechnungen eingereicht werden, die im Falle einer Stromweiterleitung des Unternehmens die Lieferbeziehungen zwischen dem Unternehmen und dem Abnehmer abbilden. Wenn der Strom unentgeltlich an Dritte weitergeliefert worden ist, sollten auch dazu entsprechende Nachweise vorgelegt werden. Das Bundesamt für Wirtschaft und Ausfuhrkontrolle darf weitergeleitete Strommengen nicht bei ihrer Prüfung des Tatbestandsmerkmals des Mindeststromverbrauchs berücksichtigen.[278]

110   Eine über die Prüfung der Stromrechnungen und Stromlieferungsverträge hinausgehende gesonderte Überprüfung der zutreffenden Zählerstände sieht das Gesetz nicht vor. Da es sich bei den anspruchsberechtigten Unternehmen regelmäßig um Großverbraucher han-

---

273 Vgl. BAFA, Merkblatt für stromkostenintensive Unternehmen, Stand: 27.8.2014, S. 26; bereits zum EEG 2012: Frenz/Müggenborg/*Posser/Altenschmidt*, § 41 Rn. 68.
274 Vgl. Frenz/Müggenborg/*Posser/Altenschmidt*, § 41 Rn. 68.
275 Vgl. Altrock/Oschmann/Theobald/*Müller*, § 41 Rn. 41.
276 Vgl. BAFA, Merkblatt für stromkostenintensive Unternehmen, Stand: 27.8.2014, S. 26.
277 Vgl. Reshöft/Schäfermeier/*Jennrich*, § 41, Rn. 76.
278 Vgl. *Salje*, EEG, § 64 Rn. 54.

delt, erfolgt die **Ablesung der Zählerstände** in der Regel mittels Fernauslesung. Eine Eigenablesung der Zählerstände wird demgegenüber eher selten anzutreffen sein.[279]

Bei einem **unterjährigen Wechsel des Elektrizitätsversorgungsunternehmens** oder bei **mehreren Strombezugsquellen** im letzten abgeschlossenen Geschäftsjahr muss darauf geachtet werden, dass sämtliche Stromlieferungsverträge und Stromrechnungen vorgelegt werden.[280] Bei einer **Bewirtschaftung eines eigenen Bilanzkreises** durch das antragstellende Unternehmen müssen ebenfalls sämtliche Stromlieferungsverträge und Stromrechnungen eingereicht werden. Das kann in der Praxis unter Umständen dazu führen, dass ein durchaus umfangreiches Konvolut an Unterlagen zur Nachweisführung einzureichen ist.[281] Dies bezieht sich auch auf Stromkäufe, die unmittelbar an der Börse oder von Dritten erfolgten. Darüber hinaus sind die **Strombezüge aus dem Ausland** nachzuweisen. **111**

Durch die Einführung des elektronischen Teilnehmerverfahrens hat der Antragsteller die Möglichkeit, die Stromlieferungsverträge und Stromrechnungen als originale **(elektronische) Dokumente** dem Bundesamt für Wirtschaft und Ausfuhrkontrolle zur Verfügung zu stellen. Wird dieses elektronische Teilnehmerverfahren nicht genutzt, so sind die Stromlieferungsverträge und Stromrechnungen zumindest als Kopie dem Bundesamt für Wirtschaft und Ausfuhrkontrolle vorzulegen. Eine Vorlage der Unterlagen als beglaubigte oder bestätigte Kopien wird nur auf Aufforderung des Bundesamtes für Wirtschaft und Ausfuhrkontrolle notwendig sein. **112**

bb) Angaben zu gelieferten, selbst erzeugten und selbst verbrauchten sowie weitergeleiteten Strommengen. Die Einführung der neuen Nachweisanforderung in § 64 Abs. 3 Nr. 1 lit. b), wonach Angaben zu den jeweils in den letzten drei abgeschlossenen Geschäftsjahren von einem Elektrizitätsversorgungsunternehmen gelieferten oder selbst erzeugten und selbst verbrauchten Strommengen zu machen sind, war notwendig, da eigenerzeugte und selbst verbrauchte Strommengen durch das EEG 2014 im Rahmen der Absätze 1 und 2 des § 64 berücksichtigungsfähig sind und daher ebenfalls nachgewiesen werden müssen.[282] Die Angaben zu den Strommengen müssen im Fall der Eigenversorgung insbesondere auch die Leistung der Eigenversorgungsanlage, die Art und die Menge der eingesetzten Primärenergieträger und die Mengen der eigenerzeugten und ggf. auch weitergeleiteten Strommengen enthalten. Damit sollen die Stromkosten für eigenerzeugte und selbst verbrauchte Strommengen – soweit für sie eine Begrenzung in Betracht kommt – nachvollziehbar und plausibel gemacht werden.[283] Unter Umständen kann es notwendig sein, darüber hinausgehend weitere Angaben zur Plausibilität zu machen. **113**

Die Angaben zu den von einem Elektrizitätsversorgungsunternehmen gelieferten oder selbst erzeugten und selbst verbrauchten Strommengen sind jeweils für die letzten drei Geschäftsjahre zu machen. Dabei macht der Gesetzgeber in seiner Begründung deutlich, dass es ihm dabei nicht auf die Zusammenfassung ankommt. Es sollen vielmehr jedes einzelne Geschäftsjahr aufgeschlüsselt werden, da es nur so möglich sei, Nachweise für einzelne Jahre rollierend für nachfolgende Antragsverfahren zu nutzen.[284] **114**

---

279 Vgl. *Salje*, EEG, § 64 Rn. 53.
280 Vgl. BAFA, Merkblatt für Unternehmen des produzierenden Gewerbes (2013), S. 19.
281 Vgl. Reshöft/Schäfermeier/*Jennrich*, § 41 Rn. 76.
282 Vgl. BT-Drs. 18/1891, S. 211.
283 Vgl. BT-Drs. 18/1891, S. 211.
284 Vgl. BT-Drs. 18/1891, S. 211.

115 **cc) Bescheinigung.** In § 64 Abs. 3 Nr. 1 lit. c) sind Grundlagen für die Bescheinigung zusammengefasst, die dem Antragsteller neben weiteren Unterlagen zum Nachweis der Voraussetzungen nach § 64 Abs. 1 Nr. 1 und 2 sowie der Begrenzungsgrundlage nach Abs. 2 dient. Es wird geregelt,

- **wer** befugt ist, Bescheinigungen nach § 64 Abs. 3 Nr. 1 lit. c) zu erteilen,
- **welche Vorgaben** dabei zu beachten sind und auf
- **welche Prüfungsgegenstände** (vgl. § 64 Abs. 3 Nr. 1 lit. c) Doppelbuchstaben aa) bis cc)) sich die Bescheinigung zu erstrecken hat.

116 **(1) Überblick über die materiellen und formalen Voraussetzungen der Wirtschaftsprüferbescheinigung.** Der **Antragsteller** selbst wird in der Vorschrift nicht genannt. Dies könnte dahingehend interpretiert werden, dass die erforderlichen Angaben von den zur Ausstellung einer Bescheinigung nach § 64 Abs. 3 lit. c) Berechtigten zusammengestellt werden müssten. Allerdings wären diese aufgrund des Selbstprüfungsverbots in einer Erstellungs- und nicht – wie offensichtlich gewollt und in der Vergangenheit auch praktiziert – in einer Prüfungsbescheinigung zusammenzufassen. Die **Aufstellung des Jahresabschlusses** nach handelsrechtlichen Grundsätzen, die **Sicherstellung seiner Prüfung** durch einen Abschlussprüfer sowie die Zusammenstellung der **Angaben nach § 64 Abs. 3 Nr. 1 lit. c** Doppelbuchstaben aa) bis cc) fallen in den Verantwortungsbereich des Antragstellers.

117 Weitere Hinweise zur notwendigen Abgrenzung der Verantwortlichkeiten zwischen Antragsteller und Wirtschaftsprüfer, zur Aufstellung und Prüfung des Jahresabschlusses nach handelsrechtlichen Vorschriften sowie zur Zusammenstellung der Angaben nach § 64 Abs. 3 Nr. 1 lit. c Doppelbuchstaben aa) bis cc) enthalten der **IDW Prüfungsstandard: Prüfungen nach dem Erneuerbare-Energien-Gesetz (IDW PS 970)**[285] sowie das **Merkblatt des BAFA für stromkostenintensive Unternehmen.**[286]

---

285 Vgl. IDW PS 970, Prüfungen nach dem Erneuerbare-Energien-Gesetz, WPg Supplement 4/2012. Das EEG 2014 macht eine Neufassung des IDW Prüfungsstandards: Prüfungen nach dem Erneuerbare-Energien-Gesetz (IDW PS 970) (Stand: 6.9.2012) erforderlich. Da eine Überarbeitung des IDW PS 970 noch nicht möglich war, hat das IDW für die Antragstellung zum 30.9.2014 kurzfristig den IDW Prüfungshinweis: Besonderheiten der Prüfung im Zusammenhang mit der Antragstellung auf Besondere Ausgleichsregelung nach dem EEG 2014 im Antragsjahr 2014 (IDW PH 9.970.1) zur Verfügung gestellt. Vor dem Hintergrund der mehrfachen Novellierung des EEG in den vergangenen Jahren wird derzeit in den zuständigen Gremien des IDW überlegt, den existierenden Prüfungsstandard in einen IDW Prüfungsstandard: Sonstige betriebswirtschaftliche Prüfungen mit energiewirtschaftlichem Prüfungsgegenstand (Arbeitstitel) zu überführen, der einen Rahmenstandard für Prüfungen im Energiebereich darstellen soll. Zu diesem Rahmenstandard sollen je nach aktuellem Bedarf weitere IDW Prüfungshinweise entwickelt werden, die schneller verabschiedet werden können und auf die jeweiligen Besonderheiten bei den einzelnen Prüfungen eingehen. Entsprechend den Vorgaben internationaler Prüfungsstandards, zu deren Umsetzung sich das IDW verpflichtet hat, soll dabei auch stärker zwischen vergangenheitsorientierten Finanzinformationen und anderen Informationen als Prüfungsgegenständen unterschieden werden. Die entsprechende Neukonzeption wird Zeit in Anspruch nehmen und voraussichtlich Ende 2015 / Anfang 2016 abgeschlossen werden. Unabhängig davon ist geplant, für die Antragstellung im Antragsjahr 2015 einen weiteren Prüfungshinweis zur Verfügung zu stellen.
286 Siehe zuletzt Bundesamt für Wirtschaft und Ausfuhrkontrolle, Merkblatt für stromkostenintensive Unternehmen, Stand: 27.8.2014.

Zur **Prüfung** der Angaben nach § 64 Abs. 3 Nr. 1 lit. c) **befugt** sind **Wirtschaftsprüfer,**   **118**
Wirtschaftsprüfungsgesellschaften, vereidigte Buchprüfer und **Buchprüfungsgesell-**
schaften. Sie ist ihnen gesetzlich **vorbehalten,** was sie bei diesen Prüfungen zur Führung
des Berufssiegels verpflichtet.[287] **Ausgeschlossen** von der Prüfung sind dagegen beispielsweise Steuerberater sowie Rechtsanwalts- und Steuerberatungsgesellschaften.

Alle zur Prüfung berechtigten Berufsangehörigen sind dem öffentlich zugänglichen Be-   **119**
rufsregister[288] zu entnehmen, dass in deutscher Sprache und elektronischer Form von der
Wirtschaftsprüferkammer geführt wird. Sofern nachfolgend – in Anlehnung an den allgemeinen Sprachgebrauch[289] – vom Wirtschaftsprüfer oder der **Wirtschaftsprüferbeschei-**
nigung gesprochen wird, meint dieses gleichzeitig auch den vereidigten Buchprüfer, eine
Wirtschaftsprüfungsgesellschaft oder eine Buchprüfungsgesellschaft.

Vereidigte Buchprüfer und Buchprüfungsgesellschaften können abweichend von den für   **120**
die Jahresabschlussprüfung geltenden Regelungen die Prüfung nach § 64 Abs. 3 Nr. 1 lit.
c) Doppelbuchstaben aa) bis cc) grundsätzlich für Unternehmen aller Größenklassen
durchführen.[290]

Ungeachtet der gesetzlichen Vorbehaltsaufgabe (siehe Rn. 118) hat jeder Wirtschaftsprüfer   **121**
vor dem Hintergrund der besonderen Art und Komplexität der zu prüfenden Sachverhalte,
die sich bei Prüfungen nach § 64 Abs. 3 Nr. 1 lit. c EEG 2014 ergeben können, vor Auf-
tragsannahme kritisch zu hinterfragen, ob er über die für eine sachgerechte Prüfungsdurch-
führung erforderlichen Spezialkenntnisse verfügt. Dem **Gesetz** ist **nicht** zu entnehmen,
dass zwischen dem „**Wirtschaftsprüfer**" nach § 64 Abs. 3 Nr. 1 lit. c EEG 2014 und den
„**Abschlussprüfern**" der Jahresabschlüsse für die letzten drei abgeschlossenen Geschäftsjahre **Personenidentität** bestehen muss.[291]

Theoretisch ist es zwar denkbar, dass der Antragsteller seine Jahresabschlüsse der letzten   **122**
drei abgeschlossenen Geschäftsjahre jeweils von unterschiedlichen Wirtschaftsprüfern
prüfen lässt und mit den Prüfungen nach § 64 Abs. 3 Nr. 1 lit. c EEG drei weitere Wirtschaftsprüfer beauftragt. Dies dürfte in der Praxis aufgrund der Effizienzverluste bei der
Prüfung aber eher auf Ausnahmefälle beschränkt bleiben.

Praktische Relevanz wird ein Auseinanderfallen von Abschlussprüfer und dem EEG-Prü-   **123**
fer beispielsweise haben in Fällen von Gesellschafterwechseln, der (zwangsweisen) Rota-
tion des Abschlussprüfers oder in Fällen, in denen der Abschlussprüfer eines Antragstellers
nicht über die notwendige fachliche Eignung verfügt (vgl. Rn. 121). Dem Antragsteller obliegt es in diesen Fällen, durch entsprechende vertragliche Regelungen frühzeitig für den
notwendigen Informationsaustausch zwischen den Prüfern zu sorgen.

---

287 Bescheinigungen, die nicht den formalen Mindestanforderungen entsprechen, werden regelmäßig
    vom Bundesamt für Wirtschaft und Ausfuhrkontrolle beanstandet und bedeuten ein Haftungsrisi-
    ko für den Wirtschaftsprüfer, wenn nicht innerhalb der materiellen Ausschlussfrist nachgebessert
    werden kann.
288 www.wpk.de/wpk/berufsregister/.
289 Vgl. Bundesamt für Wirtschaft und Ausfuhrkontrolle, Merkblatt für stromkostenintensive Unter-
    nehmen, Stand: 27.8.2014, S. 4.
290 Vgl. zu den Einschränkungen bei der Auswahl des Abschlussprüfers § 319 Abs. 1.
291 Vgl. IDW PS 970, Prüfungen nach dem Erneuerbare-Energien-Gesetz, WPg Supplement 4/2012,
    S. 50, Tz. 66.

124 **Personenidentität** ist dagegen angezeigt, wenn Angaben, über deren Prüfung eine Bescheinigung erteilt wurde, nach Vorlage der Bescheinigung vom Auftraggeber geändert und erneut durch einen Wirtschaftsprüfer geprüft werden sollen. Konkret bedeutet dies, dass diese sogenannten **Nachtragsprüfungen** durch den Wirtschaftsprüfer zu erfolgen haben, der die ursprünglichen Angaben geprüft hat.[292] Praktische Bedeutung haben diese Nachtragsprüfungen bislang vor allem im Zusammenhang mit **Nachfragen** des Bundesamtes für Wirtschaft und Ausfuhrkontrolle an den Antragsteller, die häufig mit der Bitte um Bestätigung durch den Wirtschaftsprüfer verbunden werden. Gegenstand der Nachtragsprüfung sind ausschließlich die vom Antragsteller vorgenommenen Anpassungen und ggf. auch Ergänzungen. Um dies zu verdeutlichen, wird die Wirtschaftsprüfer-Bescheinigung in diesen Fällen mit einem **Doppeldatum** versehen. Ein weiterer Anwendungsfall werden künftig aufgrund des 3-jährigen Nachweiszeitraums Fälle sein, in denen Antragsteller von ihrem Recht Gebrauch machen, für betreffende Geschäftsjahre geänderte Bruttowertschöpfungsrechnungen vorzulegen.[293]

125 § 64 Abs. 3 Nr. 1 lit. c) enthält verschiedene **Vorgaben für die Wirtschaftsprüferbescheinigung.** Hierzu zählt dem Wortlaut nach zunächst, dass die Bescheinigung „auf **Grundlage** der geprüften Jahresabschlüsse nach den Vorgaben des Handelsgesetzbuchs" zu erstellen ist. Zwei Aspekte sind dabei **neu** in das Gesetz aufgenommen worden, die vom Gesetzgeber durch die Begriffe „**geprüften**" und „**nach den Vorgaben des Handelsgesetzbuchs**" zum Ausdruck gebracht werden. Da das Handelsgesetzbuch sowohl **Vorgaben** für die **Aufstellung** von Jahresabschlüssen als auch deren **Prüfung** enthält, stellen sich eine ganze Reihe, teils schwieriger Auslegungsfragen. Auch wenn das Bundesamt für Wirtschaft und Ausfuhrkontrolle bereits in der Vergangenheit die Vorlage geprüfter Jahresabschlüsse verlangt hat, geht diese Anpassung nach der hier vertretenen Auffassung über eine rein redaktionelle Änderung hinaus. Es verwundert insofern, dass sich dazu in den Gesetzesmaterialien keine weiteren Erläuterungen finden.

126 Es lässt sich zunächst feststellen, dass das Bundesamt für Wirtschaft und Ausfuhrkontrolle aufgrund der Neuregelung von seiner bisherigen Praxis abgerückt ist, auch „Abschlüsse" zu akzeptieren, die nach US-GAAP bzw. IAS/IFRS aufgestellt wurden oder ungeprüft waren.[294] Dabei handelte es sich teilweise um sogenannte Reportingpackages, die aufgrund der unterschiedlichen Gewinnermittlungskonzeptionen eine Vergleichbarkeit zwischen den Antragstellern zumindest erschwert haben dürfte. Im Rahmen der Antragstellung nach dem EEG 2014 muss es sich bei den vorzulegenden Abschlüssen nunmehr ausnahmslos um Jahresabschlüsse handeln, die entsprechend §§ 242 Abs. 3 HGB bzw. 264 Abs. 1 HGB nach handelsrechtlichen Grundsätzen **aufgestellt** wurden.

127 Zudem fordert das Bundesamt für Wirtschaft und Ausfuhrkontrolle – auch von handelsrechtlich nicht prüfungspflichtigen Unternehmen[295] – **geprüfte** Jahresabschlüsse einschließlich Prüfungsbericht für den **Nachweiszeitraum** an.[296] Dieser kann aufgrund der

---

292 Vgl. IDW PS 970, Prüfungen nach dem Erneuerbare-Energien-Gesetz, WPg Supplement 4/2012, S. 35, Tz. 141.

293 Vgl. Bundesamt für Wirtschaft und Ausfuhrkontrolle, Merkblatt für stromkostenintensive Unternehmen, Stand: 27.8.2014, S. 29.

294 Vgl. Bundesamt für Wirtschaft und Ausfuhrkontrolle, Merkblatt für Unternehmen des produzierenden Gewerbes, Stand: 7.5.2013, S. 22.

295 Vgl. Bundesamt für Wirtschaft und Ausfuhrkontrolle, Merkblatt für stromkostenintensive Unternehmen, Stand: 27.8.2014, S. 26.

Übergangsvorschriften in § 103 Abs. 1 Nr. 2 für das Begrenzungsjahr 2015 und § 103 Abs. 2 Nr. 1 für das Begrenzungsjahr 2016 variieren und im Einzelfall weit zurückreichen.

Die Antragsteller können für das Begrenzungsjahr 2015 wählen, ob sie statt dem arithmeti- **128** sche Mittel der Bruttowertschöpfung der letzten drei abgeschlossenen Geschäftsjahre die Bruttowertschöpfung nur auf Basis der Daten für das letzte abgeschlossene Geschäftsjahr ermitteln. Für das Begrenzungsjahr 2016 kann das Unternehmen wählen, ob es die Bruttowertschöpfung auf Basis des arithmetischen Mittels der letzten drei bzw. nur der letzten beiden abgeschlossenen Geschäftsjahre ermittelt. Weil die **geprüften Jahresabschlüsse** als zusätzliche Nachweise für die Bruttowertschöpfung dienen sollen, sind sie in entsprechender Anzahl vorzulegen. Da es sich bei dieser Vorschrift um übergangsweise Erleichterungen für die Antragsteller handelt, sind allerdings Zweifel angezeigt, ob einem Antragsteller, dessen Antrag für das Begrenzungsjahr 2015 auf den Daten der letzten drei abgeschlossenen Geschäftsjahre beruht, für das Begrenzungsjahr 2016 ein Wahlrecht gemäß § 103 Abs. 2 Nr. 1 zusteht.

Aufgrund der Rückwirkung und ihrer vielfältigen Implikationen (Pflicht- oder freiwillige **129** Prüfung?; Auswirkung auf bereits festgestellte Jahresabschlüsse, die nicht geprüft wurden?; Auswahl und Bestellung des Abschlussprüfers? und Siegelverwendung?) hat die Neuregelung zu zahlreichen Rückfragen der betroffen Unternehmen an das BAFA sowie an die mit den Aufgaben nach § 64 Abs. 3 Nr. 1 lit. c) betrauten Institutionen geführt. Ungeachtet dessen hat sich das Institut der Wirtschaftsprüfer in Anbetracht der absehbaren Fragestellungen bereits frühzeitig im Gesetzgebungsverfahren (zumindest) für eine Übergangsregelung eingesetzt, falls der Gesetzgeber an der neugeschaffenen Prüfungspflicht festhalten wolle.[297] Leider ist das Institut der Wirtschaftsprüfer aufgrund des enormen Zeitdrucks in dem Gesetzgebungsverfahren hiermit nicht durchgedrungen.

In einem Prüfungshinweis zu den „Besonderheiten der Prüfung im Zusammenhang mit der **130** Antragstellung auf Besondere Ausgleichsregelung nach dem EEG 2014 im Antragsjahr 2014"[298] heißt es:

„Sofern ein Jahresabschluss des antragstellenden Unternehmens nicht nach dem Handelsgesetzbuch oder anderen Gesetzen prüfungspflichtig ist (z. B. kleine Kapitalgesellschaft, Offene Handelsgesellschaft, Kommanditgesellschaft), verpflichtet somit § 64 Abs. 3 Nr. 1 Buchst. c EEG 2014 das antragstellende Unternehmen dazu, diesen handelsrechtlichen Jahresabschluss nach den Vorgaben des Handelsgesetzbuchs prüfen zu lassen (Vorbehaltsaufgabe). Die Erleichterungen nach § 264 Abs. 3 oder Abs. 4 sowie § 264b HGB können insoweit nicht in Anspruch genommen werden, als sie die Prüfung des Jahresabschlusses betreffen; die Erleichterungen hinsichtlich der Aufstellung und Offenlegung des Jahresabschlusses bleiben unberührt."

Daraus ist für die Vergangenheit allerdings keine handelsrechtliche Pflichtprüfung ableit- **131** bar, was mit entsprechenden Folgen bei unterlassener Prüfung z. B. für kleine Kapitalgesellschaften (z. B. Nichtigkeit nach § 256 Abs. 1 Nr. 2 HGB) verbunden wäre. Die Prüfung ist vielmehr lediglich Voraussetzung für eine erfolgreiche Antragstellung.

---

296 Vgl. Bundesamt für Wirtschaft und Ausfuhrkontrolle, Merkblatt für stromkostenintensive Unternehmen, Stand: 27.8.2014, S. 29.
297 Vgl. IDW, Anhörung zu dem fortgeschriebenen Entwurf der EEG-Novelle, 2. April 2014, S. 3.
298 Vgl. IDW, PH 9.970.1.

132 Zu einer pragmatischen Lösung des Problems für das Antragsjahr 2014 hat schließlich auch das Bundesamt für Wirtschaft und Ausfuhrkontrolle beigetragen, das in Abweichung vom Wortlaut der Vorschrift die Vorlage der geprüften Jahresabschlüsse nicht innerhalb der materiellen Ausschlussfrist verlangt. Diese Unterlagen können vom Antragsteller bis zur Bescheiderteilung nachgereicht werden.[299] Diese Ausnahme greift jedoch nicht für die Wirtschaftsprüferbescheinigungen nach § 64 Abs. 3 Nr. 1 lit. c).

133 Sollte der handelsrechtliche Jahresabschluss zum Zeitpunkt der Antragstellung noch nicht endgültig aufgestellt worden sein bzw. noch geprüft werden, so hat das antragstellende Unternehmen im Rahmen der Antragstellung den **vorläufigen** und noch ungeprüften **Jahresabschluss** einschließlich einer Erklärung vorzulegen, aus der hervorgeht, dass das Unternehmen den geprüften Jahresabschluss unverzüglich und unaufgefordert nachreichen wird.[300] Der Wirtschaftsprüfer ist in diesen Fällen gehalten, einen ergänzenden Hinweis in seine Bescheinigung aufzunehmen.[301] Weiterhin verlangt das Bundesamt für Wirtschaft und Ausfuhrkontrolle die Vorlage einer Erklärung des Wirtschaftsprüfers, dass sich aufgrund der zwischenzeitig abgeschlossenen Aufstellung und Prüfung des Jahresabschlusses keine Änderungen der Bruttowertschöpfungsrechnung ergeben haben.[302] Einer „Neuerteilung" der Bescheinigung ohne diesen Hinweis bedarf es in diesen Fällen nicht. Eine solche muss in Form einer Nachtragsbescheinigung nur in Betracht gezogen werden, wenn sich Abweichungen gegenüber den ursprünglich eingereichten Angaben ergeben haben.[303]

134 Gleichwohl ist den Antragstellern anzuraten, künftig die Prüfung ihres Jahresabschlusses zeitlich so mit der Antragstellung in Einklang zu bringen, dass diese bis zum Ende der materiellen Ausschlussfrist abgeschlossen ist und die Ergebnisse bereits in der Bescheinigung nach § 64 Abs. 3 Nr. 1 lit. c) berücksichtigt werden können. In diesem Fall sind keine weiteren Erklärungen und/oder Nachtragsprüfungen erforderlich.[304]

135 Die Wirtschaftsprüfer-Bescheinigung ist hinsichtlich **Aufbau, Struktur, Inhalt und Form** so zu gestalten, dass sie den jeweiligen berufsständischen Standards entsprechen, die vom Arbeitskreis „Prüfung nach KWKG und EEG" vorbereitet und von den zuständigen Gremien des IDW verabschiedet und veröffentlicht werden. Sie hat bestimmte Grundbestandteile zu enthalten (z.B. Adressat, Ausführungen zum Prüfungsauftrag und Prüfungsurteil). Sie ist fest mit den geprüften Angaben des Antragstellers (siehe dazu Rn. 137 ff.), die als Anlage beizufügen sind, zu verbinden und unter Angabe von Ort, Datum und Berufsbezeichnung vom Wirtschaftsprüfer eigenhändig zu unterzeichnen. Da es sich bei der Prüfung nach § 64 Abs. 3 Nr. 1 lit. c) um eine Vorbehaltsaufgabe handelt, ist gemäß § 48 Abs. 1 Satz 1 WPO ein Siegel zu benutzen.

---

299 Vgl. Bundesamt für Wirtschaft und Ausfuhrkontrolle, Merkblatt für stromkostenintensive Unternehmen, Stand: 27.8.2014, S. 29.

300 Vgl. Bundesamt für Wirtschaft und Ausfuhrkontrolle, Merkblatt für stromkostenintensive Unternehmen, Stand: 27.8.2014, S. 26.

301 Vgl. IDW PH 9.970.1, Besonderheiten der Prüfung im Zusammenhang mit der Antragstellung auf Besondere Ausgleichsregelung nach dem EEG 2014 im Antragsjahr 2014, WPg Supplement 3/2014, S. 29 ff., Tz. 25.

302 Vgl. Bundesamt für Wirtschaft und Ausfuhrkontrolle, Merkblatt für stromkostenintensive Unternehmen, Stand: 27.8.2014, S. 30.

303 Vgl. Bundesamt für Wirtschaft und Ausfuhrkontrolle, Merkblatt für stromkostenintensive Unternehmen, Stand: 27.8.2014, S. 30.

304 Vgl. Bundesamt für Wirtschaft und Ausfuhrkontrolle, Merkblatt für stromkostenintensive Unternehmen, Stand: 27.8.2014, S. 29–30.

Das Bundesamt für Wirtschaft und Ausfuhrkontrolle stellt für die Antragstellung und die **136**
Übersendung der Antragsunterlagen seit einigen Jahren **ein papierloses, elektronisches
Teilnehmerverfahren über das Online-Portal ELAN-K2** zur Verfügung. Es empfiehlt
Antragstellern, die elektronische Kopie der Wirtschaftsprüfer-Bescheinigung einschließlich sämtlicher Anlagen in einem einzigen Dokument hochzuladen, verlangt aber zumindest für das Antragsjahr 2014 auch noch die Einreichung der Wirtschaftsprüfer-Bescheinigung im Original.[305] Da ab dem Antragsjahr 2015 die elektronische Antragstellung obliga-
torisch ist (vgl. § 66 Abs. 2), können sich neben Änderungen an Aufbau, Inhalt und Struktur[306] der Wirtschaftsprüfer-Bescheinigung auch noch Änderungen an deren Form ergeben.
Für ein elektronisches Original der Wirtschaftsprüfer-Bescheinigung müssten in Anbetracht von §§ 18, 18a Berufssatzung für Wirtschaftsprüfer/vereidigte Buchprüfer allerdings noch weitere Voraussetzungen geschaffen werden, deren kurzfristige Umsetzung
zweifelhaft erscheint.

(2) Prüfungsgegenstände. § 64 Abs. 3 Nr. 1 lit. c enthält eine Aufzählung der Prüfungsge- **137**
genstände, die aufgrund **gesetzlicher Vorschriften** von einem Wirtschaftsprüfer zu prüfen
sind und zu denen Prüfungsaussagen in seiner Berichterstattung erwartet werden. Die Anzahl der Prüfungsgegenstände (§ 64 Abs. 3 Nr. 1 lit. c) Doppelbuchstaben aa) bis cc)) ist
gegenüber dem EEG 2012 (vgl. § 41 Abs. 2 Satz 1 in Verbindung mit § 41 Abs. 1 Nr. 1
EEG 2012) mit **drei** unverändert geblieben. Allerdings unterscheiden sich die Prüfungsgegenstände im EEG 2014 und im EEG 2012 inhaltlich deutlich voneinander. Dabei lit. c)
Doppelbuchstaben aa) bis cc)).

Daneben hat das Bundesamt für Wirtschaft und Ausfuhrkontrolle in der Vergangenheit in **138**
seinen Merkblättern für bestimmte Fälle Aussagen des Wirtschaftsprüfers zu **weiteren
Prüfungsgegenständen** gefordert. Dazu gehörten beispielsweise Aussagen, ob es sich bei
dem Antragsteller um ein Unternehmen des produzierenden Gewerbes handelt, zur Lage
des Antragstellers im internationalen Wettbewerb oder zu den EEG erforderlichen Eigenschaften der zu begünstigenden Abnahmestellen. Hinzu kam bei selbstständigen Unternehmensteilen eine Beurteilung des Wirtschaftsprüfers zu den Ausführungen der Gesellschaft
bezüglich der Selbstständigkeit des antragstellenden Unternehmensteils. Unter dem EEG
2014 ist die Notwendigkeit für derartige Prüfungsaussagen teilweise entfallen, insbesondere die Beurteilung zur Lage des Antragstellers im internationalen Wettbewerb. Diese
wird im EEG 2014 durch die entsprechende Listenzuordnung bereits unterstellt.

(3) Angaben zum Betriebszweck und zur Betriebstätigkeit Abs. 3 Nr. 1 lit. c), aa). In **139**
§ 64 Abs. 3 Nr. 1 lit. c Doppelbuchstabe aa) ist vorgesehen, dass der Wirtschaftsprüfer eine
Prüfungsaussage zu den Angaben des Antragstellers zum Betriebszweck und zur Betriebstätigkeit des Unternehmens treffen muss. Diese Angaben sollen dem Bundesamt für Wirtschaft und Ausfuhrkontrolle neben den ursprünglich nicht vorgesehenen Nachweisen über
die Klassifizierung des Unternehmens durch die statistischen Ämter der Länder (§ 64
Abs. 3 Nr. 1 lit. d) offenbar helfen, die Branchenzuordnung zu verifizieren.

(4) Nachweis der bezogenen und selbst verbrauchten Strommengen § 3 Nr. 1 lit. c), **140**
bb). Weiter wird vom Wirtschaftsprüfer eine Prüfungsaussage zu den vom **Unternehmen**
gemachten Angaben zu den Strommengen des Unternehmens, die von Elektrizitätsversor-

---

305 Vgl. Bundesamt für Wirtschaft und Ausfuhrkontrolle, Merkblatt für stromkostenintensive Unter-
    nehmen, Stand: 27.8.2014, S. 24.
306 Vgl. Fn. 285.

gungsunternehmen geliefert oder selbst erzeugt und selbst verbraucht wurden, verlangt. Diese umfassen, wie bereits aus der Vergangenheit bekannt, auch Angaben des Antragstellers zu den von ihm weitergeleiteten Strommengen. Neu dagegen ist, dass Angaben zu der umlagepflichtigen Eigenstrommenge bestätigt werden müssen. Diese Angabe ist jedoch vor dem Hintergrund der neuen Regelungen zur EEG-Umlage für Letztverbraucher und Eigenversorger in § 61 notwendig, um die umlagepflichtige Stromverbrauchsmenge bestimmen zu können. Obwohl In § 64 Abs. 3 Nr. 1 lit. c) Doppelbuchstabe bb) nur Angaben zu den Strommengen des Unternehmens und keine auf **Abnahmestellen** heruntergebrochenen Mengenangaben verlangt, sind diese jedenfalls im Hinblick auf die beantragten Abnahmestellen wegen § 64 Abs. 2 erforderlich.[307]

141 Außerdem fordert der Gesetzgeber von den Antragstellern noch die „**Angabe, in welcher Höhe** ohne Begrenzung für diese Strommengen die **EEG-Umlage** zu zahlen gewesen wäre" und deren Bestätigung durch den Wirtschaftsprüfer. Mit „diesen" ist die umlagepflichtige Stromverbrauchsmenge des jeweiligen Nachweiszeitraums gemeint, die durch Ausmultiplikation mit der für das jeweilige Kalenderjahr von nicht privilegierten Letztverbrauchern zu zahlenden EEG-Umlage einen Wert ergibt, den die Antragsteller für die Ermittlung ihrer Stromkostenintensität nutzen können. Dieser auch unter dem Begriff „Fiktion der Nichtbegünstigung" bekannte, unternehmensindividuelle Wert wirkt im EEG 2014 allerdings aufgrund der künftig eher standardisierten Ermittlung von Stromkosten (vgl. § 64 Abs. 6 Nr. 3) ein wenig befremdlich. Durch diese Angabe soll offenbar sichergestellt werden, dass die durch vorangegangenen Begrenzungsentscheidungen hervorgerufenen Wirkungen bei der Berechnung der Stromkostenintensität keinen Eingang in die Benchmarks finden.

142 Anders als im EEG 2012 ist die **Stromkostenintensität nicht Prüfungsgegenstand**, da die für ihre Berechnung notwendigen Stromkosten künftig standardisiert vorgegeben und die tatsächlich vom Unternehmen zu tragenden **Stromkosten** nur noch für eine Übergangszeit heranzuziehen sind (vgl. §§ 103 Abs. 1 Nr. 4 für das Begrenzungsjahr 2015 und 103 Abs. 2 Nr. 2 für das Begrenzungsjahr 2016). Statt der Stromkostenintensität ist nunmehr allein die inhaltlich allerdings angepasste Bruttowertschöpfung Prüfungsgegenstand.

143 **(5) Bestandteile der Bruttowertschöpfung Abs. 3 Nr. 1 lit. c), cc).** Als Ausgangsdaten für die Ermittlung der Bruttowertschöpfung dienen die Daten aus den handelsrechtlichen Jahresabschlüssen des Nachweiszeitraums. Die Ermittlung erfolgt gemäß der Definition der „**Bruttowertschöpfung zu Faktorkosten**" gemäß der Fachserie 4, Reihe 4.3 des Statistischen Bundesamtes, Wiesbaden 2007 und endet anders als im EEG 2012 erst bei der Bruttowertschöpfung zu Faktorkosten. Dazu sind von der „Bruttowertschöpfung ohne Umsatzsteuer" sonstige indirekte Steuern abzuziehen und Subventionen für die laufende Produktion hinzuzuaddieren. Außerdem wird in § 64 Abs. 6 Nr. 2 angeordnet, dass die „Bruttowertschöpfung zu Faktorkosten" noch um die Personalkosten für Leiharbeitsverhältnisse zu erhöhen ist („**Bruttowertschöpfung i. S. d. § 64 Abs. 6 Nr. 2 EEG 2014**"). Dadurch soll eine Besserstellung von Unternehmen, die fremdes Personal einsetzen, gegenüber den Unternehmen, die eigene Beschäftigte einsetzen, erreicht werden, ohne dass „gewöhnliche Werk- oder Dienstleistungsverträge" davon betroffen sein sollen. Ausweis-

---

307 Ein Darstellungsbeispiels ist enthalten in IDW PH 9.970.1, Besonderheiten der Prüfung im Zusammenhang mit der Antragstellung auf Besondere Ausgleichsregelung nach dem EEG 2014 im Antragsjahr 2014, WPg Supplement 3/2014, S. 29 ff., Anhang 1.

lich der Gesetzesbegründung[308] soll das Abzugsverbot dagegen greifen in Fällen, in denen zwei Unternehmen einen Vertrag geschlossen haben, den sie als Werk-, Dienstleistungs- oder ähnlichen Vertrag bezeichnet bzw. ausgestaltet haben, der nach der tatsächlichen Vertragspraxis aber eine Arbeitnehmerüberlassung darstellt (verdeckte Arbeitnehmerüberlassung). Allerdings dürften die Grenzen einer Prüfung nach § 64 Abs. 3 Nr. 1 lit. c), die nicht primär auf die Aufdeckung solcher Verstöße ausgerichtet ist, im Gegensatz zu der Prüfung nach § 68 Abs. 2 durch Bedienstete des Bundesamtes für Wirtschaft und Ausfuhrkontrolle und dessen Beauftragte sehr schnell erreicht sein.

Im Zusammenhang mit dem Begriff Bruttowertschöpfung wird vom Gesetzgeber erstmals **144** eine typisierte Wesentlichkeitsschwelle von „fünf Prozent" verwendet. Dabei handelt es sich um eine **wichtige Orientierungshilfe** für die **Prüfungsplanung** des **Wirtschaftsprüfers**, ohne dass dessen pflichtgemäßes Ermessen hierdurch eingeschränkt wird.[309] Um Missverständnissen vorzubeugen stellt die Gesetzesbegründung klar, dass alle entdeckten Falschangaben zu korrigieren sind und nicht unter Berufung auf die Wesentlichkeitsschwelle unterlassen werden können.[310] Die entsprechenden Korrekturen hat ausnahmslos der Antragsteller vorzunehmen. Unterbleiben sie, ist der Wirtschaftsprüfer gehalten, sein Prüfungsurteil in der Bescheinigung einzuschränken.[311]

Zu den **Vorgaben für die Prüfung im engeren Sinn**, die sich ausschließlich an Wirt- **145** schaftsprüfer richten, zählen aufgrund der Verweisung in § 64 Abs. 3 Nr. 1 lit. c) die handelsrechtlichen Regelungen zur **Unabhängigkeit** des Abschlussprüfers (§ 319 Abs. 2 bis 4, § 319b Abs. 1 HGB), zu dessen **Auskunftsrecht** gegenüber den Geprüften (§ 320 Abs. 2 HGB) sowie zur **Verantwortlichkeit** des Abschlussprüfers (§ 323 HGB) entsprechend. Mit der Forderung, dass in der Bescheinigung darzulegen ist, dass die in ihr enthaltenen Daten mit hinreichender Sicherheit frei von wesentlichen Falschangaben und Abweichungen sind, stellt der Gesetzgeber die Verbindung zu dem aus der Abschlussprüfung bekannten **Konzept der hinreichenden Sicherheit** her[312] und hat für die Prüfung der Bruttowertschöpfung eine typisierende „Wesentlichkeitsschwelle" von fünf Prozent angefügt.

Dies bedeutet, dass die Prüfung darauf auszurichten ist, dass die **Prüfungsaussagen** zu den **146** aufgrund **gesetzlicher Vorschriften** geforderten Angaben (vgl. Rn. 137) mit hinreichender Sicherheit getroffen werden können. Zu diesem Zweck muss das Risiko der Abgabe eines positiven Prüfungsurteils trotz vorhandener falscher bzw. irreführender oder fehlender Angaben (Fehler) auf ein hinreichend niedriges Niveau reduziert werden, um zu einer positiven Formulierung des Prüfungsurteils gelangen zu können. Hinreichende Sicherheit bedeutet aber **nicht absolute Sicherheit**. Eine solche ist auch bei der Prüfung nach § 64 Abs. 3 Nr. 1 lit. c) aufgrund der jeder Prüfung innewohnenden begrenzten Erkenntnis- und Feststellungsmöglichkeiten nicht zu erreichen, so dass auch bei ordnungsmäßiger Planung

---

308 Vgl. BT-Drucks. 18/1891, S. 213.
309 Vgl. IDW PH 9.970.1, Besonderheiten der Prüfung im Zusammenhang mit der Antragstellung auf Besondere Ausgleichsregelung nach dem EEG 2014 im Antragsjahr 2014, WPg Supplement 3/2014, S. 29 ff., Tz. 11 ff.
310 Vgl. BT-Drs. 18/1891, S. 212.
311 Vgl. IDW PH 9.970.1, Besonderheiten der Prüfung im Zusammenhang mit der Antragstellung auf Besondere Ausgleichsregelung nach dem EEG 2014 im Antragsjahr 2014, WPg Supplement 3/2014, S. 29 ff., Tz. 24.
312 Vgl. IDW PS 970, Prüfungen nach dem Erneuerbare-Energien-Gesetz, WPg Supplement 4/2012, S. 35, Tz. 126 ff.

und Durchführung der Prüfung ein unvermeidbares Risiko besteht, dass der Wirtschaftsprüfer wesentliche Fehler nicht entdeckt. Aus der nachträglichen Entdeckung eines Fehlers
kann daher nicht zwingend auf berufliches Fehlverhalten des Wirtschaftsprüfers geschlossen werden (siehe hierzu beispielsweise Rn. 143).

147   dd) Bescheinigung einer Zertifizierungs- bzw. Registrierungsstelle (Abs. 3 Nr. 2). Die
Zertifizierung nach § 64 Abs. 1 Nr. 3 ist grundsätzlich nach Abs. 3 Nr. 2 durch die Bescheinigung einer Zertifizierungs- bzw. Registrierungsstelle zu belegen. Die Anforderungen an die Nachweisführung im Zusammenhang mit dem Vorliegen eines vollwertigen
Energie- oder Umweltmanagementsystems können dabei auf folgende Weise erfüllt werden:

- Die Bescheinigung der Zertifizierungsstelle umfasst bei einer **EMAS-Zertifizierung**
  die Urkunde zur Eintragung oder Verlängerung in das Register nach Art. 12 Abs. 2 der
  Verordnung (EG) Nr. 1221/2009 des Europäischen Parlaments und des Rates vom
  25.11.2009 über die freiwillige Teilnahme von Organisationen an einem Gemeinschaftssystem für Umweltmanagement und Umweltbetriebsprüfung und zur Aufhebung der Verordnung (EG) Nr. 761/2001, sowie der Beschlüsse der Kommission 2001/
  681/EG und 2006/193/EG (ABl. 2009 L 342/1).
- Bei einer **Zertifizierung nach DIN EN ISO 50001** ist die Urkunde des Zertifizierers
  oder der Zertifizierungsorganisationen als Nachweis vorzulegen.
- Ausnahmsweise genügt bei Unternehmen mit einem Stromverbrauch von weniger als 5
  GWh im letzten abgeschlossenen Geschäftsjahr auch ein gültiger **Nachweis des Betriebs eines alternativen Systems** zur Verbesserung der Energieeffizienz gemäß § 3
  i.V.m. § 4 Abs. 1 bis 3 der Spitzenausgleich-Effizienzverordnung.

Die neuen Anforderungen im Hinblick auf das Vorliegen eines Energie- oder Umweltmanagementsystems stellen gegenüber der Rechtslage nach dem EEG 2012 eine Verschärfung dar, da bislang zum einen Unternehmen mit einem Jahresstromverbrauch von unter
10 GWh von der Zertifizierungspflicht ausgenommen waren und zum anderen auch bereits
ein zertifiziertes System zur Erfassung und Bewertung von Energieverbrauch und Energie-
einsparpotenzial ausreichend war (vgl. § 41 Abs. 1 Nr. 2 EEG 2012); in beiderlei Hinsicht
ist es durch das EEG 2014 zu entscheidenden Anpassungen gekommen.

**148   Das Bundesamt für Wirtschaft und Ausfuhrkontrolle verlangt, dass es sich bei dem Zertifi-
kat/Bescheid um ein **bei der Antragstellung gültigen Nachweis** handeln muss. Dies bedingt, dass durch die Zertifizierungssystematik der jährlich durchzuführenden Überprüfungen eine Registrierungs- oder Zertifizierungsurkunde und ggf. zusätzlich eine validier-
te Umwelterklärung oder der Bericht eines aktuellen Überwachungsaudits vorgelegt werden muss.[313] Ableiten lässt sich diese Ansicht aus dem Gesetzeswortlaut, wonach in § 64
Abs. 3 Nr. 2 explizit ein *gültiges* DIN EN ISO 50001-Zertifikat, ein *gültiger* Eintragungs-/
Verlängerungsbescheid oder ein *gültiger* Nachweis eines alternativen Systems verlangt
wird.

**149   Die Zertifizierung muss das Unternehmen als Ganzes abdecken. Dazu gehören sämtliche
Standorte des Unternehmens entsprechend den Regelungen des jeweils geltenden IAF-

---

313 Vgl. BAFA, Merkblatt für stromkostenintensive Unternehmen, Stand: 27.8.2014, S. 34.

Leitfadens MD1[314].[315] Ein Unternehmen mit mehreren Standorten ist entsprechend des Leitfadens „eine Organisation, die eine festgelegte, zentrale Geschäftsstelle besitzt [...], in dem bestimmte Tätigkeiten geplant, überwacht oder geleitet werden, sowie ein Netzwerk an lokalen Geschäftsstellen oder Zweigstellen (Standorten), in denen solche Tätigkeiten vollständig oder teilweise ausgeführt werden".[316] Ein Standort könnte ein Terrain sein, auf dem Tätigkeiten unter der Kontrolle einer Organisation an einem vorgeschriebenen Ort ausgeführt werden, einschließlich jeder damit verbundenen bzw. angegliederten Lagerung von Rohstoffen, Neben-, Zwischen- und Endprodukten sowie Abfall und in die Tätigkeiten mit einbezogene Ausrüstung oder Infrastruktur.[317] Die Beurteilung der Frage, ob es sich im Kontext der Zertifizierung um einen Standort handelt, obliegt ausschließlich dem Zertifizierer. Für eine vollständige Nachweisführung ist es dabei von besondere Bedeutung, dass unzweifelhaft aus dem Zertifikat hervorgeht, dass sämtliche Abnahmestellen im Rahmen des aktuellen Auditverfahrens erfasst waren; ansonsten dürfte von einer unvollständigen Nachweisführung und demzufolge einer ablehnenden (Teil-)Begrenzung auszugehen sein.

150 Das Unternehmen wird regelmäßig nur über ein Original der Zertifizierungsunterlagen verfügen. Aus diesem Grund sollte es ausreichend sein, wenn die Unterlagen als Kopie dem Bundesamt für Wirtschaft und Ausfuhrkontrolle vorgelegt werden.

151 Aufgrund der Kürze der für eine Antragsvorbereitung zwischen dem Inkrafttreten des EEG 2014 am 1.8.2014 und dem Ablauf der Antragsfrist am 30.9.2014 zur Verfügung stehenden Zeit, sieht § 103 Abs. 1 Nr. 1 für Unternehmen, die ein (alternatives) System zur Verbesserung der Energieeffizienz nach dem EEG 2012 nicht betreiben mussten, eine Ausnahme vor.[318] Bei einem Stromverbrauch im letzten abgeschlossen Geschäftsjahr von weniger als 10 GWh (wobei auf das gesamte Unternehmen abzustellen ist) muss das antragstellende Unternehmen lediglich nachweisen, dass es ihm aufgrund der besonderen Umstände im Antragsjahr 2014 nicht möglich war, den erforderlichen Nachweis gemäß § 64 Abs. 1 Nr. 3 zu erlangen. Das Bundesamt für Wirtschaft und Ausfuhrkontrolle hat dazu eine Muster-Nachweis-Erklärung mit ihrem aktuellen Merkblatt für stromkostenintensive Unternehmen zur Verfügung gestellt.[319] Diesem Muster entsprechend soll die Zertifizierungsstelle, die auch ein gültiges DIN EN ISO 50001-Zertifikat ausgestellt hätte oder die EMAS-Registrierungsstelle gemäß § 64 Abs. 3 Nr. 2 die erforderliche Bestätigung liefern. Sie soll eine Erklärung dazu abgeben, dass eine Anfrage zur Zertifizierung eines Energie- und Umweltmanagementsystems zwar gestellt worden ist, dieses aber aus den oben genannten Gründen nicht ausgestellt werden konnte. In der Praxis wurde von zahlreichen Unternehmen von dieser Möglichkeit Gebrauch gemacht, wobei explizit darauf hingewiesen

---

314 Vgl. Deutscher AkkreditierungsRat, IAF – Verbindliches Dokument für die Zertifizierung von Organisationen mit mehreren Standorten auf der Grundlage von stichprobenartigen Überprüfungen, DAR-7-EM-03, abrufbar unter www.dar.bam.de/doc7.html (zuletzt abgerufen am 1.11.2014).

315 Vgl. BAFA, Merkblatt für Unternehmen des produzierenden Gewerbes (2013), S. 27.

316 Vgl. Deutscher Akkreditierungsrat, IAF – Verbindliches Dokument für die Zertifizierung von Organisationen mit mehreren Standorten auf der Grundlage von stichprobenartigen Überprüfungen, DAR-7-EM-03, abrufbar unter www.dar.bam.de/doc7.html, Ziffer 1.5.

317 Vgl. Deutscher Akkreditierungsrat, IAF – Verbindliches Dokument für die Zertifizierung von Organisationen mit mehreren Standorten auf der Grundlage von stichprobenartigen Überprüfungen, DAR-7-EM-03, abrufbar unter www.dar.bam.de/doc7.html, Ziffer 2.1.1.

318 BT-Drs. 18/1891, S. 222.

319 BAFA, Merkblatt für stromkostenintensive Unternehmen, Stand: 27.8.2014, S. 19, Anhang XI.4., S. 65.

sei, dass es sich um eine Erleichterung im Antragsjahr 2014 handelt, die in den Folgeantragsjahren nicht mehr greift.

152 **(1) Inhaltliche Anforderungen an die Zertifizierung.** Der in der Vergangenheit geführte Streit über die inhaltlichen Anforderungen an die Zertifizierung ist mit dem EEG 2014 zu einem großen Teil obsolet geworden. § 64 Abs. 3 Nr. 2 definiert unmissverständlich die zur Erfüllung der Voraussetzungen nach § 64 Abs. 1 Nr. 3 zu führenden Nachweise in Form eines gültigen DIN EN ISO 50001-Zertifikats, eines gültigen Eintragungs- oder Verlängerungsbescheids der EMAS-Registrierungsstelle über die Eintragung in das EMAS-Register oder eines gültigen Nachweises über den Betrieb eines alternativen Systems zur Verbesserung der Energieeffizienz. Damit setzt das EEG 2014 die vom Bundesamt für Wirtschaft und Ausfuhrkontrolle in ständiger Verwaltungspraxis – zuletzt nach dem EEG 2012 – geforderten Anforderungen um und schafft hinsichtlich der von den Unternehmen in diesem Kontext zu erbringenden Nachweise Rechtssicherheit.

153 Bisher schwiegen sowohl die Gesetzestexte als auch -begründungen zum EEG 2009 und 2012 zu den inhaltlichen Anforderungen der zuletzt in § 41 Abs. 1 Nr. 2 EEG 2012 geforderten Zertifizierung.[320] Der Sinn und Zweck der mit der Zertifizierung beabsichtigten Prozesse sprach für eine inhaltlich weite Anforderung. Das Erfordernis der Zertifizierung bedurfte eines Standards, der anders als nach den klaren Anforderungen in § 64 Abs. 3 Nr. 2 in der Vergangenheit nicht existierte. Von *Salje* wurde in diesem Zusammenhang richtigerweise vertreten, dass zur Ermittlung und Bewertung der Energieverbräuche und Energieeinsparpotenziale i. S. d. § 41 Abs. 1 Nr. 2 EEG 2012 eine Orientierung am Umweltauditgesetz und den einschlägigen europarechtlichen Vorgaben erforderlich sei.[321] Das Bundesamt für Wirtschaft und Ausfuhrkontrolle griff in ständiger Verwaltungspraxis auf die Umwelt- und Energiemanagementsysteme EMAS III und ISO 50001 zurück.[322]

154 Ein Energiemanagementsystem ist die Basis zur Entscheidung für Investitionen und Maßnahmen zur Optimierung des Energieverbrauchs und der Energieeffizienz. Es ermöglicht einem Unternehmen seine energetische Leistung durch einen systematischen Ansatz kontinuierlich zu verbessern. Dabei nimmt ein Energiemanagementsystem Einfluss auf organisatorische und technische Abläufe sowie Verhaltensweisen der Mitarbeiter, um unter wirtschaftlichen und ökonomischen Gesichtspunkten insbesondere den für die Produktion erforderlichen Energieverbrauch zu senken und kontinuierlich die Energieeffizienz zu verbessern.[323]

155 Unternehmen des produzierenden Gewerbes sind nach der Novellierung des **Spitzenausgleich**es des § 10 Stromsteuergesetz und § 55 Energiesteuergesetz in Verbindung mit der Verordnung über Systeme zur Verbesserung der Energieeffizienz im Zusammenhang mit der Entlastung von der Energie- und der Stromsteuer in Sonderfällen[324] verpflichtet, ein Energie- oder Umweltmanagementsystem einzuführen und zu betreiben. Die Unterneh-

---

320 Vgl. BMU, EEG-Erfahrungsberichts 2011, S. 160: „An die von den Begünstigten schon jetzt geforderten Energiemanagementsysteme werden jedoch erhöhte Anforderungen gestellt."
321 Vgl. BT-Drs. 17/5182, S. 6; *Salje*, EEG, § 64 Rn. 49; *Schomerus/Sanden*, Rechtliche Konzepte für eine effizientere Energienutzung, S. 79 ff.
322 Vgl. BAFA, Merkblatt für Unternehmen des produzierenden Gewerbes (2013), S. 13.
323 Vgl. BMU, DIN EN 16001: Energiemanagementsysteme in der Praxis, S. 14.
324 VO über Systeme zur Verbesserung der Energieeffizienz im Zusammenhang mit der Entlastung von der Energie- und der Stromsteuer in Sonderfällen v. 31.7.2013, BGBl. I S. 2558.

men, die die Besondere Ausgleichsregelung in Anspruch nehmen, erhalten in der Regel auch den Spitzenausgleich. Aus diesem Grund bietet es sich für diese Unternehmen geradezu an, ein Energie- oder Umweltmanagementsystem einzuführen, um so sowohl für die Besondere Ausgleichsregelung als auch für den Spitzenausgleich den entsprechenden Nachweis führen zu können.

Unabhängig davon, ob und inwieweit ein Unternehmen ein Energiemanagementsystem einführt, sollte ein Unternehmen mit der **Erfassung und Bewertung der Energieverbräuche und Energieverbrauchsminderungspotenziale** beginnen. Diese Erfassung sollte mit einer systematischen Erfassung aller Energieströme des Unternehmens einhergehen.[325] Dabei hat sowohl eine Analyse des Energieeinsatzes als auch des Energieverbrauchs aller Produktionsanlagen und sonstigen Energieverbrauchseinrichtungen zu erfolgen.[326] **156**

Im zweiten Schritt wird ein **Vergleich der verschiedenen Verbrauchszahlen** vorzunehmen sein, um den Energieverbrauch hinreichend sichtbar zu machen. Dabei bietet sich ein interner Vergleich mit früheren Verbrauchsperioden geradezu an.[327] Ein Vergleich der Energieverbrauchszahlen von vergleichbaren Produktionsstandorten anderer Unternehmen (sog. externer Vergleich) oder von Konzernunternehmen ist in der Praxis nur eingeschränkt möglich. Grund dafür dürfte sein, dass es sich bei den Unternehmen mit einem Stromverbrauch von mindestens 10 GWh nicht selten um Unternehmen mit exklusiven Produktionsanlagen handelt. **157**

Vergleiche bedürfen üblicherweise der Bildung von Vergleichsperioden. Es sollte sich um **Jahresperioden** handeln. Durch die Betrachtung eines gesamten Jahres ist es möglich, die je nach Laufzeit auftretenden Verbrauchsspitzen und -täler zu erfassen und das energierelevante Verhalten im Unternehmen ausreichend würdigen zu können. Verbrauchsspitzen und -täler können zum Beispiel auf die entsprechende Witterung oder Jahreszeit, aber auch auf Produktionsstillstände und Revisionszeiten zurückzuführen sein. Eine Momentaufnahme des Energieverbrauchs oder die Betrachtung eines kurzen Zeitraums sind häufig ungeeignet, um aussagekräftige Ergebnisse zu erzielen. **158**

Im dritten Schritt sind die **Einsparpotenziale** zu **ermitteln und** zu **bewerten**.[328] Die Bewertung sollte nicht nur anhand von wirtschaftlichen Kennzahlen erfolgen. Es sollten auch ökologische Kennzahlen und das mit der Maßnahme verbundene Image des Unternehmens mit betrachtet werden. **159**

Der **Zertifizierungsprozess** umfasst neben der Erhebung und der Bewertung der Energieverbräuche und Einsparpotenziale auch die abschließende Feststellung in Form der Ausstellung der Zertifizierungsbescheinigung. Der Zertifizierungsvorgang ist zwar grundsätzlich erst mit der Erteilung einer Zertifizierungsbescheinigung abgeschlossen,[329] was gemäß § 41 Abs. 1 Nr. 4 i.V.m. Abs. 2 S. 1 EEG 2009 dazu führte, dass die Zertifizierungsanforderungen erst dann als erfüllt anzusehen waren, wenn notwendige Bescheinigung der Zertifizierungsstelle tatsächlich im letzten abgeschlossenen Geschäftsjahr des antragstellen- **160**

---

325 Vgl. BMU, DIN EN 16001: Energiemanagementsysteme in der Praxis, S. 14; Altrock/Oschmann/*Theobald/Müller*, § 41 Rn. 37.
326 Vgl. Altrock/Oschmann/Theobald/*Müller*, § 41 Rn. 37.
327 Vgl. *Salje*, EEG, § 64 Rn. 49.
328 Vgl. Altrock/Oschmann/Theobald/*Müller*, § 41 Rn. 37.
329 Vgl. VGH Kassel, Urt. v. 24.4.2014, 6 A 664/13, ZNER 2014, 296 f.; VG Frankfurt am Main, Urt. v. 15.11.2012, 1 K 843/12.F, ZNER 2013, 80; a. A. *Große*, ZNER 2013, 84.

den Unternehmens erstellt worden war.[330] Dieser Schluss stand sowohl mit dem Sinn und Zweck der Norm als auch der Systematik im Einklang, da der Gesetzestext in § 41 Abs. 1 Nr. 4 EEG 2009 explizit von einer „erfolgten" Zertifizierung sprach. Die Zertifizierung enthält insofern zwingend die Bescheinigung der Zertifizierungsstelle.[331] Wie mittlerweile auch der VGH Kassel zutreffend ausführt, bezieht sich der Vorgang der Zertifizierung nicht auf den der Beurkundung vorliegenden Vorgang zur Feststellung des betreffenden Sachverhalts, sondern auf die **Ausstellung des Dokuments**, in dem dieser Sachverhalt bestätigt wird.[332] Selbst wenn der Sachverhalt gar nicht existiert oder das Zertifikat ohne Prüfung des darin bestätigten Sachverhaltes regelwidrig ausgestellt worden ist, muss der Vorgang als Zertifizierung bezeichnet werden.[333] Diese – zuletzt vom VGH Kassel bestätigte – Anforderungen wurden zwischenzeitlich durch das EEG 2012 angepasst, worauf im späteren Verlauf noch ausführlich unter dem Aspekt des zeitlichen Bezugs eingegangen wird.

161   Für die oben angesprochene Frage des richtigen zeitlichen Anknüpfungspunktes einer erfolgten Zertifizierung nach dem EEG 2009 wurde von Teilen der Literatur auf die in der juristischen Methodenlehre unter der **Piano-Theorie** bekannte Auffassung zurückgegriffen, wonach der Wortlaut der Auslegung keine Grenze bietet, weil sich Worten als solchen stets und unhintergehbar keine hinreichend bestimmte Bedeutung entnehmen lasse.[334] Folgte man dieser Auffassung, hätte dies zur Konsequenz, dass der „Pianist" den Gesetzeswortlaut „mehr oder weniger virtuos" interpretieren kann.[335] Er hat Spielräume, bei dem er aber das Stück nicht verfälschen darf.[336] Dieser Piano-Theorie konnte indes für die Beantwortung der oben aufgeworfenen Frage nicht gefolgt werden, da dem Wortlaut des § 41 EEG 2009 ein sicherer Sinn entnommen werden kann.[337] Es besteht kein Zweifel, dass mit einem Zertifikat stets eine Urkunde gemeint ist, und dass Zertifizierung der Vorgang des Ausstellens dieser Urkunde ist.[338] „Eine Interpretation des Begriffs der Zertifizierung in dem Sinne, dass damit der Vorgang der Feststellung des Sachverhalts gemeint ist, und nicht die Ausstellung der Urkunde über den Sachverhalt, ist mit der Wortbedeutung schlechterdings unvereinbar."[339]

162   Die Diskussion darüber, ob und inwieweit über eine bloße Erfassung und Bewertung von Energieverbräuchen und Einsparpotenziale hinaus auch tatsächlich ein Energie- oder Umweltmanagementsystem betrieben werden muss, wurde bereits lange vor dem EEG 2014 geführt. Im EEG-Erfahrungsbericht 2011,[340] in den Empfehlungen der Ausschüsse und im Referentenentwurf des Bundesumweltministeriums zum EEG 2012 war die Umsetzung

---

330 VGH Kassel, Urt. v. 24.4.2014, 6 A 664/13, ZNER 2014, 296 f.
331 Vgl. VGH Kassel, Urt. v. 24.4.2014 – 6 A 664/13, ZNER 2014, 297; VG Frankfurt am Main, Urt. v. 15.11.2012, 1 K 843/12.F, ZNER 2013, 80 f.
332 Vgl. VGH Kassel, Urt. v. 24.4.2014 – 6 A 664/13, ZNER 2014, 297.
333 Vgl. VG Frankfurt am Main, Urt. v. 15.11.2012, 1 K 843/12.F, ZNER 2013, 80 f.
334 Vgl. VG Frankfurt am Main, Urt. v. 15.11.2012, 1 K 843/12.F, ZNER 2013, 80 f.
335 Vgl. VG Frankfurt am Main, Urt. v. 15.11.2012, 1 K 843/12.F, ZNER 2013, 80 f.; *Hirsch*, ZRP 2006, 161.
336 Vgl. VG Frankfurt am Main, Urt. v. 15.11.2012, 1 K 843/12.F, ZNER 2013, 80 f.; *Hirsch*, ZRP 2006, 161.
337 Vgl. VGH Kassel, Urt. v. 24.4.2014 – 6 A 664/13, ZNER 2014, 297 f.; VG Frankfurt am Main, Urt. v. 15.11.2012, 1 K 843/12.F, ZNER 2013, 80 f.
338 Vgl. VG Frankfurt am Main, Urt. v. 15.11.2012, 1 K 843/12.F, ZNER 2013, 80 f.
339 Vgl. VG Frankfurt am Main, Urt. v. 15.11.2012, 1 K 843/12.F, ZNER 2013, 80 f.
340 Vgl. BMU, EEG-Erfahrungsberichts 2011 (ist nicht mehr auf Homepage veröffentlicht), S. 159 f.

von Einsparpotenzialen bzw. die künftige Erreichung einer gewissen Energieeffizienz noch enthalten. Im Referentenentwurf des Bundesministeriums für Umwelt, Naturschutz und Reaktorsicherheit wurde die Anforderung an die **Erzielung einer bestimmten Energieeffizienz** qualitativ und quantitativ bestimmt. So sah der Entwurf als Anspruchsvoraussetzung vor, dass „… das Unternehmen im Zeitpunkt der Antragstellung ein gültiges Energiemanagementsystem nach Abs. 1a besitzt und eine Effizienzsteigerung von 1 % erreicht, wobei sich diese Effizienzsteigerung auf eine durch eine Zertifiziererin, einen Zertifizierer, eine Umweltgutachterin oder einen Umweltgutachter schriftlich zu bestätigende Kennzahl beziehen muss".[341] Nach den Empfehlungen des Ausschusses für Umwelt, Naturschutz und Reaktorsicherheit, des Ausschusses für Agrarpolitik und Verbraucherschutz und des Wirtschaftsausschusses sollte § 41 Abs. 1 Nr. 2 EEG 2012 wie dann folgt gefasst werden: „eine Zertifizierung erfolgt ist, mit der der Energieverbrauch und die Potenziale zur Verminderung des Energieverbrauchs erhoben und bewertet worden sind sowie an einen verbindlichen Umsetzungsplan geknüpft werden."[342] Beide Ansätze haben sich im Gesetzgebungsprozess zum EEG 2012 nicht durchsetzen können, so dass die Umsetzung von Energieeinsparpotenzialen oder künftige Erreichung einer gewissen Energieeffizienz durch den schließlich in Kraft getretenen § 41 Abs. 1 Nr. 2 EEG 2012 nicht vorgesehen war. Bei der Regelung handelte es sich insofern nicht um ein Energieeffizienzinstrument.[343] Ein Unternehmen verlor seine Anspruchsberechtigung nicht, wenn es die im Zertifizierungsprozess aufgedeckten Einsparpotenziale jahrelang nicht realisiert.[344] Dies erfolgte nur dann, wenn das Unternehmen gar keine Zertifizierung hatte.[345]

Mit der Verpflichtung zur Durchführung einer Zertifizierung wird der **Anreiz gesetzt, vorhandene Energieeinsparpotenziale künftig freiwillig zu nutzen** und auf diese Weise den Energieverbrauch und die Energieeffizienz in einem produzierenden Unternehmen im Interesse der Umwelt und des Klimas zu senken.[346] Die durch die Zertifizierung aufgezeigten Energieminderungspotenziale können sich so auf die Zukunft – ggf. auch im Begrenzungszeitraum – auswirken. **163**

Wenn die **Energieverbrauchsminderungspotenziale** im Begrenzungsjahr ihre Wirkung entfalten, können sie ein Korrektiv zu der für das Begrenzungsjahr geltenden EEG-Stromkostenbegrenzung bilden. Dieses liegt auch im Interesse der übrigen nicht privilegierten Letztverbraucher. Während die Begrenzung für stromintensive Unternehmen des produzierenden Gewerbes eine Vergünstigung darstellt, führt sie für alle übrigen Stromverbraucher zu einer zusätzlichen Belastung, da die Besondere Ausgleichsregelung an den zu verteilenden EEG-Gesamtstromkosten nichts ändert. Reduziert sich der Begrenzungsumfang eines privilegierten Unternehmens durch Energieeinsparungen, so sinkt automatisch auch das Umverteilungsvolumen. Dies hat wiederum zur Folge, dass die nicht privilegierten Letztverbraucher eine geringere EEG-Umlage zu zahlen haben.[347] **164**

341 Vgl. BMU, Referentenentwurf eines Gesetzes zur Neuregelung des Rechtsrahmens für die Förderung der Stromerzeugung aus erneuerbaren Energien (ist nicht mehr auf Homepage veröffentlicht), S. 33.
342 Vgl. BR-Drs. 341/1/11, S. 42.
343 Vgl. Altrock/Oschmann/Theobald/*Müller*, § 41 Rn. 36.
344 Vgl. Frenz/Müggenborg/*Posser/Altenschmidt*, § 41 Rn. 55.
345 Vgl. *Salje*, EEG, § 64 Rn. 51.
346 Vgl. BT-Drs. 16/9477, S. 8, 27; Altrock/Oschmann/Theobald/*Müller*, § 41 Rn. 34.
347 Vgl. Altrock/Oschmann/Theobald/*Müller*, § 41 Rn. 35.

165 Durch das Zertifizierungserfordernis wird über den **Anstoß zur Umsetzung aufgedeckter Energieeinsparpotenziale** hinaus ein **kontinuierlicher Energieoptimierungsprozess** (ohne dabei quantitative Umsetzungsanforderungen zu stellen[348]) ins Rollen gebracht. Dieser ist nur möglich, wenn kontinuierlich und in gewissen zeitlichen Abständen tatsächlich eine erneute Zertifizierung durchgeführt wird. Ein kontinuierlicher Optimierungsprozess ist sowohl dem Umweltmanagementsystem EMAS als auch dem Energiemanagementsystem ISO 50001 immanent. Aus diesem Grunde sehen diese Systeme in einem Zyklus von drei Jahren eine Auditierung vor, wobei jährlich ein Überprüfungsaudit erfolgen muss.[349]

166 **(2) Zeitlicher Bezug.** Nach der Systematik des § 64 Abs. 1 i.V.m. Abs. 3 müssen die stromkostenintensiven Unternehmen **Daten des letzten abgeschlossenen Geschäftsjahres bzw. der letzten drei abgeschlossenen Geschäftsjahre** für den Nachweise der Erfüllung der Anspruchsvoraussetzungen des § 64 Abs. 1 zugrunde legen. Diese Anspruchskriterien sollen vor allem die Vergleichbarkeit der verschiedenen Unternehmen unterschiedlicher Branchen ermöglichen. Den Unternehmen ist es – mit Ausnahme der Sonderkonstellation des § 103 Abs. 1 Nr. 2 – nicht möglich, Daten aus unterschiedlichen, für die Antragstellung jeweils günstigen Zeiträumen für die Nachweisführung i. S. d. § 64 Abs. 1 i.V.m. Abs. 3 zugrunde zu legen. Die Anspruchsvoraussetzung des § 64 Abs. 1 Nr. 3 soll keine Vergleichbarkeit der verschiedenen Unternehmen herbeiführen, sondern ist als qualitatives Kriterium ausgestaltet worden.[350] Bereits nach dem EEG 2012 musste die Zertifizierung nicht im letzten abgeschlossenen Geschäftsjahr erfolgt sein. Es steht die **Zwangsbeschäftigung der Unternehmen mit energieverbrauchsrelevanten Aspekten** im Vordergrund. Der Zeitraum, in dem die Energieverbrauchsdaten erhoben und bewertet worden sind, war nach dem EEG 2012 nicht von herausgehobener Bedeutung. Entscheidend war, dass eine Zertifizierung erfolgt ist. Das Gesetz verlangte kein bestimmtes Ergebnis.[351]

167 Nach der Novellierung des EEG 2012 kam es weder darauf an, auf welchen Zeitraum sich die Erhebung des Energieverbrauchs und der Einsparpotenziale bezog, noch zu welchem Zeitpunkt das Zertifikat ausgestellt worden ist.[352] Dies ist im Vergleich zu der Regelung in § 41 Abs. 1 Nr. 4 EEG 2009, wonach die Zertifizierung, mit der der Energieverbrauch und die Einsparpotenziale erhoben und bewertet wurden, im letzten abgeschlossenen Geschäftsjahr, keine bloße Klarstellung.[353] Hintergrund für diese Neuregelung waren vielmehr „zahlreiche gescheiterte Anträge, weil Unternehmen in dem Zeitpunkt, in dem sie feststellten, dass sie Antragsvoraussetzungen im Übrigen erfüllen, die Zertifizierung wegen des Ablaufs des letzten abgeschlossenen Geschäftsjahres nicht mehr nachholen konnten".[354]

---

348 Vgl. *Kachel*, ZUR 2012, 32, 35.
349 Vgl. BAFA, Merkblatt für stromkostenintensive Unternehmen, Stand: 27.8.8.2014, S. 34.
350 Vgl. zur Vorgängervorschrift § 41 Abs. 1 Nr. 2 EEG 2012: *Kachel*, ZUR 2012, 32, 35.
351 Vgl. *Große*, Anm. zu VG Frankfurt am Main, Urt. v. 15.11.2012, ZNER 2013, 84 f.
352 Vgl. VG Frankfurt am Main, Urt. v. 15.11.2012, 1 K 843/12.F, ZNER 2013, 80, 82 f.
353 Vgl. VG Frankfurt am Main, Urt. v. 15.11.2012, 1 K 843/12.F, ZNER 2013, 80, 83; *Poppe*, ZNER 2012, 47, 51; a. A. *Kachel*, ZUR 2012, 32, 35; Frenz/Müggenborg/*Posser/Altenschmidt*, § 41 Rn. 62.
354 Vgl. BT-Drs. 17/6071, 84; VGH Kassel, Urt. v. 24.4.2014 – 6 A 664/13, ZNER 2014, 298; VG Frankfurt am Main, Urt. v. 15.11.2012, 1 K 843/12.F, ZNER 2013, 80, 83.

Eine Zertifizierung von Daten, die in einem bestimmten Zeitraum anfallen, kann nur nach   **168**
Ablauf dieses Zeitraumes erfolgen.[355] § 41 Abs. 1 Nr. 2 EEG 2012 sah indes keinen bestimmten Zeitraum vor, in dem Daten zertifiziert werden müssen. Grundsätzlich gilt – im Übrigen auch nach dem EEG 2014 – in der Praxis, dass eine **Energieminderungspotenzialanalyse umso geeigneter** ist, **je aktueller die Energieverbrauchsdaten und damit die Analyseergebnisse** sind. So können jeweils die neuesten technischen und wissenschaftlichen Erkenntnisse zur Energieeinsparung vom Unternehmen nutzbar gemacht werden. Dadurch hat das Unternehmen die Möglichkeit, die Energieeffizienzprüfung auf Basis der jeweils aktuellsten Erkenntnisse der Energieverbrauchsforschung und seiner eigenen Energieverbrauchsentwicklung durchführen zu lassen.

Allerdings stellt sich die Frage, welches **Höchstalter das Zertifikat bzw. der Nachweis**   **169**
haben darf. Das EEG 2012 sah anders als der Referentenentwurf des Bundesministeriums für Umwelt, Naturschutz und Reaktorsicherheit kein gültiges Umwelt- oder Energiemanagementsystem vor.[356] Im Referentenentwurf des Bundesumweltministeriums hieß es zu § 41 Abs. 2 S. 2 EEG-E 2012 BMU: „Der Nachweis für ein gültiges Energiemanagementsystem nach Abs. 1 Nummer 2 in Verbindung mit Abs. 1a S. 1 wird durch eine Zertifizierungsbescheinigung oder den Nachweis für ein Überprüfungsaudit geführt, die nicht älter als der Beginn des letzten abgeschlossenen Geschäftsjahres sein dürften." Der Referentenentwurf zum EEG 2012 ist insofern nicht in den Gesetzgebungsprozess eingeflossen, so dass nicht darauf zurückgegriffen werden konnte.

Auch wenn sowohl der Wortlaut als auch der Sinn und Zweck der bisherigen Regelung in   **170**
§ 41 Abs. 2 S. 3 EEG 2012 bei dieser Frage nicht weiter geholfen hat, schafft das EEG 2014 insoweit Klarheit, als das in § 64 Abs. 3 Nr. 2 explizit die Gültigkeit der Zertifizierung des Energie- und Umweltmanagements bzw. des Nachweises für das alternative System verlangt wird.[357] Bereits die Gesetzesbegründung zum EEG 2012 verlangte, dass die Zertifizierung im Zeitpunkt der Antragstellung gültig sein muss.[358] Bei der Regelung in § 41 Abs. 1 Nr. 2 EEG 2012 bestehen deshalb erhebliche **Zweifel, „ob es dem Gesetzgeber tatsächlich um kontinuierlich aktualisierte Zertifikate geht".**[359] Nach der wörtlichen Auslegung des § 41 Abs. 1 Nr. 2 EEG 2012 ist es möglich, dass ein Unternehmen nicht jährlich die Zertifizierung aktualisiert.[360] Es sollte bei dieser reinen Formalbedingung[361] ausreichen, wenn sich das Unternehmen einmalig über seine Energieeffizienz Gedanken gemacht hat.[362] Mit dem Erfordernis der Zertifizierung sei keine ernsthafte ökologische Zielsetzung verbunden.[363]

---

355 Vgl. VG Frankfurt am Main, Urt. v. 15.11.2012, 1 K 843/12.F, ZNER 2013, 80, 83.
356 Vgl. BMU, Referentenentwurf eines Gesetzes zur Neuregelung des Rechtsrahmens für die Förderung der Stromerzeugung aus erneuerbaren Energien, abrufbar unter www.ritter-gent.de/filead min/Aktuelles/RefE_EEG_2012_-_2011-05-17fin_2_.pdf, S. 33.
357 BT-Drs. 18/1891, S. 212.
358 Vgl. BT-Drs. 17/6071, S. 84; VG Frankfurt am Main, Urt. v. 15.11.2012, 1 K 843/12.F, ZNER 2013, 80, 83.
359 Vgl. VG Frankfurt am Main, Urt. v. 15.11.2012, 1 K 843/12.F, ZNER 2013, 80, 83.
360 Vgl. a. A. *Ortlieb/Bethge/Reimann/Stari*, EWeRK 2013, 49, 55.
361 Vgl. *Salje*, EEG, § 64 Rn. 50; Frenz/Müggenborg/*Posser/Altenschmidt*, § 41 Rn. 62.
362 Vgl. *Große*, ZNER 2013, 84 f.; VG Frankfurt am Main, Urt. v. 15.11.2012, 1 K 843/12.F, ZNER 2013, 80, 83.
363 Vgl. VG Frankfurt am Main, Urt. v. 15.11.2012, 1 K 843/12.F, ZNER 2013, 80, 83.

171 Nach dem EEG 2014 gilt also weiterhin, dass die Zertifizierung bzw. der Nachweis nicht in dem letzten abgeschlossenen Geschäftsjahr vollständig erfolgt sein muss. Sie kann vielmehr auch im Antragsjahr bis zum Ablauf der Antragsfrist erfolgen.[364] Entscheidendes Kriterium ist lediglich die Gültigkeit der Unterlagen zur Nachweisführung; diese müssen für das letzte abgeschlossene Geschäftsjahr gültig und dürfen nicht veraltet sein. In diesem Zusammenhang ist auf § 4 Abs. 1 bis 3 der Spitzenausgleich-Effizienzsystemverordnung in der jeweils zum Zeitpunkt des Endes des letzten abgeschlossenen Geschäftsjahrs geltenden Fassung heranzuziehen. In der derzeit gültigen Fassung ist danach ein DIN EN ISO 50001-Zertifikat, welches zum Zeitpunkt der Antragstellung vor weniger als zwölf Monaten ausgestellt wurde, gültig. Ebenso erfüllt dieses Zertifikat die Voraussetzung der Gültigkeit, wenn es zwar vor mehr als zwölf Monaten ausgestellt wurde, jedoch zusammen mit entweder einer zum Zeitpunkt der Antragstellung vor weniger als zwölf Monaten ausgestellten Überprüfungsbescheinigung, die belegt, dass das Energiemanagementsystem betrieben wurde, oder einem zum Zeitpunkt der Antragstellung vor weniger als zwölf Monaten ausgestellten Bericht zum Überwachungsaudit, der belegt, dass das Energiemanagementsystem betrieben wurde, vorgelegt wird.[365] Für den Nachweis des Umweltmanagementsystems ist ein Eintragungs- oder Verlängerungsbescheid der EMAS-Registrierungsstelle, der frühestens zwölf Monate vor Beginn des Antragsjahres ausgestellt wurde, gültig. Auch eine aktive Registrierung kann ausreichend sein. Dazu muss die EMAS-Registrierungsstelle die aktive Registrierung bestätigen und den Zeitpunkt angeben, bis zu dem die Registrierung gültig ist – entweder auf Grundlage einer frühestens zwölf Monate vor Beginn des Antragsjahres ausgestellten validierten Aktualisierung der Umwelterklärung, die belegt, dass das Umweltmanagementsystem betrieben wurde, oder einer frühestens zwölf Monate vor Beginn des Antragsjahres ausgestellten Überprüfungsauditbescheinigung, die belegt, dass das Umweltmanagementsystem betrieben wurde.[366]

172 **(3) Zertifizierer.** Am Ende des Zertifizierungsprozesses steht eine Bescheinigung einer Zertifizierungs- bzw. Registrierungsstelle. Diese Bescheinigung muss von einer bestimmten Person oder Organisation ausgestellt sein. Das Erneuerbare-Energien-Gesetz macht bezüglich der Qualifikation der Zertifizierer keine Vorgaben.[367]

173 Unter einem Zertifikat ist ein schriftliches Dokument zu verstehen, in dem ein bestimmter Sachverhalt, der durch den Aussteller wahrgenommen oder festgestellt worden ist, bestätigt wird.[368] Dieser Beleg wird von einer Person ausgestellt, die im Hinblick auf den Gegenstand der Zertifizierung fachkundig ist.[369] Nach *Salje*[370] kommen als **Konformitätsbewertungsstelle** die auf Grundlage des Umweltauditgesetzes zugelassenen **Umweltgutachter** oder Umweltgutachterorganisationen i. S. v. § 5 Nr. 33 in Betracht.[371] So ist gemäß § 5 Nr. 33 ein Umweltgutachter eine Person oder Organisation, die nach dem Umweltauditgesetz in der jeweils geltenden Fassung, als Umweltgutachter oder Umweltgutachterorganisa-

---

364 BT-Drs. 18/1891, S. 212.
365 BT-Drs. 18/1891, S. 212.
366 BT-Drs. 18/1891, S. 212.
367 Vgl. VG Frankfurt am Main, Urt. v. 15.11.2012, 1 K 843/12.F, ZNER 2013, 84 f.; Altrock/Oschmann/Theobald/*Müller*, § 41 Rn. 37; enger *Salje*, EEG, § 64 Rn. 49.
368 Vgl. VG Frankfurt am Main, Urt. v. 15.11.2012, 1 K 843/12.F, ZNER 2013, 80.
369 Vgl. VG Frankfurt am Main, Urt. v. 15.11.2012, 1 K 843/12.F, ZNER 2013, 80.
370 Vgl. *Salje*, EEG, § 64 Rn. 49.
371 Vgl. *Appel/Vollstädt*, BB 2012, 1398, 1401.

tion tätig werden darf.[372] Bei einer Beschränkung allein auf diesen Personenkreis der Umweltgutachter und Umweltgutachterorganisationen würden die **Zertifizierer** von Energiemanagementsystemen unberücksichtigt bleiben. Dies kann vom Gesetzgeber nicht gewollt sein. Da vom Gesetzgeber Zertifizierungen nach DIN EN ISO 50001 ausdrücklich als Nachweis anerkannt werden, akzeptiert er konsequenterweise Zertifizierer und Zertifizierungsorganisationen, die dieses zertifizieren.

Das Bundesamt für Wirtschaft und Ausfuhrkontrolle erkennt **ausländische Zulassungen**   **174**
und Akkreditierungsurkunden von Umweltgutachtern und Umweltgutachterorganisationen sowie Zertifizierer, die DIN EN ISO 50001 zertifizieren dürfen, unter Umständen an. Dies gilt nur, wenn die ausländischen Zulassungen und Akkreditierungen zumindest gleichwertig den internationalen, europäischen oder deutschen Anforderungen an eine Zulassung oder Akkreditierung entsprechen.[373]

b) Ergänzende Unterlagen, Nachweise, Antragsformular. Das Erneuerbare-Energien-   **175**
Gesetz sieht neben der Vorlage der Stromlieferungsverträge und Stromrechnungen, der Angabe der von einem Elektrizitätsversorgungsunternehmen gelieferten oder selbst erzeugten und selbst verbrauchten Strommengen, der Wirtschaftsprüfer-Bescheinigung auf Grundlage eines geprüften Jahresabschlusses und der Bescheinigung der Zertifizierungs-bzw. Registrierungsstelle keine Vorlage weiterer Unterlagen vor.[374] Im Rahmen des **Amtsermittlungsgrundsatzes** nach § 24 Abs. 1 Verwaltungsverfahrensgesetz (VwVfG) ermittelt die Behörde den Sachverhalt allerdings von Amts wegen. Sie bestimmt Art und Umfang der Ermittlungen und ist an das Vorbringen und an die Beweisanträge der Beteiligten nicht gebunden. So ist die Behörde nach § 26 Abs. 1 S. 1 VwVfG nach pflichtgemäßem Ermessen zur Ermittlung des Sachverhaltes berechtigt, weitere Unterlagen und Nachweise zu verlangen. So kann die Behörde gemäß § 26 Abs. 1 S. 2 VwVfG insbesondere Auskünfte jeder Art einholen, Beteiligte anhören, Zeugen und Sachverständige vernehmen oder die schriftliche oder elektronische Äußerung von Beteiligten, Sachverständigen und Zeugen einholen, Urkunden und Akten beiziehen und den Augenschein einnehmen. Eine ausdrückliche Nennung besonderer Auskunfts- und Betretungsrechte wurde im EEG 2014 darüber hinaus in §§ 68, 69 vorgenommen.

Das Bundesamt für Wirtschaft und Ausfuhrkontrolle fordert im Rahmen seines Amtser-   **176**
mittlungsgrundsatzes, dass die Unternehmen mit der Antragstellung ihren geprüften handelsrechtlichen Jahresabschluss einschließlich Prüfungsbericht vorzulegen haben.[375] Auch Nachweise zum selbstständigen Unternehmensteil werden vom Bundesamt für Wirtschaft und Ausfuhrkontrolle im Rahmen seines Amtsermittlungsgrundsatzes gefordert.[376] Unterlagen, die neben den in § 64 Abs. 3 aufgezählten Nachweisen von der Behörde gefordert werden, unterliegen nicht der Ausschlussfrist.[377] Die Behörde kann ihre Entscheidung von der Vorlage dieser Unterlagen abhängig machen. *Posser* und *Altenschmidt* empfehlen den antragstellenden Unternehmen in ihrem eigenen Interesse die vom Bundesamt zusätzlich geforderten Unterlagen innerhalb der Ausschlussfrist beizubringen.[378]

---

372 Vgl. Vgl. zum EEG 2012: BT-Drs. 16/8148, S. 7.
373 Vgl. BAFA, Merkblatt für Unternehmen des produzierenden Gewerbes (2013), S. 13.
374 Vgl. Frenz/Müggenborg/*Posser/Altenschmidt*, § 41 Rn. 71.
375 Vgl. BAFA, Merkblatt für stromkostenintensive Unternehmen, Stand: 27.8.2014, S. 34.
376 Vgl. BAFA, Merkblatt für stromkostenintensive Unternehmen, Stand: 27.8.2014, S. 32.
377 Vgl. wohl auch Frenz/Müggenborg/*Posser/Altenschmidt*, § 41 Rn. 71.
378 Vgl. Frenz/Müggenborg/*Posser/Altenschmidt*, § 41 Rn. 71.

177   Der Antrag kann mittels des amtlichen elektronischen **Antragsformulars** über das **ELAN K2-Portal** für die Besondere Ausgleichsregelung gestellt werden. Ein formloser schriftlicher oder ein zur Niederschrift aufgegebener Antrag mit den in § 64 Abs. 3 vorgesehenen Nachweisen genügt ebenfalls noch im Antragsjahr 2014. Mit dem Antragsjahr 2015 ist gemäß § 66 Abs. 2 nur noch die elektronische Übermittlung zulässig. Neben den Schwierigkeiten, die bei der Antragsübermittlung bei EDV-Problemen auftreten können, wirft insbesondere die elektronische Übermittlung der Wirtschaftsprüferbescheinigung Fragen auf. Für originäre Vorbehaltsaufgaben, die wie hier die Prüfung der Angaben des Antragstellers, Wirtschaftsprüfern und Wirtschaftsprüfungsgesellschaften vorbehalten sind, soll das Wirtschaftsprüfersiegel verwendet werden, § 48 Abs. 1 Wirtschaftsprüferordnung (WPO). Die Berufssatzung für Wirtschaftsprüfer verbietet allerdings in § 18a Abs. 2 BS WP die Verwendung eines elektronischen Siegels. Die bislang in der Praxis umgesetzte Lösung dieses Dilemmas bestand darin, die Ausstellung der Bescheinigung in Papierform unter vorgeschriebener Nutzung des Siegels und die anschließende Übermittlung einer elektronischen Duplizierung mit elektronischer Signatur durchzuführen. Ob dieser Weg auch zukünftig eröffnet ist, bleibt abzuwarten.

178   **4. Neugegründete Unternehmen (Abs. 4).** § 64 Abs. 4 stellt eine Sonderregelung für neugegründete Unternehmen dar. Zum einen gilt für neugegründete Unternehmen eine verlängerte Antragsfrist zum 30.9. (vgl. § 66 Abs. 3), zum anderen können sie die erforderlichen Nachweise aufgrund von Daten eines Rumpfgeschäftsjahres führen.

179   **a) Historie. Bis zum EEG 2009** war eine **Begrenzung** im Rahmen der Besonderen Ausgleichsregelung für Unternehmen **im Jahr ihrer Produktionsaufnahme nicht möglich**. Für die Genehmigung waren Nachweise für die letzten zwölf abgeschlossenen Kalendermonate (EEG 2000) bzw. das letzte abgeschlossene Geschäftsjahr (EEG 2004) vorausgesetzt. Obwohl neugegründete Unternehmen regelmäßig noch nicht über Daten eines abgeschlossenen Geschäftsjahres verfügen, war eine Nachweisführung aufgrund von Prognosewerten nicht vorgesehen.[379] Eine analoge Anwendung des § 16 Abs. 1 und 2 EEG 2004 schied mangels planwidriger Regelungslücke aus.[380] Dem Gesetzgeber war bewusst, dass neugegründete Unternehmen im Jahr ihrer Produktionsaufnahme nicht durch die Besondere Ausgleichsregelung begünstigt werden können. Eine nachvollziehbare Beurteilung auf Basis gesicherter Tatsachen ist notwendig, da berücksichtigt werden muss, dass eine gewährte Begünstigung wechselseitig zu einer Belastung der Nichtprivilegierten führt.[381] Allerdings hatte das Bundesamt für Wirtschaft und Ausfuhrkontrolle bereits seit dem EEG 2004 in der Verwaltungspraxis die Vorlage von Daten für ein Rumpfgeschäftsjahr als letztes abgeschlossenes Geschäftsjahr akzeptiert.[382]

180   Der Gesetzgeber hat mit dem **EEG 2009** grundsätzlich an der Anknüpfung an das Vorliegen der Anspruchsvoraussetzungen im letzten abgeschlossenen Geschäftsjahr festgehal-

---

379 Vgl. BT-Drs. 15/5212, S. 10 zu Nr. 35; BVerwG, Urt. v. 31.5.2011, 8 C 52.09, NVwZ 2011, 1069,1071.

380 Vgl. BVerwG, Urt. v. 31.5.2011, 8 C 52.09, NVwZ 2011, 1069, 1071; Altrock/Oschmann/Theobald/*Müller*, § 41 Rn. 33.

381 Vgl. BT-Drs. 15/5212, S. 10 zu Nr. 35.

382 Frenz/Müggenborg/*Posser/Altenschmidt*, § 41 Rn. 29; vgl. Hinweis in BT-Drs. 16/9477, S. 27 zur Übernahme der bisherigen Praxis neugegründete Unternehmen aufgrund von Rumpfgeschäftsjahren zu bescheiden.

ten.[383] Mit dem EEG 2009 wurde jedoch auf Vorschlag der Koalitionsfraktionen eine Sonderregelung für neu gegründete Unternehmen eingeführt.[384] Die bisherige Verwaltungspraxis des Bundesamtes für Wirtschaft und Ausfuhrkontrolle, neugegründete Unternehmen auf der Basis eines Rumpfgeschäftsjahres zu bescheiden, wurde in das Gesetz übernommen.[385] Dabei sind nach dem Verständnis des Gesetzgebers Rumpfgeschäftsjahre Teile von „ordentlichen" Geschäftsjahren, für die ein „ordentlicher" Jahresabschluss vorliegen muss und die nicht länger als ein Jahr sind.[386] In ihrem Erfahrungsbericht zum EEG vom 9.11.2007 hatten das BMU im Einvernehmen mit dem BMELV und dem BMWi die Einführung einer zweiten Antragsfrist für neu gegründete Unternehmen empfohlen, die schließlich durch die verlängerte Antragsfrist bis zum 30. September des jeweiligen Antragsjahres für neu gegründete Unternehmen geschaffen wurde.[387]

181 Der Nachweis durch Vergangenheitsdaten auf der Basis zumindest eines Rumpfgeschäftsjahres wurde durch das **EEG 2012** beibehalten.[388] Die einzige Änderung für den Bereich neugegründeter Unternehmen war die Konkretisierung des Begriffs des neu gegründeten Unternehmens zur Schaffung von Rechtsklarheit.[389] Anders als Unternehmen, die auf Basis des Betriebsvermögens eines bestehenden Unternehmens gegründet werden, können neugegründete Unternehmen i.S.d. EEG nicht auf die Daten des letzten abgeschlossenen Geschäftsjahres eines bestehenden Unternehmens zurückgreifen.[390] Sie brauchen für die Antragstellung daher eine Alternative. **Umgewandelte Unternehmen** können das Erfüllen der Begrenzungsvoraussetzungen dagegen auf Basis der Daten des letzten abgeschlossenen Geschäftsjahres des „Altunternehmens" nachweisen. Durch den **Rückgriff auf die Daten des Altunternehmens** wird bei umstrukturierten Unternehmen vermieden, dass sie die verlängerte Antragsmöglichkeit bis 30. September in Anspruch nehmen können.[391]

182 **b) Systematik.** Die Neugründung eines Unternehmens i.S.d. EEG ist begrifflich schon seit dem EEG 2009 von der Umwandlung von Unternehmen, i.S.d. EEG (zur Begriffsabgrenzung von Neugründung i.S.d. EEG und Umwandlung i.S.d. EEG vgl. Rn. 185 ff.) zu trennen. Erstmalig hat allerdings im EEG 2014 auch die Umwandlung von Unternehmen mit § 67 eine explizite gesetzliche Regelung im EEG erfahren.[392] Insbesondere die Bundesregierung hatte in ihrer Gegenäußerung im Rahmen des Gesetzgebungsverfahrens gefordert, dass die bisherige Verwaltungspraxis bezüglich der Bescheidung von umgewandelten Unternehmen kodifiziert wird.[393] An die Regelungen in § 64 Abs. 4 und § 67 Abs. 1 knüpfen unterschiedliche Rechtsfolgen; wenngleich beide Normen in einem engen systematischen Verhältnis stehen. Sowohl bei der i.S.d. EEG als auch bei der Umwandlung von Unterneh-

---

383 Vgl. BT-Drs. 16/8148, S. 65.
384 Vgl. BT-Drs. 16/9477, S. 27, Ziff. 27 lit. e; *Salje*, EEG, § 64 Rn. 69.
385 Vgl. BT-Drs. 16/9477, S. 27, Ziff. 27 lit. e; BT-Drs. 16/7119, S. 104 f.; BVerwG, Urt. v. 31.5.2011, 8 C 52.09, NVwZ 2011, 1069,1071; *Spenrath/Joseph*, BB 2008, 1518, 1520; *Salje*, EEG, § 64 Rn. 69; Frenz/Müggenborg/*Posser/Altenschmidt*, § 41 Rn. 29.
386 Vgl. BT-Drs. 16/9477, S. 27, Ziff. 27; zu näheren Erläuterungen zum Rumpfgeschäftsjahr bei neugegründeten Unternehmen vgl. im Übrigen Rn. 193 f.
387 Vgl. BT-Drs. 16/8148, S. 67 f.; BT-Drs. 16/7119, S. 104 f.
388 Vgl. BT Drs. 17/6071 S. 84.
389 Vgl. BR-Drs. 341/11, S. 165; *Salje*, EEG, § 64 Rn. 70.
390 Vgl. BR-Drs. 341/11, S. 165; *Salje*, EEG, § 64 Rn. 70.
391 Vgl. *Salje*, EEG, § 64 Rn. 75.
392 Vgl. BT-Drs. 18/1891 S. 214 zu Artikel 1 § 67 EEG 2014 (neu).
393 Vgl. BT-Drs. 18/1891 S. 214 zu Artikel 1 § 67 EEG 2014 (neu), BR-Drs. 191/14, S. 5.

men hat der Gesetzgeber die besondere Situation des antragstellenden Unternehmens erkannt und wollte durch die Privilegierung die Antragstellung erleichtern bzw. erst möglich machen.[394] Durch die Legaldefinition der Neugründung i. S. d. EEG schließen sich beide Regelungen zunächst begrifflich aus: Für die Anwendbarkeit des § 64 Abs. 4 darf das neugegründete Unternehmen nicht durch Umwandlung entstanden sein. § 67 Abs. 1 ermöglicht Unternehmen, die durch Umwandlung entstanden sind, den Rückgriff auf die Datensätze des Ursprungsunternehmens, d. h. des übertragenden Rechtsträgers. Die Anwendbarkeit des § 67 Abs. 1 ist für umgewandelte Unternehmen an die zusätzlichen Voraussetzungen, dass die wirtschaftliche und organisatorische Einheit des Unternehmens nach der Umwandlung nahezu vollständig in dem antragstellenden Unternehmen erhalten geblieben ist, geknüpft. Ist das nicht der Fall, verweist die Regelung auf § 64 Abs. 4 S. 1 bis 4. Dies bedeutet, dass § 64 Abs. 4 für Unternehmen, die durch Umwandlung neu entstanden sind, zwar grundsätzlich nicht anwendbar ist. Über den Verweis in § 67 Abs. 1 S. 2 erhalten jedoch solche Unternehmen, die die Voraussetzung des nahezu vollständigen Erhalts der wirtschaftlichen und organisatorischen Einheit nicht erfüllen, die Möglichkeit über § 64 Abs. 4 von der Privilegierung für neugegründeten Unternehmen zu profitieren. Von der Rechtsfolge der verlängerten Antragsfrist sind Unternehmen, die durch Umwandlung entstanden sind, jedoch nach wie vor ausgeschlossen.[395]

183 Über § 103 Abs. 1 S. 1 Nr. 6 wird im Übrigen eine Verbindung der Regelung für neugegründete Unternehmen in § 64 Abs. 4 zu den Übergangs- und Härtefallbestimmungen der Besonderen Ausgleichsregelung geschaffen. Damit gelten die Übergangs- und Härtefallbestimmungen zur Besonderen Ausgleichsregelung grundsätzlich auch für neugegründete Unternehmen. Die Verweisung dürfte im Jahr der erstmaligen Produktionsaufnahme jedoch weitgehend leerlaufen, da Grundvoraussetzung für die Anwendung der Übergangs- und Härtefallbestimmungen stets ein bestandskräftiger Begrenzungsbescheid nach dem EEG 2012 für das Begrenzungsjahr 2014 ist und kein Fall ersichtlich ist, indem ein neugegründetes Unternehmen i. S. d. § 64 Abs. 4 einen solchen im ersten Jahr nach der Neugründung vorweisen kann. Die Privilegierung der neugegründeten Unternehmen im Hinblick auf die Nachweisführung geht mit dem EEG 2014 weiter als die entsprechenden Vorgängerregelungen. § 64 Abs. 4 S. 1 regelt neben der Antragstellung im ersten Jahr auch die im zweiten und dritten Jahr. Diese Regelung ist notwendig, da die reguläre Nachweisführung nicht mehr nur das letzte abgeschlossene Geschäftsjahr umfasst, sondern vielmehr die letzten drei abgeschlossenen Geschäftsjahre.[396] Im zweiten Jahr nach der Neugründung könnte dem Unternehmen durchaus der Altbescheid aus dem ersten Jahr zu einer Begrenzung über die Anwendung der Übergangs- und Härtefallbestimmungen verhelfen, sollten im ersten abgeschlossenen Geschäftsjahr die Voraussetzungen der §§ 63 ff. nicht vorliegen. Gleiches gilt auch im dritten Jahr nach der Neugründung. Auch hier kann – für den Fall, dass es nicht gelingt, die Voraussetzungen für eine reguläre Begrenzung nachzuweisen – ein Begrenzungsantrag auf Grundlage der Übergangs- und Härtefallbestimmungen gestellt werden.[397]

184 Abs. 5 gibt den antragstellenden Unternehmen die Wahl, den Begrenzungsantrag auf Basis des gesamten Unternehmens oder auf Basis eines selbstständigen Unternehmensteils zu

---

394 Vgl. BT-Drs. 18/1891 S. 212 f. zu Absatz 4, S. 214 zu Artikel 1 § 67 EEG 2014 (neu).
395 Vgl. *Salje*, EEG, § 64 Rn. 75; der Verweis in § 67 Abs. 1 Satz 2 erfasst explizit lediglich § 64 Abs. 4 Satz 1–4.
396 Vgl. BT-Drs. 18/1891, S. 214 f. zu Abs. 4.
397 Vgl. BT-Drs. 18/1891, S. 223 zu Abs. 3.

stellen.[398] Für den Begrenzungsantrag des selbstständigen Unternehmensteils sind grundsätzlich die gleichen Nachweise erforderlich, wie bei der Antragstellung auf Basis des Rechtsträgers.[399] Satz 1 des § 64 Abs. 5 stellt explizit klar, dass die Bestimmungen für neugegründete Unternehmen auch für selbstständige Teile eines Unternehmens entsprechend anzuwenden sind. Da sie als Teile des Unternehmens dessen Regeln unterliegen, haben sie kein eigenes Geschäftsjahr, sodass auf das abgeschlossene Geschäftsjahr des Rechtsträgers abzustellen ist.[400] Kann der Rechtsträger aufgrund der Neugründung auf der Basis eines Rumpfgeschäftsjahres beschieden werden, so gilt für den selbstständigen Unternehmensteil nichts anderes.

c) Begriff des neugegründeten Unternehmens. Als neugegründete Unternehmen i. S. d. EEG gelten gemäß § 64 Abs. 4 S. 5 nur solche, die unter Schaffung von im Wesentlichen neuem Betriebsvermögen ihre Tätigkeit erstmals aufnehmen und die nicht durch Umwandlung entstanden sind.[401] **185**

Der Begriff der Umwandlung i. S. d. EEG ist entsprechend der Gegenäußerung der Bundesregierung aus Klarstellungsgründen in die Begriffsbestimmungen des § 5 unter der Nr. 32 aufgenommen worden.[402] Bereits der Gesetzesbegründung zu § 41 Abs. 2a S. 3 EEG 2012 ist zu entnehmen, dass der Begriff der Umwandlung im Sinne des EEG weiter zu verstehen sei als nach dem Umwandlungsgesetz.[403] Die Umwandlung i. S. d. § 5 Nr. 32 umfasst „jede Umwandlung von Unternehmen nach dem Umwandlungsgesetz oder jede Übertragung sämtlicher Wirtschaftsgüter eines Unternehmens oder Unternehmensteils im Wege der Singularsukzession". Demnach führen zum einen sämtliche Umwandlungsvorgänge nach § 1 Abs. 1 UmwG (Verschmelzung, Spaltung (Aufspaltung, Abspaltung, Ausgliederung), Vermögensübertragung oder Formwechsel) grundsätzlich nicht zu einer Neugründung i. S. d. EEG, auch nicht eine Verschmelzung durch Neugründung oder Spaltung zur Neugründung (§ 2 Nr. 2 UmwG, § 123 Abs. 1 Nr. 2, Abs. 2 Nr. 2, Abs. 3 Nr. 3 UmwG), es sei denn die Voraussetzung des nahezu vollständigen Erhalts der wirtschaftlichen und organisatorischen Einheit ist nicht erfüllt (vgl. Rn. 182). Zum anderen wird die Übertragung eines Unternehmens oder Unternehmensteils im Wege eines sog. asset deals, d. h. im Wege der Einzelrechtsnachfolge, bspw. durch Kaufvertrag oder im Rahmen eines Einbringungsvorgangs (Sacheinlage, Sachzuzahlung) von der Definition der Umwandlung i. S. d. EEG umfasst. Eine **rechtliche Neugründung**, im Rahmen derer das Betriebsvermögens eines bereits bestehenden Unternehmens im Wege der Einzel- oder Gesamtrechtsnachfolge übernommen wird, reicht für das Vorliegen einer Neugründung i. S. d. § 64 Abs. 4 S. 5 somit grundsätzlich nicht aus.[404] Schon im EEG 2009 reagierte der Gesetzgeber mit der Einschränkung auf Umgehungsversuche von Unternehmen, die sich bei einer Fristversäumnis umfirmierten und dann die verlängerte Anspruchsfrist am 30.9. in Anspruch nahmen.[405] Auch die ganze oder teilweise Übernahme der Vermögensgegenstände und des Personals **186**

---

398 Vgl. BT-Drs. 18/1891, S. 213 zu Abs. 5.

399 Vgl. BT-Drs. 17/6071, S. 85.

400 Altrock/Oschmann/Theobald/*Müller*, § 41 Rn. 67.

401 Vgl. BT-Drs. 18/1891, S. 212 zu Abs. 4, BT-Drs. 16/8148, S. 15.

402 Gegenäußerung der Bundesregierung zur Stellungnahme des Bundesrates zur Besonderen Ausgleichsregelung v. 28.5.2014, S. 5.

403 Vgl. BT-Drs. 17/6071, S. 84 zu § 41.

404 Vgl. BT-Drs. 16/8148, S. 67 f.

405 Vgl. *Kachel*, ZUR 2012, 32, 36.

eines in Insolvenz befindlichen, bestehenden Unternehmens durch einen Investor im Rahmen eines asset deals in einen bestehenden Rechtsträger stellt keine Neugründung i. S. d. EEG dar.[406] Dies gilt auch dann, wenn die assets in einen neu gegründeten Rechtsträger eingebracht werden.[407] Anders als bei einer Neugründung i. S. d. EEG werden hier die Vermögensgegenstände, das Personal und das Know-how „in einem (Teil-)Stück" erworben bzw. akquiriert.

187 Das Erfordernis der **Schaffung von im Wesentlichen neuem Betriebsvermögen**, das die bereits im EEG 2009 enthaltene Legaldefinition des neugegründeten Unternehmens ergänzt,[408] wird durch die Definition des neuen Betriebsvermögens des § 64 Abs. 4 S. 6 weiter angereichert. Im EEG 2009 war bislang die Forderung der Schaffung von neuem Betriebsvermögen nur in der Gesetzesbegründung enthalten.[409] Nun ist erstmals auch definiert, was unter neuem Betriebsvermögen zu verstehen ist. Neu geschaffenes Betriebsvermögen liegt gemäß § 64 Abs. 4 S. 6 vor, „wenn über das Grund- und Stammkapital hinaus weitere Vermögensgegenstände des Anlage- oder Umlaufvermögens erworben, gepachtet oder geleast wurden". Die Voraussetzung des „neuen Betriebsvermögens" in Abs. 4 ist damit grundsätzlich weit gefasst, so dass der Verkauf, die Verpachtung oder ein Leasing von Vermögensgegenständen des Anlage- oder Umlaufvermögens möglich ist. Eine Eingrenzung dahingehend, dass neu gegründete Unternehmen tatsächlich nur solche sein können, die Produktionsanlagen ausschließlich neu errichten und betreiben, ist damit § 64 Abs. 4 nicht zu entnehmen. Weitergehende Hinweise auf eine der Begriffsbestimmung zugrunde liegende Auslegungshilfe finden sich in der Gesetzesbegründung im Übrigen nicht.[410] Die **betrieblichen Mittel** müssen vom neu gegründeten Unternehmen entweder selbst erworben oder selbst geschaffen worden sein und dürfen ihm nicht nur durch eine Umwandlung i. S. d. UmwG übertragen worden sein. Die neuen betrieblichen Mittel müssen im zivilrechtlichen oder zumindest im wirtschaftlichen Eigentum § 246 Abs. 1 Satz 2 HGB des neu gegründeten Rechtsträgers stehen. Eine vollumfängliche unentgeltliche Betriebsvermögensüberlassung durch einen anderen Rechtsträger ist in diesem Kontext schädlich. Durch die Anforderung der Schaffung von im Wesentlichen neuem Betriebsvermögen darf ein bislang bestehendes Unternehmen im Falle der Überführung in ein rechtlich neu gegründetes Unternehmen nicht in seiner wesentlichen Substanz erhalten bleiben. Durch die Formulierung „im Wesentlichen neuen Betriebsvermögens", die beibehalten wurde, ist davon auszugehen, dass zumindest eine teilweise Beibehaltung alten Betriebsvermögens nicht schädlich ist.[411] Welcher Maßstab an die Wesentlichkeit zu knüpfen ist, bleibt jedoch weiterhin durch Auslegung zu ermitteln. Wird ein Unternehmen oder eines seiner Teile unter wesentlicher Beibehaltung der ihn konstituierenden sächlichen, wirtschaftlichen und personellen Mittel – also unter Wahrung der materiellen Identität – auf einen neuen Rechtsträger überführt (rechtliche Neugründung), erwachsen ihm nicht die Vorteile eines i. S. d. EEG neugegründeten Unternehmens. Dieses ist konsistent, insofern diese rechtlich neugegründeten Unternehmen unter den Voraussetzungen des § 67 der Regelung für i. S. d. EEG umgewandelte Unternehmen unterfallen und auf Basis des Betriebsvermögens des beste-

---

406 Vgl. BAFA, Merkblatt für stromkostenintensive Unternehmen, Stand: 27.8.2014, S. 10.
407 Vgl. *Hampel/Neubauer*, ER 2014, 188, 194.
408 Vgl. BT-Drs. 17/6071, S. 19; BT-Drs. 16/8148, S. 68; *Kachel*, ZUR 2012, 32, 36.
409 BT-Drs. 16/8148, S. 68.
410 Vgl. BT-Drs. 18/1891, S. 212 f. zu Abs. 4.
411 Danner/Theobald/*Stein*, § 41 Rn. 58.

henden Unternehmens unter Rückgriff auf dessen Daten das Erfüllen der Voraussetzungen des § 64 Abs. 1 nachweisen können.[412] Der Gesetzgeber hat die Kontinuität eines i. S. d. EEG umgewandelten Unternehmens höher bewertet als den Status eines rechtlich neugegründeten Unternehmens.[413] Mit dem neuen Betriebsvermögen muss erstmals die Produktions- oder Fahrbetriebstätigkeit aufgenommen worden sein.

Das Bundesamt für Wirtschaft und Ausfuhrkontrolle erwartet bei einem **Antrag auf Basis** **188** **eines neugegründeten Unternehmens**, dass die gesellschaftsrechtlichen und wirtschaftlichen Hintergründe der Neugründung dargestellt werden.[414] Insbesondere muss dargelegt werden, inwieweit neues Betriebsvermögen geschaffen worden ist. Dem BAFA zufolge sind beispielsweise Handelsregisterauszüge, Kauf- und Übernahmeverträge, Vorstands- und Gesellschafterbeschlüsse sowie die Eröffnungsbilanz als Belege geeignet und daher den Antragsunterlagen beizufügen.[415]

d) Zeitpunkt der Neugründung. Gemäß § 64 Abs. 4 Satz 1 ist der 30. Juni des Vorjahres **189** entscheidender Stichtag für die Neugründung; Abs. 4 richtet sich an Unternehmen, die nach diesem Tag gegründet wurden. Soll im Antragsjahr 2015 ein Antrag zur Besonderen Ausgleichsregelung für das Begrenzungsjahr 2016 gestellt werden, so muss das **neuge-** **gründete Unternehmen** gemäß § 64 Abs. 4 Satz 1 nach dem 30.6.2014 und vor dem 30.9.2015 neu gegründet worden sein. Selbstverständlich ist neben dieser isolierten EEG-rechtlichen Betrachtung eine Vielzahl weiterer Implikationen zu beachten, welche sich auf den Gründungszeitpunkt auswirken können; genannt seien an dieser Stelle beispielhaft bilanzielle oder steuerrechtliche Erwägungen. Da der Antrag, der für das Begrenzungsjahr 2016 gestellt werden soll, gemäß § 66 Abs. 3 bis zum 30.9.2015 eingegangen sein muss, bildet 2014 für das o. g. Beispiel das Vorjahr i. S. d. § 64 Abs. 4 Satz 1. Nach der von *Salje* vertretenen Auffassung muss die Neugründung im Zeitraum vom 1.7. bis 31.12. dieses Vorjahres (hier 2014) erfolgt sein.[416] Diese Auslegung ist jedoch zu eng und entspricht nicht der Verwaltungspraxis des Bundesamtes für Wirtschaft und Ausfuhrkontrolle. Die von *Salje* angeführte Erklärung, dass Daten aus dem Antragsjahr selbst nicht vorgelegt werden dürfen, da sie ansonsten den „Vergleichskorridors" mit den anderen Anträgen verlassen, überzeugt nicht.[417] Grundsätzlich können Unternehmen in dem Gesellschaftsvertrag bzw. der Satzung Geschäftsjahre festlegen, die vom Kalenderjahr abweichen. Auch könnten beispielsweise neugegründete Unternehmen im oben genannten Beispiel durch die Wahl ihres Geschäftsjahreszeitraumes erst ein in 2015 beginnendes Rumpfgeschäftsjahr haben. Nach der hier vertretenen Auffassung sind Neugründungen, die im Zeitraum zwischen dem 1.1. und dem 30.9. erfolgen, ebenfalls geregelt bzw. mitumfasst worden.[418] Daran ändert auch der neue Wortlaut des § 64 Abs. 4 S. 1 nichts. Es wird zwar vom ersten Jahr nach der Neugründung gesprochen. Dies kann jedoch nur so verstanden werden, dass das Verhältnis zu den sonst erforderlichen drei Nachweisjahren aufgezeigt und die folgenden Jahre mit anderen Voraussetzungen abgegrenzt werden sollen. Andernfalls wäre der

---

412 Vgl. BT-Drs. 18/1891, S. 214.
413 Vgl. *Salje*, EEG, § 64 Rn. 75.
414 Vgl. bereits BAFA, Merkblatt für Unternehmen des produzierenden Gewerbes (2013), S. 28; ebenso BAFA Merkblatt für Stromkostenintensive Unternehmen, Stand: 28.8.2014, S. 14.
415 Vgl. BAFA Merkblatt für Stromkostenintensive Unternehmen, Stand: 28.8.2014, S. 14.
416 Vgl. *Salje*, EEG, § 64 Rn. 72.
417 Vgl. *Salje*, EEG, § 64 Rn. 72.
418 Vgl. a. A. *Salje*, EEG, § 64 Rn. 73.

Adressatenkreis der Begünstigung neugegründeter Unternehmen stark beschränkt. Dies kann nicht im Sinn des Gesetzgebers sein, dem es darauf ankam, eine Regelung zu schaffen, die neugegründeten Unternehmen, die erst nach und nach über Daten für mehrere Geschäftsjahre verfügen können, eine Antragstellung ermöglicht.[419]

190   Nach § 64 Abs. 4 S. 7 gilt als **Zeitpunkt der Neugründung** der Zeitpunkt, an dem erstmalig Strom zu Produktions- oder Fahrbetriebszwecken abgenommen wird. Dies gilt als unwiderlegbare Vermutung, so dass die Eintragung ins Handelsregister, das Entstehen der Gründungs- oder Vorgründungsgesellschaft für den Zeitpunkt der Neugründung unerheblich ist und es lediglich auf die physische Stromabnahme zu Produktionszwecken ankommt.[420] Es kann demzufolge auch nicht wahlweise auf diese Zeitpunkte zurückgegriffen werden. Dadurch, dass als Fiktion der Zeitpunkt der erstmaligen Stromabnahme gilt, kann ein neugegründetes Unternehmen auch vorliegen, wenn ein Rechtsträger als Vorratsgesellschaft bereits vor Jahren rechtlich gegründet wurde, aber bislang keine Produktionstätigkeit ausgeübt hat. So ist beispielsweise eine GmbH nach dem 30. Juni des Vorjahres neu gegründet, wenn sie zwar vor dem 30. Juni des Vorjahres ins Handelsregister eingetragen ist, jedoch erst nach diesem Datum erstmals Strom zu Produktionszwecken abgenommen hat. Dies gilt gleichermaßen, wenn die GmbH vorher bereits Baustrom abgenommen hat, sich der Strombezug also nicht aus der Führung des Geschäfts- oder Betriebszweckes, sondern vorbereitenden Maßnahmen für die Errichtung einer Niederlassung ergab.

191   Die Vermutung des Zeitpunktes der Neugründung auf Basis der erstmaligen Stromabnahme ist durchaus sinnvoll, da erst mit der Stromabnahme deutlich wird, wie viel das Unternehmen verbrauchen wird.[421] Vorher wären die Voraussetzungen des § 64 Abs. 1 nur auf Basis von prognostizierten Daten oder Hochrechnung nachweisbar. Eine Begrenzung danach soll jedoch nach bisheriger Rechtsprechung, Verwaltungspraxis und Gesetzesbegründung nicht zulässig sein.[422] Als Nachweis des Neugründungszeitpunktes bieten sich gegenüber dem Bundesamt für Wirtschaft und Ausfuhrkontrolle die Dokumentation des Abschlusses des Stromlieferungsvertrages oder die Inbetriebnahmeprotokolle der Produktionsanlagen an.[423]

192   **e) Rumpfgeschäftsjahr.** Grundsätzlich müssen auch neugegründete Unternehmen den Nachweis der Erfüllung der Voraussetzungen gemäß § 64 Abs. 1 durch Vergangenheitsdaten führen. Allerdings sollen sie dabei privilegiert werden. Denn neugegründeten Unternehmen liegen die für die Berechnung der Stromkostenintensität erforderlichen Durchschnittsdaten der letzten drei abgeschlossenen Geschäftsjahre in der Regel noch nicht vor.[424] Mit dem Rumpfgeschäftsjahr gemäß § 64 Abs. 4 S. 1 wird die nötige Flexibilität in Bezug auf die Datenbasis für den Begrenzungsantrag geschaffen.

193   Unternehmen, die nach dem 30. Juni des Vorjahres neu gegründet wurden, können abweichend von § 64 Abs. 3 im ersten Jahr nach der Neugründung Daten des Rumpfgeschäfts-

419 Vgl. BT-Drs. 18/1891 S. 213 zu Abs. 4.
420 Vgl. *Salje*, EEG, § 64 Rn. 74.
421 Vgl. BT-Drs. 16/8148, S. 68; Frenz/Müggenborg/*Posser/Altenschmidt*, § 41 Rn. 31.
422 Vgl. BT-Drs. 17/6071 S. 84, zu § 41; BVerwG Entscheidung vom 31.5.2011, NVwZ 2011, 1069, Rn. 29.
423 Vgl. *Salje*, EEG, § 64 Rn. 74.
424 Vgl. BT-Drs. 18/1891, S. 213 f.

Küper/Denk

jahres übermitteln.[425] Im zweiten Jahr nach der Neugründung können Daten für das erste abgeschlossene Geschäftsjahr übermittelt werden, § 64 Abs. 4 S. 1 HS. 2 und im dritten Jahr nach der Neugründung Daten für das erste und zweite abgeschlossene Geschäftsjahr, HS. 3. Die Terminologie „im ersten Jahr nach der Neugründung" ist insofern dahingehend zu verstehen, dass sie sich auf den Zeitraum bis zum Ablauf der ersten Antragsfrist bezieht. Für Unternehmen, die vor dem 31.12. gegründet wurden, ist dies das erste Jahr nach der Neugründung. Für Unternehmen, die nach dem 31.12. aber vor Ablauf der Antragsfrist neugegründet wurden, ist zwangsläufig dasselbe Jahr gemeint. Denn auch diesen Unternehmen ist eine Antragstellung im selben Jahr und damit im Jahr ihrer Neugründung auf Basis eines Rumpfgeschäftsjahres möglich. Für die Folgejahre gilt ebenfalls die Auslegung in Bezug auf den Neugründungszeitraum. Bei antragstellenden Unternehmen, deren Neugründung im Jahr der ersten Antragstellung erfolgt, ist unter „im zweiten Jahr nach der Neugründung" das erste Jahr nach der Neugründung zu verstehen. Für die Auslegung von „im dritten Jahr nach der Neugründung" gilt Entsprechendes.

Die Anspruchsvoraussetzungen des § 64 Abs. 1 müssen dementsprechend nicht zwingend im letzten bzw. in den letzten drei abgeschlossenen Geschäftsjahren, sondern können auch im Rumpfgeschäftsjahr des neu gegründeten Unternehmens erfüllt werden.[426] Eine Besserstellung des neu gegründeten Unternehmens ist damit jedoch nicht verknüpft.[427] Dem Bundesamt für Wirtschaft und Ausfuhrkontrolle zufolge müssen im Rumpfgeschäftsjahr die Voraussetzungen für die Begrenzung gemäß § 64 Abs. 1 Nr. 1 vollständig vorliegen. Das heißt beispielsweise, dass neu gegründete Unternehmen auch im Rumpfgeschäftsjahr mehr als 1 GWh an einer Abnahmestelle bezogen haben müssen.[428] Eine Hochrechnung auf volle zwölf Monate oder eine Abstellung auf Prognosedaten ist nicht zulässig, auch wenn die Abnahmestelle oder die erstmalige Stromabnahme zu Produktionszwecken erst innerhalb des Geschäftsjahres erfolgt ist.[429]   **194**

Auch wenn das Bundesamt für Wirtschaft und Ausfuhrkontrolle in seinem Merkblatt lediglich auf die Anspruchsvoraussetzung in § 64 Abs. 1 Nr. 1 (die Mindeststromabnahme, hinweist,[430] ist davon auszugehen, dass auf Datenbasis des Rumpfgeschäftsjahres sämtliche Begrenzungsvoraussetzungen erfüllt sein müssen. So müssen insbesondere auch die Voraussetzungen der Stromkostenintensität und die des zertifizierten Energie- und Umweltmanagements vorliegen. Dabei wird jedoch in Bezug auf die Voraussetzung des zertifizierten Energie- und Umweltmanagements die Übergangs- und Härtefallbestimmung des § 103 Abs. 1 S. 1 Nr. 1 in vielen Fällen greifen. Danach können Unternehmen mit einem Stromverbrauch unter 10 GWh mit einer einfachen Erklärung nachweisen, dass sie zur Erfüllung der Anforderungen im Hinblick auf ein Energie- oder Umweltmanagementsystem noch nicht in der Lage waren. Können die Voraussetzungen des § 64 Abs. 1 ansonsten nicht erfüllt werden, wird das antragstellende Unternehmen nicht mit seinem Begrenzungsantrag   **195**

---

425 Vgl. BT-Drs. 18/1891, S. 213 f.

426 Vgl. Hess. VGH, Urt. v. 14.10.2009, 6 A 1002/08, ZNER 2009, 422, 433.

427 Vgl. Altrock/Oschmann/Theobald/*Müller*, § 41 Rn. 44.

428 Vgl. Frenz/Müggenborg/*Posser/Altenschmidt*, § 41 Rn. 36; Altrock/Oschmann/Theobald/*Müller*, § 41 Rn. 44.

429 Vgl. Hess. VGH, Urt. v. 14.10.2009, 6 A 1002/09, ZNER 2009, 422 ff.; Altrock/Oschmann/Theobald/*Müller*, § 41 Rn. 44; BAFA, Merkblatt für stromkostenintensive Unternehmen, Stand: 27.8.2014, S. 13; a. A. *Salje*, EEG, § 64 Rn. 15.

430 BAFA, Merkblatt für stromkostenintensive Unternehmen, Stand: 27.8.2014, S. 14.

durchdringen.[431] § 64 Abs. 4 stellt keine Erleichterung der Anspruchsvoraussetzungen dar. Es wird vielmehr lediglich die Nachweisführung privilegiert. Das wird insbesondere durch den neuen Wortlaut in Abs. 4 deutlich. Im § 64 Abs. 4 S. 1 wird nicht wie im bisherigen § 41 Abs. 2a EEG 2012 die Möglichkeit des Abweichens von Abs. 1 (den Voraussetzungen), sondern von Abs. 3 Nr. 1 (der Nachweisführung) geregelt. Aber auch schon gemäß § 41 Abs. 1 EEG 2012 war dem Wortlaut zufolge eine Antragstellung nur möglich, wenn und soweit das Unternehmen das erfüllen der Begrenzungsvoraussetzungen nachweist. Mit dem neuen § 64 Abs. 4 ist damit also nur verdeutlicht worden, was auch bereits vorher galt.

196 Ein **Rumpfgeschäftsjahr** ist ein Geschäftsjahr, das weniger als zwölf Monate umfasst.[432] Das Rumpfgeschäftsjahr umfasst eine Zeitspanne, die von der Neugründung bis zum Abschlusszeitpunkt reicht, der vor dem Ende der Antragsfrist liegt.[433] Das Ende des (Rumpf-) Geschäftsjahres muss vor der materiellen Ausschlussfrist am 30. September des Antragsjahres liegen. Eine **Hochrechnung der Daten** eines Rumpfgeschäftsjahres auf ein rechnerisch zwölf Monate umfassendes Geschäftsjahr[434] und eine **Prognoserechnung** sind auch bei neu gegründeten Unternehmen nicht zulässig.[435] Hintergrund dafür ist, dass der Wortlaut und die Systematik des § 64 Abs. 3 eindeutige Nachweise über den Stromverbrauch und die sonst nach dem Gesetz maßgeblichen Wirtschaftsdaten der letzten abgeschlossenen Geschäftsjahre des antragstellenden Unternehmens selbst verlangt.[436] Darüber hinaus verlangt § 64 Abs. 1 Nr. 1, dass das stromkostenintensive Unternehmen nachweist, dass und inwieweit im letzten abgeschlossenen Geschäftsjahr der selbst verbrauchte Strom an der Abnahmestelle den Schwellenwert von 1 GWh erreicht hat. Diese Nachweise hat das Unternehmen gemäß § 64 Abs. 3 durch eine Wirtschaftsprüfer-Bescheinigung, Stromrechnungen und Stromlieferungsverträge für das letzte bzw. die letzten drei abgeschlossenen Geschäftsjahre nachzuweisen. Diese Anknüpfung an die Daten der letzten abgeschlossenen Geschäftsjahre des antragstellenden Unternehmens und die Formalisierung des Nachweises dokumentieren damit nicht nur die Nachweisanforderungen der zu erfüllenden Anspruchsvoraussetzungen, sondern auch die Art und Weise, wie dieser Nachweis zu erbringen ist.[437]

197 Die Besondere Ausgleichsregelung zielt weder ausschließlich noch vorrangig auf eine umfassende Sicherung der internationalen und intermodalen Wettbewerbsfähigkeit stromkostenintensiver Unternehmen und Schienenbahnen ab. Es soll vielmehr die Begrenzung der EEG-Umlage gemäß § 63 mit den Interessen der Gesamtheit der Stromverbraucher

431 Vgl. Altrock/Oschmann/Theobald/*Müller*, § 41 Rn. 44.
432 Vgl. BT-Drs. 16/9477, S. 27, Ziff. 27 lit. e; Altrock/Oschmann/Theobald/*Müller*, § 41 Rn. 29; *Salje*, EEG, § 64 Rn. 69; BAFA, Merkblatt für stromkostenintensive Unternehmen, Stand: 27.8.2014, S. 14.
433 Vgl. Hess. VGH, Urt. v. 14.10.2009, 6 A 1002/08, ZNER 2009, 422, 433.
434 Vgl. Altrock/Oschmann/Theobald/*Müller*, § 41 Rn. 44; *Spenrath/Joseph*, BB 2008, 1518, 1521; *Kachel*, ZUR 2012, 32, 36.
435 Vgl. BR-Drs. 341/11, S. 165; Frenz/Müggenborg/*Posser/Altenschmidt*, § 41 Rn. 29; BVerwG, Urt. v. 31.5.2011, 8 C 52.09, Rn. 19 ff.; Hess. VGH, Urt. v. 14.10.2009, 6 A 1002/08, ZNER 2009, 422 ff.; VG Frankfurt am Main, Urt. v. 13.3.2008, 1 E 1303/07, ZNER 2009, 63 f.; *Spenrath/Joseph*, BB 2008, 1518, 1522; *Kachel*, ZUR 2012, 32, 36.
436 Vgl. BVerwG, Urt. v. 31.5.2011, 8 C 52.09, Rn. 19.
437 Vgl. BVerwG, Urt. v. 31.5.2011, 8 C 52.09, Rn. 21.

vereinbar sein.[438] Deshalb bezweckt die Besondere Ausgleichsregelung nur eine beschränkte Begünstigung besonders von der EEG-Umlage betroffener Unternehmen, bei denen nicht nur vorübergehend hohe EEG-Stromkosten anfallen.[439] Wie das Bundesverwaltungsgericht in seinem Urteil vom 31.5.2011 ausführt, dient die Notwendigkeit des formalisierten Datennachweises auf Basis des letzten abgeschlossenen Geschäftsjahres dazu, „eine verlässliche, unternehmensspezifische Tatsachengrundlage für die erst in Zukunft wirksam werdende Begrenzungsentscheidung zu schaffen".[440] Damit wird sichergestellt, dass das Bundesamt für Wirtschaft und Ausfuhrkontrolle keine sachlich nicht gerechtfertigten Begrenzungen der EEG-Umlage ausspricht. So können die ausgesprochenen Begrenzungsbescheide aufgrund einer nicht vorhandenen Ermächtigungsgrundlage nicht nachträglich korrigiert werden, sofern der Stromverbrauch im Begrenzungszeitraum höher oder niedriger ausfällt.[441] Ferner schützen die Nachweiserfordernisse des § 64 Abs. 3 die nicht privilegierten Stromverbraucher, die die Privilegierungen über ihren eigenen Strompreis zusätzlich tragen müssen.[442] Etwas anderes gilt auch nicht durch den neu eingeführten Widerrufsvorbehalt des § 64 Abs. 4 S. 2.[443]

Für das Rumpfgeschäftsjahr ist ein Jahresabschluss nach den Vorschriften des Handelsgesetzbuchs (HGB) zu erstellen, auf dessen Basis die erforderliche Nachweisführung für den Antrag erfolgt. Diesen Jahresabschluss hat das antragstellende Unternehmen prüfen zu lassen. Anknüpfend an diese Voraussetzung ist es möglich, ein vom Rumpfgeschäftsjahr unabhängiges Geschäftsjahr zu wählen. Denn nur so ist es möglich, in den mit dem Kalenderjahr gleichlaufenden Turnus zu gelangen. Das heißt, auch wenn das Rumpfgeschäftsjahr i. S. d. EEG für den Nachweis zur Begrenzung der EEG-Umlage spätestens zum 30.9. endet, kann ein davon unabhängiges Geschäftsjahr zum 31.12. enden. Wichtigste Voraussetzung dieses Rumpfgeschäftsjahres i. S. d. EEG ist dann die Erstellung eines nach handelsrechtlichen Grundsätzen aufgestellten und geprüften Zwischenabschlusses. Das handelsrechtliche Geschäftsjahr läuft daneben weiter, wobei der endgültige Jahresabschluss am Ende erstellt wird. Somit kann das vom Rumpfgeschäftsjahr unabhängig gewählte Geschäftsjahr (Bsp.: 1.2.–31.12.) beibehalten werden, indem zum 31.12. ein regulärer Jahresabschluss erstellt und geprüft wird. Dieses Geschäftsjahr bildet die Basis der nachträglichen Überprüfung nach § 64 Abs. 4 S. 3 und ist gleichzeitig Basis für den Antrag im zweiten Jahr nach der Neugründung. | **198**

f) Widerruf und nachträgliche Überprüfung. In § 64 Abs. 4 S. 2 und 3 wird der Widerruf und die nachträgliche Überprüfung des auf Datenbasis eines Rumpfgeschäftsjahres ergangenen Begrenzungsbescheides geregelt. Danach wird der Begrenzungsantrag auf der Grundlage des Rumpfgeschäftsjahres gemäß § 64 Abs. 4 S. 1 nur unter einem Widerrufsvorbehalt im Sinne des § 36 Abs. 2 Nr. 3 Verwaltungsverfahrensgesetz (VwVfG) erteilt.[444] Nach Vollendung des ersten abgeschlossenen Geschäftsjahres nach dem Rumpfgeschäftsjahr erfolgt eine nachträgliche Überprüfung der Antragsvoraussetzungen durch das Bundesamt für Wirtschaft und Ausfuhrkontrolle. Gegenstand dieser Überprüfung ist die ex- | **199**

---

438 Vgl. BVerwG, Urt. v. 31.5.2011, 8 C 52.09, Rn. 22.
439 Vgl. BVerwG, Urt. v. 31.5.2011, 8 C 52.09, Rn. 22.
440 Vgl. BVerwG, Urt. v. 31.5.2011, 8 C 52.09, Rn. 22.
441 Vgl. BVerwG, Urt. v. 31.5.2011, 8 C 52.09, Rn. 22.
442 Vgl. BT-Drs. 15/2864, S. 51; BVerwG, Urt. v. 31.5.2011, 8 C 52.09, Rn. 22.
443 A. A. *Große/Kachel*, NVwZ 2014, 1122, 1125.
444 Vgl. BT-Drs. 18/1891, S. 213 f.

post- Bewertung der Antragsvoraussetzungen, insbesondere der Stromkostenintensität und des Begrenzungsumfangs anhand der tatsächlichen Daten für das gesamte Geschäftsjahr. Dabei sollen Daten des Rumpfgeschäftsjahres, die signifikant von den Daten des vollen Geschäftsjahres abweichen und damit nicht repräsentativ für die tatsächlichen Verhältnisse sind, aufgedeckt werden. Ungeklärt ist bisher, anhand welcher Kriterien diese Nachprüfung erfolgt und welche zusätzlichen Nachweise erbracht werden müssen. Das Merkblatt des Bundesamtes für Wirtschaft und Ausfuhrkontrolle bietet bisher keine dahingehenden Hinweise. Bei maßgeblichen Änderungen erfolgt der Widerruf des Begrenzungsbescheides bzw. die Anpassung mit Teilwiderruf des Bescheides. Unter Umständen kann dies im Ergebnis bedeuten, dass EEG-Umlage nachzuzahlen ist.

200 Hintergrund der Regelung des Widerrufsvorbehaltes ist die Vereinfachung der Rückabwicklung einer erteilten Begrenzung, wenn in Folge einer ex-post-Betrachtung die Voraussetzungen nicht gegeben sind. Denn generell schreibt § 49 Abs. 2 Nr. 1 VwVfG die Zulassung des Widerrufs durch Rechtsvorschrift oder den Widerrufsvorbehalt im Bescheid vor, um einen rechtmäßigen begünstigenden Bescheid widerrufen und die Begünstigung zurückfordern zu können. Der Widerrufsvorbehalt im Begrenzungsbescheid auf Datenbasis des Rumpfgeschäftsjahres wird im nunmehr im § 64 Abs. 4 S. 2 vorgeschrieben und steht damit nicht mehr im Ermessen der Behörde bei Erteilung des Begrenzungsbescheides.

201 **g) Verlängerte Ausschlussfrist.** Neu gegründete Unternehmen können abweichend von § 66 Abs. 1 S. 1 gemäß Abs. 3 einen Antrag bis zum 30.9. des jeweiligen Antragsjahres stellen.[445] Auch die **Antragsfrist für neu gegründete Unternehmen** ist als materielle Ausschlussfrist ausgestaltet, da § 66 Abs. 3 in Form einer abweichenden Regelung direkt auf § 66 Abs. 1 S. 1 verweist. Nähere Einzelheiten zur Ausschlussfrist, siehe Kommentierung zu § 66.

202 **5. Selbstständiger Unternehmensteil (Abs. 5).** Gemäß § 64 Abs. 5 S. 1 gilt § 64 Abs. 1–4 für **selbstständige Teile des Unternehmens** entsprechend. Somit besteht für ein Unternehmen grundsätzlich auch nach dem EEG 2014 weiterhin ein **Wahlrecht:** Entweder wird der Antrag auf Basis eines Rechtsträgers oder auf Basis eines selbstständigen Unternehmensteils gestellt. Die Vorschrift ist von Bedeutung, wenn das Unternehmen in Gänze betrachtet nicht die Voraussetzungen des § 64 Abs. 1 erreicht, aber der selbstständige Unternehmensteil.[446] So wird eine Bestabrechnung ermöglicht, die jedoch ihre Grenzen in den „Zusatzanforderungen" zum selbstständigen Unternehmensteil sowie in den von diesem zu erfüllenden „regulären" Anspruchsvoraussetzungen hat.[447]

203 **a) Allgemeines. Bis zum EEG 2012** enthielt das Gesetz keine Definition des selbstständigen Unternehmensteils. Lediglich die Gesetzesbegründungen beinhalteten Ausführungen, was unter einem selbstständigen Unternehmensteil zu verstehen ist.[448] Erstmalig durch das EEG 2012 wurde eine Legaldefinition des selbstständigen Teils eines Unternehmens in den Gesetzestext aufgenommen.[449] Die Legaldefinition griff das bereits zuvor bestehende Begriffsverständnis und die dahinterstehenden Erwägungen – insbesondere des Bundes-

---

445 Vgl. BT-Drs. 18/1891, S. 77.
446 Vgl. Frenz/Müggenborg/*Posser/Altenschmidt*, § 41 Rn. 22; *Salje*, EEG, § 64 Rn. 79.
447 Vgl. *Salje*, EEG, § 64 Rn. 82.
448 Vgl. BT-Drs. 16/8148, S. 66; BT-Drs. 15/2864, S. 51; BT-Drs. 15/810, S. 3.
449 Vgl. BT-Drs. 17/6071, S. 19, 85; BR-Drs. 341/11, S. 34.

amtes für Wirtschaft und Ausfuhrkontrolle – präzisierend[450] auf.[451] So lag nach § 41 Abs. 5 S. 2 EEG 2012 ein selbstständiger Unternehmensteil nur vor, wenn es sich um einen eigenen Standort oder einen vom übrigen Unternehmen am Standort abgegrenzten Teilbetrieb mit wesentlichen Funktionen eines Unternehmens handelt und der Unternehmensteil jederzeit als rechtlich selbstständiges Unternehmen seine Geschäfte führen konnte. Die **Neuregelung in § 64 Abs. 5** knüpft insoweit an den Gesetzestext in § 41 Abs. 5 S. 2 EEG 2012 an, mit dem Unterschied, dass eine Begrenzung nur bei selbstständigen Unternehmensteilen möglich sein soll, deren Gesamtunternehmen einer Branche nach Liste 1 der Anlage 4 zuzuordnen ist;[452] auch in diesem Kontext kommt es auf die Branchenzuordnung des Unternehmens und der fraglichen Abnahmestelle(n) an. Bei einer Zuordnung des Unternehmens zu einer der Branchen der Liste 2 der Anlage 4 zum EEG 2014 scheidet eine Begrenzung hingegen aus. Des Weiteren wurde die Begriffsbestimmung mit Blick auf die bisherigen Unsicherheiten bei der Anwendung und Auslegung der Regelung zum selbstständigen Unternehmensteil weiter präzisiert.[453] So müssen die Erlöse des Unternehmensteils nunmehr beispielsweise wesentlich mit externen Dritten erzielt werden und eine eigene Abnahmestelle des selbstständigen Unternehmensteils bestehen, damit dieser als selbstständig qualifiziert werden kann.

b) Definition des selbstständigen Unternehmensteils (Abs. 5 S. 2). Das Bundesamt für Wirtschaft und Ausfuhrkontrolle hatte bis zur Einführung der Begriffsdefinition im EEG 2012 im Rahmen seines Untermerkblattes zum selbstständigen Unternehmensteil eine umfangreiche Darstellung der Wesensmerkmale des selbstständigen Unternehmensteils vorgenommen.[454] In den Urteilen vom 15.11.2012 und 14.3.2013 hat sich das **Verwaltungsgericht Frankfurt am Main** umfangreich zum Begriff des selbstständigen Teils eines Unternehmens geäußert. Es hat zugleich seine **Bedenken hinsichtlich der Unschärfe dieses Begriffes** deutlich gemacht.[455] Der Begriff ist als Ausnahme im Rahmen der ohnehin bestehenden Ausnahmeregelung eng auszulegen.[456] Zuletzt hat der Verwaltungsgerichtshof Kassel entscheidend zur Begriffsbestimmung nach dem EEG 2012 beigetragen und sich um die Auslegung des unbestimmten Rechtsbegriffes bemüht;[457] die Erkenntnisse aus diesen zuletzt ergangenen Entscheidungen fließen – soweit möglich – in die nachfolgenden Überlegungen zur novellierten Regelung in § 64 Abs. 5 ein. In der Folge beschäftigte sich das Gericht dann intensiv mit den Anforderungen an einen selbstständigen Unternehmensteil i. S. d. § 41 Abs. 5 S. 1 EEG, wobei es zunächst klarstellte, dass es – anders als noch das

204

---

450 Vgl. BR-Drs. 341/11, S. 166.
451 Vgl. *Kachel*, ZUR 2012, 32, 34.
452 Vgl. BT-Drs. 191/14, S. 38. Eine Einbeziehung von selbstständigen Unternehmensteilen eines Unternehmens der Liste 2 wurde von der Bundesregierung für unvereinbar mit der Beihilfeleitlinie gehalten.
453 Vgl. BT-Drs. 18/1891, S. 213.
454 Vgl. BAFA, Merkblatt für Unternehmen des produzierenden Gewerbes (9.3.2012), S. 12 ff.
455 Vgl. VG Frankfurt am Main, Urt. v. 15.11.2012, 1 K 1540/12.F, ZNER 2012, 86 ff.; VG Frankfurt am Main, Urt. v. 14.3.2013, 5 K 2071/12.F.
456 Vgl. *Ortlieb/Bethge/Reimann/Steri*, EWeRK 2013, 44, 49; Frenz/Müggenborg/*Posser/Altenschmidt*, § 41 Rn. 24.
457 VGH Kassel, Urt. v. 9.1.2014, 6 A 71/13 (Thyssen Krupp Steel Europe AG) und 6 A 1999/13 (RPC Bramlage). Der VGH Kassel stellte klar, dass es – anders als noch das VG Frankfurt in seinen Begründungen – die sehr unbestimmte Regelung des § 41 Abs. 5 durchaus für auslegungsfähig erachtet.

VG Frankfurt in seinen Begründungen – die sehr unbestimmte Regelung durchaus für auslegungsfähig erachtet.

205 Für das Vorliegen eines **selbstständigen Unternehmensteils**[458] müssen gemäß § 64 Abs. 5 S. 2 folgende **Tatbestandsvoraussetzungen** kumulativ erfüllt sein: 1. keine eigenständige Rechtspersönlichkeit, 2. Teilbetrieb mit eigenem Standort oder ein vom übrigen Unternehmen am Standort abgegrenzter Betrieb, 3. das Vorhandensein der wesentlichen Funktionen eines Unternehmens, 4. die jederzeitige Möglichkeit der Bildung eines rechtlich selbstständigen Unternehmens, 5. die Erzielung der Erlöse wesentlich mit externen Dritte und schließlich 6. die eigenständige Führung der Geschäfte.

206 Da es sich um eine Ausnahmevorschrift handelt, ist § 64 Abs. 5 S. 2 – wie auch seine Vorgängerregelung – grundsätzlich eng auszulegen.[459] Nach dem Gesetzeswortlaut ist zunächst einmal für die Begriffsbestimmung zwingende Voraussetzung, dass die rechtliche Unselbstständigkeit des Unternehmensteils besteht.[460] Ein selbstständiger Unternehmensteil kann nicht jede beliebig definierte Untereinheit eines Unternehmens sein.[461] Ein selbstständiger Unternehmensteil i. S. v. § 64 Abs. 5 S. 2 hat begriffsnotwendig **keine eigene Rechtspersönlichkeit**, da ansonsten ein eigenständiges Unternehmen i. S. v. § 5 Nr. 34 vorliegen würde. Das heißt, dass das Gesamtunternehmen die juristische Person sein muss, der Betriebsteil das hingegen nicht sein darf.[462] Ein Teil eines Unternehmens ist nur dann ein selbstständiger Unternehmensteil, wenn dieser in der Lage ist, rechtlich wie tatsächlich ein eigenes Unternehmen zu bilden.[463] Dies allein reicht zur Abgrenzung allerdings nicht aus.[464]

207 Nach seinem Wortlaut beschreibt der Begriff „selbstständig", dass etwas für sich bestehend ist. Ausgehend von den in diesem Begriff zusammengeführten Worten „selbst" und „stehend" wäre ein Unternehmensteil als selbstständig im Sinne eines **„Für-sich-(Be-)Stehens"** anzusehen, wenn er über einen vom Rechtsträger räumlich abgegrenzten Standort verfügt und so ausgestattet ist, dass er alleine – also unabhängig von einer Unterstützung des restlichen Rechtsträgers – am Markt auftreten kann. Aufgrund des Zusatzes „selbstständig" kann es sich nicht nur um Kostenstellen eines Unternehmens handeln. Es müssen klar abgegrenzte, selbstständige Strukturen vorhanden sein.[465] Der Unternehmensteil muss

---

458 Das VG Frankfurt am Main hat in seinem Urt. v. 15.11.2012, 1 K 1540/12.F, offengelassen, ob anders bei der Regelung zum selbstständigen Unternehmensteil nach § 41 Abs. 5 EEG 2009 rechtliche Zweifel an diesem Konstrukt bestehen. Zu dieser Entscheidung wurde am 24.12.2012 Berufung beim Hess. VGH eingelegt.
459 VGH Kassel, Urt. v. 9.1.2014, 6 A 71/13, Rn. 39.
460 VGH Kassel, Urt. v. 9.1.2014, 6 A 71/13, Rn. 36.
461 Vgl. VG Frankfurt am Main, Urt. v. 15.11.2012, 1 K 1540/12.F, ZNER 2012, 86 ff.; VG Frankfurt am Main, Urt. v. 14.3.2013, 5 K 2071/12.F.
462 Vgl. BT-Drs. 17/6071, S. 85; BR-Drs. 341/11, S. 166; BT-Drs. 16/8148, S. 66; BT-Drs. 15/2864, S. 51; VGH Kassel, Urt. v. 9.1.2014, 6 A 71/13, Rn. 36; VG Frankfurt am Main, Urt. v. 14.3.2013, 1 K 2071/12.F; Frenz/Müggenborg/*Posser/Altenschmidt*, § 41 Rn. 23; Altrock/Oschmann/Theobald/*Große/Kachel*, § 40 Rn. 64; Altrock/Oschmann/Theobald/*Müller*, § 41 Rn. 65; *Salje*, EEG, § 64 Rn. 82.
463 Vgl. BT-Drs. 17/6071, S. 85; BR-Drs. 341/11, S. 166; BT-Drs. 16/8148, S. 66; BT-Drs. 15/2864, S. 51; VG Frankfurt am Main, Urt. v. 14.3.2013, 5 K 2071/12.F; Frenz/Müggenborg/*Posser/Altenschmidt*, § 41 Rn. 23.
464 VGH Kassel, Urt. v. 9.1.2014, 6 A 71/13, Rn. 36.
465 Vgl. BT-Drs. 17/6071, S. 85.

sich aus der wirtschaftlichen Gesamtbetätigung des Unternehmens wesentlich herausheben und so das Bild eines selbstständig agierenden Unternehmens bieten. Insofern müssen innerhalb eines Rechtsträgers immer zumindest zwei selbstständige Unternehmensteile existieren. Auch der nicht zum selbstständigen Unternehmensteil gehörende Teil muss selbst einen oder mehrere selbstständige Unternehmensteile darstellen. Bei einem selbstständigen Unternehmensteil muss es sich um eine funktionsfähige Einheit mit klar definierten Schnittstellen zu anderen Teilen des Gesamtunternehmens handeln.[466] Eine rechtliche Verselbstständigung muss ohne wesentliche Umstrukturierungen möglich sein. Der selbstständige Unternehmensteil muss eine ausgeprägte wirtschaftliche Selbstständigkeit in einem Rechtsträger aufweisen.[467]

Ein Unternehmen kann nahezu jeden beliebigen Teil des Unternehmens ausgliedern, verselbstständigen oder in anderer Weise aus einem bestehenden Verbund herauslösen.[468] Die bloß abstrakte Möglichkeit einer **Ausgliederung, Abspaltung oder sonstigen Umstrukturierung** ist für sich gesehen allein nicht ausschlaggebend für das Vorliegen eines selbstständigen Teils eines Unternehmens.[469] Eine Abgrenzbarkeit vom restlichen Unternehmen muss vielmehr durch eine dem jeweiligen Unternehmensteil schon innewohnende, in ihm angelegte oder in ihm verwurzelte Eigenständigkeit von außen erkennbar sein.[470] Die selbstständigen Unternehmensteile innerhalb des Unternehmens müssen im Wesentlichen voneinander unabhängig ihre Aufgaben erledigen.[471] Die Eigenständigkeit lässt sich beim selbstständigen Unternehmensteil auch schon ohne ergänzende organisatorische Maßnahmen erkennen. Dies ist eine **Abgrenzbarkeit und Unabhängigkeit**, die deutlich nach außen erkennbar ist.[472] Bei Unternehmensteilen, die aus einer Aufspaltung, Abspaltung, Ausgliederung oder Verschmelzung entstanden sind, besteht ein gewisses Indiz, dass es sich um einen selbstständigen Unternehmensteil handelt, sofern die Strukturen, Funktionen und Aufgaben im neuen Rechtsträger im Wesentlichen erhalten geblieben sind.[473] Auch eine nach dem letzten abgeschlossenen Geschäftsjahr erfolgende Umstrukturierung begründet keine zwingende Annahme eines selbstständigen Unternehmensteils, sofern die konkreten Umstände für das Vorliegen eines selbstständigen Unternehmensteils im letzten abgeschlossenen Geschäftsjahr noch nicht vorgelegen haben.[474]

§ 64 Abs. 5 S. 2 schreibt für das Vorliegen eines selbstständigen Unternehmensteils einen **eigenen Standort des Teilbetriebs oder ein vom übrigen Unternehmen am Standort abgegrenzten Betrieb** vor. Interessanterweise hat die Definition des selbstständigen Unternehmensteils im EEG 2014 gegenüber dem EEG 2012 schon zu Beginn eine Anpassung erfahren, die nicht ohne Weiteres nachvollziehbar erscheint. Hieß es in § 41 Abs. 5 S. 2 EEG 2012 noch, dass ein selbstständiger Unternehmensteil nur vorliegt, „wenn es sich um einen eigenen Standort **oder** einen vom übrigen Unternehmen am Standort abgegrenzten Teilbetrieb mit den wesentlichen Funktionen eines Unternehmensteils handelt (...)", ver-

208

209

466 Vgl. BT-Drs. 17/6071, S. 85.
467 Vgl. BT-Drs. 17/6071, S. 85; BR-Drs. 341/11, S. 166.
468 Vgl. VG Frankfurt am Main, Urt. v. 14.3.2013, 5 K 2071/12.F.
469 Vgl. VG Frankfurt am Main, Urt. v. 14.3.2013, 5 K 2071/12.F.
470 VGH Kassel, Urt. v. 9.1.2014, 6 A 71/13, Rn. 41.
471 Vgl. VG Frankfurt am Main, Urt. v. 14.3.2013, 5 K 2071/12.F.
472 Vgl. VG Frankfurt am Main, Urt. v. 14.3.2013, 5 K 2071/12.F.
473 Vgl. BT-Drs. 17/6071, S. 85; *Greil*, StuW 2011, 84, 85.
474 Vgl. VG Frankfurt am Main, Urt. v. 14.3.2013, 5 K 2071/12.F.

langt § 64 Abs. 5 S. 2 nunmehr, dass „es sich um einen Teilbetrieb mit eigenem Standort **oder** einen vom übrigen Unternehmen am Standort abgegrenzten Betrieb mit den wesentlichen Funktionen eines Unternehmens handelt (...)". Die Gesetzesbegründung gibt keinen Aufschluss über die Hintergründe dieser Anpassung der Definition. Es liegt nahe, dass dadurch keine wesentliche Änderung gegenüber dem Regelungsgehalt des § 41 Abs. 5 S. 2 EEG 2012 vorgenommen werden sollte, d.h., es kommt entscheidend darauf an, dass sich der selbstständige Unternehmensteil entweder als **Teilbetrieb mit eigenem Standort** oder **als vom übrigen Unternehmen am Standort abgegrenzter (Teil-)Betrieb** darstellt. Dass es in der zweiten Variante ausreicht, nur einen **Teil**betrieb als selbstständigen Unternehmensteil abzubilden, scheint im Übrigen auch das Bundesamt für Wirtschaft und Ausfuhrkontrolle aufgrund entsprechender Hinweise in seinem aktuellen Merkblatt anzuerkennen.[475]

210 Der Begriff des **Standort**es geht über den Grundstückbegriff des BGB hinaus. Denn ein Grundstück i.S.d. BGB ist ein abgegrenzter Teil der Erdoberfläche, welches im Bestandsverzeichnis eines Grundbuchblatts gemäß § 3 Abs. 1 GBO gebucht ist, sowie deren Bestandteile.[476] Der Begriff des Standortes kann mehrere Grundstücke umfassen und sich ggf. auch bei Bergwerken unterirdisch befinden. Der Begriff der Betriebsstätte i.S.d. AO kommt dem Begriff des Standortes i.S.d. § 64 Abs. 5 S. 2 nahe, da durch die Besondere Ausgleichsregelung ausschließlich stromkostenintensive Unternehmen privilegiert werden können. Diese verfügen in aller Regel über eine Betriebsstätte zur Produktion von Waren. Aus diesem Grund ist davon auszugehen, dass der Gesetzgeber bei der Definition des selbstständigen Unternehmensteils ein klassisches Betriebsgelände mit Gebäuden, Hallen usw. für die Produktion vor Augen gehabt hat. So ist nach § 12 S. 1 AO eine Betriebsstätte jede feste Geschäftseinrichtung oder Anlage, die der Tätigkeit eines Unternehmens dient. Als Betriebsstätten sind gemäß § 12 S. 2 AO insbesondere anzusehen: die Stätte der Geschäftsleitung, Zweigniederlassungen, Geschäftsstellen, Fabrikations- oder Werkstätten, Warenlager, Ein- oder Verkaufsstellen, Bergwerke, Steinbrüche oder andere stehende, örtlich fortschreitende oder schwimmende Stätten der Gewinnung von Bodenschätzen sowie Bauausführungen oder Montagen, auch örtlich fortschreitende oder schwimmende, wenn die einzelne Bauausführung oder Montage oder eine von mehreren zeitlich nebeneinander bestehenden Bauausführungen oder Montagen oder mehrere ohne Unterbrechung aufeinander folgende Bauausführungen oder Montagen länger als sechs Monate dauern. Allerdings stellt nicht jede Filiale einen selbstständigen Unternehmensteil dar.[477] Der räumliche Zusammenhang kann nicht durch Kommunikations- und Versorgungsleitungen begründet werden.[478]

211 Ein selbstständiger Unternehmensteil kann **mehrere Standorte** umfassen. So steht es dem Vorliegen eines selbstständigen Unternehmensteils nicht entgegen, wenn der selbstständige Unternehmensteil mehrere Werke des Rechtsträgers an verschiedenen Standorten – auch außerhalb der Bundesrepublik Deutschland – beinhaltet.

212 Es muss sich um einen eigenen Standort des Teilbetriebs beziehungsweise um einen vom übrigen Unternehmen am Standort abgegrenzten Teilbetrieb handeln. Ein **eigner Standort**

---

475 Vgl. BAFA, Merkblatt für stromkostenintensive Unternehmen, Stand: 27.8.2014, S. 9.
476 Vgl. *Palandt*, Vor § 90 Rn. 3.
477 Vgl. BFH, Urt. v. 12.9.1979, I R 146/76, BFHE 129, 62, 65.
478 Vgl. BFH, Urt. v. 16.12.2009, I R 56/08, BFHE 228, 356.

im Sinne der ersten oben genannten Variante liegt vor, wenn der Standort oder die Standorte ausschließlich von dem selbstständigen Unternehmensteil genutzt werden. Das dort tätige Personal, die Räumlichkeiten, Infrastruktureinrichtungen und Betriebsmittel müssen dem selbstständigen Unternehmensteil zugeordnet werden. Eine selbstständig agierende, rechtlich aber unselbstständige Produktion an einem Standort vermag zwar Leitbild der Erfüllung der Tatbestandsvoraussetzung sein, wird aber im heutigen Wirtschaftsleben aufgrund betriebswirtschaftlicher und steuerlicher Faktoren eher die Ausnahme sein.[479] Daher wird es in vielen Konstellationen darauf ankommen, ob die zweite Alternative i. S. d. des am Standort abgrenzbaren Teilbetriebes dargestellt werden kann. Bei räumlicher Verbindung mit anderen Betriebsteilen, sei es in einem gemeinsamen Gebäude oder Gebäudekomplex, lässt sich von der Selbstständigkeit des Unternehmensteils dann noch sprechen, wenn neben einer möglichst weitgehenden Trennung innerhalb der Gebäude oder Gebäudekomplexe (z. B. durch deutliche Kennzeichnung der unterschiedlichen Bereiche, Trennung durch bauliche Elemente im Gebäude oder entsprechende Zugangsbeschränkungen) weitere Faktoren in stärkerer Gewichtung für die Eigenständigkeit sprechen. Liegt ein eigener Standort vor, ist bereits ein starkes Argument für die Selbstständigkeit des Unternehmensteils gegeben, sodass bei der Gesamtschau aller abzuwägenden Kriterien andere Aspekte weniger stark gewichtet werden können. Liegt der Fall anders und ist beispielsweise die Produktion baulich wie räumlich mit anderen Betriebsteilen verbunden, so müssen die hinzukommenden Kriterien besonderes Gewicht erlangen, damit sich die Selbstständigkeit feststellen lässt.[480]

Ein selbstständiger Unternehmensteil muss grundsätzlich eine eigene **Abnahmestelle**   **213** i. S. d. § 64 Abs. 6 Nr. 1 besitzen; dies ist aufgrund einer entsprechenden Ergänzung durch das EEG 2014 nun auch ausdrücklich gesetzlich klargestellt.[481] Verfügt ein selbstständiger Teil eines Unternehmens nicht über eine separate Abnahmestelle, spricht dies für eine unmittelbare räumliche Nähe und Verflechtung zu anderen Teilen des Unternehmens.

Handelt es sich indes um einen selbstständigen Unternehmensteil in Form eines vom übrigen Unternehmen am Standort abgegrenzten Betriebs mit den wesentlichen Funktionen eines Unternehmens, dürfen die Anforderungen an das Vorliegen einer eigenen Abnahmestelle nicht derart hoch sein, dass in der Praxis entsprechende selbstständige Unternehmensteile von einer Begrenzung gänzlich ausgeschlossen sind.

Aus diesem Grund ist eine teleologische Reduktion der Anforderungen an eine eigene Abnahmestelle in oben genannter Konstellation geboten, wonach beispielsweise aufgrund von historisch gewachsenen Strukturen an Produktionsstandorten eine vollständige physikalische Trennung der elektrischen Einrichtungen des selbstständigen Unternehmensteils vom „Rest-Unternehmen" nicht verlangt werden kann. Dem steht nicht entgegen, dass auch in dieser Konstellation im Übrigen eine räumliche Trennung nachgewiesen werden muss und auch die messtechnischen Voraussetzungen vorliegen müssen, um eine klare und eindeutige Abgrenzung der vom selbstständigen Unternehmensteil und dem „Rest-Unternehmen" verbrauchten Strommengen sicherzustellen. Sind letztere Anforderungen erfüllt, kann im Rahmen einer wertenden Gesamtbetrachtung die Annahme eines selbstständigen

---

479 VGH Kassel, Urt. v. 9.1.2014, 6 A 71/13, Rn. 40.
480 VGH Kassel, Urt. v. 9.1.2014, 6 A 71/13. Rn. 40.
481 Vgl. Das VG Frankfurt am Main (Urt. v. 14.3.2013, 5 K 2071/12.F) ließ es in seinem Urt. noch dahinstehen, ob ein selbstständiger Unternehmensteil eine eigene Abnahmestelle besitzen muss.

Unternehmensteils bejaht werden, auch wenn eine vollständige Trennung der elektrischen Einrichtungen nicht vorliegt.

Damit es sich um einen selbstständigen Unternehmensteil handelt, ist zumindest die jeweils bezogene, selbst verbrauchte und eigenerzeugte Strommenge anhand eigener Messstellen zu messen und exakt festzustellen. Eine „innerbetriebliche" weitergereichte Strommenge im Wege der Hochrechnung oder Schätzung genügt nicht.[482] Zu beachten ist allerdings, dass die Übergangsbestimmung des § 103 Abs. 1 Nr. 3 auch für Anträge für das Begrenzungsjahr von selbstständigen Unternehmensteilen greift, so dass die strengen Anforderungen an das Vorhandensein von Stromzählern i. S. d. § 64 Abs. 6 Nr. 1 letzter Hs. erst für Anträge im Antragsjahr 2015 zu beachten sind.

214 Eine nähere Definition der Teilbetriebseigenschaft ist dem EEG selbst nach wie vor nicht zu entnehmen. Zur Bestimmung des für die Annahme eines selbstständigen Unternehmensteils zentralen Begriffs des **Teilbetriebs** kann jedoch auf andere Rechtsquellen zurückgegriffen werden. Zu nennen ist in diesem Kontext insbesondere das Steuerrecht, aus dem der Begriff des Teilbetriebes ursprünglich stammt. So wird beispielsweise in § 16 Abs. 1 Nr. 1 Einkommensteuergesetz (im Folgenden: EStG) der Begriff des Teilbetriebes verwendet.[483] Eine Legaldefinition erfolgt in § 16 EStG zwar nicht. Jedoch kann zur Begriffsbestimmung die umfangreiche Rechtsprechung zum EStG herangezogen werden.

215 Nach ständiger Rechtsprechung der Finanzgerichte handelt es sich bei einem Teilbetrieb um einen organisch geschlossenen, mit einer gewissen Selbstständigkeit ausgestatteten Teil eines Gesamtbetriebes, der für sich allein nach Art eines selbstständigen Zweigbetriebes lebensfähig ist[484] und eine organische Geschlossenheit mit wesentlichen Betriebsgrundlagen aufweist.[485] Zu den hierzu herausgearbeiteten Abgrenzungsmerkmalen zählen u. a. die räumliche Trennung vom Hauptbetrieb, ein eigener Wirkungskreis, eine gesonderte Buchführung, eigenes Personal, eine eigene Verwaltung, eigenes Anlagenvermögen, ein eigener Kundenstamm, eine ungleichartige betriebliche Tätigkeit und eine eigene interne Organisation.

216 Beim Begriff der **organischen Geschlossenheit mit wesentlichen Betriebsgrundlagen** wird auf eine funktionale Betrachtungsweise abgestellt.[486] Ein selbstständiger Unternehmensteil muss sich als eine Gesamtheit der in einem Teil des Unternehmens vorhandenen aktiven und passiven Wirtschaftsgüter darstellen, die in funktionaler und organisatorischer

---

482 Das VG Frankfurt am Main (Urt. v. 14.3.2013, 5 K 2071/12.F) äußerte erhebliche Zweifel daran, ob auf der Grundlage von Hochrechnungen oder Schätzungen der bezogenen Strommenge von einem selbstständigen Unternehmensteil i. S. d. § 41 Abs. 5 S. 2 EEG 2009 ausgegangen werden kann.

483 Vgl. außerdem § 34 EStG, §§ 15 Abs. 1, 20 Abs. 1, 24 Abs. 1 UmwStG; siehe auch Stein, REE 2013, 13, 14.

484 Siehe etwa BFH, Urt. v. 18.6.1998, IV R 56/97, 2. Orientierungssatz; BGH, Urt. v. 25.2.1993, V R 35/89, 1. Orientierungssatz; BFH, Urt. v. 24.4.1969, IV R 202/68, BFHE 95, 323, BFH, Urt. vom 10.10.2001, XI R 35/00; Urt. vom 16.11.2005, X R 17/03; Greil, StuW 2011, 84, 85 f.

485 Vgl. BMF, VV DEU BMF 2000-08-16 IV C 2-S 1909-23/00; BFH, Urt. v. 18.6.1998, IV R 56/97, 2. Orientierungssatz; BFH, Urt. v. 3.10.1984, I R 119/81, BFHE 142, 433, 4. Leitsatz; BFH, Urt. v. 12.9.1979, I R 146/76, BFHE 129, 62, 64; Greil, StuW 2011, 84, 86.

486 Vgl. Greil, StuW 2011, 84, 85 f.; BMF v. 16.8.2000, IV C 2 – S 1909 – 23/00, BStBl. I 2000, 1253; BFH, Urt. v. 7.4.2010, I R 96/08, BFHE 229, 179 f.; BFH, Urt. v. 2.10.1997, IV R 84/96, BB 1998, 197, 198.

Hinsicht ein rechtlich selbstständiges Unternehmen ergeben[487] und zu einer zielgerichteten Weiterverfolgung eines selbstständigen, lebensfähigen, betrieblichen Organismus beitragen.[488] Maßgebend ist, ob die wesentlichen Wirtschaftsgüter ein hinreichendes Ganzes bilden[489] und nicht nur vereinzelte Wirtschaftsgüter darstellen, die zivilrechtlich oder wirtschaftlich zum selbstständigen Unternehmensteil gehören.[490] So müssen sich die Einrichtungen des selbstständigen Unternehmensteils aus der wirtschaftlichen Gesamtbetätigung des Unternehmens wesentlich herausheben und das Bild eines selbstständig agierenden Unternehmens bieten.[491] Die technischen Wirtschaftsgüter haben eine nachhaltige Ausübung der produzierenden Tätigkeit zu ermöglichen. Die wesentlichen dinglichen Betriebsgrundlagen zeichnen sich deshalb durch eigene Räume,[492] eigenes Inventar[493] und die Verwendung jeweils anderer Betriebsmittel, insbesondere des Anlagevermögens,[494] im Vergleich zu den anderen Teilen des Gesamtunternehmens aus. Bei der Gesamtbewertung der wesentlichen Betriebsgrundlage sind die Begleitumstände zu berücksichtigen, bei der insbesondere die Art der Vermögensgegenstände und der Grad der Ähnlichkeit und Zusammengehörigkeit im Lichte der produzierenden gewerblichen Tätigkeit zu bewerten sind.[495]

Nach § 64 Abs. 5 S. 2 muss ein selbstständiger Unternehmensteil die **wesentlichen Funktionen eines Unternehmens**, wie Beschaffung, Produktion, Absatz, Verwaltung, Organisation und Leitung, besitzen.[496] Es müssen aber nicht alle wesentlichen Funktionen eines Unternehmens kumulativ vorhanden sein.[497] Der selbstständige Unternehmensteil muss aufgrund von strategischen Planvorgaben des Unternehmens in der Lage sein, eigenständige Entscheidungen treffen zu können.[498] Entbehrlich sind insbesondere solche Funktionsbereiche, die Strategieentscheidungen betreffen oder für Krisen vorgehalten werden.[499]   **217**

---

487 Vgl. BR-Drs. 341/11, S. 167; BT-Drs. 17/6071, S. 85.

488 Vgl. BFH, Urt. v. 22.6.2010, I R 77/09, 2. Leitsatz; BFH, Urt. v. 7.4.2010, I R 96/08, BFHE 229, 179 f.

489 Vgl. BFH, Urt. v. 22.6.2010, I R 77/09, 2. Orientierungssatz; BFH, Urt. v. 10.3.1998, VIII R 31/95, BFH-NV 1998, 1209, 1210: eigenes Anlagevermögen.

490 Vgl. BT-Drs. 17/6071, S. 85; BFH, Urt. v. 7.4.2010, I R 96/08, BFHE 229, 179, 1. Leitsatz: Bei einem Teilbetrieb müssen alle funktionalen wesentlichen Betriebsgrundlagen vorhanden sein. Daran fehlt es, wenn der selbstständige Unternehmensteil nur für einzelne dieser Wirtschaftsgüter ein obligatorisches Nutzungsrecht hat; BFH, Urt. v. 16.7.1970, IV R 227/68; Sächsisches FG, Urt. v. 9.9.2008, 3 K 1996/06, 3. Orientierungssatz.

491 Vgl. BR-Drs. 341/11, S. 166 f.; BT-Drs. 17/6071, S. 85; Frenz/Müggenborg/*Posser/Altenschmidt*, § 41 Rn. 23; BFH, Urt. v. 20.2.1974, I R 127/71; BFH, Urt. v. 4.7.1973, I R 154/71; das VG Frankfurt stellte in den mündlichen Verhandlungen zu dem o. g. Verfahren 5 K 2071/12.F beispielsweise auch darauf ab, ob und inwieweit der selbstständige Unternehmensteil über einen eigenständigen und aussagekräftigen Internetauftritt verfügte.

492 Vgl. BFH, Urt. v. 10.3.1998, VIII R 31/95, BFH-NV 1998, 1209, 1210; BFH, Urt. v. 13.2.1996, VIII R 39/92, BB 1996, 1478, 1480 f.

493 Vgl. BFH, Urt. v. 15.3.1984, IV R 189/81, BStBl. II 1984, 486.

494 Vgl. BFH, Urt. v. 18.6.1998, IV R 56/97, 3. Orientierungssatz; BFH, Urt. v. 10.3.1998, VIII R 31/95, BFH-NV 1998, 1209, 1210; *Greil*, StuW 2011, 84, 85.

495 Vgl. BT-Drs. 17/6071, S. 85.

496 Vgl. BT-Drs. 17/6071, S. 85; Frenz/Müggenborg/*Posser/Altenschmidt*, § 41 Rn. 23.

497 Vgl. *Salje*, EEG, § 64 Rn. 94; Frenz/Müggenborg/*Posser/Altenschmidt*, § 41 Rn. 24.

498 Vgl. VGH Kassel, Urt. v. 9.1.2014, 6 A 71/13, Rn. 57; *Salje*, EEG, § 64 Rn. 94.

499 Vgl. *Salje*, EEG, §§ 64 Rn. 94; Frenz/Müggenborg/*Posser/Altenschmidt*, § 41 Rn. 24.

218 Ein selbstständiger Unternehmensteil muss sich aus der wirtschaftlichen Gesamtbetätigung des Unternehmens herausheben und sich mit einem **idealtypischen rechtlich selbstständigen Unternehmen vergleichen** lassen können, das in einem internationalen Konkurrenz- und Wettbewerbsverhältnis steht.[500] Von wesentlicher Bedeutung ist für dessen Selbstständigkeit, dass sich die funktionsfähige personelle, wirtschaftliche und organisatorische Einheit von ihrer Art und ihres Umfangs nach von der übrigen betrieblichen Betätigung des Gesamtunternehmens abhebt und unterscheidet.[501] Der selbstständige Unternehmensteil soll in seiner tatsächlichen Organisation das Bild eines selbstständig agierenden Unternehmens darstellen.[502] Eine wirtschaftliche Eigenständigkeit des selbstständigen Unternehmensteils liegt vor, wenn der selbstständige Unternehmensteil beispielsweise über einen eigenen Kundenstamm,[503] eigene Werbung,[504] ein eigenes marktfähiges Warensortiment und Verkaufsprogramm[505] verfügt und beim Wareneinkauf und der Preisgestaltung wesentlich mitwirkt.[506] Jedoch sollte ein gesonderter Vermögens- und Ergebnisausweis für bestimmte abgegrenzte Tätigkeiten allein noch nicht zu einem selbstständigen Unternehmensteil führen, wenn es an den sonstigen Eigenschaften fehlt.[507] Eine organisatorische Eigenständigkeit liegt vor, wenn der selbstständige Unternehmensteil über eine eigene Buchführung,[508] eine Kostenrechnung[509] oder sogar über eine eigene Verwaltung[510] verfügt. Zumindest muss der selbstständige Unternehmensteil aber einen separierbaren Buchführungskreis besitzen.[511] Eine personelle Eigenständigkeit kann darüber hinaus nur dann

---

500 Vgl. BR-Drs. 341/11, S. 166; BT-Drs. 17/6071, S. 85; VGH Kassel, Urt. v. 9.1.2014, 6 A 71/13, Rn. 49; *Salje*, EEG, § 64 Rn. 94.

501 Vgl. BR-Drs. 341/11, S. 166 f.; BT-Drs. 17/6071, S. 85; *Greil*, StuW 2011, 84, 85; BFH, Urt. v. 20.2.1974, I R 127/71; BFH, Urt. v. 4.7.1973, I R 154/71.

502 VGH Kassel, Urt. v. 9.1.2014, 6 A 71/13, Rn. 39.

503 Vgl. BFH, Urt. v. 10.3.1998, VIII R 31/95, BFH-NV 1998, 1209, 1210; BFH, Urt. v. 13.2.1996, VIII R 39/92, BB 1196, 1478, 1481; BFH, Urt. v. 15.3.1984, IV R 189/81, BStBl. II 1984, 486, Orientierungssatz.

504 Vgl. VGH Kassel, Urt. v. 9.1.2014, 6 A 71/13, Rn. 61; *Greil*, StuW 2011, 84, 85.

505 Vgl. BFH, Urt. v. 13.2.1996, VIII R 39/92, BB 1196, 1478, 1481.

506 Vgl. BFH, Beschl. v. 2.4.1997, X B 269/96, BFH-NV 1997, 481; BFH, Urt. v. 10.3.1998, VIII R 31/95, BFH-NV 1998, 1209, 1210; BFH, Urt. v. 12.9.1979, I R 146/76, BFHE 129, 62, 64: Ein Teilbetrieb erfordert die Mitwirkung beim Wareneinkauf und bei der Preisgestaltung. Teilbetriebe können sich zwar zentralen Einkaufsorganisationen bedienen, aber es muss immer noch eine Einflussnahme auf die eigene Preisgestaltung vorhanden sein; BFH, Urt. v. 15.3.1984, IV R 189/81, BStBl. II 1984, 486, Orientierungssatz.

507 Vgl. ähnlich BFH, Urt. v. 3.10.1984, I R 119/81, BFHE 142, 433 ff.

508 Vgl. BFH, Urt. v. 15.3.1984, IV R 189/81, BStBl. II 1984, 486, Orientierungssatz; BFH, Urt. v. 2.8.1978, I R 78/76, BFHE 126, 24, 27.

509 Vgl. BFH, Urt. v. 18.6.1998, IV R 56/97; VGH Kassel, Urt. v. 9.1.2014, 6 A 71/13, Rn. 49: der VGH Kassel hält es richtigerweise für alleine nicht ausreichend, wenn der selbstständige Unternehmensteil eine eigene Gewinn- und Verlustrechnung aufstellt. Dieses erstmals mit § 41 Abs. 5 Satz 3 EEG 2012 als Voraussetzung für eine Antragstellung eingeführt Merkmal stelle weder vor noch nach der Neufassung des § 41 EEG 2012 ein aussagekräftiges Merkmal für die Selbstständigkeit des Unternehmensteils dar, sondern eine Folgebestimmung; dieser Gedanke ist entsprechend auf § 64 Abs. 5 S. 3 anzuwenden.

510 Vgl. BFH, Urt. v. 10.3.1998, VIII R 31/95, BFH-NV 1998, 1209, 1210; BFH, Urt. v. 24.4.1969, IV R 202/68, BFHE 95, 323 f.

511 Vgl. BFH, Urt. v. 24.8.1989, IV R 120/88, BStBl. II 1990, 55, 57; *Greil*, StuW 2011, 84, 85.

unterstellt werden, wenn beim selbstständigen Unternehmensteil zum Beispiel ein vom restlichen Teil des Unternehmens verschiedenes Personal zum Einsatz kommt.[512]

Der selbstständige Unternehmensteil muss sich des Weiteren **im Zeitablauf als funktions- 219 fähiger Teilbetrieb erwiesen haben**, deren betriebliche Tätigkeit im Wesentlichen unverändert fortgeführt werden kann.[513] Das bedeutet, dass für das Bestehen einer betrieblichen Lebensfähigkeit des selbstständigen Unternehmensteils ein Herauslösen des selbstständigen Unternehmensteils aus dem Rechtsträger nicht zu einem Verlust seiner selbstständigen Funktionsfähigkeit führen darf.[514] Perspektivisch muss die Fortführung der betrieblichen Tätigkeit im Unternehmensteil gegeben sein.[515] Aus diesem Grund gehört ein eigener Kunden- und Lieferantenkreis[516] und die Gewinnerzielungsabsicht mit außenstehenden Dritten[517] zu den begriffsnotwendigen Voraussetzungen eines selbstständigen Unternehmensteils, da dieser ansonsten nicht lebensfähig wäre. Innerbetriebliche Organisationseinheiten, die nicht am Markt durch eigene Leistungsangebote tätig werden, können kein selbstständiger Unternehmensteil innerhalb eines Rechtsträgers sein.[518] So liegt beispielsweise kein selbstständiger Unternehmensteil vor, wenn ein Unternehmen nur organisatorisch nach örtlichen oder fachlichen Gesichtspunkten gegliedert ist.[519] Auch Betriebsabteilungen, wie etwa die Buchhaltung, die Lagerabteilung, die Personalabteilung oder auch der Einkauf und der Vertrieb stellen keine selbstständige Unternehmensteile des produzierenden Gewerbes dar.[520] Teile eines Unternehmens, die lediglich Bestandteil eines Produktionsprozesses oder einer Produktionskette sind, bilden ebenso keinen selbstständigen Unternehmensteil, wenn nicht weitere, wesentliche betriebliche Funktionsbereiche dazugehören.[521] Zwingend ist – jedenfalls nach der entsprechenden Ergänzung durch die Novelle zum 1.8.2014 – in jedem Fall, dass der selbstständige Unternehmensteil seine Leistungen selbst auf einem externen Markt anbietet. Die **Möglichkeit der jederzeitigen rechtlichen Verselbstständigung** ist im Übrigen als grundsätzlich schwaches Abgrenzungskriterium einzustufen. Der VGH Kassel weist zu Recht darauf hin, dass rechtliche Verselbstständigungen etwa in Form einer Veräußerung mit korrespondierender vertraglicher Absicherung der beteiligten Parteien hinsichtlich der jeweiligen Rechte und Pflichten ohne Weiteres nahezu jederzeit möglich sein dürfte.[522] Dennoch ist auch dieser Aspekt im Rahmen der anzustellenden Gesamtwürdigung der Abgrenzungskriterien mit einzustellen und kann durchaus als Beleg für das Vorliegen eines selbstständigen Unternehmensteils herangezogen werden.

---

512 Vgl. BFH, Urt. v. 18.6.1998, IV R 56/97, 3. Orientierungssatz; BFH, Urt. v. 2.8.1978, I R 78/76, BFHE 126, 24, 27.

513 Vgl. BR-Drs. 341/11, S. 167; BT-Drs. 17/6071, S. 85; BFH, Urt. v. 22.11.1972, I R 124/70, BFHE 108, 202, 206; *Greil*, StuW 2011, 84, 87; BMF v. 16.8.2000, IV C 2 – S 1909 – 23/00, BStBl. I 2000, 1253.

514 Vgl. *Greil*, StuW 2011, 84, 85.

515 Vgl. BAFA, Merkblatt für stromkostenintensive Unternehmen, Stand: 27.8.2014, S. 21.

516 Vgl. BFH, Urt. v. 24.8.1989, IV R 120/88, BStBl. II 1990, 55, 56; BFH, Urt. v. 15.3.1984, IV R 189/81, BStBl. II 1984, 486; BFH, Urt. v. 26.6.1975, VIII R 39/74, BStBl. II 1975, 832, 833, Leitsatz; *Greil*, StuW 2011, 84, 86.

517 Vgl. BFH, Urt. v. 22.12.1993, I R 62/93, BFHE 173, 163, 165; BFH, Urt. v. 4.7.1973, I R 154/71; *Greil*, StuW 2011, 84, 86.

518 Vgl. BFH, Urt. v. 22.12.1993, I R 62/93, BFHE 173, 163, 165.

519 Vgl. BFH, Urt. v. 23.11.1988, X R 1/86, BFHE 155, 521 ff.

520 Vgl. *Greil*, StuW 2011, 84, 86.

521 Vgl. BT-Drs. 17/6071, S. 85.

522 VGH Kassel, Urt. v. 9.1.2014, 6 A 1999/13, Rn. 40.

220 Der selbstständige Unternehmensteil muss außerdem nachweisen, dass seine **Erlöse wesentlich mit externen Dritten erzielt** werden. Obwohl diese Voraussetzung erst mit dem EEG 2014 explizit in den Gesetzeswortlaut aufgenommen wurde, hat das Bundesamt für Wirtschaft und Ausfuhrkontrolle bereits im Rahmen der Umsetzung des EEG 2012 auf vorhandenen Umsätzen mit externen Dritten bestanden.[523] Für die Beantwortung der wichtigen Frage, ob und inwieweit bestimmte Aufwendungen und Erlöse im Rahmen der Berechnung der Bruttowertschöpfung nach dem EEG 2014 nach der Definition des Statistischen Bundesamtes, Fachserie 4, Reihe 4.3 zu berücksichtigen sind, ist insbesondere entscheidend, ob diese durch Liefer- und Leistungsbeziehungen mit externen Dritten entstanden sind. Das Bundesamt für Wirtschaft und Ausfuhrkontrolle akzeptiert bei der Ermittlung der ansatzfähigen Aufwendungen und Erlöse insofern ausschließlich solche Positionen, die aus Geschäftsvorfällen mit externen Dritten resultieren.[524] Dies gilt beispielsweise für Vorleistungen oder auch die Position Stromkosten des selbstständigen Unternehmensteils; entfallen diese auf interne und externe Umsatzerlöse, sind nur diejenigen Anteile der entsprechenden Positionen im Rahmen der Bruttowertschöpfungsberechnung anzusetzen, die auf externe Umsatzerlöse entfallen.[525]

221 Als externe Dritte i. S. d. § 64 Abs. 5 S. 2 sind auch konzernrechtlich mit dem antragstellenden selbstständigen Unternehmensteil verbundene eigenständige juristische Personen anzusehen. Etwas anderes gilt hingegen für andere Unternehmensteile desselben Rechtsträgers; diese sind gerade nicht als externe Dritte einzustufen. Diese Unterscheidung führt dazu, dass sich Konzernumlagen nur insofern für den selbstständigen Unternehmensteil bruttowertschöpfungsverringernd auswirken können, als sie Aufwendungen darstellen, die auf Vorleistungen beruhen, die von externen Dritten erbracht wurden.[526]

222 Neu in die Vorgaben für selbstständige Unternehmensteile aufgenommen wurde außerdem die Vorgabe, dass die mit externen Dritten erzielten Erlöse **wesentlich** sein müssen. Als wesentlich sind Erlöse mit externen Dritten dann einzustufen, wenn sie einen bedeutenden, nicht zu vernachlässigenden Anteil an den Gesamtumsätzen des selbstständigen Unternehmensteils ausmachen. Ausdrücklich nicht erforderlich ist, dass die Erlöse den größten oder einen überwiegenden Anteil an den Gesamtumsätzen darstellen.[527] Letzteres ergibt sich bereits aus der Gesetzgebungshistorie, da im Referentenentwurf des BMWi vom 31.3.2014 noch verlangt wurde, dass „ganz überwiegende" Erlöse mit externen Dritten vorliegen; davon hat der Gesetzgeber ganz ausdrücklich Abstand genommen. Zur Beantwortung der Frage, welcher konkrete Mindestanteil auf Erlöse mit externen Dritten entfallen muss, kann nach den obigen Erwägungen zunächst festgehalten werden, dass dieser Anteil jedenfalls weniger als die Hälfte der Gesamterlöse ausmachen muss. Das EEG 2014 spricht noch an einer weiteren Stelle von einer Wesentlichkeitsschwelle. In § 64 Abs. 3 Nr. 1 c) wird für die Prüfung der Bruttowertschöpfung eine Wesentlichkeitsschwelle von fünf Prozent statuiert. Eine Übertragung dieses Schwellenwertes auf die Höhe der nachzuweisenden Umsätze mit externen Dritten kann indes aufgrund der völlig unterschiedlichen inhaltlichen Anknüpfungspunkte nicht überzeugen. Ein Wesentlichkeitskriterium findet sich jedoch in

---

523 Vgl. BT-Drs. 18/1891, S. 213; zur Kritik an der Praxis des BAFA siehe auch *Baumann/Helmes*, ER 2013, 131, 135.
524 Vgl. BAFA, Merkblatt für stromkostenintensive Unternehmen, Stand: 27.8.2014, S. 22.
525 Vgl. BAFA, Merkblatt für stromkostenintensive Unternehmen, Stand: 27.8.2014, S. 22.
526 Vgl. BAFA, Merkblatt für stromkostenintensive Unternehmen, Stand: 27.8.2014, S. 22.
527 Vgl. *Kachel*, NVwZ 2014, 1122, 1125.

verschiedensten weiteren Gesetzen und Verordnungen, wobei hier die unterschiedlichsten Schwellenwerte anzutreffen sind. Für die Höhe der mit externen Dritten zu erzielenden Umsätze i. S. d. § 64 Abs. 5 S. 2 erscheint eine Größenordnung von 10–20 Prozent für sachgerecht. Eine Anleihe kann insofern beispielsweise an die ständige Rechtsprechung zu §§ 15 Abs. 2 S. 1, 21 Abs. 1 S. 1 Nr. 1 EStG, § 2 Abs. 1 S. 2 GewStG[528] oder § 1 Abs. 3 AStG[529] genommen werden.

Für das Vorliegen eines selbstständigen Unternehmensteils ist das Gesamtbild der Verhält- **223** nisse entscheidend.[530] Es hat durch die Behörde eine **Gesamtwürdigung des Einzelfalles** zu erfolgen.[531] Die Voraussetzungen sind an oben Genanntem zu messen, entscheidend bleibt aber dennoch das Gesamtbild der Verhältnisse, das nach der Würdigung des Einzelfalls zu bestimmen ist.[532] Es ist im Rahmen der Gesamtwürdigung zu berücksichtigen, dass diese Merkmale nicht sämtlich und in gleicher Ausprägung vorliegen müssen; der Teilbetrieb erfordert lediglich eine gewisse Selbstständigkeit gegenüber dem Hauptbetrieb. Es muss insofern noch ein Gefälle vom ganzen Betrieb zum Teilbetrieb bleiben. Dies bedeutet für die Beurteilung der Frage, ob im Einzelfall ein Teilbetrieb vorliegt, dass die einzelnen Abgrenzungsmerkmale nur Indizien für das Vorliegen eines Teilbetriebes sein können. Die Voraussetzungen müssen durch den Antragsteller trotz des Untersuchungs- und Amtsermittlungsgrundsatzes gemäß § 24 Abs. 1 VwVfG, § 86 Abs. 1 VwGO dargelegt und bewiesen werden. Über das Vorliegen eines selbstständigen Unternehmensteils i. S. d. § 64 Abs. 5 S. 2 hat letztendlich das Bundesamt für Wirtschaft und Ausfuhrkontrolle im Rahmen des Verwaltungsverfahrens zu entscheiden. Dabei wurde vom VGH Kassel klargestellt, dass der Begriff der Selbstständigkeit auslegungsbedürftig und -fähig ist und dass eine vollumfängliche Überprüfung durch die Verwaltungsgerichte möglich ist.[533]

Hinsichtlich der im Rahmen einer Bescheinigung gemäß § 64 Abs. 3 Nr. 1 c) erfolgten Be- **224** stätigung des Vorliegens der Voraussetzungen eines selbstständigen Unternehmensteils durch einen Wirtschaftsprüfer, eine Wirtschaftsprüfungsgesellschaft, einen vereidigten Buchprüfer oder eine Buchprüfungsgesellschaft ist zu berücksichtigen, dass diese weder für das Bundesamt für Wirtschaft und Ausfuhrkontrolle noch für Gerichte bindend ist. Entsprechende Bestätigungen der s. g. dazu befähigten Berufsgruppen waren in Antragsverfahren gemäß § 41 Abs. 2 EEG 2009 und EEG 2012 zwar keine vom Gesetz ausdrücklich geforderte Voraussetzung, wurden aber vom Bundesamt für Wirtschaft und Ausfuhrkontrolle regelmäßig eingefordert. Auch im novellierten § 64 findet sich keine entsprechende Verpflichtung, wenn gleich in der Gesetzesbegründung verlangt wird, dass „in der Wirtschaftsprüfer-Bescheinigung nach Absatz 3 Nummer 1 Buchstabe (...) die Merkmale eines selbstständigen Unternehmensteils geprüft und bestätigt werden [müssen]".[534]

c) Erstellung und Prüfung von Bilanz und Gewinn- und Verlustrechnung (Abs. 5 S. 3 **225** **und 4).** Nach § 64 Abs. 5 S. 3 sind für den selbstständigen Unternehmensteil eine eigene Bilanz und eine eigene Gewinn- und Verlustrechnung in entsprechender Anwendung der

---

528 Vgl. FG Köln, Urt. v. 9.3.2006, 15 K 801/03, DStRE 2006, 1254.

529 Vgl. *Kraft*, Außensteuergesetz, Rn. 452.

530 Vgl. BR-Drs. 341/11, S. 167; BT-Drs. 17/6071, S. 85; BFH, Urt. v. 12.9.1979, I R 146/76, BFHE 129, 62, 64.

531 Vgl. BR-Drs. 341/11, S. 167; BT-Drs. 17/6071, S. 85.

532 VGH Kassel, Urt. v. 9.1.2014, 6 A 71/13, Rn. 44.

533 VGH Kassel, Urt. v. 9.1.2014, 6 A 71/13, Rn. 35.

534 Vgl. BT-Drs. 18/1892, S. 204.

für alle Kaufleute geltenden Vorschriften des Handelsgesetzbuches aufzustellen. Die Voraussetzung ist dabei unabhängig von den Tatbestandsmerkmalen des selbstständigen Unternehmensteils nach Satz 2 zu betrachten. Bei der Auslegung des Begriffs der Selbstständigkeit spielt die Erstellung der eigenen Gewinn- und Verlustrechnung im Zeitpunkt der Antragstellung keine Rolle. Ein Kriterium zur Abgrenzung kann es schon deshalb nicht darstellen, da es nicht im Satz 2 geregelt ist.[535]

226 Die Bilanz und die Gewinn- und Verlustrechnung nach § 64 Abs. 5 S. 3 sind gemäß § 64 Abs. 5 S. 4 in entsprechender Anwendung der §§ 317–323 HGB zu prüfen.[536] Der selbstständige Unternehmensteil muss eine **eigene Bilanz und Gewinn- und Verlustrechnung aufstellen und diese prüfen lassen,**[537] obwohl dieser über kein eigenes Geschäftsjahr verfügt.[538] Entweder mittelbar auf der Grundlage des Jahresabschlusses des Unternehmens oder auf unmittelbarer eigener Basis muss die Bilanz und Gewinn- und Verlustrechnung für den selbstständigen Unternehmensteil aufgestellt werden. Im weiteren Schritt kann dann darauf aufbauend die Überleitungsrechnung vom Jahresabschluss des selbstständigen Unternehmensteils auf die Bruttowertschöpfung vorgenommen werden. Es kann zur Überleitung in die Bruttowertschöpfungsrechnung des selbstständigen Unternehmensteils nicht allein auf den Jahresabschluss des Rechtsträgers zurückgegriffen werden. Die Aufstellung der Bilanz und der Gewinn- und Verlustrechnung des selbstständigen Unternehmensteils obliegt den gesetzlichen Vertretern des Rechtsträgers des selbstständigen Unternehmensteils.[539]

227 Durch das Erfordernis der Aufstellung und Prüfung einer eigenen Bilanz und Gewinn- und Verlustrechnung muss eine plausible und willkürfreie **Zuordnung** von Aktiv- und Passivposten sowie Aufwendungen und Erträgen betreffend die rechtliche Einheit zu dem selbstständigen Unternehmensteil vorgenommen werden. Ansatz und Bewertung der Aktiv- und Passivposten haben nach den für alle Kaufleute geltenden **Vorschriften des Handelsgesetzbuchs** zu erfolgen.[540] Dies kann einen administrativen Mehraufwand bedeuten,[541] der sich jedoch aufgrund der gelebten Realität des selbstständigen Unternehmensteils in Grenzen hält.

228 Zu den **Stromkosten** bei einem selbstständigen Unternehmensteil i. S. d. § 64 Abs. 1 Nr. 2 zählen nicht diejenigen Kosten, die für den Strombezug aus anderen selbstständigen Unternehmensteilen desselben Rechtsträgers zu entrichten sind, soweit es sich bei diesen Strommengen um solche handelt, die von einem Elektrizitätsversorgungsunternehmen bezogen und vom selbstständigen Unternehmensteil selbst verbraucht worden sind.[542]

229 Die zugrunde gelegten Bilanzierungs- und Bewertungsmethoden einschließlich der Grundsätze zur Zuordnung, zur Schlüsselung und zur Abbildung der internen Leistungsbeziehungen **(Rechnungslegungsgrundsätze)** müssen von den gesetzlichen Vertretern in einem Er-

---

535 VGH Kassel, Urt. v. 9.1.2014, 6 A 71/13, Rn. 43.
536 Bilanzen bei Teilbetrieben: Budde/Förschle/*Anders*, Sonderbilanzen, M, VII. Einkommensteuerliche Folgen einer Realteilung, Rn. 53 ff.
537 Vgl. BT-Drs. 17/6071, S. 85.
538 Vgl. Frenz/Müggenborg/*Posser/Altenschmidt*, § 41 Rn. 28.
539 Vgl. *Appel/Vollstädt*, BB 2012, 1398, 1399.
540 Vgl. BT-Drs. 17/6247, S. 23.
541 Vgl. BT-Drs. 17/6247, S. 23.
542 Vgl. a. A. wohl *Kachel*, ZUR 2012, 32, 37.

läuterungsteil angemessen beschrieben werden und vom Wirtschaftsprüfer oder vereidigten Buchprüfer auf ihre Angemessenheit geprüft werden. Die zugrunde gelegten Methoden müssen geeignet, vollständig, verlässlich, neutral und verständlich sein.[543]

6. Begriffsbestimmungen (Abs. 6). Durch neu in § 64 Abs. 6 des EEG 2014 aufgenommene Begriffsbestimmungen soll ein einheitliches Verständnis der Begriffe Bruttowertschöpfung und Stromkostenintensität sichergestellt werden. Damit treten neben die schon bislang im Gesetz enthaltene Definition der Abnahmestelle zwei weitere Begriffsbestimmungen, wobei in der Vergangenheit insbesondere die Definition der Bruttowertschöpfung immer wieder Gegenstand von Diskussionen war.   230

a) Abnahmestelle (Abs. 6 Nr. 1). Die **Definition der Abnahmestelle** ist erstmals mit dem EEG 2004 in § 16 Abs. 2 S. 4 EEG 2004 eingefügt worden. Danach war als Abnahmestelle die Summe aller räumlich zusammenhängenden elektrischen Einrichtungen des Unternehmens auf einem Betriebsgelände, das über einen oder mehrere Entnahmepunkte mit dem Netz des Netzbetreibers verbunden ist, definiert.   231

Die Definition der Abnahmestelle ist durch die **Novelle 2012** an zwei Stellen verschärft worden.[544] Gemäß § 41 Abs. 4 EEG 2012 war nunmehr die Summe aller räumlich *und physikalisch* zusammenhängenden elektrischen Einrichtungen auf einem *in sich abgeschlossenen* Betriebsgelände maßgebend.[545]   232

Die Begriffsbestimmung der Abnahmestelle in § 64 Abs. 6 Nr. 1 stimmt weitgehend mit der bisherigen Definition des EEG 2012 überein. Es werden zusätzlich Eigenversorgungsanlagen berücksichtigt, da auch für selbst erzeugte und selbst verbrauchte Strommengen die Möglichkeit der Begrenzung im Rahmen der Besonderen Ausgleichsmöglichkeit vorgesehen ist. Die Eigenversorgungsanlagen sind nunmehr als Teil der Abnahmestelle mit der sie sich zusammen auf einem in sich abgeschlossenen Betriebsgelände befinden, zu betrachten.[546] Ab dem Antragsjahr 2015 muss jede Abnahmestelle außerdem über Stromzähler an allen Entnahmepunkten und Eigenversorgungsanlagen verfügen.   233

Eine Abnahmestelle i. S. d. EEG 2014 ist aa) die Summe aller räumlich und physikalisch zusammenhängenden elektronischen Einrichtungen einschließlich der Eigenversorgungsanlagen eines Unternehmens, die sich bb) auf einem in sich abgeschlossenen Betriebsgelände befinden, und cc) über einen oder mehrere Entnahmepunkte mit dem Netz des Netzbetreibers verbunden sind; dd) sie muss über eigene Stromzähler an allen Entnahmepunkten und Eigenversorgungsanlagen verfügen.   234

Die Abnahmestelle ist Anknüpfungspunkt für die Voraussetzung des § 64 Abs. 1 Nr. 1 und für die Begrenzungswirkung des § 64 Abs. 2. Mit der Begriffsbestimmung der Abnahmestelle stellt der Gesetzgeber klar, dass mit der Abnahmestelle nicht jede einzelne Kuppelstelle zwischen dem Unternehmen und dem Netz gemeint ist. Es hat vielmehr eine wertende Betrachtung aller vorhandenen Verbindungsstellen auf einem Betriebsgelände zu erfolgen.[547] Damit wird zum einen sicherheitstechnischen Zwängen, wie etwa dem Bezug   235

---

543 Vgl. IDW PS 970, Prüfungen nach dem Erneuerbare-Energien-Gesetz, WPg Supplement 4/2012; *Appel/Vollstädt*, BB 2012, 1398, 1399 f.
544 Vgl. a. A. Altrock/Oschmann/Theobald/*Müller*, § 41 Rn. 56.
545 Vgl. BT-Drs. 17/6071, S. 19.
546 Vgl. BT-Drs. 18/1891, S. 213.
547 Vgl. BT-Drs. 17/6071, S. 84.

aus Netzen verschiedener Spannungsebenen, Rechnung getragen. Zum anderen ist Hintergrund der Bestimmung, dass Vorkehrungen zu treffen sind, wie z. B. die Schaffung mehrerer Verbindungen, um in Revisionszeiten die Stromversorgung nicht zu gefährden.[548] Entscheidend für die Betrachtung der Verbindungsstellen ist, dass sie in der Dispositionsbefugnis des antragstellenden Unternehmens stehen.[549]

236 **aa) Räumlich und physikalisch zusammenhängende elektrische Einrichtungen.** Für eine Abnahmestelle müssen die elektrischen Einrichtungen des Unternehmens räumlich und physikalisch zusammenhängen.[550] Der unbestimmte Rechtsbegriff der räumlich und physikalisch zusammenhängenden elektrischen Einrichtungen ist weder im EEG noch in vergleichbaren Gesetzen legal definiert. Der Begriff der zusammenhängenden elektrischen Einrichtungen weicht zwar von dem in § 5 Nr. 26 zur Definition eines Netzes herangezogene Formulierung der miteinander verbundenen technischen Einrichtungen ab, jedoch sind beide Formulierungen inhaltlich nicht grundsätzlich verschieden.[551]

237 Die elektrischen Einrichtungen umfassen nicht nur die einzelnen **Kuppelstellen zwischen dem Netz der allgemeinen Versorgung und dem Betriebsgelände** des Unternehmens, sondern auch alle für den Strombezug erforderlichen Einrichtungen. Dazu gehören Leitungen, Kabel, Transformatoren, Umspannwerke und Schaltanlagen mit den entsprechenden Sicherungs- und Überwachungseinrichtungen.[552]

238 Die Gesamtheit der räumlich und physikalisch zusammenhängenden elektrischen Einrichtungen muss über einen oder mehrere Entnahmepunkte mit dem Netz des Netzbetreibers verbunden sein.[553] Es hat eine **wertende Zusammenfassung** aller auf einem Betriebsgrundstück vorhandenen Verbindungsstellen zu erfolgen. Dies erfolgt, um den oben genannten technischen Zwängen, wie Vorkehrungsmaßnahmen für Wartungs- oder Spannungsabfallzeiten oder der Verbesserung der Versorgungssicherheit, Rechnung zu tragen.[554] So handelt es sich um eine Abnahmestelle, wenn ein Bergwerk über mehrere Kilometer entfernte und mit dem Netz des Netzbetreibers verbundene Entnahmepunkte verfügt, die über die verschiedenen Stollen auf dem in sich abgeschlossenen unterirdischen Betriebsgelände physikalisch miteinander verbunden sind.[555]

239 Die **elektrischen Einrichtungen** des Unternehmens müssen nicht auf dem Betriebsgelände **untereinander physikalisch verbunden** sein. Aber sie müssen zumindest bei den Entnahmepunkten auf dem Betriebsgelände des Unternehmens aufeinandertreffen. Jedoch liegen unterschiedliche räumlich und physikalisch elektrische Einrichtungen vor, wenn auf einem Betriebsgelände mehrere hinsichtlich der Stromversorgung unabhängige und räum-

---

548 Vgl. BT-Drs. 17/6071, S. 84; BT-Drs. 16/8148, S. 66; BT-Drs. 15/2864, S. 51.
549 Vgl. BT-Drs. 17/6071, S. 84.
550 Vgl. BAFA, Merkblatt für stromkostenintensive Unternehmen, Stand: 27.8.2014, S. 20.
551 Vgl. Reshöft/Schäfermeier/*Jennrich*, § 41 Rn. 105.
552 Vgl. BT-Drs. 17/6071, S. 85 f.; BT-Drs. 16/8148, S. 66; BT-Drs. 15/2864, S. 51; BAFA, Merkblatt für stromkostenintensive Unternehmen, Stand: 27.8.2014, S. 20.
553 Vgl. BR-Drs. 341/11, S. 166; BT-Drs. 17/6071, S. 84.
554 Vgl. BR-Drs. 341/11, S. 166; BT-Drs. 17/6071, S. 84; BT-Drs. 16/8148, S. 66; BT-Drs. 15/2864, S. 51; *Kachel*, ZUR 2012, 32, 37; Frenz/Müggenborg/*Posser/Altenschmidt*, § 41 Rn. 39.
555 Vgl. Reshöft/Schäfermeier/*Jennrich*, § 41 Rn. 106.

lich voneinander getrennte Areale existieren, die auch nicht bei den einzelnen Entnahmepunkten aufeinandertreffen.[556]

Die **elektrischen Einrichtungen** müssen in der **Dispositionsbefugnis des Unternehmens**   **240**
liegen.[557] Sie müssen dem Unternehmen wirtschaftlich zugerechnet werden. Die elektrischen Einrichtungen müssen sich nicht im Eigentum des Unternehmens befinden.

Da § 64 Abs. 6 auch auf **selbstständige Unternehmensteile** anwendbar ist, sind bei selbst-   **241**
ständigen Unternehmensteilen nur elektrischen Einrichtungen des selbstständigen Unternehmensteils zu berücksichtigen. Unbeachtlich bleiben diejenigen Einrichtungen, die zum Unternehmen, innerhalb dessen der selbstständige Unternehmensteil angesiedelt ist, gehören. Die auf dem Betriebsgelände des selbstständigen Unternehmensteils belegenen Kuppelstellen sind der Abnahmestelle zuzurechnen, wenn eine Verknüpfung mit dem Netz des Netzbetreibers besteht.[558]

bb) Betriebsgelände. Die räumlich und physikalisch zusammenhängenden elektrischen   **242**
Einrichtungen müssen sich **auf einem in sich abgegrenzten und in sich geschlossenen Betriebsgelände** befinden. Entscheidend hierfür ist, dass sich das Betriebsgelände für einen außenstehenden Dritten als Einheit darstellt. Daher können unterschiedliche Abnahmestellen bereits dadurch vorliegen, dass sich auf einem Betriebsgelände mehrere hinsichtlich der Stromversorgung unabhängige und räumlich getrennte Bereiche befinden. Verfügt ein Unternehmen hingegen schon über mehrere Betriebsgelände, können deren Strombezüge begriffsnotwendig nicht einer Abnahmestelle zugerechnet werden.[559] Der räumliche Zusammenhang der elektrischen Einrichtungen wird regelmäßig durch die Zugehörigkeit zum Betriebsgelände hergestellt.[560]

Der Begriff **Betriebsgelände** ist anhand seiner topographischen Betrachtung zu bestim-   **243**
men.[561] Entsprechend dem bürgerlich-rechtlichen Grundstücksbegriff ist ein Grundstück ein „abgegrenzter Teil der Erdoberfläche, der im Bestandsverzeichnis eines Grundbuchblattes unter einer besonderen Nummer eingetragen oder gem. § 3 Abs. 3 Grundbuchordnung (GBO) gebucht ist, sowie deren Bestandteile".[562] Ein Betriebsgelände umfasst einen in sich abgegrenzten Teil der Erdoberfläche, der der gewerblichen Nutzung dient und auf dem Betriebsanlagen und Betriebsmittel eines Unternehmens organisatorisch zusammengefasst sind. Der Betriebsgeländebegriff des Erneuerbare-Energien-Gesetzes ist nicht identisch mit dem Begriff des Grundstücks des Bürgerlichen Gesetzbuches. Ein Betriebsgelände kann mehrere Grundstücke oder auch nur ein Teil eines Grundstückes umfassen. Wie das Beispiel des Bergwerkes zeigt, kann ein Betriebsgelände auch unterirdisch belegen sein. Aus den Grundbucheintragungen lässt sich daher nur für den Regelfall eine Abgrenzung des Betriebsgeländes vornehmen.[563]

---

556 Vgl. BR-Drs. 341/11, S. 166; BT-Drs. 17/6071, S. 85; Altrock/Oschmann/Theobald/*Müller*, § 41
    Rn. 61.
557 Vgl. BT-Drs. 17/6071, S. 84; *Kachel*, ZUR 2012, 32, 37.
558 Vgl. *Salje*, EEG, § 41 Rn. 22.
559 Vgl. BAFA, Merkblatt für stromkostenintensive Unternehmen, Stand: 27.8.2014, S. 20.
560 Vgl. BT-Drs. 17/6071, S. 84 f.
561 Vgl. VG Frankfurt am Main, Urt. v. 12.4.2012, 1 K 1987/10.F.
562 Vgl. *Palandt*, Vor § 90 Rn. 3; *Salje*, EEG, § 41 Rn. 19.
563 Vgl. Reshöft/Schäfermeier/*Jennrich*, § 41 Rn. 109.

244 Auch bei **räumlich getrennten Bereichen**, wenn beispielsweise das Betriebsgelände durch eine öffentliche Straße in zwei Teile getrennt ist, kann der räumliche Zusammenhang noch gewahrt sein und ein in sich abgeschlossenes Betriebsgelände vorliegen. Ob ein in sich abgeschlossenes Betriebsgelände vorliegt, ist mittels einer wertenden Betrachtungsweise zu ermitteln.[564] Das in sich abgeschlossene Betriebsgelände muss nicht in sich homogen sein. Die technischen Einrichtungen müssen jedoch im Sinne eines einheitlichen Betriebszwecks sinnvoll miteinander verbunden sein. An die Einheitlichkeit des Betriebszwecks sind hohe Anforderungen zu stellen. Ein solcher ist beispielsweise gegeben, wenn die Straßenseiten über direkte Förderbänder, Brücken oder Ähnliches miteinander verbunden sind.[565] Allerdings kann kein einheitlicher Betriebszweck mehr angenommen werden, wenn beispielsweise auf dem durch die Straße getrennten Betriebsgelände unterschiedliche Produktionsstufen oder Produkte hergestellt werden.[566] Funktionelle oder historische Gründe sind für die Beurteilung der Einheitlichkeit des Betriebsgeländes irrelevant.[567]

245 Es liegt kein in sich abgeschlossenes Betriebsgelände mehr vor, wenn zwar die elektrischen Einrichtungen über eine **Distanz von mehreren Kilometern** zusammenhängend sind und sich zwischen den Geländen des Unternehmens beispielsweise Wohnbebauung, Straßen, Felder, Wälder, Hafenanlagen, Flugplätze, öffentliche Einrichtungen oder andere Gewerbebetriebe befinden.[568] Unternehmen, die an mehreren Standorten eines Stadtteils produzieren, können demzufolge nicht ohne Weiteres ihre Strombezüge bündeln. Eine Zusammenrechnung gar aller oder eines Teils der über das Bundesgebiet, ein Bundesland oder eine Stadt verstreuten Entnahmestellen eines Unternehmens zu einer Abnahmestelle ist nicht möglich.[569]

246 Von einem in sich geschlossenen Betriebsgelände ist auszugehen, wenn auf einem Berg mit Steilhängen Kohle oder Natursteine abgebaut werden und über einen Bergweg das Rohmaterial ins Tal zur Bearbeitung in die entsprechenden Betriebsgebäude transportiert wird. In diesem Fall stehen die **Rahmenbedingungen in Gestalt der geographischen Gegebenheiten und die Belegenheit der Rohstoffvorkommen** weder in der Dispositionsbefugnis noch im Einflussbereich des Unternehmens. Damit stehen diese Rahmenbedingungen dem Vorliegen eines in sich abgeschlossenen Betriebsgeländes nicht entgegen. Sind für die **räumliche Trennung vom Unternehmen beeinflussbare Gründe** – wie beispielsweise günstiges Bauland – ausschlaggebend, so spricht dies gegen ein einheitliches Betriebsgelände.[570]

247 Verfügt ein Unternehmen über **verschiedene räumlich getrennte Betriebsgelände**, so können die Strombezüge der einzelnen Entnahmepunkte nicht in ihrer Gesamtheit – als an einer Abnahmestelle bezogen – zusammengerechnet werden.[571] Dementsprechend muss für jede dieser Entnahmepunkte ein gesonderter Antrag zur Besonderen Ausgleichsregelung gestellt werden, wobei die Voraussetzungen für einen Begrenzungsanspruch jeweils

---

564 Vgl. BR-Drs. 341/11, S. 166; BT-Drs. 17/6071, S. 84; Altrock/Oschmann/Theobald/*Müller*, § 41 Rn. 62.
565 Vgl. BAFA, Merkblatt für stromkostenintensive Unternehmen, Stand: 27.8.2014, S. 20.
566 Vgl. *Kachel*, ZUR 2012, 32, 37.
567 Vgl. BR-Drs. 341/11, S. 166; BT-Drs. 17/6071, S. 85; *Kachel*, ZUR 2012, 32, 37.
568 Vgl. BT-Drs. 17/6071, S. 85; *Salje*, EEG, § 64 Rn. 24.
569 Vgl. BT-Drs. 17/6071, S. 85; *Salje*, EEG, § 64 Rn. 23, 25.
570 Vgl. Altrock/Oschmann/Theobald/*Müller*, § 41 Rn. 63.
571 Vgl. BT-Drs. 17/6071, S. 85; Frenz/Müggenborg/*Posser/Altenschmidt*, § 41 Rn. 40.

erfüllt werden müssen.[572] So wird ausgeschlossen, dass Unternehmen mit Kleinproduktionen an verschiedenen Standorten in den Genuss der Begrenzung der EEG-Umlage kommen können.[573]

cc) Verbindung über ein oder mehrere Entnahmepunkte mit dem Netz des Netzbetreibers. Die räumlich und physikalisch zusammenhängenden elektrischen Einrichtungen des Unternehmens müssen über ein oder mehrere Entnahmepunkte mit dem Netz des Netzbetreibers verbunden sein. **Entnahmepunkte** dienen der Verbindung der elektrischen Einrichtungen des Unternehmens mit dem Netz der allgemeinen Versorgung, die durch ihre Zählpunktbezeichnung eindeutig gekennzeichnet sind.[574]

248

Nach § 5 Nr. 26 ist ein **Netz** die Gesamtheit der miteinander verbundenen technischen Einrichtungen zur Abnahme, Übertragung und Verteilung von Elektrizität für die allgemeine Versorgung. Das Elektrizitätsnetz muss aus einer Gesamtheit miteinander verbundener technischer Einrichtungen bestehen. Die miteinander verknüpften Verteilungsleitungen und Einrichtungen umfassen alle Elektrizitätsleitungen und Nebeneinrichtungen, die der Abnahme, Übertragung und Verteilung von Strom dienen.[575] Die elektrischen Einrichtungen des Unternehmens können entweder unmittelbar oder mittelbar mit dem Netz des Netzbetreibers verbunden sein. Die mittelbare Verbindung kann beispielsweise durch private Leitungen oder die Netze bzw. versorgungstechnischen Anlagen Dritter hergestellt werden.[576]

249

Ein **Netz** dient **der allgemeinen Versorgung**, wenn es unmittelbar der Verteilung von Elektrizität an Dritte dient und nicht von vornherein durch seine Dimensionierung nur auf die Versorgung bestimmter feststehender oder bestimmbarer Verbraucher ausgelegt ist.[577] § 64 Abs. 6 Nr. 1 verlangt nicht, dass das Netz der allgemeinen Versorgung dienlich sein muss oder mit Hilfe des Netzes eine tatsächliche allgemeine Versorgung erfolgt. Es muss sich um eine Verbindung mit dem Netz des Netzbetreibers handeln. So liegt ein Netz i. S. d. § 64 Abs. 6 Nr. 1 vor, wenn die Versorgung mit Elektrizität nur für eine bestimmte Anzahl von Unternehmen in einem klar abgegrenzten räumlichen Areal über ein autarkes Netz erfolgt.[578]

250

dd) Eigene Stromzähler an allen Entnahmepunkten und Eigenversorgungsanlagen. Die Abnahmestellen müssen aufgrund einer Ergänzung der Begriffsbestimmung in § 64 Abs. 6 Nr. 1 durch das EEG 2014 nunmehr ausdrücklich auch über eigene Stromzähler an allen Entnahmepunkten und Eigenversorgungsanlagen verfügen. Von dieser Voraussetzung kann im Antragsjahr 2014 noch abgewichen werden; der Übergangsbestimmung in § 103 Abs. 1 Nr. 3 zufolge müssen insofern noch nicht an allen Entnahmepunkten und Eigenerzeugungsanlagen Stromzähler vorhanden sein. Hinweise dafür, ob bestimmte technische Anforderungen an die Beschaffenheit der Stromzähler gestellt werden, gibt weder die Ge-

251

---

572 Vgl. Frenz/Müggenborg/*Posser/Altenschmidt*, § 41 Rn. 40.
573 Vgl. Gerstner/*Lünenbürger*, S. 614: *Lünenbürger* verkennt, dass diese Problematik nicht nur bei verbundenen Unternehmen, sondern insbesondere auch bei einem einzelnen Rechtsträger mit mehreren Standorten gilt.
574 Vgl. BT-Drs. 17/6071, S. 84.
575 Vgl. *Salje*, § 5 Rn. 124 ff.
576 Vgl. Altrock/Oschmann/Theobald/*Müller*, § 41 Rn. 64.
577 Vgl. BT-Drs. 16/8148, S. 40.
578 Vgl. a. A. Altrock/Oschmann/Theobald/*Müller*, § 41 Rn. 64.

setzesbegründung noch das Bundesamt für Wirtschaft und Ausfuhrkontrolle in seinem aktuellen Merkblatt.[579] Daher kann davon ausgegangen werden, dass insbesondere die Installation der den Technische Mindestanforderungen an Messeinrichtungen des jeweils zuständigen Netzbetreibers entsprechenden Stromzähler den Anforderungen im Sinne des neu eingeführten Erfordernisses genügt.

252 Das BAFA hat mit einem Hinweisblatt für stromkostenintensive Unternehmen und selbstständige Unternehmensteile vom 11.11.2014 mitgeteilt, dass es im Rahmen der Besonderen Ausgleichsregelung ab dem Nachweiszeitraum 2015 – also grundsätzlich ab dem 1.1.2015 – nur noch diejenigen Strommengen berücksichtigen wird, die über geeichte Stromzähler erfasst wurden und der jeweiligen Abnahmestelle zugeordnet werden können.[580] Das BAFA stellt in dem Hinweisschreiben klar, dass es die neue Verpflichtung erstmalig für das Nachweisjahr 2015 zur Anwendung kommen lassen will und damit in der Folge erstmalig das Antragsjahr 2016 für die Begrenzung im Jahr 2017 betroffen ist. Vom BAFA wurde außerdem darauf hingewiesen, dass Stromzähler danach auch an allen Entnahmepunkten von nachgelagerten Stromverbrauchern, also insbesondere im Fall von Weiterleitungen durch das antragsstellende Unternehmen an andere Unternehmen, installiert sein müssen und die o. g. Verpflichtungen auch von selbstständigen Unternehmensteilen zu beachten sind. Abschließend wird in dem Hinweisblatt hervorgehoben, dass es aus Sicht des BAFA für eine auch zukünftig erfolgreiche Antragstellung wichtig ist, dass alle Abnahmestellen spätestens zum 1.1.2015 über geeichte Stromzähler an allen Entnahmepunkten verfügen.

253 Zunächst ist hervorzuheben, dass sich die Verpflichtung zur Vorhaltung geeichter Stromzähler ab dem 1.1.2015 nicht auf solche Zähler erstrecken kann, die ausschließlich einer innerbetrieblichen Verbrauchserfassung dienen. In der Praxis vielerorts anzutreffende ungeeichte Stromzähler, die also einzig der Ermittlung von Stromverbräuchen an Verbrauchsstellen ein und derselben juristischen Person dienen und von dieser lediglich für unternehmensinterne Zwecke verwandt werden, unterliegen nicht dem Eicherfordernis (zur Besonderheit in Fällen eines selbstständigen Unternehmensteils gemäß § 64 Abs. 5 EEG 2014 vgl. nachfolgend).

254 Im Übrigen ist darauf hinzuweisen, dass Unternehmen ihrer bereits nach dem Eichrecht bestehenden Verpflichtung zur Verwendung geeichter Zähler im geschäftlichen und amtlichen Verkehr vollumfänglich nachkommen müssen. Insofern enthält das am 28.11.2014 abschließend vom Bundesrat gebilligte und ab dem 1.1.2015 zur Anwendung kommende novellierte Eichrecht (vgl. §§ 31 Abs. 2 Nr. 3, 33 Abs. 1, 37 Abs. 1 MessEG i.V. m. §§ 2, 5 Abs. 1 Nr. 1 f) und Anlage 1 MessEV) umfassende Verpflichtungen zur Verwendung geeichter Zähler, von denen lediglich in den explizit im Gesetz genannten Fällen eine Ausnahme gemacht werden könne; derartige Ausnahmefälle (z. B. bei Messgeräten für Elektrizität, die im geschäftlichen Verkehr eingesetzt werden mit einer höchsten dauernd zulässigen Betriebsspannung von mindestens 123 kV oder bei einer Nennstromstärke von mehr als 5 kA) werden aber in aller Regel nicht einschlägig sein.

---

579 BT-Drs. 18/1891, S. 213; BAFA, Merkblatt für stromkostenintensive Unternehmen, Stand: 27.8.2014, S. 20.
580 BAFA, Hinweisblatt vom 11.11.2014 zum Thema Stromzähler an beantragten Abnahmestellen, abrufbar unter:www.bafa.de/bafa/de/energie/besondere_ausgleichsregelung_eeg/publikationen/ weitere_informationen/hinweise_stromzaehler.pdf, zuletzt abgerufen am 7.1.2015.

Den in anderen Regelungszusammenhängen (z. B. im Stromsteuerrecht oder im KWKG) **255** für ausreichend erachteten Ansatz von Strommengen, die mit Hilfe ungeeichter Zähler erfasst wurden, will das BAFA unter Hinweis auf ohnehin bestehende eichrechtliche Verpflichtungen und das Erfordernis möglichst valider Messdaten nicht gelten lassen.

In vielen Konstellationen wird sich vor dem Hintergrund der obigen Ausführungen insbe- **256** sondere die Weiterleitung von Strommengen an Dritte als problematisch erweisen. Zu denken ist hier beispielsweise an die vielfältigen Versorgungskonstellationen in Industrieparks, gemeinsam durch Unternehmen genutzte Produktions- oder Lagerhallen, Untervermietungs- bzw. Unterverpachtungssachverhalte sowie Differenzmengenerfassungen.

Hier erscheint ein Rückgriff auf ungeeichte Zähler möglich, soweit dies den entsprechen- **257** den Anforderungen des ab dem 1.1.2015 geltenden neuen Mess- und Eichgesetzes (MessEG) entspricht. Das MessEG sieht eine Befreiung vom Eicherfordernis im Rahmen des geschäftlichen Verkehrs insbesondere unter folgenden in § 35 MessEG beschriebenen Voraussetzungen vor:

Zwischen den beteiligten Unternehmen muss ein Einvernehmen hinsichtlich der Verwen- **258** dung nicht geeichter Zähler bestehen; dazu müssen entsprechende schriftliche Erklärungen/Vereinbarungen zwischen den Unternehmen unter Nennung der Messgeräteart vorliegen. Die Betriebsstätten der Unternehmen müssen sich auf derselben räumlich abgegrenzten Fläche befinden. Es muss ein Qualitätssicherungssystem zur Gewährleistung richtiger Messungen bestehen. Die beteiligten Unternehmen müssen jederzeit Zugang zu den Messgeräten haben. Es muss ein Verfahren zur Bildung von Ersatzwerten vereinbart sein.

Um eine entsprechende Befreiung zu erlangen, muss ein Antragsverfahren bei der zustän- **259** digen Eichbehörde durchlaufen werden. Soweit die Voraussetzungen erfüllt sind, muss die zuständige Behörde die auf einen Zeitraum von fünf Jahren befristete Befreiung von der Eichpflicht erteilen. Zwar soll eine Befreiung vom Eicherfordernis gemäß dem Wortlaut des § 35 MessEG grundsätzlich nicht in Konstellationen des amtlichen Verkehrs möglich sein, was eine Einbeziehung der Befreiung im Rahmen des Antragsverfahrens zur Besonderen Ausgleichsregelung in Frage stellen könnte. Indes erscheint es sinnvoll und vor dem Hintergrund des Verhältnismäßigkeitsgrundsatzes auch vertretbar, eine Befreiung gemäß § 35 MessEG auch im Rahmen der Besonderen Ausgleichsregelung zu akzeptieren.

In einem weiteren Hinweisblatt hat das BAFA am 19.12.2014 auf die mit der Umsetzung **260** der eichrechtlichen Erfordernisse verbundene kurze Frist für etwaige umfängliche Nachrüstungen der entsprechenden Abnahmestellen und den damit einhergehenden Schwierigkeiten vieler Unternehmen reagiert und eine Übergangsfrist bis zum 31.3.2015 eingeräumt.[581] Werden bis zu diesem Zeitpunkt die Vorgaben des Mess- und Eichrechts erfüllt, können auch zuvor über nicht geeichte Zähler erfasste Strommengen im Rahmen einer Antragsstellung nach den §§ 63 ff. EEG 2014 durch das BAFA berücksichtigt werden.

Die aufgezeigten Befreiungsmöglichkeiten gemäß § 35 MessEG für Stromweiterleitungen **261** zwischen unterschiedlichen Rechtsträgern können nicht unmittelbar für Weiterleitungskonstellationen gelten, in denen Strommengen von einem selbstständigen Unternehmens-

---

581 BAFA, Hinweisblatt vom 19.12.2014 zum Thema Einbaupficht von Stromzählern, abrufbar unter: www.bafa.de/bafa/de/energie/besondere_ausgleichsregelung_eeg/publikationen/weitere_informationen/ergaenzender_hinweis_stromzaehler_uebergangsfrist.pdf, zuletzt abgerufen am 7.1.2015.

teil an andere Bereiche des identischen Unternehmens weitergeleitet werden. In dieser Konstellation besteht das BAFA grundsätzlich ab dem 31.3.2015 auf geeichten Zählern. Diese Position erscheint jedoch aufgrund der fehlenden eichrechtlichen Verpflichtungen für selbstständige Unternehmensteile zweifelhaft.

262 **b) Bruttowertschöpfung (Abs. 6 Nr. 2).**[582] In § 64 Abs. 6 Nr. 2 wird die Bruttowertschöpfung als Bruttowertschöpfung des Unternehmens zu Faktorkosten unter Verweis auf die Definition des Statistischen Bundesamtes, Fachserie 4, Reihe 4.3, Wiesbaden 2007 erstmalig legal definiert. Bei der Berechnung der Bruttowertschöpfung werden abweichend von der Definition des Statistischen Bundesamtes jedoch die Personalkosten für Leiharbeitsverhältnisse nicht abgezogen. Die Kosten für Leiharbeitnehmer werden wie Personalkosten für eigene Beschäftigte behandelt und sind somit nicht mehr abzugsfähig.[583] Im EEG 2012 wurde die Bruttowertschöpfung zu Marktpreisen verwendet. Die Bruttowertschöpfung zu Faktorkosten unterscheidet sich von der Bruttowertschöpfung zu Marktpreisen dadurch, dass von der Bruttowertschöpfung zu Marktpreisen die indirekten Steuern abgezogen und Subventionen hinzugerechnet werden.[584]

263 Die Bruttowertschöpfung ist eine **volkswirtschaftliche Gesamtrechnung**.[585] Sie umfasst die im Nachweiszeitraum[586] erbrachte wirtschaftliche Leistung.[587] Die erbrachte wirtschaftliche Leistung ist das Ergebnis der typischen und spezifischen Leistungserstellung (Produktion) des Unternehmens und damit Ausdruck aller in der Periode produzierten Waren und erstellten Dienstleistungen zu den am Markt erzielten Preisen.[588] Die Bruttowertschöpfung ist damit der Wert, der den Vorleistungen durch die Bearbeitung hinzugefügt worden ist.[589]

264 Der aus **betriebswirtschaftlichen Gründen** motivierte **Jahresabschluss** besitzt eine andere Zielsetzung als das für **volkswirtschaftliche Zwecke** etablierte Regelwerk der **Bruttowertschöpfung**. So dient der Jahresabschluss insbesondere den Gläubigern, Anteilseignern und Finanzbehörden zur umfassenden und zutreffenden Information der Vermögens-, Schulden- und Erfolgslage des Unternehmens.[590] Die Bruttowertschöpfung ist eine Kennzahl der Entstehungsrechnung der volkswirtschaftlichen Gesamtrechnung. Sie bildet den Gesamtwert der im Produktionsprozess produzierten Waren und Güter abzüglich aller Vorleistungen. Die Bruttowertschöpfung umfasst den im Produktionsprozess geschaffenen

---

582 Ausführlich vgl. unter Rn. 61.

583 BT-Drs. 18/1891, S. 213.

584 Vgl. BAFA, Merkblatt für stromkostenintensive Unternehmen, Stand: 27.8.2014, S. 16; Anhang 4 Abs. 1 S. 1 der Leitlinien, ABl. EU 2014 Nr. C 200, S. 50.

585 Vgl. BT-Drs. 16/8148, S. 65.

586 Gemäß § 103 Abs. 1 Nr. 2 kann für das Antragsjahr 2014 noch das letzte abgeschlossene Geschäftsjahr zugrunde gelegt werden, gemäß § 103 Abs. 2 Nr. 1 die letzten beiden abgeschlossenen Geschäftsjahre und in Zukunft die letzten drei abgeschlossenen Geschäftsjahre.

587 Vgl. BAFA, Merkblatt für stromkostenintensive Unternehmen, Stand: 27.8.2014, S. 16.

588 Vgl. Frenz/Müggenborg/*Posser/Altenschmidt*, § 41 Rn. 44; BAFA, Merkblatt für stromkostenintensive Unternehmen, Stand: 27.8.2014, S. 16.

589 Vgl. *Stappert/Boemke*, REE 2012, 22; eine Kritik zum Begriff der Bruttowertschöpfung i. S. d. EEG formuliert *Junker*, ER 2014, 196 ff.

590 Vgl. *Wöhe/Döring*, Allgemeine Betriebswirtschaftslehre, S. 811.

Mehrwert.[591] Sie dient vorrangig statistischen Zwecken.[592] Der Gesetzgeber hat durch seine Entscheidung für eine volkswirtschaftliche Rechnung als Bezugsgröße bewusst auf ein System verzichtet, das in kaufmännischer Weise alle betriebswirtschaftlichen Elemente des unternehmerischen Handelns berücksichtigt. Der Jahresabschluss und die Bruttowertschöpfung sind demzufolge unterschiedliche Rechnungslegungswerke mit unterschiedlicher Zielsetzung.

Zwischen dem Jahresabschluss und der Bruttowertschöpfung bestehen Unterschiede bei **265** den **Ansatz- und Bewertungsregelungen**.[593] Bei der Ermittlung der Bruttowertschöpfung sind nicht ausschließlich die Maßstäbe und Vorgaben, die an einen handelsrechtlichen Jahresabschluss gestellt werden, entscheidend.[594] Nur wenn die Definition und die entsprechenden begleitenden Erläuterungen zur Ermittlung der Bruttowertschöpfung des Statistischen Bundesamtes, Fachserie 4, Reihe 4.3 keine speziellen Regelungen enthalten, können die gesetzlichen Vorgaben zum handelsrechtlichen Jahresabschlusses als Hilfestellung herangezogen werden. Der Jahresabschluss bildet die Grundlage für die Ermittlung der Bruttowertschöpfung, jedoch müssen in einer separaten Überleitungsrechnung die Ansätze und Bewertungen im Jahresabschluss für die Bruttowertschöpfungsrechnung übergeleitet werden. So finden bestimmte Aufwendungen in der Bruttowertschöpfung keinen Eingang, die aber in der Gewinn- und Verlustrechnung ergebnismindernd zu berücksichtigen sind.[595] Insoweit entstehen Anpassungs- und Abgrenzungsfragen, die wiederum Ansatz- und Bewertungsspielräume eröffnen.[596]

Die Bruttowertschöpfung ist eine gute Bemessungsgrundlage, um die **Produktionsleistun-** **266** **gen** verschiedener Unternehmen aus verschiedenen Wirtschaftszweigen zu vergleichen.[597] Die Bruttowertschöpfung umfasst nach Abzug sämtlicher Vorleistungen die insgesamt vom Unternehmen im letzten abgeschlossenen Geschäftsjahr produzierten Güter und Dienstleistungen zu den am Markt erzielten Preisen.[598] Dies ist bei den am Markt abgesetzten Güter und Dienstleistungen der Nettoumsatz in den Rechnungen.[599] Wurden die Güter noch nicht am Markt abgesetzt, so sind diese Bestände nach den handelsrechtlichen Ansatz- und Bewertungsmaßstäben zu berücksichtigen.[600] Bei ihrer Bruttowertschöpfungsermittlung bleibt wie bei der Stromkostenermittlung i. S. d. § 64 Abs. 1 Nr. 2 die Umsatzsteu-

---

591 Vgl. Statistisches Bundesamt, Bruttowertschöpfung, 2; VG Frankfurt am Main, Urt. v. 6.11.2008, 1 E 4365/07 (V).
592 Vgl. Statistisches Bundesamt, Bruttowertschöpfung, S. 1 Zweck, Art und Umfang der Erhebung der Information zur Kostenstrukturerhebung für das Jahr 2006 bei Unternehmen des Verarbeitenden Gewerbes sowie des Bergbaus und der Gewinnung von Steinen und Erden.
593 Vgl. BAFA, Merkblatt für Unternehmen des produzierenden Gewerbes (2013), S. 10.
594 Vgl. Hess. VGH, Urt. v. 14.9.2011, 6 A 2864/09.
595 Vgl. BAFA, Merkblatt für Unternehmen des produzierenden Gewerbes (2013), S. 10.
596 Vgl. BAFA, Analyse der Gestaltungsmöglichkeiten beim Verhältnis der Stromkosten zur Bruttowertschöpfung, S. 2; kritisch auch: *Junker*, ER 2014, S. 196, 198.
597 Vgl. Altrock/Oschmann/Theobald/*Müller*, § 41 Rn. 13.
598 Vgl. BT-Drs. 16/8148, S. 65; Altrock/Oschmann/Theobald/*Müller*, § 41 Rn. 16; Frenz/Müggenborg/*Posser/Altenschmidt*, § 41 Rn. 44.
599 Vgl. *Salje*, EEG, § 64 Rn. 39.
600 Vgl. *Salje*, EEG, § 64 Rn. 39: *Salje* spricht in diesem Fall anstelle der Berücksichtigung der Bestände anhand von handelsrechtlichen Ansatz- und Bewertungsmaßstäben von der Berücksichtigung zu Marktpreisen.

er unberücksichtigt.[601] Damit ist die Bruttowertschöpfung der Wert, der den Vorleistungen durch eigene Leistungen des Unternehmens hinzugefügt worden ist.[602] Da die Stromkosten selber nicht Teil der Bruttowertschöpfung sind, kann der Wert auch größer als 100 sein.[603]

267   Von dieser Ausgangsgröße werden die sonstigen indirekten Steuern für die laufende Produktion abzogen, wobei Subventionen außen vor bleiben. Sonstige indirekte Steuern werden als Kostensteuern behandelt und umfassen als abzugsfähige Positionen unter anderem die Grundsteuer, Gewerbesteuer, Kraftfahrzeugsteuer, und Verbrauchssteuern, die das Unternehmen auf die selbst hergestellten verbrauchsteuerpflichtigen Erzeugnisse schuldet. Die Verbrauchssteuern auf bezogene Erzeugnisse zählen zu Anschaffungsnebenkosten.[604] Da die Subventionen bei dem Abzug der indirekten Steuern außen vor bleiben, werden sie im Ergebnis der Bruttowertschöpfung ohne Umsatzsteuern hinzugerechnet. Auch die Mittel aus der Strompreiskompensation sind als Subvention wertmindernd zu betrachten.[605]

268   Bei der Berechnung der Bruttowertschöpfung nach dem EEG 2012 konnten die Personalkosten für durch Dritte zur Verfügung gestelltes Personal als **Kosten für Leiharbeitnehmer** noch gewinnmindernd abgezogen werden, während die Aufwendungen für eigenes Personal nicht berücksichtigt werden konnte. Zu Kosten für Leiharbeitnehmer gehören Aufwendungen für Arbeitskräfte, die von Arbeitsvermittlungsagenturen oder ähnlichen Einrichtungen gegen Entgelt zur Arbeitsleistung entsprechend dem Arbeitnehmerüberlassungsgesetz überlassen worden sind.[606] Gewöhnliche Werk- und Dienstleistungsverträge sind von der Implementierung nicht betroffen. Schließen zwei Unternehmer einen Werk-, Dienstleistungs- oder ähnlichen Vertrag, bei dem es sich aber nach den tatsächlichen Begebenheiten um eine Arbeitnehmerüberlassung handelt, gilt dies allerdings nicht. Bei solchen verdeckten Arbeitnehmerüberlassungen sollen die Kosten sich nicht gewinnmindernd auswirken.[607]

269   **c) Stromkostenintensität (Abs. 6 Nr. 3).**[608] § 64 Abs. 6 Nr. 3 definiert in Anlehnung an die Regelung in § 41 Abs. 1 Nr. 1 lit. b) EEG 2012 die Stromkostenintensität als Verhältnis der maßgeblichen Stromkosten für die nach § 61 umlagepflichtigen Strommengen zum arithmetischen Mittel der Bruttowertschöpfung des Unternehmens in den letzten drei abgeschlossenen Geschäftsjahren.[609] Die Ausdehnung des Nachweiszeitraumes von dem letzten abgeschlossenen Geschäftsjahr auf die letzten drei abgeschlossenen Geschäftsjahre und die Verwendung des arithmetischen Mittels erfolgt vor dem Hintergrund der Übereinstimmung mit der Umwelt- und Energiebeihilfeleitlinie.[610] Dort wird im Anhang 4 diese Be-

---

601 Vgl. Altrock/Oschmann/Theobald/*Müller*, § 41 Rn. 16; *Salje*, EEG, § 64 Rn. 39.
602 Vgl. BT-Drs. 16/8148, S. 65; BT-Drs. 15/2864, S. 51; Altrock/Oschmann/Theobald/*Müller*, § 41 Rn. 16.
603 Vgl. BT-Drs. 16/8148, S. 65; BT-Drs. 15/2864, S. 51.
604 BAFA, Merkblatt für stromkostenintensive Unternehmen, Stand: 27.8.2014, S. 18.
605 BAFA, Merkblatt für stromkostenintensive Unternehmen, Stand: 27.8.2014, S. 15.
606 Vgl. Statistisches Bundesamt, Bruttowertschöpfung, S. 2 Ziffer 19.
607 Vgl. BT-Drs. 18/1891, S. 213.
608 Näheres vgl. oben unter Rn. 42.
609 BT-Drs. 18/1891, S. 213.
610 Mitteilung der Kommission, Leitlinien für staatliche Umweltschutz- und Energiebeihilfen 2014–2020, v. 28.6.2014, (2014/C 200/01).

rechnung zugrunde gelegt.[611] Es soll damit vor allem eine Abbildung der Stromkostenintensität des Unternehmens erreicht werden, in der vorübergehende periodische Schwankungen oder saisonale Veränderungen durch eine breitere Betrachtung ausgeglichen werden können.

Aus der Übergangsbestimmung in § 103 Abs. 1 Nr. 2 ergibt sich, dass für Anträge im Antragsjahr 2014 anstelle des arithmetischen Mittels der Bruttowertschöpfung für die letzten drei abgeschlossenen Geschäftsjahre nur das letzte abgeschlossene Geschäftsjahr verwendet werden kann. Für das Antragsjahr 2015 kann das arithmetische Mittel der letzten beiden abgeschlossenen Geschäftsjahre herangezogen werden. Gleichgültig ob unter Anwendung der Übergangsbestimmung das letzte abgeschlossene Geschäftsjahr oder gemäß dem Regelfall das arithmetische Mittel der letzten drei Geschäftsjahre bei der Ermittlung der Stromkostenintensität herangezogen wird, muss für jedes Geschäftsjahr ein geprüfter Jahresabschluss zur Ermittlung der Bruttowertschöpfung zugrunde gelegt werden.[612] **270**

7. Zuordnungszeitpunkt (Abs. 7). In § 64 Abs. 7 wird festgelegt, dass für die Ermittlung **271** des entscheidungserheblichen Zeitpunkts für die Zuordnung eines Unternehmens oder selbstständigen Unternehmensteils zu den Branchen nach Anlage 4 auf das Ende des letzten abgeschlossenen Geschäftsjahres abzustellen ist. Für die Antragstellung ist allerdings nicht nur die Branchenzugehörigkeit des Unternehmens insgesamt maßgeblich. Es kommt vielmehr auch auf die Zuordnung des Unternehmens an der zu begrenzenden Abnahmestelle an. Daher stellt sich die Frage, ob Abs. 7 auch analog auf die Zuordnung des Unternehmens an der zu begrenzenden Abnahmestelle angewendet werden kann und sollte und ob damit auch in diesem Kontext das Ende des letzten abgeschlossenen Geschäftsjahres der für die Zuordnung relevante Zeitpunkt sein soll. Bereits zum Entwurf des Gesetzes zur Reform der Besonderen Ausgleichsregelung[613] wurde angeregt, Abs. 7 auf die Zuordnung des Unternehmens an der zu begrenzenden Abnahmestelle zu erweitern.[614] Auch wenn eine entsprechende Klarstellung in Abs. 7 letztlich nicht erfolgte, sprechen Sinn und Zweck sowie der systematische Zusammenhang zwischen Abs. 7 und Abs. 1 des § 64 dafür, auch im Hinblick auf die Branchenzuordnung des Bezugsobjekts Abnahmestelle auf das Ende des letzten abgeschlossenen Geschäftsjahres abzustellen. In den Sonderfällen der Neugründung i. S. d. § 64 Abs. 4 sowie der Umwandlung gemäß § 67 wird es indes darauf ankommen, welcher Branche das Unternehmen bzw. der selbstständige Unternehmensteil in Fällen der Neugründung bei der erstmaligen Aufnahme seiner Tätigkeit bzw. im Falle der Umwandlung welcher Branche ein bislang begrenztes Unternehmen bzw. begrenzter selbstständiger Unternehmensteil zuzuordnen war.

611 Mitteilung der Kommission, Leitlinien für staatliche Umweltschutz- und Energiebeihilfen 2014–2020, v. 28.6.2014, (2014/C 200/01), S. 50.
612 BAFA, Merkblatt für stromkostenintensive Unternehmen, Stand: 27.8.2014, S. 12.
613 Deutscher Bundestag Gesetzentwurf, Entwurf eines Gesetzes zur Reform der Besonderen Ausgleichsregelung für stromkosten- und handelsintensive Unternehmen, BT-Drs. 18/1449.
614 Vgl. IDW, Stellungnahme zum Entwurf eines Gesetzes zur Reform der Besonderen Ausgleichsregelung für stromkosten- und handelsintensive Unternehmen, Schreiben des IDW vom 19.5.2014 an das BMWi, abrufbar unter: www.idw.de/idw/portal/d639116, zuletzt aufgerufen am 6.11.2014.

§ 65 Schienenbahnen

(1) Bei einer Schienenbahn erfolgt die Begrenzung der EEG-Umlage nur, sofern sie nachweist, dass und inwieweit im letzten abgeschlossenen Geschäftsjahr die an der betreffenden Abnahmestelle selbst verbrauchte Strommenge unmittelbar für den Fahrbetrieb im Schienenbahnverkehr verbraucht wurde und unter Ausschluss der rückgespeisten Energie mindestens 2 Gigawattstunden betrug.

(2) Für eine Schienenbahn wird die EEG-Umlage für die gesamte Strommenge, die das Unternehmen unmittelbar für den Fahrbetrieb im Schienenbahnverkehr selbst verbraucht, unter Ausschluss der rückgespeisten Energie an der betreffenden Abnahmestelle auf 20 Prozent der nach § 60 Absatz 1 ermittelten EEG-Umlage begrenzt.

(3) [1]Abweichend von Absatz 1 können Schienenbahnen, wenn und soweit sie an einem Vergabeverfahren für Schienenverkehrsleistungen im Schienenpersonennahverkehr teilgenommen haben oder teilnehmen werden, im Kalenderjahr vor der Aufnahme des Fahrbetriebs die prognostizierten Stromverbrauchsmengen für das Kalenderjahr, in dem der Fahrbetrieb aufgenommen werden wird, aufgrund der Vorgaben des Vergabeverfahrens nachweisen; die Begrenzung nach Absatz 2 erfolgt nur für die Schienenbahn, die in dem Vergabeverfahren den Zuschlag erhalten hat. [2]Die Schienenbahn, die den Zuschlag erhalten hat, kann nachweisen

1. im Kalenderjahr der Aufnahme des Fahrbetriebs die prognostizierten Stromverbrauchsmengen für das folgende Kalenderjahr aufgrund der Vorgaben des Vergabeverfahrens und
2. im ersten Kalenderjahr nach der Aufnahme des Fahrbetriebs die Summe der tatsächlichen Stromverbrauchsmengen für das bisherige laufende Kalenderjahr und der prognostizierten Stromverbrauchsmengen für das übrige laufende Kalenderjahr; die Prognose muss aufgrund der Vorgaben des Vergabeverfahrens und des bisherigen tatsächlichen Stromverbrauchs erfolgen.

(4) [1]Abweichend von Absatz 1 können Schienenbahnen, die erstmals eine Schienenverkehrsleistung im Schienenpersonenfernverkehr oder im Schienengüterverkehr erbringen werden, nachweisen

1. im Kalenderjahr vor der Aufnahme des Fahrbetriebs die prognostizierten Stromverbrauchsmengen für das Kalenderjahr, in dem der Fahrbetrieb aufgenommen werden wird,
2. im Kalenderjahr der Aufnahme des Fahrbetriebs die prognostizierten Stromverbrauchsmengen für das folgende Kalenderjahr und
3. im ersten Kalenderjahr nach der Aufnahme des Fahrbetriebs die Summe der tatsächlichen Stromverbrauchsmengen für das bisherige laufende Kalenderjahr und der prognostizierten Stromverbrauchsmengen für das übrige laufende Kalenderjahr.

[2]Die Begrenzungsentscheidung ergeht unter Vorbehalt der Nachprüfung. [3]Sie kann auf Grundlage einer Nachprüfung aufgehoben oder geändert werden. [4]Die nachträgliche Überprüfung der Antragsvoraussetzungen und des Begrenzungsumfangs erfolgt nach Vollendung des Kalenderjahrs, für das die Begrenzungsentscheidung wirkt, durch das Bundesamt für Wirtschaft und Ausfuhrkontrolle anhand der Daten des abgeschlossenen Kalenderjahres.

(5) [1]Unbeschadet der Absätze 3 und 4 ist § 64 Absatz 4 entsprechend anzuwenden. [2]Es wird unwiderleglich vermutet, dass der Zeitpunkt der Aufnahme des Fahrbetriebs der Zeitpunkt der Neugründung ist.

(6) § 64 Absatz 3 Nummer 1 Buchstabe a bis c ist entsprechend anzuwenden.

(7) Im Sinne dieses Paragraphen ist

1. „Abnahmestelle" die Summe der Verbrauchsstellen für den Fahrbetrieb im Schienenbahnverkehr des Unternehmens und
2. „Aufnahme des Fahrbetriebs" der erstmalige Verbrauch von Strom zu Fahrbetriebszwecken.

Schrifttum: *Bachert*, Die Änderungen der Besonderen Ausgleichsregelung im neuen EEG, ER Sonderheft 01/14, 34; *Wustlich*, Das Erneuerbare-Energien-Gesetz – Grundlegend neu – aber auch grundlegend anders?, NVwZ 2014, 1113.

Übersicht

I. Bedeutung und Ziel der Norm

Der Verkehrsträger Schiene steht im Wettbewerb mit den Verkehrsträgern Lkw, Pkw, Flugzeug und Schiff (sog. **intermodaler Wettbewerb**). Das gilt sowohl für den Schienengüterverkehr als auch für den Schienenpersonennahverkehr und den Schienenpersonenfernverkehr. Als einziger Verkehrsträger sind die Schienenbahnen auf den leitungsgebundenen Bezug von elektrischer Energie angewiesen – und unterfallen damit als einziger Verkehrsträger den Belastungen aus dem EEG-Ausgleichsmechanismus. Um dennoch die Wettbewerbsfähigkeit der Schienenbahnen zu erhalten (s. § 63 Nr. 2), die mit dem Transport von Menschen und Gütern „Aufgaben der Daseinsvorsorge auf besonders umweltfreundliche Art und Weise wahrnehmen",[1] hat der Gesetzgeber diese in die Besondere Ausgleichsrege-

1

---

1 Vgl. Gesetzesbegründung zu § 16 Abs. 1 EEG 2004, BT-Drs. 15/2864, S. 50.

lung einbezogen. § 65 regelt die materiellen Voraussetzungen des Anspruchs der Schienen-bahnunternehmen auf Begrenzung der EEG-Umlage.

II. Entstehungsgeschichte

2 Die ursprüngliche Besondere Ausgleichsregelung des § 11a EEG 2000[2] ermöglichte eine Begrenzung der EEG-Umlage nur für Unternehmen des produzierenden Gewerbes,[3] nicht jedoch für Schienenbahnen. Diese wurden erst mit der Gesetzesnovellierung 2004 aus ver-kehrspolitischen Gründen in die Besondere Ausgleichsregelung des § 16 **EEG 2004** einbe-zogen. Anders als bei den Unternehmen des produzierenden Gewerbes wurde das Begüns-tigungsvolumen für die Schienenbahnen jedoch gedeckelt: Dieses durfte für alle Schienen-bahnen in der Summe 20 Millionen Euro nicht übersteigen (§ 16 Absatz 4 Satz 5 EEG 2004). Diesen „Schienenbahn-Deckel" strich der Gesetzgeber mit dem ersten Gesetz zur Änderung des Erneuerbare-Energien-Gesetzes vom 15.11.2006, um die wirtschaftlichen Rahmenbedingungen für Schienenbahnen zu verbessern.[4]

3 Diese Rechtslage hat der Gesetzgeber im Rahmen der **EEG-Novelle 2009** übernommen. [5] Für die Besondere Ausgleichsregelung für Schienenbahnen wurde nun mit § 42 EEG 2009 ein eigener Paragraph geschaffen, der jedoch durch Verweisungen auf § 41 EEG 2009 ei-nen Teil der Regelungen für Unternehmen des produzierenden Gewerbes in Bezug nahm.

4 Durch das **EEG 2012** wurde § 42 EEG 2012 so ausgestaltet, dass auf Verweisungen auf § 41 EEG 2012 im Wesentlichen verzichtet werden konnte,[6] ohne dass damit jedoch eine inhaltliche Änderung gegenüber der vorherigen Rechtslage erfolgte.[7] Die Schienenbahnen erhielten damit eine eigenständige, weitgehend in sich geschlossene Regelung.

5 An dieser Konzeption wird mit dem neuen § 65 auch im **EEG 2014** festgehalten. Inhaltlich wurde die Besondere Ausgleichsregelung für Schienenbahnen im Zuge der EEG-Novelle 2014 aber erheblich geändert. So wird zwar einerseits durch eine Absenkung der Eintritts-schwelle von 10 auf 2 GWh der **Kreis der Anspruchsberechtigten erweitert**, andererseits aber durch die Anhebung der Mindestumlage auf nunmehr 20 Prozent der regulären EEG-Umlage der Gesamtbeitrag der Schienenbahnen am Ausgleichsmechanismus deutlich er-höht. Durch die Festlegung eines Prozentsatzes sieht das neue System nun eine mit der Ent-wicklung der regulären EEG-Umlage **„atmende" Mindestumlage** vor, zudem greift diese bereits ab der ersten selbst verbrauchten Kilowattstunde. Demgegenüber sah das bisherige System eine feste Mindestumlage in Höhe von 0,05 ct/kWh und einen „Selbstbehalt" von 10 Prozent des Fahrstromverbrauchs vor, für welchen die begünstigte Schienenbahn die volle EEG-Umlage zahlen musste.

6 Bereits kurz nach Inkrafttreten des EEG 2014 am 1.8.2014 musste § 65 novelliert werden. Geschuldet war diese nachträgliche Änderung des § 65 dem Umstand, dass das EEG 2014 in Kraft trat, noch bevor das **Notifizierungsverfahren** zur Besonderen Ausgleichsregelung

---

2 Eingeführt durch das erste Gesetz zur Änderung des Erneuerbare-Energien-Gesetzes vom 16.7.2003, BGBl. I S. 1459.
3 Nach § 64 EEG 2014 nunmehr: „stromkostenintensive Unternehmen".
4 Vgl. BT-Drs. 16/2455, S. 7.
5 Vgl. BT-Drs. 16/8148, S. 66.
6 Mit Ausnahme des Verweises in § 42 Abs. 3 S. 2 EEG 2012 auf § 41 Abs. 2 und 2a EEG 2012.
7 Vgl. BT-Drs. 17/6071, S. 86.

für Schienenbahnen bei der Europäischen Kommission abgeschlossen war. Die Europäische Kommission hatte zwar das EEG 2014 anhand der neuen Umweltschutz- und Energieleitlinien bereits im Juli 2014 beihilferechtlich genehmigt, die Besondere Ausgleichsregelung für Schienenbahnen jedoch ausdrücklich ausgenommen. Für diese führte die Kommission ein eigenständiges Prüfverfahren anhand der **Eisenbahnleitlinien von 2008** durch, welches nicht vor Inkrafttreten des EEG 2014 abgeschlossen werden konnte. Die Kommission kam schließlich Ende November 2014 zu dem Ergebnis, dass die Besondere Ausgleichsregelung für Schienenbahnen mit den EU-Beihilferegelungen der Eisenbahnleitlinien im Einklang steht.[8] Die Teilbefreiung der Schienenbahnen von der EEG-Umlage sei auf den Ausgleich der Opportunitätskosten beschränkt, die durch die Nutzung der Eisenbahn anstatt eines anderen, weniger umweltfreundlichen Verkehrsträgers entstehen, und fördere damit die gemeinsamen Ziele im Verkehrswesen.

Bedenken äußerte die Kommission jedoch im Hinblick auf das **europäische Wettbe-** **7** **werbsrecht**. In der bisherigen Regelung, die den Nachweis der Voraussetzungen für eine Begrenzung der EEG-Umlage (Mindestfahrstromverbrauch von 2 GWh)[9] nur auf Grundlage von tatsächlichen Verbrauchsdaten aus der Vergangenheit (des „letzten abgeschlossenen Geschäftsjahres" bzw. des „Rumpfgeschäftsjahres" für neu gegründete Schienenbahnen)[10] erlaubte, sah die Europäische Kommission eine potenzielle **„Markteintrittsbarriere" für neu in den Markt eintretende Schienenbahnen**.[11] Aus diesem Grund verlangte sie eine Ergänzung des § 65 dahingehend, dass neu in den Markt eintretende Schienenbahnen die Voraussetzungen für eine Begrenzung der EEG-Umlage auf Grundlage von **prognostizierten Verbrauchsdaten** nachweisen können.[12] Durch eine entsprechende Zusage der Bundesregierung, die Ergänzungen noch für das Antragsjahr 2015 vorzunehmen, konnte das Notifizierungsverfahren mit der beihilferechtlichen Genehmigung der Kommission vom 25.11.2014 abgeschlossen werden.

In der Folge wurde § 65 in einem sehr zügigen Gesetzgebungsverfahren[13] um zwei weitere **8** Absätze ergänzt, mittels derer neu gegründete Schienenbahnunternehmen im Personennahverkehr (Absatz 3) und im Personenfern- und im Güterverkehr (Absatz 4) auf der Basis von prognostizierten Stromverbrauchsmengen einen Antrag auf Begrenzung der EEG-Umlage stellen können. Absatz 3 des § 65 i. d. F. des EEG 2014 vom 21.7.2014 wurde aus Gründen der besseren Übersichtlichkeit neu geordnet und in die Absätze 5 bis 7 überführt.

---

8 Siehe Entscheidung der Europäischen Kommission vom 25.11.2014 zur beihilferechtlichen Genehmigung der Besonderen Ausgleichsregelung für Schienenbahnen, C(2014) 8822 final, State Aid SA.38728 (2014/N) – Germany.

9 Siehe Rn. 9 ff.

10 Siehe § 65 Abs. 1 bzw. § 65 Abs. 3 S. 2 1. Halbs. i.V.m. § 64 Abs. 4 EEG 2014 i.d.F. vom 21.7.2014.

11 Siehe Kommissionsentscheidung vom 25.11.2014, C(2014) 8822 final, State Aid SA.38728 (2014/N) – Germany, Rn. 23.

12 Kommissionsentscheidung vom 25.11.2014, C(2014) 8822 final, State Aid SA.38728 (2014/N) – Germany, Rn. 23.

13 Der Bundestag behandelte den Entwurf der Fraktionen CDU/CSU und SPD eines Gesetzes zur Änderung des Erneuerbare-Energien-Gesetzes vom 25.11.2014 in 1. Lesung am 26.11.2014, BT-Drs. 18/3321, und in 2. und 3. Lesung am 3.12.2014, s. Beschlussempfehlung des Wirtschaftsausschusses, BT-Drs. 18/3440. Die Befassung durch den Bundesrat erfolgte am 19.12.2014, welcher auf die Anrufung des Vermittlungsausschusses verzichtete, BR-Drs. 598/14.

III. Anspruchsvoraussetzungen (Abs. 1)

9 Für Schienenbahnen gelten im Gegensatz zu den stromkostenintensiven Unternehmen (§ 64) abweichende Anspruchsvoraussetzungen. Dementsprechend enthält § 65 eine eigenständige, weitgehend in sich geschlossene Regelung zur Begrenzung der EEG-Umlage für Schienenbahnen.

10 **1. Unmittelbar für den Fahrbetrieb im Schienenbahnverkehr selbst verbrauchte Strommenge.** Begünstigt im Rahmen der Besonderen Ausgleichsregelung ist nicht die gesamte, sondern nur die „unmittelbar für den Fahrbetrieb im Schienenbahnverkehr" selbst verbrauchte Strommenge („**Fahrstrom**") eines Schienenbahnunternehmens. Mit dieser Begrifflichkeit übernimmt der Gesetzgeber die Definition des Stromsteuergesetzes in **§ 9 Abs. 2 StromStG**. Somit entspricht die im Rahmen der Besonderen Ausgleichsregelung begünstigte Strommenge der Strommenge, die nach dem StromStG einem ermäßigten Steuersatz unterliegt.[14] Ein solcher Gleichlauf ist nicht zuletzt auch im Sinne der Einheit der Rechtsordnung zu begrüßen und ermöglicht eine einheitliche behördliche Praxis (hinsichtlich des EEG durch das Bundesamt für Wirtschaft und Ausfuhrkontrolle, hinsichtlich des Stromsteuergesetzes durch die Hauptzollämter).

11 Für die Bestimmung des „Fahrstroms" kann somit auch im Rahmen der Besonderen Ausgleichsregelung des EEG auf die Definition des **§ 13 Stromsteuer-Durchführungsverordnung** (StromStV) zurückgegriffen werden. „Fahrstrom" ist danach der Strom, der zum Antrieb der Schienenfahrzeuge (für Zugfahrten wie auch für Rangier-, Reparatur- oder Testfahrten) und zum Betrieb ihrer sonstigen elektrischen Anlagen (z. B. Zugbeleuchtung, Klimatisierung, Steckdosen für Fahrgäste etc.) verbraucht wird.[15] Darüber hinaus ist auch der für die Zugbildung und -vorbereitung (z. B. für die Zugvorheizung, Betriebs- und Rangieranlagen für die Zugbildung und die Gleisfeldbeleuchtung im Rangierbereich) und für die Bereitstellung und Sicherung der Fahrtrassen und Fahrwege (z. B. für Stellwerke, Signalanlagen, Sicherungseinrichtungen, Tunnelbeleuchtung und -belüftung, Bahnübergänge) verbrauchte Strom erfasst.[16] Der Betrieb dieser **Infrastrukturanlagen** dient unmittelbar der Sicherstellung und dem Betrieb von Schienenfahrzeugen zum Zweck des Personen- und Güterverkehrs auf Schienen, so dass auch die Verbräuche dieser Infrastrukturanlagen als „Fahrstrom" der Begünstigung unterfallen. In der Folge sind von der – mit der EEG-Novelle 2014 erstmals eingeführten – Legaldefinition der „Schienenbahn" in § 5 Nr. 28 neben den Betreibern der Schienenfahrzeuge (Eisenbahnverkehrsunternehmen) auch die Betreiber der für den Betrieb der Schienenfahrzeuge erforderlichen Infrastrukturanlagen (Eisenbahninfrastrukturunternehmen) erfasst.

12 **Keinen „Fahrstrom"** stellen demgegenüber Strommengen dar, die z. B. in Werkstätten, Verwaltungs- und Bürogebäuden, Kundenbüros und Serviceeinrichtungen der Schienenbahnunternehmen, durch Fahrscheinautomaten oder für die Beleuchtung von Zugangswegen etc. verbraucht werden. Diese Strommengen werden nicht, wie es Absatz 1 voraussetzt, „unmittelbar für den Fahrbetrieb im Schienenbahnverkehr" verbraucht und unterfallen damit nicht der Besonderen Ausgleichsregelung.

---

14 Vgl. auch Bundesamt für Wirtschaft und Ausfuhrkontrolle (BAFA), Merkblatt Schienenbahnen 2014, Stand: 28.7.2014, S. 9.

15 Vgl. BAFA, Merkblatt Schienenbahnen 2014, Stand: 28.7.2014, S. 9.

16 Vgl. BAFA, Merkblatt Schienenbahnen 2014, S. 9 f.

Gemäß des in § 63 Nr. 2 definierten Gesetzeszwecks – Erhalt der intermodalen Wettbe- **13** werbsfähigkeit der Schienenbahnen – wird durch die Einschränkung der Begünstigung auf den „Fahrstrom" die Besondere Ausgleichsregelung für Schienenbahnen „auf die Bereiche von Schienenbahnunternehmen konzentriert, die sich im Wettbewerb mit anderen Verkehrsträgern (z. B. Flugzeug oder Schiff) befinden".[17]

2. Selbstverbrauch. Der Fahrstrom muss vom antragstellenden Schienenbahnunterneh- **14** men „selbst verbraucht" worden sein. Ein Verbrauch durch das antragstellende Schienenbahnunternehmen liegt nicht vor, wenn es den bezogenen Strom an ein anderes rechtlich selbständiges Schienenbahnunternehmen weitergibt (Weiterleitung). Dies gilt auch dann, wenn das andere Unternehmen demselben Konzern angehört. Dabei ist unerheblich, an wen und zu welchem Zweck der Strom weitergeleitet wurde.[18]

Die Bedeutung des vom antragstellenden Schienenbahnunternehmen zu erbringenden **15** Nachweises, dass es den gelieferten Fahrstrom „selbst verbraucht" hat, liegt vor allem darin, eine **Umgehung** der gesetzlichen Eintrittsschwelle von 2 GWh zu verhindern. So stellte es eine unzulässige und auch strafrechtlich relevante Umgehung des § 65 dar, wenn beispielsweise eine Konzernmutter von einem Elektrizitätsversorgungsunternehmen Fahrstrom bezöge, ein Teil der gelieferten Fahrstrommenge tatsächlich aber von einem Tochterunternehmen verbraucht würde, die Konzernmutter im Rahmen der Antragstellung nach §§ 65, 66 aber die gesamte vom Elektrizitätsversorgungsunternehmen gelieferte Strommenge, also einschließlich der von ihr an die Konzerntochter weitergeleiteten Strommenge, als eigenen Letztverbrauch angäbe, um auf diese Weise die für eine Begrenzung der EEG-Umlage erforderliche Eintrittsschwelle von mindestens 2 GWh zu erreichen.

3. Mindestfahrstromverbrauch. Um antragsberechtigt zu sein, muss ein Schienenbahn- **16** unternehmen nach § 65 mindestens 2 GWh/a Fahrstrom selbst verbraucht haben.[19] Die Vorgängerregelungen sahen demgegenüber noch einen Mindestverbrauch von 10 GWh vor. Mit dem EEG 2014 erfolgte somit eine deutliche Absenkung der Eintrittsschwelle, wodurch der Kreis der nunmehr im Rahmen der Besonderen Ausgleichsregelung antragsberechtigten Schienenbahnunternehmen ausgeweitet wurde. Hierdurch wird eine Gleichbehandlung von kleinen und großen Schienenbahnunternehmen erreicht.[20] Dies senkt die EEG-Kostenbelastung kleinerer Schienenbahnunternehmen und stärkt damit den Wettbewerb im Schienenverkehr (**intramodaler Wettbewerb**).[21]

Mit der Festsetzung einer „Bagatellgrenze" von 2 GWh hat der Gesetzgeber solche Unter- **17** nehmen von der Besonderen Ausgleichsregelung ausgenommen, die beispielsweise Museums- oder touristische Fahrten anbieten oder als Hersteller von Triebfahrzeugen Überführungs- oder Testfahrten vornehmen und insoweit nicht im intermodalen Wettbewerb zu anderen Verkehrsträgern stehen.[22]

---

17 Vgl. BT-Drs. 18/1304, S. 158.
18 Vgl. BAFA, Merkblatt Schienenbahnen 2014, S. 9.
19 Zum insoweit maßgeblichen Betrachtungszeitraum siehe Rn. 23 ff.
20 Vgl. BT-Drs. 18/1304, S. 157.
21 Vgl. Bundesregierung, BT-Drs. 18/1427, S. 6.
22 Auch die Europäische Kommission anerkennt die Notwendigkeit, eine solche Eintrittsschwelle von 2 GWh festzulegen, vgl. Kommissionsentscheidung vom 25.11.2014, C(2014) 8822 final, State Aid SA.38728 (2014/N) – Germany, Rn. 65. Hierzu hatte die Kommission zuvor eine entsprechende Marktbefragung durchgeführt.

18 **4. Rückgespeiste Energie.** Bei der Ermittlung der selbst verbrauchten Fahrstrommenge – und damit insbesondere auch des für die Antragstellung erforderlichen Mindestverbrauchs von 2 GWh – bleibt die sogenannte „rückgespeiste Energie" unberücksichtigt. Hierbei handelt es sich um den Strom, der durch elektrische Triebfahrzeuge beim Bremsvorgang zurückgewonnen, in das Bahnstromnetz eingespeist und dann wiederum für Fahrzwecke entnommen wird (auch „Bremsstrom" genannt). Für diesen Bremsstrom muss keine EEG-Umlage gezahlt werden, da diese Strommenge andernfalls doppelt mit der EEG-Umlage belastet würde.[23] Damit hat der Gesetzgeber die bisherige Verwaltungspraxis, rückgespeiste Energie nicht zu berücksichtigen, nunmehr ausdrücklich in das Gesetz übernommen.[24]

IV. Begrenzungswirkung (Abs. 2); Abnahmestelle (Abs. 7 Nr. 1)

19 **1. Begrenzung der EEG-Umlage.** Auf der Rechtsfolgenseite haben sich durch die EEG-Novelle 2014 gegenüber der vorherigen Rechtslage deutliche Änderungen ergeben. Hatte ein Schienenbahnunternehmen nach der früheren Gesetzeslage die Voraussetzung eines Mindestfahrstromverbrauchs von 10 GWh erfüllt, so galt auf der Rechtsfolgenseite, dass für 10 Prozent des Fahrstromverbrauchs (sog. „Selbstbehalt") die volle EEG-Umlage zu zahlen war und für den übrigen Fahrstromverbrauch eine Begrenzung der EEG-Umlage auf 0,05 ct/kWh erfolgte.[25] Bezogen auf den gesamten Fahrstromverbrauch ergab sich hierdurch auf Basis der EEG-Umlage 2014 (6,24 ct/kWh) bei einer Mischkalkulation[26] eine Belastung der begünstigten Schienenbahnunternehmen in Höhe von knapp 11 Prozent der regulären EEG-Umlage.[27] Nach Absatz 2 erfolgt die Begrenzung der EEG-Umlage nunmehr für „die gesamte Strommenge". Die Begrenzung der EEG-Umlage greift somit bereits **ab der ersten selbst verbrauchten Kilowattstunde**. Einen **Selbstbehalt** gibt es nicht mehr.[28]

20 Die gesamte selbst verbrauchte Fahrstrommenge wird nunmehr einheitlich mit **20 Prozent der** im Begrenzungsjahr **gültigen EEG-Umlage** belastet. Gegenüber der bisherigen Belastung von rechnerisch ca. 11 Prozent der regulären EEG-Umlage stellt dies für Schienenbahnunternehmen, die nach der bisherigen Rechtslage bereits zu den begünstigten Unternehmen zählten, nahezu eine Verdopplung der EEG-Belastung dar. Der Gesetzgeber begründet diese Erhöhung der EEG-Belastung damit, dass es durch die Absenkung der Eintrittsschwelle von 10 auf 2 GWh zu einer Ausweitung der antragsberechtigten Schienenbahnen kommt und diese Ausweitung nicht zu Lasten der übrigen Stromverbraucher gehen soll.[29] Gleichwohl geht diese Erhöhung der Mindestumlage über eine reine Kompen-

---

23 Vgl. *Wustlich*, NVwZ 2014, 1113, 1120.
24 Vgl. BT-Drs. 18/1304, S. 157; *Bachert*, ER Sonderheft 01/14, 34, 38.
25 Siehe § 42 EEG 2012. Schienenbahnen mit einem Fahrstromverbrauch von unter 10 GWh im letzten abgeschlossenen Geschäftsjahr mussten für ihren gesamten Fahrstromverbrauch die volle EEG-Umlage zahlen.
26 (10 % x volle EEG-Umlage + 90 % x 0,05 ct/kWh) / 100
27 BT-Drs. 18/1449, S. 31.
28 Unzutreffend *Salje*, EEG 2014, 7. Aufl. 2014, § 65 Rn. 3, 5, 13 und 14, der die Begrenzung der Höhe der EEG-Mindestumlage auf 20 % der regulären EEG-Umlage in § 65 Abs. 2 als Beibehaltung und Verdopplung des bisherigen Selbstbehalts missversteht.
29 Vgl. BT-Drs. 18/1304, S. 157.

sation der durch die Ausweitung des Begünstigtenkreises erfolgenden Entlastung deutlich hinaus.[30]

2. Abnahmestelle. Wie auch bei den stromkostenintensiven Unternehmen bezieht sich die   **21** Begrenzung der EEG-Umlage auf die „Abnahmestelle" des Unternehmens. Anders als bei den stromkostenintensiven Unternehmen kann der Fahrstromverbrauch eines Schienenbahnunternehmens aufgrund der Ortsungebundenheit der elektrischen Triebfahrzeuge aber nicht auf „die Summe aller räumlich und physikalisch zusammenhängenden elektrischen Einrichtungen ... eines Unternehmens ... auf einem in sich geschlossenen Betriebsgelände"[31] bezogen werden. Denn elektrische Lokomotiven und vergleichbare Fahrzeuge eines Schienenbahnunternehmens bewegen sich nicht auf einem „in sich geschlossenen Betriebsgelände", sondern auf einem bundesweiten Schienennetz, das zudem einem anderen Unternehmen, nämlich dem Betreiber der Schienennetzinfrastruktur, gehört.[32] Aus diesem Grund bedurfte es für die Schienenbahnen einer eigenständigen Definition der Abnahmestelle. Diese ist in § 65 Abs. 7 Nr. 1 definiert als „die Summe der Verbrauchsstellen für den Fahrbetrieb im Schienenbahnverkehr des Unternehmens".[33] Demzufolge wird die Gesamtheit aller technischen Verbrauchsstellen, d. h. der elektrischen Lokomotiven und vergleichbaren Fahrzeuge, eines Schienenbahnunternehmens als *eine* Abnahmestelle betrachtet,[34] unabhängig davon, wo sie sich im Bundesgebiet befinden bzw. (umher)fahren.[35]

Die Definition der Abnahmestelle in Absatz 7 Nr. 1 trägt zudem auch der betrieblichen   **22** Praxis des Schienenbahnverkehrs Rechnung. So finden bundesweit jährlich tausende Triebfahrzeugwechsel zwischen Schienenbahnunternehmen statt. Nicht jedes Triebfahrzeug ist dauerhaft nur einem Schienenbahnunternehmen zugeordnet. Triebfahrzeuge wechseln häufig, zum Teil auch nur für wenige Stunden, den Besitzer, die – auch kurzfristige – Anmietung oder Leihe von Triebfahrzeugen ist ständige betriebliche Praxis. So gibt es Unternehmen, deren alleiniger Unternehmensgegenstand die gewerbliche Vermietung von Triebfahrzeugen darstellt. Auch aus diesem Grund erlaubt nur die Betrachtung der von einem Schienenbahnunternehmen genutzten Triebfahrzeuge in ihrer Gesamtheit eine verursachungsgerechte Zuordnung der Verbräuche eines Triebfahrzeugs zum betreffenden Schienenbahnunternehmen.

---

30 So werden Schienenbahnen durch die neue Besondere Ausgleichsregelung des EEG 2014 mit jährlich rund 70 Mio. Euro Mehrkosten belastet, vgl. Presseinformation des Verbands Deutscher Verkehrsunternehmen e. V. (VDV) vom 10.4.2014, zitiert in BR-Drs. 191/1/14, S. 11, und *Bachert*, ER Sonderheft 01/14, 34, 39 m. w. N. Unberücksichtigt hierbei sind die Mehrkosten, die sich für die Schienenbahnen zusätzlich aus der Einbeziehung des „Bahnkraftwerksstroms" in den EEG-Ausgleichsmechanismus ergeben haben, s. hierzu die Kommentierung zu § 103 Abs. 6 EEG 2014. Anders als die stromkostenintensiven Unternehmen, deren Entlastungsvolumen durch die EEG-Novelle 2014 insgesamt nahezu unverändert geblieben ist (vgl. Mitteilung der Bundesregierung vom 1.8.2014, abrufbar unter www.bundesregierung.de), zahlen Schienenbahnen künftig deutlich mehr als bislang in den „EEG-Topf" ein.

31 Vgl. Legaldefinition in § 64 Abs. 6 Nr. 1 EEG 2014.

32 Neben dem sich über das gesamte Bundesgebiet erstreckenden Schienennetz der DB Netz AG kommen auch weitere, regional begrenzte Schienennetze anderer Infrastrukturbetreiber in Betracht.

33 Vgl. bereits die Legaldefinition in § 16 Abs. 3 Nr. 2 EEG 2004.

34 Vgl. bereits Gesetzesbegründung zu § 16 Abs. 3 EEG 2004, BT-Drs. 15/2864, S. 52.

35 Vgl. BT-Drs. 16/8148, S. 66; BT-Drs. 15/2864, S. 52.

V. Nachweisführung (Abs. 1, 3 bis 6)

23   Das Schienenbahnunternehmen muss gemäß Absatz 1 nachweisen, dass und inwieweit die selbst verbrauchte Strommenge unmittelbar für den Fahrbetrieb im Schienenbahnverkehr verbraucht wurde und – unter Ausschluss der rückgespeisten Energie – mindestens 2 GWh betrug.

24   **1. Verbrauchsdaten des „letzten abgeschlossenen Geschäftsjahres" (Absatz 1).** Die Voraussetzungen für eine Begrenzung der EEG-Umlage sind vom antragstellenden Schienenbahnunternehmen gemäß Absatz 1 grundsätzlich für das „letzte abgeschlossene Geschäftsjahr" vor dem Jahr der Antragstellung[36] nachzuweisen; in jenem Geschäftsjahr muss der Fahrstromverbrauch mindestens 2 GWh betragen haben. Der Antragstellung zugrunde zu legen sind somit **tatsächliche Verbrauchsdaten aus der Vergangenheit.**[37] Hierdurch soll eine behördliche Entscheidung auf einer gesicherten Tatsachenbasis gewährleistet werden.[38] In der Regel entspricht das Geschäftsjahr dem Kalenderjahr. Hat die antragstellende Schienenbahn ein vom Kalenderjahr abweichendes Geschäftsjahr, so ist dieses maßgeblich.[39] Umfasst das letzte abgeschlossene Geschäftsjahr eines Schienenbahnunternehmens weniger als zwölf Monate, ist der Fahrstromverbrauch in diesem Rumpfgeschäftsjahr maßgeblich; ein Hochrechnen der Verbrauchsdaten eines Rumpfgeschäftsjahres auf einen Zeitraum von zwölf Monaten oder eine Prognoserechnung ist zum Nachweis der Antragsvoraussetzungen im Rahmen von Absatz 1 nicht zulässig.[40]

25   **2. Verbrauchsdaten des „Rumpfgeschäftsjahres" (Abs. 5 Satz 1 i.V.m. § 64 Abs. 4).** Nach den auch in den Vorgängerfassungen des EEG 2014 schon enthaltenen Regelungen können **neu gegründete Schienenbahnunternehmen** – das sind solche, die nach dem 30.06. des Vorjahres der Antragstellung, also im letzten abgeschlossenen Geschäftsjahr, neu gegründet wurden (vgl. § 64 Absatz 4 Satz 1) – Daten über ein Rumpfgeschäftsjahr vorlegen. Das Rumpfgeschäftsjahr kann vom regulären Geschäftsjahr abweichen und muss eine Zeitspanne vom Zeitpunkt der Neugründung des Unternehmens bis zu einem frei wählbaren Zeitpunkt vor dem 30.9. des Antragsjahres umfassen.[41] Letztlich handelt es sich hierbei nur um eine abweichende Definition des letzten abgeschlossenen Geschäftsjahres; wie bei Absatz 1 bleibt es aber bei dem Grundsatz, dass die Antragsvoraussetzungen durch tatsächliche, in der Vergangenheit liegende Verbrauchsdaten nachzuweisen sind. Für die Schienenbahnen gelten hierbei aufgrund des Verweises in Absatz 5 Satz 1 auf § 64 Absatz

---

36   Der Antrag auf Begrenzung der EEG-Umlage für ein Kalenderjahr (Begrenzungsjahr) ist gemäß § 66 Abs. 1 vom Schienenbahnunternehmen bis zum 30.06. des jeweiligen Vorjahres (Antragsjahr) zu stellen. Wird bspw. bis 30.6.2015 ein Begrenzungsantrag für das Kalenderjahr 2016 gestellt, ist das „letzte abgeschlossene Geschäftsjahr" das Kalenderjahr 2014 (sofern nicht das antragstellende Unternehmen ein vom Kalenderjahr abweichendes Geschäftsjahr hat).

37   Durch das Abstellen auf das letzte abgeschlossene Geschäftsjahr vor Antragstellung bleiben mögliche zwischenzeitliche unternehmerische Entwicklungen der antragstellenden Schienenbahn und deren Verbrauchs für die Begrenzung der Umlage außer Betracht.

38   Vgl. BAFA, Merkblatt Schienenbahnen 2014, S. 7.

39   Vgl. BAFA, Merkblatt Schienenbahnen 2014, S. 7.

40   Vgl. BAFA, Merkblatt Schienenbahnen 2014, S. 7.

41   Vgl. BAFA, Merkblatt Schienenbahnen 2014, S. 7 f.

4 die diesbezüglichen Regelungen für neu gegründete stromkostenintensive Unternehmen entsprechend.[42]

Die entsprechende Anwendung des § 64 Absatz 4 für neu gegründete Schienenbahnen **26** dürfte nach der Ergänzung des § 65 um die neuen Absätze 3 und 4, welche einen Nachweis der Antragsvoraussetzungen auf der Grundlage von Verbrauchsprognosen zulassen (hierzu sogleich), mit dem Gesetz zur Änderung des Erneuerbare-Energien-Gesetzes vom 22.12.2014[43] künftig allerdings keine allzu große Bedeutung mehr haben. Raum für eine entsprechende Anwendung des § 64 Absatz 4 für neu gegründete Schienenbahnen verbleibt letztlich nur noch in Fällen außerhalb der neu eingefügten Absätze 3 und 4, z.B. bei Schienenbahnen des Personennahverkehrs, die nicht an einer Ausschreibung teilnehmen, oder bei Schienenbahnen, die aus anderen Gründen keinen Antrag auf Grundlage prognostizierter Stromverbräuche stellen können oder wollen.[44]

Gemäß Absatz 5 Satz 2 wird, wie bisher auch schon, unwiderleglich vermutet, dass der **27** Zeitpunkt der Neugründung eines Schienenbahnunternehmens der Zeitpunkt ist, zu dem erstmals Strom zu Fahrbetriebszwecken verbraucht wird.

3. Prognostizierte Verbrauchsdaten (Abs. 3 und 4). Eine Ausnahme von dem Grundsatz, **28** dass die tatsächlichen Verbrauchsdaten des „letzten abgeschlossenen Geschäftsjahres" (Absatz 1) bzw. eines Rumpfgeschäftsjahres (Absatz 5 Satz 1 i.V.m. § 64 Absatz 4) nachzuweisen sind, macht das EEG 2014 für **neue Schienenbahnen**; hierunter sind „neu in den Markt eintretende Schienenbahnen"[45] zu verstehen. Anstelle von historischen Verbrauchsdaten, welche für neue Schienenbahnen naturgemäß nicht vorliegen, können diese zum Nachweis der Antragsvoraussetzungen prognostizierte Strommengen zugrunde legen. Damit geht das EEG 2014 in der Fassung des Gesetzes zur Änderung des Erneuerbare-Energien-Gesetzes vom 22.12.2014 weit über die Regelungen zur Nachweisführung der Vorgängergesetze – einschließlich des EEG 2014 i.d.F. vom 21.7.2014 – hinaus. Zu unterscheiden ist zwischen neuen Schienenbahnen im Schienenpersonennahverkehr (Absatz 3) und solchen im Schienenpersonenfern- oder im Schienengüterverkehr (Absatz 4).

a) Unternehmen des Schienenpersonennahverkehrs (Abs. 3). Der Schienenpersonen- **29** nahverkehr ist geprägt durch **Ausschreibungen** der zu erbringenden **Verkehrsleistungen** für bestimmte Strecken durch die öffentlich-rechtlichen Verkehrsträger. Will ein Schienenbahnunternehmen erstmals den Fahrbetrieb aufnehmen und sich an einer solchen Ausschreibung eines Verkehrsvertrags beteiligen, konnte es nach der bisher bestehenden gesetzlichen Regelung für neu gegründete Schienenbahnen einen Antrag auf Begrenzung der EEG-Umlage zum Nachweis des Mindestfahrstromverbrauchs nur auf Grundlage von tatsächlichen Verbrauchsdaten eines „Rumpfgeschäftsjahres" stellen.[46] Eine Begrenzung der Umlage konnte eine neu gegründete Schienenbahn damit frühestens ab dem 1. Januar des auf die erstmalige Antragstellung folgenden Kalenderjahres erlangen. Das hatte zur Folge, dass die neu gegründete Schienenbahn zunächst für gut zwölf Monate die volle EEG-Um-

---

42 Diese entsprechende Anwendung der Regelungen für Unternehmen des produzierenden Gewerbes ordnete bereits das EEG 2009 durch einen Verweis in § 42 EEG 2009 auf § 41 Abs. 2a EEG 2009 an. Das EEG 2012 führte diese Systematik fort.

43 BGBl. I 2014 S. 2406.

44 Vgl. BT-Drs. 18/3321, S. 10.

45 Vgl. BT-Drs. 18/3321, S. 7.

46 Siehe oben, Rn. 30 ff.

lage zahlen musste.[47] Hierin sah die Europäische Kommission eine potenzielle „**Marktein-trittsbarriere**" für neu in den Markt eintretende Schienenbahnen. Denn anders als eine bereits etablierte Schienenbahn, welche – einen Mindestfahrstromverbrauch von 2 GWh vorausgesetzt – auf Basis vergangener Verbrauchswerte bereits einen Begrenzungsbescheid erwirken könnte, müsste die neu in den Markt eintretende Schienenbahn die volle EEG-Umlage in ihr Angebot einpreisen und hätte hierdurch einen **Wettbewerbsnachteil** im Vergabeverfahren um die Verkehrsleistung.

30 Aus diesem Grund verlangte die Europäische Kommission im Rahmen des beihilferechtlichen Notifizierungsverfahrens zur Besonderen Ausgleichsregelung für Schienenbahnen eine Anpassung des § 65 dahingehend, dass eine Antragstellung und Begrenzung der EEG-Umlage für neu in den Markt eintretende Schienenbahnen auch auf der Grundlage von **prognostizierten Stromverbrauchsmengen** ermöglicht wird.[48] Der deutsche Gesetzgeber kam dieser Forderung mit dem **Gesetz zur Änderung des Erneuerbare-Energien-Gesetzes vom 22.12.2014**[49] nach. Mit dem neu eingefügten Absatz 3 können neu in den Markt eintretende Schienenpersonennahverkehrsunternehmen nunmehr – abweichend von Absatz 1 und Absatz 5 Satz 1 i.V. m. § 64 Absatz 4 – einen Begrenzungsantrag bereits vor Aufnahme des Fahrbetriebs, d. h. noch bevor sie tatsächliche Stromverbrauchsmengen vorweisen können, stellen. Dies erfolgt, indem der Antragstellung zum Nachweis des Mindestfahrstromverbrauchs von 2 GWh eine Prognose der Verbrauchsmengen zugrunde gelegt werden kann. Durch diese Möglichkeit wird **Wettbewerbsgleichheit** zwischen etablierten und neu in den Markt eintretenden Schienenbahnen im Vergabeverfahren sichergestellt.[50]

31 Die Möglichkeit, dem Begrenzungsantrag anstelle von tatsächlichen Verbrauchswerten prognostizierte Verbrauchswerte zugrunde legen zu können, spielt dabei (nur) für **drei (Antrags-)Kalenderjahre** eine Rolle:

– dem **Kalenderjahr vor Aufnahme des Fahrbetriebs** (Absatz 3 Satz 1, 1. Halbsatz) (**1. Antragsjahr**; Kalenderjahr der Gründung) für eine Begrenzung der EEG-Umlage im Kalenderjahr der Aufnahme des Fahrbetriebs (1. Begrenzungsjahr),

– dem **Kalenderjahr der Aufnahme des Fahrbetriebs** (Absatz 3 Satz 2 Nr. 1) (**2. Antragsjahr**) für eine Begrenzung der EEG-Umlage im Kalenderjahr nach der Aufnahme des Fahrbetriebs (2. Begrenzungsjahr) und

– dem **Kalenderjahr nach Aufnahme des Fahrbetriebs** (Absatz 3 Satz 2 Nr. 2) (**3. Antragsjahr**) für eine Begrenzung der EEG-Umlage im zweiten Kalenderjahr nach der Aufnahme des Fahrbetriebs (3. Begrenzungsjahr).

Mit dem Kalenderjahr nach Aufnahme des Fahrbetriebs (dem zweiten Begrenzungsjahr) liegt sodann erstmals ein Kalenderjahr vor, für welches die „neue" Schienenbahn über tat-

---

47 Beispiel: Ein nach dem 30.6.2013 neu gegründetes Unternehmen des Schienenpersonennahverkehrs nimmt nach Zuschlagserteilung im Vergabeverfahren zum Fahrplanwechsel ab 14.12.2014 den Fahrbetrieb auf. Nach § 65 Abs. 5 S. 1 i.V. m. § 64 Abs. 4 EEG 2014 könnte es bis zum 30.9.2015 (zur Antragsfrist für neu gegründete Unternehmen s. § 66 Abs. 3 EEG 2014) einen Begrenzungsantrag für das Kalenderjahr 2016 stellen (sofern es im Rumpfgeschäftsjahr, bspw. 14.12.2014 bis 31.8.2015, mindestens 2 GWh Fahrstrom selbst verbraucht hat). Für einen Zeitraum von über 12 Monaten (14.12.2014 bis 31.12.2015) müsste die Schienenbahn demnach die volle EEG-Umlage zahlen.
48 Siehe hierzu bereits oben Rn. 6 ff.
49 BGBl. 2014 I S. 2406.
50 Vgl. BT-Drs. 18/3321, S. 7 unten.

sächliche Verbrauchsdaten für ein vollständiges Kalenderjahr verfügt. Im darauf folgenden (vierten) Antragsjahr – dem zweiten Kalenderjahr nach Aufnahme des Fahrbetriebs und damit dem vierten Kalenderjahr nach Gründung – kann die betreffende Schienenbahn somit auf Verbrauchsdaten des „letzten abgeschlossenen Geschäftsjahres" zurückgreifen, so dass ab dem vierten Antragsjahr und für alle folgenden Antragsjahre eine Antragstellung gemäß dem Grundsatz in Absatz 1 nur noch auf Grundlage von tatsächlichen Verbrauchsdaten (des „letzten abgeschlossenen Geschäftsjahrs") möglich ist.

Als **Frist** für die Antragstellung sieht der – ebenfalls mit dem Gesetz zur Änderung des Er-   **32** neuerbare-Energien-Gesetzes vom 22.12.2014 neu gefasste – § 66 Absatz 3 den 30.9. eines Jahres (Antragsjahres) für das folgende Kalenderjahr (Begrenzungsjahr) vor. Für neue Schienenbahnen gilt also eine um drei Monate verlängerte Antragsfrist. Sollte ein Vergabeverfahren um eine Verkehrsleistung im Schienenpersonennahverkehr vor dem 30.9. des Kalenderjahres vor Aufnahme der Verkehrsleistung noch nicht beendet sein, müssen alle sich um die Verkehrsleistung bewerbenden neuen Schienenbahnen – obwohl der Zuschlag im Vergabeverfahren noch nicht erfolgt ist – vorsorglich einen Antrag auf Begrenzung der EEG-Umlage für das folgende Kalenderjahr, in welchem die Verkehrsleistung aufgenommen werden soll, stellen, um nicht allein schon wegen Nichtwahrung der materiellen Ausschlussfrist des § 66 Absatz 3 jede Aussicht auf eine Begrenzung zu verlieren. Dies kann dazu führen, dass beim BAFA mehrere Begrenzungsanträge für das Kalenderjahr der Aufnahme des Fahrbetriebs vorliegen. Hier stellt nun der 2. Halbsatz von Satz 1 klar, dass die Begrenzung **nur für die Schienenbahn** erfolgen soll, die tatsächlich „**in dem Vergabeverfahren den Zuschlag erhalten hat**". Die Bescheidung der Begrenzungsanträge durch das BAFA kann demnach erst nach Abschluss des Vergabeverfahrens erfolgen. Nur der Antrag des den Zuschlag erhaltenden Bieters wird positiv beschieden, die Anträge der unterlegenen Bieter werden abgelehnt.[51] „In der Regel", so die Gesetzesbegründung,[52] wird es aber von Anfang an nur einen Antragsteller geben, nämlich dann, wenn die Zuschlagserteilung im Vergabeverfahren mit genügendem Vorlauf und rechtzeitig vor Ablauf der Antragsfrist des § 66 Absatz 3 erfolgt.

Für die Begrenzungswirkung nicht maßgeblich ist es, ob der Fahrstromverbrauch in dem   **33** Kalenderjahr, für welches die Verbrauchsprognose angestellt wurde, dann auch tatsächlich mindestens 2 GWh erreicht. Sollten die tatsächlichen Stromverbrauchsmengen, anders als im Begrenzungsantrag prognostiziert, unter 2 GWh liegen, führt dies nicht zu einer Aufhebung des Begrenzungsbescheids. Denn anders als für die Begrenzungsbescheide für Unternehmen des Schienengüter- und -fernverkehrs (s. Absatz 4 Sätze 2 bis 4) sieht Absatz 3 für Begrenzungsbescheide für Unternehmen des Schienenpersonennahverkehrs keinen „Vorbehalt der Nachprüfung"[53] durch das BAFA vor. Mit Ablauf der Widerspruchsfrist erlangt der Begrenzungsbescheid daher formelle und materielle Bestandskraft.

Was für den Nachweis des Mindestfahrstromverbrauchs eine belastbare **Verbrauchsprog-**   **34** **nose** ist, hat der Gesetzgeber nicht dem behördlichen Vollzug überlassen, sondern bis ins Detail selbst geregelt. Sowohl im (Antrags-)Kalenderjahr vor Aufnahme des Fahrbetriebs (Satz 1, 1. Halbsatz), dem **ersten Antragsjahr**, als auch im (Antrags-)Kalenderjahr der Aufnahme des Fahrbetriebs (Satz 2 Nr. 1), dem **zweiten Antragsjahr**, ist eine reine Prog-

---

51 Vgl. BT-Drs. 18/3321, S. 8.
52 Vgl. BT-Drs. 18/3321, S. 8.
53 Siehe Rn. 38 f.

nose des Fahrstromverbrauchs für das jeweils folgende (Begrenzungs-)Kalenderjahr anzustellen. Zugrunde zu legen sind dabei die Vorgaben des Vergabeverfahrens, wie etwa die zu fahrenden Zug-Kilometer in der Leistungsbeschreibung des Vergabeverfahrens.[54] Zwar könnte es sein, dass im Antragsjahr der Aufnahme des Fahrbetriebs bereits tatsächliche Verbrauchsdaten aus diesem Kalenderjahr vorliegen, nämlich dann, wenn der Fahrbetrieb bereits vor Ablauf der Antragsfrist (30.9.) aufgenommen wurde. Gleichwohl sollen auch für dieses Antragsjahr nur Prognosewerte zugrunde gelegt werden, um – unabhängig vom Datum der Fahrbetriebsaufnahme (vor oder nach Ablauf der Antragsfrist) – „für alle Schienenbahnen eine einheitliche Nachweisführung zu regeln".[55]

35   Dieser Grundsatz soll jedoch nicht mehr gelten für das **dritte Antragsjahr**, das Kalenderjahr nach Aufnahme des Fahrbetriebs: In diesem sind für den Nachweis des Mindestfahrstromverbrauchs (auch) **tatsächliche Verbrauchsdaten** zugrunde zu legen (Satz 2 Nr. 2) – und zwar die des „bisherigen laufenden Kalenderjahres", d.h. des aktuellen Antragsjahres. Hier erfolgt also ein **Schwenk des Betrachtungszeitraums**: Wird in den ersten beiden Antragsjahren bei der Verbrauchsprognose der voraussichtliche Verbrauch „für das folgende Kalenderjahr" – also das Jahr, für welches die Begrenzung ausgesprochen wird (Begrenzungsjahr) – betrachtet, dient im dritten Antragsjahr der Verbrauch in diesem Antragsjahr selbst als Nachweisgrundlage für die Begrenzung der EEG-Umlage im folgenden (Begrenzungs-)Kalenderjahr. Es erfolgt also keine Prognose mehr für das Begrenzungsjahr, sondern es ist abzustellen auf die Verbrauchsdaten des davor liegenden Antragsjahres. Da bei Stellung des Begrenzungsantrags in Anbetracht der Antragsfrist des 30.9. die tatsächlichen Verbrauchsdaten aber noch nicht für das komplette (Antrags-)Kalenderjahr vorliegen, gibt der Gesetzgeber für den Nachweis des Mindestfahrstromverbrauchs von 2 GWh eine „Mischform" vor: Es ist die **Summe** zu bilden **aus den tatsächlichen** Verbrauchsmengen „für das bisherige laufende Kalenderjahr" **und den prognostizierten Verbrauchsmengen** „für das übrige laufende Kalenderjahr".[56] Für diese Prognose für das übrige Kalenderjahr macht der Gesetzgeber dabei eine weitere Detailvorgabe (2. Halbsatz von Satz 2 Nr. 2): Der Prognose sind nicht nur – wie in den beiden vorherigen Antragsjahren (s. Satz 1, 1. Halbsatz, und Satz 2 Nr. 1) – die „Vorgaben des Vergabeverfahrens" zugrunde zu legen, sondern daneben sollen auch die tatsächlichen Verbrauchsdaten des bisherigen laufenden Kalenderjahres („des bisherigen tatsächlichen Stromverbrauchs") in die Prognose für das Restjahr einfließen.

36   Mit Ablauf des Kalenderjahres nach Aufnahme des Fahrbetriebs liegen sodann erstmals tatsächliche Verbrauchsdaten für ein vollständiges Kalenderjahr vor, so dass dieses Kalenderjahr im darauf folgenden Kalenderjahr, dem zweiten Kalenderjahr nach Aufnahme des Fahrbetriebs, d.h. dem vierten Antragsjahr, als das „letzte abgeschlossene Geschäftsjahr" im Sinne von Absatz 1 herangezogen werden kann (und muss).[57] Das **Kalenderjahr nach Aufnahme des Fahrbetriebs** bildet somit **gleich dreimal** den **Betrachtungszeitraum** für die der Nachweisführung zugrunde zu legenden Verbrauchsdaten: zunächst im zweiten Antragsjahr (dem Kalenderjahr der Aufnahme des Fahrbetriebs), in welchem die Ver-

---

54 Vgl. BT-Drs. 18/3321, S. 7.
55 Vgl. BT-Drs. 18/3321, S. 8.
56 Davon ausgehend, dass der Begrenzungsantrag im September gestellt wird, dürfte das „bisherige laufende Kalenderjahr" in der Regel die Monate Januar bis Juli/August umfassen und das „übrige Kalenderjahr" sich in der Regel auf die Monate August/September bis Dezember beschränken.
57 Siehe hierzu oben Rn. 31.

brauchsdaten für das Kalenderjahr nach Aufnahme des Fahrbetriebs ausschließlich prognostiziert werden (Absatz 3 Satz 2 Nr. 1 bzw. Absatz 4 Satz 1 Nr. 2); danach bildet das Kalenderjahr nach Aufnahme des Fahrbetriebs selbst das (dritte) Antragsjahr und es sind dessen tatsächliche und prognostizierte Verbrauchswerte für die Begrenzung der EEG-Umlage im folgenden (dritten) Begrenzungsjahr, dem zweiten Kalenderjahr nach Aufnahme des Fahrbetriebs, heranzuziehen (Absatz 3 Satz 2 Nr. 2 bzw. Absatz 4 Satz 1 Nr. 3); und schließlich im vierten Antragsjahr, dem zweiten Kalenderjahr nach Aufnahme des Fahrbetriebs, in welchem die tatsächlichen Strommengen des Kalenderjahres nach Aufnahme des Fahrbetriebs als Daten des „letzten abgeschlossenen Geschäftsjahres" für die Begrenzung der EEG-Umlage im vierten Begrenzungsjahr heranzuziehen sind (Absatz 1).

b) Unternehmen des Schienenpersonenfernverkehrs und Schienengüterverkehrs 37
(Abs. 4). Wie Absatz 3 geht auch Absatz 4 auf die Forderung der EU-Kommission im Rahmen des Notifizierungsverfahrens zur Besonderen Ausgleichsregelung für Schienenbahnen zurück, für neu gegründete Schienenbahnen zur Vermeidung einer möglichen Markteintrittsbarriere eine Antragstellung auf Grundlage von prognostizierten Verbrauchsmengen zuzulassen.[58] Die Modalitäten der Nachweisführung folgen der gleichen Systematik wie in Absatz 3, so dass auf die obigen Ausführungen verwiesen werden kann.[59] Ein Unterschied besteht jedoch darin, dass im Personenfern- und im Güterverkehr keine Ausschreibungen der Verkehrsdienstleistungen stattfinden, mithin den Verbrauchsprognosen keine „Vorgaben des Vergabeverfahrens" zugrunde gelegt werden können. Die Prognosen beruhen daher allein auf eigenen Berechnungen und Abschätzungen der antragstellenden Schienenbahnen[60] und sind daher mit größeren Unsicherheiten behaftet als die Verbrauchsprognosen von Schienenbahnen im Schienenpersonennahverkehr.

Aus diesem Grund stellt der Gesetzgeber die Begrenzungsentscheidung des BAFA unter 38
den „**Vorbehalt einer Nachprüfung**" der Erfüllung der Antragsvoraussetzungen (Absatz 4 Satz 2). Dieses Instrumentarium ist dem Steuerrecht (§ 164 Abgabenordnung, AO) entlehnt. Der Vorbehalt der Nachprüfung hält den Begrenzungsbescheid offen, d. h. der Bescheid wird nach Ablauf der Widerspruchsfrist zwar formell, nicht jedoch materiell bestandskräftig. Die Begrenzung der EEG-Umlage erfolgt somit zunächst nur „provisorisch", die Prüfung der Erfüllung der Antragsvoraussetzungen wird auf später verschoben. Materiell bestandskräftig wird der Begrenzungsbescheid erst mit der ausdrücklichen Aufhebung des Vorbehalts durch das BAFA.[61]

Eine solche **Aufhebung des Vorbehalts** muss das BAFA aussprechen, wenn die spätere 39
Nachprüfung zum Ergebnis gelangt, dass die Antragsvoraussetzungen erfüllt sind, wenn also der Fahrstromverbrauch, wie im Antrag prognostiziert, tatsächlich mindestens 2 GWh erreicht hat. Sollte sich bei der Nachprüfung herausstellen, dass der Mindestfahrstromverbrauch von 2 GWh nicht erreicht wurde, ist der Begrenzungsbescheid aufzuheben. In diesem Fall muss die betroffene Schienenbahn die Differenz zur vollen EEG-Umlage (d. h.

---

58 Siehe hierzu oben Rn. 6 f. und Rn. 29 f.

59 Siehe oben Rn. 31 ff.

60 Zugrunde zu legen sind hierbei z. B. die Trassenanmeldungen und Infrastrukturnutzungsverträge, die Zahl der zu betreibenden elektrischen Schienenfahrzeuge und deren Mindestverbrauch, vgl. Gesetzesbegründung, BT-Drs. 18/3321, S. 9 f.

61 Ein automatischer Entfall des Vorbehalts der Nachprüfung ist im EEG 2014, anders als im Steuerrecht nach Ablauf der Festsetzungsfrist (s. § 164 Abs. 4 AO), nicht geregelt.

80 % der im Begrenzungsjahr gültigen EEG-Umlage) ihrem Stromlieferanten nachentrichten, der die Differenz wiederum an den Übertragungsnetzbetreiber abzuführen hat.

40 Nach dem Gesetzeswortlaut erfolgt die Nachprüfung „nach Vollendung des Kalenderjahrs, für das die Begrenzungsentscheidung wirkt", also **nach Ablauf des Begrenzungsjahres**, „anhand der Daten des abgeschlossenen Kalenderjahres". Mit dem „abgeschlossenen Kalenderjahr" ist somit das jeweilige vollendete Begrenzungsjahr gemeint. Die Betrachtung des Begrenzungsjahres bei der Nachprüfung ist folgerichtig für die ersten beiden Begrenzungsjahre, d.h. das Kalenderjahr der Aufnahme des Fahrbetriebs und das Kalenderjahr nach Aufnahme des Fahrbetriebs. Denn auf dieses Begrenzungsjahr bezog sich die Verbrauchsprognose in dem jeweils davor liegenden Antragsjahr (dem Antragsjahr vor Aufnahme des Fahrbetriebs bzw. dem Antragsjahr der Aufnahme des Fahrbetriebs, vgl. Absatz 4 Satz 1 Nr. 1 bzw. Nr. 2). Im Rahmen der Nachprüfung geprüft wird dementsprechend, ob der Ist-Verbrauch im Begrenzungsjahr tatsächlich, wie für dieses Begrenzungsjahr im Antrag prognostiziert, die Mindestfahrstrommenge von 2 GWh erreicht hat.

41 Nicht folgerichtig ist die Betrachtung des Begrenzungsjahres jedoch für das **dritte Begrenzungsjahr**, d.h. dem zweiten Kalenderjahr nach Aufnahme des Fahrbetriebs. Denn im davor liegenden dritten Antragsjahr, dem Kalenderjahr nach Aufnahme des Fahrbetriebs, erfolgt im Rahmen der Antragstellung ja gerade keine Prognose für das Begrenzungsjahr, vielmehr ist nach Satz 1 Nr. 3 ausdrücklich die Summe der tatsächlichen Verbrauchsmengen „für das bisherige laufende Kalenderjahr" und der prognostizierten Verbrauchsmengen „für das übrige laufende Kalenderjahr" zugrunde zu legen – Betrachtungszeitraum für die Antragstellung im dritten Antragsjahr ist also das Antragsjahr selbst.[62] Folgerichtig kann sich die Nachprüfung, ob der Mindestverbrauch von 2 GWh tatsächlich erreicht wurde, auch nur auf dieses Antragsjahr selbst – und nicht auf das folgende Begrenzungsjahr – beziehen. Nur so ist der **Gleichlauf** zwischen dem der Antragstellung und dem der Nachprüfung zugrundeliegenden Betrachtungszeitraum gewährleistet. **S**atz 4 ist daher für den Anwendungsbereich von Satz 1 Nr. 3 so auszulegen, dass als „abgeschlossenes Geschäftsjahr" das (dritte) Antragsjahr, d.h. das erste Kalenderjahr nach Aufnahme des Fahrbetriebs im Sinne von Satz 1 Nr. 3, zu gelten hat.

42 Die Nachprüfung erfolgt nach Satz 4 grundsätzlich nach Vollendung des Begrenzungsjahres. Nach dem zuvor Gesagten[63] ist das folgerichtig nur für die ersten beiden Begrenzungsjahre (dem Kalenderjahr der Aufnahme des Fahrbetriebs und dem Kalenderjahr nach Aufnahme des Fahrbetriebs). Für das dritte Begrenzungsjahr (dem zweiten Kalenderjahr nach Aufnahme des Fahrbetriebs) ist jedoch nach Satz 1 Nr. 3 für die Nachweisführung auf die (tatsächlichen und prognostizierten) Verbrauchsdaten des betreffenden Antragsjahres (dem Kalenderjahr nach Aufnahme des Fahrbetriebs) abzustellen. Eine Nachprüfung, ob der Mindestfahrstromverbrauch erreicht wurde, ist somit schon nach Vollendung dieses Antragsjahres – und nicht erst, wie es Satz 4 eigentlich voraussetzt, nach Vollendung des folgenden Begrenzungsjahres – möglich. Dementsprechend könnte die Aufhebung des Begrenzungsbescheids grundsätzlich schon zu Beginn des dritten Begrenzungsjahres erfolgen, so dass die Begrenzung der EEG-Umlage für dieses Kalenderjahr erst gar nicht bzw. nur für einen kurzen Zeitraum zum Tragen kommt. Vor dem Hintergrund des Sinn und Zwecks der Regelungen der Sätze 2 bis 4, den antragstellenden Schienenbahnen „keinen

---

62 Siehe Rn. 35.
63 Rn. 41.

ungerechtfertigten Vorteil"[64] gegenüber Schienenbahnen zukommen zu lassen, die die Voraussetzungen für die Antragstellung nach Satz 1 Nr. 3 von vornherein nicht erfüllen, erscheint es auch geboten, die **Nachprüfung vorzuziehen** und nicht erst, wie es dem Gesetzeswortlaut entspräche, die Vollendung des dritten Begrenzungsjahres abzuwarten, auf dessen Ist-Verbrauchsdaten es für die Nachprüfung gar nicht ankommt.

Als **geeigneter Zeitpunkt** für die Vorziehung der Nachprüfung erscheint dabei (spätestens) der Zeitraum Juli/August im dritten Begrenzungsjahr (= zweites Kalenderjahr nach Aufnahme des Fahrbetriebs). Denn bis zum 30.6. dieses Kalenderjahres, welches zugleich das vierte Antragsjahr nach Gründung darstellt, wird die Schienenbahn ihren Begrenzungsantrag für das vierte Begrenzungsjahr (das dritte Kalenderjahr nach Aufnahme des Fahrbetriebs) stellen. Zu diesem Zeitpunkt liegen erstmalig tatsächliche Verbrauchsdaten für ein vollständiges abgeschlossenes Geschäftsjahr vor, nämlich des Kalenderjahres nach Aufnahme des Fahrbetriebs (des zweiten Begrenzungsjahres).[65] Diese tatsächlichen Verbrauchsdaten muss die Schienenbahn nach Absatz 1 ihrem Antrag für das vierte Begrenzungsjahr zugrunde legen. Damit liegen dem BAFA zugleich auch die Daten vor, die für eine Nachprüfung der Erfüllung der Antragsvoraussetzungen im dritten Begrenzungsjahr notwendig sind.

43

Zugleich mit der Nachprüfung des dritten Begrenzungsjahres kann das BAFA auch das **zweite Begrenzungsjahr** einer Nachprüfung unterziehen. Denn die Verbrauchsdaten des Kalenderjahres nach Aufnahme des Fahrbetriebs dienten nicht nur (als Summe der tatsächlichen und prognostizierten Verbrauchswerte) als Grundlage für die Begrenzung der EEG-Umlage im dritten Begrenzungsjahr, sondern waren zuvor schon (als prognostizierte Verbrauchswerte im zweiten Antragsjahr) Grundlage für die Begrenzung der EEG-Umlage im zweiten Begrenzungsjahr.[66]

44

Sollte dem BAFA bis zum 30.6. des vierten Antragsjahres kein Begrenzungsantrag der Schienenbahn zugehen, wird dies ein deutliches Zeichen sein, dass die betreffende Schienenbahn im Kalenderjahr nach Aufnahme des Fahrbetriebs den erforderlichen Mindestfahrstromverbrauch von 2 GWh nicht erreicht hat. In der Folge kann und muss das BAFA im Rahmen der erforderlichen Nachprüfung die Begrenzungsbescheide sowohl für das zweite als auch das dritte Begrenzungsjahr aufheben.

45

c) Entsprechende Anwendung der Absätze 3 und 4 für etablierte Schienenbahnen.
Die Absätze 3 und 4 sollen, wie oben dargelegt,[67] durch die Anerkennung von Prognoseverbrauchsdaten im Rahmen der Antragstellung neuen Schienenbahnen eine Begrenzung der EEG-Umlage ermöglichen, um „Markteintrittsbarrieren" zu beseitigen und damit Wettbewerbsgleichheit zwischen bereits tätigen und neuen Schienenbahnen herzustellen. In den Anwendungsbereich der Absätze 3 und 4 fallen nach dem Gesetzeswortlaut solche Schienenbahnen, die erstmals den Fahrbetrieb aufnehmen wollen.[68] Dies zeigt auch die Geset-

46

---

64 Vgl. BT-Drs. 18/3321, S. 10.
65 Siehe hierzu oben Rn. 36.
66 Siehe oben, Rn. 35 f.
67 Siehe Rn. 7 f., 29 f.
68 Vgl. Gesetzeswortlaut von Abs. 3 S. 1 und Abs. 4 S. 1 Nr. 1: „*vor der Aufnahme* des Fahrbetriebs" und Abs. 4 S. 1: „Schienenbahnen, die erstmals eine Schienenverkehrsleistung [...] erbringen werden". (Hervorhebung durch Verf.)

zesbegründung, in der von „neu in den Markt eintretenden Schienenbahnen" und von „Schienenbahnen, die bisher keine Verkehrsdienstleistungen erbringen", die Rede ist.[69]

47 Würde man den Anwendungsbereich der Absätze 3 und 4 nur auf „neue" Schienenbahnen im vorgenannten Sinn beschränken, hätten „neue" Schienenbahnen gegenüber Schienenbahnen, die bereits im Markt tätig sind, deren Verbrauch im letzten abgeschlossenen Geschäftsjahr aber unter 2 GWh lag, und die sich nun um eine neue (weitere) Verkehrsleistung bewerben wollen – sei es in einem Vergabeverfahren im Personennahverkehr, sei es um eine Verkehrsleistung im Personenfern- oder Güterverkehr – einen Wettbewerbsvorteil. Denn die etablierten Schienenbahnen könnten unter Zugrundelegung der tatsächlichen Verbrauchsdaten des letzten abgeschlossenen Geschäftsjahres eine Begrenzung der EEG-Umlage nach Absatz 1 nicht erreichen. Der Umstand, dass eine Schienenbahn bereits auf dem Schienenverkehrsmarkt tätig ist und damit Verbrauchswerte für ein abgeschlossenes Kalenderjahr aufweist, kann aber keinen sachlichen Grund darstellen, diese Schienenbahn im Wettbewerb um eine neue Verkehrsleistung schlechter zu stellen als eine Schienenbahn, die gänzlich neu in den Markt eintritt. Der Gesetzgeber wollte mit der Einfügung der Absätze 3 und 4 Wettbewerbsgleichheit für neu in den Markt eintretende Schienenbahnen gegenüber bereits etablierten Schienenbahnen herstellen, nicht aber bereits etablierte – für eine Antragstellung nach Absatz 1 aber zu kleine – Schienenbahnen im Wettbewerb zu neu in den Markt eintretenden Schienenbahnen schlechterstellen.

48 Infolgedessen muss auch einer bereits im Markt tätigen, sich um eine neue, weitere Verkehrsleistung bewerbenden Schienenbahn die Möglichkeit eröffnet sein, auf Basis von Prognosedaten einen Antrag nach Absatz 3 bzw. 4 zu stellen, wenn ihr Fahrstromverbrauch im letzten abgeschlossenen Geschäftsjahr vor Antragstellung unter 2 GWh lag; auf ihre tatsächlichen Verbrauchsdaten im letzten abgeschlossenen Geschäftsjahr kommt es für die Antragstellung insoweit nicht an. Der Begriff der „Schienenbahn" in Absatz 3 und 4 ist in diesem Sinne extensiv auszulegen.

49 **4. Nachweise (Abs. 6).** Bezüglich der Nachweisführung enthält Absatz 6 – wie bereits die Vorgängerregelung des § 42 Absatz 3 Satz 2 EEG 2012 – einen **Teilverweis** auf die für die stromkostenintensiven Unternehmen geltenden Vorschriften. Die Vorgaben für stromkostenintensive Unternehmen zur Nachweisführung gemäß § 64 Absatz 3 Nr. 1 lit. a bis c gelten für Schienenbahnunternehmen entsprechend. Die Anspruchsvoraussetzungen[70] nach Absatz 1 müssen ebenfalls durch Einreichung der **Stromlieferungsverträge** und **Stromrechnungen** für das letzte abgeschlossene Geschäftsjahr gegenüber dem Bundesamt für Wirtschaft und Ausfuhrkontrolle (BAFA) nachgewiesen werden. Die Verträge und Rechnungen können auch noch nach Ablauf der materiellen Ausschlussfrist für die Antragstellung (30.06. eines Jahres für das folgende Kalenderjahr, § 66 Absatz 1) eingereicht werden.[71] Bis zum Ablauf der Antragsfrist einzureichen ist hingegen die **Bescheinigung eines Wirtschaftsprüfers** oder vereidigten Buchprüfers auf der Grundlage des Jahresabschlusses für das letzte abgeschlossene Geschäftsjahr.[72] Anhand der Wirtschaftsprüferbescheinigung sind die erforderlichen Nachweismöglichkeiten zu schaffen, die eine genaue Unterscheidung zwischen dem Gesamtstrombezug des Schienenbahnunternehmens und

---

69 Vgl. BT-Drs. 18/3321, S. 7.
70 Siehe hierzu oben unter III.
71 Vgl. BAFA, Merkblatt Schienenbahnen 2014, S. 13.
72 Vgl. BAFA, Merkblatt Schienenbahnen 2014, S. 12.

dem für den Fahrbetrieb selbst verbrauchten Strom ermöglichen.[73] Die Bescheinigung muss auch die rückgespeiste Energie enthalten.[74] Eine Schätzung des Fahrstromverbrauchs ist im Rahmen von Absatz 1 nicht möglich.

Der Anwendungsbereich von Absatz 6 erstreckt sich, wie schon seine Stellung als eigen-   **50** ständiger Absatz deutlich macht, auf den gesamten § 65, also auch auf die Absätze 3 und 4. Eine Wirtschaftsprüferbescheinigung ist daher für alle in den Absätzen 1 bis 5 genannten Nachweise erforderlich, also sowohl für die tatsächlichen (Absatz 1) als auch die prognostizierten (Absätze 3 und 4) Verbrauchswerte. Bezüglich der grundsätzlich ebenfalls vorzulegenden Stromlieferungsverträge und Stromrechnungen ist für neu gegründete Schienenbahnen aber zu differenzieren: Die Vorlage von Stromlieferungsverträgen und Stromrechnungen entsprechend § 64 Absatz 3 Nr. 1 Buchstabe a macht keinen Sinn, da den Begrenzungsanträgen lediglich Verbrauchsprognosen zugrunde liegen. Dies gilt jedenfalls für die ersten beiden Antragsjahre. Im dritten Antragsjahr sind jedoch (auch) die „tatsächlichen Stromverbrauchsmengen für das bisherige laufende Kalenderjahr" nachzuweisen;[75] hier wird man die Vorlage der Stromrechnungen für die Liefermonate im bisherigen laufenden Kalenderjahr und des zugehörigen Stromlieferungsvertrags verlangen müssen.

---

73 Vgl. BAFA, Merkblatt Schienenbahnen 2014, S. 12.
74 Vgl. BT-Drs. 18/1449, S. 32.
75 Siehe Rn. 35.

§ 66 Antragstellung und Entscheidungswirkung

(1) [1]Der Antrag nach § 63 in Verbindung mit § 64 einschließlich der Bescheinigungen nach § 64 Absatz 3 Nummer 1 Buchstabe c und Nummer 2 ist jeweils zum 30. Juni eines Jahres (materielle Ausschlussfrist) für das folgende Kalenderjahr zu stellen. [2]Satz 1 ist entsprechend anzuwenden auf Anträge nach § 63 in Verbindung mit § 65 einschließlich der Bescheinigungen nach § 64 Absatz 3 Nummer 1 Buchstabe c. [3]Einem Antrag nach den Sätzen 1 und 2 müssen die übrigen in den §§ 64 oder 65 genannten Unterlagen beigefügt werden.

(2) [1]Ab dem Antragsjahr 2015 muss der Antrag elektronisch über das vom Bundesamt für Wirtschaft und Ausfuhrkontrolle eingerichtete Portal gestellt werden. [2]Das Bundesamt für Wirtschaft und Ausfuhrkontrolle wird ermächtigt, Ausnahmen von der Pflicht zur elektronischen Antragstellung nach Satz 1 durch Allgemeinverfügung, die im Bundesanzeiger bekannt zu machen ist, verbindlich festzulegen.

(3) Abweichend von Absatz 1 Satz 1 können Anträge von neu gegründeten Unternehmen nach § 64 Absatz 4 und Anträge von Schienenbahnen nach § 65 Absatz 3 bis 5 bis zum 30. September eines Jahres für das folgende Kalenderjahr gestellt werden.

(4) [1]Die Entscheidung ergeht mit Wirkung gegenüber der antragstellenden Person, dem Elektrizitätsversorgungsunternehmen und dem regelverantwortlichen Übertragungsnetzbetreiber. [2]Sie wirkt jeweils für das dem Antragsjahr folgende Kalenderjahr.

(5) [1]Der Anspruch des an der betreffenden Abnahmestelle regelverantwortlichen Übertragungsnetzbetreibers auf Zahlung der EEG-Umlage gegenüber den betreffenden Elektrizitätsversorgungsunternehmen wird nach Maßgabe der Entscheidung des Bundesamtes für Wirtschaft und Ausfuhrkontrolle begrenzt. [2]Die Übertragungsnetzbetreiber haben diese Begrenzung beim Ausgleich nach § 58 zu berücksichtigen. [3]Erfolgt während des Geltungszeitraums der Entscheidung ein Wechsel des an der betreffenden Abnahmestelle regelverantwortlichen Übertragungsnetzbetreibers oder des betreffenden Elektrizitätsversorgungsunternehmens, muss die begünstigte Person dies dem Übertragungsnetzbetreiber oder dem Elektrizitätsversorgungsunternehmen und dem Bundesamt für Wirtschaft und Ausfuhrkontrolle unverzüglich mitteilen.

Schrifttum: *Danner*, Qualität der Gesetzgebung, EnWZ 2012, 66.

Übersicht

I. Allgemeines

§ 66 regelt einige Förmlichkeiten, die bei der **Beantragung** einer Begrenzungsentscheidung nach § 63 eingehalten werden müssen. Außerdem konkretisiert die Vorschrift die **rechtlichen Folgen der Begrenzungsentscheidung**. Abs. 1 enthält die reguläre Antragsfrist und bestimmt, welche Unterlagen vor Ablauf dieser Frist eingereicht werden müssen. Abs. 2 regelt erstmals die elektronische Antragstellung. In Abs. 3 ist eine abweichende Antragsfrist für neu gegründete Unternehmen vorgesehen. Abs. 4 regelt die Adressaten und den Geltungszeitraum der Begrenzungsentscheidung. Abs. 5 legt fest, wie die Begrenzungsentscheidung umzusetzen ist und enthält außerdem eine Mitteilungspflicht.

Die **materiellen Voraussetzungen** für die Begrenzung der EEG-Umlage sind nicht in § 66, sondern in § 63 i.V.m. §§ 64, 65 geregelt. Maßgeblich für den Erfolg von Begrenzungsanträgen ist also die Einhaltung dieser Vorschriften. Ein Verstoß gegen die formellen Erfordernisse des § 66 kann aber ebenfalls zur Ablehnung der Entscheidung führen.

1. Normzweck. Die Vorschrift dient dazu, das Verwaltungsverfahren für Begrenzungsentscheidungen gemäß § 63 zu konkretisieren und dadurch **Rechtssicherheit** für solche Unternehmen zu schaffen, die eine Begrenzung der von ihnen zu zahlenden EEG-Umlage begehren. Es soll ohne Weiteres erkennbar sein, welche formalen Anforderungen für eine begünstigende Entscheidung des Bundesamtes für Wirtschaft und Ausfuhrkontrolle (BAFA) erfüllt werden müssen und welche Rechtswirkungen aus der Begrenzungsentscheidung folgen. Die Formulierung einer materiellen Ausschlusspflicht betont gleichzeitig die Eigenverantwortung der Unternehmen und ermöglicht ein **zügiges und effizientes Verwaltungsverfahren**.

2. Entstehungsgeschichte. § 66 geht auf **§ 43 EEG 2009/12** zurück, der seinerseits auf **§ 16 Abs. 6 u. 8 EEG 2004** beruht. Die Vorschrift wurde jedoch im Rahmen der EEG-Novelle 2014 weitgehend umstrukturiert und ausführlicher gefasst. Anders als seine Vorgängerregelungen unterscheidet § 66 nun erstmals zwischen fristrelevanten und fristirrelevanten Unterlagen. Neu eingefügt wurde außerdem Abs. 2 über die elektronische Antragstellung, die ab dem Antragsjahr 2015 für alle Begrenzungsanträge vorgeschrieben ist. Im Übrigen weicht § 66 inhaltlich von seinen Vorgängerregelungen nicht wesentlich ab. Durch das Gesetz zur Änderung des EEG v. 22. Dezember 2014 ist die verlängerte Ausschlussfrist für bestimmte Schienenbahnen in Abs. 3 an gleichzeitige Änderungen des § 65 angepasst worden.[1]

II. Antragsfrist und Antragsunterlagen (Abs. 1)

Abs. 1 enthält die reguläre Antragsfrist und bestimmt, welche Unterlagen vor Ablauf dieser Frist bei der zuständigen Behörde, dem BAFA, eingereicht werden müssen. Die Einzelhei-

---

1 BGBl. 2014 I S. 2406; BT-Drs. 18/3321.

ten der Antragstellung beschreibt das BAFA in zwei **Merkblättern**, von denen sich das eine an stromkostenintensive Unternehmen richtet und das andere an Schienenbahnen.[2]

6 **1. Materielle Ausschlussfrist.** Der Antrag nach § 63 auf Begrenzung der EEG-Umlage ist gemäß Abs. 1 jeweils zum **30. Juni** eines Jahres für das folgende Kalenderjahr zu stellen. Während das Jahr der Antragstellung als **Antragsjahr** bezeichnet wird, ist das Jahr, in dem die beantragte Entscheidung gilt, das sogenannte **Begrenzungsjahr**. Fällt der 30. Juni auf ein Wochenende oder (rein theoretisch) auf einen gesetzlichen Feiertag, verlagert sich das Ende der Antragsfrist auf den darauffolgenden Werktag.[3] Für neu gegründete Unternehmen gilt gemäß Abs. 3 eine abweichende, längere Antragsfrist (dazu unten, Rn. 30 ff.).

7 Seit der EEG-Novelle 2012 wird die Antragsfrist ausdrücklich als **materielle Ausschlussfrist** bezeichnet. Dadurch macht der Gesetzgeber deutlich, dass eine Verlängerung der Frist nicht möglich sein soll. Anders als sonst bei verwaltungsverfahrensrechtlichen Fristen üblich (vgl. § 32 VwVfG), ist also insbesondere eine **Wiedereinsetzung in den vorigen Stand** auch bei unverschuldeter Fristversäumnis unzulässig. Auch darf das BAFA die Antragsfrist nicht verlängern. Jede Versäumnis der Antragsfrist führt zu einer Ablehnung der beantragten Begrenzungsentscheidung.[4] Aus welchem Grunde die Frist versäumt worden ist, insbesondere ob den Antragsteller hieran ein Verschulden trifft, ist unerheblich. Allenfalls unter ganz ungewöhnlichen Umständen sind enge Ausnahmen denkbar, die jedoch bisher in der Praxis keine Rolle spielen (dazu unten, Rn. 10).

8 Die strikte Ausschlussfrist soll gewährleisten, dass das BAFA alle Anträge auf einer einheitlichen Datenbasis bearbeiten kann. Dadurch sollen **gleiche Wettbewerbsbedingungen** hinsichtlich der Entlastung durch die besondere Ausgleichsregelung geschaffen und **Rechtssicherheit** für die betroffenen Unternehmen hergestellt werden.[5] Zweck der strikten Ausschlussfrist ist es ferner, das BAFA schnellstmöglich in die Lage zu versetzen, sich ein vollständiges Bild von den insgesamt beantragten Begrenzungen zu machen.[6] Dies ist erforderlich, damit die Behörde gemäß § 63 prüfen kann, ob die beantragten Entscheidungen die Ziele des Gesetzes gefährden würden oder mit dem Interesse der Gesamtheit der Stromverbraucher unvereinbar wären.

9 Gegen die strikte Ausschlussfrist sind unter dem Gesichtspunkt der Verhältnismäßigkeit **verfassungsrechtliche Bedenken** geltend gemacht worden.[7] Es sei fraglich, ob ein völliger Ausschluss der Wiedereinsetzung in den vorigen Stand, die ja ohnehin nur in den seltenen Fällen einer unverschuldeten Fristversäumnis in Betracht komme, wirklich erforderlich sei, um die angestrebte Verfahrensbeschleunigung zu erreichen.[8] Das BVerwG ist jedoch davon ausgegangen, dass die strikte Ausschlussfrist mit dem Grundgesetz vereinbar

---

2 Im Internet abrufbar unter http://www.bafa.de/bafa/de/energie/besondere_ausgleichsregelung_ eeg/merkblaetter/index.html (zuletzt abgerufen am 10.2.2015).

3 Vgl. § 31 Abs. 3 VwVfG.

4 BT-Drs. 15/8148, S. 67: „Dies bedeutet, dass die Handlung nach Ablauf der Frist nicht mehr wirksam vorgenommen werden kann. Von der Einhaltung der Ausschlussfrist gibt es keine Ausnahmen.", siehe aber auch unten, Rn. 10.

5 BT-Drs. 16/8148, S. 67.

6 *Salje*, EEG, 7. Aufl. 2015, Rn. 29.

7 Altrock/Oschmann/Theobald/*Müller*, EEG, 4. Aufl. 2013, § 43 Rn. 17.

8 Altrock/Oschmann/Theobald/*Müller*, EEG, 4. Aufl. 2013, § 43 Rn. 17.

ist.[9] Ein Verstoß gegen die **Berufs- und Wettbewerbsfreiheit** (Art. 12 Abs. 1, Art. 2 Abs. 1 i.V.m. Art. 19 Abs. 3 GG) liege nicht vor.[10] Insoweit fehle es schon an einem Eingriff mit objektiv berufsregelnder Tendenz, da die Ausschlussfrist die Rahmenbedingungen des Wettbewerbs nicht verändere, sondern vielmehr die Wettbewerbsneutralität der Begrenzungsentscheidungen gewährleiste.[11] Auch der **allgemeine Gleichheitssatz** aus Art. 3 Abs. 1 GG sei nicht verletzt.[12] Die Benachteiligung von Antragstellern, die die Ausschlussfrist versäumt haben, sei sachlich gerechtfertigt und verhältnismäßig.[13] Mit der strikten Ausschlussfrist verfolge der Gesetzgeber legitime Zwecke (dazu schon oben, Rn. 8).[14] Bei der Wahl der Mittel stehe ihm ein weiter Beurteilungsspielraum zu, den er mit der Ausschlussfrist nicht überschritten habe.[15] Die strikte Ausschlussfrist sei den betroffenen Unternehmen auch zumutbar, da ihnen insgesamt genügend Zeit zur Verfügung stehe.[16]

In der Rechtsprechung des BVerwG ist allerdings anerkannt, dass sich Behörden unter bestimmten Voraussetzungen nicht auf den Ablauf einer gesetzlichen Ausschlussfrist berufen dürfen. Das BVerwG führt hierzu aus, dass sich diese **Ausnahmen** nicht allgemeingültig bestimmen ließen, sondern nur mit Blick auf die jeweilige Funktion der Ausschlussfrist.[17] Im Vermögensrecht hat das BVerwG für eine solche Ausnahme vorausgesetzt, dass die Fristversäumnis auf staatliches Fehlverhalten zurückzuführen ist und dass durch die Berücksichtigung des verspäteten Antrags der Zweck des Gesetzes nicht verfehlt wird.[18] Weitere Ausnahmen wurden in Fällen höherer Gewalt anerkannt. Unter „höherer Gewalt" wird in der verwaltungsgerichtlichen Rechtsprechung ein Ereignis verstanden, „das unter den gegebenen Umständen auch durch die größte nach den Umständen des konkreten Falls vernünftigerweise von dem Betroffenen unter Anlegung subjektiver Maßstäbe – namentlich unter Berücksichtigung seiner Lage, Bildung und Erfahrung – zu erwartende und zumutbare Sorgfalt nicht abgewendet werden konnte".[19] Anders als der Hessische VGH[20] ist das BVerwG in einer Entscheidung zu § 43 EEG 2009/12 jedoch davon ausgegangen, dass höhere Gewalt nicht schon bei der Verzögerung der üblichen Postlaufzeit um zwei Werktage zu bejahen ist.[21]

Vor Ablauf der Antragsfrist müssen zumindest die **fristrelevanten Unterlagen** (Antragsformular, Bescheinigung des Wirtschaftsprüfers, Zertifizierungsnachweis) bei dem BAFA eingegangen sein. Die sonstigen notwendigen Unterlagen können hingegen auch zu einem

10

11

---

9 BVerwG, NVwZ 2014, 1237, 1239; ebenso die Vorinstanzen HessVGH, ZNER 2012, 420 m. Anm. *Schnelle* und VG Frankfurt REE 2011, 43.
10 BVerwG, NVwZ 2014, 1237, 1239.
11 BVerwG, NVwZ 2014, 1237, 1239.
12 BVerwG, NVwZ 2014, 1237, 1239.
13 BVerwG, NVwZ 2014, 1237, 1239.
14 BVerwG, NVwZ 2014, 1237, 1239.
15 BVerwG, NVwZ 2014, 1237, 1239.
16 BVerwG, NVwZ 2014, 1237, 1239. Eine ausführliche, aber dogmatisch nicht völlig überzeugende Prüfung der Verfassungsmäßigkeit enthält auch die Gesetzesbegründung zum EEG 2009, BT-Drs. 16/8148, S. 67.
17 BVerwG, NVwZ 2014, 1237, 1239 m. w. N.
18 BVerwGE 101, 39, 45.
19 BVerfG, NJW 2008, 429; BVerwG, NVwZ 2014, 1237,1240; BVerwG, NVwZ 1997, 1219.
20 HessVGH, ZNER 2012, 420 m. Anm. *Schnelle.*
21 BVerwG, Urt. v. 10.12.2013, NVwZ 2014, 1237, 1239f. Ausdrücklich offengelassen wurde die Frage, ob bei einem Verlust der Unterlagen auf dem Postweg höhere Gewalt vorläge.

späteren Zeitpunkt noch nachgereicht werden (dazu ausführlich unten, Rn. 16 ff.). Ein Fehlen von fristrelevanten Unterlagen führt genau wie die völlige Fristversäumnis zur Ablehnung des Antrags. Ab dem Antragsjahr 2015 müssen die Antragsunterlagen dem BAFA zwingend elektronisch übermittelt werden (dazu unten, Rn. 26 ff.).

12 Maßgeblich ist der **Eingang** der Unterlagen beim BAFA. Die Dokumente müssen also vor Ablauf der Ausschlussfrist über das ELAN-K2-Portal vollständig auf den Server der Behörde übertragen werden. Das Risiko technischer Schwierigkeiten liegt bei dem antragstellenden Unternehmen, das deshalb eine rechtzeitige Übermittlung des Antrags sicherstellen sollte. Die Übertragung auf den BAFA-Server wird automatisch elektronisch bestätigt.

13 Eine **Übergangsregelung für das Antragsjahr 2014** enthält § 103 Abs. 1 Nr. 5, wonach der Antrag in diesem Jahr erst zum 30. September gestellt werden musste. Grund dafür war, dass das BAFA in dieser Antragsrunde bereits die veränderten Kriterien des EEG 2014 berücksichtigen sollte, das Gesetz aber erst zum 1. August 2014 in Kraft trat. Eine Anpassung an die neuen Kriterien mit weniger als zwei Monaten Vorlauf wollte der Gesetzgeber den betroffenen Unternehmen nicht zumuten.

14 Rechtstechnisch ist § 103 Abs. 1 Nr. 5 EEG jedoch nicht überzeugend, da die darin enthaltene Fristverlängerung erst mit der EEG-Novelle zum 1. August 2014 in Kraft treten konnte, die reguläre Frist für das Begrenzungsjahr 2015 zu diesem Zeitpunkt aber bereits abgelaufen war.[22] Zwar hatte das BAFA in einem **Hinweisblatt** v. 9. Mai 2014 darüber informiert, dass es wegen der bevorstehenden EEG-Novelle Anträge bis zum 30. September akzeptieren werde. Damit verließ die Behörde jedoch erkennbar den gesetzlichen Rahmen, so dass sich letztlich eine **unsichere Rechtslage** ergab. Einige Unternehmen reichten ihre Anträge vorsichtshalber schon bis zum 30. Juni 2014 ein und mussten dann – soweit sich durch die EEG-Novelle 2014 Änderungen ergaben – zum 30. September 2014 einen weiteren Antrag stellen. Es liegt auf der Hand, dass der daraus folgende Mehraufwand für die betroffenen Unternehmen und das BAFA gleichermaßen unbefriedigend war. § 103 Abs. 1 Nr. 5 EEG ist somit ein weiteres Beispiel dafür, dass sich das immer höhere Tempo bei der Weiterentwicklung des Energierechts zunehmend negativ auf die Qualität der Gesetzgebung auswirkt.[23]

15 **2. Erforderliche Unterlagen.** Seit der EEG-Novelle 2014 müssen nicht mehr alle Antragsunterlagen vor Ablauf der Antragsfrist beim BAFA eingehen. Stattdessen wird nun erstmals zwischen fristrelevanten und fristirrelevanten Unterlagen unterschieden. Dadurch soll verhindert werden, dass aussichtsreiche Begrenzungsanträge an Formalitäten scheitern.

16 **a) Fristrelevante Unterlagen.** Nach dem Willen des Gesetzgebers soll sich aus Abs. 1 S. 1 i.V.m. Abs. 1 S. 3 insbesondere auch ergeben, welche Unterlagen bis zum Ende der Antragsfrist am 30. Juni beim BAFA eingegangen sein müssen und welche Unterlagen später nachgereicht werden können.[24] Das Fehlen eines fristrelevanten Dokuments führt unweigerlich zur **Fristversäumnis** und folglich zur Ablehnung des Antrags. Konkret listet Abs. 1 S. 1 folgende Unterlagen auf, für deren Eingang die Antragsfrist gilt:

- das **Antragsformular**;
- die **Wirtschaftsprüferbescheinigung** gemäß § 64 Abs. 3 Nr. 1 lit. c;

22 Die reguläre Frist endete gemäß § 43 Abs. 1 S. 1 EEG 2009/12 am 30. Juni 2014.
23 Ausführlich dazu *Danner*, EnWZ 2012, 66.
24 BT-Drs. 18/1449, S. 47.

– der **Zertifizierungsnachweis** gemäß § 64 Abs. 3 Nr. 2 (nur bei stromintensiven Unternehmen, also nicht bei Schienenbahnen).

Das **Antragsformular** ist wegen der gemäß Abs. 2 zwingend vorgeschriebenen elektro- **17** nischen Antragstellung über das ELAN-K2-Portal des BAFA einzureichen (unten, Rn. 26). Mit ihm werden der Behörde die wichtigsten Kenndaten des Unternehmens übermittelt.

Die **Wirtschaftsprüferbescheinigung** gemäß § 64 Abs. 3 Nr. 1 lit. c ist unter Beachtung **18** des Prüfungsstandards IDW PS 970 in Verbindung mit IDW PH 9.970.1 zu erstellen (zum Inhalt der Bescheinigung § 64 Rn. 139 ff.). Sie muss mit allen Anlagen als PDF-Datei in das ELAN-K2-Portal hochgeladen und vor Ablauf der Antragsfrist an das BAFA übermittelt werden. Das Original der Wirtschaftsprüferbescheinigung ist der Behörde auf dem Postwege zuzusenden (dazu unten, Rn. 27 f.); auf seinen Zugang vor Ablauf der Antragsfrist kommt es nicht an, sofern es mit dem PDF-Dokument vollständig übereinstimmt.[25]

Stromintensive Unternehmen müssen vor Ablauf der Ausschlussfrist außerdem den **Zerti-** **19** **fizierungsnachweis** gemäß § 64 Abs. 3 Nr. 2 einreichen. Für Schienenbahnen gibt es hingegen keine entsprechende Pflicht, da diese kein Energie- und Umweltmanagementsystem betreiben müssen. Soweit der Zertifizierungsnachweis erforderlich ist, muss er durch ein gültiges DIN EN ISO 50001-Zertifikat oder einen gültigen Eintragungs- oder Verlängerungsbescheid der EMAS-Registrierungsstelle über die Eintragung in das EMAS-Register erbracht werden. Unternehmen mit einem Stromverbrauch unter 5 GWh im letzten abgeschlossenen Geschäftsjahr können gemäß § 64 Abs. 1 Nr. 3, Abs. 3 Nr. 2, 3. Alt. stattdessen einen gültigen Nachweis über den Betrieb eines alternativen Systems zur Verbesserung der Energieeffizienz gemäß § 3 Nrn. 1 u. 2 der Spitzenausgleich-Effizienzsystemverordnung (SpaEfV)[26] vorlegen.

Für das Antragsjahr 2014 galt gemäß § 103 Abs. 1 Nr. 1 eine **Übergangsregelung**. Danach **20** mussten Unternehmen mit einem Stromverbrauch von unter 10 GWh im letzten abgeschlossenen Geschäftsjahr den Zertifizierungsnachweis nicht erbringen, wenn sie stattdessen darlegten, dass der Nachweis innerhalb der Antragsfrist nicht zu erlangen war. Damit wurde der Tatsache Rechnung getragen, dass zwischen dem Inkrafttreten des EEG 2014 am 1. August 2014 und dem Ende der verlängerten Antragsfrist am 30. September 2014 nur zwei Monate lagen, woraus sich für die Unternehmen praktische Schwierigkeiten ergeben konnten.

b) Fristirrelevante Unterlagen. Die übrigen in den §§ 64, 65 genannten Unterlagen müs- **21** sen gemäß Abs. 1 S. 3 dem Antrag „beigefügt werden". Diese Formulierung ist missglückt, da sich nur aus der Verwendung des Hilfsverbs „werden" statt „sein" ergibt, dass die weiteren Unterlagen – wie dies in der Gesetzesbegründung klar zum Ausdruck kommt[27] – noch nicht zum 30. Juni vorliegen müssen, sondern nachgereicht werden können. Die Unterlagen sind also gerade nicht dem Antrag selbst „beizufügen", sondern können dem BAFA auch später noch übermittelt werden. Ihr Fehlen führt nicht zur Fristversäumnis.

Bei den Unterlagen, für welche die Antragsfrist nicht gilt, handelt es sich um:[28] **22**

---

25 BAFA, Checkliste Unternehmen, Stand 2.9.2014, S. 2.
26 Verordnung über Systeme zur Verbesserung der Energieeffizienz im Zusammenhang mit der Entlastung von der Energie- und der Stromsteuer in Sonderfällen.
27 BT-Drs. 18/1449, S. 47.
28 Ausführlich mit näheren Informationen zu den einzelnen Unterlagen BAFA, Checkliste Unternehmen, Stand 2.9.2014; BAFA, Checkliste Schienenbahnen, Stand 28.7.2014.

- unterschriebene **persönliche Erklärung** im Original;
- **Stromlieferverträge** und **Stromrechnungen** für das letzte abgeschlossene Geschäftsjahr;
- geprüfter handelsrechtlicher **Jahresabschluss** bzw. vorläufiger Jahresabschluss;
- bei selbstständigen Unternehmensteilen eigenständige **Bilanz** und **GuV**;
- Nachweis der **Klassifizierung** des Unternehmens durch die statistischen Ämter der Länder in Anwendung der Klassifikation der Wirtschaftszweige.

23 Hintergrund der Unterscheidung zwischen fristrelevanten und fristirrelevanten Unterlagen, die neu in das EEG 2014 aufgenommen wurde, ist, dass sich einige Unternehmen in der Vergangenheit schwer damit getan haben, alle notwendigen Unterlagen bis zum 30. Juni vorzulegen. Dies galt insbesondere für die gemäß § 64 Abs. 3 Nr. 1 lit. a erforderlichen Stromlieferverträge und Stromrechnungen.[29] Nach dem erklärten Willen des Gesetzgebers soll ein Fehlen dieser Unterlagen in Zukunft nicht mehr zu einem Versäumnis der Antragsfrist führen.[30]

24 In der Gesetzesbegründung zum EEG 2014 wird jedoch darauf hingewiesen, dass das BAFA einen Begrenzungsantrag auch in Zukunft ablehnen könne, wenn der Antragsteller Unterlagen auch nach **wiederholter Aufforderung** nicht innerhalb einer angemessenen Frist vorlege. Mangels entsprechender Regelung in § 66 ist dies jedoch nur nach den allgemeinen Vorgaben des Verwaltungsrechts möglich. Gemäß § 26 Abs. 2 VwVfG müssen die Beteiligten, also auch der Antragsteller (vgl. § 13 Abs. 1 Nr. 1 VwVfG), den Fortgang des Verwaltungsverfahrens fördern, soweit ihnen dies möglich ist.

25 Stellt ein Unternehmen in **mehreren aufeinanderfolgenden Jahren** Anträge gemäß § 63, müssen jeweils sämtliche Antragsunterlagen neu eingereicht werden. Das gilt auch für Unterlagen, die bei dem BAFA möglicherweise aus vorherigen Antragsrunden noch vorhanden sind (z. B. Stromlieferverträge).[31] Werden solche Unterlagen in Bezug genommen, ändert dies deshalb nichts daran, dass die Antragstellung unvollständig ist.

III. Elektronisches Antragsverfahren (Abs. 2)

26 Abs. 2 S. 1 sieht vor, dass Anträge gemäß § 63 auf Begrenzung der EEG-Umlage ab dem Antragsjahr 2015 nur noch elektronisch bei dem BAFA gestellt werden können. Die Antragstellung muss über das **ELAN-K2-Portal** erfolgen, welches die Behörde auf ihrer Internetseite bereitstellt. Die Nutzung des Portals setzt eine vorherige Registrierung voraus, die ebenfalls über die Internetseite des BAFA erfolgen kann. Dort können außerdem Anleitungen zur Registrierung und zur Antragstellung über das Portal abgerufen werden.

27 Ungeachtet der Umstellung auf das elektronische Antragsverfahren fordert das BAFA in seinem Merkblatt für stromintensive Unternehmen dazu auf, die **persönliche Erklärung** über die Richtigkeit der in den Antragsunterlagen gemachten Angaben sowie das **Original der Wirtschaftsprüferbescheinigung** auch in Zukunft weiterhin auf dem Postwege bei der Behörde einzureichen.[32] Zudem wird darauf hingewiesen, dass die persönliche Erklärung von einer vertretungsberechtigten Person eigenhändig unterzeichnet sein muss.

---

29 BT-Drs. 18/1449, S. 47.
30 BT-Drs. 18/1449, S. 47.
31 BAFA, Merkblatt für stromkostenintensive Unternehmen, Stand 27.8.2014, S. 24.
32 BAFA, Merkblatt für stromkostenintensive Unternehmen, Stand 27.8.2014, S. 24.

Bereits der Wortlaut von Abs. 2 S. 1 spricht jedoch dafür, dass die Verfahrensakten in Zukunft ausnahmslos elektronisch geführt werden sollen und Dokumente in **Schriftform** (vgl. § 126 BGB) deshalb **nicht mehr erforderlich** sind. Danach „muss *der Antrag* elektronisch [...] gestellt werden".[33] Ausnahmen für einzelne Unterlagen sind in der Vorschrift nicht enthalten. Stattdessen sieht Abs. 2 S. 2 vor, dass Ausnahmen von der Pflicht zur elektronischen Antragstellung nur durch eine im Bundesanzeiger zu veröffentlichende Allgemeinverfügung des BAFA festgelegt werden können, die es bisher jedoch nicht gibt. Aus der Gesetzesbegründung folgt, dass die elektronische Antragstellung vor allem die Weiterbearbeitung der Anträge durch die Mitarbeiter des BAFA vereinfachen soll.[34] Deshalb seien „*[s]ämtliche* Unterlagen, die den Antrag ergänzen" in das ELAN-K2-Portal hochzuladen.[35] Mit der Pflicht zur elektronischen Antragstellung wollte der Gesetzgeber also die Grundlage für ein **zügiges und effizientes Verwaltungsverfahren** schaffen, das möglichst ohne Papierakten auskommt. Diesem Telos entspricht es am ehesten, auf Dokumente in Schriftform zunächst völlig zu verzichten. Bei Zweifeln an der Echtheit der in das ELAN-K2-Portal hochgeladenen Wirtschaftsprüferbescheinigung oder an der Ernsthaftigkeit des Antrags oder dessen Urheberschaft bleibt es dem BAFA unbenommen, gemäß § 68 Abs. 2 die Vorlage des Originals der Bescheinigung oder der eigenhändig unterzeichneten persönlichen Erklärung zu verlangen.[36] **28**

In Abs. 2 S. 2 wird das BAFA ermächtigt, **Ausnahmen** von der Pflicht zur elektronischen Antragstellung durch Allgemeinverfügung (vgl. § 35 S. 2 VwVfG) festzulegen. Aus der Gesetzesbegründung geht hervor, dass diese Ermächtigung nur für den Fall eingefügt worden ist, dass sich „technische Schwierigkeiten mit dem elektronischen Antragsverfahren zeigen".[37] Etwaige Ausnahmen sind im Bundesanzeiger bekannt zu machen. **29**

IV. Abweichende Antragsfrist für neu gegründete Unternehmen (Abs. 3)

Abweichend von Abs. 1 S. 1 können neu gegründete Unternehmen nach § 64 Abs. 4 und Schienenbahnen nach § 65 Abs. 3–5 gemäß Abs. 3 ihre Begrenzungsanträge bis zum 30. September des Antragsjahres (zum Begriff oben, Rn. 6) stellen (**verlängerte Ausschlussfrist**). Der Gesetzgeber ist zurecht davon ausgegangen, dass die Einhaltung der regulären Antragsfrist diese Unternehmen vor praktische Herausforderungen stellen würde. **30**

Neu gegründete Unternehmen sind gemäß § 64 Abs. 4 S. 1 u. 5 solche, die nach dem 30. Juni des Vorjahres unter Schaffung von im Wesentlichen neuem Betriebsvermögen ihre Tätigkeit erstmals aufnehmen. Das neu gegründete Unternehmen darf nicht durch Umwandlung entstanden sein, sondern muss auf neu geschaffenem Betriebsvermögen beruhen. Damit will der Gesetzgeber Umgehungen ausschließen.[38] Neu geschaffenes Betriebsvermögen wird in § 64 Abs. 4 S. 6 konkretisiert (s. dort Rn. 187). Als Zeitpunkt der Aufnahme des Geschäftsbetriebs gilt gemäß § 64 Abs. 4 S. 7 der Tag, an dem erstmals Strom **31**

---

33 Herv. d. Verf.
34 BT-Drs. 18/1449, S. 48.
35 BT-Drs. 18/1449, S. 48; Herv. d. Verf.
36 Ausführlich dort, Rn. 21.
37 BT-Drs. 18/1449, S. 48.
38 BT-Drs. 16/8148, S. 67 f.

zu Produktionszwecken verbraucht wurde; es handelt sich hierbei kraft ausdrücklicher gesetzlicher Anordnung um eine unwiderlegliche Vermutung.

32 Weitere **Erleichterungen** für neu gegründete Unternehmen ergeben sich unmittelbar aus § 64 Abs. 4 (s. dort Rn. 178 ff.). Danach genügt es, wenn im ersten Jahr nach der Neugründung Daten über ein Rumpfgeschäftsjahr übermittelt werden. Im zweiten Jahr nach der Neugründung sind dann Daten über das erste abgeschlossene Geschäftsjahr vorzulegen, im dritten Jahr nach der Neugründung Daten über die ersten beiden abgeschlossenen Geschäftsjahre. Mit diesen Regelungen trägt der Gesetzgeber der Tatsache Rechnung, dass neu gegründete Unternehmen noch nicht über Daten von drei abgeschlossenen Geschäftsjahren verfügen und diese deshalb – anders als in § 64 Abs. 3 Nr. 1 lit. b und c verlangt – auch nicht vorlegen können.

33 Die verlängerte Ausschlussfrist gilt auch für **Schienenbahnen** und zwar einerseits für neu gegründete (§ 65 Abs. 5) und andererseits für solche, die an einem Vergabeverfahren für Schienenverkehrsleistungen im Schienenpersonennahverkehr teilgenommen haben oder teilnehmen werden (§ 65 Abs. 3) und solche, die erstmals eine Schienenverkehrsleistung im Schienenpersonenfernverkehr oder im Schienengüterverkehr erbringen (§ 65 Abs. 4).[39]

V. Rechtswirkungen der Begrenzungsentscheidung (Abs. 4 u. 5)

34 Die Begrenzungsentscheidung des BAFA ist ein **Verwaltungsakt** i. S. v. § 35 S. 1 VwVfG. Für das Verwaltungsverfahren gelten gemäß § 1 Abs. 1 Nr. 1 VwVfG die Vorschriften des VwVfG des Bundes. Gemäß § 37 Abs. 1 u. 2 VwVfG muss die Begrenzungsentscheidung inhaltlich hinreichend bestimmt sein, bedarf aber keiner bestimmten Form. Ungeachtet dessen trifft das BAFA die Begrenzungsentscheidungen ausnahmslos durch **Bescheid**. Die Entscheidungen sind gemäß § 39 Abs. 1 S. 1 VwVfG zu begründen.

35 **1. Entscheidungswirkung (Abs. 4 S. 1).** Die Begrenzungsentscheidung ergeht gemäß Abs. 4 S. 1 mit Wirkung gegenüber dem antragstellenden Unternehmen, dessen Stromlieferanten und dem regelverantwortlichen Übertragungsnetzbetreiber. Jeder der drei genannten Akteure ist **Adressat** des Verwaltungsaktes und daher gemäß § 13 Abs. 1 Nr. 2 VwVfG Verfahrensbeteiligter. Das bedeutet, dass auch die Bekanntgabe der Begrenzungsentscheidung gemäß § 41 Abs. 1 S. 1 VwVfG nicht nur gegenüber dem antragstellenden Unternehmen, sondern außerdem gegenüber dessen Stromlieferanten und dem regelverantwortlichen Übertragungsnetzbetreiber erfolgen muss. Die Entscheidung hat **privatrechtsgestaltende Wirkung**, so dass sie unmittelbar zwischen den Beteiligten gilt.

36 **2. Geltungszeitraum (Abs. 4 S. 2).** Die Begrenzungsentscheidung des BAFA gilt gemäß Abs. 4 S. 2 jeweils für das dem Antragsjahr folgende **Kalenderjahr** (1. Januar bis 31. Dezember). Auf ein hiervon möglicherweise abweichendes Geschäftsjahr des antragstellenden Unternehmens kommt es hingegen nicht an. Der gesetzlich vorgeschriebene Geltungszeitraum ist der Grund dafür, dass das BAFA dazu angehalten ist, alle Begrenzungsanträge möglichst vor Ende des Antragsjahres zu bescheiden. Die antragstellenden Industrieunternehmen und Schienenbahnen, die Übertragungsnetzbetreiber und die Energieversorgungsunternehmen sollen dadurch rechtzeitig vor Beginn des Begrenzungsjahres Planungs- und

---

39 Ausführlich § 65 Rn. 37 ff.; BT-Drs. 18/3321, S. 10.

Rechtssicherheit erhalten. Rechtstechnisch handelt es sich bei der Festlegung des Geltungszeitraums durch das BAFA um eine **Befristung** i. S. v. § 36 Abs. 2 Nr. 1 VwVfG.

Während des Geltungszeitraums entfaltet die Begrenzungsentscheidung die in ihr vorgesehenen Rechtswirkungen (innere Wirksamkeit). Davon unbedingt zu unterscheiden ist die **äußere Wirksamkeit** der Begrenzungsentscheidung, die gemäß § 43 Abs. 1 S. 1 VwVfG bereits durch die Bekanntgabe gemäß § 41 VwVfG ausgelöst wird.[40] Die äußere Wirksamkeit ist von großer praktischer Bedeutung, weil sie die Widerspruchsfrist gemäß § 70 Abs. 1 S. 1 VwGO in Gang setzt. Die Monatsfrist beginnt also nicht erst am 1. Januar des Begrenzungsjahres (Beginn des Geltungszeitraums), sondern mit der Bekanntgabe der Begrenzungsentscheidung, die regelmäßig bereits am Ende des Antragsjahrs erfolgt. **37**

Eine **Verlängerung** des Geltungszeitraums ist nicht möglich. Stattdessen muss für das nächste Begrenzungsjahr ein neuer Antrag gestellt werden, für den alle erforderlichen Unterlagen neu einzureichen sind. Das BAFA muss das Vorliegen sämtlicher Voraussetzungen in jedem Jahr vollständig überprüfen. Die Behörde weist in ihre Entscheidungen ausdrücklich darauf hin, dass diese **keinen Vertrauensschutz** für zukünftige Antragsverfahren entfalten. **38**

3. Vertikaler Belastungsausgleich (Abs. 5 S. 1). Durch die besondere Ausgleichsregelung wurden die privilegierten Unternehmen im Begrenzungsjahr 2014 um EEG-Kosten in Höhe von ca. 5,1 Mrd. Euro entlastet.[41] Diese Kosten müssen von anderen Unternehmen und Haushalten getragen werden. Um diese **Lasten** der besonderen Ausgleichsregelung gleichmäßig zu verteilen, regelt Abs. 5, dass die Begrenzungsentscheidungen gemäß § 63 i.V.m. §§ 64, 65 in den **Belastungsausgleich gemäß §§ 56 ff.** einzustellen sind. Aus Abs. 5 S. 1 folgt, dass die Übertragungsnetzbetreiber im Falle einer Begrenzung durch das BAFA von den Stromlieferanten ebenfalls nur die begrenzte EEG-Umlage verlangen können (**vertikaler Belastungsausgleich**). Die damit verbundenen Lasten werden gemäß Abs. 5 S. 2 gleichmäßig zwischen allen Übertragungsnetzbetreibern verteilt (**horizontaler Belastungsausgleich**). Ohne diese Regelungen müssten Stromlieferanten mit überdurchschnittlich vielen privilegierten Kunden von ihren anderen Kunden eine höhere EEG-Umlage verlangen, wodurch es zu Wettbewerbsverzerrungen auf dem Strommarkt und anderen Endkundenmärkten käme. **39**

Unmittelbar aus der Begrenzungsentscheidung des BAFA folgt, dass das privilegierte Unternehmen an seinen Stromlieferanten nur die begrenzte EEG-Umlage zahlen muss (Tenor: „Die von ihrem/n Elektrizitätsversorgungsunternehmen anteilig weitergereichte EEG-Umlage wird für den an der eingangs genannten Abnahmestelle bezogenen und selbst verbrauchten Strom wie folgt begrenzt: [...]"). Nach Abs. 5 S. 1 hat die Begrenzungsentscheidung jedoch außerdem zur Folge, dass auch der Stromlieferant seinerseits nur die begrenzte Umlage an den regelverantwortlichen Übertragungsnetzbetreiber zahlen muss. Die Last der besonderen Ausgleichsregelung wird so bis zum Übertragungsnetzbetreiber „hochgereicht" (**vertikaler Belastungsausgleich**). Dadurch soll sichergestellt werden, dass diese Last nicht nur von einzelnen Stromlieferanten oder deren Kunden getragen werden muss. **40**

Rechtstechnisch erfolgt der besondere vertikale Belastungsausgleich, in dem der Anspruch des regelverantwortlichen Übertragungsnetzbetreibers gegen den jeweiligen Stromliefe- **41**

---

40 Ungenau *Salje*, EEG, 7. Aufl. 2015, § 66 Rn. 36–38.
41 BT-Drs. 18/1789, S. 3.

ranten gemäß § 60 Abs. 1 S. 1 durch § 66 Abs. 5 S. 1 begrenzt wird. Im Ergebnis muss jeder Stromlieferant dadurch nur diejenige EEG-Umlage zahlen, die er von seinen Kunden tatsächlich erhalten hat. Stromlieferanten werden also durch die besondere Ausgleichsregelung nur organisatorisch, nicht aber finanziell belastet.[42]

42 **4. Horizontaler Belastungsausgleich (Abs. 5 S. 2).** Abs. 5 S. 2 verpflichtet ferner die Übertragungsnetzbetreiber, die Begrenzungsentscheidung des BAFA im Rahmen des horizontalen Belastungsausgleichs gemäß § 58 zu berücksichtigen. Der horizontale Belastungsausgleich stellt sicher, dass die aus dem EEG folgenden Lasten bundesweit einheitlich verteilt werden. Anders als die Netzentgelte soll die EEG-Umlage bundesweit dieselbe Höhe haben. § 58 regelt deshalb, dass die vier deutschen Übertragungsnetzbetreiber die EEG-Kosten untereinander auszugleichen haben, bevor diese vertikal bis zum Endverbraucher weitergewälzt werden. Bei diesem Ausgleich müssen die Übertragungsnetzbetreiber gemäß Abs. 5 S. 2 die zusätzlichen Lasten der besonderen Ausgleichsregelung berücksichtigen, so dass auch diese gleichmäßig auf alle nichtprivilegierten Stromverbraucher verteilt werden.

43 **5. Mitteilungspflicht (Abs. 5 S. 3).** Sollte sich im Geltungszeitraum der Begrenzungsentscheidung ein Wechsel des für die Abnahmestelle regelverantwortlichen Übertragungsnetzbetreibers ergeben, ist das durch die Begrenzungsentscheidung begünstigte Unternehmen gemäß Abs. 5 S. 3, 1. Alt. verpflichtet, diese Änderung seinem Stromlieferanten und dem BAFA unverzüglich mitzuteilen. Eine entsprechende Mitteilungspflicht gilt gegenüber dem regelverantwortlichen Übertragungsnetzbetreiber und wiederum dem BAFA für den Fall, dass das begünstigte Unternehmen seinen Stromlieferanten wechselt. Mit dieser Regelung soll sichergestellt werden, dass alle von der Begrenzungsentscheidung betroffenen Akteure jederzeit wissen, wer die anderen maßgeblichen Beteiligten sind.[43] Außerdem soll das BAFA in die Lage versetzt werden, einem nachträglich hinzukommenden Beteiligten die Begrenzungsentscheidung noch bekannt zu geben, damit sie auch diesem gegenüber wirksam wird.[44]

---

42 Altrock/Oschmann/Theobald/*Müller*, EEG, 4. Aufl. 2013, § 43 Rn. 24.
43 BT-Drs. 18/1449, S. 49.
44 BT-Drs. 18/1449, S. 49.

§ 67 Umwandlung von Unternehmen

(1) [1]Wurde das antragstellende Unternehmen in seinen letzten drei abgeschlossenen Geschäftsjahren vor der Antragstellung oder in dem danach liegenden Zeitraum bis zum Ende der materiellen Ausschlussfrist umgewandelt, so kann das antragstellende Unternehmen für den Nachweis der Anspruchsvoraussetzungen auf die Daten des Unternehmens vor seiner Umwandlung nur zurückgreifen, wenn die wirtschaftliche und organisatorische Einheit dieses Unternehmens nach der Umwandlung nahezu vollständig in dem antragstellenden Unternehmen erhalten geblieben ist. [2]Andernfalls ist § 64 Absatz 4 Satz 1 bis 4 entsprechend anzuwenden.

(2) Wird das antragstellende oder begünstigte Unternehmen umgewandelt, so hat es dies dem Bundesamt für Wirtschaft und Ausfuhrkontrolle unverzüglich schriftlich anzuzeigen.

(3) [1]Geht durch die Umwandlung eines begünstigten Unternehmens dessen wirtschaftliche und organisatorische Einheit nahezu vollständig auf ein anderes Unternehmen über, so überträgt auf Antrag des anderen Unternehmens das Bundesamt für Wirtschaft und Ausfuhrkontrolle den Begrenzungsbescheid auf dieses. [2]Die Pflicht des antragstellenden Unternehmens zur Zahlung der nach § 60 Absatz 1 ermittelten EEG-Umlage besteht nur dann, wenn das Bundesamt für Wirtschaft und Ausfuhrkontrolle den Antrag auf Übertragung des Begrenzungsbescheides ablehnt. [3]In diesem Fall beginnt die Zahlungspflicht der nach § 60 Absatz 1 ermittelten EEG-Umlage mit dem Wirksamwerden der Umwandlung.

(4) Die Absätze 1 und 3 sind auf selbständige Unternehmensteile und auf Schienenbahnen entsprechend anzuwenden.

Schrifttum: *Bachert*, Die Änderungen der Besonderen Ausgleichsregelung im neuen EEG, ER Sonderheft 1/2014, 34; *Dieterich/Hanau/Schaub* (Hrsg.), Erfurter Kommentar zum Arbeitsrecht, 15. Aufl. 2015; *Große/Kachel*, Die Besondere Ausgleichregelung im EEG 2014, NVwZ 2014, 1122; *Hampel/Neubauer*, Die Besondere Ausgleichsregelung nach dem EEG 2014, ER 5/2104, 188; *Henssler/Strohn*, Gesellschaftsrecht, 2. Aufl. 2014; *Kopp/Schenke*, VwVfG, 15. Aufl. 2014; *Meister/Süß*, Verschmelzungen im neuen EEG 2014 – endlich klare Verhältnisse?, BB 2014, 2890; *Schmitt/Hörtnagel/Stratz*, Umwandlungsgesetz, Umwandlungssteuergesetz, 6. Aufl. 2013.

Übersicht

I. Normzweck

1 Im Zusammenhang mit der Umstrukturierung von Unternehmen treten im Rahmen der Besonderen Ausgleichsregelung zahlreiche Rechtsfragen auf, die auch nach dem Inkrafttreten des EEG 2014 der Klärung bedürfen.[1] Das gilt sowohl für die Antragstellung selbst als auch für die Übertragung von Begrenzungsbescheiden. Durch den gänzlich neu in das Gesetz eingefügten § 67 sollte die bisherige im Zusammenhang mit der Umstrukturierung von Unternehmen erkennbare Verwaltungspraxis des Bundesamtes für Wirtschaft und Ausfuhrkontrolle auf eine ausdrückliche fachgesetzliche Rechtsgrundlage gestellt werden.[2] Zusätzlich zu der Antragstellung regelt § 67 Informationspflichten des antragstellenden bzw. begünstigten Unternehmens und normiert die Voraussetzungen der Übertragung einer bestehenden Begrenzung auf das umgewandelte Unternehmen.

2 § 67 Abs. 1 legt dabei fest, inwieweit ein Unternehmen nach seiner Umstrukturierung erfolgreich einen Antrag auf Begrenzung der EEG-Umlage stellen kann und welche Daten die Basis der erforderlichen Nachweisführung bilden können. Unternehmen, die kürzlich umgewandelt wurden, soll so die Antragstellung erleichtert bzw. überhaupt erst ermöglicht werden.[3]

3 Die Anzeigepflicht des § 67 Abs. 2 hat den Hintergrund, dass gesellschaftsrechtliche Veränderungen gravierende Auswirkungen auf die Antragstellung, die Nachweisführung und auch die Entscheidung des Bundesamtes für Wirtschaft und Ausfuhrkontrolle haben können.[4] Mit einer unverzüglichen Anzeige wird gewährleistet, dass die Behörde stets auf dem aktuellen Stand ist und ihre Entscheidungen ggf. an die geänderte Sachlage anpassen kann.

4 In § 67 Abs. 3 wird die bisherige Verwaltungspraxis des Bundesamtes für Wirtschaft und Ausfuhrkontrolle kodifiziert, nach der der Begrenzungsbescheid eines Unternehmens vor einer Umwandlung auf das begrenzungsfähige Unternehmen nach der Umwandlung übertragen werden kann. Der Bestand des Bescheides wird somit in den in § 67 Abs. 3 genannten Konstellationen gesichert. Mit der Aussetzung der Zahlungspflicht hinsichtlich der EEG-Umlage bis zu einer etwaigen Ablehnung des Übertragungsantrages wird das umgewandelte Unternehmen für die Dauer der Entscheidungsfindung vor wirtschaftlichen Nachteilen geschützt.[5]

5 § 67 Abs. 4 regelt schließlich die Anwendbarkeit der vorausgehenden Absätze sowohl auf selbständige Unternehmensteile als auch auf Schienenbahnen.

II. Entstehungsgeschichte

6 Seit der Einführung der Besonderen Ausgleichsregelung sind die Vorgaben für die Behandlung neugegründeter Unternehmen mehrfach und umfangreich geändert worden. Der Fall der Umstrukturierung wurde dabei bislang allerdings nicht explizit gesetzlich geregelt; einige Hinweise zum Umgang mit entsprechenden Konstellationen fanden sich jedoch bereits in der Vergangenheit im Zusammenhang mit den Regelungen zu neugegründeten Un-

---

1 Vgl. noch zum EEG 2012: BAFA, Merkblatt für Unternehmen des produzierenden Gewerbes, Stand 7.5.2013, S. 8.
2 Vgl. BT-Drs. 18/1891, S. 214, zu Artikel 1 § 67 EEG 2014 (neu).
3 Vgl. BT-Drs. 18/1891, S. 214, zu Absatz 1.
4 Vgl. BAFA, Merkblatt für Unternehmen des produzierenden Gewerbes, Stand 7.5.2013, S. 28.
5 Vgl. BT-Drs. 18/1891, S. 215, zu Absatz 3.

ternehmen. Die Begriffsbestimmung des neugegründeten Unternehmens in Abgrenzung zum Umwandlungsbegriff fand erstmalig mit dem EEG 2009 Einzug ins Gesetz und wird seitdem fortgeführt.[6] Der Grund dafür, durch Umwandlung entstandene Unternehmen grundsätzlich von der Begünstigung neugegründeter Unternehmen abzugrenzen, lag in der Verhinderung des Missbrauchs dieser Sonderfallregelungen.[7] Daraus konnte indes bereits in der Vergangenheit nicht geschlossen werden, dass Unternehmen, die aus einer Umwandlung im Sinne des Umwandlungsgesetzes anstelle einer Neugründung entstanden waren, gänzlich von der Möglichkeit zur Antragstellung ausgeschlossen sein sollen. Dem Gesetzgeber kam es vielmehr darauf an, dass dem Unternehmen, welches die materielle Antragsfrist verpasst hatte, nicht durch eine Umwandlung eine neue Möglichkeit zur Antragstellung entsteht.[8] Die Abgrenzung der Neugründung von Konstellationen der Umwandlung wurde schließlich mit dem EEG 2012 weiter ergänzt. Für die Begriffsbestimmung des neugegründeten Unternehmens kam es von da an zusätzlich auf die Schaffung von im Wesentlichen neuem Betriebsvermögen an.[9] Wurde ein Unternehmen auf der Basis des Betriebsvermögens eines bestehenden Unternehmens im Rahmen einer Umwandlung oder in anderer Weise gegründet, waren die Sonderregelungen für neugegründete Unternehmen nicht mehr anwendbar. Es galt jedoch weiterhin das allgemeine Verständnis, dass in diesem Fall das Unternehmen unter Rückgriff auf die Daten des ursprünglichen Unternehmens einen regulären Antrag nach § 41 Abs. 1 EEG 2012 stellen konnte.[10]

Dem Bundesamt für Wirtschaft und Ausfuhrkontrolle zufolge kam es für die Antragstellung des umgewandelten Unternehmens entscheidend darauf an, ob die Verhältnisse im letzten abgeschlossenen Geschäftsjahr noch mit dem neuerlichen Antragsgegenstand vergleichbar waren.[11] Davon ausgehend, dass die Umstrukturierungen von Unternehmen sowohl Auswirkungen auf die Antragstellung als auch auf die Nachweisführung und damit letztendlich auch auf die Entscheidung des Bundesamtes für Wirtschaft und Ausfuhrkontrolle hat, erbat sich die Behörde stets eine frühzeitige Kontaktaufnahme, um so für jeden Einzelfall eine praxisgerechte Lösung finden zu können. 7

Mit der Novellierung 2014 wurde erstmalig die bis dahin herausgebildete Verwaltungspraxis des Bundesamtes für Wirtschaft und Ausfuhrkontrolle, mit gesellschaftsrechtlichen Veränderungen im Nachweis-, Antrags- und Begrenzungsjahr umzugehen, kodifiziert.[12] Sie wurde, nachdem das Bundesministerium für Wirtschaft und Energie diesbezüglich an entsprechenden Regelungen gearbeitet hatte, auf Vorschlag der Bundesregierung im Entwurf eines Gesetzes zur Reform der Besonderen Ausgleichsregelungen für stromkosten- und handelsintensive Unternehmen aufgenommen und fand in Gestalt des § 67 Einzug in das EEG 2014.[13] 8

---

6 § 41 Abs. 2a S. 3 EEG 2009.

7 Vgl. BT-Drs. 16/8148, S. 67.

8 Vgl. *Salje*, EEG, § 64 Rn. 74, demzufolge es dem Gesetzgeber mehr auf die Kontinuität des umgewandelten Unternehmens als auf den Status des neu gegründeten Unternehmens ankam.

9 § 41 Abs. 2a S. 3 EEG 2012.

10 Vgl. BR-Drs. 341/11, 165; Reshöft/Schäfermeier/*Jennrich*, EEG § 41 Rn. 97; Danner/Theobald/ *Stein*, EEG § 41 Rn. 59.

11 Vgl. BAFA, Merkblatt für Unternehmen des produzierenden Gewerbes, Stand 7.5.2013, S. 8.

12 Vgl. BT-Drs. 18/1891, S. 214; *Moritz/Meister*, BB 2014, 2890, 2891.

13 Vgl. BT-Drs. 18/1449, S. 45; Gegenäußerung der Bundesregierung vom 28.5.2014 zur Stellungnahme des Bundesrates vom 23.5.2014 zum Entwurf BR-Drs. 191/14, S. 5.

III. Einzelerläuterungen

9 **1. Nachweis auf Datenbasis des Alt-Unternehmens (Abs. 1).** In Abs. 1 werden erstmalig die Antragsvoraussetzungen für den Fall einer Umwandlung des antragstellenden Unternehmens geregelt.

10 **a) Historie.** Bis zum EEG 2014 waren die Rahmenbedingungen der Antragstellung eines Unternehmens, welches aus einer gesellschaftsrechtlichen Umwandlung hervorging, nicht gesetzlich geregelt. Eine weitgehend einheitliche Behandlung der Fälle beruhte auf der Verwaltungspraxis des Bundesamtes für Wirtschaft und Ausfuhrkontrolle und dem allgemeinen Verständnis, dass in Fällen, in denen Unternehmen auf der Basis des Betriebsvermögens eines bestehenden Unternehmens gegründet werden, ein regulärer Antrag unter Rückgriff auf die Daten des Alt-Unternehmens möglich sein sollte. Das Bundesamt für Wirtschaft und Ausfuhrkontrolle betonte dabei stets, dass Umstrukturierungen einen Einschnitt in das Unternehmensgefüge darstellen, wobei es für die Antragstellung, Nachweisführung und Entscheidung darauf ankomme, ob eine Vergleichbarkeit zwischen Antragsgegenstand und der Verhältnisse im letzten abgeschlossenen Geschäftsjahr gegeben ist.[14] § 67 Abs. 1 regelt nunmehr, dass in Fällen der gesellschaftsrechtlichen Umwandlung das Unternehmen auf die Daten des Alt-Unternehmens vor der Umwandlung zurückgreifen kann. Voraussetzung dafür ist allerdings, dass sich die wirtschaftliche und organisatorische Einheit des Alt-Unternehmens, dessen Daten genutzt werden, in dem antragstellenden Unternehmen wiederfindet.[15] Ist diese Voraussetzung nicht erfüllt, verweist das Gesetz auf § 64 Abs. 1 bis 4 und damit auf bestimmte Regelungen, die für neugegründete Unternehmen gelten.[16] Kann das umgewandelte Unternehmen aufgrund weitreichender Veränderungen nicht mehr auf die alten Daten zurückgreifen, da sie in Bezug auf das aus der Umwandlung hervorgegangene und nunmehr den Begrenzungsantrag stellende Unternehmen nicht mehr aussagekräftig sind, ist die Situation mit der der Neugründung i. S. d. § 64 Abs. 4 vergleichbar. Auch hier wäre eine Antragstellung mangels verfügbarer Nachweisdaten zunächst nicht möglich; sie ist dann jedoch unter Anwendung eines Rumpfgeschäftsjahres realisierbar. Dieser Verweis wird in der Literatur teilweise als unnötige Beschränkung des Bundesamtes für Wirtschaft und Ausfuhrkontrolle kritisiert, welches so keine praxisgerechten Lösungen jenseits der engen gesetzlichen Regelung mehr finden könne.[17] Dem kann nicht zugestimmt werden, da die neuen gesetzlichen Regelungen erstmals einen rechtsverbindlichen Rahmen für die Behandlung von Umwandlungen schaffen, der nach den ersten Umsetzungserfahrungen eine sehr umfangreiche und grundsätzlich praxisgerechte Möglichkeit zur Schaffung sachgerechter Lösung in Umwandlungskonstellationen schafft.

11 **b) Begriff der Umwandlung.** Der Begriff der Umwandlung eines Unternehmens wurde aus Klarstellungsgründen in die Begriffsbestimmungen des § 5 aufgenommen und ist dort nunmehr unter Nr. 32 legaldefiniert.[18] § 5 Nr. 32 zufolge ist unter Umwandlung, dem Vorschlag der Bundesregierung entsprechend, jede Umwandlung von Unternehmen nach dem Umwandlungsgesetz oder jede Übertragung sämtlicher Wirtschaftsgüter eines Unterneh-

---

14 Vgl. BAFA, Merkblatt für Unternehmen des produzierenden Gewerbes, Stand 7.5.2013, S. 8.
15 Vgl. BT-Drs. 18/1891, S. 214 zu Absatz 1.
16 Vgl. dazu insbesondere § 64 Rn. 28 ff.
17 Kritisch: *Große/Kachel*, NVwZ 2014, 1122, 1126.
18 Vgl. § 5 Rn. 171.

mens oder Unternehmensteils im Wege der Singularsukzession zu verstehen.[19] Der Begriff der Umwandlung, wie er in den §§ 64 Abs. 4 und 67 verwendet wird, ist damit weiter als im Umwandlungsgesetz.[20] Von dem Begriff der Umwandlung im Sinne des EEG 2014 sind damit sowohl sämtliche Änderungen bestehender Strukturen im Wege der Gesamtrechtsnachfolge als auch die Einzelrechtsnachfolge, wie sie z. B. bei Unternehmenskäufen oder der Übertragung einzelner Vermögensgegenstände aus einer Insolvenz auftritt, umfasst.[21] Der Begriff der Umwandlung wird im Umwandlungsgesetz (UmwG) nicht ausdrücklich definiert, sondern versteht sich vielmehr als Oberbegriff der in § 1 UmwG abschließend aufgezählten Umwandlungsarten. Zu den Umwandlungsarten gehören danach die Verschmelzung (§§ 2 ff. UmwG), die Spaltung (§§ 123 ff. UmwG), die Vermögensübertragung (§§ 174 ff. UmwG) und der Formwechsel (§§ 190 ff. UmwG). Die Voraussetzungen einer Umwandlung in ihrer jeweiligen Ausgestaltung, etwaige dabei zu beachtende Besonderheiten und die beteiligten Rechtsträger sind in den Vorschriften zu den jeweiligen Umwandlungsarten geregelt.[22] Das Umwandlungsgesetz regelt abschließend den Übergang von Vermögensgegenständen im Wege der Universalsukzession und schafft durch die Verschmelzung, Spaltung und Vermögensübertragung eine Ausnahme zum Grundsatz der dinglichen Übertragung im Wege der Einzelrechtsnachfolge.[23] Bei der **Verschmelzung** kann zum einen das Vermögen eines oder mehrerer Rechtsträger auf einen anderen, bereits bestehenden Rechtsträger übertragen werden (§ 2 Nr. 1 UmwG). Zum anderen können zwei oder mehr Rechtsträger durch ihre Verschmelzung einen neuen Rechtsträger gründen (§ 2 Nr. 2 UmwG).[24] Die alten Rechtsträger werden in beiden Fällen vollständig aufgelöst und die Anteilseigner des alten Rechtsträgers erhalten die Anteile oder Mitgliedschaften am neuen oder übernehmenden Rechtsträger.[25] Die **Spaltung** eines Unternehmens kann wiederum in drei verschiedenen Formen geschehen. Die Aufspaltung gemäß § 123 Abs. 1 UmwG bildet das Gegenstück zur Verschmelzung. Ein Rechtsträger überträgt sein Vermögen dabei als Gesamtheit auf einen oder mehrere bestehende Rechtsträger oder einen oder mehrere von ihm neu gegründete Rechtsträger gegen Anteilsgewährung der übernehmenden Rechtsträger zugunsten der Anteilsinhaber der übertragenden Rechtsträger.[26] Im Gegensatz zur Aufspaltung bleibt der ursprüngliche Rechtsträger bei der Abspaltung gemäß § 123 Abs. 2 UmwG bestehen. Dabei überträgt ein Rechtsträger wiederum gegen Anteilsgewährung einen oder mehrere Teile seines Vermögens als Gesamtheit auf einen oder mehrere bestehende oder einen oder mehrere von ihm neu gegründete Rechtsträger.[27] Die Anteile an dem übernehmenden oder neugegründeten Rechtsträger übernehmen allerdings nicht die Anteilsinhaber des übertragenden Rechtsträger, sondern der übertragenden Rechtsträgers selbst, sodass Tochtergesellschaften oder Konzernstrukturen gebildet werden können.[28] Als dritte Form der Spaltung ist schließlich die Ausgliederung gemäß § 123

---

19 Gegenäußerung der Bundesregierung vom 28.5.2014 zur Stellungnahme des Bundesrates vom 23.5.2014 zum Entwurf BR-Drs. 191/14, S. 5.
20 Vgl. BT-Drs. 17/6071, S. 84; BT-Drs. 18/1891, S. 200.
21 Vgl. BT-Drs. 18/1891, S. 200.
22 Vgl. Henssler/Strohn/*Decker*, UmwG, § 1 Rn. 1.
23 Henssler/Strohn/*Decker*, UmwG, § 1 Rn. 2.
24 ErfK ArbR/*Oetker*, § 1 UmwG Rn. 2.
25 Henssler/Strohn/*Decker*, UmwG, § 1 Rn. 17.
26 Schmitt/Hörtnagl/Stratz/*Hörtnagl*, UmwG, § 1 Rn. 14.
27 Henssler/Strohn/*Decker*, UmwG, § 1 Rn. 18.
28 Henssler/Strohn/*Decker*, UmwG, § 1 Rn. 18.

Abs. 3 UmwG zu nennen, bei der ein übertragender Rechtsträger aus seinem Vermögen einen Teil oder mehrere Teile entweder zur Aufnahme durch Übertragung dieses Teils oder dieser Teile jeweils als Gesamtheit auf einen bestehenden oder mehrere bestehende Rechtsträger oder zur Neugründung durch Übertragung dieses Teils oder dieser Teile jeweils als Gesamtheit auf einen oder mehrere, von ihm dadurch gegründeten neuen oder gegründete neue Rechtsträger ausgliedert. Die Ausgliederung hat dabei stets gegen Gewährung von Anteilen oder Mitgliedschaften dieses Rechtsträgers oder dieser Rechtsträger an den übertragenden Rechtsträger zu erfolgen, womit zwangsläufig das Entstehen eines Mutter-Tochter-Verhältnisses verbunden ist.[29]

12　Die **Vermögensverschiebung** gemäß §§ 174 ff. UmwG gleicht der Verschmelzung bzw. Spaltung, da auch hier die Übertragung des Vermögens im Ganzen eines oder mehrerer Rechtsträger auf einen anderen bestehenden oder neu gegründeten Rechtsträger erfolgt. Der alte Rechtsträger wird vollständig aufgelöst. Den Anteilseignern des alten Rechtsträgers wird keine Beteiligung am neuen Rechtsträger gewährt. Sie erhalten vielmehr eine anderweitige Gegenleistung (z. B. Entschädigung).[30]

13　Als letzte explizit vom UmwG genannte Umwandlungsform ist der **Formwechsel** gemäß §§ 190 ff. UmwG zu nennen. Diese Form der Umwandlung unterscheidet sich von den zuvor genannten Formen dadurch, dass der Rechtsträger hierbei seine Identität beibehält, sich aber sein „Rechtskleid" ändert.[31] Zu beachten ist hierbei, dass eine formwechselnde Umwandlung lediglich bei den in § 191 UmwG enumerativ genannten Rechtsträgern möglich ist.

14　Über den Begriff der Umwandlung im Sinne des UmwG hinaus wird auch die Übertragung sämtlicher Wirtschaftsgüter eines Unternehmens oder Unternehmensteils im Wege der **Singularsukzession** als Umwandlung im Sinne des § 5 Nr. 32 angesehen. Damit ist § 67 auch in Konstellationen anwendbar, in denen die Entstehung eines neuen Unternehmens auf der Grundlage des Betriebsvermögens eines bereits bestehenden Unternehmens im Wege der Einzelrechtsnachfolge erfolgt. Hierunter fällt insbesondere die Übernahme eines in Insolvenz befindlichen Unternehmens im Rahmen eines „asset deals" durch einen Investor.[32] Da im Gegensatz zur Neugründung die Vermögensgegenstände, das Personal und das Know-how in einem Stück erworben oder akquiriert werden, gilt auch nichts anderes für den Fall, dass die „assets" in einen neu gegründeten Rechtsträger eingebracht werden.[33]

15　c) **Voraussetzung des Rückgriffs auf Alt-Daten.** Damit das umgewandelte Unternehmen auf die Daten des Unternehmens vor der Umwandlung zurückgreifen kann, muss sich die wirtschaftliche und organisatorische Einheit nahezu vollständig im antragstellenden Unternehmen wiederfinden (§ 67 Abs. 1). Der Grund für diese zusätzliche Voraussetzung liegt darin, dass nur solche Daten Grundlage für die Entscheidung des Bundesamtes für Wirtschaft und Ausfuhrkontrolle sein sollen, die auch weiterhin nach seiner Umwandlung für das Unternehmen aussagekräftig sind.[34] Allerdings wird damit gleichzeitig ein unbe-

---

29　ErfK ArbR/*Oetker*, § 1 UmwG Rn. 2.

30　Schmitt/Hörtnagl/Stratz/*Hörtnagl*, UmwG, § 1 Rn. 17.

31　ErfK ArbR/*Oetker*, § 1 UmwG Rn. 2.

32　Vgl. § 5 Rn. 171; BAFA, Merkblatt für stromkostenintensive Unternehmen, Stand 27.8.2014, S. 10.

33　Reshöft/Schäfermeier/*Jennrich*, § 41 Rn. 96.

34　Vgl. BAFA, Merkblatt für stromkostenintensive Unternehmen, Stand 27.8.2014, S. 36.

stimmter Rechtsbegriff in das Gesetz eingeführt, welcher der Auslegung bedarf, und in der Praxis Abgrenzungsprobleme mit sich bringt.[35] Der Gesetzesbegründung zufolge soll die wirtschaftliche und organisatorische Einheit an die Definition des Unternehmensbegriffes in § 5 Nr. 34 angelehnt sein.[36] Der nahezu vollständige **Erhalt der wirtschaftlichen und organisatorischen Einheit** des Unternehmens liegt folglich immer dann vor, wenn die Substanz des Unternehmens im Wesentlichen nach der Umwandlung unverändert geblieben ist, wobei geringfügige Abweichungen unschädlich sind. Für die Erfüllung dieser Voraussetzung führt der Gesetzgeber in seiner Begründung folgendes Beispiel an: Die wirtschaftliche und organisatorische Einheit soll gegeben sein, wenn im Rahmen einer Aufspaltung eines Unternehmens auf zwei andere Unternehmen eines der „neuen" Unternehmen 90 Prozent der Betriebsmittel und Arbeitnehmer übernimmt und diese dort unter der gleichen einheitlichen Leitung und selbständiger Führung verbleiben.[37] An dieser „90-10-Regel" orientiert sich auch das Bundesamt für Wirtschaft und Ausfuhrkontrolle.[38] In der Gesetzesbegründung wird die Hürde von 90 Prozent allerdings lediglich als Beispiel herangezogen, um das Kriterium der nahezu vollständigen Substanzerhaltung zu verdeutlichen; daraus lässt sich nicht schließen, dass es sich um eine starre Regel handelt. Es muss vielmehr eine **Betrachtung des Einzelfalls** stattfinden, in welcher zusätzliche Kriterien durchaus Beachtung finden müssen. Zu beachten ist außerdem, dass Umwandlungen in aller Regel zu einer wesentlichen Veränderung der wirtschaftlichen und organisatorischen Verhältnisse beim umgewandelten Unternehmen führen dürften. Würden bei der Auslegung der Voraussetzung eines nahezu vollständigen Erhalts der wirtschaftlichen und organisatorischen Einheit des umgewandelten Unternehmens zu hohe Anforderungen gestellt, wäre der Anwendungsbereich des § 67 Abs. 1 derart beschränkt, dass Umwandlungen aufgrund des Verweises in § 67 Abs. 1 S. 2 nahezu ausschließlich nach den Regelungen zur Behandlung von neugegründeten Unternehmen in § 64 Abs. 4 S. 1–4 zu behandeln wären. An dieser Stelle ist eine streng formalistische Abgrenzung vom Gesetzgeber sicher nicht intendiert; es erscheint vielmehr sachgerecht, im Einzelfall danach zu fragen, ob und inwiefern Alt-Daten eine aussagefähige Grundlage zur Abbildung der Unternehmensverhältnisse auch nach der Umwandlung darstellen können.

d) Zeitpunkt der Umwandlung. Um von der Erleichterung des § 67 Abs. 1 Gebrauch machen zu können, muss die Umwandlung des Unternehmens entweder innerhalb der letzten drei abgeschlossenen Geschäftsjahre vor der Antragstellung oder in dem danach liegenden Zeitraum (nach dem abgeschlossenen Geschäftsjahr) bis zum Ende der materiellen Ausschlussfrist stattgefunden haben. Damit werden die Fälle vor Antragstellung im Nachweiszeitraum (drei abgeschlossene Geschäftsjahre) und nach dem Nachweiszeitraum bis zum Fristablauf (30.6.) geregelt. Für den Zeitraum nach Erlass des Begrenzungsbescheides findet wiederum § 67 Abs. 3 Anwendung, wonach die Möglichkeit besteht, einen Begrenzungsbescheid auf das umgewandelte Unternehmen zu übertragen. Als einzig ungeregelter Fall bleibt der Zeitpunkt der Umwandlung nach Ablauf der materiellen Ausschlussfrist bis zum Erlass des Begrenzungsbescheides bestehen. Hier dürfte nach allgemeinen verwaltungsverfahrensrechtlichen Grundsätzen eine entsprechende Umstellung des Antrages

16

---

35 Kritisch: *Große/Kachel*, NVwZ 2014, 1122, 1126.
36 Vgl. BT-Drs. 18/1891 S. 200, zu Absatz 1.
37 Vgl. BT-Drs. 18/1891 S. 200, zu Absatz 1; *Bachert*, ER Sonderheft 1/2014, 34, 38; *Hampel/Neubauer*, ER 2014, 188, 195.
38 Vgl. BAFA, Merkblatt für stromkostenintensive Unternehmen, Stand 27.8.2014, S. 36.

möglich und geboten sein.[39] Schon vor der ausdrücklichen gesetzlichen Regelung im EEG 2014 hatte sich schließlich eine Verwaltungspraxis entwickelt, die auch mit solchen Konstellationen umzugehen wusste. Auch aus der Anzeigepflicht nach Abs. 2, die gerade auch für diesen entsprechenden Zeitraum von der Antragstellung bis zur Begrenzungsentscheidung gilt, kann geschlussfolgert werden, dass auch für diesen Zeitraum ein Lösungsansatz vorgesehen ist.

17 Im Unterschied zu neugegründeten Unternehmen, für die der Zeitpunkt der Neugründung in § 64 Abs. 4 S. 7 gesetzlich als Fiktion auf den Zeitpunkt des erstmaligen Stromverbrauches zu Produktionszwecken festgelegt ist, fehlt es für den Zeitpunkt der Umwandlung an einer gesetzlichen Regelung. Die Fiktion der erstmaligen Stromentnahme ist nicht ohne Weiteres auf die Umwandlungsfälle übertragbar. Es dürfte für die Analogie schon an einer planwidrigen Regelungslücke fehlen. Außerdem bedarf es des Rückgriffs auf diese Fiktion gar nicht. Anders als bei der Neugründung sind nicht erst mit dem erstmaligen Stromverbrauch nach der Umwandlung Daten zur Nachweisführung verfügbar. Gerade in dem Fall, dass auf das Datenmaterial des Alt-Unternehmens zurückgegriffen werden soll, kann der Nachweis bereits vor dem ersten Stromverbrauch nach der Umwandlung geführt werden. Das Bundesamt für Wirtschaft und Ausfuhrkontrolle orientiert sich für den Zeitpunkt der Umwandlung ebenso wie der Gesetzgeber am Umwandlungsgesetz.[40] Hiernach werden Umstrukturierungen mit der Eintragung ins Handelsregister wirksam (§§ 20, 131, 176, 304 UmwG). Für den Fall der Einzelrechtsübertragung soll dem Bundesamt für Wirtschaft und Ausfuhrkontrolle zufolge im Einklang mit dem Gesetzgeber die Umwandlung mit der letzten von mehreren Einzelrechtsübertragungen wirksam werden.[41]

18 **2. Anzeigepflicht (Abs. 2).** Gemäß Abs. 2 müssen Umstrukturierungen, die in einem Unternehmen vorgenommen werden, welches bereits einen Antrag auf Begrenzung gestellt hat oder bereits positiv beschieden worden ist, dem Bundesamt für Wirtschaft und Ausfuhrkontrolle unverzüglich angezeigt werden. Für den Fall, dass das Unternehmen bereits positiv beschieden worden ist, wird sich die Anzeigepflicht grundsätzlich schon aus dem Begrenzungsbescheid selbst ergeben. Hiernach werden entsprechende Bescheide in der Regel einen Passus enthalten, wonach das begünstigte Unternehmen dem Bundesamt für Wirtschaft und Ausführkontrolle unverzüglich und unaufgefordert alle Änderungen von Tatsachen, die Auswirkungen auf den erlassenen Bescheid haben könnten, schriftlich mitzuteilen hat.[42] Der Anwendungsbereich des § 67 Abs. 2 gewinnt insbesondere dann an Bedeutung, wenn es aufgrund einer Umstrukturierung zwar zu einer Umwandlung i. S. d. § 5 Nr. 32 kommt, diese jedoch nicht dazu führt, dass sich der begünstigte Adressat der Begrenzungsentscheidung verändert. In dieser Konstellation ist davon auszugehen, dass eine Übertragung des bestehenden Begrenzungsbescheids aufgrund der fehlenden Anwendbarkeit von § 67 Abs. 3 nicht in Betracht kommt, jedoch eine frühzeitige Anzeige der Umwandlung gemäß § 67 Abs. 2 stattzufinden hat.

---

39 So auch *Große/Kachel*, NVwZ 2014, 1122, 1126; mit Verweis auf *Kopp/Schenke*, VwVfG, § 22 Rn. 80 ff.

40 Vgl. BT-Drs. 18/1891, S. 215; BAFA, Merkblatt für stromkostenintensive Unternehmen, Stand 27.8.2014, S. 36.

41 Vgl. BT-Drs. 18/1891, S. 215; BAFA, Merkblatt für stromkostenintensive Unternehmen, Stand 27.8.2014, S. 36.

42 Vgl. BT-Drs. 18/1891, S. 214; BAFA, Merkblatt für stromkostenintensive Unternehmen, Stand 27.8.2014, S. 36.

3. Übertragung des Begrenzungsbescheides (Abs. 3). § 67 Abs. 3 eröffnet dem umge- 19
wandelten Unternehmen die Möglichkeit, den Begrenzungsbescheid auch nach der Umwandlung weiter nutzen zu können. Mit der Übertragungsmöglichkeit wurde die bisherige
Verwaltungspraxis des Bundesamtes für Wirtschaft- und Ausfuhrkontrolle kodifiziert.[43]
Das Bundesamt für Wirtschaft- und Ausfuhrkontrolle überträgt auf Antrag den bestehenden Begrenzungsbescheid des ursprünglichen Unternehmens auf das neue Unternehmen,
soweit die organisatorische und wirtschaftliche Einheit nahezu vollständig übergegangen
ist. Abs. 3 knüpft mit dem Erfordernis des Erhalts der organisatorischen und wirtschaftlichen Einheit an die insofern identische Voraussetzung in Abs. 1 an.[44] Die Hintergründe
wie auch Auslegung dieser tatbestandlichen Hürde dürften übertragbar sein. Sind die Veränderung im umgewandelten Unternehmen zu groß, liegen wenig Gründe vor, von der alten Begünstigung weiter profitieren zu dürfen, vor allem wenn es dabei möglich ist, dass
die Voraussetzungen nicht erfüllt werden. Die Voraussetzung für den Bestand des Begrenzungsbescheides resultiert vor allem auch daraus, dass der Bescheid auf Basis von Daten
aus einem zurückliegenden Nachweiszeitraum für die Zukunft gewährt wird. Auch nachträgliche Änderungen können damit Einfluss auf den Bestand des Begrenzungsbescheides
haben. Der Erhalt des Begrenzungsbescheides soll immer dann gesichert sein, wenn die
Veränderungen gerade keinen weitreichenden Einfluss auf den Bestand des Bescheides haben. Dieser Fall liegt für den Gesetzgeber vor, wenn die wirtschaftliche und organisatorische Einheit des Alt-Unternehmens im umgewandelten Unternehmen erhalten bleibt.

Dem Satz 2 zufolge wird die Zahlungspflicht hinsichtlich der EEG-Umlage nach der Um- 20
wandlung ausgesetzt. Bis das Bundesamt für Wirtschaft und Ausfuhrkontrolle über den
Antrag auf Übertragung des Begrenzungsbescheides entschieden hat, muss zunächst keine
EEG-Umlage gemäß § 60 Abs. 1 gezahlt werden, obwohl bis dahin das neue Unternehmen
noch nicht durch Bescheid begrenzt ist. Da für das umgewandelte Unternehmen mangels
Begrenzungsbescheid zu keinem Zeitpunkt eine Begrenzung bestand, beginnt die Zahlungspflicht im Falle der Antragsablehnung mit **Wirksamwerden der Umwandlung**.
Durch diese Aussetzungsvorschriften soll das die Übertragung beantragende Unternehmen
für die Dauer der Antragsbearbeitung geschützt bleiben.[45] Wirtschaftliche Nachteile einer
Umwandlung, die mit der sofortigen Zahlungspflicht der teilweise erheblichen EEG-Umlage einhergehen würden, können so vermieden werden.[46]

4. Anwendbarkeit auf selbständige Unternehmensteile und Schienenbahnen (Abs. 4). 21
Aus § 67 Abs. 4 ergibt sich die Anwendbarkeit der Regelungen der Abs. 1 bis 3 auch für
selbständige Unternehmensteile. Mit diesem Absatz hatte der Gesetzgeber eine ganz bestimmte Fallgruppe im Auge. Er wollte die selbständigen Unternehmensteile begünstigen,
bei denen das Gesamtunternehmen die Tatbestandvoraussetzung des nahezu vollständigen
Übergangs der wirtschaftlichen und organisatorischen Einheit auf das umgewandelte Unternehmen selbst nicht erfüllt, dies jedoch für den selbständigen Unternehmensteil allein
bejaht werden kann.[47] Der selbständige Unternehmensteil, der die Voraussetzungen der

---

43 Vgl. BT-Drs. 18/1891, S. 215, zu Absatz 3.
44 Siehe Rn. 15.
45 Vgl. BT-Drs. 18/1891, S. 215, zu Absatz 3.
46 *Große/Kachel*, NVwZ 2014, 1122, 1126.
47 Vgl. BT-Drs. 18/1891, S. 215, zu Absatz 4.

Absätze 1 bis 3 erfüllen kann, soll demnach auch von den Begünstigungen profitieren dürfen. Hinzuweisen ist darauf, dass die Regelungen der Abs. 1 bis 3 auch auf Schienenbahnen
entsprechend anzuwenden sind. An dieser Stelle wurde durch das EEG 2014 eine sinnvolle
Gleichbehandlung aller Umwandlungskonstellationen im Rahmen der gesamten Besonderen Ausgleichsregelung herbeigeführt und nicht danach unterschieden, ob Umwandlungen
stromkostenintensive Unternehmen oder Schienenbahnen betreffen.

§ 68 Rücknahme der Entscheidung, Auskunft, Betretungsrecht

(1) Die Entscheidung nach § 63 ist mit Wirkung auch für die Vergangenheit zurückzunehmen, wenn bekannt wird, dass bei ihrer Erteilung die Voraussetzungen nach den §§ 64 oder 65 nicht vorlagen.

(2) [1]Zum Zweck der Prüfung der gesetzlichen Voraussetzungen sind die Bediensteten des Bundesamtes für Wirtschaft und Ausfuhrkontrolle und dessen Beauftragte befugt, von den für die Begünstigten handelnden natürlichen Personen für die Prüfung erforderliche Auskünfte zu verlangen, innerhalb der üblichen Geschäftszeiten die geschäftlichen Unterlagen einzusehen und zu prüfen sowie Betriebs- und Geschäftsräume sowie die dazugehörigen Grundstücke der begünstigten Personen während der üblichen Geschäftszeiten zu betreten. [2]Die für die Begünstigten handelnden natürlichen Personen müssen die verlangten Auskünfte erteilen und die Unterlagen zur Einsichtnahme vorlegen. [3]Zur Auskunft Verpflichtete können die Auskunft auf solche Fragen verweigern, deren Beantwortung sie selbst oder in § 383 Absatz 1 Nummer 1 bis 3 der Zivilprozessordnung bezeichnete Angehörige der Gefahr strafrechtlicher Verfolgung oder eines Verfahrens nach dem Gesetz über Ordnungswidrigkeiten aussetzen würde.

Schrifttum: *Frohn*, Die Korrektur von Verwaltungsakten wegen nachträglicher Verhältnisänderung, Jura 1993, 393; *Kopp*, Widerruf oder Rücknahme nachträglich rechtswidrig gewordener Verwaltungsakte?, BayVBl 1989, 652; *Schenke*, Die verwaltungsbehördliche Aufhebung nachträglich rechtswidrig gewordener Verwaltungsakte, DVBl. 1989, 433; *ders./Baumeister*, Der rechtswidrig gewordene Verwaltungsakt, JuS 1991, 547.

Übersicht

I. Allgemeines

§ 68 enthält Regelungen für die **Rücknahme** von rechtswidrigen Begrenzungsentscheidungen (Abs. 1) und über **Auskunfts-, Einsichts- und Betretungsrechte** des Bundesamts für Wirtschaft und Ausfuhrkontrolle (BAFA, Abs. 2). Die Vorschrift erweitert so das Instrumentarium der Behörde, das sich im Übrigen aus dem VwVfG des Bundes ergibt. Das BAFA soll so in die Lage versetzt werden, seine Zuständigkeiten im Zusammenhang mit der besonderen Ausgleichsregelung ordnungsgemäß und effektiv auszuüben.

1

2 **1. Normzweck.** Mit § 68 will der Gesetzgeber dem BAFA ermöglichen, die **Rechtmäßigkeit** seiner Entscheidungspraxis sicherzustellen. Dadurch sollen fehlerhafte Entscheidungen und Missbräuche der besonderen Ausgleichsregelung verhindert und Entlastungen von der EEG-Umlage auf den Kreis der tatsächlich gemäß §§ 64, 65 Berechtigten beschränkt werden. Dies wiederum soll dazu beitragen, die **Kostenbelastung** durch die EEG-Umlage für alle Stromverbraucher möglichst gering zu halten.

3 **2. Entstehungsgeschichte.** § 68 wurde erst durch die **EEG-Novelle 2014** in das Gesetz eingefügt. Rücknahmeentscheidungen (jetzt Abs. 1) konnte das BAFA vorher nur auf § 48 VwVfG stützen. Eine spezielle Ermächtigungsgrundlage für die Anforderung von Auskünften und Unterlagen (jetzt Abs. 2 S. 1, Fälle 1 u. 2) existierte ebenfalls nicht, allerdings konnte sich die Behörde insoweit auf §§ 24, 26 VwVfG stützen. Problematisch war nach **alter Rechtslage** vor allem das Betreten von Grundstücken (jetzt Abs. 2 S. 1, Fall 3), da die Regelungen des VwVfG insoweit auch wegen der erhöhten Grundrechtsrelevanz (vgl. Art. 13 Abs. 7 GG) nicht als Ermächtigungsgrundlage ausreichen. § 69 Abs. 3 u. 4 EnWG waren nicht einschlägig,[1] weil darin nur Regulierungsbehörden ermächtigt werden, zu denen das BAFA aber unstreitig nicht zählt (vgl. § 54 Abs. 1 EnWG).

II. Rücknahme rechtswidriger Begrenzungsentscheidungen (Abs. 1)

4 Gemäß Abs. 1 sind Begrenzungsentscheidungen nach § 63 mit Wirkung auch für die Vergangenheit **zurückzunehmen**, wenn bekannt wird, dass bei ihrer Erteilung die Voraussetzungen nach § 64 oder § 65 nicht vorlagen. Die Vorschrift ist lex specialis zu § 48 VwVfG, der bis zum Inkrafttreten des EEG 2014 als Ermächtigungsgrundlage für die Rücknahme von Begrenzungsentscheidungen diente. Mit der Neuregelung wollte der Gesetzgeber vor allem klarstellen, dass es sich bei der Rücknahme um eine **gebundene Entscheidung** handelt.[2] Insbesondere sollen die Vertrauensschutzgesichtspunkte gemäß § 48 Abs. 2 u. 3 VwVfG fortan keine Rolle mehr spielen, da der Gesetzgeber in einer antizipierten Interessenabwägung zu dem Ergebnis gelangt ist, dass die Interessen der nichtprivilegierten Stromverbraucher an der Rücknahme rechtswidriger Begrenzungsentscheidungen die Interessen der zu Unrecht privilegierten Unternehmen „in jedem Fall" überwiegen.[3]

5 **1. Voraussetzung.** Voraussetzung für die Rücknahme einer Begrenzungsentscheidung ist, dass bekannt wird, dass bei ihrer Erteilung die Voraussetzungen des § 64 oder des § 65 nicht vorlagen. Die Begrenzungsentscheidung muss also **von vornherein rechtswidrig** gewesen sein. Dies kann im Wesentlichen einen von drei Gründen haben: a) der Antragsteller hat bewusst falsche Angaben gemacht (Täuschung), b) der Antragsteller hat unbewusst falsche Angaben gemacht (Irrtum), oder c) das BAFA hat trotz zutreffender Tatsachengrundlage eine falsche Entscheidung getroffen (z. B. Subsumtionsfehler).

6 Die **Beweislast** für die Rechtswidrigkeit der Begrenzungsentscheidung liegt nach den allgemeinen Grundsätzen beim BAFA. Ist bereits eine Begrenzungsentscheidung erlassen worden, kann die Behörde vom nunmehr begünstigten Unternehmen also nicht mehr verlangen, ihr gegenüber das Vorliegen der Voraussetzungen des § 64 oder des § 65 nachzuweisen. Stattdessen muss sie, ggf. unter Zuhilfenahme ihrer Befugnisse nach Abs. 2 (dazu

---

1 Anders offenbar *Salje*, EEG, 7. Aufl. 2015, § 68 Rn. 9.
2 BT-Drs. 18/1449, S. 49.
3 BT-Drs. 18/1449, S. 49.

unten, Rn. 17 ff.), den Sachverhalt selbst aufklären und eine entsprechend **begründete Entscheidung** treffen. Das begünstigte Unternehmen kann die Rücknahmeentscheidung ggf. mit einer Anfechtungsklage (vgl. § 40 Abs. 1, 1. Alt. VwGO) vor dem zuständigen Verwaltungsgericht angreifen.

2. Rechtsfolge. Als zwingende **Rechtsfolge** sieht Abs. 1 vor, dass die Begrenzungsentscheidung zurückzunehmen ist. Das BAFA hat also kein Ermessen, sondern ist zur Rücknahme verpflichtet (gebundene Entscheidung). Dafür ist unerheblich, wie es zu der rechtswidrigen Entscheidung gekommen ist. Insbesondere kommt es nicht darauf an, ob die Rechtswidrigkeit auf einem Fehler des Antragstellers oder der Behörde beruht. Auf **Vertrauensschutz** (vgl. § 48 Abs. 2 u. 3 VwVfG) kann sich der Antragsteller auch bei Gutgläubigkeit nicht berufen, da der Gesetzgeber eine Interessenabwägung im Einzelfall durch die Anordnung der zwingenden Rechtsfolge gerade ausschließen wollte.[4]   **7**

Die Rücknahme erfolgt zwingend auch für die **Vergangenheit**. Das BAFA hat die erteilte   **8** Begünstigung also vollständig und ggf. rückwirkend zu entziehen. Der Stromlieferant des begünstigten Unternehmens und der regelverantwortliche Übertragungsnetzbetreiber können dann die Nachzahlung der zu wenig gezahlten EEG-Umlage verlangen. Im Ergebnis muss auf allen Stufen des Ausgleichsmechanismus der Zustand hergestellt werden, der ohne die zu Unrecht ergangene Begrenzungsentscheidung bestanden hätte. Die Rücknahme kann auch dann noch erfolgen, wenn das Begrenzungsjahr bereits abgeschlossen ist.

Problematisch sind Fälle, in denen die Begrenzungsentscheidung **nachträglich rechtswidrig** wird. Diese dürften nur selten auftreten, da §§ 64, 65 überwiegend auf die Situation im letzten abgeschlossenen Geschäftsjahr vor der Antragstellung abstellen, sodass eine nachträgliche Änderung der maßgeblichen Daten weitgehend ausgeschlossen ist. Denkbar ist aber z. B., dass die Begrenzung gemäß § 63 für einen selbstständigen Unternehmensteil i. S. v. § 64 Abs. 5 erteilt wird, der dann im Laufe des Begrenzungsjahres seine Selbstständigkeit verliert.[5] In dieser Konstellation würde eine ursprünglich rechtmäßige Begrenzungsentscheidung nachträglich rechtswidrig. Abs. 1 kann hier nicht als Ermächtigungsgrundlage dienen, da er ausdrücklich voraussetzt, dass die Voraussetzungen der Begrenzung bereits „bei ihrer Erteilung" nicht vorlagen (anfängliche Rechtswidrigkeit).[6] Die nachträgliche (Teil-)Aufhebung kann also nur auf **§§ 48, 49 VwVfG** gestützt werden. Welche der beiden Vorschriften die richtige Rechtsgrundlage für die Aufhebung rechtswidrig gewordener Verwaltungsakte ist, ist umstritten.[7] Die wohl h. M. geht davon aus, dass § 48 VwVfG heranzuziehen ist, allerdings nur mit Wirkung ab dem Zeitpunkt, ab welchem die Rechtswidrigkeit des Verwaltungsaktes feststeht.[8]   **9**

Soweit Abs. 1 keine Abweichung enthält, gelten die einschränkenden Regelungen des § 48   **10** VwVfG. Das gilt insbesondere für die **Jahresfrist** gemäß § 48 Abs. 4 VwVfG. Die Frist

---

4 BT-Drs. 18/1449, S. 49.
5 *Salje*, EEG, 7. Aufl. 2014, § 68 Rn. 7.
6 A. A. *Salje*, EEG, 7. Aufl. 2014, § 68 Rn. 7.
7 Aus der umfänglichen Literatur z. B. *Schenke/Baumeister*, JuS 1991, 547; *Schenke*, DVBl. 1989, 433; *Frohn*, Jura 1993, 393; *Kopp*, BayVBl. 1989, 652, jeweils m. w. N.
8 BVerwG, DVBl. 1990, 304; VGH Mannheim, NVwZ-RR 2002, 621; OVG Münster, NVwZ-RR 1988, 1; VG München, NVwZ-RR 2000, 722.

beginnt allerdings erst zu laufen, sobald die zuständige Stelle innerhalb des BAFA von der Rechtswidrigkeit der ursprünglichen Begrenzungsentscheidung Kenntnis erlangt.[9]

11   Analog § 66 Abs. 4 ist die Rücknahmeentscheidung auch dem regelverantwortlichen Übertragungsnetzbetreiber und dem Stromlieferanten des zunächst begünstigten Unternehmens **bekanntzugeben**.[10] Nur so ist sichergestellt, dass alle maßgeblichen Akteure von der Rücknahme erfahren und dass die entfallende Privilegierung auf allen Stufen des Belastungsausgleichs nachträglich berücksichtigt werden kann.

III. Exkurs: Aufhebung in anderen Fällen

12   Abs. 1 regelt nur den Fall, dass eine auf das EEG 2014 gestützte Begrenzungsentscheidung schon bei ihrem Erlass rechtswidrig gewesen ist, also nicht hätte erlassen werden dürfen. Die Vorschrift gilt hingegen weder für **Altfälle**, noch für den **Widerruf** rechtmäßiger Begrenzungsentscheidungen.

13   **1. Altfälle.** Begrenzungsentscheidungen, die noch auf das EEG 2009/12 gestützt wurden (Altfälle), können nicht auf Grundlage von Abs. 1 zurückgenommen werden. Das sind alle Entscheidungen über Anträge aus den Antragsjahren 2013 und früher. Für deren Rücknahme gilt weiterhin § 48 VwVfG, für den Widerruf § 49 VwVfG.

14   Auf § 48 VwVfG stützte das BAFA u. a. etwa 450 Rücknahmeentscheidungen, mit denen im November 2014 eine **Verständigung** zwischen der Bundesregierung und der Europäischen Kommission umgesetzt worden ist. Die Kommission hatte zuvor die Auffassung vertreten, die besondere Ausgleichsregelung des EEG 2012 sei mit dem **europäischen Beihilfenrecht** nicht vereinbar gewesen. Die Bundesregierung vertrat den gegenteiligen Standpunkt. Um einen langwierigen Rechtsstreit und ein möglicherweise ungünstiges Präjudiz zu dieser Frage zu verhindern, erklärte sich die Bundesregierung jedoch bereit, die Ausgleichsregelung mit dem EEG 2014 an die **EU Leitlinien für staatliche Umweltschutz- und Energiebeihilfen** anzupassen. Außerdem sicherte sie zu, alle Begünstigungen der Begrenzungsjahre 2013 und 2014 zurückfordern zu lassen, welche den Leitlinien noch nicht entsprachen. Die Europäische Kommission stellte am 25. November 2014 durch Beschluss förmlich fest, dass die Begrenzungsentscheidungen auf Grundlage des EEG 2012 teilweise nicht mit dem Binnenmarkt vereinbar waren. Das BAFA nahm daraufhin unverzüglich 450 Begrenzungsentscheidungen mit einem **Gesamtvolumen von ca. 40 Mio. Euro** zurück.

15   Das BAFA wählte § 48 VwVfG als Ermächtigungsgrundlage, obwohl die Bundesregierung stets betonte, ungeachtet der Verständigung mit der Europäischen Kommission an ihrer Rechtsauffassung festzuhalten, dass die ursprünglichen Begrenzungsentscheidungen rechtmäßig gewesen seien. Die **Rechtswidrigkeit** der zurückgenommenen Begrenzungsentscheidungen folgte jedoch aus dem Beschluss der Kommission vom 25. November 2014, den die Bundesregierung ungeachtet des geschlossenen Kompromisses zwischenzeitlich zum Gegenstand einer Klage gemacht hat, die seit dem 2. Februar 2015 bei dem EuG anhängig ist. Vertrauensschutzgesichtspunkte gemäß § 48 Abs. 2 u. 3 VwVfG wurden

---

9 Vgl. Stelkens/Bonk/Sachs/*Sachs*, VwVfG, 8. Aufl. 2014, § 48 Rn. 199 ff.
10 *Salje*, EEG, 7. Aufl. 2014, § 68 Rn. 7.

bei den Rücknahmeentscheidungen – im Einklang mit der ständigen Verwaltungspraxis zur Rückforderung europarechtswidriger Beihilfen – nicht abgewogen.

2. Widerruf rechtmäßiger Begrenzungsentscheidungen. Der Widerruf rechtmäßiger 16 Begrenzungsentscheidungen ist im EEG nicht speziell geregelt, sodass entsprechende Entscheidungen nur auf § 49 Abs. 2 VwVfG gestützt werden können.

IV. Ermittlungsbefugnisse des BAFA (Abs. 2)

In Abs. 2 werden die Mitarbeiter des BAFA und dessen Beauftragte mit **Ermittlungsbe-** 17 **fugnissen** ausgestattet, die es der Behörde ermöglichen sollen, die Rechtmäßigkeit ihrer Entscheidungen sicherzustellen und unberechtigte Anträge zu erkennen. Außerdem wird das Personal der antragstellenden Unternehmen zur **Mitwirkung** verpflichtet, soweit es sich nicht auf ein ebenfalls in Abs. 2 geregeltes **Auskunftsverweigerungsrecht** berufen kann.

Der Wortlaut („die Begünstigten") und der enge systematische Zusammenhang mit Abs. 1 18 sprechen dafür, dass die Ermittlungsbefugnisse erst bestehen, wenn das BAFA bereits eine Begrenzungsentscheidung erlassen hat. Danach würden sie allein der **nachträglichen Rechtmäßigkeitsüberprüfung** dienen, um Rücknahmeentscheidungen nach Abs. 1 vorzubereiten. Aus einem Erst-Recht-Schluss ergibt sich jedoch, dass die Ermittlungsbefugnisse auch schon **vor Erlass der Begrenzungsentscheidung** bestehen müssen. Sinn und Zweck von § 68 ist es, die Rechtmäßigkeit der Entscheidungen des BAFA sicherzustellen und zu verhindern, dass die besondere Ausgleichsregelung unberechtigt in Anspruch genommen wird (oben, Rn. 2). Dieses Ziel kann am ehesten erreicht werden, wenn fehlerhafte Entscheidungen des BAFA von vornherein verhindert werden. Wenn Abs. 2 also schon eine nachträgliche Rechtmäßigkeitskontrolle eröffnet, dann müssen vorherige Überprüfungen erst Recht möglich sein. Das BAFA kann die Ermittlungsbefugnisse gemäß Abs. 2 also auch nutzen, um **während des Antragsverfahrens** Angaben der Antragsteller zu überprüfen.[11]

1. Auskunftsverlangen (S. 1, Fall 1). Gemäß Abs. 2 S. 1, Fall 1 sind die Bediensteten des 19 BAFA und dessen Beauftragte zunächst befugt, „von den für die Begünstigten handelnden natürlichen Personen für die Prüfung erforderliche Auskünfte zu verlangen". Bei den **Bediensteten** des BAFA handelt es sich um die Beamten und Angestellten, die bei der Behörde fest angestellt sind. **Beauftragte** des BAFA sind Verwaltungshelfer, also private Personen (natürliche oder juristische), die die Behörde bei der Erfüllung ihrer Aufgaben einschaltet. Zu denken ist insbesondere an Gutachter, Wirtschaftsprüfer und Mitarbeiter anderer Behörden.[12]

Das BAFA kann „für die Prüfung erforderliche Auskünfte" verlangen. Mit „Prüfung" ist 20 jede Rechtmäßigkeitskontrolle vor oder nach Erlass einer Begrenzungsentscheidung gemäß § 63 gemeint (dazu schon oben, Rn. 18). Die Auskünfte müssen **erforderlich** sein, d.h. sie müssen zunächst geeignet sein, das Vorliegen der Begrenzungsvoraussetzungen nachzuprüfen und der Behörde darf außerdem kein anderes Mittel zur Verfügung stehen, mit dem sie weniger eingriffsintensiv an die begehrten Information gelangen könnte (mil-

---

11 So auch *Salje*, EEG, 7. Aufl. 2015, § 68 Rn. 9.
12 *Salje*, EEG, 7. Aufl. 2015, § 68 Rn. 9.

deres Mittel). Im Vorfeld der Begrenzungsentscheidung ist zu beachten, dass der jeweilige Antragsteller gemäß §§ 26 Abs. 2, 28 VwVfG ohnehin zur Mitwirkung einschließlich der Erteilung von Auskünften verpflichtet ist, da er vom BAFA eine ihn begünstigende Entscheidung begehrt.

21   **2. Prüfung von Unterlagen (S. 1, Fall 2).** Die Bediensteten und Beauftragten des BAFA (s. Rn. 19) sind gemäß Abs. 2 S. 1, Fall 2 außerdem berechtigt, innerhalb der üblichen Geschäftszeiten die geschäftlichen Unterlagen des begünstigten Unternehmens **einzusehen** und zu **prüfen**. Dies kann insbesondere erforderlich werden, wenn Zweifel an der Richtigkeit der von dem Unternehmen (z. B. im Begrenzungsantrag) gemachten Angaben bestehen. Mit der Nachprüfungsbefugnis soll das BAFA in die Lage versetzt werden, sich ein eigenes Bild von den maßgeblichen Daten (z. B. Stromlieferverträgen, Stromrechnungen, Energie- und Umweltmanagementsystem) zu machen. Die Mitarbeiter und Beauftragten des BAFA dürfen die Unterlagen vor Ort an sich nehmen, lesen und auswerten. Sie dürfen sich außerdem Notizen machen und Abschriften von Dokumenten erstellen. S. 1, Fall 2 erlaubt aber **keine Beschlagnahme**. Es dürfen also gegen den Willen der berechtigten Personen keine Unterlagen aus den Geschäftsräumen des begünstigten Unternehmens fortgeschafft werden.

22   **3. Betretungsrecht (S. 1, Fall 3).** Abs. 2 S. 1, Fall 3 erlaubt den Bediensteten des BAFA und dessen Beauftragten (s. Rn. 19) Betriebs- und Geschäftsräume des begünstigten Unternehmens sowie die dazugehörigen Grundstücke während der üblichen Geschäftszeiten zu **betreten**. Diese spezielle Ermächtigung ist wegen Art. 13 Abs. 7 GG erforderlich. Sie erfüllt jedoch keinen eigenen Zweck, sondern soll lediglich die effektive Ausübung des Auskunfts- und Nachprüfungsrechts gemäß Abs. 2 S. 1, Fälle 1 und 2 ermöglichen.

23   **4. Mitwirkungspflicht des Personals (S. 2).** Gemäß Abs. 2 S. 2 müssen die für das begünstigte Unternehmen handelnden natürlichen Personen die verlangten Auskünfte erteilen und die begehrten Unterlagen zur Einsichtnahme vorlegen. Diese Mitwirkungspflicht des Personals, welche die Ermittlungsbefugnissen des BAFA gemäß Abs. 2 S. 1 widerspiegelt, soll die Überprüfung von Informationen durch die Behörde vereinfachen. Wirkt das Personal freiwillig an den Ermittlungen des BAFA mit, muss kein Verwaltungszwang ausgeübt werden, der jedoch nach den allgemeinen Vorschriften (§§ 6 ff. VwVG) zulässig wäre.

24   **5. Auskunftsverweigerungsrecht (S. 3).** Gemäß Abs. 2 S. 3 können die gemäß Abs. 2 S. 2 zur Auskunft verpflichteten natürlichen Personen die Auskunft auf solche Fragen verweigern, deren Beantwortung sie selbst oder in § 383 Abs. 1 Nr. 1 bis 3 ZPO bezeichnete Angehörige der Gefahr strafrechtlicher Verfolgung oder eines Verfahrens nach dem Gesetz über Ordnungswidrigkeiten (OWiG) aussetzen würde. Angehörige gemäß § 383 Abs. 1 Nr. 1 bis 3 ZPO sind Verlobte, Ehegatten, Lebenspartner sowie die in gerader Linie Verwandten und Verschwägerten sowie die in der Seitenlinie bis zum dritten Grad Verwandten und die in der Seitenlinie bis zum zweiten Grad Verschwägerten. Das Auskunftsverweigerungsrecht gemäß Abs. 2 S. 3 ist Ausdruck der allgemein anerkannten (vgl. nur §§ 55 Abs. 1, 136 Abs. 1 S. 2 StPO, Art. 6 Abs. 1 u. 2 EMRK) Selbstbelastungsfreiheit (sog. **Nemo-tenetur-Grundsatz**).

§ 69 Mitwirkungs- und Auskunftspflicht

[1]Unternehmen und Schienenbahnen, die eine Entscheidung nach § 63 beantragen oder erhalten haben, müssen bei der Evaluierung und Fortschreibung der §§ 63 bis 68 durch das Bundesministerium für Wirtschaft und Energie, das Bundesamt für Wirtschaft und Ausfuhrkontrolle oder deren Beauftragte mitwirken. [2]Sie müssen auf Verlangen erteilen:

1. Auskunft über sämtliche von ihnen selbst verbrauchten Strommengen, auch solche, die nicht von der Begrenzungsentscheidung erfasst sind, um eine Grundlage für die Entwicklung von Effizienzanforderungen zu schaffen,
2. Auskunft über mögliche und umgesetzte effizienzsteigernde Maßnahmen, insbesondere Maßnahmen, die durch den Betrieb des Energie- oder Umweltmanagementsystems oder eines alternativen Systems zur Verbesserung der Energieeffizienz aufgezeigt wurden,
3. Auskunft über sämtliche Bestandteile der Stromkosten des Unternehmens, soweit dies für die Ermittlung durchschnittlicher Strompreise für Unternehmen mit ähnlichen Stromverbräuchen erforderlich ist, und
4. weitere Auskünfte, die zur Evaluierung und Fortschreibung der §§ 63 bis 68 erforderlich sind.

[3]Das Bundesamt für Wirtschaft und Ausfuhrkontrolle kann die Art der Auskunftserteilung nach Satz 2 näher ausgestalten. [4]Betriebs- und Geschäftsgeheimnisse müssen gewahrt werden.

Übersicht

I. Normzweck

Um verbesserte Informationen über die Auswirkungen der besonderen Ausgleichsregelung zu erhalten und damit die Regelung besser **evaluieren** und **fortentwickeln** zu können, besteht eine Mitwirkungs- und Auskunftspflicht. Mittels § 69 können das Bundesministerium für Wirtschaft und Energie sowie das Bundesamt für Wirtschaft und Ausfuhrkontrolle von den betroffenen Unternehmen und Schienenbahnen umfassende unternehmensinterne Informationen einholen. So lassen sich die rechtlichen und wirtschaftlichen Auswirkungen der besonderen Ausgleichsregelung zuverlässiger ermitteln.[1] Bevor die Regelung im EEG 2009 eingeführt wurde, waren viele von der Ausgleichsregelung betroffenen Unternehmen nicht bereit, auf freiwilliger Basis an der Erstellung des EEG-Erfahrungsberichtes mitzuwirken. Eine Evaluierung der Regelung wurde mangels verbindlicher Auskünfte zur einzelwirtschaftlichen Wirksamkeit und Angemessenheit erschwert.[2] Durch § 69 unterliegen

1

---

1 So schon BMU, EEG-Erfahrungsbericht 2007, S. 156; *Salje*, EEG 2014, § 69 Rn. 1.
2 Vgl. BMU, EEG-Erfahrungsbericht 2007, S. 156 f.; *Salje*, EEG 2014, § 69 Rn. 1.

die nach §§ 63 ff. begrenzten Unternehmen und Schienenbahnen einer Mitwirkungs- und Auskunftspflicht. So wird sichergestellt, dass die besondere Ausgleichsregelung perioden- oder anlassbezogen sachgerecht ausgestaltet werden kann.[3]

2 Das EEG soll eine nachhaltige Entwicklung der Energieversorgung ermöglichen und die Weiterentwicklung von Technologien zur Erzeugung von Strom aus Erneuerbaren Energien fördern.[4] Um diese Ziele zu verwirklichen, wird das EEG regelmäßig evaluiert. Die Bundesregierung nimmt diese Evaluation gemäß § 97 vor. Sie hat dem Bundestag bis zum 31.12.2018 und dann alle vier Jahre einen Erfahrungsbericht vorzulegen. Darüber hinaus berichtet die Bundesregierung nach § 98 dem Bundestag erstmals zum 31.12.2014 und dann jährlich über den Ausbau der erneuerbaren Energien, die Erfüllung der Grundsätze nach § 2, den Stand der Direktvermarktung von Strom aus erneuerbaren Energien, die Eigenversorgungsentwicklung und die sich daraus ergebenden Herausforderungen (Monitoringbericht).[5]

3 Der Monitoringbericht sowie die EEG-Erfahrungsberichte dienen der Kontrolle der Wirksamkeit der gesetzlichen Regelung. Die neu gefasste Vorschrift verfolgt den Zweck, die notwendigen Informationen zur Evaluierung der besonderen Ausgleichsregelung im Rahmen des Erfahrungsberichts[6] und des Monitoringberichts bereitzustellen.

II. Entstehungsgeschichte

4 Nach § 16 Abs. 9 EEG 2004 war die besondere Ausgleichsregelung lediglich Gegenstand des Erfahrungsberichts.[7] In § 20 Abs. 2 EEG 2004 wurden Auskunftspflichten zu Lasten der Netzbetreiber und Anlagenbetreiber bestimmt. Die Vorschrift enthielt aber keine Auskunftsverpflichtung der von der besonderen Ausgleichsregelung begünstigten Unternehmen.[8] Die damit zur Verfügung stehenden Daten reichten für eine effektive Evaluierung des EEG nicht aus – die Unternehmen waren im Rahmen des EEG-Erfahrungsberichts nicht zur Auskunftserteilung verpflichtet und zeigten dazu auch kaum freiwillige Bereitschaft.[9] Durch § 44 EEG 2009[10] wurden die Unternehmen dann zur Auskunft über bestimmte Daten verpflichtet, um die Erfahrungsgrundlage über die Wirkungen der besonderen Ausgleichsregelung zu verbessern.[11] § 44 EEG 2009 blieb im Rahmen des EEG 2012 zwar unverändert, erhielt aber im Gesetzgebungsprozess zum EEG 2014 eine sachgerechte Erweiterung.

5 § 69 dehnt gegenüber § 44 EEG 2012 die Auskunftspflicht auf die Übermittlung der Angaben aus, die erforderlich sind, um die besondere Ausgleichsregelung in einem mit EU-Beihilferecht vereinbaren Rahmen fortzuentwickeln. Seit 2014 sind konkret die Daten und Informationen bereitzustellen, die in den vier Varianten in § 69 Satz 2 aufgeführt werden.

---

3 Altrock/Oschmann/Theobald/*Müller*, § 44 Rn. 2.

4 S. § 1 EEG.

5 Vgl. BT-Drs. 17/6071, S. 93.

6 BT-Drs. 16/8148, S. 68.

7 BT-Drs. 15/2864, S. 32.

8 Vgl. Altrock/Oschmann/Theobald/*Müller*, § 44 Rn. 3.

9 BT-Drs. 16/8148, S. 68; BMU, EEG-Erfahrungsbericht 2007, S. 156; *Salje*, EEG 2014, § 69 Rn. 1.

10 § 16 Abs. 9 EEG 2004 ist nach BT-Drs. 16/8148, S. 68, als direkte Vorgängervorschrift des § 44 EEG 2009 anzusehen; a. A. Altrock/Oschmann/Theobald/*Müller*, § 44 Rn. 3.

11 Vgl. Altrock/Oschmann/Theobald/*Müller*, § 44 Rn. 2.

Es ist nach der legislativen Ratio angemessen, wenn diejenigen, die die besondere Ausgleichsregelung beanspruchen, an deren Bewertung und Weiterentwicklung partizipieren.[12] Nur sie haben im Regelfall Zugriff auf die entsprechenden Informationen und Daten.

III. Mitwirkungs- und Auskunftspflicht

1. Mitwirkungs- und Auskunftsberechtigte. Das Erstellen des Erfahrungsberichts ist Aufgabe der Bundesregierung. Die Daten und Informationen sind vom zuständigen Bundesministerium zu liefern. Nach der Bundestagswahl 2013 und dem Wechsel des Energieressorts[13] vom damaligen Bundesministerium für Umwelt, Naturschutz und Reaktorsicherheit zum Bundesministerium für Wirtschaft und Energie (BMWi), ist Letzteres nun als Mitwirkungs- und Auskunftsberechtigter i. S. v. § 69 aufgeführt. Ebenfalls ist ausdrücklich das zum Geschäftsbereich des BMWi zählende Bundesamt für Wirtschaft und Ausfuhrkontrolle (BAFA) als zuständige Bundesoberbehörde zum Einholen der Informationen berechtigt. Andere Ministerien sind dagegen nicht ermächtigt, entsprechende Auskünfte einzuholen.[14] BMWi und BAFA können die Auskünfte entweder selbst oder mit Hilfe eines Beauftragten einholen.

Der Bundesminister ernennt die **Beauftragten**, die ihn unabhängig und beratend unterstützen, ohne in die Hierarchie der Verwaltung eingegliedert zu sein.[15] Nach § 21 Abs. 1 der gemeinsamen Geschäftsordnung der Bundesministerien ist eine frühzeitige Beteiligung der Beauftragten bei allen Vorhaben, die ihre Aufgaben berühren, vorgeschrieben.[16] Die Beauftragten können natürliche oder juristische Personen sein, wobei deren dienstrechtliche Zuordnung zum Privatrecht oder öffentlichen Recht keine Rolle spielt.[17] Private Dienstleister können nach einer verwaltungsrechtlichen Beleihung auskunftsberechtigt sein.[18]

2. Mitwirkungs- und Auskunftsverpflichtete. Eine weitere Neuerung des § 69 betrifft die Auskunftsverpflichteten, die bisher in § 44 EEG a. F. als „die Begünstigten" bezeichnet wurden. Darunter wurden in der Vergangenheit Unternehmen des produzierenden Gewerbes und Schienenbahnen verstanden, die die besondere Ausgleichsregelung in Anspruch nehmen oder beantragt haben.[19] Mit der Neufassung des EEG benennt der Gesetzgeber als Verpflichtete nunmehr Unternehmen und Schienenbahnen, die eine Entscheidung nach § 63 beantragen oder erhalten haben.

Wenn die Unternehmen mittels eines Begrenzungsbescheides begünstigt worden sind, liegt eine Auskunftspflicht i. S. v. § 69 vor.[20] Ob dieser Begrenzungsbescheid rechtmäßig ergangen ist oder nicht, ist unerheblich.[21] Erfüllt ein Unternehmen die Anspruchsvoraussetzun-

6

7

8

9

---

12 BT-Drs. 191/14, S. 45.
13 Vgl. Organisationserlass der Bundeskanzlerin v. 17.12.2013, BGBl. I, S. 4310.
14 Altrock/Oschmann/Theobald/*Müller*, § 44 Rn. 7.
15 Reshöft/Schäfermeier/*Jennrich*, § 44 Rn. 5.
16 Vgl. Reshöft/Schäfermeier/*Jennrich*, § 44 Rn. 5.
17 Altrock/Oschmann/Theobald/*Müller*, § 44 Rn. 7.
18 Greb/Boewe/*Hammer*, BeckOK EEG, § 44 Rn. 8.
19 *Salje*, EEG 2014, § 69 Rn. 4; Altrock/Oschmann/Theobald/*Müller*, § 44 Rn. 5; Reshöft/Schäfermeier/*Jennrich*, § 44 Rn. 6.
20 Altrock/Oschmann/Theobald/*Müller*, § 44 Rn. 4.
21 Altrock/Oschmann/Theobald/*Müller*, § 44 Rn. 4.

gen zur besonderen Ausgleichsregelung, hat es aber keinen Antrag gestellt, so ist es nicht zur Auskunft verpflichtet.[22] Gleiches gilt für Antragsteller, deren Antrag erfolglos blieb oder die ihren Antrag zurückgezogen haben. Die Pflicht entfällt auch, wenn Unternehmen, die dem gleichen Konzern wie das begünstigte Unternehmen angehören, selbst nicht begünstigt sind.[23] Bei selbstständigen Unternehmensteilen schuldet der Rechtsträger Auskunft nur für den Unternehmensteil, für den ein Antrag gestellt ist.[24]

10 Eine aktuelle Begünstigung durch die besondere Ausgleichsregelung ist keine Voraussetzung für die Auskunftsverpflichtung.[25] Ausreichend ist, dass die Unternehmen oder Schienenbahnen zu einem früheren Zeitpunkt von der Regelung profitiert haben.[26] Dies ergibt sich aus der ratio legis, nämlich dem Ziel, durch die Evaluierung der sachgerechten Gestaltung der besonderen Ausgleichsregelung.[27] Dieser Auskunftsanspruch entfällt bei nicht mehr begünstigten Unternehmen auch nicht dann, wenn die zu erlangenden Informationen durch geänderte tatsächliche oder rechtliche Rahmenbedingungen für die Auswertungen nicht mehr aussagekräftig sind.[28] Um eine effektive Evaluierung der besonderen Ausgleichsregelung zu gewährleisten, dürfen die Daten von vormals begünstigten Unternehmen und Schienenbahnen nicht außer Betracht bleiben. Die Einschätzung der Aussagekraft bestimmter Daten kann nicht von dem betroffenen Unternehmen selbst vorgenommen werden. Vielmehr bietet sich ein Vergleich zu der Regelung für Betriebs- und Geschäftsgeheimnisse an (Rn. 17). Wie bei sensiblen Unternehmensdaten muss die Entscheidung über eine Verwertung und Behandlung der Information den Behörden obliegen. Die Auskunftsverpflichteten dürfen daher diese Daten nicht unter Verweis auf ihre Schutzwürdigkeit oder geänderte Rahmenbedingungen zurückhalten.

11 Nach der Neuformulierung des § 69 entfällt der Streit, ob Elektrizitätsversorgungsunternehmen und Übertragungsnetzbetreiber ebenfalls als „Begünstigte" zu den Auskunftsverpflichteten zählen.[29] Bei **Elektrizitätsversorgungsunternehmen** und **Übertragungsnetzbetreibern** mag die EEG-Umlage zwar im Rahmen des Belastungsausgleichs gekürzt werden. Ausdrücklich werden seit 2014 jedoch lediglich Unternehmen und Schienenbahnen, die eine Entscheidung nach § 63 beantragt oder erhalten haben, in die Pflicht genommen, Auskunft zu erteilen. Versorger und Netzbetreiber sind damit nicht auskunftspflichtig.

12 **3. Mitwirkungs- und Auskunftsverlangen.** Die Auskunftsverpflichteten müssen nur auf Verlangen der Auskunftsberechtigten tätig werden. Dafür ist der Zugang einer entsprechenden Aufforderung bei den betroffenen Unternehmen und Schienenbahnen nötig, wobei es nicht auf eine bestimmte Form ankommt.[30] BMWi oder BAFA können den Auskunftsanspruch bereits vor der Begrenzungsentscheidung geltend machen.[31] Die Aus-

---

22 Gabler/Metzenthin/*Ortlieb*, § 44 Rn. 3.
23 Altrock/Oschmann/Theobald/*Müller*, § 44 Rn. 4.
24 Altrock/Oschmann/Theobald/*Müller*, § 44 Rn. 4.
25 Vgl. Altrock/Oschmann/Theobald/*Müller*, § 44 Rn. 5; Frenz/Müggenborg/*Posser/Altenschmidt*, § 44 Rn. 5.
26 Vgl. Altrock/Oschmann/Theobald/*Müller*, § 44 Rn. 5.
27 Vgl. Altrock/Oschmann/Theobald/*Müller*, § 44 Rn. 5.
28 A. A. Altrock/Oschmann/Theobald/*Müller*, § 44 Rn. 5.
29 Bejahend Reshöft/Schäfermeier/*Jennrich*, § 44 Rn. 6; a. A. Altrock/Oschmann/Theobald/*Müller*, § 44 Rn. 6.
30 Altrock/Oschmann/Theobald/*Müller*, § 44 Rn. 9.
31 Reshöft/Schäfermeier/*Jennrich*, § 44 Rn. 7.

kunftsverpflichteten können sich bei sensiblen Daten nicht auf ein Geheimhaltungsinteresse berufen. Dieses wird durch Satz 4 ausreichend geschützt,[32] so dass eine Auskunftsverweigerung nicht zulässig ist.

Etwas anderes gilt für das Auskunftsverlangen durch die vom BMWi oder BAFA Beauftragten. Das Gesetz nimmt sensible Unternehmensdaten von der Auskunftspflicht dann aus, wenn sie Beauftragten gegeben werden. So heißt es im Gesetzesentwurf der Bundesregierung ausdrücklich, dass sensible Unternehmensdaten nicht an die Beauftragten weitergegeben werden müssen.[33] Auch die Beschlussempfehlung des Ausschusses für Wirtschaft und Energie wiederholt diese Aussage.[34] Aus Sicht des Gesetzgebers gibt es folglich einen Unterschied zwischen der Auskunftserteilung gegenüber dem BMWi und BAFA sowie gegenüber deren Beauftragten. Das bedeutet, dass im Falle eines Auskunftsverlangens durch die Beauftragten sensible, wenngleich für die Evaluierung wesentliche Daten in aller Regel nicht weitergegeben werden dürfen. In diesem Fall muss das Auskunftsverlangen direkt durch BMWi und BAFA erfolgen. Dies macht eine Zwischenschaltung von Beauftragten, wie in § 69 vorgesehen, umständlich: Wenn Unternehmen sich gegenüber den Beauftragten auf den Schutz sensibler Unternehmensdaten berufen können,[35] so ist die vorherige Einschaltung von Beauftragten kein sinnvolles Mittel zur Datengewinnung und damit zur Zweckerreichung der Vorschrift.   **13**

4. Gegenstand der Auskunft. Sollte bisher in Form einer Generalklausel Auskunft über alle Tatsachen geleistet werden, die für die Beurteilung erforderlich waren, ob die Ziele der besonderen Ausgleichsregel erreicht werden, so statuiert der Gesetzgeber nun konkrete Auskunftsinhalte. Die in Satz 2 genannten Auskunftspflichten beziehen sich auf sämtliche selbst verbrauchte **Strommengen, effizienzsteigernde Maßnahmen** und **Stromkostenbestandteile**. Grund für die Konkretisierung war die Lückenhaftigkeit der bei der alten Regelung erhobenen Evaluationsdaten.[36] Bei diesen Informationen handelt es sich um solche, auf die im Normalfall nur die jeweiligen Unternehmen und Schienenbahnen Zugriff haben. Die Kenntnis dieser Informationen bedeutet jedoch für das BMWi, dass die in der besonderen Ausgleichsregelung enthaltenen Effizienzanforderungen weiterentwickelt werden können, was zur Umsetzung der Umwelt- und Energiebeihilferichtlinien als zwingend nötig erachtet wird.[37]   **14**

In Nr. 4 wird die Auskunftspflicht in Anlehnung an die vorhergehende Ausformung der Norm auf weitere Informationen erstreckt, die zur Evaluierung und Fortschreibung der besonderen Ausgleichsregelung erforderlich sind, um sicherzustellen, dass wirklich alle nötigen Daten die zuständigen staatlichen Stellen erreichen und das Evaluierungsergebnis aussagekräftig ist.   **15**

5. Betriebs- und Geschäftsgeheimnisse. Satz 4 schützt die Betriebs- und Geschäftsgeheimnisse der auskunftsverpflichteten Unternehmen. Darunter werden Tatsachen verstan-   **16**

---

32 Siehe dazu auch Rn. 16.
33 BR-Drs. 191/14, S. 46.
34 BT-Drs. 18/1891, S. 206.
35 BAFA, Merkblatt für stromkostenintensive Unternehmen, Stand: 27.8.2014, abrufbar unter: www.bafa.de/bafa/de/energie/besondere_ausgleichsregelung_eeg/merkblaetter/merkblatt_strom kostenintensive_unternehmen.pdf, S. 42.
36 BR-Drs. 191/14, S. 45.
37 So schon BR-Drs. 191/14, S. 46; später auch BT-Drs. 18/1891, S. 206.

den, die im Zusammenhang mit der wirtschaftlichen Betätigung stehen, für die ein berechtigtes Geheimhaltungsinteresse besteht und die nur einem begrenzten Personenkreis zugänglich sind.[38] Mit Betriebsgeheimnissen ist technisches Know-how im weitesten Sinne gemeint (z.B. Produktionsmethoden, Verfahrensabläufe, Patentanmeldungen oder Entwicklungsprojekte), während Geschäftsgeheimnisse kaufmännisches Wissen umfassen (z.B. Umsätze und Ertragslagen, Marktstrategien und Kalkulationsdaten).[39] Mangels einer Sondervorschrift gilt für personenbezogene Daten das Bundesdatenschutzgesetz.[40]

17   Die Schutzbereiche von Betriebs- und Geschäftsgeheimnissen sind zwar unterschiedlich, nicht aber deren Rechtsfolgen. So bewirkt die Regelung nicht, dass die von § 69 betroffenen Unternehmen und Schienenbahnen die Auskunft dieser Daten an die zuständigen Stellen verweigern dürfen.[41] Die entsprechenden Daten müssen vielmehr durch BMWi und BAFA **geschützt** werden. Überdies sind sensible Unternehmensdaten nicht an die Beauftragten weiterzugeben.[42]

---

38 Vgl. BVerfG, Beschl. v. 14.3.2006, 1 BvR 2087/03 und 1 BvR 2111/03 = BVerfGE 115, 205, Rn. 87.
39 Danner/Theobald/Theobald/*Werk*, EnWG, § 71 Rn. 5; eingehend dazu die Kommentare zu § 93 AktG.
40 *Salje*, EEG 2014, § 69 Rn. 10.
41 So auch Reshöft/Schäfermeier/*Jennrich*, § 44 Rn. 13.
42 Siehe dazu Rn. 13.

Teil 5

Transparenz

Abschnitt 1

Mitteilungs- und Veröffentlichungspflichten

§ 70 Grundsatz

¹**Anlagenbetreiber, Netzbetreiber und Elektrizitätsversorgungsunternehmen müssen einander die für den bundesweiten Ausgleich nach den §§ 56 bis 62 jeweils erforderlichen Daten, insbesondere die in den §§ 71 bis 74 genannten Daten, unverzüglich zur Verfügung stellen. ²§ 62 ist entsprechend anzuwenden.**

Schrifttum: *Altrock/Eder*, Verordnung zur Weiterentwicklung des EEG-Ausgleichsmechanismus (AusglMechV): Eine erste kritische Betrachtung, ZNER 2009, 125 ff.; *Oschmann/Thorbecke*, Erneuerbare Energien und die Förderung stromintensiver Unternehmen, ZNER 2006, 305 ff.

Übersicht

I. Normzweck

§ 70 regelt als **Generalklausel** die Mitteilungs- und Veröffentlichungspflichten. Die in § 70 festgelegten Pflichten dienen zum einen dazu, die Abwicklung des Belastungsausgleichs zwischen den beteiligten Akteuren zu vereinheitlichen (§§ 56 bis 62) und zum anderen, durch die Mitwirkung aller Beteiligten die erforderlichen Daten für einen funktionierenden und insbesondere transparenten bundesweiten Ausgleich zur Verfügung zu stellen.[1] Nach § 76 findet eine Nachkontrolle der Bundesnetzagentur statt, die im Nachgang die festgestellten Kosten verifiziert. Die entsprechenden Daten werden im Internet veröffentlicht und so der Öffentlichkeit in transparenter Weise zugänglich gemacht. Mit dieser Transparenz bezweckt der Gesetzgeber mehr Akzeptanz für das EEG-System in der Öffentlichkeit zu schaffen, das letztendlich von den Letztverbrauchern finanziert wird.[2]

1

---

1 Vgl. amtliche Begründung zu § 14a EEG 2004, BT-Drs. 16/2455, S. 8; Altrock/Oschmann/Theobald/*Kachel*, § 45 Rn. 4; Frenz/Müggenborg/*Posser/Altenschmidt*, § 45 Rn. 1.
2 Auch Altrock/Oschmann/Theobald/*Kachel*, § 45 Rn. 4.

II. Entstehungsgeschichte

2 Die Informations- und Mitteilungspflichten sind kein Neuland für das EEG. § 11 Abs. 5 EEG 2000 verpflichtete die Netzbetreiber, den anderen Netzbetreibern die für den Ausgleichsmechanismus relevanten Daten zur Verfügung zu stellen. § 14 Abs. 6 EEG 2004 erweiterte den Anwendungsbereich der Norm auf Anlagenbetreiber und Elektrizitätsversorgungsunternehmen (EVU).[3]

3 Mit § 14a EEG 2004 und mit dem Ersten Gesetz zur Änderung des Erneuerbare-Energien-Gesetzes (EEG 2004-ÄndG)[4] schuf der Gesetzgeber zum 1.12.2006 eine eigenständige Norm für Mitteilungs- und Informationspflichten, die allen Interessierten einen Überblick über die durch das EEG verursachten Kosten geben sollte. Zum ersten Mal mussten die am bundesweiten Belastungsausgleich beteiligten Akteure die Informationen nicht nur den jeweiligen Empfangsberechtigten zur Verfügung stellen, sondern auch der Bundesnetzagentur. Zum einen bezweckte der Gesetzgeber die Behauptung der EVU zu unterbinden, dass die Stromkostensteigerung auf Kostenbelastung durch das EEG zurückzuführen ist, zum anderen sollte der Vorwurf, dass die Übertragungsnetzbetreiber (ÜNB) durch die Intransparenz beim Belastungsausgleich sich auf Kosten der Verbraucher bereichern, entkräftet werden.[5]

4 Die §§ 45–52 wurden mit der EEG-Novelle 2009 in den neu geschaffenen Teil „Transparenz" im Unterabschnitt **Mitteilungs- und Veröffentlichungspflichten** eingestellt. § 14a EEG 2004 wurde in fünf eigenständige Paragraphen gesplittet.

5 Im Nachgang wurden die §§ 45 ff. durch die zum 1. Januar 2010 in Kraft getretene **Ausgleichsmechanismusverordnung**[6] verändert. Da der Kern der Verordnung ist, den Wälzungsmechanismus des EEG durch einen ausschließlichen finanziellen Ausgleich zu ersetzen – Zahlung einer bundesweiten einheitlichen EEG-Umlage –, änderten sich auch die Informationen, die die Akteure der §§ 45 ff. zur Verfügung stellen mussten.[7]

6 Mit dem EEG 2012 wurden die Grundzüge der neuen Wälzung, die bis dahin in der AusglMechV geregelt waren, verankert. Daraus sind aber keine zusätzlichen Mitteilungs- oder Informationspflichten für die Akteure am Ausgleichsmechanismus erwachsen. Es ist weiterhin die AusglMechV und hierzu erlassene Ausgleichsmechanismus-Ausführungsverordnung (AusglMechAV)[8] für die Konkretisierung der Pflichten aus §§ 70 ff. zur Umsetzung des Ausgleichsmechanismus heranzuziehen.[9]

---

3 Ausführungen dazu vgl. Altrock/Oschmann/Theobald/*Kachel*, § 45 Rn. 5 ff.

4 Erstes Gesetz zur Änderung des Erneuerbare-Energien-Gesetzes (EEG 2004-ÄndG) vom 7.11.2006, BGBl. I, S. 2550.

5 Ausführungen dazu vgl. Altrock/Oschmann/Theobald/*Kachel*, § 45 Rn. 6; *Oschmann/Thorbecke*, ZNER 2006, 305.

6 Verordnung zur Ausführung der Verordnung zur Weiterentwicklung des bundesweiten Ausgleichsmechanismus (AusglMechV) vom 17.7.2009, BGBl. I, S. 2101; neue Fassung der Verordnung zum EEG-Ausgleichsmechanismus (AusglMechV) vom 17.2.2015 (BGBl. S. 146).

7 Ausführlich dazu s. Altrock/Oschmann/Theobald/*Kachel*, § 45 Rn. 8 f.; *Altrock/Eder*, ZNER 2009, 125, 127.

8 Ausgleichsmechanismus-Ausführungsverordnung (AusglMechAV) v. 22.2.2010 (BGBl. I, S. 134), zul. geändert durch Artikel 2 des Gesetzes v. 17.2.2014 (BGBl. I S. 146).

9 Frenz/Müggenborg/*Posser/Altenschmidt*, § 45 Rn. 2.

§ 70 S. 1 entspricht im Wesentlichen § 14a Abs. 1 EEG 2004. Der einzige Unterschied ist, dass das Wort „**unverzüglich**" eingefügt wurde, das aber schon in § 14 Abs. 6 S. 1 EEG enthalten war, aufgrund des gesetzgeberischen Versehens aber mit dem Ersten Änderungsgesetz weggefallen war.[10] Die jeweiligen Daten müssen ohne schuldhaftes Zögern i. S. d. § 121 Abs. 1 S. 1 BGB an die Adressaten weitergegeben werden. Der Verweis auf § 62 in § 70 S. 2 ordnet die Berücksichtigung von Änderungen in der nächsten Abrechnung unter bestimmten in § 62 aufgeführten Voraussetzungen an. 7

Im Rahmen der Novelle 2012 wurde der frühere Satz 3 – Befreiung von Datenübermittlung nach Einrichtung eines Anlagenregisters – als redaktionelle Folgeänderung gestrichen[11] und als § 64e Nr. 6a) EEG 2012 bei der Verordnungsermächtigung eingefügt. Dadurch wird eine differenzierte Regelung ermöglicht, die spezifischer auf die jeweilige Ausgestaltung des Anlagenregisters reagieren kann.[12] 8

Mit der EEG-Novelle 2012[13] hat der Gesetzgeber zusätzliche und teilweise andere Daten zur Mitteilung und Veröffentlichung für einige Akteure vorgesehen. So mussten z. B. nach § 46 Nr. 2 EEG 2012 Einsatzstoffe, Wärmenutzungen und eingesetzte Technologien bis zum 28.2. eines Jahres für die Endabrechnung des Vorjahres nach §§ 27b, 27c EEG 2012 gemeldet werden. Problematisch war an dieser Stelle, dass diese Vorschriften im Belastungsausgleich 2011 noch gar nicht in Kraft waren. Für die Anwendung der §§ 45 ff. in der vom EEG 2012 vorgesehenen Fassung und die Verweise auf die neuen Vorschriften als solche auf das alte Recht zu interpretieren, sprach, dass das alte und das neue Recht (EEG 2012) des Belastungsausgleichs sich nicht verändert haben. Der Gesetzgeber hat teilweise nur zu liefernde Daten und damit §§ 45 ff. präzisiert. Da sich aber der Bezugsgegenstand der §§ 45 ff. nicht geändert hat, konnten diese ohne Weiteres angewendet werden.[14] Gerade rechtspolitisch war es wünschenswert, das neue Recht des EEG 2012 so früh wie möglich anzuwenden. 9

Mit der EEG-Novelle 2014[15] wurde das Grünstromprivileg des § 39 EEG 2012 ersatzlos gestrichen. Demzufolge ist die neben der Umnummerierung erfolgende Einschränkung der Datenübermittlungspflicht gegenüber dem bisherigen § 45 EEG 2012 eine redaktionelle Folgeänderung zur Streichung des Grünstromprivilegs. 10

§§ 70 ff. in der neuen Fassung sind bereits ab dem 1.1.2014 anzuwenden, obwohl nach Art. 23 Abs. 1 des EEG 2014 die Neufassung des Gesetzes ab dem 1.8.2014 anzuwenden ist. Dafür spricht – wie schon vorher ausgeführt –, dass der Belastungsausgleich im Kern unverändert geblieben ist und die Verweise in die neuen Vorschriften als solche auf das alte Recht zu interpretieren sind.[16]

---

10 BT-Drs. 16/8148, S. 68; auch Frenz/Müggenborg/*Posser/Altenschmidt*, § 45 Rn. 3.
11 § 45 S. 3 aufgehoben mit Wirkung von 1.1.2012 durch das Änderungsgesetz von 28.7.2011, BGBl. I, S. 1634.
12 BT-Drs. 17/6071, S. 86.
13 BGBl. I, S. 1754 f.
14 Ausführlich dazu *Salje*, EEG 2012, § 45 Rn. 12 ff.
15 Erneuerbare-Energien-Gesetz (EEG) v. 21.7.2014 (BGBl. I, S. 1066).
16 *Salje*, EEG 2014, § 70 Rn. 13.

III. Einzelerläuterungen

11 § 70 regelt als **Generalnorm**, wer zur Bereitstellung von Daten verpflichtet ist und einen Anspruch auf Informationen hat. Die Informationspflicht stellt an dieser Stelle einen unabdingbaren Bestandteil der Teilnahme am Ausgleichssystem des EEG dar und fungiert als eine der Hauptvoraussetzungen für dessen rechtmäßige Umsetzung.[17]

12 1. **Adressaten der Verpflichtung.** Verpflichtungsadressaten sind Anlagenbetreiber, Netzbetreiber und EVU. **Anlagenbetreiber** ist nach § 5 Nr. 2, wer unabhängig vom Eigentum die Anlage für die Erzeugung von Strom aus Erneuerbaren Energien oder aus Grubengas nutzt. **Netzbetreiber** wird in § 5 Nr. 27 als jeder Betreiber eines Netzes für die allgemeine Versorgung mit Elektrizität, unabhängig von der Spannungsebene definiert. Als **Übertragungsnetzbetreiber**, für die spezifische Mitteilungs- und Veröffentlichungspflicht in § 73 statuiert ist, wird nach § 5 Nr. 31 als regelverantwortlicher Netzbetreiber von Hoch- und Höchstspannungsnetzen, die der überregionalen Übertragung von Elektrizität zu nachgeordneten Netzen dienen, verstanden. Unter den **Elektrizitätsversorgungsunternehmen** werden ausweislich des § 5 Nr. 13 alle natürliche oder juristische Personen verstanden, die Strom an Letztverbraucher liefern. Es kommt nicht auf die Legaldefinition eines Unternehmers an.[18]

13 2. **Inhalt der Mitteilungspflichten.** Anspruchsgegenstand sind nach § 70 S. 1 die jeweils **erforderlichen Daten**, die für die Durchführung des Belastungsausgleichs notwendig sind. Der Wortlaut der Norm, dass „insbesondere die in den §§ 71 bis 74 genannten Daten" auszutauschen sind, impliziert, dass es weitere Daten gibt, die dort nicht genannt, aber für den Ausgleichsmechanismus erforderlich sind. Die Verwendung des Wortes „**insbesondere**" lässt keine andere Auslegung zu. Gemeint sind beispielsweise die in der Gesetzgebung genannten Daten über den zeitlichen Verlauf der Einspeisung und andere zur Durchführung des Ausgleichs notwendigen Informationen.[19] § 63 (besonderer Belastungsausgleich) wird ebenfalls vom Gesetzgeber nicht ausdrücklich genannt, darf aber insbesondere aufgrund der daraus resultierenden Rückwirkungen auf den Belastungsausgleich nach §§ 56 ff. nicht außer Acht gelassen werden.[20]

14 Nicht für den Belastungsausgleich notwendige Daten müssen nicht übermittelt werden. Die Informationspflichten müssen dem Datenberechtigten einmalig übermittelt werden, es sei denn dass bestimmte Änderungen einen Einfluss auf die anspruchsrelevanten Umstände haben.[21] Verfügt der Berechtigte bereits über bestimmte Daten, ist eine erneute Übermittlung nicht notwendig.[22] Bestimmte Datenformate werden in den nach § 70 nachfolgenden Paragraphen konkretisiert (§§ 71 bis 75).[23] In Anlehnung an den BDEW-Praxisleit-

---

17 Auch Frenz/Müggenborg/*Posser/Altenschmidt*, § 45 Rn. 4.

18 Altrock/Oschmann/Theobald/*Kachel*, § 45 Rn. 13 f.; ausführlich dazu auch Frenz/Müggenborg/*Posser/Altenschmidt*, § 46.

19 BT-Drs. 16/8148, S. 68; dazu auch Frenz/Müggenborg/*Posser/Altenschmidt*, § 45 Rn. 7.

20 *Salje*, EEG, § 70 Rn. 5.

21 Z.B. Pflicht nach § 46 Nr. 1, 2, s. BT-Drs. 16/8148, S. 68.

22 Altrock/Oschmann/Theobald/*Kachel*, § 45 Rn. 16.

23 *Salje*, EEG, § 70 Rn. 5.

faden[24] lassen sich drei Gruppen von Daten unterschieden: **Anlagenstammdaten, unterjährig verfügbare Bewegungsdaten und Jahresabrechnungsdaten.**

3. Rechtsnatur der Verpflichtung. Der Wortlaut der Norm spricht von einer Verpflichtung, die als Leistungspflicht im Rahmen des **Schuldverhältnisses** i. S. d. §§ 241 ff. BGB ausgelegt werden kann. Wird so eine Pflicht verletzt, entstünden u. a. Schadensersatzansprüche des Anspruchsgläubigers.[25] Gegen die Einordnung der Verpflichtung als bloße **Obliegenheit** spricht, dass es nicht sachgerecht wäre, dass der Informationsempfänger durch die Nichtübermittlung der Daten einen Schaden erleidet, der Schaden aber aufgrund der Einordnung der Verpflichtung als Obliegenheit weder mittels Klage noch im Wege der Zwangsvollstreckung durchgesetzt werden kann.[26] Es ist von einer Nebenpflicht auszugehen, bei deren Verletzung, z. B. die Auszahlung der Einspeisevergütung verweigert werden kann.[27]

4. Rechtsfolgen bei Nichterfüllung bzw. nicht rechtzeitiger Erfüllung von Mitteilungs- und Veröffentlichungspflichten. Die Folgen der Pflichtverletzung werden in der Regel den Informationsverpflichteten selbst treffen. Eine fehlende oder verspätete Meldung führt dazu, dass der säumige Teilnehmer mit seinen „Vergütungsansprüchen" ausgeschlossen ist, weil die bei ihm generierten Mengen und Vergütungszahlungen nicht mehr in den Belastungsausgleich aufzunehmen sind. Der Verweis auf § 62 unterstreicht in diesem Zusammenhang, dass nicht alle Daten, berücksichtigungsfähig sind. Eine Nachmeldung wird nicht akzeptiert.[28] Bei versäumter oder nicht rechtzeitiger Mitteilung ist der Vergütungsanspruch **präkludiert**. Diese Feststellung gilt aber nur für die Informationen, die zur Durchführung der jeweiligen Ausgleichsstufe erforderlich sind.

Daten, die bereits dem Informationsberechtigten vorliegen, müssen nicht nochmals mitgeteilt werden.[29] Der Informationsberechtigte muss dann die bereits ihm vorliegenden Daten für die Teilnahme am Ausgleichssystem zugrunde legen. So ist es im Falle des Nichtvorliegens einer Endabrechnung eines Anlagen- oder Netzbetreibers, aber beim Vorliegen der gesamten Bewegungsdaten für das relevante Jahr. Weigert sich ein EVU gegenüber dem ÜNB die relevanten Informationen betreffend der an Letztverbraucher abgegebenen Kilowattstunden mitzuteilen, wird der ÜNB in so einem Falle gehalten, auf der Basis des Vorjahres die Abgabenmengen großzügig zu schätzen, um das Funktionieren des Ausgleichsverfahrens und eine fristgerechte Durchführung des Belastungsausgleichs nicht zu gefährden.[30]

15

16

17

---

24 „Umsetzungshilfe zum EEG 2012" – Empfehlung für Netzbetreiber zur Umsetzung des Gesetzes für den Vorrang Erneuerbarer Energien (Erneuerbare-Energien-Gesetz – EEG) und der damit verbundenen Verordnungen vom 16. Mai 2013, S. 119 f.; Gabler/Metzenthin/*Hünger*, EEG, 2011, § 45 Rn. 2 ff.

25 Clearingstelle EEG, Empfehlung 2008/7, S. 19 ff.; *Salje*, EEG, § 45 Rn. 3; Altrock/Oschmann/Theobald/*Kachel*, § 45 Rn. 17.

26 Als Nebenpflicht angesehen von Altrock/Oschmann/Theobald/*Kachel*, § 45 Rn. 18; *Salje*, EEG, § 45 Rn. 3.

27 Ausführlich dazu Altrock/Oschmann/Theobald/*Kachel*, § 45 Rn. 18.

28 *Salje*, EEG, § 70 Rn. 19; Gabler/Metzenthin/*Hünger*, § 45 Rn. 14.

29 Frenz/Müggenborg/*Posser/Altenschmidt*, § 45 Rn. 11: so auch in der Gesetzesbegründung der Vorgängerfassung, BT-Drs. 16/2455, S. 10.

30 Auch Gabler/Metzenthin/*Hünger*, § 45 Rn. 14; *Salje*, EEG, § 70 Rn. 20, d. h. die verspätet gemeldeten Daten können nur dann berücksichtigt werden, wenn ein rechtfertigender Grund im Sinne

18   Im Falle nicht rechtzeitiger Verarbeitung der gelieferten Informationen – der Anlagenbetreiber liefert fristgerecht die relevanten Informationen an den Netzbetreiber, der Netzbetreiber schafft es aber nicht, zeitnah diese zu verarbeiten – darf der Informationspflichtige nicht benachteiligt werden.

19   **5. Nachträgliche Änderungen über § 62.** § 70 S. 2 ordnet entsprechende Anwendung von § 62 an. Ausnahmsweise wird **eine nachträgliche Abrechnung** von EEG-Mengen bzw. Vergütungszahlungen aus früheren Abrechnungsjahren zugelassen. Voraussetzung dafür ist, dass die Änderungen sich durch eine **rechtskräftige Gerichtsentscheidung** im Hauptsacheverfahren oder einen anderen **vollstreckbaren Titel** bzw. Entscheidung der Clearingstelle oder der BNetzA ergeben. Die Änderungen sind bei der jeweils nächsten Abrechnung zu berücksichtigen.

20   Der Anwendungsbereich des § 62 wurde gegenüber der Vorgängervorschrift des § 14a Abs. 6 EEG erweitert, so dass außer einer rechtskräftigen Gerichtsentscheidung u. a. auch ein **außergerichtlicher Anwaltsvergleich**, soweit dieser i. S. d. § 794 Abs. 1 Nr. 5 ZPO vollstreckbar ist, Voraussetzung einer nachträglichen Berücksichtigung bei der nächsten Abrechnung darstellt.

21   Durch die EEG-Novelle erfolgte auch die Aufnahme der Entscheidungen der **Clearingstelle** in § 62. Diese Erweiterung soll insbesondere dazu beitragen, dass die Entscheidungen der Clearingstelle mehr an Relevanz gewinnen.[31]

22   Ist der Informationspflichtige unverschuldet seinen Informationspflichten nicht nachgekommen und gelingt ihm dieser Nachweis im Sinne des Rechtsgedankens des § 233 ZPO, wird seine Nachmeldung auch ohne Vorliegen der Voraussetzungen des § 62 im nächsten Belastungsausgleich berücksichtigt.[32]

---

von § 62 Nr. 1–6 vorliegt. Keine Pflicht des ÜNB, eine Klage zu erheben, vgl. LG Cottbus IR 2014, 89.

31 BT-Drs. 17/6071, S. 83.

32 *Salje*, EEG, § 70 Rn. 9; Frenz/Müggenborg/*Posser/Altenschmidt*, § 45 Rn. 11.

§ 71 Anlagenbetreiber

Anlagenbetreiber müssen dem Netzbetreiber

1. bis zum 28. Februar eines Jahres alle für die Endabrechnung des Vorjahres erforderlichen Daten zur Verfügung stellen und

2. bei Biomasseanlagen nach den §§ 44 bis 46 die Art und Menge der Einsatzstoffe sowie Angaben zu Wärmenutzungen und eingesetzten Technologien nach § 45 Absatz 2 oder § 47 Absatz 2 Satz 1 Nummer 2 oder zu dem Anteil eingesetzter Gülle nach § 46 Nummer 3 in der für die Nachweisführung nach § 47 vorgeschriebenen Weise übermitteln.

Schrifttum: *Brodowski*, Der Belastungsausgleich im Erneuerbare-Energien-Gesetz und im Kraft-Wärme-Kopplungsgesetz im Rechtsvergleich, 2007; *Tüngler*, Die Novelle des Erneuerbaren-Energien-Gesetzes, ET 2005, 101.

Übersicht

I. Normzweck

§ 71 konstituiert eine zivilrechtliche Mitteilungspflicht des Anlagenbetreibers als Normverpflichteten gegenüber den Netzbetreibern. Gegenstand der Mitteilung sind alle Daten, die für die Endabrechnung des Vorjahres erforderlich sind. Dies umfasst zum einem als Konkretisierung des § 70 die Daten, die für den bundesweiten Ausgleich gem. §§ 56–62 erforderlich sind. Dies umfasst aber auch die Daten zur Ermittlung der Flexibilitätsprämie.[1]   **1**

§ 71 bezweckt unter der Vorgabe der Frist zum 28.2. eines Jahres (§ 71 Nr. 1) die Sicherung der Mitteilungspflicht, um eine ordnungsgemäße Umsetzung der Umlage zu gewährleisten und **Transparenz** gegenüber dem durch das EEG in Anspruch genommenen Stromverbraucher zu schaffen.[2]   **2**

II. Entstehungsgeschichte

Mitteilungspflichten in der Form des heutigen § 71 fanden unter § 14a Abs. 2 EEG 2006 durch Art. 1 des Ersten Änderungsgesetzes[3] erstmals Eingang ins EEG.   **3**

---

1 BT-Drs. 18/1304, S. 161.
2 BT-Drs. 16/2455, S. 1.
3 Erstes Gesetz zur Änderung des Erneuerbaren-Energien- Gesetzes (EEÄndG) v. 7.11.2006, BGBl. I S. 2550.

4 § 71 EEG 2014 ersetzt § 46 EEG 2012. Die allgemeine Informationspflicht (Nr. 1 a. F.) wurde gestrichen, da der Standort einer Anlage und die installierte Leistung neben anderen Stammdaten nunmehr über das Anlagenregister nach § 6 Abs. 2 Nr. 2 und Nr. 4 erfasst werden. Die ursprünglich in Nr. 3 genannte Mittelungsfrist steht nunmehr in Nr. 1. Die Nr. 2 erfuhr gegenüber ihrer Fassung im EEG 2012 keine Änderung.

III. Normadressat und -berechtigter

5 Normadressat der Mitteilungspflicht ist der **Anlagenbetreiber**. Gem. der Legaldefinition in § 5 Nr. 2 ist Anlagenbetreiber, wer unabhängig vom Eigentum die Anlage für die Erzeugung von Strom aus erneuerbaren Energien oder aus Grubengas nutzt. Eine Anlage ist dabei jede Einrichtung zur Erzeugung von Strom aus erneuerbaren Energien oder aus Grubengas. Als Anlage zur Erzeugung von Strom gelten auch solche Einrichtungen, die zwischengespeicherte Energie, die ausschließlich aus Erneuerbaren Energien oder aus Grubengas stammt, aufnehmen und in elektrische Energie umwandeln (vgl. § 5 Nr. 1). Normberechtigter ist der **Netzbetreiber**, an dessen Netz die Anlage mittelbar oder unmittelbar angeschlossen ist.[4] Der Netzbetreiber ist in § 5 Nr. 27 legaldefiniert.

IV. Formvorschriften

6 In welcher Form der Anlagenbetreiber seiner allgemeinen Mitteilungspflicht (§ 71 Nr. 1) nachkommt, ist nicht ausdrücklich geregelt. Nach dem Wortlaut reicht "ein zur Verfügung stellen" aus. Der Anlagenbetreiber kann sich somit jeder **geeigneten Form** bedienen, dies kann neben der schriftlichen auch die elektronische Form sein.[5]

7 Bezüglich der Mitteilungspflicht bei Biomasseanlagen (§ 71 Nr. 2) müssen die Daten nach der in § 47 vorgeschriebenen Form, d. h. durch eine Kopie eines Einsatzstoff-Tagebuchs, übermittelt werden.[6]

V. Umfang der allgemeinen Informationspflicht (Nr. 1)

8 § 71 Nr. 1 verpflichtet die Anlagenbetreiber, dem Netzbetreiber alle die für die Endabrechnung eines Jahres erforderlichen Daten bis zum 28.02. eines Jahres mitzuteilen. Die „erforderlichen Daten" sind sämtliche Angaben, die für die Endabrechnung eines Jahres erforderlich sind. Dies umfasst alle für den **bundesweiten Ausgleich** nach §§ 56–62 notwendigen Daten, einschließlich der Daten, die zur Ermittlung der **Flexibilitätsprämie** dienen.[7] Die Pflicht gilt nicht für das erste Jahr der Inbetriebnahme, da erst nach dem ersten Jahr die Endabrechnung erfolgt und somit die Pflicht des § 71 besteht.

9 Das Kriterium der Erforderlichkeit macht deutlich, dass die Mitteilungspflicht nur dann besteht, wenn die Daten dem Netzbetreiber nicht schon vorliegen.[8] Dies ist jedenfalls dann der Fall, wenn der Netzbetreiber die Messung selbst durchführt.

---

4 BeckOG EEG/*Wolff*, § 46 Rn. 5.
5 Frenz/Müggenborg/*Posser/Altenschmidt*, § 46 Rn. 7.
6 Siehe § 47 Rn. 18 ff.
7 BT-Drs. 18/1304, S. 161.
8 BeckOG EEG/*Wolff*, § 46 Rn. 20; Reshöft/Schäfermeier/*Hinsch*, § 46 Rn. 14; Frenz/Müggenbrog/*Posser/Altenschmidt*, § 46 Rn. 6.

von zur Gathen

VI. Umfang der Informationspflicht bei Biomasseanlagen (Nr. 2)

§ 71 Nr. 2 betrifft Biomasseanlagen nach §§ 44–46. Der Begriff der Biomasse ist im Sinne der Biomasseverordnung[9] zu bestimmen. Biomasse ist grundsätzlich jeder Energieträger aus Phyto- und Zoomasse. Dazu gehören auch die aus Phyto- und Zoomasse resultierenden Folge- und Nebenprodukte, Rückstände und Abfälle, deren Energiegehalt aus Phyto- und Zoomasse stammt, vgl. § 2 Abs. 1 BiomasseV.[10]   **10**

Biomasseanlagen müssen die Art und Menge der **Einsatzstoffe** sowie Angaben zu Wärmenutzungen und den eingesetzten Technologien nach § 45 Abs. 2 oder 47 Abs. 2 S. 1 Nr. 2 oder zu dem Anteil eingesetzter Gülle nach § 46 Nr. 3 in der für die Nachweisführung nach § 47 vorgeschriebenen Weise übermitteln. Aufgrund des Umstandes, dass der Biomasseanlagenbetreiber und alle anderen Anlagenbetreiber die zur Geltendmachung ihres Anspruchs erforderlichen Daten über die Einsatzstoffe und die eingesetzten Technologien darlegen und ggf. beweisen müssen, spricht die Regierungsbegründung zu Recht davon, dass die Verpflichtung rein deklaratorischer Natur[11] ist. Dies gilt demnach auch für die nicht ausdrücklich in § 71 Nr. 2 genannten Anlagenarten, die in §§ 40–51 erfasst sind. Der Gesetzgeber hielt die Aufnahme der Biomasseanlagen in den Gesetzestext für erforderlich, um die Bedeutung der Darlegung der Anspruchsvoraussetzungen hervorzuheben.[12]   **11**

VII. Frist des 28. Februars

Gem. § 71 Nr. 1 sind die für die Endabrechnung eines Jahres erforderlichen Daten bis zum Stichtag des 28.2. des Folgejahres mitzuteilen. Die Frist gilt sowohl für § 71 Nr. 1 als auch § 71 Nr. 2, da die Mitteilungspflicht (Nr. 2) lediglich eine Konkretisierung der „erforderlichen Daten" (Nr. 1) bei Biomasseanlagenbetreibern darstellt.   **12**

VIII. Rechtsfolgen bei Versäumnis der Mitteilungspflicht

Gem. § 19 haben die Anlagenbetreiber in den Fällen des § 19 Abs. 1 Nr. 1 und 3 einen Förderanspruch in Form von monatlichen Abschlagszahlungen (vgl. § 19 Abs. 2). Gem. § 19 Abs. 3 wird der Förderanspruch nach Abs. 1 **nicht fällig**, solange der Anlagenbetreiber den Mitteilungspflichten aus § 71 nicht nachkommt. Entsprechende Anwendung findet § 19 Abs. 3 bei der Flexibilitätsprämie gem. § 52 Abs. 2. Die Regelung ist als Reaktion des Gesetzgebers auf die Problematik der Durchsetzung der Mitteilungspflichten zu werten. § 19 Abs. 3 übt ökonomischen Druck auf die Anlagenbetreiber aus, sodass sie ein Eigen-   **13**

---

9 Verordnung über die Erzeugung von Strom aus Biomasse v. 21.6.2001, BGBl. I, S. 1234, zuletzt geändert durch Gesetz v. 21.7.2014, BGBl. I, S. 1066.

10 Unbeschadet dessen gelten als Biomasse im Sinne der BiomasseV Treibsel aus Gewässerpflege, Uferpflege und Reinhaltung sowie durch anaerobe Vergärung erzeugtes Biogas, sofern zur Vergärung nicht Stoffe nach § 3 Nr. 3, 7, oder 9 BiomasseV oder mehr als 10 Gewichtsprozent Klärschlamm eingesetzt werden, gem. § 2 Abs. 3 BiomasseV. Eine weitere wichtige Randgruppe der Biomasse bilden Stoffe, aus denen in Altanlagen i. S. d. § 2 Abs. 3 S. 4 des EEG vom 29.3.2000 in der am 31.7.2004 geltenden Fassung Strom erzeugt und vor dem 1.4.2000 bereits als Strom aus Biomasse vergütet worden ist. Diese gelten weiterhin als Biomasse. Dies gilt jedoch nicht für Stoffe nach § 3 Nr. 4 BiomasseV.

11 BT-Drs. 16/2455, S. 10; BT-Drs. 16/8148, S. 68.

12 BT-Drs. 16/2455, S. 10; BT-Drs. 16/8148, S. 68.

interesse haben, ihre Mitteilungspflichten fristgerecht zu erfüllen.[13] Werden die erforderlichen Informationen mitgeteilt, müssen die bis dahin aufgelaufenen Förderansprüche erfüllt werden. Das Recht auf Abschlagszahlungen lebt mit vollständiger Übermittlung wieder auf. Die Sanktion gilt nicht für das erste Jahr der Inbetriebnahme, da erst mit Ablauf dessen die erste Endabrechnung erfolgt und folglich die Pflicht des § 71 erst entsteht.[14]

14 Lange Zeit war strittig, welche Rechtsfolgen bei nicht fristgerechter Mitteilung eintreten.[15] Teilweise wurde vertreten, dass der Vergütungsanspruch des Anlagenbetreibers bei nicht fristgerechter Mitteilung der erforderlichen Daten aufgrund einer Ausschlussfrist präkludiert ist.[16] Durch die Sanktionsnorm des § 19 Abs. 3 stellt der Gesetzgeber nunmehr fest, dass der Förderanspruch bzw. die Flexibilitätsprämie bei nicht erfolgter Mitteilung nicht fällig ist. Diese gesetzlich festgelegte Lösung dient auch dem Zweck der Vorschrift, die Transparenz und Rechtssicherheit der EEG- Umlagen gewährleisten soll.

---

13 BT-Drs. 18/1304, S. 126.
14 BT-Drs. 18/1304, S. 126.
15 Siehe dazu umfassend BerlKommEnR/*von zur Gathen*, 3. Aufl. 2014, § 46 Rn. 12 ff.
16 Frenz/Müggenborg/*Posser/Altenschmidt*, § 46 Rn. 8; *Tüngler*, ET 2005, 101, 103; Bartsch/Röhling/Salje/Scholz/*Trzeciak/Goldbach*, Kap. 46. Rn. 121 f.; *Brodowski*, Der Belastungsausgleich im Erneuerbare-Energien-Gesetz, S. 124 f.

§ 72 Netzbetreiber

(1) Netzbetreiber, die nicht Übertragungsnetzbetreiber sind, müssen ihrem vorgelagerten Übertragungsnetzbetreiber

1. die folgenden Angaben unverzüglich, nachdem sie verfügbar sind, zusammengefasst übermitteln:
   a) die tatsächlich geleisteten finanziellen Förderungen für Strom aus erneuerbaren Energien und aus Grubengas oder für die Bereitstellung installierter Leistung nach den Förderbestimmungen des Erneuerbare-Energien-Gesetzes in der für die jeweilige Anlage anzuwendenden Fassung,
   b) die von den Anlagenbetreibern erhaltenen Meldungen nach § 21 Absatz 1, jeweils gesondert für die verschiedenen Veräußerungsformen nach § 20 Absatz 1,
   c) bei Wechseln in die Veräußerungsform nach § 20 Absatz 1 Nummer 4 zusätzlich zu den Angaben nach Buchstabe b den Energieträger, aus dem der Strom in der jeweiligen Anlage erzeugt wird, die installierte Leistung der Anlage sowie die Dauer, seit der die betreffende Anlage diese Veräußerungsform bereits nutzt,
   d) die Kosten für die Nachrüstung nach § 57 Absatz 2 in Verbindung mit der Systemstabilitätsverordnung, die Anzahl der nachgerüsteten Anlagen und die von ihnen erhaltenen Angaben nach § 71 sowie
   e) die sonstigen für den bundesweiten Ausgleich erforderlichen Angaben,

2. bis zum 31. Mai eines Jahres mittels Formularvorlagen, die der Übertragungsnetzbetreiber auf seiner Internetseite zur Verfügung stellt, in elektronischer Form die Endabrechnung für das Vorjahr sowohl für jede einzelne Anlage als auch zusammengefasst vorzulegen; § 32 Abs. 3 und 4 ist entsprechend anzuwenden; bis zum 31. Mai eines Jahres ist dem vorgelagerten Übertragungsnetzbetreiber ein Nachweis über die nach § 57 Absatz 2 Satz 1 zu ersetzenden Kosten vorzulegen; spätere Änderungen der Ansätze sind dem Übertragungsnetzbetreiber unverzüglich mitzuteilen und bei der nächsten Abrechnung zu berücksichtigen.

(2) Für die Ermittlung der auszugleichenden Energiemengen und Zahlungen finanzieller Förderungen nach Abs. 1 sind insbesondere erforderlich

1. die Angabe der Spannungsebene, an die die Anlage angeschlossen ist,
2. die Höhe der vermiedenen Netzentgelte nach § 57 Abs. 3,
3. die Angabe, inwieweit der Netzbetreiber die Energiemengen von einem nachgelagerten Netz abgenommen hat, und
4. die Angabe, inwieweit der Netzbetreiber die Energiemengen nach Nummer 3

an Letztverbraucher, Netzbetreiber oder Elektrizitätsversorgungsunternehmen abgegeben oder sie selbst verbraucht hat.

Übersicht

I. Normzweck

1   § 72 stellt eine weitere Ausformung des Transparenzgrundsatzes des § 70 und spezifiziert die Informationspflichten der Netzbetreiber an den regelverantwortlichen Übertragungsnetzbetreiber (ÜNB) und deren zeitliche Dimension in der **zweiten Stufe des Belastungsausgleichs**.

2   In **Abs. 1** werden die zwingend zu übermittelnden Daten grob aufgezählt. Die Netzbetreiber müssen die von den Anlagenbetreibern aufgrund von § 71 erhaltenen Daten, die tatsächlich geleisteten finanziellen Förderungen für Strom aus erneuerbaren Energien und aus Grubengas oder für Bereitstellung installierter Leistung nach dem EEG, meldepflichtige Daten bei Wechsel in die und aus der Einspeisevergütung nach § 36 EEG 2014 sowie sonstige für den bundesweiten Ausgleichsmechanismus erforderlichen Angaben an den regelzonenverantwortlichen ÜNB unverzüglich übermitteln. Bis zum 31. Mai des auf die Einspeisung folgenden Jahres müssen Endabrechnungen für jede an das Netz angeschlossene Anlage dem ÜNB vorliegen.

3   In **Abs. 2** werden die mitzuteilenden Daten spezifiziert, die zur Ermittlung der Energiemengen und Vergütungszahlungen erforderlich sind. Die Aufzählung der mitzuteilenden Daten ist nicht abschließend („insbesondere"), sondern wird mit dem Grundsatz des § 70 durch alle sonstigen Daten ergänzt, die zur Abrechnung des bundesweiten Ausgleichs notwendig sind.[1]

4   Der Rolle der Netzbetreiber bei der Berechnung des bundesweiten Ausgleichs kommt eine enorme Bedeutung zu, da diese als **Bindeglied** zwischen den Anlagenbetreibern und den ÜNB fungieren. Damit das Zusammenspiel aller beteiligten Akteure bei der Verteilung der EEG-Kosten funktioniert, soll § 74 sicherstellen, dass der dafür notwendige Datenbeschaffungs- und Datenverarbeitungsvorgang einwandfrei gelingt und die zweite Stufe des Belastungsausgleichs **transparent** abgewickelt werden kann.[2]

II. Entstehungsgeschichte

5   Im Wesentlichen entsprach § 47 EEG 2012 der Vorgängervorschrift § 14a Abs. 3 S. 1 und 2 **EEG 2004**,[3] die im Jahre 2006 eingeführt wurde.[4] Abs. 2 ist sogar nach der EEG-Novelle 2014 inhaltsgleich mit der Vorgängernorm § 14a Abs. 3 S. 2 EEG 2004.

6   Mit **EEG-Novelle 2009** wurden die mitzuteilenden Daten in § 47 Abs. 1 Nr. 1 EEG 2012 zusammengefasst und Nr. 2 EEG 2012 beschäftigte sich nur mit zeitlicher Dimension der Endabrechnung. Die in Nr. 2 EEG 2012 vorgesehene Frist wurde um einen Monat verlängert. Der Hintergrund dieser zeitlichen Verlängerung war, dass Netzbetreiber nach § 50 EEG 2012 bereits bei der Vorlage der Endabrechnung das Testat eines Wirtschaftsprüfers vorlegen müssen. Bis zur Novellierung musste die Testierung nur auf Verlangen des Empfängers eingeholt werden.[5]

---

1 Frenz/Müggenborg/*Posser/Altenschmidt*, § 47 Rn. 1; *Salje*, EEG, § 72 Rn. 8.
2 Altrock/Oschmann/Theobald/*Kachel*, § 47 Rn. 3; auch *Salje*, EEG, § 72 Rn. 1.
3 BT-Drs. 16/8148, S. 68.
4 Erstes Gesetz zur Änderung des Erneuerbare-Energien-Gesetzes (EEG 2004-ÄndG) v. 7.11.2006, BGBl. I, S. 2550.
5 BT-Drs. 16/8148, S. 69; dazu Altrock/Oschmann/Theobald/*Kachel*, § 47 Rn. 4.

Die mit **EEG-Novelle 2012** eingeführte Änderung in Nr. 1 des § 47 EEG 2012 war wegen   **7**
der Änderung der Vorschriften über die Direktvermarktung (**Marktprämie) notwendig.**
Die von den Netzbetreibern mitzuteilenden Daten sind für die Abwicklung und Berechnung der Marktprämie von entscheidender Bedeutung, da andernfalls der energiespezifi-
sche Referenzmarktwert nach Nr. 2 der Anlage 1 zum EEG 2014 durch die ÜNB nicht berechnet werden kann.

Die Informationspflichten wurden im § 47 EEG 2012 durch das Gesetz zur „Änderung des   **8**
Rechtsrahmens für Strom aus solarer Strahlungsenergie und zu weiteren Änderungen im
Recht der erneuerbaren Energien" vom 17.8.2012 erweitert.[6] Dieses Gesetz trat bis auf wenige Ausnahmen bereits rückwirkend zum 1.4.2012 in Kraft. Die Transparenz- und Mitteilungspflichten der Netzbetreiber wurden somit rückwirkend auch auf die Nachrüstung
von Anlagen nach § 35 Abs. 1b EEG 2012[7] i.V.m. einer Verordnung aufgrund der §§ 12
Abs. 3a und 49 Abs. 4 EnWG erstreckt, Verordnung zur Gewährleistung der technischen
Sicherheit und Systemstabilität des Elektrizitätsversorgungsnetzes.[8] Die Netzbetreiber
wurden damit verpflichtet, die Kosten für die Nachrüstung der Solaranlagen sowie die Zahl
der nachgerüsteten Solaranlagen an den regelverantwortlichen ÜNB zu melden.

Das neue EEG 2014[9] entzerrt die bisherige Regelung des § 47 Abs. 1 Nr. 1 EEG 2012   **9**
durch die Unterteilung in die Buchstaben a bis d. Zusätzlich wurde die Vorschrift sowohl
inhaltlich als auch redaktionell an die Umgestaltung der Förderregelungen des neuen EEG
angepasst.

III. Einzelerläuterungen

1. Berechtigte und Verpflichtete. Informationsverpflichtet sind diejenigen Netzbetrei-   **10**
ber, die nicht die Funktion eines ÜNB wahrnehmen. **Informationsberechtigt** sind die vorgelagerten ÜNB. Der Begriff des Übertragungsnetzbetreibers wird in § 3 Nr. 31 definiert.
ÜNB sind die regelverantwortlichen Netzbetreiber von Hoch- und Höchstspannungsnetzen, die der überregionalen Versorgung von Elektrizität an nachgeordneten Netzen dienen.[10] Der Begriff Netzbetreiber wird in § 3 Nr. 27 definiert. Zu den Netzbetreibern i.S.d.
§ 72, die nicht die Funktionen eines ÜNB wahrnehmen, zählen Netzbetreiber, die wegen
des Anschlusses einer EEG-Anlage an ihr Netz unmittelbar abnahme- und vergütungs-
pflichtig sind, sowie Netzbetreiber, die EEG-Strom aus einem unterlagerten Netz abgenommen haben; also Betreiber von Netzen der allgemeinen Versorgung.[11]

2. Inhalt der Mitteilungspflicht. Nach Abs. 1 Nr. 1 haben die Netzbetreiber die Daten   **11**
mitzuteilen, die sie nach § 71 von den Anlagenbetreibern erhalten. Sie haben auch die
Angaben zu tatsächlich geleisteten finanziellen Förderungen für Strom aus erneuerbaren

---

6 BGBl. I, S. 1754, wird als PV-Novelle des EEG 2012 genannt.
7 § 57 Abs. 2 EEG 2014.
8 Systemstabilitätsverordnung (SystabV) v. 20.7.2012, BGBl. I, S. 1635, geändert durch Art. 1 der
   Verordnung vom 9.3.2015 (BGBl. I S. 279).
9 BGBl. I, S. 1066.
10 Die vier ÜNB in Deutschland sind: 50Hertz Transmission GmbH, Berlin; Amprion GmbH, Dort-
    mund; TransnetBW GmbH, Stuttgart; TenneT TSO GmbH, Bayreuth. Unter www.eeg-kwk.net
    findet man in einem gemeinsamen Auftritt der vier deutschen ÜNB alle gesetzlich transparent zu
    machenden Informationen und Daten zum EEG.
11 BT-Drs. 16/8148, S. 40.

Energien und aus Grubengas oder für Bereitstellung installierter Leistung nach dem EEG, sowie meldepflichtige Daten bei Wechsel in die und aus der Einspeisevergütung nach § 36[12] mitzuteilen. Die Kosten für die Nachrüstung und die Anzahl der nachgerüsteten Anlagen sowie sonstige für den bundesweiten Ausgleich erforderliche Informationen müssen die Netzbetreiber ebenfalls an den jeweils regelverantwortlichen ÜNB **zusammengefasst** übermitteln.

12 § 71 umfasst im Einzelnen die Art und Menge der Einsatzstoffe von Biomasseanlagen sowie die eingesetzten Technologien. Der Standort und die installierte Leistung von Anlagen werden über das Anlagenregister nach § 6 erfasst. Die Daten über die tatsächlich geleisteten Vergütungszahlungen sind insbesondere dann von Bedeutung, wenn ein Streit zwischen Netzbetreiber und Anlagenbetreiber über den Vergütungsanspruch entsteht.[13]

13 Nach dem neu eingefügten **Buchstaben a** müssen Netzbetreiber die Daten über die Förderzahlungen nach dem EEG 2014 und hinsichtlich der Bestandsanlagen die Daten über Prämien- und Vergütungszahlungen nach den für die jeweilige Anlage maßgeblichen Fassungen des EEG übermitteln. Für die Neuanlagen sind dies z. B. die Daten über die Zahlungen der Marktprämie nach § 34, über die Zahlung des Flexibilitätszuschlages für Biogasanlagen nach § 53 und Einspeisevergütungen nach §§ 37 und 38. Für Bestandsanlagen sind die Daten über die Zahlung der Einspeisevergütungen und Marktprämien nach § 100 Abs. 1 Nr. 4 und 9 i. V. m. Fördervorschriften des für die jeweilige Anlage maßgeblichen EEG und der Flexibilitätsprämien nach § 54 zu übermitteln.[14]

14 Die geänderte Förderstruktur des EEG 2014 wurde im eingefügten **Buchstaben b** redaktionell berücksichtigt. Ebenfalls wurde mit dem Verweis auf § 21 EEG der neue Regelungsort zu Meldungen zwischen den beiden Direktvermarktungsformen berücksichtigt. Damit der ÜNB ausreichend Zeit hat, den Wechsel bei der Vermarktung bis zum nächsten Monatsersten umzusetzen, müssen die Netzbetreiber in der Regel die Wechselmitteilung bis zum 15. Kalendertag eines Monats an den ÜNB weiterleiten.[15]

15 Zusätzlich zu der Wechselmitteilung nach Buchstabe b werden nach dem **Buchstaben c** die Angaben für Wechsel in die und aus der Einspeisevergütung als meldepflichtig festgelegt. So kann der ÜNB diese Angaben nach § 77 Abs. 2 der Öffentlichkeit zur Verfügung stellen.[16]

16 **Buchstabe d** entspricht mit redaktionellen Änderungen dem bisherigen § 47 Abs. 1 Nr. 1 vorletzter Halbsatz und **Buchstabe e** dem bisherigen § 47 Abs. 1 Nr. 1 letzter Halbsatz.

17 **Abs. 1 Nr. 2** verpflichtet Netzbetreiber bis zum 31.5. die **Endabrechnung** des Vorjahres sowie die Endabrechnung sowohl für jede an das Netz angeschlossene Anlage als auch zusammengefasst dem ÜNB zu übermitteln.

---

12 Darunter wird zweckgerichtete Mehrung des Vermögens der Anlagenbetreiber erfasst, aber nicht bereits bestehende Ansprüche, s. dazu BT-Drs. 16/2455, S. 10; Frenz/Müggenborg/*Posser/Altenschmidt*, § 47 Rn. 4; anders Gabler/Metzenthin/*Hünger*, EEG, 2011, § 47 Rn. 17, bereits das Bestehen durchsetzbarer Ansprüche, die im handelsrechtlichen Sinne entsprechend der sog. Realisationsprinzips aktivierungsfähig sind, stellen eine Vermögensmehrung dar.
13 BT-Drs. 16/8148, S. 68; auch Frenz/Müggenborg/*Posser/Altenschmidt*, § 47 Rn. 4; *Salje*, EEG, § 72 Rn. 9.
14 BT-Drs. 18/1304, S. 161.
15 BT-Drs. 18/1304, S. 161.
16 BT-Drs. 18/1304, S. 161.

Abs. 2 zeigt Daten auf, die zur Ermittlung der Energiemengen und Zahlungen allgemeiner   **18**
Fördermittel in jeden Fall erforderlich sind. Folgende Angaben müssen an den ÜNB erfolgen: die Angabe der Spannungsebene,[17] an die die Anlage angeschlossen ist (Nr. 1), die
Höhe der vermiedenen Netzentgelte (Nr. 2),[18] die Angabe, inwieweit der Netzbetreiber die
Energiemengen von einem nachgelagerten Netz abgenommen hat (Nr. 3)[19] und die Angabe, inwieweit der Netzbetreiber die Energiemengen an Letztverbraucher, Netzbetreiber
oder Elektrizitätsversorgungsunternehmen abgegeben oder sie selbst verbraucht hat
(Nr. 4).[20]

Es besteht keine Mitteilungspflicht etwaiger **Prognosen**, es sei denn die Erstellung der   **19**
Prognosen durch den aufnehmenden Netzbetreiber für den bundesweiten Ausgleich erforderlich ist.[21] Mit der AusglMechV und der AusglMechAV hat der Gesetzgeber alle Prognosepflichten – zur Durchführung der Vermarktung nach § 2 Abs. 1 AusglMechV und zur Berechnung der EEG-Umlage nach § 3 AusglMechV – den ÜNB zugewiesen. Auch die Verpflichtung den zeitlichen Verlauf der vergüteten Strommengen zu erfassen, obliegt den
ÜNB. Die Mitteilungspflicht bestimmter Prognosen kann dem Netzbetreiber nur dann auferlegt werden, wenn die ÜNB bestimmte Daten bzw. Informationen nicht selbst prognostizieren können, der aufnehmende Netzbetreiber aber einen Wissensvorsprung hat. Das ist
nur im Rahmen der Direktvermarktung der Fall, da die Netzbetreiber fristgebunden die Bestandsdaten von Anlagenbetreiber erhalten. Dabei handelt es sich aber nicht um Prognosedaten.[22]

3. Unverzügliche und zusammengefasste Datenübermittlung nach Abs. 1 Nr. 1. Die re-   **20**
levanten Daten müssen nach Abs. 1 Nr. 1 **unverzüglich nach Verfügbarkeit** und **zusammengefasst** dem regelverantwortlichen ÜNB übermittelt werden. Unter „unverzüglich"
wird i. S. d. § 121 Abs. 1 S. 1 BGB die Übermittlung der relevanten Daten „ohne schuldhaftes Zögern" verstanden.[23] Eine zusammengefasste Mitteilung erscheint sinnvoll zu sein, da
Einzelmeldungen zu einer Überinformation des ÜNB führen.[24] Der Nutzen von zusätzlich
gelieferten Informationen muss im Verhältnis zum zusätzlichen Aufwand bei dem ÜNB
und dem Netzbetreiber stehen.

---

17 Relevant um die Netzstruktur zu überblicken und die Höhe der vermiedenen Netzentgelte nachzuvollziehen.
18 Die Berechnung erfolgt nach § 57 Abs. 3 EEG S. 1 i.V. m. § 18 StromNEV.
19 Diese Unterscheidung ist für die Abrechnung des ÜNB erforderlich, da die Energiemengen aus
   Anlagen stammen könnten, die direkt an das Netz des Netzbetreibers angeschlossen oder aus Anlagen, die an ein seinem Netz nachgelagerten Netz angeschlossen sind, Altrock/Oschmann/Theobald/*Kachel*, § 47 Rn. 17.
20 Dieser Punkt hat an Relevanz verloren, da Netzbetreiber nach § 56 verpflichtet sind, die gesamte
   aufgenommene Strommenge an den ÜNB mitzuteilen, s. auch dazu Altrock/Oschmann/Theobald/
   Kachel, § 47 Rn. 17.
21 Altrock/Oschmann/Theobald/*Kachel*, § 47 Rn. 19, z. Z. keine normierten Vorgaben, die eine Mitteilung der Prognosen erforderlich machen.
22 Ausführlich dazu Altrock/Oschmann/Theobald/*Kachel*, § 47 Rn. 19 ff.; in der Umsetzungshilfe
   zum EEG 2012 „Empfehlung für Netzbetreiber zur Umsetzung des Gesetzes für den Vorrang Erneuerbare Energien (Erneuerbare-Energien-Gesetz – EEG) und der damit verbundenen Verordnungen" v. 16.5.2013 werden Netzbetreibern auf S. 125 f. keine Prognoseverpflichtungen im Rahmen des § 47 auferlegt.
23 *Salje*, EEG, § 72 Rn. 9; Altrock/Oschmann/Theobald/*Kachel*, § 47 Rn. 8; Frenz/Müggenborg/*Posser/Altenschmidt*, § 47 Rn. 5.
24 Frenz/Müggenborg/*Posser/Altenschmidt*, § 47 Rn. 5; *Salje*, EEG, § 72 Rn. 9.

21 Die tatsächlich geleisteten Förderzahlungen müssen aus sachgerechten Gründen **monatlich** dem ÜNB mitgeteilt werden, insbesondere vor dem Hintergrund, falls der Vergütungsanspruch zwischen Anlagen- und Netzbetreiber streitig wird.[25] Eine Mitteilung in aggregierter Form reicht aus.[26] Eine davon abweichende Vereinbarung mit dem regelverantwortlichen ÜNB ist möglich, muss aber der gesetzlichen Regelung der unverzüglichen Mitteilung genügen. Treten anspruchsrelevante Änderungen ein, sind die Netzbetreiber verpflichtet diese dem ÜNB umgehend mitzuteilen.

22 **4. Endabrechnung nach Abs. 1 Nr. 2. Bis zum 31. Mai des Folgejahres** sind Endabrechnungen für das Vorjahr in elektronischer Form – die Formate werden von den ÜNB im Internet zur Verfügung gestellt – seitens der Netzbetreiber dem regelverantwortlichen ÜNB abzuliefern. Dabei dürfen die Endabrechnungen nicht aggregiert, sondern müssen separat **für jede einzelne Anlage** erfolgen. Mit dem Verweis auf § 32 Abs. 3, Abs. 4 lässt der Gesetzgeber aber zu, dass die Angaben über Anlagen in der Jahresabrechnung ausnahmsweise dann zusammengefasst werden, wenn diese über **gemeinsame Messeinrichtungen** verfügen.[27] Nach der Umsetzungshilfe des BDEW müssen Jahresabrechnungen für jede einzelne Anlage zwingende Angaben enthalten, solche wie z. B. Anlagenschlüssel, Einspeisemengen, aufgeteilt nach EEG-Vergütungskategorie usw.[28] Im Rahmen der PV-Novelle 2012 wurde die Pflicht der Netzbetreiber eingefügt, über die nach § 35 Abs. 1b S. 1 EEG 2012[29] zu ersetzenden Kosten zu berichten, um eine effiziente Vorgehensweise sicherzustellen. Von einer effizienten Vorgehensweise ist auszugehen, wenn die Kosten im Rahmen der Netzregulierung anerkannt sind.

23 Im Gegensatz zu Abs. 1 Nr. 1, der keine besondere Mitteilungsform den Netzbetreibern auferlegt, verlangt Abs. 1 Nr. 2 zwingend die Mitteilung in **elektronischer Form**. Zweifelsfrei ist diese gesetzgeberische Forderung bei der Verarbeitung der Datenmenge sowohl für den Netzbetreiber als auch für den ÜNB sinnvoll und zweckmäßig. Sollte aber aus irgendwelchen Gründen, z. B. Softwareprobleme bei dem regelverantwortlichen ÜNB auftreten, so dass die Internetseite des ÜNB nicht abrufbar ist und eine elektronische Datenübermittlung nicht möglich ist, genügt es, wenn die Netzbetreiber der Mitteilungspflicht schriftlich unter Beifügung der erforderlichen Daten, z. B. auf einer CD, nachkommen.[30]

24 **5. Folgen bei Pflichtverstößen.** In der Regel haben abnahme- und vergütungspflichtige Netzbetreiber ein hohes Interesse die Datenmeldung **fristgerecht und vollständig** an den ÜNB zu übermitteln. Werden die erforderlichen Daten nicht rechtzeitig zur Verfügung gestellt, kann das bei den säumigen Netzbetreibern zu Nachteilen führen. Eine fristgerechte Datenlieferung bildet die Grundlage der Vergütung durch den ÜNB nach § 57. Nach der Darlegung der Anspruchsvoraussetzungen des § 57 im Rahmen der Datenlieferung nach

---

25 BT-Drs. 16/8148, S. 68 f.; vgl. so auch *Salje*, EEG, § 72 Rn. 10.

26 *Salje*, EEG, § 72 Rn. 10.

27 BT-Drs. 16/8148, S. 69.

28 Siehe dazu Umsetzungshilfe zum EEG 2012 „Empfehlung für Netzbetreiber zur Umsetzung des Gesetzes für den Vorrang Erneuerbarer Energien (Erneuerbare-Energien-Gesetz – EEG) und der damit verbundenen Verordnungen" v. 16.5.2013, S. 125 f.

29 § 57 Abs. 2 EEG 2014.

30 Den ÜNB trifft die Pflicht, für die Übermittlung der Daten seitens des Netzbetreibers erforderliche Vorrichtungen einzurichten, insbesondere die Formularvorlagen sichtbar auf der Internetseite zu platzieren und ggf. den Netzbetreiber auf den entsprechenden Link zu verweisen, vgl. Frenz/Müggenborg/*Posser/Altenschmidt*, § 47 Rn. 9 f.

§ 72 haben die Netzbetreiber einen Anspruch gegenüber dem ÜNB auf die Erstattung vom Netzbetreiber gezahlter Vergütungen abzüglich vermiedener Netzentgelte.

Erfolgt **gar keine Datenlieferung** an den ÜNB, kann der säumige Netzbetreiber keinen **25** Anspruch auf Vergütung gegenüber dem ÜNB geltend machen. Erfolgt eine **verspätete oder lückenhafte Datenlieferung** an den ÜNB, ist es unverhältnismäßig einen Anspruch auf Vergütungszahlung der Netzbetreiber zu verneinen, soweit die erforderlichen Daten aus den unterjährigen Meldungen für die Durchführung des Ausgleichs herangezogen oder im äußersten Fall plausibel geschätzt werden können.[31] Führt ein Überschreiten der Frist dazu, dass die Weiterbelastung im Rahmen des **horizontalen Ausgleichs** nach § 58 im Verhältnis zu den anderen ÜNB nicht mehr möglich ist, ist der Vergütungsanspruch des Netzbetreibers ausgeschlossen. Der Anspruch des Netzbetreibers ist in so einem Fall **präkludiert** und der ÜNB kann von dem Netzbetreiber einen vollstreckbaren Titel entsprechend § 62 verlangen.[32]

Der **Bescheinigung des Wirtschaftsprüfers** kommt im Rahmen des § 72 eine besondere **26** Bedeutung zu. Durch die Vorlage der Bescheinigung wird die Richtigkeit und Vollständigkeit der mitgeteilten Daten an den ÜNB bestätigt. Abrechnungsfehler und daraus resultierende Korrekturen sollen nach gesetzgeberischer Intention gerade durch diese Bescheinigung vermieden werden.[33] Würde man bei Fehlen einer bescheinigten Endabrechnung, aber beim Vorliegen aller Einzelinformationen die Anspruchspräklusion ausschließen, würde § 75 ins Leere laufen. Daher ist es folgerichtig und gesetzeskonform, dass beim Fehlen einer bescheinigten Abrechnung der Anspruch des Netzbetreibers präkludiert ist.[34]

---

31 *Salje*, EEG, § 72 Rn. 13; Frenz/Müggenborg/*Posser/Altenschmidt*, § 47 Rn. 11.
32 Siehe dazu Kommentierung zu § 45.
33 BT-Drs. 16/8148, S. 69.
34 Frenz/Müggenborg/*Posser/Altenschmidt*, § 47 Rn. 11; Gabler/Metzenthin/*Hünger*, § 47 Rn. 21.

§ 73 Übertragungsnetzbetreiber

(1) Für Übertragungsnetzbetreiber ist § 72 entsprechend anzuwenden mit der Maßgabe, dass die Angaben und die Endabrechnung nach § 72 Absatz 1 für Anlagen, die unmittelbar oder mittelbar nach § 11 Absatz 2 an ihr Netz angeschlossen sind, unbeschadet des § 77 Absatz 4 auf ihrer Internetseite veröffentlicht werden müssen.

(2) [1]Übertragungsnetzbetreiber müssen ferner den Elektrizitätsversorgungsunternehmen, für die sie regelverantwortlich sind, bis zum 31. Juli eines Jahres die Endabrechnung für die EEG-Umlage des jeweiligen Vorjahres vorlegen. [2]§ 72 Absatz 2 ist entsprechend anzuwenden.

(3) Die Übertragungsnetzbetreiber müssen weiterhin die Daten für die Berechnung der Marktprämie nach Maßgabe der Anlage 1 Nummer 3 zu diesem Gesetz in nicht personenbezogener Form und den tatsächlichen Jahresmittelwert des Marktwerts für Strom aus solarer Strahlungsenergie („$MW_{Solar(a)}$") veröffentlichen.

(4) Übertragungsnetzbetreiber, die von ihrem Recht nach § 60 Absatz 2 Satz 3 Gebrauch machen, müssen alle Netzbetreiber, in deren Netz der Bilanzkreis physische Entnahmestellen hat, über die Kündigung des Bilanzkreisvertrages informieren.

Übersicht

I. Normzweck

1 Die Mitteilungs- und Veröffentlichungspflichten von Übertragungsnetzbetreibern (ÜNB) gemäß § 73 dienen der Transparenz und sind für die Überprüfung des Ausgleichsmechanismus erforderlich.[1] Die zu veröffentlichenden Daten sind zusammen mit den gemäß § 72 mitgeteilten Daten der Netzbetreiber, die nicht Übertragungsnetzbetreiber sind, Grundlage für den bundesweiten Ausgleich zwischen den Übertragungsnetzbetreibern nach § 58. Hierbei handelt es sich um Angaben zu EEG-Anlagen, die unmittelbar ohne Zwischenschaltung eines Verteilnetzbetreibers an das Netz eines Übertragungsnetzbetreibers angeschlossen sind oder die mittelbar nach § 11 Abs. 2 an das Übertragungsnetz angeschlossen sind. Die Pflichten der Verteilnetzbetreiber nach § 72 sind für diese EEG-Anlagen nach § 73 den ÜNB zugewiesen.[2]

---

1 BT-Drs. 17/6071, S. 98.
2 Vgl. *Salje*, EEG 2014, § 73 Rn. 2.

II. Entstehungsgeschichte

Die Transparenzvorschriften der Mitteilungs- und Veröffentlichungspflichten wurden für **2** ÜNB erstmals im Rahmen des Ersten Gesetzes zur Änderung des Erneuerbare-Energien-Gesetzes (Erstes EEG-Änderungsgesetz)[3] vom 7. November 2006 in § 14a aufgenommen. Durch die erneute Novellierung des EEG im Jahr 2009 wurden die Transparenzanforderungen der ÜNB in § 48 neu gefasst. § 48 Abs. 1 EEG 2009 entspricht der alten Regel des § 14a Abs. 3 S. 3 EEG 2004 und § 48 Abs. 2 EEG 2009 gibt § 14a Abs. 4 EEG 2004 wieder. Zudem wurde im EEG 2009 eine neue Frist für Mitteilungen, Veröffentlichungen und Wirtschaftsprüfertestate eingeführt.

§ 48 EEG 2012 enthielt darüber hinaus weitere Mitteilungs- und Veröffentlichungspflich- **3** ten für die Übertragungsnetzbetreiber, die für eine unbürokratische und effiziente Abwicklung des gesamten bundesweiten Ausgleichsmechanismus erforderlich waren.[4]

Im Vergleich zu § 48 Abs. 2 Nr. 1 EEG 2009 entfiel im EEG 2012 die Pflicht der Netzbe- **4** treiber, den Elektrizitätsversorgungsunternehmen (EltVU), für die sie regelverantwortlich sind, unverzüglich, nachdem sie verfügbar sind, die auf der Grundlage der tatsächlich geleisteten Vergütungszahlungen abzunehmenden und nach § 37 Abs. 3 zu vergütenden Energiemengen mitzuteilen.[5] Diese Pflicht entfiel bereits ab Januar 2010 im Rahmen des neuen bundesweiten Ausgleichsmechanismus. Gemäß der Ausgleichsmechanismusverordnung[6] (AusglMechV) vom 17. Juli 2009 werden ab dem 1. Januar 2010 die Elektrizitätsversorgungsunternehmen, die Strom an Letztverbraucher liefern, von der Pflicht befreit, den von den ÜNB aufgenommenen EEG-Strom abzunehmen. Statt dessen sind die ÜNB verpflichtet, den gesamten EEG-Strom über die Strombörse zu vermarkten und die Elektrizitätsversorgungsunternehmen haben für jede an Letztverbraucher gelieferte Kilowattstunde Strom eine EEG-Umlage an die ÜNB zu entrichten.

§ 73 Abs. 2 bleibt gegenüber dem EEG 2012 hinsichtlich der Vorlage der Endabrechnung **5** der EEG-Umlage gegenüber dem EltVU unverändert.

Im § 48 Abs. 3 EEG 2012 wurden zwei Veröffentlichungspflichten neu aufgenommen, **6** zum einen die Veröffentlichung der Datengrundlage zur Berechnung der Marktprämie nach § 33g (vgl. § 48 Abs. 3 Nr. 1 EEG 2012) und zum anderen die Veröffentlichung von Daten für den bundesweiten Ausgleichsmechanismus nach § 7 AusglMechV sowie die Übermittlung dieser Daten an die Bundesnetzagentur durch die ÜNB (vgl. § 48 Abs. 3 Nr. 2 EEG 2012).

Die Pflicht zur Veröffentlichung von Daten nach § 7 AusglMechV wurde nunmehr im **7** EEG 2014 gestrichen und ist nun ausschließlich in der Ausgleichsmechanismusverordnung geregelt. In Absatz 3 entfällt somit der Verweis auf § 7 der AusglMechV. Ungeachtet des-

---

3 Gesetz für den Vorrang Erneuerbarer Energien vom 21. Juli 2004 (BGBl. I S. 1918), zuletzt geändert durch Art. 7 Satz 2 G zur Neuregelung des Rechts der Erneuerbaren Energien im Strombereich und zur Änd. damit zusammenhängender Vorschriften v. 25.10.2008 (BGBl. I S. 2074).
4 BT-Drs. 17/6071, S. 86.
5 BT-Drs. 17/6071, S. 86.
6 Verordnung zur Weiterentwicklung des bundesweiten Ausgleichsmechanismus vom 17. Februar 2015 (BGBl. I S. 146).

sen müssen die Übertragungsnetzbetreiber jedoch weiterhin den Jahresmarktwert der solaren Strahlungsenergie („MW$_{Solar(a)}$") veröffentlichen.[7]

8 Neu aufgenommen wurde Absatz 4, der eine neue Informationspflicht des ÜNB – verbunden mit dem neuen Recht nach § 60 Abs. 2 – vorschreibt. Gemäß § 60 Abs. 2 hat der ÜNB das Recht, den Bilanzkreisvertrag gegenüber dem Elektrizitätsversorgungsunternehmen (EltVU) zu kündigen, wenn Zahlungsrückstände von mehr als einer Abschlagsforderung entstehen und die Zahlung trotz Mahnung und Androhung der Kündigung nicht vollständig erfolgt ist. Die genauen Fristen sind dem § 60 Abs. 2 zu entnehmen. Im Falle der Kündigung des Bilanzkreisvertrages sind alle Netzbetreiber, in deren Netz der Bilanzkreis physische Entnahmestellen hat, durch den ÜNB zu informieren.

III. Einzelerläuterungen

9 **1. Veröffentlichung von Bewegungsdaten (Abs. 1).** Absatz 1 enthält die Pflicht der ÜNB, die Angaben und die Endabrechnung nach § 72 Abs. 1 für EEG-Anlagen, die unmittelbar oder mittelbar nach § 11 Abs. 2 an das Übertragungsnetz angeschlossen sind, **unbeschadet** des § 77 Abs. 4 auf ihrer Internetseite zu veröffentlichen. Diese Angaben umfassen:

– die tatsächlich geleisteten finanziellen Förderzahlungen nach dem EEG 2014 sowie auch hinsichtlich der Bestandsanlagen die geleisteten Vergütungs- bzw. Prämienzahlungen nach der für die jeweilige Anlage gültigen Fassung des EEG,
– die von den Anlagenbetreibern gemäß § 21 Abs. 1 erhaltenen Meldungen für den Wechsel zwischen den verschiedenen Veräußerungsformen nach § 20 Abs. 1,
– die Kosten für die Nachrüstung von PV-Anlagen nach § 57 Abs. 2 i.V.m. der SysStabV, die Anzahl nachgerüsteter Anlagen sowie die von den Anlagenbetreibern nach § 71 EEG übermittelten Anlagen- und Erzeugungsdaten,
– sowie die sonstigen für den bundesweiten Ausgleich erforderlichen Angaben

10 Diese Daten – auch unterjährig verfügbare **Bewegungsdaten** genannt – werden unverzüglich, nachdem sie vorliegen, veröffentlicht.

11 Bis zum 31. Mai eines Jahres sind darüber hinaus gemäß § 72 Abs. 1 Nr. 2 mittels der Formularvorlagen, die der Übertragungsnetzbetreiber auf seiner Internetseite zur Verfügung stellt, in elektronischer Form die Endabrechnung für das Vorjahr sowohl für jede einzelne Anlage als auch zusammengefasst vorzulegen; die Regelungen des § 32 Abs. 3 und 4 gelten für diese Meldung entsprechend (Vergütung für Strom aus mehreren Anlagen).

12 § 73 Abs. 1 regelt die Veröffentlichungspflicht der ÜNB für oben aufgelistete Daten *nur* für EEG-Anlagen, die unmittelbar oder mittelbar nach § 11 Abs. 2 an das Netz des ÜNB angeschlossen sind. Mittelbar angeschlossene Anlagen nach § 11 Abs. 2 sind EEG-Anlagen, die an das Netz des Anlagenbetreibers oder eines Dritten, der nicht Netzbetreiber der allgemeinen Versorgung ist (kundeneigenes Unterverteilungsnetz), angeschlossen sind und der Strom in das Netz für die allgemeine Versorgung weitergeleitet wird (kaufmännisch-bilanzielle Weitergabe). EEG-Anlagen, die an das Netz des Verteilnetzbetreibers angeschlossen sind, sind von dieser Veröffentlichungspflicht nicht betroffen.

13 Um den durchgängigen Fluss abrechnungsrelevanter Daten zur gewährleisten, waren die Anlagenbetreiber nach § 46 EEG 2012 verpflichtet, den Standort und die installierte Leis-

---

7 BT-Drs. 18/1304, S. 161.

tung (sogenannte **Anlagenstammdaten**) dem Netzbetreiber zu melden. Da nun die Anlagenstammdaten von den Anlagenbetreibern über das Anlagenregister nach § 6 erfasst werden und somit der Öffentlichkeit zur Verfügung stehen, sind Anlagenbetreiber nach § 71 nicht mehr verpflichtet, die Anlagenstammdaten direkt an den ÜNB, an dessen Netz die EEG-Anlage unmittelbar oder mittelbar angeschlossen ist, zu übermitteln. Die Meldepflicht besteht lediglich für sämtliche für die Endabrechnung des Vorjahres erforderlichen Daten (vgl. § 71 Nr. 1). Die Zurverfügungstellung der Bewegungs- und Anlagenstammdaten von EEG-Anlagen, die unmittelbar oder mittelbar nach § 11 Abs. 2 an das Übertragungsnetz angeschlossen sind, werden primär für die unterjährige Abrechnung zwischen Anlagenbetreiber und ÜNB benötigt.

Durch die Einfügung der Wörter „**unbeschadet des § 77 Absatz 4**" in Absatz 1 wird klargestellt, dass auch für die Übertragungsnetzbetreiber keine Verpflichtung besteht, Daten zu veröffentlichen, die bereits nach Maßgabe der Rechtsverordnung nach § 93 im Anlagenregister nach § 6 – die sogenannten Anlagenstammdaten – veröffentlicht werden.[8] **14**

Daten zu installierten Leistungen von EEG-Anlagen, deren Strom durch den Anlagenbetreiber oder einen Dritten in den Veräußerungsformen nach § 20 Abs. 1 Nr. 1 (geförderte Direktvermarktung zur Erlangung der Marktprämie) und Nr. 2 (sonstige Direktvermarktung) **direkt vermarktet** wird, werden monatlich zum Ende eines Monats für den Folgemonat von den ÜNB auf der gemeinsamen Internetseite der vier ÜNB[9] veröffentlicht. Darüber hinaus müssen ÜNB die Inanspruchnahme der Einspeisevergütung nach § 20 Abs. 1 Nr. 4 (Einspeisevergütung in Ausnahmefällen) inklusive installierter Leistung der Anlage sowie die Dauer der Nutzung dieser Veräußerungsform für jeden Kalendermonat bis zum Ablauf des zehnten Werktages des Folgemonats ebenfalls auf der gemeinsamen ÜNB-Plattform in nicht personenbezogener Form veröffentlichen. Die Pflicht der ÜNB, diese Daten zu veröffentlichen, ergibt sich aus § 77 Abs. 2 in Verbindung mit § 2 Nr. 7 Ausgl-MechAV. **15**

Angaben zu allen EEG-Anlagen, die in dem Netzgebiet des jeweiligen Netzbetreibers angeschlossen sind, werden von diesem gemäß § 77 Abs. 1 Nr. 1 i.V.m. §§ 70 bis 74 veröffentlicht. **16**

Zusätzlich zu den o. g. Veröffentlichungen enthält Absatz 1 die Pflicht der ÜNB, für EEG-Anlagen, die unmittelbar oder mittelbar nach § 11 Abs. 2 an das Netz des ÜNB angeschlossen sind, die **Endabrechnung** für das Vorjahr nach § 72 Abs. 1 Nr. 2 jährlich auf ihren Internetseiten zum 31. Mai eines Jahres zu veröffentlichen. Die Endabrechnung ist sowohl für jede einzelne Anlage als auch aggregiert nach Energieträger zu veröffentlichen. Angaben zum Standort (aus datenschutzrechtlichen Gründen müssen die standortbezogenen Daten ggf. bis zur Stufe der Postleitzahlen reduziert werden) und installierter Leistung sowie die zur Stromerzeugung verwandten Einsatzstoffe und Angaben zur Wärmenutzung und eingesetzten Technologien bei Biomasseanlagen werden anlagenscharf veröffentlicht. Bei der Veröffentlichung werden zusätzlich EEG-Strommengen, tatsächlich geleistete Förderzahlungen nach dem EEG 2014 als auch für Bestandsanlagen geleistete Vergütungszahlungen, vermiedene Netzentgelte, direkt vermarktete Strommengen und Prämienzahlungen ausgewiesen. Da in diesem Fall der ÜNB in der Rolle des Verteilnetzbetreibers han- **17**

---

8 www.netztransparenz.de
9 BT-Drs. 18/1304, S. 161.

delt, muss er die Endabrechnung entsprechend des § 72 Abs. 1 Nr. 2 „sich selbst vorlegen" und wie oben beschrieben veröffentlichen.

18 **2. Vorlage der EEG-Endabrechnung (Abs. 2).** Absatz 2 verpflichtet die ÜNB, den Elektrizitätsversorgungsunternehmen, für die sie regelverantwortlich sind, bis zum 31. Juli eines Jahres die **Endabrechnung für die EEG-Umlage** des jeweiligen Vorjahres vorzulegen. EltVU, die im Geltungsbereich des EEG Letztverbraucher mit Strom beliefern, sind verpflichtet, für jede an Letztverbraucher gelieferte Kilowattstunde Strom die jeweils für das entsprechende Kalenderjahr gültige EEG-Umlage an den ÜNB zu entrichten. Dies erfolgt unterjährig als Abschlagszahlung gemäß § 60 Abs. 1 S. 1 auf Basis der von dem EltVU erstellten bilanzkreisscharfen Letztverbraucherprognosen. Eine Abrechnung der tatsächlich zu zahlenden EEG-Umlage erfolgt mit der Endabrechnung des jeweiligen Jahres. Die von EltVU nach § 74 dem ÜNB vorgelegte Endabrechnung für das Vorjahr beinhaltet Angaben über die voll umlagepflichtigen (§ 60 Abs. 1) sowie die privilegierten („Härtefallkunden" nach §§ 64, 65 sowie 103) Letztverbräuche. Die EEG-Umlagepflicht besteht mit Inkrafttreten des EEG 2014 nicht nur für EltVU, sondern auch nach § 61 Abs. 1 für Letztverbraucher und Eigenversorger. Sowohl EltVU als auch ÜNB können nach § 75 verlangen, dass die Endabrechnung durch einen Wirtschaftsprüfer oder einen vereidigten Buchprüfer testiert wird. Die von dem ÜNB bis zum 31. Juli vorgelegte Endabrechnung beinhaltet eine Differenzabrechnung zwischen den von den Stromlieferanten unterjährig gezahlten Abschlägen und den entsprechend der testierten Letztverbraucherabgabe resultierenden Umlagebeträgen. Diese Abweichungen werden gemäß § 3 Abs. 7 AusglMechV zwischen dem regelverantwortlichen ÜNB und dem EltVU finanziell bis zum 30. September des auf die Einspeisung folgenden Jahres ausgeglichen. Die Zahlungsansprüche gegenüber den EltVU können bereits mit der Vorlage der Endabrechnung durch den regelverantwortlichen ÜNB zum 31.7. eines Jahres geltend gemacht werden.

19 In § 73 Abs. 2 S. 2 ist eine **entsprechende Anwendung des § 72 Abs. 2** angeordnet, die die ÜNB dazu verpflichten, die dort aufgeführten zusätzlichen Angaben für die Ermittlung der auszugleichenden Energiemengen und Förderzahlungen nach § 72 Abs. 1 den EltVU zu übermitteln. Allerdings ist es zu bezweifeln, ob die EltVU alle in § 72 Abs. 2 aufgeführten Angaben wirklich benötigen und der Gesetzgeber möglicherweise diese umfassenden Informationen angeordnet hat, um die Nachvollziehbarkeit und Transparenz auch auf Seiten der Stromhändler zu erhöhen.[10] Eine schlüssige Auslegung zu den zusätzlichen Angaben, insbesondere denjenigen in § 72 Abs. 2 Nr. 4, konnte bislang nicht gefunden werden.[11]

20 **3. Veröffentlichung von Daten zur Marktprämie (Abs. 3).** Absatz 3 verpflichtet die ÜNB zur Veröffentlichung von **Daten zur Berechnung der Marktprämie** nach § 34 **sowie zur Veröffentlichung** des tatsächlichen Jahresmittelwertes **des Marktwertes** für Strom aus solarer Strahlungsenergie („$MW_{Solar(a)}$"). Dieser Wert wird zwar für neue Photovoltaikanlagen nicht mehr benötigt, findet jedoch noch Anwendung bei Photovoltaikanlagen, die zwischen dem 1. April 2012 und dem 31. Juli 2014 in Betrieb genommen worden sind und daher vom Anwendungsbereich des Marktintegrationsmodells erfasst werden.[12] Anlage 1 Nummer 3 regelt die im Zusammenhang mit der Berechnung der Marktprämie

---

10 *Salje*, EEG 2014, § 73 Rn. 7.
11 Vgl. Umsetzungshilfe zum EEG 2009, Version 1.1, S. 93, www.bdew.de.
12 BT-Drs. 18/1304, S. 161.

stehenden Veröffentlichungspflichten der ÜNB, unter anderem auch die Fristen. Diese Daten sind in nicht personenbezogener Form auf der gemeinsamen Internetseite der vier ÜNB zu veröffentlichen.

4. Information über Kündigung des Bilanzkreisvertrages (Abs. 4). Absatz 4 verpflichtet die ÜNB, die von ihrem Recht nach § 60 Abs. 2 S. 3 Gebrauch machen, die jeweiligen Verteilnetzbetreiber über die **Kündigung des Bilanzkreisvertrages** des jeweiligen EltVU zu informieren. Auf dem betreffenden Bilanzkreis dürfen somit keine Energiemengen mehr gebucht werden. Es bleibt dem ÜNB überlassen, auf welchem Wege er die Verteilnetzbetreiber informiert. Das Recht nach § 60 Abs. 2 S. 3 kann dazu führen, dass Kunden ihre Lieferanten verlieren. Auch wenn diese im Notfall von der Ersatz- oder Grundversorgung nach den §§ 36ff. EnWG aufgefangen werden können, ist es sinnvoll, sie zu informieren, damit sie als Partner des zivilrechtlichen Lieferverhältnisses mit diesem Lieferanten, aus dem sich wechselseitige Rechte und Pflichten ergeben, möglichst frühzeitig Kenntnis von dem Ausfall ihres bisherigen Lieferanten erlangen, um bspw. den Anbieter wechseln zu können. Zu entsprechenden Mitteilungen ist der Netzbetreiber nach § 3 Abs. 2 S. 2 Niederspannungsanschlussverordnung im Grundsatz verpflichtet.[13]

21

---

13 BT-Drs. 18/1304, S. 161.

§ 74 Elektrizitätsversorgungsunternehmen

[1]Elektrizitätsversorgungsunternehmen müssen ihrem regelverantwortlichen Übertragungsnetzbetreiber unverzüglich die an Letztverbraucher gelieferte Energiemenge elektronisch mitzuteilen und bis zum 31. Mai die Endabrechnung für das Vorjahr vorlegen. [2]Soweit die Belieferung über Bilanzkreise erfolgt, müssen die Energiemengen bilanzkreisscharf mitgeteilt werden. [3]Satz 1 ist auf Eigenversorger entsprechend anzuwenden; ausgenommen sind Strom aus Bestandsanlagen, für den nach § 61 Absatz 3 und 4 keine Umlagepflicht besteht, und Strom aus Stromerzeugungsanlagen im Sinne des § 61 Absatz 2 Nummer 4, wenn die installierte Leistung der Eigenerzeugungsanlage 10 Kilowatt und die selbst verbrauchte Strommenge 10 Megawattstunden pro Kalenderjahr nicht überschreitet. [4]Die Übertragungsnetzbetreiber müssen unverzüglich, spätestens jedoch ab dem 1. Januar 2016, bundesweit einheitliche Verfahren für die vollständig automatisierte elektronische Übermittlung der Daten nach Satz 2 zur Verfügung stellen, die den Vorgaben des Bundesdatenschutzgesetzes genügen.

Schrifttum: *Jacobshagen/Vollprecht*, Neue Fristen für Mitteilungen, Veröffentlichungen und Wirtschaftsprüfertestate nach EEG 2009 und KWK 2009, IR 2008, 344; *Strohe*, Das Grünstromprivileg: Aktuelle Situation und Perspektiven, ET 9/2011, 84.

Übersicht

I. Normzweck

1 § 74 enthält die Verpflichtung der Elektrizitätsversorgungsunternehmen (EVU), die die Letztverbraucher beliefern, dem Übertragungsnetzbetreiber (ÜNB), in dessen Regelzone sie tätig sind, die an die Letztverbraucher gelieferte Energiemenge „unverzüglich" und im Falle der Belieferung über Bilanzkreise bilanzkreisscharf mitzuteilen. Über die „unverzüglich" gelieferten Energiemengen ist bis zum 31.5. eine Endabrechnung zu erstellen. Die Meldepflicht obliegt auch den EVU gleichgestellten Eigenversorgern.

2 Gesetzeszweck des § 74 ist bundesweiten Belastungsausgleich durch die ermittelten Abnahme- und Vergütungsmengen rechtzeitig durchführen zu können. Die Mitteilung der Liefermengen an den verantwortlichen ÜNB wird benötigt, da diese Mengen im Belastungsausgleich den Maßstab für die Berechnung der EEG-Umlage nach § 58 Abs. 2 bilden. Die Regelung des § 74 **konkretisiert** die allgemein formulierte Mitteilungspflicht der EVU nach § 70. Mit den gelieferten Daten werden zunächst der **horizontale** Ausgleich unter den ÜNB und dann der **vertikale** gegenüber den EVU durchgeführt. Eine „unverzügliche" Meldung ist an dieser Stelle notwendig, damit sichergestellt ist, dass monatliche Abschlagszahlungen auf die zu erwartenden Ausgleichszahlungen berechnet werden können.

II. Entstehungsgeschichte

Satz 1 der Norm gibt im Wesentlichen § 14a Abs. 5 EEG 2004 wieder. Geändert wurde **3**
lediglich, dass die EVU nicht mehr die **Strombezugsmengen** mitteilen müssen. Das ist darauf zurückzuführen, dass der Gesetzgeber erkannte, dass für die zu erwartenden Abschläge für die Ausgleichsvergütungen, nicht die Strombezugsmenge relevant war, sondern die
Mitteilung der an die Verbraucher gelieferten Energiemengen.[1] Die Pflicht zur Übermittlung der Strombezugsmengen nach § 14a Abs. 5 EEG 2004 diente vor allem dazu, die von
Unternehmen angegebenen Differenzkosten zu überprüfen.[2] Zum einen sind für die Berechnung der Differenzkosten nicht die Handelsstrommengen heranzuziehen und zum anderen ist nach der EEG-Novelle für die besondere Ausgleichsregelung die Berechnung von
Differenzkosten nicht mehr erforderlich. Daher erfolgte diese Streichung zu Recht.[3]

Die EEG-Novelle 2014[4] ergänzte die Norm wesentlich: Zum einen muss im Falle der Be- **4**
lieferung der Letztverbraucher über die Bilanzkreise die Mitteilung der Energiemenge bilanzkreisscharf erfolgen. Die dafür benötigten Datenformate müssen von den ÜNB spätestens zum 1.1.2016 eingeführt werden. Zum anderen wurde die Meldepflicht auf die den
EVU gleichgestellten **Eigenversorger** erweitert. Die Sanktionen bei Nichterfüllung der
Pflichten aus § 74 stellt § 60 Abs. 2 S. 5 bereit, obwohl auf den in § 74 nicht verwiesen
wird.

III. Einzelerläuterungen

1. Inhalt der Mitteilungspflicht. § 74 richtet sich zunächst an alle Unternehmen, die Drit- **5**
te, Netzbetreiber und andere EVU mit Strom beliefern.[5] **Letztverbraucher** sind nach § 3
Nr. 25 EnWG natürliche oder juristische Personen, die Energie für den eigenen Verbrauch
kaufen. Letztverbraucher, die für die Eigenversorgung der EEG-Umlagepflicht unterliegen, sind EVU gleichgestellt, so dass dieselben Regelungen entsprechend anzuwenden
sind.[6] Das galt bereits nach § 37 Abs. 3 Satz 1 EEG 2012.[7]

Eine Definition der „**Eigenversorgung**" ist in § 5 Nr. 12 zu finden. Danach wird unter der **6**
Eigenversorgung der Verbrauch von Strom verstanden, den eine natürliche oder juristische
Person im unmittelbaren räumlichen Zusammenhang mit der Stromerzeugungsanlage
selbst verbraucht, wenn der Strom nicht durch ein Netz durchgeleitet wird und diese Person
die Stromerzeugungsstelle selbst betreibt. § 74 trifft auch Eigenversorger aus Neuanlagen,
die die verringerte EEG-Umlage zahlen oder in Einzelfällen sogar vollständig befreit werden können. Denn die verringerte EEG-Umlage soll nach § 61 Abs. 1 Satz 2 Nr. 2 nur dann
für die Eigenversorgung aus Neuanlagen anfallen, wenn der Eigenversorger seiner Melde-

---

1 BT-Drs. 16/8148, S. 69; anders noch die Gesetzesbegründung zum EEG 2004, BT-Drs. 16/2455,
  S. 22; dazu *Jacobshagen/Vollprecht*, IR 2008, 344; *Salje*, EEG, 4. Aufl. 2006, § 14a Rn. 40 ff.,
  zweifelte die Verfassungsmäßigkeit der Regelung an.
2 BT-Drs. 16/2455, S. 23.
3 Vgl. dazu die Regierungsbegründung zu § 49 EEG, BT-Drs. 16/8148, S. 69.
4 Erneuerbare-Energien-Gesetz (EEG) vom 21.7.2014 (BGBl. I S. 1066).
5 Frenz/Müggenborg/*Posser/Altenschmidt*, § 49 Rn. 3; zur Definition BT-Drs. 16/2455, S. 10.
6 Vgl. § 61 Abs. 1 S. 4 EEG 2014.
7 „Anwendungshilfe zu den wesentlichen Änderungen des EEG 2014 gegenüber den Vorgängerfassungen und den Förderbedingungen für Neuanlagen" von BDEW vom 31.7.2014, S. 76.

pflicht nach § 74 nachgekommen ist. Diese Pflicht ergibt sich auch aus allgemeinen zivilrechtlichen Grundsätzen, dass Eigenversorger für alle Umstände, die einen Wegfall oder eine Reduzierung der EEG-Umlage begründen können, genauso nachweispflichtig sind, wie für die selbst verbrauchten Strommengen.[8]

7   Die Meldepflicht gilt nur für die selbst verbrauchten Strommengen, die nach § 61 umlagepflichtig sind. Die Meldepflicht der Eigenversorger entfällt bei Strom aus Bestandsanlagen, für die nach § 61 Abs. 3 und 4 keine Umlagepflicht besteht. Selbstverbrauchte Strommengen von weniger als 10 MWh aus Eigenerzeugungsanlagen, deren installierte Leistung 10 kW nicht überschreitet, unterfallen nicht der Meldepflicht des § 74.[9] Diese Bagatellgrenze soll vor allem den Verwaltungsaufwand für Energieerzeuger kleiner Anlagen reduzieren, die nur verhältnismäßig geringe Mengen selbst verbrauchen.

8   Unter **Energiemenge** ist die an Letztverbraucher gelieferte elektrische Arbeit zu verstehen. Die Daten sind an den regelverantwortlichen ÜNB des jeweiligen EVU zu übermitteln. Ab dem 1.1.2010 sind die EVU von der Pflicht befreit, den von den ÜNB aufgenommenen **EEG-Strom** abzunehmen. Die ÜNB sind verpflichtet den aufgenommenen EEG-Strom selbst über die Börse an den Markt zu veräußern. Die EVU haben dagegen die Pflicht für jede an den Letztverbraucher geliefert KWh Strom eine EEG-Umlage an die ÜNB zu zahlen. Die ÜNB sind verpflichtet, bis zum 15.10. eines Kalenderjahres die EEG-Umlage für das folgende Kalenderjahr zu veröffentlichen. Die relativ starre Frist soll vor allem der Planungssicherheit bei der **Preiskalkulation** von EVU Rechnung tragen.[10]

9   Nach dem neu eingefügten S. 2 müssen die Energiemengen bei der Belieferung der Letztverbraucher über Bilanzkreise **bilanzkreisscharf** mitgeteilt werden. Diese Ergänzung soll vor allem sicherstellen, dass der ÜNB die vom jeweiligen Lieferanten gemeldeten Mengen mit den im Bilanzkreis zu bilanzierenden Mengen in Deckung bringen kann. Es soll aufgrund der eingefügten Vermutungsregelung des § 60 Abs. 1 S. 2 nicht zur Doppelerfassung der Energiemengen kommen.[11] Über diese widerlegliche Vermutung wird sichergestellt, dass für Strommengen, die über einen Bilanzkreis an Letztverbraucher geliefert wurden, die EEG-Umlage vom Bilanzkreisverantwortlichen gezahlt wird, wenn die Strommengen zuvor nicht von einem EVU bilanzkreisscharf an den regelverantwortlichen ÜNB gemeldet wurden. Wenn der Bilanzkreisverantwortliche diese Vermutung nicht widerlegen kann, hat er die EEG-Umlage auf die genannte Strommenge zu zahlen.[12]

10   Die Daten sind „**unverzüglich**" i.S.d. § 121 BGB, d.h. „ohne schuldhaftes Zögern" dem regelverantwortlichen ÜNB zur Verfügung zu stellen. Die Abschlagszahlungen auf die EEG-Umlage haben **monatlich** zu erfolgen. Folglich sind die ÜNB zu einer zeitnahen Aktualisierung des Bezugsmaßstabs für die Mengenberechnung verpflichtet. Um diese in EEG vorgeschriebene Frist einzuhalten, müssen die EVU spätestens **nach Ablauf eines Kalendermonats** die im letzten Monat an Letztverbraucher abgegebenen Strommengen dem ÜNB mitteilen. In der Praxis liefern die EVU den ÜNB in der Regel zur Monatsmitte

---

8 BT-Drs. 18/1891, S. 199.
9 Vgl. dazu § 61 Abs. 2 Nr. 4.
10 Ausführlich dazu siehe Gabler/Metzenthin/*Hünger*, EEG-Praxiskommentar 2011, § 49 Rn. 1.
11 BT-Drs. 18/1304, S. 249.
12 Ausführlich in der „Anwendungshilfe zu den wesentlichen Änderungen des EEG 2014 gegenüber den Vorgängererfassungen und den Förderbedingungen für Neuanlagen" von BDEW vom 31.7.2014, S. 74.

den geplanten Absatz an Letztverbraucher des laufenden Monats mit, damit diese entsprechende Abschlagrechnungen erstellen können.

2. Jahresabrechnung. Die Frist für die **Jahresabrechnung** sieht § 74 den **31.5.** eines Jahres vor. Gegenüber der Vorschrift § 13a Abs. 5 EEG 2004 wurde die Frist um einen Monat nach hinten verschoben (früher 30.4.). Diese Änderung ist wohl auf § 75 (Testierpflicht auf Verlangen) zurückzuführen, da die Wirtschaftsprüfer für die Bescheinigung einen Zeitraum von mindestens vier Wochen benötigen und die Testate mit der Endabrechnung vorzulegen sind.   **11**

3. Elektronische Mitteilung. Im Gegensatz zu § 14a Abs. 5 EEG 2004 hat die Mitteilung an den ÜNB **elektronisch** zu erfolgen. Der EVU kann die Daten entweder per E-Mail oder über ein von den ÜNB bereitgestelltes Online-Verfahren übermitteln. Diese Änderung dient nach der Gesetzesbegründung zur Vereinfachung und Beschleunigung des Verfahrens.[13] Der Gesetzgeber verpflichtet die EVU nur zur Meldung „nackter Zahlen". Sollen aber diese Zahlen relevante Abweichungen gegenüber Vorjahr/Vormonat beinhalten, so sind die EVU verpflichtet die Abweichungen aus Treu und Glauben zu begründen.[14]   **12**

Der Gesetzgeber sieht im neuen § 74 die Pflicht der ÜNB vor, für das neu eingeführte Verfahren der bilanzkreisscharfen Abrechnung „unverzüglich", aber spätestens bis zum 1.1.2016, ein vollständig automatisiertes elektronisches Verfahren zur Übermittlung dieser Daten zu entwickeln und zur Verfügung zu stellen. Das soll vor allem der rechtzeitigen Übermittlung und der Verarbeitung der umfangreichen Daten dienen. Solche Datenformate liegen nicht bei jedem ÜNB vor bzw. bisher wurden unterschiedliche Formate benutzt, so dass die Angleichung einige Zeit benötigt. Infolgedessen wird man die Formulierung „unverzüglich" relativieren müssen, bis einheitliche Datenformate bzw. Verfahren vorliegen.[15]   **13**

4. Folgen bei Pflichtverstößen. Die Mitteilungs- und Abrechnungspflicht der EVU ist eine Pflicht, die der Aufrechterhaltung des Ausgleichssystems dient. Ist die Höhe der Abnahme- und Vergütungspflicht strittig, und ist infolgedessen die Mitteilung seitens der EVU nicht erfolgt, kann diese **Pflichtverletzung** nach **§ 60 nachträglich** geheilt werden, soweit eine Gerichtsentscheidung oder ein anderer vollstreckbarer Titel vorliegt. Ist eine nachträgliche Korrektur nicht möglich, sind theoretisch **zivilrechtliche Ansprüche** denkbar.[16] In der Praxis wird es zum einen aber fast unmöglich sein, den Schaden konkret zu ermitteln. Zum anderen wären die Letztverbraucher schadensersatzberechtigt, da sie aufgrund der nicht gemeldeten Strommengen höherer EEG-Belastung unterliegen. Diese Mehrbelastung ist aber auch bei großen Letztverbrauchern sehr gering. Außerdem werden die meisten Fälle durch § 60 abgedeckt.[17] Demzufolge blieb Nichterfüllung von Meldepflichten für EVU weitgehend sanktionslos.   **14**

Kommt der Eigenversorger seiner Meldepflicht nicht oder nicht termingerecht nach, ist auch bei einer Eigenversorgung die volle EEG-Umlage zu zahlen. Die Anhebung auf 100% der EEG-Umlage erfolgt nur dann nicht, wenn sich aufgrund der besonderen Aus-   **15**

---

13 BT-Drs. 16/8148, S. 69.
14 *Salje*, EEG, § 74 Rn. 7.
15 *Salje*, EEG, § 74 Rn. 9.
16 Altrock/Oschmann/Theobald/*Kachel*, § 49 Rn. 8; Frenz/Müggenborg/*Posser/Altenschmidt*, § 49 Rn. 4.
17 Ausführlich dazu Altrock/Oschmann/Theobald/*Kachel*, § 49 Rn. 8.

gleichsregelung nach §§ 63 ff. oder der Übergangsregelung in § 103 eine abgesenkte EEG-Umlagepflicht ergibt. Die besondere Ausgleichregelung ist auch auf die EEG-Umlage in Fällen der Eigenversorgung nach § 61 Abs. 1 anzuwenden.[18] Die ÜNB können ihre Forderungen aus der EEG-Umlage gegenüber den Umlageverpflichteten erst dann in Rechnung stellen, wenn die Elektrizitätsversorgungsunternehmen die gelieferten Energiemengen nach § 74 mitteilen. Werden die benötigten Daten nicht oder nicht rechtzeitig geliefert, könnten die Zahlungspflichten zu Lasten der übrigen Umlageverpflichteten umgangen werden. Diese Regelungslücke wird durch die Kündigungsmöglichkeit des Bilanzkreisvertrages nach § 60 Abs. 2 geschlossen.[19] Werden die benötigten Daten oder die Endabrechnung einen Monat lang nicht oder nicht rechtzeitig übermittelt, kann der ÜNB mahnen und die Kündigung des Bilanzkreisvertrages (BKV) androhen. Der EVU hat sechs Wochen Zeit, die Daten nachzureichen. Bleiben die Daten weiter aus, wird der BKV gekündigt, mit der Folge, dass der Versorger seine Kunden nicht mehr beliefern kann. Der Gesetzgeber entschied sich an dieser Stelle zu harten Sanktionen, insbesondere aufgrund der Tatsache, dass die EVU in der Vergangenheit die Datenmeldungen unterließen, was wiederum zu beträchtlichen Fehlbeträgen an EEG-Umlage führte.[20]

---

18 Ausführlich vgl. „Anwendungshilfe zu den wesentlichen Änderungen des EEG 2014 gegenüber den Vorgängerfassungen und den Förderbedingungen für Neuanlagen" von BDEW vom 31.7.2014, S. 81 f.
19 BT-Drs. 18/1304, S. 233.
20 Ausführungen dazu *Salje*, EEG, § 74 Rn. 10.

§ 75 Testierung

¹Die zusammengefassten Endabrechnungen der Netzbetreiber nach § 72 Absatz 1 Nummer 2 müssen durch einen Wirtschaftsprüfer, eine Wirtschaftsprüfungsgesellschaft, einen vereidigten Buchprüfer oder eine Buchprüfungsgesellschaft geprüft werden. ²Im Übrigen können die Netzbetreiber und Elektrizitätsversorgungsunternehmen verlangen, dass die Endabrechnungen nach den §§ 73 und 74 bei Vorlage durch einen Wirtschaftsprüfer, eine Wirtschaftsprüfungsgesellschaft, einen vereidigten Buchprüfer oder eine Buchprüfungsgesellschaft geprüft werden. ³Bei der Prüfung sind zu berücksichtigen:

1. die höchstrichterliche Rechtsprechung,
2. die Entscheidungen der Bundesnetzagentur nach § 85 und
3. die Entscheidungen der Clearingstelle nach § 81 Absatz 4 Satz 1 Nummer 1 oder Absatz 5.

⁴Für die Prüfungen nach den Sätzen 1 und 2 sind § 319 Absatz 2 bis 4, § 319b Absatz 1, § 320 Absatz 2 und § 323 des Handelsgesetzbuchs entsprechend anzuwenden.

Übersicht

I. Gesetzeszweck und Rechtsentwicklung

Der generelle Gesetzeszweck des § 75 ist die Aufrechterhaltung von **Mindeststandards**   **1** zur Endabrechnung der vom EEG-Anlagenbetreiber über den Verteilnetzbetreiber (VNB) zum Übertragungsnetzbetreiber (ÜNB) gewälzten erneuerbaren Energiemengen sowie die zur Förderung dieser vom ÜNB über den VNB an den Anlagenbetreiber (AB) auszuschüttenden EEG-Vergütungszahlungen. In letzter Konsequenz wird damit die Transparenz und Nachvollziehbarkeit der ermittelten Zahlenwerte erhöht.

Im EEG 2000¹ hielt der Gesetzgeber Regelungen zur EEG-Jahresabrechnung für entbehr-   **2** lich. Diese Unterlassung führte zunächst jedoch zur uneinheitlichen Handhabung der EEG-Jahresabrechnung zwischen Übertragungsnetzbetreibern, Netzbetreibern und Anlagenbetreibern. Daher war es der Wunsch der Energiewirtschaft, hier fest definierte Fristen einzuführen.

Folgerichtig wurde dies vom Gesetzgeber im EEG 2004 durch die Einführung des § 14a   **3** Abs. 7, der Mitteilungs- und Veröffentlichungspflichten regelte, korrigiert. Die Gesetzesbegründung schreibt hierzu:²

---

1 Gesetz für den Vorrang Erneuerbarer Energien (Erneuerbare-Energien-Gesetz – EEG) vom 29.3.2000 (BGBl. I S. 305).
2 BT-Drs. 15/2864 mit Änderungen durch BT-Drs. 15/3385, S. 50.

„In Satz 2 ist das Recht aller am Ausgleichssystem beteiligten Netzbetreiber und Elektrizitätsversorgungsunternehmen geregelt, von den anderen Beteiligten – Elektrizitätsversorgungsunternehmen und aller Netzbetreiber – eine Testierung ihrer Endabrechnungen zu verlangen. Hierfür haben sie jeweils einen Monat nach Ablauf der Vorlagefrist Zeit, so dass die Übertragungsnetzbetreiber bis zum 30. Oktober und die Elektrizitätsversorgungsunternehmen und sonstigen Netzbetreiber bis zum 30. Juni gegebenenfalls einen solchen Nachweis erbringen müssen."

4   Allerdings wurde dadurch eine **Asynchronität** zwischen der EEG-Jahresabrechnung der VNB, die gemäß § 14a Abs. 3 Nr. 2 bis zum 30.4. eines jeden Jahres dem ÜNB vorzulegen war, und der dann im Nachgang zu erfolgenden Testierung der EEG-Jahresabrechnung gegenüber dem ÜNB, die bis zum 30.6. eines jeden Jahres zu erfolgen hatte, angelegt. Da im Rahmen der EEG-Jahresabrechnung auch die monatlich zu meldenden EEG-Stammdaten abgeglichen werden, muss diese Abstimmung zeitlich eng verzahnt erfolgen – insbesondere deshalb, weil die Anlagenstammdaten im Rahmen der Jahresmeldung sowohl vom VNB als auch vom ÜNB an die Bundesnetzagentur gemeldet werden. Eventuell im Rahmen der testierten Jahresabrechnung auftretende Differenzen verursachen eine fehlerhafte Abrechnung des EEG-Belastungsausgleichs. Im Nachhinein kann dies mit entsprechendem Aufwand nur noch über eine Korrektur der EEG-Jahresabrechnung gemäß § 38 Nr. 6 EEG 2012 behoben werden. Dies erfordert entsprechenden Mehraufwand der beteiligten Parteien.

5   Der grundlegende Charakter eines Wahlrechts bezüglich der Abgabe einer testierten EEG-Jahresabrechnung („können verlangen") war jedoch schon in der Fassung des EEG 2004[3] angelegt. Danach konnten nach § 14a Abs. 7 EEG 2004 sowohl Netzbetreiber als auch Elektrizitätsversorgungunternehmen verlangen, dass die Endabrechnung nach § 14a Abs. 3 S. 1 Nr. 2 und Abs. 5 EEG 2004 (also die der Netzbetreiber, die nicht Übertragungsnetzbetreiber sind) bis zum 30.6. eines Jahres und nach Abs. 4 S. 1 Nr. 2 (also Übertragungsnetzbetreiber) bis zum 30.9. eines jeden Jahres zu bescheinigen waren.

6   Im EEG 2009[4] erscheint die Testierung erstmalig als eigenständige Rechtsnorm in Form des § 50 EEG:

„Netzbetreiber und Elektrizitätsversorgungsunternehmen können verlangen, dass die Endabrechnungen nach § 47 Abs. 1 Nr. 2, den §§ 48 und 49 bei Vorlage durch eine Wirtschaftsprüferin, einen Wirtschaftsprüfer, eine vereidigte Buchprüferin oder einen vereidigten Buchprüfer bescheinigt werden."

7   Damit hat der Gesetzgeber die Rolle der Testierung im Prozess der Nachweisführung der Abrechnung des EEG gestärkt und zudem eine zeitlich **synchrone Abfolge** des EEG-Abrechnungsprozesses **eingeführt**, durch das Wahlrecht einerseits, andererseits durch die logische Verknüpfung, dass bei Verlangen eines Testates dieses zeitgleich „bei Vorlage" der EEG-Jahresabrechnung beigebracht werden muss.[5] Vom Gesetzgeber wurde ebenfalls eine

---

3 Gesetz für den Vorrang Erneuerbarer Energien (Erneuerbare-Energien-Gesetz – EEG) vom 21.7.2004 (BGBl. I S. 1918).
4 Gesetz für den Vorrang Erneuerbarer Energien (Erneuerbare-Energien-Gesetz – EEG) vom 25.10.2008 (BGBl. I S. 2074).
5 Vgl. konsolidierte Fassung der Begründung der Bundesregierung für ihren Gesetzesentwurf zum EEG vom 5.12.2007 (BT-Drs. 16/8148) und die vom Deutschen Bundestag in seiner 167. Sitzung am 6.6.2008 angenommene Beschlussempfehlung des Ausschusses für Umwelt, Naturschutz und Reaktorsicherheit vom 4.6.2008 (BT- Drs. 16/9477).

Bühler/Grimm

Fristverkürzung zur Vorlage der Testate für Verteilnetzbetreiber und Energieversorgungsunternehmen vorgenommen. Nach dem EEG 2009 haben diese nun die jeweiligen Testate
zum 30.5. vorzulegen. Ebenso wurde die Frist zur Testatvorlage durch den ÜNB auf den
31.7. verkürzt. Dies nahm das Institut der Wirtschaftsprüfer e.V. (IDW) zum Anlass für eine kritische Stellungnahme.[6] Hauptargument des IDW war, dass eine zu enge Zeitspanne
von wenigen Tagen für die Prüfung der VNB-Abrechnung im Widerspruch zur hinreichenden Prüfungssicherheit stünde – selbst unter Berücksichtigung einer zu diesem Zeitpunkt
besseren Datenlage. Die Fristenregelung wurde auch im EEG 2012 beibehalten. Aus Sicht
der Praxis können die Befürchtungen des IDW jedoch nicht bestätigt werden.

Im Zuge der Novellierung des EEG 2012 hat der Gesetzgeber den § 50 EEG 2012[7] um zwei **8**
weitere Sätze ergänzt. Danach sind nicht nur Wirtschaftsprüfer berechtigt, Prüfungen nach
dem EEG vorzunehmen, sondern ebenfalls Wirtschaftsprüfungsgesellschaften. Gleiches
gilt für Buchprüfer und in diesem Zusammenhang Buchprüfungsgesellschaften. Der Gesetzgeber hat im Zuge der Novelle hier offensichtlich eine Klarstellung getroffen bzw. eine
Gesetzeslücke geschlossen. In der Praxis dürfte dies von geringer Bedeutung sein. Schon
vor dieser Präzisierung der EEG-Testierung wurden die EEG-Testate, bis auf wenige Ausnahmen, von WP-Gesellschaften bzw. Buchprüfungsgesellschaften erstellt. Insofern ver-
mochte schon die bisherige Regelung die Wirtschaftsprüfungs- und Buchprüfungsgesellschaften nicht auszuschließen.

Eine weitere Ergänzung betrifft die Berücksichtigung höchstrichterlicher Rechtsprechung **9**
einerseits sowie die Entscheidungen der Clearingstelle EEG andererseits.

Die Berücksichtigung der höchstrichterlichen Rechtsprechung ist insofern von Bedeutung, **10**
als dass der Gesetzgeber mehrere Urteile gesprochen hat, die auslegungsbedürftige Fragestellungen zum EEG relevanten Letztverbrauch klargestellt haben. Mit dem Verweis auf
die höchstrichterlichen Entscheidungen hat der Gesetzgeber offensichtlich diese Urteile
aufgegriffen. Beispielhaft sei hier das sogenannte BGH-Urteil zu Objektnetzen sowie zur
Frage des regelverantwortlichen ÜNB genannt.[8] Der Gesetzgeber verfolgt hier das Ziel,
möglichst sämtlichen EEG-pflichtigen Letztverbrauch zu erfassen und Umgehungstatbe-
stände zu verhindern. Damit sollen die Letztverbraucher und damit die EEG-Umlagenzah-
ler vor einem Ansteigen der EEG-Umlage geschützt werden. Diese Urteile haben praktische Bedeutung erlangt, weil hier auch rückwirkend erhebliche Letztverbrauchermengen,
die seither z.B. in geschlossenen Verteilernetzen nicht erfasst wurden, in den EEG-Belastungsausgleich eingebracht wurden. Dies erfordert die sorgfältige Prüfung EEG-Jahresabrechnung, die von den Energieversorgungsunternehmen und Verteilnetzbetreibern vorgelegt und durch die Wirtschaftsprüfer testiert werden.

Ebenso sind die Entscheidungen der Clearingstelle in Zusammenhang mit der Testierung **11**
zu berücksichtigen. Im Einzelnen sind dies Schiedsverfahren nach § 81 Abs. 4 Nr. 1 oder

---

6 Brief des Instituts der Wirtschaftsprüfer (IDW) vom 30.4.2008 an den Ausschuss für Umwelt, Naturschutz und Reaktorsicherheit, S. 2. Abrufbar unter: www.idw.de/idw/portal/d427902/index.jsp.
7 Gesetz für den Vorrang Erneuerbarer Energien (Erneuerbare-Energien-Gesetz – EEG) vom
  25.10.2008 (BGBl. I S. 2074) zuletzt geändert durch Art. 1 Gesetz zur Neuregelung des Rechtsrahmens für die Förderung der Stromerzeugung aus erneuerbaren Energien v. 28.7.2011 (BGBl. I
  S. 1634).
8 BGH, Urt. v. 9.12.2009, VIII ZR 35/09, NVwZ-RR 2010, 315; Urt. v. 15.6.2011, VIII ZR 308/09,
  ZNER 2011, 431.

Entscheidungen nach § 81 Abs. 5 zu Fragen, die über den Einzelfall hinausgehen und ein öffentliches Interesse an der Klärung dieser Fragen besteht. Diese Präzisierung der erweiterten Zuständigkeit hinsichtlich dieser Fragen zur Testierung war erforderlich, da im EEG 2014 die Arbeit der Clearingstelle erweiterte Bedeutung erlangt hat. Die Gesetzesbegründung führt hierzu aus:

> „Die Clearingstelle hat sich als Schlichtungsstelle bewährt und etabliert. Ihre Entscheidungen genießen hohe Akzeptanz. Die Clearingstelle trägt daher mit diesen Entscheidungen und mit ihrem breiten Informationsangebot maßgeblich dazu bei, dass Anwendungsfragen geklärt und Streitigkeiten verhindert oder jedenfalls gelöst werden können."[9]

12 Im Zuge der Novellierung des **EEG im Jahre 2014** wurden einige Änderungen vorgenommen. Das fakultative Recht der Testierung gegenüber dem Netzbetreiber, der kein ÜNB ist, wurde in eine **Pflicht zur Testierung** umgewandelt. Dies ist sicherlich dem Umstand geschuldet, dass insbesondere die EEG-Vergütungen, die der Netzbetreiber für gelieferte EEG-Mengen in der Festvergütung als auch für Kostenerstattungen im Rahmen der Marktprämie einen finanziellen Umfang angenommen haben, der eine Überprüfung im Rahmen einer Testierung nahelegt. Dies war aber ohnehin schon gängige Praxis. Die Begründung zum EEG 2014 stellt daher fest:

> „Der Vollzugsaufwand wird dadurch nicht erhöht, da es ohnehin der allgemeinen Praxis entsprach, dass die Übertragungsnetzbetreiber von den Verteilnetzbetreibern die Bescheinigung eines Wirtschaftsprüfers oder einer vergleichbaren Selle gefordert haben."[10]

13 Darüber hinaus wurden zusätzlich Entscheidungen der Bundesnetzagentur im Rahmen ihrer Befugnisse gemäß § 85 EEG als prüfungsrelevante Sachverhalte bzw. *als zu berücksichtigendes Recht* aufgenommen. Dieses Vorgehen war ebenfalls schon gelebte Praxis.

II. Einzelerläuterungen

14 **1. Vorlage des Testates.** Gemäß § 75 S. 1 müssen die zusammengefassten Endabrechnungen der Netzbetreiber (NB) nach § 72 Abs. 1 Nr. 2 durch einen Wirtschaftsprüfer, eine Wirtschaftsprüfungsgesellschaft, einen vereidigten Buchprüfer oder eine Buchprüfungsgesellschaft geprüft werden. Darüber hinaus können die NB und Elektrizitätsversorgungsunternehmen (EVU) nach § 75 S. 2 verlangen, dass die Endabrechnungen nach §§ 73 und 74 bei Vorlage durch einen WP geprüft werden. Zunächst stellte dies ein Wahlrecht sowohl der Netzbetreiber als auch der EVU dar. Im Falle der ÜNB haben diese schon immer eine Testierung vom EVU verlangt. Gemäß § 4 der Ausgleichsmechanismusverordnung (AusglMechV)[11] trifft, wenn die Erforderlichkeit oder die Höhe der Aufwendung zur Bestimmung der Höhe der EEG-Umlage nach § 3 AusglMechV streitig ist, die Beweislast die ÜNB. Der Nachweis wird in der Regel nur gelingen, wenn als ein Baustein der EEG-Prognose für das Folgejahr die Energiemengen und, dazu korrespondierend, die ausgezahlten

---

9 Entwurf eines Gesetzes zur grundlegenden Reform des Erneuerbare-Energien-Gesetzes und zur Änderung weiterer Bestimmungen des Energiewirtschaftsgesetzes. Begründung, S. 122.

10 Entwurf eines Gesetzes zur grundlegenden Reform des Erneuerbare-Energien-Gesetzes und zur Änderung weiterer Bestimmungen des Energiewirtschaftsgesetzes. Begründung, S. 119.

11 Verordnung zum EEG-Ausgleichsmechanismus (AusglMechV) v. 17.2.2015, BGBl. I, S. 146.

EEG-Vergütungen des vergangenen und abgeschlossenen EEG-Wirtschaftsjahres in testierter Form beweis- und belegbar sind. In der Praxis fordern die ÜNB daher die EVU schon seit dem Beginn des EEG auf, eine testierte Endabrechnung vorzulegen. Im Verhältnis EVU und ÜNB wird es natürlicherweise zu keiner Aufforderung zur Vorlage eines Testates kommen, da die ÜNB ihrerseits die testierte EEG-Jahresabrechnung aus Transparenzgründen auf ihren jeweiligen Homepages veröffentlichen. Dies steht in Verbindung mit § 77 Abs. 2 und 3, wonach die ÜNB verpflichtet sind, die Angaben nach den §§ 57 Abs. 1 und § 72 Abs. 1 Nr. 1 Abs. 2 und 3 für Anlagen, die mittelbar und unmittelbar an ihr Netz angeschlossen sind, auf ihrer Internetseite zu veröffentlichen.

2. Zum Testat berechtigte Personen. Das Testat soll gemäß § 75 S. 1 „durch einen Wirtschaftsprüfer, eine Wirtschaftsprüfungsgesellschaft, einen vereidigten Buchprüfer oder eine Buchprüfungsgesellschaft" geprüft werden. Da es sich bei der Prüfungshandlung nach EEG um komplexe technische Zusammenhänge handelt, ist ein spezifisches technisches Wissen des Prüfers vorauszusetzen. Dies gilt besonders bei der Prüfung von Sachverhalten in Zusammenhang mit der Bestimmung der in Abzug zu bringenden vermiedenen Netzentgelte (vNE). Gegebenenfalls ist ein Sachverständiger hinzuzuziehen,[12] dessen Arbeitsergebnisse durch den Prüfer/die Prüferin sorgfältig zu bewerten sind. Da zumindest im Bereich der Energieversorgungsunternehmen eine nicht unerhebliche Anzahl von ausländischen Unternehmen in Deutschland Strom an Letztverbraucher liefert, sei der Vollständigkeit halber erwähnt, dass die Testierung dieser Unternehmen ausschließlich von in Deutschland zugelassenen Wirtschaftsprüfern/Buchprüfern erfolgen kann.[13] Diese sogenannten Vorbehaltsaufgaben können kraft Gesetz grundsätzlich nur von einem Wirtschaftsprüfer/Buchprüfer durchgeführt werden. Nach dem IDW Prüfungsstandard EPS 970 können die EEG-Sachverhalte als zusätzliche Anforderung darüber hinaus nur von einem in Deutschland zugelassenen Wirtschaftsprüfer oder vereidigten Buchprüfer durchgeführt werden.[14]

3. Umfang der Testatpflichten. Nach § 75 S. 1 können Netzbetreiber und Energieversorgungsunternehmen verlangen, dass die zusammengefassten Endabrechnungen bei Vorlagen durch einen Prüfer geprüft werden. Da die unterjährig abgerechneten EEG-Mengen und EEG-Vergütungen überwiegend auf Abschlägen beruhen, erfolgt die vollständige Abrechnung erst mit der Endabrechnung und folglich ist eine Testierung nur an dieser Stelle sinnvoll und in aggregierter Form durchführbar.

Konkret nimmt § 75 S. 1 auf folgende inhaltlich zu testierenden Sachverhalte Bezug:

- Sachverhalte gem. § 72 Abs. 1 Nr. 2, wonach der Verteilnetzbetreiber bis zum 31.5. eines Jahres mittels Formatvorlagen, die der Übertragungsnetzbetreiber zu Verfügung stellt, in elektronischer Form die Endabrechnung für das Vorjahr sowohl für jede einzelne Anlage als auch zusammengefasst vorzulegen hat. Diese Trennung nach jeweiligem

15

16

17

---

12 Entwurf einer Neufassung des IDW Prüfungsstandards: Prüfung nach dem EEG (IDW EPS 970 n. F.) Stand 30.1.2012, S. 5 Ziff. 9.
13 Vgl. Berufssatzung für Wirtschaftsprüfer/vereidigte Buchprüfer (BS/vBP) vom 6.11.2009 in Kraft getreten am 12.4.2010, BAnz. S. 453.
14 Entwurf einer Neufassung des IDW Prüfungsstandards: Prüfungen nach dem EEG (IDW EPS 970 n. F.), Stand 30.1.2012, Rn. 10.

Energieträger – „zusammengefasst"[15] bzw. pro „Anlage"[16] – ist erforderlich, um es insbesondere dem Prüfer/der Prüferin mittels Stichproben zu ermöglichen, die Abrechnung der geförderten Mengen nachzuvollziehen. Insbesondere unter Berücksichtigung der in Abzug zu bringenden vermiedenen Netzentgelte. Darüber sind nach § 72 Abs. 1 Nr. 1d die Kosten aus der Nachrüstung der Anlagen gemäß der sogenannten „50,2 Hz Problematik" nachzuweisen. Damit ist die Nachrüstung der Solaranlagen hinsichtlich eines systemdienlichen Verhaltens in bestimmten Frequenzbereichen des öffentlichen Stromnetzes umfasst. Diese Kosten können zur Hälfte als EEG-Kosten im Rahmen der Testierung geltend gemacht werden, sofern die Netzbetreiber aufgrund der Systemstabilitätsverordnung zur Nachrüstung verpflichtet sind.
– Sacherhalte gem. § 73 Abs. 2, wonach der Übertragungsnetzbetreiber die Endabrechnung für Anlagen, die mittelbar oder unmittelbar an sein Netz angeschlossen sind, testiert vorzulegen und auf seiner Internetseite zu veröffentlichen hat.
– Sachverhalte gem. § 74, wonach Elektrizitätsversorgungsunternehmen verpflichtet sind, ihrem regelverantwortlichen Übertragungsnetzbetreiber bis zum 31.5. die Endabrechnung des Vorjahres vorzulegen. Diese Endabrechnung umfasst neben den vom EVU an Endkunden abgegebenen umlagerelevanten Letztverbrauchsmengen an elektrischer Energie sämtliche Angaben, die zur Prüfung des sogenannten „Eigenverbrauchs" notwendig sind. Gemäß § 61 Abs. 1 kann der Letztverbraucher seine EEG-Umlage verringern, wenn dieser bestimmte Anforderungen erfüllt. An die Prüfung dieser Daten sind erhöhte Anforderungen zu stellen, da hier ein erheblicher umlagewirksamer Sachverhalt vorliegt.

18 Um insbesondere bei kleinen Verteilnetzbetreibern und Energieversorgungsunternehmen die Verhältnismäßigkeit zu wahren, haben sich die im Bundesverband der Energie- und Wasserwirtschaft (BDEW) organisierten Unternehmen in der Umsetzungshilfe[17] zum EEG darauf verständigt, bei Beträgen unterhalb 20 000 € keine Testierung zu verlangen. In diesen Fällen reicht die sog. Eigenbescheinigung der Geschäftsführung als Nachweis der Ordnungsmäßigkeit der Angaben aus. Um ein vollständiges und richtiges Bild der im Netzgebiet eingespeisten Energie und der geleisteten EEG-Vergütungen zu erhalten, ist die Übermittlung der elektronischen Datenmeldung, unabhängig vom Entfallen der Testatpflicht, weiterhin erforderlich. Die BDEW Umsetzungshilfe zum EEG stellt zwar keine rechtsverbindliche Norm dar, ist jedoch als allgemein anerkannte Auffassung zur Abwicklung des EEG der mit dem EEG befassten Unternehmen der Energiewirtschaft anzusehen und daher eine wichtige Auslegungshilfe.

19 4. Allgemeine Prüfungsgrundsätze. Bei der Prüfung sind gemäß § 75 S. 3 insbesondere die höchstrichterliche Rechtsprechung sowie Entscheidungen der Clearingstelle EEG nach § 81 Abs. 5, die über den Einzelfall hinaus Bedeutung haben, (Empfehlungs- und Hinweisverfahren) und Entscheidungen nach § 81 Abs. 4 Nr. 1 (Votumsverfahren und Schiedsver-

---

15 Vgl. §§ 23–33 EEG vom 25.10.2008 zuletzt geändert durch Art. 1 Gesetz zur Neuregelung des Rechtsrahmens für die Förderung der Stromerzeugung aus erneuerbaren Energien v. 28.7.2011.
16 Vgl. § 3 Nr. 1 Gesetz für den Vorrang Erneuerbarer Energien (Erneuerbare-Energien-Gesetz – EEG vom 25.10.2008 zuletzt geändert durch Art. 1 Gesetz zur Neuregelung des Rechtsrahmens für die Förderung der Stromerzeugung aus erneuerbaren Energien v. 28.7.2011).
17 Umsetzungshilfe zum EEG 2009 – Empfehlungen für Netzbetreiber zur Umsetzung des Gesetzes für den Vorrang Erneuerbarer Energien (Erneuerbare-Energien-Gesetz – EEG) Version 1.1 – 1. Dezember 2009.

fahren) zu berücksichtigen. Im Falle von § 85 Abs. 5 obliegt es dem Prüfer, zu entscheiden, inwieweit der Einzelfall tatsächlich auf die zur Prüfung vorgelegten Abrechnungssachverhalte anwendbar ist. Ebenfalls zu beachten sind die Empfehlungsverfahren der Clearingstelle EEG, die, unabhängig von einem konkreten Sachverhalt, generelle Anwendungs- und Auslegungsfragen zum EEG beurteilt. Zu beachten ist hierbei allerdings, dass diese Hinweise lediglich die allgemeine Auffassung aller am EEG-Prozess beteiligten Parteien darstellt.

Die Prüfung ist risikoorientiert zu planen und durchzuführen. Wesentliche Fehler müssen **20** unter Berücksichtigung etwaiger Besonderheiten mit hinreichender Sicherheit erkannt werden. Dazu hat der Wirtschaftsprüfer die Aufbau- und Funktionsprüfung zum internen Kontrollsystem zu planen. Dazu gehören die Verschaffung eines Überblicks über die EEG-bezogenen internen Kontrollen, die Prüfung der Angemessenheit und der Wirksamkeit der EEG-bezogenen internen Kontrollen. In der Praxis wird dies z.B. die stichprobenartige Überprüfung der über Bilanzierungssysteme (Bilanzkreise) gelieferten Letztverbrauchermengen erfordern, die einen Hinweis über die an Letztverbraucher gelieferten Energiemengen geben können. Im Falle von EEG-Einspeisungen liegt die interne Kontrolle in der ordnungsgemäßen Verarbeitung von EEG-Einspeisezeitreihen bzw. deren Zuordnung zu den entsprechenden Bilanzierungssystemen durch den VNB. Die Wirksamkeit der EEG-bezogenen internen Kontrollen kann der Wirtschaftsprüfer auch im Rückgriff auf die Ergebnisse der Vorjahresprüfungen überprüfen.[18] Schon aus den oben genannten Haftungsgründen wird sich der Prüfer eine **Vollständigkeitserklärung** von den gesetzlichen Vertretern des zu prüfenden Unternehmens einholen. Diese haben dem Wirtschaftsprüfer alle Dokumente und Informationen zur Verfügung zu stellen, die für eine vollständige und richtige Beurteilung des Wirtschaftsprüfers notwendig sind.

Des Weiteren nimmt das Gesetz in § 75 S. 4 auf Normen im Handelsgesetzbuch (HGB) **21** Bezug. § 319 Abs. 2–4 HGB und sowie § 319b HGB definieren Anforderungen an Abschlussprüfer, die er bei der Erstellung eines Jahresabschlusses zu beachten hat. Insoweit stellt der Gesetzgeber klar, dass die EEG-Testierung im Rang eines Jahresabschlusses steht und daher die gleichen hohen Anforderungen an die Prüfer und an den Prüfungsumfang zu stellen sind. Daher schließt nach § 319 Abs. 2 und 3 HGB folgerichtig eine Befangenheit des Abschlussprüfers eine Prüfungshandlung aus. Ein Prüfer ist befangen, wenn eine Beteiligung, Mitgliedschaft oder arbeitsvertragliche Verbindung zum zu prüfenden Unternehmen vorliegt. Der Prüfer ist ferner befangen, wenn er mehr als zwanzig vom Hundert Anteile an dem zu prüfenden Unternehmen besitzt.

Nach § 323 Abs. 1 S. 1 Hs. 1 HGB haben alle an der Prüfung beteiligten Personen (Ab- **22** schlussprüfer und deren Gehilfen) sowie die gesetzlichen Vertreter einer Prüfungsgesellschaft gewissenhaft und unparteiisch zu prüfen. Dies ist insoweit von hoher praktischer Bedeutung, als dass es durchaus vorkommen kann, dass eine Wirtschaftsprüfungsgesellschaft oder ein Wirtschaftsprüfer gleichzeitig einen Verteilnetzbetreiber und einen Übertragungsnetzbetreiber prüfen. Hier kann es insbesondere bei der Bestimmung der in Abzug zu bringenden vermiedenen Netzentgelten zu Interessenkonflikten kommen. Sollten die Grundsätze der Gewissenhaftigkeit und Unparteilichkeit nicht beachtet werden und dadurch ein Schaden entstehen, ist der den Schaden verursachende Prüfer nach § 323 Abs. 1 HGB zum Schadensersatz verpflichtet.

---

18 Entwurf einer Neufassung des IDW Prüfungsstandards (IDW EPS 970 n. F.), Stand: 30.1.2012, Rn. 59.

§ 76 Information der Bundesnetzagentur

(1) Netzbetreiber müssen die Angaben, die sie nach § 71 von den Anlagenbetreibern erhalten, die Angaben nach § 72 Absatz 2 Nummer 1 und die Endabrechnungen nach § 72 Absatz 1 Nummer 2 sowie § 73 Absatz 2 einschließlich der zu ihrer Überprüfung erforderlichen Daten zum Ablauf der jeweiligen Fristen der Bundesnetzagentur in elektronischer Form vorlegen; für Elektrizitätsversorgungsunternehmen und Eigenversorger ist der erste Halbsatz hinsichtlich der Angaben nach § 74 entsprechend anzuwenden.

(2) ¹Soweit die Bundesnetzagentur Formularvorlagen bereitstellt, müssen Netzbetreiber, Elektrizitätsversorgungsunternehmen und Anlagenbetreiber die Daten in dieser Form übermitteln. ²Die Daten nach Absatz 1 mit Ausnahme der Strombezugskosten werden dem Bundesministerium für Wirtschaft und Energie von der Bundesnetzagentur für statistische Zwecke sowie die Evaluation des Gesetzes und die Berichterstattungen nach den §§ 97 bis 99 zur Verfügung gestellt.

Schrifttum: *Jacobshagen/Vollprecht*, Neue Fristen für Mitteilungen, Veröffentlichungen und Wirtschaftsprüfertestate nach EEG 2009 und KWKG 2009, IR 2008, 344.

Übersicht

I. Normzweck

1   § 76 EEG verpflichtet Netzbetreiber, Elektrizitätsversorgungsunternehmen und Eigenversorger, der BNetzA Informationen über den Belastungsausgleich vorzulegen. Sie soll damit in die Lage versetzt werden, „die ordnungsgemäße Durchführung des bundesweiten Ausgleichs im Interesse des Verbraucherschutzes sicherzustellen".[1] Nach §§ 56 ff. werden Strommengen aus Erneuerbaren Energien und die dafür zu leistende finanzielle Förderung bundesweit ausgeglichen. Der Ausgleich erfolgt auf vier Stufen von den Anlagenbetreibern bis hin zu den Elektrizitätsversorgungsunternehmen (und letztlich zu den Endverbrauchern) und dient der **bundesweit gleichmäßigen Belastung** mit den Kosten der Förderung Erneuerbarer Energien.[2]

2   Die zur Durchführung des Belastungsausgleichs erforderlichen Informationen müssen Anlagenbetreiber, Netzbetreiber, Energieversorgungsunternehmen und Eigenversorger gem.

---

1 Vgl. Gesetzentwurf der Bundesregierung zur Neuregelung des Rechts der Erneuerbaren Energien im Strombereich und zur Änderung damit zusammenhängender Vorschriften v. 18.2.2008, BT-Drs. 16/8148, S. 70.

2 Vgl. ausführlich zum Ausgleichsmechanismus Gerstner/*Hendrich/Ahnsehl*, Kap. 6 Rn. 2 ff.; Altrock/Oschmann/Theobald/*Altrock*, § 34 Rn. 1 ff.; Frenz/Müggenborg/*Cosack*, §§ 34–39 Rn. 4 ff.

§§ 70 ff. untereinander austauschen. Gleichzeitig erlegt § 85 Abs. 1 Nr. 2 der BNetzA die Pflicht auf, den bundesweiten Ausgleich zu überwachen. Dazu benötigt auch sie die relevanten Informationen, die ihr Netzbetreiber, Elektrizitätsversorgungsunternehmen und Eigenversorger deshalb gem. § 76 zur Verfügung stellen müssen.

Die **Überwachung des bundesweiten Ausgleichs durch die BNetzA** ist auf den ersten   **3**
Blick ein Fremdkörper im System des EEG, da das EEG grundsätzlich nicht von staatlichen Stellen vollzogen wird, sondern lediglich zivilrechtlich die Rechtsbeziehungen von Privatpersonen regelt.[3] In seiner ursprünglichen Konzeption wurden deshalb auch auftretende Interessenkonflikte privatrechtlich geregelt.[4] Die Förderung der Erneuerbaren Energien wird jedoch durch die EEG-Umlage von den Letztverbrauchern finanziert. Der Gesetzgeber hat erkannt, dass es bei der Weiterreichung der Kosten zu Rechtsverstößen kommen kann, denen allein mit zivilrechtlichen Mitteln nicht wirksam entgegengetreten werden kann.[5] Ein Missbrauch würde sich nachteilig auf die mit dem EEG verfolgten Ziele – insbesondere die Ermöglichung einer nachhaltigen Entwicklung der Energieversorgung und die Förderung der Entwicklung Erneuerbarer Energien – auswirken.[6] Nur eine effektive Aufsicht zur Vermeidung unberechtigter Zahlungen kann die notwendige Akzeptanz in der Bevölkerung aufbringen. So erklärt sich die Entscheidung des Gesetzgebers, die BNetzA zur Überwachung des bundesweiten Ausgleichs „im Interesse des Verbraucherschutzes" zu verpflichten.

II. Entstehungsgeschichte

Eine bundesweite Ausgleichsregelung zwischen den Netzbetreibern wurde erstmals in   **4**
§ 11 EEG 2000[7] eingeführt. Die Norm sah in Abs. 5 lediglich vor, dass die Netzbetreiber **untereinander** zur Mitteilung der für die Berechnungen erforderlichen Daten verpflichtet sind. Eine behördliche Überwachung existierte nicht. Sie wurde erst mit dem EEÄndG[8] zum 1.12.2006 in das EEG 2004 integriert, und mit ihr die Mitteilungspflichten der Netzbetreiber gegenüber der BNetzA (§ 14a Abs. 8 EEG 2004), da eine stichprobenartige Überprüfung gezeigt hatte, dass im Rahmen des Belastungsausgleichs teilweise unzutreffende Angaben gemacht worden waren, wodurch das Interesse der Stromverbraucher an einer rechtmäßigen Umsetzung des EEG verletzt wurde.[9]

§ 76 Abs. 1, der durch das EEG 2009 (als § 51) eingeführt wurde, entspricht in weiten Teilen   **5**
§ 14a Abs. 8 EEG 2004. Das EEG 2009 ergänzte diese Regelung durch die Absätze 2 und 3. § 76 Abs. 2 S. 1 (früher § 51 Abs. 3) gibt der BNetzA die Möglichkeit, Formularvorlagen zur Mitteilung der Daten bereitzustellen, und verpflichtet die Unternehmen, diese zu benutzen. S. 2 ordnet die Weiterleitung der Daten an das zuständige Ministerium an, um

---

3 Gesetzentwurf der Bundesregierung eines Ersten Gesetzes zur Änderung des Erneuerbare-Energien-Gesetzes v. 25.8.2006, BT-Drs. 16/2455, S. 7.
4 Vgl. dazu § 85 Rn. 3 ff.
5 BT-Drs. 16/2455, S. 7.
6 Ebd.
7 Gesetz für den Vorrang Erneuerbarer Energien (Erneuerbare-Energien-Gesetz – EEG) sowie zur Änderung des Energiewirtschaftsgesetzes und des Mineralölsteuergesetzes vom 29.3.2000, BGBl. I S. 305.
8 Erstes Gesetz zur Änderung des Erneuerbare-Energien-Gesetzes vom 7.11.2006, BGBl. I S. 2550.
9 BT-Drs. 16/2455, S. 11.

die Evaluation des EEG zu unterstützen. § 51 Abs. 2 EEG 2009 sah eine Mitteilungspflicht der Anlagenbetreiber vor, die den Strom nicht an den Netzbetreiber abgaben, sondern ihn direkt vermarkteten. Die Novellierung im Jahr 2012 fasste die Regeln über die Direktvermarktung im Abschnitt 3a zusammen, so dass der Abs. 2 entfiel.

6 Die Novellierung 2012 führte ebenfalls zu Folgeänderungen.[10] So wurde nach Abschaffung der Differenzkostenberechnung die Pflicht zur Angabe der in Ansatz zu bringenden Strombezugskosten gestrichen sowie die Weitergabe der Daten zur Erstellung des Monitoringberichts gem. § 98 eingefügt. Die EEG-Novelle 2014 brachte neben redaktionellen Anpassungen die Erweiterung der Informationspflicht auf Eigenversorger (zum Begriff vgl. § 5 Nr. 12). Diese werden nun für Strommengen, die sie selbst erzeugen und verbrauchen, erstmals auch mit der EEG-Umlage belastet.

III. Informationspflichten gegenüber der BNetzA (Abs. 1)

7 **1. Gegenstand der Mitteilungspflicht.** Die Pflicht zur Mitteilung nach § 76 Abs. 1 1. Hs. umfasst Angaben, die nach §§ 71–74 zwischen Netzbetreibern, Energieversorgungsunternehmen, Anlagenbetreibern und Eigenversorgern auszutauschen sind.[11] Netzbetreiber müssen die Informationen, die sie gem. § 71 von den Anlagenbetreibern erhalten, weitergeben. Diese enthalten alle für die Endabrechnung erforderlichen Daten (Nr. 1) sowie bei Biomasseanlagen die Art und Menge der Einsatzstoffe, Angaben zu Wärmenutzungen und eingesetzten Technologien oder zum Anteil der eingesetzten Gülle (Nr. 2). Die Informationen dienen der Berechnung der Höhe der EEG-Umlage und – insbesondere Nr. 2 – der Überprüfung, ob die Anspruchsvoraussetzungen für eine Vergütung vorliegen.[12] Die Meldepflicht für den Standort der Anlage und die installierte Leistung wurde durch das EEG 2014 gestrichen. Diese Daten werden nunmehr über das Anlagenregister erfasst (§ 6 Abs. 2 Nr. 2 u. 4); eine gesonderte Mitteilung ist deshalb überflüssig.[13] Weiterhin umfasst die Mitteilungspflicht Angaben zur Spannungsebene, an die die Anlage angeschlossen ist (§ 72 Abs. 2 Nr. 1) sowie die Endabrechnungen der Netzbetreiber nach § 72 Abs. 1 Nr. 2 und der Übertragungsnetzbetreiber nach § 73 Abs. 2.

8 Daneben müssen gem. § 76 Abs. 1 die **„zu ihrer Überprüfung erforderlichen Daten"** mitgeteilt werden. Nach der Gesetzesbegründung[14] bezieht sich dieser Zusatz nur auf die Daten zur Überprüfung der Endabrechnungen. Die Einfügung des Zusatzes erfolgte zur Klarstellung.[15] Welche Daten im Einzelnen erforderlich sind, lässt das Gesetz offen – im Gegenteil zu den sehr detaillierten vorgenannten Informationspflichten. Fraglich ist insbesondere, an welchem Maßstab sich die Erforderlichkeit misst. Dies kann nur im Hinblick auf den Berechtigten des § 76 – die BNetzA – beantwortet werden. Sie verfügt über Experten im energierechtlichen und -technischen Bereich, die nach § 85 Abs. 1 Nr. 2 den bundesweiten Ausgleich überwachen. Der Umfang der erforderlichen Daten ist deshalb gerin-

---

10 Vgl. Gesetzesbegründung, BT-Drs. 17/6071, S. 86.
11 § 9 Abs. 6 AusglMechV stellt klar, dass die Bezugnahme auf §§ 71–74 für den Inhalt gilt, den diese durch § 9 Abs. 2–4 AusglMechVerhalten. S. dazu die Kommentierungen der entsprechenden §§.
12 Vgl. ausführlich die Kommentierung zu § 71 Rn. 8 ff.
13 Regierungsbegründung zum EEG 2014 v. 5.5.2014, BT-Drs. 18/1304, S. 160.
14 BT-Drs. 16/8148, S. 70; unklar Frenz/Müggenborg/*Posser/Altschmidt*, § 51 Rn. 7.
15 BT-Drs. 16/8148, S. 70.

ger als der, der nach § 77 Abs. 3 für eine „sachkundige dritte Person" (als Teil der Öffentlichkeit) notwendig ist.[16]

§ 76 Abs. 1 1. Hs. enthält nur einen Verweis auf § 72 Abs. 2 **Nr. 1**, nicht aber auf **Nr. 2–4.** **9** Daraus könnte geschlossen werden, dass die Mitteilungen der Netzbetreiber keine der dort genannten Angaben enthalten müssen. § 72 Abs. 2 zeigt aber nur einige Daten auf, die zur Ermittlung der Energiemengen und Vergütungszahlungen in jedem Fall erforderlich sind, und ist somit eine Konkretisierung des Abs. 1.[17] Die Angaben sind deshalb bereits in der Mitteilungspflicht des § 72 Abs. 1 Nr. 2 enthalten, auf den § 76 Abs. 1 verweist.[18]

Gem. § 76 Abs. 1 2. Hs. müssen Energieversorgungsunternehmen und Eigenversorger der **10** BNetzA die Angaben nach **§ 74** mitteilen, also die an Letztverbraucher gelieferte bzw. erzeugte und verbrauchte Energiemenge und die Endabrechnung gegenüber dem regelverantwortlichen Übertragungsnetzbetreiber. Der erste Halbsatz gilt hinsichtlich dieser Angaben entsprechend. Dies bezieht sich auf Form und Frist sowie auf die zusätzliche Übermittlung der zur Überprüfung der Endabrechnung erforderlichen Daten.[19]

2. Frist. Die Vorlage der Informationen hat „zum Ablauf der jeweiligen Fristen" zu erfol- **11** gen. Die Fristen für die Meldepflicht gegenüber der BNetzA entsprechen also den Fristen der primären Meldepflichten nach den §§ 71 ff. Für die Daten nach § 71 Nr. 1 ist dies der **28. Februar**, für die Angaben nach § 72 und § 74[20] der **31. Mai** und für die des § 73 Abs. 2 der **31. Juli** jedes Jahres.[21] Problematisch ist die Fristbestimmung bei den Angaben nach § 71 Nr. 2, da diese Vorschrift keine eigene Fristenregelung enthält. Nach der Gesetzesbegründung müssen diese Angaben bei der erstmaligen Geltendmachung des Vergütungsanspruchs und danach nur noch bei anspruchsrelevanten Änderungen mitgeteilt werden.[22] Diese Meldung hat unverzüglich zu erfolgen.[23] Es spricht vieles dafür, dass auch die Meldung an die BNetzA unverzüglich (nach Kenntniserlangung) zu erfolgen hat. Teilweise wird vertreten, dafür ebenfalls die Frist des § 71 Nr. 1 (28. Februar), anzuwenden.[24] Eine unverzügliche Vorlage nach Erhalt der Angaben sei mit nicht unerheblichem Aufwand für die Netzbetreiber verbunden, da die Anlagenbetreiber diese Mitteilungen nicht in elektronischer Form vornehmen müssten, so dass der Netzbetreiber die Daten möglicherweise noch aufbereiten müsste.[25] Dies vermag nicht zu überzeugen; denn auch die Daten nach § 71 Nr. 1 sind, obwohl sie vom Anlagenbetreiber nicht in elektronischer Form übermittelt werden müssen, bis zum 28. Februar der BNetzA zu melden. Auch dort hat der Gesetzgeber also eine geringe Zeitspanne in Kauf genommen. Deshalb spricht nichts dagegen, dass auch die Vorlage der Daten nach § 71 Nr. 2 an die BNetzA **unverzüglich** zu erfolgen hat.

16 Ebenso Altrock/Oschmann/Theobald/*Kachel*, § 51 Rn. 5; Frenz/Müggenborg/*Posser/Altenschmidt*, § 51 Rn. 6.

17 BT-Drs. 16/8148, S. 69.

18 Frenz/Müggenborg/*Posser/Altenschmidt*, § 51 Rn. 7, sprechen insofern von einer „Doppelung" der Aufzählung des § 47 Abs. 2 Nr. 1.

19 Vgl. oben Rn. 8.

20 Beachte § 9 Abs. 2 AusglMechV: Für Angaben der Eigenversorger gilt als Frist der 28. Februar.

21 Für die Daten des Kalenderjahres 2014 gilt gem. § 11 Abs. 2 AusglMechV eine Übergangsfrist.

22 BT-Drs. 16/2455, S. 10.

23 Vgl. Altrock/Oschmann/Theobald/*Kachel*, § 46 Rn. 11.

24 *Jacobshagen/Vollprecht*, IR 2008, 344, 345; Altrock/Oschmann/Theobald/*Kachel*, § 51 Rn. 7.

25 *Jacobshagen/Vollprecht*, IR 2008, 344, 345.

12 **3. Form.** Die Vorlage der Daten an die BNetzA muss in **elektronischer Form** erfolgen. Damit wird auf § 126a BGB bzw. § 3a VwVfG Bezug genommen, so dass eine elektronische Signatur erforderlich ist.[26] Letztendlich kann dies dahinstehen, da die BNetzA von der ihr in § 76 Abs. 2 S. 1 eingeräumten Möglichkeit Gebrauch gemacht hat, die Übermittlung zu vereinfachen, indem sie Formularvorlagen bereitstellt.[27] Der Erhebungsbogen kann auf der Website der BNetzA heruntergeladen und ausgefüllt werden und muss anschließend durch ein ebenfalls zur Verfügung gestelltes Verschlüsselungsprogramm verschlüsselt und auf dem Energiedaten-Portal der BNetzA übermittelt werden.[28] § 76 Abs. 2 S. 1 verpflichtet nur Netzbetreiber, Elektrizitätsversorgungsunternehmen und Anlagenbetreiber zur Nutzung der Formularvorlagen. Für die Ausklammerung der Eigenversorger besteht kein einleuchtender Grund; sie ist ein Redaktionsversehen. Auch Eigenversorger müssen die Formularvorlage verwenden, sobald sie von der BNetzA bereitgestellt ist.

IV. Weiterleitung der Daten (Abs. 2 S. 2)

13 Die nach Abs. 1 erhobenen Daten sind von der BNetzA an das **BMWi** weiterzugeben. Die Ausnahme für Strombezugskosten hat nach der Streichung derselben in Abs. 1 durch das EEG 2012 keine Bedeutung mehr.[29] Der Gesetzgeber hat es in der Novelle 2014 versäumt, dieses gesetzgeberische Versehen zu beseitigen. Die Weitergabe ist zweckgebunden und darf ausschließlich zu statistischen Zwecken, zur Evaluation des EEG und zur Erfüllung der Berichtpflichten der §§ 97–99 erfolgen.[30] Nach der Gesetzesbegründung umfasst die Ermächtigung zur Weitergabe auch die Veröffentlichung der Daten in anonymisierter Form sowie die Bereitstellung durch die genannten Ministerien an Dritte zur Erfüllung statistischer Zwecke.[31]

V. Folgen von Verstößen und Rechtsschutz

14 Zur Wahrnehmung ihrer Aufgaben nach § 85 – namentlich zur Überwachung der Übermittlung der Daten nach § 76 (§ 85 Abs. 1 Nr. 3) – stellt § 85 Abs. 4 der BNetzA die verfahrensrechtlichen Möglichkeiten des **Teil 8 des EnWG** zur Verfügung. Die Informationspflicht kann die BNetzA deshalb mit vielfältigen Maßnahmen durchsetzen. Insbesondere kommen die Anordnung von Maßnahmen zur Einhaltung der Informationspflicht (§ 65 Abs. 2 EnWG), ein Auskunftsverlangen nach § 69 EnWG und die Androhung und Festsetzung von Zwangsgeld (§ 94 EnWG) in Betracht.[32] Kommt ein Unternehmen der Anordnung nach §§ 85 Abs. 4 i.V.m. 65 EnWG nicht nach, kann dies gem. § 86 Abs. 1 Nr. 3, Abs. 2 mit einem Bußgeld geahndet werden.

15 Rechtsschutz gegen Verwaltungsakte der BNetzA kann im Wege der sofortigen Beschwerde beim OLG Düsseldorf gem. **§§ 75, 78 EnWG** erlangt werden. Sie kann bei rechtswid-

---

26 A.A. Altrock/Oschmann/Theobald/*Kachel*, § 51 Rn. 8.

27 Abrufbar auf www.bundesnetzagentur.de.

28 Vgl. Informationen zur Datenerhebung der BNetzA, abrufbar auf www.bundesnetzagentur.de.

29 Altrock/Oschmann/Theobald/*Kachel*, § 51 Rn. 9 Fn. 12; *Salje*, EEG, 6. Aufl. 2012, § 51 Rn. 10.

30 Altrock/Oschmann/Theobald/*Kachel*, § 51 Rn. 9; Frenz/Müggenborg/*Posser/Altenschmidt*, § 51 Rn. 10.

31 BT-Drs. 16/8148, S. 70.

32 Vgl. dazu die Kommentierungen in Bd. 1.

riger Anordnung auf eine Verletzung des informationellen Selbstbestimmungsrechts, des Eigentums oder der Berufsfreiheit, jeweils insbesondere im Hinblick auf den Verhältnismäßigkeitsgrundsatz gestützt werden.[33] Die Beschwerde hat gem. § 76 EnWG keine aufschiebende Wirkung, die Angaben müssen also trotzdem übermittelt werden.

VI. Ergänzung der Informationspflichten durch die AusglMechV und AusglMechAV

Die Informationspflichten des § 76 werden durch die Regelungen der AusglMechV[34] und AusglMechAV[35] ergänzt. Die Übertragungsnetzbetreiber müssen der BNetzA gem. § 5 Abs. 3 AusglMechV bis zum 15. Oktober eines Kalenderjahres die Höhe der EEG-Umlage für das Folgejahr mitteilen. Diese Mitteilung umfasst auch die Datengrundlagen, Annahmen, Rechenwege, Berechnungen und Endwerte, die in die Ermittlung der Umlage eingeflossen sind, sowie eine Prognose, wie sich die Differenz aus prognostizierten Einnahmen und Ausgaben auf Neu- und Bestandsanlagen sowie auf verschiedene Letztverbrauchergruppen verteilen wird. Besonderes Gewicht wird nach der Verordnungsbegründung auf die explizite Ausweisung der Kostenverteilung auf Neuanlagen und Bestandsanlagen gelegt. Der Verordnungsgeber erstrebt dadurch, die Akzeptanz der EEG-Umlage zu steigern, da durch diese Ausweisung die Absenkung der Vergütung für Neuanlagen und damit die erheblich geringeren Kosten für neue Anlagenjahrgänge deutlich würden.[36]

16

Darüber hinaus müssen gem. § 4 Abs. 1 AusglMechAV die Einnahmen und Ausgaben des Vorjahres, aus deren prognostizierter Differenz im Vorhinein die Höhe der EEG-Umlage errechnet wurde, von den Übertragungsnetzbetreibern aufgeschlüsselt nach einzelnen Positionen übermittelt werden. Auf eine Frist zur Übermittlung dieser Daten hat der Verordnungsgeber verzichtet. Da die Angaben den Übertragungsnetzbetreibern sofort zu Beginn eines neuen Jahres für das Vorjahr zur Verfügung stehen, sind die erforderlichen Daten zeitnah zu Jahresbeginn zu übermitteln.[37] Ebenso müssen gem. § 4 Abs. 3 AusglMechAV die Preise, Mengen und Stunden des für das Vorjahr im börslichen Handel beschafften oder veräußerten Stroms gemeldet werden. Diese Mitteilungspflichten dienen der sachgerechten Prüfung der Berechnung der EEG-Umlage.[38] Frist für diese Meldung ist der 31. März; nach Aufforderung der BNetzA muss sie eventuell auch früher erfolgen. Dadurch soll es der BNetzA möglich sein, die einzelnen im Vorjahr angefallenen Einnahme- und Ausgabepositionen möglichst vor der Veröffentlichung der EEG-Umlage bis zum 15. Oktober zu überprüfen.[39] Die Mitteilung muss elektronisch unter Nutzung eventuell bereitgestellter Formularvorlagen erfolgen (§ 4 Abs. 4). Die übermittelten Angaben müssen einen sachkundigen Dritten in die Lage versetzen, die Ermittlung ohne weitere Informationen vollständig nachzuvollziehen.[40]

17

---

33 Frenz/Müggenborg/*Posser/Altenschmidt*, § 51 Rn. 11; *Salje*, EEG, § 76 Rn. 18.
34 Verordnung zum EEG-Ausgleichsmechanismus v. 17.2.2015 (BGBl. I S. 146).
35 Verordnung zur Ausführung der Verordnung zumEEG-Ausgleichsmechanismus v. 22.2.2010 (BGBl. I S. 134), zuletzt geändert durch Art. 2 der Verordnung v. 17.2.2015 (BGBl. I S. 146).
36 Verordnungbegründung, BT-Drs. 18/3416, S. 24 f.
37 Vgl. die Verordnungsbegründung zur aF der AusglMechV, BT-Drs. 16/13188, S. 18.
38 BNetzA, Vorblatt und Begründung zur AusglMechAV aF, 21.1.2010, S. 15.
39 BNetzA, Vorblatt und Begründung zur AusglMechAV aF, 21.1.2010, S. 15.
40 Vgl. dazu § 77 Rn. 9 ff.

§ 77 Information der Öffentlichkeit

(1) ¹Netzbetreiber und Elektrizitätsversorgungsunternehmen müssen auf ihren Internetseiten veröffentlichen:

1. die Angaben nach den §§ 70 bis 74 unverzüglich nach ihrer Übermittlung und

2. einen Bericht über die Ermittlung der von ihnen nach den §§ 70 bis 74 mitgeteilten Daten unverzüglich nach dem 30. September eines Jahres.
²Sie müssen die Angaben und den Bericht zum Ablauf des Folgejahres vorhalten. § 73 Absatz 1 bleibt unberührt.

(2) Die Übertragungsnetzbetreiber müssen die nach § 57 Absatz 1 finanziell geförderten und nach § 59 vermarkteten Strommengen sowie die Angaben nach § 72 Absatz 1 Nummer 1 Buchstabe c nach Maßgabe der Ausgleichsmechanismusverordnung auf einer gemeinsamen Internetseite in nicht personenbezogener Form veröffentlichen.

(3) Die Angaben und der Bericht müssen eine sachkundige dritte Person in die Lage versetzen, ohne weitere Informationen die finanziellen Förderungen und die geförderten Energiemengen vollständig nachvollziehen zu können.

(4) Angaben, die auf Grund der Rechtsverordnung nach § 93 im Internet veröffentlicht werden, müssen von den Netzbetreibern nicht veröffentlicht werden.

Übersicht

I. Normzweck

1 § 77 ist die zentrale Vorschrift des EEG zur **Information der Letztverbraucher.** Sie tragen durch die EEG-Umlage die Kosten der Förderung Erneuerbarer Energien. Die Vorschrift soll ausreichende Transparenz hinsichtlich dieser Förderung schaffen. Sie dient damit dem Interesse der Verbraucher, die Höhe ihrer zusätzlichen Belastung nachvollziehen zu können.[1] Gleichzeitig dient sie auch dem Interesse der Netzbetreiber und Energieversorgungsunternehmen, da durch die Herstellung von Transparenz unberechtigten Vorwürfen hinsichtlich eines Missbrauchs und überhöhter Zahlungen begegnet werden kann.[2] Neben § 77 finden sich weitere Veröffentlichungspflichten in der AusglMechV[3] und der Ausgl-

---

1 BT-Drs. 16/8148, S. 70 f.
2 BT-Drs. 16/2455, S. 11.
3 Verordnung zum EEG-Ausgleichsmechanismus v. 17.2.2015 (BGBl. I S. 146).

MechAV.[4] Gem. § 5 und 6 AusglMechV müssen die Übertragungsnetzbetreiber bis zum 15.10. eines Jahres sowohl die Höhe der EEG-Umlage für das Folgejahr als auch eine Prognose für die Entwicklung des Ausbaus erneuerbarer Energien, aufgeschlüsselt nach einzelnen Energieträgern (Mittelfristprognose bzw. EEG-Vorausschau) veröffentlichen.[5] §§ 2 und 3 AusglMechAV regeln Transparenzvorgaben bezüglich der an der Strombörse vermarkteten Energiemengen sowie der Einnahmen und Ausgaben i. S. d.. § 3 AusglMechV (Ermittlung der EEG-Umlage).[6]

II. Entstehungsgeschichte

§ 77 entspricht im Wesentlichen **§ 15 Abs. 2 EEG 2004.** Die Vorschrift enthielt eine   **2** Pflicht zur Veröffentlichung bestimmter Daten, verpflichtete ursprünglich jedoch nur Netzbetreiber. Erst durch das EEÄndG[7] fand im Interesse des Verbraucherschutzes und der Transparenz eine Ausweitung der Veröffentlichungspflicht auch auf Energieversorgungsunternehmen statt.[8] Die Novelle von 2012 erweiterte die Norm um Abs. 1a (jetzt Abs. 2), der die Transparenz des Ausgleichs auf Ebene der Netzbetreiber gewährleisten soll.[9] Abs. 4 wurde mit der Novelle 2014 aufgenommen. Die Neuregelgung befreit Netzbetreiber von der Veröffentlichungspflicht bzgl. derjenigen Daten, die bereits im neugeschaffenen Anlagenregister veröffentlicht sind und trägt so zu ihrer Entlastung bei.[10]

III. Veröffentlichungspflichten nach Abs. 1

1. Gegenstand der Veröffentlichung. Die Pflicht zur Veröffentlichung trifft Netzbetreiber   **3** und Elektrizitätsversorgungsunternehmen.[11] Sie müssen gem. Abs. 1 Nr. 1 die Daten veröffentlichen, die nach §§ 70–74 zwischen Anlagenbetreibern, Netzbetreibern, Energieversorgungsunternehmen und Eigenversorgern ausgetauscht wurden.[12] Diese umfassen u. a. Angaben zur Höhe der geleisteten finanziellen Förderung und zu den gelieferten Energiemengen.

Daneben muss gem. Abs. 1 Nr. 2 auch ein **Bericht** über die Ermittlung dieser Daten publi-   **4** ziert werden. Nicht ausreichend ist ein Bericht, der nur die Enddaten auflistet. Der Öffentlichkeit müssen auch die Rechenschritte zur Verfügung gestellt werden, die zur Ermittlung dieser Daten führen.[13] Nähere Vorgaben zur inhaltlichen Ausgestaltung des Berichts enthält die Vorschrift nicht. Er muss, um seine Funktion zu erfüllen, jedenfalls mehr enthalten als eine bloße Auflistung. Nur eine verbalisierte Erläuterung der einzelnen Positionen und

---

4 Verordnung zur Ausführung der Verordnung zumEEG-Ausgleichsmechanismus v. 22.2.2010 (BGBl. I S. 134), zuletzt geändert durch Art. 2 der Verordnung v. 17.2.2015 (BGBl. I S. 146).
5 S. dazu die Kommentierung der Verordnungen in Band 3.
6 Zum Verweis des § 2 AusglMechAV auf Anlage 1 Nr. 3 EEG vgl. die Kommentierung der Anlage 1.
7 Erstes Gesetz zur Änderung des Erneuerbare-Energien-Gesetzes vom 7.11.2006, BGBl. I S. 2550.
8 *Salje*, EEG, § 77 Rn. 3.
9 Altrock/Oschmann/Theobald/*Kachel*, § 52 Rn. 5.
10 Regierungsbegründung zum EEG 2014 v. 5.5.2014, BT-Drs. 18/1304, S. 162.
11 Zu den Begriffen siehe § 3 Nr. 2d und 8.
12 Vgl. im Einzelnen die Kommentierungen zu den genannten §§.
13 *Salje*, EEG, § 77 Rn. 8.

eine Beschreibung der zugrunde liegenden Vorgänge machen die Angaben für die Letzt-verbraucher so verständlich, dass tatsächlich Transparenz entsteht.[14]

5 **2. Form.** Angaben und Bericht sind **auf den Internetseiten** der Netzbetreiber und Elektri-zitätsversorgungsunternehmen zu veröffentlichen. Eine weitergehende Bestimmung hin-sichtlich der Auffindbarkeit auf der Internetseite wurde nicht getroffen. Der Normzweck kann aber nur dann erfüllt werden, wenn es einem Letztverbraucher möglich ist, die Doku-mente mit wenigen und eindeutigen Schritten auf der Seite zu finden. Ebenso müssen die Dokumente in gebräuchlichen Dateiformaten präsentiert werden. Dies erfordert, dass kei-ne kostenpflichtigen Programme zum Öffnen notwendig sind.[15]

6 **3. Frist.** Die Veröffentlichung der Angaben nach den §§ 70-74 hat **unverzüglich nach ih-rer Übermittlung** zu erfolgen, die des Berichts **unverzüglich nach dem 30. September** eines Jahres. Dabei kann auf die Definition in § 121 Abs. 1 BGB zurückgegriffen werden. „Unverzüglich" bedeutet „ohne schuldhaftes Zögern". Die Veröffentlichungen sind bis zum Ablauf des auf die Veröffentlichung folgenden Jahres vorzuhalten.

7 **4. § 73 Abs. 1.** Die Veröffentlichungspflicht des § 77 lässt die des § 73 Abs. 1 unberührt. Übertragungsnetzbetreiber erfüllen mit der Veröffentlichung nach § 77 Abs. 1 nicht gleichzeitig ihre Pflicht aus § 73 Abs. 1. Es müssen getrennte, jeweils vollständige Doku-mente veröffentlicht werden. Eine Verweisung auf das jeweils andere Dokument reicht nicht aus. Soweit der Gegenstand der Veröffentlichung identisch ist, kann aber Datenmate-rial oder Text übernommen werden.[16]

IV. Gemeinsame Veröffentlichung (Abs. 2)

8 Gem. Abs. 2 sind Übertragungsnetzbetreiber verpflichtet, die nach § 57 Abs. 1 geförderten und nach § 59 vermarkteten Strommengen auf einer **gemeinsamen Internetseite** zu veröf-fentlichen. Dafür haben die Übertragungsnetzbetreiber die Seite www.netztransparenz.de eingerichtet. Neu eingefügt wurde die Veröffentlichungspflicht beim Wechsel eines Anla-genbetreibers in die Veräußerungsform des § 20 Abs. 1 Nr. 4. In diesem Fall sind vom Übertragungsnetzbetreiber Angaben zur betreffenden Anlage und dem genutzten Energie-träger gem. § 72 Abs. 1 Nr. 1 c öffentlich zu machen. Dadurch soll ermöglicht werden, zeitnah einen Überblick über Umfang und Dauer der Inanspruchnahme dieser Einspeise-vergütung in Ausnahmefällen zu erlangen.[17] Die Veröffentlichungen erfolgen in anonymi-sierter Form. Hinsichtlich der weiteren Anforderungen verweist die Vorschrift auf die AusglMechV.[18]

V. Inhaltliche Anforderungen (Abs. 3)

9 § 77 dient der Transparenz der EEG-Förderung für die Letztverbraucher. Um diese zu ge-währleisten, müssen die Veröffentlichungen der Unternehmen in verständlicher Form er-

---

14 So auch Frenz/Müggenborg/*Posser/Altenschmidt*, § 77 Rn. 4; *Salje*, EEG, § 77 Rn. 7.
15 Vgl. Altrock/Oschmann/Theobald/*Kachel*, § 52 Rn. 7; Frenz/Müggenborg/*Posser/Altenschmidt*, § 52 Rn. 6.
16 *Salje*, EEG, § 77 Rn. 11.
17 BT-Drs. 18/1304, S. 162.
18 Verordnung zum EEG-Ausgleichsmechanismus vom 17.2.2015 (BGBl. I S. 146).

folgen. Abs. 3 stellt deshalb inhaltliche Anforderungen an die veröffentlichten Angaben und den Bericht. Sie sollen einen „sachkundigen Dritten" in die Lage versetzen, ohne weitere Informationen die ausgeglichenen Energiemengen und Vergütungszahlungen vollständig nachzuvollziehen.

Der Begriff „Sachkunde" lässt allein keine Rückschlüsse auf die notwendige Höhe der **10** Sachkunde zu. Hier muss auf den Zweck der Vorschrift abgestellt werden. Sie soll Letztverbraucher in die Lage versetzen, ihre Belastung durch die EE-Förderung nachzuvollziehen. Wird bei einer so komplexen Materie wie dem EEG ein zu hoher Maßstab an die Sachkunde gelegt, kann dieser Zweck nicht erreicht werden, da der Letztverbraucher in der Regel über kein umfassendes Wissen im rechtlichen und technischen Bereich verfügt. Der Begriff des Dritten ist deshalb verfehlt. Er impliziert einen Adressaten der zu veröffentlichenden Daten, der sich von den Verbrauchern unterscheidet. Der Bundesrat hatte in den Beratungen zur Novelle 2009 gefordert, dem § 77 Abs. 3 den Satz anzufügen, dass auch Haushaltskunden ohne besondere Sachkunde in die Lage versetzt werden müssten, ohne zusätzliche Informationen den Anteil des Stroms aus Erneuerbaren Energien eines Stromlieferanten zu erkennen.[19] Dieser Änderungsantrag ist zwar nicht in das Gesetz eingegangen. Maßstab für die Verständlichkeit muss aus Gründen des Verbraucherschutzes dennoch der Haushaltskunde sein. Er muss über eine gewisse Sachkunde verfügen. Diese braucht aber nicht über das Wissen eines durchschnittlich informierten verständigen Verbrauchers hinauszugehen. Im Hinblick auf den Normzweck müssen daher allgemeine Grundkenntnisse im Bereich des EEG ausreichen.[20]

Der sachkundige Haushaltskunde muss in der Lage sein, **ohne weitere Informationen** die **11** ausgeglichenen Energiemengen und Vergütungszahlungen **vollständig nachzuvollziehen**. Dies erfordert, dass nicht nur Enddaten veröffentlich werden, sondern auch alle notwendigen Einzelangaben, so dass keine zusätzlichen Daten nötig sind, um die Mengen und Vergütungen nachzuvollziehen.[21]

VI. Ausschluss der Veröffentlichungspflicht (Abs. 4)

Die Veröffentlichungspflicht ist ausgeschlossen, soweit die entsprechenden Angaben bereits aufgrund der Anlagenregisterverordnung im Internet veröffentlicht werden. Abs. 4 **12** wurde mit der Novelle 2014 eingefügt. Er trägt dem Umstand Rechnung, dass zahlreiche Daten zu geförderten Anlagen bereits im neugeschaffenen **Anlagenregister** nach § 6 erfasst und der Öffentlichkeit zugänglich gemacht sind. Die vorigen EEG-Fassungen enthielten lediglich eine Verordnungsermächtigung zur Errichtung eines Anlagenregisters, die jedoch nicht ausgefüllt wurde. Das EEG 2014 führte die Pflicht der BNetzA zu Errichtung und Betrieb eines Anlagenregisters ein (§ 6).[22] Meldepflichtig sind hauptsächlich Betreiber von Neuanlagen (§ 6 Abs. 2, § 3 Abs. 2 AnlRegV). Die Sammlung und Veröffentlichung der Daten durch die BNetzA entlastet zum einen die Übertragungsnetzbetreiber, die bisher diese Daten zusammentragen und für die Veröffentlichung aufbereiten mussten. Sie dient aber vor allem der Vereinheitlichung der Datensammlung, der Übersichtlichkeit und der

19 BR-Drs. 10/08 (B), S. 16.
20 So auch Altrock/Oschmann/Theobald/*Kachel*, § 52 Rn. 11; Frenz/Müggenborg/*Posser/Altenschmidt*, § 52 Rn. 5.
21 *Salje*, EEG, § 77 Rn. 20.
22 Vgl. näher die Kommentierung zu § 6.

besseren Auffindbarkeit (Transparenz) und damit letztlich der Steigerung der Akzeptanz der finanziellen Mehrbelastung durch die Energiewende.[23] Die gemeldeten Daten sind monatlich von der BNetzA im Internet in anonymisierter Form zu veröffentlichen. Eine weitere Veröffentlichung derselben Daten durch die einzelnen Netzbetreiber ist deshalb verzichtbar.

VII. Folgen von Verstößen und Rechtsschutz

13   Die BNetzA überwacht gem. § 85 Abs. 1 Nr. 3 die Einhaltung der Veröffentlichungspflichten. Das EEG selbst knüpft keine unmittelbare Folge an einen Verstoß gegen die Veröffentlichungspflichten.[24] Kommt ein Unternehmen diesen nicht nach, stehen der BNetzA gem. § 85 Abs. 4 die Maßnahmen des **Teil 8 des EnWG** zur Verfügung. Sie kann gem. § 69 EnWG Auskunft von den Unternehmen verlangen, Maßnahmen zur Einhaltung der Veröffentlichungspflicht gem. § 65 Abs. 2 EnWG anordnen und diese Anordnung mit einem Zwangsgeld nach § 94 EnWG durchsetzen. Bei Nichtbefolgung der Anordnung kann außerdem gem. § 86 Abs. 1 Nr. 3, Abs. 2 ein Bußgeld verhängt werden. Ein Verstoß gegen die Veröffentlichungspflicht kann auch eine unlautere geschäftliche Handlung i. S. d. § 5a Abs. 2 UWG darstellen, gegen die ein Beseitigungsanspruch gem. § 8 Abs. 1 UWG besteht, der v. a. von Verbraucherverbänden geltend gemacht werden kann.[25]

14   Rechtsschutz gegen Verwaltungsakte der BNetzA kann im Wege der sofortigen Beschwerde beim OLG Düsseldorf gem. **§§ 75, 78 EnWG** erlangt werden, die jedoch gem. § 76 EnWG keine aufschiebende Wirkung hat. Sie kann insbesondere auf eine Verletzung der Berufsfreiheit gestützt werden. Vor allem für Elektrizitätsversorgungsunternehmen ist dieser Eingriff relevant, da die Veröffentlichung der Daten über den Stromabsatz Aufschluss über den Umsatz gibt, aus dem sich u. U. Marktstrategien und Kundenzahlenentwicklungen ablesen lassen.[26] Der Gesetzgeber hält diesen Eingriff in die Berufsfreiheit im Verbraucherinteresse für gerechtfertigt.[27] Ein weniger schwerwiegender Eingriff ist nicht ersichtlich. Zwar käme theoretisch eine alleinige Überprüfung der EEG-Förderung durch die Behörden in Betracht. Dies würde aber einen unverhältnismäßigen Aufwand erfordern. Daher muss die Berufsfreiheit hinter der Transparenz zurückstehen.

---

23 Regierungsbegründung zum EEG 2014 v. 5.5.2014, BT-Drs. 18/1304, S. 118, 162.
24 *Salje*, EEG, § 77 Rn. 22.
25 Vgl. dazu Ohly/Sosnitza/*Sosnitza*, UWG, 6. Aufl. 2014, § 5a Rn. 9 ff.
26 BT-Drs. 16/8148, S. 70.
27 BT-Drs. 16/8148, S. 71.

Stromkennzeichnung und Doppelvermarktungsverbot

§ 78 Stromkennzeichnung entsprechend der EEG-Umlage

(1) [1]Elektrizitätsversorgungsunternehmen erhalten im Gegenzug zur Zahlung der EEG-Umlage nach § 60 Absatz 1 das Recht, Strom als „Erneuerbare Energien, gefördert nach dem Erneuerbare-Energien-Gesetz" zu kennzeichnen. [2]Die Eigenschaft des Stroms ist gegenüber Letztverbrauchern im Rahmen der Stromkennzeichnung nach Maßgabe der Absätze 2 bis 4 und des § 42 des Energiewirtschaftsgesetzes auszuweisen.

(2) [1]Der nach Absatz 1 gegenüber ihren Letztverbrauchern ausgewiesene Anteil berechnet sich in Prozent, indem die EEG-Umlage, die das Elektrizitätsversorgungsunternehmen tatsächlich für die an ihre Letztverbraucher gelieferte Strommenge in einem Jahr gezahlt hat,

1. mit dem EEG-Quotienten nach Absatz 3 multipliziert wird,
2. danach durch die gesamte in diesem Jahr an ihre Letztverbraucher gelieferte Strommenge dividiert wird und
3. anschließend mit Hundert multipliziert wird.

[2]Der nach Absatz 1 ausgewiesene Anteil ist unmittelbarer Bestandteil der gelieferten Strommenge und kann nicht getrennt ausgewiesen oder weiter vermarktet werden.

(3) [1]Der EEG-Quotient ist das Verhältnis der Summe der Strommenge, für die in dem vergangenen Kalenderjahr eine finanzielle Förderung nach § 19 in Anspruch genommen wurde, zu den gesamten durch die Übertragungsnetzbetreiber erhaltenen Einnahmen aus der EEG-Umlage für die von den Elektrizitätsversorgungsunternehmen im vergangenen Kalenderjahr gelieferten Strommengen an Letztverbraucher. [2]Die Übertragungsnetzbetreiber veröffentlichen auf einer gemeinsamen Internetplattform in einheitlichem Format jährlich bis zum 31. Juli den EEG-Quotienten in nicht personenbezogener Form für das jeweils vorangegangene Kalenderjahr.

(4) Die Anteile der nach § 42 Absatz 1 Nummer 1 und Absatz 3 des Energiewirtschaftsgesetzes anzugebenden Energieträger sind mit Ausnahme des Anteils für „Strom aus erneuerbaren Energien, gefördert nach dem Erneuerbare-Energien-Gesetz" entsprechend anteilig für den jeweiligen Letztverbraucher um den nach Absatz 1 auszuweisenden Prozentsatz zu reduzieren.

(5) [1]Elektrizitätsversorgungsunternehmen weisen gegenüber Letztverbrauchern, deren Pflicht zur Zahlung der EEG-Umlage nach den §§ 63 bis 68 begrenzt ist, zusätzlich zu dem Gesamtenergieträgermix einen gesonderten nach den Sätzen 3 und 4 zu berechnenden „Energieträgermix für nach dem Erneuerbare-Energien-Gesetz privilegierte Unternehmen" aus. [2]In diesem Energieträgermix sind die Anteile nach § 42 Absatz 1 Nummer 1 des Energiewirtschaftsgesetzes auszuweisen. [3]Der Anteil in Prozent für „Erneuerbare Energien, gefördert nach dem Erneuerbare-Energien-Gesetz" berechnet sich abweichend von Absatz 2, indem die EEG-Umlage, die das Elektrizi-

tätsversorgungsunternehmen tatsächlich für die in einem Jahr an den jeweiligen Letztverbraucher gelieferte Strommenge gezahlt hat,

1. mit dem EEG-Quotienten nach Absatz 3 multipliziert wird,
2. danach durch die gesamte an den jeweiligen Letztverbraucher gelieferte Strommenge dividiert wird und
3. anschließend mit Hundert multipliziert wird.

[4]**Die Anteile der anderen nach § 42 Absatz 1 Nummer 1 des Energiewirtschaftsgesetzes anzugebenden Energieträger sind entsprechend anteilig für den jeweiligen Letztverbraucher um den nach Satz 3 berechneten Prozentsatz zu reduzieren.**

(6) Für Eigenversorger, die nach § 61 die EEG-Umlage zahlen müssen, sind die Absätze 1 bis 5 mit der Maßgabe entsprechend anzuwenden, dass ihr eigener Strom anteilig als „Strom aus erneuerbaren Energien, gefördert nach dem Erneuerbare-Energien-Gesetz" anzusehen ist.

Übersicht

I. Normzweck

1   Die Regelung des § 78[1] zur Stromkennzeichnung dient der Transparenz und den Letztverbrauchern, sie selbst erhalten durch die Regelung die Möglichkeit durch die Wahl ihres Lieferanten und des Produkts ihre Verantwortung gegenüber der Natur und Umwelt wahrzunehmen. Für die Elektrizitätsversorgungsunternehmen (EltVU) und die Übertragungsnetzbetreiber (ÜNB) wird die Rechtsgrundlage für den Umgang mit der EEG-Umlage geschaffen.

2   Mit der EEG-Novelle zum 1.1.2010 entfiel die physikalische Stromlieferung der ÜNB an die EltVU für die Letztverbraucher. Die ÜNB dürfen nach den Vorgaben der Verordnung zur Weiterentwicklung des bundesweiten Ausgleichsmechanismus (AusglMechV) den nach § 19 Abs. 1 Nr. 2 vergüteten Strom nur am Spotmarkt einer Strombörse vermarkten.[2] Seit der Änderung des Ausgleichsmechanismus kann die an der Strombörse verkaufte EEG-Strommenge nur als Strom aus „unbekannter Herkunft"[3] verkauft werden, was zum Verlust der „grünen" Eigenschaft führt.

---

1   Mit dem Beschluss des Bundestages, Drs. 18/1891 vom 26.6.2014, wurde aus § 74 der § 78. Inhaltlich wurde an § 78 nichts geändert.
2   § 2 AusglMechV.
3   Strommengen, die nicht eindeutig erzeugungsseitig einem der in § 42 EnWG Abs. 1 Nr. 1 genannten Energieträger zugeordnet werden können (Zitat § 42 EnWG Abs. 4 S. 1).

Vor der Novellierung des EEG erhielten die Letztverbraucher den nach dem EEG vergüte- **3** ten Strom als physikalisch gelieferten Strom, der nach § 42 EnWG als Strom aus erneuerbaren Quellen ausgewiesen werden durfte. Mit der AusglMechV kamen die reine finanzielle Wälzung der EEG-Kosten sowie die Vermarktung des EEG-Stroms durch die ÜNB an der Börse, was zum Verlust der „grünen" Eigenschaft des nach dem EEG vergüteten Stroms bei der Stromkennzeichnung führt. Die Letztverbraucher finanzieren über die EEG-Umlage den Strom aus erneuerbaren Energien, ohne dass eine physikalische Lieferung erfolgt, die Voraussetzung für den Ausweis im Rahmen der Stromkennzeichnung ist.

Damit im Gesamtsystem der Energieversorgung diese „grüne" Eigenschaft nicht verloren **4** geht, wurde mit der Einführung des § 54 EEG 2012 die Möglichkeit geschaffen, den nach EEG vergüteten Strom im Rahmen der Stromkennzeichnung nach § 42 EnWG rechnerisch zu berücksichtigen und entsprechend zu kennzeichnen. Diese Kennzeichnung zum Erhalt der „grünen" Eigenschaft erfolgt unabhängig von der physikalischen Bereitstellung durch das EltVU im Rahmen einer Umrechnung bzw. unter Berücksichtigung der vom EltVU an den ÜNB gezahlten EEG-Umlage für die an die Letztverbraucher gelieferten Energiemengen. Die Ausweisung des „EEG-Stroms" erfolgt in der Rechnung der EltVU an die Letztverbraucher.

Der zu berücksichtigende Anteil für das Unternehmen, der sogenannte EEG-Anteil des **5** Unternehmens, ist abhängig von der Gesamtheit aller gelieferten Energiemengen an seine Letztverbraucher und der Summe aller gezahlten Beträge der EEG-Umlage. Beliefert das EltVU privilegierte Unternehmen nach den §§ 63–68, unterscheidet sich der EEG-Anteil des Unternehmens von dem Anteil der nicht privilegierten Kunden. Privilegierte Unternehmen haben in der Regel einen deutlich kleineren EEG-Anteil. Je mehr privilegierte Unternehmen von EltVU beliefert werden, desto kleiner wird der durchschnittliche EEG-Anteil des EltVU.

Strom aus Neuanlagen wird entweder nach § 34 (Marktprämie) oder nach § 37 (Einspeise- **6** vergütung für kleine Anlagen) oder nach § 38 (Einspeisevergütung in Ausnahmefällen) gefördert. In der Vergangenheit begründete EEG-Förderung für Strom aus Bestandsanlagen bleibt unberührt. Die Kosten der Förderung werden über die EEG-Umlage an alle Letztverbraucher verrechnet und damit ausgewiesen.

Die Erzeuger, die eine Förderung nach § 34 erhalten, vermarkten ihre Erzeugung direkt am **7** Markt und überlassen dem Netzbetreiber das Recht, diesen Strom als „Strom aus erneuerbaren Energien oder aus Grubengas" zu kennzeichnen (§ 19 Abs. 1 Nr. 1). Mit der Förderung verliert der Strom die „grüne" Eigenschaft, anderenfalls käme es zu einer Doppelausweisung der „grünen" Eigenschaft. Würde eine Doppelausweisung zugelassen werden, würde es am Markt zu einer auch europarechtlich kritischen Wettbewerbsverzerrung zwischen gefördertem Grünstrom und nicht gefördertem Grünstrom kommen.

Die Berechnung und Ausweisung des EEG-Anteils im Rahmen der Stromkennzeichnung **8** (§ 78) durch die ÜBN bzw. das EltVU sowie die Veröffentlichung des EEG-Quotienten (§ 78 Abs. 3) im Internet durch die ÜNB stellen eine Informationspflicht für die Beteiligten dar, die jedes Jahr einmal durchgeführt werden muss.

II. Entstehungsgeschichte

Mit der Novelle des EEG im Jahre 2011 wurde mit Wirkung zum 1.9.2011 die bisherige **9** Differenzkostenberechnung abgeschafft. Gleichzeitig entfielen auch die Vorschriften zur

Abrechnung der Differenzkosten. Mit dem EEG 2012 wurde der Normtext vollständig neu gefasst.

10 Die EEG-Novelle des Jahres 2014 hat lediglich zu redaktionellen Änderungen an § 54 EEG 2012 geführt, der sodann § 78 wurde:[4] Abs. 1 und 5 stellen klar, dass die Ausweisung der „grünen" Eigenschaft" durch die EltVU eine Gegenleistung für die Zahlung der EEG-Umlage ist. Der Wert der „grünen" Eigenschaft des geförderten Stroms fließt den Letztverbrauchern zu. Die weiteren Änderungen in den Abs. 1 bis 5 sind redaktioneller Natur. Neu ist Abs. 6. Durch die Einbeziehung der Eigenversorgung in die Pflicht zur Zahlung der EEG-Umlage ist es nötig, den Umgang mit der Gegenleistung der Zahlung, also die „grüne" Eigenschaft, zu regeln. Durch Abs. 6 kann auch Strom, der der Eigenversorgung dient, teilweise als EEG-Strom ausgewiesen und im Rahmen von z. B. Umweltmanagementsystemen genutzt werden.

III. Einzelerläuterungen

11 § 78 Abs. 1 enthält die Grundregel für die Ausweisung, während die Abs. 2 und 3 die Berechnung beschreiben. Abs. 2 regelt die Berechnung des Anteilsprozentsatzes. Abs. 3 legt den dafür benötigten „EEG-Quotienten" fest. Der EEG-Quotient wurde zum 30.9.2011 erstmalig durch die ÜNB veröffentlicht. In den Folgejahren erfolgt dann die Veröffentlichung jeweils bis zum 31.7. auf der gemeinsamen Internetplattform der ÜNB.[5] Über den Abs. 4 werden die nach Regeln des § 42 Abs. 1 und 3 EnWG bestimmten Anteile, aufgeteilt nach den Vorgaben des § 42 Abs. 1 Nr. 1 EnWG, angepasst, so dass die Summe aller reduzierten Anteile und der Anteil des „Stroms aus erneuerbaren Energien, gefördert nach dem EEG" wieder 100 % ergeben (Details siehe Rn. 28). EltVU, deren Weiterreichung der EEG-Umlage durch das Bundesamt für Wirtschaft und Ausfuhrkontrolle (BAFA) begrenzt wurde, müssen gemäß Abs. 5 zusätzlich zu dem Gesamtenergieträgermix einen gesondert berechneten „Energieträgermix für nach dem EEG privilegierte Unternehmen" kundenindividuell zusätzlich ausweisen.

12 Die Berechnungen nach § 78 liefern die Ergebnisse für die in § 42 Abs. 1 Ziff. 1 EnWG festgelegte Aufteilung im Rahmen der Stromkennzeichnung, dadurch wird für alle Letztverbraucher eindeutig und transparent derjenige Teil an der Stromlieferungen dargestellt, der nach dem EEG gefördert wurde.

13 Durch Abs. 1 erhalten EltVU im Rahmen der Stromkennzeichnung nach § 42 EnWG im Gegenzug zur Zahlung gegenüber den Letztverbrauchern das Recht den Anteil an EEG-Strom auszuweisen, den die Letztverbraucher über ihre EEG-Umlage finanzieren. Grundlage für diese Berechnung bildet der nach Abs. 2 berechnete Wert als Anteil in Prozent für „Strom aus erneuerbaren Energien, gefördert nach dem Erneuerbare-Energien-Gesetz". Auch die Bezeichnung des Anteils ist durch den Gesetzgeber als „Strom aus erneuerbaren Energien, gefördert nach dem EEG" definiert, damit wird für die Letztverbraucher transparent und eindeutig dargestellt, welchen Anteil sie durch die EEG-Umlage fördern. Durch diese Festlegung wird die Nutzung der „grünen" Eigenschaft, der nach dem EEG geförderten Energiemengen, im Rahmen der Stromkennzeichnung möglich. In diesen Mengen darf

---

4 Siehe Gesetzesbegründung zum § 74, BT-Drs. 18/1304, S. 163.
5 Informationsplattform der deutschen Übertragungsnetzbetreiber: www.netztransparenz.de/de/ EEG_Jahresabrechnungen.htm.

kein sonstiger Strom aus erneuerbaren Energien nach § 42 EnWG enthalten sein. Als Vorgaben zum „Ausweis" des Anteils dieser errechneten Energiemengen gelten die Festlegungen des § 42 EnWG. Diese sind zu beachten. Nach § 42 EnWG hat der Ausweis in oder als Anlage zu ihren Rechnungen an Letztverbraucher und in an diese gerichtetem Werbematerial zu erfolgen. Zusätzlich hat das EltVU auf seiner Website, die dem Verkauf von Elektrizität dient, das Stromkennzeichen anzugeben.[6] Eine mündliche Mitteilungsform ist durch diese Festlegung nicht möglich.

Neben dem unternehmensspezifischen Energieträgermix mit den entsprechenden Umwelt-   **14**
auswirkungen sind auch die für Deutschland entsprechenden Werte in grafisch visualisierter Form, in für den Verbraucher freundlicher Form, darzustellen.[7] Da sich Abs. 4 für die EEG-spezifische Stromkennzeichnung auf diesen Energieträgermix bezieht, sind diese Normen zu beachten.

1. Ausweisung der EE-Eigenschaft gegenüber dem Letztverbraucher (Abs. 1). Durch   **15**
Abs. 1 erhält das EltVU das Recht, gegenüber dem Letztverbraucher den Anteil des Stroms aus erneuerbaren Energien, gefördert nach dem Erneuerbare-Energien-Gesetz auszuweisen. Das Recht zur Ausweisung des „Stroms aus erneuerbaren Energie, gefördert nach dem Erneuerbare-Energien-Gesetz" wird gegen die Zahlung der EEG-Umlage von Netzbetreiber auf das EltVU übertragen (Satz 1). Satz 2 verpflichtet das EltVU gegenüber dem Letztverbraucher zum Ausweis des „Stroms aus erneuerbaren Energie, gefördert nach dem Erneuerbare-Energien-Gesetz". Das EltVU muss diesen Ausweis für alle EEG-Umlagepflichtigen Energiemengen, die an Letztverbraucher geliefert werden, vornehmen.

2. Berechnung des EEG-Anteils eines EltVU (Abs. 2). Durch Anwendung des Rechen-   **16**
weges aus Abs. 2 S. 1 erhält man im ersten Schritt den Mengenanteil des nach dem EEG geförderten Stroms am Gesamtenergieträgermix des EltVU. Im zweiten Schritt ergibt sich der prozentuale Anteil, der für Zwecke der Stromkennzeichnung verwendet werden muss. Der nach Abs. 1 auszuweisende Anteil ist unmittelbarer Bestandteil der gelieferten Strommenge und kann nicht getrennt ausgewiesen oder weiter vermarktet werden (Abs. 2 S. 2).

Ausgangspunkt für Berechnung ist die vom EltVU tatsächlich für die an ihre Letztverbrau-   **17**
cher gelieferte Strommenge in einem Jahr an den ÜNB gezahlte EEG-Umlage, unabhängig davon, ob die EEG-Umlage als separater Preisbestanteil in einer Rechnung ausgewiesen wird. Sobald die EEG-Umlage für gelieferte Energie gezahlt wird, muss der Energieträgermix nach den Vorgaben des Abs. 4 angepasst werden.

Der Gesetzgeber legt in Abs. 2 nicht fest, auf welchen genauen Zeitraum sich das „**Jahr**"   **18**
bezieht. In Abs. 3 werden die Regelungen zur Berechnung des EEG-Quotienten festgelegt; hier wird auf das „vergangene Kalenderjahr", in dem eine finanzielle Förderung nach § 19 in Anspruch genommen wurde, abgestellt. Dieser Zeitbezug muss somit auch für den Abs. 2 gelten, da der EEG-Quotient direkt im Abs. 2 Anwendung findet. Zu klären ist, welches Jahr dieses „vergangene Kalenderjahr" ist.[8] Diese Frage kann systematisch über § 42 Abs. 1 Ziff. 1 EnWG geklärt werden. Danach muss jeder Stromlieferant spätestens ab dem 1. November eines Jahres die Werte des vorangegangenen Kalenderjahres angeben. Der früheste Zeitpunkt, an dem alle Informationen zur Berechnung des EEG-Anteils nach

---

6 § 42 Abs. 1 EnWG.
7 § 42 Abs. 2 EnWG.
8 *Salje*, EEG 2014, 7. Aufl. 2015, § 78 Rn. 13.

Abs. 2 zur Verfügung stehen, ist der Zeitpunkt, an dem die Endabrechnung der EEG-Umlage durch die ÜNB vorliegt. Nach § 73 Abs. 2 muss die Endabrechnung der EEG-Umlage erst zum 31. Juli des Folgejahres vorliegen. Somit kann die Stromkennzeichnung frühestens ab dem 1. August aktualisiert werden. Das „vergangene Kalenderjahr" ist somit das Jahr, das dieser Aktualisierung vorausgeht. Für das Jahr 2014 ist das Betrachtungsjahr 2013.

19 Für das EltVU ist die individuell endabgerechnete EEG-Umlage der Ausgangspunkt. In diese Endabrechnung fließen neben den Zahlungen für die nicht privilegierten Kunden auch die Zahlungen für Kunden, die aufgrund eines Bescheides durch das BAFA nach den §§ 63 ff. eine Reduzierung der EEG-Umlage erfahren haben. Durch diese Tatsache können bei einem EltVU mindestens drei verschiedene EEG-Anteile (EEG-Anteil des EltVU als Durchschnittswert, EEG-Anteil für alle nicht-privilegierten Kunden und der kundenspezifische EEG-Anteil für den privilegierten Kunden) auftreten.

20 Dieser EEG-Umlagebetrag wird mit dem EEG-Quotienten, der nach Abs. 3 berechnet wurde, multipliziert. Der so bestimmte Mengenanteil „Strom aus erneuerbaren Energien, gefördert nach dem EEG" (Einheit dieses Wertes Kilowattstunden [kWh]) wird im zweiten Schritt durch die EEG-pflichtige Letztverbrauchermenge dividiert und mit 100 multipliziert. Das Ergebnis ist der Anteil „Strom aus erneuerbaren Energien, gefördert nach dem EEG" an der gesamten durch ein EltVU gelieferten Strommenge (= Gesamtunternehmensmix) in Prozent. Mit dieser Umrechnung erhält das EltVU aus dem bundeseinheitlichen EEG-Quotienten heraus seinen spezifischen Anteil an der Gesamtförderung.

Rechenweg für den Mengenanteil „Strom aus erneuerbaren Energien, gefördert nach dem EEG" im Gesamtunternehmensmix:

$$\text{„EEG-Quotient" (in kWh/€)} \times \text{gesamte gezahlte EEG-Umlage (in €)} = \text{Anteil „Strom aus erneuerbaren Energien, gefördert nach dem EEG" (in kWh)}$$

sowie für den prozentualen Anteil für den *Gesamtunternehmensmix*:

$$\frac{\text{Anteil „Strom aus erneuerbaren Energien, gefördert nach dem EEG" (in kWh) des jeweiligen EltVU}}{\text{gesamter EEG-pflichtiger Letztverbrauch (in kWh) des EltVU}} \times 100 = \text{Anteil „Strom aus erneuerbaren Energien, gefördert nach dem EEG" (in \%) für den Gesamtunternehmensmix}$$

21 Beliefert das EltVU keinen nach den §§ 63 privilegierten Kunden, ist der unternehmensspezifische prozentuale Anteil „Strom aus erneuerbaren Energien, gefördert nach dem EEG" identisch mit dem Anteil für alle Letztverbraucher. Bestehen Lieferbeziehungen zu Letztverbrauchern mit EEG-Umlagen-Begrenzung, so ist es notwendig, die unterschiedlichen Anteile von EEG-Strom an dem verschiedenen Verbrauchergruppen („privilegierte" und „nicht-privilegierte" Verbraucher) gelieferten Stroms zu berechnen. Durch die EEG-Umlagen-Begrenzung geht der Gesamtförderbetrag, der vom EltVU an die ÜNB gezahlt wird, zurück. Die EEG-Umlagen-Begrenzung wird bei der Festlegung der EEG-Umlage im Vorfeld durch die ÜNB berücksichtigt.

Die Rechenvorschriften für diese beiden Fälle lauten wie folgt:

Rechenweg für den Mengenanteil „Strom aus erneuerbaren Energien, gefördert nach dem EEG" für die **„nicht-privilegierte" Kundengruppe**

„EEG-Quotient" (in kWh/€)	×	gezählte EEG-Umlage von „nicht-privilegierten" Kunden (in €)	=	Anteil „Strom aus erneuerbaren Energien, gefördert nach dem EEG" für „nicht-privilegierte" Kunden (in kWh)

sowie für den prozentualen Anteil für die „nicht-privilegierte" Kundengruppe

$$\frac{\text{Anteil „Strom aus erneuerbaren Energien, gefördert nach dem EEG" (in kWh) für „nicht-privilegierte" Kunden}}{\text{gesamter EEG-pflichtiger Letztverbrauch (in kWh) für „nicht-privilegierte" Kunden}} \times 100 = \begin{array}{l}\text{Anteil „Strom aus erneuerbaren} \\ \text{Energien, gefördert nach dem EEG"} \\ \text{(in \%) für „nicht-privilegierte" Kunden}\end{array}$$

Rechenweg für den Mengenanteil „Erneuerbare Energien, gefördert nach dem EEG" für den jeweiligen **„privilegierten" Kunden** (nähere Ausführungen zu Abs. 5 siehe unten)

„EEG-Quotient" (in kWh/€)	×	gezählte EEG-Umlage von „privilegierten" Kunden (in €)	=	Anteil „Erneuerbare Energien, gefördert nach dem EEG" für „privilegierte" Kunden (in kWh)

sowie für den prozentualen Anteil für den jeweiligen „privilegierten" Kunden

$$\frac{\text{Anteil „Erneuerbare, Energien, gefördert nach dem EEG" (in kWh) für „privilegierte" Kunden}}{\text{gesamter EEG-pflichtiger Letztverbrauch (in kWh) für „privilegierte" Kunden}} \times 100 = \begin{array}{l}\text{Anteil „Erneuerbare Energien, gefördert} \\ \text{nach dem EEG" (in \%) für „privilegierte"} \\ \text{Kunden}\end{array}$$

3. EEG-Quotient (Abs. 3). Zur Berechnung des Prozentanteils nach Abs. 2 benötigen die **22** EltVU den EEG-Quotienten. Abs. 3 S. 1 legt fest, wie die Berechnung des EEG-Quotienten zu erfolgen hat. Der EEG-Quotient ist der Quotient aus der Summe der gesamten Strommenge, die nach § 19 Abs. 1 Nr. 2 und unter den Bedingungen des Bestandsschutzes des EEG 2000 bis 2012 gefördert wurde, geteilt durch die gesamten von den EltVU an die ÜNB gezahlten Beträge der EEG-Umlage für die im vergangenen Kalenderjahr gelieferten Strommengen an Letztverbraucher. Zum Begriff des „vergangenen Kalenderjahres" siehe Rn. 18.

Der EEG-Quotient berücksichtigt nur die EEG-Strommengen, die eine direkte Förderung **23** nach § 19 Abs. 1 Nr. 2 und unter den Bedingungen des Bestandsschutzes des EEG 2000 bis 2012 erhalten haben. Die Strommengen, die eine Förderung nach § 33i EEG 2012 (Flexibilisierungsprämie) bzw. §§ 52 ff. (Besondere Förderbestimmungen für Flexibilität) oder eine Reduzierung der EEG-Umlage nach § 39 EEG 2012 (Verringerung der EEG-Umlage auch bekannt als „Grünstromprivileg"[9]) erhalten, bleiben unberücksichtigt,[10] damit ist die

---

9 Unter dem EEG 2014 wurde das Grünstromprivileg nicht weitergeführt. § 95 Nr. 6 sieht jedoch eine Verordnungsermächtigung zur Ausgestaltung eines Systems zur Direktvermarktung von Strom aus erneuerbaren Energien an Letztverbraucher vor.
10 *Salje*, EEG 2014, 7. Aufl. 2015, § 78 Rn. 8.

Summe der geförderten Strommenge (Zähler des Quotient) niedriger und somit der EEG-Quotient zu niedrig.

24 Die so geförderten Strommengen werden mit dem von allen Letztverbrauchern getragenen Gesamtaufwand aus der EEG-Umlage gewichtet. Die Ermittlung des **EEG-Quotienten für das Jahr 2013** ergab den Wert 6,151 kWh/Euro; dabei betrug die geförderte Strommenge 121.572.642.449 kWh (Kilowattstunden) und die Einnahmen aus der gezahlten EEG-Umlage 19.763.384.775,30 Euro.[11] Nach Abs. 3 S. 2 sind die ÜNB verpflichtet, diesen EEG-Quotienten bis zum 31. Juli auf ihrer Internetseite[12] zu veröffentlichen.

25 **4. Korrektur des Gesamtenergieträgermixes nach § 42 EnWG (Abs. 4).** Jedes EltVU, das Letztverbraucher beliefert, ist nach den Vorgaben des § 42 Abs. 1 EnWG verpflichtet, in oder als Anlage zu seinen Rechnungen an Letztverbraucher und in an diese gerichtetes Werbematerial sowie auf seiner Website für den Verkauf von Elektrizität den Gesamtenergieträgermix, ggf. den Produktmix und den „verbleibenden Energieträgermix" sowie die Durchschnittswerte der Stromerzeugung in Deutschland anzugeben. Der Gesetzgeber gibt in § 42 Abs. 1 Nr. 1 EnWG auch die Aufteilung in die einzelnen Energieträger vor (Kernkraft, Kohle, Erdgas und sonstige fossile Energieträger, erneuerbare Energien, gefördert nach dem Erneuerbare-Energien-Gesetz, sonstige erneuerbare Energien). Neben diesen Angaben muss das EltVU Informationen über die Umweltauswirkungen, zumindest zu Kohlendioxidemissionen und radioaktivem Abfall, für die dargestellten Energieträgermixe angeben. Grundlage dieser Berechnungen bildet die physikalische Bereitstellung des Stroms im zu kennzeichnenden Kalenderjahr. Wegen der für die ÜNB vorgeschriebenen Börsenvermarktung des nach EEG geförderten Stroms kann die EEG-Strommenge nicht mehr an die EltVU übertragen bzw. als geliefert gekennzeichnet werden (siehe Rn. 2). Der vom EltVU auszuweisende Energieträgermix im Sinne von § 42 Abs. 1 Ziff. 1 EnWG enthielte sonst ohne die Verpflichtung des Abs. 4 keinen Strom aus „Erneuerbaren Energien, gefördert nach EEG" und die EEG-Mengen müssten dann im Anteil „Strom aus unbekannter Herkunft" im Sinne des § 42 Abs. 4 EnWG enthalten sein. § 42 Abs. 4 EnWG beschreibt das Verfahren wie der Strom „unbekannter Herkunft" aufzuschlüsseln ist. Das EltVU kann ggü. dem Letztverbraucher nur die sechs Qualitäten der Energieträger nach dem § 42 Abs. 1 Ziff. 1 ausweisen. Als Ersatzenergieträgermix steht der ENTSO-E-Energieträgermix zur Verfügung. Rechnerisch angepasst werden nur fünf Qualitäten des Stroms. Die Qualität „erneuerbare Energie, gefördert nach dem Erneuerbaren-Energien-Gesetz" erfährt keine Anpassung. Seit 2012 besteht für das EltVU auch keine Möglichkeit mehr, diese Qualität vom ÜNB zu erhalten. Mit der Abschaffung der physikalischen Wälzung der EEG-Mengen vom ÜNB an die EltVU ab dem Lieferjahr 2010 werden die EEG-Mengen an der Börse vermarktet. Im Rahmen der physikalischen Lieferung der EEG-Mengen an die EltVU bis zum Jahr 2009 waren Ausgleichslieferung zwischen den Vertragspartnern möglich bzw. nötig, die einen Zeitverzug von bis zu zwei Jahren hatten. Somit konnte es noch in den Lieferjahr 2010 (Abrechnungsjahr 2008) und 2011 (Abrechnungsjahr 2009) zu Lieferungen von EEG-Mengen vom ÜNB an den Lieferanten kommen. Diese Lieferungen durften nicht rechnerisch angepasst werden, sondern mussten additiv in der „umgefärbten" EEG-Menge berücksichtigt werden. Diese aus der EEG-Novelle 2012 stammende und für

---

11 EEG-Jahresabrechnungen, s. www.netztransparenz.de/de/EEG_Jahresabrechnungen.htm.
12 S. vorherige Fn.

die Stromkennzeichnung Lieferjahr 2010 und 2011 zum 1.9.2011 eingeführte Regelung wurde im § 78 EEG 2014 fortgeschrieben.

Der Gesetzgeber ordnet mit Abs. 4 eine **Korrektur des Gesamtenergieträgermix** im Sinne von § 42 Abs. 1 Ziff. 1 EnWG an. Unterscheidet das EltVU nach Produkten im Sinne des § 42 Abs. 3 EnWG, so muss auch dieser Produktenergieträgermix nach Abs. 4 korrigiert werden. Die Angaben der Erzeuger und Vorlieferanten im Rahmen der Informationspflicht (§ 42 Abs. 6 EnWG) erfahren keine Anpassung.   **26**

Die in § 42 Abs. 1 Nr. 1 EnWG genannten Energieträger (Kernkraft, Kohle, Erdgas, sonstige fossile Energieträger und sonstige Erneuerbare Energien) müssen um den nach Abs. 1 bestimmten Wert reduziert werden. Der Wert für „Strom aus erneuerbaren Energien, gefördert nach dem Erneuerbare-Energien-Gesetz" bleibt unverändert. Zu den reduzierten Werten wird der Anteil für „Strom aus erneuerbaren Energien, gefördert nach dem Erneuerbare-Energien-Gesetz" hinzugefügt, so dass die Summe wieder 100% ergibt. Neben den Anteil der Energieträger müssen entsprechend die Umweltauswirkungen des entsprechenden Energieträgermixes korrigiert werden.   **27**

Das folgende Beispiel soll anhand von Zahlenwerten dieses Vorgehen verdeutlichen: **28**

Energieträgeraufteilung nach § 42 Abs. 1 Nr. 1 EnWG	Energieträgermix berechnet nach den Vorgaben § 42 EnWG	Energieträgermix nach der Korrektur nach § 78 Abs. 4
Kernenergie	28,8%	19,4%
Kohle	49,9%	33,7%
Erdgas	13,7%	9,3%
Sonstige fossile Energieträger	3,9%	2,6%
Erneuerbare Energien, gefördert nach dem EEG	–	32,5%
Sonstige Erneuerbare Energien	3,7%	2,5%

Tabelle 1: Beispiel zur Korrektur der Anteilsprozentsätze beim EltVU-Energieträgermix, Zahlenwerte nur beispielhaft[13]

Im Beispiel beträgt der nach den Vorgaben von Abs. 1 berechnete Anteil 32,5%, deshalb müssen alle Energieträgeranteile außer „Erneuerbare Energien, gefördert nach dem EEG" mit dem Wert 0,675 (entspricht 67,5%) multipliziert werden. Anschließend wird der berechnete Anteil von 32,5% für „Strom aus erneuerbaren Energien, gefördert nach dem EEG" eingetragen. In der Summe aller Werte ergibt sich wieder der Wert 100%.   **29**

Mit der Anpassung der Anteilswerte des EltVU-Energieträgermixes müssen als Konsequenz auch die Umweltauswirkungen angepasst werden. Im Beispiel werden diese auch mit dem Wert 0,675 (entspricht 67,5%) multipliziert.   **30**

---

13 Abweichende Darstellung bei *Salje*, EEG 2014, 7. Aufl. 2015, § 78 Rn. 19.

Umweltauswirkungen nach § 42 Abs. 1 Nr. 2 EnWG	Energieträgermix berechnet nach den Vorgaben § 42 EnWG	Energieträgermix nach der Korrektur nach § 78 Abs. 4
CO_2-Emission g/kWh	580	392
radioaktiver Abfall g/kWh	0,0007	0,0005

Tabelle 2: Beispiel zur Korrektur der Umweltauswirkungen beim EltVU-Energieträger-mix, Zahlenwerte nur beispielhaft

31 Auch bei Produkten mit 100-prozentiger physikalischer bzw. vertraglicher Lieferung aus Erneuerbarer Energie muss eine Umrechnung erfolgen, denn auch für diesen Letztverbrauch zahlt das EltVU die EEG-Umlage. Nach Abs. 2 ist die tatsächliche Zahlung der EEG-Umlage die Grundlage für den EEG-Anteil, der nach Abs. 1 verpflichtend durch das EltVU auszuweisen ist.

32 **5. Erläuterung zu Abs. 5.** Abs. 5 soll Transparenz für die Unternehmen schaffen, die nach dem § 66 eine Reduzierung ihrer Verpflichtung zur Zahlung der EEG-Umlage durch das BAFA erhalten (privilegierte Unternehmen). Für diese Unternehmen soll ein spezifischer Energieträgermix ausgewiesen werden, der ihrer tatsächlich gezahlten EEG-Umlage entspricht. Die EEG-Umlage ist niedriger als die EEG-Umlage der nicht privilegierten Letztverbraucher. Damit wird durch die Berechnung nach Abs. 5 auch ein niedriger Anteil für die „Erneuerbare Energie, gefördert nach dem Erneuerbare-Energien-Gesetz" ausgewiesen. Dieser bestimmte EEG-Anteil darf nur diesem Kunden gegenüber ausgewiesen werden. Alle übrigen nicht privilegierten Letztverbraucher erhalten hingegen prozentual gleich viel EEG-Strom ausgewiesen. Zur Berechnungsformel siehe oben Rn. 21. Das Vorgehen zur Bestimmung des angepassten Energieträgermixes nach Abs. 5 entspricht demjenigen des Abs. 4 i.V.m. Abs. 2. Der so bestimmte Anteil muss gemäß Abs. 5 integriert werden. Der Unterschied zum Vorgehen gegenüber Abs. 4 besteht in der Berücksichtigung der kundenspezifischen Werte (Zahlung EEG-Umlage und Strombezugsmenge). Die Veränderung des physikalischen Energieträgermixes des Kunden erfolgt somit kundenspezifisch und ist nur ggü. diesem Kunden auszuweisen. Die von diesem Kunden gezahlte EEG-Umlage und bezogene Strommenge wird aber bei der Berechnung des „verbleibenden Energieträgermix" berücksichtigt.

33 **6. Von Eigenversorgern produzierter Strom (Abs. 6).** Eigenversorger, die nach § 61 EEG-Umlage zahlen müssen, können ihren eigenen Strom anteilig als „Strom aus erneuerbaren Energien, gefördert nach dem EEG" ausweisen. Dieser Anteil kann z.B. im Rahmen von Umweltmanagementsystemen als erneuerbar produziert ausgewiesen werden.[14] Mit der Zahlung der EEG-Umlage nach § 61 auf selbst erzeugten und verbrauchten Strom besteht die Möglichkeit die eigene Stromerzeugung entsprechend Abs. 1 bis 5 anzupassen. Der gesamte Strombezug, bestehend aus Fremdbezug vom EltVU und Eigenerzeugung, enthält dann den entsprechenden EEG-Anteil und kann im Rahmen von z.B. Umweltmanagementsystemen genutzt werden.

---

14 Siehe Gesetzesbegründung zum § 74, BT-Drs. 18/1304, S. 163.

Vaudlet/Berberich

§ 79 Herkunftsnachweise

(1) [1]Die zuständige Behörde stellt Anlagenbetreibern Herkunftsnachweise für Strom aus erneuerbaren Energien aus, der nach § 20 Absatz 1 Nummer 2 auf sonstige Weise direkt vermarktet wird. [2]Die zuständige Behörde überträgt und entwertet Herkunftsnachweise. [3]Ausstellung, Übertragung und Entwertung erfolgen elektronisch und nach Maßgabe der Herkunftsnachweisverordnung. Die Herkunftsnachweise müssen vor Missbrauch geschützt sein.

(2) [1]Die zuständige Behörde erkennt auf Antrag nach Maßgabe der Herkunftsnachweisverordnung ausländische Herkunftsnachweise für Strom aus erneuerbaren Energien an. [2]Satz 1 ist nur für Herkunftsnachweise anzuwenden, die mindestens die Vorgaben des Artikels 15 Absatz 6 und 9 der Richtlinie 2009/28/EG des Europäischen Parlaments und des Rates vom 23. April 2009 zur Förderung der Nutzung von Energie aus erneuerbaren Quellen und zur Änderung und anschließenden Aufhebung der Richtlinien 2001/77/EG und 2003/30/EG (ABl. L 140 vom 5.6.2009, S. 16) erfüllen. [3]Strom, für den ein Herkunftsnachweis nach Satz 1 anerkannt worden ist, gilt als Strom, der nach § 20 Absatz 1 Nummer 2 auf sonstige Weise direkt vermarktet wird.

(3) Die zuständige Behörde richtet eine elektronische Datenbank ein, in der die Ausstellung, Anerkennung, Übertragung und Entwertung von Herkunftsnachweisen registriert werden (Herkunftsnachweisregister).

(4) Zuständige Behörde im Sinne der Absätze 1 bis 3 ist das Umweltbundesamt.

(5) Herkunftsnachweise sind keine Finanzinstrumente im Sinne des § 1 Absatz 11 des Kreditwesengesetzes oder des § 2 Absatz 2b des Wertpapierhandelsgesetzes.

Übersicht

I. Europarechtliche Grundlagen

In Art. 15 der Richtlinie 2009/28/EG zur Förderung der Nutzung von Energie aus erneuerbaren Quellen[1] werden die geänderten Grundlagen des europäischen Herkunftsnachweissystems für die nationale Gesetzgebung festgelegt. Nach Art. 15 Abs. 1 müssen die Mitgliedstaaten sicherstellen, „dass die Herkunft von aus erneuerbaren Energiequellen erzeugter Elektrizität als solche im Sinne dieser Richtlinie gemäß objektiven, transparenten und nicht diskriminierenden Kriterien garantiert werden kann".[2] Mit diesem Nachweis kann der Energieversorger gegenüber dem Endkunden den Anteil der Energie aus erneuerbaren

1

---

1 ABl. EU L 140/16 vom 5.6.2009 (RL 2009/28/EG).
2 Vgl. Art. 15 Abs. 1 RL 2009/28/EG.

Quellen im Energiemix nachweisen, der dann als Teil der Stromkennzeichnung gemäß Art. 3 Abs. 6 der Richtlinie 2003/54/EG über gemeinsame Vorschriften für den Elektrizitätsbinnenmarkt[3] (durch § 42 EnWG in nationales Recht umgesetzt) dargestellt wird. Richtlinie 2003/54/EG wurde durch die Richtlinie 2009/72/EG[4] über gemeinsame Vorschriften für den Elektrizitätsbinnenmarkt vom 13.7.2009 ersetzt. „Ein Herkunftsnachweis gilt standardmäßig für 1 MWh. Für jede Einheit erzeugte Energie wird nicht mehr als ein Herkunftsnachweis ausgestellt."[5]

2 § 79 dient der Umsetzung der Richtlinie 2003/54/EG über den Herkunftsnachweis für Elektrizität. Durch die Anpassung des § 55 EEG 2012 blieb der bisherige § 55 EEG 2009 in der Fassung des „Europarechtsanpassungsgesetzes Erneuerbare Energien"[6] mit Stand 1.5.2011 im Grundsatz erhalten. Die Änderungen wurden erstens wegen Änderungen bei Vermarktungsmöglichkeiten des EEG-förderfähigen Stroms und zweitens wegen der Herausnahme der Herkunftsnachweise aus der Finanzmarktaufsicht notwendig.

II. Normzweck

3 § 79 Abs. 2 will die Möglichkeit eröffnen, auch Herkunftsnachweise aus nicht EU- und nicht EWR-Staaten anerkennen zu können. Diese Staaten (u. a. die Schweiz) sind teilweise in den europäischen Strommarkt integriert und nehmen derzeit teilweise auch am Handel mit Nachweiszertifikaten für Strom aus Erneuerbaren Energien teil.[7] Das Umweltbundesamt (UBA) ist für die Prüfung und Übertragung der Herkunftsnachweise aus dem Ausland zuständig. Wenn das UBA Zweifel an der Richtigkeit, der Zuverlässigkeit oder der Wahrhaftigkeit des Herkunftsnachweises aus dem Ausland hat, kann es die Anerkennung und den Import verweigern.[8] Eine Pflicht zur Anerkennung ist im Gegensatz zu Herkunftsnachweisen aus EU- und EWR-Staaten nicht in der Richtlinie 2009/28/EG geregelt.

4 Abs. 2 S. 3 stellt darüber hinaus klar, dass der ausländische Strom dem Strom gleichgestellt wird, der nach § 20 Abs. 1 Nummer 2 auf sonstige Weise direkt vermarktet worden ist.

5 Um den Handel mit Herkunftsnachweisen für Anlagenbetreiberinnen und Anlagenbetreiber und kleine Stromhändler zu ermöglichen bzw. zu erleichtern, unterliegen Herkunftsnachweise nach dem § 79 Abs. 5 nicht der Aufsicht durch die Bundesanstalt für Finanzdienstleistungsaufsicht nach dem Kreditwesengesetz (vgl. Rn. 18).

III. Entstehungsgeschichte

6 Durch die EEG-Reform 2014 wird aus § 55 EEG 2012 der § 79. Die Regelungen bleiben weitgehend unverändert. Abs. 1 Satz 1 und Abs. 2 Satz 3 werden redaktionell an die geänderte Förderstruktur des EEG 2014 angepasst. Danach sind Herkunftsnachweise nur für

---

3 ABl. EU L 176/37 vom 15.7.2003 (RL 2003/54/EG).
4 ABl. EU L 211/55 vom 14.8.2009 (RL 2009/72/EG).
5 Formulierung aus Art. 15 Abs. 2 RL 2009/28/EG.
6 Gesetz zur Umsetzung der Richtlinie 2009/28/EG zur Förderung der Nutzung von Energie aus erneuerbaren Quellen (Europarechtsanpassungsgesetz Erneuerbare Energien – EAG EE) vom 12.4.2011 (BGBl. I S. 619).
7 Gesetzesbegründung zu § 55 EEG 2012, BT-Drs. 17/6071, S. 88.
8 www.umweltbundesamt.de/service/uba-fragen/warum-gibt-es-herkunftsnachweisregister-im.

Strom ausstellbar, der auf sonstige Weise direkt vermarktet wird (§ 20 Abs. 1 Nr. 2, sonstige Direktvermarktung). In dieser Vermarktungsform erhält der Anlagenbetreiber keine Förderung durch das EEG. Abs. 1 Satz 3 sowie Abs. 2 Satz 1 nimmt nunmehr direkt auf die Herkunftsnachweisverordnung Bezug.

IV. Einzelerläuterungen

1. Herkunftsnachweise für Strom aus erneuerbaren Energien. § 79 Abs. 4 legt das 7
UBA als zuständige Behörde im Sinne der Abs. 1–3 fest. Das UBA stellt auf Antrag des
Anlagenbetreibers Herkunftsnachweise für Strom aus erneuerbaren Energien aus (Abs. 1
S. 1). Über die Ausstellung hat das UBA zu entscheiden. Der Herkunftsnachweis ist ein
elektronisches Dokument, das ausschließlich dazu dient, gegenüber einem Letztverbraucher im Rahmen der **Stromkennzeichnung** nach § 42 Abs. 1 Nr. 1 EnWG nachzuweisen,
dass ein bestimmter Anteil oder eine bestimmte Menge des Stroms aus erneuerbaren Energien erzeugt wurde.[9] Durch diese Definition des Herkunftsnachweises als elektronisches
Dokument wird ausgeschlossen, dass der Herkunftsnachweis in einer anderen Form ausgestellt werden darf. Die Ausstellung erfolgt für Strom aus erneuerbaren Energien. Als erneuerbare Energie gelten Wasserkraft einschließlich der Wellen-, Gezeiten-, Salzgradienten-
und Strömungsenergie, Windenergie, solare Strahlungsenergie, Geothermie, Energie aus
Biomasse einschließlich Biogas, Biomethan, Deponiegas und Klärgas sowie Gas aus dem
biologisch abbaubaren Anteil von Abfällen aus Haushalten und Industrie.[10] Damit werden
nur für Strom aus erneuerbaren Energien im Sinne des § 5 Nr. 14 Herkunftsnachweise ausgestellt. Für sonstigen nach dem EEG förderfähigen Strom, z.B. Grubengas, ist die Ausstellung von Herkunftsnachweisen ausgeschlossen.[11]

Der Gesetzgeber traf im EEG keine Festlegung zum Umgang mit Strom aus Anlagen, die 8
nach dem EEG nicht förderfähig sind (z.B. Wasserkraftanlagen mit Inbetriebnahme vor
dem Jahr 2000). Aus den Gesetzgebungsunterlagen geht keine Befassung mit dem Thema
hervor. Gemäß § 6 Abs. 1 Nr. 4 (HKNDV) sind für solche Strommengen auch Herkunftsnachweise ausstellbar.

Der Herkunftsnachweis dient ausschließlich dazu, gegenüber dem Letztverbraucher im 9
Rahmen der Stromkennzeichnung einen bestimmten Anteil oder eine bestimmte Menge
des Stroms aus erneuerbaren Energien auszuweisen. § 5 Nr. 20 fordert keine „ausschließliche" Bindung der Herkunftsnachweise an eine physikalische Stromlieferung. Die Herkunftsnachweise dienen ausschließlich dem Zweck der Stromkennzeichnung gegenüber
dem Letztverbraucher. Die Definition wurde sinngemäß übernommen aus Art. 15 Abs. 1
i.V.m. Erwägungsgrund 52 der Richtlinie 2009/28/EG. Erwägungsgrund 52 führt dazu
aus: „Herkunftsnachweise, die für die Zwecke dieser Richtlinie ausgestellt werden, dienen
ausschließlich dazu, einem Endkunden gegenüber nachzuweisen, dass ein bestimmter Anteil oder eine bestimmte Menge an Energie aus erneuerbaren Quellen erzeugt werden. [...]
Ein Herkunftsnachweis kann, unabhängig von der Energie, auf die er sich bezieht, von einem Inhaber auf einen anderen übertragen werden." Die Herkunftsnachweise sind nicht

---

9 § 5 Nr. 20.
10 § 5 Nr. 14.
11 Bezogen auf Grubengas ebenfalls: *Salje*, EEG 2014, 7. Aufl. 2015, § 79 Rn. 13.

direkt an eine physikalische oder vertragliche Lieferung gebunden und können auch **frei gehandelt** werden.

10 Das UBA überträgt und entwertet Herkunftsnachweise. Nach S. 3 hat die Ausstellung, Übertragung und Entwertung elektronisch zu erfolgen. Die Verordnung über Herkunftsnachweise für Strom aus erneuerbaren Energien (Herkunftsnachweisverordnung – HkNV)[12] regelt die näheren Details zur Ausstellung, Übertragung und Entwertung von Herkunftsnachweisen.

11 **2. Herkunftsnachweise aus dem Ausland.** In Abs. 2 wird der Umgang mit den Herkunftsnachweisen aus dem Ausland geregelt. Auf Antrag nach Maßgabe der Herkunftsnachweisverordnung erkennt das UBA die Herkunftsnachweise mit den Einschränkungen des Satzes 2 an. Der Eigentümer des Herkunftsnachweises ist berechtigt, einen Antrag auf Übertragung des Herkunftsnachweises zu stellen und das UBA ist beim Vorliegen der Mindestforderungen aus Satz 2 verpflichtet, die Herkunftsnachweise aus dem Ausland anerkennen zu können. Abs. 2 soll die Möglichkeit offen halten, auch Herkunftsnachweise aus nicht EU- und nicht EWR-Staaten anerkennen zu können, die teilweise in den europäischen Strommarkt integriert sind und auch teilweise am Handel mit Nachweiszertifikaten für Strom aus erneuerbaren Energien teilnehmen.[13] Eine Pflicht zur Anerkennung ist im Gegensatz zu Herkunftsnachweisen aus EU- und EWR-Staaten nicht in der Richtlinie 2009/28/EG geregelt.[14] Das Ausland ist nicht näher definiert. Ausländische Herkunftsnachweise müssen, im Gegensatz zu inländischen Herkunftsnachweisen, die Mindestvorgaben des Artikels 15 Abs. 6 und 9 der Richtlinie 2009/28/ EG (Satz 2) erfüllen. Die Mindestvorgaben der inländischen Herkunftsnachweise werden in der HkNV geregelt. Auch die Herkunftsnachweise aus dem Ausland werden für eine bestimmte Menge von Strom aus erneuerbaren Energien ausgestellt und sind nicht an die entsprechenden Strommengen gebunden. Sie können auch frei gehandelt werden. Die Herkunftsnachweise aus dem Ausland legen in diesen Fällen dar, dass eine bestimmte Strommenge aus erneuerbaren Energien erzeugt wurde, nicht aber, dass die physikalisch gelieferte Strommenge aus erneuerbaren Energien stammt. Festlegungen zur Anerkennung ausländischer Herkunftsnachweise enthält § 18 Herkunftsnachweis-Durchführungsverordnung (HKNDV). Durch den Erwerb eines frei handelbaren Herkunftsnachweises ist es möglich, Strom aus konventionellen Kraftwerken zu Strom mit „grüner" Eigenschaft „umzufärben". Die Herkunftsnachweise haben für die EltVU im Rahmen der Stromkennzeichnung einen Wert.

12 Hinsichtlich der Mindestvorgaben für die Herkunftsnachweise verweist § 79 Abs. 2 S. 2 direkt auf Art. 15 Abs. 6 Richtlinie 2009/28/ EG. Die Richtlinie führt aus: „Der Herkunftsnachweis enthält mindestens folgende Angaben: a) Angaben zur Energiequelle, aus der die Energie erzeugt wurde, und zu Beginn und Ende ihrer Erzeugung; b) Angaben dazu, ob der Herkunftsnachweis i) Elektrizität oder ii) Wärme und/oder Kälte betrifft; c) Bezeichnung, Standort, Typ und Kapazität der Anlage, in der die Energie erzeugt wurde; d) Angaben dazu, ob und in welchem Umfang die Anlage Investitionsbeihilfen erhalten hat und ob und in welchem Umfang die Energieeinheit in irgend einer anderen Weise in den Genuss einer nationalen Förderregelung gelangt ist, und zur Art der Förderregelung; e) Datum der Inbe-

---

12 HkNV v. 28.11.2011 (BGBl. I S. 2447).
13 Gesetzesbegründung zu § 55 Abs. 2, BT-Drs. 17/6071, S. 88.
14 Ebda.

triebnahme der Anlage und f) Ausstellungsdatum und ausstellendes Land und eine eindeutige Kennnummer."

In Art. 15 Abs. 9 Richtlinie 2009/28/EG werden die Mitgliedstaaten verpflichtet, die Her- **13**
kunftsnachweise, die zum Zwecke der Stromkennzeichnung unter den Voraussetzung nach
Abs. 6 der Richtlinie 2009/28/EG ausgestellt wurden und die die Mindestangaben formal
enthalten, anzuerkennen. Nur bei objektiv belegbaren begründeten Zweifeln an der Richtigkeit, Zuverlässigkeit oder Wahrhaftigkeit der inhaltlichen Angaben ist eine Ablehnung
mit einer Begründung möglich.

Art. 15 Abs. 9 führt zur Anerkennung aus: „Die Mitgliedstaaten erkennen die von anderen **14**
Mitgliedstaaten gemäß dieser Richtlinie ausgestellten Herkunftsnachweise ausschließlich
als Nachweis der in Absatz 1 und Absatz 6 Buchstaben a bis f genannten Angaben an. Ein
Mitgliedstaat kann die Anerkennung eines Herkunftsnachweises nur dann verweigern, wenn
er begründete Zweifel an dessen Richtigkeit, Zuverlässigkeit oder Wahrhaftigkeit hat. Der
Mitgliedstaat teilt der Kommission eine solche Verweigerung und deren Begründung mit."

Die aus dem Ausland übertragenen und durch das UBA anerkannten Herkunftsnachweise **15**
gelten als Strom, der nach § 20 Absatz 1 Nummer 2 **auf sonstige Weise direkt vermarktet**
wird.

3. Herkunftsnachweisregister. Mit Abs. 3 legt der Gesetzgeber fest, dass das UBA eine **16**
elektronische Datenbank (**Herkunftsnachweisregister**) einrichten muss, in der die Ausstellung, Anerkennung, Übertragung und Entwertung von Herkunftsnachweisen registriert
werden kann. Die Nutzung von privaten Datenbanken ist dadurch ausgeschlossen.

4. Keine Finanzaufsicht über Herkunftsnachweise. Nach Abs. 5 sind Herkunftsnach- **17**
weise keine Finanzinstrumente im Sinne des § 1 Abs. 11 des Kreditwesengesetzes oder des
§ 2 Absatz 2b des Wertpapierhandelsgesetzes.

Der Gesetzgeber möchte mit dieser Regelung den Handel mit Herkunftsnachweisen für **18**
Anlagenbetreiber und kleine Stromhändler ermöglichen bzw. erleichtern. Dazu sind Herkunftsnachweise nach § 79 Abs. 5 von der Aufsicht der Bundesanstalt für Finanzdienstleistungsaufsicht nach dem Kreditwesengesetz ausgenommen.

Die Gesetzesbegründung zum § 55 EEG 2012, fortgeführt in § 79, führt dazu aus: Wegen **19**
des Mehrwerts der Herkunftsnachweise gelten sie als „Wertpapiere" im Sinne des § 1 Absatz 11 KWG bzw. im Sinne des § 2 Absatz 1 WpHG. „Hierdurch unterfallen Herkunftsnachweise den regulierenden Bestimmungen dieser Gesetze. Damit sind neben erheblichen
Transaktionskosten und auch die hohen Zulassungsanforderungen des Kreditwesengesetzes verbunden. So dürfte der Handel nur nach dem Wertpapierhandelsgesetz zugelassenen
Unternehmen vorgenommen werden. Die hohen Zulassungsanforderungen nach dem
Wertpapierhandelsgesetz sind aber für Anlagenbetreiberinnen und Anlagenbetreiber und
von kleinen Stromhändlern kaum zu erfüllen. Der Handel mit Herkunftsnachweisen würde
daher in erheblichem Maße erschwert und teilweise sogar unmöglich gemacht. Deswegen
wird durch Absatz 5 (wie auch die Berechtigungen beim Treibhausgasemissionshandel
nach § 15 TEHG) sowohl der **Eigenhandel** mit Herkunftsnachweisen als auch die **Ver-**
mittlung solcher Kaufgeschäfte aufsichtsfrei gestellt. Dies erleichtert es insbesondere
kleineren Anlagenbetreibern, die Verwaltung von Herkunftsnachweisen Dritter zu übertragen und auch selbst am Handel teilzunehmen. Der Handel mit Herkunftsnachweisen kann
dadurch parallel zum Handel mit dem Strom selbst verlaufen und unterliegt keinen weite-

ren zusätzlichen Einschränkungen.[15] Sollte es beim Handel mit diesen ungekoppelten, handelbaren Herkunftsnachweisen zu Missbrauch oder Fehlentwicklungen kommen, kann das BMWi im Rahmen des § 92 reagieren und die Herkunftsnachweise durch Anpassung der Herkunftsnachweisverordnung der Finanzmarktaufsicht nach dem Kreditwesengesetz und dem Wertpapierhandelsgesetz unterstellen.[16]

20   Mit der Bekanntgabe im Bundesanzeiger am 24.12.2012 hat das Bundesministerium für Umwelt, Naturschutz und Reaktorsicherheit die Inbetriebnahme des Herkunftsnachweisregisters zum 1.1.2013 angezeigt.

---

15 Gesetzesbegründung zu § 55 Abs. 5, BT-Drs. 17/6071, S. 88.
16 Gesetzesbegründung zu § 55 Abs. 5, BT-Drs. 17/6071, S. 88.

§ 80 Doppelvermarktungsverbot

(1) [1]Strom aus erneuerbaren Energien und aus Grubengas sowie in ein Gasnetz eingespeistes Deponie- oder Klärgas und Gas aus Biomasse dürfen nicht mehrfach verkauft, anderweitig überlassen oder entgegen § 56 an eine dritte Person veräußert werden. [2]Strom aus erneuerbaren Energien oder aus Grubengas darf insbesondere nicht in mehreren Veräußerungsformen nach § 20 Absatz 1 oder mehrfach in derselben Form nach § 20 Abs. 1 veräußert werden. [3]Solange Anlagenbetreiber Strom aus ihrer Anlage in einer Veräußerungsform nach § 20 Absatz 1 veräußern, bestehen keine Ansprüche aus einer anderen Veräußerungsform nach § 20 Absatz 1. [4]Die Vermarktung als Regelenergie ist im Rahmen der Direktvermarktung nicht als mehrfacher Verkauf oder anderweitige Überlassung von Strom anzusehen.

(2) [1]Anlagenbetreiber, die eine finanzielle Förderung nach § 19 für Strom aus erneuerbaren Energien oder aus Grubengas in Anspruch nehmen, dürfen Herkunftsnachweise oder sonstige Nachweise, die die Herkunft des Stroms belegen, für diesen Strom nicht weitergeben. [2]Gibt ein Anlagenbetreiber einen Herkunftsnachweis oder sonstigen Nachweis, der die Herkunft des Stroms belegt, für Strom aus erneuerbaren Energien oder aus Grubengas weiter, darf für diesen Strom keine finanzielle Förderung nach § 19 in Anspruch genommen werden.

(3) Solange im Rahmen einer gemeinsamen Projektumsetzung nach dem Projekt-Mechanismen-Gesetz für die Emissionsminderungen der Anlage Emissionsreduktionseinheiten erzeugt werden können, darf für den Strom aus der betreffenden Anlage der Anspruch nach § 19 nicht geltend gemacht werden.

Schrifttum: *Ehricke/Breuer*, Die Vereinbarkeit von sog. Optionsverträgen auf negative Regelenergie mit dem EEG, RdE 2010, 309; *Hahn/Naumann*, Erneuerbare Energien zwischen Einspeisevergütung und Systemintegration, NJOZ 2012, 361; *Moench/Ruttloff*, Das Grünstromprivileg des § 39 EEG 2012, RdE 2012, 134.

Übersicht

I. Normzweck

1   Das EEG enthält verschiedene Instrumente zur Förderung von Strom aus erneuerbaren Energien und Grubengas. Diese knüpfen jeweils daran an, die Anlagenbetreiber für die Erzeugung von Strom aus erneuerbaren Energien und Grubengas, also für die Erzeugung von Strom mit besonderen Umwelteigenschaften, zu entlohnen und dadurch Anreize zu schaffen, die mit der Stromerzeugung aus erneuerbaren Energien verbundenen erhöhten Erzeugungskosten und Investitionsrisiken auf sich zu nehmen. Wie bei allen Fördertatbeständen besteht auch hier eine Missbrauchsgefahr. In Bezug auf Strom aus erneuerbaren Energien und Grubengas besteht diese **Missbrauchsgefahr** insbesondere darin, die besondere Umwelteigenschaft des Stroms aus erneuerbaren Energien, die jeweils Grund und Anknüpfungspunkt für die Förderung ist, neben der Inanspruchnahme der Fördertatbestände ein weiteres Mal kommerziell zu nutzen und somit doppelt zu verwerten. Der Missbrauch führt dabei nicht allein dazu, dass die besondere Umwelteigenschaft des Stroms aus erneuerbaren Energien „doppelt belohnt" wird, sondern birgt auch das Risiko, dass die entsprechenden Mengen Strom aus erneuerbaren Energien im Rahmen der **Stromkennzeichnung** gemäß § 42 EnWG doppelt gezählt werden und Letztere dadurch verfälscht wird. Vor diesem Hintergrund soll § 80 EEG sicherstellen, dass die positive Umwelteigenschaft des Stroms nicht mehrfach verwertet werden kann.[1]

2   Der Zweck des Doppelvermarktungsverbotes besteht im **Schutz der Verbraucher**, die für Strom mit besonderen Umwelteigenschaften unter Umständen im Rahmen zertifizierter Grünstromprodukte erhöhte Preise bezahlen, und im Übrigen über die vertragliche Weitergabe der EEG-Umlage durch die Elektrizitätsversorgungsunternehmen in der Regel auch die Kosten für die Förderung der erneuerbaren Energien im Rahmen des EEG tragen. Es soll sichergestellt werden, dass die Letztverbraucher nicht mit volkswirtschaftlich nicht zu rechtfertigenden Kosten belastet werden und im Übrigen darauf vertrauen können, dass der von ihnen bezogene Strom mit besonderen Umwelteigenschaften bilanziell nur einmal durch sie verwertet wird.

3   Praktisch war das Doppelvermarktungsverbot jedoch lange weitgehend bedeutungslos. Erst durch die Einführung des **Herkunftsnachweisregisters** steht ein Instrument zur Verfügung, welches es ermöglichen könnte, Verstöße gegen das Doppelvermarktungsverbot aufzudecken. Dies gilt insbesondere vor dem Hintergrund der in § 22 HkNDV[2] enthaltenen umfangreichen Verpflichtungen desjenigen Netzbetreibers, an dessen Netz die Erzeugungsanlage angeschlossen ist, Daten über die Erzeugungsleistung sowie die Vermarktungsart der Anlage an das Herkunftsnachweisregister zu melden.

---

1   BT-Drs. 16/8148, S. 73 zu § 56 EEG 2012.
2   Herkunftsnachweis-Durchführungsverordnung v. 15.10.2012 (BGBl. I, S. 2147), die durch Artikel 20 des Gesetzes vom 21.7.2014 (BGBl. I, S. 1066) geändert worden ist.

Die Bedeutung des **Herkunftsnachweisregisters als Instrument zur Überwachung des** 4
Doppelvermarktungsverbots ergibt sich systematisch jedoch vollständig erst dadurch,
dass die Stromkennzeichnung inzwischen gemäß **§ 42 Abs. 5 Nr. 1 EnWG** nur noch anhand solcher Herkunftsnachweise erfolgen darf, die im Rahmen des Herkunftsnachweisregisters gemäß § 79 Abs. 4 EEG vom Umweltbundesamt als zuständiger Behörde ausgestellt oder anerkannt und sodann zum Zwecke der Stromkennzeichnung entwertet wurden.
Verstöße gegen das Doppelvermarktungsverbot mit Herkunftsnachweisen aus anderen
Herkunftsnachweissystemen werden daher praktisch an Bedeutung verlieren, da die entsprechenden Herkunftsnachweissysteme bezüglich Stroms aus erneuerbaren Energien ihren Nutzen in Deutschland weitgehend verloren haben.

II. Entstehungsgeschichte

Eine erstmals ausdrückliche Regelung des Doppelvermarktungsverbotes fand sich in **§ 18** 5
EEG 2004. In der Version des EEG aus dem Jahre 2009 wurde der Inhalt des § 18 EEG
2004 in den neuen **§ 56 EEG 2009** übernommen und leicht angepasst. Insbesondere wurde
der Absatz 3 in **Ergänzung zu § 5 Projekt-Mechanismen-Gesetz (ProMechG)** neu eingefügt. Auch in diesem Zusammenhang sollte eine doppelte Förderung verhindert werden,
indem das ProMechG und die EEG-Vergütung nicht nebeneinander anwendbar sind. 2011
wurde die Unterscheidung zwischen Herkunftsnachweisen (vgl. § 79) und sonstigen Nachweisen neu eingefügt. Im **EEG 2012** wurde ein **Absatz 4** eingefügt, welcher die **Rechts-**
folgen eines Verstoßes gegen das Doppelvermarktungsverbot regelte. Zudem wurde im
EEG 2012 der Neustrukturierung der Direktvermarktung Rechnung getragen, indem in
Abs. 1 die Sätze 2 und 3 (jetzt Abs. 1 Sätze 2 und 4) neu eingefügt wurden. Hiermit sollte
auch das Verhältnis zur Vermarktung als Regelenergie geklärt werden. Im Rahmen der
EEG-Novelle 2014 wurde die Regelung des Doppelvermarktungsverbotes in **§ 80 EEG**
2014 überführt. Inhaltlich ergeben sich gegenüber § 56 EEG 2012 nur wenige Änderungen.
Es erfolgten vor allem **redaktionelle Anpassungen** an die geänderte Förderstruktur des
EEG 2014, so etwa in Abs. 1 S. 2, Abs. 2 S. 1 und S. 2 sowie Abs. 3. Die Regelung des
§ 56 Abs. 4 EEG 2012 wurde hingegen gestrichen. Dass es bei einem Verstoß gegen das
Doppelvermarktungsverbot zu einer Verringerung der Förderhöhe kommt, ist nunmehr in
§ 25 Abs. 2 S. 1 Nr. 5 geregelt.

III. Einzelerläuterungen

Abs. 1 umfasst Regelungen, die sich auf die mehrfache Vermarktung des eigentlichen 6
Stroms aus erneuerbaren Energien bzw. von in das Gasnetz eingespeistem Deponie- und
Klärgas sowie Gas aus Biomasse als Energieträger für Strom aus erneuerbaren Energien
beziehen. Abs. 2 erstreckt das Doppelvermarktungsverbot auf Herkunftsnachweise und
sonstige Nachweise, die die Herkunft des Stroms belegen. Abs. 3 regelt den Sonderfall einer gleichzeitigen Förderung nach dem Projekt-Mechanismen-Gesetz.

1. Verbot der Doppelvermarktung von Strom aus erneuerbaren Energien und aus 7
Grubengas sowie in das Gasnetz eingespeistem Deponie- oder Klärgas und Gas aus
Biomasse. Abs. 1 regelt das Verbot des mehrfachen Verkaufs oder sonstigen Weitergabe
von Strom aus erneuerbaren Energien und aus Grubengas sowie in das Gasnetz eingespeisten Gasen, die als Energieträger für die Erzeugung von Strom aus erneuerbaren Energien
geeignet sind.

8   **a) Keine Doppelvermarktung von Strom aus erneuerbaren Energien (Abs. 1 S. 1 und S. 2). aa) Verbot des mehrfachen Verkaufs und der mehrfachen sonstigen Weitergabe (Abs. 1 S. 1).** Gemäß Abs. 1 S. 1 darf Strom, welcher entweder aus erneuerbaren Energien oder aus Grubengas erzeugt wurde, nicht mehrfach verkauft oder in sonstiger Weise weitergegeben oder entgegen § 56 an eine dritte Person veräußert werden. Diese Regelung enthält mit dem Verbot des mehrfachen Verkaufs oder sonstigen mehrfachen Weitergabe einerseits sowie der Veräußerung entgegen § 56 andererseits zwei verschiedene Verbotstatbestände mit unterschiedlichen Regelungsadressaten.

9   Das Verbot des **mehrfachen Verkaufs oder sonstigen mehrfachen Weitergabe** erfasst zunächst sämtliche Rechtsgeschäfte, die zivilrechtlich unter die §§ 433 ff. BGB subsumiert werden können,[3] unabhängig davon, ob es sich um Handelsgeschäfte oder die Belieferung von Letztverbrauchern handelt. Darüber hinaus wird durch die Erstreckung des Verbots auf die mehrfache sonstige Weitergabe deutlich, dass es weit zu verstehen ist und **Umgehungsgeschäfte** ausgeschlossen werden sollen. Verboten sind damit z. B. auch der Tausch und andere vertragliche Gestaltungsformen, soweit hierdurch eine doppelte Vermarktung des Stroms aus erneuerbaren Energien oder Grubengas erfolgt. Ebenfalls unerheblich ist es, ob es sich um innerdeutsche oder grenzüberschreitende Verkäufe oder Weitergaben handelt.[4]

10   Der **sachliche Anwendungsbereich** des Verbots erstreckt sich auf **Strom, der aus erneuerbaren Energien oder Grubengas erzeugt** wurde. Der Wortlaut lässt dabei das Verständnis zu, dass jegliche doppelte Vermarktung von Strom, der aus erneuerbaren Energien oder Grubengas erzeugt wurde, grundsätzlich verboten ist. Dieses Verständnis bedarf vor dem Hintergrund des Schutzzwecks der Norm jedoch der Einschränkung, dass nur die doppelte Vermarktung untersagt ist, bei der der Strom jeweils auch als Strom aus erneuerbaren Energien oder Grubengas gekennzeichnet ist und damit eine besondere Eigenschaft zugesichert bzw. die entsprechende Eigenschaft im Rahmen der Vermarktung besonders genutzt wird.[5] Auch nach der Gesetzesbegründung zu § 56 EEG 2012 ist maßgeblich, dass die besondere Eigenschaft des Stroms, aus erneuerbaren Energien oder Grubengas erzeugt worden zu sein, nur einmal kommerziell genutzt werden kann.[6] Soweit der Anlagenbetreiber oder Händler hingegen die Strommengen gleichzeitig ohne weitere Ausweisung der Erzeugungsart nochmals vermarktet, wird es sich hingegen um eine gewöhnliche Gattungsschuld handeln, die auch durch Deckungsgeschäfte, z. B. an der Börse, erfüllt werden kann. Kann der Anlagenbetreiber in diesem Fall die von ihm eingegangenen Verpflichtungen nicht erfüllen, reichen die allgemeinen schuldrechtlichen Regelungen aus. Eine Gefahr, dass die Herkunft des Stroms doppelt kommerzialisiert wird oder aber eine bewusste Verfälschung der Stromkennzeichnung und damit Täuschung der Verbraucher erfolgt, besteht in dieser Konstellation nicht.

11   Indem das Doppelvermarktungsverbot an die Herkunft des Stroms als besondere vermarktungsfähige Eigenschaft anknüpft, wird zugleich deutlich, dass das grundsätzliche **Bestehen eines Förderanspruchs** gemäß § 19 EEG keine darüber hinausgehende tatbestandli-

---

3 Gabler/Metzenthin/*Dienst*, § 56 Rn. 18; Reshöft/Schäfermeier/*Kahle*, § 56 Rn. 17.
4 Reshöft/Schäfermeier/*Kahle*, § 56 Rn. 9.
5 So wohl im Ergebnis auch Gabler/Metzenthin/*Dienst*, § 56 Rn. 12; Reshöft/Schäfermeier/*Kahle*, § 56 Rn. 11.
6 BT-Drs. 16/8148, S. 73.

Hermeier

che Voraussetzung für die Anwendbarkeit des Doppelvermarktungsverbots ist. Vielmehr ist auch die doppelte Vermarktung als Strom aus erneuerbaren Energien verboten, wenn für die jeweiligen Strommengen ein Vergütungsanspruch wegen Überschreitung der förderfähigen Leistungsgrenzen nicht besteht oder aber der Förderanspruch nach § 25 ausgeschlossen oder reduziert ist.

Neben dem mehrfachen Verkauf und der sonstigen mehrfachen Weitergabe enthält § 80 Abs. 1 S. 1 auch das **Verbot der Veräußerung entgegen § 56 EEG** an eine dritte Person. Hierbei handelt es sich um einen speziellen Verbotstatbestand für die aufnehmenden Netzbetreiber, die Strom aus erneuerbaren Energien gemäß § 11 Abs. 1 abgenommen und nach § 19 Abs. 1 Nr. 2 vergütet haben. § 56 Nr. 1 verpflichtet den aufnehmenden Netzbetreiber, den nach § 19 Abs. 1 Nr. 2 vergüteten Strom unverzüglich an den vorgelagerten Übertragungsnetzbetreiber weiterzugeben. Mit diesem speziellen Verbot soll sichergestellt werden, dass der im Rahmen der gesetzlichen Vergütung von den Netzbetreibern abgenommene und vergütete Strom auch tatsächlich dem Ausgleichsmechanismus des EEG zugeführt wird. Ausweislich der Gesetzesbegründung zu § 56 EEG 2012 soll dadurch eine Vergemeinschaftung von Risiken und Privatisierung von Gewinnen verhindert werden.[7] Der Gesetzgeber hatte also die Sorge, dass Strom aus erneuerbaren Energien, der nur knapp über dem Marktpreis gesetzlich vergütet wird (z. B. Biomasse), unter Umständen vom aufnehmenden Netzbetreiber – ggf. nach einer entsprechenden Veredelung zu einem Lieferband – selbst noch lukrativ vermarktet werden könnte und nur noch der deutlich über dem Marktpreis vergütete Strom (z. B. Photovoltaik) mitsamt der entsprechenden Vergütungszahlungen in den Wälzungsmechanismus eingestellt wird, sodass im Ergebnis die durchschnittlichen Förderkosten pro gewälzter Kilowattstunde Strom aus erneuerbaren Energien deutlich ansteigen würden.

In einer Stellungnahme der Bundesnetzagentur zum Empfehlungsverfahren der Clearingstelle vertrat diese die Auffassung, dass auch die Regelung der **Eigenverbrauchsvergütung** für Photovoltaikanlagen (§ 33 Abs. 2 EEG 2009) gegen das Doppelvermarktungsverbot verstoße, soweit der Dritte für den selbst verbrauchten Strom ein Entgelt zahlt.[8] Dieser Auffassung ist hingegen nicht zu folgen. Die Eigenverbrauchsvergütung gemäß § 33 Abs. 2 EEG 2009 war ungefähr in Höhe der Differenz zwischen dem eigentlichen Vergütungssatz und dem Bruttostrompreis für Letztverbraucher einschließlich Netznutzungsentgelten reduziert. Das Eigenverbrauchsprivileg zielte darauf ab, die dezentrale Erzeugung von Strom zu fördern. Insoweit sollte es gerade auch möglich sein, den selbst erzeugten Strom an Dritte zu Marktpreisen zu veräußern und damit insgesamt ein Niveau zu erreichen, welches dem eigentlichen Fördersatz entspricht. Praktisch dürfte sich diese Frage demnächst hingegen erübrigen. Die Eigenverbrauchsvergütung ist mit Wirkung zum 1.4.2012 für Neuanlagen entfallen.

bb) Verbot der mehrfachen Vermarktung nach § 20 Abs. 1 (Abs. 1 S. 2). § 80 Abs. 1 S. 2 enthält eine Konkretisierung des Verbots der doppelten Vermarktung von Strom nach S. 1. Der Wortlaut („insbesondere") verdeutlicht, dass es sich insoweit um ein Regelbeispiel zum Grundtatbestand in S. 1 handelt. Nach Abs. 1 S. 2 darf Strom aus erneuerbaren Energien oder Grubengas insbesondere nicht in mehreren Veräußerungsformen nach § 20

12

13

14

---

7 BT-Drs. 16/8148, S. 73.
8 Stellungnahme vom 4.4.2011 zum Empfehlungsverfahren 2011/2, abrufbar unter: www.clearingstelle-eeg.de/empfv/2011/2; *Hahn/Naumann*, NJOZ 2012, 361, 366.

Abs. 1 oder mehrfach in derselben Form nach § 20 Abs. 1 veräußert werden. Indem allgemein auf § 20 Abs. 1 verwiesen wird, werden alle vier dort erfassten Veräußerungsformen **in das Doppelvermarktungsverbot mit einbezogen.** Dabei darf der Strom ausweislich des Wortlauts weder parallel in verschiedenen Veräußerungsformen noch mehrfach in ein und derselben Veräußerungsform vermarktet werden.

15 Für die Vermarktung im Rahmen der geförderten Direktvermarktung (§ 20 Abs. 1 Nr. 1) rechtfertigt sich die Einbeziehung in das Doppelvermarktungsverbot bereits dadurch, dass es sich hierbei um ein Förderinstrument handelt, das selbst eine finanzielle Entschädigung gewährleist (Marktprämienmodell). Gleichwohl ist vor dem Hintergrund des Schutzzwecks des Doppelvermarktungsverbots, nämlich eine Verfälschung der Stromkennzeichnung bzw. Täuschung der Letztverbraucher über die Herkunft des Stroms zu verhindern, auch die Einbeziehung der sonstigen Direktvermarktung sowie der Einspeisevergütung, bei der Strom als Strom aus erneuerbaren Energien bezeichnet wird, gerechtfertigt.

16 **b) Keine Doppelvermarktung von Deponiegas, Klärgas und Gas aus Biomasse (Abs. 1 S. 1).** Neben der Vermarktung des bereits erzeugten Stroms erstreckt sich das Doppelvermarktungsverbot gemäß Abs. 1 S. 1 auch auf die mehrfache Veräußerung und mehrfache sonstige Weitergabe von **Deponiegas, Klärgas und Gas aus Biomasse,** welches in ein Gasnetz eingespeist wird. Dass an dieser Stelle im Gesetz von „Gas aus Biomasse, das in ein Gasnetz eingespeist wird" gesprochen wird und nicht entsprechend der Legaldefinition gemäß § 5 Nr. 8 der Begriff Biomethan Verwendung findet, dürfte ein redaktioneller Anpassungsfehler sein.

17 In der Sache wird mit der Erstreckung des Doppelvermarktungsverbots auf in das Gasnetz eingespeistes Deponiegas, Klärgas und Gas aus Biomasse einer **besonderen Missbrauchsgefahr** Rechnung getragen, die aus der Substitutionsregelung in § 47 Abs. 6 für gasförmige Energieträger resultiert. Gemäß § 47 Abs. 6 ist unter den dort genannten Voraussetzungen aus einem Erdgasnetz entnommenes Gas jeweils als Klärgas, Grubengas, Biomethan oder Speichergas anzusehen und berechtigt zur Inanspruchnahme der finanziellen Förderung nach Maßgabe der §§ 41 bis 44. Dies birgt den Missbrauchsanreiz, in das Erdgasnetz eingespeistes Deponiegas, Klärgas, Grubengas oder Gas aus Biomasse mehrfach zu veräußern, um so die mehrfache Inanspruchnahme der gesetzlichen Förderung zu erreichen. Dies gilt umso mehr, als dass sich entsprechende Nachweissysteme zur Nachverfolgung der einzelnen Mengentransaktionen wie z. B. das Biogasregister[9] derzeit noch im Aufbau bzw. in der Startphase befinden. Um diesem Missbrauchspotenzial auf der der eigentlichen Erzeugung vorgelagerten Ebene des Handels mit gasförmigen Energieträgern zu begegnen, werden diese selbst bereits dem Doppelvermarktungsverbot unterworfen.

18 **c) Beschränkung auf Ansprüche aus einer Veräußerungsform nach § 20 Abs. 1 (Abs. 1 S. 3).** Bereits § 33e EEG 2012 ordnete an, dass Vergütungsansprüche nach § 16 Abs. 1 und 2 EEG 2012 wegfallen, wenn Anlagenbetreiber Strom aus ihren Anlagen direkt vermarkten. Nach dem Wegfall von § 33e EEG 2012 sieht nun der mit dem EEG 2014 neu eingefügte § 20 Abs. 1 S. 3 vor, dass Anlagenbetreiber, solange sie Strom aus ihrer Anlage in einer Veräußerungsform nach § 20 Abs. 1 veräußern, keine Ansprüche gegenüber dem Netzbetreiber auf Förderung aus einer anderen Veräußerungsform nach § 20 Abs. 1 ha-

---

9 Siehe hierzu unter www.biogasregister.de.

ben.[10] Durch § 20 Abs. 1 S. 3 wird zum Ausdruck gebracht, dass im Falle der Veräußerung in einer Veräußerungsform nach § 20 Abs. 1 allein Ansprüche aus der gewählten Veräußerungsform bestehen. Die Vorschrift dient dazu, eine parallele Inanspruchnahme von Förderungen nach § 20 Abs. 1 zu verhindern. Eine Doppelförderung wird somit ausdrücklich ausgeschlossen.

d) Kein Verbot bei der Vermarktung als Regelenergie im Rahmen der Direktvermarktung (Abs. 1 S. 4). Abs. 1 S. 4 entspricht inhaltlich § 56 Abs. 1 S. 3 EEG 2012.[11] Die Vorschrift nimmt die Vermarktung von Regelenergie im Rahmen der Direktvermarktung von dem Verbot der Doppelvermarktung von Strom aus erneuerbaren Energien und Grubengas gemäß Abs. 1 S. 1 aus. Fraglich ist insoweit jedoch, ob die Vermarktung als Regelenergie nur im Rahmen der sonstigen Direktvermarktung nach § 20 Abs. 1 Nr. 2 zulässig sein soll[12] oder auch im Rahmen der geförderten Direktvermarktung nach § 20 Abs. 1 Nr. 1 zulässig ist. Die besseren Gründe sprechen im Ergebnis dafür, eine Vermarktung als Regelenergie **in sämtlichen Formen der Direktvermarktung** nach § 20 Abs. 1 zuzulassen. Insoweit unterscheidet bereits der Wortlaut nicht nach verschiedenen Formen der Direktvermarktung. Die Begriffsdefinition der Direktvermarktung in § 5 Nr. 9 und der Katalog der Formen der Direktvermarktung in § 20 Abs. 1 legen eine einheitliche Begriffsverwendung nahe, sodass der Begriff der Direktvermarktung in § 80 Abs. 1 S. 4 ebenfalls sämtliche Formen der Direktvermarktung gemäß § 20 Abs. 1 umfasst. Dies bestätigt sich in systematischer Hinsicht auch dadurch, dass die gleichzeitige Vermarktung als Regelenergie in § 39 Abs. 2 a.E. nur im Fall der Inanspruchnahme der Einspeisevergütung gemäß § 20 Abs. 1 Nr. 3 oder Nr. 4 ausgeschlossen wird. Auch der Gesetzgeber folgt offensichtlich diesem Verständnis, wenn er ausführt, dass eine gleichzeitige Vermarktung als Regelenergie überall dort zulässig sein soll, wo keine feste Einspeisevergütung gezahlt werde und daher die Beschränkung der erzielbaren Erlöse durch Ausschluss der Vermarktung als Regelenergie nicht gerechtfertigt sei.[13]   **19**

2. Verbot der Doppelvermarktung durch Weitergabe von Herkunftsnachweisen (Abs. 2 S. 1). Durch Abs. 2 S. 1 wird das Doppelvermarktungsverbot auch auf Herkunftsnachweise oder sonstige Nachweise erstreckt, die die Herkunft des Stroms belegen. Gleichzeitig wird mit Abs. 2 S. 2 eine Rechtsfolgenregelung getroffen.   **20**

a) Verbot der Weitergabe von Herkunftsnachweisen. Gemäß Abs. 2 S. 1 dürfen Anlagenbetreiber, die für aus erneuerbaren Energien oder Grubengas erzeugten Strom eine finanzielle Förderung nach § 19 in Anspruch nehmen, Herkunftsnachweise oder sonstige Nachweise, die die Herkunft des Stroms belegen, nicht weitergeben. Das Verbot **adressiert damit nur Anlagenbetreiber** und soll verhindern, dass zusätzlich zur Inanspruchnahme der Einspeisevergütung und der Marktprämie die Eigenschaft des Stroms, aus erneuerbaren Energien oder Grubengas erzeugt worden zu sein, auch nicht durch die isolierte Weitergabe von Herkunftsnachweisen ein weiteres Mal kommerziell genutzt wird.   **21**

Soweit in Abs. 2 S. 1 auf **Herkunftsnachweise** abgestellt wird, meint dies solche im Sinne des § 79. Die Regelung erscheint insoweit überflüssig, als dass nach § 79 Abs. 1 S. 1 im   **22**

---

10 Der Entgeltanspruch gegenüber einem Dritten aus einem etwaigen Liefervertrag bleibt hiervon jedoch grundsätzlich unberührt, siehe dazu Rn. 32.
11 Zur Rechtslage vor dem EEG 2012 siehe *Ehricke/Breuer*, RdE 2010, 309.
12 So wohl *Salje*, EEG 2014, § 80 Rn. 29 f.
13 BR-Drs. 341/11, S. 174 zu § 56 EEG 2012.

Falle der Inanspruchnahme der Einspeisevergütung nach § 20 Abs. 1 Nr. 3 oder Nr. 4 und der Vermarktung im Rahmen der geförderten Direktvermarktung nach § 20 Abs. 1 Nr. 1 überhaupt kein Anspruch auf Ausstellung eines Herkunftsnachweises besteht. Entsprechend ist es dem Anlagenbetreiber gemäß § 6 Abs. 3 S. 2 HkNDV untersagt, einen Herkunftsnachweis zu beantragen, wenn für die erzeugte Strommenge eine finanzielle Förderung nach § 19 EEG in Anspruch genommen wurde. Um zu vermeiden, dass nicht versehentlich dennoch ein Herkunftsnachweis ausgestellt wird, hat der Netzbetreiber, an dessen Netz die Anlage angeschlossen ist, gemäß § 22 HkNDV umfangreiche Informationen an das Umweltbundesamt als zuständige Registerbehörde zu übermitteln. Dies umfasst gemäß § 22 Abs. 4 HkNDV auch die Information, ob für den von der Anlage erzeugten und ins Netz eingespeisten Strom eine finanzielle Förderung nach dem EEG beansprucht und in welcher Veräußerungsform i. S. d. § 20 Abs. 1 EEG der Strom veräußert wird. Diese Informationspflichten schließen bei korrekter Erfüllung durch den Netzbetreiber eine Ausstellung von Herkunftsnachweisen bereits aus, wenn eine Einspeisevergütung oder die Marktprämie in Anspruch genommen wird. Für den Fall einer verspäteten Übermittlung der Informationen ermöglichen sie jedenfalls eine nachträgliche Korrektur. Vor diesem Hintergrund ist zumindest fraglich, ob das Doppelvermarktungsverbot in Bezug auf Herkunftsnachweise nach § 79 mehr als eine deklaratorische Bedeutung behält.

23 Indem Abs. 2 S. 1 ausschließlich auf die parallele Weitergabe der Herkunftsnachweise zur Inanspruchnahme der finanziellen Förderung nach § 19 durch Anlagenbetreiber abstellt, wird im Unterschied zur Regelung des Abs. 1 jedoch gerade **kein generelles Verbot des mehrfachen Verkaufs** oder der mehrfachen sonstigen Weitergabe der grundsätzlich isoliert handelbaren[14] Herkunftsnachweise aufgestellt. Vielmehr wird die eigentliche Handelsebene der Herkunftsnachweise mit Ausnahme der vorliegend dargestellten Sonderkonstellationen überhaupt nicht erfasst. Insbesondere entfaltet das Doppelvermarktungsverbot somit auch für **aus dem Ausland importierte Herkunftsnachweise** für Strom aus erneuerbaren Energien keine Bedeutung.

24 Der **Begriff der Weitergabe** ist dabei auch im Rahmen des Abs. 2 S. 1 weit zu fassen, so dass nicht allein der Verkauf von Herkunftsnachweisen erfasst ist. Auch der Tausch von Herkunftsnachweisen (etwa von solchen mit früherem gegen solche mit späterem Verfallsdatum nach § 17 Abs. 5 HkNDV) oder die vorübergehende Leihe von Herkunftsnachweisen ist somit erfasst, wenn diese gleichzeitig zur Inanspruchnahme der finanziellen Förderung nach § 19 erfolgen. Zulässig soll eine Weitergabe jedoch dann sein, wenn die Nachweise auch bei dem Dritten nur zu internen Prüfzwecken verwendet werden und damit keine Nutzung der Nachweise erfolgt.[15]

25 **b) Verbot der Weitergabe von sonstigen Nachweisen.** Neben den Herkunftsnachweisen im Sinne des § 79 ist auch die Weitergabe **sonstiger Nachweise**, die die Herkunft des Stroms aus erneuerbaren Energien oder Grubengas belegen, untersagt, wenn gleichzeitig die finanzielle Förderung nach § 19 in Anspruch genommen wird. Die Formulierung „sonstige Nachweise, die die Herkunft des Stroms belegen" ist dabei vom Gesetzgeber bewusst unbestimmt gewählt worden. Erfasst werden sollte jede Art von Nachweisen, die die Anlagenbetreiber für die Erzeugung von Strom aus erneuerbaren Energien und Grubengas

---

14 Dazu *Salje*, EEG 2014, § 80 Rn. 31, 34; *Moench/Ruttloff*, RdE 2012, 134, 138.
15 BT-Drs. 16/8148, S. 73 zu § 56 EEG 2012; näher dazu *Salje*, EEG 2014, § 80 Rn. 35 ff.

erhalten.[16] Mit der Regelung wurde zum Zeitpunkt ihrer Einführung im Jahr 2008 dem Umstand Rechnung getragen, dass Herkunftsnachweise nach § 79 zum damaligen Zeitpunkt noch nicht gemäß § 42 EnWG die einzigen Herkunftsnachweise waren, die für die Stromkennzeichnung bzw. die Zertifizierung von Grünstromprodukten verwendet werden durften. Vielmehr existierten und existieren immer noch eine ganze Reihe privatwirtschaftlich organisierter Herkunftsnachweissysteme (z. B. das Renewable Energy Certificate System (**RECS**) oder die Guarantees of Origin (**GoO**)). Aufgrund des geänderten § 42 EnWG spielen diese für die Stromkennzeichnung und Zertifizierung von Grünstromprodukten in Deutschland keine bedeutende Rolle mehr. Denkbar ist jedoch, dass die Anlagenbetreiber im Rahmen dieser Herkunftsnachweissysteme Herkunftsnachweise beantragen und sodann ins europäische Ausland exportieren, wo diese weiterhin für die Stromkennzeichnung bzw. Zertifizierung von Grünstromprodukten verwendet werden können. Auch in diesem Fall würde die Eigenschaft der Erzeugung aus erneuerbaren Energien oder Grubengas doppelt kommerziell genutzt, wenn eine solche Weitergabe parallel zur Inanspruchnahme der finanziellen Förderung nach § 19 erfolgen würde. Vor diesem Hintergrund ist es trotz der Änderung des § 42 EnWG angebracht, die „sonstigen Nachweise, die die Herkunft des Stroms belegen" weiterhin unter das Doppelvermarktungsverbot gemäß § 80 Abs. 2 S. 1 zu fassen.

c) Ausschluss der finanziellen Förderung nach § 19. Im Fall der Weitergabe von Herkunftsnachweisen oder sonstigen Nachweisen über Strom aus erneuerbaren Energien oder Grubengas ist gemäß Abs. 2 S. 2 eine Inanspruchnahme der finanziellen Förderung nach § 19 ausgeschlossen. Ausweislich der Gesetzesbegründung aus dem Jahr 2008 sollte es dem Anlagenbetreiber damit indirekt frei gestellt werden, auf die Vergütung zu verzichten und seine Anlage durch die Weitergabe des Herkunftsnachweises zu vermarkten. Der Vergütungsanspruch sollte dabei für den Zeitraum entfallen, für den der Herkunftsnachweis ausgestellt ist.[17] Durch die mit der Novelle zum EEG 2012 erfolgten Änderungen ist jedoch weder diese Intention des Gesetzgebers noch die Regelung selbst frei von Widersprüchen zu anderen Regelungen des EEG. Daran hat auch die EEG-Novelle 2014 nichts geändert. So fügt sich eine solche Vorgehensweise nicht ohne Weiteres in die Vorgaben zum Wechsel zwischen verschiedenen Vermarktungsformen ein (§ 21).

3. Verbot der Doppelvermarktung bei Projektumsetzung nach dem ProMechG (Abs. 3). Das Gesetz zur Umsetzung der projektbezogenen Mechanismen des Protokolls von Kyoto (Projekt-Mechanismen-Gesetz (**ProMechG**))[18] schafft unter anderem die nationale Rechtsgrundlage für die Durchführung von projektbezogenen Kyoto-Mechanismen zur Erzeugung von Emissionsgutschriften für erzielte Emissionsminderungen. Projekte nach diesem Gesetz bedürfen nach § 5 ProMechG der Zustimmung der zuständigen Behörde. Die Zustimmung der Behörde ist gemäß § 5 Abs. 1 S. 5 ProMechG ausgeschlossen, wenn mit der Projekttätigkeit zugleich Strom erzeugt wird, der die Voraussetzungen des § 19 Abs. 1 EEG oder des § 5 KWKG erfüllt. Es regelt also schon das ProMechG selbst, dass eine parallele Anwendung nicht in Betracht kommt. Diese Regelung wird durch Abs. 3 gespiegelt, wonach eine finanzielle Förderung nach § 19 nicht in Anspruch genommen werden darf, solange Emissionsreduktionseinheiten im o. g. Sinne erzeugt werden

26

27

---

16 BT-Drs. 16/8148, S. 73 zu § 56 EEG 2012.
17 BT-Drs. 16/8148, S. 73.
18 Projekt-Mechanismen-Gesetz vom 22.9.2005 (BGBl. I S. 2826), das zuletzt durch Artikel 2 des Gesetzes vom 21.7.2014 (BGBl. I S. 1066) geändert worden ist.

können. Hiermit wird eine mögliche Regelungslücke des ProMechG für den Fall geschlossen, dass eine Projekttätigkeit erst nach der Genehmigung durch die Behörde nach dem ProMechG die Voraussetzungen für die Förderungen nach EEG und KWKG erfüllt.[19] Auch in diesem Fall soll eine parallele Anwendung ausgeschlossen werden. Die Regelung dient demnach ebenso wie die übrigen Regelungen des § 80 der Verhinderung paralleler Inanspruchnahme von Förderungen.

28 **4. Rechtsfolgen bei Verstoß.** Die mit dem EEG 2012 eingefügte Rechtsfolgenregelung in § 56 Abs. 4 EEG 2012 wurde im Rahmen der EEG-Novelle 2014 wieder gestrichen. Bei einem Verstoß gegen eine der unterschiedlichen Varianten des Doppelvermarktungsverbotes nach den Abs. 1 bis 3 kommen nunmehr die seit der EEG-Novelle 2014 in § 25 Abs. 2 S. 1 Nr. 5 EEG geregelte Rechtsfolge sowie der Ordnungswidrigkeitstatbestand in § 86 Abs. 1 Nr. 1 EEG zum Tragen. Daneben sind die allgemeinen Rechtsfolgen eines Verstoßes gegen das Doppelvermarktungsverbot von Bedeutung.

29 **a) Verringerung der Förderung gemäß § 25 Abs. 2 S. 1 Nr. 5 EEG.** Mit dem EEG 2012 wurde in § 56 Abs. 4 EEG 2012 eine eigene Rechtsfolgenregelung aufgenommen. Bis dahin enthielt das EEG mit Ausnahme des § 56 Abs. 2 S. 2 EEG 2009 und des Ordnungswidrigkeitentatbestands in § 62 Abs. 1 Nr. 1 EEG 2009 keine Regelung für die Rechtsfolgen eines Verstoßes gegen das Doppelvermarktungsverbot. Insoweit wurde durch die Aufnahme des § 56 Abs. 4 EEG 2012 das Doppelvermarktungsverbot erheblich schärfer sanktioniert als zuvor. Die drei in § 56 Abs. 4 Nr. 1 bis 3 EEG 2012 enthaltenen Rechtsfolgenregelungen zielten dabei **jede auf eine andere Form der Vermarktung der Anlage** ab. Während sich Abs. 4 Nr. 1 auf den Fall bezog, dass die Anlage für die gesetzliche Vergütung angemeldet war, betrafen die beiden weiteren Rechtsfolgenregelungen die Konstellation, dass die Anlage im Rahmen des Marktprämienmodells (Abs. 4 Nr. 2) oder aber des Grünstromprivilegs (Abs. 4 Nr. 3) direkt vermarktet wurde. Im Rahmen der Novelle des EEG 2014 wurde Abs. 4 vollständig gestrichen. Dies bedeutet jedoch nicht, dass ein Verstoß gegen das Doppelvermarktungsverbot ohne Rechtsfolgen bleibt. Vielmehr wurde die Rechtsfolgenregelung in den neuen § 25 Abs. 2 S. 1 Nr. 5 EEG überführt. Danach verringert sich der anzulegende Wert nach § 23 Abs. 1 S. 2 auf den Monatsmarktwert, wenn der Anlagenbetreiber gegen die in § 80 geregelten Pflichten verstößt. Ausweislich des Wortlauts bleibt also der eigentliche Förderanspruch als Gegenleistung für die erfolgte Einspeisung bestehen, er ist lediglich der Höhe nach auf den Monatsmarktwert verringert. Die Auswirkungen dieser Sanktion sind im Einzelnen jedoch davon abhängig, in welcher Vermarktungsform die Anlage vermarktet wird. Im Rahmen der geförderten Direktvermarktung führt die Reduzierung des nach § 23 Abs. 1 S. 2 anzulegenden Wertes auf den Monatsmarktwert dazu, dass sich die Marktprämie rechnerisch auf Null reduziert. Denn von dem dann als Ausgangswert anzulegenden Monatsmarktwert wird nach Nummer 1.2 Anlage 1 wiederum der Monatsmarktwert abgezogen. Mithin ist also die Förderung nach dem EEG auf Null reduziert. Nach dem wirtschaftlichen Ergebnis entspricht dies der in § 56 Abs. 4 Nr. 2 EEG 2012 enthaltenen Regelung, nach der der Anspruch auf die Marktprämie ausgeschlossen war. Die Sanktionsregelung ist dabei grundsätzlich auf Bestandsanlagen, die vor dem 1.4.2014 nach Maßgabe des am 31.7.2014 geltenden Inbetriebnahmebegriffs in Betrieb genommen wurden, anwendbar. Auch bei diesen Anlagen ist der anzulegende Wert auf den

---

19 BT-Drs. 16/8148, S. 73; Frenz/Müggenborg/*Boemke*, § 56 Rn. 30; Altrock/Oschmann/Theobald/ *Sösemann*, § 56 Rn. 21 f.

Monatsmarktwert reduziert. Da auch § 100 Abs. 1 Nr. 8 EEG auf den anzulegenden Wert Bezug nimmt, verbleibt dem Anlagenbetreiber auch nicht der als Ersatz für die Managementprämie vorgesehene Aufschlag auf den anzulegenden Wert. Vielmehr reduziert sich auch für Bestandsanlagen die Marktprämie im Ergebnis auf Null. Bei Anlagen, die im Rahmen der Einspeisevergütung oder Ausfallvermarktung vermarktet werden, führt die Reduzierung des anzulegenden Wertes dazu, dass der Anlagenbetreiber für den an den Netzbetreiber abgegebenen Strom zumindest noch den Marktwert vergütet bekommt. Auch dieses Ergebnis entspricht wirtschaftlich der in § 56 Abs. 4 Nr. 1 EEG 2012 enthaltenen Regelung. Hinsichtlich der **Dauer der Rechtsfolge** präzisiert § 25 Abs. 2 S. 2, 2. Hs. EEG, dass die Verringerung der Förderung im Falle des Verstoßes gegen das Doppelvermarktungsverbot für die Dauer des Verstoßes zuzüglich der darauf folgenden sechs Kalendermonate gilt.

b) Ordnungswidrigkeit gemäß § 86 Abs. 1 Nr. 1 EEG. Gemäß § 86 Abs. 1 Nr. 1 EEG   **30**
handelt ordnungswidrig, wer vorsätzlich oder fahrlässig entgegen § 80 Abs. 1 S. 1 Strom oder Gas verkauft, überlässt oder veräußert. Da § 80 Abs. 1 S. 2 lediglich eine Spezifizierung des § 80 Abs. 1 S. 1 enthält, ist mit der Gesetzesbegründung davon auszugehen, dass ein Verstoß gegen S. 2 ebenfalls bußgeldbewehrt ist.[20] Ausweislich der Gesetzesbegründung wird durch die Bezugnahme auf § 80 Abs. 1 S. 1 zugleich klargestellt, dass § 80 Abs. 1 S. 3 und 4 keine Handlungsgebote oder -verbote darstellen und daher als Anknüpfungspunkte des Ordnungswidrigkeitstatbestandes ausscheiden.[21] Somit wird allein der Verbotstatbestand des § 80 Abs. 1 S. 1 vom Ordnungswidrigkeitentatbestand erfasst. Hingegen ist ein Verstoß gegen § 80 Abs. 2 und 3 ausweislich der eindeutigen Bezugnahme in § 86 Abs. 1 Nr. 1 EEG auf § 80 Abs. 1 S. 1 nicht bußgeldbewehrt. Die Ordnungswidrigkeit kann gemäß § 86 Abs. 2 mit einer Geldbuße bis zu 200.000 Euro geahndet werden.

c) Allgemeine Rechtsfolgen. Neben den eindeutig geregelten Rechtsfolgen kommen zu-   **31**
dem allgemeine Rechtsfolgen in Betracht.

aa) Nichtigkeit nach § 134 BGB. Zunächst kommt eine Nichtigkeit des dem Verkauf bzw.   **32**
der Weitergabe zugrunde liegenden schuldrechtlichen Rechtsgeschäftes gemäß § 134 BGB in Betracht. Insoweit ist umstritten, ob es sich bei dem Doppelvermarktungsverbot um ein **Verbotsgesetz** im Sinne des **§ 134 BGB** handelt.[22] Der Wortlaut des § 80, der von „dürfen nicht" spricht, ist dabei für die Einstufung als Verbotsgesetz nicht eindeutig.[23] Fraglich ist daher, ob sich aus der Adressierung des Verbotstatbestands ein Hinweis gewinnen lässt. Verbotsgesetze ziehen in der Regel nur dann die Nichtigkeit des Rechtsgeschäftes nach sich, wenn das Verbot an beide Parteien gerichtet ist.[24] Primär scheint sich das Doppelvermarktungsverbot dabei an diejenige Partei des Rechtsgeschäftes zu richten, die den Strom oder den Herkunftsnachweis abgibt, also zum Beispiel den Anlagenbetreiber oder den sonstigen Stromlieferanten.

Maßgeblich für die Qualifizierung als Verbotsgesetz ist damit im Ergebnis die Frage, ob   **33**
nach dem **Sinn und Zweck** ein Verstoß gegen das Doppelvermarktungsverbot auch die

---

20 BT-Drs. 18/1304, S. 166.
21 BT-Drs. 18/1304, S. 166.
22 Dafür Altrock/Oschmann/Theobald/*Sösemann*, § 56 Rn. 12, 18; dagegen *Salje*, EEG 2014, § 80 Rn. 16.
23 Vgl. BGH, NJW 1992, 2022.
24 BGH, NJW 2000, 1186, 1187; NJW 1985, 2403, 2404; m. w. N. Palandt/*Ellenberger*, BGB, § 134 Rn. 8 f.

Nichtigkeit des verbotswidrig vorgenommenen Rechtsgeschäftes nach sich ziehen soll.[25] **Hiergegen** spricht bereits, dass in § 25 Abs. 2 S. 1 Nr. 5 EEG schon eine eigenständige Rechtsfolgenregelung enthalten ist, in der gerade nicht die Nichtigkeitsfolge im Sinne des § 134 BGB angeordnet wird, mithin der Gesetzgeber die dort genannten Rechtsfolgen also für ausreichend erachtet hat.[26] Es ist auch nicht ersichtlich, dass eine Nichtigkeitsfolge den Schutzeffekt der Letztverbraucher noch signifikant erhöhen könnte. Dies gilt inzwischen insbesondere in Bezug auf die Richtigkeit der Stromkennzeichnung, für die mit dem Herkunftsnachweisregister nun erstmals ein Instrument zur Aufdeckung von Verstößen gegen das Doppelvermarktungsverbot zur Verfügung steht.[27] Insgesamt ist damit nicht ersichtlich, dass das Doppelvermarktungsverbot nach seinem Zweck über die ohnehin schon gesetzlich normierten Rechtsfolgen hinaus die Nichtigkeit des Rechtsgeschäftes erfordert. Daher handelt es sich bei dem Doppelvermarktungsverbot im Ergebnis um **kein Verbotsgesetz**, welches gemäß § 134 BGB zur Nichtigkeit des zugrunde liegenden Rechtsgeschäfts führt.[28]

34 **bb) Sonstige Rechtsfolgen.** Darüber hinaus kommt ein Verstoß gegen die §§ 3 ff. UWG in Betracht.[29] Auch an eine Strafbarkeit wegen Betrugs nach § 263 StGB ist zu denken.[30] Zudem bestehen **bereicherungsrechtliche Rückforderungsansprüche des Netzbetreibers** bezüglich der ggf. ohne Rechtsgrund gezahlten Einspeisevergütung bzw. Marktprämie.[31]

---

25 Vgl. BGH, NJW 1999, 1715, 1717.

26 MünchKommBGB/*Armbrüster*, § 134 Rn. 3.

27 S. o. Rn. 3 f.

28 So auch *Salje*, EEG 2014, § 80 Rn. 18; anders Altrock/Oschmann/Theobald/*Sösemann*, § 56 Rn. 12, 18.

29 *Salje*, EEG 2014, § 80 Rn. 6; Frenz/Müggenborg/*Boemke*, § 56 Rn. 37.

30 Näher dazu Reshöft/Schäfermeier/*Kahle*, § 56 Rn. 33.

31 So auch *Salje*, EEG 2014, § 80 Rn. 42; Reshöft/Schäfermeier/*Kahle*, § 56 Rn. 34; Frenz/Müggenborg/*Boemke*, § 56 Rn. 36; Altrock/Oschmann/Theobald/*Sösemann*, § 56 Rn. 19.

Teil 6

Rechtsschutz und behördliches Verfahren

§ 81 Clearingstelle

(1) [1]Zu diesem Gesetz wird eine Clearingstelle eingerichtet. [2]Der Betrieb erfolgt im Auftrag des Bundesministeriums für Wirtschaft und Energie.

(2) Die Clearingstelle ist zuständig für Fragen und Streitigkeiten

1. zur Anwendung der §§ 5, 7 bis 55, 70, 71, 80, 100 und 101 sowie der hierzu auf Grund dieses Gesetzes erlassenen Rechtsverordnungen,
2. zur Anwendung der Bestimmungen, die den in Nummer 1 genannten Bestimmungen in einer vor dem 1. August 2014 geltenden Fassung dieses Gesetzes entsprochen haben,
3. zur Anwendung des § 61, soweit Anlagen betroffen sind, und
4. zur Messung des für den Betrieb einer Anlage gelieferten oder verbrauchten Stroms.

(3) [1]Die Aufgaben der Clearingstelle sind:

1. die Vermeidung von Streitigkeiten und
2. die Beilegung von Streitigkeiten.

[2]Bei der Wahrnehmung dieser Aufgaben müssen die Regelungen zum Schutz personenbezogener Daten und zum Schutz von Betriebs- und Geschäftsgeheimnissen sowie Entscheidungen der Bundesnetzagentur nach § 85 beachtet werden. [3]Ferner sollen die Grundsätze der Richtlinie 2013/11/EU des Europäischen Parlaments und des Rates vom 21. Mai 2013 über die alternative Beilegung verbraucherrechtlicher Streitigkeiten und zur Änderung der Verordnung (EG) Nr. 2006/2004 und der Richtlinie 2009/22/EG (ABl. L 165 vom 18.6.2013, S. 63) in entsprechender Anwendung berücksichtigt werden.

(4) [1]Die Clearingstelle kann zur Vermeidung oder Beilegung von Streitigkeiten zwischen Verfahrensparteien

1. Verfahren zwischen den Verfahrensparteien auf ihren gemeinsamen Antrag durchführen; § 204 Absatz 1 Nummer 11 des Bürgerlichen Gesetzbuchs ist entsprechend anzuwenden; die Verfahren können auch als schiedsgerichtliches Verfahren im Sinne des Zehnten Buches der Zivilprozessordnung durchgeführt werden, wenn die Parteien eine Schiedsvereinbarung getroffen haben, oder
2. Stellungnahmen für ordentliche Gerichte, bei denen diese Streitigkeiten rechtshängig sind, auf deren Ersuchen abgeben.

[2]Verfahrensparteien können Anlagenbetreiber, Direktvermarktungsunternehmer und Netzbetreiber sein. [3]Ihr Recht, die ordentlichen Gerichte anzurufen, bleibt unberührt.

(5) [1]Die Clearingstelle kann zur Vermeidung von Streitigkeiten ferner Verfahren zur Klärung von Fragen über den Einzelfall hinaus durchführen, sofern dies mindestens ein Anlagenbetreiber, ein Direktvermarktungsunternehmer, ein Netzbetreiber oder

ein Verband beantragt und ein öffentliches Interesse an der Klärung dieser Fragen besteht. [2]Verbände, deren satzungsgemäßer Aufgabenbereich von der Frage betroffen ist, sind zu beteiligen.

(6) [1]Die Wahrnehmung der Aufgaben nach den Absätzen 3 bis 5 erfolgt nach Maßgabe der Verfahrensordnung, die sich die Clearingstelle selbst gibt. [2]Die Verfahrensordnung muss auch Regelungen dazu enthalten, wie ein schiedsgerichtliches Verfahren durch die Clearingstelle durchgeführt wird. [3]Erlass und Änderungen der Verfahrensordnung bedürfen der vorherigen Zustimmung des Bundesministeriums für Wirtschaft und Energie. [4]Die Wahrnehmung der Aufgaben nach den Absätzen 3 bis 5 steht jeweils unter dem Vorbehalt der vorherigen Zustimmung der Verfahrensparteien zu der Verfahrensordnung.

(7) [1]Die Clearingstelle muss die Aufgaben nach den Absätzen 3 bis 5 vorrangig und beschleunigt durchführen. [2]Sie kann den Verfahrensparteien Fristen setzen und Verfahren bei nicht ausreichender Mitwirkung der Verfahrensparteien einstellen.

(8) [1]Die Wahrnehmung der Aufgaben nach den Absätzen 3 bis 5 ist keine Rechtsdienstleistung im Sinne des § 2 Absatz 1 des Rechtsdienstleistungsgesetzes. [2]Eine Haftung der Betreiberin der Clearingstelle für Vermögensschäden, die aus der Wahrnehmung der Aufgaben entstehen, wird ausgeschlossen; dies gilt nicht für Vorsatz.

(9) Die Clearingstelle muss jährlich einen Tätigkeitsbericht über die Wahrnehmung der Aufgaben nach den Absätzen 3 bis 5 auf ihrer Internetseite in nicht personenbezogener Form veröffentlichen.

(10) [1]Die Clearingstelle kann nach Maßgabe ihrer Verfahrensordnung Entgelte zur Deckung des Aufwands für Handlungen nach Absatz 4 von den Verfahrensparteien erheben. [2]Verfahren nach Absatz 5 sind unentgeltlich durchzuführen. [3]Für sonstige Handlungen, die im Zusammenhang mit den Aufgaben nach den Absätzen 3 bis 5 stehen, kann die Clearingstelle zur Deckung des Aufwands Entgelte erheben.

Schrifttum: *Bauer*, Die Clearingstelle EEG, 2012; *dies.*, Weiterentwicklung der Clearingstelle im EEG 2012, ZUR 2012, 39; *Brunner/Pippke*, Bericht aus der Clearingstelle EEG, REE 2011, 254; *Dilken*, 1+1=1 – Dauerbrenner Anlagenzusammenfassung von Photovoltaik-Anlagen, IR 2013, 33; *Klewar*, Inbetriebnahme von EEG-Anlagen nach Versetzung oder Umbau, ZNER 2014, 554; *Lovens*, Anlagenzusammenfassung und Anlagenbegriff nach dem EEG 2009, ZUR 2010, 291; *Mikesic/Strauch*, Die EEG-Clearingstelle – Alternative Streitbeilegung auf dem Gebiet des Rechts der Erneuerbaren Energien, ZUR 2009, 531; *Mutlak/Pippke*, Bericht aus der Clearingstelle EEG, REE 2014, 57; *Pippke/Mutlak*, Bericht aus der Clearingstelle EEG, REE 2013, 73; *Pippke/Winkler*, Bericht aus der Clearingstelle EEG, REE 2014, 188.

Übersicht

I. Allgemeines

§ 81 regelt die Rechtsgrundlage der „Clearingstelle EEG". Die Vorschrift wurde durch die   **1**
EEG-Novelle v. 28.7.2011 vollständig neu gefasst und mit der EEG-Novelle 2014 nochmals deutlich überarbeitet. Sie zeichnet nun in wesentlichen Punkten die **bewährte Praxis**
der am 15.10.2007 eingerichteten Clearingstelle nach, insbesondere hinsichtlich der Verfahrensarten und der Arbeitsweise.[1] Die Vorschrift bringt deutlicher als ihre Vorgängernormen zum Ausdruck, dass die Clearingstelle eine **privatrechtliche Einrichtung** ist, die das
EEG im Verhältnis zwischen Anlagenbetreibern und Netzbetreibern auslegen kann, hierbei
jedoch über kein privatrechtsgestaltende Kompetenz verfügt.[2]

Aufgabe der Clearingstelle ist es, Streitigkeiten und Anwendungsfragen zum EEG **außer-**   **2**
gerichtlich zu klären und damit die Anwendung des Gesetzes zu erleichtern. Die Clearingstelle kann sowohl von Anlagenbetreibern als auch von Netzbetreibern angerufen werden
und bietet unterschiedliche Verfahren zur **Schlichtung** von potenziellen und bereits aufgetretenen Konflikten an. Die Clearingstelle führt einerseits einzelfallbezogene Verfahren
durch, die Streitigkeiten zwischen zwei oder mehreren Parteien zum Gegenstand haben
(Einigungsverfahren, Votumsverfahren, Schiedsverfahren) und beantwortet andererseits
abstrakte Rechtsfragen in Verfahren, die ohne Parteien durchgeführt werden (Empfehlungsverfahren, Hinweisverfahren). Rechtsverbindlich sind die Entscheidungen der Clearingstelle nur, soweit die Parteien dies vereinbaren. Als Auslegungshilfen haben sie jedoch
in der Praxis eine nicht unerhebliche Bedeutung, zumal die Begründungen der Entscheidungen oft sehr ausführlich ausfallen.

Die **praktische Bedeutung** der Tätigkeit der Clearingstelle ist in den letzten Jahren stark   **3**
gestiegen. Dies ist im Wesentlichen auf ihre wachsende Akzeptanz zurückzuführen. In den
Jahren 2010–2012 erreichten die Clearingstelle durchschnittlich ca. 340 Anfragen pro
Quartal.[3] Der Gipfel war im 2. Quartal 2012 mit 633 Anfragen erreicht. Seither ist die Anzahl der Anfragen wieder gesunken. Zuletzt gingen durchschnittlich etwas weniger als 200
Anfragen pro Quartal bei der Clearingstelle ein. Die mit Abstand meisten Anfragen betreffen Themen im Zusammenhang mit Photovoltaikanlagen. Inhaltlich geht es insbesondere

---

1 BT-Drs. 17/6071, S. 89.
2 BT-Drs. 17/6071, S. 89.
3 Statistik im Internet unter www.clearingstelle-eeg.de/statistik (zuletzt abgerufen: 31.1.2015).

um Fragen der Vergütung, des Netzanschlusses/der Inbetriebnahme und der Direktver-marktung.[4]

4 **1. Normzweck.** Die Clearingstelle EEG wurde am 15.10.2007 vom Bundesministerium für Umwelt, Naturschutz und Reaktorsicherheit eingerichtet.[5] Ziel der Clearingstelle ist es, aufwändige, langwierige und kostspielige Gerichtsverfahren überflüssig zu machen und die Akzeptanz des EEGs bei den Beteiligten zu erhöhen. Streitigkeiten sollen möglichst **schnell** und **unbürokratisch** gelöst werden. Mit der Einrichtung der Clearingstelle trug das Bundesumweltministerium auch der Tatsache Rechnung, dass das EEG fortlaufend und in kurzen Abständen weiterentwickelt wird, so dass immer wieder neue Rechtsfragen auftreten. Die Unvollkommenheit des Gesetzes ist neben der konfrontativen Stellung von Netzbetreibern und Anlagenbetreibern einer der Hauptgründe dafür, dass die Clearingstel-le in ihrer kurzen Geschichte bereits **mehrere hundert Fälle** zu bearbeiten hatte.[6]

5 Die Clearingstelle erfährt eine **hohe Akzeptanz** durch die beteiligten Kreise.[7] Das dürfte vor allem daran liegen, dass sie ihre Entscheidungen meist sehr ausführlich und mit metho-discher Sorgfalt begründet. Die Clearingstelle agiert bei der Klärung von Streitigkeiten und Anwendungsfragen **unabhängig** und ist **keinen Weisungen unterworfen**.[8] Die Clea-ringstelle ist nach ihrem Selbstverständnis allein der bestmöglichen Vermeidung und Bei-legung von Konflikten im Interesse der Beteiligten verpflichtet. Es ist nicht ersichtlich, dass es in der Vergangenheit jemals Einflussnahmen durch das Bundesumweltministerium, das Bundeswirtschaftsministerium oder die Bundesregierung auf die Clearingstelle gege-ben hätte.

6 § 81 regelt die rechtlichen Grundlagen der Tätigkeit der Clearingstelle und dient dazu, die Clearingstelle in das Rechtsschutzsystem des EEGs zu integrieren. Bis zur EEG-Novelle v. 28.7.2011, die am 1.1.2012 in Kraft getreten ist, enthielt der damalige § 57 EEG 2009 nur rudimentäre Vorgaben für die Arbeit der Clearingstelle (s. Rn. 12). Die Clearingstelle ver-fügte deshalb in eigenen Angelegenheiten über ein großes Maß an **Autonomie**, die auch in der von der Clearingstelle selbst aufgestellten Verfahrensordnung zum Ausdruck kommt. Mit der Neufassung von § 57 EEG 2012 wollte der Gesetzgeber die Clearingstelle offenbar wieder stärker in einen gesetzlichen Rahmen einbinden, um dem Eindruck entgegenzuwir-ken, die Clearingstelle überschreite ihren gesetzlichen Auftrag. Mit der EEG-Novelle 2014 wurde § 57 EEG 2012. in § 81 überführt und nochmals erheblich überarbeitet. Die **neue Regelungstiefe** von § 81 stärkt die Arbeit der Clearingstelle einerseits, weil sie deren rechtliches Fundament absichert; sie birgt aber andererseits auch die Gefahr, die dynami-sche Entwicklung der Clearingstelle abzuschwächen, da die Regelungen des § 81 nunmehr einen relativ engen Rahmen vorgeben, aus dem sich die Clearingstelle nicht mehr ohne Weiteres herausbewegen darf.

---

4 Statistik im Internet unter www.clearingstelle-eeg.de/statistik (zuletzt abgerufen: 31.1.2015).
5 Bundesumweltministerium, Schnellere Streitschlichtung bei erneuerbaren Energien, Pressemittei-lung v. 15.10.2007, Nr. 247/07.
6 Vgl. die Statistik der Clearingstelle EEG unter www.clearingstelle-eeg.de/statistik (zuletzt abgeru-fen: 31.1.2014).
7 BT-Drs. 17/6071, S. 89.
8 § 3 der Verfahrensordnung der Clearingstelle EEG v. 1.10.2007 i. d. F. v. 7.12.2012.

Außer durch § 81 werden die Rechtsgrundlagen der Clearingstelle maßgeblich durch deren **7**
Verfahrensordnung (VerfO)[9] bestimmt. Die Verfahrensordnung stellt die Clearingstelle
selbst auf; ihr Erlass und alle Änderungen bedürfen jedoch gemäß Abs. 6 S. 3 der vorherigen Zustimmung des Bundeswirtschaftsministeriums. Die Verfahrensordnung regelt die
Struktur und Besetzung der Clearingstelle, die einzelnen von ihr durchzuführenden Verfahren, die Haftung der Clearingstelle und institutionelle bzw. organisatorische Fragen.[10]

2. Entstehungsgeschichte. Eine Ermächtigungsgrundlage für die Einrichtung einer Clea- **8**
ringstelle fand sich erstmals in **§ 10 Abs. 3 EEG 2000**. Die Vorschrift lautete wie folgt:

„§ 10 Netzkosten

*[...] (3) Zur Klärung von Streitigkeiten wird eine Clearingstelle bei dem Bundesminis-
terium für Wirtschaft und Technologie errichtet, an der die betroffenen Kreise zu beteiligen sind.“*

Aus der Systematik von § 10 Abs. 3 EEG 2000 ergab sich, dass die Clearingstelle zunächst **9**
nur für die Klärung von Streitigkeiten über die **Tragung der Netzkosten** zuständig sein
sollte; dementsprechend oblag die Einrichtung der Clearingstelle gemäß § 10 Abs. 3 EEG
2000 dem **Bundesministerium für Wirtschaft und Technologie**. Wegen des offenen und
kurz vor der Verabschiedung von § 10 Abs. 3 EEG 2000 nochmals geänderten Wortlauts
ging die h. M. jedoch davon aus, dass in den Aufgabenbereich der Clearingstelle beim Bundeswirtschaftsministerium alle mit dem EEG in Zusammenhang stehenden Streitigkeiten
fielen.[11] Die Arbeit der Clearingstelle beim Bundeswirtschaftsministerium blieb **weitgehend erfolglos**.[12] Nachdem im Anschluss an die Bundestagswahl 2002 die Zuständigkeit
für die erneuerbaren Energien auf das Bundesumweltministerium übertragen worden war,
wurde die Clearingstelle im Bundeswirtschaftsministerium aufgelöst.

In **§ 19 EEG 2004** wurde anschließend die Rechtsgrundlage der Clearingstelle neu gere- **10**
gelt. Die Vorschrift lautete wie folgt:

„§ 19 Clearingstelle

*Zur Klärung von Streitigkeiten und Anwendungsfragen dieses Gesetzes kann das Bun-
desministerium für Umwelt, Naturschutz und Reaktorsicherheit eine Clearingstelle errichten, an der die betroffenen Kreise beteiligt werden können.“*

Mit § 19 EEG 2004 weitete der Gesetzgeber die mögliche Zuständigkeit der Clearingstelle **11**
ausdrücklich auf **alle Streitigkeiten und Anwendungsfragen** des EEGs aus und übertrug
die Kompetenz für die Einrichtung der Clearingstelle dem **Bundesministerium für Umwelt, Naturschutz und Reaktorsicherheit**. Das Bundesumweltministerium erarbeitete im
Juni 2005 ein Papier mit der Überschrift „Eckpunkte zur EEG-Clearingstelle“ und übermittelte es den interessierten Kreisen.[13] Darin führte das Ministerium u. a. aus, dass es die
Trägerschaft der Clearingstelle nicht selbst übernehmen, sondern einen entsprechenden
Auftrag fremdvergeben wolle. Die Einrichtung und Führung der Clearingstelle wurde an-

---

9 Verfahrensordnung der Clearingstelle EEG v. 1.10.2007 i. d. F. v. 7.12.2012.
10 Ausführlich unten, Rn. 43 f.
11 Altrock/Oschmann/Theobald/*Rostankowski*, 4. Aufl. 2013, § 57 Rn. 8; *Salje*, EEG, 4. Aufl. 2007,
§ 19 Rn. 1.
12 Ausführlich Frenz/Müggenborg/*Tüngler*, 3. Aufl. 2013, § 57 Rn. 3; Altrock/Oschmann/Theobald/
Rostankowski, 4. Aufl. 2013, Rn. 9, jeweils m. w. N.
13 Altrock/Oschmann/Theobald/*Rostankowski*, 4. Aufl. 2013, § 57 Rn. 11.

schließend ausgeschrieben und an die RELAW – Gesellschaft für angewandtes Recht der Erneuerbaren Energien mbH vergeben. Am 15.10.2007 nahm die heutige Clearingstelle EEG ihre Arbeit auf.

12 Durch die EEG-Novelle v. 25.10.2008, die am 1.1.2009 in Kraft getreten ist, wurde die Rechtsgrundlage der Clearingstelle nur unwesentlich verändert und in **§ 57 EEG 2009** überführt. Die Vorschrift lautete nunmehr folgendermaßen:

> *„§ 57 Clearingstelle*
>
> *Zur Klärung von Streitigkeiten und Anwendungsfragen dieses Gesetzes kann das Bundesministerium für Umwelt, Naturschutz und Reaktorsicherheit eine Clearingstelle errichten."*

13 Durch die EEG-Novelle 2012 wurde § 57 EEG 2009 dann vollständig neu gefasst. Die Vorschrift regelte die Rechtsgrundlage für die Tätigkeit der Clearingstelle EEG nun **deutlich ausführlicher** als zuvor. Die Regelung erstreckte sich nun über sieben Absätze und behandelte viele wichtige Aspekte, etwa die Struktur der Clearingstelle, die durchzuführenden Verfahren und den Erlass der Verfahrensordnung. Mit der Neufassung von § 57 EEG 2009 wurde eine Handlungsempfehlung aus dem Erfahrungsbericht 2011 umgesetzt.[14] Vollständig lautete § 57 EEG 2012 wie folgt:

> *§ 57 Clearingstelle*
>
> *(1) Zu diesem Gesetz wird eine Clearingstelle durch eine juristische Person des Privatrechts betrieben, die von dem Bundesministerium für Umwelt, Naturschutz und Reaktorsicherheit hierzu beauftragt worden ist.*
>
> *(2) ¹Aufgabe der Clearingstelle ist die Klärung von Fragen und Streitigkeiten zur Anwendung der §§ 3 bis 33i, 45, 46, 56 und 66 sowie der hierzu auf Grund dieses Gesetzes erlassenen Rechtsverordnungen (Anwendungsfragen) nach Maßgabe der Absätze 3 und 4. ²Bei der Wahrnehmung dieser Aufgaben müssen die Regelungen zum Schutz personenbezogener Daten sowie Entscheidungen der Bundesnetzagentur nach § 61 beachtet werden. ³Ferner sollen die Empfehlungen der Kommission 98/257/EG vom 30. März 1998 betreffend die Grundsätze für Einrichtungen, die für die außergerichtliche Beilegung von Verbraucherrechtsstreitigkeiten zuständig sind (ABl. L 115 vom 17.4.1998, S. 31), und 2001/310/EG vom 4. April 2001 über die Grundsätze für an der einvernehmlichen Beilegung von Verbraucherrechtsstreitigkeiten beteiligte außergerichtliche Einrichtungen (ABl. L 109 vom 19.4.2001, S. 56) berücksichtigt werden. ⁴Soweit die Clearingstelle Anwendungsfragen geklärt hat und diese Klärung nicht im Widerspruch zu Entscheidungen der Bundesnetzagentur nach § 61 steht, richten sich die Rechtsfolgen nach § 4 Absatz 2, § 38 Nummer 3 und 4 sowie § 50 Satz 2; im Übrigen richten sich die Rechtsfolgen der Entscheidungen der Clearingstelle nach den vertraglichen Vereinbarungen zwischen Anlagenbetreiberinnen und Anlagenbetreibern sowie Netzbetreibern.*
>
> *(3) ¹Zur Klärung von Anwendungsfragen zwischen Anlagenbetreiberinnen und Anlagenbetreibern sowie Netzbetreibern (Parteien) kann die Clearingstelle*
>
> *1. Verfahren zur Klärung der Anwendungsfragen zwischen den Parteien auf ihren gemeinsamen Antrag durchführen,*

---

14 BT-Drs. 17/6071, S. 89.

2. Stellungnahmen für die Parteien zu Anwendungsfragen auf ihren gemeinsamen Antrag abgeben oder

3. Stellungnahmen für ordentliche Gerichte, bei denen diese Anwendungsfragen rechtshängig sind, auf deren Ersuchen abgeben.

[2]In den Fällen des Satzes 1 Nummer 1 und 2 findet § 204 Absatz 1 Nummer 11 des Bürgerlichen Gesetzbuchs entsprechende Anwendung. [3]Verfahren nach Satz 1 Nummer 1 können ferner im Einvernehmen der Parteien auch als schiedsrichterliche Verfahren im Sinne des Zehnten Buchs der Zivilprozessordnung durchgeführt werden. [4]Das Recht der Parteien, die ordentlichen Gerichte anzurufen, bleibt unberührt.

(4) [1]Zur Klärung von Anwendungsfragen über den Einzelfall hinaus kann die Clearingstelle Verfahren durchführen, sofern dies mindestens eine Anlagenbetreiberin oder ein Anlagenbetreiber, ein Netzbetreiber oder ein betroffener Verband beantragt und ein öffentliches Interesse an der Klärung dieser Anwendungsfragen besteht. [2]Betroffene Verbände sind zu beteiligen.

(5) [1]Die Wahrnehmung der Aufgaben nach den Absätzen 2 bis 4 erfolgt nach Maßgabe der Verfahrensordnung, die sich die Clearingstelle selbst gibt; Erlass und Änderungen der Verfahrensordnung bedürfen der vorherigen Zustimmung des Bundesministeriums für Umwelt, Naturschutz und Reaktorsicherheit. [2]Die Wahrnehmung der Aufgaben steht jeweils unter dem Vorbehalt der vorherigen Zustimmung der Parteien oder sonstigen Verfahrensbeteiligten zu der Verfahrensordnung. [3]Sie ist keine Rechtsdienstleistung im Sinne des § 2 Absatz 1 des Rechtsdienstleistungsgesetzes. [4]Eine Haftung der Betreiberin der Clearingstelle für Vermögensschäden, die aus der Wahrnehmung der Aufgaben entstehen, wird ausgeschlossen; dies gilt nicht für Vorsatz.

(6) [1]Die Clearingstelle muss jährlich einen Tätigkeitsbericht über die Wahrnehmung der Aufgaben nach den Absätzen 2 bis 4 auf ihrer Internetseite in nicht personenbezogener Form veröffentlichen. [2]Berichtspflichten auf Grund anderer Bestimmungen bleiben hiervon unberührt.

(7) [1]Die Clearingstelle kann nach Maßgabe ihrer Verfahrensordnung Entgelte zur Deckung des Aufwands für Handlungen nach Absatz 3 von den Parteien erheben. [2]Verfahren nach Absatz 4 sind unentgeltlich durchzuführen. [3]Für sonstige Handlungen, die im Zusammenhang mit den Aufgaben nach den Absätzen 2 bis 4 stehen, kann die Clearingstelle zur Deckung des Aufwands Entgelte erheben.

Mit der **EEG-Novelle 2014** wurde § 57 EEG 2012 nochmals weitgehend überarbeitet. Die **14** meisten Änderungen waren jedoch redaktioneller Art. Gleichzeitig hat sich der Gesetzgeber jedoch bemüht, erste Erkenntnisse einer während des Gesetzgebungsverfahrens laufenden Evaluation zu berücksichtigen.[15] Diese hat u. a. ergeben, dass sich einige Nutzer der Clearingstelle wünschten, deren Verfahren würden schneller abgeschlossen.[16] Um hierzu einen Beitrag zu lesen, hat der Gesetzgeber in § 81 Abs. 7 einen Beschleunigungsgrundsatz verankert (dazu unten, Rn. 51 ff.) und die Berichtspflichten der Clearingstelle reduziert (unten, Rn. 59). Eine weitere Änderung betrifft die Erweiterung der Zuständigkeit der

---

15 BT-Drs. 18/1304, S. 252.
16 BT-Drs. 18/1304, S. 252.

Clearingstelle auf Messfragen im Zusammenhang mit dem Betrieb von EEG-Anlagen (unten, Rn. 24).

II. Einrichtung der Clearingstelle (Abs. 1)

15 Abs. 1 S. 1 bestimmt, dass zum EEG eine Clearingstelle eingerichtet wird. Deren Betrieb erfolgt gemäß Abs. 1 S. 2 im Auftrag des Bundesministeriums für Wirtschaft und Energie durch eine juristische Person des Privatrechts. Abs. 1 stellt somit klar, dass die am 15.10.2007 gegründete Clearingstelle EEG auch unter dem EEG in seiner seit dem 1.8.2014 geltenden Fassung (EEG 2014) weiter betrieben werden soll.[17]

16 Die Clearingstelle wird gemäß Abs. 1 durch eine **juristische Person des Privatrechts** betrieben. Es handelt sich hierbei um die RELAW – Gesellschaft für angewandtes Recht der Erneuerbaren Energien mbH mit Sitz in Berlin-Charlottenburg. Die GmbH wurde eigens für den Betrieb der Clearingstelle EEG gegründet. Die **Beauftragung** der GmbH mit der Einrichtung und Führung der Clearingstelle erfolgte ursprünglich durch das Bundesumweltministerium am 15.10.2007. Da die Zuständigkeit für das Recht der erneuerbaren Energien mit dem Regierungswechsel 2013 auf das Bundeswirtschaftsministerium übertragen wurde, stellt Abs. 1 S. 2 klar, dass der Betrieb der Clearingstelle nunmehr im Auftrag dieses Ministeriums erfolgt. Das Bundeswirtschaftsministerium ist auch für die Finanzierung der Clearingstelle verantwortlich, die sich nur zu einem geringen Teil auf die gemäß Abs. 10 erhobenen Entgelte stützt.

17 Die Clearingstelle ist ein nichtselbstständiger Geschäftsbereich der RELAW – Gesellschaft für angewandtes Recht der Erneuerbaren Energien mbH ohne eigene Rechtspersönlichkeit (vgl. § 30 VerfO). Die Geschäftsführerin der Trägergesellschaft ist nicht identisch mit dem Leiter der Clearingstelle. Die Haftung der Clearingstelle und der Trägergesellschaft ist gemäß Abs. 8 S. 2 sowie § 31 VerfO beschränkt (s. unten, Rn. 56 ff.).

18 Die **Zusammensetzung** der Clearingstelle ist in § 81 nicht geregelt, wird aber in § 2 VerfO festgelegt. Gemäß § 2 Abs. 1 VerfO hat die Clearingstelle einen **Leiter** und mindestens zwei weitere **Mitglieder**, die allesamt **Volljuristen** sein sollen. Anfang 2015 hatte die Clearingstelle neben dem Leiter fünf Mitglieder. Gemäß § 2 Abs. 2 VerfO verfügt die Clearingstelle außerdem über **wissenschaftliche Mitarbeiter**, darunter mindestens einen rechtswissenschaftlichen Koordinator und mindestens einen technischen Koordinator, sowie **Mitarbeiter der Geschäftsstelle**. Gemäß § 2 Abs. 5 VerfO ist die Clearingstelle als **kleine Kammer** mit dem Vorsitzenden und zwei weiteren Mitgliedern und als **große Kammer** zusätzlich mit zwei Beisitzern besetzt. Den Vorsitz übernimmt grundsätzlich der Leiter der Clearingstelle, er kann ihn gemäß § 2 Abs. 5 S. 3 VerfO jedoch einem anderen Mitglied übertragen.

III. Zuständigkeiten der Clearingstelle (Abs. 2)

19 In Abs. 2 werden die Zuständigkeiten der Clearingstelle aufgelistet. Die Vorschrift wurde durch die EEG-Novelle 2014 weitgehend neu gefasst und soll die Übersichtlichkeit von

---

17 BT-Drs. 18/1304, S. 252.

§ 81 erhöhen.[18] Nr. 1 entspricht im Wesentlichen § 57 Abs. 2 S. 1 EEG 2012. Die übrigen Nummern sind im EEG 2014 erstmals enthalten.

1. Anwendungsfragen EEG 2014 (Nr. 1). Gemäß Abs. 2 Nr. 1 ist die Clearingstelle zuständig für die Klärung von Fragen und Streitigkeiten zur Anwendung der §§ 5, 7 bis 55, 70, 71, 80, 100 und 101 sowie der hierzu aufgrund des EEG erlassenen Rechtsverordnungen. Die Clearingstelle hat sich im Rahmen ihrer Tätigkeit mit Rechtsfragen von individueller und solchen von genereller Bedeutung auseinanderzusetzen. Materiell beschränkt sich die Arbeit der Clearingstelle auf solche Fragen, die für die Anwendung der **§§ 5, 7 bis 55, 70, 71, 80, 100 und 101** sowie der hierzu ergangenen **Rechtsverordnungen** bedeutsam sind (sog. **Anwendungsfragen**). Die Clearingstelle soll also vor allem diejenigen Vorschriften auslegen, in denen die Rechte und Pflichten der Netzbetreiber und der Anlagenbetreiber geregelt sind. Vorschriften, die lediglich Leitbilder aufstellen oder ausschließlich von staatlichen Stellen einzuhalten sind, sollen von der Clearingstelle hingegen grundsätzlich nicht näher begutachtet werden. Etwas anderes gilt dann, wenn die Auslegung einer allgemeinen Vorschrift für die Klärung einer Anwendungsfrage von Bedeutung ist. Neben rechtlichen Fragen können der Clearingstelle auch technische und wirtschaftliche Fragen vorgelegt werden.[19]

Die §§ 5, 7 bis 55 enthalten u. a. die wichtigen Vorschriften über **Begriffsbestimmungen** (§ 5), **Netzanschluss** (§§ 8–10, 16), **Abnahme**, **Verteilung** und **Übertragung** (§ 11), **Netzerweiterung** (§§ 12, 13, 17), **Einspeisemanagement** (§§ 14, 15) und **Vergütung** bzw. **Vermarktung** (§§ 19–55). §§ 70, 71 enthalten **Mitteilungspflichten** der Anlagenbetreiber gegenüber den Netzbetreibern. § 80 regelt das **Doppelvermarktungsverbot** und §§ 100, 101 enthalten **Übergangsvorschriften**, die sich auf eine Vielzahl der genannten Vorschriften beziehen. Nicht in den Aufgabenbereich der Clearingstelle fällt im Umkehrschluss u. a. die Auslegung der Vorschriften über Zweck und Anwendungsbereich (§§ 1–4), Anlagenregister (§ 6), Ausgleichsmechanismus einschließlich besonderer Ausgleichsregelung (§§ 56 ff., 63 ff.), sonstige Mitteilungs- und Veröffentlichungspflichten (§§ 72 ff.), EEG-Umlage und Stromkennzeichnung (§ 78), Herkunftsnachweise (§ 79), Rechtsschutz und behördliches Verfahren (§§ 81 ff.) sowie die Auslegung der Verordnungsermächtigungen (§§ 88 ff.).

2. Anwendungsfragen EEG 2000/04/09/12 (Nr. 2). In Abs. 2 Nr. 2 wird seit der EEG-Novelle 2014 klargestellt, dass die Clearingstelle auch zuständig ist für die Auslegung von mittlerweile außer Kraft getretenen Vorschriften, die in Altfällen oder aufgrund von Übergangsregelungen weiterhin von Bedeutung sein können.

3. Anwendung von § 61 (Nr. 3). Nach Abs. 2 Nr. 3 ist die Clearingstelle in Zukunft außerdem zuständig für Fragen und Streitigkeiten im Zusammenhang mit der Anwendung von § 61, soweit Anlagen betroffen sind. § 61 regelt, inwieweit Eigenversorger zur Zahlung der EEG-Umlage herangezogen werden können.

4. Messfragen (Nr. 4). Seit der EEG-Novelle 2014 ist die Clearingstelle gemäß Abs. 2 Nr. 4 ferner zuständig für Fragen und Streitigkeiten im Zusammenhang mit der **Messung** des für den Betrieb einer Anlage gelieferten oder verbrauchten Stroms. Nach Auffassung des Gesetzgebers hat sich die Clearingstelle hierfür aufgrund ihres Fachwissens und der

20

21

22

23

24

---

18 BT-Drs. 18/1304, S. 253.
19 Frenz/Müggenborg/*Tüngler*, 3. Aufl. 2013, § 57 Rn. 17.

bereits zu diesem Thema durchgeführten Fachgespräche „als der ideale Marktakteur erwiesen".[20]

IV. Allgemeine Bestimmungen für die Tätigkeit der Clearingstelle (Abs. 3)

25 Abs. 3 regelt, welche **allgemeinen Anforderungen** die Clearingstelle bei der Ausübung ihrer Tätigkeit einzuhalten hat. Die Regelungen gemäß Abs. 3 gelten sowohl für konkret-individuelle Verfahren als auch für abstrakt-generelle Verfahren im öffentlichen Interesse. Sie werden ergänzt durch die besonderen Vorgaben gemäß Abs. 4 u. 5, die jeweils nur für bestimmte Verfahrensarten gelten. In Abs. 3 S. 1 wird der Auftrag der Clearingstelle im Sinne einer allgemeinen Zielsetzung umschrieben. Gemäß Abs. 2 S. 2 ist die Clearingstelle verpflichtet, bei der Ausübung ihrer Tätigkeit die Bestimmungen des Datenschutzes sowie Festlegungen der Bundesnetzagentur gemäß § 85 zu beachten. Außerdem muss sie die Grundsätze der in Abs. 2 S. 3 genannten Richtlinie über die alternative Streitbeilegung berücksichtigen.

26 **1. Auftrag der Clearingstelle (S. 1).** Gemäß Abs. 3 S. 1 hat die Clearingstelle zwei zentrale Aufgaben: Streitigkeiten zu vermeiden und Streitigkeiten beizulegen. Damit ist gleichzeitig der Auftrag der Clearingstelle im Sinne einer **allgemeinen Zielsetzung** beschrieben. Sie hat im Rahmen ihrer Tätigkeit stets danach zu streben, beiden Aufträgen so gut wie möglich gerecht zu werden. **Streitigkeiten vermeiden** kann die Clearingstelle vor allem durch die von ihr veröffentlichten Auslegungshilfen und Hinweise. Wenn diese überzeugend sind, werden sich Netzbetreiber und Anlagenbetreiber häufig daran halten, so dass Streitigkeiten gar nicht erst aufkommen. Die zweite, ebenso wichtige Aufgabe der Clearingstelle ist es, auf die **Beilegung von Streitigkeiten** hinzuwirken, wenn sich solche einmal nicht verhindern lassen. Hierzu dienen die von der Clearingstelle angebotenen Einigungs-, Votums- und Stellungnahmeverfahren.

27 **2. Beachtenserfordernisse (S. 2).** Abs. 3 S. 2 verpflichtet die Clearingstelle zur Beachtung der Bestimmungen des Datenschutzes sowie zur Beachtung von Festlegungen der Bundesnetzagentur gemäß § 85.

28 Gemäß Abs. 3 S. 2 ist die Clearingstelle zunächst verpflichtet, die Regelungen zum Schutz personenbezogener Daten, also die **Bestimmungen des Datenschutzes** und insbesondere das Bundesdatenschutzgesetz (**BDSG**) einzuhalten. Außerdem muss sie Betriebs- und Geschäftsgeheimnisse wahren. Gemäß § 10 Abs. 1 VerfO werden alle Verfahren der Clearingstelle unter Wahrung der datenschutzrechtlichen Bestimmungen durchgeführt. § 10 Abs. 2 S. 1 VerfO bestimmt, dass Informationen vertraulich sind, wenn sie den datenschutzrechtlichen Bestimmungen unterfallen oder von den Parteien als vertrauliche Informationen gekennzeichnet wurden. Die Mitglieder und Mitarbeiter der Clearingstelle, die Parteien und alle zu den Verfahren hinzugezogenen Dritten verpflichten sich gemäß § 10 Abs. 2 S. 2 VerfO, die Vertraulichkeit solcher Informationen zu wahren. Im Einigungsverfahren (s. Rn. 37 ff.) ist außerdem § 19 Abs. 4 VerfO zu beachten.

29 Weiterhin muss die Clearingstelle gemäß Abs. 3 S. 2 **Festlegungen der Bundesnetzagentur** gemäß § 85 beachten. Die Bundesnetzagentur kann gemäß § 85 Abs. 3 durch Festle-

---

20 BT-Drs. 18/1304, S. 253.

gung gemäß § 29 EnWG u. a. die Anforderungen von § 9 Abs. 1 u. 2 konkretisieren und ergänzende Regelungen zum Einspeisemanagement gemäß § 14 treffen. Außerdem können die Abwicklung von Wechseln gemäß § 21 und der Nachweis der Fernsteuerbarkeit gemäß § 36 durch Festlegung näher ausgestaltet werden. Nach § 85 Abs. 3 Nr. 5 kann die Bundesnetzagentur durch Festlegung außerdem bestimmte Vorgaben für selbst verbrauchten Solarstrom machen. Bei Festlegungen handelt es sich in der Terminologie des allgemeinen Verwaltungsrechts um **Allgemeinverfügungen**, also um Verwaltungsakte, die sich an eine bestimmte oder bestimmbare Anzahl von Adressaten richten.[21] Festlegungen entfalten unmittelbare Rechtswirkungen und dürfen deshalb von der Clearingstelle nicht außer Acht gelassen werden.

3. ADR-Richtlinie (S. 3). Gemäß Abs. 3 S. 3 muss die Clearingstelle schließlich noch die Grundsätze der Richtlinie 2013/11/EU des Europäischen Parlaments und des Rates vom 21. Mai 2013 über die alternative Beilegung verbraucherrechtlicher Streitigkeiten und zur Änderung der Verordnung (EG) Nr. 2006/2004 und der Richtlinie 2009/22/EG (sog. ADR-Richtlinie)[22] in entsprechender Anwendung berücksichtigen. Die Richtlinie stellt Grundsätze auf, mit denen die gütliche Beilegung von **Verbraucherstreitigkeiten** gefördert werden soll. Hierzu gehören die Anforderung, dass die mit der alternativen Streitbeilegung betrauten Personen über das nötige Fachwissen verfügen müssen, die Grundsätze der Unabhängigkeit und Unparteilichkeit, die Grundsätze der Transparenz, Effektivität und Fairness sowie die Grundsätze der Handlungsfreiheit und Rechtmäßigkeit (vgl. Art. 6–11 der ADR-Richtlinie). Ziel ist es, das Vertrauen von Verbrauchern und Unternehmen in außergerichtliche Streitbeilegungsverfahren zu stärken. **30**

Da die ADR-Richtlinie ausschließlich Verbraucherstreitigkeiten betrifft, sind sie von der Clearingstelle nur zu berücksichtigen, soweit sie auf deren Aufgaben **übertragbar** sind. Der Gesetzgeber hat Abs. 3 S. 3 deshalb bewusst als Sollvorschrift ausgestaltet, um der Clearingstelle den nötigen Auslegungsspielraum zu verschaffen.[23] Die Vorgabe in Art. 21 der ADR-Richtlinie, erforderlichenfalls auch **Sanktionen** auszusprechen, ist auf die Clearingstelle aufgrund ihres rein privatrechtlichen Charakters nicht übertragbar.[24] **31**

4. Rechtsfolgen. Anders als noch im EEG 2012 (vgl. § 57 Abs. 2 S. 4) ist in § 81 keine Regelung über die Rechtsfolgen von Entscheidungen der Clearingstelle mehr enthalten. Nunmehr ist allein maßgeblich, was die Parteien vereinbart haben. Aus sich heraus entfalten Entscheidungen der Clearingstelle **keinerlei Rechtswirkungen**.[25] Sie erwachsen insbesondere nicht in formeller oder materieller Rechtskraft.[26] Das hindert die Parteien jedoch nicht daran, in Ausübung ihrer Privatautonomie zu vereinbaren, dass sie sich im Verhältnis **32**

---

21 § 29 EnWG Rn. 48 ff.
22 ABl. L 165 vom 18.6.2013, S. 63.
23 BT-Drs. 17/6071, S. 89.
24 BT-Drs. 17/6071, S. 89.
25 Ausdrücklich LG Halle, Urt. v. 19.11.2012, IR 2013, 210; vgl. auch – deklaratorisch – § 32 S. 2 VerfO: „Gerichtliche Entscheidungen sowie Entscheidungen der Bundesnetzagentur, des Bundesamtes für Wirtschaft und Ausfuhrkontrolle, der Deutschen Emissionshandelsstelle, der Bundesanstalt für Landwirtschaft und Ernährung, des Umweltbundesamtes und sonstiger hoheitlicher Stellen gehen den Voten, Empfehlungen und Hinweisen der Clearingstelle EEG vor."
26 Altrock/Oschmann/Theobald/*Rostankowski*, 4. Aufl. 2013, § 57 Rn. 36; Frenz/Müggenborg/*Tüngler*, 3. Aufl. 2013, § 57 Rn. 35; Reshöft/*Findeisen*, 3. Aufl. 2009, § 57 Rn. 37.

zueinander an bestimmte oder alle Entscheidungen der Clearingstelle halten wollen.[27] Eine Pflicht zur Beachtung der Vorgaben der Clearingstelle folgt dann aus dem so geschlossenen **Vertrag**. Es obliegt den Parteien, die Rechtswirkungen von Entscheidungen der Clearingstelle selbst zu regeln, sofern sie dafür ein Bedürfnis sehen. Weicht eine der Parteien später von den geschlossenen Vereinbarungen ab, begeht sie eine Vertragsverletzung, die gemäß § 280 Abs. 1 BGB zum Schadensersatz verpflichten kann.

33   Der Clearingstelle kommt keine hoheitliche, privatrechtsgestaltende Kompetenz zu. Ungeachtet dessen dürften die Entscheidungen der Clearingstelle eine erhebliche **faktische Wirkung** entfalten und auf zahlreiche Anwendungsfälle ausstrahlen.[28] Die faktische Wirkung ergibt sich daraus, dass es in der Praxis oft an brauchbaren Maßstäben für die Konkretisierung der aus dem EEG folgenden Pflichten fehlt. Die Auslegung von Vorschriften des EEG ist wegen dessen wechselvoller Entstehungsgeschichte und den komplexen technischen und ökonomischen Zusammenhängen nicht trivial. Insbesondere für wenig spezialisierte Richter an den Amts- und Landgerichten liegt es deshalb nahe, auf die „Auslegungshilfen" der Clearingstelle zurückzugreifen und die darin enthaltenen Feststellungen zu übernehmen, soweit sie diese für überzeugend halten. Dies ähnelt dem Umgang mit wissenschaftlichen Veröffentlichungen, aus denen die Gerichte ebenfalls Argumentationen übernehmen, sofern sie auf den zu entscheidenden Fall passen und inhaltlich überzeugen. Dies macht die Entscheidungen der Clearingstelle jedoch nicht zu „antizipierten Sachverständigengutachten".[29] Soweit die Clearingstelle Rechtsnormen auslegt, muss dies schon deshalb gelten, weil ein Gericht über Rechtsfragen keinen (Sachverständigen-)Beweis erheben dürfte („iura novit curia"). Aber auch in Hinblick auf technische Fragen kann eine derartige Wirkung der Entscheidungen der Clearingstelle nicht anerkannt werden, da sie im Widerspruch zu der vom Gesetzgeber gewollten Unverbindlichkeit stünde. Bisher haben sich die Zivilgerichte nur in wenigen Fällen mit Entscheidungen der Clearingstelle auseinandergesetzt.[30]

V. Konkret-individuelle Verfahren (Abs. 4)

34   Abs. 4 regelt die Rolle der Clearingstelle in **konkret-individuellen** (auch: parteibezogenen oder kontradiktorischen) Verfahren. Die Vorschrift ist weniger detailliert als § 57 Abs. 3 EEG 2012. Die im Rahmen der EEG-Novelle 2014 gewählte Formulierung soll dem Bundeswirtschaftsministerium und der Betreiberin der Clearingstelle mehr Flexibilität belassen, um die bisherigen Verfahrensarten weiterzuentwickeln.[31] Hintergrund ist eine im Jahr 2014 von einer externen Beratung durchgeführte **Evaluierung** der Clearingstelle, aus der sich in Zukunft Änderungsbedarf ergeben kann. Mit der offeneren Formulierung des Abs. 4 wollte der Gesetzgeber sicherstellen, dass etwaig erforderliche Änderungen der Verfahrensarten durch eine Änderung der Verfahrensordnung (VerfO) der Clearingstelle vollzogen werden können.[32]

---

27 BT-Drs. 17/6071, S. 89.
28 So auch BT-Drs. 17/6071, S. 89.
29 Frenz/Müggenborg/*Tüngler*, 3. Aufl. 2013, § 57 Rn. 38.
30 Zur Empirie vgl. Altrock/Oschmann/Theobald/*Rostankowski*, 4. Aufl. 2013, § 57 Rn. 44 f. sowie unten, Anhang und die dazugehörigen Fußnoten.
31 BT-Drs. 18/1304, S. 253.
32 BT-Drs. 18/1304, S. 253.

In Abs. 4 S. 1 wird, anders als noch in § 57 Abs. 3 S. 1 EEG 2012, nicht mehr zwischen 35
dem Einigungsverfahren und dem Votumsverfahren unterschieden. Dies ändert jedoch
nichts daran, dass die Clearingstelle berechtigt ist, beide Verfahren anzubieten. Anfang
2015 bot die Clearingstelle die folgenden vier konkret-individuellen Verfahren an:

– Einigungsverfahren (Abs. 4 S. 1 Nr. 1)
– Votumsverfahren (Abs. 4 S. 1 Nr. 1)
– Schiedsgerichtliches Verfahren (Abs. 4 S. 1 Nr. 1 a. E.)
– Stellungnahmeverfahren (Abs. 4 S. 1 Nr. 2)

Mögliche **Verfahrensparteien** sind gemäß Abs. 4 S. 2 Anlagenbetreiber, Direktvermark- 36
tungsunternehmer und Netzbetreiber. Direktvermarktungsunternehmer sind erst seit der
EEG-Novelle 2014 antragsberechtigt. Damit wollte der Gesetzgeber die besondere Bedeutung unterstreichen, die Direktvermarktungsunternehmer im neuen System des EEG 2014
haben.[33]

1. Einigungsverfahren (S. 1 Nr. 1). S. 1 Nr. 1 regelt die Kompetenz der Clearingstelle zur 37
Durchführung von Einigungsverfahren, welche die Klärung von Anwendungsfragen (oben,
Rn. 20) für Anlagenbetreiber, Direktvermarktungsunternehmer und Netzbetreiber zum Gegenstand haben. Mit dem Einigungsverfahren sollen konkreten Rechtsstreitigkeiten durch
Vermittlung der Clearingstelle einvernehmlich beigelegt werden. Es lässt sich deshalb als
Moderations- oder Vermittlungsverfahren einordnen.[34] Ein Einigungsverfahren kann nur
auf **gemeinsamen Antrag** der Parteien durchgeführt werden. Der Antrag muss die Sache
und die Parteien genau bezeichnen und eine Sachverhaltsdarstellung enthalten. Die Einleitung des Verfahrens erfolgt durch den Abschluss einer **Verfahrensübereinkunft** zwischen
der Clearingstelle und den Parteien (vgl. § 19 Abs. 1 VerfO). Dabei handelt es sich um
einen privatrechtlichen Vertrag i. S. d. §§ 145 ff. BGB. In der Verfahrensübereinkunft erklären die Parteien ihren Willen, zu einer gütlichen Einigung zu kommen. Gleichzeitig bestätigen sie im Verhältnis zueinander und gegenüber der Clearingstelle, dass sie die Verfahrensordnung der Clearingstelle einhalten werden. Außerdem verpflichten sich die Parteien
zum **vertraulichen Umgang** mit Informationen.

Das Einigungsverfahren als solches beginnt damit, dass die Parteien gemäß § 20 Abs. 1 38
VerfO zur Sache Stellung nehmen. Anschließend wird von der Clearingstelle ein Termin
zur mündlichen **Erörterung der Sache** bestimmt. Mit Zustimmung der Parteien kann das
Verfahren gemäß § 20 Abs. 2 VerfO schriftlich durchgeführt werden. Die Clearingstelle ist
gemäß § 20 Abs. 4 VerfO berechtigt, mit jeder Partei Einzelgespräche zu führen. Dabei
darf sie sich allerdings nicht dem Vorwurf der Befangenheit (vgl. § 20 VerfO) aussetzen.
Gemäß § 21 VerfO **endet** das Einigungsverfahren, wenn sich die Parteien einigen oder
wenn die Clearingstelle oder eine der Parteien des Verfahren für gescheitert erklärt. Die
Einigung der Parteien kann rechtsverbindlich erfolgen, z. B. in Form eines Vergleichsver-
trages.[35]

Der mittlere Satzteil von S. 1 Nr. 1 stellt klar, dass Einigungsverfahren als Schiedsverfah- 39
ren i. S. v. § 204 Abs. 1 Nr. 11 BGB gelten, so dass für die Dauer eines solchen parteienbezogenen Verfahrens die **Verjährung** der streitbefangenen Ansprüche **gehemmt** ist. S. 3 unterstreicht ferner, dass das Recht der Parteien, die **ordentlichen Gerichte** anzurufen, durch

---

33 BT-Drs. 18/1304, S. 254.
34 Frenz/Müggenborg/*Tüngler*, 3. Aufl. 2013, § 57 Rn. 23.
35 Frenz/Müggenborg/*Tüngler*, 3. Aufl. 2013, § 57 Rn. 25.

die Durchführung eines Einigungsverfahrens in keiner Weise eingeschränkt wird. Die Vorschrift gilt nicht nur für das schiedsrichterliche Verfahren, sondern erst Recht für das reguläre Einigungsverfahren. Sie hat insbesondere zur Folge, dass jede Partei das Einigungsverfahren jederzeit beenden kann; § 1032 Abs. 1 ZPO kommt (auch im Falle eines schiedsrichterlichen Verfahrens) weder unmittelbar noch analog zur Anwendung.

40   **2. Votumsverfahren (S. 1 Nr. 1).** Gemäß S. 1 Nr. 1 kann die Clearingstelle wie bisher auch Votumsverfahren durchführen, die darauf abzielen, dass die Clearingstelle zum Konflikt zwischen Anlagenbetreiber und Netzbetreiber eine Stellungnahme abgibt. Ein Votumsverfahren eignet sich insbesondere, wenn die Parteien meinen, sich selbst nicht einigen zu können, da die Clearingstelle am Ende dieses Verfahrens in der Regel einen **konkreten Entscheidungsvorschlag** macht. Auch die Einleitung eines Votumsverfahrens erfordert das Einverständnis beider Parteien. Der Antrag muss die in § 27 Abs. 1 VerfO näher bezeichneten Angaben enthalten. Das Verfahren beginnt mit einem **Annahmebeschluss** der Clearingstelle. Anschließend müssen die Parteien schriftliche Stellungnahmen abgeben (vgl. § 28 Abs. 1 S. 1 i.V.m. § 20 Abs. 1 VerfO). Mit Zustimmung der Parteien kann das Verfahren schriftlich geführt werden, ansonsten werden die streitigen Sach- und Rechtsfragen mündlich erörtert. Gemäß § 28 Abs. 3 VerfO gilt der Beibringungsgrundsatz; die Clearingstelle ermittelt also nicht von Amts wegen, sondern erforscht nur die ihr von den Parteien vorgelegten Fragen. Gemäß § 28 Abs. 4 VerfO kann die Clearingstelle in jedem Zeitpunkt des Verfahrens den Parteien einen Vergleichsvorschlag unterbreiten. Das Votumsverfahren endet gemäß § 29 VerfO mit einem **Votum** der Clearingstelle, der **Annahme eines von der Clearingstelle vorgeschlagenen Vergleichs** oder durch Einstellung bzw. Widerruf der Einleitungsanträge.

41   S. 1 Nr. 1 stellt klar, dass § 204 Abs. 1 Nr. 11 BGB entsprechend gilt, so dass für die Dauer des Votumsverfahrens die Verjährung der streitbefangenen Ansprüche gehemmt ist. S. 3 unterstreicht auch für das Votumsverfahren, dass das Recht der Parteien, die ordentlichen Gerichte anzurufen, in keiner Weise eingeschränkt wird.

42   **3. Schiedsgerichtliches Verfahren (S. 1 Nr. 1 a.E.).** S. 1 Nr. 1 a.E. bestimmt, dass konkret-individuelle Verfahren im Einvernehmen der Parteien auch als **schiedsgerichtliche Verfahren** im Sinne des Zehnten Buchs der Zivilprozessordnung (§§ 1025–1066 ZPO) durchgeführt werden können (vgl. dazu § 21a VerfO). Die Clearingstelle wird dann als Schiedsstelle tätig.[36] Notwendig für ein schiedsgerichtliches Verfahren ist nach § 21a Abs. 3 VerfO der Abschluss eines **Schiedsvertrages**, in dem insbesondere die in § 21a Abs. 4 VerfO aufgelisteten Einzelheiten geklärt werden müssen. Die Durchführung eines schiedsgerichtlichen Verfahrens hat für die Parteien insbesondere zur Folge, dass der Schiedsspruch grundsätzlich gemäß § 1055 ZPO die Wirkungen eines rechtskräftigen Urteils entfaltet, also in Rechtskraft erwächst. Jedoch bestimmt S. 3, dass das Recht, die ordentlichen Gerichte anzurufen, unberührt bleibt. Der eindeutige Wortlaut dieser Vorschrift macht deutlich, dass eine Klage vor den Zivilgerichten entgegen § 1032 Abs. 1 ZPO nicht unzulässig wäre.[37] Dem Schiedsspruch am Ende eines schiedsgerichtlichen Verfahrens kommt deshalb im Ergebnis nur eine beschränkte Bindungswirkung zu. Für schiedsge-

---

36 BT-Drs. 17/6071, S. 89.
37 Im Ergebnis ebenso *Bauer*, ZUR 2012, 39, 41; a.A. Altrock/Oschmann/Theobald/*Rostankowski*, 4. Aufl. 2013, § 57 Rn. 37.

richtliche Verfahren gilt § 204 Abs. 1 Nr. 11 BGB unmittelbar, so dass auch insoweit die Verjährung der streitbefangenen Ansprüche gehemmt ist.

4. Stellungnahmeverfahren (S. 1 Nr. 2). S. 1 Nr. 2 ermächtigt die Clearingstelle, auf Ersuchen eines ordentlichen Gerichts Stellungnahmen in einem laufenden Gerichtsverfahren abzugeben. Hierdurch soll den **Parteien** eines Rechtsstreits vor den ordentlichen Gerichten die Möglichkeit gegeben werden, eine Stellungnahme zu rechtlichen oder technischen Fragen des EEG durch die Clearingstelle einzuholen und in den Prozess einzubringen.[38] Die Einbringung der Stellungnahme ist wegen der **Verfahrensautonomie** in der Zivilgerichtsbarkeit Sache der Parteien. Eine Beauftragung der Clearingstelle durch das Gericht auf dessen eigene Initiative ist nicht möglich; es kann die Clearingstelle nur dann um eine Stellungnahme bitten, wenn die Parteien sich zuvor damit einverstanden erklärt haben.

Das Stellungnahmeverfahren ist in §§ 29a, 29b VerfO geregelt. Es beginnt mit der Annahme des gerichtlichen Ersuchens durch die Clearingstelle. Für den **Verfahrensablauf** verweist § 29a Abs. 4 VerfO auf Regelungen über das Empfehlungsverfahren. Das Stellungnahmeverfahren **endet** gemäß § 29b VerfO mit Beschluss der Clearingstelle (d.h. Abgabe der Stellungnahme) oder mit Beendigung des Gerichtsverfahrens, für welches die Clearingstelle um eine Stellungnahme ersucht wurde. Stellungnahmen der Clearingstelle zu tatsächlichen Fragen kommt im Zivilprozess keine formelle Beweiskraft zu.[39]

VI. Abstrakt-generelle Verfahren (Abs. 5)

Abs. 5 regelt die Aufgaben der Clearingstelle in Hinblick auf die Klärung von abstrakten Anwendungsfragen. Hierdurch werden die bereits unter dem EEG 2009 durchgeführten **Empfehlungs- und Hinweisverfahren** abgebildet. Diese Verfahren werden im öffentlichen Interesse durchgeführt und sollen zur Verständlichkeit und Transparenz des EEG und damit zur Rechtssicherheit beitragen. Ziel ist es, anhand einer methodengerechten Auslegung des Gesetzes in Hinblick auf besonders streitige Rechtsfragen die Anwendung des Gesetzes zu erleichtern und künftige Rechtsstreitigkeiten zu vermeiden.

Die Durchführung eines abstrakt-generellen Verfahrens setzt voraus, dass dies beantragt wird und ein öffentliches Interesse an dem Verfahren besteht. Als **Antragsberechtigte** nennt S. 1 in Einklang mit Abs. 4 S. 2 zunächst Anlagenbetreiber, Direktvermarktungsunternehmer und Netzbetreiber. Antragsberechtigt in Hinblick auf abstrakt-generelle Verfahren sind jedoch auch die in Anhang A der Verfahrensordnung der Clearingstelle aufgelisteten Verbände. Liegt ein Antrag vor, muss die Clearingstelle ein abstrakt-generelles Verfahren dennoch nur durchführen, wenn außerdem ein öffentliches Interesse an der Klärung der aufgeworfenen Rechtsfrage besteht. Dies richtet sich danach, ob die Frage in einer nennenswerten Anzahl von Fällen Bedeutung erlangen kann. Die Klärung von seltenen Einzelfällen bleibt den konkret-individuellen Verfahren vorbehalten.

1. Empfehlungsverfahren. Das Empfehlungsverfahren ist in §§ 22 ff. VerfO geregelt. Es wird durch einen Beschluss der Clearingstelle eingeleitet. In dem Beschluss wird der Gegenstand des Verfahrens festgelegt. Gemäß § 24 Abs. 1 VerfO erhalten zunächst die im Anhang der Verfahrensordnung genannten Interessengruppen und öffentlichen Stellen Gele-

43

44

45

46

47

---

38 BT-Drs. 17/6071, S. 89.
39 BT-Drs. 17/6071, S. 89.

genheit, schriftlich zu den Verfahrensfragen Stellung zu nehmen. Anschließend wird ein Termin zur mündlichen Erörterung bestimmt. Gemäß § 24 Abs. 4 VerfO kann ein öffentlicher Anhörungstermin bestimmt werden. Die Clearingstelle kann jedoch auch entscheiden, das Verfahren schriftlich durchzuführen. Das Verfahren endet mit Annahme der Empfehlung durch die entscheidende große Kammer der Clearingstelle oder durch Einstellung.

48   **2. Hinweisverfahren.** Das in §§ 25a bis 25c VerfO geregelte Hinweisverfahren ist ein „kleines Empfehlungsverfahren". Es soll bei Fragen ohne grundsätzliche Bedeutung der Verfahrensbeschleunigung dienen.[40] Die Clearingstelle entscheidet in Hinweisverfahren in Besetzung der kleinen Kammer. Auch ist die Öffentlichkeitsbeteiligung reduziert. Gemäß § 25b Abs. 3 VerfO kann ein Hinweisverfahren in ein Empfehlungsverfahren übergeleitet werden.

VII. Verfahrensordnung (Abs. 6)

49   Gemäß S. 1 erfolgt die Wahrnehmung der Aufgaben nach Abs. 3 bis 5 nach Maßgabe der **Verfahrensordnung**, die sich die Clearingstelle selbst gibt. Die Verfahrensordnung muss gemäß S. 2 auch Regelungen dazu enthalten, wie ein schiedsgerichtliches Verfahren durch die Clearingstelle durchgeführt wird (siehe dazu § 21a VerfO). Gemäß S. 2 bedürfen der Erlass und Änderungen der Verfahrensordnung der vorherigen Zustimmung des Bundeswirtschaftsministeriums. Das Ministerium kann so sicherstellen, dass die Clearingstelle ihren Aufgaben entsprechend ihrem gesetzlichen Auftrag erfüllt.

50   Die Wahrnehmung der Aufgaben nach Abs. 3 bis 5 durch die Clearingstelle setzt gemäß S. 4 voraus, dass die Verfahrensparteien zuvor der Verfahrensordnung zustimmen. Allein dadurch erlangt die Verfahrensordnung Rechtsqualität und wird Bestandteil des zwischen der Clearingstelle und den Parteien abgeschlossenen Vertrages.[41] Einseitige Verstöße gegen die Verfahrensordnung sind also Vertragsverletzungen, die Rechtsfolgen nach dem allgemeinen Zivilrecht auslösen können. Eine weitergehende **Außenrechtswirkung** kommt der Verfahrensordnung der Clearingstelle hingegen nicht zu.[42]

VIII. Beschleunigungsgrundsatz (Abs. 7)

51   In Abs. 7 ist seit der EEG-Novelle 2014 der **Beschleunigungsgrundsatz** verankert. Nunmehr ist die Clearingstelle verpflichtet, die Aufgaben nach den Absätzen 3 bis 5 vorrangig und beschleunigt durchzuführen. Hierfür kann sie den Parteien Fristen setzen und Verfahren bei nicht ausreichender Mitwirkung der Parteien einstellen.

52   Mit dem neuen Absatz 7 will der Gesetzgeber die **Effizienz** der Clearingstelle erhöhen und der langen **Verfahrensdauer** entgegenwirken, die im Rahmen externer Evaluierung von einigen Nutzern der Clearingstelle kritisiert worden war.[43]

53   Um tatsächlich eine Verfahrensbeschleunigung zu erreichen, wird die Clearingstelle ermächtigt, den Verfahrensparteien **Fristen** zu setzen und Verfahren bei nicht ausreichender

---

40 Altrock/Oschmann/Theobald/*Rostankowski*, 4. Aufl. 2013, § 57 Rn. 63.
41 BT-Drs. 17/6071, S. 90.
42 BT-Drs. 17/6071, S. 90.
43 BT-Drs. 18/1304, S. 252.

Mitwirkung der Verfahrensparteien **einzustellen**. Dies erinnert an die zivilprozessuale Prozessförderungspflicht der Parteien (vgl. §§ 129, 277, 282 ZPO) und die zivilprozessualen Präklusionsregeln (vgl. §§ 296, 296a ZPO). Wenn die Clearingstelle ihre neuen Befugnisse effektiv einsetzt, dürfte sich dadurch tatsächlich eine nennenswerte Verfahrensbeschleunigung erreichen lassen.

IX. RDG, Haftung (Abs. 8)

Abs. 8 regelt – ohne erkennbaren systematischen Zusammenhang – die Unanwendbarkeit des Rechtsdienstleistungsgesetzes und die Haftung der Betreiberin der Clearingstelle. **54**

1. Rechtsdienstleistungsgesetz. Die Wahrnehmung der Aufgaben nach Abs. 3 bis 5 durch die Clearingstelle ist gemäß S. 1 **keine Rechtsdienstleistung** i. S. v. § 2 Abs. 1 des Rechtsdienstleistungsgesetzes (RDG). Der Hinweis ist deklaratorischer Natur,[44] da in § 2 Abs. 3 Nr. 2 RDG bereits festgestellt wird, dass „die Tätigkeit von Einigungs- und Schlichtungsstellen, Schiedsrichterinnen und Schiedsrichtern" keine Rechtsdienstleistung ist. **55**

2. Haftung. Eine Haftung der RELAW – Gesellschaft für angewandtes Recht der Erneuerbaren Energien mbH als **Betreiberin der Clearingstelle** für Vermögensschäden, die aus der Wahrnehmung der Aufgaben nach Abs. 3 bis 5 entstehen, ist gemäß S. 2 ausgeschlossen, soweit die Schädigung nicht auf Vorsatz beruht. Der **teilweise Haftungsausschluss** ist die notwendige Folge davon, dass der Clearingstelle keine privatrechtsgestaltende Wirkung zukommt und die Rechtswirkungen ihrer Entscheidungen maßgeblich von der Inkorporation durch die Anlagenbetreiber und Netzbetreiber abhängen.[45] Die Parteien tragen die alleinige Verantwortung dafür, ob und ggf. inwieweit sie den Empfehlungen der Clearingstelle folgen wollen und müssen deshalb auch die damit verbundenen Risiken tragen. Der Haftungsausschluss bezieht sich auf die Vertragsabwicklung zwischen den Parteien und insbesondere auf die Haftung für fehlerhafte Empfehlungen oder Hinweise zum EEG. Hingegen bezieht er sich nicht auf deliktisches oder – wie ausdrücklich geregelt wird – auf vorsätzliches Verhalten.[46] **56**

Der teilweise Haftungsausschluss gemäß S. 2 wird **konkretisiert** durch §§ 31, 31a VerfO, bei denen es sich jedoch lediglich um vertragliche Haftungsregelungen handelt, denen die Parteien bei Einleitung eines Verfahrens vor der Clearingstelle zustimmen. § 31 Abs. 2 VerfO begrenzt die Haftung für **fahrlässiges, außervertragliches Verhalten** auf 300.000 Euro je Einzelfall. Im Einklang mit § 309 Nr. 7 BGB gilt die Haftungsbegrenzung nicht für Körperschäden und **grob fahrlässiges** sowie **vorsätzliches Verhalten**. Praktisch relevant werden dürfte allein die Haftung der Clearingstelle für fahrlässige Falschberatung. Dabei handelt es sich um eine vertragliche Haftung, da zwischen den Parteien und der Clearingstelle mit Absendung des auf der Internetseite der Clearingstelle bereitgestellten Anfrageformulars ein Schuldverhältnis nach § 311 Abs. 2 Nr. 2 BGB begründet wird. Mit der Einleitung eines konkret-individuellen Verfahrens (Einigungs-, Votums- oder Stellungnahmeverfahren) wird sogar ein Vertrag begründet (vgl. auch § 19 VerfO), der ähnlich einem **57**

---

44 BT-Drs. 17/6071, S. 90.
45 BT-Drs. 17/6071, S. 90.
46 BT-Drs. 17/6071, S. 90.

Schiedsrichtervertrag aus Elementen des Auftrags, der Geschäftsbesorgung und des Dienstvertrages besteht.[47]

58 Gemäß § 31a Abs. 1 u. 2 VerfO gelten die Haftungsausschlüsse gemäß Abs. 8 S. 2 und § 31 VerfO auch für die **persönliche Haftung** der Mitglieder und Mitarbeiter der Clearingstelle sowie für Angestellte, Erfüllungsgehilfen und Organe. In den praktisch wichtigsten Fällen dürfte eine persönliche Haftung freilich ohnehin fernliegend sein. Eines Haftungsausschlusses für den **Bund** bedurfte es nicht, da die Clearingstelle privatrechtlich betrieben wird und ein Durchgriff auf den Bund deshalb ausgeschlossen ist.[48]

X. Tätigkeitsbericht (Abs. 9)

59 Gemäß Abs. 9 muss die Clearingstelle jährlich einen Tätigkeitsbericht über die Wahrnehmung der Aufgaben nach Abs. 3 bis 5 auf ihrer Internetseite in nicht personenbezogener Form veröffentlichen. Dies entspricht den Vorgaben von Art. 7 Abs. 2 der Richtlinie 2013/11/EU des Europäischen Parlaments und des Rates vom 21. Mai 2013 über die alternative Beilegung verbraucherrechtlicher Streitigkeiten (ADR-Richtlinie).[49] Danach muss der Bericht u. a. Informationen enthalten über die Anzahl der eingegangenen Streitigkeiten und Art der Beschwerden, systematische oder signifikante Problemstellungen, die prozentuale Verteilung der unterschiedlichen Verfahrensbeendigungen und den durchschnittlichen Zeitaufwand für die Lösung von Streitigkeiten.

XI. Erhebung von Entgelten (Abs. 10)

60 Abs. 10 regelt die Erhebung von Entgelten durch die Clearingstelle. Grundsätzlich wird der Betrieb der Clearingstelle durch den **Bundeshaushalt** finanziert. Damit wird der Tatsache Rechnung getragen, dass die Clearingstelle mit der Durchführung von Verfahren, die im öffentlichen Interesse liegen, gesetzliche Kernaufgaben erfüllt, die andernfalls der Bund erfüllen müsste.[50] Gleichzeitig führt die Clearingstelle jedoch auch Verfahren durch, die allein oder weit überwiegend den Interessen Privater dienen. Soweit solche parteienbezogenen Verfahren abgewickelt werden, kann die Clearingstelle gemäß Abs. 10 S. 1 **Entgelte** erheben, die jedoch nicht über die tatsächlichen Kosten hinausgehen dürfen.[51]

61 Gemäß Abs. 7 S. 1 erfolgt die Erhebung von Entgelten durch die Clearingstelle nach **Maßgabe ihrer Verfahrensordnung** (s. dazu Abs. 6, oben Rn. 43 f.). Die Entgelte müssen der Deckung des Aufwands für parteienbezogene Verfahren nach Abs. 4 dienen und von den Parteien erhoben werden. Einzelheiten regelt § 15a VerfO i.V.m. der Entgeltordnung der Clearingstelle (EntgeltO), die seit dem 1.1.2013 Anwendung findet. Die Entgelte sind so zu bemessen, dass die mit der Einrichtung der Clearingstelle verfolgten Ziele und Zwecke nicht vereitelt werden und insbesondere die Betreiber von kleinen Anlagen nicht von der Anrufung der Clearingstelle abgehalten werden.[52] In der Entgeltordnung wird insbeson-

---

47 Vgl. zum Schiedsrichtervertrag MünchKommZPO/*Münch*, 4. Aufl. 2013, Vor §§ 1034 ff., Rn. 4 f.
48 BT-Drs. 17/6071, S. 90.
49 ABl. EU L 164/63 v. 16.6.2013.
50 BT-Drs. 17/6071, S. 90.
51 BT-Drs. 17/6071, S. 90.
52 BT-Drs. 17/6071, S. 90.

dere nach Art und Größe der jeweils betroffenen Anlage unterschieden. Es wird angestrebt, bei Einigungsverfahren i. S. v. Abs. 4 S. 1 Nr. 1 kostendeckende Entgelte erheben zu lassen.[53]

Verfahren im öffentlichen Interesse nach Abs. 5 sind gemäß Abs. 10 S. 2 unentgeltlich   **62** durchzuführen. Für **sonstige Handlungen**, die im Zusammenhang mit der Aufgabenerfüllung nach Abs. 3 bis 5 stehen, kann die Clearingstelle zur Deckung des Aufwands gemäß Abs. 10 S. 3 ebenfalls Entgelte erheben. Die Clearingstelle kann also „Einnahmen zum Selbstkostenpreis" für Tätigkeiten generieren, die nicht die Durchführung von Verfahren gemäß Abs. 4 u. Abs. 5 betreffen, aber im Zusammenhang mit der gesetzlichen Aufgabe der Clearingstelle stehen (insbesondere Öffentlichkeitsarbeit).[54]

Anhang: Verfahren der Clearingstelle

Empfehlungen

Az.	Datum	Thema	Gesetzesbezug
2008/6	13.6.2008	Fotovoltaikanlagen auf Grünflächen im Sinne des § 11 Abs. 4 Nr. 3 EEG 2004	EEG 2004 § 11
2008/7	24.11.2008	Mitteilungspflichten gemäß § 14a EEG 2004 – Fristen	EEG 2004 § 14a
2008/8	25.11.2010	Nachgeschalteter Generator bei Biomasse-Verstromung – Technologie- und KWK-Zuschlag	EEG 2004 § 8
2008/15	30.3.2011	Ausschließlichkeitsprinzip bei Biomasseanlagen	EEG 2004 §§ 5, 8
2008/16	25.11.2010	Bauplanerische Voraussetzungen bei PV-Anlagen	BauGB/ROG EEG 2004 § 11 Abs. 3 bis 4
2008/17	25.11.2010	Nachgeschalteter Generator bei Biomasse-Verstromung – NawaRo-Zuschlag	EEG 2004 § 8
2008/18	29.9.2011	Trinkwasserturbinen und Turbinen im Kühlwasserrücklauf von Kraftwerken	EEG 2004 §§ 3, 6
2008/19	11.6.2011	Sachmängelbedingter Austausch von Fotovoltaikmodulen – Inbetriebnahmezeitpunkt	EEG 2004 §§ 3, 11
2008/20[55]	29.12.2009	Zuständigkeit und Kostentragung für Messeinrichtungen von EEG-Anlagen ohne registrierende Leistungsmessung	EEG 2004 §§ 12, 13

---

53 BT-Drs. 17/6071, S. 90.
54 BT-Drs. 17/6071, S. 90.
55 Dazu *Rauch*, IR 2010, 66–67.

Az.	Datum	Thema	Gesetzesbezug
2008/48	24.9.2009	Landschaftspflege-Bonus	BioAbfV BiomasseV EEG 2009 § 27 Abs. 4 Nr. 2, Anlage 2
2008/49[56]	14.4.2009	Anlagenzusammenfassung gemäß § 19 Abs. 1 Nr. 1 EEG 2009	EEG 2009 § 19
2008/50[57]	24.9.2009	Anwendung von § 19 Abs. 1 EEG 2009 auf Altanlagen ohne PV-Anlagen	EEG 2004 allg. EEG 2009 §§ 19, 66
2008/51[58]	29.1.2009	Anwendung von § 19 Abs. 1 EEG 2009 auf PV-Altanlagen	EEG 2004 § 11 Abs. 6 EEG 2009 §§ 19, 66
2008/52	25.3.2010	Vergütungsfähigkeit von Palm- oder Sojaölverstromung ab dem 1. Januar 2009	BioSt-NachV EEG 2004 § 8 Abs. 2 EEG 2009 § 27 Abs. 4 Nr. 2, §§ 64, 66, Anlage 2
2009/5[59]	10.6.2009	Anlagenzubau bei Fotovoltaikanlagen über den Jahreswechsel 2008/2009	EEG 2004 § 11 Abs. 6 EEG 2009 §§ 19, 66
2009/12[60]	1.7.2010	Anlagenbegriff (§ 3 Abs. 2 EEG 2004/§ 3 Nr. 1 EEG 2009) bei Bestandsanlagen	EEG 2004 § 3 EEG 2009 § 3
2010/2[61]	1.7.2010	Konversionsflächen	EEG 2004 § 11 Abs. 3 bis 4 EEG 2009 § 32
2010/5[62]	4.10.2010	Betriebliche Einrichtungen im Sinne des § 6 Nr. 1 EEG 2009	EEG 2009 §§ 5, 6, 7, 11, 12, 13, 16, 18, 20, 21, 60

---

56 Dazu *Dilken*, IR 2013, 33; *Lovens*, ZUR 2010, 291, 293; *Mikesic/Strauch*, ZUR 2009, 531, 534.
57 Dazu *Lovens*, ZUR 2010, 291, 292.
58 Dazu *Lovens*, ZUR 2010, 291, 292.
59 Dazu *Lovens*, ZUR 2010, 291, 294.
60 Dazu OLG Brandenburg, NVwZ 2011, 700.
61 Dazu *Kahl*, IR 2010, 184–186.
62 Dazu KG Berlin, Urt. v. 9.7.2012, RdE 2013, 95.

Säcker/König

Az.	Datum	Thema	Gesetzesbezug
2011/1[63]	29.9.2011	Netzverknüpfungspunkt gemäß § 5 Abs. 1 EEG 2009	EEG 2009 allg. u. §§ 5, 6, 7, 13 EnWG 2005 KraftNAV NAV
2011/2[64]	30.3.2012	Eigenverbrauch von Solarstrom nach § 33 Abs. 2 EEG 2009	EEG 2009 §§ 3, 5, 6, 7, 8, 13, 15, 16, 17, 18, 19, 20, 21, 33, 60
2011/12	9.12.2011	sog. Abschlagszahlungen	EEG 2009 §§ 16, 18, 19, 20, 21, 22, 23, 24, 25, 26, 27 Abs. 1, Abs. 2, Abs. 3, Abs. 4 Nr. 1, 2, 3 u. Abs. 5, 28, 29 Abs. 1, Abs. 2, Abs. 3 u. Abs. 4, 30, 31, 32, 33, 60, Anlage 1, 2, 3 u. 4
2012/6	21.6.2012	Abschlagszahlungen im EEG 2012	EEG 2012 §§ 4 Abs. 2, 16, 18, 21
2012/7	18.12.2012	Zuständigkeit für Messstellenbetrieb und Messung nach § 7 Abs. 1 EEG 2012	EEG 2012 §§ 5, 7, 13 EnWG 2011
2012/19[65]	2.7.2014	Austausch und Versetzen von Anlagen und Anlagenteilen (außer PV und Wasserkraft) im EEG 2009 und EEG 2012	EEG 2009 §§ 3, 16, 18, 19, 20, 21, 60 EEG 2012 §§ 3, 19

Voten

Az.	Datum	Thema	Gesetzesbezug
2007/4[66]	9.4.2008	Vergütungsanspruch für PV bei Anbringung auf horizontal nachgeführten Holzschuppen	BauGB/ROG EEG 2004 §§ 5, 11
2008/1	24.7.2009	Gebäudebegriff im EEG 2004	EEG 2004 allg. u. § 11

---

63 Dazu BGHZ 195, 73; LG Kiel, Urt. v. 25.1.2013, ZNER 2013, 291; *Brunner/Pippke*, REE 2011, 254.
64 Dazu *Schnelle*, IR 2012, 66; *Brunner/Pippke*, REE 2011, 254, 255.
65 Dazu *Klewar*, ZNER 2014, 554.
66 Dazu BGHZ 187, 311; *Müller*, ZNER 2008, 203–206.

Az.	Datum	Thema	Gesetzesbezug
2008/3	16.7.2008	Technologiebonus bei Biogasaufbereitung	EEG 2004 §§ 5, 8
2008/9	16.2.2009	Anspruch auf Fassadenbonus für eine PV-Anlage mit Hinterlüftung	EEG 2004 § 11 Abs. 2
2008/10	2.12.2008	Abgrenzung Netzanschluss- und Netzausbau	EEG 2004 allg. u. §§ 4 Abs. 2, 13
2008/11	27.5.2008	Anspruch auf Fassadenbonus für eine PV-Anlage	EEG 2004 §§ 5, 11
2008/14[67]	19.9.2008	Anspruch auf Netzausbau, wirtschaftliche Zumutbarkeit	EEG 2004 § 4 Abs. 2, § 13
2008/22	2.9.2008	Vergütungsanspruch für Fotovoltaikanlagen auf zwei nahe gelegenen Dächern	EEG 2004 § 3 Abs. 2 bis 3, § 11 Abs. 2 u. 6
2008/23	27.11.2008	Modernisierung einer Wasserkraftanlage	EEG 2004 allg. u. §§ 3, 6, 21
2008/24	9.4.2009	Netzausbau durch Verlegung eines Kabels als Ersatz für bestehende Anschlussleitung	EEG 2004 § 4 Abs. 2, § 13
2008/25	20.10.2008	Vergütungsanspruch für Fotovoltaikanlagen auf mit Begrünungen versehenen oberirdischen Bunkern	EEG 2004 allg. u. § 11
2008/27	27.11.2008	Nachweis der Modernisierung nach § 6 Abs. 3 EEG 2004 durch behördliche Zulassung	EEG 2004 §§ 6, 21
2008/28	29.7.2011	Nachweis des KWK-Stroms bei Anlagen ohne Vorrichtungen zur Abwärmeabfuhr	EEG 2004 § 8 Abs. 3 KWKG 2002
2008/29	17.11.2008	Wärmedifferenzkollektoranlage als Solarstromanlage gem. EEG 2004	EEG 2004 §§ 3, 5, 11
2008/33	6.12.2012	Kostentragungspflichten bei neu errichteter Übergabestation	EEG 2004 § 13 EnWG 2005
2008/35	7.10.2011	Erfordernis eines geeichten Wärmemengenzählers?	EEG 2004 allg. u. §§ 5, 8
2008/39	18.4.2011	Kein Fassaden-Bonus für PV-Anlagen, die gemäß § 95 BGB nur Scheinbestandteile des Gebäudes sind	BGB EEG 2004 allg. u. §§ 5, 11 Abs. 2
2008/42	23.4.2010	Fotovoltaikanlagen auf „Modulbäumen" und an Carports	EEG 2004 § 11 EEG 2009 § 66
2008/43	19.1.2009	Fotovoltaikanlagen auf Grünflächen im Sinne des § 32 Abs. 3 Nr. 3 EEG 2009	EEG 2009 § 32
2008/45	17.9.2009	Anbringung „nicht auf dem oder als Dach" (Fassadenbegriff)	EEG 2004 § 11 Abs. 2

---

67 Dazu § 12 Rn. 85 ff.

Az.	Datum	Thema	Gesetzesbezug
2008/53	27.4.2009	§ 16 Abs. 4 lit. c) EEG 2009 steht dem Vergütungsanspruch gemäß § 8 Abs. 2 EEG 2009 nicht entgegen	EEG 2009 §§ 8, 15, 16, 18, 20, 21, 60
2008/54	7.5.2009	Fassadenbonus für PV-Anlage als Teil einer Hypokaustenheizung	EEG 2004 §§ 5, 11 Abs. 2 EEG 2009 § 66
2008/56	29.6.2009	Chicoréewurzeln als NawaRo gemäß Anlage 2 zum EEG 2009	EEG 2004 §§ 8, 21 EEG 2009 allg. u. § 27 Abs. 1 u. Abs. 4 Nr. 2, Anlage 2
2008/57	19.4.2010	Deponiegasanlage mit fossiler Zünd- und Stützfeuerung	EEG 2004 §§ 3, 5, 7, 8
2009/3	8.6.2009	Keine Eigenverbrauchsvergütung für Strom aus vor dem 1. Januar 2009 in Betrieb genommenen PV-Anlagen	EEG 2009 §§ 16, 18, 20, 21, 33, 60, 66
2009/4	28.8.2009	Fassadenbonus für Verschattungselemente	BGB EEG 2004 § 11 Abs. 2
2009/9[68]	9.9.2009	Vorrangiger Errichtungszweck der Aufständerungen von PV-Forschungsanlagen	BauGB/ROG EEG 2009 allg. u. §§ 16, 20, 21, 32, 60
2009/10	24.11.2010	NawaRo-Bonusfähigkeit von „Sägewerks-Rinde"	EEG 2004 §§ 5, 8 EEG 2009 §§ 16, 18, 20, 21, 27 Abs. 1 u. Abs. 4 Nr. 2, 60, 66, Anlage 2
2009/17	10.2.2011	„Satelliten"-BHKW und Gülle-Bonus	EEG 2009 §§ 3, 16, 18, 19, 20, 21, 27 Abs. 1 u. Abs. 4 Nr. 2, § 60, Anlage 2
2009/18	21.8.2009	Fotovoltaikanlagen auf unterirdischen Regenwasserspeichern	EEG 2009 § 33

---

[68] Dazu OLG Naumburg, Urt. v. 10.11.2011, REE 2012, 89; LG Halle, Urt. v. 19.5.2011, 4 O 1351/10.

Az.	Datum	Thema	Gesetzesbezug
2009/19	7.4.2011	„Satelliten"-BHKW und Gülle-Bonus II	EEG 2004 § 8 EEG 2009 §§ 3, 16, 18, 20, 21, 27 Abs. 1 u. Abs. 4 Nr. 2, 60, 66, Anlage 2
2009/20	18.4.2011	Liste der rein pflanzlichen Nebenprodukte: Nicht aus der Bierherstellung stammender Getreidetreber	EEG 2004 § 8 Abs. 2 EEG 2009 §§ 16, 18, 20, 21, 27 Abs. 4 Nr. 2, § 60, 66, Anlage 2
2009/26	13.4.2010	Umstellung zunächst fossil betriebener Bestands-BHKWs auf EEG-Betrieb	BioSt-NachV EEG 2000 EEG 2004 §§ 8 Abs. 2, 21 EEG 2009 §§ 3, 16, 18, 20, 21, 27 Abs. 4 Nr. 2, 60, 66, Anlage 2
2009/27	18.12.2009	Inbetriebsetzung (nicht) innerhalb von 12 aufeinanderfolgenden Kalendermonaten	EEG 2009 allg. u. § 19
2010/6	27.8.2010	Solarstromanlagen auf forstwirtschaftlich genutztem Unterstand	BauGB/ROG EEG 2004 allg. u. §§ 5, 11 EEG 2009 allg. u. § 66
2010/10[69]	16.9.2010	Solarstromanlagen auf Altdeponie	BauGB/ROG EEG 2009 allg. u. §§ 16, 18, 20, 21, 32, 33, 60
2010/11	4.10.2010	Fotovoltaikanlagen auf ehemaliger Ackerfläche gemäß § 32 Abs. 3 Satz 1 Nr. 3 EEG 2009	BauGB/ROG EEG 2009 §§ 16, 18, 20, 21, 32, 60
2010/17	7.2.2011	ORC-Anlage unter dem EEG 2009	EEG 2004 § 8 Abs. 2, Abs. 3 u. Abs. 4 EEG 2009 §§ 3, 16, 18, 20, 21, 27 Abs. 4 Nr. 1, § 60, 66, Anlage 1
2010/18	12.9.2011	Modernisierung einer Wasserkraftanlage und Umweltgutachterbescheinigung (I)	EEG 2009 § 23

---

69 OLG Brandenburg, Urt. v. 28.5.2013, REE 2013, 166.

Az.	Datum	Thema	Gesetzesbezug
2011/7	15.12.2011	PV-Anlage in Gewerbegebiet	EEG 2009 § 32 EEG 2012 allg.
2011/9	5.10.2011	Vergütung nach § 11 EEG 2004 bei Inbetriebnahme einer PV-Freiflächenanlage vor Inkrafttreten des Bebauungsplans	BauGB/ROG EEG 2004 § 11 EEG 2009 § 66
2011/14	23.8.2011	PV-Installation mit durchs Gebäudedach geführter Tragekonstruktion	EEG 2004 § 11
2011/16	1.9.2011	Konversionsfläche aus wirtschaftlicher Nutzung	EEG 2009 §§ 16, 18, 20, 21, 32, 60
2011/18	13.7.2011	Konversionsfläche aus wirtschaftlicher Nutzung	EEG 2009 §§ 16, 18, 20, 21, 32, 60
2011/19	30.11.2011	Anlagenzusammenfassung bei Gebäude-PV (I)	EEG 2009 § 19
2011/20	1.12.2011	Modulbaum und ausschließliche Anbringung am Gebäudefundament (I)	EEG 2004 § 11 EEG 2009 § 66
2011/24	30.7.2012	Netzanschluss einer Wasserkraftanlage	EEG 2009 §§ 5,6, 7, 13
2012/2	23.4.2012	Verschattungselemente, Witterungsschutz und „Fassadenbonus"	EEG 2004 § 11 Abs. 2
2012/4	28.3.2012	Eigenverbrauch durch Dritte in unmittelbarer räumlicher Nähe gemäß § 33 Abs. 2 EEG 2012	EEG 2012 §§ 5, 7, 13, 33
2012/9	20.7.2012	Inbetriebnahmebegriff im EEG 2004 bei Umstellung fossil betriebener BHKW auf Biomethan	EEG 2004 § 21 EEG 2009 §§ 3, 66
2012/12	18.6.2012	NawaRo-Bonus bei Mitverbrennung von Landschaftspflegeholz in Anlagen > 500 kW	EEG 2009 §§ 16, 18, 20, 21, 60, 27 Abs. 4 Nr. 1, Anlage 1
2012/13	18.6.2012	NawaRo-Bonus bei Mitverbrennung von Landschaftspflegeholz in Anlagen > 500 kW	EEG 2009 §§ 16, 18, 20, 21, 60, 27 Abs. 4 Nr. 2, Anlage 2 EEG 2012 § 66
2012/14	20.6.2012	PV auf Freilagerüberdachungen	EEG 2009 § 19 EEG 2009 § 33
2012/16	13.8.2012	Anlagenzusammenfassung bei Gebäude-PV (II)	EEG 2009 § 19 EEG 2012 § 66
2012/17	9.8.2012	Abgrenzung Neubau / Modernisierung einer Wasserkraftanlage im EEG 2009	EEG 2009 §§ 3, 23
2012/18	16.10.2012	PV-Modulbaum: Ausschließliche Anbringung und vorrangiger Nutzungszweck des Gebäudes	EEG 2004 §§ 11, 5 EEG 2009 § 66

Az.	Datum	Thema	Gesetzesbezug
2012/20	1.8.2013	Holzlagerregal als Gebäude	EEG 2009 § 33
2012/22	27.11.2012	Abrechnung zweier PV – Installationen über eine gemeinsame Messeinrichtung nach § 19 Abs. 2 EEG 2009	EEG 2009 § 19
2012/23	10.12.2012	PV-Installation auf Lärmschutzeinhausung	EEG 2009 §§ 16, 18, 20, 21, 60, 33 EEG 2012 §§ 38, 50
2012/25	25.4.2013	Deponie als Gebäude i. S. d. § 11 Abs. 2 EEG 2004	EEG 2004 allg. u. § 11 Abs. 2 EEG 2009 § 66
2012/32	27.3.2013	Konversionsfläche aus wirtschaftlicher Nutzung bei fehlendem Bebauungsplan	BauGB/ROG EEG 2009 §§ 16, 18, 20, 21, 60, 32
2012/34	18.4.2013	Gebäudevergütung bei Solarstromanlagen auf Lagercontainern	EEG 2009 § 33
2012/35	13.2.2013	Anlagenzusammenfassung bei Gebäude-PV (III)	EEG 2009 § 19 EEG 2012 § 66
2013/8	20.12.2013	Biomasse-Anlage und KWK-Bonus im EEG 2009	EEG 2009 § 66
2013/9	28.10.2013	Schleppschlauchausbringung und Landschaftspflege-Bonus	EEG 2009 §§ 16, 18, 20, 21, 27 Abs. 4 Nr. 2, Anlage 2, § 60
2013/11	24.4.2013	Anlagenzusammenfassung bei Gebäude-PV (IV)	EEG 2009 § 19 EEG 2012 § 66
2013/12	10.6.2013	Anlagenzusammenfassung bei Gebäude-PV (V)	EEG 2009 §§ 19, 33
2013/15	20.8.2014	„Modulare Anlage" i. S. v. § 66 Abs. 1a EEG 2009 und Anlagenbegriff	EEG 2009 §§ 3, 66
2013/21	10.6.2013	Modernisierung einer Wasserkraftanlage und Umweltgutachterbescheinigung (II)	EEG 2009 §§ 16, 18, 20, 21, 60, 23
2013/22	29.4.2013	Inbetriebnahme von PV-Anlagen unter dem EEG 2009 – Ortsfestigkeit (II)	EEG 2009 § 3
2013/25	11.6.2013	Anlagenzusammenfassung bei Gebäude-PV (VI)	EEG 2009 § 19
2013/26	23.4.2013	Inbetriebnahme von PV-Anlagen unter dem EEG 2009 – Ortsfestigkeit (I)	EEG 2009 § 3
2013/27	21.5.2013	Einstellungsbeschluss bei mangelndem Parteivortrag	–
2013/28	23.4.2013	Luftreinhaltebonus gem. § 66 Abs. 1 Nr. 4a Satz 1 EEG 2009	EEG 2009 § 66

Az.	Datum	Thema	Gesetzesbezug
2013/29	13.5.2013	Inbetriebnahme von PV-Anlagen unter dem EEG 2009 – Ortsfestigkeit (III)	EEG 2009 § 3
2013/30	15.8.2013	Gebäude-PV – vorrangiger Nutzungszweck bei „Pflanzencarports"	EEG 2009 §§ 16, 18, 20, 21, 60, 33 EEG 2012 §§ 32 Abs. 3, 32 Abs. 2, Abs. 4 S. 1 (ab 04/2012)
2013/31	25.6.2013	Zur Anwendbarkeit des EEG 2004 und EEG 2009 für vor dem 1. Januar 2004 in Betrieb genommene Biomasseanlagen	BGB EEG 2000 EEG 2004 §§ 21, 8 Abs. 3 EEG 2009 § 66
2013/32	5.7.2013	Anlagenzusammenfassung bei Gebäude-PV (VIII)	EEG 2009 § 19
2013/33	11.6.2013	Anlagenzusammenfassung bei Gebäude-PV (VII)	EEG 2009 § 19
2013/34	26.6.2013	Biomasse-Anlage und KWK-Bonus im EEG 2009	EEG 2009 §§ 16, 18, 20, 21, 60, 27 Abs. 4 Nr. 3, Anlage 3 EEG 2012 § 66
2013/35	3.9.2013	Unverzüglichkeit des Netzanschlusses und der Kapazitätserweiterung	BGB EEG 2009 § 5, 6, 7, 9, 10, 13, 14
2013/36	31.5.2013	Begriff des „Gebäudes" in § 11 Abs. 6 EEG 2004 (II)	EEG 2004 allg. u. § 11 Abs. 6
2013/37	18.7.2013	Begriff des „Gebäudes" in § 11 Abs. 6 EEG 2004 (III)	EEG 2004 § 11 Abs. 6 EEG 2009 § 66
2013/39	27.1.2014	Ausstattung einer Biomasse-Anlage mit technischen und betrieblichen Vorgaben und Anspruchsausschluss nach § 16 Abs. 6 EEG 2009	EEG 2009 §§ 16, 18, 20, 21, 27 Abs. 1, §§ 60, 66
2013/40	26.8.2013	Anlagenzusammenfassung bei Gebäude-PV (IX)	EEG 2009 § 19
2013/43	10.7.2014	„Modulare Anlage" i. S. v. § 66 Abs. 1a EEG 2009 und „unmittelbare Verbindung"	EEG 2009 § 66
2013/44	10.9.2013	PV auf Carports I	EEG 2009 §§ 16, 18, 20, 21, 60, 33
2013/45	6.8.2013	Inbetriebnahmedatum nach Anlagenzubau im EEG 2004	EEG 2004 §§ 11 Abs. 6, 3 Abs. 2 bis 3
2013/46	22.8.2013	Anlagenzusammenfassung bei Gebäude-PV (X)	EEG 2009 § 19

Az.	Datum	Thema	Gesetzesbezug
2013/49	26.9.2013	NawaRo-Bonus bei anteiliger Mitverbrennung von Holz aus der Landschaftspflege	EEG 2004 § 8 Abs. 2 EEG 2009 allg., § 27 Abs. 4 Nr. 2, § 66, Anlage 2
2013/50	3.12.2013	PV-Freiflächenanlage auf LPG-Gelände – Konversionsfläche aus wirtschaftlicher Nutzung	BauGB/ROG EEG 2009 §§ 32, 66
2013/51	18.3.2014	Verknüpfungspunkt	EEG 2009 §§ 5, 6, 7, 9, 13, 14
2013/52	12.9.2013	Anlagenzusammenfassung bei Gebäude-PV (XII)	EEG 2009 § 19
2013/53	16.9.2013	Anlagenzusammenfassung bei Gebäude-PV (XI)	EEG 2009 § 19
2013/54	29.10.2013	Anlagenzusammenfassung bei Gebäude-PV (XIII)	EEG 2009 § 19
2013/55	18.12.2013	Fassadenbonus EEG 2004	BGB EEG 2004 §§ 5, 11 Abs. 25
2013/56	30.10.2013	Biomasse-Anlage und KWK-Bonus sowie NawaRo-Bonus im EEG 2009	EEG 2009 allg. EEG 2009 §§ 16, 18, 20, 21, 27 Abs. 4 Nr. 2, §§ 60, 66, Anlage 2
2013/58	6.12.2013	Fassadenbonus für PV-Anlage	EEG 2004 §§ 5, 11 Abs. 2
2013/59	13.11.2013	Landschaftspflegebonus bei Pyrolyse und thermochemischer Vergasung	EEG 2009 § 27 Abs. 4 Nr. 2, Anlage 2
2013/61	18.11.2013	Anlagenzusammenfassung bei Gebäude-PV (XIV)	EEG 2009 § 19
2013/62	13.2.2014	PV-Freiflächenanlage auf baulicher Anlage	BauGB/ROG EEG 2009 § 32
2013/64	13.11.2013	Anlagenzusammenfassung bei Gebäude-PV (XV)	EEG 2009 § 19
2013/68	19.12.2013	Anlagenzusammenfassung bei Gebäude-PV (XVI)	EEG 2009 § 19
2013/69	13.11.2013	Modulbaum und ausschließliche Anbringung am Gebäudefundament (II)	EEG 2009 § 33
2013/70	6.12.2013	Seitliche Erdanschüttungen von Bunkern als Gebäudebestandteile	EEG 2012 § 32 Abs. 2, Abs. 3, Abs. 4 S. 1 u. 2 (ab 04/2012)
2013/73	16.12.2013	Anlagenzusammenfassung bei Gebäude-PV (XVII)	EEG 2009 § 19
2013/74	19.12.2013	Anlagenzusammenfassung bei Gebäude-PV (XVIII)	EEG 2009 § 19

Az.	Datum	Thema	Gesetzesbezug
2013/75	16.12.2013	PV auf Carports (II)	EEG 2009 §§ 16, 18, 20, 21, 33, 60
2013/78	9.1.2014	Anlagenzusammenfassung bei Gebäude-PV (XIX)	EEG 2009 § 19
2013/79	12.12.2013	Freiflächen-PV – „Aufstellungsbeschluss" i. S. d. § 66 Abs. 18a S. 1 Nr. 1 EEG 2012	BauGB/ROG EEG 2012 §§ 20, 20a, 20b, 32 Abs. 1 u. 2, § 32 Abs. 1 (ab 04/ 2012), § 66
2013/80	5.12.2013	PV auf Carports (III)	EEG 2009 §§ 16, 18, 20, 21, 33, 60 EEG 2012 § 66
2013/82	2.12.2013	Anlagenzusammenfassung bei Gebäude-PV (XX)	EEG 2009 § 19
2013/83	26.3.2014	Technologiebonus bei Umstellung auf Biomethan unter dem EEG 2009 und fossiler Inbetriebnahme zum Zeitpunkt der Geltung des EEG 2000	EEG 2000 EEG 2004 § 8 Abs. 4, § 21 EEG 2009 §§ 3, 27 Abs. 4 Nr. 1, § 66, Anlage 1
2013/84	17.1.2014	Anlagenzusammenfassung bei Gebäude-PV (XXI)	EEG 2009 § 19
2013/85	17.12.2013	PV auf Carports (IV)	EEG 2009 allg., §§ 16, 18, 20, 21, 33, 60
2013/86	5.2.2014	Anlagenzusammenfassung bei Gebäude-PV (XXII)	EEG 2009 § 19
2013/87	27.3.2014	Keine analoge Anwendung des Technologiebonus aus Anlage 1 Nr. II.1.i. EEG 2009 für nachgerüstete Bestandsanlagen	EEG 2009 §§ 3, 27 Abs. 4 Nr. 1, § 66, Anlage 1
2013/89	19.2.2014	PV-Freiflächenanlage auf Konversionsfläche	EEG 2009 allg. EEG 2009 § 32
2013/90	13.2.2014	Anlagenzusammenfassung bei Gebäude-PV (XXIII)	EEG 2009 § 19
2013/91	20.2.2014	Anlagenzusammenfassung bei Gebäude-PV (XXIV)	EEG 2009 § 19
2013/92	7.5.2014	Anlagenzusammenfassung bei Gebäude-PV (XXV)	EEG 2009 § 19
2013/93	23.5.2014	Anlagenzusammenfassung bei Gebäude-PV (XXVI)	EEG 2009 § 19
2014/1	27.5.2014	Kapazitätserweiterung	EEG 2012 §§ 9, 14 EnWG 2005 EnWG 2011 ZPO
2014/2	15.4.2014	Vergütung einer schwimmenden PV-Installation auf einem Baggersee nach § 66 Abs. 18a S. 2 EEG 2012 i.V.m. § 32 Abs. 2 EEG 2012 (a. F.)	EEG 2012 § 32 Abs. 1 u. 2, § 66

Az.	Datum	Thema	Gesetzesbezug
2014/3	16.4.2014	PV auf Carports (VII)	EEG 2012 § 33
2014/7	23.6.2014	Anlagenzusammenfassung bei Gebäude-PV (XXVII)	EEG 2009 § 19
2014/8	9.7.2014	Inbetriebnahme im EEG 2009 – Abschluss des Vertriebsprozesses	EEG 2009 allg., § 3 EEG 2012 allg.
2014/9	12.6.2014	Konversionsflächenvergütung bei Bebauungsplan ohne Zwecksetzung Solarstromerzeugung?	BauGB/ROG EEG 2012 §§ 32 Abs. 1 u. 2, 32 Abs. 1 (ab 04/2012), 66
2014/10	22.8.2014	Anlagenzusammenfassung bei Gebäude-PV (XXVIII)	EEG 2009 § 19
2014/11	31.7.2014	Anlagenzusammenfassung bei Gebäude-PV (XXIX)	EEG 2009 § 19
2014/12	21.7.2014	PV auf Carports (VI)	EEG 2009 allg., §§ 16, 18, 19, 20, 21, 33, 60
2014/14	12.9.2014	PV auf Carports (VIII)	EEG 2009 allg., §§ 16, 18, 20, 21, 33, 60
2014/19	18.11.2014	Anlagenzusammenfassung bei Gebäude-PV (XXX)	EEG 2009 § 19
2014/21	8.12.2014	Gebäude-PV	EEG 2009 §§ 16, 18, 20, 21, 33, 60
2014/22	13.1.2015	Anlagenzusammenfassung bei Gebäude-PV (XXXII)	EEG 2009 § 19
2014/23	18.11.2014	Anlagenzusammenfassung bei Gebäude-PV (XXXI)	EEG 2009 § 19

Hinweise

Az.	Datum	Thema	Gesetzesbezug
2009/7	7.12.2009	Emissionsminimierungsbonus für Bestandsanlagen (§ 66 Abs. 1 Nr. 4a EEG 2009)	BImSchG EEG 2009 §§ 27 Abs. 5, 66 TA Luft
2009/13[70]	5.11.2009	„Zwölf Kalendermonate" gem. § 19 Abs. 1 Nr. 4 EEG 2009	EEG 2009 § 19
2009/14	23.9.2010	Vorgaben gem. § 6 Nr. 1 EEG 2009 für PV-Anlagen	EEG 2009 §§ 3, 5, 6, 7, 13, 19

---

70 Dazu *Lovens*, ZUR 2010, 291, 294.

Az.	Datum	Thema	Gesetzesbezug
2009/28	26.4.2010	Emissionsminimierungsbonus – Beginn und Dauer des Anspruchs	BImSchG EEG 2009 §§ 27 Abs. 5, 66 TA Luft
2010/1	25.6.2010	Inbetriebnahmezeitpunkt bei PV-Anlagen unter dem EEG 2009	EEG 2009 §§ 3, 16, 18, 20, 21, 60
2010/8	27.9.2010	Stichtag 25. März 2010 für «beschlossene» Bebauungspläne	EEG 2009 allg. u. §§ 16, 18, 20, 21, 32, 60
2010/13	18.11.2010	Verhältnis NawaRo-Generalklausel zu Positiv-/Negativ-Listen	EEG 2004 § 8 EEG 2009 allg. u. §§ 27 Abs. 1 u. Abs. 4 Nr. 2, 64, Anlage 2
2010/14	24.2.2011	Gasnetz i. S. d. EEG 2009	EEG 2009 allg. u. §§ 24, 25, 26, 27 Abs. 2, Abs. 3 u. Abs. 5, 51, 52, 53, 54, 55, 56, 64, 66
2010/16	28.6.2011	Erweiterung der Liste rein pflanzlicher Nebenprodukte	EEG 2009 allg.
2011/4	22.6.2011	PV auf bestehenden Gewerbe- und Industriegebieten	EEG 2009 § 32
2011/6	6.6.2011	Nachweisfrist der SDLWindV bei Bestandsanlagen	EEG 2009 § 66 SDLWind
2011/8	28.2.2012	PV-Anlagen innerhalb eines Abstandes von 110 Metern zu Autobahnen oder Schienenwegen	EEG 2009 § 32 EEG 2012 § 32 Abs. 1 u. Abs. 2
2011/10	16.12.2011	„Gebäude" und „Lärmschutzwand" im EEG 2009 und EEG 2012	EEG 2009 allg. u. §§ 32, 33 EEG 2012 allg.
2011/11[71]	15.6.2011	Anlagenzubau bei Degressionsschritt	EEG 2009 §§ 3, 16, 18, 19, 20, 21, 60
2011/21	23.2.2012	Zahlung des SDL-Bonus bei sog. Übergangsanlagen	EEG 2009 § 29 Abs. 1 u. Abs. 2 SDLWindV

---

71 Dazu OLG Schleswig-Holstein, Urt. v. 22.3.2012, ZNER 2012, 281 f.

Az.	Datum	Thema	Gesetzesbezug
2011/23	20.12.2012	Grundstücksbegriff gemäß § 5 Abs. 1 S. 2 EEG 2009/EEG 2012	BauGB/ROG BGB EEG 2004 § 13 EEG 2009 allg. u. §§ 5, 6, 7, 13, 19 EEG 2012 allg. EnWG 2005 EnWG 2011 NAV
2012/10	10.9.2012	Anforderungen an qualifizierte Netzanschlussbegehren i. S. d. § 66 Abs. 18 S. 2 EEG 2012	EEG 2012 §§ 33, 66
2012/11	23.5.2012	BImSchG-Genehmigungsbedürftigkeit und NawaRo-Bonus sowie Emissionsminimierungsbonus ab 1. Juni 2012	BImSchG EEG 2009 § 27 Abs. 5, 66
2012/21	31.1.2013	Versetzen von PV-Anlagen	EEG 2009 §§ 3, 5, 6, 7, 13, 16, 18, 20, 21, 60, 32, 33 EEG 2012 §§ 3, 5, 7, 13, 20, 20a u. b, § 32 Abs. 1 u. 2, 32 Abs. 1 (ab 04/ 2012), 32 Abs. 2, Abs. 4 S. 1 (ab 04/ 2012), 33
2012/24	22.3.2013	Anwendungsfragen des § 23 Abs. 2 EEG 2012	EEG 2012 § 6 Abs. 1 bis 3, § 23
2012/30	21.3.2013	Anwendungsbereich Marktintegrationsmodell gemäß § 33 Abs. 1 S. 1 EEG 2012 (ab 04/2012)	EEG 2012 §§ 19, 33 (ab 04/2012), 66
2013/1	15.7.2014	Abschlagszahlungen und Marktintegrationsmodell im EEG 2012	EEG 2012 §§ 16, 18, 21, 32 Abs. 2, Abs. 3, Abs. 4 S. 1 u. 2 (ab 04/ 2012), §§ 33 (ab 04/2012), 33a–f, 33g, h, Anl. 4
2013/7	27.3.2013	NawaRo-Bonus für Zünd- und Stützfeuerung bei vor dem 1. Januar 2007 in Betrieb genommenen Anlagen	EEG 2004 §§ 5, 8, Abs. 2 EEG 2009 §§ 16, 18, 20, 21, 60, 66
2013/13	18.8.2014	Leistung i. S. d. § 6 EEG 2009/EEG 2012	–
2013/16	21.5.2013	Ersetzen von PV-Anlagen gem. EEG 2012 (I) – Gebrauchtmodule	EEG 2012 allg. u. § 32 Abs. 5 (ab 04/2012)

Az.	Datum	Thema	Gesetzesbezug
2013/19	22.11.2013	Messung beim Marktintegrationsmodell (§ 33 Abs. 4 EEG 2012)	EEG 2012 §§ 5, 7, 13, 19, 33 (ab 04/2012), 66

Schiedsspruch

Az.	Datum	Thema	Gesetzesbezug
2014/4	12.5.2014	KWK-Bonus EEG 2009: Erfordernis eines geeichten Wärmemengenzählers	EEG 2009 § 27 Abs. 4 Nr. 3, Anlage 3 EnWG 2011

Stellungnahme

Az.	Datum	Thema	Gesetzesbezug
2013/1/ Stn	14.3.2013	Intensivtierhaltung als „wirtschaftliche Nutzung" i. S. d. § 32 Abs. 1 Nr. 3 c) cc) EEG 2012	EEG 2009 § 32 EEG 2012 § 32 Abs. 1 und 2; § 32 Abs. 1 (ab 04/2012)

§ 82 Verbraucherschutz

Die §§ 8 bis 14 des Gesetzes gegen den unlauteren Wettbewerb gelten für Verstöße gegen die §§ 19 bis 55 entsprechend.

Schrifttum: *Alexander*, Die Informationspflichten gemäß § 40 Abs. 1 und 2 EnWG und ihre Durchsetzung nach Energiewirtschafts-, Lauterkeits- und Vertragsrecht (§ 40 Abs. 1 und 2 EnWG), WRP 2012, 660; *Becker/Lüdemann*, Neuer Strommarkt: Aufsichts- und Verfassungsfragen, ZNER 2011, 583; *Brodowski*, Der Belastungsausgleich im Erneuerbare-Energien-Gesetz und im Kraft-Wärme-Kopplungsgesetz im Rechtsvergleich, 2007; *Gahr*, Strikte Gesetzesbindung statt Vertragsautonomie, 2013; *Gundel*, Der Verbraucherschutz im Energiesektor zwischen Marktliberalisierung und Klimaschutzzielen, GewArch 2012, 137; *ders./Germelmann*, Kein Schlussstein für die Liberalisierung der Energiemärkte: Das Dritte Binnenmarktpaket, EuZW 2009, 763; *Haeffs*, Der Auskunftsanspruch im Zivilrecht. Zur Kodifikation des allgemeinen Auskunftsanspruchs aus Treu und Glauben (§ 242), 2010; *Harte-Bavendamm/Henning-Bodewig* (Hrsg.), UWG, Kommentar, 3. Aufl. 2013; *Köhler/Bornkamm* (Hrsg.), UWG, Kommentar, 32. Aufl. 2014; *Lange*, Verbraucherschutz im neuen EnWG, RdE 2012, 41; Münchener Kommentar zum Lauterkeitsrecht, Band 2, 2. Aufl. 2014; *Ohly/Sosnitza* (Hrsg.), UWG, Kommentar, 6. Aufl. 2014; *Rostankowski*, Die Ausgleichsmechanismus-Verordnung und der Ausbau Erneuerbarer Energien, ZNER 2010, 125; *Schiller*, Der Verbotsbegriff des § 134 BGB am Beispiel der Mindestvergütungsregelungen der §§ 5–12 EEG, 2005; *Stecher*, Die Vertragsbeziehungen zwischen Anlagen- und Netzbetreiber unter besonderer Berücksichtigung des EEG 2009, 2009; *Wustlich/Müller*, Die Direktvermarktung von Strom aus erneuerbaren Energien im EEG 2012, ZNER 2011, 380.

Übersicht

I. Normzweck

1   Normzweck von § 82 ist der Schutz der Letztverbraucher vor ungerechtfertigter übermäßiger Belastung mit Umlagekosten für nach §§ 19 ff. geförderten EE-Strom. § 82 vermittelt über den Rechtsfolgenverweis auf das UWG privatrechtliche Ansprüche, über deren Geltendmachung Mitbewerber, Verbände und qualifizierte Einrichtungen die ordnungsgemä-

ße Vergütung eingespeisten EE-Stroms kontrollieren können. Den besonderen Verbraucherschutz vermittelt die Norm durch die Anordnung der Klagemöglichkeit für Verbände, qualifizierte Einrichtungen i. S. d. UKlaG und Kammern entsprechend § 8 Abs. 3 UWG. Nur diese haben in der Regel auch einen Anreiz und die Mittel, gegen entstandene oder drohende Beeinträchtigungen vorzugehen. Einzelne geschädigte Letztverbraucher, die nach allgemeinem Zivilrecht gegen ihren Stromversorger vorgehen könnten, werden hingegen aufgrund der geringen individuellen Schadenshöhe Prozess- und Verfahrenskosten scheuen. Ihnen räumt § 82 folglich auch keine zusätzlichen eigenen Rechte ein.

Der Gesetzgeber setzt auf eine **dreigleisige** und **komplementäre Kontrolle** der Förder- 2
und Kostentragungsvorschriften des EEG: Dreigleisig ist die Kontrolle, weil zunächst die Bundesnetzagentur nach § 85 die ordnungsgemäße Errechnung der EEG-Umlage[1] kontrollieren und durchsetzen kann (public enforcement). Daneben können Wettbewerber und Verbände Beseitigung, Unterlassung (§ 8 UWG), Schadensersatz (§ 9 UWG) oder Gewinnabschöpfung (§ 10 UWG) verlangen und die Einhaltung der Förderbestimmungen privatklagerechtlich erzwingen (private enforcement).[2] Zusätzlich können Anlagenbetreiber die Clearingstelle nach § 81 Abs. 4 S. 1 Nr. 1 anrufen. Die Clearingstelle kann zudem auf gerichtliches Anfordern Stellungnahmen für laufende gerichtliche Verfahren abgeben (§ 81 Abs. 4 S. 1 Nr. 2). Individuelle zivilrechtliche Ansprüche und deren Geltendmachung vor den ordentlichen Gerichten bleiben von § 82 ebenfalls unberührt. **Komplementär** sind die beiden Kontrollgleise nach § 82 und § 85, weil die privatrechtliche Durchsetzung auf einer ersten Stufe die Einhaltung der Förderbestimmungen zwischen Netzbetreibern untereinander und Netzbetreibern und Anlagenbetreibern zum Ziel hat, die behördliche Kontrolle allerdings für die nachgelagerte Stufe der Stromvermarktung und Umlageermittlung gilt. Die Bundesnetzagentur besitzt ferner behördliche Befugnisse zur Überwachung des Einspeisemanagements, des Belastungsausgleichsverfahrens und der damit in Zusammenhang stehenden Übermittlungs- und Veröffentlichungspflichten, der Ausweisung der EEG-Umlage durch Elektrizitätsversorgungsunternehmen und der Stromkennzeichnung. Die Behörde überprüft die ordnungsgemäße Vermarktung des nach §§ 19–55 vergüteten Stroms, die Ermittlung, Festlegung und Veröffentlichung der EEG-Umlage durch die Übertragungsnetzbetreiber (§ 82 Abs. 1 Nr. 2). Die Bundesnetzagentur kann damit nach § 82 Abs. 1 Nr. 2 alle Stufen des Belastungsausgleichs überprüfen.[3] Dass sie damit **inzident** (d. h. im Rahmen der Überprüfung der ÜNB) **oder originär** (d. h. aus eigenem Anfangsverdacht) auch die Ordnungsgemäßheit der Prämien- und Vergütungszahlungen selbst (die erste Stufe des Belastungsausgleichs) kontrollieren kann, folgt bereits aus § 85 Abs. 2, dessen Reichweite im Gegensatz zu § 61 Abs. 1a nochmals ausgedehnt wurde und nunmehr Anlagenbetreiber und alle Netzbetreiber erfasst.[4] Der Gesetzgeber hatte bereits bei der Neufassung des EEG 2009 die übliche zivilgerichtliche Kontrolle der Vergütungszahlungen auf erster Stufe des Belastungsausgleichs ausdrücklich für unzureichend erachtet.[5]

---

1 § 60 Abs. 1 S. 1; § 3 AusglMechV.
2 S. auch § 61 Abs. 1a S. 2.
3 Frenz/Müggenborg/*Ehricke/Frenz*, § 61 Rn. 25.
4 Dazu BT-Drs. 18/1304, S. 253.
5 BT-Drs. 16/6071, S. 90. Der Gesetzgeber ist damit der Handlungsempfehlung des EEG-Erfahrungsberichts 2011 gefolgt, s. BMU, Entwurf EEG-Erfahrungsbericht 2011, S. 179, abrufbar unter www.erneuerbare-energien.de/fileadmin/ee-import/files/pdfs/allgemein/application/pdf/eeg_er fahrungsbericht_2011_entwurf.pdf.

3 Die **praktische Relevanz** von § 82 ist bisher gering. Obwohl der Gesetzgeber bei der Schaffung der Vorschrift eine Vielzahl von Missbrauchsfällen bei der Errechnung der Umlage vermutete,[6] ist bisher keine Entscheidung auf der Grundlage genannter UWG-Normen ergangen.[7]

II. Entstehungsgeschichte

4 Im EEG 2009 hat der Gesetzgeber erstmals die verbraucherschützende Vorschrift des § 58 eingeführt. Der Bundesrat hatte die Einbeziehung weiterer Normen in den Tatbestand des § 58 EEG 2009 gefordert, nämlich der Informations- und Darlegungspflichten (§§ 53–56 EEG 2009), der Anzeige und Abrechnung der Differenzkosten durch Elektrizitätsversorgungsunternehmen (§ 53 EEG 2009),[8] der Stromkennzeichnung (§ 54 EEG 2009)[9] sowie der Herkunftsnachweise (§ 55 EEG 2009) und des Doppelvermarktungsverbots (§ 56 EEG 2009).[10] Die Bundesregierung hat eine solche Erweiterung jedoch unter Hinweis auf die bereits bestehenden Rechtsschutzmöglichkeiten nach dem UKlaG für nicht erforderlich gehalten.[11] Das EEG 2012 behielt die Vorschrift unverändert bei. Ausgeweitet worden sind im EEG 2012 allerdings die behördlichen Aufsichtsbefugnisse des § 61 EEG 2012. Auch nach der systematischen Reform des Fördersystems durch die **EEG-Novelle 2014** bleibt der Regelungszweck des § 82 erhalten. An die Stelle der bisherigen allgemeinen und besonderen Vergütungsvorschriften der §§ 16–33 EEG 2012 treten die allgemeinen und besonderen Bestimmungen über die finanzielle Förderung der Einspeisung von Strom aus erneuerbaren Energien und Grubengas. Sie umfassen den gesamten dritten Teil des EEG 2014, also Förderbestimmungen zu Marktprämie und Einspeisevergütung (§§ 19–51) sowie besondere Förderbestimmungen für Flexibilität (§§ 52–54) und die Festlegung der Förderhöhe durch Ausschreibungen (§ 55).

5 § 82 steht in übergreifendem Zusammenhang mit einer Stärkung des Verbraucherschutzes im europäischen Energierecht.[12] Die Elektrizitätsbinnenmarktrichtlinie hat neben ihrer primären Zielrichtung der Elektrizitätsmarktliberalisierung wesentliche Weiterentwicklungen der Verbraucherfreundlichkeit bewirkt,[13] u. a. beim Lieferantenwechsel,[14] bei der Rechnungsgestaltung[15] und der Streitbeilegung.[16]

---

6 BT-Drs. 16/8148, S. 74.
7 Siehe lediglich den Zuständigkeitsstreit OLG Brandenburg, Beschl. v. 6.9.2011, 1 AR 39/11, BeckRS 2011, 22962.
8 § 53 EEG 2012 regelte die Ausweisungs- und Anzeigepflicht für die EEG-Umlage.
9 § 54 EEG 2012 regelte die Stromkennzeichnung entsprechend der EEG-Umlage.
10 BT-Drs. 16/8148, S. 91.
11 BT-Drs. 16/8393, S. 3.
12 Dazu *Gundel*, GewArch 2012, 137; *Lange*, RdE 2012, 41 f.
13 *Johnston/Block*, EU Energy Law, Rn. 2.47, 7.01 ff.; *Gundel/Germelmann*, EuZW 2009, 763, 764 f.
14 Art. 3 Abs. 5 lit. a der RL 2009/72/EG; §§ 20, 20a EnWG.
15 Anh. I Abs. 1 lit. a und j der RL 2009/72/EG; §§ 40–42 EnWG; dazu insbesondere *Alexander*, WRP 2012, 660 ff.
16 Art. 3 Abs. 13 RL 2009/72/EG; §§ 111a–c EnWG.

III. Einzelerläuterungen

1. Tatbestand: Verstöße gegen §§ 19–55 EEG. § 82 ist eine **eingeschränkte Rechts-** **6**
grundverweisung auf die genannten Vorschriften des UWG.[17] Die unlautere geschäftliche
Handlung wird durch einen „Verstoß gegen die §§ 19–55" ersetzt.[18] Verschuldenserforder-
nisse und Anforderungen an die Aktivlegitimation regelt das UWG in den §§ 8–10.

a) Verstoßende/Anspruchsgegner. Adressaten der Förderregelungen und damit Versto- **7**
ßende i. S. d. § 82 können einerseits **Anlagenbetreiber** sein, die falsche Angaben zu den
Voraussetzungen der ihnen zustehenden Förderung nach den §§ 19–55 machen. Die
Förderbestimmungen verbieten auch den **Netzbetreibern**, Auszahlungen vorzunehmen,
wenn und soweit die erforderlichen Angaben nicht vorliegen. Es sind damit sowohl **einsei-**
tige als auch **beidseitige Verstöße** („Absprachen zwischen Teilnehmern des Wälzungsmechanismus")[19] denkbar. Entscheidend ist diese Differenzierung für den verschuldensabhän-
gigen Schadensersatzanspruch.

b) Verstoß. Der Wortlaut von § 82 fordert einen „**Verstoß**" gegen die §§ 19–55. Eine Wort- **8**
lautauslegung legt nahe, dass ein Verstoß nur gegen ausdrücklich formulierte Verpflichtungen möglich ist. Eine **teleologische** Auslegung, die sich allein am Verbraucherschutz
orientiert, muss dazu führen, dass nur solche Pflichten erfasst sind, deren Nichterfüllung
sich auf die Förderhöhe und damit auf die von den Verbrauchern zu zahlende EEG-Umlage
auswirkt.[20] Zwar können auch Verbände, die die Interessen von Anlagenbetreibern vertreten, systematisch zu gering ausfallende Zahlungen an die Anlagenbetreiber gerichtlich klären wollen. Diese besitzen jedoch bereits Ansprüche, welche sie im Vergleich zu Endverbrauchern erheblich leichter durchsetzen können.

aa) Vereinbarung abweichender Fördersätze. Die Vereinbarung **geringerer Ausgangs-** **9**
werte, als sie in den **§§ 23–33, § 53 Abs. 1 und als Ergebnis des Ausschreibungsverfah-**
rens nach § 55 vorgesehen sind, verstößt, auch nachdem das Wort „mindestens" aus der
Grundvergütungsnorm des § 16 Abs. 1 S. 1 EEG 2012 im neuen § 19 nicht übernommen
worden ist, jedenfalls gegen das Abweichungsverbot des § 7 Abs. 1,[21] würde aber – selbst
wenn sie unbeanstandet bliebe[22] – zu keiner zusätzlichen Belastung der Verbraucher füh-

---

17 So auch Frenz/Müggenborg/*Tüngler*, § 58 Rn. 9.
18 Altrock/Oschmann/*Lehnert*, § 58 Rn. 7 spricht etwas missverständlich von einer Tatbestandser-
    weiterung.
19 BT-Drs. 16/8148, S. 74.
20 Ebenso Frenz/Müggenborg/*Tüngler*, § 58 Rn. 12; Altrock/Oschmann/*Lehnert*, § 58 Rn. 12 u. 13;
    a. A. *Salje*, EEG 2014, § 82 Rn. 18; Reshöft/*Findeisen*, § 58 Rn. 24.
21 Aus der älteren Literatur zu § 16 EEG 2012 siehe *Schiller*, Der Verbotsbegriff des § 134 BGB am
    Beispiel der Mindestvergütungsregelungen der §§ 5–12 EEG, S. 178 ff., 211 f., die (allerdings
    noch zu den §§ 5–12 EEG 2004) erst im Zusammenwirken der allgemeinen und besonderen Ver-
    gütungsvorschriften (§ 5 Abs. 1 i. V. m. §§ 6–12 EEG 2004) das Verbotsgesetz sieht; dem folgend
    MünchKommBGB/*Armbrüster*, § 134 Rn. 66 Fn. 17; ebenso *Salje*, EEG 2014, § 19 Rn. 10. Jeden-
    falls § 4 Abs. 2 wird einhellig als gesetzliches Verbot i. S. d. § 134 BGB qualifiziert, *Stecher*, Die
    Vertragsbeziehungen zwischen Anlagen- und Netzbetreiber unter besonderer Berücksichtigung
    des EEG 2009, S. 30 ff. u. 75; *Gahr*, Strikte Gesetzesbindung statt Vertragsautonomie, S. 371:
    Eine Einzelfallprüfung der einzelnen Vergütungsregelungen auf ihren Verbotsgesetzcharakter sei
    hinfällig mit dem neuen § 4 Abs. 2; Frenz/Müggenborg/*Ekardt/Hennig*, § 16 Rn. 6; Frenz/Müg-
    genborg/*Ehricke*, § 4 Rn. 47 ff.; Altrock/Oschmann/Theobald/*Lehnert/Thomas*, § 16 Rn. 14.
22 Anlagenbetreiber können unmittelbar aus dem Einspeisevertrag auf die gesetzliche Vergütung kla-
    gen.

ren. Deshalb ist dieser Verstoß nicht über die Verbraucherschutznorm des § 82 angreifbar.[23]

10 Anlagenbetreiber können ihren Strom an der Börse zu beliebigen Preisen vermarkten (lassen). Die gleitende Prämie errechnet sich ohnehin aus der Differenz zwischen den jeweils anzulegenden Werten nach den §§ 40–51 oder 55 und dem jeweiligen Monatsmarktwert (Anlage 1 Ziffer 2).

11 Es sind nicht nur einseitige Verstöße der Anlagenbetreiber erfasst, aufgrund derer der Netzbetreiber zur Zahlung einer höheren als der gesetzlich vorgesehenen Vergütung veranlasst wird (z. B. durch die Mitteilung falscher Leistungsdaten, unzulässige Mischfeuerung etc.). Auch beidseitige Verstöße auf der Grundlage eines dolus eventualis des Netzbetreibers oder **kollusiven Zusammenwirkens** der beiden Vertragspartner sind von § 82 erfasst. Maßgeblich ist nämlich nicht eine bloße willentliche Übereinkunft zwischen Anlagen- und Netzbetreiberin,[24] sondern deren Absicht, eine Überwälzung der Kosten auf Dritte zu veranlassen. Nach § 57 Abs. 1 sollen gerade keine Kosten in den Belastungsausgleich eingestellt werden, die über die Vergütungshöhen der §§ 40–55 hinausgehen. Ansonsten könnten sich Anlagenbetreiber mit Hilfe der Netzbetreiber auf Kosten der Versorgungsunternehmen und Letztverbraucher selbst fördern.

12 Beidseitige Verstöße können einen **Dreiecksbetrug** (§ 263 StGB) zum Nachteil der mit der Umlage tatsächlich Belasteten darstellen.[25] Anlagen- und Netzbetreiber haften in diesem Fall den **einzelnen Geschädigten** zusätzlich gesamtschuldnerisch aus § 823 Abs. 2 BGB i. V. m. § 263 StGB, § 840 Abs. 1 BGB, § 420 BGB.

13 **bb) Ausschließlichkeitsgebot.** Ein Verstoß gegen das **Ausschließlichkeitsgebot**, d. h. die Pflicht, ausschließlich die in § 3 Nr. 3 genannten Energieträger zu verwenden, liegt bei einer unzulässigen Mischnutzung von erneuerbaren und konventionellen Energieträgern vor.[26] Vergütet der vorgelagerte Netzbetreiber trotzdem den gesamten Strom, d. h. inklusive des Stroms, der nicht ausschließlich aus erneuerbaren Quellen stammt, liegt ein einseitiger Verstoß des Anlagenbetreibers vor, wenn dieser falsche Angaben macht, oder ein beidseitiger Verstoß bei einvernehmlicher höherer Vergütung. Auch ein einseitiger Verstoß des vergütungspflichtigen Netzbetreibers ist denkbar, wenn dieser i. d. R. versehentlich eine höhere als die gesetzlich zustehende Vergütung zahlt. Täuscht der Anlagenbetreiber den Netzbetreiber arglistig, ist ein Dreiecksbetrug nach § 263 Abs. 1 StGB denkbar.

14 **cc) Gesamtabgabepflicht.** § 39 Abs. 2 S. 1 stellt mittels eines Andienungszwanges eine **Gesamtabgabeverpflichtung** für den in einer Anlage erzeugten Strom auf. Ein Verstoß gegen die Gesamtabgabeverpflichtung stellt regemäßig ebenfalls einen Verstoß gegen das Doppelvermarktungsverbot dar (dazu unten Rn. 15).

15 **dd) Regelenergievermarktungsverbot.** Weiterhin darf im Falle des Inanspruchnehmens der Einspeisevergütung nicht gegen das **Regelenergievermarktungsverbot** in § 39 Abs. 2 S. 2 verstoßen werden. Gegen dieses Verbot verstößt in der Regel ausschließlich der Anlagenbetreiber. Danach darf er Strom, für den er eine Einspeisevergütung verlangt, weder als

---

23 Altrock/Oschmann/Theobald/*Lehnert*, § 58 Rn. 11; Gabler/Metzenthin/*Gabler*, § 58 Rn. 19; a. A. wohl *Salje*, EEG 2014, § 82 Rn. 18; Reshöft/*Findeisen*, § 58 Rn. 24.
24 So aber Frenz/Müggenborg/*Tüngler*, § 58 Rn. 13 u. 17.
25 In diese Richtung deutet auch der Gesetzgeber.
26 Näher § 19 Rn. 40 ff.

positive noch als negative[27] Regelenergie außerhalb sonstiger Direktvermarktung gem. § 20 Abs. 1 Nr. 2 vermarkten.[28] Eine Vermarktung am Regelenergiemarkt ist nur im Rahmen der Direktvermarktung zulässig.[29] § 39 Abs. 2 S. 2 ist eine spezielle Ausgestaltung des **Doppelvermarktungsverbots** aus § 80. Vermarktet ein Anlagenbetreiber seinen Strom als Regelenergie und nimmt für die gleichen Strommengen eine Einspeisevergütung in Anspruch, so verstoßen Anlagen- und Netzbetreiber zum einen gegen die Gesamtabgabeverpflichtung der §§ 19 Abs. 1 Nr. 1, 11 Abs. 1 S. 1 u. 2. Zum anderen verstößt jedenfalls der Anlagenbetreiber gegen das Regelenergievermarktungsverbot. In diesen Fällen kann die Einhaltung dieses speziellen Doppelvermarktungsverbots über die UWG-Ansprüche, die § 82 vermittelt, kontrolliert werden. Die Einhaltung des allgemeinen **Doppelvermarktungsverbots** aus § 80 unterfällt gem. § 2 Abs. 2 Nr. 9 UKlaG dem Kontrollregime des UKlaG. Die im UWG genannten Anspruchsberechtigten können die gerichtliche Kontrolle des Regelenergievermarktungsverbots sowohl nach dem UWG als auch dem UKlaG anstrengen.

ee) Direktvermarktung. Die Vorschriften der Direktvermarktung (§§ 33a–i) waren im EEG 2012 nicht von § 82 umfasst (damals § 58 EEG 2012). Mittlerweile bezieht das Gesetz alle allgemeinen und besonderen Förderbestimmungen in den Anwendungsbereich des § 82 ein. Bei der Inanspruchnahme der Marktprämie kann ein Verstoß gegen §§ 19 ff. vorliegen, wenn der bei der Prämienberechnung anzulegende Wert nach §§ 40 ff. zu hoch angesetzt wird.[30]   **16**

2. Rechtsfolge. a) Anspruchsberechtigte. Berechtigte der Beseitigungs- und Unterlassungsansprüche, inklusive des Auskunftsanspruchs nach § 8 Abs. 5 UWG sind gemäß § 8 Abs. 3 Mitbewerber (Nr. 1), Verbände (Nr. 2), qualifizierte Einrichtungen (Nr. 3) und Industrie und Handelskammern (Nr. 4). Für den Gewinnabschöpfungsanspruch beschränkt § 10 Abs. 1 UWG den Kreis der Anspruchsberechtigten auf Verbände, qualifizierte Einrichtungen sowie Industrie- und Handelskammern. Mitbewerbern steht der Anspruch nach § 10 Abs. 1 UWG nicht zu. Ausschließlich von Mitbewerbern kann hingegen der Schadensersatzanspruch nach § 9 Abs. 1 UWG geltend gemacht werden.   **17**

aa) Mitbewerber (§ 8 Abs. 3 Nr. 1, § 2 Abs. 1 Nr. 3 UWG). Anspruchsberechtigte des **Beseitigungs- und Unterlassungsanspruchs** sind nach § 8 Abs. 3 Nr. 1 UWG zunächst Mitbewerber i. S. d. § 2 Abs. 1 Nr. 3 UWG.[31] Sie sind alleinig Anspruchsberechtigte des Schadensersatzanspruchs aus § 9. **Mitbewerber** ist danach jeder Unternehmer, der mit einem oder mehreren Unternehmern als Anbieter oder Nachfrager von Waren oder Dienstleistungen in einem konkreten Wettbewerbsverhältnis steht. **Privaten Letztverbrauchern** fehlt es bereits an der Unternehmereigenschaft, weshalb sie als Mitbewerber nicht in Frage kommen. Eine Mitbewerberstellung erfordert ein tatsächlich bestehendes Wettbewerbsver-   **18**

---

27 Das Verhältnis von Einspeisevergütung und negativer Regelenergie war bis dato umstritten, s. dazu *Wustlich/Müller*, ZNER 2011, 380, 387.

28 *Salje*, EEG 2012, § 16 Rn. 57 sieht hierin sogar ein gesetzliches Verbot i. S. d. § 134 BGB, dagegen überzeugend *Hermeier*, § 56 Rn. 35.

29 Zuvor im Rahmen der sonstigen Direktvermarktung nach § 33b Nr. 3 EEG 2012; s. a. BT-Drs. 17/ 6071, S. 88; *Salje*, EEG 2012, § 56 Rn. 29.

30 Altrock/Oschmann/Theobald/*Lehnert*, § 58 Rn. 14.

31 Näher Köhler/Bornkamm/*Köhler*, § 8 Rn. 3.27 ff.; Ohly/Sosnitza/*Ohly*, § 8 Rn. 93 f.; Harte-Bavendamm/Henning-Bodewig/*Bergmann/Goldmann*, § 8 Rn. 334; Ohly/Sosnitza/*Sosnitza*, § 2 Rn. 55 ff.

hältnis, aus dem heraus eine Verfälschung der Wettbewerbsbedingungen zu Lasten des betroffenen Unternehmens möglich ist. Anspruchsberechtigte müssen Mitbewerber des Verstoßenden und damit der Anlagenbetreiber oder Netzbetreiber sein. **Unternehmerische Letztverbraucher** stehen in keinem Wettbewerbsverhältnis zu Anlagen- oder Netzbetreibern beim Anbieten des EEG-Stroms, ebenso wenig wie sie sich um die Einspeisevergütung bemühen. Sie sind keine Mitbewerber. **Andere Anlagenbetreiber** standen bisher weder mit Anlagenbetreibern noch Netzbetreibern in einem Wettbewerbsverhältnis, denn alle Anlagenbetreiber, die die gesetzlichen Anforderungen erfüllen, erhielten die festgelegte Einspeisevergütung. Schädliche Auswirkungen auf ihre Position am Markt waren daher nicht zu erwarten.[32] Anlagenbetreiber stehen zwar bei der Direktvermarktung ihres Stroms in einem Wettbewerbsverhältnis miteinander – dies ist für § 82 jedoch deshalb nur von untergeordneter Bedeutung, weil Differenzbeträge zwischen Vermarktungserlösen und den anzulegenden Werten aus den besonderen Förderbestimmungen ohnehin in Form der gleitenden Marktprämie erstattet werden.[33] Denkbar ist ein **Wettbewerbsverhältnis** zwischen **Direktvermarktungsunternehmen und Anlagenbetreibern**, soweit letztere ihren Strom selbst vermarkten.

19 **Netzbetreiber** treten zu Anlagenbetreibern nicht in Wettbewerb. Ihre Mitbewerberstellung anzunehmen mit der Begründung, „auf eine wettbewerbliche Beeinträchtigung komm[e] es bei § 82 nicht an",[34] kann nicht überzeugen. Denn dies würde den Verweisungsumfang dem Wortlaut des § 82 zuwider einschränken. Zu anderen Netzbetreibern ist kein wettbewerbliches Verhalten um die Ware Strom ersichtlich (siehe die §§ 6–10e EnWG über die Entflechtung des Netzbetriebs von anderen Bereichen der Energieversorgung). Die Verwaltungs- und Vermarktungstätigkeit, zu der die Übertragungsnetzbetreiber nach § 59 Abs. 1, § 2 AusglMechV verpflichtet sind, ist nicht der Kontrolle des UWG, sondern der behördlichen Aufsicht nach § 85 Abs. 1 Nr. 2 unterstellt. Auch **Energieversorgungsunternehmen** sind keine Mitbewerber i. S. d. § 2 Abs. 1 Nr. 3 UWG.[35] Sowohl Unternehmen, die Letztverbraucher mit Elektrizität versorgen, als auch reine Stromhändler stehen mit Anlagen- und Netzbetreibern nicht in einem Wettbewerbsverhältnis. Sie gehören vielmehr der Marktgegenseite an (s. auch § 2 Abs. 1 Nr. 2 UWG).

20 **bb) Wirtschaftsverbände (§ 8 Abs. 3 Nr. 2 UWG).** Nach § 8 Abs. 3 Nr. 2 UWG ebenfalls klageberechtigt sind rechtsfähige Verbände zur Förderung gewerblicher oder selbstständiger beruflicher Interessen (Wirtschaftsverbände, § 3 Abs. 1 Nr. 3 UWG).[36] Ihnen muss eine erhebliche Zahl von Unternehmern angehören, die Waren oder Dienstleistungen gleicher oder verwandter Art auf demselben Markt vertreiben. Die Zuwiderhandlung muss zudem die Interessen ihrer Mitglieder berühren.

---

32 Für eine Anerkennung von Anlagenbetreibern als Mitbewerber Reshöft/*Findeisen*, § 58 Rn. 11 ff.; offen gelassen von Frenz/Müggenborg/*Tüngler*, § 58 Rn. 21.

33 Reshöft/*Findeisen*, § 58 Rn. 12 bezieht sich bei seiner Einordnung von Anlagenbetreibern als Mitbewerber auf das EEG 2009, wo in der Tat § 17 EEG 2009 vom Verweisungsumfang des § 58 erfasst war.

34 *Salje*, EEG 2014, § 82 Rn. 14.

35 So auch Gabler/Metzenthin/*Gabler*, § 58 Rn. 49. Zwar kann die fehlende Möglichkeit, überhaupt gegen die §§ 19–55 verstoßen zu können, ein Indiz für ein fehlendes Wettbewerbsverhältnis sein, allein maßgeblich ist dies allerdings nicht. In diese Richtung jedoch Frenz/Müggenborg/*Tüngler*, § 58 Rn. 21.

36 Näher dazu Köhler/Bornkamm/*Köhler*, § 8 Rn. 3.30 ff.; Ohly/Sosnitza/*Ohly*, § 8 Rn. 95 ff.; Harte-Bavendamm/Henning-Bodewig/*Bergmann/Goldmann*, § 8 Rn. 335 ff.

cc) Verbraucherschutzverbände (§ 8 Abs. 3 Nr. 3 UWG). Verbraucherschutzverbände 21
sind gemäß § 8 Abs. 3 Nr. 3 UWG klagebefugt, wenn sie in die Liste qualifizierter Einrichtungen nach § 4 des UKlaG oder in das Verzeichnis der Unterlassungsklagenrichtlinie[37] bei
der Kommission eingetragen sind.[38] Sie können die Interessen der privaten Letztverbraucher durchsetzen, die die Hauptlastenträger der EEG-Umlage sind.

dd) Industrie-, Handels- und Handwerkskammern (§ 8 Abs. 3 Nr. 4 UWG). Kammern 22
der Industrie, des Handels und des Handwerks sind nach § 8 Abs. 3 Nr. 4 UWG klagebefugt, sofern ihr Aufgabenkreis berührt ist.[39] Die Interessen industrieller Letztverbraucher,
die vorbehaltlich der besonderen Ausgleichsregelung in §§ 63 ff. die EEG-Umlage zahlen,
können über die Industrie- und Handelskammern geltend gemacht werden.

b) Anspruchsinhalt. aa) Beseitigungs- und Unterlassungsanspruch gem. § 8 Abs. 1 23
S. 1 UWG. Nach § 8 Abs. 1 S. 1 UWG können gegen § 19–55 Verstoßende auf Beseitigung und bei Wiederholungsgefahr auf Unterlassung in Anspruch genommen werden. Der
Anspruch erfordert kein Verschulden, da er dem allgemeinen Beseitigungs- und Unterlassungsanspruch aus § 1004 BGB nachgebildet ist.[40] § 8 Abs. 5 UWG i.V.m. § 13 UKlaG
verschaffen den anspruchsberechtigten Stellen i.S.d. § 3 UKlaG einen Anspruch gegen
Post-, Telekommunikations- oder Telemediendiensteerbringer auf Mitteilung von Namen
und zustellungsfähiger Anschrift einzelner „Dienstebeteiligter" – dies wird i.d.R. derjenige Endkunde sein, der Anspruchsgegner nach § 8 Abs. 1 UWG ist. Mitbewerbern steht
kein solcher Anspruch zu. Auskunft kann nur zur Durchsetzung des Unterlassungsanspruchs, nicht aber zur Durchsetzung von Beseitigungs-, Schadensersatz- oder Gewinnab-
schöpfungsansprüchen verlangt werden.[41] Allen jeweiligen Anspruchsberechtigten steht
jedoch die Geltendmachung des allgemeinen Auskunftsanspruchs nach § 242 BGB offen.[42]

bb) Schadensersatzanspruch gem. § 9 UWG. Der Schadensersatzanspruch nach § 9 24
Satz 1 UWG setzt einen fahrlässigen oder vorsätzlichen Verstoß gegen die §§ 19–55 voraus. Anspruchsberechtigt sind Mitbewerber. Durch einen Verstoß geschädigt sind Energieversorgungsunternehmen und Letztverbraucher; diese stehen jedoch in keinem Wettbewerbsverhältnis zu Anlagen- oder Netzbetreibern. Damit **läuft** der Anspruch auf Schadensersatz **leer**.

cc) Gewinnabschöpfungsanspruch gem. § 10 UWG. Die Anspruchsberechtigten nach 25
§ 8 Abs. 3 Nr. 2–4 UWG können die Herausgabe des unrechtmäßig erzielten Gewinns an
den Bundeshaushalt verlangen (§ 10 UWG). Nicht erfasst sind damit Mitbewerber. Dass

---

37 S. Art. 4 RL 98/27/EG v. 19.5.1998 über Unterlassungsklagen zum Schutz der Verbraucherinteressen, ABl. EG Nr. L 166, S. 51.
38 Näher dazu Harte-Bavendamm/Henning-Bodewig/*Bergmann/Goldmann*, § 8 Rn. 367 ff.; Ohly/
   Sosnitza/*Ohly*, § 8 Rn. 1093; Köhler/Bornkamm/*Köhler*, § 8 Rn. 3.52 ff.
39 Harte-Bavendamm/Henning-Bodewig/*Bergmann/Goldmann*, § 8 Rn. 374; Ohly/Sosnitza/*Ohly*,
   § 8 Rn. 113; Köhler/Bornkamm/*Köhler*, § 8 Rn. 3.64.
40 Ohly/Sosnitza/*Ohly*, § 8 Rn. 113; Köhler/Bornkamm/*Bornkamm*, § 8 Rn. 1.2 f.
41 Harte-Bavendamm/Henning-Bodewig/*Bergmann/Goldmann/Seitz*, § 8 Rn. 407; Köhler/Born-
   kamm/*Köhler*, § 8 Rn. 5.1 bezieht den Auskunftsanspruch auch auf den Beseitigungsanspruch.
42 Zu den Voraussetzungen ausführlich *Haeffs*, Der Auskunftsanspruch im Zivilrecht. Zur Kodifikation des allgemeinen Auskunftsanspruchs aus Treu und Glauben (§ 242), S. 125 ff.; Schulze u.a./
   Schulze, § 242 Rn. 19; MünchKommBGB/*Roth/Schubert*, § 242 Rn. 105; BGH, Urt. v. 28.10.
   1953, II ZR 149/52, NJW 1954, 70, 71; Urt. v. 13.6.1985, I ZR 35/83, NJW 1986, 1247, 1249.

das EEG für nachträgliche Korrekturen in seinem § 38 spezielle Anordnungen trifft, ändert nichts daran, dass der Gesetzgeber einen altruistischen Abschöpfungsanspruch zugunsten des Bundeshaushalts vorgesehen hat. Dass nicht Geschädigte, sondern ein Dritter von der Abschöpfung profitiert, ist kein Grund, die Anwendbarkeit des § 10 UWG der Spezialität wegen auszuschließen, ihn teleologisch zu reduzieren und/oder § 62 EEG analog anzuwenden.[43]

26 **c) Spezielle Verjährungs- und Verfahrensvorschriften (§§ 11–14 UWG).** Für die Ansprüche aus den §§ 8, 9, 12 Abs. 1 S. 2 UWG gilt die **kurze Verjährungsfrist** des § 11 Abs. 1 UWG. Ansprüche auf Beseitigung, Unterlassung, Schadensersatz und Aufwendungsersatz verjähren damit in sechs Monaten. Hemmung, Ablaufhemmung, Neubeginn und Wirkung der Verjährung richten sich nach den allgemeinen Vorschriften.[44] Der Gewinnabschöpfungsanspruch aus § 10 UWG unterliegt der regelmäßigen Verjährungsfrist nach §§ 195, 199 BGB. Sowohl bei eigenständigen Verstößen gegen Normen des UWG[45] als auch bei solchen gegen die §§ 19–55 EEG verjähren bereicherungs-[46] und deliktsrechtliche Ansprüche nach § 823 Abs. 2 BGB nach den allgemeinen Vorschriften der §§ 195, 199 BGB.[47] Ansprüche nach § 823 Abs. 2 i.V.m. § 263 StGB verjähren ebenfalls regelmäßig.

27 **d) Verhältnis zum UKlaG.** Die Anwendung des UWG soll die rechtmäßige **Hochwälzung** der Förderkosten, also der gezahlten Marktprämien und der Einspeisevergütungen sicherstellen. Der Schutz von Verbrauchern bei der **Abwälzung** vermittelt das Unterlassungsklagengesetz (UKlaG). Nach § 2 Abs. 2 Nr. 9 UKlaG haben die §§ 59 und 60 Absatz 1, die §§ 78, 79 Absatz 2 und 3 sowie § 80 verbraucherschützenden Charakter.[48] Der Umlagemechanismus kann in seiner Gänze, also inklusive der ersten Stufe, nach dem UKlaG zivilgerichtlich kontrolliert werden.[49] Sowohl der Zweck des § 85 Abs. 1 Nr. 2 als auch derjenige des § 2 UKlaG i.V.m. § 83 sprechen für eine möglichst verbraucherfreundliche Auslegung, zumal der Gesetzgeber den komplexen und unübersichtlichen Umlagemechanismus augenscheinlich einer stärkeren Kontrolle unterwerfen wollte.[50] Auch der Wortlaut „nach § 19 Abs. 1 Nr. 2 vergüteten Strom" legt eine weite Auslegung nahe.

---

43 So wohl aber Altrock/Oschmann/Theobald/*Lehnert*, § 58 Rn. 29.

44 Harte-Bavendamm/Henning-Bodewig/*Schulz*, § 11 Rn. 62.

45 Die Erstreckung der kurzen Verjährungsfrist wird auch bei Ansprüchen aus § 823 Abs. 2 i.V.m. §§ 3, 4 UWG abgelehnt: Überwiegend wird bereits der Schutzgesetzcharakter verneint: so Harte-Bavendamm/Henning-Bodewig/*Schulz*, § 11 Rn. 61; BGH GRUR 1975, 150 – Prüfzeichen; MünchKommLauterkeitsrecht/*Fritzsche*, § 11 Rn. 70; Köhler/Bornkamm/*Köhler*, § 11 Rn. 1.9, der den Schutzgesetzcharakter des § 4 für möglich hält, denjenigen der §§ 3, 7 UWG jedoch verneint. Bei gleichzeitigem Eingriff in den eingerichteten und ausgeübten Gewerbebetrieb gelten allerdings die kurzen Fristen des UWG, BGH, Urteil v. 22.12.1961, I ZR 152/59, NJW 1962, 1103, 1105 – Gründerbildnis; Urt. v. 27.11.1963, I b ZR 49/62, NJW 1964, 493 – Düngekalkhandel; Köhler/Bornkamm/*Köhler*, § 11 Rn. 1.8.

46 Köhler/Bornkamm/*Köhler*, § 11 Rn. 1.13.

47 § 11 UWG gilt ebenfalls nicht für die Ansprüche nach § 823 Abs. 2 i.V.m. §§ 16–19 UWG, Ohly/Sosnitza/*Sosnitza*, § 11 Rn. 12, § 1 Rn. 9, 10; Köhler/Bornkamm/*Köhler*, § 11 Rn. 1.9.

48 Zur alten Fassung des UKlaG, die nicht auf das neue Wälzungssystem nach der AsuglMechV abgestimmt war, siehe die Ausführungen zu § 58 EEG 2012 in der Vorauflage.

49 Siehe zu systematischen Argumenten § 58 Rn. 26 der Vorauflage.

50 BT-Drs. 16/6071, S. 90; BMU, Entwurf EEG-Erfahrungsbericht 2011, S. 179; zur zersplitterten Aufsicht über den Stromgroßhandel *Becker/Lüdemann*, ZNER 2011, 583, 588 die insbesondere aufgrund der neuen Vermarktungsaufgaben der ÜNB Bundesnetzagentur und ggf. Bundeskartellamt als zentrale Aufsichtsinstanzen vorschlagen (599 f.).

§ 82 verweist auf § 8 UWG, der wiederum in seinem Abs. 5 S. 2 nach der Bezugnahme auf **28** den Auskunftsanspruch in § 13 UKlaG das UKlaG für „im Übrigen nicht anwendbar" erklärt. Die **Anwendbarkeit** des **UKlaG** in den Fällen des § 2 Abs. 2 Nr. 9 bleibt davon unberührt. Denn Gegenstand der Verweisung in § 82 und damit der Sperrwirkung des § 8 Abs. 5 UWG sind die §§ 19–55 EEG. § 2 Abs. 2 Nr. 9 UKlaG bezieht dagegen eigenständig §§ 59 und 60 Abs. 1, die §§ 78, 79 Abs. 2 und 3 sowie § 80 in den Anwendungsbereich des UKlaG ein.

e) Verhältnis zu anderen Vorschriften. Deliktische Ansprüche aus § 823 Abs. 1, § 823 **29** Abs. 2 BGB i.V.m. § 263 Abs. 1 StGB sowie bereicherungsrechtliche Ansprüche (s. o. Rn. 9) bleiben von § 82 unberührt. Auch eigenständige Verstöße gegen Tatbestände des UWG und damit dessen unmittelbare Anwendbarkeit bleiben unberührt.[51]

Im Fall des **Dreiecksbetrugs** (§ 263 StGB) haften Anlagen- und Netzbetreiber den **einzel-** **30** **nen Geschädigten** zusätzlich gesamtschuldnerisch auf Schadensersatz aus § 823 Abs. 2 BGB i.V.m. § 263 StGB, § 840 Abs. 1 BGB, § 420 BGB.

---

51 A. A. *Salje*, EEG 2014, § 82 Rn. 11, der in diesem Fall § 82 offensichtlich für verdrängt hält.

§ 83 Einstweiliger Rechtsschutz

(1) Auf Antrag des Anlagenbetreibers kann das für die Hauptsache zuständige Gericht bereits vor Errichtung der Anlage unter Berücksichtigung der Umstände des Einzelfalles durch einstweilige Verfügung regeln, dass der Schuldner der in den §§ 8, 11, 12, 19 und 52 bezeichneten Ansprüche Auskunft erteilen, die Anlage vorläufig anschließen, sein Netz unverzüglich optimieren, verstärken oder ausbauen, den Strom abnehmen und einen als billig und gerecht zu erachtenden Betrag als Abschlagszahlung für die finanzielle Förderung leisten muss.

(2) Die einstweilige Verfügung kann erlassen werden, auch wenn die in den §§ 935 und 940 der Zivilprozessordnung bezeichneten Voraussetzungen nicht vorliegen.

Schrifttum: *Kahl*, Anmerkung zur Entscheidung des OLG Dresden vom 15.9.2012 (9 U 1021/12) – Zur Frage der Abschlagszahlungen im einstweiligen Rechtsschutz sowie der Vorrangigkeit des Nutzungszwecks baulicher Anlagen, REE 2012, 238; *Müller*, Das novellierte Erneuerbare-Energien-Gesetz, RdE 2004, 237; *Oschmann/Söseman*, Erneuerbare Energien im deutschen und europäischen Recht – Ein Überblick, ZUR 2007, 1.

Übersicht

I. Normzweck

1 **1. Überblick.** § 83 will sicherstellen, dass EEG-Anlagen schnell und reibungslos an das Netz angeschlossen werden und dass die Vorgaben des Gesetzgebers aus § 1 effektiv umgesetzt werden können, indem die Ansprüche aus §§ 8, 11, 12, 19 und 52 mit besonderem verfahrensrechtlichen Schutz flankiert sind. Der Gesetzgeber wollte einen Anreiz schaffen, dass der Anlagenbetreiber nicht schon wegen prozessualer Hürden von seinem Vorhaben, Strom mit EEG-Anlagen zu erzeugen, Abstand nimmt.[1] Dies liegt daran, dass Anlagenbetreiber die Investitionen für z.B. Wind- und Solarparks selbst vorfinanzieren. Die verzögerte Netzanbindung und Einspeisung kann daher existenzbedrohliche finanzielle Härten

---

[1] Begründung des Gesetzesentwurfs, BT-Drs. 16/8148 v. 18.2.2008, S. 74.

begründen. Verfahren im einstweiligen Rechtsschutz dienen der vorläufigen Sicherung des im Hauptsacheverfahren dann voll zu prüfenden und durchzusetzenden Anspruchs. Für eine einstweilige Verfügung sind grundsätzlich ein **Anordnungsanspruch** und ein **Anordnungsgrund** erforderlich. Der Anordnungsanspruch wird in der Regel durch die Eile des Sachverhalts vorliegen, besondere Ausführungen sind hierzu im Rahmen des § 83 nur eingeschränkt notwendig.[2] Vor Einführung des Eilrechtsschutzes im EEG war dem Anlagenbetreiber ein langwieriges Hauptsacheverfahren finanziell in der Regel nicht zumutbar, sodass dieser zu finanziellen Zugeständnissen bereit war, die er bei einer Eilrechtsschutzmöglichkeit nicht zugesagt hätte.[3] Der Druck die EEG-Vergütung schnell beanspruchen zu können ist hoch.

2. Entstehungsgeschichte. § 83 **entspricht** inhaltlich der **Vorgängerregelung.** § 59 EEG 2012 wurde durch die EEG-Novelle 2012 nicht berührt und entspricht der Regelung des § 59 EEG 2009. Die Vorgängerregelung des § 59 EEG 2009 war § 12 Abs. 5 EEG 2004. Im Verhältnis zu § 12 Abs. 5 EEG 2004 erweiterte der Gesetzgeber die Möglichkeiten des Anlagenbetreibers mit der EEG-Novelle 2009. Der Gesetzgeber nahm als Anspruchsgegenstand den Anspruch auf Netzausbau und Auskunftserteilung in § 59 EEG 2009 auf.[4] Außerdem gab er dem Anlagenbetreiber an die Hand, die **Ansprüche** auch schon **vor Errichtung der Anlage** im Wege der einstweiligen Verfügung zu sichern.[5]

Bereits unter der Vorgängerregelung war zwischen EEG-Anlagenbetreiber und Netzbetreiber der Netzverknüpfungspunkt streitig, weil über die Auslastung des fraglichen Netzbereichs gestritten wurde. Für den EEG-Anlagenbetreiber hing von dem Anschluss ab, ob er eine Mindestvergütung erhält.[6] Damit war er finanziell in einem Abhängigkeitsverhältnis gefangen bis der Anschluss gewährleistet war. Daher ist es sowohl für EEG-Anlagenbetreiber als auch für die Ziele des § 1 ein wichtiger Schnitt, dass diese Ansprüche bereits vor Errichtung der Anlage gesichert werden können.

Die Ergänzung des Wortlautes um „unter Berücksichtigung der Umstände des Einzelfalles" hatte jedoch schon mit § 59 EEG 2009 rein deklaratorische Wirkung, da § 938 ZPO diesen richterlichen Beurteilungsspielraum erfasste.[7]

3. Regelungsinhalt. § 83 soll effektiven einstweiligen Rechtsschutz gewähren. In der Sache geht es dabei um Ansprüche eines Anlagenbetreibers auf Auskunftserteilung, Netzanschluss, Netzoptimierung, Netzverstärkung, Netzausbau, Stromabnahme, der Leistung einer angemessenen Abschlagszahlung und den Förderansprüchen für Strom und Flexibilität.

Der Gesetzgeber sah sich im Handlungsbedarf, weil vor Einführung des § 59 EEG 2012/2009 der mangelnde effektive Eilrechtsschutz ein Hindernis für die Erreichung der in § 1 genannten Ziele geworden war: „Die Notwendigkeit dieser Vorschrift ergibt sich aus der

---

2 S. dazu § 935 ZPO: „Einstweilige Verfügungen in Bezug auf den Streitgegenstand sind zulässig, wenn zu besorgen ist, dass durch eine Veränderung des bestehenden Zustandes die Verwirklichung des Rechts einer Partei vereitelt oder wesentlich erschwert werden könnte."
3 *Salje*, EEG, 6. Aufl. 2012, § 59 Rn. 1; Altrock/Oschmann/Theobald/*Lehnert*, EEG, 3. Aufl. 2011, § 59 Rn. 31.
4 BT-Drs. 16/8148 v. 18.2.2008, S. 74.
5 BT-Drs. 16/8148 v. 18.2.2008, S. 74.
6 S. auch *Salje*, EEG, 6. Aufl. 2012, § 59 Rn. 1.
7 Vgl. Rn. 32.

bisherigen überwiegenden Spruchpraxis der Zivilgerichte, die diese **Voraussetzungen** oftmals mit der **Begründung eines späteren Schadensersatzanspruchs verneint** haben. Somit war es den Anlagenbetreibern in der Regel unmöglich, ihre Rechte im Wege des vorläufigen Rechtsschutzes durchzusetzen, was in vielen Fällen dazu geführt hat, dass **von den Vorhaben Abstand genommen wurde.** Dieses Hindernis für den Ausbau der Erneuerbaren Energien wird durch die Regelung beseitigt, ohne aber in die Rechte der Netzbetreiber einzugreifen, da die Regelung keine Erleichterungen hinsichtlich der Darlegung des Anordnungsanspruchs trifft und ein ausreichender finanzieller Schutz über mögliche Schadenersatzansprüche besteht."[8]

7   Die Wichtigkeit, die Ziele des § 1 zu verwirklichen, wird vom Gesetzgeber so hoch gewertet, dass verfahrensrechtlich nur eingeschränkt den zivilprozessualen Grundsätzen gefolgt werden soll. Der Anlagenbetreiber **muss nach § 83 Abs. 2 nicht darlegen**, dass sein Recht ohne die vorläufige Anordnung vereitelt, wesentlich erschwert oder nur unter Hinnahme von wesentlichen Nachteilen oder unter drohender Gefahr für dieses Recht auf das Hauptsacheverfahren wartend geltend gemacht werden kann.[9]

II. Anordnungsanspruch (Abs. 1)

8   **1. Übersicht der Anspruchsinhalte.** § 83 berechtigt den EEG-Anlagenbetreiber, nicht aber den Netzbetreiber. Unter den vielen Anspruchsinhalten gibt es lediglich einen, der auf die Erteilung von Information gerichtet ist, und zwar § 8 Abs. 6 Nr. 2. Alle weiteren Anspruchsmodalitäten beziehen sich auf die Vornahme einer Handlung, die auf eine Leistung gerichtet ist, die in einem Mehr als Informieren besteht. Im Verhältnis von Anordnungsanspruch (Abs. 1) und Anordnungsgrund (Abs. 2) ist Abs. 1 besonders genau zu prüfen. Da § 83 Abs. 2 eine wesentliche Verfahrenserleichterung vorsieht, indem auf die Glaubhaftmachung durch eine Vermutung grundsätzlich verzichtet wird. Bei der Prüfung des Anordnungsanspruchs nach § 83 Abs. 1 ist zu beachten, dass die Voraussetzungen des Anspruchs **glaubhaft** zu machen sind.[10]

9   Der **materielle Anwendungsbereich** des § 83 erfasst auch die isolierte Geltendmachung eines einzelnen Anspruchs aus dem Katalog des § 83 Abs. 1.[11] Dies gilt auch dann, wenn der geltend gemachte Anspruch nicht im Zusammenhang mit der Neuerrichtung bzw. der erstmaligen Inbetriebnahme von Anlagen zur Erzeugung von Strom aus EEG-Anlagen steht.[12] Die Trennung durch die Kommasetzung kann sprachlich durch ein „und" oder ein „oder" erfolgen. Die Verknüpfung der von § 83 erfassten Anspruchsgrundlagen ist als materielles „oder" zu lesen. Wäre der in § 83 genannte Katalog kumulativ zu verstehen, hätte die Erweiterung des Katalogs auf alle einbezogenen Ansprüche die Auswirkung, dass der

---

8 Begründung des Gesetzesentwurfs, BT-Drs. 16/8148 v. 18.2.2008, S. 74. Die Begründung ist nicht durch eine neuere Stellungnahme in BT-Drs. 17/6247 v. 22.6.2011, BT-Drs. 18/1304 v. 5.5.2014 bzw. BT-Drs. 18/1891 v. 26.6.2014 überholt worden.

9 BT-Drs. 16/8148 v. 18.2.2008, S. 74 und gleich argumentierend BT-Drs. 15/2864 v. 1.4.2004, S. 46.

10 Dies folgt aus § 294 ZPO über den Verweis auf § 920 Abs. 2 ZPO über §§ 940, 935, 936 ZPO.

11 Für § 59 Abs. 1 EEG 2009 entschied so das OLG Naumburg, Urt. v. 8.12.2011, 2 U 100/11, REE 2012, 27.

12 OLG Naumburg, Urt. v. 8.12.2011, 2 U 100/11, REE 2012, 27.

Eilrechtsschutz unter nur sehr engen Bedingungen verfügbar wäre.[13] Das widerspräche der Intention des Gesetzgebers. Zudem hätte es dann der Netzbetreiber als Anspruchsgegner in der Hand, dem Anlagenbetreiber einen der aufgezählten Ansprüche zu gewähren, damit dem Anlagenbetreiber die Möglichkeit der Eilentscheidung durch das Gericht abgeschnitten wird.

2. Auskunftsanspruch. Eine Verpflichtung zur Offenlegung seitens des Netzbetreibers korrespondiert mit einem in § 8 Abs. 6 Nr. 2 geregelten Auskunftsanspruch des Einspeisewilligen. § 8 Abs. 6 Nr. 2 regelt die Pflicht des Netzbetreibers, alle Informationen offenzulegen, die Einspeisewillige für die Prüfung des Netzverknüpfungspunktes benötigen und auf Antrag die Offenlegung der für eine Netzverträglichkeitsprüfung erforderlichen Netzdaten. **10**

3. Netzanschluss. Der über den einstweiligen Rechtsschutz durchsetzbare Anspruch auf Netzanschluss ist in § 8 Abs. 1 bis 4 geregelt und berechtigt den Anlagebetreiber der EEG-Anlage. Das Verfügungsverfahren ist auf die Sicherung des Anspruchs auf Netzanschluss nach § 8 gerichtet. **11**

Unklar ist jedoch, welche Darlegungs- und Beweislast den Anlagebetreiber im Rahmen des Verfügungsverfahrens trifft. Unstreitig dürfte sein, dass der Anlagebetreiber alle Voraussetzungen seines Anspruchs aus § 8 glaubhaft darlegen muss. Fraglich ist, ob der Anlagenbetreiber auch darzulegen und glaubhaft zu machen hat, dass die Versorgungssicherheit durch die Geltendmachung seines Anspruchs auf Netzanschluss nicht gefährdet wird.[14] Es ist dabei zu beachten, dass der Netzbetreiber aus § 12 Abs. 1 in Verbindung mit § 15 und § 8 Abs. 4 das Recht hat, die Stromabnahme der einspeisenden EEG-Anlage zu verweigern, nicht jedoch den Netzanschluss der EEG-Anlage selbst.[15] **12**

Sollte die Abnahme der gesamten von der Anlage produzierten Strommenge von einem noch ausstehenden Netzausbau abhängig sein, steht dies einem Anspruch über § 83 nicht entgegen. Der Anlagenbetreiber kann auch den Anspruch auf **vorläufigen Netzanschluss** am Netzverknüpfungspunkt durchsetzen.[16] Das OLG Düsseldorf hat entschieden, dass dem Anspruch des Anlagenbetreibers auf Anschluss am Netzverknüpfungspunkt auch ein unstreitig erforderlicher Netzausbau nicht entgegensteht.[17] Ob dem Netzbetreiber der Netzausbau insgesamt wirtschaftlich nicht zugemutet werden kann (§ 12 Abs. 3), muss ein gesamtwirtschaftlicher Kostenvergleich vorgenommen werden. Dabei darf nicht nur auf den Anschluss dieser einzelnen Anlage abgestellt werden. Es muss geprüft werden, ob der Anschluss von weiteren Anlagen geplant ist, insbesondere ob konkrete Netzverknüpfungsanfragen schon vorliegen.[18] **13**

Unklar ist auch, ob § 83 für die Fälle anwendbar ist, in denen der Netzbetreiber droht die Anlage vom Netz zu trennen. Gründe dafür sind beispielsweise ein geplanter Netzausbau oder Netzverlegung. Systematisch ist dies wohl zu verneinen. Der Anschluss an das Netz **14**

---

13 OLG Naumburg, Urt. v. 13.12.2012, 2 U 51/12 (Hs.), RdE 2013, 446 und OLG Naumburg, Urt. v. 8.12.2011, 2 U 100/11, REE 2012, 27.
14 LG Halle, Urt. v. 28.6.2005, 4 O 195/05.
15 So auch verneinend für eine Ablehnung des Netzanschlusses bei Gefährdung der Versorgungssicherheit Danner/Theobald/*Oschmann*, § 12 EEG Rn. 27.
16 Frenz/Müggenborg/*Tüngler*, EEG, 3. Aufl. 2013, § 59 Rn. 10.
17 OLG Düsseldorf, Urt. v. 11.7.2012, VI 2 U (Kart) 6/12, RdE 2012, 444.
18 OLG Düsseldorf, Urt. v. 11.7.2012, VI 2 U (Kart) 6/12, RdE 2012, 444.

stellt ein Dauerschuldverhältnis dar.[19] Die dauerhafte Aufhebung des Schuldvertrages ist keine Situation, die vom Normzweck des § 83 EEG mit erfasst wird.

15 **4. Netzoptimierung, Netzverstärkung und Netzausbau.** Eine Pflicht des Netzbetreibers auf Anschluss der EEG-Anlage besteht gemäß § 8 Abs. 4 in Verbindung mit § 16 auch dann, wenn ein noch zu erfolgender Netzausbau, Netzoptimierung oder Netzverstärkung die Stromabnahme aus der EEG-Anlage erst ermöglicht. Auch im einstweiligen Rechtsschutzverfahren ist jedoch § 12 Abs. 3 zu beachten, wonach im Fall wirtschaftlicher Unzumutbarkeit der Optimierung, Verstärkung oder Ausbau dem Netzbetreiber die Pflicht aus § 8 Abs. 4 nicht auferlegt werden kann.[20]

16 **5. Stromabnahme.** Der Anspruch auf Stromabnahme bezieht sich auf die Abnahme von in einer EEG-Anlage erzeugtem EEG-Strom. Der Anlagenbetreiber hat darzulegen und glaubhaft zu machen, dass eben dieser Produktionsprozess für abnahmefähigen EEG-Strom vorliegt.[21] In der Argumentation parallel zur einstweiligen Verfügung auf den Netzanschluss gerichtet,[22] kann der Netzbetreiber dies bei erfolgreicher Darlegung einer Gefährdung der Versorgungssicherheit dem Stromabnahmeanspruch entgegenhalten.

17 **6. Abschlagszahlung.** Wenn der Anlagenbetreiber glaubhaft machen kann, dass der zu vergütende Strom ausschließlich aus EEG-Anlagen stammt, hat er einen Anspruch auf eine angemessene Abschlagszahlung für die eingespeiste Strommenge.

18 Die Höhe der angemessenen Abschlagszahlung richtet sich nach der gesetzlichen Mindestvergütung.[23] Die Abschlagsbeträge sind nach Einspeisung des Stroms zu leisten.[24] § 52 sieht einen Anspruch auf Zahlung eines Flexibilitätszuschlags für neue (§ 53) und bestehende (§ 54) EEG-Anlagen vor. Dieser Anspruch ist ebenfalls von § 83 Abs. 1 erfasst.

19 **7. Entstehungszeitpunkt des Anspruchs.** Seit der EEG-Novelle 2009 kann ein Anspruch über § 83 Abs. 1 schon vor Errichtung der Anlage geltend gemacht werden. Der Zeitpunkt der Anspruchsentstehung wurde so vorverlegt. Für die einzelnen Entstehungszeitpunkte kommt es auf den spezifischen Anspruchsinhalt nach § 83 Abs. 1 in Verbindung mit §§ 8, 11, 12, 19 oder 52 an.

III. Vorwegnahme der Hauptsache und Anordnungsgrund

20 **1. Vorwegnahme der Hauptsache.** Nach zivilprozessualen Grundsätzen darf das Verfahren im einstweiligen Rechtsschutz die Hauptsache nicht vorwegnehmen. Die Anordnung von Leistungsverfügungen über § 83 Abs. 1 sind dem Anspruchsinhalt nach meist solche, die die Hauptsache vorwegnehmen. Beispielsweise fällt die Entscheidung binär, indem die EEG-Anlage Netzanschluss erhält oder nicht. Wenn also bereits wegen des Anordnungsanspruchs inzident die Gefahr besteht, dass die Hauptsache vorweg genommen wird, muss die argumentative Hürde beim Anordnungsgrund dies berücksichtigen um systematisch

---

19 *Salje*, EEG, 6. Aufl. 2012, § 59 Rn. 20.
20 So auch Altrock/Oschmann/Theobald/*Lehnert*, EEG, 4. Aufl. 2014, § 59 Rn. 11.
21 So auch *Salje*, EEG, 6. Aufl. 2012, § 59 Rn. 11.
22 Vgl. Rn. 11.
23 *Müller*, RdE 2004, 237, 241; Danner/Theobald/*Oschmann*, § 12 EEG 2004, Rn. 28 a. E.; LG Stralsund, Urt. v. 7.4.2009, 4 O 44/09, keine amtliche Veröffentlichung, aber verfügbar unter: www.clearingstelle-eeg.de/node/595 (letzter Zugriff: 21.3.2015).
24 So auch *Salje*, EEG, 6. Aufl. 2012, § 59 Rn. 12.

korrekte Verfahrensentscheidungen herbeizuführen. Dies zeigt auch die Struktur der Verfahrenserleichterung in § 83. Die Vorschrift enthält lediglich eine verfahrensrechtliche Erleichterung für den Anordnungsgrund. Die Voraussetzungen des Anordnungsanspruchs sind voll darzulegen und glaubhaft zu machen. Für den Netzbetreiber greift § 83 nicht. Für ihn gilt weiterhin der Maßstab des § 935 ZPO.

2. Anordnungsgrund. § 83 Abs. 2 ist bezüglich der **Darlegung eines Anordnungsgrundes** als **Ausnahmeregelung** im Vergleich zu den Voraussetzungen der §§ 935 und 940 ZPO zu sehen. Eine einstweilige Verfügung nach § 83 kann auch dann ergehen, wenn die zivilprozessualrechtlich geforderten Voraussetzungen nach §§ 935 und 940 ZPO nicht vorliegen. Systematisch und teleologisch kann sich die Ausnahmeregelung des § 83 Abs. 2 jedoch nur auf den Anordnungsgrund und nicht auch auf den Anordnungsanspruch nach § 83 Abs. 1 in Verbindung mit §§ 8, 11, 12, 19 und 52 beziehen.[25] **21**

a) Rechtliche Qualität der Regelung des Anordnungsgrundes. Es ist nicht eindeutig, welche prozessualen Möglichkeiten der Antragsgegner des § 83 mit Hinblick auf den Anordnungsgrund zur Verteidigung hat. Wenn die Eilbedürftigkeit eine **widerlegbare Vermutung** des § 83 Abs. 2 ist, kann der Antragsgegner die fehlende Eilbedürftigkeit einem über § 83 Abs. 1 geltend gemachten Anspruch entgegen halten. Ist ein Anordnungsgrund nach § 83 Abs. 2 aber nicht widerlegbar vermutet sondern **wegen Entbehrlichkeit** komplett **entfallen**, fehlt dem Antragsgegner des § 83 Abs. 1 diese prozessuale Verteidigungsmöglichkeit.[26] **22**

b) Entbehrlichkeit des Anordnungsgrundes. Für eine Entbehrlichkeit des Anordnungsgrundes in § 83 Abs. 2 spricht der Wortlaut der Vorschrift, der „auch wenn die (. . .) Voraussetzungen nicht vorliegen" eine einstweilige Verfügung zulässt. Der Gesetzgeber wollte eine Privilegierung des Verfahrens aus § 83 gegenüber den allgemeinen zivilrechtlichen Grundsätzen nach §§ 935 und 940 ZPO schaffen um Investitionsanreize zu setzen und prozessuale Hindernisse zu überwinden.[27] Teile der Rechtsprechung folgen dieser Argumentationslinie und stellen eine Entbehrlichkeit des Anordnungsgrundes fest.[28] **23**

c) Widerlegbare Vermutung des Anordnungsgrundes. Teleologische und systematische Erwägungen lassen die Auslegung der widerlegbaren Vermutung des Anordnungsgrundes nach § 83 Abs. 2 vorzugswürdig erscheinen. Es würde zu einem ungleichen Kräfteverhältnis zwischen Antragssteller und Antragsgegner führen, wenn im Rahmen des § 83 Abs. 2 die Voraussetzungen für ein einstweiliges Rechtsschutzverfahren im Vergleich zu den zivilprozessualen Normalvoraussetzungen so stark verschoben werden würden. Teile der Rechtsprechung folgen dieser Argumentationslinie und sehen § 83 Abs. 2 als widerlegbare Vermutung des Anordnungsgrundes.[29] Von besonderer Bedeutung war dabei die Entschei- **24**

---

25 Eine prozessuale Erleichterung hinsichtlich des Anordnungsanspruchs ist weder in BT-Drs. 17/6247 v. 22.6.2011, BT-Drs. 16/8148 v. 18.2.2008, S. 74 noch BT-Drs. 15/2864 v. 1.4.2004, S. 46 erwähnt.

26 Diese Frage offenlassend OLG Oldenburg, Urt. v. 23.6.2005, 14 U 17/05, ZNER 2006, 85.

27 Vgl. Rn. 1.

28 LG Leipzig, Beschl. v. 10.2.2006, 3 O 502/06, verfügbar über www.sfv.de (letzter Zugriff 21.3.2015); LG Itzehoe, Urt. v. 23.12.2005, 2 O 254/05, RdE 2006, 128.

29 Aktuell OLG Sachen-Anhalt, Beschl. v. 26.7.2013, 2 W 55/13, REE 2013, 181 und OLG Dresden, Urt. v. 25.9.2012, 9 U 1021/12, REE 2012, 236 und auch LG Halle, Urt. v. 28.6.2005, 4 O 195/05, IR 2006, 16; LG Fulda, Urt. v. 21.12.2005, 4 O 581/05, verfügbar über www.clearingstelle-eeg.de (letzter Zugriff 21.3.2015); OLG Naumburg, Urt. v. 8.12.2011, 2 U 100/11, REE 2012, 27.

dung des OLG Dresden.[30] Dies war der erste Fall eines EEG-Anlagenbetreibers in Eigenschaft eines Photovoltaikanlagenbetreibers, der einen Anspruch nach § 16 Abs. 1 Satz 3 EEG 2012 auf Abschlagszahlungen durchsetzte.[31]

25 Im Hinblick auf die Intention des Gesetzgebers ist § 83 Abs. 2 wohl nicht ganz eindeutig. Die Gesetzesbegründung spricht in diesem Zusammenhang jedoch von der „Vorschrift, [die es] einem Anlagenbetreiber [ermöglicht], eine einstweilige Verfügung auf Anschluss, Abnahme und Vergütung zu erwirken, **ohne darlegen zu müssen,** dass die Verwirklichung seines Rechts vereitelt oder wesentlich erschwert werden könnte oder zur Abwendung wesentlicher Nachteile oder zur Verhinderung einer drohenden Gefahr oder aus anderen Gründen nötig erscheint."[32]

26 Das OLG Naumburg hat dazu eindeutig ausgesprochen: „Durch § 59 Abs. 2 EEG 2009 wird der Zugang eines Anlagenbetreibers zum einstweiligen Rechtsschutz durch Erlassen einer Leistungsverfügung dadurch erleichtert, dass er grundsätzlich von der Darlegung und Glaubhaftmachung eines Verfügungsgrundes befreit ist."[33]

27 Daraus folgt, dass in gesonderten Konstellationen die Vermutung des § 83 Abs. 2 widerlegbar ist. Das OLG Naumburg sieht in der entsprechenden Vorgängerregelung des § 59 Abs. 2 EEG 2009 eine widerlegbare Vermutung zugunsten des Anlagenbetreibers: „Im **Einzelfall** wird das Gericht aber **überprüfen, ob die gesetzliche Vermutung des Vorliegens eines Verfügungsgrundes** nicht dadurch **widerlegt** ist, dass die Nichterfüllung der vom Anlagenbetreiber geltend gemachten Ansprüche durch den Netzbetreiber im konkreten Fall nicht zu einer Gefährdung der Einspeisung von Strom aus erneuerbaren Energien führt."[34] Das Gericht hält fest, dass es einer sachgerechten Begrenzung des Zugangs zum einstweiligen Rechtsschutz auch im EEG bedarf, damit nicht jeglicher Streit um eventuelle Ansprüche von Anlagenbetreibern gegen Netzbetreiber nach dem EEG zu einer doppelten Inanspruchnahme des Rechtswegs führt.[35]

28 Die Widerlegung der Vermutung kann auf mehreren Wegen erfolgen. Der Antragsgegner kann die Vermutung durch die ausreichende Glaubhaftmachung von streitigem Vorbringen erschüttern. Zudem kann der Antragsteller die Vermutung selbst widerlegen, indem er nach Entstehung des Verfügungsanspruchs und der Dringlichkeit der Durchsetzung nicht unverzüglich tätig wird. Das unangemessen lange Hinauszögern der gerichtlichen Geltendmachung und die Obliegenheit des Antragstellers zur Verfahrensförderung ist eine anerkannte **Prozesssituation der Selbstwiderlegung.**[36]

---

30 OLG Dresden, Urt. v. 25.9.2012, 9 U 1021/12, REE 2012, 236.
31 S. auch die Urteilsbesprechung von *Kahl,* REE 2013, 238.
32 BT-Drs. 16/8148 v. 18.2.2008, S. 74.
33 OLG Naumburg, Beschl. v. 26.7.2013, 2 W 55/13 (amtlicher Leitsatz 1), REE 2013, 181; OLG Naumburg, Urt. v. 8.12.2011, 2 U 100/11, REE 2012, 27 und OLG Naumburg, Beschl. v. 26.7.2013, 2 W 55/13, REE 2013, 181. Die Entscheidung offen lassend OLG Dresden, Urt. v. 25.9.2012, 9 U 1021/12, REE 2012, 236 und OLG Koblenz, Urt. v. 23.1.2013, 5 U 1276/12, ZMR 2014, 583.
34 OLG Naumburg, Beschl. v. 26.7.2013, 2 W 55/13 (amtlicher Leitsatz 2), REE 2013, 181 und OLG Naumburg, Beschl. v. 26.7.2013, 2 W 55/13, REE 2013, 181.
35 OLG Naumburg, Urt. v. 8.12.2011, 2 U 100/11, REE 2012, 27.
36 So als Beispiel zur Selbstwiderlegung aufgeführt von: OLG Naumburg, Urt. v. 8.12.2011, 2 U 100/11, REE 2012, 27.

Das Urteil des OLG Naumburg vergleicht dabei die Regelung des § 59 Abs. 2 EEG 2009 **29** mit systematisch ähnlich gelagerten Verfahrenserleichterungen. Bei § 12 Abs. 2 UWG sei allgemein anerkannt, dass die Befreiung des Antragsstellers von der Darlegung und Glaubhaftmachung des Anordnungsgrundes nur solange greift, bis die Vermutung nicht widerlegt wurde.[37]

IV. Prozessuale Fragen

1. Zuständigkeit und Bezifferung des Streitwerts. Gemäß § 83 Abs. 1 ist das Verfahren **30** im einstweiligen Rechtsschutz beim Gericht der Hauptsache zu führen. Über § 2 ZPO kommt es auf den Streitwert des aus § 83 Abs. 1 in Verbindung mit §§ 8, 11, 12, 19 oder 52 geltend gemachten Anspruchs an. Zu beachten ist auch § 9 ZPO für die Bemessung des Streitwerts. Für wiederkehrende Leistungen ist der dreieinhalbfache Wert eines einjährigen Bezugs zu berechnen, z. B. über die prognostizierte Strommenge.[38] Anderenfalls kann sich der Streitwert nach dem Sicherungsinteresse des Hauptsacheanspruchs richten. In diesem Fall ist die prognostizierte Strommenge zu berechnen, die bis zum Zeitpunkt der Hauptsacheentscheidung eine EEG-Vergütung erhalten hätte.[39]

Der Antragssteller des § 83 optimiert die zeitliche Komponente seines Anspruchs, indem **31** er nicht auf die Hauptsacheentscheidung wartet, sondern eine (vorläufige) Regelung im Wege des Verfügungsverfahrens sucht. Der Streitwert des nach § 83 geführten Verfahrens ist an dieser prognostizierten Zeitersparnis festzumachen.[40]

2. Richterlicher Gestaltungsspielraum. Der richterliche Entscheidungs- und Gestal- **32** tungsspielraum ist nicht schon deshalb eingeschränkt, weil § 83 in Verbindung mit §§ 935 und 940 ZPO ein Verfügungsverfahren im einstweiligen Rechtsschutz ist. § 83 in Verbindung mit § 938 Abs. 1 ZPO gewährleistet die Prüfung der „Umstände des Einzelfalles". Diese Einschätzung des Richters im § 83-Verfahren ist im Hauptsacheverfahren nach den allgemeinen Grundsätzen nachprüfbar.

3. Konsequenz bei Unterliegen in der Hauptsache. Über § 83 in Verbindung mit § 935 **33** und § 940 ZPO löst eine ungerechtfertigte einstweilige Verfügung die Folge des § 945 ZPO aus. Der Anlagenbetreiber, der eine ungerechtfertigte Anordnung einer einstweiligen Verfügung erwirkt hat, ist über § 945 ZPO zum verschuldensunabhängigen Schadensersatz dem Antragsgegner des § 83 verpflichtet. Dieser Schadensersatzanspruch ist wegen des systematischen Ineinandergreifens von § 83 und §§ 935, 940 ZPO mit der Folge des § 945 ZPO im Rahmen des EEG anwendbar.[41]

---

37 OLG Naumburg, Urt. v. 8.12.2011, 2 U 100/11, REE 2012, 27; MünchKommLauterkeitsrecht/*Schlinghoff*, § 12 Rn. 367, 372, 379.

38 Im Zusammenspiel wird es in der Regel auf eine Zuständigkeit des LG hinauslaufen, Streitwert ab über 5.000 EUR, §§ 23, 71 GVG.

39 Altrock/Oschmann/Theobald/*Lehnert*, EEG, 4. Aufl. 2014, § 59 Rn. 24; *Oschmann/Sösemann*, ZUR 2007, S. 1 (6).

40 LG Braunschweig, Urt. v. 31.3.2009, 8 O 117/09, S. 8 f., verfügbar über www.solarladen.de/pv-recht (letzter Zugriff 21.3.2015); LG Potsdam, Beschl. v. 19.3.2009, 3 O 89/09, S. 7 abrufbar auf www.clearingstelle-eeg.de (letzter Zugriff 21.3.2015); LG Frankfurt (Oder), Urt. v. 5.8.2005, 12 O 299/05, juris mit weiterer Entscheidung des Brandenburgisches OLG, Beschl. v. 5.1.2006, 6 U 110/05, OLGR Brandenburg 2006, 371.

41 Siehe dazu auch schon BT-Drs. 15/2854 v. 1.4.2004, S. 46, wo eine solche Argumentation für die Vorgängerregelung des § 12 Abs. 5 EEG 2004 vorgetragen wurde.

§ 84 Nutzung von Seewasserstraßen

Solange Anlagenbetreiber eine finanzielle Förderung nach § 19 in Anspruch nehmen, können sie die deutsche ausschließliche Wirtschaftszone oder das Küstenmeer unentgeltlich für den Betrieb der Anlagen nutzen.

Schrifttum: *Doehring*, Völkerrecht, 2. Aufl. 2004; *Reichert-Facilides*, Eigentumsschutz und Verwertung von Windenergieanlagen in der ausschließlichen Wirtschaftszone, WM 2011, 1544; *Graf Vitzthum*, Handbuch des Seerechts, 2006.

I. Normzweck

1 § 84 EEG enthält eine **Privilegierung** von Anlagenbetreibern durch die Befreiung von der Pflicht zur Entrichtung eines Entgelts für die Nutzung der Ausschließlichen Wirtschaftszone (im Folgenden AWZ) oder des Küstenmeeres. Hierdurch sollen Hemmnisse für die Errichtung der Anlagen vermieden werden.[1] Die Regelung zielt auf eine Förderung der **Offshore-Windenergie** ab, ist aber technologieneutral ausgestaltet. Damit fallen auch andere Anlagen zur Erzeugung von Strom aus erneuerbaren Energien wie z.B. Gezeitenkraftwerke in den Anwendungsbereich der Regelung.

II. Entstehungsgeschichte

2 Die privilegierte Nutzung von „Seewasserstraßen" durch Betreiber von Anlagen zur Erzeugung von Strom aus erneuerbaren Energien wurde im Rahmen der Novellierung des EEG im Jahre 2009 in § 60 EEG 2009 eingeführt. Eine erste Änderung erfuhr die Vorschrift im Rahmen der Novellierung des EEG zum 1.1.2012 durch die Einbeziehung von direkt vermarkteten Anlagen (§ 33b Nr. 1 oder 2 EEG 2012) in den Regelungsbereich.[2] Hierbei handelte es sich um eine Folgeanpassung zur Implementierung des neuen Teils 3a über die Vorschriften zur Direktvermarktung in das EEG 2012.[3] Im Rahmen der EEG-Novelle 2014 erfolgten redaktionelle Anpassungen, die aufgrund der Umstellung der Fördervorschriften erforderlich wurden.

---

1 BT-Drs. 16/8148, S. 74.
2 Vgl. BGBl. I 2011, S. 1634.
3 BT-Drs. 17/6071, S. 90.

III. Einzelerläuterungen

1. Erstreckung auf die AWZ und das Küstenmeer. Der räumliche Anwendungsbereich   3
von § 84 EEG erstreckt sich auf **Anlagen, die in der AWZ oder im Küstenmeer errichtet
werden.**[4] Beide Begriffe beruhen auf dem UN-Seerechtsübereinkommen vom 10.12.
1982,[5] welches nähere Festlegungen zu den räumlichen Ausmaßen von Küstenmeer und
AWZ trifft. Während das Küstenmeer hiernach von einer festgelegten Basislinie maximal
12 Seemeilen in das Meer hineinreicht (Art. 2, 3, 5 und 7 SRÜ), umfasst die AWZ einen
Bereich von bis zu 200 Seemeilen von der Basislinie an (Art. 57 SRÜ). Die „normale" Basislinie bezeichnet dabei die „Niedrigwasserlinie entlang der Küste, wie sie in den vom
Küstenstaat amtlich anerkannten Seekarten großen Maßstabs eingetragen ist" (Art. 5
SRÜ). Bei Küsten mit tiefen Einbuchtungen oder Inselketten kann auch die sog. gerade
Basislinie zugrunde gelegt werden (Art. 7 Abs. 1 SRÜ). Den Umfang der deutschen AWZ
legt die „Proklamation der Bundesrepublik Deutschland über die Errichtung einer ausschließlichen Wirtschaftszone der Bundesrepublik Deutschland in der Nordsee und in der
Ostsee" vom 25.11.1994[6] fest.[7] Der Verlauf kann auf den vom Bundesamt für Seeschifffahrt und Hydrographie veröffentlichten Seegrenzkarten nachvollzogen werden (vgl. § 5
Nr. 36, 2. Hs. EEG). Von der AWZ und dem Küstenmeer begrifflich zu unterscheiden ist
weiterhin die **Drei-Seemeilen-Zone.** Vor der Einigung auf die Zwölf-Seemeilen-Zone
markierte sie die in der Staatenpraxis anerkannte Grenze des staatlichen Hoheitsgebiets.[8]

Umstritten ist, ob auch Windenergieanlagen, die sich näher als drei Seemeilen an der Küste   4
befinden, in den Genuss der Privilegierung des § 84 EEG kommen. Zwar liegt in diesem
Fall keine „Windenergieanlage auf See" im Sinne der Legaldefinition des § 5 Nr. 36 EEG
vor, die als Voraussetzung für die Offshore-Eigenschaft eine Entfernung von „mindestens
drei Seemeilen gemessen von der Küstenlinie aus" verlangt. Der Wortlaut von § 84 EEG
lässt die Einbeziehung solcher Anlagen aber zu, da der Begriff Küstenmeer den Bereich
der Drei-Seemeilen-Zone ab der Basislinie mit umfasst.[9] Damit sind hier befindliche Anlagen vom Tatbestand des § 84 EEG umfasst.[10]

Die Errichtung von „Anlagen" auf **Hoher See** (jenes Gebiet, welches nicht dem Küsten-   5
meer, der AWZ oder dem Festlandsockel zuzurechnen ist, siehe Art. 86 ff. SRÜ) wird vom
räumlichen Anwendungsbereich des § 84 EEG hingegen nicht mehr umfasst. Dies ergibt
sich schon daraus, dass es aufgrund der Freiheit der Hohen See an entsprechenden Souve-
ränitätsrechten der Bundesrepublik fehlt, die eine solche Einbeziehung ermöglichen würden.[11] Damit ist die Errichtung von „Anlagen" dort grundsätzlich möglich, soweit die Anlage völkerrechtlich zulässig ist und die Interessen anderer Staaten gebührend berücksichtigt werden (Art. 87 Abs. 1 lit. d und Abs. 2 SRÜ). Offen bleibt, was als Anlage i.S.d.
Art. 87 Abs. 1 lit. d SRÜ zu verstehen ist. Gemeint sein dürften hier solche Installationen,

---

4 Zur insoweit missverständlichen Überschrift („Seewasserstraßen") Frenz/Müggenborg/*Schomerus*, § 60 Rn. 7.
5 BGBl. II 1994, S. 1798.
6 BGBl. II 1994, S. 3770.
7 Siehe auch *Reichert-Facilides*, WM 2011, 1544, 1545.
8 *Doehring*, Völkerrecht, § 2 I Rn. 101 ff.
9 Frenz/Müggenborg/*Schomerus*, § 60 Rn. 10; Gabler/Metzenthin/*Heinemann*, § 60 Rn. 5.
10 A.A. *Salje*, EEG 2012, § 60 Rn. 6.
11 Siehe Art. 89 Abs. 1 S. 1 SRÜ.

die fest und dauerhaft mit dem Meeresgrund verbunden sind.[12] Demnach fallen auch Off-shore-Anlagen unter den Tatbestand des Art. 87 Abs. 1 lit. d SRÜ. Auch die deutsche See-anlagenverordnung[13] bezieht „die Errichtung und den Betrieb von Anlagen [...] auf der Ho-hen See" in ihren Anwendungsbereich mit ein (§ 1 Abs. 1 Nr. 2). Praktische Relevanz be-sitzt die Errichtung von Offshore-Anlagen im Bereich der Hohen See bisher jedoch nicht.[14]

6   **2. Privilegierungstatbestand.** Das Küstenmeer steht im **Eigentum des Bundes**. Dies er-gibt sich zum einen aus Art. 2 Abs. 1 SRÜ (Souveränität des Staates über das Küstenmeer) und zum anderen aus Art. 89 Abs. 1 GG (Eigentum des Bundes an den Wasserstraßen) i.V.m. § 1 Abs. 1 Nr. 2, Abs. 2 WaStrG (Zugehörigkeit des Küstenmeeres zu den Seewas-serstraßen).[15] Anders als das Küstenmeer ist die **AWZ nicht Teil des Staatsgebiets** und gehört damit auch nicht zum Bundeseigentum. Allerdings räumt das Seerechtsüberein-kommen dem Bund souveräne völkerrechtliche Nutzungsrechte ein, darunter auch die „Energieerzeugung aus Wasser, Strömung und Wind" (Art. 56 Abs. 1 lit. a).[16] Hierzu gehö-ren auch die Errichtung, der Betrieb und die Nutzung entsprechender Anlagen (Art. 60 Abs. 1 lit. b SRÜ).

7   Als Eigentümerin des Küstenmeeres kann die Bundesrepublik Deutschland für dessen Sondernutzung grundsätzlich ein entsprechendes **Entgelt durch die Wasser- und Schiff-fahrtsverwaltung des Bundes (WSV)** erheben.[17] Aus § 63 Abs. 4 i.V.m. Abs. 2 und 3 Bundeshaushaltsordnung lässt sich sogar eine Verpflichtung zur Erhebung entnehmen. Hiernach kann eine Nutzungsüberlassung von Bundeseigentum nur gegen Entgelt erfol-gen. Entsprechendes gilt grundsätzlich auch für die AWZ, in der die Bundesrepublik wie ausgeführt ausschließliche Nutzungsrechte hat und insoweit dem Grunde nach ebenfalls ein Nutzungsentgelt verlangen kann.[18] Indem § 84 EEG eine solche Entgelterhebung aus-schließt, bewirkt er eine Privilegierung von Betreibern von Anlagen zur Erzeugung von Strom aus erneuerbaren Energien. Dabei geht es nicht ausschließlich, aber doch ganz über-wiegend um Offshore-Windkraftanlagen. Umfasst sind darüber hinaus jedoch auch see-wassergestützte Solaranlagen sowie Gezeiten- und Wellenanlagen, die ebenfalls einen fi-nanziellen Förderanspruch nach § 19 EEG zu begründen vermögen.[19]

8   Der Privilegierungstatbestand des § 84 EEG wird inzwischen auch in der internen Verwal-tungsvorschrift der Wasser- und Schifffahrtsverwaltung des Bundes bezüglich der Erhe-bung von Nutzungsentgelten berücksichtigt.[20] Die Verwaltungsvorschrift enthält für ver-schiedene Arten der Nutzung von Grundstücken, an denen die Wasser- und Schifffahrts-

---

12 Graf Vitzthum/*Wolfrum*, Handbuch des Seerechts, Kap. 4 Rn. 98.

13 BGBl. I 1997, S. 57.

14 Altrock/Oschmann/Theobald/*Prall*, § 31 Rn. 21.

15 Reshöft/Schäfermeier/*Findeisen*, § 60 Rn. 7; Gabler/Metzenthin/*Heinemann*, § 60 Rn. 6; *Salje*, EEG 2012, § 60 Rn. 3; mit Verweis auf das Allgemeine Preußische Landrecht (hier § 21 ALR II 14 und § 80 II 15), ein Eigentum des Bundes am Meeresgrund aber verneinend BGHZ 44, 27, 30.

16 Siehe Frenz/Müggenborg/*Schomerus*, § 60 Rn. 9.

17 Die Zuständigkeit der Wasser- und Schifffahrtsverwaltung des Bundes ergibt sich dabei aus § 45 Abs. 1 WaStrG.

18 Reshöft/Schäfermeier/*Findeisen*, § 60 Rn. 8; Frenz/Müggenborg/*Schomerus*, § 60 Rn. 9; A. A. of-fenbar aber Altrock/Oschmann/Theobald/*Prall*, § 60 Rn. 2.

19 Reshöft/Schäfermeier/*Findeisen*, § 60 Rn. 12.

20 Verwaltungsvorschrift der Wasser- und Schifffahrtsverwaltung des Bundes „Nutzungsentgelte", VV-WSV-2604, Stand 2014.1 (noch bezugnehmend auf § 60 EEG 2012, der jedoch inhaltsgleich mit dem jetzigen § 80 EEG ist).

verwaltung des Bundes die Eigentümerstellung i. S. d. § 903 BGB ausübt, Vorschriften über die Erhebung von Nutzungsentgelten. Räumlich bezieht sich diese im vorliegenden Zusammenhang folglich nur auf das Küstenmeer, hingegen nicht auf die AWZ. Danach soll für das Erzeugen erneuerbarer Energien im Bereich des Küstenmeers ein Nutzungsentgelt von mindestens 3 % des mit dem Stromverkauf erzielten Umsatzes erhoben werden (Ziff. 6.5.2). Die Verwaltungsvorschrift stellt allerdings inzwischen klar, dass während des Privilegierungszeitraums nach § 84 EEG kein Entgelt für die Sondernutzung des Küstenmeeres und der AWZ durch die Erzeugung von erneuerbarer Energie erhoben werden darf (Ziff. 6.1 und Maßgaben Nr. 1 und 2 zu Ziff. 6).

Nach dem Wortlaut unklar ist, ob auch die den **Offshore-Anlagen zugehörigen techni-** **9** **schen Nebeneinrichtungen** wie die innere Parkverkabelung sowie die Plattformen für die Umspann-Konverterstation der Privilegierung des § 84 EEG unterfallen. Diese technischen Nebeneinrichtungen sind bei Offshore-Windenergieanlagen (ebenso wie bei Onshore-Windenergieanlagen) nicht Bestandteil der Anlage, da diese für die eigentliche Erzeugung des Stroms im engeren Sinne nicht benötigt werden.[21] Der Normzweck spricht jedoch eindeutig dafür, auch diese technischen Nebeneinrichtungen in den Anwendungsbereich der Privilegierung mit aufzunehmen, da andernfalls die Privilegierungswirkung faktisch weitgehend ausgehebelt würde.[22]

Nicht mehr vom Anwendungsbereich der Privilegierung des § 84 EEG umfasst ist hinge- **10** gen die vom Übertragungsnetzbetreiber gemäß § 17d Abs. 1 S. 1 EnWG zu errichtende und zu betreibende **Netzanbindungsleitung**. Diese gilt gemäß § 17d Abs. 1 S. 3 EnWG ab dem Zeitpunkt der Fertigstellung als Teil des Energieversorgungsnetzes und kann damit der Anlage nicht mehr zugeordnet werden. Die Verwaltungsvorschrift „Nutzungsentgelte"[23] nimmt allerdings sowohl die innerhalb des Küstenmeeres als auch in der AWZ befindlichen Kabeltrassen für die Netzanbindung und die Einspeisung in das deutsche Stromnetz von der Entgeltpflicht aus.

3. Anspruch auf finanzielle Förderung nach § 19 EEG als Voraussetzung für eine Be- **11** **freiung.** Tatbestandliche Voraussetzung für die Befreiung von etwaigen Nutzungsentgelten ist nach § 84 EEG, dass Anlagenbetreiber eine finanzielle Förderung nach 19 EEG in Anspruch nehmen. Nach dem **Wortlaut** von § 84 EEG scheint die tatsächliche Geltendmachung des Förderanspruchs nach § 19 EEG konstitutive Voraussetzung für die Unentgeltlichkeit zu sein. Über den Verweis auf § 19 werden sowohl die geförderte Direktvermarktung nach § 34 (Marktprämienmodell) als auch die Einspeisevergütung nach § 37 und § 38 erfasst. Eine solche Deutung lässt auch die **Historie** der Vorschrift zu. Die sonstige Direktvermarktung nach § 20 Abs. 1 Nr. 2 wird über den Verweis auf § 19 allerdings nicht erfasst. Dies könnte so verstanden werden, dass sich die Regelung auf das Modell der geförderten Direktvermarktung nach § 34, die eine besondere gesetzliche Förderung des Anlagenbetreibers in Form der Marktprämie vorsieht, beschränkt. Die nicht weiter unmittelbar geförderte[24] „sonstige" Direktvermarktung nach § 20 Abs. 1 Nr. 2 wäre hingegen auch im Rahmen der Privilegierung nach § 84 EEG außen vor. Ein solches Verständnis überzeugt in

21 Vgl. auch BT-Drs. 17/10754, S. 26, dort heißt es, „dass das einzelne Windrad die Anlage darstellt und nicht der gesamte Windpark".
22 So auch *Salje*, EEG 2012, § 60 Rn. 6.
23 Verwaltungsvorschrift der Wasser- und Schifffahrtsverwaltung des Bundes „Nutzungsentgelte", VV-WSV-2604, Stand 2012.1, Maßgaben Nr. 2 und 4 zu Ziff. 6.
24 *Salje*, EEG 2012, § 33b Rn. 5.

systematischer Hinsicht allerdings nicht. Dies gilt schon vor dem Hintergrund, dass der Anlagenbetreiber gemäß § 20 Abs. 1 EEG mit einigen zeitlichen Restriktionen frei zwischen der Einspeisevergütung nach § 37 und § 38 sowie zwischen den zwei verschiedenen Formen der Direktvermarktung hin und her wechseln kann. Es ist in systematischer Hinsicht nicht ersichtlich, warum diese Gleichstellung der verschiedenen Arten der Direktvermarktung im Rahmen der Privilegierung gemäß § 84 EEG nicht gleichermaßen gelten sollte. Eine tatsächliche Inanspruchnahme der gesetzlichen Förderung nach § 19 EEG ist auch für den **Normzweck** – die Vermeidung von Hindernissen für die Errichtung von Offshore-Windparks – nicht entscheidend. Es liegt insgesamt vielmehr nahe, den Wortlaut („solange") so zu interpretieren, dass ein zeitlicher Gleichlauf zwischen dem Anspruch auf finanzielle Förderung nach § 19 EEG mit dem Zeitraum der Privilegierung des Anlagenbetreibers nach § 84 EEG beabsichtigt ist. Die Dauer der Privilegierung wird damit an den Förderzeitraum nach § 22 EEG geknüpft.[25] Maßgeblich ist somit im Ergebnis allein, ob für die Anlage dem Grunde nach ein Anspruch auf finanzielle Förderung nach § 19 EEG (noch) besteht, also geltend gemacht werden kann. Nach allgemeiner Auffassung ist § 84 EEG daher entsprechend **teleologisch** zu reduzieren.[26]

12   **4. Zeitablauf der Privilegierung.** Ist die Privilegierung damit zeitlich an die Dauer des Förderzeitraums gemäß § 22 EEG geknüpft, bedeutet dies auch, dass Anlagenbetreiber für die Zeit nach dem Ablauf des gesetzlichen Förderzeitraums die Zahlung eines Nutzungsentgelts einkalkulieren müssen. Dementsprechend sehen die Verwaltungsvorschriften „Nutzungsentgelte"[27] ausdrücklich die Erhebung eines Nutzungsentgelts nach Ablauf des Privilegierungszeitraums des § 84 EEG vor.

25 Siehe auch Altrock/Oschmann/Theobald/*Prall*, § 60 Rn. 5.
26 So *Salje*, EEG, § 60 Rn. 8; Altrock/Oschmann/Theobald/*Prall*, § 60 Rn. 5; Gabler/Metzenthin/*Heinemann*, § 60 Rn. 11.
27 Verwaltungsvorschrift der Wasser- und Schifffahrtsverwaltung des Bundes „Nutzungsentgelte", VV-WSV-2604, Stand 2012.1, Ziff. 6.1.

§ 85 Aufgaben der Bundesnetzagentur

(1) Die Bundesnetzagentur hat vorbehaltlich weiterer Aufgaben, die ihr in Rechtsverordnungen auf Grund dieses Gesetzes übertragen werden, die Aufgabe, zu überwachen, dass

1. die Netzbetreiber nur Anlagen nach § 14 regeln, zu deren Regelung sie berechtigt sind,
2. die Übertragungsnetzbetreiber den nach den §§ 19 und 57 finanziell geförderten Strom nach § 59 in Verbindung mit der Ausgleichsmechanismusverordnung vermarkten, die EEG-Umlage ordnungsgemäß ermitteln, festlegen, veröffentlichen und den Elektrizitätsversorgungsunternehmen berechnen und dass insbesondere den Übertragungsnetzbetreibern nur die finanzielle Förderung nach den §§ 19 bis 55 berechnet wird und hierbei die Saldierungen nach § 57 Absatz 4 berücksichtigt worden sind,
3. die Daten nach § 76 übermittelt sowie nach § 77 veröffentlicht werden,
4. die Kennzeichnung des nach diesem Gesetz geförderten Stroms nur nach Maßgabe des § 78 erfolgt.

(2) [1]Für die Wahrnehmung der Aufgaben nach Absatz 1 Nummer 2 können bei begründetem Verdacht bei Anlagenbetreibern, Elektrizitätsversorgungsunternehmen und Netzbetreibern Kontrollen durchgeführt werden. [2]Das Recht von Anlagenbetreibern oder Netzbetreibern, die ordentlichen Gerichte anzurufen oder ein Verfahren vor der Clearingstelle nach § 81 Absatz 4 einzuleiten, bleibt unberührt.

(3) Die Bundesnetzagentur kann unter Berücksichtigung des Zwecks und Ziels nach § 1 Festlegungen nach § 29 Absatz 1 des Energiewirtschaftsgesetzes treffen

1. zu den technischen Einrichtungen nach § 9 Absatz 1 und 2, insbesondere zu den Datenformaten,
2. im Anwendungsbereich des § 14 dazu,
   a) in welcher Reihenfolge die verschiedenen von einer Maßnahme nach § 14 betroffenen Anlagen und KWK-Anlagen geregelt werden,
   b) nach welchen Kriterien der Netzbetreiber über diese Reihenfolge entscheiden muss,
   c) welche Stromerzeugungsanlagen nach § 14 Absatz 1 Satz 1 Nummer 2 auch bei Anwendung des Einspeisemanagements am Netz bleiben müssen, um die Sicherheit und Zuverlässigkeit des Elektrizitätsversorgungssystems zu gewährleisten,
3. zur Abwicklung von Wechseln nach § 21, insbesondere zu Verfahren, Fristen und Datenformaten,
4. zum Nachweis der Fernsteuerbarkeit nach § 36, insbesondere zu Verfahren, Fristen und Datenformaten, und
5. zur Berücksichtigung von Strom aus solarer Strahlungsenergie, der selbst verbraucht wird, bei den Veröffentlichungspflichten nach § 73 und bei der Berechnung des Monatsmarktwerts von Strom aus solarer Strahlungsenergie nach Anlage 1 Nummer 2.2.4 zu diesem Gesetz, jeweils insbesondere zu Berechnung oder Abschätzung der Strommengen.

(4) Für die Wahrnehmung der Aufgaben der Bundesnetzagentur nach diesem Gesetz und den auf Grund dieses Gesetzes ergangenen Rechtsverordnungen sind die Bestim-

mungen des Teils 8 des Energiewirtschaftsgesetzes mit Ausnahme des § 69 Absatz 1 Satz 2 und Absatz 10, der §§ 91, 92 und 95 bis 101 sowie des Abschnitts 6 entsprechend anzuwenden.

(5) [1]Die Entscheidungen der Bundesnetzagentur nach Absatz 4 werden von den Beschlusskammern getroffen. [2]Satz 1 gilt nicht für Entscheidungen im Zusammenhang mit der Ausschreibung von finanziellen Förderungen nach § 55 und der Rechtsverordnung auf Grund von § 88. [3]§ 59 Absatz 1 Satz 2 und 3, Absatz 2 und 3 sowie § 60 des Energiewirtschaftsgesetzes sind entsprechend anzuwenden.

Schrifttum: *Attendorn*, Die Regulierungsbehörde als freier Marktgestalter und Normsetzer?, 2008; *ders.*, Die Festlegungsentscheidung nach § 29 EnWG, RdE 2009, 87; *ders.*, Das Regulierungsermessen – Ein deutscher Sonderweg bei der gerichtlichen Kontrolle tk-rechtlicher Regulierungsentscheidungen?, MMR 2009, S. 238 ff.; *Bode*, Effekte des EEG auf die Energiepreise, in: Müller (Hrsg.), 20 Jahre Recht der Erneuerbaren Energien, 2012, S. 858; *Bosch*, Die Kontrolldichte der gerichtlichen Überprüfung von Marktregulierungsentscheidungen der Bundesnetzagentur nach dem Telekommunikationsgesetz, 2010; *Burgi*, Die Energiewende und das Recht, JZ 2013, 745; *ders.*, Das subjektive Recht im Energieverwaltungsrecht, DVBl. 2006, 269; *Christiansen*, Optimierung des Rechtsschutzes im Telekommunikations- und Energierecht, 2013; *Eifert*, Die gerichtliche Kontrolle der Entscheidungen der Bundesnetzagentur (ZHR) 174 (2010), 449; *Fehling/Ruffert* (Hrsg.), Regulierungsrecht, 2010; *Franke*, Energieregulierungsbehörden und behördliche Verfahren, in: Schneider/Theobald, Recht der Energiewirtschaft, 4. Aufl. 2013, § 19, S. 1167; *Franzius*, Wer hat das letzte Wort im Telekommunikationsrecht?, DVBl 2009, 409; *Franzius*, Die Bundesnetzagentur zwischen politischer Steuerung und gerichtlicher Kontrolle, DÖV 2013, 714; *Gärditz*, „Regulierungsermessen" und verwaltungsgerichtliche Kontrolle, NVwZ 2009, 1005; *Gussone*, Beurteilungsspielräume bei der Regulierung der Netzentgelte – Grenzen für die gerichtliche Kontrolle?, ZNER 2007, 266; *Holznagel/Schütz* (Hrsg.), ARegV, 2013; *Holznagel/Schumacher*, Regulierung ohne Regierung – Zur Vereinbarkeit unabhängiger Regulierungsbehörden mit dem Demokratieprinzip, JURA 2012, 501; *Isensee/Kirchhof* (Hrsg.), Handbuch des Staatsrechts der Bundesrepublik Deutschland, Band IV: Aufgaben des Staates/mit Beitr. von Peter Axer, 3. Aufl. 2006; *Knauff*, Regulierungsverwaltungsrechtlicher Rechtsschutz, VerwArch 98 (2007), 382; *König*, Engpassmanagement in der deutschen und europäischen Energieversorgung, 2013; *Lindner*, Abschaltreihenfolge im Rahmen des Einspeisemanagements des EEG, 2014; *Ludwigs*, Regulierungsermessen: Spielräume eingeschränkter gerichtlicher Kontrolle im Regulierungsrecht, RdE 2013, 297; *ders.*, Das Regulierungsermessen als Herausforderung für die Letztentscheidungsdogmatik im Verwaltungsrecht, JZ 2009, 290; *Masing*, Soll das Recht der Regulierungsverwaltung übergreifend geregelt werden?, Gutachten D für den 66. Deutschen Juristentag, 2006; *Maunz/Dürig* (Hrsg.), GG, 69. EL 2013; *Oster*, Normative Ermächtigungen im Regulierungsrecht, 2010; *ders.*, Die Folgen von Fehlern im energierechtlichen Regulierungsverfahren, RdE 2009, 126; *Pielow*, Vom Energiewirtschafts- zum Energieregulierungsrecht?, in: *ders.* (Hrsg.), Grundsatzfragen der Energiemarktregulierung, Veröff. der Beiträge zur Jahrestagung des Instituts für Berg- und Energierecht am 1.10.2004, Bd. 45 der Bochumer Schriften zum Berg- und Energierecht, Stuttgart u. a., 2005; *ders.*, Wie unabhängig ist die Netzregulierung im Strom- und Gassektor? Anmerkung zum neuen Energiewirtschaftsgesetz, DÖV 2005, 1017; *Prölß*, Das Regulierungsermessen – eine Ausprägung des behördlichen Letztentscheidungsrechts?, AöR 136 (2011), 402; *Sachs/Bonk/Stelkens* (Hrsg.), VwVfG, 7. Aufl. 2008; *Säcker/Mengering*, Rechtsfolgen unwirksamer Preisanpassungsklauseln in Endkundenverträgen über Strom und Gas, BB 2013, 1859; *dies.*, Die Kosten effizienter Leistungsbereitstellung als wettbewerbskonformer Maßstab zur Regulierung der Netznutzungsentgelte bei Infrastrukturmonopolen, N&R 2014, 74; *Schoch/Schmidt-Aßmann/Pietzner*, VwGO, 22. EL 2011; *Schoch/Schneider/Bier*, VwGO, 24. EL 2012; *Schumacher*, Die Neuregelungen zum Einspeise- und Engpassmanagement, ZUR 2012, 17; *Siegel*, Europäisierung des Öffentlichen Rechts, 2012; *Vergoßen*, Das Einspeisemanagement nach dem Erneuerbare-Energien-Gesetz, 2012; *Zoellner/Schweizer-Ries/Rau*, Akzeptanz Erneuerbarer Energien, in: Müller (Hrsg.), 20 Jahre Recht der Erneuerbaren Energien, 2012, S. 91.

Übersicht

I. Normzweck

§ 85 ermächtigt die Bundesnetzagentur „bei der Umsetzung des EEG"[1] die Verpflichtun- **1**
gen der Netzbetreiber zu überwachen (Abs. 1) und zur Durchsetzung der Pflichten Festlegungen im Sinne des § 29 EnWG zu erlassen (Abs. 2). Um die **Verbraucher** vor **ungerechtfertigten Kostenbelastungen** durch die **EEG-Wälzung** zu schützen, ermächtigt
§ 85 die Bundesnetzagentur zu einer mittlerweile (siehe Rn. 8–23) weitreichenden Überwachung u. a. des Einspeisemanagements, des Ausgleichsmechanismus sowie der hierfür
erforderlichen Datenübermittlung.[2] Nicht zuletzt für die gesellschaftliche Akzeptanz des

---

1 Vgl. Begründung des „Entwurfs eines Gesetzes zur Neuregelung des Rechtsrahmens zur Förderung der Stromerzeugung aus erneuerbaren Energien" vom 6.6.2011, BT-Drs. 17/6071, S. 90, im
Folgenden BT-Drs. 17/6071.

2 Vgl. zu § 19a EEG 2006 (jetzt § 85) bereits BT-Drs. 16/2455, S. 7; siehe zu den Problemen der
Kostenwälzung im Rahmen der EEG-Umlage den EEG-Erfahrungsbericht 2011, insb. S. 8, abruf-
bar unter www.erneuerbare-energien.de/fileadmin/ee-import/files/pdfs/allgemein/application/
pdf/eeg_erfahrungsbericht_2011_bf.pdf. Zu dem Ausmaß der Kostenbelastung siehe auch Berl-
KommEnR/*Säcker*, Bd. 1, Einl. Rn. 4 ff.; *Burgi*, JZ 2013, 745, 748; *Bode*, in: Müller, 20 Jahre
Recht der Erneuerbaren Energien, S. 858, 867.

EEG[3] spielt die **Verhinderung unkontrollierter Kostenbelastung** eine zentrale Rolle: Ohne eine funktionierende Aufsicht über die für den Verbraucher nicht transparenten Kostenberechnungen und -wälzungen wird ein nachhaltiges Vertrauen und Verständnis für finanzielle Mehrbelastungen aufgrund der Einspeisung von Strom aus erneuerbaren Energien nur schwer zu wecken sein.[4] Fehlt es an diesem Vertrauen, wird die Energiewende mehr denn je zu einem Schauplatz politischer Machtkämpfe instrumentalisiert und den Zwecken des § 1 Abs. 1 zuwider infrage gestellt. Die Kostendynamik beim Ausbau der erneuerbaren Energien verstärkt zu kontrollieren und weitere Stromkostenerhöhungen für die Verbraucher zu verhindern, waren aus diesem Grund zentrale Motive der EEG-Novelle 2014.[5] Der Gesetzgeber will durch die erneute Ausweitung der Befugnisse der Bundesnetzagentur[6] deshalb ein neuralgischen Punkten des EEG einem Misstrauen der Verbraucher entgegenwirken und durch eine weitgreifende Überwachungskompetenz den als nicht ausreichend erachteten zivilgerichtlichen Rechtsschutz ergänzen.[7] § 85 soll damit die unterschiedlichen Kräfteverhältnisse der bei der Umsetzung des EEG beteiligten Parteien durch eine behördliche Überwachung austarieren und dient letztlich dem **Verbraucherschutz**.[8]

2 Trotz der weiten Überwachungs- und Regelungskompetenzen, die § 85 der Bundesnetzagentur überträgt, ist § 85 **keine Blankettermächtigung** zur Überwachung durch die BNetzA: Der Radius der Überwachungsaufgabe ist durch die **enumerative**[9] **Aufzählung** in Abs. 1 Nrn. 1–4 klar umgrenzt, was auch dem Zweck dient, Kompetenzkonflikten und Parallelzuständigkeiten entgegenzuwirken.[10] Die Überwachung von Einspeisemanagement, EE-Strom-Vermarktung, ordnungsgemäßer Berechnung und Ermittlung der EEG-Umlage sowie Kontrolle der ordnungsgemäßen finanziellen Förderung des EE-Stroms, fällt danach in die Überwachungskompetenz der BNetzA (Abs. 1). Die Ermächtigung der BNetzA, die Direktvermarktung und in Ausnahmefällen Zahlung der Einspeisevergütung anhand von **Stichproben** auf der ersten Stufe[11] zu kontrollieren, wurde deshalb in das Gesetz mit aufgenommen (Abs. 2). Flankierend kann die Bundesnetzagentur nach Abs. 3, ebenfalls in abschließender Aufzählung nach Nrn. 1–4, durch **Festlegungen** komplexe Verfahrensabläufe einheitlich regeln und damit den Boden für eine effektive Überwachung ebnen.

---

3 Hierzu *Zoellner/Schweizer-Ries/Rau*, in: Müller, 20 Jahre Recht der Erneuerbaren Energien, S. 91.

4 Vgl. ausführlich hierzu Einl. EEG Rn. 23 ff.

5 Vgl. „Entwurf eines Gesetzes zur grundlegenden Reform des Erneuerbare-Energien-Gesetzes und zur Änderung weiterer Bestimmungen des Energiewirtschaftsrechts" vom 5.5.2014, BT-Drs. 18/1304, S. 1, im FolgendenBT-Drs. 18/1304; Vgl. auch „Beschlussempfehlung und Bericht des Ausschusses für Wirtschaft und Energie (9. Ausschuss)" vom 26.6.2014, BT-Drs. 18/1891, S. 2.

6 BT-Drs. 18/1304, S. 165; BT-Drs. 18/1891, S. 216.

7 BT-Drs. 17/6071, S. 90: „Zivilklagen im Voraus abwenden".

8 Vgl. bereits BT-Drs. 16/2455, S. 7; Frenz/Müggenborg/*Ehricke/Frenz*, § 61 Rn. 1; Altrock/Oschmann/Theobald/*Müller*, § 61 Rn. 1 f.

9 *Salje*, EEG 2014, § 85 Rn. 7; Frenz/Müggenborg/*Ehricke/Frenz*, § 61 Rn. 11.

10 Insbesondere in Abgrenzung zum Bundesamt für Wirtschaft und Ausfuhrkontrolle, welchem eine Entscheidungskompetenz gem. § 63 ff. zukommt, vgl. hierzu Frenz/Müggenborg/*Ehricke/Frenz*, § 61 Rn. 11.

11 Stufe 1: Eine nach dem Erneuerbare-Energien-Gesetz (EEG) geförderte Anlage (beispielsweise eine Windenergieanlage) erzeugt Strom und speist diesen in das Stromnetz ein. Der Netzbetreiber vor Ort ist verpflichtet, diesen Strom abzunehmen und gemäß den Vorgaben des EEG zu vergüten.

II. Entstehungsgeschichte

Ursprünglich sollten die durch die EEG-Regelungen ausgelösten Interessenkonflikte **allein** **3**
privatrechtlich geregelt werden.[12] Die nachgelagerte zivilgerichtliche Kontrolle wurde
damit der proaktiv-regelnden staatlichen Aufsicht vorgezogen. Mit der **EEG-Novelle 2006**
wurde abweichend von diesem Grundsatz mit **§ 19a EEG 2006** eine Regelung geschaffen,
die der Bundesnetzagentur Kontroll- und Überwachungsaufgaben zuwies.[13] Der Grund für
diesen „**Paradigmenwechsel**"[14] waren Erfahrungen in der Praxis, die gezeigt hatten, „dass
aufgrund der unterschiedlichen Stellung der am EEG beteiligten privaten Akteure im System der Energiewirtschaft nicht auszuschließen ist, dass bei der Umsetzung des EEG insbesondere im Hinblick auf die Weitergabe der entstehenden Kosten an die Letztverbraucher zu Rechtsverstößen kommt, denen nicht ausreichend mit denen zur Verfügung stehenden zivilgerichtlichen Möglichkeiten begegnet werden kann".[15] Dies verdeutlicht beispielsweise die Reaktionsverbundenheit des bundesweiten Ausgleichsmechanismus:
Letztlich bei jeder Klage eines Netzbetreibers würden alle anderen am Wälzungsmechanismus Beteiligten mit einbezogen werden können (§§ 72 ff. ZPO), was bei zivilrechtlichen
Klagen zu einem nicht überschaubaren Prozessrisiko führen würde.[16] Um negative Auswirkungen auf die Ziele des EEG zu vermeiden, wurde deshalb eine „punktuelle Überwachung"[17] eingeführt. Gegenstand der Überwachung nach § 19a EEG war neben einer Ermächtigung zur Datenerhebung der bundesweite Ausgleichsmechanismus. Ausdrücklich
von der Überwachung ausgenommen wurde ausweislich der Gesetzesmaterialien allerdings die Frage der Berechtigung des von dem Anlagenbetreiber geltend gemachten Vergütungsanspruchs.[18] Die zivilrechtlichen und zivilprozessualen Möglichkeiten wurden hier
noch für ausreichend erachtet.[19]

Mit der Novelle des **EEG 2009** wurden die Aufgaben der Bundesnetzagentur durch § 61 **4**
EEG 2009 unmittelbar nur geringfügig erweitert:[20] Lediglich die Zuständigkeit der Bun-
desnetzagentur zur Unterstützung des Bundesministeriums für Umwelt, Naturschutz und
Reaktorsicherheit bei der Evaluierung des EEG wurde hinzugefügt. Ausdrücklich wurde
wiederum in den Materialien darauf verwiesen, dass die BNetzA keine Kompetenz zur
Überwachung des Anspruchs auf Vergütung habe. Mittelbar ergab sich durch den Erlass
der Ausgleichsmechanismusverordnung[21] 2009 (AusglMechV) aber eine Modifikation der
Überwachungspflichten und eine neue Überwachungspflicht in § 10 Abs. 1. S. 1 Ausgl-
MechV a. F.[22]

---

12 Vgl. BT-Drs. 16/2455, S. 7; zu den privatrechtlichen Wurzeln *Salje*, EEG 2014, § 85 Rn. 2; Alt-
   rock/Oschmann/Theobald/*Müller*, § 61 Rn. 2.
13 BT-Drs. 16/2455, S. 11 f. zu § 19a EEG 2006, S. 11.
14 Frenz/Müggenborg/*Ehricke/Frenz*, § 61 Rn. 10.
15 BT-Drs. 16/2455 zu § 19a EEG 2006, S. 7, hierzu auch Frenz/Müggenborg/*Ehricke/Frenz*, § 61
   Rn. 3; Altrock/Oschmann/Theobald/*Müller*, § 61 Rn. 2; *Salje*, EEG 2014, § 85 Rn. 2.
16 Altrock/Oschmann/Theobald/*Müller*, § 61 Rn. 2; *Salje*, EEG 2014, § 85 Rn. 3 m. w. N.
17 BT-Drs. 16/2455 zu § 19a EEG 2006, S. 7.
18 BT-Drs. 16/2455 zu § 19a EEG 2006, S. 11.
19 BT-Drs. 16/2455 zu § 19a EEG 2006. S. 11.
20 BT-Drs. 16/8148 zu § 61 EEG 2009, S. 2.
21 Verordnung zur Weiterentwicklung des bundesweiten Ausgleichsmechanismus (AusglMechV) v.
   17.7.2009, BGBl. I S. 2101.
22 Vgl. zur Neufassung 2014, Verordnung der Bundesregierung „Verordnung zur Weiterentwicklung
   des bundesweiten Ausgleichsmechanismus nach dem Erneuerbare-Energien-Gesetz und zur Än-

5 Das **EEG 2012** führte demgegenüber zu **weitgreifenden Änderungen** und zu einer wesentlichen Ausweitung der Kompetenzen der Bundesnetzagentur. Neben der Überwachungskompetenz des Einspeisemanagements nach § 61 Abs. 1 S. 1 Nr. 1 EEG 2012 wurde durch § 61 Abs. 1a EEG 2012 die Überwachung der Anlagenbetreiber mittels Stichprobe, durch § 61 Abs. 1b EEG 2012 eine Festlegungskompetenz der Bundesnetzagentur eingeführt.[23] Die umfangreiche Kompetenzausweitung erfolgte ausweislich der Gesetzesbegründung „mit dem Ziel einer besseren Überwachung".[24] Bemerkenswert war die Abkehr der zuvor noch ausdrücklich betonten[25] Nichtüberwachung des Anspruchs auf Vergütungszahlungen. In den Gesetzesmaterialien zu § 61 EEG 2012 hieß es hierzu „die Konzeption der **zivilgerichtlichen Kontrolle** auf dieser Stufe kann auf Grundlage der Erkenntnisse der wissenschaftlichen Berichte des EEG-Erfahrungsberichts zunehmend als **nicht mehr ausreichend** erachtet werden."[26] Von der Überwachungsaufgabe der Bundesnetzagentur sei deshalb „auch die Vergütung auf der ersten Stufe des bundesweiten Ausgleichs" erfasst gewesen.[27] Auch die **Berechnung der EEG-Umlage** unterliegt damit seit dem EEG 2012 der Kontrolle durch die Bundesnetzagentur. Mit der Einführung der Festlegungsbefugnis in Abs. 1b wurde die regulierungsbehördliche Aufsicht bei der Umsetzung des EEG damit der weitgreifenden Überwachungsaufgabe im Rahmen des **EnWG angeglichen** und der Konzeptwechsel[28] von der privatrechtlichen Auseinandersetzung zur behördlichen Aufsicht in diesen Bereichen vollzogen.[29]

6 Die mit dem EEG 2012 verankerte breite Kompetenzzuweisung an die Bundesnetzagentur wurde durch das **EEG 2014** beibehalten. § 85 erweitert die Aufgaben der Bundesnetzagentur gegenüber § 61 EEG 2012 zusätzlich auf die Kontrolle auch der Elektrizitätsversorgungsunternehmen und Netzbetreiber bei der Wahrnehmung ihrer Überwachungskompetenz nach § 85 Abs. 1. Die Festlegungskompetenz der Bundesnetzagentur wurde in § 85 Abs. 3 Nr. 4 um die Kompetenz zu Festlegungen zur Fernsteuerbarkeit nach § 36 erweitert.

7 Die breite Aufgabenzuweisung und Entscheidungsbefugnis der Bundesnetzagentur in § 85 setzt einen weiteren Schritt des EU-rechtlich vorgesehenen **Kompetenzprofils** für die **nationalen Regulierungsbehörden** um. Nach den europäischen Richtlinienvorgaben des Dritten Energiebinnenmarktpakets sollen die nationalen Regulierungsbehörden insgesamt gestärkt und **von jeglicher Einflussnahme abgesichert** werden.[30] Negative Erfahrungen in der Vergangenheit, nach denen die „Effektivität der Regulierung vielfach aufgrund mangelnder Unabhängigkeit der Regulierungsbehörden von der Regierung sowie unzureichender Befugnisse und Ermessensfreiheit eingeschränkt" wurde,[31] verleiteten den europä-

---

derung anderer Verordnungen", BT-Drs. 18/3416 vom 3.12.2014. Altrock/Oschmann/Theobald/ *Müller*, § 61 Rn. 7.
23 BT-Drs. 17/6071, S. 90.
24 BT-Drs. 17/6071, S. 90.
25 Siehe BT-Drs. 16/2455, S. 11, und BT-Drs. 16/8148, S. 75.
26 BT-Drs. 17/6071, S. 90, vgl. auch EEG-Erfahrungsbericht 2011, S. 8, abrufbar unter www.erneu erbare-energien.de/fileadmin/ee-import/files/pdfs/allgemein/application/pdf/eeg_erfahrungsbe richt_2011_bf.pdf.
27 BT-Drs. 17/6071, S. 90.
28 *Salje*, EEG 2014, § 85 Rn. 2.
29 Frenz/Müggenborg/*Ehricke/Frenz*, § 61 Rn. 1; Altrock/Oschmann/Theobald/*Müller*, § 61 Rn. 5.
30 EuGH, Urt. v. 9.3.2010, Rs. C-518/07, Tz. 18, 25; „frei von jeglicher Einflussnahme", vgl. Monopolkommission, SGA 65: Energie 2013, S. 107.
31 Vgl. Erwägungsgrund 33 S. 3 RL 2009/72/EG.

ischen Gesetzgeber zu der Vorgabe umfassender Unabhängigkeit in Art. 35 Abs. 4 S. 2 lit. b RL 2009/72/EG und Art. 39 Abs. 4 S. 2 lit. b RL 2009/73/EG.[32] Weisungen des zuständigen Ministeriums im Rahmen seiner Fachaufsicht sind aus diesem Grund mit der geforderten Unabhängigkeit unvereinbar.[33] Insgesamt ist die umfangreiche Kompetenzzuweisung an die Bundesnetzagentur in § 85 damit sowohl EU-rechtlich geboten als auch inhaltlich sachgerecht, um die Überwachungsziele des Verbraucherschutzes und der Transparenz zu verwirklichen.[34]

III. Überwachungsaufgabe der Bundesnetzagentur (Abs. 1 S. 1)

Die Kompetenzzuweisung in § 85 Abs. 1 S. 1 besagt nur, dass die Bundesnetzagentur die **8** in den Nrn. 1–4 aufgezählten Regelungsbereiche „zu überwachen hat." Der Wortlaut legt, abweichend von der sonstigen Wirtschaftsaufsicht, eine gebundene Entscheidung ohne Ermessensspielraum der BNetzA nahe.[35] Erst durch den Anwendungsverweis auf § 65 Abs. 1 EnWG in § 85 Abs. 4 wird deutlich, dass ein Eingreifen der BNetzA im **Ermessen der Behörde** liegt.[36] Dies entspricht dem Sinn und Zweck der Norm, da nur eine am Opportunitätsprinzip orientierte Kompetenzzuweisung den facettenreichen Möglichkeiten der Überwachung gerecht werden kann.

Aufgrund der Vielzahl denkbarer Überwachungsmaßnahmen ist ein Ausloten der nach **9** Abs. 1 **zulässigen Überwachungsinstrumente** notwendig. Allgemein wird sich diese Frage für alle Überwachungskompetenzen in § 85 nicht beantworten lassen und stets abhängig von dem **konkreten Überwachungsgegenstand** in den Nrn. 1–4 sein. Eine Überwachung muss zumindest diejenigen Eingriffsbefugnisse umfassen, die dafür sorgen, dass ein Missbrauch der zu überwachenden Pflichten im Sinne des Abs. 1 verhindert bzw. verlässlich aufgedeckt werden kann. Generell muss aber jede Überwachung, die stets in den Schutzbereich nach Art. 12 GG der Überwachten eingreift, erforderlich und angemessen (verhältnismäßig im engeren Sinne) sein. Das **Schutzbedürfnis der Verbraucher** steht hier im **Spannungsverhältnis** zu der **Berufsausübungsfreiheit** von Netzbetreibern, Elektrizitätsversorgungsunternehmen und Anlagenbetreibern. Die Bundesnetzagentur muss im Rahmen ihres Entschließungsermessens bei der Überwachung (Opportunitätsprinzip) diese **Abwägung** zugrunde legen.

1. Überwachung der Regelung durch die Netzbetreiber nach § 14: Einspeisemanage- 10 ment (Nr. 1). Nach § 85 Abs. 1 Nr. 1 hat die Regulierungsbehörde die Aufgabe, die **Einspeisung des EE-Stroms** durch die Netzbetreiber zu überwachen. Da die Netzbetreiber bei der Regelung von Anlagen gem. § 14 mehrere Handlungsmöglichkeiten bei der Abregelung haben, soll die Bundesnetzagentur den **Entscheidungsspielraum der Netzbetrei-**

---

32 Hierzu ausführlich *Masing*, in: Masing/Marcou, Unabhängige Regulierungsbehörden, S. 181, 182 ff.; *Döhler*, Verwaltungsarchiv 2011, 110, 111; *Franzius*, DÖV 2013, 714 ff.; *Ludwigs*, Die Verwaltung 44 (2011), 43 ff. *Neuhaus*, Regulierung in Deutschland und den USA, S. 118 f.

33 EuGH, Urt. v. 9.3.2010, Rs. C-518/07, Tz 18, 25; „frei von jeglicher Einflussnahme", vgl. Monopolkommission, SGA 65: Energie 2013, S. 107.; vgl. hierzu ausführlich BerlKommEnR/*Mengering*, Bd. 2, 3. Aufl. 2014, § 63 Rn. 15 ff.

34 Vgl. Art. 35 RL 2009/72/EG und Art. 39 RL 2009/73/EG; kritisch zur Wahrnehmung durch die BNetzA Altrock/Oschmann/Theobald/*Müller*, § 61 Rn. 5.

35 *Salje*, EEG 2014, § 85 Rn. 13.

36 *Salje*, EEG 2014, § 85 Rn. 13.

ber, insbesondere hinsichtlich der Netzengpassprognose, **kontrollieren**.[37] Maßgeblicher Beurteilungszeitpunkt ist hierbei nicht derjenige einer Ex-post-Kontrolle durch die Behörde, sondern die Ex-ante-Sicht des Netzbetreibers. § 85 Abs. 1 S. 1 Nr. 1 soll deshalb sicherstellen, dass der Netzbetreiber nur diejenigen Anlagen regelt, zu deren Regelung er berechtigt ist.[38] Die Entstehung übermäßiger Entschädigungsansprüche nach § 15 Abs. 1, die bei der Ermittlung der Netzentgelte grundsätzlich als nicht beeinflussbare Kosten im Sinne von § 11 Abs. 2 S. 1 Nr. 1 ARegV in Ansatz gebracht werden können,[39] soll so verhindert werden.[40] Bezugsobjekte der Berechtigung sind alle an das Netz des Netzbetreibers unmittelbar oder mittelbar angeschlossenen Anlagen, die mit einer Einrichtung zur ferngesteuerten Reduzierung der Einspeiseleistung bei Netzüberlastung ausgestattet sind.[41]

11   Eine **Berechtigung zur Regelung** liegt nach § 14 vor, wenn die Regelung einen Netzengpass verhindert (§ 14 Abs. 1 Nr. 1), die vorrangige Einspeisung erneuerbarer Energien – unter Aufrechterhaltung der Systemstabilität – sichergestellt wird (§ 14 Abs. 1 Nr. 2) und der Netzbetreiber zuvor alle Daten zur Ist-Einspeisung abgerufen hat (§ 14 Abs. 1 Nr. 3). Liegen diese Voraussetzungen kumulativ[42] vor, ist der Netzbetreiber zur Regelung nach § 14 Abs. 1 berechtigt (**Ob**).

12   Die Bundesnetzagentur hat zu überwachen, dass der Netzbetreiber erst dann von seiner Regelungsbefugnis Gebrauch macht, wenn alle Voraussetzungen des § 14 Abs. 1 vorliegen. Um den Anlagenbetreiber vor einer unberechtigten Abregelung zu schützen, verlangen § 14 Abs. 2 und 3 weitreichende Informations- und Nachweispflichten vom Netzbetreiber, deren Einhaltung gegenüber dem Anlagenbetreiber die Bundesnetzagentur überwachen muss. Nach § 14 Abs. 2 und 3 haben die Netzbetreiber gegenüber den Anlagenbetreibern ihre **Regelungsmaßnahmen anzukündigen** und die Erforderlichkeit der Regelung so transparent darzustellen, dass sie ohne Weiteres von einem **sachkundigen Dritten nachvollzogen** werden kann. Die Netzbetreiber müssen der Bundesnetzagentur insbesondere darlegen, ob und inwieweit sie Maßnahmen nach § 12 EEG, § 4 Abs. 6 KWKG sowie §§ 11 ff. EnWG ergriffen hat, um die Vornahme einer Maßnahme nach § 14 Abs. 1 EEG

---

37 Vgl. hierzu Frenz/Müggenborg/*Ehricke/Frenz*, § 61 Rn. 12; *Salje*, EEG 2014, § 85 Rn. 13; § 11 EEG Rn. 35.

38 Frenz/Müggenborg/*Ehricke/Frenz*, § 61 Rn. 12; Altrock/Oschmann/Theobald/*Müller*, § 61 Rn. 10.

39 BNetzA, Leitfaden zum Engpassmanagement 1.0 vom 29.3.2011, S. 19, sowie BNetzA, Leitfaden zum Engpassmanagement 2.1 vom 7.3.2014, S. 20.

40 „Der Verbraucher finanziert bereits mittelbar über die EEG- und KWK-Umlage den Aufbau der EE-, KWK- und Grubengasanlagen und der über die Netzentgelte den für die Integration dieser Anlagen notwendigen Netzausbau. Diese erheblichen Belastungen lassen sich nur durch die ökologischen Ziele des Gesetzgebers, den EE- und Grubengas- (§ 8 Abs. 1 EEG) sowie KWK-Strom (§ 4 Abs. 1 KWKModG) „vorrangig abzunehmen" und dadurch konventionell erzeugte Elektrizität zu substituieren, rechtfertigen. Um dieses gesetzgeberische Ziel nicht zu konterkarieren und die Verbraucher nicht mit ungerechtfertigten Mehrkosten zu belasten, ist zu vermeiden, dass der Verbraucher über die Netzentgelte auch noch regelmäßig Abschaltvergütungen bzw. Entschädigungen für das Stillstehen der Windenergieanlagen bezahlen muss, solange konventionelle Anlagen noch nicht heruntergefahren wurden.", BNetzA, Leitfaden zum Engpassmanagement 1.0 vom 29.3.2011, S. 5. Altrock/Oschmann/Theobald/*Müller*, § 61 Rn. 10; vgl. auch § 14 Rn. 7.

41 *Schumacher*, ZUR 2012, 17, 20; Frenz/Müggenborg/*Frenz*, § 11 Rn. 5.

42 Frenz/Müggenborg/*Ehricke/Frenz*, § 61 Rn. 13.

rechtzeitig zu vermeiden.[43] Die Bundesnetzagentur hat anhand dieser Angaben die Plausibilität, Vollständigkeit und Nachvollziehbarkeit der durch die Netzbetreiber getroffenen Erforderlichkeitsprognose, insbesondere über Netzengpässe, zu kontrollieren. Den **Netzbetreibern** ist hierbei ein **Beurteilungsspielraum** eingeräumt, der von der Bundesnetzagentur ex-post bei der Begründung anhand der anerkannten Kriterien der Abwägungskontrolle zu überprüfen ist.[44] Maßgeblicher Beurteilungszeitpunkt für die Kontrolle durch die Bundesnetzagentur ist hierbei die prognostische Ex-ante-Perspektive aus der Sicht der Netzbetreiber – stellt sich im Nachhinein also heraus, dass doch kein Netzengpass entstanden wäre,[45] folgt hieraus nicht die Nichtberechtigung zur Regelung, solange die Engpassprognose auf einem vollständigen und richtigen Sachverhalt und aus einer hieraus plausibel abgeleiteten, dem Stand der Technik entsprechenden Prognose beruht.[46] Die Netzbetreiber dürfen hier insoweit keiner strengeren Kontrolle unterliegen als die Bundesnetzagentur, wenn diese selbst Entscheidungen aufgrund einer Prognoseermächtigung fällt.[47]

Eine Überwachung der Regelung erfordert in jedem Fall die umfassende Information der Bundesnetzagentur, weshalb alle gegenüber den Anlagenbetreibern bestehenden **Informationspflichten** und **Datenübermittlungspflichten** nach Abs. 1 S. 1 Nr. 1 auch gegenüber der Bundesnetzagentur bestehen. **13**

2. Überwachung des Verfahrens zum Belastungsausgleich (Nr. 2). Mit der EEG-Novelle 2012 hat der Gesetzgeber das Verfahren zum Belastungsausgleich aufgrund seiner Missbrauchsanfälligkeit weitreichend der Kontrolle der Bundesnetzagentur unterstellt und dies mit dem EEG 2014 auch so beibehalten. Die Bundesnetzagentur überwacht nach § 85 Abs. 1 Nr. 2 sowohl die Vermarktung des EEG-Stroms durch die Übertragungsnetzbetreiber (Nr. 2 Alt.1) als auch die Einhaltung aller Vorgaben zur Berechnung der EE-Förderung (Nr. 2 Alt. 2). Das „Herzstück" des EEG ist damit regulierungsbehördlicher Kontrolle unterstellt. **14**

a) Überwachung der EE-Strom-Vermarktung (Abs. 1 Nr. 2 Alt. 1). Nach Abs. 1 S. 1 Nr. 2 muss die Bundesnetzagentur die ordnungsgemäße Vermarktung des nach §§ 19 und 57 geförderten EE-Stroms nach den Vorgaben des § 59 i.V.m. der Ausgleichsmechanismusverordnung[48] überwachen. Nach § 59 sind die Übertragungsnetzbetreiber zu einer diskriminierungsfreien und transparenten Vermarktung des EE-Stroms verpflichtet. Der geförderte Strom aus den EE-Anlagen muss nach diesen Vorgaben i.V.m. § 2 AusglMechV am Spotmarkt einer Strombörse vermarktet werden. Da für die Vermarktung über diesen **15**

---

43 BNetzA, Leitfaden zum EEG-Einspeisemanagement 1.0 vom 29.3.2011, S. 19 f.; ebenso BNetzA, Leitfaden zum EEG-Einspeisemanagement 2.0 vom 12.7.2013, S. 20; BNetzA, Leifaden zum Engpassmanagement 2.1 vom 7.3.2014, S. 21.

44 Für einen Beurteilungsspielraum der Netzbetreiber bei der Netzengpassprognose: *König*, Engpassmanagement in der deutschen und europäischen Energieversorgung, S. 421 ff. (zu § 13 EnWG); Frenz/Müggenborg/*Frenz*, § 11 Rn. 13a; zu den Spielräumen bei der Netzengpassprognose *Vergoßen*, S. 62 ff.; zu den Kontrollkriterien bei einer solchen Prognoseermächtigung: Maunz/Dürig/ *Schmidt-Aßmann*, GG, 69. EL 2013, Art. 19 Abs. 4 Rn. 200.

45 Zu der Frage, wann ein Netzengpass i. S. d. § 11 Abs. 1 Nr. 1 angenommen werden kann, *Schumacher*, ZUR 2012, 17, 20.

46 Siehe im Rahmen von § 13 EnWG hierzu auch BerlKommEnR/*König*, Bd. 1, § 13 EnWG 123.

47 Zu der Kontrolldichte bei behördlichen Prognoseentscheidungen zuletzt OLG Düsseldorf, Urt. v. 24.4.2013, VI-3 Kart 60/80, ZNER 2013, 394; hierzu *Säcker/Mengering*, N&R 2014, 74, 82; zum einheitlichen Maßstab BerlKommEnR/*Roesen/Johanns*, Bd. 1, § 83 EnWG Rn. 26.

48 In der Fassung vom 3.12.2014, BT-Drs. 3416, S. 6 ff.

Handelsweg bereits Börsenordnungen und vergleichbare Regelwerke bestehen, sind die Anforderungen an die **diskriminierungsfreie Vermarktung** materiell ausgestaltet.[49] Die Bundesnetzagentur muss die Einhaltung dieser Vorgaben überwachen und kontrollieren, dass die Übertragungsnetzbetreiber den EE-Strom bestmöglich mit der „Sorgfalt eines ordentlichen und gewissenhaften Kaufmanns" vermarkten (vgl. § 2 S. 2 AusglMechV). Hierzu wird die Bundesnetzagentur nach § 10 AusglMechV ermächtigt, gemeinsam mit dem Bundesministerium für Wirtschaft und Energie die näheren Anforderungen u. a. an die Vermarktung der Strommengen (Handelsplatz, Prognoseerstellung etc.) sowie die Voraussetzungen für vertragliche Vereinbarungen zwischen Übertragungsnetzbetreibern und Anlagenbetreibern einschließlich der Voraussetzungen zur Abregelung von Anlagen, die nach dem 31.12.2015 in Betrieb genommen werden mittels Verordnung zu regeln. Dies ist mit der **Ausgleichsmechanismusausführungsverordnung** (AusglMechAV) geschehen.[50] Die Bundesnetzagentur hat die Einhaltung dieser Vorgaben, insb. zur vortägigen und untertägigen Vermarktung gem. § 1 AusglMechAV und zur transparenten Vermarktung gem. § 2 AusglMechAV zu überwachen. Sie muss u. a. nachprüfen, ob alle Verkaufsangebote preisunabhängig eingestellt worden sind (§ 1 Abs. 1 S. 2 AusglMechAV) und die vortägigen und untertägigen Prognosen nach dem Stand von Wissenschaft und Technik erstellt worden sind (§ 1 Abs. 3 AusglMechAV). Um die Überwachung zu ermöglichen, müssen die Übertragungsnetzbetreiber umfangreichen Veröffentlichungspflichten nach § 2 AusglMechAV nachkommen. Nach § 3 AusglMechAV müssen die Übertragungsnetzbetreiber ihre Einnahmen und Ausgaben aufschlüsseln und transparent ausweisen. Die Bundesnetzagentur überwacht damit nach der Ermächtigung in Abs. 1 Nr. 2 Alt. 1 die gesamte Abwicklung der EE-Strom-Vermarktung.[51]

16 **b) Überwachung der EEG-Umlage (Abs. 1 Nr. 2 Alt. 2).** Nach Abs. 1 Nr. 2 Alt. 2 soll die Bundesnetzagentur überwachen, dass die EEG-Umlage ordnungsgemäß ermittelt, festgelegt, veröffentlicht und berechnet wird (Abs. 1 Nr. 2 Alt. 2). Alt. 2 zählt für die Überwachung hierbei einzelne Elemente auf, macht aber durch die Formulierung deutlich („insbesondere"), dass diese Aufzählung nicht abschließend ist.[52] Die Reichweite der Überwachung bemisst sich damit nach dem Sinn und Zweck der Überwachungsaufgabe nach Abs. 1 Nr. 2 Alt. 2: der Sicherstellung, dass den Letztverbrauchern nur die tatsächlich angefallenen EE-Förderungen in Rechnung gestellt werden.[53] Die Verbraucher sollen vor einer Weitergabe einer überhöhten Umlage durch das Elektrizitätsversorgungsunternehmen geschützt werden.[54]

17 Gegenstand der Überwachung nach Abs. 1 Nr. 2 ist der bundesweite Ausgleichsmechanismus[55] „beginnend bei dem Netzbetreiber, an dessen Netz die Anlage angeschlossen ist,

---

49 Altrock/Oschmann/Theobald/*Altrock*, § 37 Rn. 13.

50 Verordnung zur Ausführung der Verordnung zur Weiterentwicklung des bundesweiten Ausgleichsmechanismus (AusglMechAV) vom 22.2.2010, BGBl. I S. 134, zuletzt geändert durch Art. 2 der Verordnung zur Weiterentwicklung des bundesweiten Ausgleichsmechanismus nach dem Eneuerbare-Energien-Gesetz und zur Änderung anderer Verordnungen, BT-Drs. 18/3416 v. 3.12.2014, S. 12 f.

51 Altrock/Oschmann/Theobald/*Müller*, § 61 Rn. 12.

52 Altrock/Oschmann/Theobald/*Müller*, § 61 Rn. 13.

53 Altrock/Oschmann/Theobald/*Müller*, § 61 Rn. 14.

54 Altrock/Oschmann/Theobald/*Müller*, § 61 Rn. 14.

55 *1. Stufe*: Netzanschluss der EE-Anlage + Abnahme und Vergütung des EE-Stroms durch nächstgelegenen NB (§§ 5, 8, 16 ff.); *2. Stufe*: Weiterverteilung des EE-Stroms durch NB + Abnahme und

über die Übertragungsnetzbetreiber und die Elektrizitätsversorgungsunternehmen, gegen die Vergütungsansprüche und Stromabnahmeansprüche geltend gemacht werden, bis zum Letztverbraucher, dem infolge des bundesweiten Ausgleichs Differenzkosten in Rechnung gestellt werden.“[56] Bis zur **EEG-Novelle 2012** war die Überwachungspflicht ausdrücklich auf die zweite bis vierte Stufe des Ausgleichsmechanismus beschränkt.[57] Die Bundesnetzagentur war nicht befugt, den von dem Anlagenbetreiber geltend gemachten **Vergütungsanspruch** (nunmehr Förderungsanspruch) zu überprüfen.[58] Der Gesetzgeber hielt ausweislich der Gesetzesbegründung zum EEG 2009 die zivilrechtlichen und zivilprozessualen Möglichkeiten für ausreichend.[59] Seit der Novelle 2012 soll nunmehr nach dem ausdrücklichen Willen des Gesetzgebers auch die erste Stufe des bundesweiten Ausgleichs von der Bundesnetzagentur überwacht werden.[60] Die zivilgerichtlichen und zivilprozessualen Überwachungs- und Kontrollmechanismen wurden auf der Grundlage des EEG-Erfahrungsberichts für unzureichend gehalten (vgl. oben Rn. 3).[61]

18 Zu überwachen, dass die EEG-Umlage korrekt ermittelt, festgelegt und veröffentlicht wurde, erfordert die Kontrolle verschiedenster Vorgänge im Rahmen des Belastungsausgleichs. Zentral ist hierfür nach Abs. 1 Nr. 2 Alt. 2 das **Verhältnis zwischen Übertragungsnetzbetreibern und den Elektrizitätsversorgungsunternehmen**, die die Letztverbraucher beliefern (vierte Stufe des Belastungsausgleichs).

19 Die **Ermittlung** und **Berechnung** der **EEG-Umlage** ergibt sich aus § 59 i.V.m. AusglMechV und der AusglMechAV. Die Bundesnetzagentur muss hiernach die Plausibilität von Prognosen überprüfen (§ 3 AusglMechV) und sicherstellen, dass Saldierungen transparent und sachgerecht erfolgen. Die Aufschlüsselung nach Einnahmen und Ausgaben muss von der Bundesnetzagentur aufgrund der unternehmensinternen Zuordnungsspielräume umfänglich geprüft werden (bspw. „notwendige Kosten“ i.S.d. § 3 Abs. 4 Nr. 8 AusglMechV, § 3 AusglMechAV).

20 Ausweislich der Gesetzesbegründung und des Normtextes umfasst die Kontrollbefugnis der Bundesnetzagentur darüber hinaus auch die **Kontrolle** der **Zahlungen** auf den **vorgelagerten Stufen**.[62] So erfordert ein ordnungsgemäßer Belastungsausgleich zwischen dem Übertragungsnetzbetreiber und dem Elektrizitätsversorgungsunternehmen zuvor einen ebenfalls ordnungsgemäß abgelaufenen horizontalen Belastungsausgleich gem. § 19, 57,

---

Vergütung des EE-Stroms durch ÜNB (§§ 34, 35); *3. Stufe*: Horizontaler Belastungsausgleich zwischen ÜNB (§ 36); *4. Stufe*: Abnahme und Vergütung des EE-Stroms durch EVU (§§ 36, 37); vgl. i.Ü. identisch Altrock/Oschmann/Theobald/*Altrock*, § 34 Rn. 2; Frenz/Müggenborg/*Ehricke/Frenz*, § 61 Rn. 19, die noch eine Stufe 5, die Weiterverteilung an die Letztverbraucher nach §§ 53, 54, anfügen.

56 BT-Drs. 16/2455, S. 11; BT-Drs. 16/8148, S. 74.
57 BT-Drs. 16/8148, S. 74 f.
58 BT-Drs. 16/8148, S. 75.
59 BT-Drs. 16/8148, S. 75.
60 „Nach Abs. 1 Satz 1 Nummer 1 erfasst die Überwachung durch die Bundesnetzagentur daher die Vergütungszahlungen auf der ersten Stufe des bundesweiten Ausgleichs“, vgl. BT-Drs. 17/6071, S. 90 – dass hier auf S. 1 Nr. 1 und nicht auf die einschlägige Nr. 2 in der Gesetzesbegründung verwiesen wurde, ist ein unerheblicher Flüchtigkeitsfehler. Im Ergebnis ebenso *Salje*, EEG 2014, § 85 Rn. 23; Frenz/Müggenborg/Ehricke/*Frenz/Müggenborg*, § 61 Rn. 25 – beide auf den zu engen Wortlaut des § 61 Abs. 1 Nr. 2 hinweisend.
61 BT-Drs. 17/6071, S. 90.
62 Vgl. BT-Drs. 17/6071, S. 90.

58.[63] Außerdem muss die **Bundesnetzagentur** nach Abs. 1 S. 1 Nr. 2 **überwachen**, dass den Übertragungsnetzbetreibern nur die Förderungen nach den §§ 19 und 57 veranschlagt werden und Saldierungen nach § 35 Abs. 3 berücksichtigt worden sind (**zweite Stufe**).[64] Auch die Zahlung der an die Anlagenbetreiber ausgezahlten Vergütungen und Prämien (**erste Stufe**)[65] wird von der Bundesnetzagentur auf die Einhaltung der Vorgaben hin kontrolliert und überwacht.[66] Nicht ausdrücklich vom Wortlaut der Norm umfasst ist die Überwachung der letzten Stufe, der Beziehung zwischen den Stromlieferanten und den von ihnen versorgten Letztverbrauchern.[67] Nach diesem, auch als **fünfte Stufe** bezeichneten,[68] Ausgleich sind die Stromlieferanten berechtigt, den Endkunden die EEG-Umlage in Rechnung zu stellen. Gegen die Annahme, dass die Bundesnetzagentur auch die letzte Stufe überwachen soll, wird angeführt, dass es dann zu einem Kompetenzkonflikt mit den Kompetenzen des Bundesamtes für Wirtschaft und Ausfuhrkontrolle (BAFA) gem. §§ 63 ff. komme.[69] Nach § 63 begrenzt das BAFA auf Antrag von stromintensiven Unternehmen für eine Abnahmestelle die EEG-Umlage, die von Elektrizitätsversorgungsunternehmen an letztverbrauchende Unternehmen weitergegeben wird. Hieraus wird zum Teil geschlossen, dass die gesamte Überwachung des Verhältnisses von Elektrizitätsunternehmen und Letztverbrauchern der Aufsicht des BAFA unterfällt. Mit Blick auf den allein verbraucherschützenden Zweck der Überwachung nach Abs. 1 Nr. 2 Alt. 2 wird aber deutlich, dass die Aufgabe der BAFA, die Voraussetzungen der Begrenzung nach §§ 63 ff. zu überprüfen, nicht auch die weitergehende Frage der ordnungsgemäßen Berechnung der EEG-Umlage gegenüber den Verbrauchern, die nicht Unternehmen sind, vollumfänglich umfasst.[70] Eine sachgerechte Kompetenzabgrenzung beider Bundesbehörden ist deshalb möglich.[71] Dies entspricht auch dem Sinn und Zweck der Überwachungskompetenz, einen bestmöglichen Schutz des Verbrauchers vor unberechtigt hoher EEG-Umlagebelastung.[72] Da sich alle Ausgleichszahlungen auf die Höhe der EEG-Umlage auswirken und die Rechtmäßigkeit der Umlage durch die Bundesnetzagentur insgesamt überprüft werden soll, muss sich die Überwachungskompetenz der Bundesnetzagentur zweckentsprechend auf den gesamten Belastungsausgleich erstrecken.[73]

21   **3. Überwachung des Austauschs und der Veröffentlichung von Daten zum Belastungsausgleich (Nr. 3).** Die Bundesnetzagentur hat nach Abs. 1 Nr. 3 zu überwachen, dass die Netzbetreiber und Elektrizitätsversorgungsunternehmen ihrer Datenübermittlungspflicht nach § 76 nachkommen und dass die Öffentlichkeit von ihnen entsprechend der Vorgaben in § 77 informiert wird. Die Bundesnetzagentur soll damit die Einhaltung der Transparenzvorgaben sicherstellen und darüber wachen, dass der in §§ 76, 77 vorgegebene Datenfluss

---

63 *Salje*, EEG 2014, § 85 Rn. 21.

64 Vgl. BT-Drs. 17/6071, S. 90.

65 Vgl. BT-Drs. 17/6071, S. 90.

66 Ebenso *Salje*, EEG 2014, § 85 Rn. 18, 21; a.A. in Bezug auf die erste Stufe Altrock/Oschmann/ Theobald/*Müller*, § 61 Rn. 16.

67 Hierzu *Salje*, EEG, § 61 Rn. 22 f.; Frenz/Müggenborg/*Ehricke/Frenz*, § 61 Rn. 25.

68 Auch als fünfte Stufe bezeichnet, vgl. BNetzA, Evaluierungsbericht, S. 15.

69 *Salje*, EEG 2014, § 85 Rn. 22.

70 Im Ergebnis ebenso Frenz/Müggenborg/*Ehricke/Frenz*, § 61 Rn. 25.

71 Frenz/Müggenborg/*Ehricke/Frenz*, § 61 Rn. 25.

72 Vgl. BT-Drs. 17/6071, S. 90; Frenz/Müggenborg/*Ehricke/Frenz*, § 61 Rn. 25.

73 Hierzu auch Frenz/Müggenborg/*Ehricke/Frenz*, § 61 Rn. 25; a.A. Altrock/Oschmann/Theobald/ *Müller*, § 61 Rn. 16; *Salje*, EEG 2014, § 85 Rn. 23.

funktioniert.[74] Nach § 76 sind der Bundesnetzagentur auf der Grundlage der §§ 71–74 Endabrechnungen einschließlich Prüfdaten der Netzbetreiber und die Berechnung der EEG-Umlage gegenüber den Elektrizitätsversorgungsunternehmen elektronisch zu übermitteln (zu Einzelheiten vgl. § 76 Rn. 7 ff.). Nach § 57 müssen die Netzbetreiber nach Maßgabe der §§ 70–74 die relevanten Daten zum Belastungsausgleich und die Übertragungsnetzbetreiber ihre Daten zur EE-Strom-Vermarktung veröffentlichen (Einzelheiten vgl. § 77 Rn. 3 ff.). Eine transparente Information der Bundesnetzagentur und der Öffentlichkeit ermöglicht erst eine effektive Aufsicht darüber, dass der Verbraucher vor unberechtigten Zahlungsverpflichtungen geschützt wird.[75]

Die Bundesnetzagentur muss insbesondere die Vollständigkeit und Lückenlosigkeit der **22** übermittelten und veröffentlichten Daten überprüfen und nach § 77 Abs. 2 sicherstellen, dass die veröffentlichten Daten zum Belastungsausgleich so transparent veröffentlicht wurden, dass im Sinne des § 5 Abs. 2 AusglMechV ein **sachkundiger Dritter** die **Ermittlung der EEG-Umlage vollständig nachvollziehen** kann. Vorwürfen gegen die Rechtmäßigkeit und Transparenz der EEG-Umlage („black box") soll so entgegnet werden und die gesellschaftliche Akzeptanz für die Umlage steigern.[76]

4. Überwachung der Kennzeichnung des EE-Stroms und der EEG-Umlage durch Elt- **23** **VU (Nr. 4).** Nach § 85 Abs. 1 Nr. 4 hat die Bundesnetzagentur zu überwachen, dass „die Kennzeichnung des nach diesem Gesetz geförderten Stroms nur nach Maßgabe des § 78 erfolgt". Nach § 78 muss die EEG-Umlage auch gegenüber Letztverbraucherinnen und Letztverbrauchern transparent ausgewiesen werden. § 78 Abs. 2 macht für die Ausweisung genauere Angaben, deren Einhaltung von der Bundesnetzagentur zu überwachen ist. Insbesondere muss die Bundesnetzagentur hierbei überwachen, dass die Berechnung der EEG-Umlage wirklich so **transparent** und eingängig erfolgt ist, dass sie ohne weitere Informationen **aus sich heraus nachvollziehbar** und **leicht verständlich** ist. Der Verbraucher soll im Endeffekt genau erkennen, welcher Anteil des von ihm zu zahlenden Strompreises die EEG-Umlage ausmacht.[77] Die Norm konkretisiert die allgemeine Stromkennzeichnungspflicht nach § 42 EnWG für die EEG-Umlage. Die diesen Voraussetzungen entsprechende Stromkennzeichnung soll den Letztverbraucher in die Lage versetzen, nachzuprüfen, ob sein Strompreis den aktuellen Marktverhältnissen entspricht. Gerade die transparente Ausweisung des prozentualen Anteils des nach dem EEG geförderten Stroms (EEG-Quotient) soll eine Verhältnismäßigkeit der EEG-Umlage offenlegen und die Letztverbraucher sowie den gesamten Wirtschaftsverkehr vor einer Irreführung durch die Elektrizitätsversorgungsunternehmen schützen.[78] Sinn und Zweck des Abs. 1 S. 1 Nr. 4 ist danach ebenfalls der **Schutz des Verbrauchers** vor verwirrenden oder zu voraussetzungsvollen Erläuterungen der EEG-Umlagenberechnung durch die Unternehmen.

---

74 *Salje*, EEG 2014, § 85 Rn. 25.
75 „Notwendige Komplementärkompetenzen", vgl. Frenz/Müggenborg/*Ehricke/Frenz*, § 61 Rn. 26.
76 *Salje*, EEG 2014, § 85 Rn. 25.
77 Frenz/Müggenborg/*Ehricke/Frenz*, § 61 Rn. 31.
78 Frenz/Müggenborg/*Ehricke/Frenz*, § 61 Rn. 32.

IV. Kontrollen bei Anlagenbetreibern, Elektrizitätsversorgungs- unternehmen und Netzbetreibern (Abs. 2)

24 Nach Abs. 2 kann die Bundesnetzagentur für eine **wirksame Überwachung** des **Belastungsausgleichs** Kontrollen bei Anlagenbetreibern, Elektrizitätsversorgungsunternehmen und Netzbetreibern durchführen. Die mit der EEG-Novelle 2012 eingeführte Kontrollkompetenz soll die nach dem EEG-Erfahrungsbericht für unzureichend befundenen zivilgerichtlichen Kontrollmöglichkeiten ergänzen.[79] Mit dem EEG 2014 wurde die Kontrollkompetenz über die Anlagenbetreiber hinaus auf die Elektrizitätsversorgungsunternehmen und Netzbetreiber ausgeweitet.[80]

25 Die Kontrolle muss sich auf die Wahrnehmung der Überwachung im Sinne des Abs. 1 Nr. 2 beziehen, also die **Zahlungen aufgrund des Förderanspruchs nach §§ 19 und 57**, einschließlich aller sich auf diese beziehenden Nebenpflichten, umfassen.[81]

26 Die Kontrollmöglichkeit besteht nur in Bezug auf den Überwachungsgegenstand (Rn. 8) und bei Vorliegen eines „begründeten Verdachts". Abs. 2 ist damit nur ein **anlassbezogenes Kontrollrecht** der Bundesnetzagentur. Dies setzt stets voraus, dass tatsächliche Anhaltspunkte für Unregelmäßigkeiten vorliegen. Diese Unregelmäßigkeiten müssen aufgrund des Schutzzwecks der Norm zumindest im Zusammenhang mit einem Verdacht stehen, einen Betrug bei der Abnahme, Produktion oder Zahlung zu fördern, zu ermöglichen oder zu verdecken. Tatsachen müssen die Annahme rechtfertigen, dass keine ordnungsgemäße Förderung nach den §§ 19–55 vorliegt.

27 Die Gesetzesbegründung zum EEG 2012 war missverständlich formuliert, da hier von einer Ermächtigung der Bundesnetzagentur zur „**Stichprobenkontrolle**" ausgegangen wurde.[82] Stichproben erfolgen regelmäßig willkürlich ohne feste Vorgaben und sind damit das **Gegenteil von anlass- bzw. verdachtsbezogenen Kontrollen.** Dies stünde im Widerspruch zum Wortlaut des Gesetzes, welches eine Kontrolle klar an das Vorliegen eines begründeten Verdachts knüpft. In der Gesetzesbegründung zum EEG 2012 hieß es dementsprechend: „Die Kontrolle darf nicht willkürlich erfolgen".[83] Wesensmerkmal von Stichproben ist allerdings auch, dass diese ohne Ankündigung erfolgen. Im Hinblick auf den klaren Wortlaut des Abs. 2 ist die Ausführung in den Gesetzesmaterialien so zu verstehen, dass die Kontrollen *wie* Stichprobenkontrollen, also ohne vorherige Ankündigung gegenüber den Kontrolladressaten, erfolgen sollen. Dies erhöht den Abschreckungseffekt und entspricht dem Sinn und Zweck der Kontrollen, einen wirksamen Schutz des EEG-Belastungsausgleichs neben zivilgerichtlichem Schutz durchzusetzen.

28 Die Bezugnahme auf **Stichproben** verdeutlicht ebenfalls, dass die Bundesnetzagentur zur Verifizierung oder Falsifizierung ihres begründeten Verdachts nicht sämtliche Daten von den kontrollierten Unternehmen flächendeckend auswerten muss, sondern eine **repräsen-**

---

79 BT-Drs. 17/6071, S. 90.
80 BT-Drs. 18/1304, S. 165.
81 Erfasst werden jeweils auch die Registrierungspflicht, die vollständige Andienungspflicht, die Fristeinhaltung bei der Direktvermarktung usw., vgl. Frenz/Müggenborg/*Ehricke/Frenz*, § 61 Rn. 43; Altrock/Oschmann/Theobald/*Müller*, § 61 Rn. 21.
82 BT-Drs. 17/6071, S. 90.
83 BT-Drs. 17/6071, S. 90.

tative Auswahl ausreicht.[84] Aufgrund der hohen Anzahl der Anlagenbetreiber, Elektrizitätsversorgungsunternehmen und Netzbetreiber erscheint die Stichprobenermächtigung sinnvoll: Systematisch-flächendeckende Kontrollen würden aufgrund der Vielzahl von Anlagenbetreibern an die Kapazitätsgrenzen der Bundesnetzagentur stoßen[85] und aufgrund der dann erforderlichen Proceduralisierung „Überraschungsfunde" verhindern, was den Abschreckungseffekt der Kontrollen nach Abs. 2 insgesamt schmälern würde. Wie breitflächig die Bundesnetzagentur ihre Kontrollen anlegen darf, geht aus Abs. 2 auch nicht hervor, weshalb die Durchführung in ihrem **Ermessen** liegt.[86] Ermessensleitend muss hier die möglichst effektive Durchsetzung der Normvorgaben durch die Kontrollen sein. Ein Entschließungsermessen kommt der Bundesnetzagentur bei der Durchführung der Kontrollen demnach nicht zu: Liegt ein begründeter Verdacht vor, ist sie zur Kontrolle verpflichtet und kann nicht nur in ausgewählten Verdachtsfällen vorgehen.[87]

Inhaltlich muss die Kontrolle ausweislich der Gesetzesbegründung zum EEG 2012 über einen **bloßen Datenabgleich hinausgehen.**[88] Die Kontrolle begründet **Nachforschungspflichten der Bundesnetzagentur**, die darauf abzielen müssen, dass die verdachtsbegründenden Unregelmäßigkeiten von dem betreffenden Anlagenbetreiber, Elektrizitätsversorgungsunternehmen oder Netzbetreiber entweder lückenlos als rechtmäßig nachgewiesen werden, oder mit gleicher Sicherheit als unrechtmäßig eingestuft werden können. Neben Fragenkatalogen und der Aufforderung zur Übermittlung von weiteren Daten und Aufzeichnungen ist damit fraglich, ob die Kontrollbefugnis auch ein **Betretungsrecht** der Bundesnetzagentur umfasst. Entsprechend der Verweisung in § 85 Abs. 2 i.V.m. § 69 Abs. 1 Nr. 3, Abs. 3 EnWG wird die Bundesnetzagentur innerhalb der üblichen Geschäftszeiten bei Unternehmen und Vereinigungen von Unternehmen die geschäftlichen Unterlagen einsehen dürfen. Dies schränkt den Schutzbereich des Art. 13 GG nicht ein, weshalb es keiner ausdrücklichen Einschränkung in Abs. 2 bedarf.[89] Die **eigenhändige Überprüfung von Zählvorrichtungen** und **Nachmessungen** sind dagegen eher als Durchsuchung einzuordnen und unterliegen auch bei einem Betreten während der Geschäftszeiten einer richterlichen Anordnung im Sinne des § 85 Abs. 2 i.V.m. § 69 Abs. 4 EnWG.

Die Kontrollbefugnis der Bundesnetzagentur verschließt weder für Netzbetreiber noch für Anlagenbetreiber ihr Recht, gegen die andere Partei zu **klagen** oder ein Verfahren vor der **Clearingstelle** nach § 57 Abs. 3 einzuleiten, Abs. 2 S. 2. Elektrizitätsversorgungsunternehmen können nach § 81 Abs. 4 S. 2 keine Verfahrenspartei zur Vermeidung oder Beilegung von Streitigkeiten vor der Clearingstelle sein. Ihr Recht, gegen eine drohende oder erfolgte Kontrolle der Bundesnetzagentur die ordentlichen Gerichte anzurufen, besteht unbeschadet der missverständlichen Formulierung in Abs. 2 S. 2. Das durch Abs. 2 installierte **public enforcement** ist damit eine Parallelkontrolle zum **private enforcement**.

---

84 Frenz/Müggenborg/*Ehricke/Frenz*, § 61 Rn. 46.
85 BT-Drs. 17/6071, S. 90.
86 Frenz/Müggenborg/*Ehricke/Frenz*, § 61 Rn. 48.
87 Verbot der willkürlichen Kontrolle, vgl. BT-Drs. 17/6071, S. 90; ebenso Frenz/Müggenborg/*Ehricke/Frenz*, § 61 Rn. 48.
88 BT-Drs. 17/6071, S. 90.
89 BVerfG E 32, 54, 76 f. A. A. Altrock/Oschmann/Theobald/*Müller*, § 61 Rn. 23.

V. Festlegungskompetenzen der BNetzA (Abs. 3)

31 Das gesamte Regulierungsrecht bedient sich zur Feinsteuerung und Flexibilisierung an vielen Stellen des Instruments der Festlegungen durch die Regulierungsbehörde.[90] Durch die EEG-Novelle 2012 wurde mit § 61 Abs. 1b EEG 2012 i.V.m. § 29 EnWG eine weitere umfangreiche Festlegungsermächtigung der Regulierungsbehörde hinzugefügt. § 29 EnWG, als Grundnorm jeglicher Festlegungsentscheidung der Regulierungsbehörde, dient der Umsetzung von Art. 23 Abs. 2 der RL 2009/72/EG und Art. 25 Abs. 2 der RL 2009/73/EG und soll vor allem dazu dienen, „**bundesweit einheitliche Vorgaben** und Wettbewerbsbedingungen auch durch behördliche Entscheidung zu gewährleisten", um eine konsistente **Ex-ante-Regulierung** zu sichern.[91] Festlegungen sollen die im Sinne der Regulierungsziele gewünschten Ergebnisse nicht ex-post durch eine Vielzahl von Missbrauchsentscheidungen sichern, sondern diese ex-ante durch steuernde Festlegung herbeiführen (normierende Regulierung).[92] Hiermit sollen eine einheitliche Regulierung sichergestellt und die vielschichtigen Regulierungsverfahren entschlackt werden. Durch das EEG 2014 wurde mit Nr. 3 lediglich eine neue Festlegungskompetenz der Bundesnetzagentur zur Festlegung der Anforderungen an die Fernsteuerbarkeit gem. § 36 eingeführt.

32 **1. Allgemeines. a) Rechtsnatur der Festlegung.** Der **Begriff der „Festlegung"** wurde bei der Umsetzung aus dem Unionsrecht in das nationale Recht übernommen und seitdem wird versucht, die Festlegung dogmatisch einer national anerkannten Handlungsform der Verwaltung unterzuordnen.[93] Der Gesetzgeber hat mit § 60a EnWG die Festlegung als Allgemeinverfügung i.S.d. § 35 S. 2 1. Alt VwVfG eingestuft, der BGH hat dies mit seinem EDIFACT-Beschluss[94] 2008 bestätigt. Nach den Gesetzesmaterialien zum EEG 2014 trifft die Bundesnetzagentur hier „Entscheidungen in der speziellen Form von Festlegungen".[95] Der Festlegung wird demnach der Charakter eines „besonderen" oder „speziellen" Verwaltungsaktes in der Form der Allgemeinverfügung zugesprochen.

---

90 Vgl. auch § 13 Abs. 1a EnWG; §§ 10 Abs. 1, 41a Abs. 2, 46 Abs. 3 TKG; § 85 Abs. 3 EEG; § 14 Nr. 3 AEG, § 13 Abs. 5 S. 3 PostG; auf Verordnungsebene: § 32 ARegV § 27 Abs. 1 StromNZV, § 50 Abs. 1 GasNZV, § 30 Abs. 1 StromNEV, § 30 Abs. 1 GasNEV – zum „Siegeszug" der Festlegung, BerlKommEnR/*Schmidt-Preuß*, Bd. 1, § 29 EnWG Rn. 5.
91 BT-Drs. 15/3917, S. 62 zu § 29 EnWG.
92 Das Konzept der normierenden Regulierung wir z.T. lediglich als „Philosophie" verstanden „welche Entscheidungen der Regulierungsbehörde möglichst durch gesetzliche bzw. verordnungsrechtliche Vorgaben zu determinieren und zu legitimieren sucht", vgl. BerlKommEnR/*Schmidt-Preuß*, Bd. 1, 3. Aufl. 2013, § 29 Rn. 7. Demgegenüber wird das Konzept auch weiter gefasst als Gegenentwurf der Selbstregulierung verstanden, welche mittels Ex-ante-Steuerung die Unternehmen reguliert, vgl. *Attendorn*, RdE 2009, 87. Eine dichtere Normierung ist Mittel der Ex-ante-Steuerung und hat nicht den primären Zweck, Entscheidungen der Regulierungsbehörde vorzustrukturieren. „Normierende Regulierung" wird deshalb auch als Schaffung „weitreichender Normierungsbefugnisse der Regulierungsbehörde" verstanden, vgl. Britz/Hellermann/Hermes/*Britz*, EnWG, § 29 Rn. 6.
93 *Attendorn*, RdE 2009, 87; Britz/Hellermann/Hermes/*Britz*, EnWG, § 29 Rn. 10ff.; BerlKommEnR/*Schmidt-Preuß*, Bd. 1, 3. Aufl. 2014, § 29 Rn. 48ff.; Holznagel/Schütz/*Karalus/Schreiber*, ARegV, § 32 Rn. 6ff.; *Franke*, in: Schneider/Theobald, § 19 Rn. 54ff.
94 BGH, B. v. 24.9.2008, ZNER, 2008, 228 – EDIFACT; zustimmend BerlKommEnR/*Schmidt-Preuß*, Bd. 1, 3. Aufl. 2013, § 29 Rn. 48ff., ebenso *Salje*, EnWG, § 29 Rn. 15; *Attendorn*, RdE 2009, 87, 92f.
95 BT-Drs. 18/1891, S. 216.

Allgemeinverfügungen können als Verwaltungsakte konkret-individuell, abstrakt-indivi-   **33**
duell oder konkret-generell erfolgen.[96] Gemeinsames – damit konstitutives – Merkmal der
Allgemeinverfügung in Abgrenzung zur abstrakt-generellen Regelung (z. B. Rechtsverordnung) ist ihr **Einzelfallbezug**.[97] Adressiert eine Festlegung nur einen Netzbetreiber, wie
z. B. bei der Festlegung der Erlösobergrenze, liegt ein konkret-individuelles Rechtsverhältnis und damit die typische Form des Verwaltungsaktes nach § 35 Abs. 1 S. 1 VwVfG vor.
Gleiches gilt für einen an einen Netzbetreiber gerichteten Verwaltungsakt, der zukünftige
oder wiederkehrende Sachverhalte regelt (abstrakt-individuell). Schwierige Abgrenzungsfragen stellen sich allein bei der **Abgrenzung** von **konkret-genereller** und **abstrakt-genereller** Regelung: Zu bestimmen, wann genau beim Erlass einer Regelung konkret absehbar und erkennbar ist, welche Personen in welchen Situationen hiervon betroffen werden
(dann personenbezogene Allgemeinverfügung i. S. d. § 35 S. 2 1. Alt VwVfG), ist aufgrund
der Vielzahl von Netzbetreibern und der dynamischen Entwicklungen ex-ante oftmals nur
schwer abzuschätzen und bildet an sich den Ausgangspunkt für eine abstrakt-generelle
Regelung.[98] Mangels Verfassungsrang des VwVfG ist der Gesetzgeber an sich frei, auch
abstrakt-generelle Festlegungen unter § 35 VwVfG zu subsumieren[99] – allerdings würde
dies eine nach **Art. 80 Abs. 1 S. 4 GG** auf diesem Wege unzulässige Ermächtigung der Behörde zur Rechtsetzung bedeuten.[100]

Umstritten ist dementsprechend, wann die Festlegung in solchen Fällen noch als Allge-   **34**
meinverfügung im Sinne der Rechtsprechung des BGH werden kann oder doch als abstrakt-generelle Regelung einzustufen ist.[101] Nach dem **BGH** muss die Grenze wesentlich
vom Inhalt („der Eigenart der geregelten Materie") her so bestimmt werden, dass dies „für
den zu ordnenden Sachbereich eine sachgerechte Abgrenzung zwischen Normsetzung
durch den Gesetz- oder Verordnungsgeber und Normvollzug durch die zuständige Verwaltungsbehörde ermöglicht". Eine nach Art. 80 Abs. 1 S. 4 GG zulässige **normkonkretisie-
rende Verwaltung** soll zumindest dann vorliegen, wenn der Gesetzgeber „die Maßstäbe
und das Verfahren der Entscheidungsfindung mit einer dem Sachbereich angemessenen
Genauigkeit regelt".[102] Die Wahl der Handlungsform „Festlegung" trägt nach Ansicht des
BGH der **Eigenart des Regulierungsrechts** Rechnung, da die Aufgabe des Energieregulierungsrechts, nach § 1 Abs. 1 EnWG unverfälschten Wettbewerb zu schaffen, nicht auf

---

96 *Attendorn*, RdE 2009, 87, 91 ff.

97 Stelkens/Bonk/Sachs/*Stelkens*, VwVfG, § 35 Rn. 208; *Franke*, in: Schneider/Theobald, § 19
 Rn. 57.

98 BGH, B. v. 29.4.2008, KVR 28/07, ZNER 2008, 228 – EDIFACT, Tz. 11 unter Bezugnahme auf
 die Rechtsprechung des Bundesverwaltungsgerichts zum am häufigsten diskutierten Grenzfall
 zwischen Rechtsnorm und Verwaltungsakt – dem Verkehrszeichen, vgl. BVerwGE 59, 221, 224;
 BVerwGE 27, 181, 183).

99 Britz/Hellermann/Hermes/*Britz*, EnWG, § 29 Rn. 13; Stelkens/Bonk/Sachs/*Stelkens*, VwVfG,
 § 35 Rn. 13.

100 Stelkens/Bonk/Sachs/*Stelkens*, VwVfG, § 35 Rn. 208; Britz/Hellermann/Hermes/*Britz*, EnWG,
 § 29 Rn. 14; *Franke*, in: Schneider/Theobald, § 19 Rn. 57; *Masing*, Soll das Recht der Regulierungsverwaltung übergreifend geregelt werden?, Gutachten D für den 66. Deutschen Juristentag,
 S. 135.

101 Für eine Einstufung als abstrakt-generelle Regelung *Siegel*, Europäisierung des Öffentlichen
 Rechts, S. 122, Rn. 370; *Energie*, in: Fehling/Ruffert/*Britz*, § 9 Rn. 57; Britz/Hellermann/Her-
 mes/*dies.*, EnWG, § 29 Rn. 12 ff.; Pielow/*ders.*, Grundsatzfragen, S. 16, 33 f.

102 BGH, B. v. 29.4.2008, KVR 28/07, ZNER 2008, 228 – EDIFACT, Tz. 11 unter Verweis auf BVerf-
 GE 106, 274, 307 f.; BVerwGE 70, 77, 82.

die Abwehr einer konkreten Gefahr oder eines konkreten Missbrauchs gerichtet sei, sondern darauf, die durch den energierechtlichen Rahmen gesetzten Bedingungen durch generelle Handlungsanweisungen das Verhalten der einzelnen Marktteilnehmer in wiederkehrenden Einzelsituationen so zu steuern, „dass sich die Wettbewerbskräfte auf dem Wettbewerbsmarkt bestmöglich entfalten können".[103] Der Gesetzesvollzug durch die Regulierungsbehörde bestehe daher im Unterschied zum Ordnungsrecht in weiten Teilen nicht in der Regelung konkreter Einzelfälle, „sondern in der Konkretisierung der allgemeinen Regelungen des Gesetzes- und Verordnungsrechts auf der Ebene einzelner typischer und regelmäßig wiederkehrender Geschäftsprozesse."[104] Die Festlegung habe deshalb eine „**situative Bezogenheit**" auf die einzelnen Geschäftsprozesse und legitimiere die Allgemeinverfügung als „geeignete und damit dem Gesetzgeber offenstehende Handlungsform für den Vollzug des Regulierungsauftrags durch die Regulierungsbehörde".[105]

35 Die Frage nach der für den **Sachbereich angemessenen Genauigkeit** des Regelungsauftrags und der durch Verordnung vorgegebenen Bedingungen für alle Typen von Festlegungen ist hiermit noch nicht beantwortet. Die Rechtsprechung hat ihre Einordnung als Allgemeinverfügung für solche Festlegungen entwickelt, die **einheitliche Prozesse, Formate und Verfahren** regeln. Diese Interpretation entspricht dem ursprünglich vom Gesetzgeber für die Festlegungen angedachten Einsatzgebiet: Festlegungen sollten nach der Gesetzesbegründung die in den Rechtsverordnungen enthaltenen Bestimmungen im Wege behördlicher Entscheidung ergänzen.[106] Mittlerweile häufen sich aber **umfassendere Festlegungsermächtigungen**, welche die Regulierungsbehörde zur selbstständigen Aufstellung von Kriterien für eine angemessene Vergütung (§ 13 Abs. 1a EnWG, § 10 Abs. 2 S. 6 StromNEV) oder die Abregelung von Anlagen (§ 85 Abs. 3 Nr. 2) ermächtigen. Der allgemeine, **planerisch-gestaltende Charakter** tritt bei diesen Festlegungen mehr in den Vordergrund und die „situative Bezogenheit" dahinter zurück.[107] Auch der BGH räumt ein, dass sich aus dem weiten, nur durch allgemeine Merkmale bestimmbaren Adressatenkreis eine immer auch generelle Natur der Regelung ergibt.[108] Vermehrt planerisch-gestaltende Festlegungsermächtigungen im Regulierungsrecht sind dabei keinesfalls Einzelfälle, sondern Ergebnis unionsrechtlich vorgegebener Entscheidungsverlagerung auf die unabhängigen Regulierungsbehörden der Mitgliedstaaten.[109]

---

103 BGH, B. v. 29.4.2008, KVR 28/07, ZNER 2008, 228, 229 – EDIFACT, Tz. 13.
104 BGH, B. v. 29.4.2008, KVR 28/07, ZNER 2008, 228, 229 – EDIFACT, Tz. 13.
105 BGH, B. v. 29.4.2008, KVR 28/07, ZNER 2008, 228, 229 – EDIFACT, Tz. 13.
106 BT-Drs. 15/3917, S. 62 zu § 29 EnWG.
107 Hierzu Baur/Salje/Schmidt-Preuß/*Pielow*, Kap. 42 Rn. 37.
108 BGH, B. v. 29.4.2008, KVR 28/07, ZNER 2008, 228 – EDIFACT, Tz. 11; vgl. Zuletzt zum verbleibenden Ausgestaltungsspielraum BGH, B. v. 22.7.2014, EnVR 58/12, Rn. 13, 19 (juris).
109 Anders z. B. § 11 AusglMEchV: Hier wird die BNetzA „im Einvernehmen mit dem Bundesministerium für Umwelt, Naturschutz und Reaktorsicherheit und dem Bundesministerium für Wirtschaft und Technologie" zum Erlass einer Rechtsverordnung ermächtigt. Problematisch an solchen einvernehmlichen Rechtsverordnungen ist freilich, dass diese nicht allein von der Regulierungsbehörde beschlossen werden können, sondern der Zustimmung der Ministerien unterliegen. Auch wenn de facto die Behörden die Vorschläge ausarbeiten, unterliegen sie einer politischen Abstimmung mit den Ministerien. Dies soll durch die Unabhängigkeitsvorgaben der Regulierungsbehörde durch das Unionsrecht gerade verhindert werden.

Festlegungen sind damit auch nach Ansicht des BGH „nicht absolut trennscharf von der **36** abstrakten Regelung zu unterscheiden".[110] Der für die Allgemeinverfügung konstitutive Einzelfallbezug lässt sich in Fällen **normierender oder gestaltender Festlegungen** dementsprechend schwer konstruieren und ist mehr eine der Praktikabilität geschuldete **Fiktion** als eine trennscharfe dogmatische Einordnung:[111] Der Gesetzgeber soll von der schwierigen Aufgabe entlastet werden, ex-ante detaillierte Normen zu formulieren, die auch noch bei Inkrafttreten und Anwendung den aktuellen Marktgegebenheiten und dem technischen und ökonomischen Standard im europäischen und nationalen Regulierungsverbund entsprechen.[112] Gegen die an sich für vorliegende Konstellation einschlägige Rechtsverordnung[113] musste sich der Gesetzgeber aufgrund der EU-rechtlichen Vorgaben entscheiden: Hiernach sollte eindeutig der Behörde allein (politische Unabhängigkeit) und nicht der Bundesregierung die Befugnis zur normierenden Ex-ante-Regulierung übertragen werden.[114] Dass es für diese nach nationalem Verwaltungsrecht untypische Aufgabenzuweisung keine verwaltungsrechtliche Übersetzung gibt, hat dazu geführt, dass der Terminus „Festlegung" unverändert übernommen wurde. Die Zuordnung der Festlegung als Allgemeinverfügung fängt diese aus der **Ex-ante-Regulierungsaufgabe** hervorgehende Besonderheit der Festlegungen – ungeachtet der dogmatischen Ungenauigkeiten bei der Subsumtion planerisch-gestaltender Festlegungen unter § 35 S. 2 1. Alt VwVfG[115] – zumindest inhaltlich auf. Für die normierende Ex-ante-Regulierung stellt sie ein situationsbezogenes, unmittelbares und gleichermaßen abstrakt regelndes Handlungsinstrument dar, das sich für die Regulierungsaufgabe als sinnvoller Zwitter erweist.[116] Festlegungen wurden deshalb „ungeachtet ihrer generellen Wirkung"[117] als Verwaltungsakt qualifiziert.

Insgesamt muss die Einordnung als Allgemeinverfügung vor dem Hintergrund der EU-Integration und Herausbildung eines Europäischen Verwaltungsrechts aber als **transitorische**, auf Vereinbarkeit nach Art. 80 Abs. 1 S. 4 GG abzielende,[118] Zwischenlösung eingestuft werden. **37**

---

110 BGH, B. v. 29.4.2008, KVR 28/07, ZNER 2008, 228 – EDIFACT, Tz. 11 unter Bezugnahme auf BVerwGE 59, 221, 224; BVerwGE 27, 181, 183.

111 „Die geborene Handlungsform der Verwaltung zur Schaffung abstrakt-genereller Regelungen ist die Rechtsverordnung", vgl. Britz/Hellermann/Hermes/*Britz*, EnWG, § 29 Rn. 14.

112 Vgl. dies am Beispiel der Anreizregulierung BT-Drs. 15/5268, S. 120; BGH, B. v. 22.7.2014, EnVR 58/12, Rn. 21(juris).

113 Britz/Hellermann/Hermes/*Britz*, EnWG, § 29 Rn. 14.

114 Art. 35 Abs. 4 S. 2 lit. b RL 2009/72/EG und Art. 39 Abs. 4 S. 2 lit. b RL 2009/73/EG.

115 Britz/Hellermann/Hermes/*Britz*, EnWG, § 29 Rn. 13; Sachs/Bonk/Stelkens/*Stelkens*, VwVfG, § 35 Rn. 297.

116 Zu Recht wird die Festlegung wegen der im Detail schwierigen Abgrenzung auch als eigenes, lediglich an die Allgemeinverfügung angelehntes, regulierungsrechtliches Instrument sui generis qualifiziert – *Siegel*, Europäisierung des Öffentlichen Rechts, S. 122, Rn. 370; Altrock/Oschmann/Theobald/*Müller*, § 61 Rn. 26 unter Verweis auf *Salje*, EnWG, 2006, § 29 Rn. 13 ff.; mittlerweile aufgrund der erfolgten Einordnung offenlassend Baur/Salje/Schmidt-Preuß/*Pielow*, Regulierung in der Energiewirtschaft, 2011, Kap. 42, Rn. 38 – s. aber noch *ders.*, DÖV 2005, 1017, 1022f; Pielow/*ders.*, Grundsatzfragen, S. 16, 25.

117 BGH, B. v. 29.4.2008, KVR 28/07, ZNER 2008, 228 – EDIFACT, Tz. 8.

118 BGH, B. v. 29.4.2008, KVR 28/07, ZNER 2008, 228 – EDIFACT, Tz. 8; *Oster*, Normative Ermächtigungen im Regulierungsrecht, S. 196 f.; *Attendorn*, RdE 2009, 87, 94; *Franke*, in: Schneider/Theobald, § 19 Rn. 57.

38 **b) Änderungsermessen der Regulierungsbehörde, § 29 Abs. 2 EnWG.** § 29 Abs. 2 EnWG, der nach § 85 Abs. 1 Anwendung findet, ermöglicht die nachträgliche Änderung oder Aufhebung der Festlegung und dient der Umsetzung von Art. 23 Abs. 4 RL 2009/72/ EG und Art. 25 Abs. 4 RL 2009/73/EG. Er gibt der Regulierungsbehörde die Befugnis, in eigenständigen Verfahren sowie im Rahmen von Verfahren nach § 30 Abs. 2 EnWG und § 31 EnWG von Amts wegen oder auf Antrag die von ihr nach § 29 Abs. 1 EnWG festgelegten oder genehmigten Bedingungen und Methoden zu ändern, um sicherzustellen, dass diese angemessen sind und nichtdiskriminierend angewendet werden.[119] Die Regulierungsbehörde hat also eine **nachträgliche Einwirkungsbefugnis** auf die Festlegung und kann sie bei einer Änderung ihrer eigenen Einschätzung, bspw. aufgrund nachträglich eingetretener Erkenntnisse, über den Anwendungsbereich von §§ 48, 49 VwVfG hinaus ändern.[120] § 29 Abs. 2 EnWG ermächtigt die Behörde entsprechend der vom Richtliniengeber intendierten Flexibilisierung dazu, die Festlegung an **aktuelle Erkenntnisse und Marktgegebenheiten** anzupassen.[121] Im Regulierungsrecht ist die nachträgliche Anpassung ex-ante getroffener Regulierungsentscheidungen durch die Regulierungsbehörde ein anerkanntes und probates Mittel, um der Dynamik des Gebiets Herr zu werden und durch die Ex-ante-Regulierung entstandene Unsicherheiten oder Fehlentscheidungen zu korrigieren, vgl. hierzu auch § 24 PostG, § 30 TKG.[122] § 29 Abs. 2 EnWG dient damit der Effektivität der Regulierung.[123] Die Regulierungsbehörde hat damit ein **Änderungsermessen**, welches den Vertrauensschutz in den Bestand der Festlegung einschränkt. Bei der Ausübung des Änderungsermessens müssen aber Aspekte des Vertrauens- und Investitionsschutzes stets berücksichtigt werden.[124]

39 **c) Rechtsschutz gegen Festlegungsentscheidungen.** Neben der inter omnes wirkenden nachträglichen Änderung der Festlegung durch die Regulierungsbehörde können sich die Adressaten auch individuell gegen einen aufgrund der Festlegung ergangenen Individualverwaltungsakt zur Wehr setzen und Anfechtungs- bzw. Verpflichtungsbeschwerde beim OLG Düsseldorf erheben. Für die Beschwerderechte und das Verfahren gegen eine bereits ergangene Festlegung gelten die üblichen Verfahrensbestimmungen des behördlichen und gerichtlichen Verfahrens nach dem 8. Abschnitt des EnWG mit Ausnahme des § 69 Abs. 1 S. 2 und Abs. 10, der §§ 91, 92 und 95 bis 101 sowie des Abschnitts 6, vgl. § 85 Abs. 4 EEG.[125]

40 **aa) Rechtsbehelfe und Rechtskraft.** Statthafte Rechtsbehelfe gegen Festlegungen sind Anfechtungs- bzw. Verpflichtungsbeschwerden.[126] Eine Festlegung kann bei materieller Teilbarkeit auch isoliert angefochten werden.[127] Rechtsfolge ist dann die Teilnichtigkeit

119 BT-Drs. 15/3917, S. 62 zu § 29 EnWG.
120 OLG Düsseldorf, B. v. 29.5.2013, VI-3 Kart 462/11 (V), 3 Kart 462/11 (V), juris, Rn. 21; Britz/ Hellermann/Hermes/*Britz*, EnWG, 2010, § 29 Rn. 20.
121 BerlKommEnR/*Schmidt-Preuß*, § 29 EnWG Rn. 64; Britz/Hellermann/Hermes/*Britz*, EnWG, 2010, § 29 Rn. 20; *Franke*, in: Schneider/Theobald, § 19 Rn. 64.
122 OLG Düsseldorf, B. v. 29.5.2013, VI-3 Kart 462/11 (V), 3 Kart 462/11 (V), juris, Rn. 23.
123 OLG Düsseldorf, B. v. 29.5.2013, VI-3 Kart 462/11 (V), 3 Kart 462/11 (V), juris, Rn. 21; Berl-KommEnR/*Schmidt-Preuß*, § 29 EnWG Rn. 63.
124 *Franke*, in: Schneider/Theobald, § 19 Rn. 65.
125 BT-Drs. 15/3917, S. 62 zu § 29 EnWG.
126 BerlKommEnR/*Schmidt-Preuß*, § 29 EnWG Rn. 59.
127 BeckOK/*Wolff/Brink*, VwVfG, Stand: 1.7.2013, § 35 Rn. 215; Stelkens/Bonk/Sachs/*Stelkens*, VwVfG, 7. Aufl. 2008, § 35 Rn. 274.

des angefochtenen Teils. Hiervon zu unterscheiden ist die Frage, ob sich die Folgewirkungen des Urteils nur **inter partes** auf die am Streit beteiligten Parteien erstrecken, oder auf alle Adressaten der Festlegung, also eine **Inter-omnes-Wirkung** eintritt.[128] Bei einer erfolgreichen Anfechtung einer Allgemeinverfügung durch einen Adressaten bestimmt sich die Durchsetzbarkeit gegenüber den nicht am Verfahren Beteiligten nach dem Regelungsgehalt der Allgemeinverfügung: Ist die Regelung nach ihrer subjektiven Reichweite teilbar, verhindert die gegenüber dem obsiegenden Kläger eingetretene Rechtskraft nicht die Durchsetzung gegenüber den übrigen Adressaten (**Inter-partes-Wirkung**).[129] Bei einer **Unteilbarkeit** der Allgemeinverfügung aufgrund ihres Regelungsgehaltes[130] sind ausnahmsweise auch die nicht am Verfahren beteiligten Adressaten von den Folgewirkungen erfasst, auch wenn der Verwaltungsakt ihnen gegenüber bestandskräftig geworden ist.[131]

Die derzeit vor den Behörden und Gerichten stattfindende Beschwerde- und Klageflut ist **41** Resultat der grundsätzlichen **Inter-partes-Wirkung**. Auch kleine Unternehmen und Newcomer sind so regelmäßig zur isolierten Klage angehalten, wenn sie den durch eine unrechtmäßige Festlegung erlittenen Wettbewerbsnachteil aufheben wollen. Andererseits bestehen auch zwischen Netzbetreibern und Zugangspetenten im **Dreiecksverhältnis** erhebliche **Unterschiede in der Belastung**: Wenn der Netzbetreiber einen ihn begünstigenden Verwaltungsakt von der Behörde haben möchte, muss er sich mittels Verpflichtungsklage nur an eine Partei wenden, da Gestaltungsurteile stets inter omnes wirken.[132] Möchten sich die zahlreichen Netzzugangspetenten gegen eine den Netzbetreiber begünstigende Feststellung wehren, müssen aufgrund der personellen Teilbarkeit alle isoliert die Entscheidung angreifen. Dies führt zu einer systematischen Mehrbelastung der Netzpetenten und Wettbewerbsvorteilen bei vertikal integrierten Energieversorgungsunternehmen. Ist der Behörde bei der inhaltlichen Ausgestaltung der Festlegung allerdings ein Beurteilungs-, Gestaltungs- oder Ermessensspielraum eingeräumt (vgl. unten Rn. 46), ist eine für die Inter-partes-Wirkung geforderte subjektive Teilbarkeit nur anzunehmen, wenn konkrete Anhaltspunkte dafür bestehen, dass die Behörde bei einer Kenntnis des Rechtsmangels überhaupt eine solche Teilregelung getroffen hätte und darüber hinaus hinreichend sicher ist, dass gerade die vom Gericht für richtig gehaltene Teilregelung in der Form auch von der Behörde getroffen worden wäre.[133] Bei einer Ermessensreduzierung auf Null kann dies beispielsweise der Fall sein.

Bei einer Teilbarkeit kann entweder durch Beiladung aller von der Festlegung Betroffenen **42** eine einheitliche Rechtslage hergestellt werden[134] oder das Ermessen der Behörde nach

---

128 Offen lassend OLG Düsseldorf, B. v. 20.2.2013 – VI-3 Kart 123/12 (V), 3 Kart 123/12 (V), ZNER 2014, 388, 392: ebenso BGH, B. v. 29.9.2009, EnVR 14/09, ZNER 2010, 168, 170 – GeliGas, Tz. 18.

129 BVerwGE 64, 347, 353; BVerwGE 69, 256, 259; Schoch/Schneider/Bier/*Clausing*, VwGO, 24. EL 2012, § 121 Rn. 94.

130 Hierzu BVerwG, Urt. v. 25.9.2013 – 6 C 13/12, NVwZ 2014, 589, 599.

131 Schoch/Schneider/Bier/*Clausing*, VwGO, 26. EL 2014, § 121 Rn. 94.

132 Schoch/Schneider/Bier/*Clausing*, VwGO, 24. EL 2012, § 121 Rn. 94.

133 BVerwGE 90, 42, 50; Schoch/Schneider/Bier/*Gerhardt*, VwGO, 24. EL 2012, § 113 Rn. 33 m. w. N.

134 Zweck der Beiladung ist es, gegensätzliche Entscheidungen über denselben Streitgegenstand zu vermeiden – BVerwGE 18, 124, 127; BVerwGE 74, 19, 22; Schoch/Schneider/Bier/*Clausing*, VwGO, 24. EL 2012, § 121 Rn. 97 – m. w. N.

§ 29 Abs. 2 EnWG i.V.m. § 48 VwVfG aufgrund zwingend bundeseinheitlicher Regelung auf null reduziert sein und sie zur Änderung gezwungen werden.

43   **bb) Bindungswirkung und Kontrolldichte („Festlegungsermessen"). (1) Bindungswirkung aufgrund der Handlungsform der Festlegung?** Da Festlegungen nach ihrem Sinn und Zweck einheitliche Regelungen für einen effizienten Netzzugang oder Netzanschluss sichern sollen und oftmals aufgrund ihres allgemeinen Regelungsgehaltes nur schwer von abstrakt-generellen Regelungen abzugrenzen sind, stellt sich die Frage, ob Festlegungen eine erhöhte Bindungswirkung beizumessen ist. Neben der allgemeinen Diskussion um die regulierungsbehördlichen Entscheidungsspielräume[135] kann sich die Frage nach der Bindungswirkung von Festlegungen hier nur insoweit gesondert stellen: Ermächtigt die Befugnis zur Festlegung nach § 29 EnWG als Handlungsform im Regulierungsrecht die Behörde dazu, dass die Gerichte ihnen eine im Vergleich zu individuellen Regulierungsverfügungen weitreichendere Bindungswirkung beimessen müssen?[136]

44   Der „**Geburtsfehler**" der nationalen Umsetzung der unionsrechtlichen Festlegungsvorgaben kommt hier erneut zum Vorschein: Weil die Besonderheit der Festlegung im Regulierungsrecht (einheitliche Wettbewerbsbedingungen, Abstimmung im nationalen und europäischen Regulierungsverbund, Regulierungsstrategie und sogar Abänderungsbefugnis nach § 29 Abs. 2 EnWG) nicht in das nationale Gefüge der Gewaltenteilung (Art. 80 Abs. 1 S. 4 GG) passt, wurde die Festlegung als Allgemeinverfügung eingeordnet, weshalb die vom Telos her unstreitige Nähe zur Rechtsverordnung[137] materiell nicht oder nur schwer durchgreifen kann. Damit ist auch die Möglichkeit einer – aufgrund der besonderen Rolle der Festlegung (sui generis) abgeleiteten – Inter-omnes-Wirkung vertan. Die hiermit einhergehenden Chancen eines konsistenten, schnellen und damit wirksamen und effizienten Rechtsschutzes gegen eine Festlegung sind damit erschwert. **Strenge Anforderungen** an die **subjektive Teilbarkeit** können so zumindest Klagefluten vor den Instanzgerichten verhindern und so Wettbewerber und Newcomer vor den teuren und langwierigen gerichtlichen Auseinandersetzungen erleichtern.

45   Der Festlegung kommt damit durch die Einordnung als Allgemeinverfügung keine ihrem Regelungsauftrag entsprechende gesteigerte Bindungswirkung aus ihrer Handlungsform heraus zu.[138] Sie entfaltet, wie jede andere Allgemeinverfügung, Bindungswirkung gegenüber allen Adressaten und gegenüber der Behörde selbst. Beseitigt werden kann diese Bindung nur durch Anfechtung durch den Adressaten oder durch Aufhebung durch die Regulierungsbehörde.[139]

46   **(2) „Festlegungsermessen".** Darüber hinaus ist es nicht die Rechtsnatur der Festlegung, sondern regelmäßig die **Normstruktur**, die der Regulierungsbehörde bei Festlegungen ei-

---

135 Vgl. hierzu *Säcker/Mengering*, N&R 2014, 74 ff.
136 Da § 35 VwVfG kein Verfassungsrecht ist, ist es legitim, auch an sich Sonderfälle unter § 35 zu subsumieren, vgl. Britz/Hellermann/Hermes/*Britz*, EnWG, § 29 Rn. 12 ff. Die Festlegung entfaltet als Allgemeinverfügung selbstverständlich Bindungswirkung gegenüber den Adressaten und auch der Regulierungsbehörde selbst, vgl. Danner/Theobald/*Franke*, § 19 Rn. 62 ff.
137 Pointiert und treffend *Britz*: „Die geborene Handlungsform der Verwaltung zur Schaffung abstrakt-genereller Regelungen ist die Rechtsverordnung", vgl. Britz/Hellermann/Hermes/*Britz*, EnWG, § 29 Rn. 14. Dies ist freilich grundsätzlich verwehrt (Art. 80 Abs. 1 S. 4 GG) und widerspricht den Unabhängigkeitsanforderungen.
138 Baur/Salje/Schmidt-Preuß/*Pielow*, Kap. 56 Rn. 42.
139 Danner/Theobald/*Franke*, § 19 Rn. 62 ff.

nen Abwägungsspielraum und damit eine Bindung der Gerichte an die Zweckmäßigkeitserwägungen der Behörde („Festlegungsermessen") einräumt: Unstreitig nur auf Ermessensfehler hin zu kontrollieren ist das **Ermessen** der Behörde dahingehend, ob sie eine Festlegung erlässt (**Entschließungsermessen**).[140] Inwieweit der Regulierungsbehörde bei dem Erlass von Festlegungen eine die Kontrolldichte einschränkende Einschätzungsprärogative zukommt bzw. ob im Rahmen der Rechtmäßigkeitskontrolle inzident eine „Inhaltskontrolle" der Festelegung erfolgen darf, ist – spiegelbildlich zur allgemeinen Diskussion[141] – umstritten: Das Meinungsspektrum reicht denkbar weit von der Annahme eines Gestaltungs- oder Beurteilungsspielraumes der Regulierungsbehörde bei der Gestaltung von Festlegungen[142] bis hin zu einer Pflicht der Gerichte zur vollkommenen – auch die Zweckmäßigkeitserwägungen kontrollierenden – Prüfung durch die Gerichte.[143] Der Bundesgerichtshof hat in zwei jüngeren Entscheidungen zu Festlegungen im Rahmen der energierechtlichen Anreizregulierung einen Beurteilungsspielraum und ein Regulierungsermessen der Bundesnetzagentur bei der Auswahl der einzelnen Parameter und Methoden zur Bestimmung des Qualitätselements nach §§ 19, 20 ARegV[144] sowie für den nach § 12 ARegV[145] durchzuführenden Effizienzvergleich eingeräumt.

Festlegungen nach § 29 Abs. 1 EnWG i.V.m. der speziellen Festlegungsermächtigung **47** (hier: § 85 Abs. 3), müssen regelmäßig den **Zielen** und **Zwecken** des sektorspezifischen Gesetzes (bspw. § 1 EnWG; § 1 EEG; § 2 TKG) **Rechnung tragen.**[146] Aus der sich hieraus ergebenden Abwägungsverpflichtung der Bundesnetzagentur folgt keine Verpflichtung, allen Zwecken zugleich Rechnung zu tragen. Die Bindung des Ermessens an die Regulierungsziele verpflichtet nicht dazu, einen „Mindesterfolg in Bezug auf die Zwecke" herzustellen.[147] Es erfolgt damit **keine** die Zweckmäßigkeitserwägungen der Regulierungsbehörde infrage stellende **Outputkontrolle** durch die Gerichte, sondern eine Überprüfung,

140 BGH, B. v. 29.9.2009, EnVR 14/09, ZNER 2010, 168, 170 – verwaiste Lieferstellen (zu § 42 Abs. 7 Nr. 4 GasNZV); OLG Düsseldorf, B. v. 16.7.2008, VI-3 Kart 209/07 (V), ZNER 2008, 234, 235; OLG Düsseldorf, NJW-RR 2006, 1353, 1354; *Attendorn*, RdE 2009, 87, 89; BerlKommEnR/ *Schmidt-Preuß*, Bd. 1, § 29 EnWG Rn. 61; Holznagel/Schütz/*Karalus/Schreiber*, ARegV, § 32 Rn. 16.
141 Allgemein zur vieldiskutierten Frage behördlicher Regulierungsentscheidungen: *Attendorn*, Die Regulierungsbehörde als freier Marktgestalter und Normsetzer?, S. 404 ff., *ders.*, MMR 2009, S. 238 ff.; *Bosch*, Die Kontrolldichte der gerichtlichen Überprüfung von Marktregulierungsentscheidungen, S. 119 ff.; *Oster*, Normative Ermächtigungen im Regulierungsrecht, S. 314; *Eifert*, ZHR 174 (2010), S. 449 ff.; *Franzius*, DVBl. 2009, S. 409 ff.; *Gärditz*, NVwZ 2009, S. 1005 ff.; *Gussone*, ZNER 2007, S. 266 ff.; *Ludwigs*, RdE 2013, 297 ff.; *ders.*, JZ 2009, S. 290, 293; *Prölß*, AöR 136 (2011), 402 ff.; *Säcker/Mengering*, N&R 2014, 74 ff.
142 *Oster*, Normative Ermächtigungen im Regulierungsrecht, S. 196 f. (zu § 29 i.V. m. § 30 StromNEV); *ders.*, RdE 2009,126, 127; *Attendorn*, Die Regulierungsbehörde als freier Marktgestalter und Normsetzer?, S. 461 (zu § 29 i.V. m. § 27 StromNZV); *Eifert* (ZHR) 174 (2010), 449, 457 f.; *Gussone*, ZNER 2007, 266, 270; *Burgi*, DVBl. 2006, 269, 275.
143 BerlKommEnR/*Schmidt-Preuß*, Bd. 1, § 29 EnWG Rn. 60 ff., obwohl auch hier zugestanden wird, dass „die Festlegungstatbestände vielfach unbestimmte Rechtsbegriffe mit z. T. beträchtlichen interpretatorischen Bandbreiten enthalten"
144 BGH, B. v. 22.7.2014, EnVR 58/12, Rn. 13 ff. (juris).
145 BGH, B. v. 21.1.2014 – ENVR 12/12, Rn. 10 ff. (juris) – *Stadtwerke Konstanz.*
146 Vgl. nur § 13 Abs. 1a EnWG; § 61 Abs. 1 EEG; § 14 Nr. 3 AEG, auf Verordnungsebene: § 32 ARegV § 27 Abs. 1 StromNZV; § 42 Abs. 1 GasNZV; § 30 Abs. 1 StromNEV; § 30 Abs. 1 GasNEV; § 10 S. 1 KraftNAV.
147 OLG Düsseldorf, B. v. 16.7.2008, VI-3 Kart 209/07 (V), ZNER 2008, 234, 235.

ob die Festlegung der Verwirklichung einem oder mehreren in den Zielkatalogen genannten Regulierungszielen dient und kein Abwägungsfehler vorliegt.[148] Dies entspricht normativen Vorgaben, welche die Regulierungsbehörde bspw. zu einer eigenständigen Aufstellung von Kriterien, Abläufen, Prozessen oder Methoden ermächtigen. Derartige Ermächtigungstatbestände geben nicht vor, welche Voraussetzungen die Festlegungen im Einzelfall erfüllen müssen, sondern lediglich, in welchen Fällen die Regulierungsbehörde Festlegungen erlassen kann.[149] Der der Regulierungsbehörde damit eingeräumte **Ausgestaltungsspielraum**[150] ist sachlich durch die dynamischen Entwicklungen der Regulierungspraxis begründet: „Vielfach wird sich erst kurzfristig und aus der laufenden Regulierungspraxis heraus zeigen, in welchem Umfang und auf welche Weise die Ziele des EnWG aktuell zu fördern sind."[151] Das Entschließungsermessen („kann") ist durch die Bindung an die Regulierungsziele und die finale Strukturierung der Norm mit einem Ausgestaltungsermessen der Regulierungsbehörde („Wie") verbunden und ergibt einen klassischen Abwägungsspielraum, der der Regulierungsbehörde „genügend Raum für ein sukzessiv-abwägendes Vorantreiben der Festlegungszwecke"[152] lässt.

48 Diese **Abwägungsentscheidung** erstreckt sich allerdings **nicht** auf die Auslegung der Tatbestandsmerkmale („Was") in den konkreten Ermächtigungskatalogen.[153] **Gerichte** müssen **kontrollieren**, ob die Festlegung der Behörde von der Ermächtigung getragen ist – also Umfang und Reichweite der Ermächtigung eingehalten wurde – und die Auslegung der Tatbestandsmerkmale zutreffend durch die Behörde erfolgte.

49 **2. Die einzelnen Festlegungskompetenzen. a) Technische Einrichtungen nach § 9 Abs. 1 und 2, insbes. zu den Datenformaten (Nr. 1).** Die Bundesnetzagentur kann nach Abs. 3 Nr. 1 Festlegungen zu den Anforderungen an die technischen Einrichtungen nach § 9 Abs. 1 und 2 sowie den Datenformate festlegen. Grundsätzlich liegt es aber in der Entscheidungshoheit des Anlagenbetreibers, die für jede Anlage für ihn technisch und wirtschaftlich sinnvollste Lösung zu wählen „solange der Zweck des Einspeisemanagements, die unmittelbar und mittelbar an das Netz angeschlossenen Anlagen zur Netzentlastung regeln zu können, gewährleistet bleibt".[154] Ob der Netzbetreiber seine Anlagen über eine gemeinsame technische Einrichtung regelt, oder für jeden Anlage eine gesonderte technische Einrichtung vorhält, bleibt damit ihm überlassen und kann von der Bundesnetzagentur nicht durch Festlegungsentscheidung geregelt werden. Die Entscheidungskompetenz der Bundesnetzagentur wird sich daher in der Standardisierung der technischen Einrichtung

---

148 OLG Düsseldorf, B. v. 16.7.2008, VI-3 Kart 209/07 (V), ZNER 2008, 234, 235; a. A: BerlKommEnR/*Schmidt-Preuß*, § 29 EnWG Rn. 60.

149 OLG Düsseldorf, B. v. 16.7.2008, VI-3 Kart 209/07 (V), ZNER 2008, 234, 235; *Attendorn*: „In Anbetracht der geringen tatbestandlichen Programmierung (Anm. § 29 i.V. m. § 27 StromNZV) würde eine Entscheidungsbindung auf tönernen Füßen stehen", vgl. *Attendorn*, RdE 2009, 87, 89.

150 Synonym: „Auswahlermessen", vgl. Holznagel/Schütz/*Karalus/Schreiber*, ARegV, § 32 Rn. 16; „Entschließungs-, Auswahl- und Gestaltungsermessen", vgl. *Attendorn*, Die Regulierungsbehörde als freier Marktgestalter und Normsetzer?, S. 461, *ders.*, RdE 2009, 87, 89 (zu § 29 i.V. m. § 27 StromNZV); „Normative Ermächtigung zur Letztentscheidung", *Oster*, Normative Ermächtigungen im Regulierungsrecht, S. 197 f. (zu § 29 EnWG i.V. m. § 30 StromNEV).

151 OLG Düsseldorf, B. v. 16.7.2008, VI-3 Kart 209/07 (V), ZNER 2008, 234, 235.

152 OLG Düsseldorf, B. v. 16.7.2008, VI-3 Kart 209/07 (V), ZNER 2008, 234, 235.

153 BerlKommEnR/*Schmidt-Preuß*, Bd. 1, § 29 EnWG Rn. 61.

154 BT-Drs. 18/1304, S. 121 f.

durch einheitliche Vorgaben der technischen Grundvoraussetzungen und Datenformate erschöpfen.

b) Festlegungen im Anwendungsbereich des § 14 (Nr. 2). Die Bundesnetzagentur ist seit dem EEG 2012 dazu ermächtigt, durch Festlegung im Sinne des § 29 EnWG eine Abschaltreihenfolge aufzustellen (Abs. 3 Nr. 2a), Kriterien über die Reihenfolge der zu regelnden Anlagen festzulegen (Abs. 3 Nr. 2b) und schließlich die Anlagen zu bestimmen, die am Netz bleiben müssen, um die Sicherheit und Zuverlässigkeit des Elektrizitätsversorgungssystems zu gewährleisten (Abs. 3 Nr. 2c). Ihr kommt hierbei Entschließungsermessen („kann festlegen") zu. Vorbehaltlich einer solchen Festlegung können zunächst die Netzbetreiber die Abregelungsreihenfolge und die -kriterien festlegen. Bei erfolgter Festlegung muss die Bundesnetzagentur die Einhaltung der Vorgaben im Sinne ihrer Kompetenz nach Abs. 1 überwachen.[155] **50**

Wie genau die **Reihenfolge** nach Nr. 2a auszugestalten ist, ist in § 14 nur stellenweise vorgegeben und erschöpft sich im Wesentlichen darin, dass Anlagen nach **§ 9 Abs. 2 nachrangig abzuregeln** sind. Konkrete Kriterien für die Reihenfolge der zu regelnden Anlagen finden sich in § 14 ebenfalls nicht. Die Festlegung von Kriterien muss aber insgesamt sicherstellen, dass eine größtmögliche Menge von Erneuerbaren Energien und Energie aus KWK-Anlagen abgenommen wird, sog. **Optimierungsgebot** (§ 14 Abs. 1 S. 3).[156] Gleichzeitig muss in der Festlegung auch das in § 14 Abs. 1 S. 1 Nr. 2 statuierte Gebot der Sicherheit und Zuverlässigkeit des Elektrizitätsversorgungssystems durch die Bestimmung systemrelevanter Anlagen (**must run units**[157]) berücksichtigt werden. **51**

§ 14 gibt für die Festlegung nach Abs. 1b Nr. 2 demnach lediglich vor, dass 1. Anlagen nach § 9 Abs. 2 nachrangig abzuregeln sind; 2. insgesamt eine größtmögliche Strommenge aus KWK-Anlagen und aus Erneuerbarer Energie abgenommen wird und 3. der Vorrang nach 1. und 2. unter dem Vorbehalt der Bestimmung von must run units zur Gewährleistung der Versorgungssicherheit steht.[158] Aus § 14 selbst lässt sich demnach **keine konkrete Abschaltreihenfolge** und ebenfalls kein im Sinne von § 14 Abs. 1 S. 1 Nr. 2 zu definierendes netztechnisch erforderliches Minimum[159] ableiten, anderenfalls wäre auch eine Ermächtigung der Bundesnetzagentur zur Festlegung einer Reihenfolge gegenstandslos.[160] **52**

Aufgrund der geringen materiellen Vorprägung und der mit der Abregelung verbundenen komplexen Abwägung wurde den Netzbetreibern bisher ein **Beurteilungsspielraum** bei der Auswahl der im Rahmen des Engpassmanagements durchzuführenden Maßnahmen **53**

---

155 *König*, Engpassmanagement in der deutschen und europäischen Energieversorgung, S. 507.

156 Zum Streit über die Reichweite dieser Verpflichtung und die § 11 Abs. 1 S. 3 zu entnehmenden Vorgaben: *König*, Engpassmanagement in der deutschen und europäischen Energieversorgung, S. 505 ff.; zu dem technisch optimierten Einspeisemanagement auch Altrock/Oschmann/Theobald/*Wustlich/Hoppenbrock*, § 11 Rn. 49 ff.

157 BT-Drs. 17/6071, S. 90.

158 *Wustlich/Hoppenbrock* leiten aus § 11 Abs. 1 S. 2 und 3 zumindest eine abstrakte Abschaltreihenfolge innerhalb der einspeiseprivilegierten Energieträger ab und stellen eine Abschaltreihenfolge auf, vgl. Altrock/Oschmann/Theobald/*Wustlich/Hoppenbrock*, § 11 Rn. 44 ff.

159 Hierzu § 11 Rn. 54; Altrock/Oschmann/Theobald/*Wustlich/Hoppenbrock*, § 11 Rn. 38.

160 Vgl. BerlKommEnR/*König*, § 11 EEG Rn. 54; *König*, Engpassmanagement in der deutschen und europäischen Energieversorgung, S. 507. Einen Vorschlag zur konkreten Abschaltreihenfolge entwickelte jüngst *Lindner*, Abschaltreihenfolge im Rahmen des Einspeisemanagements des EEG, S. 173 ff.

eingeräumt.[161] Macht die Bundesnetzagentur von ihrer Festlegungskompetenz Gebrauch, geht dieser Beurteilungsspielraum auf die Behörde über. Die Behörde muss selbst darüber entscheiden, ob beispielsweise Anlagen, die nicht speicherbare Energieträger einsetzen, nachrangig abgeregelt werden sollen.[162] Der ihr eingeräumte Beurteilungsspielraum muss im Rahmen der Abwägung darauf abzielen, dass **konkrete, transparente** und **allgemeingültige Kriterien** für die Abschaltreihenfolge in der **Festlegung** formuliert werden.[163]

54 In dem noch zum EEG 2009 von der Bundesnetzagentur im März 2011 veröffentlichten „**Leitfaden zum EEG-Einspeisemanagement 1.0**"[164] macht die Bundesnetzagentur außer der Einordnung des Einspeisemanagements in die Systematik der §§ 13, 14 EnWG keine weiteren Angaben dazu, wie die Ausgestaltung der Abschaltreihenfolge durch eine Festlegung erfolgen könnte.[165] In dem aktuellen „Leitfaden zum Einspeisemanagement 2.1" vom 7.3.2014 wird aufgrund laufender Festlegungsverfahren (BK 6 – 13-049) auf konkretisierende Ausführungen zur Abschaltreihenfolge verzichtet. Ausführungen zur Abschaltreihenfolge sollen erst in der Version 3.0 erfolgen.[166]

55 Die bisher in der **Literatur** gemachten Vorschläge reichen von einer nachrangigen Abschaltung von Anlagen mit nicht-speicherbaren Energieträgern bis zur vorrangigen Abschaltung von KWK- und Biomasse-Anlagen.[167] Ebenfalls existieren Vorschläge für das gesamte Stufenverhältnis.[168] Unabhängig von den durch die Bundesnetzagentur bisher nicht aufgegriffenen Vorschlägen ist die Bundesnetzagentur bei der mit ihrem Beurteilungsspielraum verbundenen Abwägung dazu verpflichtet, durch die festgelegte Reihenfolge das **Ziel** der Gewährleistung der **Netz- und Versorgungssicherheit** nach § 14 EEG zu verwirklichen. Dies erfordert ein transparentes, klar strukturiertes und vor allen Dingen nicht allzu komplexes Abschaltsystem, welches einer schnellen Reaktion der Netzbetreiber nicht im Wege steht und **Rechtssicherheit** herstellt.[169]

---

161 *König*, Engpassmanagement in der deutschen und europäischen Energieversorgung, S. 513 ff. – für einen Beurteilungsspielraum bzgl. 1. der Maßnahmestufe und 2. der Auswahl zwischen mehreren möglichen Maßnahmen auf derselben Stufe.

162 Vgl. § 11 EEG Rn. 56.

163 Vgl. BT-Drs. 17/6071, S. 90; Endbericht zur Vorbereitung der Erstellung des Erfahrungsberichts 2011 gem. § 65 EEG, Vorhaben III: Netzoptimierung, -integration und -ausbau, Einspeisemanagement, S. 17, nachdem insgesamt die Transparenz beim Einsatz von Einspeisemanagement nach § 11 verbessert werden sollte; zu diesem Ziel vgl. Frenz/Müggenborg/*Ehricke/Frenz*, Rn. 57 EEG.

164 BNetzA, Leitfaden zum EEG-Einspeisemanagement, Version 1.0, 29.3.2011.

165 Zu den Abschaltungsvorschlägen in der Literatur *Lindner*, Abschaltreihenfolge im Rahmen des Einspeisemanagements, S. 86 ff.; Altrock/Oschmann/Theobald/*Wustlich/Hoppenbrock*, § 11 Rn. 47 ff.

166 BNetzA, Leitfaden zum EEG-Einspeisemanagement, Version 2.1, 7.3.2014, S. 5.

167 Ausführlich hierzu insgesamt *Lindner*, Abschaltreihenfolge im Rahmen des Einspeisemanagements des EEG; Altrock/Oschmann/Theobald/*Wustlich/Hoppenbrock*.

168 Altrock/Oschmann/Theobald/*Wustlich/Hoppenbrock*.

169 Vgl. § 11 EEG Rn. 58: „Den Netzbetreibern, die über die größte Kompetenz in Hinblick auf die Abwendung von Gefahrsituationen im Netzbetrieb verfügen, muss deshalb auch bei Umsetzung einer Abschaltreihenfolge ein gewisser Spielraum verbleiben. In einem freiheitlichen, dem Wettbewerb unterworfenen Elektrizitätsversorgungssystem kann es nicht die Aufgabe der Netzbetreiber sein, mit immer aufwändigeren Berechnungsmethoden vergleichbar mit einem zentralen Planer den Einsatz von nicht in ihrem Eigentum stehenden Erzeugungsanlagen zu optimieren."

Wesentliche Entscheidungen, die vorher durch die Netzbetreiber getroffen wurden, können **56** seit dem EEG 2012 nunmehr ex-ante durch die **Festlegung der Bundesnetzagentur** für alle Netzbetreiber getroffen werden.[170] Solange die Bundesnetzagentur allerdings nicht von ihrer Festlegungskompetenz Gebrauch gemacht hat, ist eine Ex-ante-Kontrolle im Sinne einer De-facto-Genehmigungspflicht nicht durch die Überwachungskompetenz legitimiert.

c) Abwicklung von Wechseln nach § 21, insbesondere zu Formaten, Verfahren und **57** **Fristen (Nr. 3).** Nach Abs. 3 Nr. 3 kann die Bundesnetzagentur Festlegungen nach § 29 EnWG zur Abwicklung von Wechseln zwischen den Veräußerungsformen im Sinne von § 21 Abs. 1 treffen, wobei von ihrer Regelungskompetenz vor allem Vereinheitlichungsfragen betreffend Datenformat, Frist und Verfahren umfasst sind. … Nach Festlegungen nach Abs. 3 Nr. 3 sollen so zu einer **Vereinheitlichung** und **Verfahrenserleichterung** dieser Prozesse führen und **Transaktionskosten** aller Beteiligten verringern. Ziel jeder Festlegung nach Abs. 3 Nr. 3 muss es danach sein, ein standardisiertes und transparentes vorzugeben und einheitliche Vorschriften für die zu übermittelnden Daten, Fristen und Formate zu machen.

Die Festlegungsermächtigung gleicht in wesentlichen Punkten § 27 Abs. 1 Nr. 11 **58** StromNZV, nach dem die Bundesnetzagentur Festlegungen „zu bundeseinheitlichen Regelungen zum Datenaustausch zwischen den betroffenen Marktteilnehmern, insbesondere hinsichtlich Fristen, Formaten sowie Prozessen, die eine größtmögliche Automatisierung erfordern, ermöglichen". Die Bundesnetzagentur ist hiernach dazu ermächtigt, einzelne Datenformate vorzugeben und einzelne Nachrichtentypen für konkrete Übermittlungsvorgänge vorzuschreiben.[171] Von der Befugnis umfasst ist auch ein Durchgriff auf den internen Datenaustausch eines vertikal integrierten Energieversorgungsunternehmens.[172] Der BGH hat sich zum **Sinn und Zweck der Datenvereinheitlichung** in seinem EDIFACT-Beschluss wie folgt geäußert: „Die Festlegung hat in diesem Zusammenhang die Funktion, die normativen Anforderungen an das Wettbewerbsverhalten des Netzbetreibers auf der Ebene des einzelnen Geschäftsprozesses unter Berücksichtigung der aktuellen wirtschaftlichen und technischen Gegebenheiten durch eine konkrete Verhaltensanweisung auf einen typisierten Einzelfall anzuwenden."[173] Die Vereinheitlichungskompetenz der Bundesnetzagentur ist hier also sehr weitreichend, unterliegt aber der – ebenfalls weitreichenden – Pflicht, eine Standardisierung nur soweit vorzugeben, wie sie für die Verwirklichung der Ziele des § 1 EEG erforderlich ist.

d) Nachweis der Fernsteuerbarkeit nach § 36 (Nr. 4). Mit dem EEG 2014 neu eingeführt **59** wurde die Festlegungskompetenz der Bundesnetzagentur zur Fernsteuerbarkeit im Sinne des § 36. Der Grund für die Erweiterung der Festlegungskompetenz der Bundesnetzagentur ist ausweislich der Gesetzesbegründung, dass die Anforderungen an den Nachweis der Fernsteuerbarkeit mitunter noch von Netzbetreiber zu Netzbetreiber variieren.[174] Die Bun-

---

170 Die Forderungen des Endberichts zur Erstellung des Erfahrungsberichts 2011 gem. § 65 EEG, welche insgesamt auf eine „Stärkung der BNetzA als zuständige Regulierungsbehörde" abzielten, vgl. S. 2 f. des Berichts, wurden hiermit umgesetzt.
171 BGH, B. v. 29.4.2008, KVR 28/07, ZNER 2008, 228, 229 – EDIFACT.
172 BGH, B. v. 29.4.2008, KVR 28/07, ZNER 2008, 228, 230 – EDIFACT.
173 BGH, B. v. 29.4.2008, KVR 28/07, ZNER 2008, 228, 229 – EDIFACT, Tz. 13; bestätigt durch BGH, B. v. 29.9.2009, EnVR 14/09, ZNER 2010, 168, 170 – GeliGas.
174 BT-Drs. 18/1891, S. 216.

desnetzagentur wird durch die Kompetenzzuweisung in Nr. 4 aus diesem Grund dazu ermächtigt, Festlegungen zu treffen, um das Verfahren für den Nachweis der Fernsteuerbarkeit zu vereinheitlichen „z. B. ein Standardformular vorzugeben".[175]

60 **e) Berücksichtigungspflichten von Solarstrom, Veröffentlichungspflichten nach § 73 (Nr. 5).** Die Bundesnetzagentur kann nach Abs. 3 Nr. 5 Festlegungen zur Berechnung oder Abschätzung der Strommengen 1. bei der Berücksichtigung von Strom aus solarer Strahlungsenergie, der selbst verbraucht wird, 2. bei den Veröffentlichungspflichten nach § 73, bei der Berechnung des tatsächlichen Monatsmittelwerts des Marktwerts von Strom aus solarer Strahlungsenergie **nach Anlage 1 Nr. 2.2.4** zum EEG treffen. Aufgabe der Festlegung durch die Bundesnetzagentur ist es hier, eine einheitliche Anwendung durch die vier Übertragungsnetzbetreiber bei der Abschätzung und Berechnung des Verbrauchs von Strom aus PV-Anlagen zu treffen. Insbesondere bei der Berücksichtigung von Strom aus PV-Anlagen, den der Anlagenbetreiber selbst verbraucht hat, ist eine einheitliche Praxis aufgrund der Rückwirkungen auf die Strompreisbildung sinnvoll.[176]

VI. Verfahrensvorschriften

61 Die Kompetenzen der Bundesnetzagentur zur Überwachung und Durchsetzung von Verpflichtungen aus dem EEG sind aufgrund des Verweises in Abs. 4 auf den achten Teil des EnWG sowie durch den Verweis in Abs. 5 auf das Beschlusskammernverfahren im Sinne des EnWG in weiten Teilen mit den Befugnissen im EnWG kongruent. Grundsätzlich werden die Entscheidungen der Bundesnetzagentur beim Vollzug des EEG damit nach § 85 Abs. 4 und 5 i. V. m. § 59 Abs. 1 EnWG von den Beschlusskammern der Bundesnetzagentur getroffen.[177] Eine Ausnahme gilt nach Abs. 5 S. 2 nur für Entscheidungen im Zusammenhang mit der Ausschreibung von finanziellen Förderungen nach § 55 und der Rechtsverordnung zur Ausschreibung zur Förderung von Freiflächenanlagen nach § 88. Diese Entscheidungen müssen ausweislich der Gesetzesbegründung „Nicht zwingend" im Beschlusskammernverfahren getroffen werden.[178]

62 Das nach seiner Konzeption allein auf privatrechtliche Verfahren hin konzipierte EEG wurde mit dem Verweis in Abs. 4 um die Möglichkeit verwaltungsrechtlicher Verfahren ergänzt. Es gelten insoweit die zum Verfahren nach den Vorschriften des EnWG herausgearbeiteten Grundsätze. Im Rahmen des § 85 sind insoweit nur die grundsätzlichen Befugnisse der Bundesnetzagentur kurz zu skizzieren und Abweichungen von den Vorgaben im EnWG zu kommentieren. Darüber hinaus sei auf die ausführlichen Kommentierungen der Verfahrensvorschriften im EnWG verwiesen.[179]

63 **1. Aufsichtsmaßnahmen.** Der Verweis auf die Geltung der Vorschriften im Achten Teil des EnWG ergibt nach **§ 65 Abs. 1 EnWG** die Kompetenz der Behörde, Zuwiderhandlungen **abzustellen** und „Maßnahmen zur Einhaltung der Verpflichtungen" **anzuordnen** (§ 65 Abs. 2 EnWG). § 65 EnWG ist im Rahmen der Ex-post-Kontrolle zentrale Ermächtigungsgrundlage der Bundesnetzagentur, um gegen Verstöße vorzugehen. Liegt ein Verstoß

---

175 BT-Drs. 18/1891, S. 216.
176 Altrock/Oschmann/Theobald/*Müller*, § 61 Rn. 32.
177 BT-Drs. 18/1891, S. 216.
178 BT-Drs. 18/1891, S. 216.
179 BerlKommEnR/*Wende*, Bd. 1, §§ 65 ff. m. zahlr. Nw.

gegen die durch § 85 zu überwachenden Pflichten vor, kann die Bundesnetzagentur nach § 85 Abs. 42 i.V.m. § 65 EnWG gegen den Verstoß vorgehen. § 65 Abs. 2 enthält die ausdrückliche Ermächtigung der Regulierungsbehörde, konkrete Vorgaben zur Herstellung eines rechtmäßigen Zustandes zu machen.[180] Die Bundesnetzagentur kann damit nach § 85 Abs. 4 i.V.m. § 65 Abs. 2 EnWG eine **Gebotsverfügung** erlassen. Nach Abs. 5 kann die Bundesnetzagentur auch noch eine Feststellungsverfügung nach Beendigung des Verstoßes erlassen.

Nach dem Wortlaut von § 65 EnWG ermächtigt nur ein **Verstoß gegen „Rechtsvorschrif-** **64** **ten"** zum Erlass einer Verfügung nach § 65 Abs. 1–3 EnWG. Die Überwachung der Pflichten im Sinne des Abs. 1 beruhen allesamt auf gesetzlich normierten Pflichten und stellen unproblematisch bei einer Nichteinhaltung einen Verstoß im Sinne des § 65 EnWG dar. **Festlegungen** nach Abs. 3 sind demgegenüber nach herrschender Auffassung als Allgemeinverfügungen einzuordnen und damit keine Rechtsvorschrift, sondern lediglich **Verwaltungsakte** im Sinne des § 35 VwVfG. Es ist deshalb umstritten, ob § 65 EnWG auch auf Festlegungen anzuwenden ist.[181] Der Verweis auf die Anwendbarkeit auch der Vorschriften des Teils 8 kann hier einerseits so verstanden werden, dass für die Abs. 1–3 alle Vorschriften, bis auf die explizit in Abs. 4 ausgenommenen, gelten. Der pauschale Verweis kann auch als unter dem Vorbehalt stehend „soweit sie auf diese anwendbar sind" interpretiert werden. Auch wenn aufgrund des Ausnahmekatalogs in Abs. 4 systematisch die erstere Lesart näherliegend erscheint, sind Verstöße gegen Festlegungsentscheidungen zumindest mit den Mitteln des Verwaltungszwangs zu vollstrecken.[182] Nach § 6 VwVG kann ein Verwaltungsakt, der auf die Vornahme einer Handlung, auf Duldung oder Unterlassung gerichtet ist, mit Zwangmitteln nach § 9 VwVG durchgesetzt werden. Nach § 7 Abs. 1 VwVG ist die Bundesnetzagentur Vollzugsbehörde. Praktisch sind die Unterschiede bei der Durchsetzung der Pflichten danach gering. Die Bundesnetzagentur hat trotz des umfangreichen Verweises auf die Befugnisse nach dem Achten Teil des EnWG **keine Befugnis** zur Einleitung eines „EEG-Missbrauchsverfahrens".[183] Hierfür wäre ein gesonderter Verweis auf § 30 EnWG erforderlich gewesen.

Der Erlass einer Verfügung nach § 65 Abs. 1–3 EnWG steht im Ermessen der Behörde, **65** wobei auch hier ein willkürfreies Verwaltungsverfahren voraussetzt, dass gegenüber allen zur Einhaltung der Pflichten im Sinne des Abs. 1 Verpflichteten ein **einheitlicher Approach** vorgenommen wird. Gleiches gilt für die Ermessensausübung der Behörde im Verwaltungsvollstreckungsverfahren. Erst bei einer eindeutigen und einseitigen Interessenbeeinträchtigung ist das Ermessen der Behörde auf Null reduziert und sie ist zum eingreifen verpflichtet.[184]

Aufgrund der **Verweisausnahme** in Abs. 4 bezüglich der Geltung des § 91 (Erlass gebüh- **66** renpflichtiger Handlungen), § 92 (Einforderung von Kostendeckungsbeiträgen) und §§ 95–101 (Festsetzung von Geldbußen und der Erlass von Bußgeldbescheiden), kann die Bundesnetzagentur bei einem Verstoß gegen die Pflichten nach Abs. 1 S. 1 ein Bußgeld

---

180 BerlKommEnR/*Wende*, Bd. 1, § 65 EnWG Rn. 6.

181 Dafür *Salje*, EnWG, § 65 Rn. 12 f.; dagegen BerlKommEnR/*Wende*, Bd. 1, § 65 EnWG Rn. 12.

182 BerlKommEnR/*Wende*, Bd. 1, § 65 EnWG Rn. 12.

183 *Salje*, EEG 2014, § 85 Rn. 35; Altrock/Oschmann/Theobald/*Müller*, § 61 Rn. 35; Frenz/Müggenborg/*Ehricke/Frenz*, § 61 Rn. 70.

184 Zur Ermessensreduktion auf Null: BVerwGE, 78, 40, 45; Schoch/Schmidt-Aßmann/Pietzner/*Gerhardt*, VwGO, § 114 Rn. 27 – m. w. Nw.

nur nach Maßgabe des § 86 erlassen. Nach § 85 Abs. 1 Nr. 2 ist der Verstoß gegen vollziehbare Anordnungen aufgrund § 85 Abs. 4 i.V.m. §§ 65, 69 EnWG eine Ordnungswidrigkeit und bußgeldbewehrt. Mangels für Verstöße gegen § 85 gesondert festgelegte Bußgeldhöhen, wie beispielsweise in § 86 Abs. 2, richtet sich die Höhe des Bußgelds nach §§ 17 ff. OWiG. Ein vorsätzlicher Verstoß gegen eine vollziehbare Anordnung im Sinne des § 86 Abs. 1 Nr. 2 i.V.m. § 85 Abs. 2 beträgt 1000 €, vgl. § 17 Abs. 1 OWiG. Durch Verstöße begründete zivilrechtliche Schadensersatzansprüche sollen damit vorerst neben den Aufsichtsmaßnahmen zur Disziplinierung der Beteiligten ausreichen.

67 **2. Ermittlungsbefugnisse.** Zur Wahrnehmung ihrer Aufgaben nach Abs. 1–3 kann die Bundesnetzagentur nach § 85 Abs. 4 i.V.m. § 68 EnWG Ermittlungen führen und alle Beweise erheben, die erforderlich sind, es gilt danach auch bei Verfahren aufgrund des Verstoßes gegen EEG-Normen der Amtsermittlungsgrundsatz,[185] der allerdings von den Mitwirkungspflichten der Beteiligten begrenzt wird.[186] Nach § 68 Abs. 2 EnWG sind die Vorschriften der ZPO für den Beweis durch Zeugen, Sachverständige und Augenschein sinngemäß anzuwenden. Die Bundesnetzagentur kann nach § 69 Ab. 1 S. 1 EnWG von Unternehmen und Unternehmensvereinigungen Auskünfte verlangen, vor Ort während der Geschäftszeiten Geschäftsunterlagen einsehen und prüfen und mit richterlichem Beschluss, es sei denn es liegt eine dringende Gefahr i.S.d. § 69 Abs. 3 EnWG vor, Geschäftsräume durchsuchen.[187] Nach § 69 Abs. 5 EnWG besteht eine Verwahrungs- bzw. Beschlagnahmebefugnis. Besonderheiten bezüglich der Wahrung von Betriebs- und Geschäftsgeheimnissen gegenüber dem allgemeinen verwaltungsrechtlichen Verfahren gelten entsprechend Abs. 2 i.V.m. § 71 EnWG auch für Verfahren nach dem EEG. Diese gegenüber § 30 VwVfG gesteigerten Anforderungen an den **Geheimnisschutz** müssen aufgrund der Identität des Schutzobjektes auch im **Verwaltungsvollstreckungsverfahren** bei Festlegungen gelten.

68 **3. Beschlusskammernverfahren (Abs. 3).** Entscheidungen der Bundesnetzagentur nach Abs. 5 – also alle Maßnahmen zur Durchsetzung von Pflichten oder Ahndung von Verstößen i.S.d. Abs. 1–3 – müssen nach Abs. 5 das Beschlusskammernverfahren durchlaufen. Dies ist aufgrund der auch für die Behördenaufgaben im EEG geltenden Unabhängigkeitsanforderungen[188] und des inhaltlich anspruchsvollen Anforderungsprofils notwendig und sachgerecht. Beschlusskammernverfahren, die unabhängig von wirtschaftlicher oder politischer Einflussnahme sind, sichern eine größere **Entscheidungsrichtigkeit** des interdisziplinär ausgebildeten **sachverständigen Gremiums** ab.[189] § 85 Abs. 4 verweist auch auf § 60 EnWG, also die Beratung der Behörde durch einen wissenschaftlichen Beirat. Die Bundesnetzagentur ist danach auch bei Entscheidungen nach dem EEG zu Auskünften und Stellungnahmen gegenüber dem Beirat verpflichtet.[190]

69 **4. Rechtsschutz.** Gegen alle nach § 85 Abs. 1–3 getroffenen Entscheidungen der Bundesnetzagentur kann nach § 85 Abs. 4 i.V.m. § 75 EnWG Beschwerde zum OLG erhoben wer-

---

185 Altrock/Oschmann/Theobald/*Müller*, § 61 Rn. 56 f.

186 BerlKommEnR/*Wende*, Bd. 1, § 68 EnWG Rn. 6 f.

187 Ausführlich dazu BerlKommEnR/*Wende*, Bd. 1, § 69 EnWG.

188 Art. 35 RL 2009//2/EG und RL 39 2009/73/EG, hierzu auch § 63 EEG Rn. 16.

189 Vgl. nur Kurzprofil BNetzA, S. 3, abrufbar unter www.bundesnetzagentur.de/SharedDocs/Downloads/DE/Allgemeines/Bundesnetzagentur/Publikationen/service/Kurzportrait.pdf?__blob=publicationFile&v=6; ebenso KOM(2007) 528 endg., S. 10 und KOM(2007) 529 endg., S. 10.

190 *Salje*, EEG 2014, § 85 Rn. 48.

den bzw. gegen in der Hauptsache ergangene Beschwerdebeschlüsse kann nach § 86 EnWG Rechtsbeschwerde zum BGH eingelegt werden.[191] Damit gilt für Rechtsstreitigkeiten nach dem EEG der ordentliche Rechtsweg, was im Rahmen der bereits erfolgten Einordnung[192] systemgerecht ist, da für Streitigkeiten im übrigen Energierecht (EnWG i.V. m. Verordnungen) eine Rechtswegzuweisung an die ordentlichen Gerichte erfolgt ist und die zuständigen Gerichte mit der an vielen Stellen mit dem EnWG verknüpften Materie vertraut sind.[193] Die **gerichtliche Überprüfung** richtet sich nach **allgemeinen Grundsätzen** der gerichtlichen Überprüfung von Behördenentscheidungen. Die Verwaltungsakte werden danach von den Gerichten auf ihre formelle und materielle Rechtmäßigkeit hin überprüft, Ermessensentscheidungen müssen nach § 40 VwVfG, § 114 VwGO, § 83 Abs. 5 EnWG[194] auf ihre Ermessensfehler hin überprüft werden. Eine gerichtliche Neuvornahme der Behördenentscheidung dahingehend, dass der Richter die Zweckmäßigkeitsentscheidungen der Behörde durch seine eigenen ersetzen kann, verstößt gegen diese Grundsätze.[195] Zum Rechtsschutz gegen Festlegungsentscheidungen ausführlich Rn. 39 ff.

---

191 Altrock/Oschmann/Theobald/*Müller*, § 61 Rn. 65 ff.

192 Kritisch zu dieser Altrock/Oschmann/Theobald/*Müller*, § 61 Rn. 65.

193 Ausführlich zu der Entscheidung für eine Spaltung des Rechtswegs, *Masing*, Gutachten D für den 66. DJT, 2006, S. 34 ff.; *Knauff*, VerwArch 98 (2007), 382, 395 ff.

194 § 83 Abs. 5 EnWG wird teilweise als Gebot der Zweckmäßigkeitskontrolle interpretiert, vgl. *Ludwigs*, RdE 2013, 297, 305; Britz/Hellermann/Hermes/*Hanebeck*, EnWG, § 83 Rn. 19; Altrock/Oschmann/Theobald/*Müller*, § 61 Rn. 66; a. A. *Christiansen*, Optimierung des Rechtsschutzes im Telekommunikations- und Energierecht, S. 164; *Franzius*, DÖV 2013, 714, 719; *Holznagel/Schumacher*, JURA 2012, 501, 506; BerlKommEnR/*Roesen/Johanns*, Bd. 1, § 83 EnWG Rn. 26.

195 Vgl. nur Isensee/Kirchhof/*Papier*, Bd. IV, § 154 Rn. 59 ff.; Schoch/Schneider/Bier/*Gerhardt*, VwGO, 24. EL 2012, Vorb. § 113 Rn. 18; BeckOK/*Aschke*, VwVfG, § 40 Rn. 9 ff., 19 f.

§ 86 Bußgeldvorschriften

(1) Ordnungswidrig handelt, wer vorsätzlich oder fahrlässig

1. entgegen § 80 Absatz 1 Satz 1 Strom oder Gas verkauft, überlässt oder veräußert,
2. einer vollziehbaren Anordnung nach § 69 Satz 2 zuwiderhandelt,
3. einer vollziehbaren Anordnung nach § 85 Absatz 4 in Verbindung mit § 65 Absatz 1 oder Absatz 2 oder § 69 Absatz 7 Satz 1 oder Absatz 8 Satz 1 des Energiewirtschaftsgesetzes zuwiderhandelt oder
4. einer Rechtverordnung
   a) nach § 90 Nummer 3,
   b) nach § 92 Nummer 1,
   c) nach § 92 Nummer 3 oder Nummer 4,
   d) nach § 93 Nummer 1, 4 oder Nummer 9

oder einer vollziehbaren Anordnung auf Grund einer solchen Rechtsverordnung zuwiderhandelt, soweit die Rechtsverordnung für einen bestimmten Tatbestand auf diese Bußgeldvorschrift verweist.

(2) Die Ordnungswidrigkeit kann in den Fällen des Absatzes 1 Nummer 4 Buchstabe a, c und d mit einer Geldbuße bis zu fünfzigtausend Euro und in den übrigen Fällen mit einer Geldbuße bis zu zweihunderttausend Euro geahndet werden.

(3) Verwaltungsbehörde im Sinne des § 36 Absatz 1 Nummer 1 des Gesetzes über Ordnungswidrigkeiten ist

1. die Bundesnetzagentur in den Fällen des Absatzes 1 Nummer 1, 3 oder Nummer 4 Buchstabe d,
2. das Bundesamt für Wirtschaft und Ausfuhrkontrolle in den Fällen des Absatzes 1 Nummer 2,
3. die Bundesanstalt für Landwirtschaft und Ernährung in den Fällen des Absatzes 1 Nummer 4 Buchstabe a und
4. das Umweltbundesamt in den Fällen des Absatzes 1 Nummer 4 Buchstabe b oder Buchstabe c.

Schrifttum: *Achenbach*, Rezension: Günter Maschke, Aufsichtsverletzungen in Betrieben und Unternehmen, Berlin 1997, wistra 1998, 296; *Bohnert*, Kommentar zum Ordnungswidrigkeitengesetz, 3. Aufl. 2010; *Göhler*, Die „Beteiligung" an einer unvorsätzlich begangenen Ordnungswidrigkeit, wistra 1983, 242; *ders.*, Gesetz über Ordnungswidrigkeiten, 16. Aufl. 2012; *v. Heintschel-Heinegg* (Hrsg.), Beck'scher Online-Kommentar StGB, Stand: 8.3.2013; *Kienapfel*, „Beteiligung" und „Teilnahme". Zum Verhältnis vom OWiG zum StGB, NJW 1970, 1826; *Klesczewski*, Ordnungswidrigkeitenrecht, 2010; *Lange*, Der Strafgesetzgeber und die Schuldlehre. Zugleich ein Beitrag zum Unrechtsbegriff bei Zuwiderhandlungen, JZ 1956, 73; *Lemke/Mosbacher*, Ordnungswidrigkeitengesetz, 2. Aufl. 2005; *Mitsch*, Recht der Ordnungswidrigkeiten, 2. Aufl. 2005; *Neumann*, Die strafrechtlichen Auswirkungen fehlerhafter öffentlich-rechtlicher Handlungen, Entscheidungen und Normen, 1997; *Otto*, Grundsätzliche Problemstellungen des Umweltstrafrechts, Jura 1991, 308; *Rebmann/Roth/Herrmann*, Gesetz über Ordnungswidrigkeiten, 3. Aufl., Stand: März 2012; *Rogall*, Dogmatische und kriminalpolitische Probleme der Aufsichtspflichtverletzung in Betrieben und Unternehmen, ZStW 98 (1986) 573; *Rosenkötter/Louis*, Das Recht der Ordnungswidrigkeiten, 7. Aufl. 2011; *Schall*, Umweltschutz durch Strafrecht: Anspruch und Wirklichkeit, NJW 1990, 1263; *Schmidhäuser*, Zur Bindungswirkung von Entscheidungen des Bundesverfassungsgerichts über die Verfassungsmäßigkeit von § 17 StGB – Erwiderung auf Kramer/Trittel, JZ 1980, 393; *Schönke/Schröder*, Strafgesetzbuch, 29. Aufl. 2014; *Senge* (Hrsg.), Karlsruher Kommentar zum Gesetz über Ordnungswidrigkeiten, 4. Aufl. 2014;

Tiedemann, Literaturbericht: Nebenstrafrecht, einschließlich Ordnungswidrigkeitenrecht, ZStW 83, (1971), 792; *Többens*, Die Bekämpfung der Wirtschaftskriminalität durch die Troika der §§ 9, 130 und 30 des Gesetzes über Ordnungswidrigkeiten, NStZ 1999, 1; *Weber*, Die Überspannung der staatlichen Bußgeldgewalt. Kritische Bemerkungen zur neueren Entwicklung des materiellen Ordnungswidrigkeitenrechts, ZStW 92 (1980), 313; *Winkelbauer*, Zur Verwaltungsakzessorietät des Umweltstrafrechts, 1985; *Wüterich*, Die Bedeutung von Verwaltungsakten für die Strafbarkeit wegen Umweltvergehen (§§ 324 ff. StGB), NStZ 1987, 248.

Übersicht

I. Normzweck, Entstehungsgeschichte und Normstruktur

1 **1. Normzweck.** Das EEG legt seinen Adressaten Pflichten auf. Die Pflichten können sich unmittelbar aus diesem Gesetz, aus Rechtsverordnungen auf Grundlage dieses Gesetzes oder aus behördlichen Anordnungen ergeben. Um ihre Einhaltung sicherzustellen, wurden durch § 85 der Bundesnetzagentur Aufgaben der Überwachung, Kontrolle und Evaluierung übertragen. In Ergänzung zu diesen Instrumenten ermöglicht § 86 die Verhängung von Bußgeldern für Verstöße gegen gesetzliche Pflichten oder vollziehbare Anordnungen. Auf diese Weise soll der **Gehorsamspflicht** ihnen gegenüber Nachdruck verliehen und ihre Einhaltung erzwungen werden.[1] Nach der Vorstellung des Gesetzgebers bildet die Bußgeldnorm des § 86 damit einen wichtigen Baustein zur Durchsetzung der gesetzlichen Ziele des EEG.[2]

2 Das EEG enthält keine Straftatbestände. Daran wird deutlich, dass der Gesetzgeber neben der Möglichkeit der Umsetzung von Verwaltungsentscheidungen im Wege der Verwaltungsvollstreckung die mit der Verhängung eines Bußgeldes verbundene nachdrückliche **Pflichtenmahnung**[3] zur Durchsetzung der sich aus dem EEG ergebenden Pflichten für ausreichend erachtet, ohne dass es der präventiven und repressiven Wirkungen des Strafrechts bedarf. In der Begehung einer Ordnungswidrigkeit liegt anders als in der Begehung einer Straftat kein kriminelles Unrecht, sondern bloßes Verwaltungsunrecht. Ordnungswidrigkeiten beeinträchtigen lediglich institutionalisierte Gefahrenvorsorgestandards.[4]

3 **2. Entstehungsgeschichte.** Anfänglich existierte im EEG wegen dessen eher zivilrechtlicher Ausrichtung keine Bußgeldnorm.[5] Erstmals eingeführt wurde ein derartiger Tatbestand durch das Erste Gesetz zur Änderung des Erneuerbare-Energien-Gesetzes vom

---

1 In diesem Sinne jedenfalls die Begründungen zu den Vorgängervorschriften § 62 EEG 2009: BT-Drs. 16/8148, S. 75 und § 19b EEG 2006: BT-Drs. 16/2455, S. 12.
2 BT-Drs. 16/8148, S. 75.
3 BVerfGE 9, 167, 171 = NJW 1959, 619; BVerfGE 22, 49, 79 = NJW 1967, 1219 ff.; BVerfGE 27, 18, 33 = NJW 1969, 1619 ff.
4 Eingehend: *Kleszewski*, Ordnungswidrigkeitenrecht, Rn. 36 ff.
5 Frenz/Müggenborg/*Schomerus*, § 62 Rn. 4.

7.11.2006[6] als § 19b EEG 2004.[7] Anknüpfungspunkt für die Verhängung von Bußgeldern gem. § 19b Abs. 1 EEG 2004 bildeten vollziehbare Anordnungen der Bundesnetzagentur, die aufgrund von § 19a EEG 2004, von § 69 Abs. 7 EnWG oder von § 69 Abs. 8 EnWG erlassen wurden.

Mit der Novellierung des EEG im Jahr 2009 wurde § 19b EEG 2004 in den neu geschaffe- **4** nen § 62 EEG 2009 übernommen und die Bußgeldtatbestände erweitert. Neu aufgenommen wurde als § 62 Abs. 1 Nr. 1 EEG 2009 die Bußgeldbewehrung von Verstößen gegen das Doppelvermarktungsverbot (§ 56 Abs. 1 EEG 2009) sowie von Verletzungen des Veräußerungsverbots der § 34 EEG 2009 (für Netzbetreiber) und § 36 Abs. 4 EEG 2009 (für Übertragungsnetzbetreiber). Die ursprünglich in § 19b Abs. 1 EEG 2004 enthaltenen Tatbestände wurden in § 62 Abs. 1 Nr. 2 EEG 2009 übernommen.

Durch das Europarechtsanpassungsgesetz Erneuerbare Energien (EAG EE) vom **5** 12.4.2011[8] wurde § 62 EEG 2009 nochmals erweitert und verändert. Der Wortlaut von § 62 Abs. 1 Nr. 1 EEG 2009 wurde an die durch die AusglMechV[9] eingeführte Umstellung des Wälzungsmechanismus angepasst. Aufgrund dieser Umstellung war die Weitergabe der EEG-Strommengen auf der 4. Stufe des Ausgleichs durch die Erstattung der EEG-Umlage ersetzt worden, weshalb auch die Verpflichtung nach § 36 Abs. 4 EEG 2009 entfallen war.[10] Aus diesem Grund wurde der entsprechende Verweis gestrichen. Entfernt wurde aus Abs. 1 Ziffer 1 ebenfalls die Bezugnahme auf § 34 EEG 2009. In § 62 Abs. 1 Nr. 2 EEG 2009 wurde die im bisherigen Gesetzestext vorhandene fälschliche Bezugnahme auf vollziehbare Anordnungen nach § 64 Abs. 2 EEG 2009 durch den Verweis auf solche nach § 61 Abs. 2 EEG 2009 ersetzt. Dadurch wurde ein redaktioneller Fehler im EEG 2009[11] beseitigt. Schließlich wurde in den ersten Absatz von § 62 als Nr. 3 EEG 2009 ein neuer Tatbestand (Verstoß gegen Rechtsverordnungen bzw. vollziehbare Anordnungen aufgrund von Rechtsverordnungen) eingefügt. Als höchste mögliche Geldbuße bei einer Ordnungswidrigkeit nach diesem Tatbestand wurden 50.000 EUR festgeschrieben, während der Bußgeldrahmen (§ 62 Abs. 2 EEG 2009) im Übrigen gleich blieb. Aus Anlass der Einführung des neuen Tatbestands wurde auch die Verfolgungszuständigkeit (§ 62 Abs. 3 EEG 2009) neu geregelt.

Die am 1.1.2012 in Kraft getretene Änderung des EEG erhöhte die Bußgeldobergrenze für **6** Ordnungswidrigkeiten gem. § 62 Abs. 1 Nr. 1 oder 2 EEG 2012 von 100.000 EUR auf 200.000 EUR. Weiterhin wurden in den bisherigen Tatbeständen von § 62 Abs. 1 Nr. 3 EEG 2012 die Verweise auf die Verordnungsermächtigungen der neuen Fassung des Gesetzestextes angepasst. Schließlich wurde mit § 62 Abs. 1 Nr. 3 lit. d EEG 2012 ein neuer Bußgeldtatbestand eingefügt und die für seine Verfolgung zuständige Behörde bestimmt.

Im Zuge der 2014 erfolgten Novellierung wurde § 62 EEG 2012 in den jetzigen § 86 über- **7** nommen. Die Vorschrift blieb in ihrer Grundstruktur und ihrem Inhalt im Wesentlichen unangetastet. Die wichtigsten Änderungen inhaltlicher Art betreffen die Einführung eines

---

6 BGBl. 2006 I S. 2550.

7 Altrock/Oschmann/Theobald/*Müller*, § 62 Rn. 3.

8 BGBl. 2011 I S. 619.

9 Verordnung zur Weiterentwicklung des bundesweiten Ausgleichsmechanismus (Ausgleichsmechanismusverordnung – AusglMechV) vom 17.7.2009, BGBl. I S. 2101.

10 Altrock/Oschmann/Theobald/*Müller*, § 62 Rn. 5 f.

11 Altrock/Oschmann/Theobald/*Müller*, § 62 Rn. 6.

neuen Bußgeldtatbestands für die Zuwiderhandlung gegen eine vollziehbare Anordnung nach § 69 S. 2 in § 86 Abs. 1 Nr. 2 sowie eine teilweise Absenkung des Bußgeldrahmens in § 86 Abs. 2. Im Übrigen wurden lediglich sprachliche Präzisierungen und redaktionelle Anpassungen wegen der im Zuge der Novellierung erfolgten Umnummerierung des EEG vorgenommen.[12] Darüber hinaus hatte der Erlass einer Anlagenregisterverordnung (Anl-RegV)[13] aufgrund der in § 93 enthaltenen Ermächtigung am 1.8.2014 eine Erweiterung des im Rahmen von § 86 ahndbaren Verhaltens zur Folge, ohne dass der Wortlaut von § 86 verändert wurde.

8 **3. Normstruktur.** Die einzelnen Bußgeldtatbestände des § 86 sind in Abs. 1 enthalten. In § 86 Abs. 2 finden sich Regelungen zu den Obergrenzen der Bußgelder, mit denen Ordnungswidrigkeiten nach Abs. 1 geahndet werden können. § 86 Abs. 3 regelt, welche Verwaltungsbehörde jeweils zur Verfolgung und Ahndung zuständig ist.

II. Die einzelnen Bußgeldtatbestände

9 **1. Einleitung.** § 86 Abs. 1 enthält einen **Katalog von Bußgeldtatbeständen.** Für eine vollständige Erfassung des jeweils für ahndbar erklärten Verhaltens ist der Wortlaut dieser Vorschrift allein gleichwohl wenig ergiebig. Dies liegt darin begründet, dass § 86 Abs. 1 eine verwaltungsakzessorische Norm ist. **Verwaltungsakzessorietät** bedeutet die Abhängigkeit der strafrechtlichen Beurteilung eines Sachverhalts von der ihm innewohnenden verwaltungsrechtlichen Prägung.[14] Welche Handlungen mit einem Bußgeld bedroht sind, lässt sich demgemäß nur mit Blick auf diejenigen Normen zuverlässig feststellen, auf die die einzelnen Tatbestände Bezug nehmen (**Ausfüllungsnormen**). Der § 86 Abs. 1 folgt mit diesem Aufbau einer Regelungstechnik, wie sie im Ordnungswidrigkeitenrecht häufig anzutreffen ist. Es handelt sich um eine sogenannte **Blankettnorm.** Als Blankettnormen werden Straf- bzw. Bußgeldvorschriften bezeichnet, die das tatbestandsmäßige Verhalten nicht selbst vollständig beschreiben, sondern zu diesem Zweck auf eine andere (verwaltungsrechtliche) Vorschrift verweisen.[15] Durch diese sogenannte Ausfüllungsnorm wird der Tatbestand der Bußgeldnorm vervollständigt. Die Ausfüllungsnorm kann sich innerhalb desselben Gesetzes (Binnenverweisung) oder in anderen Gesetzen desselben oder eines anderen Normgebers (Außenverweisung) befinden.[16] Im ersten Fall spricht man von einem **unechten Blanketttatbestand**, der zweite Fall wird als **echter Blanketttatbestand** bezeichnet.[17] Auch Blankettvorschriften unterliegen dem **Gesetzlichkeitsprinzip** des Art. 103 Abs. 2 GG. Daher muss die betreffende Norm die Regelungen, die zu ihrer Ausfüllung in Betracht kommen und die dann durch sie bewehrt werden, sowie deren möglichen Inhalt und Gegenstand möglichst genau bezeichnen und abgrenzen.[18]

---

12 BT-Drs. 18/1304, S. 256.

13 Verordnung über ein Register für Anlagen zur Erzeugung von Strom aus erneuerbaren Energien und Grubengas (Anlagenregisterverordnung – AnlRegV) vom 1.8.2014 (BGBl. I S. 1320).

14 BeckOK/*Witteck*, Verwaltungsakzessorietät, Rn. 1.

15 Göhler/*Gürtler*, OWiG, Vor § 1 Rn. 17; Karlsruher Kommentar-OWiG/*Rogall*, Vor § 1 Rn. 15.

16 *Bohnert*, OWiG, § 1 Rn. 30.

17 BGHSt 6, 30, 40 f., *Rebmann/Roth/Herrmann*, OWiG, Vor § 1 Rn. 20, *Klesczewski*, Ordnungswidrigkeitenrecht, Rn. 73; für die Gleichsetzung beider Formen: Karlsruher Kommentar-OWiG/*Rogall*, Vor § 1 Rn. 16.

18 BVerfGE 23, 265, 269.

Die Tatbestände in § 86 Abs. 1 folgen keiner übergeordneten inhaltlichen Struktur. Sie **10** orientieren sich an der Ordnung derjenigen Vorschriften, auf die sie sich beziehen. Unter dem Gesichtspunkt des jeweils sanktionierten Verstoßes lassen sich die Tatbestände von § 86 in zwei Gruppen einteilen. In der ersten Gruppe, der § 86 Abs. 1 Nr. 1 und § 86 Abs. 1 Nr. 4 Alt. 1 angehören, wird die **Missachtung von Verboten** für ahndbar erklärt, die sich **unmittelbar aus dem Gesetz** ergeben. Dabei kann im Fall von § 86 Abs. 1 Nr. 1 das betreffende Verbot dem EEG selbst und damit einem förmlichen Gesetz entnommen werden. Im Fall von § 86 Abs. 1 Nr. 4 Alt. 1 sind die Verbote in Rechtsverordnungen und damit in Gesetzen im (lediglich) materiellen Sinn enthalten. Der zweiten Gruppe sind die Tatbestände des § 86 Abs. 1 Nr. 2, Nr. 3 und Nr. 4 Alt. 2 zuzuordnen. Damit gehören dieser Gruppe Tatbestände an, die **Verstöße gegen behördliche Anordnungen** mit einem Bußgeld bedrohen.

2. Verstöße gegen das Doppelvermarktungsverbot (§ 80 Abs. 1 S. 1). § 86 Abs. 1 Nr. 1 **11** sanktioniert die Verletzung des sich aus § 80 Abs. 1 S. 1 ergebenden **Doppelvermarktungsverbots**.[19] Der Blankettatbestand von § 86 Abs. 1 Nr. 1 verweist somit auf eine Ausfüllungsnorm, die einem förmlichen Gesetz entnommen werden kann. Das Gesetzlichkeitsprinzip ist damit beachtet, zumal sich das für ahndbar erklärte Verhalten für den Rechtsanwender aus demselben Gesetz ergibt. § 86 Abs. 1 Nr. 1 wurde gegenüber der Vorläufernorm (§ 62 Abs. 1 Nr. 1 EEG 2012) sprachlich lediglich präzisiert. Eine inhaltliche Änderung zu § 62 Abs. 1 Nr. 1 EEG 2012 soll damit nicht verbunden sein.[20]

a) Schutzgut des Tatbestands von § 86 Abs. 1 Nr. 1 ist das Vertrauen in die korrekte **12** Durchführung des **Wälzungsmechanismus** bei Strom im Sinne des EEG sowie die richtige Abrechnung und Inrechnungstellung der EEG-Umlage.[21] In den Schutzbereich von § 86 Abs. 1 Nr. 1 fällt weiterhin der **Wettbewerb zwischen den Energieerzeugern**. Die vom EEG vorgesehene besondere Vergütung von Strom aus erneuerbaren Energien soll dessen Erzeugern den Zugang zum Strommarkt erleichtern, indem die höheren Erzeugungskosten von Regenerativstrom ausgeglichen werden.[22] Würde Strom entgegen § 80 Abs. 1 einerseits als „Ökostrom" und andererseits im Rahmen der Förderinstrumente des EEG vermarktet, könnte die Erzeugung von Strom aus regenerativen Energien wirtschaftlich doppelt genutzt werden. Solcher Strom könnte einerseits zu den erhöhten Vergütungssätzen des EEG abgerechnet und andererseits Endkunden gegen einen Aufpreis für die Eigenschaft des Stroms als „Ökostrom" angeboten werden. Im Interesse eines ausgeglichenen Wettbewerbs muss eine derartige Kumulierung der ökonomischen Vorteile möglichst verhindert werden. Von dieser Schutzrichtung des Tatbestands werden auch die **Verbraucher** erfasst, die entweder als Endabnehmer freiwillig ein höheres Entgelt für die Nutzung von „Ökostrom" bezahlen oder den von den Netzbetreibern an sie weitergegebenen Anteil an der Finanzierung der Erzeugung von Strom aus erneuerbaren Energien zu tragen haben.[23] Schließlich kann das **öffentliche Interesse** an der Erzeugung von Strom auf Grundlage erneuerbarer Energien wegen deren positiver Umwelteigenschaften als Schutzgut von § 86 Abs. 1 Nr. 1 angesehen werden, da eine Missachtung des Doppelvermarktungsverbots zugleich einen Verstoß gegen die Ziele des EEG beinhaltet.

---

19 Vgl. wegen Einzelheiten die Kommentierung zu § 80.
20 BT-Drs. 18/1304, S. 256.
21 *Salje*, EEG 2014, § 86 Rn. 7.
22 Altrock/Oschmann/*Schlacke*, § 56 Rn. 3.
23 Frenz/Müggenborg/*Boemke*, § 56 Rn. 3; Reshöft/Schäfermeier/*Kahle*, § 56 Rn. 1.

13   **b)** Was **Tatobjekte** von § 86 Abs. 1 Nr. 1 sind, stellt der Verweis auf § 80 Abs. 1 S. 1 klar. Demnach bezieht sich § 86 Abs. 1 Nr. 1 zunächst auf Strom, der aus erneuerbaren Energien im Sinne von § 5 Nr. 14 und aus Grubengas gewonnen wurde. Tatobjekte sind des Weiteren Deponie- und Klärgas, sowie Gas aus Biomasse, soweit sie in ein Gasnetz eingespeist wurden. Die Einbeziehung von Gas ist wegen des Privilegs der „dezentralen Verstromung" (§ 47 Abs. 6) gerechtfertigt.[24] Im Austausch für dieses Gas darf nämlich an anderer Stelle Gas aus dem Netz entnommen werden, um daraus Strom zu erzeugen, der wiederum den Regelungen des EEG unterfällt.

14   **c) Tathandlung.** § 86 Abs. 1 Nr. 1 enthält drei alternativ mögliche Tathandlungen. Tatbestandsmäßig i. S. v. § 86 Abs. 1 Nr. 1 handelt demnach, wer Strom oder Gas im Sinne dieser Vorschrift **mehrfach verkauft** (Alternative 1), sie **anderweitig überlässt** (Alternative 2) oder Strom **an eine dritte Person veräußert** (Alternative 3), die im Belastungsausgleich keine Funktion hat.[25]

15   **aa) Verkaufen bzw. Überlassen.** Der Begriff des **Verkaufens** ist als die Übernahme der schuldrechtlichen Verpflichtung zur Überlassung des Stroms bzw. der Gase zu verstehen.[26] Der Begriff des **Überlassens** ist im Sinne der oben erörterten Schutzgüter von § 86 Abs. 1 Nr. 1 weit auszulegen. Er umfasst damit jede Handlung, die geeignet ist, eine ungerechtfertigte mehrfache Nutzung des nur einmal erzielten oder erzielbaren wirtschaftlichen Vorteils zu ermöglichen.[27]

16   **bb) Mehrfaches Verkaufen bzw. Überlassen.** Aus dem Verweis auf § 80 Abs. 1 S. 1 ergibt sich, dass nur ein mehrfaches Verkaufen bzw. Überlassen tatbestandsmäßig ist. Dies liegt vor, wenn dasselbe „Kontingent" Strom oder Gas, für das bereits eine Förderung nach dem EEG gewährt wurde, durch denselben Akteur einem Abnehmer oder Weiterverteiler nochmals zur Verfügung gestellt wird.[28] Entgegen des insoweit missverständlichen Wortlauts sind vom Begriff des mehrfachen Verkaufens bzw. Überlassens nacheinander gelagerte Verkaufsvorgänge entlang einer Kette von Verkäufern nicht umfasst.[29] Für Strom aus erneuerbaren Energien oder aus Grubengas wird durch § 80 Abs. 1 S. 2 klargestellt, dass das Doppelvermarktungsverbot auch die Direktvermarktung in mehreren Formen nach § 20 Abs. 1 oder mehrfach in derselben Form nach § 20 Abs. 1 erfasst. Einschränkend gilt, dass die **Vermarktung als Regelenergie** im Rahmen der Direktvermarktung nicht als mehrfacher Verkauf oder anderweitige Überlassung von Strom behandelt wird, § 80 Abs. 1 S. 4.

17   **cc) Veräußerung an eine dritte Person.** Die Tatbestandsalternative der Veräußerung an eine dritte Person betrifft die Verhängung eines Bußgeldes gegenüber demjenigen, der als **Netzbetreiber** (§ 56) oder **Übertragungsnetzbetreiber** (§ 59) Strom ohne Beachtung der Vorgaben des Belastungsausgleichs veräußert, nachdem dieser Strom in ein allgemeines Versorgungsnetz eingespeist wurde und deshalb nur im Belastungsausgleich weiterzuwälzen ist.[30] In Bezug auf Netzbetreiber kommt darüber hinaus in Betracht, es ebenfalls als

---

24 Jeweils bzgl. § 27c EEG 2012, der Vorgängervorschrift von § 47 Abs. 6: Reshöft/Schäfermeier/*Kahle*, § 56 Rn. 15; *Salje*, EEG 2014, § 86 Rn. 9.

25 *Salje*, EEG 2014, § 86 Rn. 6.

26 Reshöft/Schäfermeier/*Kahle*, § 56 Rn. 17.

27 Reshöft/Schäfermeier/*Kahle*, § 56 Rn. 18.

28 *Salje*, EEG 2014, § 80 Rn. 7.

29 Altrock/Oschmann/Theobald/*Schlacke*, § 56 Rn. 10; Reshöft/Schäfermeier/*Kahle*, § 56 Rn. 14; *Salje*, EEG 2014, § 80 Rn. 4.

30 *Salje*, EEG 2014, § 86 Rn. 6.

ahndbar anzusehen, wenn der nach § 19 vergütete Strom nicht **unverzüglich** an den vorgelagerten Übertragungsnetzbetreiber weitergegeben wird.[31] Dem ist nicht zu folgen. Das Tatbestandsmerkmal der Unverzüglichkeit ist nicht in § 80 Abs. 1 S. 1 enthalten, sondern ergibt sich erst durch die dort enthaltene Bezugnahme auf § 56. Da der eigentliche Bußgeldtatbestand jedoch allein auf § 80 Abs. 1 S. 1 und nicht zusätzlich auf § 56 verweist, können auch nur in § 80 Abs. 1 S. 1 enthaltene Tatbestandsvoraussetzungen den Blanketttatbestand des § 86 Abs. 1 Nr. 1 ergänzen. Die Einbeziehung der nicht unverzüglichen Weitergabe von Strom in den Bußgeldtatbestand würde folglich gegen das Gebot gesetzlicher Bestimmtheit verstoßen. Die Grenzen der Ahndbarkeit würden aufgrund einer Vorschrift erweitert, die mangels eines entsprechenden Verweises im Bußgeldtatbestand für den Adressaten nicht hinreichend klar erkennbar ist. Dasselbe Ergebnis ergibt eine am Sinn und Zweck der Vorschrift orientierte Auslegung. Ein Verstoß gegen die Verpflichtung zur unverzüglichen Weitergabe stellt keinen Angriff auf die korrekte Durchführung des Wälzungsmechanismus an sich dar. Durch eine verzögerte Weitergabe werden weder der Wettbewerb der Stromerzeuger beeinträchtigt noch Verbraucherinteressen gefährdet.

d) Wer **Adressat** der an die Tathandlung geknüpften Bußgelddrohung ist, hängt davon ab,   **18** an wen das zugrunde liegende Verbot gerichtet ist. Als Handelnde im Sinne aller drei Alternativen der Tathandlung kommen die primär aufnahmepflichtigen **Netzbetreiber** i. S. v. § 56, die **Übertragungsnetzbetreiber** i. S. v. § 59, aber auch die **Erzeuger** sowie **Stromhändler** in Betracht.[32] Demgegenüber ist die dritte Tatbestandsalternative (Veräußerung an eine dritte Person) allein an Netzbetreiber und Übertragungsnetzbetreiber gerichtet. Nur sie betrifft nämlich die sich aus § 56 ergebende Verpflichtung, Strom aus erneuerbaren Energien ausschließlich im bundesweiten Ausgleichsmechanismus weiterzuwälzen.

3. Zuwiderhandlung gegen vollziehbare Anordnungen nach § 69 S. 2. Ordnungswidrig   **19** im Sinne von § 86 Abs. 1 Nr. 2 handelt, wer gegen **vollziehbare Anordnungen** des Bundesministeriums für Wirtschaft und Energie, des Bundesamts für Wirtschaft und Ausfuhrkontrolle oder deren Beauftragten verstößt, die auf § 69 Nr. 1–4 gestützt sind. Ahndbar macht sich demzufolge, wer formelle **Auskunftsverlangen** der genannten Stellen nicht befolgt. Ausweislich der Gesetzesbegründung betrifft dies insbesondere Auskunftsverlangen des Bundesamtes für Wirtschaft und Ausfuhrkontrolle über das Portal zur elektronischen Stellung eines Antrags auf Begrenzung der EEG-Umlage.[33] Mit § 86 Abs. 1 Nr. 2 in seiner jetzigen Fassung wurde im Rahmen der EEG Novellierung 2014 ein neuer Bußgeldstatbestand eingeführt. Diese Regelung war im Regierungsentwurf zur EEG Novelle noch nicht enthalten und wurde erst im parlamentarischen Verfahren eingefügt. Maßgeblich hierfür war die Erwägung, dass die Auskunfts- und Mitteilungspflicht für die Evaluierung und Weiterentwicklung der Besonderen Ausgleichsregelung (§§ 63–68) einen hohen Stellenwert hat. In Anbetracht dessen erachtete es der Gesetzgeber für erforderlich, eine Sanktion für Unternehmen einzuführen, die den Auskunftspflichten nicht nachkommen.[34]

a) Adressat. Täter der Zuwiderhandlung kann primär nur der Adressat des Verwaltungsak-   **20** tes sein. Als solche kommen hier Unternehmen (§ 5 Nr. 34) und Schienenbahnen (§ 5

---

31 A. A. Frenz/Müggenborg/*Schomerus*, § 62 Rn. 16.
32 Frenz/Müggenborg/*Boemke*, § 56 Rn. 15; *Salje*, EEG 2014, § 86 Rn. 7.
33 BT-Drs. 18/1891, S. 207.
34 BT-Drs. 18/1891, S. 207.

Nr. 28) in Betracht, die eine Begrenzung der EEG-Umlage gem. § 63 beantragt oder erhalten haben.

21 **b) Tathandlung** ist die Zuwiderhandlung gegen ein Auskunftsverlangen der in § 69 genannten Stellen. Die verlangten Auskünfte können dabei die verbrauchten Strommengen (§ 69 Nr. 1), mögliche und umgesetzte effizienzsteigernde Maßnahmen (§ 69 Nr. 2), die Bestandteile der Stromkosten (§ 69 Nr. 3) oder weitere zur Evaluierung und Fortschreibung der §§ 63 bis 68 erforderliche Angaben (§ 69 Nr. 4) betreffen.

22 Vom Regelungsgehalt der jeweiligen Anordnung hängt es ab, welche konkreten **Eigenschaften eine Zuwiderhandlung** aufweisen muss, um nach den genannten Tatbeständen ahndbar zu sein. § 86 Abs. 1 Nr. 2 bedarf als **Blanketttatbestand** der Ergänzung durch einen Verwaltungsakt. Die behördliche Anordnung füllt damit das Merkmal der Zuwiderhandlung in ähnlicher Weise aus, wie eine gesetzliche Bezugsnorm einen Blanketttatbestand. Im Zusammenhang mit § 86 Abs. 1 Nr. 2 wird damit ahndbares Verhalten zumindest teilweise nicht vom Gesetzgeber selbst, sondern von einer Verwaltungsbehörde, nämlich dem Bundesministerium für Wirtschaft und Energie, dem Bundesamt für Wirtschaft und Ausfuhrkontrolle oder einer von ihnen beauftragten Stelle, definiert (sogenannte **Tatbestandswirkung**). Nach dem Gesetzeswortlaut und der Gesetzesbegründung bleibt zwar offen, um welche Stellen es sich bei den Beauftragten des Bundesministeriums für Wirtschaft und Energie bzw. des Bundesamts für Wirtschaft und Ausfuhrkontrolle handeln soll, die neben den beiden zuerst genannten Behörden Auskünfte verlangen können. Aus dem soeben Gesagten ergibt sich jedoch, dass es sich bei den Beauftragten jedenfalls nur um andere Behörden handeln kann. Wegen § 35 VwVfG können nur Behörden Urheber von Auskunftsverlangen in Form von Verwaltungsakten sein.

23 Um dem Gebot formell gesetzlicher Bestimmtheit zu genügen, muss der Gesetzgeber die Voraussetzungen der Ahndbarkeit in der Blankettvorschrift selbst oder in einer anderen gesetzlichen Bezugsvorschrift genügend deutlich bezeichnen und abgrenzen. Der Gesetzgeber ist nämlich gehalten, selbst festzulegen, welches Verhalten mit einem Bußgeld oder einer Strafe bedroht werden soll.[35] Soweit dieses Prinzip gewahrt wird, liegt in der **Tatbestandswirkung** behördlicher Anordnungen kein Widerspruch zu Art. 103 Abs. 2 GG. Ist der Verwaltungsakt rechtmäßig, konkretisiert er nur das Verbot des Gesetzes, aufgrund dessen er ergangen ist. Ist er dagegen rechtswidrig, verstößt seine Tatbestandswirkung nach zutreffender h. M. gleichwohl nicht gegen das Gesetzlichkeitsprinzip.[36] Die Gesetzesbestimmtheit folgt nämlich zum einen aus der Bußgeldnorm selbst. Zum anderen ergibt sie sich aus den §§ 43 f. VwVfG, § 6 VwVG, denen zufolge auch ein rechtswidriger Verwaltungsakt wirksam ist, sofern er nicht nichtig ist.

24 Allgemein formuliert ist als **Zuwiderhandlung** im Sinne von § 86 Abs. 1 Nr. 2 **jede objektive Nichtbeachtung eines Auskunftsverlangens** ahndbar. Eine Zuwiderhandlung liegt folglich insbesondere dann vor, wenn **Auskünfte nicht erteilt werden**, wenn sie **unrichtig** oder **unvollständig** sind. Nicht ahndbar ist demgegenüber eine Weigerung des zur Auskunft Verpflichteten, wenn die geforderte Auskunft den Verpflichteten selbst oder seine Angehörigen im Sinne von § 383 Abs. 1 Nr. 1 bis 3 ZPO der Gefahr eines Straf- oder Bußgeldverfahrens aussetzen würde. Diese Einschränkung des Tatbestands ergibt sich aus

---

35 BVerfGE 78, 383 = NJW 1989, 1663; BVerfGE 80, 244, 256 = NJW 1990, 37.
36 BGHSt 23, 86, 91 = NJW 1969, 2023; BGHSt 31, 314, 315; a. A.: *Schall*, NJW 1990, 1263, 1271.

§ 68 Abs. 2 S. 3. Da das Gesetz an dieser Stelle die Verweigerung der Auskunft ausdrücklich erlaubt, kann sie nicht tatbestandsmäßig und damit nicht rechtswidrig sein.

aa) Nur die **Missachtung vollziehbarer Anordnungen** erfüllt den Tatbestand.[37] Vollziehbar ist ein Verwaltungsakt nicht erst dann, wenn er formell bestandskräftig (vgl. § 6 Abs. 1 Alt. 1 VwVG) geworden ist. **Vollziehbarkeit** ist vielmehr grundsätzlich schon dann gegeben, wenn der Verwaltungsakt aufgrund Bekanntgabe wirksam geworden ist, § 43 Abs. 1 S. 1 VwVfG. Die Entscheidungen des BAFA, des BMWi oder ihrer Beauftragen müssen folglich vom Zeitpunkt ihrer Bekanntgabe an beachtet werden. Die Vollziehbarkeit eines Auskunftsverlangens gem. § 69 entfällt nur dann wieder, wenn aufgrund eines Rechtsbehelfs **aufschiebende Wirkung** eintritt (§ 80 Abs. 1 S. 1 VwGO) oder der Verwaltungsakt durch behördliche bzw. gerichtliche Entscheidung aufgehoben wird. Der Wegfall der Vollziehbarkeit aufgrund der Einlegung eines Rechtsbehelfs dürfte bei Auskunftsverlangen des BAFA, des BMWi oder ihrer Beauftragen die Regel sein, wenn nicht die sofortige Vollziehbarkeit gem. § 80 Abs. 2 Nr. 4 VwGO besonders angeordnet wird. Ist die Vollziehbarkeit wegen der Einlegung eines Rechtsbehelfs, wegen einer Aussetzungsentscheidung gem. § 80 Abs. 4 S. 1 VwGO oder wegen einer gerichtlichen Anordnung gem. § 80 Abs. 5 S. 1 Alt. 2 VwGO entfallen, erfüllt die Zuwiderhandlung gegen ein Auskunftsverlangen den Tatbestand nicht. Der Adressat eines wirksam angefochtenen Verwaltungsakts muss diesen nicht von sich aus befolgen.[38]

25

bb) Missachtung nichtiger Anordnungen. Nicht tatbestandsmäßig und damit auch nicht ahndbar ist die Missachtung einer nichtigen Anordnung.[39] Einer derartigen Anordnung fehlt schon die Wirksamkeit, § 43 Abs. 3 VwVfG. Zur Nichtigkeit können nur **offensichtliche und besonders schwerwiegende Fehler** führen. Nichtig wäre beispielsweise ein auf § 61 gestütztes Auskunftsverlangen einer hierfür nicht zuständigen Behörde[40] wie etwa des Umweltbundesamts.

26

cc) Zuwiderhandlung gegen vollziehbare aber rechtswidrige Anordnungen. Umstritten ist, ob eine Zuwiderhandlung gegen eine vollziehbare aber rechtswidrige Anordnung tatbestandsmäßig ist. Der BGH hält die Zuwiderhandlung gegen **rechtswidrige, aber vollziehbare Verwaltungsakte** für tatbestandsmäßig und grundsätzlich auch für ahndbar.[41] Die Gegenansicht geht davon aus, dass die Missachtung einer rechtswidrigen Verfügung bereits nicht tatbestandsmäßig sei.[42] Eine dritte Meinung sieht zwar auch durch die Zuwiderhandlung gegen eine rechtswidrige Verfügung den Tatbestand erfüllt, nimmt aber einen

27

---

37 BGHSt 23, 86, 93 = NJW 1969, 2023.
38 BVerwGE 66, 222 = NJW 1983, 776 (st. Rspr.); zust. *Hufen*, Verwaltungsprozessrecht, 9. Aufl. 2013, § 32 Rn. 3 ff.; *Kopp/Schenke*, VwGO, 20. Aufl. 2014, § 80 Rn. 32.
39 *Reshöft/Schäfermeier/Sommerfeldt/Findeisen*, § 62 Rn. 13; *Salje*, EEG 2014, § 86 Rn. 14.
40 *Kopp/Ramsauer/Ramsauer*, § 80 Rn. 32
41 BGHSt 23, 86, 94 = NJW 1969, 2023; Frenz/Müggenborg/*Schomerus*, § 62 Rn. 21; *Salje*, EEG 2014, § 86 Rn. 13; *Klesczewski*, Ordnungswidrigkeitenrecht, Rn. 123, 125 ff. m. w. N.; ähnlich: BVerfG, NJW 1987, 2219 (Aussetzung des Bußgeldverfahrens im Falle eines verwaltungsgerichtlichen Eilverfahrens).
42 BVerfGE 92, 191, 198, 200 ff. = NJW 1995, 3110 m. Anm. *Roellecke*, NJW 1995, 3101; *Kopp/ Schenke*, VwGO, 20. Aufl. 2014, § 80 Rn. 32; *Wüterich*, NStZ 1987, 106, 107; Schönke/Schröder/ *Heine/Hecker*, StGB Vor §§ 324 ff. Rn. 21.

Ausschluss der Ahndbarkeit an.[43] Vorzugswürdig ist die Auffassung des BGH. Den anderen Ansichten ist zwar insofern zuzustimmen, dass die Verpflichtung einem rechtswidrigen Verwaltungsakt Folge zu leisten, in Grundrechte eingreift und im Einzelfall schwerwiegende Folgen haben kann. Andererseits ist der Betroffene einem rechtswidrigen aber vollziehbaren Verwaltungsakt gegenüber nicht ohne Schutz, da ihm der **Rechtsweg** nach § 80 Abs. 4 und 5 VwGO offen steht.[44] Der Betroffene, der einer Verfügung zuwiderhandelt ohne Rechtsschutz zu suchen, nimmt folglich im Ergebnis für sich in Anspruch, selbst über die Beachtlichkeit von Anordnungen befinden zu können. Darin liegt ein ahndungswürdiger Ungehorsam, der auch durch die nachträgliche Aufhebung des Verwaltungsakts nicht beseitigt wird.[45] Sollte der Eilrechtsweg ausnahmsweise nicht offen stehen, kann je nach Sachverhalt eine **Notstandslage** gegeben sein.

28 **4. Zuwiderhandlung gegen vollziehbare Anordnungen nach § 85 Abs. 4 in Verbindung mit § 65 Abs. 1 oder Abs. 2 oder § 69 Abs. 7 S. 1 oder Abs. 8 S. 1 EnWG.** Ordnungswidrig im Sinne von § 86 Abs. 1 Nr. 3 handelt, wer gegen **vollziehbare Anordnungen der Bundesnetzagentur** verstößt, die auf § 85 Abs. 4 in Verbindung mit bestimmten Normen des EnWG gestützt sind. Eine Ordnungswidrigkeit begeht danach, wer gegen eine Verfügung nach § 65 Abs. 1 oder 2 EnWG verstößt. Ahndbar macht sich außerdem, wer formelle **Auskunftsbeschlüsse** nach § 69 Abs. 7 EnWG nicht befolgt. Schließlich handelt ordnungswidrig, wer gegen **Prüfungsanordnungen** verstößt, die aufgrund von § 69 Abs. 8 EnWG im Rahmen des Überwachungsverfahrens ergangen sind.

29 **a) Adressat.** Als Adressaten des Verwaltungsakts, die damit auch Täter der Zuwiderhandlung sein können, kommen in Betracht: Energieversorgungsunternehmen, die der Aufsicht durch die Bundesnetzagentur unterliegen, am Wälzungsmechanismus beteiligte Netzbetreiber sowie Anlagenbetreiber.[46]

30 **b) Tathandlung** ist die Zuwiderhandlung gegen eine behördliche Anordnung. § 86 Abs. 1 Nr. 3 ist damit ebenso wie § 86 Abs. 1 Nr. 2 ein **Blanketttatbestand**. Wie dort ist es vom Regelungsgehalt der jeweiligen behördlichen Anordnung abhängig, welche konkreten **Eigenschaften eine Zuwiderhandlung** aufweisen muss, um ahndbar zu sein. Auch im Zusammenhang mit § 86 Abs. 1 Nr. 3 wird damit ahndbares Verhalten nicht vom Gesetzgeber selbst, sondern von einer Verwaltungsbehörde wie der Bundesnetzagentur bestimmt. Dass diese sogenannte **Tatbestandswirkung** an sich kein Widerspruch zu Art. 103 Abs. 2 GG darstellt, wurde bereits oben gezeigt.[47]

31 Unabhängig von ihren erst durch die im Einzelfall ergehende Anordnung konkretisierten Eigenschaften ist als **Zuwiderhandlung** im Sinne von § 86 Abs. 1 Nr. 3 **jede objektive Nichtbeachtung einer Anordnung** zu verstehen. Diese kann sowohl im pflichtwidrigen Unterlassen als auch in einem gegen die Anordnung gerichteten positiven Tun bestehen.[48]

---

43 *Neumann*, Die strafrechtlichen Auswirkungen fehlerhafter öffentlich-rechtlicher Handlungen, Entscheidungen und Normen, S. 238, 256; *Winkelbauer*, Zur Verwaltungsakzessorietät des Umweltstrafrechts, S. 47, 51, 62; *Otto*, Jura 1991, 308, 313.
44 Ausführlich: *Klesczewski*, Ordnungswidrigkeitenrecht, Rn. 127.
45 *Klesczewski*, Ordnungswidrigkeitenrecht, Rn. 125.
46 Altrock/Oschmann/Theobald/*Müller*, § 61 Rn. 41.
47 Rn. 23.
48 *Salje*, EEG 2014, § 86 Rn. 14; Frenz/Müggenborg/*Schomerus*, § 62 Rn. 22; differenzierend zwischen Anordnungen nach § 65 Abs. 1 und Abs. 2 EnWG: Altrock/Oschmann/Theobald/*Müller*, § 61 Rn. 37.

Demnach ist etwa nicht bereits die unzutreffende Berechnung der EEG-Umlage durch einen Übertragungsnetzbetreiber gegenüber einem Energieversorgungsunternehmen ahndbar. Eine Ordnungswidrigkeit liegt vielmehr erst dann vor, wenn der betreffende Übertragungsnetzbetreiber eine Verfügung der Bundesnetzagentur aufgrund von § 85 Abs. 4 missachtet, die Berechnung in einer bestimmten Weise zu verändern.[49] Soweit die Verfügung in einem **Auskunftsverlangen** gem. § 69 Abs. 7 S. 1 EnWG besteht, liegt eine Zuwiderhandlung insbesondere dann vor, wenn die **Auskünfte unrichtig** oder **unvollständig** sind. Dasselbe gilt, wenn die Auskünfte nicht innerhalb der gem. § 69 Abs. 7 S. 2 EnWG gesetzten Frist zur Verfügung gestellt werden. Ebenso wie im Rahmen von § 86 Abs. 1 Nr. 2 ist auch bei § 86 Abs. 1 Nr. 3 die Nichterteilung einer Auskunft dann nicht ahndbar, wenn sich durch die Auskunft die Verpflichteten selbst oder ihre Angehörigen belasten würden. Diese Einschränkung des Tatbestands ergibt sich aus § 69 Abs. 6 S. 1 EnWG, der wortgleich zu § 68 Abs. 2 S. 3 gestaltet ist.

aa) Missachtung vollziehbarer Anordnungen. Tatbestandsmäßig ist nur die Missachtung   **32** vollziehbarer Anordnungen.[50] Die Anordnungen der Bundesnetzagentur müssen vom Zeitpunkt ihrer Bekanntgabe an beachtet werden, § 43 Abs. 1 S. 1 VwVfG. Der Wegfall der Vollziehbarkeit aufgrund der Einlegung eines Rechtsbehelfs kommt bei Anordnungen der Bundesnetzagentur aufgrund von § 85 Abs. 4 nicht in Betracht. Aus § 85 Abs. 4 i.V.m. §§ 76 Abs. 1, 77 Abs. 2 EnWG ergibt sich, dass Widerspruch und Klage gegen Entscheidungen der Bundesnetzagentur keine aufschiebende Wirkung haben.[51] Hat die Bundesnetzagentur gemäß § 80 Abs. 4 S. 1 VwGO die sofortige Vollziehbarkeit ausgesetzt, ist die Nichtbefolgung der betreffenden Anordnung nicht tatbestandsmäßig.[52]

bb) Missachtung nichtiger Anordnungen. Die Missachtung einer nichtigen Anordnung   **33** erfüllt den Tatbestand nicht, da einer nichtigen Anordnung die Wirksamkeit fehlt, § 43 Abs. 3 VwVfG.[53] Nichtig wäre beispielsweise der Erlass eines mündlichen Auskunftsbeschlusses gem. § 69 Abs. 7 EnWG oder einer mündlichen Prüfungsanordnung gem. § 69 Abs. 8 EnWG. Da das Gesetz in beiden Fällen eine schriftliche Verfügung fordert (§ 69 Abs. 7 S. 1 EnWG bzw. § 69 Abs. 8 S. 1 EnWG), wäre eine mündliche Anordnung gem. § 44 Abs. 1 VwVfG nichtig.[54]

cc) Zuwiderhandlung gegen vollziehbare aber rechtswidrige Anordnungen. Hinsicht-   **34** lich der umstrittenen Frage, ob eine Zuwiderhandlung gegen eine vollziehbare aber rechtswidrige Anordnung tatbestandsmäßig ist, gilt für § 86 Abs. 1 Nr. 3 das oben bzgl. § 86 Abs. 1 Nr. 2 gesagte.[55] Nach der hier vertretenen Ansicht wäre demnach die Zuwiderhandlung gegen **rechtswidrige, aber vollziehbare Anordnungen** der Bundesnetzagentur im Rahmen von § 85 Abs. 4 tatbestandsmäßig und ahndbar.

5. Zuwiderhandlungen gegen die Biomassestrom-Nachhaltigkeitsverordnung oder   **35** **die Herkunftsnachweisverordnung bzw. vollziehbare Anordnungen aufgrund der Biomassestrom-Nachhaltigkeitsverordnung oder der Herkunftsnachweisverordnung**

---

49 In diesem Sinne das in *Salje*, EEG 2014, § 86 Rn. 15 gewählte Beispiel.
50 BGHSt 23, 86, 93 = NJW 1969, 2023.
51 Frenz/Müggenborg/*Schomerus*, § 62 Rn. 21; Altrock/Oschmann/Theobald/*Müller*, § 62 Rn. 12.
52 *Salje*, EEG 2014, § 86 Rn. 13.
53 Reshöft/Schäfermeier/*Sommerfeldt/Findeisen*, § 62 Rn. 13; *Salje*, EEG 2014, § 86 Rn. 14.
54 Kopp/Ramsauer/*Ramsauer*, § 44 Rn. 25.
55 Rn. 27.

(**§ 86 Nr. 4 lit. a–lit. c**). Die einschlägigen Rechtsverordnungen sind für § 86 Abs. 1 Nr. 4 lit. a die **Biomassestrom-Nachhaltigkeitsverordnung** (BioSt-NachV)[56] und für § 86 Abs. 1 Nr. 4 lit. b und Nr. 4 lit. c die **Herkunftsnachweisverordnung** (HkNV).[57] Bei sämtlichen Tatbestandsalternativen handelt es sich wiederum um **Blankettnormen**, die der Ergänzung durch die genannten Rechtsverordnungen selbst oder durch die Einzelheiten einer behördlichen Anordnung aufgrund der Rechtsverordnungen bedürfen. Eine Ahndung von Zuwiderhandlungen gegen die in diesen Verordnungen enthaltenen Vorschriften bzw. von Zuwiderhandlungen gegen vollziehbare Anordnungen aufgrund dieser Verordnungen ist nach derzeitiger Rechtslage nicht möglich. In der gegenwärtigen Staatspraxis wird die Anwendung einer Blankettvorschrift ohne Ausnahme davon abhängig gemacht, dass die Rechtsverordnung für einen bestimmten Tatbestand auf die Straf- oder Bußgeldvorschrift zurückverweist.[58] Mit einer derartigen so genannten **Rückverweisungsklausel** soll eine bessere Überschaubarkeit der Blankettnormen sichergestellt und nicht hinreichend bestimmte Ausfüllungsnormen von dem Blankett ausgenommen werden.[59] Das Erfordernis der Rückverweisungsklausel kommt auch durch eine entsprechende Formulierung am Ende von § 86 Abs. 1 Nr. 4 zum Ausdruck. Weder in der BioStNachV noch in der HkNV wird allerdings auf § 86 Abs. 1 Nr. 4 verwiesen. Damit sind Verstöße gegen Pflichten aus der BioStNachV oder der HkNV wegen Fehlens der in § 86 Abs. 1 Nr. 4 a. E. geforderten **Rückverweisungsklausel** nicht bußgeldbewehrt.[60]

36 **6. Zuwiderhandlungen gegen die Anlagenregisterverordnung oder vollziehbare Anordnungen aufgrund der Anlagenregisterverordnung (§ 86 Abs. 1 Nr. 4 lit. d).** Gem. § 86 Abs. 1 Nr. 4 lit. d sind Zuwiderhandlungen gegen die auf der Grundlage von § 93 Nr. 1, 4 und 9 erlassenen Teile der AnlRegV oder gegen Anordnungen aufgrund dieser Rechtsverordnung als Ordnungswidrigkeiten ahndbar. Der Blanketttatbestand von § 86 Abs. 1 Nr. 4 lit. d verweist somit auf Ausfüllungsnormen, die keinem förmlichen Gesetz sondern einer Rechtsverordnung (§§ 86 Abs. 1 Nr. 4 lit. d, 93 Nr. 1 i.V.m. § 15 Nr. 1–3 AnlRegV) bzw. einer Anordnung aufgrund dieser Rechtsverordnung (§§ 86 Abs. 1 Nr. 4 lit. d, 93 Nr. 4 i.V.m. § 15 Nr. 4 AnlRegV) entnommen werden können. Wie bereits oben für den Fall der Tatbestandswirkung von Verwaltungsakten dargelegt,[61] sind die **Anforderungen des Gesetzlichkeitsprinzips** gleichwohl dadurch gewahrt, dass der Gesetzgeber die Vorrausetzungen der Ahndbarkeit in der Blankettvorschrift selbst bezeichnet und abgegrenzt hat. Damit hat auch hier der Gesetzgeber selbst festgelegt, welches Verhalten mit einem Bußgeld bedroht werden soll.[62] Auch dem Erfordernis einer Rückverweisungsklausel gem. § 93 Abs. 1 Nr. 4 a. E. ist durch § 15 AnlRegV Genüge getan.

37 Aus dem **Gesetzlichkeitsprinzip** folgt weiterhin, dass die im Tatbestand von § 86 Abs. 1 Nr. 4 lit. d nicht enthaltenen Teile der AnlRegV nicht Grundlage für die Verhängung eines

56 Verordnung über Anforderungen an eine nachhaltige Herstellung von flüssiger Biomasse zur Stromerzeugung (Biomassestrom-Nachhaltigkeitsverordnung – BioSt-NachV) vom 23. Juli 2009 (BGBl. I S. 2174), zuletzt geändert durch Gesetz vom 21.7.2014 (BGBl. I S. 1066).
57 Verordnung über Herkunftsnachweise für Strom aus erneuerbaren Energien (Herkunftsnachweisverordnung – HkNV) vom 28.11.2011 (BGBl. I S. 2447) zuletzt geändert durch Gesetz vom 21.7.2014 (BGBl. I S. 1066).
58 Karlsruher Kommentar-OWiG/*Rogall*, Vor § 1 Rn. 17.
59 Göhler/*Gürtler*, OWiG, Vor § 1 Rn. 18; Karlsruher Kommentar-OWiG/*Rogall*, Vor § 1 Rn. 17.
60 Frenz/Müggenborg/*Schomerus*, § 62 Rn. 24.
61 Rn. 23.
62 BVerfGE 78, 383 = NJW 1989, 1663 ff.; BVerfGE 80, 244, 256 = NJW 1990, 37 ff.

Bußgeldes sein können. Die AnlRegV muss danach einschlägige Vorschriften zur Ausfüllung der Kernanforderungen enthalten, die sich aus § 86 Abs. 1 Nr. 4 lit. d in Verbindung mit § 93 Nr. 1, 4 bzw. 9 ergeben.[63] Dies ist nur bei für § 93 Nr. 1 und 4 der Fall. Zu der in § 93 Nr. 9 enthaltenen Ermächtigung zur Regelung von Einzelheiten bzgl. der Verpflichtung von Netzbetreibern zum Abruf und zur Übermittlung der jeweiligen Ist-Einspeisung von Anlagen enthält die AnlRegV keine Vorschriften. Diese Tatbestandsalternative spielt deswegen solange keine Rolle im Zusammenhang mit möglicherweise ahndbarem Verhalten, bis vom Verordnungsgeber entsprechende Regeln in die AnlRegV aufgenommen werden.

a) Verstöße gegen Registrierungs-, Mitteilungs- und Übermittlungspflichten. Die **38**
§§ 86 Abs. 1 Nr. 4 lit. d, 93 Nr. 1 i.V.m. § 15 Nr. 1–3 AnlRegV erklären die Verletzung von Registrierungs-, Mitteilungs- und Übermittlungspflichten für ahndbar, die sich aus §§ 3 Abs. 1 S. 1, Abs. 2, 4 Abs. 1, Abs. 2, 5 und 6 Abs. 1 S. 1 Nr. 6, Abs. 2 S. 2 AnlRegV ergeben. Da diese Vorschriften Pflichten vorsehen und genauer ausgestalten, die dem Aufbau, der Vollständigkeit und Aktualität des Anlagenregisters dienen, sind sie vom Tatbestand der §§ 86 Abs. 1 Nr. 4 lit. d, 93 Nr. 1 erfasst und können somit auch Grundlage für die Verhängung von Bußgeldern sein.

aa) Verstöße gegen Registrierungspflichten (§§ 15 Nr. 1 i.V.m. 3 Abs. 1 S. 1, 4 Abs. 1, 6 **39**
Abs. 1 S. 1 Nr. 6 AnlRegV). Die §§ 3 Abs. 1 S. 1, 4 Abs. 1 und 6 Abs. 1 S. 1 Nr. 6 AnlRegV regeln, welche Anlagen bzw. Genehmigungen für Anlagen registriert werden müssen und innerhalb welcher Frist dies zu geschehen hat. **Schutzgüter** dieser Vorschriften sind somit die Vollständigkeit und Aktualität des Anlagenregisters. **Adressat** der Registrierungspflicht ist der jeweilige Anlagenbetreiber. Wer **Anlagenbetreiber** ist, wird in der AnlRegV selbst nicht definiert. Insoweit kann jedoch auf § 5 Nr. 2 zurückgegriffen werden. Demzufolge ist Anlagenbetreiber, wer unabhängig vom Eigentum die Anlage für die Erzeugung von Strom aus erneuerbaren Energien oder aus Grubengas nutzt. Der Begriff der **Anlage** ist in § 2 Nr. 1 AnlRegV i.V.m. § 5 Nr. 1 legal definiert.

Das **Bestehen einer Registrierungspflicht** wird in den §§ 3 Abs. 1 S. 1, 4 Abs. 1 und 6 **40**
Abs. 1 S. 1 Nr. 6 AnlRegV an unterschiedliche Voraussetzungen geknüpft, deren gemeinsames Merkmal eine Differenzierung in zeitlicher Hinsicht ist. So besteht gem. § 3 Abs. 1 S. 1 AnlRegV eine Registrierungspflicht, wenn die Anlage nach dem 31.7.2014 in Betrieb genommen wurde, es sei denn, die Anlage ist nicht an ein Netz angeschlossen und der erzeugte Strom wird oder kann auch nicht mittels kaufmännisch-bilanzieller Weitergabe in ein Netz angeboten werden (§ 3 Abs. 1 S. 2 AnlRegV). Gem. § 4 Abs. 1 AnlRegV muss bereits die Genehmigung von Anlagen registriert werden, wenn sie nach dem 31.7.2014 erteilt wurde. Schließlich normiert § 6 Abs. 1 S. 1 Nr. 6 AnlRegV die Pflicht, auch vor dem 1.8.2014 in Betrieb genommene Anlagen registrieren zu lassen, wenn sie stillgelegt werden. Die Registrierung muss innerhalb von **drei Wochen** nach Inbetriebnahme (§ 3 Abs. 1 S. 1, Abs. 3 S. 1 AnlRegV), nach Bekanntgabe der Genehmigung (§ 4 Abs. 1 a.E. AnlRegV) bzw. nach der endgültigen Stilllegung (§ 6 Abs. 1 S. 1 Nr. 6, Abs. 3 Nr. 4 AnlRegV) erfolgen.

Die **Tathandlung** ergibt sich aus § 15 Nr. 1 AnlRegV. Diese Vorschrift enthält zwei alterna- **41**
tive Begehungsweisen. Tatbestandsmäßig handelt demnach, wer eine Anlage oder Genehmigung **nicht registrieren** lässt, obwohl gem. §§ 3 Abs. 1 S. 1, 4 Abs. 1 oder 6 Abs. 1 S. 1

---

63 *Salje*, EEG 2014, § 86 Rn. 18.

Nr. 6 AnlRegV eine Registrierungspflicht besteht. Der Bußgeldtatbestand ist ferner dann erfüllt, wenn die Anlage **nicht** oder die Genehmigung **nicht rechtzeitig registriert** wird.

42 **Unterbleiben der Registrierung.** Aus § 7 Abs. 2 S. 1 AnlRegV ergibt sich, dass die Bundesnetzagentur die Anlage bei Inbetriebnahme nur registriert, wenn mindestens die Angaben nach § 3 Abs. 2 Nr. 1, 2 und 4–6 AnlRegV übermittelt wurden. Bei Stilllegung der Anlage erfolgt die Registrierung, wenn die Angaben nach §§ 7 Abs. 2 S. 2, 6 Abs. 2 AnlRegV vollständig übermittelt wurden. Wann die Genehmigung einer Anlage gem. § 4 Abs. 1 AnlRegV registriert wird, ist nicht geregelt. In entsprechender Anwendung von § 7 Abs. 2 S. 1 AnlRegV wird dies wohl geschehen, wenn die dort genannten Angaben (d.h. die Angaben nach § 3 Abs. 2 Nr. 1, 2 und 4–6 AnlRegV) übermittelt wurden. Aus dieser Rechtslage folgt, dass nach § 15 Nr. 1 Alt. 1 AnlRegV ahndbar ist, wer nicht wenigstens die für eine Registrierung nötigen Angaben übermittelt. Wer darüber hinaus die gesetzlich vorgeschriebenen Angaben unvollständig übermittelt, ist nicht ahndbar. § 15 Nr. 1 AnlRegV erklärt ausdrücklich nur das Unterlassen einer Registrierung und die verspätete Registrierung für ahndbar, während eine unvollständige Übermittlung nicht erwähnt wird. Angesichts der in §§ 7 Abs. 3, 8 AnlRegV vorgesehenen Möglichkeiten zur Ergänzung des Registers erschien dem Verordnungsgeber offenbar die Pflicht zur vollständige Übermittlung der gesetzlich vorgeschriebenen Angaben nicht wichtig genug, um sie mit einem Bußgeld zu bewehren. Die unvollständige Übermittlung der vorgeschriebenen Angaben wird nämlich auch an keiner anderen Stelle für ahndbar erklärt. Von § 15 Nr. 2 AnlRegV wird ausdrücklich nur eine unrichtige, nicht aber eine unvollständige Übermittlung von Angaben mit einem Bußgeld bedroht.

43 **Rechtzeitigkeit der Registrierung.** Im Sinne von § 15 Nr. 1 AnlRegV handelt derjenige tatbestandsmäßig, der die zweiwöchige Registrierungsfrist versäumt. Für die Registrierung der Genehmigung lässt sich die Frist unproblematisch aus § 4 Abs. 1 AnlRegV entnehmen, auf den § 15 Nr. 1 AnlRegV verweist. Für die Registrierung bei Inbetriebnahme und Stilllegung verweist § 15 Nr. 1 AnlRegV zwar nicht ausdrücklich auf § 3 Abs. 3 S. 1 AnlRegV bzw. auf § 6 Abs. 3 Nr. 4 AnlRegV, die sich zu den jeweiligen Registrierungspflichten verhalten. Allerdings nehmen die in § 15 Nr. 1 AnlRegV genannten § 3 Abs. 1 S. 1 AnlRegV und 6 Abs. 1 S. 1 Nr. 6 AnlRegV ihrerseits ausdrücklich auf § 3 Abs. 3 S. 1 AnlRegV bzw. § 6 Abs. 3 Nr. 4 AnlRegV Bezug, die die Dauer der Registrierungspflicht benennen.

44 **bb) Unrichtige Übermittlung von Angaben (§§ 15 Nr. 2 i.V.m. 3 Abs. 2, 4 Abs. 2, 6 Abs. 2 S. 2 AnlRegV).** Die §§ 3 Abs. 2, 4 Abs. 2 und 6 Abs. 2 S. 2 AnlRegV betreffen den Inhalt der Registrierungspflicht, indem sie regeln, welche Informationen dem Anlagenregister zur Verfügung gestellt werden müssen. **Schutzgut** ist die inhaltliche Richtigkeit des Anlagenregisters. Bei der Registrierung anlässlich der Inbetriebnahme müssen die im Angabenkatalog von § 3 Abs. 2 AnlRegV aufgezählten Angaben gemacht werden. § 3 Abs. 2 AnlRegV ist die zentrale Vorschrift für die zu übermittelnden Angaben. Auf den in § 3 Abs. 2 AnlRegV enthaltenen Katalog wird auch für die Registrierung aus Anlass der Genehmigungserteilung sowie der Stilllegung Bezug genommen. Dies ergibt sich für die Registrierung bei Genehmigungserteilung aus §§ 4 Abs. 2 i.V.m. 3 Abs. 2 AnlRegV. Dabei wird der Katalog von § 3 Abs. 2 AnlRegV durch die Sonderregel des § 4 Abs. 2 AnlRegV inhaltlich modifiziert, indem die Angaben nach § 3 Abs. 2 Nr. 9, 14, 15 und 16 AnlRegV von der Übermittlungspflicht ausgenommen und andere Informationen wie genehmigende Behörde, Aktenzeichen der Genehmigung u.s.w. für übermittlungspflichtig erklärt werden. Die Bezugnahme auf § 3 Abs. 2 AnlRegV kann für die Registrierung bei Stilllegung der

Anlage aus §§ 6 Abs. 2 S. 2 AnlRegV entnommen werden. Auch hier wird der Katalog von § 3 Abs. 2 AnlRegV durch § 6 Abs. 2 AnlRegV inhaltlich angepasst.

Wiederum ist der jeweilige Anlagenbetreiber **Adressat der Pflicht**. Die **Tathandlung** ist   45
in § 15 Nr. 2 AnlRegV benannt. Hiernach ist ahndbar, wer eine der in 3 Abs. 2, 4 Abs. 2, 6 Abs. 2 S. 2 AnlRegV geforderten Angaben inhaltlich unrichtig übermittelt.

cc) Verstöße gegen Pflichten bzgl. der Mitteilung von Änderungen (§§ 15 Nr. 3 i.V.m.   46
5 AnlRegV). § 5 AnlRegV normiert die Pflicht, Änderungen der in dieser Vorschrift benannten Abgaben innerhalb von drei Wochen mitzuteilen. Von der Pflicht nach § 5 AnlRegV sind zunächst die gem. § 3 Abs. 2 AnlRegV übermittlungspflichtigen Angaben mit Ausnahme der Angaben nach § 3 Abs. 2 Nr. 6 und 7 AnlRegV erfasst. Zusätzlich ordnet § 5 Abs. 2 AnlRegV an, dass im Fall einer Änderung der registrierten Leistung das Datum der Änderung und bei Stilllegung der Anlage deren Datum übermittelt werden müssen. Indem § 5 AnlRegV so sicherstellt, dass Änderungen der einmal übermittelten Abgaben in das Anlagenregister eingepflegt werden können, rundet diese Vorschrift das System der §§ 3, 4 und 6 AnlRegV ab, die jeweils die erstmalige Registrierung betreffen. **Schutzgut** ist somit die Aktualität des Anlagenregisters. Auch hier ist der jeweilige Anlagenbetreiber **Adressat der Pflicht**. Die drei alternativ möglichen **Tathandlungen** ergeben sich aus § 15 Nr. 3 AnlRegV. Danach macht sich ahndbar, wer es unterlässt, Änderungen in den gem. § 5 genannten Angaben mitzuteilen, falsche Angaben übermittelt oder die Änderungen verspätet mitteilt. Die **Mitteilungsfrist** kann dem in § 5 Abs. 1 AnlRegV enthaltenen Verweis auf § 3 Abs. 3 AnlRegV entnommen werden. Sie beträgt damit **drei Wochen**. Für den Fristbeginn stellt § 3 Abs. 3 AnlRegV auf die Inbetriebnahme ab. Dieser Anknüpfungspunkt passt zwar offensichtlich für den in § 5 AnlRegV geregelten Sachverhalt nicht. Diesbezüglich ist § 3 Abs. 3 AnlRegV seinem Sinn entsprechend dahin auszulegen, dass die Frist zur Mitteilung von Änderungen mit ihren Eintritt beginnt.

b) Verstöße gegen vollziehbare Anordnungen nach § 10 Abs. 3 AnlRegV. Ahndbar nach   47
§§ 86 Abs. 1 Nr. 4 lit. d, 93 Nr. 4 i.V.m. § 15 Nr. 4 AnlRegV macht sich, wer gegen **vollziehbare Anordnungen der Bundesnetzagentur** verstößt, die nach § 10 Abs. 3 AnlRegV ergehen, um die Richtigkeit der Angaben im Anlagenregister zu sichern. Da § 10 Abs. 3 AnlRegV die Überprüfung der im Anlagenregister gespeicherten Angaben einschließlich der damit im Zusammenhang stehenden Mitwirkungspflichten betrifft, ist der entsprechende Bußgeldtatbestand vom Inhalt der §§ 86 Abs. 1 Nr. 4 lit. d, 93 Nr. 4 erfasst und damit taugliche Grundlage für die Verhängung von Bußgeldern.

aa) Adressat. Die Norm richtet sich an alle, die auch Adressaten einer Anordnung nach   48
§ 10 Abs. 3 AnlRegV sein können. Dies sind diejenigen, welche die sich aus § 10 Abs. 2 AnlRegV ergebenden Mitwirkungspflichten treffen, nämlich Anlagenbetreiber (§ 10 Abs. 2 Nr. 1 AnlRegV) und Netzbetreiber (§ 10 Abs. 2 Nr. 2 AnlRegV).

bb) Tathandlung ist die Zuwiderhandlung gegen eine Anordnung der Bundesnetzagentur.   49
Verallgemeinernd kann für § 15 Nr. 4 AnlRegV festgehalten werden, dass als **Zuwiderhandlung** im Sinne dieser Vorschrift **jede objektive Nichtbeachtung einer Anordnung**, gleichgültig ob sie in einem pflichtwidrigen Unterlassen oder in einem gegen die Anordnung gerichteten positiven Tun besteht, in Betracht kommt.[64] Die Anordnung muss auf eine Prüfung der an das Register übermittelten bzw. der in §§ 3 Abs. 2, 5. 6 Abs. 2 und 9 ge-

---

64 Vgl. oben Rn. 31.

nannten Daten oder einer Übermittlung von berichtigten Daten gerichtet sein. Soweit die Verfügung demnach beispielsweise in einem **Prüfverlangen** gem. § 10 Abs. 2 Nr. 1 Anl-RegV besteht, liegt eine Zuwiderhandlung insbesondere dann vor, wenn keine oder nur eine unvollständige Prüfung durchgeführt wird.

50   Tatbestandsmäßig ist wiederum nur die Missachtung vollziehbarer Anordnungen.[65] Der Wegfall der Vollziehbarkeit aufgrund der Einlegung eines Rechtsbehelfs kommt bei Anordnungen der Bundesnetzagentur wegen § 85 Abs. 4 nicht in Betracht. Diese Vorschrift ist auch für Aufgaben der Bundesnetzagentur beim Vollzug der AnlRegV anwendbar, weil § 85 Abs. 4 auch für die Aufgabenwahrnehmung nach einer der aufgrund des EEG ergangenen Rechtsverordnungen gilt. Aus § 85 Abs. 4 i.V.m. §§ 76 Abs. 1, 77 Abs. 2 EnWG ergibt sich, dass Widerspruch und Klage gegen Entscheidungen der Bundesnetzagentur keine aufschiebende Wirkung haben. Hat die Bundesnetzagentur gemäß § 80 Abs. 4 S. 1 VwGO die sofortige Vollziehbarkeit ausgesetzt, ist die Nichtbefolgung der betreffenden Anordnung nicht tatbestandsmäßig. Hinsichtlich der **Missachtung nichtiger Anordnungen** und der **Zuwiderhandlung gegen vollziehbare aber rechtswidrige Anordnungen** gilt das oben gesagte.[66]

51   **7. Subjektiver Tatbestand.** In subjektiver Hinsicht fordert der Tatbestand von § 86 Abs. 1 vorsätzliches oder zumindest fahrlässiges Handeln als Voraussetzung der Ahndbarkeit.

52   **a) Vorsatz** setzt im Bereich des Ordnungswidrigkeitenrechts ebenso wie im Strafrecht das Wissen um das Vorhandensein der objektiven Tatbestandsmerkmale sowie das zeitgleiche Wollen der Tatbestandsverwirklichung durch eigenes Tun voraus.[67]

53   Das Wissen um das Vorhandensein der objektiven Tatbestandsmerkmale umfasst, wie sich im Umkehrschluss zu § 11 Abs. 1 S. 1 OWiG ergibt, die Kenntnis aller in die Beschreibung des objektiven Tatbestandes aufgenommenen **Umstände** und deren **Bedeutung**.[68] Vorsätzlich handelt demgemäß nicht, wer zwar die Tatumstände kennt, dem sich aber deren Bedeutung auch durch eine **Parallelwertung in der Laiensphäre** nicht erschließt.[69] Es verbleibt dann aber die Möglichkeit der Ahndung als fahrlässige Ordnungswidrigkeit. Erforderlich ist somit beispielsweise für eine Ahndbarkeit wegen einer Zuwiderhandlung gegen § 86 Abs. 1 Nr. 1, dass dem Täter eine etwa bereits zuvor erfolgte Übertragung eines bestimmten Stromkontingents an einen Abnehmer oder Weiterverteiler bekannt ist. Missachtet der Täter eine Verfügung, wie es Voraussetzung für eine Ahndbarkeit nach § 86 Abs. 1 Nr. 2, Nr. 3 oder Nr. 4 Alt. 2 ist, muss sich der Vorsatz auf deren Erlass und deren Vollziehbarkeit beziehen.[70]

54   Die **Kenntnis der Norm**, die der Täter bricht, gehört nicht zum Vorsatz.[71] Der Gesetzgeber hat durch die getrennte Regelung von Tat- und Rechtsirrtum in § 11 Abs. 1 und Abs. 2

---

65 BGHSt 23, 86, 93 = NJW 1969, 2023.
66 Vgl. oben Rn. 26 f.
67 *Bohnert*, OWiG, § 1 Rn. 15; Göhler/*Gürtler*, OWiG, § 10 Rn. 2.
68 *Bohnert*, OWiG, § 10 Rn. 9; Göhler/*Gürtler*, OWiG, § 11 Rn. 3; *Klesczewski*, Ordnungswidrigkeitenrecht, Rn. 176 m.w.N.
69 Göhler/*Gürtler*, OWiG, § 11 Rn. 3 ff.; *Klesczewski*, Ordnungswidrigkeitenrecht, Rn. 177.
70 BGH, NJW 1989, 1939; Karlsruher Kommentar-OWiG/*Rengier*, § 11 Rn. 14, 18.
71 BayObLG, VRS 58 (1980), 458, 459; Karlsruher Kommentar-OWiG/*Rengier*, § 11 Rn. 51 f. m.w.N.; *Mitsch*, Recht der Ordnungswidrigkeiten, § 8 Rn. 11; a.A. *Lange*, JZ 1956, 73; *Tiedemann*, ZStW 83 (1971) 792, 819 f., 824 ff.; *Weber*, ZStW 92 (1980) 313.

OWiG zum Ausdruck gebracht, dass Vorsatz und Unrechtsbewusstsein voneinander zu unterscheiden sind.[72] Demgemäß wäre es für die Frage des Vorsatzes zur Begehung einer Ordnungswidrigkeit nach § 86 Abs. 1 Nr. 4 lit. b oder lit. c unbeachtlich, wenn dem Täter der Erlass der Herkunftsnachweisverordnung im November 2011 unbekannt geblieben wäre und er deswegen bei einer Zuwiderhandlung gegen diese Verordnung der Meinung gewesen wäre, es handele sich bei § 86 Abs. 1 Nr. 4 lit. b oder lit. c weiterhin um bloße Blankette, wie dies vor dem Erlass der Herkunftsnachweisverordnung der Fall war.

Da § 86 Abs. 1 lediglich vorsätzliches Handeln voraussetzt, reicht von den drei Formen des **55** Wollens der Tatbestandsverwirklichung, nämlich der **Absicht** (dolus directus 1. Grades), dem direkten Vorsatz im Sinne der **Willentlichkeit** (dolus directus 2. Grades) und dem **bedingten Vorsatz** (dolus eventualis), jede zur Tatbestandsverwirklichung aus. Folglich macht sich im Sinne von § 86 Abs. 1 bereits derjenige ahndbar, der die Tatbestandsverwirklichung als möglich und nicht ganz fern liegend erkannt und billigend in Kauf genommen hat, selbst wenn sie ihm unerwünscht war.[73]

b) Fahrlässigkeit. § 86 Abs. 1 lässt in allen Fällen auch Fahrlässigkeit für die Ahndbarkeit **56** genügen. Unter Fahrlässigkeit ist die unbewusste oder ungewollte, jedenfalls aber pflichtwidrige Tatbestandsverwirklichung zu verstehen.[74] Eine Unterscheidung zwischen den verschiedenen Arten der Fahrlässigkeit ist von § 86 Abs. 1 wie auch bezüglich der Vorsatzarten nicht vorgesehen.

Zwischen Vorsatz und Fahrlässigkeit besteht ein **Stufenverhältnis**. Daraus folgt, dass das **57** Fahrlässigkeitsdelikt als **Auffangtatbestand** für das Vorsatzdelikt gilt, wenn dasselbe ahndbare Verhalten sowohl vorsätzlich als auch fahrlässig begangen werden kann,[75] wie dies bei den Tatbeständen von § 86 Abs. 1 der Fall ist. Kann deswegen dem Täter kein Vorsatz nachgewiesen werden, verbleibt in dubio pro reo noch die Möglichkeit einer Ahndung als fahrlässig begangene Ordnungswidrigkeit.

III. Rechtswidrigkeit

Aus dem Vorliegen eines **Rechtfertigungsgrundes** folgt, dass die Verwirklichung eines **58** bußgeldbewehrten Tatbestandes ausnahmsweise gestattet ist. Die durch die Tatbestandsverwirklichung indizierte Rechtswidrigkeit entfällt.

1. Notwehr. Das Handeln in **Notwehr** wird von § 15 Abs. 1 OWiG ausdrücklich als Grund **59** genannt, der die Rechtswidrigkeit und damit auch eine Ahndbarkeit ausschließt. Unter welchen Voraussetzungen (**Notwehrlage**, **Verteidigung**) Notwehr vorliegt, bestimmt § 15 Abs. 2 OWiG. Bei Ordnungswidrigkeiten nach § 86 Abs. 1 ist durch Notwehr gerechtfertigtes Handeln schwerlich denkbar, wie auch Notwehr allgemein im Ordnungswidrigkeitenrecht kaum eine Rolle spielt. Nach allgemeinen Regeln erlaubt das Notwehrrecht nur Eingriffe in Rechtsgüter, die allein dem Angreifer zustehen.[76] Da von § 86 Abs. 1 jedoch stets auch **Interessen der Allgemeinheit** bzw. einer großen Gruppe (z. B. der Verbraucher)

---

72 BVerfGE 41, 121, 124 ff. = NJW 1976, 413; krit. *Schmidhäuser*, JZ 1980, 393, 396.
73 BGHSt 43, 241, 249 = NJW 1997, 3252; BGH, NStZ, 2010, 151; Göhler/*Gürtler*, OWiG, § 11 Rn. 5, sowie weitergehend zum Inhalt der anderen Vorsatzformen: ebenda Rn. 3 f.
74 *Bohnert*, OWiG, § 10 Rn. 16.
75 BGHSt 17, 210; *Bohnert*, OWiG, § 10 Rn. 42.
76 Göhler/*Gürtler*, OWiG, § 15 Rn. 1.

geschützt werden, würde Notwehr immer auch in Rechtsgüter eingreifen, die neben dem Angreifer auch anderen Personen zustehen. Die gleichwohl in diesem Zusammenhang für möglich gehaltenen Fallkonstellationen der rechtswidrigen Ablehnung bzw. Nichtbescheidung eines Genehmigungsantrags und der Zuwiderhandlung gegen eine rechtswidrige aber wirksame und vollziehbare Versagungsverfügung sind in den durch § 86 Abs. 1 für ahndbar erklärten Fällen nicht denkbar. Im Übrigen fehlt es i.d.R. an der **Erforderlichkeit der Verteidigung**, da die eigenmächtige Abwehr gegenüber der Anrufung obrigkeitlicher Hilfe nachrangig ist und bei rechtswidrigem Verwaltungshandeln die einschlägigen **Rechtsbehelfe** des Verwaltungsrechts zur Verfügung stehen.[77]

60 **2. Rechtfertigender Notstand.** Der § 16 OWiG entspricht dem § 34 StGB. Dieser Rechtfertigungsgrund setzt das Vorliegen einer **Notstandslage** voraus, in deren Kenntnis der Täter gehandelt haben muss.[78] **Notstandsfähig** ist grundsätzlich jedes rechtlich geschützte Interesse.[79]

61 **a)** Eine **Gefahr** liegt vor, wenn eine auf tatsächliche Umstände gegründete Wahrscheinlichkeit eines schädigenden Ereignisses besteht.[80] **Gegenwärtig** ist die Gefahr, wenn sie in allernächster Zeit in einen Schaden umzuschlagen droht oder dies nur durch baldiges Handeln verhindert werden kann. Dies umfasst auch die sogenannte Dauergefahr.[81]

62 **b) Nicht anders abwendbar** ist die Gefahr, wenn die Handlung das **einzige Mittel** darstellt, um die Gefahr abzuwenden.[82] Dies gilt jedenfalls dann, wenn die anderen Mittel die Gefahr nicht ebenso rasch und sicher abwenden können. Bei den Ordnungswidrigkeiten nach § 86 Abs. 1 Nr. 2, Nr. 3 oder Nr. 4 lit. d i.V.m. § 15 Nr. 4 AnlRegV wird in der Regel die Gefahr durch Einlegung der verwaltungsrechtlichen Rechtsbehelfe zuverlässig abwendbar sein. Dagegen greift § 16 OWiG ein, wenn ein übermäßiger Schaden einzutreten droht, bevor die sofortige Vollziehbarkeit der behördlichen Anordnungen wieder hergestellt wurde.

63 **c) Verhältnismäßigkeit.** Die Abwendung der Gefahr muss bei Abwägung der widerstreitenden Interessen **verhältnismäßig** sein.[83] Das vom Täter verteidigte Interesse muss das angegriffene Rechtsgut überwiegen. Der Gesetzgeber ging davon aus, dass ein „erhebliches Übergewicht" des geschützten gegenüber dem betroffenen Interesse bestehen müsse.[84] Wird nur ein bloßes Ordnungsinteresse beeinträchtigt, kann dies im Einzelfall beispielsweise auch dann gerechtfertigt sein, wenn der Täter zum Eigentumsschutz handelt.[85]

64 **d) Angemessenheit.** Schließlich muss das tatbestandsmäßige Handeln ein **angemessenes Mittel** sein. Angemessen ist das Mittel, wenn es nach allgemeinen Wertvorstellungen in einer gedachten identischen Situation erneut als sachgerechte Lösung des Konflikts ange-

---

77 *Bohnert*, OWiG, § 15 Rn. 13; Karlsruher Kommentar-OWiG/*Rengier*, § 15 Rn. 29 ff. m. w. N.
78 OLG Schleswig, VRS 30 (1966), 462, 464.
79 OLG Köln, VRS 59 (1980), 438, *Bohnert*, OWiG, § 16 Rn. 3; Karlsruher Kommentar-OWiG/*Rengier*, § 16 Rn. 5 m. w. N.
80 BGHSt 18, 271 = NJW 1963, 1069.
81 BGH, NJW 1979, 2053, 2054 m. Anm. *Hruschka*, NJW 1980, 21.
82 OLG Düsseldorf, VRS 93 (1997), 442; Göhler/*Gürtler*, OWiG, § 16 Rn. 3b.
83 Eingehend: Karlsruher Kommentar-OWiG/*Rengier*, § 16 Rn. 25; Schönke/Schröder/*Perron*, StGB, § 34 Rn. 45 ff.
84 BT-Drs. 4/650, S. 159.
85 BayObLG, NJW 1978, 2046; OLG Karlsruhe, JZ 1984, 240 m. Anm. *Hruschka*.

sehen würde.[86] Die Angemessenheitsklausel hat damit die Funktion, unbillige Ergebnisse bei der Bewertung eines Sachverhalts als gerechtfertigt zu vermeiden.[87]

IV. Vorwerfbarkeit

Wie sich aus § 1 Abs. 1 OWiG ergibt, kann eine Handlung, die rechtswidrig einen Buß- 65 geldtatbestand erfüllt, nur geahndet werden, wenn sie auch vorwerfbar ist. Die **Vorwerfbarkeit** im Recht der Ordnungswidrigkeiten entspricht inhaltlich der strafrechtlichen Kategorie der **Schuld**.[88] Die Verwendung des Begriffes der Vorwerfbarkeit in Unterscheidung zur Schuld soll nach dem Willen des Gesetzgebers zum Ausdruck bringen, dass dem Vorwurf, eine Ordnungswidrigkeit begangen zu haben, das Element der **sozialethischen Missbilligung** fehlt, das einer Straftat anhaftet.[89] Vorwerfbar handelt, wer rechtswidrig den Tatbestand einer Ordnungswidrigkeit verwirklicht, obwohl er nach den Umständen des Falles in der Lage und fähig gewesen wäre, sich rechtmäßig zu verhalten.[90]

1. Inhalt des Unrechtsbewusstseins. Unrechtsbewusstsein setzt voraus, dass es der Täter 66 der Ordnungswidrigkeit trotz klarer Rechtslage zumindest ernsthaft für möglich hält, rechtswidrig zu handeln.[91] Die Rspr. lässt eine **Parallelwertung in der Laiensphäre** genügen.[92] Ausdrückliche Kenntnis der positiven Rechtsnorm, gegen die der Täter verstößt, ist nicht erforderlich.

2. Verbotsirrtum. Der in § 11 Abs. 2 OWiG behandelte **Verbotsirrtum** liegt vor, wenn 67 dem Täter bei Begehung der Tat das Bewusstsein fehlt, etwas Unrechtes zu tun. Dies kann einerseits darauf zurückzuführen sein, dass der Täter die einschlägige Rechtsvorschrift nicht kennt oder für nicht anwendbar hält. Andererseits kann ein Verbotsirrtum auch darauf beruhen, dass der Täter zwar das Verbot kennt, gleichzeitig aber eine fehlerhafte Vorstellung über die Existenz oder die Reichweite einer Rechtsnorm hat, die sein Verhalten rechtfertigen würde.[93]

Fehlt dem Täter aufgrund eines der oben genannten Umstände bei Begehung einer Ord- 68 nungswidrigkeit das Unrechtsbewusstsein, entfällt die Ahndbarkeit gleichwohl nur, wenn dieser Irrtum für den Täter auch **unvermeidbar** war. Dies ist der Fall, wenn der Täter bei Anwendung aller Sorgfalt, die in Ansehung der Sachlage **objektiv erforderlich** und ihm **subjektiv möglich** war, das Unerlaubte seines Handelns nicht erkennen konnte.[94] Zu den **objektiv** an den Täter zu stellenden Anforderungen gehört, dass der Täter etwa auftauchende Zweifel durch Einsatz aller seiner Erkenntniskräfte, insbesondere durch eigenes Nachdenken oder Einholen von Rat zu beseitigen sucht.[95] Wer etwa von der Existenz einer be-

---

86 Göhler/*Gürtler*, OWiG, § 16 Rn. 12.
87 *Klesczewski*, Ordnungswidrigkeitenrecht, Rn. 295.
88 BGHSt (GS) 2, 194, 200 = JZ 1952, 333; *Bohnert*, OWiG, § 1 Rn. 19; *Klesczewski*, Ordnungswidrigkeitenrecht, Rn. 320.
89 BT-Drs. 5/1269, S. 46.
90 Göhler/*Gürtler*, OWiG, Vor § 1 Rn. 30.
91 BGHSt 27, 196, 202 m. w. N. = NJW 1977, 1784.
92 BGHSt 10, 35, 41 = JZ 1957, 549 m. Anm. *Jescheck*.
93 Göhler/*Gürtler*, OWiG, § 11 Rn. 16.
94 OLG Düsseldorf, NStZ 1981, 444; OLG Oldenburg, NStZ-RR 1999, 122; Karlsruher Kommentar-OWiG/*Rengier*, § 11 Rn. 63 ff. m. w. N.; Göhler/*Gürtler*, OWiG, § 11 Rn. 24.
95 BGHSt 21, 18, 20 = NJW 1966, 842; *Klesczewski*, Ordnungswidrigkeitenrecht, Rn. 369 ff. m. w. N.

hördlichen Verfügung nach § 85 Abs. 4 weiß, hat bei einer dagegen gerichteten Handlung hinreichenden Anlass, an der Rechtmäßigkeit seines Tuns zu zweifeln. Auf der **subjektiven** Seite sind die Persönlichkeit des Täters sowie dessen Lebens- und Berufskreis mit einzubeziehen.[96] Da als Täter einer Ordnungswidrigkeit nach den Tatbeständen von § 86 Abs. 1 hauptsächlich Personen in Betracht kommen, die mit der Erzeugung und Weiterwälzung von Strom aus erneuerbaren Energien professionell befasst sind, ist ein unvermeidbarer Verbotsirrtum nur schwer vorstellbar. Wer die Beschäftigung mit den einschlägigen Vorschriften unterlässt, wird den oben erläuterten Anforderungen regelmäßig nicht gerecht werden. War der **Verbotsirrtum vermeidbar**, kann die Ordnungswidrigkeit als **Fahrlässigkeitstat** geahndet werden.[97]

V. Beteiligung

69 **Mittäterschaft**, **Anstiftung** und **Beihilfe** sind einheitlich in § 14 OWiG geregelt.[98] Im Ordnungswidrigkeitenrecht gilt ein **einheitlicher Täterbegriff**, den § 14 Abs. 1 S. 1 OWiG statuiert. Die unselbstständige Beteiligung setzt objektiv voraus, dass ein anderer einen Bußgeldtatbestand **vorsätzlich** erfüllt hat.[99] Die Haupttat muss ferner **rechtswidrig** begangen worden sein. Eine Beteiligung scheidet deswegen aus, wenn eine Ordnungswidrigkeit nach § 86 Abs. 1 nur fahrlässig begangen wurde. Ob die Haupttat auch vorwerfbar begangen wurde, ist demgegenüber unerheblich, § 14 Abs. 3 S. 1 OWiG.[100] Der Beteiligte muss weiterhin einen Tatbeitrag geleistet haben, der die Haupttat wenigstens – und sei es nur psychisch – gefördert hat.[101] Hierzu genügen alle nachweislich ursächlichen Tatbeiträge, solange sie das Risiko des Erfolgseintritts erhöht haben.[102]

70 Auf der subjektiven Tatseite muss der Beteiligte mit **Doppelvorsatz** handeln. Notwendig ist mithin eine bewusste und gewollte Mitwirkung an einer fremden Ordnungswidrigkeit. Der Vorsatz muss sich zudem auf eine bestimmte, d. h. in ihren wesentlichen Zügen konkretisierte Bezugstat beziehen.[103]

71 Nach dem oben Gesagten stellen die **mittelbare Täterschaft** und die **fahrlässige Mitwirkung** keine Beteiligung i. S. v. § 14 OWiG dar. Da mittelbarer Täter nur sein kann, wer die erforderliche Täterqualität aufweist,[104] richtet sich die Ahndbarkeit der mittelbaren Täterschaft ebenso wie diejenige der unmittelbaren Täterschaft nach den einzelnen Bußgeldtatbeständen von § 86 Abs. 1. Die Voraussetzungen für die mittelbare Täterschaft gleichen

---

96 OLG Koblenz, VRS 67 (1984), 146, 149.
97 *Bohnert*, OWiG, § 11 Rn. 35.
98 BayObLG, VRS 58 (1980), 458; VRS 92 (1997), 440; OLG Düsseldorf, VRS 79 (1990), 141; Göhler/*Gürtler*, OWiG, § 14 Rn. 5b.
99 BGHSt 31, 309 = NJW 1983, 2272; *Göhler*, wistra 1983, 242 ff.; *Rosenkötter/Louis*, Das Recht der Ordnungswidrigkeiten, Rn. 263; Göhler/*Gürtler*, OWiG, § 14 Rn. 5c; Karlsruher Kommentar-OWiG/*Rengier*, § 14 Rn. 5 ff. m. w. N.; *Rebmann/Roth/Herrmann*, OWiG, § 14 Rn. 13; a. A. *Kienapfel*, NJW 1970, 1826, 1829; *Mitsch*, Recht der Ordnungswidrigkeiten, § 13 Rn. 52 ff.
100 OLG Stuttgart, NStZ 1981, 307, 308; Göhler/*Gürtler*, OWiG, § 14 Rn. 16.
101 BGHSt 46, 107, 109 = NJW 2000, 3010; BGH, NStZ 2008, 275; *Bohnert*, OWiG, § 14 Rn. 32; *Rebmann/Roth/Herrmann*, OWiG, § 14 Rn. 14.
102 BGH, NStZ-RR 2001, 40 f.; Karlsruher Kommentar-OWiG/*Rengier*, § 14 Rn. 23.
103 Karlsruher Kommentar-OWiG/*Rengier*, § 14 Rn. 31; Göhler/*Gürtler*, OWiG, § 14 Rn. 3.
104 Karlsruher Kommentar-OWiG/*Rengier*, § 14 Rn. 88.

den im Strafrecht entwickelten.[105] Maßgeblich ist deswegen das Kriterium der **Tatherrschaft**. Bei einem nur fahrlässigen Beitrag zu einer fremden Ordnungswidrigkeit kann der Täter als Nebentäter ahndbar sein.[106] Eine Anwendung von § 14 Abs. 1 S. 2 OWiG kommt in diesem Fall nicht in Betracht.[107]

VI. Aufsichtspflichtverletzung nach § 130 OWiG

Die Verhängung eines Bußgeldes kommt unter den Voraussetzungen von **§ 130 OWiG**   72
auch bei **Aufsichtspflichtverletzungen** in Betracht, ohne dass der Aufsichtspflichtige selbst Täter oder Teilnehmer einer Ordnungswidrigkeit nach § 86 Abs. 1 ist. Der Aufsichtspflichtige haftet somit für die Zuwiderhandlungen anderer. Die Aufsichtspflichtverletzung gemäß § 130 OWiG ist ein **echtes Unterlassungsdelikt**.[108] Die von ihm geschützten **Rechtsgüter** sind identisch mit denjenigen, gegen die sich die nicht verhinderte Zuwiderhandlung richtet.[109]

1. Adressat. Primär richtet sich der § 130 OWiG an **Betriebsinhaber**. Ein Betrieb im Sin-   73
ne von § 130 OWiG ist eine planmäßig zusammengefügte Organisation von Personen und Sachmitteln, die nach Art und Umfang einen kaufmännisch eingerichteten Geschäftsbetrieb erfordert und auf eine gewisse Dauer angelegt ist.[110] Diese Definition deckt sich mit der in § 5 Nr. 34 enthaltenen Bestimmung des im EEG gebrauchten Begriffs des Unternehmens. Damit dürfte die überwiegende Anzahl von Energieerzeugern sowie Netzbetreibern diesem Begriff unterfallen. Neben dem Inhaber kommen ebenso diejenigen Personen in Betracht, auf die Aufsichtspflichten übertragen wurden. Dies sind beispielsweise Betriebsleiter, mithin jeder, der für den Betriebsinhaber handelt.[111]

2. Tathandlung. Die Tathandlung besteht im **Unterlassen** einer zur Vorbeugung betriebs-   74
bezogener Zuwiderhandlungen erforderlichen und zumutbaren **Aufsichtsmaßnahme**. Das Ausmaß der geforderten Maßnahmen ist von den Umständen des Einzelfalles insbesondere der Größe und Organisation des Betriebes, der Vielfalt und Bedeutung der zu beachtenden Vorschriften, den unterschiedlichen Überwachungsmöglichkeiten sowie der Anfälligkeit des Betriebes für Verstöße abhängig.[112] Der Betriebsinhaber muss also durch **geeignete Maßnahmen** sicherstellen, dass beispielsweise von der Bundesnetzagentur gem. § 85 Abs. 4 i.V.m. § 69 Abs. 7 EnWG geforderte Auskünfte erteilt werden. Die Aufsichtsmaßnahme muss sowohl für den Betriebsinhaber als auch für seine Bediensteten **zumutbar** sein. Zwischen mehreren geeigneten Maßnahmen hat der Pflichtige eine gewisse **Ent-**

105 Karlsruher Kommentar-OWiG/*Rengier*, § 14 Rn. 89; *Mitsch*, Recht der Ordnungswidrigkeiten, § 13 Rn. 22 f.
106 OLG Karlsruhe, NStZ 1986, 128; OLG Köln, NJW 1979, 826, 827; Karlsruher Kommentar-OWiG/*Rengier*, § 14 Rn. 104 ff.; Göhler/*Gürtler*, OWiG, § 14 Rn. 4.
107 OLG Karlsruhe, NStZ 1986, 128; OLG Köln, NJW 1979, 826, 827; Karlsruher Kommentar-OWiG/*Rengier*, § 14 Rn. 105.
108 BGH, NStZ 1985, 77; Karlsruher Kommentar-OWiG/*Rogall*, § 130 Rn. 17.
109 *Rogall*, ZStW 98 (1986), 573, 587 f.; zust. Göhler/*Gürtler*, OWiG, § 130 Rn. 3a.
110 Karlsruher Kommentar-OWiG/*Rogall*, § 9 Rn. 75.
111 BayObLG, NVwZ 1991, 814, 815; Göhler/*Gürtler*, OWiG, § 130 Rn. 21; *Rebmann/Roth/Herrmann*, OWiG, § 130 Rn. 8; *Bohnert*, OWiG, § 130 Rn. 29.
112 OLG Düsseldorf, wistra 1999, 115, 116; *Többens*, NStZ 1999, 1, 4; Karlsruher Kommentar-OWiG/*Rogall*, § 130 Rn. 43 m. w. N.; Göhler/*Gürtler*, OWiG, § 130 Rn. 10.

scheidungsfreiheit.[113] Es darf auch das Mittel eingesetzt werden, das den geringsten Aufwand erfordert.

75 **3. Verletzung betriebsbezogener Pflichten.** Dem Anwendungsbereich von § 130 OWiG unterfällt nur die Verletzung **betriebsbezogener Pflichten.** Es muss um Ge- oder Verbote gehen, die den Betriebsinhaber in dieser Eigenschaft treffen.[114] Dies ist stets dann der Fall, wenn die zu verhindernde Zuwiderhandlung die Merkmale der Ausführungshandlung eines Sonderpflichtdeliktes erfüllt.[115] Da in den Tatbeständen von § 86 Abs. 1 jedoch keine Sonderpflichtdelikte normiert sind, spielt dies im Bußgeldverfahren nach dem EEG keine Rolle. Relevante Pflichten können sich jedoch auch aus Allgemeindelikten ergeben, wenn ein **enger Zusammenhang mit der Betriebsführung** besteht.[116] Da sich die Pflichten aus § 80 Abs. 1 S. 1, aus § 69 S. 2, aus § 85 Abs. 4 i.V.m. § 69 Abs. 7 und 8 EnWG sowie aus der AnlRegV unmittelbar auf die Tätigkeit der Energieerzeuger, der Anlagenbetreiber bzw. der Netzbetreiber beziehen, wird der geforderte enge Zusammenhang regelmäßig vorliegen.

76 **4. Subjektiver Tatbestand.** Auf der **inneren Tatseite** kommen sowohl Vorsatz als auch Fahrlässigkeit in Betracht. Vorsatz ist gegeben, wenn der Täter erkannte, dass die Gefahr einer Zuwiderhandlung aus der Art seiner Aufsichtspflichtverletzung resultieren konnte.[117] Fahrlässig handelt, wer die Fähigkeit hatte, die Gefahr zu erkennen.

77 **5. Objektive Bedingung der Ahndbarkeit.** Das Vorliegen einer bestimmten **Zuwiderhandlung gegen betriebsbezogene Pflichten** ist eine objektive Bedingung für die Ahndbarkeit. Die Zuwiderhandlung muss objektiv geschehen sein. Der unmittelbar Handelnde muss den tatbestandsmäßigen Verstoß gegen § 86 Abs. 1 vorsätzlich oder fahrlässig sowie rechtswidrig begangen haben.[118] Nicht erforderlich ist ein vorwerfbarer Verstoß.[119]

VII. Rechtsfolgen

78 Die Hauptrechtsfolge der Ordnungswidrigkeit ist die **Geldbuße.** Dies gilt somit auch für Ordnungswidrigkeiten nach § 86 Abs. 1, für die § 86 Abs. 2 den Bußgeldrahmen normiert. Weitere relevante Rechtsfolgen sind der Verfall nach § 29a OWiG und die Verbandsgeldbuße nach § 30 OWiG.

79 **1. Geldbuße.** Eine **Geldbuße** kann verhängt werden, wenn eine rechtswidrige und vorwerfbare Ordnungswidrigkeit begangen wurde. Im Unterschied zur Geldstrafe beinhaltet die Geldbuße keinen sozialethischen Tadel, sondern ist lediglich eine **Pflichtenmah-**

---

113 *Bohnert*, OWiG, § 130 Rn. 21.

114 Göhler/*Gürtler*, OWiG, § 130 Rn. 18.

115 Karlsruher Kommentar-OWiG/*Rogall*, § 130 Rn. 82.

116 Göhler/*Gürtler*, OWiG, § 130 Rn. 18; *Rebmann/Roth/Herrmann*, OWiG, § 130 Rn. 7; *Klesczewski*, Ordnungswidrigkeitenrecht, Rn. 565; *Többens*, NStZ 1999, 1, 5; vermittelnd: *Achenbach*, wistra 1998, 296, 298; ausführlich zum Streitstand: Karlsruher Kommentar-OWiG/Rogall, § 130 Rn. 87 ff.

117 *Bohnert*, OWiG, § 130 Rn. 32.

118 Allgemein: Karlsruher Kommentar-OWiG/*Rogall*, § 130 Rn. 119 m. w. N.

119 *Bohnert*, OWiG, § 130 Rn. 27.

nung.[120] Im Unterschied zur Geldstrafe wird die Geldbuße in einer einheitlichen Geldsumme festgesetzt, § 66 Abs. 1 Nr. 5 OWiG.

a) Bußgeldrahmen. Zur **Bußgeldzumessung** stellt § 86 Abs. 2 **zwei Bußgeldrahmen** zur **80**
Verfügung. Deren Obergrenzen variieren, während die **Untergrenze** nach § 17 Abs. 1
OWiG einheitlich bei 5 EUR liegt. Im Fall einer Ordnungswidrigkeit nach § 86 Abs. 1
Nr. 4 lit. a, lit. c und lit. d ist die **Obergrenze** ein Bußgeld in Höhe von 50.000 EUR. Im
Zuge der Novellierung im Jahr 2014 wurde der bis dahin gem. § 62 Abs. 2, Abs. 1 Nr. 3
lit. c EEG 2012 nur bei Verstößen gegen die HkNV geltende geringere Bußgeldrahmen
von 50.000 EUR auch auf Verstöße gegen Pflichten nach der BioSt-NachV sowie nach der
AnlRegV erstreckt. Der Gesetzgeber ging dabei davon aus, dass der Standardbußgeldrahmen von 200.000 EUR für den Unrechtsgehalt der in diesen Verordnungen enthaltenen
Bußgeldtatbestände zu hoch sei.[121] Bei allen anderen Ordnungswidrigkeiten nach § 86
Abs. 1 kann ein Bußgeld bis zu 200.000 EUR verhängt werden. Liegt nur **fahrlässiges Verhalten** vor, wird die jeweilige Bußgeldobergrenze gem. § 17 Abs. 2 OWiG halbiert. Wird
eine Geldbuße aufgrund von § 130 Abs. 1 OWiG verhängt, so richtet sich ihre Höhe nach
§ 130 Abs. 3 OWiG. Da § 86 Abs. 1 nur Bußgeldtatbestände enthält, entspricht gem. § 130
Abs. 3 S. 2 OWiG das Höchstmaß der möglichen Geldbuße für die Aufsichtspflichtverletzung dem jeweiligen Höchstmaß der Geldbuße für die im Einzelfall begangene Ordnungswidrigkeit.

b) Die **Ausfüllung des Bußgeldrahmens** im konkreten Fall ist in § 17 Abs. 3 OWiG gere- **81**
gelt. Maßgeblich sind danach die **Bedeutung der Ordnungswidrigkeit** und das **Gewicht
des Vorwurfs**, der dem Täter zu machen ist, § 17 Abs. 3 S. 1 OWiG. Die **wirtschaftlichen
Verhältnisse** des Täters sind nicht in jedem Fall mit einzubeziehen. Dies ergibt sich aus
dem Wortlaut von § 17 Abs. 3 S. 2 OWiG, nach dem die wirtschaftlichen Verhältnisse des
Täters lediglich „in Betracht" kommen.[122]

aa) Bei der **Bedeutung der Tat** handelt es sich um ein objektives Kriterium der Bewertung **82**
einer Ordnungswidrigkeit, das von ihrem sachlichen Gewicht und Umfang abhängig ist.
Insbesondere sind der Grad der Gefährdung oder Verletzung der geschützten Rechtsgüter,
die Auswirkungen der Tat, die Art der Ausführung und das Maß der Pflichtwidrigkeit zu
berücksichtigen.[123] Als erleichternde Umstände kommen vor allem die im StGB vertypten
Milderungsgründe wie §§ 17 S. 2, 27 Abs. 2 S. 2 und 28 Abs. 2 StGB in Betracht.[124]

bb) Die innere Tatseite einer begangenen Ordnungswidrigkeit ist bei der Frage nach dem **83**
Gewicht des Vorwurfs in den Blick zu nehmen. Dies betrifft sowohl den subjektiven Tatbestand als auch die Umstände, die die Vorwerfbarkeit kennzeichnen. Die verschiedenen Vorsatzformen sowie die verschiedenen Formen der Fahrlässigkeit entsprechen dabei einem
unterschiedlich schwerwiegenden **Vorwurf.** Außerdem können die Beweggründe und Ziele des Täters, die durch die Tat hervorgetretene Gesinnung, das Vorleben (ggf. früher begangene Ordnungswidrigkeiten) und Nachtatverhalten (z. B. Einsichtigkeit) zur Bewertung
herangezogen werden.

---

120 *Klesczewski*, Ordnungswidrigkeitenrecht, Rn. 579.
121 BT-Drs. 18/1304, S. 256f.
122 Göhler/*Gürtler*, OWiG, § 17 Rn. 21.
123 *Klesczewski*, Ordnungswidrigkeitenrecht, Rn. 584.
124 *Mitsch*, Recht der Ordnungswidrigkeiten, § 15 Rn. 9.

84 **cc) Gewinnabschöpfung.** Schließlich soll gem. § 17 Abs. 4 S. 1 OWiG die Geldbuße den vom Täter aus der Tat gezogenen **wirtschaftlichen Vorteil** übersteigen. Der Geldbuße wird durch diese Regelung die Funktion der Gewinnabschöpfung zugewiesen. Es soll verhindert werden, dass sich die Begehung einer Ordnungswidrigkeit für den Täter im Ergebnis lohnt.[125] Diesem Ziel kommt gerade bei Zuwiderhandlungen gegen das Doppelvermarktungsverbot von § 80 Abs. 1 S. 1 ein erhebliches Gewicht zu, da es dem Täter dabei häufig gerade um einen wirtschaftlichen Vorteil gehen wird. Erzielt demnach der Täter einer Ordnungswidrigkeit nach § 86 Abs. 1 Nr. 1 aus einer verbotenen Doppelvermarktung einen Gewinn, so hat sich die zu verhängende Geldbuße an dessen Höhe zu orientieren. Bei der Berechnung des Gewinns wird nach h. M. das sogenannte **Nettoprinzip** angewendet.[126] Es wird lediglich der beim Täter nach Abzug aller Aufwendungen im Zusammenhang mit und bei der Begehung der Ordnungswidrigkeit noch verbleibende Gewinn berücksichtigt.[127]

85 **2. Verfall.** Der **Verfall** ist die von § 29a OWiG vorgesehene Möglichkeit, den durch eine Ordnungswidrigkeit erlangten **Gewinn abzuschöpfen**, wenn die Ordnungswidrigkeit nicht vorwerfbar begangen wurde oder ein Dritter aus der Ordnungswidrigkeit einen Gewinn gezogen hat und deswegen die Abschöpfung des Gewinns durch Verhängung eines Bußgeldes ausscheidet.[128] Der **Grundgedanke der Regelung** besteht darin, dass der durch eine rechtswidrige Handlung erlangte Vorteil niemand verbleiben soll. Der Verfall darf nur angeordnet werden, wenn gegen den jeweiligen Betroffenen keine Geldbuße festgesetzt wird, wobei es nicht darauf ankommt, aus welchem Grund die Geldbuße nicht verhängt wurde.[129] Die Gewinnabschöpfung durch die Geldbuße gem. § 17 Abs. 4 OWiG ist vorrangig.

86 **a) Voraussetzungen.** Die Anordnung des Verfalls setzt zunächst das **Vorliegen einer mit Geldbuße bedrohten Handlung** gem. § 1 Abs. 2 OWiG voraus. Weiterhin muss der Täter (§ 29a Abs. 1 OWiG) bzw. der Dritte (§ 29a Abs. 2 OWiG) einen in Geld messbaren **Vorteil erlangt** haben.[130] Erlangt ist dieser, wenn der Gegenstand dem Täter oder dem Dritten so zur Verfügung steht, dass dieser ihn wirtschaftlich nutzen kann.[131] Dem Verfall unterliegen nur solche Vermögensvorteile, die unmittelbar aus oder für die rechtswidrige Tat erlangt wurden.[132] Aus der Tat erlangt sind alle Werte, die durch die Tat unmittelbar geschaffen wurden und dem Täter aufgrund der Tatbegehung zufließen.[133]

87 **b) Verfall gegen unbeteiligte Dritte.** Soll der Verfall gem. § 29a Abs. 2 OWiG gegen unbeteiligte Dritte angeordnet werden, setzt dies voraus, dass der **Dritte etwas aus der Tat**

125 Göhler/*Gürtler*, OWiG, § 17 Rn. 37.
126 BGH, NStZ 1996, 539; BayObLG, NJW 1998, 2461, 2462; OLG Hamburg, NJW 1971, 1000, 1003; *Kleszewski*, Ordnungswidrigkeitenrecht, Rn. 595; Karlsruher Kommentar-OWiG/*Mitsch* § 17 Rn. 119.
127 OLG Hamburg, NJW 1971, 1000, 1003; *Kleszewski*, Ordnungswidrigkeitenrecht, Rn. 595; *Rebmann/Roth/Herrmann*, OWiG, § 17 Rn. 48, 50; Karlsruher Kommentar-OWiG/*Mitsch*, § 17 Rn. 120; einschränkend in Bezug auf rechtlich missbilligte Aufwendungen wie Schmiergelder: *Lemke/Mosbacher*, OWiG, § 17 Rn. 34.
128 Göhler/*Gürtler*, OWiG, § 29a Rn. 1.
129 BT-Drs. 10/318, S. 37; Göhler/*Gürtler*, OWiG, § 29a Rn. 18.
130 BGHSt 36, 254; Karlsruher Kommentar-OWiG/*Mitsch*, § 29a Rn. 28.
131 Karlsruher Kommentar-OWiG/*Mitsch*, § 29a Rn. 30.
132 BT-Drs. 10/318, S. 15, 37; eingehend: BGHSt 45, 235, 245 ff. = NJW 2000, 297; Göhler/*Gürtler*, OWiG, § 29a Rn. 8.
133 OLG Stuttgart, NStZ-RR 2003, 121; Karlsruher Kommentar-OWiG/*Mitsch*, § 29a Rn. 31.

erlangt und der Täter **für den Dritten gehandelt** hat. Dritter kann eine natürliche oder juristische Person sowie eine rechtsfähige Personengesellschaft sein.[134] Stets ist eine Identität zwischen dem Vorteilsempfänger und demjenigen erforderlich, zu dessen Gunsten der Täter handelt. Dies gilt auch für die Fälle, in denen der Gewinn geteilt oder eine Belohnung gezahlt wird, soweit für Letztere der Gewinn verwendet wird.[135] Der Täter handelt für einen anderen, wenn er mit der Tat die **Angelegenheiten des Dritten** wahrnimmt. Dabei genügt es, wenn der Täter rein faktisch im Interesse des anderen tätig wird.[136] Dies wird insbesondere dann der Fall sein, wenn der Täter als Organ oder als Vertreter des Dritten gehandelt hat.[137] Kenntnis des Dritten vom Handeln des Täters ist grundsätzlich nicht erforderlich.[138]

c) Berechnung des erlangten Vorteils. Der Verfall kann bis zur Höhe des Geldbetrags **88** festgesetzt werden, der dem erlangten Vorteil entspricht. Für die Berechnung des erlangten Vorteils gilt im Unterschied zur Gewinnabschöpfung durch ein Bußgeld das **Bruttoprinzip**.[139] Aus diesem Grund unterliegt dem Verfall ohne Abzug der zur Erlangung des Vermögensvorteils erbrachten Leistungen bzw. Aufwendungen alles, was für die oder aus der Ordnungswidrigkeit erlangt wurde.[140] Soll gegenüber einem gutgläubigen Dritten Verfall angeordnet werden, kann das zu unbilligen Härten führen. Diese können jedoch im Rahmen des durch § 29a OWiG eröffneten Ermessens dadurch ausgeglichen werden, dass der für verfallen erklärte Geldbetrag angemessen herabgesetzt wird.[141]

3. Verbandsgeldbuße. Verwirklicht ein Organwalter einer juristischen Person oder einer **89** Personenvereinigung bzw. eine dort mit leitenden Geschäftsführungsaufgaben betraute Person einen der in § 86 Abs. 1 enthaltenen Tatbestände, eröffnet § 30 OWiG die Möglichkeit, auch gegen den Verband, für den er handelte, eine Geldbuße zu verhängen.

§ 30 Abs. 1 OWiG ist auf alle juristischen Personen des privaten und des öffentlichen **90** Rechts (§ 30 Abs. 1 Nr. 1 OWiG), den nichtrechtsfähigen Verein (§ 30 Abs. 1 Nr. 2 OWiG) und alle rechtsfähigen Personengesellschaften (§ 30 Abs. 1 Nr. 3 OWiG) anwendbar.

Gegen eine juristische Person oder eine Personenvereinigung kann im Zusammenhang mit **91** einer Ordnungswidrigkeit nach § 86 Abs. 1 unter folgenden Voraussetzungen eine Geldbuße festgesetzt werden: Der Täter der Ordnungswidrigkeit muss entweder als **vertretungsberechtigter Organwalter** (§ 30 Abs. 1 Nr. 1 und 2 OWiG), **Gesellschafter** (§ 30 Abs. 1 Nr. 3 OWiG) als **Bevollmächtigter in leitender Stellung** (§ 30 Abs. 1 Nr. 4 OWiG) oder sonst als ein für die Leitung des Betriebes oder des Unternehmens des Verbandes **Verantwortlicher** (§ 30 Abs. 1 Nr. 5 OWiG) gehandelt haben. Die Ordnungswidrigkeit muss weiterhin **rechtswidrig und vorwerfbar** begangen worden sein.[142] Schließlich muss die Tat

---

134 *Rosenkötter/Louis*, Das Recht der Ordnungswidrigkeiten, Rn. 431; *Bohnert*, OWiG, § 29a Rn. 18.

135 Karlsruher Kommentar-OWiG/*Mitsch*, § 29a Rn. 32.

136 BGHSt 45, 235; Göhler/*Gürtler*, OWiG, § 29a Rn. 21.

137 Göhler/*Gürtler*, OWiG, § 29a Rn. 21.

138 OLG Düsseldorf, NJW 1979, 992; Karlsruher Kommentar-OWiG/*Mitsch*, § 29a Rn. 36; Göhler/*Gürtler*, OWiG, § 29a Rn. 23.

139 BT-Drs. 12/1134, S. 5 f., 12; BGH, NStZ 2003, 37; BGH, NJW 2006, 2500; *Rosenkötter/Louis*, Das Recht der Ordnungswidrigkeiten, Rn. 426; Göhler/*Gürtler*, OWiG, § 29a Rn. 6 f.; krit.: Karlsruher Kommentar-OWiG/*Mitsch*, § 29a Rn. 46.

140 Göhler/*Gürtler*, OWiG, § 29a Rn. 12.

141 BGH, NStZ 2003, 37; Göhler/*Gürtler*, OWiG, § 29a Rn. 23 f., 26; vgl. weiter: *Klesczewski*, Ordnungswidrigkeitenrecht, Rn. 620 ff.

142 OLG Hamm, wistra 2000, 393; 433; OLG Koblenz, wistra 2000, 199.

selbst eine **betriebsbezogene Pflicht** verletzen. Dies ist zum einen gegeben, wenn durch die Ordnungswidrigkeit eine (insbesondere verwaltungsrechtliche) Pflicht verletzt wird, die dem Verband als Normadressaten obliegt.[143] Abgesehen von dem bei Ordnungswidrigkeiten gem. § 86 Abs. 1 nicht relevanten Fall der Verletzung einer unternehmens- bzw. betriebsbezogenen Sonderpflicht kann der erforderliche Verbandsbezug auch darin bestehen, dass der Täter durch seine Ordnungswidrigkeit den Verband bereichert hat oder dies zumindest bezweckte.[144] Als Bereicherung gilt jede mit dem Begehen der Ordnungswidrigkeit unmittelbar verbundene günstigere Gestaltung der Vermögenslage, d.h. jede (auch mittelbare) Erhöhung des wirtschaftlichen Wertes des Vermögens.[145]

92 Die Bußgeldrahmen für die Verbandsgeldbuße entsprechen gem. § 30 Abs. 2 S. 2 OWiG denjenigen des § 86 Abs. 2. Bei der **Bemessung der Geldbuße** ist von der Tat des Verantwortlichen auszugehen. Aufgrund einer Bewertung seines Verhaltens wird auch der Umfang der Vorwerfbarkeit im Hinblick auf den Verband bestimmt.[146] Ergänzend sind unternehmensbezogene Umstände zu berücksichtigen. Dies gilt insbesondere für die wirtschaftlichen Verhältnisse des Verbandes, da ein Gewinn abzuschöpfen ist, §§ 30 Abs. 3, 17 Abs. 4 OWiG.[147]

VIII. Verfahren

93 Von den in § 86 enthaltenen Regelungen betrifft lediglich § 86 Abs. 3 das Bußgeldverfahren. Dort ist die **Verfolgungs- und Ahndungszuständigkeit** im behördlichen Bußgeldverfahren normiert. Im Übrigen gelten die allgemeinen Regeln. Diesbezüglich ordnet § 46 Abs. 1 OWiG die entsprechende Geltung der Vorschriften über das Strafverfahren namentlich der StPO und des GVG an, soweit die §§ 35–110e OWiG keine abweichenden Vorschriften enthalten.

94 **1. Das behördliche Bußgeldverfahren. a) Zuständigkeit.** Die **sachliche Zuständigkeit** für die Verfolgung und Ahndung von Ordnungswidrigkeiten nach § 86 Abs. 1 ist gem. § 36 Abs. 1 Nr. 1 OWiG i.V.m. § 86 Abs. 3 differenziert geregelt. Danach sind für Zuwiderhandlungen im Sinne von § 86 Abs. 1 Nr. 1, 3 und 4 lit. d die Bundesnetzagentur, für Ordnungswidrigkeiten nach § 86 Abs. 1 Nr. 2 das Bundesamt für Wirtschaft und Ausfuhrkontrolle, für Ordnungswidrigkeiten nach § 86 Abs. 1 Nr. 4 lit. a die Bundesanstalt für Landwirtschaft und Ernährung und für Ordnungswidrigkeiten nach § 86 Abs. 1 Nr. 4 lit. b oder lit. c das Umweltbundesamt zuständig. Da die Bundesnetzagentur, das Bundesamt für Wirtschaft und Ausfuhrkontrolle, die Bundesanstalt für Landwirtschaft und Ernährung und das Umweltbundesamt bundesweit zuständig sind, bereitet die Abgrenzung der in § 37 Abs. 1 OWiG geregelten **örtlichen Zuständigkeit** keine Probleme. Innerhalb ihres jeweiligen sachlichen Zuständigkeitsbereichs sind die Behörden für das gesamte Bundesgebiet zuständig.

143 Göhler/*Gürtler*, OWiG, § 30 Rn. 19.
144 *Rosenkötter/Louis*, Das Recht der Ordnungswidrigkeiten, Rn. 397.
145 Karlsruher Kommentar-OWiG/*Rogall*, § 30 Rn. 99.
146 BGH, wistra 1991, 268 f.; BGH, NStZ-RR 2008, 13, 15; OLG Hamm, wistra 2000, 393, 395; *Lemke/Mosbacher*, OWiG, § 30 Rn. 63.
147 BGH, NStZ-RR 2008, 13, 15; OLG Hamm, wistra 2000, 433; näher dazu: *Klesczewski*, Ordnungswidrigkeitenrecht, Rn. 671.

b) Grundzüge des Verfahrens. Das Bußgeldverfahren ist geprägt vom **Opportunitäts-** 95
grundsatz, § 47 Abs. 1 OWiG. Er gilt im behördlichen Bußgeldverfahren, im Zwischen-
und im gerichtlichen Verfahren. Der Opportunitätsgrundsatz erlaubt es, nach **pflichtgemä-**
ßem Ermessen von der Verfolgung einer Ordnungswidrigkeit abzusehen. Der Gleichheitssatz gebietet zwar, in vergleichbaren Fällen die Ahndung gleichmäßig zu handhaben. Das
schließt aber nicht ein, dass ein geduldetes Verhalten in einem Fall das Einschreiten in einem anderen Fall verbietet.[148]

Im **Bußgeldverfahren** haben die Bundesnetzagentur, das Bundesamt für Wirtschaft und 96
Ausfuhrkontrolle, die Bundesanstalt für Landwirtschaft und Ernährung und das Umweltbundesamt als Verwaltungsbehörden gem. § 46 Abs. 2 OWiG dieselben **Rechte und**
Pflichten, welche die Staatsanwaltschaft im Strafverfahren hat, soweit sich aus dem OWiG
keine abweichenden Regelungen ergeben. Die Vorschriften des EEG über das Verwaltungsverfahren gem. § 61 Abs. 2 i.V.m. §§ 65 ff. EnWG sind nicht einschlägig.

Die prozessualen **Zwangsbefugnisse** der Verwaltungsbehörde werden durch § 46 Abs. 3 97
bis Abs. 5 OWiG gegenüber der Reichweite der Zwangsbefugnisse im Strafverfahren eingeschränkt. Dies trägt dem Ordnungswidrigkeiten im Vergleich zu Straftaten typischerweise innewohnenden geringeren Unrechts- und Vorwerfbarkeitsgehalt Rechnung.[149] **Rechts-**
schutz gegen Zwangsmaßnahmen im Bußgeldverfahren findet nach Maßgabe von §§ 62
Abs. 1, Abs. 2 S. 1, 68 Abs. 1 S. 1 OWiG durch **Antrag auf gerichtliche Entscheidung**
statt.[150] Im Bußgeldverfahren gilt ebenso wie im Strafverfahren, der **Nemo-Tenetur-**
Grundsatz. Ausdruck des Schweigerechts des Betroffenen sind § 85 Abs. 4 i.V.m. § 69
Abs. 6 S. 1 EnWG sowie § 68 Abs. 2 S. 3, die zum Ausdruck bringen, dass bei einer möglichen Selbstbelastung die sonst geltenden Auskunftspflichten nicht bestehen.

Das Bußgeld wird von der jeweils für die Verfolgung zuständigen Behörde durch **Bußgeld-** 98
bescheid nach § 65 OWiG festgesetzt. Die inhaltlichen Anforderungen an den Bußgeldbescheid ergeben sich aus § 66 OWiG.

2. Zwischenverfahren. Gegen den Bußgeldbescheid kann der Betroffene binnen einer 99
Frist von zwei Wochen **Einspruch** einlegen, § 67 Abs. 1 OWiG. Der Einspruch ist an die
Verwaltungsbehörde zu richten, die ihn erlassen hat. Die Verwaltungsbehörde prüft sodann
in einem **Zwischenverfahren** nochmals, ob sie den Bußgeldbescheid aufrechterhält, § 69
Abs. 2 OWiG. Im Zwischenverfahren ist jedoch auch eine Verschlechterung zu Lasten des
Betroffenen möglich. Hält die Verwaltungsbehörde den Bußgeldbescheid aufrecht, so
übersendet sie die Akten gem. § 69 Abs. 3 S. 1 OWiG an die Staatsanwaltschaft. Diese
kann gem. § 69 Abs. 4 OWiG weitere Ermittlungen durchführen oder das Verfahren einstellen. Geschieht dies nicht, so leitet die Staatsanwaltschaft den Vorgang anschließend an
das Gericht weiter.

3. Gerichtliches Verfahren. a) Zuständigkeit. Örtlich und sachlich zuständig ist das 100
Amtsgericht, in dessen Bezirk die Verwaltungsbehörde ihren Sitz hat, § 68 Abs. 1 OWiG.
Damit ist für Bußgeldbescheide der Bundesnetzagentur und der Bundesanstalt für Land-
wirtschaft und Ernährung das Amtsgericht Bonn zuständig. Bonn ist gem. § 1 S. 2

---

148 Göhler/*Gürtler*, OWiG, § 47 Rn. 9 11 m. w. N.
149 *Klesczewski*, Ordnungswidrigkeitenrecht, Rn. 764.
150 Altrock/Oschmann/Theobald/*Müller*, § 62 Rn. 18; Karlsruher Kommentar-OWiG/*Kurz*, § 62
Rn. 1.

BEGTPG[151] Sitz der Bundesnetzagentur und gem. § 1 S. 3 BLEG[152] Sitz der Bundesanstalt für Landwirtschaft und Ernährung. Zur Entscheidung über Einsprüche gegen Bußgeldbescheide des Umweltbundesamts ist das Amtsgericht Dessau-Rosslau berufen, weil diese Behörde aufgrund von § 1 Abs. 2 UBAG[153] ihren Sitz in Dessau hat. Der Sitz des Bundesamts für Wirtschaft und Ausfuhrkontrolle befindet sich in Eschborn, so dass zur Entscheidung über von dieser Behörde erlassene Bußgeldbescheide das Amtsgericht Frankfurt am Main zuständig ist.

101   **b) Anwendbare Vorschriften.** Das gerichtliche Verfahren richtet sich gemäß § 71 Abs. 1 OWiG nach den Vorschriften über den Einspruch gegen einen Strafbefehl. Ein unzulässiger Einspruch wird gem. § 70 OWiG vom Gericht verworfen. Ist der Einspruch zulässig eingelegt, muss nach § 71 Abs. 1 OWiG i.V.m. § 411 Abs. 1 S. 2 StPO grundsätzlich die Hauptverhandlung anberaumt werden. In der Hauptverhandlung gelten nach §§ 77, 77a OWiG Vereinfachungen bei der Beweisaufnahme. In einfachen Sachen kann das Gericht nach § 72 Abs. 1 S. 1 OWiG auch ohne Hauptverhandlung durch Beschluss entscheiden, wenn nicht der Betroffene oder die Staatsanwaltschaft widersprechen.

102   **c)** Als **Rechtsmittel** gegen Entscheidungen des Gerichts ist die **Rechtsbeschwerde** statthaft. Die Rechtsbeschwerde trägt den Charakter einer beschränkten Revision (vgl. § 79 Abs. 3 S. 1 OWiG). Zulässig ist die Rechtsbeschwerde nur, wenn sie nach § 80 OWiG zugelassen wird oder die Voraussetzungen nach § 79 Abs. 1 Nr. 1–5 OWiG vorliegen, insbesondere wenn die festgesetzte Geldbuße 250 EUR übersteigt. Die Zuständigkeit des Gerichts, das über die Rechtsbeschwerde zu entscheiden hat, ergibt sich aus §§ 79 Abs. 3 S. 1, 80a Abs. 1 OWiG. Über Rechtsbeschwerden gegen Entscheidungen des Amtsgerichts Bonn entscheidet danach das Oberlandesgericht Köln. Das Oberlandesgericht Naumburg entscheidet bei Rechtsbeschwerden gegen Entscheidungen des Amtsgerichts Dessau-Rosslau. Bei Entscheidungen des Amtsgerichts Frankfurt am Main ist das Oberlandesgericht Frankfurt am Main für hiergegen eingelegte Rechtsbeschwerden zuständig.

103   **4. Verjährung.** Für die Verjährung der Ordnungswidrigkeiten nach § 86 Abs. 1 gelten die §§ 31 ff. OWiG, da das EEG keine anderweitige Regelung enthält. Ist Verjährung eingetreten, liegt ein **Verfahrenshindernis** vor, so dass die Tat nicht mehr geahndet werden kann. Ein bereits eingeleitetes Verfahren muss eingestellt werden. Unterschieden wird zwischen der **Verfolgungsverjährung** (§ 31 OWiG) und der **Vollstreckungsverjährung** (§ 34 OWiG). Die Verfolgungsverjährung verbietet bereits die Verfolgung und Ahndung der Ordnungswidrigkeit. Sie beginnt gem. § 31 Abs. 3 S. 1 OWiG mit Beendigung der ordnungswidrigen Handlung. Die Vollstreckungsverjährung verbietet die Vollstreckung einer bereits rechtskräftigen Entscheidung. Sie beginnt mit Rechtskraft des Bußgeldbescheides, § 34 Abs. 3 OWiG. Für alle Ordnungswidrigkeiten nach § 86 Abs. 1 beträgt die Verfolgungsverjährungsfrist nach § 31 Abs. 2 Nr. 1 OWiG drei Jahre. Vollstreckungsverjährung tritt einheitlich fünf Jahre nach Rechtskraft des Bußgeldbescheides ein, § 34 Abs. 2 Nr. 1 OWiG.

---

151 Gesetz über die Bundesnetzagentur für Elektrizität, Gas, Telekommunikation, Post und Eisenbahnen vom 7.7.2005 (BGBl. I S. 1970, 2009), zuletzt geändert durch Artikel 2 des Gesetzes vom 26.7.2011 (BGBl. I S. 1554).

152 Gesetz über die Errichtung einer Bundesanstalt für Landwirtschaft und Ernährung vom 2.8.1994 (BGBl. I S. 2018, 2019), zuletzt geändert durch Artikel 11 des Gesetzes vom 9.12.2010 (BGBl. I S. 1885).

153 Gesetz über die Errichtung eines Umweltbundesamtes vom 22.7.1974 (BGBl. I S. 1505) zuletzt geändert durch Artikel 8 des Gesetzes vom 11.8.2009 (BGBl. I S. 2723).

§ 87   Gebühren und Auslagen

(1) [1]Für Amtshandlungen nach diesem Gesetz und den auf diesem Gesetz beruhenden Rechtsverordnungen sowie für die Nutzung des Herkunftsnachweisregisters und des Anlagenregisters werden Gebühren und Auslagen erhoben; hierbei kann auch der Verwaltungsaufwand berücksichtigt werden, der jeweils bei der Fachaufsichtsbehörde entsteht. [2]Hinsichtlich der Gebührenerhebung für Amtshandlungen nach Satz 1 ist das Verwaltungskostengesetz vom 23. Juni 1970 (BGBl. I S. 821) in der am 14. August 2013 geltenden Fassung anzuwenden. [3]Für die Nutzung des Herkunftsnachweisregisters und des Anlagenregisters sind die Bestimmungen der Abschnitte 2 und 3 des Verwaltungskostengesetzes in der am 14. August 2013 geltenden Fassung entsprechend anzuwenden.

(2) [1]Die gebührenpflichtigen Tatbestände und die Gebührensätze sind durch Rechtsverordnung ohne Zustimmung des Bundesrates zu bestimmen. [2]Dabei können feste Sätze, auch in Form von Zeitgebühren, oder Rahmensätze vorgesehen und die Erstattung von Auslagen auch abweichend vom Verwaltungskostengesetz geregelt werden. [3]Zum Erlass der Rechtsverordnungen ist das Bundesministerium für Wirtschaft und Energie ermächtigt. [4]Es kann diese Ermächtigung durch Rechtsverordnung ohne Zustimmung des Bundesrates auf eine Bundesoberbehörde übertragen, soweit diese Aufgaben auf Grund dieses Gesetzes oder einer Rechtsverordnung nach den §§ 88, 90, 92 oder § 93 wahrnimmt. [5]Abweichend von Satz 3 ist das Bundesministerium für Ernährung und Landwirtschaft im Einvernehmen mit dem Bundesministerium der Finanzen, dem Bundesministerium für Wirtschaft und Energie und dem Bundesministerium für Umwelt, Naturschutz, Bau und Reaktorsicherheit zum Erlass der Rechtsverordnung für Amtshandlungen der Bundesanstalt für Landwirtschaft und Ernährung im Zusammenhang mit der Anerkennung von Systemen oder mit der Anerkennung und Überwachung einer unabhängigen Kontrollstelle nach der Biomassestrom-Nachhaltigkeitsverordnung ermächtigt.

Schrifttum: *Wolff/Bachof/Stober/Kluth*, Verwaltungsrecht I, 12. Aufl. 2007.

Übersicht

I. Überblick und Normzweck

1 § 87 bezweckt die einheitliche Regelung für die Kostendeckung von Verwaltungsaufwand, der für Amtshandlungen nach diesem Gesetz und Rechtsverordnungen, die auf dem EEG beruhen, entsteht. Von dem Kostenbegriff des § 87 sind Gebühren und Auslagen erfasst.

2 Gebühren und Auslagen werden für **Amtshandlungen** auf Grundlage des EEG, der Rechtsverordnungen die auf dem EEG beruhen und für die Nutzung des Herkunftsnachweisregisters erhoben (§ 87 Abs. 1 S. 1). Für die Gebührenerhebung nach § 87 Abs. 1 S. 1 verweist § 87 Abs. 1 S. 2 auf das Verwaltungskostengesetz (VwKostG).[1] Die §§ 2 bis 22 VwKostG sind für die Nutzung des Herkunftsnachweisregisters anwendbar (§ 87 Abs. 1 S. 3). Das Verwaltungskostengesetz ist am 15. August 2013 außer Kraft getreten. Es wurde mit Wirkung vom 15. August 2013 vom neuen Bundesgebührengesetz (BGebG) abgelöst.[2]

3 Der neue Satz 2 stellt die **fortwährende Anwendbarkeit des Verwaltungskostengesetzes** als Bemessungsgrundlage der Gebühren und Auslagen nach § 87 sicher. Dies ist erforderlich, da das EEG und die auf Grundlage des EEG erlassenen Gebührenverordnungen von den mit dem Erlass des BGebG vorgenommenen Änderungen nach Artikel 2 und 4 des Gesetzes zur Strukturreform des Gebührenrechts des Bundes vom 7. August 2013[3] ausgenommen sind.[4] Bei der folgenden Novellierung des EEG ist geplant, die notwendigen Änderungen zur Anpassung an das BGebG sowie eine bis dahin erlassene Allgemeine Gebührenverordnung nach § 22 Abs. 3 BGebG vorzunehmen.[5] Damit soll die Umstellung parallel zu dem von Art. 4 und 5 Abs. 3 der Strukturreform für den 14. August 2018 angeordneten Außerkrafttreten des fachbezogenen „alten" Gebührenrechts erfolgen.[6]

4 Einer Zustimmung des Bundesrats für den Erlass von Rechtsverordnungen, die die gebührenpflichtigen Tatbestände und Gebührensätze bestimmen, bedarf es nicht (§ 87 Abs. 2 S. 1). Die Bestimmung der Kostensätze kann auch abweichend von den Bestimmungen des VwKostG geregelt werden (§ 87 Abs. 2 S. 2). Neu durch das EEG 2014 ist jetzt gemäß § 87 Abs. 2 S. 3 primär das **Bundesministerium für Wirtschaft und Energie** zum Erlass von Rechtsverordnungen **ermächtigt**. Lediglich abweichend von § 87 Abs. 2 S. 3 besteht eine weitere Ermächtigungsgrundlage zum Erlass von Verordnungen nach § 87 Abs. 2 S. 4.

II. Entwicklung und Historie

5 Durch die Neufassung des § 63a EEG 2012 bestand die Möglichkeit, nach § 55 EEG 2012 Gebühren für die Nutzung des Registers im Rahmen einer Gebührenverordnung zum Herkunftsnachweisregister zu erheben.[7] Die Ausstellung von Herkunftsnachweisen ist jetzt in § 79 geregelt.

---

1 Verwaltungskostengesetz vom 23.6.1970 (BGBl. I S. 821) in der am 14.8.2013 geltenden Fassung.
2 Siehe Bundesgebührengesetz vom 7. August 2013 (BGBl. I S. 3154), in Kraft getreten am 15.8.2013.
3 Siehe BGBl. I, S. 3154.
4 BT-Drs. 18/1304 v. 5.5.2014, Begründung zu § 87 EEG, S. 257.
5 BT-Drs. 18/1304 v. 5.5.2014, Begründung zu § 87 EEG, S. 257.
6 BT-Drs. 18/1304 v. 5.5.2014, Begründung zu § 87 EEG, S. 257.
7 BT-Drs. 17/8877, Begründung zu § 63a EEG, S. 25.

Der Wortlaut der Ermächtigungsgrundlagen wurde im EEG 2012 weiter geöffnet. Die Ein- **6** schränkung „zur Deckelung des Verwaltungsaufwands" ist weggefallen.[8] Dadurch konnte der **Wert der Amtshandlung** aus Sicht des Gebührenschuldners besser berücksichtigt werden. Durch die Neufassung des § 63a Abs. 2 EEG 2012 konnte die Gebühr auch gestaffelt nach der Anzahl der ausgestellten Herkunftsnachweise bestimmt werden. Der neue § 87 Abs. 1 S. 2 nimmt auf die Einführung des Anlagenregisters nach § 6 i.V.m. § 90 Bezug. Für die Nutzung des Anlagenregisters gelten die §§ 2 bis 22 VwKostG entsprechend.[9]

III. Grundsatz der Ausgleichspflicht (§ 87 Abs. 1)

1. Gebühren und Auslagen. Der Verwaltungsaufwand im Rahmen des § 87 kann nur dann **7** kompensiert werden, wenn er unter die Begriffe „Gebühr" oder „Auslage" im Sinne der Vorschrift subsumiert werden kann.

Gebühren sind Geldleistungen, die als Gegenleistung für eine besondere Inanspruchnah- **8** me der Verwaltung von demjenigen erhoben werden, auf dessen Veranlassung oder in dessen Interesse diese tatsächlich und konkret tätig geworden ist.[10]

Über § 63a EEG 2012 konnten **Auslagen** über § 10 VwKostG definiert werden. Dies ist **9** bei § 87 der weiterhin geltende Ansatz. Auslagen sind danach solche Geldleistungen, die zur Abdeckung des bei der Behörde tatsächlich entstandenen Aufwands geleistet werden.[11] Von § 10 VwKostG sind insbesondere erfasst: Telekommunikationskosten, Kosten für die Erstellung von Dokumenten oder Kopien, Kosten der Inanspruchnahme anderer Behörden, Übersetzungskosten, Reise- und Transportkosten und Kosten eines Sachverständigengutachtens. **Beiträge** werden von § 87 nicht erfasst.

Die gebührenpflichtigen Tatbestände und der korrespondierende Gebührensatz werden **10** durch den Verordnungsgeber – ermächtigt und benannt in § 87 Abs. 2 S. 3 bis 5 – festgelegt. Ein Ermessen hinsichtlich des „Ob" der Gebührenerhebung besteht nicht. Die von der Ausgleichspflicht erfassten Tätigkeiten der Verwaltung werden durch den Verordnungsgeber näher spezifiziert.

2. Der Ausgleichsgegenstand nach dem BGebG. Der Blick auf das BGebG lohnt sich für **11** einen Vergleich zu den zurzeit noch geltenden Regelungen, da langfristig die Regelungen des BGebG Anwendung finden werden. § 3 Abs. 4 BGebG definiert **Gebühren** als öffentlich-rechtliche Geldleistungen, die der Gebührengläubiger vom Gebührenschuldner für individuell zurechenbare öffentliche Leistungen erhebt. Die Gebühr deckt nach § 9 Abs. 1 BGebG alle mit der individuell zurechenbaren öffentlichen Leistung verbundenen Kosten aller an der Leistung Beteiligten ab, soweit die Kostenposition nicht als Auslage über § 12 Abs. 1 oder 2 BGebG erfasst ist. Die Gebühr beinhaltet nach § 9 Abs. 1 S. 2 BGebG auch die mit der Leistung regelmäßig verbundenen Auslagen. Die Kostenpositionen sind nach § 9 Abs. 1 S. 3 i.V.m. § 3 Abs. 3 BGebG zu bestimmen. Danach sind die Kosten bei der Berechnung der Gebühr anzusetzen, die nach betriebswirtschaftlichen Grundsätzen als

---

8 BT-Drs. 17/8877, Begründung zu § 63a EEG, S. 25.
9 BT-Drs. 18/1304 v. 5.5.2014, S. 257.
10 BVerfGE 92, 91, 115 – *Feuerwehrabgabe*; BVerfGE 97, 332, 343 – *Kindergartengebühren*; *Stober*, in: Wolff/Bachof/Stober/Kluth, Verwaltungsrecht I, § 42 Rn. 31.
11 *Reshöft/Schäfermeier/Sommerfeldt/Findeisen*, § 63a Rn. 5; *Salje*, EEG, 6. Aufl. 2012, § 63a Rn. 5.

Einzel- und Gemeinkosten ansatzfähig sind, insbesondere Personal- und Sachkosten sowie kalkulatorische Kosten. Zu den Gemeinkosten zählen auch die Kosten der Rechts- und Fachaufsicht.

12 Im Gegensatz zum Verwaltungskostengesetz sehen §§ 7 und 8 BGebG Tatbestände für die **sachliche und persönliche Gebührenfreiheit** vor. Für nicht staatliche Akteure ist insbesondere § 7 BGebG relevant. Danach werden für mündliche Auskünfte, einfache Kopien und einfache Register- und Dateienauskünfte keine Gebühren erhoben.

13 **Auslagen** sind gemäß § 3 Abs. 5 BGebG nicht von der Gebühr umfasste Kosten, die die Behörde für individuell zurechenbare öffentliche Leistungen im Einzelfall nach § 12 Abs. 1 oder 2 BGebG erhebt. Als Auslagen im Sinne von § 12 Abs. 1 BGebG sind solche Kosten erfasst, die nicht bereits nach § 9 Abs. 1 S. 2 BGebG als Position in die Gebühr einbezogen wurden. Nach § 12 Abs. 1 Nr. 1 bis 5 BGebG insbesondere erfasst sind: Kosten in tatsächlicher Höhe für Zeugen, Sachverständige, Gutachter, Dolmetscher und Übersetzer; Leistungen anderer Behörden und Dritter; Dienstreisen und -gänge; Zustellungen und öffentliche Bekanntmachungen; auf Antrag erstellte Ausfertigungen und Kopien.

14 **3. Gläubiger und Schuldner des Ausgleichsanspruchs.** Gebührengläubiger ist der Rechtsträger der Behörde oder die Beliehene, die die individuell zurechenbare öffentliche Leistung erbringt (vgl. auch § 5 Nr. 1 und 2 BGebG). Schuldner sind diejenigen, die die jeweilige **Amtshandlung beantragt** haben bzw. **berechtigter Nutzer** des Herkunftsregisters sind. Auf ihre Veranlassung oder in ihrem Interesse erfolgt die Inanspruchnahme der Verwaltung (vgl. auch § 6 BGebG).[12]

15 **4. Umfang der Ausgleichspflicht.** Der Umfang der Ausgleichspflicht wird durch die einzelnen Tatbestände in der jeweiligen Verordnung, die auf Grundlage des § 87 Abs. 2 erlassen worden ist, bestimmt. Die Höhe der Ausgleichspflicht kann dabei auf Basis der tatsächlich angefallenen Kosten oder als Pauschalbetrag, Zeitgebühr oder als Rahmensatz festgelegt werden. Für die im Rahmen der Nutzung des Herkunftsnachweisregisters entstandenen Kosten gilt dies über § 87 Abs. 1 S. 3 entsprechend.

16 Der Wert der Amtshandlung konnte durch die Neufassung des § 63a EEG 2012 besser berücksichtigt werden, zumal die Höhe der Gebühr nunmehr nicht mehr allein am tatsächlichen Aufwand der Verwaltung bemessen wurde.[13] Dies galt nicht in Fällen, wo die Gebühr **ausdrücklich zur Deckelung des Verwaltungsaufwandes** erhoben wird (§ 63a Abs. 2 S. 3 Nr. 2 EEG 2012). Die Deckelungsregelung musste durch die Neufassung der Norm im EEG 2012 als Ausnahme nunmehr ausdrücklich vom Gesetzgeber aufgenommen werden, um eine Wirkung zu entfalten. Fälle, in denen der tatsächliche Aufwand mit einer geringeren Gebühr als der formale Ausgleich durch den Wert der Verwaltungsleistung bemessen war, konnte nun erfasst werden. Besonders deutlich wurde dies im Fall der Ausstellung von Herkunftsnachweisen. Obwohl faktisch die Ausstellung von mehreren Nachweisen im Verhältnis zu einem Nachweis keinen gebührenerheblichen Mehraufwand bedeutet, würde ein Absehen von der Staffelung der Gebühr nach Anzahl der Nachweise im Verhältnis zu einem kleineren Wettbewerber diesen benachteiligend. Neu hinzugekommen ist § 87 Abs. 1 S. 1, 2. Hs., wonach bei der Bemessung der Gebühren und Auslagen auch der bei der Fachauf-

---

12 *Stober*, in: Wolff/Bachof/Stober/Kluth, Verwaltungsrecht I, § 42 Rn. 31.
13 BT-Drs. 17/8877, Begründung zu § 63a EEG, S. 25.

sichtsbehörde entstandene Verwaltungsaufwand berücksichtigt werden kann. Dies dehnt die Bemessungsgrundlage der Gebühr im Vergleich zum EEG 2012 weiter aus.

IV. Rechtsverordnungen auf Grundlage von § 87 Abs. 2 S. 3–5

1. Anforderungen an die Ermächtigungsgrundlage. Art. 80 Abs. 1 GG bestimmt, dass die Verordnungsermächtigung durch einen Mindestregelungsgehalt ausgestaltet werden muss. Das EEG ist das ermächtigende Gesetz und muss Inhalt, Ausmaß und Zweck der Verordnung hinreichend konkretisieren (Art. 80 Abs. 1 S. 2 GG). **17**

2. Der Verordnungsgeber. Im Gegensatz zu § 63a EEG 2012, der vier Verordnungsgeber benannte, ermächtigt § 87 Abs. 2 S. 3 das Bundesministerium für Wirtschaft und Energie. Damit wurde der **geänderte Ressortzuschnitt** vollzogen.[14] Dieses darf nach § 87 Abs. 2 S. 4 unter bestimmten Umständen die Ermächtigung durch Rechtsverordnung ohne Zustimmung des Bundesrats auf eine Bundesoberbehörde übertragen. Die so ermächtigte Bundesoberbehörde darf aufgrund des EEG einer über §§ 88, 90, 92 oder 93 erlassenen Verordnung handeln. Dies sind Ermächtigungen zur Ausschreibung der Förderung von Freiflächenanlagen (§ 88), zu Nachhaltigkeitsanforderungen für Biomasse (§ 90), zu Herkunftsnachweisen (§ 92) und zum Anlagenregister (§ 93). **18**

Als einzige **Ausnahme** zu § 87 Abs. 2 S. 3 ist gemäß § 87 Abs. 2 S. 5 das Bundesministerium für Ernährung und Landwirtschaft im Einvernehmen mit dem Bundesministerium für Finanzen, dem Bundesministerium für Wirtschaft und Energie und dem Bundesministerium für Umwelt, Naturschutz, Bau und Reaktorsicherheit zum Erlass von Verordnungen **für Amtshandlungen der Bundesanstalt für Landwirtschaft und Ernährung** ermächtigt. Inhaltlich bezieht sich diese Ermächtigung auf die **Anerkennung von Systemen** und auf die **Anerkennung und Überwachung einer unabhängigen Kontrollstelle** nach der Biomassestrom-Nachhaltigkeitsverordnung. **19**

Damit hat der Gesetzgeber die Anzahl der Verordnungsgeber stark reduziert. Unter der Vorgängerregelung waren die Bundesnetzagentur, die Bundesanstalt für Landwirtschaft und Ernährung, das Umweltbundesamt und das Bundesamt für Wirtschaft und Ausfuhrkontrolle über § 63a Abs. 2 S. 3 Nr. 1 bis 4 EEG 2012 für eine Vielzahl von Amtshandlungen ermächtigt. Diese Inhalte sind nunmehr über die Verordnungsermächtigungen der §§ 88 bis 96 umverteilt worden. **20**

3. Die Besondere-Ausgleichsregelung-Gebührenverordnung (BAGebV). Am 5.3.2013 wurde die zuletzt am 1.8.2014 geänderte Verordnung über Gebühren und Auslagen des Bundesamts für Wirtschaft und Ausfuhrkontrolle im Zusammenhang mit der Begrenzung der EEG-Umlage (BAGebV)[15] erlassen. Der Verwaltungsaufwand, der im Zusammenhang mit der Prüfung der zur Nachweisführung einzureichenden Unterlagen für die EEG-Umlagenbegrenzung anfällt, wird über die BAGebV erfasst. Gemäß § 1 BAGebV gibt das Gebührenverzeichnis (Anlage BAGebV) Aufschluss über die Gebührensätze, die im Zusammenhang mit der EEG-Umlagenbegrenzung erhoben werden. Gemäß Gebührenverzeichnis Position Nr. 1 zu § 1 Abs. 1 S. 2 BAGebV beträgt die Gebühr für die Begrenzung der EEG-Umlage pro beantragter Abnahmestelle und Stromverbrauchsmenge (§ 64) für das **21**

---

14 BT-Drs. 18/1304, Begründung zu § 87 Abs. 2 EEG, S. 257.

15 BGBl. I S. 448 – Besondere-Ausgleichsregelung-Gebührenverordnung – BAGebV; zuletzt geändert am 1.8.2014 (BGBl. I S. 1318).

letzte abgeschlossene Geschäftsjahr zwischen 70 und 125 EUR pro GWh. Dieser Satz betrug vor der letzten Änderung noch pauschal 65 EUR pro GWh.

22   Eine weitere Verordnung ist die vom Umweltbundesamt erlassene Gebührenordnung zur Herkunftsnachweisverordnung.[16] Diese war ebenfalls von der Rechtslagenänderung betroffen.

---

16 BGBl. I, S. 2703 – Gebührenordnung zur Herkunftsnachweisverordnung – HkNGebV: v. 17.12. 2012.

Teil 7

Verordnungsermächtigungen, Berichte, Übergangsbestimmungen

Abschnitt 1

Verordnungsermächtigungen

§ 88 Verordnungsermächtigung zur Ausschreibung der Förderung für Freiflächenanlagen

(1) Die Bundesregierung wird ermächtigt, durch Rechtsverordnung ohne Zustimmung des Bundesrates im Anwendungsbereich des § 55 Regelungen vorzusehen

1. zu Verfahren und Inhalt der Ausschreibungen, insbesondere
   a) zur kalenderjährlich insgesamt auszuschreibenden zu installierenden Leistung in Megawatt oder elektrischer Arbeit in Megawattstunden,
   b) zur Aufteilung der jährlichen Ausschreibungsmenge in Teilmengen und zu der Bestimmung von Mindest- und Maximalgrößen von Teillosen,
   c) zur Festlegung von Mindest- und Höchstbeträgen für die finanzielle Förderung für elektrische Arbeit oder für die Bereitstellung installierter Leistung,
   d) zu der Preisbildung, der Anzahl der Bieterrunden und dem Ablauf der Ausschreibungen,
   e) abweichend von § 51 oder § 55 Absatz 2 Nummer 2 Flächen zu bestimmen, auf denen Anlagen errichtet werden können,

2. zu weiteren Voraussetzungen nach § 55 Absatz 2 Nummer 4, insbesondere
   a) die Anlagengröße zu begrenzen und abweichend von § 32 Absatz 1 und 2 die Zusammenfassung von Anlagen zu regeln,
   b) Anforderungen zu stellen, die der Netz- oder Systemintegration der Anlagen dienen,
   c) abweichende Regelungen zu den §§ 19 bis 39 und 55 Absatz 2 Nummer 2 zu treffen,

3. zu den Anforderungen für die Teilnahme an den Ausschreibungen, insbesondere
   a) Mindestanforderungen an die Eignung der Teilnehmer zu stellen,
   b) Anforderungen an den Planungs- und Genehmigungsstand der Projekte zu stellen,
   c) Anforderungen zu der Art, der Form und dem Inhalt von Sicherheiten zu stellen, die von allen Teilnehmern an Ausschreibungen oder nur im Fall der Zuschlagserteilung zu leisten sind, um eine Inbetriebnahme und den Betrieb der Anlage sicherzustellen, und die entsprechenden Regelungen zur teilweisen oder vollständigen Zurückzahlung dieser Sicherheiten,
   d) festzulegen, wie Teilnehmer an den Ausschreibungen die Einhaltung der Anforderungen nach den Buchstaben a bis c nachweisen müssen,

4. zu der Art, der Form und dem Inhalt der Zuschlagserteilung im Rahmen einer Ausschreibung und zu den Kriterien für die Zuschlagserteilung,

5. zu der Art, der Form und dem Inhalt der durch einen Zuschlag vergebenen finanziellen Förderung, insbesondere zu regeln, dass

   a) die finanzielle Förderung für elektrische Arbeit pro Kilowattstunde, für die Bereitstellung installierter Leistung in Euro pro Kilowatt oder für eine Kombination beider Varianten auch abweichend von den Bestimmungen in den §§ 19 bis 39 zu zahlen ist,

   b) eine durch Zuschlag erteilte Förderberechtigung unabhängig von Rechtsschutzverfahren Dritter gegen das Ausschreibungsverfahren oder die Zuschlagserteilung bestehen bleibt,

6. zu einem Aufwendungsersatz für die Erstellung von nicht bezuschlagten Geboten,

7. zu Anforderungen, die den Betrieb der Anlagen sicherstellen sollen, insbesondere wenn eine Anlage nicht oder verspätet in Betrieb genommen worden ist oder nicht in einem ausreichenden Umfang betrieben wird,

   a) eine Pflicht zu einer Geldzahlung vorzusehen und deren Höhe und die Voraussetzungen für die Zahlungspflicht zu regeln,

   b) Kriterien für einen Ausschluss von Bietern bei künftigen Ausschreibungen zu regeln und

   c) die Möglichkeit vorzusehen, die im Rahmen der Ausschreibungen vergebenen Förderberechtigungen nach Ablauf einer bestimmten Frist zu entziehen oder zu ändern und danach erneut zu vergeben, oder die Dauer oder Höhe des Förderanspruchs nach Ablauf einer bestimmten Frist zu ändern,

8. zu der Art, der Form und dem Inhalt der Veröffentlichungen der Bekanntmachung von Ausschreibungen, der Ausschreibungsergebnisse und der erforderlichen Mitteilungen an die Netzbetreiber,

9. zur Übertragbarkeit von Förderberechtigungen vor der Inbetriebnahme der Anlage und ihrer verbindlichen Zuordnung zu einer Anlage, insbesondere

   a) zu den zu beachtenden Frist- und Formerfordernissen und Mitteilungspflichten,

   b) zu dem Kreis der berechtigten Personen und den an diese zu stellenden Anforderungen,

10. zu den nach den Nummern 1 bis 9 zu übermittelnden Informationen und dem Schutz der in diesem Zusammenhang übermittelten personenbezogenen Daten.

(2) Die Bundesregierung wird ermächtigt, durch Rechtsverordnung ohne Zustimmung des Bundesrates im Anwendungsbereich des § 55 und in Abweichung von dem Geltungsbereich dieses Gesetzes für Strom aus Freiflächenanlagen, die in einem anderen Mitgliedstaat der Europäischen Union errichtet worden sind, zur Umsetzung des § 2 Absatz 6

1. zu regeln, dass ein Anspruch auf finanzielle Förderung nach diesem Gesetz besteht, wenn

   a) der Anlagenbetreiber über eine Förderberechtigung verfügt, die im Rahmen einer Ausschreibung durch Zuschlag erteilt worden ist,

   b) ab der Inbetriebnahme der Anlage der gesamte während der Förderdauer in der Anlage erzeugte Strom nicht selbst verbraucht wird,

   c) sichergestellt ist, dass die tatsächliche Auswirkung des in der Anlage erzeugten Stroms auf das deutsche Stromnetz oder auf den deutschen Strommarkt vergleichbar ist zu der Auswirkung, die der Strom bei einer Einspeisung im Bundesgebiet hätte,

d) mit dem Mitgliedstaat der Europäischen Union, in dem die Anlage errichtet werden soll, ein völkerrechtlicher Vertrag oder ein entsprechendes Verwaltungsabkommen abgeschlossen worden ist, in dem die weiteren Voraussetzungen für den Anspruch auf die finanzielle Förderung, das Verfahren sowie der Inhalt und der Umfang der finanziellen Förderung mit dem Mitgliedstaat der Europäischen Union geregelt worden sind, und dieser völkerrechtliche Vertrag oder dieses Verwaltungsabkommen dem Prinzip der gegenseitigen Kooperation bei der Förderung, dem Ausschluss der Doppelförderung sowie einer angemessenen Kosten- und Nutzenverteilung zwischen Deutschland und dem anderen Mitgliedstaat Rechnung trägt,

e) die weiteren Voraussetzungen nach diesem Gesetz oder der Rechtsverordnung nach Absatz 1 mit Ausnahme der Voraussetzungen nach § 51 Absatz 1 erfüllt sind, soweit auf der Grundlage der Nummern 2 bis 5 keine abweichenden Regelungen in der Rechtsverordnung getroffen worden sind,

2. entsprechende Regelungen nach Absatz 1 Nummer 1 bis 10 zu treffen, insbesondere

a) abweichend von der in den §§ 19, 34, 35 Nummer 3, den §§ 37 bis 39 geregelten Voraussetzung der tatsächlichen Einspeisung in das Netz im Bundesgebiet Regelungen zu treffen, die sicherstellen, dass auch ohne eine Einspeisung in dieses Netz die geförderte Strommenge einen mit der Einspeisung im Bundesgebiet vergleichbaren tatsächlichen Effekt auf das deutsche Stromnetz oder auf den deutschen Strommarkt hat, sowie die Voraussetzungen und das Verfahren für den Nachweis,

b) Regelungen zu dem betroffenen Anspruchsgegner, der zur Zahlung der finanziellen Förderung verpflichtet ist, die Erstattung der entsprechenden Kosten und die Voraussetzungen des Anspruchs auf finanzielle Förderung in Abweichung von den §§ 19, 23 bis 26 vorzusehen,

c) Regelungen zum Umfang der finanziellen Förderung und zur anteiligen finanziellen Förderung des erzeugten Stroms durch dieses Gesetz und durch den anderen Mitgliedstaat der Europäischen Union vorzusehen,

3. von § 6 Absatz 2, § 55 Absatz 4, von den §§ 70 bis 72 und 75 bis 77 sowie von der Rechtsverordnung nach § 93 abweichende Regelungen zu Mitteilungs- und Veröffentlichungspflichten zu treffen,

4. von den §§ 8 bis 18 abweichende Regelungen zur Netz- und Systemintegration zu treffen,

5. Regelungen vorzusehen, wie die Anlagen bei der Berechnung des Zielkorridors nach § 31 Absatz 1 zu berücksichtigen sind,

6. von den §§ 56 bis 61 abweichende Regelungen zu den Kostentragungspflichten und dem bundesweiten Ausgleich der Kosten der finanziellen Förderung der Anlagen zu treffen,

7. von § 81 abweichende Regelungen zur Vermeidung oder Beilegung von Streitigkeiten durch die Clearingstelle und von § 85 abweichende Regelungen zur Kompetenz der Bundesnetzagentur vorzusehen.

(3) Zur Umsetzung des völkerrechtlichen Vertrages oder des Verwaltungsabkommens nach Absatz 2 Nummer 1 Buchstabe d wird die Bundesregierung ermächtigt, durch Rechtsverordnung ohne Zustimmung des Bundesrates für Anlagenbetreiber von Freiflächenanlagen, die im Bundesgebiet errichtet worden sind und einen Anspruch auf

finanzielle Förderung in einem Fördersystem eines anderen Mitgliedstaates der Europäischen Union haben,

1. **abweichend von den §§ 19 bis 55 die Höhe der finanziellen Förderung oder den Wegfall des Anspruchs auf finanzielle Förderung nach diesem Gesetz zu regeln, wenn ein Förderanspruch aus einem anderen Mitgliedstaat besteht,**
2. **abweichend von § 15 die Entschädigung zu regeln.**

(4) Die Bundesregierung wird ermächtigt, durch Rechtsverordnung ohne Zustimmung des Bundesrates im Anwendungsbereich des § 55

1. **abweichend von den Absätzen 1 und 2 und von § 55 nicht die Bundesnetzagentur, sondern eine andere juristische Person des öffentlichen Rechts mit den Ausschreibungen zu betrauen oder in entsprechendem Umfang eine juristische Person des Privatrechts zu beauftragen und hierzu Einzelheiten zu regeln,**
2. **die Bundesnetzagentur zu ermächtigen, unter Berücksichtigung des Zwecks und Ziels nach § 1 Festlegungen nach § 29 Absatz 1 des Energiewirtschaftsgesetzes zu den Ausschreibungen zu regeln einschließlich der konkreten Ausgestaltung der Regelungen nach Absatz 1 Nummer 1 bis 10 und Absatz 2.**

Schrifttum: Agora Energiewende, Ausschreibungen für Erneuerbare Energien. Welche Fragen sind zu prüfen, Juni 2014, abrufbar unter www.agora-energiewende.de; *Bataille/Hösel*, Energiemarkteffizienz und das Quotenmodell der Monopolkommission, ZNER 2014, 40; Bundesministerium für Wirtschaft und Energie BMWi, Eckpunkte für ein Ausschreibungsdesign für Photovoltaik-Freiflächenanlagen, abrufbar unter www.bmwi.de; *dass.*, Zentrale Vorhaben Energiewende für die 18. Legislaturperiode (10-Punkte-Energie-Agenda des BMWi) vom 26. Juni 2014, abrufbar unter www.bmwi.de; *dass.*, Ein Strommarkt für die Energiewende, Diskussionspapier des Bundesministeriums für Wirtschaft und Energie (Grünbuch), Oktober 2014, abrufbar unter www.bmwi.de; Bundesregierung, Stellungnahme der Bundesregierung zum Sondergutachten der Monopolkommission gemäß § 62 Absatz 1 des Energiewirtschaftsgesetzes Energie 2013 – Wettbewerb in Zeiten der Energiewende – Drucksache 17/14742, BT-Drs. 18/2939 v. 16.10.2014; Bundesverband der Energie- und Wasserwirtschaft e.V. BDEW, Handlungsempfehlungen für ein Auktionsdesign für PV-Freiflächenkraftwerke, Berlin 9. September 2014, abrufbar unter www.bmwi.de; Bundesverband Erneuerbare Energien, BEE-Stellungnahme für das Konsultationsverfahren zu den Eckpunkten des BMWi für ein Ausschreibungsdesign für Photovoltaik-Freiflächenanlagen vom 22. August 2014, abrufbar unter www.bmwi.de; Clearingstelle EEG, Öffentliche Konsultation zu Eckpunkten für ein Ausschreibungsdesign für PV-Freiflächenanlagen – Stellungnahme der Clearingstelle EEG, undatiert, abrufbar unter www.bmwi.de; *Degenhard* (Leuphana Universität Lüneburg)/*Nestle*, Marktrealität für Bürgerenergie und mögliche Auswirkungen von regulatorischen Eingriffen, Studie im Auftrag des Bündnisses Bürgerenergie e.V. (BBEn) und des Bundes für Umwelt und Naturschutz Deutschland (BUND), April 2014, abrufbar unter www.bund.net; dena Deutsche Energie-Agentur, Stellungnahme: Eckpunkte für ein Ausschreibungsdesign für Photovoltaik-Freiflächenanlagen v. 22. August 2014, abrufbar unter www.bmwi.de; *Ehrmann*, Anm. BGH, Urt. v. 25.6.2014 – VIII ZR 169/13, NVwZ 2014, 1180; Enervis/BET, Ein zukunftsfähiges Energiemarktdesign für Deutschland, 2013, abrufbar unter www.bmwi.de; *Frenz*, EU-geprägte solare Freiflächenausschreibungen – Einstieg in die regenerative Marktwirtschaft, ER 6/2014, 231; Frontier Economics, Konsultation zum Ausschreibungsdesign für die Förderung von PV-Freiflächenanlagen, August 2014, abrufbar unter www.bmwi.de; *Gawel/Purkus*, Die Marktprämie im EEG 2012: Ein sinnvoller Beitrag zur Markt- und Systemintegration erneuerbarer Energien?, ZfE 2013, 43; *Grimm/Ockenfels/Zoettl*, Strommarktdesign: Zur Ausgestaltung der Auktionsregeln an der EEX, ZfE 2008, 147; IZES gGMBH Institut für ZukunftsEnergieSysteme, Bewertung von Ausschreibungsverfahren als Finanzierungsmodell für Anlagen erneuerbarer Energienutzung, Gutachten für den Bundesverband Erneuerbare Energien e.V., Laufzeit des Vorhabens 26.2.2014 – 19.5.2014, abrufbar unter www.bee-ev.de; *Kahle*, Ermittlung der Förderhöhe für PV-Freiflächenanlagen nach dem EEG 2014 – Ausschreibungsmodell, RdE 2014, 372; *Mohr*, Ein soziales Vergaberecht?, VergabeR

2009, 543; *ders.*, Ausschreibung der finanziellen Förderung von Strom aus erneuerbaren Energien, EnWZ 2015, 99; *ders.*, Die neue Freiflächenausschreibungsverordnung – Wettbewerbliche Ermittlung der finanziellen Forderung von Photovoltaik-Freiflächenanlagen zwischen Kosteneffizienz und Ausbaueffektivität, N&R 2015, 76; r2b energy consulting GmbH/Brandenburgische Technische Universität Cottbus, Auktionsdesign für Photovoltaikanlagen auf Freiflächen, Gutachten im Auftrag des BDEW, Köln und Cottbus 17. September 2014, abrufbar unter www.bdew.de; *Schütte/Winkler*, Aktuelle Entwicklungen im Bundesumweltrecht – Berichtszeitraum: 17.6.2014 bis 22.8.2014, ZUR 2014, 571; VEEED, Stellungnahme des Verbandes der Erzeuger Erneuerbarer Energien zum Eckpunktepapier des BMWi für ein Ausschreibungsdesign für Photovoltaik-Freiflächenanlagen v. 21. August 2014, abrufbar unter www.bmwi.de; *Wagner*, Prävention und Verhaltenssteuerung durch Privatrecht – Anmaßung oder legitime Aufgabe?, AcP 206 (2006), 252; *Wustlich*, Das Erneuerbare-Energien-Gesetz 2014 – Grundlegend neu – aber auch grundlegend anders?, NVwZ 2014, 1113; ZSW/*Takon*/BBG und *Partner*/*Ecofys*, Ausgestaltung des Pilotausschreibungssystems für Photovoltaik-Freiflächenanlagen, Wissenschaftliche Empfehlung v. 10.7.2014, abrufbar unter www.bmwi.de; 50hertz, Stellungnahme zu Eckpunkten für eine Pilotausschreibung für Photovoltaik-Freiflächenanlagen, August 2014, abrufbar unter www.bmwi.de.
Siehe ergänzend das Schrifttum zu § 2 und § 55.
Alle Internetquellen wurden zuletzt abgerufen am 6.2.2015.

Übersicht

I. Überblick

1 **1. Regelungsinhalt. § 88 Abs. 1** ermächtigt die Bundesregierung zum Erlass einer **Rechts-verordnung zur Ausgestaltung der Pilotausschreibungen für Photovoltaik-Freiflä-chenanlagen**, um beim „Ausschreibungsdesign" ein hinreichendes Maß an Flexibilität zu gewährleisten:[1] Die Einführung eines wettbewerblichen Ausschreibungssystems stellt ei-nen „grundsätzlichen Wechsel des Systems zur Ermittlung der Förderhöhe" dar. Dieser Systemwechsel kann, „im Laufe des Prozesses die Konkretisierung einer Vielzahl von Ge-staltungsparametern" erforderlich machen. Insbesondere wegen der bislang nur begrenzten Erfahrungen mit Ausschreibungen zur Ermittlung der Förderberechtigung und Förderhöhe für die Erzeugung von Strom aus erneuerbaren Energien ergeben sich „erhebliche Anfor-derungen an die Gestaltungsmöglichkeiten bei der Vorbereitung und Umsetzung eines Ausschreibungsmodells".

2 Vor diesem Hintergrund wird verständlich, dass das **EEG 2014** selbst nur wenige Vorgaben für die Pilotausschreibungen enthält. Die Grundsatznorm des § 2 belässt es bei der Formu-lierung **allgemeiner Prinzipien** für die Umstellung des Fördersystems auf wettbewerbli-che Ausschreibungen i. S. des § 5 Nr. 3 (§ 2 Abs. 5) und für die Förderung von Photovol-taik-Anlagen im EU-Ausland (§ 2 Abs. 6). Auch die spezielle Vorschrift des § 55 für die „Ausschreibung der Förderung für Freiflächenanlagen" enthält nur grobe Leitlinien für ein „Ausschreibungsdesign". Im Einzelnen sind dies die Bestimmung der BNetzA als aus-schreibende Stelle nebst der Pflicht zur Bekanntmachung der Ausschreibungen (§ 55 Abs. 1), die Statuierung grundlegender Voraussetzungen für den Anspruch auf eine finan-zielle Förderung gegen die Netzbetreiber (§ 55 Abs. 2: Förderberechtigung, Belegenheit der Anlage im Bereich eines beschlossenen Bebauungsplans, Einspeisung des EE-Stroms in das Netz, Einhaltung der sonstigen gesetzlichen Vorgaben), die Regelung von Über-gangsfristen (§ 55 Abs. 3) sowie von Veröffentlichungspflichten der BNetzA insbesondere gegenüber den Bietern und den Netzbetreibern im Nachgang einer Ausschreibungsrunde bzw. der sich daran anschließenden Ausstellung einer Förderberechtigung (§ 55 Abs. 4). Alle weiteren, zum Teil elementar wichtigen **Details der Ausschreibungen** wie etwa die anzuwendende Preisregel („Pay-as-bid" oder „Uniform Pricing") überlässt der Gesetzge-

---

1 BT-Drs. 18/1304, S. 167 f. Vgl. Bundesregierung, Verordnung zur Einführung von Ausschreibun-gen der finanziellen Förderung für Freiflächenanlagen sowie zur Änderung weiterer Verordnungen zur Förderung der erneuerbaren Energien (im Folgenden: Freiflächenausschreibungsverordnung), als nicht amtliche Lesefassung abrufbar unter www.bmwi.de/BMWi/Redaktion/PDF/V/verord-nung-zur-einfuehrung-von-ausschreibungen-der-finanziellen-foerderung-fuer-freiflaechenanla-gen,property=pdf,bereich=bmwi2012,sprache=de,rwb=true.pdf.

ber im Rahmen der **Freiflächenausschreibungsverordnung** (FFAV) der Entscheidungsbefugnis der Bundesregierung, was wegen des enormen Volumens der EE-Umlage mit
Blick auf die sog. Wesentlichkeitstheorie[2] besonders zu begründen ist.[3] Aufgrund der oben
dargestellten Besonderheiten des Systemwechsels in der Förderung erscheint die Argumentation des Gesetzgebers aber sachlich begründet, zumal die Pilotausschreibungen
gem. § 99 zeitnah evaluiert werden.[4]

Das BMWi hat im Sommer 2014 auf der Grundlage der „Wissenschaftlichen Empfehlung"   **3**
eines Forschungskonsortiums[5] sog. „**Eckpunkte für ein Ausschreibungsdesign für Photovoltaik-Freiflächenanlagen**" zur Diskussion gestellt.[6] Zu diesem Papier wurden bis
zum Stichtag 22.8.2014 viele Stellungnahmen von Behörden, Verbänden und Unternehmen abgegeben.[7] Auf deren Grundlage einigte sich die Bundesregierung am 28.1.2015 auf
eine „**Freiflächenausschreibungsverordnung (FFAV)**", damit die BNetzA zum Gebotstermin 15. April 2015 mit den Ausschreibungen beginnen kann (§ 3 Abs. 1 Nr. 1 FFAV).[8]
Die mit den Pilotausschreibungen gesammelten Erfahrungen sollen noch im Jahr 2015 in
einem **Erfahrungsbericht** gem. § 99 bewertet werden, damit der Gesetzgeber das EEG
2014 („EEG 2.0") sodann sachgerecht modifizieren kann („**EEG 3.0**").[9] Das modifizierte
EEG des Jahres 2016 soll den rechtlichen Rahmen dafür schaffen, schon ab Ende des Jahres 2016 – die Frist folgt mittelbar aus § 102 sowie aus unionsrechtlichen Vorgaben[10] – die
Förderhöhe für alle erneuerbaren Energien und bei allen Technologien „grundsätzlich"
durch wettbewerbliche Ausschreibungen zu ermitteln, soweit keine De-minimis-Regeln
greifen.[11] Demgemäß hat die Bundesregierung die zeitliche Geltung der FFAV de facto auf
das Ende des Jahres 2017 befristet (§ 3 Abs. 2 FFAV).

Die Diskussion über das zutreffende Ausschreibungsdesign bezog sich zunächst auf EE-   **4**
Ausschreibungen im Anwendungsbereich des § 4, also im Bundesgebiet einschließlich der
deutschen AWZ.[12] Dessen ungeachtet sieht § 2 Abs. 6 vor, dass die Ausschreibungen nach
§ 2 Abs. 5 „in einem Umfang von mindestens 5 Prozent der jährlich neu installierten Leistung" **europaweit geöffnet** werden sollen, soweit „1. eine völkerrechtliche Vereinbarung
vorliegt, die die Kooperationsmaßnahmen im Sinne der Artikel 5 bis 8 oder des Artikels 11
der Richtlinie 2009/28/EG [...] umsetzt,[13] 2. die Förderung nach dem Prinzip der Gegen-

---

2 Dazu Maunz/Dürig/*Herzog/Grzeszick*, Art. 20 GG Rn. 105 f.
3 Krit. *Kahle*, RdE 2014, 372, 375.
4 Siehe auch BT-Drs. 18/1304, S. 167 f.
5 ZSW/Takon/BBG und Partner/Ecofys, Wissenschaftliche Empfehlung zur Ausgestaltung des Pilotausschreibungsverfahrens.
6 BMWi, Eckpunkte für ein Ausschreibungsdesign für Photovoltaik-Freiflächenanlagen.
7 Auf der Internetseite des BMWi sind 74 Stellungnahmen abrufbar, deren Autoren der Veröffentlichung nicht widersprochen haben; siehe www.bmwi.de/DE/Themen/Energie/Erneuerbare-Ener-
  gien/EEG-Reform/stellungnahmen-photovoltaik-freiflaechenanlagen.html.
8 Vgl. BMWi, Zentrale Vorhaben Energiewende für die 18. Legislaturperiode (10-Punkte-Energie-
  Agenda des BMWi), S. 3 und 4.
9 BMWi, Zentrale Vorhaben Energiewende für die 18. Legislaturperiode (10-Punkte-Energie-Agen-
  da des BMWi), S. 4.
10 Siehe § 2 Rn. 175.
11 BMWi, Zentrale Vorhaben Energiewende für die 18. Legislaturperiode (10-Punkte-Energie-Agen-
   da des BMWi), S. 4.
12 Bundesregierung, Freiflächenausschreibungsverordnung, Begründung S. 57 f. Ebenso *Schütte/
   Winkler*, ZUR 2014, 571, 572.
13 Siehe hierzu § 1 Rn. 24 ff.

seitigkeit erfolgt und 3. der physikalische Import des Stroms nachgewiesen werden kann." § 2 Abs. 6 ist in Verbindung mit der zur unionsrechtlichem Warenverkehrsfreiheit gem. Art. 34 AEUV ergangenen EuGH-Entscheidung „**Ålands Vindkraft**" vom 1.7.2014[14] zu sehen;[15] denn die Entscheidung erging während den Erörterungen zwischen der Bundesregierung und der Kommission über die unionsrechtliche Zulässigkeit des EEG 2012 und des EEG 2014.[16] Auch vor dem Hintergrund der „Ålands-Entscheidung" einigte man sich am 9.7.2014 auf einen „politischen Kompromiss zu Europa",[17] damit das EEG 2014 rechtzeitig zum 1.8.2014 in Kraft treten konnte.[18] Dieser Kompromiss findet in § 2 Abs. 6 und der Verordnungsermächtigung des § 88 Abs. 2 einen wesentlichen normativen Ausdruck.

5   § 88 Abs. 3 behandelt die mit der Förderung von Strom aus Freiflächenanlagen in anderen EU-Mitgliedstaaten gem. § 88 Abs. 2 zusammenhängende Frage, welche Vorschriften des EEG für Anlagen im Anwendungsbereich des § 4 gelten, die nach dem Grundsatz der Gegenseitigkeit von einem anderen Mitgliedstaat eine Förderung erhalten.

6   Gem. § 88 Abs. 4 kann die Bundesregierung ohne Zustimmung des Bundesrats eine andere juristische Person des öffentlichen Rechts – also keine private Organisation – mit der Durchführung der Ausschreibungen betrauen. Darüber hinaus kann der BNetzA – sofern diese als ausschreibende Stelle bestimmt wird – eine Festlegungsbefugnis i. S. des § 29 EnWG eingeräumt werden.

7   **2. Verordnungsermächtigungen.** Die in sechs Teile gegliederte **FFAV** stützt sich ausweislich ihrer Begründung auf folgende **Ermächtigungsgrundlagen**:[19]

Für die in §§ 1 bis 2 FFAV getroffenen Regelungen **(Teil 1: Allgemeine Bestimmungen)** gründet sie auf den Ermächtigungen in § 88 Abs. 1 Nr. 1, Nr. 2 lit. a und c.

Für die in §§ 3 bis 20 FFAV getroffenen Regelungen **(Teil 2: Verfahren der Ausschreibung)** stützt sich die FFAV auf die Ermächtigungen in § 88 Abs. 1 Nr. 1 bis 5 und Nr. 7 bis 10; dabei stützen sich die §§ 3, 4, 5 FFAV insbesondere auf die Ermächtigung zur Regelung des Ausschreibungsverfahrens nach § 88 Abs. 1 Nr. 1, 7, 8 und 10, die §§ 6 bis 11 FFAV insbesondere auf § 88 Abs. 1 Nr. 1, 3, 7 lit. a bis c und 10, die §§ 12, 13 FFAV insbesondere auf § 88 Abs. 1 Nr. 1, 4, 5, 8, 10, die §§ 15, 16 FFAV insbesondere auf § 88 Abs. 1 Nr. 1, 3 und 7 lit. a, und § 17 FFAV basiert insbesondere auf § 88 Abs. 1 Nr. 1, 4 und 9.

Für die in §§ 21 bis 30 FFAV getroffenen Regelungen **(Teil 3: Voraussetzungen für die Förderung von Freiflächenanlagen)** stützt sich der Regelungsgeber auf die Ermächtigungen in § 88 Abs. 1 Nr. 1, 2, 5, 7 bis 10.

Die in § 31 und § 32 FFAV getroffenen Regelungen **(Teil 4: Strafzahlungen)** gründen insbesondere auf den Ermächtigungen in § 88 Abs. 1 Nr. 1, 5, 8 und 10.

Die in § 33 und § 34 FFAV getroffenen Regelungen **(Teil 5: Aufgaben der Bundesnetzagentur)** gründen insbesondere auf den Ermächtigungen in § 88 Abs. 1 Nr. 1, 3, 4,

---

14 EuGH, Urt. v. 1.7.2014, Rs. C-573/12, EuZW 2014, 620 – Ålands Vindkraft.
15 Vgl. *Wustlich*, NVwZ 2014, 1113, 1121.
16 *Ehrmann*, NVwZ 2014, 1080.
17 So *Wustlich*, NVwZ 2014, 1113, 1121.
18 *Ehrmann*, NVwZ 2014, 1080.
19 Siehe zum Folgenden Bundesregierung, Freiflächenausschreibungsverordnung, Begründung S. 44.

5, 8 und 10, wohingegen die in § 35 FFAV getroffene Regelung insbesondere auf der Ermächtigung in § 88 Abs. 4 basiert. § 36 FFAV stützt sich insbesondere auf die Ermächtigungen in § 88 Abs. 1 Nr. 1, 8 und 10.

Die in §§ 37, 38 FFAV getroffenen Regelungen stützen sich insbesondere auf die Ermächtigungen in § 88 Abs. 1 Nr. 1 und 10; die in § 39 FFAV getroffene Regelung stützt sich insbesondere auf die Ermächtigungen in § 88 Abs. 1 Nr. 1 und Nr. 5 lit b **(Teil 6: Datenschutz, Rechtsschutz)**.

II. Pilotausschreibungen (Abs. 1)

1. Regelungssystematik. § 88 Abs. 1 ermächtigt die Bundesregierung dazu, durch Rechtsverordnung ohne Zustimmung des Bundesrats Regelungen zur näheren Ausgestaltung der **Ausschreibungen** und der sonstigen **Voraussetzungen für die Förderung von Photovoltaik-Freiflächenanlagen** zu treffen.[20] Die Vorschrift ergänzt die allgemeinen Vorgaben in den §§ 2 Abs. 5, 55. Demgegenüber beziehen sich die Regelungen in § 88 Abs. 2 und 3 auf die Öffnung der Ausschreibungen für Freiflächen-Anlagen im EU-Ausland gem. § 2 Abs. 6.   **8**

Im Kontext der konkreten Ausgestaltung der **FFAV** ist der von § 88 verwandte Begriff der „Ausschreibung" erläuterungsbedürftig, da der Regelungsgeber zwischen den eigentlichen Ausschreibungen (Teil 2: „**Verfahren der Ausschreibung**"), der Ausstellung einer Förderberechtigung und dem Anspruch auf Förderzahlungen unterscheidet (beides Teil 3 der FFAV: „**Voraussetzungen für die Förderung von Freiflächenanlagen**").   **9**

Der mit „**finanzielle Förderung für Strom aus Freiflächenanlagen**" überschriebene § 28 Abs. 1 FFAV ergänzt die **Anspruchsgrundlage** von EE-Anlagenbetreibern gegen den zuständigen **Netzbetreiber** auf Förderzahlungen. Hiernach besteht ein Anspruch gegen den Netzbetreiber nach § 19 – seinerseits die „zentrale Anspruchsgrundlage für die finanzielle Förderung von Strom aus erneuerbaren Energien oder Grubengas unter dem EEG 2014"[21]– aus einer Freiflächenanlage nur, wenn 1. für die Freiflächenanlage eine Förderberechtigung nach §§ 21 ff. FFAV ausgestellt und nicht nach § 29 FFAV zurückgenommen worden ist, 2. ab der Inbetriebnahme der Anlage der gesamte während der Förderdauer (§ 28 Abs. 5 FFAV) in der Anlage erzeugte Strom in das Netz eingespeist und nicht selbst verbraucht wird, und 3. die weiteren Voraussetzungen nach dem EEG 2014 mit Ausnahme der Voraussetzungen nach § 51 Abs. 1 erfüllt sind. Für die Berechnung des Zuschlagswerts im Ausschreibungsverfahren schließt § 13 Abs. 3 FFAV zusätzlich die Geltung des § 31 aus.   **10**

Sofern die Voraussetzungen nach § 28 Abs. 1 S. 1 FFAV vorliegen, erstreckt sich der entsprechende Anspruch gem. § 28 Abs. 1 S. 2 FFAV auch auf **Strom, der bis zu drei Wochen vor der Stellung des Antrags auf Ausstellung der Förderberechtigung** nach § 21 Abs. 1 FFAV von der Freiflächenanlage in ein Netz eingespeist oder einem Netzbetreiber mittels kaufmännisch-bilanzieller Weitergabe angeboten worden ist. Hintergrund dieser Regelung ist, dass der Antrag auf Ausstellung der Förderberechtigung nach § 21 Abs. 2   **11**

---

20 Vgl. BT-Drs. 18/1304, S. 168.
21 BT-Drs. 18/1304, S. 125.

Nr. 4 FFAV erst gestellt werden kann, wenn die Freiflächenanlage in Betrieb genommen worden ist.[22]

12 Die **Ausstellung der Förderberechtigung** ist in § 21 Abs. 1 FFAV geregelt. Hiernach stellt nicht der Netzbetreiber, sondern die **BNetzA** auf Antrag des Bieters eine Förderberechtigung für eine Freiflächenanlage aus und bestimmt die Höhe des anzulegenden Werts nach Maßgabe des § 26 FFAV für Strom aus dieser Freiflächenanlage. Bieter dürfen beantragen, dass die Gebotsmenge eines bezuschlagten Gebots nach § 12 FFAV ganz oder teilweise einer Freiflächenanlage oder mehreren Freiflächenanlagen zugeteilt werden soll (beachte aber § 26 Abs. 3 FFAV). Der Antrag nach § 21 Abs. 1 FFAV muss die Angaben nach § 21 Abs. 2 FFAV enthalten. Weitere **Voraussetzungen für die Ausstellung der Förderberechtigung** sind in § 22 FFAV enthalten:[23] Die Freiflächenanlage muss gem. § 22 Abs. 1 Nr. 1 FFAV vor der Antragstellung in Betrieb genommen worden und der Bieter muss bei der Antragstellung Anlagenbetreiber sein. Nach § 22 Abs. 1 Nr. 2 FFAV muss die Anlage im Bereich eines beschlossenen Bebauungsplans liegen, der zumindest auch mit dem Zweck aufgestellt oder geändert worden ist, eine Freiflächenanlage zu errichten. Darüber hinaus muss sie sich auf besonders aufgeführten Flächen befinden. Gem. § 22 Abs. 1 Nr. 3 FFAV muss für den Bieter nach § 12 Abs. 5 FFAV eine entsprechende Gebotsmenge bezuschlagter Gebote bei der BNetzA registriert und nicht nach § 19 FFAV entwertet worden sein, wobei hinsichtlich der Zuteilung der Gebotsmengen die besonderen Flächenkategorien des § 22 Abs. 1 Nr. 3 HS. 2 FFAV zu beachten sind. Nach § 22 Abs. 1 Nr. 4 FFAV dürfen die der Freiflächenanlage nach § 21 Abs. 2 Nr. 5 FFAV insgesamt zugeteilten Gebotsmengen a) die installierte Leistung der Freiflächenanlage und b) 10 MW nicht überschreiten. Gem. § 22 Abs. 1 Nr. 6 FFAV darf für den Strom aus der Freiflächenanlage noch keine finanzielle Förderung nach dem EEG in Anspruch genommen worden sein. Schließlich muss bei der BNetzA nach § 22 Abs. 1 Nr. 7 FFAV die Zweitsicherheit innerhalb der Frist des § 15 Abs. 5 FFAV geleistet worden sein.

13 Zentrale Voraussetzung für den Erhalt einer Förderberechtigung ist ein **Zuschlag** im von der BNetzA durchgeführten **Ausschreibungsverfahren** (§ 21 Abs. 1 S. 2, Abs. 2 Nr. 5 FFAV). Das Zuschlagsverfahren regelt § 12 FFAV. Die Höhe des Zuschlagswerts bestimmt sich nach § 13 FFAV, wobei die Vorschrift in ihren Absätzen 1 und 2 zwischen einem Pay-as-bid-Verfahren und einem Uniform-Pricing-Verfahren unterscheidet.

14 **2. Verfahren und Inhalt der Ausschreibungen (Nr. 1). a) Ausschreibungsgegenstand.** Nach § 88 Abs. 1 Nr. 1 lit. a kann die FFAV Vorgaben zur **kalenderjährlich insgesamt auszuschreibenden zu installierenden Leistung** in MW oder in **elektrischer Arbeit** in MW/h machen. Nach den Empfehlungen des Expertenkonsortiums soll in Übereinstimmung mit dem durch das EEG 2014 statuierten Fördermodell das Vorhalten von Leistungskapazitäten ausgeschrieben werden. Demgegenüber wird im Rahmen der Vergütung eine solche auf die geleistete Arbeit bevorzugt.[24] In Übernahme dieser Empfehlung bezieht sich das Ausschreibungsvolumen gem. **§ 3 Abs. 1 FFAV** auf die installierte Leistung, wohingegen die Förderung nach **§ 28 Abs. 1 FFAV** auf erbrachte Arbeit erfolgt.

---

22 Bundesregierung, Freiflächenausschreibungsverordnung, Begründung S. 86.
23 Bundesregierung, Freiflächenausschreibungsverordnung, Begründung S. 80.
24 ZSW/Takon/BBG und Partner/Ecofys, Wissenschaftliche Empfehlung zur Ausgestaltung des Pilotausschreibungsverfahrens, S. 17.

Im Hinblick auf die gebotene Integration der (insbesondere: fluktuierenden) erneuerbaren **15** Energien erscheint es erwägenswert, statt der Leistung de lege ferenda die konkret erbrachte Arbeit auszuschreiben (und zu vergüten). Wahlweise könnte nur eine bestimmte Menge an Arbeit pro Vergütungszeitraum (etwa pro Jahr) vergütet werden.[25]

b) Aufteilung der jährlichen Ausschreibungsmenge. Gem. § 55 Abs. 3 S. 1 wird die **ge- 16 samte Förderungsmenge** für Photovoltaik-Freiflächenanlagen auf Ausschreibungen umgestellt.[26] In Übereinstimmung mit den Ausbaukorridoren für solare Strahlungsenergie in § 3 (neben Freiflächenanlagen werden insbesondere Photovoltaik-Gebäudeanlagen erfasst)[27] soll sich die ausgeschriebene Menge auf jährlich 400 MW belaufen (vgl. § 1 FFAV), wobei die ausgeschriebenen Mengen auf den Ausbaukorridor angerechnet werden. Diese Größenordnung orientiert sich an dem seit 2013 rückläufigen Photovoltaik-Freiflächenzubau, der für das Jahr 2014 mit 500 MW prognostiziert wurde.[28] Die „Wissenschaftliche Empfehlung" sprach insoweit von einem Ausschreibungsvolumen von „mindestens 400 MW" im ersten Jahr.[29] Aus diesem Grunde sollte die Ausschreibungsmenge im ersten Ausschreibungsjahr (d.h. in 2015) erhöht werden, um die Risiken einer Unterschreitung des Ausbaupfads gem. § 3 Nr. 3 zu minimieren.[30] Bei entsprechender Ausgestaltung der Präqualifikationsanforderungen und Pönalen erscheint jedenfalls ein erhebliches Überschreiten des photovoltaik-spezifischen Ausbaupfads nur schwer begründbar.[31] Die Verordnungsermächtigung des § 88 Abs. 1 Nr. 1 lit. b bezieht sich zudem auf die **Aufteilung der jährlichen Ausschreibungsmenge** von geplanten 400 MW in Teilmengen und auf die Bestimmung von Mindest- und Maximalgrößen von Teillosen.[32] Die entsprechenden Regelungen sind in § 3 Abs. 1 FFAV normiert.

c) Mindest- und Höchstvergütung. Gem. § 88 Abs. 1 Nr. 1 lit. c kann die Verordnung **17 Mindest- und Höchstbeträge für die finanzielle Förderung** für elektrische Arbeit oder für die Bereitstellung installierter Leistung festlegen.

Nach der Regierungsbegründung zum EEG 2014 kann die Festlegung von **Mindestzah- 18 lungen** erwogen werden, um einen „ruinösen Wettbewerb" zu verhindern, der zur Abgabe

25 Dies erwägt auch ZSW/Takon/BBG und Partner/Ecofys, Wissenschaftliche Empfehlung zur Ausgestaltung des Pilotausschreibungsverfahrens, S. 18.
26 BT-Drs. 18/1304, S. 92.
27 In § 5 Nr. 16 werden Freiflächenanlagen von Photovoltaik-Gebäudeanlagen abgegrenzt. Hiernach ist eine Freiflächenanlage „jede Anlage zur Erzeugung von Strom aus solarer Strahlungsenergie, die nicht in, an oder auf einem Gebäude oder einer sonstigen baulichen Anlage, die vorrangig zu anderen Zwecken als der Erzeugung von Strom aus solarer Strahlungsenergie errichtet worden ist, angebracht ist".
28 ZSW/Takon/BBG und Partner/Ecofys, Wissenschaftliche Empfehlung zur Ausgestaltung des Pilotausschreibungsverfahrens, S. 12.
29 ZSW/Takon/BBG und Partner/Ecofys, Wissenschaftliche Empfehlung zur Ausgestaltung des Pilotausschreibungsverfahrens, S. 1 ff.
30 ZSW/Takon/BBG und Partner/Ecofys, Wissenschaftliche Empfehlung zur Ausgestaltung des Pilotausschreibungsverfahrens, S. 28; zustimmend BEE, Stellungnahme für das Konsultationsverfahren zu den Eckpunkten des BMWi für ein Ausschreibungsdesign für Photovoltaik-Freiflächenanlagen, S. 5.
31 Frontier Economics, Konsultation zum Ausschreibungsdesign für die Förderung von PV-Freiflächenanlagen, S. 5.
32 BT-Drs. 18/1304, S. 168. Hiernach könne auch angedacht werden, zur Erhaltung der (kompetitiven) Akteursvielfalt ein Teilsegment des Marktes (Bürgersolarparks) separat als Teillos auszuschreiben und die Ausschreibungsmenge für dieses Teillos zu bestimmen.

von zu niedrigen, unauskömmlichen Geboten und in der Folge zur Nichterrichtung der bezuschlagten Anlagen führen kann („**Underbidding**").[33] Im Rahmen der Pilotausschreibungen ist zunächst kein Mindestpreis vorgesehen, da es sich bei Photovoltaik-Freiflächenanlagen um eine erprobte Technologie handelte.[34] Demnach seien keine zu niedrigen Gebote zu erwarten, die aus mangelndem Wissen über die realen Stromgestehungskosten abgegeben werden („**Fluch des Gewinners**"). Außerdem könne ein Mindestpreis – was überzeugt – die Aufdeckung der echten Gestehungskosten verhindern und die spezifischen Förderkosten unnötig erhöhen.[35] Folgerichtig enthält auch die FFAV keine Mindestvergütungen.[36]

19   **Höchstbeträge** („ceiling prices") können nach der Regierungsbegründung zum EEG 2014 das Risiko begrenzen, dass eine Ausschreibung im Fall einer zu geringen Wettbewerbsintensität bei der Vergabe zu unerwünscht hohen Förderhöhen führt.[37] Auch das Expertenkonsortium empfiehlt die Festlegung von Höchstpreisen auf der Basis von Vollkosten-Berechnungen inklusive adäquater Risikoaufschläge.[38] Ein solches Vorgehen ist grundsätzlich zu begrüßen, da hierdurch stark überhöhte Gebote ausgeschlossen und die Kosten der Auktion begrenzt werden.[39] Der Höchstpreis soll dabei „relativ ambitioniert sein", also „nah an den erwarteten Vollkosten liegen", da die Gefahr bestehe, dass sich Bieter bei nicht ausreichendem Wettbewerb am Höchstpreis orientierten.[40] § 8 FFAV normiert im Verfahren der Ausschreibung einen Höchstwert, der vom Gebotswert des Gebots nicht überschritten werden darf.

20   Von der Frage eines Höchstpreises zu trennen ist diejenige einer **Bekanntgabe des Höchstpreises im Vorfeld der Auktion**, wie dies vom Expertenkonsortium ebenfalls empfohlen wurde.[41] Eine derartige Veröffentlichung erscheint wenig sinnvoll. So können Bieter den vorab veröffentlichten Höchstpreis als Indikator für den markträumenden Preis benutzen. Aus diesem Grunde sollte der Höchstpreis verdeckt definiert und allenfalls nach der Auktion bekannt gegeben werden.[42] Demgegenüber ist der Höchstpreis gem. § 5 S. 2 Nr. 3 FFAV von der BNetzA in jeder Ausschreibung vorab bekannt zu machen.

21   **d) Ausschreibungsverfahren.** Die Verordnungsermächtigung des § 88 Abs. 1 Nr. 1 lit. d bezieht sich auf Regelungen zur Preisbildung, zur Anzahl der Bieterrunden und zum Ab-

---

33 BT-Drs. 18/1304, S. 168.

34 BMWi, Eckpunkte für ein Ausschreibungsdesign für Photovoltaik-Freiflächenanlagen, S. 4.

35 ZSW/Takon/BBG und Partner/Ecofys, Wissenschaftliche Empfehlung zur Ausgestaltung des Pilotausschreibungsverfahrens, S. 38 f.

36 Bundesregierung, Freiflächenausschreibungsverordnung, Begründung S. 41.

37 BT-Drs. 18/1304, S. 168.

38 ZSW/Takon/BBG und Partner/Ecofys, Wissenschaftliche Empfehlung zur Ausgestaltung des Pilotausschreibungsverfahrens, S. 37.

39 Insoweit zutreffend ZSW/Takon/BBG und Partner/Ecofys, Wissenschaftliche Empfehlung zur Ausgestaltung des Pilotausschreibungsverfahrens, S. 37.

40 ZSW/Takon/BBG und Partner/Ecofys, Wissenschaftliche Empfehlung zur Ausgestaltung des Pilotausschreibungsverfahrens, S. 37.

41 ZSW/Takon/BBG und Partner/Ecofys, Wissenschaftliche Empfehlung zur Ausgestaltung des Pilotausschreibungsverfahrens, S. 35.

42 Überzeugend Frontier Economics, Konsultation zum Ausschreibungsdesign für die Förderung von PV-Freiflächenanlagen, S. 7.

lauf der Ausschreibungen. Unter diese Vorschrift fallen etwa Regelungen zu Verfahrensfristen, zur Anzahl der Ausschreibungsrunden und zu Formvorschriften.[43]

aa) Ausschreibende Stelle. Gem. § 55 Abs. 1 ist die ausschreibende Stelle die BNetzA. **22** Diese Regelung wird in der FFAV beibehalten (§ 3 Abs. 1 FFAV);[44] siehe auch die Ermächtigungsgrundlage des § 88 Abs. 4 S. 1.

bb) Statische Mehrgüterauktion. Das Eckpunktepapier des BMWi votierte mit guten Argumenten für eine **simultane Mehrgüterauktion** in Form einer **Gebotspreisauktion** **23** („Pay-as-bid"),[45] in Kombination mit der Festlegung eines ambitionierten Höchstpreises (siehe dazu bereits § 88 Abs. 1 Nr. 1 lit. c).[46] Die verschiedenen Auktionsformate und Preisregeln werden auch im Rahmen die Kommentierung zu § 2 Abs. 5 erläutert.[47]

Bei einer simultanen Mehrgüterauktion handelt es sich um ein **statisches Auktionsverfah-** **24** **ren**:[48] Bei diesem werden die Gebote einmalig (zumeist: verdeckt) abgegeben. Den Zuschlag erhält das (zumeist: preis-)beste Gebot (zur Zuschlagserteilung siehe § 88 Abs. 1 Nr. 4), bis das Angebot der Nachfrage entspricht. Als positive Eigenschaften statischer Verfahren gelten ihre relativ einfache Durchführbarkeit sowie die relativ geringen Transaktionskosten. Darüber hinaus gibt es nur ein eher geringes Risiko für ein strategisches Bietverhalten. Vor diesem Hintergrund eignen sich statische Verfahren für ausgereifte Technologien, wie dies der Photovoltaik bescheinigt wird, bei der die erwarteten Investitionskosten nach aktuellem Stand der Technik weitgehend bekannt sind.[49] Dem Problem des „Fluch des Gewinners" kann durch eine Höchstpreisregel begegnet werden, durch die offensichtlich überteuerte Gebote ausgeschlossen werden (vgl. § 88 Abs. 1 Nr. 1 lit. c).[50]

cc) Preisregel. Bei einer **Gebotspreisauktion** („Pay-as-bid-Auktion") entspricht der zu **25** zahlende Preis dem eigenen Gebot. Ein zentrales Argument für eine „pay-as-bid-auction" ist, dass die Anbieter keine höhere Förderung erhalten, als sie selbst fordern.[51] Mit der Anwendung einer derartigen Preisregel wird somit die Hoffnung verbunden, dass sich Mitnahmeeffekte und strategische Verhaltensweisen verringern.[52] Darüber hinaus sind Gebotspreisverfahren relativ einfach nachzuvollziehen, was die Akzeptanz unter den Auktionsteilnehmern und in der Öffentlichkeit erhöhen und den administrativen Aufwand des Aus-

---

43 BT-Drs. 18/1304, S. 168; die hier ebenfalls benannten Unterlagen, die von den Bietern einzureichen sind, werden bereits durch § 88 Abs. 1 Nr. 10 erfasst.

44 ZSW/Takon/BBG und Partner/Ecofys, Wissenschaftliche Empfehlung zur Ausgestaltung des Pilotausschreibungsverfahrens, S. 27.

45 BMWi, Eckpunkte für ein Ausschreibungsdesign für Photovoltaik-Freiflächenanlagen, S. 4.

46 ZSW/Takon/BBG und Partner/Ecofys, Wissenschaftliche Empfehlung zur Ausgestaltung des Pilotausschreibungsverfahrens, S. 36.

47 § 2 Rn. 130 ff.; siehe auch *Mohr*, EnWZ 2015, 99 ff.

48 Vgl. Ecofys/ZSW/Takon/BBG und Partner, Konsultationsworkshop Pilotausschreibung für PV-Freiflächenanlagen v. 10.7.2014.

49 Frontier Economics, Konsultation zum Ausschreibungsdesign für die Förderung von PV-Freiflächenanlagen, S. 5.

50 ZSW/Takon/BBG und Partner/Ecofys, Wissenschaftliche Empfehlung zur Ausgestaltung des Pilotausschreibungsverfahrens, S. 36.

51 So – im Erg. kritisch – *Grimm/Ockenfels/Zoettl*, ZfE 2008, 147, 150.

52 BEE, Stellungnahme für das Konsultationsverfahren zu den Eckpunkten des BMWi für ein Ausschreibungsdesign für Photovoltaik-Freiflächenanlagen, S. 6; a. A. Frontier Economics, Konsultation zum Ausschreibungsdesign für die Förderung von PV-Freiflächenanlagen, S. 6 mit Fn. 3.

schreibenden, wenn auch nicht notwendig der Netzbetreiber senken kann.[53] Somit gibt ein „Pay-as-bid-Verfahren" gerade solchen Akteuren die Möglichkeit zur Teilnahme an der Auktion, die bislang noch keine Erfahrungen mit komplizierten Ausschreibungsdesigns sammeln konnten.[54] Eine starke Ansicht im Schrifttum bevorzugt demgegenüber eine „Uniform-Preisregel"; die Argumente wurden im Rahmen der Kommentierung zu § 2 bewertet.[55]

26   Gem. § 13 Abs. 1 FFAV ist der Zuschlagswert grundsätzlich der jeweils nach § 6 Abs. 3 Nr. 4 FFAV **in dem Gebot angegebene Gebotswert („Pay-as-bid")**. Gem. § 13 Abs. 2 FFAV ist abweichend von § 13 Abs. 1 FFAV nur an den Gebotsterminen 1. August 2015 und 1. Dezember 2015 der Zuschlagswert 1. bei der Erteilung eines Zuschlags nach § 12 Abs. 1 FFAV der **Höchstwert nach § 8 FFAV**, 2. bei der Erteilung eines Zuschlags nach § 12 Abs. 2 oder 3 FFAV der **Gebotswert des Gebots, das den höchsten Gebotswert aufweist** und einen Zuschlag a) nach § 12 Abs. 3 FFAV erhalten hat, wenn ein Nachrückverfahren durchgeführt worden ist, oder b) nach § 12 Abs. 2 FFAV erhalten hat, wenn kein Nachrückverfahren durchgeführt worden ist („**Uniform-Pricing**"). Gem. § 13 Abs. 3 FFAV ist § 31 insoweit nicht anzuwenden.

27   **dd) Auktionszyklen.** Bei der Implementierung eines Ausschreibungsmodells ist zu klären, **wie häufig Auktionen durchgeführt** werden sollen. Dabei ist abzuwägen zwischen dem administrativen Aufwand, der mit einer Auktionsrunde für Auktionator und Bieter einhergeht, der Möglichkeit einer möglichst kontinuierlichen Geschäftstätigkeit von Projektentwicklern sowie der Planungssicherheit für alle Beteiligten.[56] Die Auktionszyklen müssen außerdem mit dem generellen Auktionsvolumen i.S. des § 88 Abs. 1 Nr. 1 lit. b übereinstimmen.[57] Vor diesem Hintergrund wurde für die Pilotausschreibungen empfohlen, pro Jahr zwei bis maximal vier Auktionsrunden durchzuführen.[58] Eine solche Frequenz soll längere Pausen zwischen den Auktionsrunden i.S. eines „stop and go" beim Ausbau von Freiflächenanlagen vermeiden und den Projektierern ermöglichen, kontinuierlich Projekte zu entwickeln. Die **FFAV** enthält in § 3 Abs. 1 FFAV drei Gebotstermine pro Jahr. Das Ausschreibungsvolumen ist in den §§ 3, 4 FFAV normiert.

28   **ee) Vorlauf- und Prüfzeit.** Im Rahmen des Ablaufs der Ausschreibungen ist allgemein zwischen der **Vorlaufzeit** und der **Prüf(ungs-)zeit** zu unterscheiden.[59] Als Vorlaufzeit wird der Zeitraum zwischen der Veröffentlichung der Ausschreibung und dem Einsendeschluss für Gebote angesehen. Die daran anschließende Prüfungszeit der Gebote umfasst die Kontrolle der materiellen und finanziellen Qualifikationsanforderungen, um die gültigen Ge-

---

53 ZSW/Takon/BBG und Partner/Ecofys, Wissenschaftliche Empfehlung zur Ausgestaltung des Pilotausschreibungsverfahrens, S. 34.
54 Insoweit überzeugend BEE, Stellungnahme für das Konsultationsverfahren zu den Eckpunkten des BMWi für ein Ausschreibungsdesign für Photovoltaik-Freiflächenanlagen, S. 6.
55 Siehe dazu § 2 Rn. 132 ff.
56 ZSW/Takon/BBG und Partner/Ecofys, Wissenschaftliche Empfehlung zur Ausgestaltung des Pilotausschreibungsverfahrens, S. 30.
57 ZSW/Takon/BBG und Partner/Ecofys, Wissenschaftliche Empfehlung zur Ausgestaltung des Pilotausschreibungsverfahrens, S. 31.
58 ZSW/Takon/BBG und Partner/Ecofys, Wissenschaftliche Empfehlung zur Ausgestaltung des Pilotausschreibungsverfahrens, S. 30.
59 ZSW/Takon/BBG und Partner/Ecofys, Wissenschaftliche Empfehlung zur Ausgestaltung des Pilotausschreibungsverfahrens, S. 31.

bote zu bestimmen und den Zuschlag entsprechend den anzuwendenden Zuschlagskriterien (§ 88 Abs. 1 Nr. 4) zu erteilen.

Die Bieter benötigen eine hinreichende **Vorlaufzeit** für die Erbringung der erforderlichen   **29**
Qualifikationsnachweise und für die Vorbereitung des Projekts (Vorgespräche mit Gemeinden, vorläufige Machbarkeitsprüfung etc.).[60] Aus Sicht der ausschreibenden Stelle sollte die Vorlaufzeit demgegenüber eher kurz bemessen sein, um das Ausschreibungssystem schnell einführen und zeitnah evaluieren zu können (§ 99).[61] Darüber hinaus erscheint eine kurze Vorlaufzeit auch im Hinblick auf die oben dargestellten Auktionszyklen sinnvoll, insbesondere wenn man mit einer Auktion zur Vermeidung strategischen Verhaltens nicht eher beginnen will, bis die vorherige Auktionsrunde durch Zuschlag beendet und das Ausschreibungsergebnis gem. § 55 Abs. 4 S. 1 i.V. mit §§ 14, 32 FFAV veröffentlicht ist.[62] Gem. **§ 5 S. 1 FFAV** muss die BNetzA die Ausschreibungen **nach Ablauf der neunten und vor Ablauf der sechsten Kalenderwoche vor dem jeweiligen Gebotstermin** auf ihrer Internetseite bekannt machen. Nach § 5 S. 2 Nr. 1 FFAV muss die Bekanntmachung den **Gebotstermin** enthalten, also den Kalendertag, an dem die Frist für die Abgabe von Geboten für eine Ausschreibung abläuft (§ 2 Nr. 7 FFAV).

Die Prüfung der Gebote sollte möglichst zügig erfolgen, um den Bietern eine lange Auf-   **30**
rechterhaltung ihrer Gebote zu ersparen und eine schnelle Umsetzung der Projekte zu ermöglichen. Demgemäß empfiehlt das Expertenkonsortium ein mehrstufiges Prüfverfahren:[63] Nach Ablauf der Ausschreibungsfrist soll die ausschreibende Stelle prüfen, ob für alle Gebote die geforderte erste Sicherheit hinterlegt worden ist (vgl. § 88 Abs. 1 Nr. 7). Danach sollten die Gebote gereiht werden. Erst für diejenigen Gebote, die von der Gebotshöhe bezuschlagt werden (§ 88 Abs. 1 Nr. 4), soll eine Prüfung der Qualifikationsanforderungen vorgenommen werden (§ 88 Abs. 1 Nr. 3 lit. a). Für diese Prüfung seien zwei Wochen vorzusehen. Im Anschluss sollte die ausschreibende Stelle die bezuschlagten Bieter informieren. Diese müssten innerhalb von zwei Wochen die zweite Sicherheit hinterlegen (§ 88 Abs. 1 Nr. 7). Für bezuschlagte Bieter, die die zweite Sicherheit nicht fristgerecht hinterlegten, sollten kurzfristig die nächsten Gebote nachrücken (vgl. auch § 88 Abs. 1 Nr. 9).[64]

Gem. § 9 Abs. 1 FFAV muss die BNetzA die zugegangenen Gebote mit einem **Eingangs-**   **31**
vermerk versehen. Sie darf die Gebote gem. § 9 Abs. 2 FFAV erst **nach dem Gebotstermin öffnen**. Sie muss gem. § 9 Abs. 3 FFAV alle mit den Geboten abgegebenen Angaben und Nachweise registrieren und prüfen, welche Gebote **zum Zuschlagsverfahren nach § 12 FFAV zugelassen** werden. Gebote sind nur zum Zuschlagsverfahren zuzulassen, soweit die Gebote oder die Bieter nicht nach den §§ 10 und 11 FFAV ausgeschlossen worden sind. Gem. § 9 Abs. 4 FFAV muss die Prüfung der Gebote von mindestens zwei Mitarbei-

---

60 ZSW/Takon/BBG und Partner/Ecofys, Wissenschaftliche Empfehlung zur Ausgestaltung des Pilotausschreibungsverfahrens, S. 32.
61 Zum Vorstehenden: ZSW/Takon/BBG und Partner/Ecofys, Wissenschaftliche Empfehlung zur Ausgestaltung des Pilotausschreibungsverfahrens, S. 32.
62 Siehe oben § 88 Rn. 2.
63 ZSW/Takon/BBG und Partner/Ecofys, Wissenschaftliche Empfehlung zur Ausgestaltung des Pilotausschreibungsverfahrens, S. 32.
64 Siehe zur Diskussion über die Möglichkeit eines Nachrückens ZSW/Takon/BBG und Partner/Ecofys, Wissenschaftliche Empfehlung zur Ausgestaltung des Pilotausschreibungsverfahrens, S. 52, 57.

tern der BNetzA gemeinsam durchgeführt und dokumentiert werden. Bieter sind dabei nicht zugelassen. Die Regelungen zum **Zuschlagsverfahren** in § 12 Abs. 1 und 2 FFAV unterscheiden danach, ob die Summe der Gebotsmengen aller Gebote das Ausschreibungsvolumen nach den §§ 3, 4 FFAV überschreitet oder nicht. Die **öffentliche Bekanntgabe des Zuschlags und des Zuschlagswerts** ist in § 14 FFAV normiert.

32 **e) Flächenkulisse.** § 88 Abs. 1 Nr. 1 lit. e bezieht sich auf die politisch besonders umstrittene **Flächenkulisse für die Errichtung von Photovoltaik-Freiflächenanlagen**.[65] Die Bundesregierung kann selbst Flächenkriterien bestimmen, auf denen Anlagen eine finanzielle Förderung erhalten sollen.[66] Aus „Wettbewerbs- und Kosteneffizienzgründen" legte das Expertenkonsortium[67] eine Aufhebung der Begrenzung der zulässigen Flächen nahe, kombiniert mit einer Anhebung der maximal zulässigen Projektgröße. Als Second-best-Lösung empfahl es jedenfalls eine Verbreiterung der Seitenrandstreifen an Autobahnen und Schienenwegen, da hierdurch nur in einem moderaten Umfang weitere Ackerflächen einbezogen würden. Von einer weitergehenderen Differenzierung innerhalb der Ackerflächen („Ackerwertpunkte"), wie sie in ersten (nicht veröffentlichten) Entwürfen der FFAV enthalten war, wurde wegen des administrativen Aufwands abgeraten. Als dritte Option erörterte das Expertenkonsortium eine Beibehaltung der nach dem EEG 2012 vergütungsfähigen Flächen.[68] Aus Sicht der Marktakteure blieben bei einer solchen Lösung die flächenbezogenen Kriterien zwar unverändert. Nachteilig zu bewerten sei jedoch der im Vergleich zur Öffnung der Flächenkulisse eingeschränkte Wettbewerb und damit einhergehend die Gefahr eines kollusiven Bieterverhaltens. Aus kompetitiver Sicht spricht deshalb Einiges für eine Erweiterung der Flächenkulisse.

33 Die FFAV enthält in ihren §§ 6 Abs. 3 Nr. 6, 12 Abs. 4, 22 Abs. 1 Nr. 2 und 3 einen **politischen Kompromiss**, der eine nur geringe Erweiterung der Flächenkulisse in den Jahren 2016 und 2017 vorsieht.[69] Ab 2018 werden die Regelungen über die verfügbaren Flächen insgesamt neu gefasst (§ 3 Abs. 2 FFAV).

34 **f) Förderung von Leistung oder Arbeit.** Gem. § 88 Abs. 1 Nr. 5 lit. a kann die FFAV Regelungen über die **finanzielle Förderung** für elektrische Arbeit pro Kilowattstunde treffen, für die Bereitstellung installierter Leistung in Euro pro Kilowatt (vgl. auch § 55 Abs. 1, 52) oder für eine Kombination beider Varianten, insoweit abweichend von den Bestimmungen in den §§ 19 bis 39.

---

65 BT-Drs. 18/1304, S. 168. Für dieses Ergebnis spricht auch der Wortlaut des § 55 Abs. 2 Nr. 4, wonach der Anspruch auf finanzielle Förderung nicht von der Einhaltung des § 51 Abs. 1 abhängt.

66 Hiernach könnten z. B. Umwelt- und Naturschutzanforderungen oder sonstige Anforderungen an die Flächen festgelegt werden, auf denen die Anlagen errichtet werden sollen. Durch diese Verordnungsermächtigung solle auch sichergestellt werden, dass bei den zu entwickelnden Ausschreibungen die vom europäischen und nationalen Vergaberecht eröffneten Spielräume zur Berücksichtigung ökologischer und regionaler Anforderungen genutzt werden, um die Naturverträglichkeit der Projekte bereits auf dieser Ebene einzufordern. Vgl. BT-Drs. 18/1304, S. 168; allgemein zu Grundlagen und Grenzen einer Berücksichtigung vergabefremder Kriterien bei der Vergabeentscheidung *Mohr*, VergabeR 2009, 543 ff.

67 ZSW/Takon/BBG und Partner/Ecofys, Wissenschaftliche Empfehlung zur Ausgestaltung des Pilotausschreibungsverfahrens, S. 20.

68 Auch zum Folgenden: ZSW/Takon/BBG und Partner/Ecofys, Wissenschaftliche Empfehlung zur Ausgestaltung des Pilotausschreibungsverfahrens, S. 24.

69 Einzelheiten in Bundesregierung, Freiflächenausschreibungsverordnung, Begründung S. 81.

Nach den **„Eckpunkten"** des **BMWi** soll bei den Pilot-Photovoltaik-Freiflächenanlagen   35
i. S. des § 2 Abs. 5 keine Arbeit ausgeschrieben werden, sondern die installierte Leistung.[70]
Die zugelassenen Teilnehmer an der Ausschreibung sollen deshalb die Menge der installierten Leistung benennen, für die sie von der BNetzA eine Förderberechtigung erhalten
möchten, und bieten einen „anzulegenden Wert" i. S. des § 23 Abs. 1 S. 2, der die Basis für
die Berechnung der „gleitenden Marktprämie" bildet. Soweit die Gebote die ausgeschriebene Menge übersteigen, erhalten diejenigen Bieter den Zuschlag, die die niedrigsten anzulegenden Werte bieten („umgekehrte Auktion").

Die FFAV regelt die Gebotsmengen i. S. des § 2 Nr. 6 FFAV als der installierten Leistung in   36
Kilowatt, für die ein Bieter ein Gebot abgegeben hat, in §§ 3 Abs. 1, 5 S. 2 Nr. 2 FFAV. Die
Förderung durch die Netzbetreiber gem. § 19 i. V. mit § 28 FFAV soll über eine **gleitende
Marktprämie pro eingespeister Kilowattstunde** erfolgen.[71] Während somit der Aus-
schreibungsgegenstand auf die Leistung, d. h. auf die Kapazität bezogen ist, wird allein die
geleistete Arbeit vergütet.[72]

Die Beibehaltung des bisherigen Vergütungssystems einer Direktvermarktung mit ergän-   37
zender Förderung über Markprämien dient der schnellen und vergleichbaren Einführung
eines EE-Ausschreibungssystems.[73] Zwar ist eine Kapazitätsprämie geeigneter für die
Markt- und Systemintegration, da sie den Investoren das Risiko der Strompreisprognose
ebenso auferlegt wie die Markterlösrisiken.[74] Die „Wissenschaftliche Empfehlung" sieht
hierin jedoch – in Widerspruch zu § 2 Abs. 1 – eine zu große Belastung der EE-Anlagenbetreiber, zumal Kapazitätsausschreibungen „große Energieproduzenten" bevorzugten
und die Ausschreibungen zu sehr verkomplizierten.[75] Den durch die Vergütung von Arbeit
geschaffenen Anreizen einer Einspeisung von Elektrizität auch bei negativen Strompreii-
sen[76] will der Gesetzgeber u. a. durch § 24 Rechnung tragen, der aufgrund der engen Tatbestandsmerkmale freilich nur einen sehr begrenzten Anwendungsbereich hat.[77]

---

70 BMWi, Eckpunkte für ein Ausschreibungsdesign für Photovoltaik-Freiflächenanlagen, S. 2.
71 Zu den Alternativen siehe *Bataille/Hösel*, ZNER 2014, 40, 43.
72 Eine Ausschreibung von Kapazität hätte den Vorteil, dass hierdurch nicht nur ein Wettbewerb um
    die Vollkosten entstünde, sondern auch ein solcher um die beste Strompreisprognose; vgl. ZSW/
    Takon/BBG und Partner/Ecofys, Wissenschaftliche Empfehlung zur Ausgestaltung des Pilotaus-
    schreibungsverfahrens, S. 16; siehe zur Ausschreibung von Kapazität auch den Vorschlag von
    Enervis/BET, Ein zukunftsfähiges Energiemarktdesign für Deutschland, S. 9 f.
73 BMWi, Eckpunkte für ein Ausschreibungsdesign für Photovoltaik-Freiflächenanlagen, S. 2.
74 Insoweit ebenso ZSW/Takon/BBG und Partner/Ecofys, Wissenschaftliche Empfehlung zur Ausge-
    staltung des Pilotausschreibungsverfahrens, S. 17.
75 ZSW/Takon/BBG und Partner/Ecofys, Wissenschaftliche Empfehlung zur Ausgestaltung des Pi-
    lotausschreibungsverfahrens, S. 17. Dieses Argument erscheint nur bedingt überzeugend, da die
    Marktakteure im Rahmen der Direktvermarktung nach dem EEG 2012 zeigten, dass sie sich
    schnell auf geänderte marktliche Rahmenbedingungen einstellen können. Aus diesem Grunde
    wurde die Intention der Marktprämie, die Anlagenbetreiber im Sinne einer Lernkurve schrittweise
    an die Energiemärkte heranzuführen, schon bislang zu Recht kritisiert; vgl. *Gawel/Purkus*, ZfE
    2013, 43, 51 und 54.
76 ZSW/Takon/BBG und Partner/Ecofys, Wissenschaftliche Empfehlung zur Ausgestaltung des Pi-
    lotausschreibungsverfahrens, S. 17.
77 Krit. zur Ausgestaltung der Norm unter Verweis auf die Leitlinien der Kommission für Umwelt-
    schutz- und Energiebeihilfen (Rn. 124 lit. c) *Wustlich*, NVwZ 2014, 1113, 1117. Die Kritik ist
    nicht überzeugend: Eine Regelung zur Nicht-Förderung bei negativen Strompreisen war überfäl-
    lig; die konkrete Ausgestaltung der Norm oblag allein dem deutschen Gesetzgeber; insbesondere

38 Neben der Einbindung in das Fördersystem der Direktvermarktung mit gleitender Marktprämie gibt es auch andere Möglichkeiten einer Ermittlung der Förderhöhe über Ausschreibungen: neben einer (aktuell unrealistischen, da marktfernen, wenn auch im internationalen Vergleich zuweilen anzutreffenden[78]) **festen Einspeisevergütung** sind dies etwa eine **fixe Marktprämie** und **fixe Kapazitätsprämien**.[79] Im politischen Diskurs wurde bis zuletzt die Einführung einer fixen Marktprämie gefordert.

39 **3. Weitere Voraussetzungen nach § 55 Abs. 2 Nr. 4 (Nr. 2). a) Begrenzung der Anlagengröße/Zusammenfassung von Anlagen.** Gem. § 88 Abs. 1 Nr. 2 lit. a kann die FFAV weitere Regelungen treffen, um die **Anlagengröße** zu begrenzen und abweichend von § 32 Abs. 1 und 2 die **Zusammenfassung von Anlagen** zu regeln.[80] Im Ausgangspunkt gilt dabei, dass Vorgaben zur Projekteigenschaft sowie die Bezugsgrößen von Größenbegrenzungen auf Basis von Naturschutzzielen, aber auch von Wettbewerbszielen gemacht werden können und damit je nach Zielsetzung die Gebotshöhe und Akteursstruktur unterschiedlich beeinflussen.[81]

40 Nach Ansicht des Expertengremiums[82] sollte die **Größenbegrenzung** von Photovoltaik-Projekten auf 10 MW nicht fortgeführt werden. Vielmehr stelle eine Begrenzung der Projektgröße auf ca. 25 MW einen guten Kompromiss zwischen der Kosteneffizienz und „ökologischen Belangen" dar, sofern die Ausschreibungsvolumina pro Runde ausreichend hoch seien. Von der Einführung einer **Mindestprojektgröße** riet die Wissenschaftliche Empfehlung demgegenüber ab, schon weil eine solche die Teilnahmechancen kleinerer Projekte, die häufig von „lokal verankerten Akteuren" initiiert würden, verringerten.[83] Dieses Argument erscheint im Hinblick auf das Ziel der Kostenminimierung nicht zielführend; jedenfalls werden sehr kleine Anlagen keine wirtschaftlich zuschlagsfähigen Angebote unterbreiten können. Nach § 6 Abs. 2 S. 1 FFAV müssen sich die Gebote jeweils auf einen Umfang an installierter Leistung in Höhe **von mindestens 100 Kilowatt** und **höchstens 10 MW** beziehen.

41 Das Expertenkonsortium schlug zudem eine Regelung zur **Zusammenfassung von Photovoltaik-Freiflächenanlagen** in Anlehnung an § 32 Abs. 2 (§ 19 Abs. 1a EEG 2012) vor.[84] Bereits die Regelung des § 32 Abs. 2 dient dem Grundsatz der Kosteneffizienz i. S. des § 1 Abs. 2, indem sie eine Umgehung der nach Anlagengröße abgestuften Vergütungsvor-

---

findet sich in den Leitlinien die von *Wustlich* kritisierte 6-Stunden-Grenze nicht. Auch Art. 42 Nr. 7 VO Nr. 651/2014 stellt klar, dass bei negativen Preisen generell keine Beihilfen gewährt werden sollen.

78 Vgl. IZES, Bewertung von Ausschreibungsverfahren als Finanzierungsmodell für Anlagen erneuerbarer Energienutzung, S. 63 (Brasilien), S. 68 f. (Frankreich).
79 Siehe hierzu im Einzelnen *Degenhard/Nestle*, Marktrealität für Bürgerenergie und mögliche Auswirkungen von regulatorischen Eingriffen, S. 87, 89 ff.; *Kahle*, RdE 2014, 372, 376 ff.
80 BT-Drs. 18/1304, S. 168.
81 ZSW/Takon/BBG und Partner/Ecofys, Wissenschaftliche Empfehlung zur Ausgestaltung des Pilotausschreibungsverfahrens, S. 24.
82 ZSW/Takon/BBG und Partner/Ecofys, Wissenschaftliche Empfehlung zur Ausgestaltung des Pilotausschreibungsverfahrens, S. 24 f.
83 ZSW/Takon/BBG und Partner/Ecofys, Wissenschaftliche Empfehlung zur Ausgestaltung des Pilotausschreibungsverfahrens, S. 25.
84 ZSW/Takon/BBG und Partner/Ecofys, Wissenschaftliche Empfehlung zur Ausgestaltung des Pilotausschreibungsverfahrens, S. 25.

schriften durch ein „Anlagensplitting" verhindern will.[85] Ohne eine Regelung zur Zusammenfassung von Anlagen wären Auktionsergebnisse vorstellbar, bei denen ein Bieter bei einer 25 MW-Begrenzung drei Angebote zu jeweils 25 MW abgibt, diese Anlagen jedoch eine Gesamtanlage mit 75 MW darstellen.[86] Zum Zwecke der Praktikabilität sollten die Vorgaben des § 32 Abs. 2 freilich vereinfacht werden, indem auf einfach zu überprüfende Gesichtspunkte wie denselben Netzanknüpfungspunkt oder bestimmte bauplanerische Gesichtspunkte abgestellt wird.[87]

§ 2 Nr. 5 HS. 2 FFAV enthält eine besondere Regelung zur **Zusammenfassung von Anla-**   **42**
gen ausschließlich zur Ermittlung des Anspruchs nach § 19 i.V. m. § 28 Abs. 1 FFAV.
Hiernach gelten mehrere Freiflächenanlagen abweichend von § 32 Abs. 2 unabhängig von den Eigentumsverhältnissen und ausschließlich für die Regelungen dieser Verordnung und zum Zweck der Ermittlung des Anspruchs nach § 19 für den jeweils zuletzt in Betrieb gesetzten Generator als eine Anlage, wenn sie innerhalb derselben Gemeinde, die für den Erlass des Bebauungsplans zuständig ist, errichtet worden sind und innerhalb von 24 aufeinanderfolgenden Kalendermonaten in einem Abstand von bis zu 4 Kilometern in der Luftlinie, gemessen vom äußeren Rand der einzelnen Anlage, in Betrieb genommen worden sind; unberührt hiervon bleibt § 32 Abs. 1.

b) Netz- und Systemintegration. Nach § 88 Abs. 1 Nr. 2 lit. b können im Rahmen des Aus-   **43**
schreibungsdesigns besondere Anforderungen an die **Netz- oder Systemintegration** der Anlagen i. S. des § 2 Abs. 1 gestellt werden. Im Interesse einer möglichst guten Vergleichbarkeit der Ergebnisse der Pilotausschreibungen mit den bis dato geltenden Förderregelungen rät das Expertenkonsortium von derartigen Vorgaben zur „Systemdienlichkeit" jedoch – im Ergebnis vertretbar – ab.[88] Auch die **FFAV** enthält keine derartigen Regelungen. Damit ist nicht ausgeschlossen, dass Anforderungen an die Netz- und Systemintegration zu einem späteren Zeitpunkt implementiert werden.[89] Insoweit erscheint es sinnvoll, zunächst das Ergebnis der Diskussion über das zutreffende Strommarktdesign abzuwarten.[90]

c) Generalklausel. Schließlich ermöglicht die Generalklauseln des § 88 Abs. 1 Nr. 2 lit. c,   **44**
abweichende Regelungen zu den §§ 19 bis 39 und 55 Abs. 2 Nr. 2 zu treffen.

4. Anforderungen an die Teilnahme (Nr. 3). § 88 Abs. 1 Nr. 3 ermächtigt den Verord-   **45**
nungsgeber, Anforderungen an die Teilnahme an den Ausschreibungen zu stellen, insbe-

---

85 Altrock/Oschmann/Theobald/*Oschmann*, § 19 EEG 2012 Rn. 5.

86 ZSW/Takon/BBG und Partner/Ecofys, Wissenschaftliche Empfehlung zur Ausgestaltung des Pilotausschreibungsverfahrens, S. 25.

87 Clearingstelle EEG, Öffentliche Konsultation zu Eckpunkten für ein Ausschreibungsdesign für PV-Freiflächenanlagen, S. 4.

88 ZSW/Takon/BBG und Partner/Ecofys, Wissenschaftliche Empfehlung zur Ausgestaltung des Pilotausschreibungsverfahrens, S. 1 und 65 ff. Erwogen werden dort „technische Qualifikationsanforderungen zur Systemdienlichkeit […], wie z. B. die Fähigkeit zur Leistungsreduktion (z. B. zur Verbesserung der Netzstabilität), die Schwarzstartfähigkeit (d. h. die Möglichkeit zur aktiven Steuerung der Leistungsbereitstellung bei Systemstart, um im Falle eines Blackouts den Systemneustart zu erleichtern), die Bereitstellung von Blindleistung (zur Spannungserhaltung), die Bereitstellung von sogenannter künstlicher Trägheit (zur Verbesserung der Systemstabilität) oder die dauerhafte Begrenzung der Wechselrichterleistung (zur Verringerung des notwendigen Netzausbaus)."

89 ZSW/Takon/BBG und Partner/Ecofys, Wissenschaftliche Empfehlung zur Ausgestaltung des Pilotausschreibungsverfahrens, S. 66.

90 Vgl. BMWi, Ein Strommarkt für die Energiewende, Grünbuch, S. 4 ff.

sondere Eignungskriterien festzulegen und den Nachweis derselben zu regeln.[91] Durch die Anforderungen an die Teilnahme soll die Realisierungswahrscheinlichkeit der Projekte erhöht werden, ohne den Teilnehmern unverhältnismäßig hohe versunkene Kosten aufzuerlegen.[92] In der **FFAV** sind die Voraussetzungen für die Teilnahme an der Ausschreibung in § 6 FFAV normiert. Die Gestellung der Erstsicherheit regelt § 7 FFAV. § 10 FFAV bezieht sich auf den Ausschluss von Geboten, wohingegen § 11 FFAV unter engen Voraussetzungen den Ausschluss von Bietern ermöglicht.

46   a) **Eignung der Teilnehmer.** Nach § 88 Abs. 1 Nr. 3 lit. a können Mindestanforderungen an die Eignung der Teilnehmer aufgestellt werden. Im Interesse einer möglichst hohen Realisierungsquote ist es regelmäßig sinnvoll, **Präqualifikationsanforderungen** als Zugangsvoraussetzungen zur Auktion vorzusehen, damit die Bieter ernsthafte Angebote abgeben.[93] Auf die Diskussion über die zutreffende Ausgestaltung von Präqualifikationsanforderungen wurde bereits im Rahmen des § 2 Abs. 5 eingegangen.[94] Im Folgenden sollen deshalb lediglich zentrale Aspekte beleuchtet werden.

47   Differenziert werden kann zwischen **materiellen** und **finanziellen Präqualifikationsanforderungen**:[95] Bei materiellen Präqualifikationsanforderungen müssen die Bieter die Ernsthaftigkeit ihrer Gebote nachweisen, indem sie standardisierte Nachweise einreichen, aus denen sich ergibt, dass die Planungen für die betroffenen Projekte bereits ein bestimmtes Niveau erreicht haben, etwa im Hinblick auf Standorte, Anlagenkonzepte, Genehmigungen oder Netzanschlusszusagen.[96] Demgegenüber sichern finanzielle Qualifikationsanforderungen („Bid-Bonds") die Ernsthaftigkeit der Bieter und mögliche Realisierungsausfälle, ohne notwendiger Weise einen Nachweis des (Planungs-)Fortschritts des gebotenen Projekts zu verlangen.[97] Allerdings kann sich die Höhe der Zahlungen in Abhängigkeit vom Planungsfortschritt reduzieren (so für die Erstsicherheit § 7 Abs. 3 FFAV, für die Zweitsicherheit § 15 Abs. 3 FFAV).

48   Als materielle Qualifikationsanforderungen empfahl das Forschungskonsortium einen **Aufstellungsbeschluss der Gemeinde für einen Bebauungsplan**[98] sowie den Nachweis der **vorläufigen Netzanschlusszusage** des Netzbetreibers.[99] Damit werde hinreichend

---

91 Vgl. BT-Drs. 18/1304, S. 168.

92 ZSW/Takon/BBG und Partner/Ecofys, Wissenschaftliche Empfehlung zur Ausgestaltung des Pilotausschreibungsverfahrens, S. 4.

93 Agora Energiewende, Ausschreibungen für Erneuerbare Energien. Welche Fragen sind zu prüfen, S. 21 f.; Frontier Economics, Konsultation zum Ausschreibungsdesign für die Förderung von PV-Freiflächenanlagen, S. 8.

94 § 2 Rn. 95 mit Fn. 381, 117 und 165.

95 ZSW/Takon/BBG und Partner/Ecofys, Wissenschaftliche Empfehlung zur Ausgestaltung des Pilotausschreibungsverfahrens, S. 43.

96 Siehe auch Agora Energiewende, Ausschreibungen für Erneuerbare Energien. Welche Fragen sind zu prüfen, S. 21.

97 ZSW/Takon/BBG und Partner/Ecofys, Wissenschaftliche Empfehlung zur Ausgestaltung des Pilotausschreibungsverfahrens, S. 43; Frontier Economics, Konsultation zum Ausschreibungsdesign für die Förderung von PV-Freiflächenanlagen, S. 7.

98 Siehe dazu noch im Folgenden unter § 88 Abs. 1 Nr. 3 lit. b.

99 ZSW/Takon/BBG und Partner/Ecofys, Wissenschaftliche Empfehlung zur Ausgestaltung des Pilotausschreibungsverfahrens, S. 44; mit guten Argumenten krit. im Hinblick auf die Netzanschlusszusage BEE, Stellungnahme für das Konsultationsverfahren zu den Eckpunkten des BMWi für ein Ausschreibungsdesign für Photovoltaik-Freiflächenanlagen, S. 7 f.

nachgewiesen, dass Gebote durch reale Projekte hinterlegt seien, dass die Gemeinde in die Planung involviert sei und dass das Projekt ans Stromnetz angeschlossen werden könne. Die Kosten für die Erbringung dieser Nachweise seien vergleichsweise gering, sicherten aber eine gewisse Realisierungswahrscheinlichkeit. Die entsprechenden Anforderungen sind in § 6 Abs. 4 FFAV enthalten. Nicht aufgeführt ist das Erfordernis einer vorläufigen Netzanschlusszusage.

Als finanzielle Qualifikationsanforderungen erwog das Forschungskonsortium die Hinterlegung einer relativ geringen Sicherheit als Nachweis der Ernsthaftigkeit des Gebots.[100] Um zusätzliche Flexibilität zu schaffen und auch kleineren Bietern mit relativ geringer Bonität die Teilnahme an der Auktion zu erleichtern, sei eine Wahlmöglichkeit zwischen finanziellen und materiellen Qualifikationsnachweisen zu erwägen.[101] Hiernach könnten sich etwa beim Nachweis eines weit entwickelten Planungsstadiums durch die Vorlage eines Bebauungsplans die finanziellen Qualifikationsanforderungen verringern. Die **FFAV** regelt die Gestellung der **Erstsicherheit** in § 7 FFAV i.V. mit 16 FFAV. Nach § 7 Abs. 3 FFAV verringert sich die Höhe der Erstsicherheit, wenn das Gebot einen Nachweis nach § 6 Abs. 4 Nr. 1 lit. b und c FFAV enthält, also eines Offenlegungsbeschlusses nach § 3 Abs. 2 BauGB oder eines beschlossenen Bebauungsplans gem. § 30 BauGB. **49**

Zum anderen ist zwischen **projektbezogenen** und **bieterbezogenen Präqualifikationsanforderungen** zu differenzieren:[102] Bei einer Projekt-Präqualifikation setzt die Teilnahme an der Auktion voraus, dass der jeweilige Bieter etwa eine Projektskizze mit der konkreten Ausgestaltung der Anlage (Kapazität, Standort, erwartete jährliche Erzeugung) vorlegt. Außerdem kann ein Nachweis über die Erfüllung von Umweltauflagen und Genehmigungen sowie eine Netzanschlusszusage des zuständigen Netzbetreibers gefordert werden. Demgegenüber bezieht sich die Bieter-Präqualifikation nicht auf die Projektspezifikation, sondern auf die Eigenschaften des potenziellen Bieters, etwa auf die finanzielle Leistungsfähigkeit oder die prinzipielle Eignung zur Errichtung und Inbetriebnahme einer EE-Anlage. **50**

Projektbezogene Anforderungen sind in § 6 Abs. 2 und 4 FFAV sowie – negativ – in § 10 FFAV normiert. **Bieterbezogene Anforderungen** enthalten etwa § 6 Abs. 1 und 3 FFAV sowie § 7 FFAV und § 11 FFAV. **51**

b) Planungs- und Genehmigungsstand. § 88 Abs. 1 Nr. 3 lit. b erlaubt das Stellen von **Anforderungen an den Planungs- und Genehmigungsstand der Projekte.** Nach Ansicht des Expertenkonsortiums sollten die Teilnehmer allenfalls nachweisen, dass die zuständige Gemeinde die Aufstellung eines photovoltaikspezifischen Bebauungsplans beschlossen habe, da hierdurch sichergestellt werde, dass das Gebot mit einem konkreten Projekt hinterlegt und die Gemeinde in die Planung involviert sei.[103] Diese Anforderung wurde bereits im Rahmen des § 55 Abs. 2 Nr. 2 bewertet.[104] In der **FFAV** sind die Anforderungen in § 6 Abs. 4 enthalten. **52**

---

100 ZSW/Takon/BBG und Partner/Ecofys, Wissenschaftliche Empfehlung zur Ausgestaltung des Pilotausschreibungsverfahrens, S. 44.
101 Siehe dazu noch unten § 88 Rn. 63 ff.
102 Frontier Economics, Technologieoffene Ausschreibungen für Erneuerbare Energien, S. 38.
103 ZSW/Takon/BBG und Partner/Ecofys, Wissenschaftliche Empfehlung zur Ausgestaltung des Pilotausschreibungsverfahrens, S. 4.
104 Siehe § 55 Rn. 17 ff.

53 Die Bieter sollten nach Ansicht des Expertengremiums außerdem eine **vorläufige Netzanschlusszusage** vorweisen, da auch hierdurch die Realisierungswahrscheinlichkeit erhöht werde, ohne den Bietern allzu hohe Kosten aufzuerlegen.[105] Allerdings werden Netzanschlusszusagen in manchen Netzgebieten nur tagesscharf oder gültig für wenige Wochen vergeben.[106] Aus diesem Grunde wäre bei einer derartigen Präqualifikationsanforderung notwendig, dass die Netzbetreiber ihren Reservierungen eine einheitliche, zeitlich klar definierte Verbindlichkeit verliehen (u. U. inklusive Netzanschlusspunkt und Einspeisekapazität), die die relevanten Projektentwicklungszeiträume berücksichtigte und nach dem Zuschlag in der Auktion um den Realisierungszeitraum zu verlängern wäre. Auch aus den vorbenannten Gründen verzichtet die **FFAV** auf das Erfordernis einer vorläufigen Netzanschlusszusage.

54 **c) Sicherheiten.** Gem. § 88 Abs. 1 Nr. 3 lit. c kann die Verordnung Anforderungen an die Art, die Form und den Inhalt von (finanziellen) Sicherheiten aufstellen, die von allen Teilnehmern an Ausschreibungen (**Erstsicherheit gem. § 7 FFAV**) oder nur im Fall der Zuschlagserteilung zu leisten sind, um eine Inbetriebnahme und den fortlaufenden Betrieb der Anlage sicherzustellen (**Zweitsicherheit gem. § 15 FFAV**), nebst den entsprechenden Regelungen zur teilweisen oder vollständigen Zurückzahlung dieser Sicherheiten (§ 16 Abs. 4 FFAV). Das Forschungskonsortium schlug einen 2-stufigen „Bid-Bond" vor:[107] Bei Gebotsabgabe sei eine relativ geringe Sicherheit in Höhe von z. B. 2 bis 5 Euro pro kW zum Nachweis der Ernsthaftigkeit der Auktionsteilnahme zu hinterlegen. Bei Bezuschlagung sei sodann eine höhere Sicherheit zur Absicherung der Pönale zu leisten, z. B. 50 Euro pro kW. Im Schrifttum wurden insbesondere für die erste Stufe höhere Beträge diskutiert, um die Ernsthaftigkeit des Gebots sicherzustellen.[108] In der **FFAV** ist die **Erstsicherheit** in § 7 FFAV normiert, die nach Erhalt des Zuschlags zu leistende **Zweitsicherheit** in § 15 FFAV. Die allgemeinen Anforderungen an die Gestellung von Sicherheiten enthält § 16 FFAV.

55 **d) Nachweispflichten.** Nach § 88 Abs. 1 Nr. 3 lit. d kann schließlich festgelegt werden, wie Teilnehmer an den Ausschreibungen die Einhaltung der Anforderungen nach den Buchstaben a bis c nachweisen müssen. Die in den Geboten aufzuführenden Nachweise sind in § 6 Abs. 4 FFAV normiert, die Anforderungen an die finanzielle (Erst-)Sicherheit in §§ 7, 16 FFAV.

56 **5. Zuschlagserteilung (Nr. 4).** Im Anschluss an das Ausschreibungsverfahren ist den bestplatzierten Bietern ein **Zuschlag** zu erteilen. Das Expertenkonsortium plädierte insoweit mit guten Argumenten für ein **preisbasiertes Bewertungssystem**:[109] Eine preisbasierte Bewertung habe den Vorteil, dass lediglich die Gebote mit den niedrigsten Fördersätzen den Zuschlag erhielten. Preisbasierte Zuschläge erfüllten damit das zentrale Ziel der Ausschreibungen, nur solche Projekten zu fördern, die – im Rahmen der ambitionierten Aus-

---

105 ZSW/Takon/BBG und Partner/Ecofys, Wissenschaftliche Empfehlung zur Ausgestaltung des Pilotausschreibungsverfahrens, S. 44.

106 So überzeugend BEE, Stellungnahme für das Konsultationsverfahren zu den Eckpunkten des BMWi für ein Ausschreibungsdesign für Photovoltaik-Freiflächenanlagen, S. 7 f.

107 ZSW/Takon/BBG und Partner/Ecofys, Wissenschaftliche Empfehlung zur Ausgestaltung des Pilotausschreibungsverfahrens, S. 4.

108 BDEW, Handlungsempfehlungen für ein Auktionsdesign für PV-Freiflächenanlagen, S. 6 f.

109 ZSW/Takon/BBG und Partner/Ecofys, Wissenschaftliche Empfehlung zur Ausgestaltung des Pilotausschreibungsverfahrens, S. 40 f.

bauziele, die auch eine Förderung relativ teurer Technologien erfordern[110] – einen möglichst kostengünstigen Anlagenbau ermöglichen. Darüber hinaus zeichneten sich preisbasierte Ausschreibungen durch eine geringe Komplexität der Zuschlagsentscheidung und einen insoweit reduzierten administrativen Aufwand aus.

Sofern man als Zuschlagsregelung lediglich auf das preisgünstigste Gebot abstellt, können **57** **weitere Ziele** wie eine **schnelle Umsetzung der Projekte**, eine große **Akteursvielfalt**, ein **regional ausgewogener Anlagenzubau** oder die **Einhaltung von Umweltaspekten** über **(Prä-)Qualifikationsanforderungen** gesteuert werden.[111] Die Statuierung weitreichender Qualifikationsanforderungen kann theoretisch aber zur Folge haben, dass potenzielle Anbieter aufgrund der damit verbundenen Kosten abgeschreckt werden und sich die Angebotsmenge insgesamt reduziert. Weiterhin besteht bei einer rein preisbasierten Bewertung das theoretische Risiko einer geringeren Qualität der bezuschlagten Gebote und somit einer geringeren Effektivität des Ausschreibungsverfahrens. Beide Gesichtspunkte sprechen im Ergebnis jedoch nicht gegen preisbasierte Zuschlagskriterien, da es materiell keinen entscheidenden Unterschied macht, ob man die Bieter durch Qualifikationskriterien oder durch die Zuschlagsentscheidung auf bestimmte „außerwettbewerbliche" Ziele verpflichtet. Allein der Zeitpunkt eines entsprechenden Nachweises ist unterschiedlich. Das Forschungskonsortium argumentiert ergänzend, dass mit der Zahl der Bewertungskriterien die Komplexität der Ausschreibung und der administrative Aufwand für die ausschreibende Stelle und die Bieter anstiegen.[112] Manche Zielkriterien wie etwa die Systemkosten oder die lokale Akzeptanz einer Anlage seien zudem objektiv kaum zu bewerten. Die notwendige Harmonisierung der Ausschreibungen mit dem Netzausbau (§ 2 Abs. 1 S. 1) kann auch über die Definition des Ausschreibungsgegenstands sichergestellt werden.[113]

Die **FFAV** regelt das **Zuschlagsverfahren** in ihrem § 12. Die zentrale Regelung ist in § 12 **58** Abs. 2 FFAV enthalten. Hiernach muss die BNetzA, wenn die Summe der Gebotsmengen aller zugelassenen Gebote das Ausschreibungsvolumen nach §§ 3, 4 FFAV überschreitet (ansonsten: § 12 Abs. 1 FFAV), die zugelassenen Gebote sortieren. Im Anschluss muss sie die zugelassenen Gebote in der festgelegten Reihenfolge, beginnend mit den Geboten mit den niedrigsten Gebotswerten, einen Zuschlag im Umfang ihres Gebots erteilen, bis das Ausschreibungsvolumen erstmals durch den Zuschlag zu einem Gebot erreicht oder überschritten ist (Zuschlagsgrenze). Geboten oberhalb der Zuschlagsgrenze wird vorbehaltlich des **Nachrückverfahrens** gem. § 12 Abs. 3 FFAV kein Zuschlag erteilt. Der jeweilige **Zuschlagswert** bestimmt sich nach § 13 FFAV; dies ist entweder der Gebotswert (Abs. 1) oder ausnahmsweise der höchste Gebotswert als Einheitspreis bzw. der Höchstwert gem. § 8 FFAV bei fehlender Knappheit (Abs. 2).

6. Durch Zuschlag vergebene finanzielle Förderung (Nr. 5). a) Grundlagen. Wie ein- **59** leitend erläutert, ist der Erhalt eines **Zuschlags in einer Ausschreibungsrunde** durch die BNetzA gem. § 12 Abs. 1 bis 3 FFAV zwar eine notwendige, nicht aber eine hinreichende

---

110 So Bundesregierung, Stellungnahme zum Sondergutachten der Monopolkommission Energie 2013, BT-Drs. 18/2939 v. 16.10.2014, S. 8: „ambitionierte Erneuerbare-Energien-Ausbauziele" erforderten „die Einbeziehung auch hochpreisiger Potenziale".
111 ZSW/Takon/BBG und Partner/Ecofys, Wissenschaftliche Empfehlung zur Ausgestaltung des Pilotausschreibungsverfahrens, S. 40 f.
112 ZSW/Takon/BBG und Partner/Ecofys, Wissenschaftliche Empfehlung zur Ausgestaltung des Pilotausschreibungsverfahrens, S. 40 f.
113 Vgl. dazu § 2 Rn. 126 ff.

Bedingung für einen Anspruch auf **finanzielle Förderung gegen den Netzbetreiber** nach §§ 19 i.V. mit § 28 Abs. 1 FFAV. Der Bieter muss vielmehr zunächst fristgerecht die Zweitsicherheit gem. § 15 FFAV leisten, sodann die Anlage erstellen (§ 20 Abs. 2 FFAV) und bei der BNetzA eine Förderberechtigung beantragen (§ 21 i.V.m. § 22 FFAV). Neben der Berechnung der Förderung (§ 26 FFAV) stellt sich dabei insbesondere die Frage, ob Leistung oder Arbeit vergütet wird (vgl. § 28 Abs. 1 FFAV). Darüber hinaus ist zu klären, auf welchem Wege unterlegene Bieter gegen die Zuschlagsentscheidung der BNetzA im Ausschreibungsverfahren Rechtsmittel einlegen können (§ 39 FFAV).

60 **b) Rechtsschutz Dritter.** Gem. § 88 Abs. 1 Nr. 5 lit. b kann die Verordnung Regelungen treffen, wonach eine durch Zuschlag erteilte Förderberechtigung unabhängig von Rechtsschutzverfahren Dritter gegen das Ausschreibungsverfahren oder die Zuschlagserteilung bestehen bleibt. In der **FFAV** ist der Rechtsschutz in § 39 normiert.[114] Gem. § 39 Abs. 1 S. 1 FFAV sind gerichtliche Rechtsbehelfe mit dem Ziel der **Verpflichtung der BNetzA zur Erteilung eines Zuschlags** zulässig. Die BNetzA muss bei einem derartigen Rechtsbehelf über das in §§ 3, 4 FFAV festgelegte Ausschreibungsvolumen hinaus einen entsprechenden Zuschlag erteilen, soweit das Begehren des Rechtsbefehlsführers Erfolg hat und sobald die gerichtliche Entscheidung formell rechtskräftig wird. Hierdurch soll im Interesse der Effektivität der Förderung erreicht werden, dass einmal erfolgreiche Bieter – vorbehaltlich einer Rücknahme der Förderberechtigung oder des Zuschlags – zügig mit der Errichtung der Anlage innerhalb des 24-monatigen Realisierungszeitraums gem. § 20 Abs. 2 FFAV beginnen können. Die BNetzA kann bei der Zuertilung von Zuschlägen gem. § 39 Abs. 1 FFAV das **Ausschreibungsvolumen** der nächsten Ausschreibungsrunden gem. § 4 Abs. 2 Nr. 2 FFAV reduzieren.

61 Nach § 39 Abs. 2 S. 1 FFAV hat die Erteilung eines Zuschlags oder die Ausstellung einer Förderberechtigung unabhängig von einem Rechtsschutzverfahren Dritter nach § 39 Abs. 1 FFAV Bestand. Eine **Anfechtung eines Zuschlags durch Dritte** ist gem. § 39 Abs. 2 S. 2 FFAV nicht zulässig.

62 **7. Aufwendungsersatz für nicht bezuschlagte Gebote (Nr. 6).** Um kleinere Bieter nicht von einer Beteiligung an der Auktion abzuhalten, kann bei hohen Präqualifikationsanforderungen i.S. des § 88 Abs. 1 Nr. 3 ein **Aufwendungsersatz** für die Erstellung von nicht bezuschlagten Geboten gewährt werden (§ 88 Abs. 1 Nr. 6). Als materielle Qualifikationsanforderungen schlug das Forschungskonsortium jedoch „lediglich" einen Aufstellungsbeschluss der Gemeinde für einen Bebauungsplan (bzw. einen vorgelagerten Tatbestand) sowie den Nachweis der vorläufigen Netzanschlusszusage des Netzbetreibers vor.[115] Die Kosten für die Erbringung dieser Nachweise seien vergleichsweise gering, sicherten aber eine gewisse Realisierungswahrscheinlichkeit. Unter diesen Voraussetzungen erscheint es gut vertretbar, auf Regelungen zum Aufwendungsersatz zu verzichten. Folgerichtig enthält die **FFAV** keine Vorgaben zum Aufwendungsersatz.

63 **8. Anforderungen zur Sicherstellung des Anlagenbetriebs (Nr. 7). a) Wechselwirkungen mit Präqualifikationsanforderungen.** § 88 Abs. 1 Nr. 7 ermächtigt den Verordnungsgeber, Regelungen zu schaffen, die eine möglichst **umfassende Realisierung der ausgeschriebenen Kapazität** an Freiflächenanlagen sicherstellen. Zu diesem Zwecke

---

114 Vgl. *Mohr*, N&R 2015, 76, 82.
115 ZSW/Takon/BBG und Partner/Ecofys, Wissenschaftliche Empfehlung zur Ausgestaltung des Pilotausschreibungsverfahrens, S. 44.

können etwa für den Fall einer **Nicht-Realisierung oder einer verspäteten Realisierung Pönalen** festgelegt oder Bieter sogar von **künftigen Ausschreibungen ausgeschlossen** werden. Ferner können die vergebenen Förderberechtigungen mit einer Verfallfrist oder mit finanziellen Sanktionen bei Nichtrealisierung versehen werden (§§ 20 Abs. 2, 26 Abs. 4 FFAV).[116]

Anders als bei den im Rahmen des § 88 Abs. 1 Nr. 3 aufzustellenden (materiellen) Präqualifikationskriterien macht der Fördergeber durch Anforderungen an eine **Zweitsicherheit** keine projektbezogenen Vorgaben.[117] Stattdessen verpflichten sich die Bieter im Fall des Zuschlags, die angebotene Leistung innerhalb einer bestimmten Zeitspanne tatsächlich zu erbringen. Sofern ihnen dies nicht gelingt, wird eine Strafzahlung fällig.[118] Die Strafzahlungen können dabei an konkrete Projekte geknüpft werden,[119] aber auch abstrakt an die Errichtung von Anlagen mit einer bestimmten Leistungskraft (alternativ: einer bestimmten erbrachten Arbeit) in einem vorgegebenen Zeitraum. Rational handelnde Bieter werden freilich das Risiko einer Realisierung des Projekts ebenso wie dasjenige einer verwirkten Strafzahlung in den Gebotspreis mit einbeziehen.[120] Siehe zu den hieraus resultierenden Anforderungen an das Auktionsdesign die Kommentierung zu § 2 Abs. 5.[121]

64

Zwischen den von § 88 Abs. 1 Nr. 3 lit. a erfassten **Präqualifikationsbedingungen** und den **Pönalen** gem. § 88 Abs. 1 Nr. 7 bestehen **Wechselwirkungen**, da beide Instrumente der Sicherung einer hohen Realisierungswahrscheinlichkeit der bezuschlagten Projekte dienen:[122] So können sehr hohe finanzielle Qualifikationsanforderungen für „kleine Bieter" prohibitiv wirken, da diese mit ihrer vergleichsweise geringen Bonität nur einen begrenzten Zugang zu Bankbürgschaften i. S. des § 16 Abs. 3 FFAV haben. Um auch diesem Bieterkreis eine Teilnahme an den Auktionen zu erleichtern, kann deshalb der Nachweis eines weit entwickelten Planungsstadiums mit geringeren finanziellen Qualifikationsanforderungen honoriert werden (§ 7 Abs. 3 FFAV, § 15 Abs. 3 FFAV).[123] Bietern kann auch die Möglichkeit eingeräumt werden, im Rahmen der vorgegebenen Optionen zwischen materiellen und finanziellen Qualifikationsanforderungen zu wählen.[124]

65

---

116 Zum Vorstehenden BT-Drs. 18/1304, S. 169.
117 Zum Folgenden: Agora Energiewende, Ausschreibungen für Erneuerbare Energien. Welche Fragen sind zu prüfen, S. 22.
118 Frontier Economics, Konsultation zum Ausschreibungsdesign für die Förderung von PV-Freiflächenanlagen, S. 8. Als Strafzahlung wirkt auch die Verpflichtung der Bilanzkreisverantwortlichen zur Begleichung der Kosten für den Einsatz von Regelleistung durch die Übertragungsnetzbetreiber (Ausgleichsenergiekosten), wenn ein Bilanzkreis im Saldo von seinem am Vortag angemeldeten Fahrplan abweicht; siehe BMWi, Ein Strommarkt für die Energiewende, Grünbuch, S. 11.
119 Krit. Frontier Economics, Konsultation zum Ausschreibungsdesign für die Förderung von PV-Freiflächenanlagen, S. 8.
120 BDEW, Handlungsempfehlungen für ein Auktionsdesign für PV-Freiflächenkraftwerke, S. 6; r2b energy consulting GmbH/Brandenburgische Technische Universität Cottbus, Auktionsdesign für Photovoltaikanlagen auf Freiflächen, S. 25.
121 § 2 Rn. 119.
122 Zum Folgenden: ZSW/Takon/BBG und Partner/Ecofys, Wissenschaftliche Empfehlung zur Ausgestaltung des Pilotausschreibungsverfahrens, S. 52.
123 Siehe zur Notwendigkeit eines Bebauungsplans § 55 Abs. 2 Nr. 2.
124 Siehe hierzu den Vorschlag von BDEW, Handlungsempfehlungen für ein Auktionsdesign für PV-Freiflächenanlagen, S. 6 f.

66 **b) Verringerung von Installationsverzögerungen und Nichtrealisierung.** Nach Ansicht des Expertengremiums sind Pönalen besonders gut geeignet, dem Risiko von **Installationsverzögerungen** und von **nicht realisierten Projekten** entgegenzuwirken.[125] Dabei solle nicht zwischen Eigen- und Fremdverschulden differenziert werden, um die Rechtssicherheit zu stärken und den administrativen Aufwand zu begrenzen. Etwas anders könne allenfalls für Fälle höherer Gewalt erwogen werden.[126]

67 Um den berechtigten Interessen der Bieter zu entsprechen, wurde mit Blick auf die üblichen Realisierungsfristen von Photovoltaik-Freiflächenanlagen von wenigen Wochen bis geschätzt maximal 12 Monate bei „komplizierten Flächen" ein relativ langer Zeitraum von **18 Monaten** vorgeschlagen, nach dessen Ablauf eine erste Pönale für „Installationsverzug" verwirkt sei (vgl. § 26 Abs. 4 FFAV).[127] Nach Überschreitung der Realisierungsfrist um weitere sechs Monate (also insgesamt nach **24 Monaten**) soll sodann die Förderberechtigung entzogen und die Pönale für „Nichtrealisierung" fällig werden (§§ 20 Abs. 2, 30 Abs. 1 Nr. 2 FFAV). Um diese Rechtsfolgen abzumildern, könne die mit einer Teilrückerstattung der geleisteten Sicherheit zu honorierende freiwillige Rückgabe von nicht-realisierten Förderberechtigungen zu erwägen sein, da hierdurch eine frühere Neuvergabe der Förderberechtigung ermöglicht werde (§§ 18, 30 Abs. 3 S. 3 und 4 FFAV). Sollte der Bieter nur einen Teil des bezuschlagten Projekts realisieren können (also eine kleinere Anlage realisieren, als er ursprünglich angeboten hat), sei auch eine entsprechend pönalisierte Teilrückgabe der Förderberechtigung möglich.[128] Sei die Abweichung von der ursprünglich bezuschlagten Projektgröße sehr gering (Vorschlag: 1%), sollte gar keine Pönalisierung vorgesehen werden, um den Bietern Flexibilität bei der Anlagenauslegung einzuräumen.[129]

68 Die **FFAV** trägt den vorstehenden Erwägungen weitgehend Rechnung. Gem. § 20 Abs. 2 S. 1 FFAV ist die Anlage innerhalb von **24 Monaten** zu erstellen. Sofern innerhalb dieser Frist kein Antrag gestellt worden ist, muss die BNetzA nach § 20 Abs. 2 S. 2 FFAV die Gebotsmenge in dem entsprechenden Umfang entwerten. Zugleich wird gem. § 30 Abs. 1 Nr. 2 FFAV eine an den zuständigen Übertragungsnetzbetreiber zu leistende, in dessen EEG-Konto einfließende (§ 31 FFAV) **Strafzahlung** fällig, deren Absicherung gem. § 15 Abs. 1 S. 2 FFAV die **Zweitsicherheit** dient. Ist die Anlage innerhalb von **18 Monaten** nicht realisiert, wird zwar keine Strafzahlung fällig. Gem. § 26 Abs. 4 FFAV verringert sich jedoch der **Zuschlagswert** um 0,3 Cent pro Kilowattstunde.

69 **c) Höhe der Strafzahlungen.** Festzulegen ist auch die **Höhe** der (nach dem Vorstehenden: zweistufigen) **Strafzahlung**:[130] Diese muss ausreichend hoch sein, um strategische Verzögerungen/Nichtrealisierungen „abzuschrecken" („Verhaltenssteuerung durch Abschre-

---

125 Zum Folgenden: ZSW/Takon/BBG und Partner/Ecofys, Wissenschaftliche Empfehlung zur Ausgestaltung des Pilotausschreibungsverfahrens, S. 48 ff.

126 Ebenso BDEW, Handlungsempfehlungen für ein Auktionsdesign für PV-Freiflächenkraftwerke, S. 8 f.

127 Zum Folgenden: ZSW/Takon/BBG und Partner/Ecofys, Wissenschaftliche Empfehlung zur Ausgestaltung des Pilotausschreibungsverfahrens, S. 48 ff.

128 ZSW/Takon/BBG und Partner/Ecofys, Wissenschaftliche Empfehlung zur Ausgestaltung des Pilotausschreibungsverfahrens, S. 50; zustimmend BDEW, Handlungsempfehlungen für ein Auktionsdesign für PV-Freiflächenkraftwerke, S. 8.

129 ZSW/Takon/BBG und Partner/Ecofys, Wissenschaftliche Empfehlung zur Ausgestaltung des Pilotausschreibungsverfahrens, S. 50.

130 ZSW/Takon/BBG und Partner/Ecofys, Wissenschaftliche Empfehlung zur Ausgestaltung des Pilotausschreibungsverfahrens, S. 51.

ckung"[131]), darf aber nicht zu hoch sein, da die aus Pönalen resultierenden Risiken von rationalen Bietern in die Gebote eingepreist werden und insoweit prohibitiv wirken können. Als erster Näherungswert wurde deshalb die Vereinbarung einer Pönale von 25–50 Euro pro kW vorgeschlagen (abhängig von den vorgelegten Qualifikationsnachweisen). Bei angenommenen Investitionskosten von rund 1000 Euro pro kW entspräche dies 2,5–5 % der Investitionssumme. Bei der Festlegung der Pönale für Installationsverzug sollten die Kosten (etwa der Zwischenfinanzierung) und die Gewinne (etwa durch Modulpreissenkungen) beachtet werden, die dem Bieter durch Installationsverzögerungen entstehen können. Allerdings sei der zeitliche Spielraum für strategische Projektverzögerungen (18 Monate) begrenzt, so dass die Pönale für den Installationsverzug für Photovoltaik-Freiflächenanlagen wohl nur eine geringe Rolle spielen werde.

Nach der **FFAV** richtet sich die Strafzahlung gem. § 30 Abs. 1 bis 3 FFAV nach der Höhe **70** der entwerteten Gebotsmenge wegen Nichteinhaltung der **24-Monats-Frist** gem. § 20 Abs. 2 S. 2 FFAV, multipliziert mal 50 Euro pro Kilowatt. Die Strafzahlung verringert sich für Bieter, deren Zweitsicherheit nach § 15 Abs. 3 FFAV verringert worden ist, auf die Hälfte dieses Betrages, sofern das Gebot also einen Nachweis gem. § 6 Abs. 4 Nr. 1 lit. b und c FFAV enthält (Offenlegungsbeschluss, Bebauungsplan). Bei Nichteinhaltung **der 18-Monats-Frist** gem. § 26 Abs. 4 FFAV verringert sich der Zuschlagswert um 0,3 Cent pro Kilowattstunde.

9. Veröffentlichungspflichten (Nr. 8). § 88 Abs. 1 Nr. 8 ermächtigt die Bundesregierung **71** zur Konkretisierung von Art und Form der Veröffentlichungen der Bekanntmachung der Ausschreibungsverfahren und der Ausschreibungsergebnisse sowie der erforderlichen Mitteilungen an die Netzbetreiber.[132] Die Regelung steht in engem Zusammenhang mit § 55 Abs. 4. Gem. § 55 Abs. 4 S. 1 veröffentlicht die BNetzA nach Maßgabe des § 88 (Abs. 1 Nr. 8) das **Ergebnis der Ausschreibungen** einschließlich der **Höhe der finanziellen Förderung**, für die jeweils der Zuschlag erteilt wurde. Nach § 55 Abs. 4 S. 2 teilt die BNetzA den betroffenen Netzbetreibern die **Zuordnung einer Förderberechtigung zu einer Anlage** im Sinne des § 55 Abs. 2 Nr. 1 einschließlich der Höhe der finanziellen Förderung nach Maßgabe der Rechtsverordnung nach § 88 mit. Zu den vorbenannten Regelungen wird auf die Kommentierung zu § 55 Abs. 4 verwiesen.[133] In der **FFAV** sind die entsprechenden Regelungen in § 14 FFAV („Bekanntgabe des Zuschlags und des Zuschlagswerts"), in § 22 Abs. 3 FFAV (Mitteilung der Ausstellung der Förderberechtigung an den Netzbetreiber) sowie in § 32 FFAV („Veröffentlichungen") enthalten.

10. Übertragbarkeit von Förderberechtigungen vor der Inbetriebnahme der Anlage 72 und ihre Zuordnung zu einer Anlage (Nr. 9). Durch die **Präqualifikationsanforderungen** i. S. des § 88 Abs. 1 Nr. 3 und durch die mit **finanziellen Sicherheiten** („bid bonds") zu belegenden Pönalen gem. § 88 Abs. 1 Nr. 7 entstehen den Bietern zusätzliche Kosten bzw. Risiken, die sie bei rationaler Verhaltensweise in ihre Gebote einpreisen werden. Um die entsprechenden Belastungen zu begrenzen, kommen Flexibilisierungsmaßnahmen in Betracht:[134] Zum einen können die Zuschläge für bestimmte Projekte („projektbezogen")

---

131 Dazu *Wagner*, AcP 206 (2006), 352, 426 und öfter.
132 BT-Drs. 18/1304, S. 169.
133 § 55 Rn. 33 ff.
134 r2b energy consulting GmbH/Brandenburgische Technische Universität Cottbus, Auktionsdesign für Photovoltaikanlagen auf Freiflächen, S. 28.

oder aber abstrakt für Projekte einer bestimmten Art („personengebunden") erteilt werden. Zum anderen können die Förderzusagen handelbar ausgestaltet werden, indem sie auf andere Unternehmen übertragen werden können („freie Handelbarkeit").[135]

73   Bei „**projektgebundenen**" **Förderberechtigungen**, d. h. Zusagen für Projekte, für die nach dem oben Gesagten ein Aufstellungsbeschluss der Gemeinde für einen Bebauungsplan vorliegt,[136] ist die Flexibilität der Bieter stark eingeschränkt. Diese können allenfalls die Projektgesellschaft nebst der Förderberechtigung veräußern.[137] Für eine strikte Projektbindung von Förderberechtigungen spricht vor allem, dass hierdurch sowohl die Risiken eines strategischen Bieterverhaltens als auch die Transaktionskosten der ausschreibenden Stelle minimiert werden können.[138] Auf der anderen Seite fallen durch die Projektbezogenheit mögliche Kostensenkungspotenziale einer flexibleren Übertragbarkeit weg. Auch sind die positiven Effekte einer strikten Projektbindung im Hinblick auf die Realisierungswahrscheinlichkeit zweifelhaft.[139]

74   Vor diesem Hintergrund spricht einiges für die Zulässigkeit einer **Übertragung von Förderberechtigungen** jedenfalls auf **andere Standorte desselben Bieters**, da hierdurch die Risiken einer Nichtrealisierung etwa aus Gründen des Umweltschutzes gesenkt werden.[140] Auf der anderen Seite steigt die Möglichkeit eines „strategischen Optionsbietens".[141] Dieses Risiko erscheint jedoch erst dann gravierend, wenn Förderberechtigungen auf dritte Unternehmen übertragen werden können, da das Kostenrisiko bei einer bieterbezogenen Förderung beim Bieter verbleibt. Darüber hinaus führte die Implementierung eines **Zweitmarktes für Förderberechtigungen** zu einer erheblichen Steigerung der Komplexität des Fördersystems und der Transaktionskosten.

75   Nach § 21 Abs. 1 S. 2 FFAV dürfen Bieter beantragen, dass die Gebotsmenge eines bezuschlagten Gebots ganz oder teilweise einer Freiflächenanlage oder mehreren Freiflächenanlagen zugeteilt werden soll. Der Zuschlag ist somit zwar grundsätzlich bieterbezogen (§§ 6 Abs. 3 Nr. 1 und Nr. 5, 14 Abs. 2 Nr. 2, 15, 21 Abs. 2 Nr. 1 und 3, 22 Abs. 1 Nr. 1 FFAV). Die Förderberechtigung kann jedoch – im Rahmen der allgemeinen Fördervoraussetzungen – **anderen Projekten des Bieters zugeordnet** werden, wenn auch unter Hinnahme eines finanziellen Abschlags (§ 26 Abs. 3 FFAV). Demgegenüber statuiert § 17 FFAV ein **Verbot des Zuschlagshandels mit Dritten**.

---

135 BMWi, Eckpunkte für ein Ausschreibungsdesign für Photovoltaik-Freiflächenanlagen, S. 6.

136 Vgl. auch BEE, Stellungnahme für das Konsultationsverfahren zu den Eckpunkten des BMWi für ein Ausschreibungsdesign für Photovoltaik-Freiflächenanlagen, S. 9.

137 ZSW/Takon/BBG und Partner/Ecofys, Wissenschaftliche Empfehlung zur Ausgestaltung des Pilotausschreibungsverfahrens, S. 56 f.

138 Ebenso BEE, Stellungnahme für das Konsultationsverfahren zu den Eckpunkten des BMWi für ein Ausschreibungsdesign für Photovoltaik-Freiflächenanlagen, S. 9.

139 Verneinend ZSW/Takon/BBG und Partner/Ecofys, Wissenschaftliche Empfehlung zur Ausgestaltung des Pilotausschreibungsverfahrens, S. 57; bejahend – gleichwohl im Ergebnis kritisch – Frontier Economics, Konsultation zum Ausschreibungsdesign für die Förderung von PV-Freiflächenanlagen, S. 3.

140 r2b energy consulting GmbH/Brandenburgische Technische Universität Cottbus, Auktionsdesign für Photovoltaikanlagen auf Freiflächen, S. 28.

141 Das betont BMWi, Eckpunkte für ein Ausschreibungsdesign für Photovoltaik-Freiflächenanlagen, S. 6.

11. Zu übermittelnde Informationen (Nr. 10). Nach § 88 Abs. 1 Nr. 10 können Regelun-   76
gen zu den nach § 88 Abs. 1 Nr. 1 bis 9 **von den Bietern zu übermittelnden Informationen** und zum Schutz **von personenbezogenen Daten**, die von den Bietern im Zusammenhang mit dieser Informationsübermittlung übermittelt werden, getroffen werden.[142] Die
FFAV enthält Vorschriften zur Informationsübermittlung von den Bietern an die BNetzA
etwa in § 6 FFAV und in § 21 Abs. 2 FFAV. Datenschutzrechtliche Regelungen sind in den
§§ 37 f. FFAV enthalten.

III. Strom aus Freiflächenanlagen in anderen EU-Mitgliedstaaten (Abs. 2)

1. Grundsätze des § 2 Abs. 6 (Einleitungssatz). § 88 Abs. 2 formt den Grundsatz des § 2   77
Abs. 6 näher aus, wonach die Ausschreibungen perspektivisch auch für **EE-Strom aus An-
lagen aus anderen EU-Mitgliedstaaten** geöffnet werden sollen (vgl. § 88 Abs. 2 HS. 1).
Zu diesem Zwecke statuiert § 2 Abs. 6 verschiedene Voraussetzungen: Erstens muss eine
völkerrechtliche Vereinbarung vorliegen, die die Kooperationsmaßnahmen im Sinne der
Art. 5 bis 8 oder des Art. 11 der EE-RL 2009/28/EG umsetzt (Nr. 1). Zweitens muss die
Förderung nach dem Prinzip der Gegenseitigkeit („Reziprozität") erfolgen (Nr. 2). Drittens
muss der physikalische Import des Stroms nachgewiesen werden (Nr. 3). Diese Vorgaben
sollen durch die Bundesregierung mittels Rechtsverordnung i.S. des § 88 Abs. 2 (und
Abs. 3) näher spezifiziert werden. Hierbei sind die Abwicklungsprozesse zwischen den
Mitgliedstaaten möglichst detailliert zu regeln, etwa die Zahlungsströme zwischen dem
Übertragungsnetzbetreiber an den Netzbetreiber und vom Netzbetreiber an den Anlagenbetreiber.[143] Außerdem muss im Falle bewirtschafteter Engpässe der Zugang zum notwendigen Transportquerschnitt sichergestellt werden.[144] Die am 28.1.2015 beschlossene **FFAV**
enthält keine Regelungen über eine Förderung von Strom aus anderen EU-Mitgliedstaaten.[145]

2. Anspruch auf finanzielle Förderung (Nr. 1). § 88 Abs. 2 Nr. 1 bezieht sich für Strom   78
aus Freiflächenanlagen in anderen EU-Mitgliedstaaten auf die Regelungen des § 2 Abs. 6.
Darüber hinaus enthält die Vorschrift vergleichbare Vorgaben wie der auf EE-Anlagen im
territorialen Geltungsbereich des § 4 bezogene § 55. Hiermit sollen die Anlagen im Inland
nicht schlechter als Anlagen im EU-Ausland gestellt werden, soweit auf der Grundlage des
§ 88 Nr. 2 nicht etwas anderes geregelt wird.[146]

a) Förderberechtigung. § 88 Abs. 2 Nr. 1 lit. a ermächtigt die Bundesregierung, durch   79
Rechtsverordnung ohne Zustimmung des Bundesrats im Anwendungsbereich des § 55 für
Strom aus Freiflächenanlagen aus einem anderen EU-Mitgliedstaat vorzusehen, dass ein
Anspruch auf finanzielle Förderung nach § 19 – in der Freiflächenausschreibungsverord-
nung normiert in § 28 Abs. 1 FFAV – auch dann besteht, wenn der entsprechende Anlagen-
betreiber über eine **Förderberechtigung** (vgl. § 21 Abs. 1 FFAV) verfügt, die infolge einer

---

142 BT-Drs. 18/1304, S. 169.
143 50hertz, Stellungnahme zu Eckpunkten für eine Pilotausschreibung für Photovoltaik-Freiflächenanlagen, S. 4.
144 50hertz, Stellungnahme zu Eckpunkten für eine Pilotausschreibung für Photovoltaik-Freiflächenanlagen, S. 4.
145 Bundesregierung, Freiflächenausschreibungsverordnung, Begründung S. 58.
146 BT-Drs. 18/1304, S. 171.

Ausschreibung erteilt worden ist. Hierdurch wird die allgemeine Fördervoraussetzung des § 55 Abs. 2 Nr. 1 in Abweichung vom **territorialen Anwendungsbereich** des Gesetzes gem. § 4 auf Strom aus EE-Anlagen erstreckt, die im EU-Ausland errichtet worden sind.[147]

80 **b) Kein Eigenverbrauch.** Ein Anspruch auf finanzielle Förderung setzt nach § 88 Abs. 2 Nr. 1 lit. b außerdem voraus, dass ab der Inbetriebnahme der Anlage **der gesamte während der Förderdauer in der Anlage erzeugte Strom nicht selbst verbraucht** wird. Die Vorgabe ist angelehnt an § 55 Abs. 2 Nr. 3. Es soll ausgeschlossen werden, dass die Betreiber von Freiflächenanlagen durch eine Mischfinanzierung mit einem Eigenversorgungsanteil zu niedrige und damit wettbewerbsverzerrende Gebote abgeben können.[148] Siehe auch § 28 Abs. 1 S. 1 Nr. 2 FFAV, der freilich nicht für EE-Strom aus dem EU-Ausland gilt.

81 **c) Vergleichbare Auswirkungen auf das Stromnetz und den Strommarkt.** Notwendig für die Förderung ist gem. § 88 Abs. 2 Nr. 1 lit. c weiterhin, dass die **tatsächlichen Auswirkungen** des in der Anlage erzeugten Stroms auf das deutsche Stromnetz oder auf den deutschen Strommarkt vergleichbar sind mit den Auswirkungen, die der Strom bei einer Einspeisung im Bundesgebiet hätte. Der Strom soll somit „einen realen Effekt auf das deutsche Stromsystem haben". Von § 2 Abs. 6 Nr. 3 wird dies als „physikalischer Import des Stroms" bezeichnet.[149] Die Regierungsbegründung zum EEG 2014 weist darauf hin, dass es angesichts der physikalischen Eigenschaften von Strom schwierig sei, den tatsächlichen grenzüberschreitenden Fluss des erzeugten EE-Stroms im Binnenmarkt nachzuweisen.[150] Aus diesem Grunde gehe es vor allem darum, dass durch die Stromerzeugung der ausländischen Anlage eine **tatsächliche Wirkung im Inland** gewährleistet werde, die mit der Wirkung von auf dem Territorium der Bundesrepublik Deutschland erzeugtem und ins öffentliche Netz eingespeisten Strom aus erneuerbaren Energien vergleichbar sei, „insbesondere was den sichtbaren und nachhaltigen Umbau der Energieversorgung in Deutschland" betreffe.[151] Es müsse „sichergestellt sein, dass eine solche Öffnung des Fördersystems für ausländische Anlagen mit den Zielen des EEG vereinbar" sei; allerdings reiche „[i]m Umkehrschluss [...] eine lediglich virtuelle Anrechnung des im Ausland produzierten Stroms ohne einen entsprechenden ‚physikalischen Import' nicht aus".[152] An anderer Stelle der Gesetzesbegründung wird diese Vorgabe dahingehend konkretisiert, dass es ausreiche, wenn EE-Anlagenbetreiber „den Fluss einer äquivalenten Strommenge in das deutsche Stromnetz" nachwiesen.[153]

82 Anders als bei einem reinen **Zertifikatesystem**[154] muss somit nicht nur sichergestellt sein, dass die Öffnung des Fördersystems für ausländische Anlagen mit den Zielen des EEG vereinbar ist, indem nur solche Energiemengen gefördert werden, die auch aus erneuerbaren

---

147 BT-Drs. 18/1304, S. 171.
148 BT-Drs. 18/1304, S. 150. Im Schrifttum wird dem entgegengehalten, es sei früher gerade die „Idee der Photovoltaik" gewesen, die Vorteile einer dezentralen Erzeugung zu nutzen; vgl. VEEED, Stellungnahme zum Eckpunktepapier des BMWi für ein Ausschreibungsdesign für Photovoltaik-Freiflächenanlagen, S. 1.
149 BT-Drs. 18/1304, S. 170; ZSW/Takon/BBG und Partner/Ecofys, Wissenschaftliche Empfehlung zur Ausgestaltung des Pilotausschreibungsverfahrens, S. 68.
150 BT-Drs. 18/1304, S. 170.
151 BT-Drs. 18/1304, S. 170.
152 BT-Drs. 18/1304, S. 170.
153 BT-Drs. 18/1304, S. 171.
154 Dafür aber *Frenz*, ER 6/2014, 231, 234.

Quellen stammen.[155] Die Energiemenge muss dem deutschen Strommarkt auch tatsächlich zur Verfügung stehen. Dies kann etwa in Zeiten **notwendiger Stromimporte** aus anderen Ländern der Fall sein. Auch sind Regelungen in Zusammenhang mit dem Ausbau und der Bewirtschaftung von **Grenzkuppelstellen** denkbar.

d) Völkerrechtliche Vereinbarung auf Gegenseitigkeit. Nach § 88 Abs. 2 Nr. 1 lit. d **83** kann außerdem in Umsetzung des § 2 Abs. 6 geregelt werden, dass ein Anspruch auf finanzielle Förderung nach diesem Gesetz besteht, wenn „mit dem Mitgliedstaat der Europäischen Union, in dem die Anlage errichtet werden soll, ein völkerrechtlicher Vertrag oder ein entsprechendes Verwaltungsabkommen abgeschlossen worden ist, in dem die weiteren Voraussetzungen für den Anspruch auf die finanzielle Förderung, das Verfahren sowie der Inhalt und der Umfang der finanziellen Förderung mit dem Mitgliedstaat der Europäischen Union geregelt worden sind, und dieser völkerrechtliche Vertrag oder dieses Verwaltungsabkommen dem Prinzip der gegenseitigen Kooperation bei der Förderung, dem Ausschluss der Doppelförderung sowie einer angemessenen Kosten- und Nutzenverteilung zwischen Deutschland und dem anderen Mitgliedstaat Rechnung trägt". Diese Regelung nimmt Bezug auf die Vorgaben in **§ 2 Abs. 6 Nr. 1 und 2.** Hiernach sollen die Ausschreibungen gem. § 2 Abs. 5 in einem Umfang von mindestens 5 Prozent der jährlich neu installierten Leistung europaweit geöffnet werden, soweit „1. eine völkerrechtliche Vereinbarung vorliegt, die die Kooperationsmaßnahmen im Sinne der Artikel 5 bis 8 oder des Artikels 11 der Richtlinie 2009/28/EG […] umsetzt" und „2. die Förderung nach dem Prinzip der Gegenseitigkeit erfolgt" („Reziprozität").[156]

Nach der Regierungsbegründung zum EEG 2014 muss ein dem Prinzip der gegenseitigen **84** Kooperation verpflichtetes völkerrechtliches Vertrags- oder Verwaltungsabkommens u. a. eine **Doppelförderung** ausschließen, zu einer **angemessenen Kosten- und Nutzenverteilung** zwischen Deutschland und dem entsprechenden Mitgliedstaat führen und die zahlreichen **Folgefragen** (etwa: Netzausbau, Strommarkteffekte) im beiderseitigen Einvernehmen klären.[157] Nur so könnten beide Staaten von der Öffnung des Fördersystems profitieren. Die völkerrechtliche Vereinbarung muss dabei den Vorgaben der Art. 5 bis 11 RL 2009/28/EG entsprechen, damit die geförderten Strommengen auf das deutsche Ausbauziel im Rahmen der Kooperationsmechanismen angerechnet werden. Eine einseitige Öffnung des Fördersystems könne demgegenüber dazu führen, dass Deutschland „auf Kosten des anderen Mitgliedstaats" dessen beste Potenziale erschließe und der Mitgliedstaat dann teurere Potenziale erschließen müsse, um seine in der RL 2009/28/EG festgelegten Ausbauziele zu erreichen oder der betreffende Mitgliedstaat ohne Absprache mit den Problemen des Netzausbaus oder der Marktintegration zurecht kommen müsse.

e) Weitere Voraussetzungen. Schließlich müssen gem. § 88 Abs. 2 Nr. 1 lit. e die **weite- 85 ren Voraussetzungen nach dem EEG** oder der **Rechtsverordnung gem. § 88 Abs. 1** (der FFAV) mit Ausnahme der Voraussetzungen nach § 51 Abs. 1 erfüllt sein, soweit auf der Grundlage von § 88 Abs. 2 Nr. 2 bis 5 keine abweichenden Regelungen in der Rechtsverordnung getroffen worden sind. Die Vorschrift entspricht in ihrem ersten Halbsatz derjenigen des § 55 Abs. 2 Nr. 4. Im Ergebnis sollen die Anlagen im Inland nicht schlechter als

---

155 BT-Drs. 18/1304, S. 170.
156 Letzteres betont ZSW/Takon/BBG und Partner/Ecofys, Wissenschaftliche Empfehlung zur Ausgestaltung des Pilotausschreibungsverfahrens, S. 68.
157 Zum Folgenden: BT-Drs. 18/1304, S. 170.

Anlagen im EU-Ausland gestellt werden, soweit auf der Grundlage des § 88 Nr. 2 nicht etwas anderes geregelt wird.[158]

86 Hiernach müssen die Freiflächenanlagen im EU-Ausland grundsätzlich **mit technischen Einrichtungen** gem. § 9 ausgestattet sein und sich grundsätzlich auch nach Maßgabe der **Anlagenregisterverordnung** registrieren lassen.[159] § 88 Abs. 2 Nr. 1 lit. e nimmt ebenso wie § 55 Abs. 2 Nr. 4 die Einhaltung des für administrativ vorgegebene Förderungen geltenden § 51 Abs. 1 von den Anspruchsvoraussetzungen aus, da sich der anzulegende Wert nach dieser Vorschrift gem. § 55 Abs. 3 mit Beginn der Ausschreibungen unter den dort normierten Voraussetzungen auf null reduziert.[160]

87 **3. Regelungen gem. § 88 Abs. 1 Nr. 1 bis 10 (Nr. 2).** Während sich § 88 Abs. 2 Nr. 1 auf die Regelungen in den §§ 2 Abs. 6, 55 bezieht, findet die Regelung des § 88 Abs. 2 Nr. 2 ihre Parallele in der Verordnungsermächtigung des § 88 Abs. 1 für **Anlagen im territorialen Anwendungsbereich des § 4.** Hierdurch wird die Bundesregierung ermächtigt, für im EU-Ausland errichtete Photovoltaik-Freiflächenanlagen entsprechende Regelungen wie auf der Grundlage des § 88 Abs. 1 Nr. 1 bis 10 zu treffen. Nach der Regierungsbegründung zum EEG 2014 soll die Vorschrift der Bundesregierung vor allem die Möglichkeit geben, für die Ausschreibung von Strom aus Anlagen im EU-Ausland abweichend von § 88 Abs. 1 Sonderregeln zu schaffen, da aus tatsächlichen oder rechtlichen Gründen einige Voraussetzungen im EEG von Anlagen im EU-Ausland kaum erfüllt werden könnten.[161]

88 **a) Keine tatsächliche Einspeisung in das Netz im Bundesgebiet.** Die Bundesregierung kann nach § 88 Abs. 2 Nr. 2 lit. a abweichend von der in den §§ 19, 34, 35 Nr. 3, 37 bis 39 geregelten Voraussetzung einer **tatsächlichen Einspeisung** in das Netz im Bundesgebiet Regelungen treffen, die sicherstellen, „dass auch ohne eine Einspeisung in dieses Netz die geförderte Strommenge einen mit der Einspeisung im Bundesgebiet vergleichbaren tatsächlichen Effekt auf das deutsche Stromnetz oder auf den deutschen Strommarkt hat, sowie die Voraussetzungen und das Verfahren für den Nachweis". Die Regelung überschneidet sich mit der Ermächtigung in § 88 Abs. 2 Nr. 1 lit. c, wonach ein Anspruch auf finanzielle Förderung nach diesem Gesetz besteht, wenn „sichergestellt ist, dass die tatsächliche Auswirkung des in der Anlage erzeugten Stroms auf das deutsche Stromnetz oder auf den deutschen Strommarkt vergleichbar ist zu der Auswirkung, die der Strom bei einer Einspeisung im Bundesgebiet hätte". Es kann deshalb auf die obigen Ausführungen verwiesen werden.

89 **b) Abweichungen vom Fördermodell.** Weiter können nach § 88 Abs. 2 Nr. 2 lit. b Regelungen getroffen werden, wonach der **Anspruchsgegner**, der zur Zahlung der finanziellen Förderung verpflichtet ist, die Erstattung der entsprechenden Kosten und die Voraussetzungen des Anspruchs auf finanzielle Förderung in Abweichung von den §§ 19, 23 bis 26 behandeln muss. Eine derartige Regelung ist erforderlich, weil **Anlagen im EU-Ausland nicht an das Netz im Bundesgebiet angeschlossen** sind, weshalb grundsätzlich auch **kein Netzbetreiber** nach § 19 (bzw. nach § 28 FFAV) zur Zahlung der Förderung verpflichtet werden kann.[162] Es bedarf vielmehr einer Sonderregelung, wer in Deutschland dem Betrei-

---

158 BT-Drs. 18/1304, S. 171.
159 BT-Drs. 18/1304, S. 150.
160 *Kahle*, RdE 2014, 372, 375.
161 BT-Drs. 18/1304, S. 171.
162 BT-Drs. 18/1304, S. 171.

ber der Anlagen im EU-Ausland die finanzielle Förderung auszahlt und wie dem Auszahlenden die Kosten erstattet werden.[163]

c) Umfang der Förderung. Schließlich können nach § 88 Abs. 2 Nr. 2 lit. c Regelungen   **90**
getroffen werden zum **Umfang der finanziellen Förderung** und zur **anteiligen finanziellen Förderung** des erzeugten Stroms durch das EEG 2014 und durch den anderen Mitgliedstaat der EU. Siehe hierzu bereits die Ausführungen in Zusammenhang mit § 88 Abs. 2 Nr. 1 lit. d (völkerrechtliche Vereinbarung auf der Grundlage gegenseitiger Kooperation).

4. Abweichende Mitteilungs- und Veröffentlichungspflichten (Nr. 3). Es können nach   **91**
§ 88 Abs. 2 Nr. 3 von den § 6 Abs. 2, § 55 Abs. 4, von den §§ 70 bis 72 und §§ 75 bis 77 sowie von der Rechtsverordnung nach § 93 abweichende Regelungen zu Mitteilungs- und Veröffentlichungspflichten getroffen werden.

5. Abweichende Vorgaben zur Netz- und Systemintegration (Nr. 4). Gem. § 88 Abs. 2   **92**
Nr. 4 können auch von den §§ 8 bis 18 abweichende Regelungen zur Netz- und Systemintegration getroffen werden.

6. Zielkorridor (Nr. 5). Weiter sind nach § 88 Abs. 2 Nr. 5 Regelungen möglich, wie die   **93**
Anlagen bei der Berechnung des Zielkorridors nach (§ 3 i. V. mit) § 31 Abs. 1 von 2400 bis 2600 Megawatt pro Jahr zu berücksichtigen sind.[164]

7. Kostentragungspflicht (Nr. 6). Die Bundesregierung wird durch § 88 Abs. 2 Nr. 6 er-   **94**
mächtigt, von den §§ 56 bis 61 abweichende Regelungen zu den Kostentragungspflichten und dem bundesweiten Ausgleich der Kosten der finanziellen Förderung der Anlagen (**Ausgleichsmechanismus**) zu treffen.

8. Kompetenzen der Clearingstelle und der BNetzA (Nr. 7). Schlussendlich wird die   **95**
Bundesregierung durch § 88 Abs. 2 Nr. 7 ermächtigt, von § 81 abweichende Regelungen zur Vermeidung oder Beilegung von Streitigkeiten durch die Clearingstelle und von § 85 abweichende Regelungen zur Kompetenz der BNetzA vorzusehen.

IV. Freiflächenanlagen im Bundesgebiet mit einem Förderanspruch in einem anderen EU-Mitgliedstaat (Abs. 3)

Zur Umsetzung des völkerrechtlichen Vertrages oder des Verwaltungsabkommens nach   **96**
§ 88 Abs. 2 Nr. 1 lit. d wird die Bundesregierung durch § 88 Abs. 3 ermächtigt, durch Rechtsverordnung ohne Zustimmung des Bundesrats für **Betreiber von Freiflächenanlagen,** die **im Bundesgebiet errichtet** worden sind und einen **Anspruch auf finanzielle Förderung in einem Fördersystem eines anderen EU-Mitgliedstaats** haben, abweichend von den §§ 19 bis 55 die Höhe der finanziellen Förderung oder den Wegfall des Anspruchs auf finanzielle Förderung nach diesem Gesetz zu regeln, wenn ein Förderanspruch aus einem anderen Mitgliedstaat besteht (Nr. 1), und abweichend von § 15 die Entschädigung zu regeln (Nr. 2). Die Vorschrift ist Ausdruck des völkerrechtlichen Grundsatzes der Gegenseitigkeit („Reziprozität"), wonach in dem Mitgliedstaat materiell vergleichbare Regelungen wie in Deutschland getroffen werden müssen. Wenn somit Anlagenbetreiber im EU-

---

163 BT-Drs. 18/1304, S. 171.
164 Siehe hierzu auch die Kommentierung zu § 3 Rn. 18 ff.

Ausland einen Förderanspruch nach deutschem Recht haben, muss dies auch für Strom aus Anlagen gelten, die im territorialen Anwendungsbereich gem. § 4 belegen sind.

V. Ausschreibende Stelle (Abs. 4)

97 **1. BNetzA oder andere juristische Person des öffentlichen Rechts.** Ausschreibende Stelle ist nach § 55 Abs. 1 die **BNetzA**. Die Bundesregierung wird durch § 88 Abs. 4 Nr. 1 ermächtigt, durch Rechtsverordnung ohne Zustimmung des Bundesrates im Anwendungsbereich des § 55 abweichend von den §§ 88 Abs. 1 und 2, § 55 nicht die BNetzA, sondern eine andere juristische Person des öffentlichen Rechts mit den Ausschreibungen zu betrauen oder in entsprechendem Umfang eine juristische Person des Privatrechts zu beauftragen und hierzu Einzelheiten zu regeln.

98 Nach Ansicht des beratenden Expertengremiums kommen als ausschreibende Stellen theoretisch die **Übertragungsnetzbetreiber**, eine **private Stelle**, die **BNetzA** oder **andere Behörden** oder **Ministerien** in Betracht.[165] Nach der FFAV ist ausschreibende Stelle die **BNetzA**; diese stellt auch die Förderberechtigungen aus (§§ 3 Abs. 1 S. 1, 21 Abs. 1 S. 1 FFAV).

99 **2. Festlegungsbefugnis der BNetzA.** Mittels § 88 Abs. 4 Nr. 2 kann die BNetzA durch Rechtsverordnung der Bundesregierung ohne Zustimmung des Bundesrats ermächtigt werden, unter Berücksichtigung des Zwecks und Ziels nach § 1 **Festlegungen nach § 29 Abs. 1 EnWG** zu den Ausschreibungen zu treffen, einschließlich der konkreten Ausgestaltung der Regelungen nach § 88 Abs. 1 Nr. 1 bis 10 und Abs. 2 (Nr. 1 bis 7). In der energiewirtschaftlichen Praxis hat das Instrument der Festlegung eine große Bedeutung. Dieses wird von den Regulierungsbehörden dazu benutzt, die unbestimmten Vorgaben des EnWG und der auf diesem Gesetz beruhenden Rechtsverordnungen zu systematisieren und zu interpretieren, wobei die Inhalte zunehmend auf eine Feinsteuerung der jeweiligen Regelungsbereiche abzielen.[166] Im Anwendungsbereich des § 88 können Ausschreibungsfestlegungen dazu herangezogen werden, die unbestimmten Rechtsbegriffe insbesondere nach Ablauf der ersten Ausschreibungsrunde zu konkretisieren. Ein Beispiel für die in Frage kommende Regelungen gibt die Festlegung der BNetzA zur Bestimmung eines Verfahrens zur Zuweisung und zum Entzug von Offshore-Anschlusskapazitäten v. 13.8.2014,[167] die die abstrakten Vorgaben des EnWG durch „Standardisierung" häufig wiederkehrender Rechtsfragen näher ausformt und damit operationalisierbar macht.[168] In der **FAAV** ist eine derartige **Festlegungskompetenz** in § 35 FFAV normiert. Darüber hinaus kann die BNetzA gem. § 34 FFAV sog. **Formatvorgaben** (z.B. zur Benutzung von Formularen) machen.

---

165 ZSW/Takon/BBG und Partner/Ecofys, Wissenschaftliche Empfehlung zur Ausgestaltung des Pilotausschreibungsverfahrens, S. 27.
166 BerlKommEnR/*Schmidt-Preuß*, 3. Aufl. 2014, § 29 EnWG Rn. 5.
167 BNetzA, Beschl. v. 13.8.2014, BK6-13-001.
168 Allgemein BerlKommEnR/*Schmidt-Preuß*, 3. Aufl. 2014, § 29 EnWG Rn. 10.

§ 89 Verordnungsermächtigung zur Stromerzeugung aus Biomasse

(1) Die Bundesregierung wird ermächtigt, durch Rechtsverordnung ohne Zustimmung des Bundesrates im Anwendungsbereich der §§ 44 bis 46 zu regeln,

1. welche Stoffe als Biomasse gelten und

2. welche technischen Verfahren zur Stromerzeugung angewandt werden dürfen und

3. welche Umwelt- und Naturschutzanforderungen dabei zu erfüllen sind.

(2) Die Bundesregierung wird ferner ermächtigt, durch Rechtsverordnung ohne Zustimmung des Bundesrates im Anwendungsbereich des § 47 Absatz 6 Nummer 2 Anforderungen an ein Massenbilanzsystem zur Rückverfolgung von aus einem Erdgasnetz entnommenem Gas zu regeln.

Schrifttum: *Niedersberg*, Der Ausschließlichkeitsgrundsatz des EEG und der Einsatz fossiler Energien, ZNER 2014, 146; *Walter/Huber*, Die Biomasseverordnung, in: Loibl/Maslaton/von Bredow/ Walter, Biogasanlagen im EEG, 3. Aufl. 2013, S. 817 ff.

Übersicht

I. Europarechtliche Grundlagen

Die Ermächtigung des § 89 ermöglicht eine verordnungsrechtliche Regelung darüber, welche Arten von Biomasse bei einem Einsatz zur Stromerzeugung einen Anspruch auf finanzielle Förderung nach § 19 (Marktprämie nach § 34 oder eine Einspeisevergütung nach § 37 für kleine Anlagen oder nach § 38 für die sogenannten Ausnahmefälle, in diesen Fällen abgesenkt um 20 Prozent gegenüber den ansonsten anzulegenden Werten) begründen. **1**

Eine unmittelbare europarechtliche Grundlage für die Verordnungsermächtigung bzw. für die auf Grundlage dieser Ermächtigungsnorm erlassenen BiomasseV besteht nicht; allerdings dürfen nationale Regelungen zur Förderung der Stromerzeugung aus Biomasse nicht im Widerspruch zu den europarechtlichen Vorgaben zur Förderung von Bioenergie im Elektrizitätsmarkt stehen. Hier ist insbesondere die **europarechtliche Definition von Biomasse** als „Energie aus erneuerbaren Quellen"[1] nach Art. 2 S. 2 Buchst. e der Richtlinie 2009/28/EG zu berücksichtigen. Dieser europarechtliche Biomassebegriff – der gegenüber *Art. 2 S. 1 Buchst. b der Vorgängerrichtlinie* (Richtlinie 2001/77/EG des Europäi- **2**

---

1 Art. 2 S. 2 Buchst. a der Richtlinie 2009/28/EG des Europäischen Parlaments und des Rates vom 23.4.2009 zur Förderung der Nutzung von Energie aus erneuerbaren Quellen und zur Änderung und anschließenden Aufhebung der Richtlinien 2001/77/EG und 2003/30/EG, ABl. L 140/16 vom 5.6.2009.

schen Parlaments und des Rates vom 27.9.2001 zur Förderung der Stromerzeugung aus erneuerbaren Energiequellen im Elektrizitätsbinnenmarkt)[2] insbesondere um den biologisch abbaubaren Teil von Erzeugnissen, Abfällen und Reststoffen der Fischerei und der Aquakultur ergänzt wurde – ist weiter als der Biomassebegriff der BiomasseV. Letzterer umfasst beispielsweise nach § 3 Nr. 3 BiomasseV ausdrücklich nicht die aus gemischten Siedlungsabfällen herausgelösten Biomassefraktionen. Diese Materialfraktionen dürften als Biomasse i. S. des Art. 2 S. 2 Buchst. e der Richtlinie 2009/28/EG anzusehen sein (vgl. dort „sowie den biologisch abbaubaren Teil von Abfällen aus Industrie und Haushalten"), ohne dass sie nach der Systematik des EEG einen Vergütungsanspruch begründen.[3] Andererseits ist der europarechtliche Biomassebegriff jedenfalls bei systematischer Betrachtung z. T. enger als der Biomassebegriff nach der BiomasseV, welcher ausdrücklich auch durch anaerobe Vergärung erzeugtes Biogas umfasst (§ 2 Abs. 3 Nr. 2 BiomasseV), während die Richtlinie 2009/28/EG in Art. 2 S. 2 Buchst. a ersichtlich von einem begrifflichen Nebeneinander von Biomasse und Biogas ausgeht, und ebenso auch enger als der weitere Biomassebegriff nach dem EEG, welcher neben Biogas und Biomethan auch Deponie- und Klärgas diesem weiteren Biomassebegriff unterstellt (§ 5 Nr. 14), wohingegen die Richtlinie 2009/28/EG auch insoweit von einem begrifflichen Nebeneinander von Biomasse, Deponiegas und Klärgas ausgeht.

3   Diese Unterscheidungen sind mit Blick auf eine Umsetzung der Richtlinie 2009/28/EG jedoch als unschädlich anzusehen, da die Richtlinie 2009/28/EG – anknüpfend an die Vorgängerrichtlinie 2001/77/EG – den Mitgliedstaaten grundsätzlich einen **Entscheidungsspielraum** belässt, in welchem Umfang sie jeweils einzelne erneuerbare Energieträger zur Erreichung ihres vorgegebenen nationalen Gesamtziels fördern wollen. Der deutsche Gesetzgeber hat diesen Spielraum genutzt, indem er Strom aus sämtlicher Biomasse i. S. des weiten Biomassebegriffs nach § 5 Nr. 14 grundsätzlich der Förderung durch das EEG unterstellt (Netzanschluss, Abnahme, Übertragung und Verteilung des Stroms). Damit ist nach dem europarechtlich auszulegenden Biomassebegriff des § 5 Nr. 14 grundsätzlich sämtliche Biomasse i. S. des Art. 2 S. 2 Buchst. e der Richtlinie 2009/28/EG – einschließlich der nach deutschem Recht ebenfalls dem weiteren Biomassebegriff untergeordneten Energieträger Biogas, Deponiegas und Klärgas – von diesen Fördermechanismen umfasst.[4] Zugleich hat sich der deutsche Gesetzgeber für eine nur eingeschränkte finanzielle Förderung durch das EEG entschieden, die lediglich für die in der BiomasseV definierten Biomassearten angeboten wird; die stoffbezogene Einschränkung der finanziellen Förderung ist europarechtlich zulässig. Das Nebeneinander der Begriffe Biomasse, Biogas, Deponiegas und Klärgas im Europarecht steht der nationalen Förderung dieser erneuerbaren Energieträger unter dem insoweit zusammenfassenden weiten Biomassebegriff nach § 5 Nr. 14 nicht entgegen.

---

2 ABl. L 283/33 vom 27.10.2001.

3 Siehe für die insoweit weder durch das EEG 2012 noch durch das EEG 2014 – nunmehr in § 5 Nr. 14 – inhaltlich veränderte weite Biomassedefinition nach § 3 Nr. 3 EEG 2009 die Begründung in BT-Drs. 16/8148, S. 39.

4 Vgl. zum EEG 2012 auch Altrock/Oschmann/Theobald/*Rostankowski/Vollprecht*, § 27 EEG 2012 Rn. 41 ff.; Reshöft/Schäfermeier/*Schäferhoff*, § 27 EEG 2012 Rn. 41; Frenz/Müggenborg/*Ekardt/ Hennig*, § 27 EEG 2012 Rn. 10; *Salje*, EEG, 2012, § 27 EEG 2012 Rn. 5.

II. Normzweck

Mit der Verordnungsermächtigung in § 89 Abs. 1 wird die Bundesregierung ermächtigt, im Rahmen der **BiomasseV** zu bestimmen, welche Arten von Biomasse bei Verstromung einen Anspruch auf finanzielle Förderung nach den besonderen Vergütungsregelungen der §§ 44 bis 46 begründen. Biomassestoffe i. S. des § 5 Nr. 14 EEG, die nicht den Anforderungen der auf Grundlage des § 89 Abs. 1 erlassenen Verordnung entsprechen, können zwar in einer Biomasseanlage eingesetzt werden und profitieren von den sonstigen Fördermechanismen des EEG (vorrangiger Netzanschluss, vorrangige Abnahme, Übertragung und Verteilung des erzeugten Stroms), begründen jedoch keinen Anspruch auf eine ihrem Stromanteil an der Stromerzeugung entsprechende finanzielle Förderung durch Marktprämie oder Einspeisevergütung. Weitere Regelungsermächtigungen des § 89 betreffen verordnungsrechtliche Vorgaben zu den technischen Verfahren, die unter dem EEG zur Stromerzeugung angewandt werden dürfen. Keine Ermächtigung enthält § 89 mehr – anders als noch die Vorgängerregelung des § 64a EEG 2012 – zu Berechnungs- und Nachweisvorgaben für eine einsatzstoffbezogene Vergütung, da die zusätzliche Einsatzstoffvergütung nach den Einsatzstoffvergütungsklassen I und II gemäß § 27 Abs. 2 EEG 2012 mit der EEG-Novelle 2014 für neue Anlagen gestrichen wurde.[5] Ebenso enthält § 89 anders als seine Vorgängerregelung keine Ermächtigungsgrundlage mehr zu Umwelt- und Naturschutzanforderungen, die bei einer geförderten Stromerzeugung nach dem EEG zu erfüllen sind. **4**

Abs. 2 berechtigt die Bundesregierung dazu, die mit dem EEG 2012 erstmals auch für die geförderte Stromerzeugung aus erneuerbaren Energien eingeführten, gemäß § 66 Abs. 10 EEG 2012 ab 2013 geltenden **Anforderungen an ein Massenbilanzsystem** zur Rückverfolgung von aus einem Erdgasnetz entnommenem Deponiegas, Klärgas, Grubengas, Biomethan oder Speichergas nach § 47 Abs. 6 Nr. 2 durch Verordnung zu regeln. Der gesetzliche Titel der Vorschrift („Verordnungsermächtigung zur Stromerzeugung aus Biomasse") ist vor diesem Hintergrund etwas ungenau gewählt, da die Verordnungsermächtigung nach Abs. 2 auch Regelungen mit Bezug auf die nicht-biogenen Energieträger Grubengas und Speichergas gestattet. **5**

Von der Verordnungsermächtigung nach Abs. 1 wurde bereits in vollem Umfang Gebrauch gemacht – zunächst die Änderung der Biomasseverordnung mit dem „Gesetz zur Neuregelung des Rechtsrahmens für die Förderung der Stromerzeugung aus erneuerbaren Energien" vom 28.7.2011 und nunmehr erneut mit dem „Gesetz zur grundlegenden Reform des Erneuerbare-Energien-Gesetzes und zur Änderung weiterer Bestimmungen des Energiewirtschaftsrechts" vom 21.7.2014.[6] Erstmals wurde die BiomasseV am 21.6.2001 erlassen.[7] Von der Verordnungsermächtigung nach Abs. 2 hat die Bundesregierung bislang keinen Gebrauch gemacht; in diesem Zusammenhang wird auf die rechtlich unverbindliche Auslegungshilfe zur Massenbilanzierung nach EEG und EEWärmeG des BMU hingewiesen.[8] **6**

---

5 Siehe hierzu § 44 Rn. 7; zu den Berechnungs- und Nachweisvorgaben für eine einsatzstoffbezogene Vergütung nach EEG 2012 vgl. BerlKommEnR/*Müller*, Bd. 2, § 64a EEG 2012 Rn. 13; Altrock/Oschmann/Theobald/*Rostankowski/Vollprecht*, BiomasseV Rn. 56 ff.

6 BGBl. I S. 1066.

7 Damals durch BMU im Einvernehmen mit BMVEL und BMWi aufgrund von § 2 Abs. 1 S. 2 EEG 2000.

8 BMU, Auslegungshilfe zur Massenbilanzierung nach § 27c Absatz 1 Nummer 2 EEG 2012, vom 29.6.2012 (Hinweis Nr. 1/2012), abrufbar unter www.erneuerbare-energien.de.

III. Entstehungsgeschichte

7 Die Verordnungsermächtigung nach § 89 Abs. 1 zum Erlass der BiomasseV knüpft an vergleichbare Ermächtigungen in den Vorgängerfassungen des EEG an. Der erstmalige Erlass der BiomasseV erfolgte auf Grundlage von § 2 Abs. 1 S. 2 EEG 2000; Verordnungsgeber war das BMU im Einvernehmen mit BMVEL und BMWi sowie mit Zustimmung des Bundestages.[9] Im EEG 2004 fand sich eine hieran anknüpfende Ermächtigungsgrundlage in § 8 Abs. 7, die ebenfalls als Verordnungsgeber das BMU im Einvernehmen mit BMVEL und BMWi unter Zustimmung des Bundestages ermächtigte; unter dem EEG 2004 wurde die BiomasseV durch Art. 1 der Verordnung vom 9.8.2005 (BGBl. I S. 2419) geändert. Unter dem EEG 2009 wurde die Verordnungsermächtigung zur BiomasseV nach § 64 Abs. 1 S. 1 Nr. 2 EEG 2009 geändert in eine Ermächtigung zur Regierungsverordnung. Auch § 64a Abs. 1 EEG 2012 ermächtigte die Bundesregierung zum Erlass bzw. zur Änderung der BiomasseV. Der Wortlaut des § 64a EEG 2012 war an § 64 Abs. 1 S. 1 Nr. 2 EEG 2009 angelehnt und bezog sich gegenüber dem EEG 2009 auch auf die mit dem EEG 2012 neu eingeführten §§ 27a und 27b EEG 2012. Neu gegenüber dem § 64 EEG 2009 war zudem die Möglichkeit, per Rechtsverordnung eine Bestimmung von Einsatzstoffen, die einen Anspruch auf die besondere einsatzstoffbezogene Vergütung nach § 27 Abs. 2 EEG 2012 zusätzlich zu der Grundvergütung begründen, sowie die Festlegung von Energieertragswerten für diese Einsatzstoffe zur Ermittlung der zusätzlichen einsatzstoffbezogenen Vergütung in der Biomasseverordnung vorzunehmen.[10] Aus Sicht der Bundesregierung diente die Regelung dieser Werte in der Biomasseverordnung statt im EEG der Vereinfachung des EEG.[11] Auch unter dem EEG 2012 bedurfte jede Änderung der BiomasseV nach § 64g Abs. 1 S. 1 EEG 2012 der Zustimmung des Bundestags.[12] Die Fassung der Verordnungsermächtigung im EEG 2012 entsprach bereits weitgehend der im EEG 2014 fortgeführten Fassung, allerdings fällt nunmehr die gesonderte Ermächtigung zur Regelung der einsatzstoffvergütungsfähigen Stoffe und zur Berechnung und Nachweisführung für den Erhalt dieser Sondervergütung weg. Diese Ermächtigung ist ebenso wie eine weitere im EEG 2012 noch enthaltene Regelungsermächtigung zu Umwelt- und Naturschutzanforderungen[13] mit Inkrafttreten des „Gesetzes zur grundlegenden Reform des Erneuerbare-Energien-Gesetzes und zur Änderung weiterer Bestimmungen des Energiewirtschaftsrechts" entfallen, da eine zusätzliche einsatzstoffbezogene Förderung für Strom aus erneuerbaren Energien im Wege einer Rechtsverordnung mit der Gesetzesnovelle nicht mehr vorgesehen ist. Da für Biomasseanlagen, die unter dem EEG 2012 in Betrieb genommen wurden und mithin auch zukünftig Anspruch auf die in § 27 Abs. 2 EEG 2012 geregelte einsatzstoffbezogene Vergütung begründen, auch nach Inkrafttreten des EEG 2014 Bedarf nach Regelungen zur Bestimmung, Berechnung und Nachweisführung über die einsatzstoffvergütungsfähigen Substrate besteht, ordnet § 101 Abs. 3 für Bestandsanlagen die Fortgeltung der BiomasseV in ihrer bis zum Inkrafttreten des EEG 2014 geltenden Fassung an. Die Fortgeltung der BiomasseV in ihrer zuletzt zum 24.2.2012 geänderten Fassung ist von der Änderung der Verordnungsermächtigung des § 89 nicht berührt.[14]

---

9 Biomasseverordnung vom 21.6.2001, BGBl. I S. 1234.
10 § 64a Abs. 1 Nr. 2 EEG 2012.
11 Vgl. BT-Drs. 17/6071, S. 91.
12 Offenbar zum EEG 2012 übersehen von *Salje*, EEG 2012, § 27 EEG 2012 Rn. 12.
13 § 64a Abs. 1 Nr. 4 EEG 2012.
14 Vgl. BT-Drs. 18/1304, S. 172.

Müller

Die Verordnungsermächtigung nach § 89 Abs. 2 zur Konkretisierung der Anforderungen **8** an ein Massenbilanzsystem wurde mit der EEG-Novelle 2011 als § 64a Abs. 2 EEG 2012 neu in das EEG aufgenommen und wird im EEG 2014 beibehalten, da auch die der Ermächtigung zugrundeliegende Vergütungsvoraussetzung einer Verwendung von Massenbilanzsystemen in § 47 Abs. 6 Nr. 2 weitergeführt wird. Ein entsprechendes Massenbilanzierungserfordernis wurde bereits im Jahr 2011 mit dem Europarechtsanpassungsgesetz Erneuerbare Energien (EAG EE) vom 12.4.2011[15] in Nr. II.1.c.bb der Anlage zum EEWärmeG aufgenommen; das EEWärmeG sieht allerdings bislang keine dem § 89 Abs. 2 vergleichbare Verordnungsermächtigung vor. Auch Rechtsverordnungen nach § 89 Abs. 2 bedürfen – ebenso wie weiterhin Rechtsverordnungen nach Abs. 1 – der Zustimmung des Bundestages.[16]

IV. Einzelerläuterungen

1. Verordnungsermächtigung zur BiomasseV (Abs. 1). Abs. 1 bildet die Ermächtigungs- **9** grundlage zum Erlass der **BiomasseV**. Sie gestattet der Bundesregierung, mit Zustimmung des Bundestages nach § 96 Abs. 1 und ohne Zustimmung des Bundesrates zu regeln, welche Stoffe im Anwendungsbereich der §§ 44 bis 46 als Biomasse gelten (Abs. 1 Nr. 1) und welche technischen Verfahren zur Stromerzeugung angewandt werden dürfen (Abs. 1 Nr. 2).[17] Mittelbar gilt der nach Abs. 1 Nr. 1 durch die BiomasseV zu definierende Biomassebegriff zudem auch für die neu eingeführte biomassespezifische Degressionsvorschrift des § 28 sowie für die gemeinsamen Biomassebestimmungen des § 47, soweit sie sich auf die finanzielle Förderung von Strom aus Biomasse beziehen. Keine unmittelbare Anwendbarkeit findet der Biomassebegriff der BiomasseV hingegen im Rahmen der finanziellen Förderung flexibler Kapazitäten von Biomasseanlagen nach den §§ 53 und 54. Allerdings ist eine finanzielle Förderung des Biomassestroms Anspruchsvoraussetzung für den Flexibilitätszuschlag für neue Anlagen nach § 53 Abs. 2, so dass der Biomassebegriff der BiomasseV mittelbar dennoch relevant ist; dasselbe gilt über § 52 Abs. 1 auch bei der Flexibilitätsprämie für bestehende Anlagen, die ebenfalls einen finanziellen Förderanspruch für den erzeugten Strom jedenfalls dem Grunde nach voraussetzt.

Die aufgrund von Abs. 1 Nr. 1 erlassenen Regelungen darüber, **welche Stoffe als Biomasse** **10** **gelten**, entscheiden, welche Einsatzstoffe bei Verwendung zur Stromerzeugung einen Anspruch auf finanzielle Förderung nach den §§ 44–46 begründen. Ob ein Stoff als Biomasse im Sinne der §§ 44–46 gilt, ist hingegen nicht entscheidend für die Frage, ob der Einsatz eines Stoffes einen Verstoß gegen das Ausschließlichkeitsprinzip nach § 19 Abs. 1 konstituiert; hierfür ist entscheidend, ob es sich bei einem Stoff um Biomasse i. S. des weiteren Biomassebegriffs nach § 5 Nr. 14 oder um einen anderen erneuerbaren Energieträger (oder um Grubengas) handelt. Nur wenn dies nicht der Fall ist, liegt ein förderausschließender Verstoß

---

15 BGBl. I S. 619.

16 § 96 Abs. 1.

17 Ausführlich zum Biomassebegriff nach der BiomasseV unter dem EEG 2012: Frenz/Müggenborg/ *Ekardt/Hennig*, § 27 EEG 2012 Rn. 14 ff.; Altrock/Oschmann/Theobald/*Rostankowski/Vollprecht*, BiomasseV Rn. 18 ff.; *Walter/Huber*, in: Loibl/Maslaton/von Bredow/Walter, Biogasanlagen im EEG, S. 817, 848 ff. Rn. 59 ff.

gegen den Ausschließlichkeitsgrundsatz vor.[18] Ist ein Stoff als Biomasse i. S. der nach § 89 Abs. 1 erlassenen BiomasseV einzuordnen, bedeutet dies allerdings automatisch, dass der Einsatz dieses Stoffes in jedem Fall auch mit dem Ausschließlichkeitsgrundsatz vereinbar ist. Die zentralen Regelungen dazu, welche Stoffe im Anwendungsbereich der §§ 44–46 als Biomasse gelten, finden sich in § 2 BiomasseV („Anerkannte Biomasse") und § 3 BiomasseV („Nicht als Biomasse anerkannte Stoffe"). Eine Generalklausel zur Bestimmung finanziell förderfähiger Biomasse enthält § 2 Abs. 1 S. 1 BiomasseV. Unter rechtssystematischen Gesichtspunkten eine Erweiterung des Biomassebegriffs nach § 2 Abs. 1 S. 1 BiomasseV stellt die Regelung in § 2 Abs. 3 BiomasseV dar. Nicht als Biomasse anerkannte Stoffe im Sinne von § 3 BiomasseV können jedoch – ungeachtet des insoweit nicht bestehenden Anspruchs auf finanzielle Förderung – förderunschädliche und somit in Biomasseanlagen zulässige Biomasse i. S. des weiten Biomassebegriffs nach § 5 Nr. 14 sein, die ebenfalls zumindest einen Anspruch auf die sonstigen Privilegien des EEG (vorrangiger Netzanschluss, vorrangige Abnahme, Übertragung und Verteilung des Stroms) begründen.[19] Die Auflistung der nicht anerkannten Biomassesubstrate in § 3 BiomasseV ist nicht abschließend,[20] sondern stellt lediglich für bestimmte praxisrelevante Einzelfälle, die überwiegend andernfalls vielfach unter der Generalklausel erfasst werden würden, ausdrücklich klar, dass diese keine anerkannte Biomasse i. S. der Verordnung darstellen. Auch darüber hinaus stellen sämtliche nicht in § 3 BiomasseV genannten Stoffe keine anerkannte Biomasse i. S. der Verordnung dar, sofern sie nicht die Anforderungen des § 2 BiomasseV erfüllen.[21]

11 Zur Erzeugung von **Biogas** dürfen nach § 2 Abs. 3 Nr. 2 BiomasseV ausnahmsweise auch anteilig Stoffe eingesetzt werden, die bei einem direkten Einsatz zur Stromerzeugung (z. B. bei Einsatz in einer Festverbrennungsanlage) nach § 3 BiomasseV keinen Vergütungsanspruch begründen würden.

12 Die Ermächtigung in Abs. 1 Nr. 2 erlaubt die Regelung, welche **technischen Verfahren** im Anwendungsbereich der §§ 44–46 zur Stromerzeugung angewandt werden dürfen. In Umsetzung dieser bereits seit dem EEG 2000 vorgesehenen Regelungsermächtigung enthält die BiomasseV auch in ihrer ab dem 1.8.2014 geltenden Fassung in § 4 eine – durch die EEG-Novelle 2014 unveränderte – Regelung zu den technischen Verfahren zur Erzeugung von vergütungsfähigem Strom aus Biomasse im Sinne der BiomasseV. Eine unmittelbare Anwendbarkeit dieser Regelung für sonstige, nicht vergütungsfähige Biomasse i. S. des § 5 Nr. 14 ist nach dem Verordnungswortlaut somit nicht vorgesehen. Auch diese Bestimmungen in § 4 BiomasseV – ebenso wie in § 5 BiomasseV – müssen erfüllt sein, damit eine Stromerzeugung aus Biomasse i. S. der BiomasseV anerkannt wird.

13 **2. Verordnungsermächtigung Massenbilanzsysteme (Abs. 2).** Durch Abs. 2 hatte der Gesetzgeber bereits im EEG 2012 eine Ermächtigung für die Bundesregierung geschaffen,

---

18 Vgl. diesbezüglich zum EEG 2012 auch Frenz/Müggenborg/*Ekardt/Hennig*, § 27 EEG 2012 Rn. 11; siehe hierzu auch Altrock/Oschmann/Theobald/*Rostankowski/Vollprecht*, BiomasseV Rn. 21; zum Ausschließlichkeitsgrundsatz des EEG s. auch BGH, Urt. v. 6.11.2013, VIII ZR 194/12, ZNER 2014, 177, hierzu ausführlicher zudem *Niedersberg*, ZNER 2014, 146.

19 So auch *Walter/Huber*, in: Loibl/Maslaton/von Bredow/Walter, Biogasanlagen im EEG, S. 817, 818 Rn. 2; siehe in diesem Zusammenhang auch Altrock/Oschmann/Theobald/*Rostankowski/Vollprecht*, § 64a EEG 2012 Rn. 12 ff.; Frenz/Müggenborg/*Ekardt/Hennig*, § 27 EEG 2012 Rn. 11.

20 Vgl. zu der entsprechenden Regelung der BiomasseV in ihrer bis zum 31.7.2014 geltenden Fassung: Altrock/Oschmann/Theobald/*Rostankowski/Vollprecht*, BiomasseV Rn. 74.

21 Vgl. zu der entsprechenden Regelung der BiomasseV in ihrer bis zum 31.7.2014 geltenden Fassung: *Altrock/Oschmann/Theobald/Rostankowski/Vollprecht*, BiomasseV Rn. 74.

die Anforderungen an ein Massenbilanzsystem zur Rückverfolgung von aus einem Erdgasnetz entnommenem Gas i. S. von § 27c Abs. 1 Nr. 2 EEG 2012 bzw. nunmehr **§ 47 Abs. 6 Nr. 2** genauer auszugestalten.[22] Der Begriff „Massenbilanzsystem" als solcher ist im Bereich des Energierechts bislang weder durch Gesetz noch durch Verordnung definiert.

Für den Bereich der Nachhaltigkeitsvorgaben grenzt die **BioSt-NachV** in Umsetzung der   14
Richtlinie 2009/28/EG die Anforderungen an eine Massenbilanzierung zur Nachverfolgung
der Nachhaltigkeitskriterien in §§ 16 und 17 BioSt-NachV näher ein (vergleichbare Regelungen finden sich in §§ 16 und 17 Biokraft-NachV). Diese Vorgaben – die unabhängig von
der Ermächtigung nach § 64a Abs. 2 EEG 2012 bzw. dem jetzigen § 89 Abs. 2 formuliert
wurden – erfordern unter anderem bei Vermischung von massenbilanziell zu erfassender
Biomasse mit anderer Biomasse eine Voraberfassung der massenbilanziell zu erfassenden
Menge Biomasse (§ 16 Abs. 2 Nr. 1 Buchst. a BioSt-NachV) und eine grundsätzlich ausgeglichene Bilanz zwischen der einem Gemisch als nachhaltige Biomasse entnommenen Biomassemenge und der dem Gemisch hinzugefügten massenbilanziell erfassten Menge Biomasse (§ 16 Abs. 2 Nr. 1 Buchst. b BioSt-NachV). § 17 BioSt-NachV bestimmt weitere
massenbilanzielle Dokumentationspflichten für Lieferanten; die Regelung knüpft dabei allerdings für die Nachweisführung eng an die spezifisch für den Nachhaltigkeitsbereich aufgebauten Strukturen von Zertifizierungssystemen und Zertifizierungsstellen an, deren Anforderungen die Lieferanten erfüllen müssen oder über deren elektronische Datenbanken
sie den Handel der nachzuverfolgenden Biomasse dokumentieren müssen. Entsprechende
Strukturen außerhalb der Nachhaltigkeitsverordnungen, die derzeit im Strombereich nur für
flüssige Biomasse gelten, bestehen nicht, so dass eine unmittelbare Übertragbarkeit dieser
Massenbilanzierungsanforderungen auf das übrige EEG schon aus diesen Gründen nicht
ohne Weiteres möglich ist. Auch stellt die massenbilanzielle Nachverfolgung von Gasen im
Erdgasnetz besondere Anforderungen an eine Massenbilanzierung, für die die beiden Nachhaltigkeitsverordnungen jedenfalls derzeit keine konkreten Antworten bereithalten; nicht
eindeutig geregelt ist insoweit insbesondere an welchen Schnittstellen vor, innerhalb und
nach dem Transport über das Erdgasnetz eine massenbilanzielle Dokumentation erfolgen
muss und welche Daten hierfür durch welche Akteure zu erfassen sind.

Eine untergesetzliche Definition des Begriffs „Massenbilanzsystem" unternimmt die im   15
Jahr 2009 vom BMU erlassene Verwaltungsvorschrift für die Anerkennung von Zertifizierungssystemen und Zertifizierungsstellen nach der Biomassestrom-Nachhaltigkeitsverordnung[23] in ihrer Nr. 2.7. Danach sind Massenbilanzsysteme „Aufzeichnungen, die eine
mengenmäßige bilanzielle Rückverfolgbarkeit auf allen Stufen der Herstellung und Lieferung der Biomasse sicherstellen. Durch die Bilanzierung nach einem Massenbilanzsystem
wird sichergestellt, dass die Menge der verordnungskonformen Biomasse, die einem Gemisch entnommen wird, nicht höher ist als die Menge der verordnungskonformen Biomasse, die dem Gemisch zuvor beigefügt wurde." Dieses Grundverständnis des Begriffs Massenbilanzierung dürfte auch auf den Anwendungsbereich des heutigen § 47 Abs. 6 Nr. 2
übertragbar sein. Ungeachtet dessen stellen sich jedoch wiederum mit Blick auf die Besonderheiten einer massenbilanziellen Nachverfolgung von Gasmengen im Erdgasnetz zahlreiche Umsetzungsfragen zur Dokumentation dieser Massenbilanzierung zwischen Her-

---

22 Siehe zum EEG 2012 auch Altrock/Oschmann/Theobald/*Rostankowski/Vollprecht*, § 64a EEG
2012 Rn. 12 ff.; Frenz/Müggenborg/*Ekardt/Hennig*, § 64a EEG 2012 Rn. 3.

23 BioSt-NachVwV vom 10.12.2009, zuletzt geändert durch Verwaltungsvorschrift vom 15.12.2011
(eBAnz AT145 2011 B1).

stellung, Aufbereitung, Einspeisung und Entnahme von Gasmengen aus dem jeweiligen Gasgemisch vor und innerhalb des Erdgasnetzes.

16 Der § 89 Abs. 2 ermöglicht wie seine Vorgängerregelung in § 64a Abs. 2 EEG 2012 die **Regelung von inhaltlichen und organisatorischen Anforderungen an Massenbilanzierungssysteme**, mit denen aus einem Erdgasnetz entnommenes Gas, das nach § 47 Abs. 6 Nr. 2 als Deponiegas, Klärgas, Grubengas, Biomasse oder Speichergas gilt, über die gesamte Herstellungs- und Lieferkette von seiner Gewinnung oder Herstellung, seiner Einspeisung in das Erdgasnetz und seinem Transport im Erdgasnetz bis zu seiner Entnahme aus dem Erdgasnetz rückverfolgt werden kann.[24] Der Gesetzgeber des EEG 2012 gestattete insoweit ausdrücklich Bezugnahmen einer solchen Verordnung auf das für gasförmige Biokraftstoffe bereits im Rahmen der Biokraft-NachV etablierte Massenbilanzsystem, und nannte exemplarisch auch das von der Deutschen Energie-Agentur GmbH (dena) aufgebaute und betriebene „Biogasregister Deutschland" als grundsätzlich für diese Zwecke nutzbares System, wobei die Begründung zur EEG-Novelle 2011 insoweit sofort wieder einschränkt, dass auch das „Biogasregister Deutschland" – ebenso wie andere möglicherweise in diesen Markt drängende Anbieter von Massenbilanzsystemen – nur bei entsprechender Ausgestaltung als Massenbilanzsystem für die Massenbilanzierung nach § 27c Abs. 1 Nr. 2 EEG 2012 genutzt werden kann.[25] Dasselbe dürfte aus Sicht des Gesetzgebers auch für die insoweit unveränderte Regelung in § 47 Abs. 6 Nr. 2 gelten. Eine Verordnung auf Grundlage des Abs. 2 hat die Bundesregierung bislang nicht erlassen.

17 Stattdessen hat das BMU im Jahr 2012 eine **rechtlich unverbindliche Auslegungshilfe** zur Massenbilanzierung veröffentlicht, die eine Hilfestellung zur Konkretisierung der Anforderungen des § 27c Abs. 1 Nr. 2 sowie der Nr. II.1.b.cc der Anlage zum EEWärmeG an entsprechende Systeme nach dem Verständnis des BMU vornimmt.[26] Im Wesentlichen empfiehlt die Auslegungshilfe für die Massenbilanzierung unter dem EEG massenbilanzielle Erfassungs- und Dokumentationspflichten an vier Schnittstellen: nach Gewinnung bzw. Herstellung des Biogases/Biomethans beziehungsweise sonstigen Gases (Dokumentationszeitpunkt 1), bei Übergabe des Biomethans oder sonstigen Gases nach der Aufbereitung am Netzanschluss zur Einspeisung in das Erdgasnetz (Dokumentationszeitpunkt 2), bei der Übertragung des in der Regel gegenüber dem Erdgasnetzbetreiber bestehenden Anspruchs auf Ausspeisung einer entsprechenden Gasmenge (Dokumentationszeitpunkt 3), und schließlich bei der Ausspeisung des Gases an der Entnahmestelle aus dem Erdgasnetz (Dokumentationszeitpunkt 4). Ein weiterer, von der Auslegungshilfe empfohlener besonderer Dokumentationszeitpunkt betrifft insbesondere Beimischprodukte und ist somit aufgrund des Ausschließlichkeitsgrundsatzes nach § 19 Abs. 1 nicht für den Bereich des EEG, sondern lediglich für den Wärmemarkt relevant. Weiterhin empfiehlt die Auslegungshilfe zur Dokumentation der massenbilanzierten Mengen für sämtliche geforderten Bilanzierungsschritte im Regelfall die Nutzung einer außerbetrieblichen Datenbank und die Bestätigung der jeweils an den einzelnen Schnittstellen zu bilanzierenden Gasmengen durch Auditoren wie beispielsweise Umweltgutachter. Für weitere Einzelheiten wird auf die Auslegungshilfe zur Massenbilanzierung verwiesen.[27]

---

24 BT-Drs. 17/6071, S. 91.
25 BT-Drs. 17/6071, S. 91.
26 BMU, Auslegungshilfe zur Massenbilanzierung nach § 27c Absatz 1 Nummer 2 EEG 2012, vom 29.6.2012 (Hinweis Nr. 1/2012), abrufbar unter www.erneuerbare-energien.de.
27 S. vorherige Fn.

§ 90 Verordnungsermächtigung zu Nachhaltigkeitsanforderungen für Biomasse

Das Bundesministerium für Umwelt, Naturschutz, Bau und Reaktorsicherheit wird ermächtigt, im Einvernehmen mit dem Bundesministerium für Wirtschaft und Energie und dem Bundesministerium für Ernährung und Landwirtschaft durch Rechtsverordnung ohne Zustimmung des Bundesrates

1. zu regeln, dass der Anspruch auf finanzielle Förderung für Strom aus fester, flüssiger oder gasförmiger Biomasse nur besteht, wenn die zur Stromerzeugung eingesetzte Biomasse folgende Anforderungen erfüllt:
   a) bestimmte ökologische und sonstige Anforderungen an einen nachhaltigen Anbau und an die durch den Anbau in Anspruch genommenen Flächen, insbesondere zum Schutz natürlicher Lebensräume, von Grünland mit großer biologischer Vielfalt im Sinne der Richtlinie 2009/28/EG und von Flächen mit hohem Kohlenstoffbestand,
   b) bestimmte ökologische und soziale Anforderungen an eine nachhaltige Herstellung,
   c) ein bestimmtes Treibhausgas-Minderungspotenzial, das bei der Stromerzeugung mindestens erreicht werden muss,
2. die Anforderungen nach Nummer 1 einschließlich der Vorgaben zur Ermittlung des Treibhausgas-Minderungspotenzials nach Nummer 1 Buchstabe c zu regeln,
3. festzulegen, wie Anlagenbetreiber die Einhaltung der Anforderungen nach den Nummern 1 und 2 nachweisen müssen; dies schließt Regelungen ein
   a) zum Inhalt, zu der Form und der Gültigkeitsdauer dieser Nachweise einschließlich Regelungen zur Anerkennung von Nachweisen, die nach dem Recht der Europäischen Union oder eines anderen Staates als Nachweis über die Erfüllung von Anforderungen nach Nummer 1 anerkannt wurden,
   b) zur Einbeziehung von Systemen und unabhängigen Kontrollstellen in die Nachweisführung und
   c) zu den Anforderungen an die Anerkennung von Systemen und unabhängigen Kontrollstellen sowie zu den Maßnahmen zu ihrer Überwachung einschließlich erforderlicher Auskunfts-, Einsichts-, Probenentnahme und Weisungsrechte sowie des Rechts der zuständigen Behörde oder unabhängiger Kontrollstellen, während der Geschäfts- oder Betriebszeit Grundstücke, Geschäfts-, Betriebs- und Lagerräume sowie Transportmittel zu betreten, soweit dies für die Überwachung oder Kontrolle erforderlich ist,
4. die Bundesanstalt für Landwirtschaft und Ernährung mit Aufgaben zu betrauen, die die Einhaltung der in der Rechtsverordnung nach den Nummern 1 bis 3 geregelten Anforderungen sicherstellen, insbesondere mit der näheren Bestimmung der in der Rechtsverordnung auf Grund der Nummern 1 und 2 geregelten Anforderungen sowie mit der Wahrnehmung von Aufgaben nach Nummer 3.

Schrifttum: *Ekardt/Hennig*, Die Biomassestrom-Nachhaltigkeitsverordnung: Chancen und Grenzen von Nachhaltigkeits-Kriterienkatalogen, ZUR 2009, 543; *Franken*, Nachhaltigkeitsstandards und ihre Vereinbarkeit mit WTO-Recht, ZUR 2010, 66; *Gawel/Ludwig*, Nachhaltige Bioenergie – Instrumente zur Vermeidung negativer indirekter Landnutzungseffekte, NuR 2011, 329; *Ludwig*, Nachhaltigkeitsanforderungen beim Anbau nachwachsender Rohstoffe im europäischen Recht, ZUR 2009, 317; *Mül-*

ler, Die Umsetzung der europäischen Nachhaltigkeitsstandards für die Nutzung von Bioenergie in Deutschland, ZUR 2011, 405; *Vollprecht*, Die neue Biomassestrom-Nachhaltigkeitsverordnung: Auswirkungen auf die Vergütung von Strom nach dem EEG, IR 2010, 28; *Zimmermann*, Der Anspruch auf Zustimmung zu Klimaschutzprojekten im Lichte der Biomassestrom-Nachhaltigkeitsverordnung, EurUP 2010, 24.

Übersicht

I. Normzweck

1   Die Verordnungsermächtigung in § 90 bildet die Grundlage für den Erlass der BioSt-NachV, welche die **Nachhaltigkeitsanforderungen an die Stromerzeugung** aus flüssiger Biomasse regelt und den Rechtsrahmen für die Überprüfung der Nachhaltigkeitsvorgaben durch entsprechende Zertifizierungsstrukturen setzt. Über den Regelungsbereich der BioSt-NachV in ihrer bei Inkrafttreten des EEG 2014 geltenden Fassung hinaus ermöglicht § 90 dem Verordnungsgeber auch den Erlass von Nachhaltigkeitsvorgaben für feste und gasförmige Biomasse.

II. Entstehungsgeschichte

2   § 90 tritt als Verordnungsermächtigung für Nachhaltigkeitsanforderungen an die zur Stromerzeugung eingesetzte Biomasse an die Stelle des **§ 64b EEG 2012**, der wiederum den § 64 Abs. 2 EEG 2009 ersetzt hat.[1] Die Regelung dient damit ab dem 1.8.2014 als Ermächtigungsgrundlage für die ebenfalls durch Art. 17 des „Gesetzes zur grundlegenden Reform des Erneuerbare-Energien-Gesetzes und zur Änderung weiterer Bestimmungen des Energiewirtschaftsrechts" vom 21.7.2014[2] geänderte BioSt-NachV, die auf Grundlage des § 64 Abs. 2 EEG 2009 am 23.7.2009[3] erlassen wurde.[4]

3   Die Verordnungsermächtigung sah bereits unter dem EEG 2009 und dem EEG 2012 im Wesentlichen dieselben Verordnungsinhalte vor wie die Neuregelung des § 90, namentlich die Normierung konkreter Nachhaltigkeitsanforderungen im Sinne des **Art. 17 der Richtlinie 2009/28/EG**,[5] d.h. ökologische Anforderungen an die Nachhaltigkeit von Anbau und

---

1   Zu der Vorgängerregelung des § 64b EEG 2012 vgl. u.a. Altrock/Oschmann/Theobald/*Rostankowski/Vollprecht*, § 64b EEG 2012 Rn. 1 ff.; zu der Regelung des § 64 Abs. 2 Nr. 1 EEG 2009 vgl. Frenz/Müggenborg/*Schomerus*, § 64 EEG 2009 Rn. 39 ff.; Reshöft/*Findeisen*, § 64 EEG 2009 Rn. 37.

2   BGBl. I 2014, S. 1066, 1128.

3   BGBl. I 2009, S. 2174.

4   Zu der derzeit praktisch geringen Relevanz der BioSt-NachV vgl. mit Bezug zum EEG 2012 Frenz/Müggenborg/*Ekardt/Hennig*, § 64b EEG 2012 Rn. 2.

5   Richtlinie 2009/28/EG des Europäischen Parlaments und des Rates vom 23.4.2009 zur Förderung der Nutzung von Energie aus erneuerbaren Quellen und zur Änderung und anschließenden Aufhebung der Richtlinien 2001/77/EG und 2003/30/EG, ABl. Nr. L 140 vom 5.6.2009, S. 16.

Herstellung der zur Stromerzeugung genutzten Biomasse bzw. Bioenergieträger zum Schutze bestimmter besonders schützenswerter Flächen, inklusive der Anforderungen und Berechnungsvorgaben hinsichtlich des geforderten Treibhausgasminderungsbeitrages,[6] sowie die Nachweisführung bezüglich der Nachhaltigkeitskriterien und schließlich die Benennung der Bundesanstalt für Landwirtschaft und Ernährung (BLE) als zuständige Behörde für Anerkennung und Überwachung der aufzubauenden Zertifizierungsstrukturen.

Mit dem EEG 2012 erfuhr die Ermächtigungsgrundlage an einigen Stellen eine **Erweiterung** bzw. Änderung: Neben der Klarstellung, dass der Verordnungsgeber Nachhaltigkeitsanforderungen sowohl für feste, flüssige als auch gasförmige Biomasse zur Stromerzeugung regeln kann – hiervon wurde bislang lediglich für den europarechtlich zwingend gebotenen Bereich flüssiger Biomasse Gebrauch gemacht –, erweiterte § 64b Nr. 1 Buchst. A EEG 2012 den Regelungsspielraum für ökologische Anforderungen auf Vorgaben an die Anbauflächen selbst und ergänzt die schützenswerten Flächen um Grünland mit großer biologischer Vielfalt im Sinne der Richtlinie 2009/28/EG.[7] Die durch das Europarechtsanpassungsgesetz Erneuerbare Energien[8] ergänzte Regelung in § 64 Abs. 2 Nr. 1 a. E. EEG 2009, die wegen des strengen Ausschließlichkeitsgrundsatzes eine Ausnahmeregelung für den Bonus für Strom aus nachwachsenden Rohstoffen ("Nawaro-Bonus") ermöglichte, wurde im Zuge der Streichung des „Nawaro-Bonus" nicht in das EEG 2012 übernommen.[9] Die auf dieser Grundlage durch das EAG EE eingefügte und auch nach dem 31.12.2011 fortgeltende Ausnahmeregelung in § 20 Abs. 2 BioSt-NachV findet weiterhin in der zum Zeitpunkt ihres Erlasses wirksamen Ermächtigungsgrundlage des § 64 Abs. 2 Nr. 1 EEG 2009 eine ausreichende Rechtsgrundlage.

Zudem wurde § 64b EEG 2012 um die Möglichkeit ergänzt, Regelungen zur **Anerkennung von Nachhaltigkeitsnachweisen** zu treffen, die in anderen Mitgliedstaaten oder unter von der Kommission anerkannten Systemen ausgestellt wurden (Nr. 3 Buchst. a). Schließlich wurde die Grundlage für die Zuständigkeitsregelung nach Nr. 4 ausgeweitet, um der BLE Aufgaben zu übertragen, die die Einhaltung der in den Nummern 1–3 geregelten Anforderungen sicherstellen; insbesondere kann die BLE seither dazu ermächtigt werden, die per Verordnung normierten Anforderungen an einen nachhaltigen Anbau und eine nachhaltige Herstellung der Biomasse, an die Anbauflächen, an das geforderte Treibhausgas-Minderungspotenzial bei der Stromerzeugung aus Biomasse und an dessen Berechnungsweise durch nähere Bestimmungen zu konkretisieren.

Mit dem EEG 2014 werden innerhalb der nunmehr in § 90 geregelten Verordnungsermächtigung die seit der 18. Legislaturperiode geänderten neuen Ressortzuständigkeiten nachvollzogen.[10] Zwar verbleibt das neuformierte Bundesministerium für Umwelt, Naturschutz, Bau und Reaktorsicherheit (BMUB) aufgrund der besonderen Sachnähe der Ver-

4

5

6

---

6 Kritisch zu der weitgehenden Verlagerung von Anforderungen an den grundsätzlichen Vergütungsanspruch für Strom aus Biomasse auf die Verordnungsebene (mit Bezug auf die Vorgängerregelung des § 64 Abs. 2 Nr. 1 EEG 2009): Frenz/Müggenborg/*Schomerus*, § 64 EEG 2009 Rn. 44.

7 Zu der derzeit praktisch geringen Relevanz der BioSt-NachV vgl. Frenz/Müggenborg/*Ekardt/Hennig*, § 64b EEG 2012 Rn. 2.

8 Gesetz zur Umsetzung der Richtlinie 2009/28/EG zur Förderung der Nutzung von Energie aus erneuerbaren Quellen (Europarechtsanpassungsgesetz Erneuerbare Energien – EAG EE) vom 12.4.2011, BGBl. I 2011, S. 619.

9 Vgl. BT-Drs. 17/6071, S. 91.

10 Vgl. BT-Drs. 18/1304, S. 171.

ordnungsermächtigung zu dem vom BMUB verantworteten Bereich „Naturschutz und nachhaltige Naturnutzung" weiterhin federführender Verordnungsgeber, allerdings muss das BMUB für Rechtsverordnungen auf Grundlage des § 90 nunmehr **Einvernehmen** mit dem ebenfalls neuformierten Bundesministerium für Wirtschaft und Energie (BMWi) herstellen, auf das mit der Regierungsbildung zur 18. Legislaturperiode die federführende Zuständigkeit für das EEG übergegangen ist. Zudem ist weiterhin Einvernehmen mit dem Bundesministerium für Ernährung und Landwirtschaft (BMEL) erforderlich.

7   Ursprünglich hat die Verordnungsermächtigung nach § 64 Abs. 2 S. 2 EEG 2009 ein Erfordernis der Zustimmung des Bundestages zu Erlass und Änderung von Nachhaltigkeitsverordnungen enthalten. Dieses **Zustimmungserfordernis** wurde mit dem EEG 2012 zunächst in die gemeinsamen Vorschriften für Verordnungsermächtigungen in § 64g EEG 2012 und durch die sog. „PV-Novelle 2012" anschließend noch eine Vorschrift weiter nach hinten, in § 64h EEG 2012, verschoben.[11] Mit Inkrafttreten des EEG 2014 entfällt für zukünftige Änderungen der BioSt-NachV oder andere Verordnungen auf Grundlage des § 90 das Zustimmungserfordernis des Bundestages.[12]

III. Europarechtlicher Hintergrund

8   Die Einführung einer Verordnungsermächtigung zur Einführung von Nachhaltigkeitsvorgaben durch das EEG 2009 und deren Fortentwicklung durch das EEG 2012 und nunmehr durch das EEG 2014 dienen der Umsetzung der Nachhaltigkeitsvorgaben der **Richtlinie 2009/28/EG**.[13] Die Richtlinie 2009/28/EG normiert in Art. 17–19 sowie in Anhang V Nachhaltigkeitskriterien für Biokraftstoffe und flüssige Brennstoffe (d.h. flüssige Biomasse zur Strom-, Wärme- und Kälteerzeugung im Sinne von Art. 2 S. 2 Buchst. h der Richtlinie 2009/28/EG), Vorgaben zur Überprüfung der Einhaltung derselben und Vorgaben zur Berechnung des Beitrags zur Treibgasemissionsminderung. Während die nationale Umsetzung der Richtlinienvorgaben für Biokraftstoffe durch die auf § 37d Abs. 2 Nr. 3 und 4, Abs. 3 Nr. 2 sowie § 37e BImschG und § 66 Abs. 1 Nr. 11a Buchst. a und b, Nr. 11b sowie § 66a EnergieStG gestützte Biokraft-NachV erfolgte, wurden die Nachhaltigkeitsanforderungen für flüssige Biomasse im Strombereich durch die auf § 64 Abs. 2 EEG 2009 erlassene BioSt-NachV umgesetzt.[14] Für die Wärmeerzeugung aus flüssiger Biomasse verweist das EEWärmeG in die BioSt-NachV.

---

11 Das „Gesetz zur Änderung des Rechtsrahmens für Strom aus solarer Strahlungsenergie und zu weiteren Änderungen im Recht der erneuerbaren Energien" vom 17.8.2012 fügte vor die gemeinsamen Vorschriften für die Verordnungsermächtigungen nachträglich noch eine Verordnungsermächtigung zu Vergütungsbedingungen auf Konversionsflächen ein (BGBl. I 2012, S. 1754, 1760, 1761), so dass sich die gemeinsamen Vorschriften ab diesem Zeitpunkt in § 64h Abs. 1 S. 1 und 2, Abs. 2.

12 S. unten Rn. 16.

13 Siehe oben Rn. 3 Fn. 5.

14 Zu der Umsetzung europarechtlicher Vorgaben durch die BioSt-NachV siehe etwa Frenz/Müggenborg/*Ekardt/Hennig*, § 64b EEG 2012 Rn. 4 ff.; *Ekardt/Hennig*, ZUR 2009, 543; *Vollprecht*, IR 2010, 28; zu die BioSt-NachV flankierenden weitergehenden Umsetzungsmaßnahmen siehe *Müller*, ZUR 2011, 405.

IV. Inhaltlicher Umfang der Verordnungsermächtigung

Die Verordnungsermächtigung gestattet nach Nr. 1 ausdrücklich die Regelung von Nach-   **9**
haltigkeitsanforderungen für die Stromerzeugung aus **fester, flüssiger und gasförmiger
Biomasse**. Dies entspricht bereits der Vorgängerregelung im EEG 2012 und stellt gegenüber der ursprünglichen Regelung im EEG 2009 ausdrücklicher klar, dass über die europarechtlich vorgeschriebene Festlegung von Nachhaltigkeitsanforderungen für die finanzielle Förderung der Stromerzeugung aus flüssiger Biomasse[15] hinaus auch Nachhaltigkeitsanforderungen an die Stromerzeugung aus fester und aus gasförmiger Biomasse festgelegt
werden können. Für die Nutzung gasförmiger Biomasse im Biokraftstoffbereich (Biogas
oder Biomethan) bestehen bereits die unter der Biokraft-NachV geregelten, ebenfalls europarechtlich gebotenen Nachhaltigkeitsvorgaben. Diese Möglichkeit, auch Nachhaltigkeitsvorgaben für feste und gasförmige Biomasse zur Stromerzeugung zu erlassen, räumt dem
Verordnungsgeber einerseits Spielraum für eine freiwillige Ausdehnung des Nachhaltig-
keitsregimes auf nationaler Ebene ein; zugleich werden hiermit auch die Voraussetzungen
für eine verordnungsrechtliche Umsetzung von möglichen zukünftigen europarechtlichen
Vorgaben für die Nachhaltigkeit fester und gasförmiger Bioenergieträger geschaffen.[16]

Die **Europäische Kommission** hat in ihrem Bericht über Nachhaltigkeitskriterien für die   **10**
Nutzung fester und gasförmiger Biomasse zur Stromerzeugung, Heizung und Kühlung den
Mitgliedstaaten bereits – unverbindlich – empfohlen, sicherzustellen, dass nationale Nachhaltigkeitsregelungen für die Nutzung fester und gasförmiger Biomasse im Bereich der
Strom-, Wärme- und Kälteerzeugung im Sinne eines einheitlichen europäischen Nachhal-
tigkeitsregimes möglichst weitgehend den Nachhaltigkeitsanforderungen der Richtlinie
2009/28/EG entsprechen, und allgemein die Nachhaltigkeitsempfehlungen des Berichts zu
berücksichtigen.[17]

Mit der bereits durch § 64b EEG 2012 erfolgten und durch § 90 beibehaltenen Erweiterung   **11**
gegenüber dem EEG 2009 auf ökologische und sonstige Anforderungen auch an die **Anbauflächen** für Biomasse (Nr. 1 Buchst. a) gestattet die Ermächtigungsgrundlage flächenbezogene Regelungen, die insbesondere auch Regelungen zur Vermeidung von unerwünschten indirekten Landnutzungsänderungen ermöglichen: Hiermit wird die Verdrängung anderer Biomasse (z. B. Nahrungs- oder Futtermittelanbau) auf schützenswerte Aus-
weichflächen durch den Anbau von Energiepflanzen auf hierfür zulässigen Flächen beschrieben.[18] Auch hierzu hat die Kommission bereits Handlungsmöglichkeiten skizziert.[19]

Neben den schon seit 2009 von der BioSt-NachV umfassten schützenswerten Flächen mit   **12**
hohem Naturschutzwert, Flächen mit hohem Kohlenstoffbestand und Torfmooren können
seit 2012 durch Rechtsverordnung auch ausdrücklich Nachhaltigkeitsregelungen zum

---

15 Art. 17 Abs. 1 S. 1 Buchst. c i.V. m. Abs. 2–6 der Richtlinie 2009/28/EG.
16 Zur möglichen Ausweitung der Nachhaltigkeitskriterien auf feste und gasförmige Biomasse siehe
    unter anderem *Müller*, ZUR 2011, 405, 411 f.
17 Vgl. Bericht der Kommission an den Rat und das Europäische Parlament über Nachhaltigkeitskri-
    terien für die Nutzung fester und gasförmiger Biomasse bei Stromerzeugung, Heizung und Küh-
    lung, KOM(2010)11, v. 25.2.2010, S. 9, 11.
18 Vgl. BT-Drs. 17/6071, S. 184; näher zu den Herausforderungen einer Einschränkung von indirek-
    ten Landnutzungsänderungen (ILUC) vgl. *Gawel/Ludwig*, NuR 2011, 329.
19 Siehe hierzu den Bericht der Kommission vom 22.12.2010 über indirekte Landnutzungsänderun-
    gen im Zusammenhang mit Biokraftstoffen und flüssigen Biobrennstoffen, KOM(2010) 811.

Schutz von **Grünland mit großer biologischer Vielfalt** im Sinne der Art. 17 Abs. 3 S. 1 Buchst. c der Richtlinie 2009/28/EG erlassen werden. Der praktische Mehrwert dieser Regelungsoption in der Verordnungsermächtigung dürfte gering sein, da der Verordnungsgeber in Umsetzung der Richtlinie 2009/28/EG den Schutz von hoch biodiversem Grünland ohnehin bereits durch § 4 Abs. 1, Abs. 2 Nr. 3, Abs. 5 BioSt-NachV vorgesehen hat, was auf die bisherige Ermächtigung zu Nachhaltigkeitsanforderungen zum Schutz natürlicher Lebensräume (§ 64 Abs. 2 S. 1 Nr. 1 Buchst. a EEG 2009) gestützt werden konnte.

13 Nr. 3 Buchst. a, der Regelungen zur Anerkennung von Nachweisen ermöglicht, die in einem anderen **Mitgliedstaat** oder unter einem von der Kommission anerkannten freiwilligen System ausgestellt wurden, stellt eine bereits durch das EEG 2012 eingeführte Klarstellung dar, die durch den Verordnungsgeber schon im Jahr 2009 durch § 23 Abs. 1 BioSt-NachV umgesetzt wurde.

14 Nach Nr. 4 kann die BLE mit der **Festlegung der Nachweisanforderungen** an die Anlagenbetreiber nach Nr. 3 betraut werden (2. Hs. 2. Alt.). Darüber hinaus kann der Verordnungsgeber der BLE unter § 90 auch die nähere Bestimmung der flächenbezogenen und herstellungsbezogenen Nachhaltigkeitskriterien sowie der Anforderungen an das Treibhausgas-Minderungspotenzial übertragen (2. Hs. 1. Alt.).

V. Fachaufsicht

15 Die bislang in § 64b Nr. 4 Hs. 3 EEG 2012 verankerte Sonderregelung zur Fachaufsicht über die BLE, wonach abweichend von der ansonsten nach § 63 EEG 2012 einheitlichen Fachaufsicht des für das EEG federführenden Bundesministeriums (unter dem EEG 2012 das damalige BMU) im Fall einer Betrauung der BLE mit Aufgaben nach Nr. 4 die Fachaufsicht über die BLE bei dem Bundesministerium für Ernährung, Landwirtschaft und Verbraucherschutz (nunmehr BMEL) verblieb, wurde in der Neufassung der Verordnungsermächtigung in § 90 gestrichen. Der Regierungsentwurf zum EEG 2014 sah noch eine inhaltlich entsprechende Regelung vor, wonach die BLE ausdrücklich ausgenommen war von der ansonsten angeordneten Fachaufsicht des BMWi über alle Bundesbehörden, soweit sie Aufgaben nach dem EEG wahrnehmen.[20] Dieser Regelungsvorschlag wurde aber auf die Beschlussempfehlung des Ausschusses für Wirtschaft und Energie nicht in die verabschiedete Fassung des EEG 2014 übernommen, da eine ausdrückliche Regelung zur Fachaufsicht nicht mehr für erforderlich gehalten wurde, weil sich für die unter dem EEG tätigen Bundesbehörden BAFA, BNetzA und BLE die Fachaufsicht bereits aus dem Ressortzuschnitt und den jeweiligen Errichtungsgesetzen dieser Behörden ergebe.[21]

VI. Keine Zustimmungspflicht

16 Mit Inkrafttreten des EEG 2014 ist für den Erlass von Verordnungen auf Grundlage des § 90 das bislang für die BioSt-NachV geltende Zustimmungserfordernis des Bundestages entfallen. Die neugefassten gemeinsamen Bestimmungen für die Verordnungsermächtigungen in § 96 sehen kein Zustimmungserfordernis für Verordnungen nach § 90 mehr vor.

---

20 Vgl. BT-Drs. 18/1304, S. 53, dort § 83 S. 2 des Entwurfs zum EEG 2014.
21 Vgl. Beschlussempfehlung und Bericht des Ausschusses für Wirtschaft und Energie (9. Ausschuss), BT-Drs. 18/1891, S. 216.

Der Gesetzgeber begründet die Aufhebung des Zustimmungsvorbehalts des Deutschen Bundestages für die Biomassestrom-Nachhaltigkeitsverordnung mit dem Bedeutungsverlust der Verordnungsermächtigung, da die Verordnung seit dem Förderausschluss für flüssige Biomasse bei neuen Anlagen seit dem EEG 2012 nur noch eine untergeordnete politische Bedeutung einnehme.[22]

---

22 Vgl. BT-Drs. 18/1304, S. 175.

§ 91 Verordnungsermächtigung zum Ausgleichsmechanismus

Die Bundesregierung wird ermächtigt, zur Weiterentwicklung des bundesweiten Ausgleichsmechanismus durch Rechtsverordnung ohne Zustimmung des Bundesrates zu regeln,

1. dass Vorgaben zur Vermarktung des nach diesem Gesetz geförderten Stroms gemacht werden können, einschließlich
   a) der Möglichkeit, die Vergütungszahlungen und Transaktionskosten durch finanzielle Anreize abzugelten oder Übertragungsnetzbetreiber an den Gewinnen und Verlusten bei der Vermarktung zu beteiligen,
   b) der Überwachung der Vermarktung,
   c) Anforderungen an die Vermarktung, Kontoführung und Ermittlung der EEG-Umlage einschließlich von Veröffentlichungs- und Transparenzpflichten, Fristen und Übergangsregelungen für den finanziellen Ausgleich,
2. dass und unter welchen Voraussetzungen die Übertragungsnetzbetreiber berechtigt werden können,
   a) mit Anlagenbetreibern vertragliche Vereinbarungen zu treffen, die unter angemessener Berücksichtigung des Einspeisevorrangs der Optimierung der Vermarktung des Stroms dienen; dies schließt die Berücksichtigung der durch solche Vereinbarungen entstehenden Kosten im Rahmen des Ausgleichsmechanismus ein, sofern sie volkswirtschaftlich angemessen sind,
   b) Anlagen, die nach dem 31. Dezember 2015 in Betrieb genommen werden, bei andauernd negativen Preisen abzuregeln,
3. dass die Übertragungsnetzbetreiber verpflichtet werden können, insbesondere für die Verrechnung der Verkaufserlöse, der notwendigen Transaktionskosten und der Vergütungszahlungen ein gemeinsames transparentes EEG-Konto zu führen,
4. dass die Übertragungsnetzbetreiber verpflichtet werden können, gemeinsam auf Grundlage der prognostizierten Strommengen aus erneuerbaren Energien und Grubengas die voraussichtlichen Kosten und Erlöse einschließlich einer Liquiditätsreserve für das folgende Kalenderjahr und unter Verrechnung des Saldos des EEG-Kontos für das folgende Kalenderjahr eine bundesweit einheitliche EEG-Umlage zu ermitteln und in nicht personenbezogener Form zu veröffentlichen,
5. dass die Aufgaben der Übertragungsnetzbetreiber ganz oder teilweise auf Dritte übertragen werden können, die im Rahmen eines Ausschreibungs- oder anderen objektiven, transparenten und diskriminierungsfreien Verfahrens ermittelt worden sind; dies schließt Regelungen für das hierfür durchzuführende Verfahren einschließlich der Ausschreibung der von den Übertragungsnetzbetreibern im Rahmen des bundesweiten Ausgleichs erbrachten Dienstleistungen oder der EEG-Strommengen sowie die Möglichkeit ein, die Aufgabenwahrnehmung durch Dritte abweichend von jener durch die Übertragungsnetzbetreiber zu regeln,
6. die erforderlichen Anpassungen an die Regelungen der Direktvermarktung sowie die erforderlichen Anpassungen der besonderen Ausgleichsregelung für stromintensive Unternehmen und Schienenbahnen, der Regelung zur nachträglichen Korrekturmöglichkeit, der Befugnisse der Bundesnetzagentur, der Übermittlungs-

und Veröffentlichungspflichten sowie der EEG-Umlage an den weiterentwickelten Ausgleichsmechanismus,

7. dass im Fall des § 61 die EEG-Umlage für Strom aus Anlagen oder anderen Stromerzeugungsanlagen abweichend von den §§ 60 und 61 an den Netzbetreiber gezahlt werden muss, an dessen Netz die Anlage angeschlossen ist, und dieser Netzbetreiber die Zahlung an den Übertragungsnetzbetreiber weitergibt; dabei können Ansprüche auf Zahlung der EEG-Umlage auch abweichend von § 33 Absatz 1 mit Ansprüchen auf eine finanzielle Förderung aufgerechnet werden und es kann geregelt werden,

a) wann Zahlungen auf die EEG-Umlage geleistet oder Abschläge gezahlt werden müssen und

b) wie die Mitteilungs- und Veröffentlichungspflichten auch abweichend von den §§ 70 bis 76 angepasst werden.

Übersicht

I. Normzweck

Die Verordnungsermächtigung nach § 91 ermöglicht der Bundesregierung, die **Weiterentwicklung des bundesweiten Ausgleichsmechanismus** vorzunehmen. Dies kann gemäß § 91 S. 1 ohne Zustimmung des Bundesrates geschehen, ist allerdings nach § 96 Abs. 1 S. 1 durch den Bundestag zustimmungspflichtig. **1**

In Nr. 1 ermächtigt der Gesetzgeber die Bundesregierung, **Vorgaben zur Vermarktung** zu machen. Insbesondere ist hierbei unter Buchst. a) die Möglichkeit mit eingeschlossen, die Vergütungszahlungen und Transaktionskosten durch anderweitige finanzielle Anreize abzugelten, oder die Übertragungsnetzbetreiber an den Gewinnen und Verlusten der Vermarktung den nach § 19 Abs. 1 Nr. 2 vergüteten Stroms zu beteiligen. **2**

Die Nr. 2 ermächtigt den Verordnungsgeber, den Übertragungsnetzbetreibern zusätzliche Berechtigungen zu übertragen. Unter anderem können für die Optimierung der EEG-Vermarktung **vertragliche Vereinbarungen** zwischen Anlagenbetreibern und den Übertragungsnetzbetreibern ermöglicht werden. **3**

Die Nr. 3 ermöglicht der Bundesregierung, Vorgaben zur Führung eines **gemeinsamen EEG-Kontos** hinsichtlich der Verrechnung der Verkaufserlöse, der Transaktionskosten und der Vergütungszahlungen zu erlassen. **4**

5 Im Zuge der Nr. 4 wird die Bundesregierung ermächtigt, Änderungen bezüglich der **Berechnung und Veröffentlichung der EEG-Umlage** vorzunehmen. Die Inhalte der Nr. 3 und 4 sind größtenteils in den bisherigen Regelungen des EEG, der AusglMechV und der AusglMechAV bereits umgesetzt worden.

6 Die Nr. 5 räumt die Möglichkeit ein, die Wahrnehmung der **Aufgaben der Übertragungsnetzbetreiber** im bundesweiten Ausgleichsmechanismus, insbesondere die Vermarktung der EEG-Mengen durch einen Dritten, zu regeln.

7 In Nr. 6 wird der Bundesregierung zum Zweck der Weiterentwicklung des bundesweiten Ausgleichsmechanismus die Möglichkeit der Anpassung von **verschiedensten Themen**, wie z. B. der Direktvermarktung, gegeben.

8 In Nr. 7 wird die **Abwicklung der EEG-Umlage für Eigenversorger** über den die EEG-Anlage anschließenden Netzbetreiber ermöglicht. Insbesondere wird die Möglichkeit eingeräumt, dass ein Prozess eingeführt werden kann, bei dem finanzielle Ansprüche auf eine Förderung mit Ansprüchen auf Zahlung der EEG-Umlage verrechnet werden können.

II. Entstehungsgeschichte

9 Der § 91 des EEG 2014 entspricht weitestgehend dem § 64c EEG 2012. Neben Änderungen in Nr. 2 und kleinen Anpassungen in Nr. 5 wurde im EEG 2014 lediglich die Nr. 7 neu eingefügt. Der Paragraph 64c EEG 2012 ging im Wesentlichen bereits auf den § 64 Abs. 3 EEG 2009 zurück und wurde an vielen Stellen lediglich redaktionell bearbeitet.

10 Der ursprüngliche § 64 Abs. 3 EEG 2009 war Grundlage für die Ausgestaltung der **Ausgleichsmechanismusverordnung** (AusglMechV) vom 17. Juli 2009 durch die Bundesregierung. Zur Ausgestaltung und Ausführung der AusglMechV wurde basierend auf § 64 Abs. 3 Nr. 7 EEG 2009 und § 11 Nr. 1–3 AusglMechV (Urfassung) von der Bundesnetzagentur (BNetzA) im Einvernehmen mit dem Bundesministerium für Umwelt, Naturschutz und Reaktorsicherheit (BMU) und dem Bundesministerium für Wirtschaft und Technologie (BMWi) am 22. Februar 2010 die **Ausgleichsmechanismus-Ausführungsverordnung** (AusglMechAV) erlassen. Durch die genannten Verordnungen wurde der in den §§ 34–39 EEG 2009 definierte bundesweite Ausgleichsmechanismus reformiert und neu ausgestaltet. Im Zuge der Neugestaltung des EEG 2012 wurden die durch die AusglMechV und AusglMechAV vorgenommenen Änderungen am Ausgleichsmechanismus in die §§ 34–39 EEG 2012 übernommen. Entsprechend der Neugestaltung des bundesweiten Ausgleichsmechanismus kam es zu Folgeänderungen in § 64 Abs. 3 EEG 2009, welche in § 64c EEG 2012 umgesetzt wurden.

11 Während die Verordnungsermächtigungen der Nr. 1 (abgesehen von der Möglichkeit der Beteiligung der ÜNB an Gewinnen und Verlusten, siehe weitere Ausführungen) und die Nummern 3–6 auf **§ 64 Abs. 3 EEG 2009** zurückgehen, wurden die Bestimmungen aus Nr. 1a bzgl. der Beteiligung der ÜNB an Gewinnen und Verlusten sowie Nr. 2a im EEG 2012 erstmalig beschrieben. Die Nr. 7 im Zuge der Einführung der EEG-Umlage für Eigenversorger (§ 61 EEG 2014) und die Nr. 2b wurden im EEG 2014 neu aufgenommen.

12 Die Nr. 5 hat ihre **Wurzeln schon im EEG 2004.** Das EEG 2004 sah eine Verordnungsermächtigung zur organisatorischen und zeitlichen Abwicklung für den damals noch vertikalen physikalischen Ausgleichsmechanismus (Durchleitung des Stroms an nachgelagerte

Elektrizitätsversorgungsunternehmen) und unter anderem auch für die Bestimmung des dafür Verantwortlichen gemäß § 14 Abs. 8 Nr. 1 EEG 2004 vor. Der § 64 Abs. 3 EEG 2009 nahm in Nr. 7 den Gedanken aus dem EEG 2004 in anderem Wortlaut auf. Im Rahmen der Erstellung des EEG 2012 wurden große Teile des Inhalts aus § 64 Abs. 3 Nr. 7 EEG 2009 in § 64c Nr. 5 EEG 2012 übertragen, wobei jedoch auch Regelungen in die Nr. 1 EEG 2012 übernommen wurden.

Die Nr. 7 wurde im Zuge der Einführung der **EEG-Umlage für Eigenversorger** gemäß   13
§ 61 EEG 2014 neu in das EEG aufgenommen. Durch die Verordnungsermächtigung kann zur Abwicklung der EEG-Umlage für Eigenversorger der die EEG-Anlage anschließende Netzbetreiber in den Prozess zwischen Anlagenbetreiber und Übertragungsnetzbetreiber integriert werden.

III. Einzelerläuterungen

1. Vermarktung des geförderten Stroms (Nr. 1). In Nr. 1 ermächtigt der Gesetzgeber die   14
Bundesregierung, die Regelungen hinsichtlich der **Vermarktung** des nach dem EEG geförderten Stroms zu überarbeiten.

Unter Buchst. a) wird im ersten Teil des Satzes die Möglichkeit berücksichtigt, durch fi-   15
nanzielle Anreize Vergütungszahlungen und Transaktionskosten abzugelten. Dies findet sich bereits in § 64 Abs. 3 Nr. 7 EEG 2009 in Bezug auf eine potenzielle Drittvermarktung wieder. Gemäß der Gesetzesbegründung des EEG 2012[1] wurde dieser Sachverhalt in die Nr. 1 überführt, um klarzustellen, dass eine Neuregelung nicht nur im Falle der Drittvermarktung umgesetzt werden kann. Die **Vergütungszahlungen** sind gemäß der Verwendung im EEG als Vergütungszahlungen gemäß § 19 Abs. 1 Nr. 2 an die Anlagenbetreiber bzw. in Verbindung mit der Erstattung nach § 57 Abs. 1 für den nach § 56 an den Übertragungsnetzbetreiber gelieferten Strom an die Verteilnetzbetreiber zu interpretieren. Eine Definition der **Transaktionskosten** findet sich in § 6 Abs. 1 Nr. 2 AusglMechAV. Dabei handelt es sich um die Kosten der Transaktionen für die Erfassung der Ist-Werte, die Abrechnung und den Horizontalen Belastungsausgleich. Das bereits im Rahmen der Direktvermarktung gemäß § 33g EEG 2012 bzw. in den §§ 34 f. umgesetzte Marktprämienmodell ist ein denkbares Beispiel für ein System zur Abgeltung der Vergütungszahlungen und Transaktionskosten durch **finanzielle Anreize**.

Der zweite Teil von Buchst. a) gibt der Bundesregierung die Möglichkeit, dass die Über-   16
tragungsnetzbetreiber an den Gewinnen und Verlusten der Vermarktung beteiligt werden können. Betriebswirtschaftlich ist der **Gewinn** definiert als der positive Saldo aus Erträgen und Aufwendungen. Der **Verlust** ist dementsprechend der negative Saldo. Diese Definition ist im Rahmen der vorliegenden Verordnungsermächtigung allerdings nicht unmittelbar anzuwenden, da die Vergütungszahlungen in der Regel deutlich höher als die Vermarktungserlöse sind, folglich würden bei dieser Definition praktisch immer Verluste auftreten. Die Gewinne sind hier als die Einsparung bzw. Vermeidung von Kosten bei der Vermarktung im Vergleich zu einem festzulegenden Referenzwert anzusehen. Die Verluste sind dementsprechend als Mehrkosten gegenüber einem festzulegenden Referenzwert zu definieren. Für eine mögliche Umsetzung hinsichtlich des genannten Referenzwertes verglei-

---

1 BT-Drs. 17/6071, S. 91 f.

che die Ausführung entsprechend der Rn. 19 zum dort beschriebenen „Differenzkostenansatz".

17 Das Ziel der Beteiligung der Übertragungsnetzbetreiber an den Gewinnen und Verlusten bei der Vermarktung gemäß § 91 Nr. 1 Buchst. a) bzw. § 64c Nr. 1 Buchst. a) EEG 2012 ist es, **Anreize für eine optimale Vermarktung** des Stroms zu setzen.[2] Der Grundgedanke dieser Zielsetzung ist bereits in der Begründung zur Einführung der Urfassung der Ausgl-MechAV in Bezug auf das Anreizsystem gemäß § 7 AusglMechAV ausgeführt. So sollen den Übertragungsnetzbetreibern Anreize zu einer stetigen Optimierung und Steigerung der Effizienz hinsichtlich der Vermarktung der EEG-Mengen gegeben werden. Die hierdurch eingesparten Kosten sollen einen mindernden Einfluss auf die EEG-Umlage haben und letztendlich dem Stromverbraucher zugutekommen.[3] Im Wortlaut sollten gemäß **§ 7 AusglMechAV (Urfassung) Anreize zur bestmöglichen Vermarktung** dadurch geschaffen werden, dass „(…) je Kalenderjahr (Anreizjahr) und Übertragungsnetzbetreiber die individuellen beeinflussbaren Ausgaben und Einnahmen pro zu vermarktender Menge des nach § 16 oder § 35 Abs. 1 des Erneuerbare-Energien-Gesetzes vergüteten Stroms mit einem individuellen Basiswert verglichen" wurden. Die beeinflussbaren Ausgaben und Einnahmen setzten sich hauptsächlich aus Intradaykosten/-erlösen sowie Ausgleichsenergiekosten/-erlösen entsprechend § 7 Abs. 2 und 3 AusglMechAV (Urfassung) zusammen. Gemäß § 7 AusglMechAV (Urfassung) Abs. 6 S. 1 entsprach der „(…) individuelle Basiswert (Anm. d. Red.: je Übertragungsnetzbetreiber) dem bisher niedrigsten Saldo eines Jahres aus beeinflussbaren Ausgaben und beeinflussbaren Einnahmen (…) pro zu vermarktender Menge (…)". War der Saldo des Anreizjahres niedriger als der Basiswert, so erhielt der Übertragungsnetzbetreiber einen Bonus in Höhe von 25% der erreichten Reduktion multipliziert mit der zu vermarktenden EEG-Menge im entsprechenden Anreizjahr.

18 Diese Ausgestaltung der Regelung zur Setzung von Anreizen zur bestmöglichen Vermarktung gemäß § 7 AusglMechAV (Urfassung) setzte allerdings **keine dauerhaften Anreize** für eine effizientere Vermarktung. So führt die Bundesnetzagentur in der Begründung zur Änderung der Ausgleichsmechanismus-Ausführungsverordnung aus, dass „das bisher in der Ausgleichsmechanismusverordnung angelegte Bonussystem [...] nicht ausreichend zielgerichtete Anreize für die Übertragungsnetzbetreiber [biete, um] die Prognosequalität für zu erwartende EEG-Einspeisungen am Folgetag zu verbessern".[4]

19 Im Rahmen der Zweiten Verordnung zur Änderung der Ausgleichsmechanismus-Ausführungsverordnung[5] hat die BNetzA aus zuvor genannten Gründen u.a. eine Neugestaltung des § 7 AusglMechAV vorgenommen. Die Neuverordnung durch die BNetzA erfolgte im Einvernehmen mit dem BMU und dem BMWi auf Basis der Vorgängerversion dieser Verordnungsermächtigung im EEG 2012 (§ 64c EEG 2012) und des § 64h EEG 2012 in Verbindung mit § 11 Nr. 1–3 AusglMechV (Urfassung). Die Grundzüge des neuen Bonusmodells basieren auf einem **Differenzkostenansatz**. Hierbei wird die vollständige Vermarktung am vortägigen Spotmarkt als Idealzustand angenommen. Das Bonusmodell „[...] be-

---

2 BT-Drs. 17/6071, S. 92.
3 Vgl. BNetzA, Vorblatt und Begründung zur Verordnung zur Ausführung der Verordnung zur Weiterentwicklung des bundesweiten Ausgleichsmechanismus, 21.1.2010, S. 4.
4 Vgl. BNetzA, Vorblatt und Begründung zur Zweiten Verordnung zur Änderung der Ausgleichsmechanismus-Ausführungsverordnung, Februar 2013, S. 6.
5 Zweite Verordnung zur Änderung der Ausgleichsmechanismus-Ausführungsverordnung v. 19.2.2013 (BGBl. I S. 310).

wertet sowohl die im Intraday-Handel beschafften/veräußerten EEG-Mengen als auch die über Inanspruchnahme von Ausgleichsenergie korrigierten Mengen mit der Preisabweichung zwischen vortägigem Spotmarkt und Intraday-Handel bzw. Ausgleichsenergiepreise".[6] Diese beeinflussbaren Differenzkosten eines Übertragungsnetzbetreibers – bezogen auf seine nach dem horizontalen Belastungsausgleich zu vermarktende Menge – ergeben die spezifisch beeinflussbaren Differenzkosten je Übertragungsnetzbetreiber. Ein Übertragungsnetzbetreiber kann eine Bonuszahlung erreichen, sobald seine spezifisch beeinflussbaren Differenzkosten eines Jahres kleiner sind als die spezifisch beeinflussbaren Differenzkosten aller Übertragungsnetzbetreiber aus dem Vorjahr plus eines Zuschlags von fünf Cent pro Megawattstunde. Als Benchmarkwert zur Erreichung eines Bonus wurden somit die durchschnittlichen Differenzkosten aller Übertragungsnetzbetreiber des Vorjahres angesetzt. Dieser Benchmarkwert wurde im Zuge der Novellierung der AusglMechAV Anfang des Jahres 2015 nochmals überarbeitet. Die neue Regelung besagt, dass als Benchmark das arithmetische Mittel aus den Differenzkosten aller Übertragungsnetzbetreiber der zwei vorangegangenen Jahre anzusetzen ist. Ebenso wie die ursprüngliche Ausgestaltung des § 7 AusglMechAV (Urfassung) hinsichtlich der Setzung von Anreizen zur bestmöglichen Vermarktung ist auch die Differenzkostenregelung als reine Bonusregelung angelegt, eine Malus-Komponente bzw. Verlustbeteiligung existiert nicht.

Eine **Weiterentwicklungsmöglichkeit der bestehenden Regelung** wäre beispielsweise, den Vorjahresvergleichswert nicht wie bisher energieträgerneutral, sondern energieträgerspezifisch auszugestalten. Hierdurch könnten zum Beispiel strukturelle Änderungen des Anlagenbestandes durch den Zubau neuer Anlagen oder durch Verschiebungen von Anlagen in die Direktvermarktung, sowie der Schwierigkeitsgrad bestimmte Energieträger zu prognostizieren, differenzierter berücksichtigt werden.   **20**

Wie ausgeführt, gibt der zweite Teil von Buchst. a) der Bundesregierung die Möglichkeit, die Übertragungsnetzbetreiber an den **Gewinnen und Verlusten der Vermarktung** zu beteiligen. Jedoch ist zu hinterfragen, inwieweit eine Verlustbeteiligung der Übertragungsnetzbetreiber überhaupt zulässig ist. Ein im Auftrag der Übertragungsnetzbetreiber im Jahr 2009 erstelltes und an die Bundesnetzagentur übermitteltes Gutachten kommt zu dem Schluss, dass ein solches System verfassungsrechtlich unzulässig sei.[7] Zum einen stehe mit der Einführung eines rein bonusbasierten Anreizsystems ein Weg zur Verfügung, um eine effiziente Vermarktung des EEG-Stroms durch die Übertragungsnetzbetreiber ebenso wirksam, aber weniger belastend für die Übertragungsnetzbetreiber zu fördern. Insofern wäre die Einführung eines malusbasierten Anreizsystems, nach der vom Gutachter vertretenen Auffassung, nicht erforderlich und damit ein **verfassungswidriger Eingriff** in die grundrechtlich durch Art. 12 Abs. 1 GG geschützte **Berufsfreiheit** der Übertragungsnetzbetreiber.   **21**

Zum anderen wäre die Einführung eines Anreizsystems, welches eine mögliche Verlustbeteiligung der Übertragungsnetzbetreiber an der Vermarktung einschließt, auch **unter gleichheitsrechtlichen Gesichtspunkten verfassungsrechtlich bedenklich**. Die Übertra-   **22**

---

6 Vgl. BNetzA, Vorblatt und Begründung zur Zweiten Verordnung zur Änderung der Ausgleichsmechanismus-Ausführungsverordnung, Februar 2013, S. 6.

7 *Fetzer*, Zur Zulässigkeit der Einführung eines malusbasierten Anreizsystems für eine bestmögliche Vermarktung von EEG-Strom durch die Übertragungsnetzbetreiber im Rahmen einer Rechtsverordnung nach § 64 Abs. 3, EEG-2009, 2009 (unveröffentlicht).

gung einer öffentlichen Aufgabe auf eine Gruppe ist nur zulässig, wenn ein sachlicher Grund, wie z. B. die besondere Eignung der Gruppe für diese Aufgabe, vorliegt. Da die Übertragungsnetzbetreiber über die Mittel und die notwendige Kompetenz für die Durchführung des EEG-Ausgleichs verfügen, ist dieser sachliche Grund gegeben und die Inanspruchnahme der Übertragungsnetzbetreiber ist nicht in Frage zu stellen. Schon das EEG 2000 führt in seiner Gesetzesbegründung aus: „Das Gesetz knüpft für den Ausgleich an die Übertragungsnetzbetreiber an, weil es sich bei diesen um eine kleine und überschaubare Anzahl von Akteuren handelt, die auch in der Lage sind, die mit dem Ausgleich verbundenen Transaktionen ohne Weiteres abzuwickeln und sich gegenseitig zu kontrollieren."[8] Im Rahmen des EEG hat der Gesetzgeber den Übertragungsnetzbetreibern unter anderem auch die Aufgabe der Vermarktung des EEG-Stroms an der Börse übertragen. Die Übertragung dieser Aufgabe auf die Übertragungsnetzbetreiber ist, wie zuvor ausgeführt, zulässig. Eine andere Frage ist jedoch, ob die Übertragungsnetzbetreiber an den Verlusten der EEG-Vermarktung beteiligt werden können. Da eine Indienstnahme der Übertragungsnetzbetreiber vor allem an der besonderen Eignung zur Übernahme der öffentlichen Aufgabe liegt, nicht aber in deren Verantwortungsbeziehung für die Erfüllung der öffentlichen Aufgabe, ist eine Verlustbeteiligung der Übertragungsnetzbetreiber an der Vermarktung gemäß dem Gleichheitsprinzip nach Art. 3 Abs. 1 GG kritisch zu sehen.[9]

23 Ein weiterer Grund, eine Verlustbeteiligung der Übertragungsnetzbetreiber an der Vermarktung zu hinterfragen, ist ihre Rolle bei der Umsetzung des EEG. Die Begründung zu § 2 der AusglMechV führt aus, dass die Übertragungsnetzbetreiber keine Händler im klassischen Sinn sind, sondern den nach EEG vergüteten Strom nach den Vorgaben dieser Verordnung vermarkten: „Für die Beurteilung der bestmöglichen Vermarktung ist daher maßgeblich, wie ein pflichtbewusster (Strom-)Händler handeln würde, der nicht mit eigenen Mitteln wirtschaftet, sondern ähnlich wie ein Treuhänder fremden Vermögensinteressen verpflichtet ist."[10] Auch im Evaluierungsbericht der Bundesnetzagentur zur Ausgleichsmechanismusverordnung ist beschrieben, dass die Übertragungsnetzbetreiber bei der Umsetzung des EEG und insbesondere bei der Vermarktung des EEG-Stroms **treuhänderisch** tätig sind.[11] Aus dieser Rolle des Treuhänders lässt sich nach allgemeiner Interpretation des Treuhandwesens eine Beteiligung der Übertragungsnetzbetreiber an den Vermarktungsverlusten ausschließen, solange diese nicht vorsätzlich oder fahrlässig verursacht werden.

24 Gemäß den genannten Gründen wäre somit eine mögliche Verlustbeteiligung der Übertragungsnetzbetreiber an der EEG-Vermarktung äußerst problematisch und auch entsprechend verfassungsrechtlich kritisch zu sehen. Die derzeit gültige Regelung, wie sie in Rn. 19 beschrieben ist, ist kongruent zu der erfolgten Bewertung hinsichtlich einer Bonus-/Malusregelung.

---

8 BT-Drs. 14/2776, S. 24.
9 Vgl. BVerfGE 30, 292, 324 ff.; 33, 240, 244. In BVerfGE 77, 308, 337, hat das Gericht sogar ausdrücklich ausgeführt, dass bei fehlender besonderer Verantwortungsbeziehung des Indienstgenommenen die kompensationslose Indienstnahme verfassungsrechtlich unzulässig ist. Vielmehr hat das Gericht hier eine finanzielle Ausgleichsmöglichkeit des Indienstgenommenen als verfassungsrechtlich geboten angesehen. In diesem Sinne auch BVerfGE 81, 156, 197 ff. sowie BVerfGE 85, 226, 237.
10 BT-Drs. 16/13188, S. 14.
11 BNetzA, Evaluierungsbericht zur Ausgleichsmechanismusverordnung, März 2012, S. 22.

Die Nr. 1 Buchst. b) und c) sind ebenfalls schon in § 64 Nr. 7 EEG 2009 zu finden. Gemäß **25** der Gesetzesbegründung zum EEG 2012[12] wurden sie ebenfalls in Nr. 1 übernommen, um deutlich zu machen, dass eine Ordnungsmöglichkeit der genannten Sachverhalte auch ohne eine Übertragung der Vermarktung auf Dritte vorhanden ist.

Die **Überwachung der Vermarktung**, wie sie unter b) genannt ist, wird heute durch die **26** Bundesnetzagentur als Überwachungsorgan gemäß § 85 durchgeführt. Des Weiteren sind die Übertragungsnetzbetreiber gemäß § 2 AusglMechAV verpflichtet, diverse Daten im Zusammenhang mit ihrer Vermarktungstätigkeit auf einer gemeinsamen Internetplattform zu veröffentlichen. Unter anderem sind hierbei die nach §1 AusglMechAV veräußerten und erworbenen Strommengen, sowie die Ausgleichsenergie-Zeitreihen (Differenz aller Ausspeisungen und Einspeisungen) der EEG-Bilanzkreise zu veröffentlichen. Dies geschieht auf der gemeinsamen Homepage der vier deutschen Übertragungsnetzbetreiber (www.netz transparenz.de). Durch Buchst. b) kann der Verordnungsgeber diese Systematik der Überwachung ändern und neu ordnen.

Der Buchst. c) gibt der Bundesregierung die Möglichkeit, etwaige Folgeänderungen im **27** Rahmen einer Änderung des Vermarktungssystems durchzuführen. Unter dem allgemeinen Wortlaut **Anforderungen an die Vermarktung** kann allerdings zum Beispiel auch eine neue Art der Vermarktung verstanden werden. Die Übertragungsnetzbetreiber sind bisher nach § 2 S. 1 AusglMechV und § 1 AusglMechAV zur Vermarktung der EEG-Mengen am Spotmarkt verpflichtet. Durch diese Verordnungsermächtigung könnte die Bundesregierung diese Vorgaben ändern und beispielsweise eine Vermarktung der EEG-Mengen am Terminmarkt zulassen. Im Zuge der Novellierung der AusglMechAV Anfang des Jahres 2015 wurde durch die Möglichkeiten dieser Verordnungsermächtigung beispielsweise ein Viertelstundenprodukt eingeführt, welches bereits am Vortag gehandelt werden kann (§ 1 Abs. 2 AusglMechAV).

Die Aufnahme der Kontoführung und Ermittlung der EEG-Umlage sowie des finanziellen Ausgleichs in diese Nr. der Verordnungsermächtigung gibt der Bundesregierung die Option, diese anzupassen und nicht bei einer Änderung der Vermarktung weitere Verordnungen erlassen zu müssen. Unter dem Begriff **Kontoführung** ist die Führung des EEG-Kontos, wie derzeit gemäß § 5 AusglMechAV geregelt, zu verstehen. Die aktuell gültigen Vorgaben zur **Ermittlung der EEG-Umlage** sind in § 3 AusglMechV aufgeführt. Der Begriff **finanzieller Ausgleich** ist nicht näher definiert, allerdings dürfte der Gesetzgeber darunter die allgemeinen Finanztransaktionen auf allen Ebenen des bundesweiten Ausgleichs begreifen und auf keine spezielle Ebene abzielen.

2. Vertragliche Vereinbarungen und Abregelung (Nr. 2). Die Nr. 2 Buchst. a) ermög- **28** licht dem Verordnungsgeber Regelungen zur Optimierung der Vermarktung durch Vereinbarungen zwischen Übertragungsnetzbetreibern und Anlagenbetreibern auf vertraglicher Basis zu treffen. Ebenso können Voraussetzungen definiert werden, die einen einschränkenden Charakter haben und entsprechende Vereinbarungen nur zu speziellen Themen bzw. zu entsprechenden Zeiten zulassen. Inhalt dementsprechender vertraglicher Vereinbarungen kann insbesondere die Möglichkeit für die Übertragungsnetzbetreiber sein, temporäre **Erhöhungen bzw. Absenkungen der Wirkleistung** von Anlagen anzufordern und entsprechend zu vergüten. Die Anpassung der Leistung ermöglicht eine Anpassung der Stromerzeugung an die Marktgegebenheiten. Bei negativen Börsenpreisen könnten beispielsweise

---

12 BT-Drs. 17/6071, S. 91.

die Kosten für die Veräußerung von EEG-Strom durch Absenkung der Erzeugungsleistung ggf. vermieden bzw. reduziert werden. Anlagen, die nach dem EEG gefördert werden, werden heute i. d. R. passiv – also rein abhängig vom Dargebot des jeweiligen Energieträgers und ohne manuelle Eingriffe mit der zum jeweiligen Zeitpunkt maximalen Leistung – betrieben. Durch die Verordnungsermächtigung in Nr. 2 Buchst. a) können anhand vertraglicher Vereinbarungen Anreize geschaffen werden, die Fahrweise von EEG-Anlagen aktiv zu steuern, sofern dies der Optimierung der Vermarktung dient.

29 **Vertragliche Vereinbarungen** kommen gemäß §§ 145 ff. BGB durch Angebot und Annahme bzw. übereinstimmende Willenserklärungen der beiden Vertragspartner zustande. Zulässige Vertragspartner für Vereinbarungen nach Nr. 2 Buchst. a) sind die Übertragungsnetzbetreiber und Anlagenbetreiber.

30 Eine **Berechtigung** zum Abschluss vertraglicher Vereinbarungen wird damit ausschließlich an die Übertragungsnetzbetreiber – und nicht an mögliche Dritte – ausgesprochen. Für den Fall, dass Dritte gemäß einer Verordnung nach Nr. 5 mit der EEG-Vermarktung beauftragt würden, könnten diese nicht dazu berechtigt werden, vertragliche Vereinbarungen mit Anlagenbetreibern nach Nr. 2 Buchst. a) zu treffen.

31 Gemäß § 5 Nr. 2 sind **Anlagenbetreiber** ausschließlich Betreiber von „Anlagen für die Erzeugung von Strom aus Erneuerbaren Energien oder aus Grubengas". Verträge mit Betreibern von Anlagen, die nicht nach dem EEG förderfähig sind, sind somit nicht abgedeckt. Das Einhalten einer Abschaltreihenfolge, wie sie von der Bundesnetzagentur für Maßnahmen nach § 13 Abs. 1 und 2 EnWG § 14 Abs. 1 EEG vorgegeben wird,[13] ist daher ausschließlich über eine Verordnung nach Nr. 2 nicht möglich, da die dafür notwendigen Vereinbarungen nicht mit allen Kraftwerksbetreibern getroffen werden können. Der Wortlaut der Verordnungsermächtigung schränkt damit die Optionen zur Optimierung der Vermarktung auf EEG-Anlagen ein.

32 Eine **Angemessenheit** liegt im Allgemeinen dann vor, wenn „der Eingriff und der mit dem Eingriff verfolgte Zweck in recht gewichtetem und wohl abgewogenem Verhältnis zueinander stehen.[14] Die Angemessenheit bei der Berücksichtigung des Einspeisevorrangs liegt im Speziellen dann vor, wenn kein Verstoß gegen die Regelungen des Einspeisevorrangs vorliegt. Vereinbarungen nach Nr. 2 Buchst. a), die zwar vom Abnahmevorrang abweichen, aber die Marktintegration fördern, werden durch § 11 Abs. 4 als Ausnahme vom Abnahmevorrang abgesichert.[15] Vereinbarungsgrundlage für eine Abweichungsvereinbarung nach § 11 Abs. 4 ist die Einhaltung der Ausgleichsmechanismusverordnung. Wenn eine verbesserte Marktintegration gewährleistet und die Vermarktung optimiert wird, ist abweichend zu § 11 Abs. 3 eine bessere Integration der Anlage in das Netz als harte technische Vorgabe nicht nachzuweisen.[16] Beim Erlass einer Verordnung ist somit vor allem die wirtschaftliche Angemessenheit einer vertraglich basierten Maßnahme vorzugeben, an denen sich Vereinbarungen im Sinne von Nr. 2 Buchst. a) orientieren müssen, damit keine Ver-

---

13 BNetzA, Leitfaden zum EEG-Einspeisemanagement, Version 2.0, 12.7.2013, abrufbar auf www.bundesnetzagentur.de.
14 *Pieroth/Schlink*, Grundrechte Staatsrecht II, 27. Aufl. 2011, Rn. 299, S. 69.
15 Vgl. *Salje*, EEG 2014, § 8 Rn. 17.
16 Vgl. BT-Drs.17/6071, S. 64 (vgl. Ausführung zu § 8 EEG 2012).

tragspartei in unverhältnismäßigem Umfang benachteiligt wird. Jedoch ist ohnehin davon auszugehen, dass Vereinbarungen meist für beide Seiten von Vorteil sein werden.[17]

Durch den Wortlaut „vertragliche Vereinbarungen, die […] der Optimierung der Vermark-   **33**
tung dienen" wird die **Optimierung** der Vermarktung als erstrebter Zweck festgelegt. Eine betriebswirtschaftliche Optimierung der Vermarktung liegt vor, wenn der bestehende Gesamtzustand aus finanzieller Sicht verbessert wird. Maßnahmen zur Optimierung erzielen dabei entweder die Vermeidung von Aufwand bzw. Kosten oder die Steigerung von Erlösen. Eine Angemessenheit besteht folglich dann, wenn der Einsatz einer Maßnahme weniger Kosten bzw. höhere Erlöse verursacht, als durch ein Nichteinsetzen der Maßnahme entstehen würden. Die Formulierung ist einseitig zugunsten der Übertragungsnetzbetreiber zu verstehen und impliziert, dass ihnen unabhängig von der Gegenpartei – den Anlagenbetreibern – keine Nachteile durch Einsetzen einer vertraglichen Vereinbarung entstehen dürfen. Da die Kosten und Erlöse aus der EEG-Vermarktung Bestandteil der EEG-Umlage sind,[18] wird vom Gesetzgeber damit ein positiver volkswirtschaftlicher Nutzen angestrebt.

Die Zulässigkeit der **Berücksichtigung der Kosten im bundesweiten Ausgleichsmecha-**   **34**
nismus ist gleichzusetzen mit einer Berechtigung der Übertragungsnetzbetreiber die entstehenden Kosten in die Berechnung der EEG-Umlage einfließen zu lassen und so auf die Allgemeinheit und somit den Letztverbraucher zu sozialisieren.

Die Kosten, die durch solche **Vereinbarungen** entstehen, enthalten alle Kosten von der An-   **35**
bahnung von Verträgen über die verhandelten Vertragsinhalte bis hin zum Zweck der Vertragseinhaltung benötigter Hilfsmittel, wie beispielsweise IT-Systeme oder Marktplattformen. Die Vertragsinhalte können je nach Anlagenbetreiber unterschiedlich ausgestaltet sein. Grundsätzlich besteht die Möglichkeit zur Vereinbarung zur Absenkung oder zur Erhöhung der Wirkleistung.

Eine **Absenkung der Leistung** hätte nur zum Zeitpunkt des Abrufs der Anlage eine Än-   **36**
derung der passiven Fahrweise zur Folge. Die Möglichkeit zur Leistungserhöhung erfordert dagegen eine permanent aktive Fahrweise bei einer Erzeugungsleistung, die niedriger ist als die maximale Wirkleistung einer Anlage. Nur so kann ein entsprechender Puffer für den Fall eines Abrufs der vertraglich vereinbarten Erhöhung der Wirkleistung zur Verfügung gestellt werden. Durch die Vorhaltung dieses Puffers entstehen auf Betreiberseite zusätzliche in den Verträgen zu berücksichtigende Kosten, die nur dann eine volkswirtschaftliche Angemessenheit erzielen, wenn der positive Effekt bei Abruf der Maßnahme die Kosten zur Vorhaltung mindestens deckt bzw. übersteigt. Wenn kein Abruf der Maßnahme erfolgt, entsteht nachweislich ein volkswirtschaftlicher Nachteil. Aus diesem Grund ist anzunehmen, dass auf Basis einer Verordnung nach Nr. 2 Buchst. a) überwiegend vertragliche Vereinbarungen zur Absenkung der Wirkleistung mit Anlagenbetreibern getroffen werden. Begründen lässt sich diese Annahme zusätzlich durch das Risiko für die Übertragungsnetzbetreiber, dass die Kosten für den Fall, dass sie volkswirtschaftlich nicht angemessen sind – was bei Vereinbarungen zur Leistungserhöhung möglich ist – nicht im bundesweiten Ausgleichsmechanismus berücksichtigt werden können. Dementsprechend wird in der Gesetzesbegründung zum EEG 2012 explizit nur auf die Möglichkeit der Absenkung der Wirkleistung hingewiesen.[19]

---

17 Vgl. BT-Drs.16/8148, S. 44.
18 Vgl. § 3 Abs. 3 und 4 AusglMechV i.V.m. § 6 AusglMechAV.
19 BT-Drs. 17/6071, S. 92.

37 Die **volkswirtschaftliche Angemessenheit** kann dadurch erreicht werden, dass den Übertragungsnetzbetreibern bei der EEG-Vermarktung durch Einsetzen einer Maßnahme Vorteile oder zumindest keine Nachteile entstehen. Finanzielle Nachteile sind dagegen auch nicht in geringem Umfang zulässig, da dadurch der Zweck der Optimierung der Vermarktung verfehlt würde. In der Gesetzesbegründung werden negative Börsenpreise als ein möglicher und zulässiger Auslöser für den Einsatz einer Maßnahme nach Nr. 2 Buchst. a) genannt.[20] Die Angemessenheit ist bei einer Abregelung von Anlagen in Festvergütung und ohne Berücksichtigung der vertraglich vereinbarten Vergütungen bei Vorherrschen negativer Preise stets eingehalten, da dadurch Kosten in Höhe der mit dem Börsenpreis multiplizierten Einspeisung der Anlage vermieden werden. Es ist jedoch zu berücksichtigen, dass die durch vertragliche Vereinbarungen entstehenden Kosten (Ausgleichsvergütungen) nicht höher sein dürfen, als die Einsparungen, die durch das Vermeiden der Vermarktung zu negativen Preisen erzielt werden können.

38 Das **Zustandekommen vertraglicher Vereinbarungen** ist allerdings auch nur dann realistisch, wenn der beschriebene volkswirtschaftliche Vorteil gleichzeitig auch einen Vorteil für den Anlagenbetreiber mit sich bringt. Die vertraglich vereinbarte Ausgleichsvergütung, die für das Herunterregeln einer Anlage an den Anlagenbetreiber bezahlt wird, muss folglich für den Fall der Festvergütung höher sein als die durch die Maßnahme entgangene EEG-Vergütung, damit eine entsprechende vertragliche Vereinbarung für den Anlagenbetreiber attraktiv ist. Im Zuge der Festlegung der Höhe der Ausgleichsvergütung ist daher zu berücksichtigen, dass die gesetzliche EEG-Vergütung ohnehin bezahlt werden müsste, ungeachtet dessen, ob die Anlage aufgrund vertraglicher Vereinbarungen heruntergeregelt wird oder weiterhin nach dem Vorrangprinzip einspeist. Somit entsteht der volkswirtschaftliche Vorteil bereits dann, wenn der negative Börsenpreis einen höheren Betrag aufweist, als die Differenz aus der Ausgleichsvergütung aufgrund eines Herunterregelns und der gesetzlichen EEG-Vergütung. Eine solche Ausgestaltung der Ausgleichsvergütung ermöglicht den Übertragungsnetzbetreibern eine von der Einspeisevergütung unabhängige Rangfolge der Abschaltung bzw. des Herunterregeln von EEG-Anlagen zum Zweck der Optimierung der Vermarktung.

39 Die Nr. 2 Buchst. b) ermöglicht dem Verordnungsgeber, die Übertragungsnetzbetreiber zu berechtigen, **Anlagen** bei andauernd negativen Preisen **abzuregeln**. Einschränkend hierbei ist, dass sich die Verordnungsermächtigung nur auf Neuanlagen mit Inbetriebnahme nach dem 31.12.2015 erstreckt. Die genauen Vorrausetzungen sind in der Verordnungsermächtigung noch nicht ausgestaltet.

40 Im Zuge des EEG 2014 wurde § 24 neu in das EEG aufgenommen. Dieser Paragraph beinhaltet eine Regelung zur Verringerung der Förderung bei negativen Preisen. Ist der Wert der Stundenkontrakte für die Preiszone Deutschland/Österreich am Spotmarkt der Strombörse EPEX Spot SE in Paris an mindestens sechs aufeinanderfolgenden Stunden negativ, so verringert sich der anzulegende Wert nach § 23 Abs. 1 S. 2 für den gesamten Zeitraum, in welchem die Preise ohne Unterbrechung negativ sind, auf null. Dies bedeutet, dass in einem solchen Fall den Anlagenbetreibern für den entsprechenden Zeitraum keine Förderung bzw. Vergütung zusteht. Diese Regelung, wie auch die Verordnungsermächtigung nach § 91 Nr. 2 Buchst. b, gilt erst für Anlagen mit Inbetriebnahme ab dem 1.1.2016. Da

---

20 BT-Drs. 17/6071, S. 92.

sowohl die Verordnungsermächtigung nach § 91 Nr. 2 Buchst. b) wie auch § 24 neu im EEG 2014 aufgenommen wurden, liegt es nahe, diese in einem Kontext zu betrachten.

Die in der Verordnungsermächtigung beschriebene Möglichkeit für die Übertragungsnetz-   **41** betreiber, die entsprechenden Anlagen abregeln zu können, wäre quasi ein **Verschärfung des § 24**. Nach § 24 erhält der Anlagenbetreiber keine Förderung, wenn die Strompreise (day-ahead) für einen Zeitraum von mindestens sechs Stunden negativ sind. Im Zuge der Verordnungsermächtigung nach § 91 Nr. 2 Buchst. b) könnte der Übertragungsnetzbetrei-ber darüber hinaus zusätzlich die betroffenen (abhängig von der genauen Ausgestaltung der Verordnung) Anlagen abregeln. In § 91 Nr. 2 Buchst. b) ist nicht näher spezifiziert, um welche Preise es sich handelt und welchen Zeitraum der Begriff „andauernd" beschreibt. Wird diese Verordnungsermächtigung in den Kontext zu § 24 gezogen, ist davon auszuge-hen, dass nach derzeitiger Gesetzeslage mit „andauernd" ein Zeitraum von mindestens sechs Stunden gemeint ist. Bei den Preisen handelt es sich in diesem Zusammenhang um die Stundenkontrakte für die Preiszone Deutschland/Österreich am Spotmarkt der Strom-börse EPEX Spot SE in Paris.

Entsprechend der Begründung zum Änderungsantrag der Fraktionen der CDU/CSU und   **42** SPD zum Entwurf des Erneuerbare-Energien-Gesetzes vom 24.6.2014[21] ist die Nr. 2 Buchst. b) dieser Verordnungsermächtigung allerdings hauptsächlich in Verbindung mit **Anlagen in der Ausfallvermarktung** nach § 20 Abs. 1 Nr. 4 bzw. § 38 vorgesehen. Daher ist davon auszugehen, dass sich die mögliche Regelung auf Anlagen einer installierten Leistung von **mindestens 100 kW** bezieht. Dementsprechend wäre eine Orientierung bei der Ausgestaltung der Regelung, welche Anlagengrößen von einer möglichen Verordnung betroffenen sein könnten, entweder an der Regelung zur verpflichtenden Direktvermark-tung (vgl. § 37) oder der Regelung der Verringerung der Förderung bei negativen Preisen (vgl. § 24) sinnvoll.

Für Betreiber von Anlagen in der Marktprämie, vor allem für Anlagen welche unter § 24   **43** fallen, bestehen in einer Phase negativer Preise Anreize die Anlagen herunterzufahren. Nach § 24 reduzieren sich in einer Situation lang anhaltender negativer Preise für große Anlagen der anzulegende Wert und somit auch die Marktprämie auf null. Die Erlöse des Anlagenbetreibers bzw. Direktvermarkters ergeben sich im Allgemeinen aus dem Verkauf des Stroms an der Strombörse und der Marktprämie nach dem EEG. In Zeiten negativer Börsenpreise wird der Börsenerlös negativ. Wenn zudem sich nun die Marktprämie auf null reduziert, schlägt sich der negative Börsenpreis in Verlusten für den Anlagenbetreiber bzw. den Direktvermarkter nieder. Hierdurch entstehen Betreibern von Anlagen direkt mit jeder erzeugten Kilowattstunde-Strom Verluste, wodurch ein **Anreiz zur Abschaltung** der An-lage gewährleistet ist. Für Anlagen, die nicht unter § 24 fallen, bestehen ebenfalls Anreize zur Abschaltung, allerdings erst, wenn der Börsenpreis so negativ ist, dass die erwartete Marktprämie vollständig aufgezehrt wird.

Wird der Strom jedoch nicht regulär nach § 20 Abs. 1 Nr. 1 über die geförderte Direktver-   **44** marktung veräußert, sondern die **Ausfallvermarktung** nach § 20 Abs. 1 Nr. 4 in Verbin-dung mit § 38 in Anspruch genommen, entfallen die zuvor genannten Anreize, die Anlage in einer Phase negativer Preise abzuschalten. Dabei sind folgende zwei Fälle zu unterschei-den:

---

21 BT-Drs. 18/1891, S. 217.

45 Für Anlagen, welche unter § 24 fallen und die Preise länger als sechs Stunden negativ sind, reduziert sich auch im Fall der Ausfallvermarktung die Förderung nach dem EEG auf null. Da der Strom allerdings nicht von Anlagenbetreiber selbst, sondern vom Übertragungsnetzbetreiber an der Börse vermarktet wird, entstehen dem Anlagenbetreiber keine Kosten aus negativen Börsenpreisen. Daraus folgt, dass zumindest für Anlagen ohne Brennstoffkosten (z. B. Windenergieanlagen) **keine Anreize zum Herunterfahren der Anlage** bestehen.

46 Anlagen, welche nicht unter § 24 EEG fallen, erhalten auch im Fall negativer Börsenpreise eine feste Einspeisevergütung nach § 38. Diese Förderung ist unabhängig vom Börsenpreis. Da auch in diesem Fall der Strom an den Übertragungsnetzbetreiber zur Vermarktung weitergereicht wird, entstehen dem Anlagenbetreiber keine Kosten aus negativen Börsenerlösen. Das heißt der Anlagenbetreiber wird die Anlage weiter einspeisen lassen, da er für den eingespeisten Strom eine feste Einspeisevergütung je kWh erhält.

47 Für eine freiwillige Abschaltung von Anlagen in der Ausfallvermarktung durch den Anlagenbetreiber bestehen in einer Phase dauerhaft negativer Preise, wie zuvor erläutert, praktisch keine Anreize. Da in einer Phase negativer Preise davon auszugehen ist, dass ein Überangebot an Stromerzeugung vorliegt, kann es durchaus sinnvoll sein, auch die Anlagen, welche sich in der Ausfallvermarktung befinden, abzuschalten. Durch die vorliegende Verordnungsermächtigung kann dem Übertragungsnetzbetreiber daher die Möglichkeit gegeben werden, die entsprechenden Anlagen abzuregeln. Insbesondere kann die Verordnungsermächtigung hierdurch die **fehlenden Anreize zur Abschaltung von Anlagen in der Ausfallvermarktung kompensieren** und somit eine Besserstellung von Anlagen in der Ausfallvermarktung verhindern. Aus diesem Grund ist gemäß Gesetzesbegründung bei einer Abregelung durch den Übertragungsnetzbetreiber im Rahmen dieser Verordnungsermächtigung auch keine Entschädigung für den Anlagenbetreiber sinnvoll.[22]

48 **3. Gemeinsames EEG-Konto (Nr. 3).** Bis auf kleine redaktionelle Änderungen entspricht die Nr. 3 den bisherigen § 64c Nr. 3 EEG 2012 und § 64 Nr. 3 EEG 2009. Diese Nummer bietet die Möglichkeit, eine Verordnung zu erlassen, welche die Übertragungsnetzbetreiber zur Führung eines **gemeinsamen, transparenten EEG-Kontos** verpflichtet. Bisher wird von den Übertragungsnetzbetreibern fiktiv ein gemeinsames EEG-Konto, aber kein reales gemeinsames EEG-Bankkonto geführt. Das gemeinsame EEG-Konto ergibt sich aus der Addition der vier einzelnen EEG-Bankkonten der Übertragungsnetzbetreiber. Die Forderung nach expliziten EEG-Bankkonten und deren Führung ist in § 5 AusglMechAV niedergeschrieben. Gemäß § 5 Abs. 2 AusglMechAV werden auf dem EEG-Konto alle Einnahmen und Ausgaben nach § 3 AusglMechV und § 6 AusglMechAV verrechnet. Unter anderem fallen unter die genannten Positionen auch die Verkaufserlöse durch die Stromvermarktung, die Transaktionskosten und die Vergütungszahlungen an die Verteilnetzbetreiber. Die in der Verordnungsermächtigung geforderte Transparenz wird durch die Veröffentlichung des Kontoverlaufs und der einzelnen Einnahmen- und Ausgabepositionen auf der Homepage der vier deutschen Übertragungsnetzbetreiber (www.netztransparenz.de) gewährleistet. Die Bestimmung und die Veröffentlichung des EEG-Kontostandes zum letzten Kalendertag eines Monats erfolgt gemäß § 3 Abs. 2 AusglMechAV spätestens zum zehnten Werktag des Folgemonats. Die Aufgliederung der Positionen des EEG-Kontos sowie die Transparenz, wie sie in der Verordnungsermächtigung Eingang gefunden haben,

---

22 BT-Drs. 18/1891, S. 217.

wurden schon bei der Ausgestaltung der AusglMechAV berücksichtigt. Durch eine gute Nachvollziehbarkeit und Durchleuchtbarkeit der Kosten war es das Ziel der Bundesnetzagentur, die Akzeptanz des gesamten Umlagesystems zu stärken.[23] Des Weiteren müssen die Übertragungsnetzbetreiber bedeutende Sondereffekte konkret und die einzelnen Positionen im Allgemeinen abstrakt erläutern.

4. Ermittlung und Veröffentlichung der EEG-Umlage (Nr. 4). Die Bundesregierung **49** kann durch die Nr. 4 die Regelungen hinsichtlich der Erhebung und Veröffentlichung der EEG-Umlage weitreichend ändern.

Nach heutigem Stand berechnen die Übertragungsnetzbetreiber die **EEG-Umlage** gemein- **50** sam und bundesweit einheitlich auf Basis des § 60 Abs. 1 EEG. Die genauen Vorgaben zur Berechnung sind in § 3 AusglMechV festgelegt. In § 3 AusglMechV sind unter anderem die einzelnen Positionen der **Kosten und Erlöse**, welche durch § 6 AusglMechAV ergänzt und präzisiert werden, definiert. Zur Berechnung der EEG-Umlage werden die einzelnen Positionen für das folgende Kalenderjahr prognostiziert. Des Weiteren wird der Saldo der tatsächlich zum Zeitpunkt der Berechnung angefallenen Einnahmen und Ausgaben in die Umlageberechnung einbezogen. Dies geschieht über den EEG-Kontostand zum 30.9. des Berechnungsjahres. Zusätzlich ist den Übertragungsnetzbetreibern gemäß § 3 Abs. 8 AusglMechV gestattet, eine **Liquiditätsreserve** in die EEG-Umlage einzurechnen. Die Liquiditätsreserve darf maximal 10% der Differenz zwischen den prognostizierten Einnahmen und Ausgaben des folgenden Kalenderjahres betragen. Die Möglichkeit der Erhebung einer Liquiditätsreserve bestand erstmalig bei der Berechnung der EEG-Umlage 2012.

Gemäß § 5 Abs. 1 AusglMechV wird die EEG-Umlage bis zum 15. Oktober für das folgen- **51** de Kalenderjahr in nicht personenbezogener Form und in Cent pro an Letztverbraucher/innen gelieferter Kilowattstunde auf der Homepage der vier deutschen Übertragungsnetzbetreiber (www.netztransparenz.de) **veröffentlicht**. Die EEG-Umlage ist bundesweit einheitlich. § 5 AusglMechV enthält außerdem weitere Transparenzvorschriften hinsichtlich der Veröffentlichung EEG-Umlage.

Im Rahmen der vorliegenden Verordnungsermächtigung wird der Bundesregierung die **52** Möglichkeit gegeben, die Art der Berechnung sowie der Veröffentlichung der EEG-Umlage zu ändern. Die in der Verordnungsermächtigung aufgeführten Punkte sind in den bisher gültigen Rechtsverordnungen (AusglMechV und AusglMechAV) bereits umgesetzt. Im Zuge der Novellierung der AusglMechV[24] Anfang des Jahres 2015 wurde über die Möglichkeiten dieser Verordnungsermächtigung zusätzlich eine Veröffentlichungspflicht der Aufschlüsselung der EEG-Umlage auf Neu- und Bestandsanlagen erlassen (§ 5 Abs. 1 Nr. 2 AusglMechV). Ebenso wurde in diesem Zusammenhang eingeführt, dass in Zukunft eine Aufteilung der Belastung durch die EEG-Umlage auf die Letztverbrauchergruppen zu erfolgen hat (§ 5 Abs. 1 Nr. 3 AusglMechV).

5. Aufgabenübertragung auf Dritte (Nr. 5). Die Nr. 5 eröffnet der Bundesregierung die **53** Möglichkeit, die Übertragung der Aufgaben der Übertragungsnetzbetreiber im Rahmen des bundesweiten Ausgleichsmechanismus ganz oder teilweise auf Dritte zu regeln.

---

23 Vgl. BNetzA, Vorblatt und Begründung zur Verordnung zur Ausführung der Verordnung zur Weiterentwicklung des bundesweiten Ausgleichsmechanismus, 21.1.2010, S. 5.
24 BT-Drs. 18/3416.

Grundsätzlich sind die **Aufgaben des Übertragungsnetzbetreibers** im Rahmen des bundesweiten Ausgleichsmechanismus in den §§ 56–62 des EEG definiert.

54 Im Falle einer **Drittvermarktung** beschreibt das Verfahren die Weitergabe bzw. die Ausschreibung der EEG-Mengen von den Übertragungsnetzbetreibern an einen potenziellen Drittvermarkter. Eigens für die Analyse der Übertragung der Vermarktung an Dritte, wie in den §§ 9 und 11 Nr. 4 AusglMechV (Urfassung) geregelt, wurde durch die Bundesnetzagentur ein Gutachten beauftragt und veröffentlicht. Eine Verordnung und somit eine Änderung der bestehenden Durchführung der EEG-Vermarktung macht dann Sinn, wenn diese einen positiven Beitrag hinsichtlich folgender **Potenzialfaktoren** leisten kann:[25]

– **Verbesserte Systemeffizienz**: Mögliche Quellen zur Steigerung der Effizienz durch eine Drittvermarktung sind hauptsächlich die Ausweitung der Vermarktungsoptionen, Nutzung von Portfolioeffekten und die Verbesserung der Prognosegüte. Eine Erhöhung der Kosten könnte allerdings möglicherweise insbesondere durch erhöhte Transaktionskosten bzw. durch den Wegfall von Pooling-Effekten und Größenvorteilen entstehen. Positive Auswirkungen, wie beispielsweise Portfolioeffekte oder die Ausweitung der Vermarktungsoptionen auf den Terminmarkt, sind genauso wie die mit der Drittvermarktung entstehenden Kosten nur schwer abschätzbar und nicht quantifizierbar. Daher lässt sich eine eindeutige Abwägung, ob die positiven oder negativen Aspekte dominieren, nicht leisten.

– **Verteilungswirkungen hinsichtlich Senkung EEG-Umlage**: Eine Senkung der EEG-Umlage kann durch ein Drittvermarktungssystem prinzipiell entweder über eine Umverteilung der Renten vom Übertragungsnetzbetreiber zum Verbraucher oder durch eine Erhöhung der Systemeffizienz zustande kommen. Eine Umverteilung etwaiger Renten vom ÜNB zu den Verbrauchern ist nicht ersichtlich bzw. nicht gegeben, da die Übertragungsnetzbetreiber im gegenwärtigen System strikt an die AusglMechV bzw. AusglMechAV gebunden sind. Zusätzliche werden alle Zahlungen über das EEG-Konto abgewickelt und so bereits heute direkt über die EEG-Umlage an den Verbraucher weiterverrechnet. Eine Senkung der Umlage wäre daher lediglich durch eine Verbesserung der Systemeffizienz möglich (siehe vorherige Ausführungen), wobei die Verbesserung der Systemeffizienz höher sein muss als der monetäre Anreiz für die Drittvermarkter zur Übernahme der mit der Vermarktung verbundenen Risiken und Kosten.

– **Ordnungspolitische Ziele**: Grundsätzliche Kritik bezieht sich auf die Konzentration der Stromvermarktung bei den Übertragungsnetzbetreibern sowie auf die Transparenz der EEG-Vermarktung. Hinsichtlich der Transparenz der EEG-Vermarktung würde es im Falle einer Drittvermarktung sowohl positive wie auch negative Aspekte geben. Eine gewünschte Verlagerung der Vermarktung der EEG-Mengen weg von den Übertragungsnetzbetreiber hin zu mehreren klassischen Akteuren, könnte durch die Direktvermarktung besser als durch die Drittvermarktung umgesetzt werden. Insbesondere da durch die Direktvermarktung ein Mittel zur Marktintegration eingeführt wurde, welches den entscheidenden Vorteil gegenüber der Drittvermarktung hat, dass Einfluss auf den Anlagendispatch, also die Fahrweise der Anlagen, genommen werden kann.

---

25 Frontier Economics und Formaet Services GmbH, Entwicklung und Bewertung von Modellen der Drittvermarktung von Strom aus Erneuerbaren Energien – Ein Bericht für die Bundesnetzagentur, Oktober 2011, S. 6 ff., abrufbar auf www.bundesnetzagentur.de.

Grundsätzlich kommt der Bericht der Bundesnetzagentur hinsichtlich der Potenziale von   55
Drittvermarktung zu dem Fazit, dass insbesondere für den Endverbraucher **keine eindeutigen Vorteile** dadurch entstehen, wenn die Vermarktung nicht, wie bisher, vom Übertragungsnetzbetreiber durchgeführt wird, sondern durch andere Akteure. Des Weiteren können die Vorteile, welche durch die Drittvermarktung möglicherweise erzielt werden können, auch durch die Direktvermarktung erreicht werden. Zusätzlich bietet die Direktvermarktung die Möglichkeit einer marktpreisbasierten Ausgestaltung, so dass eine angepasste Fahrweise der Anlagen angereizt werden kann. Daher wäre die Drittvermarktung maximal die zweitbeste Lösung.

Sollte sich der Verordnungsgeber allerdings trotzdem zur Einführung einer Drittvermark-   56
tung entschließen, sollte diese sukzessive und nur mit Teil-EEG-Mengen erfolgen. Eine
mögliche Durchführung einer Drittvermarktung könnte somit als **additiver Pilotversuch**
gestartet werden, bei der die ÜNB-Vermarktung dennoch parallel weiterbetrieben wird, um
etwaige Potenziale zu überprüfen und Risiken zu minimieren.

Wie das Gutachten schon darlegt, ist beispielsweise eine Vermarktung am Terminmarkt   57
durch den Übertragungsnetzbetreiber gemäß § 2 AusglMechV nicht zulässig. Nr. 5 des
§ 91 konstatiert allerdings, dass für **Drittvermarkter nicht die gleichen Regeln** wie für
die Übertragungsnetzbetreiber gelten müssen. D.h. im Falle der Übertragung der Vermarktung an Dritte könnte somit, im Vergleich zu den heute gültigen Regelungen für die Vermarktung durch die Übertragungsnetzbetreiber, beispielsweise die Beschränkung auf den
vortägigen und untertägigen Spotmarkt entfallen.

Gemäß § 11 Nr. 4 AusglMechV ist die Bundesnetzagentur dazu ermächtigt, eine Regelung   58
zur Übertragung der Vermarktung auf Dritte zu erlassen. Bisher wurde davon kein Gebrauch gemacht und somit keine Festlegung in der AusglMechAV getroffen.

6. Systematische Anpassungen (Nr. 6). Die Nr. 6 entspricht § 64c Nr. 6 EEG 2012 und   59
nahezu § 64 Abs. 3 Nr. 8 EEG 2009. Sie beinhaltet eine **Auflistung verschiedenster The-
mengebiete**, die im Falle einer Änderung des Ausgleichsmechanismus angepasst werden
müssen bzw. können.

Gegenüber dem Ursprungsparagraph im EEG 2009 wurde ausschließlich die Differenzkos-   60
tenregelung durch die EEG-Umlage ersetzt, was lediglich eine Folgeänderung aufgrund
der Umstellung des bundesweiten EEG-Ausgleichsmechanismus ist. Weiter wird der Bundesregierung die Möglichkeit gegeben, Änderungen an den Regelungen der Direktvermarktung (§§ 34–36), an der besonderen Ausgleichsregelung für stromintensive Unternehmen und Schienenbahnen (§§ 63–69), an der Regelung zur nachträglichen Korrekturmöglichkeit (§ 62), an den Aufgaben der Bundesnetzagentur (§ 85), an den Übermittlungs- und
Veröffentlichungspflichten (§§ 70–77) sowie der EEG-Umlage (vgl. §§ 60 und 61) vorzunehmen.

7. EEG-Umlage für Eigenversorger (Nr. 7). Im Zuge des EEG 2014 wurde nach § 61 die   61
Pflicht auf Zahlung der **EEG-Umlage für Eigenversorger** eingeführt. Gemäß § 61 ist es
Aufgabe der Übertragungsnetzbetreiber, die Abwicklung der EEG-Umlage für Eigenversorger durchzuführen. Im Zuge dieser Verordnungsermächtigung kann das Abwicklungs-
verfahren für die Zahlung der EEG-Umlage im Fall des § 61 abweichend von den §§ 60
und 61 neu geordnet und die Zahlung der EEG-Umlage an den die EEG-Anlage anschließenden Netzbetreiber geregelt werden. Der Netzbetreiber reicht diese Zahlungen gesammelt an den Übertragungsnetzbetreiber weiter. Im Rahmen dieses Abrechnungsverfahrens

soll es auch möglich sein, dass Ansprüche auf Zahlung der EEG-Umlage mit Ansprüchen auf eine finanzielle Förderung (beispielsweise Zahlung der Marktprämie oder Festvergütung) abweichend von § 33 Abs. 1 miteinander verrechnet werden können.[26] Insbesondere soll bzw. muss im Rahmen einer Neuregelung auch definiert werden, wann Zahlungen oder Abschläge auf die EEG-Umlage geleistet werden müssen. Außerdem müssen die Mittteilungs- und Veröffentlichungsfristen abweichend von den §§ 70 bis 76 an den neuen Prozess angepasst werden.

62 Diese Verordnungsermächtigung wude durch die Bundesregierung im Zuge der Novellierung der AusglMechV Anfang des Jahres 2015 gezogen und entsprechend in der neuen Fassung der AusglMechV in den §§ 7 bis 9 umgesetzt.[27]

63 In § 7 AusglMechV wird daher grundsätzlich neu geregelt, dass die **Erhebung der EEG-Umlage für Eigenversorger** nach § 61 EEG **durch den anschließenden Netzbetreiber** erfolgt. Da der anschließende Netzbetreiber automatisch mit der zur Eigenversorgung eingesetzten Stromerzeugungsanlage befasst ist, z.B. durch den jeweiligen Netzanschluss oder Förderzahlungen nach dem EEG, besteht bereits ein direktes Verhältnis zwischen anschließendem Netzbetreiber und Anlagenbetreiber. Dies vereinfacht die Abwicklung der EEG-Umlagezahlungen und ist auch für den Anlagenbetreiber vorteilhaft, da er einen einheitlichen Ansprechpartner für die Abwicklung des EEG hat.[28] Nur in Ausnahmefällen erfolgt die Abwicklung direkt durch den Übertragungsnetzbetreiber. Die **Ausnahmefälle**, in denen der **Übertragungsnetzbetreiber die Abwicklung vornimmt**, sind in § 7 Abs. 1 AusglMechV aufgeführt. Es handelt sich um vier Fälle, in denen vom Grundsatz her der Übertragungsnetzbetreiber zur Abwicklung der EEG-Umlage-Pflicht besser geeignet ist als der anschließende Netzbetreiber, da z.B. bereits aus anderen Gründen ein direkter Geschäftskontakt zwischen Anlagenbetreiber und Übertragungsnetzbetreiber besteht.[29] Gemäß § 7 Abs. 2 AusglMechV können allerdings die Zuständigkeiten zur Abwicklung der EEG-Umlage für Eigenversorger durch vertragliche Vereinbarungen zwischen anschließendem Netzbetreiber und Übertragungsnetzbetreiber abweichend geregelt werden. In § 7 Abs. 3 AusglMechV ist weiterhin geregelt, wann und in welchen Fällen der Netzbetreiber Abschläge auf die Zahlung der EEG-Umlage vom Eigenversorger erheben kann. Grundsätzlich können außerdem Ansprüche auf Zahlung der EEG-Umlage gegen Ansprüche auf Zahlung einer finanziellen Förderung nach dem EEG an den Anlagenbetreiber aufgerechnet werden. Gemäß § 8 AusglMechV ist der anschließende Netzbetreiber verpflichtet die erhaltenen EEG-Umlage-Zahlungen von Eigenversorgern an den Übertragungsnetzbetreiber weiterzuleiten. Auf die weiterzuleitenden EEG-Umlage-Zahlungen sind monatliche Abschläge zu leisten. Die Verordnungsmöglichkeit, die Mitteilungs- und Veröffentlichungspflichten hinsichtlich der EEG-Umlage auf Eigenversorgung abweichend zu regeln (§ 91 Nr. 7 Buchst. b), wird im neuen § 9 AusglMechV umgesetzt.

---

26 BT-Drs. 18/1891, S. 217f.
27 BT-Drs. 18/3416.
28 BT-Drs. 18/3416, S. 29.
29 BT-Drs. 18/3416, S. 27ff.

IV. Rechtsverordnungen

1. Einzelregelungen zur Vermarktung des geförderten Stroms (Nr. 1). Gemäß § 10   **64**
AusglMechV wurde der Bundesnetzagentur die Befugnis eingeräumt, Anreize für eine
bestmögliche Vermarktung zu setzen: „Die Bundesnetzagentur wird ermächtigt, durch
Rechtsverordnung im Einvernehmen mit dem Bundesministerium für Wirtschaft und Energie […] 3. Anreize zur bestmöglichen Vermarktung des Stroms [zu regeln]."

Die **Bonusregelung zur Erzeugung von Anreizen für eine bestmögliche Vermarktung**   **65**
des nach 19 Abs. 1 Nr. 2 EEG vergüteten Stroms durch die Übertragungsnetzbetreiber ist
in **§ 7 AusglMechAV** durch die BNetzA ausgestaltet:

> (1) Um Anreize zu schaffen, den nach § 19 Absatz 1 Nummer 2 des Erneuerbare-Ener-
> gien-Gesetzes vergüteten Strom bestmöglich zu vermarkten, werden je Kalenderjahr
> (Anreizjahr) die spezifischen beeinflussbaren Differenzkosten eines Übertragungs-
> netzbetreibers mit einem Vergleichswert verglichen.
>
> (2) Beeinflussbare Differenzkosten bestehen aus einer Komponente, welche die Aktivi-
> täten an einem untertägigen Spotmarkt abbildet und einer Komponente, welche die In-
> anspruchnahme der Ausgleichsenergie abbildet. Die Ermittlung der beeinflussbaren
> Differenzkosten je Viertelstunde erfolgt, indem
> 1. bei untertägiger Beschaffung je Viertelstunde die beschaffte Menge (K_{UT}) mit der
> Differenz zwischen dem tatsächlich gezahlten Preis (P_{UT}) und dem Preis des Vortags-
> handels (P_{VT}) multipliziert wird,
> 2. bei untertägiger Veräußerung die veräußerte oder gelieferte Menge (VK_{UT}) mit der
> Differenz zwischen dem Preis des Vortageshandels (P_{VT}) und dem tatsächlich gezahl-
> ten Preis (P_{UT}) multipliziert wird,
> 3. bei Bezug von positiver Ausgleichsenergie je Viertelstunde die bezogene Menge
> (K_{AE}) mit der Differenz zwischen dem tatsächlich gezahlten Preis (P_{AE}) und dem Preis
> des Vortageshandels (P_{VT}) multipliziert wird oder
> 4. bei Bezug von negativer (gelieferter) Ausgleichsenergie die gelieferte Menge
> (VK_{AE}) mit der Differenz zwischen dem Preis des Vortageshandels (P_{VT}) und dem tat-
> sächlich gezahlten Preis (P_{AE}) multipliziert wird.
> Als Preis des Vortageshandels (P_{VT}) gilt der Market Clearing Preis der jeweiligen Stun-
> de der Day-Ahead-Auktion an der European Power Exchange. Als Aktivitäten an ei-
> nem untertägigen Spotmarkt gelten für die Ermittlung der beeinflussbaren Differenz-
> kosten die Handelsaktivitäten nach § 1 Absatz 2 und 3.
> Die beeinflussbaren Differenzkosten je Viertelstunde werden nach der folgenden For-
> mel ermittelt:
>
> $$K_{UT} \cdot (P_{UT} - P_{VT}) + VK_{UT} \cdot (P_{VT} - P_{UT}) + K_{AE} \cdot (P_{AE} - P_{VT}) + VK_{AE} \cdot (P_{VT} - P_{AE}).$$
>
> (3) Für die Ermittlung der spezifischen beeinflussbaren Differenzkosten eines Übertra-
> gungsnetzbetreibers im Sinne von Absatz 1 ist die Summe der nach Maßgabe des Ab-
> satzes 2 ermittelten Viertelstundenwerte eines Kalenderjahres durch die innerhalb die-
> ses Zeitraums zu vermarktende Menge des nach § 19 Absatz 1 Nummer 2 des
> Erneuerbare-Energien-Gesetzes vergüteten Stroms zu dividieren. Unter zu vermark-
> tender Menge ist die nach Durchführung des unverzüglichen horizontalen Belastungs-
> ausgleichs bei einem Übertragungsnetzbetreiber verbleibende Strommenge zu verste-
> hen.

(4) Der Vergleichswert im Sinne von Absatz 1 ist der arithmetische Mittelwert der jeweiligen spezifischen beeinflussbaren Differenzkosten aller Übertragungsnetzbetreiber der beiden Vorjahre.

(5) Der Übertragungsnetzbetreiber hat Anspruch auf einen Bonus, sofern seine spezifischen beeinflussbaren Differenzkosten den Vergleichswert zuzüglich eines Zuschlags von 5 Cent pro Megawattstunde nicht übersteigen. Die Höhe des Bonus beträgt 25 Prozent der Differenz zwischen dem Vergleichswert zuzüglich des Zuschlags und den spezifischen beeinflussbaren Differenzkosten nach Absatz 3 multipliziert mit der zu vermarktenden Menge im Sinne des Absatzes 3 Satz 2. Die Auszahlung von Boni ist für alle Übertragungsnetzbetreiber zusammen auf 20 Millionen Euro je Kalenderjahr begrenzt. Die maximal in einem Kalenderjahr zu erreichende Höhe des Bonus eines einzelnen Übertragungsnetzbetreibers ergibt sich aus dem Anteil seiner nach dem horizontalen Belastungsausgleich zu vermarktenden Strommenge an der insgesamt zu vermarktenden Strommenge aller Übertragungsnetzbetreiber multipliziert mit 20 Millionen Euro.

(6) In dem auf das Anreizjahr folgenden Jahr verbuchen die Übertragungsnetzbetreiber den etwaigen Bonus im Rahmen der Ermittlung der Umlage nach § 60 Absatz 1 des Erneuerbare-Energien-Gesetzes (EEG-Umlage) als prognostizierte Ausgabenposition nach § 3 Absatz 1 Nummer 1 der Ausgleichsmechanismusverordnung in Verbindung mit § 6 Absatz 1 Nummer 8. Übertragungsnetzbetreiber, die eine Bonuszahlung nach Absatz 5 geltend machen, müssen dies bis zum 31. März des auf das Anreizjahr folgenden Jahres bei der Bundesnetzagentur anzeigen und die sachliche Richtigkeit der Berechnung nachweisen. § 4 Absatz 4 ist entsprechend anzuwenden.

(7) Die Vereinnahmung des Bonus erfolgt in zwölf gleichmäßig verteilten Monatsraten. Sie beginnt zum Anfang des übernächsten Jahres bezogen auf das Anreizjahr.

66   **2. Einzelregelungen zu vertraglichen Vereinbarungen und Abregelungen (Nr. 2).** Bisher ist den Übertragungsnetzbetreibern ausschließlich eine Vermarktung der EEG-Stromerzeugung an der Börse gestattet. Hierzu ist in **§ 2 AusglMechV** zur Vermarktung Folgendes ausgeführt: „Die Übertragungsnetzbetreiber dürfen den nach § 19 Abs. 1 Nr. 2 des Erneuerbare-Energien-Gesetzes vergüteten Strom nur am Spotmarkt einer Strombörse nach Maßgabe der Ausgleichsmechanismus-Ausführungsverordnung vermarkten. Sie müssen zur bestmöglichen Vermarktung des Stroms die Sorgfalt eines ordentlichen und gewissenhaften Kaufmanns anwenden."

67   In **§ 10 S. 1 Nr. 1, 2 und 5 AusglMechV** wird der Bundesnetzagentur jedoch per Verordnungsermächtigung die Möglichkeit gegeben, eine Korrektur an den bisherigen Vorgaben vorzunehmen: „Die Bundesnetzagentur wird ermächtigt, durch Rechtsverordnung im Einvernehmen mit dem Bundesministerium für Wirtschaft und Energie zu regeln:

1. die Anforderungen an die Vermarktung der Strommengen nach § 2, insbesondere den Handelsplatz, die Prognoseerstellung, die Beschaffung der Ausgleichsenergie, die Transparenz- und die Mitteilungspflichten,
2. die Bestimmung der Positionen, die als Einnahmen oder Ausgaben nach § 3 gelten, und des anzuwendenden Zinssatzes,
3., 4. […]
5. die Voraussetzungen, unter denen die Übertragungsnetzbetreiber berechtigt werden können,

a) mit Anlagenbetreibern vertragliche Vereinbarungen zu treffen, die unter angemessener Berücksichtigung des Einspeisevorrangs der Optimierung der Vermarktung des Stroms dienen; dies schließt die Berücksichtigung der durch solche Vereinbarungen entstehenden Kosten als Ausgaben nach § 3 Absatz 4 ein, sofern sie volkswirtschaftlich angemessen sind,

b) [...]"

Auf Basis dieser Verordnungsermächtigung wird der BNetzA die Möglichkeit gegeben, **68** entsprechende Abweichungen vom Abnahmevorrang aufgrund vertraglicher Vereinbarungen nach § 11 Absatz 4 für zulässig zu erklären.

3. Zu Nr. 5. Laut **§ 10 Nr. 4 AusglMechV** ist die Möglichkeit zur Übertragung der Ver- **69** marktungstätigkeit vom Übertragungsnetzbetreiber an Dritte vorgesehen. § 9 AusglMechV (Urfassung) legt fest, dass die Bundesnetzagentur dem Bundesministerium für Umwelt, Naturschutz und Reaktorsicherheit und dem Bundesministerium für Wirtschaft und Technologie, nebst einer Evaluierung zur weiteren Ausgestaltung des Ausgleichsmechanismus bzw. der EEG-Vermarktung,[30] einen Bericht zur Übertragung der Aufgabe der Vermarktung an Dritte bis zum 31.12.2011 vorzulegen hatte. Dies erfolgte durch die Veröffentlichung des durch die Bundesnetzagentur beauftragten Gutachtens (siehe Rn. 53 ff.).

4. Zu Nr. 7. Gemäß dem Entwurf zur überarbeiteten Fassung der AusglMechV[31] ist die **70** Verordnungsermächtigung nach § 91 Nr. 7 in den neuen §§ 7 bis 9 AusglMechV umgesetzt worden.

---

30 BNetzA, Evaluierungsbericht zur Ausgleichsmechanismusverordnung, März 2012.
31 BT-Drs. 18/3416.

§ 92 Verordnungsermächtigung zu Herkunftsnachweisen

Das Bundesministerium für Wirtschaft und Energie wird ermächtigt, durch Rechtsverordnung ohne Zustimmung des Bundesrates

1. **die Anforderungen zu regeln an**
   a) **die Ausstellung, Übertragung und Entwertung von Herkunftsnachweisen nach § 79 Absatz 1,**
   b) **die Anerkennung, Übertragung und Entwertung von Herkunftsnachweisen, die vor der Inbetriebnahme des Herkunftsnachweisregisters ausgestellt worden sind, sowie**
   c) **die Anerkennung von Herkunftsnachweisen nach § 79 Absatz 2,**
2. **den Inhalt, die Form und die Gültigkeitsdauer der Herkunftsnachweise festzulegen,**
3. **das Verfahren für die Ausstellung, Anerkennung, Übertragung und Entwertung von Herkunftsnachweisen zu regeln sowie festzulegen, wie Antragsteller dabei die Einhaltung der Anforderungen nach Nummer 1 nachweisen müssen,**
4. **die Ausgestaltung des Herkunftsnachweisregisters nach § 79 Absatz 3 zu regeln sowie festzulegen, welche Angaben an das Herkunftsnachweisregister übermittelt werden müssen und wer zur Übermittlung verpflichtet ist; dies schließt Regelungen zum Schutz personenbezogener Daten ein,**
5. **abweichend von § 79 Absatz 5 zu regeln, dass Herkunftsnachweise Finanzinstrumente im Sinne des § 1 Absatz 11 des Kreditwesengesetzes oder des § 2 Absatz 2b des Wertpapierhandelsgesetzes sind,**
6. **abweichend von § 78 im Rahmen der Stromkennzeichnung die Ausweisung von Strom zu regeln, für den eine finanzielle Förderung nach § 19 in Anspruch genommen wird; hierbei kann insbesondere abweichend von § 79 Absatz 1 auch die Ausstellung von Herkunftsnachweisen für diesen Strom an die Übertragungsnetzbetreiber geregelt werden,**
7. **abweichend von § 79 Absatz 4 eine juristische Person des öffentlichen Rechts mit den Aufgaben nach § 79 Absatz 1 bis 3, insbesondere mit der Einrichtung und dem Betrieb des Herkunftsnachweisregisters sowie mit der Ausstellung, Anerkennung, Übertragung oder Entwertung von Herkunftsnachweisen einschließlich der Vollstreckung der hierzu ergehenden Verwaltungsakte zu betrauen oder in entsprechendem Umfang eine juristische Person des Privatrechts zu beleihen und hierzu die Einzelheiten, einschließlich der Rechts- und Fachaufsicht durch das Umweltbundesamt, zu regeln.**

Übersicht

I. Normzweck

1 § 64d schafft die Ermächtigungsgrundlage für die Herkunftsnachweisverordnung, die der Umsetzung der Richtlinie 2009/28/EG des Europäischen Parlaments und des Rates vom 23.4.2009 in nationales Recht dient.

II. Entstehungsgeschichte

§ 64d EEG 2012 enthielt die Ermächtigungsgrundlage für die Herkunftsnachweisverord- **2** nung und entsprach im Wesentlichen § 64 Abs. 4 EEG 2009 in der Fassung des „Europa- rechtsanpassungsgesetzes Erneuerbare Energien".[1] Gegenüber § 64d EEG 2012 wird le- diglich in Nummer 1 der geänderte Ressortzuschnitt nachvollzogen und Nummer 6 als redaktionelle Folgeänderung zur Umstellung der Fördervorschriften angepasst.[2]

III. Einzelerläuterungen

Nr. 1 ermächtigt das BMWi ohne Zustimmung des Bundesrates, die Anforderungen zur Aus- **3** gestaltung, Übertragung und Entwertung von Herkunftsnachweisen nach § 79 Abs. 1 festzu- legen (Nr. 1a). Des Weiteren ist die Anerkennung, Übertragung und Entwertung von Her- kunftsnachweisen, die vor dem Zeitpunkt der Inbetriebnahme des Herkunftsnachweisregis- ters ausgestellt wurden, zu regeln (Nr. 1b). Durch Nr. 1c können die Anforderungen für die Anerkennung von ausländischen Herkunftsnachweisen nach § 79 Abs. 2 festgelegt werden.

Nr. 2 liefert die Ermächtigung, den Inhalt, die Form und die Gültigkeitsdauer der **Her- 4 kunftsnachweise** festzulegen.

Die Ermächtigung zur Festlegung des **Verfahrens** für die Ausstellung, Anerkennung, Über- **5** tragung und Entwertung von Herkunftsnachweisen erteilt Nr. 3. Ebenso kann festgelegt wer- den, wie Antragsteller die Einhaltung der Anforderungen nach Nr. 1 nachweisen müssen.

Die Ausgestaltung des **Herkunftsnachweisregisters** nach § 79 Abs. 3 regelt Nr. 4. Das **6** BMWi wird ermächtigt, festzulegen, welche Angaben an das Herkunftsnachweisregister übermittelt werden müssen und wer zur Übermittlung verpflichtet ist; dies schließt Rege- lungen zum Schutz personenbezogener Daten ein.

Das BMWi kann abweichend von § 79 Abs. 5 regeln, dass Herkunftsnachweise **Finanzins- 7 trumente** im Sinne des § 1 Abs. 11 des Kreditwesengesetzes oder des § 2 Abs. 2b des Wertpapierhandelsgesetzes sind. Sollte der Handel mit diesen ungekoppelten handelbaren Herkunftsnachweisen zu Missbrauch führen, kann das BMWi mit dieser Ermächtigung kurzfristig reagieren und die Herkunftsnachweise der entsprechenden Finanzmarktaufsicht nach dem Kreditwesengesetz und dem Wertpapierhandelsgesetz unterstellen.[3] Die Festle- gung des § 79 Abs. 5 hat den Zweck, den Handel von Herkunftsnachweisen unkompliziert und ohne weitere Voraussetzungen auch für Anlagentreiberinnen und Anlagenbetreiber pa- rallel mit dem Handel des Stroms selbst zu ermöglichen.

Durch die Ermächtigungsgrundlage in Nr. 6 kann das BMWi abweichend von § 78 im Rah- **8** men der Stromkennzeichnung die Ausweisung von Strom regeln, für den eine finanzielle Förderung nach § 19 in Anspruch genommen wird; hierbei kann insbesondere abweichend von § 79 Abs. 1 auch die Ausstellung von Herkunftsnachweisen für diesen Strom an die ÜNB geregelt werden. Nr. 6 eröffnet die Möglichkeit, die Ausweisung von EEG-Strom, für den eine finanzielle Förderung nach §19 in Anspruch genommen worden ist, im Rah- men der Stromkennzeichnung abweichend von § 79 geregelt werden kann. Insbesondere

---

1 Gesetzbegründung zu § 64d EEG 2012, BT-Drs. 17/6071, S. 92.
2 Siehe BT-Drs. 18/1304, S. 172. Mit dem Beschluss des Bundestages, Drs. 18/1891 vom 26.6.2014, wurde aus § 89 der § 92. Inhaltlich wurde an § 92 nichts geändert.
3 Gesetzbegründung zu § 64d EEG 2012, BT-Drs. 17/6071, S. 92.

wird so die Möglichkeit geschaffen, dass anstelle der Ausweisung auf der Grundlage der finanziellen Belastung der Letztverbraucher, den Übertragungsnetzbetreibern für den von ihnen an der Strombörse verkauften EEG-Strom Herkunftsnachweise ausgestellt werden können.

9 Das BMWi kann gemäß Nr. 7 abweichend von § 79 Abs. 4 eine juristische Person des öffentlichen Rechts mit den Aufgaben nach § 79 Abs. 1 bis 3, insbesondere mit der Einrichtung und dem Betrieb des Herkunftsnachweisregisters sowie mit der Ausstellung, Anerkennung, Übertragung oder Entwertung von Herkunftsnachweisen einschließlich der Vollstreckung der hierzu ergehenden Verwaltungsakte, betrauen oder in entsprechendem Umfang eine juristische Person des Privatrechts beleihen und hierzu die Einzelheiten, einschließlich der Rechts- und Fachaufsicht durch das Umweltbundesamt, regeln.

10 Auf der Ermächtigungsgrundlage des § 64 Abs. 4 EEG 2009, die in § 64d EEG 2012 fortgeführt wurde, sowie des § 63a Abs. 2 Nr. 3 EEG 2009 wurde die Herkunftsnachweisverordnung (HkNV) erlassen und trat am 9.12.2011 in Kraft.

11 Die Verordnung dient der Unterstützung der Zielerreichung der Richtlinie 2009/28/EG. Durch die Richtlinie „werden die Mitgliedstaaten u. a. dazu verpflichtet, ein zentrales elektronisches Register für Herkunftsnachweise für Strom aus erneuerbaren Energien einzuführen und damit die Stromkennzeichnung transparenter zu gestalten und einer Doppelvermarktung von Strom aus erneuerbaren Energien entgegenzuwirken. Artikel 15 der Richtlinie 2009/28/EG verlangt insbesondere, dass die Mitgliedstaaten geeignete Mechanismen schaffen, um sicherzustellen, dass Herkunftsnachweise von einer zentralen Stelle elektronisch ausgestellt, anerkannt, übertragen und entwertet werden sowie genau, zuverlässig, vor Missbrauch geschützt und betrugssicher sind. Die Herkunftsnachweisverordnung dient der Umsetzung dieser europarechtlichen Vorgaben."[4]

IV. Herkunftsnachweisverordnung (HkNV)

12 **Verordnung über Herkunftsnachweise für Strom aus erneuerbaren Energien (Herkunftsnachweisverordnung – HkNV)**[5]

Es verordnet auf Grund

– des § 64 Absatz 4 des Erneuerbare-Energien-Gesetzes, der durch Artikel 1 des Gesetzes vom 12. April 2011 (BGBl. I S. 619) eingefügt worden ist, das Bundesministerium für Umwelt, Naturschutz und Reaktorsicherheit im Einvernehmen mit dem Bundesministerium für Wirtschaft und Technologie sowie

– des § 63a Absatz 2 Nummer 3 des Erneuerbare-Energien-Gesetzes, der durch Artikel 1 des Gesetzes vom 12. April 2011 (BGBl. I S. 619) eingefügt worden ist, in Verbindung mit dem 2. Abschnitt des Verwaltungskostengesetzes vom 23. Juni 1970 (BGBl. I S. 821), das Bundesministerium für Umwelt, Naturschutz und Reaktorsicherheit:

---

4 BMU: Begründung zur HkNV, www.clearingstelle-eeg.de/files/HkNV_Begruendung.pdf.
5 BGBl. 2011 Teil 1 Nr. 62 S. 2447 v. 8.12.2011, zuletzt geändert durch Artikel 19 d. Gesetzes v. 21.7.2014, BGBl. I S. 1066. Diese Verordnung dient der Umsetzung der Richtlinie 2009/28/EG des Europäischen Parlaments und des Rates vom 23.4.2009 zur Förderung der Nutzung von Energie aus erneuerbaren Quellen und zur Änderung und anschließenden Aufhebung der Richtlinie 2001/77/EG und 2003/30/EG (ABl. L 140 vom 5.6.2009, S. 16).

§ 1 Herkunftsnachweisregister

(1) Das Umweltbundesamt richtet das Herkunftsnachweisregister nach § 55 Absatz 3 des Erneuerbare-Energien-Gesetzes ein. Das Herkunftsnachweisregister nimmt den Betrieb nach Maßgabe der Rechtsverordnung nach § 6 auf; das Bundesministerium für Umwelt, Naturschutz und Reaktorsicherheit macht den Tag der Inbetriebnahme im elektronischen Bundesanzeiger bekannt.

(2) Jede natürliche oder juristische Person und jede Personengesellschaft erhält auf Antrag nach Maßgabe der Rechtsverordnung nach § 6 ein Konto im Herkunftsnachweisregister, in dem die Ausstellung, Inhaberschaft, Anerkennung, Übertragung, Verwendung und Entwertung von Herkunftsnachweisen registriert werden.

(3) Das Umweltbundesamt kann nach Maßgabe der Rechtsverordnung nach § 6 bei Vorliegen eines berechtigten Interesses Konten vorläufig sperren oder schließen sowie Kontoinhaberinnen und Kontoinhaber vorläufig oder dauerhaft von der weiteren Nutzung des Herkunftsnachweisregisters ausschließen.

(4) Das Umweltbundesamt hat bei der Einrichtung und bei dem Betrieb des Herkunftsnachweisregisters die erforderlichen technischen und organisatorischen Maßnahmen zur Sicherstellung von Datenschutz und Datensicherheit unter Beachtung von § 9 des Bundesdatenschutzgesetzes und der Anlage zu § 9 Satz 1 des Bundesdatenschutzgesetzes und unter Berücksichtigung der einschlägigen Standards und Empfehlungen des Bundesamtes für Sicherheit in der Informationstechnik zu treffen.

§ 2 Mindestinhalt von Herkunftsnachweisen

Ein Herkunftsnachweis muss mindestens die folgenden Angaben enthalten:

1. eine einmalige Kennnummer,
2. das Datum der Ausstellung und den ausstellenden Staat,
3. die zur Stromerzeugung eingesetzten Energien nach Art und wesentlichen Bestandteilen,
4. den Beginn und das Ende der Erzeugung des Stroms, für den der Herkunftsnachweis ausgestellt wird,
5. den Standort, den Typ, die installierte Leistung und den Zeitpunkt der Inbetriebnahme der Anlage, in der der Strom erzeugt wurde, sowie
6. Angaben dazu, ob, in welcher Art und in welchem Umfang
   a) für die Anlage, in der der Strom erzeugt wurde, Investitionsbeihilfen geleistet wurden,
   b) für die Strommenge in sonstiger Weise eine Förderung im Sinne von Artikel 2 Buchstabe k der Richtlinie 2009/28/EG des Europäischen Parlaments und des Rates vom 23. April 2009 zur Förderung der Nutzung von Energie aus erneuerbaren Quellen und zur Änderung und anschließenden Aufhebung der Richtlinien 2001/77/EG und 2003/30/EG (ABl. L 140 vom 5.6.2009, S. 16) gezahlt oder erbracht wurde.

§ 3 Grundsätze für die Ausstellung, Anerkennung, Übertragung und Entwertung von Herkunftsnachweisen

(1) Das Umweltbundesamt
1. stellt Anlagenbetreiberinnen und Anlagenbetreibern Herkunftsnachweise für Strom aus erneuerbaren Energien aus,

2. überträgt Herkunftsnachweise und

3. erkennt Herkunftsnachweise aus dem Ausland für Strom aus erneuerbaren Energien an.

Die Ausstellung, Übertragung und Anerkennung nach Satz 1 erfolgt auf Antrag nach Maßgabe der Rechtsverordnung nach § 6.

(2) Herkunftsnachweise werden jeweils für eine erzeugte und an Letztverbraucherinnen oder Letztverbraucher gelieferte Strommenge von einer Megawattstunde ausgestellt. Für jede erzeugte und an Letztverbraucherinnen oder Letztverbraucher gelieferte Megawattstunde Strom wird nicht mehr als ein Herkunftsnachweis ausgestellt.

(3) Herkunftsnachweise aus dem Ausland können nur anerkannt werden, wenn sie mindestens die Vorgaben des Artikels 15 Absatz 6 und 9 der Richtlinie 2009/28/EG erfüllen.

(4) Das Umweltbundesamt entwertet Herkunftsnachweise nach ihrer Verwendung, spätestens aber zwölf Monate nach Erzeugung der entsprechenden Strommenge. Entwertete Herkunftsnachweise dürfen nicht mehr verwendet werden. Sie sind unverzüglich automatisch zu löschen, sobald sie zur Führung des Herkunftsnachweisregisters nicht mehr erforderlich sind.

§ 4 Übertragung von Aufgaben; Beleihung

(1) Das Umweltbundesamt wird ermächtigt, durch Rechtsverordnung im Einvernehmen mit dem Bundesministerium für Wirtschaft und Energie die Einrichtung und den Betrieb des Herkunftsnachweisregisters nach § 1 sowie die Ausstellung, Anerkennung, Übertragung und Entwertung von Herkunftsnachweisen nach § 3 einschließlich der Vollstreckung der hierzu ergehenden Verwaltungsakte ganz oder teilweise durch Beleihung auf eine juristische Person des Privatrechts zu übertragen, wenn diese Gewähr dafür bietet, dass die übertragenen Aufgaben ordnungsgemäß und zentral für das Bundesgebiet erfüllt werden.

(2) Eine juristische Person des Privatrechts bietet die notwendige Gewähr im Sinne von Absatz 1, wenn

1. die Personen, die nach dem Gesetz, dem Gesellschaftsvertrag oder der Satzung die Geschäftsführung oder Vertretung ausüben, zuverlässig und fachlich geeignet sind,

2. sie über die zur Erfüllung ihrer Aufgaben notwendige Ausstattung und Organisation verfügt,

3. sie rechtlich, wirtschaftlich, organisatorisch und personell unabhängig ist von juristischen Personen, die in den Bereichen Energieerzeugung, -handel und -vertrieb einschließlich Handel mit Herkunftsnachweisen oder sonstigen Nachweisen über die Erzeugung von Energie tätig sind, und

4. sie durch technische und organisatorische Maßnahmen sicherstellt, dass die Vorschriften zum Schutz personenbezogener Daten sowie von Betriebs- oder Geschäftsgeheimnissen eingehalten werden.

(3) Die nach Absatz 1 beliehene juristische Person des Privatrechts untersteht der Rechts- und Fachaufsicht des Umweltbundesamtes.

(4) Die Aufgabenübertragung ist im elektronischen Bundesanzeiger bekannt zu machen.

(5) Die Anforderungen an die Beendigung der Aufgabenübertragung und die hiermit verbundenen Rechte und Pflichten für die mit der Aufgabe beliehene juristische Person sind in der Rechtsverordnung nach Absatz 1 zu regeln.

§ 5 Außenverkehr

Zur Anerkennung ausländischer Herkunftsnachweise nach § 79 Absatz 2 des Erneuerbare-Energien-Gesetzes obliegt der Verkehr mit den zuständigen Ministerien und Behörden anderer Mitgliedstaaten der Europäischen Union und von Drittstaaten sowie mit Organen der Europäischen Union dem Bundesministerium für Wirtschaft und Energie; dabei sind die §§ 4b und 4c des Bundesdatenschutzgesetzes zu beachten. Es kann diese Aufgabe ganz oder teilweise auf das Umweltbundesamt übertragen.

§ 6 Übertragung der Verordnungsermächtigung

(1) Das Umweltbundesamt wird ermächtigt, durch Rechtsverordnung im Einvernehmen mit dem Bundesministerium für Wirtschaft und Energie

1. weitere Anforderungen an den Inhalt, die Gültigkeitsdauer und die Form der Herkunftsnachweise sowie die verwendeten Datenformate und Schnittstellen zu anderen informationstechnischen Systemen festzulegen,
2. Anforderungen zu regeln an
   a) die Ausstellung, Übertragung und Entwertung von Herkunftsnachweisen,
   b) die Anerkennung von Herkunftsnachweisen für Strom aus erneuerbaren Energien aus dem Ausland nach § 79 Absatz 2 des Erneuerbare-Energien-Gesetzes sowie
   c) die Anerkennung, Übertragung und Entwertung von Herkunftsnachweisen, die vor der Inbetriebnahme des Herkunftsnachweisregisters ausgestellt worden sind,
3. Voraussetzungen für die vorläufige oder dauerhafte Sperrung von Konten und den Ausschluss von Kontoinhaberinnen und Kontoinhabern von der Nutzung des Herkunftsnachweisregisters festzulegen,
4. das Verfahren für die Ausstellung, Anerkennung, Übertragung und Entwertung von Herkunftsnachweisen zu regeln sowie festzulegen, wie Antragstellerinnen und Antragsteller dabei die Einhaltung der Anforderungen nach Nummer 2 nachweisen müssen, sowie
5. die weitere Ausgestaltung des Herkunftsnachweisregisters nach § 79 Absatz 3 des Erneuerbare-Energien-Gesetzes zu regeln sowie festzulegen, welche Angaben an das Herkunftsnachweisregister übermittelt werden müssen und wer zur Übermittlung verpflichtet ist, einschließlich Regelungen zum Schutz personenbezogener Daten, in denen Art, Umfang und Zweck der Speicherung sowie Löschungsfristen festgelegt werden müssen.

(2) Das Umweltbundesamt wird ermächtigt, durch Rechtsverordnung die für Amtshandlungen des Umweltbundesamtes im Zusammenhang mit der Ausstellung, Anerkennung, Übertragung und Entwertung von Herkunftsnachweisen sowie für die Nutzung des Herkunftsnachweisregisters gebührenpflichtigen Tatbestände und Gebührensätze sowie die erstattungsfähigen Auslagen gemäß § 87 des Erneuerbare-Energien-Gesetzes zu bestimmen.

§ 7 Übergangsbestimmungen

Die §§ 1 bis 4 sind nicht anzuwenden auf Herkunftsnachweise, die bis zur Aufnahme des Betriebs des Herkunftsnachweisregisters nach § 1 Absatz 1 Satz 2 ausgestellt worden sind. Herkunftsnachweise nach Satz 1 gelten spätestens zwölf Monate nach dem Tag der Aufnahme des Betriebs des Herkunftsnachweisregisters als entwertet. § 3 Absatz 4 Satz 3 gilt entsprechend.

§ 8 Inkrafttreten

Diese Verordnung tritt am 9. Dezember 2011 in Kraft.

§ 93 Verordnungsermächtigung zum Anlagenregister

Das Bundesministerium für Wirtschaft und Energie wird ermächtigt, durch Rechtsverordnung ohne Zustimmung des Bundesrates zu regeln:

1. Die Angaben nach § 6 Absatz 2 und weitere Angaben, die an das Anlagenregister übermittelt werden müssen, einschließlich der Anforderungen an die Art, die Formate, den Umfang und die Aufbereitung, zu den weiteren Angaben zählen insbesondere Angaben über:
   a) die Eigenversorgung durch die Anlage,
   b) das Datum der Inbetriebnahme der Anlage,
   c) technische Eigenschaften der Anlage,
   d) das Netz, an das die Anlage angeschlossen ist,

2. wer die weiteren Angaben nach Nummer 1 übermitteln muss, insbesondere ob Anlagenbetreiber, Netzbetreiber, öffentliche Stellen oder sonstige Personen zur Übermittlung verpflichtet sind,

3. das Verfahren zur Registrierung der Anlagen einschließlich der Fristen sowie der Regelung, dass die Registrierung durch Anlagenbetreiber abweichend von § 6 Absatz 2 bei einem Dritten erfolgen muss, der zur Übermittlung an das Anlagenregister verpflichtet ist,

4. die Überprüfung der im Anlagenregister gespeicherten Angaben einschließlich hierzu erforderlicher Mitwirkungspflichten von Anlagenbetreibern und Netzbetreibern,

5. dass Wechsel der Veräußerungsform abweichend von § 21 Absatz 1 dem Anlagenregister mitzuteilen sind, einschließlich der Fristen für die Datenübermittlung sowie Bestimmungen zu Format und Verfahren,

6. dass die Angaben mit den Angaben des Herkunftsnachweisregisters nach § 79 Absatz 3 oder mit anderen Registern und Datensätzen abgeglichen werden, die eingerichtet oder erstellt werden:
   a) auf Grund dieses Gesetzes oder einer hierauf erlassenen Rechtsverordnung
   b) auf Grund des Energiewirtschaftsgesetzes oder einer hierauf erlassenen Rechtsverordnung oder Festlegung oder
   c) auf Grund des Gesetzes gegen Wettbewerbsbeschränkungen oder einer hierauf erlassenen Rechtsverordnung oder Festlegung,
   soweit die für diese Register und Datensätze jeweils maßgeblichen Bestimmungen einem Abgleich nicht entgegenstehen,

7. dass Angaben der Anlagenbetreiber über genehmigungsbedürftige Anlagen mit Daten der zuständigen Genehmigungsbehörde abgeglichen werden,

8. welche registrierten Angaben im Internet veröffentlicht werden; hierbei ist unter angemessener Berücksichtigung des Datenschutzes ein hohes Maß an Transparenz anzustreben; dies schließt ferner Bestimmungen nach § 26 Absatz 2 über die erforderlichen Veröffentlichungen zur Überprüfung des Zubaus von Anlagen zur Erzeugung von Strom aus Biomasse, Windenergieanlagen an Land und Anlagen zur Erzeugung von Strom aus solarer Strahlungsenergie sowie der nach den §§ 38, 29 und 31 jeweils geltenden anzulegenden Werte ein,

9. die Pflicht der Netzbetreiber, die jeweilige Ist-Einspeisung von Anlagen, die im Anlagenregister registriert sind und die mit technischen Einrichtungen im Sinne von

§ 9 Absatz 1 Nummer 2 ausgestattet sind, abzurufen und diese Angaben an das Anlagenregister zu übermitteln, einschließlich der Fristen sowie der Anforderungen an die Art, die Formate, den Umfang und die Aufbereitung der zu übermittelnden Daten,

10. das Verhältnis zu den Übermittlungs- und veröffentlichungspflichten nach den §§ 70 bis 73; hierbei kann insbesondere geregelt werden, in welchem Umfang Angaben, die in dem Anlagenregister erfasst und veröffentlicht werden, ab dem Zeitpunkt ihrer Veröffentlichung nicht mehr nach den §§ 70 bis 73 übermittelt und veröffentlicht werden müssen,

11. Art und Umfang der Weitergabe der Angaben an
    a) Netzbetreiber zur Erfüllung ihrer Aufgaben nach diesem Gesetz und dem Energiewirtschaftsgesetz,
    b) öffentliche Stellen zur Erfüllung ihrer Aufgaben im Zusammenhang mit dem Ausbau der erneuerbaren Energien,
    c) Dritte, soweit dies zur Erfüllung der Aufgaben nach Buchstabe b erforderlich ist oder soweit ein berechtigtes Interesse an den Angaben besteht, für das die Veröffentlichung nach Nummer 8 nicht ausreicht; Angaben nach § 6 Absatz 2 Nummer 1 dürfen nicht an Dritte weitergegeben werden,

12. die Ermächtigung der Bundesnetzagentur, durch Festlegung nach § 29 des Energiewirtschaftsgesetzes zu regeln:
    a) weitere Angaben, die von Anlagenbetreibern oder Netzbetreibern zu übermitteln sind, soweit dies nach § 6 Absatz 1 Satz 2 erforderlich ist,
    b) dass abweichend von einer Rechtsverordnung nach Nummer 1 bestimmte Angaben nicht mehr übermittelt werden müssen, soweit diese nicht länger nach § 6 Absatz 1 Satz 2 erforderlich sind; hiervon ausgenommen sind die Angaben nach § 6 Absatz 2,
    c) Art und Umfang eines erweiterten Zugangs zu Angaben im Anlagenregister für bestimmte Personenkreise zur Verbesserung der Markt- und Netzintegration,

13. Regelungen zum Schutz personenbezogener Daten im Zusammenhang mit den nach den Nummern 1 bis 11 zu übermittelnden Angaben, insbesondere Aufklärungs-, Auskunfts- und Löschungspflichten,

14. die Überführung des Anlagenregisters nach § 6 Absatz 4 in das Gesamtanlagenregister nach § 53b des Energiewirtschaftsgesetzes einschließlich der erforderlichen Regelungen zur Überleitung der registrierten Angaben sowie zur Wahrnehmung der Aufgaben nach § 6 Absatz 1 Satz 2 durch das Gesamtanlagenregister.

Übersicht

I. Normzweck und Hintergrund

1   Durch das Anlagenregister kann die Basis für eine vollständige Katalogisierung von Anlagendaten in einer deutschlandweit einheitlichen informationstechnischen Plattform ermöglicht werden. Für die Erfüllung ihrer Aufgaben aus dem EEG führen derzeit alle Verteiler- und Übertragungsnetzbetreiber eine Datenbank zur Erfassung von Anlagendaten, die ausschließlich ihr jeweiliges Netzgebiet bzw. ihre Regelzone betreffen. Diese Datenbanken können sich bzgl. Informationstiefe und Datendefinition zum Teil deutlich voneinander unterscheiden. Die Datenqualität und damit verbunden die Aussagekraft der Daten ist deshalb zwischen den Registern teilweise nicht vergleichbar. Aus diesem Grund ist es eine große Herausforderung einen uneingeschränkten Überblick über die vorhandenen Daten, die aufgrund von Bestimmungen des EEG erhoben werden, zu erhalten. Im Zusammenhang mit dem bundesweiten Ausgleichsmechanismus, mit dem Monitoring des EEG durch Politik, Behörden und mit dem hohen öffentlichen Interesse an den EEG-Anlagendaten, kann das Anlagenregister dazu beitragen, die **Transparenz im EEG** deutlich zu steigern.

2   Das **Ziel des Anlagenregisters** ist die **Bündelung** aller sich aus dem EEG ergebender anlagenbezogener **Daten**[1] in einer hohen und einheitlichen Qualität. Die im Register erhobenen Daten sollen dabei insbesondere den Akteuren des bundesweiten Ausgleichsmechanismus zur Verfügung gestellt werden, um diese bei ihren aus dem EEG resultierenden Pflichten durch das Anlagenregister zu unterstützen. Mit dem Register wird mittelfristig auch das Ziel verfolgt, den Aufbau funktionierender Schnittstellen zwischen dem Anlagenregister nach § 6, dem Anlagenregister für Anlagen zur Stromerzeugung aus flüssiger Biomasse bei der Bundesanstalt für Landwirtschaft und Ernährung und dem Herkunftsnachweisregister beim Umweltbundesamt,[2] welche alle aufgrund von verschiedenen Bestimmungen des EEG eingerichtet wurden,[3] einzuführen. Darüber hinaus besteht mit der Verordnungsermächtigung zum Gesamtanlagenregister nach § 53b EnWG das übergeordnete Ziel, alle Anlagendaten – auch die von konventionellen Erzeugungsanlagen – in einem übergeordneten Register vorzuhalten.

3   Der Zweck des Anlagenregisters besteht demzufolge in der **Erhöhung der Transparenz** und der **Funktionsfähigkeit**,[4] sowie der Effizienz des bundesweiten **Ausgleichsmechanismus**. Das beinhaltet die Unterstützung der Verteil- und Übertragungsnetzbetreiber bei der Gewährleistung der Systemstabilität[5] und die Steigerung der Transparenz beim Ausbau der Erneuerbaren Energien.[6] Darüber hinaus kann bei entsprechender Ausgestaltung und unter der Voraussetzung der Weitergabe der Daten durch das Anlagenregister die Datengrundla-

---

1 Vgl. hierzu BT-Drs. 15/2864, S. 50.
2 Vgl. hierzu Bundesministerium für Umwelt, Naturschutz und Reaktorsicherheit, Errichtung eines Anlagenregisters für erneuerbare Energien – Konzept für eine Rechtsverordnung nach § 64e EEG, Vorentwurf, Stand: 20.6.2013.
3 Vgl. hierzu BT-Drs. 17/6071, S. 92.
4 Vgl. hierzu Altrock/Oschmann/Theobald/*Altrock/Lehnert*, 3. Aufl. 2011, Rn. 37 u. 39.
5 Vgl. hierzu Bundesministerium für Umwelt, Naturschutz und Reaktorsicherheit, Errichtung eines Anlagenregisters für erneuerbare Energien – Konzept für eine Rechtsverordnung nach § 64e EEG, Vorentwurf, Stand: 20.6.2013.
6 BT-Drs. 15/2864, S. 50.

ge für den Netzentwicklungsplan der Übertragungsnetzbetreiber und die strategische Netzplanung der Verteilnetzbetreiber erweitert werden.[7]

Ein weiterer Zweck der mit dem Anlagenregister verfolgt wird, ist die Verkürzung des **Zeitversatzes** zwischen der technischen Anlagen-Inbetriebnahme und dem Durchlaufen des organisatorischen Meldewegs im bundesweiten Ausgleichsmechanismus vom Anlagenbetreiber über den Anschlussnetzbetreiber zum Übertragungsnetzbetreiber.[8] Dasselbe gilt auch für die Meldung von Stammdatenänderungen wie beispielsweise technischen Anlagenmodifikationen, Modernisierungen oder Anlagenerweiterungen. Ein Anlagenregister, in dem diese Daten unverzüglich zu melden sind und auf das alle relevanten Akteure zeitgleich zugreifen können, ist ein effizienter Ansatz zur Optimierung des bundesweiten Ausgleichsmechanismus und zur Netzintegration der Erneuerbaren Energien. Durch die Sanktionsmöglichkeiten zur Verringerung des anzulegenden Werts auf Null im Falle eines Meldeversäumnisses nach § 25 Abs. 1 Nr. 1 und nach § 25 Abs. 1 Nr. 2 besteht zudem eine Grundlage für die Durchsetzbarkeit der Meldepflichten.

4

Ein Teil der gesetzten Ziele soll mit **Einführung des Anlagenregisters** durch die Bundesnetzagentur zum 5.8.2014 erreicht werden.[9] Darunter fallen insbesondere die einheitliche Datenerhebung, sowie der Zugang der Öffentlichkeit zum Anlagenregister.[10] Die Verordnungsermächtigung nach § 93 eröffnet aber weiterhin Möglichkeiten die Aufgaben und Inhalte des Anlagenregisters zu erweitern, sodass durch sukzessive Erweiterungen alle gesetzten Ziele erreicht werden können.

5

Die Gesetzesbegründung zu § 6 Abs. 1 führt aus, dass das **Anlagenregister der Bundesnetzagentur** so auszugestalten ist, dass folgende Zwecke erfüllt sind:

6

- „Förderung der Integration des Stroms aus Erneuerbaren Energien und Grubengas in das Elektrizitätsversorgungssystem [...]
- Überprüfung der Grundsätze nach § 2 Absatz 1 und 3 sowie des Ausbaupfads nach § 3 [...]
- Bestimmung der Absenkung der Förderung nach §§ 27 bis 29 sowie Registrierung der Inanspruchnahme der Flexibilitätsprämie nach § 52 EEG [...]
- Erleichterung des bundesweiten Ausgleichs des nach diesem Gesetz abgenommenen Stroms sowie der finanziellen Förderung [...]
- Erfüllung nationaler, europäischer und internationaler Berichtspflichten zum Ausbau der erneuerbaren Energien.“[11]

Noch offen ist weiterhin die Zusammenführung der bestehenden Register. Auch darüber, inwieweit das Register eine Unterstützung bei der Gewährleistung der Systemstabilität und bei der Planung des Netzausbaus bietet und inwieweit sich die Effizienz des bundesweiten

7

---

7 Vgl. hierzu Bundesministerium für Umwelt, Naturschutz und Reaktorsicherheit, Errichtung eines Anlagenregisters für erneuerbare Energien – Konzept für eine Rechtsverordnung nach § 64e EEG, Vorentwurf, Stand: 20.6.2013.

8 Vgl. hierzu Öko-Institut e.V., *Timpe*, Optionen für die Ausgestaltung eines EE-Anlagenregisters – Diskussionspapier, Version 1.0, Stand: 11.2.2013.

9 Siehe hierzu: Bundesnetzagentur, Anlagenregister, 5.8.2014, abrufbar unter: www.bundesnetz agentur.de/DE/Sachgebiete/ElektrizitaetundGas/Unternehmen_Institutionen/ErneuerbareEner gien/Anlagenregister/Anlagenregister_node.html (zuletzt abgerufen am 8.9.2014).

10 Siehe hierzu: Bundesministerium für Wirtschaft und Energie/Bundesnetzagentur, Pressemitteilung, Berlin, 5.8.2014.

11 Vgl. BT-Drs. 18/1304, S. 172.

Ausgleichsmechanismus durch das Register erhöht, ist erst eine Aussage möglich, wenn das Register fertig ausgestaltet ist. Sollten die Ziele durch das am 5.8.2014 eingeführte Register nicht erreicht werden, kann bei Bedarf von dieser Verordnungsermächtigung Gebrauch gemacht werden und eine **Weiterentwicklung des Anlagenregisters** erfolgen.

II. Entstehungsgeschichte

8   In § 64e EEG 2012 wurden die Inhalte des § 64 Abs. 1 S. 1 Nr. 9 EEG 2009 und des § 64 Abs. 1 S. 1 Nr. 7 EEG 2009 kombiniert und weiter präzisiert.[12] Die Verordnungsermächtigung zur Ergänzung der Übermittlungs- und Veröffentlichungspflichten des § 64 Abs. 1 S. 1 Nr. 7 EEG 2009 wurden mit Hilfe des § 64e Nr. 6 EEG 2012 in die Verordnungsermächtigung zum Anlagenregister integriert. Das Bundesumweltministerium als vormaliger Verordnungsgeber hatte vor der EEG-Novelle 2014 über die §§ 61–68 BioSt-NachV hinaus noch keinen Gebrauch von der Verordnungsermächtigung und seinen Vorgängernormen gemacht, jedoch ist in der Regierungsbegründung zur **Planung der Verordnung** Folgendes ausgeführt:[13] „In §§ 64 ff. EEG werden die einzelnen Verordnungsermächtigungen [...] auf verschiedene Einzelnormen unterteilt. Hierbei sind – in ihrer thematischen Reihenfolge des EEG – zunächst die Ermächtigungsgrundlagen aufgeführt, die bereits in Anspruch genommen worden sind [...] bzw. voraussichtlich kurzfristig in Anspruch genommen werden (Herkunftsnachweisregister, Anlagenregister); [...].“

9   Da die Verordnungsermächtigung zum Anlagenregister im EEG 2012 bereits in einem separaten Paragraphen ausgeführt war, war mit einem zeitnahen Reformvorhaben zu rechnen. Bestärkt wurde das durch die deutlichen Präzisierungen und den gestiegenen Umfang des Paragraphen im Vergleich zu § 64 Abs. 1 S. 1 Nr. 7 und 9 EEG 2009. Im Februar 2013 wurde ein **wissenschaftlicher Workshop** im Auftrag des BMU durchgeführt, bei dem mögliche Ausgestaltungsoptionen für ein Anlagenregister unter breiter Beteiligung der relevanten Akteure diskutiert wurden. Auf Basis der Ergebnisse dieses Workshops wurde vom BMU ein Konzeptentwurf verfasst, auf dessen Grundlage ein erster Verordnungsentwurf erarbeitet wurde.[14]

10 Mit der EEG-Novellierung in 2014 wurde auch die Verordnungsermächtigung zum Anlagenregister nochmals umfangreich angepasst. Die Einrichtung und der Betrieb wurden in § 6 aufgenommen und entsprechend aus der Verordnungsermächtigung gestrichen. Die Möglichkeit zur Übertragung der Pflichten auf Personen des Privatrechts wurde komplett gestrichen, da mit § 6 die Bundesnetzagentur als Betreiberin des Registers festgesetzt wurde. Im Vorfeld zur Novelle 2014 wurden als mögliche Betreiber neben der Bundesnetzagentur noch die Übertragungsnetzbetreiber in Betracht gezogen.[15] Damit enthält die Verordnungsermächtigung nun im Wesentlichen die Möglichkeit zur **Erweiterung und Konkretisierung** der in § 6 enthaltenen Reglungen.

---

12 Vgl. BT-Drs. 18/1304, S. 173 f.
13 BT-Drs. 17/6071, S. 92.
14 BT-Drs. 17/6071, S. 91.
15 Vgl. hierzu Bundesministerium für Umwelt, Naturschutz und Reaktorsicherheit, Errichtung eines Anlagenregisters für erneuerbare Energien – Konzept für eine Rechtsverordnung nach § 64e EEG, Vorentwurf, Stand: 20.6.2013.

III. Einzelerläuterungen

1. Bestehende Register. Eine Ermächtigungsgrundlage zum Erlass einer Rechtsverord- **11**
nung zum Anlagenregister besteht bereits **seit 2004**. Die Bestimmung des § 15 Abs.
3 EEG 2004 wurde in vergleichbarem Wortlaut in § 64 Abs. 1 S. 1 Nr. 9 EEG 2009 übernommen.

Erstmalig wurde von der Ermächtigung in den §§ 61, 68 der **Biomassestrom-Nachhaltig- 12**
keitsverordnung[16] Gebrauch gemacht. Diese Verordnung findet ausschließlich für Anlagen zur Stromerzeugung aus flüssiger Biomasse Anwendung und wurde gemeinsam von
der Bundesregierung und dem Bundesumweltministerium im Einvernehmen mit dem Bundesministerium für Ernährung, Landwirtschaft und Verbraucherschutz und mit Zustimmung des Bundestags verordnet. Mit Einführung des Anlagenregisters nach § 6 ist die Registrierungspflicht für Anlagen zur Stromerzeugung aus flüssiger Biomasse gemäß § 3
Abs. 1 Nr. 3 BiomasseSt-NachV[17] nun ebenfalls gegenüber dem Anlagenregister der Bundesnetzagentur zu erfüllen. Die Registrierungspflicht bei der Bundesanstalt für Landwirtschaft und Ernährung entfällt damit.[18]

Das **PV-Melderegister der Bundesnetzagentur** wurde aufgrund des § 16 Abs. 2 S. 2 **13**
EEG 2009 in Betrieb genommen und basiert daher nicht auf einer Verordnung nach § 93
und seinen Vorgängernormen. Der Zweck dieses Registers besteht allein in der Erfassung
der Anlagenanzahl und der installierten Leistung von Photovoltaikanlagen[19] zur Bestimmung der Absenkung der Vergütung von Strom aus solarer Strahlungsenergie nach § 20a
EEG 2012 bzw. § 31 EEG 2014. Neue Photovoltaikanlagen sind mit Einführung des Anlagenregisters zum 5.8.2014 weiterhin ausschließlich im PV-Melderegister zu registrieren.
Nur bei Änderung der installierten Leistung einer Anlage muss eine Meldung an das Anlagenregister erfolgen.[20] Für das PV-Melderegister bestand bereits gemäß § 17 Abs. 2 Nr. 1
Buchst. a EEG 2012 ein verringerter Vergütungsanspruch für den Fall, dass ein Anlagenbetreiber seinen Meldepflichten nicht nachkam. Diese Sanktionsmöglichkeit besteht gemäß § 25 Abs. 1 Nr. 1 und Nr. 2 entsprechend für die Meldungen an das Anlagenregister
nach § 6.

Ein Anlagenregister, das für **alle nach dem EEG geförderten Energieträger** und für um- **14**
fassende Zwecke verwendet wird, existiert somit erstmals seit dem 5.8.2014, wobei alle
Anlagen mit Inbetriebnahme ab dem 1.8.2014 zu melden sind.[21] Die Bundesnetzagentur

---

16 Siehe hierzu: Becker Büttner Held/ Fraunhofer ISI/Institut für Klimaschutz, Energie und Mobili-
 tät/Stiftung Umweltenergierecht (SUER)/Öko-Institut e.V., Vorbereitung und Begleitung der Erstellung des Erfahrungsberichts 2014 gemäß § 65 EEG im Auftrag des Bundesministeriums für
 Wirtschaft und Energie, Vorhaben III: Rechtliche und instrumentelle Weiterentwicklung des EEG,
 Juli 2012, S. 40 ff., abrufbar unter www.bmwi.de/DE/Themen/Energie/Erneuerbare-Energien/
 eeg-reform,did=617412.html.
17 Verordnung über Anforderungen an eine nachhaltige Herstellung von flüssiger Biomasse zur
 Stromerzeugung (Biomassestrom-Nachhaltigkeitsverordnung – BioSt-NachV) v. 23.7.2009
 (BGBl. S. 2174) zuletzt geänd. durch Art. 2 Abs. 70 G v. 22.12.2011 (BGBl. I S. 3044).
18 Biomassestrom-Nachhaltigkeitsverordnung vom 23. Juli 2009 (BGBl. I S. 2174), die durch Artikel 17 des Gesetzes vom 21. Juli 2014 (BGBl. I S. 1066) geändert worden ist.
19 Vgl. BT-Drs. 18/1304, S. 312.
20 Vgl. hierzu BT-Drs. 16/9477, S. 23.
21 Siehe hierzu: Bundesministerium für Wirtschaft und Energie/Bundesnetzagentur, Pressemitteilung, Berlin, 5.8.2014.

legt im ersten Schritt den Hauptfokus auf die Ermittlung, Bestimmung und Veröffentlichung der zubauabhängigen Förderhöhen.[22]

15 **2. Zu übermittelnde Informationen.** In **Nr. 1** wurde weitgehend der Wortlaut aus § 64e Nr. 3 Buchst. a EEG 2012 beibehalten und um konkrete Beispiele für neu zu erhebende Daten ergänzt.[23] Die Regelung der zu übermittelnden Informationen beinhaltet auch die Festlegung von Art, Formaten und den Umfang der zu liefernden Daten. Die Festlegung zu „Art und Aufbereitung der zu liefernden Daten" wurde in leicht abgewandelter Form aus § 64 Abs. 1 S. 1 Nr. 7 EEG 2009 übernommen. Die Regelung lässt auch über die genannten Beispiele – welche vorrangig umzusetzen sind – hinaus Spielraum für die Erhebung von zusätzlichen Daten. Die Eigenversorgung der Anlage ist hinsichtlich der Erhebung der EEG-Umlage für Letztverbraucher und Eigenversorger nach § 61 von entscheidender Bedeutung um den Verteiler- und Übertragungsnetzbetreibern die Möglichkeit zu geben, an Informationen zur Umlagepflicht zu gelangen. Das Inbetriebnahmedatum ist für die Ermittlung der Vergütungshöhe der jeweiligen Anlage und je nach Energieträger auch zur Bestimmung der Absenkung der Förderung nach den §§ 26 bis 31 relevant. Die technischen Eigenschaften von Anlagen sind insbesondere zur Ermittlung der Vergütungshöhe, bzw. zur Ermittlung der Verringerung der Vergütung bei Pflichtverstößen gemäß § 25 EEG erforderlich und kann darüber hinaus für Prognosen und für weitere statische Zwecke verwendet werden. Das Netz, an das eine Anlage angeschlossen ist, wird vor allem beim Abgleich der Daten zwischen der Bundesnetzagentur und dem jeweiligen Anschlussnetzbetreiber relevant. Der Zusatz aus § 64 Abs. 1 S. 1 Nr. 7 EEG 2009, der ergänzende Datenerhebungen zum Zweck der Nachvollziehbarkeit des bundesweiten Ausgleichsmechanismus vorsieht, war bereits im EEG 2012 nicht mehr enthalten. Somit sind weitere Datenerhebungen nicht mehr an einen einzigen Zweck geknüpft und können auch mit einem anderen vom Register zu erfüllenden Zweck begründet werden.

16 Die Möglichkeit zur Festlegung der zur **Übermittlung verpflichteten Personen** wird in Nr. 2 geregelt. Infrage kommen hier überwiegend die Marktakteure des bundesweiten Ausgleichsmechanismus. Diese sind die Anlagenbetreiber, die Verteiler- und Übertragungsnetzbetreiber, Dienstleister und die in den Prozess involvierten Behörden. Es ist sinnvoll, die Meldepflicht für unterschiedliche Daten jeweils dem Akteur aufzuerlegen, der die entsprechenden Informationen mit dem geringsten Aufwand ermitteln und an das Anlagenregister übermitteln kann. Die Gesetzesbegründung führt hierzu folgendermaßen aus: „Nummer 2 greift die bereits in § 64e Nummer 3 Buchstabe b EEG 2012 enthaltene Ermächtigung auf. Ermächtigt wird zur Bestimmung der übermittlungspflichtigen Person im Hinblick auf die weiteren, nicht bereits nach § 6 Absatz 2 EEG 2014 vom Anlagenbetreiber zu übermittelnden Angaben. In der Regel wird dies ebenfalls der Anlagenbetreiber sein. Da für die Zwecke des § 6 Absatz 1 Satz 2 EEG 2014 aber auch Daten erforderlich sein können, die beim Anlagenbetreiber nicht vorliegen bzw. deren Abfrage etwa beim Anschlussnetzbetreiber sachgerechter ist, belässt diese Vorgabe dem Verordnungsgeber den notwendigen Spielraum für die Regelung des Adressaten der Übermittlungspflichten. Neben Anlagenbetreiber und Anschlussnetzbetreiber können auch weitere Personen als Adressaten

---

22 Siehe hierzu: Bundesnetzagentur, Anlagenregister, 5.8.2014, abrufbar unter: www.bundesnetz agentur.de/DE/Sachgebiete/ElektrizitaetundGas/Unternehmen_Institutionen/ErneuerbareEner gien/Anlagenregister/Anlagenregister_node.html (zuletzt abgerufen am 8.9.2014)
23 Siehe hierzu: Bundesministerium für Wirtschaft und Energie/Bundesnetzagentur, Pressemitteilung, Berlin, 5.8.2014.

der Übermittlungspflicht in Frage kommen, etwa öffentliche Stellen oder sonstige Personen."[24]

Anlagenbetreiberinnen und Anlagenbetreiber können nur für die **Meldung von Daten** verpflichtet werden, die ihren persönlichen Wissensstand nicht übersteigen und die nicht in einer höheren Qualität und über Standarddatenformate vom Anschlussnetzbetreiber übermittelt werden können. Das beinhaltet anlagenspezifische Daten wie beispielsweise das Inbetriebnahmedatum, die installierte Anlagenleistung, geografische Angaben und weitere technische Anlagendetails. Netzspezifische Daten wie Zählpunkt und Netzübergänge sowie ggf. Bewegungsdaten können dagegen in einer einfacheren Form vom jeweiligen Anschlussnetzbetreiber gemeldet werden, da hierfür bereits etablierte Prozesse bestehen, die lediglich bezüglich der Dateninhalte angepasst werden müssten. Zur Vermeidung von fehlerhaften Angaben ist eine Kontrolle der vom Anlagenbetreiber angegebenen Stammdaten notwendig, die entweder durch die Netzbetreiber oder durch unabhängige Gutachter erfolgen kann. Hier ist insbesondere darauf zu achten, den Prozess möglichst automatisiert zu gestalten bzw. die entstehenden Kosten einzugrenzen.

3. Registrierungsprozess. Nr. 3 ermöglicht die Festlegung eines **Registrierungsprozesses** und greift § 64e Nr. 3 Buchst. c EEG 2012 auf.[25] Um das Ziel der Erhöhung der Funktionsfähigkeit des bundesweiten Ausgleichsmechanismus zu erreichen, sind die Formate und der Umfang der zu übermittelten Daten so zu wählen, dass unverhältnismäßig hohe Kosten für alle beteiligten Akteure und die Allgemeinheit vermieden und die Bürokratiekosten gering gehalten werden. Beispielsweise können die IT-Kosten durch die Verwendung von bereits bestehenden und von den Marktakteuren anerkannten Formaten zur Datenübermittlung auf einem niedrigen Niveau gehalten werden. Für die Übermittlung von Informationen und weiterer Details zwischen den Marktakteuren am deutschen Energiemarkt haben sich die sog. EDIFACT-Nachrichtenformate etabliert. Dieses Format stellt eine einheitliche, IT-gestützte Standardschnittstelle dar, die den zur Abwicklung der Geschäftsprozesse notwendigen Informationsaustausch gewährleistet.[26] EDIFACT-Nachrichtenformate können jedoch nur für die Kommunikation zwischen dem Anlagenregister und Netzbetreibern verwendet werden. Eine vergleichbare Professionalisierung kann von den Anlagenbetreibern nicht verlangt werden. Für die Kommunikation mit den Anlagenbetreibern sind dagegen einfacher und intuitiv zu gestaltende Internetformulare ein zielführender Ansatz, um die notwendigen Informationen auszutauschen und die Bürokratiekosten[27] dennoch in Grenzen zu halten.

Die **Fristen der Datenübermittlung** sind im Registrierungsprozess von zentraler Bedeutung, da der Mehrwert eines zentralen Anlagenregisters nur dann zum Tragen kommt, wenn die Daten stets auf einem aktuellen Stand sind und Anlageninbetriebnahmen bzw. technische Änderungen (bspw. Modernisierungen und Außerbetriebnahmen) an Anlagen ohne schuldhaftes Zögern – und damit ggf. im Voraus[28] – an das Anlagenregister gemeldet werden müssen. Vor allem für die Prognoseerstellung und Vermarktung würde dadurch ei-

17

18

19

---

24 Siehe hierzu BT-Drs. 18/1304, S. 266.
25 BT-Drs. 18/1304, S. 267.
26 BT-Drs. 18/1304, S. 267.
27 Siehe hierzu: BNetzA, BK6-06-009/BK7-07-067, Mitteilung Nr. 27 zur Umsetzung der Beschlüsse GPKE und GeLi Gas „Inkrafttreten überarbeiteter Nachrichtentypenversionen zum 1.10.2011", BDEW Allgemeine Festlegungen V. 3.0, 1.4.2011.
28 Vgl. hierzu BT-Drs. 17/6071, S. 52.

ne deutlich verbesserte Datenbasis zur Verfügung stehen. Die Vermeidung eines Datenversatzes kann bei entsprechender Berücksichtigung in der Verordnungsgebung zu einer deutlichen Verbesserung der Prozesse des bundesweiten Ausgleichsmechanismus führen. Auch zur Wahrnehmung von Veröffentlichungspflichten durch das Anlagenregister bzw. durch dessen Betreiber ist eine Festlegung von Übermittlungsfristen unabdingbar.

20   Nr. 3 lässt zudem Spielraum für eine **Übertragung** der Registrierungspflicht der Anlage im Anlagenregister **an einen Dritten**. Denkbar wäre eine Übertragung an den Installateur einer Anlage, den entsprechenden Anschlussnetzbetreiber oder einen sonstigen Dienstleister bzw. einen unabhängigen Gutachter. Darüber hinaus wird durch die Verordnungsermächtigung ein mehrstufiger Registrierungsprozess ermöglicht, in dem beispielsweise ein Netzbetreiber die vom Anlagenbetreiber gemeldeten Angaben verifizieren und um weitere Daten anreichern kann. „Danach kann das Registrierungsverfahren abweichend von einer unmittelbaren Registrierung im Anlagenregister aufgrund der Datenübermittlung des Anlagenbetreibers auch so ausgestaltet werden, dass ein Dritter in den Registrierungsprozess zwischengeschaltet wird. Der Anlagenbetreiber muss danach die Anlage bei einem Dritten registrieren lassen, der seinerseits im Anschluss an die Registrierung die Angaben an das Anlagenregister übermitteln muss. Dies ermöglicht die Ausgestaltung eines Verfahrens, in dem die Angaben vor ihrer Übermittlung an das Anlagenregister geprüft und bereinigt werden."[29] Bei einer Verifizierung der Daten durch die Verteilnetzbetreiber sollte der Registrierungsprozess derart ausgestaltet werden, dass die in der Energiewirtschaft etablierten Marktprozesse zur Steigerung der Effizienz beitragen können.[30]

21   Für die in Nr. 3 bereits bei der Registrierung geprüften Daten können mit Nr. 4 Prozesse zur Prüfung der im Register gespeicherten Daten unter Mitwirkungspflicht von Anlagen- oder Netzbetreibern nach Abschluss des Registrierungsprozesses verordnet werden. „Die Regelung von Mitwirkungspflichten ist wichtig, um **die hohe Validität** der im Anlagenregister gespeicherten Daten zu gewährleisten."[31]

22   **4. Wechsel der Vermarktungsform.** „Mit der neuen Ermächtigungsgrundlage in Nummer 5 können die in § 21 EEG 2014 geregelten Mitteilungspflichten über den Wechsel der Form, in welcher der Strom veräußert wird, künftig gegenüber dem Anlagenregister erfüllt werden, soweit dies die Rechtsverordnung vorsieht. Hierbei sind neben den Fristen insbesondere Bestimmungen zu Format und Verfahren entsprechend den Anforderungen in § 21 Absatz 3 EEG 2014 vorzusehen."[32] Im Zwischenbericht zum EEG-Erfahrungsbericht wird ausgeführt, dass das Anlagenregister in zwei Schritten eingeführt werden solle. Zunächst solle ein erweitertes Stammdatenregister und nach einer Einführungsphase solle ein Anlagenregister zur Abwicklung des Ausgleichsmechanismus eingeführt werden.[33] In diesem Zusammenhang werden die Meldungen zum **Wechsel der Vermarktungsform** nach § 21 Abs. 1 als Bewegungsdaten gesehen. Daher ist es zielführend, die Meldung zum Wechsel

---

29 Vgl. hierzu § 64 Abs. 1 BioSt-NachV.
30 BT-Drs. 18/1304, S. 267.
31 Siehe hierzu: Becker Büttner Held/ Fraunhofer ISI/Institut für Klimaschutz, Energie und Mobilität/Stiftung Umweltenergierecht (SUER)/Öko-Institut e.V., Vorbereitung und Begleitung der Erstellung des Erfahrungsberichts 2014 gemäß § 65 EEG im Auftrag des Bundesministeriums für Wirtschaft und Energie, Vorhaben III: Rechtliche und instrumentelle Weiterentwicklung des EEG – Wissenschaftlicher Bericht, Juli 2012, S. 75.
32 BT-Drs. 18/1304, S. 267.
33 BT-Drs. 18/1304, S. 267.

der Vermarktungsform erst in das Anlagenregister zu integrieren, wenn das Register am Markt vollständig etabliert ist und die Verteiler- und Übertragungsnetzbetreiber funktionierende und automatisierte informationstechnische Schnittstellen mit dem Register haben. Andernfalls ist eine rechtzeitige Berücksichtigung der Daten beispielsweise für die Erstellung von Vermarktungsprognosen nicht oder nur mit hohem Zusatzaufwand möglich. Neben den Bestimmungen in § 21 sind tiefergehend Vorgaben zur Meldung von Wechseln der Vermarktungsform im Beschluss BK6-12-153 der Bundesnetzagentur vom 29.10.2012 festgelegt. Da die Bundesnetzagentur sowohl die Festlegungskompetenz für die Marktprozesse als auch den Betrieb des Anlagenregisters unter einem Dach vereint, kann die Aufnahme der Vermarktungswechsel in das Anlagenregister mittelfristig dazu beitragen die Effizienz im Ausgleichsmechanismus zu steigern.

5. Registerabgleich. Nr. 6 sieht einen **Abgleich** zwischen den verschiedenen – aufgrund   **23** von aus dem EnWG, dem GWB[34] oder dem EEG hervorgegangenen Rechtsverordnungen eingerichteten – Registern vor. Im Vergleich zur Vorgängernorm sind die Verweise auf das EnWG und auf das GWB hinzugekommen um einen Abgleich mit dem nach § 12 Abs. 4 EnWG im Aufbau befindlichen Energieinformationsnetz und mit den nach einer Verordnung nach § 47f i.V. m. § 47g GWB durch das Bundesministerium für Wirtschaft und Energie erhobenen Daten zu ermöglichen.[35] Aus technischer Sicht ist ein solcher Abgleich nur dann möglich, wenn alle Register auf eine gemeinsame Datenbasis zugreifen, eine geeignete Schnittstelle aufweisen oder in einem Gesamtregister zusammengeführt werden. Durch ein Zusammenführen der verschiedenen Register können Bürokratiekosten auf allen Ebenen des bundesweiten Ausgleichsmechanismus vermieden und die Komplexität der aus dem EEG resultierenden Meldepflichten für die in den Prozess involvierten Akteure in Grenzen gehalten werden. Dagegen spricht jedoch, dass bei den Betreibern der bestehenden Register bereits Know-how besteht, welches beim Betreiber des Anlagenregisters zunächst aufgebaut werden müsste. Ein mögliches Zusammenführen bzw. die Durchführung regelmäßiger Datenabgleiche ist daher für jedes bereits bestehende Register separat zu prüfen. Zusätzlich wird die Möglichkeit zum Zusammenführen der Register durch den formellen Zusatz, dass die für die Register jeweils maßgeblichen Bestimmungen einem Abgleich nicht entgegenstehen dürfen, eingeschränkt. Zu Nr. 7 führt die Gesetzesbegründung folgendermaßen aus: „Soweit die Verordnung Anlagenbetreiber verpflichtet, ihre Anlage bereits vor ihrer Inbetriebnahme registrieren zu lassen, ermöglicht die Ermächtigung nach Nummer 7 einen Abgleich der Angaben mit den der zuständigen Genehmigungsbehörde vorliegenden Daten.“[36] Dieser Schritt kann zur weiteren Verifizierung dienen und sicherstellen, dass nicht an unterschiedlichen öffentlichen Stellen voneinander abweichende Daten vorliegen.

6. Veröffentlichung im Internet. Ebenfalls mit der Novelle 2014 neu hinzugekommen ist   **24** Nr. 8. Hierin wird dem Verordnungsgeber die Möglichkeit eröffnet, zu definieren, welche

---

34 Siehe hierzu: Becker Büttner Held/ Fraunhofer ISI/Institut für Klimaschutz, Energie und Mobilität/Stiftung Umweltenergierecht (SUER)/Öko-Institut e.V., Vorbereitung und Begleitung der Erstellung des Erfahrungsberichts 2014 gemäß § 65 EEG im Auftrag des Bundesministeriums für Wirtschaft und Energie, Vorhaben III: Rechtliche und instrumentelle Weiterentwicklung des EEG – Wissenschaftlicher Bericht, Juli 2012, S. 75.

35 Gesetz gegen Wettbewerbsbeschränkungen in der Fassung der Bekanntmachung vom 26. Juni 2013 (BGBl. I S. 1750, 3245), das durch Artikel 5 des Gesetzes vom 21. Juli 2014 (BGBl. I S. 1066) geändert worden ist.

36 BT-Drs. 18/1304, S. 268.

Daten **im Internet veröffentlicht** werden. Das bedeutet gleichzeitig, dass nicht alle Daten, die durch das Anlagenregister erhoben werden, veröffentlicht werden müssen. Dabei besteht ein natürlicher Zielkonflikt zwischen einem hohen Maß an Transparenz und einem sensiblen Umgang mit den Bestimmungen des Datenschutzes, wobei der Wortlaut in Teilsatz 2 so interpretiert werden kann, dass der Gesetzgeber einen höchstmöglichen Grad an Transparenz anstrebt. Insbesondere kann auf Basis von Teilsatz 2 die in § 6 Abs. 3 vorgegebene Transparenz weiter präzisiert werden.[37] In Teilsatz 3 wird darüber hinaus klargestellt, dass neben einer Vielzahl an Daten, deren Veröffentlichung vom Verordnungsgeber optional bestimmt werden kann, die Veröffentlichung der Daten zur Überprüfung des Zubaus und zur der Förderhöhe gemäß § 26 zwingend in einer Verordnung nach der Verordnungsermächtigung nach § 93 vorzugeben ist.

25 **7. Bewegungsdaten.** Nr. 9 entspricht § 64e Nr. 4 EEG 2012 und eröffnet die Festlegung der Aufnahme von Ist-Erzeugungsdaten – sog. **Bewegungsdaten** – in das Register, sowie die Pflicht der Netzbetreiber diese bereitzustellen. Am deutschen Energiemarkt werden unterschiedliche Qualitäten von Bewegungsdaten für unterschiedliche Zwecke verwendet. Die einfachste Form von Bewegungsdaten sind Arbeitswerte, die in einem bestimmten Turnus abgelesen bzw. ermittelt werden (bspw. Jahres- oder Monatsarbeitswerte). Diese Qualität wird für die Abrechnung von Haushaltskunden und kleinen Erzeugungsanlagen verwendet und könnte direkt von den Anlagenbetreibern erhoben werden. Bewegungsdaten höherer Qualität sind sog. Einspeisegänge, über die im Nachhinein Zählwerte in viertelstündlicher Auflösung bereitgestellt werden können. Diese Variante wird im Rahmen der Energiemengenbilanzierung verwendet und kann mittels EDIFACT-Nachrichten über die in der Energiewirtschaft etablierten Marktprozesse von den Anschlussnetzbetreibern angefordert werden. Die höchste Qualität von Bewegungsdaten stellen sog. Online-Messwerte dar, mit Hilfe derer die Stromerzeugung in Echtzeit abgerufen bzw. übermittelt werden kann. Diese Daten können insbesondere als Eingangsdaten für den technischen Betrieb der Netze und zur Optimierung von Vermarktungsprognosen verwendet werden. Die Erhebung dieser Daten erfordert jedoch eine direkte informationstechnische Anbindung an die mit entsprechender Messtechnik auszustattenden Anlagen. Je höher die Qualität der Bewegungsdaten, desto höher sind auch die zur Installation und zum Betrieb der Zähl- bzw. Messstellen anfallenden Kosten.

26 Derzeit werden zum Zweck der finanziellen und energetischen Abwicklung des bundesweiten Ausgleichsmechanismus ausschließlich anlagenscharfe **Jahresarbeitswerte**, bzw. bei Anlagen, die mit monatsspezifischen Vergütungen gefördert werden, **Monatsarbeitswerte** an die Übertragungsnetzbetreiber übermittelt. Die Übermittlung von Bewegungsdaten in Form von anlagenscharfen Einspeisegängen mit einem Einspeisewert pro Zeiteinheit – beispielsweise pro Viertelstunde – kann zu einer weiteren Optimierung des bundesweiten Ausgleichsmechanismus führen. Für die Übertragung von Einspeisegängen haben sich zudem bereits Prozesse und einheitliche EDIFACT-Nachrichtenformate am deutschen Energiemarkt etabliert, so dass der technische Umsetzungsaufwand bei den Netzbetreibern im Vergleich zum Optimierungspotenzial relativ gering ist. Die Komplexität der Anbindung des Anlagenregisters an den EDIFACT-Datenaustausch ist jedoch sehr hoch; sie steigert den Aufwand für die Einrichtung und den Betrieb des Anlagenregisters erheb-

---

37 BT-Drs. 18/1304, S. 268.

lich.[38] Deshalb ist eine **sukzessive Integration** der unterschiedlichen Qualitäten von Bewegungsdaten in das Anlagenregister auch vor dem Hintergrund der Verringerung von Bürokratiekosten empfehlenswert. Der Bezug zu § 9 Abs. 1 Nr. 2 macht zwar deutlich, dass mit Hilfe der Regelung aus Nr. 9 die Übermittlung von Bewegungsdaten der höchsten Qualität an das Anlagenregister angeordnet werden könnte. Aus Sicht der Optimierung des Ausgleichsmechanismus ist jedoch eine Übermittlungspflicht über die Qualität von anlagenscharfen Monats- und Jahresarbeitswerten hinaus sehr aufwendig und würde nur einen verhältnismäßig geringen Mehrwert für den bundesweiten Ausgleichsmechanismus bedeuten.

8. Vereinheitlichung von Übermittlungs- und Veröffentlichungspflichten. Nr. 10 entspricht § 64e Nr. 6 Buchst. a EEG 2012, wobei die Ermächtigung wegen der abschließenden Regelung zu Veröffentlichungspflichten in § 77 Abs. 4 EEG 2014 auf Regelungen zum Verhältnis der Übermittlungs- und Veröffentlichungspflichten nach §§ 70–73 beschränkt wird.[39] In Nr. 10 wird die Möglichkeit zur Übernahme der **Übermittlungs- und Veröffentlichungspflichten** im Rahmen des bundesweiten Ausgleichsmechanismus nach den §§ 70–73 durch das Anlagenregister eröffnet. Grundsätzlich sind möglichst viele der in den §§ 70–73 enthaltenen Veröffentlichungspflichten durch das Anlagenregister wahrzunehmen, um den zusätzlichen manuellen Aufwand für die verschiedenen Akteure gering zu halten und Bürokratiekosten zu vermeiden. Ausgenommen davon sind Veröffentlichungspflichten, deren Daten kein Bestandteil des Anlagenregisters sind und deren Übermittlung an das Register nicht durch die Verordnungsermächtigung nach § 93 vorgesehen ist. Zur effizienten Ausgestaltung der Übernahme der Veröffentlichungspflichten durch das Anlagenregister sind die Kausalzusammenhänge aller Datenmeldungen im Ausgleichsmechanismus zu analysieren und in der Verordnungsgebung entsprechend zu berücksichtigen, damit das Anlagenregister sein gesamtes Optimierungspotenzial ausschöpfen kann.

9. Datenweitergabe. Die Gesetzesbegründung führt hierzu Folgendes aus:

„Mit Nummer 11 wird eine Ermächtigungsgrundlage zu Art und Umfang der Weitergabe der Daten an bestimmte Adressaten geschaffen. Nach Buchstabe a können die im Anlagenregister gespeicherten Daten an Netzbetreiber mit dem Zweck weitergegeben werden, die Wahrnehmung ihrer Aufgaben nach dem EEG und dem EnWG zu unterstützen. Der Zugang zu den im Anlagenregister gespeicherten Daten ermöglicht es insbesondere Netzbetreiben, ihrer Verpflichtung zur **Erweiterung der Netzkapazität** nach § 12 effizient nachzukommen. Anhand der Daten ist es dem Netzbetreiber deutlich besser möglich, sein Netz auf die neu hinzukommenden Anlagen auszulegen. Er kann, die jeweils wirtschaftlich effizienteste Möglichkeit zu nutzen, um die Netzkapazität zu erweitern, beispielsweise statt der Erweiterung des Netzes selbst, andere Betriebsmittel einzusetzen, etwa einen regelbaren Ortsnetztransformator. Dafür ist es erforderlich, insbesondere den Standort, Energieträger und installierte Leistung der Anlage genau zu kennen. Eine genaue Standortauflösung ist erforderlich, da eine Beschränkung beispielsweise auf postleitzahlengenaue Darstellung den spezifischen Zu-

27

28

---

38 BT-Drs. 18/1304, S. 268.
39 Siehe hierzu: Becker Büttner Held/ Fraunhofer ISI/Institut für Klimaschutz, Energie und Mobilität/Stiftung Umweltenergierecht (SUER)/Öko-Institut e.V., Vorbereitung und Begleitung der Erstellung des Erfahrungsberichts 2014 gemäß § 65 EEG im Auftrag des Bundesministeriums für Wirtschaft und Energie, Vorhaben III: Rechtliche und instrumentelle Weiterentwicklung des EEG – Wissenschaftlicher Bericht, Juli 2012, S. 58.

ständen an den jeweiligen Netzsträngen nicht Genüge tun kann. Innerhalb eines Postleitzahlengebiets sind die Netztopologie und die daran jeweils angeschlossen Betriebsmittel oftmals sehr unterschiedlich. Informationen zum Energieträger sind nötig, um das Einspeiseprofil der Anlage in das jeweilige Netzgebiet sinnvoll prognostizieren zu können. Die dadurch mögliche maßgeschneiderte Auslegung des Netzes birgt weitreichende Möglichkeiten, die Integration erneuerbarer Energien und die Gewährleistung der Systemsicherheit möglichst kostengünstig zu erreichen. Dies entspricht auch den Kosteneffizienzzielen nach § 1 Absatz 1 EEG und § 1 Absatz 1 EnWG.

29   Buchstabe b ermöglicht eine **Datenweitergabe an öffentliche Stellen** zur Erfüllung ihrer Aufgaben im Zusammenhang mit dem Ausbau der erneuerbaren Energien. Eine Datenweitergabe hiernach kommt insbesondere im Hinblick auf die Berichtspflichten nach diesem Gesetz in Betracht, soweit die Veröffentlichungen des Anlagenregisters hierfür nicht ausreichend sind. Weiterhin ist der Erhalt der Daten für Umwelt- und Naturschutzbehörden, insbesondere das Umweltbundesamt und das Bundesamt für Naturschutz, erforderlich, um ihre gesetzlichen Aufgaben im Bereich von Umwelt-, Natur- und Klimaschutz und der entsprechenden wissenschaftlichen Beratung der Bundesregierung angemessen wahrnehmen zu können. Dies beinhaltet beispielsweise die Kenntnis darüber, in welchen Schutzgebieten in welchem Umfang welche Anlagen zugebaut werden. Daraus lassen sich auch Schlüsse über etwaige Auswirkungen des Ausbaus erneuerbarer Energien auf Flora und Fauna in den betroffenen Gebieten ziehen. Aus den genannten Gründen benötigen auch die entsprechenden Landesbehörden die registrierten Daten. Zudem können Landesministerien anhand der Daten ersehen, inwieweit die Klima- und Energieziele des jeweiligen Landes eingehalten werden oder ob dafür weitere Maßnahmen zu ergreifen sind.

30   Buchstabe c betrifft schließlich die **Weitergabe von Daten an Dritte**. An diese können zum einen Daten übermittelt werden, soweit dies zur Erfüllung der Aufgaben von öffentlichen Stellen nach Buchstabe b erforderlich ist. Damit wird gewährleistet, dass etwa Forschungsnehmern, die in die Vorbereitung von Berichten eingebunden sind, ebenfalls Daten weitergegeben werden können. Zum anderen kann darüber hinausgehend geregelt werden, dass an Dritte Daten weitergegeben werden können, die ein berechtigtes Interesse nachweisen, für das die Veröffentlichung im Anlagenregister nicht ausreicht. Die nach § 6 Absatz 2 Nummer im Anlagenregister gespeicherten Daten zur Person des Anlagenbetreibers sowie dessen Kontaktdaten dürfen nicht an Dritte übermittelt werden.‟[40]

Letztlich wird durch den Wortlaut in Nr. 11 Buchstabe c dem Transparenzgedanken, den der Gesetzgeber mit der Einführung eines Anlagenregisters verfolgt und der bereits in Nr. 8 zum Ausdruck kommt, nochmals Nachdruck verliehen.[41] Ausschließlich besonders schutzbedürftige personenbezogene Daten sind von der Weitergabe an Dritte ausgeschlossen, auch wenn diese ein berechtigtes Interesse an den Angaben nachweisen.

31   **10. Festlegungen der Bundesnetzagentur.** Mit Ausnahme der zwingend an das Anlagenregister zu übermittelnden Daten nach § 6 Abs. 2 wird der Bundesnetzagentur mit Nr. 12 auch nach der Einführung des Anlagenregisters die Möglichkeit gegeben, **flexibel** auf Erkenntnisse beim Betrieb des Anlagenregisters reagieren zu können. Dabei können entwe-

---

40 BT-Drs. 18/1304, S. 268.
41 BT-Drs. 18/1304, S. 268 und 269.

der zusätzlich erforderliche Daten angefordert bzw. bestehende Meldepflichten aufgehoben werden. Nr. 12 Buchst. c eröffnet in diesem Zusammenhang die Möglichkeit, bestimmten Personenkreisen – über die konkret gefassten Bestimmungen des Gesetzes hinaus – einen erweiterte Zugang zu den Daten des Anlagenregisters zu gewähren, sofern der Zweck einer verbesserten Markt- und Netzintegration erfüllt ist. Als mögliche Akteure kommen hier beispielsweise Elektrizitätsversorgungsunternehmen infrage, die auf Basis von Angaben zum Selbstverbrauch von Anlagen die durch ihre Kunden betrieben werden, ihre Letztverbrauchsprognosen anpassen könnten und damit die Inanspruchnahme von Ausgleichsenergie vermeiden könnten. Die Gesetzesbegründung führt zu Nr. 12 folgendermaßen aus: „In Nummer 12 wird das Bundesministerium für Wirtschaft und Energie zur Regelung einer Festlegungskompetenz der Bundesnetzagentur nach § 29 EnWG zu bestimmten Bereichen ermächtigt. Unter der Voraussetzung einer entsprechenden Ermächtigung in der Anlagenregisterverordnung kann nach den Buchstaben a und b der Datenkranz des Anlagenregisters angepasst werden, soweit dies für die Zwecke des Anlagenregisters nach § 6 Absatz 1 Satz 2 EEG 2014 erforderlich ist. Damit kann zeitnah und flexibel auf neue Anforderungen reagiert werden, die beim Erlass der Verordnung noch nicht absehbar sind. Die Kompetenz umfasst insoweit nach Buchstabe a weitere Angaben, die von Anlagenbetreibern oder Netzbetreibern an das Anlagenregister zu übermitteln sind, sowie nach Buchstabe b die Regelung, dass bestimmte von der Anlagenregisterverordnung vorgesehene Angaben nicht mehr zu übermitteln sind. Buchstabe c ermöglicht es, im Rahmen eine entsprechenden Ermächtigung durch die Anlagenregisterverordnung, für Netzbetreiber, Direktvermarkter, Energieversorgungsunternehmen und andere energiewirtschaftliche Akteure einen erweiterten Zugang zu Informationen des Anlagenregisters einzuräumen, um die Markt- und Netzintegration des Stroms aus erneuerbaren Energien und Grubengas zu verbessern. Damit kann die Bundesnetzagentur etwa ein internetbasiertes Portal schaffen, in dem bestimmte Akteure ohne die Verzögerung einer ggf. nur monatlich erfolgenden Veröffentlichung auf die Daten des Anlagenregisters zugreifen können."[42]

11. Schutz personenbezogener Daten. Die Regelungen zum **Schutz personenbezogener**   **32**
Daten aus Nr. 13 entspricht im Wesentlichen § 64e Nr. 5 EEG 2012 und wurde aufgrund der Ausweitung der Ermächtigungsgrundlage geringfügig angepasst und um die Ergänzung erweitert, dass darunter insbesondere Aufklärungs-, Auskunfts- und Löschungspflichten zu verstehen sind. Hierfür sind bei der Verordnungsgebung insbesondere die Bestimmungen des Bundesdatenschutzgesetzes einzuhalten.

12. Gesamtanlagenregister. Über den durch Nr. 6 ermöglichten Datenabgleich hinaus   **33**
wird mit Nr. 14 die Möglichkeit eröffnet, das Anlagenregister, welches insbesondere zum Zweck der Erfüllung der Aufgaben aus dem EEG aufgebaut wird, **in ein Gesamtanlagenregister aufgehen zu lassen** mit Hilfe dessen auch Aufgaben aus dem EnWG und weiteren Normen erfüllt werden können: „Nummer 14 enthält die erforderliche Ermächtigungsgrundlage, um die Überführung den Übergang des Anlagenregisters in ein noch zu schaffendes Gesamtanlagenregister bei der Bundesnetzagentur nach § 53b EnWG einschließlich der Wahrnehmung der Aufgaben nach § 6 Absatz 1 Satz 2 EEG 2014 durch das Gesamtanlagenregister zu regeln. Das Anlagenregister ist, wie in § 6 Absatz 4 Satz 2 EEG 2014 angelegt, ein erster Schritt zur Schaffung eines über den Bereich der Stromerzeugung aus erneuerbaren Energien hinausgehenden Gesamtanlagenregisters, das insbesondere

---

42 Siehe hierzu Rn. 24.

auch die konventionelle Energieerzeugung, Speicher sowie systemrelevante Verbrauchseinrichtungen abdeckt. Hierfür wird in § 53b EnWG eine Ermächtigungsgrundlage für das Bundesministerium für Wirtschaft und Energie geschaffen, ein solches Verzeichnis ebenfalls bei der Bundesnetzagentur einzurichten. Nummer 14 eröffnet insoweit die Möglichkeit, das Anlagenregister im Gesamtanlagenregister aufgehen zu lassen und die notwendigen Regelungen für die Übertragung der Daten und die Wahrnehmung der Aufgaben nach § 6 Absatz 1 Satz 2 EEG 2014 durch das Gesamtanlagenregister zu treffen. Zweck dieser Ermächtigung ist es, parallel existierende Register und damit einhergehende redundante Meldepflichten mit einer entsprechenden Belastung für die Akteure zu vermeiden."[43]

---

43 BT-Drs. 18/1304, S. 269 und 270.

§ 94 Verordnungsermächtigungen zur Besonderen Ausgleichsregelung

Das Bundesministerium für Wirtschaft und Energie wird ermächtigt, durch Rechtsverordnung ohne Zustimmung des Bundesrates

1. Vorgaben zu regeln zur Festlegung von Effizienzanforderungen, die bei der Berechnung des standardisierten Stromverbrauchs im Rahmen der Berechnung der Stromkostenintensität nach § 64 Absatz 6 Nummer 3 anzuwenden sind, insbesondere zur Festlegung von Stromeffizienzreferenzwerten, die dem Stand fortschrittlicher stromeffizienter Produktionstechnologien entsprechen, oder von sonstigen Effizienzanforderungen, sodass nicht der tatsächliche Stromverbrauch, sondern der standardisierte Stromverbrauch bei der Berechnung der Stromkosten angesetzt werden kann; hierbei können

   a) Vorleistungen berücksichtigt werden, die von Unternehmen durch Investitionen in fortschrittliche Produktionstechnologien getätigt wurden, oder

   b) Erkenntnisse aus den Auskünften über den Betrieb von Energie- oder Umweltmanagementsystemen oder alternativen Systemen zur Verbesserung der Energieeffizienz durch die Unternehmen nach § 69 Satz 2 Nummer 1 und 2 herangezogen werden.

2. festzulegen, welche durchschnittlichen Strompreise nach § 64 Absatz 6 Nummer 3 für die Berechnung der Stromkostenintensität eines Unternehmens zugrunde gelegt werden müssen und wie diese Strompreise berechnet werden; hierbei können insbesondere

   a) Strompreise für verschiedene Gruppen von Unternehmen mit ähnlichem Stromverbrauch oder Stromverbrauchsmuster gebildet werden, die die Strommarktrealitäten abbilden, und

   b) verfügbare statistische Erfassungen von Strompreisen in der Industrie berücksichtigt werden,

3. Branchen in die Anlage 4 aufzunehmen oder aus dieser herauszunehmen, sobald und soweit dies für eine Angleichung an Beschlüsse der Europäischen Kommission erforderlich ist.

Übersicht

I. Normzweck

§ 94 ist vom Wirtschaftsausschuss im Rahmen der Gesetzesberatungen in den Gesetzestext **1** eingefügt worden, um die Verpflichtung zur Umsetzung der Umwelt- und Energiebeihilfeleitlinien der EU-Kommission zu erfüllen (vgl. dazu oben Vorbemerkung vor § 63 Rn. 22 f.). § 94 EEG 2014 schafft drei Verordnungsermächtigungen: In **Nummer 1** wird das Bundesministerium für Wirtschaft und Energie ermächtigt, Effizienzreferenzwerte und sonstige Effizienzanforderungen festzulegen, die bei der Berechnung des Stromverbrauchs gem. § 64 Abs. 6 Nr. 3 benötigt werden, um die Stromkostenintensität zu berechnen. **Nummer 2** ermächtigt das Bundesministerium für Wirtschaft und Energie zur Festlegung durchschnittlicher Strompreise, die für die Berechnung der Stromkostenintensität im Rahmen der besonderen Ausgleichsregelung verwendet werden sollen. **Nummer 3** ermächtigt das Bundesministerium für Wirtschaft und Energie im Rahmen der Besonderen Ausgleichsregelung Branchen in die Anlage 4 neu aufzunehmen oder herauszunehmen, wenn und insoweit dies für eine Angleichung an Beschlüsse der Europäischen Kommission erforderlich ist.

II. Festlegung von Effizienzanforderungen (Verordnung nach Nr. 1)

2   Die Festlegung von Effizienzanforderungen soll verhindern, dass stromintensive Unternehmen dank der besonderen Ausgleichsregelung unter dem Schutzmantel dieser Regelungen eigene Effizienzanstrengungen unterlassen und so die besondere Ausgleichsregelung, die als transitorische Regelung gedacht ist, zur ewigen Schutzmauer umgestalten. Um die Stromkostenintensität nach § 64 Abs. 6 Nr. 3 berechnen zu können,[1] sind Energiereferenzwerte in Übereinstimmung mit den Umwelt- und Energiebeihilfeleitlinien erforderlich.[2] Der Erlass dieser Verordnung ist baldmöglichst notwendig, weil sich andernfalls die Anforderungen an die Errechnung der Stromkostenintensität, die von den Beihilfeleitlinien aufgestellt werden,[3] nicht umsetzen lassen. Wenn in den nächsten zwei Jahren Effizienzreferenzwerte festgelegt und in der Praxis angewandt werden, braucht nicht mehr das arithmetische Mittel des Stromverbrauchs der letzten drei Geschäftsjahre bei der Berechnung der Stromkostenintensität verwandt werden. Das Ministerium kann in der Verordnung auch sog. „Early Actions" berücksichtigen (Buchstabe a) und neue Erkenntnisse aus dem Betrieb der Energie- und Umweltmanagement-Systeme zur Berechnung der Stromkostenintensität anstelle des arithmetischen Mittels des Stromverbrauchs der letzten drei Geschäftsjahre heranziehen.

III. Festlegung von durchschnittlichen Strompreisen (Verordnung nach Nr. 2)

3   Die Rechtsverordnung nach Nr. 2 hat die Aufgabe, entsprechend Anhang 4 der Umwelt- und Energiebeihilfeleitlinien durchschnittliche Strompreise festzulegen, die für die Berechnung der Stromkostenintensität im Rahmen der besonderen Ausgleichsregelung erforderlich sind. Die Rechtsverordnung soll zu diesem Zweck Strompreise für verschiedene Gruppen von Unternehmen mit ähnlichem Stromverbrauch bilden, die den Strommarktrealitäten gerecht werden und dabei verfügbare statistische Erfassungen von Strompreisen in der Industrie berücksichtigen.

---

1 § 64 Rn. 41 ff.
2 KOM, Leitlinien für staatliche Umweltschutz- und Energiebeihilfen 2014–2020. Mitt. v. 28.6.2014, ABl. 2014 C 200/01, Rn. 186 und Anhang 4.
3 Ebd.

IV. Änderung der Listenzugehörigkeit nach Anlage 4 (Verordnung nach Nr. 3)

Die Rechtsverordnung gemäß Nr. 3 erlaubt eine Korrektur der Anlage 4 zum EEG, indem entweder aufgrund verbesserter Kenntnisse Branchen, bei denen keine Stromkosten- und Handelsintensität (mehr) festzustellen ist, herausgenommen oder neue Branchen aufgenommen werden, die aufgrund mangelhafter Erkenntnisse in der Auflistung fehlen oder falsch zugeordnet waren.

4

Zurzeit liegen Rechtsverordnungen nach § 94 EEG allerdings noch nicht vor.

5

§ 95 Weitere Verordnungsermächtigungen

Die Bundesregierung wird ferner ermächtigt, durch Rechtsverordnung ohne Zustimmung des Bundesrates

1. das Berechnungsverfahren für die Entschädigung nach § 15 Absatz 1 zu regeln, insbesondere ein pauschaliertes Verfahren zur Ermittlung der jeweils entgangenen Einnahmen und ersparten Aufwendungen, sowie ein Nachweisverfahren für die Abrechnung im Einzelfall,

2. zu regeln, dass bei der Inanspruchnahme der Einspeisevergütung nach § 38
   a) Anlagenbetreiber den Strom aus ihrer Anlage abweichend von § 19 Absatz 1 Nummer 2 einem Dritten zur Verfügung stellen müssen,
   b) sich der Anspruch nach § 38 Absatz 1 gegen den Dritten richtet, dem der Strom nach Buchstabe a zur Verfügung gestellt wird,
   c) der Dritte nach den Buchstaben a und b im Rahmen eines Ausschreibungs- oder anderen objektiven, transparenten und diskriminierungsfreien Verfahrens ermittelt wird und mit der Umsetzung des § 38 betraut wird; hierbei können insbesondere die ausschreibende Behörde sowie Anforderungen an die Durchführung des Verfahrens, Anforderungen an den mit der Umsetzung des § 38 beauftragten Dritten, die Voraussetzungen, die Anlagen für die Inanspruchnahme des § 38 erfüllen müssen, Anforderungen an die Bedingungen und Durchführung des § 38 und Anforderungen an die Höhe der finanziellen Förderung im Rahmen des § 38 bestimmt werden,

3. für die Berechnung der Marktprämie nach Nummer 1.2 der Anlage 1 zu diesem Gesetz für Strom aus Anlagen, die nach dem am 31. Juli 2014 geltenden Inbetriebnahmebegriff vor dem 1. August 2014 in Betrieb genommen worden sind, die Höhe der Erhöhung des jeweils anzulegenden Wertes „AW" abweichend von § 100 Absatz 1 Nummer 8 zu regeln für Strom, der nach dem Inkrafttreten dieses Gesetzes direkt vermarktet wird, auch aus Anlagen, die bereits vor dem Inkrafttreten dieses Gesetzes erstmals die Marktprämie in Anspruch genommen haben; hierbei können verschiedene Werte für verschiedene Energieträger oder für Vermarktungen auf verschiedenen Märkten oder auch negative Werte festgesetzt werden,

4. ergänzend zu Anlage 2 Bestimmungen zur Ermittlung und Anwendung des Referenzertrags zu regeln,

5. Anforderungen an Windenergieanlagen zur Verbesserung der Netzintegration (Systemdienstleistungen) zu regeln, insbesondere
   a) für Windenergieanlagen an Land Anforderungen
   aa) an das Verhalten der Anlagen im Fehlerfall,
   bb) an die Spannungshaltung und Blindleistungsbereitstellung,
   cc) an die Frequenzhaltung,
   dd) an das Nachweisverfahren,
   ee) an den Versorgungswiederaufbau und
   ff) bei der Erweiterung bestehender Windparks und
   b) für Windenergieanlagen an Land, die bereits vor dem 1. Januar 2012 in Betrieb genommen wurden, Anforderungen
   aa) an das Verhalten der Anlagen im Fehlerfall,
   bb) an die Frequenzhaltung,

cc) an das Nachweisverfahren,

dd) an den Versorgungswiederaufbau und

ee) bei der Nachrüstung von Altanlagen in bestehenden Windparks,

6. ein System zur Direktvermarktung von Strom aus erneuerbaren Energien an Letztverbraucher einzuführen, bei der dieser Strom als „Strom aus erneuerbaren Energien" gekennzeichnet werden kann, insbesondere zu regeln:

a) Anforderungen, die von Anlagenbetreibern und Elektrizitätsversorgungsunternehmen erfüllt werden müssen, um an diesem System teilnehmen zu dürfen; dies umfasst insbesondere

aa) Anforderungen an das Lieferportfolio der teilnehmenden Elektrizitätsversorgungsunternehmen zu Mindestanteilen an Strom aus Anlagen, die Strom aus Windenergie oder solarer Strahlungsenergie erzeugen,

bb) Pflichten zu Investitionen in neue Anlagen zur Erzeugung von Strom aus erneuerbaren Energien oder zu Einzahlungen in einen Fonds, aus dem Anlagen zur Erzeugung von Strom aus erneuerbaren Energien finanziert werden; diese Anforderungen können auch Strommengen aus Ländern der Europäischen Union umfassen und als zusätzliche Voraussetzung vorsehen, dass sichergestellt ist, dass die tatsächliche Auswirkung des in der Anlage erzeugten Stroms auf das deutsche Stromnetz oder auf den deutschen Strommarkt vergleichbar ist mit der Auswirkung, die der Strom bei einer Einspeisung im Bundesgebiet hätte,

b) Anforderungen an Zahlungen der teilnehmenden Elektrizitätsversorgungsunternehmen an die Übertragungsnetzbetreiber oder an Anlagenbetreiber als Voraussetzung der Teilnahme an diesem System,

c) abweichend von § 78 Regelungen im Rahmen der Stromkennzeichnung, wonach Strom, der nach § 20 Absatz 1 Nummer 1 direkt vermarktet wird, als „Strom aus erneuerbaren Energien" gekennzeichnet werden darf,

d) abweichend von § 79 die Ausstellung von Herkunftsnachweisen für den in diesem System veräußerten Strom,

e) das Verfahren zum Nachweis der Erfüllung der Anforderungen nach den Buchstaben a bis d und, soweit erforderlich, Ergänzungen oder Abweichungen zu den in diesem Gesetz bestimmten Verfahrensregelungen, insbesondere zu Melde-, Kennzeichnungs- und Veröffentlichungspflichten der Elektrizitätsversorgungsunternehmen und Übertragungsnetzbetreiber,

f) Regelungen, nach denen für Elektrizitätsversorgungsunternehmen keine oder eine verringerte Pflicht zur Zahlung der EEG-Umlage besteht, soweit sich diese Unternehmen durch Zahlung der durchschnittlichen Kosten des Stroms aus erneuerbaren Energien, deren Ausbau durch dieses Gesetz gefördert wird, an der Finanzierung der nach diesem Gesetz förderungsfähigen Anlagen angemessen beteiligen und die Höhe der EEG-Umlage für andere Elektrizitätsversorgungsunternehmen dadurch nicht steigt, darunter auch Regelungen, nach denen die Elektrizitätsversorgungsunternehmen zu anderweitigen Zahlungen, etwa in einen Fonds, verpflichtet werden können,

g) ergänzende oder abweichende Regelungen im Hinblick auf Ausgleichsansprüche zwischen Übertragungsnetzbetreibern sowie zwischen Elektrizitätsversorgungsunternehmen und Netzbetreibern, um eine angemessene Kostentragung der an

diesem System teilnehmenden Elektrizitätsversorgungsunternehmen sicherzustellen;
hierbei ist auch zu berücksichtigen, dass durch die Einführung dieses Systems
eine unbegrenzte Pflicht zur finanziellen Förderung für Strom aus erneuerbaren Energien, der außerhalb des Bundesgebiets erzeugt worden ist, nicht begründet werden darf.

Schrifttum: Schrifttum zu Nr. 5: *Epping/Hillgruber*, Beck'scher Online-Kommentar zum Grundge-
setz, 23. Edition, 1.12.2014; *Lehnert/Templin/Theobald*, Die erneuerbaren Energien im System des
Energierechts, VerwArch 102 (2011), 83; *Thomas/Altrock*, Die Systemdienstleistungsverordnung für
Windenergieanlagen (SDLWindV): Ein kritischer Überblick, ZNER 2011, 28.

Übersicht

I. Normzweck

1 § 95 regelt die weiteren Verordnungsermächtigungen. § 95 Nr. 1 eröffnet dem Gesetzgeber
das Recht, ein Berechnungsverfahren für die Entschädigung nach § 15 Abs. 1 festzulegen.
Nr. 2 räumt der Bundesregierung das Recht ein, die Aufgaben der ÜNB bei der Vermarktung in Ausnahmefällen nach § 38 – sog. Ausfallvermarktung – auf einen Dritten zu übertragen. Nr. 3 ermöglicht Anpassungen der Höhe der Erhöhung des anzulegenden Werts
nach § 100 Abs. 1 Nr. 8 (im EEG 2012 als Managementprämie bezeichnet) für Bestandsanlagen, die über das Marktprämienmodell vermarktet werden. Nr. 4 ermächtigt die Bundesregierung, ergänzend zur Definition in Anlage 2 Vorgaben für die Ermittlung und die
Anwendung des Referenzertrages für Windkraftanlagen zu treffen. Nr. 6 ermöglicht die
Schaffung einer zusätzlichen Direktvermarktungsform, bei der die „grüne Eigenschaft"
des EEG-Stroms erhalten bleibt und gegenüber den Letztverbrauchern ausgewiesen werden kann.

II. Entstehungsgeschichte

Im EEG 2012 waren die weiteren Verordnungsermächtigungen in § 64f EEG 2012 zu fin-   **2**
den. Ein Großteil, damalig § 64f Nr. 2–6 EEG 2012, wurde jedoch entbehrlich, da das Fördersystem weitgehend auf die Marktprämie umgestellt und das Grünstromprivileg abgeschafft wurde.[1] Nr. 1 wurde aus dem EEG 2012 wortgleich übernommen. Hier erhielt die
Bundesregierung erstmals die Ermächtigung zur Festlegung eines Berechnungsverfahrens
für die Entschädigung nach § 15 Abs. 1. Nr. 2 wurde neu in das EEG 2014 aufgenommen
und gibt der Bundesregierung die Ermächtigung zur Übertragung der Aufgaben, die im
Rahmen der neuen Einspeisevergütung in Ausnahmefällen anfallen. Nr. 3 entspricht inhaltlich weitestgehend der im EEG 2012 in § 64f Nr. 3 verankerten Verordnungsermächtigung, auf deren Basis die Managementprämienverordnung vom 2. November 2012[2] erlassen wurde. Eine Nr. 4 entsprechende Verordnung war bereits in § 7 Abs. 4 EEG 2000 und
§ 10 Abs. 6 EEG 2004 enthalten, jedoch mit dem Bundesumweltministerium als ermäch-
tigtes Ministerium. In § 64 Abs. 1 S. 1 Nr. 5 EEG 2009 sowie in § 64f Nr. 7 EEG 2012 war
die Ermächtigung in nahezu identischem Wortlaut ebenfalls bereits enthalten. Die Bundesregierung hat bisher (Stand September 2014) keinen Gebrauch von der Ermächtigung gemacht.

Nr. 6 wurde neu in das EEG 2014 aufgenommen. In den vorherigen Fassungen des EEG   **3**
war eine solche Verordnungsermächtigung nicht notwendig, da es mit dem sogenannten
„Grünstromprivileg" (verankert in § 39 EEG 2012, § 37 Abs. 1 S. 2 EEG 2009, § 14
Abs. 3 S. 2 EEG 2004 bzw. § 11 Abs. 4 S. 2 EEG 2000) eine entsprechende Vermarktungsform gab. Aufgrund von Zweifeln bezüglich der Europarechtskonformität des Grünstromprivilegs wurde dieses jedoch mit dem EEG 2014 abgeschafft.[3]

III. Einzelerläuterungen

1. Entschädigung bei Einspeisemanagement (Nr. 1). Netzbetreiber sind unter den in   **4**
§ 14 Abs. 1 definierten Voraussetzungen berechtigt, an ihr Netz angeschlossene EE- und
KWK-Anlagen zu regeln bzw. deren Einspeisung zu reduzieren (**Einspeisemanagement**).
Betroffene EEG-Anlagenbetreiber, die eine Anlage gemäß § 9 Abs. 1 oder Abs. 2 Nr. 1
oder 2 Buchst. a eine Einrichtung zur Einspeiseregelung besitzen, sind hierfür zu entschädigen. § 15 Abs. 1 EEG 2014, welcher sinngemäß und annähernd wortgleich aus § 12 EEG
2012 übernommen wurde und auf den sich § 95 Nr. 1 bezieht, hat im Vergleich zur Härtefallregelung im EEG 2009 grundlegende Änderungen erfahren. Nicht geregelt ist jedoch
die Ermittlung der zusätzlichen und ersparten Aufwendungen, deren Regelung sich der Gesetzgeber durch § 95 Nr. 1 vorbehält.

Von **Einzelvereinbarungen** zwischen Netzbetreiber und Anlagenbetreiberin bzw. Anla-   **5**
genbetreiber wird tendenziell abgerückt und die Thematik der Entschädigungsleistungen
kann somit zukünftig stärker reguliert werden. Des Weiteren fallen seit dem EEG 2012
auch Einnahmenausfälle der Anlagenbetreiber aus EE- und KWK-Anlagen aus Maßnahmen im Rahmen der Systemverantwortung gemäß §§ 13, 14 EnWG unter die Entschädigungspflicht, was eine Regelung der Entschädigungszahlungen weiter forciert. Davor galt

---

1 BT-Drs. 18/1304, S. 271.
2 BGBl. I S. 2278.
3 Siehe hierzu auch Rn. 63.

die Pflicht zur Entschädigungsleistung lediglich in Bezug auf die Erweiterung der Netzkapazität gemäß § 9 EEG 2008 bis zum Abschluss der Maßnahme.

6 Unter **entgangenen Einnahmen** werden sowohl die Entschädigung des nicht eingespeisten Stroms als auch die entgangenen Wärmeerlöse verstanden.[4] Letztere ermitteln sich aus der nicht eingespeisten Wärmemenge und der festgelegten Wärmevergütung.

7 Der Begriff „**pauschaliert**" wird im Gesetz selbst nicht näher erläutert. Die Bundesnetzagentur (BNetzA) bietet hierfür eine erläuternde Auslegung.[5] So wird auf ein „pauschales Verfahren" bei der Berechnung der Ausfallarbeit, welche die Differenz aus möglicher und tatsächlich realisierter Einspeisung darstellt, eingegangen, anhand derer sich mit wenigen Werten und unter der Prämisse eines geringen administrativen Aufwandes die Ausfallarbeit berechnen lässt. Der Bundesverband der Energie- und Wasserwirtschaft (BDEW) liefert folgende Aussage: „*Die Ermittlung der Entschädigungszahlung muss sowohl durch die Anlagenbetreiber praktisch umsetzbar als auch durch den Netzbetreiber [...], insbesondere die zuständige Regulierungsbehörde, nachvollziehbar sein.*"[6]

8 In einem rechtlich nicht verbindlichen Leitfaden empfiehlt die Bundesnetzagentur verschiedene **Verfahren zur Regelung der Entschädigungszahlungen** für unterschiedliche EE- und KWK-Anlagentypen.[7] Diese unterscheiden sich im Wesentlichen in der Ermittlung der Ausfallarbeit, welche im Anschluss finanziell bewertet werden muss. So werden für Windenergie-, Bio-, Deponie-, Klär-, Grubengas-, Biomasse- und Photovoltaikanlagen konkrete pauschale Verfahren dargestellt, die oben genannte Anforderungen wie, unter anderem, die Simplizität erfüllen. Für diese Anlagentypen werden aber auch Spitzabrechnungsverfahren erläutert. Die Spitzabrechnungsverfahren sind vom Grundsatz her zwar komplexer. Aber es ist anzunehmen, dass durch die Zuhilfenahme zusätzlicher Informationen wie bspw. einer Leistungskennlinie und Informationen zur Windgeschwindigkeit bei Windenergieanlagen diese auch zu präziseren Ergebnissen in der Bestimmung der zu entschädigenden Arbeit führen. Bei Anlagen erneuerbarer Energieträger, die hier nicht erwähnt wurden, wie bspw. Geothermie, schlägt der Anlagenbetreiber eine Berechnungsmethode vor, welche durch den Netzbetreiber anschließend auf Sachgerechtigkeit und rechnerische Richtigkeit hin zu überprüfen ist. Bei der finanziellen Bewertung wird die Ausfallarbeit mit dem je Anlagentyp gesetzlich festgeschriebenen Vergütungssatz multipliziert, um die entgangenen Einnahmen zu berechnen. Hinzu kommen zusätzliche Aufwendungen und abgezogen werden die ersparten Aufwendungen. Bei Neuanlagen mit einer Inbetriebnahme ab 1.1.2012 wird die Entschädigungsleistung laut § 15 Abs. 1 mit 0,95 multipliziert. Übersteigen die entgangenen Einnahmen allerdings 1% der Gesamteinnahmen des Jahres, so sind die Betreiber dieser Anlagen gemäß § 15 Abs. 1 S. 2 zu 100% zu entschädigen.

---

4 BNetzA, Leitfaden zum Einspeisemanagement – Abschaltrangfolge, Berechnung von Entschädigungszahlungen und Auswirkungen auf die Netzentgelte, Version 2.1, 7.3.2014, Kapitel 2.9, S. 17, abrufbar unter: www.bundesnetzagentur.de/DE/Sachgebiete/ElektrizitaetundGas/Unternehmen_Institutionen/ErneuerbareEnergien/Einspeisemanagement/einspeisemanagement-node.html.

5 BNetzA, Leitfaden zum Einspeisemanagement, Kapitel 2.2.1, S. 7 ff.

6 BDEW, Umsetzungshilfe zum EEG 2012 – Empfehlungen für Netzbetreiber zur Umsetzung des Gesetzes für den Vorrang Erneuerbarer Energien (Erneuerbare-Energien-Gesetz – EEG) und der damit verbundenen Verordnungen, 16.5.2013, Kapitel 3.4, S. 29; abrufbar unter: www.bdew.de/internet.nsf/id/DE_EEG-Umsetzungshilfen?open&ccm=300040020060030.

7 BNetzA, Leitfaden zum Einspeisemanagement, Kapitel 2, S. 6 ff.

Im Falle einer Regelung von **Photovoltaikanlagen, die auf eine erhöhte Netzfrequenz gemäß § 13 EnWG** – Überfrequenzabschaltung (50,2Hz) – **zurückzuführen sind**, finden die oben genannten Verfahren des Leitfadens jedoch keine Anwendung. Es handelt sich hierbei nicht um eine Maßnahme im Rahmen des Einspeisemanagements.

Auch der BDEW bietet Umsetzungsempfehlungen zur Ermittlung der Entschädigungszah-   **9**
lungen gemäß § 15, allerdings in einer allgemeineren Form.[8] Die Umsetzungshilfe gibt
u. a. auch folgende konkretisierende Hinweise für den Punkt des **Nachweisverfahrens für
die Abrechnung**:

– die Erbringung des Nachweises zur Geltendmachung von Ansprüchen auf Entschädigungszahlungen obliegt dem Anlagenbetreiber und hat gegenüber dem Netzbetreiber
  zu erfolgen;
– der Netzbetreiber sollte unverzüglich Informationen wie Zeitpunkt, Umfang, Dauer
  und Gründe, zur Einspeisemanagementmaßnahme auf seiner Internetseite veröffentlichen – falls umsetzbar, sogar anlagenscharf. Dabei ist jedoch der Datenschutz zu beachten;
– den Netzbetreibern wird empfohlen, Mindestanforderungen zur Umsetzung des § 15
  auf der Internetseite zu veröffentlichen.

Dies wird in der Praxis teilweise bisher so gehandhabt, dass die Netzbetreiber Excel-Tabel-   **10**
len zur Eingabe der relevanten Informationen, die für die Berechnung der Ausfallarbeit
benötigt werden, auf ihrer Internetseite veröffentlichen und diese vom jeweiligen Anlagenbetreiber ausgefüllt werden können. Andernfalls ist eine Kommunikation zwischen Anla-
gen- und Netzbetreiber notwendig. Um den administrativen Aufwand der Netzbetreiber zu
minimieren, sollte jedoch endgültig und einheitlich durch die Bundesregierung festgelegt
werden, welche Nachweise durch den Anlagenbetreiber hinsichtlich der verwendeten
Basisdaten für das festzulegende Berechnungsverfahren zur erbringen sind. Mit der Zielsetzung einer einfachen und transparenten Berechnungsmöglichkeit beschäftigt sich auch
eine Ausarbeitung der Wissenschaftlichen Hochschule Lahr, auf welche hier ergänzend
hingewiesen sei.[9]

Zusätzliche Aufwendungen sind die gesamten Kosten, die aufgrund einer Einspeisemana-   **11**
gement-Maßnahme gemäß § 14 entstehen.[10]

Der Posten der **ersparten Aufwendungen** wurde bisher wenig konkretisiert. Dies sind
Aufwendungen, die durch Maßnahmen nach § 14 nicht entstehen, typischerweise Brennstoffkosten. Bzgl. des eingesetzten Primärenergieträgers kann dieser Punkt bei den aller-
meisten EE-Anlagentypen vernachlässigt werden, da die jeweiligen Primärenergieträger,
bspw. Wind, kostenlos zur Verfügung stehen. Bei EE-Anlagen mit Energieträgern, bei denen die Möglichkeit der Zwischenspeicherung während der Maßnahme besteht, stellt sich
grundsätzlich die Frage, ob diese für die Zeit der Einspeisemanagementmaßnahme grund-

---

8 BDEW, Umsetzungshilfe zum EEG 2012 – Empfehlungen für Netzbetreiber zur Umsetzung des
  Gesetzes für den Vorrang Erneuerbarer Energien (Erneuerbare-Energien-Gesetz – EEG) und der
  damit verbundenen Verordnungen, 16. 5.2013, Kapitel 3.4, S. 19 ff.
9 *Hentschel/Schöning/Pütz*, Kompensation von entgangenen Einspeisevergütungen für Anlagenbetreiber gemäß § 12 EEG „Härtefallregelung" (infolge leistungsreduzierender netzentlastender Einspeisemanagement-Maßnahmen) – Entwicklung von Empfehlungen für energieträgerspezifische
  Entschädigungssystematiken WHL – Wissenschaftliche Hochschule Lahr, 2012.
10 BNetzA, Leitfaden zum Einspeisemanagement, Kapitel 2, S. 18.

sätzlich zu entschädigen sind, da die entgangene Einspeisevergütung nachträglich erlöst werden könnte. Der Leitfaden der BNetzA kann hierzu klärend zu Rate gezogen werden. Über den Primärenergieeinsatz hinausgehende ersparte Aufwendungen könnten über einen pauschalen Prozentsatz der Vergütung der Ausfallarbeit berücksichtigt werden. Auch hier sind verbindliche Regelungen zu treffen. Da es sich um zeitabhängige Kosten handelt, fallen darunter nicht: Zinsen, Tilgung und Abschreibungen.[11]

12 Ein zusätzlicher Punkt, der geregelt werden muss, ist die Bestimmung der Entschädigungsleistungen für EE-Anlagen, die sich in der **Eigenvermarktung** befinden. In der Gesetzesbegründung des EEG heißt es wie folgt: *„Die Höhe der Entschädigung ist dabei im Regelfall durch Vereinbarung von Netz- und Anlagenbetreibenden zu ermitteln. [...] Im Falle der Eigenvermarktung ist das der Preis, den die Anlagenbetreibenden nachweislich erhalten hätten. Die entgangenen Wärmeerlöse sind entsprechend der Wärmelieferverträge zu ermitteln. Dabei sind auch gegebenenfalls fällige Vertragsstrafen zu berücksichtigen.“[12]* Es ist u. a. der Fall zu betrachten, wenn eine Anlage eine Einspeisemanagementmaßnahme erfährt, der Strom allerdings schon durch einen Vermarkter verkauft wurde. In einem solchen Fall können bspw. Börsen- oder Ausgleichsenergiepreise für die Bestimmung der Entschädigungsleistung Berücksichtigung finden.

Bis zur Klärung und endgültigen Fassung des Verfahrens in einer Verordnung ergibt sich stets ein finanzielles Risiko für die Netzbetreiber bzgl. der Entschädigungsleistungen, da nicht sicher ist, in welcher Höhe diese bei der Bestimmung der Erlösobergrenze anerkannt werden. Daher ist der Erlass einer Verordnung zur verbindlichen Regelung unerlässlich. Von der Verordnungsermächtigung hat der Gesetzgeber bisher keinen Gebrauch gemacht.

13 **2. Ausfallvermarktung (Nr. 2).** § 95 Nr. 2 ermächtigt den Gesetzgeber, die bestehenden Regelungen in § 38 durch Rechtsverordnung zu ändern. § 38 wiederum eröffnet Anlagen, die sich in der Direktvermarktung befinden, insbesondere in der verpflichtenden, die Möglichkeit, eine Einspeisevergütung zu beziehen und stellt somit eine Regelung für Notfallsituationen dar. Dieser Sonderfall ist z. B. dann anwendbar, wenn eine Direktvermarktung durch einen Dritten – den Direktvermarktungsunternehmer – wegen Insolvenz nicht mehr möglich ist oder die Anlagenbetreiber direkt nach Inbetriebnahme der Anlage noch nicht zur Direktvermarktung in der Lage sind.[13] Der Strom kann in diesen Ausnahmefällen dem Übertragungsnetzbetreiber als Ausfallvermarkter gegen eine Ausfallvergütung übergeben werden. Ziel dieser Regelung ist, durch die Gewährung einer Einspeisevergütung die Finanzierungsrisiken zu senken, gleichzeitig aber durch die Senkung der Einspeisevergütung auf 80 % in diesen Ausnahmefällen starke ökonomische Anreize zu schaffen, wieder in die Direktvermarktung zu wechseln. Somit soll die Ausfallvermarktung lediglich eine Notfalloption darstellen. Dieser Sachverhalt bleibt unangetastet, nur die Übernahme der Vermarktung durch den Übertragungsnetzbetreiber steht in § 95 Nr. 2 zur Regelung offen. Somit ist § 95 Nr. 2 als Ergänzung zu § 91 Nr. 5 zu sehen, welcher allgemein die Ermächtigung zur Übertragung der Vermarktung auf Dritte regelt, und sich damit auf die Vermarktung der Mengen im Rahmen des § 37 – Einspeisevergütung für kleine Anlagen – bezieht. § 95 Nr. 2 lässt den Spezialfall – die Ausfallvermarktung und -vergütung – zur etwaigen Regelung durch die Bundesregierung offen.

---

11 *Salje*, EEG, § 12 Rn. 19.
12 BR-Drs. 10/08, S. 109.
13 BT-Drs. 18/1304, S. 211.

§ 95 Nr. 2 Buchst. a ermächtigt die Bundesregierung dazu, die Vermarktung im oben ange- **14** sprochenen Ausnahmefall nicht mehr vorübergehend dem Übertragungsnetzbetreiber zu übertragen, sondern zwingend einem Dritten – dem sog. Ausfallvermarkter. In einer eigens für die Drittvermarktung von der Bundesnetzagentur beauftragten Potenzialanalyse sind Vorteile einer Drittvermarktung wie Effizienzgewinne und eine damit einhergehende Ent- lastung der Stromverbraucher nicht belegbar. Daher ist ein Wechsel vom bestehenden Mo- dell der Vermarktung durch den Übertagungsnetzbetreiber derzeit unwahrscheinlich und wenig zielführend.[14] Vermeintliche Verbesserungen der Systemeffizienz – wie die Mög- lichkeit des Dritten zur Wahl des Vermarktungsweges der Ausfallmengen am Terminmarkt – würden durch deren schlechte Prognostizierbarkeit ohnehin nichtig sein. Einem wesentli- chen Ziel der Option der Drittvermarktung wurde durch das EEG 2014, nämlich der Kon- zentration der Vermarktung auf die vier ÜNB, durch die Direktvermarktungsverpflichtung ohnehin in weitreichender Form Rechnung getragen. Des Weiteren birgt ein Systemwech- sel für in Relation gesehen geringe Mengen auch zusätzliche Kosten für Ausschreibung und Abwicklung sowie Ineffizienzen durch den Verlust von Pooling-Effekten und Größen- vorteilen.[15]

§ 95 Nr. 2 Buchst. b definiert dementsprechend die Befugnis des Gesetzgebers zur Über- **15** tragung der Vergütungspflicht vom Übertragungsnetzbetreiber zum Ausfallvermarkter.

§ 95 Nr. 2 Buchst. c räumt das Recht ein, das Verfahren zur Auswahl des Umsetzungsbe- **16** trauten für § 38 zu regeln. Das Auswahlverfahren hat durch Ausschreibung oder nach an- deren objektiven, transparenten und diskriminierungsfreien Verfahren zu erfolgen. Des Weiteren können die Rahmenbedingungen wie die ausschreibende Behörde, Anforderun- gen zur Durchführung des Verfahrens und Anforderungen an den beauftragen Dritten, Vo- raussetzungen an Anlagen zur Inanspruchnahme der Ausfallvergütung, Anforderungen an Bestimmungen und Umsetzung des § 38 und die im Falle von § 38 anzuwendende Förder- höhe geregelt werden. Verfahren zur Auswahl des Umsetzenden könnten an bestehende an- gelehnt werden – so hat sich die Ausschreibung der Regel- oder der Verlustenergie auf Internetplattformen bewährt. Anders als bei der Ausschreibung von Regelkraftwerken wä- re eine Präqualifizierung, aufgrund fehlender physischer Präqualifizierung, einfach umzu- setzen.[16] Von der Verordnungsermächtigung hat der Gesetzgeber bisher keinen Gebrauch gemacht.

3. Anpassungen bei der Berechnung der Marktprämie (Nr. 3). Nr. 3 ermöglicht Anpas- **17** sungen bei der Berechnung der Marktprämie für Anlagen, die vor dem 1.8.2014 in Betrieb genommen wurden. Dazu kann die Höhe der gemäß § 100 Abs. 1 Nr. 8 vorzunehmenden Erhöhung des anzulegenden Wertes „AW" angepasst werden. Diese Erhöhung des anzule-

---

14 Frontier Economics und Formaet Services GmbH, Entwicklung und Bewertung von Modellen der Drittvermarktung von Strom aus Erneuerbaren Energien – Ein Bericht für die Bundesnetzagentur, September 2011, S. 44, abrufbar unter: www.bundesnetzagentur.de/DE/Sachgebiete/Elektrizitae tundGas/Unternehmen_Institutionen/ErneuerbareEnergien/ZahlenDatenInformationen/zahlen unddaten-node.html.
15 Frontier Economics und Formaet Services GmbH, Entwicklung und Bewertung von Modellen der Drittvermarktung von Strom aus Erneuerbaren Energien – Ein Bericht für die Bundesnetzagentur, September 2011, S. 19 ff.
16 Frontier Economics und Formaet Services GmbH, Entwicklung und Bewertung von Modellen der Drittvermarktung von Strom aus Erneuerbaren Energien – Ein Bericht für die Bundesnetzagentur, September 2011, S. 43.

genden Wertes wurde im EEG 2012 als Managementprämie bezeichnet. Durch die Umstellung der Vergütungssystematik – anders als im EEG 2012 wird nun die Vermarktung über das Marktprämienmodell als Regelfall angesehen – ist der Begriff der Managementprämie im EEG 2014 sprachlich entfallen, tatsächlich wurde die Managementprämie aber durch eine entsprechende Erhöhung des anzulegenden Wertes „AW" für Neuanlagen berücksichtigt. Um die Managementprämie auch weiterhin bei Bestandsanlagen zu berücksichtigen, erhöht § 100 Abs. 1 Nr. 8 den anzulegenden Wert „AW" entsprechend. Diese Erhöhung kann mit der Verordnungsermächtigung in Nr. 3 angepasst werden. Anders als im EEG 2012 gilt diese Verordnungsermächtigung jedoch nur für Anlagen, die vor Inkrafttreten dieses EEG in Betrieb genommen wurden.

18   Die im **EEG 2012 festgelegten Höhen** der Managementprämie basierten auf einer Auswertung des Fraunhofer Instituts für System- und Innovationsforschung (ISI).[17] Um das Marktprämienmodell attraktiv zu machen und um neuen Marktteilnehmern eine gewisse Lernphase zuzugestehen, hatte das Fraunhofer ISI vorgeschlagen, auf die ermittelten Kosten in den ersten Jahren einen Bonus zu addieren, der in den drei Folgejahren sukzessive abgeschmolzen werden sollte. So schlug das Fraunhofer ISI für das Jahr 2012 eine Managementprämie in Höhe von 12 €/MWh für Wind und PV vor, wohingegen die Prämie für die restlichen „steuerbaren Energieträger" lediglich 1€/MWh betragen sollte. Während die Vorschläge vom Fraunhofer ISI für die Managementprämie bei Wind und PV im EEG 2012 unverändert übernommen wurden, wurde die Managementprämie für steuerbare Energieträger gegenüber den Vorschlägen des Fraunhofer ISI anfänglich um 2 €/MWh erhöht.

19   Im Rahmen des BMU-Projekts „Laufende Evaluierung der Direktvermarktung von Strom aus erneuerbaren Energien" wurde schon 2012 eine Überprüfung der Höhe der Managementprämien vorgenommen. In einem Kurzgutachten wurde eine Kürzung der Managementprämie für Wind und Photovoltaik auf 6,7 €/MWh in 2013 vorgeschlagen.[18] Im Rahmen der am 18.10.2012 vom Bundestag verabschiedeten Verordnung über die Höhe der Managementprämie für Strom aus Windenergie und solarer Strahlungsenergie (**Managementprämienverordnung** – MaPrV)[19] hat die Bundesregierung von der in § 64f Nr. 3 EEG 2012 verankerten Verordnungsermächtigung Gebrauch gemacht und die Managementprämien für Anlagen zur Erzeugung von Strom aus Windenergie und solarer Strahlungsenergie ab 2013 angepasst. Neu eingeführt wurde dabei eine Unterscheidung zwischen steuerbaren und nicht steuerbaren Anlagen. Die Kopplung der Höhe der Managementprämie an die Fernsteuerbarkeit der Anlagen erfolgte, um Dritten, an die der Strom direkt vermarktet wird, eine am Strombedarf orientierte Steuerung der Anlagen und hierdurch eine verbesserte Markt- und Systemintegration des Stroms aus Windenergie und solarer Strahlungsenergie zu ermöglichen.[20] Die Anpassungen galten für alle Anlagen zur Erzeugung von Strom aus Windenergie und solarer Strahlungsenergie unabhängig vom Datum ihrer Inbetriebnahme.

---

17 *Sensfuß/Ragwitz*, Weiterentwickeltes Fördersystem für die Vermarktung von erneuerbarer Stromerzeugung, Februar 2011, abrufbar auf http://publica.fraunhofer.de/.
18 Fraunhofer ISI/Fraunhofer IWES/BBH/IKEM, Kurzgutachten Anpassungsbedarf bei den Parametern des gleitenden Marktprämienmodells im Hinblick auf aktuelle energiewirtschaftliche Entwicklungen, 6. Juli 2012, S. 6.
19 BT-Drs. 17/10571.
20 BT-Drs. 17/10571, S. 9.

Da die Bestimmungen der Managementprämienverordnung in das **EEG 2014** überführt 20
wurden, wurde die Managementprämienverordnung mit Inkrafttreten des EEG 2014 außer
Kraft gesetzt. Die Höhe der Managementprämie für Bestandsanlagen ist nun in der Übergangsbestimmung § 100 Abs. 1 Nr. 8 geregelt. Da gemäß § 100 Abs. 1 Nr. 5 auch Bestandsanlagen im Marktprämienmodell ab dem 1. April 2015 fernsteuerbar sein müssen,
wird nur noch bis zu diesem Zeitpunkt zwischen fernsteuerbaren und nicht fernsteuerbaren
Anlagen bei der Festlegung der Erhöhung des anzulegenden Wertes „AW" unterschieden.
Die festgelegten Werte der Erhöhung – 0,4 ct/kWh für fluktuierende Erzeuger ab 2015 und
0,2 ct/kWh für nicht fluktuierende Erzeuger – entsprechen der Höhe nach dem in § 37
Abs. 3 festgelegtem Abzug für Neuanlagen, falls diese die feste Einspeisevergütung anstatt
der Marktprämie in Anspruch nehmen.

Die nachfolgende Tabelle zeigt einen Überblick der Entwicklung der Höhe der Manage- 21
mentprämie in €/MWh nach dem EEG 2012, der Managementprämienverordnung sowie
dem EEG 2014.

| | Nicht fluktuierende Erzeuger | | | Fluktuierende Erzeuger | | | | | |
| | | | | Fernsteuerbar | | | Nicht fernsteuerbar | | |
	EEG 2012	MaPrV	EEG 2014	EEG 2012	MaPrV	EEG 2014	EEG 2012	MaPrV	EEG 2014
2012	3	3		12			12		
2013	2,75	2,75		10	7,5		10	6,5	
2014	2,5	2,5	2,5	8,5	6	6	8,5	4,5	4,5
2015	2,25	2,25	2	7	5	4	7	3	3

Auf Basis dieser Verordnungsermächtigung hat die Bundesregierung die Möglichkeit, die 22
Erhöhung des anzulegenden Wertes für Bestandsanlagen nochmals **anzupassen**. Dabei
können verschiedene Werte für verschiedene Energieträger oder für Vermarktungen auf
verschiedenen Märkten festgesetzt werden. Ebenso sind negative Werte erlaubt – dies
scheint jedoch eher eine theoretische Möglichkeit zu sein, da Bestandsanlagen nach § 100
Abs. 1 Nr. 6 unabhängig von ihrer Größe weiterhin ein Wahlrecht zwischen Festvergütung
und Direktvermarktung haben. Im Falle eines negativen Wertes würden wohl alle Anlagen
in die Festvergütung zurück wechseln.

4. Referenzertrag (Nr. 4). Gemäß Nr. 4 ist die Bundesregierung ermächtigt, ergänzend 23
zur Definition in Anlage 2 Vorgaben für die Ermittlung und die Anwendung des Referenzertrages für Windkraftanlagen zu treffen. Der Referenzertrag wird gemäß § 49 Abs. 2 zur
Berechnung des Zeitraums der erhöhten Anfangsvergütung für Windenergieanlagen verwendet.

Im Einklang mit Art. 80 Abs. 1 S. 2 GG werden **Zweck, Inhalt und Ausmaß** der Rechts- 24
verordnung im Gesetz selbst geregelt.[21] Der Zweck besteht in der Ermittlung von Referenz-
erträgen und der Inhalt in deren Anwendung. In Anlage 2 ist das Ausmaß der erteilten Er-

---

21 Vgl. hierzu Altrock/Oschmann/Theobald/*Altrock/Lehnert*, 3. Aufl. 2011, § 64 Rn. 27, 28.

mächtigung enthalten, da darin insbesondere Begriffsdefinitionen und Berechnungskonventionen für den Referenzertrag aufgeführt sind.

25 Das in Anlage 2 beschriebene **Referenzertragsmodell** ermöglicht eine standortabhängige Vergütung und setzt damit Anreize zum Bau von Windenergieanlagen auch an Standorten im Binnenland, an denen im Vergleich zu Standorten von Referenzanlagen nur unterdurchschnittliche Auslastungsgrade erzielt werden können. Anlagen in windschwächeren Gebieten erhalten in diesem Modell die erhöhte Anfangsvergütung[22] für einen längeren Zeitraum als Anlagen in windstarken Regionen. Die Regierungsbegründung für das EEG 2009 führt darüber hinaus aus, dass durch das Modell eine überhöhte Förderung von Anlagen, die aufgrund der Standortvorteile ohnehin wirtschaftlich betrieben werden können, vermieden werden soll.[23]

26 Für die **Ermittlung des Referenzertrages** verweist das Gesetz auf die allgemein anerkannten Regeln der Technik und konkretisiert, dass deren Einhaltung vermutet wird, wenn die Vorgaben der Technischen Richtlinien für Windenergieanlagen in der zum jeweiligen Zeitpunkt gültigen Fassung der Fördergesellschaft Windenergie und andere Eneuerbare Energien e. V. eingehalten sind.[24] Mittels einer Verordnung könnten konkrete Vorgaben zur Ermittlung des Referenzertrages erlassen werden. In einer Verordnung können beispielsweise auch die Erhöhung der Transparenz, die Senkung des bürokratischen Aufwands oder die Vereinfachung bei der Ermittlung der Referenzerträge im Mittelpunkt stehen.

27 Die derzeitige **Anwendung des Referenzertrages** beschränkt sich auf die Ermittlung eines verlängerten Zeitraums der Anfangsvergütung.[25] Die Ermächtigung ermöglicht es dem Verordnungsgeber darüber hinaus, weitere Anwendungsmöglichkeiten des Referenzertrages festzulegen. Entsprechende Vorschriften sind ergänzend zu Anlage 2 auszugestalten, wodurch über eine entsprechende Verordnung auch konkrete Anwendungsfälle und Berechnungsvorgaben für den Referenzertrag festgelegt werden können.

28 **5. Netzintegration Windenergieanlagen (Nr. 5). a) Entstehungsgeschichte.** Der § 95 Nr. 5 entspricht fast wortgleich der Regelung des § 64 EEG 2012, wonach die Bundesregierung ermächtigt wird, Anforderungen an Windenergieanlagen zur Verbesserung der Netzintegration zu stellen. Im Vergleich zur Vorgängerregelung des § 64 EEG 2012 wurde die Ermächtigung redaktionell in den neuen § 95 ein- sowie terminologisch angepasst.

29 Die Ermächtigung zum Erlass einer Verordnung zu Systemdienstleistungen fand erstmals im **EEG 2009** Eingang in das Gesetz. Die Bundesregierung nutzte diese Ermächtigung am 3.7.2009 zum Erlass der Verordnung zu Systemdienstleistungen durch Windenergieanlagen (**SDLWindV**).[26] In der SDLWindV machte die Bundesregierung aber keinen Gebrauch von der damals noch im Gesetz enthaltenen Ermächtigung, auch die Anforderungen zur Befeuerung von Windenergieanlagen zu regeln.[27]

---

22 Vgl. hierzu § 29 Abs. 2 S. 1.
23 BT-Drs. 16/8148, S. 57.
24 Vgl. hierzu Anlage 2 Nr. 2 S. 2.
25 Vgl. hierzu Anlage 2 Nr. 7.
26 Verordnung zu Systemdienstleistungen durch Windenergieanlagen (BGBl. I S. 1734 (Nr. 39)), zuletzt geändert durch Art. 15 des Gesetzes v. 21.7.2014 (BGBl. I S. 1066).
27 Reshöft/*Findeisen*, 3. Aufl. 2009, § 64 Rn. 17.

Im EEG 2012 wurden alle Verordnungsermächtigungen zur **besseren Verständlichkeit** **30**
und Übersichtlichkeit auf verschiedene Einzelnormen aufgeteilt. § 64 EEG 2012 enthielt
danach nur noch die Ermächtigung zum Erlass einer Verordnung zu Systemdienstleistungen. Hierbei entsprach die Ermächtigung nach dem Willen des Gesetzgebers inhaltlich,
von redaktionellen Änderungen abgesehen, der Fassung in § 64 Abs. 1 S. 1 Nr. 1 EEG
2009.[28]

b) Normzweck. aa) Verbesserung der Netzintegration und Standardisierung. Mit § 95 **31**
Nr. 5 wird die Bundesregierung ermächtigt, durch eine Rechtsverordnung die Anforderungen für Windenergieanlagen an Land zur Verbesserung der Netzintegration (Systemdienstleistungen) zu regeln. Zweck der Verordnungsermächtigung ist nach dem Willen des Gesetzgebers die **Verbesserung der Netzintegration von Windenergieanlagen**[29] und damit
letztlich die Erhaltung von Sicherheit und Stabilität des Stromnetzes beim weiteren Ausbau der Windenergie.[30]

Dies wurde deswegen notwendig, weil die Einspeiseleistungen der Windenergie erheblich **32**
fluktuieren und bei einem größeren Anteil der Windenergie im Energiemix daher Probleme in den Bereichen Frequenzhaltung, Bereitstellung von Blindleistung sowie Leis-
tungsdefiziten nach Netzfehlern drohen.[31] Daneben dient die Verordnung aber auch dem
Zweck, die technische Entwicklung durch eine weitgehende **Standardisierung** der technischen Anforderungen voranzutreiben.[32]

Da die SDLWindV bereits 2009 erlassen worden war, hätte man auch darüber nachdenken **33**
können, die Verordnungsermächtigung im EEG 2014 nicht mehr aufzunehmen. Sie wurde
jedoch erhalten, um gegebenenfalls die SDLWindV an aktuelle Entwicklungen anzupassen. Allerdings soll die Verordnungsermächtigung aufgrund der nunmehr voranschreiten-
den Normung mittelfristig entfallen.[33]

bb) Verpflichtung zur Einhaltung. § 9 Abs. 6 verpflichtet die Betreiber von Windener- **34**
gieanlagen, die vor dem 1.1.2017 in Betrieb genommen worden sind, am Verknüpfungspunkt ihrer Anlage mit dem Netz die Anforderungen der SDLWindV zu erfüllen. Erfüllen
Anlagenbetreiber die Anforderungen des § 9 Abs. 6 **nicht, reduziert sich die Förderung**
gemäß § 25 Abs. 2 Nr. 1 auf den Monatsmarktwert.

cc) Systemdienstleistungsbonus. Bei Bestandsanlagen, d. h. solchen, deren Vergütung **35**
noch unter das EEG 2012 oder ein Vorgänger-EEG fällt, sind die Anforderungen der
SDLWindV zudem für den Erhalt des Systemdienstleistungsbonus nach § 29 Abs. 2 S. 4
bzw. § 66 Abs. 1 Nr. 8 EEG 2012 bedeutsam.

Unter dem EEG 2012 wurde Betreibern von Windenergieanlagen als Ausgleich für die mit **36**
der verbesserten technischen Ausrüstung verbundenen Kosten nach § 29 Abs. 2 Satz 4
EEG 2012 für Neuanlagen und nach § 66 Abs. 1 Nr. 8 EEG 2012 für Altanlagen ein **Bonus**

---

28 Gesetzentwurf der Regierungsfraktionen, BT-Drs. 17/6071 v. 6.6.2011, S. 91.
29 Regierungsentwurf des EEG 2009, BT-Drs. 16/8148 v. 18.2.2008, S. 75.
30 Reshöft/*Findeisen*, 3. Aufl. 2009, § 64 Rn. 11.
31 Regierungsentwurf der SDLWindV v. 27.5.2009, S. 1, abrufbar unter www.clearingstelle-eeg.de/fi
   les/private/active/0/2-SDLWindV_Regierungsentwurf_090527.pdf.
32 Altrock/Oschmann/Theobald/*Altrock/Thomas*, 4. Aufl. 2013, § 64 Rn. 15; Regierungsentwurf der
   SDLWindV v. 27.5.2009, S. 1 abrufbar unter www.clearingstelle-eeg.de/files/private/active/0/2-
   SDLWindV_Regierungsentwurf_090527.pdf.
33 BT-Drs. 18/1304, S. 175.

auf die reguläre Vergütung gewährt. Dieser sog. Systemdienstleistungsbonus für Altanlagen nach § 66 Abs. 1 Nr. 8 EEG 2012 war aufgrund der höheren Kosten für die Nachrüstung höher als der Bonus für Neuanlagen.[34]

37 Mit der Novellierung des EEG 2014 ist der Systemdienstleistungsbonus für Neuanlagen **entfallen.** Bestandsanlagen haben nach § 100 Abs. 1 Nr. 4 und 10 weiterhin einen Anspruch auf Zahlung des Systemdienstleistungsbonus.

38 **c) Erläuterungen. aa) Regelungstechnik.** Zur Erreichung dieser Ziele und damit der Ermöglichung eines weiteren Ausbaus der Windenergie soll die Verordnung bestimmte technische Rahmendaten für die Stromeinspeisung am Netzverknüpfungspunkt vorschreiben, soweit deren Umsetzung technisch zumutbar ist.

39 Die Gebiete, in denen Anforderungen an **Neuanlagen** gestellt werden können, sind in § 95 Nr. 5 lit. a) aufgeführt. Neuanlagen waren nach der ursprünglichen Konzeption des Gesetzgebers im EEG 2009 solche, die nach dem 31.12.2008 in Betrieb genommen wurden. Da die SDLWindV nicht wie ursprünglich geplant zugleich mit dem novellierten EEG 2009 zum 1.1.2009 in Kraft trat, galten für die Zeit zwischen 1.1.2009 und 31.12.2011 jedoch Übergangsbestimmungen.[35]

40 Da Altanlagen nur mit höherem Aufwand nachrüstbar sind, braucht die Verordnung für **Altanlagen** gemäß § 95 Nr. 5 lit. b) keine Anforderungen an die Spannungshaltung und Blindleistungsbereitstellung sowie die Erweiterung bestehender Windparks zu enthalten.

41 **bb) Zustimmungserfordernisse.** § 95 Nr. 5 ermächtigt die **Bundesregierung als Kollegialorgan zum Erlass der Rechtsverordnung. Näheres zur Aufgabenverteilung regelt die Geschäftsordnung der Bundesregierung (GOBReg),[36] wobei nach der neuen Ordnung der Zuständigkeiten der Ministerien in der Großen Koalition nunmehr das Bundeswirtschaftsministerium die Federführung hat.[37]**

42 Eine Zustimmung des Bundesrates ist nicht erforderlich. Der Wortlaut „ohne Zustimmung des Bundesrates" in S. 1 ist rein deklaratorischer Natur, da nach Art. 80 Abs. 2 GG eine solche grundsätzlich nicht erforderlich wäre.[38] Ebensowenig ist eine Zustimmung des Bundestages erforderlich.

43 **cc) Erläuterung SDLWindV. (1) Einführung.** Die SDLWindV wurde am 3.7.2009 von der Bundesregierung aufgrund der Ermächtigung in § 64 Abs. 1 S. 1 Nr. 1 EEG 2009 erlassen und im Rahmen des EEG 2014 zuletzt geändert am 21.7.2014.[39] Die Änderungen im Zuge der Reform des EEG 2014 sind dabei nur redaktioneller Art gewesen.[40]

---

34 BerlKomm EnR/*Schulz*, Bd. 2, 3. Aufl. 2014, § 29 Rn. 42 ff. und § 66 Rn. 37 ff.
35 Vgl. dazu die Erläuterungen unter Rn. 47.
36 Geschäftsordnung der Bundesregierung v. 11.5.1951, GMBl. S. 137, in der Fassung der Bekanntmachung v. 21.11.2002 (GMBl. S. 848).
37 Anders noch Altrock/Oschmann/Theobald/*Altrock/Thomas*, § 64 Rn. 8, die die Federführung bei dem Bundesumweltministerium sehen.
38 Regierungsentwurf des EEG 2009, BT-Drs. 16/8148 v. 18.2.2008, S. 75; Altrock/Oschmann/Theobald/*Altrock/Thomas*, § 64 Rn. 11; Frenz/Müggenborg/*Schomerus*, § 64 Rn. 6.
39 Verordnung zu Systemdienstleistungen durch Windenergieanlagen (BGBl. I S. 1734 (Nr. 39), die durch Artikel 15 des Gesetzes v. 21.7.2014 (BGBl. I S. 1066) geändert worden ist.
40 BT-Drs. 18/1304 v. 5.5.2014, S. 309.

Die SDLWindV regelt zum einen die **technischen und betrieblichen Vorgaben**, die nach   44
§ 9 Abs. 6 von Windenergieanlagen einzuhalten sind und zum anderen die **Anforderungen** an den **Systemdienstleistungsbonus** und wie der Nachweis dafür zu führen ist. Die technischen und betrieblichen Vorgaben betreffen dabei insbesondere das Verhalten in Bezug auf Spannungshaltung und Blindleistungsbereitstellung, die Frequenzhaltung, das Nachweisverfahren sowie den Versorgungswiederaufbau im Fehlerfall.[41] Ziel der SDLWindV ist es, die **Sicherheit und Stabilität der Stromnetze** auch bei hohen Anteilen von Windenergie im Netz zu erhöhen sowie die technische Entwicklung auf diesem Gebiet voranzutreiben und so die Weichen für den weiteren Ausbau der Windenergie zu stellen.[42]

Der im Gegenzug eingeführte **Bonus** für die Anlagenbetreiber soll die **Kosten** für eine aufwendigere Anlagentechnik, Mehraufwendungen im Bereich planerischer Tätigkeiten und Ingenieurleistungen sowie Ausgaben für die Begutachtung und Zertifizierung ausgleichen.   45

Der große Anteil der Windenergie an der Stromproduktion und dessen fluktuierende   46
Stromeinspeisung haben dazu geführt, dass vorerst **nur Windenergieanlagen** diese Art von Systemdienstleistungen erbringen müssen; die Einbeziehung anderer Sparten in diese Regelung erschien dem Gesetzgeber einerseits nicht notwendig und andererseits verfrüht.[43] Weiterhin ist festzuhalten, dass die SDLWindV **nicht für Offshore**-Windenergieanlagen gilt. Dies geht zum einen aus der Begründung zur SDLWindV,[44] zum anderen nunmehr auch aus dem eindeutigen Wortlaut von § 9 Abs. 6 hervor.

(2) Unterscheidung Altanlagen und Neuanlagen. Bei der Verpflichtung zur Ausrüstung   47
der Windenergieanlagen entsprechend den Anforderungen der SDLWindV wird zwischen den Windenergieanlagen **je nach Inbetriebnahmezeitpunkt** unterschieden:

— **Inbetriebnahme nach 31.3.2011 und vor dem 1.1.2017**: Anlagen, die nach dem 31.3.2011 und vor dem 1.1.2017 in Betrieb genommen wurden bzw. werden, müssen nach § 9 Abs. 6 (bzw. § 6 Abs. 5 EEG 2012) in Verbindung mit den §§ 2 und 3 SDLWindV die Anforderungen der SDLWindV **mit Inbetriebnahme** erfüllen.
— **Inbetriebnahme zwischen 1.1.2009 und 31.3.2011**: Für Anlagen, die zwischen dem 1.1.2009 und dem 31.3.2011 in Betrieb genommen wurden, galten **Übergangsbestimmungen**. Die Übergangsbestimmungen waren nötig geworden, weil die SDLWindV nicht wie ursprünglich geplant zugleich mit dem novellierten EEG 2009 zum 1.1.2009 in Kraft getreten ist, sondern die Ausarbeitung länger als ursprünglich vorgesehen dauerte. Nach § 8 SDLWindV in der bis zum 31.12.2011 geltenden Fassung[45] galten für diese Anlagen die Anforderungen der SDLWindV mit Inbetriebnahme der Anlage als erfüllt, wenn für diese die erforderlichen Nachweise bis zum 30.9.2011 erbracht wurden. Es bestand aber **keine Verpflichtung zum Nachrüsten**.

---

41 Begründung zum SDLWindV-Regierungsentwurf v. 27.5.2009, S. 22, abrufbar unter www.clearingstelle-eeg.de/files/private/active/0/2-SDLWindV_Regierungsentwurf_090527.pdf.
42 Begründung zum SDLWindV-Regierungsentwurf v. 27.5.2009, S. 1, abrufbar unter www.clearingstelle-eeg.de/files/private/active/0/2-SDLWindV_Regierungsentwurf_090527.pdf.
43 Empfehlung des EEG-Erfahrungsberichts 2007, BT-Drs. 16/7119 v. 9.11.2007, S. 97.
44 Begründung zum SDLWindV-Regierungsentwurf v. 27.5.2009, S. 49, abrufbar unter www.clearingstelle-eeg.de/files/private/active/0/2-SDLWindV_Regierungsentwurf_090527.pdf.
45 In der ursprünglichen Fassung der SDLWindV v. 3.7.2009 galten für die Übergangsbestimmung folgende Fristen für die Inbetriebnahme der 30.6.2010, für die Nachweise der 31.12.2010; mit Verordnung zur Änderung der SDLWindV v. 25.6.2010 wurden die Fristen auf den 31.3.2011 und den 30.9.2011 verschoben.

– **Inbetriebnahme vor 1.1.2009**: Anlagen, die vor dem 1.1.2009 in Betrieb genommen wurden, können **optional** entsprechend der SDLWindV nachgerüstet werden, sie müssen es aber nicht. Bei Nachrüstung erhalten sie einen höheren Systemdienstleistungsbonus als die Anlagen unter aa) und bb); vgl. dazu oben Rn. 35 f.

48 **(3) Anforderungen SDLWindV.** Windenergieanlagen, die nach dem 31.3.2011 an das Stromnetz angeschlossen werden, müssen am Netzverknüpfungspunkt in Abhängigkeit von der Spannungsebene des Anschlusses folgende Anforderungen erfüllen: Bei Anschluss an das Mittelspannungsnetz haben sie den Anforderungen der technischen Richtlinie des Bundesverbandes der Energie- und Wasserwirtschaft „**Erzeugungsanlagen am Mittelspannungsnetz**", bei Anschluss an das Hoch- oder Höchstspannungsnetz den Anforderungen des „**Transmission Codes 2007**" (jeweils wie in Anlage 1 zur SDLWindV präzisiert [vgl. §§ 2, 3 SDLWindV sowie Anlage 1 dazu]) zu genügen. Im Falle des Anschlusses einer neuen Windenergieanlage an einen bereits vor dem 31.3.2011 bestehenden Netzverknüpfungspunkt, zum Beispiel durch Erweiterung eines bestehenden Windparks, müssen bestimmte Anforderungen am Netzverknüpfungspunkt nur eingeschränkt erfüllt werden (vgl. § 4 SDLWindV sowie Anlage 2 dazu).[46]

49 **(4) Sonderthema: Verweise auf normexterne Regelwerke.** Die technischen Anforderungen an die Stromeinspeisung am Netzverknüpfungspunkt werden nicht durch Regelungen in der Verordnung selbst festgelegt, sondern durch Verweise auf die **technische Richtlinie** des Bundesverbandes der Energie- und Wasserwirtschaft „Erzeugungsanlagen am Mittelspannungsnetz"[47] (beim Anschluss an das Mittelspannungsnetz) oder den durch Anlage 1 der Verordnung teilweise modifizierten „Transmission Code 2007 – Netz- und Systemregeln der deutschen Übertragungsnetzbetreiber"[48] (beim Anschluss an das Hoch- oder Höchstspannungsnetz). Es handelt sich jeweils um **statische Verweisungen**,[49] die durch die Verordnung bzw. ihre Anlagen teilweise modifiziert werden.

50 Dies wird unter Verweis auf die fehlende Legitimationskette vom Parlament zu den privatwirtschaftlichen Autoren der technischen Regelwerke und der Verpflichtung des Verordnungsgebers, die wesentlichen Teile der Regelungen selbst zu gestalten, als problematisch bezeichnet.[50] Diese Bedenken können jedoch nicht durchdringen: Es ist dem Verordnungsgeber unbenommen, sich private Regelwerke durch eine statische Verweisung vollständig zu eigen zu machen.[51] Im Unterschied zu einer dynamischen Verweisung kommt es nicht zu der Möglichkeit, dass durch eine Fortentwicklung der Zielnorm durch Dritte eine Rechtsetzung außerhalb des Einflussbereichs des legitimierten Rechtsetzungsorgans stattfindet.[52] Insbesondere durch die Modifikation beider Regelungswerke in § 2 Abs. 2 bzw. § 3 i.V.m. Anlage 1 der Verordnung wird klar, dass der Verordnungsgeber sich inhaltlich

---

46 Siehe zu Einzelheiten der Anforderungen der SDLWindV auch die Kommentierung zu § 6 Abs. 5.
47 Bundesverband der Energie- und Wasserwirtschaft, Technische Richtlinie „Erzeugungsanlagen am Mittelspannungsnetz", Ausgabe Juni 2008. Abrufbar unter www.bdew.de/internet.nsf/id/ A2A0475F2FAE8F44C12578300047C92F/$file/BDEW_RL_EA-am-MS-Netz_Juni_2008_end. pdf.
48 Verband der Netzbetreiber, Transmission Code 2007, Netz- und Systemregeln der deutschen Übertragungsnetzbetreiber, Version 1.1 v. August 2007. Abrufbar unter www.bdew.de/internet.nsf/id/ A2A0475F2FAE8F44C12578300047C92F/$file/TransmissionCode2007.pdf.
49 *Thomas/Altrock*, ZNER 2011, 28, 29.
50 *Thomas/Altrock*, ZNER 2011, 28, 34.
51 BeckOK GG/*Uhle*, Art. 80 Rn. 29.

mit den Verweisungsnormen auseinandergesetzt hat, die letztliche Regelung also den Willen des demokratisch legitimierten Rechtssetzungsorgans darstellt.

Aufgrund der weitgehenden Verweisung auf die normexternen technischen Regelwerke **51** wurde die Frage aufgeworfen, ob der Verordnungsgeber diesen auch über den Anwendungsbereich der Verordnung hinaus Verbindlichkeit als „anerkannte Regeln der Technik" i.S.d. § 49 I EnWG geben wollte.[53] Allerdings finden sich für eine dahingehende Absicht des Verordnungsgebers keine Anhaltspunkte im Text der Norm oder ihrer Begründung. Daher kommt es nicht auf die Frage an, ob dieser überhaupt zur Einflussnahme auf gesetzliche Regelungen außerhalb der Verordnungsermächtigung berechtigt wäre.[54]

(5) Nachweis des Einhaltens der Anforderungen SDLWindV. Der Nachweis, dass die **52** Voraussetzungen der SDLWindV eingehalten werden, ist gemäß § 6 Abs. 1 SDLWindV grundsätzlich durch die Vorlage von Einheitszertifikat und Sachverständigengutachten zu führen. Beides ist nach dem Stand der Technik durchzuführen. Zertifizierer müssen nach DIN EN 45011:1998 akkreditiert sein. Besonderheiten gelten für Prototypen.

Einheitszertifikate weisen die elektrischen Eigenschaften der einzelnen Windenergiean- **53** lagen oder anderer Geräte aus, um die **Konformität der Windenergieanlage** (auch gemeinsam mit sonstigen Geräten) mit den Anforderungen dieser Verordnung nachzuweisen. Ein Einheitszertifikat kann auch für eine Windenergieanlage oder ein anderes Gerät ausgestellt werden, das die Anforderungen dieser Verordnung nicht in allen Punkten erfüllt, wenn die von den Anforderungen abweichenden elektrischen Eigenschaften im Einheitszertifikat angegeben werden. Die Einheitszertifikate sind nach dem in der Mittelspannungsrichtlinie 2008 festgelegten Verfahren auszustellen. Soweit die Einheitszertifikate für Anlagen ausgestellt werden, die an das Hoch- und Höchstspannungsnetz angeschlossen werden, sind die inhaltlichen Anforderungen des TransmissionCode 2007 in Verbindung mit Anlage 1 zur SDLWindV zu beachten.[55]

Die Begutachtung des Sachverständigen und des Zertifizierers muss nach dem Stand der **54** Technik durchgeführt werden. Die Bundesregierung nimmt an, dass die Methodik, wie sie die zwischen der Fördergesellschaft Windenergie e.V. (FGW e.V.) und dem Bundesverband der Energie- und Wasserwirtschaft e.V. (BDEW) abgestimmten Richtlinien beschreibt, dem Stand der Technik entspricht.[56] Der Stand der Technik entwickelt sich ständig weiter.[57]

Soweit in **Vorschriften anderer Mitgliedstaaten der Europäischen Union** eine Metho- **55** dik für die Durchführung der Begutachtung des Sachverständigen und des Zertifizierers beschrieben wird, die gleichwertige Anforderungen beinhaltet, wird auch für diese Vor-

52 Konkret zu Rechtsverordnungen BVerfG, Beschl. v. 26.1.2007, 2 BvR 2408/06, EuGRZ 2007, 231, Rn. 12a.
53 *Lehnert/Templin/Theobald*, VerwArch 102 (2011), 83, 94.
54 *Lehnert/Templin/Theobald*, VerwArch 102 (2011), 83, 94.
55 Begründung zum SDLWindV-Regierungsentwurf v. 27.5.2009, S. 31, abrufbar unter www.clea ringstelle-eeg.de/files/private/active/0/2-SDLWindV_Regierungsentwurf_090527.pdf.
56 In der Begründung zum Regierungsentwurf v. 27.5.2009, S. 31, abrufbar unter www.clearingstel le-eeg.de/files/private/active/0/2-SDLWindV_Regierungsentwurf_090527.pdf, sind die technischen Vorschriften aufgeführt, welche als dem Stand der Technik entsprechend betrachtet werden.
57 Begründung zum SDLWindV-Regierungsentwurf v. 27.5.2009, S. 31, abrufbar unter www.clea ringstelle-eeg.de/files/private/active/0/2-SDLWindV_Regierungsentwurf_090527.pdf.

schriften angenommen, dass sie dem Stand der Technik entsprechen. Sobald ein Zertifizierungssystem, das eine hinreichende Sicherheit für die Einhaltung der Anforderungen dieser Verordnung gibt, etabliert wird, plant die Bundesregierung, diese Verordnung dahingehend zu ändern, dass dieses Zertifizierungsverfahren verbindlich gemacht wird. Bis dahin wird darauf hingewiesen, dass die Anforderung der Einhaltung des Standes der Technik für die Gutachten- und Zertifikatserstellung einen gewissen Mindeststandard garantiert. Soweit ein Zertifizierer bereits in einem anderen Mitgliedstaat der Europäischen Union nach DIN EN 45011:1998 akkreditiert ist, bedarf es keiner erneuten Akkreditierung nach dieser Norm in Deutschland.[58]

56   Die SDLWindV enthält in § 6 Abs. 3 aus praktischen Gründen eine **Sonderregelung für Prototypen.** Prototypen sind nach § 6 Abs. 3 S. 4 und 5 SDLWindV die erste Windenergieanlage eines Typs, der wesentliche technische Weiterentwicklungen oder Neuerungen aufweist, und alle weiteren Windenergieanlagen dieses Typs, die **innerhalb von zwei Jahren nach der Inbetriebnahme der ersten Windenergieanlage dieses Typs in Betrieb genommen** werden. Dass eine wesentliche technische Weiterentwicklung oder Neuerung vorliegt, muss durch einen Zertifizierer bestätigt werden.

57   Ist eine Windenergieanlage ein Prototyp, so gelten gemäß § 6 Abs. 3 S. 1 SDLWindV die Anforderungen der SDLWindV und des EEG für Neuanlagen für einen Zeitraum von **zwei Jahren ab Inbetriebnahme** der Anlage **als erfüllt.** Allerdings muss der **Nachweis,** dass die Voraussetzungen der SDLWindV auch tatsächlich eingehalten werden, binnen zwei Jahren nach der Inbetriebnahme erbracht werden. Wird der Nachweis erbracht, gelten die Anforderungen der SDLWindV als seit der Inbetriebnahme der Anlage erfüllt und der Anlagenbetreiber kann den ausgezahlten Systemdienstleistungs-Bonus behalten. Wird der Nachweis nicht erbracht, müssen im Gegenschluss die Anforderungen der SDLWindV als seit der Inbetriebnahme der Anlage nicht erfüllt gelten und der Anlagenbetreiber hat dem Netzbetreiber den erhaltenen Systemdienstleistungs-Bonus zurückzuerstatten.

58   Für Prototypen wird ein späterer Nachweis ermöglicht, da zum Zeitpunkt der Inbetriebnahme die notwendigen Messungen für den Nachweis grundsätzlich noch nicht vorliegen können.[59]

59   **(6) Mehrere Windenergieanlagen.** Sind mehrere Windenergieanlagen an einem Netzverknüpfungspunkt angeschlossen, gilt gemäß § 7 SDLWindV für die Zuordnung des Systemdienstleistungs-Bonus zu diesen Anlagen § 32 Abs. 4 entsprechend. Das bedeutet, die Zuordnung des Bonus zu den einzelnen Windenergieanlagen erfolgt **im Verhältnis der jeweiligen Referenzerträge.** Zu den Einzelheiten wird auf die Kommentierung zu § 32 Abs. 4 verwiesen.

60   **(7) Übergangsbestimmungen.** Gemäß § 8 Abs. 1 SDLWindV ist für Strom aus Anlagen, die vor dem 1.1.2012 (aber nach dem 31.12.2008) in Betrieb genommen worden sind, die SDLWindV in der am 31.12.2011 geltenden Fassung anzuwenden. Dies ist erforderlich, da der ursprüngliche § 8 SDLWindV besondere Übergangsbestimmungen für Anlagen vorsah, die zwischen dem 1.1.2009 und dem 31.3.2011 in Betrieb genommen wurden, siehe oben Rn. 47.

---

58 Begründung zum SDLWindV-Regierungsentwurf v. 27.5.2009, S. 32, abrufbar unter www.clea ringstelle-eeg.de/files/private/active/0/2-SDLWindV_Regierungsentwurf_090527.pdf.
59 Begründung zum SDLWindV-Regierungsentwurf v. 27.5.2009, S. 32, abrufbar unter www.clea ringstelle-eeg.de/files/private/active/0/2-SDLWindV_Regierungsentwurf_090527.pdf.

6. System zur Direktvermarktung von Strom aus erneuerbaren Energien (Nr. 6). Nr. 6 61
ermächtigt die Bundesregierung zur Einführung eines Systems zur Direktvermarktung aus
erneuerbaren Energien, bei der dieser Strom als „Strom aus erneuerbaren Energien" gekennzeichnet werden kann. Damit wurde die Möglichkeit geschaffen, ein europarechts-
konformes Nachfolgesystem für das sogenannte Grünstromprivileg einzuführen.

Das **Grünstromprivileg** war – abgesehen von der finanziell nur in Einzelfällen rentablen 62
sonstigen Direktvermarktung – bis zur Einführung des Marktprämienmodells 2012 die einzige Direktvermarktungsform. Elektrizitätsversorgungsunternehmen, die mindestens die
Hälfte ihres Absatzes mit EEG-förderfähigem Strom deckten, waren in dem bis Ende 2009
geltenden EEG-Wälzungsmechanismus von der Abnahme- und Vergütungspflicht für
Strom aus erneuerbaren Energien befreit. In dem ab 2010 geltenden Wälzungsmechanismus mussten diese Unternehmen keine (2010, 2011) bzw. nur eine um zwei Cent pro Kilo-
wattstunde reduzierte EEG-Umlage (2012 bis Juli 2014) bezahlen. Gleichzeitig durfte der
direkt vermarktete Strom aus erneuerbaren Energien als „Grünstrom" vermarktet werden.
In den Jahren von 2010 bis 2013 wurden jährlich zwischen rund 1,5 TWh (2010) bis 11,5
TWh (2011) Strom aus erneuerbaren Energien über das Grünstromprivileg vermarktet.[60]
Dies entspricht einem Anteil zwischen knapp zwei bis etwas über elf Prozent der gesamten
EEG-förderfähigen Stromerzeugung. Besonders attraktiv wurde das Grünstromprivileg im
Jahr 2011 durch die auf 3,53 ct/kWh gestiegene EEG-Umlage. Bedingt durch die 2012 ein-
geführte Streichung der vollständigen Befreiung von der EEG-Umlage sowie einer Verschärfung der einzuhaltenden Kriterien ging die Nutzung des Grünstromprivilegs in den
Jahren 2012 und 2013 auf rund drei Terrawattstunden pro Jahr zurück. Im Vergleich zu
dem 2012 eingeführten Marktprämienmodell (über das 2012 knapp 48 TWh und 2013 rund
66 TWh vermarktet wurden) spielte das Grünstromprivileg fortan nur noch eine untergeordnete Rolle. Trotz der Popularität des Marktprämienmodells hat dies einen – aus Sicht
von Grünstromhändlern entscheidenden – Nachteil gegenüber dem Grünstromprivileg:
Nach § 79 bzw. der entsprechenden Vorgängerregelung in § 55 EEG 2012 wird für Strom
im Marktprämienmodell, der eine direkte Förderung nach § 19 Abs. 1 Nr. 1 oder den entsprechenden Regelungen des EEG 2000–2012 erhält, kein Herkunftsnachweis ausgestellt.
Darüber hinaus dürften Herkunftsnachweise für Strom im Marktprämienmodell aufgrund
des in § 80 bzw. der entsprechenden Vorgängerregelung in § 56 EEG 2012 definierten
Doppelvermarktungsverbots auch nicht weitergegeben werden. Somit ist – anders als im
Grünstromprivileg – keine Vermarktung als „Grünstrom" möglich.

Die Abschaffung des Grünstromprivilegs im EEG 2014 geht zurück auf **Bedenken** der Eu- 63
ropäischen Kommission **bezüglich der Europarechtskonformität des Grünstromprivi-**
legs. Am 18. Dezember 2013 hat die Europäische Kommission ein förmliches Beihilfeprüfverfahren zum EEG 2012 eröffnet.[61] Die dem Hauptprüfverfahren vorangegangenen
Untersuchungen weckten insbesondere Zweifel an der Vereinbarkeit der besonderen Ausgleichsregelung sowie des Grünstromprivilegs mit dem Unionsrecht. Da zur Erfüllung des
Grünstromprivilegs mindestens 50% des Stroms von inländischen Erzeugern von EE-
Strom bezogen werden müssen, vermutet die Europäische Kommission im Grünstrompri-
vileg eine diskriminierende Abgabe im Sinne des Artikels 110 AEUV.[62] Aufgrund dieser
Bedenken – sowie aufgrund von Mehrkosten des Grünstromprivilegs im Vergleich zum

---

60 EEG-Jahresabrechnungen, abrufbar auf http://www.netztransparenz.de/.
61 ABl. 2014/C 37/07.
62 ABl. 2014/C 37/07, Rn. 246.

Marktprämienmodell – hat sich die Bundesregierung entschlossen, das Grünstromprivileg im EEG 2014 zu streichen.[63]

64   Mit der Bekanntgabe der Abschaffung des Grünstromprivilegs wurde jedoch von vielen Marktakteuren das „**Bedürfnis nach einer Direktvermarktungsform** geäußert, mit der die „**grüne Eigenschaft**" des aus erneuerbaren Energien erzeugten Stroms ausgewiesen werden kann. Ein solches Vermarktungsmodell soll u. a. eine weitere Möglichkeit eröffnen, die Akzeptanz des Ausbaus erneuerbarer Energien durch Grünstromprodukte zu erhöhen".[64] Aus diesem Grund wurde sehr kurzfristig, knapp ein Monat vor Inkrafttreten des EEG 2014, dieser Teil der Verordnungsermächtigung ergänzt.

65   Ein nach dieser Verordnungsermächtigung ausgestaltetes Direktvermarktungssystem muss drei **Kriterien** erfüllen: Es muss mit dem Europarecht vereinbar sein, es soll energiewirtschaftlich sinnvoll sein und es darf die EEG-Umlage nicht erhöhen. Gleichzeitig ist bei der Ausgestaltung des Systems auch zu beachten, dass daraus keine unbegrenzte Pflicht zur finanziellen Förderung für Strom aus erneuerbaren Energien, der außerhalb des Bundesgebiets erzeugt worden ist, erwachsen darf.

66   Buchst. a regelt, dass zur Teilnahme an diesem Direktvermarktungssystem Vorgaben über **Anforderungen an Anlagenbetreiber und Elektrizitätsversorgungsunternehmen** gemacht werden können. Beispielsweise kann – so wie dies auch im Grünstromprivileg ab 2012 geregelt war – ein Mindestanteil an Wind- oder Solarstrom festgelegt werden. Dabei können diese Anforderungen auch Strommengen aus Ländern der Europäischen Union umfassen.

67   Buchst. b legt fest, dass die teilnehmenden Elektrizitätsversorgungsunternehmen zu **Zahlungen an die Übertragungsnetzbetreiber oder an Anlagenbetreiber** verpflichtet werden können.

68   Buchst. c ermöglicht das Herauslösen von Strom aus **der Strommenge**, die sonst gemäß § 78 als „**Erneuerbare Energien, gefördert nach dem Erneuerbare-Energien-Gesetz**" auszuweisen wären. Nach der derzeitig gültigen Regelung wird die Strommenge, für die eine finanzielle Förderung nach § 19 in Anspruch genommen wurde, entsprechend gekennzeichnet. Diese Menge umfasst Strom aus Anlagen in der festen Einspeisevergütung nach den §§ 37 und 38 sowie Strom aus Anlagen im Marktprämienmodell (sowie geförderte Mengen aus den entsprechenden Vorgängerregelungen). Nach Buchst. c kann Strom aus Anlagen in der geförderten Direktvermarktung, d. h. Strom aus Anlagen im Marktprämienmodell nach § 20 Abs. 1 Nr. 1, abweichend als „Strom aus erneuerbaren Energien" gekennzeichnet werden. Zu beachten ist dabei jedoch, dass für die geförderten Mengen nach § 19 Abs. 1 Nr. 1 damit keine Vermarktbarkeit der grünen Eigenschaft dieses Stroms einhergeht – hierzu wären zusätzliche Anpassungen in § 79 (Ausstellung von Herkunftsnachweisen) sowie § 80 (Aufhebung des Doppelvermarktungsverbots) notwendig.

69   Buchst. d legt die Grundlage dafür, dass der über dieses Direktvermarktungssystem veräußerte Strom als „**Grünstrom**" gegenüber dem Letztverbraucher **ausgewiesen werden kann**. Diese Ausstellung kann auch bei teilweiser oder vollständiger Befreiung der EEG-Umlage[65] erfolgen. Dazu ermöglicht Buchst. d Anpassungen an § 79, der derzeit regelt,

---

63   BT-Drs. 18/1304, S. 135.
64   BT-Drs. 18/1891, S. 208 f.
65   Siehe Rn. 71.

dass lediglich ungeförderte Anlagen in der sonstigen Direktvermarktung gemäß § 20 Abs. 1 Nr. 2 Herkunftsnachweise für Strom aus erneuerbaren Energien erhalten.

Buchst. e ermöglicht der Bundesregierung, ein Verfahren zum **Nachweis der Erfüllung** der Anforderungen festzulegen und – falls erforderlich – die Melde-, Kennzeichnungs- und Veröffentlichungspflichten der Elektrizitätsversorgungsunternehmen und Über- tragungsnetzbetreiber anzupassen. Denkbar wäre beispielsweise – wie beim Grünstrom- privileg – eine Pflicht zur Meldung der Inanspruchnahme des Modells vor Beginn des jeweiligen Jahres. **70**

Buchst. f ermöglicht es, teilnehmende Elektrizitätsversorgungsunternehmen teilweise oder ganz **von der Zahlung der EEG-Umlage zu befreien**. Anders als im Grünstromprivileg ist diese Regelung aber mit der Bedingung verknüpft, dass sich diese Unternehmen durch Zahlung der durchschnittlichen Kosten des Stroms aus erneuerbaren Energien an der Finanzierung beteiligen und dass die EEG-Umlage für andere Elektrizitätsversorgungsun- ternehmen dadurch nicht steigt. Mit dieser Einschränkung soll vermieden werden, dass das System ausgenutzt wird, indem beispielsweise lediglich Anlagen mit einem geringen Ver- gütungsanspruch daran teilnehmen, wie dies im Grünstromprivileg zu beobachten war. **71**

Buchst. g erlaubt, allgemein ergänzende oder **abweichende Regelungen** bezüglich der **Ausgleichsansprüche** zwischen Übertragungsnetzbetreibern sowie zwischen Elektrizitäts- versorgungsunternehmen und Netzbetreibern zu treffen. Ziel ist dabei – ähnlich wie schon unter Buchst. f – eine angemessene Kostenbeteiligung der teilnehmenden Elektrizitäts- versorgungsunternehmen sicherzustellen. **72**

§ 96   Gemeinsame Bestimmungen

(1) Die Rechtsverordnungen auf Grund der §§ 89, 91 und 92 bedürfen der Zustimmung des Bundestages.

(2) [1]Wenn Rechtsverordnungen nach Absatz 1 der Zustimmung des Bundestages bedürfen, kann diese Zustimmung davon abhängig gemacht werden, dass dessen Änderungswünsche übernommen werden. [2]Übernimmt der Verordnungsgeber die Änderungen, ist eine erneute Beschlussfassung durch den Bundestag nicht erforderlich. [3]Hat sich der Bundestag nach Ablauf von sechs Sitzungswochen seit Eingang der Rechtsverordnung nicht mit ihr befasst, gilt im Fall der §§ 89 und 91 seine Zustimmung zu der unveränderten Rechtsverordnung als erteilt.

(3) [1]Die Ermächtigungen zum Erlass von Rechtsverordnungen auf Grund der §§ 91 bis 93 können durch Rechtsverordnung ohne Zustimmung des Bundesrates und im Fall der §§ 91 und 92 mit Zustimmung des Bundestages auf eine Bundesoberbehörde übertragen werden. [2]Die Rechtsverordnungen, die auf dieser Grundlage von der Bundesoberbehörde erlassen werden, bedürfen nicht der Zustimmung des Bundesrates oder des Bundestages.

Schrifttum: *Kotulla/Rolfsen*, Zur Begründbarkeit von Zustimmungsvorbehalten zu Gunsten des Bundestages beim Erlass von Rechtsverordnungen, NVwZ 2010, 943; *Uhle*, Verordnungsgeberische Entscheidungsmacht und parlamentarischer Kontrollvorbehalt – Zur verfassungsrechtlichen Zulässigkeit verordnungsspezifischer Kontrollbefugnisse des Parlaments unter besonderer Berücksichtigung der Rechtsprechung des BVerfG, NVwZ 2002, 15.

Übersicht

I. Allgemeines

1   § 96 enthält gemeinsame Bestimmungen für die Ausübung der Verordnungsermächtigungen gemäß §§ 89 bis 93. **Abs. 1** bestimmt, welche Rechtsverordnungen der Zustimmung des Bundestages bedürfen. **Abs. 2** enthält Vorschriften darüber, wie die gemäß Abs. 1 erforderliche Zustimmung erteilt werden kann. **Abs. 3** erlaubt die Übertragung der Zuständigkeit für den Erlass bestimmter Rechtsverordnungen auf eine Bundesoberbehörde.

2   **1. Normzweck.** § 96 bündelt die formellen Anforderungen an den Erlass von Rechtsverordnungen gemäß §§ 89 bis 93 und trägt damit zur Normenklarheit und zur Transparenz der insgesamt sehr umfangreichen Verordnungsermächtigungen des EEG bei. Die Vorschrift legt fest, welche Rechtsverordnungen der Zustimmung des Bundestages unterliegen und sichert damit die Mitwirkungsbefugnisse des Parlaments. Außerdem wird in § 96 be-

stimmt, wie die gemäß Abs. 1 erforderliche Zustimmung zu erteilen ist und wann das Recht zum Erlass einer Rechtsverordnung auf eine Bundesoberbehörde übertragen werden darf. Mit der Konkretisierung der formellen Anforderungen an den Erlass von Rechtsverordnungen gemäß §§ 89 bis 93 trägt § 96 zur Präzisierung der Verordnungsermächtigungen bei und dient somit der Erfüllung der verfassungsrechtlichen Erfordernisse gemäß Art. 80 Abs. 1 GG.

2. Entstehungsgeschichte. § 96 wurde mit der EEG-Novelle v. 28.7.2011 als § 64g in das   **3** Gesetz eingefügt. Zuvor waren die formellen und materiellen Anforderungen an den Erlass von Rechtsverordnungen mitsamt allen Verordnungsermächtigungen in § 64 EEG 2009 geregelt. Um die Verordnungsermächtigungen verständlicher und übersichtlicher zu machen, spaltete der Gesetzgeber § 64 EEG 2009 im Rahmen der EEG-Novelle v. 28.7.2011 auf und verteilte die einzelnen Verordnungsermächtigungen auf die §§ 64a bis 64f a. F.[1] Die formellen Anforderungen an den Erlass von Rechtsverordnungen wurden in diesem Zusammenhang erstmals für alle Verordnungsermächtigungen in der Vorschrift des § 64g a. F. gebündelt. Durch das Gesetz zur Änderung des Rechtsrahmens für Strom aus solarer Strahlungsenergie und zu weiteren Änderungen im Recht der Erneuerbaren Energien v. 17.8.2012[2] wurde mit § 64g a. F. eine zusätzliche Verordnungsermächtigung für Vergütungsbedingungen auf Konversionsflächen in das Gesetz eingefügt. Gleichzeitig wurde § 64g a. F. in § 64h a. F. umgewandelt und geringfügig ergänzt.

Durch die **EEG-Novelle 2014** wurde § 64 a. F. in den heutigen § 96 überführt. Außerdem   **4** wurde der Zustimmungsvorbehalt des Deutschen Bundestages für die Biomassestrom-Nachhaltigkeitsverordnung (vgl. § 90) aufgehoben, weil der Verordnung seit dem Förderausschluss für flüssige Biomasse bei neuen Anlagen nach Ansicht des Gesetzgebers nur noch eine untergeordnete politische Bedeutung zukommt.[3] Da der Gesetzgeber die Ermächtigung für eine Konversionsflächenverordnung (§ 64g a. F.) gestrichen hat, ist der entsprechende Zustimmungsvorbehalt ebenfalls entfallen. Die Förderung für Freiflächenanlagen soll künftig durch Ausschreibung ermittelt werden.[4] Auch der Zustimmungsvorbehalt für die weiteren Verordnungen gemäß § 95 (vorher § 64f a. F.) wurde aufgehoben. Auffällig ist weiterhin, dass der Gesetzgeber für die mit der EEG-Novelle 2014 neu geschaffenen Verordnungsermächtigungen in §§ 88, 94 (Freiflächenverordnung, besondere Ausgleichsregelung) keinen Zustimmungsvorbehalt vorgesehen hat.

II. Zustimmungspflichtigkeit von Rechtsverordnungen (Abs. 1)

Gemäß Abs. 1 bedürfen Rechtsverordnungen auf Grundlage der §§ 89, 91 und 92 der **Zu-   5 stimmung des Bundestages**. Im Umkehrschluss bedeutet dies, dass Rechtsverordnungen auf Grundlage der §§ 88, 90, 93, 94 und 95 nicht der Zustimmung des Bundestages bedürfen. Nach h. M. ist es dem Gesetzgeber nicht verwehrt, über eine Verordnungsermächtigung Entscheidungsbefugnisse auf die Exekutive zu übertragen und sich gleichzeitig über einen Zustimmungsvorbehalt das Letztentscheidungsrecht zu sichern.[5] Dies ist zwar in

---

1 BT-Drs. 17/6071, S. 91.
2 BGBl. 2012 I S. 1754.
3 BT-Drs. 18/1304, S. 271.
4 BT-Drs. 18/1304, S. 258.
5 Ausführlich *Uhle*, NVwZ 2002, 15 ff. m. w. N.; a. A. *Kotulla/Rolfsen*, NVwZ 2010, 943 ff.

Art. 80 GG so nicht angelegt und verengt den Gestaltungsspielraum der Exekutive. Allerdings könnte der Gesetzgeber wegen der Normenhierarchie ohnehin jede Rechtsverordnung durch ein formelles Gesetz ändern; es ist deshalb verfahrensökonomisch sinnvoller, seine Vorstellungen möglichst schon in der Rechtsverordnung zu berücksichtigen.

6   Die Zustimmungspflichtigkeit gilt auch für **Änderungen** von bestehenden Rechtsverordnungen, so dass die im Anwendungsbereich der §§ 89, 91 und 92 bereits erlassenen Rechtsverordnungen (Biomasseverordnung, Ausgleichsmechanismusverordnung, Herkunftsnachweisverordnung) nur mit Zustimmung des Bundestages geändert werden können.

7   Die **Zustimmung des Bundesrates** ist für Rechtsverordnungen auf Grundlage der §§ 88 bis 95 nicht erforderlich. Dies ergibt sich nicht aus § 96, sondern unmittelbar aus den genannten Verordnungsermächtigungen. Der Verzicht auf die Zustimmung des Bundesrates entspricht den verfassungsrechtlichen Vorgaben. Gemäß Art. 80 Abs. 2 GG bedürfen u. a. solche Rechtsverordnungen der Zustimmung des Bundesrates, die auf Grundlage von Bundesgesetzen erlassen werden, die ihrerseits der Zustimmung des Bundesrates bedurften oder die von den Ländern im Auftrage des Bundes oder als eigene Angelegenheit ausgeführt werden. Da das EEG selbst nicht zustimmungspflichtig ist,[6] sind es nach dieser Vorgabe auch die von ihm abgeleiteten Rechtsverordnungen nicht.

8   Einzig der auf das Gesetz zur Änderung des Rechtsrahmens für Strom aus solarer Strahlungsenergie und zu weiteren Änderungen im Recht der Erneuerbaren Energien v. 17.8.2012[7] zurückgehende **§ 64g a. F.**, der erst durch der Vermittlungsausschuss eingefügt worden war und offenbar auf einem politischen Kompromiss beruhte, machte den Erlass der dort vorgesehenen Rechtsverordnung für Konversionsflächen von der Zustimmung des Bundesrates abhängig. Die Vorschrift ist jedoch mit der EEG-Novelle 2014 entfallen.

9   Im Einzelnen ergeben sich aus §§ 88 bis 95 die nachfolgenden Zuständigkeiten und Mitwirkungserfordernisse:

Er-mächti-gung	Thema	Verordnungen	Berech-tigter	Einver-nehmen	Zustim-mung
§ 88	Ausschreibung der Förderung für Frei-flächenanlagen	FFAV[8]	BReg	–	–
§ 89	Stromerzeugung aus Biomasse	BiomasseV[9]	BReg	–	BTag
§ 90	Nachhaltigkeitsanforderungen für Biomasse	BioSt-NachV[10]	BMU	BMWi, BMEL	–
§ 91	Ausgleichsmechanismus	AusglMechV[11]	BReg	–	BTag

---

6 Altrock/Oschmann/Theobald/*Altrock/Lehnert*, 3. Aufl. 2011, § 64 Rn. 10 f.
7 BGBl. 2012 I S. 1754.
8 Freiflächenausschreibungsverordnung v. 6.2.2015 (BGBl. I S. 108).
9 Biomasseverordnung v. 21.6.2001 (BGBl. I S. 1234).
10 Biomassestrom-Nachhaltigkeitsverordnung v. 23.7.2009 (BGBl. I S. 2174).
11 Ausgleichsmechanismusverordnung v. 17.7.2009 (BGBl. I S. 2101).

Er-mächti-gung	Thema	Verordnungen	Berech-tigter	Einver-nehmen	Zustim-mung
§ 92	Herkunftsnachweise	HkNV[12]	BMWi	–	BTag
§ 93	Anlagenregister	–	BMWi	–	–
§ 94	Besondere Ausgleichsregelung	–	BMWi	–	–
§ 95	mehrere Sachgebiete, z. B. Entschädigung nach § 15, Marktprämie, Systemdienstleistungen, Direktvermarktung	MaPrV,[13] SDLWindV[14]	BReg	–	–

BReg = Bundesregierung
BTag = Deutscher Bundestag
BMU = Bundesumweltministerium
BMEL = Bundeslandwirtschaftsministerium
BMWi = Bundeswirtschaftsministerium

III. Erteilung der Zustimmung (Abs. 2)

Abs. 2 regelt das Verfahren bei zustimmungspflichtigen Rechtsverordnungen. Die Vorschrift entspricht weitgehend § 64g a. F. und § 64 Abs. 5 EEG 2009, der seinerseits aber erst durch das Europarechtsanpassungsgesetz Erneuerbare Energien (EAG EE) v. 12.4.2011 in das Gesetz eingefügt worden war.   **10**

1. Änderungen durch den Bundestag. Gemäß Abs. 2 S. 1 kann bei gemäß Abs. 1 zustimmungspflichtigen Rechtsverordnungen die Zustimmung des Bundestages davon abhängig gemacht werden, dass Änderungswünsche des Bundestages übernommen werden. In der Gesetzesbegründung zum EAG EE wird ausgeführt, dass mit dem Änderungsrecht nur die geltende Staatspraxis aufgegriffen werde.[15] Es ist jedenfalls verfahrensökonomisch sinnvoll, dass der Bundestag Änderungsvorschläge machen kann, da er ohnehin so lange seine Zustimmung verweigern könnte, bis die fragliche Rechtsverordnung seinen Vorstellungen entspricht. Die Änderungswünsche des Bundestages sind dem Verordnungsgeber, also der Bundesregierung, dem zuständigen Bundesministerium oder der gemäß Abs. 3 zuständigen Bundesoberbehörde zuzuleiten, damit die Rechtsverordnung anschließend mit den Änderungen neu beschlossen werden kann.   **11**

2. Erneuter Beschluss durch den Verordnungsgeber. Der Verordnungsgeber muss die Rechtsverordnung mitsamt den Änderungsvorschlägen des Bundestages erneut beschließen, andernfalls kann die Rechtsverordnung nicht in Kraft gesetzt werden. Übernimmt der Verordnungsgeber die Änderungswünsche des Bundestages, ist gemäß Abs. 2 S. 2 eine erneute Beschlussfassung durch den Bundestag nicht erforderlich. Im Umkehrschluss bedeutet dies, dass die Rechtsverordnung dem Bundestag erneut zur Zustimmung zuzuleiten ist,   **12**

---

12 Herkunftsnachweisverordnung v. 28.11.2011 (BGBl. I S. 2447).
13 Managementprämienverordnung v. 2.11.2012 (BGBl. I S. 2278).
14 Systemdienstleistungsverordnung v. 3.7.2009 (BGBl. I S. 1734).
15 BT-Drs. 17/3629, S. 38.

wenn der Verordnungsgeber von den Vorschlägen des Bundestages abweicht oder weitere Änderungen vornimmt, die noch nicht von der Zustimmung des Bundestages erfasst waren.

13   **3. Zustimmungsfiktion.** Hat sich der Bundestag nach Ablauf von sechs Sitzungswochen seit Eingang einer Rechtsverordnung nicht mit der Rechtsverordnung befasst, gilt gemäß Abs. 2 S. 3 im Fall der §§ 89 und 91 seine Zustimmung zu der unveränderten Rechtsverordnung als erteilt. Diese Zustimmungsfiktion soll sicherstellen, dass das Verordnungsverfahren zügig abgeschlossen werden kann.[16] Im Umkehrschluss ergibt sich aus Abs. 2 S. 3, dass es für Rechtsverordnungen auf Grundlage von § 92 (Herkunftsnachweise) keine Zustimmungsfiktion gibt. Der Bundestag muss in diesem Fall also ausdrücklich zustimmen.

IV. Übertragung der Zuständigkeit zum Erlass von Rechtsverordnungen (Abs. 3)

14   Abs. 3 regelt, dass die Verordnungsermächtigungen gemäß §§ 91 bis 93 durch Rechtsverordnung auf eine Bundesoberbehörde übertragen werden können (sog. Subdelegation). **Bundesoberbehörden** oder obere Bundesbehörden sind solche, die einem Bundesministerium unmittelbar nachgeordnet sind und selbst grundsätzlich keine nachgeordneten Behörden haben.

15   Abs. 3 S. 1 erlaubt nur die Delegation der Verordnungsermächtigung gemäß § 91 (Ausgleichsmechanismus), § 92 (Herkunftsnachweise) und § 93 (Anlagenregister). Als Adressaten einer Delegation gemäß Abs. 3 S. 1 kommen deshalb im Geschäftsbereich des Bundesumweltministeriums das Umweltbundesamt (**UBA**) und im Geschäftsbereich des Bundeswirtschaftsministeriums insbesondere die Bundesnetzagentur (**BNetzA**) und das Bundesamt für Wirtschaft und Ausfuhrkontrolle (**BAFA**) in Betracht.

16   Rechtsverordnungen, mit denen die Verordnungsermächtigungen gemäß § 91 (Ausgleichsmechanismus) oder § 92 (Herkunftsnachweise) auf eine Bundesoberbehörde übertragen werden sollen, bedürfen gemäß Abs. 3 S. 1 der Zustimmung des **Bundestages**. Die Subdelegation der Verordnungsermächtigung gemäß § 93 (Anlagenregister) kann hingegen ohne Zustimmung des Bundestages erfolgen. Der **Bundesrat** muss den **Übertragungsverordnungen** gemäß Abs. 3 hingegen in keinem Fall zustimmen.

17   Rechtsverordnungen, die unter Ausnutzung einer delegierten Verordnungsermächtigung durch eine Bundesoberbehörde erlassen werden (**Ausübungsverordnungen**), bedürfen hingegen ihrerseits nicht mehr der Zustimmung des Bundestages, selbst wenn Abs. 1 dies für die unmittelbare Ausnutzung der Verordnungsermächtigung vorschreibt.[17] Dies entspricht dem in der Vergangenheit bereits praktizierten Verständnis.[18]

18   **Beispiele** für die Übertragung der Zuständigkeit zum Erlass von Rechtsverordnungen gemäß Abs. 3 finden sich in § 11 AusglMechV und § 6 HkNV. In § 11 AusglMechV wird die Bundesnetzagentur ermächtigt, durch Rechtsverordnung im Einvernehmen mit dem Bundeswirtschaftsministerium bestimmte Vorgaben für die Vermarktung von Strom im Rah-

---

16 BT-Drs. 17/3629, S. 38.
17 BT-Drs. 17/6071, S. 93.
18 BT-Drs. 17/6071, S. 93.

men des bundesweiten Ausgleichsmechanismus zu machen. Auf dieser Grundlage wurde am 22.10.2010 die Ausgleichsmechanismus-Ausführungsverordnung (AusglMechAV) erlassen.[19] In § 6 HkNV wird das Umweltbundesamt ermächtigt, durch Rechtsverordnung im Einvernehmen mit dem Bundeswirtschaftsministerium das Herkunftsnachweissystem näher auszugestalten.

---

19 Ausgleichsmechanismus-Ausführungsverordnung v. 22.2.2010 (BGBl. I S. 134).

Berichte

§ 97 Erfahrungsbericht

[1]Die Bundesregierung evaluiert dieses Gesetz und legt dem Bundestag bis zum 31. Dezember 2018 und dann alle vier Jahre einen Erfahrungsbericht vor. [2]Die Bundesnetzagentur, das Bundesamt für Wirtschaft und Ausfuhrkontrolle und das Umweltbundesamt unterstützen die Bundesregierung bei der Erstellung des Erfahrungsberichts.

Übersicht

I. Allgemeines

1 § 97 verpflichtet die Bundesregierung zur Evaluierung des EEG und dazu, dem Bundestag bis zum 31. Dezember 2018 und dann alle vier Jahre einen Erfahrungsbericht vorzulegen.

2 **1. Normzweck.** Die nach § 97 vorgeschriebene Evaluierung des EEG dient dazu, die **Wirksamkeit** des Gesetzes zu überprüfen.[1] Zweck des EEG ist gemäß § 1 Abs. 1, eine nachhaltige Entwicklung der Energieversorgung zu ermöglichen, die volkswirtschaftlichen Kosten der Energieversorgung zu verringern, fossile Energieressourcen zu schonen und die Weiterentwicklung von Technologien zur Erzeugung von Strom aus erneuerbaren Energien zu fördern. Um diesen Zweck zu erreichen, verfolgt das EEG gemäß § 1 Abs. 2 das Ziel, den prozentualen Anteil erneuerbarer Energien an der Stromversorgung in mehreren Stufen bis auf mindestens 80 % im Jahr 2050 zu erhöhen. Die Evaluierung gemäß § 97 soll sicherstellen, dass dieses Ziel tatsächlich erreicht wird und zwar zu den **geringstmöglichen ökonomischen und ökologischen Kosten.** Der Ausbau der Stromerzeugung aus erneuerbaren Energien kann sich negativ auf die Stromgroßhandelsmärkte, das allgemeine Preisniveau und den Natur- und Landschaftsschutz auswirken. Der Gesetzgeber nimmt dies unter Berücksichtigung der Ziele gemäß § 1 in Kauf, ist aber bemüht, die negativen Auswirkungen möglichst gering zu halten. Mit der Evaluierung und dem Erfahrungsbericht gemäß § 97 soll deshalb eine empirische Grundlage für die fortlaufende Weiterentwicklung des EEG für eine möglichst effiziente Erreichung der Förderziele geschaffen werden.

---

1 BT-Drs. 16/8148, S. 76.

Säcker/König

2. Entstehungsgeschichte. § 97 entspricht weitgehend § 65 EEG 2009, enthält jedoch ein   3
neues Datum für die Vorlage des nächsten Erfahrungsberichts. Die Vorschrift bestimmt,
dass der nächste Erfahrungsbericht dem Bundestag bis zum 31. Dezember 2018 vorgelegt
werden muss. Die nächste Novellierung des EEG würde dann voraussichtlich im Laufe des
Jahres 2019 erfolgen und sodann zum 1. Januar 2020 in Kraft treten. Angesichts der bisher
eher sprunghaften Weiterentwicklung des EEG ist allerdings zu vermuten, dass es die
nächste große Novelle bereits vor diesem Datum geben wird.

Früher war die Pflicht zur Erstellung eines Erfahrungsberichts bereits in § 20 EEG 2004   4
und § 12 EEG 2000 enthalten, deren Inhalte aber teilweise deutlich von § 65 EEG 2009 ab-
wichen. **§ 12 EEG 2000** verpflichtete das Bundeswirtschaftsministerium, dem Bundestag
im Einvernehmen mit dem Bundesumweltministerium und dem Bundeslandwirtschaftsministerium alle zwei Jahre über den Stand der Markteinführung und der Kostenentwicklung von Anlagen zur Erzeugung von Strom aus erneuerbaren Energien zu berichten. Außerdem sollten gegebenenfalls Anpassungen der Vergütungs- und Degressionssätze vorgeschlagen werden.

Mit **§ 20 EEG 2004** wurde die Pflicht zur Erstellung des Erfahrungsberichts dem Bundes-   5
umweltministerium übertragen, das nun seinerseits im Einvernehmen mit dem Bundeswirtschaftsministerium und dem Bundeslandwirtschaftsministerium dem Bundestag alle
vier Jahre über den Stand der Markteinführung von Anlagen zur Erzeugung von Strom aus
erneuerbaren Energien und aus Grubengas sowie die Entwicklung der Stromgestehungskosten zu berichten hatte. Auch Anpassungen der Vergütungs- und Degressionssätze sollten weiterhin vorgeschlagen werden. Außerdem wurde der vorgeschriebene Gegenstand
des Erfahrungsberichts auf die Entwicklung von Speichertechnologien sowie die ökologische Bewertung der von der Nutzung erneuerbarer Energien ausgehenden Auswirkungen
auf Natur und Landschaft ausgeweitet. Inhalt des Erfahrungsberichts sollte nunmehr außerdem auch die Tätigkeit der Bundesnetzagentur sein. In § 20 Abs. 2 EEG 2004 wurden
außerdem einige Mitwirkungsbefugnisse der Anlagenbetreiber und der Netzbetreiber geregelt, die danach das Bundesumweltministerium bei der Erstellung des Erfahrungsberichts
mit bestimmten Daten unterstützen mussten.

Die Übertragung der Zuständigkeit für die Erstellung des Erfahrungsberichts auf die Bun-   6
desregierung durch § 65 EEG 2009 war pragmatisch, da ohnehin bereits drei Bundesministerien in die Konsultation des Berichts einbezogen werden mussten. Mit dem Verzicht auf
die vorher übliche thematische Eingrenzung hat der Gesetzgeber der Bundesregierung einigen Spielraum bei der Erstellung des Erfahrungsberichts eingeräumt. Auch dies ist unter
dem Aspekt der Praktikabilität überzeugend, da jede Auflistung der zu behandelnden Themen immer unvollständig bleiben müsste. Um nicht wichtige Sachgebiete auszuschließen
lag es nahe, auf die Vornahme einer Eingrenzung gänzlich zu verzichten, zumal durch die
mittlerweile etablierte Praxis der Erfahrungsberichte ohnehin ein gewisser Qualitätsstan-
dard sichergestellt ist.

Mit der **EEG-Novelle 2014** wurde § 65 EEG 2009 in § 97 überführt. Die Frist für die Vor-   7
lage des nächsten Erfahrungsberichts wurde angepasst. Außerdem wurde S. 2 in die Vorschrift aufgenommen, der nunmehr die Bundesnetzagentur, das Bundesamt für Wirtschaft
und Ausfuhrkontrolle (BAFA) und das Umweltbundesamt ausdrücklich verpflichtet, die
Bundesregierung bei der Erstellung des Erfahrungsberichts zu unterstützen.

II. Evaluierung des EEG

8 § 97 sieht zunächst eine **Evaluierung** des EEG durch die Bundesregierung vor. Die Evaluierung mündet zwar in der Regel in den ebenfalls nach § 97 anzufertigenden Erfahrungsbericht, ist aber nicht zwangsläufig auf dessen Vorbereitung beschränkt. Anders als für die Vorlage des Erfahrungsberichts ist für die Evaluierung weder eine Frist noch ein vierjähriger Turnus vorgesehen. Unter Berücksichtigung des Telos von § 97, Fehlentwicklungen bei der Anwendung des EEG aufzudecken und die Ausrichtung des Gesetzes an den Zielen gemäß § 1 sicherzustellen (s. Rn. 2), ist deshalb davon auszugehen, dass die Evaluierung **fortlaufend**, d. h. bei gegebenen Anlass jederzeit oder in einem ständigen Prozess zu erfolgen hat.[2]

9 Die Evaluierung hat gemäß § 97 durch die **Bundesregierung** zu erfolgen. Dadurch ist jedoch nicht untersagt, im Rahmen der Geschäftsverteilung der Bundesregierung ein einzelnes oder mehrere Bundesministerien mit der Evaluierung zu betrauen. Nach der Kompetenzverteilung innerhalb der Bundesregierung ist seit dem Regierungswechsel 2013 das Bundeswirtschaftsministerium für das Sachgebiet der erneuerbaren Energien zuständig, so dass ihm in Ermangelung abweichender Festlegungen auch die Aufgabe der Evaluierung des EEG zufällt.

10 Nach der Gesetzesbegründung zum EEG 2009 soll sich die Evaluierung der Bundesregierung gemäß § 65 insbesondere auf die folgenden Sachgebiete und Themen erstrecken:

- Grad der **Marktdurchdringung** und **technologische Entwicklung** bei Anlagen zur Nutzung erneuerbarer Energien;
- Höhe der **Vergütungssätze** einschließlich der Degression für Neuanlagen;
- **Stromgestehungskosten**;
- Entwicklung von **Speichertechnologien**;
- Auswirkungen der Nutzung erneuerbarer Energien auf **Natur** und **Landschaft**;
- Nutzung öffentlicher **Gewässer** durch Windenergieanlagen nach dem Bundeswasserstraßengesetz (vgl. § 84);
- Tätigkeit der Bundesnetzagentur (**BNetzA**);
- Tätigkeit des Bundesamtes für Wirtschaft und Ausfuhrkontrolle (**BAFA**).[3]

Laut der Gesetzesbegründung zur EEG-Novelle 2014 soll sich die Bundesregierung in ihrem nächsten Erfahrungsbericht auch mit der Frage auseinandersetzen, ob es auf der ersten Stufe des Wälzungsmechanismus Bedarf für eine bessere Überwachung der Einhaltung der Vorschriften des EEG gibt.[4] Ferner soll sie hierzu ggf. Handlungsempfehlungen vorlegen.

11 **1. Marktdurchdringung und technologische Entwicklung.** Die Evaluierung gemäß § 97 soll sich u. a. auf den Grad der Marktdurchdringung und die technologische Entwicklung bei Anlagen zur Erzeugung von Strom aus erneuerbaren Energien beziehen.[5] Hierbei geht es einerseits um die Fortschritte bei der Erreichung der **Ausbauziele** gemäß § 1 Abs. 2 und andererseits um die in § 1 Abs. 1 a. E. angesprochene Förderung der **Weiterentwicklung von Technologien** zur Erzeugung von Strom aus erneuerbaren Energien.

---

2 BT-Drs. 16/8148, S. 76.
3 BT-Drs. 16/8148, S. 76.
4 BT-Drs. 18/1304, S. 276.
5 BT-Drs. 16/8148, S. 76.

Die Fortschritte bei der Erreichung der Ausbauziele können anschaulich mit Daten über **12** die **installierte Leistung** und die damit **erzeugten Strommengen** sowie deren Anteil an der Gesamtstromerzeugung belegt werden. Entsprechende Daten sollten für die einzelnen Primärenergieträger und die erneuerbaren Energien insgesamt erhoben werden. Um die Wirksamkeit des EEG zu untersuchen, muss die Entwicklung der erhobenen Daten über mehrere Jahre verfolgt werden. Zweckmäßig ist auch ein Vergleich mit solchen Daten, die sich auf den Zeitraum vor dem Inkrafttreten des EEG beziehen.[6]

Mit der Erhebung und Analyse von Daten über den Ausbau der erneuerbaren Energien an **13** der Stromversorgung ist seit Februar 2004 die **Arbeitsgruppe Erneuerbare Energien – Statistik** (AGEE-Stat) betraut. Die Arbeitsgruppe besteht aus Experten von Behörden, Verbänden und Instituten und wurde vom Bundesumweltministerium im Einvernehmen mit dem Bundeswirtschaftsministerium eingerichtet. Sie liefert die Datenbasis für den halbjährlich vom Bundeswirtschaftsministerium veröffentlichten Bericht „Erneuerbare Energien in Zahlen" der ausführlich über die Entwicklung der Stromerzeugung aus einzelnen erneuerbaren Energieträgern und die Stromerzeugung aus erneuerbaren Energien insgesamt informiert. Die Daten der Arbeitsgruppe sind auch Grundlage der entsprechenden Analysen im Erfahrungsbericht.

Im Zusammenhang mit der Marktdurchdringung steht auch die **Marktintegration** des **14** Stroms aus erneuerbaren Energien. Mit dem wachsenden Anteil der erneuerbaren Energien an der Stromerzeugung wird es immer wichtiger, die Auswirkungen des EEG auf die Stromgroßhandelsmärkte und den Wettbewerb auf diesen Märkten im Blick zu behalten. Der Gesetzgeber versucht u. a. mit §§ 34 ff., 52 ff., 55 und § 59 i. V. m. § 2 AusglMechV das EEG marktkonform auszugestalten. Dennoch ist nicht zu verhehlen, dass der im Kern planwirtschaftliche Ansatz des EEG den Wettbewerb in der Elektrizitätswirtschaft und die Verwirklichung des Binnenmarktes gefährden kann. Bei der Evaluierung des EEG ist deshalb auch die Frage zu untersuchen, wie die Förderung der Stromerzeugung aus erneuerbaren Energien marktgerechter ausgestaltet werden kann.

2. Vergütungssätze. Die Evaluierung gemäß § 97 soll sich weiterhin auf die Höhe der Ver- **15** gütungssätze einschließlich der Degression für Neuanlagen erstrecken und gegebenenfalls in Vorschläge für deren Anpassung münden.[7] Die **Festlegung des „richtigen" Preises** ist die größte Herausforderung von dirigistischen Steuerungsinstrumenten und somit auch von staatlichen Fördersystemen mit gesetzlichen Vergütungssätzen, wie sie das EEG vorsieht. Sind die Vergütungssätze zu niedrig, wird die Anreizwirkung verfehlt und die erstrebten Investitionen in Anlagen zur Erzeugung von Strom aus erneuerbaren Energien finden nicht statt. Sind die Vergütungssätze hingegen zu hoch, kommt es zu einer Überkompensation der Anlagenbetreiber und damit zu Mitnahmeeffekten. Die Förderung erfolgt dann nicht zu den geringstmöglichen volkswirtschaftlichen Kosten und ist deshalb ineffizient. Den „goldenen Mittelweg" im Wege einer staatlichen Festsetzung zu finden, ist eine nahezu unlösbare Aufgabe.

In der Praxis passt der Gesetzgeber die Vergütungssätze gemäß §§ 40 ff. deshalb regelmä- **16** ßig entlang der technischen, ökonomischen und politischen Rahmenbedingungen an. Mittel- und langfristig sinken die **Investitionskosten** für die Errichtung von Anlagen zur Erzeugung von Strom aus erneuerbaren Energien, da durch die Weiterentwicklung der be-

---

6 Reshöft/*Reshöft*, 3. Aufl. 2009, § 65 Rn. 12.
7 BT-Drs. 16/8148, S. 76.

nötigten Technologien deren Marktpreise fallen. Die Preise für fertig installierte Photovoltaikanlagen sind beispielsweise nach Angaben des Bundesverbandes Solarwirtschaft in den Jahren von 2006 bis 2011 um mehr als 60 % gesunken.[8] Da mit dem EEG nur die Kostennachteile von Anlagen zur Erzeugung von Strom aus erneuerbaren Energien gegenüber konventionellen Erzeugungsanlagen ausgeglichen werden sollen und keine Überkompensation beabsichtigt ist, muss in regelmäßigen Abständen eine **Korrektur der Vergütungssätze** erfolgen. Der Gesetzgeber verabschiedete zu diesem Zweck zuletzt das Gesetz zur Änderung des Rechtsrahmens für Strom aus solarer Strahlungsenergie und zu weiteren Änderungen im Recht der erneuerbaren Energien v. 17. August 2012 (sog. PV-Novelle).[9]

17 Die Evaluierung gemäß § 97 soll vor diesem Hintergrund u. a. zu der Ermittlung angemessener Vergütungssätze beitragen. Dafür muss wie gezeigt insbesondere die **Preisentwicklung** auf den Märkten für Anlagen zur Erzeugung von Strom aus erneuerbaren Energien beobachtet werden. Gleichzeitig müssen aber auch die Stromgestehungskosten von konventionellen Erzeugungsanlagen im Blick behalten werden, da sich aus ihnen ergibt, welchen Wettbewerbsnachteil die Stromerzeugung aus erneuerbaren Energien noch aufweist. Mit einem Anstieg der Kosten konventioneller Stromerzeugung (z. B. durch höhere Brennstoffkosten oder die Pflicht zum Erwerb von CO_2-Zertifikaten) reduziert sich die Wettbewerbsfähigkeit konventioneller Kraftwerke, so dass im EEG geringere Vergütungssätze vorgesehen werden können.

18 Neben den **Vergütungssätzen** als solchen sind auch die **Bonusregelungen** (vgl. §§ 34, 54) und die **Degressionssätze** (vgl. §§ 26 ff.) in die Evaluierung einzubeziehen. Ziel muss es sein, ein insgesamt angemessenes Vergütungsniveau sicherzustellen. Als Ergebnis der Evaluierung kann z. B. im Erfahrungsbericht sowohl eine Erhöhung als auch eine Absenkung der Vergütungs- und Degressionssätze empfohlen werden; in der Praxis kommt es wegen des fortschreitenden Standes der Technik ausschließlich zu Absenkungen.

19 **3. Stromgestehungskosten.** Gegenstand der Evaluierung gemäß § 97 soll außerdem die Entwicklung der Stromgestehungskosten sein.[10] Stromgestehungskosten sind diejenigen Kosten, die bei der Umwandlung von Energie in elektrischen Strom insgesamt anfallen. Sie setzen sich aus Kapital-, Betriebs- und Brennstoffkosten zusammen und werden in der Regel in Euro je Megawattstunde (€/MW) angegeben.

20 Die Gestehungskosten von Strom aus erneuerbaren Energien sind sehr unterschiedlich und richten sich unter anderem nach dem Anlagenstandort/Primärenergiepotenzial, dem eingesetzten Energieträger, den Anschlusskosten (vgl. § 16 Abs. 1), den Finanzierungskosten, den Betriebskosten und den Nebenkosten z. B. für Planung und Anlagenprojektion.[11] Aufschlussreich für die Weiterentwicklung des EEG und die Anpassung der Vergütungssätze (s. Rn. 15 ff.) ist insbesondere ein Vergleich der Stromgestehungskosten unterschiedlicher Erzeugungstechnologien einschließlich solcher, bei denen keine erneuerbaren Energieträger eingesetzt werden. Die Stromgestehungskosten geben am besten Auskunft darüber, welchen Wettbewerbsnachteil welche Erzeugungstechnologie gegenüber der konventionellen Stromerzeugung hat und ist somit ein brauchbarer Anhaltspunkt dafür, wie hoch die

---

8 Vgl. auch BT-Drs. 17/8877, S. 12.
9 BGBl. 2012 I S. 1754.
10 BT-Drs. 16/8148, S. 76.
11 Reshöft/*Reshöft*, 3. Aufl. 2009, § 65 Rn. 13.

Vergütungssätze gemäß §§ 40 ff. ausfallen müssen, damit die Förderzwecke gemäß § 1 erreicht werden können.

4. Speichertechnologien. Im Rahmen der Evaluierung gemäß § 97 soll außerdem die Entwicklung von Speichertechnologien beobachtet werden.[12] Dies ist auf den ersten Blick überraschend, da das EEG keine Regelungen über die Entwicklung von Speichertechnologien enthält und seine Anwendung deshalb insoweit auch keine Ergebnisse hervorbringen kann. Speichertechnologien sind jedoch für die Umstellung der Stromerzeugung auf erneuerbaren Energien von entscheidender Bedeutung, da insbesondere die Einspeisung von Windenergie- und Photovoltaikanlagen im Zeitverlauf stark schwankt. Solange Strom nicht in großen Mengen wirtschaftlich gespeichert werden kann, müssen deshalb Reservekraftwerke bereitgehalten werden, die einspringen können, wenn die Stromerzeugung der Windenergie- und Photovoltaikanlagen z. B. wegen ungünstiger Wetterverhältnisse nicht ausreicht. Die Bereithaltung von Reservekraftwerken verursacht jedoch hohe volkswirtschaftliche Kosten und kann deshalb nur eine Übergangslösung darstellen. Die Bundesregierung hat sich deshalb zum Ziel gesetzt, die Forschung in neue Speichertechnologien deutlich zu intensivieren und diese zur Marktreife zu führen.[13] Als verheißungsvolle Konzepte gelten Druckluftspeicher, Wasserstoffspeicher, die Umwandlung von Strom in Wasserstoff und synthetisches Erdgas („Power to Gas")[14] und Batterien für Elektrofahrzeuge.

5. Auswirkungen auf Natur und Landschaft. Im Rahmen der Evaluierung gemäß § 97 soll außerdem eine ökologische Bewertung der von der Nutzung erneuerbarer Energien ausgehenden Auswirkungen auf Natur und Landschaft vorgenommen werden.[15] Damit wird der Tatsache Rechnung getragen, dass eine Stromerzeugung aus erneuerbaren Energien nicht nur positive ökologische Effekte hervorruft. Als problematisch gelten beispielsweise Eingriffe in den Wasserhaushalt durch Laufwasserkraftwerke, das Auftreten von Monokulturen bei der Biomasseerzeugung und die damit verbundene Gefährdung der Biodiversität, der Flächenverbrauch durch Photovoltaik-Freiflächenanlagen und die Beeinträchtigung des Landschaftsbilds durch Windenergieanlagen. Mit der Evaluierung der Folgen für Natur und Landschaft soll sichergestellt werden, dass die negativen ökologischen Effekte des EEG möglichst gering gehalten werden.

6. Gewässernutzung. Gegenstand der Evaluierung gemäß § 97 soll außerdem die unentgeltliche Nutzung öffentlicher Gewässer durch Windenergieanlagen sein. Gemäß § 84 können Anlagenbetreiber die deutsche ausschließliche Wirtschaftszone (AWZ) oder das Küstenmeer unentgeltlich für den Betrieb ihrer Anlagen nutzen, solange sie den Vergütungsanspruch nach § 19 geltend machen. Der Gesetzgeber hat also entschieden, die im Eigentum bzw. in der Verfügungsgewalt des Bundes und der Länder stehenden Flächen in der Nord- und Ostsee kostenlos für den Betrieb von Anlagen zur Erzeugung von Strom aus erneuerbaren Energien zur Verfügung zu stellen.[16] Dies dient in erster Linie dem Ausbau der Offshore-Windenergie; allerdings können z. B. auch die Betreiber von Wellen- oder Gezeitenkraftwerken und Photovoltaikanlagen die kostenlose Nutzung beanspruchen.[17] Im

12 BT-Drs. 16/8148, S. 76.
13 Bundesregierung, Energiekonzept v. 28.9.2010, S. 26, 32 ff.
14 Vgl. § 3 EnWG Rn. 22 ff.
15 BT-Drs. 16/8148, S. 76.
16 Reshöft/*Findeisen*, 3. Aufl. 2009, § 60 Rn. 1.
17 Reshöft/*Findeisen*, 3. Aufl. 2009, § 60 Rn. 13.

Rahmen der Evaluierung gemäß § 97 ist zu überprüfen, ob die kostenlose Nutzung der See-wasserstraßen noch erforderlich ist.

24 **7. Tätigkeit der Bundesnetzagentur.** Weiterhin soll sich die Evaluierung gemäß § 97 auf die Tätigkeit der Bundesnetzagentur (BNetzA) erstrecken. Die Aufgaben der Bundesnetz-agentur im Zusammenhang mit der Ausführung des EEG ergeben sich aus § 85. Danach hat die Bundesnetzagentur insbesondere die Anwendung des Einspeisemanagements ge-mäß § 14, die Vermarktung des Stroms aus erneuerbaren Energien durch die Übertragungs-netzbetreiber gemäß § 59 i.V.m. § 2 AusglMechV, die Ermittlung der EEG-Umlage gemäß § 60 Abs. 1 und die Ausweisung der EEG-Umlage gemäß § 78 zu überwachen. Die Eva-luierung gemäß § 97 sollte sich einerseits auf die Bewertung des Aufgabenzuschnitts und andererseits auf die Effektivität der Bundesnetzagentur bei der Erfüllung ihrer Aufgaben beziehen.

25 **8. Tätigkeit des Bundesamts für Wirtschaft und Ausfuhrkontrolle.** Zuletzt soll sich die Evaluierung gemäß § 97 auch noch auf die Tätigkeit des Bundesamts für Wirtschaft und Ausfuhrkontrolle (BAFA) erstrecken. Das BAFA ist gemäß § 63 zuständig für Entschei-dungen über die Privilegierung von stromintensiven Unternehmen im Rahmen der beson-deren Ausgleichsregelung gemäß §§ 63 ff. Nach diesen Vorschriften kann das BAFA stromintensive Unternehmen von einem Großteil der EEG-Umlage befreien, um ihre inter-nationale Wettbewerbsfähigkeit zu erhalten und negative Auswirkungen für den Wirt-schaftsstandort Deutschland und die hier vorhandenen Arbeitsplätze abzuwehren. Die be-sondere Ausgleichsregelung gemäß §§ 63 ff. steht in der Kritik, da die Privilegierung aus-gewählter Unternehmen die EEG-Umlage für alle anderen Unternehmen und die privaten Haushalte erhöht und die stetig steigenden Kosten des Ausbaus der Stromerzeugung aus erneuerbaren Energien damit ungleich verteilt. Die Evaluierung der Tätigkeit des BAFA ist vor diesem Hintergrund von Bedeutung, um einen Missbrauch der §§ 63 ff. ausschließen zu können und Erkenntnisse für die Weiterentwicklung der besonderen Ausgleichsrege-lung zu gewinnen.

III. Vorlage des Erfahrungsberichts

26 Die Bundesregierung ist gemäß § 97 außerdem verpflichtet, dem Bundestag bis zum 31. Dezember 2018 und dann alle vier Jahre einen **Erfahrungsbericht** vorzulegen. Der Er-fahrungsbericht hat auf der ebenfalls nach § 97 durchzuführenden Evaluierung zu beru-hen.[18] Der Erfahrungsbericht wurde in der Vergangenheit vom Bundesumweltministerium entworfen, nunmehr ist das Bundeswirtschaftsministerium als Energieministerium funk-tionell zuständig. Der Bericht muss aber von der Bundesregierung als Kollegialorgan be-schlossen werden.[19]

27 Der Erfahrungsbericht soll sich auf alle Sachgebiete und Themen erstrecken, die auch Gegenstand der Evaluierung sind, also insbesondere die **Marktdurchdringung** und **tech-nologische Entwicklung**, die Entwicklung der **Vergütungssätze** und **Stromgestehungs-kosten**, die Erforschung von **Speichertechnologien**, die Auswirkungen erneuerbarer Energien auf **Natur** und **Landschaft**, die **Gewässernutzung** nach § 84, die Tätigkeit der Bundesnetzagentur (**BNetzA**) und die Tätigkeit des Bundesamts für Wirtschaft und Aus-

---

18 Reshöft/*Reshöft*, 3. Aufl. 2009, § 65 Rn. 8.
19 BT-Drs. 17/6071, S. 93.

fuhrkontrolle (**BAFA**).[20] Diese inhaltlichen Anforderungen finden sich allerdings nur in der Gesetzesbegründung und nicht im Gesetzestext selbst; sie können deshalb nicht als verbindlich gelten. Die Bundesregierung verfügt deshalb über ein sehr weites **Ermessen** bei der Erstellung des Erfahrungsberichts,[21] den sie letztlich nach ihren Vorstellungen gestalten kann.

Bereits aus Art. 76 Abs. 1 GG ergibt sich, dass die Bundesregierung dem Bundestag nach eigenem Ermessen auch Vorschläge für die Weiterentwicklung des EEG vorlegen kann.[22] Mit der Pflicht zur Erstellung des Erfahrungsberichts gemäß § 97 strukturiert der Gesetzgeber das **Gesetzesinitiativrecht** der Bundesregierung. § 97 bringt zum Ausdruck, dass der Gesetzgeber von der Bundesregierung erwartet, dass sie von ihrem Initiativrecht in regelmäßigen Abständen Gebrauch macht, wenn ansonsten Fehlentwicklungen bei der Förderung der erneuerbaren Energien im Lichte von § 1 zu befürchten wären. **28**

Der erste Erfahrungsbericht, der sich auf das EEG 2000 bezieht, wurde am 28.6.2002 veröffentlicht und erstreckt sich über 42 Seiten.[23] Der zweite Erfahrungsbericht, mit dem EEG 2004 als Untersuchungsgegenstand, wurde im Bundeskabinett am 7.11.2007 beschlossen und kurz darauf veröffentlicht.[24] Sein Umfang beträgt 186 Seiten. Am 3.5.2011 legte das Bundesumweltministerium seinen Entwurf für den dritten Erfahrungsbericht vor, der sich auf das EEG 2009 bezieht und der 187 Seiten umfasst.[25] Wegen der Eile, die die Bundesregierung nach der Katastrophe im japanischen Fukushima mit den sogenannten Energiewende-Beschlüssen v. 6.6.2011 hatte, wurde der Erfahrungsbericht 2011 lediglich in einer stark verkürzten Fassung (23 Seiten) vom Bundeskabinett beschlossen,[26] da eine ausführliche Ressortabstimmung über den Entwurf des Bundesumweltministeriums in der Kürze der Zeit nicht mehr möglich war. Ein weiterer Erfahrungsbericht wäre nach dem EEG 2012 zum 31. Dezember 2014 fällig gewesen, ist aber vom mittlerweile zuständigen Bundeswirtschaftsministerium nicht vorgelegt worden und seit der EEG-Novelle 2014 nicht mehr erforderlich. **29**

§ 97 bestimmt, dass der nächste Erfahrungsbericht dem Bundestag bis zum 31. Dezember 2018 vorgelegt werden muss. Die nächste Novellierung des EEG würde dann voraussichtlich im Laufe des Jahres 2019 erfolgen und sodann zum 1. Januar 2020 in Kraft treten.[27] Die Vergangenheit zeigt jedoch, dass sich der Gesetzgeber nicht an seine selbst gesetzten Fristen gebunden fühlt. § 65 EEG 2009 sah die Vorlage des vorletzten Erfahrungsberichts bis zum 31.12.2011 und ebenfalls einen vierjährigen Turnus vor. Hätte der Gesetzgeber dies ernst genommen, wäre das EEG erst im Laufe des Jahres 2012 novelliert worden und dann voraussichtlich zum 1.1.2013 neu in Kraft getreten. Der Gesetzgeber zog die Novelle jedoch vor und verabschiedete sie mit den sogenannten Energiewende-Beschlüssen zur Umsetzung des beschleunigten Atomausstiegs nach der Katastrophe im japanischen Fuku- **30**

20 BT-Drs. 16/8148, S. 76.
21 Reshöft/*Reshöft*, 3. Aufl. 2009, § 65 Rn. 11.
22 Reshöft/*Reshöft*, 3. Aufl. 2009, § 65 Rn. 10.
23 Bundesregierung, Bericht über den Stand der Markteinführung und der Kostenentwicklung von Anlagen zur Erzeugung von Strom aus erneuerbaren Energien, 28.6.2002.
24 Bundesregierung, Erfahrungsbericht 2007 zum Erneuerbare-Energien-Gesetz, 7.11.2007.
25 Bundesumweltministerium, Erfahrungsbericht 2011 zum Erneuerbare-Energien-Gesetz, Entwurf, 3.5.2011.
26 Bundesregierung, Erfahrungsbericht 2011 zum Erneuerbare-Energien-Gesetz, 6.6.2011.
27 BT-Drs. 17/6071, S. 93.

shima bereits im Frühjahr 2011. Auch die EEG-Novelle 2014 erfolgt außerhalb des vorgesehenen Turnus.

31 Die regelmäßigen Überprüfungen des EEG durch Erfahrungsberichte und die sich daran anschließenden Gesetzesnovellen strukturieren die Weiterentwicklung des Rechts der erneuerbaren Energien und gewährleisten einen evolutiven Reifeprozess. Kurzfristige Gesetzesänderungen zur Reaktion auf nicht vorhergesehene Entwicklungen sind dadurch aber nicht ausgeschlossen. So ist beispielsweise das EEG 2009 bis zur EEG-Novelle v. 28.7.2011 insgesamt acht Mal geändert worden; die Änderungen erstreckten sich meist auf weniger bedeutsame Vorschriften, enthielten aber z. B. auch Anpassungen der Vergütungssätze. Insgesamt ist zu konstatieren, dass der Gesetzgeber die Evaluierung gemäß § 97 in der Vergangenheit häufig nicht abgewartet hat. Er läuft dadurch zunehmend Gefahr, Entscheidungen ohne empirisches Fundament zu treffen und auf neue Entwicklungen falsch zu reagieren.

IV. Mitwirkungspflicht

32 § 97 S. 2, der mit der EEG-Novelle 2014 eingefügt wurde, verpflichtet nunmehr ausdrücklich die Bundesnetzagentur, das Bundesamt für Wirtschaft und Ausfuhrkontrolle (BAFA) und das Umweltbundesamt, die Bundesregierung bei der Erstellung des Erfahrungsberichts zu unterstützen. Dabei handelt es sich lediglich um eine Klarstellung.[28] Für die Bundesnetzagentur ergab sich eine entsprechende Pflicht bisher aus § 61 Satz 1 S. 2 EEG 2012, für das BAFA und das Umweltbundesamt aus ihrer Funktion als nachgeordnete Behörden.

---

28 BT-Drs. 18/1304, S. 272.

§ 98 Monitoringbericht

(1) Die Bundesregierung berichtet dem Bundestag bis zum 31. Dezember 2014 und dann jährlich über

1. den Stand des Ausbaus der erneuerbaren Energien und die Erreichung der Ziele nach § 1 Absatz 2,

2. die Erfüllung der Grundsätze nach § 2,

3. den Stand der Direktvermarktung von Strom aus erneuerbaren Energien,

4. die Entwicklung der Eigenversorgung im Sinne des § 61 und

5. die Herausforderungen, die sich aus den Nummern 1 bis 4 ergeben.

(2) Die Bundesregierung legt rechtzeitig vor Erreichung des in § 31 Absatz 6 Satz 1 bestimmten Ziels einen Vorschlag für eine Neugestaltung der bisherigen Regelung vor.

(3) Die Bundesregierung überprüft § 61 Absatz 3 und 4 bis zum Jahr 2017 und legt rechtzeitig einen Vorschlag für eine Neugestaltung der bisherigen Regelung vor.

Übersicht

I. Allgemeines

§ 98 regelt eine Berichtspflicht der Bundesregierung gegenüber dem Bundestag. Wie **1** schon unter dem EEG 2012 soll der Bundestag jährlich einen Monitoringbericht zum EEG erhalten. Die Bundesregierung (vormals: das Bundesumweltministerium) wird deshalb in Abs. 1 verpflichtet, bis zum 31. Dezember 2014 und danach jährlich dem Bundestag über bestimmte Kennzahlen und die weitere Entwicklung des EEG zu berichten.

1. Normzweck. Mit der Berichtspflicht gemäß § 98 soll sichergestellt werden, dass regel- **2** mäßig überprüft werden kann, ob der jeweils gültige rechtliche Rahmen die Erreichung der **Ziele** gemäß § 1 in ausreichendem Maße fördert.[1] Gemäß § 1 Abs. 1 ist Zweck des EEG insbesondere im Interesse des Klima- und Umweltschutzes eine **nachhaltige Entwicklung der Energieversorgung** zu ermöglichen, die **volkswirtschaftlichen Kosten der Energieversorgung** auch durch die Einbeziehung langfristiger externer Effekte zu **verringern**, **fossile Energieressourcen** zu **schonen** und die **Weiterentwicklung von Technologien zur Erzeugung von Strom aus erneuerbaren Energien zu fördern.**

Gegenstand des Monitoringberichts des Bundesumweltministeriums sollen insbesondere **3** **langfristige Entwicklungen** sein, namentlich der Ausbau der erneuerbaren Energien, die Erreichung der Ziele nach § 1 Abs. 2, die Erfüllung der Grundsätze nach § 2, der Stand der

---

1 BT-Drs. 17/6072, S. 92.

Direktversorgung, die Entwicklung der Eigenversorgung und die sich aus alledem ergebenden Herausforderungen. § 1 Abs. 2 sieht prozentuale Ziele für die Steigerung des Anteils der erneuerbaren Energien an der Stromerzeugung bis zum Jahr 2050 vor. Der Monitoringbericht soll beleuchten, ob sich die Elektrizitätswirtschaft in diese Richtung entwickelt und ob die **politischen Rahmenbedingungen** stimmen oder ob für die Erreichung der Ziele weitere **Anreize** notwendig sind. Die Berichterstattung gemäß § 98 soll also u. a. die Weiterentwicklung des rechtlichen Rahmens für den Ausbau der Stromerzeugung aus erneuerbaren Energien ermöglichen und **Gesetzesinitiativen** vorbereiten.[2] Der Monitoringbericht soll, wie die Berichte gemäß § 63 EnWG und der Erfahrungsbericht gemäß § 97 sicherstellen, dass sich die Gesetzgebung auf dem Boden empirischer Daten vollzieht und nicht auf Grundlage von Vermutungen und Ideologien.[3] Das schließt nicht aus, dass in die Berichterstattung auch Prognosen aufgenommen werden können, sofern diese auf einem hinreichenden Tatsachenfundament beruhen.

4 **2. Entstehungsgeschichte.** § 98 wurde als § 65a mit der EEG-Novelle 2012 in das Gesetz eingefügt. Zuvor war neben dem Erfahrungsbericht gemäß § 97 kein weiterer Bericht vorgesehen. Einen Monitoringbericht vergleichbar mit dem Monitoringbericht gemäß § 63 Abs. 1 EnWG gab es bis dahin also nicht.

5 Warum sich der Gesetzgeber neben dem Erfahrungsbericht gemäß § 65 einen weiteren Bericht gewünscht hat, ist nicht recht nachzuvollziehen. Der **Erfahrungsbericht** hat in der Vergangenheit wichtige Impulse gegeben und sich bei der Weiterentwicklung des EEG insgesamt bewährt. In der Gesetzesbegründung zu § 65a EEG 2012 wird betont, dass sich der Monitoringbericht gemäß § 98 nicht mit den Einzelheiten des EEG, also z. B. nicht mit konkreten Vergütungssätzen befassen soll, sondern dass er der strategischen Überwachung des EEG dient.[4] Mit dem Monitoringbericht soll insbesondere sichergestellt werden, dass der Ausbau der erneuerbaren Energien entlang des Zielpfades gemäß § 1 Abs. 2 erfolgt.[5] Dieses Ziel einer strategischen Überwachung steht in einem gewissen Widerspruch zu dem mit einem Jahr sehr kurzen Turnus der Berichtspflicht des Bundesumweltministeriums gemäß Abs. 1.[6] Mit seiner langfristigen Ausrichtung hätte das Monitoring gemäß Abs. 1 wohl auch in den Erfahrungsbericht gemäß § 97 integriert werden können, der auch in der Vergangenheit bereits einen Abschnitt über die Erreichung der Ausbauziele gemäß § 1 EEG enthielt.

6 Durch das Gesetz zur Änderung des Rechtsrahmens für Strom aus solarer Strahlungsenergie und zu weiteren Änderungen im Recht der erneuerbaren Energien v. 17.8.2012 (sog. **PV-Novelle**)[7] wurde der heutige Abs. 1 mit einer nummerierten Liste gegliedert, wodurch sich jedoch inhaltlich nichts änderte. Neu eingefügt wurde der heutige Abs. 2, der nunmehr einen speziellen Bericht der Bundesregierung zu § 31 Abs. 6 vorsieht (unten, Rn. 12 f.).

7 Mit der **EEG-Novelle 2014** wurde § 65a EEG 2012 in § 98 überführt und nochmals deutlich verändert. Zunächst wurde das Verfahren zur Erstellung des Monitoringberichts ge-

---

2 So auch Danner/Theobald/*Theobald/Werk*, EnWG, Stand: 63. Erg.-Lfg. 2009, § 63 Rn. 14 f.
3 Vgl. § 63 EnWG Rn. 4.
4 BT-Drs. 17/6071, S. 93.
5 BT-Drs. 17/6071, S. 93.
6 *Salje*, EEG, 6. Aufl. 2012, § 65a Rn. 4, schlägt deshalb überzeugend vor, „das normative Programm der §§ 65, 65a umzukehren".
7 BGBl. 2012 I S. 1754.

strafft und die Zuständigkeit auf die Bundesregierung verlagert. Außerdem wurde die Liste in Abs. 1 mit den Gegenständen des Monitoringberichts ausgeweitet. Schließlich wurde noch der heutige Abs. 3 neu in das Gesetz eingefügt, der eine Überprüfung von § 61 Abs. 3 und 4 bis zum Jahr 2017 vorsieht (dazu unten, Rn. 14).

II. Monitoringbericht der Bundesregierung (Abs. 1)

Gemäß Abs. 1 muss die Bundesregierung dem Bundestag erstmals bis zum 31. Dezember **8** 2014 und dann jährlich über den **Ausbau der erneuerbaren Energien**, die **Erreichung der Ziele nach § 1 Abs. 2**, die **Erfüllung der Grundsätze nach § 2**, den **Stand der Direktvermarktung**, die **Entwicklung der Eigenversorgung** und die sich daraus ergebenden **Herausforderungen** berichten. Die Bundesregierung soll so den Ausbau der erneuerbaren Energien an der Stromerzeugung proaktiv vorantreiben und ggf. als notwendig erachtete Gesetzesinitiativen in das Parlament einbringen.

In der Gesetzesbegründung wird betont, dass der Bericht über den Stand des Ausbaus der **9** erneuerbaren Energien auch einen Bericht über den Ausbaupfad nach § 3 umfasst.[8] Ferner soll im Monitoringbericht künftig dargestellt werden, inwieweit die Grundsätze des § 2, z. B. zur Kosteneffizienz des Ausbaus der erneuerbaren Energien, erfüllt worden sind. Im Zusammenhang mit der Direktvermarktung soll eine Evaluierung der flankierenden Einspeisevergütung in Ausnahmefällen nach § 36 vorgenommen werden.[9] Damit will der Gesetzgeber sicherstellen, dass diese Einspeisevergütung ein Instrument für vorübergehende Notfallsituationen bleibt und keine falschen Anreize setzt.[10] Ferner hat die Bundesregierung darüber zu berichten, ob und ggf. mit welchen Modifikationen eine Fortsetzung der Einspeisevergütung in Ausnahmefällen erforderlich bleibt.[11]

Der Monitoringbericht gemäß S. 1 dient der Vorbereitung von **politischen Handlungs-** **10** **empfehlungen**. Er sollte sich vor diesem Hintergrund durch eine knappe Diktion und verständliche Sprache auszeichnen, und auf allzu technische Ausführungen nach Möglichkeit verzichten.[12] Entscheidend ist, dass die Errungenschaften und Hemmnisse beim Ausbau des Anteils der erneuerbaren Energien an der Stromerzeugung gemäß § 1 Abs. 2 klar zum Ausdruck kommen, damit an den Monitoringbericht konkrete Handlungsempfehlungen angeknüpft werden können.

Anders als das Bundeswirtschaftsministerium bei der Erstellung des Berichts gemäß § 63 **11** Abs. 1 EnWG hat die Bundesregierung bei der Ausarbeitung des Monitoringberichts gemäß § 98 **keine besonderen Ermittlungs- oder Auskunftsbefugnisse**. Eine § 63 Abs. 1 S. 3 EnWG vergleichbare Befugnisnorm existiert im EEG nicht. Die Bundesregierung muss deshalb für die Erstellung des Monitoringberichts auf öffentlich zugängliche Quellen, eigene Untersuchungen und in Auftrag gegebene Studien zurückgreifen.

---

8 BT-Drs. 18/1304, S. 272.
9 BT-Drs. 18/1304, S. 272.
10 BT-Drs. 18/1304, S. 272.
11 BT-Drs. 18/1304, S. 272.
12 Vgl. § 63 EnWG Rn. 10.

III. Neugestaltung § 31 Abs. 6 S. 1 (Abs. 2)

12 Gemäß Abs. 2 ist die Bundesregierung verpflichtet, rechtzeitig vor Erreichung des Gesamtausbauziels nach § 31 Abs. 6 S. 1 einen Vorschlag für eine Neugestaltung „der bisherigen Regelung" vorzulegen. Abs. 2 geht, wie § 31 Abs. 6 selbst (bzw. die Vorgängerregelung § 20b Abs. 9a EEG 2012), auf das Gesetz zur Änderung des Rechtsrahmens für Strom aus solarer Strahlungsenergie und zu weiteren Änderungen im Recht der erneuerbaren Energien v. 17.8.2012 (sog. PV-Novelle)[13] zurück. Die Vorschriften sind erst durch den Vermittlungsausschuss in das EEG eingefügt worden und zeichnen sich durch ihren Kompromisscharakter aus. Eine Gesetzesbegründung gibt es nicht.[14] § 31 Abs. 6 bestimmt, dass sich die Vergütung für Photovoltaikanlagen nach § 51 auf Null verringert, „[w]enn die Summe der installierten Leistung geförderter Anlagen zur Erzeugung von Strom aus solarer Strahlungsenergie erstmals den Wert 52 000 Megawatt überschreitet". Die Absenkung der Vergütung wird wirksam zum ersten Kalendertag des zweiten auf die Veröffentlichung folgenden Monats.

13 § 31 Abs. 6 ist ein **politscher Kompromiss**. Mit der Vorschrift sollte angesichts der stetig steigenden EEG-Umlage symbolisch zum Ausdruck gebracht werden, dass die Förderung von Photovoltaikanlagen irgendwann ein Ende haben muss. § 98 macht jedoch deutlich, dass das letzte Wort über die Förderung noch nicht gesprochen ist. Danach muss die Bundesregierung rechtzeitig vor Erreichen des vermeintlichen Förderendes einen Vorschlag für eine Neugestaltung „der bisherigen Regelung" vorlegen. Gemeint sind die gesamten Regelungen über die Förderung von Photovoltaikanlagen. Es ist also bereits im Gesetz angelegt, dass die Förderung auch nach Erreichen der Schwelle von 52.000 Megawatt fortgesetzt werden kann; der Gesetzgeber hat sich lediglich noch nicht auf ein konkretes Modell festgelegt. Die Entscheidung über die Zukunft der Solarförderung ist damit vertagt.

IV. Neugestaltung § 61 Abs. 3 u. 4 (Abs. 3)

14 Eine Abs. 2 sehr ähnliche Regelung mit der EEG-Novelle 2014 in Abs. 3 geschaffen. Danach muss die Bundesregierung bis zum Jahr 2017 § 61 Abs. 3 u. 4 überprüfen und rechtzeitig einen Vorschlag für eine Neugestaltung der bisherigen Regelung vorlegen. § 61 Abs. 3 u. 4 regeln, inwieweit Eigenversorger mit der EEG-Umlage belastet werden dürfen. Der Gesetzgeber betont in Abs. 3 in besonderer Weise, dass die in § 61 getroffenen Regelungen zur Disposition stehen.

---

13 BGBl. 2012 I S. 1754.
14 Vgl. BT-Drs. 17/10103.

§ 99 Ausschreibungsbericht

[1]Die Bundesregierung berichtet dem Bundestag spätestens bis zum 30. Juni 2016 über die Erfahrungen mit Ausschreibungen insbesondere nach § 55. [2]Der Bericht enthält auch Handlungsempfehlungen

1. zur Ermittlung der finanziellen Förderung und ihrer Höhe durch Ausschreibungen im Hinblick auf § 2 Absatz 5 Satz 1 und
2. zur Menge der für die Erreichung der Ziele nach § 1 Absatz 2 erforderlichen auszuschreibenden Strommengen oder installierten Leistungen.

Schrifttum: *Frenz*, Erneuerbare Energien in den neuen EU-Umwelt- und Energiebeihilfeleitlinien, ZNER 2014, 345; *Kahle*, Ermittlung der Förderhöhe für PV-Freiflächenanlagen nach dem EEG 2014 – Ausschreibungsmodell, RdE 2014, 372; *Kahles*, Ausschreibungen als neues Instrument im EEG 2014, Würzburger Berichte zum Umweltenergierecht Nr. 6 vom 16.7.2014, abrufbar unter www.stiftung-umweltenergierecht.de; *Sprenger*, Vertrauensschutz für Anlagenbetreiber, Investoren und Unternehmen beim Übergang zum EEG 2014, ZNER 2014, 325; *ZSW/Takon/BBG und Partner/Ecofys*, Ausgestaltung des Pilotausschreibungssystems für Photovoltaik-Freiflächenanlagen, Wissenschaftliche Empfehlung v. 10.7.2014, abrufbar unter www.bmwi.de.

Alle Internetquellen wurden zuletzt abgerufen am 8.2.2015.

Übersicht

I. Überblick

Auf der Grundlage des EEG 2014 sollen die Förderberechtigungen und die Förderhöhen   1
nicht mehr administrativ festgelegt werden, sei es in Form einer festen Einspeisevergütung oder einer Marktprämie, sondern in Form wettbewerblicher Ausschreibungen ermittelt werden. Um Erfahrungen mit den Ausschreibungen zu sammeln, stellt der Gesetzgeber zunächst die **Förderung von Photovoltaik-Freiflächenanlagen** als „Pilotmodell" auf ein Ausschreibungssystem um (§§ 2 Abs. 5 und 6, 55, 88). Die Anpassung der finanziellen Förderung aller anderen Technologien soll spätestens zum 1. Januar 2017 erfolgen, wie sich aus § 2 Abs. 5 S. 1 i. V. mit der Übergangsregelung des § 102 ergibt.[1] Hierfür soll der Ausschreibungsbericht gem. § 99 die Grundlagen legen.

Die Berichtspflicht der Bundesregierung gegenüber dem Bundestag gem. § 99 dient der   2
transparenten **Evaluierung der Erfahrungen mit den Ausschreibungen.**[2] Bislang liegen nur in begrenztem Umfang internationale Erfahrungen mit Ausschreibungssystemen zur Ermittlung der Förderhöhen für erneuerbare Energien vor.[3] Außerdem sollen „bei der Aus-

---

1 BT-Drs. 18/1304 v. 5.5.2014, S. 2; BT-Drs. 18/1891 v. 26.6.2014, S. 199 f.
2 BT-Drs. 18/1304 v. 5.5.2014, S. 176.
3 BT-Drs. 18/1304 v. 5.5.2014, S. 176.

wertung der vorhandenen empirischen Evidenz" die konkreten „Rahmenbedingungen" berücksichtigt werden. Insofern bildet „das Evaluierungsverfahren [...] eine geeignete Grundlage, um in transparenter Weise und unter Einbeziehung des in der Gesellschaft vorhandenen Wissens den Wechsel auf ein Ausschreibungssystem erfolgreich zu gestalten".[4]

II. Unionsrechtliche Vorgaben

3 Der deutsche Gesetzgeber will mit der wettbewerblichen Ausschreibung von Förderberechtigungen und Förderhöhen der **Kostenexplosion bei der EEG-Umlage** entgegensteuern. Darüber hinaus entkräftet die Umstellung des Fördersystems auf Ausschreibungen die grundsätzlichen Bedenken der Kommission im Hinblick auf die Vereinbarkeit des deutschen Fördermechanismus mit dem EU-Beihilfenrecht und der Warenverkehrsfreiheit.[5] Die **Leitlinien der Kommission für Umwelt- und Energiebeihilfen** verpflichten die Mitgliedstaaten bereits ab dem 1. Januar 2016, dafür Sorge zu tragen, dass Betreiber von EE-Anlagen „ihren Strom direkt auf dem Markt verkaufen und Marktverpflichtungen unterliegen".[6] Der deutsche Gesetzgeber kommt diesen Vorgaben durch die grundsätzlich verpflichtende Direktvermarktung gem. den §§ 2 Abs. 2, 19 Abs. 1 Nr. 1, 20 Abs. 1 Nr. 1, 34 ff. nach. Außerdem sollen die Förderberechtigungen wettbewerblich ausgeschrieben werden.[7] Die Kommission billigt den Mitgliedstaaten insoweit eine Übergangsfrist bis zum Ablauf des Jahres 2016 zu. Innerhalb dieses Zeitraums „sollten" aber „mindestens 5 % der geplanten neuen Kapazitäten für die Erzeugung von Strom aus erneuerbaren Energiequellen im Rahmen einer Ausschreibung anhand eindeutiger, transparenter und diskriminierungsfreier Kriterien gewährt werden". Ab dem 1. Januar 2017 sieht die Kommission derartig wettbewerbliche Ausschreibungen als verpflichtend an, sofern kein Ausnahmetatbestand eingreift.[8] Demgegenüber dürfen Beihilfen für Anlagen, die vor dem 1. Januar 2017 in Betrieb genommen und die vor diesem Zeitpunkt vom Mitgliedstaat bestätigt wurden, auf der Grundlage der zum Zeitpunkt der Bestätigung geltenden Regelungen gewährt werden.[9]

III. Ausschreibungsbericht

4 **1. Zeitpunkt.** Gem. § 99 S. 1 muss die Bundesregierung dem Deutschen Bundestag bis zum **30. Juni 2016** über die Erfahrungen mit Ausschreibungen „insbesondere" nach § 55 berichten. § 55 regelt auf der Grundlage des § 2 Abs. 5 die allgemeinen Rahmenbedingungen der Pilotausschreibungen für Photovoltaik-Freiflächenanlagen i. S. des § 5 Nr. 16.

4 BT-Drs. 18/1304 v. 5.5.2014, S. 176.
5 Kommission, Leitlinien für staatliche Umweltschutz- und Energiebeihilfen, ABlEU Nr. C 200/1 v. 28.6.2014, Rn. 32 und Rn. 80 mit Fn. 53; *Frenz*, ZNER 2014, 345, 349.
6 Kommission, Leitlinien für staatliche Umweltschutz- und Energiebeihilfen, ABlEU Nr. C 200/1 v. 28.6.2014, Rn. 124.
7 Kommission, Leitlinien für staatliche Umweltschutz- und Energiebeihilfen, ABlEU Nr. C 200/1 v. 28.6.2014, Rn. 126.
8 Kommission, Leitlinien für staatliche Umweltschutz- und Energiebeihilfen, ABlEU Nr. C 200/1 v. 28.6.2014, Rn. 126 ff.
9 Kommission, Leitlinien für staatliche Umweltschutz- und Energiebeihilfen, ABlEU Nr. C 200/1 v. 28.6.2014, Rn. 126 Fn. 66.

Der Bericht ist nach § 99 S. 1 bis „spätestens" 30. Juni 2016 vorzulegen. Sofern die Bun- 5
desregierung diese Frist „ausreizt", besteht nur noch wenig Zeit für das nachfolgende Gesetzgebungsverfahren.[10] Gem. § 2 Abs. 5 S. 1 sollen die finanzielle Förderung und ihre Höhe für Strom aus erneuerbaren Energien und aus Grubengas nämlich bereits „bis spätestens
2017" durch Ausschreibungen ermittelt werden, genauer: bis zum 1. Januar 2017.[11] Aufgrund des sehr engen zeitlichen Rahmens ermöglicht es § 99 S. 1, den Ausschreibungsbericht zeitlich vorzuziehen.[12]

2. Ausschreibungen im In- und im Ausland. Angesichts der bis dato nur begrenzten Er- 6
fahrungen mit der wettbewerblichen Ausschreibung von Förderberechtigungen und Förderhöhen bezieht sich der Erfahrungsbericht des § 99 nicht allein auf **Ausschreibungen**
i. S. der §§ 2 Abs. 5, 55, 88, sondern kann auch „**Erfahrungen jenseits der Pilotausschreibungen**" berücksichtigen, „z. B. Erfahrungen mit Ausschreibungsmodellen im **Ausland**".[13] § 99 S. 1 stellt dies durch die Vokabel „insbesondere" klar.

Inhaltlich bezieht sich der Bericht gem. § 99 S. 2 Nr. 1 zum einen auf **Ausschreibungen** 7
nach § 2 Abs. 5, also auf solche zur „Ermittlung der finanziellen Förderung und ihrer Höhe" für Photovoltaik-Freiflächenanlagen. Von entscheidender Bedeutung für die Validität
der Datenbasis wird dabei die **Häufigkeit** der Pilotausschreibungen nach § 55 sein. Auch
wenn § 88 Abs. 1 Nr. 1 lit. a und b insoweit von „kalenderjährlichen" bzw. „jährlichen"
Ausschreibungen sprechen, sind somit häufigere Ausschreibungen zulässig und geboten.[14]
Die „Wissenschaftliche Empfehlung" zur Durchführung der Pilotausschreibungsverfahren
hält zwei bis vier Auktionsrunden pro Jahr für ausreichend, aber auch notwendig. Derartige
Auktionszyklen würden lange Pausen zwischen den Auktionsrunden vermeiden und gäben
den Projektierern die Möglichkeit, die Projekte kontinuierlich zu entwickeln. Für das erste
Ausschreibungsjahr wurde sogar empfohlen, drei Auktionsrunden zu je 200 MW durchzuführen.[15] Die **Freiflächenausschreibungsverordnung** sieht in § 3 Abs. 1 drei Ausschreibungen pro Kalenderjahr vor.

Da der Ausschreibungsbericht der Vorbereitung des **generellen Systemwechsels** von ad- 8
ministrativ festgelegten Förderhöhen zu wettbewerblichen Ausschreibungen i. S. des § 5
Nr. 3 dient, soll er auch „Handlungsempfehlungen zur Übertragung des Ausschreibungssystems auf andere Technologien" enthalten.[16] Darüber hinaus können Erfahrungen mit anderen Ausschreibungen berücksichtigt werden, etwa mit solchen von Regelenergie (§§ 22
EnWG, 6 Abs. 1 StromNZV).[17]

---

10 Dass die Frist ausreicht, bezweifelt *Kahle*, RdE 2014, 372, 378.
11 Kommission, Leitlinien für staatliche Umweltschutz- und Energiebeihilfen, ABlEU Nr. C 200/1 v.
    28.6.2014, Rn. 126 ff.
12 So die Stellungnahme des Bundesrats v. 23.5.2014, BR-Drs. 157/14 (Beschluss), S. 10; siehe auch
    – im Erg. krit. – *Kahles*, Würzburger Berichte zum Umweltenergierecht Nr. 6, S. 6.
13 BT-Drs. 18/1304 v. 5.5.2014, S. 176 [Hervorhebung durch Verf.].
14 Ebenso *Kahle*, RdE 2014, 372, 379.
15 ZSW/Takon/BBG und Partner/Ecofys, Wissenschaftliche Empfehlung zur Ausgestaltung des
    Pilotausschreibungsverfahrens, S. 30.
16 BT-Drs. 18/1304 v. 5.5.2014, S. 176.
17 Siehe die Festlegungen der BNetzA v. 12.4.2012, BK6-10-097 (Primärregelenergie), v. 12.4.2011,
    BK6-10-098 (Sekundärregelenergie) und v. 18.10.2011, BK6-10-099 (Minutenreserve); im vorlie-
    genden Zusammenhang siehe auch *Kahle*, RdE 2014, 372, 378.

9 § 99 Abs. 2 Nr. 1 bezieht sich nicht nur auf die „Höhe" der finanziellen Förderung, sondern auch auf ihre „Ermittlung". Hiermit ist das Verfahren zur Bestimmung der förderberechtigten Personen gemeint. Siehe hierzu die **§§ 3 ff., 21 ff. FFAV.**

10 **3. Ausbaupfade.** Das EEG 2014 knüpft die wettbewerblichen Ausschreibungen eng an die **Ausbaupfade** des § 3 an, da Ausschreibungen – anders als gesetzliche Einspeisetarife und feste Marktprämien – nicht der Preisförderung, sondern der Mengensteuerung dienen.[18] Vor diesem Hintergrund ist es naheliegend, im Ausschreibungsbericht nicht nur das eigentliche Ausschreibungsdesign im weiteren Sinne darzustellen und zu bewerten, sondern auch das **Mengengerüst** i. S. des § 3, das für die Erreichung der Ausbauziele nach § 1 Abs. 2 notwendig ist.[19] In Abhängigkeit von den Ergebnissen sollen die Ausbaupfade des § 3 u. U. modifiziert werden.[20]

11 Die Bundesregierung will den Ausschreibungsbericht schließlich zum Anlass für eine Darstellung nehmen, „für welche Technologien weiterhin eine Förderung erforderlich ist und für welche Technologien aufgrund ihres weiteren Potenzials eine finanzielle Förderung weiterhin angezeigt ist".[21] Es geht somit um eine **generelle Evaluation der Sinnhaftigkeit der Förderung** wegen fortbestehender Wettbewerbsdefizite einzelner förderungswürdiger Technologien.

---

18 *Schneider*, in: Schneider/Theobald, § 21 Rn. 21.
19 BT-Drs. 18/1304 v. 5.5.2014, S. 111.
20 BT-Drs. 18/1304 v. 5.5.2014, S. 111.
21 BT-Drs. 18/1304 v. 5.5.2014, S. 176.

Abschnitt 3
Übergangsbestimmungen

§ 100 Allgemeine Übergangsbestimmungen

(1) Für Strom aus Anlagen und KWK-Anlagen, die nach dem am 31. Juli 2014 geltenden Inbetriebnahmebegriff vor dem 1. August 2014 in Betrieb genommen worden sind, sind die Bestimmungen dieses Gesetzes anzuwenden mit der Maßgabe, dass

1. statt § 5 Nummer 21 § 3 Nummer 5 des Erneuerbare-Energien-Gesetzes in der am 31. Juli 2014 geltenden Fassung anzuwenden ist,
2. statt § 9 Absatz 3 und 7 § 6 Absatz 3 und 6 des Erneuerbare-Energien-Gesetzes in der am 31. Juli 2014 geltenden Fassung anzuwenden ist,
3. § 25 mit folgenden Maßgaben anzuwenden ist:
   a) an die Stelle des anzulegenden Wertes nach § 23 Absatz 1 Satz 2 tritt der Vergütungsanspruch des Erneuerbare-Energien-Gesetzes in der für die jeweilige Anlage maßgeblichen Fassung und
   b) für Betreiber von Anlagen zur Erzeugung von Strom aus solarer Strahlungsenergie, die nach dem 31. Dezember 2011 in Betrieb genommen worden sind, ist Absatz 1 Satz 1 anzuwenden, solange der Anlagenbetreiber die Anlage nicht nach § 17 Absatz 2 Nummer 1 Buchstabe a des Erneuerbare-Energien-Gesetzes in der am 31. Juli 2014 geltenden Fassung als geförderte Anlage im Sinne des § 20a Absatz 5 des Erneuerbare-Energien-Gesetzes in der am 31. Juli 2014 geltenden Fassung registriert und den Standort und die installierte Leistung der Anlage nicht an die Bundesnetzagentur mittels der von ihr bereitgestellten Formularvorgaben übermittelt hat;
4. statt der §§ 26 bis 31, 40 Absatz 1, der §§ 41 bis 51, 53 und 55, 71 Nummer 2 die §§ 20 bis 20b, 23 bis 33, 46 Nummer 2 sowie die Anlagen 1 und 2 des Erneuerbare-Energien-Gesetzes in der am 31. Juli 2014 geltenden Fassung anzuwenden sind, wobei § 33c Absatz 3 des Erneuerbare-Energien-Gesetzes in der am 31. Juli 2014 geltenden Fassung entsprechend anzuwenden ist; abweichend hiervon ist § 47 Absatz 7 ausschließlich für Anlagen entsprechend anzuwenden, die nach dem am 31. Juli 2014 geltenden Inbetriebnahmebegriff nach dem 31. Dezember 2011 in Betrieb genommen worden sind,
5. § 35 Satz 1 Nummer 2 ab dem 1. April 2015 anzuwenden ist,
6. § 37 entsprechend anzuwenden ist mit Ausnahme von § 37 Absatz 2 und 3 zweiter Halbsatz,
7. für Strom aus Anlagen zur Erzeugung von Strom aus Wasserkraft, die vor dem 1. Januar 2009 in Betrieb genommen worden sind, anstelle des § 40 Absatz 2 § 23 des Erneuerbare-Energien-Gesetzes in der am 31. Juli 2014 geltenden Fassung anzuwenden ist, wenn die Maßnahme nach § 23 Absatz 2 Satz 1 des Erneuerbare-Energien-Gesetzes in der am 31. Juli 2014 geltenden Fassung vor dem 1. August 2014 abgeschlossen worden ist,
8. Nummer 1.2 der Anlage 1 mit der Maßgabe anzuwenden ist, dass der jeweils anzulegende Wert „AW" erhöht wird
   a) für vor dem 1. Januar 2015 erzeugten Strom

aa) aus Windenergie und solarer Strahlungsenergie um 0,60 Cent pro Kilowattstunde, wenn die Anlage fernsteuerbar im Sinne des § 3 der Managementprämienverordnung vom 2. November 2012 (BGBl. I S. 2278) ist, und im
Übrigen um 0,45 Cent pro Kilowattstunde,

bb) aus Wasserkraft, Deponiegas, Klärgas, Grubengas, Biomasse und Geothermie um 0,25 Cent pro Kilowattstunde,

b) für nach dem 31. Dezember 2014 erzeugten Strom

aa) aus Windenergie und solarer Strahlungsenergie um 0,40 Cent pro Kilowattstunde; abweichend vom ersten Halbsatz wird der anzulegende Wert für
Strom, der nach dem 31. Dezember 2014 und vor dem 1. April 2015 erzeugt
wird, nur um 0,30 Cent pro Kilowattstunde erhöht, wenn die Anlage nicht
fernsteuerbar im Sinne des § 36 ist, oder

bb) aus Wasserkraft, Deponiegas, Klärgas, Grubengas, Biomasse und Geothermie um 0,20 Cent pro Kilowattstunde,

9. § 66 Absatz 2 Nummer 1, Absatz 4, 5, 6, 11, 18, 18a, 19 und 20 des Erneuerbare-
Energien-Gesetzes in der am 31. Juli 2014 geltenden Fassung anzuwenden ist,

10. für Strom aus Anlagen, die nach dem am 31. Dezember 2011 geltenden Inbetriebnahmebegriff vor dem 1. Januar 2012 in Betrieb genommen worden sind, abweichend hiervon und unbeschadet der Nummern 3, 5, 6, 7 und 8 § 66 Absatz 1 Nummer 1 bis 13, Absatz 2, 3, 4, 14, 17 und 21 des Erneuerbare-Energien-Gesetzes in
der am 31. Juli 2014 geltenden Fassung anzuwenden ist, wobei die in § 66 Absatz 1
erster Halbsatz angeordnete allgemeine Anwendung der Bestimmungen des Erneuerbare-Energien-Gesetzes in der am 31. Dezember 2011 geltenden Fassung nicht
anzuwenden ist, sowie die folgenden Maßgaben gelten:

a) statt § 5 Nummer 4 ist § 18 Absatz 2 des Erneuerbare-Energien-Gesetzes in der
am 31. Dezember 2011 geltenden Fassung ensprechend anzuwenden und statt
§ 5 Nummer 21 ist § 3 Nummer 5 des Erneuerbare-Energien-Gesetzes in der am
31. Dezember 2011 geltenden Fassung anzuwenden; abweichend hiervon ist für
Anlagen, die vor dem 1. Januar 2009 nach § 3 Absatz 4 zweiter Halbsatz des Erneuerbare-Energien-Gesetzes in der am 31. Dezember 2008 geltenden Fassung
erneuert worden sind, ausschließlich für diese Erneuerung § 3 Absatz 4 des Erneuerbare-Energien-Gesetzes in der am 31. Dezember 2008 geltenden Fassung
anzuwenden,

b) statt § 9 ist § 6 des Erneuerbare-Energien-Gesetzes in der am 31. Dezember
2011 geltenden Fassung unbeschadet des § 66 Absatz 1 Nummer 1 bis 3 des Erneuerbare-Energien-Gesetzes in der am 31. Juli 2014 geltenden Fassung mit folgenden Maßgaben anzuwenden:

aa) § 9 Absatz 1 Satz 2 und Absatz 4 ist entsprechend anzuwenden,

bb) § 9 Absatz 8 ist anzuwenden, und

cc) bei Verstößen ist § 16 Absatz 6 des Erneuerbare-Energien-Gesetzes in der
am 31. Dezember 2011 geltenden Fassung entsprechend anzuwenden,

c) statt der §§ 26 bis 29, 32, 40 Absatz 1, den §§ 41 bis 51, 53 und 55, 71 Nummer 2
sind die §§ 19, 20, 23 bis 33 und 66 sowie die Anlagen 1 bis 4 des Erneuerbare-
Energien-Gesetzes in der am 31. Dezember 2011 geltenden Fassung anzuwenden,

d) statt § 66 Absatz 1 Nummer 10 Satz 1 und 2 des Erneuerbare-Energien-Gesetzes
in der am 31. Juli 2014 geltenden Fassung sind die §§ 20, 21, 34 bis 36 und Anlage

1 zu diesem Gesetz mit der Maßgabe anzuwenden, dass abweichend von § 20 Absatz 1 Nummer 3 und 4 die Einspeisevergütung nach den Bestimmungen des Erneuerbare-Energien-Gesetzes in der für die jeweilige Anlage maßgeblichen Fassung maßgeblich ist und dass bei der Berechnung der Marktprämie nach § 34 der anzulegende Wert die Höhe der Vergütung in Cent pro Kilowattstunde ist, die für den direkt vermarkteten Strom bei der konkreten Anlage im Fall einer Vergütung nach den Vergütungsbestimmungen des Erneuerbare-Energien-Gesetzes in der für die jeweilige Anlage maßgeblichen Fassung tatsächlich in Anspruch genommen werden könnte,

e) statt § 66 Absatz 1 Nummer 11 des Erneuerbare-Energien-Gesetzes in der am 31. Juli 2014 geltenden Fassung sind die §§ 52 und 54 sowie Anlage 3 anzuwenden.

(2) ^{1}Für Strom aus Anlagen, die

1. nach dem am 31. Juli 2014 geltenden Inbetriebnahmebegriff vor dem 1. August 2014 in Betrieb genommen worden sind und

2. vor dem 1. August 2014 zu keinem Zeitpunkt Strom ausschließlich aus erneuerbaren Energien oder Grubengas erzeugt haben,

ist § 5 Nummer 21 erster Halbsatz anzuwenden. ^{2}Abweichend von Satz 1 gilt für Anlagen nach Satz 1, die ausschließlich Biomethan einsetzen, der am 31. Juli 2014 geltende Inbetriebnahmebegriff, wenn das ab dem 1. August 2014 zur Stromerzeugung eingesetzte Biomethan ausschließlich aus Gasaufbereitungsanlagen stammt, die vor dem 23. Januar 2014 zum ersten Mal Biomethan in das Erdgasnetz eingespeist haben. ^{3}Für den Anspruch auf finanzielle Förderung für Strom aus einer Anlage nach Satz 2 ist nachzuweisen, dass vor ihrem erstmaligen Betrieb ausschließlich mit Biomethan eine andere Anlage nach Maßgabe der Rechtsverordnung nach § 93 als endgültig stillgelegt registriert worden ist, die

a) schon vor dem 1. August 2014 ausschließlich mit Biomethan betrieben wurde und

b) mindestens dieselbe installierte Leistung hat wie die Anlage nach Satz 2.

^{4}Satz 2 ist auf Anlagen entsprechend anzuwenden, die ausschließlich Biomethan einsetzen, das aus einer Gasaufbereitungsanlage stammt, die nach dem Bundes-Immissionsschutzgesetz genehmigungsbedürftig ist und vor dem 23. Januar 2014 genehmigt worden ist und die vor dem 1. Januar 2015 zum ersten Mal Biomethan in das Erdgasnetz eingespeist hat, wenn die Anlage vor dem 1. Januar 2015 nicht mit Biomethan aus einer anderen Gasaufbereitungsanlage betrieben wurde; wird die Anlage erstmalig nach dem 31. Dezember 2014 ausschließlich mit Biomethan betrieben, ist Satz 3 entsprechend anzuwenden.

(3) Für Strom aus Anlagen, die nach dem 31. Juli 2014 und vor dem 1. Januar 2015 in Betrieb genommen worden sind, ist Absatz 1 anzuwenden, wenn die Anlagen nach dem Bundes-Immissionsschutzgesetz genehmigungsbedürftig sind oder für ihren Betrieb einer Zulassung nach einer anderen Bestimmung des Bundesrechts bedürfen und vor dem 23. Januar 2014 genehmigt oder zugelassen worden sind.

(4) Für Strom aus Anlagen, die nach dem am 31. Dezember 2011 geltenden Inbetriebnahmebegriff vor dem 1. Januar 2012 in Betrieb genommen worden sind, verringert sich für jeden Kalendermonat, in dem Anlagenbetreiber ganz oder teilweise Ver-

pflichtungen im Rahmen einer Nachrüstung zur Sicherung der Systemstabilität auf Grund einer Rechtsverordnung nach § 12 Absatz 3a und § 49 Absatz 4 des Energiewirtschaftsgesetzes nach Ablauf der in der Rechtsverordnung oder der von den Netzbetreibern nach Maßgabe der Rechtsverordnung gesetzten Frist nicht nachgekommen sind,

1. **der Anspruch auf die Marktprämie oder die Einspeisevergütung für Anlagen, die mit einer technischen Einrichtung nach § 9 Absatz 1 Satz 1 Nummer 2 oder Satz 2 Nummer 2 ausgestattet sind, auf null oder**
2. **der in einem Kalenderjahr entstandene Anspruch auf eine Einspeisevergütung für Anlagen, die nicht mit einer technischen Einrichtung nach § 9 Absatz 1 Satz 1 Nummer 2 oder Satz 2 Nummer 2 ausgestattet sind, um ein Zwölftel.**

(5) Nummer 3.1 Satz 2 der Anlage 1 ist nicht vor dem 1. Januar 2015 anzuwenden.

Schrifttum: *Brahms/Maslaton,* Der Regierungsentwurf des Erneuerbare-Energien-Gesetzes 2014, NVwZ 2014, 760; *v. Bredow/Herz,* Das Urteil des OLG Naumburg vom 16.5.2013 zum Anlagenbegriff und seine Folgen, REE 2013, 209; *Geipel/Uibeleisen,* Die Übergangsbestimmungen für Bestandsanlagen des EEG 2014, REE 2014, 142; *Thomas,* Das EEG 2014 – Eine Darstellung nach Anspruchsgrundlagen, NVwZ-Extra 17/2014, 1; *Wustlich,* Das Erneuerbare-Energien-Gesetz 2014 – Grundlegend neu – aber auch grundlegend anders?, NVwZ 2014, 1113.

Übersicht

I. Normzweck

§ 100 dient der Vereinfachung des Vollzugs des EEG.[1] Die Norm enthält die allgemeinen **1**
Übergangsbestimmungen und adressiert damit Strom aus **Bestandsanlagen**. Bestandsanlagen i. S. des EEG sind solche, die bis zum 31.7.2014 in Betrieb genommen wurden. Dabei differenziert § 100 zwischen Bestandsanlagen nach dem EEG 2012 und Bestandsanlagen nach dem EEG 2000, 2004 bzw. 2009.[2] Zugleich erfasst die Regelung Strom aus
KWK-Anlagen, die bis zum 31.7.2014 in Betrieb genommen wurden. Es gilt dabei der Inbetriebnahmebegriff, der in § 5 Nr. 21 geregelt ist und seit dem 1.8.2014 Anwendung findet. Aus Gründen des Vertrauensschutzes unterliegt Strom aus Bestandsanlagen allerdings
weiterhin den Vergütungsregelungen des EEG 2012.[3]

II. Inbetriebnahme vor dem 1.8.2014

1. Voraussetzungen. Die Übergangsregeln des § 100 Abs. 1 gelten für Strom aus Anlagen **2**
nach dem EEG oder aus KWK-Anlagen, die vor dem 1.8.2004 in Betrieb genommen worden sind, wobei der **Inbetriebnahmebegriff** des aktuellen EEG zugrunde zu legen ist.

a) Anlage i. S. d. EEG. Anlage i. S. d. EEG ist nach § 5 Nr. 1 jede Einrichtung zur Erzeu- **3**
gung von Strom aus erneuerbaren Energien oder aus Grubengas.[4] Dies schließt Einrichtungen ein, die zwischengespeicherte Energie, die ausschließlich aus erneuerbaren Energien
oder Grubengas stammt, aufnehmen und in elektrische Energie umwandeln.

b) KWK-Anlagen. Gemäß § 5 Nr. 23 sind **KWK-Anlagen** solche i. S. v. § 3 Abs. 2 **4**
KWKG.[5] Es handelt sich dabei um Feuerungsanlagen mit Dampfturbinen-Anlagen (Gegendruckanlagen, Entnahme- und Anzapfkondensationsanlagen) oder Dampfmotoren,
Gasturbinen-Anlagen (mit Abhitzekessel oder mit Abhitzekessel und Dampfturbinen-Anlage), Verbrennungsmotoren-Anlagen, Stirling-Motoren, Organic Rankine Cycle-Anlagen
sowie Brennstoffzellen-Anlagen, in denen Strom und Nutzwärme erzeugt werden.

c) Inbetriebnahme vor dem 31.7.2014. Voraussetzung für die Anwendbarkeit der Über- **5**
gangsregelung in § 100 Abs. 1 ist, dass es sich bei den genannten Anlagen um **Bestandsanlagen** handelt. Die Anlage muss vor dem 31.7.2014 in Betrieb genommen worden sein.
Die Inbetriebnahme bestimmt sich nach dem neuen Inbetriebnahmebegriff des § 5 Nr. 21.

Danach ist eine **Inbetriebnahme** der Anlage gegeben, wenn sie erstmalig nach Herstellung **6**
ihrer technischen Betriebsbereitschaft ausschließlich mit erneuerbaren Energien oder Grubengas arbeitet.[6] Damit wird auch die Inbetriebnahme von brennstoffbasierten Anlagen zukünftig an die erstmalige Inbetriebsetzung ausschließlich mit erneuerbaren Energien oder
Grubengas geknüpft.[7] Die technische Betriebsbereitschaft setzt voraus, dass die Anlage
fest an dem für den dauerhaften Betrieb vorgesehenen Ort und dauerhaft mit dem für die

---

1 BT-Drs. 18/1305, S. 176.
2 *Geipel/Uibeleisen*, REE 2014, 142.
3 BT-Drs. 18/1305, S. 176.
4 Vgl. hierzu § 5 Rn. 15 ff.
5 Vgl. zum Begriff der KWK-Anlagen § 5 Rn. 144 sowie BerlKommEnR/*Topp*, Bd. 2, 2. Aufl.
  2013, § 3 KWKG Rn. 17 ff.
6 Vgl. zum Begriff der Inbetriebnahme § 5 EEG Rn. 140 ff.
7 BT-Drs. 18/1305, S. 114.

Erzeugung von Wechselstrom erforderlichen Zubehör installiert wurde. Der Austausch des Generators oder sonstiger technischer oder baulicher Teile nach der erstmaligen Inbetriebnahme führt dabei nicht zu einer Änderung des Zeitpunkts der Inbetriebnahme.

7   Fraglich ist, ob dieser Inbetriebnahmebegriff auch für **KWK-Anlagen** gilt. Dem Wortlaut des § 5 Nr. 21 nach gilt der Inbetriebnahmebegriff nur für Anlagen, die erneuerbare Energien oder Grubengas einsetzen. Weiterhin geht auch § 5 Abs. 1 KWKG von einem engeren Inbetriebnahmebegriff aus als § 5 Nr. 21.[8] Zu berücksichtigen ist aber, dass § 5 Abs. 1 KWKG von einem Dauerbetrieb spricht, der maßgebend für den Vergütungsanspruch ist. Mit dieser Wortwahl gibt der Gesetzgeber zu erkennen, dass es daneben für KWK-Anlagen noch einen weiteren Inbetriebnahmebegriff gibt, der nicht gleichzusetzen ist mit einem Dauerbetrieb und deshalb wie § 5 Nr. 21 den Austausch eines Generators oder sonstiger technischer oder baulicher Teile zulässt, ohne dass dies Auswirkungen auf den Zeitpunkt der Inbetriebnahme einer KWK-Anlage hat. Dies spricht dafür, auf KWK-Anlagen zumindest dann den Inbetriebnahmebegriff des § 5 Nr. 21 anzuwenden, soweit sie nach den Vorschriften des EEG behandelt werden sollen. Dafür spricht auch § 100 Abs. 1. Der Zusatz, dass die Anlagen nach dem aktuellen Inbetriebnahmebegriff in Betrieb genommen worden sein müssen, gilt auch für KWK-Anlagen. In Anbetracht dessen, dass der Gesetzgeber den Inbetriebnahmebegriff mit Inkrafttreten des EEG zum selben Zeitpunkt geändert hat, will er nach dem Wortlaut des § 100 Abs. 1 Anlagen nach dem EEG und dem KWKG gleichermaßen nach § 5 Nr. 21 behandeln.

8   **2. Anwendbares Recht.** § 100 Abs. 1 ordnet an, dass für **Bestandsanlagen** die Bestimmungen des aktuellen EEG gelten.[9] Insoweit unterscheidet sich das aktuelle EEG vom EEG 2012.[10] Aus Gründen des Vertrauensschutzes wurden jedoch von diesem Grundsatz in § 100 Abs. 1 Nr. 1 bis 10 zahlreiche Ausnahmen geregelt. In der Regel betreffen diese Ausnahmen Aspekte mit Auswirkungen auf die Vergütungshöhe, die aus Gründen des Vertrauensschutzes für Bestandsanlagen nicht angetastet werden kann.[11]

9   Die Ausnahmen in § 100 Abs. 1 Nr. 1 bis 8 beziehen sich auf **Bestandsanlagen** nach dem EEG 2012, § 100 Abs. 1 Nr. 10 hat hingegen Bestandsanlagen nach den älteren Fassungen des EEG zum Gegenstand.[12]

10 **a) Inbetriebnahmebegriff (Nr. 1).** § 100 Abs. 1 Nr. 1 bestimmt, dass der **Inbetriebnahmebegriff** des EEG 2012 grundsätzlich für Anlagen weiter gilt, die vor dem 1.8.2014 in Betrieb genommen worden sind.[13] Dies hat insbesondere Auswirkungen auf brennstoffbasierte Anlagen, die nach dem EEG 2012 bis zum 31.7.2014 in Betrieb genommen worden sind, nach § 5 Nr. 21 hingegen nicht, wenn sie noch nicht erstmalig ausschließlich mit erneuerbaren Energieträgern arbeiten.

11 Aus dem systematischen Zusammenhang mit § 100 Abs. 2 folgt, dass die weitere Anwendung des alten **Inbetriebnahmebegriffs** nach § 3 Nr. 5 EEG 2012 überdies voraussetzt, dass in der Anlage bis zum 31.7.2014 zu keinem Zeitpunkt Strom ausschließlich aus erneu-

---

8 Zum Begriff des Dauerbetriebs nach § 5 Abs. 1 KWKG vgl. BerlKommEnR/*Topp*, Bd. 2, 2. Aufl. 2013, § 5 KWKG Rn. 15.

9 Vgl. hierzu auch *Geipel/Uibeleisen*, REE 142; *Wustlich*, NVwZ 2014, 1113, 1119.

10 *Thomas*, NVwZ-Extra 17/2014, 1, 3.

11 *Wustlich*, NVwZ 2014, 1113, 1119.

12 So auch *Geipel/Uibeleisen*, REE 2014, 142.

13 BT-Drs. 18/1305, S. 176.

erbaren Energien oder Grubengas erzeugt wurde, mithin bis zu diesem Zeitpunkt noch kein Förderanspruch entstanden war.[14]

b) Zusammenfassung von Photovoltaikanlagen und Rechtsfolge bei Nichtbeachtung technischer Vorgaben (Nr. 2). Der Betreiber einer Bestandsanlage muss die **technischen Vorgaben** nach neuer Rechtslage, mithin nach § 9, beachten. In § 100 Abs. 1 Nr. 2 wird von diesem Grundsatz abgewichen bei der Zusammenfassung von Photovoltaikanlagen nach § 9 Abs. 3 und im Hinblick auf die Rechtsfolge von Verstößen nach § 9 Abs. 7.

Mehrere **Photovoltaikanlagen**, die sich auf demselben Grundstück befinden und innerhalb von zwölf aufeinanderfolgenden Kalendermonaten in Betrieb genommen worden sind, behandelt der Gesetzgeber sowohl nach § 9 Abs. 3 als auch nach § 6 Abs. 3 EEG 2012 ausschließlich zum Zwecke der Ermittlung der installierten Leistung als eine Anlage.[15]

Während mehrere Anlagen, deren Inbetriebnahme am oder nach dem 1.8.2014 liegt, außerdem nur noch dann als eine Anlage behandelt werden, wenn sie sich auf demselben Gebäude befinden, ließ § 6 Abs. 3 EEG 2012 noch eine Zusammenfassung zu, wenn sich mehrere **Anlagen in unmittelbarer räumlicher Nähe** befanden. Die Fiktion einer Anlagenzusammenfassung des § 6 Abs. 3 EEG 2012 gilt für Bestandsanlagen fort. Demzufolge sind mehrere Anlagen in unmittelbarer räumlicher Nähe, die innerhalb von zwölf aufeinanderfolgenden Kalendermonaten in Betrieb genommen worden sind, zum Zwecke der Ermittlung der installierten Leistung weiterhin als eine Anlage zu behandeln. Diese Fiktion ist zu unterscheiden von dem Fall, dass verschiedene Anlagenkomponenten in ihrer Gesamtheit als eine Anlage angesehen werden wie etwa bei mehreren BHKW, die sich in unmittelbarer räumlicher Nähe zueinander befinden und an denselben Fermenter angeschlossen sind. Hier bildet die Gesamtheit der zur Biogasanlage zählenden Komponenten eine Anlage.[16]

Aus § 100 Abs. 1 Nr. 2 folgt weiterhin, dass sich für Bestandsanlagen die Rechtsfolge von Verstößen gegen die **technischen Vorgaben** nicht aus § 9 Abs. 7 ergibt, sondern aus § 6 Abs. 6 EEG 2012.[17] Zu beachten ist dabei, dass auch für Bestandsanlagen die technische Vorgaben nach aktueller Rechtslage, d. h. nach § 9 Abs. 1, 2, 5 und 6, zu beachten sind. Gleichwohl ist bei einem Verstoß des Betreibers einer Bestandsanlage § 6 Abs. 6 EEG 2012 anzuwenden. Der Verweis in § 100 Abs. 1 Nr. 2 ist mithin ein Rechtfolgenverweis.[18]

c) Verringerung der Förderung (Nr. 3). § 25 enthält Rechtsgrundlagen für die Anwendung von **Sanktionen** im Falle von Pflichtverstößen des Anlagenbetreibers.[19] Diese bestehen in der Absenkung der finanziellen Förderung i. S. der §§ 19 und 23. Hiervon weicht der Gesetzgeber bei Pflichtverstößen eines Betreibers einer Bestandsanlage in § 100

12

13

14

15

16

---

14 BT-Drs. 18/1305, S. 176.
15 Vgl. hierzu § 9 Rn. 37 ff.
16 BGH Urt. v. 23.10.2013, VIII ZR 262/12 , Rn. 50; im Ergebnis vergleichbar OLG Naumburg, Urt. v. 16.5.2013, 2 U 129/12, REE 2013, 172, 174. A. A. Clearingstelle EEG, Empfehlung v. 1.7.2010, 2009/12, Rn. 101. Zu alldem näher *v. Bredow/Herz*, REE 2013, 209, 210 ff.
17 BT-Drs. 18/1304, S. 176. Zur Rechtsfolge von Verstößen gegen technische Vorgaben nach § 9 Abs. 7 vgl. § 9 Rn. 71 ff. und nach § 6 Abs. 6 EEG 2012, BerlKommEnR/*Schumacher*, Bd. 2, 2. Aufl.2013, § 6 EEG 2012 Rn. 30 f.
18 BT-Drs. 18/1304, S. 176.
19 Vgl. hierzu § 25 Rn. 1 ff.

Abs. 1 Nr. 3 geringfügig ab. Dabei ist zu berücksichtigen, dass auch der Betreiber einer Bestandsanlage den Pflichten des aktuellen EEG unterliegt, wie es dem Grundgedanken des § 100 Abs. 1 entspricht.

17 Gemäß § 100 Abs. 1 Nr. 3 lit. a tritt an die Stelle des anzulegenden Wertes nach § 23 Abs. 1 S. 2 der Vergütungsanspruch des jeweiligen EEG, nach dem sich der Vergütungsanspruch des Anlagenbetreibers berechnet. **Anzulegender Wert**, der für Anlagen mit einer Inbetriebnahme nach dem 1.8.2014 der Absenkung nach § 25 unterliegen kann, ist nach § 23 Abs. 1 S. 2 der Betrag nach den §§ 40 bis 51, mithin die besonderen Vergütungssätze, oder aber 55 Cent pro kWh. Dieser ist nicht für Bestandsanlagen anzusetzen, stattdessen werden die Vergütungssätze nach dem anzuwendenden EEG zugrundegelegt, beispielsweise den §§ 23 ff. EEG 2012. Die Ansetzung einer Pauschale von 55 Cent pro kWh ist bei Bestandsanlagen nicht zulässig.

18 § 100 Abs. 1 Nr. 3 lit. b adressiert Betreiber von **Photovoltaikanlagen**, die zwischen dem 1.1.2012 und dem 31.7.2014 in Betrieb genommen worden sind. Betreiber dieser Bestandsanlagen sind nach der **Anlagenregisterverordnung** nicht verpflichtet, diese beim Anlagenregister registrieren zu lassen. Deshalb können sie nicht den Tatbestand des § 25 Abs. 1 S. 1 erfüllen. Die Datenerfassung dieser Anlagen soll stattdessen im Wege der Meldepflicht nach § 17 Abs. 2 Nr. 1 lit. a EEG 2012 erfolgen. Ein Verstoß gegen diese Meldepflicht nach dem EEG 2012 wird durch § 25 Abs. 1 S. 1 sanktioniert. Haben Betreiber dieser Bestandsanlage ihre Meldepflicht nicht erfüllt, also nach § 17 Abs. 2 Nr. 1 lit. a EEG 2012 die Anlage nicht als geförderte Anlage gemäß § 20a Abs. 5 EEG 2012 registriert und den Standort und die installierte Leistung nicht an die BNetzA mittels der von ihr bereitgestellten Formularvorgaben übermittelt, so verringert sich gemäß § 25 Abs. 1 S. 1 der anzulegende Wert nach 23 Abs. 1 S. 2 auf Null mit der Folge, dass sie keine Vergütung für Stromeinspeisungen vom Netzbetreiber erhalten. Hierbei handelt es sich um einen Rechtsfolgenverweis.[20]

19 Im Falle einer **Leistungserhöhung** i. S. d. § 25 Abs. 1 Nr. 2 haben auch Betreiber von **Photovoltaikanlagen** mit einer Inbetriebnahme zwischen dem 1.1.2012 und dem 31.7.2014 eine Registrierpflicht nach der Anlagenregisterverordnung. Grundlage für eine Absenkung des Förderanspruchs ist § 25 Abs. 1, ohne dass es des angesprochenen Rechtsfolgenverweises bedarf.[21]

20 **d) Fördersätze (Nr. 4).** § 100 Abs. 1 Nr. 4 regelt, dass für Bestandsanlagen die **Förderhöhe** auch weiterhin gilt, die bei ihrer Inbetriebnahme ermittelt worden ist.[22] Für Bestandsanlagen gelten somit nicht die allgemeinen und besonderen Bestimmungen zur Absenkung der Förderung nach §§ 26 bis 31, sondern §§ 20 bis 20b EEG 2012. Die Förderhöhe für Bestandsanlagen bestimmt sich nicht nach §§ 40 Abs. 1 bis 51, sondern wird berechnet nach §§ 23 bis 33 EEG 2012. Für Wasserkraftanlagen, die Bestandsanlagen sind, wird die Förderhöhe jedoch auch unter Berücksichtigung des aktuellen § 40 Abs. 2 und 3 EEG berechnet.[23]

---

20 BT-Drs. 18/1304, S. 177.
21 BT-Drs. 18/1304, S. 177.
22 BT-Drs. 18/1304, S. 177.
23 BT-Drs. 18/1304, S. 177.

Eine Ausnahme gilt nach § 100 Abs. 1 Nr. 4, 2. Hs. weiterhin für Strom aus **Biomethan**. 21
Ein Anspruch auf finanzielle Förderung besteht demnach gemäß § 47 Abs. 7 für Strom aus
Biomethan nach § 27 oder § 27a EEG 2012 auch dann, wenn das Biomethan vor seiner
Entnahme aus dem Erdgasnetz anhand der Energieträger der zur Biomethanerzeugung eingesetzten Einsatzstoffe bilanziell in einsatzstoffbezogene Teilmengen geteilt wird.[24] Die
bilanzielle Teilung in einsatzstoffbezogene Teilmengen einschließlich der Zuordnung der
eingesetzten Einsatzstoffe zu der jeweiligen Teilmenge ist dabei im Rahmen der Massenbilanzierung nach § 47 Abs. 6 Nr. 2 zu dokumentieren.

Für die Berechnung der Fördersätze ist weiterhin im Fall von Biomasseanlagen nach § 27c 22
Abs. 2 der **Gasaufbereitungsbonus** gemäß Anlage 1 zum EEG 2012 und im Fall von
KWK-Anlagen die Anlage 2 zum EEG 2012 maßgebend.

Die **Mitteilungspflicht** für Betreiber von **Biomasseanlagen**, die Bestandsanlagen sind, 23
richtet sich nicht nach § 71 Nr. 2, sondern nach § 46 Nr. 2 EEG 2012. Die Erleichterungen
für Biomasseanlagen wirken mit der Fortgeltung des § 33c Abs. 3 EEG 2012 weiterhin.
Der Anlagenbetreiber hat deshalb bei Vorliegen der Voraussetzungen im Fall der Direktvermarktung weiterhin einen ungminderten Anspruch auf Zahlung der Einspeisevergütung.[25]

Weiterhin gelten für Bestandsanlagen nicht die **Flexibilitätsregelungen** der §§ 53 und 54. 24
Eine Ausnahme besteht für Strom aus **Bestands-Biogasanlagen**. Hierfür wird ein Anspruch auf die neue Flexibilitätsprämie nach § 52 i.V.m. § 54 gewährt.[26] Insoweit stellt die
Norm eine lex specialis zu § 100 Abs. 1 Nr. 4 dar. Der Förderanspruch bei bilanzieller ein-
satzstoffbezogener Teilung von Biomethanmengen besteht nur für den Teil des Anlagenbestandes, der ab dem Jahr 2012 in Betrieb genommen wurde.

Bestandsanlagen unterliegen schließlich nicht der **Ausschreibungsregelung** nach § 55. 25

e) Einrichtungen zur Fernsteuerbarkeit bei Direktvermarktung (Nr. 5). Betreiber von 26
Bestandsanlagen, deren Strom der Direktvermarktung nach § 34 unterliegt, sind gemäß
§ 100 Abs. 1 Nr. 5 erst ab dem 1.1.2015 verpflichtet, technische Einrichtungen zur **Fernsteuerbarkeit** der Anlage gemäß §§ 35 Abs. 1 Nr. 2 i.V.m. 36 Abs. 1 vorzusehen.[27] Zweck
dieser Übergangsregelung ist es, Betreibern bestehender Anlagen, soweit diese nicht mit
technischen Einrichtungen zur Fernsteuerbarkeit ausgerüstet sind, ausreichend Zeit zur
Nachrüstung zu gewähren.[28]

f) Vollständige Einspeisevergütung für Bestandsanlagen (Nr. 6). § 33d EEG 2012 sah 27
unter bestimmten Voraussetzungen vor, dass Anlagenbetreiber unabhängig von der Größe
der Anlagen zwischen der Direktvermarkung und der nach § 16 EEG 2012 vergüteten Einspeisung wechseln konnten. Dieses **Wahlrecht** wird für Bestandsanlagen nach § 100
Abs. 1 Nr. 4 mit Ausnahme der nach §§ 27 Abs. 3 und 27a Abs. 2 EEG 2012 ohnehin bereits zur Direktvermarktung verpflichteten Biogasanlagen auch weiterhin gewährleistet.[29]

---

24 Vgl. hierzu § 47 Rn. 88 ff.
25 Vgl. BerlKommEnR/*Schroeder-Selbach/Glenz*, Bd. 2, 2. Aufl. 2013, § 33c EEG 2012 Rn. 21.
26 BT-Drs. 18/1304, S. 177.
27 BT-Drs. 18/1304, S. 177.
28 BT-Drs. 18/1304, S. 177.
29 BT-Drs. 18/1304, S. 177.

Die Möglichkeit der Einspeisevergütung soll für Bestandsanlagen unabhängig von ihrer installierten Leistung bestehen bleiben.

28 Vor diesem Hintergrund modifiziert § 100 Abs. 1 Nr. 6 den § 37. Dieser gilt nach neuem Recht nur für kleine Anlagen. Kleine Anlagen sind Anlagen mit einer installierten Leistung von höchstens 500 kW. Die Modifizierung führt dazu, dass § 37 ohne Größenbeschränkung für alle Bestandsanlagen gilt. Aufgrund der Nichtanwendbarkeit von § 37 Abs. 2 auf Bestandsanlagen besteht für diese auch ein **Vergütungsanspruch in voller Höhe**, wenn die installierte Leistung 500 kW übersteigt. Dies folgt aus der Nichtanwendbarkeit von § 37 Abs. 3, 2. Hs. Grund hierfür ist, dass bei den für Bestandsanlagen geltenden Einspeisevergütungssätzen die Direktvermarktungsmehrkosten von 0,4 Cent/kWh (Windenergieanlagen an Land und Photovoltaikanlagen) bzw. von 0,2 Cent/kWh (alle übrigen Anlagen) von vornherein nicht eingepreist sind und deswegen auch nicht subtrahiert werden müssen.[30]

29 **g) Wasserkraftanlagen (Nr. 7).** § 100 Abs. 1 Nr. 7 adressiert Strom aus **Wasserkraftanlagen** mit einer Inbetriebnahme vor dem 1.1.2009. Voraussetzung ist weiterhin, dass eine **Erhöhung der installierten Leistung** oder des Leistungsvermögens nach § 23 Abs. 2 S. 1 Nr. 1 EEG 2012 erfolgt ist. Alternativ muss gemäß § 23 Abs. 2 S. 1 Nr. 2 EEG 2012 eine erstmalige Nachrüstung der Anlage mit technischen Einrichtungen zur ferngesteuerten Reduzierung der Einspeiseleistung i. S. des § 6 Abs. 1 Nr. 1 EEG 2012 vorgenommen worden sein. Die jeweilige Maßnahme muss schließlich bis zum 31.12.2014 abgeschlossen worden sein. Sind diese Voraussetzungen erfüllt, unterliegen die Wasserkraft-Bestandsanlagen nicht der Regelung zur finanziellen Förderung nach § 40 Abs. 2, sondern weiterhin dem § 23 EEG 2012.[31] Strom aus Wasserkraftanlagen mit einer Inbetriebnahme zwischen dem 1.1.2009 und dem 31.7.2014 und mit einer Ertüchtigungsmaßnahme vor dem 1.8.2014 wird ebenfalls nach § 23 EEG 2012 vergütet. Dies folgt aus § 100 Abs. 1 Nr. 4.

30 **h) Absenkung der Managementprämie (Nr. 8).** § 100 Abs. 1 Nr. 8 regelt die zukünftige Berücksichtigung der bisherigen **Managementprämie** für Bestandsanlagen.[32] Dies ist bei der Anwendung der Nr. 1.2. der Anlage 1 zu berücksichtigen. Diese schreibt vor, dass sich die Höhe der Marktprämie (MP) nach § 34 Abs. 2 in Cent pro kW direkt vermarkteten und tatsächlich eingespeisten Stroms aus der Subtraktion des jeweiligen Monatsmarktwerts (AW) in Cent pro Kilowattstunde vom anzulegenden Wert nach den §§ 40 bis 55 unter Berücksichtigung der §§ 19 bis 32 in Cent pro kW (MW) ergibt. Da die Berechnungsmethodik keine Variable für eine Managementprämie bzw. für die von dieser abzudeckenden Vermarktungsmehrkosten mehr enthält, weil die Vermarktungsmehrkosten für Neuanlagen bereits in die anzulegenden Werte eingepreist wurden, müssen diese Kosten für Bestandsanlagen durch entsprechende Erhöhung des jeweils anzulegenden Wertes berücksichtigt werden.[33]

31 Vor diesem Hintergrund bestimmt § 100 Abs. 1 Nr. 8 für Bestandsanlagen abweichende **Monatsmarktwerte** (AW), die bei der Berechnung der Prämie einfließen müssen. Abweichung bedeutet, dass der Gesetzgeber die Monatsmarktwerte erhöht. Dies hat zur Folge,

---

30 BT-Drs. 18/1304, S. 177.
31 Vgl. zum Regelungsgehalt des § 23 EEG 2012, BerlKommEnR/*Schumacher*, Bd. 2, 2. Aufl. 2013, § 23 EEG 2012 Rn. 1 ff.
32 BT-Drs. 18/1304, S. 178.
33 BT-Drs. 18/1304, S. 178.

dass die Marktprämie abgesenkt wird. Dabei wird differenziert zwischen Strom, der vor dem 1.1.2015 erzeugt wurde, und Strom, der nach dem 31.12.2014 erzeugt wurde.

Für die **Stromerzeugung vor dem 1.1.2015** bestimmt sich der anzusetzende Monats- 32
marktwert nach § 100 Abs. 1 Nr. 8 lit. a. Der Monatsmarktwert für Strom aus den **nicht steuerbaren Energieträgern** Windenergie und solarer Strahlungsenergie ist abhängig von der Fernsteuerbarkeit der Anlage nach § 3 MaPrV.[34] Wenn die Anlage fernsteuerbar ist, ist der anzusetzende Monatsmarktwert um 0,60 Cent pro kW zu erhöhen; ist die Anlage nicht fernsteuerbar, beläuft sich der Monatsmarktwert auf 0,45 Cent pro kW über dem anzusetzenden Monatsmarktwert.

Für Strom aus den **steuerbaren Energieträgern** Wasserkraft, Deponiegas, Klärgas, Gru- 33
bengas, Biomasse und Geothermie, der vor dem 1.1.2015 erzeugt wurde, erhöht sich der Monatsmarktwert unabhängig von der technischen Ausstattung der Anlage um 0,25 Cent pro kW.

Strom, der im Jahr 2014 erzeugt wurde, unterliegt damit einer **Managementprämie**, wie 34
sie im Jahr 2014 gemäß Anlage 4 zum EEG 2012 für die Energieträger Wasserkraft, Deponiegas, Klärgas, Grubengas, Biomasse und Geothermie sowie fernsteuerbare Wind- und Photovoltaikanlagen gewährt worden wäre.[35]

Für eine **Stromerzeugung nach dem 31.12.2014** richtet sich der Monatsmarktwert nach 35
§ 100 Abs. 1 Nr. 8 lit. b. Dabei erhöht sich für Strom, der aus den **nicht steuerbaren Energieträgern** Windenergie und solarer Strahlungsenergie erzeugt wurde, der Monatsmarktwert um 0,40 Cent pro kW. Eine Sonderregelung besteht für den Strom, der in einer Anlage, die nicht fernsteuerbar ist, zwischen dem 1.1.2014 und dem 30.4.2015 erzeugt wurde. Für diesen wird die Managementprämie mit einer um nur 0,30 Cent pro kWh erhöhten Monatsmarktprämie berechnet.

Für Strom aus den **steuerbaren Energieträgern** Wasserkraft, Deponiegas, Klärgas, Gru- 36
bengas, Biomasse und Geothermie, der nach dem 31.12.2014 erzeugt wurde, erhöht sich der Monatsmarktwert um 0,20 Cent pro kW.

Strom aus Bestandsanlagen, der ab dem Jahr 2015 erzeugt wird, unterliegt somit einer **Ma- 37
nagementprämie**, die gegenüber der Managementprämie nach dem EEG 2012 und der in der MaPrV[36] ab 2015 vorgesehenen Prämienhöhe um 0,1 Cent pro kW für fernsteuerbare Wind- und Photovoltaikanlagen (auf 0,4 Cent pro kW) bzw. um 0,025 Cent pro kW für Wasserkraft, Deponiegas, Klärgas, Grubengas, Biomasse und Geothermie (auf 0,2 Cent pro kW) abgesenkt wird.[37] Vertrauensschutzinteressen der Bestandsanlagenbetreiber werden hierdurch nicht beeinträchtigt, da eine nachträgliche Absenkung der Managementprämie auch für direktvermarktende Bestandsanlagen bereits bislang durch Rechtsverordnung nach § 64f Nr. 3 EEG 2012 jederzeit möglich war.[38]

---

34 Verordnung über die Höhe der Managementprämie für Strom aus Windenergie und solarer Strahlungsenergie (Managementprämienverordnung – MaPrV) v. 2.2.2012 (BGBl. I S. 2278).
35 BT-Drs. 18/1304, S. 177.
36 Verordnung über die Höhe der Managementprämie für Strom aus Windenergie und solarer Strahlungsenergie (Managementprämienverordnung – MaPrV) v. 2.2.2012 (BGBl. I S. 2278).
37 BT-Drs. 18/1304, S. 178.
38 BT-Drs. 18/1304, S. 178.

38   **i) Fortgeltung von Regelungen vor dem EEG 2012 (Nr. 9).** § 100 Abs. 1 Nr. 9 ordnet die Fortgeltung verschiedener **Übergangsregelungen** i. S. d. § 66 EEG 2012 an. Damit gelten weiterhin Regelungen aus dem EEG 2000, 2004 und 2009.

39   Zunächst soll nach dem Wortlaut des § 100 Abs. 1 Nr. 9 weiterhin § 66 Abs. 2 Nr. 1 EEG 2012 anwendbar sein. Damit gilt die Biomasseverordnung in der am 31.12.2011 geltenden Fassung für **Biomasseanlagen**, die vor dem 1.1.2013 in Betrieb genommen worden sind und **Altholz** zur Stromerzeugung einsetzen.

40   Aufgrund der Fortgeltung von § 66 Abs. 4 EEG 2012 gilt für **Biomasseanlagen**, die **Biogas** zur Stromerzeugung einsetzen, § 27 Abs. 5 Nr. 1 EEG 2012 auch weiterhin nicht. Soweit das eingesetzte Biogas aus Biogaserzeugungsanlagen stammt, die bereits vor dem 1.1.2012 Biogas erzeugt haben, muss der sog. **Mais- und Getreidedeckel** nicht eingehalten werden.[39] Die Anlagen werden insofern privilegiert.

41   § 100 Abs. 1 Nr. 9 ordnet überdies die Fortgeltung des **Wahlrechts** nach § 66 Abs. 5 EEG 2012 für **Wasserkraftanlagen** mit einer installierten Leistung von mehr als 500 kW und höchstens 5 MW mit einer Inbetriebnahme vor dem 1.1.2004 an. Weitere Voraussetzung ist, dass die Wasserkraftnutzung vor dem 1.1.2012 wasserrechtlich zugelassen worden ist. Für Strom aus diesen Anlagen hat der Anlagenbetreiber ein Wahlrecht zwischen einer Vergütung nach § 23 Abs. 1 und 2 EEG 2012 und einer Vergütung nach § 23 Abs. 1 und 2 des EEG 2009.[40] Allerdings besteht dieses Wahlrecht nur, solange der Netzbetreiber noch keine Vergütung für Strom aus dieser Anlage gezahlt hat.

42   Ebenso gilt nach § 100 Abs. 1 Nr. 9 das **Wahlrecht** des Anlagenbetreibers für bestimmte Anlagen, die **Biomasse** einsetzen, gemäß § 66 Abs. 6 EEG 2012 fort. Das Wahlrecht besteht für Strom aus Anlagen, die vier Voraussetzungen erfüllen: erstens müssen sie Strom aus fester Biomasse erzeugen, die zweitens nach § 4 Abs. 1 S. 1 BImSchG genehmigungsbedürftig sind, die drittens vor dem 1.1.2012 nach § 6 Abs. 1 S. 1 BImSchG genehmigt worden sind und viertens vor dem 1.1.2013 in Betrieb genommen worden sind. Der Anlagenbetreiber hat ein Wahlrecht zwischen einer Vergütung nach § 27 EEG 2009 und einer Vergütung nach § 27 EEG 2012.[41] Dieses Wahlrecht besteht nur, solange der Netzbetreiber noch keine Vergütung für Strom aus dieser Anlage gezahlt hat.

43   Eine Fortgeltung alter Vergütungsregelungen ist auch für Strom aus **Photovoltaikanlagen auf Konversionsflächen** nach § 66 Abs. 11 EEG 2012 vorgesehen. Damit bleibt der Vertrauensschutz für Photovoltaikanlagen auf bestimmten Konversionsflächen bestehen, die bereits nach den Regelungen des EEG 2012 nicht mehr vergütungsfähigen Strom erzeugen könnten. Strom aus diesen Anlagen i. S. d. § 32 Abs. 1 Nr. 3 lit. c, cc EEG 2012 wird weiterhin vergütet, wenn folgende Voraussetzungen erfüllt sind:[42] Erstens müssen die Flächen rechtsverbindlich als Naturschutzgebiet nach § 23 BNatSchG oder als Nationalpark nach § 24 BNatSchG festgesetzt worden sein. Zweitens müssen die sonstigen Voraussetzungen des § 32 Abs. 1 Nr. 3 erfüllt sein. Drittens muss die Inbetriebnahme der Anlagen vor dem 1.1.2014 erfolgt sein. Viertens muss der Beschluss über die Aufstellung oder Änderung des Bebauungsplans vor dem 30.6.2011 gefasst worden ist.

---

39 BerlKommEnR/*Müller*, Bd. 2, 2. Aufl. 2013, § 66 EEG 2012 Rn. 80.
40 Vgl. hierzu BerlKommEnR/*Schumacher*, Bd. 2, 2. Aufl. 2013, § 66 EEG 2012 Rn. 83 ff.
41 Vgl. hierzu BerlKommEnR/*Müller*, Bd. 2, 2. Aufl. 2013, § 66 EEG 2012 Rn. 91 ff.
42 Vgl. hierzu im Einzelnen BerlKommEnR/*Schulz*, Bd. 2, 2. Aufl. 2013, § 66 EEG 2012 Rn. 107 ff.

Mit der Fortgeltung des § 66 Abs. 18 EEG 2012 gewährt der Gesetzgeber Strom aus be-   **44**
stimmten **Photovoltaikanlagen** einen Vertrauensschutz.[43] Die Vorschrift gilt für Anlagen
an oder auf **Gebäuden oder Lärmschutzwänden**. Wenn die Anlage zwischen dem
1.1.2012 und dem 31.3.2012 in Betrieb genommen worden ist, gilt für die Vergütung das
EEG 2009. Allerdings dürfen diese Anlagen seit dem 1.1.2014 gemäß § 33 Abs. 4 EEG
2012 nicht mit Anlagen, die nach dem 31.3.2012 in Betrieb genommen wurden, über eine
gemeinsame Messeinrichtung abgerechnet werden. Wurde die Anlage zwischen dem
31.3.2012 und dem 1.7.2012 in Betrieb genommen und ist für sie vor dem 24.2.2012 ein
schriftliches oder elektronisches Anschlussbegehren mit genauem Standort und der Angabe zur installierenden Leistung gestellt worden, berechnet sich die Vergütung ebenfalls
nach dem EEG 2009.

In § 100 Abs. 1 Nr. 9 wird überdies die Fortgeltung des § 66 Abs. 18a EEG 2012 für **Pho-**   **45**
tovoltaikanlagen auf **Freiflächen** bestimmt. Voraussetzung ist nach § 66 Abs. 18a S. 1
EEG 2012, dass die Anlagen zwischen dem 31.3.2012 und dem 1.7.2012 in Betrieb genommen worden sind, wobei die Inbetriebnahme nach § 100 Abs. 1 Nr. 1 i.V.m. § 3 Nr. 5
EEG 2012 zu bestimmen ist.[44] § 18a Nr. 1 EEG 2012 erfordert weiterhin, dass für die Errichtung der Anlage ein Bebauungsplan notwendig war. Alternative Voraussetzung ist gemäß § 18a Nr. 2 EEG 2012, dass für das Vorhaben ein Verfahren nach § 38 S. 1 BauGB
durchgeführt worden ist. Beides ist der Fall bei großen Freiflächenanlagen auf Konversionsflächen. Bis zum 1.3.2012 muss die letzte Änderung des Bebauungsplanes, dessen Aufstellung oder der Antrag auf Einleitung des Verfahrens nach § 38 S. 1 BauGB erfolgt sein.
Wenn die genannten Voraussetzungen erfüllt sind, gilt ab dem 31.12.2013 § 33 Abs. 4 EEG
2012. Damit ist die gemeinsame Abrechnung der privilegierten Altanlagen und der nach
diesem Zeitpunkt in Betrieb genommenen Anlagen über eine gemeinsame Messeinrichtung nicht zulässig. Des Weiteren wird der Strom aus den genannten großen Freiflächenanlagen nicht der Kürzung der Vergütung auf 90 % der insgesamt in einem Kalenderjahr
erzeugten Strommenge unterworfen. Diese Kürzung sieht § 33 Abs. 1 S. 1 EEG 2012 vor,
der gemäß § 100 Abs. 1 Nr. 4 weiterhin gilt. Ohne die Regelung in § 100 Abs. 1 Nr. 9 käme
es deshalb zu der Kürzung. Ebenso werden nach § 100 Abs. 1 Nr. 9 i.V.m. § 66 Abs. 18a
S. 2 EEG 2012 Anlagen auf Konversionsflächen i.S. des § 32 Abs. 1 Nr. 3 lit. c, cc EEG
2012 mit einer Inbetriebnahme zwischen dem 30.6.2012 und dem 1.10.2012 behandelt. Eine Kürzung der Strommenge nach § 33 Abs. 1 S. 1 EEG 2012 erfolgt auch hier nicht. Die
Vergütungshöhe für Strom aus diesen Anlagen beläuft sich auf 15,95 Cent pro kW.

Der Gesetzgeber ordnet überdies die Fortgeltung des § 66 Abs. 19 EEG 2012 für Strom aus   **46**
bestimmten **Photovoltaikanlagen** an. Dabei führt die Weitergeltung des § 66 Abs. 19 S. 1
EEG 2012 zu keinen anderen Ergebnissen als § 100 Abs. 1 Nr. 4. Ab dem 1.1.2014 ist in
der Konsequenz beider Vorschriften für Strom aus Photovoltaikanlagen mit Inbetriebnahme zwischen dem 1.4.2012 und dem 31.12.2013 das **Marktintegrationsmodell** des § 33
EEG 2012 anzuwenden. Dies gilt jedoch nicht für Anlagen, die von § 66 Abs. 18 S. 2 oder
Abs. 18a EEG 2012 erfasst sind. Auf sie findet entgegen § 100 Abs. 1 Nr. 4 der § 33
Abs. 1 bis 3 und 5 keine Anwendung. Strom aus diesen Anlagen erhält mithin eine unge-
kürzte Vergütung.[45] Gemäß § 33 Abs. 4 dürfen allerdings diese Anlagen nicht mit Anlagen
gemeinsam abgerechnet werden, die der Kürzung unterliegen.

---

43 Vgl. im Detail BerlKommEnR/*Schulz*, Bd. 2, 2. Aufl. 2013, § 66 EEG 2012 Rn. 152 ff.
44 Vgl. hierzu BerlKommEnR/*Schulz*, Bd. 2, 2. Aufl. 2013, § 66 EEG 2012 Rn. 162.
45 Vgl. BerlKommEnR/*Schulz*, Bd. 2, 2. Aufl. 2013, § 66 EEG 2012 Rn. 167 f.

47 Schließlich soll § 66 Abs. 20 EEG 2012 fortgelten. Für Anlagen mit einer Inbetriebnahme zwischen dem 31.12.2011 und dem 1.4.2012 nach Wertung des § 3 Nr. 5 EEG 2009 bestimmt sich der **Inbetriebnahmezeitpunkt** auch weiterhin nach § 3 Nr. 5 EEG 2009 in der Fassung des Gesetzes nach der 2. PV-Novelle.[46] § 100 Abs. 1 Nr. 9 weicht insofern von § 100 Abs. 1 Nr. 1 ab.

48 **j) Übergangsbestimmungen für Anlagen mit Inbetriebnahme vor dem 1.1.2012 (Nr. 10).** § 100 Abs. 1 Nr. 10 enthält eine Übergangsbestimmung für Anlagen, die vor dem 1.1.2012 in Betrieb genommen worden sind, wobei sich der Zeitpunkt der **Inbetriebnahme** nach dem Inbetriebnahmebegriff des EEG 2009 in der Fassung des Gesetzes nach der 2. PV-Novelle[47] bestimmt. Entgegen § 100 Abs. 1 Nr. 1 gilt für diese Anlagen mithin nicht der Inbetriebnahmebegriff des § 3 Nr. 5 EEG 2012. Für diese Anlagen gelten grundsätzlich die Bestimmungen des aktuellen EEG mit folgenden Ausnahmen, die in der Fortgeltung etlicher Übergangsregelungen des § 66 EEG 2012 bestehen.

49 Diese **Übergangsregelung** geht mit einer Fortgeltung zahlreicher Bestimmungen des EEG 2009 einher. Der Gesetzgeber stellt in § 100 Abs. 1 Nr. 10, 2. Hs. jedoch klar, dass dies die in § 66 Abs. 1, 1. Hs. EEG 2012 angeordnete allgemeine Anwendung der Bestimmungen des EEG 2009 nicht einschließt. Gemäß § 100 Abs. 1 Nr. 10 i.V.m. § 66 Abs. 1 Nr. 1 bis 13 EEG 2012 unterliegen die Altanlagen mit einer Inbetriebnahme vor dem 1.1.2012 den Regelungen des EEG 2009 bei der **Nachrüstungsverpflichtung für Photovoltaikanlagen** mit einer Leistung von mehr als 100 kW (Nr. 1), für Photovoltaikanlagen mit einer Leistung zwischen 30 und 100 kW (Nr. 2) sowie für **Biogasanlagen** (Nr. 3). Die Rechtsfolgen bei Verstößen gegen die genannten Nachrüstungsverpflichtungen richten sich ebenfalls nach dem EEG 2009 (Nr. 4). Des Weiteren sind unter den Voraussetzungen des § 66 Abs. 1 Nr. 5 Altanlagen dem **Einspeisemanagement** nach §§ 11 f. EEG 2012 zu unterstellen.[48] § 66 Abs. 1 Nr. 6 EEG regelt die Anwendung der Vergütungsvorschriften der §§ 16 f. EEG 2012 auf Altanlagen.[49] Für die genannten Altanlagen gilt überdies gemäß § 66 Abs. 1 Nr. 7 EEG 2012 die Anforderung zum **Methanschlupf** bei der Gasaufbereitung, wenn der Anlagenbetreiber den Technologiebonus für die Gasaufbereitung gemäß § 27 Abs. Nr. 1 i.V.m. Anlage 1 zum EEG 2009 weiterhin in Anspruch nehmen will.[50] § 66 Abs. 1 Nr. 8 EEG 2012 enthält Ausnahmebestimmungen für Onshore-Windenergieanlagen, die nach dem 31.12.2001 und vor dem 1.1.2009 in Betrieb genommen worden sind.[51] Gemäß § 66 Abs. 1 Nr. 9 bestimmen sich die Voraussetzungen für eine Vergütung des **Eigenverbrauchs** von Solarstrom aus den genannten Altanlagen nach § 33 Abs. 2 EEG 2009.[52] Die Direktvermarktung von Strom aus Altanlagen richtet sich gemäß § 66 Abs. 1 Nr. 10 EEG 2012 nicht nach dem EEG 2009, sondern dem EEG 2012. Gemäß § 66 Abs. 1 Nr. 11 EEG 2012 können Altanlagen im Wege der **Flexibilitätsprämie** gefördert werden.[53] Für Altan-

---

46 Gesetz zur Änderung des Rechtsrahmens für Strom aus solarer Strahlungsenergie und zu weiteren Änderungen im Recht der erneuerbaren Energien v. 23.8.2012 (BGBl. I S. 1754 f.).

47 Gesetz zur Änderung des Rechtsrahmens für Strom aus solarer Strahlungsenergie und zu weiteren Änderungen im Recht der erneuerbaren Energien v. 23.8.2012 (BGBl. I S. 1754 f.).

48 Zu Einbeziehung des § 12 EEG 2012 und den sonstigen Voraussetzung vgl. BerlKommEnR/*König*, Bd. 2, 2. Aufl. 2013, § 66 EEG 2012 Rn. 15 ff.

49 Vgl. BerlKommEnR/*Schumacher/Thorbecke*, Bd. 2, 2. Aufl. 2013, § 66 EEG 2012 Rn. 27 ff.

50 BerlKommEnR/*Müller*, § 66 EEG 2012 Rn. 34 ff.

51 Hierzu im Einzelnen BerlKommEnR/*Schulz*, Bd. 2, 2. Aufl. 2013, § 66 EEG 2012 Rn. 37 ff.

52 BerlKommEnR/*Schulz*, Bd. 2, 2. Aufl. 2013, § 66 EEG 2012 Rn. 51 f.

53 BerlKommEnR/*Hermeier*, Bd. 2, 2. Aufl. 2013, § 66 EEG 2012 Rn. 57.

lagen gelten die Regelungen zur Flexibilitätsprämie nach § 66 Abs. 1 Nr. 12 EEG 2012.[54] Für den Fall, dass defekte, beschädigte oder gestohlene Module bei Altanlagen ersetzt werden, wirkt sich dies gemäß § 32 Abs. 5 nicht auf die Vergütungshöhe aus. Dies gilt nach § 66 Abs. 1 Nr. 11 EEG 2012 auch für Altanlagen. Des Weiteren gilt auch § 66 Abs. 1 Nr. 13 EEG 2012 für Altanlagen fort, sodass die Sondervergütungsregelung für die **Bioabfallvergärung** nach § 27a EEG 2012 auch für diese Anlagen gilt.[55]

§ 100 Abs. 1 Nr. 10 ordnet auch die weitere Geltung von § 66 Abs. 2 EEG 2012 an. Damit **50** gilt die BiomasseV in ihrer bis Ende des Jahres 2011 geltenden Fassung weiterhin für Anlagen mit einer Inbetriebnahme vor dem 1.1.2013, die **Biomasse** einsetzen.[56] Voraussetzung ist, dass die Altanlagen Strom aus **Altholz** i.S.d. AltholzV[57] erzeugen. Darunter fallen Industrieholz und Gebrauchtholz, soweit dieses unter den Abfallbegriff des KrWG fällt.

§ 66 Abs. 3 EEG 2012 gilt ebenfalls fort. Daher müssen Anlagen mit einer Inbetriebnahme **51** vor dem 1.1.2013, die **Biomasse** einsetzen, für den Erhalt des Bonus für nachwachsende Rohstoffe nicht mehr die Bonusvoraussetzungen nach Nr. I.1.c der Anlage 2 zum EEG 2009 erfüllen.[58] Damit können Betreiber dieser Anlagen den Bonus auch dann erhalten, wenn auf demselben Betriebsgelände andere Biomasseanlagen zur Stromerzeugung aus **Bioabfällen** betrieben werden.

Es gilt außerdem die Übergangsregelung des § 66 Abs. 4 EEG 2012 für Biomasseanlagen, **52** die **Biogas** zur Stromerzeugung einsetzen. Dies hat zur Folge, dass § 27 Abs. 5 Nr. 1 EEG 2012 für diese Anlagen keine Anwendung findet, wenn das eingesetzte Biogas aus Biogaserzeugungsanlagen stammt, die bereits vor dem 1.1.2012 Biogas erzeugt haben. Der sog. **Mais- und Getreidedeckel** muss weiterhin nicht eingehalten werden, sodass diese Anlagen privilegiert werden.[59]

§ 66 Abs. 14 EEG 2012, der ebenfalls weiter gilt, hat **Wasserkraftanlagen** mit einer instal- **53** lierten Leistung bis einschließlich 5 MW zum Gegenstand, die vor dem 1.1.2009 in Betrieb genommen und zwischen dem 1.1.2012 und dem 31.12.2013 modernisiert worden sind.[60] In diesem Fall hat der Anlagenbetreiber ein **Wahlrecht** zwischen einer Behandlung der Anlage nach § 23 Abs. 2 i.V.m. Abs. 4 EEG 2009 und § 23 Abs. 2 i.V.m. Abs. 1 EEG 2012. Dieses Wahlrecht kann ausgeübt werden bis zur ersten Vergütungszahlung durch den Netzbetreiber.

Aufgrund der Fortgeltung des § 66 Abs. 17 EEG 2012 wird die gleitende 20-MW-Vergü- **54** tungsobergrenze nach § 27 Abs. 1 S. 1, 1. Hs. EEG 2012 auf Anlagen mit einer Inbetriebnahme vor dem 1.1.2009, die Biomasse einsetzen, analog angewendet.[61] § 100 Abs. 1

---

54 BerlKommEnR/*Schulz*, Bd. 2, 2. Aufl. 2013, § 66 EEG 2012 Rn. 58 ff.
55 BerlKommEnR/*Müller*, Bd. 2, 2. Aufl. 2013, § 66 EEG 2012 Rn. 62 ff.
56 Hierzu im Detail BerlKommEnR/*Müller*, Bd. 2, 2. Aufl. 2013, § 66 EEG 2012 Rn. 71 ff.
57 Verordnung über Anforderungen an die Verwertung und Beseitigung von Altholz (Altholzverordnung – AltholzV) vom 15.8.2002 (BGBl. I S. 3302), die zuletzt durch Art. 5 Abs. 26 des Gesetzes v. 24.2.2012 (BGBl. I S. 212) geändert worden ist.
58 Hierzu näher BerlKommEnR/*Müller*, Bd. 2, 2. Aufl. 2013, § 66 EEG 2012 Rn. 76 ff.
59 Vgl. BerlKommEnR/*Müller*, Bd. 2, 2. Aufl. 2013, § 66 EEG 2012 Rn. 79 ff.
60 Zum Modernisierungsbegriff und den weiteren Voraussetzungen des § 66 Abs. 14 EEG 2012 vgl. BerlKommEnR/*Schumacher*, Bd. 2, 2. Aufl. 2013, § 66 EEG 2012 Rn. 118 ff.
61 BerlKommEnR/*Müller*, Bd. 2, 2. Aufl. 2013, § 66 EEG 2012 Rn. 150 f.

Nr. 10 ist insoweit ein Rechtsgrundverweis auf § 66 Abs. 17 EEG 2012. Für Biomasseanlagen mit einer Inbetriebnahme zwischen dem 1.1.2009 und dem 31.12.2011 gilt § 27 Abs. 1 S. 1, 1. Hs. EEG 2012 aber gemäß § 100 Abs. 1 Nr. 4.

55 Schließlich gilt auch § 66 Abs. 21 EEG 2012 weiter. Damit wird für bestimmte Biomasseanlagen sichergestellt, dass keine Doppelförderung für Wärme aus Biomasseanlagen durch den **KWK-Bonus** einerseits und die Zuteilung kostenloser Berechtigungen andererseits entsteht.[62] Für Strom aus Biomasseanlagen, die vor dem 1.1.2012 in Betrieb genommen worden sind und nach § 9 TEHG für die Handelsperiode 2013 bis 2020 eine Zuteilung kostenloser Berechtigungen erhalten, wird die Fortgeltung des § 46 Nr. 2 EEG 2009 und diverser weiterer Übergangsregelungen nach § 66 Abs. 1 Nr. 3 und 5 EEG 2009 angeordnet. Der Wert der kostenlos zugeteilten Berechtigungen wird demzufolge auf den KWK-Bonus angerechnet.

56 Gemäß § 100 Abs. 1 Nr. 10 lit. a, 1. Hs. erfolgt die für die Vergütung maßgebliche Berechnung der Leistung nach § 18 Abs. 2 EEG 2009 und nicht nach § 5 Nr. 4. Außerdem gilt für Anlagen, die vor dem 1.1.2012 in Betrieb genommen worden sind, weiterhin der **Inbetriebnahmebegriff** des § 3 Nr. 5 EEG 2009. Wenn Anlagen vor dem 1.1.2009 gemäß § 3 Abs. 4, 2. Hs. EEG 2004 erneuert worden sind, gilt für diese Erneuerung der Inbetriebnahmebegriff des § 3 Abs. 4 EEG 2004 weiter. Dies bestimmt § 100 Abs. 1 Nr. 10 lit. a, 2. Hs. Für alle anderen Teile bleibt es bei der Anwendung des § 3 Nr. 5 EEG 2009. Eine Inbetriebnahme des erneuerten Teils liegt damit bei erstmaliger Inbetriebsetzung des Anlagenteils vor, sofern die Kosten der Erneuerung mindestens 50 % der Kosten einer Neuherstellung der gesamten Anlage einschließlich sämtlicher technisch für den Betrieb erforderlicher Einrichtungen und baulicher Anlagen betragen.

57 Nach § 100 Abs. 1 Nr. 10 lit. b gilt für Betreiber von Anlagen, die vor dem 1.1.2012 in Betrieb genommen worden sind, § 9 nicht. Sie müssen nicht die **technischen Vorgaben** dieser Norm erfüllen. Stattdessen gelten die Pflichten nach § 6 EEG 2009 weiter. Damit sind Anlagen mit einer Inbetriebnahme vor dem 1.1.2012 von dem Erfordernis der Ausrüstung mit technischen Einrichtungen zur Ermöglichung des Einspeisemanagements befreit. Allerdings ist auf diese Altanlagen § 9 Abs. 1 S. 2 und Abs. 4 entsprechend anzuwenden. Damit ist es zur Pflichterfüllung nach § 6 Abs. 1 EEG 2009 auch möglich, dass mehrere Anlagen, die gleichartige erneuerbare Energien einsetzen und über denselben Verknüpfungspunkt mit dem Netz verbunden sind, mit einer gemeinsamen technischen Einrichtung ausgestattet sind, mit der der Netzbetreiber jederzeit die gesamte Einspeiseleistung bei Netzüberlastung ferngesteuert reduzieren kann und die gesamte Ist-Einspeisung der Anlagen abrufen kann.[63] Grund hierfür ist, dass der Gesetzgeber § 9 Abs. 1 S. 2 lediglich klarstellend eingefügt hat und sich diese Möglichkeit bereits nach alter Rechtslage aus Sinn und Zweck der Pflichten zur Ausstattung mit technischen Einrichtungen ergab.[64] Aus der entsprechenden Anwendung von § 9 Abs. 4 folgt, dass für den Fall, dass ein Netzbetreiber die notwendigen Informationen für die Ausrüstung mit technischen Einrichtungen nach § 6 Abs. 1 EEG 2009 nicht übermittelt, dies keine Auswirkungen auf die Vergütung im Sinne einer Sanktion hat. Voraussetzung ist, dass der Anlagenbetreiber den Netzbetreiber schriftlich oder elektronisch zur Übermittlung der für die Pflichterfüllung nach § 6 EEG 2009 erforderli-

---

62 BT-Drs. 17/9152, S. 29.
63 Vgl. § 9 Rn. 23 ff.
64 A. A. KG Berlin, Beschl. v. 9.7.2012, 23 U 71/12, ZNER 2012, 516, Rn. 9.

chen Informationen aufgefordert hat und die Anlagen mit technischen Vorrichtungen ausgestattet sind, die geeignet sind, die Anlagen ein- und auszuschalten und ein Kommunikationssignal einer Empfangsvorrichtung zu verarbeiten. Gemäß § 100 Abs. 1 Nr. 10 lit. b, bb müssen in Anwendung des § 9 Abs. 8 auch bei Altanlagen die Pflichten und Anforderungen nach den §§ 21c, 21d und 21e EnWG und nach den aufgrund des § 21i Abs. 1 EnWG erlassenen Rechtsverordnungen erfüllt werden. Damit müssen Altanlagen mit Messsystemen, die den Anforderungen des EnWG und der MessZV[65] genügen, ausgestattet sein. Dies ist allerdings nicht relevant für Anlagen mit einer Inbetriebnahme vor dem 5.8.2011, weil diese nach § 21c Abs. 1 lit. d und Abs. 2 EnWG nur dann mit intelligenten Messsystemen ausgestattet werden müssen, wenn dem Anlagenbetreiber hierdurch keine Mehrkosten entstehen.[66] Schließlich ist gemäß Art. 100 Abs. 1 Nr. 10 lit. b, cc bei Verstößen gegen die Pflichten nach § 6 EEG 2009 § 16 Abs. 6 EEG 2009 entsprechend anzuwenden. Der Vergütungsanspruch entfällt demnach, solange die Anlage entgegen § 6 EEG 2009 nicht mit den erforderlichen technischen Vorgaben ausgestattet ist.

Nicht anzuwenden sind die Vergütungsregelungen in den §§ 26 bis 29, die die Absenkung **58** der Förderung für Strom aus Wasserkraft, Deponiegas, Klärgas, Grubengas und Geothermie, Biomasse sowie Windenergie an Land zum Gegenstand haben. Stattdessen bestimmt sich für die genannten Altanlagen die **Vergütung** nach §§ 19, 20 EEG 2009 mit der dort vorgesehenen Degression. Allerdings gelten für Altanlagen die §§ 30, 31, sodass die Vergütung für Strom aus Windenergie auf See und aus solarer Strahlungsenergie nach aktueller Rechtslage abgesenkt werden kann. Für die Vergütung von Strom aus Altanlagen findet überdies § 32 keine Anwendung. Demnach können Altanlagen nicht zum Zwecke der Ermittlung des Vergütungsanspruchs unter den weiteren Voraussetzungen des § 32 als eine Anlage behandelt werden. Die besonderen Förderbestimmungen in den §§ 40 bis 51 gelten ebenfalls nicht für Altanlagen. Stattdessen bestimmt sich die Vergütungshöhe nach den besonderen Regelungen der §§ 23 bis 33 EEG 2009. Eine Ausnahme gilt im Hinblick auf Strom aus Wasserkraft für § 40 Abs. 2 und 3, der auch auf Altanlagen Anwendung findet. Für Wasserkraftanlagen, die vor dem 1.1.2009 in Betrieb genommen worden sind, wird die Förderhöhe jedoch auch unter Berücksichtigung des aktuellen § 40 Abs. 2 und 3 EEG berechnet.[67] Schließlich ist auf Anlagen mit einer Inbetriebnahme vor dem 1.1.2012 auch die Flexibilitätsregelung in § 53 nicht anwendbar. Für Strom aus Bestands-Biogasanlagen mit einer Inbetriebnahme vor dem 1.1.2012 wird allerdings ein Anspruch auf die neue **Flexibilitätsprämie** nach § 52 i.V.m. § 54 gewährt.[68]

Anlagen mit einer Inbetriebnahme vor dem 1.1.2009 unterliegen schließlich auch nicht der **59** **Ausschreibungsregelung** nach § 55.

§ 100 Abs. 1 Nr. 10 lit. c ordnet für Anlagen mit einer Inbetriebnahme vor dem 1.1.2012 **60** ferner die Anwendung der **Übergangsregelungen** in § 66 EEG 2009 an. Hierbei handelt es sich um einen Rechtsgrundverweis, sodass dies nur Implikationen auf Anlagen mit einer Inbetriebnahme vor dem 1.1.2009 hat.

---

65 Verordnung über Rahmenbedingungen für den Messstellenbetrieb und die Messung im Bereich der leitungsgebundenen Elektrizitäts- und Gasversorgung (Messzugangsverordnung – MessZV) v. 17.10.2008 (BGBl. I S. 2006), die zuletzt durch Art. 14 des Gesetzes vom 25.7.2013 (BGBl. I S. 2722) geändert worden ist.
66 *Geipel/Uibeleisen*, REE 2014, 142, 145.
67 Vgl. hierzu § 40 Rn. 13 ff.
68 BT-Drs. 18/1304, S. 178.

61 Schließlich gelten für Anlagen mit einer Inbetriebnahme vor dem 1.1.2012 die Anlagen 1 bis 4 des EEG 2009 fort. Damit gelten die Regelungen zum **Technologiebonus** in Anlage 1, die Vorschriften zum Bonus für nachwachsende Rohstoffen nach Anlage 2, die Regelungen zum KWK-Bonus nach Anlage 3 und die Bestimmungen zum **Wärmenutzungsbonus** gemäß Anlage 4 zum EEG 2009 weiter.

62 Auf Anlagen mit einer Inbetriebnahme vor dem 1.1.2012 soll gemäß § 100 Abs. 1 Nr. 10 lit. d die **Übergangsregelung** in § 66 Abs. 1 Nr. 10 S. 1 und 2 EEG 2009 nicht mehr angewendet werden. Damit unterliegt Strom aus den genannten Altanlagen nicht mehr den Direktvermarktungsregelungen des EEG 2012.[69] Stattdessen unterliegt der Strom nun grundsätzlich den aktuellen Regelungen zur **Direktvermarktung** nach §§ 20, 21, 34 bis 36 und Anlage 1 des aktuellen Gesetzes. Allerdings ist der Regelungsgehalt der § 20 Abs. 1 dahingehend zu modifizieren, dass Anlagenbetreiber mit jeder Anlage nur zum ersten Kalendertag eines Monats zwischen der geförderten Direktvermarktung, der sonstigen Direktvermarktung sowie der Einspeisevergütung nach den Regelungen des EEG in der Fassung, die für die Anlage gilt, wechseln dürfen. Zudem ist bei der Berechnung der Marktprämie nach § 34 für Altanlagen mit einer Inbetriebnahme vor dem 1.1.2012 die Höhe derjenigen Vergütung in Cent pro kWh anzulegen, die sich aus der für den Strom aus der Anlage geltenden Fassung des EEG ergibt.

63 § 100 Abs. 1 Nr. 10 lit. e schließt die Anwendung von § 66 Abs. 1 Nr. 11 EEG 2012 auf Strom aus **Biogasanlagen** mit einer Inbetriebnahme vor dem 1.1.2012 aus. Damit unterliegt Strom aus diesen Altanlagen nicht der **Flexibilitätsprämie** nach § 33i EEG 2012, wenn diese bisher noch nicht in Anspruch genommen wurde. Stattdessen errechnet sich die Flexibilitätsprämie nach den §§ 52 und 55 sowie Anlage 3. Für schon vor dem Jahr 2012 betriebene Biogasanlagen, die die Flexibilitätsprämie nach § 33i EEG 2012 bereits genutzt haben, ist hingegen statt des § 66 Abs. 1 Nr. 11 EEG 2012 nunmehr § 101 Abs. 3 i.V.m. § 33i und Anlage 5 zum EEG 2012 anzuwenden.

64 **Förderbeginn** und **Förderdauer** für Anlagen mit einer Inbetriebnahme vor dem 1.1.2012 bestimmen sich nach § 22 S. 2.[70] Hiermit wird gewährleistet, dass die in Reaktion auf die Rechtsprechung des BGH[71] mit § 22 S. 2 verfolgte Klarstellung, wonach die gesetzliche Förderdauer von 20 Jahren zuzüglich des Inbetriebnahmejahres für den gesamten in der Anlage erzeugten Strom ungeachtet der Inbetriebsetzung der einzelnen stromerzeugenden Generatoren dieser Anlage immer mit der Inbetriebnahme der Anlage selbst beginnt, auch für vor dem Jahr 2012 in Betrieb genommene Anlagen gilt.[72] Für die vor dem Jahr 2012 in Betrieb genommenen Anlagen ist dabei der am 31.12.2011 für die jeweilige Anlage geltende Inbetriebnahmebegriff maßgeblich.[73]

---

69 Vgl. hierzu noch BerlKommEnR/*Schroeder-Selbach/Glenz*, Bd. 2, 2. Aufl. 2013, § 66 EEG 2012 Rn. 53 ff.
70 BT-Drs. 18/1304, S. 178.
71 BGH Urt. v. 23.10.2013, VIII ZR 262/12, NVwZ 2014, 313, Rn. 50. Vgl. hierzu auch *v. Bredow/Herz*, REE 2013, 209, 213.
72 BT-Drs. 18/1304, S. 179.
73 BT-Drs. 18/1304, S. 179.

III. Bestandsanlagen ohne Stromerzeugung vor dem 1.8.2014 (Abs. 2)

Die Übergangsregelung in § 100 Abs. 2 adressiert Anlagen, die bereits vor Inkrafttreten   **65**
des aktuellen EEG mit fossilen Energieträgern betrieben wurden, wie beispielsweise Erd-
gas-**BHKW**, und die erst nach dem Inkrafttreten dieses Gesetzes auf einen Betrieb ausschließlich mit erneuerbaren Energien, beispielsweise Biomethan, umgestellt worden sind
bzw. werden.[74]

Diese bereits fossil betriebenen Anlagen sollen erst mit der erstmaligen Inbetriebsetzung   **66**
ausschließlich mit erneuerbaren Energien als in Betrieb genommen gelten.[75] Eine frühere
Inbetriebsetzung mit zumindest teilweise konventionellen Energieträgern vor Inkrafttreten
dieses Gesetzes hat für die Bestimmung des **Inbetriebnahmezeitpunktes** dieser Anlagen
demzufolge keine Bedeutung mehr.[76]

1. Inbetriebnahme vor dem 1.1.2014 ohne Stromerzeugung vor dem 1.8.2014. Die in   **67**
§ 100 Abs. 2 enthaltene Übergangsregelung setzt voraus, dass eine Anlage vor dem
1.1.2014 in Betrieb genommen worden ist. Die **Inbetriebnahme** ist dabei nach dem Inbetriebnahmebegriff des § 3 Nr. 5 EEG 2012 zu bestimmen.[77]

Voraussetzung ist nach § 100 Abs. 2 Nr. 2 weiterhin, dass vor dem 1.8.2014 zu keinem   **68**
Zeitpunkt Strom ausschließlich aus erneuerbaren Energien oder Grubengas in dieser Anlage erzeugt wurde. Dies ist nicht gegeben, wenn zusätzlich zu Strom aus erneuerbaren Energien oder Grubengas Strom aus **fossilen Energieträgern** erzeugt wurde.

2. Verschiebung des Inbetriebnahmezeitpunktes. § 100 Abs. 2 legt fest, wann bei Vor-   **69**
liegen der genannten Voraussetzungen eine **Inbetriebnahme** vorliegt.

a) Verschobener Inbetriebnahmezeitpunkt (S. 1). Wenn die genannten Voraussetzungen   **70**
erfüllt sind, ist § 5 Nr. 21, 1. Hs. anzuwenden. Die Anlage gilt damit erst als in Betrieb genommen, wenn die Anlage nach Herstellung ihrer technischen Betriebsbereitschaft erstmalig ausschließlich mit erneuerbaren Energien oder Grubengas in Betrieb gesetzt wurde.
Nach dem **Inbetriebnahmebegriff** des § 3 Nr. 5 EEG 2012 galt die Anlage bereits als in
Betrieb genommen, wenn nach Herstellung der technischen Betriebsbereitschaft der Anlage der Generator erstmalig in Betrieb gesetzt wurde. Dabei war unerheblich, welche
Primärenergieträger eingesetzt wurden. Dies hat zu Folge, dass § 100 Abs. 2 den genannten Anlagen, die nach alter Rechtslage als in Betrieb genommen galten, diese Inbetriebnahme wieder aberkennt bis zum ersten ausschließlichen Einsatz von erneuerbaren Energien
oder Grubengas. So erhält beispielsweise ein seit dem Jahr 2010 mit Erdgas betriebenes
BHKW, das erst im Jahr 2015 auf den ausschließlichen Betrieb mit Biogas umgestellt wird,
das Inbetriebnahmejahr 2015.[78]

Damit wohnt dem § 100 Abs. 2 eine **Rückwirkung** inne, die jedoch verfassungsgemäß ist.   **71**
Schutzwürdige Interessen der Betreiber von bereits fossil betriebenen Anlagen werden
nicht verletzt; die aufgewendeten Investitionskosten für die Anlage können in der Regel

---

74 BT-Drs. 18/1304, S. 179.
75 BT-Drs. 18/1304, S. 179.
76 BT-Drs. 18/1304, S. 179.
77 Vgl. bereits Rn. 11 sowie BerlKommEnR/*Schumacher*, Bd. 2, 2. Aufl. 2013, § 3 EEG 2012
   Rn. 64 ff.
78 BT-Drs. 18/1304, S. 179.

bereits durch den – ggf. zusätzlich durch das KWKG geförderten – Betrieb mit fossilen Energieträgern refinanziert werden.[79]

72 Für Anlagen, die bereits vor dem Inkrafttreten dieses Gesetzes ausschließlich mit erneuerbaren Energien in Betrieb gesetzt wurden, gilt deren bisheriger **Inbetriebnahmezeitpunkt** unverändert fort.[80]

73 **b) Inbetriebnahmezeitpunkt bei Biomethaneinsatz (S. 2).** § 100 Abs. 2 S. 2 enthält eine Sonderregelung für Anlagen, die **Biomethan** einsetzen. Setzt eine Anlage, welche die beschriebenen Voraussetzungen erfüllt, nur Biomethan ein und stammt das ab dem 1.8.2014 eingesetzte Biomethan ausschließlich aus **Gasaufbereitungsanlagen**, die vor dem 23.1. 2014 erstmals Biomethan in das Erdgasnetz eingespeist haben, so bleibt es abweichend von § 100 Abs. 2 S. 1 beim Inbetriebnahmebegriff des EEG 2012. Diese Gasaufbereitungsanlagen werden vom EEG nicht unmittelbar gefördert, lediglich die BHKW, die Biogas zur Stromerzeugung einsetzen. Mit § 100 Abs. 2 behält der Gesetzgeber die alten hohen Fördersätze für die BHKW und damit indirekt auch für Gasaufbereitungsanlagen bei.[81] Die Anlagen gelten deshalb nach § 3 Nr. 5 EEG 2012 unabhängig von den eingesetzten Primärenergieträgern als in Betrieb genommen, wenn nach Herstellung der technischen Betriebsbereitschaft der Anlage der Generator erstmalig in Betrieb gesetzt wurde.

74 **c) Finanzielle Förderung bei Biomethaneinsatz (S. 3).** § 100 Abs. 2 S. 3 regelt die Entstehung des Anspruches auf finanzielle Förderung für Anlagen, die die genannten Voraussetzungen erfüllen und lediglich **Biomethan** einsetzen, das ab dem 1.8.2014 ausschließlich aus **Gasaufbereitungsanlagen** stammt.

75 Für die Entstehung des Anspruches auf finanzielle Förderung ist nachzuweisen, dass vor dem Zeitpunkt, in welchem die Anlage erstmals ausschließlich mit Biomethan betrieben wurde, eine andere Anlage nach der AnlRegV als endgültig stillgelegt registriert worden ist, die schon vor dem 1.8.2014 ausschließlich mit Biomethan betrieben wurde und mindestens dieselbe installierte Leistung wie die „neue" Biomethananlage hat. Damit stellt der Gesetzgeber sicher, dass die installierte Leistung umgestellter Biomethananlagen die installierte Leistung insgesamt nicht überschreitet.[82]

76 **d) Inbetriebnahmezeitpunkt bei Einsatz von Biomethan aus genehmigungspflichtigen Gasaufbereitungsanlagen (S. 4).** § 100 Abs. 2 S. 4, 1. Hs setzt voraus, dass eine Anlage nach S. 1 ausschließlich **Biomethan** einsetzt, das aus einer **Gasaufbereitungsanlage** stammt. Im Unterschied zu S. 2 ist weitere Voraussetzung, dass die Gasaufbereitungsanlage nach § 4 Abs. 1 S. 1 BImSchG genehmigungsbedürftig ist und eine immissionsschutzrechtliche Genehmigung vor dem 23.1.2014 erteilt worden ist. Überdies muss die Gasaufbereitungsanlage vor dem 1.1.2015 erstmals Biomethan in das Erdgasnetz eingespeist haben. Schließlich darf in der Anlage vor dem 1.1.2015 kein Biomethan aus einer anderen Gasaufbereitungsanlage eingesetzt worden sein. Wenn diese Voraussetzungen erfüllt sind, gilt ebenfalls der Inbetriebnahmebegriff des § 3 Nr. 5 EEG 2012. Der Inbetriebnahmezeitpunkt wird also entgegen § 100 Abs. 2 S. 1 nicht verschoben auf den Zeitpunkt des erstmaligen ausschließlichen Einsatzes von Biomethan.

---

79 BT-Drs. 18/1304, S. 179.
80 BT-Drs. 18/1304, S. 179.
81 *Wustlich*, NVwZ 2014, 1113, 1119.
82 *Wustlich*, NVwZ 2014, 1113, 1119.

Wird die Anlage, die die Voraussetzungen des § 100 Abs. 2 S. 4 erfüllt, erstmalig nach   77
dem 31.12.2014 ausschließlich mit **Biomethan** betrieben, so ordnet § 100 Abs. 2 S. 4,
2. Hs. die entsprechende Geltung von § 100 Abs. 2 S. 3 an. Für die Entstehung des Anspruches auf finanzielle Förderung besteht in diesem Fall die Nachweispflicht nach S. 3.[83]

IV. Inbetriebnahme zwischen 1.8.2014 und 31.12.2014 (Abs. 3)

Aus Gründen des Vertrauensschutzes erweitert § 100 Abs. 3 den Anwendungsbereichs des   78
§ 100 Abs. 1 auf Anlagen, die vor dem 23.1.2014 nach dem BImSchG genehmigt oder
nach einer anderen Bestimmung des Bundesrechts zugelassen und noch in der Zeit zwischen dem 1.8.2014 und dem 31.12.2014 in Betrieb genommen worden sind.[84] Zweck dieser Regelung ist die Gewährung von **Investitionssicherheit**, über den Zeitpunkt des Inkrafttretens des Gesetzes hinaus, für **Bestandsanlagen**, die bereits genehmigt oder zugelassen worden sind, bevor die Änderung des EEG konkret absehbar war.[85]

1. Inbetriebnahme einer bis 22.1.2014 genehmigten Anlage zwischen 1.8.2014 und   79
31.12.2015. § 100 Abs. 3 setzt voraus, dass der Strom aus einer Anlage mit einer **In-
betriebnahme zwischen dem 1.8.2014 und dem 31.12.2015** stammt. Dabei gilt der
Inbetriebnahmebegriff des § 5 Nr. 21. Die Wahl des Zeitraums dient dem schützenswerten
Vertrauen der Anlagenbetreiber. Für Inbetriebnahmen nach dem 31.12.2014 bestand kein
Vertrauensschutz. Grund hierfür war § 65 EEG 2012, der bestimmte, dass der Evaluie-
rungszeitraum zum 31.12.2014 enden sollte.[86] Spätestens zu diesem Zeitpunkt mussten
Anlagenbetreiber mit einer turnusmäßigen Novelle des EEG auf der Grundlage des Erfahrungsberichts rechnen.[87] Bezüglich eines Weiterbestehens der bisherigen Förderregelungen über diesen Zeitpunkt hinaus konnte sich somit von vornherein kein Vertrauen von Seiten potenzieller Anlagenbetreiber bilden.[88]

Weiterhin muss es sich um eine nach § 4 Abs. 1 S. 1 BImSchG **genehmigungsbedürftige**   80
Anlage handeln. Alternativ muss für den Betrieb der Anlage eine Zulassung nach einer
sonstigen Bestimmung des Bundesrechts erforderlich sein.

Drittens muss die **Genehmigung** nach § 6 Abs. 1 S. 1 BImSchG oder die Zulassung nach   81
einer sonstigen Bestimmung des Bundesrechts bis einschließlich 22.1.2014 erteilt worden
sein. Dieser Tag entspricht der Billigung der Eckpunkte der EEG-Reform durch das Kabinett im Rahmen der Kabinettsklausur von Meseberg und der unmittelbar darauf folgenden
Veröffentlichung der Eckpunkte der EEG-Reform.[89] In der Gesetzesbegründung wird die
sachliche Rechtfertigung dieses Stichtags damit begründet, das aktuelle EEG gegenüber
dem EEG 2012 vor allem in Positionen derjenigen Anlagenbetreiber eingreife, die bereits
einen Antrag auf Genehmigung oder Zulassung gestellt hatten, deren Anlagen aber nicht
rechtzeitig zum 23.1.2014 genehmigt oder zugelassen waren.[90] Mit der Stichtagsregelung

---

83 Vgl. hierzu Rn. 74 f.
84 BT-Drs. 18/1304, S. 179 f.
85 BT-Drs. 18/1304, S. 180.
86 BT-Drs. 18/1304, S. 180.
87 BT-Drs. 18/1304, S. 180.
88 BT-Drs. 18/1304, S. 180.
89 BT-Drs. 18/1304, S. 180.
90 BT-Drs. 18/1304, S. 180.

will der Gesetzgeber vor allem auch Ankündigungs- und Mitnahmeeffekte vermeiden.[91] Durch die breite öffentliche Diskussion im Zuge der EEG-Reform durften Anlagenbetreiber nicht darauf vertrauen, dass das EEG nicht kurzfristig geändert wird.[92] Eine schützenswerte Rechtsposition in Form eines abgeschlossenen Sachverhalts der Vergangenheit, die dem Eingriff des Gesetzgebers entzogen ist, hat der Anlagenbetreiber somit erst mit Erteilung der Genehmigung oder Zulassung vor dem Beschluss der Eckpunkte der EEG-Reform durch das Kabinett.[93] Diese Begründung vermag verfassungsrechtliche Bedenken jedoch nicht auszuräumen. Öffentliche Diskussionen über Gesetzesänderungen ohne Bekanntgabe des Zeitpunktes des Inkrafttretens und ohne Bekanntgabe des Inhalts der gesetzlichen Regelung können einem schützenswerten Vertrauen nicht die Grundlage entziehen.[94] Andernfalls würde das verfassungsrechtliche Rückwirkungsverbot leerlaufen, insbesondere wenn berücksichtigt wird, dass wegen der legislativen Freiheit stets Gesetzesänderungen erfolgen können. Die Grenze zwischen der Situation, dass aufgrund dieser Freiheit eine Änderung der Rechtslage absehbar ist und der Situation, dass aufgrund von Diskussionen der Bundesregierung eine Änderung der Rechtslage absehbar ist, lässt sich nicht rechtssicher ziehen. Nach der Rechtsprechung des BVerfG ist vielmehr erst der Zeitpunkt der ersten Lesung geeignet, den Vertrauensschutz bei Anlagenbetreibern entfallen zu lassen.[95]

82 **2. Anwendbares Recht.** Bei Vorliegen der drei genannten Voraussetzungen unterliegt der Strom dem Anwendungsbereich des § 100 Abs. 1. Es gelten damit grundsätzlich die Regelungen des aktuellen EEG und die davon abweichenden **Übergangsregelungen** des § 100 Abs. 1 Nr. 1 bis 10.[96]

V. Inbetriebnahme vor dem 1.1.2012 und Verstoß gegen Nachrüstpflicht (Abs. 4)

83 **1. Voraussetzungen.** § 100 Abs. 4 gilt für Strom aus Anlagen mit einer **Inbetriebnahme vor dem 1.1.2012**. Dabei soll sich der Zeitpunkt der Inbetriebnahme nach § 3 Nr. 5 EEG 2009 bestimmen.

84 Weiterhin wird vorausgesetzt, dass der Anlagenbetreiber Maßnahmen zur Nachrüstung vorzunehmen hatte, um die **Systemstabilität** nach einer Rechtsverordnung i. S. d. § 12 Abs. 3a und § 49 Abs. 4 EnWG zu sichern.

85 Dritte Voraussetzung ist, dass der Anlagenbetreiber der genannten Pflicht ganz oder teilweise nicht nachgekommen ist. Maßgebend für die **Pflichtverletzung** ist dabei die Frist zur Nachrüstung nach der Rechtsordnung oder einer von dem jeweiligen Netzbetreiber gesetzten Frist.

86 **2. Sanktionen.** § 100 Abs. 4 legt für diesen Fall **Sanktionen** fest, die sich auf jeden Kalendermonat der (auch teilweisen) Nichterfüllung der Nachrüstungsfrist beziehen. Ein Kalendermonat beginnt am ersten Tag eines Monats und endet am letzten Tag eines Monats. Er

91 BT-Drs. 18/1304, S. 180.
92 BT-Drs. 18/1304, S. 180.
93 BT-Drs. 18/1304, S. 180.
94 So auch mit ausführlicher Begründung *Brahms/Maslaton*, NVwZ 2014, 760, 764. A. A. *Wustlich*, NVwZ 2014, 1113, 1118 f.
95 BVerfG, Beschl. v. 23.9.2010, 1 BvQ 28/10, ZNER 2011, 295, Rn. 42.
96 Vgl. hierzu im Einzelnen Rn. 2 bis 64.

ist nicht gleichzusetzen mit dem Zeitmonat von 30 Tagen nach § 191 BGB. Sobald zu einem Zeitpunkt in einem Kalendermonat die technischen Anforderungen nach der Rechtsverordnung i. S. d. § 12 Abs. 3a und § 49 Abs. 4 EnWG nicht erfüllt werden, greifen die nachfolgenden genannten Sanktionen für den ganzen Kalendermonat. Differenziert wird dabei danach, ob die Anlage mit einer technischen Einrichtung nach § 9 Abs. 1 S. 1 Nr. 2 oder S. 2 Nr. 2 ausgestattet ist, ob also die Ist-Einspeisung der Anlage abgerufen werden kann.

a) Anlagen mit Einrichtungen zum Abrufen der Ist-Einspeisung. Ist die Anlage mit einer Einrichtung zum Abrufen der Ist-Einspeisung nach § 9 Abs. 1 S. 1 Nr. 2 oder S. 2 Nr. 2 ausgestattet, so verringert sich der Anspruch auf die **Marktprämie** oder der Anspruch auf **Einspeisevergütung** auf null. Dies gilt für den gesamten Kalendermonat, selbst wenn der Pflichtverletzung nur für einen kurzen Zeitraum eines Kalendermonats andauerte. **87**

b) Anlagen ohne Einrichtungen zum Abrufen der Ist-Einspeisung. Ist die Anlage nicht mit einer Einrichtung zum Abrufen der Ist-Einspeisung nach § 9 Abs. 1 S. 1 Nr. 2 oder S. 2 Nr. 2 ausgestattet, so verringert sich der Anspruch auf **Einspeisevergütung** für das gesamte Kalenderjahr um ein Zwölftel. § 100 Abs. 4 Nr. 2 enthält somit lediglich eine Formel zur Berechnung der Höhe, um die sich der Anspruch auf Einspeisevergütung mindert. **88**

VI. Veröffentlichungspflicht für ÜNB (Abs. 5)

Für Anlagen mit einer Inbetriebnahme vor dem 1.8.2014 gilt Ziffer 3.1. S. 2 der Anlage 1 erst ab dem 1.1.2015. ÜNB müssen damit Reduzierungen der Einspeiseleistung für Altanlagen durch den Netzbetreiber oder im Rahmen der Direktvermarktung für die Erstellung der **Online-Hochrechnung** erst am dem 1.1.2015 berücksichtigen. Diese Online-Hochrechnung wird auf der Grundlage einer repräsentativen Anzahl von gemessenen Referenzanlagen erstellt und bezieht sich auf die Menge des tatsächlich erzeugten Stromes aus Windenergieanlagen an Land, auf See und Photovoltaikanlagen in der jeweiligen Regelzone eines ÜNB in mindestens stündlicher Auflösung. **89**

§ 101 Übergangsbestimmungen für Strom aus Biogas

(1) [1]Für Strom aus Anlagen zur Erzeugung von Strom aus Biogas, die nach dem am 31. Juli 2014 geltenden Inbetriebnahmebegriff vor dem 1. August 2014 in Betrieb genommen worden sind, verringert sich ab dem 1. August 2014 der Vergütungsanspruch nach den Bestimmungen des Erneuerbare-Energien-Gesetzes in der für die Anlage jeweils anzuwendenden Fassung für jede Kilowattstunde Strom, um die in einem Kalenderjahr die vor dem 1. August 2014 erreichte Höchstbemessungsleistung der Anlage überschritten wird, auf den Monatsmarktwert; für Anlagen zur Erzeugung von Strom aus Biogas, die vor dem 1. Januar 2009 in Betrieb genommen worden sind, verringert sich entsprechend der Vergütungsanspruch nach § 8 Absatz 1 des Erneuerbare-Energien-Gesetzes vom 21. Juli 2004 (BGBl. I S. 1918) in der am 31. Dezember 2008 geltenden Fassung nach Maßgabe des ersten Halbsatzes. [2]Höchstbemessungsleistung im Sinne von Satz 1 ist die höchste Bemessungsleistung der Anlage in einem Kalenderjahr seit dem Zeitpunkt ihrer Inbetriebnahme und vor dem 1. Januar 2014. [3]Abweichend von Satz 2 gilt der um 5 Prozent verringerte Wert der am 31. Juli 2014 installierten Leistung der Anlage als Höchstbemessungsleistung, wenn der so ermittelte Wert höher als die tatsächliche Höchstbemessungsleistung nach Satz 2 ist.

(2) Für Strom aus Anlagen, die nach dem am 31. Dezember 2011 geltenden Inbetriebnahmebegriff vor dem 1. Januar 2012 in Betrieb genommen worden sind,

1. besteht der Anspruch auf Erhöhung des Bonus für Strom aus nachwachsenden Rohstoffen nach § 27 Absatz 4 Nummer 2 in Verbindung mit Anlage 2 Nummer VI.2.c zu dem Erneuerbare-Energien-Gesetz in der am 31. Dezember 2011 geltenden Fassung ab dem 1. August 2014 nur, wenn zur Stromerzeugung überwiegend Landschaftspflegematerial einschließlich Landschaftspflegegras im Sinne von Anlage 3 Nummer 5 zur Biomasseverordnung in der am 31. Juli 2014 geltenden Fassung eingesetzt werden,
2. ist § 47 Absatz 6 Nummer 2 anzuwenden für Strom, der nach dem 31. Juli 2014 erzeugt worden ist.

(3) Für Anlagen, die nach dem 31. Dezember 2011 und vor dem 1. August 2014 in Betrieb genommen worden sind, ist auch nach dem 31. Juli 2014 die Biomasseverordnung in ihrer am 31. Juli 2014 geltenden Fassung anzuwenden.

Schrifttum: *Ekardt*, Verfassungs- und unionsrechtliche Probleme des EEG 2014, ZNER 2014, 317; *Gerhardt/Sandau/Zimmermann/Pape/Bofinger/Hoffmann*, Geschäftsmodell Energiewende: Eine Antwort auf das „Die Kosten der Energiewende"-Argument, ET 7/2014, 45; *Graßmann*, Die EEG-Vergütung bei der Einspeisung von Biogas ins Erdgasnetz, in: Loibl/Maslaton/von Bredow/Walter (Hrsg.), Biogasanlagen im EEG, 3. Aufl. 2013, S. 717; *Herz/von Bredow*, Verstromung von Biomethan – Anforderungen des EEG 2012 und gaswirtschaftliche Bilanzierung, ZNER 2012, 580; *Müller*, Mehr Effizienz, weniger Boni – die Förderung von Strom aus Biomasse nach dem EEG 2012, ZUR 2012, 22; *Müller/Kahl/Sailer*, Das neue EEG 2014 – Systemwechsel beim weiteren Ausbau der Erneuerbaren Energien, ER 2014, 139; *Rolink*, EEG-Novelle – Rote Karte für Biogas, top agrar 8/2014, 114; *Sprenger*, Vertrauensschutz für Anlagenbetreiber, Investoren und Unternehmen beim Übergang zum EEG 2014, ZNER 2014, 325; *Vollprecht/Zündorf*, Das EEG 2014 und die Wunderwelt der Übergangsregelungen, ZNER 2014, 522; *Walter*, Die Übergangsbestimmungen (EEG 2000, EEG 2004, EEG 2009, EEG 2012) in: Loibl/Maslaton/von Bredow/Walter (Hrsg.), Biogasanlagen im EEG, 3. Aufl. 2013, S. 665; *Wustlich*, Das Erneuerbare-Energien-Gesetz 2014 – Grundlegend neu – aber auch grundlegend anders?, NVwZ 2014, 1113.

Übersicht

I. Allgemeines

1. Europarechtliche Grundlagen. Auf eine unmittelbare europarechtliche Grundlage **1** lässt sich die Übergangsbestimmung des § 101, die insgesamt vier (mit der Alternativberechnungsformel in Abs. 1 S. 3 sogar fünf) unterschiedliche Regelungen für vor dem 1.8.2014 in Betrieb genommene Biogasanlagen trifft, nicht zurückführen. In einem weiteren Sinne spiegeln jedenfalls die in Abs. 2 Nr. 2, in Abs. 3 und mit Einschränkungen die in Abs. 1 getroffenen Regelungen das Regulierungsmotiv des europäischen Gesetzgebers zur Gewährleistung langfristiger Investitionssicherheit und zum Schutz berechtigten Vertrauens der in erneuerbare Energien investierenden Unternehmen[1] wider, wobei die Deckelung der über den Monatsmarktwert hinaus förderfähigen Strommengen nach Abs. 1 zwar einerseits das Vertrauen der Anlagenbetreiber in einen fortgesetzten unveränderten Vergütungsanspruch jedenfalls im Umfang ihrer vor Inkrafttreten des EEG 2014 erreichten Stromerzeugung bestätigt, andererseits aber zugleich ein eventuelles – aus Sicht des Gesetzgebers nicht mehr schützenswertes – Vertrauen derselben Anlagenbetreiber in eine vergleichbare zukünftige finanzielle Förderung auch solcher Strommengen, die durch Erhöhung der Bemessungsleistung der Anlage zusätzlich erzeugt werden, enttäuscht. Die Regelung in Abs. 2 Nr. 1 wirkt demgegenüber sogar – jedenfalls bei formaler Betrachtung – als nachträgliche Einschränkung der tatbestandlichen Voraussetzungen für die finanzielle Förderung mit dem sog. Landschaftspflegebonus nach dem EEG 2009, die *ex nunc* im Gewand einer unechten Rückwirkung daherkommt.[2]

2. Normzweck. Mit § 101 werden neben den allgemeinen Übergangsbestimmungen des **2** § 100 energieträgerspezifische Übergangsbestimmungen für bereits vor dem 1.8.2014 betriebene Biomasseanlagen (Bestandsanlagen) formuliert, die für diese Anlagen eine Begrenzung der nach Maßgabe der jeweils anwendbaren Fassung des EEG finanziell geförderten Strommengen auf den bis zum Inkrafttreten des EEG 2014 erreichten kalenderjährlichen Umfang (Abs. 1), eine aus Sicht des Gesetzgebers lediglich zur „Klarstellung der bereits bislang geltenden Rechtslage"[3] dienende Änderung der gesetzlich geforderten Einsatzstoffe für den sog. Landschaftspflegebonus nach dem EEG 2009 (Abs. 2 Nr. 1), eine Fortführung der Massenbilanzierungsanforderungen für den Einsatz EEG-geförderter Gase im Gasabtausch über das Erdgasnetz (Abs. 2 Nr. 2) und die fortgesetzte Anwendbarkeit

---

1 Vgl. Erwägungsgründe 8, 14 und 25 der Richtlinie 2009/28/EG des Europäischen Parlaments und des Rates vom 23.4.2009 zur Förderung der Nutzung von Energie aus erneuerbaren Quellen und zur Änderung und anschließenden Aufhebung der Richtlinien 2001/77/EG und 2003/30/EG.
2 Zur fachlichen und auf dieser Grundlage auch juristischen Rechtfertigung dieser nachträglichen Änderung s. unten Rn. 12, 18 f.
3 BT-Drs. 18/1304, S. 182.

der BiomasseV in ihrer vor dem Inkrafttreten des EEG 2014 geltenden Fassung für „EEG-2012-Anlagen" anordnen.

3 **3. Entstehungsgeschichte.** Eine Vorgängerregelung im EEG 2012, an die § 101 anknüpfen könnte, existiert nicht. Die Regelung wurde zunächst unter dem Paragrafentitel „Übergangsbestimmungen für Strom aus Biomasse" als § 97 in den Regierungsentwurf zum EEG 2014[4] aufgenommen. Auf Beschlussempfehlung des Bundestagsausschusses für Wirtschaft und Energie zu dem konsolidierten Regierungsentwurf[5] wurde – abgesehen von weiteren redaktionellen Anpassungen – eine Einschränkung der Strommengendeckelung in Abs. 1 auf Biogasanlagen vorgenommen;[6] zudem stellt die geänderte Fassung deutlicher als noch der Regierungsentwurf klar, dass die Höchstbemessungsleistung sich anhand von Kalenderjahren vor dem Jahr 2014 bemisst; schließlich wurde zugunsten der Anlagenbetreiber die Alternativberechnungsformel für die Strommengendeckelung in Abs. 1 S. 3 modifiziert und stellt nunmehr auf 95 Prozent – statt 90 Prozent wie noch im Regierungsentwurf – der am 31.7.2014 installierten Leistung der Anlage ab; zudem gilt diese gesetzliche Fiktion nach dem Günstigkeitsprinzip nunmehr für alle vor dem 1.8.2014 in Betrieb genommenen Anlagen und nicht nur – wie noch im Regierungsentwurf vorgesehen – für ab dem Jahr 2012 in Betrieb genommene Bestandsanlagen.

II. Begrenzung der förderfähigen Strommenge (Abs. 1)

4 Die Übergangsbestimmung in Abs. 1 begrenzt die Strommenge, die ab dem 1.8.2014 in einer bereits vor diesem Zeitpunkt betriebenen Bestandsanlage erzeugt und nach den für die Bestandsanlage jeweils anzuwendenden Förderregelungen des EEG finanziell gefördert wird, auf eine kalenderjährliche Höchstmenge, die sich grundsätzlich an der in S. 2 dieser Regelung definierten **Höchstbemessungsleistung** der Bestandsanlage bemisst.

5 Den Hintergrund hierfür bildet laut Begründung zum Regierungsentwurf das als Leitmotiv der EEG-Novelle 2014 betonte Ziel einer **Durchbrechung der Kostendynamik** und der damit beabsichtigten Begrenzung eines weiteren Anstieg der EEG-bedingten Stromkosten.[7] Infolge der mit dem EEG 2014 nochmals deutlich verschärften Förderbedingungen für neue Biogasanlagen meint der Gesetzgeber, die Gefahr einer „Flucht ins EEG 2009 oder ins EEG 2012" zu erkennen,[8] da eine Erweiterung bestehender Anlagen mit gegenüber dem EEG 2014 teilweise deutlich höheren Förderansprüchen unter den für sie anzuwendenden früheren EEG-Fassungen für die Betreiber dieser Anlagen wirtschaftlich deutlich attraktiver wäre als der Neubau einer Anlage.[9] Dieser durchaus plausiblen Befürchtung beabsichtigt der Gesetzgeber dadurch entgegenzuwirken, dass er Erweiterungen insbesondere von Bestandsanlagen, die überwiegend nachwachsende Rohstoffe einsetzen, durch Deckelung der geförderten Strommengen aus diesen Anlagen auf dem Niveau des erreich-

---

4 Vgl. BT-Drs. 18/1304, S. 64 f.
5 Beschlussempfehlung und Bericht des Ausschusses für Wirtschaft und Energie, BT-Drs. 18/1891, S. 119 f.
6 S. auch *Vollprecht/Zündorf*, ZNER 2014, 522, 532.
7 Vgl. BT-Drs. 18/1304, S. 1; zur der oftmals einseitig geführten Debatte über die Kosten der Energiewende, in deren Zentrum insbesondere die durch das EEG veranlassten Förderkosten stehen, s. allgemein *Gerhardt/Sandau/Zimmermann/Pape/Bofinger/Hoffmann*, ET 7/2014, 45 ff.
8 Vgl. BT-Drs. 18/1304, S. 181.
9 Ebd.

ten *status quo* „einfriert",[10] da ein fortgesetzter unbeschränkter Anspruch dieser Anlagen auf die attraktivere Vergütung unter dem EEG 2009 oder EEG 2012 das mit dem EEG 2014 verfolgte Ziel einer Begrenzung der kostenintensiven und nutzungskonkurrenzverschärfenden Stromerzeugung aus nachwachsenden Rohstoffen konterkarieren würde.[11]

Der Gesetzgeber geht ersichtlich davon aus, dass die Begrenzung der förderfähigen Strommengen aus bestehenden Anlagen auf dem bis zum entscheidenden Stichtag – dem 1.1.2014[12] – erreichten höchsten kalenderjährlichen Niveau (Höchstbemessungsleistung) eine unter Vertrauensschutzgesichtspunkten **verfassungsrechtlich zulässige nachträgliche Beschränkung** für die Betreiber der betroffenen Bestands-Biogasanlagen bedeutet. Jedenfalls hinsichtlich der Entwurfsfassung in § 97 des Regierungsentwurfs zum EEG 2014[13] erscheint eine solche verfassungsrechtliche Zulässigkeit allerdings fraglich:[14] Nach § 97 Abs. 1 EEG 2014-RegE war für Bestands-Biogasanlagen, die bereits vor dem 1.1.2012 in Betrieb genommen worden sind, zwingend die vor dem 1.8.2014 erreichte kalenderjährliche Höchstbemessungsleistung zugrunde zu legen, während im Fall von Bestands-Biogasanlagen, die erst ab dem 1.1.2012 in Betrieb genommen wurden, ebenfalls zwingend der um 10 Prozent verringerte Wert der vor dem 1.8.2014 installierten Anlagenleistung als fingierte Höchstbemessungsleistung zugrunde zu legen war. Für „Vor-2012-Bestandsanlagen", bspw. eine im Herbst 2011 in Betrieb genommene Biogasanlage, wären danach als Zeitraum zur Erreichung der deckelnden Höchstbemessungsleistung nur zwei volle Kalenderjahre verblieben, nämlich die Jahre 2012 und 2013. Ob zudem das siebenmonatige Rumpfkalenderjahr 2014 bis zum Inkrafttreten des EEG 2014 am 1.8.2014 für die Ermittlung der Höchstbemessungsleistung – entsprechend anteilig von sieben auf zwölf Kalendermonate hochgerechnet – berücksichtigungsfähig gewesen wäre, lässt sich dem Regierungsentwurf nicht entnehmen. Zwei Kalenderjahre sind ein vergleichsweise kurzer Zeitraum, in dem Biogasanlagen zwar bei gutem Anlaufbetrieb durchaus auf die beabsichtigte volle Betriebsleistung hochgefahren werden können, jedoch bspw. bei Schwierigkeiten im Anlaufbetrieb – etwa in Folge von Problemen bei der richtigen biologischen Kalibrierung des Vergärungsprozesses – oder bei wärmegeführten Anlagen infolge warmer Witterung und entsprechend niedrigerer Erzeugungsleistung ihre volle Betriebsleistung möglicherweise in den ersten Jahren noch nicht erreichen konnten. In den letztgenannten Fällen wäre die alternativlose Zugrundelegung der in den vollen Betriebskalenderjahren vor dem 1.8.2104 – im kürzesten Fall also in den Kalenderjahren 2012 und 2013 – erreichten Höchstbemessungsleistung möglicherweise mit langfristigen erheblichen wirtschaftlichen Einbußen für die Anlagenbetreiber verbunden gewesen, mit denen sie bei Inbetriebnahme ihrer Anlage im Jahr 2011 oder noch früher nicht rechnen konnten, da sie bei erst nach dem Stichtag erreichter voller Auslastung ihrer Anlage nicht mehr die eingeplante vollumfängliche Förderung nach dem EEG erhalten würden. Die für „Nach-2011-Be-

6

---

10 Vgl. Beschlussempfehlung und Bericht des Ausschusses für Wirtschaft und Energie, BT-Drs. 18/1891, S. 220.
11 Vgl. BT-Drs. 18/1304, S. 181.
12 Vgl. Abs. 1 S. 2.
13 BT-Drs. 18/1304, S. 64 f.
14 Allgemeine Hinweise auf verfassungsrechtliche Bedenken zu § 101 finden sich auch bei *Müller/Kahl/Sailer*, ER 2014, 139, 146; einen Verstoß gegen die Eigentumsfreiheit nach Art. 14 Abs. 1 GG und gegen das verfassungsrechtliche Vertrauensschutzgebot sieht *Ekardt*, ZNER 2014, 317, 319, der darüber hinaus auch einen mittel- und langfristigen Vetrauensverlust in staatliche Fördersysteme befürchtet.

standsanlagen" ursprünglich vorgesehene unwiderlegliche gesetzliche Vermutung der Höchstbemessungsleistung der Anlage in Höhe des um 10 Prozent verringerten Wertes der vor dem 1.8.2014 installierten Leistung der Anlage wurde von der Bundesregierung hingegen überzeugender begründet: Die Begründung zum Regierungsentwurf führt insoweit aus, dass Biogasanlagen ihre Nennleistung oft erst nach längerer Einfahrzeit erreichen, weshalb die Höchstbemessungsleistung bei Anlagen, die nach dem 31.12.2011 und vor dem 1.8.2014 in Betrieb genommen wurden, nach S. 3 pauschalierend ermittelt werde, um unbillige wirtschaftliche Nachteile zu vermeiden. Der mit 10 Prozent auf die installierte Leistung bezogene Abschlag zur Bestimmung der Höchstbemessungsleistung für diese Anlagen gehe dabei von einer für einen kostendeckenden Anlagenbetrieb erforderlichen und allgemein üblichen Anlagenauslastung von 90 Prozent aus, d. h. 7884 Volllaststunden im Jahr.[15]

7 Der Gesetzgeber hat diese Vertrauensschutzbedenken im parlamentarischen Gesetzgebungsverfahren jedoch erkannt und strebt mit den letztlich verabschiedeten Änderungen in Abs. 1 S. 2 und 3 an, unangemessene Belastungen für Bestandsanlagenbetreiber zu vermeiden, die ihre Anlage bereits in der Vergangenheit erweitert haben oder die die Anlage bislang nur in vergleichsweise geringem Umfang auslasten konnten.[16] Die insoweit entscheidende Änderung stellt die Neuformulierung der Vermutungsregelung in Abs. 1 S. 3 dar, welche zugunsten der Anlagenbetreiber eine Höchstbemessungsleistung in Höhe von **95 Prozent** – statt im Regierungsentwurf noch 90 Prozent – der am 31.7.2014 installierten Leistung der Anlage unterstellt, und diese anlagenbetreiberfreundlichere Fiktionsregelung nicht auf „Nach-2011-Bestandsanlagen" beschränkt, sondern für sämtliche vor dem 1.8.2014 betriebene Bestandsanlagen für anwendbar erklärt, wenn der so ermittelte Wert höher als die tatsächliche Höchstbemessungsleistung nach S. 2 ist. Auf diese Weise wird gewährleistet, dass alle Biogas-Bestandsanlagen zukünftig Anspruch auf finanzielle Förderung nach den für sie anwendbaren Förderregelungen des EEG für eine Strommenge in Höhe von mindestens 95 Prozent ihrer zum 31.7.2014 installierten Leistung oder von 8322 Volllaststunden im Jahr haben. Bestandsanlagen, die in der Vergangenheit mit einer Bemessungsleistung von mehr als 95 Prozent der installierten Anlagenleistung optimal ausgelastet betrieben werden konnten, werden durch Abs. 1 S. 2 geschützt;[17] die 95-Prozent-Deckelung nach Abs. 1 S. 3 dürfte ungeachtet dessen den Regelfall bilden,[18] da nur wenige Anlagen eine darüber hinausgehende Höchstbemessungsleistung i. S. v. Abs. 1 S. 2 aufweisen dürften.

8 Ein vom Gesetzgeber in Kauf genommener Nebeneffekt der Strommengenbegrenzung ist eine möglicherweise erhebliche Minderung des Anreizes, durch **Effizienzverbesserungen** wie bspw. eine Erhöhung des Anlagenwirkungsgrades (z. B. durch Austausch der Verstromungseinheit) höhere Stromerträge zu erzielen, da über die Höchstbemessungsleistung

---

15 Vgl. BT-Drs. 18/1304, S. 181.
16 Beschlussempfehlung und Bericht des Ausschusses für Wirtschaft und Energie, BT-Drs. 18/1891, S. 221; insoweit wohl ohne gravierende verfassungsrechtliche Bedenken *Sprenger*, ZNER 2014, 325, 329; keine schwerwiegenden verfassungsrechtlichen Bedenken hinsichtlich des schützenswerten Vertrauens der Anlagenbetreiber erkennen wohl auch *Vollprecht/Zündorf*, ZNER 2014, 522, 532.
17 Ebd.
18 Hiervon geht offenbar auch aus: *Wustlich*, NVwZ 2014, 1113, 1118; diesbezüglich mit Beispielen *Rolink*, top agrar 8/2014, 114, 115.

hinausgehende Stromerzeugung lediglich mit dem i.d.R. nicht kostendeckenden Monatsmarktwert vergütet wird. Effizienzverbesserungen im Anlagenbetrieb dürften damit häufig unterbleiben, soweit der Anlagenbetreiber kein anderweitiges wirtschaftlich lohnenswertes Konzept zur Effizienzverbesserung realisieren kann. Durchaus bestehen bleiben hingegen Anreize zur Verbesserung der energetischen Ausbeute der verwendeten Einsatzstoffe: Zwar besteht kein Anspruch auf Vergütung zusätzlich (= über die Höchstbemessungsleistung hinausgehend) erzeugter Strommengen bei gleichbleibender Einsatzstoffmenge, jedoch kann für Anlagenbetreiber auch eine gleichbleibende Stromerzeugungsmenge bei reduzierter Menge von Einsatzstoffen und entsprechend geringeren Einsatzstoffkosten wirtschaftlich attraktiv sein.

Zwischen den in Abs. 1 eröffneten Alternativen der S. 2 und 3 besteht für Anlagenbetreiber   **9** nach dem Gesetzeswortlaut **keine Wahlfreiheit**, sondern es gilt automatisch der höhere (und damit für den Anlagenbetreiber günstigere) Wert.

Die Strommengendeckelung nach Abs. 1 hindert Anlagenbetreiber nicht daran, nach dem   **10** 31.7.2014 mehr Strom zu produzieren, als es der bisherigen Höchstbemessungsleistung der Anlage vor Inkrafttreten des EEG 2014 entspricht. Ebensowenig wird durch Abs. 1 eine nachträgliche Erhöhung der installierten Leistung von bestehenden Biogasanlagen beschränkt.[19] Der Anspruch auf Einspeisevergütung oder Marktprämie reduziert sich in diesen Fällen allerdings für die kalenderjährlich über die Höchstbemessungsleistung hinausgehenden Strommengen auf den **Monatsmarktwert** nach § 5 Nr. 25, d.h. auf den nach Anlage 1 rückwirkend berechneten tatsächlichen Monatsmittelwert des energieträgerspezifischen Marktwerts von Strom aus erneuerbaren Energien oder aus Grubengas am Spotmarkt der Strombörse EPEX Spot SE in Paris für die Preiszone Deutschland/Österreich in Ct/ kWh. Welcher Monatsmarktwert insoweit anzulegen ist, lässt sich weder dem Gesetzeswortlaut noch der Begründung zum Regierungsentwurf entnehmen. Denkbar wäre, für die überschießenden kWh den- oder diejenigen Monatsmarktwerte zugrunde zu legen, die in dem Restzeitraum eines Kalenderjahres ab dem Zeitpunkt gelten, ab dem erstmals über die Höchstbemessungsleistung hinausgehende Strommengen produziert werden:

Beispiel
Die der Höchstbemessungsleistung einer Anlage entsprechende Strommenge ist bereits am 15.11.2015 erreicht; für die darüber hinausgehend erzeugten Strommengen vom 16.11.2015 bis zum 31.12.2015 sind entsprechend der Monatsmarktwert für November 2015 – für den in dem Zeitraum vom 16.11.2015 bis 30.11.2015 erzeugten Strom – bzw. der Monatsmarktwert für Dezember 2015 – für den in dem Zeitraum vom 1.12.2015 bis 31.12.2015 erzeugten Strom – zugrunde zu legen.

Denkbar wäre jedoch auch, für die über das gesamte Kalenderjahr in Summe betrachtet   **11** über die Höchstbemessungsleistung hinausgehende Strommenge je überschießender kWh einen **Mittelwert** aus den zwölf Monatsmarktwerten des gesamten Kalenderjahres zu bilden. Die letztgenannte Lösung erscheint zwar fachlich angemessener, da sie nicht von der zu Beginn des Kalenderjahres kaum absehbaren Monatsmarktwertbildung am Ende des Kalenderjahres abhängt, und eher der kalenderjährlichen Betrachtungsweise des Abs. 1 Rechnung trägt. Mit Blick auf den Wortlaut des Gesetzes, der ohne nähere Qualifizierung von einem Monatsmarktwert spricht statt bspw. von einem über zwölf Monate gemittelten

---

19 Vgl. auch *Sprenger*, ZNER 2014, 325, 327.

Monatsmarktwert, ist aber davon auszugehen, dass der Gesetzgeber hier wohl den jeweils anzuwendenden Monatsmarktwert ab dem Zeitpunkt meint, ab dem erstmalig eine kWh über die Höchstbemessungsleistung hinaus erzeugt wird.

12 Die Reduzierung des finanziellen Förderanspruchs auf den Monatsmarktwert gilt nach dem ausdrücklichen Wortlaut des Abs. 1 S. 1 auch bereits für die **insgesamt im Jahr 2014 erzeugte überschießende Strommenge**. Insoweit wird zur Ermittlung der zugrunde zu legenden Strommenge folglich auch der im Jahr 2014 erzeugte Strom einberechnet, der noch vor Inkrafttreten des EEG 2014 in den ersten sieben Kalendermonaten des Jahres 2014 erzeugt worden ist.

13 Abs. 1 S. 1 Hs. 2 stellt klar, dass die Deckelung der förderfähigen Strommenge auf die vor dem 1.8.2014 erreichte Höchstbemessungsleistung für Biogasanlagen, die vor dem 1.1.2009 in Betrieb genommen worden sind („**EEG 2004-Anlagen**"), entsprechend auch für den Vergütungsanspruch nach § 8 Abs. 1 EEG 2004 anzuwenden ist. Diese Regelung hat lediglich deklaratorischen Charakter und besitzt keine erkennbare eigenständige Bedeutung gegenüber Abs. 1 S. 1 Hs. 1. Zu erklären ist die Regelung in Hs. 2 wohl mit einem Blick in die Gesetzgebungsmaterialien zum EEG 2014: Der erste Referentenentwurf des BMWi zum EEG 2014[20] stellte in der Ursprungsfassung des § 101 Abs. 1, dem damaligen § 67 Abs. 1 S. 1 Hs. 1 EEG 2014-RefE, noch paragrafenscharf auf den „Vergütungsanspruch nach § 16 in Verbindung mit § 27 des Erneuerbare-Energien-Gesetzes in der für die Anlage jeweils anzuwendenden Fassung" ab; aus dieser Bezugnahme auf § 27 (EEG 2009 bzw. EEG 2012) erklärt sich, dass für Anlagen unter dem EEG 2004 wegen der dortigen abweichenden Paragrafennummerierung eine gesonderte Regelung mit Bezugnahme auf § 8 EEG 2004 erforderlich war. Infolge der späteren redaktionellen Änderung des Abs. 1 S. 1 Hs. 1, mit der die dortige Formulierung in „Vergütungsanspruch nach den Bestimmungen des Erneuerbare-Energien-Gesetzes in der für die Anlage jeweils anzuwendenden Fassung" geändert wurde, hätte auch der Abs. 1 S. 1 Hs. 2 gestrichen werden können; dass er sich weiterhin im Gesetzestext findet, beruht wohl auf einem redaktionellen Versehen des Gesetzgebers.

III. Landschaftspflegebonus nach EEG 2009 (Abs. 2 Nr. 1)

14 Abs. 2 Nr. 1 gilt nur für **Anlagen mit Anspruch auf den sog. Nawaro-Bonus** nach § 27 Abs. 4 Nr. 2 i.V.m. Anlage 2 zum EEG 2009. Dies ist grundsätzlich für alle Biogasanlagen der Fall, die vor dem 1.1.2012 in Betrieb genommen worden sind.

15 Für diese Anlagen modifiziert Abs. 2 Nr. 1 die Anspruchsvoraussetzungen für den sog. „**Landschaftspflegebonus**" nach § 27 Abs. 4 Nr. 2 i.V.m. Anlage 2 Nr. VI.2.c EEG 2009: Während nach Nr. VI.2.c der Anlage 2 zum EEG 2009 für den Landschaftspflegebonus umweltgutachterlich nachzuweisen ist, dass „zur Stromerzeugung überwiegend Pflanzen oder Pflanzenbestandteile, die im Rahmen der Landschaftspflege anfallen, eingesetzt werden", schränkt Abs. 2 Nr. 1 diese Anspruchsvoraussetzungen insoweit ein, dass statt des überwiegenden Einsatzes von Pflanzen oder Pflanzenbestandteilen, die im Rahmen der Landschaftspflege anfallen, nunmehr ein überwiegender, d.h. mehr als 50 Masseprozent umfassender, Einsatz von „Landschaftspflegematerial einschließlich Landschaftspflege-

---

20 BMWi, Referentenentwurf EEG 2014, 4.3.2014, S. 70, abrufbar auf www.clearingstelle-eeg.de.

gras" i. S. v. Nr. 5 der Anlage 3 zur BiomasseV 2012[21] gefordert wird. Ohne Erfüllung dieser Anforderungen besteht ab dem 1.8.2014 kein Anspruch auf den Landschaftspflegebonus nach EEG 2009.

Als **Landschaftspflegematerial** i. S. v. Nr. 5 der Anlage 3 zur BiomasseV 2012 gelten   **16**
„alle Materialien, die bei Maßnahmen anfallen, die vorrangig und überwiegend den Zielen
des Naturschutzes und der Landschaftspflege im Sinne des Bundesnaturschutzgesetzes
dienen und nicht gezielt angebaut wurden. Marktfrüchte wie Mais, Raps oder Getreide sowie Grünschnitt aus der privaten oder öffentlichen Garten- und Parkpflege oder aus Stra-
ßenbegleitgrün, Grünschnitt von Flughafengrünland und Abstandsflächen in Industrie-
und Gewerbegebieten zählen nicht als Landschaftspflegematerial. Als Landschaftspflegegras gilt nur Grünschnitt von maximal zweischürigem Grünland."

Die Regelung in Abs. 2 Nr. 1 dient aus Sicht des Gesetzgebers lediglich der redaktionellen   **17**
Klarstellung, da mit der Regelung festgestellt werde, dass insbesondere **Marktfrüchte wie
Mais, Raps oder Getreide** nicht als „Pflanzen oder Pflanzenbestandteile, die im Rahmen
der Landschaftspflege anfallen" und damit nicht für den „Landschaftspflegebonus" angerechnet werden, wobei diese Einsatzstoffe bereits nach Nr. VI.2.c der Anlage 2 zum EEG
2009 nicht als Landschaftspflegematerial gelten.[22]

Infolge einer missverständlich formulierten **Empfehlung 2008/48 der Clearingstelle**   **18**
EEG aus dem Jahr 2009[23] traten jedoch vermehrt Fälle auf, in denen Betreiber von Biogasanlagen eingesetzte Ackerfrüchte wie insbesondere Mais durch entsprechende Anbaume-
thoden wie bspw. die umweltfreundliche Ausbringung von flüssigem Wirtschaftsdünger
mit sog. Schleppschläuchen auf Flächen aus Agrarumweltprogrammen, die nach der Empfehlung 2008/48 eine widerlegliche Vermutung für ein „Anfallen" von Schnitt- und Mahd-
gut im Rahmen der Landschaftspflege begründeten, zu Landschaftspflegematerial im Sinne des Landschaftspflegebonus umzudeklarieren versuchten und hierfür z. T. auch umwelt-
gutachterliche Gutachten ausgestellt erhielten.[24] Eine solche dem Regelungsziel dieser Bonusregelung widersprechende Vergütungspraxis führt zu einer um 2,0 Ct/kWh erhöhten
Förderung des hieraus erzeugten Stroms und damit zu einer vom Gesetzgeber nicht beabsichtigten Überförderung von Ackerfrüchten durch eine erkennbar nicht für diese Einsatzstoffgruppe entwickelte Förderregelung.

Ein im Jahre 2013 ergangenes **Votum 2013/9 der Clearingstelle EEG** zu derselben The-   **19**
matik[25] versuchte dieser Fehlentwicklung Einhalt zu gebieten, konnte aber keine nachhaltige Beendigung herbeiführen, so dass der sich Gesetzheber offenbar zum Handeln genö-
tigt sah, um die von ihm in einigen Biogasregionen beobachteten Fehlentwicklungen, die

---

21 Biomasseverordnung vom 21.6.2001 (BGBl. I S. 1234) in der am 31.7.2014 geltenden Fassung.
22 Vgl. BT-Drs. 18/1304, S. 181 f.
23 Empfehlung 2008/48 der Clearingstelle EEG vom 24.9.2009 (Landschaftspflege-Bonus), abrufbar
    auf www.clearingstelle-eeg.de.
24 Entsprechende Umweltgutachten, die eine Anrechenbarkeit von Mais als „Landschaftspflegema-
    terial" bestätigt haben, dürften unvereinbar mit der „Leitlinie des Umweltgutachterausschusses zu
    den Aufgaben der Umweltgutachter im Bereich der Gesetze für den Vorrang der Erneuerbaren
    Energien (EEG 2009 und 2012) für Wasserkraft, Biomasse und Geothermie (Aufgabenleitlinie
    EEG)" (Stand: Februar 2013, abrufbar auf www.uga.de) sein, vgl. nur die dortigen Erläuterungen
    zur „Prüfung Landschaftspflegebonus" auf S. 16.
25 Votum 2013/9 der Clearingstelle EEG vom 28. 10.2013 (Schleppschlauchausbringung und Land-
    schaftspflege-Bonus), abrufbar auf www.clearingstelle-eeg.de.

unter dem Schlagwort „Landschaftspflegemais" Schlagzeilen machten, unmissverständlich zu beenden und ungerechtfertigte erhöhte Vergütungserlöse, die zusätzliche Differenzkosten zulasten der EEG-Umlage verursachten, rechtssicher zu unterbinden.[26]

20 Die verfassungsrechtlich bedeutsame Frage einer möglicherweise rechtfertigungsbedürftigen **unechten Rückwirkung** durch nachträgliche Änderung der Anspruchsvoraussetzungen für den Landschaftspflegebonus *ex nunc* beantwortet der Gesetzgeber indirekt damit, dass es sich bei Abs. 2 Nr. 1 um eine lediglich der Klarstellung der bereits bislang geltenden Rechtslage dienende Regelung handele,[27] eine nachträgliche Rechtsänderung tritt nach Auffassung des Gesetzgebers also gar nicht ein. Mit Blick auf das ausdrückliche gesetzgeberische Ziel des Abs. 2 Nr. 1, das die Beendigung der offensichtlich missbräuchlichen Umdeklarierung von Anbaubiomasse zu Landschaftspflegematerial beabsichtigt, ist diese Rechtsauffassung des Gesetzgebers sicherlich zutreffend, da der Gesetzeswortlaut in Nr. VI.2.c der Anlage 2 zum EEG 2009 keinen vernünftigen Spielraum dafür eröffnet, den gezielten Anbau von Ackerfrüchten wie Mais unter das Tatbestandsmerkmal „Pflanzen oder Pflanzenbestandteile, die im Rahmen der Landschaftspflege anfallen", zu subsumieren.

21 Verfassungsrechtlich bedenklich erscheint allerdings die – möglicherweise als unbeabsichtigter Nebeneffekt der Übergangsbestimmung mitausgelöste – Herausnahme von **Grünschnitt** aus der privaten oder öffentlichen Garten- und Parkpflege, von Flughafengrünland und Abstandsflächen in Industrie- und Gewerbegebieten aus der bislang zum Landschaftspflegebonus berechtigenden Einsatzstoffgruppe. Diese Grünschnittsubstrate werden durch Nr. 5 S. 3 der Anlage 3 zur BiomasseV 2012 für das EEG 2012 ebenfalls aus dem Begriff des Landschaftspflegematerials ausgenommen, es spricht jedoch einiges dafür, dass sie unter dem EEG 2009 durchaus unter das Tatbestandsmerkmal „Pflanzen oder Pflanzenbestandteile, die im Rahmen der Landschaftspflege anfallen," subsumierbar gewesen sind.[28] In diesem Fall würde die nachträgliche Verengung der Anspruchsvoraussetzungen für den Landschaftspflegebonus *ex nunc* eine unechte Rückwirkung für die betroffenen Anlagenbetreiber darstellen, die einer Rechtfertigung bedürfte. Gründe, die eine solche Rechtfertigung tragen könnten, nennt der Gesetzgeber nicht.

22 Abs. 2 Nr. 1 modifiziert seinem Wortlaut nach ausschließlich die Anspruchsvoraussetzungen für den Landschaftspflegebonus nach Nr. VI.2.c der Anlage 2 zum EEG 2009. Die Übergangsbestimmung ändert mithin nichts an der gesetzlichen Fiktion von „Pflanzen oder Pflanzenbestandteile, die im Rahmen der Landschaftspflege anfallen", als nachwachsende Rohstoffe im Sinne der Nr. I.1.a der Anlage 2 zum EEG 2009 gemäß Nr. III.8 der Anlage 2 zum EEG 2009 (**Positivliste**).

IV. Massenbilanzierung im Gasabtausch (Abs. 2 Nr. 2)

23 Mit Abs. 2 Nr. 2 werden die Massenbilanzierungsanforderungen nach § 47 Abs. 6 Nr. 2 für die Stromerzeugung aus Deponiegas, Klärgas, Grubengas, Biomethan oder Speichergas im

---

26 Vgl. BT-Drs. 18/1304, S. 182.

27 Ebd.

28 Anderer Ansicht offenbar Altrock/Oschmann/Theobald/*Rostankowski/Vollprecht*, BiomasseV Rn. 51, die anscheinend von einer umfassenden Erfassung der im EEG 2009 mit dem Landschaftspflegebonus geförderten Einsatzstoffe durch Anlage 3 zur BiomasseV 2012 ausgehen.

Gasabtausch auch für Strom aus Anlagen, die vor dem 1.1.2012 in Betrieb genommen worden sind („**EEG-2009-Anlagen**" oder noch ältere Anlagen), ausdrücklich für anwendbar erklärt. Gemäß der Begründung zum Regierungsentwurf[29] handelt es sich auch hierbei nur um eine redaktionelle Klarstellung, d. h. der Gesetzgeber geht davon aus, dass diese Regelung nur eine ohnehin bereits geltende Rechtslage lediglich positivrechtlich klarstellt. In der rechtswissenschaftlichen Literatur herrschten bislang allerdings unterschiedliche Ansichten darüber, ob sich diese vom Gesetzgeber des EEG 2012 ersichtlich beabsichtigte Rechtsfolge[30] tatsächlich bereits aus der betreffenden Übergangsbestimmung in § 66 Abs. 10 EEG 2012 herleiten ließ[31] oder nicht.[32] Abs. 2 Nr. 2 stellt diese Frage nunmehr für Strom, der nach dem 31.7.2014 in „EEG-2009-Anlagen"und noch älteren Anlagen im Gasabtausch erzeugt wird, eindeutig klar.

Ungeachtet der insoweit ungenau gewählten Paragrafenüberschrift, die nur von „Übergangsbestimmungen für Strom aus *Biogas*" spricht, gilt der Anwendungsbefehl nach Abs. 2 Nr. 2 auch für **andere gasförmige Energieträger**, die unter dem EEG 2009 oder früheren Fassungen des EEG im Gasabtausch eingesetzt werden. **24**

V. Anwendbarkeit der BiomasseV 2012 (Abs. 3)

Der Anwendungsbefehl in Abs. 3 für die Biomasseverordnung in ihrer am 31.7.2014 geltenden Fassung (BiomasseV 2012)[33] gilt ausschließlich für Anlagen, die nach dem 31.12.2011 und vor dem 1.8.2014 in Betrieb genommen worden sind („**EEG-2012-Anlagen**"). Für Anlagen, die vor dem 1.1.2012 betrieben wurden („EEG-2009-Anlagen" oder noch ältere Anlagen), findet die Übergangsbestimmung folglich keine Anwendung. **25**

Der Bedarf für eine fortgesetzte Anwendbarkeit der BiomasseV 2012 für EEG-2012-Anlagen ergibt sich, wie auch die Begründung zum Regierungsentwurf erläutert,[34] aus den besonderen Regelungen der BiomasseV 2012 zur **einsatzstoffbezogenen Vergütung** nach § 27 Abs. 2 EEG 2012, die zum 1.1.2012 eingeführt und infolge der Beendigung der einsatzstoffbezogenen Vergütung mit dem EEG 2014 in der neuen BiomasseV 2014[35] wieder gestrichen wurden: Da unter dem EEG 2012 in Betrieb genommene Biomasseanlagen auch nach Inkrafttreten des EEG 2014 gemäß § 100 Abs. 1 Nr. 4 EEG 2014 i.V.m. § 27 Abs. 2 EEG 2012 einen Anspruch auf einsatzstoffbezogene Vergütung haben, deren Ausgestaltung in der BiomasseV 2012 geregelt war, müssen auch die entsprechenden Regelungen in der BiomasseV 2012 – d. h. insb. deren § 2a sowie Anlagen 1 bis 3 – weiterhin anwendbar bleiben. **26**

---

29 BT-Drs. 18/1304, S. 182.
30 Vgl. insoweit nur BMU, Auslegungshilfe zur Massenbilanzierung nach § 27c Absatz 1 Nummer 2 EEG 2012 (Hinweis Nr. 1/2012) v. 29.6.2012, S. 2, abrufbar auf www.erneuerbare-energien.de.
31 So zum EEG 2012 u. a. in der Vorauflage BerlKommEnR/*Müller*, Bd. 2, § 66 EEG 2012 Rn. 106; *ders.*, ZUR 2012, 22, 28; Frenz/Müggenborg/*Eckardt/Hennig*, § 27c EEG 2012 Rn. 15.
32 So zum EEG 2012 u. a. Attrock/Oschmann/Thobald/*Thomas*, § 66 EEG 2012 Rn. 68; *Graßmann*, in: Loibl/Maslaton/von Bredow/Walter, Biogasanlagen im EEG, S. 717, 731 Rn. 45 f.; *Herz/von Bredow*, ZNER 2012, 580, 582; *Walter*, in: Loibl/Maslaton/von Bredow/Walter, Biogasanlagen im EEG, S. 665, 689 f. Rn. 52.
33 Biomasseverordnung vom 21.6.2001 (BGBl. I S. 1234) in ihrer am 31.7.2014 geltenden Fassung.
34 Vgl. BT-Drs. 18/1304, S. 182.
35 Biomasseverordnung vom 21.6.2001 (BGBl. I S. 1234), die durch Art. 12 des Gesetzes vom 21.7.2014 (BGBl. I S. 1066) geändert worden ist.

27 Die Anwendbarkeit der BiomasseV 2012 ist nicht nur für Anlagen zur Stromerzeugung aus Biogas, sondern für sämtliche unter dem EEG 2012 finanziell geförderten Anlagen zur Stromerzeugung aus Biomasse erforderlich, da auch sonstige Biomasseanlagen wie z. B. Anlagen zur Stromerzeugung durch **Verbrennung fester Biomasse** nach dem EEG 2012 einen Anspruch auf einsatzstoffbezogene Vergütung besitzen, der über § 100 Abs. 1 Nr. 4 fortbesteht und durch spezifische Regelungen für feste Biomasse insbesondere in § 2a Abs. 3 BiomasseV 2012 sowie in den Nr. 56 ff. der Anlage 1, Nr. 20 ff. der Anlage 2 und Nr. 18 ff. der Anlage 3 zur BiomasseV 2012 ausgestaltet wird. Die Umbenennung der Paragrafenüberschrift gegenüber § 97 des Regierungsentwurfs („Übergangsbestimmungen für Strom aus *Biomasse*")[36] in „Übergangsbestimmungen für Strom aus *Biogas*" stellt insoweit eine unzutreffende Verengung dar. Die insoweit unrichtige Paragrafenüberschrift ist als redaktionelles Versehen des Gesetzgebers einzuordnen und ändert nichts daran, dass Abs. 3 auch für Anlagen zur Stromerzeugung insbesondere aus fester Biomasse Anwendung findet.

28 Trotz des insoweit eindeutigen Wortlauts des Abs. 3, der auf nach dem 31.12.2011 und vor dem 1.8.2014 in Betrieb genommene Anlagen beschränkt ist, sprechen Sinn und Zweck des Abs. 3 dafür, die BimasseV 2012 auch auf vor dem 1.1.2015 in Betrieb genommmene „Übergangsanlagen"[37] im Sinne des § 100 Abs. 3 in analoger Anwendung des Abs. 3 fortgesetzt anzuwenden, da andernfalls für diese Gruppe von nach dem EEG 2012 zu fördernden Anlagen eine vom Gesetzgeber mutmaßlich unbeabsichtigte Regelungslücke hinsichtlich der Ermittlung der Vergütung nach den §§ 27 ff. EEG 2012 bestehen würde.[38]

---

36 BT-Drs. 18/1304, S. 64.
37 Vgl. *Vollprecht/Zündorf*, ZNER 2014, 522, 523, 532.
38 So auch *Vollprecht/Zündorf*, ZNER 2014, 522, 532.

§ 102 Übergangsbestimmung zur Umstellung auf Ausschreibungen

Nachdem die finanzielle Förderung im Sinne des § 2 Absatz 5 auf Ausschreibungen umgestellt worden ist, besteht auch ohne eine im Rahmen einer Ausschreibung erhaltene Förderberechtigung ein Anspruch nach § 19 Absatz 1 für Anlagenbetreiber von

1. Windenergieanlagen auf See, die vor dem 1. Januar 2017 eine unbedingte Netzanbindungszusage oder Anschlusskapazitäten nach § 17d Absatz 3 des Energiewirtschaftsgesetzes erhalten haben und vor dem 1. Januar 2021 in Betrieb genommen worden sind,
2. Anlagen zur Erzeugung von Strom aus Geothermie, die vor dem 1. Januar 2017 erstmals eine Zulassung nach § 51 Absatz 1 des Bundesberggesetzes für die Aufsuchung erhalten haben und vor dem 1. Januar 2021 in Betrieb genommen worden sind, oder
3. allen anderen Anlagen, die nach dem Bundes-Immissionsschutzgesetz genehmigungsbedürftig sind oder für ihren Betrieb einer Zulassung nach einer anderen Bestimmung des Bundesrechts bedürfen und vor dem 1. Januar 2017 genehmigt oder zugelassen und vor dem 1. Januar 2019 in Betrieb genommen worden sind; dies gilt nicht für die Betreiber von Freiflächenanlagen.

Schrifttum: *Geipel/Uibeleisen*, Die Übergangsbestimmungen für Bestandsanlagen im EEG 2014, REE 2014, 142; *Kahle*, Ermittlung der Förderhöhe für PV-Freiflächenanlagen nach dem EEG 2014 – Ausschreibungsmodell, RdE 2014, 372; *Karkaj*, Das Prüfungsprogramm der Bergaufsicht – Reichweite der Bindungswirkung der Aufsuchungserlaubnis für das Betriebsplanzulassungs- und Bewilligungsverfahren, NuR 2014, 164; *Sprenger*, Vertrauensschutz für Anlagenbetreiber, Investoren und Unternehmen beim Übergang zum EEG 2014, ZNER 2014, 325.

Übersicht

I. Überblick

Gem. § 2 Abs. 5 soll die finanzielle Förderung von Elektrizität aus erneuerbaren Energie- **1** quellen und aus Grubengas bis spätestens 2017 durch **wettbewerbliche Ausschreibungen** i. S. des § 5 Nr. 3 ermittelt werden.[1] Diese zeitliche Vorgabe basiert auf den Leitlinien der EU-Kommission für Umwelt- und Energiebeihilfen, weshalb – vorbehaltlich der Einschlägigkeit der Leitlinien[2] und etwaiger Ausnahmetatbestände[3] – das Fördersystem des EEG zum **1. Januar 2017** generell auf wettbewerbliche Ausschreibungen umzustellen ist.[4] Zur

---

1 Eine Ausschreibung ist nach § 5 Nr. 3 „ein objektives, transparentes, diskriminierungsfreies und wettbewerbliches Verfahren zur Bestimmung der Höhe der finanziellen Förderung".
2 Siehe zur entsprechenden Diskussion § 1 Rn. 33 ff.
3 Vgl. § 2 Rn. 100.
4 Europäische Kommission, Leitlinien für staatliche Umweltschutz- und Energiebeihilfen, ABlEU Nr. C 200/1 v. 28.6.2014, Rn. 126 ff.

Vorbereitung der Umstellung verpflichtet § 99 die Bundesregierung, dem Bundestag bis spätestens zum 30. Juni 2016 von den Erfahrungen mit den Pilotausschreibungen für Photovoltaik-Freiflächenanlagen i. S. der §§ 2 Abs. 5 und 6, 55, 88 zu berichten.

2   Nach der allgemeinen Übergangsregelung des § 100 ist das EEG 2014 grundsätzlich nicht nur auf **Neuanlagen**, sondern auch auf **Bestandsanlagen** anzuwenden.[5] Etwas anderes gilt jedoch für die praktisch bedeutsamen **Vergütungsregelungen**. So können Betreiber von („jungen") Bestandsanlagen grundsätzlich eine Förderung anhand derjenigen Vergütungsvorschriften beanspruchen, die im Zeitpunkt der Inbetriebnahme der Anlage galten (§ 100 Abs. 1 Nr. 4 und Nr. 10c).[6]

3   Für die Durchführung der **Pilot-Ausschreibungsverfahren** zur Bestimmung der Förderberechtigten und Förderhöhen bei Photovoltaik-Freiflächenanlagen enthält § 55 Abs. 3 eine spezifische Übergangsregelung. Für Strom aus Freiflächenanlagen, die ab dem ersten Tag des siebten auf die erstmalige Bekanntmachung einer Ausschreibung nach § 55 Abs. 1 Satz 2 folgenden Kalendermonats in Betrieb genommen worden sind, verringert sich der anzulegende Wert nach § 51 Abs. 1 Nr. 2 und 3 auf null. Demgegenüber sind für Strom aus Freiflächenanlagen, die vor diesem Zeitpunkt in Betrieb genommen worden sind, die Regelungen in § 55 Abs. 1 und 2 nicht anzuwenden. Für diese Übergangs-Bestandsanlagen gilt somit die allgemeine Förderregelung des § 51. § 55 Abs. 3 dient dem **Vertrauensschutz** von Investoren, die nach Inkrafttreten des EEG 2014, aber noch vor Durchführung der ersten Ausschreibungsrunde eine **Freiflächen-Photovoltaikanlage** in Betrieb nehmen wollen.[7] Der Gesetzgeber begründet die sechs-monatige Übergangsfrist auch mit der Verhinderung eines „Fadenrisses": es sei damit zu rechnen, dass die ersten Ausschreibungen mehrere Monate dauerten und auch die Realisierung der ersten Projekte, die einen Zuschlag erhalten haben, erst mit einem gewissen Zeitverzug erfolgen könne.[8] Gemäß der Begründung der Freiflächenausschreibungsverordnung stellt die erste Bekanntmachung der BNetzA für den Gebotstermin am 15.4.2015 gem. §§ 3 Abs. 1 Nr. 1, 5 S. 2 Nr. 1 FFAV zugleich die in § 55 Abs. 3 genannte erste Bekanntmachung der Ausschreibung dar.[9]

4   Anders als § 55 Abs. 3 bezieht sich die Übergangsvorschrift des § 102 auf die **generelle Umstellung der Förderung für alle EE-Quellen und Technologien**, weg von einem System administrativ festgelegter Förderhöhen hin zu einer wettbewerblichen Ermittlung von Förderberechtigungen und Förderhöhen durch Ausschreibungen. Nach dieser Regelung haben Betreiber von grundsätzlich förderfähigen EE-Anlagen – mit Ausnahme der Betreiber von Photovoltaik-Freiflächenanlagen, vgl. die §§ 2 Abs. 5, 55 Abs. 3 – unter den dort

---

5 Vgl. *Salje*, EEG 2014, § 100 Rn. 1, wonach Sinn der Vorschrift sei, Teile des neuen Rechts auf vor dem 1.8.2014 in Betrieb gegangene Anlagen zu erstrecken.

6 *Sprenger*, ZNER 2014, 325 f.; *Salje*, EEG 2014, § 100 Rn. 17.

7 Siehe *Sprenger*, ZNER 2014, 325, 328, der sich auf Investoren bezieht, die vor erstmaliger Ausschreibung möglichst kurzfristig eine neue Anlage in Betrieb nehmen wollten. Dieses zusätzliche Erfordernis ist im Gesetzestext jedoch nicht angelegt.

8 Siehe die Regierungsbegründung BT-Drs. 18/1304, S. 151.

9 Bundesregierung, Verordnung zur Einführung von Ausschreibungen der finanziellen Förderung für Freiflächenanlagen sowie zur Änderung weiterer Verordnungen zur Förderung der erneuerbaren Energien, BGBl. I, S. 108 v. 11.2.2015 (im Folgenden: Freiflächenausschreibungsverordnung), als nicht amtliche Lesefassung abrufbar unter www.bmwi.de/BMWi/Redaktion/PDF/V/verordnung-zur-einfuehrung-von-ausschreibungen-der-finanziellen-foerderung-fuer-freiflaechenanlagen,property=pdf,bereich= bmwi2012,sprache=de,rwb=true.pdf, S. 65 f.

normierten Voraussetzungen auch ohne eine im Rahmen einer Ausschreibung erhaltene Förderberechtigung weiterhin einen Anspruch nach § 19 Abs. 1 auf eine Marktprämie i. S. des § 34 oder eine feste Einspeisevergütung gem. §§ 37 und 38. Hierdurch soll ebenso wie nach § 55 Abs. 3 vermieden werden, dass es aufgrund von Planungs- und Investitionsunsicherheiten zu einem Einbruch bei Projektplanungen und damit beim Zubau von EE-Projekten mit langen Planungszeiten kommt, etwa bei der Windenergie an Land und auf See.[10]

II. Unionsrechtliche Vorgaben

Die Vertrauensschutzregelung des § 102 findet eine gewisse Entsprechung in den **Leitlinien der Kommission für Umweltschutz- und Energiebeihilfen.** Hiernach können Beihilfen für Anlagen, die vor dem 1. Januar 2017 in Betrieb genommen wurden und für die die Beihilfe vor diesem Zeitpunkt vom Mitgliedstaat bestätigt wurde, auf der Grundlage der zum Zeitpunkt der Bestätigung geltenden Regelung gewährt werden.[11]   5

III. Übergangsbestimmung

Nach § 102 haben Anlagenbetreiber, **nachdem die finanzielle Förderung i. S. des § 2**   6
Abs. 5 auf Ausschreibungen umgestellt worden ist, auch **ohne eine im Rahmen einer Ausschreibung erhaltene Förderberechtigung (§ 28 FFAV) einen Anspruch nach § 19 Abs. 1,** sofern die in § 102 Nr. 1 bis Nr. 3 enthaltenen Vorgaben für Windenergieanlagen auf See, Anlagen zur Erzeugung von Geothermie und die anderen genehmigungsbedürftigen Anlagen erfüllt sind.

§ 102 nimmt pauschal auf **§ 2 Abs. 5** Bezug. Diese Regelung macht nicht nur Vorgaben für   7
Pilotausschreibungen von Photovoltaik-Freiflächenanlagen (S. 2) und für die „Akteursvielfalt" (S. 3), sondern enthält in S. 1 auch die generelle Vorgabe, dass Förderberechtigungen und Förderhöhen spätestens im Jahr 2017 (nach § 102 genauer: ab dem 1. Januar 2017) über Ausschreibungen zu ermitteln sind. Da § 55 Abs. 3 für Photovoltaik-Freiflächenanlagen eine spezifische Übergangsregelung enthält, ist der Verweis des § 102 auf § 2 Abs. 5 somit um **Satz 1** zu ergänzen.

Nach § 102 Nr. 3 Hs. 1 erhalten Betreiber von EE-Anlagen, die **nach dem BImSchG ge-**   8
nehmigungsbedürftig sind oder für ihren Betrieb einer **Zulassung nach einer anderen Bestimmung des Bundesrechts** bedürfen, mit Ausnahme von Windenergieanlagen auf See (dazu § 102 Nr. 1) und von Anlagen zur Erzeugung von Strom aus Geothermie (dazu § 102 Nr. 2), Vertrauensschutz unter der weiteren Voraussetzung, dass **die Anlagen vor dem 1. Januar 2017 genehmigt oder zugelassen und vor dem 1. Januar 2019 in Betrieb genommen worden** sind. Das gilt nach § 102 Nr. 3 Hs. 2 nicht für die Betreiber von Freiflächenanlagen i. S. des § 5 Nr. 16. Für diese greift die Sonderregelung des § 55 Abs. 3. Die von § 102 Nr. 3 Hs. 1 erfassten Anlagen können somit noch bis Ende 2018 auch ohne Zuschlagserteilung im Rahmen einer Ausschreibung und ohne nachfolgende Ausstellung

---

10 BT-Drs. 18/1304, S. 182; zust. *Kahle*, RdE 2014, 372, 379.
11 Kommission, Leitlinien für staatliche Umweltschutz- und Energiebeihilfen, ABlEU Nr. C 200/1 v. 28.6.2014, Rn. 126 mit Fn. 66.

einer Förderberechtigung in Betrieb genommen werden und nach diesem Gesetz eine Förderung in der Form einer Marktprämie nach den §§ 34 ff. erhalten.[12]

9 § 102 Nr. 1 enthält erweiterte Übergangsregelungen für **Windenergieanlagen auf See**. Bei diesen setzt eine Förderung nicht nur eine Genehmigung voraus, sondern auch eine Netzanbindungszusage.[13] Aufgrund der langen Planungs- und Realisierungszeiträume von Windenergieanlagen auf See werden diese deshalb auch ohne Teilnahme an einer Ausschreibung gefördert, wenn sie vor dem 1. Januar 2021 in Betrieb genommen werden und vor dem 1. Januar 2017 eine unbedingte Netzanbindungszusage nach § 17d Abs. 3 EnWG erhalten haben.[14]

10 Schließlich enthält § 102 Nr. 2 eine verlängerte Übergangsregelung für **Geothermieanlagen**, die vor dem 1. Januar 2017 erstmals eine Zulassung nach § 51 Abs. 1 BBergG für die sog. Aufsuchung erhalten haben und vor dem 1. Januar 2021 in Betrieb genommen worden sind. Diese Regelung wurde erst im Laufe des Gesetzgebungsverfahrens ergänzt.[15] Ebenso wie bei Windenergieanlagen auf See werfe die Ankündigung in § 2 Abs. 5, die Höhe der finanziellen Förderung für Strom aus erneuerbaren Energien und Grubengas spätestens im Jahr 2017[16] durch Ausschreibungen zu ermitteln, für viele Investoren die Frage auf, ob Projekte mit langen Planungszeiträumen noch eine Förderung erhalten könnten. So betrügen die Planungszeiträume bei Geothermieanlagen derzeit je nach Projekt zwischen 4 und 8 Jahren, wobei erhebliche Vorinvestitionskosten anfielen. Daher bestehe bei Geothermieanlagen ein besonderes Bedürfnis für einen verlängerten Übergangszeitraum.[17] Vor diesem Hintergrund hat der Gesetzgeber die Übergangsvorschrift des § 102 Nr. 2 ähnlich ausgestaltet wie diejenige nach § 102 Nr. 1. Geothermieanlagen erhalten hiernach auch dann eine Förderung nach § 19, wenn sie vor dem 1. Januar 2017 eine Zulassung nach § 7 BBergG für die Aufsuchung („Hauptbetriebsplan Aufsuchung")[18] erhalten haben und vor dem 1. Januar 2021 in Betrieb gegangen sind.[19] Diese Zulassung ist die erste wesentliche Genehmigung nach dem BBergG, die der Bohrung vorangeht, und wird daher als der geeignetste „Auslöser" für den besonderen „Vertrauensschutz" angesehen.[20]

---

12 BT-Drs. 18/1304, S. 182; modifiziert durch BT-Drs. 18/1891, S. 221.
13 BT-Drs. 18/1304, S. 182.
14 BT-Drs. 18/1304, S. 182.
15 BT-Drs. 18/1891, S. 221 f.
16 BT-Drs. 18/1891, S. 221 spricht fälschlicherweise vom Jahr 2014.
17 BT-Drs. 18/1891, S. 221.
18 Siehe zum Regelungsgegenstand der Aufsuchungserlaubnis *Karkaj*, NuR 2014, 164, 166.
19 BT-Drs. 18/1891, S. 221.
20 BT-Drs. 18/1891, S. 221.

§ 103 Übergangs- und Härtefallbestimmungen zur Besonderen Ausgleichsregelung

(1) Für Anträge für das Begrenzungsjahr 2015 sind die §§ 63 bis 69 mit den folgenden Maßgaben anzuwenden:

1. § 64 Absatz 1 Nummer 3 ist für Unternehmen mit einem Stromverbrauch von unter 10 Gigawattstunden im letzten abgeschlossenen Geschäftsjahr nicht anzuwenden, wenn das Unternehmen dem Bundesamt für Wirtschaft und Ausfuhrkontrolle nachweist, dass es innerhalb der Antragsfrist nicht in der Lage war, eine gültige Bescheinigung nach § 64 Absatz 3 Nummer 2 zu erlangen.
2. § 64 Absatz 2 und 3 Nummer 1 ist mit der Maßgabe anzuwenden, dass anstelle des arithmetischen Mittels der Bruttowertschöpfung der letzten drei abgeschlossenen Geschäftsjahre auch nur die Bruttowertschöpfung nach § 64 Absatz 6 Nummer 2 des letzten abgeschlossenen Geschäftsjahrs des Unternehmens zugrunde gelegt werden kann.
3. § 64 Absatz 6 Nummer 1 letzter Halbsatz ist nicht anzuwenden.
4. § 64 Absatz 6 Nummer 3 ist mit der Maßgabe anzuwenden, dass die Stromkostenintensität das Verhältnis der von dem Unternehmen in dem letzten abgeschlossenen Geschäftsjahr zu tragenden tatsächlichen Stromkosten einschließlich der Stromkosten für nach § 61 umlagepflichtige selbst verbrauchte Strommengen zu der Bruttowertschöpfung zu Faktorkosten des Unternehmens nach Nummer 2 ist; Stromkosten für nach § 61 nicht umlagepflichtige selbst verbrauchte Strommengen können berücksichtigt werden, soweit diese im letzten abgeschlossenen Geschäftsjahr dauerhaft von nach § 60 Absatz 1 oder nach § 61 umlagepflichtigen Strommengen abgelöst wurden; die Bescheinigung nach § 64 Absatz 3 Nummer 1 Buchstabe c muss sämtliche Bestandteile der vom Unternehmen getragenen Stromkosten enthalten.
5. Abweichend von § 66 Absatz 1 Satz 1 und 2 kann ein Antrag einmalig bis zum 30. September 2014 (materielle Ausschlussfrist) gestellt werden.
6. Im Übrigen sind die §§ 63 bis 69 anzuwenden, es sei denn, dass Anträge für das Begrenzungsjahr 2015 bis zum Ablauf des 31. Juli 2014 bestandskräftig entschieden worden sind.

(2) Für Anträge für das Begrenzungsjahr 2016 sind die §§ 63 bis 69 mit den folgenden Maßgaben anzuwenden:

1. § 64 Absatz 2 und 3 Nummer 1 ist mit der Maßgabe anzuwenden, dass anstelle des arithmetischen Mittels der Bruttowertschöpfung der letzten drei abgeschlossenen Geschäftsjahre auch das arithmetische Mittel der Bruttowertschöpfung nach § 64 Absatz 6 Nummer 2 der letzten beiden abgeschlossenen Geschäftsjahre des Unternehmens zugrunde gelegt werden kann.
2. § 64 Absatz 6 Nummer 3 ist mit der Maßgabe anzuwenden, dass die Stromkostenintensität das Verhältnis der von dem Unternehmen in dem letzten abgeschlossenen Geschäftsjahr zu tragenden tatsächlichen Stromkosten einschließlich der Stromkosten für nach § 61 umlagepflichtige selbst verbrauchte Strommengen zu der Bruttowertschöpfung zu Faktorkosten des Unternehmens nach Nummer 1 ist; Stromkosten für nach § 61 nicht umlagepflichtige selbst verbrauchte Strommengen

können berücksichtigt werden, soweit diese im letzten abgeschlossenen Geschäftsjahr dauerhaft von nach § 60 Absatz 1 oder nach § 61 umlagepflichtigen Strommengen abgelöst wurden; die Bescheinigung nach § 64 Absatz 3 Nummer 1 Buchstabe c muss sämtliche Bestandteile der vom Unternehmen getragenen Stromkosten enthalten.

3. Im Übrigen sind die §§ 63 bis 69 anzuwenden.

(3) [1]Für Unternehmen oder selbständige Unternehmensteile, die als Unternehmen des produzierenden Gewerbes nach § 3 Nummer 14 des Erneuerbare-Energien-Gesetzes in der am 31. Juli 2014 geltenden Fassung für das Begrenzungsjahr 2014 über eine bestandskräftige Begrenzungsentscheidung nach den §§ 40 bis 44 des Erneuerbare-Energien-Gesetzes in der am 31. Juli 2014 geltenden Fassung verfügen, begrenzt das Bundesamt für Wirtschaft und Ausfuhrkontrolle die EEG-Umlage für die Jahre 2015 bis 2018 nach den §§ 63 bis 69 so, dass die EEG-Umlage für ein Unternehmen in einem Begrenzungsjahr jeweils nicht mehr als das Doppelte des Betrags in Cent pro Kilowattstunde beträgt, der für den selbst verbrauchten Strom an den begrenzten Abnahmestellen des Unternehmens im jeweils dem Antragsjahr vorangegangenen Geschäftsjahr nach Maßgabe des für dieses Jahr geltenden Begrenzungsbescheides zu zahlen war. [2]Satz 1 gilt entsprechend für Unternehmen oder selbständige Unternehmensteile, die für das Begrenzungsjahr 2014 über eine bestandskräftige Begrenzungsentscheidung verfügen und die Voraussetzungen nach § 64 nicht erfüllen, weil sie einer Branche nach Liste 1 der Anlage 4 zuzuordnen sind, aber ihre Stromkostenintensität weniger als 16 Prozent für das Begrenzungsjahr 2015 oder weniger als 17 Prozent ab dem Begrenzungsjahr 2016 beträgt, wenn und insoweit das Unternehmen oder der selbständige Unternehmensteil nachweist, dass seine Stromkostenintensität im Sinne des § 64 Absatz 6 Nummer 3 in Verbindung mit Absatz 1 und 2 dieses Paragrafen mindestens 14 Prozent betragen hat; im Übrigen sind die §§ 64, 66, 68 und 69 entsprechend anzuwenden.

(4)[1]Für Unternehmen oder selbständige Unternehmensteile, die

1. als Unternehmen des produzierenden Gewerbes nach § 3 Nummer 14 des Erneuerbare-Energien-Gesetzes in der am 31. Juli 2014 geltenden Fassung für das Begrenzungsjahr 2014 über eine bestandskräftige Begrenzungsentscheidung nach den §§ 40 bis 44 des Erneuerbare-Energien-Gesetzes in der am 31. Juli 2014 geltenden Fassung verfügen und

2. die Voraussetzungen nach § 64 dieses Gesetzes nicht erfüllen, weil sie
   a) keiner Branche nach Anlage 4 zuzuordnen sind oder
   b) einer Branche nach Liste 2 der Anlage 4 zuzuordnen sind, aber ihre Stromkostenintensität weniger als 20 Prozent beträgt,

begrenzt das Bundesamt für Wirtschaft und Ausfuhrkontrolle auf Antrag die EEG-Umlage für den Stromanteil über 1 Gigawattstunde auf 20 Prozent der nach § 60 Absatz 1 ermittelten EEG-Umlage, wenn und insoweit das Unternehmen oder der selbständige Unternehmensteil nachweist, dass seine Stromkostenintensität im Sinne des § 64 Absatz 6 Nummer 3 in Verbindung mit Absatz 1 und 2 dieses Paragrafen mindestens 14 Prozent betragen hat. [2]Satz 1 ist auch anzuwenden für selbständige Unternehmensteile, die abweichend von Satz 1 Nummer 2 Buchstabe a oder b die Voraussetzungen nach § 64 dieses Gesetzes deshalb nicht erfüllen, weil das Unternehmen einer

Branche nach Liste 2 der Anlage 4 zuzuordnen ist. [3]Im Übrigen sind Absatz 3 und die §§ 64, 66, 68 und 69 entsprechend anzuwenden.

(5) Für Schienenbahnen, die noch keine Begrenzungsentscheidung für das Begrenzungsjahr 2014 haben, sind die §§ 63 bis 69 für die Antragsstellung auf Begrenzung für die zweite Jahreshälfte des Jahres 2014 mit den Maßgaben anzuwenden, dass

1. die EEG-Umlage für die gesamte Strommenge, die das Unternehmen unmittelbar für den Fahrbetrieb im Schienenbahnverkehr selbst verbraucht hat, auf 20 Prozent der nach § 37 Absatz 2 des Erneuerbare-Energien-Gesetzes in der am 31. Juli 2014 geltenden Fassung ermittelten EEG-Umlage für das Jahr 2014 begrenzt wird,

2. der Antrag nach § 63 in Verbindung mit § 65 einschließlich der Bescheinigungen nach § 64 Absatz 3 Nummer 1 Buchstabe c bis zum 30. September 2014 zu stellen ist (materielle Ausschlussfrist) und

3. die Entscheidung rückwirkend zum 1. Juli 2014 mit einer Geltungsdauer bis zum 31. Dezember 2014 wirksam wird.

(6) [1]Die Übertragungsnetzbetreiber haben gegen Elektrizitätsversorgungsunternehmen für die außerhalb der Regelverantwortung eines Übertragungsnetzbetreibers eigens für die Versorgung von Schienenbahnen erzeugten, unmittelbar in das Bahnstromnetz eingespeisten und unmittelbar für den Fahrbetrieb im Schienenverkehr verbrauchten Strommengen (Bahnkraftwerksstrom) für die Jahre 2009 bis 2013 nur Anspruch auf Zahlung einer EEG-Umlage von 0,05 Cent pro Kilowattstunde. [2]Die Ansprüche werden wie folgt fällig:

1. für Bahnkraftwerksstrom, der in den Jahren 2009 bis 2011 verbraucht worden ist, zum 31. August 2014,

2. für Bahnkraftwerksstrom, der im Jahr 2012 verbraucht worden ist, zum 31. Januar 2015 und

3. für Bahnkraftwerksstrom, der im Jahr 2013 verbraucht worden ist, zum 31. Oktober 2015.

[3]Elektrizitätsversorgungsunternehmen müssen ihrem Übertragungsnetzbetreiber unverzüglich die Endabrechnungen für die Jahre 2009 bis 2013 für den Bahnkraftwerksstrom vorlegen; § 75 ist entsprechend anzuwenden. [4]Elektrizitätsversorgungsunternehmen können für Bahnkraftwerksstrom, den sie vor dem 1. Januar 2009 geliefert haben, die Abnahme und Vergütung nach § 37 Absatz 1 Satz 1 des Erneuerbare-Energien-Gesetzes in der am 31. Dezember 2011 geltenden Fassung und nach § 14 Absatz 3 Satz 1 des Erneuerbare-Energien-Gesetzes in der am 31. Juli 2008 geltenden Fassung verweigern.

(7) [1]Begrenzungsentscheidungen nach den §§ 63 bis 69 für Unternehmen, die einer Branche mit der laufenden Nummer 145 oder 146 nach Anlage 4 zuzuordnen sind, stehen unter dem Vorbehalt, dass die Europäische Kommission das zweite Gesetz zur Änderung des Erneuerbare-Energien-Gesetzes vom [Datum und Fundstelle dieses Gesetzes] beihilferechtlich genehmigt. [2]Das Bundesministerium für Wirtschaft und Energie macht den Tag der Bekanntgabe der beihilfenrechtlichen Genehmigung im Bundesanzeiger bekannt. [3]Für die Begrenzung bei diesen Unternehmen sind die §§ 63 bis 69 unbeschadet der Absätze 1 bis 3 mit den folgenden Maßgaben anzuwenden:

1. Anträge für die Begrenzungsjahre 2015 und 2016 können abweichend von § 66 Absatz 1 Satz 1 bis zum [Datum desjenigen Tages des ersten auf den Monat der Verkündung folgenden Kalendermonats, dessen Zahl mit der des Tages der Verkündung übereinstimmt, oder, wenn es einen solchen Kalendertag nicht gibt, Datum des ersten Tages des darauffolgenden Kalendermonats] (materielle Ausschlussfrist) gestellt werden;
2. Zahlungen, die in einem Begrenzungsjahr vor dem Eintritt der Wirksamkeit der Begrenzungsentscheidung geleistet wurden, werden für Zahlungen des Selbstbehalts nach § 64 Absatz 2 Nummer 1 und für das Erreichen der Obergrenzenbeträge nach § 64 Absatz 2 Nummer 3 berücksichtigt. Soweit die geleisteten Zahlungen über die Obergrenzenbeträge nach § 64 Absatz 2 Nummer 3 hinausgehen, bleiben sie von der Begrenzungsentscheidung unberührt.

Schrifttum: *Bachert*, Die Änderungen der Besonderen Ausgleichsregelung im neuen EEG, ER Sonderheft 1/2014, 34; *Große/Kachel*, Die Besondere Ausgleichsregelung im EEG 2014, NVwZ 2014, 1122; *Kolb/Henn*, Die Besondere Ausgleichsregelung für stromkosten- und handelsintensive Unternehmen, StuB 2014, 408; *Vollstädt/Bramowski*, Die Neuregelung zur Begrenzung der EEG-Umlage nach dem EEG 2014, BB 2014, 1667; *Wesche/Woltering*, Die Neuregelung der Besonderen Ausgleichsregelung im EEG 2014, CuR 2014, 56.

Übersicht

I. Normzweck

1   Nach Abschluss des parlamentarischen Gesetzgebungsverfahrens in Deutschland und der Feststellung der Europäischen Kommission, dass das EEG 2014 mit dem Beihilferecht der Europäischen Union vereinbar sei, konnte das EEG 2014 am 1.8.2014 in Kraft treten.[1] Damit konnte auch die Besondere Ausgleichsregelung des EEG 2014 grundsätzlich erstmalig für das Antragsjahr 2014 und in der Folge für die Begrenzung im Jahr 2015 zur Anwendung kommen, was aufgrund der bis zum Inkrafttreten des EEG 2014 geltenden Rechtslage nach

---

[1] BGBl. vom 24.7.2014 S. 1066.

dem EEG 2012 und der danach geltenden materiellen Ausschlussfrist für Anträge im Jahr 2014 (30.6.2014) bei vielen Antragstellern für Verunsicherung gesorgt hatte.

Um einen Bruch bei der Systemumstellung weitgehend zu vermeiden, soll die Umstellung schrittweise erfolgen. Zu diesem Zweck wurden die Übergangs- und Härtefallbestimmungen der Besonderen Ausgleichsregelung eingeführt.[2] Von der Umstellung betroffen sind insbesondere Unternehmen, die durch die Anwendung der Besonderen Ausgleichsregelung nach dem EEG 2014 gegenüber der Begrenzungswirkung nach dem EEG 2012 besonders stark belastet werden. Ihnen wird bis zum Jahr 2019 Zeit gegeben, sich schrittweise an die neuen Rahmenbedingungen und den Anstieg der Belastungen einzustellen. Neben den besonders stark belasteten Unternehmen soll auch allen anderen Antragstellern die Umstellung auf das neue System erleichtert bzw. in Einzelfällen erst ermöglicht werden. Die Übergangs- und Härtefallbestimmungen stellen für die betroffenen stromkosten- und handelsintensiven Unternehmen sicher, dass sie sich rechtzeitig auf die neuen Bedingungen einstellen können und ihre Begrenzungsanträge auf die neuen Anforderungen ausrichten können.[3]

Durch die Beschränkung des Kreises der begünstigten Unternehmen und die Verschärfung der Antragsvoraussetzungen wird es mit Inkrafttreten des EEG 2014 vermehrt zu Fällen kommen, in denen Unternehmen, die im Kalenderjahr 2014 durch die Besondere Ausgleichsregelung nach den Vorgaben des EEG 2012 privilegiert waren, künftig nicht mehr antragsberechtigt sein werden. Auch hier sollen die Übergangs- und Härtefallbestimmungen der Besonderen Ausgleichsregelung unterstützend eingreifen und die schwerwiegenden Folgen der Systemumstellung für die betroffenen Unternehmen abfedern. **2**

II. Entstehungsgeschichte

Dem Gesetzgebungsverfahren zur Änderung des EEG 2012 ging das von der Europäischen Kommission angestoßene Beihilfeverfahren voraus, in welchem diese insbesondere die Besondere Ausgleichsregelung in den §§ 41 ff. EEG 2012 stark kritisierte. Die Europäische Kommission stufte die Besondere Ausgleichsregelung vorläufig als rechtswidrige Beihilfe nach Art. 107 des Vertrages über die Arbeitsweise der Europäischen Union (AEUV) ein und leitete mit Eröffnungsbeschluss vom 18.12.2013 das förmliche Verfahren gegen die Bundesrepublik Deutschland ein.[4] In der Folge sah sich der deutsche Gesetzgeber gezwungen, einen Rechtsrahmen zu schaffen, welcher den betroffenen Unternehmen trotz des laufenden Beihilfeverfahrens ein Höchstmaß an Rechtssicherheit verschaffen konnte.[5] **3**

Die am 8.6.2014 von der Bundesregierung beschlossene Reform des EEG enthielt bis auf die Konkretisierung der Zielsetzung der Besonderen Ausgleichsregelung in § 63 (im Gesetzesentwurf noch § 60) noch keine Regelung für die Begrenzung der EEG-Umlage zugunsten der stromkostenintensiver Unternehmen und Schienenbahnen. Der konkrete Inhalt der Besonderen Ausgleichsregelung hing im Hinblick auf seine europarechtskonforme Fortentwicklung entscheidend vom Rahmen der Umwelt- und Energiebeihilfeleitlinien[6] **4**

---

2 BT-Drs. 18/1449, S. 3.
3 BT-Drs. 18/1449, S. 53.
4 Eröffnungsbeschluss der Europäischen Kommission vom 18.12.2013, Az. IP-13-1283.
5 Entwurf des Gesetzes zur grundlegenden Reform des Erneuerbare-Energien-Gesetzes und zur Änderung weiterer Bestimmungen des Energiewirtschaftsrechts, BR-Drs. 157/14.

ab, welcher erst Ende Juni 2014 feststand. Der deutsche Gesetzgeber hat sich bei der Ausgestaltung der Besonderen Ausgleichsregelung in der Folge weitgehend an den europäischen Vorgaben der am 1.7.2014 in Kraft getretenen Leitlinien orientiert und die Regelungen daher nachträglich in den Entwurf des EEG 2014[7] integriert.[8] In diesem Zusammenhang wurden auch erstmals die Übergangs- und Härtefallbestimmungen des § 103 in den Gesetzesentwurf aufgenommen, die bis zu ihrem Inkrafttreten am 1.8.2014 lediglich noch geringfügige Änderungen erfahren sollten.

III. Überblick über die Regelungen des § 103

5   Die Absätze 1 und 2 des § 103 enthalten zunächst die allgemeinen Übergangsbestimmungen für die Systemumstellung vom EEG 2012 auf die neue Besondere Ausgleichsregelung des neuen EEG 2014. Mit der Einführung dieser beiden Absätze soll abgesichert werden, dass die antragsberechtigten stromkosten- und handelsintensiven Unternehmen sich rechtzeitig auf alle Neuerungen einstellen und ihre Begrenzungsanträge auf die neuen Anforderungen ausrichten können. Dabei wird zwischen dem Antragsjahr 2014 mit der Begrenzungswirkung im Jahr 2015 und dem Antragsjahr 2015 mit der Begrenzungswirkung für das Jahr 2016 unterschieden, um eine stufenweise Heranführung an die neuen Bestimmungen zu ermöglichen. Als zentrale Bestimmung des Absatzes 1 sticht zunächst die Verlängerung der Antragsfrist in Nr. 4 ins Auge. Für das Antragsjahr 2014 gilt danach die Besonderheit, dass die materielle Ausschlussfrist vom 30.6. auf den 30.9. verschoben wurde. Da das Gesetz erst am 1.8.2014 in Kraft trat, wäre es den antragstellenden Unternehmen anders nicht möglich gewesen, ihre Begrenzungsanträge auf Basis des neuen EEG 2014 fristgerecht zu stellen. Die Verlängerung der Ausschlussfrist galt sowohl für stromkosten- und handelsintensive Unternehmen und selbständige Unternehmensteile als auch für Schienenbahnen.

6   Für Unternehmen, die auf Grundlage des EEG 2012 kein zertifiziertes Energie- und Umweltmanagementsystem betreiben mussten, enthält Abs. 1 Nr. 1 eine bedeutende Übergangsregelung. Zugunsten dieser Unternehmen soll eine Antragstellung nach den neuen Bestimmungen des EEG 2014 im Antragsjahr 2014 auch dann möglich sein, wenn sie noch keine Zertifizierung vorlegen können, vorausgesetzt, dass sie nachweisen, dass ihnen aufgrund der besonderen Umstände des umgestellten Antragsverfahrens die Erfüllung dieser Anforderung nicht möglich war.

7   Abs. 1 Nr. 2 und Abs. 2 Nr. 1 sehen für die Berechnung der Stromkostenintensität für das Antragsjahr 2014 und 2015 in inhaltlich ähnlicher Weise vor, dass bei der Bruttowertschöpfung zu Faktorkosten übergangsweise noch nicht das arithmetische Mittel der letzten drei abgeschlossenen Geschäftsjahre zugrunde gelegt werden muss. Im ersten Antragsjahr soll die Bruttowertschöpfung auf der Grundlage des letzten abgeschlossenen Geschäftsjahres berechnet werden können und im Antragsjahr 2015 soll dann das arithmetische Mittel der letzten beiden Geschäftsjahre maßgeblich sein.

---

6 Europäische Kommission, Leitlinien für staatliche Umweltschutz- und Energiebeihilfen 2014–2020 (2014/C 200/01), ABl. v. 28.6.2014, C 200/01.

7 BR-Drs. 157/14.

8 BT-Drs. 18/1449, S. 1 f.

Im Antragsjahr 2014 ist es außerdem noch nicht erforderlich, an allen Entnahmepunkten **8** und Eigenversorgungsanlagen der Abnahmestelle Stromzähler zu installieren, vgl. § 103 Abs. 1 Nr. 3.

Abs. 1 Nr. 4 und Abs. 2 Nr. 2 legen für die Bestimmung der Stromkosten fest, dass in den **9** ersten beiden Antragsjahren ungeachtet der neuen Bestimmungen noch die tatsächlichen Kosten als maßgebliche Stromkosten angesetzt werden. Die Berechnungsmethode des § 64 Abs. 6 Nr. 3 muss erst mit dem Antragsjahr 2016 angewandt werden.

Durch die Umstellung auf das neue System im EEG 2014 ist es möglich, dass sich der Be- **10** grenzungsumfang für Unternehmen, die bisher schon die Besonderen Ausgleichsregelun- gen in Anspruch nehmen konnten, stark ändert. Um auch hier einen deutlichen Kostenan- stieg für die betroffenen Unternehmen zu verhindern, sieht Abs. 3 eine Deckelung der Mehrbelastung für die Begrenzungsjahre 2015 bis einschließlich 2018 vor.[9] Für Unterneh- men, die für das Begrenzungsjahr 2014 über einen bestandskräftigen Begrenzungsbescheid verfügen, darf sich die zu zahlende EEG-Umlage in einem Jahr gegenüber dem Vorjahr maximal verdoppeln (in der Praxis wird diese Regelung häufig als sog. „Mega-Cap" be- zeichnet). Gleiches gilt für die Unternehmen oder selbständigen Unternehmensteile, die über einen Begrenzungsbescheid für das Jahr 2014 verfügen, jedoch die Voraussetzungen des § 64 nicht erfüllen, weil sie einer Branche der Liste 1 der Anlage 4 zuzuordnen sind, aber ihre Stromkostenintensität weniger als 16 Prozent für das Begrenzungsjahr 2015 (oder weniger als 17 Prozent für das Begrenzungsjahr 2016) beträgt, wenn und insoweit das Un- ternehmen oder der selbstständige Unternehmensteil nachweist, dass seine Stromkostenin- tensität gemäß § 64 Abs. 6 Nr. 3 i.V.m. § 103 Abs. 1 und 2 mindestens 14 Prozent betragen hat.

Für Unternehmen, die zukünftig aus dem Kreis der begünstigten Unternehmen herausfal- **11** len, weil sie die Antragsvoraussetzungen des § 64 nicht mehr erfüllen, gelten neben § 103 Abs. 3 weiterhin die Härtefallbestimmungen des § 103 Abs. 4. Für diese Unternehmen wird die EEG-Umlage für die Strommengen über 1 GWh auf 20 % begrenzt, soweit sie eine Stromkostenintensität im letzten abgeschlossenen Geschäftsjahr von mindestens 14 % nachweisen können. Die Branchen- bzw. Listenzuordnung spielt auch hier eine bedeutende Rolle. Sofern das antragstellende Unternehmen einer Branche der Liste 1 zuzuordnen ist und nicht mehr privilegiert ist, weil es beispielsweise die dazu nötige Stromkostenintensi- tät von 16 % bzw. 17 % nicht erreicht, greift die Härtefallbestimmung des Abs. 4 jedoch grundsätzlich nicht. Hier kann lediglich durch die Anwendung des „Mega-Cap" gemäß § 103 Abs. 3 eine Begrenzung der EEG-Umlage erreicht werden. Die Deckelung in Form des „Mega-Cap" gilt im Übrigen auch für die gemäß § 103 Abs. 4 auf 20 Prozent begrenz- ten Unternehmen; ein anderes Ergebnis lässt sich aus dem Gesetzeswortlaut nicht ableiten und würde unberücksichtigt lassen, dass auch für die nach § 103 Abs. 4 begrenzten Unter- nehmen trotz der Anwendung der Härtefallregelung eine durchaus beachtliche Mehrbelas- tung im Vergleich zu EEG-Umlagezahlungsverpflichtungen aus vorhergehenden Zeiträu- men entstehen kann. Auch hier ist damit eine durchaus nennenswerte Mehrbelastung nicht ausgeschlossen, die eine Anwendung des Absatzes 3 auch in diesen Konstellationen zu rechtfertigen vermag.

Im ersten Entwurf des Gesetzes zur Reform der Besonderen Ausgleichsregelung war die **12** Abgrenzung zwischen den Übergangs- und Härtefallbestimmungen der Absätze 3 und 4

---

9 BT-Drs. 18/1449, S. 55.

noch wesentlich klarer.[10] Abs. 3 war als Übergangsbestimmung nur für Unternehmen vorgesehen, deren EEG-Umlage auch in Zukunft begrenzt wird. Ihre EEG-Umlagezahlungspflicht sollte durch die Anwendung des Mega-Cap zusätzlich befristet für die Begrenzungsjahre 2015–2018 gedeckt werden. Unternehmen, die für das Begrenzungsjahr 2014 noch über einen bestandskräftigen Begrenzungsbescheid verfügten, jedoch zukünftig nicht mehr begrenzt sein sollten, weil sie die Voraussetzungen der neuen Regelungen in den §§ 63 ff. nicht erfüllen, fielen hingegen unter die Härtefallbestimmungen der Entwurfsfassung des Absatzes 4. Die Unternehmen fielen aus dem Kreis der begrenzten Unternehmen heraus, weil sie keiner Branche nach Anlage 4 zuzuordnen waren („Liste 0") oder aber die erforderliche Stromkostenintensität der jeweiligen Liste von 16%/17% bzw. 20% nicht erreichten.

Unternehmen mit der Zugehörigkeit zu einer Branche der Liste 1, die den Schwellenwert von 16% nicht erreichen konnten, wurden schließlich in der endgültigen Gesetzesfassung aus der Härtefallbestimmung des Abs. 4 herausgenommen und in die Übergangsbestimmung des Abs. 3 integriert.

13   Die Absätze 5 und 6 gelten für Schienenbahnen, da die Neuregelung in § 65 auch für sie ein gänzlich neues Begrenzungssystem schafft. Der Übergang vom alten zum neuen System soll auch hier möglichst schnell und reibungslos erfolgen.[11]

IV. Einzelerläuterungen

14   **1. Besonderheiten für das Antragsjahr 2014 (Abs. 1).** Insbesondere im Antragsjahr 2014 war es für die antragstellenden Unternehmen aufgrund der Kürze der für die Bearbeitung ihrer Anträge auf der Grundlage des novellierten EEG 2014 zur Verfügung stehenden Zeit bis zum Ablauf der Antragsfrist schwierig, die Antragstellung an den neuen Voraussetzungen und Nachweisanforderungen der Besonderen Ausgleichsregelung auszurichten. § 103 Abs. 1 sieht daher zahlreiche Ausnahmen von den neuen Vorschriften vor und ermöglicht es den Unternehmen so, sich stufenweise auf die neuen Regelungen einzustellen.

15   **a) Zertifiziertes Energie- und Umweltmanagementsystem (Abs. 1 Nr. 1).** Der § 64 Abs. 1 Nr. 3 sieht vor, dass Unternehmen, die einen Antrag auf Begrenzung der EEG-Umlage beim Bundesamt für Wirtschaft und Ausfuhrkontrolle stellen, grundsätzlich ein zertifiziertes Energie- oder Umweltmanagementsystem betreiben müssen. Aufgrund der Kürze der Zeit zwischen dem Inkrafttreten des EEG 2014 und dem Ablauf der Antragsfrist sieht § 103 Abs. 1 Nr. 1 für die Unternehmen, die ein solches oder alternatives System zur Verbesserung der Energieeffizienz unter dem EEG 2012 nicht betreiben mussten, eine Ausnahme vor.[12] Gemäß § 41 Abs. 1 Nr. 2 EEG 2012 waren Unternehmen mit einem Stromverbrauch von unter 10 GWh im letzten abgeschlossenen Geschäftsjahr von der Anforderung der Zertifizierung des Energieverbrauchs und der Potenziale zur Verminderung des Energieverbrauchs befreit. § 103 Abs. 1 Nr. 1 knüpft insofern an die Privilegierung der

---

10 Referentenentwurf zum EEG 2014 in der Fassung vom 5.5.2104 als Ergänzung zu dem Entwurf eines Gesetzes zur grundlegenden Reform des Erneuerbare-Energien-Gesetzes und zur Änderung weiterer Bestimmung des Energiewirtschaftsgesetzes, BR-Drs. 157/14, S. 16 f.; *Kolb/Henn*, StuB 2014, 408, 412.
11 BR-Drs. 157/14, S. 285.
12 BT-Drs. 18/1891, S. 221.

Vorgängerregelung an und übernimmt den Schwellenwert des jährlichen Stromverbrauchs von 10 GWh. Bei der Stromverbrauchsgrenze von 10 GWh ist im Gegensatz zum Mindeststromverbrauch in § 64 Abs. 1 Nr. 1 nicht nur auf die Abnahmestelle, für die die Begrenzung beantragt wird, abzustellen, sondern auf das gesamte Unternehmen. Voraussetzung für die Anwendung der Übergangsregel ist, dass das antragstellende Unternehmen nachweist, dass es ihm aufgrund der besonderen Umstände des Antragsjahres 2014 nicht möglich war, den erforderlichen Nachweis gemäß § 64 Abs. 1 Nr. 3 zu erlangen. Der Gesetzesbegründung zufolge bestehen dafür grundsätzlich **zwei Möglichkeiten**: Zum einen kann es dem antragstellenden Unternehmen unmöglich sein, die Bescheinigung zu erbringen, weil das Unternehmen zu spät von der entsprechenden Gesetzesänderung erfahren hat und dadurch noch nicht die Zeit hatte, den Betrieb eines Energie- und Umweltmanagementsystem einzuführen und aufzunehmen. Zum anderen kann der Nachweis fehlen, weil dem Unternehmen aufgrund der Kürze der Zeit das Durchlaufen eines Zertifizierungsprozesses nicht mehr möglich war.[13] Darüber, wie ein solcher Nachweis aussehen soll, schweigen sowohl das Gesetz als auch die Gesetzesbegründung. Das Bundesamt für Wirtschaft und Ausfuhrkontrolle hat sich kurze Zeit nach Inkrafttreten des EEG 2014 positioniert und eine Muster-Nachweis-Erklärung veröffentlicht.[14] Diesem Muster entsprechend sollen die Zertifizierungsstellen, die auch ein gültiges DIN EN ISO 5001-Zertifikat ausgestellt hätten, oder die EMAS-Registrierungsstellen (vgl. § 64 Abs. 3 Nr. 2) die erforderliche Bestätigung liefern. Sie sollen eine Erklärung dazu abgeben, dass eine Anfrage zur Zertifizierung eines zertifizierten Energie- und Umweltmanagementsystems zwar von antragstellenden Unternehmen gestellt worden ist, ein entsprechendes Zertifikat aber aus den oben genannten Gründen nicht ausgestellt werden konnte. Entscheidend für den erfolgreichen Begrenzungsantrag ist demnach zumindest die förmliche Anfrage der Zertifizierung, auch wenn tatsächlich der Betrieb eines solchen Systems noch nicht aufgenommen wurde. Die Zertifizierungsstellen müssen eine solche Anfrage für die Erteilung eines Bestätigungsschreibens ausreichen lassen. Auch für sie besteht darüber hinausgehend keine Möglichkeit, nachzuweisen, dass es dem Unternehmen tatsächlich nicht möglich war, den Betrieb eines zertifizierten Energie- und Umweltmanagementsystems aufzunehmen.

16 Die Ausnahme von der Anforderung des Betriebs eines zertifiziertes Energie- und Umweltmanagementsystem ist explizit nur für das **Antragsjahr 2014** vorgesehen. Dass die die Übergangsregelung rechtfertigende Kürze der Zeit für das **Antragsjahr 2015** nicht vorliegen soll, kann in Frage gestellt werden. Da die Inbetriebnahme eines Energie- und Umweltmanagementsystems je nach Unternehmensgröße und Komplexität des zu zertifizierenden Sachverhalts einen durchaus langwierigen und aufwändigen Prozess erfordern kann, ist es nicht auszuschließen, dass Unternehmen auch noch im Antragsjahr 2015 Schwierigkeiten haben werden, die entsprechenden Anforderung zu erfüllen.

17 **b) Bruttowertschöpfung (Abs. 1 Nr. 2).** Gemäß § 103 Abs. 1 Nr. 2 kann im Antragsjahr anstelle des arithmetischen Mittels der Bruttowertschöpfung der letzten drei angeschlossenen Geschäftsjahre des Unternehmens auch nur die Bruttowertschöpfung des letzten abgeschlossenen Geschäftsjahres zur Berechnung der Stromkostenintensität zugrunde gelegt werden. Für die antragstellenden Unternehmen kann die Berechnung der Bruttowertschöpfung auf Grundlage des letzten abgeschlossenen Geschäftsjahres zum einen zu einer deut-

---

13 BT-Drs. 18/1891, S. 221.
14 BAFA, Merkblatt für stromkostenintensive Unternehmen, Stand 27.8.2014, S. 19, Anhang XI.4., S. 65.

lichen Verringerung des administrativen Aufwands führen. Zum anderen besteht aber auch das **Wahlrecht**, dem Antrag das arithmetische Mittel der Bruttowertschöpfung der letzten drei abgeschlossenen Geschäftsjahre zugrunde zu legen. Damit kann das Unternehmen einen etwaigen administrativen Mehraufwand in Kauf nehmen, um so im Hinblick auf die Erreichung der Antragsvoraussetzungen des § 64 etwaige Vorteile zu erzielen.[15] Im Falle des Rückgriffs auf die Bruttowertschöpfung gemäß § 64 Abs. 6 Nr. 2 des letzten abgeschlossenen Geschäftsjahres kann das Unternehmen dann die entsprechende Datengrundlage Jahr für Jahr erarbeiten, bis ihm die Daten der erforderlichen drei Geschäftsjahre vorliegen. Eine Aufarbeitung der Vergangenheitsdaten muss dank der Übergangsbestimmung nicht erfolgen.[16] Unternehmen, die aufgrund bestimmter Ereignisse im letzten abgeschlossenen Geschäftsjahr die erforderlichen Werte für eine erfolgreiche Antragstellung nicht erreichen, bleibt allerdings die Möglichkeit, durch die Aufarbeitung der vergangenen Jahre das arithmetische Mittel der Bruttowertschöpfung zu Faktorkosten der letzten drei abgeschlossenen Geschäftsjahre zu ermitteln und zu verwenden.[17] Das Bundesamt für Wirtschaft und Ausfuhrkontrolle stellt in seinem Merkblatt allerdings klar, dass es selbst keine „Günstigkeitsprüfung" vornimmt. Das Unternehmen muss für sich die günstigste Berechnungsart ermitteln und dem Bundesamt für Wirtschaft und Ausfuhrkontrolle in seiner Antragstellung deutlich machen, auf welche Daten es sich beziehen möchte. Der Wirtschaftsprüfer hat dementsprechend eindeutig darzustellen, ob das letzte abgeschlossene Geschäftsjahr oder das arithmetische Mittel der letzten drei abgeschlossenen Geschäftsjahre für die Ermittlung der Bruttowertschöpfung gewählt wurde.[18]

18   Die Übergangsbestimmung zu Ermittlung der Bruttowertschöpfung hat zweierlei Wirkung. Sie gilt für die Nachweisführung hinsichtlich der Bruttowertschöpfung, vgl. § 64 Abs. 3 Nr. 1. Gleichermaßen ist sie anzuwenden auf die Berechnung des Umfangs der unter anderem auf die Bruttowertschöpfung bezogenen konkreten EEG-Umlagebegrenzung im Rahmen des „Cap" und „Super-Cap", vgl. § 64 Abs. 2.

19   Ein etwaiges „**Rosinenpicken**" findet jedoch bei der Berechnung der Bruttowertschöpfung seine Grenze. Entscheidet sich das Unternehmen für die Berechnung der Bruttowertschöpfung auf der Datengrundlage der letzten drei abgeschlossenen Geschäftsjahre und damit für das neue System gemäß § 64 Abs. 6 Nr. 2, so muss es dieses auch in seiner Gänze anwenden.[19] Dies bedeutet, dass die neue Definition der Bruttowertschöpfung angewendet werden muss, also die Bruttowertschöpfung zu Faktorkosten nach der Definition des Statistischen Bundesamtes, Fachserie 4, Reihe 4.3, Wiesbaden 2007, ohne Abzug der Personalkosten für Leiharbeitsverhältnisse.

20   Im ersten Entwurf des Gesetzes zur Reform der Besonderen Ausgleichsregelung hieß es noch, dass anstelle des arithmetischen Mittels der Bruttowertschöpfung der letzten drei abgeschlossenen Geschäftsjahre nur die *Bruttowertschöpfung zu Faktorkosten* des letzten abgeschlossenen Geschäftsjahres zugrunde gelegt wird.[20] Danach war unklar, ob in den Über-

---

15 Vgl. *Große/Kachel*, NVwZ 2014, 1122, 1127.
16 BT-Drs. 18/1891, S. 221.
17 Vgl. *Vollstädt/Bramowski* in BB 2014, 1667, 1671.
18 BAFA, Merkblatt für stromkostenintensive Unternehmen, Stand 27.8.2014, S. 12.
19 BAFA, Merkblatt für stromkostenintensive Unternehmen, Stand 27.8.2014, S. 12
20 Referentenentwurf zum EEG 2014 in der Fassung vom 5.5.2104 als Ergänzung zu dem Entwurf eines Gesetzes zur grundlegenden Reform des Erneuerbare-Energien-Gesetzes und zur Änderung weiterer Bestimmung des Energiewirtschaftsgesetzes, BR-Drs. 157/14, S. 15.

gangsjahren die **Personalkosten für Leiharbeitsverhältnisse** noch abgezogen werden können. Unter anderem hatte hier das Institut für Wirtschaftsprüfer hier eine Klarstellung angeregt, die sich in dem Wortlaut „die *Bruttowertschöpfung nach § 64 Abs. 6 Nr. 2 des letzten abgeschlossenen Geschäftsjahres"* wiederfindet. Der geänderte Wortlaut legt damit eine Auslegung nahe, bei der die Übergangsbestimmung nur für den zeitlichen Rahmen der Berechnung gilt und die übrige Definition der Bruttowertschöpfung zu Faktorkosten nach der Definition des Statistischen Bundesamtes ohne Abzug der Personalkosten für Leiharbeitsverhältnisse uneingeschränkt mit Inkrafttreten des EEG 2014 gelten soll. Die Gesetzesbegründung wurde in Bezug auf diesen Punkt nicht geändert.[21] Nach der Gesetzesbegründung bleibt damit weiterhin unklar, welche Berechnungsmethode bei der Ermittlung der Bruttowertschöpfung des letzten abgeschlossenen Geschäftsjahres angewendet werden kann.

c) Stromzähler an Abnahmestellen (Abs. 1 Nr. 3). Gemäß § 103 Abs. 1 Nr. 3 ist es für **21** das Antragsjahr 2014 noch nicht erforderlich, an allen Entnahmepunkten und Eigenversorgungsanlagen der Abnahmestelle Stromzähler zu installieren.[22] Erstmalig wird im EEG 2014 explizit auf die Voraussetzung, dass die Abnahmestelle über eigene Stromzähler an allen Entnahmepunkten und Eigenversorgungsanlagen verfügen muss, hingewiesen. Mit der Übergangsbestimmung soll den antragstellenden Unternehmen genügend Zeit gegeben werden, die zusätzliche Anforderung gemäß § 64 Abs. 6 Nr. 1 zu erfüllen.[23]

d) Stromkosten (Abs. 1 Nr. 4). Gemäß § 103 Abs. 1 Nr. 4 ist vorgesehen, dass im Antrags- **22** jahr 2014 die Stromkostenintensität noch anhand der tatsächlichen Stromkosten des Unternehmens im letzten abgeschlossenen Geschäftsjahr berechnet wird. Die Berechnung, wie sie § 64 Abs. 6 Nr. 3 fordert, ist derzeit noch nicht möglich; die insofern geforderte Verordnung, die durchschnittliche Strompreise festlegen soll, ist noch nicht erlassen worden. Von der Verordnungsermächtigung zur Festlegung nach Maßgabe des § 94 Nr. 2 muss die Bundesregierung noch Gebrauch machen.

Tatsächliche Stromkosten in diesem Sinne sind sämtliche für den Strombezug des Unter- **23** nehmens zu entrichtende Kosten,[24] die auf das letzte abgeschlossene Geschäftsjahr des Unternehmens entfallen.[25] In Übereinstimmung mit der bisherigen Praxis umfassen die tatsächlichen Stromkosten die Stromlieferkosten (inklusive Börse und Stromhändlern), die Netzentgelte, die Systemdienstleistungskosten, Preisaufschläge aufgrund von EEG, Kraft-Wärme-Kopplungsgesetz (KWKG) und Stromnetzentgeltverordnung (StromNEV) und Steuern.[26] Zu den Steuern zählt insbesondere die Stromsteuer, nicht hingegen die Umsatzsteuer, die ebenso wie Stromsteuer- und Netzentgelterstattungen abzuziehen ist.[27]

Durch die Einbeziehung **eigenerzeugter, selbst verbrauchter Strommengen** in die Be- **24** grenzung sind diese auch bei der Berechnung der Stromkosten zu berücksichtigen. Dabei

---

21 BT-Drs. 18/1891, S. 221.

22 Vgl. dazu auch § 64, Rn. 251.

23 BT-Drs. 18/1891, S. 222.

24 Vgl. BT-Drs. 18/1891, S. 213; so schon zum EEG 2012: BT-Drs. 16/8148, S. 65; BR-Drs. 341/11, S. 165; Altrock/Oschmann/Theobald/*Müller*, § 41 Rn. 14; Frenz/Müggenborg/*Posser/Altenschmidt*, § 41 Rn. 42.

25 Vgl. BT-Drs. 18/1891, S. 214, 222.

26 Vgl. BT-Drs. 17/6071, S. 84; BAFA, Merkblatt für Unternehmen des produzierenden Gewerbes, 2013, S. 14.

27 Vgl. BAFA, Merkblatt für stromkostenintensive Unternehmen, Stand: 27.8.2014, S. 15.

ist, ebenso wie beim Strombezug durch Dritte, auf die tatsächlichen Stromkosten abzustellen.[28] Nach der Gesetzesbegründung können zur Darlegung der tatsächlichen Stromkosten zum Beispiel Angaben zur installierten Leistung der Eigenversorgungsanlage, die eingesetzten Energieträger und deren Kosten gemacht werden, wobei das Bundesamt für Wirtschaft und Ausfuhrkontrolle weitere für die Ermittlung und Überprüfung der Kosten erforderliche Unterlagen und Nachweise anfordern können soll.[29] Da bei der Berechnung nur solche Strommengen zu berücksichtigen sind, für die eine EEG-Umlagepflicht besteht, können eigenerzeugte Strommengen, die unter eine Ausnahme des § 61 Abs. 2 bis 4 fallen, grundsätzlich nicht berücksichtigt werden.[30] Hiervon besteht jedoch eine Ausnahme: Gemäß § 103 Abs. 1 Nr. 4 HS. 2 werden ausnahmsweise auch die Strommengen, für die nicht gemäß § 61 Abs. 1 Nr. 1 eine EEG-Umlagepflicht besteht, einbezogen. Das ist ausschließlich dann der Fall, wenn das antragstellende Unternehmen zwischenzeitlich von einer umlagefreien Eigenversorgung zu einer umlagepflichtigen Stromversorgung übergegangen ist.[31] Besondere Relevanz wird diese nachträglich in den Abs. 1 Nr. 4 aufgenommene Ausnahme[32] im Antragsjahr 2015 erlangen, da erstmalig mit Inkrafttreten des EEG 2014 bislang umlagebefreite Strommengen aus Eigenversorgung umlagepflichtig werden. Um einen übergangslosen Wechsel von der umlagefreien Eigenversorgung in die Besondere Ausgleichsregelung zu ermöglichen, werden folglich ausnahmsweise auch die tatsächlichen Stromkosten der nicht umlagepflichtigen Strommengen einbezogen.[33]

25 **e) Antragsfristverlängerung (Abs. 1 Nr. 5).** Die Antragsfrist wurde einmalig für das Antragsjahr 2014 vom 30.6. auf den 20.9. verlängert. Dies galt sowohl für Anträge der stromkostenintensiven Unternehmen bzw. selbständigen Unternehmensteile gemäß § 64 als auch für Anträge der Schienenbahnen gemäß § 65. Schon vor Inkrafttreten des neuen EEG 2014 hatte das Bundesamt für Wirtschaft und Ausfuhrkontrolle diese Verlängerung angekündigt.[34]

26 Durch das Inkrafttreten des EEG 2014 zum 1.8.2014 wurde die dargestellte Besonderheit hinsichtlich der Verlängerung der Antragsfrist auch gesetzlich festgehalten. Die reguläre Antragsfrist für das Antragsjahr 2014 wäre nach dem EEG 2012 der 30.6.2014 (§ 43 Abs. 1 EEG 2012) gewesen; bis zum 31.7.2014 war das EEG 2012 auch noch in Kraft. § 103 Abs. 1 Nr. 6 stellt klar, dass für Anträge, die bis zum 30.6.2014 gestellt und bis zum 31.7.2014 beschieden wurden, noch das EEG 2012 zur Anwendung kommt, danach das EEG 2014 greift. Für Unternehmen mit bis zum 31.7. beschiedenem Antrag sollen die neuen Voraussetzungen folglich erst im Antragsjahr 2015 anwendbar sein (in der Praxis dürfte es entsprechende Konstellationen – soweit bekannt – indes nicht gegeben haben).[35] Für Anträge, die mit Inkrafttreten des EEG 2014 noch nicht beschieden wurden, gelten ab dem 1.8.2014 die novellierten Vorschriften. Ungeachtet möglicher verfassungsrechtlicher Bedenken stellt der Gesetzgeber für die Frage der Anwendbarkeit der neuen Vorschriften auf

---

28 Vgl. BAFA, Merkblatt für stromkostenintensive Unternehmen, Stand: 27.8.2014, S. 15.
29 Vgl. BT-Drs. 18/1891, S. 222.
30 Vgl. BT-Drs. 18/1891, S. 222.
31 Vgl. BAFA, Merkblatt für stromkostenintensive Unternehmen, Stand: 27.8.2014, S. 15.
32 Im ersten Entwurf war die Ausnahme des HS. 2 noch nicht vorgesehen.
33 Vgl. BT-Drs. 18/1891, S. 222.
34 BAFA, Wichtige Einleitung, Hinweisblatt zur Antragstellung; Produzierendes Gewerbe, Merkblatt für Unternehmen des produzierenden Gewerbes, Stand: 9.5.2014.
35 *Große/Kachel*, NVwZ 2014, 1122, 1127.

den Zeitpunkt der Entscheidung und nicht auf den Zeitpunkt der Antragstellung ab. Letztendlich hatte es damit das Bundesamt für Wirtschaft und Ausfuhrkontrolle damit ein Stück weit in der Hand, welches Recht zur Anwendung kommt.[36] Der Gesetzesbegründung zufolge ist es die logische Konsequenz, die aus dem Inkrafttreten des EEG 2014 folgt, dass Anträge, die nach dem 1.8.2014 gestellt wurden, nicht mehr aufgrund des EEG 2012 beschieden werden können, sondern die geänderten Anforderungen erfüllen müssen. Denn schon vor Inkrafttreten konnten sich die betroffenen Unternehmen mit dem Gesetzgebungsvorhaben intensiv auseinandersetzen und auf die neuen Voraussetzungen einstellen. Durch die Antragsfristverlängerung ist den Betroffenen außerdem ausreichend Zeit gewährt, auch nach den neuen Regelungen einen Antrag zu stellen.[37] Das Bundesamt für Wirtschaft und Ausfuhrkontrolle hatte bereits vor Inkrafttreten des EEG 2014 zum Ausdruck gebracht, alle 2014 gestellten Anträge nach dem EEG 2014 bescheiden und die Verfahren über bereits eingereichte Anträge aussetzen zu wollen.[38] Mit dieser Handhabung begegnet das Bundesamt für Wirtschaft und Ausfuhrkontrolle vorsorglich der Anwendung der Umwelt- und Energiebeihilfeleitlinien und reagiert auf das von der Europäischen Kommission gegen die Bundesrepublik Deutschland eingeleitete EEG-Beihilfeverfahren.

27 **2. Besonderheiten für das Antragsjahr 2015 (Abs. 2).** Die Regelungen des Absatzes 2 knüpfen zum Teil an die Übergangsbestimmungen in Abs. 1 an. Für das Antragsjahr 2015 gelten die zu Absatz 1 gemachten Ausführungen in Bezug auf die Modifikationen zur Ermittlung der Bruttowertschöpfung und Stromkosten entsprechend (s. Rn. 17 ff., 22 ff.). Allerdings besteht der Unterschied darin, dass für die Ermittlung der Bruttowertschöpfung das arithmetische Mittel der letzten beiden abgeschlossenen Geschäftsjahre zugrunde gelegt werden muss, wenn sich das Unternehmen gegen die Berechnung auf Basis der letzten drei abgeschlossenen Geschäftsjahre entscheidet. Die weiteren in Abs. 1 genannten Erleichterungen gelten ausschließlich für das Antragsjahr 2014 und sind nicht auf das Antragsjahr 2015 übertragbar.

28 **3. Maximal Verdoppelung der EEG-Umlage (Abs. 3).** Sowohl der Kreis der nach dem EEG 2014 begünstigten Unternehmen als auch der Begrenzungsumfang zugunsten dieser Unternehmen bzw. selbständigen Unternehmensteile ändert sich mit der Neuregelung der Besonderen Ausgleichsreglung gegenüber ihrer Vorgängerfassung. Zum Teil werden Unternehmen bzw. selbständige Unternehmensteile, die nach dem EEG 2012 noch über einen bestandskräftigen Begrenzungsbescheid verfügten, die Anspruchsvoraussetzungen der Besonderen Ausgleichsregelung nach dem EEG 2014 nicht mehr erfüllen können. Damit es nicht zu einem sprunghaften Anstieg der EEG-Umlagebelastung für die betroffenen Unternehmen kommt, sieht Abs. 3 S. 1 eine Übergangsregelung für die Jahre 2015 bis einschließlich 2018 vor. In diesem Zeitraum wird der Umlagebetrag auf einen Maximalbetrag gedeckelt. Dieses sog. „**Mega-Cap**" sieht vor, dass sich der Betrag in Cent/kWh der zu zahlenden EEG-Umlage für das begünstigte Unternehmen in einem Jahr gegenüber dem dem Antragsjahr jeweils vorangegangenen Geschäftsjahr maximal verdoppeln darf. Der Bezug auf das dem Antragsjahr vorangegangene Geschäftsjahr hat keinen erkennbaren Telos. In der Begründung zu der erst in letzter Stunde in das Gesetz gelangten Regelung findet sich keine Rechtfertigung für diesen Rückgriff. Um willkürliche Belastungen zu vermeiden, sollte der Rückgriff auf das Vorjahr dann angewandt werden, wenn der Betrag der EEG-Umlage im Antragsjahr bei Verdoppelung höher ist als im Vorjahr. Dadurch soll

---

36 *Vollstädt/Bramowski*, BB 2014, 1167, 1172.

37 Vgl. BT-Drs. 18/1891, S. 222.

38 Wichtige Einleitung, Hinweisblatt zur Antragstellung; Produzierendes Gewerbe in BAFA, Merkblatt für Unternehmen des produzierenden Gewerbes, Stand: 9.5.2014.

vermieden werden, dass Unternehmen durch einen kurzfristig starken Anstieg ihrer Umlagepflicht in wirtschaftliche Schwierigkeiten geraten.[39] Durch die Übergangsbestimmung erhalten die betroffenen Unternehmen bis einschließlich 2018 Zeit, sich schrittweise auf die Mehrbelastung einzustellen. Auf Schienenbahnen ist diese Übergangsregelung nicht anwendbar. Der Gesetzesbegründung zufolge war dies nicht notwendig, da hier der Anstieg erwartungsgemäß weniger stark ausfallen soll als bei stromkostenintensiven Unternehmen bzw. selbständigen Unternehmensteilen.[40] Inwieweit diese Übergangsbestimmung sich tatsächlich positiv auf den Begrenzungsbetrag auswirkt, bleibt allerdings für bestimmte Fallkonstruktionen fraglich.

Zunächst einmal können alle Unternehmen bzw. selbständige Unternehmensteile von dieser Übergangsbestimmung profitieren, die auch im Begrenzungsjahr 2014 in der Zahlung der EEG-Umlage begrenzt werden (§ 103 Abs. 3 S. 1). Voraussetzung für die Anwendbarkeit der Härtefallregelung des § 103 Abs. 3 ist, dass diese Unternehmen oder selbständigen Unternehmensteile als Unternehmen des produzierenden Gewerbes nach § 3 Nr. 14 EEG 2012 für das Begrenzungsjahr 2014 über einen bestandskräftigen Begrenzungsbescheid gemäß §§ 40 ff. EEG 2012 verfügen. Dann führt § 103 Abs. 3 zu einer zusätzlichen Deckelung der in §§ 63 ff. geregelten Begrenzung. Daneben sind gemäß § 103 Abs. 3 S. 2 auch alle 2014 begünstigte Unternehmen bzw. selbständige Unternehmensteile in die Übergangsbestimmung einbezogen, die zwar einer Branche der Liste 1 zugeordnet werden können, deren Begrenzung für 2015 jedoch daran scheitert, dass der Schwellenwert der Stromkostenintensität von 16 % nicht erreicht wird. Für eine Begrenzung für das Jahr 2016 gilt entsprechendes, wenn der Schwellenwert der Stromkostenintensität von 17 % nicht erreicht wird. Können diese Unternehmen bzw. selbständige Unternehmensteile eine Stromkostenintensität von mindestens 14 % nachweisen (nach der Berechnungsmethode des EEG 2014) und wären damit bei Anwendbarkeit des EEG 2012 weiterhin antragsberechtigt, wird auch für sie der zu zahlende Betrag der EEG-Umlage durch das „Mega-Cap" gedeckelt.[41]

In beiden Fällen kann die Begrenzung jedoch nur auf Antrag gewährt werden. Den betreffenden Unternehmen ist daher in jedem Fall zunächst eine reguläre Antragstellung zu empfehlen. Denn auch das Erreichen der Stromkostenintensität von 14 % muss nachgewiesen werden. Neben dem Antrag auf Begrenzung gemäß den Vorgaben §§ 63–69 sollte hilfsweise ein Antrag auf Begrenzung gemäß § 103 beim Bundesamt für Wirtschaft und Ausfuhrkontrolle gestellt werden – so auch die Empfehlung in der Gesetzesbegründung.[42] Die Berechnung der Stromkostenintensität erfolgt dabei auf der Basis der Regelung des § 64 Abs. 6 Nr. 3 bzw. auf Basis der entsprechenden Übergangsbestimmungen der §§ 103 Abs. 1 und 2.

§ 103 Abs. 3 schreibt in S. 2 a. E. die entsprechende Anwendung der §§ 64, 66, 68 und 69 vor. Die Verweisung ist nicht weiter spezifiziert und führt in der Folge zu Abgrenzungsfragen. Denn wie die entsprechende Anwendung der Regelungen aussieht und ob es sich bei der Verweisung um eine Rechtsgrund- oder Rechtsfolgenverweisung handelt, wird allein durch den Wortlaut der Übergangsbestimmungen nicht deutlich. Die Gesetzesbegründung

29

30

31

---

39 BT-Drs. 18/1891, S. 223.
40 BT-Drs. 18/1891, S. 223.
41 Vgl. *Bachert*, ER Sonderheft 1/2014, 34, 38.
42 BT-Drs. 18/1891, S. 223.

hilft nur insoweit weiter, als sie darauf verweist, dass für die Antragstellung beim Bundesamt für Wirtschaft und Ausfuhrkontrolle im Hinblick auf die Übergangsbestimmungen die §§ 64, 66, 68 und 69 entsprechend anzuwenden sind und die antragstellenden Unternehmen insbesondere nachweisen müssen, dass sie den Mindeststromverbrauch von 1 GWh an der betreffenden Abnahmestelle erreichen und ein Energie- oder Umweltmanagementsystem betreiben. Bliebe es im Rahmen der entsprechenden Anwendung der §§ 64, 66, 68 und 69 lediglich bei der Anwendung der zusätzlichen Voraussetzungen des § 64 Abs. 1, würde dies zu dem sicher nicht dem Interesse des Gesetzgebers entsprechenden Ergebnis führen, dass ein Unternehmen, welches nur im Antragsjahr, nicht aber in dem vorausgehenden Jahr über einen Begrenzungsbescheid verfügt, zunächst keinen Anspruch auf die Übergangsbestimmung der Besonderen Ausgleichsregelung hat, im darauffolgenden Jahr dann allerdings sehr wohl. Anstelle eines langsamen Ansteigens der Belastung würde ein „**Jo-Jo-Effekt**" entstehen. Dieser Effekt entsteht dadurch, dass das dem Antragsjahr vorausgehende Jahr als Referenzjahr für die Berechnung der Doppelung dient.

32 Es sprechen gute Argumente dafür, die entsprechende Anwendung der §§ 64, 66, 68 und 69 weit auszulegen und auch die Rechtsfolgen der §§ 64, 66, 68 und 69 zur Anwendung kommen zu lassen. Im ersten Entwurf des Gesetzes zur Reform der Besonderen Ausgleichsregelung waren die Fälle der Liste-1-Zugehörigkeit ohne das Erreichen der notwendigen Stromkostenintensität noch im Rahmen der Härtefallregelung des Abs. 4 geregelt.[43] Die Härtefallregelung des Abs. 4 in Höhe von 20 Prozent kommt den betreffenden Unternehmen nun nicht mehr zugute. Sollte die Rechtsfolgenseite des § 64 Abs. 2 mit der des § 103 Abs. 3 in einem Exklusivverhältnis stehen, könnte dies für betroffene Unternehmen aufgrund des dargestellten Jo-Jo-Effektes eine gravierende Belastung im Gegensatz zum Vorjahr bedeuten, was in dieser Form vom Gesetzgeber bei einer Gesamtschau der Übergangs- und Härtefallbestimmung nicht beabsichtigt gewesen sein dürfte.

33 **4. Härtefallbestimmung (Abs. 4).** Gegenüber der Rechtslage nach dem EEG 2012 verringert sich der Kreis der begünstigten Unternehmen um eine ganze Reihe von Branchen, die nicht mehr auf den Listen des Anhangs 4 zu finden sind, sodass bestimmte Unternehmen und selbständige Unternehmensteile, die im Begrenzungsjahr 2014 noch über einen Begrenzungsbescheid verfügen, aufgrund der Regelungen der §§ 63 ff. zukünftig grundsätzlich keine Begrenzung der EEG-Umlage mehr in Anspruch nehmen könnten. Diese können von den Härtefallbestimmung des Abs. 4 profitieren, vorausgesetzt, dass sie die Anforderungen der §§ 63 ff. nicht erfüllen, weil sie entweder keiner Branche des Anhang 4 zuzuordnen sind („Liste 0"), bei einer Zugehörigkeit zur Liste 2 die Stromkostenintensität von bisher erforderlichen 14 Prozent nicht 20 Prozent erreichen oder als selbständiger Unternehmensteil nicht antragsberechtigt sind, da der Rechtsträger einer Branche der Liste 2 zuzuordnen ist.

34 Da mit der Härtefallregelung Unternehmen unterstützt werden sollen, die nach dem EEG 2012 noch begünstigt waren, ist im Gleichlauf mit der Übergangsbestimmung in Abs. 3 Grundvoraussetzung für die Anwendung ein **bestandskräftiger Begrenzungsbescheid** für das Begrenzungsjahr 2014. Zusätzlich dazu müssen die antragsstellenden Unternehmen mit Liste-0- bzw. Liste-2-Zugehörigkeit nachweisen, dass ihre Stromkostenintensität

---

43 Referentenentwurf zum EEG 2014 in der Fassung vom 5.5.2104 als Ergänzung zu dem Entwurf eines Gesetzes zur grundlegenden Reform des Erneuerbare-Energien-Gesetzes und zur Änderung weiterer Bestimmung des Energiewirtschaftsgesetzes, BR-Drs. 157/14, S. 15.

mindestens 14 % im Nachweisjahr betragen hat. Andernfalls wären sie auch nach der alten Besonderen Ausgleichsregelung des EEG 2012 nicht begünstigt worden. Selbständige Unternehmensteile müssen hingegen keine besondere Stromkostenintensität nachweisen. Hier ist die Zugehörigkeit des Rechtsträgers zu Liste 2 gegenüber der in § 64 Abs. 5 geforderten Zugehörigkeit zu Liste 1, ausreichend. Außerdem gilt auch für die Härtefallregelung des Abs. 4, dass eine Begrenzung nur auf Antrag gewährt werden kann. Dabei muss auch das Erreichen der Stromkostenintensität von 14 % beschieden und nachgewiesen werden. Auch hier ist betroffenen Unternehmen zu raten, im Zweifel einen **Hilfsantrag** zu stellen. Neben dem Antrag auf Begrenzung nach §§ 63–69 sollte hilfsweise ein Antrag auf Begrenzung gemäß § 103 beim Bundesamt für Wirtschaft und Ausfuhrkontrolle gestellt werden. Die Berechnung der Stromkostenintensität erfolgt dabei auf der Basis der Regelung des § 64 Abs. 6 Nr. 3 bzw. auf den entsprechenden Übergangsbestimmungen der §§ 103 Abs. 1 und 2.

Liegen die Voraussetzungen des § 103 Abs. 4 vor, begrenzt das Bundesamt für Wirtschaft **35** und Ausfuhrkontrolle die zu zahlende EEG-Umlage für den Stromanteil über 1 GWh auf 20 Prozent. Für die erste GWh gilt der auch in § 64 Abs. 2 vorgesehene Selbstbehalt. Für diese Strommenge ist in jedem Fall die volle EEG-Umlage zu entrichten. Außerdem ist § 103 Abs. 3 entsprechend anwendbar. Das heißt, dass ebenfalls die dort vorgesehene Deckelung greift und zusätzlich zur Begrenzung der EEG-Umlage auf 20 Prozent die jährliche Erhöhung gedeckelt wird.[44]

Wie bereits zuvor § 103 Abs. 3 verweist auch § 103 Abs. 4 in S. 3 auf die entsprechende **36** Anwendung der §§ 64, 66, 68 und 69. Welche zusätzlichen Anforderungen an die antragstellenden Unternehmen zu stellen sind und welche Wirkung Die Anordnung der entsprechenden Anwendung der §§ 64, 66, 68 und 69 hat, ist gleichermaßen undurchsichtig. Wie die entsprechende Anwendung der Regelungen aussieht und ob es sich bei der Verweisung um eine Rechtsgrund- oder Rechtsfolgenverweisung handelt, wird auch in diesem Zusammenhang allein durch den Wortlaut der Übergangsbestimmungen nicht klar. Die Gesetzesbegründung bietet wenig Aufschluss.[45] Das Bundesamt für Wirtschaft und Ausfuhrkontrolle wendet die Voraussetzungen des § 64 Abs. 1 entsprechend an und weist in seinem Merkblatt auf den Nachweis der Voraussetzung des Mindeststromverbrauchs an der betreffenden Abnahmestelle, den Betrieb eines Energie- oder Umweltmanagementsystem sowie die Notwendigkeit der Beantragung im jeweiligen Vorjahr hin, die auch in der Gesetzesbegründung genannt werden.[46] Ob auch die Rechtsfolgen des § 64 zur Anwendung kommen, lässt das Gesetz auch hier offen. Die Gesetzesbegründung zum ersten Entwurf erklärt zumindest die Deckelung in Form des „Cap" und „Super-Cap" für unanwendbar.[47] Aufschluss darüber, woraus dies folgt, wird nicht gegeben. Sollten die Voraussetzungen des § 64 Abs. 1 vollumfänglich anwendbar sein, so dass z.B. auch die Abnahmestelle einer Branche nach Anlage 4 zuzuordnen sein muss, würde dies zumindest in der Fallgruppe, dass Unternehmen mit einer Branchenzugehörigkeit zu Liste 0 an der Abnahmestelle einer Liste des Anhangs 4 zugeordnet sein müssten, zu kuriosen Ergebnissen führen. Der An-

---

44 Vgl. *Große/ Kachel*, NVwZ 2014, 1122, 1127.
45 BT-Drs. 18/1891, S. 223 f.
46 Vgl. BAFA, Merkblatt für stromkostenintensive Unternehmen, Stand: 27.8.2014, S. 41.
47 Referentenentwurf zum EEG 2014 in der Fassung vom 5.5.2104 als Ergänzung zu dem Entwurf eines Gesetzes zur grundlegenden Reform des Erneuerbare-Energien-Gesetzes und zur Änderung weiterer Bestimmung des Energiewirtschaftsgesetzes, BR-Drs. 157/14, S. 3.

wendungsbereich für Unternehmen mit einer Branchenzugehörigkeit zur Liste 0 würde praktisch leerlaufen. Die Fallgestaltung der selbständigen Unternehmensteile von Unternehmen mit Zugehörigkeit zu einer Branche der Liste 2 wurde eingefügt, damit nicht nur selbständige Unternehmensteile mit einer Stromkostenintensität zwischen 14% und 20%, die in den Anwendungsbereich des § 103 Abs. 4 Nr. 2b fallen, sondern auch solche mit einer Stromkostenintensität über 20% von den Übergangsregelungen profitieren können.

37   Dem Wortlaut des § 103 Abs. 4 zufolge und damit anders als die Härtefallregelung des Absatzes 3 gilt die Härtefallbestimmung zeitlich unbegrenzt. Dies begegnet zumindest europarechtlichen Bedenken. Den Umwelt- und Energiebeihilfeleitlinien zufolge müssen die dort festgelegten Bestimmungen spätestens ab dem 1.1.2019 angewendet werden.[48] Für den auf den Übergangsbestimmungen der Leitlinie basierenden § 103 wäre dann kein Raum mehr.[49] Auch wenn die Verbindlichkeit der Umwelt- und Energiebeihilfeleitlinien bisher noch ungeklärt ist, werden sie vom Gesetzgeber jedenfalls im Interesse der Rechtssicherheit vorsorglich angewandt. Dass die Härtefallbestimmung nach diesen Kriterien den Umwelt- und Energiebeihilfeleitlinien angepasst wird, scheint wahrscheinlich.[50]

38   **5. Möglichkeit der nachträglichen Antragstellung für Schienenbahnen für die zweite Jahreshälfte 2014 (Abs. 5).** Mit der Neuregelung der Besonderen Ausgleichsregelung für Schienenbahnen hat der Gesetzgeber die **Eintrittsschwelle** für die Begrenzung der EEG-Umlage deutlich von 10 auf 2 GWh herabgesetzt, um auch für kleinere Schienenbahnunternehmen die EEG-Belastung zu senken und hierdurch den Wettbewerb im Schienenverkehr zu stärken.[51] Dieses neue Begünstigungsregime soll nach dem Willen des Gesetzgebers „möglichst schnell umfassende Geltung erlangen".[52]

39   Schienenbahnunternehmen mit einem Jahresverbrauch über 10 GWh im Jahre 2012 – dem letzten abgeschlossenen Geschäftsjahr vor dem Jahr der Antragstellung 2013 für das **Begrenzungsjahr 2014** – waren bereits nach der bisherigen Besonderen Ausgleichsregelung des EEG 2012 antragsberechtigt und dementsprechend im Besitz eines Begrenzungsbescheids des Bundesamts für Wirtschaft und Ausfuhrkontrolle für das Jahr 2014. Diese Begrenzungsbescheide bleiben in ihrem Bestand durch die EEG-Novelle 2014 unberührt.[53]

40   Schienenbahnunternehmen mit einem Jahresverbrauch von unter 10 GWh, aber über 2 GWh sollen künftig ebenfalls unter die Besondere Ausgleichsregelung fallen. § 65 EEG 2014 greift aber grundsätzlich erst ab dem **Begrenzungsjahr 2015**. Ohne die Übergangsbestimmung des Absatzes 5 hätten diese Schienenbahnunternehmen in 2014 somit die volle EEG-Umlage in Höhe von 6,24 ct/kWh auf ihren Fahrstromverbrauch zahlen müssen. Um hier einen „gleitenden Übergang vom alten zum neuen Regime"[54] zu ermöglichen, hat der Gesetzgeber für nach dem bisherigen Regime nicht, aber nach dem neuen Regime an-

---

48 Mitteilung der Kommission, Leitlinien für staatliche Umweltschutz- und Energiebeihilfen 2014–2020, v. 28.6.2014, (2014/C 200/01), C 200/36, Rn. 193.
49 Mitteilung der Kommission, Leitlinien für staatliche Umweltschutz- und Energiebeihilfen 2014–2020, v. 28.6.2014, (2014/C 200/01), C 200/36, Rn. 193 ff.
50 *Wesche/Woltering*, CuR 2014, 59.
51 Siehe Kommentierung zu § 65 Rn. 5, 16.
52 Vgl. BT-Drs. 18/1304, S. 184.
53 Vgl. BT-Drs. 18/1304, S. 184.
54 Vgl. BT-Drs. 18/1304, S. 184.

tragsberechtigte Schienenbahnunternehmen eine nachträgliche Antragsmöglichkeit für
das **zweite Halbjahr 2014** eröffnet.

Die nachträgliche Begünstigung ist auch vor dem Hintergrund des § 103 Absatz 6 EEG   **41**
2014 zu sehen: Denn durch die ab dem 1.1.2014 erfolgende vollständige Einbeziehung des
16,7-Hz-Bahnkraftwerksstroms, der in der Vergangenheit rund drei Viertel des Fahrstromverbrauchs der betroffenen Schienenbahnunternehmen ausmachte, in den Ausgleichsmechanismus hat sich die EEG-Belastung der Schienenbahnunternehmen ohnehin schon beträchtlich erhöht.[55]

6. Einbeziehung des Bahnkraftwerksstroms in den Ausgleichsmechanismus (Abs. 6).   **42**
In Deutschland[56] erfolgt die Versorgung von elektrisch betriebenen Schienenfahrzeugen
mit Einphasenwechselstrom mit einer verminderten Frequenz von 16,7 Hertz. Dies hat his-
torisch-technische Gründe: Bei Einführung der elektrischen Eisenbahnen vor über 100 Jahren wurde die spezielle Frequenz von (seinerzeit) 16 2/3 Hz zur Reduzierung der sog.
„Bürstenfeuer" gewählt. In Folge dieser technischen Entscheidung wurde eine eigenständige Infrastruktur zur Bereitstellung des spezifischen 16,7 Hz-Bahnstroms in Form des 110
kV-/16,7 Hz-Bahnstromnetzes und von direkt in das Bahnstromnetz einspeisenden Bahnstromkraftwerken aufgebaut. In diesen Kraftwerken wird der überwiegende Teil des gesamten 16,7 Hz-Bahnstrombedarfs der Schienenbahnen auf dem Schienennetz der DB
Netz AG erzeugt. Es handelt sich dabei also, wie es in Absatz 6 Satz 1 beschrieben ist, um
„eigens für die Versorgung von Schienenbahnen erzeugte, unmittelbar in das Bahnstromnetz eingespeiste ... Strommengen (Bahnkraftwerksstrom)". Der restliche Bahnstrombe-
darf wird aus den Stromversorgungsnetzen der allgemeinen Versorgung, die mit einer Frequenz von 50 Hz betrieben werden, bezogen. Mit diesen ist das Bahnstromnetz über Um-
former- und Umrichterwerke verbunden, welche den 50 Hz-Strom in 16,7 Hz-Bahnstrom
umwandeln. Die Sicherheit und Zuverlässigkeit des Bahnstromversorgungssystems wird
dabei vom Betreiber des Bahnstromnetzes, der DB Energie GmbH, gewährleistet. Diese
trägt die System- und Regelverantwortung für das Bahnstromnetz.

Das EEG in den früheren Fassungen verpflichtete auf der vierten Stufe des EEG-Belas-   **43**
tungsausgleichs[57] die letztverbraucherbeliefernden Elektrizitätsversorgungsunternehmen
zur Abnahme und Vergütung des EEG-Stroms gegenüber „dem für sie regelverantwortlichen Übertragungsnetzbetreiber". Auch an vielen weiteren Stellen stellte das Gesetz für
die Adressateneigenschaft des Pflichtenkatalogs auf der vierten Stufe des EEG-Belastungsausgleichs darauf ab, dass der Übertragungsnetzbetreiber für das Elektrizitätsversorgungsunternehmen „regelverantwortlich" ist.[58] In Anbetracht dieses Gesetzeswortlauts

---

55 Siehe hierzu nachfolgend Rn. 42 ff.
56 Ebenso in Österreich, der Schweiz sowie Teilen von Schweden und Norwegen.
57 Siehe § 11 Absatz 4 Satz 1 EEG 2000 und dessen Nachfolgeregelungen in § 14 Absatz 3 Satz 1
    EEG 2004 und § 37 Absatz 1 Satz 1 EEG 2009.
58 Siehe z. B. § 14a Abs. 4 S. 1 EEG 2004, § 48 Abs. 2 EEG 2009, § 48 Abs. 2 S. 1 EEG 2012: „Über-
    tragungsnetzbetreiber sind ferner verpflichtet, den Elektrizitätsversorgungsunternehmen, *für die
    sie regelverantwortlich sind,* ... die Endabrechnung für die EEG-Umlage ... vorzulegen." und § 14a
    Abs. 5 S. 1 EEG 2004, § 49 EEG 2009 und 2012. Auch nach der amtlichen Begründung zu § 14
    Abs. 2 EEG 2004 sind im Belastungsausgleich „alle Strommengen zu berücksichtigen, die von
    Elektrizitätsversorgungsunternehmen *mit regelverantwortlichem Übertragungsnetzbetreiber* an
    Letztverbraucher geliefert haben", vgl. BT-Drs. 15/2864, S. 48. In diesem Sinne verneinte auch
    Salje einen Abnahme- und Vergütungsanspruch des Übertragungsnetzbetreibers gegen Elektrizi-

war es daher jahrelange Praxis des Bundesamts für Wirtschaft und Ausfuhrkontrolle im Rahmen der Besonderen Ausgleichsregelung für Schienenbahnen, die in den Bahnstromkraftwerken erzeugten und direkt in das nicht der Regelverantwortung der inländischen Übertragungsnetzbetreiber unterliegende 16,7 Hz-Bahnstromnetz eingespeisten Strommengen als nicht mit der EEG-Umlage belastet anzusehen. Die Begrenzung der EEG-Umlage erfolgte daher nur bezogen auf die Strommenge, die vom jeweiligen Schienenbahnunternehmen anteilig über die Umformer und Umrichter aus den öffentlichen, der Regelverantwortung der inländischen Übertragungsnetzbetreiber unterliegenden 50 Hz-Stromversorgungsnetzen bezogen wurde.

44   Mit Urteil vom 15.6.2011 (VIII ZR 308/09) entschied der Bundesgerichtshof, dass ein Übertragungsnetzbetreiber auch dann als regelverantwortlich für ein Elektrizitätsversorgungsunternehmen „gilt", wenn dieses ein nicht zu einer inländischen Regelzone gehörendes Netz nutzt. Nach dieser Grundsatzentscheidung musste auch der Bahnkraftwerksstrom in den EEG-Ausgleichsmechanismus einbezogen werden, auch wenn er nicht der Regelverantwortung eines Übertragungsnetzbetreibers unterliegt.[59]

45   Eine vollumfängliche Nachbelastung der EEG-Umlage hätte für die betroffenen Schienenbahnunternehmen jedoch eine wirtschaftlich erhebliche Belastung dargestellt.[60] Da es um Belastungen für vergangene Zeiträume ging, hätten die Schienenbahnen diese nicht mehr an ihre Kunden weiterverrechnen können. In ihren seinerzeitigen Preiskalkulationen waren diese Belastungen nicht eingestellt. Gerade für kleinere Unternehmen hätte eine vollumfängliche Nachbelastung existenzbedrohende Ausmaße annehmen können.[61] Aus diesem Grund hat der Gesetzgeber als Folge des BGH-Urteils vom 15.6.2011 einen **Übergangszeitraum** bis zur vollumfänglichen Einbeziehung des Bahnkraftwerksstroms in den EEG-Ausgleichsmechanismus eingeräumt, indem er die Höhe der nachzuzahlenden EEG-Umlage auf 0,05 ct/kWh – der Mindestumlage des § 42 EEG 2012 – und den Nachzahlungszeitraum auf die Jahre 2009 bis 2013 begrenzte. Der gesamte Bahnkraftwerksstrom wird für diese Jahre somit einheitlich mit 0,05 ct/kWh nachbelastet – dies gilt sowohl für Unternehmen, die für die betreffenden Jahre über einen Begrenzungsbescheid des Bundesamts für Wirtschaft und Ausfuhrkontrolle verfügten, als auch für solche, die in diesen Jahren nicht privilegiert waren. Die Begrenzungsbescheide dieser Jahre und die darin angegebenen Selbstbehalte bleiben unberührt.[62]

46   Diese Begrenzung der Nachbelastung ist auch aus Gründen des Vertrauensschutzes der Schienenbahnen zu begrüßen. Dem EEG-Konto fließen durch die Nachzahlungsregelung des Absatzes 6 immer noch rund 30 Mio. Euro zu.[63] Zudem hat der Gesetzgeber durch die Neuregelung der Besonderen Ausgleichsregelung in § 65 und die damit einhergehende

---

tätsversorgungsunternehmen, die nicht der Regelverantwortung des Übertragungsnetzbetreibers unterliegen, vgl. *Salje*, EEG, 5. Aufl., § 37 Rn. 15.
59 Vgl. BT-Drs. 18/1304, S. 184.
60 Vgl. BT-Drs. 18/1304, S. 184.
61 Da in der Vergangenheit rund 3/4 des gesamten Bahnstrombedarfs aus den Bahnstromkraftwerken stammte, hätten Schienenbahnunternehmen mit einem Jahresverbrauch von unter 10 GWh auf rund 3/4 ihres Verbrauchs die volle EEG-Umlage nachzahlen müssen.
62 Vgl. BT-Drs. 18/1304, S. 184.
63 Vgl. BT-Drs. 18/1304, S. 185.

Verdopplung der Mindestumlage von den begünstigten Schienenbahnen künftig deutliche Mehreinnahmen für das EEG-Konto generiert.[64]

Entsprechend der Funktionsweise des EEG-Belastungsausgleichs greift Absatz 6 auf der **47** vierten Stufe des Belastungsausgleichs ein, also im Verhältnis Übertragungsnetzbetreiber und Bahnstromlieferant. Der Anspruch des Übertragungsnetzbetreibers gegen letztverbraucherbeliefernde Elektrizitätsversorgungsunternehmen auf Zahlung der EEG-Umlage wird im Hinblick auf den Bahnkraftwerksstrom nach Satz 1 für die Jahre 2009 bis 2013 der Höhe nach auf 0,05 ct/kWh begrenzt. Für vor dem 1.1.2009 gelieferten Bahnkraftwerksstrom schließt Satz 4 den Abnahme- und Vergütungsanspruch der Übertragungsnetzbetreiber nach § 37 Absatz 1 Satz 1 EEG 2009 und nach § 14 Absatz 3 Satz 1 EEG 2004 aus, indem dem Bahnstromlieferanten ein Verweigerungsrecht zur Seite gestellt wird.

7. Einbeziehung der Branchen 25.50 und 25.61 (Abs. 7). Durch das Zweite Gesetz zur **48** Änderung des Erneuerbare-Energien-Gesetzes, hat insbesondere die Besondere Ausgleichsregelung eine wesentliche Ergänzung erfahren. Neu in die Übergangsvorschriften der Besonderen Ausgleichsregelung aufgenommen wurde die Begünstigungsmöglichkeit für Unternehmen der Branchen „25.61 Oberflächenveredlung und Wärmebehandlung" und „25.50 Herstellung von Schmiede-, Press-, Zieh- und Stanzteilen, gewalzten Ringen und pulvermetallurgischen Erzeugnissen" ab dem Begrenzungsjahr 2015. Entsprechende Unternehmen konnten nach dem EEG 2014 in seiner am 1.8.2014 in Kraft getretenen Fassung allenfalls als „Liste-0"-Unternehmen einen Antrag gemäß der Härtefallregelung in § 103 Abs. 4 stellen. Die ursprüngliche Definition der in Anlage 4 zum EEG 2014 enthaltenen Branchen, die gemäß §§ 63 ff. begrenzungsfähig sind, wurde unverändert den Umwelt- und Beihilferichtlinien der Europäischen Kommission entnommen.[65] Laut Gesetzesbegründung haben neuere wissenschaftliche Untersuchungen zu dem Ergebnis geführt, dass die für die Branchen 25.50 und 25.61 von der Europäischen Kommission aufgestellten Kriterien, u. a. die branchenspezifische Handelsintensität von vier Prozent und eine Stromkostenintensität von 20 Prozent, von vielen Unternehmen dieser Branchen erfüllt werden, weshalb die entsprechenden Branchen mit in die Anlage 4 zum EEG 2014 aufgenommen wurden.

Von den Branchen 25.50 und 25.61 sind nachfolgende Unterklassen umfasst: **49**

„25.50 Herstellung von Schmiede-, Press-, Zieh- und Stanzteilen, gewalzten Ringen und pulvermetallurgischen Erzeugnissen
25.50.1 Herstellung von Freiformschmiedestücken
25.50.2 Herstellung von Gesenkschmiedeteilen
25.50.3 Herstellung von Kaltfließpressteilen
25.50.4 Herstellung von Press-, Zieh- und Stanzteilen
25.50.5 Herstellung von pulvermetallurgischen Erzeugnissen

Diese Unterklasse umfasst:

– Herstellung von Teile aus Metallpulver unter Druck und durch Wärmebehandlung (Sinterung)

Diese Unterklasse umfasst nicht:

---

64 Vgl. BT-Drs. 18/1304, S. 185.
65 Vgl. Amtsblatt der Europäischen Union, 2014/C 200/01.

- Erzeugung von Metallpulver (s. 24.1, 24.4)
25.61 Oberflächenveredlung und Wärmebehandlung
25.61.0 Oberflächenveredlung und Wärmebehandlung

Diese Unterklasse umfasst:

- Plattieren, Eloxieren usw. von Metall
- Wärmebehandlung von Metall
- Entgraten, Sandstrahlen, Kugelpolitur und Reinigen von Metallen
- Färben und Gravieren von Metall
- nichtmetallisches Beschichten von Metallen:
  Plastifizieren, Emaillieren, Lackieren usw.
- Härten und Schwabbeln von Metall

Diese Unterklasse umfasst nicht:

- Hufschmiedetätigkeiten (s. 01.62.0)
- Bedrucken von Metall (s. 18.12.0)
- Beschichten von Kunststoffen mit Metall (s. 22.29.0)
- Herstellung von Plattierungen mit Edelmetallen auf unedlen Metallen und anderen Metallen (s. 24.41.0)
- Gravieren als Sofortservice (s. 95.29.0)

50 Werden durch Unternehmen der Branchen 25.50 oder 25.61 die übrigen Voraussetzungen einer Begrenzung nach den §§ 63 ff. erfüllt, finden für sie auf Rechtsfolgenseite grundsätzlich die regulären Begrenzungsregeln des § 64 Anwendung. Hinzu kommt, dass für sie aufgrund der Zuordnung zur Liste 2 außerdem auch die Übergangsbestimmung des § 103 Abs. 2 und die Verdoppelungsregel in § 103 Abs. 3 zur Anwendung kommen. Damit findet ab dem Zeitpunkt des Wirksamwerdens der Entscheidung des Bundesamtes für Wirtschaft und Ausfuhrkontrolle gemäß § 64 i.V.m. § 103 Abs. 7 eine lückenlose Gleichstellung mit solchen Unternehmen statt, die bereits nach der am 1.8.2014 in Kraft getretenen Fassung des EEG nach den Vorgaben für Unternehmen der Liste 2 gemäß den Regelungen der §§ 63 ff. oder des § 103 begrenzt wurden. Etwaige Begrenzungsentscheidungen des Bundesamtes für Wirtschaft und Ausfuhrkontrolle für diese Unternehmen stehen jedoch gemäß Abs. 7 Satz 1 unter dem Vorbehalt einer beihilferechtlichen Genehmigung durch die EU-Kommission. Die Bundesregierung hat das Zweite Gesetz zur Änderung des Erneuerbare-Energien-Gesetzes förmlich notifiziert, wobei diese Notifizierung unter Wahrung der Rechtsauffassung der Bundesregierung erfolgt ist, dass es sich bei der Besonderen Ausgleichsregelung nicht um eine Beihilfe handelt.[66] Anknüpfend daran macht das Bundesministerium für Wirtschaft und Energie gemäß Abs. 7 Satz 2 den Tag, an dem die Genehmigung der Bundesregierung bekanntgegeben wird, im Bundesanzeiger bekannt.

51 Die nachträgliche Ergänzung der von Liste 2 umfassten Branchen erfordert einige besondere verfahrensrechtliche und inhaltliche Vorgaben, welche sich in Abs. 7 Satz 3 finden. Diese haben insbesondere zu berücksichtigen, dass etwaige Begrenzungsbescheide zunächst unter dem oben beschriebenen Genehmigungsvorbehalt ergehen und Abweichungen von der regulären Antragsfrist (vgl. § 66 Abs. 1 Satz 1: 30.9.2014 bzw. 30.6.2015) notwendig wurden. Für die Begrenzungsjahre 2015 und 2016 kann daher zunächst gemäß § 103 Abs. 7 Satz 3 Nr. 1, abweichend von den grundsätzlich maßgeblichen Fristen des

---

66 BR-Drs. 166/15, S. 3.

§ 66 Abs. 1 Satz 1, noch bis einen Monat nach Verkündung des Zweiten Gesetzes zur Änderung des Erneuerbare-Energien-Gesetzes ein Begrenzungsantrag gestellt werden. Hinzuweisen ist darauf, dass es sich – wie explizit im Gesetz erwähnt – auch in diesem Zusammenhang um eine materielle Ausschlussfrist handelt.[67] Fraglich ist, ob Unternehmen, die für das Begrenzungsjahr 2015 bereits nach den Regelungen des § 103 Abs. 4 begrenzt waren, überhaupt einen Antrag gemäß § 103 Abs. 7 i.V.m. § 64 stellen müssen oder ob hier nichts bereits durch eine Umdeutung des zum 30.9.2014 gestellten Antrags seitens des Bundesamtes für Wirtschaft und Ausfuhrkontrolle eine Neubescheidung möglich ist. Da in der Praxis Unternehmen der Branchen 25.50 und 25.61 zum 30.9.2014 in der Regel ausdrücklich einen „Antrag gemäß § 64 i.V.m. § 103 EEG 2014" gestellt haben, erscheint es – auch im Sinne einer Vermeidung unnötigen Verwaltungsaufwands – sachgerecht, an dieser Stelle nicht auf das Stellen eines neuen Antrags gemäß § 103 Abs. 7 i.V.m. § 64 zu bestehen.

Da das Zweite Gesetz zur Änderung des Erneuerbare-Energien-Gesetzes innerhalb des laufenden Kalenderjahres 2015 in Kraft getreten ist und die beihilferechtliche Genehmigung daraufhin unterjährig ergeht, muss der Begrenzungszeitraum vom sonst üblichen vollen Kalenderjahr abweichen. Konsequenterweise sieht das Gesetz daher vor, dass die Begrenzungsentscheidung erst dann wirksam wird, wenn die beihilferechtliche Genehmigung erteilt wurde. Die Gesetzesbegründung weist in diesem Zusammenhang darauf hin, dass das Bundesamt für Wirtschaft und Ausfuhrkontrolle daher Bescheide gemäß §§ 64 i.V.m. § 103 Abs. 7 gegebenenfalls erst dann an die Unternehmen versenden wird, wenn die Genehmigung durch die Kommission vorliegt, und das Datum, zu dem die Wirksamkeit beginnt, im Bescheid vermerken wird; der Bescheid soll dann frühestens mit Vorliegen der Genehmigung der Kommission wirksam werden. Sollte die Genehmigung vorliegen, bevor das Zweite Gesetz zur Änderung des Erneuerbare-Energien-Gesetzes in Kraft tritt, könnten wirksame Bescheide aufgrund des Zweiten Gesetzes zur Änderung des Erneuerbare-Energien-Gesetzes erst nach dessen Inkrafttreten erteilt werden; eine Rückwirkung auf den Zeitpunkt der beihilferechtlichen Genehmigung ist nicht vorgesehen.[68] **52**

Zum eigentlichen Begrenzungsumfang nach der gesetzlichen Neuregelung sind Einzelheiten Abs. 7 Satz 3 Nr. 2 zu entnehmen. Berücksichtigung muss hier insbesondere der Umstand finden, dass „neue" Begrenzungsbescheide nach den obigen Ausführungen erst unterjährig wirksam werden und sich damit Abgrenzungsfragen im Hinblick auf die Reichweite des bis zum Wirksamwerden des „neuen" Bescheides weiterhin wirksamen „Alt-Bescheides" ergeben. Das Gesetz sieht ausdrücklich vor, dass Zahlungen, die in einem Begrenzungsjahr vor dem Eintritt der Wirksamkeit der „neuen" Begrenzungsentscheidung geleistet wurden, für Zahlungen des Selbstbehalts gemäß § 64 Abs. 2 Nr. 2 und für das Erreichen der Obergrenzenbeträge gemäß § 64 Abs. 2 Nr. 3 berücksichtigt werden. Damit ist klargestellt, dass bereits geleistete Zahlungen auf den Selbstbehalt (volle EEG-Umlage für die erste Gigawattstunde) nach Wirksamwerden der „neuen" Begrenzung nicht erneut gezahlt werden, also eine doppelte Berechnung des Selbstbehalts verhindert wird. Eine Übertragung dieses Anrechnungs-Gedankens findet ebenfalls bei der Berechnung der Obergrenzen statt („Cap" und „Supercap"; Begrenzung der gesamte Umlagezahlung des Unternehmens auf einen bestimmten Prozentsatz seiner Bruttowertschöpfung), wobei hier **53**

67 Vgl. § 66 Rn. 7.
68 BR-Drs. 166/15, S. 8.

zu berücksichtigen ist, dass eine Erstattung ausdrücklich ausgeschlossen ist, wenn das Unternehmen bis zum Wirksamwerden der „neuen" Begrenzungsentscheidung Zahlungen über den „neuen" Obergrenzenbetrag hinaus geleistet hat. Diese Zahlungen bleiben von der Entscheidung unberührt. Der Begrenzungsumfang richtet sich im Übrigen nach § 64 Abs. 2, wobei ggf. auch die Verdoppelungsregelung gemäß § 103 Abs. 3 zur Anwendung kommt.[69]

54 Kommt für ein Unternehmen der Branchen 25.50 oder 25.61 eine Begrenzung nach den neuen Vorgaben des Zweiten Gesetzes zur Änderung des Erneuerbare-Energien-Gesetzes in Betracht, stellt sich gleichsam die Frage, wie mit einem Begrenzungsbescheid umzugehen ist, der ursprünglich auf der Grundlage der Härtefallregelung des § 103 Abs. 4 erging (entsprechende Unternehmen waren nach dem EEG 2014 vor Inkrafttreten des Zweiten Gesetzes zur Änderung des Erneuerbare-Energien-Gesetzes Unternehmen der „Liste 0"). Nach der gesetzlichen Konzeption verlieren diese „Alt-Bescheide" ihre Wirksamkeit erst dann, wenn die Begrenzungen in Form der „neuen Begrenzungsbescheide" auf der Grundlage der Änderungen des Zweiten Gesetzes zur Änderung des Erneuerbare-Energien-Gesetzes wirksam werden. Es ist vorgesehen, dass das Bundesamt für Wirtschaft und Ausfuhrkontrolle in den „neuen" Begrenzungsentscheidungen die Unwirksamkeit der „Alt-Bescheide" ausdrücklich anordnet und in den „neuen" Begrenzungsentscheidungen die Daten der jeweiligen Begrenzungszeiträume ausdrücklich genannt werden, um so etwaige Unklarheiten von vornherein zu vermeiden. Es gilt in diesem Zusammenhang zu verhindern, dass zwei inhaltlich unterschiedliche Begrenzungsentscheidungen für dasselbe antragstellende Unternehmen zeitgleich vorliegen und so Unstimmigkeiten in der Abrechnung ggü. dem Elektrizitätsversorgungsunternehmen entstehen. Kommt es dazu, dass ein Unternehmen keine „neue" Entscheidung erhält, weil es beispielsweise die Voraussetzung der Stromkostenintensität nicht erfüllt, bleibt eine bereits bestehende Begrenzung (in der Regel gemäß § 103 Abs. 4) davon unberührt. Diese bleibt bestehen, eine Aufhebung erfolgt nicht, so dass auch in diesen Fällen eine lückenlose Begrenzung für das gesamte Kalenderjahr sichergestellt ist.[70]

---

69 BR-Drs. 166/15, S. 8.
70 BR-Drs. 166/15, S. 9.

Küper/Mussaeus

§ 104 Weitere Übergangsbestimmungen

(1) [1]Für Anlagen und KWK-Anlagen, die vor dem 1. August 2014 in Betrieb genommen worden sind und mit einer technischen Einrichtung nach § 6 Absatz 1 oder Absatz 2 Nummer 1 und 2 Buchstabe a des am 31. Juli 2014 geltenden Erneuerbare-Energien-Gesetzes ausgestattet werden mussten, ist § 9 Absatz 1 Satz 2 ab dem 1. Januar 2009 rückwirkend anzuwenden. [2]Ausgenommen hiervon sind Fälle, in denen vor dem 9. April 2014 ein Rechtsstreit zwischen Anlagenbetreiber und Netzbetreiber anhängig oder rechtskräftig entschieden worden ist.

(2) § 39 Absatz 1 und 2 des Erneuerbare-Energien-Gesetzes in der am 31. Juli 2014 geltenden Fassung ist auf Strom, den Elektrizitätsversorgungsunternehmen nach dem 31. Dezember 2013 und vor dem 1. August 2014 an ihre gesamten Letztverbraucher geliefert haben, mit der Maßgabe anzuwenden, dass abweichend von § 39 Absatz 1 Nummer 1 des Erneuerbare-Energien-Gesetzes in der am 31. Juli 2014 geltenden Fassung dieser Strom die dort genannten Anforderungen in dem Zeitraum nach dem 31. Dezember 2013 und vor dem 1. August 2014 sowie zugleich jeweils in mindestens vier Monaten dieses Zeitraums erfüllt, wobei § 39 Absatz 1 Nummer 1 zweiter Halbsatz des Erneuerbare-Energien-Gesetzes in der am 31. Juli 2014 geltenden Fassung nicht anzuwenden ist.

(3) [1]Für Eigenversorgungsanlagen, die vor dem 1. August 2014 ausschließlich Strom mit Gichtgas, Konvertergas oder Kokereigas (Kuppelgase) erzeugt haben, das bei der Stahlerzeugung entstanden ist, ist § 61 Absatz 7 nicht anzuwenden und die Strommengen dürfen, soweit sie unter die Ausnahmen nach § 61 Absatz 2 bis 4 fallen, rückwirkend zum 1. Januar 2014 jährlich bilanziert werden. [2]Erdgas ist in dem Umfang als Kuppelgas anzusehen, in dem es zur Anfahr-, Zünd- und Stützfeuerung erforderlich ist.

(4) Ansprüche von Anlagenbetreibern gegen Netzbetreiber auf finanzielle Förderung nach § 19, die nach § 25 Absatz 2 Satz 1 Nummer 3 des Erneuerbare-Energien Gesetzes in der am [Datum des Tages der Verkündung dieses Gesetzes] geltenden Fassung verringert war, werden nicht vor dem [Datum desjenigen Tages des ersten auf den Monat der Verkündung folgenden Kalendermonats, dessen Zahl mit der des Tages der Verkündung übereinstimmt, oder, wenn es einen solchen Kalendertag nicht gibt, Datum des ersten Tages des darauffolgenden Kalendermonats] fällig.

Schrifttum: *Geipel/Uibeleisen*, Die Übergangsbestimmungen für Bestandsanlagen im EEG 2014, REE 2014, 142; *Thomas*, Das EEG 2014 – Eine Darstellung nach Anspruchsgrundlagen, NVwZ-Extra 17/2014, 1.

Übersicht

I. Normzweck

1 § 104 enthält verschiedene **Übergangsregelungen** für gemeinsame technische Einrichtungen (Abs. 1), für die Fortgeltung des Grünstromprivilegs in modifizierter Form (Abs. 2) sowie für Eigenerzeugungsanlagen (Abs. 3).

II. Gemeinsame technische Einrichtungen (Abs. 1)

2 § 104 Abs. 1 wendet mit der Rückwirkung von § 9 Abs. 1 S. 2 die Klarstellung in Bezug auf **technische Einrichtungen** auch auf Bestandsanlagen an.[1] Nach der Intention des Gesetzgebers handelt es sich bei 9 Abs. 1 S. 2 lediglich um eine Klarstellung, die der bisherigen Rechtspraxis entspricht.[2] Nach der Rechtsprechung des KG Berlin waren gemeinsame technische Einrichtungen für mehrere Anlagen am selben Verknüpfungspunkt nicht zulässig; stattdessen sollte jede einzelne Anlage mit einer eigenen technischen Einrichtung ausgestattet sein.[3] Da der BGH die Revision nicht zugelassen hat, bestand Rechtsunsicherheit, insbesondere da nach dem EEG 2012 die Anforderungen zu den Systemdienstleistungen am Netzverknüpfungspunkt erbracht werden mussten.[4] In Anbetracht des Umstandes, dass das Einspeisemanagement aber auch dann ermöglicht wird, wenn mehrere Anlagen über eine gemeinsame technische Einrichtung am Netzverknüpfungspunkt verfügen, stellt § 9 Abs. 1 S. 2 klar, dass auch in diesem Fall die Voraussetzungen des § 9 Abs. 1 S. 1 Nr. 1 und 2 erfüllt sind.

3 Diese in § 104 Abs. 1 angeordnete **Rückwirkung** begegnet keinen verfassungsrechtlichen Bedenken. Für Anlagenbetreiber handelt es sich um eine begünstigende rückwirkende Regelung.[5] Dies gilt auch für die Netzbetreiber, auch wenn sie die Anspruchsverpflichteten sind, da sie einen Anspruch auf Rückerstattung der Kosten haben und somit durch den § 9 Abs. 1 S. 2 und seine Rückwirkung finanziell nicht benachteiligt werden. In Betracht kommt aber ein rückwirkender Eingriff in die Rechte der EVU.[6] Dieser Eingriff ist aber angesichts der geringen Eingriffsintensität (aufgrund der Unerheblichkeit der finanziellen Auswirkungen) verhältnismäßig.[7]

4 **1. Voraussetzungen.** Voraussetzung für die **Rückwirkung** ist zunächst, dass eine Anlage i. S. des EEG oder eine KWK-Anlage vorliegt, die vor dem 1.8.2014 in Betrieb genommen

---

[1] *Thomas*, NVwZ 17/2014, 1, 4.
[2] BT-Drs. 18/1304, S. 183.
[3] KG Berlin, Beschl. v. 9.7.2012, 23 U 71/12, Rn. 9.
[4] So BT-Drs. 18/1304, S. 183.
[5] So auch BT-Drs. 18/1304, S. 183.
[6] So auch BT-Drs. 18/1304, S. 183.
[7] Dementsprechend auch BT-Drs. 18/1304, S. 183 mit Verweis auf die geringe Zahl von Fällen, in denen es zu praktischen Streitigkeiten kam.

wurde und mit einer technischen Einrichtung nach § 6 Abs. 1 oder 2 EEG 2012 auszustatten war.

a) Anlage i.S.d. EEG. Eine **Anlage** i.S.d. EEG ist nach § 5 Nr. 1 jede Einrichtung zur   5
Erzeugung von Strom aus erneuerbaren Energien oder aus Grubengas.[8] Dies erfasst Einrichtungen, die zwischengespeicherte Energie, die ausschließlich aus erneuerbaren Energien oder Grubengas stammt, aufnehmen und in elektrische Energie umwandeln.

b) KWK-Anlagen. KWK-Anlagen sind gemäß § 5 Nr. 23 solche i.S. von § 3 Abs. 2   6
KWKG.[9] Es handelt sich dabei um Feuerungsanlagen mit Dampfturbinen-Anlagen (Gegendruckanlagen, Entnahme- und Anzapfkondensationsanlagen) oder Dampfmotoren, Gasturbinen-Anlagen (mit Abhitzekessel oder mit Abhitzekessel und Dampfturbinen-Anlage), Verbrennungsmotoren-Anlagen, Stirling-Motoren, Organic Rankine Cycle-Anlagen sowie Brennstoffzellen-Anlagen, in denen Strom und Nutzwärme erzeugt werden.

c) Inbetriebnahme. Die Anlage muss vor dem 1.8.2014 in Betrieb genommen worden   7
sein. Die **Inbetriebnahme** bestimmt sich nach dem Inbetriebnahmebegriff des § 5 Nr. 21.
Eine Anlage ist demnach erst dann in Betrieb genommen worden, wenn sie erstmalig nach Herstellung ihrer technischen Betriebsbereitschaft ausschließlich mit erneuerbaren Energien oder Grubengas arbeitet.[10] Damit wird auch die Inbetriebnahme von brennstoffbasierten Anlagen nunmehr an die erstmalige Inbetriebsetzung ausschließlich mit erneuerbaren Energien oder Grubengas geknüpft. Die technische Betriebsbereitschaft setzt voraus, dass die Anlage fest an dem für den dauerhaften Betrieb vorgesehenen Ort und dauerhaft mit dem für die Erzeugung von Wechselstrom erforderlichen Zubehör installiert wurde. Der Austausch des Generators oder sonstiger technischer oder baulicher Teile nach der erstmaligen Inbetriebnahme führt dabei nicht zu einer Änderung des Zeitpunkts der Inbetriebnahme.

d) Pflicht zur Ausstattung mit technischer Einrichtung nach § 6 EEG 2012. Voraussetzung   8
zung ist weiterhin, dass die Anlage mit einer **technischen Einrichtung** nach § 6 Abs. 1
oder Abs. 2 Nr. 1 und 2 lit. a EEG 2012 ausgestattet werden musste. Diese Pflicht bestand für Anlagen mit einer installierten Leistung von mehr als 100 kW nach § 6 Abs. 1 EEG 2012. Die technischen Einrichtungen müssen so beschaffen sein, dass der Netzbetreiber jederzeit die Einspeiseleistung bei Netzüberlastung ferngesteuert reduzieren und die jeweilige Ist-Einspeisung abrufen kann.

Anlagen mit einer installierten Leistung bis einschließlich 100 kW unterstanden nicht der   9
Pflicht des § 6 Abs. 1 mit Ausnahme von **Photovoltaikanlagen**, die mit technischen Einrichtungen zur ferngesteuerten Reduzierung der Einspeiseleistung ausgestattet werden mussten.

2. Rückwirkung des § 9 Abs. 1 S. 2. Für die genannten Anlagen gilt § 9 Abs. 1 S. 2 ab   10
dem 1.1.2009 rückwirkend. Die Pflichten nach § 6 Abs. 1 EEG 2012 gelten damit auch dann als erfüllt, wenn mehrere Anlagen, die gleichartige erneuerbare Energien einsetzen und über denselben Verknüpfungspunkt mit dem Netz verbunden sind, mit einer **gemeinsamen technischen Einrichtung** ausgestattet sind, mit der der Netzbetreiber jederzeit die

---

8 Vgl. hierzu § 5 Rn. 15 ff.
9 Vgl. zum Begriff der KWK-Anlagen § 5 Rn. 144 sowie BerlKommEnR/*Topp*, Bd. 2, 2. Aufl. 2013, § 3 KWKG Rn. 17 ff.
10 Vgl. zum Begriff der Inbetriebnahme ausführlich § 5 Rn. 120 ff.

gesamte Einspeiseleistung bei Netzüberlastung ferngesteuert reduzieren kann und die gesamte Ist-Einspeisung der Anlagen abrufen kann. Relevant ist die Rückwirkung beispielsweise im Fall der Errichtung weiterer Neuanlagen neben einer Bestandsanlage.[11]

11   Eine **Rückwirkung** ist jedoch in Fällen ausgeschlossen, in denen **Rechtsstreitigkeiten** zwischen Anlagenbetreibern und Netzbetreibern, die vor dem 9.4.2014, mithin bis zum Tag des Kabinettstermins für den Entwurf des EEG, anhängig waren oder rechtskräftig entschieden worden sind.

III. Grünstromprivileg (Abs. 2)

12   Mit der Übergangsvorschrift in § 104 Abs. 2 soll Rechtssicherheit für Anlagenbetreiber und EVU hergestellt werden, die sich zu Beginn des Jahres 2014 noch für die Nutzung des **Grünstromprivilegs** nach § 39 EEG 2012 entschieden haben.[12]

13   **1. Stromlieferung zwischen 1.1.2013 und 31.7.2014.** § 104 Abs. 2 findet Anwendung auf **Stromlieferungen** von EVU an Letztverbraucher zwischen dem 1.1.2013 und 31.7.2014. Hierbei handelt es sich um Strom unabhängig von der Erzeugungsart und der eingesetzten Primärenergiequelle. EVU sind nach § 5 Nr. 13 natürliche oder juristische Personen, die Strom an Letztverbraucher, also natürliche oder juristische Personen, die Strom verbrauchen, liefern.

14   **2. Verringerung der EEG-Umlage.** Auf diesen Strom ist grundsätzlich weiterhin § 39 Abs. 1 und 2 EEG 2012 anzuwenden, der eine **Verringerung der EEG-Umlage** für die dort genannten Letztverbrauchergruppen vorsieht.[13] Allerdings gelten folgende Modifikationen:

15   Der Strom muss die Voraussetzungen des § 39 Abs. 1 Nr. 1 EEG 2012 in dem **Rumpfzeitraum** nicht in sieben, sondern nur in mindestens vier Monaten in dem Zeitraum zwischen 1.1.2014 und 31.7.2014 erfüllen. Der Begriff Monat ist nach genetischer und systematischer Auslegung i.S. von Kalendermonat und nicht i.S. von Zeitmonat auszulegen. So spricht die amtliche Begründung[14] von Kalendermonat, ebenso § 39 Abs. 1 S. 2 EEG 2012.

16   Dabei wird § 39 Abs. 1 Nr. 1, 2. Hs. EEG 2012 nicht angewendet. Deshalb kann bei der **Berechnung** der Anteile nach § 39 Abs. 1 Nr. 1, 1. Hs. EEG 2012 vergütungsfähiger Strom vollständig berücksichtigt werden.

17   Die ÜNB müssen diese modifizierten Anforderungen an die Nutzung des Grünstromprivilegs für den verkürzten Zeitraum vom 1.1.2014 bis 31.7.2014 bei der Abrechnung der **EEG-Umlage** für das Jahr 2014 gegenüber den privilegierten EVU berücksichtigen.[15]

---

11 Vgl. *Geipel/Uibeleisen*, REE 2014, 142, 144.
12 BT-Drs. 18/1304, S. 183.
13 Vgl. hierzu BerlKommEnR/*Ahnsehl*, Bd. 2, 2. Aufl. 2013, § 39 EEG 2012 Rn. 3 ff.
14 BT-Drs. 18/1304, S. 183.
15 BT-Drs. 18/1304, S. 183.

IV. Berechnung der EEG-Umlage für Eigenversorger (Abs. 3)

§ 104 Abs. 3 wurde erst zu einem späten Zeitpunkt des Gesetzgebungsverfahren aufgrund der Beschlussempfehlung des Ausschusses für Wirtschaft und Energie in die **Übergangsregelungen** eingeführt.[16] § 104 Abs. 3 privilegiert Eigenversorgungsanlagen in der Stahlindustrie, indem diejenigen Strommengen, die von der EEG-Umlage nicht erfasst werden, auf der Basis einer **Jahresbetrachtung** und nicht einer Viertelstundenbetrachtung i. S. d. § 61 Abs. 7 ermittelt werden. § 104 Abs. 3 stellt damit eine Ausnahmeregelung zum engen Gleichzeitigkeitsbegriff in § 61 Abs. 7 dar und steht deshalb in einem systematischen Zusammenhang zu dieser Norm. **18**

1. Eigenversorgungsanlage. § 104 Abs. 3 setzt zunächst eine **Eigenversorgungsanlage** voraus. Dabei handelt es sich um eine Anlage i. S. d. § 5 Nr. 1 EEG mit einer Erzeugung von Strom zur Eigenversorgung. Eigenversorgung ist nach § 5 Nr. 12 der Verbrauch von Strom, den eine natürliche oder juristische Person im unmittelbaren räumlichen Zusammenhang mit der Stromerzeugungsanlage selbst verbraucht, wenn der Strom nicht durch ein Netz durchgeleitet wird und diese Person die Stromerzeugungsanlage selbst betreibt. **19**

Die Anlage muss vor dem 1.8.2014 ausschließlich Strom aus den Primärenergieträgern Gichtgas, Konvertergas oder Kokereigas (Kuppelgase) erzeugt haben, das bei der Stahlerzeugung entstanden ist. Als **Kuppelgas** wird auch Erdgas in dem Umfang angesehen, in dem es zur Anfahr-, Zünd- und Stützfeuerung erforderlich ist. Die Regelung in § 104 Abs. 3 zielt auf die integrierten Hüttenwerke in der **Stahlindustrie**. In der Kokerei, im Hochofen und im Stahlwerk anfallende Kuppelgase werden nicht ungenutzt verbrannt (abgefackelt). Vielmehr wird das bei der Stahlproduktion zwangsläufig anfallende Kuppelgas in Kraftwerken, die die deutschen integrierten Hüttenwerke betreiben, ökonomisch und nachhaltig eingesetzt, um Prozessdampf und Strom zu erzeugen. Diese wiederum finden in Anlagen sowohl zur Stahlerzeugung (z. B. Hochofen, Stahlwerk) als auch zur Stahlweiterverarbeitung (z. B. Warmbandwerke, elektrolytische Beschichtungsanlagen) Einsatz. Dabei erfolgen die unterschiedlichen Produktionsschritte getrennt voneinander, so dass ein zeitlicher Gleichlauf i. S. d. § 61 Abs. 7 zwischen Anfall der Kuppelgase, der Erzeugung des Stroms hieraus und dessen Einsatz in der Produktion, insbesondere in der Weiterverarbeitung, nur teilweise gegeben ist. Auch vor dem Hintergrund mangelnder Speicherbarkeit dieser Gase wäre die gestellte Anforderung aus § 61 Abs. 7, dass Erzeugung und Nutzung des Stroms innerhalb einer Viertelstunde, also gleichzeitig, zu erfolgen haben, in einem integrierten Hüttenwerk zu einem großen Teil nicht erfüllbar. **20**

Soweit in diesen Kraftwerken vor dem 1.8.2014 neben Kuppelgasen auch **Erdgas** eingesetzt wurde, ist dies i. S. eines **„ausschließlichen" Einsatzes von Kuppelgasen** nicht schädlich, wenn der Erdgaseinsatz entweder dem Kraftwerkseigenverbrauch oder, soweit es um eine Kraft-Wärme-Kopplung geht, der Erzeugung von Dampf zugeordnet werden kann. Denn die Ausnahmeregelung in § 104 Abs. 3 kann sich nur auf Sachverhalte beziehen, die in den Anwendungsbereich der Regelvorschrift des § 61 Abs. 7 mit einer Viertelstundenbetrachtung fallen. Wenn § 61 Abs. 7 aber nur den **Strom** meint, der **erzeugt und** (in eigenen Anlagen) **verbraucht** wird, also den **eingespeisten Strom** (Argument auch aus § 61 Abs. 7 S. 2), dann wird der Strom, der rein der Erzeugung solchen Stroms dient, nicht erfasst. Der Kraftwerkseigenverbrauch kann deshalb bei einer systematischen Auslegung **21**

---

16 BT-Drs. 18/1891, S. 224.

nicht im Rahmen von § 104 Abs. 3 relevant sein. Bestätigt wird diese Betrachtung durch § 61 Abs. 2 Nr. 1, wonach das EEG keine EEG-Umlage für den Kraftwerkseigenverbrauch vorsieht. Außer Betracht bleibt aber auch der Erdgaseinsatz, der in Kraft-Wärme-Kopplung der Erzeugung von Dampf zugeordnet werden kann. Insofern ist das Merkmal „ausschließlich" systematisch so auszulegen, dass es auch dann erfüllt ist, wenn neben Kuppelgasen Erdgas eingesetzt wurde.[17]

22   Im Übrigen ist der **Erdgaseinsatz** dem Einsatz von Kuppelgas gleichzusetzen, wenn er zur Anfahr-, Zünd und Stützfeuerung erforderlich ist. Zur Stützfeuerung gehört neben dem direkten Einsatz im Kraftwerk zur Mindestlastabsicherung auch der Einsatz von Erdgas in einem Kuppelgasnetz, wenn wegen unvermittelten Ausfalls von Anlagen der Kokerei, des Hochofens und des Stahlwerks zu wenig Kuppelgas in das Netz gelangt und das Kuppelgaskraftwerk notwendigerweise nur durch die kurzfristige Zuführung von Erdgas, als Ersatz für weggebrochene Kuppelgasmengen, weiterbetrieben werden kann („mittelbare Stützfeuerung").

23   Schließlich erfordert § 104 Abs. 3, dass die Strommengen die Voraussetzungen des § 61 Abs. 2 bis 4 erfüllen.

24   **2. Berechnung der EEG-Umlage.** Bei Vorliegen der genannten Voraussetzungen ist § 61 Abs. 7 nicht anzuwenden. Diese Norm bestimmt in S. 1, dass Strom nur bis zu der Höhe des aggregierten Eigenverbrauchs, bezogen auf jedes 15-Minuten-Intervall, in die Berechnung der selbst erzeugten und verbrauchten Strommengen im Rahmen der **EEG-Umlage** berücksichtigt wird. Für Anlagen, die in den Anwendungsbereich des § 104 Abs. 3 fallen, muss deshalb die Eigenversorgung nicht 15-Minuten-scharf nachgewiesen werden.[18]

25   Anstelle dieser Regelungen dürfen die erzeugten Strommengen i. S. d. § 61 Abs. 2 bis 4 rückwirkend zum 1.1.2014 **jährlich bilanziert** werden.[19]

V. Fälligkeit von Nachforderungsansprüchen auf finanzielle Förderung nach § 19 (Abs. 4)

26   § 104 Abs. 4 befand sich zum Zeitpunkt des Redaktionsschlusses noch im Gesetzgebungsverfahren. Es handelt sich hierbei um eine **Fälligkeitsregelung**. Die Übergangsregelung gilt für Ansprüche von Anlagenbetreibern gegen Netzbetreiber auf **finanzielle Förderung nach § 19**, mithin auf Zahlung einer Marktprämie gemäß § 34 im Rahmen der geförderten Direktvermarktung oder auf Einspeisevergütung nach §§ 37 f., die nach der ursprünglichen Fassung des § 25 Abs. 2 S. 1 Nr. 3 reduziert waren.

27   Mit Art. 1 Nr. 1 lit. a) aa) i. V. m. Art. 2 Abs. 2 des Zweiten Gesetzes zur Änderung des Erneuerbare-Energien-Gesetzes hat der Gesetzgeber § 25 Abs. 2 S. 1 Nr. 3 a. F. rückwirkend aufgehoben. Damit werden Ansprüche auf finanzielle Förderung nicht mehr auf den Monatsmarktwert reduziert, wenn der Strom mit Strom aus mindestens einer anderen Anlage über eine gemeinsame Messeinrichtung abgerechnet wird und nicht der gesamte über diese Messeinrichtung abgerechnete Strom direkt vermarktet wird oder für den gesamten über diese Messeinrichtung abgerechneten Strom eine Einspeisevergütung in Anspruch genom-

---

17 So im Ergebnis auch *Salje*, EEG, § 104 Rn. 15.
18 BT-Drs. 18/1891, S. 224.
19 Vgl. hierzu § 61 Rn. 43 ff.

Anlage 1 (zu § 34)
Höhe der Marktprämie

1. Berechnung der Marktprämie

1.1 **Im Sinne dieser Anlage ist:**

- „*MP*" die Höhe der Marktprämie im Sinne des § 34 Absatz 2 in Cent pro Kilowattstunde,

- „*AW*" der anzulegende Wert nach §§ 40 bis 55 unter Berücksichtigung der §§ 19 bis 32 in Cent pro Kilowattstunde,

- „*MW*" der jeweilige Monatsmarktwert in Cent pro Kilowattstunde,

1.2 Die Höhe der Marktprämie nach § 34 Absatz 2 („*MP*") in Cent pro Kilowattstunde direkt vermarkteten und tatsächlich eingespeisten Stroms wird nach der folgenden Formel berechnet:

$$MP = AW - MW$$

Ergibt sich bei der Berechnung ein Wert kleiner null, wird abweichend von Satz 1 der Wert „*MP*" mit dem Wert null festgesetzt.

2. Berechnung des Monatsmarktwerts „MW"

2.1 Monatsmarktwert bei Strom aus Wasserkraft, Deponiegas, Klärgas, Grubengas, Biomasse und Geothermie nach den §§ 40 bis 48

Als Wert „MW" in Cent pro Kilowattstunde ist bei direkt vermarktetem Strom aus Wasserkraft, Deponiegas, Klärgas, Grubengas, Biomasse und Geothermie der Wert „MW_{EPEX}" anzulegen. Dabei ist „MW_{EPEX}" der tatsächliche Monatsmittelwert der Stundenkontrakte für die Preiszone Deutschland/Österreich am Spotmarkt der Strombörse EPEX Spot SE in Paris in Cent pro Kilowattstunde.

2.2. Monatsmarktwerts bei Strom aus Windenergie und solarer Strahlungsenergie nach den §§ 49 bis 51

2.2.1. Energieträgerspezifischer Monatsmarktwert

Als Wert „MW" in Cent pro Kilowattstunde ist anzulegen bei direkt vermarktetem Strom aus

- Windenergieanlagen an Land der Wert „$MW_{\text{Wind an Land}}$",
- Windenergieanlagen auf See der Wert „$MW_{\text{Wind auf See}}$" und
- Anlagen zur Erzeugung von Strom aus solarer Strahlungsenergie der Wert „MW_{Solar}".

2.2.2 Windenergie an Land

„$MW_{\text{Wind an Land}}$" ist der tatsächliche Monatsmittelwert des Marktwerts von Strom aus Windenergieanlagen an Land am Spotmarkt der Strombörse EPEX Spot SE in Paris für die Preiszone Deutschland/Österreich in Cent pro Kilowattstunde. Dieser Wert wird wie folgt berechnet:

2.2.2.1. Für jede Stunde eines Kalendermonats wird der durchschnittliche Wert der Stundenkontrakte am Spotmarkt der Strombörse EPEX Spot SE in Paris für die Preiszone

Deutschland/Österreich mit der Menge des in dieser Stunde nach der Online-Hochrechnung nach Nummer 3.1 erzeugten Stroms aus Windenergieanlagen an Land multipliziert.

2.2.2.2. Die Ergebnisse für alle Stunden dieses Kalendermonats werden summiert.

2.2.2.3. Diese Summe wird dividiert durch die Menge des in dem gesamten Kalendermonat nach der Online-Hochrechnung nach Nummer 3.1 erzeugten Stroms aus Windenergieanlagen an Land.

2.2.3 Windenergie auf See

„$MW_{\text{Wind auf See}}$" ist der tatsächliche Monatsmittelwert des Marktwerts von Strom aus Windenergieanlagen auf See am Spotmarkt der Strombörse EPEX Spot SE in Paris für die Preiszone Deutschland/Österreich in Cent pro Kilowattstunde. Für die Berechnung von „$MW_{\text{Wind auf See}}$" sind die Nummern 2.2.2.1 bis 2.2.2.3 mit der Maßgabe anzuwenden, dass statt des nach der Online-Hochrechnung nach Nummer 3.1 erzeugten Stroms aus Windenergieanlagen an Land der nach der Online-Hochrechnung nach Nummer 3.1 erzeugte Strom aus Windenergieanlagen auf See zugrunde zu legen ist.

2.2.4 Solare Strahlungsenergie

„MW_{Solar}" ist der tatsächliche Monatsmittelwert des Marktwerts von Strom aus Anlagen zur Erzeugung von Strom aus solarer Strahlungsenergie am Spotmarkt der Strombörse EPEX Spot SE in Paris für die Preiszone Deutschland/Österreich in Cent pro Kilowattstunde. Für die Berechnung von „MW_{Solar}" sind die Nummern 2.2.2.1 bis 2.2.2.3 mit der Maßgabe anzuwenden, dass statt des nach der Online-Hochrechnung nach Nummer 3.1 erzeugten Stroms aus Windenergieanlagen an Land der nach der Online-Hochrechnung nach Nummer 3.1 erzeugte Strom aus Anlagen zur Erzeugung von Strom aus solarer Strahlungsenergie zugrunde zu legen ist.

3. Veröffentlichung der Berechnung

3.1. Die Übertragungsnetzbetreiber müssen jederzeit unverzüglich auf einer gemeinsamen Internetseite in einheitlichem Format die auf der Grundlage einer repräsentativen Anzahl von gemessenen Referenzanlagen erstellte Online-Hochrechnung der Menge des tatsächlich erzeugten Stroms aus Windenergieanlagen an Land, Windenergieanlagen auf See und Anlagen zur Erzeugung von Strom aus solarer Strahlungsenergie in ihren Regelzonen in mindestens stündlicher Auflösung veröffentlichen. Für die Erstellung der Online-Hochrechnung sind Reduzierungen der Einspeiseleistung der Anlage durch den Netzbetreiber oder im Rahmen der Direktvermarktung nicht zu berücksichtigen.

3.2. Die Übertragungsnetzbetreiber müssen ferner für jeden Kalendermonat bis zum Ablauf des zehnten Werktags des Folgemonats auf einer gemeinsamen Internetseite in einheitlichem Format und auf drei Stellen nach dem Komma gerundet folgende Daten in nicht personenbezogener Form veröffentlichen:

a) den Wert der Stundenkontrakte am Spotmarkt der Strombörse EPEX Spot SE in Paris für die Preiszone Deutschland/Österreich für jeden Kalendertag in stündlicher Auflösung,

b) den Wert „MW_{EPEX}" nach Maßgabe der Nummer 2.1,

c) den Wert „$MW_{\text{Wind an Land}}$" nach Maßgabe der Nummer 2.2.2,

d) den Wert „$MW_{\text{Wind auf See}}$" nach Maßgabe der Nummer 2.2.3 und

e) den Wert „MW_{Solar}" nach Maßgabe der Nummer 2.2.4.

3.3. Soweit die Daten nach Nummer 3.2 nicht bis zum Ablauf des zehnten Werktags des Folgemonats verfügbar sind, sind sie unverzüglich in nicht personenbezogener Form zu veröffentlichen, sobald sie verfügbar sind.

Schrifttum: *Lehnert*, Markt- und Systemintegration der Erneuerbaren-Energien: Eine rechtliche Analyse der Regeln zur Direktvermarktung, ZUR 2012, 4; *Sensfuß/Ragwitz/Genoese*, The merit-order effect: A detailed analysis of the price effect of renewable electricity generation on spot market prices in Germany, Energy Policy 36 (2008), 3086; *Wustlich/Müller*, Die Direktvermarktung von Strom aus erneuerbaren Energien im EEG 2012 – Eine systematische Einführung in die Marktprämie und die weiteren Neuregelungen zur Marktintegration, ZNER 2011, 380.

I. Normzweck

Anlage 1 legt die **Berechnungsformel der in § 34 definierten Marktprämie** fest. Nr. 1 definiert verschiedene Hilfsgrößen, die zur Bestimmung der Marktprämie benötigt werden. Grundlage der Bestimmung der Marktprämie sind die energieträgerspezifischen Monatsmarktwerte, deren Bestimmung in Nr. 2 geregelt ist. Darüber hinaus enthält Anlage 1 in Nr. 3 Veröffentlichungspflichten für die ÜNB. Diese Veröffentlichungspflichten sollen sicherstellen, dass die Bestimmung der Höhe der Marktprämie transparent gemacht wird und von Dritten nachvollzogen werden kann.

II. Entstehungsgeschichte

1. Erster Entwurf des Fraunhofer Instituts für System- und Innovationsforschung **2** **(ISI).** Das Marktprämienmodell wurde im Rahmen eines Forschungsvorhabens im Auftrag des BMU im Jahr 2007 erstmals diskutiert.[1] Dabei wurden verschiedene Optionen zur besseren Marktintegration Erneuerbarer Energien analysiert und schließlich die **Einführung eines optionalen Bonusmodells (Marktprämienmodell) empfohlen**. Das unter Feder-

---

1 *Sensfuß/Ragwitz* u.a., Fortentwicklung des Erneuerbaren Energien Gesetzes (EEG) zur Marktdurchdringung Erneuerbarer Energien im deutschen und europäischen Strommarkt, September 2007, abrufbar auf www.isi.fraunhofer.de.

führung des Fraunhofer ISI vorgeschlagene Modell hat folgende Eigenschaften:[2] *„Die Er-löse der Erzeuger, welche in dieses Modell wechseln, setzen sich aus dem konventionellen Strompreis, einem Bonus für die Teilnahme am Strommarkt und einer Prämie für die Über-nahme des Profilservice zusammen. Dabei wird der Bonus gleitend an den langfristigen Strompreis angepasst, um die Gefahr überhöhter oder unzureichender Förderniveaus bei schwankenden Strompreisen auszuschließen.*"

3 Etwas ausführlicher beschrieben wird das Modell der „gleitenden Marktprämie" im Jahr 2008 in der Stellungnahme des Fraunhofer ISI zum Entwurf des EEG 2009.[3] In dieser Version des Marktprämienmodells setzt sich die Marktprämie aus drei Komponenten zusammen: einer gleitenden Prämie, einem fixen Bonus sowie der Profilservicekomponente. Die **gleitende Prämie** soll die Differenzen zwischen der anlagenspezifischen EEG-Vergütung und den erwarteten Vermarktungserlösen ausgleichen. Zur Bestimmung der erwarteten Markterlöse wird vorgeschlagen, den Monatsmittelwert des Phelix Day Base mit einem konstanten (energieträgerspezifischen) Profilfaktor zu multiplizieren. Der Profilfaktor spiegelt dabei den Wert einer erneuerbaren Technologie relativ zum Marktpreisniveau wider. Der fixe Bonus, auch als Verwaltungskomponente bezeichnet, soll die Kosten der Handelsteilnahme abdecken, mit der Profilservicekomponente werden die Kosten für Prognoseabweichungen abgegolten.

4 Zur Parametrierung der gleitenden Prämie wurden in einer späteren Untersuchung[4] für das Jahr 2009 Profilfaktoren von 83,5 % für Wind, 120 % für Photovoltaik und 100 % für Biomasse, Geothermie und Wasserkraft vorgeschlagen. Allerdings wurde darauf hingewiesen, dass der Ausbau der Windkraft aufgrund des „Merit-Order-Effekts"[5] zu einem jährlichen Rückgang des Marktwerts führt. Folglich wird eine jährliche Absenkung des Profilfaktors von Wind von 0,75 % vorgeschlagen.

5 **2. BDEW Umsetzungsvorschlag.** Basierend auf dem vom Fraunhofer ISI vorgeschlagenen Marktprämienmodell hat der BDEW 2010 einen konkreten Umsetzungsvorschlag entwickelt.[6] Ziele des BDEW Vorschlags sind eine **effiziente Umsetzung des Modells** unter gleichzeitiger Wahrung der Investitionssicherheit für die Anlagenbetreiber sowie einer optimalen Entfaltung der Lenkungswirkung. Zur einfacheren Umsetzung schlägt der BDEW vor, aus den drei energieträgerspezifischen Größen Marktwert, fixe Prämie und Profilserviceprämie einen einzigen energieträgerspezifischen „Rückvergütungswert" als Hilfsgröße zu berechnen, der von der anlagenspezifischen Einspeisevergütung abzuziehen ist. Dies ermöglicht, die Anzahl der zusätzlich benötigten Vergütungskategorien gering zu hal-

2 *Sensfuß/Ragwitz* u. a., Fortentwicklung des Erneuerbaren Energien Gesetzes (EEG) zur Marktdurchdringung Erneuerbarer Energien im deutschen und europäischen Strommarkt, September 2007, abrufbar auf www.isi.fraunhofer.de, S. 35.

3 Ausschussdrs. 16(16)397F, Stellungnahme des Fraunhofer Instituts für System- und Innovationsforschung zum Entwurf eines Gesetzes zur Neuregelung des Rechts der Erneuerbaren Energien im Strombereich und zur Änderung damit zusammenhängender Vorschriften, 30.4.2008.

4 *Sensfuß/Ragwitz*, Entwicklung eines Fördersystems für die Vermarktung von erneuerbarer Stromerzeugung, 2009, abrufbar auf http://publica.fraunhofer.de.

5 Vgl. *Sensfuß/Ragwitz/Genoese*, Energy Policy 36 (2008), 3086 ff.

6 BDEW, Umsetzungsvorschlag zur Marktintegration Erneuerbarer Energien, entwickelt auf der Grundlage des von Fraunhofer ISI vorgeschlagenen Fördersystems mit gleitender Marktprämie für die Vermarktung von EEG-Strom („Marktprämienmodell"), 1.7.2010.

ten. Darüber hinaus regt der BDEW eine regelmäßige Überprüfung und ggf. eine Anpassung der Prämienhöhe an.

3. Weiterentwicklung des Fraunhofer ISI. Anfang 2011 hat das Fraunhofer ISI seinen ur- **6** sprünglichen Vorschlag des Marktprämienmodells weiterentwickelt.[7] Im Vergleich zu den vorherigen Versionen gab es dabei eine grundlegende Änderung. Anders als zuvor wird nun vorgeschlagen, den **relativen Marktwert** bei Wind und Photovoltaik nicht mit einem konstanten Faktor ex-ante, sondern **erst ex-post zu bestimmen**. Dadurch reduziert sich das Risiko abweichender Profilfaktoren und damit abweichender Erlöse im Vergleich zur Festvergütung erheblich. Im Falle von Windkraft wird zur Ermittlung der Profilfaktoren folgendes Vorgehen vorgeschlagen:[8] *„Auf Basis der Ist-Hochrechnung der Einspeisung aller deutschen Windenergieanlagen bestimmen die BNetzA oder die ÜNB nach Ablauf eines Monats den relativen Wert der bundesdeutschen Windeinspeisung. Dieser relative Wert wird als zur Grundlage der Berechnung der Zahlungen der Marktprämie für den vorangegangenen Monat verwendet.“*

Das vorgeschlagene Vorgehen für PV ist analog, wohingegen für die restlichen Energieträger ein relativer Marktwert von 100 % vorgeschlagen wird.

Zur Vereinfachung des Modells wird empfohlen, die Kosten für die Profilservicekompo- **7** nente und die Handelsanbindungskosten zur sogenannten Managementprämie zusammenzufassen. Für die Managementprämie werden folgende Werte vorgeschlagen:[9]

	Wind und PV	**Regelbare**
2012	12 €/MWh	1 €/MWh
2013	10 €/MWh	0,75 €/MWh
2014	8,5 €/MWh	0,5 €/MWh
2015	7 €/MWh	0,25 €/MWh

4. Das Marktprämienmodell im EEG 2012. Die im Referentenentwurf des EEG 2012 **8** beschriebene Variante des Marktprämienmodells entspricht in großen Teilen der des Fraunhofer ISI. In der Gesetzesbegründung heißt es:[10] *„Die Anlagen 4 und 5 enthalten die Berechnungsformeln für die Marktprämie nach § 33g und die Flexibilitätsprämie nach § 33h. Sie entsprechen inhaltlich den wissenschaftlichen Empfehlungen, die der Einführung dieser beiden neuen Instrumente zugrunde lagen.“*

Als Höhe der Managementprämie wurden die vom Fraunhofer ISI vorgeschlagenen Werte **9** für Wind und PV übernommen, diejenigen für die regelbaren Energieträger wurden nach entsprechenden Anmerkungen im Konsultationsprozess um 2 €/MWh erhöht. Bezüglich

---

7 *Sensfuß/Ragwitz*, Weiterentwickeltes Fördersystem für die Vermarktung von erneuerbarer Stromerzeugung, Februar 2011, abrufbar auf http://publica.fraunhofer.de/.

8 *Sensfuß/Ragwitz*, Weiterentwickeltes Fördersystem für die Vermarktung von erneuerbarer Stromerzeugung, Februar 2011, abrufbar auf http://publica.fraunhofer.de/.

9 *Sensfuß/Ragwitz*, Weiterentwickeltes Fördersystem für die Vermarktung von erneuerbarer Stromerzeugung, Februar 2011, abrufbar auf http://publica.fraunhofer.de/.

10 BMU, Entwurf eines Gesetzes zur Neuregelung des Rechtsrahmens für die Förderung der Stromerzeugung aus erneuerbaren Energien, 17.5.2011, abrufbar auf www.clearingstelle-eeg. de, S. 171.

der Bestimmung des Marktwerts für Wind und PV ergab sich eine zusätzliche Änderung. Anstatt der Online-Hochrechnungswerte sollte im EEG 2012 der **tatsächlich erzeugte Strom** zur Bestimmung der Marktwerte verwendet werden. Diese Änderung war aus Umsetzungsgesichtspunkten äußerst problematisch, da die tatsächlich erzeugte Menge an Strom nicht stundengenau bekannt ist. Insbesondere bei PV-Anlagen ist ein nennenswerter Anteil der Anlagen nicht lastganggemessen, d. h. für diese Anlagen liegen keine 1/4-h Werte der tatsächlichen Einspeisung vor. Darüber hinaus stand die Verwendung der tatsächlich erzeugten Strommengen im Widerspruch mit den vorgesehenen Veröffentlichungspflichten. Während die Referenzmarktwerte für die einzelnen Energieträger bis zum zehnten Werktag des Folgemonats veröffentlicht werden sollten, findet die Fixierung der EEG-Zeitreihen durch den ÜNB erst zum 15. Werktag des Folgemonats statt.[11] Stichtag für die erste Bilanzkreisabrechnung ist der 29. Werktag des Folgemonats. Bis zu diesem Zeitpunkt können an diesen Daten ggf. in bilateraler Klärung zwischen VNB und ÜNB noch Änderungen vorgenommen werden. Endgültig fixiert sind die Abrechnungsdaten erst durch die zweite Bilanzkreisabrechnung acht Monate nach dem Liefermonat. Aus diesen Gründen wurde in der Praxis zur Bestimmung der Marktwerte für Wind und PV auf die Online-Hochrechnungswerte zurückgegriffen.

10 **5. Anpassungen durch die Managementprämienverordnung.** Im Rahmen des BMU-Projekts „Laufende Evaluierung der Direktvermarktung von Strom aus erneuerbaren Energien" wurde eine Überprüfung der Höhe der Managementprämien vorgenommen. In einem Kurzgutachten wurde eine Kürzung der Managementprämie für Wind und Photovoltaik auf 6,7 €/MWh in 2013 vorgeschlagen.[12] Im Rahmen der Verordnung über die Höhe der Managementprämie für Strom aus Windenergie und solarer Strahlungsenergie (Managementprämienverordnung – MaPrV) vom 2.11.2012[13] hat die Bundesregierung von der in § 64f Nr. 3 EEG 2012 verankerten Verordnungsermächtigung Gebrauch gemacht und die **Managementprämien** für Anlagen zur Erzeugung von Strom aus Windenergie und solarer Strahlungsenergie **zum 1. Januar 2013 angepasst.** Da die Bestimmungen der Managementprämienverordnung ins EEG 2014 überführt wurden, entfaltet die Managementprämienverordnung keine Kraft mehr und wurde zum 31.7.2014 außer Kraft gesetzt.[14]

11 **6. Neuregelung im EEG 2014.** Die im EEG 2014 vorgenommene Umstellung der Vergütungssystematik – anders als bisher wird die Vermarktung über das Marktprämienmodell als Regelfall angesehen – führte zu **zahlreichen, hauptsächlich sprachlich bedingten Änderungen** bei der Berechnung der Marktprämie. So entfällt im EEG 2014 der Begriff der Managementprämie „P_M". Diese wurde nun direkt in den anzulegenden Wert nach den §§ 40 bis 55 eingepreist, für Bestandsanlagen ist das Einpreisen in Übergangsvorschrift § 100 Abs. 1 Nr. 8 geregelt. Gleichzeitig wurde der anzulegende Wert umbenannt von

---

11 BNetzA, Mitteilung Nr. 5 zur Festlegung „Marktregeln für die Durchführung der Bilanzkreisabrechnung Strom (MaBiS)", Geschäftsprozesse für EEG-Überführungszeitreihen V. 1.0, 1.3.2011, BK 6-07-002, abrufbar auf www.bundesnetzagentur.de, S. 4.

12 Fraunhofer ISI/Fraunhofer IWES/BBH/IKEM, Anpassungsbedarf bei den Parametern des gleitenden Marktprämienmodells im Hinblick auf aktuelle energiewirtschaftliche Entwicklungen, 6.7.2012, S. 6.

13 BGBl. 2012 I 2278.

14 BT-Drs. 18/1304, S. 201.

„EV"[15] zu „AW". Durch das Einpreisen der Managementprämie in den anzulegenden Wert konnte der energieträgerspezifische Referenzmarktwert „RW" entfallen, der die Differenz zwischen dem Monatsmittelwert des energieträgerspezifischen Marktwerts „MW" (im EEG 2014 als Monatsmarktwert bezeichnet) und der Managementprämie darstellte. Neben diesen sprachlichen Änderungen nahm der Gesetzgeber auch noch kleinere inhaltliche Änderungen vor. So soll die die Berechnung der Monatsmittelwerte für Wind und PV nun auf der Online-Hochrechnung basieren (ein Verfahren, welches wie zuvor beschrieben in der Praxis in der Vergangenheit auch schon angewandt wurde), dabei sollen jedoch Reduzierungen der Einspeiseleistung der Anlage durch den Netzbetreiber oder im Rahmen der Direktvermarktung nicht berücksichtigt werden. Letztere Regelung gilt gemäß Übergangsbestimmung § 100 Abs. 5 jedoch erst ab dem 1.1.2015.

III. Einzelerläuterungen

1. Berechnung der Marktprämie. Nr. 1 legt die Berechnung der Marktprämie fest. **12** Nr. 1.1 definiert „MP" als die **Marktprämie** in Cent pro Kilowattstunde sowie die **zu ihrer Berechnung notwendigen Größen**. Mit „MW" wird der in Cent pro Kilowattstunde rückwirkend berechnete monatliche energieträgerspezifische Marktwert bezeichnet. Die Berechnung von „MW" wird ausführlich in Nr. 2 beschrieben.

Nr. 1.2 definiert die **Höhe der Marktprämie** „MP" als Differenz zwischen dem anzule- **13** gendem Wert „AW" und dem energieträgerspezifischen Monatsmarktwert „MW". Im Falle einer negativen Differenz wird die Marktprämie auf den Wert Null gesetzt. Der Ausschluss einer negativen Marktprämie war im EEG 2012 analog geregelt, stellt aber eine Änderung im Vergleich zu den dem Marktprämienmodell zugrunde liegenden wissenschaftlichen Veröffentlichungen dar, in denen ein Ausschluss negativer Marktprämien nicht erwähnt wird.

Der **Ausschluss einer negativen Marktprämie** ist aus zweierlei Gründen verwunderlich. **14** Anlagen mit einem relativ geringen Vergütungssatz werden damit im Marktprämienmodell potenziell bessergestellt als Anlagen in der Festvergütung. Ist der Referenzmarktwert dieser Anlagen höher als ihr Vergütungsanspruch, erzielen diese Anlagen (bei entsprechender Vermarktung) höhere Erlöse als die garantierten Einspeisetarife. Zwar könnten diese Erlöse auch im Rahmen der sonstigen Direktvermarktung nach § 20 Abs. 1 Nr. 2 erzielt werden, allerdings hätte der Anlagenbetreiber in diesem Falle auch das Risiko von Mindererlösen im Falle von niedrigeren Marktpreisen, wohingegen dieses Risiko im Marktprämienmodell aufgrund der ex-post Bestimmung der Marktprämie nicht besteht.

Darüber hinaus ist durch den Ausschluss negativer Marktprämien die vom BDEW beab- **15** sichtigte **vereinfachte Abrechnung nicht mehr möglich**. Dies ist umso verwunderlicher, als in der Gesetzesbegründung des EEG 2012[16] explizit Bezug genommen wurde auf die BDEW Vorschläge:[17] *„Bei der Ausgestaltung der Marktprämie wurde auf eine möglichst unbürokratische Berechnung geachtet; zu diesem Zweck wurde der Ansatz des BDEW-Um-*

---

15 Die Abkürzung „EV" wurde im EEG 2012 nicht näher erläutert; *Salje*, EEG 2012, § 33g Rn. 15 f., geht davon aus, dass „EV" für „Eventualvergütung" steht; BerlKommEnR/*Hermeier*, Bd. 2, 2. Aufl. 2014, § 33h EEG 2012 Rn. 2, geht hingegen von „Einspeisevergütung" aus.
16 BT-Drs. 17/6071, S. 97.
17 Vgl. Rn. 5.

setzungsvorschlags zur Berechnung der Marktprämie mittels einer energieträgerspezifischen Rückvergütung aufgegriffen und in den Formeln berücksichtigt, allerdings sprachlich neu gefasst; insofern entspricht der im Gesetz verwendete Ansatz des energieträgerspezifischen Referenzmarktwerts dem Rückvergütungswert des BDEW-Umsetzungsvorschlags."

Anstatt der vom BDEW angedachten energieträgerspezifischen Rückvergütungssätzen muss anlagenspezifisch überprüft werden, ob der energieträgerspezifische Monatsmarktwert größer ist als der anzulegende Wert, um die Marktprämie gegebenenfalls auf null zu setzen.

16   Gemäß der Gesetzesbegründung zum EEG 2014 **hat die Bundesregierung geprüft,** *„ob für die **Marktprämie** auch ein **negativer Wert** zugelassen werden sollte, der z. B. eine Zahlungspflicht der Anlagenbetreiber gegenüber dem Netzbetreiber begründen könnte. Ein negativer Wert der Marktprämie ist in Situationen denkbar, in denen der anzulegende Wert kleiner ist als der jeweilige Monatsmarktwert. Bei einem positiven Ergebnis dieser Prüfung wird die Bundesregierung einen entsprechenden Änderungsvorschlag vorlegen*".[18] Da ein entsprechender Änderungsvorschlag nicht gemacht wurde, und sich auch keine Verordnungsermächtigung findet, die eine solche Anpassung vorsieht, muss davon ausgegangen werden, dass das Ergebnis der Prüfung negativ war.

17   **2. Berechnung des Monatsmarktwertes „MW".** Nr. 2 legt die Bestimmung des energieträgerspezifischen Monatsmarktwertes „MW" fest. Dabei wird unterschieden zwischen den steuerbaren Energieträgern Wasserkraft, Deponiegas, Klärgas, Grubengas, Biomasse und Geothermie (Nr. 2.1), und den fluktuierenden Energieträgern Windenergie und Photovoltaik (Nr. 2.2).

18   **a) Steuerbare Energieträger.** Nach Nr. 2.1 wird bei **steuerbaren Energieträgern** der Monatsmarktwert definiert als der tatsächliche Monatsmittelwert der Stundenkontrakte für die Preiszone Deutschland/Österreich am Spotmarkt der Strombörse EPEX Spot SE in Paris.[19] Der Verwendung des durchschnittlichen Spotmarktpreises als Marktwert liegt die Beobachtung zugrunde, dass der Einspeisegang dieser Energieträger relativ wenig schwankt, und der Wert des Stroms annähernd dem durchschnittlichen Börsenpreis entspricht.[20] Da die Preise für die verschiedenen Preiszonen an der EPEX Spot SE unterschiedlich ausfallen können, wurde im EEG 2014 klargestellt, dass die Preise der Preiszone Deutschland/Österreich zu verwenden sind.[21]

19   **b) Fluktuierende Energieträger.** Gemäß Nr. 2.2.1 wird für Windenergieanlagen an Land der Wert „MW$_{\text{Wind an Land}}$", für Windenergieanlagen auf See der Wert „MW$_{\text{Wind auf See}}$" und für Anlagen zur Erzeugung von Strom aus solarer Strahlungsenergie der Wert „MW$_{\text{Solar}}$" als Marktwert herangezogen. Die Definition dieser Werte erfolgt für Windenergie an Land in Nr. 2.2.2, für Windenergie auf See in Nr. 2.2.3 und für solare Strahlungsenergie in Nr. 2.2.4. Zur Bestimmung der Marktwerte „MW" ist für jede Stunde der Wert des Stundenkontrakts[19] am Spotmarkt der Strombörse EPEX Spot SE für die Preiszone

---

18 BT-Drs. 18/1304, S. 185.

19 Eine ausführliche Diskussion der zu berücksichtigenden Spotmarktpreise findet in Rn. 24–27 statt.

20 Vgl. Energy Brainpool, Ermittlung des Marktwertes der deutschlandweiten Stromerzeugung aus regenerativen Kraftwerken für das Jahr 2015, 8.10.2014, abrufbar auf www.netztransparenz.de.

21 BT-Drs. 18/1304, S. 185 f.

Deutschland/Österreich mit der Menge des in dieser Stunde nach der Hochrechnung nach Nr. 3.1 erzeugten Stromes des entsprechenden Energieträgers zu multiplizieren. Die Ergebnisse für alle Stunden des Kalendermonats sind zu summieren und durch die gesamte Menge des in diesem Kalendermonat durch den jeweiligen Energieträger nach der Hochrechnung nach Nr. 3.1 erzeugten Stroms zu teilen. Im Ergebnis erhält man folglich einen mengengewichteten Durchschnittspreis.

3. Veröffentlichungspflichten. Nr. 3 regelt die im Zusammenhang mit der Berechnung der Marktprämie stehenden Veröffentlichungspflichten. Nach Nr. 3.1 müssen die ÜNB unverzüglich, das heißt ohne schuldhaftes Verzögern, auf einer gemeinsamen Internetseite eine **Online-Hochrechnung** der Menge des tatsächlich erzeugten Stroms aus Windenergie an Land, Windenergie auf See und aus solarer Strahlungsenergie in ihren Regelzonen in mindestens stündlicher Auflösung veröffentlichen. Diese Veröffentlichung erfolgt auf der Seite www.netztransparenz.de, der gemeinsamen Informationsplattform der vier ÜNB. **20**

Im Vergleich zum EEG 2012 wurde die Definition der **Menge des tatsächlich erzeugten Stroms** leicht geändert. Gemäß Anlage 4 Nr. 3.3 EEG 2012 war in der Hochrechnung der nach § 8 EEG 2012 abgenommene Strom sowie der nach § 33b Nr. 1 (Marktprämienmodell) und Nr. 2 (Grünstromprivileg) EEG 2012 vermarktete Strom zu berücksichtigen, nicht aber der Strom in der sonstigen Direktvermarktung. Da vom Anlagenbetreiber selbst oder von Dritten in unmittelbarer räumlicher Nähe verbrauchter Strom nicht nach § 8 EEG 2012 abgenommen wurde, waren diese Mengen im EEG 2012 bei der Hochrechnung ebenfalls nicht zu berücksichtigen. Dadurch, dass der Verweis auf den abgenommenen Strom oder einzelne Vermarktungsformen im EEG 2014 entfallen ist, sind nun sämtliche erzeugte Strommengen bei der Hochrechnung zu berücksichtigen. Somit sollen sowohl Anlagen in der sonstigen Direktvermarktung als auch vom Anlagenbetreiber selbst oder von Dritten in unmittelbarer räumlicher Nähe verbrauchte Strommengen bei der Hochrechnung berücksichtigt werden. **21**

Darüber hinaus hat der Gesetzgeber eine weitere Änderung eingefügt: **Reduzierungen der Einspeiseleistung** der Anlage durch Netzbetreiber (sogenannte Einspeisemanagementmaßnahmen nach § 14) oder im Rahmen der Direktvermarktung sind bei der Hochrechnung **nicht zu berücksichtigen**. Es soll also eine Hochrechnung der theoretisch möglichen Erzeugung erstellt werden. Gemäß der Übergangsvorschrift in § 100 Abs. 5 ist diese Regelung erst ab dem 1. Januar 2015 anzuwenden. Hintergrund der Nichtberücksichtigung von Reduzierungen der Einspeiseleistung ist das Ziel des Marktprämienmodells, Anlagenbetreibern Anreize für eine bedarfsgerechte Erzeugung zu bieten. Die dargebotsabhängigen Energieträger Wind und PV haben jedoch keine Möglichkeit zur Verlagerung ihrer Produktion von Zeiten mit geringer Nachfrage zu Zeiten mit hoher Nachfrage, sie können lediglich in Zeiten eines Überangebots aus dem Markt gehen. Einen solchen Anreiz haben die Anlagenbetreiber dann, wenn der Strompreis negativer ist als der Wert der Marktprämie (z. B. besteht dieser Anreiz bei einer Marktprämie von 50 €/MWh, sobald der Strompreis kleiner als -50 €/MWh ist). Würde dieses gewünschte, systemdienliche Abschalten von Anlagen bei der Hochrechnung berücksichtigt werden, so würde der berechnete Marktwert höher ausfallen. Ein einfaches Beispiel zur Veranschaulichung dieses Effekts ist in der nachfolgenden Tabelle dargestellt. **22**

Preis [€/MWh]	Mögliche Einspeisung [MWh]	Tatsächliche Einspeisung unter Berück- sichtigung der Reduktion [MWh]	Preise zur Bestim- mung des Markt- werts ohne Be- rücksichtigung der Reduktion [€/MWh]	Preise zur Bestim- mung des Markt- werts mit Berück- sichtigung der Reduktion [€/MWh]
50	100	100	50	50
50	100	100	50	50
50	100	100	50	50
50	100	100	50	50
–100	100	0	–100	–
Marktwert			**20**	**50**

Wenn der Marktwert höher ausfällt, hat dies zur Folge, dass die Marktprämie entsprechend niedriger ausfällt, da diese nach Nr. 1.2 als Differenz zwischen dem anzulegenden Wert „AW" und dem Marktwert „MW" gebildet wird. Bei einer Bestimmung des Marktwerts unter Berücksichtigung der Reduktion würden die Anlagenbetreiber für ihr systemdien- liches Verhalten bestraft. Es lassen sich sogar Beispiele konstruieren, in denen ein Anla- genbetreiber keinerlei Anreiz zur Nutzung des Marktprämienmodells hätte, da seine Ein- künfte in der festen Einspeisevergütung höher wären. Um solche Effekte zu vermeiden, sind die Maßnahmen zur Reduktion der Einspeiseleistung bei der Hochrechnung nicht zu berücksichtigen.

23   Nr. 3.2 definiert **weitere Veröffentlichungspflichten**, die bis zum zehnten Werktag des Folgemonats erfüllt werden müssen. Dazu gehören die Veröffentlichung der energieträ- gerspezifischen Monatsmarktwerte, sowie der Wert der Stundenkontrakte am Spotmarkt der Strombörse EPEX Spot SE in Paris für die Preiszone Deutschland/Österreich für jeden Kalendertag in stündlicher Auflösung. Neu festgelegt im EEG 2014 ist die Anzahl der zu veröffentlichenden Nachkommastellen. Anders als die anzulegenden Werte – diese werden nach § 26 auf zwei Stellen nach dem Komma gerundet – sollen die zu veröffentlichenden Werte nach Nr. 3.2 auf drei Stellen nach dem Komma gerundet werden. Hintergrund dieser Regelung ist wahrscheinlich, dass die Börsenpreise üblicherweise in Euro pro Megawatt- stunde mit zwei Nachkommastellen angegeben werden – dies entspricht drei Nachkomma- stellen bei einer Angabe in Cent pro Kilowattstunde. Als Frist für die Veröffentlichung wurde nach der Gesetzesbegründung des EEG 2012 der zehnte Werktag gewählt, da dieser „den gängigen Zeiträumen der Bilanzkreisabrechnung entspricht".[22] Soweit die Daten nicht bis zum zehnten Werktag des Folgemonats verfügbar sind, sind sie nach Nr. 3.3 un- mittelbar nachdem sie verfügbar sind zu veröffentlichen.

24   **4. Zu berücksichtigende Spotmarktpreise.** Bezüglich der Ermittlung des durchschnitt- lichen Spotmarktpreises sowie der Ermittlung der energieträgerspezifischen Marktwerte von Wind und Photovoltaik stellt sich die Frage, ob dazu lediglich die **Day-Ahead**-Kon-

---

22 BT-Drs. 17/6071, S. 97.

Geiger/Grimm

trakte oder auch die **Intraday**-Kontrakte zu berücksichtigen sind. Dem Wortlaut zufolge soll der „tatsächliche Monatsmittelwert der Stundenkontrakte am Spotmarkt der Strombörse EPEX Spot SE" gebildet werden. Der Spotmarkt umfasst sowohl den Day-Ahead-Markt als auch den Intraday-Handel,[23] somit könnte vermutet werden, dass beide Marktsegmente bei der Bildung des Durchschnittspreises zu berücksichtigen sind.

Der Gesetzgeber verwendet allerdings **unterschiedliche Formulierungen** in Anlage 1. In   **25**
Nr. 2.2.2.1 heißt es: „Für jede Stunde eines Kalendermonats wird der durchschnittliche Wert der Stundenkontrakte am Spotmarkt der Strombörse EPEX Spot SE in Paris für die Preiszone Deutschland/Österreich mit der Menge des in dieser Stunde nach der Online-Hochrechnung nach Nr. 3.1 erzeugten Stroms […] multipliziert." Die Formulierung der „durchschnittliche Wert der Stundenkontrakte" ist nur dann nötig, wenn es mehrere Werte pro Stunde gibt. Diese Formulierung könnte man als ein Indiz dafür auffassen, dass auch die Preise des Intraday-Markts miteinbezogen werden sollen. Dagegen heißt es in Nr. 3.2 lit. a „den Wert der Stundenkontrakte am Spotmarkt der Strombörse EPEX Spot SE in Paris für die Preiszone Deutschland/Österreich für jeden Kalendertag in stündlicher Auflösung". Hier fehlt der Verweis auf den durchschnittlichen Wert, demnach geht der Gesetzgeber offenbar nur noch von einem Wert pro Stunde aus, folglich wäre nur der Day-Ahead-Markt zu berücksichtigen.

In der dem Marktprämienmodell zugrunde liegenden wissenschaftlichen Ausarbeitung   **26**
wird der Monatsmittelwert des Marktpreises explizit auf den **Phelix Base** bezogen.[24] Gemeint ist damit der Phelix Month Base, der sich als ungewichteter Mittelwert der Phelix Day Base aller Tage des entsprechenden Monats ergibt. Der Phelix Day Base ist definiert als:[25] „*Phelix Day Base ist der ungewichtete Durchschnittspreis der Einzelstunden 1 bis 24 für am Spotmarkt gehandelten Strom. Er wird als arithmetisches Mittel der Auktionspreise der Stunden 1 bis 24 des Tages im Marktgebiet Deutschland für alle Kalendertage des Jahres und ohne Berücksichtigung von Netzübertragungsengpässen innerhalb Deutschlands ermittelt.*"

Auch hier wird vom „am Spotmarkt gehandelten Strom" ohne Unterscheidung zwischen Day-Ahead-Markt und Intraday-Markt gesprochen. Durch den Bezug zu den Auktionspreisen wird aber klar, dass lediglich der Day-Ahead-Markt berücksichtigt wird, da es im Intraday-Markt keine Auktion gibt, sondern kontinuierlich gehandelt wird. Sowohl die Verknüpfung des Durchschnittspreises an den – nur aus Day-Ahead Preisen bestehenden – Phelix Base in der wissenschaftlichen Ausarbeitung zum Marktprämienmodell, als auch die fehlende Unterscheidung zwischen Day-Ahead-Markt und Intraday-Markt bei der Definition des Phelix Day Base sprechen dafür, nur die Day-Ahead-Kontrakte zur Ermittlung des Monatsmittelwerts der Spotmarktpreise heranzuziehen.

Der verwendete Wortlaut lässt keine eindeutige Schlussfolgerung zu, ob lediglich die Day-   **27**
Ahead Preise oder die Day-Ahead und die Intraday Preise zur Bestimmung des durchschnittlichen Spotmarktpreises bzw. zur Ermittlung der energieträgerspezifischen Marktwerte von Wind und Photovoltaik heranzuziehen sind. Basierend auf der wissenschaftli-

---

23 Vgl. Glossar der EPEX Spot SE, abrufbar auf www.epexspot.com.

24 *Sensfuß/Ragwitz*, Weiterentwickeltes Fördersystem für die Vermarktung von erneuerbarer Stromerzeugung, Februar 2011, abrufbar auf http://publica.fraunhofer.de/, S. 1.

25 European Energy Exchange AG, Indexbeschreibung, 29.11.2012, abrufbar auf www.eex.com, S. 4.

chen Ausarbeitung des Marktprämienmodells sind **lediglich die Day-Ahead Preise** zu verwenden. Dies entspricht auch dem in der Praxis angewandten Vorgehen.

28 **5. Umsatzsteuerliche Behandlung der Marktprämie.** Nach § 1 UStG unterliegen alle Lieferungen und sonstigen Leistungen, die ein Unternehmer im Inland gegen Entgelt im Rahmen seines Unternehmens ausführt, der **Umsatzsteuer.** Gemäß § 2 UStG ist ein Unternehmer, wer eine gewerbliche oder berufliche Tätigkeit selbständig ausübt. Als gewerblich oder beruflich gilt jede nachhaltige Tätigkeit, die zur Erzielung von Einnahmen dient, auch wenn die Absicht, Gewinn zu erzielen, fehlt. Da es sich bei der Stromerzeugung aus Anlagen im Sinne der §§ 40 bis 51 EEG um eine nachhaltige Tätigkeit zur Erzielung von Einnahmen handelt, sind Anlagenbetreiber Unternehmer im Sinne des UStG. Für die Bemessungsgrundlage der Umsatzsteuer gilt nach § 10 Abs. 1 Sätze 1–3 UStG:[26] *„Der Umsatz wird bei Lieferungen und sonstigen Leistungen (§ 1 Abs. 1 Nummer 1 Satz 1) und bei dem innergemeinschaftlichen Erwerb (§ 1 Abs. 1 Nummer 5) nach dem Entgelt bemessen. Entgelt ist alles, was der Leistungsempfänger aufwendet, um die Leistung zu erhalten, jedoch abzüglich der Umsatzsteuer. Zum Entgelt gehört auch, was ein anderer als der Leistungsempfänger dem Unternehmer für die Leistung gewährt.“*

29 Bei einer Vermarktung zum Zweck der Inanspruchnahme der Marktprämie veräußert der Anlagenbetreiber seinen Strom an einen Dritten, in der Regel einen Händler, von dem er dafür ein Entgelt erhält. Zusätzlich erhält der Anlagenbetreiber vom Netzbetreiber die gemäß Anlage 1 EEG 2014 bestimmte Marktprämie. Zwischen Anlagenbetreiber und dem Händler findet eine umsatzsteuerpflichtige Stromlieferung statt. Zwischen dem Netzbetreiber und dem Anlagenbetreiber findet jedoch keine Stromlieferung statt, von daher ist **fraglich,** ob auch die **Marktprämie der Umsatzsteuer unterliegt.** Um diese Frage zu beantworten, ist zu klären, um welche Art von Zuschuss es sich bei der Marktprämie handelt.

30 **a) Allgemeine Einordnung von Zuschüssen.** Zahlungen unter den Bezeichnungen „Zuschuss, Zuwendung, Beihilfe, Prämie, Ausgleichsbetrag u. ä.“ (Zuschüsse) können entweder

1. Entgelt für eine Leistung an den Zuschussgeber (Zahlenden);
2. (zusätzliches) Entgelt eines Dritten oder
3. echter Zuschuss

sein.[27] Während ein Entgelt für eine Leistung an den Zuschussgeber und ein zusätzliches Entgelt eines Dritten gemäß § 10 UStG der Umsatzsteuer unterliegen, sind echte Zuschüsse umsatzsteuerbefreit.

31 **b) Bewertung der Marktprämie.** Aufgrund der fehlenden Stromlieferung zwischen Anlagenbetreiber und Netzbetreiber bei einer Vermarktung über das Marktprämienmodell wird ein direkter Leistungsaustausch zwischen dem Anlagenbetreiber und dem Netzbetreiber in der Literatur verneint.[28] Jedoch gab es in der Vergangenheit unterschiedliche Auffassungen darüber, ob es sich bei der Marktprämie um das Entgelt eines Dritten oder einen echten Zuschuss handelt. Sollte es sich um ein Entgelt eines Dritten handeln, dann wäre

---

26 Umsatzsteuergesetz in der Fassung der Bekanntmachung v. 21.2.2005, BGBl. I S. 386, das zuletzt durch Artikel 23 des Gesetzes v. 7.12.2011, BGBl. I S. 2592 geändert worden ist.
27 UStAE v. 1.10.2010, BStBl. I S. 846, Stand 27.8.2014, Abschnitt 10.2, Abs. 1.
28 *Lehnert*, ZUR 2012, 4, 12; *Wustlich/Müller*, ZNER 2011, 380, 389; *Salje*, EEG 2012, § 33g Rn. 18.

die Marktprämie gemäß § 10 Abs. 1 S. 3 UStG umsatzsteuerpflichtig. Sollte es sich jedoch um einen echten Zuschuss handeln, so unterläge die Marktprämie nicht der Umsatzsteuer.

In der Gesetzesbegründung des EEG 2012 wurde darauf verwiesen, dass es sich bei der **32** Marktprämie um kein steuerbares Entgelt i. S. des § 10 UStG handeln würde, und dass auf die Marktprämie demnach keine Umsatzsteuer anfalle.[29] Dementgegen vertrat die Oberfinanzdirektion Niedersachsen die Meinung, dass es sich bei der Marktprämie um ein Entgelt von dritter Seite handelt, welches folglich umsatzsteuerpflichtig sei.[30] Im November 2012 hat das Bundesministerium der Finanzen entschieden, dass die **Marktprämie** ein echter Zuschuss und damit **nicht umsatzsteuerbar** sei.[31] Aufgrund der lange andauernden Unklarheit über die Umsatzsteuerbarkeit der Marktprämie gibt es eine Nichtbeanstandungsregelung für die Vergangenheit: Für alle Fälle, die vor dem 1. Januar 2013 mit Umsatzsteuer abgerechnet wurden, wird es nicht beanstandet, wenn eine Berichtigung der zugrunde liegenden Rechnung unterbleibt.

Obwohl mit der Entscheidung des BMF die umsatzsteuerliche Behandlung der Marktprämie **33** geklärt ist, könnte man auf Basis der **Gesetzesbegründung zum EEG 2014** auch zu einem anderen Ergebnis kommen. In der Begründung zu § 19 (Förderanspruch für Strom) wird ausgeführt:[32]

„Zugleich bringt die neue Nummer 2 das bereits bestehende Gegenleistungsprinzip deutlicher zum Ausdruck: Die Förderung erfolgt für die Erzeugung von Strom aus erneuerbaren Energien. Auch wenn diese wie bei der Direktvermarktung nicht mehr vom Netzbetreiber abgenommen und weitergereicht werden, erbringen die Anlagenbetreiber diese Gegenleistung weiterhin. Diese sogenannte Grünstromeigenschaft fällt an den Netzbetreiber, der sie bezahlt und im Rahmen der Wälzung an den Übertragungsnetzbetreiber weitergibt, der wiederum die Vergütung zahlt. Auch im Falle der geförderten Direktvermarktung (Marktprämie) können die Strommengen deshalb nicht als Strom aus erneuerbaren Energien vermarktet werden; die Grünstromeigenschaft des geförderten Stroms fällt vielmehr den Elektrizitätsversorgungsunternehmen zu, die zur Zahlung der EEG-Umlage verpflichtet sind."

Folgt man dieser Begründung, so besteht bei der Vermarktung im Marktprämienmodell **34** weiterhin ein **Leistungsaustausch** zwischen Anlagenbetreiber und Netzbetreiber. Der Anlagenbetreiber erhält die Marktprämie für die Erzeugung von Strom aus erneuerbaren Energien. Als Gegenleistung für die **Marktprämie** gibt der Anlagenbetreiber die **Grünstromeigenschaft** an den Netzbetreiber weiter. Demzufolge würde es sich bei der Marktprämie um einen umsatzsteuerpflichtigen Leistungsaustausch handeln.

Ähnlich wie in der zitierten Gesetzesbegründung argumentiert die Bundesregierung bei **35** der Beantwortung der Frage, ob es sich bei der EEG-Umlage um einen echten Zuschuss handelt:[33]

---

29 BT-Drs. 17/6071, S. 97.
30 OFD Niedersachsen, Verfügung betr. umsatzsteuerliche Behandlung der Marktprämie nach § 33g des Gesetzes für den Vorrang Erneuerbarer Energien (EEG), Verwaltungsanweisung vom 21.3.2012, S 7104-141-St 172.
31 BMF, Umsatzsteuerrechtliche Behandlung der Marktprämie nach § 33g des Gesetzes für den Vorrang Erneuerbarer Energien (EEG) bzw. der Flexibilitätsprämie nach § 33i EEG, Schreiben vom 6.11.2012, abrufbar unter www.bundesfinanzministerium.de.
32 BT-Drs. 18/1304, S. 125.
33 BT-Drs. 18/2377, S. 3.

„Nach § 60 EEG 2014 sind Energieversorgungsunternehmen zur Zahlung der EEG-Umlage an die Übertragungsnetzbetreiber verpflichtet. Im Gegenzug zur Zahlung der EEG-Umlage nach § 60 Absatz 1 EEG 2014 erhalten die Energieversorgungsunternehmen gemäß § 78 EEG 2014 das Recht, einen Teil ihres Stroms als „Strom aus erneuerbaren Energien, gefördert nach dem Erneuerbare Energien-Gesetz" gegenüber den Letztverbrauchern im Rahmen der Stromkennzeichnung auszuweisen. Die Höhe der so auszuweisenden Strommenge hängt gemäß § 78 Absatz 2 EEG 2014 von der Höhe der gezahlten EEG-Umlage ab. Insoweit liegt umsatzsteuerlich ein Leistungsaustausch und damit kein „echter Zuschuss" vor."

36   Nach Argumentation der Bundesregierung ist die EEG-Umlage umsatzsteuerpflichtig, da im Gegenzug das Recht erworben wird, den Strom entsprechend als Grünstrom auszuweisen. Würde man diese Logik auf die Marktprämienzahlungen der Netzbetreiber übertragen, so müssten auch diese der Umsatzsteuer unterliegen. Allerdings gibt es auch bezüglich der umsatzsteuerlichen Behandlung der EEG-Umlage eine anderslautende Festlegung. So ist im Umsatzsteuer-Anwendungserlass (UStAE) explizit geregelt, dass sich der Belastungsausgleich zwischen ÜNB und Elektrizitätsversorgungsunternehmen (die Zahlung der EEG-Umlage nach § 3 AusglMechV) nicht im Rahmen eines Leistungsaustauschs vollzieht.[34] Zusammenfassend lässt sich festhalten, dass es bezüglich der Frage, ob es sich bei der Weitergabe der Grünstromeigenschaft um einen Leistungsaustausch handelt, **widersprüchliche Aussagen** gibt. Aufgrund der klaren Positionierung des BMF ist auf die Marktprämie keine Umsatzsteuer zu zahlen, obgleich es auch gute Argumente für eine entgegengesetzte Regelung gäbe.

---

34 UStAE v. 1.10.2010, BStBl. I S. 846, Stand: 27.8.2014, Abschnitt 1.7, Abs. 2.

Anlage 2 (zu § 49)
Referenzertrag

1. Eine Referenzanlage ist eine Windenergieanlage eines bestimmten Typs, für die sich entsprechend ihrer von einer dazu berechtigten Institution vermessenen Leistungskennlinie an dem Referenzstandort ein Ertrag in Höhe des Referenzertrages errechnet.

2. Der Referenzertrag ist die für jeden Typ einer Windenergieanlage einschließlich der jeweiligen Nabenhöhe bestimmte Strommenge, die dieser Typ bei Errichtung an dem Referenzstandort rechnerisch auf Basis einer vermessenen Leistungskennlinie in fünf Betriebsjahren erbringen würde. Der Referenzertrag ist nach den allgemein anerkannten Regeln der Technik zu ermitteln; die Einhaltung der allgemein anerkannten Regeln der Technik wird vermutet, wenn die Verfahren, Grundlagen und Rechenmethoden verwendet worden sind, die enthalten sind in den Technischen Richtlinien für Windenergieanlagen, Teil 5, in der zum Zeitpunkt der Ermittlung des Referenzertrags geltenden Fassung der FGW e. V. – Fördergesellschaft Windenergie und andere Erneuerbare Energien (FGW).[1]

3. Der Typ einer Windenergieanlage ist bestimmt durch die Typenbezeichnung, die Rotorkreisfläche, die Nennleistung und die Nabenhöhe gemäß den Angaben des Herstellers.

4. Der Referenzstandort ist ein Standort, der bestimmt wird durch eine Rayleigh-Verteilung mit einer mittleren Jahreswindgeschwindigkeit von 5,5 Metern je Sekunde in einer Höhe von 30 Metern über dem Grund, einem logarithmischen Höhenprofil und einer Rauhigkeitslänge von 0,1 Metern.

5. Die Leistungskennlinie ist der für jeden Typ einer Windenergieanlage ermittelte Zusammenhang zwischen Windgeschwindigkeit und Leistungsabgabe unabhängig von der Nabenhöhe. Die Leistungskennlinie ist nach den allgemein anerkannten Regeln der Technik zu ermitteln; die Einhaltung der allgemein anerkannten Regeln der Technik wird vermutet, wenn die Verfahren, Grundlagen und Rechenmethoden verwendet worden sind, die enthalten sind in den Technischen Richtlinien für Windenergieanlagen, Teil 2, der FGW[2] in der zum Zeitpunkt der Ermittlung des Referenzertrages geltenden Fassung. Soweit die Leistungskennlinie nach einem vergleichbaren Verfahren vor dem 1. Januar 2000 ermittelt wurde, kann diese anstelle der nach Satz 2 ermittelten Leistungskennlinie herangezogen werden, soweit im Geltungsbereich dieses Gesetzes nach dem 31. Dezember 2001 nicht mehr mit der Errichtung von Anlagen des Typs begonnen wird, für den sie gelten.

6. Zur Vermessung der Leistungskennlinien nach Nummer 5 und zur Berechnung der Referenzerträge von Anlagentypen am Referenzstandort nach Nummer 2 sind für die Zwecke dieses Gesetzes die Institutionen berechtigt, die entsprechend der technischen Richtlinie Allgemeine Anforderungen an die Kompetenz von Prüf- und Kalibrierla-

---

1 Amtlicher Hinweis: Zu beziehen bei der FGW e. V. – Fördergesellschaft Windenergie und andere Erneuerbare Energien, Oranienburger Straße 45, 10117 Berlin.

2 Amtlicher Hinweis: Zu beziehen bei der FGW e. V. – Fördergesellschaft Windenergie und andere Erneuerbare Energien, Oranienburger Straße 45, 10117 Berlin.

boratorien (**DIN EN ISO/IEC 17025**), **Ausgabe April 2000**[3], **entsprechend von einer staatlich anerkannten oder unter Beteiligung staatlicher Stellen evaluierten Akkreditierungsstelle akkreditiert sind.**

7. Bei der Anwendung des Referenzertrages zur Bestimmung des verlängerten Zeitraums der Anfangsvergütung ist die installierte Leistung zu berücksichtigen, höchstens jedoch diejenige Leistung, die die Anlage aus genehmigungsrechtlichen Gründen nach dem Bundes-Immissionsschutzgesetz maximal erbringen darf. Temporäre Leistungsreduzierungen insbesondere auf Grund einer Regelung der Anlage nach § 14 sind zu berücksichtigen.

Übersicht

I. Normzweck

1   Anlage 2 bestimmt, was Referenzertrag für die Berechnung der Dauer der Anfangsvergütung nach § 49 EEG ist, und enthält alle Definitionen, die für die Berechnung des Referenzertrags von Bedeutung sind.

II. Entstehungsgeschichte

2   Mit der Einführung des Systems fester Einspeisevergütungen im **EEG 2000** ist ein Anhang zu dessen § 7 entstanden. Dieser Anhang hatte die Berechnung des Referenzertrags zum Gegenstand und entsprach im Wesentlichen den heutigen Ziffern 1–6 der Anlage 2 zum EEG 2014. Im EEG 2004 wurde dem Anhang eine neue Ziffer 6 beigefügt, wo Anforderungen an Gutachten zur Ermittlung des Referenzertrags geregelt wurden. Das **EEG 2009** hat die Anlage um eine Ziffer 8 erweitert. Seitdem wird für die Berechnung des Referenzertrags höchstens die maximale immissionsschutzrechtlich genehmigte Leistung berücksichtigt. Temporäre Leistungsreduzierungen sollten hingegen unberücksichtigt bleiben. Nach der Streichung von § 29 Abs. 3 und 4 durch das **EEG 2012** wurde Ziffer 6 der Anlage entfernt.

3   Im Zuge der Novellierung des EEG im Jahre **2014** ist der Wortlaut der Anlage 2 (im EEG 2012 noch Anlage 3) redaktionell an Änderungen des EEG angepasst worden. Ziffer 7 bestimmt nunmehr, dass jegliche, selbst vorübergehende Leistungsreduzierungen bei der Berechnung des Referenzertrags nicht zur Verlängerung der Anfangsvergütung führen.

---

3 Amtlicher Hinweis: Zu beziehen bei der Beuth Verlag GmbH, 10772 Berlin.

Schulz

III. Einzelerläuterungen

1. Referenzanlage (Ziffer 1). Nach Anlage 2 Nr. 1 ist die **Referenzanlage** eine Windener- 4
gieanlage eines bestimmten Typs, für die sich, entsprechend ihrer von einer dazu berechtigten Institution vermessenen Leistungskennlinie, an dem Referenzstandort ein Ertrag in
Höhe des Referenzertrages errechnet. Die Referenzanlage ist somit keine reale Anlage an
einem realen Standort, sondern eine genau **definierte Anlage** mit einer bestimmten Leistungskennlinie an einem **modellhaften Standort**, dem Referenzstandort.

2. Referenzertrag (Ziffer 2). Anlage 2 Nr. 2 definiert den **Referenzertrag** als die für je- 5
den Typ einer Windenergieanlage bestimmte Strommenge, die dieser Typ bei Errichtung
an dem Referenzstandort rechnerisch auf Basis einer vermessenen Leistungskennlinie in
fünf Betriebsjahren erbringen würde. Der Referenzertrag wird in Kilowattstunden angegeben.

3. Typengleichheit (Ziffer 3). Nach Anlage 2 Nr. 3 ist der Typ einer Windenergieanlage 6
bestimmt durch die Typenbezeichnung, die Rotorkreisfläche, die Nennleistung und die Nabenhöhe gemäß den Angaben des Herstellers. Diese Regelung für die Bestimmung der für
die Typengleichheit maßgebenden Anlagenmerkmale dient einerseits der Verhinderung
von Manipulationen durch Anlagenhersteller oder -betreiber. Andererseits wird klargestellt, dass nicht jede Veränderung an der Anlage eine neue Berechnung erforderlich
macht.[4] Der Referenzertrag eines jeden Typs einer Windenergieanlage ist am einfachsten
vom Hersteller zu bekommen. Viele Referenzerträge sind auch von der Fördergesellschaft
Windenergie und andere Erneuerbare Energien e. V. (FGW) mit Sitz in Berlin auf ihrer
Homepage veröffentlicht (www.wind-fgw.de).

4. Referenzstandort (Ziffer 4). Nach Anlage 2 Nr. 4 ist der **Referenzstandort** ein Stand- 7
ort, der durch eine Rayleigh-Verteilung (in der Wahrscheinlichkeitstheorie und Statistik
wird mit Rayleigh-Verteilung eine kontinuierliche Wahrscheinlichkeitsverteilung bezeichnet[5]) mit einer mittleren Jahreswindgeschwindigkeit von 5,5 Metern je Sekunde in einer
Höhe von 30 Metern über dem Grund, einem logarithmischen Höhenprofil und einer Rauhigkeitslänge von 0,1 Metern bestimmt wird.

5. Leistungskennlinie (Ziffern 5 und 6). Leistungskennlinie als typenspezifischer Zu- 8
sammenhang zwischen Windgeschwindigkeit und Leistungsabgabe wird – ebenso wie der
Referenzertrag – nach den allgemein anerkannten Regeln der Technik ermittelt, die vermutet werden, wenn die Technischen Richtlinien der FGW eingehalten werden. Zur Vermessung der Leistungskennlinien und der Berechnung der Referenzerträge sind Institutionen
berechtigt, die entsprechend der DIN EN ISO/IEC 17025 von einer staatlich anerkannten
Stelle akkreditiert sind.

In der Fußnote wurde im EEG 2014 der Verweis auf den Beuth-Verlag durch einen Verweis 9
auf die FGW ersetzt, die die Herausgeberin des zitierten Dokuments ist.[6]

6. Zu berücksichtigende Leistung (Ziffer 7). Nach Anlage 2 Nr. 7 ist bei der Bestimmung 10
des verlängerten Zeitraums der Anfangsvergütung nur diejenige installierte Leistung zu

---

4 Regierungsentwurf des EEG 2009, BT-Drs. 16/8148 v. 18.2.2008, S. 57.
5 Stochastische Signaltheorie, Kapitel 3, Abschnitt 7, Hrsg.: Lehrstuhl für Nachrichtentechnik an
  der Technischen Universität München, abrufbar unter: www.lntwww.de/downloads.
6 BT-Drs. 18/1891, S. 224.

berücksichtigen, die die Anlage nach der immissionsschutzrechtlichen Genehmigung maximal erbringen darf. Gemäß § 5 Nr. 22 EEG ist die installierte Leistung einer Anlage die
elektrische Wirkleistung, die die Anlage bei bestimmungsgemäßem Betrieb ohne zeitliche
Einschränkungen unbeschadet kurzfristiger geringfügiger Abweichungen technisch erbringen kann. Auch selbst verbrauchte Strommengen gehören damit zur installierten Leistung.

11 Temporäre Leistungsreduzierungen infolge von Netzengpässen nach § 14 EEG werden seit
der EEG-Novelle 2014 berücksichtigt. Das EEG 2012 bestimmte noch, dass solche vorübergehenden Leistungsreduzierungen außer Betracht bleiben. Der Gesetzgeber hat darin
eine fehlerhafte Formulierung gesehen und geht nunmehr davon aus, dass diese Leistungsreduzierungen nicht zur Verlängerung der Anfangsförderung führen sollen, weil sie bereits
gemäß § 15 EEG entschädigt werden.[7]

---

7 Regierungsentwurf des EEG 2014, BT-Drs. 18/1304 v. 5.5.2014, S. 186.

Schulz

Anlage 3 (zu § 54)
Voraussetzungen und Höhe der Flexibilitätsprämie*

I. Voraussetzungen der Flexibilitätsprämie

1. Anlagenbetreiber können die Flexibilitätsprämie verlangen,

a) wenn für den gesamten in der Anlage erzeugten Strom keine Einspeisevergütung in Anspruch genommen wird und für diesen Strom unbeschadet des § 27 Absatz 3 und 4, des § 27a Absatz 2 und des § 27c Absatz 3 des Erneuerbare-Energien-Gesetzes in der am 31. Juli 2014 geltenden Fassung dem Grunde nach ein Vergütungsanspruch nach § 19 in Verbindung mit § 100 Absatz 1 besteht, der nicht nach § 25 in Verbindung mit § 100 Absatz 1 verringert ist,

b) wenn die Bemessungsleistung der Anlage im Sinne der Nummer II.1 erster Spiegelstrich mindestens das 0,2-fache der installierten Leistung der Anlage beträgt,

c) wenn der Anlagenbetreiber die zur Registrierung der Inanspruchnahme der Flexibilitätsprämie erforderlichen Angaben nach Maßgabe der Rechtsverordnung nach § 93 übermittelt hat und

d) sobald ein Umweltgutachter mit einer Zulassung für den Bereich Elektrizitätserzeugung aus erneuerbaren Energien bescheinigt hat, dass die Anlage für den zum Anspruch auf die Flexibilitätsprämie erforderlichen bedarfsorientierten Betrieb nach den allgemein anerkannten Regeln der Technik technisch geeignet ist.

2. Die Höhe der Flexibilitätsprämie wird kalenderjährlich berechnet. Die Berechnung erfolgt für die jeweils zusätzlich bereitgestellte installierte Leistung nach Maßgabe der Nummer II. Auf die zu erwartenden Zahlungen sind monatliche Abschläge in angemessenem Umfang zu leisten.

3. Anlagenbetreiber müssen dem Netzbetreiber die erstmalige Inanspruchnahme der Flexibilitätsprämie vorab mitteilen.

4. Die Flexibilitätsprämie ist für die Dauer von zehn Jahren zu zahlen. Beginn der Frist ist der erste Tag des zweiten auf die Meldung nach Nummer I.3 folgenden Kalendermonats.

5. Der Anspruch auf die Flexibilitätsprämie entfällt für zusätzlich installierte Leistung, die als Erhöhung der installierten Leistung der Anlage nach dem 31. Juli 2014 nach Maßgabe der Rechtsverordnung nach § 93 übermittelt wird, ab dem ersten Tag des zweiten Kalendermonats, der auf den Kalendermonat folgt, in dem der von der Bundesnetzagentur nach Maßgabe des § 26 Absatz 2 Nummer 1 Buchstabe b in Verbindung mit der Rechtsverordnung nach § 93 veröffentlichte aggregierte Zubau der zusätzlich installierten Leistung durch Erhöhungen der installierten Leistung nach dem 31. Juli 2014 erstmals den Wert von 1 350 Megawatt übersteigt

II. Höhe der Flexibilitätsprämie

1. Begriffsbestimmungen

Im Sinne dieser Anlage ist

---

* BGBl. I 2014, 1111.

– „P_{Bem}" die Bemessungsleistung in Kilowatt; im ersten und im zehnten Kalenderjahr der Inanspruchnahme der Flexibilitätsprämie ist die Bemessungsleistung mit der Maßgabe zu berechnen, dass nur die in den Kalendermonaten der Inanspruchnahme der Flexibilitätsprämie erzeugten Kilowattstunden und nur die vollen Zeitstunden dieser Kalendermonate zu berücksichtigen sind; dies gilt nur für die Zwecke der Berechnung der Höhe der Flexibilitätsprämie,

– „P_{inst}" die installierte Leistung in Kilowatt,

– „P_{Zusatz}" die zusätzlich bereitgestellte installierte Leistung für die bedarfsorientierte Erzeugung von Strom in Kilowatt und in dem jeweiligen Kalenderjahr,

– „f_{Kor}" der Korrekturfaktor für die Auslastung der Anlage,

– „KK" die Kapazitätskomponente für die Bereitstellung der zusätzlich installierten Leistung in Euro und Kilowatt,

– „FP" die Flexibilitätsprämie nach § 54 in Cent pro Kilowattstunde.

2. Berechnung

2.1. Die Höhe der Flexibilitätsprämie nach § 54 („FP") in Cent pro Kilowattstunde direkt vermarkteten und tatsächlich eingespeisten Stroms wird nach der folgenden Formel berechnet:

$$FP = \frac{P_{Zusatz} \cdot KK \cdot 100 \, \frac{Cent}{Euro}}{P_{Bem} \cdot 8760 \, h}$$

2.2 „P_{Zusatz}" wird nach der folgenden Formel berechnet: $P_{Zusatz} = P_{inst} - (f_{Kor} \cdot P_{Bem})$

Dabei beträgt „f_{Kor}"

– bei Biomethan: 1,6 und

– bei Biogas, das kein Biomethan ist: 1,1.

Abweichend von Satz 1 wird der Wert „P_{Zusatz}" festgesetzt

– mit dem Wert null, wenn die Bemessungsleistung die 0,2-fache installierte Leistung unterschreitet,

– mit dem 0,5-fachen Wert der installierten Leistung „P_{inst}", wenn die Berechnung ergibt, dass er größer als der 0,5-fache Wert der installierten Leistung ist.

2.3. „KK" beträgt 130 Euro pro Kilowatt.

Schrifttum: r2b energy consulting/Consentec, Förderung der Direktvermarktung und der bedarfsgerechten Einspeisung von Strom aus Erneuerbaren Energien, Studie im Auftrag des Bundesministeriums für Wirtschaft und Technologie (BMWi), 23.6.2010, abrufbar auf www.bmwi.de; *Rohrig/Hochloff/Holzhammer/Schlögl/Lehnert/Rehfeldt/Diekmann/Hofmann*, Flexible Stromproduktion aus Biogas und Biomethan – Die Einführung einer Kapazitätskomponente als Förderinstrument, Bericht zum Projekt „Weiterentwicklung und wissenschaftliche Begleitung der Umsetzung des Integrations-Bonus nach § 64 Abs. 1.6 EEG" im Auftrag des Bundesministeriums für Umwelt, Naturschutz und Reaktorsicherheit (BMU), 29.4.2011, abrufbar auf www.energiesystemtechnik.iwes.fraunhofer.de; *Schefelowitz* et al., Vorbereitung und Begleitung der Erstellung des Erfahrungsberichts 2014 gemäß § 65 EEG – Vorhaben IIa Stromerzeugung aus Biomasse, Bericht im Auftrag des Bundesministeriums für Wirt-

Geiger/Grimm

schaft und Energie (BMWi), Juli 2014, abrufbar auf www.bmwi.de; *Wustlich/Müller*, Die Direktvermarktung von Strom aus erneuerbaren Energien im EEG 2012 – Eine systematische Einführung in die Marktprämie und die weiteren Neuregelungen zur Marktintegration, ZNER 2011, 380.

Übersicht

I. Normzweck

Anlage 3 regelt die **Anspruchsvoraussetzungen** und die **Berechnungssystematik der Höhe** der **Flexibilitätsprämie** für Biogasanlagen, die nach dem am 31.7.2014 geltenden Inbetriebnahmebegriff vor dem 1.8.2014 in Betrieb gegangen sind. Nr. I definiert die Anspruchsvoraussetzungen und entspricht größtenteils den Regelungen in § 33i EEG 2012. Nr. II legt die Berechnungsmethodik der Flexibilitätsprämie fest und ist die Nachfolgeregelung von Anlage 5 zum EEG 2012. **1**

II. Entstehungsgeschichte

Die Hauptidee des Konzepts der Flexibilitätsprämie – die Förderung bedarfsgerechter Erzeugung – wurde bereits 2009 im Rahmen des vom BMU beauftragten Modells des Kombikraftwerksbonus verfolgt.[1] Allerdings kam eine vom BMWi beauftragte Evaluation des Modells zu dem Ergebnis, dass das Modell des Kombikraftwerksbonus keine maßgeblichen Effekte zur bedarfsgerechten Einspeisung generieren kann.[2] Im Rahmen des vom BMU beauftragten Projekts „Weiterentwicklung und wissenschaftliche Begleitung der Umsetzung des Integrations-Bonus nach § 64 Abs. 1.6 EEG" wurde unter Federführung des Fraunhofer Instituts für Windenergie und Energiesystemtechnik (IWES) dann das Konzept der Flexibilitätsprämie entwickelt,[3] welches Teilaspekte des Kombikraftwerksbonus aufgreift. Ziel der Flexibilitätsprämie (bzw. der Kapazitätskomponente, der Begriff „Flexibilitätsprämie" wurde erst mit dem Referentenentwurf des EEG 2012 eingeführt) ist es, eine **bedarfsorientierte Stromproduktion** aus Biogas und Biomethan zu fördern. Die bedarfsorientierte Stromerzeugung aus Biogas- und Biomethananlagen soll helfen, Schwan- **2**

---

1 ISET/BET/Deutsche WindGuard/DIW/Ecofys/Fraunhofer ISI/Universität Duisburg, Wissenschaftliche Begleitung bei der fachlichen Ausarbeitung eines Kombikraftwerksbonus gemäß der Verordnungsermächtigung § 64 EEG 2009, Juli 2009.

2 r2b energy consulting/Consentec, Förderung der Direktvermarktung und der bedarfsgerechten Einspeisung von Strom aus Erneuerbaren Energien, Studie im Auftrag des Bundesministeriums für Wirtschaft und Technologie (BMWi), 23.6.2010, abrufbar unter www.bmwi.de, S. 3.

3 *Rohrig/Hochloff* u. a., Flexible Stromproduktion aus Biogas und Biomethan – Die Einführung einer Kapazitätskomponente als Förderinstrument, Bericht zum Projekt „Weiterentwicklung und wissenschaftliche Begleitung der Umsetzung des Integrations-Bonus nach § 64 Abs. 1.6 EEG" im Auftrag des Bundesministeriums für Umwelt, Naturschutz und Reaktorsicherheit (BMU), 29.4.2011, abrufbar auf www.energiesystemtechnik.iwes.fraunhofer.de.

kungen aus der Stromerzeugung fluktuierender Erzeuger wie Wind und Photovoltaik auszugleichen. Dadurch soll perspektivisch die Integration größerer Mengen an fluktuierender
Wind- und PV-Erzeugung ermöglicht werden.

3 Um eine bedarfsgerechte Erzeugung zu ermöglichen, müssen an das Erdgasnetz angeschlossene Biomethananlagen zusätzlich mit einem Wärmespeicher ausgestattet werden,
bei Biogasanlagen muss zusätzlich ein Gasspeicher vorhanden sein. Die Kapazitätskomponente soll einen Teil dieser **zusätzlich notwendigen Investitionskosten** decken. Der restliche Anteil der Investitionskosten soll durch Zusatzerlöse bei der Vermarktung, die durch
die bedarfsgerechte Erzeugung möglich sind, erzielt werden. Es wird angenommen, dass
durch eine bedarfsgerechte Erzeugung Zusatzerlöse von 19,43 Euro pro Megawattstunde
realisierbar sind.[4]

4 Die **Höhe der Kapazitätskomponente** richtet sich danach, wie viel Kapazität zusätzlich
bereitgestellt wird. Diese Zusatzkapazität ist die Leistung, die über die derzeit übliche installierte elektrische Leistung hinausgeht. Die Kapazitätskomponente soll 140 Euro pro
kW Zusatzleistung und Jahr bei Biogas und 120 Euro pro kW Zusatzleistung und Jahr bei
Biomethan betragen. Die Prämienhöhen wurden so gewählt, dass die notwendigen Investitionen ab einer Bemessungsleistung von ungefähr 500 kW kostendeckend seien.[5]

5 Die Gewährung der Kapazitätskomponente wird jedoch an verschiedene **Bedingungen** geknüpft. So muss die Bemessungsleistung der Anlage größer als das 0,2-fache der installierten Leistung sein. Dies bedeutet, dass die Anlage mindestens 20 Prozent der möglichen
Volllaststunden (d. h. der theoretisch möglichen Jahresarbeitsmenge) im Jahresverlauf erreichen muss. Dadurch soll eine Förderung nicht genutzter Kapazität ausgeschlossen werden. Darüber hinaus muss die Zusatzleistung mindestens das 0,2-fache der installierten
Leistung betragen, um eine effektive Förderung der bedarfsgerechten Erzeugung zu gewährleisten. Als Obergrenze für die maximal anrechenbare Zusatzkapazität wird die Hälfte
der installierten Leistung definiert.

6 Im **Referentenentwurf des EEG 2012** wurde der unter Federführung des Fraunhofer
IWES entwickelte Vorschlag der Kapazitätskomponente mit **nur kleinen Änderungen**
übernommen. So wurde beispielsweise der Begriff der „Flexibilitätsprämie" eingeführt.
Bezüglich der Berechnung der Flexibilitätsprämie kam es lediglich zu einer Änderung bei
der Höhe der Kapazitätskomponente. Anstatt unterschiedlicher Höhen für Biogas und Biomethan sieht der Referentenentwurf eine einheitliche Höhe von 130 Euro pro kW Zusatzleistung und Jahr vor. Bei der Übernahme der Randbedingungen für die Gewährung der
Flexibilitätsprämie kam es offenbar zu einem Fehler. So wurde bei der Definition der Sonderfälle der Zusatzkapazität der Bezug zur installierten Leistung vergessen, so dass lediglich Zusatzkapazitäten im Bereich zwischen 0,2 kW und 0,5 kW möglich wären:[6]

Abweichend von Satz 1 wird der Wert „P_{Zusatz}" festgesetzt

– mit dem Wert Null, wenn die Berechnung ergibt, dass er kleiner 0,2 ist,

– mit dem Wert 0,5, wenn die Berechnung ergibt, dass er größer 0,5 ist.

---

4 Ebd., S. 17.
5 Ebd., S. 14.
6 BMU, Entwurf eines Gesetzes zur Neuregelung des Rechtsrahmens für die Förderung der Stromerzeugung aus erneuerbaren Energien, 17.5.2011, S. 64.

Geiger/Grimm

Im Regierungsentwurf zum EEG 2012 wurde dieser Fehler erkannt, und folgendermaßen   7
korrigiert:[7]

Abweichend von Satz 1 wird der Wert „P_{Zusatz}" festgesetzt

– mit dem Wert Null, wenn die Bemessungsleistung die 0,2-fache installierte Leistung unterschreitet,

– mit dem 0,5-fachen Wert der installierten Leistung, wenn die Berechnung ergibt, dass er größer als die 0,5-fache installierte Leistung ist.

Dadurch wurde die Anforderung, dass die Bemessungsleistung mindestens 20 Prozent der   8
installierten Leistung betragen muss, zweifach normiert (in § 33i Abs. 1 Nr. 2 EEG 2012
sowie in Anlage 5 EEG 2012). Die Anforderung, dass die Zusatzkapazität mindestens
20 Prozent der installierten Leistung betragen muss, ist hingegen nicht berücksichtigt.
Folglich ist die verwendete Formulierung weniger restriktiv als die vom Fraunhofer IWES
vorgeschlagene. Nach *Wustlich/Müller* dient die in Anlage 5 EEG 2012 definierte Festsetzung von P_{Zusatz} auf den Wert „Null" im Falle dass die Bemessungsleistung kleiner als das
0,2-fache der installierten Leistung ist dazu, die Einhaltung der in § 33i Abs. 1 Nr. 2 EEG
2012 definierten Voraussetzung einer mindestens 20-prozentigen Auslastung sicherzustellen.[8] Dieses Argument ist jedoch wenig überzeugend. Werden die in § 33i Abs. 1 EEG
2012 definierten Voraussetzungen nicht eingehalten, entfällt der Anspruch auf die Flexibilitätsprämie. Folglich ist eine zusätzliche Reduktion der Zusatzleistung auf null im Falle
des Nicht-Einhaltens der Voraussetzungen nicht notwendig. Von daher ist eher davon auszugehen, dass es sich um einen **Formulierungsfehler** handelt. Diese Meinung vertritt auch
das an der Entwicklung der Flexibilitätsprämie federführend beteiligte Fraunhofer IWES.[9]

Anders als das Marktprämienmodell wurde die **Flexibilitätsprämie** in der Praxis **nur sehr**   9
zögerlich angenommen. Im Jahr 2012 wurden nur knapp 0,6 Millionen Euro an Flexibilitätsprämien in Anspruch genommen, im Jahr 2013 waren es 3,3 Millionen Euro. Im gleichen Zeitraum wurden für Biomasseanlagen (inkl. fester Biomasse) Marktprämien in Höhe
von knapp 1 Milliarde Euro in 2012 und 2,1 Milliarden Euro in 2013 ausbezahlt.[10] Als
Grund für die zögerliche Inanspruchnahme der Flexibilitätsprämie wird die fehlende
Rechtssicherheit, insbesondere beim Anlagenbegriff, gesehen. Außerdem scheinen im
momentanen Marktumfeld die zur Inanspruchnahme der Flexibilitätsprämie notwendigen
Investitionen kaum rentabel, so dass eine Flexibilisierung hauptsächlich dann durchgeführt
wird, wenn Ersatzinvestitionen anstehen.[11] Jedoch stieg die Zahl der Anlagen, die die
Flexibilitätsprämie in Anspruch nehmen zuletzt deutlich an. Während Ende 2012 erst 52

---

7 BT-Drs. 17/6071, S. 34.
8 *Wustlich/Müller*, ZNER 2011, 380, 395.
9 *Holzhammer*, Die Flexibilitätsprämie, Vortrag beim 9. Fachgespräch der Clearingstelle EEG,
   9.9.2011, abrufbar www.clearingstelle-eeg.de, S. 7.
10 EEG-Jahresabrechnungen, abrufbar auf www.netztransparenz.de.
11 *Scheftelowitz* et al., Vorbereitung und Begleitung der Erstellung des Erfahrungsberichts 2014 gemäß § 65 EEG – Vorhaben IIa Stromerzeugung aus Biomasse, Bericht im Auftrag des Bundesministeriums für Wirtschaft und Energie (BMWi), Juli 2014, abrufbar auf www.bmwi.de, S. 141 f.

Anlagen die Flexibilitätsprämie wählten, waren es Ende 2013 297 Anlagen. Im Juli 2014 stieg diese Anzahl auf 878 Anlagen.[12]

10 Mit dem **EEG 2014** wurde die **bisherige Regelung** der Flexibilitätsprämie **für Neuanlagen abgeschafft.** Stattdessen können Neuanlagen zur Erzeugung von Strom aus Biogas mit einer installierten Leistung von mehr als 100 Kilowatt den Flexibilitätszuschlag nach § 53 in Anspruch nehmen. Anders als die Flexibilitätsprämie im EEG 2012 ist der Flexibilitätszuschlag jedoch quasi verpflichtend, da der Vergütungsanspruch dieser Anlagen gemäß § 47 Abs. 1 auf die Strommenge beschränkt ist, die einer Bemessungsleistung von 50 Prozent der installierten Leistung entspricht. Dies bedeutet, dass diese Anlagen maximal 50 Prozent ihrer theoretisch möglichen Jahreserzeugung voll vergütet bekommen.

11 Im **Referentenentwurf zum EEG 2014** war vorgesehen, nur für Bestandsanlagen, die bereits vor dem 31.7.2014 die Flexibilitätsprämie nach § 33i EEG 2012 in Anspruch genommen hatten, die Flexibilitätsprämie des EEG 2012 in gleicher Form fortzuführen. Bestandsanlangen, die die Flexibilitätsprämie noch nicht in Anspruch genommen hatten, sollten lediglich einen Anreiz erhalten, durch eine Verminderung der Biogasproduktion bei gleichbleibender Stromerzeugungskapazität ihre Stromerzeugung zu flexibilisieren. Dadurch sollten die Gesamtkosten der Biogaserzeugung verringert werden.[13] Dieser Vorschlag wurde in der Branche jedoch stark kritisiert, so sprach z.B. der BDEW in seiner Stellungnahme von einer „Stilllegungsprämie".[14]

12 In der **finalen Fassung des EEG 2014** wurden die während des Konsultationsprozesses geäußerten Bedenken berücksichtigt, und die unterschiedlichen Regelungen für Bestandsanlagen wurden durch eine einheitliche in § 54 und Anlage 3 geregelte Flexibilitätsprämie ersetzt. Diese entspricht inhaltlich weitgehend der Flexibilitätsprämie des EEG 2012. Paragraph 54 regelt, dass lediglich Anlagen, die nach dem am 31.7.2014 geltenden Inbetriebnahmebegriff vor dem 1.8.2014 in Betrieb gegangen sind, Anspruch auf die Flexibilitätsprämie haben. Anlage 3 definiert die Anspruchsvoraussetzungen und die Berechnungssystematik der Flexibilitätsprämie. Um die möglichen Mehrkosten durch die Flexibilitätsprämie für Bestandsanlagen zu begrenzen, wurde der durch die Flexibilitätsprämie geförderte Zubau der zusätzlich installierten Leistung begrenzt.

III. Einzelerläuterungen

13 **1. Voraussetzungen der Flexibilitätsprämie.** Nr. I der Anlage 3 legt die Voraussetzungen zur Inanspruchnahme der Flexibilitätsprämie fest und entspricht weitgehend der Regelung der bisherigen Flexibilitätsprämie in § 33i EEG 2012.

---

12 *Scheftelowitz* et al.,Vorbereitung und Begleitung der Erstellung des Erfahrungsberichts 2014 gemäß § 65 EEG – Vorhaben IIa Stromerzeugung aus Biomasse, Bericht im Auftrag des Bundesministeriums für Wirtschaft und Energie (BMWi), Juli 2014, abrufbar auf www.bmwi.de, S. 71.

13 BMWi, Entwurf eines Gesetzes zur grundlegenden Reform des Erneuerbare-Energien-Gesetzes und zur Änderung weiterer Vorschriften des Energiewirtschaftsrechts, 4.3.2014, abrufbar auf www.bmwi.de, S. 171.

14 BDEW, Stellungnahme zum „Entwurf eines Gesetzes zur grundlegenden Reform des EEG und zur Änderung weiterer Vorschriften des Energiewirtschaftsrechts", 12.3.2014, abrufbar auf www.bmwi.de, S. 34.

Nr. I.1 legt die Anspruchsvoraussetzungen fest. Gemäß Buchstabe a können Anlagenbe- **14** treiber die Flexibilitätsprämie verlangen, wenn für **den gesamten in der Anlage erzeugten Strom keine Einspeisevergütung** in Anspruch genommen wird und falls für die Anlage ein Vergütungsanspruch nach § 19 in Verbindung mit § 100 Abs. 1 besteht, der nicht nach § 25 in Verbindung mit § 100 Abs. 1 verringert ist. Im EEG 2012 war diese Bedingung noch anders formuliert – in § 33i Abs. 1 Nr. 1 wurde verlangt, dass der gesamte in der Anlage erzeugte Strom nach § 33b Nr. 1 (Marktprämienmodell) oder 3 (sonstige Direktver- marktung) EEG 2012 direkt vermarktet wird. Nach dem EEG 2014 ist es nun ausreichend, dass für den Strom keine Einspeisevergütung in Anspruch genommen wird. Eine anteilige Eigenverwendung des in der Anlage erzeugten Stroms ist aber unschädlich für die Flexibi- litätsprämie. Außerdem *„wird klargestellt, dass es der Flexibilitätsprämie nicht entgegen- steht, wenn der Anspruch auf Einspeisevergütung dem Grunde nach deshalb nicht bestehen würde, weil ein Fall des §§ 27 Absatz 3 oder 4, 27a Absatz 2 oder 27c Absatz 3 EEG 2012 vorliegt, d. h. weil die Anlage aufgrund ihrer installierten Leistung und ihres Inbetriebnah- mejahres ohnehin zur Direktvermarktung verpflichtet wäre oder wegen eines Verstoßes ge- gen die Wärme- oder Güllenutzungspflicht des § 27 Absatz 4 EEG 2012 keinen Anspruch auf Einspeisevergütung begründen würde“.*[15]

Nach der Gesetzesbegründung zum EEG 2012 führt ein zwischenzeitlicher Ausstieg aus **15** der Marktprämie zum Entfallen des Anspruchs auf die Flexibilitätsprämie für die gesamte Zukunft.[16] Aus dem Wortlaut des § 33i Abs. 1 Nr. 1 EEG 2012 lässt sich diese Interpreta- tion jedoch nicht unmittelbar entnehmen.[17] Stattdessen könnte der dort verwendete Begriff *wenn* auch so interpretiert werden, dass die Flexibilitätsprämie nur in den Zeiträumen in Anspruch genommen werden kann, in denen die entsprechende Bedingung erfüllt ist.[18] Zwar fehlt in der Gesetzesbegründung zum EEG 2014 ein entsprechender Hinweis zu den Rechtsfolgen einer temporären Inanspruchnahme einer Einspeisevergütung, da jedoch auch keine anderslautende Klarstellung erfolgt ist, ist davon auszugehen, dass nach dem Willen des Gesetzgebers eine **temporäre Inanspruchnahme einer Einspeisevergütung** weiterhin zum **Entfall des Anspruchs** auf die Flexibilitätsprämie für die gesamte Zukunft führt.

Buchstabe b legt als weitere Anspruchsbedingung für die Flexibilitätsprämie fest, dass die **16** Bemessungsleistung der Anlage im Sinne der Nr. II.1 erster Spiegelstrich mindestens das 0,2-fache der installierten Leistung der Anlage betragen muss. Die Bemessungsleistung ist in § 5 Nr. 4 legaldefiniert als der Quotient aus der Summe der in dem jeweiligen Kalender- jahr erzeugten Kilowattstunden und der Summe der vollen Zeitstunden des jeweiligen Ka- lenderjahres abzüglich der vollen Stunden vor der erstmaligen Erzeugung von Strom aus erneuerbaren Energien oder aus Grubengas durch die Anlage und nach endgültiger Stillle- gung der Anlage. In den Rumpfjahren, d. h. in dem ersten und letzten Jahr der Inanspruch- nahme der Flexibilitätsprämie gilt davon abweichend, dass lediglich die Zeiträume zur Be- stimmung der Bemessungsleistung zu berücksichtigen sind, in denen die Flexibilitätsprä- mie in Anspruch genommen wurde. Mit der in Buchstabe b festgelegten Anforderung wird eine **Mindestauslastung** der Anlage **von 20 Prozent** vorgeschrieben.

---

15 BT-Drs. 18/1304, S. 186.
16 BT-Drs. 17/6071, S. 81.
17 Frenz/Müggenborg/*Ekardt/Hennig*, § 33i Rn. 14.
18 BerlKommEnR/*Hermeier*, § 33i EEG 2012 Rn. 13.

17 Nach Buchstabe c kann die Flexibilitätsprämie nur in Anspruch genommen werden, wenn der Anlagenbetreiber die zur **Registrierung** der Inanspruchnahme der Flexibilitätsprämie **erforderlichen Angaben** nach Maßgabe der Rechtsverordnung nach § 93 übermittelt hat. Bei der Rechtsverordnung nach § 93 handelt es sich um die Verordnung über ein Register für Anlagen zur Erzeugung von Strom aus erneuerbaren Energien und Grubengas (Anlagenregisterverordnung – AnlRegV).[19] Auf Basis dieser Verordnung wurde die BNetzA zur Errichtung und zum Betrieb des Anlagenregisters nach § 6 verpflichtet. § 6 Abs. 1 Nr. 4 AnlRegV regelt, dass Anlagenbetreiber Anlagen registrieren lassen müssen, wenn sie erstmalig die Flexibilitätsprämie nach § 54 EEG in Anspruch nehmen wollen. Zur Registrierung der Anlage müssen Anlagenbetreiber neben dem EEG-Anlagenschlüssel (soweit er bekannt ist) die Daten nach § 3 Abs. 2 AnlRegV (diese umfassen z. B. den Energieträger, die installierte Leistung und das Inbetriebnahmedatum), den Zeitpunkt, ab dem die Flexibilitätsprämie in Anspruch genommen werden soll sowie im Falle einer Erhöhung der installierten Leistung das Datum und den Umfang der Änderung der installierten Leistung übermitteln. Nach § 6 Abs. 3 Nr. 3 AnlRegV kann die Übermittlung der Daten frühestens drei Monate vor der geplanten Inanspruchnahme der Flexibilitätsprämie erfolgen. Zur Übermittlung der Daten müssen die Anlagenbetreiber nach § 7 AnlRegV die von der BNetzA bereitgestellten Formularvorlagen nutzen. Die entsprechenden Formulare sind auf der Homepage der BNetzA abrufbar.[20]

18 Als letzte Anspruchsvoraussetzung legt Buchstabe d fest, dass ein Umweltgutachter mit einer Zulassung für den Bereich Elektrizitätserzeugung aus erneuerbaren Energien bescheinigt hat, dass die Anlage für den zum Anspruch auf die Flexibilitätsprämie erforderlichen **bedarfsorientierten Betrieb** nach den allgemein anerkannten Regeln der Technik technisch **geeignet** ist. Nach der Gesetzesbegründung zum EEG 2012 ist „*die technische Eignung der Anlage für einen bedarfsorientierten flexiblen Betrieb [...] dem Umweltgutachter durch einen insgesamt dreitägigen Demonstrationsbetrieb unter Ausschöpfung des maximalen für die Inanspruchnahme der Flexibilitätsprämie durch die Anlage vorgesehenen Verlagerungspotenzials nachzuweisen*".[21] Anzumerken ist an dieser Stelle, dass der Anlagenbetreiber zwar nachweisen muss, dass die Anlage technisch in der Lage ist, bedarfsgerecht zu erzeugen, dass die bedarfsgerechte Erzeugung hingegen kein Anspruchskriterium ist.[22]

19 Nr. I.2 legt fest, dass die Höhe der **Flexibilitätsprämie kalenderjährlich berechnet** wird. Maßgeblich für die Berechnung ist die jeweils zusätzlich bereitgestellte Leistung nach Nr. II. Da die zusätzlich bereitgestellte Leistung von der Bemessungsleistung in dem jeweiligen Jahr abhängt, wird diese in der Regel von Jahr zu Jahr unterschiedlich ausfallen.

20 Auf die zu erwartenden Zahlungen sind **monatliche Abschläge** in angemessenem Umfang zu leisten. Jedoch findet sich weder im Gesetzestext noch in der Gesetzesbegründung ein Hinweis über die Bestimmung der Höhe der Abschläge noch über die Fälligkeit der Abschläge. Da aber nach § 19 Abs. 2 der 15. Kalendertag als Frist für Abschläge für den Vormonat für die Marktprämie und die Einspeisevergütung festgelegt ist, ist es naheliegend, die gleiche Fälligkeit für die Abschlagszahlungen der Flexibilitätsprämie anzunehmen.

---

19 BGBl. I S. 1320.
20 www.bundesnetzagentur.de.
21 BT-Drs. 17/6071, S. 81.
22 Siehe Rn. 36.

Bei der Bestimmung des angemessenen Umfangs stellt sich die Herausforderung, dass die Höhe der Flexibilitätsprämie aufgrund ihrer Abhängigkeit von der Bemessungsleistung erst nach Ablauf des Kalenderjahres genau bestimmt werden kann. Eine Möglichkeit zur Bestimmung der Abschlagszahlungen wäre – sofern vorhanden – die gleichmäßige Aufteilung des Vorjahreswertes auf jeden Monat des aktuellen Jahres.[23]

Nr. I.3 verpflichtet den Anlagenbetreiber, die erstmalige **Inanspruchnahme** der Flexibilitätsprämie **dem Netzbetreiber vorab mitzuteilen.** Zu berücksichtigen ist dabei, dass diese Mitteilung mehr als einen Monat vor der geplanten Inanspruchnahme der Flexibilitätsprämie zu erfolgen hat, da nach Nr. I.4 S. 2 die Flexibilitätsprämie erst ab dem ersten Tag des zweiten auf die Meldung nach Nr. I.3 folgenden Kalendermonats zu zahlen ist. **21**

Nr. I.4 legt fest, dass die Flexibilitätsprämie für eine **Dauer von 10 Jahren** zu zahlen ist. Hierbei handelt es sich um einen festen Zeitraum von 120 Monaten.[24] Zu beachten ist dabei aber, dass nach Ablauf der zwanzigjährigen Förderdauer nach § 22 auch der Anspruch auf die Flexibilitätsprämie erlischt. Dies ergibt sich aus Nr. I.1 lit. a, demzufolge ein Vergütungsanspruch nach § 19 in Verbindung mit § 100 Abs. 1, der nicht nach § 25 in Verbindung mit § 100 Abs. 1 verringert ist, Voraussetzung für die Inanspruchnahme der Flexibilitätsprämie ist.[25] **22**

Mit Nr. I.5 hat der Gesetzgeber eine **Obergrenze** für die Förderung der **neuen, zusätzlich installierten Leistung** eingeführt. Diese Regelung wurde neu ins EEG 2014 aufgenommen. Ursprünglich hatte der Gesetzgeber geplant, bei Bestandsanlagen, die in der Vergangenheit die Flexibilitätsprämie nicht in Anspruch genommen hatten, gar keine Anlagenerweiterungen zur Inanspruchnahme der Flexibilitätsprämie zu fördern.[26] Ziel des mit Nr. I.5 eingeführten Deckels ist die Begrenzung der Zusatzkosten der Flexibilitätsprämie. Dazu wird die förderbare neue, zusätzlich installierte Leistung gedeckelt. Um das Erreichen des Deckels überprüfen zu können, wurde die BNetzA nach Maßgabe des § 26 Abs. 2 Nr. 1 lit. b in Verbindung mit der Rechtsverordnung nach § 93 verpflichtet, für jeden Kalendermonat bis zum Ende des Folgemonats die zusätzlich installierte Leistung bei Biomassebestandsanlagen zu veröffentlichen. Ab dem ersten Tag des zweiten Kalendermonats, der auf den Kalendermonat folgt, in dem der aggregierte Zubau der zusätzlich installierten Leistung durch Erhöhungen der installierten Leistung nach dem 31.7.2014 erstmals den Wert von 1 350 Megawatt übersteigt, entfällt der Anspruch auf die Flexibilitätsprämie für zusätzlich installierte Leistung. **23**

2. Höhe der Flexibilitätsprämie. Nr. II der Anlage 3 legt die Berechnungssystematik der Höhe der Flexibilitätsprämie fest. Inhaltlich entspricht sie Anlage 5 zum EEG 2012. **24**

a) Begriffsbestimmungen. Nr. II.1 definiert die zur Bestimmung der Flexibilitätsprämie notwendigen Parameter. Bei der **Bemessungsleistung** handelt es sich um die Bemessungsleistung nach § 5 Nr. 4. Demnach entspricht die Bemessungsleistung der durchschnittlichen Leistung auf Basis der in einem Jahr erzeugten Energiemenge. Ausnahmen gelten für das erste und – nach dem Gesetzestext – für das zehnte Jahr, in dem die Flexibilitätsprämie gewährt wird. In diesen beiden Jahren sind lediglich die Monate, in denen die Flexibi- **25**

---

23 Siehe Rn. 29.
24 *Wustlich/Müller*, ZNER 2011, 380, 395.
25 Vgl. Frenz/Müggenborg/*Ekardt/Hennig*, § 33i Rn. 12; *Salje*, EEG 2012, § 33i Rn. 8.
26 Siehe Rn. 11.

litätsprämie beansprucht wird, für die Bestimmung der Bemessungsleistung heranzuziehen. Allerdings handelt es sich bei dem zehnten Kalenderjahr offensichtlich um einen Formulierungsfehler. Gemäß Nr. I.4 ist die Flexibilitätsprämie für eine Dauer von zehn Jahren zu zahlen. Beginnt die Frist nicht am ersten Januar eines Jahres, so ist die Flexibilitätsprämie in elf Kalenderjahren zu zahlen. Anpassungen an die Bemessungsleistung sind nur in den Jahren notwendig, in denen nicht im gesamten Jahr die Flexibilitätsprämie in Anspruch genommen werden kann. Folglich müsste bei der Definition der Bemessungsleistung die Formulierung „im ersten und im zehnten Kalenderjahr der Inanspruchnahme der Flexibilitätsprämie ist die Bemessungsleistung" durch „beginnt die Inanspruchnahme der Flexibilitätsprämie nicht zum 1. Januar eines Jahres, so ist im ersten und im elften Kalenderjahr der Inanspruchnahme der Flexibilitätsprämie die Bemessungsleistung" ersetzt werden.

26 Neben der Bemessungsleistung werden auch die **installierte Leistung** (in Kilowatt) und die **Zusatzleistung** (in Kilowatt) definiert. Bei der Zusatzleistung, deren genaue Berechnung in Nr. II.2.2 geregelt ist, handelt es sich um die Leistung, die über die derzeit übliche Leistung hinausgeht und die zur bedarfsorientierten Erzeugung von Strom dient. Darüber hinaus werden der **Korrekturfaktor** für die Auslastung der Anlage, die **Kapazitätskomponente** (in Euro pro Kilowatt) und die **Flexibilitätsprämie** (in Cent pro Kilowattstunde) eingeführt. Eine genaue Definition dieser Größen erfolgt in Nr. II.2.1 (Flexibilitätsprämie), Nr. II.2.2 (Korrekturfaktor) und Nr. II.2.3 (Kapazitätskomponente).

27 **b) Berechnung.** Nr. II.2.1 definiert die **Höhe der Flexibilitätsprämie** in Cent pro Kilowattstunde. Die Flexibilitätsprämie ergibt sich als Quotient aus den gesamten Erlösen (in Cent), die sich ergäben, wenn die Anlage für das gesamte Jahr Anspruch auf die Flexibilitätsprämie hätte, und der Energiemenge, die auf Basis der Bemessungsleistung in einem Jahr erzeugt wird. Dabei ergeben sich die gesamten Erlöse durch Multiplikation der Zusatzleistung mit der Kapazitätskomponente sowie dem Faktor 100 [Cent/Euro]. Die zugrunde zu legende Energiemenge erhält man durch Multiplikation der Bemessungsleistung mit 8760 Stunden. Da die Höhe der Flexibilitätsprämie von der Bemessungsleistung abhängt, und diese aufgrund ihrer Abhängigkeit von der erzeugten Strommenge immer erst nach Ablauf des Kalenderjahres bestimmt werden kann, kann die Berechnung der Flexibilitätsprämie nur ex-post stattfinden.

28 Bei der Festlegung der Formel zur Bestimmung der Flexibilitätsprämie wurde offensichtlich der **Sonderfall „Schaltjahr"** vergessen – korrekterweise müsste im Nenner nicht 8760, sondern in Analogie zu der Definition der Bemessungsleistung in § 5 Nr. 4 die Summe der vollen Zeitstunden des jeweiligen Kalenderjahres stehen. Somit erhält der Anlagenbetreiber in einem Schaltjahr 130,36 Euro pro Kilowatt Zusatzleistung (8784 h / 8760 h * 130 €/kW) anstatt der 130 Euro pro Kilowatt Zusatzleistung in einem normalen Jahr.

29 Der Grund für die Berechnung der Flexibilitätsprämie in **Cent pro Kilowattstunde** (anstatt in Euro) dürfte darin liegen, dass die Einheit der EEG-Vergütungen nach den §§ 23 bis 33 EEG 2012 (sowie der anzulegenden Werte nach den §§ 40 bis 51 EEG 2014) ebenfalls Cent pro Kilowattstunde ist. Allerdings ist die Wahl dieser Einheit für die Flexibilitätsprämie irreführend. Anders als im Falle der EEG-Vergütungen sinkt der absolute Betrag der Prämie bei steigender Erzeugung (abgesehen von Sonderfällen), da eine steigende Erzeugung in der Regel zu einer Verringerung der Zusatzleistung führt. Folglich können die nach Nr. I.2 zu zahlenden angemessenen monatlichen Abschläge nicht basierend auf einer (konstanten) Abschätzung der Flexibilitätsprämie (in Cent pro Kilowattstunde)

und der tatsächlichen Erzeugung ermittelt werden, da in diesem Falle die Abschläge um- so höher ausfallen würden, je höher die Erzeugung ist. Tatsächlich müssten die Abschlä- ge in der Regel aber umso niedriger ausfallen, je höher die Erzeugung ist. Um diesen Zusammenhang bei den Abschlagszahlungen abzubilden, müsste man auf monatlicher Basis die Flexibilitätsprämie für jede Anlage berechnen. Da damit ein relativ hoher Auf- wand verbunden ist, könnte man aus Vereinfachungsgründen stattdessen die absolute Hö- he der Zahlungen aus der Flexibilitätsprämie auf Jahresbasis abschätzen, und monatlich gleich hohe Abschläge auszahlen.

Nr. II.2.2 legt die Bestimmung der **Zusatzleistung** fest. Diese ergibt sich als Differenz zwi- **30** schen der installierten Leistung und der Bemessungsleistung multipliziert mit dem Korrek- turfaktor f_{Kor}. Der Korrekturfaktor wurde eingeführt, um zu berücksichtigen, dass in der Regel aufgrund unterschiedlicher Restriktionen (z. B. Wartungsarbeiten) die Bemessungs- leistung unterhalb der installierten Leistung liegt, ohne dass sich daraus das Potenzial zu einer bedarfsgerechten Erzeugung ableiten lässt. Da Biomethananlagen zumeist wärmege- führt betrieben werden, erreichen sie in der Regel geringere Vollbenutzungsstunden (und damit bei gleicher installierter Leistung eine geringere Bemessungsleistung) als stromge- führte Biogasanlagen.[27] Aus diesem Grund wird ein Korrekturfaktor von 1,6 (entspricht durchschnittlich 5475 Volllaststunden (8760/1,6) für Anlagen ohne Zusatzkapazität) für Biomethan und ein Korrekturfaktor von 1,1 (entspricht durchschnittlich 7964 Volllaststun- den für Anlagen ohne Zusatzkapazität) für Biogas, das kein Biomethan ist, festgelegt.

Darüber hinaus legt Nr. II.2.2 die bereits zuvor diskutierten **Sonderfälle bezüglich der** **31** **Zusatzleistung** fest.[28] So ist die Zusatzleistung Null, falls die Bemessungsleistung kleiner als das 0,2-fache der installierten Leistung ist. Darüber hinaus beträgt die maximale Zu- satzleistung 50 Prozent der installierten Leistung. Wie bereits zuvor diskutiert, deutet eini- ges darauf hin, dass die vom Fraunhofer IWES vorgesehene Bedingung, dass die Zusatz- kapazität mindestens 20 Prozent der installierten Leistung betragen muss, schlicht verges- sen wurde.[29] Während das EEG 2012 die Möglichkeit beinhaltete, die Berechnung der Zu- satzleistung einschließlich des Korrekturfaktors über eine Rechtsverordnung auf Basis von § 64f Nr. 4 EEG 2012 anzupassen, ist diese Möglichkeit im EEG 2014 entfallen.

Nr. II.2.3 legt die **Höhe der Kapazitätskomponente** fest. Diese beträgt 130 Euro pro Kilo- **32** watt. Bezüglich der Höhe der Kapazitätskomponente hatten die Gutachter ursprünglich leicht abweichende Werte vorgeschlagen.[30]

c) Umsatzsteuerliche Behandlung der Flexibilitätsprämie. Gemäß § 54 können Betrei- **33** ber von Anlagen zur Erzeugung von Strom aus Biogas vom Netzbetreiber die Flexibilitäts- prämie für die Bereitstellung zusätzlicher installierter Leistung für eine bedarfsorientierte Stromerzeugung fordern. Ein **direkter Leistungsaustausch** zwischen Anlagenbetreiber und Netzbetreiber besteht nicht, insofern würde die Flexibilitätsprämie nur dann der Um-

---

27 *Rohrig/Hochloff* u. a., Flexible Stromproduktion aus Biogas und Biomethan – Die Einführung ei- ner Kapazitätskomponente als Förderinstrument, Bericht zum Projekt „Weiterentwicklung und wissenschaftliche Begleitung der Umsetzung des Integrations-Bonus nach § 64 Abs. 1.6 EEG" im Auftrag des Bundesministeriums für Umwelt, Naturschutz und Reaktorsicherheit (BMU), 29.4.2011, abrufbar auf www.energiesystemtechnik.iwes.fraunhofer.de., S. 8.
28 Vgl. Rn. 5.
29 Vgl. Rn. 8.
30 Vgl. Rn. 4.

satzsteuer unterliegen, wenn es sich nach § 10 Abs. 1 S. 3 UStG um das Entgelt eines Dritten handeln würde. Es ist folglich zu prüfen, ob es sich bei der Flexibilitätsprämie um das
Entgelt eines Dritten oder einen echten Zuschuss handelt.

34 Eine notwendige Bedingung für ein Entgelt eines Dritten ist, dass der Zuschuss gerade für
die Lieferung eines bestimmten Gegenstands oder die **Erbringung einer bestimmten
sonstigen Leistung** gezahlt wird.[31] Ausgehend von der Berechnung der Flexibilitätsprämie
in Cent pro Kilowattstunde könnte man vermuten, dass die Flexibilitätsprämie – in Analogie zur Marktprämie – als Gegenleistung für jede erzeugte Kilowattstunde Strom bezahlt
wird. Bei näherer Betrachtung der absoluten Vergütung aus der Flexibilitätsprämie erweist
sich diese Vermutung jedoch als falsch. Die absoluten Prämienzahlungen („FP$_{Absolut}$") innerhalb eines Jahres ergeben sich, indem man die nach Nr. 2.1 berechnete Flexibilitätsprämie mit der gesamten Jahreserzeugung („W") multipliziert. Dann gilt:

$$FP_{Absolut} = W \cdot \frac{P_{Zusatz} \cdot KK \cdot 100 \dfrac{Cent}{Euro}}{P_{Bem} \cdot 8760 \dfrac{h}{a}}$$

Durch Einsetzen der Formel der Zusatzleistung ($P_{Zusatz} = P_{inst} - (f_{Kor} \cdot P_{Bem})$) ergibt sich:[32]

$$FP_{Absolut} = W \cdot \frac{(P_{inst} - (f_{Kor} \cdot P_{Bem} \cdot KK)) \cdot 100 \dfrac{Cent}{Euro}}{P_{Bem} \cdot 8760 \dfrac{h}{a}}$$

Setzt man zusätzlich die Formel der Bemessungsleistung ($P_{Bem} = W/(8760\ h/a)$) ein, so
erhält man:

$$FP_{Absolut} = \left(P_{inst} - \left(f_{Kor} \cdot \frac{W}{8760\ h/a} \right) \right) \cdot KK \cdot 100 \frac{Cent}{Euro}.$$

35 Aus dieser Gleichung wird offensichtlich, dass die Flexibilitätsprämie umso niedriger ausfällt, je höher die Erzeugung („W") ist. Folglich kann die erzeugte Strommenge – trotz der
künstlichen Umrechnung der Flexibilitätsprämie in Cent pro Kilowattstunde – nicht die
Gegenleistung für die Flexibilitätsprämie sein.

36 Nach dem Wortlaut des Gesetzes wird die Flexibilitätsprämie für die Bereitstellung zusätzlicher Leistung für eine bedarfsorientierte Stromerzeugung gewährt. Die Gesetzesbegründung zum EEG 2012 führt aus, dass die Flexibilitätsprämie gezielt Investitionen in die
Fähigkeit zur marktorientierten Stromerzeugung von Biogasanlagen fördere. Die Prämie
ermögliche Investitionen in größere Gasspeicher und Generatoren, so dass eine Verschiebung der Stromerzeugung um etwa zwölf Stunden ermöglicht würde.[33] Als **mögliche Gegenleistung** für die Flexibilitätsprämie käme somit die bedarfsorientierte Stromerzeugung

---

31 BFH, Urt. v. 9.10.2003, V R 51/02, BStBl. II 2004 S. 322.
32 Es findet hier eine vereinfachte Betrachtung statt ohne Berücksichtigung der Sonderfälle
P$_{Zusatz}$ = 0 bzw. P$_{Zusatz}$ = 0,5 P$_{inst}$.
33 BT-Drs. 17/6071, S. 45.

Geiger/Grimm

in Betracht. Allerdings gibt es keine direkte Kopplung der Flexibilitätsprämie an die **bedarfsorientierte Stromerzeugung**. Dadurch, dass die Inanspruchnahme der Flexibilitätsprämie nur in der Direktvermarktung oder für die Eigenversorgung möglich ist, haben die Anlagenbetreiber einen Anreiz zur bedarfsorientierten Erzeugung. Die Anlagenbetreiber werden tendenziell zu den Zeiten produzieren, zu denen die möglichen Vermarktungserlöse am höchsten sind. Dies sind in der Regel auch die Zeiten, in denen der Bedarf am größten ist. Jedoch erhält beispielsweise nicht nur ein Anlagenbetreiber, der nur in den 12 Stunden eines Tages Strom erzeugt, in denen der Bedarf am höchsten ist, die Flexibilitätsprämie, sondern ebenso ein Anlagenbetreiber, der lediglich in den 12 Stunden Strom erzeugt, in denen der Bedarf am geringsten ist.

Betrachtet man die Berechnungsformel der Flexibilitätsprämie, insbesondere die Berech- **37** nung der Zusatzleistung,[34] dann wird deutlich, dass die Flexibilitätsprämie dafür gezahlt wird, dass **weniger Strom erzeugt wird**, als dies vergleichbare Anlagen tun. Man könnte argumentieren, dass es sich dabei um eine Dienstleistung des Anlagenbetreibers handelt, für die die Flexibilitätsprämie gewährt wird. Allerdings hat der Europäische Gerichtshof in einem vergleichbaren Fall anders entschieden.[35] Dabei ging es um die Frage, ob es sich bei der Aufgabe der Milcherzeugung gegen nach Gemeinschaftsrecht zustehender Vergütung um eine Dienstleistung seitens des Landwirts handelt, und folglich die Vergütung den Charakter eines Entgelts habe. Der Europäische Gerichtshof verneinte dies, da die Gemeinschaft im allgemeinen Interesse an der Förderung des ordnungsgemäßen Funktionierens des Milchmarktes der Gemeinschaft handelt, und sie aus der Aufgabe der Milcherzeugung keine Vorteile erhält, aufgrund deren man die Aufgabe der Milcherzeugung als Dienstleistung auffassen könnte. Basierend auf diesem Urteil ist eine niedrigere als mögliche Stromproduktion nicht als Dienstleistung aufzufassen.

Mangels eines direkten Leistungsaustauschs für die Gewährung der Flexibilitätsprämie **38** kann die Flexibilitätsprämie kein Entgelt eines Dritten sein. Somit **unterliegt** die Flexibilitätsprämie **nicht der Umsatzsteuer**. Dies entspricht der in der Gesetzesbegründung des EEG 2012[36] vertretenen Auffassung, die auch vom Bundesministerium für Finanzen bestätigt wurde.[37]

---

34 Vgl. Rn. 30.

35 EuGH, Urt. v. 29.2.1996, C-215/94, Slg. 1996, I-959 – Jürgen Mohr.

36 BT-Drs. 17/6071, S. 97.

37 BMF, Umsatzsteuerrechtliche Behandlung der Marktprämie nach § 33g des Gesetzes für den Vorrang Erneuerbarer Energien (EEG) bzw. der Flexibilitätsprämie nach § 33i EEG, Schreiben vom 6.11.2012, abrufbar auf www.bundesfinanzministerium.de.

Anlage 4 (zu den §§ 64, 103)
Stromkosten- oder handelsintensive Branchen

Vorbemerkung

1 Die Gesetz gewordenen Listen mit den beihilfefähigen Wirtschaftszweigen basieren auf Anhang 3 der EU-Leitlinien für staatliche Umweltschutz- und Energiebeihilfen 2014 – 2020.[1] Diese EU-Liste ist an deutschen Vorentwürfen orientiert, die im Rahmen der Verhandlungen der deutschen Bundesregierung mit der EU-Kommission um einen Kompromiss in der Beurteilung der Besonderen Ausgleichsregelung als Beihilfe i.S. von Art. 107 Abs. 1 AEUV geführt worden sind. Die Liste ist als Ausschnitt der vom Statistischen Bundesamt geführten Industriestatistik entstanden.

2 Der EU-rechtliche Hintergrund verwehrt es den Behörden, die nicht auf Stromintensität und internationale Wettbewerbsfähigkeit als Kriterien abstellende Industriestatistik teleologisch zu erweitern, wenn stromintensive Unternehmen und/oder Branchen planwidrig nicht berücksichtigt worden sind; denn das EU-Recht erlaubt eine Erweiterung nur dann, wenn zuvor die EU-Liste geändert worden ist.[2] Jede über den Wortlaut und Sinn hinausgehende extensive Interpretation der Liste stellt sich daher rechtsquellentheoretisch als Verstoß gegen den Grundsatz dar, dass die rangniedere Norm nach dem Sinn der ranghöheren Norm ausgelegt werden muss. Inhaltlich führte jede Erweiterung der nationalen Liste über die EU-Liste hinaus daher zu einer von der EU-Kommission nicht genehmigten Beihilfe und löste daher die entsprechenden EU-rechtlichen Sanktionen aus. Aus diesem Grunde hat die Bundesregierung die mit dem Zweiten Änderungsgesetz zum EEG 2014 vorgenommene Erweiterung der Liste 1 in Anlage 4 um zwei Branchen (Herstellung von Schmiede-, Press-, Zink- und Stanzteilen sowie Oberflächenveredelung und Wärmebehandlung) unter den Vorbehalt der beihilferechtlichen Genehmigung durch die EU-Kommission gestellt.

3 **Keine** Erweiterung der durch die Besondere Ausgleichsregelung begünstigten Unternehmen liegt dagegen vor, wenn das zuständige Statistische Landesamt eine Fehlerbereinigung vornimmt und ein bislang nicht unter die Liste fallendes Unternehmen einem privilegierten in der Liste aufgeführten Wirtschaftszweig zuschreibt. Hier besteht ein eng begrenzter, aus der Verwendung der groben Listentypologie folgender Beurteilungsspielraum.

4 Das BAFA kann die Einordnung der Statistischen Ämter aber nicht generell überprüfen. Ergibt sich z.B. bei der Prüfung, dass ein Unternehmen von den Statistikämtern keiner Listenposition zugeordnet ist, so kann das BAFA das Unternehmen nicht als „Listenunternehmen" behandeln. Ein Gleiches gilt, wenn ein Unternehmen fälschlich einer nicht zutreffenden Branche zugeordnet worden ist.

5 Schwierig zu beurteilen ist, ob das BAFA, wenn das Statistikamt materiell zu Unrecht ein Unternehmen einem begünstigten Wirtschaftszweig zugeordnet hat, von sich aus den Fehler korrigieren und das Unternehmen als nicht antragsberechtigt ansehen kann. Auch umgekehrt stellt sich das Problem: Bei **evidenter** Zuordnung eines Unternehmens zu einem Wirtschaftszweig muss das BAFA die materielle Listenzugehörigkeit bejahen und darf das Unternehmen nicht wegen fehlender Zuordnung zu einer Nummer in der Liste als nicht antragsberechtigt ansehen.

---

1 ABl. C 200/1 v. 28.6.2014.
2 Vgl. Fußnote 1 zu Anhang 3 der Leitlinien.

Säcker

Unternehmen, deren Branche in der Anlage 4 aufgeführt sind, kommen nicht automatisch   **6**
in den Genuss der Besonderen Ausgleichsregelung, wenn sie die jeweiligen materiellen
Anspruchsvoraussetzungen der Liste 1 oder 2 erfüllen, sondern nur dann, wenn sie fristgerecht und vollständig den Antrag auf Begrenzung stellen. Unternehmen, die gemäß Anlage
1 antragsberechtigt sind, dürfen nicht wegen der „Listung" ihrer Branche schlechter gestellt werden als Unternehmen, deren Branche überhaupt nicht oder nicht mehr in der Liste
aufgeführt sind bzw. die sich in Liste 2 befinden und lediglich eine Stromintensität zwischen 14 % und 20 % nachweisen. Die Listung soll die wirtschaftliche Stellung der Unternehmen verbessern, aber nicht verschlechtern.

Laufende Nummer	WZ 2008[1] Code	WZ 2008 – Bezeichnung (a. n. g. = anderweitig nicht genannt)	Liste 1	Liste 2
1.	510	Steinkohlenbergbau	X	
2.	610	Gewinnung von Erdöl		X
3.	620	Gewinnung von Erdgas		X
4.	710	Eisenerzbergbau		X
5.	729	Sonstiger NE-Metallerzbergbau	X	
6.	811	Gewinnung von Naturwerksteinen und Natursteinen, Kalk- und Gipsstein, Kreide und Schiefer	X	
7.	812	Gewinnung von Kies, Sand, Ton und Kaolin		X
8.	891	Bergbau auf chemische und Düngemittel- minerale	X	
9.	893	Gewinnung von Salz	X	
10.	899	Gewinnung von Steinen und Erden a. n. g.	X	
11.	1011	Schlachten (ohne Schlachten von Geflügel)		X
12.	1012	Schlachten von Geflügel		X
13.	1013	Fleischverarbeitung		X
14.	1020	Fischverarbeitung		X
15.	1031	Kartoffelverarbeitung		X
16.	1032	Herstellung von Frucht- und Gemüsesäften	X	
17.	1039	Sonstige Verarbeitung von Obst und Gemüse	X	
18.	1041	Herstellung von Ölen und Fetten (ohne Margarine u. ä. Nahrungsfette)	X	
19.	1042	Herstellung von Margarine u. ä. Nahrungsfetten		X

EEG Anlage 4 Stromkosten- oder handelsintensive Branchen (zu den §§ 64, 103)

Laufende Nummer	WZ 2008[1] Code	WZ 2008 – Bezeichnung (a. n. g. = anderweitig nicht genannt)	Liste 1	Liste 2
20.	1051	Milchverarbeitung (ohne Herstellung von Speiseeis)		X
21.	1061	Mahl- und Schälmühlen		X
22.	1062	Herstellung von Stärke und Stärkeerzeugnissen	X	
23.	1072	Herstellung von Dauerbackwaren		X
24.	1073	Herstellung von Teigwaren		X
25.	1081	Herstellung von Zucker		X
26.	1082	Herstellung von Süßwaren (ohne Dauerbackwaren)		X
27.	1083	Verarbeitung von Kaffee und Tee, Herstellung von Kaffee-Ersatz		X
28.	1084	Herstellung von Würzmitteln und Soßen		X
29.	1085	Herstellung von Fertiggerichten		X
30.	1086	Herstellung von homogenisierten und diätetischen Nahrungsmitteln		X
31.	1089	Herstellung von sonstigen Nahrungsmitteln a. n. g.		X
32.	1091	Herstellung von Futtermitteln für Nutztiere		X
33.	1092	Herstellung von Futtermitteln für sonstige Tiere		X
34.	1101	Herstellung von Spirituosen		X
35.	1102	Herstellung von Traubenwein		X
36.	1103	Herstellung von Apfelwein und anderen Fruchtweinen		X
37.	1104	Herstellung von Wermutwein und sonstigen aromatisierten Weinen	X	
38.	1105	Herstellung von Bier		X
39.	1106	Herstellung von Malz	X	
40.	1107	Herstellung von Erfrischungsgetränken; Gewinnung natürlicher Mineralwässer		X
41.	1200	Tabakverarbeitung		X

Laufende Nummer	WZ 2008[1] Code	WZ 2008 – Bezeichnung (a. n. g. = anderweitig nicht genannt)	Liste 1	Liste 2
42.	1310	Spinnstoffaufbereitung und Spinnerei	X	
43.	1320	Weberei	X	
44.	1391	Herstellung von gewirktem und gestricktem Stoff		X
45.	1392	Herstellung von konfektionierten Textilwaren (ohne Bekleidung)		X
46.	1393	Herstellung von Teppichen		X
47.	1394	Herstellung von Seilerwaren	X	
48.	1395	Herstellung von Vliesstoff und Erzeugnissen daraus (ohne Bekleidung)	X	
49.	1396	Herstellung von technischen Textilien		X
50.	1399	Herstellung von sonstigen Textilwaren a. n. g.		X
51.	1411	Herstellung von Lederbekleidung	X	
52.	1412	Herstellung von Arbeits- und Berufsbekleidung		X
53.	1413	Herstellung von sonstiger Oberbekleidung		X
54.	1414	Herstellung von Wäsche		X
55.	1419	Herstellung von sonstiger Bekleidung und Bekleidungszubehör a. n. g.		X
56.	1420	Herstellung von Pelzwaren		X
57.	1431	Herstellung von Strumpfwaren		X
58.	1439	Herstellung von sonstiger Bekleidung aus gewirktem und gestricktem Stoff		X
59.	1511	Herstellung von Leder und Lederfaserstoff; Zurichtung und Färben von Fellen		X
60.	1512	Lederverarbeitung (ohne Herstellung von Lederbekleidung)		X
61.	1520	Herstellung von Schuhen		X
62.	1610	Säge-, Hobel- und Holzimprägnierwerke	X	
63.	1621	Herstellung von Furnier-, Sperrholz-, Holzfaser- und Holzspanplatten	X	
64.	1622	Herstellung von Parketttafeln		X

Laufende Nummer	WZ 2008[1] Code	WZ 2008 – Bezeichnung (a. n. g. = anderweitig nicht genannt)	Liste 1	Liste 2
65.	1623	Herstellung von sonstigen Konstruktionsteilen, Fertigbauteilen, Ausbauelementen und Fertigteilbauten aus Holz		X
66.	1624	Herstellung von Verpackungsmitteln, Lagerbehältern und Ladungsträgern aus Holz		X
67.	1629	Herstellung von Holzwaren a. n. g., Kork-, Flecht- und Korbwaren (ohne Möbel)		X
68.	1711	Herstellung von Holz- und Zellstoff	X	
69.	1712	Herstellung von Papier, Karton und Pappe	X	
70.	1721	Herstellung von Wellpapier und -pappe sowie von Verpackungsmitteln aus Papier, Karton und Pappe		X
71.	1722	Herstellung von Haushalts-, Hygiene- und Toilettenartikeln aus Zellstoff, Papier und Pappe	X	
72.	1723	Herstellung von Schreibwaren und Bürobedarf aus Papier, Karton und Pappe		X
73.	1724	Herstellung von Tapeten		X
74.	1729	Herstellung von sonstigen Waren aus Papier, Karton und Pappe		X
75.	1813	Druck- und Medienvorstufe		X
76.	1910	Kokerei		X
77.	1920	Mineralölverarbeitung	X	
78.	2011	Herstellung von Industriegasen	X	
79.	2012	Herstellung von Farbstoffen und Pigmenten	X	
80.	2013	Herstellung von sonstigen anorganischen Grundstoffen und Chemikalien	X	
81.	2014	Herstellung von sonstigen organischen Grundstoffen und Chemikalien	X	
82.	2015	Herstellung von Düngemitteln und Stickstoffverbindungen	X	
83.	2016	Herstellung von Kunststoffen in Primärformen	X	
84.	2017	Herstellung von synthetischem Kautschuk in Primärformen	X	

Laufende Nummer	WZ 2008[1] Code	WZ 2008 – Bezeichnung (a. n. g. = anderweitig nicht genannt)	Liste 1	Liste 2
85.	2020	Herstellung von Schädlingsbekämpfungs-, Pflanzenschutz- und Desinfektionsmitteln		X
86.	2030	Herstellung von Anstrichmitteln, Druckfarben und Kitten		X
87.	2041	Herstellung von Seifen, Wasch-, Reinigungs- und Poliermitteln		X
88.	2042	Herstellung von Körperpflegemitteln und Duftstoffen		X
89.	2051	Herstellung von pyrotechnischen Erzeugnissen		X
90.	2052	Herstellung von Klebstoffen		X
91.	2053	Herstellung von etherischen Ölen		X
92.	2059	Herstellung von sonstigen chemischen Erzeugnissen a. n. g.		X
93.	2060	Herstellung von Chemiefasern	X	
94.	2110	Herstellung von pharmazeutischen Grundstoffen	X	
95.	2120	Herstellung von pharmazeutischen Spezialitäten und sonstigen pharmazeutischen Erzeugnissen		X
96.	2211	Herstellung und Runderneuerung von Bereifungen		X
97.	2219	Herstellung von sonstigen Gummiwaren		X
98.	2221	Herstellung von Platten, Folien, Schläuchen und Profilen aus Kunststoffen	X	
99.	2222	Herstellung von Verpackungsmitteln aus Kunststoffen	X	
100.	2223	Herstellung von Baubedarfsartikeln aus Kunststoffen		X
101.	2229	Herstellung von sonstigen Kunststoffwaren		X
102.	2311	Herstellung von Flachglas	X	
103.	2312	Veredlung und Bearbeitung von Flachglas	X	
104.	2313	Herstellung von Hohlglas	X	
105.	2314	Herstellung von Glasfasern und Waren daraus	X	

Laufende Nummer	WZ 2008[1] Code	WZ 2008 – Bezeichnung (a. n. g. = anderweitig nicht genannt)	Liste 1	Liste 2
106.	2319	Herstellung, Veredlung und Bearbeitung von sonstigem Glas einschließlich technischen Glaswaren	X	
107.	2320	Herstellung von feuerfesten keramischen Werkstoffen und Waren	X	
108.	2331	Herstellung von keramischen Wand- und Bodenfliesen und -platten	X	
109.	2332	Herstellung von Ziegeln und sonstiger Baukeramik	X	
110.	2341	Herstellung von keramischen Haushaltswaren und Ziergegenständen		X
111.	2342	Herstellung von Sanitärkeramik	X	
112.	2343	Herstellung von Isolatoren und Isolierteilen aus Keramik	X	
113.	2344	Herstellung von keramischen Erzeugnissen für sonstige technische Zwecke		X
114.	2349	Herstellung von sonstigen keramischen Erzeugnissen	X	
115.	2351	Herstellung von Zement	X	
116.	2352	Herstellung von Kalk und gebranntem Gips	X	
117.	2362	Herstellung von Gipserzeugnissen für den Bau		X
118.	2365	Herstellung von Faserzementwaren		X
119.	2369	Herstellung von sonstigen Erzeugnissen aus Beton, Zement und Gips a. n. g.		X
120.	2370	Be- und Verarbeitung von Naturwerksteinen und Natursteinen a. n. g.		X
121.	2391	Herstellung von Schleifkörpern und Schleifmitteln auf Unterlage		X
122.	2399	Herstellung von sonstigen Erzeugnissen aus nichtmetallischen Mineralien a. n. g.	X	
123.	2410	Erzeugung von Roheisen, Stahl und Ferrolegierungen	X	

Laufende Nummer	WZ 2008[1] Code	WZ 2008 – Bezeichnung (a. n. g. = anderweitig nicht genannt)	Liste 1	Liste 2
124.	2420	Herstellung von Stahlrohren, Rohrform-, Rohrverschluss- und Rohrverbindungsstücken aus Stahl	X	
125.	2431	Herstellung von Blankstahl	X	
126.	2432	Herstellung von Kaltband mit einer Breite von weniger als 600 mm	X	
127.	2433	Herstellung von Kaltprofilen		X
128.	2434	Herstellung von kaltgezogenem Draht	X	
129.	2441	Erzeugung und erste Bearbeitung von Edelmetallen	X	
130.	2442	Erzeugung und erste Bearbeitung von Aluminium	X	
131.	2443	Erzeugung und erste Bearbeitung von Blei, Zink und Zinn	X	
132.	2444	Erzeugung und erste Bearbeitung von Kupfer	X	
133.	2445	Erzeugung und erste Bearbeitung von sonstigen NE-Metallen	X	
134.	2446	Aufbereitung von Kernbrennstoffen	X	
135.	2451	Eisengießereien	X	
136.	2452	Stahlgießereien	X	
137.	2453	Leichtmetallgießereien	X	
138.	2454	Buntmetallgießereien	X	
139.	2511	Herstellung von Metallkonstruktionen		X
140.	2512	Herstellung von Ausbauelementen aus Metall		X
141.	2521	Herstellung von Heizkörpern und -kesseln für Zentralheizungen		X
142.	2529	Herstellung von Sammelbehältern, Tanks u. ä. Behältern aus Metall		X
143.	2530	Herstellung von Dampfkesseln (ohne Zentralheizungskessel)		X
144.	2540	Herstellung von Waffen und Munition		X

Laufende Nummer	WZ 2008[1] Code	WZ 2008 – Bezeichnung (a. n. g. = anderweitig nicht genannt)	Liste 1	Liste 2
145.	2250	Herstellung von Schmiede-,Press-,Zieh-und Stanzteilen, gewalzten Ringen und pulvermetallurgischen Erzeugnissen		X
146.	2561	Oberflächenveredlung und Wärmebehandlung		X
147.	2571	Herstellung von Schneidwaren und Bestecken aus unedlen Metallen		X
148.	2572	Herstellung von Schlössern und Beschlägen aus unedlen Metallen		X
149.	2573	Herstellung von Werkzeugen		X
150.	2591	Herstellung von Fässern, Trommeln, Dosen, Eimern u. ä. Behältern aus Metall		X
151.	2592	Herstellung von Verpackungen und Verschlüssen aus Eisen, Stahl und NE-Metall		X
152.	2593	Herstellung von Drahtwaren, Ketten und Federn		X
153.	2594	Herstellung von Schrauben und Nieten		X
154.	2599	Herstellung von sonstigen Metallwaren a. n. g.		X
155.	2611	Herstellung von elektronischen Bauelementen	X	
156.	2612	Herstellung von bestückten Leiterplatten		X
157.	2620	Herstellung von Datenverarbeitungsgeräten und peripheren Geräten		X
158.	2630	Herstellung von Geräten und Einrichtungen der Telekommunikationstechnik		X
159.	2640	Herstellung von Geräten der Unterhaltungselektronik		X
160.	2651	Herstellung von Mess-, Kontroll-, Navigations- u. ä. Instrumenten und Vorrichtungen		X
161.	2652	Herstellung von Uhren		X
162.	2660	Herstellung von Bestrahlungs- und Elektrotherapiegeräten und elektromedizinischen Geräten		X
163.	2670	Herstellung von optischen und fotografischen Instrumenten und Geräten		X

Laufende Nummer	WZ 2008[1] Code	WZ 2008 – Bezeichnung (a. n. g. = anderweitig nicht genannt)	Liste 1	Liste 2
164.	2680	Herstellung von magnetischen und optischen Datenträgern	X	
165.	2711	Herstellung von Elektromotoren, Generatoren und Transformatoren		X
166.	2712	Herstellung von Elektrizitätsverteilungs- und -schalteinrichtungen		X
167.	2720	Herstellung von Batterien und Akkumulatoren	X	
168.	2731	Herstellung von Glasfaserkabeln		X
169.	2732	Herstellung von sonstigen elektronischen und elektrischen Drähten und Kabeln		X
170.	2733	Herstellung von elektrischem Installations-material		X
171.	2740	Herstellung von elektrischen Lampen und Leuchten		X
172.	2751	Herstellung von elektrischen Haushaltsgeräten		X
173.	2752	Herstellung von nicht elektrischen Haushalts-geräten		X
174.	2790	Herstellung von sonstigen elektrischen Ausrüstungen und Geräten a. n. g.		X
175.	2811	Herstellung von Verbrennungsmotoren und Turbinen (ohne Motoren für Luft- und Straßen-fahrzeuge)		X
176.	2812	Herstellung von hydraulischen und pneumati-schen Komponenten und Systemen		X
177.	2813	Herstellung von Pumpen und Kompressoren a. n. g.		X
178.	2814	Herstellung von Armaturen a. n. g.		X
179.	2815	Herstellung von Lagern, Getrieben, Zahnrädern und Antriebselementen		X
180.	2821	Herstellung von Öfen und Brennern		X
181.	2822	Herstellung von Hebezeugen und Fördermitteln		X
182.	2823	Herstellung von Büromaschinen (ohne Daten-verarbeitungsgeräte und periphere Geräte)		X

Laufende Nummer	WZ 2008[1] Code	WZ 2008 – Bezeichnung (a. n. g. = anderweitig nicht genannt)	Liste 1	Liste 2
183.	2824	Herstellung von handgeführten Werkzeugen mit Motorantrieb		X
184.	2825	Herstellung von kälte- und lufttechnischen Erzeugnissen, nicht für den Haushalt		X
185.	2829	Herstellung von sonstigen nicht wirtschafts-zweigspezifischen Maschinen a. n. g.		X
186.	2830	Herstellung von land- und forstwirtschaftlichen Maschinen		X
187.	2841	Herstellung von Werkzeugmaschinen für die Metallbearbeitung		X
188.	2849	Herstellung von sonstigen Werkzeugmaschinen		X
189.	2891	Herstellung von Maschinen für die Metallerzeu-gung, von Walzwerkseinrichtungen und Gieß-maschinen		X
190.	2892	Herstellung von Bergwerks-, Bau- und Baustoff-maschinen		X
191.	2893	Herstellung von Maschinen für die Nahrungs- und Genussmittelerzeugung und die Tabak-verarbeitung		X
192.	2894	Herstellung von Maschinen für die Textil- und Bekleidungsherstellung und die Lederverarbei-tung		X
193.	2895	Herstellung von Maschinen für die Papiererzeu-gung und -verarbeitung		X
194.	2896	Herstellung von Maschinen für die Verarbeitung von Kunststoffen und Kautschuk		X
195.	2899	Herstellung von Maschinen für sonstige bestimmte Wirtschaftszweige a. n. g.		X
196.	2910	Herstellung von Kraftwagen und Kraftwagen-motoren		X
197.	2920	Herstellung von Karosserien, Aufbauten und Anhängern		X
198.	2931	Herstellung elektrischer und elektronischer Ausrüstungsgegenstände für Kraftwagen		X

Laufende Nummer	WZ 2008[1] Code	WZ 2008 – Bezeichnung (a. n. g. = anderweitig nicht genannt)	Liste 1	Liste 2
199.	2932	Herstellung von sonstigen Teilen und sonstigem Zubehör für Kraftwagen		X
200.	3011	Schiffbau (ohne Boots- und Yachtbau)		X
201.	3012	Boots- und Yachtbau		X
202.	3020	Schienenfahrzeugbau		X
203.	3030	Luft- und Raumfahrzeugbau		X
204.	3040	Herstellung von militärischen Kampffahrzeugen		X
205.	3091	Herstellung von Krafträdern		X
206.	3092	Herstellung von Fahrrädern sowie von Behindertenfahrzeugen		X
207.	3099	Herstellung von sonstigen Fahrzeugen a. n. g.		X
208.	3101	Herstellung von Büro- und Ladenmöbeln		X
209.	3102	Herstellung von Küchenmöbeln		X
210.	3103	Herstellung von Matratzen		X
211.	3109	Herstellung von sonstigen Möbeln		X
212.	3211	Herstellung von Münzen		X
213.	3212	Herstellung von Schmuck, Gold- und Silberschmiedewaren (ohne Fantasieschmuck)		X
214.	3213	Herstellung von Fantasieschmuck		X
215.	3220	Herstellung von Musikinstrumenten		X
216.	3230	Herstellung von Sportgeräten		X
217.	3240	Herstellung von Spielwaren		X
218.	3250	Herstellung von medizinischen und zahnmedizinischen Apparaten und Materialien		X
219.	3291	Herstellung von Besen und Bürsten		X
220.	3299	Herstellung von sonstigen Erzeugnissen a. n. g.	X	
221.	3832	Rückgewinnung sortierter Werkstoffe	X	

[1] Amtlicher Hinweis: Klassifikation der Wirtschaftszweige des Statistischen Bundesamtes, Ausgabe 2008. Zu beziehen beim Statistischen Bundesamt, Gustav-Stresemann-Ring 11, 65189 Wiesbaden; auch zu beziehen über www.destatis.de.

Anhang

1. Verordnung zur Ausschreibung der finanziellen Förderung für Freiflächenanlagen (Freiflächenausschreibungsverordnung – FFAV)

vom 6. Februar 2015

(BGBl. I. S. 108)

Schrifttum: *Pfähler/Wiese*, Unternehmensstrategien im Wettbewerb, Eine spieltheoretische Analyse, 3. Aufl. 2008, S. 63; *Schwalbe*, Das Effizienzkonzept der Wirtschaftstheorie, in: Fleischer/Zimmer (Hrsg.), Effizienz als Regelungsziel im Handels- und Wirtschaftsrecht, 2008, S. 43; *Spannowsky*, in: Hebeler/Hendler/Proelß/Reiff, Energiewende in der Industriegesellschaft, S. 83; *Zimmer*, Kartellrecht und neuere Erkenntnisse der Spieltheorie, ZHR 154 (1990), 470; siehe zusätzlich die Nachweise bei den §§ 2, 55, 88 EEG.

Einführung

Übersicht

I. Rechtlicher Rahmen

Mit dem EEG 2014 will der Gesetzgeber die finanzielle Förderung von erneuerbaren Energien durch **wettbewerbliche Ausschreibungen** ermitteln.[1] Gem. § 2 Abs. 5 S. 1 wird die Höhe der Förderberechtigung für jede Technologie zur Erzeugung von Strom aus erneuerbaren Energien bis zum Jahr 2017 durch wettbewerbliche Ausschreibungen i. S. des § 5 Nr. 3 ermittelt. Gem. § 2 Abs. 5 S. 2 sollen „[z]u diesem Zweck [...] zunächst für Strom aus **Freiflächenanlagen** Erfahrungen mit einer wettbewerblichen Ermittlung der Höhe der finanziellen Förderung gesammelt" werden.[2] § 2 Abs. 5 S. 3 betont, dass möglichst **viele Akteure** an den Ausschreibungen teilnehmen sollen.[3] Im Sinne der wettbewerblichen Ausgestaltung des Vergabeverfahrens und der Vermeidung eines strategischen Verhaltens ist dieses Kriterium – in Übereinstimmung mit den Leitlinien der Kommission für Umwelt-

1

---

1 BT-Drs. 18/1304 v. 5.5.2014, S. 1.
2 Siehe im Einzelnen § 2 Rn. 84 ff.
3 Siehe auch Bundesregierung, Freiflächenausschreibungsverordnung, Begründung S. 38; dazu bereits § 2 Rn. 161.

schutz- und Energiebeihilfen[4] – im Sinne einer **kompetitiven Anzahl von Bietern** zu verstehen.[5]

2 Die Grundsätze des § 2 Abs. 5 werden durch § 55 ergänzt, der zentrale Weichenstellungen zur **Ausschreibung** der Förderung für Freiflächenanlagen und die nachfolgende **Ausstellung von Förderberechtigungen** enthält.[6] Gem. **§ 55 Abs. 1 S. 1** muss die **BNetzA** als ausschreibende Stelle[7] die finanzielle Förderung und deren Höhe für Strom („Arbeit" in kWh) aus Freiflächenanlagen nach § 19[8] oder für die Bereitstellung installierter Leistung („Kapazität" in kW) aus Freiflächenanlagen nach § 52 durch **wettbewerbliche Ausschreibungen** ermitteln („Wettbewerb um den Markt"). Nach der zentral wichtigen Regelung des § 55 Abs. 2 Nr. 1 besteht ein **Anspruch auf eine finanzielle Förderung** im Fall einer Ausschreibung nur dann, wenn der Anlagenbetreiber über eine Förderberechtigung verfügt,[9] die im Rahmen der Ausschreibung nach Maßgabe der Rechtsverordnung nach § 88 (**Freiflächenausschreibungsverordnung**, abgekürzt FFAV[10]) für die Anlage durch Zuschlag erteilt[11] oder später der Anlage verbindlich zugeordnet worden ist.[12] Zusätzlich zum **Zuschlag in der Ausschreibung** setzt ein Anspruch auf Förderzahlungen gem. § 19 somit eine durch die BNetzA ausgestellte **Förderberechtigung** voraus.[13] Der Antrag des (bezuschlagten) Bieters auf Ausstellung einer derartigen Förderberechtigung an die BNetzA muss u. a. Angaben zu seiner Person enthalten, zur installierten Leistung der Anlage, zu den relevanten Flächenkriterien wie Standort und Art der Fläche (§ 55 Abs. 2 Nr. 2), zum Datum der Inbetriebnahme, zu seiner Eigenschaft als Betreiber der Anlage im Zeitpunkt der Antragstellung sowie zu den in § 3 Abs. 2 Nr. 6, 7, 13 bis 16 der Anlagenregisterverordnung enthaltenen Daten.[14] Ein Anspruch auf finanzielle Förderung für Strom aus Frei-

---

4 Kommission, Leitlinien für staatliche Umweltschutz- und Energiebeihilfen, ABl. EU Nr. C 200/1 v. 28.6.2014, Rn. 43.

5 r2b energy consulting GmbH/Brandenburgische Technische Universität Cottbus, Auktionsdesign für Photovoltaikanlagen auf Freiflächen, S. 33.

6 BT-Drs. 18/1304 v. 5.5.2014, S. 149 (zu § 53 EEG-E 2014); siehe im Einzelnen § 55 Rn. 2 ff.

7 Siehe auch § 3 Abs. 1 FFAV.

8 Vorliegend in Verbindung mit § 28 FFAV.

9 Siehe dazu die §§ 21 ff. FFAV.

10 Zu § 88 siehe die Kommentierung ebenda. Die FFAV ist veröffentlicht im BGBl. 2015 I, 108 v. 11.2.2015; siehe auch Bundesregierung, Verordnung zur Einführung von Ausschreibungen der finanziellen Förderung für Freiflächenanlagen sowie zur Änderung weiterer Verordnungen zur Förderung der erneuerbaren Energien (im Folgenden: Freiflächenausschreibungsverordnung), als nicht amtliche Lesefassung abrufbar unter:www.bmwi.de/BMWi/Redaktion/PDF/V/verordnung-zur-einfuehrung-von-ausschreibungen-der-finanziellen-foerderung-fuer-freiflaechenanlagen,pro perty=pdf,bereich=bmwi2012,sprache=de,rwb=true.pdf (zuletzt abgerufen am 8.2.2015); einen Überblick über die Regelungen der FFAV gibt *Mohr*, N&R 2015, 76 ff.

11 §§ 12 und 13 FFAV.

12 § 21 Abs. 1 S. 2 FFAV; siehe auch die Kommentierung zu § 55 Rn. 16 ff.

13 Vgl. § 28 Abs. 1 S. 1 Nr. 1 FFAV; siehe auch *Mohr*, EnWZ 2015, 99, 104.

14 § 21 Abs. 2 FFAV. Die Regelungen in § 3 Abs. 2 Nr. 6, 7, 13 bis 16 der Anlagenregisterverordnung beziehen sich auf folgende Umstände: „6. die Angabe, ob sie für den in der Anlage erzeugten Strom oder die Bereitstellung installierter Leistung Zahlungen des Netzbetreibers aufgrund der Ansprüche nach § 19 oder § 52 des Erneuerbare-Energien-Gesetzes in Anspruch nehmen wollen, 7. die Angabe, ob der in der Anlage erzeugte Strom vollständig oder teilweise vom Anlagenbetreiber oder einem Dritten in unmittelbarer Nähe zur Anlage verbraucht und dabei nicht durch das Netz durchgeleitet werden soll, […] 13. bei Anlagen zur Erzeugung von Strom aus solarer Strahlungsenergie die Angabe, ob es sich um eine Freiflächenanlage handelt, sowie die von der Freiflä-

flächenanlagen setzt weiterhin voraus, dass der gesamte während der Förderdauer[15] in der Anlage erzeugte Strom ab Inbetriebnahme der Anlage in das (öffentliche) Versorgungsnetz eingespeist und nicht selbst verbraucht wird (§ 55 Abs. 2 Nr. 3).[16] Schließlich müssen die weiteren Fördervoraussetzungen des EEG 2014 (mit Ausnahme des § 51 Abs. 1) und diejenigen der FFAV erfüllt sein.[17] § 55 Abs. 3 regelt die Rahmenbedingungen einer **Überführung des Systems fester Einspeisetarife in ein System wettbewerblicher Ausschreibungen**.[18] Nach § 55 Abs. 3 S. 1 verringert sich der anzulegende Wert nach § 51 Abs. 1 Nr. 2 und 3 für Strom aus Freiflächenanlagen, die ab dem ersten Tag des siebten auf die erstmalige Bekanntmachung einer Ausschreibung nach § 55 Abs. 1 S. 2 folgenden Kalendermonats in Betrieb genommen worden sind, auf null.[19] In der **FFAV** sind die Gebotstermine in § 3 Abs. 1 FFAV festgelegt. Hiernach stellt die Vorgabe des § 3 Abs. 1 Nr. 1 (Gebotstermin 15.4.2015) zugleich die relevante Bekanntmachung i. S. des § 55 Abs. 3 S. 1 dar.[20] § 55 Abs. 4 regelt schließlich die **Veröffentlichungspflichten** der BNetzA. Gem. § 55 Abs. 4 S. 1 veröffentlicht diese nach Maßgabe der FFAV das **Ergebnis der Ausschreibungen** einschließlich der **Höhe der finanziellen Förderung**, für die jeweils der Zuschlag erteilt wurde. Die Regelung bezieht sich somit auf die in Teil 2 der FFAV geregelten Ausschreibungen.[21] Die BNetzA teilt den betroffenen Netzbetreibern nach § 55 Abs. 4 S. 2 außerdem **die Zuordnung einer Förderberechtigung zu einer Anlage** i. S. des § 55 Abs. 2 Nr. 1 einschließlich der **Höhe der finanziellen Förderung** nach Maßgabe der FFAV mit. Diese Regelung bezieht sich auf die Ausstellung der Förderberechtigungen gem. Teil 3 der FFAV.[22]

---

chenanlage in Anspruch genommene Fläche in Hektar, 14. die Angabe, ob die Anlage mit technischen Einrichtungen ausgestattet ist, mit denen jederzeit die Einspeiseleistung ferngesteuert reduziert sowie die jeweilige Ist-Einspeisung abgerufen werden kann vom a) Netzbetreiber, wobei auch anzugeben ist, ob es sich um eine gemeinsame technische Einrichtung für mehrere Anlagen an einem Netzverknüpfungspunkt nach § 9 Absatz 1 Satz 2 des Erneuerbare-Energien-Gesetzes handelt, oder b) einem Direktvermarktungsunternehmer oder einer anderen Person, an die der Strom veräußert wird, 15. den Namen des Netzbetreibers, in dessen Netz der in der Anlage erzeugte Strom eingespeist oder mittels kaufmännisch-bilanzieller Weitergabe angeboten wird, und 16. die Bezeichnung des Netzanschlusspunktes der Anlage sowie dessen Spannungsebene."

15 § 28 Abs. 5 FAVV.

16 § 28 Abs. 1 S. 1 Nr. 2 FFAV.

17 Vgl. auch § 28 Abs. 1 S. 1 Nr. 3 FFAV.

18 BT-Drs. 18/1304 v. 5.5.2014, S. 151.

19 Für Strom aus Freiflächenanlagen, die vor dem in § 55 Abs. 3 S. 1 genannten Zeitpunkt in Betrieb genommen worden sind, sind die Regelungen in § 55 Abs. 1 und 2 nicht anzuwenden (§ 55 Abs. 3 S. 2).

20 So Bundesregierung, Freiflächenausschreibungsverordnung, Begründung S. 64 f.

21 Gem. § 32 FFAV muss die BNetzA auf ihrer Internetseite spätestens zum letzten Kalendertag des auf die öffentliche Bekanntgabe des letzten Zuschlags einer Ausschreibung folgenden Kalendermonats die folgenden Daten veröffentlichen: 1. den niedrigsten und den höchsten Gebotswert, der einen Zuschlag erhalten hat, 2. den Durchschnittswert aller Zuschlagswerte der Ausschreibung, wenn der Zuschlagswert nach dem in § 13 Abs. 1 FFAV festgelegten (Pay-as-bid-)Verfahren bestimmt wird, 3. den jeweils im bezuschlagten Gebot nach § 6 Abs. 3 Nr. 5 FFAV genannten Standort der geplanten Freiflächenanlage, 4. den jeweils im bezuschlagten Gebot nach § 6 Abs. 4 Nr. 1 FFAV angegebenen Planungsstand und schließlich 5. die Zuschlagsnummer des bezuschlagten Gebots.

22 Nach § 22 Abs. 3 FFAV muss die BNetzA dem Netzbetreiber, in dessen Netz der in der Freiflächenanlage erzeugte Strom eingespeist oder mittels kaufmännisch-bilanzieller Weitergabe angeboten werden soll, die Ausstellung der Förderberechtigung einschließlich der Angaben nach § 21

3 Wie gesehen, werden die Vorgaben des § 55 durch die auf der Grundlage der Verordnungsermächtigung gem. § 88 erlassene **FFAV** konkretisiert und ergänzt, auf die sich das Bundeskabinett am 28.1.2015 geeinigt hat. Gem. § 1 FFAV regelt die Verordnung die Ausschreibung der finanziellen Förderung und ihrer Höhe für Strom aus Freiflächenanlagen nach § 55, um im Rahmen des Ausbaupfads nach § 3 Nr. 3 einen Zubau von Freiflächenanlagen in Höhe von durchschnittlich 400 Megawatt pro Kalenderjahr zu erreichen.

4 Die FFAV beschränkt sich auf EE-Ausschreibungen im **Anwendungsbereich des § 4**, also im Bundesgebiet einschließlich der deutschen ausschließlichen Wirtschaftszone (AWZ).[23] Allerdings sieht § 2 Abs. 6 vor, dass die Ausschreibungen nach § 2 Abs. 5 „in einem Umfang von mindestens 5 Prozent der jährlich neu installierten Leistung" **europaweit geöffnet** werden sollen, soweit „1. eine völkerrechtliche Vereinbarung vorliegt, die die Kooperationsmaßnahmen im Sinne der Artikel 5 bis 8 oder des Artikels 11 der Richtlinie 2009/28/ EG […] umsetzt,[24] 2. die Förderung nach dem Prinzip der Gegenseitigkeit erfolgt und 3. der physikalische Import des Stroms nachgewiesen werden kann." Die Vorschrift des § 2 Abs. 6 ist in Verbindung mit der zur unionsrechtlichen Warenverkehrsfreiheit gem. Art. 34 AEUV ergangenen EuGH-Entscheidung „**Ålands Vindkraft**" vom 1.7.2014[25] zu sehen.[26] Mit Blick auf diese Entscheidung einigten sich die Bundesregierung und die Kommission mit § 2 Abs. 6 auf einen „politischen Kompromiss zu Europa",[27] damit das EEG 2014 rechtzeitig zum 1.8.2014 in Kraft treten konnte.[28] Die FFAV enthält noch keine Regelungen zur Öffnung der Ausschreibungen für EE-Strom aus Anlagen im EU-Ausland, weil grenzüberschreitende Ausschreibungen im Hinblick auf das Ziel der Verordnung, „schnellstmöglich Ausschreibungen in einem Pilotverfahren zu testen und erste Erfahrungen zu sammeln", als zu komplex angesehen werden. Es ist jedoch geplant, möglichst bereits im Rahmen einer „Testphase" bis zum Jahr 2017 Ausschreibungen unter Einbeziehung ausländischen Stroms durchzuführen, um die Erfahrungen für die Umstellung auf andere erneuerbare Technologien nutzen zu können.[29]

II. Marktanalyse

5 Die wichtigste Voraussetzung für das Gelingen der EE-Ausschreibungen ist ein **wirksamer Wettbewerb auf dem Markt für Förderberechtigungen**.[30] Das Wachstum des Marktes für Photovoltaik-Freiflächenanlagen war allerdings, nach Jahren eines relativ umfangreichen Zubaus, in 2009 bis 2012 rückläufig. Dies gründete nach Einschätzung des Schrifttums vor allem auf der administrativen Kürzung der Vergütungssätze, einer Streichung der Flächenkategorie „Ackerland" sowie einer Begrenzung der Projektgrößen auf 10 MW.[31] Insbesondere aufgrund der normativ gesenkten Fördersätze und der Entwicklung

---

Abs. 2 FFAV und der Höhe des nach § 26 FFAV bestimmten anzulegenden Werts unverzüglich nach der Ausstellung der Förderberechtigung mitteilen.

23 Bundesregierung, Freiflächenausschreibungsverordnung, Begründung S. 58.
24 Siehe hierzu § 1 Rn. 24 ff.
25 EuGH, Urt. v. 1.7.2014, Rs. C-573/12, EuZW 2014, 620 – Ålands Vindkraft.
26 Vgl. *Wustlich*, NVwZ 2014, 1113, 1121.
27 So *Wustlich*, NVwZ 2014, 1113, 1121.
28 *Ehrmann*, NVwZ 2014, 1080.
29 Bundesregierung, Freiflächenausschreibungsverordnung, Begründung S. 58.
30 *Fehling*, Die Verwaltung 47 (2014), 313, 326; *Mohr*, N&R 2015, 76, 77.
31 Vgl. *von Oppen/Groß*, ZNER 2012, 347 ff.

der Technologie konnten Freiflächenanlagen nach Ansicht der Bundesregierung zuletzt kaum noch wirtschaftlich betrieben werden.[32] Für das Jahr 2014 ging eine vom BMWi in Auftrag gegebene Studie auf Basis der von Januar bis April des Jahres 2014 gemeldeten Vorhaben von einem Freiflächenzubau von etwa 500 MW aus.[33] Allerdings hätten Befragungen gezeigt, dass im ersten Jahr der Pilotausschreibungen das Angebotsvolumen der Projekte das geplante Ausschreibungsvolumen von mindestens 400 MW wohl überschreite.[34] So werde in den ersten Ausschreibungsrunden voraussichtlich auch mit Projekten geboten, die unter Geltung des EEG 2012 vorentwickelt, jedoch aufgrund der gekürzten Förderung nicht realisiert worden seien. Das Expertenkonsortium erwartet außerdem ein großes Angebotsvolumen sog. **Multiprojekt-Bieter**, die sich untereinander gut kennen und einschätzen könnten, mit den damit verbundenen Gefahren eines **strategischen Verhaltens** in den Ausschreibungen.[35] Diesen Gefahren für einen wirksamen Wettbewerb will die Bundesregierung u. a. durch eine bis zum Gebotstermin zu stellende Erstsicherheit gem. § 7 FFAV begegnen, damit sich nur ernsthafte Bieter um den Zuschlag bewerben. Außerdem statuiert § 8 FFAV einen Höchstwert pro Gebot von 10 MW.[36] Keine durchgreifenden Verbesserungen gab es demgegenüber – wie noch zu zeigen ist – bei der zulässigen „Flächenkulisse".

III. Ziele des Ausschreibungsverfahrens

Mit den Photovoltaik-Pilotausschreibungen will der Gesetzgeber **Erfahrungen mit einem** **wettbewerblichen Ausschreibungs-Fördersystem** sammeln, um diese bis zum Jahr 2017 auf alle anderen geförderten Technologien übertragen zu können.[37] Darüber hinaus sollen die EE-Ausschreibungen die auf den ersten Blick gegensätzlichen Interessen der Kosteneffizienz und des möglichst pfadgerechten Anlagenausbaus in einen sachgerechten Ausgleich bringen.[38]   **6**

1. Senkung der Förderkosten. Die wettbewerbliche Ermittlung von Förderberechtigungen und Förderhöhen dient der Senkung der von den Verbrauchern zu zahlenden EEG-Umlage.[39] Voraussetzung hierfür ist ein wirksamer Wettbewerb um die Förderberechtigungen. Ein solcher wird vor allem durch eine faktische und von den Bietern erwartete **Knapp-**   **7**

32 Bundesregierung, Freiflächenausschreibungsverordnung, S. 37.
33 ZSW/Takon/BBG und Partner/Ecofys, Wissenschaftliche Empfehlung zur Ausgestaltung des Pilotausschreibungsverfahrens, S. 2.
34 So auch zum Folgenden ZSW/Takon/BBG und Partner/Ecofys, Wissenschaftliche Empfehlung zur Ausgestaltung des Pilotausschreibungsverfahrens, S. 2 ff.
35 Der Analyse strategischen Verhaltens widmet sich die ökonomische Spieltheorie, vgl. dazu *Zimmer*, ZHR 154 (1990), 470 ff.; ausführlich *Pfähler/Wiese*, Unternehmensstrategien im Wettbewerb, Eine spieltheoretische Analyse.
36 Für eine Ausweitung auf 25 MW deshalb ZSW/Takon/BBG und Partner/Ecofys, Wissenschaftliche Empfehlung S. 24 f.; BDEW, Stellungnahme zu den Eckpunkten des BMWi für ein Ausschreibungsdesign für Photovoltaik-Freiflächenanlagen, S. 3.
37 Vgl. auch Bundesregierung, Freiflächenausschreibungsverordnung, Begründung S. 1, 45; ZSW/Takon/BBG und Partner/Ecofys, Wissenschaftliche Empfehlung zur Ausgestaltung des Pilotausschreibungsverfahrens, S. 1.
38 Siehe ausführlich *Mohr*, EnWZ 2015, 99, 101 ff.; *ders.*, N&R 2015, 76 ff.
39 BT-Drs. 18/1304 v. 5.5.2014, S. 149.

heitssituation sichergestellt, damit diese um den Zuschlag konkurrieren.[40] Nur bei einer „guten" Wettbewerbsintensität besteht die realistische Chance, dass die Ergebnisse der Ausschreibung die tatsächlichen Kosten der jeweiligen Technologie abbilden.[41] Die **FFAV** will diesem „Knappheits-Erfordernis" durch ein **einfaches, transparentes, verständliches und diskriminierungsfreies wettbewerbliches Ausschreibungsverfahren** i. S. des § 5 Nr. 3 Rechnung tragen.[42] Die komplexen Regelungen der FFAV werden dieser Intention freilich kaum gerecht. Der Wettbewerbsintensität abträglich ist auch die im Normgebungsverfahren aufgrund „konkurrierender Nutzungsinteressen" beschränkte „**Flächenkulisse**"[43] (vgl. die §§ 3 Abs. 1, 6 Abs. 3 Nr. 6, 12 Abs. 4 FFAV).[44] Mit Blick auf die Grundsätze der Netz- und Marktintegration gem. § 2 Abs. 1 kann sich die „**Kosteneffizienz**" jedenfalls nicht allein auf die Senkung der expliziten Kosten der Förderung beziehen, sondern muss die mittelbaren Kosten etwa des EE-förderungsbedingten Netzausbaus und eines EE-bedingten Umbaus des Strommarkts mit in den Blick nehmen. Vor diesem Hintergrund sollte sich das Ausschreibungsdesign mittelfristig der passgenaueren Mengensteuerung etwa durch eine netzadäquate regionale Verteilung der EE-Anlagen annehmen.[45] Die FFAV adressiert die räumliche Verteilung von EE-Anlagen vornehmlich über die Regelungen zur Anlagenzusammenfassung in § 2 Nr. 5 FFAV, in Abwandlung der allgemeinen Vorschrift des § 32 Abs. 2.[46] Unter kompetitiven Aspekten dient auch das von § 2 Abs. 5 S. 3 hervorgehobene Erfordernis der „Akteursvielfalt" der Sicherung eines wirksamen Ausschreibungswettbewerbs.[47] Geboten ist die Herstellung von Chancengleichheit durch ein ausgewogenes, verständliches und zutrittsoffenes Ausschreibungsdesign.[48]

8 Ein Teilaspekt der Senkung von Förderkosten stellt die Minimierung der spezifischen **Transaktionskosten** dar, die ein Ausschreibungssystem sowohl für die Bieter als auch für den Auktionator als auch für die sonstigen Betroffenen[49] mit sich bringt. Die von den Bietern geforderten Nachweise, das Prüfverfahren des Auktionators, aber auch der Abwick-

---

40 Ausgangspunkt jeder ökonomischen Analyse ist die Knappheit der Ressourcen als „das zentrale Thema der Wirtschaftswissenschaften"; *Schwalbe*, in: Fleischer/Zimmer, Effizienz, S. 43; *Leschke*, in: Fehling/Ruffert, Regulierungsrecht, S. 281, 283.
41 Bundesregierung, Freiflächenausschreibungsverordnung, Begründung S. 1 f.
42 Siehe Bundesregierung, Freiflächenausschreibungsverordnung, Begründung S. 39: „[...] Vor diesem Hintergrund ist das Ausschreibungsdesign so einfach, transparent und verständlich wie möglich gestaltet worden. Der gleichwohl bestehende, vergleichsweise hohe Regelungsbedarf ist erforderlich, um ein faires Verfahren sicherzustellen und die widerstreitenden Interessen Kosteneffizienz – Realisierungsrate – Akteursvielfalt – Akzeptanz in einen angemessenen Ausgleich zu bringen."
43 Bundesregierung, Freiflächenausschreibungsverordnung, Begründung S. 2.
44 Siehe Der Spiegel vom 16.1.2015, Energiewende: Niederlage für Gabriel bei Solarauktionen, abrufbar unter www.spiegel.de/wirtschaft/soziales/energiewende-niederlage-fuer-sigmar-gabriel-bei-solarauktionen-a-1013281.html (letzter Abruf am 8.2.2015).
45 dena, Stellungnahme: Eckpunkte für ein Ausschreibungsdesign für Photovoltaik-Freiflächenanlagen, S. 2.
46 Bundesregierung, Freiflächenausschreibungsverordnung, Begründung S. 43.
47 Bundesregierung, Freiflächenausschreibungsverordnung, Begründung S. 41.
48 Ähnlich BDEW, Handlungsempfehlungen für ein Auktionsdesign für PV-Freiflächenanlagen, S. 10.
49 Aus der Anwendung einer „Pay-as-bid-Preisregelung" folgt ein erhöhter Abwicklungsaufwand der mit der Auszahlung der Marktprämie betrauten Netzbetreiber.

lungsaufwand der Netzbetreiber sollten auch deshalb so „einfach" wie möglich ausgestaltet werden.[50]

2. Ausbau der Stromerzeugung aus erneuerbaren Energien. Die EE-Ausschreibungen 9 dienen nicht nur der Kosteneffizienz, sondern sollen auch die mengenmäßigen Ausbauziele im vorgegebenen Zeitrahmen erreichen (§ 1 Abs. 2 und 3 i.V.m. § 3).[51] Im Interesse eines „effektiven" Ausbaus der erneuerbaren Energien muss das Ausschreibungsdesign also sicherstellen, dass sich die ausgeschriebenen Mengen an den normativ vorgegebenen **Ausbaukorridoren** orientieren (§ 1 FFAV).

Zur Integration des Stroms aus erneuerbaren Energien in wettbewerblich organisierte 10 Strommärkte sieht das EEG 2014 für die wichtigsten Technologien – bis auf die Windenergie auf See – grundsätzlich eine **indirekte Mengensteuerung** vor (§ 3 i.V.m. den §§ 28, 29, 31).[52] Für Freiflächenanlagen enthält jedoch § 13 Abs. 3 FFAV die Vorgabe, dass der Zuschlagswert, der die Grundlage für die Höhe der finanziellen Förderung ist, nicht wie der anzulegende Wert für sonstige Anlagen zur Erzeugung von Strom aus solarer Strahlungsenergie degressiv ausgestaltet ist (§ 31). Vielmehr bleibt der gebotene Fördersatz hier über die 20-jährige Förderdauer unverändert.[53]

Mit Blick auf die Ausbaupfade des § 3 muss die BNetzA auch die **Realisierungswahr-** 11 **scheinlichkeit** der Projekte in den Blick nehmen, etwa über Präqualifikationsanforderungen und Pönalen (vgl. §§ 6 Abs. 4, 7, 10, 11 FFAV). Außerdem muss das Ausschreibungsdesign genügend **Planungssicherheit** vermitteln, um Investoren überhaupt zur Vorentwicklung von Projekten zu motivieren.[54] Auf der anderen Seite gehen hohe Anforderungen an Qualität, Realisierungswahrscheinlichkeit und Planungssicherheit regelmäßig mit hohen Kosten einher, die durch die Ausschreibungen gerade an ein wettbewerbliches Niveau herangeführt werden sollen. Auch dies verdeutlicht die Notwendigkeit eines Ausgleichs („trade off") zwischen dem beschleunigten Ausbau von EE-Anlagen und der Senkung der Förderkosten.

3. Akzeptanz. Die Bundesregierung betont als Ziel der Pilot-Ausschreibungen eine hohe 12 Akzeptanz des Ausschreibungssystems bei den Ausschreibungsteilnehmern und in der Öffentlichkeit durch ein **verständliches und transparentes Ausschreibungssystem**, die **erfolgreiche Durchführung von Ausschreibungen** sowie die **Wahrung der Akteursvielfalt**.[55] Hieraus folgen keine konkreten Anforderungen an das Ausschreibungsdesign. Vielmehr wird eine zureichende Akzeptanz der Ausschreibungs-Förderung bereits durch die

---

50 ZSW/Takon/BBG und Partner/Ecofys, Wissenschaftliche Empfehlung zur Ausgestaltung des Pilotausschreibungsverfahrens, S. 9.
51 Bundesregierung, Freiflächenausschreibungsverordnung, Begründung S. 39.
52 Dazu *Müller/Kahl/Sailer*, ER 4/14, 139, 141.
53 Abgesehen von den in § 26 Abs. 3 und 4 FFAV vorgesehenen Anpassungen bei Fördersätzen wegen fehlender Übereinstimmung des tatsächlichen Standorts der Anlage mit dem im Gebot angegebenen Standort sowie wegen Beantragung der Förderberechtigung erst 18 Monate nach öffentlicher Bekanntmachung des Zuschlags in einer Ausschreibung; vgl. Bundesregierung, Freiflächenausschreibungsverordnung, S. 74.
54 *Beckmeyer*, EnWZ 2014, 433, 434.
55 Bundesregierung, Freiflächenausschreibungsverordnung, Begründung S. 41 f.; ZSW/Takon/BBG und Partner/Ecofys, Wissenschaftliche Empfehlung zur Ausgestaltung des Pilotausschreibungsverfahrens, S. 1.

Erfüllung der oben beschriebenen Ziele bzw. durch einen angemessenen trade-off zwischen diesen erreicht.

IV. Anspruchsgrundlage

13   Der mit „**finanzielle Förderung für Strom aus Freiflächenanlagen**" überschriebene § 28 Abs. 1 FFAV konkretisiert die **Anspruchsgrundlage** von EE-Anlagenbetreibern gegen den zuständigen **Netzbetreiber**. Hiernach besteht ein Anspruch nach § 19 – der „zentralen Anspruchsgrundlage für die finanzielle Förderung von Strom aus erneuerbaren Energien oder Grubengas unter dem EEG 2014"[56]– aus einer Freiflächenanlage nur dann, wenn für die Freiflächenanlage eine Förderberechtigung nach § 21 FFAV ausgestellt und nicht nach § 29 FFAV zurückgenommen worden ist, ab der Inbetriebnahme der Anlage der gesamte während der Förderdauer nach § 28 Abs. 5 FFAV erzeugte Strom in das Netz eingespeist und nicht selbst verbraucht wird, und schließlich die weiteren Voraussetzungen nach dem EEG 2014 mit Ausnahme des § 51 Abs. 1 erfüllt sind.

14   Sofern die Voraussetzungen nach § 28 Abs. 1 S. 1 FFAV vorliegen, erstreckt sich der Anspruch gem. § 28 Abs. 1 S. 2 FFAV auch auf Strom, der **bis zu drei Wochen vor der Stellung des Antrags auf Ausstellung der Förderberechtigung** nach § 21 Abs. 1 FFAV von der Freiflächenanlagen in ein Netz eingespeist oder einem Netzbetreiber mittels kaufmännisch-bilanzieller Weitergabe angeboten worden ist. Diese Regelung gründet auf der Überlegung, dass ein Antrag auf Ausstellung der Förderberechtigung nach § 21 Abs. 2 Nr. 4 FFAV erst dann gestellt werden kann, wenn die Freiflächenanlage in Betrieb genommen worden ist.[57]

15   Die **Ausstellung der Förderberechtigung** ist in § 21 Abs. 1 FFAV geregelt. Hiernach stellt nicht der Netzbetreiber, sondern die **BNetzA** auf Antrag des Bieters eine Förderberechtigung für eine Freiflächenanlage aus und bestimmt für Strom aus dieser Freiflächenanlage die Höhe des anzulegenden Werts nach Maßgabe der §§ 26, 27 FFAV. Bieter dürfen aber beantragen, dass die Gebotsmenge eines bezuschlagten Gebots nach § 12 FFAV ganz oder teilweise einer Freiflächenanlage oder mehreren Freiflächenanlagen zugeteilt werden soll.[58] Der **Antrag** nach § 21 Abs. 1 FFAV muss die in § 21 Abs. 2 FFAV geforderten Angaben enthalten. Hierbei handelt es sich um: 1. Name, Anschrift, Telefonnummer und E-Mail-Adresse des Bieters, 2. die installierte Leistung der Freiflächenanlage, für die die Förderberechtigung ausgestellt werden soll, und bei einem Antrag nach § 23 FFAV die installierte Leistung der Anlagenerweiterung, 3. den Standort der Freiflächenanlage mit Bundesland, Landkreis, Gemeinde und Flurstücken und mit Angaben zur Art der Fläche, insbesondere ob die Flächen-Anforderungen nach § 22 Abs. 1 Nr. 2 FFAV erfüllt sind, 4. das Datum der Inbetriebnahme der Freiflächenanlage, 5. den jeweiligen Umfang der Gebotsmenge pro bezuschlagtem Gebot, der der Freiflächenanlage zugeteilt werden soll, einschließlich der jeweils für die Gebote registrierten Zuschlagsnummern gem. § 14 Abs. 2 Nr. 2 lit. c FFAV, 6. die Angaben des Bieters, ob er der Betreiber der Freiflächenanlage ist, für Strom, der in der Freiflächenanlage oder in Teilen der Freiflächenanlage erzeugt worden ist, eine finanzielle Förderung nach dem EEG in Anspruch genommen worden ist, bei der Errich-

---

56 BT-Drs. 18/1304 v. 5.5.2014, S. 125.
57 Bundesregierung, Freiflächenausschreibungsverordnung, Begründung S. 86.
58 Beachte aber die mögliche Kürzung der Förderhöhe in § 26 Abs. 3 FFAV.

tung der Freiflächenanlage Bauteile eingesetzt wurden, die unter Verstoß gegen die VO (EG) Nr. 1225/2009 eingeführt worden sind (lit. c), und 7. die Angaben nach § 3 Abs. 2 Nr. 6, 7 und 13 bis 16 der Anlagenregisterverordnung.

Die teilweise mit § 21 FFAV korrespondierenden **Voraussetzungen für die Ausstellung**   16
der Förderberechtigung sind sodann in § 22 Abs. 1 FFAV normiert:[59] Die Freiflächenanlage muss vor der Antragstellung in Betrieb genommen worden und der Bieter muss bei
der Antragstellung Anlagenbetreiber sein. Für den Bieter muss nach § 12 Abs. 5 FFAV außerdem eine entsprechende Gebotsmenge bezuschlagter Gebote bei der BNetzA registriert
und diese darf nicht entwertet worden sein, wobei die besonderen Flächenkategorien des
§ 22 Abs. 1 Nr. 3 Hs. 2 FFAV zu beachten sind. Darüber hinaus dürfen die nach § 21 Abs. 2
Nr. 5 FFAV insgesamt der Freiflächenanlage zugeteilten Gebotsmengen die installierte
Leistung der Freiflächenanlage und 10 MW nicht überschreiten. Auch darf für den Strom
aus der Freiflächenanlage noch keine finanzielle Förderung nach dem EEG in Anspruch
genommen worden sein. Schließlich muss bei der BNetzA die Zweitsicherheit nach § 15
FFAV innerhalb der Frist nach § 15 Abs. 5 FFAV geleistet und es muss die Gebühr nach
Nummer 2 der Anlage zur Freiflächenausschreibungsverordnung gezahlt worden sein.

V. Überblick über das Ausschreibungsverfahren

Das Ausschreibungsverfahren nach der FFAV lässt sich in das Verfahren zur Erlangung ei-   17
nes Zuschlags in der Ausschreibung (Teil 2: „Verfahren der Ausschreibung", §§ 3 bis 20
FFAV) und das Verfahren zur Ausstellung der Förderberechtigung unterteilen (Teil 3: „Voraussetzungen für die Förderung von Freiflächenanlagen", §§ 21 bis 29 FFAV).[60] Gem.
§ 28 Abs. 1 S. 1 Nr. 1 FFAV ist eine von der BNetzA ausgestellte Förderberechtigung die
zentrale Voraussetzung eines Anspruchs auf finanzielle Förderung gegen den Netzbetreiber. Die Differenzierung zwischen Ausschreibungsverfahren und dem Verfahren auf Ausstellung einer Förderberechtigung findet ihre Entsprechung in den oben beschriebenen
Zielen der EE-Ausschreibungen, die nicht nur eine möglichst kosteneffiziente Förderung,
sondern gleichrangig einen kontinuierlichen Ausbau der erneuerbaren Energien erreichen
wollen (§ 1 FFAV).[61]

1. Ausschreibung. Das Ausschreibungsverfahren beginnt gem. § 5 Abs. 1 S. 1 FFAV mit   18
einer Bekanntmachung der Ausschreibung durch die BNetzA auf ihrer Internetseite nach
Ablauf der neunten und vor Ablauf der sechsten Kalenderwoche vor dem jeweiligen Gebotstermin. Die Veröffentlichung muss gem. § 5 Abs. 1 S. 2 FFAV folgende Informationen
enthalten: den Gebotstermin gem. § 2 Nr. 7 FFAV, das Ausschreibungsvolumen gem. § 2
Nr. 1 FFAV, den Gebotswert i. S. des § 2 Nr. 8 FFAV, den Höchstwert gem. § 8 FFAV, die
von der BNetzA gem. § 34 Abs. 1 FFAV vorgegebenen „Formatvorgaben" (Formulare) sowie etwaige Festlegungen der BNetzA gem. § 35 FFAV, sofern diese die Gebotsabgabe und
das Zuschlagsverfahren betreffen. Die FFAV ist freilich so detailliert formuliert, dass für
die erste Ausschreibungsrunde wohl keine Festlegungen erlassen werden.

---

59 Bundesregierung, Freiflächenausschreibungsverordnung, Begründung S. 80.
60 Bundesregierung, Freiflächenausschreibungsverordnung, S. 39 f.
61 Siehe, auch zum Folgenden, *Mohr*, N&R 2015, 76 ff.

19   Gem. § 3 FFAV werden die Ausschreibungen bis zum Jahr 2018 dreimal jährlich durchgeführt, beginnend mit dem 15.4.2015.[62] Das Ausschreibungsvolumen sinkt von 500 MW im
Jahr 2015 auf 400 MW im Jahr 2016 auf 300 MW im Jahr 2017 (vgl. § 1 FFAV: durchschnittlich 400 MW pro Kalenderjahr). Im Interesse eines pfadgenauen Ausbaus enthält
§ 4 Abs. 1 FFAV eine Sonderregelung, sofern nicht für das gesamte Volumen einer Ausschreibungsrunde gem. § 12 FFAV Zuschläge erteilt und fristgerecht die entsprechenden
Zweitsicherheiten nach § 15 Abs. 5 FFAV geleistet wurden. Hiernach erhöht sich das Ausschreibungsvolumen nach § 3 Abs. 1 FFAV für den jeweils nächsten Gebotstermin, wenn
nicht für das gesamte Ausschreibungsvolumen der vorangegangenen Ausschreibungen Zuschläge erteilt und die entsprechenden Zweitsicherheiten geleistet worden sind, um die Differenz zwischen dem Ausschreibungsvolumen der vorangegangenen Ausschreibungen
und der Summe der Gebotsmengen der bezuschlagten Gebote der vorangegangenen Ausschreibungen.[63] Darüber hinaus kann die BNetzA das Ausschreibungsvolumen erhöhen,
wenn Zuschläge aus einer vorangegangenen Ausschreibungsrunde zurückgegeben (§ 18
FFAV),[64] zurückgenommen (§ 19 FFAV) oder nicht fristgerecht durch Erstellung der Anlage und Beantragung einer Förderberechtigung „eingelöst" wurden (§ 20 FFAV). Hierzu
enthält § 20 Abs. 2 FFAV die Vorgabe, dass Bieter spätestens zwei Jahre nach der öffentlichen Bekanntgabe des Zuschlags die Ausstellung von Förderberechtigungen beantragt haben müssen.

20   Im Anschluss an die Bekanntmachung der Ausschreibung regelt § 6 FFAV die Voraussetzungen für die Teilnahme. Nach § 6 Abs. 1 FFAV dürfen nur natürliche Personen, rechtsfähige Personengesellschaften und juristische Personen derartige Gebote abgeben, also
keine nicht rechtsfähigen Bietergemeinschaften („Bürgerenergie").[65] Die Gebotsmenge,
also die installierte Leistung in Kilowatt i. S. des § 2 Nr. 6 FFAV, für die ein Bieter ein Gebot abgibt, muss gem. § 6 Abs. 2 S. 1 FFAV zwischen 100 KW und 10 MW liegen. Gem.
§ 6 Abs. 2 S. 2 FFAV dürfen Bieter jedoch mehrere Gebote abgeben, sofern sie diese kennzeichnen. Die inhaltlichen Vorgaben an die Gebote sind in § 6 Abs. 3 FFAV normiert. Die
Gebote müssen neben der Erfüllung von Präqualifikationserfordernissen insbesondere Angaben über den Gebotswert gem. § 2 Nr. 8 FFAV machen. Das ist der „anzulegende Wert"
i. S. des § 23 Abs. 1 S. 2. Gem. § 6 Abs. 5 FFAV müssen die Gebote der BNetzA spätestens
am Gebotstermin i. S. des § 2 Nr. 7 FFAV zugegangen sein.

21   Bieter müssen in ihrem Gebot nach § 6 Abs. 3 Nr. 6 FFAV insbesondere die **Flächen** angeben, auf denen sich die Freiflächenanlage voraussichtlich befinden wird.[66] Die in ihrer jetzigen Form eher restriktive Regelung war im Normgebungsverfahren Gegenstand kontro-
verser Auseinandersetzungen, da man Nachteile für die Landwirtschaft insbesondere auf-

---

62   Siehe zu den unionsrechtlichen Hintergründen Kommission, Leitlinien für staatliche Umwelt-
     schutz- und Energiebeihilfen, ABl. EU Nr. C 200/1 v. 28.6.2014, Rn. 124 ff.; dazu § 1 Rn. 30 ff.,
     insb. Rn. 52 ff.
63   Sofern die Frist nach § 15 Abs. 5 FFAV zum Zeitpunkt der Bekanntmachung nach § 5 FFAV noch
     nicht abgelaufen ist, erhöht sich somit das Ausschreibungsvolumen des auf den Fristablauf folgen-
     den Gebotstermins entsprechend.
64   Nicht zu verwechseln mit der Rückgabe von Geboten vor dem Ausschreibungstermin gem. § 6
     Abs. 5 FFAV.
65   Bei den von § 6 Abs. 1 FFAV benannten Personen handelt es sich um die Bieter i. S. des § 2 Nr. 4
     FFAV.
66   Vorbehaltlich der Regelungen zur anderweitigen Zuordnung einer bezuschlagten Anlage im Rah-
     men der Ausstellung einer Förderberechtigung.

grund steigender Pachtzinsen für Ackerflächen befürchtete.[67] Die Vorschrift ist somit ein politischer Kompromiss zwischen den Bestrebungen der Landwirtschaft an einer Sicherung hinreichender Nutzungsflächen und der wettbewerblichen Ausweitung der Flächenkulisse. Die im Vorfeld eingeholte „Wissenschaftliche Empfehlung" legte aus „Wettbewerbs- und Kosteneffizienzgründen" eine Aufhebung der bis dato geltenden Begrenzung der zulässigen Flächen nahe, kombiniert mit einer Aufhebung der maximal zulässigen Projektgröße auf beispielsweise 25 MW. Das zentrale Argument für eine Aufhebung der Flächenrestriktionen ist die Überführung der Förderung von einer Preis- in eine Mengensteuerung gem. § 3 Nr. 3 i.V. mit §§ 1, 3 Abs. 1 FFAV, wonach der jährliche Zubau sowieso begrenzt ist.[68] Weiterhin ist die Errichtung von Freiflächenanlagen auf Konversionsflächen oder Deponien üblicher Weise mit höheren Kosten verbunden als eine Errichtung auf (ertragsärmeren) Ackerflächen. Eine möglichst große Flächenkulisse ist ein zentraler Faktor für einen wirksamen Wettbewerb um die Zuschläge.[69]

Nach der FFAV verbleibt es im Jahr 2015 bei der bisherigen Flächenkulisse des § 51 Abs. 1 Nr. 3, weshalb nur solche Gebote zur Ausschreibung zugelassen werden, die Freiflächenanlagen auf Konversionsflächen, auf versiegelten Flächen und auf Seitenrandstreifen von Autobahnen und Schienenwegen betreffen (§ 6 Abs. 3 Nr. 6 lit. a bis c FFAV). Ab dem Jahr 2016 wird die Flächenkulisse sodann „maßvoll" erweitert, „um dauerhaft ausreichend Flächen zur Verfügung zu haben."[70] So sind ab diesem Zeitpunkt auch Anlagen auf Flächen der Bundesanstalt für Immobilienaufgaben förderfähig (vgl. §§ 6 Abs. 3 Nr. 6 lit. d FFAV; siehe auch § 22 Abs. 1 Nr. 2 lit. b dd FFAV). Hierbei handelt es sich um eine neu geschaffene Flächenkategorie, bei der es in Bezug auf Konversionsflächen Überschneidungen mit den bereits bislang förderfähigen Flächen geben kann. Es können in dieser Kategorie aber auch neue Flächen für Freiflächenanlagen genutzt werden, wenn andere Belange der Planung und Genehmigung nicht entgegenstehen. Dazu kommen Freiflächenanlagen auf Ackerflächen in sog. benachteiligten Gebieten, in denen Landwirtschaft nur schwer möglich ist (§§ 2 Nr. 2, 6 Abs. 3 Nr. 6 lit. e FFAV; siehe auch § 22 Abs. 1 Nr. 2 lit. b ee FFAV). Auf diesen Flächen können in den Jahren 2016 und 2017 aber nur zehn Anlagen zugeschlagen werden (§ 12 Abs. 4 FFAV). Vor diesem Hintergrund kann man schwerlich von einer ins Gewicht fallenden Erweiterung der zulässigen Flächen sprechen.

22

Darüber hinaus sieht § 2 Nr. 5 FFAV eine Regelung zur **Anlagenzusammenfassung** vor, die über finanzielle Signale einer räumlichen Ballung von Freiflächenanlagen in bestimmten Regionen entgegenwirken soll.[71] Danach gelten mehrere Freiflächenanlagen unabhängig von den Eigentumsverhältnissen und ausschließlich zum Zweck der Ermittlung der Höhe des Anspruchs nach § 19 für den jeweils zuletzt in Betrieb gesetzten Generator als eine einzige Freiflächenanlage, wenn sie innerhalb derselben Gemeinde, die für den Erlass des Baubauungsplans zuständig ist, errichtet worden sind und innerhalb von 24 aufeinanderfol-

23

---

67 Siehe die Stellungnahme des Bayrischen Staatsministeriums für Wirtschaft und Medien, Energie und Technologie vom 21.1.2015 zum nicht veröffentlichten Referentenentwurf einer Freiflächenausschreibungsverordnung des BMWi v. 15.1.2015, S. 2, abrufbar unter www.bmwi.de (letzter Abruf am 8.2.2015).

68 ZSW/Takon/BBG und Partner/Ecofys, Wissenschaftliche Empfehlung zur Ausgestaltung des Pilotausschreibungsverfahrens, S. 24.

69 Siehe schon § 2 Rn. 122.

70 Bundesregierung, Freiflächenausschreibungsverordnung, Begründung S. 37.

71 Bundesregierung, Freiflächenausschreibungsverordnung, Begründung S. 64.

genden Kalendermonaten in einem Abstand von bis zu 4 Kilometern in der Luftlinie, gemessen vom äußeren Rand der jeweiligen Anlage, in Betrieb genommen worden sind. Im Gegensatz zu § 32 Abs. 2 wird somit der Umkreis erweitert, in dem Anlagen „finanziell" zusammengefasst werden. Unberührt bleibt von dieser Definition die Anlagenzusammenfassung nach § 32 Abs. 1.[72]

24   Ebenso wie die Anlagenzusammenfassung dient die **Größenbegrenzung der Anlagen** auf 10 MW in §§ 6 Abs. 2 S. 1, 22 Abs. 1 Nr. 4 lit. b FFAV den Interessen der Landwirtschaft und des Umweltschutzes, indem sie einer räumlichen Ballung von Freiflächenanlagen entgegenwirkt,[73] wenn auch unter Einschränkung der Möglichkeit zur Hebung von Skalen- und Verbundvorteilen im Interesse der Kosteneffizienz.[74] Die Inanspruchnahme der landwirtschaftlichen Flächen soll durch eine regelmäßige **Evaluierung** gem. § 36 FFAV überwacht werden, um Fehlentwicklungen „jederzeit wirksam" begegnen zu können.[75] Im Übrigen obliege es „weiterhin den Kommunen vor Ort, im Rahmen der Bauleitplanung die verschiedenen Belange angemessen in einen räumlichen Ausgleich zu bringen."[76]

25   Nach § 7 FFAV müssen die Bieter bis zum Gebotstermin eine **Erstsicherheit** geleistet haben, in Höhe der im Angebot angegebenen Gebotsmenge in kW multipliziert mit grundsätzlich 4 Euro. Durch die Erstsicherheit wird nach § 7 Abs. 1 S. 2 FAVV die Forderung der Übertragungsnetzbetreiber auf eine Strafzahlung nach § 30 Abs. 1 S. 1 Nr. 1 FFAV abgesichert. Diese auf den ersten Zugriff nur schwer zu durchschauenden Regelungen sollen sicherstellen, dass nur solche Bieter an der Ausschreibung teilnehmen, die tatsächlich ein Projekt realisieren wollen bzw. können.[77] Die Bieter müssen dazu eine Pönale an einen Übertragungsnetzbetreiber in Höhe der Erstsicherheit leisten, wenn sie ihre Gebote nach Erteilung des Zuschlags verfallen lassen, indem sie nicht innerhalb von 10 Werktagen nach wirksamer öffentlicher Bekanntmachung des Zuschlags gem. § 14 FFAV die Zweitsicherheit leisten (§§ 30 Abs. 1 S. 1 Nr. 1 und Abs. 2, 20 Abs. 1, 15 Abs. 5 FFAV). Die kurze materielle Ausschlussfrist von 10 Werktagen soll der BNetzA die Möglichkeit geben, in überschaubarem Zeitrahmen ein Nachrückverfahren gem. § 12 Abs. 3 S. 1 FFAV durchzuführen.[78]

26   Die BNetzA muss weiterhin durch einen **Höchstpreis** sicherstellen, dass sich die Ausschreibung auch dann an Wettbewerbsgesichtspunkten orientiert, wenn die Nachfrage das Angebot unterschreitet oder nur knapp überschreitet.[79] § 8 FFAV sieht deshalb einen sog. ambitionierten Höchstpreis vor, der „nahe an", also unter den erwarteten Vollkosten liegen

---

72 Siehe zu § 2 Nr. 5 Bundesregierung, Freiflächenausschreibungsverordnung, Begründung S. 64.
73 Bundesregierung, Freiflächenausschreibungsverordnung, Begründung S. 64 und 82.
74 Für eine Ausweitung auf 25 MW überzeugend ZSW/Takon/BBG und Partner/Ecofys, Wissenschaftliche Empfehlung zur Ausgestaltung des Pilotausschreibungsverfahrens, S. 24 f.; BDEW, Stellungnahme zu den Eckpunkten des BMWi für ein Ausschreibungsdesign für Photovoltaik-Freiflächenanlagen, S. 3.
75 Bundesregierung, Freiflächenausschreibungsverordnung, Begründung S. 38.
76 Bundesregierung, Freiflächenausschreibungsverordnung, Begründung S. 38; siehe zu den daraus resultierenden Problemen *Spannowsky*, in: Hebeler/Hendler/Proelß/Reiff, Energiewende in der Industriegesellschaft, S. 83, 87.
77 So Bundesregierung, Freiflächenausschreibungsverordnung, S. 68.
78 Bundesregierung, Freiflächenausschreibungsverordnung, S. 73.
79 BDEW, Handlungsempfehlungen für ein Auktionsdesign für PV-Freiflächenkraftwerke, S. 7 f.

soll.[80] Von der Statuierung des Höchstpreises zu trennen ist die Problematik einer **Bekanntgabe des Höchstpreises im Vorfeld der Auktion**.[81] Eine derartige Veröffentlichung ist durchgreifenden Bedenken ausgesetzt. So können die Bieter den vorab veröffentlichten Höchstpreis als Indikator für den markträumenden Preis benutzen. Aus diesem Grunde sollte der Höchstpreis verdeckt definiert und erst nach der Auktion bekannt gegeben werden.[82] Gem. § 5 S. 2 Nr. 3 FFAV wird der Höchstpreis demgegenüber in jeder Ausschreibung ex ante bekannt gemacht.

Nach Eingang der Gebote öffnet und prüft die BNetzA diese gem. § 9 FFAV. Sie schließt **27** einzelne Gebote nach § 10 FFAV oder bei schweren Regelverstößen sogar Teilnehmer nach § 11 FFAV vom weiteren Zuschlagsverfahren aus.

Das eigentliche **Zuschlagsverfahren** ist in § 12 FFAV normiert. Die BNetzA soll den Zu- **28** schlag möglichst innerhalb von 10 Tagen nach dem Gebotstermin erteilen.[83] Gem. § 12 Abs. 2 Nr. 1 FFAV muss sie, wenn die Summe der Gebotsmengen aller zugelassenen Gebote das Ausschreibungsvolumen nach den §§ 3, 4 FFAV überschreitet (ansonsten: § 12 Abs. 1 FFAV), die zugelassenen Gebote sortieren. Im Anschluss muss sie die zugelassenen Gebote in der Reihenfolge nach § 12 Abs. 2 Nr. 1 FFAV, beginnend mit den Geboten mit den niedrigsten Gebotswerten, einen Zuschlag im Umfang ihres Gebots erteilen, bis das Ausschreibungsvolumen erstmals durch den Zuschlag zu einem Gebot erreicht oder überschritten ist (Zuschlagsgrenze). Geboten oberhalb der Zuschlagsgrenze wird kein Zuschlag erteilt (§ 12 Abs. 2 Nr. 2 FFAV). Sofern die Summe der Gebotsmengen aller Gebote, die einen Zuschlag nach § 12 Abs. 2 FFAV erhalten haben und deren Zuschlag wegen nicht fristgerechter Leistung der Zweitsicherheit nach § 20 Abs. 1 FFAV erloschen ist, eine „Bagatellgrenze" von 30 MW überschreitet, muss die BNetzA nach § 12 Abs. 3 FFAV ein Nachrückverfahren durchführen.[84]

Der **Zuschlagswert** bestimmt sich nach § 13 FFAV.[85] Die Vorschrift sieht in ihrer jetzt ver- **29** abschiedeten Fassung als Regelfall ein Gebotspreisverfahren (Abs. 1; „pay-as-bid") und nur ausnahmsweise in der 2. und 3. Ausschreibungsrunde ein Einheitspreisverfahren vor (Abs. 2; „uniform-pricing"). Im Pay-as-bid-Verfahren ist der Zuschlagswert der Gebotswert.[86] Beim Uniform-Pricing-Verfahren bekommt der Bieter den anzulegenden Wert, welcher mit dem Gebotswert des höchsten zugeschlagenen Gebots übereinstimmt.[87] Hierdurch sollen Erfahrungen mit beiden Preisbildungsregeln gesammelt werden. Da es sich bei der Photovoltaik um eine relativ ausgereifte Technologie handeln soll, sieht der Regelungsgeber ein Gebotspreisverfahren jedoch – mit überzeugenden Gründen – als vorzugswürdig an, da mit diesem im Interesse der Kosteneffizienz etwaige Mitnahmeeffekte und strategi-

---

80 ZSW/Takon/BBG und Partner/Ecofys, Wissenschaftliche Empfehlung zur Ausgestaltung des Pilotausschreibungsverfahrens, S. 37.
81 ZSW/Takon/BBG und Partner/Ecofys, Wissenschaftliche Empfehlung zur Ausgestaltung des Pilotausschreibungsverfahrens, S. 35.
82 Überzeugend Frontier Economics, Konsultation zum Ausschreibungsdesign für die Förderung von PV-Freiflächenanlagen, S. 7.
83 Bundesregierung, Freiflächenausschreibungsverordnung, S. 40, Schaubild.
84 Bundesregierung, Freiflächenausschreibungsverordnung, S. 73.
85 Siehe zur Preisregel im Einzelnen *Mohr*, EnWZ 2015, 99, 102 f.; § 2 Rn. 132 ff.
86 Bundesregierung, Freiflächenausschreibungsverordnung, Begründung S. 73.
87 Bundesregierung, Freiflächenausschreibungsverordnung, Begründung S. 73.

sche Verhaltensweisen besonders gut verhindert werden können.[88] Darüber hinaus ist ein Gebotspreisverfahren einfach nachzuvollziehen, was die Akzeptanz unter den Auktionsteilnehmern und in der Öffentlichkeit erhöhen und den administrativen Aufwand des Ausschreibenden, wenn auch nicht notwendig der Netzbetreiber senken kann.[89] Vor diesem Hintergrund gibt ein Gebotspreisverfahren gerade solchen Akteuren die Möglichkeit zur Teilnahme an der Auktion, die bislang noch keine Erfahrungen mit komplizierten Ausschreibungen sammeln konnten.[90]

30   **2. Ausstellung der Förderberechtigung.** Der Erhalt eines Zuschlags durch die BNetzA in einer Ausschreibungsrunde gem. § 12 Abs. 1 bis 3 FFAV ist zwar eine notwendige, aber noch keine hinreichende Bedingung für einen Anspruch auf finanzielle Förderung gegen den Netzbetreiber nach § 19 i.V. mit § 28 Abs. 1 FFAV. Der Bieter muss vielmehr fristgerecht die Zweitsicherheit gem. § 15 FFAV leisten, die Anlage erstellen und tatsächlich betreiben (§ 20 Abs. 2 FFAV) sowie bei der BNetzA eine Förderberechtigung beantragen (§ 21 FFAV i.V.m. § 22 FFAV).

31   Gem. § 28 Abs. 1 FFAV ist – neben dem Verbot des Eigenverbrauchs und der Anwendung der sonstigen Regelungen des EEG 2014 mit Ausnahme von § 51 Abs. 1 – die wesentliche Fördervoraussetzung das Vorliegen einer **Förderberechtigung**, die einer bestimmten Anlage nach der Ausschreibung verbindlich zugeordnet und nicht zurückgenommen oder widerrufen worden ist (dazu § 29 FFAV).[91] Die Ausstellung der Förderberechtigung ist in den §§ 21 ff. FFAV geregelt. Der Netzbetreiber muss die Voraussetzungen einer Förderberechtigung gem. § 28 Abs. 3 FFAV eigenständig prüfen, darf sich somit nicht auf die Prüfung der BNetzA verlassen.[92]

32   Gem. § 21 Abs. 1 S. 1 FFAV muss die BNetzA auf Antrag eines Bieters unter den Voraussetzungen der §§ 22 und 23 FFAV eine Förderberechtigung für eine Freiflächenanlage ausstellen und die Höhe des anzulegenden Werts nach Maßgabe der §§ 26 und 27 FFAV für Strom aus dieser Freiflächenanlage bestimmen. Bieter dürfen aber gem. § 21 Abs. 1 S. 2 FFAV beantragen, dass die Gebotsmenge eines bezuschlagten Gebots ganz oder teilweise einer Freiflächenanlage oder mehreren Freiflächenanlagen zugeteilt wird. Im Antrag muss deshalb nach § 21 Abs. 2 Nr. 5 FFAV spezifiziert werden, wie hoch eine Gebotsmenge ist, die einer Freiflächenanlage zugeteilt werden soll, und aus welchem bezuschlagten Gebot diese Gebotsmenge kommt.[93] In diesem Umfang muss die BNetzA die Gebotsmenge gem. § 24 FFAV nach Ausstellung der Förderberechtigung entwerten. Nach Erteilung der Förderberechtigung ist diese der Freiflächenanlage gem. § 22 Abs. 4 FFAV zugeordnet; nachträgliche Änderungen insbesondere durch den Bieter sind ausgeschlossen.

33   Die **Vorgaben für die Ausstellung einer Förderberechtigung** sind in § 22 FFAV normiert; diese nehmen wesentliche Vorgaben des § 55 auf. Gem. § 22 Abs. 1 Nr. 1 FFAV darf

---

88 BEE, Stellungnahme für das Konsultationsverfahren zu den Eckpunkten des BMWi für ein Ausschreibungsdesign für Photovoltaik-Freiflächenanlagen, S. 6; a.A. Frontier Economics, Konsultation zum Ausschreibungsdesign für die Förderung von PV-Freiflächenanlagen, S. 6 mit Fn. 3.
89 ZSW/Takon/BBG und Partner/Ecofys, Wissenschaftliche Empfehlung zur Ausgestaltung des Pilotausschreibungsverfahrens, S. 34.
90 Insoweit überzeugend BEE, Stellungnahme für das Konsultationsverfahren zu den Eckpunkten des BMWi für ein Ausschreibungsdesign für Photovoltaik-Freiflächenanlagen, S. 6.
91 Vgl. *Kahle/Menny*, ET 12/2014, 18, 19.
92 Bundesregierung, Freiflächenausschreibungsverordnung, S. 87.
93 Bundesregierung, Freiflächenausschreibungsverordnung, S. 81.

die Förderberechtigung nur ausgestellt werden, wenn die Freiflächenanlage vor der Antragstellung tatsächlich und fristgerecht in Betrieb genommen worden und der Bieter bei der Antragstellung der Anlagenbetreiber i. S. des § 5 Nr. 2 ist. Gem. § 22 Abs. 1 Nr. 2 und Nr. 3 FFAV ist die Zuteilung bestimmter Gebotsmengen nur für Freiflächenanlagen auf den dort benannten Flächen zulässig.[94] Außerdem dürfen die einer Freiflächenanlage zugeteilten Gebotsmengen die installierte Leistung nicht überschreiten. Sie müssen die 10 MW-Grenze einschließlich der Vorgaben zur sog. Anlagenzusammenfassung einhalten (§§ 22 Abs. 1 Nr. 4, 2 Nr. 5 FFAV;[95] vgl. auch schon § 6 Abs. 2 S. 1 FFAV). Weiterhin müssen die gesetzlich festgeschriebenen Anforderungen des Naturschutzes beachtet werden (§ 22 Abs. 1 Nr. 5 FFAV). Es darf auch keine anderweitige Förderung nach dem EEG in Anspruch genommen werden, es sei denn, es liegt eine zulässige Anlagenerweiterung vor (§§ 22 Abs. 1 Nr. 6, 23 FFAV). Schließlich muss die Zweitsicherheit innerhalb der 10-Werktages-Frist des § 15 Abs. 5 FFAV geleistet worden sein (§ 22 Abs. 1 Nr. 7 FFAV).

Gem. § 26 Abs. 2 S. 1 FFAV bestimmt sich die **Höhe des anzulegenden Werts** nach dem Zuschlagswert des bezuschlagten Gebots gem. § 13 FFAV, dessen Gebotsmenge auf Antrag des Bieters gem. § 21 Abs. 2 Nr. 5 FFAV der Freiflächenanlage zugeteilt worden ist. Sollen einer Freiflächenanlage auf Antrag des Bieters die Gebotsmengen mehrerer bezuschlagter Gebote zugeteilt werden, ist nach § 26 Abs. 2 S. 2 bis 4 FFAV der gewichtete Mittelwert der Zuschlagswerte zu bilden. § 27 FFAV enthält ergänzende Regelungen für eine Änderung des anzulegenden Werts bei Anlagenerweiterungen.

§ 20 Abs. 2 FFAV statuiert **eine 24-Monats-Frist** für die **Erstellung der Anlage**. Mit Blick auf diese Regelung müssen Bieter die Ausstellung von Förderberechtigungen für die gesamte Gebotsmenge des bezuschlagten Gebots spätestens zwei Jahre nach der öffentlichen Bekanntgabe des Zuschlags nach § 14 Abs. 1 und 2 FFAV beantragt haben (materielle Ausschlussfrist). Die BNetzA muss die nach § 12 Abs. 5 FFAV registrierte Gebotsmenge entwerten, soweit innerhalb der Frist nach § 20 Abs. 2 S. 1 kein Antrag auf Ausstellung einer Förderberechtigung gestellt oder soweit ein gestellter Antrag abgelehnt worden ist (§ 20 Abs. 2 S. 2 FFAV) . In diesem Fall ist nach § 30 Abs. 1 bis 3 FFAV eine **Strafzahlung** in Höhe der entwerteten Gebotsmenge multipliziert mal 50 Euro pro Kilowatt zu leisten. Die Strafzahlung verringert sich für Bieter, deren **Zweitsicherheit** nach § 15 Abs. 3 FFAV verringert worden ist, auf die Hälfte dieses Betrages. Das ist der Fall, wenn die im Gebot enthaltene Anlage einen fortgeschrittenen Planungsstand hat, § 6 Abs. 4 Nr. 1 lit. b und c FFAV (Offenlegungsbeschluss, Bebauungsplan). Wird die Ausstellung einer Förderberechtigung gem. § 21 Abs. 1 FFAV erst **18 Monate nach der öffentlichen Bekanntgabe des Zuschlags beantragt**, verringert sich der Zuschlagswert, der für das bezuschlagte Projekt zugrunde zu legen ist, nach § 26 Abs. 4 FFAV um 0,3 ct/kWh. Wie bereits gesehen, können Bieter zur Vermeidung eines derartigen Zeitverzugs die Förderberechtigung grundsätzlich einem anderen Projekt zuordnen. In diesem Fall müssen sie nach § 26 Abs. 3 FFAV aber ebenfalls einen Abschlag von 0,3 ct/kWh auf den anzulegenden Wert hinnehmen. Wahl-

34

35

---

94 Bundesregierung, Freiflächenausschreibungsverordnung, S. 81. Die entsprechenden Regelungen zur Flächenkulisse wurden in ihren Grundaussagen bereits in Zusammenhang mit dem Ausschreibungsverfahren behandelt.

95 Die gegenüber § 32 Abs. 2 EEG 2014 erweiterten Regelungen zur Anlagenzusammenfassung in § 2 Nr. 5 FFAV sollen eine Ballung von Freiflächenanlagen in bestimmten Regionen verhindern. Die Kenntnisnahme der Anlagenbetreiber soll durch die Mitteilungen gem. §§ 55 Abs. 4, 32 FFAV ermöglicht werden, vgl. Bundesregierung, Freiflächenausschreibungsverordnung, S. 82 und 90.

weise können die Bieter einen im Ausschreibungsverfahren erlangten Zuschlag gem. § 18 FFAV zurückgeben.[96] Sie müssen dann jedoch nach § 30 Abs. 1 S. 1 Nr. 2, Abs. 3 FFAV eine Strafzahlung in Höhe der Zweitsicherheit i. S. des § 15 FFAV leisten. Sofern sie die Gebotsmenge vor Ablauf von neun Monaten nach Bekanntgabe der Zuschlagsentscheidung zurückgeben, verringert sich diese Pönale wiederum auf die Hälfte (§ 30 Abs. 3 S. 3 FFAV). Wird deshalb eine Anlage erst im Zeitraum zwischen 18 und 24 Monaten nach öffentlicher Bekanntgabe des Zuschlags errichtet, ist es für die bezuschlagten Bieter vorteilhafter, den 0,3 Cent-Abschlag in Kauf zu nehmen, als den Zuschlag zurückzugeben. Zeichnet sich demgegenüber schon relativ kurz nach Zuschlagserteilung ab, dass eine bezuschlagte Anlage auch innerhalb der 24-Monats-Frist nicht errichtet werden kann, und kann der Zuschlag auch keiner anderen Anlage zugeordnet werden, sollte dieser innerhalb von 9 Monaten zurückgegeben werden. Denn gem. § 17 S. 1 FFAV ist die rechtsgeschäftliche Übertragung von Zuschlägen vom Bieter auf Dritte unwirksam.[97]

36 **3. Rechtsschutz.** Der Rechtsschutz unterlegener Bieter ist in § 39 FFAV normiert.[98] Gem. § 39 Abs. 1 FFAV sind gerichtliche Rechtsbehelfe mit dem Ziel der **Verpflichtung der BNetzA zur Erteilung eines Zuschlags** zulässig. Die BNetzA muss bei einem Rechtsbehelf nach § 28 Abs. 1 S. 1 FFAV über das in den §§ 3, 4 FFAV festgelegte Ausschreibungsvolumen hinaus einen entsprechenden Zuschlag erteilen, soweit das Begehren des Rechtsbefehlsführers Erfolg hat und sobald die gerichtliche Entscheidung formell rechtskräftig wird. Die BNetzA kann in einem solchen Fall das Ausschreibungsvolumen der nächsten Ausschreibungsrunden gem. § 4 Abs. 2 Nr. 2 FFAV reduzieren. Durch diese Regelungen soll im Interesse der Effektivität der Förderung erreicht werden, dass einmal erfolgreiche Bieter – vorbehaltlich einer Rücknahme der Förderberechtigung oder des Zuschlags – zügig mit der Errichtung der Anlage innerhalb des 24-monatigen Realisierungszeitraums gem. § 20 Abs. 2 FFAV beginnen können. Nach § 39 Abs. 2 FFAV haben die Erteilung eines Zuschlags und die Ausstellung einer Förderberechtigung unabhängig von einem Rechtsschutzverfahren Dritter nach § 39 Abs. 1 FFAV Bestand. Eine **Anfechtung eines Zuschlags durch Dritte** ist also nicht zulässig.

———————— *Mohr* ————————

Teil 1
Allgemeine Bestimmungen

§ 1 Anwendungsbereich

Die Verordnung regelt die Ausschreibung der finanziellen Förderung und ihrer Höhe für Strom aus Freiflächenanlagen nach § 55 des Erneuerbare-Energien-Gesetzes, um im Rahmen des Ausbaupfads nach § 3 Nummer 3 des Erneuerbare-Energien-Gesetzes einen Zu-

---

96 Bundesregierung, Freiflächenausschreibungsverordnung, S. 89.
97 Davon unberührt bleibt nach § 17 S. 2 FFAV die rechtsgeschäftliche Übertragung einer Freiflächenanlage einschließlich ihres Förderanspruchs nach der Ausstellung einer Förderberechtigung für die Freiflächenanlage.
98 Siehe dazu schon § 88 Rn. 60; *Mohr*, N&R 2015, 76, 82.

bau von Freiflächenanlagen in Höhe von durchschnittlich 400 Megawatt pro Kalenderjahr zu erreichen.

Amtliche Begründung

§ 1 legt das Ziel der Verordnung und ihren Anwendungsbereich fest. Ziel der Verordnung ist es, ab 2015 durch die Pilot-Ausschreibung einen durchschnittlichen Zubau an Freiflächenanlagen mit einer installierten Leistung von 400 MW pro Jahr anzureizen. Hiermit wird die im Koalitionsvertrag vereinbarte Zielgröße für die Pilot-Ausschreibung umgesetzt. Insgesamt soll mit der Ausschreibung erreicht werden, die festgelegten Ausbauziele kostengünstiger zu erreichen.

Die Verordnung beschränkt sich darauf, die Höhe der finanziellen Förderung über Ausschreibungen zu ermitteln. Die Art der Förderung ist wie im EEG 2014 die gleitende Marktprämie. Die nachfolgenden Regelungen betreffen daher ausschließlich die Bestimmung der Höhe des anzulegenden Werts, der die Grundlage für die Berechnung der Förderhöhe nach den §§ 19 ff. EEG 2014 bildet. Die sonstigen Vorschriften des EEG 2014 mit Ausnahme von § 51 EEG 2014 bleiben von dieser Rechtsverordnung, soweit nicht ausdrücklich in dieser Rechtsverordnung davon abgewichen wird, unberührt und gelten auch für Freiflächenanlagen, deren Förderhöhe und Förderanspruch sich aus einem Zuschlag im Rahmen einer Ausschreibung nach dieser Rechtsverordnung ableitet. Insbesondere müssen auch die Freiflächenanlagen nach dieser Verordnung im Anlagenregister registriert werden und sind daher bei der Berechnung der zubauabhängigen Degression für Photovoltaikanlagen nach § 31 EEG 2014 zu berücksichtigen. Durch die weitgehende Orientierung an den Vorschriften des EEG 2014 wird die notwendige Vergleichbarkeit mit dem bestehenden EEG-System geschaffen.

§ 2 Begriffsbestimmungen

Im Sinne dieser Verordnung ist

1. „Ausschreibungsvolumen" die Summe der installierten Leistung, für die die finanzielle Förderung zu einem Gebotstermin ausgeschrieben wird,
2. „benachteiligtes Gebiet" ein Gebiet im Sinne der Richtlinie 86/465/EWG des Rates vom 14. Juli 1986 betreffend das Gemeinschaftsverzeichnis der benachteiligten landwirtschaftlichen Gebiete im Sinne der Richtlinie 75/268/EWG (ABl. L 273 vom 24.9.1986, S. 1), die zuletzt durch die Entscheidung 97/172/EG (ABl. L 72 vom 13.3.1997, S. 1) geändert worden ist,
3. „bezuschlagtes Gebot" ein Gebot, für das ein Zuschlag erteilt und eine Zweitsicherheit geleistet worden ist,
4. „Bieter", wer bei einer Ausschreibung ein Gebot abgegeben hat,
5. „Freiflächenanlage" eine Freiflächenanlage im Sinne des § 5 Nummer 16 des Erneuerbare-Energien-Gesetzes; mehrere Freiflächenanlagen gelten abweichend von § 32 Absatz 2 des Erneuerbare-Energien-Gesetzes unabhängig von den Eigentumsverhältnissen und ausschließlich für die Regelungen dieser Verordnung und zum Zweck der Ermittlung des Anspruchs nach § 19 des Erneuerbare-Energien-Gesetzes für den jeweils zuletzt in Betrieb gesetzten Generator als eine Anlage, wenn sie innerhalb derselben Gemeinde, die für den Erlass des Bebauungsplans zuständig ist, errichtet worden sind und innerhalb von 24 aufeinanderfolgenden Kalendermonaten in einem Abstand von bis zu 4 Kilometern in der Luftlinie, gemessen vom äußeren Rand der einzelnen Anlage, in Betrieb genommen worden sind; unberührt hiervon bleibt § 32 Absatz 1 des Erneuerbare-Energien-Gesetzes,

6. „Gebotsmenge" die installierte Leistung in Kilowatt, für die der Bieter ein Gebot abgegeben hat,

7. „Gebotstermin" der Kalendertag, an dem die Frist für die Abgabe von Geboten für eine Ausschreibung abläuft,

8. „Gebotswert" der anzulegende Wert, den der Bieter in seinem Gebot angegeben hat,

9. „regelverantwortlicher Übertragungsnetzbetreiber" der Übertragungsnetzbetreiber im Sinne des § 5 Nummer 31 des Erneuerbare-Energien-Gesetzes, in dessen Regelzone der von dem Bieter in seinem Gebot angegebene Standort der geplanten Freiflächenanlage liegt.

Amtliche Begründung

§ 2 definiert Begriffe, die in dieser Verordnung mehrfach verwendet werden. Im Übrigen gelten auch die Begriffsbestimmungen aus dem EEG 2014 (§ 5) im Anwendungsbereich dieser Verordnung.

Nummer 1 definiert den Begriff des Ausschreibungsvolumens. Das Ausschreibungsvolumen ist die Summe der installierten Leistung, für die zu einem Gebotstermin die finanzielle Förderung ausgeschrieben wird. Die Höhe des Ausschreibungsvolumens wird nach § 3 unter Berücksichtigung des § 4 bestimmt.

Nummer 2 definiert den Begriff der „benachteiligten Gebiete". Benachteiligte Gebiete sind Gebiete nach Richtlinie 86/465/EWG des Rates vom 14. Juli 1986 betreffend das Gemeinschaftsverzeichnis der benachteiligten landwirtschaftlichen Gebiete im Sinne der Richtlinie 75/268/EWG (ABl. (EG) Nr. L 273, S. 1), zuletzt geändert durch die Entscheidung der Kommission 97/172/EG vom 10. Februar 1997 (ABl. (EG) Nr. L 72, S. 1). Der Begriff bildet im EU-Landwirtschaftsrecht die Grundlage für „Zahlungen wegen naturbedingter Benachteiligungen in Berggebieten und in anderen benachteiligten Gebieten zur dauerhaften Nutzung landwirtschaftlicher Flächen und damit zur Erhaltung des ländlichen Lebensraums sowie zur Erhaltung und Förderung von nachhaltigen Bewirtschaftungsformen". Darunter fallen Berggebiete und Gebiete, in denen die Aufgabe der Landnutzung droht und der ländliche Lebensraum erhalten werden muss. Diese Gebiete vereinen folgende Nachteile:

– schwach ertragfähige landwirtschaftliche Flächen,

– als Folge geringer natürlicher Ertragfähigkeit deutlich unterdurchschnittliche Produktionsergebnisse,

– eine geringe oder abnehmende Bevölkerungsdichte, wobei die Bevölkerung überwiegend auf die Landwirtschaft angewiesen ist.

Die nachfolgende Grafik zeigt die derzeit in Deutschland festgelegten benachteiligten Gebiete:

Für die Zwecke dieser Verordnung wird auf die benachteiligten Gebiete verwiesen, wie sie derzeit festgelegt sind. Sollten die Gebiete künftig – wie von der EU-Kommission beabsichtigt – geändert werden, kann die Bundesregierung dies durch eine Änderung der Verordnung entsprechend nachvollziehen. Im Interesse der Planungssicherheit handelt es sich daher bei der Inbezugnahme der benachteiligten Gebiete um einen statischen Verweis, so dass die derzeitigen Planungen von Projektierern und Anlagenbetreibern nicht durch die entsprechenden Überlegungen auf europäischer Ebene beeinträchtigt werden.

Nummer 3 definiert den Begriff des bezuschlagten Gebots. Ein bezuschlagtes Gebot ist ein Gebot, das nach § 12 einen Zuschlag erhalten hat und für das der Bieter fristgemäß die Zweitsicherheit nach § 15 bei der Bundesnetzagentur hinterlegt hat.

Nummer 4 definiert den Begriff des Bieters. Bieter ist, wer ein Gebot abgegeben hat.

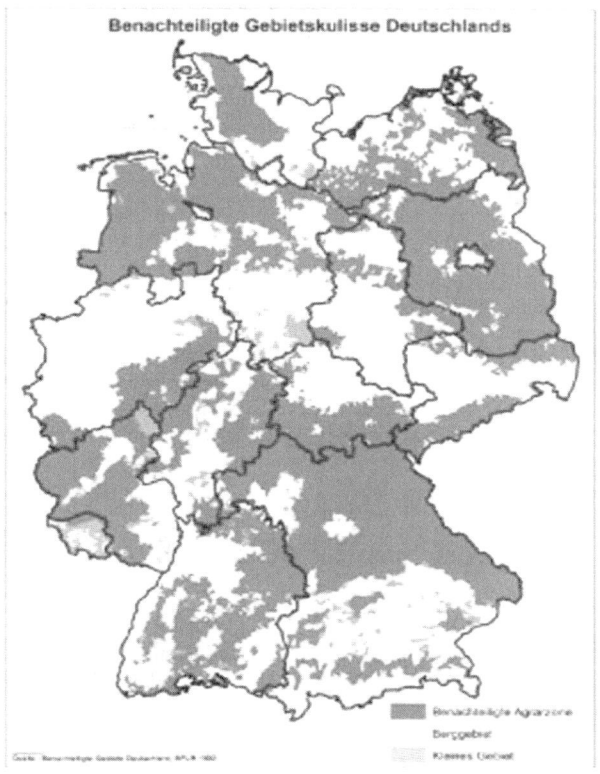

Nummer 5 definiert den Begriff der Freiflächenanlage. Diese Definition entspricht der Definition in § 5 Nummer 16 EEG 2014. Abweichend von § 32 Absatz 2 EEG 2014 wird jedoch die Zusammenfassung von Freiflächenanlagen für diese Verordnung geregelt. Hiernach gelten mehrere Freiflächenanlagen unabhängig von den Eigentumsverhältnissen und ausschließlich für die Regelungen der Verordnung und zum Zweck der Ermittlung der Höhe des Anspruchs nach § 19 EEG 2014 als eine Freiflächenanlage, wenn sie innerhalb derselben Gemeinde, die für den Erlass des Baubauungsplans zuständig ist, errichtet worden sind und innerhalb von 24 aufeinanderfolgenden Kalendermonaten in einem Abstand von bis zu 4 Kilometern in der Luftlinie, gemessen vom äußeren Rand der jeweiligen Anlage, in Betrieb genommen worden sind. Im Gegensatz zu § 32 Absatz 2 EEG 2014 wird damit der Umkreis erweitert, in dem Anlagen zusammengefasst werden. Eine Zusammenfassung erfolgt dabei vom äußeren Rand einer nach § 32 Absatz 1 Satz 1 EEG 2014 zusammengefassten Freiflächenanlage. Es werden also zunächst alle Photovoltaikmodule nach § 32 Absatz 1 Satz 1 EEG 2014 zusammengefasst und vom äußeren Rand dieser nach § 32 Absatz 1 Satz 1 EEG 2014 zusammengefassten Freiflächenanlage wird gemessen, ob im Abstand von 4 Kilometern eine entsprechend nach § 32 Absatz 1 Satz 1 EEG 2014 zusammengefasste Freiflächenanlage in den letzten 24 Monaten errichtet worden ist. Ziel der Anlagenzusammenfassung ist es, die regionale Ballung von Freiflächenanlagen zu verhindern. Die Regelung dient somit sowohl den regionalen Interessen der Landwirtschaft als auch dem Landschafts- und Naturschutz. Unberührt bleibt von der Definition die Anlagenzusammenfassung nach § 32 Absatz 1 EEG 2014.

Nummer 6 definiert den Begriff der Gebotsmenge. Gebotsmenge ist die installiere Leistung in Kilowatt, für die der Bieter ein Gebot abgegeben hat. Mit der Gebotsmenge bestimmt der Bieter den Umfang seines Gebots.

Mit Nummer 7 wird der Begriff des Gebotstermins definiert. Der Gebotstermin ist der letzte Kalendertag, an dem Gebote für eine Ausschreibungsrunde wirksam abgegeben werden können. Gebote, die nach Ablauf des Gebotstermins abgegeben werden, werden in dieser Ausschreibungsrunde nicht mehr zum Zuschlagsverfahren nach § 12 zugelassen.

Nummer 8 definiert den Gebotswert als den anzulegenden Wert, den der Bieter in seinem Gebot angegeben hat. Dieser anzulegende Wert bildet die Grundlage für die Berechnung der Förderhöhe nach den §§ 19 ff. EEG 2014.

Nummer 9 definiert den Begriff des regelverantwortlichen Übertragungsnetzbetreibers. Der regelverantwortliche Übertragungsnetzbetreiber ist der Übertragungsnetzbetreiber im Sinne des § 5 Nummer 31 des Erneuerbare-Energien-Gesetzes, in dessen Regelzone der von dem Bieter in seinem Gebot angegebene Standort der geplanten Freiflächenanlage liegt; dies bestimmt sich nach der Angabe nach § 6 Absatz 3 Nummer 5. Er ist nach dieser Verordnung Inhaber der Forderung nach § 30 und muss diese Forderung entsprechend gegenüber den Bietern geltend machen.

Teil 2
Verfahren der Ausschreibung

§ 3 Ausschreibungen

(1) Die Bundesnetzagentur muss die finanzielle Förderung und ihre Höhe für Strom aus Freiflächenanlagen zu den folgenden Gebotsterminen mit den folgenden Ausschreibungsvolumina ausschreiben:

1. zu dem Gebotstermin 15. April 2015: 150 Megawatt,
2. zu dem Gebotstermin 1. August 2015: 150 Megawatt,
3. zu dem Gebotstermin 1. Dezember 2015: 200 Megawatt,
4. zu dem Gebotstermin 1. April 2016: 125 Megawatt,
5. zu dem Gebotstermin 1. August 2016: 125 Megawatt,
6. zu dem Gebotstermin 1. Dezember 2016: 150 Megawatt,
7. zu dem Gebotstermin 1. April 2017: 100 Megawatt,
8. zu dem Gebotstermin 1. August 2017: 100 Megawatt und
9. zu dem Gebotstermin 1. Dezember 2017: 100 Megawatt.

(2) Die Bundesregierung wird die Ausschreibungen einschließlich der Ausschreibungsvolumina für die Jahre ab 2018 im Zusammenhang mit der Umstellung der finanziellen Förderung für die anderen erneuerbaren Energien auf Ausschreibungen nach § 2 Absatz 5 Satz 1 des Erneuerbare-Energien-Gesetzes regeln.

Amtliche Begründung

Absatz 1 legt die Gebotstermine und das jeweilige Ausschreibungsvolumen für jede Ausschreibungsrunde fest. Im Jahr 2015 werden insgesamt 500 MW ausgeschrieben. Dabei verteilt sich das Ausschreibungsvolumen wie folgt: Zu den ersten beiden Gebotsterminen am 15. April 2015 und am 1. August 2015 werden jeweils 150 MW ausgeschrieben und zum dritten Gebotstermin am 1. Dezember 200 MW. Das gesamte Ausschreibungsvolumen im Jahr 2015 Wert liegt damit höher als der Zielwert von 400 MW. Diese Anhebung des Ausschreibungsvolumens berücksichtigt von vornherein eine nennenswerte Quote der Nicht-Realisierung von bezuschlagten Geboten. Hintergrund sind die Erfahrungen im Ausland mit der Ausschreibung der Förderung von Erneuerbare-Energien-Anlagen, die teilweise von sehr niedrigen Realisierungsraten geprägt waren, so dass vielfach die Ausbauziele für erneuerbare Energien verfehlt wurden. In 2016 wird die Ausschreibungsmenge auf 400 MW und 2017 auf 300 MW reduziert.

Die Höhe der Ausschreibungsmenge für Freiflächenanlagen ab 2018 wird die Bundesregierung im Zusammenhang mit der geplanten Umstellung der finanziellen Förderung für die anderen Erneuerbare-Energien-Technologien ab 2017 nach § 2 Absatz 5 Satz 1 EEG festlegen.

Die in Absatz 1 genannten Gebotstermine verschieben sich nach § 31 des Verwaltungsverfahrensgesetzes in Verbindung mit § 193 des Bürgerlichen Gesetzbuchs auf den jeweils nächsten Werktag, wenn der 1. April, 1. August oder 1. Dezember auf einen Samstag, einen Sonntag oder einen in allen Bundesländern anerkannten gesetzlichen Feiertag fällt.

§ 4 Veränderung des Ausschreibungsvolumens

(1) [1]Das Ausschreibungsvolumen nach § 3 Absatz 1 erhöht sich für den jeweils nächsten Gebotstermin, wenn nicht für das gesamte Ausschreibungsvolumen der vorangegangenen Ausschreibungen Zuschläge erteilt und die entsprechenden Zweitsicherheiten geleistet worden sind, um die Differenz zwischen dem Ausschreibungsvolumen der vorangegangenen Ausschreibungen und der Summe der Gebotsmengen der bezuschlagten Gebote der vorangegangenen Ausschreibungen. [2]Sofern die Frist nach § 15 Absatz 5 zum Zeitpunkt der Bekanntmachung nach § 5 noch nicht abgelaufen ist, erhöht sich das Ausschreibungsvolumen des auf den Fristablauf folgenden Gebotstermins entsprechend.

(2) [1]Die Bundesnetzagentur kann das Ausschreibungsvolumen nach § 3 Absatz 1 und Absatz 1 unter Berücksichtigung des Ziels nach § 1

1. um die Summe der Gebotsmengen erhöhen, die
    a) nach § 18 Satz 2, § 19 Satz 2 oder § 20 Absatz 2 Satz 2 entwertet worden sind oder
    b) auf Grund der Rücknahme oder des Widerrufs einer Förderberechtigung entwertet worden sind,
2. um die Summe der Gebotsmengen der Gebote verringern, denen auf Grund eines erfolgreichen gerichtlichen Rechtsbehelfs über das Ausschreibungsvolumen einer Ausschreibung hinaus nach § 39 Absatz 1 Zuschläge erteilt worden sind.

[2]Die Erhöhung oder Verringerung des Ausschreibungsvolumens nach Satz 1 ist nur zulässig, soweit die jeweiligen Gebotsmengen nach Satz 1 Nummer 1 oder Nummer 2 nicht in einer vorangegangenen Ausschreibung bei der Festlegung des Ausschreibungsvolumens berücksichtigt worden sind.

Amtliche Begründung

In Absatz 1 ist geregelt, dass sich das Ausschreibungsvolumen nach § 3 Absatz 1 erhöht, wenn in einer vorherigen Ausschreibung der Gebotsumfang aller bezuschlagten Gebote unterhalb des Ausschreibungsvolumens lag. Diese Erhöhung erfolgt durch die Bundesnetzagentur als ausschreibende Stelle. Sie kann daher nur erfolgen, wenn vor dem Gebotstermin feststeht, ob das ausgeschriebene Ausschreibungsvolumen in einer Ausschreibungsrunde vollständig durch bezuschlagte Gebote ausgeschöpft worden ist. Soweit zu dem Zeitpunkt der Bekanntmachung der nächsten

Ausschreibungsrunde nach § 5 dies noch nicht feststeht, muss die Bundesnetzagentur in der darauf folgenden Ausschreibungsrunde die Höhe des Ausschreibungsvolumens entsprechend anpassen.

Darüber hinaus soll nach Absatz 2 die Bundesnetzagentur unter Berücksichtigung des Ziels nach § 1 das Ausschreibungsvolumen nach § 3 gemäß Absatz 1 erhöhen, wenn bezuschlagte Gebote nicht fristgemäß realisiert worden sind oder Zuschläge zurückgegeben oder zurückgenommen worden sind. Die Erhöhung ist begrenzt auf das Volumen der nicht realisierten Gebote und der zurückgegebenen oder zurückgenommenen bezuschlagten Gebotsmengen. Hierdurch ist grundsätzlich sichergestellt, dass sich das Ausschreibungsvolumen in einem Kalenderjahr nicht strukturell erhöht. Das gleiche Ziel verfolgt Absatz 2 Satz 1 Nummer 2. Wenn aufgrund einer erfolgreichen Verpflichtungsklage die Bundesnetzagentur über das Ausschreibungsvolumen einer Ausschreibungsrunde hinaus Zuschläge vergeben muss, kann sie das Ausschreibungsvolumen in der kommenden Ausschreibungsrunde entsprechend reduzieren.

Darüber hinaus erhält die Bundesnetzagentur die Möglichkeit, durch Festlegung das Ausschreibungsvolumen mit dem Ziel anzupassen, größere Schwankungen des Ausschreibungsvolumens zu vermeiden.

§ 5 Bekanntmachung der Ausschreibungen

[1]Die Bundesnetzagentur muss die Ausschreibungen nach Ablauf der neunten und vor Ablauf der sechsten Kalenderwoche vor dem jeweiligen Gebotstermin auf ihrer Internetseite bekannt machen. [2]Die Bekanntmachungen müssen mindestens folgende Angaben enthalten:

1. den Gebotstermin,
2. das Ausschreibungsvolumen nach § 3 Absatz 1 unter Berücksichtigung des § 4,
3. den Höchstwert nach § 8,
4. die nach § 34 Absatz 1 von der Bundesnetzagentur für die Gebotsabgabe vorgegebenen Formatvorgaben und
5. die Festlegungen der Bundesnetzagentur nach § 35, soweit sie die Gebotsabgabe und das Zuschlagsverfahren betreffen.

Amtliche Begründung

§ 5 regelt die Bekanntmachung der Ausschreibungen durch die Bundesnetzagentur. In aller Regel soll die Bundesnetzagentur acht Wochen vor jedem Gebotstermin das genaue Ausschreibungsvolumen, den Höchstwert nach § 8, die zu verwendenden Formularvorlagen und die relevanten Festlegungen nach § 35 auf ihrer Internetseite bekannt machen. Diese Angaben sind Pflichtangaben, darüber hinaus kann die Bundesnetzagentur weitere Informationen im Rahmen der Bekanntmachung zur Verfügung stellen. Insbesondere soll sie auf Ihrer Homepage das Verfahren für die Ausschreibung so erklären, dass auch Bieter ohne große Professionalisierung das Verfahren verstehen können. Die erste Bekanntmachung der Bundesnetzagentur für den Gebotstermin am 15. April 2015 ist zugleich die in § 55 Absatz 3 EEG 2014 genannte erste Bekanntmachung der Ausschreibung. Dementsprechend besteht in den ersten sechs Monaten noch die Möglichkeit für die Anlagenbetreiber zu wählen, ob ihre Freiflächenanlagen eine finanzielle Förderung nach den Sätzen des EEG oder nach dieser Verordnung in Anspruch nehmen wollen.

§ 6 Voraussetzungen für die Teilnahme an Ausschreibungen

(1) Bei den Ausschreibungen dürfen natürliche Personen, rechtsfähige Personengesellschaften und juristische Personen Gebote abgeben.

(2) Die Gebote müssen jeweils einen Umfang von einer installierten Leistung von mindestens 100 Kilowatt und höchstens 10 Megawatt haben. Bieter dürfen in einer Ausschreibung mehrere Gebote abgeben; in diesem Fall müssen sie ihre Gebote nummerieren und die Nachweise nach Absatz 4 so kennzeichnen, dass sie eindeutig dem jeweiligen Gebot zugeordnet werden können.

(3) Die Gebote müssen jeweils die folgenden Angaben enthalten:

1. Name, Anschrift, Telefonnummer und E-Mail-Adresse des Bieters; sofern der Bieter eine rechtsfähige Personengesellschaft oder juristische Person ist, sind auch anzugeben:
    a) ihr Sitz,
    b) der Name einer natürlichen Person, die zur Kommunikation mit der Bundesnetzagentur und zum Abschluss von Rechtsgeschäften nach dieser Verordnung bevollmächtigt ist (Bevollmächtigter),
    c) die Handelsregisternummer, wenn die rechtsfähige Personengesellschaft oder juristische Person im Handelsregister eingetragen ist, und
    d) wenn mindestens 25 Prozent der Stimmrechte oder des Kapitals bei anderen rechtsfähigen Personengesellschaften oder juristischen Personen liegen, deren Namen und Sitz,
2. den Gebotstermin der Ausschreibung, für die das Gebot abgegeben wird,
3. die Gebotsmenge in Kilowatt ohne Nachkommastellen,
4. den Gebotswert in Cent pro Kilowattstunde mit zwei Nachkommastellen,
5. den Standort der geplanten Freiflächenanlage, auf die sich das Gebot bezieht, mit Bundesland, Landkreis, Gemeinde und Flurstücken,
6. die Angabe, ob sich die geplante Freiflächenanlage auf einer Fläche befindet,
    a) die zum Zeitpunkt des Beschlusses über die Aufstellung oder Änderung des Bebauungsplans bereits versiegelt war,
    b) die zum Zeitpunkt des Beschlusses über die Aufstellung oder Änderung des Bebauungsplans eine Konversionsfläche aus wirtschaftlicher, verkehrlicher, wohnungsbaulicher oder militärischer Nutzung war,
    c) die zum Zeitpunkt des Beschlusses über die Aufstellung oder Änderung des Bebauungsplans längs von Autobahnen und Schienenwegen lag, wenn die Freiflächenanlage in einer Entfernung bis zu 110 Meter, gemessen vom äußeren Rand der befestigten Fahrbahn, errichtet werden soll,
    d) die im Eigentum des Bundes oder der Bundesanstalt für Immobilienaufgaben stand oder steht und zum Zeitpunkt des Beschlusses über die Aufstellung oder Änderung des Bebauungsplans von der Bundesanstalt für Immobilienaufgaben verwaltet worden ist oder
    e) deren Flurstücke zum Zeitpunkt des Beschlusses über die Aufstellung oder Änderung des Bebauungsplans als Ackerland genutzt worden sind und in einem benachteiligten Gebiet lagen und die nicht unter eine der in Buchstabe a bis d genannten Flächen fällt.

(4) Den Geboten müssen jeweils die folgenden Nachweise beigefügt werden:

1. die Kopie
    a) eines Beschlusses über die Aufstellung oder Änderung eines Bebauungsplans nach
       § 2 des Baugesetzbuchs, der zumindest auch mit dem Zweck der Errichtung einer
       Freiflächenanlage beschlossen worden ist,
    b) eines Offenlegungsbeschlusses nach § 3 Absatz 2 des Baugesetzbuchs, der zumin-
       dest auch mit dem Zweck der Errichtung einer Freiflächenanlage ergangen ist, oder
    c) eines beschlossenen Bebauungsplans im Sinne des § 30 des Baugesetzbuchs, der zu-
       mindest auch mit dem Zweck der Errichtung einer Freiflächenanlage aufgestellt
       oder geändert worden ist,
2. eine Erklärung des Bieters, dass sich der Nachweis nach Nummer 1 auf den in dem Gebot nach Absatz 3 Nummer 5 angegebenen Standort der geplanten Freiflächenanlage
   bezieht,
3. die Kopie eines Auszugs aus dem Liegenschaftskataster der Flurstücke, auf denen die
   Freiflächenanlage nach Absatz 3 Nummer 5 geplant ist, und
4. sofern der Bieter eine rechtsfähige Personengesellschaft oder juristische Person ist,
   eine Vollmachtsurkunde für den nach Absatz 3 Nummer 1 Buchstabe b angegebenen
   Bevollmächtigten.

(5) ^{1}Die Gebote müssen der Bundesnetzagentur spätestens am Gebotstermin zugegangen
sein. ^{2}Die Rücknahme von Geboten ist bis zum Gebotstermin zulässig; maßgeblich ist der
Zugang bei der Bundesnetzagentur. ^{3}Die Rücknahme muss durch eine unbedingte,
unbefristete und der Schriftform genügende Rücknahmeerklärung des Bieters erfolgen,
die sich dem entsprechenden Gebot eindeutig zuordnen lässt. ^{4}Bieter sind an ihre Gebote,
die innerhalb der Frist nach Satz 1 abgegeben und nicht zurückgenommen worden sind, bis
zum Ablauf des zweiten auf den Gebotstermin folgenden Kalendermonats gebunden, sofern nicht vorher dem Bieter der Ausschluss des Gebots oder die Nichterteilung eines Zuschlags von der Bundesnetzagentur mitgeteilt worden ist.

Amtliche Begründung

§ 6 regelt die Voraussetzungen für die Teilnahme an einer Ausschreibung. Gebote, die die Teilnahmevoraussetzungen nicht erfüllen, werden von der Bundesnetzagentur nach § 10 vom Zuschlagsverfahren ausgeschlossen.

Absatz 1 regelt, dass nur natürliche Personen, rechtsfähige Personengesellschaften und juristische
Personen an den Ausschreibungen teilnehmen können. Unter den Begriff der rechtsfähigen Personengesellschaften fallen unter anderem die Gesellschaft bürgerlichen Rechts, die Offene Handelsgesellschaft und die Kommanditgesellschaft. Bietergemeinschaften müssen vor dem Gebotstermin eine rechtsfähige Personengesellschaft oder eine juristische Person gegründet haben, die die
Rechte und Pflichten nach dieser Verordnung übernimmt. Hintergrund ist insbesondere der
besondere Personenbezug des Zuschlags und der Förderberechtigungen und das Verbot des
Handels mit Zuschlägen. Bei der Erteilung eines Zuschlags und bei der Ausstellung einer Förderberechtigung muss daher eindeutig klar sein, welcher Person oder rechtsfähigen Personengesellschaft der Zuschlag bzw. die Förderberechtigung zusteht.

Absatz 2 Satz 1 regelt eine Mindest- und eine Höchstgröße für die Gebote von 100 kW bzw.
10 MW. Die Höchstgrenze ist identisch mit der Begrenzung der Größe einer förderfähigen Freiflächenanlagen in § 51 Absatz 1 EEG 2014 und entspricht der Größenbegrenzung der Freiflächenanlagen, die sich aus § 22 Absatz 1 Nummer 4 Buchstabe b ergibt.

Absatz 2 Satz 2 erlaubt zudem die Abgabe mehrerer Gebote. Für den Bieter besteht die Möglichkeit, das Bieterrisiko über mehrere Ausschreibungsrunden zu streuen und in den verschiedenen Ausschreibungen jeweils nur einen Teil der benötigten Förderberechtigungen zu erstehen. Es ist möglich, unterschiedliche Gebote für Teile der benötigten Förderberechtigungen abzugeben. Es ist auch denkbar, zunächst nur einen Kernbedarf an Förderberechtigungen zu erstehen und den exakten Bedarf erst kurz vor Inbetriebnahme einer Anlage zu beschaffen. Große Bieter haben die Möglichkeit, mehrere Anlagen parallel zu entwickeln und durch Kombination der parallel dazu beschafften Förderberechtigungen die Förderhöhe dem individuellen Ertrag der Anlagen anzupassen. Bieter, die mehrere Gebote abgegeben haben, müssen diese Gebote nummerieren, damit die Zuschläge nach § 12 eindeutig den jeweiligen Geboten zugeordnet werden können. Auch bei der Leistung der Erstsicherheit ist jeweils die Nummer des Gebots, für das die Erstsicherheit geleistet wird, anzugeben.

Absatz 3 legt fest, welche Angaben ein Bieter bei der Abgabe eines Gebots machen muss, damit sein Gebot zum Zuschlagsverfahren nach § 12 zugelassen werden kann. Hinsichtlich der Form der Gebote müssen die Formularvorlagen der Bundesnetzagentur, die auf der Homepage der Bundesnetzagentur veröffentlicht werden, verwendet werden.

Nach Nummer 1 ist der Name, die Anschrift, die Telefonnummer und die E-Mail-Adresse des Bieters der Bundesnetzagentur mitzuteilen. Wenn der Bieter eine juristische Person oder eine rechtsfähige Personengesellschaft ist, müssen darüber hinaus ihr jeweiliger Sitz, sofern vorhanden die Handelsregisternummer und der Name eines Bevollmächtigten benannt werden, der zum Abschluss von Rechtsgeschäften für die juristische Person oder die Personengesellschaft nach dieser Verordnung befugt ist. Weiterhin muss der Bieter mitteilen, wenn mindestens 25 Prozent der Stimmrechte oder des Kapitals bei einer anderen rechtsfähigen Personengesellschaft oder juristischen Person liegen. Letzteres dient insbesondere dazu, dass die Bundesregierung Kenntnis darüber erlangt, wie sich die Akteursstruktur durch die Einführung der Ausschreibungen verändert. Durch die Angabe der Anschrift und vor allem der Angabe der Telefonnummer sowie der E-Mail-Adresse besteht eine einfache und schnelle Möglichkeit zur Kontaktaufnahme der Bundesnetzagentur zu den Bietern. Hierdurch können Informationen zum Ausschreibungsverfahren schnell übermittelt werden. Die Kontaktdaten werden weder im Internet veröffentlicht noch weitergegeben. Ein Auswechseln der Kontaktperson bei Personengesellschaften und juristischen Personen ist zulässig, der Bundesnetzagentur muss dies jedoch unverzüglich bekannt gegeben werden.

Nach Nummer 2 ist der Gebotstermin der Ausschreibung, für die das Gebot abgegeben werden soll, anzugeben, um das Gebot sicher der richtigen Ausschreibung zuordnen zu können.

Nach den Nummern 3 und 4 muss der Bieter die genaue Gebotsmenge in Kilowatt ohne Nachkommastelle und den Gebotswert in Cent pro Kilowattstunde mit zwei Nachkommastellen angeben.

Nummer 5 bestimmt, dass der Bieter im Gebot den Standort der geplanten Freiflächenanlage genau angeben muss, für die später Förderberechtigungen ausgestellt werden sollen. Dabei muss er neben dem Bundesland, dem Landkreis, in der die Freiflächenanlage liegt, auch die zum Zeitpunkt der Gebotsabgabe aktuelle Bezeichnung der Flurstücke aus dem Liegenschaftskataster angeben. Die aktuelle Bezeichnung der Flurstücke umfasst neben der Angabe der entsprechenden Gemeinde auch die genaue Gemarkung und die Flur- und Flurstücksnummern.

Nummer 6 legt fest, dass der Bieter eine Angabe dazu machen muss, dass die Freiflächenanlage sich auf einer der genannten Flächenkategorien befindet.

Neben den Angaben nach Absatz 3 muss der Bieter die Nachweise und Erklärungen nach Absatz 4 mit dem Gebot einreichen, um zum Zuschlagsverfahren zugelassen zu werden.

Nach Nummer 1 muss der Bieter mindestens die Kopie eines Aufstellungs- oder Änderungsbeschlusses für einen Bebauungsplan vorlegen. Damit soll sichergestellt werden, dass die Gebote auf die konkrete Errichtung einer Anlage ausgerichtet sind und die konkreten Planungen für ein

Projekt bereits begonnen haben und die Gemeinde bereits durch den Aufstellungs- oder Änderungsbeschluss gezeigt hat, dass die Errichtung einer Freiflächenanlage grundsätzlich auf dem angegebenen Standort in Betracht kommen kann.

Wenn der Planungsstand für die Projekte schon weiter vorangeschritten ist, kann der Bieter auch statt des Aufstellungs- oder Änderungsbeschlusses der Bundesnetzagentur den Offenlegungsbescheid nach § 3 Absatz 2 des Baugesetzbuchs oder einen beschlossenen Bebauungsplan vorlegen. Bei Vorliegen dieser Dokumente werden die Erst- und Zweitsicherheit und die Strafzahlungen halbiert. Diese Regelung soll insbesondere kleinen Bietern zugutekommen, die regelmäßig nur ein Projekt vorantreiben und insofern frühzeitig konkrete Unterlagen vorweisen können, die aber zugleich Schwierigkeiten haben, hohe Sicherheiten zu leisten. Da mit den Unterlagen über den fortgeschrittenen Planungsstand die Ernsthaftigkeit der Projektierung als belegt angesehen werden kann, kann die finanzielle Sicherheit entsprechend vermindert werden.

Absatz 4 Nummer 2 verlangt eine Bestätigung, dass die Angabe des Standorts der Freiflächenanlage nach Absatz 3 Nummer 5 dem gleichen Standort entspricht, der Gegenstand des Planungsverfahrens nach Absatz 4 Nummer 1 ist. Da die Unterlagen der Planungsverfahren regelmäßig keine Angaben des genauen Standortes enthalten, sondern vielfach nur Kartenausschnitte, um die Lage der für Freiflächenanlagen vorgesehenen Flächen zu bezeichnen, wird vom Bieter verlangt, die Übereinstimmung der Dokumente mit den Standortdaten zu bestätigen.

Nach Absatz 4 Nummer 3 müssen die Bieter eine Kopie des Auszugs aus dem Liegenschaftskataster für die Flurstücke, auf denen die Freiflächenanlage geplant ist, den Gebotsunterlagen beifügen. Aus dem Auszug muss sich auch die Art der Fläche ergeben.

Nach Absatz 4 Nummer 4 müssen Bieter, soweit es sich um rechtsfähige Personengesellschaften oder juristische Personen handelt, die entsprechende Vollmachtsurkunde für den nach Absatz 3 Nummer 1 Buchstabe b angegebenen Bevollmächtigten bei der Bundesnetzagentur mit dem Gebot einreichen.

Alle Nachweise sind so zu kennzeichnen, dass klar ist, zu welchem Gebot die Nachweise gehören. Die Bundesnetzagentur kann nach § 34 auch Formularvorlagen auf ihrer Internetseite einstellen, die von den Bietern bei der Abgabe der Gebote zwingend verwendet werden müssen.

Nach Absatz 5 Satz 1 müssen Gebote spätestens am Tag des Gebotstermins der Bundesnetzagentur zugegangen sein, um zum Zuschlagsverfahren nach § 12 zugelassen werden zu können. Absatz 5 Satz 2 eröffnet die Möglichkeit, die Gebote bis zum Gebotstermin zurückzunehmen. Voraussetzung hierfür ist der rechtzeitige Eingang einer entsprechenden schriftlichen oder elektronischen Rücknahmeerklärung bei der Bundesnetzagentur. Bieter sind zudem nach Absatz 5 Satz 3 an ihre Gebote bis zum Ablauf von zwei Monaten nach dem Gebotstermin gebunden. Dies bedeutet, dass sie ihr Gebot nach Ablauf der Gebotsfrist innerhalb der zwei Monate nicht mehr zurücknehmen können. Sie sind daher bei einer Erteilung eines Zuschlags verpflichtet, die Zweitsicherheit zu leisten und die Freiflächenanlage zu errichten.

§ 7 Erstsicherheit

(1) [1]Bieter müssen bei der Bundesnetzagentur bis zum Gebotstermin für ihre Gebote eine Sicherheit nach Maßgabe der folgenden Absätze und des § 16 leisten (Erstsicherheit). [2]Durch die Erstsicherheit werden die jeweiligen Forderungen der Übertragungsnetzbetreiber nach § 30 Absatz 1 Satz 1 Nummer 1 gesichert.

(2) Die Höhe der Erstsicherheit bestimmt sich aus der in dem Angebot nach § 6 Absatz 3 Nummer 3 angegebenen Gebotsmenge multipliziert mit 4 Euro pro Kilowatt.

(3) Die Höhe der Erstsicherheit verringert sich auf die Hälfte des nach Absatz 2 berechneten Betrags, wenn das Gebot einen Nachweis nach § 6 Absatz 4 Nummer 1 Buchstabe b oder c enthält.

(4) Bieter müssen bei der Leistung der Erstsicherheit das Gebot, auf das sich die Erstsicherheit bezieht, eindeutig bezeichnen.

Amtliche Begründung

Nach § 7 muss ein Bieter bis zum Gebotstermin eine sog. Erstsicherheit bei der Bundesnetzagentur hinterlegen. Durch diese Erstsicherheit wird die potentielle Forderung der Übertragungsnetzbetreiber nach § 30 Absatz 1 Satz 1 Nummer 1 abgesichert. Die Erstsicherheit soll gewährleisten, dass an der Ausschreibung nur Bieter teilnehmen, die tatsächlich die Absicht haben, ein Projekt zu realisieren. Bieter ohne Realisierungsabsicht sollen von der Gebotsabgabe abgehalten werden. Zugleich soll den Geboten eine gewisse Verbindlichkeit gegeben werden, um strategisches Bieten zu verringern. Die Bieter müssen daher eine Strafzahlung leisten, wenn sie ihre Gebote nach der Erteilung eines Zuschlags verfallen lassen, indem sie die Zweitsicherheit nicht fristgemäß nach § 15 Absatz 5 geleistet haben.

Ohne eine entsprechende Sicherheit bestünde die Gefahr, dass sich die Bieter in die Insolvenz flüchten, um der Forderung nach § 30 zu entgehen. Dies ist insbesondere im Bereich der Freiflächenanlagen, bei denen vielfach für die einzelnen Projekte eigene Projektgesellschaften gegründet werden, eine relevante Gefahr.

Die Pönale bei Nichtbereitstellung der Zweitsicherheit hat nur dann eine glaubhaft drohende Wirkung, wenn die Sanktion nach § 30 Absatz 1 durch die Erstsicherheit abgesichert wird. Die Höhe der Erstsicherheit bestimmt sich nach den Absätzen 2 und 3.

Als Erstsicherheit müssen nach Absatz 2 die Bieter entsprechend der gebotenen Gebotsmenge pro Kilowatt 4 Euro geleistet werden. Daher müssen z.B. Bieter, die in ihrem Gebot eine installierte Leistung von 5 MW als Gebotsmenge angegeben haben, 20 000 Euro bei der Bundesnetzagentur hinterlegen, um die Forderung der Übertragungsnetzbetreiber nach § 30 Absatz 1 abzusichern.

Die folgende Tabelle gibt einen Überblick, welchen Anteil die Erstsicherheit an den Investitionskosten ausmacht:

Anlagengröße der Freiflächenanlage	Investitions-kosten (in Mio. Euro)	Höhe der Erstsicherheit (in Euro)	Anteil (in %)	Halbierung (bei fort-geschrittenem Projekt-stand, in Euro)	Anteil (in %)
1 MW	rd. 1	4.000	0,4 %	2.000	0,2 %
5 MW	rd. 5	20.000	0,4 %	10.000	0,2 %
10 MW	rd. 10	40.000	0,4 %	20.000	0,2 %

Die Höhe der Erstsicherheit reduziert sich nach Absatz 3 auf die Hälfte, wenn der Bieter nach § 6 Absatz 4 Nummer 1 Buchstabe b oder c einen fortgeschrittenen Genehmigungsstand seines Projektes nachweist.

Bieter müssen bei der Sicherheitsleistung nach Absatz 4 darauf achten, dass die Sicherheit eindeutig dem Gebot zugeordnet werden kann, für das die Sicherheit geleistet wird.

Die Art und Form der Leistung der Erst- und Zweitsicherheit sind in § 16 geregelt.

§ 8 Höchstwert

(1) In jeder Ausschreibung ist ein Höchstwert nach Absatz 2 vorgegeben, der vom Gebotswert eines Gebots nicht überschritten werden darf.

(2) Der Höchstwert einer Ausschreibung ist der anzulegende Wert nach § 51 Absatz 2 Nummer 3 des Erneuerbare-Energien-Gesetzes in Verbindung mit § 26 Absatz 3 und § 31 Absatz 1 bis 5 des Erneuerbare-Energien-Gesetzes zum Zeitpunkt der Bekanntmachung der Ausschreibung.

Amtliche Begründung

In Absatz 1 wird festgelegt, dass für jede Ausschreibungsrunde ein fester Höchstpreis (Höchstwert) gilt. Durch die Festlegung des Höchstwertes soll verhindert werden, dass insbesondere durch strategisches Verhalten und bei mangelndem Wettbewerb die Förderkosten stark steigen und hierdurch eine erhebliche Überförderung entsteht. Ohne einen Höchstwert könnten die Bieter erwägen, spekulativ sehr hohe Gebote abzugeben – in der Hoffnung, dass es in der konkreten Ausschreibung zu wenige Gebote gibt und sie zur Erfüllung der Mengenziele den Zuschlag auch mit einem sehr hohen Gebotswert bekommen.

Absatz 2 bestimmt die Festlegung der Höhe des Höchstwertes. Der Höchstwert orientiert sich am anzulegenden Wert für Anlagen auf Gebäuden mit einer installierten Leistung bis einschließlich 1 MW. Der Höchstwert ist damit wie auch der Fördersatz nach § 51 Absatz 1 Nummer 3 in Verbindung mit § 31 EEG 2014 degressiv ausgestaltet. Der Fördersatz für Anlagen auf Gebäuden ermittelt sich allerdings im Gegensatz zum Fördersatz für Freiflächenanlagen anteilig aus den anzulegenden Werten in § 51 Absatz 2 Nummer 1 bis 3 EEG 2014 und ist daher höher als der genannte Wert in § 51 Absatz 2 Nummer 3 EEG 2014. Darüber hinaus können mit Anlagen auf Gebäuden höhere Renditen erzielt werden, wenn eine Möglichkeit zum Eigenverbrauch besteht und hohe Strombezugskosten vermieden werden können.

Ein Bezug auf den anzulegenden Wert für Freiflächenanlagen nach § 51 Absatz 1 EEG 2014 oder den gleichen Wert in § 51 Absatz 2 Nummer 4 EEG 2014 ist nicht sinnvoll, weil in diesem Fall Risikoaufschläge, die durch das Ausschreibungsverfahren begründet werden, nicht ausgleichbar wären. Außerdem kann aus dem starken Marktrückgang beim Bau von Freiflächenanlagen gefolgert werden, dass die Höhe des anzulegenden Werts für Freiflächenanlagen nach § 51 Absatz 1 EEG 2014 gegenwärtig zu niedrig für einen wirtschaftlichen Betrieb von Freiflächenanlagen ist.

Der Bezug auf den anzulegenden Wert für Photovoltaik auf Gebäuden bis 1 MW ist gerechtfertigt, weil damit ein geringer Spielraum für die Einpreisung von zusätzlichen Risiken, die das Instrument der Ausschreibung mit sich bringen kann, geschaffen wird. Dies kann sich unter anderem in höheren Finanzierungskosten aufgrund des Risikos, im Rahmen einer Ausschreibung keinen Zuschlag zu erhalten, und in die höheren administrativen Kosten niederschlagen. Darüber hinaus wird das Risiko einer Strafzahlung von den Bieter eingepreist werden, so dass auch dies zu höheren Förderkosten führen kann. Die Berechnung des Höchstwerts ist transparent, damit alle Bieter dieselben Voraussetzungen haben. Sobald Erfahrungen mit den ersten Ausschreibungen vorliegen, kann die Bundesnetzagentur im Rahmen einer Festlegung nach § 35 die Höhe des Höchstwertes neu festlegen. Dabei darf der festgelegte Höchstwert den nach § 8 Absatz 2 vorgegebenen Höchstwert nicht überschreiten.

§ 9 Öffnung und Prüfung der Gebote

(1) Die Bundesnetzagentur muss die zugegangenen Gebote mit einem Eingangsvermerk versehen.

(2) Die Bundesnetzagentur darf die Gebote erst nach dem Gebotstermin öffnen.

(3) ¹Die Bundesnetzagentur muss alle mit den Geboten abgegebenen Angaben und Nachweise registrieren und prüfen, welche Gebote zum Zuschlagsverfahren nach § 12 zugelassen werden. ²Gebote sind nur zum Zuschlagsverfahren zuzulassen, soweit die Gebote oder die Bieter nicht nach den §§ 10 und 11 ausgeschlossen worden sind.

(4) ¹Die Prüfung der Gebote muss von mindestens zwei Mitarbeitern der Bundesnetzagentur gemeinsam durchgeführt und dokumentiert werden. ²Bieter sind dabei nicht zugelassen.

Amtliche Begründung

§ 9 regelt den Umgang mit den eingegangenen Geboten bei der Bundesnetzagentur und damit die Vorbereitung der Zulassung von Geboten zum Zuschlagsverfahren nach § 12.

Absatz 1 dient der Nachvollziehbarkeit der Geboteingänge.

Nach Absatz 2 werden die Gebote in der Regel am ersten Werktag nach dem Gebotstermin geöffnet und geprüft. Unverzüglich nach der Prüfung wird das Zuschlagsverfahren nach § 12 eingeleitet.

Absatz 3 regelt, dass alle abgegebenen Gebote bei der Bundesnetzagentur registriert werden. Die Bundesnetzagentur lässt alle Gebote zu, soweit kein Ausschlussgrund für das Gebot nach § 10 oder den Bieter nach § 11 vorliegt.

Absatz 4 gibt Vorgaben für das konkrete Prüfungsverfahren. Nach Absatz 4 muss die Prüfung der Gebote von mindestens zwei Mitarbeitern der Bundesnetzagentur gemeinsam durchgeführt und protokolliert werden, um ein Höchstmaß an prozeduraler Sicherheit zu gewährleisten. Es ist nicht statthaft, dass Bieter während dieses Verfahrens anwesend sind.

§ 10 Ausschluss von Geboten

(1) Die Bundesnetzagentur muss Gebote von dem Zuschlagsverfahren nach § 12 ausschließen, wenn

1. die Voraussetzungen für die Teilnahme an der Ausschreibung nach § 6 nicht vollständig erfüllt sind,
2. in Geboten, die für einen Gebotstermin im Kalenderjahr 2015 abgegeben worden sind, andere Flächen für die geplante Freiflächenanlage angegeben worden sind als die in § 6 Absatz 3 Nummer 6 Buchstabe a bis c genannten Flächen,
3. bis zum Gebotstermin bei der Bundesnetzagentur die Erstsicherheit nach § 7 oder die Gebühr nach Nummer 1 der Anlage zur Freiflächenausschreibungsgebührenverordnung nicht vollständig geleistet worden sind oder die Erstsicherheit oder die Gebühr dem Gebot nicht eindeutig zugeordnet werden können,
4. der Gebotswert des Gebots den Höchstwert nach § 8 überschreitet,
5. das Gebot Bedingungen, Befristungen oder sonstige Nebenabreden enthält oder
6. das Gebot nicht den Vorgaben oder Festlegungen der Bundesnetzagentur nach § 34 oder § 35 entspricht, soweit diese die Gebotsabgabe betreffen.

(2) [1]Die Bundesnetzagentur darf ein Gebot bei begründetem Verdacht, dass der Bieter keine Freiflächenanlage auf dem nach § 6 Absatz 3 Nummer 5 angegebenen Standort plant, ausschließen, wenn

1. auf den nach § 6 Absatz 3 Nummer 5 angegebenen Flurstücken eine Freiflächenanlage bereits errichtet und für Strom aus dieser Freiflächenanlage eine finanzielle Förderung nach dem Erneuerbare-Energien-Gesetz in Anspruch genommen worden ist oder
2. die nach § 6 Absatz 3 Nummer 5 angegebenen Flurstücke der geplanten Freiflächenanlage ganz oder teilweise übereinstimmen
   a) mit den in einem anderen Gebot in derselben Ausschreibung angegebenen Flurstücken oder
   b) mit den in einem anderen bezuschlagten Gebot in einer vorangegangenen Ausschreibung angegebenen Flurstücken, sofern die Gebotsmenge des bezuschlagten Gebots nicht entwertet worden ist.

[2]Ein Ausschluss von Geboten nach Satz 1 Nummer 1 oder Nummer 2 Buchstabe b ist nicht zulässig, wenn die errichtete oder geplante Freiflächenanlage erweitert werden soll und hierfür Gebote abgegeben werden.

Amtliche Begründung

§ 10 regelt die Voraussetzungen für den Ausschluss von Geboten vom Zuschlagsverfahren nach § 12.

Nach Absatz 1 Nummer 1 muss die Bundesnetzagentur Gebote von Zuschlagsverfahren nach § 12 ausschließen, wenn die Voraussetzungen für die Teilnahme an der Ausschreibung nach § 6 nicht vollständig erfüllt worden sind. Die Voraussetzungen für die Teilnahme nach § 6 sind erfüllt, wenn der Bieter eine natürliche oder juristische Person oder eine rechtsfähige Personengesellschaft ist und die Gebotsmenge mindestens 100 kW und höchstens 10 MW beträgt. Darüber hinaus muss der Bieter alle Angaben nach § 6 Absatz 3 machen und die entsprechenden Nachweise und Erklärungen nach § 6 Absatz 4 einreichen. Die Gebote müssen spätestens bis zum Gebotstermin nach § 6 Absatz 5 bei der Bundesnetzagentur eingegangen und die Erstsicherheit bei der Bundesnetzagentur geleistet worden sein.

Nach Absatz 1 Nummer 2 werden Gebote für Freiflächenanlagen ausgeschlossen, die zu einem Gebotstermin im Jahr 2015 abgegeben worden sind und die nicht auf einer der im EEG 2014 festgelegten Flächen geplant werden. Erst ab 2016 wird die Flächenkulisse maßvoll um Freiflächenanlagen auf geeigneten Flächen der Bundesanstalt für Immobilienaufgaben und um eine begrenzte Anzahl von Freiflächenanlagen auf Ackerflächen in benachteiligten Gebieten jenseits von Seitenrandstreifen erweitert. Die Flächen der Bundesanstalt für Immobilienaufgaben müssen im Eigentum des Bundes oder im Eigentum der Bundesanstalt für Immobilienaufgaben gestanden haben oder stehen und zum Zeitpunkt des Beschlusses über die Aufstellung des Bebauungsplans von der Bundesanstalt für Immobilienaufgaben (BImA) verwaltet werden. Die Bundesanstalt für Immobilienaufgaben kann somit entscheiden, ob diese Flächen geeignet für den Bau einer Freiflächenanlage sind, und daher an Investoren verpachten oder verkaufen. Bei der Bereitstellung dieser Flächen für die Nutzung zur Stromerzeugung aus Freiflächenanlagen soll die Bundesanstalt für Immobilienaufgaben die Interessen des Naturschutzes und der Landwirtschaft berücksichtigen. Hierzu wird sie das Bundesministerium für Umwelt, Naturschutz, Bau und Reaktorsicherheit sowie das Bundesministerium für Ernährung und Landwirtschaft konsultieren. Durch die Erweiterung um maximal 10 Freiflächenanlagen auf Ackerflächen in benachteiligten Gebieten jenseits der Seitenrandstreifen können 2016 und 2017 jeweils Freiflächenanlagen mit einer installierten Leistung von maximal ca. 100 MW auf Ackerflächen in benachteiligten Gebieten gefördert werden. Dies hängt jedoch von der Höhe des Gebotsumfangs der Gebote ab, die einen Zuschlag erhalten und auf entsprechenden Flächen geplant werden.

Die maßvolle Öffnung der Flächenkulisse erfolgt erst ab 2016, da im Jahr 2015 noch eine ausreichende Flächenverfügbarkeit bei der Flächenkulisse des EEG 2014 erwartet wird und erst ab 2016 die bestehende Flächenkulisse des EEG 2014 für den notwendigen Wettbewerb nicht mehr ausreichen könnte. Sie ist jedoch soweit begrenzt, dass die Interessen der Landwirtschaft und des Umwelt- und Naturschutzes hinreichend berücksichtigt wurden.

Nach Absatz 1 Nummer 3 müssen Gebote ausgeschlossen werden, wenn die Erstsicherheit nicht bis zum Gebotstermin geleistet worden ist oder die Gebühr nach der Freiflächenausschreibungsgebührenverordnung nicht fristgemäß bis zum Gebotstermin gezahlt worden ist.

Nach Absatz 1 Nummer 4 darf der Gebotswert den Höchstwert nach § 8 nicht überschreiten.

Darüber hinaus darf das Gebot keine Bedingungen, Befristungen oder sonstige Nebenabreden enthalten (Nummer 5), und es muss die Formatvorgaben der Bundesnetzagentur einhalten (Nummer 6): Bei der Gebotsabgabe müssen die Bieter die Formularvorgaben der Bundesnetzagentur nach § 34 Absatz 1 verwenden. Gebote, die ohne Nutzung dieser Formularvorlagen abgegeben worden sind, sind daher ebenfalls auszuschließen.

Absatz 2 versetzt die Bundesnetzagentur in die Lage, unter bestimmten Voraussetzungen im Rahmen einer Ermessensentscheidung Gebote von der Ausschreibung auszuschließen. Soweit die Bundesnetzagentur einen begründeten Verdacht hat, dass der Bieter nicht plant, auf dem in § 6 Absatz 3 Nummer 5 angegebenen Standort eine Freiflächenanlage zu bauen, kann die Bundesnetzagentur unter den in Nummer 1 und Nummer 2 genannten Voraussetzungen Gebote ausschließen. So kann die Bundesnetzagentur ein Gebot dann ausschließen, wenn der begründete Verdacht besteht, dass ein Bieter die materiellen Teilnahmevoraussetzungen für die Abgabe von Geboten nach § 6 Absatz 3 und 4 umgeht, indem er immer wieder dieselben Standortdaten verwendet oder auf den angegebenen Standortdaten bereits eine Freiflächenanlage errichtet worden ist. Wenn kein begründeter Verdacht eines solchen Missbrauchs besteht, ist ein Ausschluss nach Absatz 2 in der Regel nicht geboten. Insbesondere darf die Bundesnetzagentur ein Gebot nicht ausschließen, wenn bei der Angabe des Standorts zwar dieselben Standortdaten einer bereits errichteten oder geplanten Freiflächenanlage, für die ein Zuschlag erteilt worden ist, angegeben werden, der Bieter seine Anlage aber nur erweitern will und dafür einen Zuschlag und damit eine Förderberechtigung ersteigern will.

Wenn die Bundesnetzagentur einen Missbrauchsverdacht hat, muss sie bei der Entscheidung eine hinreichende Abwägung aller Umstände vornehmen und insbesondere die Schwere des Missbrauchs sowie dessen Auswirkungen für das Ausschreibungsergebnis berücksichtigen.

§ 11 Ausschluss von Bietern

Die Bundesnetzagentur darf Bieter und deren Gebote von dem Zuschlagsverfahren nach § 12 ausschließen, wenn

1. der begründete Verdacht besteht, dass
   a) der Bieter vorsätzlich oder grob fahrlässig Gebote unter falschen Angaben nach § 6 Absatz 3 oder unter Vorlage falscher Nachweise nach § 6 Absatz 4 in dieser oder einer vorangegangenen Ausschreibung abgegeben hat,
   b) der Bieter mit anderen Bietern Absprachen über die Gebotswerte der in dieser oder einer vorangegangenen Ausschreibung abgegebenen Gebote getroffen hat,

2. der Bieter bei mindestens zwei vorangegangenen Ausschreibungen nach der Erteilung des Zuschlags die Zweitsicherheit nicht innerhalb der Frist nach § 15 Absatz 5 bei der Bundesnetzagentur hinterlegt hat oder
3. die Gebotsmengen mehrerer Zuschläge eines Bieters aus mindestens zwei vorangegangenen Ausschreibungen nach § 20 Absatz 2 Satz 2 vollständig entwertet worden sind.

Amtliche Begründung

§ 11 versetzt die Bundesnetzagentur in die Lage, nicht nur einzelne Gebote, sondern auch Bieter mit ihren Geboten grundsätzlich von der Ausschreibung auszuschließen. Hierdurch soll ein Verhalten von Bietern sanktioniert werden, das gegen den Sinn und Zweck der Verordnung verstößt.

Nach Nummer 1 können Bieter ausgeschlossen werden, wenn sie vorsätzlich oder grob fahrlässig falsche Angaben in ihren Geboten nach § 6 Absatz 3 gemacht oder falsche oder gefälschte Nachweise nach § 6 Absatz 4 eingereicht haben. Darüber hinaus ist ein Ausschluss eines Bieters möglich, wenn der begründete Verdacht besteht, dass der Bieter mit anderen Bietern Absprachen über die Höhe der Gebote in dieser Ausschreibungsrunde oder in einer der vorangegangenen Ausschreibungsrunden getroffen hat.

Nach Nummer 2 und Nummer 3 wird ein – eventuell strategisch motiviertes – Verhalten des Bieters durch seinen Ausschluss von der Ausschreibung sanktioniert, da es die Ergebnisse der Ausschreibung verfälschen kann. Nach Nummer 2 kann der Ausschluss erfolgen, wenn ein Bieter mindestens zweimal keine Zweitsicherheit nach der Zuschlagserteilung geleistet hat. Nach Nummer 3 kann der Ausschluss erfolgen, wenn ein Bieter mehrmals Zuschläge vollständig verfallen ließ.

Bei der Ermessensentscheidung der Bundesnetzagentur wird aufgrund der erheblichen Folgen für die betroffenen Bieter eine umfangreiche Abwägung aller Umstände vorzunehmen sein. Als Grundlage für die Entscheidung werden vergangene Tatsachen, d. h. Verhaltensweisen, die in der Vergangenheit erfolgt sind, heranzuziehen sein, wobei diese zeitlich nicht weit zurückliegen dürfen und einen Bezug zur Ausschreibung haben müssen. Im Einzelnen müssen dabei die Schwere des Verstoßes sowie dessen Auswirkungen für das Ausschreibungsergebnis berücksichtigt werden.

Die Gebote von Bietern, die nach § 11 ausgeschlossen worden sind, sind zum Zuschlagsverfahren nach § 12 nicht zugelassen.

§ 12 Zuschlagsverfahren

(1) Die Bundesnetzagentur muss vorbehaltlich des Absatzes 4 allen zugelassenen Geboten im Umfang ihres Gebots einen Zuschlag erteilen, wenn die Summe der Gebotsmengen aller zugelassenen Gebote das Ausschreibungsvolumen nach den §§ 3 und 4 nicht überschreitet.

(2) Die Bundesnetzagentur muss das folgende Zuschlagsverfahren durchführen, wenn die Summe der Gebotsmengen aller zugelassenen Gebote das Ausschreibungsvolumen nach den §§ 3 und 4 überschreitet:

1. Die Bundesnetzagentur muss die zugelassenen Gebote sortieren
   a) bei unterschiedlichen Gebotswerten nach dem jeweiligen Gebotswert in aufsteigender Reihenfolge, beginnend mit dem Gebot mit dem niedrigsten Gebotswert,

b) bei dem gleichen Gebotswert nach der jeweiligen Gebotsmenge in aufsteigender Reihenfolge, beginnend mit der niedrigsten Gebotsmenge; soweit die Gebotswerte und die Gebotsmenge der Gebote gleich sind, entscheidet das Los über die Reihenfolge.

2. Die Bundesnetzagentur muss den zugelassenen Geboten in der Reihenfolge nach Nummer 1, beginnend mit den Geboten mit den niedrigsten Gebotswerten, einen Zuschlag im Umfang ihres Gebots erteilen, bis das Ausschreibungsvolumen erstmals durch den Zuschlag zu einem Gebot erreicht oder überschritten ist (Zuschlagsgrenze); Geboten oberhalb der Zuschlagsgrenze wird vorbehaltlich von Absatz 3 kein Zuschlag erteilt.

(3) ¹Die Bundesnetzagentur soll pro Ausschreibung ein Nachrückverfahren durchführen, wenn die Summe der Gebotsmengen aller Gebote, die einen Zuschlag nach Absatz 2 erhalten haben und deren Zuschlag nach § 20 Absatz 1 Satz 1 erloschen ist, 30 Megawatt bei einem Gebotstermin überschreitet. ²An diesem Nachrückverfahren nehmen alle zugelassenen Gebote teil, die in dem Verfahren nach Absatz 2 keinen Zuschlag erhalten haben. ³Die Erteilung eines Zuschlags im Nachrückverfahren muss entsprechend dem in Absatz 2 festgelegten Verfahren erfolgen. ⁴Das Ausschreibungsvolumen im Nachrückverfahren muss der Summe der Gebotsmengen aller Gebote entsprechen, deren Zuschlag nach § 20 Absatz 1 Satz 1 erloschen ist.

(4) ¹Die Bundesnetzagentur muss bei dem Zuschlagsverfahren sicherstellen, dass es in den Kalenderjahren 2016 und 2017 jeweils nicht mehr als zehn bezuschlagte Gebote für Freiflächenanlagen auf Flächen nach § 6 Absatz 3 Nummer 6 Buchstabe e gibt. ²Zu diesem Zweck darf sie über diese Anzahl hinausgehende Gebote für Freiflächenanlagen auf Flächen nach § 6 Absatz 3 Nummer 6 Buchstabe e bei den Zuschlagsverfahren nach den Absätzen 1 bis 3 nicht berücksichtigen.

(5) ¹Die Bundesnetzagentur muss für jedes Gebot, für das ein Zuschlag erteilt worden ist, die vom Bieter nach § 6 Absatz 3 übermittelten Angaben und die nach § 6 Absatz 4 übermittelten Nachweise sowie den Zuschlagswert registrieren. ²Bietern muss die Bundesnetzagentur auf Antrag Auskunft über die für sie registrierten Zuschläge erteilen.

Amtliche Begründung

§ 12 regelt das Zuschlagsverfahren. Nach Absatz 1 erhalten alle Gebote, die nicht nach den §§ 10 oder 11 vom Zuschlagsverfahren ausgeschlossen worden sind, einen Zuschlag, wenn die Gebotsmengen aller nicht ausgeschlossenen Gebote das Ausschreibungsvolumen nicht übersteigt. In diesem Fall besteht grundsätzlich die für eine erfolgreiche wettbewerbliche Bestimmung der Förderhöhe im Rahmen einer Ausschreibung notwendige Knappheitssituation nicht.

Wenn die Gebotsmenge der nicht nach den §§ 10 und 11 ausgeschlossenen Gebote das Ausschreibungsvolumen übersteigt, werden die Gebote, die einen Zuschlag erhalten, nach den Absätzen 2 und 3 bestimmt. Entscheidend für die Erteilung des Zuschlags ist die Höhe des anzulegenden Werts, der im Gebot angegeben worden ist, und die angegebene Gebotsmenge.

Die Bundesnetzagentur sortiert für die Bestimmung der Zuschlagsgrenze zunächst nach § 12 Absatz 2 Nummer 1 die Gebote, die nicht nach den §§ 10 oder 11 ausgeschlossen worden sind, aufsteigend nach dem Gebotswert. Wenn die Gebotswerte von mehreren Geboten gleich hoch sind, werden die Gebote nach dem Gebotsumfang aufsteigend sortiert. Wenn auch der Gebotsumfang gleich ist, entscheidet das Los.

Die Bundesnetzagentur erteilt dann nach § 12 Absatz 2 Geboten in der oben genannten Reihenfolge, beginnend mit dem Gebot mit dem niedrigsten Gebotswert, Zuschläge, bis das Ausschreibungsvolumen durch einen Zuschlag zu einem Gebot erreicht oder überschritten worden ist. Dieses Gebot, das erstmals das Ausschreibungsvolumen erreicht oder überschreitet, erhält noch einen Zuschlag im Umfang seiner Gebotsmenge. Alle Gebote oberhalb dieser Zuschlagsgrenze erhalten nach Absatz 2 keinen Zuschlag, werden aber beim Nachrückverfahren nach Absatz 3 berücksichtigt. Durch die Regelung werden bei gleichem Gebotswert kleinere Gebote bevorzugt behandelt, was insbesondere kleine und mittlere Unternehmen (KMU) und sonstige kleine Bieter begünstigt. Dies dient der Wahrung des Grundsatzes nach § 2 Absatz 5 Satz 2 EEG.

Nach Absatz 3 muss die Bundesnetzagentur ein Nachrückverfahren pro Ausschreibungsrunde durchführen, wenn die Summe der Gebotsmengen aller Gebote, die einen Zuschlag nach Absatz 2 erhalten haben und deren Zuschlag durch Nichtzahlung der Zweitsicherheit nach § 20 Absatz 1 Satz 1 erloschen ist, 30 MW (Bagatellgrenze) überschreitet. An diesem Nachrückverfahren nehmen alle Gebote, die nicht nach den §§ 10 oder 11 ausgeschlossen worden sind und nicht nach Absatz 2 einen Zuschlag erhalten haben, teil. Die Erteilung des Zuschlags im Nachrückverfahren verläuft nach dem in Absatz 2 vorgeschriebenen Verfahren. Die Bundesnetzagentur sortiert also die noch verbleibenden Gebote jeweils nach der Reihenfolge der Gebotswerte und der Gebotsmenge und bestimmt entsprechend Absatz 2 Nummer 2 die Zuschlagsgrenze. Das Ausschreibungsvolumen im Nachrückverfahren entspricht nach Absatz 3 Satz 4 der Summe der Gebotsmengen aller Gebote, deren Zuschlag nach Absatz § 20 Absatz 1 Satz 1 erloschen ist.

Durch Absatz 4 wird die Anzahl der ab 2016 jährlich bezuschlagten Gebote auf tatsächlich genutzten Ackerflächen in benachteiligten Gebieten jenseits der in Buchstabe a bis d genannten Flächen auf maximal zehn begrenzt. Dabei werden die Gebote auf Flächen nach Buchstabe e grundsätzlich im Rahmen des Zuschlagsverfahrens nach Absatz 2 und Absatz 3 mit den anderen Geboten sortiert und bezuschlagt. Es gibt somit kein gesondertes Zuschlagsverfahren. Erst wenn die Anzahl der Zuschläge in dieser Flächenkategorie zehn übersteigt und für diese zehn auch entsprechende Zweitsicherheiten gezahlt worden sind, dürfen in dem entsprechenden Kalenderjahr keine weiteren Zuschläge für Gebote auf dieser Flächenkategorie erteilt werden.

Absatz 5 regelt, dass alle Angaben der Bieter zu den bezuschlagten Geboten bei der Bundesnetzagentur nach der Erteilung des Zuschlags registriert werden.

§ 13 Zuschlagswert

(1) Zuschlagswert ist der jeweils nach § 6 Absatz 3 Nummer 4 in dem Gebot angegebene Gebotswert.

(2) Abweichend von Absatz 1 ist bei den Gebotsterminen 1. August 2015 und 1. Dezember 2015 der Zuschlagswert

1. bei der Erteilung eines Zuschlags nach § 12 Absatz 1 der Höchstwert nach § 8,
2. bei der Erteilung eines Zuschlags nach § 12 Absatz 2 oder 3 der Gebotswert des Gebots, das den höchsten Gebotswert aufweist und einen Zuschlag
   a) nach § 12 Absatz 3 erhalten hat, wenn ein Nachrückverfahren durchgeführt worden ist, oder
   b) nach § 12 Absatz 2 erhalten hat, wenn kein Nachrückverfahren durchgeführt worden ist.

(3) § 31 des Erneuerbare-Energien-Gesetzes ist nicht anzuwenden.

Amtliche Begründung

Absatz 1 regelt, dass der Zuschlagswert in den Ausschreibungsrunden zu den Gebotsterminen am 15. April 2015 und am 1. April 2016 und dann auch an den folgenden Gebotsterminen nach dem Gebotspreisverfahren („Pay-as-bid"-Verfahren) bestimmt wird. Dies bedeutet, dass bei der Erteilung eines Zuschlags nach § 12 „jeder bekommt, was er geboten hat". Es stimmen somit Zuschlagswert und Gebotswert exakt überein. Dieses Verfahren ist für die Bieter leicht nachzuvollziehen, so dass eine hohe Akzeptanz unter den Teilnehmern an der Ausschreibung und der Öffentlichkeit erwartet wird.

In der zweiten und dritten Ausschreibungsrunde, also zum Gebotstermin 1. August 2015 und 1. Dezember 2015, wird der Zuschlagswert nach Absatz 2 nach dem Einheitspreisverfahren („Uniform-Pricing"-Verfahren) bestimmt. Dabei erhält jedes erfolgreiche Gebot einen anzulegenden Wert, der dem Gebotswert des höchsten zugeschlagenen Gebots entspricht. Bei fehlender Knappheit erhöht sich dieser Wert auf den Höchstwert. Andernfalls hätten die Bieter nicht mehr den Anreiz, mit ihrem Gebot ihren „wahren" Förderbedarf zu offenbaren. Denn wenn Bieter eine mangelnde Knappheit für möglich halten und in diesem Fall nicht der Höchstwert, sondern das höchste zugeschlagene Gebot preisbestimmend wäre, stiege die Wahrscheinlichkeit, dass das eigene Gebot letztendlich preissetzend ist. Dies würden Bieter in ihrem Gebotsverhalten berücksichtigen und möglicherweise strategisch höhere Gebote abgeben. Dies würde dann zu insgesamt höheren Fördersätzen und somit auch höheren Förderkosten führen, auch wenn letztendlich Knappheit vorliegt und das Angebot das Ausschreibungsvolumen übersteigt.

Soweit ein Nachrückverfahren nach § 12 Absatz 3 durchgeführt wird, erhöht sich der zunächst im Zuschlagsverfahren nach § 12 Absatz 2 ermittelte Zuschlagswert. Er entspricht in diesem Fall dann dem Zuschlagswert, der sich im Rahmen des Nachrückverfahrens nach § 12 Absatz 3 ergibt. Hierdurch wird sichergestellt, dass Bieter, die nach § 12 Absatz 2 oder § 12 Absatz 3 einen Zuschlag erhalten haben, denselben Zuschlagswert beim Einheitspreisverfahren haben.

Die beiden bei Ausschreibungen in der Praxis gängigen Preisregeln werden somit im Rahmen der Pilot-Ausschreibungen erprobt. Die Bundesnetzagentur erhält zudem die Möglichkeit, durch eine Festlegung nach § 35 Nummer 7 die Preisregel an das Verhalten in der vorherigen Bieterrunde anzupassen. Denn beide Verfahren geben Anreize zu strategischem Verhalten, das zu Überförderungen führen kann: Das Gebotspreisverfahren gibt den Anreiz, den Gebotswert des höchsten Gebots, das noch einen Zuschlag erhält, zu „schätzen", also gerade nicht seine wahren Kosten zu offenbaren. Dieses strategische Verhalten kann zu Überförderungen führen, da die geschätzten Gebotswerte erheblich über den wahren Kosten liegen können. Diese Gefahr besteht insbesondere dann, wenn man das Gebotspreisverfahren mehrmals hintereinander durchführt, da sich in diesem Fall die Bieter an den höchsten Geboten, die noch in der vorherigen Ausschreibung einen Zuschlag erhalten haben, orientieren können.

Beim Einheitspreisverfahren kann hingegen jeder Bieter damit rechnen, dass sein Gebotswert in der Regel von einem anderen Gebot übertroffen wird. Daher kann er seinen „wahren" Förderbedarf offenbaren und im Gebot berücksichtigen. Das Einheitspreisverfahren gibt aber insbesondere Mehrprojektbietern die Möglichkeit, strategische Gebote abzugeben oder Gebote zurückzuhalten, um den Zuschlagswert zu erhöhen. Mehrprojektbieter können hierbei z. B. die tatsächlichen Stromgestehungskosten übertreiben, um den Einheitspreis nach oben zu treiben.

Vor diesem Hintergrund ist es für die ausschreibende Stelle wichtig, auf das strategische Verhalten, das sich insbesondere bei mehreren gleichen Ausschreibungsrunden in Folge entwickeln kann, zu reagieren. Daher sieht § 35 Nummer 7 eine Festlegungskompetenz für die Bundesnetzagentur vor, die es ermöglicht, die Preisregel abhängig vom strategischen Verhalten der Bieter in den Vorrunden zu ändern.

Absatz 3 stellt klar, dass der Zuschlagswert, der die Grundlage für die Höhe der finanziellen Förderung darstellt, nicht, wie der anzulegende Wert für sonstige Anlagen zur Erzeugung von Strom aus solarer Strahlungsenergie, degressiv ausgestaltet ist. Vielmehr bleibt der gebotene Fördersatz über die Förderdauer unverändert (abgesehen von den in § 26 Absatz 3 und 4 vorgesehenen Anpassungen). Es gilt somit die Degression nach § 31 EEG 2014 nicht. Die Bundesnetzagentur hat jedoch die Möglichkeit, durch eine Festlegung nach § 35 Nummer 12 eine Degression zu bestimmen, wenn sie feststellt, dass Projekte nur verzögert realisiert werden oder ohne eine solche Degression nicht ausreichend auf Kostensenkungen innerhalb der 24 Monate (Realisierungszeitraum nach § 20 Absatz 2) reagiert werden kann.

§ 14 Bekanntgabe des Zuschlags und des Zuschlagswerts

(1) Die Bundesnetzagentur muss die Entscheidung über die Zuschläge nach § 12 und die Höhe des Zuschlagswerts nach § 13 Absatz 2 öffentlich bekannt geben.

(2) ¹Die öffentliche Bekanntgabe der Zuschläge wird durch Bekanntmachung der folgenden Angaben auf der Internetseite der Bundesnetzagentur bewirkt:

1. Gebotstermin der Ausschreibung, für die die Zuschläge erteilt werden,
2. Namen der Bieter, die einen Zuschlag erhalten, mit
   a) dem jeweils in ihrem Gebot nach § 6 Absatz 3 Nummer 5 angegebenen Standort der geplanten Freiflächenanlage,
   b) der Nummer des Gebots nach § 6 Absatz 2 Satz 2, sofern ein Bieter mehrere Gebote abgegeben hat, und
   c) einer eindeutigen Zuschlagsnummer und
3. Hinweis, dass mit der Veröffentlichung auf der Internetseite der Bundesnetzagentur die Zuschläge öffentlich bekannt gegeben werden und die vollständigen Entscheidungen an dem Standort der Bundesnetzagentur in Bonn eingesehen werden können.

²Die Zuschläge gelten eine Woche nach der öffentlichen Bekanntmachung nach Satz 1 als bekannt gegeben.

(3) ¹Die öffentliche Bekanntgabe des Zuschlagswerts nach § 13 Absatz 2 wird durch Bekanntmachung der Höhe des Zuschlagswerts auf der Internetseite der Bundesnetzagentur bewirkt. ²Diese erfolgt

1. bei einem Zuschlag nach § 12 Absatz 1 zusammen mit den Angaben nach Absatz 2,
2. bei einem Zuschlag nach § 12 Absatz 2
   a) erst nach der Durchführung eines Nachrückverfahrens nach § 12 Absatz 3 oder
   b) sofern kein Nachrückverfahren durchgeführt wird, unverzüglich nach der Entscheidung, dass kein Nachrückverfahren durchgeführt wird.

³Die Bekanntmachung nach Satz 1 ist mit dem Hinweis zu versehen, dass mit der Veröffentlichung auf der Internetseite der Bundesnetzagentur die Höhe des Zuschlagswerts nach § 13 Absatz 2 öffentlich bekannt gegeben wird und die vollständigen Entscheidungen an dem Standort der Bundesnetzagentur in Bonn eingesehen werden können. ⁴Der Zuschlagswert nach § 13 Absatz 2 gilt eine Woche nach der öffentlichen Bekanntmachung nach Satz 1 als bekannt gegeben.

(4) [1]Die Bundesnetzagentur unterrichtet die Bieter, die einen Zuschlag erhalten haben, unverzüglich über die öffentliche Bekanntmachung. [2]Dafür übermittelt sie die Angaben nach den Absätzen 2 und 3 elektronisch und auf Verlangen des Bieters schriftlich.

Amtliche Begründung

Nach Absatz 1 gibt die Bundesnetzagentur die Entscheidung über die Erteilung des Zuschlags den Bietern, die einen Zuschlag erhalten haben, und die Höhe des Zuschlagswerts beim Einheitspreisverfahren (Uniform-Pricing) nach § 13 Absatz 2 öffentlich bekannt. Diese Zuschlagsentscheidung und die Festlegung des Höhe des Zuschlagswerts beim Einheitspreisverfahren (Uniform-Pricing) sind Verwaltungsakte. Die Bekanntgabe erfolgt durch die Veröffentlichung der wesentlichen Angaben auf der Internetseite der Bundesnetzagentur.

Dabei muss bei der Bekanntmachung des Zuschlags nach Absatz 2 auch der Name des Bieters öffentlich bekannt gegeben werden, um klarzustellen, wer einen Zuschlag erhalten hat und für wen der Verwaltungsakt öffentlich bekannt gegeben wurde. Zusätzlich werden die Angaben der Zuschlagsentscheidung am Standort der Bundesnetzagentur in Bonn zur Einsichtnahmemöglichkeit für die Bieter ausgelegt. Eine Woche nach der Veröffentlichung gilt der Zuschlag als bekannt gegeben und ist damit wirksam. Dies bedeutet auch, dass eine Woche nach der Veröffentlichung die Frist nach § 15 Absatz 5 läuft. Der Bieter hat dann noch zehn Werktage Zeit, um die Zweitsicherheit zu leisten. Leistet er diese Zweitsicherheit nicht innerhalb dieser Frist, muss er die Strafzahlung nach § 30 Absatz 1 an die Übertragungsnetzbetreiber zahlen oder der Übertragungsnetzbetreiber darf sich aus der Erstsicherheit befriedigen. Gläubiger der Forderung ist jeweils der regelverantwortliche Übertragungsnetzbetreiber im Sinne des § 3 Nummer 9, also der Übertragungsnetzbetreiber, in dessen Regelzone die geplante Freiflächenanlage hätte errichtet werden sollen. Maßgeblich ist also der nach § 6 Absatz 3 Nummer 5 angegebene Standort der geplanten Freiflächenanlage. Da die Regelzonen postleitzahlenscharf voneinander abgegrenzt sind, ist in der Regel klar, an wessen Netz und damit an wessen Regelzone die Freiflächenanlage angeschlossen worden wäre. In Zweifelsfällen kann der Bieter sich einen der in Betracht kommenden Übertragungsnetzbetreiber aussuchen.

Absatz 3 regelt die öffentliche Bekanntgabe des Zuschlagswerts beim Einheitspreisverfahren nach § 13 Absatz 2. Diese erfolgt bei der Durchführung eines Nachrückverfahrens für alle Zuschläge erst nach dem Nachrückverfahren. Soweit kein Nachrückverfahren durchgeführt wird, wird der Zuschlagswert im Einheitspreisverfahren erst nach der Entscheidung, dass kein Nachrückverfahren durchgeführt wird, öffentlich bekannt gegeben. Eine gesonderte Bekanntmachung des Zuschlagswerts beim Gebotspreis nach § 13 Absatz 1 erübrigt sich hingegen, denn der Bieter erhält beim Gebotspreisverfahren genau den von ihm gebotenen Gebotswert als Zuschlagswert. Mit der Erteilung des Zuschlags weiß der Bieter also im Gebotspreisverfahren schon implizit die Höhe des Zuschlagswerts, so dass eine gesonderte Bekanntgabe nicht erforderlich ist.

Durch Absatz 4 wird die Bundesnetzagentur verpflichtet, jedem Bieter, der einen Zuschlag erhalten hat, den Zuschlag per Email zu bestätigen. Diese Bestätigung ist kein eigener Verwaltungsakt, sondern sie soll nur auf die öffentliche Bekanntmachung hinweisen und den Bieter die bekannt gegebenen Daten bestätigen. Bei Bedarf kann der Bieter auch einen Antrag stellen und die Bestätigung in Textform erhalten. Die Bestätigungen sollen den Bietern lediglich ermöglichen, ein Dokument zu erhalten, mittels dessen sie z. B. leichter die Zweitsicherheit erhalten können. Diese Bestätigungen haben daher rein deklaratorische Bedeutung.

§ 15 Zweitsicherheit

(1) [1]Bieter müssen bei der Bundesnetzagentur für diejenigen ihrer Gebote, die einen Zuschlag nach § 12 erhalten haben, eine Sicherheit nach Maßgabe der folgenden Absätze und des § 16 leisten (Zweitsicherheit). [2]Durch die Zweitsicherheit werden die jeweiligen Forderungen der Übertragungsnetzbetreiber nach § 30 Absatz 1 Satz 1 Nummer 2 gesichert.

(2) Die Höhe der Zweitsicherheit bestimmt sich aus der Gebotsmenge des Gebots multipliziert mit 50 Euro pro Kilowatt.

(3) Die Höhe der Zweitsicherheit verringert sich auf die Hälfte des nach Absatz 2 berechneten Betrags, wenn das Gebot einen Nachweis nach § 6 Absatz 4 Nummer 1 Buchstabe b oder c enthält.

(4) Bieter müssen bei der Erbringung der Zweitsicherheit die Zuschlagsnummer des Zuschlags, auf den sich die Zweitsicherheit bezieht, angeben.

(5) Die Zweitsicherheit muss spätestens am zehnten Werktag nach der öffentlichen Bekanntgabe des Zuschlags nach § 14 Absatz 1 und 2 geleistet sein (materielle Ausschlussfrist).

Amtliche Begründung

Um die Ausbauziele für erneuerbare Energien zu erreichen und einen planbaren Ausbau der erneuerbaren Energien sicherzustellen, muss gewährleistet werden, dass ein Großteil der ausgeschriebenen Menge tatsächlich realisiert wird. Denn mit der Ausschreibung wird durch das Ausschreibungsvolumen die Menge der jährlich installierten Leistung bereits weit vor der tatsächlichen Realisierung der Projekte begrenzt. Der Ausbau der (geförderten) Stromerzeugung aus erneuerbaren Energien kann somit nicht größer sein als das Ausschreibungsvolumen, aber die Anzahl der tatsächlich realisierten Projekte kann bei einer ungünstigen Entwicklung deutlich niedriger sein als das Ausschreibungsvolumen.

Erfahrungen aus dem Ausland haben gezeigt, dass bei vielen Ausschreibungen im Bereich der erneuerbaren Energien die Realisierungsrate sehr niedrig war (teilweise unter 40 Prozent) und daher die Ausbauziele für erneuerbare Energien deutlich verfehlt wurden. Die Gründe hierfür können vielfältig sein. Zum einen sind die Projekte, mit denen sich Bieter in der Ausschreibung bewerben, zu diesem Zeitpunkt noch nicht errichtet. Das bedeutet, dass im Laufe des Genehmigungs- und Errichtungsprozesses noch Hindernisse auftreten können, die eine Projektrealisierung unmöglich machen oder die Kosten der Projekte stark steigen und daher die Projekte unrentabel werden lassen. In diesen Fällen wird der Bieter trotz Zuschlagserteilung ein Projekt nicht realisieren wollen oder können. Das Gleiche gilt, wenn ein Bieter aus strategischen Gründen Gebote unterhalb der Projektkosten abgegeben hat, z. B. um andere Bieter aus dem Markt zu drängen. Darüber hinaus kann es auch aus anderen Gründen vorkommen, dass Bieter nicht ernsthaft vorhaben, ein Projekt zu realisieren, oder nicht über das ausreichende Know-how verfügen.

Demzufolge sind bei Ausschreibungen im Bereich der erneuerbaren Energien besondere Teilnahmebedingungen und die Strafzahlungen bei Nichtrealisierung von zentraler Bedeutung. Je strenger die Bedingungen und je höher die Strafzahlungen sind, desto höher ist in der Regel die Wahrscheinlichkeit, dass die Gebote in konkrete Projekte umgesetzt werden. Allerdings können solche Regelungen dazu führen, dass die Anzahl der Teilnehmer an der Ausschreibung reduziert wird, da für einige Bieter die Teilnahmebedingungen oder Risiken zu hoch sind. Zudem können infolge der höheren Risiken und des zusätzlichen administrativen Aufwands bei einer Ausschreibung die Förderkosten steigen. Gleichwohl sind diese Vorkehrungen notwendig, um einen Anreiz zur Realisierung zu setzen und sicherzustellen, dass nur wirklich seriös geplante Projekte an der Ausschreibung teilnehmen. Zwischen den Zielen Erreichung der Ausbauziele und Kosteneffizienz sowie der Akteursvielfalt bestehen Zielkonflikte, die austariert werden müssen, um alle Ziele möglichst gleichermaßen erreichen zu können. Die Verordnung sieht daher einen Mix aus Teilnahmevoraussetzungen und Strafzahlungen vor.

Um die Strafzahlungen nach § 30 Absatz 1 Satz 1 Nummer 2 abzusichern, sind Bieter verpflichtet, nach der Zuschlagserteilung eine Zweitsicherheit zur Absicherung der Strafzahlungen nach § 30 Absatz 1 Satz 1 Nummer 2 bei der Bundesnetzagentur zu hinterlegen.

Ohne eine entsprechende Sicherheit bestünde die Gefahr, dass sich die Bieter in die Insolvenz flüchten, um der Strafzahlung zu entgehen. Dies ist insbesondere im Bereich der Freiflächenanlagen, bei denen vielfach für die einzelnen Projekte eigene Projektgesellschaften gegründet haben, eine relevante Gefahr.

Die Drohung mit einer Strafzahlung bei Nichtrealisierung hat daher nur dann eine Wirkung, wenn diese Sanktion abgesichert wird. Die Höhe der Sicherheitsleistungen bestimmt sich nach den Absätzen 2 und 3.

Als Zweitsicherheit müssen nach Absatz 2 entsprechend der Gebotsmenge, für die ein Zuschlag erteilt worden ist, pro Kilowatt 50 Euro bei der Bundesnetzagentur hinterlegt werden. Für eine geplante Freiflächenanlage mit einer installierten Leistung von 5 MW sind demnach 250 000 Euro zu hinterlegen. Dies entspricht einem Anteil von rund 2 bis 3 Prozent der Vergütungssumme, die im Lauf der 20-jährigen Förderung von der Anlage eingenommen wird. Dieser Betrag liegt in der Größenordnung der Planungs- und Genehmigungskosten für diese Anlagen. Hierdurch soll eine ausreichend abschreckende Wirkung erzielt werden, damit die Projekte, für die Gebote abgegeben wurden, auch tatsächlich realisiert werden, ohne dass die Förderkosten zu stark steigen und nicht zu viele Akteure aufgrund dieser Hürde aus dem Markt gedrängt werden.

Die folgende Tabelle gibt einen Überblick, welchen Anteil die Zweitsicherheit an den Investitionskosten ausmacht (Schätzung):

Größe der Frei-flächenanlage	Investitions-kosten (in Mio. Euro)	Höhe der Zweit-sicherheit (in Euro)	Anteil (in %)	Halbierung (bei fort-geschrittenem Projekt-stand, in Euro)	Anteil (in %)
1 MW	rd. 1	50.000	5 %	25.000	2,5 %
5 MW	rd. 5	250.000	5 %	125.000	2,5 %
10 MW	rd. 10	500.000	5 %	250.000	2,5 %

Der prozentuale Anteil der Strafzahlung an den Investitionskosten liegt auch im Rahmen dessen, was in anderen Ländern im Rahmen von Ausschreibungsverfahren gefordert wird.

Die Höhe der Zweitsicherheit reduziert sich nach Absatz 3 auf die Hälfte, wenn der Bieter nach § 6 Absatz 4 Nummer 1 Buchstabe b oder c einen fortgeschrittenen Genehmigungsstand seines Projektes nachweist. Damit wird der Tatsache Rechnung getragen, dass Bieter, die über diese Dokumente verfügen, dieses Projekt mit einer höheren Wahrscheinlichkeit tatsächlich realisieren werden.

Bieter müssen nach Absatz 5 spätestens am zehnten Werktag nach der Bekanntgabe des Zuschlags die Zweitsicherheit bei der Bundesnetzagentur hinterlegen. Hierbei handelt es sich um eine materielle Ausschlussfrist, so dass eine Wiedereinsetzung in den vorherigen Stand gemäß § 32 Absatz 5 VwVfG ausgeschlossen ist. Dies ist erforderlich, um unverzüglich ein Nachrückverfahren einleiten zu können. Wenn die Sicherheitsleistung nicht frist- und formgemäß bei der Bundesnetzagentur hinterlegt worden ist, erlischt nach § 20 Absatz 1 Satz 1 der Zuschlag vollständig.

Der Zuschlag ist daher auflösend bedingt durch die Einzahlung der Zweitsicherheit bei der Bundesnetzagentur. Darüber hinaus muss eine Strafzahlung nach § 30 Absatz 1 Satz 1 Nummer 1 an den regelverantwortlichen Übertragungsnetzbetreiber gezahlt werden. Hierdurch wird sichergestellt, dass den Geboten eine gewisse Verbindlichkeit zukommt und man nach der Erteilung eines Zuschlags nicht ohne Nachteile den Zuschlag verfallen lassen kann. Ohne eine solche Sanktion können die Wahrscheinlichkeit der Abgabe von Geboten von Bietern, denen es an einer Motivation für die Projektrealisierung mangelt, und strategische Gebote nicht wirksam verringert werden.

§ 16 Allgemeine Bestimmungen zu den Sicherheitsleistungen

(1) Wer eine Erst- oder Zweitsicherheit leisten muss, kann dies bewirken durch

1. die unwiderrufliche, unbedingte und unbefristete Bürgschaft eines Kreditinstituts oder Kreditversicherers zugunsten des regelverantwortlichen Übertragungsnetzbetreibers und der Übergabe einer entsprechenden schriftlichen Bürgschaftserklärung an die Bundesnetzagentur oder
2. die Zahlung eines Geldbetrags auf ein nach Absatz 5 eingerichtetes Verwahrkonto der Bundesnetzagentur.

(2) ¹Die Bürgschaftserklärung ist schriftlich in deutscher Sprache unter Verzicht auf die Einrede der Vorausklage nach § 771 des Bürgerlichen Gesetzbuchs und unter Verzicht auf die Einreden der Aufrechenbarkeit und Anfechtbarkeit nach § 770 des Bürgerlichen Gesetzbuchs einzureichen und muss nach Vorgabe der Bundesnetzagentur nach § 34 Absatz 1 ausgestellt sein. ²Der Bürge muss in der Europäischen Union oder in einem Staat der Vertragsparteien des Abkommens über den Europäischen Wirtschaftsraum als Kreditinstitut oder als Kreditversicherer zugelassen sein. ³Die Bundesnetzagentur kann im Einzelfall bei begründeten Bedenken gegen die Tauglichkeit des Bürgen vom Bieter verlangen, die Tauglichkeit des Bürgen nachzuweisen. ⁴Für den Nachweis der Tauglichkeit im Einzelfall ist der Maßstab des § 239 Absatz 1 des Bürgerlichen Gesetzbuchs heranzuziehen.

(3) Wer eine Zweitsicherheit geleistet hat, ist berechtigt, den gezahlten Geldbetrag gegen eine entsprechende geeignete Bürgschaft und eine geleistete Bürgschaft gegen einen entsprechenden Geldbetrag umzutauschen.

(4) Die Bundesnetzagentur muss unverzüglich

1. die Erstsicherheit zurückgeben, wenn der Bieter
   a) sein Gebot nach § 6 Absatz 5 Satz 2 und 3 zurückgenommen hat,
   b) für sein Gebot keinen Zuschlag nach § 12 erhalten hat,
   c) für sein Gebot einen Zuschlag nach § 12 erhalten hat und die Zweitsicherheit innerhalb der Frist nach § 15 Absatz 5 geleistet hat oder
   d) für sein Gebot die Forderung nach § 30 Absatz 1 Satz 1 Nummer 1 erfüllt hat,
2. die Zweitsicherheit zurückgeben, soweit
   a) der Netzbetreiber nach § 28 Absatz 4 die Angaben nach § 21 Absatz 2 Nummer 2 bis 5 bestätigt hat,
   b) nicht mehr als 5 Prozent der Gebotsmenge des bezuschlagten Gebots nach § 18 Satz 2, § 19 Satz 2 oder § 20 Absatz 2 Satz 2 entwertet worden sind oder
   c) der Bieter die Forderung nach § 30 Absatz 1 Satz 1 Nummer 2 erfüllt hat.

(5) Die Bundesnetzagentur richtet zur Verwahrung der Sicherheitsleistungen nach dieser Verordnung ein Verwahrkonto ein und ist berechtigt, die Erst- und Zweitsicherheiten als Sicherheit einzubehalten, bis die Voraussetzungen für die Rückgabe oder zur Befriedigung der Übertragungsnetzbetreiber vorliegen; die Sicherheitsleistungen werden nicht verzinst.

Amtliche Begründung

§ 16 regelt allgemeine Bestimmungen, die sowohl für die Erstsicherheit nach § 7 als auch für die Zweitsicherheit nach § 15 gelten.

Absatz 1 regelt, in welcher Form die Sicherheitsleistungen bewirkt werden können; diese Bestimmungen sind an die Regelungen in der ZPO und im BGB angelehnt, es handelt sich jedoch um ein Sicherungsmittel eigener Art für die Zwecke der Freiflächenausschreibung. Die Bieter haben die Möglichkeit, Geld auf ein Verwahrkonto der Bundesnetzagentur einzuzahlen oder eine Bürgschaft zugunsten des Übertragungsnetzbetreibers, in dessen Regelzone der im Gebot nach § 6 Absatz 3 Nummer 5 angegebene Standort der geplanten Freiflächenanlage liegt, zu stellen und die entsprechende Bürgschaftserklärung bei der Bundesnetzagentur zu hinterlegen.

Absatz 2 legt bestimmte Anforderungen an die Bürgschaft fest.

Absatz 3 ermöglicht es den Bietern, ihre Sicherheitsleistungen auch nach der Einreichung der Sicherheiten umzutauschen, also das geleistete Geld gegen eine entsprechende Bürgschaft oder eine Bürgschaft gegen Geld zu tauschen.

Absatz 4 regelt die Fälle, in denen die Bundesnetzagentur verpflichtet ist, die hinterlegten Sicherheitsleistungen ganz oder teilweise zurückzugeben. Dies ist bei der Erstsicherheit der Fall, wenn das Gebot nach § 6 Absatz 5 vor dem Gebotstermin wirksam zurückgenommen worden ist, wenn der Bieter für sein Gebot einen Zuschlag erhalten hat und die Zweitsicherheit fristgerecht nach § 15 Absatz 5 bei der Bundesnetzagentur hinterlegt hat oder wenn er die abgesicherte Forderung nach § 30 erfüllt hat. Bei der Zweitsicherheit muss die Bundesnetzagentur die Sicherheitsleistung zurückgeben, wenn der Netzbetreiber der Bundesnetzagentur mitgeteilt hat, dass die Angaben des Bieters nach § 21 Absatz 2 Nummer 2 bis 5 zur Freiflächenanlage zutreffend sind oder der Bieter die Forderung nach § 30 erfüllt hat. Die Rückgabe durch die Bundesnetzagentur erfolgt unverzüglich, sobald der Rückgabegrund vorliegt.

Absatz 5 sieht vor, dass die Bundesnetzagentur ein eigenes Verwahrkonto für die Sicherheitsleistungen nach § 7 und § 15 einrichtet, auf das die Bieter ihre Sicherheitsleistungen hinterlegen können, und dass die Bundesnetzagentur berechtigt ist, diese Sicherheitsleistungen einzubehalten bis die Voraussetzungen für die Inanspruchnahme oder Rückgabe der Sicherheitsleistungen vorliegen. Die auf diesen Konten eingezahlten Beträge werden nicht verzinst. Sie verbleiben aber nicht bei der Bundesnetzagentur, sondern werden entweder an die Bieter zurückgezahlt oder die Übertragungsnetzbetreiber können sich aus dem verwahrten Geld befriedigen.

§ 17 Verbot des Handels mit Zuschlägen

[1]Die rechtsgeschäftliche Übertragung von Zuschlägen vom Bieter auf Dritte ist unwirksam. [2]Die rechtsgeschäftliche Übertragung einer Freiflächenanlage einschließlich ihres Förderanspruchs nach der Ausstellung einer Förderberechtigung für die Freiflächenanlage bleibt unberührt.

Amtliche Begründung

§ 17 regelt, dass die Übertragung von Zuschlägen oder bezuschlagten Gebotsmengen nicht möglich ist. Die Zuschläge sind damit keine Zertifikate und können nicht frei gehandelt werden. Ziel dieses Ausschlusses ist, dass nur Gebote von Bietern einen Zuschlag erhalten sollen, die tatsächlich konkrete Projekte entwickeln wollen. Eine Spekulation mit Zuschlägen von Bietern ohne Realisierungsabsicht soll verhindert werden, da dies negative Auswirkungen auf die Realisierungsrate und die gebotene Förderhöhe haben kann. Ferner ist es ein Ziel, dass hier kein eigenständig handelbares Gut geschaffen wird.

Allerdings kann der Bieter, dessen Gebot einen Zuschlag erhalten hat, frei entscheiden, für welche seiner Freiflächenanlagen er den Zuschlag verwenden möchte. Er muss jedoch auch im Zeitpunkt der Ausstellung der Förderberechtigung der Anlagenbetreiber der entsprechenden Freiflächenanlage sein, für die die Förderberechtigung ausgestellt wird. Auch hierdurch wird eine freie Handelbarkeit von Zuschlägen und Förderberechtigungen ausgeschlossen.

Anders als vielfach bislang üblich, kann eine förderberechtigte Freiflächenanlage künftig erst nach der Inbetriebnahme und Ausstellung einer Förderberechtigung weiterveräußert werden. Dies bedeutet, dass nach der verbindlichen Zuordnung der Förderberechtigung zu einer Freiflächenanlage sowohl die Freiflächenanlage als auch die Gesellschaft, die vorher Inhaber der Förderberechtigung war und Betreiber der Freiflächenanlage war, nach der Zuordnung verkauft werden kann. Nach der verbindlichen Zuordnung der Förderberechtigung zu einer Freiflächenanlage bestehen somit keine rechtlichen Restriktionen für die Übertragung.

§ 18 Rückgabe von Zuschlägen

[1]Bieter dürfen Zuschläge ganz oder teilweise durch eine unbedingte und der Schriftform genügende Rückgabeerklärung gegenüber der Bundesnetzagentur zurückgeben. [2]Die Bundesnetzagentur muss die mit dem Zuschlag nach § 12 Absatz 5 registrierte Gebotsmenge in dem zurückgegebenen Umfang entwerten.

Amtliche Begründung

Nach § 18 kann der Bieter jederzeit die Gebotsmenge eines bezuschlagten Gebots teilweise oder vollständig zurückgeben. Erfolgt die Rückgabe innerhalb der ersten neun Kalendermonate, sinkt die Höhe der Strafzahlungen nach § 30 Absatz 1 Satz 1 Nummer 2 auf die Hälfte. Hierdurch wird ein Anreiz zu einer frühzeitigen Rückgabe geschaffen, wenn für den Bieter abzusehen ist, dass er das Projekt nicht mehr realisieren kann.

§ 19 Rücknahme von Zuschlägen

[1]Die Bundesnetzagentur kann Zuschläge, auch nachdem sie unanfechtbar geworden sind, ganz oder teilweise mit Wirkung für die Zukunft oder für die Vergangenheit unter den Voraussetzungen des § 48 Absatz 1, 2 und 4 des Verwaltungsverfahrensgesetzes zurücknehmen. [2]Die Bundesnetzagentur muss die mit dem Zuschlag nach § 12 Absatz 5 registrierte Gebotsmenge in dem zurückgenommenen Umfang entwerten.

Amtliche Begründung

§ 19 ermächtigt die Bundesnetzagentur, Zuschläge unter den Voraussetzungen des § 48 Absatz 1, 2 und 4 des Verwaltungsverfahrensgesetzes zurückzunehmen. Hierbei handelt es sich um einen Rechtsgrundverweis.

Die Rücknahme von Zuschlägen steht dabei im Ermessen der Bundesnetzagentur. Bei der Ermessensentscheidung wird aufgrund der erheblichen Folgen für die betroffenen Bieter eine umfangreiche Abwägung aller Umstände vorzunehmen sein. Als Grundlage für die Entscheidung werden vergangene Tatsachen, d.h. Verhaltensweisen, die in der Vergangenheit erfolgt sind, heranzuziehen sein, wobei diese zeitlich nicht weit zurückliegen dürfen und einen Bezug zur Ausschreibung haben müssen. Im Einzelnen müssen dabei die Schwere des Verstoßes sowie dessen Auswirkungen für das Ausschreibungsergebnis berücksichtigt werden.

§ 20 Erlöschen von Zuschlägen

(1) ¹Der Zuschlag erlischt, wenn der Bieter die Zweitsicherheit nicht innerhalb der Frist nach § 15 Absatz 5 vollständig geleistet hat. ²Die Bundesnetzagentur muss die mit dem Zuschlag nach § 12 Absatz 5 registrierte Gebotsmenge entwerten.

(2) ¹Bieter müssen die Ausstellung von Förderberechtigungen für die gesamte Gebotsmenge des bezuschlagten Gebots spätestens zwei Jahre nach der öffentlichen Bekanntgabe des Zuschlags nach § 14 Absatz 1 und 2 (materielle Ausschlussfrist) beantragt haben. ²Die Bundesnetzagentur muss die nach § 12 Absatz 5 registrierte Gebotsmenge entwerten, soweit innerhalb der Frist nach Satz 1 kein Antrag auf Ausstellung einer Förderberechtigung gestellt oder soweit ein gestellter Antrag abgelehnt worden ist.

Amtliche Begründung

In § 20 ist geregelt, unter welchen Umständen ein Zuschlag erlischt.

Ein Zuschlag erlischt nach Absatz 1, wenn nicht innerhalb von zehn Werktagen nach der Bekanntgabe des Zuschlags nach § 14 Absatz 1 Satz 2 die Zweitsicherheit geleistet worden ist. Der Zuschlag ist auflösend bedingt durch die Einzahlung der Zweitsicherheit bei der Bundesnetzagentur. Darüber hinaus muss eine Strafzahlung nach § 30 Absatz 1 Satz 1 Nummer 1 an die Übertragungsnetzbetreiber gezahlt werden. Hierdurch wird sichergestellt, dass den Geboten eine gewisse Verbindlichkeit zukommt und man nach der Erteilung eines Zuschlags nicht ohne Nachteile den Zuschlag verfallen lassen kann. Ohne eine solche Sanktion können Gebote von Bietern, denen es an einer Motivation für die Projektrealisierung mangelt, sowie strategische Gebote nicht wirksam verhindert werden. § 30 Absatz 4 sieht darüber hinaus vor, dass die Übertragungsnetzbetreiber sich aus den bei der Bundesnetzagentur hinterlegten Sicherheitsleistungen befriedigen dürfen. Dies ist dann der Fall, wenn der Bieter die Zweitsicherheit nicht fristgerecht bei der Bundesnetzagentur eingereicht hat und nicht innerhalb von einem Monat nach Ablauf der Frist des § 15 Absatz 5 die Forderung des Übertragungsnetzbetreibers vom Bieter erfüllt worden ist.

Absatz 2 legt eine Frist zur Ausstellung der Förderberechtigung fest. Beantragt der Bieter nicht innerhalb von 24 Kalendermonaten nach der Bekanntgabe des Zuschlags nach § 14 Absatz 1 Satz 2 die Ausstellung der aufgrund der Zuschlagserteilung registrierten Gebotsmenge, wird die noch verbleibende Gebotsmenge von der Bundesnetzagentur entwertet. Voraussetzung zur Wahrung der Frist ist nicht nur die Stellung eines Antrags, sondern auch dessen erfolgreiche Bescheidung; die Ausstellung darf auch nicht später zurückgenommen worden sein. Wenn die Ausstellung später zurückgenommen worden ist, gilt der Antrag nicht als wirksam gestellt, so dass die Frist durch den Antrag nicht gewahrt worden ist.

Hierdurch soll sichergestellt werden, dass die Freiflächenanlagen spätestens 24 Monate nach dem Zuschlag realisiert werden. Wenn der Bieter nicht innerhalb dieser Zeit die Ausstellung der Förderberechtigungen für eine Freiflächenanlage beantragt, wird die nicht zugeteilte Gebotsmenge entwertet und der Bieter muss nach § 30 eine Strafe zahlen. Ziel dieser Regelung ist es, den Druck auf die Realisierung der geplanten Projekte zu erhöhen, um der bei vielen Ausschreibungen im Ausland festgestellten niedrigen Realisierungsrate bei Ausschreibungen entgegenzuwirken.

Teil 3
Voraussetzungen für die Förderung von Freiflächenanlagen

§ 21 Antrag auf Ausstellung von Förderberechtigungen

(1) [1]Die Bundesnetzagentur muss auf Antrag eines Bieters eine Förderberechtigung für eine Freiflächenanlage ausstellen und die Höhe des anzulegenden Werts nach Maßgabe der §§ 26 und 27 für Strom aus dieser Freiflächenanlage bestimmen. [2]Bieter dürfen beantragen, dass die Gebotsmenge eines bezuschlagten Gebots ganz oder teilweise einer Freiflächenanlage oder mehreren Freiflächenanlagen zugeteilt wird.

(2) Der Antrag nach Absatz 1 muss die folgenden Angaben enthalten:

1. Name, Anschrift, Telefonnummer und E-Mail-Adresse des Bieters,
2. die installierte Leistung der Freiflächenanlage, für die die Förderberechtigung ausgestellt werden soll, und bei einem Antrag nach § 23 die installierte Leistung der Anlagenerweiterung,
3. den Standort der Freiflächenanlage
   a) mit Bundesland, Landkreis, Gemeinde und Flurstücken und
   b) mit Angaben zur Art der Fläche, insbesondere ob die Anforderungen nach § 22 Absatz 1 Nummer 2 erfüllt sind,
4. das Datum der Inbetriebnahme der Freiflächenanlage,
5. den jeweiligen Umfang der Gebotsmenge pro bezuschlagtem Gebot, der der Freiflächenanlage zugeteilt werden soll, einschließlich der jeweils für die Gebote registrierten Zuschlagsnummern,
6. die Angaben des Bieters, ob
   a) er der Betreiber der Freiflächenanlage ist,
   b) für Strom, der in der Freiflächenanlage oder in Teilen der Freiflächenanlage erzeugt worden ist, eine finanzielle Förderung nach dem Erneuerbare-Energien-Gesetz in Anspruch genommen worden ist,
   c) bei der Errichtung der Freiflächenanlage Bauteile eingesetzt wurden, die unter Verstoß gegen Durchführungsvorschriften und Entscheidungen zur Verordnung (EG) Nr. 1225/2009 des Rates vom 30. November 2009 über den Schutz gegen gedumpte Einfuhren aus nicht zur Europäischen Gemeinschaft gehörenden Ländern (ABl. L 343 vom 22.12.2009, S. 51) oder gegen Durchführungsvorschriften und Entscheidungen zur Verordnung (EG) Nr. 597/2009 des Rates vom 11. Juni 2009 über den Schutz gegen subventionierte Einfuhren aus nicht zur Europäischen Gemeinschaft

gehörenden Ländern (ABl. L 188 vom 18.7.2009, S. 93) eingeführt worden sind, und

7. die Angaben nach § 3 Absatz 2 Nummer 6, 7 und 13 bis 16 der Anlagenregisterverordnung.

Amtliche Begründung

Voraussetzung für die finanzielle Förderung einer Freiflächenanlage nach dem Erneuerbare-Energien-Gesetz ist künftig die Ausstellung einer Förderberechtigung für die entsprechende Freiflächenanlage.

Nach § 21 stellt die Bundesnetzagentur auf Antrag eines Bieters eine Förderberechtigung für eine Freiflächenanlage des Bieters aus und bestimmt die Höhe der finanziellen Förderung nach den §§ 26 und 27. Mit dem Antrag wird der Freiflächenanlage ein Zuschlag ganz oder teilweise zugeordnet. Der Bieter gibt an, welche Gebotsmenge eines Gebots, das einen Zuschlag erhalten hat, der Freiflächenanlage zugeteilt werden soll. Die Voraussetzungen für die Ausstellungen sind in den §§ 22 und 23 festgelegt.

Der Antrag des Bieters muss die Angaben nach Absatz 2 enthalten, damit die Bundesnetzagentur die notwendigen Daten für die Ausstellung erhält. So muss der Bieter die installierte Leistung, den Standort, das Datum der Inbetriebnahme der Freiflächenanlage und die Art der Fläche, auf die die Freiflächenanlage errichtet worden ist, und den Namen des Netzbetreibers sowie die Bezeichnung des Netzverknüpfungspunktes mitteilen. Zudem muss der Bieter die genaue Gebotsmenge jedes bezuschlagten Gebots in seinem Antrag benennen, die der Freiflächenanlage zugeteilt werden soll und die Basis für die Berechnung der Förderhöhe bildet. Darüber hinaus bestätigt er, dass beim Import der Module in die Europäische Union geltende Durchführungsvorschriften und Entscheidungen des Europäischen Rates über den Schutz gegen gedumpte Einfuhren oder subventionierte Einfuhren beachtet wurden.

Anhand dieser Informationen kann die Bundesnetzagentur dann nach den §§ 26 und 27 den anzulegenden Wert, der die Grundlage für die Berechnung der Höhe der finanziellen Förderung für Strom aus der Freiflächenanlage nach § 23 EEG 2014 darstellt, bestimmen.

§ 22 Ausstellung von Förderberechtigungen

(1) Die Förderberechtigung für eine Freiflächenanlage darf nur ausgestellt werden, wenn

1. die Freiflächenanlage vor der Antragstellung in Betrieb genommen worden ist und der Bieter bei der Antragstellung Anlagenbetreiber ist,
2. die Freiflächenanlage
   a) im Bereich eines beschlossenen Bebauungsplans nach § 30 des Baugesetzbuchs errichtet worden ist, der zumindest auch mit dem Zweck aufgestellt oder geändert worden ist, eine Freiflächenanlage zu errichten,
   b) sich auf einer Fläche befindet,
      aa) die zum Zeitpunkt des Beschlusses über die Aufstellung oder Änderung des Bebauungsplans bereits versiegelt war,
      bb) die zum Zeitpunkt des Beschlusses über die Aufstellung oder Änderung des Bebauungsplans eine Konversionsfläche aus wirtschaftlicher, verkehrlicher, wohnungsbaulicher oder militärischer Nutzung war,

cc) die zum Zeitpunkt des Beschlusses über die Aufstellung oder Änderung des Bebauungsplans längs von Autobahnen und Schienenwegen lag, wenn die Freiflächenanlage in einer Entfernung bis zu 110 Meter, gemessen vom äußeren Rand der befestigten Fahrbahn, errichtet worden ist,

dd) die im Eigentum des Bundes oder der Bundesanstalt für Immobilienaufgaben stand oder steht und zum Zeitpunkt des Beschlusses über die Aufstellung oder Änderung des Bebauungsplans von der Bundesanstalt für Immobilienaufgaben verwaltet worden ist oder

ee) deren Flurstücke zum Zeitpunkt des Beschlusses über die Aufstellung oder Änderung des Bebauungsplans als Ackerland genutzt worden sind und in einem benachteiligten Gebiet lagen und die nicht unter eine der in Doppelbuchstabe aa bis dd genannten Flächen fällt und

c) sich nicht auf einer Fläche befindet, die zum Zeitpunkt des Beschlusses über die Aufstellung oder Änderung des Bebauungsplans rechtsverbindlich als Naturschutzgebiet im Sinne des § 23 des Bundesnaturschutzgesetzes oder als Nationalpark im Sinne des § 24 des Bundesnaturschutzgesetzes festgesetzt worden ist,

3. für den Bieter eine entsprechende Gebotsmenge bezuschlagter Gebote bei der Bundesnetzagentur registriert und nicht von der Bundesnetzagentur entwertet worden ist; hierbei dürfen nur die folgenden Gebotsmengen zugeteilt werden:

a) die Gebotsmenge eines bezuschlagten Gebots, das für einen Gebotstermin im Kalenderjahr 2015 abgegeben worden ist, darf nur Freiflächenanlagen zugeteilt werden, die sich auf einer Fläche nach Nummer 2 Buchstabe b Doppelbuchstabe aa bis cc befinden,

b) die Gebotsmenge eines bezuschlagten Gebots, das für einen Gebotstermin im Kalenderjahr 2016 oder 2017 abgegeben worden ist und bei dem als Fläche für die geplante Freiflächenanlage eine Fläche nach § 6 Absatz 3 Nummer 6 Buchstabe a bis d angegeben worden ist, darf nur Freiflächenanlagen zugeteilt werden, die sich auf einer Fläche nach Nummer 2 Buchstabe b Doppelbuchstabe aa bis dd befinden, und

c) die Gebotsmenge eines bezuschlagten Gebots, bei dem als Fläche für die geplante Freiflächenanlage eine Fläche nach § 6 Absatz 3 Nummer 6 Buchstabe e angegeben worden ist, darf nur Freiflächenanlagen zugeteilt werden, die sich auf einer Fläche nach Nummer 2 Buchstabe b befinden,

4. die für die Freiflächenanlage zuzuteilenden Gebotsmengen

a) die installierte Leistung der Freiflächenanlage nicht überschreiten und

b) 10 Megawatt nicht überschreiten,

5. die Ausgleichs- oder Ersatzmaßnahme im Sinne des § 15 Absatz 2 des Bundesnaturschutzgesetzes für die Errichtung einer Freiflächenanlage auf einer Fläche nach Nummer 2 Buchstabe b Doppelbuchstabe ee innerhalb des durch den Bebauungsplan nach Nummer 2 Buchstabe a beplanten Gebiets liegt; dies gilt nicht, wenn die Aufstellung oder Änderung des Bebauungsplans nach Nummer 2 Buchstabe a vor dem 28. Januar 2015 beschlossen worden ist,

6. für den Strom aus der Freiflächenanlage keine finanzielle Förderung nach dem Erneuerbare-Energien-Gesetz in Anspruch genommen worden ist und

7. die Zweitsicherheit bei der Bundesnetzagentur innerhalb der Frist nach § 15 Absatz 5 geleistet worden ist.

(2) Die Förderberechtigung nach Absatz 1 muss die Angaben nach § 21 Absatz 2 und die Höhe des nach § 26 bestimmten anzulegenden Werts enthalten.

(3) Die Bundesnetzagentur muss dem Netzbetreiber, in dessen Netz der in der Freiflächenanlage erzeugte Strom eingespeist oder mittels kaufmännisch-bilanzieller Weitergabe angeboten werden soll, die Ausstellung der Förderberechtigung einschließlich der Angaben nach § 21 Absatz 2 und der Höhe des nach § 26 bestimmten anzulegenden Werts unverzüglich nach der Ausstellung der Förderberechtigung mitteilen.

(4) ¹Die ausgestellte Förderberechtigung ist der Freiflächenanlage verbindlich und dauerhaft zugeordnet. ²Nachträgliche Änderungen der Zuordnung durch den Bieter sind ausgeschlossen.

(5) Die Bundesnetzagentur kann die Ausstellung der Förderberechtigung mit einer Auflage verbinden, sofern die Bundesnetzagentur nach § 35 Nummer 15 eine entsprechende Festlegung getroffen hat.

Amtliche Begründung

§ 22 regelt die Voraussetzungen, unter denen die Bundesnetzagentur auf Antrag des Bieters nach § 21 eine Förderberechtigung ausstellen darf. Eine solche Förderberechtigung ist künftig die Voraussetzung für die finanzielle Förderung von Strom aus Freiflächenanlagen nach § 19 EEG 2014. Der Bieter muss der Bundesnetzagentur glaubhaft machen, dass die Ausstellungsvoraussetzungen vorliegen. Einer intensiven Prüfung des Vorliegens der Voraussetzungen der Förderberechtigung bedarf es nicht, da den Netzbetreiber deren endgültige Prüfung gemäß § 28 Absatz 3 obliegt. Eine summarische behördliche Kontrolle der Gegebenheiten ist mithin ausreichend.

Nach Absatz 1 Nummer 1 ist Voraussetzung für die Ausstellung der Förderberechtigung, dass die Freiflächenanlage vor der Antragstellung in Betrieb genommen worden ist und der Bieter bei der Antragstellung zugleich Anlagenbetreiber der Freiflächenanlage ist, der die Gebotsmenge zugeteilt werden soll.

Nach Absatz 1 Nummer 2 muss die Freiflächenanlage im Bereich eines beschlossenen Bebauungsplans nach § 30 BauGB errichtet worden sein, der zumindest auch mit dem Zweck aufgestellt oder geändert worden ist, eine Freiflächenanlage zu errichten. Hierdurch wird sichergestellt, dass es weiterhin in der Planungshoheit der örtlichen Gemeinden liegt, ob eine Freiflächenanlage errichtet werden soll. Daneben legt Absatz 1 Nummer 2 bestimmte Flächenkriterien für die förderfähigen Freiflächenanlagen fest. Grundsätzlich dürfen Freiflächenanlagen nur dann gefördert werden, wenn sie sich auf einer der in Absatz 1 Nummer 2 Buchstabe b genannten Flächen befinden und nicht der Ausschlussgrund des Absatz 1 Nummer 2 Buchstabe c vorliegt.

Nach Absatz 1 Nummer 3 muss darüber hinaus die vom Bieter im Antrag angegebene Gebotsmenge des bezuschlagten Gebots bei der Bundesnetzagentur registriert und nicht entwertet worden sein. Mit den im Antrag nach § 21 Absatz 2 Nummer 5 anzugebenen Gebotsmengen erhält der Bieter die Flexibilität zu entscheiden, wie hoch die Gebotsmenge ist, die der Freiflächenanlage zugeteilt werden soll. Er kann die Gebotsmengen von unterschiedlichen bezuschlagten Geboten einer Freiflächenanlage zuteilen oder die Gebotsmenge eines bezuschlagten Gebots auf mehrere Freiflächenanlagen verteilen. Er muss bei der Antragstellung nach § 21 Absatz 2 Nummer 5 aber genau angeben, wie hoch die Gebotsmenge ist, die er der Freiflächenanlage zuteilen will und aus welchem bezuschlagten Gebot die jeweilige Gebotsmenge stammen soll. Die Regelungen reduzieren aufgrund der Flexibilität die mit der Ausschreibung verbundenen zusätzlichen Risiken der Bieter.

Um den unterschiedlichen Nutzungsinteressen, insbesondere der Landwirtschaft und des Naturschutzes, gerecht zu werden, sehen Absatz 1 Nummer 2 und Nummer 3 vor, dass die Zuteilung der Gebotsmengen nur für Freiflächenanlagen auf bestimmten Flächen zulässig ist. Wird eine Freiflächenanlage auf einer Fläche errichtet, die nicht in § 22 Absatz 1 Nummer 2 aufgeführt worden ist, ist die Freiflächenanlage nicht förderfähig. Ihr können keine Gebotsmengen zugeteilt werden. Darüber hinaus können Gebote, die im Jahr 2015 einen Zuschlag erhalten haben, nur einer Freiflächenanlage auf Konversionsflächen, auf versiegelten Flächen oder an Seitenrandstreifen von 110 Metern an Autobahnen oder Schienenwegen zugeteilt werden. Damit bleibt die bisherige Flächenkulisse für Freiflächenanlagen des EEG 2014 zunächst weitgehend unverändert für alle Zuschläge, die im Jahr 2015 erteilt werden. Für Zuschläge, die nach 2015 erteilt werden, gilt eine neue Flächenkulisse. Die Gebote, die zum Gebotstermin am 1. April 2016 oder zu einem späteren Gebotstermin abgegeben werden und einen Zuschlag erhalten haben, können nur Freiflächenanlagen auf Konversionsflächen, auf versiegelten Flächen, an Seitenrandstreifen von 110 Metern an Autobahnen und Schienenwegen, auf geeigneten Flächen der Bundesanstalt für Immobilienaufgaben oder auf Ackerflächen in benachteiligten Gebieten zugeteilt werden. Damit wird die Flächenkulisse des EEG 2014 ab 2016 maßvoll erweitert (siehe näher hierzu die Begründung im Allgemeinen Teil). Bei Flächen der Bundesanstalt für Immobilienaufgaben handelt es sich um Flächen, die im Eigentum des Bundes oder der Bundesanstalt für Immobilienaufgaben standen oder stehen und im Zeitpunkt der Aufstellung des Bebauungsplans von der Bundesanstalt für Immobilienaufgaben verwaltet wurden. Bei der Bereitstellung dieser Flächen für die Nutzung zur Stromerzeugung aus Freiflächenanlagen soll die Bundesanstalt für Immobilienaufgaben die Interessen des Naturschutzes und der Landwirtschaft berücksichtigen. Hierzu wird sie das Bundesministerium für Umwelt, Naturschutz, Bau und Reaktorsicherheit sowie das Bundesministerium für Ernährung und Landwirtschaft konsultieren. Ausgenommen von der finanziellen Förderung von Freiflächenanlagen bleiben nach Absatz 1 Nummer 2 Buchstabe c generell Flächen, die in Naturschutzgebieten oder in Nationalparks liegen.

Beantragt der Bieter entgegen dieser Vorgaben die Zuteilung der Gebotsmenge zu einer Freiflächenanlage auf einer anderen Fläche, wird die Förderberechtigung nicht ausgestellt und der Antrag abgelehnt. Hierdurch wird die Flächenkulisse in einem begrenzten Umfang geöffnet, um dauerhaft ausreichend Wettbewerb auf dem Freiflächenmarkt zu haben. Zugleich werden aber die Interessen der Landwirtschaft und des Umweltschutzes angemessen berücksichtigt.

Dabei muss auch berücksichtigt werden, dass die durch Photovoltaik-Freiflächenanlagen genutzten Flächen nicht dauerhaft der Landwirtschaft entzogen werden, da die Nutzungs- und Lebensdauer von Photovoltaik-Freiflächenanlagen begrenzt ist. Angesichts der Auswirkungen von Photovoltaik-Freiflächenanlagen auf Natur und Landschaft können die Kommunen bauplanungsrechtliche Rückbauverpflichtungen vorsehen (z. B. in begleitenden städtebaulichen Verträgen) und durch Sicherheitsleistung absichern. Dies kann auch Fälle umfassen, in denen eine Photovoltaik-Freiflächenanlage teilweise oder ganz errichtet wird, aber auf Grund eines vorzeitigen Abbruchs des Projekts nicht in Betrieb geht.

Darüber hinaus darf nach Absatz 1 Nummer 4 Buchstabe a die zugeteilte Gebotsmenge insgesamt die installierte Leistung der Freiflächenanlage nicht überschreiten. Maximal kann daher z. B. für eine Freiflächenanlage mit einer installierten Leistung von 5 MW eine Gebotsmenge von 5 MW zugeteilt werden. Der Bieter kann aber auch eine niedrigere Gebotsmenge der Freiflächenanlage zuteilen. In diesem Fall ist der Anspruch auf finanzielle Förderung allerdings nur auf den förderfähigen Anteil der eingespeisten Strommenge begrenzt. Der nicht geförderte Anteil kann dann im Rahmen der anteiligen Direktvermarktung als ungeförderter Strom nach § 20 Absatz 1 Nummer 2 EEG 2014 (sog. sonstige Direktvermarktung) vermarktet werden.

Durch Absatz 1 Nummer 4 Buchstabe b wird zudem eine Größenbegrenzung für geförderte Freiflächenanlagen festgelegt. Wie bisher auch in den §§ 19 und 51 EEG 2014 können Freiflächenanlagen nur bis zu einer installierten Leistung von 10 MW eine finanzielle Förderung erhalten. Wenn die Freiflächenanlage größer als 10 MW ist, erhält sie, wie bisher auch, für die darüber hinausgehende installierte Leistung keine finanzielle Förderung. Durch die Begrenzung der zuteilfähigen Gebotsmenge auf 10 MW ergibt sich eine entsprechende Begrenzung der förderfähigen Größe der Freiflächenanlage. Ziel dieser Größenbegrenzung ist es, eine räumliche Ballung von Freiflächenanlagen zu verhindern und durch die neu geregelte Anlagenzusammenfassung auch den Interessen der Landwirtschaft und des Umweltschutzes zu entsprechen. Diese Regelung ist im Zusammenhang mit § 2 Nummer 5 zu sehen. Durch § 2 Nummer 5 wurden die Regelungen zur Anlagenzusammenfassung verschärft. Bisher sah § 32 Absatz 2 EEG 2014 vor, dass alle Anlagen im Umkreis von zwei Kilometern innerhalb einer Gemeinde zu einer Anlage zusammengefasst wurden, soweit sie innerhalb von 24 Monaten in Betrieb genommen worden sind. Diese Regelung zur Anlagenzusammenfassung wird durch § 2 Nummer 5 verschärft. Hiernach werden alle Anlagen im Umkreis von vier Kilometern, soweit sie innerhalb von 24 Monaten in Betrieb gehen, zu einer Anlage zusammengefasst. Zusammen mit der Größenbegrenzung auf 10 MW führt diese Regelung dazu, dass eine Ballung von Freiflächenanlagen in bestimmten Regionen und Gemeinden verhindert wird.

Durch Absatz 1 Nummer 5 wird geregelt, dass Freiflächenanlagen auf Ackerflächen in benachteiligten Gebieten eine finanzielle Förderung erhalten können, wenn der naturschutzfachliche Ausgleich nach dem Bundesnaturschutzgesetz innerhalb der Flächen des Bebauungsplans erfolgt. Ausgenommen von dieser Regelung sind Freiflächenanlagen, deren Bebauungsplan vor dem Beschluss dieser Verordnung aufgestellt oder geändert worden ist. Diese Regelung ist eine reine Fördervoraussetzung und führt nicht zu einer Änderung der fachrechtlichen Regelungen im Naturschutzrecht. Diese bleiben hiervon unberührt. Die Regelung stellt auch kein Präjudiz für künftige Regelungsvorhaben dar.

Für die in Betrieb genommene Freiflächenanlage darf nach Absatz 1 Nummer 6 auch vorher noch keine finanzielle Förderung nach dem Erneuerbare-Energien-Gesetz ausgezahlt worden sein. Ausgenommen ist lediglich der Fall der Erweiterung einer Freiflächenanlage. In diesem Fall können unter den Voraussetzungen des § 23 auch nachträglich für eine Freiflächenanlage Förderberechtigungen ausgestellt werden. Ziel dieser Regelung ist es, die Einheitlichkeit der Gebote sicherzustellen: Alle Gebote beziehen sich auf Anlagen, die neu errichtet werden und erstmals eine finanzielle Förderung nach dem EEG in Anspruch nehmen.

Nach Absatz 1 Nummer 7 setzt die Ausstellung der Förderberechtigung weiterhin die fristgemäße Leistung der Zweitsicherheit nach § 15 voraus, wobei die Regelung wegen des Erlöschens des Zuschlags nach § 20 Absatz 1 im Fall des Fristversäumnisses lediglich der Klarstellung dient. Ebenfalls Voraussetzung für die Ausstellung der Förderberechtigung ist die Zahlung der Gebühr nach Nummer 2 der Anlage der Freiflächenausschreibungsgebührenverordnung. Erst nach der Zahlung der Gebühr darf die Bundesnetzagentur die beantragte Förderberechtigung ausstellen.

Die Ausstellung der Förderberechtigung wird nach Absatz 2 dem Anlagenbetreiber gegenüber bekannt gegeben. In diesem Verwaltungsakt wird die Höhe des anzulegenden Werts, den die Bundesnetzagentur nach den §§ 26 oder 27 bestimmt hat, bekannt gegeben.

Nach der Ausstellung der Förderberechtigung übermittelt die Bundesnetzagentur nach Absatz 3 dem im Antrag angegebenen Netzbetreiber die Angaben des Bieters nach § 21 Absatz 2 und die nach den §§ 26 oder 27 ermittelte Höhe des anzulegenden Werts für die finanzielle Förderung der Freiflächenanlage.

Absatz 4 legt fest, dass die Förderberechtigungen nach ihrer Ausstellung der Freiflächenanlage verbindlich zugeordnet werden. Der Bieter kann nach der Ausstellung keine Änderungen mehr bewirken.

Für die Ausstellung der Förderberechtigung gilt die in § 20 Absatz 2 festgelegte Frist. Hiernach muss der Bieter innerhalb von 24 Monaten nach der Erteilung des Zuschlags die Ausstellung der aufgrund der Zuschlagserteilung registrierten Gebotsmenge beantragen.

Hierdurch soll sichergestellt werden, dass die Freiflächenanlagen spätestens 24 Monate nach dem Zuschlag realisiert werden. Wenn der Bieter nicht innerhalb dieser Zeit die Ausstellung der Förderberechtigung für eine Freiflächenanlage beantragt, wird die nicht zugeteilte Gebotsmenge entwertet und der Bieter muss nach § 30 eine Strafe zahlen. Ziel dieser Regelung ist es, den Druck auf die Realisierung der geplanten Projekte zu erhöhen, um der bei vielen Ausschreibungen im Ausland festgestellten niedrigen Realisierungsrate bei Ausschreibungen entgegenzuwirken.

Absatz 5 ermächtigt die Bundesnetzagentur, die Förderberechtigung mit einer Auflage zu versehen. Eine solche Auflage kann insbesondere Vorgaben zur jährlich zu erzeugenden Strommenge enthalten. Eine solche Auflage kann jedoch nur zusammen mit der Förderberechtigung verbunden werden, wenn vorher bei der Bekanntgabe der Ausschreibung nach § 3 und § 4 eine entsprechende Festlegung nach § 35 zur jährlich zu erzeugenden Strommenge getroffen worden ist. Ohne eine solche Festlegung dürfen Förderberechtigungen, die auf Zuschlägen beruhen, die vor der Bekanntmachung erteilt worden sind, nicht mit entsprechenden Auflagen versehen werden.

§ 23 Ausstellung von Förderberechtigungen bei Anlagenerweiterungen

[1]Die Bundesnetzagentur darf abweichend von § 22 Absatz 1 Nummer 6 auf Antrag des Bieters auch für eine Freiflächenanlage, für die bereits eine finanzielle Förderung nach dem Erneuerbare-Energien-Gesetz in Anspruch genommen worden ist, eine Förderberechtigung ausstellen, wenn

1. die Voraussetzungen nach § 22 Absatz 1 Nummer 1 bis 5 und 7 entsprechend erfüllt sind,
2. die installierte Leistung der Freiflächenanlage nach ihrer Inbetriebnahme durch eine Erweiterung der Freiflächenanlage erhöht wurde und
3. die Summe der der Freiflächenanlage zusätzlich zugeteilten Gebotsmengen die Erhöhung der installierten Leistung nicht übersteigt.

[2]Für den Antrag nach Satz 1 und die Ausstellung der Förderberechtigung sind die §§ 21 und 22 Absatz 2 bis 5 entsprechend anzuwenden. [3]Die Bestimmung des anzulegenden Werts für die gesamte Freiflächenanlage ist nach den §§ 26 und 27 vorzunehmen. [4]Wenn die Freiflächenanlage vor der Leistungserhöhung bereits nach § 51 des Erneuerbare-Energien-Gesetzes finanziell gefördert worden ist, ist der bisherige anzulegende Wert für die Leistung der Freiflächenanlage vor der Leistungserhöhung in die Berechnung nach den §§ 26 und 27 einzurechnen.

Amtliche Begründung

Grundsätzlich dürfen nach § 22 Absatz 1 Nummer 6 für eine bestehende Freiflächenanlage, die bereits eine finanzielle Förderung nach dem Erneuerbare-Energien-Gesetz oder nach dieser Verordnung in Anspruch genommen hat, keine neuen zusätzlichen Förderberechtigungen ausgestellt werden. Einzige Ausnahme ist der Fall der Erweiterung einer bestehenden Freiflächenanlage. Eine Erweiterung einer Freiflächenanlage liegt vor, wenn die installierte Leistung einer bestehenden und im Anlagenregister registrierten Freiflächenanlage innerhalb der in § 2 Nummer 5 festgelegten zeitlichen und räumlichen Grenzen erhöht wird.

Einer entsprechend erweiterten Freiflächenanlage können im Umfang der Erweiterung von der Bundesnetzagentur nach § 23 Förderberechtigungen ausgestellt werden. Dabei darf die Höhe der zugeteilten Gebotsmengen die Höhe der Anlagenerweiterung nicht überschreiten. Wenn also z. B. eine 5 MW-Freiflächenanlage, die im Jahr 2015 in Betrieb genommen worden ist und bereits für den eingespeisten Strom eine finanzielle Förderung nach § 19 EEG 2014 in Anspruch genommen hat, 2016 um 2 MW (innerhalb von 24 Monaten und im Umkreis von 4 Kilometern) erweitert wird, dürfen der Freiflächenanlage nachträglich höchstens Förderberechtigungen im Umfang von 2 MW nach § 23 von der Bundesnetzagentur zugeteilt werden.

Der Antrag auf Ausstellung und die sonstigen Voraussetzungen für die Ausstellung einer Förderberechtigung nach einer Anlagenerweiterung müssen entsprechend der §§ 21 und 22 erfüllt sein. Dies bedeutet, dass der Anlagenbetreiber nach der Inbetriebnahme der Erweiterung einen Antrag mit den entsprechenden Angaben nach § 21 Absatz 2 für die Ausstellung der Förderberechtigung für die Anlagenerweiterung gestellt haben muss und auch die Voraussetzungen für die Ausstellung der Förderberechtigung für die Anlagenerweiterung nach § 22 erfüllt sein müssen. Die Bestimmung der Höhe des anzulegenden Werts erfolgt nach § 27.

§ 24 Entwertung der Gebotsmengen nach der Ausstellung

Die Bundesnetzagentur muss die Gebotsmenge eines bezuschlagten Gebots in dem im Antrag nach § 21 Absatz 2 Nummer 5 angegebenen Umfang entwerten, sobald die beantragte Förderberechtigung ausgestellt worden ist.

Amtliche Begründung

Die aufgrund des Antrags nach § 21 einer Freiflächenanlage zugeteilten Gebotsmengen werden nach § 24 im Register der Bundesnetzagentur als entwertet registriert. Sie können damit nicht mehr einer Freiflächenanlage zugeteilt werden. Wird nicht die gesamte Gebotsmenge eines bezuschlagten Gebots der Freiflächenanlage zugeteilt, bleibt der restliche Teil der Gebotsmenge weiterhin bei der Bundesnetzagentur als nicht entwertet registriert.

§ 25 Registrierung der Freiflächenanlagen im Anlagenregister

[1]Die Bundesnetzagentur muss die Freiflächenanlagen und die Erweiterungen von Freiflächenanlagen nach der Ausstellung der Förderberechtigungen im Anlagenregister eintragen, soweit die Freiflächenanlagen noch nicht registriert sind. [2]Mit der Übermittlung der Angaben nach § 21 Absatz 2 Nummer 1 bis 4 und 7 erfüllt der Bieter zugleich die Pflicht, die Freiflächenanlage nach § 3 der Anlagenregisterverordnung registrieren zu lassen, oder die Pflicht nach § 5 der Anlagenregisterverordnung, Änderungen der Daten zu übermitteln. [3]Die sonstigen Bestimmungen der Anlagenregisterverordnung bleiben unberührt.

Amtliche Begründung

Durch § 25 werden die Meldepflichten nach dieser Verordnung eng mit denen nach der Anlagenregisterverordnung verknüpft, so dass die Pflicht nach der Anlagenregisterverordnung nach § 3 bzw. § 5 erfüllt ist, wenn der Anlagenbetreiber bzw. Bieter die Angaben nach § 21 Absatz 2 Nummer 1 bis 4 und 7 bei der Ausstellung der Förderberechtigung für die Freiflächenanlage gemacht hat. Eine nochmalige Registrierung nach § 3 der Anlagenregisterverordnung ist daher nicht notwendig.

§ 26 Bestimmung des anzulegenden Werts

(1) Die Bundesnetzagentur muss die Höhe des anzulegenden Werts nach den folgenden Absätzen bestimmen.

(2) [1]Die Höhe des anzulegenden Werts entspricht dem Zuschlagswert des bezuschlagten Gebots, dessen Gebotsmenge auf Antrag des Bieters nach § 21 Absatz 2 Nummer 5 der Freiflächenanlage zugeteilt worden ist. [2]Sofern die Gebotsmengen von mehreren bezuschlagten Geboten einer Freiflächenanlage zugeteilt worden sind, wird der gewichtete Mittelwert der Zuschlagswerte gebildet. [3]Dieser Mittelwert berechnet sich aus dem Quotienten aus

1. der Summe der Produkte aus dem Zuschlagswert und der zugeteilten Gebotsmenge pro bezuschlagtem Gebot und
2. der Summe der Gebotsmengen, die der Freiflächenanlage zugeteilt werden.

[4]Der nach den Sätzen 2 und 3 berechnete anzulegende Wert wird auf zwei Stellen nach dem Komma gerundet.

(3) [1]Wenn der Standort der Freiflächenanlage nicht zumindest teilweise mit den im Gebot nach § 6 Absatz 3 Nummer 5 angegebenen Flurstücken übereinstimmt, verringert sich der anzulegende Wert nach Absatz 2 um 0,3 Cent pro Kilowattstunde. [2]Werden einer Freiflächenanlage Gebotsmengen von mehreren bezuschlagten Geboten zugeordnet, verringert sich jeweils der Zuschlagswert der bezuschlagten Gebote, bei denen keine Übereinstimmung nach Satz 1 besteht, um 0,3 Cent pro Kilowattstunde.

(4) [1]Unbeschadet des Absatzes 3 verringert sich der anzulegende Wert nach Absatz 2 Satz 1 um 0,3 Cent pro Kilowattstunde, wenn die Ausstellung der Förderberechtigung für die Gebotsmenge, die der Freiflächenanlage zugeteilt worden ist, erst nach Ablauf des 18. Kalendermonats beantragt worden ist, der auf die öffentliche Bekanntgabe des Zuschlags nach § 14 Absatz 1 und 2 folgt. [2]Werden einer Freiflächenanlage Gebotsmengen von mehreren bezuschlagten Geboten zugeordnet, ist Satz 1 nur für den Zuschlagswert der bezuschlagten Gebote anzuwenden, deren Zuteilung zur Freiflächenanlage nach § 21 Absatz 2 Nummer 5 erst nach Ablauf des 18. Kalendermonats beantragt worden ist.

Amtliche Begründung

Nach Absatz 1 bestimmt die Bundesnetzagentur anhand der Angaben des Bieters nach § 21 Absatz 2 und der Angaben, die nach dieser Verordnung oder der Anlagenregisterverordnung bei ihr registriert sind, die Höhe des anzulegenden Werts. Im Gegensatz zur bisherigen Systematik des EEG 2014 ist somit nicht der Netzbetreiber, sondern die Bundesnetzagentur für die Berechnung der Förderhöhe zuständig. Die Netzbetreiber sind jedoch nach § 28 Absatz 3 verpflichtet, die Voraussetzungen für die Berechnung der Förderhöhe, also insbesondere die Angaben nach § 21 Absatz 2 zur Freiflächenanlage zu prüfen.

Absatz 2 regelt die Berechnung des anzulegenden Wertes für die konkrete Freiflächenanlage, der die Förderberechtigungen zugeordnet werden sollen. Sofern der Freiflächenanlage auf Antrag des Bieters nach § 21 Absatz 2 Nummer 5 nur Gebotsmengen aus einem Gebot zugeteilt werden, entspricht der anzulegende Wert dem Zuschlagswert des bezuschlagten Gebots. Werden hingegen einer Freiflächenanlage die Gebotsmengen aus unterschiedlichen bezuschlagten Geboten auf Antrag des Bieters nach § 21 Absatz 2 Nummer 5 zugeteilt, wird der gewichtete Mittelwert der Zuschlagswerte der Gebote gebildet. Dieser gewichtete Mittelwert berechnet sich wie folgt: In ei-

nem ersten Schritt wird zwischen den unterschiedlichen Geboten und den jeweils entsprechenden Gebotsmengen differenziert. Der Zuschlagswert eines jeden Gebots, dass der Freiflächenanlage ganz oder teilweise zugeteilt worden ist, wird mit der entsprechenden Gebotsmenge, die aus
dem entsprechenden Gebot der Freiflächenanlage zugeteilt worden ist, multipliziert. Die Ergebnisse dieser Multiplikation werden dann addiert und durch die insgesamt der Freiflächenanlage
zugeteilten Gebotsmenge geteilt. Damit wird der anzulegende Wert des förderfähigen Anteils der
Freiflächenanlage bestimmt. Die Berechnung des gewichteten Mittelwerts soll in einem Beispiel
kurz erläutert werden:

Ein Bieter hat in der ersten Ausschreibungsrunde ein Gebot mit einer Gebotsmenge von 5 000 kW
und einem Gebotswert von 10 Ct/kWh abgegeben und in der zweiten Ausschreibungsrunde ein
Gebot mit einer Gebotsmenge von 5 000 kW und einem Gebotswert von 9 Ct/kWh abgegeben.
Für beide Gebote hat er einen Zuschlag erhalten. Nach der Errichtung einer Freiflächenanlage mit
einer installierten Leistung von 10 000 kW möchte er dieser Freifllächenanlage beide Gebote vollständig zuordnen. In diesem Fall wird nach Absatz 2 Satz 2 Nummer 1 zunächst jeweils das Produkt aus dem Zuschlagswert des jeweils bezuschlagten Gebots und der zugeteilten Gebotsmenge
gebildet. In unserem Beispiel würden also jeweils 9 ct/kWh multipliziert mit 5 000 kW und 10 Ct/
kWh multipliziert mit 5 000 kW. Beide Produkte würden dann addiert und das Ergebnis durch die
insgesamt der Freiflächenanlage zugeteilten Gebotsmengen, also in unserem Fall 10 000 kW geteilt. Das Ergebnis wäre dann 9,5 Ct/kWh. Dementsprechend wäre in diesem Fall der anzulegende
Wert für den förderfähigen Anteil der Strommenge aus der Freiflächenanlage 9,5 Ct/kWh.

Nach Absatz 3 erhalten Bieter, die die mit dem Gebot angegebenen Standort für die ursprünglich
geplante Freiflächenanlage nicht einhalten, eine um 0,3 ct/kWh verminderte finanzielle Förderung. Hierdurch soll es wirtschaftlich unattraktiver werden, die Freiflächenanlage auf einer anderen Fläche zu errichten als auf dem ursprünglich geplanten und in dem Gebot angegebenen
Standort. Diese Regelung stellt neben der Personenbezogenheit der Förderberechtigungen auch
eine Projektbezogenheit her. Damit wird auch an dieser Stelle nachvollzogen, dass die Zuschläge
und die Förderberechtigungen nicht handelbar sind, sondern sich die Zuschläge im Grundsatz auf
ein Projekt beziehen und die Förderberechtigungen auch entsprechend der Zuschlagsentscheidung zugeordnet werden sollen. Dennoch wird dem einzelnen Bieter eine gewisse Flexibilität zugestanden. Mit einer Absenkung um 0,3 ct/kWh ergibt sich während der Förderdauer ein Minder-
ertrag der Anlage (ohne Diskontierungseffekte), welcher ungefähr der Höhe des finanziellen
Sicherheit entspricht. Der Mindererträg beträgt bei einer Anlage mit 5 MW installierter Leistung
etwa 140 000 Euro (ohne Diskontierungseffekte) und rund 95 000 Euro (diskontierte Jahreswerte).

Durch Absatz 4 wird eine Sanktion bei einer späten Realisierung der Freiflächenanlage eingeführt.
Werden Freiflächenanlagen erst 18 Kalendermonate oder später nach der öffentlichen Bekanntgabe des Zuschlags nach § 14 Absatz 1 in Betrieb genommen, reduziert sich jeweils der Zuschlagswert und damit auch der anzulegende Wert für Strom aus der entsprechenden Freiflächenanlage
um 0,3 ct/kWh. Diese Reduzierung gilt zusätzlich zu einer etwaigen Reduzierung nach Absatz 3.

§ 27 Änderung des anzulegenden Werts bei Anlagenerweiterungen

(1) Die Höhe des anzulegenden Werts einer Freiflächenanlage ändert sich, wenn für die
Freiflächenanlage nach einer Erweiterung nachträglich eine weitere Förderberechtigung
nach § 23 ausgestellt worden ist.

(2) [1]Die Bundesnetzagentur muss die Höhe des anzulegenden Werts im Fall des Absatzes 1
nach § 26 Absatz 2 bis 4 neu bestimmen. [2]Sie muss dem Anlagenbetreiber und dem Netzbetreiber, in dessen Netz der in der Anlage erzeugte Strom eingespeist oder mittels kaufmännisch-bilanzieller Weitergabe angeboten wird, die folgenden Angaben übermitteln:

1. den neu bestimmten anzulegenden Wert für die Freiflächenanlage,
2. das Datum der Erhöhung der installierten Leistung und
3. das Datum der Ausstellung der Förderberechtigung.

[3]Der Netzbetreiber muss ab der Inbetriebnahme der Anlagenerweiterung den von der Bundesnetzagentur nach Satz 1 neu bestimmten anzulegenden Wert für den Anspruch auf finanzielle Förderung nach § 19 des Erneuerbare-Energien-Gesetzes zugrunde legen.

Amtliche Begründung

Grundsätzlich dürfen einer Freiflächenanlage, die bereits eine finanzielle Förderung nach dem Erneuerbare-Energien-Gesetz erhalten hat, keine Förderberechtigungen ausgestellt werden. Eine Ausnahme gilt im Fall der Anlagenerweiterung. § 27 regelt für diesen Fall die Bestimmung des anzulegenden Werts durch die Bundesnetzagentur. Wenn eine bestehende und bereits geförderte Freiflächenanlage erweitert wird, dürfen dieser Freiflächenanlage im Umfang der Erweiterung neue Förderberechtigungen zugeteilt werden. Hierdurch ändert sich dann auch der anzulegende Wert für die finanzielle Förderung. Die Bundesnetzagentur muss daher anhand der Angaben des Anlagenbetreibers die Höhe es anzulegenden Werts nach § 27 neu bestimmen und das Ergebnis dem Netzbetreiber, an dessen Netz der in der Anlage erzeugte Strom eingespeist oder mittels kaufmännischbilanzieller Weitergabe angeboten wird, unverzüglich mitteilen.

§ 28   Finanzielle Förderung für Strom aus Freiflächenanlagen

(1) [1]Der Anspruch nach § 19 des Erneuerbare-Energien-Gesetzes für Strom aus einer Freiflächenanlage besteht nur, solange und soweit

1. für die Freiflächenanlage eine Förderberechtigung besteht,
2. der gesamte während der Förderdauer nach Absatz 5 in der Freiflächenanlage erzeugte Strom in ein Netz eingespeist oder einem Netzbetreiber mittels kaufmännisch-bilanzieller Weitergabe angeboten worden ist und nicht selbst verbraucht wird und
3. die weiteren Voraussetzungen nach dem Erneuerbare-Energien-Gesetz mit Ausnahme von § 51 Absatz 1 des Erneuerbare-Energien-Gesetzes erfüllt sind.

[2]Sofern die Voraussetzungen nach Satz 1 vorliegen, erstreckt sich der Anspruch nach Satz 1 auch auf Strom, der im Zeitraum von drei Wochen vor der Stellung des Antrags nach § 21 bis zur Ausstellung der Förderberechtigung nach § 22 oder § 23 von der Freiflächenanlage in ein Netz eingespeist oder einem Netzbetreiber mittels kaufmännisch-bilanzieller Weitergabe angeboten worden ist.

(2) [1]Sofern die installierte Leistung der Freiflächenanlage größer ist als die Summe der Gebotsmengen, die der Freiflächenanlage zugeteilt worden sind, beschränkt sich der Anspruch auf die finanzielle Förderung auf den förderfähigen Anteil der Strommenge. [2]Der förderfähige Anteil der Strommenge entspricht der tatsächlich eingespeisten Strommenge der Freiflächenanlage multipliziert mit dem Quotienten aus der Summe der Gebotsmengen, die der Freiflächenanlage zugeteilt worden sind, und der installierten Leistung der Freiflächenanlage. [3]Die übrige Strommenge bildet den nicht förderfähigen Anteil, für den kein Anspruch auf eine finanzielle Förderung nach § 19 des Erneuerbare-Energien-Gesetzes besteht; dieser Anteil muss vom Anlagenbetreiber nach § 20 Absatz 1 Nummer 2 und Absatz 2 des Erneuerbare-Energien-Gesetzes anteilig direkt vermarktet werden.

(3) [1]Der Netzbetreiber, in dessen Netz der in der Freiflächenanlage erzeugte Strom einge-speist oder mittels kaufmännisch-bilanzieller Weitergabe angeboten wird, muss die Anfor-derungen nach Absatz 1 und die Angaben nach § 21 Absatz 2 Nummer 1 bis 5 prüfen und kann geeignete Nachweise verlangen. [2]Soweit die Bundesnetzagentur eine Festlegung nach § 35 Nummer 14 getroffen hat, muss der Netzbetreiber entsprechende Nachweise ver-langen und diese der Bundesnetzagentur auf Anforderung vorlegen.

(4) [1]Der Netzbetreiber muss der Bundesnetzagentur die Angaben des Bieters nach § 21 Ab-satz 2 Nummer 2 bis 5 bestätigen oder Abweichungen mitteilen. [2]Die Bestätigung oder Mitteilung muss spätestens vor Ablauf des zweiten Kalendermonats erfolgen, der auf die Mitteilung der Bundesnetzagentur nach § 22 Absatz 3 folgt. [3]Die Bundesnetzagentur darf unter Beachtung des § 34 Absatz 4 für die Übermittlung der Daten nach Satz 1 ein be-stimmtes Format sowie ein etabliertes und dem Schutzbedarf angemessenes Verschlüsse-lungsverfahren vorgeben.

(5) [1]Die finanzielle Förderung ist abweichend von § 22 des Erneuerbare-Energien-Geset-zes jeweils für die Dauer von 20 Jahren zu zahlen. [2]Die Frist nach Satz 1 beginnt mit der Bekanntgabe der Ausstellung der Förderberechtigung. [3]Sofern der Anlagenbetreiber nach Absatz 1 Satz 2 für Strom aus der Freiflächenanlage, der vor der Ausstellung der Förderbe-rechtigung in ein Netz eingespeist oder einem Netzbetreiber mittels kaufmännisch-bilan-zieller Weitergabe angeboten worden ist, einen Anspruch auf finanzielle Förderung gel-tend gemacht hat, beginnt die Frist abweichend von Satz 2 mit dem Tag, für den erstmals ein Anspruch auf eine finanzielle Förderung bestanden hat.

Amtliche Begründung

§ 28 Absatz 1 legt die Voraussetzungen für den Anspruch auf eine finanzielle Förderung für Strom aus Freiflächenanlagen fest. Anwendung findet diese Regelung auf alle Freiflächenanlagen, die nicht unter die Übergangsvorschrift des § 55 Absatz 3 EEG 2014 fallen.

Netzbetreiber sind nur verpflichtet, eine finanzielle Förderung nach § 19 EEG 2014 an die Freiflä-chenanlagen auszuzahlen, wenn die Voraussetzungen des § 28 Absatz 1 Satz 1 Nummer 1 bis 3 erfüllt sind.

Nach Absatz 1 Nummer 1 muss eine Förderberechtigung vorliegen. Dies bedeutet einerseits, dass erst mit Ausstellung einer Förderberechtigung nach § 22 oder § 23 der Anspruch auf finanzielle Förderung gegen den Netzbetreiber entsteht. Andererseits wirkt sich eine Aufhebung der Förder-berechtigung nach § 29 unmittelbar auf den Anspruch auf finanzielle Förderung aus. Wird eine Förderberechtigung auch mit Wirkung für die Vergangenheit zurückgenommen, erlischt auch für diesen Zeitraum der Anspruch auf Zahlung der finanziellen Förderung. Etwaige bereits geleistete Zahlungen des Netzbetreibers sind dann ohne Rechtsgrund erfolgt und müssen vom Netzbetrei-ber nach § 57 Absatz 5 EEG 2014 zurückgefordert werden.

Darüber hinaus ist nach Absatz 1 Nummer 2 der Eigenverbrauch von Strom aus der Freiflächenan-lage während der gesamten Förderdauer der Anlage unzulässig. Dies ist für ein verzerrungsfreies Ausschreibungsergebnis eine wichtige Voraussetzung. Andernfalls würden Bieter unterschiedlich hohe Eigenverbrauchsanteile einkalkulieren, woraus sich verzerrte Gebote ergäben, wodurch Gebote die einen besonders hohen Eigenverbrauchsanteil annehmen, eine erhöhte Zuschlags-wahrscheinlichkeit hätten, auch wenn die entsprechende Anlage unter Umständen höhere Strom-gestehungskosten aufweist. Wenn ein Anlagenbetreiber trotzdem Strom aus der geförderten Frei-flächenanlage zum Eigenverbrauch innerhalb des zwanzigjährigen Förderzeitraums nutzt, verliert er für den gesamten Förderzeitraum seinen Anspruch auf finanzielle Förderung und die bereits vom Netzbetreiber gezahlten Prämien sind zurückzuerstatten. Zum unzulässigen Eigenverbrauch zählen weder der Verluststrom noch der Strom, der beim Wechselrichterbetrieb genutzt wird.

Nach Absatz 1 Nummer 3 bleiben die sonstigen Regelungen des EEG 2014 mit Ausnahme von § 51 Absatz 1 EEG 2014 anwendbar. Dies betrifft die Regelungen zur Direktvermarktung, zur Ausfallvergütung, zu den Sanktionen bei Pflichtverstößen und viele weitere Rechte und Pflichten der Anlagenbetreiber nach dem EEG 2014.

Durch Absatz 1 Satz 2 erhält der Anlagenbetreiber einen Anspruch auch für den Strom, der drei Wochen vor der Antragstellung nach § 21 Absatz 1 von der Freiflächenanlage ins Netz eingespeist wird, wenn die Ausstellung wie beantragt erfolgt ist und die sonstigen Voraussetzungen des Absatz 1 Satz 1 vorliegen. Hintergrund dieser Regelung ist, dass der Antrag auf Ausstellung der Förderberechtigung erst gestellt werden kann, wenn die Freiflächenanlage in Betrieb genommen worden ist. Durch die Regelung wird verhindert, dass der Beginn der finanziellen Förderung von der Dauer der Bearbeitung eines Antrags auf Ausstellung der Förderberechtigung abhängt. Hinsichtlich der Abschlagszahlungen nach § 19 Absatz 2 EEG 2014 bedeutet dies jedoch nicht, dass auch dieser Anspruch rückwirkend fällig geworden ist. Vielmehr gelten in Bezug auf § 19 Absatz 2 EEG 2014 die entsprechenden Strommengen als im Kalendermonat der Bekanntgabe der Ausstellung der Förderberechtigung nach § 22 oder § 23 eingespeist.

Absatz 2 regelt den Fall, in dem sich die der Freiflächenanlage zugeteilte Gebotsmenge nicht mit der installierten Leistung der Freiflächenanlage deckt. Wenn also die installierte Leistung der Freiflächenanlage höher ist als die der Freiflächenanlage insgesamt zugeteilte Gebotsmenge, beschränkt sich der Anspruch auf finanzielle Förderung auch nur auf den Anteil des eingespeisten Stroms, der förderfähig ist. Förderfähig ist nur der Anteil, der mit entsprechenden Gebotsmengen abgedeckt ist. Wenn z.B. einer Freiflächenanlage mit einer installierten Leistung von 10 MW eine Gebotsmenge von insgesamt 5 MW zugeteilt wird, besteht auch nur für die Hälfte des eingespeisten Stroms ein Anspruch auf die Marktprämie. Der restliche Stromanteil muss im Rahmen der sonstigen Direktvermarktung anteilig vermarktet werden. Der Anlagenbetreiber muss in diesem Fall im Rahmen der anteiligen Direktvermarktung die Hälfte des eingespeisten Stroms nach § 20 Absatz 1 Nummer 1 EEG 2014 und die andere Hälfte des Stroms nach § 20 Absatz 1 Nummer 2 EEG 2014 vermarkten. Er erhält also nur für die Hälfte des eingespeisten Stroms eine Marktprämie. Hierfür muss der Anlagenbetreiber nach § 21 Absatz 2 Nummer 3 EEG 2014 dem Netzbetreiber vorher die prozentuale Aufteilung der Strommengen mittteilen.

Absatz 3 regelt, dass der Netzbetreiber, gegen den der Anlagenbetreiber seinen Anspruch richtet, das Vorliegen der Voraussetzungen nach Absatz 1 prüfen muss. Insoweit besteht keine grundsätzliche Veränderung gegenüber der bisherigen EEG-Systematik. Auch nach dem EEG muss der Netzbetreiber die Voraussetzungen für die Förderung prüfen. Wichtig ist bei der Ausschreibung jedoch insbesondere, dass der Netzbetreiber die installierte Leistung der Freiflächenanlage überprüft. Während nach § 51 EEG 2014 die Größe der Freiflächenanlage nur hinsichtlich der Einhaltung der 10 MW-Größenbegrenzung von Bedeutung war, spielt bei der Ausschreibung die exakte Ermittlung der Größe der Freiflächenanlage eine wesentliche Rolle. Nur wenn sichergestellt ist, dass kein Spielraum für unterschiedliche Vorgehensweisen besteht, sind die Gebote in der Ausschreibung miteinander vergleichbar. Würde nach der Ausstellung der Förderberechtigungen die Größe der Freiflächenanlage nicht überprüft, könnten Bieter bei ansonsten gleichen Geboten unterschiedliche Intentionen verfolgen. Zudem könnte das System der Strafzahlungen und Sicherheitsleistungen ausgehebelt werden, wenn nicht für alle Gebote die faktisch gleichen Sanktionshöhen drohen würden. Ferner würde das Regime des Zubaukorridors, der Begrenzung der Flächenkulisse und das Ziel der Mengensteuerung unterlaufen, wenn die Anlagengröße nicht exakt den Angaben in der Förderberechtigung entspricht. Daher erhält der Netzbetreiber durch Absatz 3 die Möglichkeit, für das Vorliegen der Fördervoraussetzungen Nachweise zu verlangen. Die genaue Art der Nachweise kann die Bundesnetzagentur durch eine Festlegung nach § 35 regeln.

Das Ergebnis der Prüfung muss der Netzbetreiber der Bundesnetzagentur nach Absatz 4 innerhalb von zwei Monaten mitteilen.

Absatz 5 regelt abweichend von § 22 EEG 2014 die Förderdauer neu. Künftig erhält eine Freiflächenanlage nicht mehr für 20 Jahre plus dem Inbetriebnahmejahr, sondern nur noch für 20 Jahre eine finanzielle Förderung. Ohne eine solche Regelung gäbe es einen ökonomischen Anreiz, die Freiflächenanlagen immer nur am Anfang eines Jahres in Betrieb zu nehmen, um die maximale Förderdauer auszuschöpfen. Dies könnte zu einem „Stop-and-Go" beim Bau von Freiflächenanlagen führen, der durch die Neuregelung der Förderdauer verhindert werden soll. Beginn des Förderzeitraums ist grundsätzlich der Tag der Bekanntgabe der Ausstellung der Förderberechtigung gegenüber dem Anlagenbetreiber. Eine Ausnahme gilt für den Fall, wenn der Anlagenbetreiber nach Absatz 1 Satz 2 schon für Strom aus der Freiflächenanlage, der vor der Ausstellung der Förderberechtigung eingespeist worden ist, eine Förderung in Anspruch genommen hat.

§ 29 Rücknahme oder Widerruf einer Förderberechtigung

(1) [1]Die Bundesnetzagentur kann Förderberechtigungen, auch nachdem sie unanfechtbar geworden sind, ganz oder teilweise mit Wirkung für die Zukunft oder für die Vergangenheit unter den Voraussetzungen des § 48 Absatz 1, 2 und 4 des Verwaltungsverfahrensgesetzes zurücknehmen. [2]Insbesondere sollen die Förderberechtigungen für eine Freiflächenanlage mit Wirkung für die Zukunft zurückgenommen werden, wenn die installierte Leistung der Freiflächenanlage durch eine Erweiterung der Freiflächenanlage erhöht wurde und der Anlagenbetreiber die Erweiterung nicht innerhalb der Frist nach § 5 Absatz 1 Satz 1 der Anlagenregisterverordnung in Verbindung mit § 3 Absatz 3 der Anlagenregisterverordnung der Bundesnetzagentur mitgeteilt hat.

(2) [1]Die Bundesnetzagentur kann Förderberechtigungen, auch nachdem sie unanfechtbar geworden sind, ganz oder teilweise mit Wirkung für die Zukunft unter den Voraussetzungen des § 49 Absatz 3 Nummer 1 oder 2 des Verwaltungsverfahrensgesetzes widerrufen. [2]Förderberechtigungen sollen insbesondere widerrufen werden, wenn

1. aus der Freiflächenanlage innerhalb der ersten zwei Kalenderjahre nach der Inbetriebnahme kein Strom in das Netz eingespeist oder dem Netzbetreiber mittels kaufmännisch-bilanzieller Weitergabe angeboten worden ist oder
2. die Freiflächenanlage innerhalb von einem Jahr nach ihrer Inbetriebnahme überwiegend wieder abgebaut worden ist.

Amtliche Begründung

Nach § 29 Absatz 1 kann die Bundesnetzagentur unter den Voraussetzungen des § 48 Absatz 2 und 4 des Verwaltungsverfahrensgesetzes die Förderberechtigung, auch wenn diese unanfechtbar ist, für die Vergangenheit oder Zukunft zurücknehmen und die Entwertung der Gebotsmenge aufheben. Dies könnte insbesondere dann der Fall sein, wenn die Angaben des Bieters nach § 21 Absatz 1 Nummer 2 bis 5 nicht mit der tatsächlichen Freiflächenanlage übereinstimmen. Diese Regelung wirkt für die Dauer der finanziellen Förderung. Wenn sich nachträglich herausstellt, dass die Anlage auf der Grundlage von falschen Angaben des Bieters finanziell gefördert worden ist, kann die Bundesnetzagentur verlangen, dass die finanzielle Förderung zurückzuzahlen und die Strafzahlung zu leisten ist, soweit nach Aufhebung der Entwertung der Gebotsmenge die Frist nach § 20 Absatz 2 abgelaufen ist. Grundsätzlich liegt die Entscheidung über die Rücknahme im Ermessen der Bundesnetzagentur. Bei der Ermessensentscheidung der Bundesnetzagentur wird aufgrund der erheblichen Folgen für die betroffenen Bieter eine umfangreiche Abwägung aller Umstände vorzunehmen sein. Als Grundlage für die Entscheidung werden vergangene Tatsachen, d. h. Verhaltensweisen, die in der Vergangenheit erfolgt sind, heranzuziehen sein, wobei diese zeitlich nicht weit zurückliegen dürfen. Im Einzelnen müssen dabei die Schwere des Verstoßes sowie dessen Auswirkungen berücksichtigt werden. Nach Absatz 1 Satz 2 kann die Bundesnetzagentur die Förderberechtigung mit Wirkung für die Zukunft zurücknehmen, wenn die Freiflächenanlage erweitert wurde und der Anlagenbetreiber diese Erweiterung nicht fristgemäß der Bundesnetzagentur mitgeteilt hat.

Absatz 2 eröffnet der Bundesnetzagentur zudem die Möglichkeit, unter den Voraussetzungen des § 49 des Verwaltungsverfahrensgesetzes eine rechtmäßig ausgestellte Förderberechtigung zu widerrufen. Dies kann insbesondere dann der Fall sein, wenn die Förderberechtigung zwar ordnungsgemäß ausgestellt worden ist, diese dann aber nicht entsprechend des Zwecks der Ausstellung verwendet wird, die Freiflächenanlage also nicht wie geplant Strom produziert. Ein solcher Widerruf ist allerdings nur in Ausnahmefällen möglich, zwei Beispiele werden in Absatz 2 Satz 2 Nummer 1 und Nummer 2 genannt. Die Bundesnetzagentur kann in diesen Fällen die Ausstellung der Förderberechtigung widerrufen.

Teil 4
Strafzahlungen

§ 30 Strafzahlungen

(1) [1]Bieter müssen an den regelverantwortlichen Übertragungsnetzbetreiber eine Strafzahlung leisten, wenn

1. ein Zuschlag nach § 20 Absatz 1 Satz 1 erloschen ist oder
2. mehr als 5 Prozent der Gebotsmenge eines bezuschlagten Gebots nach § 18 Satz 2, § 19 Satz 2 oder § 20 Absatz 2 Satz 2 entwertet worden sind.

[2]Die Forderung nach Satz 1 muss durch Überweisung eines entsprechenden Geldbetrags auf ein Geldkonto des regelverantwortlichen Übertragungsnetzbetreibers erfüllt werden. [3]Dabei ist die Zuschlagsnummer des Gebots zu übermitteln, für das die Strafzahlung geleistet wird.

(2) Die Höhe der Strafzahlung nach Absatz 1 Satz 1 Nummer 1 entspricht der nach § 7 Absatz 2 und 3 für das Gebot zu leistenden Erstsicherheit.

(3) [1]Die Höhe der Strafzahlung nach Absatz 1 Satz 1 Nummer 2 berechnet sich aus der Gebotsmenge eines bezuschlagten Gebots, die nach § 18 Satz 2, § 19 Satz 2 oder § 20 Absatz 2 Satz 2 entwertet worden ist, multipliziert mit 50 Euro pro Kilowatt. [2]Die Strafzahlung verringert sich für Bieter, deren Zweitsicherheit nach § 15 Absatz 3 verringert ist, auf die Hälfte des Betrags nach Satz 1. [3]Die nach Satz 1 oder Satz 2 berechnete Höhe der Strafzahlung verringert sich auf die Hälfte für den Anteil der Gebotsmenge, der vor Ablauf des neunten auf die Bekanntgabe der Zuschlagsentscheidung folgenden Kalendermonats zurückgegeben worden ist. [4]Für Bieter, die nach Ablauf der Frist nach Satz 3 ihre Förderberechtigungen zurückgeben, berechnet sich die Höhe der Strafzahlung nach Satz 1 und 2.

(4) Der regelverantwortliche Übertragungsnetzbetreiber darf sich hinsichtlich

1. der Forderung nach Absatz 1 Satz 1 Nummer 1 aus der bei der Bundesnetzagentur hinterlegten Erstsicherheit nach § 7 befriedigen, wenn der Bieter die Forderung nicht vor Ablauf des zweiten Kalendermonats erfüllt hat, der auf den Ablauf der Frist zur Leistung der Zweitsicherheit nach § 15 Absatz 5 folgt,

2. der Forderung nach Absatz 1 Satz 1 Nummer 2 aus der Zweitsicherheit nach § 15 befriedigen, wenn der Bieter die Forderung nicht vor Ablauf des zweiten Kalendermonats erfüllt hat, der auf den Ablauf der Frist zur Beantragung der Förderberechtigung nach § 20 Absatz 2 Satz 1 oder die Rückgabe oder bestandskräftige Rücknahme der Gebotsmenge eines bezuschlagten Gebots folgt.

Amtliche Begründung

§ 30 erlegt den Bietern Strafzahlungen auf, um die Ernsthaftigkeit und Verbindlichkeit ihres Verhaltens sicherzustellen. Absatz 1 Satz 1 statuiert zwei Anwendungsfälle für diese Strafzahlungen:

Satz 1 Nummer 1 betrifft Bieter, die zwar ein Gebot abgeben, sodann aber nicht die erforderliche Zweitsicherheit leisten: Bieter müssen nach § 15 Absatz 5 spätestens am zehnten Werktag nach der Bekanntgabe des Zuschlags die Zweitsicherheit bei der Bundesnetzagentur hinterlegen (siehe oben). Wenn die Sicherheitsleistung nicht frist- und formgemäß bei der Bundesnetzagentur hinterlegt worden ist, erlischt nach § 20 Absatz 1 der Zuschlag vollständig. Nach § 30 Absatz 1 Satz 1 Nummer 1 muss dann an die Übertragungsnetzbetreiber eine Strafzahlung geleistet werden. Hierdurch wird sichergestellt, dass den Geboten eine gewisse Verbindlichkeit zukommt und Bieter nach der Erteilung eines Zuschlags nicht ohne Nachteile den Zuschlag verfallen lassen können. Nur mit einer solchen Sanktion kann die Wahrscheinlichkeit verringert werden, dass strategische Gebote abgegeben werden oder dass Bieter mitbieten, denen es an einer Motivation für die Projektrealisierung mangelt.

Nach Satz 1 Nummer 2 müssen auch Bieter, soweit mehr als 5 Prozent der bezuschlagten Gebotsmenge nach § 18 Satz 2, § 19 Satz 2 oder § 20 Absatz 2 Satz 2 von der Bundesnetzagentur entwertet wurden, eine Strafzahlung zahlen. Durch die Strafzahlung soll erreicht werden, dass die Bieter einen erhöhten wirtschaftlichen Anreiz haben, sich um eine fristgerechte Inbetriebnahme der geplanten Freiflächenanlagen und Ausstellung der Förderberechtigungen für diese Freiflächenanlagen zu bemühen.

Die Bagatellgrenze von 5 Prozent nicht realisierter Gebotsmenge ist vorgesehen, damit kleinere „Reste" der bezuschlagten Gebote nicht zu einer Strafzahlung führen. Hintergrund ist insbesondere, dass bei der Abgabe eines Gebots zu einem frühen Planungsstadium häufig noch unklar ist, wie groß die tatsächlich später genehmigte Freiflächenanlage sein wird. Kleine Abweichungen von der ursprünglichen Planung sollen daher nicht sanktioniert werden.

Die Höhe der Strafzahlung bei Nichtrealisierung nach Absatz 1 Nummer 2 richtet sich gemäß Absatz 3 danach, in welchem Planungsstand sich die Freiflächenanlage bei Abgabe des Gebots befand. Hat der Bieter lediglich einen Aufstellungsbeschluss für die geplante Freiflächenanlage eingereicht, beträgt nach Absatz 3 Satz 1 die Höhe der Strafzahlung 50 Euro pro Kilowatt, wenn die bezuschlagte Gebotsmenge aufgrund einer nicht fristgerechten Ausstellung für die geplante Freiflächenanlagen, entwertet worden ist. Die Höhe dieser Strafzahlung reduziert sich nach Absatz 3 Satz 2 auf die Hälfte, wenn der Bieter bei der Abgabe des Gebots Genehmigungsunterlagen vorgelegt hat, die einen fortgeschrittenen Genehmigungsstand nachweisen. § 18 enthält darüber hinaus ein Rückgaberecht der Bieter. Sie können die Zuschlagsentscheidungen jederzeit an die Bundesnetzagentur zurückgeben. Erfolgt die Rückgabe nach § 18 innerhalb der ersten neun Monate, reduziert sich nach Absatz 3 Satz 3 die Höhe der Strafzahlung nach Absatz 1 Satz 1 Nummer 2. Damit entsteht ein wirtschaftlicher Anreiz, die Zuschläge möglichst schnell an die ausschreibende

Stelle zurückzugeben, wenn der Bieter absehbar die geplante Freiflächenanlage nicht errichten kann und die Förderberechtigung auch nicht für eine Freiflächenanlage an einem anderen Standort nutzen kann. Es kann auch nur ein Teil der ausgestellten Zuschlagsmenge zurückgegeben werden. Eine frühzeitige Rückgabe von Zuschlägen erleichtert der ausschreibenden Stelle die Planungen und die Analyse des Ausschreibungsergebnisses und steigert so indirekt die Verfahrensqualität und damit die Planbarkeit für alle Akteure.

Absatz 4 regelt die Fälle, in denen die Übertragungsnetzbetreiber sich aus den bei der Bundesnetzagentur hinterlegten Erst- und Zweitsicherheiten befriedigen dürfen, nämlich wenn die Forderungen nach § 30 Absatz 1 nicht innerhalb von zwei Monaten nach Ablauf der Frist zur Projektrealisierung erfüllt worden ist. Die Einnahmen fließen auf das EEG-Konto.

§ 31 Pflichten der Übertragungsnetzbetreiber

[1]Die Übertragungsnetzbetreiber müssen Zahlungen der Bieter nach dieser Verordnung als Einnahmen nach § 3 Absatz 3 der Ausgleichsmechanismusverordnung vereinnahmen und Zahlungen an die Bieter nach dieser Verordnung als Ausgaben nach § 3 Absatz 4 der Ausgleichsmechanismusverordnung verbuchen. [2]Sie müssen den Eingang der Strafzahlungen von Bietern nach § 30 der Bundesnetzagentur unverzüglich mitteilen.

Amtliche Begründung

Die Übertragungsnetzbetreiber haben nach dieser Verordnung einen Anspruch auf die Strafzahlungen nach § 30 Absatz 1 Satz 1 Nummer 1, die bei einer Nichteinzahlung der Zweitsicherheit zu zahlen sind, oder nach § 30 Absatz 1 Satz 1 Nummer 2, die bei der Nichtrealisierung oder Rückgabe zu zahlen sind. Die Übertragungsnetzbetreiber müssen die Einnahmen aus diesen Strafzahlungen auf dem EEG-Konto verbuchen. Die Einnahmen verbleiben somit nicht bei den Übertragungsnetzbetreibern, sondern werden für die Förderung der erneuerbaren Energien verwendet.

Teil 5
Aufgaben der Bundesnetzagentur

§ 32 Veröffentlichungen

Die Bundesnetzagentur muss auf ihrer Internetseite spätestens zum letzten Kalendertag des auf die öffentliche Bekanntgabe des letzten Zuschlags einer Ausschreibung nach § 14 folgenden Kalendermonats die folgenden Daten veröffentlichen:

1. den niedrigsten und den höchsten Gebotswert, der einen Zuschlag erhalten hat,
2. den Durchschnittswert aller Zuschlagswerte der Ausschreibung, wenn der Zuschlagswert nach § 13 Absatz 1 bestimmt wird,
3. die in den bezuschlagten Geboten nach § 6 Absatz 3 Nummer 5 angegebenen Standorte der geplanten Freiflächenanlagen,
4. die in den bezuschlagten Geboten nach § 6 Absatz 4 Nummer 1 angegebenen Planungsstände und
5. die Zuschlagsnummern der bezuschlagten Gebote.

Amtliche Begründung

Nach § 55 Absatz 4 EEG 2014 müssen die Ergebnisse des Ausschreibungsverfahrens veröffentlicht werden. Diese Transparenz vermeidet eine Informationsasymmetrie zwischen den unterschiedlichen Bietern und erleichtert die Bewertung des Erfolgs der Pilot- Ausschreibung.

So werden jeweils der höchste und der niedrigste Zuschlagswert sowie beim Gebotspreisverfahren auch der durchschnittliche Zuschlagswert veröffentlicht. Darüber hinaus dient die Veröffentlichung der Transparenz des Ausschreibungsverfahrens im Hinblick auf eine transparente Darstellung der Realisierung von bezuschlagten Freiflächenprojekten. So veröffentlicht die Bundesnetzagentur für jeden erteilten Zuschlag den bei der Gebotsabgabe angegebenen Standort einschließlich des dortigen Planungsstands (beschlossener Bebauungsplan, Aufstellungs- bzw. Änderungsbeschluss, Offenlegungsbescheid). Schließlich dient die Veröffentlichung der Zuschlagnummer dazu, die Daten mit der zu einem späteren Zeitpunkt an das Anlagenregister übermittelten Baugenehmigung (vgl. Art. 4 Nummer 3 – § 4 AnlRegV) und der nach Inbetriebnahme der Anlage im Anlagenregister zu erfassenden Stammdaten zu vergleichen. So soll insbesondere nachvollzogen werden können, in welchem Umfang Bieter die Möglichkeit nutzen, Anlagen an anderen Standorten und mit anderem Umfang als bei Gebotsabgabe angegeben zu realisieren. Zudem erhalten die Bieter einen Überblick, in welchen Gemeinden Projekte geplant sind. Dies ist insbesondere vor dem Hintergrund der in § 2 Nummer 5 neu geregelten Anlagenzusammenfassung wichtig für die Planungen der Bieter vor der Gebotsabgabe.

§ 33 Mitteilungspflichten

(1) Die Bundesnetzagentur muss unverzüglich nach Abschluss des Zuschlagsverfahrens nach § 12 den Bietern,

1. deren Gebote nach § 10 von der Ausschreibung ausgeschlossen worden sind,
2. die von der Ausschreibung nach § 11 ausgeschlossen worden sind oder
3. die keinen Zuschlag nach § 12 erhalten haben,

die Gründe für den Ausschluss oder die Nichtbezuschlagung mitteilen.

(2) Die Bundesnetzagentur muss den jeweils regelverantwortlichen Übertragungsnetzbetreibern unverzüglich folgende für die Inanspruchnahme der Strafzahlungen erforderliche Angaben mitteilen:

1. die nach § 12 Absatz 5 registrierten Angaben des Gebots,
2. den Zeitpunkt der Bekanntgabe der Zuschläge und Zuschlagswerte für das Gebot,
3. den Zeitpunkt und die Höhe der vom Bieter für das Gebot geleisteten Zweitsicherheit,
4. die Rückgabe oder Rücknahme von Zuschlägen für das Gebot,
5. das Erlöschen des Zuschlags nach § 20 Absatz 1 Satz 1,
6. die Entwertung von Gebotsmengen des Gebots nach § 20 Absatz 1 Satz 2 oder Absatz 2 Satz 2 oder § 24 und
7. die Rücknahme und den Widerruf einer Förderberechtigung nach § 29, sofern der Freiflächenanlage Gebotsmengen zugeteilt worden sind und der im Gebot angegebene Standort der geplanten Freiflächenanlage in der jeweiligen Regelzone des Übertragungsnetzbetreibers liegt.

Amtliche Begründung

Nach § 33 Absatz 1 muss die Bundesnetzagentur allen Bietern, die keinen Zuschlag nach § 12 erhalten haben oder vom Zuschlagsverfahren ausgeschlossen wurden, dies den Bietern einschließlich der Gründe für den Ausschluss oder die Nichtbezuschlagung nach Abschluss des gesamten Zuschlagsverfahrens mitteilen. Die Mitteilung kann allerdings erst dann erfolgen, wenn das gesamte Zuschlagsverfahren abgeschlossen ist. Dies bedeutet, dass gegebenenfalls zunächst das Nachrückverfahren nach § 12 Absatz 3 abgewartet werden muss, bevor den Bietern mitgeteilt werden kann, dass sie keinen Zuschlag erhalten haben.

Nach Absatz 2 muss die Bundesnetzagentur den Übertragungsnetzbetreibern die erforderlichen Angaben für die Inanspruchnahme der Strafzahlungen nach § 30 mitteilen. Die Mitteilung erfolgt jeweils an den Übertragungsnetzbetreiber, in dessen Regelzone der Standort der geplanten Freiflächenanlage liegt. Dies ist notwendig, damit die Übertragungsnetzbetreiber die notwendigen Informationen für die Geltendmachung ihres Anspruchs nach § 29 erhalten.

§ 34   Vorgaben und Maßnahmen der Bundesnetzagentur

(1) Die Bundesnetzagentur darf Formatvorgaben verbindlich vorgeben.

(2) [1]Die Bundesnetzagentur darf im Rahmen ihrer Zuständigkeit durch Allgemeinverfügung unter Beachtung der Regelungen des Erneuerbare-Energien-Gesetzes und des Verwaltungsverfahrensgesetzes nähere Bestimmungen zur Teilnahme an einer Ausschreibung, zur Übermittlung der Angaben nach dieser Verordnung, zur Rückgabe von bezuschlagten Geboten und Förderberechtigungen, zur Hinterlegung der finanziellen Sicherheiten, zum Stellen von Bürgschaften, zum Zuschlagsverfahren und zur Ausstellung von Förderberechtigungen erlassen. [2]Die Allgemeinverfügungen müssen vor jedem Gebotstermin nach § 5 öffentlich bekannt gemacht werden, soweit sie die Gebotsabgabe oder das Zuschlagsverfahren betreffen.

(3) [1]Die Ausschreibungen können von der Bundesnetzagentur ganz oder teilweise auf ein elektronisches Verfahren umgestellt werden. [2]In diesem Fall kann die Bundesnetzagentur insbesondere Vorgaben über die Authentifizierung für die gesicherte Datenübertragung machen. [3]Bei einer Umstellung des Verfahrens nach Satz 1 muss vor dem Gebotstermin bei der Bekanntgabe nach § 5 auf das elektronische Verfahren hingewiesen werden.

(4) Die Bundesnetzagentur muss bei den Ausschreibungen die erforderlichen technischen und organisatorischen Maßnahmen zur Sicherheit von Datenschutz und Datensicherheit unter Beachtung von § 9 des Bundesdatenschutzgesetzes und der Anlage zu § 9 Satz 1 des Bundesdatenschutzgesetzes und unter Berücksichtigung der einschlägigen Standards und Empfehlungen des Bundesamtes für Sicherheit in der Informationstechnik treffen.

Amtliche Begründung

§ 34 Absatz 1 ermächtigt die Bundesnetzagentur, Formulare auf ihrer Internetseite zu veröffentlichen, die dann von allen Bietern genutzt werden müssen. Bieter, die nicht diese Formularvorlagen nutzen, werden nach § 10 Absatz 1 Nummer 6 vom Zuschlagsverfahren ausgeschlossen. Dies stellt die rechtsichere Administrierbarkeit und Prüfbarkeit der Gebote sicher und erleichtert das Verfahren für die Bieter und die ausschreibende Stelle. Formularvorgaben können so z. B. für die Gebotsabgabe, die Bevollmächtigung, die Bürgschaftserteilung oder den Antrag auf die Ausstellung der Förderberechtigung gemacht werden.

Absatz 2 berechtigt die Bundesnetzagentur, im Rahmen ihrer Zuständigkeit nach dieser Verordnung Vorgaben für sämtliche Verfahrensschritte des Ausschreibungsverfahrens per Allgemeinverfügung zu machen, die von den Bietern einzuhalten sind. Dabei sind die allgemeinen Vorschriften des Verwaltungsverfahrensgesetzes und des Erneuerbare-Energien-Gesetzes zu beachten. Die Allgemeinverfügungen müssen vor jeder Ausschreibung nach § 5 öffentlich bekannt gemacht werden, damit für alle Bieter die gleichen Voraussetzungen für die Teilnahme an der Ausschreibung bestehen.

Absatz 3 berechtigt die Bundesnetzagentur, die Durchführung des Ausschreibungsverfahrens vollständig oder teilweise auf ein elektronisches Verfahren umzustellen. In diesem Fall kann die Bundesnetzagentur insbesondere Vorgaben über die Authentifizierung für die gesicherte Datenübertragung festlegen. Dadurch kann das Verfahren beschleunigt und die Administrierbarkeit für Bieter und Bundesnetzagentur erleichtert werden.

Absatz 4 stellt klar, dass die Bundesnetzagentur die notwendigen Vorkehrungen für einen sicheren Datenaustausch und den Schutz der angegebenen Daten trifft. Hierbei sollen insbesondere bei der Umstellung auf ein elektronisches Verfahren nach Absatz 3 die einschlägigen Standards und Empfehlungen des Bundesamtes für Sicherheit in der Informationstechnik berücksichtigt werden.

§ 35 Festlegungen

Die Bundesnetzagentur darf im Rahmen dieser Verordnung Festlegungen nach § 88 Absatz 4 Nummer 2 des Erneuerbare-Energien-Gesetzes unter Berücksichtigung der in den §§ 1 und 2 des Erneuerbare-Energien-Gesetzes genannten Ziele und Grundsätze treffen:

1. abweichend von den §§ 3 und 4 zu einer Verringerung des Ausschreibungsvolumens oder zu einer anderen Verteilung des Ausschreibungsvolumens über die Gebotstermine,

2. abweichend von § 6 zu Anforderungen an die Gebote und Bieter, um die Ernsthaftigkeit und Verbindlichkeit der Gebote zu gewährleisten,

3. abweichend von § 6 Absatz 2 Satz 2 zur Begrenzung der Anzahl der zulässigen Gebote eines Bieters in einer Ausschreibung und zu Regelungen, die eine Umgehung dieser Begrenzung verhindern sollen,

4. zu Nachweisen, die der Bieter erbringen muss, um zu belegen, dass die Fläche, auf der die Freiflächenanlage nach § 6 Absatz 3 Nummer 6 Buchstabe e geplant und nach § 22 Absatz 1 Nummer 2 Buchstabe b Doppelbuchstabe ee errichtet worden ist, tatsächlich zum Zeitpunkt des Beschlusses über die Aufstellung oder Änderung des Bebauungsplans als Ackerland genutzt worden ist,

5. abweichend von § 8 Absatz 2 zur Ermittlung des Höchstwerts, wobei der auf der Grundlage von § 8 Absatz 2 ermittelte Höchstwert nicht überschritten werden darf,

6. zusätzlich zu den Ausschlussgründen nach § 10 Absatz 1 einen Ausschlussgrund für Gebote auf Standorten vorzusehen, soweit ein Gebot für diesen Standort in einer vorangegangenen Ausschreibung einen Zuschlag erhalten hat und der Zuschlag nach § 20 Absatz 1 erloschen ist,

7. zur näheren Ausgestaltung des Zuschlagsverfahrens nach § 12, wobei insbesondere festgelegt werden kann, dass das Nachrückverfahren nach § 12 Absatz 3 entfällt oder die Regelungen zum Nachrückverfahren nach § 12 Absatz 3 geändert werden,

8. zum Verfahren der Ermittlung des Zuschlagswerts abweichend von § 13; zu diesem Zweck kann insbesondere geregelt werden,
   a) dass der Zuschlagswert auch zu einem oder mehreren Gebotsterminen in den Kalenderjahren 2016 und 2017 nach dem in § 13 Absatz 2 festgelegten Verfahren ermittelt wird oder
   b) wie die Höhe des Zuschlagswerts nach § 13 Absatz 2 Nummer 1 ermittelt wird,
9. zur Form der Erstsicherheit nach § 7 und der Zweitsicherheit nach § 15, insbesondere zusätzliche Anforderungen an die Bürgschaften, die nach § 16 Absatz 1 Nummer 1 als Sicherheitsleistung erbracht werden können,
10. zur Höhe der Erstsicherheit nach § 7 und der Zweitsicherheit nach § 15, wobei die Sicherheiten jeweils 100 Euro pro Kilowatt der Gebotsmenge nicht überschreiten dürfen,
11. zu den Fristen nach § 15 Absatz 5 und § 20 Absatz 2 Satz 1,
12. zu Angaben, die zusätzlich mit dem Antrag des Bieters auf Ausstellung der Förderberechtigung der Bundesnetzagentur übermittelt werden müssen,
13. zur Verringerung des Zuschlagswerts nach Ablauf von bestimmten Fristen oder abhängig vom Standort der errichteten Freiflächenanlage, wobei insbesondere festgelegt werden kann, dass
   a) die Verringerung nach § 26 Absatz 3 auf bis zu 1 Cent pro Kilowattstunde erhöht wird und die Verringerung nach dem nachgewiesenen Planungsstand nach § 6 Absatz 4 Nummer 1 differenziert wird oder
   b) der Zuschlagswert sich abweichend von § 26 Absatz 4 nach bestimmten Fristen verringert oder monatlich degressiv ausgestaltet wird, um einen Anreiz zu einer frühzeitigen Inbetriebnahme der Freiflächenanlagen zu setzen,
14. zu Anforderungen an Nachweise, die der Netzbetreiber nach § 28 Absatz 3 vom Anlagenbetreiber zum Nachweis des Vorliegens der Anspruchsvoraussetzungen nach § 28 Absatz 1 Satz 1 Nummer 2 oder 3 verlangen muss,
15. zu Auflagen, die die Bundesnetzagentur mit der Ausstellung der Förderberechtigung verbinden darf, die sicherstellen sollen, dass die geförderte Freiflächenanlage innerhalb des Förderzeitraums nach § 28 Absatz 5 eine angemessene Strommenge erzeugt,
16. zur Höhe der Strafzahlungen nach § 30 Absatz 1 Satz 1 Nummer 1 oder 2, wobei die Höhe der Strafzahlungen 100 Euro pro Kilowatt der Gebotsmenge nicht überschreiten darf.

Amtliche Begründung

§ 35 ermächtigt die Bundesnetzagentur, wie von § 88 Absatz 4 Nummer 2 EEG 2014 vorgesehen, zum Erlass von Festlegungen zu den Ausschreibungen. Die Ausgestaltung konkreter energiewirtschaftlicher Verfahren und Regelungen durch allgemeinverbindliche Festlegungen der Bundesnetzagentur hat sich bewährt und hat für den Bereich der Ausschreibungen eine besonders hohe Bedeutung. Da bei Ausschreibungen häufig strategisches Bieterverhalten anzutreffen ist, das zu Überförderungen, einer niedrigen Realisierungsrate oder einer Verringerung der Akteursvielfalt führen kann, muss die Bundesnetzagentur als ausschreibende Stelle schnell auf strategisches Verhalten reagieren und das Ausschreibungsdesign anpassen können. Ohne eine solche Festlegungskompetenz müsste für jede Änderung am Ausschreibungsdesign die Rechtsverordnung geändert werden. Dies würde eine schnelle Reaktion der ausschreibenden Stelle auf unerwünschtes strategisches Bieterverhalten unmöglich machen.

Nummer 1 betrifft Festlegungen zum Ausschreibungsvolumen. Die Bundesnetzagentur kann somit durch Festlegung nach § 35 von dieser Verordnung abweichen und ein geringeres Ausschreibungsvolumen oder eine andere Verteilung des Ausschreibungsvolumen über die Gebotstermine in einem Kalenderjahr festlegen.

Nummer 2 ermächtigt die Bundesnetzagentur, abweichend von den in § 6 genannten Anforderungen für die Zulassung zum Zuschlagsverfahren nach § 12 weitere Anforderungen an die Zulassung zu knüpfen. Insbesondere können weitere Nachweise verlangt werden, die mit der Gebotsabgabe eingereicht werden müssen. So können auch weitere Anforderungen an den Planungsstand der Projekte oder besondere Anforderungen an die Bonität der Bieter und deren Nachweis festgelegt werden. Diese Festlegungskompetenz ist notwendig, um der Bundesnetzagentur die Möglichkeit zu geben, schnell auf Fehlentwicklungen zu reagieren und insbesondere nicht ernsthafte Gebote, Dumpinggebote oder rein strategische Gebote ausschließen zu können.

Nummer 3 ermächtigt die Bundesnetzagentur, Regelungen zu treffen, die die Anzahl der Gebote pro Bieter in einer Ausschreibungsrunde begrenzen. Diese Regelung kann dazu dienen, Fehlentwicklungen und einer Marktkonzentration entgegenzuwirken und das Ziel der Akteursvielfalt zu wahren. Dabei kann die Bundesnetzagentur auch Regelungen im Rahmen der Festlegung treffen, die sicherstellen, dass die Begrenzung der Anzahl der Gebote pro Bieter nicht umgangen wird.

Nummer 4 ermächtigt die Bundesnetzagentur dazu, die Art und Form der Nachweise für die Einhaltung der Vorgaben nach § 6 Absatz 3 Nummer 6 Buchstabe e und nach § 22 Absatz 1 Nummer 2 Buchstabe b Doppelbuchstabe ee festzulegen. Dabei soll insbesondere von der Bundesnetzagentur festgelegt werden, wie der Bieter bzw. der Anlagenbetreiber nachweisen muss, dass die Fläche, auf der die Freiflächenanlage geplant bzw. errichtet worden ist, im Zeitpunkt der Aufstellung oder Änderung des Bebauungsplans tatsächlich als Ackerland genutzt worden ist.

Nummer 5 gibt der Bundesnetzagentur die Möglichkeit, das Verfahren zur Ermittlung des Höchstwertes abweichend von § 8 Absatz 2 zu regeln. Nach den ersten Erfahrungen mit dem neuen Instrument der Ausschreibungen kann die Bundesnetzagentur so ein neues Verfahren für die Festlegung eines ambitionierten Höchstwertes für eine Ausschreibung entwickeln und auf die tatsächliche Kostenentwicklung reagieren. Der festgelegte Höchstwert darf allerdings nicht den Höchstwert nach § 8 Absatz 2 überschreiten.

Nummer 6 gibt der Bundesnetzagentur die Möglichkeit, eine Festlegung zu treffen, nach der Gebote dann ausgeschlossen werden dürfen, wenn der im Gebot genannte Standort bereits in vorherigen Ausschreibungsrunden mehrfach genannt worden ist und das Gebot dann auch entsprechend einen Zuschlag erhalten hat, aber die Zweitsicherheit nicht fristgemäß geleistet worden ist. Durch diese Regelung können bestimmte Standorte zeitlich befristet gesperrt werden.

Nummer 7 ermächtigt die Bundesnetzagentur, das gesamte Zuschlagsverfahren an die Entwicklung der Pilot-Ausschreibung anzupassen. Insbesondere kann die Bundesnetzagentur das in § 12 Absatz 3 vorgesehene Nachrückverfahren auf mehrere Runden ausweiten oder ganz abschaffen.

Durch Nummer 8 erhält die Bundesnetzagentur die Flexibilität die Preisregel des § 13 an die Entwicklung der Ausschreibungen anzupassen. Insbesondere kann das nach der zweiten Ausschreibungsrunde nach § 13 Absatz 2 vorgesehene Einheitspreisverfahren (sog. Uniform-pricing) auch wieder durch das Gebotspreisverfahren (sog. Pay-as-bid) ersetzt werden und die Höhe des Zuschlagswerts bei mangelnder Knappheit auf dem Freiflächenmarkt angepasst werden.

Nummer 9 und 10 ermächtigt die Bundesnetzagentur, die Form und Höhe der Sicherheitsleistungen durch Festlegungen abweichend von §§ 7, 15 und 16 zu regeln. So kann die Bundesnetzagentur z.B. bei den in vielen anderen Ländern häufig bei Ausschreibungen für die Förderung von Erneuerbare-Energien-Anlagen aufgetretenen niedrigen Realisierungsraten, die Höhe der Sicherheitsleistung nach § 7 oder § 15 erhöhen oder bei einem eventuell häufigen Ausfall von Sicherheitsleistungen schärfere Anforderungen an die Sicherheitsleistungen stellen. Insbesondere kann es sich als erforderlich erweisen, die Erstsicherheit deutlich anzuheben, um damit die Abgabe von nicht ernsthaften oder strategischen Geboten zurückzudrängen.

Nummer 11 ermöglicht der Bundesnetzagentur, im Rahmen einer Festlegung die Frist nach § 15 Absatz 5 zu verlängern, wenn sich z. B. zeigen sollte, dass viele Akteure in der vorgegebenen Zeit nicht die erforderlichen Sicherheitsleistungen hinterlegen können. Die Frist zur Realisierung nach § 20 Absatz 2 Satz 1 kann verkürzt oder verlängert werden, wenn Fehlentwicklungen entstehen. Die jeweiligen Fristen müssen aber vor jeder Bekanntmachung festgelegt werden, um den Bietern vor der Ausschreibung die notwendige Planungssicherheit zu geben.

Nummer 12 ermöglicht der Bundesnetzagentur durch Festlegung zusätzliche Anforderungen an den Antrag zur Ausstellung einer Förderberechtigung nach § 21 zu regeln.

Nummer 13 räumt der Bundesnetzagentur die Möglichkeit ein, die Abschläge beim Zuschlagswert, die sich bei einer Abweichung von der ursprünglich benannten Fläche ergeben, abzuändern. Dabei erhält sie auch die Möglichkeit, Gebote, die sich hinsichtlich der Höhe der Sicherheitsleistungen unterscheiden, auch hinsichtlich der Abschläge unterschiedlich zu behandeln und eine Differenzierung des Abschlags einzuführen. Darüber hinaus wird durch Nummer 13 Buchstabe b die Möglichkeit geschaffen, die Höhe des Zuschlagswerts degressiv auszugestalten, so dass bei späteren Zuschlägen auch ein niedriger anzulegender Wert der finanziellen Förderung der errichteten Freiflächenanlage zu Grunde gelegt werden kann. Hierdurch kann ein Anreiz zu einer frühzeitigen Realisierung gesetzt werden und auch Kostensenkungen, z. B. bei den Modulpreisen, können abgeschöpft und so Überförderungen verhindert werden.

Nummer 14 ermächtigt die Bundesnetzagentur, durch Festlegungen zu regeln, welche Nachweise der Anlagenbetreiber dem Netzbetreiber zum Nachweis der Anspruchsvoraussetzungen für die finanzielle Förderung nach § 28 Absatz 1 vorzulegen sind.

Nummer 15 ermächtigt die Bundesnetzagentur, über Festlegungen allgemeine Vorgaben für Auflagen nach § 22 Absatz 5 zu treffen, die mit der Ausstellung der Förderberechtigung verbunden werden können. Hierdurch kann unter Umständen sichergestellt werden, dass die bezuschlagten Freiflächenanlagen auch eine angemessene Strommenge erzeugen.

Nummer 16 ermächtigt die Bundesnetzagentur dazu, die Höhe der Strafzahlungen nach § 30 zu verringern oder zu erhöhen und auch die Fristen dafür zu ändern. Da diese Strafzahlungen eine zentrale Rolle für eine hohe Realisierungsrate spielen, braucht die Bundesnetzagentur als ausschreibende Stelle hierbei eine hohe Flexibilität, um auf Fehlentwicklungen und strategisches Verhalten reagieren zu können. Obergrenze der Strafzahlungen sind dabei 100 Euro pro Kilowatt der Gebotsmenge, die nach § 20 entwertet wird.

§ 36 Erfahrungsbericht zur Flächeninanspruchnahme

Die Bundesnetzagentur berichtet der Bundesregierung bis zum 31. Dezember 2016 und dann jährlich über die Flächeninanspruchnahme für Freiflächenanlagen, insbesondere über die Inanspruchnahme von Ackerland.

Amtliche Begründung

Die Bundesnetzagentur muss – unter Einbeziehung des Sachverstandes des Thünen Instituts – einen Erfahrungsbericht über die für den Bau von Freiflächenanlagen genutzten Flächen erstellen, den sie der Bundesregierung bis zum 31. Dezember 2016 und dann jährlich vorlegen muss. Die hierfür erforderlichen Informationen werden unter anderem durch eine entsprechende Ergänzung der Meldepflichten in der Anlagenregisterverordnung gewonnen.

Teil 6
Datenschutz und Rechtsschutz

§ 37 Datenübermittlung

(1) Dem Bundesministerium für Wirtschaft und Energie und dem Umweltbundesamt ist auf Verlangen jederzeit Auskunft über sämtliche auf Grund dieser Verordnung gespeicherten Daten einschließlich personenbezogener Daten zu erteilen, soweit dies für deren Aufgabenerfüllung nach dem Erneuerbare-Energien-Gesetz und dem Energiewirtschaftsgesetz und den auf Grund dieser Gesetze erlassenen Verordnungen erforderlich ist.

(2) Die Bundesnetzagentur darf die auf Grund dieser Verordnung gespeicherten Daten an Netzbetreiber übermitteln, soweit dies für die Abwicklung und Überwachung der finanziellen Förderung nach dem Erneuerbare-Energien-Gesetz erforderlich ist.

Amtliche Begründung

Die Bundesnetzagentur muss Daten auf Verlangen an Stellen übermitteln, die in § 37 Absatz 1 und 2 aufgeführt werden. Voraussetzung für die Datenübermittlung ist, dass sie für die Durchführung dieser Verordnung oder zur Überwachung der finanziellen Förderung nach dem Erneuerbare-Energien-Gesetz erforderlich ist oder dazu dient, die Berichtspflichten der Bundesrepublik Deutschland gegenüber den Organen der Europäischen Union zu erfüllen.

§ 38 Löschung von Daten

Die auf Grund dieser Verordnung gespeicherten Daten sind unverzüglich zu löschen, wenn sie für die Durchführung oder Überwachung der Ausschreibungen und der finanziellen Förderung von Freiflächenanlagen nicht mehr erforderlich sind.

Amtliche Begründung

§ 38 sieht vor, dass sämtliche von der Bundesnetzagentur nach der Freiflächenausschreibungsverordnung erhobene Daten unverzüglich gelöscht werden, sobald sie zur Durchführung und Überwachung der Ausschreibung und der finanziellen Förderung von Freiflächenanlagen nicht mehr erforderlich sind. Bei der Umsetzung dieser Norm werden die internen Verwaltungsvorschriften, die die Aufbewahrung von Schriftgut regeln, berücksichtigt. Bei den zu löschenden Daten handelt es sich sowohl um Daten, die im Zusammenhang mit der Registrierung von Geboten und Förderberechtigungen als auch mit der finanziellen Förderung von Freiflächenanlagen übermittelt wurden.

§ 39 Rechtsschutz

(1) [1]Gerichtliche Rechtsbehelfe mit dem Ziel, die Bundesnetzagentur zur Erteilung eines Zuschlags zu verpflichten, sind zulässig. [2]Die Bundesnetzagentur muss bei einem Rechtsbehelf nach Satz 1 über das in den §§ 3 und 4 festgelegte Ausschreibungsvolumen hinaus einen entsprechenden Zuschlag erteilen, soweit das Begehren des Rechtsbehelfsführers Erfolg hat und sobald die gerichtliche Entscheidung formell rechtskräftig wird.

(2) ¹Die Erteilung eines Zuschlags oder die Ausstellung einer Förderberechtigung haben unabhängig von einem Rechtsschutzverfahren Dritter nach Absatz 1 Bestand. ²Die Anfechtung eines Zuschlags oder einer Förderberechtigung durch Dritte ist nicht zulässig.

Amtliche Begründung

Durch § 39 wird die Möglichkeit einer Konkurrentenklage im klassischen Sinne ausgeschlossen. Hierdurch wird Rechtssicherheit für die Bieter geschaffen, die einen Zuschlag nach § 12 erhalten haben. Konkurrenten können nicht die Zuschlagsentscheidung für einen anderen Bieter anfechten. Bieter, die vom Zuschlagsverfahren nach § 10 oder § 11 ausgeschlossen worden sind oder die keinen Zuschlag nach § 13 erhalten haben, können die Entscheidung der Bundesnetzagentur gerichtlich nach § 85 Absatz 4 EEG 2014 in Verbindung mit § 75 EnWG vor dem Oberlandesgericht angreifen. Das zuständige Oberlandesgericht darf bei einem erfolgreichen Rechtsbehelf nicht die Zuschläge anderer Bieter aufheben, sondern nur die Bundesnetzagentur zur Erteilung eines Zuschlags verpflichten. Daher müssen andere Bieter nicht befürchten, ihren Zuschlag zu verlieren, weil ein Konkurrent einen Zuschlag gerichtlich eingeklagt hat. Im Fall eines erfolgreichen Rechtsbehelfs eines Bieters, der keinen Zuschlag erhalten hat, erteilt die Bundesnetzagentur einen entsprechenden Zuschlag. Dem steht das nach den §§ 3 und 4 grundsätzlich begrenzte Ausschreibungsvolumen nicht entgegen, da sich nach Absatz 1 Satz 2 das Ausschreibungsvolumen entsprechend der gerichtlich erstrittenen Zuschläge erhöht. Damit ist ein ausreichender Rechtsschutz nach Artikel 19 Absatz 4 GG gewährleistet, ohne dass für die übrigen Bieter rechtliche Risiken entstehen. Vor diesem Hintergrund ist der jeweils klagende Bieter nicht durch die Erteilung eines Zuschlags für die übrigen Bieter beschwert, so dass für den klagenden Bieter auch kein Rechtsschutzbedürfnis zur Aufhebung der Zuschläge für die übrigen bezuschlagten Bieter bestehen würde.

Auch ein gesonderter Rechtsbehelf gegen den Ausschluss eines Gebots nach § 10 oder § 11 ist nicht zulässig. Ein Bieter, dessen Gebot ausgeschlossen worden ist, kann gerichtlich nur auf die Erteilung eines Zuschlags, nicht aber auf die Zulassung zum Zuschlagsverfahren klagen.

Um das jährliche Ziel des Zubaus für Photovoltaik-Freiflächenanlagen nicht zu überschreiten, sieht § 4 die Möglichkeit für die Bundesnetzagentur vor, das Ausschreibungsvolumen in den nächsten Runden zu reduzieren, wenn aufgrund von erfolgreichen Verpflichtungsklagen das angepeilte Ausschreibungsvolumen in einer Runde überschritten worden ist.

2. Verordnung über die Erzeugung von Strom aus Biomasse (Biomasseverordnung)

vom 21.6.2001

(BGBl. I S. 1234)

zuletzt geändert durch Artikel 12 des Gesetzes vom 21.7.2014
(BGBl. I S. 1066)

Vorbemerkung

Die Biomasseverordnung regelt, welche Stoffe als Biomasse gelten (§ 1), welche Arten von Biomasse (§ 2) bei der Stromerzeugung unter die Vorrangregelung des EEG (§ 2 Abs. 1 S. 2) fallen sollen und welche Umweltanforderungen bei den technischen Verfahren zur Stromerzeugung aus Biomasse einzuhalten sind.

Der Gesetzgeber hatte das Bundesministerium für Umwelt, Naturschutz und Reaktorsicherheit bereits in § 2 Abs. 1 Satz 2 EEG 2000 ermächtigt, im Einvernehmen mit dem Bundesministerium für Verbraucherschutz, Ernährung und Landwirtschaft sowie dem Bundesministerium für Wirtschaft und Technologie durch Rechtsverordnung, die der Zustimmung des Deutschen Bundestages bedarf, Vorschriften zu erlassen, welche Stoffe und technische Verfahren bei Biomasse in den Anwendungsbereich des Gesetzes fallen und welche Umweltanforderungen einzuhalten sind.

In Ausfüllung dieser Ermächtigung hat das Bundesministerium für Umwelt, Naturschutz und Reaktorsicherheit im Einvernehmen mit dem Bundesministerium für Verbraucherschutz, Ernährung und Landwirtschaft und dem Bundesministerium für Wirtschaft und Technologie nachfolgende Verordnung über die Erzeugung von Strom aus Biomasse (Biomasseverordnung – BiomasseV) erlassen. Sie regelt für den Anwendungsbereich des Erneuerbare-Energien- Gesetzes, welche Stoffe als Biomasse gelten, welche technischen Verfahren zur Stromerzeugung aus Biomasse in den Anwendungsbereich des Gesetzes fallen und welche Umweltanforderungen bei der Erzeugung von Strom aus Biomasse einzuhalten sind.

Säcker

Eingangsformel

Auf Grund des § 2 Abs. 1 Satz 2 des Erneuerbare-Energien-Gesetzes vom 29. März 2000 (BGBl. I S. 305) in Verbindung mit Artikel 56 Abs. 1 des Zuständigkeitsanpassungs-Gesetzes vom 18. März 1975 (BGBl. I S. 705) und dem Organisationserlass des Bundeskanzlers vom 22. Januar 2001 (BGBl. I S. 127) verordnet das Bundesministerium für Umwelt, Naturschutz und Reaktorsicherheit im Einvernehmen mit den Bundesministerien für Verbraucherschutz, Ernährung und Landwirtschaft und für Wirtschaft und Technologie unter Wahrung der Rechte des Bundestages:

§ 1 Aufgabenbereich

Diese Verordnung regelt für den Anwendungsbereich des Erneuerbare-Energien-Gesetzes, welche Stoffe als Biomasse gelten, welche technischen Verfahren zur Stromerzeugung aus Biomasse in den Anwendungsbereich des Gesetzes fallen und welche Umweltanforderungen bei der Erzeugung von Strom aus Biomasse einzuhalten sind.

§ 2 Anerkannte Biomasse

(1) [1]Biomasse im Sinne dieser Verordnung sind Energieträger aus Phyto- und Zoomasse. [2]Hierzu gehören auch aus Phyto- und Zoomasse resultierende Folge- und Nebenprodukte, Rückstände und Abfälle, deren Energiegehalt aus Phyto- und Zoomasse stammt.

(2) Biomasse im Sinne des Absatzes 1 sind insbesondere:

1. Pflanzen und Pflanzenbestandteile,
2. aus Pflanzen oder Pflanzenbestandteilen hergestellte Energieträger, deren sämtliche Bestandteile und Zwischenprodukte aus Biomasse im Sinne des Absatzes 1 erzeugt wurden,
3. Abfälle und Nebenprodukte pflanzlicher und tierischer Herkunft aus der Land-, Forst- und Fischwirtschaft,
4. Bioabfälle im Sinne von § 2 Nr. 1 der Bioabfallverordnung,
5. aus Biomasse im Sinne des Absatzes 1 durch Vergasung oder Pyrolyse erzeugtes Gas und daraus resultierende Folge- und Nebenprodukte,
6. aus Biomasse im Sinne des Absatzes 1 erzeugte Alkohole, deren Bestandteile, Zwischen-, Folge- und Nebenprodukte aus Biomasse erzeugt wurden.

(3) Unbeschadet von Absatz 1 gelten als Biomasse im Sinne dieser Verordnung:

1. Treibsel aus Gewässerpflege, Uferpflege und -reinhaltung,
2. durch anaerobe Vergärung erzeugtes Biogas, sofern zur Vergärung nicht Stoffe nach § 3 Nummer 3, 7 oder 9 oder mehr als 10 Gewichtsprozent Klärschlamm eingesetzt werden.

(4) [1]Stoffe, aus denen in Altanlagen im Sinne von § 2 Abs. 3 Satz 4 des Erneuerbare-Energien-Gesetzes vom 29. März 2000 (BGBl. I S. 305) in der am 31. Juli 2004 geltenden Fassung Strom erzeugt und vor dem 1. April 2000 bereits als Strom aus Biomasse vergütet worden ist, gelten in diesen Anlagen weiterhin als Biomasse. [2]Dies gilt nicht für Stoffe nach § 3 Nr. 4.

§ 2a (weggefallen)

§ 3 Nicht als Biomasse anerkannte Stoffe

Nicht als Biomasse im Sinne dieser Verordnung gelten:

1. fossile Brennstoffe sowie daraus hergestellte Neben- und Folgeprodukte,
2. Torf,

3. gemischte Siedlungsabfälle aus privaten Haushaltungen sowie ähnliche Abfälle aus anderen Herkunftsbereichen einschließlich aus gemischten Siedlungsabfällen herausgelöste Biomassefraktionen,
4. Altholz mit Ausnahme von Industrierestholz
5. Papier, Pappe, Karton,
6. Klärschlämme im Sinne der Klärschlammverordnung,
7. Hafenschlick und sonstige Gewässerschlämme und -sedimente,
8. Textilien,
9. tierische Nebenprodukte im Sinne von Artikel 3 Nummer 1 der Verordnung (EG) Nr. 1069/2009 des Europäischen Parlaments und des Rates vom 21. Oktober 2009 mit Hygienevorschriften für nicht für den menschlichen Verzehr bestimmte tierische Nebenprodukte und zur Aufhebung der Verordnung (EG) Nr. 1774/2002 (ABl. L 300 vom 14.11.2009, S. 1), die durch die Richtlinie 2010/63/EU (ABl. L 276 vom 20.10.2010, S. 33) geändert worden ist, soweit es sich
   a) um Material der Kategorie 1 gemäß Artikel 8 der Verordnung (EG) Nr. 1069/2009 handelt,
   b) um Material der Kategorie 2 gemäß Artikel 9 der Verordnung (EG) Nr. 1069/2009 mit Ausnahme von Gülle, von Magen und Darm getrenntem Magen- und Darminhalt und Kolostrum im Sinne der genannten Verordnung handelt,
   c) um Material der Kategorie 3 gemäß Artikel 10 der Verordnung (EG) Nr. 1069/2009 mit Ausnahme von Häuten, Fellen, Hufen, Federn, Wolle, Hörnern, Haaren und Pelzen nach Artikel 10 Buchstaben b Unterbuchstaben iii bis v, h und n handelt, und dieses Material durch Verbrennen direkt als Abfall beseitigt wird, oder
   d) um Material der Kategorie 3 gemäß Artikel 10 der Verordnung (EG) Nr. 1069/2009 handelt, das in Verarbeitungsbetrieben für Material der Kategorie 1 oder 2 verarbeitet wird, sowie Stoffe, die durch deren dortige Verarbeitung hergestellt worden oder sonst entstanden sind,
10. Deponiegas,
11. Klärgas.

§ 4 Technische Verfahren

(1) Als technische Verfahren zur Erzeugung von Strom aus Biomasse im Sinne dieser Verordnung gelten einstufige und mehrstufige Verfahren der Stromerzeugung durch folgende Arten von Anlagen:

1. Feuerungsanlagen in Kombination mit Dampfturbinen-, Dampfmotor-, Stirlingmotor- und Gasturbinenprozessen, einschließlich Organic-Rankine-Cycle-(ORC)-Prozessen,
2. Verbrennungsmotoranlagen,
3. Gasturbinenanlagen,
4. Brennstoffzellenanlagen,
5. andere Anlagen, die wie die in Nummern 1 bis 4 genannten technischen Verfahren im Hinblick auf das Ziel des Klima- und Umweltschutzes betrieben werden.

(2) Soweit eine Stromerzeugung aus Biomasse im Sinne dieser Verordnung mit einem Verfahren nach Absatz 1 nur durch eine Zünd- oder Stützfeuerung mit anderen Stoffen als Biomasse möglich ist, können auch solche Stoffe eingesetzt werden.

(3) In Anlagen nach Absatz 1 und 2 darf bis zu einem Anteil von 10 vom Hundert des Energiegehalts auch Klärgas oder durch thermische Prozesse unter Sauerstoffmangel erzeugtes Gas (Synthesegas) eingesetzt werden, wenn das Gas (Synthesegas) aus Klärschlamm im Sinne der Klärschlammverordnung erzeugt worden ist.

§ 5   Umweltanforderungen

Zur Vermeidung und Verminderung von Umweltverschmutzungen, zum Schutz und zur Vorsorge vor schädlichen Umwelteinwirkungen und zur Gefahrenabwehr sowie zur Schonung der Ressourcen und zur Sicherung des umweltverträglichen Umgangs mit Abfällen sind die für die jeweiligen technischen Verfahren sowie den Einsatz der betreffenden Stoffe geltenden Vorschriften des öffentlichen Rechts einzuhalten.

§ 6   Inkrafttreten

Diese Verordnung tritt am Tage nach der Verkündung ist Kraft.

Schlussformel

Der Bundesrat hat zugestimmt.

Anlage 1 bis 3 (weggefallen)

3. Verordnung über Anforderungen an eine nachhaltige Herstellung von flüssiger Biomasse zur Stromerzeugung*

(Biomassestrom-Nachhaltigkeitsverordnung)

vom 23.7.2009

(BGBl. I S. 2174)

zuletzt geändert durch Artikel 3 des Gesetzes vom 20.11.2014
(BGBl. I S. 1740)

Vorbemerkung

In der Vergangenheit ist die Herstellung von flüssiger Biomasse, insbesondere von Palmöl, teilweise mit erheblichen Umweltzerstörungen verbunden gewesen. Durch die BioSt-NachV soll erreicht werden, dass flüssige Biomasse, die nach dem EEG vergütet wird, nur unter Beachtung verbindlicher Nachhaltigkeitsstandards für die Bewirtschaftung landwirtschaftlicher Flächen und die Erhaltung besonders schützenswürdiger Landschaftstypen hergestellt wird. Durch die Verordnung werden effektive Zertifizierungs- und Kontrollsysteme zur Einhaltung der Standards geschaffen. In der Begründung zur Verordnung wird einleitend ausgeführt:

„Für die Erhaltung der Lebensgrundlagen muss das gesamte Rechtssystem unter den drei Gesichtspunkten Wirtschaft, Umwelt und Soziales dauerhaft und auch aus globaler Perspektive tragfähig sein. Nachhaltigkeit zielt auf Generationengerechtigkeit, Lebensqualität, sozialen Zusammenhalt und internationale Verantwortung. (...) Diese Anforderungen werden durch die Biomassestrom-Nachhaltigkeitsverordnung für flüssige Biomasse geregelt, die zum Zwecke der Stromerzeugung eingesetzt und nach dem Erneuerbare-Energien-Gesetz (EEG) vergütet wird. Hierdurch wird sichergestellt, dass das EEG nicht zu ökologischen Fehlentwicklungen führt. Dieser Ansatz entspricht der Nachhaltigkeitsstrategie der Bundesregierung, die das Ziel formuliert, bei der Bioenergienutzung den Klimaschutz, den Ressourcenschutz, den Ausbau der Erneuerbaren Energien, die Artenvielfalt, die Gesundheit und Ernährung sowie offene Märkte in einen ausgewogenen Ausgleich zu bringen.2 Da die Nachhaltigkeitsanforderungen dieser Verordnung gleichermaßen für heimische als auch für importierte flüssige Biomasse gelten, bekennt sich die Bundesregierung zugleich zur Übernahme globaler Verantwortung als unabdingbare Voraussetzung für eine weltweite nachhaltige Entwicklung."

---

* Diese Verordnung dient der Umsetzung der Richtlinie 2009/28/EG des Europäischen Parlaments und des Rates vom 23. April 2009 zur Förderung der Nutzung von Energie aus erneuerbaren Quellen und zur Änderung und anschließenden Aufhebung der Richtlinien 2001/77/EG und 2003/30/EG (ABl. L 140 vom 5.6.2009, S. 16). Die Verpflichtungen aus der Richtlinie 98/34/EG des Europäischen Parlaments und des Rates vom 22. Juni 1998 über ein Informationsverfahren auf dem Gebiet der Normen und technischen Vorschriften und der Vorschriften für die Dienste der Informationsgesellschaft (ABl. L 204 vom 21.7.1998, S. 37), die zuletzt durch die Richtlinie 2006/96/EG (ABl. L 363 vom 20.12.2006, S. 81) geändert worden ist, sind beachtet worden.

Eingangsformel

Es verordnen auf Grund

- des § 64 Absatz 1 Satz 1 Nummer 9 des Erneuerbare-Energien-Gesetzes vom 25. Oktober 2008 (BGBl. I S. 2074) die Bundesregierung sowie
- des § 64 Absatz 2 Nummer 1 des Erneuerbare-Energien-Gesetzes das Bundesministerium für Umwelt, Naturschutz und Reaktorsicherheit im Einvernehmen mit dem Bundesministerium für Ernährung, Landwirtschaft und Verbraucherschutz mit Zustimmung des Bundestages:

Teil 1
Allgemeine Bestimmungen

§ 1 Anwendungsbereich

Diese Verordnung gilt für flüssige Biomasse, die nach dem Erneuerbare-Energien-Gesetz zur Erzeugung von Strom eingesetzt wird, mit Ausnahme von flüssiger Biomasse, die nur zur Anfahr-, Zünd- oder Stützfeuerung eingesetzt wird.

§ 2 Begriffsbestimmungen

(1) [1]Biomasse im Sinne dieser Verordnung ist Biomasse im Sinne der Biomasseverordnung vom 21. Juni 2001 (BGBl. I S. 1234), die durch die Verordnung vom 9. August 2005 (BGBl. I S. 2419) geändert worden ist, in der jeweils geltenden Fassung. [2]Flüssige Biomasse ist Biomasse nach Satz 1, die zum Zeitpunkt des Eintritts in den Brenn- oder Feuerraum flüssig ist.

(2) Herstellung im Sinne dieser Verordnung umfasst alle Arbeitsschritte von dem Anbau der erforderlichen Biomasse, insbesondere der Pflanzen, bis zur Aufbereitung der flüssigen Biomasse auf die Qualitätsstufe, die für den Einsatz in Anlagen zur Stromerzeugung erforderlich ist.

(3) Schnittstellen im Sinne dieser Verordnung sind

1. die Betriebe und Betriebsstätten (Betriebe), die die Biomasse, die für die Herstellung der flüssigen Biomasse erforderlich ist, erstmals von den Betrieben, die diese Biomasse anbauen und ernten, zum Zweck des Weiterhandelns aufnehmen,
2. Ölmühlen und
3. Raffinerien sowie sonstige Betriebe zur Aufbereitung der flüssigen Biomasse auf die Qualitätsstufe, die für den Einsatz in Anlagen zur Stromerzeugung erforderlich ist.

(4) Umweltgutachterinnen und Umweltgutachter im Sinne dieser Verordnung sind

1. Personen oder Organisationen, die nach dem Umweltauditgesetz in der Fassung der Bekanntmachung vom 4. September 2002 (BGBl. I S. 3490), das zuletzt durch Artikel 11 des Gesetzes vom 17. März 2008 (BGBl. I S. 399) geändert worden ist, in der jeweils

geltenden Fassung für den Bereich Land- oder Forstwirtschaft als Umweltgutachterin, Umweltgutachter oder Umweltgutachterorganisation tätig werden dürfen, und

2. sonstige Umweltgutachterinnen, Umweltgutachter und Umweltgutachterorganisationen, sofern sie in einem anderen Mitgliedstaat der Europäischen Union oder in einem anderen Vertragsstaat des Abkommens über den Europäischen Wirtschaftsraum für den Bereich Land- oder Forstwirtschaft oder einen vergleichbaren Bereich zugelassen sind, nach Maßgabe des § 18 des Umweltauditgesetzes.

(5) Zertifikate im Sinne dieser Verordnung sind Konformitätsbescheinigungen darüber, dass Schnittstellen einschließlich aller von ihnen mit der Herstellung oder dem Transport und Vertrieb (Lieferung) der Biomasse unmittelbar oder mittelbar befassten Betriebe die Anforderungen nach dieser Verordnung erfüllen.

(6) Zertifizierungsstellen im Sinne dieser Verordnung sind unabhängige natürliche oder juristische Personen, die in einem anerkannten Zertifizierungssystem

1. Zertifikate für Schnittstellen ausstellen, wenn diese die Anforderungen nach dieser Verordnung erfüllen, und

2. die Erfüllung der Anforderungen nach dieser Verordnung durch Betriebe, Schnittstellen und Lieferanten kontrollieren.

(7) Zertifizierungssysteme im Sinne dieser Verordnung sind Systeme, die die Erfüllung der Anforderungen nach dieser Verordnung für die Herstellung und Lieferung der Biomasse organisatorisch sicherstellen und insbesondere Standards zur näheren Bestimmung der Anforderungen nach dieser Verordnung, zum Nachweis ihrer Erfüllung sowie zur Kontrolle dieses Nachweises enthalten.

Teil 2
Nachhaltigkeitsanforderungen

§ 3 Anforderungen für die Vergütung

(1) Für Strom aus flüssiger Biomasse besteht der Anspruch auf finanzielle Förderung nach den Förderbestimmungen für Strom aus Biomasse des Erneuerbare-Energien-Gesetzes in der für die Anlage jeweils anzuwendenden Fassung nur, wenn

1. die Anforderungen an
   a) den Schutz natürlicher Lebensräume nach den §§ 4 bis 6 und
   b) eine nachhaltige landwirtschaftliche Bewirtschaftung nach § 7

erfüllt worden sind,

2. die eingesetzte flüssige Biomasse das Treibhausgas-Minderungspotenzial nach § 8 aufweist und

3. der Betreiber der Anlage, in der die flüssige Biomasse zur Stromerzeugung eingesetzt wird, die zur Registrierung der Anlage erforderlichen Angaben nach Maßgabe der Rechtsverordnung nach § 93 des Erneuerbare-Energien-Gesetzes übermittelt hat; die Pflicht nach dem ersten Halbsatz ist auch als erfüllt anzusehen, wenn der Anlagenbetreiber die Registrierung der Anlage im Anlagenregister nach den §§ 61 bis 63 der Bio-

massestrom-Nachhaltigkeitsverordnung in der am 31. Juli 2014 geltenden Fassung beantragt hat.

(2) ¹Für die Beurteilung der Anforderungen an den Schutz natürlicher Lebensräume nach den §§ 4 bis 6 ist Referenzzeitpunkt der 1. Januar 2008. ²Sofern keine hinreichenden Daten vorliegen, mit denen die Erfüllung der Anforderungen für diesen Tag nachgewiesen werden kann, kann als Referenzzeitpunkt ein anderer Tag im Januar 2008 gewählt werden.

(3) Absatz 1 gilt sowohl für flüssige Biomasse, die in den Mitgliedstaaten der Europäischen Union hergestellt wird, als auch für flüssige Biomasse, die aus Staaten, die nicht Mitgliedstaaten der Europäischen Union sind (Drittstaaten), importiert wird, soweit sich aus den folgenden Bestimmungen nichts anderes ergibt.

(4) Absatz 1 Nummer 1 gilt nicht für flüssige Biomasse, die aus Abfall oder aus Reststoffen hergestellt worden ist, es sei denn, die Reststoffe stammen aus der Land-, Forst- oder Fischwirtschaft oder aus Aquakulturen.

§ 4 Schutz von Flächen mit hohem Naturschutzwert

(1) Biomasse, die zur Herstellung von flüssiger Biomasse verwendet wird, darf nicht von Flächen mit einem hohen Wert für die biologische Vielfalt stammen.

(2) Als Flächen mit einem hohen Wert für die biologische Vielfalt gelten alle Flächen, die zum Referenzzeitpunkt oder später folgenden Status hatten, unabhängig davon, ob die Flächen diesen Status noch haben:

1. bewaldete Flächen nach Absatz 3,
2. Naturschutzzwecken dienende Flächen nach Absatz 4 oder
3. Grünland mit großer biologischer Vielfalt nach Absatz 5.

(3) Bewaldete Flächen sind

1. Primärwälder und
2. sonstige naturbelassene Flächen,
   a) die mit einheimischen Baumarten bewachsen sind,
   b) in denen es kein deutlich sichtbares Anzeichen für menschliche Aktivität gibt und
   c) in denen die ökologischen Prozesse nicht wesentlich gestört sind.

(4) ¹Naturschutzzwecken dienende Flächen sind Flächen, die durch Gesetz oder von der zuständigen Behörde für Naturschutzzwecke ausgewiesen worden sind. ²Sofern die Kommission der Europäischen Gemeinschaften auf Grund des Artikels 18 Absatz 4 Unterabsatz 2 Satz 3 der Richtlinie 2009/28/EG des Europäischen Parlaments und des Rates vom 23. April 2009 zur Förderung der Nutzung von Energie aus erneuerbaren Quellen und zur Änderung und anschließenden Aufhebung der Richtlinien 2001/77/EG und 2003/30/EG (ABl. L 140 vom 5.6.2009, S. 16) Flächen für den Schutz seltener, bedrohter oder gefährdeter Ökosysteme oder Arten, die

1. in internationalen Übereinkünften anerkannt werden oder
2. in den Verzeichnissen zwischenstaatlicher Organisationen oder der Internationalen Union für die Erhaltung der Natur aufgeführt sind,

für die Zwecke des Artikels 17 Absatz 3 Buchstabe b Nummer ii dieser Richtlinie anerkennt, gelten diese Flächen auch als Naturschutzzwecken dienende Flächen. 3Absatz 1 gilt
nicht, sofern Anbau und Ernte der Biomasse den genannten Naturschutzzwecken nicht zuwiderlaufen.

(5) ¹Grünland mit großer biologischer Vielfalt ist Grünland, das ohne Eingriffe von Men-
schenhand

1. Grünland bleiben würde und dessen natürliche Artenzusammensetzung sowie ökologische Merkmale und Prozesse intakt sind (natürliches Grünland) oder

2. kein Grünland bleiben würde und das artenreich und nicht degradiert ist (künstlich geschaffenes Grünland), es sei denn, dass die Ernte der Biomasse zur Erhaltung des Grün-
landstatus erforderlich ist.

²Als Grünland mit großer biologischer Vielfalt gelten insbesondere Gebiete, die die Kommission der Europäischen Gemeinschaften auf Grund des Artikels 17 Absatz 3 Unterabsatz 2 der Richtlinie 2009/28/EG als solche festgelegt hat. ³Die von der Kommission zur
Bestimmung von natürlichem oder künstlich geschaffenem Grünland auf Grund des Artikels 17 Absatz 3 Unterabsatz 2 der Richtlinie 2009/28/EG festgelegten Kriterien sind bei
der Auslegung des Satzes 1 zu berücksichtigen.

§ 5 Schutz von Flächen mit hohem Kohlenstoffbestand

(1) Biomasse, die zur Herstellung von flüssiger Biomasse verwendet wird, darf nicht von
Flächen mit einem hohen oberirdischen oder unterirdischen Kohlenstoffbestand stammen.

(2) Als Flächen mit einem hohen oberirdischen oder unterirdischen Kohlenstoffbestand
gelten alle Flächen, die zum Referenzzeitpunkt oder später folgenden Status hatten und
diesen Status zum Zeitpunkt von Anbau und Ernte der Biomasse nicht mehr haben:

1. Feuchtgebiete nach Absatz 3 oder
2. kontinuierlich bewaldete Gebiete nach Absatz 4.

(3) ¹Feuchtgebiete sind Flächen, die ständig oder für einen beträchtlichen Teil des Jahres
von Wasser bedeckt oder durchtränkt sind. ²Als Feuchtgebiete gelten insbesondere alle
Feuchtgebiete, die in die Liste international bedeutender Feuchtgebiete nach Artikel 2 Ab-
satz 1 des Übereinkommens vom 2. Februar 1971 über Feuchtgebiete, insbesondere als
Lebensraum für Wasser- und Watvögel, von internationaler Bedeutung (BGBl. 1976 II
S. 1266) aufgenommen worden sind.

(4) Kontinuierlich bewaldete Gebiete sind Flächen von mehr als 1 Hektar mit über 5 Meter
hohen Bäumen und

1. mit einem Überschirmungsgrad von mehr als 30 Prozent oder mit Bäumen, die auf dem
jeweiligen Standort diese Werte erreichen können, oder

2. mit einem Überschirmungsgrad von 10 bis 30 Prozent oder mit Bäumen, die auf dem
jeweiligen Standort diese Werte erreichen können, es sei denn, dass die Fläche vor und
nach der Umwandlung einen solchen Kohlenstoffbestand hat, dass die flüssige Biomasse das Treibhausgas-Minderungspotenzial nach § 8 Absatz 1 auch bei einer Berechnung
nach § 8 Absatz 3 aufweist.

§ 6 Schutz von Torfmoor

(1) Biomasse, die zur Herstellung von flüssiger Biomasse verwendet wird, darf nicht von Flächen stammen, die zum Referenzzeitpunkt oder später Torfmoor waren.

(2) Absatz 1 gilt nicht, wenn Anbau und Ernte der Biomasse keine Entwässerung von Flächen erfordert haben.

§ 7 Nachhaltige landwirtschaftliche Bewirtschaftung

Der Anbau von Biomasse zum Zweck der Herstellung von flüssiger Biomasse muss bei landwirtschaftlichen Tätigkeiten in einem Mitgliedstaat der Europäischen Union

1. gemäß den Bestimmungen, die in Anhang II Nummer 1 bis 5 und 9 der Verordnung (EG) Nr. 73/2009 des Rates vom 19. Januar 2009 mit gemeinsamen Regeln für Direktzahlungen im Rahmen der Gemeinsamen Agrarpolitik und mit bestimmten Stützungsregelungen für Inhaber landwirtschaftlicher Betriebe (ABl. L 30 vom 31.1.2009, S. 16) aufgeführt sind, und
2. im Einklang mit den Mindestanforderungen an den guten landwirtschaftlichen und ökologischen Zustand im Sinne von Artikel 6 Absatz 1 der Verordnung (EG) Nr. 73/ 2009

erfolgen.

§ 8 Treibhausgas-Minderungspotenzial

(1) [1]Die eingesetzte flüssige Biomasse muss ein Treibhausgas-Minderungspotenzial von mindestens 35 Prozent aufweisen. [2]Dieser Wert erhöht sich

1. am 1. Januar 2017 auf mindestens 50 Prozent und
2. am 1. Januar 2018 auf mindestens 60 Prozent, sofern die Schnittstelle nach § 2 Absatz 3 Nummer 2 nach dem 31. Dezember 2016 in Betrieb genommen worden ist.

(2) Absatz 1 Satz 1 ist erst ab dem 1. April 2013 einzuhalten, sofern die Schnittstelle nach § 2 Absatz 3 Nummer 2 vor dem 23. Januar 2008 in Betrieb genommen worden ist.

(3) [1]Die Berechnung des Treibhausgas-Minderungspotenzials erfolgt anhand tatsächlicher Werte nach der in Anlage 1 festgelegten Methode. [2]Die tatsächlichen Werte der Treibhausgasemissionen sind anhand genau zu messender Daten zu bestimmen. [3]Messungen von Daten werden als genau anerkannt, wenn sie insbesondere nach Maßgabe

1. eines nach dieser Verordnung anerkannten Zertifizierungssystems oder
2. einer Regelung, die
   a) die Kommission der Europäischen Gemeinschaften auf Grund des Artikels 18 Absatz 4 Unterabsatz 2 Satz 1 oder Unterabsatz 3 der Richtlinie 2009/28/EG oder
   b) die zuständige Behörde
   als Grundlage für die Messung genauer Daten anerkannt hat,

durchgeführt werden. [4]Die zuständige Behörde macht die Regelungen nach Satz 3 Nummer 2 durch gesondertes Schreiben im Bundesanzeiger bekannt.

(4) [1]Bei der Berechnung des Treibhausgas-Minderungspotenzials nach Absatz 3 können die in Anlage 2 aufgeführten Standardwerte ganz oder teilweise für die Formel in Anlage 1 Nummer 1 herangezogen werden. [2]Satz 1 gilt für die Teilstandardwerte in Anlage 2 Nummer 1 Buchstabe a nur, wenn

1. die Biomasse
   a) außerhalb der Mitgliedstaaten der Europäischen Union oder
   b) in den Mitgliedstaaten der Europäischen Union in Gebieten, die in einer Liste nach Artikel 19 Absatz 2 der Richtlinie 2009/28/EG aufgeführt sind,

angebaut worden ist oder

2. die flüssige Biomasse aus Abfall oder aus Reststoffen hergestellt worden ist, es sei denn, die Reststoffe stammen aus der Land- oder Fischwirtschaft oder aus Aquakulturen.

(5) Sofern die Kommission der Europäischen Gemeinschaften den Anhang V Teil C oder D der Richtlinie 2009/28/EG auf Grund des Artikels 19 Absatz 7 dieser Richtlinie an den technischen und wissenschaftlichen Fortschritt anpasst, sind die Änderungen auch bei der Berechnung des Treibhausgas-Minderungspotenzials nach den Absätzen 3 und 4 anzuwenden.

§ 9 (weggefallen)

§ 10 Bonus für nachwachsende Rohstoffe

Für Strom aus flüssiger Biomasse besteht der Anspruch auf den Bonus für nachwachsende Rohstoffe nach § 27 Absatz 4 Nummer 2 des Erneuerbare-Energien-Gesetzes in der am 31. Dezember 2011 geltenden Fassung nur, wenn die Anforderungen nach den §§ 3 bis 8 erfüllt werden, wobei § 8 Absatz 2 nicht anzuwenden ist.

Teil 3
Nachweis

Abschnitt 1
Allgemeine Bestimmungen

§ 11 Nachweis über die Erfüllung der Anforderungen für die Vergütung

[1]Anlagenbetreiberinnen und Anlagenbetreiber müssen gegenüber dem Netzbetreiber nachweisen, dass die Anforderungen für die Vergütung nach § 3 Absatz 1 erfüllt sind. [2]Die Nachweisführung erfolgt

1. für § 3 Absatz 1 Nummer 1 und 2 in Verbindung mit den §§ 4 bis 8 durch die Vorlage eines Nachweises nach § 14 und

2. für § 3 Absatz 1 Nummer 3 durch die Vorlage einer Bestätigung der zuständigen Behörde über die Registrierung der Anlage nach Maßgabe der Rechtsverordnung nach § 93 des Erneuerbare-Energien-Gesetzes; im Fall des § 3 Absatz 1 Nummer 3 letzter Halbsatz reicht abweichend hiervon die Vorlage der Bescheinigung der zuständigen Behörde nach § 64 Absatz 4 der Biomassestrom-Nachhaltigkeitsverordnung in der am 31. Juli 2014 geltenden Fassung.

§ 12 Weitere Nachweise

[1]Weitere Nachweise darüber, dass die Anforderungen nach § 3 Absatz 1 erfüllt sind, können für die Vergütung oder finanzielle Förderung nach den Förderbestimmungen für Strom aus Biomasse des Erneuerbare-Energien-Gesetzes in der für die Anlage jeweils anzuwendenden Fassung nicht verlangt werden. [2]§ 58 bleibt unberührt.

§ 13 Übermittlung der Nachweise an die zuständige Behörde

[1]Anlagenbetreiberinnen und Anlagenbetreiber müssen Kopien der Nachweise nach § 11 Satz 2 Nummer 1, die sie dem Netzbetreiber für die Nachweisführung vorlegen, unverzüglich auch an die zuständige Behörde schriftlich übermitteln. [2]Den Kopien ist im Fall des § 27 Absatz 3 Nummer 2 des Erneuerbare-Energien-Gesetzes in der am 31. Dezember 2011 geltenden Fassung eine Kopie des Einsatzstoff-Tagebuches beizufügen.

**Abschnitt 2
Nachhaltigkeitsnachweise**

§ 14 Anerkannte Nachweise

Anerkannte Nachweise über die Erfüllung der Anforderungen nach den §§ 4 bis 8 sind:

1. Nachhaltigkeitsnachweise, solange und soweit sie nach § 15 oder § 24 ausgestellt worden sind,
2. Nachhaltigkeitsnachweise nach § 22,
3. Nachhaltigkeitsnachweise nach § 23 und
4. Bescheinigungen von Umweltgutachterinnen und Umweltgutachtern nach § 59 Absatz 1.

§ 15 Ausstellung von Nachhaltigkeitsnachweisen

(1) Schnittstellen können für flüssige Biomasse, die sie hergestellt haben, einen Nachhaltigkeitsnachweis ausstellen, wenn

1. sie ein Zertifikat haben, das nach dieser Verordnung anerkannt ist und das zu dem Zeitpunkt der Ausstellung des Nachhaltigkeitsnachweises gültig ist,
2. ihnen ihre vorgelagerten Schnittstellen

a) jeweils eine Kopie ihrer Zertifikate vorlegen, die nach dieser Verordnung anerkannt sind und die zu dem Zeitpunkt des in der Schnittstelle vorgenommenen Herstellungs-, Verarbeitungs- oder sonstigen Arbeitsschrittes der Biomasse gültig waren,

b) bestätigen, dass die Anforderungen nach den §§ 4 bis 7 bei der Herstellung der Biomasse erfüllt worden sind, und

c) jeweils in Gramm Kohlendioxid-Äquivalent je Megajoule Biomasse (g CO_{2eq}/MJ) die Treibhausgasemissionen angeben, die durch sie und alle von ihnen mit der Herstellung oder Lieferung der Biomasse unmittelbar oder mittelbar befassten Betriebe, die nicht selbst eine Schnittstelle sind, bei der Herstellung und Lieferung der Biomasse verursacht worden sind, soweit sie für die Berechnung des Treibhausgas-Minderungspotenzials nach § 8 berücksichtigt werden müssen,

3. die Herkunft der Biomasse von ihrem Anbau bis zu der Schnittstelle mindestens mit einem Massenbilanzsystem nachgewiesen ist, das die Anforderungen nach § 16 erfüllt, und

4. die Biomasse das Treibhausgas-Minderungspotenzial nach § 8 aufweist.

(2) Die Ausstellung muss in einem Zertifizierungssystem erfolgen, das nach dieser Verordnung anerkannt ist.

(3) Zur Ausstellung von Nachhaltigkeitsnachweisen sind nur Schnittstellen berechtigt, denen keine weitere Schnittstelle nachgelagert ist.

§ 16 Ausstellung auf Grund von Massenbilanzsystemen

(1) Um die Herkunft der Biomasse lückenlos für die Herstellung nachzuweisen, müssen Massenbilanzsysteme verwendet werden, die mindestens die Anforderungen nach Absatz 2 erfüllen.

(2) Massenbilanzsysteme müssen sicherstellen, dass

1. im Fall einer Vermischung der Biomasse mit anderer Biomasse, die nicht die Anforderungen dieser Verordnung erfüllt,
    a) die Menge der Biomasse, die die Anforderungen nach dieser Verordnung erfüllt und diesem Gemisch beigefügt wird, vorab erfasst wird und
    b) die Menge der Biomasse, die dem Gemisch entnommen wird und als Biomasse nach dieser Verordnung dienen soll, nicht höher ist als die Menge nach Buchstabe a und

2. im Fall einer Vermischung verschiedener Mengen von
    a) flüssiger Biomasse, für die bereits Nachhaltigkeitsnachweise ausgestellt worden sind und die unterschiedliche Treibhausgas-Minderungspotenziale aufweisen, diese Treibhausgas-Minderungspotenziale nur saldiert werden, wenn alle Mengen, die dem Gemisch beigefügt werden, vor der Vermischung das Treibhausgas-Minderungspotenzial nach § 8 aufgewiesen haben, oder
    b) Biomasse, die zur Herstellung von flüssiger Biomasse nach dieser Verordnung verwendet werden und für die noch keine Nachhaltigkeitsnachweise ausgestellt worden sind und die unterschiedliche Treibhausgasemissionen aufweisen, diese Treibhausgasemissionen nur saldiert werden, wenn alle Mengen, die dem Gemisch beigefügt werden, vor der Vermischung den Wert aufgewiesen haben, der für diesen Arbeitsschritt der Herstellung festgelegt worden ist

aa) von der Kommission der Europäischen Gemeinschaften oder

bb) von dem Bundesministerium für Umwelt, Naturschutz, Bau und Reaktorsicherheit.

(3) ¹Die Werte nach Absatz 2 Nummer 2 Buchstabe b Doppelbuchstabe bb sind aus den Standardwerten nach Anlage 2 abzuleiten und durch gesondertes Schreiben im Bundesanzeiger bekannt zu machen. ²Sie gelten nur, sofern nicht die Kommission der Europäischen Gemeinschaften Werte für den jeweiligen Arbeitsschritt der Herstellung im Amtsblatt der Europäischen Union veröffentlicht hat.

(4) Weiter gehende Anforderungen in Zertifizierungssystemen, die die Vermischung der flüssigen Biomasse mit anderer Biomasse ganz oder teilweise ausschließen, bleiben unberührt.

§ 17 Lieferung auf Grund von Massenbilanzsystemen

(1) Um die Herkunft der flüssigen Biomasse von der Schnittstelle, die den Nachhaltigkeitsnachweis ausgestellt hat, nachzuweisen, muss

1. die flüssige Biomasse von dieser Schnittstelle bis zu der Anlagenbetreiberin oder dem Anlagenbetreiber ausschließlich durch Lieferanten geliefert werden, die die Lieferung der Biomasse in einem Massenbilanzsystem dokumentieren, das die Anforderungen nach § 16 Absatz 2 erfüllt, und

2. die Kontrolle der Erfüllung der Anforderung nach Nummer 1 sichergestellt sein.

(2) Die Anforderungen nach Absatz 1 gelten als erfüllt, wenn

1. sich alle Lieferanten verpflichtet haben, die Anforderungen eines nach dieser Verordnung anerkannten Zertifizierungssystems zu erfüllen, sofern dieses auch Anforderungen an die Lieferung flüssiger Biomasse enthält,

2. alle Lieferanten den Erhalt und die Weitergabe der flüssigen Biomasse einschließlich der Angaben des Nachhaltigkeitsnachweises sowie des Orts und des Datums, an dem sie diese Biomasse erhalten oder weitergegeben haben, in einer der folgenden elektronischen Datenbanken dokumentiert haben:

   a) der Datenbank eines Zertifizierungssystems, sofern sich die Anerkennung des Zertifizierungssystems nach § 33 Absatz 2 auch auf den Betrieb oder die Nutzung dieser Datenbank bezieht, oder

   b) der Datenbank einer Zertifizierungsstelle oder einer anderen juristischen oder einer natürlichen Person, sofern sie von der zuständigen Behörde im Bundesanzeiger als anerkannter Nachweis der Erfüllung der Anforderung nach Absatz 1 bekannt gemacht worden ist;

   bei öffentlichem Interesse kann eine Datenbank auch von der zuständigen Behörde betrieben werden; die berechtigten Interessen der Wirtschaftsteilnehmer, insbesondere ihre Geschäfts- und Betriebsgeheimnisse, sind zu wahren, oder

3. die Erfüllung der Anforderungen an die Lieferung von Biomasse in einem Massenbilanzsystem nach Maßgabe einer Verordnung über Anforderungen an eine nachhaltige Herstellung von Biomasse zur Verwendung als Biokraftstoff kontrolliert wird, die auf Grund des § 37d Absatz 2 Nummer 3 und 4 sowie Absatz 3 Nummer 2 des Bundes-Immissionsschutzgesetzes in der Fassung der Bekanntmachung vom 26. September 2002

(BGBl. I S. 3830), der zuletzt durch Artikel 1 des Gesetzes vom 15. Juli 2009 (BGBl. I S. 1804) geändert worden ist, und des § 66 Absatz 1 Nummer 11a Buchstabe a und b des Energiesteuergesetzes vom 15. Juli 2006 (BGBl. I S. 1534), der zuletzt durch Artikel 2 des Gesetzes vom 15. Juli 2009 (BGBl. I S. 1804) geändert worden ist, in ihrer jeweils geltenden Fassung, erlassen worden ist.

(3) Die Erfüllung der Anforderungen nach Absatz 1 ist von dem Lieferanten, der die flüssige Biomasse an die Anlagenbetreiberin oder den Anlagenbetreiber liefert, in dem Nachhaltigkeitsnachweis zu bestätigen.

§ 18 Inhalt und Form der Nachhaltigkeitsnachweise

(1) Nachhaltigkeitsnachweise müssen mindestens die folgenden Angaben enthalten:

1. den Namen und die Anschrift der ausstellenden Schnittstelle,
1a. das Datum der Ausstellung,
2. eine einmalige Nachweisnummer, die sich mindestens aus der Zertifikatsnummer der ausstellenden Schnittstelle und einer von dieser Schnittstelle einmalig zu vergebenden Nummer zusammensetzt,
3. den Namen des Zertifizierungssystems, in dem der Nachhaltigkeitsnachweis ausgestellt worden ist,
4. die Menge und die Art der flüssigen Biomasse, auf die sich der Nachhaltigkeitsnachweis bezieht,
5. die Bestätigung, dass die flüssige Biomasse, auf die sich der Nachhaltigkeitsnachweis bezieht, die Anforderungen nach den §§ 4 bis 8 erfüllt, einschließlich
   a) im Fall des § 8 Absatz 2 der Angabe, dass die Schnittstelle nach § 2 Absatz 3 Nummer 2 vor dem 23. Januar 2008 in Betrieb genommen worden ist, oder
   b) der folgenden Angaben:
      aa) der Energiegehalt der flüssigen Biomasse in Megajoule,
      bb) die Treibhausgasemissionen der Herstellung und Lieferung der flüssigen Biomasse in Gramm Kohlendioxid-Äquivalent je Megajoule flüssiger Biomasse (g CO_{2eq}/MJ),
      cc) der Vergleichswert für Fossilbrennstoffe, der für die Berechnung des Treibhausgas-Minderungspotenzials nach Anlage 1 verwendet worden ist, und
      dd) die Länder oder Staaten, in denen die flüssige Biomasse eingesetzt werden kann; diese Angabe kann das gesamte Gebiet umfassen, in das die flüssige Biomasse geliefert und in dem sie eingesetzt werden kann, ohne dass die Treibhausgasemissionen der Herstellung und Lieferung das Treibhausgas-Minderungspotenzial nach § 8 unterschreiten würden,
6. den Namen und die Anschrift des Lieferanten, an den die Biomasse weitergegeben wird, und
7. die Bestätigung des letzten Lieferanten nach § 17 Absatz 3.

(2) Nachhaltigkeitsnachweise müssen in schriftlicher Form nach dem Muster der Anlage 3 ausgestellt werden.

(3) Nachhaltigkeitsnachweise müssen dem Netzbetreiber in deutscher Sprache vorgelegt werden.

§ 19 Nachtrag fehlender Angaben

Angaben, die entgegen § 18 Absatz 1 nicht in einem Nachhaltigkeitsnachweis enthalten sind, können nur nachgetragen werden

1. durch die Schnittstelle, die den Nachhaltigkeitsnachweis ausgestellt hat, oder
2. durch eine Zertifizierungsstelle, die nach dieser Verordnung anerkannt ist.

§ 20 Unwirksamkeit von Nachhaltigkeitsnachweisen

(1) Nachhaltigkeitsnachweise sind unwirksam, wenn

1. sie eine oder mehrere Angaben nach § 18 Absatz 1 mit Ausnahme von Nummer 5 Buchstabe b Doppelbuchstabe dd nicht enthalten,
2. sie gefälscht sind oder eine unrichtige Angabe enthalten,
3. das Zertifikat der ausstellenden Schnittstelle zum Zeitpunkt der Ausstellung des Nachhaltigkeitsnachweises nicht oder nicht mehr gültig war,
4. der Nachhaltigkeitsnachweis oder das Zertifikat der ausstellenden Schnittstelle in einem Zertifizierungssystem ausgestellt worden ist, das zum Zeitpunkt der Ausstellung des Nachhaltigkeitsnachweises oder des Zertifikates nicht oder nicht mehr nach dieser Verordnung anerkannt war, oder
5. das Zertifikat der ausstellenden Schnittstelle von einer Zertifizierungsstelle ausgestellt worden ist, die zum Zeitpunkt der Ausstellung des Zertifikates nicht oder nicht mehr nach dieser Verordnung anerkannt war.

(2) ¹Sofern der Nachhaltigkeitsnachweis ausschließlich nach Absatz 1 Nummer 2 unwirksam ist, entfällt der Anspruch auf die Vergütung oder finanzielle Förderung nach den Förderbestimmungen für Strom aus Biomasse des Erneuerbare-Energien-Gesetzes in der für die Anlage jeweils anzuwendenden Fassung für den Strom aus der Menge flüssiger Biomasse, auf die sich der unwirksame Nachhaltigkeitsnachweis bezieht. ²Der Anspruch auf den Bonus für Strom aus nachwachsenden Rohstoffen nach § 27 Absatz 4 Nummer 2 des Erneuerbare-Energien-Gesetzes in der am 31. Dezember 2011 geltenden Fassung entfällt darüber hinaus endgültig, wenn

1. der Anlagenbetreiberin oder dem Anlagenbetreiber die Gründe für die Unwirksamkeit des Nachhaltigkeitsnachweises zum Zeitpunkt des Einsatzes der Menge flüssiger Biomasse, auf die sich der unwirksame Nachhaltigkeitsnachweis bezieht, bekannt waren oder sie oder er bei Anwendung der im Verkehr üblichen Sorgfalt die Unwirksamkeit hätte erkennen können oder
2. das Zertifikat der Schnittstelle, die den Nachhaltigkeitsnachweis ausgestellt hat, zum Zeitpunkt der Ausstellung des Nachhaltigkeitsnachweises ungültig war.

§ 21 Weitere Folgen fehlender oder nicht ausreichender Angaben

(1) ¹Enthält ein Nachhaltigkeitsnachweis bei den Angaben zum Treibhausgas-Minderungspotenzial nicht den Vergleichswert für die Verwendung, zu dessen Zweck die flüssige Biomasse eingesetzt wird, muss die Anlagenbetreiberin oder der Anlagenbetreiber gegenüber dem Netzbetreiber nachweisen, dass die flüssige Biomasse das Treibhausgas-Minderungs-

potenzial auch bei dieser Verwendung aufweist. ²Die zuständige Behörde kann eine Methode zur Umrechnung des Treibhausgas-Minderungspotenzials für unterschiedliche Verwendungen im Bundesanzeiger bekannt machen.

(2) Enthält ein Nachhaltigkeitsnachweis keine Angabe nach § 18 Absatz 1 Nummer 5 Buchstabe b Doppelbuchstabe dd oder wird die Anlage zur Stromerzeugung nicht in dem Land oder Staat nach § 18 Absatz 1 Nummer 5 Buchstabe b Doppelbuchstabe dd betrieben, muss die Anlagenbetreiberin oder der Anlagenbetreiber gegenüber dem Netzbetreiber nachweisen, dass die flüssige Biomasse das Treibhausgas-Minderungspotenzial auch bei einem Betrieb in diesem Land oder Staat aufweist.

§ 22 Anerkannte Nachhaltigkeitsnachweise auf Grund der Biokraftstoff-Nachhaltigkeitsverordnung

(1) Nachhaltigkeitsnachweise gelten auch als anerkannt, solange und soweit sie auf Grund einer Verordnung über Anforderungen an eine nachhaltige Herstellung von Biomasse zur Verwendung als Biokraftstoff anerkannt sind, die auf Grund des § 37d Absatz 2 Nummer 3 und 4 sowie Absatz 3 Nummer 2 des Bundes-Immissionsschutzgesetzes und des § 66 Absatz 1 Nummer 11a Buchstabe a und b des Energiesteuergesetzes in ihrer jeweils geltenden Fassung erlassen worden ist.

(2) Abweichend von Absatz 1 gelten Nachhaltigkeitsnachweise nicht als anerkannt, sobald für sie eine Anerkennung nach den Bestimmungen der in Absatz 1 genannten Verordnung bei dem zuständigen Hauptzollamt beantragt wird, das für die Steuerentlastung nach § 50 des Energiesteuergesetzes zuständig ist, es sei denn, dass für die Biomasse, auf die sich der Nachhaltigkeitsnachweis bezieht, eine gleichzeitige Förderung nach dem Erneuerbare-Energien-Gesetz und dem Energiesteuergesetz möglich ist.

(3) Die §§ 20 und 21 sind entsprechend anzuwenden.

§ 23 Weitere anerkannte Nachhaltigkeitsnachweise

(1) Nachhaltigkeitsnachweise gelten auch als anerkannt, solange und soweit sie nach dem Recht der Europäischen Union oder eines anderen Mitgliedstaates der Europäischen Union oder eines anderen Vertragsstaates des Abkommens über den Europäischen Wirtschaftsraum als Nachweis darüber anerkannt werden, dass die Anforderungen nach Artikel 17 Absatz 2 bis 6 der Richtlinie 2009/28/EG erfüllt wurden, und wenn sie in dem anderen Mitgliedstaat ausgestellt worden sind

1. von der Behörde, die in diesem Mitgliedstaat für die Nachweisführung zuständig ist,
2. von der Stelle, die von der nach Nummer 1 zuständigen Behörde für die Nachweisführung anerkannt worden ist, oder
3. von einer sonstigen Stelle, die bei der nationalen Akkreditierungsstelle des Mitgliedstaates auf Grund allgemeiner Kriterien für Stellen, die Produkte zertifizieren, für die Nachweisführung akkreditiert ist.

(2) ¹Soweit die Kommission der Europäischen Gemeinschaften auf Grund des Artikels 18 Absatz 4 Unterabsatz 1 Satz 2 der Richtlinie 2009/28/EG beschließt, dass die Nachhaltigkeitsanforderungen an die Herstellung von Biomasse in einem bilateralen oder multilatera-

len Vertrag, den die Europäische Gemeinschaft mit einem Drittstaat geschlossen hat, den Nachhaltigkeitsanforderungen nach Artikel 17 Absatz 2 bis 5 der Richtlinie 2009/28/EG entsprechen, kann die Erfüllung der Anforderungen nach den §§ 4 bis 8 auch durch einen Nachhaltigkeitsnachweis nachgewiesen werden, der belegt, dass die Biomasse in diesem Drittstaat hergestellt worden ist. [2]Im Übrigen sind die Bestimmungen des bilateralen oder multilateralen Vertrages für den Nachweis zu beachten.

(3) [1]Unabhängig von Absatz 2 kann bei der Herstellung der Biomasse in einem Drittstaat, der mit der Europäischen Gemeinschaft einen bilateralen oder multilateralen Vertrag über die nachhaltige Erzeugung von Biomasse abgeschlossen hat, die Erfüllung der Anforderungen nach den §§ 4 bis 8 auch durch Nachhaltigkeitsnachweise der in dem Vertrag benannten Stelle nachgewiesen werden, wenn und soweit der Vertrag die Erfüllung der Anforderungen des Artikels 17 Absatz 2 bis 5 der Richtlinie 2009/28/EG feststellt oder eine solche Feststellung ermöglicht. [2]Sofern in diesem Vertrag keine Stelle benannt ist, werden als Nachweis Bescheinigungen anerkannt, die von den Stellen des Drittstaates entsprechend Absatz 1 Nummer 1 bis 3 ausgestellt worden sind.

(4) § 21 ist entsprechend anzuwenden.

§ 24 Nachhaltigkeits-Teilnachweise

(1) [1]Die zuständige Behörde stellt für Teilmengen von flüssiger Biomasse, für die bereits ein Nachhaltigkeitsnachweis ausgestellt worden ist, auf Antrag der Inhaberin oder des Inhabers des Nachhaltigkeitsnachweises Nachhaltigkeits-Teilnachweise aus. [2]Der Antrag ist elektronisch zu stellen. [3]Die Nachhaltigkeits-Teilnachweise werden unverzüglich und elektronisch nach Vorlage des Nachhaltigkeitsnachweises, der in Teilnachweise aufgeteilt werden soll, ausgestellt. [4]§ 18 Absatz 1 ist entsprechend anzuwenden. [5]Die Teilnachweise werden nach dem Muster der Anlage 4 ausgestellt.

(2) Absatz 1 ist für Teilmengen von flüssiger Biomasse, für die bereits ein Nachhaltigkeits-Teilnachweis ausgestellt worden ist, entsprechend anzuwenden.

(3) [1]Werden Treibhausgas-Minderungspotenziale oder Werte für Treibhausgasemissionen verschiedener Mengen von flüssiger Biomasse, für die Nachhaltigkeitsnachweise oder Nachhaltigkeits-Teilnachweise ausgestellt worden sind, nach Maßgabe des § 16 Absatz 2 Nummer 2 Buchstabe a saldiert, stellt die zuständige Behörde auf Antrag der Inhaberin oder des Inhabers des Nachhaltigkeitsnachweises oder Nachhaltigkeits-Teilnachweises einen Nachhaltigkeits-Teilnachweis aus, der die Werte enthält, die sich aus der Saldierung ergeben. [2]Absatz 1 Satz 2 bis 5 ist entsprechend anzuwenden.

(4) [1]Im Fall eines Nachhaltigkeitsnachweises nach § 15 oder § 22 muss die zuständige Behörde eine Kopie des Nachhaltigkeits-Teilnachweises unverzüglich und elektronisch nach der Ausstellung an die Zertifizierungsstelle übermitteln, die der Schnittstelle, die den Nachhaltigkeitsnachweis ausgestellt hat, das Zertifikat ausgestellt hat. [2]Im Fall eines Nachhaltigkeitsnachweises nach § 23 kann sie eine Kopie des Nachhaltigkeits-Teilnachweises an die Behörde oder Stelle elektronisch übermitteln, die den Nachhaltigkeitsnachweis ausgestellt hat.

(5) [1]Nachhaltigkeits-Teilnachweise nach den Absätzen 1 bis 3 können bei flüssiger Biomasse, die durch Lieferanten geliefert wird, die den Erhalt und die Weitergabe der Biomas-

se in einer elektronischen Datenbank nach § 17 Absatz 2 Nummer 2 dokumentieren, auch durch den Betreiber der elektronischen Datenbank ausgestellt werden. [2]Im Fall des Satzes 1 hat der Betreiber der Datenbank der zuständigen Behörde eine Kopie des Nachhaltig-keits-Teilnachweises unverzüglich und elektronisch zu übermitteln; Absatz 4 ist nicht an-zuwenden. [3]Weiter gehende Anforderungen in der Anerkennung der elektronischen Daten-bank oder in Zertifizierungssystemen bleiben unberührt.

(6) Für die nach den Absätzen 1 bis 3 und 5 ausgestellten Nachhaltigkeits-Teilnachweise sind die Bestimmungen dieses Abschnitts entsprechend anzuwenden, soweit sich aus den Absätzen 1 bis 3 oder 5 nichts anderes ergibt.

Abschnitt 3
Zertifikate für Schnittstellen

§ 25 Anerkannte Zertifikate

Anerkannte Zertifikate im Sinne dieser Verordnung sind:

1. Zertifikate, solange und soweit sie nach § 26 ausgestellt worden sind,
2. Zertifikate nach § 30 und
3. Zertifikate nach § 31.

§ 26 Ausstellung von Zertifikaten

(1) Schnittstellen kann auf Antrag ein Zertifikat ausgestellt werden, wenn

1. sie sich verpflichtet haben, bei der Herstellung von Biomasse im Anwendungsbereich dieser Verordnung mindestens die Anforderungen eines Zertifizierungssystems zu er-füllen, das nach dieser Verordnung anerkannt ist,
2. sie sich im Fall von Schnittstellen nach § 15 Absatz 3 verpflichtet haben,
   a) bei der Ausstellung von Nachhaltigkeitsnachweisen die Anforderungen nach den §§ 15 und 18 Absatz 1 und 2 zu erfüllen,
   b) Kopien aller Nachhaltigkeitsnachweise, die sie auf Grund dieser Verordnung ausge-stellt haben, unverzüglich der Zertifizierungsstelle zu übermitteln, die das Zertifikat ausgestellt hat, und
   c) diese Nachhaltigkeitsnachweise sowie alle für ihre Ausstellung erforderlichen Do-kumente mindestens zehn Jahre aufzubewahren,
3. sie sicherstellen, dass sich alle von ihnen mit der Herstellung oder Lieferung der Bio-masse unmittelbar oder mittelbar befassten Betriebe, die nicht selbst eine Schnittstelle sind, verpflichtet haben, bei der Herstellung von Biomasse im Anwendungsbereich die-ser Verordnung mindestens die Anforderungen eines nach dieser Verordnung anerkann-ten Zertifizierungssystems zu erfüllen, und diese Anforderungen auch tatsächlich erfül-len,
4. sie sich verpflichtet haben, Folgendes zu dokumentieren:
   a) die Erfüllung der Anforderungen nach den §§ 4 bis 7 durch die Schnittstellen und alle von ihnen mit der Herstellung oder Lieferung der Biomasse unmittelbar oder

mittelbar befassten Betriebe, die nicht selbst eine Schnittstelle sind, in dem Zertifizierungssystem,

b) die Menge und die Art der zur Herstellung eingesetzten Biomasse,

c) im Fall der Schnittstellen nach § 2 Absatz 3 Nummer 1 den Ort des Anbaus der Biomasse, als Polygonzug in geografischen Koordinaten mit einer Genauigkeit von 20 Metern für jeden Einzelpunkt, und

d) jeweils in Gramm Kohlendioxid-Äquivalent je Megajoule Biomasse (g CO_{2eq}/MJ) die Treibhausgasemissionen, die durch die Schnittstellen und alle von ihnen mit der Herstellung oder Lieferung der Biomasse unmittelbar oder mittelbar befassten Betriebe, die nicht selbst eine Schnittstelle sind, bei der Herstellung und Lieferung der Biomasse verursacht worden sind, soweit sie für die Berechnung des Treibhausgas-Minderungspotenzials nach § 8 berücksichtigt werden müssen, und

5. die Erfüllung der Anforderungen nach den Nummern 1 bis 4 von der Zertifizierungsstelle kontrolliert worden ist.

(2) [1]Nach Ablauf der Gültigkeit eines Zertifikates kann Schnittstellen auf Antrag ein neues Zertifikat nur ausgestellt werden, wenn

1. sie die Anforderungen nach Absatz 1 Nummer 1 bis 4 während der Dauer der Gültigkeit des vorherigen Zertifikates erfüllt haben,

2. die Dokumentation nach Absatz 1 Nummer 4 nachvollziehbar ist und

3. die Kontrollen nach § 49 keine anderslautenden Erkenntnisse erbracht haben.

[2]Wenn eine Schnittstelle die Anforderungen nach Absatz 1 Nummer 1 bis 4 während der Dauer der Gültigkeit des vorherigen Zertifikates nicht erfüllt hat und der Umfang der Unregelmäßigkeiten und Verstöße nicht erheblich ist, kann abweichend von Satz 1 Nummer 1 ein neues Zertifikat auch ausgestellt werden, wenn die Schnittstelle die Anforderungen weder vorsätzlich noch grob fahrlässig nicht erfüllt hat und die Erfüllung der Anforderungen für die Dauer der Gültigkeit des neuen Zertifikates sichergestellt ist.

(3) Die Absätze 1 und 2 berühren nicht das Recht der Schnittstelle, auch Roh-, Brenn- oder Kraftstoffe herzustellen, die nicht als flüssige Biomasse nach dieser Verordnung gelten.

(4) Zur Ausstellung von Zertifikaten nach den Absätzen 1 und 2 sind nur Zertifizierungsstellen berechtigt, die nach dieser Verordnung anerkannt sind und die von dem Zertifizierungssystem nach Absatz 1 Nummer 1 benannt worden sind; die Zertifikate müssen in diesem Zertifizierungssystem ausgestellt werden.

§ 27 Inhalt der Zertifikate

Zertifikate müssen folgende Angaben enthalten:

1. eine einmalige Zertifikatsnummer, die sich mindestens aus der Registriernummer des Zertifizierungssystems, der Registriernummer der Zertifizierungsstelle sowie einer von der Zertifizierungsstelle einmalig zu vergebenden Nummer zusammensetzt,

2. das Datum der Ausstellung und

3. den Namen des Zertifizierungssystems, in dem das Zertifikat ausgestellt worden ist.

§ 28 Folgen fehlender Angaben

Zertifikate sind unwirksam, wenn sie eine oder mehrere Angaben nach § 27 nicht enthalten.

§ 29 Gültigkeit der Zertifikate

Zertifikate sind für einen Zeitraum von zwölf Monaten ab dem Datum der Ausstellung des Zertifikates gültig.

§ 30 Anerkannte Zertifikate auf Grund der Biokraftstoff-Nachhaltigkeitsverordnung

(1) Zertifikate gelten auch als anerkannt, solange und soweit sie auf Grund einer Verordnung über Anforderungen an eine nachhaltige Herstellung von Biomasse zur Verwendung als Biokraftstoff anerkannt sind, die auf Grund des § 37d Absatz 2 Nummer 3 und 4 sowie Absatz 3 Nummer 2 des Bundes-Immissionsschutzgesetzes und des § 66 Absatz 1 Nummer 11a Buchstabe a und b des Energiesteuergesetzes in ihrer jeweils geltenden Fassung erlassen worden ist.

(2) § 28 ist entsprechend anzuwenden.

§ 31 Weitere anerkannte Zertifikate

(1) Zertifikate gelten auch als anerkannt, solange und soweit sie nach dem Recht der Europäischen Union oder eines anderen Mitgliedstaates der Europäischen Union oder eines anderen Vertragsstaates des Abkommens über den Europäischen Wirtschaftsraum als Nachweis darüber anerkannt werden, dass eine oder mehrere Schnittstellen die Anforderungen nach Artikel 17 Absatz 2 bis 6 der Richtlinie 2009/28/EG erfüllen, und wenn sie in dem anderen Mitgliedstaat ausgestellt worden sind

1. von der Behörde, die in diesem Mitgliedstaat für die Nachweisführung zuständig ist,
2. von der Stelle, die von der nach Nummer 1 zuständigen Behörde für die Nachweisführung anerkannt worden ist, oder
3. von einer sonstigen Stelle, die bei der nationalen Akkreditierungsstelle des Mitgliedstaates auf Grund allgemeiner Kriterien für Stellen, die Produkte zertifizieren, für die Nachweisführung akkreditiert ist.

(2) § 23 Absatz 2 und 3 ist entsprechend anzuwenden.

Abschnitt 4
Zertifizierungssysteme

§ 32 Anerkannte Zertifizierungssysteme

Anerkannte Zertifizierungssysteme im Sinne dieser Verordnung sind:

1. Zertifizierungssysteme, solange und soweit sie nach § 33 oder § 60 Absatz 1 anerkannt sind,
2. Zertifizierungssysteme nach § 40 und
3. Zertifizierungssysteme nach § 41.

§ 33 Anerkennung von Zertifizierungssystemen

(1) Zertifizierungssysteme werden auf Antrag anerkannt, wenn

1. für sie folgende Angaben benannt sind:
   a) eine natürliche oder juristische Person, die organisatorisch verantwortlich ist,
   b) eine zustellungsfähige Anschrift in einem Mitgliedstaat der Europäischen Union oder in einem anderen Vertragsstaat des Abkommens über den Europäischen Wirtschaftsraum,
   c) Zertifizierungsstellen, die nach dieser Verordnung anerkannt sind und die das jeweilige Zertifizierungssystem verwenden, und
   d) die Länder oder Staaten, auf die sie sich beziehen,
2. sie geeignet sind sicherzustellen, dass die Anforderungen nach den Artikeln 17 bis 19 der Richtlinie 2009/28/EG, wie sie in dieser Verordnung näher bestimmt werden, erfüllt werden,
3. sie genau, verlässlich und vor Missbrauch geschützt sind und die Häufigkeit und Methode der Probenahme sowie die Zuverlässigkeit der Daten bewerten,
4. sie eine angemessene und unabhängige Überprüfung der Daten sicherstellen und nachweisen, dass eine solche Überprüfung erfolgt ist, und
5. sie zu diesem Zweck Standards enthalten, die mindestens den Anforderungen nach Anhang III zu dem Übereinkommen über technische Handelshemmnisse (ABl. L 336 vom 23.12.1994, S. 86) und den Anforderungen nach Anlage 5 entsprechen.

(2) Sofern das Zertifizierungssystem eine elektronische Datenbank zum Zweck des Nachweises darüber betreibt oder nutzt, dass bei der Lieferung der flüssigen Biomasse die Anforderungen nach § 17 Absatz 1 erfüllt werden, kann sich die Anerkennung auch hierauf beziehen.

(3) [1]Der Nachweis darüber, dass die in Absatz 1 genannten Anforderungen erfüllt werden, ist durch Vorlage geeigneter Unterlagen zu führen. [2]Die zuständige Behörde kann über die vorgelegten Unterlagen hinaus weitere Unterlagen anfordern und im Rahmen des Anerkennungsverfahrens bei den Zertifizierungssystemen Prüfungen vor Ort vornehmen, soweit dies zur Entscheidung über den Antrag nach Absatz 1 erforderlich ist. [3]Eine Prüfung vor Ort in einem anderen Mitgliedstaat der Europäischen Union oder einem Drittstaat wird nur durchgeführt, wenn der andere Staat dieser Prüfung zustimmt.

(4) Die Anerkennung kann Änderungen oder Ergänzungen des Zertifizierungssystems, insbesondere der Standards zur näheren Bestimmung der Anforderungen nach den §§ 4 bis 8, enthalten oder auch nachträglich mit Auflagen versehen werden, wenn dies erforderlich ist, um die Anforderungen nach Absatz 1 zu erfüllen.

(5) Die Anerkennung kann mit einer Anerkennung nach einer Verordnung über Anforderungen an eine nachhaltige Herstellung von Biomasse zur Verwendung als Biokraftstoff kombiniert werden, die auf Grund des § 37d Absatz 2 Nummer 3 und 4 sowie Absatz 3 Nummer 2 des Bundes-Immissionsschutzgesetzes und des § 66 Absatz 1 Nummer 11a Buchstabe a und b des Energiesteuergesetzes in ihrer jeweils geltenden Fassung erlassen worden ist.

(6) ¹Die Anerkennung kann beschränkt werden auf

1. einzelne Arten von Biomasse,
2. einzelne Länder oder Staaten,
3. einzelne Anforderungen nach den §§ 4 bis 8 oder
4. den Betrieb einer elektronischen Datenbank zum Zweck des Nachweises darüber, dass bei der Lieferung der flüssigen Biomasse die Anforderungen nach § 17 Absatz 1 erfüllt werden.

²Im Fall einer Beschränkung nach Satz 1 Nummer 3 oder 4 kann die zuständige Behörde bestimmen, dass das Zertifizierungssystem nur in Kombination mit einem anderen Zertifizierungssystem als anerkannt gilt.

§ 34 Verfahren zur Anerkennung

(1) ¹Bei der Anerkennung von Zertifizierungssystemen ist die Öffentlichkeit durch die zuständige Behörde zu beteiligen. ²Der Entwurf des Zertifizierungssystems sowie Informationen über das Anerkennungsverfahren sind im Bundesanzeiger zu veröffentlichen. ³Natürliche und juristische Personen sowie sonstige Vereinigungen, insbesondere Vereinigungen zur Förderung des Umweltschutzes, haben innerhalb einer Frist von sechs Wochen ab Veröffentlichung Gelegenheit zur schriftlichen Stellungnahme gegenüber der zuständigen Behörde. ⁴Der Zeitpunkt des Fristablaufs ist bei der Veröffentlichung nach Satz 2 mitzuteilen. ⁵Fristgemäß eingegangene Stellungnahmen der Öffentlichkeit werden von der zuständigen Behörde bei der Entscheidung über die Anerkennung des Zertifizierungssystems angemessen berücksichtigt.

(2) Das Anerkennungsverfahren kann über eine einheitliche Stelle nach den Vorschriften des Verwaltungsverfahrensgesetzes abgewickelt werden.

(3) Hat die zuständige Behörde nicht innerhalb einer Frist von sechs Monaten entschieden, gilt die Anerkennung als erteilt.

(4) ¹Unbeschadet der Bekanntgabe gegenüber dem Antragsteller ist die Anerkennung im Bundesanzeiger bekannt zu machen. ²Bei der Bekanntmachung ist in zusammengefasster Form über den Ablauf des Anerkennungsverfahrens und über die Gründe und Erwägungen zu unterrichten, auf denen die Anerkennung beruht. ³Die berechtigten Interessen des Antragstellers sind zu wahren.

§ 35 Inhalt der Anerkennung

Die Anerkennung eines Zertifizierungssystems muss die folgenden Angaben enthalten:

1. eine einmalige Registriernummer,
2. das Datum der Anerkennung,
3. im Fall des § 33 Absatz 2 den Namen der elektronischen Datenbank, die zum Zweck des Nachweises darüber, dass die Anforderungen nach § 17 Absatz 1 erfüllt werden, genutzt werden muss, und
4. Beschränkungen nach § 33 Absatz 6.

§ 36 Nachträgliche Änderungen der Anerkennung

[1]Änderungen eines anerkannten Zertifizierungssystems sind der zuständigen Behörde anzuzeigen. [2]Wesentliche Änderungen eines anerkannten Zertifizierungssystems bedürfen der Anerkennung; die §§ 33 und 34 sind entsprechend anzuwenden.

§ 37 Erlöschen der Anerkennung

(1) Die Anerkennung eines Zertifizierungssystems erlischt, wenn sie zurückgenommen, widerrufen, anderweitig aufgehoben oder durch Zeitablauf oder auf andere Weise erledigt ist.

(2) Das Erlöschen der Anerkennung und der Grund für das Erlöschen nach Absatz 1 sind von der zuständigen Behörde im Bundesanzeiger bekannt zu machen.

§ 38 Widerruf der Anerkennung

[1]Die Anerkennung eines Zertifizierungssystems soll widerrufen werden, wenn die Gewähr für eine ordnungsgemäße Durchführung der Aufgaben nach dieser Verordnung nicht mehr gegeben ist. [2]Die Anerkennung soll insbesondere widerrufen werden, wenn

1. eine Voraussetzung nach § 33 Absatz 1 nicht oder nicht mehr erfüllt ist oder
2. das Zertifizierungssystem seine Pflichten nach § 39 nicht, nicht richtig, nicht vollständig oder nicht rechtzeitig erfüllt.

[3]Die Anerkennung kann auch widerrufen werden, wenn eine Kontrolle vor Ort nicht sichergestellt ist. [4]Bei der Prüfung nach Satz 2 Nummer 1 können insbesondere die Erfahrungen der Zertifizierungsstellen und Schnittstellen mit dem Zertifizierungssystem und die Berichte nach § 52 und § 53 Absatz 2 Nummer 3 berücksichtigt werden. [5]Die Vorschriften des Verwaltungsverfahrensgesetzes über die Rücknahme und den Widerruf von Verwaltungsakten bleiben im Übrigen unberührt.

§ 39 Berichte und Mitteilungen

(1) Zertifizierungssysteme müssen der zuständigen Behörde für jedes Kalenderjahr bis zum 28. Februar des folgenden Kalenderjahres und im Übrigen auf Verlangen folgende Informationen elektronisch übermitteln:

1. eine Liste aller Schnittstellen, Betriebe und Lieferanten, die bei der Herstellung oder Lieferung von Biomasse nach dieser Verordnung dieses Zertifizierungssystem verwenden, einschließlich der Angabe, von welcher Zertifizierungsstelle sie kontrolliert werden, und
2. eine Liste aller Maßnahmen, die gegenüber Schnittstellen, Betrieben oder Lieferanten ergriffen worden sind, die die Anforderungen nach dieser Verordnung oder nach dem Zertifizierungssystem nicht oder nicht mehr erfüllt haben.

(2) Zertifizierungssysteme müssen Veränderungen der Listen nach Absatz 1 der zuständigen Behörde monatlich elektronisch mitteilen.

(3) Zertifizierungssysteme müssen alle Zertifikate von Schnittstellen, die ihre Vorgaben verwenden, auf ihren Internetseiten veröffentlichen.

§ 40 Anerkannte Zertifizierungssysteme auf Grund der Biokraftstoff-Nachhaltigkeitsverordnung

Zertifizierungssysteme gelten auch als anerkannt, solange und soweit sie auf Grund einer Verordnung über Anforderungen an eine nachhaltige Herstellung von Biomasse zur Verwendung als Biokraftstoff anerkannt sind, die auf Grund des § 37d Absatz 2 Nummer 3 und 4 sowie Absatz 3 Nummer 2 des Bundes-Immissionsschutzgesetzes und des § 66 Absatz 1 Nummer 11a Buchstabe a und b des Energiesteuergesetzes in ihrer jeweils geltenden Fassung erlassen worden ist.

§ 41 Weitere anerkannte Zertifizierungssysteme

Zertifizierungssysteme gelten auch als anerkannt, solange und soweit sie

1. von der Kommission der Europäischen Gemeinschaften auf Grund des Artikels 18 Absatz 4 Unterabsatz 2 Satz 1 der Richtlinie 2009/28/EG oder
2. in einem bilateralen oder multilateralen Vertrag, den die Europäische Gemeinschaft mit einem Drittstaat abgeschlossen hat,

als Zertifizierungssystem zur näheren Bestimmung der Anforderungen nach Artikel 17 Absatz 2 bis 6 der Richtlinie 2009/28/EG anerkannt sind.

Abschnitt 5
Zertifizierungsstellen

Unterabschnitt 1
Anerkennung von Zertifizierungsstellen

§ 42 Anerkannte Zertifizierungsstellen

Anerkannte Zertifizierungsstellen im Sinne dieser Verordnung sind:

1. Zertifizierungsstellen, solange und soweit sie nach § 43 Absatz 1 oder § 60 Absatz 1 anerkannt sind,
2. Zertifizierungsstellen nach § 56 und
3. Zertifizierungsstellen nach § 57.

§ 43 Anerkennung von Zertifizierungsstellen

(1) Zertifizierungsstellen werden auf Antrag anerkannt, wenn sie

1. folgende Angaben benennen:
   a) die Namen und Anschriften der verantwortlichen Personen sowie
   b) die Länder oder Staaten, in denen sie Aufgaben nach dieser Verordnung wahrnehmen,
2. nachweisen, dass sie
   a) über die Fachkunde, Ausrüstung und Infrastruktur verfügen, die zur Wahrnehmung ihrer Tätigkeiten erforderlich sind,
   b) über eine ausreichende Zahl entsprechend qualifizierter und erfahrener Mitarbeiterinnen und Mitarbeiter verfügen und
   c) im Hinblick auf die Durchführung der ihnen übertragenen Aufgaben unabhängig von den Zertifizierungssystemen, Schnittstellen, Betrieben und Lieferanten sowie frei von jeglichem Interessenkonflikt sind,
3. die Anforderungen der DIN EN 45011, Ausgabe März 1998, erfüllen, ihre Konformitätsbewertungen nach den Standards der ISO/IEC Guide 60, Ausgabe September 2004, durchführen und ihre Kontrollen den Anforderungen der DIN EN ISO 19011, Ausgabe Dezember 2002, genügen*,
4. sich entsprechend der Anlage 5 Nummer 1 Buchstabe e schriftlich verpflichtet haben und
5. eine zustellungsfähige Anschrift in einem Mitgliedstaat der Europäischen Union oder in einem anderen Vertragsstaat des Abkommens über den Europäischen Wirtschaftsraum haben.

(2) [1]Der Nachweis darüber, dass die in Absatz 1 genannten Anforderungen erfüllt werden, ist durch Vorlage geeigneter Unterlagen über die betriebliche Ausstattung der jeweiligen

---

* Sämtliche DIN-, ISO/IEC- und DIN EN ISO-Normen, auf die in dieser Verordnung verwiesen wird, sind bei der Beuth-Verlag GmbH, Berlin, zu beziehen und beim Deutschen Patent- und Markenamt in München archivmäßig gesichert niedergelegt.

Zertifizierungsstelle, ihren Aufbau und ihre Mitarbeiterinnen und Mitarbeiter zu führen. [2]Bei Zertifizierungsstellen, die von mindestens zwei Umweltgutachterinnen oder Umweltgutachtern betrieben werden, gelten die Anforderungen nach Absatz 1 Nummer 3 als erfüllt. [3]Die zuständige Behörde kann über die vorgelegten Unterlagen hinaus weitere Unterlagen anfordern und im Rahmen des Anerkennungsverfahrens bei den Zertifizierungsstellen Prüfungen vor Ort vornehmen, soweit dies zur Entscheidung über den Antrag nach Absatz 1 erforderlich ist. [4]§ 33 Absatz 3 Satz 3 ist entsprechend anzuwenden.

(3) Die Anerkennung kann auch nachträglich mit Auflagen versehen werden, wenn dies zur ordnungsgemäßen Durchführung der Tätigkeiten einer Zertifizierungsstelle erforderlich ist.

(4) Die Anerkennung kann mit einer Anerkennung nach einer Verordnung über Anforderungen an eine nachhaltige Herstellung von Biomasse zur Verwendung als Biokraftstoff kombiniert werden, die auf Grund des § 37d Absatz 2 Nummer 3 und 4 sowie Absatz 3 Nummer 2 des Bundes-Immissionsschutzgesetzes und des § 66 Absatz 1 Nummer 11a Buchstabe a und b des Energiesteuergesetzes in ihrer jeweils geltenden Fassung erlassen worden ist.

(5) Die Anerkennung kann beschränkt werden auf

1. einzelne Arten von Biomasse oder
2. einzelne Länder oder Staaten.

§ 44 Verfahren zur Anerkennung

[1]Auf das Anerkennungsverfahren ist § 34 Absatz 2 und 3 entsprechend anzuwenden. [2]Die Anerkennung ist von der zuständigen Behörde im Bundesanzeiger bekannt zu machen.

§ 45 Inhalt der Anerkennung

Die Anerkennung einer Zertifizierungsstelle muss die folgenden Angaben enthalten:

1. eine einmalige Registriernummer,
2. das Datum der Anerkennung und
3. Beschränkungen nach § 43 Absatz 5.

§ 46 Erlöschen der Anerkennung

(1) [1]Die Anerkennung einer Zertifizierungsstelle erlischt, wenn sie zurückgenommen, widerrufen, anderweitig aufgehoben oder durch Zeitablauf oder auf andere Weise erledigt ist. [2]Sie erlischt auch, wenn die Zertifizierungsstelle ihre Tätigkeit nicht innerhalb eines Jahres nach Erteilung der ersten Anerkennung aufgenommen oder seit Aufnahme der Tätigkeit mehr als ein Jahr nicht mehr ausgeübt hat.

(2) Das Erlöschen der Anerkennung und der Grund für das Erlöschen nach Absatz 1 sind von der zuständigen Behörde im Bundesanzeiger bekannt zu machen.

§ 47 Widerruf der Anerkennung

[1]Die Anerkennung einer Zertifizierungsstelle soll widerrufen werden, wenn die Gewähr für eine ordnungsgemäße Durchführung der Aufgaben nach dieser Verordnung nicht mehr gegeben ist. [2]Die Anerkennung soll insbesondere widerrufen werden, wenn

1. eine Voraussetzung nach § 43 Absatz 1 nicht oder nicht mehr erfüllt ist oder
2. die Zertifizierungsstelle ihre Pflichten nach den §§ 48 bis 54 nicht, nicht richtig, nicht vollständig oder nicht rechtzeitig erfüllt.

[3]Die Anerkennung kann auch widerrufen werden, wenn eine Kontrolle vor Ort nicht sichergestellt ist. [4]Die Vorschriften des Verwaltungsverfahrensgesetzes über die Rücknahme und den Widerruf von Verwaltungsakten bleiben im Übrigen unberührt.

Unterabschnitt 2
Aufgaben von Zertifizierungsstellen

§ 48 Führen von Schnittstellenverzeichnissen

[1]Die Zertifizierungsstellen müssen ein Verzeichnis aller Schnittstellen, denen sie Zertifikate ausgestellt haben, führen. [2]Das Verzeichnis muss mindestens den Namen, die Anschrift und die Registriernummer der Schnittstellen enthalten. [3]Die Zertifizierungsstellen müssen das Verzeichnis laufend aktualisieren.

§ 49 Kontrolle der Schnittstellen

(1) [1]Die Zertifizierungsstellen kontrollieren spätestens sechs Monate nach Ausstellung des ersten Zertifikates und im Übrigen mindestens einmal im Jahr, ob die Schnittstellen die Voraussetzungen für die Ausstellung eines Zertifikates nach § 26 weiterhin erfüllen. [2]Die zuständige Behörde kann bei begründetem Verdacht, insbesondere auf Grund der Berichte nach § 52, bestimmen, dass eine Schnittstelle in kürzeren Zeitabschnitten kontrolliert werden muss; dies gilt auch in den Fällen des § 26 Absatz 2 Satz 2.

(2) [1]Die Mitarbeiterinnen und Mitarbeiter von Zertifizierungsstellen sind befugt, während der Geschäfts- oder Betriebszeit Grundstücke, Geschäfts-, Betriebs- und Lagerräume sowie Transportmittel zu betreten, soweit dies für die Kontrolle nach Absatz 1 erforderlich ist. [2]Diese Befugnis bezieht sich auf alle Orte im Geltungsbereich dieser Verordnung, an denen die Schnittstelle im Zusammenhang mit der Herstellung oder Lieferung von Biomasse, für die ein Nachhaltigkeitsnachweis nach dieser Verordnung ausgestellt wird, Tätigkeiten ausübt.

(3) Die Schnittstellen im Geltungsbereich dieser Verordnung sind verpflichtet, die Kontrollen nach Absatz 1 und 2 zu dulden.

§ 50 Kontrolle des Anbaus

[1]Die Zertifizierungsstellen, die Schnittstellen nach § 2 Absatz 3 Nummer 1 ein Zertifikat ausstellen, kontrollieren auf Grund geeigneter Kriterien, ob die von den Schnittstellen benannten Betriebe, in denen die Biomasse zum Zweck der Herstellung flüssiger Biomasse angebaut oder geerntet wird, die Anforderungen nach den §§ 4 bis 7 erfüllen. [2]Art und Häufigkeit der Kontrollen nach Satz 1 müssen sich insbesondere auf der Grundlage einer Bewertung des Risikos, ob in Bezug auf die Erfüllung dieser Anforderungen Unregelmäßigkeiten und Verstöße auftreten, bestimmen. [3]Es sind mindestens 5 Prozent der Betriebe jährlich zu kontrollieren. [4]§ 49 Absatz 2 und 3 ist entsprechend anzuwenden.

§ 51 Kontrolle des Anbaus bei nachhaltiger landwirtschaftlicher Bewirtschaftung

[1]Wird Biomasse zum Zweck der Herstellung von flüssiger Biomasse im Rahmen von landwirtschaftlichen Tätigkeiten in einem Mitgliedstaat der Europäischen Union angebaut, gilt die Erfüllung der Anforderungen nach § 7 als nachgewiesen, wenn Betriebe

1. Direktzahlungen nach der Verordnung (EG) Nr. 73/2009 oder Beihilfen für flächenbezogene Maßnahmen nach Artikel 36 Buchstabe a Nummer i bis v und Buchstabe b Nummer i, iv und v der Verordnung (EG) Nr. 1698/2005 des Rates vom 20. September 2005 über die Förderung der Entwicklung des ländlichen Raums durch den Europäischen Landwirtschaftsfonds für die Entwicklung des ländlichen Raums (ELER) (ABl. L 277 vom 21.10.2005, S. 1) erhalten, die zur Erfüllung der Anforderungen der Cross Compliance verpflichten, oder
2. als Organisation nach der Verordnung (EG) Nr. 761/2001 des Europäischen Parlaments und des Rates vom 19. März 2001 über die freiwillige Beteiligung von Organisationen an einem Gemeinschaftssystem für das Umweltmanagement und die Umweltbetriebsprüfung (EMAS) (ABl. L 114 vom 24.4.2001, S. 1) in der jeweils geltenden Fassung registriert sind.

[2]Von diesen Betrieben müssen nur 3 Prozent jährlich nach § 50 kontrolliert werden; die Kontrolle beschränkt sich darauf, ob diese Betriebe die Anforderungen nach den §§ 4 bis 6 erfüllen.

§ 52 Berichte über Kontrollen

[1]Zertifizierungsstellen müssen nach Abschluss jeder Kontrolle einen Bericht erstellen, der insbesondere das Kontrollergebnis enthält. [2]Sofern die Kontrolle ergeben hat, dass die Schnittstelle, der Betrieb oder der Lieferant die Anforderungen nach dieser Verordnung nicht erfüllt hat, ist der Bericht der zuständigen Behörde unverzüglich nach Abschluss der Kontrolle und elektronisch zu übermitteln.

§ 53 Weitere Berichte und Mitteilungen

(1) [1]Zertifizierungsstellen müssen der zuständigen Behörde unverzüglich und elektronisch Kopien von folgenden Nachweisen übermitteln:

1. Nachhaltigkeitsnachweise aller von ihnen zertifizierten Schnittstellen,
2. Nachträge nach § 19,
3. Zertifikate nach § 26 Absatz 1 und 2 und
4. Bescheinigungen nach § 58 Nummer 1 Buchstabe b.

[2]Zertifizierungsstellen können die Pflicht, Kopien der Nachhaltigkeitsnachweise nach Satz 1 Nummer 1 der zuständigen Behörde zu übermitteln, auf die Schnittstelle übertragen.

(2) Zertifizierungsstellen müssen der zuständigen Behörde für jedes Kalenderjahr bis zum 28. Februar des folgenden Kalenderjahres und im Übrigen auf Verlangen folgende Berichte und Informationen elektronisch übermitteln:

1. einen Auszug aus dem Schnittstellenverzeichnis nach § 48 sowie eine Liste aller weiteren Betriebe und Lieferanten, die sie kontrollieren, aufgeschlüsselt nach Zertifizierungssystemen,
2. eine Liste aller Kontrollen, die sie in dem Kalenderjahr bei Schnittstellen, Betrieben und Lieferanten vorgenommen haben, aufgeschlüsselt nach Zertifizierungssystemen, mit Ausnahme der Kontrollen, über die nach § 52 Satz 2 berichtet worden ist, und
3. einen Bericht über ihre Erfahrungen mit den von ihnen angewendeten Zertifizierungssystemen; dieser Bericht muss alle Tatsachen umfassen, die für die Beurteilung wesentlich sein könnten, ob die Zertifizierungssysteme die Voraussetzungen für die Anerkennung nach § 33 weiterhin erfüllen.

§ 54 Aufbewahrung, Umgang mit Informationen

(1) Zertifizierungsstellen müssen die Kontrollergebnisse und Kopien aller Zertifikate, die sie auf Grund dieser Verordnung ausstellen, mindestens zehn Jahre aufbewahren.

(2) Soweit Zertifizierungsstellen Aufgaben nach dieser Verordnung wahrnehmen, gelten sie als informationspflichtige Stellen nach § 2 Absatz 1 Nummer 2 des Umweltinformationsgesetzes vom 22. Dezember 2004 (BGBl. I S. 3704) im Geltungsbereich des Umweltinformationsgesetzes.

Unterabschnitt 3
Überwachung von Zertifizierungsstellen

§ 55 Kontrollen und Maßnahmen

(1) [1]Die zuständige Behörde überwacht die nach dieser Verordnung anerkannten Zertifizierungsstellen. [2]§ 33 Absatz 3 Satz 3 ist entsprechend anzuwenden.

(1a) [1]Die Mitarbeiterinnen und Mitarbeiter sowie die Beauftragten der zuständigen Behörde sind befugt, während der Geschäfts- oder Betriebszeit Grundstücke, Geschäfts-, Betriebs- und Lagerräume sowie Transportmittel zu betreten, soweit dies für die Überwachung nach Absatz 1 erforderlich ist. [2]§ 49 Absatz 2 Satz 2 und Absatz 3 ist entsprechend anzuwenden.

(2) [1]Die zuständige Behörde kann gegenüber Zertifizierungsstellen die Anordnungen treffen, die notwendig sind, um festgestellte Mängel zu beseitigen und künftige Mängel zu verhüten. [2]Insbesondere kann sie anordnen, dass eine Mitarbeiterin oder ein Mitarbeiter einer Zertifizierungsstelle wegen fehlender Unabhängigkeit, Fachkunde oder Zuverlässigkeit nicht mehr kontrollieren darf, ob die Anforderungen nach dieser Verordnung erfüllt werden.

(3) Sofern Umweltgutachterinnen oder Umweltgutachter als Zertifizierungsstellen nach dieser Verordnung anerkannt sind, bleiben Befugnisse der Zulassungsstelle nach § 28 des Umweltauditgesetzes von den Absätzen 1 und 2 unberührt.

Unterabschnitt 4
Weitere anerkannte Zertifizierungsstellen

§ 56 Anerkannte Zertifizierungsstellen auf Grund der Biokraftstoff-Nachhaltigkeitsverordnung

(1) Zertifizierungsstellen gelten auch als anerkannt, solange und soweit sie auf Grund einer Verordnung über Anforderungen an eine nachhaltige Herstellung von Biomasse zur Verwendung als Biokraftstoff anerkannt sind, die auf Grund des § 37d Absatz 2 Nummer 3 und 4 sowie Absatz 3 Nummer 2 des Bundes-Immissionsschutzgesetzes und des § 66 Absatz 1 Nummer 11a Buchstabe a und b des Energiesteuergesetzes in ihrer jeweils geltenden Fassung erlassen worden ist.

(2) Die Unterabschnitte 2 und 3 dieses Abschnitts sind entsprechend anzuwenden, soweit sich aus der in Absatz 1 genannten Verordnung nichts anderes ergibt.

§ 57 Weitere anerkannte Zertifizierungsstellen

(1) Zertifizierungsstellen gelten auch als anerkannt, solange und soweit sie

1. von der Kommission der Europäischen Gemeinschaften,
2. von einem anderen Mitgliedstaat der Europäischen Union oder
3. in einem bilateralen oder multilateralen Vertrag, den die Europäische Gemeinschaft mit einem Drittstaat abgeschlossen hat,

als Zertifizierungsstellen zur verbindlichen Überwachung der Erfüllung der Anforderungen nach Artikel 17 Absatz 2 bis 6 der Richtlinie 2009/28/EG anerkannt sind und sie Aufgaben nach dieser Verordnung auch in einem Zertifizierungssystem wahrnehmen, das nach dieser Verordnung anerkannt ist.

(2) Die Unterabschnitte 2 und 3 dieses Abschnitts sind nur entsprechend anzuwenden, soweit dies mit den Bestimmungen der Kommission der Europäischen Gemeinschaften oder des jeweiligen bilateralen oder multilateralen Vertrages vereinbar ist.

Abschnitt 6
Besondere und Übergangsbestimmungen zum Nachweis

§ 58 Nachweis über die Erfüllung der Anforderungen für den Bonus für nachwachsende Rohstoffe

Anerkannte Nachweise über die Erfüllung der Anforderungen nach § 10 sind:

1. Nachhaltigkeitsnachweise, die nach § 14 Absatz 1 bis 3 anerkannt sind, sofern
    a) sie die Angaben nach § 18 Absatz 1 Nummer 5 Buchstabe b enthalten oder
    b) diese Angaben durch eine zusätzliche Bescheinigung
        aa) der Schnittstelle nach § 15 Absatz 3 oder
        bb) einer Zertifizierungsstelle, die nach dieser Verordnung anerkannt ist,
        nachgewiesen werden; wenn diese Bescheinigung von einer Schnittstelle ausgestellt wird, unterliegt diese der Kontrolle nach § 49, oder
2. Bescheinigungen von Umweltgutachterinnen und Umweltgutachtern nach § 59 Absatz 1.

§ 59 Nachweis durch Umweltgutachterinnen und Umweltgutachter

(1) Die Erfüllung der Anforderungen nach dieser Verordnung kann bei flüssiger Biomasse, die bis zum 31. Dezember 2011 zur Stromerzeugung eingesetzt wird, gegenüber dem Netzbetreiber auch durch eine Bescheinigung einer Umweltgutachterin oder eines Umweltgutachters nachgewiesen werden.

(2) Die Bescheinigung nach Absatz 1 muss die folgenden Angaben enthalten:

1. eine Bestätigung, dass die Anforderungen nach den §§ 4 bis 8 und im Fall, dass der Anspruch auf den Bonus für nachwachsende Rohstoffe geltend gemacht wird, auch nach § 10 erfüllt werden,
2. eine lückenlose Dokumentation der Herstellung und Lieferung und die Bestätigung, dass die Herkunft der flüssigen Biomasse nach Maßgabe des § 16 nachgewiesen worden ist,
3. den Energiegehalt der Menge der flüssigen Biomasse in Megajoule,
4. das Treibhausgas-Minderungspotenzial der flüssigen Biomasse in Gramm Kohlendioxid-Äquivalent je Megajoule flüssiger Biomasse (g CO_{2eq}/MJ) und
5. im Fall einer Berechnung des Treibhausgas-Minderungspotenzials nach § 8 Absatz 3 die tatsächlichen Werte, getrennt nach den einzelnen Arbeitsschritten der Herstellung und Lieferung in Gramm Kohlendioxid-Äquivalent je Megajoule flüssiger Biomasse (g CO_{2eq}/MJ).

(3) Sofern die zuständige Behörde Zertifizierungssysteme nach dieser Verordnung anerkannt hat, sollen die Umweltgutachterinnen und Umweltgutachter bei der Ausstellung von Bescheinigungen nach Absatz 1 die Standards eines Zertifizierungssystems verwenden.

(4) ¹Das erstmalige Ausstellen einer Bescheinigung nach Absatz 1 muss die Umweltgutachterin oder der Umweltgutachter der zuständigen Behörde anzeigen. ²Vor dem erstmaligen Ausstellen einer Bescheinigung für Biomasse, die außerhalb der Mitgliedstaaten der Europäischen Union und der anderen Vertragsstaaten des Abkommens über den Europäischen Wirtschaftsraum angebaut wird, muss die Umweltgutachterin oder der Umweltgutachter zusätzlich gegenüber der zuständigen Behörde schriftlich das Einverständnis erklären, eine Beaufsichtigung bei der Durchführung von Kontrollen auch außerhalb der Mitgliedstaaten der Europäischen Union nach Maßgabe des Umweltauditgesetzes zu dulden. ³§ 33 Absatz 3 Satz 3 ist entsprechend anzuwenden.

§ 60 Nachweis durch vorläufige Anerkennungen

(1) ¹Die zuständige Behörde kann Zertifizierungssysteme und Zertifizierungsstellen vorläufig anerkennen, wenn eine abschließende Prüfung der Voraussetzungen nach § 33 Absatz 1 oder § 43 Absatz 1 nicht möglich ist, die Voraussetzungen jedoch mit hinreichender Wahrscheinlichkeit erfüllt sein werden. ²Bei der vorläufigen Anerkennung von Zertifizierungssystemen bleibt § 33 Absatz 1 Nummer 1 unberührt; § 34 Absatz 1 ist nicht anzuwenden und § 34 Absatz 3 ist mit der Maßgabe anzuwenden, dass die Frist drei Monate beträgt. ³Bei der vorläufigen Anerkennung von Zertifizierungsstellen bleibt § 43 Absatz 1 Nummer 1, 4 und 5 unberührt.

(2) Die vorläufige Anerkennung ist auf zwölf Monate befristet.

(3) Ein Rechtsanspruch auf vorläufige Anerkennung besteht nicht.

(4) Zertifizierungssysteme und Zertifizierungsstellen können aus einer vorläufigen Anerkennung keine Rechtsansprüche ableiten.

Teil 4
Zentrales Informationsregister

§ 61–65 (weggefallen)

§ 66 Informationsregister

Die zuständige Behörde führt ein zentrales Register über alle Zertifizierungssysteme, Zertifizierungsstellen, Zertifikate, Nachweise, Bescheinigungen und Berichte im Zusammenhang mit der Nachweisführung nach dieser Verordnung (Informationsregister).

§ 67 Datenabgleich

(1) Die zuständige Behörde gleicht die Daten im Informationsregister ab

1. mit den Daten im Anlagenregister nach § 6 des Erneuerbare-Energien-Gesetzes oder mit den Daten des Gesamtanlagenregisters nach § 53b des Energiewirtschaftsgesetzes, soweit dieses nach § 6 Absatz 4 Satz 2 des Erneuerbare-Energien-Gesetzes die Aufgaben des Anlagenregisters wahrnimmt, und
2. mit den Daten, die der für Biokraftstoffe zuständigen Stelle nach § 37d Absatz 1 des Bundes-Immissionsschutzgesetzes vorliegen.

(2) [1]Bei Nachhaltigkeitsnachweisen nach § 23 kann die zuständige Behörde Daten mit der Behörde oder Stelle, die diese Nachweise ausgestellt hat, abgleichen. [2]§ 77 Satz 2 bleibt davon unberührt.

§ 68 Maßnahmen der zuständigen Behörde

Die zuständige Behörde muss dem Netzbetreiber, an dessen Netz die Anlage zur Stromerzeugung angeschlossen ist, Folgendes mitteilen, soweit es sich auf die in dieser Anlage eingesetzte flüssige Biomasse bezieht:

1. Verstöße gegen die Mitteilungspflicht nach § 13,
2. Widersprüche zwischen verschiedenen Daten, die im Rahmen des Datenabgleichs bekannt geworden sind, und
3. sonstige Zweifel an
   a) der Wirksamkeit eines Nachhaltigkeitsnachweises, eines Zertifikates oder einer Bescheinigung oder
   b) der Richtigkeit der darin nachgewiesenen Tatsachen.

§ 69 (weggefallen)

Teil 5
Datenerhebung und -verarbeitung, Berichtspflichten, behördliches Verfahren

§ 70 Auskunftsrecht der zuständigen Behörde

Die zuständige Behörde kann von Anlagenbetreiberinnen und Anlagenbetreibern, Zertifizierungsstellen, Schnittstellen, im Fall von Zertifizierungssystemen von den Personen nach § 33 Absatz 1 Nummer 1 Buchstabe a und im Fall von § 59 von Umweltgutachterinnen und Umweltgutachtern weitere Informationen verlangen, soweit dies erforderlich ist, um

1. die Aufgaben nach dieser Verordnung zu erfüllen,
2. zu überwachen, ob die Anforderungen nach dieser Verordnung erfüllt werden, oder
3. die Berichtspflichten der Bundesrepublik Deutschland gegenüber den Organen der Europäischen Union zu erfüllen.

§ 71 Berichtspflicht der zuständigen Behörde

Die zuständige Behörde evaluiert diese Verordnung regelmäßig und legt der Bundesregierung erstmals zum 31. Dezember 2010 und sodann jedes Jahr einen Erfahrungsbericht vor.

§ 72 (weggefallen)

§ 73 Datenübermittlung

(1) Soweit dies zur Durchführung der Verordnung erforderlich ist, darf die zuständige Behörde Informationen übermitteln an

1. folgende Bundesbehörden:
   a) das Bundesministerium der Finanzen,
   b) das Bundesministerium für Wirtschaft und Energie,
   c) das Bundesministerium für Ernährung und Landwirtschaft,
   d) das Bundesministerium für Umwelt, Naturschutz, Bau und Reaktorsicherheit und
   e) die nachgeordneten Behörden dieser Bundesministerien, insbesondere an die Bundesnetzagentur, das Umweltbundesamt und die für Biokraftstoffe zuständige Stelle nach § 37d Absatz 1 des Bundes-Immissionsschutzgesetzes,
2. Behörden von anderen Mitgliedstaaten der Europäischen Union sowie von Drittstaaten und ihre sonstigen Stellen nach § 23 Absatz 1 Nummer 1 bis 3 und
3. Organe der Europäischen Union.

(1a) Soweit dies zum Abgleich der Daten des Informationsregisters nach § 66 mit dem Anlagenregister nach § 6 des Erneuerbare-Energien-Gesetzes oder dem Gesamtanlagenregister nach § 53b des Energiewirtschaftsgesetzes erforderlich ist, soweit dieses nach § 6 Absatz 4 Satz 2 des Erneuerbare-Energien-Gesetzes die Aufgaben des Anlagenregisters wahrnimmt, darf die zuständige Behörde Informationen an das jeweilige Register übermitteln.

(2) ¹Die Übermittlung personenbezogener Daten an die Stellen nach Absatz 1 Nummer 1 ist nur zulässig unter den Voraussetzungen des § 15 des Bundesdatenschutzgesetzes. ²Die Übermittlung dieser Daten an die Stellen nach Absatz 1 Nummer 2 und 3 ist nur unter den Voraussetzungen der §§ 4b und 4c des Bundesdatenschutzgesetzes zulässig.

§ 74 Zuständigkeit

(1) Die Bundesanstalt für Landwirtschaft und Ernährung ist zuständig für

1. die Anerkennung von Regelungen nach § 8 Absatz 3 Satz 3 Nummer 2 Buchstabe b, ihre Bekanntmachung nach § 8 Absatz 3 Satz 4 und die Bekanntmachung nach Anlage 1 Nummer 10 Satz 2,
2. die Entgegennahme von Nachweisen nach § 13,
3. die Bekanntmachung einer elektronischen Datenbank und, sofern die Datenbank nicht von einer Zertifizierungsstelle oder einer anderen juristischen oder einer natürlichen Person betrieben wird, den Betrieb dieser Datenbank nach § 17 Absatz 2 Nummer 2,
4. die Bekanntmachung nach § 21 Absatz 1 Satz 2,

5. die Ausstellung von Nachhaltigkeits-Teilnachweisen nach § 24,
6. die Anerkennung und Überwachung von Zertifizierungssystemen nach Teil 3 Abschnitt 4 und nach § 60,
7. die Anerkennung und Überwachung von Zertifizierungsstellen nach Teil 3 Abschnitt 5 Unterabschnitt 1 bis 3 und § 60,
8. die Entgegennahme von Anzeigen und Erklärungen nach § 59 Absatz 4,
9. das Führen des zentralen Informationsregisters nach Teil 4,
10. das Einholen von Auskünften nach § 70,
11. die Berichte nach § 71,
12. die Übermittlung von Daten nach § 73,
13. die Veröffentlichung von Mustern und Vordrucken nach § 76 Absatz 2 und
14. den Vollzug dieser Verordnung im Übrigen mit Ausnahme von § 4 Absatz 4 Satz 1 Variante 2.

(2) ¹Die Rechts- und Fachaufsicht über die Bundesanstalt für Landwirtschaft und Ernährung obliegt dem Bundesministerium für Ernährung und Landwirtschaft. ²Fragen von grundsätzlicher Bedeutung sind mit dem Bundesministerium der Finanzen abzustimmen und es ist das Einvernehmen mit dem Bundesministerium für Umwelt, Naturschutz, Bau und Reaktorsicherheit herzustellen.

§ 75 Verfahren vor der zuständigen Behörde

¹Die Amtssprache ist deutsch. ²Alle Anträge, die bei der zuständigen Behörde gestellt werden, und alle Nachweise, Bescheinigungen, Berichte und sonstige Unterlagen, die der zuständigen Behörde übermittelt werden, müssen in deutscher Sprache verfasst oder mit einer Übersetzung in die deutsche Sprache versehen sein. ³§ 23 Absatz 2 Satz 2 bis 4 des Verwaltungsverfahrensgesetzes ist entsprechend anzuwenden.

§ 76 Muster und Vordrucke

(1) Unbeschadet des § 18 Absatz 2 und des § 24 Absatz 1 Satz 5 sind auch für die folgenden Dokumente Vordrucke und Muster zu verwenden:

1. die Zertifikate nach § 26,
2. die Berichte und Mitteilungen nach den §§ 52 und 53 sowie
3. die Bescheinigungen nach § 58 Nummer 1 Buchstabe b und § 59 Absatz 1.

(2) ¹Die zuständige Behörde veröffentlicht die Vordrucke und Muster sowie das Datensatzformat einer elektronischen Datenübermittlung im Bundesanzeiger sowie auf ihrer Internetseite. ²Sie kann für Nachhaltigkeitsnachweise und Nachhaltigkeits-Teilnachweise, die nach dem Muster der Anlage 3 oder 4 in englischer oder einer anderen Sprache ausgestellt worden sind, eine Übersetzung im Bundesanzeiger sowie auf ihrer Internetseite veröffentlichen.

§ 77 Außenverkehr

[1]Der Verkehr mit den Behörden anderer Mitgliedstaaten der Europäischen Union und Drittstaaten sowie mit den Organen der Europäischen Union obliegt dem Bundesministerium für Umwelt, Naturschutz, Bau und Reaktorsicherheit. [2]Es kann den Verkehr mit den zuständigen Ministerien und Behörden anderer Mitgliedstaaten der Europäischen Union und Drittstaaten sowie den Organen der Europäischen Union im Einvernehmen mit dem Bundesministerium für Ernährung und Landwirtschaft auf die Bundesanstalt für Landwirtschaft und Ernährung übertragen.

Teil 6
Übergangs- und Schlussbestimmungen

§ 78 Übergangsbestimmung

Diese Verordnung ist nicht auf flüssige Biomasse anzuwenden, die vor dem 1. Januar 2011 zur Stromerzeugung eingesetzt wird.

§ 79 Inkrafttreten

(1) Die §§ 24 und 34 Absatz 2 treten am 1. Januar 2010 in Kraft.

(2) Im Übrigen tritt diese Verordnung am 24. August 2009 in Kraft.

Anlage 1 (zu § 8 Absatz 3)
Methode zur Berechnung des Treibhausgas-Minderungspotenzials anhand tatsächlicher Werte

(Fundstelle: BGBl. I 2009, 2192 – 2194)

1. Die Treibhausgasemissionen bei der Herstellung, Lieferung und Verwendung von flüssigen Brennstoffen (flüssige Biomasse und Fossilbrennstoffe) werden wie folgt berechnet:

$$E = e_{ec} + e_l + e_p + e_{td} + e_u - e_{sca} - e_{ccs} - e_{ccr} - e_{ee}$$

Dabei sind:

$E =$ Gesamtemissionen bei der Verwendung des flüssigen Brennstoffs,

$e_{ec} =$ Emissionen bei der Gewinnung der Rohstoffe, insbesondere bei Anbau und Ernte der Biomasse, aus der die flüssige Biomasse hergestellt wird,

$e_l =$ auf das Jahr umgerechnete Emissionen auf Grund von Kohlenstoffbestandsänderungen infolge von Landnutzungsänderungen,

$e_p =$ Emissionen bei der Verarbeitung,

$e_{td} =$ Emissionen bei der Lieferung,

$e_u =$ Emissionen bei der Nutzung des flüssigen Brennstoffs,

$e_{sca} =$ Emissionseinsparungen durch Anreicherung von Kohlenstoff im Boden infolge besserer landwirtschaftlicher Bewirtschaftungspraktiken,

$e_{ccs} =$ Emissionseinsparungen durch Abscheidung und geologische Speicherung von Kohlendioxid,

$e_{ccr} =$ Emissionseinsparungen durch Abscheidung und Ersetzung von Kohlendioxid,

$e_{ee} =$ Emissionseinsparungen durch überschüssigen Strom aus Kraft-Wärme-Kopplung.

Die mit der Herstellung der Anlagen und Ausrüstungen verbundenen Emissionen werden nicht berücksichtigt.

2. Die durch flüssige Brennstoffe verursachten Treibhausgasemissionen (E) werden in Gramm Kohlendioxid-Äquivalent je Megajoule flüssiger Brennstoff (g CO_{2eq}/MJ) angegeben.

3. (nicht belegt).

4. Die durch die Verwendung von flüssiger Biomasse erzielten Einsparungen bei den Treibhausgasemissionen werden wie folgt berechnet:

$$EINSPARUNG = (E_F - E_B)/E_F$$

Dabei sind:

$E_B =$ Gesamtemissionen bei der Verwendung der flüssigen Biomasse,

$E_F =$ Gesamtemissionen des Vergleichswerts für Fossilbrennstoffe.

5. Die für die in Nummer 1 genannten Zwecke berücksichtigten Treibhausgase sind Kohlendioxid (CO_2), Distickstoffoxid (N_2O) und Methan (CH_4). Zur Berechnung der CO_2-Äquivalenz werden diese Gase wie folgt gewichtet:

CO_2: 1

N_2O: 296

CH_4: 23

6. Die Emissionen bei der Gewinnung oder beim Anbau der Biomasse (e_{ec}) schließen die Emissionen des Gewinnungs- oder Anbauprozesses selbst, beim Sammeln der Rohstoffe, aus Abfällen und Leckagen sowie bei der Herstellung der zur Gewinnung oder zum Anbau verwendeten Chemikalien ein. Die Kohlendioxid-Bindung beim Anbau der Biomasse wird nicht berücksichtigt. Alternativ zu den tatsächlichen Werten können für die Emissionen beim Anbau Schätzungen aus den Durchschnittswerten abgeleitet werden, die für kleinere als die bei der Berechnung der Standardwerte herangezogenen geografischen Gebiete berechnet wurden.

7. Die auf Jahresbasis umgerechneten Emissionen aus Kohlenstoffbestandsänderungen infolge von Landnutzungsänderungen (e_l) werden durch gleichmäßige Verteilung der Gesamtemissionen über 20 Jahre berechnet. Diese Emissionen werden wie folgt berechnet:

$$e_l = (CS_R - CS_A) \times 3664 \times 1/20 \times 1/P - e_B$$

Dabei sind:

$e_l =$ auf das Jahr umgerechnete Treibhausgasemissionen aus Kohlenstoffbestandsänderungen infolge von Landnutzungsänderungen (gemessen als Masse an Kohlendioxid-Äquivalent je Energieeinheit der flüssigen Biomasse),

$CS_R =$ der mit der Bezugsfläche verbundene Kohlenstoffbestand je Flächeneinheit (gemessen als Masse an Kohlenstoff je Flächeneinheit einschließlich Boden und Vegetation). Die Landnutzung der Bezugsflächen ist die Landnutzung zum Referenzzeitpunkt oder 20 Jahre vor der Gewinnung des Rohstoffes, je nachdem, welcher Zeitpunkt der spätere ist,

$CS_A =$ der mit der tatsächlichen Landnutzung verbundene Kohlenstoffbestand je Flächeneinheit (gemessen als Masse an Kohlenstoff je Flächeneinheit einschließlich Boden und Vegetation). Wenn sich der Kohlenstoffbestand über mehr als ein Jahr anreichert, gilt als CS_A-Wert der geschätzte Kohlenstoffbestand je Flächeneinheit nach 20 Jahren oder zum Zeitpunkt der Reife der Pflanzen, je nachdem, welcher Zeitpunkt der frühere ist,

$P =$ die Pflanzenproduktivität (gemessen als Energie der flüssigen Biomasse je Flächeneinheit je Jahr) und

$e_B =$ Bonus von 29 g CO_{2eq}/MJ flüssiger Biomasse, wenn die Biomasse nach Maßgabe der Nummer 8 auf wiederhergestellten degradierten Flächen angebaut wird.

8. Der Bonus von 29 g CO_{2eq}/MJ wird gewährt, wenn der Nachweis erbracht wird, dass die betreffende Fläche
   a) zum Referenzzeitpunkt nicht landwirtschaftlich oder zu einem anderen Zweck genutzt wurde und
   b) unter eine der folgenden zwei Kategorien fällt:
      aa) stark degradierte Flächen einschließlich früherer landwirtschaftlicher Flächen

oder

bb) stark verschmutzte Flächen.

Der Bonus von 29 g CO_{2eq}/MJ gilt für einen Zeitraum von bis zu zehn Jahren ab dem Zeitpunkt der Umwandlung der Fläche in eine landwirtschaftliche Nutzfläche, sofern ein kontinuierlicher Anstieg des Kohlenstoffbestands und ein nennenswerter Rückgang der Erosion auf Flächen nach Satz 1 Buchstabe b Doppelbuchstabe aa gewährleistet werden und die Bodenverschmutzung auf Flächen nach Doppelbuchstabe bb gesenkt wird.

9. Die Kategorien nach Nummer 8 Satz 1 Buchstabe b werden wie folgt definiert:

a) stark degradierte Flächen sind Flächen,

aa) die während eines längeren Zeitraums versalzt wurden oder

bb) denen sehr wenige organische Substanzen zugeführt wurden und die stark erodiert sind, und

b) stark verschmutzte Flächen sind Flächen, die auf Grund der Bodenverschmutzung ungeeignet für den Anbau von Lebens- und Futtermitteln sind.

Als Flächen nach Nummer 8 Satz 1 Buchstabe b gelten auch alle Flächen, die durch eine Entscheidung der Kommission der Europäischen Gemeinschaften auf Grund des Artikels 18 Absatz 4 Unterabsatz 4 der Richtlinie 2009/28/EG als stark geschädigte oder stark verschmutzte Flächen anerkannt worden sind.

10. Sobald die Kommission der Europäischen Gemeinschaften auf Grund des Anhangs V Teil C Nummer 10 Satz 1 der Richtlinie 2009/28/EG Leitlinien für die Berechnung des Bodenkohlenstoffbestands erstellt hat, sind diese der Berechnung des Bodenkohlenstoffbestands nach dieser Anlage zugrunde zu legen. Die zuständige Behörde macht den Inhalt dieser Leitlinien im Bundesanzeiger bekannt.

11. Die Emissionen bei der Verarbeitung (e_p) schließen die Emissionen bei der Verarbeitung selbst, aus Abfällen und Leckagen sowie bei der Herstellung der zur Verarbeitung verwendeten Chemikalien oder sonstigen Produkte ein. Bei der Berücksichtigung des Verbrauchs an Strom, der nicht in der Anlage zur Herstellung des flüssigen Brennstoffes erzeugt wurde, wird angenommen, dass die Treibhausgasemissionsintensität bei Erzeugung und Verteilung dieses Stroms der durchschnittlichen Emissionsintensität bei Erzeugung und Verteilung von Strom in einer bestimmten Region entspricht. Abweichend von Satz 2 können die Hersteller für den von einer einzelnen Stromerzeugungsanlage erzeugten Strom einen Durchschnittswert verwenden, sofern diese Anlage nicht an das Stromnetz angeschlossen ist.

12. Die Emissionen bei der Lieferung (e_{td}) schließen die bei dem Transport und der Lagerung von Rohstoffen und Halbfertigerzeugnissen sowie bei der Lagerung und dem Vertrieb von Fertigerzeugnissen anfallenden Emissionen ein. Satz 1 gilt nicht für die Emissionen beim Transport und Vertrieb, die nach Nummer 6 berücksichtigt werden.

13. Die Emissionen bei der Nutzung des flüssigen Brennstoffs (e_u) werden für flüssige Biomasse auf null festgesetzt.

14. Die Emissionseinsparungen durch Abscheidung und geologische Speicherung von Kohlendioxid (e_{ccs}), die noch nicht in e_{pp} berücksichtigt wurden, werden begrenzt auf die Emissionen, die durch Abscheidung und Sequestrierung von emittiertem Kohlendioxid vermieden wurden und die unmittelbar mit der Gewinnung, dem Transport, der Verarbeitung und dem Vertrieb des flüssigen Brennstoffes verbunden sind.

15. Die Emissionseinsparungen durch Abscheidung und Ersetzung von Kohlendioxid (e_{ccr}) werden begrenzt auf die durch Abscheidung von Kohlendioxid vermiedenen

Emissionen, bei denen der Kohlenstoff aus Biomasse stammt und anstelle des auf fossile Brennstoffe zurückgehenden Kohlendioxids für gewerbliche Erzeugnisse und Dienstleistungen verwendet wird.

16. Die Emissionseinsparung durch überschüssige Elektrizität aus Kraft-Wärme-Kopplung (e_{ee}) wird im Verhältnis zu dem Elektrizitätsüberschuss berücksichtigt, der von Kraftstoffherstellungssystemen mit Kraft-Wärme-Kopplung erzeugt wird, außer in Fällen, in denen als Brennstoff andere Nebenerzeugnisse als Ernterückstände eingesetzt werden. Für die Berücksichtigung dieses Stromüberschusses wird davon ausgegangen, dass die Größe der Kraft-Wärme-Kopplungs-(KWK-)Anlage der Mindestgröße entspricht, die erforderlich ist, um die für die Herstellung des flüssigen Brennstoffs benötigte Wärme zu liefern. Die mit diesem Stromüberschuss verbundenen Minderungen an Treibhausgasemissionen werden der Treibhausgasmenge gleichgesetzt, die bei der Erzeugung einer entsprechenden Strommenge in einem Kraftwerk emittiert würde, das den gleichen Brennstoff einsetzt wie die KWK-Anlage.

17. Werden bei einem Verfahren zur Herstellung flüssiger Brennstoffe neben dem Brennstoff, für den die Emissionen berechnet werden, weitere Erzeugnisse (Nebenerzeugnisse) hergestellt, so werden die anfallenden Treibhausgasemissionen zwischen dem flüssigen Brennstoff oder dessen Zwischenerzeugnis und den Nebenerzeugnissen nach Maßgabe ihres Energiegehalts aufgeteilt. Der Energiegehalt wird bei anderen Nebenerzeugnissen als Strom durch den unteren Heizwert bestimmt.

18. Für die Zwecke der Berechnung nach Nummer 17 sind die aufzuteilenden Emissionen $e_{ec} + e_l$, + die Anteile von e_p, e_{td} und e_{ee}, die bis einschließlich zu dem Verfahrensschritt anfallen, bei dem ein Nebenerzeugnis erzeugt wird. Wurden Emissionen in einem früheren Verfahrensschritt Nebenerzeugnissen zugewiesen, so wird für diesen Zweck anstelle der Gesamtemissionen der Bruchteil dieser Emissionen verwendet, der im letzten Verfahrensschritt dem Zwischenerzeugnis zugeordnet wird.

Im Fall von flüssiger Biomasse werden sämtliche Nebenerzeugnisse einschließlich des Stroms, der nicht unter Nummer 16 fällt, für die Zwecke der Berechnung berücksichtigt, mit Ausnahme von Ernterückständen wie Stroh, Bagasse, Hülsen, Maiskolben und Nussschalen. Für die Zwecke der Berechnung wird der Energiegehalt von Nebenerzeugnissen mit negativem Energiegehalt mit null angesetzt.

Die Lebenszyklus-Treibhausgasemissionen von Abfällen, Ernterückständen wie Stroh, Bagasse, Hülsen, Maiskolben und Nussschalen sowie Produktionsrückständen einschließlich Rohglycerin (nicht raffiniertes Glycerin) werden bis zur Sammlung dieser Materialien mit null festgesetzt.

Bei flüssigen Brennstoffen, die in Raffinerien hergestellt werden, ist die Analyseeinheit für die Zwecke der Berechnung nach Nummer 17 die Raffinerie.

19. Bei flüssiger Biomasse, die zur Stromerzeugung verwendet wird, ist für die Zwecke der Berechnung nach Nummer 4 der Vergleichswert für Fossilbrennstoffe E_F 91 g CO_{2eq}/MJ.

Bei flüssiger Biomasse, die zur Stromerzeugung in Kraft-Wärme-Kopplung verwendet wird, ist für die Zwecke der Berechnung nach Nummer 4 der Vergleichswert für Fossilbrennstoffe E_F 85 g CO_{2eq}/MJ.

Anlage 2 (zu § 8 Absatz 4)
Standardwerte zur Berechnung des Treibhausgas-Minderungspotenzials

(Fundstelle: BGBl. I 2009, 2195 – 2198)

1. Standardwerte für flüssige Biomasse
a) Teilstandardwerte für den Anbau (e_{ec} gemäß Definition in Anlage 1):

	Herstellungsweg der flüssigen Biomasse	Standardtreibhaus-gasemissionen (g CO_{2eq}/MJ)
aa)	Ethanol aus Zuckerrüben	12
bb)	Ethanol aus Weizen	23
cc)	Ethanol aus Mais, in einem Mitgliedstaat der Europäischen Union hergestellt	20
dd)	Ethanol aus Zuckerrohr	14
ee)	Biodiesel aus Raps	29
ff)	Biodiesel aus Sonnenblumen	18
gg)	Biodiesel aus Sojabohnen	19
hh)	Biodiesel aus Palmöl	14
ii)	Biodiesel aus pflanzlichem oder tierischem Abfallöl mit Ausnahme von tierischen Ölen aus tierischen Nebenprodukten, die in der Verordnung (EG) Nr. 1774/2002 des Europäischen Parlaments und des Rates vom 3. Oktober 2002 mit Hygienevorschriften für nicht für den menschlichen Verzehr bestimmte tierische Nebenprodukte (ABl. L 273 vom 10.10.2002, S. 1) als Material der Kategorie 3 eingestuft werden	0
jj)	hydriertes Rapsöl	30
kk)	hydriertes Sonnenblumenöl	18
ll)	hydriertes Palmöl	15
mm)	reines Rapsöl	30
nn)	(weggefallen)	
oo)	(weggefallen)	

b) Teilstandardwerte für die Verarbeitung einschließlich Stromüberschuss (e_p–e_{ee} gemäß Definition in Anlage 1):

	Herstellungsweg der flüssigen Biomasse	Standardtreibhaus-gasemissionen (g CO_{2eq}/MJ)
aa)	Ethanol aus Zuckerrüben	26
bb)	Ethanol aus Weizen (Prozessbrennstoff nicht spezifiziert)	45
cc)	Ethanol aus Weizen (Braunkohle als Prozessbrennstoff in KWK-Anlage)	45
dd)	Ethanol aus Weizen (Erdgas als Prozessbrennstoff in konventioneller Anlage)	30
ee)	Ethanol aus Weizen (Erdgas als Prozessbrennstoff in KWK-Anlage)	19
ff)	Ethanol aus Weizen (Stroh als Prozessbrennstoff in KWK-Anlage)	1
gg)	Ethanol aus Mais, in einem Mitgliedstaat der Europäischen Union hergestellt (Erdgas als Prozessbrennstoff in KWK-Anlage)	21
hh)	Ethanol aus Zuckerrohr	1
ii)	Biodiesel aus Raps	22
jj)	Biodiesel aus Sonnenblumen	22
kk)	Biodiesel aus Sojabohnen	26
ll)	Biodiesel aus Palmöl (Prozessbrennstoff nicht spezifiziert)	49
mm)	Biodiesel aus Palmöl (Verarbeitung mit Methanbindung an der Ölmühle)	18
nn)	Biodiesel aus pflanzlichem oder tierischem Abfallöl	13
oo)	hydriertes Rapsöl	13
pp)	hydriertes Sonnenblumenöl	13
qq)	hydriertes Palmöl (Prozess nicht spezifiziert)	42
rr)	hydriertes Palmöl (Verarbeitung mit Methanbindung an der Ölmühle)	9
ss)	reines Rapsöl	5
tt)	(weggefallen)	
uu)	(weggefallen)	

Anhang 3 Biomassestrom-Nachhaltigkeitsverordnung

c) Teilstandardwerte für die Lieferung (e_{td} gemäß Definition in Anlage 1):

	Herstellungsweg der flüssigen Biomasse	Standardtreibhaus-gasemissionen ($g\ CO_{2eq}/MJ$)
aa)	Ethanol aus Zuckerrüben	2
bb)	Ethanol aus Weizen	2
cc)	Ethanol aus Mais, in einem Mitgliedstaat der Europäischen Union hergestellt	2
dd)	Ethanol aus Zuckerrohr	9
ee)	Biodiesel aus Raps	1
ff)	Biodiesel aus Sonnenblumen	1
gg)	Biodiesel aus Sojabohnen	13
hh)	Biodiesel aus Palmöl	5
ii)	Biodiesel aus pflanzlichem oder tierischem Abfallöl	1
jj)	hydriertes Rapsöl	1
kk)	hydriertes Sonnenblumenöl	1
ll)	hydriertes Palmöl	5
mm)	reines Rapsöl	1
nn)	(weggefallen)	
oo)	(weggefallen)	

d) Gesamtstandardwerte für Herstellung und Lieferung:

	Herstellungsweg der flüssigen Biomasse	Standardtreibhaus-gasemissionen (g CO_{2eq}/MJ)
aa)	Ethanol aus Zuckerrüben	40
bb)	Ethanol aus Weizen (Prozessbrennstoff nicht spezifiziert)	70
cc)	Ethanol aus Weizen (Braunkohle als Prozessbrennstoff in KWK-Anlage)	70
dd)	Ethanol aus Weizen (Erdgas als Prozessbrennstoff in konventioneller Anlage)	55
ee)	Ethanol aus Weizen (Erdgas als Prozessbrennstoff in KWK-Anlage)	44
ff)	Ethanol aus Weizen (Stroh als Prozessbrennstoff in KWK-Anlage)	26
gg)	Ethanol aus Mais, in einem Mitgliedstaat der Europäischen Union hergestellt (Erdgas als Prozessbrennstoff in KWK-Anlage)	43
hh)	Ethanol aus Zuckerrohr	24
ii)	Biodiesel aus Raps	52
jj)	Biodiesel aus Sonnenblumen	41
kk)	Biodiesel aus Sojabohnen	58
ll)	Biodiesel aus Palmöl (Prozessbrennstoff nicht spezifiziert)	68
mm)	Biodiesel aus Palmöl (Verarbeitung mit Methanbindung an der Ölmühle)	37
nn)	Biodiesel aus pflanzlichem oder tierischem Abfallöl	14
oo)	hydriertes Rapsöl	44
pp)	hydriertes Sonnenblumenöl	32
qq)	hydriertes Palmöl (Prozess nicht spezifiziert)	62
rr)	hydriertes Palmöl (Verarbeitung mit Methanbindung an der Ölmühle)	29
ss)	reines Rapsöl	36
tt)	(weggefallen)	
uu)	(weggefallen)	

2. Geschätzte Standardwerte für künftige flüssige Biomasse, die zum Referenzzeitpunkt nicht oder nur in vernachlässigbaren Mengen auf dem Markt war

a) Teilstandardwerte für den Anbau (e_{ec} gemäß Definition in Anlage 1):

	Herstellungsweg der flüssigen Biomasse	Standardtreibhaus-gasemissionen ($g\ CO_{2eq}/MJ$)
aa)	Ethanol aus Weizenstroh	3
bb)	Ethanol aus Holz	1
cc)	Ethanol aus Kulturholz	6
dd)	Fischer-Tropsch-Diesel aus Abfallholz	1
ee)	Fischer-Tropsch-Diesel aus Kulturholz	4
ff)	Dimethylether (DME) aus Abfallholz	1
gg)	DME aus Kulturholz	5
hh)	Methanol aus Abfallholz	1
ii)	Methanol aus Kulturholz	5

b) Teilstandardwerte für die Verarbeitung einschließlich Stromüberschuss (e_p–e_{ee} gemäß Anlage 1):

	Herstellungsweg der flüssigen Biomasse	Standardtreibhaus-gasemissionen ($g\ CO_{2eq}/MJ$)
aa)	Ethanol aus Weizenstroh	7
bb)	Ethanol aus Holz	17
cc)	Fischer-Tropsch-Diesel aus Holz	0
dd)	DME aus Holz	0
ee)	Methanol aus Holz	0

c) Teilstandardwerte für die Lieferung (e_{td} gemäß Definition in Anlage 1):

	Herstellungsweg der flüssigen Biomasse	Standardtreibhaus-gasemissionen (g CO_{2eq}/MJ)
aa)	Ethanol aus Weizenstroh	2
bb)	Ethanol aus Abfallholz	4
cc)	Ethanol aus Kulturholz	2
dd)	Fischer-Tropsch-Diesel aus Abfallholz	3
ee)	Fischer-Tropsch-Diesel aus Kulturholz	2
ff)	DME aus Abfallholz	4
gg)	DME aus Kulturholz	2
hh)	Methanol aus Abfallholz	4
ii)	Methanol aus Kulturholz	2

d) Gesamtstandardwerte für Herstellung und Lieferung:

	Herstellungsweg der flüssigen Biomasse	Standardtreibhaus-gasemissionen (g CO_{2eq}/MJ)
aa)	Ethanol aus Weizenstroh	13
bb)	Ethanol aus Abfallholz	22
cc)	Ethanol aus Kulturholz	25
dd)	Fischer-Tropsch-Diesel aus Abfallholz	4
ee)	Fischer-Tropsch-Diesel aus Kulturholz	6
ff)	DME aus Abfallholz	5
gg)	DME aus Kulturholz	7
hh)	Methanol aus Abfallholz	5
ii)	Methanol aus Kulturholz	7

2. (weggefallen)

Anlage 3 (zu § 18 Absatz 2)
Muster eines Nachhaltigkeitsnachweises

(Fundstelle: BGBl. I 2009, 2199)

NACHHALTIGKEITSNACHWEIS

für flüssige Biomasse nach den §§ 15 ff. Biomassestrom-Nachhaltigkeitsverordnung (BioSt-NachV)

Nummer:

Schnittstelle:	Nachweis-Empfänger:	Zertifizierungssystem:
(Name, Adresse, Zertifikatsnummer)	(Name, Adresse)	(Name, Internetseite*, Registriernummer)

1. Allgemeine Angaben zur Biomasse:

Art (z.B. Palmöl):   Anbauland*:

Menge (t oder m³):   Energiegehalt (MJ):

Die flüssige Biomasse ist aus Abfall oder aus Reststoffen hergestellt worden, und die Reststoffe stammen nicht aus der
Land-, Forst- oder Fischwirtschaft oder aus Aquakulturen.   ☐ ja   ☐ nein
Hinweis: Falls ja, sind keine Angaben unter 2. erforderlich.

2. Nachhaltiger Anbau der Biomasse nach den §§ 4 – 7 BioSt-NachV:

Die Biomasse erfüllt die Anforderungen nach den §§ 4 – 7 BioSt-NachV.   ☐ ja   ☐ nein

3. Treibhausgas-Minderungspotenzial nach § 8 BioSt-NachV:

☐ Das Treibhausgas-Minderungspotenzial ist wie folgt erfüllt:

- Treibhausgasemissionen (g CO_{2eq}/MJ):   Vergleichswert für Fossilbrennstoffe (g CO_{2eq}/MJ):

- Erfüllung des Minderungspotenzials*   ☐ zur Stromerzeugung   ☐ als Kraftstoff
  bei einem Einsatz   ☐ in Kraft-Wärme-Kopplung   ☐ zur Wärmeerzeugung

- Erfüllung des Minderungspotenzials bei einem Einsatz
  in folgenden Ländern/Regionen (z.B. Deutschland, EU):

  Die Berechnung des Minderungspotenzials erfolgte ganz oder teilweise
  anhand von Standardwerten nach Anlage 2 der BioSt-NachV.   ☐ ja   ☐ nein

☐ Die Biomasse stammt aus einer Ölmühle, die vor dem 23. Januar 2008 in Betrieb genommen worden ist.

Der Nachhaltigkeitsnachweis ist auch ohne Unterschrift gültig. Für die Richtigkeit des Nachweises ist die ausstellende
Schnittstelle verantwortlich. Die Identifizierung des Nachweises erfolgt über seine einmalig vergebene Nummer.

Ort und Datum der Ausstellung:

Lieferung auf Grund eines Massenbilanzsystems nach § 17 BioSt-NachV **:

Die Lieferung ist in einem Massenbilanzsystem dokumentiert worden.   ☐ ja   ☐ nein

☐ Die Dokumentation erfolgte nach den Anforderungen
  des folgenden Zertifizierungssystems:

☐ Die Dokumentation erfolgte in der folgenden elektronischen Datenbank:

☐ Die Dokumentation erfolgte auf die folgende andere Art:

Letzter Lieferant (Name, Adresse):

Ort und Datum:

* freiwillige Angabe   ** Hinweis: auszufüllen vom letzten Lieferanten

Vordruck der Bundesanstalt für Landwirtschaft und Ernährung

Anlage 4 (zu § 24 Absatz 1)
Muster eines Nachhaltigkeits-Teilnachweises

(Fundstelle: BGBl. I 2009, 2201)

NACHHALTIGKEITS-TEILNACHWEIS

für flüssige Biomasse nach den §§ 15 ff. Biomassestrom-Nachhaltigkeitsverordnung (BioSt-NachV)

Nummer des Teilnachweises: Nummer des aufgeteilten Nachweises:

Aussteller:

Schnittstelle*:	Teilnachweis-Empfänger:	Zertifizierungssystem*:
(Name, Adresse, Zertifikatsnummer)	(Name, Adresse)	(Name, Internetseite**, Registriernummer)

1. Allgemeine Angaben zur Biomasse*:

Art (z.B. Palmöl):   Anbauland**:

Menge (t oder m³):   Energiegehalt (MJ):

Die flüssige Biomasse ist aus Abfall oder aus Reststoffen hergestellt worden, und die Reststoffe stammen nicht aus der
Land-, Forst- oder Fischwirtschaft oder aus Aquakulturen.   ☐ ja   ☐ nein
Hinweis: Falls ja, sind keine Angaben unter 2. erforderlich.

2. Nachhaltiger Anbau der Biomasse nach den §§ 4 – 7 BioSt-NachV:

Die Biomasse erfüllt die Anforderungen nach den §§ 4 – 7 BioSt-NachV.   ☐ ja   ☐ nein

3. Treibhausgas-Minderungspotenzial nach § 8 BioSt-NachV:

☐ Das Treibhausgas-Minderungspotenzial ist wie folgt erfüllt:

- Treibhausgasemissionen (g CO_{2eq}/MJ):   Vergleichswert für Fossilbrennstoffe (g CO_{2eq}/MJ):

- Erfüllung des Minderungspotenzials**   ☐ zur Stromerzeugung   ☐ als Kraftstoff
  bei einem Einsatz   ☐ in Kraft-Wärme-Kopplung   ☐ zur Wärmeerzeugung

- Erfüllung des Minderungspotenzials bei einem Einsatz
  in folgenden Ländern/Regionen (z.B. Deutschland, EU):

Die Berechnung des Minderungspotenzials erfolgte ganz oder teilweise
anhand von Standardwerten nach Anlage 2 der BioSt-NachV*.   ☐ ja   ☐ nein

☐ Die Biomasse stammt aus einer Ölmühle, die vor dem 23. Januar 2008 in Betrieb genommen worden ist.

Der Nachhaltigkeits-Teilnachweis wurde elektronisch erstellt und ist ohne Unterschrift gültig. Die Identifizierung des
Teilnachweises erfolgt über seine einmalig vergebene Nummer.

Ort und Datum der Ausstellung:

Lieferung auf Grund eines Massenbilanzsystems nach § 17 BioSt-NachV ***:

Die Lieferung ist in einem Massenbilanzsystem dokumentiert worden.   ☐ ja   ☐ nein

☐ Die Dokumentation erfolgte nach den Anforderungen
   des folgenden Zertifizierungssystems:

☐ Die Dokumentation erfolgte in der folgenden elektronischen Datenbank:

☐ Die Dokumentation erfolgte auf die folgende andere Art:

Letzter Lieferant (Name, Adresse):

Ort und Datum:

---

* **Hinweis:** Bei der Vermischung verschiedener Mengen flüssiger Biomasse genügen die Angaben zu den zwei größten
Mengen im Gemisch.

** **freiwillige Angabe**   *** **Hinweis:** auszufüllen vom letzten Lieferanten

Vordruck der Bundesanstalt für Landwirtschaft und Ernährung

Anlage 5 (zu § 33 Absatz 1, § 43 Absatz 1)
Inhaltliche Anforderungen an Zertifizierungssysteme

(Fundstelle: BGBl. I 2009, 2201 – 2202)

1. Zertifizierungssysteme enthalten mindestens Regelungen darüber,
   a) wie die Anforderungen nach den §§ 4 bis 8 für die Herstellung und Lieferung der flüssigen Biomasse unter Berücksichtigung eines Massenbilanzsystems nach Maßgabe des § 16 näher bestimmt, umgesetzt und bei den Schnittstellen, den Anbau- und sonstigen Betrieben sowie den Lieferanten kontrolliert werden;
   b) welche Anforderungen die Schnittstellen einschließlich aller von ihnen mit der Herstellung oder Lieferung der Biomasse unmittelbar oder mittelbar befassten Betriebe, die nicht selbst eine Schnittstelle sind, für die Ausstellung eines Zertifikates erfüllen müssen, insbesondere
      aa) welche Unterlagen sie der Zertifizierungsstelle zum Nachweis darüber vorlegen müssen, dass sie die Anforderungen nach den §§ 4 bis 8 erfüllen,
      bb) welchen Inhalt und Umfang die Dokumentation nach § 26 Absatz 1 Nummer 4 haben muss, wie das Risiko einer fehlerhaften Dokumentation in den Stufen „hoch", „mittel" und „niedrig" bewertet wird und wie die Schnittstellen und sonstigen Betriebe unabhängig von § 39 Absatz 3 verpflichtet werden, die Dokumentation vertraulich zu behandeln und Dritten nicht zugänglich zu machen,
      cc) welche Daten für die Berechnung des Treibhausgas-Minderungspotenzials nach § 8 gemessen werden müssen und wie genau diese Daten sein müssen,
      dd) wie in dem Fall, dass eine Zertifizierungsstelle feststellt, dass ein Betrieb oder eine Schnittstelle die Anforderungen nach dieser Verordnung nicht oder nicht mehr erfüllt, gewährleistet wird, dass der Betrieb oder die Schnittstelle durch geeignete Maßnahmen sanktioniert wird; als geeignete Sanktion kann insbesondere die Informierung aller weiteren Zertifizierungsstellen und Schnittstellen, für die diese Information wesentlich ist, vorgesehen werden, und
      ee) welches Verfahren Schnittstellen nach § 15 Absatz 3 zur Ausstellung von Nachhaltigkeitsnachweisen anwenden müssen;
   c) welche Anforderungen die Zertifizierungsstellen, die zur Kontrolle der Anforderungen dieses Zertifizierungssystems benannt worden sind, erfüllen müssen, insbesondere
      aa) wie sie die Erfüllung der Anforderungen nach § 43 Absatz 1 Nummer 2 nachweisen müssen,
      bb) welches Verfahren sie zur Ausstellung von Zertifikaten anwenden müssen und
      cc) wie sie die Schnittstellen, die Betriebe, in denen die Biomasse angebaut oder geerntet wird, und die Lieferanten nach den §§ 49 bis 51 kontrollieren müssen;
   d) welche weiteren Maßnahmen zur Transparenz und zur Vorsorge gegen Missbrauch und Betrug vorgesehen sind;
   e) dass sich die Zertifizierungsstellen schriftlich verpflichten,
      aa) die Anforderungen dieses Zertifizierungssystems zu erfüllen,
      bb) die Kontrollen und Maßnahmen nach § 55 zu dulden und
      cc) für alle Orte, an denen sie nach dieser Verordnung Tätigkeiten ausüben und die nicht im Geltungsbereich dieser Verordnung liegen, der zuständigen Behörde

eine dem § 55 entsprechende Kontroll- und Betretungsmöglichkeit zu gewähren,

f) dass sich die Schnittstellen, die sich zur Erfüllung der Anforderungen dieses Zertifizierungssystems verpflichtet haben, einschließlich aller von ihnen mit der Herstellung oder Lieferung der flüssigen Biomasse unmittelbar oder mittelbar befassten Betriebe, die nicht selbst eine Schnittstelle sind, schriftlich verpflichten,

    aa) die Anforderungen dieses Zertifizierungssystems und die Anforderungen nach § 26 Absatz 1 zu erfüllen,

    bb) die Kontrolle nach den §§ 49 und 50 zu dulden und

    cc) für alle Orte, an denen sie nach dieser Verordnung Tätigkeiten ausüben und die nicht im Geltungsbereich dieser Verordnung liegen, der Zertifizierungsstelle eine den §§ 49 und 50 entsprechende Kontroll- und Betretungsmöglichkeit zu gewähren,

g) auf welche Länder oder Staaten sich die in den Buchstaben a bis f genannten Anforderungen beziehen.

2. Zertifizierungssysteme müssen sicherstellen, dass die Erfüllung der Anforderungen nach dieser Verordnung keine unverhältnismäßigen Kosten für kleinbäuerliche Betriebe, Produzentenorganisationen und Genossenschaften verursacht. Sie können zu diesem Zweck in begründeten Fällen von den Anforderungen nach Teil 4 dieser Verordnung abweichen.

3. Zertifizierungssysteme können Regelungen über die Verwendung einer elektronischen Datenbank für den Nachweis der Erfüllung der Anforderungen nach den §§ 16 und 17 enthalten.

4. Das Bundesministerium für Umwelt, Naturschutz, Bau und Reaktorsicherheit kann die in den Nummern 1 bis 3 genannten Anforderungen im Einvernehmen mit dem Bundesministerium für Ernährung und Landwirtschaft durch ein Referenzsystem näher bestimmen und als Verwaltungsvorschrift im Bundesanzeiger bekannt machen. Satz 1 gilt nicht für die Angaben, die von der Kommission der Europäischen Gemeinschaften auf Grund des Artikels 18 Absatz 3 Unterabsatz 3 der Richtlinie 2009/28/EG zu dem Zweck festgelegt werden, dass die Wirtschaftsteilnehmer diese Angaben an die Mitgliedstaaten der Europäischen Union übermitteln sollen.

4. Verordnung zum EEG-Ausgleichsmechanismus (Ausgleichsmechanismusverordnung)

vom 17.2.2015
(BGBl. I S. 146)

Einführung

Übersicht

I. Überblick

1 Die Ausgleichsmechanismusverordnung (AusglMechV) enthält drei **wesentliche Regelungsgegenstände**. Diese sind in § 1 aufgeführt. Zunächst regelt die AusglMechV die **Vermarktung der EEG-Strommengen**, die mit der **Einspeisevergütung** gefördert worden sind, durch die ÜNB (§ 2). Weiterhin regelt sie die **Ermittlung und Veröffentlichung der EEG-Umlage** (§§ 3–5) und der EEG-Vorausschau (§ 6). Schließlich enthält sie nähere Bestimmungen zur **Erhebung der EEG-Umlage nach § 61 EEG 2014**, also von Eigenversorgern und anderen Letztverbrauchern (§§ 7 und 8). Daneben werden Anpassungen und Ergänzungen der Mitteilungs- und Veröffentlichungspflichten nach §§ 70–76 EEG 2014 geregelt (§ 9), vor allem im Hinblick auf die Erhebung der EEG-Umlage von Eigenversorgern. Schließlich ermächtigt die AusglMechV die BNetzA, gewisse Regelungsgegenstände der AusglMechV in einer eigenen Rechtsverordnung, der Ausgleichsmechanismus-Ausführungsverordnung (AusglMechAV) zu regeln (§ 10).

2 Die AusglMechV ist eine **Verordnung der Bundesregierung**. Sie beruht auf der **Verordnungsermächtigung in § 91 EEG 2014** und bedarf nach § 96 Abs. 1 EEG 2014 der Zustimmung des Bundestags. Die in § 10 konkretisierte Ermächtigung der BNetzA zum Erlass der AusglMechAV hat ihre Grundlage in § 96 Abs. 3 EEG 2014.

II. Entstehungsgeschichte

3 **Vor Erlass der AusglMechV** wurden die einspeisevergüteten Strommengen im Wege der sog. **physikalischen Wälzung** von den ÜNB an die EVU weitergegeben und von den EVU vergütet (zuletzt § 37 EEG 2009). Dabei „veredelten" die ÜNB die einspeisevergüteten Strommengen durch Handelsgeschäfte zu sog. Monatsbändern und leiteten diese an die

EVU weiter. Dieses System war u. a. mit Nachteilen für die EVU, höheren Netzentgelten aufgrund der Veredelungskosten der ÜNB und Intransparenzen verbunden.[1]

Aufgrund der genannten Nachteile wurde die AusglMechV (damaliger Langtitel: Verord- **4** nung zur Weiterentwicklung des bundesweiten Ausgleichsmechanismus)[2] erlassen, die – in den für den Ausgleichsmechanismus relevanten Teilen – am 1.1.2010 in Kraft trat. **Mit Erlass der AusglMechV wurde der EEG-Wälzungsmechanismus auf** die sog. **finanzielle Wälzung umgestellt**, wie sie auch heute noch gilt. Seitdem wird einspeisevergüteter Strom von den ÜNB zentral und transparent an der Strombörse vermarktet und die Differenzkosten werden über die EEG-Umlage von den EVU (und nach § 61 EEG 2014 i. V. m. der AusglMechV von Eigenversorgern und sonstigen Letztverbrauchern) erhoben.

Mit der **Novelle der AusglMechV**,[3] die am **20.2.2015 in Kraft getreten** ist, wurden zum **5** einen die **Transparenzpflichten** bei der Ermittlung und Veröffentlichung der EEG-Umlage **erweitert** sowie **inhaltlich und zeitlich gebündelt**.[4] Dabei wurden Überschneidungen und Dopplungen zwischen AusglMechV und AusglMechAV beseitigt. Die Veröffentlichung der EEG-Vorausschau, die bisher am 15. November zu erfolgen hatte, wurde auf den 15. Oktober vorgezogen und damit mit der Veröffentlichung der EEG-Umlage zusammengelegt. Zum anderen wurden abweichend von § 61 Abs. 1 EEG 2014 statt der ÜNB grds. die **VNB damit betraut**, die **EEG-Umlage nach § 61 EEG 2014 zu erheben**.

III. Normzweck

1. Vermarktung der einspeisevergüteten Strommengen (§ 2). § 2 konkretisiert § 59 **6** **EEG 2014**, wonach die **ÜNB** den nach § 19 Abs. 1 Nr. 2 EEG 2014 **einspeisevergüteten Strom**, der ihnen von den VNB nach § 56 Nr. 1 EEG 2014 weitergeleitet worden ist, diskriminierungsfrei, transparent und unter Beachtung der Vorgaben der AusglMechV **vermarkten müssen**. § 19 Abs. 1 Nr. 2 EEG 2014 umfasst alle Formen der Einspeisevergütung, also die Einspeisevergütung für kleine Neuanlagen nach § 37 EEG 2014, die Einspeisevergütung für alle Bestandsanlagen nach § 37 i. V. m. § 100 Abs. 1 Nr. 6 EEG 2014 sowie die Einspeisevergütung in Ausnahmefällen nach § 38 EEG 2014.

Die Konkretisierung des § 59 EEG 2014 beschränkt sich allerdings darauf, dass nach § 2 **7** der einspeisevergütete Strom **nur am Spotmarkt einer Strombörse** nach Maßgabe der AusglMechAV vermarktet werden darf (Satz 1), und dass die ÜNB zur bestmöglichen Vermarktung die Sorgfalt eines ordentlichen und gewissenhaften Kaufmanns anwenden müssen (Satz 2). **Detaillierte Vorgaben**, wie genau der Strom am vortägigen und untertägigen Spotmarkt vermarktet werden muss, enthält erst die **AusglMechAV**.

2. Ermittlung und Veröffentlichung der EEG-Umlage und der EEG-Vorausschau **8** **(§§ 3–6). a) EEG-Umlage (§§ 3–5).** Die EEG-Umlage ist in § 60 Abs. 1 Satz 1 EEG 2014 legaldefiniert. Danach ist die EEG-Umlage der Betrag, den die ÜNB von den EVU aufgrund der Kosten für die erforderlichen Ausgaben, die durch die Förderung nach dem EEG 2014 anfallen, nach Abzug der erzielten Einnahmen erheben. Die EEG-Umlage wird antei-

---

1 BT-Drs. 16/13188, S. 1.
2 BGBl. I 2009, S. 2101.
3 BGBl. I 2015, S. 146.
4 BT-Drs. 18/3416, S. 1.

lig für die Strommengen, die die EVU jeweils an ihre Letztverbraucher liefern, nach Maßgabe der AusglMechV berechnet.

9 Um einen einheitlich handhabbaren Wert zu haben, wird die EEG-Umlage in Cent pro kWh ausgedrückt (§ 3 Abs. 1 S. 2). Die **EEG-Umlage** für das jeweils **folgende Kalenderjahr** wird jährlich **von den ÜNB ermittelt** (bzw. die ÜNB beauftragen Gutachter mit der Ermittlung der erforderlichen Parameter) und am **15. Oktober** jedes Jahres auf den Internetseiten der ÜNB[5] **veröffentlicht (§ 5)**. Bei der Veröffentlichung sind auch die Datengrundlagen, Annahmen etc. zu veröffentlichen, auf deren Basis die EEG-Umlage ermittelt wurde, sowie weitere Transparenzanforderungen zu erfüllen.

10 Bei der Ermittlung der EEG-Umlage legen die ÜNB sowohl den **aktuellen Stand des EEG-Kontos** der ÜNB zum Zeitpunkt der Umlageermittlung (§ 3 Abs. 1 Nr. 2) als auch den **prognostizierten Stand des ÜNB-Kontos** für das jeweils folgende Kalenderjahr (§ 3 Abs. 1 Nr. 1) zugrunde. Der aktuelle und prognostizierte Kontostand wird dabei jeweils als Differenz der Einnahmen- und Ausgabenpositionen des EEG-Kontos ermittelt.

11 Welche **Einnahmen- und Ausgabenpositionen** bei der Berechnung der EEG-Umlage zu berücksichtigen sind, ist in **§ 3 Abs. 3 und 4** geregelt. Um den EEG-Kontostand für das folgende Kalenderjahr prognostizieren zu können, ist unter anderem auch eine **Prognose des Börsenstrompreises** für das Folgejahr erforderlich (§ 3 Abs. 2),[6] da davon vor allem die Höhe der erwarteten Einnahmen aus der Vermarktung der einspeisevergüteten Strommengen als auch der voraussichtlich zu zahlenden Marktprämien abhängt. Schließlich können die ÜNB bei der Prognose der Einnahmen und Ausgaben für das Folgejahr eine sog. **Liquiditätsreserve** i.H.v. bis zu 10 Prozent der prognostizierten Differenzkosten einplanen **(§ 3 Abs. 8)**. Diese dient dazu, Schwankungen auf dem EEG-Konto zu dämpfen, die auf Abweichungen der prognostizierten und der tatsächlichen Einspeisung aus erneuerbaren Energien und der damit verbundenen Einnahmen und Ausgaben im Folgejahr resultieren.

12 **b) EEG-Vorausschau (§ 6).** Neben der Veröffentlichung der EEG-Umlage für das jeweilige Folgejahr ist am **15. Oktober** eines Jahres auch die sog. **EEG-Vorausschau zu veröffentlichen (§ 6)**. Die EEG-Vorausschau enthält eine Prognose, wie sich der Ausbau der erneuerbaren Energien jeweils in den folgenden fünf Kalenderjahren entwickeln wird. Die Vorausschau muss mindestens eine Prognose der Entwicklung von insbesondere installierter Leistung, erzeugter Strommenge und Förderzahlungen für erneuerbare Energien und Grubengas enthalten (§ 6 Abs. 1 S. 2 Nr. 1). Diese Angaben sind für die verschiedenen erneuerbaren Energieträger und Grubengas getrennt aufzuschlüsseln (§ 6 Abs. 2). Außerdem muss für die Vorausschau eine Prognose des Letztverbrauchs von Strom in Deutschland erstellt werden (§ 6 Abs. 1 S. 2 Nr. 2).

13 **3. Erhebung der EEG-Umlage von Letztverbrauchern und Eigenversorgern (§§ 7 und 8).** Die ÜNB erheben nach § 60 EEG 2014 die EEG-Umlage von EVU. Mit dem EEG 2014 wurde außerdem auch für (neue) **Eigenversorger** die Pflicht eingeführt, **EEG-Umlage** zu zahlen **(§ 61 EEG 2014)**. Nach § 61 Abs. 1 S. 2 EEG 2014 ist es ebenfalls Aufgabe der ÜNB, die EEG-Umlage von Letztverbrauchern und Eigenversorgern zu erheben. Allerdings lässt die Verordnungsermächtigung für die AusglMechV Abweichungen davon zu

---

5 www.netztransparenz.de → Erneuerbare-Energien-Gesetz → EEG-Umlage (zuletzt abgerufen am 22.3.2015).

6 Ausführliche Erläuterungen zur Prognose des Börsenpreises im Folgejahr enthält die Verordnungsbegründung, BT-Drs. 18/3416, S. 20 f.

(**§ 91 Nr. 7 EEG 2014**). Von dieser **Abweichungskompetenz** hat der Verordnungsgeber **Gebrauch gemacht**.

Grds. hat nun derjenige **Netzbetreiber** die **EEG-Umlage nach § 61 EEG 2014 zu erhe-** **ben, an dessen Netz die Stromerzeugungsanlage angeschlossen** ist, aus der Strom für die Eigenversorgung oder den sonstigen Letztverbrauch stammt (§ 7 Abs. 2). Das ist **in der Regel der VNB**. Dies gilt für alle Stromerzeugungsanlagen, unabhängig davon, ob sie Strom aus konventionellen oder erneuerbaren Energieträgern produzieren. Grund dafür, dass grds. der VNB die EEG-Umlage nach § 61 EEG 2014 erheben muss, ist eine vom Verordnungsgeber angestrebte **Verwaltungsvereinfachung**.[7] Dem VNB liegen viele Angaben über den Eigenversorger und die Erzeugungsanlage aufgrund des Anschlussverhältnisses bereits vor. Wenn der Eigenversorger eine Förderung nach EEG 2014 oder KWKG beansprucht, stehen dem VNB entsprechende Angaben zudem auch aufgrund des Förderverhältnisses bereits zur Verfügung. Die ÜNB müssten hingegen viele dieser Angaben erst noch bei den Betreibern erheben[8] oder sich von den VNB übermitteln lassen.

14

Die **ÜNB** müssen die EEG-Umlage nach § 61 EEG 2014 grundsätzlich **nur noch in den in § 7 Abs. 1 aufgezählten Fällen** erheben. Das umfasst Stromerzeugungsanlagen, die direkt an das Übertragungsnetz angeschlossen sind (§ 7 Abs. 1 Nr. 1), Stromerzeugungsanlagen an Abnahmestellen, an denen die EEG-Umlage nach der Besonderen Ausgleichsregelung (§§ 63 bis 69 und § 103 EEG 2014) begrenzt ist (§ 7 Abs. 1 Nr. 2), Stromerzeugungsanlagen, die nicht nur der Eigenversorgung dienen, sondern aus denen z. T. auch noch Dritte beliefert werden (§ 7 Abs. 1 Nr. 3), sowie Fälle nach § 61 Abs. 1 S. 3 EEG 2014, also Letztverbrauch von Strom, der nicht von einem EVU geliefert wird (§ 7 Abs. 1 Nr. 4).[9] ÜNB und VNB können allerdings auch eine abweichende Vereinbarung darüber treffen, wer die EEG-Umlage nach § 61 EEG 2014 erhebt (§ 7 Abs. 2 S. 2). Dies soll die Erhebung der Umlage z. B. in Konstellationen effizienter machen, in denen eine Person mehrere Erzeugungsanlagen betreibt, und eigentlich für die eine Anlage der VNB die EEG-Umlage erheben müsste, für die andere Anlage aber der ÜNB.[10]

15

Anstatt die EEG-Umlage nach § 61 EEG 2014 einzuziehen, hat der Netzbetreiber nach seiner Wahl auch die **Möglichkeit**, mit seiner Forderung auf Zahlung der EEG-Umlage nach § 61 EEG 2014 **aufzurechnen (§ 7 Abs. 5)**. Dies soll die Anzahl der Zahlungsströme zwischen Anlagenbetreiber/Eigenversorger und Netzbetreiber reduzieren.[11] Die Aufrechnungsmöglichkeit besteht in den Fällen, in denen der Schuldner der EEG-Umlage nach § 61 EEG 2014 gleichzeitig auch Anlagenbetreiber i. S. d. § 5 Nr. 2 EEG 2014 ist, und gegen den Netzbetreiber einen Anspruch auf finanzielle Förderung nach dem EEG 2014 hat – also auf Zahlung der Marktprämie oder einer Einspeisevergütung. Diese Regelung stellt eine Abweichung vom Aufrechnungsverbot nach § 33 Abs. 1 EEG 2014 dar und ist von der Verordnungsermächtigung der AusglMechV gedeckt (§ 91 Nr. 7 Hs. 2 EEG 2014).

16

Wenn ein **VNB** die EEG-Umlage nach § 61 EEG 2014 erhebt, muss er die **erhaltenen Zahlungen an den ÜNB weiterleiten** (§ 8 Abs. 2). Das betrifft nur die tatsächlich erhaltene EEG-Umlage. Wenn z. B. der Eigenversorger die geschuldete EEG-Umlage nicht oder

17

7 BT-Drs. 18/3416, S. 3, 15.
8 BT-Drs. 18/3416, S. 15.
9 Beispiele in BT-Drs. 18/3416, S. 28.
10 Beispiel in BT-Drs. 18/3416, S. 29.
11 BT-Drs. 18/3416, S. 16.

nur teilweise an den VNB zahlt, muss der VNB zwar weiter die ausstehende EEG-Umlage eintreiben. Er muss aber dem ÜNB die noch ausstehenden Beträge nicht vorstrecken.

Glenz

§ 1 Anwendungsbereich

Diese Verordnung regelt

1. die Vermarktung des nach § 19 Absatz 1 Nummer 2 des Erneuerbare-Energien-Gesetzes vergüteten Stroms durch die Übertragungsnetzbetreiber nach § 59 des Erneuerbare-Energien-Gesetzes,
2. die Ermittlung und Veröffentlichung der EEG-Umlage nach § 60 Absatz 1 Satz 1 des Erneuerbare-Energien-Gesetzes und
3. die Erhebung der EEG-Umlage von Letztverbrauchern und Eigenversorgern nach § 61 des Erneuerbare-Energien-Gesetzes.

Amtliche Begründung

§ 1 beschreibt den Anwendungsbereich der Verordnung.

Zu Nummer 1

Nach Nummer 1 regelt die Verordnung zunächst die Vermarktung des Stroms, der mit einer festen Einspeisevergütung vergütet wurde, durch die Übertragungsnetzbetreiber. Dies gilt sowohl für Anlagen, die an ein Verteilernetz angeschlossen sind, als auch für Anlagen, die unmittelbar an das Übertragungsnetz angeschlossen sind. Die Formulierung von Nummer 1 ist an § 59 EEG 2014 angelehnt. Die Vermarktung dieses Stroms ist in § 2 sowie der Ausgleichsmechanismus-Ausführungsverordnung (AusglMechAV) geregelt.

Zu Nummer 2

Nach Nummer 2 regelt die Verordnung weiterhin die Ermittlung und Veröffentlichung der EEG-Umlage nach § 60 Absatz 1 Satz 1 EEG 2014. Die entsprechenden Vorschriften sind in den §§ 3 bis 6 geregelt.

Zu Nummer 3

Nach Nummer 3 regelt die Verordnung schließlich die Erhebung der EEG-Umlage von Letztverbrauchern nach § 61 EEG 2014. Die entsprechenden Vorschriften sind in den §§ 7 bis 9 und § 11 geregelt.

§ 2 Vermarktung durch die Übertragungsnetzbetreiber

[1]Die Übertragungsnetzbetreiber dürfen den nach § 19 Absatz 1 Nummer 2 des Erneuerbare-Energien-Gesetzes vergüteten Strom nur am Spotmarkt einer Strombörse nach Maßgabe der Ausgleichsmechanismus-Ausführungsverordnung vermarkten. [2]Sie müssen zur bestmöglichen Vermarktung des Stroms die Sorgfalt eines ordentlichen und gewissenhaften Kaufmanns anwenden.

Amtliche Begründung (Vermarktung durch die Übertragungsnetzbetreiber)

§ 2 entspricht inhaltlich weitgehend der bisherigen Regelung. In Satz 1 gestrichen wurde die Anforderung, dass die Vermarktung der Strommengen am „vortägigen oder untertägigen" Spotmarkt stattfinden muss. Es gibt neue Spotmarktsegmente, wie etwa die neue, am Vortag stattfindende Intraday-Nachmittagsauktion der EPEX Spot, die diese sprachliche Unterscheidbarkeit erschwert. Gleichwohl soll es den Übertragungsnetzbetreibern nicht grundsätzlich verwehrt sein, auch solche Spotmärkte zur Vermarktung des einspeisevergüteten Stroms zu nutzen. Parallel zur Streichung wird ergänzt, dass die Vermarktung nach Maßgabe der AusglMechAV zu erfolgen hat. Diese regelt unter anderem, welche Spotmärkte von den Übertragungsnetzbetreibern genutzt werden können. Die Übertragungsnetzbetreiber sind bei der Vermarktung nicht auf eine einzige Strombörse beschränkt sind, sondern können z. B. neben der EPEX Spot auch den Spotmarkt der österreichischen Strombörse EXAA nutzen.

In Satz 2 wurde der Begriff des „Händlers" in den des „Kaufmanns" geändert. Es handelt sich dabei nur um eine sprachliche Anpassung an die übliche juristische Terminologie (vgl. etwa § 347 Abs. 1 HGB).

Aufgrund des neu in Satz 1 eingefügten Verweises auf die AusglMechAV konnte auch der bisherige Satz 3 mit seinem Verweis auf die Vorgaben der Bundesnetzagentur zu Vermarktung, Handelsplatz etc. gestrichen werden, denn die AusglMechAV enthält eben diese Vorgaben.

§ 2 erfasst jeglichen einspeisevergüteten Strom. Das beinhaltet die Einspeisevergütung für kleine Anlagen nach § 37 EEG 2014, die Einspeisevergütung in Ausnahmefällen nach § 38 EEG 2014 und die Einspeisevergütung für Bestandsanlagen nach § 100 Absatz 1 EEG 2014. Der bisherige Wortlaut, der neben demVerweis auf § 19 Absatz 1 Nummer 2 EEG 2014 auch auf die weiteren Paragraphen bis § 32 EEG 2014 sowie §§ 37 bis 55 EEG 2014 abgestellt hat, wurde gekürzt. Inhaltlich ist damit keine Änderung verbunden.

§ 3 Ermittlung der EEG-Umlage

(1) [1]Die Übertragungsnetzbetreiber ermitteln die EEG-Umlage nach § 60 Absatz 1 Satz 1 des Erneuerbare-Energien-Gesetzes transparent aus

1. der Differenz zwischen den prognostizierten Einnahmen nach Absatz 3 Nummer 1, 3, 6 und 7 sowie Absatz 5 für das folgende Kalenderjahr und den prognostizierten Ausgaben nach Absatz 4 für das folgende Kalenderjahr und
2. dem Differenzbetrag zwischen den tatsächlichen Einnahmen nach Absatz 3 und den tatsächlichen Ausgaben nach Absatz 4 zum Zeitpunkt der Ermittlung.

[2]Die EEG-Umlage für Strom, für den nach § 60 oder § 61 des Erneuerbare-Energien-Gesetzes die EEG-Umlage gezahlt werden muss, ist in Cent pro Kilowattstunde zu ermitteln. [3]Hierbei ist § 66 Absatz 5 Satz 2 des Erneuerbare-Energien-Gesetzes entsprechend anzuwenden.

(2) [1]Die Prognosen nach Absatz 1 sind nach dem Stand von Wissenschaft und Technik zu erstellen. [2]Für die Prognose der Einnahmen nach Absatz 3 Nummer 1 ist der Durchschnitt der täglichen Abrechnungspreise für das Produkt Phelix Baseload Year Future an der Strombörse European Energy Exchange AG in Leipzig für das folgende Kalenderjahr zugrunde zu legen. [3]Maßgeblich ist dabei der Handelszeitraum vom 16. Juni bis zum 15. September des laufenden Kalenderjahres.

(3) Einnahmen sind

1. Erlöse aus der Vermarktung nach § 2,
2. Zahlungen der EEG-Umlage,
3. Zahlungen nach § 57 Absatz 3 des Erneuerbare-Energien-Gesetzes, soweit die Saldierung nach § 57 Absatz 4 des Erneuerbare-Energien-Gesetzes für den Übertragungsnetzbetreiber einen positiven Saldo ergeben hat,
4. positive Differenzbeträge aus Zinsen nach Absatz 5,
5. Erlöse aus Rückforderungsansprüchen entsprechend den Vorgaben nach § 57 Absatz 5 oder auf Grund von nachträglichen Korrekturen nach § 62 des Erneuerbare-Energien-Gesetzes und aus Zahlungsansprüchen der Übertragungsnetzbetreiber nach Absatz 7,
6. Erlöse aus Versteigerungen von Anbindungskapazitäten für Windenergieanlagen auf See nach § 17d Absatz 4 Satz 5 des Energiewirtschaftsgesetzes,
7. Erlöse aus der Abrechnung der Ausgleichsenergie für den EEG-Bilanzkreis nach § 11 der Stromnetzzugangsverordnung,
8. Erlöse auf Grund einer Verordnung nach § 88 des Erneuerbare-Energien-Gesetzes, die dort als Einnahmen im Sinne dieses Absatzes benannt werden, und
9. positive Differenzbeträge und Zinsen nach § 6 Absatz 3 der Ausgleichsmechanismus-Ausführungsverordnung.

(4) Ausgaben sind

1. finanzielle Förderungen nach den §§ 19 und 52 des Erneuerbare-Energien-Gesetzes und nach den Förderregelungen, die nach den §§ 100 bis 102 des Erneuerbare-Energien-Gesetzes übergangsweise fortgelten,
2. Ausgaben auf Grund einer Verordnung nach § 88 des Erneuerbare-Energien-Gesetzes, die dort als Ausgaben im Sinne dieses Absatzes benannt werden,
3. Kostenerstattungen nach § 57 Absatz 2 des Erneuerbare-Energien-Gesetzes,
4. negative Differenzbeträge aus Zinsen nach Absatz 5,
5. Rückzahlungen der Übertragungsnetzbetreiber nach Absatz 7,
6. notwendige Kosten der Übertragungsnetzbetreiber für den untertägigen Ausgleich,
7. notwendige Kosten der Übertragungsnetzbetreiber aus der Abrechnung der Ausgleichsenergie für den EEG-Bilanzkreis,
8. notwendige Kosten für die Erstellung von Prognosen für die Vermarktung nach § 2 und
9. Ausgaben nach § 6 der Ausgleichsmechanismus-Ausführungsverordnung.

(5) [1]Differenzbeträge zwischen Einnahmen und Ausgaben sind zu verzinsen. [2]Der Zinssatz beträgt für den Kalendermonat 0,3 Prozentpunkte über dem Monatsdurchschnitt des Euro Interbank Offered Rate-Satzes für die Beschaffung von Einmonatsgeld von ersten Adressen in den Teilnehmerstaaten der Europäischen Währungsunion (EURIBOR) mit einer Laufzeit von einem Monat. [3]Soweit der tatsächliche Zinssatz den Zinssatz nach Satz 2 übersteigt, sind auch diese Zinseinnahmen als Einnahmen nach Absatz 3 Nummer 4 anzusehen.

(6) [1]Einnahmen und Ausgaben, die bereits im Rahmen der Bestimmung der Erlösobergrenzen nach § 4 Absatz 2 der Anreizregulierungsverordnung oder einer späteren Änderung der Erlösobergrenzen Berücksichtigung gefunden haben, sind bei der Ermittlung nach Absatz 1 nicht anzusetzen. [2]Hiervon ausgenommen sind Einnahmen und Ausgaben, soweit sie auf Grund dieser Verordnung zusätzlich entstehen. [3]Zusätzliche Einnahmen und Ausgaben im Sinne von Satz 2 sind gegenüber der Bundesnetzagentur nachzuweisen.

(7) Entstehen infolge von Abweichungen zwischen den monatlichen Abschlagszahlungen nach § 60 Absatz 1 Satz 4 des Erneuerbare-Energien-Gesetzes und der Endabrechnung nach § 73 Absatz 2 des Erneuerbare-Energien-Gesetzes Zahlungsansprüche zugunsten oder zulasten der Übertragungsnetzbetreiber, müssen diese bis zum 30. September des auf die Einspeisung folgenden Jahres ausgeglichen werden.

(8) ¹Die Übertragungsnetzbetreiber können bei der Ermittlung der EEG-Umlage hinsichtlich der Prognose der Einnahmen und Ausgaben nach Absatz 1 Satz 1 Nummer 1 zusätzlich eine Liquiditätsreserve vorsehen. ²Sie darf 10 Prozent des Differenzbetrages nach Absatz 1 Satz 1 Nummer 1 nicht überschreiten.

Amtliche Begründung (Ermittlung der EEG-Umlage)

§ 3 regelt die Ermittlung der EEG-Umlage sowie Transparenzpflichten, die damit im Zusammenhang stehen.

Zu Absatz 1

Satz 1 entspricht inhaltlich weitgehend dem bisherigen Absatz 1. In Nummer 1 wurden Verweise auf die Nummer 3, 6 und 7 ergänzt.

Dadurch werden auch erwartete Einnahmen des Folgejahres für diese Positionen bei der der EEG-Umlageberechnung künftig zeitnah berücksichtigt. Dies dient einer noch genaueren Prognose der EEG-Umlage. Der Verweis auf Absatz 3 Nummer 3 wurde durch den Verweis auf Absatz 5 ersetzt. Diese Änderung ist rein redaktioneller Art. Die Einnahmen aus den übrigen Positionen in Absatz 3 können nach Einschätzungen von Marktakteuren hingegen nicht belastbar prognostiziert, da sie aus schwer absehbaren Sondereffekten resultieren. Sie sind deshalb auch nicht in Nummer 1 aufgeführt.

Der neue Satz 2 enthält Regelungen aus dem bisherigen Absatz 2. Zunächst ist nun in Satz 2 festgelegt, dass die EEG-Umlage in Cent pro Kilowattstunde zu ermitteln ist, die nach § 60 oder § 61 EEG 2014 umlagebelastet ist. Bei der Ermittlung der EEG-Umlage ist danach zunächst der Strom zu berücksichtigen, der nach § 60 Absatz 1 Satz 1 EEG 2014 an Letztverbraucher im Sinne von § 5 Nummer 24 EEG 2014 geliefert wurde. Weiterhin ist auch der Strom zu berücksichtigen, der für die Eigenversorgung nach § 61 Absatz 1 Satz 1 und 2 EEG 2014 und für sonstigen Verbrauch durch Letztverbraucher nach § 61 Absatz 1 Satz 3 EEG 2014 verbraucht wird.

Außerdem wurde der bisherige zweite Halbsatz von Absatz 2 in Absatz 1 Satz 3 verlagert und der bisherige Verweis auf § 66 Absatz 4 EEG 2014 korrigiert. Nach Satz 3 sind bei der Ermittlung der EEG-Umlage auch die Strommengen zu berücksichtigen, auf die nur eine reduzierte EEG-Umlage erhoben wird. Das umfasst die privilegierte Eigenversorgung nach § 61 Absatz 1 Satz 1 EEG 2014 sowie – wie auch bislang schon praktiziert – den Letztverbrauch, der aufgrund der Besonderen Ausgleichsregelung nach § 66 Absatz 5 Satz 1 EEG 2014 privilegiert ist.

Zu Absatz 2

Absatz 2 entspricht dem bisherigen § 4. Satz 1 wurde inhaltlich unverändert beibehalten. Satz 2 und 3 beschreiben, wie der Börsenpreis des folgenden Kalenderjahres zu prognostizieren ist. Dieser prognostizierte Börsenpreis ist eine der Grundlagen für die Ermittlung der EEG-Umlage. Die einspeisevergüteten Strommengen selbst müssen zwar von den Übertragungsnetzbetreibern gemäß § 2 am Spotmarkt vermarktet werden. Für die Prognose des Börsenpreises im nächsten Jahr muss jedoch auf die Preise am Terminmarkt zurückgegriffen werden, weil am Spotmarkt keine Terminprodukte für das nächste Jahr gehandelt werden. Die Anknüpfung an die Preise für Terminkontrakte für das Basisprodukt im Folgejahr („Phelix Baseload Year Future") der Strombörse European

Energy Exchange AG soll eine möglichst genaue Prognose der Strompreise im Folgejahr sicherstellen.

Die beste Prognose für die erwarteten Strompreise für das Folgejahr kann der Markt liefern. Der „Phelix Baseload Year Future" ist der Preis, den man an einem beliebigen Handelstag an der Strombörse bezahlen muss, um im Folgejahr Strom geliefert zu bekommen. Dieser Preis stellt an diesem Handelstag die beste Voraussage für den Börsenstrompreis des Folgejahres dar. Aufgrund des Wechselspiels von Angebot und Nachfrage ändert sich allerdings jeden Tag der Börsenpreis, den man für eine Stromlieferung im Folgejahr zahlen muss. Das ist ebenfalls wiederum abhängig davon, wie der Markt am jeweiligen Handelstag den Börsenstrompreis für das Folgejahr einschätzt. Bildet man nun über eine repräsentativen Zeitraum – nämlich den Dreimonatszeitraum nach Satz 3 – den Durchschnitt der Preise, die an all diesen Handelstagen jeweils für den „Phelix Baseload Year Future" an der Börse aufgerufen wurden, erhält man die bestmögliche Prognose des Strompreises für das Folgejahr.

Der Phelix-Future ist ein finanzielles Terminprodukt, das werktäglich für zukünftige Stromlieferungen gehandelt wird (derzeit für bis zu sechs Jahren t+6 imVoraus) und das Marktgebiet Deutschland/Österreich umfasst. Weitere Informationen zum Produkt Phelix Baseload Year Future sind auf der Homepage der EEX abrufbar (www.eex.com/de -> Handel -> Verordnungen & Regelwerke -> Kontraktspezifikationen). In Satz 2 wird nun auf die Strombörse European Energy Exchange AG in Leipzig abgestellt, da an dieser Börse das Produkt Phelix Baseload Year Future gehandelt wird.

In Satz 3 wird der bisherige Zeitraum zur Ermittlung des Durchschnittswertes der täglichen Terminkontraktpreise nach Satz 2 von einem Jahr (Oktober des Vorjahres bis einschließlich September des laufenden Jahres) auf drei Monate verkürzt. Zur Berechnung des Mittelwertes ist der sogenannte Abrechnungspreis (Settlement Price) zu berücksichtigen. Der Preis für „Phelix Baseload Year Future" ist tagesgenau und auch für zurückliegende Zeiträume auf der Homepage der EEX abrufbar (www.eex.com/de -> Marktdaten -> Strom -> Terminmarkt -> Phelix Futures, das Produkt ist dort verkürzt als „Phelix Base Year Future" bezeichnet).

Die Verkürzung des Zeitraums soll die Prognose der Strompreise im Folgejahr verbessern. Grundsätzlich gilt, dass aktuellere Preise bessere Informationen für eine Prognose beinhalten als ältere Preise. Die vergangenen Jahre haben deutlich gemacht, dass die Erlöse, die die Übertragungsnetzbetreiber aus der Vermarktung der erneuerbaren Energien untertägigen Spotmarkt erzielten, deutlich unter dem einjährigen Durchschnittspreis für das Produkt Phelix Baseload Year Future gelegen haben. Für die Prognose der EEG-Umlage des Jahres 2013 setzten die Übertragungsnetzbetreiber auf Basis des einjährigen Futurepreises Erlöse in Höhe von 51,15 Euro pro Megawattstunde (MWh) an. Der tatsächlich am vortägigen Spotmarkt realisierte Durchschnittspreis belief sich im Jahr 2013 auf 37,82 Euro pro MWh. Für die Umlage des Jahres 2014 wurden Erlöse Höhe von 41,45 Euro pro MWh angesetzt. Durchschnittlich wurden bis einschließlich September 2014 32,09 Euro pro MWh erlöst.

Ein sinkender Preis am vortägigen Spotmarkt hat im Vergleich zum angesetzten Futurepreis einen signifikanten Liquiditätseffekt. Ein Rückgang von 5 Euro proMWh bedeutet Mindereinnahmen von rd. 700 Millionen Euro für das EEG-Konto. Im umgekehrten Fall wären Mehreinnahmen in gleicher Höhe zu erwarten. Durch diesen Effekt kann auch die Prognose der Umlage verzerrt werden. Eine starke Veränderung des Spotmarktpreises und die damit verbundenen Minder- oder Mehreinnahmen müssen bei der Ermittlung der EEG-Umlage im Folgejahr durch die Verrechnung des EEG-Kontostandes ausgeglichen werden.

Grundsätzlich wäre eine noch weitergehende Verkürzung des zugrunde gelegten Zeitraums auf den letzten Handelstag denkbar. Für die Umlage des Jahres 2013 lag der Futurepreis für das Jahr 2013 am letzten Handelstag des September (28. September 2012) bei 47,76 Euro pro MWh. Dieser Wert liegt rd. 3,40 Euro unter dem verwendeten mittleren Jahreswert der Übertragungsnetzbetreiber, aber noch deutlich über dem tatsächlich eingetretenen Wert. Gegen eine solche Lösung spricht jedoch, dass kurzfristige Sondereffekte oder exogene Schocks (das Reaktorunglück von Fukushima wäre ein Beispiel hierfür) die Preise dominieren können, obwohl sie nicht ökonomisch fundamental begründet und somit für die Prognose zukünftiger Preise wenig relevant sind. Derartige Effekte können wiederum durch einen längeren Zeitraum für die Mittelung abgemildert werden.

Durch die jetzt vorgenommene Verkürzung des Zeitraums auf drei Monate soll einerseits die tatsächlich erwartete Marktentwicklung besser abgebildet, aber andererseits sichergestellt werden, dass kurzfristige Sondereffekte das Ergebnis nicht determinieren. Die Wahl des dreimonatigen Zeitraums stellt somit einen Mittelweg zwischen dem bisherigen einjährigen Zeitraum und einem Abstellen lediglich auf den letzten Handelstag dar: Der jetzt eingeführte Dreimonatszeitraum hätte für das Jahr 2013 einen Wert von rd. 48,70 Euro pro MWh (statt 51,15 Euro pro MWh) und für das Jahr 2014 einen Wert von 37,38 Euro pro MWh (statt 41,45 Euro pro MWh) ergeben. Diese Werte liegen näher am Durchschnittspreis, der tatsächlich am vortägigen Spotmarkt realisiert wurde, als die Werte auf Basis der bisherigen Prognosen mit einjährigem Betrachtungszeitraum. Dadurch, dass das Ende des Betrachtungszeitraums auf den 15. September vorverlegt wird, steht der anzusetzende Börsenpreis zwei Wochen früher als bisher zur Verfügung. Dies gibt den Übertragungsnetzbetreibern und den Gutachtern mehr Zeit bei der Arbeit an der Ermittlung der EEG-Umlage. Dabei hat die Verlegung jeweils auf den 15. September keinen nennenswerten Einfluss auf das Ergebnis. Für die oben betrachteten Beispiele der Jahre 2013 und 2014 ergeben sich lediglich Unterschiede im Nachkommabereich.

Nach der neuen Regelung in Satz 3 sind die Preise für Handelstage ab dem 16. Juni bis zum 15. September des laufenden Kalenderjahres zugrunde zu legen und daraus der Durchschnittspreis zu ermitteln.

Zu Absatz 3

Absatz 3 enthält die Positionen, die für die Ermittlung der EEG-Umlage nach Absatz 1 Satz 1 Nummer 2 als Einnahmen anzusehen sind. Absatz 3 wurde neunummeriert und erweitert.

Zu Nummer 1

Nach Nummer 1 zählen zu den Einnahmen zunächst die Einnahmen aus der Vermarktung der einspeisevergüteten Strommengen nach § 2 durch die Übertragungsnetzbetreiber. Nummer 1 entspricht inhaltlich der bisherigen Nummer 1. Da in § 2 die bisherige Anforderung der Vermarktung an einem „vortägigen oder untertägigen" Spotmarkt gestrichen wird (siehe oben), ist in der Folge redaktionell auch in Nummer 1 der Passus zur „vortägigen und untertägigen" Vermarktung zu streichen.

Zu Nummer 2

Nummer 2 ist unverändert geblieben. Darunter fallen zunächst wie bisher Zahlungen der EEG-Umlage nach § 60 Absatz 1 EEG 2014 durch Elektrizitätsversorgungsunternehmen. Seit Inkrafttreten des EEG 2014 fallen darunter weiterhin Zahlungen der EEG-Umlage nach § 61 Absatz 1 EEG 2014 von Eigenversorgen und sonstigen Letztverbrauchern, die den Übertragungsnetzbetreibern direkt zufließen. Zudem sind auch Zahlungen der EEG-Umlage nach § 61 Absatz 1 EEG 2014, die von den Verteilernetzbetreibern nach den §§ 7 ff. erhoben und an die Übertragungsnetzbetreiber weitergeleitet werden, erfasst. Da Verteilernetzbetreiber nach § 8 Absatz 1 nur zu 95 Prozent der EEG-Umlage nach § 61 Absatz 1 EEG 2014 weiterleiten müssen, sind insofern von Nummer 2 auch nur diese 95 Prozent erfasst.

Zu Nummer 3

Nummer 3 entspricht der bisherigen Nummer 2a.

Zu Nummer 4

Nummer 4 entspricht der bisherigen Nummer 3.

Zu Nummer 5

Nummer 5 entspricht der bisherigen Nummer 5. Da die Regelung zum Ausgleich zwischen Abschlagszahlungen und der Endabrechnung, die bisher in Absatz 6 geregelt war, nun in Absatz 7 geregelt ist, war der Verweis in Nummer 5 entsprechend redaktionell anzupassen.

Zu Nummer 6

Nummer 6 ist unverändert.

Zu Nummer 7

Nummer 7 entspricht der bisherigen Nummer 4. Es wurde präzisierend ergänzt, dass es sich um den EEG-Bilanzkreis nach § 11 der Stromnetzzugangsverordnung handelt. Eine inhaltliche Änderung ist damit nicht verbunden.

Zu Nummer 8

Durch die neue Nummer 8 können Einnahmen, die sich aufgrund der Freiflächenausschreibungsverordnung nach § 88 EEG 2014 ergeben, als Einnahmen im Sinne des Absatzes 3 zugunsten des EEG-Kontos bestimmt werden. Als mögliche Einnahmen kommen hier z.B. Pönalen in Frage. Gleiches gilt für Einnahmen, die sich aufgrund der geplanten Öffnung der Pilotausschreibung für europäische Freiflächenanlagen außerhalb Deutschlands ergeben.

Zu Nummer 9

Die neue Nummer 9 verweist auf § 6 Absatz 3 AusglMechAV. Dort sind weitere Positionen aufgeführt, die auch bislang schon zu den Einnahmen nach Absatz 3 zählten. Nummer 9 ändert daher nichts an der bisherigen Rechtslage, sondern dient lediglich der besseren Übersicht für den Rechtsanwender.

Zu Absatz 4

Absatz 4 enthält die Positionen, die für die Ermittlung der EEG-Umlage nach Absatz 1 Satz 1 Nummer 2 als Ausgaben anzusehen sind. Absatz 4 wurde neunummeriert und erweitert.

Zu Nummer 1

Nummer 1 entspricht der bisherigen Nummer 1. Zu den Ausgaben nach Nummer 1 zählen insbesondere die Zahlungen für Einspeisevergütung und Marktprämie nach § 19 EEG 2014 sowie für die Bereitstellung installierter Leistung nach § 55 EEG 2014. Wenn die Freiflächenausschreibungsverordnung nach § 88 EEG 2014 in Kraft tritt, zählen dazu auch die Förderzahlungen für Strom oder bereitgestellte installierte Leistung aus PV-Freiflächenanlagen, die durch diese Ausschreibungen ermittelt werden (vgl. § 55 Absatz 1 Satz 1 EEG 2014). Wenn diese Ausschreibungen für europäische Freiflächenanlagen außerhalb Deutschlands geöffnet werden, fallen die entsprechenden Förderzahlungen für Strom oder installierte Leistung auch unter Nummer 1. Der bisherige Verweis auf § 57 Absatz 1 EEG 2014 wurde gestrichen, da es sich dabei um eine reine Erstattungsvorschrift handelt und der erstattete Betrag bereits durch den Verweis auf die §§ 19 und 52 EEG 2014 erfasst ist.

Zu Nummer 2

Durch Nummer 2 können Ausgaben, die sich aufgrund der Freiflächenausschreibungsverordnung nach § 88 EEG 2014 ergeben, als Ausgaben im Sinne des Absatzes 4 zulasten des EEG-Kontos bestimmt werden. Ausgaben für die Förderung des erzeugten Stroms oder der installierten Leistung der Freiflächenanlagen sind jedoch nicht von Nummer 2, sondern schon von Nummer 1 erfasst. Als mögliche Ausgabe nach Nummer 2 kommt z. B. die Erstattung von Aufwendungen für Teilnahme am Ausschreibungsverfahren in Frage, sofern die Freiflächenausschreibungsverordnung dies vorsieht. Gleiches gilt für Ausgaben, die sich aufgrund der ggf. separaten Verordnung zur Öffnung für europäische Freiflächenanlagen außerhalb Deutschlands ergeben.

Zu Nummer 3

Nummer 3 entspricht der bisherigen Nummer 1b.

Zu Nummer 4

Nummer 4 entspricht der bisherigen Nummer 3.

Zu Nummer 5

Nummer 5 entspricht der bisherigen Nummer 2. Da die Regelung zum Ausgleich zwischen Abschlagszahlungen und der Endabrechnung, die bisher in Absatz 6 geregelt war, nun in Absatz 7 geregelt ist, war der Verweis in Nummer 5 entsprechend redaktionell anzupassen. Sollte es zu Überzahlungen direkt durch einen Letztverbraucher kommen (z.B. im Zuge der Abwicklung der durch die EU-Kommission veranlassten Rückforderungen bei der Besonderen Ausgleichsregelung nach dem EEG 2012), sind auch diese durch den Übertragungsnetzbetreiber auszugleichen.

Zu Nummer 6

Nummer 6 entspricht der bisherigen Nummer 4.

Zu Nummer 7

Nummer 7 entspricht der bisherigen Nummer 5. Erfasst sind die notwendigen Kosten für Ausgleichsenergie, die anfallen, wenn beim EEG-Bilanzkreis Abweichungen zwischen den prognostizierten und den tatsächlich eingestellten Strommengen entstehen.

Zu Nummer 8

Nummer 8 entspricht inhaltlich der bisherigen Nummer 6. Im Zuge der Streichung des Kriteriums der „vortägigen und untertägigen" Vermarktung in § 2 wurde Nummer 8 redaktionell entsprechend angepasst und dieses Kriterium auch in Nummer 8 gestrichen.

Zu Nummer 9

Die neue Nummer 9 verweist auf § 6 AusglMechAV. Dort sind weitere Positionen aufgeführt, die auch bislang zu den Ausgaben nach Absatz 4 zählten. Nummer 9 ändert daher nichts an der bisherigen Rechtslage, sondern dient lediglich der besseren Übersicht für den Rechtsanwender.

Zu Absatz 5

Absatz 5 Satz 1 und 2 entsprechen dem bisherigen Absatz 5. Je nach dem, ob die Differenz zwischen Einnahmen und Ausgaben auf dem EEG-Konto einen positiven oder einen negativen Saldo ergibt, resultieren daraus Zinsen, die den Übertragungsnetzbetreibern zugutekommen – diese stellen dann Einnahmen nach Absatz 3 Nummer 4 dar – oder von den Übertragungsnetzbetreibern zu zahlen sind – diese stellen dann Ausgaben nach Absatz 4 Nummer 4 dar. Der neue Satz 3 entspricht inhaltlich dem bisherigen § 6 Absatz 1a AusglMechV, der dort entsprechend durch Artikel 2 gestrichen wird.

Zu Absatz 6

Absatz 6 entspricht inhaltlich dem bisherigen § 6 Absatz 4 AusglMechV, der dort entsprechend durch Artikel 2 gestrichen wird.

Zu Absatz 7

Absatz 7 entspricht dem bisherigen Absatz 6.

Zu Absatz 8

Absatz 8 entspricht dem bisherigen Absatz 7.

§ 4 Beweislast

Ist die Notwendigkeit oder die Höhe der Aufwendungen nach § 3 streitig, trifft die Beweislast die Übertragungsnetzbetreiber.

Amtliche Begründung (Beweislast)

§ 4 entspricht dem bisherigen § 5.

§ 5 Veröffentlichung der EEG-Umlage

(1) [1]Die Übertragungsnetzbetreiber müssen bis zum 15. Oktober eines Kalenderjahres die Höhe der EEG-Umlage für das folgende Kalenderjahr auf ihren Internetseiten veröffentlichen. [2]Bei der Veröffentlichung sind in nicht personenbezogener Form auch anzugeben:

1. die Datengrundlagen, Annahmen, Rechenwege, Berechnungen und Endwerte, die in die Ermittlung nach § 3 eingeflossen sind,
2. eine Prognose, wie sich der Differenzbetrag nach § 3 Absatz 1 Satz 1 Nummer 1 auf bestehende und neu in Betrieb genommene Anlagen verteilt und
3. eine Prognose, wie sich der Differenzbetrag nach § 3 Absatz 1 Satz 1 Nummer 1 auf verschiedene Gruppen von Letztverbrauchern verteilt.

(2) Die Angaben nach Absatz 1 müssen einen sachkundigen Dritten in die Lage versetzen, ohne weitere Informationen die Ermittlung der EEG-Umlage vollständig nachzuvollziehen.

(3) Die Übertragungsnetzbetreiber müssen die Angaben nach Absatz 1 bis zum 15. Oktober eines Kalenderjahres auch der Bundesnetzagentur nach § 4 Absatz 4 der Ausgleichsmechanismus-Ausführungsverordnung mitteilen.

Amtliche Begründung (Veröffentlichung der EEG-Umlage)

§ 5 entspricht inhaltlich weitgehend dem bisherigen § 3 Absatz 2.

Zu Absatz 1

Wie schon bislang müssen die Übertragungsnetzbetreiber nach Absatz 1 bis zum 15. Oktober eines Kalenderjahres die EEG-Umlage für das folgende Kalenderjahr auf ihren Internetseiten in nicht personenbezogener Form veröffentlichen. Die Regelung, dass die EEG-Umlage in Cent pro Kilowattstunde zu ermitteln ist, die von einem Letztverbraucher verbraucht wurde und nach § 60 oder § 61 EEG 2014 umlagebelastet ist, wurde weitgehend beibehalten, jedoch von bisherigen § 3 Absatz 2 in § 3 Absatz 1 Satz 2 verlagert. Gleiches gilt für den bislang in § 3 Absatz 2 zweiter Halbsatz enthaltenen Verweis auf § 66 Absatz 4 EEG 2014. Dieser wurde ebenfalls in § 3 Absatz 1 Satz 3 verlagert und dort in einen Verweis § 66 Absatz 5 Satz 2 EEG 2014 korrigiert. Bei der Veröffentlichung der EEG-Umlage sollen die Übertragungsnetzbetreiber – wie auch bisher schon praktiziert – neben der EEG-Umlage auch eine EEG-Kernumlage ausweisen. Die EEG-Kernumlage stellt die im jeweiligen Jahr anfallenden Differenzkosten der EEG-Förderung in Cent pro Kilowattstunde (kWh) dar, ohne den jeweiligen Kontoausgleich oder die ggf. anzusetzende Liquiditätsreserve zu berücksichtigen. Sie ist somit ein genaueres Maß für Förderkosten, da Sondereffekte ausgeblendet werden.

Die Übertragungsnetzbetreiber müssen nur die Strommengen vermarkten, die durch die feste Einspeisevergütung vergütet werden. Aufgrund der nach dem EEG 2012 noch optionalen und mit dem EEG 2014 verbindlichen Marktprämie werden die Strommengen, die die Übertragungsnetzbetreiber vermarkten, tendenziell abnehmen.

Die Übertragungsnetzbetreiber haben bei der Ermittlung der EEG-Umlage bislang nicht die gesamten Förderzahlungen ausgewiesen, da bei der Direktvermarktung in der Marktprämie, nur – grob gesprochen – die Differenz aus anzulegendem Wert und durchschnittlichen Börsenerlösen an den Anlagenbetreiber gezahlt wird. Ebenfalls wurden auch die zu erwartenden Erlöse aus Marktprämienstrom nicht veröffentlicht.

Mit zunehmender Nutzung der Direktvermarktung und sinkender Inanspruchnahme der Einspeisevergütung sinken die Einnahmen der Übertragungsnetzbetreiber aus der Vermarktung des einspeisevergüteten Stroms. Um einer verzerrten Darstellung der Einnahmen und Ausgaben im Rahmen des EEG 2014 vorzubeugen, wäre es hilfreich, wenn die Übertragungsnetzbetreiber zukünftig den gesamten Vergütungsanspruch von Anlagenbetreibern in der Festvergütung und der Marktprämie sowie die zu erwartenden Vermarktungserlöse in der Festvergütung und der Marktprämie veröffentlichen. Die Übertragungsnetzbetreiber haben dies bereits im Rahmen der Festlegung der EEG-Umlage für das Jahr 2015 umgesetzt und sollten sich in zukünftigen Darstellungen hieran orientieren.

Im neu hinzugekommenen Satz 2 und in Absatz 2 sind teilweise Transparenzvorschriften enthalten, die bisher in der AusglMechAV geregelt waren, teilweise sind neue Transparenzvorschriften enthalten. Durch die Integration von Vorschriften, die bisher in der AusglMechAV enthalten waren, werden zum einen gewisse Dopplungen (z. B. zum Datum der Veröffentlichung der EEG-Umlage) beseitigt, zum anderen werden die wesentlichen Regelungen zu Ermittlung und Transparenz der EEG-Umlage nun einheitlich in der AusglMechV selbst konzentriert.

Zu Nummer 1

Die neue Nummer 1 entspricht inhaltlich der bisherigen Regelung in § 3 Absatz 2 Satz 3 AusglMechAV.

Zu Nummer 2

Zur weiteren Erhöhung der Transparenz sind die Übertragungsnetzbetreiber nunmehr nach Nummer 2 angehalten, die Umlage für den Anlagenbestand und für Neuanlagen getrennt auszuweisen. Diese Darstellung trägt dem Umstand Rechnung, dass durch die Förderung über das EEG in den letzten Jahren erhebliche Lerneffekte – insbesondere im Bereich der Photovoltaik – erzielt worden sind. Dadurch konnten in den letzten Jahren die erforderlichen Vergütungssätze für Neuanlagen kontinuierlich deutlich gesenkt werden. Neue Anlagenjahrgänge führen deshalb zu deutlich geringeren Differenzkosten als Anlagenjahrgänge der Vorjahre. Für die langfristig noch zu erwartenden Kosten des weiteren Ausbaus der erneuerbaren Energien und die Akzeptanz der Energiewende ist dies eine wichtige Information.

Die Ausweisung der Umlage für den Anlagenbestand und für Neuanlagen ist nach dem Stand von Wissenschaft und Technik im Rahmen der jährlichen Prognose der EEG-Umlage zu erstellen. Die Verordnung macht bewusst keine Vorgaben zur konkreten Ausgestaltung. Es wäre aber z. B. denkbar, dass diejenigen Jahrgänge als Bestandsanlagen ausgewiesen werden, für die eine von Wirtschaftsprüfern testierte EEG-Jahresabrechnung vorliegt. Die Ausweisung von neuen Anlagen sollte demnach auf die jeweiligen Prognosen der EEG-Umlage gestützt sein und würde zwei Jahrgänge umfassen. In der Darstellung oder den Erläuterungen hierzu sollte berücksichtigt werden, dass in der Summe die Neuanlagen des folgenden Jahres nicht über den vollen Jahreszeitraum einspeisen, weil sie erst über das Jahr verteilt in Betrieb genommen werden. Schematisch könnte die Darstellung etwa wie folgt aussehen:

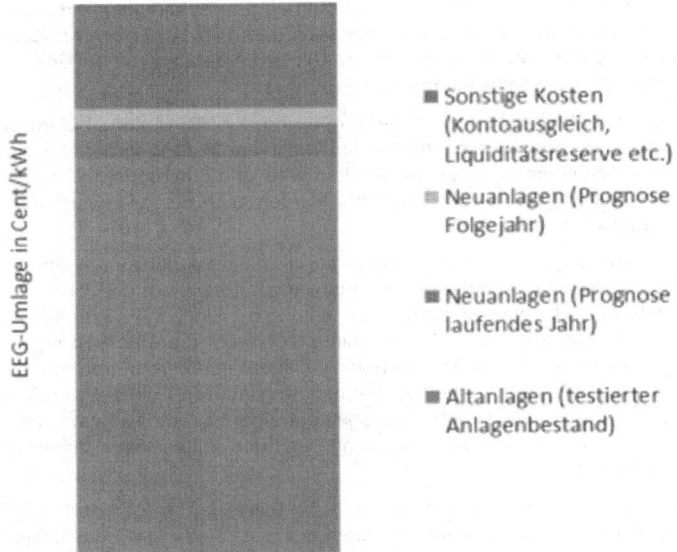

EEG-Umlage in Cent/kWh

■ Sonstige Kosten
(Kontoausgleich,
Liquiditätsreserve etc.)

■ Neuanlagen (Prognose
Folgejahr)

■ Neuanlagen (Prognose
laufendes Jahr)

■ Altanlagen (testierter
Anlagenbestand)

Zu Nummer 3

Auch Nummer 3 ergänzt die bisherigen Veröffentlichungspflichten. Der kontinuierliche Ausbau der erneuerbaren Energien über das EEG wurde von steigenden EEG-Differenzkosten begleitet. Anlagenbetreiber haben ab Inbetriebnahme einen Vergütungsanspruch von 20 Jahren (zuzüglich dem Jahr der Inbetriebnahme). Jedes Jahr kommen neue Anlagen hinzu, was die Differenzkosten erhöht. Sie lagen z. B. im Jahr 2006 bei rd. 6 Milliarden Euro und im Jahr 2010 bei rd. 9,5 Milliarden Euro. Für das Jahr 2015 schätzen die Übertragungsnetzbetreiber die Differenzkosten auf rd. 22 Milliarden Euro. Diese Differenzkosten werden von den Stromverbrauchern über die EEG-Umlage finanziert. Mit den ansteigenden Differenzkosten ist auch das Informationsbedürfnis der Stromverbraucher gestiegen, welche Verbrauchergruppen zu welchen Anteilen diese Kosten – die sich letztlich in der EEG-Umlage niederschlagen – tragen. Hierzu zählen neben Privathaushalten vor allem die Bereiche Wirtschaft und Industrie, Gewerbe, Handel und Dienstleistungen, die öffentliche Hand oder auch der Bereich Verkehr und Landwirtschaft.

Wie sich die EEG-Umlage prozentual auf diese und ggf. weitere ausgewählte Verbrauchergruppen verteilt, soll zukünftig jeweils mit der EEG-Umlage veröffentlicht werden. Das entspricht dem wachsenden Informationsbedürfnis der Öffentlichkeit und kann Fehlwahrnehmungen vorbeugen. Aus diesem Grund sollen die Übertragungsnetzbetreiber die Lastenteilung der EEG-Umlage nach dem Stand von Wissenschaft und Technik im Rahmen der jährlichen Prognose der EEG-Umlage einschätzen und zusammen mit der EEG-Umlage veröffentlichen. Der Anteil sollte im Verhältnis zum absoluten Wert EEG-Umlage dargestellt werden, die im folgenden Jahr zu zahlen ist. Eine mögliche Darstellung könnte etwa folgendermaßen aussehen:

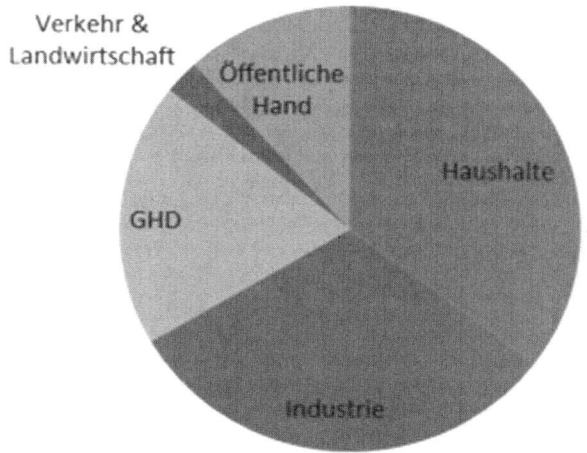

Zu Absatz 2

Der neue Absatz 2 entspricht dem bisherigen § 3 Absatz 2 Satz 2 AusglMechAV.

Zu Absatz 3

Der neue Absatz 3 integriert den bisherigen § 4 Absatz 2 AusglMechAV in die AusglMechV.

§ 6 Veröffentlichung der EEG-Vorausschau

(1) [1]Die Übertragungsnetzbetreiber müssen bis zum 15. Oktober eines Kalenderjahres eine Vorausschau für die Entwicklung des Ausbaus der erneuerbaren Energien in den folgenden fünf Kalenderjahren erstellen und veröffentlichen. [2]Diese Vorausschau muss mindestens die folgenden Angaben enthalten:

1. eine Prognose der Entwicklung
   a) der installierten Leistung der Anlagen,
   b) der Volllaststunden,
   c) der erzeugten Jahresarbeit,
   d) der an die Anlagenbetreiber zu zahlenden finanziellen Förderungen,
   e) der Aufteilung der eingespeisten Strommengen auf die Veräußerungsformen nach § 20 Absatz 1 des Erneuerbare-Energien-Gesetzes und
   f) der Höhe der vermiedenen Netzentgelte nach § 18 der Stromnetzentgeltverordnung sowie
2. eine Prognose des Letztverbrauchs, aufgegliedert nach
   a) Letztverbrauch, für den die EEG-Umlage in voller Höhe gezahlt werden muss,
   b) Letztverbrauch, für den die EEG-Umlage in verringerter Höhe gezahlt werden muss, und
   c) Letztverbrauch, für den keine EEG-Umlage gezahlt werden muss.

[3]Die Strommengen, die voraussichtlich direkt vermarktet werden, sind zu berücksichtigen.

(2) Die Angaben nach Absatz 1 Satz 2 Nummer 1 müssen für die folgenden Energieträger getrennt veröffentlicht werden:

1. Wasserkraft,
2. Windenergie an Land,
3. Windenergie auf See,
4. solare Strahlungsenergie aus Freiflächenanlagen,
5. solare Strahlungsenergie aus sonstigen Anlagen,
6. Geothermie,
7. Energie aus Biomasse,
8. Deponiegas,
9. Klärgas und
10. Grubengas.

(3) ¹Die Prognose nach Absatz 1 muss nach dem Stand von Wissenschaft und Technik erstellt werden. ²Die Datengrundlagen und Annahmen, die in die Prognose eingeflossen sind, müssen angegeben werden.

Amtliche Begründung (Veröffentlichung der EEG-Vorausschau)

§ 6 entspricht inhaltlich weitgehend dem bisherigen § 3 Absatz 4 AusglMechAV. Diese Regelung zur sogenannten Mittelfristprognose steht in inhaltlichem Zusammenhang zur Veröffentlichung der EEG-Umlage. Daher wurde die Regelung direkt in die AusglMechV integriert.

Zu Absatz 1

Nach Satz 1 ist auch die Vorausschau für die folgenden fünf Kalenderjahre künftig bereits bis zum 15. Oktober zu veröffentlichen. Damit fallen beide wesentlichen Veröffentlichungen der Übertragungsnetzbetreiber zum EEG 2014 – die Veröffentlichung der EEG-Umlage für das folgende Kalenderjahr nach § 3 sowie die Veröffentlichung der EEG-Vorausschau nach § 6 – künftig auf denselben Zeitpunkt. Durch die Verpflichtung, auch die Vorausschau künftig schon bis zum 15. Oktober eines Jahres anstatt wie bisher nach § 3 Absatz 3 und 4 AusglMechAV erst bis zum 15. November zu veröffentlichen, haben die Übertragungsnetzbetreiber und ihre Gutachter dafür künftig einen Monat weniger Zeit.

Im Gegenzug wurde § 3 Absatz 3 AusglMechAV gestrichen, durch den die Übertragungsnetzbetreiber bisher verpflichtet waren, im Rahmen der sogenannten Mittelfristprognose auch die Bandbreite der EEG-Umlage für das übernächste Jahr zu prognostizieren. Die Erfahrung der letzten Jahre hat gezeigt, dass die Bandbreite oft zu weit und daher nicht als Entscheidungsbasis für die energiewirtschaftlichen Akteure geeignet war. Insofern werden die Übertragungsnetzbetreiber künftig entlastet.

Zu Nummer 1

Satz 2 Nummer 1 entspricht weitgehend dem bisherigen § 3 Absatz 4 Satz 2 AusglMechAV. In Buchstabe a wurde präzisierend ergänzt, dass sich die Entwicklung der installierten Leistung auf die installierte Leistung von Anlagen, d. h. Anlagen nach § 5 Nummer 1 EEG 2014 zur Erzeugung von Strom aus erneuerbaren Energien oder aus Grubengas bezieht. Eine inhaltliche Änderung ist damit nicht verbunden. Buchstabe c stellt künftig auf die erzeugte, und nicht mehr nur auf die eingespeiste Jahresarbeit ab. Dadurch werden insbesondere auch die zur Eigenversorgung verbrauchten Strommengen bei der Vorausschau berücksichtigt. Buchstabe d stellt statt auf die „Vergütungen" nun auf die „finanziellen Förderungen" ab. Dies ist der mit dem EEG 2014 geänderten Fördersystematik und Terminologie geschuldet. Buchstabe e wurde eingefügt, weil es für die

Transparenz der Vorausschau hilfreich ist, wenn differenziert wird zwischen den verschiedenen Veräußerungsformen nach § 20 Absatz 1 EEG 2014.

Zu Nummer 2

Nummer 2 entspricht dem bisherigen § 3 Absatz 4 Satz 5 AusglMechAV. Danach sind auch der Letztverbrauch sowie der privilegierte Letztverbrauch zu prognostizieren. Der Letztverbrauch umfasst zum einen Lieferungen an Letztverbraucher nach § 60 Absatz 1 Satz 1 EEG 2014, die nicht durch die Besondere Ausgleichsregelung privilegiert sind. Zum anderen ist davon Eigenversorgung, auf die die volle EEG-Umlage nach § 61 Absatz 1 Satz 2 EEG 2014 zu entrichten ist, sowie sonstiger Letztverbrauch nach § 61 Absatz 1 Satz 3 EEG 2014 erfasst. Privilegierter Letztverbrauch umfasst Strombezug, der durch die Besondere Ausgleichsregelung nach den §§ 63 ff., 103 EEG 2014 privilegiert ist, sowie Eigenversorgung, die nach § 61 Absatz 1 Satz 1 EEG 2014 privilegiert ist.

Der bisherige § 3 Absatz 4 Satz 3 AusglMechAV wurde gestrichen, da die Strommengen, die voraussichtlich direkt vermarktet werden, schon direkt nach den Regelungen in Nummer 1 zu berücksichtigen sind.

Zu Absatz 2

Absatz 2 entspricht inhaltlich weitgehend dem bisherigen § 3 Absatz 4 Satz 4 AusglMechAV. Die Reihenfolge der Aufzählung wurde geändert und an § 5 Nummer 14 EEG 2014 angelehnt. Lediglich bei solarer Strahlungsenergie wurde eine inhaltliche Änderung vorgenommen. Hier ist künftig nach den Nummern 4 und 5 nach Freiflächenanlagen und sonstigen Solaranlagen zu differenzieren. Mit der neuen Freiflächenausschreibungsverordnung und der damit verbundenen Umstellung der Förderung von Freiflächenanlagen entspricht diese Differenzierung besser der künftigen Förderstruktur.

Zu Absatz 3

Absatz 3 Satz entspricht inhaltlich den bisherigen § 3 Absatz 4 Satz 6 und 7 AusglMechAV.

§ 7 Erhebung der EEG-Umlage von Letztverbrauchern und Eigenversorgern

(1) ^{1}Die Übertragungsnetzbetreiber müssen die EEG-Umlage nach § 61 des Erneuerbare-Energien-Gesetzes nur erheben

1. bei Stromerzeugungsanlagen, die an das Übertragungsnetz angeschlossen sind,
2. bei Stromerzeugungsanlagen an Abnahmestellen, an denen die EEG-Umlage nach der Besonderen Ausgleichsregelung nach den §§ 63 bis 69 oder nach § 103 des Erneuerbare-Energien-Gesetzes begrenzt ist,
3. bei Stromerzeugungsanlagen, deren Strom zum Teil unmittelbar an Letztverbraucher geliefert wird, die nicht mit dem Betreiber der Stromerzeugungsanlage personenidentisch sind, oder
4. in Fällen des § 61 Absatz 1 Satz 3 des Erneuerbare-Energien-Gesetzes.

^{2}Zuständig für die Erhebung der EEG-Umlage ist der Übertragungsnetzbetreiber, in dessen Regelzone der Strom verbraucht wird. ^{3}Die Übertragungsnetzbetreiber können untereinander eine von Satz 2 abweichende örtliche Zuständigkeit vertraglich vereinbaren. ^{4}Satz 1 Nummer 3 ist auch nach Beendigung der Lieferbeziehung weiter anzuwenden. ^{5}In diesem Fall muss der Betreiber der Stromerzeugungsanlage dem Netzbetreiber, an dessen Netz die Stromerzeugungsanlage angeschlossen ist, die Beendigung des Lieferverhältnisses mitteilen.

(2) [1]Im Übrigen muss der Netzbetreiber die EEG-Umlage nach § 61 des Erneuerbare-Energien-Gesetzes erheben, an dessen Netz die Stromerzeugungsanlage angeschlossen ist. [2]Der Netzbetreiber nach Satz 1 und der Übertragungsnetzbetreiber nach Absatz 1 können untereinander eine abweichende Zuständigkeit für die Erhebung der EEG-Umlage nach § 61 des Erneuerbare-Energien-Gesetzes vertraglich vereinbaren, sofern dies volkswirtschaftlich angemessen ist.

(3) [1]Auf die Zahlung der EEG-Umlage nach den Absätzen 1 und 2 kann der zuständige Netzbetreiber monatlich jeweils zum 15. Kalendertag für den Vormonat Abschläge in angemessenem Umfang verlangen. [2]Die Erhebung von Abschlägen nach Satz 1 ist insbesondere nicht angemessen

1. bei Anlagen zur Erzeugung von Strom aus solarer Strahlungsenergie mit einer installierten Leistung von höchstens 30 Kilowatt und
2. bei anderen Stromerzeugungsanlagen mit einer installierten Leistung von höchstens 10 Kilowatt.

[3]Bei der Ermittlung der installierten Leistung nach Satz 2 ist § 32 Absatz 1 Satz 1 des Erneuerbare-Energien-Gesetzes entsprechend anzuwenden.

(4) § 60 Absatz 2 Satz 1 und Absatz 4 des Erneuerbare-Energien-Gesetzes ist entsprechend anzuwenden.

(5) Abweichend von § 33 Absatz 1 des Erneuerbare-Energien-Gesetzes können Netzbetreiber Ansprüche auf Zahlung der EEG-Umlage nach § 61 des Erneuerbare-Energien-Gesetzes gegen Letztverbraucher, die zugleich Anlagenbetreiber sind, mit Ansprüchen dieses Anlagenbetreibers auf finanzielle Förderung nach dem Erneuerbare-Energien-Gesetz aufrechnen.

Amtliche Begründung (Erhebung der EEG-Umlage von Letztverbrauchern und Eigenversorgern)

§ 7 betrifft die Erhebung der EEG-Umlage nach § 61 EEG 2014. Die Zuständigkeit für die Erhebung ist in § 7 teilweise abweichend von § 61 EEG 2014 geregelt. § 7 betrifft hingegen nicht die Erhebung der EEG-Umlage nach § 60 EEG 2014. Diese Erhebung erfolgt weiterhin allein durch die Übertragungsnetzbetreiber.

Zu Absatz 1

Absatz 1 Satz 1 zählt auf, in welchen Fällen die EEG-Umlage auf die Eigenversorgung vom Übertragungsnetzbetreiber erhoben wird, wie es auch von § 61 EEG 2014 vorgesehen ist.

Zu Nummer 1

Nummer 1 regelt den Anspruch der Übertragungsnetzbetreiber auf die EEG-Umlage bei Stromerzeugungsanlagen, die direkt an das Übertragungsnetz angeschlossen sind. Hier bestehen ohnehin bereits Kommunikation und Datenaustausch zwischen dem Anlagenbetreiber und dem Übertragungsnetzbetreiber. Im Falle einer EEG-Anlage ist es der Übertragungsnetzbetreiber, der hier die finanzielle Förderung an den Anlagenbetreiber zahlt. Aus Effizienzgründen ist es sinnvoll, es bei diesem einen, bereits bestehenden Austauschkanal zu belassen und keinen weiteren Akteur in das Abrechnungsverhältnis zu involvieren.

Dabei ist unerheblich, ob die Stromerzeugungsanlage unmittelbar an das Netz des Übertragungsnetzbetreibers angeschlossen ist oder mittelbar über ein geschlossenes Verteilernetz oder ähnliche Konstellationen. Fälle, in denen die Stromerzeugungsanlage an ein Verteilernetz der allgemeinen Versorgung angeschlossen ist und daher nur in diesem Sinne mittelbar auch an das Übertragungsnetz angeschlossen ist, sind hingegen nicht von Nummer 1, sondern von Absatz 2 erfasst.

Zu Nummer 2

Nummer 2 sieht den Anspruch der Übertragungsnetzbetreiber auf Zahlung der EEG-Umlage nach § 61 EEG 2014 in den Fällen vor, in denen die zur Eigenversorgung genutzte Stromerzeugungsanlage zu einer Abnahmestelle gehört, an der die EEG-Umlage nach der Besonderen Ausgleichsregelung bzw. den dazugehörigen Übergangs- und Härtefallbestimmungen begrenzt ist. Die Begrenzungsentscheidung wird auch dem Übertragungsnetzbetreiber bekannt gegeben und wirkt auch gegenüber diesem (§ 66 Absatz 4 EEG 2014). Sie erfasst auch eigenerzeugte, selbst verbrauchte Strommengen und spielt daher eine Rolle für die EEG-Umlage nach § 61 EEG 2014 und ihre konkrete Höhe. Insofern besteht hier über die Begrenzungsentscheidung schon eine Verbindung des Übertragungsnetzbetreibers zum Betreiber der Stromerzeugungsanlage.

Weiterhin sind auch die Strommengen nach § 61 Absatz 1 EEG 2014 für die Anwendbarkeit und die Höhe des sog. "Cap" oder „Super-Cap" nach § 64 Absatz 2 Nummer 3 EEG 2014 zu berücksichtigen. Es ist im Interesse der privilegierten Unternehmen, die sich sowohl selbst versorgen als auch Strom liefern lassen, wenn die Übertragungsnetzbetreiber die Strommengen aus beiden Bezugsquellen kennen und dadurch zeitnah erfahren, wann die Deckelung nach § 64 Absatz 2 Nummer 3 EEG 2014 erreicht ist. Daher ist es sinnvoll, auch in diesen Fällen die Einziehung der EEG-Umlage beim Übertragungsnetzbetreiber zu belassen. Nummer 2 erfasst nur nach § 61 EEG 2014 umlagepflichtige Strommengen. Nicht umlagepflichtige Strommengen sind schon nicht Gegenstand dieser Verordnung.

Bei der umlagepflichtigen Eigenversorgung von Unternehmen ist Begriff „Abnahmestelle" im Sinne von § 64 Absatz 6 Nummer 1 EEG 2014 zu verstehen, bei der von Schienenbahnen im Sinne von § 65 Absatz 3 EEG 2014.

Zu Nummer 3

Nach Nummer 3 ist der Übertragungsnetzbetreiber zur Einziehung der EEG-Umlage berechtigt, wenn die Stromerzeugungsanlage zum Teil zur Eigenversorgung genutzt wird, ein Teil des Stromes aber nicht vom Anlagenbetreiber selbst verbraucht, sondern unmittelbar an Letztverbraucher weitergeliefert wird, die nicht mit dem Betreiber der Stromerzeugungsanlage personenidentisch sind. Wenn der Letztverbraucher nicht personenidentisch mit dem Betreiber der Anlage ist, liegt keine Eigenversorgung nach § 5 Nummer 12 EEG 2014 vor. Insbesondere erfasst sind von Nummer 3 Fälle von „Nachbarschaftslieferungen", in denen ein Hauseigentümer z. B. eine Photovoltaik-Dachanlage betreibt und den darin erzeugten Strom an seine Mieter oder Nachbarn liefert, soweit er ihn nicht selbst verbrauchen kann. Weiterhin erfasst sind aber auch Lieferungen an Letztverbraucher, wenn für die Lieferung ein Netz genutzt wird.

Durch das Kriterium der Unmittelbarkeit wird klargestellt, dass ausschließlich Konstellationen erfasst sind, in denen der Betreiber der Stromerzeugungsanlage durch die Belieferung von Dritten zugleich auch ein Elektrizitätsversorgungsunternehmen nach § 5 Nummer 13 EEG 2014 ist. Denn nur in diesen Fällen erheben die Übertragungsnetzbetreiber ohnehin schon nach § 60 Absatz 1 Satz 1 EEG 2014 die EEG-Umlage für diese Stromlieferungen. In diesen Fällen erscheint es sinnvoll, dass der Übertragungsnetzbetreiber auch die Erhebung auf die Eigenversorgung aus derselben Stromerzeugungsanlage übernimmt. Für die Umlageerhebung auf die Eigenversorgung zusätzlich noch den Verteilernetzbetreiber einzubinden, würde unnötigen Aufwand schaffen.

Fälle, in denen der Betreiber der Stromerzeugungsanlage hingegen den Strom z. B. an ein Elektrizitätsversorgungsunternehmen oder an einen Direktvermarktungsunternehmer liefert und der erzeugte Strom daher nur mittelbar an einen Letztverbraucher gelangt, sind nicht erfasst. Denn in diesen Fällen ist der Betreiber der Stromerzeugungsanlage kein Elektrizitätsversorgungsunternehmen und es wird für seine Stromlieferung bzw. Einspeisung von vornherein keine EEG-Umlage erhoben. Ansonsten müsste z. B. bei allen EEG-Anlagen, die ihren Strom teilweise in der Einspeisevergütung veräußern oder direkt vermarkten, der Übertragungsnetzbetreiber auf die Eigenversorgungsmengen die EEG-Umlage erheben. Das widerspräche der Absicht des Absatzes 2 zur Verwaltungsvereinfachung.

Zu Nummer 4

In Nummer 4 wird festgelegt, dass die Übertragungsnetzbetreiber auch in den Fällen des § 61 Absatz 1 Satz 3 EEG 2014 die EEG-Umlage einziehen. § 61 Absatz 1 Satz 3 EEG 2014 erfasst den sonstigen Letztverbrauch von Strom, der nicht im Rahmen der Eigenversorgung im Sinne von § 5 Nummer 12 EEG 2014 verbraucht wird und der auch nicht von einem Elektrizitätsversorgungsunternehmen im Sinne des § 5 Nummer 13 EEG 2014 geliefert wird. Hier sind zunächst Fälle erfasst, in denen kein Elektrizitätsversorgungsunternehmen im Sinn des § 5 Nummer 13 EEG 2014 beteiligt ist, etwa weil der im Inland verbrauchte Strom von einem ausländischen Versorgungsunternehmen geliefert wird, das außerhalb des räumlichen Geltungsbereichs des EEG 2014 liegt und daher nicht der Definition in § 5 Nummer 13 EEG 2014 unterfällt.

Weiterhin sind insbesondere auch Fälle erfasst, in denen der Strom selbst erzeugt und verbraucht wird, jedoch keine Eigenversorgung im Sinne von Sinne von § 5 Nummer 12 EEG 2014 vorliegt. Das kann insbesondere der Fall sein, wenn der Betreiber der Stromerzeugungsanlage den erzeugten Strom zwar selbst verbraucht, der Verbrauch jedoch nicht im unmittelbaren räumlichen Zusammenhang stattfindet oder der Strom durch ein Netz durchgeleitet wird. Wenn in den Fällen des § 61 Absatz 1 Satz 3 EEG 2014 ein Netz genutzt wird, können die Übertragungsnetzbetreiber diese Konstellationen typischerweise über Bilanzkreise nach § 5 Nummer 5 EEG 2014 nachvollziehen.

Absatz 1 Satz 2 sieht vor, dass jeweils der Übertragungsnetzbetreiber für die Erhebung der EEG-Umlage zuständig ist, in dessen Regelzone der Strom verbraucht wird. Die EEG-Umlage fällt auf den Verbrauch von Strom an, nicht auf die Erzeugung. Befindet sich z. B. eine Stromerzeugungsanlage in einer Regelzone und findet der Letztverbrauch in einer anderen Regelzone statt, ist der Übertragungsnetzbetreiber der Regelzone zuständig, in der der Letztverbrauch stattfindet. In Fällen, in denen die Zuordnung des Stromverbrauchs zu einer Regelzone nicht eindeutig ist oder der Stromverbrauch nicht in einer Regelzone eines deutschen Übertragungsnetzbetreibers erfolgt, ist der Übertragungsnetzbetreiber zuständig, zu dem örtlich die engste Verbindung besteht. Falls eine solche örtliche Anknüpfung nicht ersichtlich sein sollte, kann hilfsweise auch auf andere Kriterien für die Ermittlung der engsten Verbindung abgestellt werden. Als Beispiel sind etwa Fälle denkbar, in denen Gemeinden oder einzelne Letztverbraucher in die Regelzone eines ausländischen Übertragungsnetzbetreibers fallen. Satz 3 ermöglicht es den Übertragungsnetzbetreibern, untereinander eine anderweitige örtliche Zuständigkeit zu vereinbaren. Hierfür kann in Konstellationen ein Bedürfnis bestehen, in denen der Übertragungsnetzbetreiber, in dessen Regelzone die Stromerzeugung stattfindet, ein engeres Verhältnis zum Betreiber der Stromerzeugungsanlage hat als der Übertragungsnetzbetreiber, in dessen Regelzone der Stromverbrauch stattfindet, zum Letztverbraucher.

Absatz 1 Satz 4 verlängert die Zuständigkeit nach Satz 1 Nummer 3 auch über die Beendigung der Lieferbeziehung hinaus und enthält eine entsprechende Informationspflicht des Anlagenbetriebers über die Beendigung.

Zu Absatz 2

Absatz 2 Satz 1 stellt eine Abweichung vom Grundsatz des § 61 EEG 2014 dar. Diese Abweichungsmöglichkeit ist durch § 91 Nummer 7 EEG 2014 eröffnet. In anderen als den in Absatz 1 genannten Konstellationen erhebt der Verteilernetzbetreiber, an dessen Netz die Anlage angeschlossen ist, die EEG-Umlage auf die Eigenversorgung. Wie in Absatz 1 Nummer 1 ist es auch hier unerheblich, ob die Stromerzeugungsanlage mittelbar oder unmittelbar an das jeweilige Verteilernetz angeschlossen ist. In anderen Fällen als den in Absatz 1 genannten ist der Verteilernetzbetreiber ohnehin mit der Stromerzeugungsanlage befasst, die zur Eigenversorgung oder zum sonstigen Letztverbrauch ohne Belieferung durch ein Elektrizitätsversorgungsunternehmen Strom erzeugt. Diese Befassung ergibt sich schon aus dem Netzanschlussverhältnis, zusätzlich oft auch aufgrund der Förderung nach dem EEG oder dem Kraft-Wärme-Kopplungs-Gesetz. Auch für die Anlagenbetreiber bedeutet dies eine Vereinfachung, weil sie für die Abwicklung des EEG mit dem Anschlussnetzbetreiber einen einheitlichen Ansprechpartner haben. Daher ist es naheliegend und für die bessere Administrierbarkeit der Umlagenzahlung nach § 61 Absatz 1 Satz 1 EEG 2014 sinnvoll, in diesen Fällen dem Verteilernetzbetreiber die Erhebung der EEG-Umlage zu übertragen. Damit die EEG-Umlage von den Verteilernetzbetreibern korrekt abgerechnet werden kann, sind die Regelungen nach § 61 Absatz 6 und 7 EEG 2014 zur Messung und Berechnung des selbst erzeugten und verbrauchten Stroms auch bei der Erhebung der EEG-Umlage durch die Verteilernetzbetreiber anzuwenden.

Satz 2 ermöglicht dem Verteilernetzbetreiber nach Satz 1 und dem Übertragungsnetzbetreiber nach Absatz 1, die Zuständigkeit für die Erhebung der EEG-Umlage nach § 61 EEG 2014 abweichend von Satz 1 zu regeln. Dies kann beispielsweise sinnvoll sein in Konstellationen, in denen ein Eigenversorger auf seinem Grundstück zwei Stromerzeugungsanlagen betreibt, und eine der Anlagen allein zur Eigenversorgung verwendet, aus der anderen Anlage aber auch einen dritten Letztverbraucher beliefert. Hier erscheint es ineffizient, wenn der Betreiber der Stromerzeugungsanlagen für die erste Anlage die EEG-Umlage nach § 61 EEG 2014 an den Verteilernetzbetreiber nach Satz 1 zahlen müsste, für die andere Anlage hingegen nach § 7 Absatz 1 Nummer 3 an den Übertragungsnetzbetreiber. Deshalb können die beteiligten Netzbetreiber nach Satz 2 beispielsweise in einem solchen Fall vereinbaren, dass der Betreiber der Stromerzeugungsanlagen die EEG-Umlage nach § 61 EEG 2014 insgesamt an den Übertragungsnetzbetreiber zu zahlen hat. Eine Vereinbarung nach Satz 2 ist insbesondere dann nicht volkswirtschaftlich angemessen, wenn sie zum Ziel hat, dem Verteilnetzbetreiber den 5 %-Einbehalt nach § 8 Absatz 1 Satz 2 zu verschaffen.

Zu Absatz 3

Absatz 3 Satz 1 ermöglicht es dem jeweiligen Netzbetreiber, monatliche Abschläge auf die EEG-Umlage nach § 61 EEG 2014 in angemessenem Umfang zu verlangen.

Satz 2 stellt klar, in welchen Fällen Abschläge insbesondere nicht angemessen sind. Bei Stromerzeugungsanlagen, deren installierte Leistung die genannten Grenzen nicht überschreitet, dürfte die jährlich anfallende EEG-Umlage nach § 61 EEG 2014 so niedrig ausfallen, dass ein monatlicher Abschlag unverhältnismäßig hohen Aufwand für die Beteiligten verursachen würde. Hier ist eine Einmalzahlung am Jahresende aus Gründen der Verwaltungsvereinfachung sinnvoll. Neben den aufgezählten Fällen sind Abschläge u.a. auch dann nicht angemessen, wenn die Stromerzeugungsanlage zwar eine installierte Leistung über den in Satz 2 Nummer 1 und 2 genannten Schwellenwerten hat, aber nur auf eine geringe Strommenge die EEG-Umlage nach § 61 EEG 2014 anfällt, z.B. weil die Stromerzeugung nur zu einem geringen Anteil zur Eigenversorgung genutzt wird. Von Nummer 2 sind nur Stromerzeugungsanlagen betroffen, von deren Strom mehr als 10 Megawattstunden pro Kalenderjahr selbst verbraucht werden. Liegt die selbst verbrauchte Strommenge darunter, besteht nach § 61 Absatz 2 Nummer 4 EEG 2014 schon kein Anspruch auf Zahlung der EEG-Umlage nach § 61 EEG 2014. Wenn ein Letztverbraucher, der die EEG-Umlage nach § 61 EEG 2014 schuldet, dem Netzbetreiber die umlagerelevante Strommenge nicht mitteilt, insbesondere wenn er entgegen § 61 Absatz 6 EEG 2014 keine geeichte Messeinrichtung installiert hat, kann der Netzbetreiber die Strommenge sowohl für die Abschläge nach Absatz 3 als auch für die Jahresabrechnung schätzen.

Zu Absatz 4

Durch den Verweis in Absatz 4 auf § 60 Absatz 2 Satz 1 EEG 2014 berechtigen Einwände, die gegen die Forderungen des Netzbetreibers nach den Absätzen 1 bis 3 auf Zahlungen der EEG-Umlage auf Eigenversorgung geltend gemacht werden, nur dann zum Zahlungsaufschub oder zur Zahlungsverweigerung, soweit die ernsthafte Möglichkeit eines offensichtlichen Fehlers besteht.

Der Verweis in Absatz 4 auf § 60 Absatz 4 EEG 2014 regelt die Zinsen, die Betreiber von Stromerzeugungsanlagen, die ihrer Zahlungspflicht nach den Absätzen 1 bis 3 nicht nachkommen, auf diese Geldschuld an den Netzbetreiber nach den Absätzen 1 oder 2 zahlen müssen.

Zu Absatz 5

Absatz 5 bildet eine Ausnahme zum Aufrechnungsverbot nach § 33 Absatz 1 EEG 2014. Ermächtigungsgrundlage ist § 91 Nummer 7 EEG 2014. Erfasst sind hier auf der Passivseite (Hauptforderung) Ansprüche des Anlagenbetreibers nach §§ 19 oder 52 EEG 2014, also auf Zahlung der finanziellen Förderung nach § 5 Nummer 15 EEG 2014. Das umfasst insbesondere Ansprüche auf Zahlung der festen Einspeisevergütung und der Marktprämie. Auf der Aktivseite (Gegenforderung) erfasst sind Ansprüche des Anschlussnetzbetreibers auf Zahlung der EEG-Umlage gegen Letztverbraucher nach § 61 EEG 2014. Voraussetzung ist die Personenidentität von Anlagenbetreiber und Letztverbraucher, die bei der Eigenversorgung nach EEG 2014 ohnehin besteht. Andernfalls wäre schon keine Gegenseitigkeit der Forderungen gegeben.

In umsatzsteuerrechtlicher Hinsicht macht es keinen Unterschied, ob der Netzbetreiber von der Aufrechnungsmöglichkeit nach Absatz 5 Gebrauch macht oder nicht. Das Entgelt für die Stromlieferung (d.h. die Einspeisevergütung) wird durch die Aufrechnung nicht gemindert, sondern es bleibt auch im Fall der Aufrechnung umsatzsteuerrechtlich bei der ursprünglichen Bemessungsgrundlage, nämlich der Netto-Einspeisevergütung. Auch wenn der Anlagenbetreiber keine Einspeisevergütung, sondern die Marktprämie beansprucht, macht es im Hinblick auf die umsatzsteuerrechtliche Qualifizierung der Marktprämie als nicht umsatzsteuerbaren Zuschuss keinen Unterschied, ob der Netzbetreiber aufrechnet oder nicht.

Die Ausnahme zum Aufrechnungsverbot stellt es dem Netzbetreiber frei, ob er aufrechnen möchte oder nicht. Er muss auch bei bestehenden gegenseitigen Forderungen nicht aufrechnen, sondern kann sie jeweils getrennt abrechnen und begleichen, wenn er dies bevorzugt. Die Ausnahme vom Aufrechnungsverbot gilt auch für Fälle des Absatzes 1, also für die Konstellationen, in denen der Übertragungsnetzbetreiber die EEG-Umlage nach § 61 EEG 2014 erhebt. Dadurch können auch Übertragungsnetzbetreiber mit ihren Ansprüchen auf Zahlung der EEG-Umlage für die Eigenversorgung gegen Zahlungsansprüche des jeweiligen Anlagenbetreibers aufrechnen. Als Ansprüche auf Zahlung der EEG-Umlage nach § 61 EEG 2014 sind auch die Ansprüche auf monatliche Abschlagszahlungen nach Absatz 3 anzusehen.

Absatz 5 beschränkt nicht das Recht des Anlagenbetreibers, mit seinen Forderungen gegen Forderungen des Netzbetreibers aufzurechnen. Bereits § 33 Absatz 1 EEG 2014 enthält ebenfalls keine solche Beschränkung. Absatz 5 betrifft nur die Aufrechnung von Ansprüchen der Netzbetreiber auf Zahlung der EEG-Umlage nach § 61 Absatz 1 EEG 2014 mit Förderansprüchen von Anlagenbetreibern nach dem EEG 2014, nicht jedoch mit anderen Ansprüchen wie etwa Förderansprüchen nach dem KWK-Gesetz. Förderansprüche nach dem KWK-Gesetz betreffen einen vom EEG-System separaten Fördermechanismus.

§ 8 Pflichten der Netzbetreiber bei der Erhebung der EEG-Umlage

(1) Die Netzbetreiber müssen bei der Erhebung der EEG-Umlage nach § 7 die Sorgfalt eines ordentlichen und gewissenhaften Kaufmanns anwenden.

(2) [1]Netzbetreiber, die nicht Übertragungsnetzbetreiber sind, müssen jeweils die Summe der nach § 7 Absatz 2 und 3 erhaltenen Zahlungen an die Übertragungsnetzbetreiber wei-

terleiten. [2]Auf die weiterzuleitenden Zahlungen nach Satz 1 sind monatliche Abschläge in angemessenem Umfang zu entrichten.

(3) [1]Als erhaltene Zahlungen im Sinne von Absatz 2 gelten auch Forderungen, die durch Aufrechnung nach § 7 Absatz 5 erloschen sind. [2]Als vom Netzbetreiber geleistete finanzielle Förderung im Sinne des § 57 Absatz 1 des Erneuerbare-Energien-Gesetzes gelten auch Forderungen eines Anlagenbetreibers auf finanzielle Förderung, die durch Aufrechnung nach § 7 Absatz 5 erloschen sind.

Amtliche Begründung (Weiterleitung der EEG-Umlage an die Übertragungsnetzbetreiber)

Zu Absatz 1

Absatz 1 legt fest, dass der Verteilernetzbetreiber die erhaltenen Umlagezahlungen zu 95 Prozent an den jeweiligen Übertragungsnetzbetreiber weiterleiten muss. Nach Satz 2 kann der Verteilernetzbetreiber 5 Prozent der erhaltenen Zahlungen für sich vereinnahmen. Diese Regelung dient der Deckung der zusätzlichen Kosten, die bei den Verteilernetzbetreibern für die Erhebung der EEG-Umlage auf Eigenversorgungsstrom entstehen. Anders als die Übertragungsnetzbetreiber haben die Verteilernetzbetreiber nicht bereits Infrastruktur für die Umlagenerhebung. Bei den Übertragungsnetzbetreibern besteht hingegen schon Infrastruktur für die Erhebung der EEG-Umlage von Elektrizitätsversorgungsunternehmen, so dass eine Erstreckung des fünfprozentigen Einbehalts auch auf die Übertragungsnetzbetreiber nicht erforderlich ist.

Wenn der Verteilernetzbetreiber seinerseits tatsächlich monatliche Abschläge nach § 7 Absatz 3 erhält, kann nach Satz 3 auch der Übertragungsnetzbetreiber vom Verteilernetzbetreiber monatliche Abschläge verlangen.

Der Verteilernetzbetreiber muss nur die tatsächlich erhaltenen Zahlungen auch an den Übertragungsnetzbetreiber weiterleiten. Das Ausfallrisiko des Stromverbrauchers und Umlagenschuldners liegt damit nicht beim Verteilernetzbetreiber.

Zu Absatz 2

Durch die Regelung in Satz 1 geht dem Verteilernetzbetreiber die Möglichkeit des fünfprozentigen Einbehalts nach Absatz 1 Satz 2 nicht verloren, wenn er von seinem Aufrechnungsrecht nach § 7 Absatz 5 Gebrauch macht. Auch soweit er die EEG-Umlage nicht tatsächlich vereinnahmt, sondern diese Forderung durch Aufrechnung untergeht, behält er seinen Anspruch auf den fünfprozentigen Einbehalt. Der Verteilernetzbetreiber muss also stets nur 95 Prozent der EEG-Umlage an den Übertragungsnetzbetreiber weitergeben, unabhängig davon, ob er die Umlage (ganz oder teilweise) tatsächlich erhalten hat oder die Forderung (ganz oder teilweise) durch Aufrechnung untergegangen ist.

Auch wenn die Forderung auf Zahlung der EEG-Umlage durch die Aufrechnung in vollem Umfang untergeht, wird der Verteilernetzbetreiber durch die Pflicht, 95 Prozent dieser Forderung an den Übertragungsnetzbetreiber zu zahlen, nicht benachteiligt. Denn er erhält aufgrund der Regelung in Satz 2 in Verbindung mit § 57 Absatz 1 EEG 2014 vom Übertragungsnetzbetreiber 100 Prozent der finanziellen Förderung erstattet, die er an den Anlagenbetreiber gezahlt hat oder aufgrund der Aufrechnung nicht gezahlt hat. Durch die Regelung in Satz 2 wird also die Kohärenz mit den Regeln über den Ausgleich zwischen Verteilernetzbetreibern und Übertragungsnetzbetreibern nach § 57 EEG 2014 gewahrt. Denn ansonsten ergäbe sich in Aufrechnungsfällen eine Diskrepanz zwischen dem Saldo aus finanzieller Förderung und EEG-Umlage nach § 61 EEG 2014, den der Verteilernetzbetreiber an den Anlagenbetreiber zahlen muss, und dem Saldo, den der Übertragungsnetzbetreiber nach § 57 EEG 2014 an den Verteilernetzbetreiber zahlen muss. Ob Verteilernetzbetreiber und Übertragungsnetzbetreiber ihrerseits ihre gegenseitigen Forderungen aufrechnen, bleibt ihnen überlassen.

§ 9 Mitteilungs- und Veröffentlichungspflichten

(1) In Anpassung von § 70 des Erneuerbare-Energien-Gesetzes müssen auch Letztverbraucher, die § 61 Absatz 1 des Erneuerbare-Energien-Gesetzes unterfallen und keine Anlagenbetreiber sind, die Angaben, die für den bundesweiten Ausgleich jeweils erforderlich sind, unverzüglich zur Verfügung stellen.

(2) In Anpassung von § 71 Nummer 1 und § 74 Satz 3 des Erneuerbare-Energien-Gesetzes müssen die Betreiber von Stromerzeugungsanlagen dem Netzbetreiber, der von ihnen nach § 7 die EEG-Umlage verlangen kann, bis zum 28. Februar eines Kalenderjahres alle Angaben zur Verfügung stellen, die für die Endabrechnung der EEG-Umlage nach § 61 des Erneuerbare-Energien-Gesetzes für das vorangegangene Kalenderjahr erforderlich sind.

(3) Nach § 72 Absatz 1 Nummer 1 Buchstabe e des Erneuerbare-Energien-Gesetzes sind auch anzugeben:

1. die Strommengen nach § 61 Absatz 1 des Erneuerbare-Energien-Gesetzes, für die der Netzbetreiber nach § 7 Absatz 2 die EEG-Umlage erheben muss, und
2. die Höhe der nach § 7 Absatz 2 und 3 erhaltenen Zahlungen; § 8 Absatz 3 Satz 1 ist entsprechend anzuwenden.

(4) In Anpassung von § 72 Absatz 1 Nummer 2 des Erneuerbare-Energien-Gesetzes

1. müssen die Endabrechnungen für Anlagen auch die Angaben nach Absatz 3 enthalten,
2. ist die Pflicht zur Vorlage von Endabrechnungen nach § 72 Absatz 1 Nummer 2 erster Halbsatz des Erneuerbare-Energien-Gesetzes entsprechend auch für den Strom nach § 61 Absatz 1 des Erneuerbare-Energien-Gesetzes aus anderen Stromerzeugungsanlagen anzuwenden und
3. ist § 72 Absatz 1 Nummer 2 letzter Halbsatz des Erneuerbare-Energien-Gesetzes auch für Endabrechnungen nach Nummer 2 anzuwenden.

(5) [1]Die Absätze 3 und 4 sind auf § 73 Absatz 1 und § 75 des Erneuerbare-Energien-Gesetzes entsprechend anzuwenden. [2]Absatz 3 Nummer 2 ist auf § 73 Absatz 1 des Erneuerbare-Energien-Gesetzes mit der Maßgabe entsprechend anzuwenden, dass die Höhe der nach § 7 Absatz 1 und 3 erhaltenen Zahlungen maßgeblich ist. [3]In Anpassung von § 73 des Erneuerbare-Energien-Gesetzes müssen Übertragungsnetzbetreiber auf Anfrage einem Netzbetreiber, der nach § 7 Absatz 2 für die Erhebung der EEG-Umlage zuständig ist, die Angaben nach § 61 Absatz 5 Satz 1 Nummer 1 und 2 des Erneuerbare-Energien-Gesetzes für die betreffende Stromerzeugungsanlage übermitteln, wenn diese den Übertragungsnetzbetreibern vorliegen. [4]§ 61 Absatz 5 Satz 2 bis 4 des Erneuerbare-Energien-Gesetzes ist auf den Netzbetreiber, der nach Satz 3 auskunftsberechtigt ist, entsprechend anzuwenden.

(6) Die Absätze 2 bis 4 sind auf § 76 des Erneuerbare-Energien-Gesetzes entsprechend anzuwenden.

Amtliche Begründung (Mitteilungs- und Veröffentlichungspflichten)

Mit der Erhebung der EEG-Umlage nach § 61 EEG 2014 wird es zur Durchführung des EEG-Ausgleichsmechanismus erforderlich, dass den Netzbetreibern und der Bundesnetzagentur auch Angaben über die Eigenversorgung nach § 61 Absatz 1 Satz 1 und 2 EEG 2014 sowie die Fälle nach § 61 Absatz 1 Satz 3 EEG 2014 zur Verfügung gestellt werden. Aus diesem Grund passt § 9 die Mitteilungs- und Veröffentlichungspflichten abweichend von den §§ 70 bis 76 EEG 2014 an, indem Eigenversorgungskonstellationen und sonstige Fälle nach § 61 Absatz 1 Satz 3 EEG 2014 in diese Pflichten einbezogen werden. Hierdurch wird teilweise auch § 61 Absatz 1 Satz 4 EEG 2014 konkretisiert, wonach die Bestimmungen des EEG 2014 für Elektrizitätsversorgungsunternehmen entsprechend auf Letztverbraucher anzuwenden sind, die nach § 61 Absatz 1 Satz 1 bis 3 EEG 2014 zahlungspflichtig sind.

Zu Absatz 1

Absatz 1 passt den in § 70 EEG 2014 aufgeführten Personenkreis an, indem auch Letztverbraucher im Sinne von § 5 Nummer 24 EEG 2014 erfasst werden, die § 61 Absatz 1 EEG 2014 unterfallen und keine Anlagenbetreiber im Sinne von im Sinne von § 5 Nummer 2 EEG 2014 sind. Diese müssen künftig ebenfalls Angaben für den bundesweiten Belastungsausgleich zu Verfügung stellen, sofern sie einen umlagepflichtigen Letztverbrauch nach § 61 Absatz 1 EEG 2014 haben. Denn mit der Umlagebelastung der Eigenversorgung sowie des sonstigen Letztverbrauchs nach § 61 Absatz 1 Satz 1 EEG 2014 gehören auch Angaben über diese Letztverbräuche zu den „erforderlichen Daten" im Sinne des § 70 EEG 2014, der den Grundsatz der Datenbereitstellung für den Belastungsausgleich enthält. Anlagenbetreiber im Sinne von § 5 Nummer 2 EEG 2014 sind bereits in § 70 EEG 2014 enthalten. Mit Einführung der EEG-Umlage nach § 61 EEG 2014 müssen Anlagenbetreiber zusätzlich zu den bereits bislang zur Verfügung gestellten Angaben künftig auch Angaben über ihre Eigenversorgung (und sonstigen Letztbrauch) zur Verfügung stellen. Der allgemeine Grundsatz des § 70 EEG 2014 wird in den §§ 71 ff. EEG 2014konkretisiert, so dass die entsprechenden Paragraphen des EEG 2014 durch die Absätze 2 bis 6 ergänzt oder geändert werden.

Zu Absatz 2

Absatz 2 passt die Mitteilungspflicht in § 71 Nummer 1 EEG 2014 an. Für die Endabrechnung des Vorjahres sind auch die Angaben über die Eigenversorgung und den sonstigen Letztverbrauch nach § 61 Absatz 1 Satz 3 EEG 2014 erforderlich. Der Anlagenbetreiber hat diese Angaben demjenigen Netzbetreiber zu Verfügung zu stellen, der nach § 7 für die Erhebung der EEG-Umlage nach § 61 EEG 2014 zuständig ist. Zu den erforderlichen Angaben gehören insbesondere die Strommenge, die für die Eigenversorgung oder den sonstigen Letztverbrauch verbraucht wurde, und die erforderlichen Angaben, aus denen der Netzbetreiber ersehen kann, zu welchem Prozentsatz die EEG-Umlage nach § 61 EEG 2014 zu entrichten ist, ob es sich also um privilegierte Eigenversorgung nach § 61 Absatz 1 Satz 1 EEG 2014, um nicht privilegierte Eigenversorgung nach § 61 Absatz 1 Satz 2 EEG 2014 oder um sonstigen Letztverbrauch nach § 61 Absatz 1 Satz 3 EEG 2014 handelt. Die Meldepflicht für Eigenversorger nach § 61 Absatz 2 Nummer 1 bis 3 EEG 2014 umfasst die Angabe, ob sie überhaupt Eigenversorgung betreiben. Denn diese Meldung ist im Umkehrschluss zu § 61 Absatz 1 Satz 2 Nummer 2 EEG 2014 Voraussetzung dafür, dass der betreffende Eigenversorger nicht mit der EEG-Umlage belastet wird. Wenn diese Meldung jedoch erfolgt, müssen die zur Eigenversorgung verbrauchten Strommengen selbst nicht gemeldet werden, da auf sie dann ohnehin keine EEG-Umlage anfällt.

Frist für diese Mitteilung ist der 28. Februar eines Jahres. Dies entspricht der Frist nach § 71 Nummer 1 EEG 2014 und weicht von § 74 Satz 3 erster Halbsatz i.V.m. Satz 1 EEG 2014 ab, wonach für die Vorlage der Endabrechnung durch Eigenversorger der 31. Mai eines Jahres vorgesehen ist. Soweit der Netzbetreiber nach § 7 ein Verteilernetzbetreiber ist, entfällt für den Eigenversorger auch die Mitteilungspflicht an den Übertragungsnetzbetreiber nach § 74 Satz 3 erster Halbsatz i.V.m. Satz 1 EEG 2014 und wird durch die Mitteilungspflicht an den Verteilernetzbetreiber ersetzt. Diese

Anpassungen von § 74 Satz 3 erster Halbsatz EEG 2014 sind von der Verordnungsermächtigung in § 91 Nummer 7 zweiter Halbsatz Buchstabe b EEG 2014 gedeckt. Die Ausnahmen nach § 74 Satz 3 zweiter Halbsatz EEG 2014 gelten weiterhin, so dass in diesen Fällen keine Meldepflicht besteht.

Mit dem 28. Februar eines Jahres haben damit Anlagenbetreiber eine einheitliche Frist für die Meldung sowohl der Angaben, die für ihren EEG-Förderanspruch erforderlich sind, als auch der Angaben, die für die Ermittlung der EEG-Umlage nach § 61 EEG 2014 erforderlich sind. Für Betreiber von Stromerzeugungsanlagen, die sich in geschlossenen Verteilernetzen oder ähnlichen Konstellationen befinden, gilt die Mitteilungspflicht gegenüber dem Betreiber des vorgelagerten Netzes der allgemeinen Versorgung, an das das geschlossene Verteilernetz angrenzt. Das ergibt sich aus § 7 Absatz 1 und 2, wonach – wie in der Begründung zu diesen Absätzen ausgeführt – der mittelbare Anschluss der Stromerzeugungsanlage an das jeweilige Netz der allgemeinen Versorgung ausreicht.

Aus Absatz 2 ergibt sich weiterhin, dass eine Pflicht zur Mitteilung der Angaben nur für die Betreiber von Stromerzeugungsanlagen besteht, deren Eigenversorgung umlagebelastet ist. Denn nur von diesen Betreibern kann der Netzbetreiber nach § 7 die EEG-Umlage verlangen. Dies entspricht auch der Ausnahme von der Mitteilungspflicht, die in § 74 Satz 3 zweiter Halbsatz EEG 2014 geregelt ist.

Zu Absatz 3

Absatz 3 führt die Angaben auf, die nach § 72 Absatz 1 Nummer 1 Buchstabe e EEG 2014 für den bundesweiten Ausgleich erforderlich sind.

Zu Nummer 1

Nach Nummer 1 anzugeben ist die Strommenge, die nach § 61 Absatz 1 EEG 2014 umlagebelastet ist und vom Verteilernetzbetreiber nach § 7 Absatz 2 erhoben wird. Denn § 72 EEG 2014 bezieht sich nur auf Verteilernetzbetreiber.

Nicht erfasst sind hier insbesondere Strommengen nach § 61 Absatz 1 Satz 3 EEG 2014, da die EEG-Umlage für diese Konstellationen nach § 7 Absatz 1 Nummer 4 von den Übertragungsnetzbetreibern erhoben wird.

Zu Nummer 2

Nach Nummer 2 erster Halbsatz ist die Höhe der nach § 7 Absatz 2 und 3 erhaltenen Zahlungen anzugeben. Neben diesen tatsächlich erhaltenen Zahlungen sind nach Nummer 2 zweiter Halbsatz auch Forderungen auf Zahlung der EEG-Umlage nach § 61 EEG 2014 anzugeben, die im Wege der Aufrechnung nach § 7 Absatz 5 erloschen sind.

Zu Absatz 4

Absatz 4 passt die Regelung nach § 72 Absatz 1 Nummer 2 EEG 2014 über die Endabrechnung für das Vorjahr, die der Verteilernetzbetreiber dem Übertragungsnetzbetreiber vorlegen muss, an. Auch hier sind die Angaben zur Eigenversorgung und zum sonstigem Letztverbrauch nach § 61 Absatz 1 Satz 3 EEG 2014 einzubeziehen.

Zu Nummer 1

Nach Nummer 1 müssen die Endabrechnungen die in Absatz 3 genannten Angaben enthalten. Mit „Anlagen" sind Anlagen nach § 5 Nummer 1 EEG 2014 gemeint.

Zu Nummer 2

Die entsprechende Anwendung von § 72 Absatz 1 Nummer 2 erster Halbsatz EEG 2014 auch für die Eigenversorgung oder sonstigen Letztverbrauch von Strom aus anderen Stromerzeugungsanlagen bedeutet, dass der Netzbetreiber auch für diese Fälle eine Endabrechnung sowohl für jede einzelne Stromerzeugungsanlage als auch zusammengefasst vorlegen muss.

Zu Nummer 3

Nach Nummer 3 ist § 72 Absatz 1 Nummer 2 letzter Halbsatz EEG 2014 auch für Endabrechnungen nach Nummer 2 anzuwenden, d. h. auch bei Endabrechnungen für die Eigenversorgung und sonstigen Letztverbrauch aus anderen Stromerzeugungsanlagen sind spätere Änderungen der Ansätze dem Übertragungsnetzbetreiber unverzüglich mitzuteilen und bei der nächsten Abrechnung zu berücksichtigen.

Zu Absatz 5

Absatz 5 Satz 1 stellt klar, dass § 72 EEG 2014 in seiner durch § 9 Absatz 3 und 4 dieser Verordnung modifizierten Form sowohl für die Abrechnungs- und Veröffentlichungspflichten der Übertragungsnetzbetreiber nach § 73 Absatz 1 EEG 2014 als auch für die Testierungsvorschriften nach § 75 EEG 2014 entsprechend anzuwenden ist. Bei der entsprechenden Anwendung von Absatz 3 ist unter anderem auch zu berücksichtigen, dass bei Erhebung der EEG-Umlage nach § 61 Absatz 1 EEG 2014 durch Übertragungsnetzbetreiber auch Strommengen nach § 61 Absatz 1 Satz 3 EEG 2014 erfasst sind.

Zwar bezieht sich § 75 Satz 1 EEG 2014 nur auf § 72 Absatz 1 Nummer 2 EEG 2014, so dass insoweit nur Absatz 3 entsprechend anzuwenden ist. § 75 Satz 2 EEG 2014 bezieht sich jedoch auch auf § 73 EEG 2014, der wiederum auf den gesamten § 72 verweist. Indem auch Absatz 4 auf § 75 EEG 2012 entsprechend anwendbar ist, wird klargestellt, dass § 73 EEG 2014 auch bei der Testierung von entsprechenden Endabrechnungen in der Form anzuwenden ist, wie sie sich durch die Modifizierung nach Absatz 3 und 4 ergibt.

Nach Satz 2 ist Absatz 3 auf § 73 Absatz 1 EEG 2014 mit der Maßgabe anzuwenden, dass die Höhe der nach § 7 Absatz 1 und 3 vom Übertragungsnetzbetreiber erhaltenen Zahlungen maßgeblich ist. Denn § 73 Absatz 1 EEG 2014 betrifft die Mitteilungspflichten der Übertragungsnetzbetreiber. Zwar erklärt schon Satz 1 die Regelungen des Absatz 3 auf § 73 Absatz 1 EEG 2014 für entsprechend anwendbar. Absatz 3 nennt aber nur die Höhe der nach § 7 Absatz 2 und 3 erhaltenen Zahlungen, also nur der Zahlungen, die die Verteilernetzbetreiber erhalten.

Satz 3 passt die Mitteilungspflichten der Übertragungsnetzbetreiber in § 73 EEG 2014 dahingehend an, dass sie auf Anfrage dem Verteilernetzbetreiber, der nach § 7 Absatz 2 für die Erhebung der EEG-Umlage nach § 61 EEG 2014 zuständig ist, die ihnen vorliegenden Angaben nach § 61 Absatz 5 Nummer 1 und 2 EEG 2014 für die jeweilige Stromerzeugungsanlage übermitteln müssen. Da sich das Recht zum automatischen Datenabgleich nach § 61 Absatz 5 Satz 2 EEG 2014 und die Datenschutzpflichten nach § 61 Absatz 5 Satz 3 und 4 EEG 2014 direkt nur auf Übertragungsnetzbetreiber beziehen, ordnet Satz 4 die entsprechende Anwendbarkeit auf den Netzbetreiber an, der nach Satz 3 auskunftsberechtigt ist.

Zu Absatz 6

Absatz 6 stellt klar, dass bei der Anwendung von § 76 EEG 2014 die §§ 71 ff. EEG 2014, auf die § 76 EEG 2014 Bezug nimmt, jeweils in der Form anzuwenden sind, wie sie sich durch die Ergänzungen und Änderungen nach den Absätzen 2 bis 4 ergeben.

§ 10 Verordnungsermächtigung

Die Bundesnetzagentur wird ermächtigt, durch Rechtsverordnung im Einvernehmen mit dem Bundesministerium für Wirtschaft und Energie zu regeln:

1. die Anforderungen an die Vermarktung der Strommengen nach § 2, insbesondere den Handelsplatz, die Prognoseerstellung, die Beschaffung der Ausgleichsenergie, die Mitteilungs- und Veröffentlichungspflichten,

2. die Bestimmung der Positionen, die als Einnahmen oder Ausgaben nach § 3 gelten, und des anzuwendenden Zinssatzes,
3. Anreize zur bestmöglichen Vermarktung des Stroms,
4. die Übertragung der Aufgabe der Vermarktung auf Dritte in einem transparenten und diskriminierungsfreien Verfahren, insbesondere die Einzelheiten der Ausschreibung und die Rechtsbeziehungen der Dritten zu den Übertragungsnetzbetreibern,
5. die Voraussetzungen, unter denen die Übertragungsnetzbetreiber berechtigt werden können,
   a) mit Anlagenbetreibern vertragliche Vereinbarungen zu treffen, die unter angemessener Berücksichtigung des Einspeisevorrangs der Optimierung der Vermarktung des Stroms dienen; dies schließt die Berücksichtigung der durch solche Vereinbarungen entstehenden Kosten als Ausgaben nach § 3 Absatz 4 ein, sofern sie volkswirtschaftlich angemessen sind,
   b) Anlagen, die nach dem 31. Dezember 2015 in Betrieb genommen werden und deren Strom nach § 19 Absatz 1 Nummer 2 des Erneuerbare-Energien-Gesetzes vergütet wird, abzuregeln, wenn der Wert der Stundenkontrakte für die Preiszone Deutschland/Österreich am Spotmarkt der Strombörse EPEX Spot SE in Paris andauernd negativ ist, und
6. nähere Bestimmungen zur Zahlung der EEG-Umlage nach § 61 des Erneuerbare-Energien-Gesetzes, auch unter Einbeziehung der Netzbetreiber, die nicht Übertragungsnetzbetreiber sind, und die notwendigen Anpassungen bei den Mitteilungs- und Veröffentlichungspflichten.

Amtliche Begründung (Verordnungsermächtigung)

§ 10 enthält die Ermächtigung, die dort aufgeführten Punkte in der AusglMechAV zu regeln. Im Vergleich zur bisherigen Fassung der AusglMechV wurde die neue Nummer 5 ergänzt, die insoweit die Verordnungsermächtigung nach § 91 Nummer 2 EEG 2014 aufnimmt und in Bezug auf Buchstabe b auch präzisiert. Nummer 6 entspricht der bisherigen Nummer 5 und wurde sprachlich angepasst.

§ 11 Übergangsbestimmungen

(1) Forderungen nach § 61 des Erneuerbare-Energien-Gesetzes für den Zeitraum vom 1. August 2014 bis zum 31. Mai 2015 werden nicht vor dem 1. Juli 2015 fällig und sind von dem nach § 7 zuständigen Netzbetreiber einzuziehen.

(2) Für die Endabrechnung des Kalenderjahres 2014 müssen

1. die Betreiber von Stromerzeugungsanlagen abweichend von § 9 Absatz 2 und von § 71 Nummer 1 des Erneuerbare-Energien-Gesetzes dem nach § 7 zuständigen Netzbetreiber die erforderlichen Angaben für das Kalenderjahr 2014 erst bis zum 28. Februar 2016 zur Verfügung stellen,
2. die Netzbetreiber, die nicht Übertragungsnetzbetreiber sind, abweichend von § 72 Absatz 1 Nummer 2 des Erneuerbare-Energien-Gesetzes die Endabrechnung für die EEG-Umlage nach § 61 des Erneuerbare-Energien-Gesetzes für die Stromerzeugungsanlagen, von denen sie nach § 7 die EEG-Umlage für das Kalenderjahr 2014 verlangen können, erst bis zum 31. Mai 2016 vorlegen.

Satz 1 Nummer 2 ist im Kalenderjahr 2015 entsprechend anzuwenden auf

1. § 73 Absatz 1 des Erneuerbare-Energien-Gesetzes in Verbindung mit § 9 Absatz 5 und
2. § 76 des Erneuerbare-Energien-Gesetzes in Verbindung mit § 9 Absatz 6.

(3) ¹Zahlungen der EEG-Umlage nach § 61 des Erneuerbare-Energien-Gesetzes, die vor dem 1. Juli 2015 an die Übertragungsnetzbetreiber geleistet wurden, gelten als an den nach § 7 zuständigen Netzbetreiber geleistet. ²§ 8 Absatz 2 und 3 ist in diesen Fällen nicht anzuwenden.

Amtliche Begründung (Übergangsbestimmungen)

Zu Absatz 1

Da die Regelungen in den §§ 7 ff. dieser Verordnung erst mit Inkrafttreten dieser Verordnung wirksam werden und die Übertragungsnetzbetreiber bis zum Inkrafttreten dieser Verordnung die EEG-Umlage nach § 61 EEG 2014 bislang nicht einziehen, wäre es unbillig, wenn diese Forderungen trotz faktisch fehlender Zahlungsmöglichkeit bereits fällig würden. Diese Forderungen für den Zeitraum vom 1. August 2014 bis zum 31. Mai 2015 werden daher nach Absatz 1 nicht vor dem 1. Juli 2015 fällig. So bleibt den Netzbetreibern Zeit, ein System für die Erhebung der EEG-Umlage nach § 61 EEG 2014 einzurichten, und für die Betreiber der Stromerzeugungsanlagen, die EEG-Umlage nach § 61 EEG 2014 zahlen müssen, fallen keine Fälligkeitszinsen auf Forderungen an, die sie faktisch mangels empfangsbereiten Gläubigers nicht begleichen können. Ab dem 1. Juni 2015 folgt die Fälligkeit dann den regulären Vorschriften dieser Verordnung, insbesondere nach § 7 Absatz 3.

Zu Absatz 2

Da diese Verordnung nicht vor Anfang 2015 in Kraft treten kann, würde ein Festhalten an den Fristen nach den §§ 70 ff. EEG 2014 in der durch § 9 dieser Verordnung modifizierten Form für die beteiligten Akteure zu kurze Fristen für die Erfüllung ihrer entsprechenden Datenübermittlungs-, Abrechnungs- und Veröffentlichungspflichten bedeuten. Einmalig verlängert Absatz 2 die entsprechenden Fristen daher, um den Akteuren ausreichend Zeit zur Erfüllung ihrer Pflichten zu geben.

Nach Nummer 1 müssen die Betreiber von Stromerzeugungsanlagen ihrem Netzbetreiber nach § 7 die notwendigen Daten für die Endabrechnung der EEG-Umlage nach § 61 Absatz 1 für das Jahr 2014 erst bis zum 28. Februar 2016 vorlegen.

Nach Nummer 2 muss die Endabrechnung der Verteilernetzbetreiber für die EEG-Umlage nach § 61 Absatz 1 EEG 2014 für das Jahr 2014 erst bis zum 31. Mai 2016 vorgelegt werden. Sie kann dann als Nachtragstestierung nach § 62 EEG 2014 zusammen mit der regulären Endabrechnung für das Jahr 2015 erfolgen. Dies vermeidet insbesondere unnötige Doppeltestierungen und gibt den Verteilernetzbetreibern ausreichend Zeit für die Einrichtung der erforderlichen Prozesse.

Zu Absatz 3

Absatz 3 sorgt für Fälle vor, in denen der Betreiber einer Stromerzeugungsanlage vor dem 1. Juli 2015 – dem Stichtag nach Absatz 1 für den Aufschub der Fälligkeit – die EEG-Umlage nach § 61 EEG 2014 an die Übertragungsnetzbetreiber geleistet hat. In solchen Fällen gilt die Zahlung als an den nach § 7 empfangszuständigen Netzbetreiber geleistet. Dadurch kann insoweit auch dann Erfüllung eintreten, wenn der nach § 7 zuständige Netzbetreiber ein Verteilernetzbetreiber ist. Da jedoch in diesem Fall die Zahlung nach Satz 1 tatsächlich an den Übertragungsnetzbetreiber geleistet wurde, hat der nach § 7 nunmehr zuständige Verteilernetzbetreiber keinen Aufwand für die Umlageerhebung gehabt. Nach Satz 2 steht ihm deshalb in diesen Fällen auch nicht der fünfprozentige Einbehalt nach § 8 zu und er muss die – von ihm nur fiktiv erhaltene – Zahlung auch nicht an die Übertragungsnetzbetreiber weiterleiten.

5. Verordnung zur Ausführung der Verordnung zum EEG-Ausgleichsmechanismus

(Ausgleichsmechanismus-Ausführungsverordnung)

vom 22.2.2010
(BGBl. I S. 134)

zuletzt geändert durch Artikel 2 der Verordnung vom 17.2.2015
(BGBl. I S. 146)

Vorbemerkung

1   Die Dritte Verordnung zur Änderung der Ausgleichsmechanismus-Ausführungsverordnung konkretisiert die Vermarktung des einspeisevergüteten Stroms aus erneuerbaren Energien durch die Übertragungsnetzbetreiber in der Ausgleichsmechanismusverordnung. Sie regelt namentlich, an welchen Handelsplätzen und nach welchen konkreten Vorgaben Strom aus erneuerbaren Energien an den Strombörsen zu vermarkten ist. Die Verordnung, die auf § 11 AusglMechV beruht und die am 27.2.2010 in Kraft getretene Ausgleichsmechanismus-Ausführungsverordnung abändert, enthält Ausführungsregelungen, namentlich Transparenz- und Mitteilungspflichten, mit dem Ziel, eine effiziente, transparente und diskriminierungsfreie Vermarktung zu gewährleisten.[1] Zugleich werden Regelungen zur Rechts- und Kostensicherheit getroffen.

2   Nach den Vermarktungsvorgaben des EEG sind die Übertragungsnetzbetreiber verpflichtet, den Strom aus erneuerbaren Energien preisunabhängig am vortägigen Spotmarkt einer Strombörse zu veräußern. Die Verordnung erweitert die gesetzlichen Vermarktungsvorgaben angesichts neuer Handelsmöglichkeiten. Seit dem 3.9.2014 ist es für das deutsch-österreichische Marktgebiet möglich, an der Day-Ahead-Auktion der österreichischen EXAA Viertelstundenprodukte zu handeln. Auch die EPEX SPOT führt seit dem 9.12.2014 eine „Intraday-Eröffnungsauktion" für 15-Minuten-Kontrakte durch. Diese Auktion findet täglich vor der Öffnung des Intraday-Handels statt und füllt damit alle 96 Viertelstunden des Folgetages aus.[2]

3   Dadurch wird – so die Erwartung des Verordnungsgebers[3] – eine effizientere Vermarktung der „Viertelstundenrampen", die aufgrund der stark schwankenden volatilen Einspeisung nicht unerheblich variieren können, ermöglicht. „Die neu eingeführten Vermarktungsoptionen ermöglichen es den Übertragungsnetzbetreibern, die Differenzen zwischen den nach aktualisierten Prognosen vorhergesagten viertelstündlichen Einspeisungen und den über den vortägigen stündlichen Spotmarkt zu veräußernden Mengen bereits teilweise oder vollständig über die neuen vortägigen Auktionen mit viertelstündlichen Handelsprodukten auszugleichen. Dadurch können die aufgrund der Mittelung der prognostizierten Viertelstunden-Einspeisungen resultierenden Über- und Untereinspeisungen einzelner Viertelstunden ausgeglichen werden."[4]

---

1   Vgl. die Begründung zum Referentenentwurf vom 23.1.2015, S. 1.
2   Vgl. Begründung, S. 1.
3   Vgl. Begründung, S. 1.
4   Begründung, S. 1 f.

Um negative Auswirkungen auf das EEG-Konto zum Nachteil der Verbraucher zu vermei- 4
den, können die Übertragungsnetzbetreiber Kauf- und Verkaufsgebote für den Viertelstundenausgleich **preislimitiert** einstellen.[5] Aus diesem Grunde musste die bestehende Ausgleichsmechanismusverordnung geändert werden. Die Veröffentlichungspflichten der
AusglMechV wurden deshalb in der AusglMechAV gebündelt und die Bonusregelung in
§ 7 angepasst, um die neu geschaffenen Optionen für eine effizientere Börsenvermarktung
des Stroms aus erneuerbaren Energien zu unterstützen. Im Zuge dieser Überarbeitung wurde der Vergleichswert für die Bonusbestimmung durch den arithmetischen Mittelwert der
jeweiligen spezifischen beeinflussbaren Differenzkosten aller Übertragungsnetzbetreiber
der **beiden** Vorjahre neu definiert. Ferner wurde die Ausnahmeregelung für eine preislimitierte Börsenvermarktung bei stark negativen Preisen in § 8 entfristet, da bei der zu erwartenden steigenden Einspeisung erneuerbarer Energien die Wahrscheinlichkeit negativer
Preise unterhalb von –150 Euro pro MWh steigt.[6] Die neue Limitierungsregelung wurde
darüber hinaus an die neue Struktur der Vermarktungsvorgaben angepasst.

Die geänderten Vorschriften der nachfolgend abgedruckten AusglMechAV sind zu ihrem 5
besseren Verständnis ergänzt durch die Erläuterungen, mit denen der Referentenentwurf
die Änderungen begründet hat.

———————— *Säcker* ————————

Eingangsformel

Auf Grund des § 64 Absatz 3 Nummer 7 des Erneuerbare-Energien-Gesetzes vom 25. Oktober 2008 (BGBl. I S. 2074) in Verbindung mit § 11 Nummer 1 bis 3 der Verordnung zur
Weiterentwicklung des bundesweiten Ausgleichsmechanismus vom 17. Juli 2009 (BGBl. I
S. 2101) verordnet die Bundesnetzagentur für Elektrizität, Gas, Telekommunikation, Post
und Eisenbahnen im Einvernehmen mit dem Bundesministerium für Umwelt, Naturschutz
und Reaktorsicherheit und dem Bundesministerium für Wirtschaft und Technologie:

§ 1 Vermarktung an Spotmärkten

(1) [1]Am vortägigen Spotmarkt einer Strombörse ist über eine marktgekoppelte Auktion
mit stündlichen Handelsprodukten für jede Stunde des Folgetages die gemäß aktueller
Prognose vorhergesagte stündliche Einspeisung des nach § 19 Absatz 1 Nummer 2 des Erneuerbare-Energien-Gesetzes zu vergütenden Stroms vollständig zu veräußern. [2]Verkaufs-
angebote nach Satz 1 sind preisunabhängig einzustellen.

(2) [1]Differenzen zwischen der gemäß jeweils aktueller Prognose vorhergesagten viertelstündlichen Einspeisung und der nach Absatz 1 zu vermarktenden stündlichen Einspeisung
können am Spotmarkt einer Strombörse für jede Viertelstunde des Folgetages über Auktionen mit viertelstündlichen Handelsprodukten erworben oder veräußert werden. [2]Gebote
nach Satz 1 können preislimitiert eingestellt werden.

(3) [1]Differenzen zwischen der nach aktualisierten Prognosen vorhergesagten viertelstündlichen Einspeisung und den bereits veräußerten und erworbenen Strommengen sind über

---

5 Vgl. Begründung, S. 1.
6 Vgl. Begründung, S. 2.

den untertägigen kontinuierlichen Handel am Spotmarkt einer Strombörse zu erwerben oder zu veräußern. [2]Mit Abschluss der letzten Handelsmöglichkeiten nach Satz 1 müssen die Differenzen nach Satz 1 vollständig ausgeglichen sein.

(4) Die Prognosen über den nach § 19 Absatz 1 Nummer 2 des Erneuerbare-Energie-Gesetzes zu vergütenden Strom sind nach dem Stand von Wissenschaft und Technik zu erstellen.

(5) Eine gemeinsame Vermarktung nach § 2 Absatz 1 Satz 1 der Ausgleichsmechanismusverordnung schließt die Möglichkeit ein, Vermarktungstätigkeiten auf einen anderen Übertragungsnetzbetreiber im Rahmen eines Dienstleistungsverhältnisses zu übertragen.

Amtliche Begründung (Vermarktung an Spotmärkten)

§ 1 regelt die Vermarktung des nach § 19 Absatz 1 Nummer 2 EEG zu vergütenden Stroms durch die Übertragungsnetzbetreiber. Die Vermarktungspflicht erfasst jegliche einspeisevergüteten EE-Strommengen. Eine Einspeisevergütung erhalten nicht nur Betreiber von Kleinanlagen (§ 19 Absatz 1 Nummer 2 in Verbindung mit § 37 EEG) und Anlagenbetreiber in der Ausfall- bzw. Ausnahmevermarktung (§ 19 Absatz 1 Nummer 2 in Verbindung mit § 38 EEG), sondern auch Bestandsanlagen, soweit sie die Einspeisevergütung nutzen (§ 19 Absatz 1 Nummer 2 in Verbindung mit § 100 Absatz 1 Nummer 6 und § 37 Absatz 1 EEG). Mit der Streichung des zusätzlichen Verweises auf § 57 Absatz 1 EEG ist keine inhaltliche Änderung verbunden.

Sowohl in der Überschrift des neugefassten § 1 als auch in den einzelnen Absätzen wird die Begriffssystematik umgestellt und die bisher prägende Unterscheidung zwischen „vortägiger" und „untertägiger" Vermarktung weitgehend vermieden. Denn die neue, am Vortag stattfindende sogenannte „Intraday-Nachmittagsauktion" der EPEX SPOT erschwert die sprachliche Unterscheidbarkeit zwischen „vortägiger" und „untertägiger" Vermarktung. Für die Unterscheidung der verschiedenen Vermarktungswege ist es nach der neuen Systematik daher sinnvoller, an den jeweiligen Absatz 1, Absatz 2 oder Absatz 3 anzuknüpfen als an das Begriffspaar „vortägig" und „untertägig".

Zu Absatz 1

Wie bisher auch, sollen die Übertragungsnetzbetreiber nach § 1 Absatz 1 die gemäß aktuellster Einspeiseprognose zu vermarktenden stündlichen EE-Mengen vollständig am vortägigen stündlichen Spotmarkt einer marktgekoppelten Strombörse veräußern.

Wichtig in diesem Zusammenhang ist der Hinweis auf die Marktkopplung der Strombörse. Eine solche Marktkopplung impliziert eine Optimierung des Zuteilungsprozesses von Kapazitäten an Grenzkuppelstellen auf Basis eines koordinierten Preisfindungsmechanismus, bei dem die Gebote der Mitglieder aller gekoppelten Börsen berücksichtigt werden. Die Marktkopplung reduziert die Preisunterschiede zwischen Marktgebieten und erhöht die Effizienz des Handelsergebnisses. Marktgekoppelte Börsen sind daher der für die am Vortag stattfindende stündliche Vermarktung der EE-Mengen vorzugswürdige Handelsplatz. Alle Gebote an diesem Day-Ahead-Handel sind wie bisher auch preisunabhängig einzustellen.

Zu Absatz 2

Der Absatz 2 wurde neu eingefügt. Er ermöglicht den Übertragungsnetzbetreibern, die Differenzen zwischen den nach aktualisierten Prognosen vorhergesagten viertelstündlichen Einspeisungen und den über den vortägigen stündlichen Spotmarkt zu veräußernden Mengen bereits teilweise oder vollständig über weitere vortägige Auktionen mit viertelstündlichen Handelsprodukten auszugleichen. Dadurch können die aufgrund der Mittelung der prognostizierten Viertelstunden-Einspeisungen resultierenden Über- und Unterspeisungen einzelner Viertelstunden ausgeglichen werden.

Dieser Absatz eröffnet den Übertragungsnetzbetreibern nach heutigem Stand insbesondere die Möglichkeiten, die Viertelstunden-Day-Ahead-Auktion an der EXAA sowie die Nachmittagsauktion der EPEX SPOT („Intraday-Eröffnungsauktion") zu nutzen. Mit der viertelstundenscharfen Bewirtschaftung der Erzeugungsrampen kann so bereits vor dem Start des kontinuierlichen Intraday-Handels begonnen werden. Weiterhin sind die Handelsmöglichkeiten der Übertragungsnetzbetreiber jedoch auch im Rahmen der neuen viertelstündlichen Handelsprodukte nach Absatz 2 auf eine Vermarktung am Vortag für den Folgetag beschränkt. Sofern an einem solchen Handelsplatz am Wochenende kein Handel stattfindet, können die Übertragungsnetzbetreiber folglich nicht bereits am Freitag für den Sonntag oder den Montag Gebote einstellen.

Um die Vermarktungsrisiken der Übertragungsnetzbetreiber zu begrenzen und negative Auswirkungen auf das EEG-Konto zulasten der Verbraucher zu vermeiden, bekommen die Übertragungsnetzbetreiber die Möglichkeit, die entsprechenden Kauf- und Verkaufsgebote für den Viertelstundenausgleich nach § 1 Absatz 2 preislimitiert einzustellen. Angesichts der noch nicht absehbaren Handelsvolumina und Liquidität der neuen Handelsprodukte sowie fehlender Erfahrungen mit diesen Auktionen ist ein preislimitiertes Gebotsverhalten zunächst angebracht.

Die Notwendigkeit dieser Regelung zur Preislimitierung wird von der Bundesnetzagentur auch künftig geprüft und kann gegebenenfalls zu einem späteren Zeitpunkt in eine preisunabhängige Gebotsvorschrift geändert werden.

Zu Absatz 3

Der Absatz 3 entspricht weitgehend dem bisherigen Absatz 2. Er wurde entsprechend der neuen Vermarktungslogik angepasst und stellt insbesondere klar, dass die Übertragungsnetzbetreiber bis zum Abschluss der letzten Handelsmöglichkeiten die nach der aktuellsten Prognose vorhergesagten EE-Mengen vollständig und ausgeglichen zu vermarkten haben. Differenzen zwischen den fortlaufend aktualisierten Einspeiseprognosen und den bereits nach Absatz 1 und 2 vermarkteten Mengen sind am untertägigen kontinuierlichen Handel einer Strombörse viertelstundenscharf auszugleichen. Der Austausch des Wortes „Abweichungen" durch den Begriff „Differenzen" dient lediglich der sprachlichen Glättung und Vereinheitlichung.

Für den Gesamtbereich der EE-Strom-Vermarktung der Übertragungsnetzbetreiber gilt der in § 2 Satz 2 der Ausgleichsmechanismusverordnung ausdrücklich bestätigte Grundsatz, dass sie ihre treuhänderähnliche Funktion mit der Sorgfalt eines ordentlichen und gewissenhaften Händlers wahrzunehmen haben. Dieser Sorgfaltsmaßstab, der somit auch für alle Vermarktungsvorgaben nach der Ausgleichsmechanismus-Ausführungsverordnung gilt, erfolgt „zur bestmöglichen Vermarktung des Stroms". Zu „Unmöglichem" können die Übertragungsnetzbetreiber selbstverständlich bereits nach allgemeinen Rechtsgrundsätzen nicht verpflichtet werden. Dieser Grundsatz gilt auch für die Pflicht nach § 1 Absatz 1 Satz 2, dass die Differenzen mit Abschluss der letzten Handelsmöglichkeiten nach Satz 1 vollständig ausgeglichen sein müssen. Sollten beispielsweise ausnahmsweise die Handelssysteme für den untertägigen kontinuierlichen Handel ausfallen, so kann sich die Nutzung der eingeplanten letzten Handelsmöglichkeit kurzfristig als unmöglich erweisen. In solchen Ausnahmefällen einer zeitweisen Unmöglichkeit können und sollen die Übertragungsnetzbetreiber mit der Sorgfalt eines ordentlichen und gewissenhaften Händlers auf alternative Handelsmöglichkeiten (wie zum Beispiel OTC-Geschäfte) zurückgreifen, um die bestmögliche Vermarktung im Rahmen des Möglichen sicherzustellen.

Zu Absatz 4

Der Absatz 4 entspricht dem bisherigen Absatz 3. Allerdings ist nicht mehr die Rede von „vortägigen und untertägigen" Prognosen, sondern allgemein von Prognosen. Die qualitative Anforderung bezieht sich fortlaufend auf alle Prognosen, die im Rahmen der EEStromvermarktung erforderlich sind.

§ 2 Transparenz der Vermarktungstätigkeiten

Die Übertragungsnetzbetreiber sind verpflichtet, folgende Daten ergänzend zu den Daten nach der Anlage 1 Nummer 3 des Erneuerbare-Energien-Gesetzes auf einer gemeinsamen Internetseite in einheitlichem Format in nicht personenbezogener Form zu veröffentlichen:

1. die nach § 1 Absatz 1 veräußerte Einspeisung aufgeschlüsselt nach den Technologiegruppen Windenergie, solare Strahlungsenergie und Sonstige in mindestens stündlicher Auflösung; sie ist spätestens bis 18 Uhr desselben Tages zu veröffentlichen;
2. die nach § 1 Absatz 1 veräußerte monatliche Einspeisung aufgeschlüsselt nach den Technologiegruppen Windenergie an Land, Windenergie auf See, solare Strahlungsenergie, Biomasse und Sonstige; sie ist für jeden Kalendermonat bis zum Ablauf des zehnten Werktags des Folgemonats zu veröffentlichen;
3. die nach § 1 Absatz 2 veräußerten und erworbenen Strommengen aufgeschlüsselt nach Handelsplätzen in viertelstündlicher Auflösung; sie sind spätestens bis 18 Uhr desselben Tages zu veröffentlichen;
4. die nach § 1 Absatz 3 veräußerten und erworbenen Strommengen in viertelstündlicher Auflösung; sie sind spätestens am Folgetag bis 18 Uhr zu veröffentlichen;
5. die Differenz zwischen den gemäß der jeweils aktuellsten vor Handelsschluss verfügbaren Prognose insgesamt zu veräußernden Strommengen und den hierfür insgesamt nach § 1 Absatz 1 bis 3 veräußerten und erworbenen Strommengen; sie ist in viertelstündlicher Auflösung spätestens am Folgetag bis 18 Uhr zu veröffentlichen;
6. die in Anspruch genommene Ausgleichsenergie zum Ausgleich des EEG-Bilanzkreises in viertelstündlicher Auflösung; sie ist unverzüglich nach Vorlage der Bilanzkreisabrechnung zu veröffentlichen;
7. die Angaben nach § 72 Absatz 1 Nummer 1 Buchstabe c des Erneuerbare-Energien-Gesetzes; sie sind für jeden Kalendermonat bis zum Ablauf des zehnten Werktags des Folgemonats zu veröffentlichen.

Amtliche Begründung (Transparenz der Vermarktungstätigkeit)

§ 2 regelt die Transparenzvorschriften in Bezug auf die Vermarktungstätigkeit der Übertragungsnetzbetreiber.

Zu Nummer 1

Es gibt gegenwärtig im Markt unterschiedliche Lesarten der Transparenzanforderung nach § 2 Nummer 1 in der bisherigen Fassung. Die konkrete Vermarktungstätigkeit der Übertragungsnetzbetreiber ist auf Basis der bisherigen Veröffentlichung der regelzonenscharfen Einspeisevortagesprognose für die Marktteilnehmer nur eingeschränkt nachvollziehbar gewesen. Inzwischen veröffentlichen die Übertragungsnetzbetreiber allerdings auch die tatsächlich vortägig vermarkteten Wind- und Solarenergiemengen, so dass die Transparenz in der praktischen Umsetzung bereits deutlich gestiegen ist. Die Änderungen der Transparenzvorschrift in Nummer 1 schafft hier für alle Beteiligten Klarheit und ist im Zuge dessen auch inhaltlich angepasst worden.

Der Entwurf stellt klar, dass die Übertragungsnetzbetreiber ihre gesamten gemäß des neu gefassten § 1 Absatz 1 am vortägigen, marktgekoppelten Stundenmarkt vermarkteten Mengen veröffentlichen sollen. Abweichend von der bisherigen Regelung, die sich alleine auf die Einspeisemengen aus Wind- und Solarenergie bezieht, erfasst die neue Bestimmung die gesamten in der Vermarktungszuständigkeit der Übertragungsnetzbetreiber befindlichen EE-Mengen, also neben der Veröffentlichung der vermarkteten Wind- und Solarenergie auch alle sonstigen EE-Erzeugungstechnologien, soweit sie eine Einspeisevergütung erhalten.

Die bisher „regelzonenscharfe" Darstellung wird auf den bundesweiten Maßstab umgestellt. Da die einzelnen Übertragungsnetzbetreiber bereits heute über den horizontalen Belastungsausgleich eine deutschlandweite Einspeiseprognose vermarkten und für den Markt dieser Maßstab praxisrelevanter ist, entfällt der Zusatz „in ihrer Regelzone".

Zu Nummer 2

Die neu eingefügte Nummer 2 bündelt eine Transparenzvorschrift der AusglMechV in der AusglMechAV. Hier handelt es sich um den bisherigen § 7 Absatz 1 Nummer 2 der AusglMechV. Gleichzeitig wird die Veröffentlichungsfrist in der AusglMechAV konkretisiert: Die nach Technologiegruppen aufgeschlüsselte monatlich vermarktete Einspeisung muss jeweils spätestens bis zum Ablauf des zehnten Werktags des Folgemonats veröffentlicht werden. Dadurch wird ein Gleichlauf mit den monatlichen Veröffentlichungsfristen nach Nummer 3.2 der Anlage 1 des EEG erreicht.

Zu Nummer 3

Die neu eingefügte Nummer 3 stellt die Transparenz hinsichtlich der neu geschaffenen Optionen zur Bewirtschaftung von Viertelstundenrampen sicher und sieht daher eine Veröffentlichung aller nach § 1 Absatz 2 veräußerten und erworbenen Strommengen in viertelstündlicher Auflösung aufgeschlüsselt nach den genutzten Handelsplätzen vor. Somit wird die Nutzung der Nachmittagsauktion der EPEX SPOT sowie der Handel an der EXAA für die EE-Börsenvermarktung der Übertragungsnetzbetreiber gegenüber den Marktakteuren transparent gemacht.

Zu Nummer 4

Nummer 4 entspricht der bisherigen Nummer 2. Die Pflicht zur Veröffentlichung der am kontinuierlichen untertägigen Spotmarkt nach § 1 Absatz 3 gehandelten Strommengen wird in Nummer 4 von der bisher stündlichen auf eine viertelstundengenaue Darstellung aktualisiert. Unverändert bezeichnet der Begriff „Folgetag" in dieser Verordnung stets den folgenden Kalendertag und nicht nur den folgenden Werktag.

Zu Nummer 5

Nummer 5 entspricht der bisherigen Nummer 3 und wird an die geänderte Vermarktungssystematik nach § 1 angepasst. Außerdem wird der Bezugspunkt für die Ermittlung der zu veröffentlichenden Differenz konkretisiert: Statt von der „aktuellen Einspeiseprognose" wird nun auf die aktuellste vor Handelsschluss verfügbare Prognose referenziert. Auch hier wird auf eine viertelstündliche Auflösung abgestellt.

Zu Nummer 6

Nummer 6 entspricht der bisherigen Nummer 4.

Zu Nummer 7

Die neu eingefügte Nummer 7 bündelt eine Transparenzvorschrift der AusglMechV in der AusglMechAV. Hier handelt es sich um den bisherigen § 7 Absatz 1 Nummer 3 der AusglMechV. Gleichzeitig wird die Veröffentlichungsfrist in der AusglMechAV konkretisiert: Die Angaben nach § 72 Absatz 1 Nummer 1 Buchstabe c des EEG müssen jeweils spätestens bis zum Ablauf des zehnten Werktags des Folgemonats veröffentlicht werden. Dadurch wird ein Gleichlauf mit den monatlichen Veröffentlichungsfristen nach Nummer 3.2 der Anlage 1 des EEG erreicht.

§ 3 Transparenz der Einnahmen und Ausgaben

(1) [1]Die Übertragungsnetzbetreiber müssen die kalendermonatlichen und kalenderjährlichen Einnahmen und Ausgaben jeweils aufgeschlüsselt nach den einzelnen in § 3 der Ausgleichsmechanismusverordnung und in § 6 dieser Verordnung aufgeführten Einnahmen- und Ausgabenpositionen auf einer gemeinsamen Internetseite in einheitlichem Format und in nicht personenbezogener Form veröffentlichen. [2]Einnahmen und Ausgaben, die aus der Vermarktung des Stroms resultieren, sind aufzuschlüsseln nach den Spotmarktprodukten nach § 1, über die der Strom vermarktet wurde. [3]Ferner ist die Liquiditätsreserve nach § 3 Absatz 8 der Ausgleichsmechanismusverordnung gesondert auszuweisen.

(2) [1]Die aufgeschlüsselten kalendermonatlichen Einnahmen und Ausgaben sind in Form der tatsächlichen Einnahmen und Ausgaben laut dem am letzten Tag des Monats aktuellen Kontostand für jeden Kalendermonat bis zum Ablauf des zehnten Werktags des Folgemonats zu veröffentlichen. [2]Eine Veröffentlichung zusammengefasster Werte mehrerer Übertragungsnetzbetreiber ist zulässig.

(3) [1]Die einzelnen Einnahmen- und Ausgabenpositionen nach Absatz 1 sind ihrer Art nach abstrakt zu erläutern. [2]Wenn Sondereffekte aufgetreten sind, die einen bedeutenden Einfluss auf die Einnahmen oder Ausgaben haben, sind diese konkret zu erläutern.

§ 3 ist gegenüber der vorigen Fassung der AusglMechAV unverändert.

§ 4 Mitteilungspflichten

(1) Die Übertragungsnetzbetreiber müssen der Bundesnetzagentur die Einnahmen und Ausgaben des Vorjahres jeweils aufgeschlüsselt nach den einzelnen in § 3 der Ausgleichsmechanismusverordnung und in § 6 aufgeführten Einnahmen- und Ausgabenpositionen übermitteln.

(2) (weggefallen)

(3) Die Übertragungsnetzbetreiber sind verpflichtet, auf Aufforderung der Bundesnetzagentur, jedenfalls aber bis zum 31. März eines Kalenderjahres, für alle Viertelstunden des Vorjahres die Preise und Mengen des im börslichen Handel beschafften oder veräußerten Stroms zu übermitteln.

(4) [1]Die Übertragungsnetzbetreiber sind verpflichtet, die nach den Absätzen 1 und 3 mitzuteilenden Daten einschließlich der zu ihrer Überprüfung notwendigen Daten elektronisch zu übermitteln. [2]Soweit die Bundesnetzagentur Formularvorlagen bereitstellt, sind sie verpflichtet, die Daten in dieser Form zu übermitteln. [3]Die Angaben müssen einen sachkundigen Dritten in die Lage versetzen, ohne weitere Informationen die Ermittlung vollständig nachzuvollziehen.

Amtliche Begründung (Mitteilungspflichten)

In § 4 Absatz 3 wird klargestellt, dass sich die Mitteilungspflichten der Übertragungsnetzbetreiber hinsichtlich der Preise und Mengen auf „alle Viertelstunden" des Vorjahres beziehen.

§ 5 Gesonderte Buchführung und Rechnungslegung sowie Führung gesonderter Bankkonten

(1) ¹Die Übertragungsnetzbetreiber sind jeweils verpflichtet, ein separates Bankkonto für die Aufgaben nach der Ausgleichsmechanismusverordnung und für die Aufgaben nach der vorliegenden Verordnung zu führen. ²Sämtliche zahlungswirksamen Einnahmen und Ausgaben nach § 3 der Ausgleichsmechanismusverordnung und § 6 der vorliegenden Verordnung sind über dieses Bankkonto abzuwickeln. ³Die Einnahmen und Ausgaben im Sinne von Satz 2, die bis zu der Einrichtung des separaten Bankkontos anfallen, sind nach der Einrichtung unverzüglich valutagerecht auf das Konto zu überführen.

(2) ¹Die Einnahmen und Ausgaben nach § 3 der Ausgleichsmechanismusverordnung und nach § 6 dieser Verordnung sind von den sonstigen Tätigkeitsbereichen des Übertragungs-netzbetreibers eindeutig abzugrenzen. ²Hierzu sind eine gesonderte Buchführung und Rechnungslegung einzurichten. ³Diese müssen es ermöglichen, diejenigen Einnahmen und Ausgaben nach § 3 der Ausgleichsmechanismusverordnung und nach § 6 dieser Verordnung, bei denen es sich um nicht zahlungswirksame Kosten handelt, nachvollziehbar abzuleiten. ⁴Zu den nicht zahlungswirksamen Kosten zählen insbesondere Abschreibungen für Infrastruktur der Informationstechnologie und Zuführungen zu Pensionsrückstellungen.

(3) ¹Die Kontoauszüge und die Daten der gesonderten Buchführung und Rechnungslegung sind der Bundesnetzagentur auf Anforderung vorzulegen. ²§ 4 Absatz 4 gilt entsprechend.

Amtliche Begründung (Gesonderte Buchführung und Rechnungslegung sowie Führung gesonderter Bankkonten)

§ 5 schreibt eine gesonderte Buchführung und Rechnungslegung für alle mit der AusglMechV und AusglMechAV zusammenhängenden Vorgänge vor.

§ 6 Einnahmen und Ausgaben im Sinne der EEG-Umlage

(1) Als Ausgaben im Sinne von § 3 Absatz 4 der Ausgleichsmechanismusverordnung gelten auch folgende Positionen, soweit sie zur Erfüllung der Aufgaben nach der Ausgleichs-mechanismusverordnung und dieser Verordnung erforderlich sind:

1. notwendige Kosten für die Börsenzulassung und Handelsanbindung,
2. notwendige Kosten der Transaktionen für die Erfassung der Ist-Werte, die Abrechnung und den Horizontalen Belastungsausgleich,
3. notwendige Kosten für die IT-Infrastruktur, das Personal und Dienstleistungen,
4. notwendige Kosten für die Ermittlung der EEG-Umlage nach § 3 Absatz 1 der Ausgleichsmechanismusverordnung, für die Erstellung der Prognosen nach § 5 der Ausgleichsmechanismusverordnung und für die Erstellung der EEG-Vorausschau nach § 6 der Ausgleichsmechanismusverordnung,
5. notwendige Zahlungen von Zinsen zur Finanzierung von Differenzbeträgen im Sinne von § 3 Absatz 5 Satz 1 der Ausgleichsmechanismusverordnung, soweit der tatsächlich angefallene Soll-Zinssatz den in § 3 Absatz 5 Satz 2 der Ausgleichsmechanismusver-ordnung vorgesehenen Zinssatz übersteigt,

6. notwendige Kosten für Differenzen zwischen den nach § 3 Absatz 5 Satz 2 der Ausgleichsmechanismusverordnung anzusetzenden Erträgen aus Haben-Zinsen und den tatsächlich angefallenen Erträgen aus Haben-Zinsen,
7. notwendige Zahlungen für die Bereitstellung von Kreditlinien zur Finanzierung von Differenzbeträgen im Sinne von § 3 Absatz 5 Satz 1 der Ausgleichsmechanismusverordnung,
8. Bonuszahlungen nach § 7 Absatz 5 bis 7.

(1a) (weggefallen)

(2) [1]Bevor bei der Ermittlung der EEG-Umlage Ausgaben nach Absatz 1 Nummer 5, 6 und 7 angesetzt werden, ist der Bundesnetzagentur rechtzeitig die Richtigkeit und Notwendigkeit dieser Positionen nachzuweisen. [2]§ 4 Absatz 4 gilt entsprechend. [3]Die Nachweispflicht umfasst insbesondere die Übermittlung der den Ausgaben zugrunde liegenden Verträge einschließlich aller für die wirtschaftliche Bewertung wesentlichen Angaben. [4]Zu den wesentlichen Angaben zählen insbesondere die Kreditlinie, die Zinssatzhöhe, die Konditionen der Bereitstellungsprovision, der Anwendungsbereich, die Laufzeit, die Zeiten und Höhe der Inanspruchnahme, Kündigungsregelungen und Sicherheiten. [5]Es ist sicherzustellen und nachzuweisen, dass die geltend gemachten Verträge ausschließlich der Verzinsung und Finanzierung von Differenzbeträgen nach § 3 Absatz 5 Satz 1 der Ausgleichsmechanismusverordnung dienen. [6]Auf Aufforderung der Bundesnetzagentur hat der Übertragungsnetzbetreiber seine sonstigen Vertragsbeziehungen, die der Verzinsung oder Finanzierung dienen, einschließlich der für die wirtschaftliche Bewertung wesentlichen Angaben nachzuweisen und die entsprechenden Verträge vorzulegen.

(3) [1]Als Einnahmen und Ausgaben im Sinne von § 3 Absatz 3 und 4 der Ausgleichsmechanismusverordnung gelten auch Differenzbeträge zwischen der EEG-Umlage in der vereinnahmten Höhe und der zulässigen Höhe. [2]Die Differenzbeträge sind ab dem Zeitpunkt ihrer Vereinnahmung entsprechend § 3 Absatz 5 der Ausgleichsmechanismusverordnung zu verzinsen. [3]Diese Zinsen gelten ebenfalls als Einnahmen und Ausgaben im Sinne von § 3 Absatz 3 und 4 der Ausgleichsmechanismusverordnung. [4]Soweit die Entscheidung der Bundesnetzagentur eine anderweitige Abhilfemaßnahme vorsieht, finden die Sätze 1 und 2 keine Anwendung. [5]Soweit die Entscheidung der Bundesnetzagentur anschließend geändert oder aufgehoben wird, finden die Sätze 1 bis 3 entsprechende Anwendung auf Differenzbeträge zwischen der EEG-Umlage in der vereinnahmten Höhe und der nach bestandskräftiger Entscheidung maßgeblichen Höhe.

(4) (weggefallen)

Amtliche Begründung (Einnahmen und Ausgaben im Sinne der EEG-Umlage)

Der Austausch des Wortes „Abweichungen" durch den Begriff „Differenzen" dient lediglich der sprachlichen Glättung und Vereinheitlichung in der Verordnung.

§ 7 Anreize zur bestmöglichen Vermarktung

(1) Um Anreize zu schaffen, den nach § 19 Absatz 1 Nummer 2 des Erneuerbare-Energien-Gesetzes vergüteten Strom bestmöglich zu vermarkten, werden je Kalenderjahr (Anreiz-

jahr) die spezifischen beeinflussbaren Differenzkosten eines Übertragungsnetzbetreibers mit einem Vergleichswert verglichen.

(2) [1]Beeinflussbare Differenzkosten bestehen aus einer Komponente, welche die Aktivitäten an einem untertägigen Spotmarkt abbildet, und einer Komponente, welche die Inanspruchnahme der Ausgleichsenergie abbildet. [2]Die Ermittlung der beeinflussbaren Differenzkosten je Viertelstunde erfolgt, indem

1. bei untertägiger Beschaffung je Viertelstunde die beschaffte Menge (K_{UT}) mit der Differenz zwischen dem tatsächlich gezahlten Preis (P_{UT}) und dem Preis des Vortagshandels (P_{VT}) multipliziert wird,

2. bei untertägiger Veräußerung die veräußerte oder gelieferte Menge (VK_{UT}) mit der Differenz zwischen dem Preis des Vortageshandels (P_{VT}) und dem tatsächlich gezahlten Preis (P_{UT}) multipliziert wird,

3. bei Bezug von positiver Ausgleichsenergie je Viertelstunde die bezogene Menge (K_{AE}) mit der Differenz zwischen dem tatsächlich gezahlten Preis (P_{AE}) und dem Preis des Vortageshandels (P_{VT}) multipliziert wird oder

4. bei Bezug von negativer (gelieferter) Ausgleichsenergie die gelieferte Menge (VK_{AE}) mit der Differenz zwischen dem Preis des Vortageshandels (P_{VT}) und dem tatsächlich gezahlten Preis (P_{AE}) multipliziert wird.

[3]Als Preis des Vortageshandels (P_{VT}) gilt der Market-Clearing-Preis der jeweiligen Stunde der Day-Ahead-Auktion an der European Power Exchange. [4]Als Aktivitäten an einem untertägigen Spotmarkt gelten für die Ermittlung der beeinflussbaren Differenzkosten die Handelsaktivitäten nach § 1 Absatz 2 und 3. [5]Die beeinflussbaren Differenzkosten je Viertelstunde werden nach der folgenden Formel ermittelt:

$$K_{UT} \cdot (P_{UT} - P_{VT}) + VK_{UT} \cdot (P_{VT} - P_{UT}) + K_{AE} \cdot (P_{AE} - P_{VT}) + VK_{AE} \cdot (P_{VT} - P_{AE}).$$

(3) [1]Für die Ermittlung der spezifischen beeinflussbaren Differenzkosten eines Übertragungsnetzbetreibers im Sinne von Absatz 1 ist die Summe der nach Maßgabe des Absatzes 2 ermittelten Viertelstundenwerte eines Kalenderjahres durch die innerhalb dieses Zeitraums zu vermarktende Menge des nach § 19 Absatz 1 Nummer 2 des Erneuerbare-Energien-Gesetzes vergüteten Stroms zu dividieren. [2]Unter zu vermarktender Menge ist die nach Durchführung des unverzüglichen horizontalen Belastungsausgleichs bei einem Übertragungsnetzbetreiber verbleibende Strommenge zu verstehen.

(4) Der Vergleichswert im Sinne von Absatz 1 ist der arithmetische Mittelwert der jeweiligen spezifischen beeinflussbaren Differenzkosten aller Übertragungsnetzbetreiber der beiden Vorjahre.

(5) [1]Der Übertragungsnetzbetreiber hat Anspruch auf einen Bonus, sofern seine spezifischen beeinflussbaren Differenzkosten den Vergleichswert zuzüglich eines Zuschlags von 5 Cent pro Megawattstunde nicht übersteigen. [2]Die Höhe des Bonus beträgt 25 Prozent der Differenz zwischen dem Vergleichswert zuzüglich des Zuschlags und den spezifischen beeinflussbaren Differenzkosten nach Absatz 3 multipliziert mit der zu vermarktenden Menge im Sinne des Absatzes 3 Satz 2. [3]Die Auszahlung von Boni ist für alle Übertragungsnetzbetreiber zusammen auf 20 Millionen Euro je Kalenderjahr begrenzt. [4]Die maximal in einem Kalenderjahr zu erreichende Höhe des Bonus eines einzelnen Übertragungsnetzbetreibers ergibt sich aus dem Anteil seiner nach dem horizontalen Belastungsausgleich zu

vermarktenden Strommenge an der insgesamt zu vermarktenden Strommenge aller Übertragungsnetzbetreiber multipliziert mit 20 Millionen Euro.

(6) [1]In dem auf das Anreizjahr folgenden Jahr verbuchen die Übertragungsnetzbetreiber den etwaigen Bonus im Rahmen der Ermittlung der Umlage nach § 60 Absatz 1 des Erneuerbare-Energien-Gesetzes (EEG-Umlage) als prognostizierte Ausgabenposition nach § 3 Absatz 1 Nummer 1 der Ausgleichsmechanismusverordnung in Verbindung mit § 6 Absatz 1 Nummer 8. [2]Übertragungsnetzbetreiber, die eine Bonuszahlung nach Absatz 5 geltend machen, müssen dies bis zum 31. März des auf das Anreizjahr folgenden Jahres bei der Bundesnetzagentur anzeigen und die sachliche Richtigkeit der Berechnung nachweisen. [3]§ 4 Absatz 4 ist entsprechend anzuwenden.

(7) [1]Die Vereinnahmung des Bonus erfolgt in zwölf gleichmäßig verteilten Monatsraten. [2]Sie beginnt zum Anfang des übernächsten Jahres bezogen auf das Anreizjahr.

Amtliche Begründung (Anreize zur bestmöglichen Vermarktung)

§ 7 schafft Anreize zur bestmöglichen Vermarktung der einspeisevergüteten EE-Strommengen, indem Übertragungsnetzbetreiber für effiziente Vermarktung Boni erhalten können.

Zu Absatz 2

In Absatz 2 erfolgt eine Klarstellung in Bezug auf den Preis des Vortageshandels (PVT), der im Rahmen der Bonusberechnung anzusetzen ist. Demnach entspricht PVT dem Market Clearing Preis der jeweiligen Stunde der Day-Ahead-Auktion an der European Power Exchange.

Des Weiteren erfolgt eine Klarstellung für die Berechnung der beeinflussbaren Differenzkosten, die aufgrund der erweiterten Vermarktungsoptionen nach § 1 notwendig wird. So wird festgelegt, dass nicht allein die Handelsaktivitäten am untertägigen kontinuierlichen Spotmarkt nach § 1 Absatz 3, sondern auch die hinzukommenden Handelsaktivitäten über Auktionen mit viertelstündlichen Handelsprodukten nach § 1 Absatz 2 als „Aktivitäten an einem untertägigen Spotmarkt" im Sinne der Bonusregelung gelten.

Zu Absatz 4

In Absatz 4 erfolgt eine Anpassung des maßgeblichen Zeitraumes für die Ermittlung des Vergleichswertes. Demnach entspricht der Vergleichswert nunmehr dem arithmetischen Mittelwert der jeweiligen spezifischen beeinflussbaren Differenzkosten aller Übertragungsnetzbetreiber aus den beiden Vorjahren. Bisher wird lediglich das einzelne Vorjahr für den Vergleichswert herangezogen.

§ 8 Preislimitierung in Ausnahmefällen

(1) [1]Der Übertragungsnetzbetreiber kann nach Maßgabe der folgenden Absätze für diejenigen Stunden des folgenden Tages, für die im Fall von negativen Preisen an der EPEX Spot ein Aufruf zur zweiten Auktion ergeht, von der Verpflichtung abweichen, die vollständige gemäß aktueller Prognose vorhergesagte stündliche Einspeisung zu preisunabhängigen Geboten an dem Spotmarkt einer Strombörse nach § 1 Absatz 1 zu veräußern. [2]Der Übertragungsnetzbetreiber hat der Bundesnetzagentur die konkreten Stunden, in denen er von der Befugnis nach Satz 1 Gebrauch macht, unverzüglich anzuzeigen. [3]Die Sätze 1 und 2 sind entsprechend anzuwenden auf diejenigen Stunden des Folgetages, für die aufgrund

einer partiellen Entkopplung grenzüberschreitend gekoppelter Marktgebiete von der Strombörse zu einer Anpassung der Gebote aufgerufen wird.

(2) [1]In den Fällen des Absatzes 1 ist der Übertragungsnetzbetreiber berechtigt, preislimitierte Gebote im Rahmen der Vermarktung nach § 1 Absatz 1 abzugeben. [2]Die zu veräußernde Strommenge ist in 20 gleich große Tranchen aufzuteilen und jeweils mit einem eigenen Preislimit anzubieten. [3]Die Preislimits müssen bei mindestens –350 Euro je Megawattstunde und höchstens –150 Euro je Megawattstunde liegen. [4]Jeder Betrag in Schritten von je einem Euro innerhalb dieses Rahmens wird zufallsgesteuert mit gleicher Wahrscheinlichkeit als Preislimit gesetzt. [5]Die Preislimits müssen für jeden Fall des Absatzes 1 neu bestimmt werden. [6]Die Preislimits sind bis zur Veröffentlichung nach Satz 7 vertraulich zu behandeln. [7]Der Übertragungsnetzbetreiber ist verpflichtet, zwei Werktage nach Ende der Auktion auf seiner Internetseite Folgendes bekannt zu geben:

1. Stunden, für die er ein preislimitiertes Gebot abgegeben hat;
2. Höhe der Preislimits jeder Tranche;
3. am Spotmarkt nach § 1 Absatz 1 unverkaufte Energiemenge.

(3) [1]Kann im Falle von preislimitierten Angeboten die nach § 1 Absatz 1 zu vermarktende Strommenge nicht oder nicht vollständig veräußert werden, weil der börslich gebildete negative Preis unterhalb des negativen Preislimits liegt, hat eine notwendige anderweitige Veräußerung dieser Strommenge soweit möglich nach § 1 Absatz 2 und 3 zu erfolgen. [2]Der Übertragungsnetzbetreiber ist verpflichtet, gleichzeitig mit der Bekanntgabe nach Absatz 2 Satz 7 auf seiner Internetseite bekannt zu geben:

1. Stunden, für welche Energie nach § 1 Absatz 2 und 3 unverkauft geblieben ist;
2. die Menge der in der jeweiligen Stunde unverkauften Energie.

(4) [1]Ist aufgrund nachprüfbarer Tatsachen zu erwarten, dass eine Veräußerung nach Absatz 3 nicht oder nur zu Preisen möglich sein wird, die deutlich unterhalb der nach Absatz 2 gesetzten negativen Preislimits liegen würden, kann der Übertragungsnetzbetreiber zur Stützung der börslichen Preise Vereinbarungen nutzen, in denen sich Stromerzeuger freiwillig verpflichten, auf Aufforderung des Übertragungsnetzbetreibers die Einspeisung von Strom ganz oder teilweise zu unterlassen oder in denen sich Stromverbraucher freiwillig verpflichten, auf Aufforderung des Übertragungsnetzbetreibers ihren Stromverbrauch in bestimmtem Ausmaß zu erhöhen. [2]Die für freiwillige Maßnahmen nach Satz 1 gezahlten Preise dürfen nicht höher sein als die Preise, die sich am vortägigen Spotmarkt für die betreffende Stunde eingestellt hätten, wenn die im Rahmen freiwilliger Vereinbarungen von allen Übertragungsnetzbetreibern abgerufenen Mengen bereits als Nachfrage in die Preisbildung des vortägigen Spotmarkts eingegangen wären. [3]Freiwillige Abregelungsvereinbarungen mit Stromerzeugern, die im Falle der Einspeisung eine Vergütung nach dem Erneuerbare-Energien-Gesetz erhielten, dürfen erst genutzt werden, wenn Vereinbarungen mit anderen Stromerzeugern oder Stromverbrauchern vollständig ausgenutzt wurden. [4]Der Übertragungsnetzbetreiber hat eine Verfahrensanweisung zu entwickeln, in welchen Fällen und in welcher Weise er von den Vorschriften dieses Absatzes Gebrauch machen wird. [5]Die Verfahrensanweisung und etwaige Änderungen derselben sind der Bundesnetzagentur vor der erstmaligen Anwendung anzuzeigen. [6]Die in diesem Absatz genannten Vereinbarungen sind der Bundesnetzagentur auf Verlangen jederzeit vorzulegen. [7]Der Übertragungsnetzbetreiber ist verpflichtet, gleichzeitig mit der Bekanntgabe nach Absatz 2 Satz 7 auf seiner Internetseite bekannt zu geben, für welche Stunden und für welche Energiemen-

ge in der jeweiligen Stunde er von Vereinbarungen im Sinne des Satzes 1 Gebrauch gemacht hat.

(5) [1]Die durch die in Absatz 4 genannten Maßnahmen entstehenden Kosten gelten als Kosten für den untertägigen Ausgleich im Sinne von § 3 Absatz 4 Nummer 6 der Ausgleichsmechanismusverordnung. [2]Sie können nur dann in die EEG-Umlage einkalkuliert werden, wenn die in den vorstehenden Absätzen enthaltenen Vorschriften oder die in Aufsichtsmaßnahmen der Bundesnetzagentur enthalten Maßgaben eingehalten wurden.

Amtliche Begründung (Preislimitierung in Ausnahmefällen)

Die Regelung nach § 8 AusglMechAV sieht vor, dass die Übertragungsnetzbetreiber in Stunden mit stark negativen Preisen, bei denen von der EPEX SPOT ein Aufruf zur zweiten Auktion ergeht, d. h. wenn der Börsenpreis jenseits von –150 Euro pro Megawattstunde (MW/h) liegen würde, im Rahmen der Vermarktung nach § 1 Absatz 1 von der grundsätzlichen Pflicht zur preisunlimitierten Vermarktung abweichen dürfen.

In § 8 kommt es zu diversen Folgeänderungen infolge der geänderten Vermarktungssystematik und der entsprechend angepassten Formulierungen in § 1. Darüber hinaus erfolgen folgende Änderungen.

Zu Absatz 1

Die Ausnahmeregelung zur preislimitierten Vermarktung wird in Absatz 1 vorsorglich um einen speziellen Sonderfall ergänzt, der sich aus dem grenzüberschreitenden Market- Coupling ergeben könnte, sofern es ausnahmsweise zu einem sogenannten „partiellen Decoupling" kommen sollte.

Am 4. Februar 2014 wurden durch das Market-Coupling weitere bislang separierte Strommärkte miteinander verbunden. So wurde das gemeinsame Marktgebiet North- Western Europe (NWE) geschaffen, bestehend aus den Märkten Deutschland, Frankreich, Benelux, Österreich, Norwegen, Dänemark, Schweden und Finnland sowie Litauen, Lettland, Estland und Großbritannien. An den beteiligten Börsen (APX, Belpex, EPEX SPOT und Nord Pool Spot) werden die Day-Ahead-Preise zur gleichen Zeit und auf die gleiche Art und Weise ermittelt. Dabei werden die Orderbücher der einzelnen Börsen abgerufen, die Informationen zusammengefasst und unter Berücksichtigung der verfügbaren Grenzkapazitäten anschließend an die einzelnen Börsen zurückgegeben. Dieser Mechanismus des NWE Price-Couplings kann allerdings in seltenen Ausnahmefällen einer Störung unterliegen, so dass es dann nicht zu einem Price-Coupling kommen kann. Ein sogenanntes „partielles Decoupling" der Märkte würde ausgelöst. Hierfür würde das Orderbuch nochmals geöffnet werden und die Marktteilnehmer könnten Änderungen an ihren Geboten vornehmen. Käme es in diesem Fall zusätzlich zu extremen Preisen unterhalb von –150 Euro pro MW/h, würde die Zeit bis zum Ende der „final notification deadline" (15:30 Uhr) für eine zweite Auktion nicht mehr ausreichen. Die Übertragungsnetzbetreiber hätten dann keine Möglichkeit mehr, von ihrem Limitierungsrecht nach Absatz 1 Gebrauch zu machen. Im schlechtesten Fall müssten die Übertragungsnetzbetreiber also ihre unlimitiert eingestellten Mengen day-ahead zum technisch tiefstmöglichen Börsenpreis zulasten des EEG-Kontos und der EEG-Umlage-Zahler verkaufen.

Ein „partielles Decoupling" des NWE-Marktgebietes sollte zwar einen Ausnahmefall darstellen, dieser ist allerdings angesichts von vier beteiligten Börsen nicht generell auszuschließen. Das gleichzeitige Auftreten einer außergewöhnlichen Marktsituation mit Preisen unterhalb von –150 Euro pro MW/h, die eine zweite Auktion theoretisch erforderlich machen würde, macht diesen Vorfall noch unwahrscheinlicher.

Der Sinn und Zweck der Limitierungsregelung des § 8, namentlich der Schutz der EEG-Umlagezahler vor unangemessenen Extrembelastungen, kann jedoch auch für diesen unwahrscheinlichen

Fall eine Preislimitierung erforderlich machen. Die damit verbundenen Markteinwirkungen sind voraussichtlich gering, da die tranchierte Preislimitierung erst bei erheblich negativen Preisen von mindestens –150 Euro pro MW/h greift. D.h. allenfalls in extrem seltenen Ausnahmefällen werden diese Preislimits überhaupt wirksam und könnten auch nur dann das Marktergebnis tatsächlich beeinflussen.

Zu Absatz 2

Die Anzahl der Tranchen, in die die zu veräußernde EE-Strommenge im Fall einer Preislimitierung nach Absatz 1 aufgeteilt werden muss, wird von derzeit zehn auf 20 Tranchen angehoben.

Durch diese Erhöhung wird die Preisabstufung zwischen den Gebotstranchen im Fall einer Preislimitierung feingliedriger. In Summe erhöht sich die Chance, dass unter den Preislimits mehr Tranchen mit insgesamt etwas höheren Mengen bezuschlagt werden und somit eine geringere Strommenge „offen" bleibt, als dies bei größeren Tranchen der Fall wäre. Dadurch können Vermarktungsrisiken in Bezug auf nicht-bezuschlagte Mengen reduziert werden.

§ 9 Übergangsregelung

[1]Für die bis zum 31. April 2015 nach § 1 vermarkteten Strommengen können die Übertragungsnetzbetreiber die nach § 2 Nummer 1, 4 und 5 zu veröffentlichenden Daten erst zum 1. Mai 2015 veröffentlichen. [2]Bis dahin sind die Vermarktungstätigkeiten insoweit nach § 2 Nummer 1 bis 3 der Ausgleichsmechanismus-Ausführungsverordnung in der am 31. Januar 2015 geltenden Fassung zu veröffentlichen.

Amtliche Begründung (Übergangsregelung)

§ 9 wird vollständig neu gefasst. Die bisher unter § 9 vorgesehenen Sonderregelungen zum Inkrafttreten und Außerkrafttreten entfallen und werden durch neue Übergangsbestimmungen ersetzt.

Das Inkrafttreten der Verordnung ist in Art. 2 dieser Änderungsverordnung geregelt. Die entsprechende Regelung des **bisherigen § 9 Satz 1** kann daher entfallen.

Die Streichung des **bisherigen § 9 Satz 2** dient der Rechtsbereinigung. Die ehemalige Sonderregelung nach § 1 Absatz 4 war lediglich für einen Anfangszeitraum nach dem erstmaligen Inkrafttreten der Ausgleichsmechanismus-Ausführungsverordnung erforderlich und ist bereits Ende 2010 außer Kraft getreten. Die entsprechende Regelung zum Außerkrafttreten ist daher nicht mehr erforderlich.

Durch die Streichung des **bisherigen § 9 Satz 3** wird die Limitierungsregelung nach § 8 entfristet.

Das aktuelle Limitierungsmodell wurde bislang am 5. Januar 2012 sowie am 25./26. Dezember 2012 von den Übertragungsnetzbetreibern aktiv angewandt. Im Ergebnis hat die Regelung an diesen Tagen ihre Wirkung anschaulich unter Beweis gestellt. Sie fungiert auch außerhalb der konkreten Anwendungsfälle als „Sicherheitsnetz" für den Markt, die Übertragungsnetzbetreiber und letztlich die EEG-Umlagezahler.

Obwohl der von den Übertragungsnetzbetreibern zu vermarktende prozentuale Anteil an der EE-Gesamterzeugung durch die steigende Anzahl an Anlagen in der Direktvermarktung stark abgenommen hat und weiter abnimmt, besteht dennoch weiterhin die Möglichkeit von negativen Preisen unterhalb –150 Euro pro MW/h. Zusätzlich ist zu berücksichtigen, dass die erneuerbare Erzeugungskapazität insgesamt weiter deutlich zunehmen wird. Um auch in Zukunft die EEG-Umlage vor den Auswirkungen möglicher erheblich negativer Preise zu schützen, wird die Limitierungsmöglichkeit der Übertragungsnetzbetreiber, die inzwischen etabliert und durch § 11 Absatz 4 EEG 2014 auch gesetzlich ausdrücklich verankert ist, über den Februar 2015 hinaus beibehalten. Durch die Streichung von Satz 3, der nach bisherigem Stand das Außerkrafttreten zum 28. Februar 2015 vorgesehen hat, wird die Limitierungsregelung entfristet.

Der **neu gefasste § 9** sieht eine Übergangsregelung für die geänderten Veröffentlichungspflichten der Übertragungsnetzbetreiber vor. Die Übertragungsnetzbetreiber sollen durch die Übergangsregelung ausreichend Zeit erhalten, um ihre Systeme an die neuen oder inhaltlich angepassten Veröffentlichungspflichten nach § 2 Nummer 1, 3, 4 und 5 anzupassen.

Hinsichtlich der bis Ende April 2015 nach § 1 vermarkteten Strommengen müssen die Übertragungsnetzbetreiber die entsprechenden neuen Veröffentlichungspflichten nach § 2 Nummer 1, 4 und 5 daher nach dem **neu gefassten § 9 Satz 1** nicht sofort erfüllen. Sie müssen diese Veröffentlichungen nach den neuen Vorgaben dann spätestens bis zum 1. Mai 2015 „nachholen". Die Übertragungsnetzbetreiber werden jedoch nicht dazu gezwungen, die Übergangsfrist auszuschöpfen. Es bleibt ihnen unbenommen, die Daten bereits vor dem Ablauf der Frist nach den neuen Vorgaben zu veröffentlichen, falls die Umstellungsarbeiten weniger Zeit in Anspruch nehmen sollten.

Sofern die Übertragungsnetzbetreiber im Rahmen der Übergangsregelung nach Satz 1 ihre Vermarktungstätigkeiten noch nicht nach den neuen Vorgaben gemäß § 2 Nummer 1, 4 und 5 veröffentlichen, bleiben sie nach dem **neu gefassten § 9 Satz 2** insoweit verpflichtet, die entsprechenden Veröffentlichungen nach Maßgabe der bisher geltenden Transparenzvorschriften vorzunehmen.

6. Verordnung über Herkunftsnachweise für Strom aus erneuerbaren Energien*

(Herkunftsnachweisverordnung)

vom 28.11.2011
(BGBl. I 2447)

Zuletzt geändert durch Art. 19 G v. 21.7.2014
(BGBl. I 1066)

Vorbemerkung

Die Herkunftsnachweisverordnung dient Deutschland dazu, seine Pflicht aus der Richtlinie 2009/28/EG erfüllen, ein zentrales elektronisches Register für Herkunftsnachweise für Strom aus erneuerbaren Energien einzuführen, um die Stromkennzeichnung transparenter zu gestalten und einer Doppelvermarktung von Strom aus erneuerbaren Energien entgegenzuwirken. Artikel 15 der Richtlinie 2009/28/EG verlangt insbesondere, dass die Mitgliedstaaten geeignete Mechanismen schaffen, um sicherzustellen, dass Herkunftsnachweise von einer zentralen Stelle elektronisch ausgestellt, anerkannt, übertragen und entwertet werden sowie genau, zuverlässig, vor Missbrauch geschützt und betrugssicher sind. Dadurch soll gegenüber den Endkunden im Rahmen der Stromkennzeichnung nach § 42 Energiewirtschaftsgesetz (EnWG) der Nachweis geführt werden, dass ein bestimmter Anteil des gelieferten Stroms aus erneuerbaren Energien stammt. Zur Errichtung des Registers für diese Herkunftsnachweise ist das Umweltbundesamt (UBA) verpflichtet.

Säcker

Eingangsformel

Es verordnet auf Grund

- des § 64 Absatz 4 des Erneuerbare-Energien-Gesetzes, der durch Artikel 1 des Gesetzes vom 12. April 2011 (BGBl. I S. 619) eingefügt worden ist, das Bundesministerium für Umwelt, Naturschutz und Reaktorsicherheit im Einvernehmen mit dem Bundesministerium für Wirtschaft und Technologie sowie
- des § 63a Absatz 2 Nummer 3 des Erneuerbare-Energien-Gesetzes, der durch Artikel 1 des Gesetzes vom 12. April 2011 (BGBl. I S. 619) eingefügt worden ist, in Verbindung mit dem 2. Abschnitt des Verwaltungskostengesetzes vom 23. Juni 1970 (BGBl. I S. 821), das Bundesministerium für Umwelt, Naturschutz und Reaktorsicherheit:

---

* Diese Verordnung dient der Umsetzung der Richtlinie 2009/28/EG des Europäischen Parlaments und des Rates vom 23. April 2009 zur Förderung der Nutzung von Energie aus erneuerbaren Quellen und zur Änderung und anschließenden Aufhebung der Richtlinie 2001/77/EG und 2003/30/EG (ABl. L 140 vom 5.6.2009, S. 16).

§ 1 Herkunftsnachweisregister

(1) ¹Das Umweltbundesamt richtet das Herkunftsnachweisregister nach § 55 Absatz 3 des Erneuerbare-Energien-Gesetzes ein. ²Das Herkunftsnachweisregister nimmt den Betrieb nach Maßgabe der Rechtsverordnung nach § 6 auf; das Bundesministerium für Umwelt, Naturschutz und Reaktorsicherheit macht den Tag der Inbetriebnahme im elektronischen Bundesanzeiger bekannt.

(2) Jede natürliche oder juristische Person und jede Personengesellschaft erhält auf Antrag nach Maßgabe der Rechtsverordnung nach § 6 ein Konto im Herkunftsnachweisregister, in dem die Ausstellung, Inhaberschaft, Anerkennung, Übertragung, Verwendung und Entwertung von Herkunftsnachweisen registriert werden.

(3) Das Umweltbundesamt kann nach Maßgabe der Rechtsverordnung nach § 6 bei Vorliegen eines berechtigten Interesses Konten vorläufig sperren oder schließen sowie Kontoinhaberinnen und Kontoinhaber vorläufig oder dauerhaft von der weiteren Nutzung des Herkunftsnachweisregisters ausschließen.

(4) Das Umweltbundesamt hat bei der Einrichtung und bei dem Betrieb des Herkunftsnachweisregisters die erforderlichen technischen und organisatorischen Maßnahmen zur Sicherstellung von Datenschutz und Datensicherheit unter Beachtung von § 9 des Bundesdatenschutzgesetzes und der Anlage zu § 9 Satz 1 des Bundesdatenschutzgesetzes und unter Berücksichtigung der einschlägigen Standards und Empfehlungen des Bundesamtes für Sicherheit in der Informationstechnik zu treffen.

§ 2 Mindestinhalt von Herkunftsnachweisen

Ein Herkunftsnachweis muss mindestens die folgenden Angaben enthalten:

1. eine einmalige Kennnummer,
2. das Datum der Ausstellung und den ausstellenden Staat,
3. die zur Stromerzeugung eingesetzten Energien nach Art und wesentlichen Bestandteilen,
4. den Beginn und das Ende der Erzeugung des Stroms, für den der Herkunftsnachweis ausgestellt wird,
5. den Standort, den Typ, die installierte Leistung und den Zeitpunkt der Inbetriebnahme der Anlage, in der der Strom erzeugt wurde, sowie
6. Angaben dazu, ob, in welcher Art und in welchem Umfang
   a) für die Anlage, in der der Strom erzeugt wurde, Investitionsbeihilfen geleistet wurden,
   b) für die Strommenge in sonstiger Weise eine Förderung im Sinne von Artikel 2 Buchstabe k der Richtlinie 2009/28/EG des Europäischen Parlaments und des Rates vom 23. April 2009 zur Förderung der Nutzung von Energie aus erneuerbaren Quellen und zur Änderung und anschließenden Aufhebung der Richtlinien 2001/77/EG und 2003/30/EG (ABl. L 140 vom 5.6.2009, S. 16) gezahlt oder erbracht wurde.

§ 3 Grundsätze für die Ausstellung, Anerkennung, Übertragung und Entwertung von Herkunftsnachweisen

(1) [1]Das Umweltbundesamt

1. stellt Anlagenbetreiberinnen und Anlagenbetreibern Herkunftsnachweise für Strom aus erneuerbaren Energien aus,
2. überträgt Herkunftsnachweise und
3. erkennt Herkunftsnachweise aus dem Ausland für Strom aus erneuerbaren Energien an.

[2]Die Ausstellung, Übertragung und Anerkennung nach Satz 1 erfolgt auf Antrag nach Maßgabe der Rechtsverordnung nach § 6.

(2) [1]Herkunftsnachweise werden jeweils für eine erzeugte und an Letztverbraucherinnen oder Letztverbraucher gelieferte Strommenge von einer Megawattstunde ausgestellt. [2]Für jede erzeugte und an Letztverbraucherinnen oder Letztverbraucher gelieferte Megawattstunde Strom wird nicht mehr als ein Herkunftsnachweis ausgestellt.

(3) Herkunftsnachweise aus dem Ausland können nur anerkannt werden, wenn sie mindestens die Vorgaben des Artikels 15 Absatz 6 und 9 der Richtlinie 2009/28/EG erfüllen.

(4) [1]Das Umweltbundesamt entwertet Herkunftsnachweise nach ihrer Verwendung, spätestens aber zwölf Monate nach Erzeugung der entsprechenden Strommenge. [2]Entwertete Herkunftsnachweise dürfen nicht mehr verwendet werden. [3]Sie sind unverzüglich automatisch zu löschen, sobald sie zur Führung des Herkunftsnachweisregisters nicht mehr erforderlich sind.

§ 4 Übertragung von Aufgaben; Beleihung

(1) Das Umweltbundesamt wird ermächtigt, durch Rechtsverordnung im Einvernehmen mit dem Bundesministerium für Wirtschaft und Energie die Einrichtung und den Betrieb des Herkunftsnachweisregisters nach § 1 sowie die Ausstellung, Anerkennung, Übertragung und Entwertung von Herkunftsnachweisen nach § 3 einschließlich der Vollstreckung der hierzu ergehenden Verwaltungsakte ganz oder teilweise durch Beleihung auf eine juristische Person des Privatrechts zu übertragen, wenn diese Gewähr dafür bietet, dass die übertragenen Aufgaben ordnungsgemäß und zentral für das Bundesgebiet erfüllt werden.

(2) Eine juristische Person des Privatrechts bietet die notwendige Gewähr im Sinne von Absatz 1, wenn

1. die Personen, die nach dem Gesetz, dem Gesellschaftsvertrag oder der Satzung die Geschäftsführung oder Vertretung ausüben, zuverlässig und fachlich geeignet sind,
2. sie über die zur Erfüllung ihrer Aufgaben notwendige Ausstattung und Organisation verfügt,
3. sie rechtlich, wirtschaftlich, organisatorisch und personell unabhängig ist von juristischen Personen, die in den Bereichen Energieerzeugung, -handel und -vertrieb einschließlich Handel mit Herkunftsnachweisen oder sonstigen Nachweisen über die Erzeugung von Energie tätig sind, und

4. sie durch technische und organisatorische Maßnahmen sicherstellt, dass die Vorschriften zum Schutz personenbezogener Daten sowie von Betriebs- oder Geschäftsgeheimnissen eingehalten werden.

(3) Die nach Absatz 1 beliehene juristische Person des Privatrechts untersteht der Rechts- und Fachaufsicht des Umweltbundesamtes.

(4) Die Aufgabenübertragung ist im elektronischen Bundesanzeiger bekannt zu machen.

(5) Die Anforderungen an die Beendigung der Aufgabenübertragung und die hiermit verbundenen Rechte und Pflichten für die mit der Aufgabe beliehene juristische Person sind in der Rechtsverordnung nach Absatz 1 zu regeln.

§ 5 Außenverkehr

[1]Zur Anerkennung ausländischer Herkunftsnachweise nach § 79 Absatz 2 des Erneuerbare-Energien-Gesetzes obliegt der Verkehr mit den zuständigen Ministerien und Behörden anderer Mitgliedstaaten der Europäischen Union und von Drittstaaten sowie mit Organen der Europäischen Union dem Bundesministerium für Wirtschaft und Energie; dabei sind die §§ 4b und 4c des Bundesdatenschutzgesetzes zu beachten. [2]Es kann diese Aufgabe ganz oder teilweise auf das Umweltbundesamt übertragen.

§ 6 Übertragung der Verordnungsermächtigung

(1) Das Umweltbundesamt wird ermächtigt, durch Rechtsverordnung im Einvernehmen mit dem Bundesministerium für Wirtschaft und Energie

1. weitere Anforderungen an den Inhalt, die Gültigkeitsdauer und die Form der Herkunftsnachweise sowie die verwendeten Datenformate und Schnittstellen zu anderen informationstechnischen Systemen festzulegen,
2. Anforderungen zu regeln an
   a) die Ausstellung, Übertragung und Entwertung von Herkunftsnachweisen,
   b) die Anerkennung von Herkunftsnachweisen für Strom aus erneuerbaren Energien aus dem Ausland nach § 79 Absatz 2 des Erneuerbare-Energien-Gesetzes sowie
   c) die Anerkennung, Übertragung und Entwertung von Herkunftsnachweisen, die vor der Inbetriebnahme des Herkunftsnachweisregisters ausgestellt worden sind,
3. Voraussetzungen für die vorläufige oder dauerhafte Sperrung von Konten und den Ausschluss von Kontoinhaberinnen und Kontoinhabern von der Nutzung des Herkunftsnachweisregisters festzulegen,
4. das Verfahren für die Ausstellung, Anerkennung, Übertragung und Entwertung von Herkunftsnachweisen zu regeln sowie festzulegen, wie Antragstellerinnen und Antragsteller dabei die Einhaltung der Anforderungen nach Nummer 2 nachweisen müssen, sowie
5. die weitere Ausgestaltung des Herkunftsnachweisregisters nach § 79 Absatz 3 des Erneuerbare-Energien-Gesetzes zu regeln sowie festzulegen, welche Angaben an das Herkunftsnachweisregister übermittelt werden müssen und wer zur Übermittlung verpflichtet ist, einschließlich Regelungen zum Schutz personenbezogener Daten, in denen Art, Umfang und Zweck der Speicherung sowie Löschungsfristen festgelegt werden müssen.

(2) Das Umweltbundesamt wird ermächtigt, durch Rechtsverordnung die für Amtshandlungen des Umweltbundesamtes im Zusammenhang mit der Ausstellung, Anerkennung, Übertragung und Entwertung von Herkunftsnachweisen sowie für die Nutzung des Herkunftsnachweisregisters gebührenpflichtigen Tatbestände und Gebührensätze sowie die erstattungsfähigen Auslagen gemäß § 87 des Erneuerbare-Energien-Gesetzes zu bestimmen.

§ 7 Übergangsbestimmungen

[1]Die §§ 1 bis 4 sind nicht anzuwenden auf Herkunftsnachweise, die bis zur Aufnahme des Betriebs des Herkunftsnachweisregisters nach § 1 Absatz 1 Satz 2 ausgestellt worden sind. [2]Herkunftsnachweise nach Satz 1 gelten spätestens zwölf Monate nach dem Tag der Aufnahme des Betriebs des Herkunftsnachweisregisters als entwertet. [3]§ 3 Absatz 4 Satz 3 gilt entsprechend.

§ 8 Inkrafttreten

Diese Verordnung tritt am 9. Dezember 2011 in Kraft.

7. Durchführungsverordnung über Herkunftsnachweise für Strom aus erneuerbaren Energien*

(Herkunftsnachweis-Durchführungsverordnung)

vom 15.10.2012

(BGBl. I S. 2147)

zuletzt geändert durch Artikel 20 des Gesetzes vom 21.7.2014

(BGBl. I S. 1066)

Eingangsformel

Auf Grund des § 64d Nummer 1 bis 4 des Erneuerbare-Energien-Gesetzes, der durch Artikel 1 Nummer 41 des Gesetzes vom 28. Juli 2011 (BGBl. I S. 1634) eingefügt worden ist, in Verbindung mit § 64h Absatz 3 Satz 1 des Erneuerbare-Energien-Gesetzes, der durch Artikel 1 Nummer 23 des Gesetzes vom 17. August 2012 (BGBl. I S. 1754) geändert worden ist, in Verbindung mit § 6 Absatz 1 der Herkunftsnachweisverordnung vom 28. November 2011 (BGBl. I S. 2447), verordnet das Umweltbundesamt im Einvernehmen mit dem Bundesministerium für Umwelt, Naturschutz und Reaktorsicherheit und dem Bundesministerium für Wirtschaft und Technologie:

Abschnitt 1
Allgemeine Vorschriften

§ 1 Registerführung

Die Registerverwaltung führt das Herkunftsnachweisregister als elektronische Datenbank, in der die Ausstellung inländischer Herkunftsnachweise, die Anerkennung ausländischer Herkunftsnachweise sowie die Übertragung und Entwertung in- und ausländischer Herkunftsnachweise registriert werden.

§ 2 Begriffsbestimmungen

Im Sinne dieser Verordnung bedeutet:

1. Anlage: eine Anlage im Sinne des § 5 Nummer 1 des Erneuerbare-Energien-Gesetzes; speisen mehrere Anlagen, die Strom aus gleichartigen erneuerbaren Energien erzeugen, über einen gemeinsamen geeichten Zähler und einen Zählpunkt mit identischer Bezeichnung ein, gilt die Gesamtheit dieser Anlagen als eine Anlage;

---

* Diese Verordnung dient der Umsetzung der Richtlinie 2009/28/EG des Europäischen Parlaments und des Rates vom 23. April 2009 zur Förderung der Nutzung von Energie aus erneuerbaren Quellen und zur Änderung und anschließenden Aufhebung der Richtlinie 2001/77/EG und 2003/30/EG (ABl. L 140 vom 5.6.2009, S. 16).

2. Biomasse: Biomasse im Sinne von Artikel 2 Satz 3 Buchstabe e der Richtlinie 2009/28/EG des Europäischen Parlaments und des Rates vom 23. April 2009 zur Förderung der Nutzung von Energie aus erneuerbaren Quellen und zur Änderung und anschließenden Aufhebung der Richtlinien 2001/77/EG und 2003/30/EG (ABl. L 140 vom 5.6.2009, S. 16);

3. Konto: ein bei der Registerverwaltung geführtes Konto, auf dem die Ausstellung, Übertragung, Anerkennung und Entwertung von Herkunftsnachweisen erfolgt;

4. Nutzerin oder Nutzer: eine natürliche Person, die für eine Registerteilnehmerin oder einen Registerteilnehmer zur Vornahme von Handlungen gegenüber der Registerverwaltung berechtigt ist; sofern Registerteilnehmerinnen oder Registerteilnehmer natürliche Personen sind, können sie auch selbst Nutzerinnen oder Nutzer sein;

5. Register: Herkunftsnachweisregister nach § 79 Absatz 3 des Erneuerbare-Energien-Gesetzes;

6. Registerteilnehmerin oder Registerteilnehmer: Kontoinhaberin oder Kontoinhaber, Dienstleister, Umweltgutachter oder Umweltgutachterorganisation, sofern sie beim Register registriert sind;

7. Registerverwaltung: das Umweltbundesamt als zuständige Stelle gemäß § 79 Absatz 4 des Erneuerbare-Energien-Gesetzes oder eine nach § 4 der Herkunftsnachweisverordnung mit dem Betrieb des Registers beliehene juristische Person;

8. Umweltgutachter oder Umweltgutachterorganisation:
   a) Umweltgutachter oder Umweltgutachterorganisationen im Sinne des § 2 Absatz 2 oder 3 des Umweltauditgesetzes in der Fassung der Bekanntmachung vom 4. September 2002 (BGBl. I S. 3490), das zuletzt durch Artikel 1 des Gesetzes vom 6. Dezember 2011 (BGBl. I S. 2509) geändert worden ist, in der jeweils geltenden Fassung, soweit sie über eine Zulassung für den Bereich Elektrizitätserzeugung aus erneuerbaren Energien oder eine Zulassung für den Bereich Elektrizitätserzeugung aus Wasserkraft verfügen, sowie
   b) Umweltgutachter oder Umweltgutachterorganisationen, die in einem anderen Mitgliedstaat der Europäischen Union oder einem Staat des Europäischen Wirtschaftsraums über eine Zulassung in den genannten Bereichen verfügen, nach Maßgabe von § 18 Absatz 1 und 2 des Umweltauditgesetzes.

§ 3 Betrieb des Registers

(1) ¹Registerteilnehmerinnen und Registerteilnehmer sind verpflichtet, für die Kommunikation mit der Registerverwaltung die von dieser bereitgestellten elektronischen Formularvorlagen zu nutzen. ²Die Formularvorlagen geben vor, welche Angaben die Registerteilnehmerinnen und Registerteilnehmer aufgrund dieser Verordnung machen müssen.

(2) ¹Registerteilnehmerinnen und Registerteilnehmer sind weiterhin verpflichtet, für die Kommunikation mit der Registerverwaltung einen elektronischen Zugang innerhalb des von der Registerverwaltung zur Verfügung gestellten Kommunikationssystems zu eröffnen und zu nutzen. ²Die Registerverwaltung stellt ein solches Kommunikationssystem für den Empfang von elektronischen Dokumenten und Nachrichten sowie für die Bekanntgabe von Entscheidungen zur Verfügung. ³Verwaltungsakte, Entscheidungen und Mitteilungen der Registerverwaltung, die diese elektronisch an den elektronischen Zugang der Register-

teilnehmerin und des Registerteilnehmers nach Satz 1 übermittelt, gelten am dritten Tag nach der Absendung als bekannt gegeben.

(3) Die Registerverwaltung kann den Registerteilnehmerinnen und Registerteilnehmern ein bestimmtes, etabliertes und dem Schutzbedarf angemessenes Verschlüsselungsverfahren für die Datenübermittlung an die Registerverwaltung vorschreiben.

(4) [1]Die Registerverwaltung ist berechtigt, Fehler, die bei der Ausstellung, Übertragung, Anerkennung und Entwertung von Herkunftsnachweisen auftreten, sowie Fehler in Anlagen- und Registerteilnehmerdaten zu korrigieren. [2]Die Registerverwaltung ist zudem berechtigt, die notwendigen Maßnahmen zu ergreifen, um künftige Fehler im Sinne von Satz 1 zu verhindern.

§ 4 Kontoeröffnung

(1) Für die Ausstellung inländischer Herkunftsnachweise, die Anerkennung ausländischer Herkunftsnachweise sowie die Übertragung und Entwertung in- und ausländischer Herkunftsnachweise wird ein Konto im Register benötigt, welches die Registerverwaltung gemäß Absatz 2 eröffnet.

(2) [1]Die Registerverwaltung eröffnet ein Konto, wenn eine natürliche oder juristische Person oder eine rechtsfähige Personengesellschaft dies beantragt und der Registerverwaltung die für die Kontoeröffnung und Kontoführung erforderlichen Daten nach den Absätzen 3 und 4 übermittelt. [2]Eine natürliche oder juristische Person oder eine rechtsfähige Personengesellschaft kann Inhaberin mehrerer Konten sein.

(3) [1]Eine natürliche Person, die ein Konto beantragt, hat dafür folgende Daten elektronisch zu übermitteln:

1. Vor- und Zuname, Adresse, Staat des Wohnsitzes sowie Telefonnummer und E-Mail-Adresse,
2. die Umsatzsteuer-Identifikationsnummer, sofern vorhanden, und
3. die beabsichtigte Funktion oder die beabsichtigten Funktionen der Kontoinhaberin oder des Kontoinhabers als Anlagenbetreiberin oder Anlagenbetreiber, Händlerin oder Händler oder Elektrizitätsversorger.

[2]Die Personen nach Satz 1 müssen ihre Identität durch ein geeignetes Verfahren, das die Registerverwaltung bestimmt, nachweisen. [3]Bei Eröffnung weiterer Konten für dieselbe Antragstellerin oder denselben Antragsteller bedarf es des erneuten Nachweises der Identität nicht. [4]Die Registerverwaltung ist bei den in den Nutzungsbedingungen nach § 34 aufgezählten Handlungen im Zusammenhang mit der Nutzung des Registers berechtigt, bei der Kontoinhaberin oder bei dem Kontoinhaber die zur Authentifizierung erforderlichen Daten zu erheben.

(4) [1]Eine juristische Person oder eine rechtsfähige Personengesellschaft, die ein Konto beantragt, hat dafür folgende Daten elektronisch zu übermitteln:

1. ihren Namen und Sitz sowie ihre Telefonnummer und E-Mail-Adresse,
2. Vor- und Zuname, Adresse, Staat des Wohnsitzes sowie Telefonnummer und E-Mail-Adresse der natürlichen Person, die für die Antragstellerin handelt,
3. ihre Umsatzsteuer-Identifikationsnummer, sofern vorhanden,

4. die beabsichtigte Funktion oder die beabsichtigten Funktionen der Kontoinhaberin oder des Kontoinhabers als Anlagenbetreiber, Händler oder Elektrizitätsversorgungsunternehmen, und

5. die Handelsregisternummer, wenn die juristische Person oder rechtsfähige Personengesellschaft im Handelsregister eingetragen ist.

²Die Personen nach Satz 1 Nummer 2 müssen ihre Identität durch ein geeignetes Verfahren, das die Registerverwaltung bestimmt, und ihre Vertretungsmacht für die Beantragung des Kontos und für die Kontoführung nachweisen. ³Die Registerverwaltung ist bei den in den Nutzungsbedingungen nach § 34 aufgezählten Handlungen im Zusammenhang mit der Nutzung des Registers berechtigt, bei der Kontoinhaberin oder bei dem Kontoinhaber die zur Authentifizierung erforderlichen Daten zu erheben.

(5) ¹Bei der Beantragung des Kontos oder zu einem späteren Zeitpunkt ist die Antragstellerin oder der Antragsteller berechtigt, eine oder mehrere natürliche Personen desselben Unternehmens als Nutzerinnen zu benennen, die Handlungen im Zusammenhang mit der Nutzung des Registers vornehmen können, zu denen die Kontoinhaberin oder der Kontoinhaber berechtigt und verpflichtet ist. ²Die Benennung nach Satz 1 kann jederzeit widerrufen werden. ³Eine natürliche Person darf als Nutzerin für mehrere Konten einer Kontoinhaberin oder eines Kontoinhabers benannt werden.

(6) ¹Die Registerverwaltung hat den Antrag auf Eröffnung eines Kontos abzulehnen, wenn der Antragsteller von der Teilnahme am Register nach § 32 Absatz 1 ausgeschlossen ist. ²Der Antrag kann abgelehnt werden, wenn die Voraussetzungen für eine Sperrung des Kontos nach § 30 Absatz 2 oder für eine Schließung des Kontos nach § 31 Absatz 2 vorliegen.

§ 5 Dienstleister

(1) ¹Die Kontoinhaberin oder der Kontoinhaber ist berechtigt, entweder natürliche Personen, die nicht als Nutzerin oder Nutzer nach § 4 Absatz 5 benannt werden können, oder juristische Personen oder rechtsfähige Personengesellschaften als Dienstleister zu bevollmächtigen. ²Die Bevollmächtigung erstreckt sich auf alle Handlungen im Zusammenhang mit der Nutzung des Registers, zu denen sie oder er berechtigt und verpflichtet ist, wenn dem keine berechtigten Interessen der Registerverwaltung entgegenstehen.

(2) ¹Ein Dienstleister kann Handlungen für die Kontoinhaberin oder den Kontoinhaber nur vornehmen, wenn dafür eine Vollmacht besteht, die die Kontoinhaberin oder der Kontoinhaber für den Dienstleister gegenüber der Registerverwaltung erteilt hat und die in Form und Inhalt den Vorgaben der Registerverwaltung entspricht. ²Ein Dienstleister kann auch für mehrere Kontoinhaberinnen oder Kontoinhaber tätig werden.

(3) ¹Der Dienstleister hat sich bei der Registerverwaltung zu registrieren. ²Für die Registrierung ist § 4 Absatz 2 bis 6 entsprechend anzuwenden.

(4) ¹Die Registerverwaltung kann Dienstleister von Nutzungen des Registers ausschließen, wenn der Nutzung berechtigte Interessen der Registerverwaltung entgegenstehen. ²Dies ist in der Regel der Fall, wenn begründete Zweifel an der Zuverlässigkeit des Dienstleisters bestehen oder wenn der Dienstleister in Anträgen gegenüber der Registerverwaltung wiederholt falsche Angaben gemacht hat. ³Der Dienstleister wird auf Antrag wieder zugelassen, wenn die den Ausschluss rechtfertigenden Gründe entfallen sind.

Abschnitt 2
Ausstellung von Herkunftsnachweisen und
Registrierung von Anlagen

Unterabschnitt 1
Ausstellung von Herkunftsnachweisen

§ 6 Ausstellung von Herkunftsnachweisen

(1) Auf Antrag der Anlagenbetreiberin oder des Anlagenbetreibers stellt die Registerverwaltung einen Herkunftsnachweis pro erzeugter Megawattstunde Strom aus erneuerbaren Energien aus und verbucht ihn auf dem Konto der Anlagenbetreiberin oder des Anlagenbetreibers, wenn

1. eine gültige Registrierung für die Anlage nach Maßgabe der §§ 10 bis 15 vorliegt und die Anlagenbetreiberin oder der Anlagenbetreiber ein Konto hat, dem diese Anlage zugeordnet ist,

2. die Strommenge, für die die Ausstellung von Herkunftsnachweisen beantragt wird, in der nach den §§ 10 bis 15 registrierten Anlage nach ihrer Registrierung aus erneuerbaren Energien erzeugt wurde; im Fall einer vorläufigen Anlagenregistrierung gemäß § 11 Absatz 5 muss die Bestätigung des Umweltgutachters oder der Umweltgutachterorganisation nachgereicht worden sein,

3. der Netzbetreiber der Registerverwaltung die von der Anlage erzeugte und ins Netz eingespeiste Strommenge nach Maßgabe des § 22 mitgeteilt hat,

4. für die erzeugte Strommenge aus erneuerbaren Energien noch kein Herkunftsnachweis und kein sonstiger Nachweis ausgestellt worden ist, der der Stromkennzeichnung oder einem anderen Verfahren zum Ausweis einer Stromlieferung im Inland oder Ausland zumindest auch dient,

5. für die erzeugte Strommenge für den Betreiber von hocheffizienten KWK-Anlagen im Sinne des § 3 Absatz 2 des Kraft-Wärme-Kopplungsgesetzes von der zuständigen Stelle noch kein Herkunftsnachweis gemäß § 9a des Kraft-Wärme-Kopplungsgesetzes für Strom, der in Kraft-Wärme-Kopplung erzeugt wurde, ausgestellt wurde,

6. für die erzeugte Strommenge aus erneuerbaren Energien keine Förderung nach § 19 des Erneuerbare-Energien-Gesetzes in Anspruch genommen worden ist und der Netzbetreiber entsprechende Daten gemäß § 22 übermittelt hat,

7. der Herkunftsnachweis bei der Ausstellung nicht wegen Zeitablaufs gemäß § 3 Absatz 4 der Herkunftsnachweisverordnung sowie § 17 Absatz 5 Satz 1 bereits entwertet werden müsste,

8. ein Umweltgutachter oder eine Umweltgutachterorganisation bei Anlagen, die außer erneuerbaren Energien auch sonstige Energieträger einsetzen dürfen und eine Leistung von mehr als 100 Kilowatt aufweisen, vor der Ausstellung bestätigt hat, dass die Voraussetzungen nach Nummer 2 vorliegen, und

9. durch die Ausstellung des Herkunftsnachweises die Sicherheit, Richtigkeit und Zuverlässigkeit des Registers nicht gefährdet wird.

(2) Der Antrag auf Ausstellung von Herkunftsnachweisen darf auch vor der Erzeugung der Strommengen gestellt werden, es sei denn, es handelt sich um Strom aus Anlagen, die au-

ßer erneuerbaren Energien auch sonstige Energieträger einsetzen dürfen und eine Leistung von mehr als 100 Kilowatt aufweisen, oder um Strom aus Pumpspeicherkraftwerken.

(3) ¹Die Anlagenbetreiberin oder der Anlagenbetreiber hat beim Antrag auf Ausstellung der Herkunftsnachweise anzugeben, ob und auf welche Weise die Strommenge, für die Herkunftsnachweise beantragt werden, staatlich gefördert wurde. ²Der Anlagenbetreiberin oder dem Anlagenbetreiber ist es jedoch untersagt, einen Herkunftsnachweis zu beantragen, wenn für die erzeugte Strommenge eine Förderung nach § 19 des Erneuerbare-Energien-Gesetzes in Anspruch genommen worden ist.

(4) ¹Der Anlagenbetreiberin oder dem Anlagenbetreiber ist es untersagt, einen Herkunftsnachweis für die erzeugte Strommenge zu beantragen, für die ein Herkunftsnachweis nach § 9a des Kraft-Wärme-Kopplungsgesetzes oder ein anderer Nachweis zum Ausweis einer Stromlieferung aus erneuerbaren Energien im Inland oder Ausland ausgestellt wurde. ²Weiterhin ist es der Anlagenbetreiberin oder dem Anlagenbetreiber untersagt, einen Herkunftsnachweis für eine Strommenge zu beantragen, die nicht aus erneuerbaren Energien in einer nach den §§ 10 bis 15 registrierten Anlage nach deren Registrierung erzeugt wurde.

(5) Wurden der Anlagenbetreiberin oder dem Anlagenbetreiber zu einem früheren Zeitpunkt Herkunftsnachweise ausgestellt, ohne dass der Ausstellung eine entsprechende Erzeugung von einer Strommenge aus erneuerbaren Energien zugrunde gelegen hat, kann die Registerverwaltung, soweit die Anlagenbetreiberin oder der Anlagenbetreiber keine Entwertung gemäß § 17 Absatz 6 beantragt hat, die Ausstellung von Herkunftsnachweisen in entsprechendem Umfang verweigern.

§ 7 Ausstellung von Herkunftsnachweisen für Strom aus Pumpspeicherkraftwerken

(1) Für Strom aus erneuerbaren Energien, der in Pumpspeicherkraftwerken mit natürlichen Zuflüssen gewonnen wird, werden Herkunftsnachweise für die gesamte Strommenge ausgestellt, die in dem Pumpspeicherkraftwerk erzeugt wird, abzüglich der Energie, die für den Pumpbetrieb verwendet wird, und unter Berücksichtigung eines angemessenen Faktors für die Energieverluste.

(2) ¹Die für die Ausstellung von Herkunftsnachweisen relevante Strommenge errechnet sich wie folgt: Die für den Pumpbetrieb aufgewendete Elektrizitätsmenge ist mit einem Wirkungsgradfaktor von 0,83 zu multiplizieren und dann von der eingespeisten Elektrizitätsmenge abzuziehen. ²Die Anlagenbetreiberin oder der Anlagenbetreiber ist berechtigt, für eine Anlage nach Absatz 1 einen anderen Wirkungsgradfaktor, nach dem sich die für die Ausstellung von Herkunftsnachweisen relevante Strommenge errechnet, zu übermitteln, wenn dieser durch einen Umweltgutachter oder eine Umweltgutachterorganisation bestätigt wird.

(3) Die Betreiberin oder der Betreiber einer Anlage nach Absatz 1 hat unbeschadet des § 6 bei dem Antrag auf Ausstellung von Herkunftsnachweisen die für den Pumpbetrieb aufgewendete Strommenge für den Zeitraum, für den Herkunftsnachweise beantragt werden, sowie die sich gemäß den Absätzen 1 und 2 ergebende, für die Ausstellung von Herkunftsnachweisen relevante Strommenge anzugeben und durch einen Umweltgutachter oder eine Umweltgutachterorganisation bestätigen zu lassen.

§ 8 Inhalt des Herkunftsnachweises

(1) Ein von der Registerverwaltung ausgestellter Herkunftsnachweis erhält neben den Angaben nach § 2 der Herkunftsnachweisverordnung die folgenden weiteren Angaben:

1. die Registerverwaltung als ausstellende Stelle,
2. die von der Registerverwaltung vergebene Kennnummer der Anlage und
3. die Bezeichnung der Anlage.

(2) [1]Auf Antrag der Anlagenbetreiberin oder des Anlagenbetreibers kann der Herkunftsnachweis zusätzlich Angaben zur Art und Weise der Stromerzeugung in der Anlage enthalten. [2]Die zusätzlichen Angaben können nur aufgenommen werden, wenn ihre Richtigkeit beim Antrag auf Ausstellung der Herkunftsnachweise oder, soweit es sich um anlagenspezifische Daten handelt, die bereits bei der Anlagenregistrierung feststehen, bei der Anlagenregistrierung durch einen Umweltgutachter oder eine Umweltgutachterorganisation bestätigt worden ist. [3]Wird der Herkunftsnachweis ins Ausland übertragen, entfällt die zusätzliche Angabe.

(3) [1]Auf Antrag der Anlagenbetreiberin oder des Anlagenbetreibers wird in den Herkunftsnachweis zusätzlich die Angabe aufgenommen, dass die Anlagenbetreiberin oder der Anlagenbetreiber die Strommenge, die dem Herkunftsnachweis zugrunde liegt, an das Elektrizitätsversorgungsunternehmen veräußert und geliefert hat, an das es auch den Herkunftsnachweis übertragen wird. [2]Bei der Antragstellung sind der Name und die Marktpartner-Identifikationsnummer des Elektrizitätsversorgungsunternehmens sowie der Bilanzkreis, in den die erzeugte Strommenge geliefert wird, und, soweit die zu erzeugende Strommenge an mehrere Elektrizitätsversorgungsunternehmen geliefert wird, der jeweilige prozentuale Anteil anzugeben. [3]Die Angaben nach Satz 2 sind beim Antrag auf Ausstellung der Herkunftsnachweise durch einen Umweltgutachter oder eine Umweltgutachterorganisation bestätigen zu lassen. [4]Die Anlagenbetreiberin oder der Anlagenbetreiber ist verpflichtet, den Strom, der den Herkunftsnachweisen mit der zusätzlichen Angabe gemäß Satz 1 zugrunde liegt, tatsächlich an das Elektrizitätsversorgungsunternehmen zu liefern. [5]Die Registerverwaltung ist berechtigt, nachträglich die tatsächliche Lieferung des Stroms zu prüfen. [6]Wird der Herkunftsnachweis von dem Elektrizitätsversorgungsunternehmen an einen Dritten weiter übertragen, entfällt die zusätzliche Angabe.

(4) Die Registerverwaltung ist berechtigt, zusätzliche, einschränkende und abschließende Vorgaben zum Inhalt der von der Anlagenbetreiberin oder dem Anlagenbetreiber nach den Absätzen 2 und 3 beantragten Aufnahme von zusätzlichen Angaben zu machen.

§ 9 Festlegung des Erzeugungszeitraums

(1) Auf dem Herkunftsnachweis sind der Beginn und das Ende der Stromerzeugung anzugeben, die dem Herkunftsnachweis zugrunde liegt.

(2) Für Anlagen, die mit technischen Einrichtungen ausgestattet sind, mit denen der Netzbetreiber jederzeit die jeweilige Ist-Einspeisung abrufen kann, ist als Beginn des Erzeugungszeitraums der erste Tag des Kalendermonats und als Ende des Erzeugungszeitraums der letzte Tag des Kalendermonats anzugeben, in dem die Erzeugung der Strommenge abgeschlossen wurde.

(3) Für Anlagen, die nicht von Absatz 2 erfasst werden, ist als Beginn des Erzeugungszeitraums der erste Tag nach der vorletzten Ablesung der Stromerzeugungsdaten und als Ende des Erzeugungszeitraums der Tag der letzten Ablesung der Stromerzeugungsdaten anzugeben.

Unterabschnitt 2
Registrierung von Anlagen

§ 10 Erstmalige Anlagenregistrierung

(1) Einem Konto können eine oder mehrere von der Kontoinhaberin oder dem Kontoinhaber betriebene Anlagen zugeordnet werden, wenn die Anlage sich im Geltungsbereich des Erneuerbare-Energien-Gesetzes befindet und nach Maßgabe der Absätze 2 und 3 sowie der §§ 11 bis 15 registriert wurde.

(2) Die Registerverwaltung registriert die Anlage und weist sie dem Konto der Antragstellerin oder des Antragstellers zu, wenn die Anlagenbetreiberin oder der Anlagenbetreiber dies beantragt und der Registerverwaltung die folgenden Daten elektronisch übermittelt:

1. Vor- und Zuname bei natürlichen Personen oder Name und Sitz bei juristischen Personen,

2. Standort der Anlage mit Straße, Hausnummer, Postleitzahl, Ort, Landkreis, Bundesland, Flurstück oder bei Windenergieanlagen auf See nach § 5 Nummer 36 des Erneuerbare-Energien-Gesetzes mit den geografischen Koordinaten,

3. Name und Anschrift des Netzbetreibers der allgemeinen Versorgung, in dessen Netz die Anlage einspeist; soweit Strom aus der Anlage in ein Netz eingespeist wird, das kein Netz für die allgemeine Versorgung ist, und dieser Strom von Letztverbraucherinnen oder Letztverbrauchern verbraucht wird, die an dieses Netz angeschlossen sind: Name und Anschrift dieses Netzbetreibers,

4. die Energieträger, aus denen der Strom in der Anlage erzeugt wird, einschließlich Energieträger, die nicht erneuerbare Energien sind,

5. bei Biomasseanlagen die Angabe, ob die Anlage ausschließlich Biomasse oder auch andere Energieträger einsetzen darf,

6. eine eindeutige Bezeichnung der Anlage, zudem, sofern vorhanden, die Bezeichnung des Herstellers und des Typs der Anlage,

7. die Anlagen-Kennnummern, die vom Netzbetreiber im Rahmen der Abwicklung der Vergütungen nach dem Erneuerbare-Energien-Gesetz verwendet werden (EEG-Anlagenschlüssel), sofern solche Nummern vorhanden sind,

8. Nummer der Messeinrichtung oder der Messstelle am Netzverknüpfungspunkt,

9. installierte Leistung der Anlage,

10. Zeitpunkt der Inbetriebnahme der Anlage,

11. die Bezeichnung sämtlicher von dem aufnehmenden Netzbetreiber der allgemeinen Versorgung oder, sofern die Anlage an ein sonstiges Netz angeschlossen ist, der von dem aufnehmenden sonstigen Netzbetreiber vergebenen Zählpunkte, über die der in der Anlage erzeugte Strom bei der Einspeisung in das Netz zähltechnisch erfasst wird,

12. wenn die Anlage über mehrere Zählpunktbezeichnungen nach Nummer 11 verfügt: eine Berechnungsformel, um aus den an den Zählpunkten gemessenen Strommengen die Strommenge zu ermitteln, die die zu registrierende Anlage tatsächlich erzeugt, ins Netz einspeist und an Letztverbraucherinnen und Letztverbraucher liefert,

13. wenn die Anlage über eine Zählpunktbezeichnung nach Nummer 11 verfügt und die dort gemessene Strommenge nicht der Strommenge entspricht, die die zu registrierende Anlage tatsächlich erzeugt, ins Netz einspeist und an Letztverbraucherinnen und Letztverbraucher liefert: eine Berechnungsformel, um aus der an dem Zählpunkt gemessenen Strommenge die Strommenge zu ermitteln, die die zu registrierende Anlage tatsächlich erzeugt, ins Netz einspeist und an Letztverbraucherinnen und Letztverbraucher liefert,

14. die Angabe, ob die Anlage mit technischen Einrichtungen ausgestattet ist, mit denen der Netzbetreiber jederzeit die jeweilige Ist-Einspeisung abrufen kann,

15. für den Fall, dass eine technische Einrichtung gemäß Nummer 14 nicht gegeben ist: den Zählerstand zum Zeitpunkt der Antragstellung,

16. den Wandlerfaktor der Anlage, falls vorhanden,

17. Angaben dazu, ob und in welchem Umfang für die Anlage Investitionsbeihilfen gezahlt worden sind,

18. das Konto, dem die Registerverwaltung die Anlage zuweisen soll, falls die Kontoinhaberin oder der Kontoinhaber mehrere Konten hat, und

19. die Angabe, ob ein Fall des § 11 Absatz 1 Nummer 2 vorliegt.

(3) Die Anlage wird nur registriert, wenn die Postleitzahl nach Absatz 2 Nummer 2 und die Daten nach Absatz 2 Nummer 11 mit den Daten übereinstimmen, die der Netzbetreiber gemäß § 22 Absatz 1 und 3 übermittelt hat.

§ 11 Umweltgutachtereinsatz bei Anlagenregistrierung

(1) Folgende Anlagen mit einer Leistung über 100 Kilowatt werden nur registriert, wenn die Anlagenbetreiberin oder der Anlagenbetreiber die Richtigkeit der gemäß § 10 Absatz 2 übermittelten Daten durch einen Umweltgutachter oder eine Umweltgutachterorganisation bestätigen lässt:

1. Anlagen, die Strom aus Biomasse erzeugen und neben erneuerbaren Energien auch sonstige Energieträger einsetzen dürfen, und

2. Anlagen, deren erzeugter Strom in den letzten fünf Jahren vor dem Antrag auf Registrierung insgesamt höchstens sechs Monate
   a) eine Vergütung nach dem Erneuerbare-Energien-Gesetz oder eine Marktprämie nach § 33g des Erneuerbare-Energien-Gesetzes erhalten hat oder
   b) zum Zwecke der Verringerung der EEG-Umlage durch ein Elektrizitätsversorgungsunternehmen nach § 39 des Erneuerbare-Energien-Gesetzes in der am 31. Juli 2014 geltenden Fassung und § 104 Absatz 2 des Erneuerbare-Energien-Gesetzes direkt vermarktet wurde.

(2) Anlagen mit einer Leistung über 100 Kilowatt, die über eine besondere Zählersituation nach § 10 Absatz 2 Nummer 12 oder 13 verfügen, werden außerdem nur dann registriert, wenn ein Umweltgutachter oder eine Umweltgutachterorganisation die Berechnungsformel nach § 10 Absatz 2 Nummer 12 oder 13 bestätigt.

(3) Die nach den Absätzen 1 oder 2 erforderliche Bestätigung erstreckt sich für Daten, deren Richtigkeit bereits durch einen Umweltgutachter oder eine Umweltgutachterorganisation innerhalb der letzten fünf Jahre vor Beantragung der Registrierung bestätigt wurde, nur auf diesen Umstand.

(4) ¹Anlagenbetreiberinnen und Anlagenbetreiber haben den Umweltgutachter oder die Umweltgutachterorganisation bei deren Tätigkeiten zu unterstützen. ²Dabei haben sie dem Umweltgutachter oder der Umweltgutachterorganisation vor allem richtige und vollständige Unterlagen und Daten auf Verlangen zur Verfügung zu stellen.

(5) ¹Bis sechs Monate nach der Inbetriebnahme des Registers darf abweichend von den Absätzen 1 und 2 eine Anlage auch ohne Bestätigung eines Umweltgutachters oder einer Umweltgutachterorganisation registriert werden (vorläufige Anlagenregistrierung). ²Die Bestätigung ist spätestens zwölf Monate nach der Inbetriebnahme nachzureichen, anderenfalls erlischt die vorläufige Anlagenregistrierung.

§ 12 Änderung von Anlagendaten

(1) Sofern sich die nach § 10 Absatz 2 mitgeteilten Daten ändern, ist die Anlagenbetreiberin oder der Anlagenbetreiber verpflichtet, die geänderten Daten sowie den Stichtag, an dem die Änderungen wirksam werden, vollständig und unverzüglich der Registerverwaltung zu übermitteln.

(2) ¹Bei Anlagen mit einer Leistung über 100 Kilowatt hat die Anlagenbetreiberin oder der Anlagenbetreiber die Richtigkeit der geänderten Daten nach § 10 Absatz 2 Nummer 4 bis 6, 9 sowie 12 bis 17 durch eine Bestätigung des Umweltgutachters oder der Umweltgutachterorganisation nachzuweisen. ²Die Bestätigung ist der Registerverwaltung innerhalb eines Monats, nachdem der Anlagenbetreiberin oder dem Anlagenbetreiber die Änderung der Daten bekannt geworden ist, zu übermitteln. ³Vor Eingang der Bestätigung nach Satz 2 bei der Registerverwaltung werden keine Herkunftsnachweise für die in der betreffenden Anlage erzeugte Strommenge ausgestellt.

(3) Sofern sich die Postleitzahl nach § 10 Absatz 2 Nummer 2 oder die Daten nach § 10 Absatz 2 Nummer 11 geändert haben, diese Änderungen aber nicht mit den vom Netzbetreiber gemäß § 22 Absatz 1 und 3 übermittelten Daten übereinstimmen, werden keine Herkunftsnachweise für die in der betreffenden Anlage erzeugte Strommenge ausgestellt.

§ 13 Registrierung mehrerer Anlagen als eine Anlage

(1) ¹Werden mehrere Anlagen im Sinne des § 5 Nummer 1 des Erneuerbare-Energien-Gesetzes gemäß § 2 Nummer 1 als eine Anlage registriert, sind hierfür von der Anlagenbetreiberin oder dem Anlagenbetreiber die Daten nach § 10 Absatz 2 für jede einzelne Anlage im Sinne des § 5 Nummer 1 des Erneuerbare-Energien-Gesetzes zu übermitteln. ²Handelt es sich um Anlagen, die Strom aus solarer Strahlungsenergie erzeugen, sind die Daten nur für die Gesamtanlage zu übermitteln.

(2) Bei der Ausstellung von Herkunftsnachweisen für Strom aus einer Anlage, die gemäß Absatz 1 Satz 1 registriert wurde, wird als Inbetriebnahmezeitpunkt der Zeitpunkt der Inbetriebnahme der ältesten Anlage gemäß § 5 Nummer 1 des Erneuerbare-Energien-Gesetzes angegeben.

§ 14 Gültigkeitsdauer der Anlagenregistrierung; erneute Anlagenregistrierung

(1) Die Anlagenregistrierung ist fünf Jahre gültig.

(2) [1]Für den Zeitraum nach Ablauf der Gültigkeitsdauer kann eine erneute Anlagenregistrierung beantragt werden. [2]Hierfür muss die Anlagenbetreiberin oder der Anlagenbetreiber die Daten nach § 10 Absatz 2 gegenüber der Registerverwaltung durch Eigenerklärung bestätigen.

(3) [1]Die erneute Anlagenregistrierung darf frühestens sechs Wochen vor und spätestens zwei Monate nach Ablauf der Gültigkeitsdauer der ursprünglichen Anlagenregistrierung beantragt werden. [2]Wird die erneute Registrierung der Anlage nicht innerhalb von zwei Monaten nach Ablauf der Gültigkeitsdauer der ursprünglichen Anlagenregistrierung beantragt, so kann eine neue Registrierung nur gemäß § 10 erfolgen.

§ 15 Erlöschen der Anlagenregistrierung und Wechsel der Anlagenbetreiberin oder des Anlagenbetreibers

(1) Wenn die Anlage nicht mehr von der Kontoinhaberin oder dem Kontoinhaber betrieben wird, der oder dem sie zugeordnet ist, erlischt ihre Registrierung.

(2) Abweichend von Absatz 1 bleibt die Registrierung bestehen und kann die Anlage dem Konto der neuen Anlagenbetreiberin oder des neuen Anlagenbetreibers zugeordnet werden, wenn diese oder dieser zuvor

1. ein Konto gemäß § 4 eröffnet hat,
2. die Zuordnung der Anlage zu ihrem oder seinem Konto beantragt hat und die Registrierung noch gültig ist und
3. den Wechsel der Anlagenbetreiberin oder des Anlagenbetreibers durch geeignete Belege in einer Form nachgewiesen hat, die die Registerverwaltung bestimmt.

(3) [1]Die Kontoinhaberin oder der Kontoinhaber, der oder dem eine nach den §§ 10 bis 14 registrierte Anlage zugeordnet ist und die oder der die Anlage nicht mehr betreiben wird, ist verpflichtet, der Registerverwaltung mitzuteilen, dass sie oder er nicht mehr Betreiberin oder Betreiber der Anlage sein wird. [2]Dies ist unverzüglich nach Bekanntwerden mitzuteilen.

Abschnitt 3
Übertragung und Entwertung von Herkunftsnachweisen

§ 16 Übertragung von Herkunftsnachweisen

(1) [1]Auf Antrag der Kontoinhaberin oder des Kontoinhabers überträgt die Registerverwaltung einen Herkunftsnachweis auf das Konto einer anderen Kontoinhaberin oder eines anderen Kontoinhabers (Erwerberin oder Erwerber) oder auf ein Konto derselben Kontoinhaberin oder desselben Kontoinhabers innerhalb des inländischen Registers, soweit hierdurch die Sicherheit, Richtigkeit und Zuverlässigkeit des Registers nicht gefährdet wird. [2]Eine

solche Gefährdung liegt in der Regel vor, wenn der zu übertragende Herkunftsnachweis auf Grundlage falscher Angaben nach § 6 Absatz 1 oder § 10 Absatz 2 oder aufgrund fehlerhafter Strommengendaten nach § 22 Absatz 2 und 3 ausgestellt wurde.

(2) ¹Auf Antrag der Kontoinhaberin oder des Kontoinhabers überträgt die Registerverwaltung unter Beachtung von § 4b des Bundesdatenschutzgesetzes einen Herkunftsnachweis an die zuständige Stelle eines anderen Mitgliedstaates der Europäischen Union, eines anderen Vertragsstaats des Abkommens über den Europäischen Wirtschaftsraum, der Schweiz oder darüber hinaus unter Beachtung von § 4c des Bundesdatenschutzgesetzes an die zuständige Stelle eines Vertragsstaats des Vertrags zur Gründung der Energiegemeinschaft. ²Die Registerverwaltung darf die Übertragung ablehnen, wenn für diese Übertragung keine elektronische und automatisierte Schnittstelle angeboten wird, mit der die Registerverwaltung verbunden ist.

(3) Der Antrag auf Übertragung auf das Konto einer anderen Kontoinhaberin oder eines anderen Kontoinhabers ist unzulässig, wenn der Erwerberin oder dem Erwerber beim Erwerb des Herkunftsnachweises bekannt war, dass die für die Ausstellung erforderliche Strommenge aus erneuerbaren Energien nicht erzeugt wurde.

§ 17 Verwendung und Entwertung von Herkunftsnachweisen

(1) ¹Die Verwendung eines Herkunftsnachweises zum Zwecke der Stromkennzeichnung gemäß § 42 Absatz 1 Nummer 1, Absatz 3 und Absatz 5 Nummer 1 des Energiewirtschaftsgesetzes erfolgt, indem das Elektrizitätsversorgungsunternehmen als Inhaber des Herkunftsnachweises gegenüber der Registerverwaltung erklärt, dass es den Herkunftsnachweis für eine im Geltungsbereich des Erneuerbare-Energien-Gesetzes an Letztverbraucherinnen oder Letztverbraucher gelieferte Strommenge zur Stromkennzeichnung verwenden wird. ²Ein Herkunftsnachweis darf nur zum Zwecke der Stromkennzeichnung gemäß § 42 Absatz 1 Nummer 1, Absatz 3 und Absatz 5 Nummer 1 des Energiewirtschaftsgesetzes verwendet werden.

(2) ¹Die Verwendung darf nur erfolgen, wenn das Elektrizitätsversorgungsunternehmen gleichzeitig die Entwertung des Herkunftsnachweises beantragt. ²Der Antrag auf Entwertung und die Verwendung sind unzulässig, wenn dem Elektrizitätsversorgungsunternehmen schon beim Erwerb des Herkunftsnachweises bekannt war, dass die für die Ausstellung erforderliche Strommenge aus erneuerbaren Energien nicht erzeugt wurde.

(3) ¹Das Elektrizitätsversorgungsunternehmen darf in dem Antrag auf Entwertung ein bestimmtes Stromprodukt oder den Namen des Stromkunden angeben, für das oder den der Herkunftsnachweis verwendet wird. ²Handelt es sich bei dem Stromkunden um eine natürliche Person, ist die Angabe seines Namens nur mit dessen Einwilligung zulässig. ³Wird kein bestimmtes Stromprodukt und kein bestimmter Stromkunde angegeben, so darf dieser Herkunftsnachweis nur für die Ausweisung von Strom aus erneuerbaren Energien im Gesamtenergieträgermix der Antragstellerin oder des Antragstellers gemäß § 42 Absatz 1 des Energiewirtschaftsgesetzes verwendet werden.

(4) Der Herkunftsnachweis darf nur für die Stromkennzeichnung von Strommengen verwendet werden, die in demselben Kalenderjahr geliefert wurden, in dem das Ende des Erzeugungszeitraums für den Herkunftsnachweis liegt.

(5) [1]Wenn der Herkunftsnachweis nicht spätestens zwölf Monate nach Ende des Erzeugungszeitraums der Strommenge verwendet wird, für die der Herkunftsnachweis ausgestellt wurde, entwertet die Registerverwaltung den Herkunftsnachweis auch ohne Antrag. [2]Eine Verwendung dieses Herkunftsnachweises ist unzulässig.

(6) [1]Inhaber von Herkunftsnachweisen haben die Entwertung von Herkunftsnachweisen zu beantragen, die auf Basis unrichtiger Strommengendaten ausgestellt worden sind oder die an einem besonders schwerwiegenden und offensichtlichen Fehler leiden. [2]Im Antrag ist der Entwertungszweck entsprechend anzugeben. [3]Eine Verwendung dieser Herkunftsnachweise ist unzulässig.

Abschnitt 4
Anerkennung ausländischer Herkunftsnachweise

§ 18 Anerkennung ausländischer Herkunftsnachweise

(1) [1]Die Registerverwaltung erkennt auf Antrag einen Herkunftsnachweis für Strom aus erneuerbaren Energien aus Mitgliedstaaten der Europäischen Union, anderen Vertragsstaaten des Abkommens über den Europäischen Wirtschaftsraum, Vertragsparteien des Vertrags zur Gründung der Energiegemeinschaft und der Schweiz an, wenn der Herkunftsnachweis die Vorgaben des Artikels 15 der Richtlinie 2009/28/EG erfüllt. [2]Dies ist der Fall, wenn keine begründeten Zweifel an der Richtigkeit, Zuverlässigkeit oder Wahrhaftigkeit des Herkunftsnachweises bestehen. [3]Begründete Zweifel bestehen in der Regel dann nicht, wenn

1. das Ende des Erzeugungszeitraums der im Herkunftsnachweis ausgewiesenen Strommenge nicht mehr als zwölf Monate zurückliegt,
2. der Herkunftsnachweis noch nicht verwendet oder entwertet wurde,
3. ein sicheres und zuverlässiges System für die Ausstellung von Herkunftsnachweisen im ausstellenden und im exportierenden Staat vorhanden ist,
4. eine Ausweisung der Strommenge gegenüber Letztverbraucherinnen oder Letztverbrauchern im Staat der Erzeugung und im exportierenden Staat als Strom aus erneuerbaren Energien ausgeschlossen ist und
5. der Herkunftsnachweis nur dem Zweck der Stromkennzeichnung dient.

[4]Die Registerverwaltung darf die Übertragung eines Herkunftsnachweises ablehnen, wenn für diese Übertragung keine elektronische und automatisierte Schnittstelle angeboten wird, mit der die Registerverwaltung verbunden ist.

(2) Erkennt die Registerverwaltung Herkunftsnachweise aus anderen Mitgliedstaaten nicht an, teilt sie dies der Europäischen Kommission mit und begründet ihre Entscheidung.

(3) Ausländische Herkunftsnachweise, die vor Inbetriebnahme des Registers ausgestellt worden sind, erkennt die Registerverwaltung an, soweit sie den Vorgaben des Absatzes 1 entsprechen.

§ 19 Übertragung anerkannter Herkunftsnachweise

(1) ¹Die Registerverwaltung überträgt nach § 18 anerkannte ausländische Herkunftsnachweise auf das inländische Konto der Erwerberin oder des Erwerbers. ²Für die Übertragung muss die in das Inland übertragende registerführende Stelle mit dem Antrag auf Übertragung des Herkunftsnachweises Folgendes übermitteln:

1. sämtliche für die Prüfung der Anerkennung erforderlichen Informationen aus dem Herkunftsnachweis,
2. die Kontonummer der Erwerberin oder des Erwerbers,
3. den Namen der Erwerberin oder des Erwerbers und
4. den Namen der Kontoinhaberin oder des Kontoinhabers, von deren oder dessen Konto der Herkunftsnachweis übertragen wird.

(2) Lehnt die Registerverwaltung die Übertragung eines Herkunftsnachweises ab, da die Voraussetzungen des Absatzes 1 oder des § 18 Absatz 1 nicht vorliegen, teilt sie die Ablehnung der ins Inland übertragenden registerführenden Stelle mit.

Abschnitt 5
Pflichten von Registerteilnehmerinnen und Registerteilnehmern sowie von Nutzerinnen und Nutzern

§ 20 Allgemeine Mitteilungs- und Mitwirkungspflichten

Alle Registerteilnehmerinnen und Registerteilnehmer sowie Nutzerinnen und Nutzer haben, wenn sich Daten geändert haben, zu deren Übermittlung an die Registerverwaltung sie verpflichtet sind, diese Änderungen vollständig und unverzüglich der Registerverwaltung zu übermitteln.

§ 21 Mitteilungs- und Mitwirkungspflichten von Kontoinhaberinnen und Kontoinhabern

(1) Kontoinhaberinnen und Kontoinhaber haben die Pflicht, ihr Konto oder ihre Konten regelmäßig auf Eingänge zu überprüfen und die eingegangenen Herkunftsnachweise unverzüglich nach Kenntnisnahme auf ihre Richtigkeit zu prüfen, soweit der Kontoinhaberin und dem Kontoinhaber diese Prüfung mit angemessenem Aufwand möglich ist.

(2) ¹Kontoinhaberinnen und Kontoinhaber sind unbeschadet der Verpflichtung der Registerverwaltung nach § 1 Absatz 4 der Herkunftsnachweisverordnung verpflichtet, auch selbst alle erforderlichen Maßnahmen zu treffen, um den Zugriff von unbefugten Dritten auf ihr Konto zu verhindern. ²Wird der Verlust oder der Diebstahl eines Authentifizierungsinstruments, die missbräuchliche Nutzung oder die sonstige nichtautorisierte Nutzung eines Authentifizierungsinstruments oder eines persönlichen Sicherungsmerkmals festgestellt, so ist dies gegenüber der Registerverwaltung unverzüglich anzuzeigen.

(3) Kontoinhaberinnen und Kontoinhaber sind verpflichtet, der Registerverwaltung unverzüglich Unstimmigkeiten oder Fehler in den im Register über sie gespeicherten Daten mitzuteilen und soweit möglich zu korrigieren.

(4) Kontoinhaberinnen und Kontoinhaber sind verpflichtet, der Registerverwaltung das Erlöschen einer gegenüber der Registerverwaltung erklärten Bevollmächtigung unverzüglich mitzuteilen.

§ 22 Übermittlungs- und Mitteilungspflichten der Netzbetreiber

(1) [1]Der Betreiber des Netzes für die allgemeine Versorgung, an das eine Anlage angeschlossen ist, für die eine Registrierung gemäß § 10 beantragt ist, hat der Registerverwaltung unverzüglich Folgendes zu übermitteln:

1. den Zählpunkt der Anlage gemäß § 10 Absatz 2 Nummer 11 und
2. den Standort der Anlage mithilfe der Postleitzahl.

[2]Der Betreiber des Netzes, an das eine registrierte Anlage angeschlossen ist, hat der Registerverwaltung zudem bei einer Änderung des Zählpunkts oder der Adresse der Anlage den geänderten Zählpunkt oder die geänderte Adresse zu übermitteln.

(2) [1]Der Betreiber des Netzes für die allgemeine Versorgung, an das eine registrierte Anlage angeschlossen ist, hat der Registerverwaltung die an den Zählpunkten der Anlage gemessenen Strommengendaten zu übermitteln. [2]Für Anlagen, die mit technischen Einrichtungen ausgestattet sind, mit denen der Netzbetreiber jederzeit die jeweilige Ist-Einspeisung abrufen kann (geeichte registrierende Lastgangmessung), sind die Daten nach Satz 1 mindestens einmal monatlich bis zum achten Werktag eines Monats für den vorangegangenen Kalendermonat in viertelstündlicher Auflösung zu übermitteln. [3]Für andere Anlagen sind die Daten nach Satz 1 nach Ablesung zum 28. Tag des auf die Ablesung folgenden Monats, jedoch mindestens einmal jährlich zu übermitteln. [4]Die Pflicht zur Übermittlung besteht nur, sofern für den Strom aus der Anlage keine finanzielle Förderung gezahlt wird.

(3) [1]Soweit Strom aus der Anlage in ein Netz eingespeist wird, das kein Netz für die allgemeine Versorgung ist, und dieser Strom von Letztverbraucherinnen oder Letztverbrauchern verbraucht wird, die an dieses Netz angeschlossen sind, ist der Betreiber dieses Netzes verpflichtet, die Daten nach den Absätzen 1 und 2 zu übermitteln, sofern diese Daten dem Betreiber des Netzes für die allgemeine Versorgung, an das die Anlage mittelbar angeschlossen ist, nicht vorliegen. [2]Liegen dem Betreiber des Netzes für die allgemeine Versorgung die Daten vor, so ist er verpflichtet, sie gemäß den Absätzen 1 und 2 zu übermitteln.

(4) [1]Der Betreiber eines Netzes für die allgemeine Versorgung, an das eine beim Register registrierte Anlage unmittelbar oder mittelbar angeschlossen ist, hat der Registerverwaltung unverzüglich, nachdem eine Registrierung der Anlage nach § 10 beantragt worden ist, mitzuteilen, ob für den von der Anlage erzeugten und ins Netz eingespeisten Strom eine finanzielle Förderung nach dem Erneuerbare-Energien-Gesetz beansprucht und in welcher Veräußerungsform im Sinne des § 20 Absatz 1 des Erneuerbare-Energien-Gesetzes der Strom veräußert wird. [2]Auch eine Änderung der Veräußerungsform ist der Registerverwaltung unverzüglich mitzuteilen.

(5) ¹Die Übermittlung und die Mitteilung der Daten erfolgt elektronisch; die Registerverwaltung kann das Format und den Übertragungsweg festlegen. ²Die Netzbetreiber sind verpflichtet, der Registerverwaltung auf deren Anforderung unverzüglich die für den Aufbau des elektronischen Kommunikationsweges zwischen beiden Seiten erforderlichen Daten zu übermitteln. ³Eine Änderung dieser Daten ist der Registerverwaltung unverzüglich mitzuteilen. ⁴Die Registerverwaltung kann den Netzbetreibern ein bestimmtes, etabliertes und dem Schutzbedarf angemessenes Verschlüsselungsverfahren für die Datenübermittlung an die Registerverwaltung vorschreiben. ⁵In diesem Fall haben die Netzbetreiber die für die verschlüsselte Datenkommunikation notwendigen Zertifikate bei der Registerverwaltung unaufgefordert vor deren Ablauf zu aktualisieren.

(6) Die Registerverwaltung darf von den Netzbetreibern verlangen, dass neben den Daten nach den Absätzen 1 und 4 diesbezügliche zusätzliche Daten zu den beim Register registrierten oder zu registrierenden Anlagen zu übermitteln sind, sofern die Daten für die Registerführung erforderlich sind.

§ 23 Mitteilungspflichten von Anlagenbetreiberinnen und Anlagenbetreibern

(1) ¹Anlagenbetreiberinnen und Anlagenbetreiber, denen gemäß § 6 Herkunftsnachweise für Strom aus Anlagen ausgestellt wurden, die eine Leistung von mehr als 100 Kilowatt haben und Biomasse zur Stromerzeugung einsetzen, haben bis zum 28. Februar eines Jahres für das jeweils vorhergehende Kalenderjahr durch Bestätigung eines Umweltgutachters oder einer Umweltgutachterorganisation nachzuweisen, dass der Strom, für den Herkunftsnachweise ausgestellt wurden, ausschließlich aus Biomasse erzeugt wurde. ²Dieser Nachweis ist nicht erforderlich, wenn bereits Nachweise nach § 6 Absatz 1 Nummer 8 erbracht wurden.

(2) ¹Um die Nachweise nach Absatz 1 und § 6 Absatz 1 Nummer 8 zu führen, haben die Betreiberinnen und Betreiber von Anlagen zur Erzeugung von Strom aus Biomasse dem Umweltgutachter oder der Umweltgutachterorganisation ein Einsatzstofftagebuch mit Angaben und Belegen über Art, Menge und Einheit sowie Herkunft der eingesetzten Stoffe des betreffenden Kalenderjahres vorzulegen. ²Weiterhin sind sie verpflichtet, das Einsatzstofftagebuch zu registerbezogenen Prüfzwecken für einen Zeitraum von fünf Jahren ab Ende des Kalenderjahres, auf das sich das Einsatzstofftagebuch bezieht, aufzubewahren.

(3) Sofern die Daten nach § 22 Absatz 1 bis 3 zu den von einer Anlage mit einer Leistung von mehr als 100 Kilowatt erzeugten und ins Netz eingespeisten Strommengen nicht vom Betreiber eines Netzes der allgemeinen Versorgung übermittelt wurden, ist ihre Richtigkeit von der Anlagenbetreiberin oder dem Anlagenbetreiber durch einen Umweltgutachter oder eine Umweltgutachterorganisation für ein Kalenderjahr spätestens bis zum 28. Februar des Folgejahres bestätigen zu lassen.

(4) ¹Kommen Anlagenbetreiberinnen oder Anlagenbetreiber ihren Pflichten nach den Absätzen 1 bis 3 nicht nach, kann die Registerverwaltung die ihnen auf Basis der nicht bestätigten Daten ausgestellten Herkunftsnachweise ohne Antrag entwerten. ²Eine Verwendung dieser entwerteten Herkunftsnachweise ist unzulässig.

§ 24 Tätigkeit von Umweltgutachtern und Umweltgutachterorganisationen

(1) [1]Kontoinhaberinnen oder Kontoinhaber haben die Richtigkeit der nach § 6 Absatz 1 Nummer 8, § 7 Absatz 3, § 11 Absatz 1 und 2, § 12 Absatz 2, § 23 Absatz 1 und 3 sowie § 25 Absatz 1 zu übermittelnden Daten sowie die Richtigkeit der freiwilligen Angaben nach § 7 Absatz 2 und § 8 Absatz 2 und 3 durch einen Umweltgutachter oder eine Umweltgutachterorganisation bestätigen zu lassen. [2]Zur Abgabe dieser Bestätigung sind der Umweltgutachter oder die Umweltgutachterorganisation jeweils nur im Rahmen ihres Zulassungsbereichs befugt. [3]Die Registerverwaltung informiert die nach § 28 des Umweltauditgesetzes zuständige Zulassungsstelle, wenn begründete Zweifel an der ordnungsgemäßen Ausführung der Tätigkeiten nach dieser Verordnung durch den Umweltgutachter oder die Umweltgutachterorganisation bestehen. [4]Anlagenbetreiberinnen und Anlagenbetreiber haben den Umweltgutachter oder die Umweltgutachterorganisation bei deren Tätigkeiten zu unterstützen. [5]Dabei haben sie dem Umweltgutachter oder der Umweltgutachterorganisation vor allem richtige und vollständige Unterlagen und Daten auf Verlangen zur Verfügung zu stellen.

(2) [1]Für die Bestätigung muss der Umweltgutachter oder die Umweltgutachterorganisation unverzüglich nach der Begutachtung die wesentlichen Erkenntnisse und Schlussfolgerungen schriftlich in einem Gutachten niederlegen. [2]Das Gutachten muss in nachvollziehbarer Weise Inhalt und Ergebnis der Prüfung erkennen lassen. [3]Der Umweltgutachter oder die Umweltgutachterorganisation hat die Bestätigung in die von der Registerverwaltung zur Verfügung gestellten elektronischen Formularvorlagen einzugeben und dieser zu übermitteln. [4]Das der Bestätigung zugrunde liegende Gutachten ist der Registerverwaltung auf Anfrage elektronisch zu übermitteln.

(3) Der Umweltgutachter oder die Umweltgutachterorganisation wird bei seiner oder ihrer Tätigkeit nach den vorstehenden Absätzen im Auftrag derjenigen Person tätig, deren Angaben zu bestätigen sind.

(4) [1]Der Umweltgutachter oder die Umweltgutachterorganisation hat sich vor Beginn seiner oder ihrer Tätigkeit im Sinne dieser Vorschrift bei der Registerverwaltung zu registrieren und dafür einen Nachweis der Identität und der Zulassung zu erbringen. [2]Für die Erbringung des Nachweises legt die Registerverwaltung ein geeignetes Verfahren fest. [3]Für den Identitätsnachweis haben der Umweltgutachter und eine für die Umweltgutachterorganisation handelnde natürliche Person Vor- und Zuname, Adresse, Telefonnummer und E-Mail-Adresse elektronisch zu übermitteln, bei Umweltgutachterorganisationen darüber hinaus deren Name und Adresse. [4]Für den Zulassungsnachweis hat der Umweltgutachter oder die Umweltgutachterorganisation der Registerverwaltung eine Kopie der Zulassungsurkunde oder der Zulassungsurkunden zu übermitteln. [5]Die Registerverwaltung ist berechtigt, weitere erforderliche Daten von Umweltgutachtern und Umweltgutachterorganisationen hinsichtlich von ihnen im Register ausgelöster Prozesse für Verfahren der diesbezüglichen Authentifizierung zu erheben.

§ 25 Vorlage weiterer Unterlagen

(1) [1]Zur stichprobenartigen Überprüfung darf die Registerverwaltung von den Anlagenbetreiberinnen und Anlagenbetreibern verlangen, dass die Richtigkeit der von ihnen nach § 6 Absatz 1 und 3, § 10 Absatz 2 und § 14 Absatz 2 übermittelten Daten bestätigt wird. [2]Die Richtigkeit ist durch Vorlage geeigneter weiterer Unterlagen oder durch ein Gutachten eines Umweltgutachters oder einer Umweltgutachterorganisation nachzuweisen. [3]Die Registerverwaltung darf festlegen, auf welche Weise der Nachweis zu führen ist. [4]Anlagenbetreiberinnen und Anlagenbetreiber sind verpflichtet, die angeforderten Bestätigungen unverzüglich zu übermitteln.

(2) [1]Kommen Anlagenbetreiberinnen oder Anlagenbetreiber ihren Pflichten nach Absatz 1 nicht nach, kann die Registerverwaltung die Herkunftsnachweise, die ihnen auf Basis der nicht bestätigten Daten ausgestellt worden sind, ohne Antrag entwerten. [2]Eine Verwendung dieser entwerteten Herkunftsnachweise ist unzulässig.

(3) Die Registerverwaltung kann der betroffenen Anlagenbetreiberin oder dem betroffenen Anlagenbetreiber auf Antrag Kosten für die Vorlage der Unterlagen und für die Beauftragung eines Umweltgutachters oder einer Umweltgutachterorganisation in angemessenem Umfang erstatten, wenn ihr dies durch besondere Umstände des Einzelfalls geboten erscheint, insbesondere wenn und soweit die Begleichung der Kosten für den Umweltgutachter oder die Umweltgutachterorganisation eine unzumutbare Härte für die betroffene Anlagenbetreiberin oder den betroffenen Anlagenbetreiber darstellen würde.

Abschnitt 6
Datenschutz

§ 26 Datenerhebung

Die Registerverwaltung ist befugt, die Daten nach § 4 Absatz 3 bis 5, § 5 Absatz 3, § 6 Absatz 1, § 8 Absatz 2 und 3, § 10 Absatz 2, § 12 Absatz 1, § 14 Absatz 2, § 17 Absatz 6, § 18 Absatz 1, § 21, § 22, § 24 und § 25 Absatz 1 zu erheben, zu speichern und zu nutzen, soweit dies zur Registerführung erforderlich ist.

§ 27 Datenübermittlung

(1) Die Registerverwaltung darf im Register gespeicherte Daten, einschließlich der personenbezogenen Daten, an folgende Behörden und Stellen übermitteln:

1. soweit dies im Einzelfall für deren Aufgabenerfüllung jeweils erforderlich ist, an:
   a) das Bundesministerium für Umwelt, Naturschutz und Reaktorsicherheit,
   b) die Bundesnetzagentur,
   c) die Bundesanstalt für Landwirtschaft und Ernährung;
2. soweit dies im Einzelfall zur Erfüllung der in § 5 der Herkunftsnachweisverordnung genannten Aufgabe und zur Erfüllung der Berichtspflichten der Bundesrepublik Deutschland jeweils erforderlich ist, an:

a) registerführende Behörden oder andere für die Registerführung zuständige Stellen von anderen Mitgliedstaaten der Europäischen Union im Sinne der Richtlinie 2009/28/EG,

b) registerführende Behörden oder andere für die Registerführung zuständige Stellen von anderen Vertragsparteien des Vertrags zur Gründung der Energiegemeinschaft im Sinne des Beschlusses der Kommission vom 19. März 2012 zur Festlegung des Vorschlags der Kommission an den Ministerrat der Energiegemeinschaft in Bezug auf die Umsetzung der Richtlinie 2009/28/EG und die Änderung des Artikels 20 des Vertrags zur Gründung der Energiegemeinschaft,

c) registerführende Behörden oder andere für die Registerführung zuständige Stellen von Vertragsstaaten des Abkommens über den Europäischen Wirtschaftsraum und der Schweiz, die mit den registerführenden Behörden oder anderen für die Registerführung zuständigen Stellen im Sinne der Nummer 2 Buchstabe a vergleichbar sind,

d) Organe und Einrichtungen der Europäischen Union;

3. an die nach § 86 Absatz 3 Nummer 4 des Erneuerbare-Energien-Gesetzes für die Verfolgung von Ordnungswidrigkeiten zuständige Stelle, soweit dies für die Verfolgung einer Ordnungswidrigkeit nach § 29 erforderlich ist und konkrete Anhaltspunkte für das Vorliegen einer Ordnungswidrigkeit gegeben sind.

(2) Die Registerverwaltung darf im Register gespeicherte Daten ferner an einen Dritten übermitteln, der zum Betrieb eines Anlagenregisters durch eine Rechtsverordnung aufgrund von § 93 des Erneuerbare-Energien-Gesetzes verpflichtet worden ist, soweit dies im Einzelfall zum Abgleich der Daten des Registers mit dem Anlagenregister durch den Dritten erforderlich ist.

(3) [1]Die Übermittlung der im Register gespeicherten Daten an die Stellen nach Absatz 1 Nummer 2 Buchstabe a, c und d ist nur bei Vorliegen der Voraussetzungen des § 4b des Bundesdatenschutzgesetzes zulässig. [2]Die Übermittlung dieser Daten an die Stellen nach Absatz 1 Nummer 2 Buchstabe b ist nur bei Vorliegen der Voraussetzungen des § 4c des Bundesdatenschutzgesetzes zulässig.

§ 28 Löschung von Daten

Im Register gespeicherte Daten sind unverzüglich zu löschen, wenn sie für das Führen des Registers nicht mehr erforderlich sind.

Abschnitt 7
Sonstige Vorschriften

§ 29 Bußgeldvorschrift

(1) Ordnungswidrig im Sinne des § 86 Absatz 1 Nummer 4 Buchstabe b des Erneuerbare-Energien-Gesetzes handelt, wer vorsätzlich oder fahrlässig

1. entgegen § 6 Absatz 3 Satz 2, Absatz 4 Satz 1 oder Satz 2 einen Herkunftsnachweis beantragt,

2. entgegen § 8 Absatz 3 Satz 4 den dort genannten Strom nicht liefert,

3. entgegen § 16 Absatz 3 oder § 17 Absatz 2 Satz 2 einen Antrag stellt oder

4. entgegen § 17 Absatz 1 Satz 2, Absatz 4, 5 Satz 2 oder Absatz 6 Satz 3 einen Herkunftsnachweis verwendet.

(2) Ordnungswidrig im Sinne des § 86 Absatz 1 Nummer 4 Buchstabe c des Erneuerbare-Energien-Gesetzes handelt, wer vorsätzlich oder fahrlässig

1. entgegen § 11 Absatz 4 Satz 2 oder § 24 Absatz 1 Satz 5 Daten nicht, nicht richtig, nicht vollständig oder nicht rechtzeitig zur Verfügung stellt,

2. entgegen § 12 Absatz 1 oder § 20 die dort genannten Daten oder eine Änderung nicht, nicht richtig, nicht vollständig oder nicht rechtzeitig übermittelt,

3. entgegen § 14 Absatz 2 Satz 2 eine Bestätigung nicht richtig oder nicht vollständig abgibt,

4. entgegen § 21 Absatz 3 oder § 22 Absatz 4 eine Mitteilung nicht, nicht richtig, nicht vollständig oder nicht rechtzeitig macht,

5. entgegen § 22 Absatz 1, 2 Satz 1, 2 oder Satz 3 oder Absatz 5 Satz 2 eine dort genannte Angabe nicht, nicht richtig, nicht vollständig, nicht auf die vorgeschriebene Weise oder nicht rechtzeitig übermittelt oder

6. entgegen § 25 Absatz 1 Satz 4 eine dort genannte Bestätigung nicht oder nicht rechtzeitig übermittelt.

§ 30 Sperrung des Kontos

(1) Die Registerverwaltung sperrt ein Konto auf Antrag der Kontoinhaberin oder des Kontoinhabers.

(2) Die Registerverwaltung kann ein Konto unabhängig von einem Antrag nach Absatz 1 sperren, wenn

1. der begründete Verdacht besteht, dass die Sicherheit, Richtigkeit und Zuverlässigkeit des Registers gefährdet werden; dies ist in der Regel der Fall, wenn der begründete Verdacht besteht, dass folgende Anträge unter Angabe falscher Daten gestellt werden oder gestellt werden könnten:
   a) Anträge auf Ausstellung von Herkunftsnachweisen auf das Konto,
   b) Anträge auf Übertragungen von Herkunftsnachweisen von dem Konto oder auf das Konto oder
   c) Anträge auf Entwertung von Herkunftsnachweisen von dem Konto;

2. der begründete Verdacht besteht, dass in Zusammenhang mit der Nutzung des Kontos eine Straftat durch Registerteilnehmerinnen oder Registerteilnehmer oder Nutzerinnen oder Nutzer begangen wurde oder beabsichtigt ist,

3. die Kontoinhaberin oder der Kontoinhaber Gebühren oder Auslagen in nicht nur unerheblicher Höhe nicht gezahlt hat oder

4. in Bezug auf die für die Kontoeröffnung und Kontoführung erforderlichen Daten falsche Angaben oder bewusst unvollständige Angaben durch Registerteilnehmerinnen oder Registerteilnehmer oder Nutzerinnen oder Nutzer gemacht wurden.

(3) Die Sperrung durch die Registerverwaltung hat zur Folge, dass keine Herkunftsnachweise auf das Konto ausgestellt, keine Übertragungen von dem Konto oder auf das Konto

vorgenommen und keine Herkunftsnachweise auf Antrag der Kontoinhaberin oder des Kontoinhabers entwertet werden können.

(4) Die Registerverwaltung unterrichtet die Kontoinhaberin oder den Kontoinhaber unter Angabe der für die Sperrung maßgeblichen Gründe möglichst vor der Sperrung des Kontos, spätestens jedoch unverzüglich danach.

(5) [1]Die Sperrung ist aufzuheben, wenn der Grund für die Sperrung nicht mehr besteht. [2]Die Registerverwaltung unterrichtet die Kontoinhaberin oder den Kontoinhaber über die Entsperrung.

§ 31 Schließung des Kontos

(1) [1]Die Registerverwaltung schließt das Konto, wenn für die Führung des Kontos kein Bedarf mehr besteht. [2]Dies ist in der Regel der Fall, wenn

1. die Kontoinhaberin oder der Kontoinhaber die Schließung des Kontos beantragt hat oder
2. die Kontoinhaberin oder der Kontoinhaber als juristische Person oder als rechtsfähige Personengesellschaft aufgelöst wurde.

(2) [1]Die Registerverwaltung kann ein Konto schließen, wenn von der Nutzung des Kontos eine dauerhafte Gefahr für die Sicherheit, Richtigkeit und Zuverlässigkeit des Registers ausgeht. [2]Dies ist in der Regel der Fall, wenn der Verdacht besteht, dass für eine Anlage, die dem Konto zugeordnet ist,

1. nichtrechtmäßige Strommengendaten an die Registerverwaltung übermittelt werden oder
2. unrichtige Bestätigungen eines Umweltgutachters oder einer Umweltgutachterorganisation an die Registerverwaltung übermittelt wurden.

(3) Mit der Schließung des Kontos werden noch vorhandene Herkunftsnachweise entwertet.

§ 32 Ausschluss von der Teilnahme am Register

(1) [1]Die Registerverwaltung kann Kontoinhaberinnen oder Kontoinhaber sowie kontobevollmächtigte Nutzerinnen oder Nutzer von der Teilnahme am Register ausschließen, wenn sie die Sicherheit, Richtigkeit und Zuverlässigkeit des Registers gefährden. [2]Dies ist in der Regel der Fall, wenn sie

1. durch die Nutzung des Registers eine Straftat oder wiederholt Ordnungswidrigkeiten begangen haben,
2. sich unbefugt Zugriff auf Konten oder andere Registervorgänge verschafft haben oder dies versucht haben oder
3. vorsätzlich oder fahrlässig unbefugten Dritten den Zugriff auf das Konto ermöglicht haben.

[3]§ 30 Absatz 3 und § 31 Absatz 3 sind entsprechend anzuwenden.

(2) [1]Eine von der Teilnahme ausgeschlossene Person kann ihre erneute Teilnahme am Register bei der Registerverwaltung schriftlich beantragen. [2]Der Antrag wird genehmigt, wenn Tatsachen die Annahme rechtfertigen, dass von der ausgeschlossenen Person keine Gefahr für die Sicherheit, Richtigkeit und Zuverlässigkeit des Registers mehr ausgeht.

(3) [1]Die Registerverwaltung kann den Zugang von Nutzerinnen und Nutzern zum Register sperren, wenn der begründete Verdacht einer nicht autorisierten oder einer missbräuchlichen Verwendung des Authentifizierungsinstruments besteht. [2]§ 30 Absatz 2 und 5 ist entsprechend anzuwenden.

§ 33 Ausschluss des Widerspruchsverfahrens

Gegen Maßnahmen und Entscheidungen der Registerverwaltung nach dieser Rechtsverordnung findet kein Widerspruchsverfahren statt.

§ 34 Nutzungsbedingungen

[1]Die Registerverwaltung ist berechtigt, im Rahmen ihrer Kompetenz zur Registerführung durch Allgemeinverfügung weitere konkretisierende Bedingungen und Spezifikationen zur Nutzung des Registers zu erlassen. [2]Die Allgemeinverfügung kann öffentlich bekannt gemacht werden.

§ 35 Inkrafttreten

Diese Verordnung tritt am Tag nach der Verkündung in Kraft.

8. Verordnung über ein Register für Anlagen zur Erzeugung von Strom aus erneuerbaren Energien und Grubengas

(Anlagenregisterverordnung)

vom 1.8.2014
(BGBl. I S. 1320)

zuletzt geändert durch Artikel 3 der Verordnung vom 17.2.2015
(BGBl. I S. 146)

Vorbemerkung

Der Anteil erneuerbarer Energien an der deutschen Stromversorgung soll auf 40 bis 45 Prozent bis zum Jahr 2025 und auf 55 bis 60 Prozent bis 2035 steigen. Dieser Ausbaupfad stellt die Grundlage für einen stetigen Ausbau der erneuerbaren Energien dar. Um die vom EEG 2014 angestrebte stärkere Steuerung des Ausbaus der Biomasse sowie der Windenergie an Land und auf See zu erreichen, bedarf es einer administrativen Umsetzung, die den erforderlichen Anlagenzubau erfasst. Ergänzend zu dem von der Bundesnetzagentur eingerichteten Meldeportal zur Erfassung des Zubaus von Photovoltaikanlagen müssen neue Strukturen entwickelt werden, die es Anlagenbetreibern erlauben, ihre EE-Anlagen zu registrieren, um die EEG-Förderung zu erhalten. Daher sieht § 6 EEG 2014 die Einrichtung eines Anlagenregisters bei der Bundesnetzagentur vor, in dem die Anlagen registriert werden. Die Anlagenregisterverordnung führt dieses Anlagenregister ein. Damit soll zugleich eine Datengrundlage über die in Deutschland verfügbaren Erzeugungskapazitäten für Strom aus erneuerbaren Energien erreicht werden, die aktuelle und valide Informationen zu der Entwicklung der Anlagenkapazität und der Netzinanspruchnahme liefert. Dadurch wird die Integration der erneuerbaren Energien in das Elektrizitätsversorgungssystem verbessert.

Die Anlagenregisterverordnung enthält vor allem folgende Regelungen:

1) Neuanlagen, die ab dem 1. August 2014 in Betrieb genommen sind, müssen im Anlagenregister registriert werden.
2) Für Bestandsanlagen, die vor dem 1. August 2014 in Betrieb gegangen sind, ist keine Registrierungspflicht vorgesehen. Stattdessen hat die Bundesnetzagentur aus vorhandenen Quellen und Registern das Anlagenregister zu ergänzen. Meldepflichten für die Betreiber entstehen erst, wenn wesentliche Änderungen an den Anlagen vorgenommen werden.
3) Die Daten der registrierungspflichtigen Anlagen sind durch die Bundesnetzagentur unter Mitwirkung der Anlagen- und Netzbetreiber zu ergänzen.
4) Die Bundesnetzagentur hat die Befugnis, die im Anlagenregister gespeicherten Daten mit Daten aus dem Herkunftsnachweisregister, dem ehemaligen Anlagenregister nach der Biomassestrom-Nachhaltigkeitsverordnung (BioSt-NachV), den von den Übertragungsnetzbetreibern nach § 7 AusglMechV und den Netzbetreibern nach § 72 Abs. 1

EEG 2014 übermittelten Daten sowie Daten der Markttransparenzstelle für den Groß-handel im Bereich Strom und Gas abzugleichen.

5) Die Informationen über die registrierten Anlagen werden ohne individuelle Identifizie-rung der Anlagenbetreiber durch die Bundesnetzagentur im Internet in monatlich ak-tualisierter Form veröffentlicht.

6) Die Bundesnetzagentur ist dazu ermächtigt, das Anlagenregister durch Festlegungen weiterzuentwickeln.

Säcker

Eingangsformel

Auf Grund des § 93 des Erneuerbare-Energien-Gesetzes vom 21. Juli 2014 (BGBl. I S. 1066) verordnet das Bundesministerium für Wirtschaft und Energie:

Abschnitt 1
Allgemeine Bestimmungen

§ 1 Anlagenregister; Datenschutz

¹Die Bundesnetzagentur errichtet und betreibt das Anlagenregister nach § 6 des Erneuerba-re-Energien-Gesetzes vom 21. Juli 2014 (BGBl. I S. 1066). ²Die Bundesnetzagentur hat bei der Einrichtung und bei dem Betrieb die erforderlichen technischen und organisatori-schen Maßnahmen zur Sicherstellung von Datenschutz und Datensicherheit unter Beach-tung von § 9 des Bundesdatenschutzgesetzes und der Anlage zu § 9 Satz 1 des Bundesda-tenschutzgesetzes in der Fassung der Bekanntmachung vom 14. Januar 2003 (BGBl. I S. 66), das zuletzt durch Artikel 1 des Gesetzes vom 14. August 2009 (BGBl. I S. 2814) geändert worden ist, und unter Berücksichtigung der einschlägigen Standards und Empfeh-lungen des Bundesamtes für Sicherheit in der Informationstechnik zu treffen.

§ 2 Begriffsbestimmungen

Im Sinne dieser Verordnung ist

1. „Anlage" eine Anlage im Sinne des § 5 Nummer 1 des Erneuerbare-Energien-Gesetzes im Geltungsbereich des Erneuerbare-Energien-Gesetzes; mehrere Freiflächenanlagen gelten unabhängig von den Eigentumsverhältnissen für die Zwecke dieser Verordnung als eine Anlage, wenn sie innerhalb derselben Gemeinde, die für den Erlass des Bebau-ungsplans zuständig ist, errichtet worden sind und innerhalb von 24 aufeinanderfolgen-den Kalendermonaten in einem Abstand von bis zu 4 Kilometern in der Luftlinie, ge-messen vom äußeren Rand der jeweiligen Anlage, in Betrieb genommen worden sind; unberührt hiervon bleibt § 32 Absatz 1 des Erneuerbare-Energien-Gesetzes, Freiflä-chenanlagen, die in einem anderen Mitgliedstaat der Europäischen Union errichtet worden sind, sind nach Maßgabe eines völkerrechtlichen Vertrages oder eines entspre-chenden Verwaltungsabkommens nach § 88 Absatz 2 Nummer 1 Buchstabe d des Er-neuerbare-Energien-Gesetzes Anlagen im Sinne dieser Verordnung,

2. „genehmigungsbedürftige Anlage" eine Anlage, deren Errichtung und Betrieb einer Genehmigung oder sonstigen Zulassung bedarf; ausgenommen hiervon sind

   a) Anlagen zur Erzeugung von Strom aus solarer Strahlungsenergie, die in, an oder auf Gebäuden oder sonstigen baulichen Anlagen, die vorrangig zu anderen Zwecken als der Erzeugung von Strom aus solarer Strahlungsenergie errichtet worden sind, angebracht sind, sowie

   b) Anlagen zur Erzeugung von Strom aus Deponiegas, Klärgas, Grubengas sowie Windenergieanlagen an Land, die keiner Genehmigung nach § 1 Absatz 1 der Verordnung über genehmigungsbedürftige Anlagen bedürfen.

Abschnitt 2
Registrierungspflicht

§ 3 Registrierung von Anlagen

(1) [1]Anlagenbetreiber müssen Anlagen, die nach dem 31. Juli 2014 in Betrieb genommen werden, nach Maßgabe der Absätze 2 und 3 registrieren lassen. [2]Satz 1 ist auch anzuwenden, wenn für den in der Anlage erzeugten Strom dem Grunde nach kein Anspruch nach § 19 des Erneuerbare-Energien-Gesetzes besteht. [3]Satz 1 ist nicht anzuwenden, wenn die Anlage nicht an ein Netz angeschlossen ist und der in der Anlage erzeugte Strom auch nicht mittels kaufmännisch-bilanzieller Weitergabe in ein Netz angeboten wird oder werden kann.

(2) Anlagenbetreiber müssen die folgenden Angaben übermitteln:

1. ihren Namen, ihre Anschrift, ihre Telefonnummer und ihre E-Mail-Adresse,
2. den Standort und, sofern vorhanden, den Namen der Anlage,
3. sofern vorhanden, die Zugehörigkeit der Anlage zu einem Anlagenpark und dessen Namen,
4. den Energieträger, aus dem der Strom erzeugt wird,
5. die installierte Leistung der Anlage,
6. die Angabe, ob sie für den in der Anlage erzeugten Strom oder die Bereitstellung installierter Leistung Zahlungen des Netzbetreibers aufgrund der Ansprüche nach § 19 oder § 52 des Erneuerbare-Energien-Gesetzes in Anspruch nehmen wollen,
7. die Angabe, ob der in der Anlage erzeugte Strom vollständig oder teilweise vom Anlagenbetreiber
   a) selbst im unmittelbaren räumlichen Zusammenhang mit der Anlage verbraucht werden soll, ohne dass der Strom durch das Netz durchgeleitet wird, oder
   b) an Letztverbraucher geliefert werden soll,
8. das Datum der Inbetriebnahme der Anlage,
9. bei genehmigungsbedürftigen Anlagen die Angabe der Genehmigung oder Zulassung, mit der die Anlage nach § 4 Absatz 1 registriert worden ist,
10. bei Anlagen zur Erzeugung von Strom aus Deponiegas, Klärgas, Grubengas, Biomasse oder Geothermie die Angabe,
    a) ob es sich um eine KWK-Anlage handelt; in diesem Fall ist auch die installierte thermische Leistung der Anlage anzugeben und

b) ob es sich um eine Anlage handelt, in der vor dem 1. August 2014 andere Energieträger als ausschließlich Deponiegas, Klärgas, Grubengas, Biomasse oder Geothermie zur Stromerzeugung eingesetzt worden sind, einschließlich der Angabe dieses Energieträgers und des Inbetriebnahmezeitpunkts nach Maßgabe des am 31. Juli 2014 geltenden Inbetriebnahmebegriffs,

11. bei Anlagen, in denen Biomasse zur Stromerzeugung eingesetzt wird, die Angabe
   a) ob es sich um feste, flüssige oder gasförmige Biomasse handelt; wird gasförmige Biomasse eingesetzt, ist nach Vor-Ort-Verstromung und Biomethan zu differenzieren und
   b) ob ausschließlich Biomasse oder auch andere Energieträger zur Stromerzeugung eingesetzt werden,

12. bei Windenergieanlagen
   a) die Nabenhöhe,
   b) den Rotordurchmesser,
   c) den Hersteller der Anlage sowie den Anlagentyp,
   d) die Standortgüte, wenn es sich um eine Windenergieanlage an Land handelt; zu diesem Zweck sind, sofern vorhanden, die folgenden Angaben eines Gutachtens zu übermitteln, das den Anforderungen der Technischen Richtlinien für Windenergieanlagen, Teil 6, der FGW e. V. – Fördergesellschaft Windenergie und andere Erneuerbare Energien[1] in der zum Zeitpunkt der Erstellung des Gutachtens geltenden Fassung entspricht und von einer nach diesen Richtlinien berechtigten Institution erstellt worden ist:
      aa) die mittlere Windgeschwindigkeit auf Nabenhöhe in Meter pro Sekunde,
      bb) Formparameter und Skalenparameter der Weibull-Verteilung der Windverhältnisse auf Nabenhöhe und
      cc) das Verhältnis des zu erwartenden Ertrags zum Referenzertrag nach der Anlage 2 zum Erneuerbare-Energien-Gesetz,
   e) die Angabe, ob es sich um eine Windenergieanlage an Land handelt, die eine bestehende Windenergieanlage ersetzt, einschließlich der Bestätigung, dass die endgültige Stilllegung der ersetzten Anlage nach § 5 Absatz 1 oder § 6 Absatz 2 Satz 2 an das Anlagenregister übermittelt worden ist und
   f) die Küstenentfernung und die Wassertiefe des Standorts der Windenergieanlage auf See,

13. bei Freiflächenanlagen die in Anspruch genommene Fläche in Hektar sowie die Angabe, in welchem Umfang die Fläche vor der Errichtung der Freiflächenanlage als Ackerland genutzt wurde,

14. die Angabe, ob die Anlage mit technischen Einrichtungen ausgestattet ist, mit denen jederzeit die Einspeiseleistung ferngesteuert reduziert sowie die jeweilige Ist-Einspeisung abgerufen werden kann vom
   a) Netzbetreiber, wobei auch anzugeben ist, ob es sich um eine gemeinsame technische Einrichtung für mehrere Anlagen an einem Netzverknüpfungspunkt nach § 9 Absatz 1 Satz 2 des Erneuerbare-Energien-Gesetzes handelt, oder
   b) einem Direktvermarktungsunternehmer oder einer anderen Person, an die der Strom veräußert wird,

---

1 Amtlicher Hinweis: Zu beziehen bei der FGW e. V. – Fördergesellschaft Windenergie und andere Erneuerbare Energien, Oranienburger Straße 45, 10117 Berlin.

15. den Namen des Netzbetreibers, in dessen Netz der in der Anlage erzeugte Strom eingespeist oder mittels kaufmännisch-bilanzieller Weitergabe angeboten wird, und

16. die Bezeichnung des Netzanschlusspunktes der Anlage sowie dessen Spannungsebene.

(3) ¹Die Angaben nach Absatz 2 müssen innerhalb von drei Wochen nach der Inbetriebnahme der Anlage übermittelt werden. ²Bei Anlagen zur Erzeugung von Strom aus Deponiegas, Klärgas, Grubengas und Biomasse, deren Generator erstmalig nicht mit erneuerbaren Energien oder Grubengas, sondern mit sonstigen Energieträgern in Betrieb gesetzt worden ist, ist der Zeitpunkt der erstmaligen Stromerzeugung aus erneuerbaren Energien oder Grubengas im Generator maßgeblich.

§ 4 Registrierung von Genehmigungen

(1) ¹Die Inhaber von Genehmigungen oder Zulassungen, die nach dem 28. Februar 2015 für genehmigungsbedürftige Anlagen erteilt worden sind, müssen die Genehmigung oder Zulassung spätestens drei Wochen nach ihrer Bekanntgabe nach Maßgabe des Absatzes 2 registrieren lassen. ²Sind mehrere Genehmigungen oder Zulassungen erforderlich, beschränkt sich die Pflicht nach Satz 1 auf die Genehmigung oder Zulassung, mit der die baurechtliche Zulässigkeit der Anlage festgestellt wird. ³Satz 1 ist unbeschadet davon anzuwenden, ob die Anlage vom Anlagenbetreiber bei ihrer Inbetriebnahme nach § 3 Absatz 1 registriert werden muss.

(2) Die Inhaber müssen die folgenden Angaben übermitteln:

1. die genehmigende Behörde,
2. das Datum und das Aktenzeichen der Genehmigung,
3. den Zeitpunkt der geplanten Inbetriebnahme,
4. die Frist, innerhalb derer nach der Genehmigung mit der Errichtung oder dem Betrieb der Anlage begonnen werden muss,
5. die Angaben nach § 3 Absatz 2 mit Ausnahme der Angaben nach § 3 Absatz 2 Nummer 9 und Nummer 14 bis 16 und
6. bei Freiflächenanlagen die Nummer des Zuschlags nach § 14 Absatz 2 Nummer 2 Buchstabe c der Freiflächenausschreibungsverordnung, sofern die Nummer bekannt gegeben worden ist.

(3) Die Bundesnetzagentur darf die nach Absatz 2 übermittelten Angaben aus dem Anlagenregister löschen, wenn

1. sie die Gebotsmenge eines bezuschlagten Gebots mit den entsprechenden Standortangaben für die geplante Freiflächenanlage nach § 20 Absatz 2 Satz 2 der Freiflächenausschreibungsverordnung entwertet hat oder
2. für die Anlage nach Ablauf der von der Genehmigungsbehörde gesetzten Frist und unter Berücksichtigung der Frist nach § 3 Absatz 3 die Angabe nach § 3 Absatz 2 Nummer 8 noch nicht übermittelt worden ist.

§ 5 Übermittlung von Änderungen

(1) Anlagenbetreiber müssen innerhalb der Frist nach § 3 Absatz 3 jede Änderung der Angaben nach § 3 Absatz 2 mit Ausnahme der Angaben nach § 3 Absatz 2 Nummer 6 und 7 übermitteln.

(2) Zum Zweck der Registrierung einer Änderung der installierten Leistung oder der endgültigen Stilllegung der Anlage ist zusätzlich das Datum der Änderung der installierten Leistung oder der endgültigen Stilllegung zu übermitteln.

(3) § 4 Absatz 1 ist entsprechend anzuwenden bei Änderungen der installierten Leistung, die einer Genehmigung nach § 16 des Bundes-Immissionsschutzgesetzes oder der Planfeststellung nach § 2 Absatz 1 der Seeanlagenverordnung bedürfen.

(4) Die Bundesnetzagentur übermittelt die Registrierung der endgültigen Stilllegung einer Anlage an den nach § 3 Absatz 2 Nummer 15 benannten Netzbetreiber, soweit dies für die Erfüllung seiner Aufgaben erforderlich ist.

§ 6 Registrierung von bestehenden Anlagen

(1) [1]Anlagenbetreiber müssen Anlagen, die vor dem 1. August 2014 in Betrieb genommen worden sind, nach Maßgabe der Absätze 2 und 3 registrieren lassen, wenn sie nach dem 31. Juli 2014

1. die installierte Leistung der Anlage erhöhen oder verringern,
2. eine Wasserkraftanlage nach § 40 Absatz 2 des Erneuerbare-Energien-Gesetzes ertüchtigen,
3. für eine Windenergieanlage an Land fünf Jahre nach ihrer Inbetriebnahme die Verlängerung der Anfangsvergütung nach folgenden Bestimmungen in Anspruch nehmen:
   a) nach § 100 Absatz 1 Nummer 4 des Erneuerbare-Energien-Gesetzes in Verbindung mit § 29 Absatz 2 Satz 2 des Erneuerbare-Energien-Gesetzes in der am 31. Juli 2014 geltenden Fassung, wenn die Anlage nach dem 31. Dezember 2011 in Betrieb genommen worden ist, oder
   b) nach § 100 Absatz 1 Nummer 10 Buchstabe c des Erneuerbare-Energien-Gesetzes in Verbindung mit § 29 Absatz 2 Satz 2 des Erneuerbare-Energien-Gesetzes in der am 31. Dezember 2011 geltenden Fassung, wenn die Anlage nach dem 31. Dezember 2009 und vor dem 1. Januar 2012 in Betrieb genommen worden ist,
4. erstmalig die Flexibilitätsprämie nach § 54 des Erneuerbare-Energien-Gesetzes in Anspruch nehmen wollen,
5. erstmalig ausschließlich Biomethan zur Stromerzeugung einsetzen, um eine Förderung nach den Bestimmungen des Erneuerbare-Energien-Gesetzes in der Fassung in Anspruch zu nehmen, die für die Anlage nach § 100 Absatz 1 Nummer 4 oder 10 und Absatz 2 Satz 2 des Erneuerbare-Energien-Gesetzes maßgeblich ist, oder
6. die Anlage endgültig stilllegen.

[2]§ 3 Absatz 1 Satz 3 ist entsprechend anzuwenden.

(2) [1]Besteht eine Registrierungspflicht nach Absatz 1 Satz 1 Nummer 1 bis 5, müssen Anlagenbetreiber die Angaben nach § 3 Absatz 2, den EEG-Anlagenschlüssel, soweit er ihnen bekannt ist, und die folgenden weiteren Angaben übermitteln:

1. im Falle der Erhöhung oder Verringerung der installierten Leistung: das Datum und den Umfang der Änderung der installierten Leistung,

2. im Falle der Ertüchtigung einer Wasserkraftanlage: die Art der Ertüchtigungsmaßnahme, deren Zulassungspflichtigkeit sowie die Höhe der Steigerung des Leistungsvermögens,

3. im Falle der erstmaligen Inanspruchnahme der Flexibilitätsprämie: den Zeitpunkt, ab dem die Flexibilitätsprämie in Anspruch genommen werden soll und die Angaben nach Nummer 1, soweit nach dem 31. Juli 2014 die installierte Leistung der Anlage erhöht wird.

[2]Im Falle einer Registrierungspflicht nach Absatz 1 Satz 1 Nummer 6 müssen Anlagenbetreiber das Datum der endgültigen Stilllegung, den EEG-Anlagenschlüssel, soweit er ihnen bekannt ist, und die Angaben nach § 3 Absatz 2 mit Ausnahme der Nummern 6, 7, 9 und 14 übermitteln. [3]Handelt es sich um eine Anlage, die ausschließlich mit Biomethan betrieben wurde, muss der Anlagenbetreiber auch erklären, ob er der Veröffentlichung der Stilllegung nach § 11 Absatz 4 Satz 2 zustimmt.

(3) Anlagenbetreiber müssen die Angaben nach Absatz 2 innerhalb der folgenden Fristen übermitteln:

1. in den Fällen nach Absatz 1 Satz 1 Nummer 1, 2 und 5 innerhalb von drei Wochen nach der erstmaligen Inbetriebsetzung der Anlage nach Abschluss der jeweiligen Maßnahme,

2. in den Fällen nach Absatz 1 Satz 1 Nummer 3 innerhalb von drei Monaten, nachdem die Anfangsvergütung verlängert worden ist,

3. in den Fällen nach Absatz 1 Satz 1 Nummer 4 frühestens drei Monate vor der geplanten Inanspruchnahme der Flexibilitätsprämie; dies gilt abweichend von Nummer 1 auch, wenn zur Inanspruchnahme der Flexibilitätsprämie die installierte Leistung der Anlage erhöht wird,

4. in den Fällen nach Absatz 1 Satz 1 Nummer 6 innerhalb von drei Wochen nach der endgültigen Stilllegung der Anlage.

(4) § 5 Absatz 4 ist entsprechend anzuwenden.

Abschnitt 3
Behördliches Verfahren

§ 7 Registrierungsverfahren

(1) [1]Die Registrierung im Anlagenregister erfolgt durch die Bundesnetzagentur. [2]Anlagenbetreiber sowie die Inhaber von Genehmigungen und Zulassungen müssen für die Übermittlung der Angaben nach den §§ 3 bis 6 die von der Bundesnetzagentur bereitgestellten Formularvorlagen nutzen.

(2) [1]Die Bundesnetzagentur registriert die Anlage, wenn mindestens die Angaben nach § 3 Absatz 2 Nummer 1, 2 und 4 bis 6 übermittelt worden sind, und bestätigt dem Anlagenbetreiber das Datum, an dem diese Angaben der Bundesnetzagentur zugegangen sind. [2]Satz 1 ist im Fall der Übermittlungspflichten nach den §§ 5 und 6 entsprechend anzuwenden,

wenn die Angaben nach Satz 1 sowie nach § 5 Absatz 2 oder § 6 Absatz 2 vollständig über-mittelt worden sind.

(3) [1]Die Bundesnetzagentur darf Netzbetreiber zur Überprüfung und Ergänzung der von Anlagenbetreibern übermittelten Daten nach § 3 Absatz 2 Nummer 2 bis 16, § 5 Absatz 2 sowie § 6 Absatz 2 auffordern und zu diesem Zweck auch die Kontaktdaten des Anlagen-betreibers nach § 3 Absatz 2 Nummer 1 übermitteln, soweit dies zur Registerführung erfor-derlich ist. [2]Hierzu darf die Bundesnetzagentur ein automatisiertes Verfahren oder eine elektronische Schnittstelle nutzen, soweit diese den Vorgaben nach § 1 Satz 2 entsprechen. [3]Der Netzbetreiber ist zur Überprüfung und Bestätigung der ihm übersandten Daten inner-halb eines Monats verpflichtet. [4]§ 10 Absatz 3 ist entsprechend anzuwenden. [5]Die Bundes-netzagentur darf unter Beachtung des § 1 Satz 2 für die Übermittlung der Daten ein bestimmtes Format sowie ein etabliertes und dem Schutzbedarf angemessenes Verschlüs-selungsverfahren vorgeben. [6]Der Netzbetreiber hat die nach Satz 1 übermittelten Daten nach Abschluss der jeweiligen Überprüfung oder Ergänzung unverzüglich zu löschen.

(4) Die Registrierung einer Anlage hat keine feststellende Wirkung im Hinblick auf das Vorliegen der für die Inanspruchnahme einer finanziellen Förderung nach dem Erneuerba-re-Energien-Gesetz erforderlichen Tatsachen.

(5) Die Bundesnetzagentur hat jeder registrierten Anlage eine eindeutige Kennziffer zuzu-ordnen.

§ 8 Ergänzung des Anlagenregisters; Mitwirkung der Netzbetreiber

(1) [1]Die Bundesnetzagentur hat das Anlagenregister von Amts wegen um die verfügbaren Daten im Sinne des § 3 Absatz 2 von allen Anlagen zur Erzeugung von Strom aus erneu-erbaren Energien und Grubengas zu ergänzen, die vor dem 1. August 2014 in Betrieb ge-nommen worden sind. [2]Die Bundesnetzagentur teilt den Netzbetreibern Ergänzungen nach Satz 1 mit.

(2) Soweit verfügbar und zur Registerführung erforderlich, darf die Bundesnetzagentur bei registrierten Anlagen die folgenden Daten ergänzen:

1. den EEG-Anlagenschlüssel und
2. die Bezeichnung der an die Anlage vergebenen Zählpunkte, über die der in der Anlage erzeugte Strom bei der Einspeisung in das Netz erfasst wird.

(3) [1]Zum Zweck der Ergänzung des Anlagenregisters um Daten über Anlagen zur Erzeu-gung von Strom aus flüssiger Biomasse hat die Bundesanstalt für Landwirtschaft und Er-nährung bis zum 1. Januar 2015 die von ihr im Anlagenregister nach § 61 der Biomasse-strom-Nachhaltigkeitsverordnung vom 23. Juli 2009 (BGBl. I S. 2174) in der Fassung des Gesetzes vom 22. Dezember 2011 (BGBl. I S. 3044) gespeicherten Daten an die Bundes-netzagentur zu übermitteln und diese bei sich gespeicherten Daten unverzüglich im An-schluss an diese Übermittlung zu löschen. [2]Die Bundesnetzagentur darf für die Übermitt-lung der Daten ein bestimmtes Format sowie ein etabliertes und dem Schutzbedarf angemessenes Verschlüsselungsverfahren vorgeben.

(4) [1]Soweit zur Registerführung erforderlich, darf die Bundesnetzagentur Netzbetreiber zur Übermittlung von Angaben auffordern, die zur Ergänzung des Anlagenregisters nach Absatz 1 und 2 notwendig sind. [2]§ 10 Absatz 3 ist entsprechend anzuwenden.

(5) [1]Netzbetreiber müssen die folgenden Angaben übermitteln:

1. den Referenzstandortwert von Windenergieanlagen an Land, der zur Berechnung der Frist nach § 49 Absatz 2 Satz 2 und 3 des Erneuerbare-Energien-Gesetzes ermittelt wird; für Anlagen, die vor dem 1. August 2014 in Betrieb genommen worden sind, gilt dies entsprechend hinsichtlich der Ermittlung der Frist
   a) nach § 100 Absatz 1 Nummer 4 des Erneuerbare-Energien Gesetzes in Verbindung mit § 29 Absatz 2 Satz 2 des Erneuerbare-Energien-Gesetzes in der am 31. Juli 2014 geltenden Fassung, wenn die Anlage nach dem 31. Dezember 2011 in Betrieb genommen worden ist oder
   b) nach § 100 Absatz 1 Nummer 10 Buchstabe c des Erneuerbare-Energien-Gesetzes in Verbindung mit § 29 Absatz 2 Satz 2 des Erneuerbare-Energien-Gesetzes in der am 31. Dezember 2011 geltenden Fassung, wenn die Anlage nach dem 31. Dezember 2009 und vor dem 1. Januar 2012 in Betrieb genommen worden ist,
2. die Küstenentfernung und die Wassertiefe von Windenergieanlagen auf See nach § 50 Absatz 2 Satz 2 des Erneuerbare-Energien-Gesetzes; für Anlagen, die vor dem 1. August 2014 in Betrieb genommen worden sind, gilt dies entsprechend hinsichtlich der Ermittlung der Frist
   a) nach § 100 Absatz 1 Nummer 4 des Erneuerbare-Energien-Gesetzes in Verbindung mit § 31 Absatz 2 Satz 2 des Erneuerbare-Energien-Gesetzes in der am 31. Juli 2014 geltenden Fassung, wenn die Anlage nach dem 31. Dezember 2011 in Betrieb genommen worden ist oder
   b) nach § 100 Absatz 1 Nummer 10 Buchstabe c des Erneuerbare-Energien-Gesetzes in Verbindung mit § 31 Absatz 2 Satz 3 des Erneuerbare-Energien-Gesetzes in der am 31. Dezember 2011 geltenden Fassung, wenn die Anlage nach dem 31. Dezember 2009 und vor dem 1. Januar 2012 in Betrieb genommen worden ist,
3. im Anschluss an die Vorlage eines Stilllegungsnachweises nach § 100 Absatz 2 Satz 3 des Erneuerbare-Energien-Gesetzes durch den Anlagenbetreiber:
   a) die Kennziffern nach § 7 Absatz 5 der stillgelegten Anlagen und
   b) die installierte Leistung der nach § 100 Absatz 2 Satz 2 und 3 oder Satz 4 zweiter Halbsatz des Erneuerbare-Energien-Gesetzes geförderten Anlage,
4. die Höchstbemessungsleistung von Biogasanlagen nach § 101 Absatz 1 Satz 2 oder 3 des Erneuerbare-Energien-Gesetzes.

[2]Die Angaben nach Satz 1 Nummer 1, 2 und 4 müssen einschließlich des EEG-Anlagenschlüssels der jeweiligen Anlage spätestens zum 31. Mai des Jahres übermittelt werden, das auf das Wirksamwerden der Verlängerung der jeweiligen Frist oder der Höchstbemessungsleistung folgt, frühestens jedoch nachdem die Bundesnetzagentur dem Netzbetreiber die Erfassung der Bestandsanlagen nach Absatz 1 Satz 2 mitgeteilt hat. [3]Die Angaben nach Satz 1 Nummer 3 müssen innerhalb von einer Woche nach Vorlage des Nachweises durch den Anlagenbetreiber übermittelt werden.

§ 9 Erhebung, Speicherung, Nutzung, Löschung und Abgleich der registrierten Daten

(1) [1]Die Bundesnetzagentur darf die registrierten Daten einschließlich der personenbezogenen Daten erheben, speichern und nutzen, soweit dies zur Registerführung erforderlich

ist. ²Der Name, die Anschrift sowie die übrigen Kontaktdaten der Betreiber von Anlagen, die endgültig stillgelegt worden sind, sind spätestens drei Monate nach der endgültigen Stilllegung zu löschen. ³Ändert die Bundesnetzagentur Daten auf Grund von Übermittlungen nach § 5, ist sie auch zur fortgesetzten Speicherung der ursprünglichen Daten befugt, soweit es sich nicht um Angaben nach § 3 Absatz 2 Nummer 1 handelt.

(2) Soweit dies für die Erfüllung der Aufgaben nach den §§ 8 und 10 erforderlich ist, kann die Bundesnetzagentur auch die Daten im Anlagenregister speichern und hierfür zweckändernd nutzen, die ihr ursprünglich auf Grund folgender Bestimmungen zu den dort genannten Zwecken übermittelt worden sind:

1. von den Übertragungsnetzbetreibern nach § 4 Absatz 1 der Ausgleichsmechanismus-Ausführungsverordnung oder nach § 7 Absatz 2 der Ausgleichsmechanismusverordnung in der am 19. Februar 2015 geltenden Fassung,
2. von den Netzbetreibern nach § 76 Absatz 1 des Erneuerbare-Energien-Gesetzes,
3. von den Betreibern von Anlagen zur Erzeugung von Strom aus solarer Strahlungsenergie nach § 16 Absatz 2 Satz 2 des Erneuerbare-Energien-Gesetzes in der am 31. Dezember 2011 geltenden Fassung, nach § 17 Absatz 2 Nummer 1 Buchstabe a des Erneuerbare-Energien-Gesetzes in der am 31. März 2012 geltenden Fassung und nach § 17 Absatz 2 Nummer 1 Buchstabe a des Erneuerbare-Energien-Gesetzes in der am 31. Juli 2014 geltenden Fassung und
4. von den Betreibern von Anlagen zur Erzeugung von Strom aus Biogas nach § 33i Absatz 1 Nummer 3 Buchstabe a des Erneuerbare-Energien-Gesetzes in der am 31. Juli 2014 geltenden Fassung.

(3) ¹Die Bundesnetzagentur darf zum Zweck der Überprüfung der Richtigkeit und Vollständigkeit der registrierten Daten diese abgleichen mit den Daten nach Absatz 2 und den Daten, die

1. aus frei zugänglichen öffentlichen Quellen verfügbar sind,
2. von Bietern nach § 6 Absatz 3 und 4 sowie § 21 Absatz 2 der Freiflächenausschreibungsverordnung übermittelt worden sind,
3. im Herkunftsnachweisregister nach § 79 Absatz 3 des Erneuerbare-Energien-Gesetzes gespeichert sind oder
4. von der Markttransparenzstelle nach § 47b Absatz 3 des Gesetzes gegen Wettbewerbsbeschränkungen in der Fassung der Bekanntmachung vom 26. Juni 2013 (BGBl. I S. 1750, 3245), das zuletzt durch Artikel 5 des Gesetzes vom 21. Juli 2014 (BGBl. I S. 1066) geändert worden ist, erhoben und gesammelt worden sind, soweit die §§ 47a bis 47j des Gesetzes gegen Wettbewerbsbeschränkungen und die Verordnung (EU) Nr. 1227/2011 des europäischen Parlamentes und des Rates über die Integrität und Transparenz des Energiegroßhandelsmarktes einer Übermittlung der Daten nicht entgegenstehen.

²§ 12 Absatz 2 ist hinsichtlich des Ergebnisses eines Abgleichs nach Satz 1 Nummer 3 oder 4 entsprechend anzuwenden.

(4) Für den Datenabgleich nach Absatz 3 Satz 1 Nummer 3 oder 4 kann die Bundesnetzagentur für die Übermittlung der Daten im Einvernehmen mit den jeweils zuständigen Stellen unter Beachtung des § 1 Satz 2 ein bestimmtes Format und ein etabliertes und dem Schutzbedarf angemessenes Verschlüsselungsverfahren vorgeben.

(5) Die Bundesnetzagentur darf die registrierten Daten einschließlich der personenbezoge-nen Daten nutzen, soweit dies erforderlich ist zur Wahrnehmung ihrer Aufgaben nach dem Erneuerbare-Energien-Gesetz und den auf Grund dieses Gesetzes erlassenen Verordnun-gen und nach dem Energiewirtschaftsgesetz vom 7. Juli 2005 (BGBl. I S. 1970, 3621), das zuletzt durch Artikel 6 des Gesetzes vom 21. Juli 2014 (BGBl. I S. 1066) geändert worden ist, und den auf Grund dieses Gesetzes erlassenen Verordnungen.

§ 10 Überprüfung und Änderung der registrierten Daten

(1) [1]Die Bundesnetzagentur darf jederzeit die registrierten Daten überprüfen. [2]Insbeson-dere darf sie überprüfen, ob die übermittelten Daten den Daten nach § 9 Absatz 2 oder 3 entsprechen.

(2) Die Bundesnetzagentur hat offensichtlich fehlerhafte Angaben zu berichtigen, soweit dies ohne Mitwirkung von Anlagenbetreibern, den Inhabern von Genehmigungen und Zu-lassungen oder Netzbetreibern möglich ist; darüber hinaus darf sie

1. Anlagenbetreiber und Inhaber von Genehmigungen und Zulassungen auffordern, die von ihnen übermittelten Daten unter Berücksichtigung der Daten nach § 9 Absatz 2 oder 3 zu prüfen und, soweit notwendig, berichtigte Daten zu übermitteln, und
2. Netzbetreiber unbeschadet des § 7 Absatz 3 auffordern, die Daten nach § 3 Absatz 2, § 5 Absatz 1 und 2, § 6 Absatz 2 sowie § 9 zu prüfen und, soweit notwendig, berichtigte Daten zu übermitteln; § 7 Absatz 3 Satz 2, 5 und 6 ist entsprechend anzuwenden.

(3) Die Bundesnetzagentur darf bei Verletzung der Mitwirkungspflichten nach Absatz 2 die erforderlichen Anordnungen treffen, um die Richtigkeit der Eintragungen im Anlagen-register herzustellen.

§ 11 Veröffentlichung der Daten der registrierten Anlagen

(1) [1]Die Bundesnetzagentur hat mindestens monatlich auf ihrer Internetseite die Daten der nach den §§ 3 bis 6 registrierten und der nach § 8 Absatz 1 erfassten Anlagen zu veröffent-lichen. [2]Der Standort von Anlagen mit einer installierten Leistung von höchstens 30 Kilo-watt ist nur mit der Postleitzahl sowie dem Gemeindeschlüssel anzugeben.

(2) [1]Die Bundesnetzagentur hat über Anlagen zur Erzeugung von Strom aus Biomasse, Windenergie an Land und solarer Strahlungsenergie jeweils zu veröffentlichen:

1. monatlich den Zubau der installierten Leistung; hierzu ist zu veröffentlichen:
   a) die Summe der installierten Leistung der jeweils im vorangegangenen Kalendermo-nat nach § 3 in Verbindung mit § 7 oder nach § 16 Absatz 1 registrierten Anlagen,
   b) die Summe der installierten Leistung der jeweils im vorangegangenen Kalendermo-nat nach § 5 Absatz 2 oder nach § 6 Absatz 2 Satz 2 jeweils in Verbindung mit § 7 als endgültig stillgelegt registrierten Windenergieanlagen an Land und
   c) für Windenergieanlagen an Land die Differenz aus den Werten nach den Buchstaben a und b,
2. spätestens zum letzten Kalendertag des auf einen Bezugszeitraum nach § 28 Absatz 4, § 29 Absatz 6 und § 31 Absatz 5 des Erneuerbare-Energien-Gesetzes folgenden Kalen-dermonats den Zubau im jeweiligen Bezugszeitraum; hierzu ist zu veröffentlichen:

a) die Summe der installierten Leistung der in dem jeweiligen Bezugszeitraum nach § 3 in Verbindung mit § 7 oder nach § 16 Absatz 1 registrierten Anlagen,

b) die Summe der installierten Leistung der in dem jeweiligen Bezugszeitraum nach § 5 Absatz 2 oder nach § 6 Absatz 2 Satz 2 jeweils in Verbindung mit § 7 als endgültig stillgelegt registrierten Windenergieanlagen an Land und

c) für Windenergieanlagen an Land die Differenz aus den Werten nach den Buchstaben a und b,

3. spätestens zum letzten Kalendertag des auf einen Bezugszeitraum nach den § 28 Absatz 4, § 29 Absatz 6 und § 31 Absatz 5 des Erneuerbare-Energien-Gesetzes folgenden Kalendermonats die anzulegenden Werte, die sich jeweils nach Maßgabe der §§ 28, 29 und 31 des Erneuerbare-Energien-Gesetzes ergeben.

[2]Die Bundesnetzagentur darf für die jeweils folgende Veröffentlichung Änderungen der installierten Leistung der registrierten Anlagen berücksichtigen, die sich auf Grund einer Überprüfung nach § 7 Absatz 3 oder § 10 Absatz 2 ergeben.

(3) [1]Die Bundesnetzagentur hat monatlich die Summe der installierten Leistung aller geförderten Anlagen zur Erzeugung von Strom aus solarer Strahlungsenergie zu veröffentlichen; geförderte Anlagen in diesem Sinne sind alle Anlagen,

1. die bis zum letzten Tag des jeweils vorangegangenen Kalendermonats nach § 3 Absatz 2 Nummer 6 in Verbindung mit § 7 oder nach § 16 Absatz 1 als geförderte Anlage registriert worden sind,

2. für die der Standort und die installierte Leistung nach § 16 Absatz 2 Satz 2 des Erneuerbare-Energien-Gesetzes in der am 31. Dezember 2011 geltenden Fassung, nach § 17 Absatz 2 Nummer 1 Buchstabe a des Erneuerbare-Energien-Gesetzes in der am 31. März 2012 oder nach § 17 Absatz 2 Nummer 1 Buchstabe a des Erneuerbare-Energien-Gesetzes in der am 31. Juli 2014 geltenden Fassung an die Bundesnetzagentur übermittelt worden sind,

3. deren Summe nach § 31 Absatz 6 Satz 2 Nummer 3 des Erneuerbare-Energien-Gesetzes von der Bundesnetzagentur geschätzt worden ist.

[2]Absatz 2 Satz 2 ist entsprechend anzuwenden.

(4) [1]Die Bundesnetzagentur hat zur Umsetzung der Nummer I.5 der Anlage 3 zu dem Erneuerbare-Energien-Gesetz monatlich die nach § 6 Absatz 2 Satz 1 Nummer 1 in Verbindung mit § 7 registrierten Erhöhungen der installierten Leistung von Anlagen zur Erzeugung von Strom aus Biogas zu veröffentlichen, die vor dem 1. August 2014 in Betrieb genommen worden sind. [2]Zur Umsetzung des § 100 Absatz 2 Satz 3 des Erneuerbare-Energien-Gesetzes hat die Bundesnetzagentur ferner sämtliche nach § 6 Absatz 2 Satz 2 und 3 in Verbindung mit § 7 registrierten Anlagen gesondert zu veröffentlichen, die vor ihrer endgültigen Stilllegung Strom ausschließlich aus Biomethan erzeugt haben; dabei veröffentlicht sie auch die Höhe der installierten Leistung, in der die jeweilige stillgelegte Anlage für die Zwecke des § 100 Absatz 2 Satz 3 des Erneuerbare-Energien-Gesetzes genutzt werden kann. [3]Die Veröffentlichung nach Satz 2 muss aktualisiert werden, sobald eine stillgelegte Anlage registriert oder ein Netzbetreiber die Angaben nach § 8 Absatz 5 Satz 1 Nummer 3 übermittelt hat.

(5) Der Name, die Anschrift und die sonstigen Kontaktdaten des Anlagenbetreibers oder des Inhabers einer Genehmigung oder Zulassung dürfen bei den Veröffentlichungen nach den Absätzen 1 bis 4 nicht veröffentlicht werden.

(6) Die Bundesnetzagentur darf von einer Veröffentlichung der nach § 4 übermittelten genehmigten Anlagen absehen, wenn dies erforderlich ist, um die effiziente Durchführung von Ausschreibungen im Sinne des § 2 Absatz 5 des Erneuerbare-Energien-Gesetzes sicherzustellen.

§ 12 Auskunftsrechte

(1) [1]Die Bundesnetzagentur darf Netzbetreibern zu bestimmten in ihrem Netzgebiet oder ihrer Regelzone befindliche Anlagen Auskunft über sämtliche nach den §§ 3 bis 6 sowie nach § 8 erfassten, auch personenbezogenen Daten gewähren, soweit dies für deren Aufgabenerfüllung nach dem Erneuerbare-Energien-Gesetz und dem Energiewirtschaftsgesetz jeweils erforderlich ist. [2]Dies darf, soweit verfügbar, automatisch über eine elektronische Schnittstelle der Netzbetreiber zum Anlagenregister erfolgen, soweit diese den Vorgaben nach § 1 Satz 2 entspricht.

(2) [1]Dem Bundesministerium für Wirtschaft und Energie, dem Umweltbundesamt, der Bundesanstalt für Landwirtschaft und Ernährung, dem Statistischen Bundesamt sowie der Markttransparenzstelle für den Großhandel im Bereich Strom und Gas ist auf Verlangen jederzeit Auskunft über sämtliche an das Anlagenregister übermittelten und darin gespeicherten Daten mit Ausnahme der Daten nach § 11 Absatz 5 zu erteilen, soweit der Zugriff auf die nach § 11 Absatz 1 bis 4 veröffentlichten Daten nicht ausreicht zur Erfüllung ihrer jeweiligen Aufgaben nach dem Erneuerbare-Energien-Gesetz und den auf Grund dieses Gesetzes erlassenen Verordnungen, dem Energiewirtschaftsgesetz und den auf Grund dieses Gesetzes erlassenen Verordnungen, dem Energiestatistikgesetz vom 26. Juli 2002 (BGBl. I S. 2867), das zuletzt durch Artikel 3 des Gesetzes vom 20. Dezember 2012 (BGBl. I S. 2730) geändert worden ist, den §§ 47a bis 47j des Gesetzes gegen Wettbewerbsbeschränkungen und den aufgrund dieser Bestimmungen erlassenen Verordnungen oder zur Erfüllung ihrer jeweiligen nationalen, europäischen und internationalen Berichtspflichten zum Ausbau der erneuerbaren Energien. [2]Diese Daten dürfen von der Bundesnetzagentur sowie den Stellen nach Satz 1 an Dritte weitergegeben werden, soweit sie diese mit der Schaffung und Aufbereitung statistischer Grundlagen für die Erfüllung der nationalen, europäischen und internationalen Berichtspflichten oder zu Forschungszwecken mit Bezug zu erneuerbaren Energien beauftragt haben.

(3) Die Bundesnetzagentur darf Dritten Auskunft über Daten mit Ausnahme der Daten nach § 11 Absatz 5 erteilen, soweit diese nachweisen, dass sie ein berechtigtes Interesse an den Daten haben, für das die Veröffentlichungen nach § 11 Absatz 1 bis 4 nicht ausreichen.

(4) Die Bundesnetzagentur kann für die Datenübermittlung nach Absatz 2 und 3 unter Beachtung des § 1 Satz 2 ein etabliertes und dem Schutzbedarf angemessenes Verschlüsselungsverfahren verwenden.

Abschnitt 4
Sonstige Bestimmungen

§ 13 Nutzungsbedingungen

[1]Die Bundesnetzagentur darf im Rahmen ihrer Zuständigkeit zur Führung des Anlagenregisters durch Allgemeinverfügung weitere konkretisierende Bedingungen und Spezifika-

tionen zur Nutzung des Anlagenregisters erlassen. [2]Insbesondere darf sie Formatvorgaben und Registrierungsverfahren verbindlich vorgeben. [3]Die Allgemeinverfügung darf öffentlich bekannt gemacht werden.

§ 14 Festlegungen

Die Bundesnetzagentur darf im Rahmen dieser Verordnung Festlegungen nach § 93 Nummer 12 des Erneuerbare-Energien-Gesetzes treffen über:

1. Angaben, die zusätzlich zu den Angaben nach den §§ 3 bis 6 von Anlagenbetreibern, den Inhabern von Genehmigungen und Zulassungen oder Netzbetreibern übermittelt werden müssen, soweit dies nach § 6 Absatz 1 Satz 2 des Erneuerbare-Energien-Gesetzes erforderlich ist,

2. Angaben, die entgegen §§ 3 bis 6 und mangels Erforderlichkeit nach § 6 Absatz 1 Satz 2 des Erneuerbare-Energien-Gesetzes künftig nicht mehr an das Anlagenregister übermittelt werden müssen,

3. Angaben, die Betreiber von Anlagen, die vor dem 1. August 2014 in Betrieb genommen worden sind, abweichend von § 6 an das Anlagenregister übermitteln müssen,

4. unbeschadet der Einrichtung eines elektronischen Zugangs für Anlagenbetreiber zu dem Anlagenregister die Einrichtung eines elektronischen Zugangs zugunsten von Netzbetreibern, Elektrizitätsversorgungsunternehmen und Direktvermarktungsunternehmern, wobei Umfang und Art der von einem betroffenen Personenkreis einsehbaren Daten einschließlich des Schutzes personenbezogener Daten zu regeln ist.

§ 15 Ordnungswidrigkeiten

Ordnungswidrig im Sinne des § 86 Absatz 1 Nummer 4 Buchstabe d des Erneuerbare-Energien-Gesetzes handelt, wer vorsätzlich oder fahrlässig

1. entgegen § 3 Absatz 1 Satz 1, § 4 Absatz 1 oder § 6 Absatz 1 Satz 1 Nummer 6 eine Anlage oder eine Genehmigung nicht oder nicht rechtzeitig registrieren lässt,

2. entgegen § 3 Absatz 2, § 4 Absatz 2 oder § 6 Absatz 2 Satz 2 eine Angabe nicht richtig übermittelt,

3. entgegen § 5 Absatz 1, auch in Verbindung mit Absatz 2, eine Änderung nicht, nicht richtig oder nicht rechtzeitig übermittelt oder

4. einer vollziehbaren Anordnung nach § 10 Absatz 3 zuwiderhandelt.

§ 16 Übergangsbestimmungen

(1) [1]Für Anlagen zur Erzeugung von Strom aus solarer Strahlungsenergie mit Ausnahme von Freiflächenanlagen kann die Bundesnetzagentur abweichend von § 3 Absatz 1 und § 7 die Registrierung auf der Grundlage der zur Erfüllung der Aufgaben nach § 20a des Erneuerbare-Energien-Gesetzes in der am 31. Juli 2014 geltenden Fassung genutzten Formularvorgaben solange fortführen, bis die technischen und organisatorischen Voraussetzungen für die Erfüllung dieser Aufgaben im Rahmen des Anlagenregisters bestehen. [2]Die Bundesnetzagentur macht den Tag, ab dem die Registrierung nach § 3 Absatz 1 und § 7 vorzunehmen ist, im Bundesanzeiger bekannt.

(2) Bis zum 1. Dezember 2014 gilt die Übermittlung der vollständigen Angaben nach § 3 Absatz 2 Nummer 1, 2 und 4 bis 6 für die Zwecke des § 25 Absatz 1 des Erneuerbare-Energien-Gesetzes als am 1. August 2014 zugegangen.

(3) [1]Die Netzbetreiber müssen Betreiber von Anlagen, die an ihr Netz angeschlossen und vor dem 1. August 2014 in Betrieb genommen worden sind, mit der Endabrechnung der finanziellen Förderung nach der für die jeweilige Anlage geltenden Fassung des Erneuerbare-Energien-Gesetzes für das Kalenderjahr 2014 in Textform unter Nennung der zu übermittelnden Daten darüber informieren, dass der Anlagenbetreiber die Anlage registrieren lassen muss, wenn nach dem 31. Juli 2014 ein Fall des § 6 Absatz 1 Satz 1 eintritt. [2]Bis zum 1. Juli 2015 gilt die Übermittlung der vollständigen Angaben nach § 3 Absatz 2 Nummer 1, 2 und 4 bis 6 und § 6 Absatz 2 für die Zwecke des § 25 Absatz 1 des Erneuerbare-Energien-Gesetzes in dem Zeitpunkt des jeweiligen Ereignisses zugegangen, das nach § 6 Absatz 1 Satz 1 eine Übermittlungpflicht ausgelöst hat.

(4) Für Anlagen, die vor dem 1. März 2015 genehmigt oder zugelassen worden sind, sind § 2 Nummer 2 und § 4 in der am 28. Februar 2015 geltenden Fassung weiter anzuwenden.

§ 17 Inkrafttreten

Diese Verordnung tritt am Tag nach der Verkündung in Kraft.

9. Verordnung über Gebühren und Auslagen des Bundesamtes für Wirtschaft und Ausfuhrkontrolle im Zusammenhang mit der Begrenzung der EEG-Umlage

(Besondere-Ausgleichsregelung-Gebührenverordnung)

vom 5.3.2013
(BGBl. I S. 448)

zuletzt geändert durch Artikel 1 der Verordnung vom 1.8.2014
(BGBl. I S. 1318)

Eingangsformel

Auf Grund des § 63a Absatz 2 Satz 3 Nummer 4 des Erneuerbare-Energien-Gesetzes, der durch Artikel 1 Nummer 20 des Gesetzes vom 17. August 2012 (BGBl. I S. 1754) geändert worden ist, in Verbindung mit dem 2. Abschnitt des Verwaltungskostengesetzes vom 23. Juni 1970 (BGBl. I S. 821) verordnet das Bundesministerium für Umwelt, Naturschutz und Reaktorsicherheit im Einvernehmen mit dem Bundesministerium für Wirtschaft und Technologie:

§ 1 Gebühren und Auslagen

(1) [1]Das Bundesamt für Wirtschaft und Ausfuhrkontrolle erhebt für Amtshandlungen im Zusammenhang mit der Begrenzung der EEG-Umlage nach den §§ 63 bis 67 und § 103 des Erneuerbare-Energien-Gesetzes Gebühren und Auslagen. [2]Die gebührenpflichtigen Tatbestände und die Gebührensätze ergeben sich aus dem Gebührenverzeichnis der Anlage zu dieser Verordnung.

(2) Hinsichtlich der Auslagen ist § 10 des Verwaltungskostengesetzes mit Ausnahme des Absatzes 1 Nummer 1 anzuwenden.

§ 2 Zurücknahme von Anträgen

[1]Für die Zurücknahme eines Antrags auf Begrenzung der EEG-Umlage, mit dessen sachlicher Bearbeitung begonnen worden ist, beträgt die Gebühr 40 Prozent der vorgesehenen Gebühr nach den Nummern 1 bis 3 der Anlage zu dieser Verordnung. [2]§ 15 Absatz 2 zweiter Halbsatz des Verwaltungskostengesetzes bleibt unberührt.

§ 3 Ablehnung von Anträgen

[1]Wird ein Antrag auf Begrenzung der EEG-Umlage abgelehnt, beträgt die Gebühr 70 Prozent der vorgesehenen Gebühr nach den Nummern 1 bis 3 der Anlage zu dieser Verordnung. [2]§ 15 des Verwaltungskostengesetzes bleibt unberührt.

§ 4 Übergangsregelung

Für Anträge auf Begrenzung der EEG-Umlage nach den §§ 63 bis 66 sowie § 103 des Erneuerbare-Energien-Gesetzes, die einschließlich der vollständigen Antragsunterlagen vor dem 5. August 2014 beim Bundesamt für Wirtschaft und Ausfuhrkontrolle eingegangen sind, ist § 2 mit der Maßgabe anzuwenden, dass die Gebühr entfällt, wenn der Antrag vor dem 1. September 2014 zurückgenommen wurde.

Anlage (zu § 1 Absatz 1 Satz 2)
Gebührenverzeichnis

(Fundstelle: BGBl. I 2014, 1318)

	Amtshandlungen des Bundesamtes für Wirtschaft und Ausfuhrkontrolle	Gebührensatz
1.	Begrenzung der EEG-Umlage für stromkostenintensive Unternehmen nach § 64 des Erneuerbare-Energien-Gesetzes	
1.1	Gebühr je antragstellendem Unternehmen oder selbständigem Unternehmensteil	800 Euro
1.2	Gebühr je beantragter Abnahmestelle und Stromverbrauchsmenge über 1 Gigawattstunde nach § 64 Absatz 1 des Erneuerbare-Energien-Gesetzes im letzten abgeschlossenen Geschäftsjahr; maßgeblich ist die angefangene und an der Abnahmestelle selbst verbrauchte Gigawattstunde	125 Euro je Gigawattstunde, wenn die Antragsprüfung unter Zugrundelegung des Stromverbrauchs im letzten abgeschlossenen Geschäftsjahr für das Unternehmen eine Begrenzung der EEG-Umlage nach § 64 Absatz 2 Nummer 3 in Verbindung mit Nummer 4 Buchstabe a des Erneuerbare-Energien-Gesetzes auf unter 0,1 Cent pro Kilowattstunde ergibt
		105 Euro je Gigawattstunde, wenn die Antragsprüfung unter Zugrundelegung des Stromverbrauchs im letzten abgeschlossenen Geschäftsjahr für das Unternehmen eine Begrenzung der EEG-Umlage nach § 64 Absatz 2 Nummer 4 Buchstabe b des Erneuerbare-Energien-Gesetzes ergibt
		90 Euro je Gigawattstunde, wenn die Antragsprüfung unter Zugrundelegung des Stromverbrauchs im letzten abgeschlossenen Geschäftsjahr für das Unternehmen eine Begrenzung der EEG-Umlage nach § 64 Absatz 2 Nummer 3 Buchstabe a des Erneuerbare-Energien-Gesetzes ergibt
		80 Euro je Gigawattstunde, wenn die Antragsprüfung unter Zugrundelegung des Stromverbrauchs im letzten abgeschlossenen Geschäftsjahr für das Unternehmen eine Begrenzung der EEG-Umlage nach § 64 Absatz 2 Nummer 3 Buchstabe b des Erneuerbare-Energien-Gesetzes ergibt
		70 Euro je Gigawattstunde, wenn die Antragsprüfung unter Zugrundelegung des Stromverbrauchs im letzten abgeschlossenen Geschäftsjahr eine Begrenzung der EEG-Umlage nach § 64 Absatz 2 Nummer 2 des Erneuerbare-Energien-Gesetzes ergibt

	Amtshandlungen des Bundesamtes für Wirtschaft und Ausfuhrkontrolle	Gebührensatz
2.	Begrenzung der EEG-Umlage für Schienenbahnen nach § 65 des Erneuerbare-Energien-Gesetzes	
2.1	Gebühr je Schienenbahn	500 Euro
2.2	Gebühr je Stromverbrauchsmenge an der betreffenden Abnahmestelle nach § 65 Absatz 1 des Erneuerbare-Energien-Gesetzes im letzten abgeschlossenen Geschäftsjahr; maßgeblich ist die angefangene und an der Abnahmestelle selbst verbrauchte Gigawattstunde	60 Euro je Gigawattstunde
3.	Gebühr für die Begrenzung der EEG-Umlage bei Unternehmen nach § 103 Absatz 3 Satz 2 oder Absatz 4 des Erneuerbare-Energien-Gesetzes je beantragter Abnahmestelle und Stromverbrauchsmenge über 1 Gigawattstunde im letzten abgeschlossenen Geschäftsjahr; maßgeblich ist die angefangene und an der Abnahmestelle selbst verbrauchte Gigawattstunde	330 Euro je Gigawattstunde
4.	Gebühr für die Übertragung eines Begrenzungsbescheides nach § 67 Absatz 3 des Erneuerbare-Energien-Gesetzes oder seine Umschreibung, soweit nicht die Umschreibung infolge eines Wechsels des Energieversorgungsunternehmens oder des Übertragungsnetzbetreibers beantragt wird	250 Euro

10. Verordnung zu Systemdienstleistungen durch Windenergieanlagen

(Systemdienstleistungsverordnung)

vom 3.7.2009
(BGBl. I S. 1734)

zuletzt geändert durch Artikel 3 der Verordnung vom 6.2.2015
(BGBl. I S. 108)

Vorbemerkung

Die Verordnung regelt Anforderungen, insbesondere für Systemdienstleistungen, die in Zukunft auch die Betreiber von Windenergieanlagen zur Verbesserung der Netzintegration am Netzverknüpfungspunkt erfüllen müssen.

Dabei sind folgende Probleme zu lösen:

1) Windenergieanlagen sind bislang nur in begrenztem Umfang an der Frequenzhaltung im Netz beteiligt mit der Folge, dass Leistungsschwankungen nur teilweise ausgeglichen werden können.
2) Die Spannungshaltung im Netz wird erschwert, wenn konventionelle Kraftwerke, die sich mit Synchrongeneratoren an der Spannungshaltung beteiligen, durch Windenergieanlagen verdrängt werden, die keine Einrichtungen zur Blindleistungsbereitstellung schaffen.
3) Die Aufrechterhaltung der Netzsicherheit wird erschwert, wenn sich Windenergieanlagen während eines Netzfehlers großflächig abschalten und dadurch ein Leistungsdefizit nach der Klärung des Netzfehlers entsteht.

Um die Kosten für die Investitionen zu decken, die durch die Anforderungen der SDLWindV nötig werden, erhalten die Betreiber von Altanlagen, die nach dem 31.12.2001 und vor dem 1.12.2009 in Betrieb genommen wurden, für einen begrenzten Zeitraum einen Systemdienstleistungs-Bonus. Für neu in Betrieb gehende Windenergieanlagen sind die Anforderungen der SDLWindV Vergütungsvoraussetzungen; auch sie erhalten jedoch für einen beschränkten Zeitraum eine erhöhte Anfangsvergütung, um die Mehrkosten zu decken.

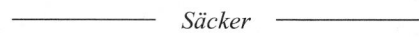

Säcker

Eingangsformel

Auf Grund des § 64 Absatz 1 Satz 1 Nummer 1 des Erneuerbare-Energien-Gesetzes vom 25. Oktober 2008 (BGBl. I S. 2074) verordnet die Bundesregierung:

Teil 1
Allgemeine Vorschriften

§ 1 Anwendungsbereich

Diese Verordnung regelt

1. die technischen und betrieblichen Vorgaben nach § 9 Absatz 6 des Erneuerbare-Energien-Gesetzes und
2. die Anforderungen an den Systemdienstleistungs-Bonus nach § 66 Absatz 1 Nummer 8 des Erneuerbare-Energien-Gesetzes in der am 31. Juli 2014 geltenden Fassung und wie der Nachweis zu führen ist.

Teil 2
Neue Windenergieanlagen

§ 2 Anschluss an das Mittelspannungsnetz

(1) Betreiberinnen und Betreiber von Windenergieanlagen nach § 49 des Erneuerbare-Energien-Gesetzes, die an das Mittelspannungsnetz angeschlossen werden, müssen am Netzverknüpfungspunkt einzeln oder gemeinsam mit anderen Anlagen oder durch zusätzliche technische oder betriebliche Einrichtungen die Anforderungen der technischen Richtlinie des Bundesverbandes der Energie- und Wasserwirtschaft „Erzeugungsanlagen am Mittelspannungsnetz", Ausgabe Juni 2008 (Mittelspannungsrichtlinie 2008) (BAnz. Nr. 67a vom 6. Mai 2009) in Verbindung mit „Regelungen und Übergangsfristen für bestimmte Anforderungen in Ergänzung zur technischen Richtlinie: Erzeugungsanlagen am Mittelspannungsnetz", Stand 1. Januar 2013 (Ergänzung vom 1. Januar 2013) (BAnz AT 12.11.2014 B3) erfüllen, soweit in dieser Verordnung nichts Abweichendes geregelt ist.

(2) Abschnitt 2.5.1.2 der Mittelspannungsrichtlinie 2008 in Verbindung mit der Ergänzung vom 1. Januar 2013 gilt mit der Maßgabe, dass während eines Netzfehlers die Netzspannung durch Einspeisung eines Blindstroms in das Netz gemäß Nummer II.12.d und Nummer II.12.e der Anlage 1 sichergestellt werden muss.

§ 3 Anschluss an das Hoch- und Höchstspannungsnetz

Betreiberinnen und Betreiber von Windenergieanlagen nach § 49 des Erneuerbare-Energien-Gesetzes, die an das Hoch- und Höchstspannungsnetz angeschlossen werden, müssen am Netzverknüpfungspunkt einzeln oder gemeinsam mit anderen Anlagen oder durch zusätzliche technische oder betriebliche Einrichtungen die Anforderungen des „TransmissionCode 2007 – Netz- und Systemregeln der deutschen Übertragungsnetzbetreiber", Ausgabe Version 1.1 August 2007 (TransmissionCode 2007) (BAnz. Nr. 67a vom 6. Mai 2009) nach Maßgabe der Anlage 1 erfüllen.

§ 4 Anschluss verschiedener Anlagen an einem Netzverknüpfungspunkt

Die technischen und betrieblichen Vorgaben nach § 9 Absatz 6 des Erneuerbare-Energien-Gesetzes gelten als erfüllt, wenn mehrere Windenergieanlagen an einen Netzverknüpfungspunkt angeschlossen werden, von denen mindestens eine bis zum 31. März 2011 in Betrieb genommen wurde, und die Anforderungen nach § 2 oder § 3 mit Maßgabe der folgenden Anforderungen erfüllt werden:

1. die Anforderungen an die verfügbare Blindleistungsbereitstellung auch nach Maßgabe der Anlage 2 und
2. die Anforderungen an die Blindstrombereitstellung zur dynamischen Netzstützung nach Maßgabe des TransmissionCodes 2007 auch an der Unterspannungsseite des Maschinentransformators oder einem in der Wirkung vergleichbaren Bezugspunkt.

Teil 3
Alte Windenergieanlagen

§ 5 Voraussetzungen für den Systemdienstleistungs-Bonus

Betreiberinnen und Betreiber derjenigen Windenergieanlagen, die nach dem 31. Dezember 2001 und vor dem 1. Januar 2009 in Betrieb genommen worden sind, haben Anspruch auf den Systemdienstleistungs-Bonus nach § 66 Absatz 1 Nummer 8 des Erneuerbare-Energien-Gesetzes in der am 31. Juli 2014 geltenden Fassung, wenn sie nach dem 31. Dezember 2011 und vor dem 1. Januar 2016 erstmals die in Anlage 3 festgelegten Anforderungen am Netzverknüpfungspunkt oder an einem anderen zwischen Netzverknüpfungspunkt und Windenergieanlage gelegenen Punkt erfüllen.

Teil 4
Nachweis und Schlussbestimmungen

§ 6 Zertifikate, Sachverständigengutachten und Prototypen

(1) [1]Der Nachweis, dass die Voraussetzungen der §§ 2 bis 4 in Verbindung mit den Anlagen 1 und 2 am Netzverknüpfungspunkt eingehalten werden, ist durch die Vorlage von Einheitenzertifikaten nach dem Verfahren des Kapitels 6.1 der Mittelspannungsrichtlinie 2008 in Verbindung mit der Ergänzung vom 1. Januar 2013 und durch das Gutachten einer oder eines Sachverständigen zu erbringen. [2]Treten bei der Berechnung nach Nummer 2.6 der Ergänzung vom 1. Januar 2013 mehr als sechs Überschreitungen auf, gelten die Anforderungen dieser Verordnung solange als erfüllt, wie die für diesen Fall dort vorgesehenen Anforderungen eingehalten und dies nach dem dort beschriebenem Verfahren nachgewiesen wird. [3]Für Anlagen im Sinne der Übergangsbestimmung des § 8 Absatz 1 gilt Nummer 2.6 der Ergänzung vom 1. Januar 2013 mit der Maßgabe, dass die Fristen nicht mit der Inbetriebsetzung der Anlage, sondern dem 1. April 2012 zu Laufen beginnen. [4]Die Erstellung

der Zertifikate und die Begutachtung müssen nach dem Stand der Technik durchgeführt werden. [5]Zertifizierer müssen nach DIN EN 45011:1998* akkreditiert sein.

(2) [1]Der Nachweis, dass die Voraussetzungen des § 5 in Verbindung mit Anlage 3 am Netzverknüpfungspunkt eingehalten werden, kann durch Einheitenzertifikate und durch das Gutachten einer oder eines Sachverständigen erbracht werden. [2]Absatz 1 Satz 2 und 3 gelten entsprechend.

(3) [1]Ist eine Windenergieanlage ein Prototyp, so gelten die Anforderungen der §§ 2 bis 4 in Verbindung mit den Anlagen 1 und 2 in einem Zeitraum von zwei Jahren ab der Inbetriebnahme der Anlage für den Vergütungsanspruch nach § 25 Absatz 2 Nummer 1 in Verbindung mit § 9 Absatz 6 des Erneuerbare-Energien-Gesetzes als erfüllt. [2]Abweichend von Absatz 1 muss für den Prototyp der Nachweis, dass die Voraussetzungen der §§ 2 bis 4 in Verbindung mit den Anlagen 1 und 2 am Netzverknüpfungspunkt eingehalten werden, binnen zwei Jahren nach der Inbetriebnahme erbracht werden. [3]Wird der Nachweis nach Satz 2 erbracht, gelten die Anforderungen dieser Verordnung als seit der Inbetriebnahme der Anlage erfüllt. [4]Prototypen sind die erste Windenergieanlage eines Typs, der wesentliche technische Weiterentwicklungen oder Neuerungen aufweist, und alle weiteren Windenergieanlagen dieses Typs, die innerhalb von zwei Jahren nach der Inbetriebnahme der ersten Windenergieanlage dieses Typs in Betrieb genommen werden. [5]Dass eine wesentliche technische Weiterentwicklung oder Neuerung vorliegt, muss durch einen Zertifizierer bestätigt werden.

§ 7 Mehrere Windenergieanlagen

Bei einem Anschluss mehrerer Windenergieanlagen an einen Netzverknüpfungspunkt gilt für die Zuordnung des Systemdienstleistungs-Bonus § 32 Absatz 4 des Erneuerbare-Energien-Gesetzes entsprechend.

§ 8 Übergangsbestimmungen

(1) Für Strom aus Anlagen, die vor dem 1. Januar 2012 in Betrieb genommen worden sind, ist die *Systemdienstleistungsverordnung* vom 3. Juli 2009 (BGBl. I S. 1734) in der am 31. Dezember 2011 geltenden Fassung anzuwenden.

(2) Absatz 1 ist nicht auf Anlagen im Sinne des § 66 Absatz 1 Nummer 8 des Erneuerbare-Energien-Gesetzes in der am 31. Juli 2014 geltenden Fassung anzuwenden.

(3) Für Strom aus Anlagen, die nach dem 31. Dezember 2011 und vor dem 12. Februar 2015 in Betrieb genommen worden sind, ist die *Systemdienstleistungsverordnung* vom 3. Juli 2009 (BGBl. I S. 1734) in der am 11. Februar 2015 geltenden Fassung anzuwenden.

§ 9 Inkrafttreten

Diese Verordnung tritt am Tag nach der Verkündung in Kraft.

---

* Zu beziehen bei der Beuth Verlag GmbH, Berlin, und beim Deutschen Patent- und Markenamt in München archiviert.

Anlage 1

(Fundstelle: BGBl. I 2009, 1736 – 1744)

I) Der TransmissionCode 2007 muss am Netzverknüpfungspunkt mit folgenden Maßgaben eingehalten werden:

1. Die Wörter „Erzeugungseinheit" und „Erzeugungseinheit mit regenerativen Energie-quellen" sind durch das Wort „*Windenergie-Erzeugungsanlage*" zu ersetzen.

2. Die Wörter „Energieerzeugungseinheiten" und „EEG-Erzeugungseinheiten" sind durch das Wort „*Windenergie-Erzeugungsanlagen*" zu ersetzen.

3. Die Wörter „des Generators" sind durch die Wörter „der *Windenergie-Erzeugungsein-heit* " zu ersetzen.

4. Die Wörter „Erzeugungseinheiten vom Typ 1" sind durch die Wörter „*Windenergie-Er-zeugungsanlagen*, die *Windenergie-Erzeugungseinheiten* vom Typ 1 enthalten," zu er-setzen.

5. Die Wörter „Erzeugungseinheiten vom Typ 2" sind durch die Wörter „*Windenergie-Er-zeugungsanlagen*, die *Windenergie-Erzeugungseinheiten* vom Typ 2 enthalten," zu er-setzen.

6. Das Wort „Netzanschlusspunkt" ist durch das Wort „*Netzverknüpfungspunkt* " zu erset-zen.

II) Kapitel 3 des TransmissionCodes 2007 gilt mit folgenden Maßgaben:

1. In Abschnitt 3.3.6 werden in Bild 3.2 die Wörter „oberhalb der Kurve Anforderungen P = P_n" durch die Wörter „oberhalb der Kurve Anforderungen P = P_{vb}" ersetzt.

2. Abschnitt 3.3.7.1 ist nicht anzuwenden.

3. Vor dem Abschnitt 3.3.8.1 werden folgende Absätze eingefügt:

(1) Die Blindleistung bezieht sich auf die Mitsystemkomponente der Strom-/ Spannungs-Grundschwingung gemäß IEC 61400-21 Ed. 2* Annex C.

(2) Die Anforderung an die netzseitige Blindleistungsbereitstellung entspricht einer lang-samen Blindleistungsregelung im Minutenbereich.

4. Abschnitt 3.3.8.1 wird wie folgt gefasst:

3.3.8.1. Blindleistungsbereitstellung bei Nennwirkleistung

(1) Jede anzuschließende neue *Windenergie-Erzeugungsanlage* muss im *Nennbetriebs-punkt* ($P_{mom} = P_{bb\ inst}$) die Anforderungen am *Netzverknüpfungspunkt* nach einer Variante von Bild 3.3 (3.3a, 3.3b oder 3.3c) erfüllen.

(2) Der Übertragungsnetzbetreiber wählt auf Grund der jeweiligen Netzanforderungen eine der möglichen Varianten aus. Der vereinbarte Blindleistungsbereich muss innerhalb von maximal vier Minuten vollständig durchfahren werden können und ist im Betriebs-punkt $P_{mom} = P_{bb\ inst}$ zu erbringen. Änderungen der Blindleistungsvorgaben innerhalb des vereinbarten Blindleistungsbereiches müssen jederzeit möglich sein.

---

* Amtlicher Hinweis: Zu beziehen bei IEC International Electrotechnical Commission, ISBN 2-8318-9938-9, www.iec.ch.

(3) Der Netzbetreiber muss sich zum Zeitpunkt des Netzanschlusses der *Windenergie-Er-zeugungsanlage* auf Grund der jeweiligen Netzanforderungen auf eine der drei Varianten nach den Bildern 3.3a bis 3.3c festlegen. Falls der Netzbetreiber zu einem späteren Zeit-punkt eine andere als die vereinbarte Variante fordert, bleibt der Anspruch auf den System-dienstleistungs-Bonus davon unberührt.

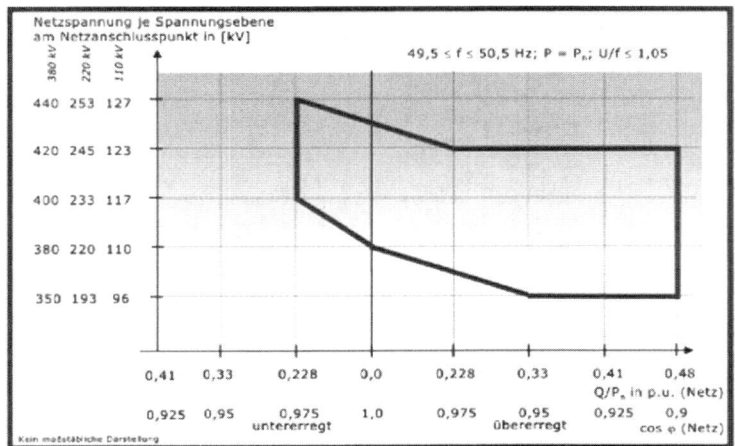

Bild 3.3a: Mindestanforderung an die netzseitige Blindleistungsbereitstellung von Windenergie-Erzeugungsanlagen für das Netz (Variante 1)

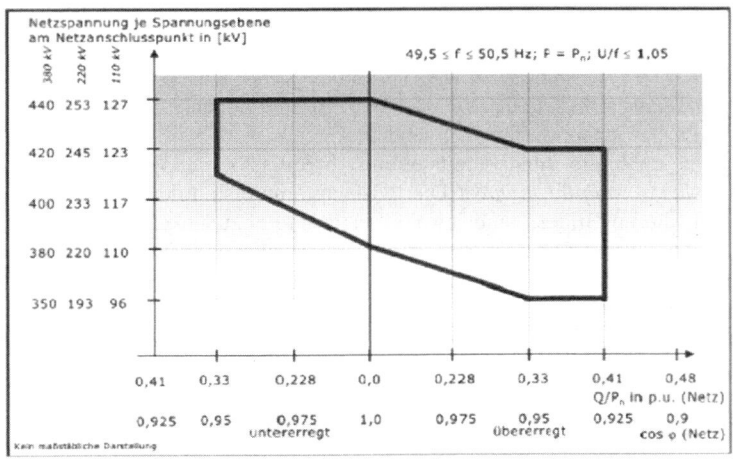

Bild 3.3b: Mindestanforderung an die netzseitige Blindleistungsbereitstellung von Windenergie-Erzeugungsanlagen für das Netz (Variante 2)

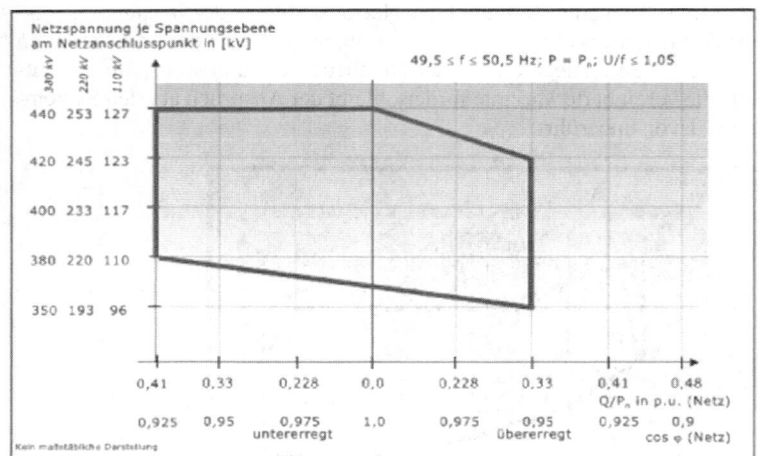

Bild 3.3c: Mindestanforderung an die netzseitige Blindleistungsbereitstellung von Windenergie-Erzeugungsanlagen für das Netz (Variante 3)

5. Abschnitt 3.3.8.2 wird wie folgt gefasst:

Abschnitt 3.3.8.2. Blindleistungsbereitstellung im Teillastbetrieb

(1) Neben den Anforderungen für die Blindleistungsbereitstellung im *Nennbetriebspunkt der Windenergie-Erzeugungsanlage* ($P_{mom} = P_{bb\ inst}$) bestehen auch Anforderungen an den Betrieb mit einer *Momentanen Wirkleistung* P_{mom}, die kleiner als die *Betriebsbereite installierte Wirkleistung* $P_{bb\ inst}$ ($P_{vb} < P_{bb\ inst}$) ist.

(2) Dabei muss die *Windenergie-Erzeugungsanlage* in jedem möglichen Arbeitspunkt gemäß *Leistungsdiagramm* betrieben werden können. Die Bilder 3.3d bis 3.3f zeigen die Mindestanforderung an die Blindleistungsbereitstellung im Teillastbetrieb (10 % ≤ P_{mom} / |$P_{bb\ inst}$| < 100 %) am *Netzverknüpfungspunkt*. Die PQ-Diagramme sind den Bildern 3.3a bis 3.3c zugeordnet. In diesen Bildern sind jeweils der größte abzudeckende Blindleistungsbereich und das zugehörige Spannungsband angegeben. Die Abszisse gibt die zur Verfügung zu stellende *Blindleistung* Q_{vb}, bezogen auf den Betrag der *Betriebsbereiten installierten Wirkleistung* $P_{bb\ inst}$ in Prozent, an. Die Ordinate gibt die *Momentane Wirkleistung* P_{mom} (im *Verbraucherzählpfeilsystem* negativ) bezogen auf den Betrag der *Betriebsbereiten installierten Wirkleistung* $P_{bb\ inst}$ in Prozent an.

(3) Jeder Punkt innerhalb der umrandeten Bereiche in den Bildern 3.3d, 3.3e oder 3.3f muss innerhalb von vier Minuten angefahren werden können. Die Anforderung dazu kann sich je nach der Situation im Netz ergeben und eine vorrangige Bereitstellung von Blindleistung vor der Wirkleistungsabgabe bedeuten. Die Fahrweise wird zwischen den Betreiberinnen und Betreibern der *Windenergie-Erzeugungsanlage* und dem Betreiber des Übertragungsnetzes abgestimmt. In dem Bereich 0 % < P_{mom}/ |$P_{bb\ inst}$| < 10 % darf die *Windenergie-Erzeugungsanlage* nicht mehr Blindleistung als 10 % des Betrags der *vereinbarten Anschlusswirkleistung* P_{AV} aufnehmen (untererregter Betrieb) oder abgeben (übererregter Betrieb). Sofern die *Windenergie-Erzeugungsanlage* über diese Mindestanforde-

rung hinaus im Bereich 0% < P_{mom}/ $|P_{bb\ inst}|$ < 10% mit einer Regelung der zur Verfügung stehenden Blindleistung betrieben werden kann, wird die Fahrweise zwischen den Betreiberinnen und Betreibern der *Windenergie-Erzeugungsanlage* und dem Betreiber des Übertragungsnetzes abgestimmt.

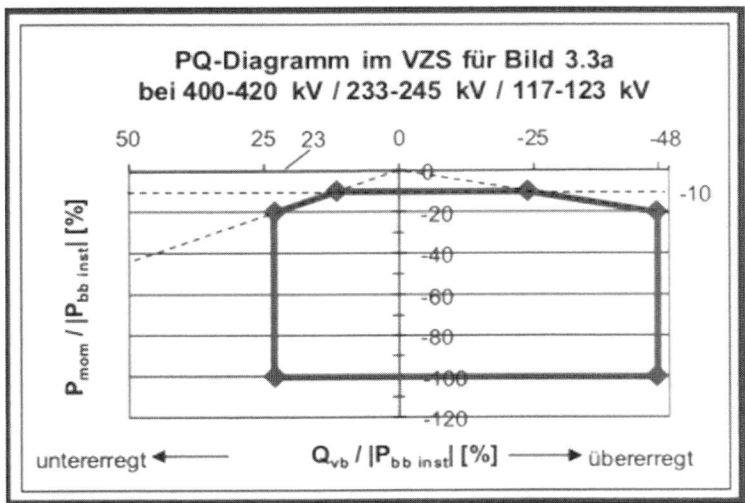

Bild 3.3d: PQ-Diagramm der Windenergie-Erzeugungsanlage am Netzverknüpfungspunkt im Verbraucherzählpfeilsystem (VZS) für Bild 3.3a (Variante 1)

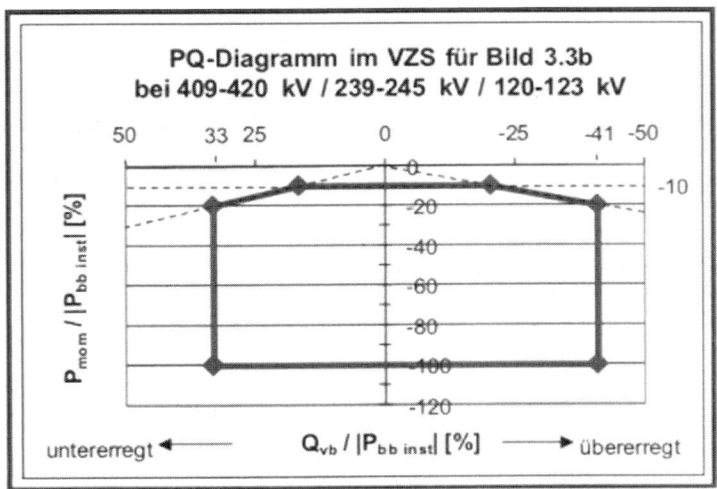

Bild 3.3e: PQ-Diagramm der Windenergie-Erzeugungsanlage am Netzverknüpfungspunkt im Verbraucherzählpfeilsystem (VZS) für Bild 3.3b (Variante 2)

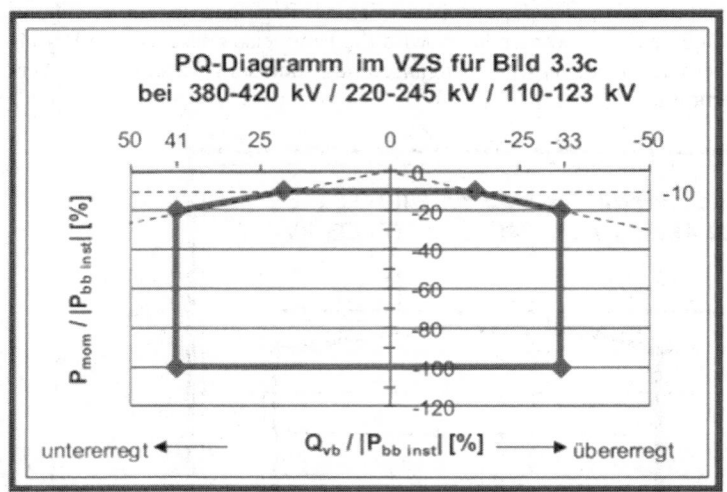

Bild 3.3f: PQ-Diagramm der Windenergie-Erzeugungsanlage am Netzverknüpfungspunkt im Verbraucherzählpfeilsystem (VZS) für Bild 3.3c (Variante 3)

6. Abschnitt 3.3.9 wird wie folgt gefasst:

3.3.9 Überspannungskonzept der Maschinentransformatoren

(1) Das Überspannungskonzept des Maschinentransformators ist mit dem Übertragungsnetzbetreiber abzustimmen.

7. Abschnitt 3.3.10 ist auf *Windenergie-Erzeugungsanlagen* nicht anzuwenden.
8. Abschnitt 3.3.12 gilt mit folgenden Maßgaben:
   a. Absatz 1 ist auf *Windenergie-Erzeugungsanlagen* nicht anzuwenden.
   b. Abschnitt 3.3.12.1 gilt mit der Maßgabe, dass die Vorschrift für symmetrische und unsymmetrische (1,2- und 3-polige) Netzkurzschlüsse anwendbar ist und dass die Wirkstromeinspeisung während des Fehlers zugunsten der Blindstromeinspeisung sowie zur Sicherung der Stabilität der *Windenergie-Erzeugungseinheiten* abgesenkt werden muss.
   c. Abschnitt 3.3.12.2 gilt nur für *Windenergie-Erzeugungsanlagen*, die *Windenergie-Erzeugungseinheiten* vom Typ 1 enthalten.
9. Abschnitt 3.3.13.1 ist auf *Windenergie-Erzeugungsanlagen* nicht anzuwenden.
10. Abschnitt 3.3.13.3 gilt mit folgenden Maßgaben:
   a. In Bild 3.4 entsprechen die Wörter „P_m Momentane verfügbare Leistung" den Wörtern „*Momentane Wirkleistung* P_{mom} ohne Wirkleistungsreduktion bei Überfrequenz".
   b. In Absatz 3 wird der Satz „Diese Regelung wird dezentral (an jedem einzelnen Generator) ausgeführt" gestrichen.
   c. Absatz 4 wird durch die folgenden Absätze 4 und 5 ersetzt:

(4) Die Regelung nach Bild 3.4 und die Regelung zur Wiederkehr von Wirkleistung nach Rückkehr der Frequenz auf einen Wert f ≤ 50,05 Hz können im *ungestörten Betrieb* wahl-

weise dezentral oder zentral ausgeführt werden. Für den Fall von Störungen innerhalb der übergeordneten Regelung der *Windenergie-Erzeugungsanlage* sind bei Überfrequenz geeignete Maßnahmen zur Wirkleistungsreduktion von *Windenergie-Erzeugungseinheiten* dezentral bereitzuhalten.

(5) Auf Anforderung des Netzbetreibers (zum Beispiel per Funkrundsteuerung oder Ähnlichem) ist die Funktion zum automatischen Wiederankoppeln an das Netz zu blockieren.

11. Abschnitt 3.3.13.4 gilt mit folgenden Maßgaben:
    a. Die Vorgaben gelten für alle *Windenergie-Erzeugungsanlagen*.
    b. Die Blindleistungsabgabe muss innerhalb von vier Minuten dem vom Netzbetreiber vorgegebenen Sollwert entsprechen.
    c. Im Fall einer Online-Sollwertvorgabe sind die jeweils neuen Vorgaben für den Arbeitspunkt des Blindleistungsaustausches spätestens nach vier Minuten am *Netzverknüpfungspunkt* zu realisieren.

12. Der Abschnitt 3.3.13.5 gilt mit folgenden Maßgaben:
    a. Vor Absatz 1 werden folgende Absätze eingefügt:
    (i) Die Blindleistung bezieht sich auf die Mitsystemkomponente der Strom-/Spannungs-Grundschwingung gemäß IEC 61400-21 Ed. 2*) Annex C.
    (ii) Die Mindestanforderung entspricht der Erfüllung der nach den Absätzen 2, 7, 8, 11 und 17 festgelegten Anforderungen an der Unterspannungsseite des Maschinentransformators.
    (iii) Es ist zulässig, diese Anforderungen unter Verwendung eines anderen Bezugspunkts (zum Beispiel der Oberspannungsseite des Maschinentransformators) zu erfüllen, wenn das gleiche Betriebsverhalten am *Netzanschlusspunkt* nachgewiesen wird.
    b. Absatz 8 wird Absatz 8a. Nach Absatz 8a wird folgender Absatz 8b eingefügt:

(8b) Die Bildunterschrift zu Bild 3.1, nach der Spannungsgradienten von kleiner/gleich 5 Prozent pro Minute innerhalb der im Bild 3.1 angegebenen Spannungsbänder zulässig sind und nicht zur Trennung der *Windenergie-Erzeugungsanlagen* führen dürfen, gilt auch hier.

    c. Absatz 13 wird wie folgt gefasst:

(13) Einpolige, zweipolige und dreipolige Kurzschlüsse (jeweils mit und ohne Erdberührung) oder störungsbedingte symmetrische und unsymmetrische Spannungseinbrüche dürfen oberhalb der Grenzlinie 1 in Bild 3.5 nicht zur Instabilität der *Windenergie-Erzeugungsanlage* oder zu ihrer Trennung vom Netz führen. Der Spannungswert bezieht sich, wie in Bild 3.5 dargestellt, auf den größten Wert der drei verketteten Netzspannungen.

    d. Absatz 17 wird wie folgt gefasst:

(17) Spannungsstützung bei Netzfehlern durch Blindstromeinspeisung

    a) Geltungsbereich
    i) Bei einem Verlauf des größten Wertes der drei verketteten Netzspannungen oberhalb der Grenzlinie 1 in Bild 3.5 müssen von allen *Windenergie-Erzeugungseinheiten* die Anforderungen an die Spannungsstützung bei Netzfehlern durch Blindstromeinspeisung nach den folgenden Buchstaben b und c erbracht werden.
    ii) Bei einem Verlauf des größten Wertes der drei verketteten Netzspannungen unterhalb der Grenzlinie 1 und oberhalb der Grenzlinie 2 in Bild 3.5 darf von den Anfor-

derungen an die Spannungsstützung bei Netzfehlern nach den folgenden Buchstaben b und c in folgender Weise abgewichen werden:

- Die folgenden Anforderungen an die Spannungsstützung bei Netzfehlern durch Blindstromeinspeisung müssen nur so weit erfüllt werden, wie es das Netzanschlusskonzept der *Windenergie-Erzeugungseinheit* ermöglicht.

- Sollte beim Durchfahren des Fehlers die einzelne *Windenergie-Erzeugungseinheit* instabil werden oder der Generatorschutz ansprechen, ist in Abstimmung mit dem jeweiligen Netzbetreiber eine kurzzeitige Trennung der *Windenergie-Erzeugungsanlage* (KTE) vom Netz erlaubt.

iii) Bei einem Verlauf des größten Wertes der drei verketteten Netzspannungen unterhalb der Grenzlinie 2 in Bild 3.5 ist eine KTE vom Netz immer erlaubt. Die Anforderungen nach den folgenden Buchstaben b und c an die Spannungsstützung bei Netzfehlern durch Blindstromeinspeisung müssen nur so weit erfüllt werden, wie es das Netzanschlusskonzept der *Windenergie-Erzeugungseinheit* ermöglicht.

b) Grundsätzliches Verhalten:

i) Bei Auftreten einer *Signifikanten Spannungsabweichung* müssen die *Windenergie-Erzeugungseinheiten* die Spannung durch Anpassung (Erhöhung oder Absenkung) des *Blindstroms* I_B stützen.

ii) Die *Blindstromabweichung (ΔI_B)* der *Windenergie-Erzeugungseinheit* muss dabei proportional zur *Relevanten Spannungsabweichung* ΔU_r ($\Delta I_B / I_N = K * \Delta U_r / U_N$) sein und in dem Bereich (definiert durch $0 \leq K \leq 10$) liegen, der in Bild 3.6 gezeigt wird.

iii) Die Konstante K muss zwischen 0 und 10 einstellbar sein.

iv) Die Schwankungsbreite des eingespeisten Blindstroms, der sich aus der eingestellten Blindstrom-Spannungscharakteristik ergibt, muss zwischen –10 Prozent und +20 Prozent des Nennstroms liegen.

v) An die Höhe des *Blindstroms* I_B werden folgende Anforderungen gestellt:

a. 3-polige Fehler: *Windenergie-Erzeugungseinheiten* müssen technisch in der Lage sein, einen *Blindstrom* I_B von mindestens 100 Prozent des Nennstroms einzuspeisen.

b. 1,2-polige Fehler: *Windenergie-Erzeugungseinheiten* müssen technisch in der Lage sein, einen *Blindstrom* I_B von mindestens 40 Prozent des Nennstroms einzuspeisen. Die Einspeisung des Blindstroms darf die Anforderungen an das Durchfahren von Netzfehlern nicht gefährden.

vi) Während *Signifikanter Spannungsabweichungen* U_s kann der *Wirkstrom* I_W zugunsten der Blindstromeinspeisung und zur Sicherung der Anlagenstabilität ausreichend abgesenkt werden.

c) Zeitverlauf:

i) Das dynamische Verhalten der Blindstromstützung wird durch die *Sprungantwort des Blindstroms* charakterisiert, wie sie näherungsweise infolge von Netzkurzschlüssen auftreten kann.

ii) Im Fall einer *Signifikanten Spannungsabweichung* muss die *Sprungantwort des Blindstroms* folgende Werte einhalten:

a) *Anschwingzeit*: 30 ms

b) *Einschwingzeit*: 60 ms

iii) Bei stetigem Spannungsverlauf darf der Blindstrom keine Unstetigkeiten aufweisen, die nicht durch die Blindstrom-Spannungscharakteristik nach Bild 3.6 vorgesehen sind und die die Netzqualität in negativer Weise beeinflussen können. Dies gilt insbesondere auch für den Übergang zwischen dem Betrieb bei *Spannungsabweichungen* ΔU innerhalb des *Spannungstotbands* U_t und dem Betrieb bei *Signifikanter Spannungsabweichung* U_S.

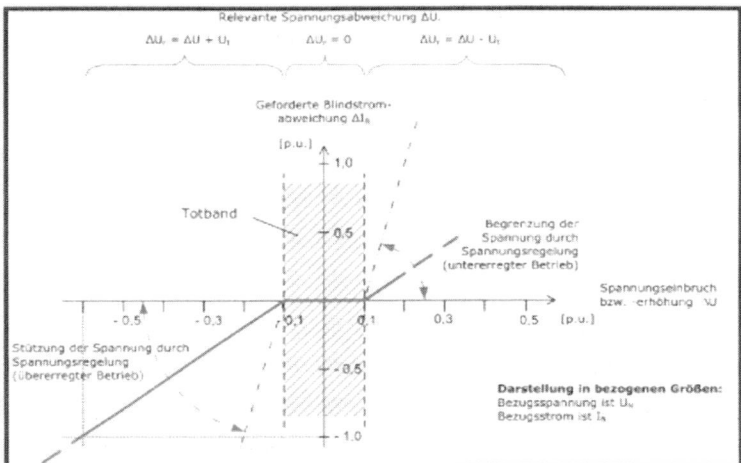

Bild 3.6: Prinzip der Spannungsstützung bei Netzfehlern bei Windenergie-Erzeugungseinheiten

   e. Absatz 18 ist nicht anzuwenden.
   f. Absatz 19 ist nicht anzuwenden.
   g. Absatz 20 wird wie folgt gefasst:

„Bei Entfernungen zwischen den *Windenergie-Erzeugungseinheiten* der *Windenergie-Erzeugungsanlage* und dem *Netzverknüpfungspunkt*, die zu einer Unwirksamkeit der Spannungsregelung führen, kann der Netzbetreiber von den Betreiberinnen und Betreibern der *Windenergie-Erzeugungsanlage* fordern, dass der Spannungseinbruch am *Netzverknüpfungspunkt* gemessen und die Spannung an demselben Punkt abhängig von diesem Messwert geregelt wird. Die *Windenergie-Erzeugungseinheiten* müssen daher in der Lage sein, statt der Spannung an der Unterspannungsseite des Maschinentransformators eine Bezugsspannung zu verwenden, die außerhalb der *Windenergie-Erzeugungseinheit* liegt. Diese kann messtechnisch oder in geeigneter Weise in Abstimmung mit dem Netzbetreiber rechnerisch ermittelt werden."

   h. Abschnitt 3.3.13.6 ist nicht anzuwenden.
   i. Abschnitt 3.3.13.7 ist nicht anzuwenden.

III) An Kapitel 9.2 werden folgende Definitionen angefügt:

1. „*Anschwingzeit*" ist die charakteristische Größe der Sprungantwort. Es handelt sich um die Zeit zwischen sprunghaftem Eintritt einer *Signifikanten Spannungsabweichung* U_S und erstmaligem Erreichen des Toleranzbandes um den *Stationären Endwert des Blind-*

stroms I_B. Die *Anschwingzeit* umfasst die Zeit des Erkennens einer *Signifikanten Spannungsabweichung* sowie die Anregelzeit der Blindstrom-Regelung.

2. „*Betriebsbereite installierte Wirkleistung $P_{bb\ inst}$*", auch als „Nennwirkleistung" bezeichnet, ist die Summe der Nennwirkleistungen der betriebsbereiten *Windenergie-Erzeugungseinheiten* innerhalb einer *Windenergie-Erzeugungsanlage*. Ausgenommen sind *Windenergie-Erzeugungseinheiten*, die sich in Revision befinden oder defekt sind.

3. „*Blindstrom I_B*" ist der gesamte Blindstrom, der aus den Mitsystemkomponenten (Indizierung mit „1") des Grundschwingungsanteils von Strom und Spannung auf der Niederspannungsseite des Maschinentransformators ermittelt wird:

$$I_B = \frac{Q1}{\sqrt{3} \cdot U1}$$

mit

$$Q1 = \mathrm{Im}\{\underline{U}1 \cdot \underline{I}1^*\};$$

unterstrichen: komplexe Größe; „*": konjugiert komplexe Größe.

4. „*Blindstromabweichung ΔI_B*" ist die Abweichung des *Blindstroms I_B* vom 1-Minuten-Mittelwert.

5. „*Einschwingzeit*" ist die charakteristische Größe der Sprungantwort. Es handelt sich um die Zeit zwischen dem sprunghaften Eintritt einer *Signifikanten Spannungsabweichung U_s* bis zu dem Zeitpunkt, an dem die Einschwingvorgänge so weit abgeklungen sind, dass der *Blindstrom I_B* im Toleranzband um den *Stationären Endwert* liegt und dort verbleibt.

6. „*Gestörter Betrieb*" ist ein Betriebszustand der *Windenergie-Erzeugungsanlage*, bei dem ein oder mehrere ihrer Systeme nicht konzeptgemäß arbeiten.

7. „*Installierte Wirkleistung P_{inst}*" ist die Summe der Nennwirkleistungen der *Windenergie-Erzeugungseinheiten* innerhalb einer *Windenergie-Erzeugungsanlage*.

8. „*Leistungsdiagramm*" ist das Wirkleistungs-Blindleistungs-Diagramm (PQ-Diagramm) der *Windenergie-Erzeugungsanlage* am *Netzverknüpfungspunkt*.

9. „*Momentane Blindleistung Q_{mom}*" ist der momentane Wert der Blindleistung einer *Windenergie-Erzeugungsanlage* am *Netzverknüpfungspunkt* im *Verbraucherzählpfeilsystem*.

10. „*Momentane Wirkleistung P_{mom}*" ist der momentane Wert der am Netzverknüpfungspunkt eingespeisten Wirkleistung.

11. „*Nennbetriebspunkt* einer *Windenergie-Erzeugungsanlage*" ist der Betrieb einer *Windenergie-Erzeugungsanlage* unter Abgabe von *Betriebsbereiter installierter Wirkleistung $P_{bb\ inst}$* bei Nennspannung und Nennfrequenz im *Ungestörten Betrieb*.

12. „*Netzverknüpfungspunkt*" ist der Netzpunkt, an dem die *Windenergie-Anschlussanlage* an das Netz des Netzbetreibers angeschlossen ist.

13. „*Relevante Spannungsabweichung ΔU_r*" ist der Anteil der *Spannungsabweichung ΔU*, mit dem die *Spannung U1* über die Grenzen des *Spannungstotbands U_t* hinaus abweicht. Innerhalb des *Spannungstotbands U_t* ist die *Relevante Spannungsabweichung (ΔU_r)* gleich null:
   * Wenn: $\Delta U > U_t$: $\Delta U_r = \Delta U - U_t$
   * Wenn: $\Delta U < -U_t$: $\Delta U_r = \Delta U + U_t$
   * Sonst: $\Delta U_r = 0$

14. „*Signifikante Spannungsabweichung* ΔU_s" ist eine *Spannungsabweichung* ΔU mit einem Betrag, der größer als das *Spannungstotband* U_t ist.

15. „*Spannung U1*" ist die Spannung, die aus den Mitsystemkomponenten des Grundschwingungsanteils von Strom und Spannung auf der Niederspannungsseite des Maschinentransformators ermittelt wird.

16. „*Spannungsabweichung* ΔU" ist die Abweichung der *Spannung U1* vom 1-Minuten-Mittelwert. Eine Spannungsabweichung mit negativem Vorzeichen entspricht einem Spannungseinbruch. Eine Spannungsabweichung mit positivem Vorzeichen entspricht einer Spannungserhöhung.

17. „*Spannungstotband* U_t" entspricht 10% der Nennspannung, kann aber mit Einverständnis des Netzbetreibers, zum Beispiel bei Anwendung einer kontinuierlichen Spannungsregelung, auch reduziert beziehungsweise gleich null gesetzt werden.

18. „*Sprungantwort des Blindstroms* I_B" ist der zeitliche Verlauf des *Blindstroms* I_B infolge einer sprunghaften Änderung der *Spannung U1*.

19. „*Stationärer Endwert*" des *Blindstroms* I_B ist der Wert des *Blindstroms* I_B in Abhängigkeit der *Spannung U1* im eingeschwungenen Zustand.

20. „*Statische Blindleistungskompensation*" ist eine nicht rotierende Einrichtung, die als geregelte Blindleistungsquelle oder Blindleistungssenke eingesetzt werden kann.

21. „*Strom I1*" ist eine Mitsystemkomponente des Strangstroms an der Niederspannungsseite des Maschinentransformators.

22. „*Ungestörter Betrieb*" ist ein Betriebszustand der *Windenergie-Erzeugungsanlage*, bei dem alle Systeme der *Windenergie-Erzeugungsanlage* konzeptgemäß arbeiten.

23. „*Verbraucherzählpfeilsystem (VZS)*" ist ein einheitliches Zählpfeilsystem für Verbraucherinnen und Verbraucher sowie Erzeugerinnen und Erzeuger.

24. „*Vereinbarte Anschlusswirkleistung* P_{AV}" ist die zwischen Netzbetreiber und Anschlussnehmer vereinbarte Wirkleistung.

25. „*Verfügbare Blindleistung* Q_{vb}" ist der maximal mögliche Wert der Blindleistung, den eine *Windenergie-Erzeugungsanlage* am *Netzverknüpfungspunkt* sowohl übererregt als auch untererregt zur Verfügung stellen kann; sie ist abhängig vom Betriebspunkt (*Momentane Wirkleistung* P_{mom} und Spannung am *Netzverknüpfungspunkt*).

26. „*Verfügbare Wirkleistung* P_{vb}" ist der maximal mögliche Wert der Wirkleistungseinspeisung der *Windenergie-Erzeugungsanlage* am *Netzanschlusspunkt*.

27. „*Windenergie-Anschlussanlage*" ist die Gesamtheit aller Betriebsmittel, die erforderlich sind, um eine oder mehrere Einheiten zur Erzeugung elektrischer Energie aus Windenergie an das Netz eines Netzbetreibers anzuschließen.

28. „*Windenergie-Erzeugungsanlage*" ist eine Anlage, in der sich eine oder mehrere Einheiten zur Erzeugung elektrischer Energie aus Windenergie (*Windenergie-Erzeugungseinheit*) befinden. Dies umfasst auch die Anschlussanlage und alle zum Betrieb erforderlichen elektrischen Einrichtungen. *Windenergie-Erzeugungsanlagen* sind Einheiten zur Erzeugung elektrischer Energie aus Windenergie. Diese können entweder einzeln oder über eine interne Windparkverkabelung verbunden an ein Netz angeschlossen werden. Eine *Windenergie-Erzeugungsanlage* kann aus unterschiedlichen Typen von *Windenergie-Erzeugungseinheiten* bestehen.

29. „*Windenergie-Erzeugungseinheit*" ist eine einzelne Anlage zur Erzeugung elektrischer Energie aus Windenergie. Eine *Windenergie-Erzeugungseinheit* vom Typ 1 liegt vor, wenn ein Synchrongenerator direkt mit dem Netz gekoppelt ist. Eine *Windenergie-Erzeugungseinheit* vom Typ 2 liegt vor, wenn diese Bedingung nicht erfüllt ist.

30. „*Wirkstrom I_W*" ist der gesamte Wirkstrom, der aus den Mitsystemkomponenten (Indizierung mit „1") des Grundschwingungsanteils von Strom und Spannung ermittelt wird:

$$I_W = \frac{P1}{\sqrt{3} \cdot U1}$$

mit

$$P1 = \mathrm{Re}\{\underline{U}1 \cdot \underline{I}1^*\};$$

<u>unterstrichen</u>: komplexe Größe; „*": konjugiert komplexe Größe.

Anlage 2

(Fundstelle: BGBl. I 2009, 1745)

$$\sum_{i}^{N_{neu}} P_{bb\,inst,\,i}$$

mit N_{neu} = Anzahl aller neu errichteten oder repowerten *Windenergie-Erzeugungseinheiten* und der gesamten *Betriebsbereiten installierten Wirkleistung*.

$$P_{bb\,inst} \sum_{j}^{N_{WEA}} P_{bb\,inst,\,j}$$

mit N_{WEA} = Anzahl aller alten und neuen *Windenergie-Erzeugungseinheiten* in der erweiterten *Windenergie-Erzeugungsanlage*.

$Q_{vb,\,gefordert}$ ist die gemäß §§ 2 und 3 geforderte *Verfügbare Blindleistung Q_{vb}*, wenn eine *Windenergie-Erzeugungsanlage* ausschließlich aus neu errichteten oder repowerten *Windenergie-Erzeugungseinheiten* bestehen würde.

$Q_{vb,\,anteilig,\,NAP}$ ist die anteilig am *Netzverknüpfungspunkt* geforderte *Verfügbare Blindleistung Q_{vb}*, wenn eine erweiterte *Windenergie-Erzeugungsanlage* sowohl aus neu errichteten als auch aus alten *Windenergie-Erzeugungseinheiten* besteht:

$$Q_{vb,\,anteilig,\,NAP} = Q_{vb,\,gefordert} \frac{\sum\limits_{i}^{N_{neu}} P_{bb\,inst,\,i}}{\sum\limits_{j}^{N_{WEA}} P_{bb\,inst,\,j}}$$

Anlage 3

(Fundstelle: BGBl. I 2009, 1746)

1. Die Definitionen der Anlage 1 Nummer III sind auch im Rahmen der Anlage 3 anzuwenden.
2. Symmetrische und unsymmetrische Fehler mit einem Spannungseinbruch oberhalb der Grenzlinie 1, die nach Bild 3.5 im Abschnitt 3.3.13.5 des TransmissionCodes 2007 (für Anlagen des Typs 2) beschrieben sind, müssen ohne Netztrennung durchfahren werden. Der Blindleistungsbezug darf nicht zur Auslösung des Blindleistungs-Unterspannungsschutzes führen. Nicht eingehalten werden muss die Anforderung im Abschnitt 3.3.13.5 Absatz 2 des TransmissionCodes 2007, dass von den Aus-Hilfskontakten der Leistungsschalter auf der Ober- oder der Unterspannungsseite des Netztransformators ein Abfahr- und Ausschaltbefehl auf alle einzelnen Generatoren der Anlage gegeben wird, so dass der Inselbetrieb spätestens nach drei Sekunden beendet ist.
3. Ein Blindleistungs-Unterspannungsschutz (Q → & U<) muss vorhanden sein. Seine Einstellwerte werden gemäß Mittelspannungsrichtlinie 2008 in Verbindung mit der Ergänzung vom 1. Januar 2013 festgelegt.
4. Eine Trennung vom Netz bei Frequenzen zwischen 47,5 Hz und 51,0 Hz ist nicht erlaubt.
5. Bei einer *Verfügbaren Wirkleistung* P_{vb} von größer oder gleich der Hälfte der *Verfügbaren installierten Wirkleistung* ($P_{vb} \geq 50\%$ $P_{bb\ inst}$), bei einer Frequenz von mehr als 50,2 Hz und weniger als 51,0 Hz muss die *Momentane Wirkleistung* P_{mom} jeder einzelnen *Windenergie-Erzeugungseinheit* mit einem Gradienten von 40% der *Verfügbaren Wirkleistung* P_{vb} der *Windenergie-Erzeugungseinheiten* je Hz abgesenkt werden können.

   Zwischen 51,0 Hz und 51,5 Hz sind die Überfrequenzschutzeinrichtungen der einzelnen *Einheiten* einer *Windenergie-Erzeugungsanlage* unter Ausnutzung des ganzen Bereichs gestaffelt so einzustellen, dass bei einer Frequenz von 51,5 Hz alle *Windenergie-Erzeugungseinheiten* vom Netz getrennt worden sind.
6. Auf Anforderung des Netzbetreibers (zum Beispiel per Funkrundsteuerung oder Ähnlichem) ist die Funktion zum automatischen Wiederankoppeln an das Netz zu blockieren.
7. Die zu ändernden Einstellungen des Entkupplungsschutzes werden vom Netzbetreiber vorgegeben.

Sachverzeichnis

Fette Zahlen verweisen auf die Paragrafen, magere auf die Randnummern.